Grand Usuel
LAROUSSE

dictionnaire encyclopédique

IN EXTENSO

Grand Usuel LAROUSSE

dictionnaire encyclopédique

CINQ

FONCEUSE

LAROUSSE

21, Rue du Montparnasse 75283 Paris cedex 06

édition mise à jour au 30 juin 1996

Distributeur exclusif au Canada : les Éditions Françaises Inc.

ISSN 1264-4242
ISBN 2-03-750032-7 (volume 2)
ISBN 2-03-750029-7 (édition complète)

Photocomposition Maury – Malesherbes
Impression Aubin Imprimeur à Poitiers, Ligugé – L 53177
Dépôt légal : mars 1997 – n° de série éditeur : 19222
Imprimé en France (Printed in France) 750032 – Mars 1997

CINQ [sɛ̃k, mais souvent sɛ̃ devant un mot commençant par une consonne] adj. num. card. (lat. pop. *cinque,* lat. class. *quinque*). **1.** Quatre plus un : *Les cinq doigts de la main.* – **2.** S'emploie au sens de « cinquième » pour indiquer un ordre, un rang : *Page cinq.* – **3.** Fam. *En cinq sec(s),* très rapidement. ‖ Fam. *Le mot de cinq lettres,* euphémisme pour « merde ». ‖ *Recevoir qqn cinq sur cinq,* l'entendre parfaitement au téléphone, à la radio, etc.

◆ n. m. inv. **1.** Chiffre, nombre 5 (désigne, selon les cas, le jour, les heures, les minutes, le numéro d'une maison ou d'une chambre, un pourcentage, etc.) : *Loger au cinq.* – **2.** Carte ou domino marqués de cinq points.

Cinq *(groupe des),* réunion de musiciens russes associant, autour de son fondateur M. Balakirev, dans la seconde moitié du XIXe s., C. Cui, M. Moussorgski, A. Borodine et N. Rimski-Korsakov. Il fut à la base du renouveau de l'école musicale russe.

Cinq Dynasties, période de l'histoire de la Chine (907-960) qui sépare les grands empires Tang et Song. À partir de 907, les chefs des royaumes de la Chine du Nord usurpèrent le titre d'empereur, fondant tour à tour cinq dynasties, avec comme capitale Kaifeng (ou Luoyang). Ce sont les Liang postérieurs (907-923), les Tang postérieurs (923-936), les Jin postérieurs (936-946), les Han postérieurs (947-950) et les Zhou postérieurs (951-960). Simultanément, la Chine du Sud connut une situation de morcellement encore pire. Ces divisions prirent fin en 960 avec la fondation des Song.

Cinq Nations *(les)* → IROQUOIS.

CINQ-À-SEPT n. m. inv. *Fam.* et *vx.* **1.** Réception en fin d'après-midi. – **2.** Rendez-vous galant dans la journée.

Cinq-Cents *(Conseil des),* assemblée du Directoire, créée par la Constitution de l'an III (1795) et qui formait avec le Conseil des Anciens* le Corps législatif. Composée de 500 membres âgés d'au moins 30 ans, élus par 20 000 électeurs désignés par des assemblées primaires, cette assemblée votait des « résolutions » que le Conseil des Anciens transformait en lois.

CINQ-MARS (Henri COEFFIER DE RUZÉ D'EFFIAT, *marquis* DE), gentilhomme français (1620 - Lyon 1642), fils d'Antoine, marquis d'Effiat. Favori de Louis XIII, qui le nomme grand écuyer de France en 1639, Cinq-Mars prend un grand ascendant sur le roi et tente de saper l'autorité de Richelieu. Avec Gaston d'Orléans, le duc de Bouillon et son ami F. de Thou, il complote l'assassinat du cardinal et obtient l'appui de l'Espagne : par l'entremise du vicomte de Fontrailles, les conjurés concluent un traité (13 mars 1642) avec le comte-duc d'Olivares, qui s'engageait a leur fournir des troupes pour faire nommer Gaston d'Orléans lieutenant général du royaume et conclure la paix avec l'Espagne. Richelieu ayant eu copie du traité, Louis XIII fait arrêter son favori (juin 1642) et de Thou. Les deux conspirateurs sont condamnés à mort et décapités à Lyon (12 sept. 1642).

Cinq-Mars *ou Une conjuration sous Louis XIII,* roman historique d'A. de Vigny (1826), qui s'y livre au procès de la monarchie absolue, en fait préparatrice de la Révolution française.

Cinq-Mers *(système des),* ensemble des voies navigables de Russie comprenant le lac Onega, le canal de la mer Blanche, la voie Saint-Pétersbourg-Vytegra, le canal Volga-Baltique, la moyenne et basse Volga, le canal Volga-Don, le tronçon navigable du Don et le canal de Moscou à la haute Volga. Il permet de relier la Baltique, la mer Blanche, la Caspienne, la mer d'Azov et la mer Noire. Navigable en moyenne 6 mois par an, il reçoit les navires de 3,5 m de tirant d'eau. La vingtaine de barrages qui le coupent fournissent de l'électricité, régularisent le débit des cours d'eau et alimentent les terres agricoles.

Cinq-Nations *(tournoi des),* compétition de rugby créée entre 1906 et 1910 opposant chaque année l'Angleterre, l'Écosse, la France, l'Irlande et le pays de Galles, chaque équipe disputant un seul match contre chacune des quatre autres.

CINQUANTAINE n. f. **1.** Nombre de cinquante ou environ. – **2.** *La cinquantaine,* âge d'à peu près cinquante ans.

CINQUANTE adj. num. card. (lat. pop. *cinquaginta,* du lat. class. *quinquaginta*). **1.** Cinq fois dix : *Cinquante est la moitié de cent.* – **2.** S'emploie au sens de « cinquantième » pour indiquer une numérotation, un ordre, un rang : *Page cinquante.*

◆ n. m. inv. Nombre 50 (désigne, selon les cas, un numéro, un pourcentage, etc.).

CINQUANTENAIRE adj. Qui existe depuis cinquante ans.

◆ n. m. Anniversaire d'un événement célébré au bout de cinquante ans.

CINQUANTIÈME adj. num. ord. **1.** Qui occupe un rang marqué par le nombre cinquante : *Il est cinquantième au classement général.* – **2.** Qui est contenu cinquante fois dans un tout : *La cinquantième partie de mille est vingt.*

◆ n. m. Cinquantième partie d'un tout.

CINQUIÈME adj. num. ord. (de *cinq*). **1.** Qui occupe un rang marqué par le nombre cinq : *Il est cinquième, le cinquième sur la liste.* – **2.** Qui est contenu cinq fois dans un tout : *La cinquième* *partie de la classe est absente.* – **3.** *Cinquième maladie,* affection éruptive bénigne de l'enfance. (Syn. MÉGALÉRYTHÈME.) ‖ *Cinquième ordre,* syn. de ORDRE COMPOSITE.

◆ n. m. Cinquième partie d'un tout.

◆ n. f. **1.** Classe constituant la deuxième année du premier cycle de l'enseignement du second degré ; ensemble des élèves de cette classe. – **2.** Une des cinq positions fondamentales de la danse classique données par l'en-dehors.

Cinquième (La), chaîne de télévision française, constituée en 1994, à vocation éducative et populaire. Elle est diffusée par voie hertzienne sur un canal qu'elle partage avec Arte.

CINQUIÈMEMENT adv. En cinquième lieu.

CINSAUT n. m. Cépage du midi de la France. (Syn. MORTERILLE.)

CINTAS (Pierre), archéologue français (Tabarka 1908-Paris 1974). Chef de la mission archéologique française en Tunisie (1955-1961), il est l'auteur d'une *Céramique punique* (1950) et d'un *Manuel d'archéologie punique* (1970-1976).

CINTEGABELLE (31550), ch.-l. de cant. de la Haute-Garonne, sur l'Ariège ; 2 222 hab. Église des XIIIe-XIVe s.

CINTO *(monte),* point culminant de la Corse (dép. de la Haute-Corse) ; 2 710 m.

CINTRAGE n. m. **1.** Opération consistant à donner une forme courbe à des pièces de bois, à des barres, des tubes ou des tôles de métal. (→ *encycl.*) – **2.** Érection des éléments d'un cintre de voûte.

ENCYCL. **Métall.** Le cintrage des tôles de faible épaisseur et des tubes de faible diamètre s'effectue à froid ; par *cintrage entre cylindres* pour les tôles (reposant sur deux rouleaux d'axes parallèles, la tôle est comprimée par un troisième rouleau, qui lui donne sa courbure) et au moyen d'une cintreuse pour les tubes. Le *cintrage « trois points »* est utilisé pour les tôles de forte épaisseur (deux appuis mobiles poussent la tôle chauffée contre un appui fixe). Les tubes de fort diamètre sont aussi cintrés à chaud, après avoir été remplis de sable ou de résine.

CINTRE n. m. (de *cintrer*). **1.** Courbure intérieure d'un arc, d'une voûte. (Un arc est dit *[en] plein cintre* s'il décrit un demi-cercle sans brisure.) – **2.** Support courbe ou triangulaire permettant de suspendre les vêtements par les épaules. (Syn. PORTEMANTEAU.) – **3.** (généralement au plur.) Partie supérieure de la cage de scène d'un théâtre, où l'on remonte les décors. – **4.** Charpente de bois ou d'acier servant de plancher et d'échafaudage pour la construction d'une voûte. – **5.** Support de coffrage utilisé dans la construction du tablier d'un pont en béton. – **6.** Élément métallique de soutènement des galeries de mines ou de tunnels, qui épouse la forme de la voûte.

CINTRÉ, E adj. et n. *Pop.* Fou.

CINTRER v. t. (lat. pop. **cincturare*, du lat. class. *cinctura,* ceinture) [conj. 3]. **1.** Construire à l'aide de cintres. – **2.** Procéder au cintrage. – **3.** Appuyer un vêtement au buste et à la taille par des coutures et des pinces.

◆ **être cintré** v. pass. **1.** Être incurvé en forme de cintre. – **2.** En parlant d'un vêtement, épouser le buste et la taille.

CINTREUSE n. f. Machine utilisée pour le cintrage des pièces de bois ou des tubes métalliques.

CINTRIER n. m. Machiniste qui manœuvre le décor dans les cintres d'un théâtre.

C. I. O., sigle de COMITÉ INTERNATIONAL OLYMPIQUE*.

Ciompi *(révolte des)* [1378-1382], à Florence, révolte des ouvriers qui n'appartenaient à aucun art et ne possédaient aucun droit politique. Le 20 juill. 1378, les Ciompi se soulevèrent et imposèrent leur chef, le cardeur Michele di Lando, comme gonfalonier. Mais ils ne purent se maintenir contre la bourgeoisie d'affaires *(popolo grasso),* qui rétablit les statuts de 1293 lui réservant le gouvernement (1382).

CIONE n. f. (gr. *kiôn, -onos,* colonne). Ascidie solitaire cosmopolite, commune sur les côtes de France.

CIONE (Andrea DI) → ORCAGNA.

CIORAN (Émile Michel), philosophe français d'origine roumaine (Rășinari, près de Sibiu, 1911-Paris 1995). Il s'est installé en France en 1937. Il a développé une philosophie existentialiste (*Précis de décomposition,* 1949 ; *Syllogisme de l'amertume,* 1952 ; *Écartèlement,* 1979 ; *Aveux et anathèmes,* 1987).

CIOTAT (La) (13600), ch.-l. de cant. des Bouches-du-Rhône ; 30 748 hab. *(Ciotadens).* Port de pêche. Station balnéaire. Thalassothérapie. Constructions navales.

CIPANGO ou **CIPANGU,** nom donné au Japon, en Occident, à la fin du Moyen Âge.

CIPAYE [sipaj] n. m. (port. *sipai,* du pers. *sipāhi,* par l'intermédiaire de l'angl. *sepay*). Nom donné aux soldats indiens engagés au service des Français, des Portugais et des Britanniques, aux XVIIIe et XIXe s.

cipayes *(révolte des)* [1857], mutinerie des cipayes au service des Britanniques dans la moyenne vallée du Gange. Les cipayes s'emparèrent des principales villes, où ils massacrèrent les Européens. Ils restaurèrent l'autorité de l'empereur Bahādur Chāh II à Delhi. Cette révolte fut impitoyablement réprimée à la fin de 1857 et en 1858 ; Bahādur Chāh II fut exilé à Rangoon.

CIPOLIN n. m. (ital. *cipollino,* de *cipolla,* oignon). Marbre de teinte claire, présentant souvent des veines concentriques.

CIPPE n. m. (lat. *cippus*). Petite stèle funéraire ou votive, généralement gravée d'une inscription.

CIPRIANI (Amilcare), homme politique italien (Anzio 1844 - Paris 1918). Lieutenant de Garibaldi, il participa aux campagnes pour l'indépendance italienne et contribua à la fondation de l'Internationale (1864). Il fut l'un des chefs de la Commune de Paris (1871). Déporté en Nouvelle-Calédonie puis libéré, il lutta aux côtés des Grecs en 1898.

CIRAGE n. m. **1.** Action de cirer : *Le cirage des parquets.* – **2.** Produit destiné à l'entretien et au lustrage du cuir, à base de cires, de résines ou de silicones. – **3.** Préparation des toiles cirées. – **4.** Fam. *Être dans le cirage,* dans une demi-conscience sous l'effet de l'ivresse ou d'un choc ; ne plus y voir clair dans une affaire.

CIRCADIEN, ENNE adj. Se dit des biorythmes dont la période est comprise entre 20 et 28 h, donc voisine du rythme diurne.

CIRCAÈTE [sirkaɛt] n. m. (gr. *kirkos,* faucon). Grand rapace diurne migrateur, qui se rend utile en dévorant les vipères. (Autre nom *jean-le-blanc.*)

CIRCALITTORAL, E, AUX adj. Se dit de l'étage sous-marin compris entre le niveau des plus basses mers et la plus grande profondeur où croissent des algues.

CIRCASSIE, anc. nom de la contrée située sur le versant nord du Caucase.

CIRCASSIEN, ENNE adj. et n. De Circassie.

CIRCÉ, fille d'Hélios, magicienne qui, dans *l'Odyssée,* changea en pourceaux les compagnons d'Ulysse.

CIRCEO *(monte),* en fr. **mont Circé** (le *Circoeum promontorium* des Anciens), éperon rocheux de la côte du Latium (Italie) [alt. 541 m]. Parc national fermant au N. le golfe de Gaète. Grottes marines.

CIRCINÉ, E adj. (lat. *circinare,* former un cercle). **1.** Se dit des organes végétaux enroulés en crosse, comme les jeunes feuilles de fougère. – **2.** Se dit des lésions de la peau groupées en forme circulaire, dont le centre est souvent intact.

CIRCINUS, nom lat. de la constellation du Compas* (au génit. *Circini ;* abrév. Cir).

CIRCLIPS [-klips] n. m. (angl. *circlip*). Petite pièce annulaire fendue, en acier à ressorts, logée dans une gorge spéciale d'un arbre ou d'un alésage pour empêcher la sortie des pièces qui y sont emmanchées. (Syn. SEGMENT D'ARRÊT.)

CIRCONCELLION n. m. (lat. ecclés. *circumcellio, -onis,* moine vagabond). Journalier agricole libre, qui s'engageait au service des grands propriétaires fonciers d'Afrique du Nord (IVe s.-début Ve s.). ENCYCL. La misère des circoncellions, qui s'allièrent avec les donatistes schismatiques, particulièrement profonde en Numidie, entraîna leur révolte. Malgré la rigueur de la répression, les troubles se poursuivirent jusqu'à l'arrivée des Vandales en Afrique du Nord (429-439).

CIRCONCIRE v. t. (lat. ecclés. *circumcidere,* de *circum,* autour, et *caedere,* couper) [conj. **101**]. Opérer la circoncision.

CIRCONCIS adj. et n. m. Qui a subi la circoncision.

CIRCONCISION n. f. (lat. ecclés. *circumcisio, -onis*). **1.** Excision du prépuce. (Elle peut être rituelle ou pratiquée comme traitement du phimosis.) – **2.** *Circoncision de Jésus-Christ,* fête catholique célébrée, jusqu'en 1970, le 1er janvier. ENCYCL. En usage dans de nombreux peuples, la circoncision est un rite religieux essentiel dans le judaïsme, où elle est le signe de l'alliance du peuple de Dieu avec Yahvé, et dans l'islām, où elle constitue une étape initiatique à l'orée de la vie adulte.

CIRCONFÉRENCE n. f. (bas lat. *circumferentia,* de *circumferre,* porter autour). **1.** Ligne courbe, plane, fermée, bordant une aire, en partic. un cercle. – **2.** Pourtour d'un espace plus ou moins circulaire ; cercle. – **3.** Longueur d'un cercle, égale à $2\pi R$ si R est le rayon. (→ PI [π].)

CIRCONFLEXE adj. (bas lat. *circumflexus accentus,* calque du gr. *perispômenê prosôdia*). *Accent circonflexe,* signe diacritique (^) servant, en français, à indiquer une voyelle longue, à distinguer des homonymes, à noter certains faits étymologiques ; signe d'accentuation grec (˜) notant, sur la même voyelle, une intonation aiguë suivie d'une intonation grave. ‖ *Nerf circonflexe,* nerf du plexus brachial se terminant en rameaux au niveau du deltoïde.

CIRCONLOCUTION n. f. (lat. *circumlocutio, -onis,* calque du gr. *periphrasis*). Périphrase que l'on utilise pour éviter de dire franchement, directement ce que l'on pense.

CIRCONSCRIPTIBLE adj. Qui peut être circonscrit à une surface, à une courbe.

CIRCONSCRIPTION n. f. (lat. *circumscriptio, -onis,* espace limité). **1.** Division administrative, militaire ou religieuse d'un territoire. – **2.** *Circonscription électorale,* division du territoire servant de cadre au déroulement des opérations électorales.

CIRCONSCRIRE v. t. (lat. *circumscribere*) [conj. **99**]. **1.** Tracer les limites d'un espace : *Circonscrire l'endroit où on doit creuser le puits.* – **2.** Délimiter un lieu, déterminer les limites qui l'enferment : *On a pu circonscrire le bloc de maisons où s'était réfugié le voleur.* – **3.** Borner, limiter qqch à qqch : *On a circonscrit les recherches à la forêt près du village.* – **4.** Définir une question, un problème avec précision en écartant tout ce qui est marginal. – **5.** Empêcher l'extension de qqch : *Circonscrire un incendie.* – **6.** *Circonscrire un cylindre* ou *un cône à une surface,* construire un cylindre ou un cône dont les génératrices sont toutes tangentes à cette surface. ‖ *Circonscrire un polygone à une courbe* ou *un polyèdre à une surface,* construire un polygone ayant tous ses côtés tangents à la courbe, ou un polyèdre ayant toutes ses faces tangentes à la surface.

◆ **se circonscrire** v. pr., **être circonscrit** v. pass. **1.** Se limiter à un lieu, à une question, etc. : *Tumeur bien circonscrite à la région pariétale.* – **2.** *Courbe circonscrite à un polygone,* courbe sur laquelle sont situés tous les sommets du polygone.

CIRCONSPECT, E [-spɛ ou -spɛkt] adj. (bas lat. *circumspectus,* de *circumspicere,* regarder autour). Qui agit avec réflexion et prudence ou qui manifeste cela : *Répondre en termes circonspects.*

CIRCONSPECTION n. f. (lat. *circumspectio, -onis*). Prudence qui incite à ne négliger aucune circonstance avant d'agir ; précaution, réserve : *Examiner un projet avec circonspection.*

CIRCONSTANCE n. f. (lat. *circumstantia,* de *circumstare,* se tenir autour). **1.** Fait particulier qui accompagne un événement ; élément secondaire d'une situation (surtout pl.) : *Circonstances atténuantes.* – **2.** Occasion particulière, moment : *La mairie transformée pour la circonstance en salle des fêtes.* – **3.** *De circonstance,* inspiré par les circonstances et non par un sentiment sincère. ‖ *Être de circonstance,* être adapté, conforme à la situation.

◆ **circonstances** n. f. pl. Situation générale, conjoncture : *Étant donné les circonstances actuelles.*

CIRCONSTANCIÉ, E adj. Exposé dans tous ses détails, dans toutes ses circonstances : *Le rapport est très circonstancié.*

CIRCONSTANCIEL, ELLE adj. **1.** Qui dépend des seules circonstances : *Son arrivée à la réunion a été purement circonstancielle.* – **2.** Se dit d'un complément ou d'une proposition subordonnée indiquant dans quelles circonstances une action a été réalisée (but, cause, temps, condition, etc.). [La proposition circonstancielle peut être conjonctive (QUAND TU SERAS PRÊT, on *partira*), infinitive (*Finis ton travail* AVANT DE PARTIR) ou participiale (AYANT FINI SON TRAVAIL, *il est parti*).]

CIRCONVALLATION n. f. (bas lat. *circumvallatio, -onis,* du lat. class. *circumvallare,* cerner). Ligne de défenses établie par l'assiégeant d'une place pour se garder des entreprises d'une armée extérieure se portant au secours de l'assiégé.

CIRCONVENIR v. t. (lat. *circumvenire,* venir autour) [conj. **40**]. **1.** Établir les limites exactes d'une question, la délimiter : *Circonvenir un sujet.* – **2.** Réduire ou induire qqn en erreur en usant d'artifices, de ruses ou de pressions morales pour obtenir qqch de lui : *Circonvenir un témoin pour l'amener à un faux témoignage.*

CIRCONVOISIN, E adj. (lat. médiév. *circumvicinus*). *Litt.* Qui est situé tout autour ; avoisinant.

CIRCONVOLUTION n. f. (lat. *circumvolutus,* roulé autour). **1.** Enroulement autour d'un point ou d'un axe central : *Un escalier à double circonvolution.* – **2.** Saillie sinueuse délimitée par des sillons à la surface du cerveau ou du cervelet.

CIRCUIT n. m. (lat. *circuitus,* de *circuire,* entourer). **1.** Itinéraire d'une épreuve sportive que les concurrents ont à parcourir une ou plusieurs fois : *Un circuit automobile.* – **2.** Parcours touristique comportant plusieurs étapes et souvent balisé : *Le circuit des châteaux de la Loire.* – **3.** Parcours allant d'un point à un autre et comportant des étapes, des détours, des sinuosités : *Faire le circuit des bars du quartier.* – **4.** Suite d'étapes à parcourir dans une organisation, une institution comportant un système échelonné ou hiérarchique : *Le circuit scolaire normal des collèges comporte quatre années.* – **5.** Mouvement reliant les divers marchés ; parcours ainsi constitué d'une série d'intermédiaires : *Les circuits de distribution de la viande.* – **6.** *Litt.* Détour fait par la pensée avant d'en venir au fait : *Un long circuit de raisonnements.* – **7.** Ensemble de tuyauterie, de vannes, de pompes, etc., assurant l'écoulement d'un fluide, l'alimentation d'un moteur, etc. – **8.** Ensemble de dispositifs et de milieux dans lesquels peut circuler un courant électrique. (→ *encycl.*) – **9.** *En circuit fermé,* sans contact avec l'extérieur, replié sur soi-même. ‖ *Hors circuit,* qui n'a plus cours ; qui a été évincé. ‖ *Mettre, remettre dans le circuit,* mettre ou remettre qqch en circulation, le réutiliser ; mettre qqn au courant de qqch. • **Aéron.** Mouvement imposé, au-dessus d'un terrain d'atterrissage, à un avion désirant atterrir, en attendant son tour de se poser. – **Algèbr.** Chemin fini d'un graphe, dans lequel le sommet terminal coïncide avec le sommet initial. – **Ch. de f.** *Circuit de voie,* circuit formé par les deux files de rails éclissées électriquement sur la longueur d'une section isolée des sections voisines, ainsi que par leurs connexions à une source de courant, et pouvant être fermé par un essieu. — **Cin.** Ensemble des salles possédées ou gérées par la même personne ou la même société ou relevant du même programmateur. — **Écon.** Schéma de représentation simplifiée de l'économie d'un pays montrant l'interdépendance des différents groupes d'agents au stade de la production et de la consommation. (→ *encycl.*) — **Électr.** *Circuit magnétique,* ensemble de milieux qui canalise les lignes d'induction magnétique dans une région déterminée. — **Électron.** *Circuit imprimé,* film métallique conducteur déposé sur un support isolant plan pour réaliser le câblage des composants d'un circuit. (→ *encycl.*) ‖ *Circuit intégré,* circuit de faible dimension comportant un grand nombre de composants actifs et passifs, réalisé sur une mince plaquette de silicium. (→ *encycl.*) ‖ *Circuit oscillant,* circuit composé d'une self-induction, d'un condensateur et d'une résistance, généralement très faible, permettant à des oscillations électriques d'y prendre naissance ou d'y entrer en résonance. — **Jeux.** Parcours fermé constitué d'éléments emboîtables et sur lequel circulent, mécaniquement ou électriquement, des jouets (trains, voitures, etc.). — **Math.** Chemin fermé. ‖ *Circuit simple,* chemin fermé sans point double. — **Neurol.** Ensemble de voies afférentes et efférentes en relation avec une fonction déterminée du cerveau. — **Nucl.** *Circuit de refroidissement,* partie du système de refroidissement d'un réacteur servant à extraire la chaleur produite par les fissions nucléaires et à la transporter vers les appareils qui l'utilisent ou la dispersent dans l'environnement. — **Sports.** Ensemble de compétitions destinées aux professionnels de certains sports (tennis, golf), et à partir des résultats desquelles ils sont classés. — **Techn.** *Circuit hydraulique,* circuit de transmission de puissance au moyen d'un fluide sous pression. — **Télécomm.** Ensemble de deux voies de transmission associées pour assurer, entre deux points, des transmissions dans les deux sens.

ENCYCL. **Écon.** À travers la notion de circuit apparaissent l'unité de la société économique et l'interdépendance des divers flux : flux réels, ceux des produits et des facteurs de la production ; flux monétaires, circulant entre les groupes sociaux et formant les revenus des uns et les dépenses des autres. Le tableau économique de François Quesnay, en 1758 déjà, veut montrer la circulation des biens et de la monnaie dans le corps social par analogie à la circulation du sang dans le corps humain. Avec Jean-Baptiste Say, on retrouve l'idée du circuit entrepreneurs-consommateurs ; Auguste Cournot précisera le principe de l'interdépendance générale en matière économique ; Léon Walras combinera ces idées.

L'analyse du circuit met en évidence le rôle joué par les groupes sociaux et par la monnaie, permettant de mieux comprendre le fonctionnement de l'économie d'un pays. Par cette analyse, le rôle des divers flux monétaires qui s'établissent entre les groupes sociaux, constituant les revenus des uns et les dépenses des autres, est mieux connu. Si, par exemple, les flux de pouvoir d'achat se trouvent modifiés parce qu'un groupe social dépense plus qu'il n'a reçu, la conjoncture économique en subira le contrecoup. Le problème central consiste à déterminer les conditions qui permettent de régulariser les flux et d'assurer un niveau stable d'activité.

— **Électr.** Un *circuit électrique* (ou réseau) comporte des éléments actifs, ou sources d'énergie (générateurs et récepteurs), et des éléments passifs pouvant être représentés par un certain nombre, soit fini (circuit à constantes localisées), soit infini (circuit à constantes réparties) d'éléments idéaux caractérisés par l'une des 4 grandeurs : résistance R, capacité C, inductance propre (ou self-inductance) L, inductance mutuelle M. La loi d'Ohm permet d'exprimer la tension $v(t)$, différence de potentiel aux bornes de l'élément, en fonction du courant $i(t)$ qui le parcourt.

Dans un circuit maillé, on appelle : *branche,* une suite d'éléments connectés en série et traversés par le même courant ; *nœud,* le point de concours de plusieurs branches ; *boucle,* tout ensemble de branches formant un parcours fermé ; *arbre,* tout ensemble connexe de branches joignant tous les nœuds sans former de boucles ; *liaison d'un arbre,* toute branche du réseau n'appartenant pas à cet arbre ; *coarbre,* l'ensemble des liaisons d'un arbre ; *maille,* la boucle formée par l'adjonction d'une liaison à un arbre.

Les courants sont reliés par les deux lois de Kirchhoff : selon la loi des nœuds, la somme algébrique des courants aboutissant à un nœud est nulle et, selon la loi des boucles, la somme algébrique des tensions aux bornes des branches constituant une boucle est nulle.

En régime continu, une branche quelconque bb' est caractérisée par sa f. é. m. équivalente E et sa résistance équivalente R ; en désignant par V la tension entre b et b' et par I le courant passant de b à b', la loi d'Ohm s'écrit $V = \pm E + RI$, les signes + et – dépendant du signe de la f. é. m.

En régime harmonique, les tensions et les courants sont des fonctions sinusoïdales du temps de pulsation $\omega = 2\pi f$.

Les relations entre les valeurs complexes de la tension et du courant s'écrivent, en posant $j^2 = -1$:
pour une résistance R, $\underline{V}_R = R\underline{I}_R$;
pour une capacité C, $\underline{I}_C = j\,C\omega\underline{V}_C$;
pour une inductance L, $\underline{V}_L = jL\omega\underline{I}_L$
Dans une branche quelconque du réseau caractérisée par sa f. é. m. équivalente $\underline{E}$ et par son impédance complexe $\underline{Z}$, la relation entre la tension complexe $\underline{V}$ et le courant complexe $\underline{I}$ s'écrit $\underline{V} = \pm\,\underline{E} + \underline{Z}\underline{I}$. L'équation fondamentale du *circuit magnétique,* déduite du théorème d'Ampère, est la relation d'Hopkinson $NI = \mathcal{R}\Phi$, expression où NI est la force magnétomotrice du circuit (mesurée en A), Φ le flux d'induction (en Wb), et $\mathcal{R}$ la réluctance (en H^{-1}). La formule d'Hopkinson peut se généraliser à tous les circuits magnétiques, quelle que soit leur complexité.
— **Électron.** *Circuit imprimé.* La reproduction du schéma électrique est assurée par la gravure d'un stratifié plastique revêtu d'une feuille métallique, soit par photogravure, soit par gravure sur plaque.
• *Circuits imprimés multicouches.* Constitués de couches conductrices et isolantes empilées suivant un ordre prédéterminé et liées par laminage sous presse, ils permettent une densité de conducteurs plus importante, la possibilité de prévoir des écrans magnétiques ou thermiques internes et une amélioration des performances, mais leur prix de revient est élevé.
• *Circuit intégré.* La plaquette de silicium, d'abord polie, est oxydée, puis certaines parties de la surface, délimitées par masques photographiques, sont, par diffusions successives d'impuretés, transformées en éléments N et P constituant les diodes et transistors. Les résistances sont obtenues en traçant des rainures dans les zones préalablement oxydées. L'avènement des microprocesseurs et des micro-ordinateurs conduit à l'intégration de plusieurs millions d'éléments actifs sur une seule puce de quelques mm^2.

CIRCUITERIE n. f. Ensemble des connexions et des composants constituant un équipement.

CIRCULAIRE adj. (bas lat. *circularis,* de *circulus,* cercle). **1.** Qui a ou rappelle la forme d'un cercle ou d'un arc de cercle : *Aire circulaire.* — **2.** Qui décrit un cercle : *Mouvement circulaire.* — **3.** Dont le parcours implique un retour au point de départ : *Billet circulaire.* — **4.** *Définitions circulaires,* dans un dictionnaire, définitions se présentant telles que la première renvoie à la seconde et la seconde à la première. ‖ *Lettre circulaire,* lettre que l'on expédie sous la même forme à plusieurs personnes. ‖ *Raisonnement circulaire,* raisonnement qui aboutit à conclure à ce qu'on a pris comme hypothèse. • **Math.** *Fonctions circulaires,* fonctions sinus, cosinus, tangente et cotangente. ‖ *Fonctions circulaires réciproques,* fonctions arc sinus, arc cosinus, arc tangente et arc cotangente. ‖ *Permutation circulaire d'un ensemble* $E = \{a_1, a_2 ... a_n\}$, permutation σ de E telle que, si $1 \leqslant p < n$,

$$\sigma(a_i) = a_{i+p} \text{ si } i \in \{1, 2, ..., n-p\},$$
$$\sigma(a_i) = a_{i+p-n} \text{ si } i \in \{n-p, ..., n\}.$$

— **Psychol.** *Réaction circulaire,* processus selon lequel une action particulière peut faire naître une stimulation telle que celle-ci pousse à son tour à répéter cette action. (Certains auteurs font intervenir ce processus pour expliquer l'acquisition.)
◆ n. f. **1.** Écrit, avis (souvent officiel) tiré à un certain nombre d'exemplaires par lequel sont communiqués les ordres d'un chef de service à ses subordonnés ou des informations intéressant l'ensemble du personnel. — **2.** *Circulaire du cordon,* enroulement du cordon ombilical autour du cou du fœtus. (Lorsque cet enroulement est trop serré, il peut entraîner une souffrance fœtale et même la mort du fœtus.)

CIRCULAIREMENT adv. De manière circulaire.

CIRCULANT, E adj. Se dit des actifs d'un bilan dont la durée d'immobilisation est très courte.

CIRCULARISER v. t. (conj. 3). Rendre circulaire.

CIRCULARITÉ n. f. Caractère de ce qui est circulaire, de ce qui fait revenir au point de départ et ne progresse pas.

CIRCULATEUR n. m. Accélérateur d'une chaudière.

CIRCULATION n. f. (lat. *circulatio, -onis,* mouvement circulaire). **1.** Marche continue et successivement renouvelée d'un fluide, d'un liquide : *Circulation de l'air dans une pièce.* — **2.** Mouvement continu du sang dans les artères et les veines : *Avoir une mauvaise circulation.* (→ encycl.) — **3.** Mouvement des véhicules, des piétons, etc., qui se déplacent sur des voies de communication : *Accident de la circulation. Circulation aérienne, ferroviaire.* (→ encycl. Aéron., Ch. de f.) — **4.** Action d'aller d'un lieu à l'autre, d'aller et venir : *La circulation des capitaux.* — **5.** Fait d'être diffusé, publié, de passer de main en main, d'être propagé : *Circulation de fausses nouvelles.* — **6.** Fam. *Disparaître de la circulation,* ne plus être en contact avec ses proches, ses relations habituelles, etc., être dans un lieu inconnu. ‖ *Être en circulation,* être diffusé, propagé, passer de main en main. ‖ *Libre circulation,* fait de pouvoir être librement diffusé et, en partic., de pouvoir passer librement d'un pays à l'autre. ‖ *Retirer de la circulation,* faire que qqch n'ait plus cours, cesser sa diffusion, sa vente.
• **Biol.** Déplacement permanent d'un liquide à l'intérieur d'un organisme animal ou végétal pluricellulaire, assurant les échanges respiratoi-

CIRCULATION

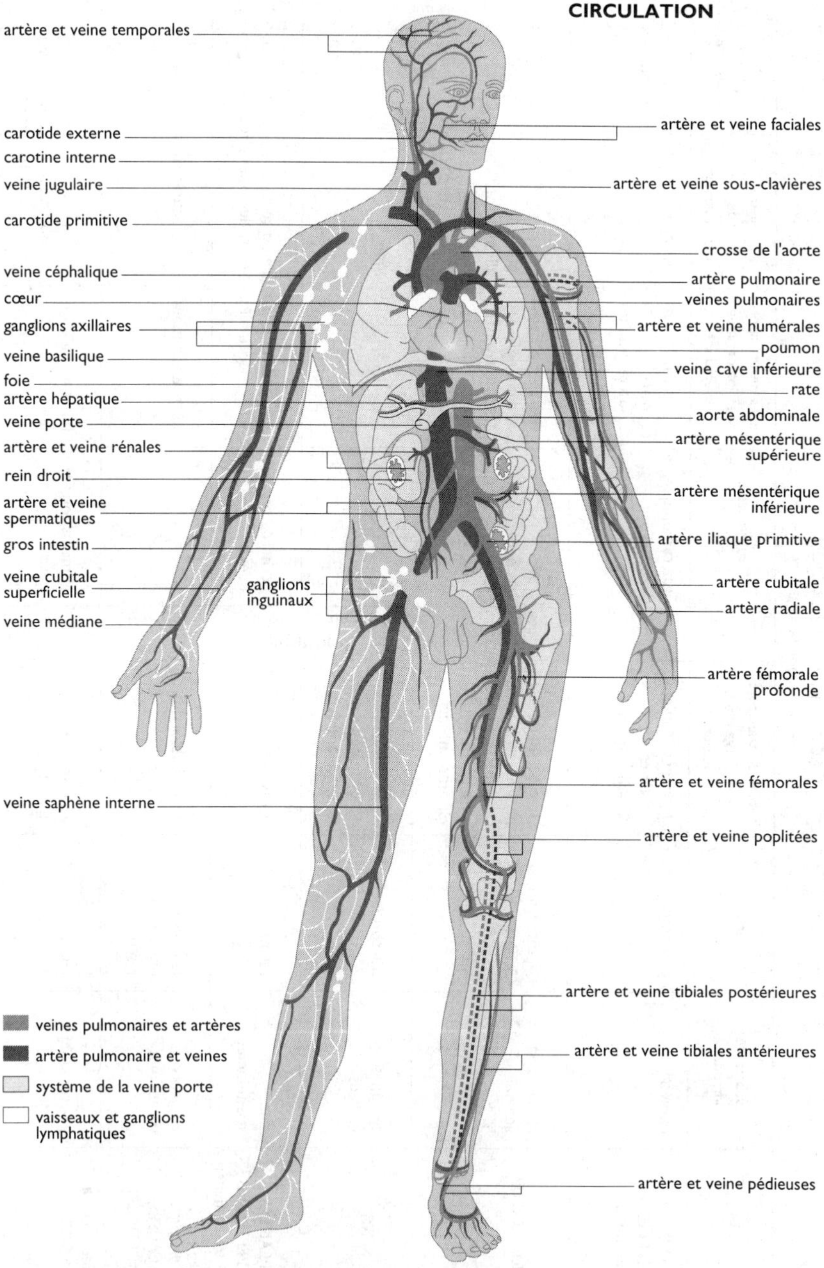

La **circulation** sanguine et lymphatique

CIRCULATION ET EXCRÉTION
dans le monde vivant

	substance introduite	lieu du chargement	voies de transport vers l'organisme entier		substance rejetée	voies de transport vers les organes spécialisés	lieu du déchargement	voies d'excrétion
ANIMAL SUPÉRIEUR (mammifères)	oxygène	poumons	1. veines pulmonaires 2. arbre artériel	ensemble des cellules vivantes de l'individu	gaz carbonique, eau	1. système veineux 2. artère pulmonaire	poumons	voies respiratoires
moteur : CŒUR	aliments en général	1. intestin grêle 2. foie	1. veine porte 2. veines (sus-hépatiques, puis autres) 3. arbre artériel		eau, déchets azotés, urée	1. système veineux puis 2. arbre artériel ou 2 bis. artère hépatique	reins + glandes de la sueur	voies urinaires et peau
liquide circulant : SANG	certaines graisses	intestin grêle	1. chylifères 2. système veineux 3. arbre artériel				foie	1. voies biliaires 2. intestin
PLANTES SUPÉRIEURES (terrestres, à fleurs)	eau sels minéraux	racines	vaisseaux du bois		déchets organiques	l'excrétion végétale est réduite : les déchets sont accumulés à l'écart des voies circulatoires		
moteur : CAUSES MULTIPLES	aliments organiques	feuilles ou organes de réserve	tubes criblés du liber		eau	vaisseaux et tubes	toute la surface aérienne	
liquide circulant : SÈVE	gaz carbonique	feuilles	(transformé sur place)		aliments organiques	tubes criblés du liber	organes de réserve : tubercules, rhizomes, bulbes, fruits, graines	

res, alimentaires et excrétoires d'une cellule à l'autre ou entre l'organisme et le milieu qui l'entoure. (Toute circulation, qu'elle mette en mouvement la sève [plantes] ou le sang [animaux], suppose un appareil circulatoire*.) [→ *encycl.* Bot., Physiol., Zool.] – **Climatol.** *Circulation atmosphérique,* ensemble des mouvements des grandes masses d'air dans l'atmosphère (plus précisément dans la troposphère). [→ *encycl.*] – **Dr.** *Droit de circulation,* impôt sur le transport des boissons. – **Écon.** Ensemble des structures et des mécanismes grâce auxquels les facteurs de la production, les produits et les services sont mis à la portée des utilisateurs et se déplacent sur les divers marchés. ‖ *Circulation monétaire,* quantité de monnaie métallique, fiduciaire et scripturale en circulation au cours d'une période donnée. (→ *encycl.*) – **For.** Circuit ininterrompu effectué à l'intérieur d'un puits par un fluide liquide ou gazeux dans le but de remonter en surface les déblais formés au fur et à mesure par l'action du trépan. – **Math.** *Circulation d'un champ de vecteurs* $\vec{V}$ *sur un arc paramétré* Γ, intégrale curviligne $\int_{\Gamma} \vec{V}.\vec{ds}$, $\vec{V}$ étant défini sur un ouvert de $\mathbb{R}^3$ et Γ contenu dans cet ouvert. (Quand $\vec{V}$ est un champ de forces, la circulation représente le travail.) – **Méd.** *Circulation extracorporelle,* méthode transitoire de circulation du sang en dehors de l'organisme permettant d'intervenir chirurgicalement sur le cœur en l'excluant temporairement de la circulation. – **Mil.** Ensemble des moyens et procédés, confiés au train, permettant l'appui des mouvements de grandes unités. – **Therm.** Déplacement d'un fluide dans un circuit fermé. ‖ *Circulation forcée,* circulation obtenue ou accélérée par l'intervention d'une machine. ‖ *Circulation naturelle,* circulation d'un fluide sous l'effet des variations de volume massique qu'il subit, ou des différences de pression entre les extrémités de son parcours.

ENCYCL. **Aéron.** *Circulation aérienne.* Une altitude minimale de 500 m au-dessus du sol doit être respectée pour tout survol d'agglomération ; elle est portée à 1 000 m pour les avions monomoteurs survolant une ville de 10 000 à 100 000 habitants et pour les avions multimoteurs survolant une ville de plus de 100 000 habitants. Dans ce dernier cas, un monomoteur doit voler à 2 000 m.

Afin de faciliter le contrôle de la navigation aérienne, l'espace aérien a été divisé en plusieurs zones. 1° Zone de circulation d'aérodrome, du niveau du sol à l'altitude de 700 m, dans un cercle de 9 km de rayon centré sur l'aérodrome. 2° Couche inférieure de libre circulation, du niveau du sol à l'altitude de 300 m. 3° Région d'information de vol, entre la limite supérieure de la couche précédente et l'altitude de 3 000 m au-dessus du niveau de la mer. 4° Région supérieure d'information de vol, au-delà de 3 000 m, réservée en principe aux vols de *long-courriers.* 5° Région de contrôle, à l'intérieur de laquelle la circulation aérienne est soumise à des règles particulières en raison de l'importance du trafic.

– **Bot.** La *circulation de la sève brute,* ou sève ascendante issue de l'absorption effectuée par les racines, se fait dans la cavité des vaisseaux ligneux (vaisseaux du bois, trachéides) sous l'effet de la transpiration et d'autres facteurs. Dans les tissus des feuilles, la sève brute se transforme en une sève élaborée, moins diluée, enrichie en substances organiques, qui gagne toutes les parties de la plante en circulant dans des tubes libériens (ou tubes criblés).

– **Ch. de f.** La voie normale de circulation des trains sur les lignes à double voie des chemins de fer français est la voie de gauche, exception faite de l'ancien réseau d'Alsace-Lorraine, sur lequel les trains roulent normalement à droite. Les tramways et le métropolitain de Paris circulent, au contraire, sur la voie de droite.

– **Climatol.** La *circulation atmosphérique* générale est imposée par des facteurs de poids décroissant : cosmiques (radiations solaires), planétaires (états de l'atmosphère, rotation de la Terre autour de son axe), géographiques (répartition des continents et des mers, puis couverts végétaux et englacements). Elle se traduit par des grands mouvements horizontaux (en longitude et en latitude), accompagnés de mouvements ascendants et descendants, du fait que les champs de pressions varient partiellement de la surface du sol à l'altitude. En altitude, de forts courants d'ouest (jet-stream*) séparent, dans chaque hémisphère, la circulation dépressionnaire circumpolaire et la circulation anticyclonique subtropicale. En surface, les anticyclones subtropicaux émettent les alizés du nord-est (hémisphère Nord) et du sud-est (hémisphère Sud) et les vents d'ouest des latitudes moyennes ; dans les régions polaires, des hautes pressions se substituent aux basses pressions d'altitude et dirigent les coulées polaires vers de plus basses latitudes. Ces échanges méridiens sont liés à la juxtaposition d'un excès d'énergie calorifique aux basses latitudes et d'un déficit aux moyennes et surtout hautes latitudes. Traduisant une tendance globale à une uniformisation énergétique, ils s'opèrent naturellement dans le cadre général d'un mouvement des hautes pressions vers les basses pressions.

– **Écon.** *Circulation monétaire.* La circulation de la masse monétaire implique le mouvement et le temps ; la *vitesse de circulation* de la monnaie peut être plus ou moins grande. On la définit comme étant le rapport de la valeur des transactions au nombre d'unités de monnaie disponibles dans l'économie. Cette vitesse a une incidence sur le niveau général des prix ; ses variations sont sensibles en période d'inflation.

– **Physiol.** La *circulation du sang* a été découverte par Harvey en 1628. L'appareil circulatoire de l'homme est essentiellement composé d'un organe moteur central, le cœur, et de vaisseaux : les artères, partant du cœur, et les veines, y aboutissant ; entre les artères, qui conduisent le sang oxygéné aux différents organes, et les veines, qui ramènent au cœur le sang chargé d'acide carbonique et de déchets, existe un système interposé de petits vaisseaux très fins, c'est le système capillaire, au niveau duquel se font les échanges entre le sang, qui apporte l'oxygène et les substances nutritives, et la lymphe intercellulaire, qui y rejette l'acide carbonique et les déchets de fonctionnement. Le sang des veines, provenant des divers organes, débouche, par les veines caves, dans l'oreillette droite ; il passe dans le ventricule droit et en sort par les artères pulmonaires, qui le conduisent aux poumons, dans lesquels il se transforme en sang artériel, et est ramené, par les veines pulmonaires, à l'oreillette gauche. Ce circuit constitue la *petite circulation,* ou circulation pulmonaire.

Parvenu dans l'oreillette gauche, le sang artériel passe dans le ventricule gauche et en sort par l'aorte ; de là, il parvient enfin aux divers organes en suivant les ramifications successives des vaisseaux en artères, artérioles et capillaires. Après avoir subi dans les capillaires les modifications d'échanges, le sang parvient dans le système veineux, qui le conduit aux veines caves et à l'oreillette droite. Et le cycle recommence. Telle est la *grande circulation.* La circulation est rapide, car on estime que le sang fait, en une heure, plus de 120 fois le tour du corps.

– **Zool.** La circulation est semblable à celle de l'homme chez les mammifères et les oiseaux ; chez les reptiles et les amphibiens, le sang artériel et le sang veineux se mélangent partiellement. La circulation est « simple » (circuit sanguin traversant une seule fois le cœur) chez les poissons. Parmi les invertébrés, les arthropodes se caractérisent par leur circulation en partie lacunaire, c'est-à-dire non entièrement canalisée, tandis que de nombreuses annélides et les mollusques céphalopodes ont une circulation totalement endiguée. Les échinodermes ont seulement une circulation d'eau de mer grossièrement filtrée. Les très petits organismes sont dépourvus de circulation, de même que les cœlentérés et certains vers parasites.

CIRCULATOIRE adj. **1.** Relatif à la circulation du sang : *Troubles circulatoires.* – **2.** *Appareil circulatoire,* ensemble constitué par un cœur qui met le sang en mouvement, par des vaisseaux (artères, veines) qui conduisent ce sang aux organes ou le reconduisent vers le cœur, enfin par des surfaces d'échanges (capillaires) à travers les parois desquelles se font les échanges chimiques avec les cellules.

ENCYCL. L'*appareil circulatoire* est l'objet d'une régulation multiforme de la part du système neurovégétatif : la pression sanguine (dite aussi tension artérielle) est rendue constante par une double action nerveuse sur le cœur et sur l'ensemble des petites artères (vasomotricité) ; la distribution relative du sang à tel organe plus qu'à tel autre selon son degré d'activité est assurée par une action vasomotrice sur les petites artères et les capillaires, action qui contrôle aussi le rayonnement thermique du corps en fonction de la température extérieure ou, chez les oiseaux, en vue de la couvaison.

CIRCULER v. i. (lat. *circulari,* former un groupe, de *circulus,* cercle) [conj. 3]. **1.** Se mouvoir de façon à revenir à son point de départ ou se déplacer en étant sans cesse renouvelé : *Le sang circule dans les veines.* – **2.** Se déplacer sur des voies de communication : *On circule à gauche en Angleterre.* – **3.** Aller d'un lieu à un autre et, en partic., aller et venir. – **4.** Passer de main en main : *Des faux billets circulent en ce moment.* – **5.** Être propagé, diffusé, se répandre. – **6.** *Faire circuler des gens, des véhicules,* les inviter à se disperser, à avancer, etc.

CIRCUMANTARCTIQUE [-kɔm-] adj. Se dit des eaux et des courants de l'océan Austral circulant autour de l'Antarctique.

CIRCUMDUCTION [-kɔm-] n. f. (lat. *circumductio, -onis,* action de conduire). Mouvement de rotation du maxillaire inférieur autour de l'axe constitué par l'articulation temporo-maxillaire.

CIRCUMLUNAIRE [-kɔm-] adj. Qui entoure la Lune, se fait autour de celle-ci.

CIRCUMNAVIGATION [-kɔm-] n. f. Voyage maritime autour d'un continent ou de la Terre.

CIRCUMNUTATION [-kɔm-] n.f. Syn. de NUTATION.

CIRCUMPOLAIRE [-kɔm-] adj. **1.** Qui est ou qui se fait autour du pôle. – **2.** *Étoile circumpolaire,* étoile assez voisine du pôle céleste pour rester toujours au-dessus de l'horizon en un lieu donné.

CIRCUMSTELLAIRE [-kɔm-] adj. Qui entoure une étoile.

CIRCUMTERRESTRE [-kɔm-] adj. Qui entoure la Terre, se fait autour de celle-ci.

CIRE n. f. (lat. *cera*). **1.** Substance grasse, de couleur jaune, sécrétée par les glandes cirières de certains hyménoptères et notamment des jeunes ouvrières d'abeille, qui l'utilisent pour construire les rayons. (→ *encycl.*) — **2.** Préparation à base de cires animales (cire d'abeille) ou végétales (cire de carnauba) et de solvants, utilisée pour l'entretien du bois. (Syn. ENCAUSTIQUE.) — **3.** Syn. courant et fam. de CÉRUMEN : Avoir un bouchon de cire dans les oreilles. — **4.** *Cabinet de cire, musée de cire,* collection de figures en cire colorée représentant des personnages et des scènes célèbres. ‖ Fam. *C'est une cire molle,* c'est qqn d'influençable, dont on fait ce qu'on veut. ‖ *Cire à cacheter* ou *cire d'Espagne,* mélange de gomme-laque ou de résine et d'essence de térébenthine, de suif, et de pigments, utilisé pour cacheter les lettres, les bouteilles. • **Bot.** Substance grasse se formant sous la cuticule de feuilles, de fruits, qu'elle rend imperméables. (On récolte la cire de divers palmiers au Brésil, celle du myrica en Louisiane.) — **Bx-arts.** *Peinture à la cire,* peinture faite de couleurs détrempées dans de la cire liquide mélangée d'essence. — **Métall.** *Coulée* ou *moulage à cire perdue,* coulée d'un métal dans un moule dont l'empreinte est laissée par un modèle de l'objet en cire, éliminé par fusion. — **Pétr.** Produit essentiellement constitué par un mélange d'hydrocarbures saturés, ayant une structure cristalline plus fine que celle de la paraffine (microcristaux) et obtenu généralement à partir des résidus de distillation. — **Sculpt.** *Cire à modeler,* mélange de cire et de substances diverses (craie, farine, etc.) que l'on teinte à volonté et qui sert au modelage.

ENCYCL. **Apic.** Lors de la construction de la ruche, les abeilles ouvrières sécrètent la cire par une série de glandes ventrales. Les lamelles de cire, malaxées dans la bouche, sont façonnées en alvéoles, formant des panneaux verticaux (rayons). Après extraction du miel des rayons, l'apiculteur dissout la cire dans l'eau bouillante, puis la récolte, refroidie, purifiée et solidifiée, à la surface de l'eau.

CIRÉ n. m. (de *cirer*). **1.** Vêtement imperméable en tissu paraffiné ou plastifié. — **2.** Syn. de CABAN.

CIREBON, port d'Indonésie, dans le nord-ouest de Java ; 179 000 hab.

CIRER v. t. (conj. 3). Enduire de cire ou de cirage.

◆ **être ciré** v. pass. *Cuir ciré,* cuir avec incorporation d'une forte proportion de matières grasses et teint en noir. ‖ *Toile cirée,* toile enduite d'une composition vernissée qui la rend brillante et imperméable.

CIREUR, EUSE n. Personne qui a pour profession de cirer les chaussures.

◆ **cireuse** n. f. Appareil ménager électrique destiné à l'entretien des sols cirés.

CIREUX, EUSE adj. **1.** Qui est de la nature de la cire : *Substance cireuse.* — **2.** Qui a la consistance de la cire : *Les feuilles cireuses d'une plante grasse.* — **3.** Qui est blafard et jaunâtre : *Un teint cireux.*

CIREY-SUR-VEZOUZE (54480), ch.-l. de cant. de Meurthe-et-Moselle, en bordure des Vosges ; 1 998 hab. *(Ciréens).* Manufacture de glaces.

CIRIER, ÈRE adj. Qui produit de la cire.

◆ **cirier** n. m. **1.** Marchand ou fabricant de cierges. — **2.** Industriel ou artisan préparant la cire ou des produits en cire. — **3.** Artiste qui exécute des travaux en cire.

◆ **cirière** n. f. Abeille qui sécrète la cire.

CIRON n. m. (frq. **seuro*). Acarien vivant sur la croûte de certains fromages.

CIRQUE n. m. (lat. *circus,* cercle). **1.** Enceinte où se déroulaient, chez les Romains, les jeux publics. (→ *encycl.*) — **2.** À partir du XVIIIe s., enceinte, le plus souvent circulaire et couverte, où se donnent des spectacles équestres, acrobatiques, etc. (→ *encycl.*) — **3.** Ensemble de ces spectacles et des activités qui s'y rapportent : *Les gens du cirque.* — **4.** Entreprise spécialisée dans ce genre de spectacles. — **5.** *Fam.* Lieu où règne une agitation désordonnée : *Qu'est-ce que c'est que ce cirque ?* — **6.** *Fam.* Situation obligeant à des manœuvres complexes : *Quel cirque pour se garer !* — **7.** *Pop.* Comédie outrée ; scène : *Il a fait un de ces cirques !* — **8.** Dépression de forme semi-circulaire à bords raides, entaillée par les glaciers. (→ *encycl.* Géogr.) — **9.** Cratère à la surface d'une planète.

ENCYCL. **Antiq.** Chez les Romains, les plus anciennes enceintes conçues pour le cirque remontent à Tarquin l'Ancien. Les villes importantes avaient leur *circus,* conçu sur le même plan : piste sablée, allongée, propre aux courses, divisée par une épine architecturale (la *spina*) et ornée de statues et de colonnes. Le cirque le plus vaste était, à Rome, le Circus Maximus, au pied du Palatin. C'est en 329 av. J.-C. que furent aménagés les *carceres,* boxes où les chars attendaient le départ. Auguste édifia le *pulvinar,* ou loge impériale, et Néron porta la capacité des gradins à 250 000 places. Le cirque de Maxence, construit près de la voie Appienne, est le seul dont il subsiste des ruines importantes.

Un défilé-procession, la *pompa,* précédait les jeux, dont le point culminant était la course de chars attelés de deux, quatre chevaux ou plus. Les jeux du cirque comportaient aussi des scènes de chasse (combats d'animaux) et des luttes entre gladiateurs.

— **Cirq.** C'est en Angleterre qu'a pris naissance le cirque moderne. L'écuyer anglais Philip Astley (1742-1814) a l'idée de rendre spectaculaires des exercices classiques de manège en les enjolivant de prouesses fantaisistes. Il se fixe à Londres (1770), sur un terrain qu'il cerne de gradins et de barrières pour en faire le « Royal Amphitheatre of Arts ». Astley ajoute à l'équitation des numéros d'acrobates, de dresseurs et de pitres. Il est invité à Versailles quatre ans plus tard et entreprend une tournée en France. En 1783, Astley ouvre à Paris une succursale de son établissement londonien : l'Amphithéâtre anglais. Le successeur d'Astley (reparti en Angleterre à la Révolution) est Antoine Franconi (1737-1836), secondé par ses fils Laurent (1776-1849) et Henri (1779-1849). Les Franconi dirigent successivement trois cirques, tous dénommés « Cirque olympique », où ils innovent en créant des pantomimes à grand spectacle, dites « gloires militaires », chantant Napoléon Ier et ses faits d'armes. Le Cirque olympique est repris par Louis Dejean (1786-1879), qui fait édifier le cirque des Champs-Élysées (ou cirque d'Été) [1841-1898] et le cirque Napoléon (devenu le cirque d'Hiver), sur les plans de l'architecte Jacques Hittorff (1799-1867). L'établissement, inauguré en 1852 par Napoléon III, fut le témoin de grands moments de l'histoire du cirque, tels les débuts (1859) de Léotard, qui lance le principe de la voltige aux trapèzes volants. Depuis 1934, le cirque d'Hiver est dirigé par la famille Bouglione. Jusqu'à la loi sur la liberté des théâtres (1865), il n'existera aucun autre cirque à Paris. Après 1865, la capitale voit s'établir le cirque du Prince impérial (1866-67), le cirque Fernando (1877), qui, en 1897, devient le cirque Médrano (du nom du clown vedette qui en est le directeur), le Nouveau-Cirque (1880-1926), dont la piste peut laisser place à une sorte de piscine pour les pantomimes nautiques, le cirque Métropole, ou cirque de Paris (1906-1930). À la fin du XIXe s. et au début du XXe, de nombreux cirques sont construits en province ; ils ont presque tous disparu aujourd'hui. À la même époque, Barnum, aux États-Unis, donne un nouvel essor aux pistes. Entre les deux guerres, les établissements intègrent les ménageries, jusque-là foraines. De nos jours, les cirques les plus importants sont : *Bouglione ; Pinder ; Rancy ; Jean Richard ; Zavatta* ; le cirque à l'ancienne de la famille Alexis Gruss junior.

À l'étranger, comme en France, peu de cirques stables demeurent, mais les établissements voyageurs sont très nombreux : Busch-Roland, Hagenbeck, Althoff, Krone, Sarrasani (Allemagne), Chipperfield (Angleterre), Togni, Orfei (Italie), Knie (Suisse), Barnum-Ringling (États-Unis), Merano (Norvège), Schumann (Danemark). Cependant, en Russie et dans les pays de l'Est, les villes importantes possèdent encore des cirques en pierre (Moscou en a deux), qui ne nuisent pas à la vitalité de la centaine de chapiteaux qui voyagent.

Les années 1980 sont marquées par des expériences de renouvellement multiples, comme celles d'Archaos, de Zingaro ou de Plume en France, ou le cirque du Soleil au Canada.

– **Géogr.** La formation des cirques (correspondant toujours à la zone d'alimentation des glaciers) résulte de la gélivation de la roche sur leurs bords et sous le névé. L'écoulement de la glace commande la poursuite du creusement du cirque. Lorsque la glace a fondu, il se forme, en cas de contrepente (verrou), un *lac de cirque,* site favorable à l'équipement hydroélectrique.

CIRRE ou **CIRRHE** n. m. (lat. *cirrus,* filament). **1.** Expansion organique filamenteuse de certains invertébrés aquatiques : annélides, crustacés cirripèdes, crinoïdes. – **2.** *Vx.* Vrille de certaines plantes.

CIRRHOGÈNE adj. Qui produit une cirrhose.

CIRRHOSE n. f. (gr. *kirros,* jaunâtre). Maladie diffuse du foie, comportant une altération des hépatocytes, une sclérose et des nodules de régénération.

ENCYCL. La cirrhose alcoolique, ou cirrhose de Laennec, est une cirrhose à petit foie (cirrhose atrophique). D'autres cirrhoses se caractérisent par une hypertrophie du foie (cirrhoses biliaire, pigmentaire, etc.). La cirrhose s'accompagne le plus souvent d'un subictère, de troubles d'hypertension portale (ascite surtout) et d'hémorragies. Après une phase réversible de plusieurs années, la mort survient, généralement à la suite d'une hémorragie digestive foudroyante ou après l'apparition d'un cancer primitif du foie.

CIRRHOTIQUE adj. et n. Relatif à la cirrhose ; atteint de cirrhose.

CIRRIPÈDE n. m. (lat. *cirrus,* filament.) Crustacé marin tel que l'anatife, la balane et la sacculine. (Les cirripèdes forment une sous-classe. L'adulte vit fixé sur un support ; le corps est protégé par des plaques calcaires et les pattes sont conformées en filaments capteurs, ou *cirres.*)

CIRROCUMULUS [-lys] n. m. Nuage de la famille des cirrus se disposant en petits flocons ou en rides très fines (ciel moutonné).

CIRROSTRATUS [-tys] n. m. Nuage de la famille des cirrus formant un voile plus ou moins blanchâtre, qui dessine un halo autour de la Lune ou du Soleil.

CIRRUS [-rys] n. m. (lat. *cirrus,* filament). Nuage élevé d'un blanc soyeux, en forme de filaments parallèles, de boucles de cheveux, de clous ou de rides. La famille des cirrus comprend les nuages supérieurs (situés entre 6 000 et 10 000 m aux latitudes tempérées, annonciateurs de mauvais temps).

CIRSE n. m. Chardon épineux dont les nombreuses espèces vivent dans les terrains incultes et les lieux humides.

CIRSOÏDE adj. (gr. *kirsos,* varice). *Anévrysme cirsoïde,* anévrysme caractérisé par la présence d'un réseau artério-veineux communiquant.

CIRTA, ville de Numidie, auj. **Qacentina.** Masinissa en fit la capitale du royaume de Numidie.

CIS [sis] adj. inv. **1.** Se dit d'un isomère géométrique ou d'un diastéréo-isomère où deux substituants semblables se font face. — **2.** Se dit d'une réaction d'addition au cours de laquelle les deux fragments qui se fixent sur la molécule substrat arrivent par le même côté. (Syn. SYN.)

CISAILLAGE n. m. Découpage d'une feuille de métal perpendiculairement à sa surface.

CISAILLE n. f. (lat. pop. **cisaculum,* du lat. class. *caedere,* couper). **1.** Outil en forme de ciseaux utilisé pour couper des matières dures (métaux, carton, etc.). [S'emploie au pl. avec le même sens.] — **2.** Rognure de métal qui provenait de l'ajustage des monnaies. — **3.** Lame perforée provenant du découpage des flans monétaires. — **4.** *Cisaille circulaire,* machine comportant deux molettes tranchantes pour le découpage de pièces de tôle suivant un contour particulier. ‖ *Cisaille à lames,* machine pour le découpage des feuilles de tôle suivant un tracé rectiligne. (Syn. GUILLOTINE.)

CISAILLEMENT n. m. **1.** Action de cisailler, de couper, d'entailler ; entaille faite en cisaillant. — **2.** Rupture souvent plane *(plan de cisaillement)* affectant un ensemble rocheux homogène ou hétérogène, en réponse à des contraintes tangentielles. — **3.** Effet d'un effort tangentiel appliqué à un corps dans le plan de l'une de ses faces. — **4.** Point où les trajectoires de deux ou plusieurs courants de circulation routière se coupent au même niveau, créant des risques de collision. — **5.** *Effort de cisaillement,* composante de la force agissant sur la section droite d'une poutre, située dans le plan de cette section.

CISAILLER v. t. (conj. 3). **1.** Couper avec une cisaille. — **2.** Entailler qqch avec un objet tranchant ou avec des ciseaux et le plus souvent maladroitement : *Se cisailler la joue avec un rasoir.* — **3.** *Fam.* Briser l'élan de qqn, son enthousiasme. — **4.** Dans une grande gare, traverser en biais les voies principales.

CISALPIN, E adj. (lat. *cisalpinus*). Situé en deçà des Alpes par rapport à Rome. (Contr. TRANSALPIN.)

CISALPINE *(Gaule),* partie nord de l'Italie, qui a été occupée par les Celtes avant d'être conquise par Rome.

CISALPINE *(République),* État constitué en Italie par Bonaparte le 29 juin 1797, avec Milan pour capitale, et qui fut reconnu par le traité de Campoformio (oct.). Comprenant lors de sa fondation la Lombardie (ou Transpadane), elle fut agrandie des territoires de la Cispadane (juill. 1797) et de ceux de la moitié occidentale de la République de Venise (1800).

CISEAU n. m. (lat. pop. **cisellum,* du lat. class. *caedere,* couper). **1.** Tige d'acier aiguisée en biseau à une extrémité et qui, frappée au marteau ou à la main à l'autre extrémité, sert à travailler des matières diverses (bois, métal, pierre, etc.) ou qu'on emploie comme levier pour écarter ce qui est cloué. — **2.** Carreau d'arbalète, utilisé surtout à la chasse, au XVe et au XVIe s. — **3.** Instrument préhistorique de pierre ou d'os, à tranchant étroit, de section rectangulaire, fréquent au néolithique. — **4.** Mouvement des jambes ressemblant à un coup de ciseaux. (Les ciseaux sont utilisés dans les sauts en hauteur et en longueur, en gymnastique [au cheval-d'arçons], en lutte et au catch, ainsi que dans certaines nages.) — **5.** Au football, reprise de volée acrobatique, souvent en retourné, alors qu'aucune partie du corps n'est en contact avec le sol. — **6.** *Ciseau à froid,* ciseau servant à sectionner des corps durs. ‖ *Ciseau de prix,* évolution divergente des prix de deux produits ou de groupes de produits : produits agricoles et industriels, produits de base et manufacturés. (Dans les relations économiques internationales, l'effet *ciseau de prix* manifeste souvent une détérioration des termes de l'échange au détriment des pays du tiers monde ; les prix des biens produits et exportés par ces derniers subissent des baisses fréquentes ; quant aux biens des pays riches [à forte valeur ajoutée], ils ne montrent guère une tendance à baisser aussi fortement.)

◆ **ciseaux** n. m. pl. **1.** Instrument formé de deux lames d'acier placées en X, de manière à se mouvoir autour d'un axe, et qu'on rapproche pour couper l'objet placé entre elles. (On dit aussi PAIRE DE CISEAUX.) — **2.** Fam. *Coup de ciseaux,* coupure effectuée dans un texte. ‖ *Saut de ciseaux,* syn. de TEMPS DE FLÈCHE.

CISELAGE n. m. Action de ciseler.

CISÈLEMENT ou **CISELAGE** n. m. Action de couper les grains de raisin défectueux pour favoriser la croissance des autres.

CISELER v. t. (anc. fr. *cisel,* ciseau) [conj. **25**]. **1.** Travailler, décorer un objet de métal à l'aide d'un ciselet, d'un burin, etc. — **2.** *Litt.* Travailler minutieusement un texte. — **3.** Faire des incisions sur certaines pièces pour en faciliter la cuisson. — **4.** Effectuer le cisèlement.

◆ **être ciselé** v. pass. **1.** Présenter des ciselures : *Un bijou en or ciselé.* — **2.** *Litt.* Être délicatement modelé : *Les traits finement ciselés de son visage.*

– **3.** *Litt.* Être minutieusement travaillé : *Phrase ciselée.*

CISELET n. m. (anc. fr. *cisel,* ciseau). Petit ciseau ou pointe (taillés de manières très diverses) à l'usage des bronziers, des orfèvres, des graveurs.

CISELEUR n. m. Artiste ou artisan qui cisèle.

CISELLERIE n. f. **1.** Fabrication des ciseaux. – **2.** Produits de cette fabrication.

CISELURE n. f. (de *ciseler*). **1.** Action de décorer un objet de métal en l'animant d'un relief plus ou moins marqué. (Techniques du défoncé, du repoussé.) – **2.** Ornement, relief ciselé. – **3.** Travail décoratif délicat de la pierre, du bois, etc. – **4.** Bande taillée au ciseau le long des arêtes d'une pierre de taille. – **5.** Procédé d'ornementation, en creux et en relief, du cuir des reliures.

CISJORDANIE, région située à l'ouest du Jourdain. Annexée au royaume de Jordanie en 1949, cette région est, à partir de 1967, occupée et administrée militairement, sous le nom de Judée-Samarie, par Israël, qui y favorise l'implantation de colonies juives. À partir de décembre 1987, cette occupation se heurte à un soulèvement populaire palestinien. En 1988, le roi Ḥusayn de Jordanie rompt les liens légaux unissant son pays et la Cisjordanie. En 1994 , un statut d'autonomie (palestinienne) est instauré dans la zone de Jéricho, conformément à l'accord israélo-palestinien de Washington. En 1995, un nouvel accord consacre l'extension de l'autonomie aux grandes villes arabes de Cisjordanie (Djenin, Naplouse, Tulkarm, Qalqilya, Ramallah, Bethléem et, partiellement, Hébron).

CISJURAN, E adj. Qui est en deçà du Jura vers l'ouest.

CISKEI, anc. bantoustan d'Afrique du Sud (supprimé en 1994). Devenu « indépendant » en déc. 1981, il couvrait 12 000 km² et comptait 700 000 hab. résidents. Cap. *Bicho.*

C. I. S. L., sigle de CONFÉDÉRATION* INTERNATIONALE DES SYNDICATS LIBRES.

CISLEITHANIE, nom donné de 1867 à 1918 aux provinces formant la partie autrichienne de l'Empire austro-hongrois et situées à l'O. de la Leitha, par oppos. à la Transleithanie*.

CISNEROS (Francisco JIMÉNEZ DE), cardinal espagnol (Torrelaguna, Castille, 1436-Roa 1517). Franciscain (1484), il devient confesseur de la reine Isabelle Ire la Catholique en 1492. Archevêque de Tolède (1495), grand inquisiteur (1506), régent de Castille (1516), il dirige la campagne de conversion des Maures de Grenade (1499), conduit une expédition en Afrique du Nord, où il s'empare d'Oran (1509). Il restaure la discipline ecclésiastique et fonde l'université d'Alcalá de Henares (1498), où il fait entreprendre (1514-1517), à partir des textes grecs et hébreux, la traduction de la Bible polyglotte (la *Complutensis*), publiée en 1520.

CISOIRES n. f. pl. (lat. *cisoria,* instrument tranchant). Grosses cisailles de tôlier, de chaudronnier, etc., montées sur pied.

CISPADANE adj. f. (ital. *cispadano*). *Gaule cispadane,* partie de la Gaule Cisalpine située au S. du Pô.

CISPADANE *(République),* État constitué en 1796 par Bonaparte en Italie, au S. du Pô, et comprenant les duchés de Modène et de Reggio, les légations de Ferrare et de Bologne. Agrandie de la Romagne en févr. 1797, elle fut réunie à la République Cisalpine en juill.

CISPLATINE n. m. Composé inorganique du platine, utilisé en perfusion comme médicament anticancéreux.

CISRHÉNAN, E adj. Qui est sur la rive gauche du Rhin.

CISRHÉNANE *(République),* État formé en 1797 par les territoires allemands de la rive gauche du Rhin et placé sous le protectorat de la France, à laquelle il fut réuni par le traité de Campoformio (18 oct. 1797).

CISSEY (Ernest COURTOT DE), général et homme politique français (Paris 1810 - *id.* 1882), quatre fois ministre de la Guerre de 1871 à 1876 et président du Conseil dans le cabinet de Mac-Mahon (mai 1874-mars 1875).

CISSION n. f. Contrainte de cisaillement d'un corps, d'un matériau.

CISSUS [-sys] n. m. (gr. *kissos,* lierre). Plante grimpante ornementale, voisine de la vigne vierge.

CISTACÉE n. f. (lat. *cistos,* du gr. *kisthos,* ciste). Plante telle que le ciste ou l'hélianthème. (Les *cistacées* forment une famille.)

1. CISTE n. m. (gr. *kisthos*). Arbrisseau aromatique des sols dégradés du Midi méditerranéen, aux nombreuses étamines et dont une espèce fournit le ladanum.

2. CISTE n. f. (lat. *cista,* corbeille, du gr. *kistê*). **1.** Dans l'Antiquité, panier, corbeille, d'usage religieux notamment. – **2.** Coffret en bronze surmonté d'un couvercle. – **3.** Tombe préhistorique constituée de quatre dalles de chant et d'une cinquième formant couvercle.

CISTÉLIDÉ n. m. Syn. de ALLÉCULIDÉ.

CISTERCIEN, ENNE adj. et n. (lat. médiév. *cisterciensis,* de *Cistercium,* Cîteaux). Qui appartient à l'ordre de Cîteaux.

ENCYCL. Les cisterciens constituent une famille monastique issue de l'abbaye de Cîteaux, près de

Dijon, fondée en 1098 par Robert de Molesmes. Quittant l'obédience de Cluny, abbaye mère bénédictine accusée par eux de laxisme, les cisterciens trouvèrent leur voie avec saint Bernard de Clairvaux, qui, entré à Cîteaux en 1112, donna à l'ordre un essor extraordinaire en France et en Europe. « Bénédictins blancs », les cisterciens revenaient à l'observance stricte de la règle de saint Benoît par une plus grande austérité dans la vie quotidienne et par l'exercice du travail manuel, qui a fait d'eux, aux XIIe-XIIIe s., les plus grands défricheurs de l'Europe. Une certaine décadence de l'ordre provoqua, en 1664, à l'abbaye de Notre-Dame-de-la-Trappe, en Normandie, une réforme très rigoureuse, menée par Armand de Rancé : c'est l'origine des trappistes, ou cisterciens de la stricte observance.

CISTICOLE n. f. (lat. *cista,* corbeille). Très petite fauvette des côtes de France, qui édifie, dans les herbes aquatiques, des nids cousus très élaborés.

CIS-TRANS [siztrɑ̃z] adj. Se dit d'une isomérie géométrique correspondant à une position différente des atomes dans le plan ou dans l'espace. (Dans le cas des dérivés éthyléniques disubstitués, les deux groupements sont du même côté de la double liaison dans l'isomère cis, de part et d'autre dans l'isomère trans.)

1. CISTRE n. m. (altér. du moyen fr. *citre,* du lat. *cithara*). Instrument de musique à cordes pincées, composé d'une caisse plate peu profonde, munie d'un manche.

2. CISTRE n. m. Syn. de MEUM.

CISTRON n. m. Segment d'A.D.N. qui correspond à un gène considéré comme unité de fonction et responsable de la synthèse d'une chaîne polypeptidique.

CISTUDE n. f. (lat. zool. *cistudo,* de *cistus,* corbeille, et *testudo,* tortue). Petite tortue carnassière des marais, commune en France et hivernant dans le sol.

CITABLE adj. Qui peut ou doit être cité.

CITADELLE n. f. (ital. *cittadella,* de *città,* ville). **1.** Ouvrage fortifié indépendant servant autrefois de réduit pour la défense d'une place importante. – **2.** Lieu qui dispose de puissants moyens de défense ; bastion : *Les bandits avaient transformé la ferme en une citadelle.* – **3.** Centre principal où l'on défend des idées, une doctrine, etc. : *Ce département est une citadelle du socialisme.*

CITADIN, E n. (ital. *cittadino,* de *città,* ville). Personne habitant une ville, par oppos. aux habitants de la campagne.
◆ adj. Qui appartient à la ville ; urbain : *Habitudes citadines.*

C. I. T.-Alcatel *(Compagnie Industrielle des Télécommunications),* société française dont les origines remontent à la création, en 1880, de la Société générale des téléphones et qui, à la suite de la fusion avec Alcatel, devint, en 1970, C. I. T.-Alcatel. Faisant partie du groupe de la Compagnie générale d'électricité, elle exerce ses activités dans les domaines des télécommunications, de la télématique et de la bureautique. C. I. T.-Alcatel se rapproche de Thomson-Télécommunications et en 1986 devient *Alcatel.* (→ ALCATEL ALSTHOM COMPAGNIE GÉNÉRALE D'ÉLECTRICITÉ.)

CITATEUR, TRICE n. Personne qui fait des citations.

CITATION n. f. (bas lat. *citatio, -onis,* proclamation). **1.** Action de citer, de rapporter les mots ou les phrases de qqn ; paroles, passage empruntés à un auteur ou à qqn qui fait autorité. – **2.** Phrase chorégraphique, musicale, plan cinématographique, etc., inséré dans une création d'un artiste sans qu'il en soit l'auteur. – **3.** Action d'assigner en justice ; exploit, acte par lequel on fait cette sommation. (Syn. ASSIGNATION.) – **4.** Récompense accordée à un militaire pour des actions d'éclat, des faits de guerre et, hors guerre, pour des actes de courage et de dévouement. – **5.** *Fin de citation,* formule de la langue orale indiquant la fin d'un texte cité.

CITÉ n. f. (lat. *civitas, -atis*). **1.** Dans l'Antiquité, communauté politique dont les membres (les citoyens) s'administraient eux-mêmes. (→ *encycl.*) – **2.** Agglomération formant un ensemble homogène, une unité historique, architecturale, etc. : *Paris est une magnifique cité.* – **3.** Quartier le plus ancien de quelques villes (avec une majuscule) : *Notre-Dame de Paris est dans la Cité.* – **4.** Nom donné à des ensembles d'immeubles, de maisons formant un tout homogène ou ayant une même destination : *La cité fleurie.* – **5.** *Avoir droit de cité,* pouvoir être admis dans un domaine déterminé. ‖ *Cité céleste, cité sainte, cité de Dieu,* séjour des bienheureux. ‖ *Cité lacustre,* syn. de PALAFITTE. ‖ *Cité linéaire,* ville qui se développe en longueur, parallèlement à une route. (La cité linéaire a été théorisée à la fin du XIXe s. par l'urbaniste espagnol Arturo Soria y Mata.) [Syn. VILLE-RUBAN.] ‖ *Cité ouvrière,* agglomération de logements économiques pour les ouvriers. ‖ *Cité sainte,* ville honorée par les fidèles d'une religion (Rome et Jérusalem pour les chrétiens, La Mecque pour les musulmans). ‖ *Cité de transit,* ensemble d'habitations affectées au logement provisoire de certaines familles, en attendant des mesures d'insertion sociale à leur égard. ‖ *Cité universitaire,* organisme rassemblant pavillons d'habitation, restaurants, terrains de sport, bibliothèques et destiné à assurer aux étudiants des conditions matérielles confortables ainsi qu'à favoriser la compréhension mutuelle des cultures. ‖ *Droit de cité,* ensemble des privilèges qui étaient attachés à la qualité de citoyen d'une cité antique.

ENCYCL. **Hist.** De façon générale, on entend par « cité » un État constitué par une ville et son territoire, de taille modeste, où les hommes s'organisent en un ensemble politique et économique cohérent. Apparue dès le IIIe millénaire av. J.-C. au pays de Sumer, la cité a été une organisation fondamentale dont les derniers témoins furent en Europe les cités flamandes, allemandes et italiennes du Moyen Âge et des Temps modernes. La cité par excellence est la cité grecque (en gr. : *polis*). Pour les historiens actuels, celle-ci paraît provenir, à partir du XIIe ou du XIe s. av. J.-C., de la fixation autour d'un point fortifié de populations variées. La citadelle garde un territoire rural plus ou moins étendu tandis qu'à ses pieds se développe le bourg *(astu).* Progressivement, le territoire s'étend jusqu'à des frontières communes avec celui des cités voisines. Dans ce cadre territorial, l'ensemble des citoyens forme la cité proprement dite. D'abord gouvernées par des rois, les cités grecques on connu leur essor sous un régime oligarchique : ses chefs se recrutent d'abord selon la naissance, puis d'après la fortune (IXe-VIe s. av. J.-C.). Mais le peuple *(dêmos)* finit par imposer l'égalité des citoyens devant la loi, puis parfois donne le pouvoir à la majorité des citoyens *(démocratie).* L'État est pourtant aux mains d'une minorité des habitants du territoire ; vivent dans les cités des dépendants, qui n'accèdent jamais à la dignité politique, ou les esclaves : étrangers domiciliés *(métèques),* qui ne sont pas associés à la vie publique. Dans sa forme « achevée », l'organisation de la cité se marque par l'existence d'une Assemblée du peuple *(ecclesia),* souveraine en théorie et où siègent, du moins en droit, tous les citoyens ; cette Assemblée est secondée par une commission permanente, le Conseil *(boulê),* formé d'un nombre restreint de citoyens représentant le peuple. La multiplication des magistratures, le plus souvent annuelles et collégiales, assure la domination du peuple sur l'exécutif. Il appartient également aux citoyens de fournir les juges du tribunal de la cité (l'*héliée* à Athènes). Cadre achevé de la vie des anciens Grecs, les cités ont permis l'épanouissement d'une brillante civilisation entre le VIIe et le IVe s. av. J.-C. Mais le morcellement politique que maintenait cette institution, les luttes incessantes entre les cités ont obligé la cité à s'effacer devant des organisations politiques mieux adaptées : le royaume ou la province romaine, dans lesquels les cités luttèrent toujours pour préserver une forme d'autonomie.
Rome fut longtemps une cité aux institutions analogues ; dès le IVe s. av. J.-C., après la conquête du Latium, elle doit adapter ses institutions à la gestion de territoires toujours plus vastes. Pourtant, la civilisation de la cité est à ce point le cadre naturel de la vie des Anciens que l'Empire romain se présente toujours comme une fédération de cités. Par l'édit de Caracalla (212 apr. J.-C.), tous leurs habitants libres disposent également du droit de cité romaine. Possédé par les citoyens romains, c'est-à-dire par ceux qui, à l'origine, résident dans l'*urbs* ou dans l'*Ager Romanus,* ou encore dans une colonie romaine, ce droit se transmet héréditairement. Il comporte la possession intégrale des droits civils (*jus commercii* [droit de propriété et droit de conclure des contrats], *jus connubii* [droit de contracter un mariage légitime avec les enfants de citoyens romains]) et des droits politiques (*jus suffragii,* ou droit de vote, et *jus honorum,* ou droit d'éligibilité).

Cité antique *(la),* par Fustel de Coulanges (1864), étude synthétique du gouvernement et de l'évolution des cités grecques et de Rome.

Cité de Dieu *(la),* ouvrage de saint Augustin, écrit de 413 à 426 et qui est une ébauche d'une théologie de l'histoire fondée sur l'opposition permanente entre la cité spirituelle et la cité matérielle.

Cité interdite, le palais impérial de Pékin (ou *Gugong*), domaine réservé de l'empereur et de sa cour. Édifié en 1406 et restauré du XVIIe au XIXe s., l'ensemble est aujourd'hui un vaste musée.

Cité de la musique → VILLETTE (PARC DE LA).

Cité des sciences et de l'industrie, centre d'expositions scientifiques et techniques, situé sur le parc de la Villette à Paris, ouvert depuis 1986 et comprenant, notamment, une médiathèque et une salle de cinéma hémisphérique, la *Géode.*

Cité du Soleil *(la),* œuvre de Tommaso Campanella écrite dans sa prison napolitaine en 1602 et publiée en Allemagne en 1623. Sous forme de dialogue, l'auteur décrit une société égalitaire et communiste.

Cité (la), de Londres → CITY.

CITÉ *(île de la),* île à Paris, sur la Seine. Occupée par la tribu gauloise des *Parisii* dès 250 av. J.-C., l'île est, à l'époque romaine, le centre d'une ville importante qui s'étend sur la rive gauche. Deux ponts relient l'île aux rives du fleuve (Grand-Pont et Petit-Pont), fortifiés à l'époque carolingienne. Au Moyen Âge, la *Cité* (par opposition à la *Ville* de la rive droite et à l'*Université* de la rive gauche) abrite le palais royal à l'ouest (Sainte-Chapelle*, du XIIIe s., Conciergerie*), la cathédrale (St-Étienne, puis Notre-Dame*) et l'évêché à l'est, ainsi que l'Hôtel-Dieu, le marché et de nombreux sanctuaires, séparés par des rues étroites. Aux deux ponts (appelés désormais Notre-Dame et Petit-Pont) s'ajoutent au XVIe s. le Pont-au-Change et le pont Saint-Michel, puis le Pont-Neuf en 1607. Le second Empire achève la destruction des vieilles églises, fait élargir les voies, poursuit la réalisation du vaste Palais de Justice sur les restes du palais royal, fait élever devant Notre-Dame le nouvel Hôtel-Dieu et la Préfecture de police, autour d'un vaste parvis sous lequel sont visibles des vestiges antiques et médiévaux (« crypte archéologique » aménagée en 1980).

CÎTEAUX, hameau de la comm. de Saint-Nicolas-lès-Cîteaux (Côte-d'Or), au centre de la forêt du même nom. Célèbre abbaye *N.-D.-de-Cîteaux,* fondée en 1098 par saint Robert, fermée en 1790, de nouveau occupée par les moines cisterciens depuis la fin du XIXe s. De ce monastère proviennent de beaux manuscrits enluminés, conservés à la bibliothèque de Dijon *(Bible d'Étienne Harding).*

Cîteaux *(forêt de),* forêt domaniale de la Côte-d'Or ; 3 600 ha.

CITÉ-JARDIN n. f. (pl. *cités-jardins*). Zone résidentielle aménagée pour une vie saine, largement pourvue d'espaces verts. (Théorisée aux alentours de 1900 par l'urbaniste anglais Ebenezer Howard.)

CITER v. t. (lat. *citare*) [conj. 3]. **1.** Assigner qqn en justice. — **2.** Faire venir, appeler qqn qqpart : *Citer un témoin à la barre.* — **3.** Rapporter les paroles de qqn pour appuyer ce qu'on dit, pour servir de preuve, d'ornement littéraire, etc. : *Citer l'Évangile. Je vous cite dans mon livre.* — **4.** Mentionner, indiquer, signaler qqn, qqch comme dignes d'attention : *Son nom n'est pas cité dans le journal.* — **5.** Faire une énumération : *Cite-moi tous les chefs-lieux des départements.* — **6.** Faire de qqn l'objet d'une citation militaire.

CITÉRIEUR, E adj. (lat. *citerior*). Se disait d'une région en deçà d'une autre, par rapport à celui qui parle.

CITERNE n. f. (lat. *cisterna,* de *cista,* coffre). **1.** Réservoir où l'on recueille et conserve les eaux de pluie. — **2.** Réservoir généralement enterré, de dimensions modestes. (Syn. CUVE.) — **3.** Syn. de WAGON-CITERNE et de CAMION-CITERNE. — **4.** Compartiment destiné à recevoir la cargaison à bord des navires de transport d'hydrocarbures, de produits chimiques liquides divers ou de vin. • **Anat.** *Citerne de Pecquet,* dilatation de la partie initiale du canal thoracique. — **Neurol.** Dilatation de l'espace sous-arachnoïdien, contenant une grande quantité de liquide céphalo-rachidien.

CITERNIER n. m. Conducteur de camion-citerne.

1. CITHARE n. f. (lat. *cithara,* du gr. *kithara,* sorte de lyre). Instrument de musique à cordes pincées ou frappées, dans lequel les cordes sont tendues parallèlement entre elles sur une caisse de résonance ne comportant pas de manche.

2. CITHARE n. f. (de *cithare 1*). Poisson plat qui vit couché sur le côté droit.

CITHARÈDE n. (lat. *citharoedus,* du gr. *kitharôidos*). En Grèce, personne qui chantait en s'accompagnant de la cithare.

CITHARISTE n. (lat. *citharista,* du gr. *kitharistês*). Musicien qui joue de la cithare.

CITHÉRON, montagne boisée, aux confins de la Béotie et de la Mégaride, théâtre de nombreuses légendes mythiques et lieu de culte dionysiaque.

Citibank NA, banque commerciale des États-Unis, faisant suite, depuis 1976, à la First National City Bank, dont l'origine remonte à 1812.

CITION, en gr. anc. **Kition,** auj. **Lárnaka,** cité de la côte sud de Chypre, fondée au XIVe s. av. J.-C. Du XIIIe au Xe s., la ville a connu son apogée sous l'impulsion d'une population de réfugiés mycéniens. Elle reprit son expansion aux Ve et IVe s. avant d'être annexée au domaine des Ptolémées. Vestiges antiques. Nécropole.

CITIZEN BAND ou **CITIZEN'S BAND** n. f. (angl. *citizen's band,* bande du citoyen). Bande de fréquences autour de 27 MHz mise à la disposition du public pour des radiocommunications effectuées à titre privé, avec des émetteurs de faible puissance. (Syn. BANDE [DE FRÉQUENCES] BANALISÉE ; BANDE [DE FRÉQUENCES] PUBLIQUE ; on emploie couramment l'abrév. C. B.)

Citizen Kane, film américain d'Orson Welles (1941). Portrait psychologique d'un magnat de la presse, ce film bouleversa les règles traditionnelles du langage cinématographique en utilisant des effets de prise de vues à des fins dramatiques.

CITLALTÉPETL → ORIZABA.

CITOYEN, ENNE n. (de *cité*). **1.** Dans l'Antiquité, personne qui jouissait du droit de cité : *Un citoyen romain.* — **2.** Personne jouissant, dans l'État dont il relève, des droits civils et politiques, et notamment du droit de vote (par oppos. aux étrangers). — **3.** *Fam.* Individu aux allures ou au comportement plus ou moins bizarres. — **4.** Pendant la Révolution française, appellation que les sans-culottes substituèrent, à partir de 1792, à celle de « monsieur », jugée aristocratique. — **5.** *Citoyen du monde, de l'univers,* celui qui met les intérêts de l'humanité au-dessus de tout. ‖ *Roi-Citoyen,* surnom de Louis-Philippe Ier.

CITOYENNETÉ n. f. Qualité de la personne disposant, dans une communauté politique donnée, de l'ensemble des droits civils et politiques.

CITRAL n. m. Dénomination courante d'un aldéhyde monoterpénique que l'on rencontre dans les essences de citron, de lemon-grass et de verveine. (Outre son usage comme parfum de citron, le citral est employé pour la synthèse de l'ionone, parfum de la violette, et du β-carotène.)

CITRANGE n. m. Hybride de l'orange et du poncirus, utilisé comme porte-greffe d'agrumes.

CITRATE n. m. Sel ou ester de l'acide citrique.

CITRIN, E adj. (lat. médiév. *citrinus*. D'une couleur jaune citron.

◆ **citrine** n. f. Quartz jaune à brun-jaune (couleur naturelle ou obtenue par chauffage, p. ex., d'une améthyste).

CITRIQUE adj. (rad. lat. *citrus,* citron). *Acide citrique,* dénomination courante du triacide que l'on peut extraire du jus de citron. (Il est utilisé dans l'industrie alimentaire [limonades], la teinturerie et l'impression. Parmi ses sels, le citrate d'argent sert à préparer les papiers photographiques à noircissement direct, le citrate de butyle est employé comme plastifiant et les citrates de magnésium et de sodium ont des propriétés thérapeutiques.)

CITROËN (André), ingénieur et industriel français (Paris 1878 - *id.* 1935). Après avoir créé en 1915 une usine pour la production des obus, il la reconvertit en 1919 pour la fabrication en grande série d'une voiture populaire ; ce fut, en France, la première production de ce type pour l'automobile. Les principaux modèles furent, dès 1919, la 10 A, en 1922 la 5 CV et, à partir de 1934, la célèbre traction avant, produite pendant 23 ans. Citroën organisa également la Croisière noire, en Afrique (1924-25), et la Croisière jaune, en Asie (1931-32).

Citroën *(Automobiles),* entreprise de constructions automobiles fondée en 1919 par André Citroën. Elle est, depuis 1976, passée sous le contrôle du groupe Peugeot.

CITRON n. m. (bas lat. *citrum,* fruit du cédratier). **1.** Fruit du citronnier, de couleur jaune, de forme ovale, avec un mamelon au sommet et dont la pulpe contient un jus acide, riche en vitamine C et agréablement parfumé. — **2.** *Citron vert,* fruit du *Citrus aurantifolia,* utilisé pour son parfum en cuisine et en pâtisserie. (Syn. LIME.) — **3.** *Pop.* Tête. — **4.** Piéride jaune clair, aux ailes anguleuses, dont la chenille vit sur le nerprun. — **5.** Fam. *Presser le citron à qqn, presser qqn comme un citron,* en tirer tout ce qu'on peut, argent, travail, etc. ; l'exploiter au maximum. ‖ Fam. *Se presser le citron,* se torturer l'esprit pour comprendre ou inventer.

◆ adj. inv. De la couleur du citron.

CITRONAT n. m. Écorce de citron confite, utilisée en pâtisserie.

CITRONELLAL n. m. Aldéhyde monoterpénique que l'on rencontre dans les essences de citronnelle, d'eucalyptus et de citron de Java.

CITRONNADE n. f. Boisson faite de jus ou de sirop de citron, d'eau, plate ou gazeuse, et de sucre.

CITRONNELLE n. f. (de *citron*). **1.** Liqueur nommée aussi *eau des Barbades* et qui est une infusion de zestes de citron dans l'eau. — **2.** Nom générique de graminées aromatiques des régions tropicales cultivées pour leurs huiles essentielles, qui sont utilisées en cuisine, en parfumerie, en pharmacie et en droguerie (répulsif pour les moustiques). — **3.** Nom usuel de l'armoise, de la mélisse et de la verveine odorante.

CITRONNER v. t. (conj. 3). Additionner de jus de citron.

CITRONNIER n. m. Arbre du groupe des agrumes qui produit les citrons, surtout cultivé dans les régions de climat méditerranéen subtropical.

CITROUILLE n. f. (lat. médiév. *citrullus,* du bas lat. *citrium,* du lat. class. *citrus,* citron). **1.** Nom commun à plusieurs espèces de cucurbitacées dont la citrouille de Touraine, grosse courge produisant des fruits pouvant peser 50 kg. — **2.** *Pop.* Grosse tête.

CITRUS [-trys] n. m. (lat. *citrus,* citron). Petit arbre des régions tempérées chaudes, dont le fruit a la structure d'une orange. (On classe les agrumes dans le genre *citrus.*)

CITTÀ DI CASTELLO, v. d'Italie, en Ombrie, sur le Tibre ; 37 000 hab. Centre agricole (tabac) et industriel. Intéressants monuments du XIe au XVIe s. Pinacothèque.

CITTÀ VECCHIA ou **CITTÀ NOTABILE** → MDINA.

City ou **Cité,** nom d'un quartier central de Londres, sur la rive gauche de la Tamise, immédiatement en amont de la Tour de Londres. C'est le traditionnel quartier financier (siège notamment de la Banque d'Angleterre et de la Bourse de Londres).

City *(phénomène de),* dépeuplement fréquent d'un quartier d'affaires, où la multiplication des bureaux, des sièges d'entreprises, des banques a refoulé les habitants vers la périphérie.

CITY-MAGAZINE n. m. (pl. *city-magazines*). Hebdomadaire qui ne traite que des sujets concernant les habitants de la ville où il paraît.

CIUDAD BOLÍVAR, v. du Venezuela, cap. de l'État de Bolívar, sur l'Orénoque ; 103 700 hab. Fondée en 1764 sur l'Orénoque, la ville fut, en 1819, le siège du *congrès d'Angostura,* qui jeta les bases de la Grande-Colombie. Archevêché. Centre commercial et touristique.

CIUDAD DEL ESTE, anc. **Puerto Stroessner,** v. du Paraguay à la frontière avec l'Argentine et le Brésil ; 133 893 hab. Pont international sur le Paraná.

CIUDAD DE VICTORIA → DURANGO.

CIUDADELA, port d'Espagne (Baléares), sur la côte ouest de Minorque ; 18 000 hab. Cap. de l'île jusqu'en 1722. Cathédrale gothique avec façade néoclassique. Aux environs, monuments mégalithiques.

CIUDAD GUAYANA, v. du Venezuela, regroupant San Félix et Puerto Ordaz, au confluent de l'Orénoque et du río Caroní ; 143 500 hab. Sidérurgie. Métallurgie de l'aluminium. Cimenterie.

CIUDAD JUÁREZ, anc. **Paso del Norte,** v. du Mexique, sur le río Bravo, à la frontière des États-Unis, en face d'El Paso ; 625 000 hab. Tourisme. Constructions mécaniques et électriques.

CIUDAD MADERO, anc. **Villa de Cecilia,** v. du Mexique (État de Tamaulipas), au N.-E. de Tampico ; 142 000 hab. Raffinage du pétrole. Pétrochimie.

CIUDAD OBREGÓN, v. du Mexique (État de Sonora) ; 182 000 hab. Centre commercial.

CIUDAD PEMEX, centre pétrolier du Mexique (Tabasco), créé par la société pétrolière d'État (Pemex), à l'E. de Villahermosa.

CIUDAD REAL, v. d'Espagne, en Castille-La Manche, ch.-l. de prov. ; 45 600 hab. Cathédrale gothique du début du XVIe s. Centre commercial. Industries alimentaires.

CIUDAD RODRIGO, v. d'Espagne (Castille-León), au S.-O. de Salamanque ; 15 000 hab. Ce bastion de la Reconquista est dominé par l'alcazar d'Henri II (1372). Cathédrale en partie romane avec grand portail sculpté du début du XIIIe s.

CIUDAD SAHAGÚN → SAHAGÚN.

CIUDAD TRUJILLO → SAINT-DOMINGUE.

CIUDAD VICTORIA, v. du Mexique, cap. de l'État de Tamaulipas ; 127 000 hab. Centre commercial, minier et touristique.

ÇIVA → ŚIVA.

ÇIVAÏSME, ÇIVAÏTE → ŚIVAÏSME, ŚIVAÏTE.

ÇIVAJI → ŚIVAJI.

CIVAUX (86320), comm. de la Vienne, dans les brandes du haut Poitou ; 690 hab. À côté de l'église (du XIIe s., sur fondations paléochrétiennes), restes d'un vaste cimetière mérovingien.

CIVE n. f. (lat. *caepa,* oignon). Syn. de CIBOULETTE.

CIVELLE n. f. (p.-ê. lat. *caecus,* aveugle). Anguille au stade où elle pénètre dans les estuaires pour remonter les fleuves. (La civelle, activement pêchée, est âgée de 2 ou 3 ans ; elle est cylindrique et transparente.) [Syn. PIBALE.]

CIVET n. m. (de *cive*). Ragoût de gibier à poil, préparé au vin rouge, aux oignons, aux lardons et servi avec la sauce de cuisson liée au sang de l'animal.

1. CIVETTE n. f. (de *cive*). Syn. de CIBOULETTE.

2. CIVETTE n. f. (ar. *zabād,* par l'intermédiaire du catalan *civetta*). **1.** Mammifère carnivore viverridé à longue queue, pattes courtes, fourrure tachetée ou rayée. – **2.** Substance d'odeur musquée sécrétée par cet animal et recherchée en parfumerie. – **3.** Fourrure de cet animal.

CIVETTONE n.f. Principe odorant de la civette, employé comme fixateur en parfumerie.

CIVIDALE DEL FRIULI, comm. d'Italie, en Vénétie (prov. d'Udine), à l'E.-N.-E. d'Udine ; 10 000 hab. Centre actif dès l'époque romaine, centre politique et religieux du Ve au XIe s. Oratoire S. Maria in Valle, décoré de stucs (v. 800 ?). Musée national archéologique.

CIVIÈRE n. f. (p.-ê. lat pop. **cibaria,* véhicule servant au transport des provisions). Cadre de bois ou de métal, recouvert de tissu ou de caoutchouc, servant au transport des blessés et des malades.

1. CIVIL, E adj. (lat. *civilis,* de *civis,* citoyen). **1.** Qui relève du citoyen, de son statut, en tant que membre d'une collectivité nationale, par oppos. à *militaire* ou à *religieux : Populations civiles. Mariage civil.* – **2.** Relatif aux rapports juridiques entre particuliers (par oppos. à *pénal*). – **3.** *Guerre civile,* lutte armée, au sein d'un même État, entre les partisans du pouvoir en place et une fraction importante de la population. ‖ *Vêtement civil,* vêtement de ville, par oppos. à l'uniforme ou au costume spécifique d'une fonction. • **Astron.** *Année civile,* année qui commence le 1er janv. à 0 heure et se termine le 31 déc. à 24 heures. ‖ *Jour civil,* jour égal au jour solaire moyen, compté à partir de minuit. ‖ *Temps civil,* temps solaire moyen augmenté de douze heures. – **Dr.** *Code civil,* ouvrage réunissant l'ensemble des dispositions législatives et réglementaires relatives au droit civil. (Tronchet, Portalis, Bigot de Préameneu et Maleville participèrent, à la demande de Bonaparte, à l'élaboration du Code civil, ou Code Napoléon, promulgué en 1804.) ‖ *Droit civil,* branche du droit privé comportant les règles relatives à l'état et à la capacité des personnes, aux relations de famille, au patrimoine et à sa transmission, aux contrats, obligations et sûretés. ‖ *Droits civils,* droits conférés à tous les membres d'une société donnée, sans distinction d'âge, de sexe ou de nationalité, par oppos. aux *droits politiques* ; dans un sens restreint, ceux des droits civils qui sont légalement refusés d'une façon formelle aux ressortissants d'un pays étranger. ‖ *Liste civile,* somme annuelle allouée au chef de l'État. – **Philos.** *Société civile,* pour Hegel, ensemble des liens juridiques et économiques qui unissent les individus dans des rapports de dépendance réciproque.

◆ **civil** n. m. – **1.** Personne considérée comme membre d'une collectivité nationale et par oppos. à *militaire : Évacuer les civils de la zone des combats.* – **2.** La procédure, les juridictions civiles (par oppos. au *pénal*). ‖ *Dans le civil,* dans la vie professionnelle, en dehors des fonctions assurées dans la vie militaire, ou, fam., dans la vie quotidienne, en dehors des activités professionnelles. ‖ *En civil,* vêtu d'un costume de ville pour ceux que leur fonction appelle à être en uniforme : *Policier en civil.* – **3.** *Au civil,* devant une juridiction civile.

2. CIVIL, E adj. (de *civil 1*). *Litt.* Qui observe la politesse, les bonnes manières dans les relations sociales ; courtois, poli : *On nous a reçus de façon fort peu civile.*

1. CIVILEMENT adv. (de *civil 1*). **1.** Selon les formes civiles, par oppos. à *religieusement : Se marier civilement.* – **2.** Selon la procédure civile, par oppos. à *pénalement.* – **3.** *Être civilement responsable,* avoir sa responsabilité* civile engagée.

2. CIVILEMENT adv. (de *civil 1*). *Litt.* Avec civilité, poliment, honnêtement.

CIVILIS (C. Julius), chef batave du Iᵉʳ s. apr. J.-C. Citoyen romain et préfet d'auxiliaires, il souleva son peuple et chassa les Romains du pays batave (69 apr. J.-C.). Voulant fonder un « empire des Gaules » dominant la Germanie et la Gaule, il rallia les Lingons et les Trévires. Vaincu par P. Cerealis, il dut rentrer en Germanie (70).

CIVILISABLE adj. Qui peut être civilisé.

CIVILISATEUR, TRICE adj. et n. Qui civilise, qui aide à civiliser : *Le rôle civilisateur de la Grèce.*

CIVILISATION n. f. **1.** Action de civiliser un pays, un peuple, de perfectionner les conditions matérielles et culturelles dans lesquelles vit un peuple : *La civilisation de la Gaule par les Romains.* – **2.** État de développement économique, social, politique, culturel auquel sont parvenues certaines sociétés et qui est considéré comme un idéal à atteindre par les autres. – **3.** Ensemble des caractères propres à la vie intellectuelle, artistique, morale, sociale et matérielle d'un pays ou d'une société : *La civilisation des Incas.* – **4.** *Langue de civilisation,* langue servant de support à une littérature écrite et jouant un rôle important dans la diffusion d'un certain type de culture. ‖ *Maladie de civilisation,* affection engendrée ou favorisée par l'environnement, les modes de vie, les technologies propres à une civilisation.

CIVILISÉ, E n. Personne qui jouit de la civilisation ou qui participe au mode de vie conforme à l'idéal de la civilisation.

1. CIVILISER v. t. (de *civil 1*) [conj. 3]. Faire participer qqn, un peuple à une certaine civilisation.

◆ **se civiliser** v. pr., **être civilisé** v. pass. Jouir de la civilisation, participer au mode de vie des pays ayant accédé à la civilisation : *Les peuples civilisés.*

2. CIVILISER v. t. (de *civil 2*) [conj. 3]. *Litt.* Rendre qqn plus poli, plus affable, lui apprendre les bonnes manières.

CIVILISTE n. Spécialiste en droit civil.

CIVILITÉ n. f. (lat. *civilitas, -atis*). *Litt.* Observation des convenances en usage chez les gens qui vivent en société ; politesse, courtoisie : *La plus élémentaire civilité demanderait une réponse.*

◆ **civilités** n. f. pl. *Litt.* Paroles de politesse, témoignages de considération : *Présenter ses civilités à ses hôtes.*

Civiltà cattolica *(la),* revue romaine bimensuelle, fondée à Naples en 1850. Elle exprime souvent l'avis officieux du Saint-Siège.

CIVIQUE adj. (lat. *civicus,* de *civis,* citoyen). **1.** Relatif au citoyen, à ses droits, à ses devoirs, à son rôle dans la vie politique : *Devoirs civiques.* – **2.** Qui prouve le civisme, la qualité de bon citoyen : *Esprit civique.* – **3.** *Droits civiques,* droits attachés à la qualité de citoyen. ‖ *Éducation* ou *instruction civique,* partie de l'enseignement destinée à donner aux élèves la formation qui les prépare à leur rôle de citoyen. ‖ *Serment civique,* serment de fidélité à la nation, à la loi et au roi, prescrit par la Constituante en 1789 pour l'armée et les milices nationales.

CIVISME n. m. **1.** Attitude d'attachement à la communauté nationale et à ses institutions et de participation régulière à ses activités, notamment par l'exercice du droit de vote. – **2.** Priorité donnée par le citoyen aux intérêts de la nation sur ses intérêts particuliers. – **3.** *Certificats de civisme,* certificats délivrés aux citoyens dévoués à la Révolution et dont la création fut décrétée par la Convention.

CIVITACASTELLANA, comm. d'Italie, dans le Latium (prov. de Viterbe) ; 16 000 hab. Cathédrale d'origine romane. Citadelle des États pontificaux établie sur les ruines de l'antique *Faleriae.* Centre important de civilisation étrusque. À 6 km, *Falerii Novi,* avec son impressionnante muraille romaine. Ruines d'une église romane.

CIVITANOVA MARCHE, v. d'Italie, dans les Marches, sur l'Adriatique ; 36 000 hab. Chaussures. Station balnéaire.

CIVITAVECCHIA, port d'Italie, dans le Latium, au N. de Rome ; 48 000 hab. Industries métallurgiques, chimiques et alimentaires. Liaisons avec la Sardaigne.
— **Hist.** Fondée v. 106 apr. J.-C. par Trajan, la ville prit de l'importance par suite de l'ensablement du port d'Ostie. Intégrée au VIIIe s. aux États pontificaux, elle fut dotée d'une forteresse construite sur les plans de Bramante et de Michel-Ange et demeura sous la domination papale jusqu'en 1870.

CIVRAY (86400), ch.-l. de cant. de la Vienne, sur la Charente ; 3 031 hab. *(Civraisiens).* Église romane du XIIe s., restaurée (remarquable façade à décor sculpté).

CIXI ou **TS'EU-HI,** impératrice de Chine (Pékin 1835 - *id.* 1908). Concubine mandchoue de l'empereur Xianfeng (1851-1861) et mère de son successeur Tongzhi (1862-1874), elle lui confisqua le pouvoir et le conserva sous le règne suivant, celui de son neveu Guangxu (1875-1908). L'impératrice douairière se signala par son intransigeance, son goût des machinations politiques et s'appuya sur les éléments les plus conservateurs du gouvernement. Le régime impérial des Qing ne survécut que trois ans à sa disparition.

CIXOUS (Hélène), femme de lettres française (Oran 1937). Joycienne avertie, critique, elle se livre à la « mise en chaos » du sujet romanesque par mots décomposés (*Dedans,* 1969 ; *Neutre,* 1972 ; *Tombe,* 1973) et au combat féministe (*La,* 1976 ; *le Livre de Promethea,* 1983). Plusieurs de ses textes ont été mis en scène par A. Mnouchkine*.

C. J. D., sigle de CENTRE DES JEUNES DIRIGEANTS*.

C/kg, symbole du *coulomb par kilogramme.*

Cl, symbole chimique du *chlore.*

CLABAUDAGE n. m. **1.** Aboiement du chien qui clabaude. — **2.** *Litt.* Clabauderie.

CLABAUDER v. i. (p.-ê. de *claber,* var. dialect. de *clapper*) [conj. 3]. **1.** Aboyer hors des voies, en parlant du chien courant. — **2.** *Litt.* Criailler contre qqn, médire de lui.

CLABAUDERIE n. f. *Litt.* Action de clabauder ; médisance ; criaillerie.

CLABOTER v. i. (mot dialect. signif. *faire claquer ses sabots,* d'un rad. onomat. *klapp-*) [conj. **3**]. *Pop.* Mourir.

CLAC ! interj. (onomat.). Figure un bruit sec et soudain.

CLACTONIEN n. m. (de *Clacton-on-Sea,* n. pr.). Faciès industriel du paléolithique ancien, constitué essentiellement par des outils sur éclat. (Il ne comprend pas de biface, mais des choppers et des chopping-tools, et serait contemporain de l'abbevillien.)

CLADE n. m. (gr. *klados,* rameau). Très grand groupe d'animaux ou de plantes descendant d'ancêtres communs.

CLADEL (Léon), romancier français (Montauban 1835 - Sèvres 1892), peintre de la terre du Quercy et de ses paysans misérables (*le Bouscassié,* 1869).

CLADISTIQUE n. f. Méthode de recherche des parentés entre espèces vivantes fondée sur l'analyse génétique et hématologique plus que sur les ressemblances visibles, souvent dénoncées comme l'effet de simples convergences.
◆ adj. Qui concerne le cladistique.
ENCYCL. La cladistique s'emploie à dépister les ressemblances acquises, par exemple par deux mammifères marins vivant de façon semblable (convergence) et, inversement, à recenser toutes les « radiations évolutives », c'est-à-dire les différences acquises par des espèces proches parentes adaptées à des modes de vie différents. L'étude des formes fossiles lui permet cependant de définir des grades, niveaux de perfectionnement successivement traversés par toutes les lignées du même clade.

CLADOCÈRE n. m. Crustacé à carapace bivalve, nageant à l'aide de ses antennes, tel que la daphnie. (Les *cladocères* forment une famille.)

CLADODE n. m. Rameau aplati ayant l'aspect d'une feuille, comme chez le fragon, ou petit houx.

CLADONIE n. f. Lichen de la toundra, qui sert de nourriture aux rennes. (La cladonie est aussi très commune en France.)

CLADOPHORA n. m. Algue marine ou d'eau douce, verte, filamenteuse et ramifiée, abondante dans les eaux polluées, qu'elle supporte bien.

CLADOSPORIOSE ou **CLADOSPOROSE** n. f. **1.** Mycose due à des champignons du genre cladosporium (adélomycètes, hyphomycètes). [→ *encycl.*] — **2.** Nom de diverses maladies provoquées par des champignons sur des légumes et des arbres fruitiers, qui se manifestent par une moisissure sous les feuilles.

ENCYCL. **Méd.** La *cladosporiose cérébrale* (due à *Cladosporium trichoides,* très répandu dans le sol des régions tempérées d'Amérique, d'Afrique et d'Europe) est une affection grave se traduisant par des abcès ou des tumeurs très nécrotiques, noirâtres, survenant souvent chez des sujets immunodéprimés. La *cladosporiose cutanée* (syn. TINEA NIGRA) [due à *C. wernecki*], fréquente en Afrique, est une affection bénigne localisée à la paume des mains.

CLADOSPORIUM [-rjɔm] n. m. Champignon inférieur, agent des cladosporioses.

CLADOXYLÉE n. f. Nom de classe de plantes vasculaires fossiles du dévonien telles que le cladoxylon, arbuste remarquable par sa double ressemblance avec une psilophyte et une gymnosperme ainsi que par l'aspect sinueux et entremêlé de ses vaisseaux.

CLAESZ. (Pieter), peintre néerlandais (Burgsteinfurt, Westphalie, v. 1597 - Haarlem 1661). Il travailla à Haarlem dès 1617. Ses natures mortes (vanités, déjeuners...) aux objets familiers que caresse la lumière sont d'un style dépouillé et d'une tonalité sobre, de tendance monochrome.

CLAFOUTIS [-ti] n. m. (mot poitevin, de l'anc. fr. *claufir,* fixer avec des clous, parsemer de qqch). Sorte de flan aux cerises noires, cuit dans une tourtière.

CLAIE [klɛ] n. f. (lat. médiév. *clida,* du gaul. *cleta*). **1.** Treillis d'osier ou de fil métallique, à claire-voie : *On fait sécher les fruits sur des claies.* – **2.** Treillage en bois ou en fer : *Claie à trier le sable.* – **3.** Clôture à claire-voie : *Claie de parc.* – **4.** Surface d'élevage des vers à soie. – **5.** Panneaux à claire-voie ou en ramilles de bruyère servant à protéger les plantes du soleil. – **6.** Bande de toile ou de peau collée sur le dos d'un livre et se prolongeant sur les plats pour accroître la solidité de la reliure.

CLAIM [klɛm] n. m. (angl. *claim,* titre). **1.** Titre de propriété minière, conférant le droit d'exploiter sur une superficie déterminée. – **2.** Terrain renfermant du minerai (or, diamant, uranium).

1. CLAIN ou **CLAM** n. m. (lat. *clamare,* réclamer). Au Moyen Âge, action en justice.

2. CLAIN → CLIN.

CLAIN, riv. du Poitou, qui passe à Poitiers, affl. de la Vienne (r. g.) ; 125 km.

CLAIR, E adj. (lat. *clarus,* brillant). **1.** Qui brille comme la lumière, qui en a l'éclat, qui répand de la lumière : *Flamme claire.* – **2.** Qui reçoit beaucoup de lumière, en partic. la lumière du jour : *Appartement clair.* – **3.** Qui laisse bien passer la lumière, qui permet de voir distinctement, qui est transparent et, en partic., qui n'est pas trouble, qui est limpide : *L'eau claire d'une rivière.* – **4.** Dont les éléments sont peu serrés, assez espacés ou clairsemés : *Forêt claire.* – **5.** Que l'usure a rendu presque transparent : *Pantalon clair aux genoux.* – **6.** Dont la consistance est légère, peu épaisse : *Sauce claire.*– **7.** Qui est d'une couleur peu foncée : *Poser un papier clair au mur. Des gants vert clair.* – **8.** Qui est distinct, bien timbré ou qui est assez élevé dans la gamme : *Voix claire. Le tintement clair des clochettes.* – **9.** Qui évoque ou manifeste la franchise, l'absence d'équivoque, la sérénité : *Il n'a pas eu une attitude très claire dans cette affaire.* – **10.** Qui est manifeste, net, évident : *Il est clair maintenant qu'il ne viendra pas ce soir.* – **11.** Qui est parfaitement intelligible, sans ambiguïté, qui se comprend aisément ou qui s'exprime ainsi et qui se fait comprendre : *Son exposé a été très clair. Je n'ai pas été suffisamment clair.* – **12.** *Son affaire est claire,* il n'échappera pas à la punition ; son compte est bon. ‖ *Avoir l'esprit clair, les idées claires,* savoir démêler les traits essentiels de qqch, être capable de comprendre, de réfléchir, ne pas avoir l'esprit confus. ‖ *Avoir une idée claire de qqch,* le percevoir nettement par l'esprit. ‖ Fam. *C'est clair, clair comme de l'eau de roche, comme le jour, comme deux et deux font quatre,* c'est évident, cela va de soi. ‖ *Ciel clair,* sans nuages ni brume. ‖ *Eau claire,* sans addition de savon ni d'autre détergent. ‖ *Le plus clair de qqch,* la plus grande partie de, la quasi-totalité de : *Passer le plus clair de son temps à rêver.* ‖ *Nuit claire,* où l'on voit assez distinctement. ‖ *Œuf clair,* œuf qui n'a pas été fécondé. ‖ *Par temps clair,* sans nuages, permettant une excellente visibilité. ‖ *Teint clair,* teint frais (par oppos. à un teint brouillé, terne) ou teint pâle et rosé (par oppos. à un teint mat).

◆ **clair** adv. *Il fait clair,* le jour brille, on distingue nettement les objets. ‖ *Parler clair,* avoir la voix distincte ; s'exprimer nettement, parler sans ambages. ‖ *Voir clair, y voir clair,* avoir une bonne vue, être dans un lieu suffisamment éclairé pour pouvoir aisément percevoir les objets ; avoir de la perspicacité, percevoir nettement le sens de qqch, la nature ou l'intention cachée de qqn.

◆ **clair** n. m. **1.** Couleurs, teintes claires : *S'habiller en clair.* – **2.** Langage non chiffré : *Envoyer un message en clair.* – **3.** *Clair de lune,* clarté répandue par la Lune. ‖ *Clair de terre,* clarté que renvoie la Terre et qui est visible, par ex., de la Lune. ‖ Litt. *Être au clair sur qqch,* en avoir une idée exacte. ‖ *Mettre au clair,* présenter sous une forme claire, intelligible ce qui était assez confus. ‖ *Sabre au clair,* le sabre hors du fourreau. ‖ *Tirer au clair,* éclaircir une situation, obtenir des explications nettes sur qqch.

◆ **clairs** n. m. pl. Les parties les plus claires, les plus éclairées (surtout en peinture) : *Les sombres et les clairs.*

CLAIR (René CHOMETTE, dit **René**), cinéaste français (Paris 1898 - *id.* 1981). Il a réalisé une œuvre à la fois poétique, ironique et populaire : *Entr'acte* (1924), *le Voyage imaginaire* (1925), *Un chapeau de paille d'Italie* (1927), *Sous les toits de Paris* (1930), *le Million* et *À nous la liberté* (1931), *14 Juillet* (1932), *Fantôme à vendre* (1935), *Ma femme est une sorcière* (1942), *Le silence est d'or* (1947), *la Beauté du diable* (1949), *les Belles de nuit* (1952), *les Grandes Manœuvres* (1955), *Porte des Lilas* (1957), *Tout l'or du monde* (1961), *les Fêtes galantes* (1965). [Acad. fr., 1960.]

CLAIRAC (47320), comm. de Lot-et-Garonne, dans l'Agenais, sur le Lot ; 2 613 hab. Fruits (prunes) et vins ; culture du tabac. Conserves.

CLAIRAIN → CLARAIN.

CLAIRAMBAULT (Pierre DE), érudit français (Asnières-en-Montagne, Bourgogne, 1651-Paris 1740). Généalogiste, il réunit un grand nombre de manuscrits relatifs à l'histoire du royaume et aux familles françaises.

CLAIRANCE ou **CLEARANCE** n. f. (angl. *clearance,* évacuation). *Clairance rénale,* coefficient d'épuration rénale, exprimé par le nombre de millilitres de plasma sanguin que le rein peut totalement débarrasser d'un corps donné en une minute. (On étudie surtout les clairances de l'urée et de la créatinine, qui permettent d'apprécier la valeur fonctionnelle du rein.)

CLAIRAUT (Alexis), mathématicien français (Paris 1713-*id.* 1765). Il présente à 12 ans un mémoire à l'Académie des sciences, où il est admis à 18 ans. En 1736, il est envoyé en Laponie avec Maupertuis pour y déterminer la longueur d'un degré de méridien. On lui doit une théorie du mouvement de la Lune ainsi que des études sur le mouvement des comètes. Il calcula, avec l'aide de Lalande et de Mme Lepaute, à un demi-mois près, la date du retour de la comète de Halley au périhélie.

CLAIRÇAGE n. m. Action d'envoyer sur le sucre cristallisé essoré de l'eau ou de la vapeur afin d'extraire les impuretés.

CLAIRCE n. f. (de *claircer*). Sirop très pur obtenu au cours du raffinage du sucre.

CLAIRCER v. t. (de *clair,* d'apr. *éclaircir*) [conj. 16]. Procéder au clairçage.

CLAIRE n. f. (de *clair*). **1.** Bassin peu profond creusé dans les terrains argileux, dans lequel se fait l'affinage des huîtres creuses, notamment en Charente-Maritime (Marennes-Oléron). – **2.** *Fine de claire,* huître ayant séjourné plusieurs semaines en claire. (Les *spéciales de claire* y séjournent plusieurs mois.)

CLAIRE *(rivière)* → SÔNG LÔ.

CLAIRE d'Assise *(sainte),* fondatrice des clarisses (Assise 1193 ou 1194 - *id.* 1253). Sous l'influence de saint François d'Assise, elle fonda, en 1212, l'ordre des Pauvres Dames, dites clarisses. Canonisée en 1255.

CLAIREMENT adv. De façon claire, évidente ou nette : *Répondre clairement.*

CLAIRET, ETTE adj. **1.** *Litt.* D'une nuance ou d'une consistance un peu claire, d'une agréable transparence : *Eau clairette.* – **2.** D'une consistance trop légère : *Sauce clairette.* – **3.** Se dit d'une voix au son aigu, perçant. – **4.** Se dit d'un vin rouge léger, peu coloré.
◆ **clairet** n. m. Vin clairet.
◆ **clairette** n. f. *Clairette de Die,* vin mousseux produit dans la vallée de la Drôme à partir de cépages clairette et muscat à petit grain, élaboré selon la méthode champenoise. ‖ *Clairette du Languedoc,* vin blanc d'appellation d'origine, produit dans l'Hérault, provenant du cépage clairette.

CLAIRE-VOIE n. f. (pl. *claires-voies*). **1.** Clôture ou garde-corps formé de barreaux espacés et laissant du jour entre eux. – **2.** Suite de fenêtres ou de baies libres ajourant un même niveau d'élévation (ex. : fenêtres hautes du vaisseau central d'une église, fenêtres éclairant un triforium). – **3.** Panneau vitré disposé sur le pont supérieur d'un navire et protégé par un grillage métallique. – **4.** *À claire-voie,* qui présente alternativement des espaces vides et des espaces pleins ; ajouré : *Volets à claire-voie.*

CLAIRFAYT → CLERFAYT.

CLAIRIÈRE n. f. (de *clair*). **1.** Endroit dégarni d'arbres dans une forêt. – **2.** Endroit d'une étoffe où le tissu est peu serré. (Syn. CLAIRURE.)

CLAIR-OBSCUR n. m. (pl. *clairs-obscurs*) [calque de l'ital. *chiaroscuro*]. **1.** Lumière douce, tamisée, pénombre : *Le clair-obscur d'une chambre.* – **2.** Dans un tableau, une gravure, un dessin, effet consistant à moduler la lumière sur un fond d'ombre, suggérant ainsi le relief et la profondeur. – **3.** Gravure sur bois tirée en deux ou plusieurs tons rapprochés (plus éventuellement le noir et les blancs) afin de créer un effet de camaïeu. (Italie, XVIe s.)

CLAIROIX (60200), comm. de l'Oise, près de l'Oise, en amont de Compiègne ; 1 639 hab. Pneumatiques.

CLAIRON n. m. (de *clair*). **1.** Instrument de musique à air et à embouchure, dont le corps conique, en cuivre ou en laiton, peut s'enrouler en une ou deux boucles. (Le clairon, instrument essentiellement militaire, donne quatre notes [selon l'accord parfait en *si* bémol], qui s'obtiennent par la pression plus ou moins grande des lèvres de l'exécutant.) – **2.** Soldat qui joue du clairon. – **3.** Registre moyen de la clarinette. – **4.** Jeu d'anche de l'orgue de 4 pieds (famille des trompettes). – **5.** *Pop.* Fusil d'assaut français Famas 5,56. – **6.** Insecte coléoptère (cléridé), au corps allongé, velu et vivement coloré, prédateur utile des insectes du bois, des larves de guêpe ou de sauterelle, etc.

CLAIRON (Claire Josèphe LÉRIS, dite **Mlle**), comédienne française (Condé-sur-Escaut 1723-Paris 1803). Elle mit son talent au service des tragédies de Voltaire et apporta une conception réaliste du costume.

CLAIRONNANT, E adj. Qui a le timbre du clairon, clair et retentissant : *Une voix claironnante.*

CLAIRONNER v. t. (de *clairon*) [conj. 3]. Annoncer, dire à tous qqch avec éclat : *Claironner ses succès.*

◆ v. i. Produire un son éclatant comme celui du clairon.

CLAIRSEMER (SE) v. pr., **ÊTRE CLAIRSEMÉ** v. pass. (conj. **19**). Perdre peu à peu de ses éléments constituants ; se raréfier, être rare : *Ses cheveux commencent à se clairsemer.*

◆ **être clairsemé** v. pass. **1.** Être semé ou planté peu serré : *Un bouquet d'arbres clairsemés.* – **2.** Être à la fois peu nombreux et dispersés : *Des spectateurs clairsemés dans la salle.*

CLAIRURE n. f. Syn. de CLAIRIÈRE.

CLAIRVAUX, écart de la comm. de Ville-sous-la-Ferté (Aube), sur l'Aube, dans le Barrois. Forêt domaniale sur la rive gauche de l'Aube (4 500 ha).

– **Hist.** L'abbaye de Clairvaux, fondée en 1115 par Étienne, abbé de Cîteaux, eut pour premier abbé saint Bernard, qui en fit le principal foyer de la réforme cistercienne. Supprimée en 1790, l'abbaye devint, en 1808, maison centrale de détention.

CLAIRVAUX-LES-LACS (39130), ch.-l. de cant. du Jura, sur le Plateau jurassien ; 1 374 hab. *(Clairvaliens).* Dans l'église, stalles du XVe s. – Au S., *grand lac* et *petit lac de Clairvaux.*

CLAIRVILLE (Louis François NICOLAÏE, dit), acteur et auteur dramatique français (Lyon 1811-Paris 1879). On lui doit, entre autres succès, *la Fille* de Mme Angot* (1872), *les Cloches de Corneville* (1877).

CLAIRVOYANCE n. f. **1.** Faculté de voir avec clarté, sagacité, pénétration, lucidité : *Analyser une situation avec clairvoyance.* – **2.** Forme de perception extrasensorielle d'objets ou d'événements. (Syn. CRYPTESTHÉSIE.)

CLAIRVOYANT, E adj. Qui manifeste du discernement, une compréhension claire des choses ; perspicace, lucide.

◆ adj. et n. **1.** Se dit, par oppos. aux aveugles, des gens qui voient. – **2.** Qui est doué de clairvoyance, voyant.

CLAIX (38640), comm. de l'Isère, au S. de Grenoble, près du Drac ; 7 181 hab.

1. CLAM [klam] n. m. (angl. *clam*). Mollusque bivalve comestible proche de la praire, commun sur les côtes atlantiques de l'Amérique du Nord et de l'Europe.

2. CLAM → CLAIN.

CLAMART (92140), ch.-l. de cant. des Hauts-de-Seine, banlieue sud-ouest de Paris ; 47 755 hab. *(Clamartois* ou *Clamariots).* Industries mécaniques, électriques (centre de recherches) et chimiques. – Au S.-O. du centre communal, le *Petit-Clamart* est un carrefour routier.

CLAMEAU n. m. Syn. de HAPPE.

CLAMECY (58500), ch.-l. d'arrond. de la Nièvre, sur l'Yonne ; 5 573 hab. *(Clamecycois).* Église des XIIIe-XVIe s. Musée dans un hôtel du XVIIe s. Constructions électriques. Faïencerie.

CLAMER v. t. (lat. *clamare*) [conj. 3]. **1.** Manifester un sentiment par des cris, en termes violents : *Clamer son indignation.* – **2.** Crier fort qqch : *Il clamait qu'il était innocent, son innocence.* – **3.** Autref., citer en justice.

CLAMEUR n. f. (lat. *clamor, -oris*). Cris violents et tumultueux indiquant, en partic., une véhémente protestation, un grand enthousiasme, etc. : *Les clameurs de la foule.*

CLAMP [klɑ̃p] n. m. (angl. *clamp,* du néerl. *klamp,* crampon). Pince chirurgicale à longs mors, utilisée pour obturer les gros vaisseaux ou certaines portions du tube digestif.

CLAMSER ou **CLAMECER** [klamse] v. i. (p.-ê. de *crampe*) [conj. **3** et **16**]. *Pop.* Mourir.

CLAN n. m. (angl. *clan,* du gaél. *clann*). **1.** Groupement de personnes ayant entre elles un rapport de parenté soit du point de vue du père, soit du point de vue de la mère. (→ *encycl.*) – **2.** Groupe de personnes se soutenant mutuellement par passion ou intérêt ; coterie, maffia : *Former un clan.* – **3.** Sous-ensemble non vide de l'ensemble des parties d'un ensemble, stable par les opérations réunion et différence de deux ensembles.

ENCYCL. En général, le clan se définit par opposition avec la famille de type occidental, où la filiation est définie de façon bilatérale, c'est-à-dire du point de vue du père et de la mère. Dans une société traditionnelle, le clan se définit à l'intérieur d'une ethnie. En général, le clan se caractérise également en fonction d'un ancêtre mythique commun. Les obligations claniques sont permanentes, par opposition aux obligations familiales, censées pouvoir disparaître avec la sortie de la famille.

CLANDÉ n. m. (de *clandestin*). *Pop.* **1.** Maison close fonctionnant dans la clandestinité. — **2.** Maison de jeux, tripot fonctionnant dans la clandestinité.

CLANDESTIN, E adj. (lat. *clandestinus*). **1.** Qui se fait en secret, en cachette : *Activités clandestines.* — **2.** Qui est en contravention avec les lois et règlements ; qui se dérobe à la surveillance ou au contrôle de l'autorité : *Des passagers clandestins.* ◆ n. Personne vivant dans la clandestinité.

CLANDESTINE n. f. Plante parasite sans cholorophylle, vivant sur les racines des arbres, voisine de l'orobanche.

CLANDESTINEMENT adv. De façon clandestine ; secrètement.

CLANDESTINITÉ n. f. **1.** Caractère de ce qui est clandestin, caché, secret : *La clandestinité d'un trafic.* — **2.** État de qqn qui mène une existence clandestine, en marge ou en violation des lois : *Vivre dans la clandestinité.* — **3.** État de qqn qui, sous l'occupation ennemie, mène une existence secrète, participant à des actions de résistance. — **4.** Défaut de publicité qui entache d'irrégularité certains actes et certains droits.

CLANGOR n. m. (lat. *clangor,* cri perçant). Modification du deuxième bruit du cœur, qui fait entendre un son éclatant, métallique. (Le clangor témoigne d'une altération de l'origine de l'aorte.)

CLANIQUE adj. Relatif à un clan.

CLANISME n. m. **1.** Système d'organisation d'une ethnie qui repose sur le clan. — **2.** Comportement de personnes unies par une parenté de type clanique et qui recherchent leur intérêt commun sans se préoccuper des règles sociales et des lois.

CLANISTE adj. Relatif au clanisme.

CLANRICARDE (Ulick DE BURGH, marquis DE) → BURGH.

CLAP n. m. Syn. de CLAQUETTE.

CLAPARÈDE (Édouard), psychologue et pédagogue suisse (Genève 1873 - *id.* 1940). Fondateur de l'Institut J.-J. Rousseau, à Genève, consacré aux recherches en psychologie de l'enfant, il fut le partisan d'une école active et d'une pédagogie tenant compte des besoins et des intérêts des enfants (*l'Éducation fonctionnelle,* 1931).

CLAPE *(montagne de la),* hauteur du nord-est du dép. de l'Aude, entre la ville de Narbonne et la Méditerranée ; 214 m.

CLAPEAU ou **CLAPOT** n. m. Appareil employé parfois dans les ateliers de blanchiment et de teinture pour effectuer le dégorgeage des étoffes trop chargées de teinture.

CLAPET n. m. (anc. fr. *claper,* frapper). **1.** Soupape qui se lève ou se ferme pour permettre ou empêcher le passage d'un fluide dans le jeu d'une pompe, d'un moteur, de certains instruments de musique, etc. — **2.** *Pop.* Débit de la parole, bouche : *Ferme ton clapet.* — **3.** Pièce articulée servant à la fermeture d'un sac de dame, d'un article de sellerie ou de voyage. — **4.** *Chaland à clapets,* chaland dont le fond est constitué par des volets susceptibles de s'ouvrir pour en provoquer la vidange et dont la flottabilité est assurée par des ballasts latéraux étanches. (De tels engins sont utilisés pour l'évacuation de débris, de déchets industriels ou des produits de dragage et pour la construction des parties basses des ouvrages maritimes.) ‖ *Clapet de retenue* ou *clapet antiretour,* accessoire de tuyauterie destiné à empêcher le retour en arrière du produit qui y circule grâce à une bille ou à un battant qui vient porter sur un siège usiné.

CLAPEYRON (Émile), ingénieur et physicien français (Paris 1799 - *id.* 1864). En 1834, il publia un mémoire sur « la force motrice de la chaleur » qui contribua à la fondation de la thermodynamique. Donnant la représentation graphique du théorème de Carnot, il établit les formules qui portent son nom. (Acad. des sc., 1858).

Clapeyron *(diagramme de),* diagramme thermodynamique donnant la variation, en fonction du volume V, de la pression p d'un système.

Clapeyron *(formule de),* relation

$$L = T(U_f - U_i) \times (dp/dT)$$

donnant la chaleur latente L de changement d'état d'un corps pur au cours d'une transition de phase du premier ordre. T est la température absolue, U_i et U_f les volumes respectifs occupés par la masse considérée dans les états initial et final et (dp/dT) la dérivée au point T de la fonction p(T).

CLAPIER n. m. (provenç. *clapier,* tas de pierres, d'un rad. préroman **klappo-*). **1.** Ensemble de petites cases où l'on élève les lapins domestiques. — **2.** *Fam.* Logement exigu.

1. CLAPIR v. i. (var. de *glapir,* avec l'infl. de *clapier*) [conj. 32]. Pousser un cri, en parlant du lapin.

2. CLAPIR (SE) v. pr., **ÊTRE CLAPI** v. pass. (de *clapier*) [conj. 32]. Se blottir, être blotti, en parlant du lapin.

CLAPOTAGE n. m. Bruit produit dans l'estomac ou l'intestin quand on pratique à leur niveau de petites secousses brusques et répétées. (Le clapotage existe quand l'organe contient à la fois du liquide et des gaz.)

CLAPOTANT, E ou **CLAPOTEUX, EUSE** adj. Qui clapote : *Les vagues clapotantes.*

CLAPOTER v. i. (rad. onomat. *klapp-,* désignant un bruit sec) [conj. 3]. Se briser en lames courtes et serrées qui produisent un bruit caractéristique : *Mer qui clapote.*

CLAPOTIS ou **CLAPOTEMENT** n. m. (de *clapoter*). Agitation de la surface d'un liquide caractérisée par des ondes stationnaires ; bruit qui en résulte. (Le clapotis de la mer est engendré par la rencontre de houles aux caractéristiques voisines ; l'étude du clapotis dû à la composition de la houle incidente et de la houle réfléchie par une paroi est à la base des calculs de stabilité des digues verticales.)

CLAPPEMENT n. m. Bruit sec que produit la langue quand on la détache brusquement du palais.

CLAPPER v. i. (rad. onomat. *klapp-,* désignant un bruit sec) [conj. 3]. Produire un clappement de langue.

CLAPPERTON (Hugh), voyageur écossais (Annan, comté de Dumfries, 1788 - environs de Sokoto, auj. au Nigeria, 1827). Parti de Tripoli, il traversa le Sahara, puis gagna le lac Tchad (1823). Essayant d'atteindre le Niger, il visita le nord de l'actuel Nigeria. En 1825, débarqué près de Lagos, il poussa jusqu'au Sokoto, où il mourut de dysenterie.

CLAQUAGE n. m. **1.** Distension, pouvant aller jusqu'à la rupture, de fibres tendineuses ou musculaires. – **2.** Lors de la mouture, production des gruaux fins à partir des semoules blanches ou peu vêtues. – **3.** Processus, dû à un champ électrique, qui transforme brusquement tout ou partie d'un milieu isolant en un milieu conducteur.

CLAQUANT, E adj. *Fam.* Qui est très fatigant, exténuant.

1. CLAQUE n. m. (onomat. *klakk-*). **1.** Chapeau haut de forme, à ressorts, que l'on peut aplatir, inventé par Gibus vers 1834. (On dit aussi CHAPEAU CLAQUE ; syn. GIBUS.) – **2.** Bicorne porté une pointe en avant.

2. CLAQUE n. m. (de *claquer de l'argent*). *Pop.* Maison de tolérance.

3. CLAQUE n. f. (de *claquer*). **1.** Coup donné avec le plat de la main et qui fait un bruit sec : *Recevoir une claque sur la joue.* – **2.** *Fam.* Coup humiliant, échec infligé à qqn, à un groupe : *Parti qui a reçu une claque aux élections.* – **3.** Groupe de spectateurs ou d'auditeurs chargés d'applaudir bruyamment une représentation ou un artiste afin d'aider à son succès. – **4.** Partie de la tige d'une chaussure qui couvre l'avant-pied. – **5.** Pop. *En avoir sa claque,* être fatigué, épuisé ; en avoir plus qu'assez de qqch ou de qqn ; être excédé. ‖ Fam. *Tête à claques,* personnage déplaisant, agaçant.

CLAQUEMENT n. m. Bruit de ce qui claque : *Un claquement de portière.*

CLAQUEMURER v. t. (de *jouer à claquemur,* de *claquer* et *mur*) [conj. 3]. Tenir qqn étroitement enfermé qqpart ; cloîtrer.

◆ **se claquemurer** v. pr., **être claquemuré** v. pass. S'enfermer étroitement dans un lieu ; être reclus.

CLAQUER v. i. (onomat. *klakk-*) [conj. 3]. **1.** Produire un bruit sec et sonore : *Les portières claquent, ils arrivent.* – **2.** *Fam.* Se casser, éclater : *La lampe a claqué.* – **3.** *Pop.* Mourir. – **4.** En parlant d'un isolant, subir un claquage. – **5.** Fam. *Claquer du bec,* avoir faim. ‖ *Claquer des dents,* avoir très peur, très froid, une forte fièvre. ‖ *Claquer des mains,* applaudir. ‖ Fam. *Claquer dans les mains, dans les doigts de qqn,* en parlant d'une affaire, échouer subitement, ne pas aboutir ou échapper à qqn.

◆ v. t. **1.** Donner une ou plusieurs claques à qqn, le frapper du plat de la main, le gifler : *Claquer un enfant.* – **2.** Fermer violemment et avec bruit qqch : *Claquer une porte.* – **3.** *Fam.* Fatiguer à l'excès, éreinter, épuiser : *Cette marche de plusieurs heures m'a claqué.* – **4.** *Fam.* Dissiper, dépenser de l'argent : *Claquer tout son argent au tiercé.* – **5.** Assembler au moyen de piqûres la claque et les quartiers d'une tige. – **6.** *Claquer la langue,* produire un bruit sec en la détachant du palais. ‖ *Claquer la porte,* partir brusquement, irrité ou mécontent. ‖ *Claquer un terrain,* lors d'une injection de consolidation dans un terrain sous pression élevée, y créer des fissures dans lesquelles se propage le coulis d'injection.

◆ **se claquer** v. pr., **être claqué** v. pass. **1.** *Fam.* Être éreinté à la suite d'un gros effort. – **2.** *Se claquer un muscle,* se déchirer un muscle lors d'un effort violent.

CLAQUETER v. i. (de *claquer*) [conj. 27]. Crier, en parlant de la cigogne.

CLAQUETTE n. f. **1.** Syn. de CLAQUOIR. – **2.** Instrument formé de deux plaquettes de bois où sont notées les références du plan qui va être tourné et muni d'un dispositif sonore permettant d'effectuer au montage la synchronisation de l'image et du son. (Syn. CLAP.)

◆ **claquettes** n. f. pl. Danse dans laquelle les chaussures du danseur, munies de plaques métalliques à la pointe et au talon, jouent le rôle d'instruments à percussion. (On dit aussi DANSE À CLAQUETTES.)

CLAQUEUR n. m. Appareil à cylindres servant à la production des gruaux fins lors de la mouture.

CLAQUOIR n. m. Réunion de deux planchettes à charnière, que l'on frappe l'une contre l'autre pour donner un signal. (Syn. CLAQUETTE.)

Clar *(miroir de),* dispositif d'éclairage permettant de former un faisceau de rayons lumineux parallèles et utilisé en oto-rhino-laryngologie pour l'exploration des régions peu accessibles.

CLARAC (Charles, *comte* DE), archéologue français (Paris 1777 - *id.* 1847). Il dirigea les fouilles de Pompéi et fut conservateur du musée des Antiques du Louvre (1818).

CLARAIN ou **CLAIRAIN** n. m. Un des constituants pétrographiques de la houille, d'apparence homogène et brillante, à cassure fibreuse.

CLARE (Richard DE), second comte **de Pembroke,** dit **Strongbow** (« arc fort ») [v. 1130 - Dublin 1176]. Il se rendit en Irlande, avec l'accord du roi Henri II, pour aider le roi de Leinster, Dermot MacMurrough (1170). Il conquit le Leinster, épousa la fille de Dermot, à qui il succéda en 1171. Mais, devant la colère des Irlandais et la jalousie de Henri II, il dut renoncer à cette succession. Il conquit la majeure partie de l'Irlande orientale et fut reconnu comte de Leinster v. 1174. Il fut à l'origine de la mainmise anglaise sur l'Irlande.

CLARE (*comtes* DE) → FITZGIBBON.

CLARE (John), poète anglais (Helpston, près de Northampton, 1793-Northampton 1864). Il est l'auteur de *Poèmes descriptifs de la vie des champs* (1820).

CLARENCE (Thomas, *duc* DE) [1388-Baugé, Anjou, 1421], deuxième fils de Henri IV d'Angleterre. Lors de la reprise de la guerre franco-anglaise (1413), il assista son frère Henri V et fut tué à la bataille de Baugé. — GEORGE (Dublin 1449-Londres 1478), fils de Richard d'York, conspira contre son frère Édouard IV, fut condamné pour trahison et exécuté.

CLARENDON (Edward HYDE, 1er *comte* DE), homme politique anglais (Dinton, Wiltshire, 1609 - Rouen 1674). Membre du Long Parlement en 1640, il devient l'un des chefs du parti royaliste modéré. Il sert loyalement Charles Ier pendant la guerre civile et accompagne le jeune prince Charles dans sa fuite (1645). Principal conseiller de Charles II pendant l'exil de 1651-1660, il devient Premier ministre à la Restauration (1660). Débordé par le zèle anglican du Parlement, il ne peut faire prévaloir ses vues modérées. Mal vu des puritains et des royalistes, il doit s'enfuir en France après l'échec de la guerre de Hollande (1667). Il est l'auteur d'une *History of the Rebellion and Civil Wars in England* (1702-1704).

CLARENDON (George VILLIERS, 4e *comte* DE), homme politique et diplomate britannique (Londres 1800 - *id.* 1870). Diplomate de carrière, responsable du Foreign Office (1853-1858, 1865-66 et 1868-1870), il eut notamment en charge la diplomatie britannique pendant la guerre de Crimée.

Clarendon *(Constitutions de),* statuts des rapports de l'Église et de l'État que le roi d'Angleterre Henri II présenta à Clarendon Park (Wiltshire) en 1164, et auxquels s'opposa violemment Thomas Becket, archevêque de Canterbury.

CLARENS, hameau de Suisse (comm. de Montreux), sur le lac Léman, célèbre par le séjour qu'y fit J.-J. Rousseau.

CLARET [klarɛt] n. m. (angl. *claret,* de l'anc. fr. *vin claret,* vin clairet). Nom donné par les Anglais au bordeaux rouge.

CLARI ou **CLÉRY** (Robert DE), chroniqueur français (seconde moitié du XIIe s.-XIIIe s.), auteur d'une précieuse chronique relatant la quatrième croisade, à laquelle il participa.

CLARIAS n. m. Poisson siluriforme des marécages d'Afrique, amphibie, objet d'une pisciculture intensive.

CLARIFICATEUR, TRICE adj. Qui sert à clarifier. ◆ **clarificateur** n. m. Décanteur placé après le traitement biologique d'une eau salée. (Syn. DÉCANTEUR SECONDAIRE.)

CLARIFICATION n. f. **1.** Opération consistant à rendre limpide un liquide qui contient des particules en suspension : *La clarification d'une sauce, d'un vin.* — **2.** Action de rendre clair, intelligible ; fait de devenir compréhensible : *La clarification de la situation.* — **3.** Fusion du beurre au bain-marie pour le décanter.

CLARIFIER v. t. (lat. ecclés. *clarificare,* de *clarus,* clair) [conj. **9**]. **1.** Procéder à la clarification d'un liquide : *Clarifier un vin en le filtrant.* — **2.** Rendre plus clair pour l'esprit : *Clarifier une situation.*

CLARIFIXATEUR n. m. Appareil à mouvement centrifuge utilisé pour l'homogénéisation du lait.

CLARÍN (Leopoldo GARCÍA DE LAS ALAS Y UREÑA, dit), écrivain et juriste espagnol (Zamora 1852 - Oviedo 1901). Principal représentant du naturalisme en Espagne, il a donné des contes (*Pipá,* 1886 ; *El señor,* 1893) et surtout un roman, *la Régente* (1884-85), dont l'héroïne incarne le « bovarysme » de la province espagnole.

CLARINE n. f. (de *clair,* au sens de « sonore »). Clochette des animaux à l'alpage.

CLARINETTE n. f. (provenç. *clarin,* de *clar,* clair). Instrument de musique à air, dont le tuyau cylindrique est muni d'une anche battante simple.

ENCYCL. La clarinette fut mise au point v. 1690 par J. C. Denner. Le corps de l'instrument se compose de cinq parties (bec, baril, corps supérieur, corps inférieur, pavillon). Son étendue se divise en trois registres : grave, ou « chalumeau », médium, ou « clairon », aigu. La clarinette change de tonalité selon son format. La plus courante est en *si* bémol.

CLARINETTISTE n. Musicien qui joue de la clarinette.

CLARISSE n. f. (lat. médiév. *clarissa*). Religieuse de l'ordre de Sainte-Claire.

Clarisse Harlowe, roman épistolaire de Samuel Richardson (1747-48). Une jeune fille vertueuse se confie à un homme corrompu, mais séduisant, qui la fait mourir de chagrin.

CLARK (John Bates), économiste américain (Providence 1847-New York 1938), représentant de l'école marginaliste américaine. — Son fils JOHN MAURICE (Northampton, Massachusetts, 1884-Westport, Connecticut, 1963), continuateur de Keynes, fut un des représentants de l'école dite de l'institutionnalisme.

CLARK (*sir* George Norman), historien britannique (Halifax 1890-Oxford 1979), auteur d'importants ouvrages consacrés à l'histoire du XVIIe s. britannique.

CLARK (Mark Wayne), général américain (Madison Barracks, Jefferson County, 1896 - Charleston, Caroline du Sud, 1984). Commandant le 2e corps d'armée en 1942, il négocie la convention franco-américaine du 22 nov. 1942 *(accord Clark-Darlan)*. Commandant la Ve armée américaine en Tunisie (1943), il conduit ensuite le débarquement américain en Italie et entre dans Rome (juin 1944) avant de remplacer Alexander. Clark reçoit à Caserte (avr. 1945) la capitulation des forces allemandes d'Italie et d'Autriche. Il commande ensuite les forces terrestres américaines en 1947, puis succède, en 1952-53, à Ridgway comme commandant en chef des forces des Nations unies en Corée et des forces américaines d'Extrême-Orient.

CLARK (*lord* Kenneth), historien d'art britannique (Londres 1903 - *id.* 1983). Il fut directeur de la National Gallery de Londres de 1934 à 1945. Ses principaux ouvrages portent sur des peintres (*Léonard de Vinci,* 1939 ; *Piero della Francesca,* 1951), sur le paysage et sur le nu (*le Nu,* 1955). Il a également réalisé des émissions de télévision (*Civilization,* 1969-70).

CLARK (Colin Grant), économiste et statisticien britannique (Westminster 1905 -Brisbane, Australie, 1989). Ses travaux sur le revenu national ont servi de base aux recherches effectuées en ce domaine dans les pays occidentaux. Il a contribué à populariser la distinction d'Allan Fisher entre secteurs primaire, secondaire et tertiaire.

CLARK (John Grahame Douglas), archéologue et préhistorien britannique (Shortlands, Kent, 1907). Auteur de nombreux ouvrages concernant les sociétés préhistoriques, il a notamment publié *Archaeology and Society* (1957, 3e éd.), *Prehistoric Europe* (1952), *Prehistoric Societies* (1965).

CLARK (Jim), pilote automobile britannique (Duns, comté de Berwick, Écosse, 1936-circuit d'Hockenheim, R. F. A., 1968), deux fois champion du monde des conducteurs (1963 et 1965).

CLARKE (Samuel), philosophe et théologien anglais (Norwich 1675 - Leicestershire 1729). Influencé par Descartes, il écrivit des sermons, réunis dans une *Démonstration de l'existence et des attributs de Dieu* (1705).

CLARKE (Henri), comte **d'Hunebourg,** duc **de Feltre,** maréchal et pair de France (Landrecies 1765 - Neuwiller 1818). Envoyé par le Directoire à l'armée d'Italie pour surveiller Bonaparte, il se rallia à lui. Il fut ministre de la Guerre de 1807 à 1814. Rallié à Louis XVIII, il l'accompagna pendant les Cent-Jours à Gand.

CLARKE (Frank Wigglesworth), géophysicien et géochimiste américain (Boston 1847-Washington 1931), auteur de *The Composition of the Earth's Crust* (1924 ; en collab. avec H. S. Washington), où il fournit une évaluation révisée de la composition élémentaire de l'écorce terrestre.

CLARKE (Kenneth SPEARMAN, dit **Kenny**), batteur de jazz américain (Pittsburgh 1914 - Montreuil-sous-Bois 1985). Il fait partie des inventeurs du bop et joua avec Benny Carter, Coleman Hawkins, Dizzy Gillespie avant de participer, en 1952, à la création du Modern Jazz Quartet.

CLARKE (Arthur Charles), écrivain britannique (Minehead, Somerset, 1917). Président de la British Interplanetary Society (1946-1953), auteur d'ouvrages de vulgarisation scientifique, il est surtout célèbre pour ses récits de science-fiction (*les Enfants d'Icare,* 1950 ; *2001 : l'Odyssée de l'espace,* 1968 ; *2010 : Odyssée deux,* 1982).

CLARKE (Mary), écrivain de la danse britannique (Londres 1923). Rédacteur en chef de *The Dancing Times,* elle a collaboré à différentes publications chorégraphiques et, avec David Vaugham, a dirigé la rédaction de *The Encyclopedia of Dance and Ballet* (1977).

CLARK FIELD, base américaine dans l'île de Luçon (Philippines), à 100 km au N. de Manille.

CLARKIA n. f. (de *Clarke,* n. pr.). Herbe annuelle à fleurs solitaires, très décorative.

CLARKS [klarks] n. m. pl. (n. déposé, d'un n. pr.). Chaussures de cuir ou de toile à empeigne montante.

CLARKSON (Thomas), réformateur britannique (Wisbech, près de Cambridge, 1760-Ipswich, Suffolk, 1846). Il contribua à l'abolition de la traite (1807) et à l'émancipation des esclaves (1833).

CLAROS, en gr. **Klaros,** ville de Lydie, près de Colophon. Dans le temple d'Apollon, célèbre oracle consulté, jusqu'au IIIe s. apr. J.-C. Ruines.

CLARTÉ n. f. (lat. *claritas,* de *clarus,* brillant). **1.** Lumière, éclairage répandu par qqch de lumineux : *La clarté du jour.* – **2.** Qualité de ce qui est clair, lumineux, limpide, transparent, etc. : *La clarté d'un appartement. La clarté de l'eau.* – **3.** Qualité de ce qui est facilement intelligible ou de ce qui est précis, net ; qualité de qqn qui se fait facilement comprendre, qui s'exprime et juge avec netteté, précision : *La clarté d'un exposé, d'une idée.* – **4.** Pour un instrument d'optique, rapport des éclairements de la rétine dans l'observation respectivement avec et sans instrument. – **5.** Dans le cas d'une étoile, rapport des flux lumineux reçus par l'œil dans l'observation respectivement avec et sans instrument.

◆ **clartés** n. f. pl. *Litt.* Connaissances générales ; renseignements permettant d'éclaircir des points obscurs.

CLARY, famille de négociants de Marseille, d'où sont issues deux reines : JULIE (1771-1845), mariée en 1794 à Joseph Bonaparte, roi de Naples puis d'Espagne, et DÉSIRÉE (1777-1860), reine de Suède par son mariage avec Bernadotte.

CLASH [klaʃ] n. m. (pl. *clashes*) [angl. *clash,* désaccord]. *Fam.* Conflit, désaccord, rupture brutaux et violents.

CLASMATOSE n. f. (gr. *klasma, -atos,* fragment). Rejet par des cellules vivantes d'une partie de leur cytoplasme, qui en se décomposant dans le milieu intercellulaire peut fournir des substances utiles. (La clasmatose est importante dans la rate.)

CLASS ou **CLASSE** adj. *Pop.* Qui a de la classe, chic : *Un mec très class.*

CLASSABLE adj. Que l'on peut classer : *Un homme politique qui n'est classable ni à droite ni à gauche.*

1. CLASSE n. f. (lat. *classis,* groupement de citoyens). **1.** Groupe, ensemble de choses, de personnes, etc., obtenus en réunissant celles qui ont des traits communs ; catégorie : *S'adresser à une certaine classe de lecteurs.* – **2.** Ensemble d'individus défini en fonction d'un critère historique, sociologique, politique : *La classe des petits commerçants.* – **3.** Catégorie, rang attribués à qqch selon ses qualités, sa valeur, son confort, etc. : *Hôtel de première classe.* – **4.** Qualité exceptionnelle, distinction de qqch ou de qqn (au sing. seulem.) : *Elle n'est pas très belle mais elle a de la classe.* – **5.** *Classe politique,* ensemble des hommes politiques d'un pays, supposés constituer une entité particulière. ‖ *Hors classe,* dont les qualités sont telles qu'il ne peut entrer dans aucune des catégories habituelles ; exceptionnel. • **Biol.** Subdivision de l'embranchement, comprenant plusieurs ordres. – **Dr.** Subdivision des grades constitutifs de la hiérarchie des corps de fonctionnaires. – **Géom.** *Classe d'une courbe algébrique plane,* nombre des tangentes qu'on peut lui mener d'un point arbitraire du plan. – **Hist.** Répartition des citoyens romains selon leur fortune ou leur condition sociale. – **Ling.** Ensemble des unités linguistiques ayant une ou plusieurs propriétés communes entre elles et que l'on peut substituer les unes aux autres dans un contexte donné (classe du déterminant, de l'adjectif, du nom, du verbe). ‖ *Classe nominale,* catégorie grammaticale caractérisée par la présence d'un affixe obligatoire propre au nom et qui se répète comme un accord. (Elle caractérise de nombreuses langues d'Afrique noire, en particulier les langues bantoues.) – **Liturg.** Hiérarchie des fêtes liturgiques et de la solennité extérieure des mariages et des enterrements. – **Log.** Ensemble d'objets possédant tous un ou plusieurs caractères communs et étant seuls dans ce cas. ‖ *Calcul des classes,* partie de la logique qui traite des classes, de leurs relations et des opérations qu'on peut définir sur elles. – **Mar.** Catégorie de yachts de compétition. – **Math.** *Classe d'équivalence,* partie d'un ensemble, sur lequel on a défini une relation d'équivalence, qui comprend tous les éléments équivalents à l'un d'entre eux. ‖ *Classe d'une fonction,* ordre jusqu'auquel elle admet une dérivée continue. (Si k est cet ordre, on dit que la fonction est de classe C^k.) ‖ *Classe résiduelle modulo un entier* n, classe d'équivalence relative à la congruence modulo n, définie sur $\mathbb{Z}$ et notée $x \equiv y$ (mod n) [se lit x congru à y modulo n]. (→ *encycl.*) – **Mil.** Ensemble des jeunes gens recensés la même année. ‖ *Deuxième classe,* anc. appellation des simples soldats. ‖ *Être de la classe,* appartenir à un contingent prochainement libérable. ‖ *Faire ses classes,* recevoir les premiers éléments de l'instruction militaire ; *fam.,* commencer à acquérir une certaine expérience dans un domaine quelconque. ‖ *Première classe,* distinction accordée à certains soldats et matelots, qui se sont distingués par leur manière de servir et leur instruction militaire. ‖ *Vive la classe !,* vive la fin du service

militaire. – **Sociol.** *Classe dirigeante,* ensemble des individus exerçant d'une manière institutionnelle ou informelle un pouvoir de décision ou d'entraînement dans la vie sociale et, à ce titre, censés influer sur le devenir de la collectivité. ‖ *Classe ouvrière,* ensemble des ouvriers salariés qui dépendent d'un système de production dont ils ne sont pas propriétaires, à la gestion duquel ils n'ont aucune part, et qui sont obligés, de ce fait, de vendre leur force de travail aux détenteurs ou aux gestionnaires de ce système de production. ‖ *Classe sociale,* groupe d'individus ayant une place historiquement déterminée au sein de la société et se distinguant par son mode de vie (habitat, éducation, travail, etc.), son idéologie et, pour les marxistes, par sa place dans le processus de production, à la fois réelle et vécue comme telle par ceux qui la composent *(conscience de classe).* [→ *encycl.*]
– **Stat.** *Classe relative à un caractère quantitatif prenant ses valeurs dans un intervalle* I, chacun des intervalles regroupant les valeurs prises par le caractère et qui forment une partition de I.

ENCYCL. **Sociol.** Les termes de « classe » et de « classe sociale » sont à peu près équivalents. Le concept de « classe ouvrière » implique une restriction de sens considérable quand on le compare à ses équivalents anglais *working class* et allemand *Arbeiterklasse.* En effet, la classe ouvrière est envisagée du point de vue du travail dans les manufactures au XIXe s., dans les usines au XXe s. : ce sont des travailleurs manuels de l'industrie, qui échangent leur force de travail contre un salaire. C'est d'ailleurs Saint-Simon qui repéra le concept de classe sous le nom de « classe industrielle », excluant de fait les travailleurs non propriétaires des moyens de production autres que ceux de l'industrie : agriculture, commerce, secteur tertiaire.

La notion de classe est un des concepts les plus difficiles à préciser : il s'agit de le définir en fonction de la société dans son entier, et donc en fonction des rapports que les classes ont entre elles à l'intérieur de la société. De ce point de vue, le rapport économique est celui que les marxistes ont le plus précisé (Marx, Engels, Lénine) : place dans le processus de production, dans les échanges et la circulation de la monnaie, mais aussi perception de cette place par les intéressés eux-mêmes (Lukács). Mais entre bourgeoisie et prolétariat, distinction que font les marxistes, il existe d'autres éléments de distinction de classe, qui tiennent au comportement, à la culture et qui opèrent – surtout aux yeux de ces théoriciens – des oppositions irréductibles. De ce point de vue, les sociologues ont adopté des distinctions plus larges, notamment à la suite des travaux de Max Weber, en introduisant la notion de pouvoir politique. De fait, certains groupes de pression, certaines couches sociales ont un pouvoir décisionnel important dans les sociétés modernes, qu'elles soient de type capitaliste ou qu'elles se proclament démocraties populaires : Charles Bettelheim est un de ceux qui considèrent qu'en U. R. S. S. la bureaucratie constitue une classe. Il est donc plus pertinent de définir plus de deux classes dans une société si l'on ne se réfère pas au marxisme ; et, si l'on s'y réfère, il faut introduire les concepts complémentaires de couches sociales, de strates sociales.
– **Math.** La relation de congruence modulo n est définie par : deux éléments x et y sont congrus si $x - y$ est multiple de n ou s'ils ont même reste dans la division euclidienne modulo n, $n \neq 0$. Il y a donc n classes résiduelles modulo n ; on les note $\dot{0}$, $\dot{1}$, $\dot{2}$, ..., $\widehat{n\text{-}1}$. L'ensemble quotient relatif à cette relation, noté $\mathbb{Z}/n\,\mathbb{Z}$, est $\{\dot{0}, \dot{1}, \dot{2}, ..., \widehat{n\text{-}1}.\}$, ensemble des classes résiduelles modulo n. L'addition et la multiplication de $\mathbb{Z}$ sont compatibles avec la relation de congruence modulo n et, sur l'ensemble quotient, sont définies les opérations addition et multiplication (notées $\dot{+}$ et $\dot{\times}$) :

$$\dot{x} \dot{+} \dot{y} = \dot{\widehat{(x + y)}} \text{ et } \dot{x} \dot{\times} \dot{y} = \dot{\widehat{xy}}$$

qui munissent $\mathbb{Z}/n\,\mathbb{Z}$ d'une structure d'anneau commutatif unitaire et, si n est un nombre premier, d'une structure de corps.

2. CLASSE n. f. (de *classe 1*). **1.** Section de l'enseignement primaire et secondaire correspondant à l'âge, au degré de connaissances ou dans certains cas à la matière principale enseignée : *Classe de 6e.* – **2.** Division, au sein d'une même section, d'un même niveau, constituée par un certain nombre d'élèves, leur(s) maître(s) ou professeur(s) ; l'ensemble des élèves de cette division : *Nous ne sommes pas dans la même classe.* – **3.** Salle occupée par les élèves d'une division. – **4.** Enseignement donné dans les écoles, collèges, lycées ; cours : *Livres de classe. Reprendre la classe après une maladie.* – **5.** Séance de travail scolaire : *Vous viendrez me voir à la fin de la classe.* – **6.** Section d'un enseignement artistique correspondant à un certain niveau, une discipline spéciale, un maître précis, etc. : *Classe de solfège.* – **7.** Ensemble des recrues confiées à un gradé pour une séance d'instruction. – **8.** Séance d'étude, de travail ou d'entraînement que suivent journellement les danseurs ; les cours qui y sont donnés. – **9.** *Classe volante,* groupe d'élèves dont l'instruction est en partie réalisée à bord d'un aéronef. ‖ *Classes vertes, de nature, de neige, de plein air, de mer,* séjour collectif à la campagne, à la montagne ou à la mer d'une classe qui partage ses activités entre les études et le sport ou la découverte de la nature.

CLASSÈME n. m. Nom donné à des composants sémantiques très généraux tels que animé/inanimé, concret/abstrait, etc., qui règlent la combinatoire des lexèmes dans la phrase.

CLASSEMENT n. m. **1.** Action de classer des objets, des personnes selon un certain ordre ; manière dont ils sont classés ; ordre dans lequel on les range. — **2.** Rang dans lequel une personne est classée : *Obtenir un bon classement aux épreuves de qualification.* — **3.** Séparation d'un matériau en plusieurs fractions suivant un caractère quelconque (dimension, densité, équivalence, forme, etc.). — **4.** Décision administrative faisant entrer un bien déterminé dans une catégorie juridique soumise à une réglementation particulière (monument historique, établissement dangereux, etc.) — **5.** *Classement sans suite,* décision administrative provisoire qui permet au ministère public de ne pas poursuivre l'auteur d'une infraction.

CLASSER v. t. (de *classe 1*) [conj. 3]. **1.** Distinguer dans un ensemble des groupes d'éléments ayant des caractéristiques communes et qui forment des classes, des catégories : *Classer les mots en « verbes », « adjectifs », « noms », etc.* — **2.** Faire entrer qqn, qqch, un animal dans une catégorie : *On classe cet animal parmi les mammifères.* — **3.** Ranger, ordonner des choses, des personnes d'une certaine manière ; les mettre en ordre : *Classer les mots par ordre alphabétique.* — **4.** Mettre qqch à la place qu'il doit occuper dans un ordre défini ; ranger : *Voulez-vous classer cette fiche dans le classeur ?* — **5.** Déclarer d'intérêt historique ou artistique un monument, un site, etc., ce qui met leur conservation et leur restauration sous le contrôle de l'administration des Monuments historiques et en partie à la charge financière de l'État. — **6.** En chimie, opérer un classement ou une classification. — **7.** *Classer une affaire, un dossier,* ranger le dossier concernant une affaire et considérer celle-ci comme réglée, ne plus s'en occuper, arrêter les investigations. ‖ *Classer ses idées,* mettre de l'ordre dans son esprit, réfléchir.

◆ **être classé** v. pass. **1.** Être jugé une fois pour toutes de façon péjorative : *Après cette reculade, Pierre est classé.* — **2.** *C'est une affaire classée,* il n'y a plus à revenir dessus.

◆ **se classer** v. pr., **être classé** v. pass. **1.** Appartenir à telle classe ou occuper telle place dans un rangement ordonné : *La baleine est classée parmi les mammifères cétacés.* — **2.** Être au rang de : *Écrivain qui se classe parmi les premiers de ce siècle.* — **3.** *Se classer premier, second, etc.,* arriver à telle ou telle position dans un classement : *Il s'est classé premier en français.* — **4.** En parlant d'un sportif, avoir acquis un certain niveau dans la hiérarchie du sport ou du jeu en question qui lui permet de participer à certaines compétitions.

CLASSEUR n. m. Objet, portefeuille ou meuble de bureau, divisé en compartiments, servant à classer les documents.

CLASSICISANT, E adj. Qui s'inspire, s'approche du classicisme.

CLASSICISME n. m. (de *classique*). **1.** Ensemble de tendances et de théories, en partic. littéraires, qui se manifestent en France au XVIIe s., surtout sous le règne de Louis XIV. (→ *encycl.*) — **2.** Ensemble de la production littéraire et artistique se recommandant de cette doctrine. — **3.** Tendance artistique qui se caractérise par le sens des proportions, le goût des compositions équilibrées et stables, la recherche de l'harmonie des formes, une volonté de pudeur dans l'expression. (→ *encycl.*) — **4.** Caractère de ce qui est conforme au goût traditionnel : *Le classicisme de ses vêtements.*

ENCYCL. **Bx-arts.** Les premiers maîtres de l'art classique, qui empruntent à l'antique et à la « nature » leur idéal de beauté, sont les grands Italiens de la seconde Renaissance, les architectes Bramante et A. da Sangallo l'Ancien, puis Palladio, les peintres Léonard de Vinci, Raphaël, etc., suivis, après la crise du maniérisme, par les Carrache et leurs élèves, créateurs de l'académisme pictural. Deux siècles plus tard, une meilleure connaissance de l'Antiquité conduit au néoclassicisme*. Entre ces deux époques, l'influence de la seconde Renaissance italienne aboutit, alors que l'Italie même donne une nouvelle impulsion qui est celle du baroque*, au classicisme de divers pays d'Europe du Nord, dont l'Angleterre (avec le « palladianisme ») et plus encore la France, où il tend à s'imposer en même temps que l'ordre monarchique absolu. Lescot et Delorme annoncent dès le milieu du XVIe s. ce classicisme, dont les premiers grands maîtres sont F. Mansart ainsi que Poussin et Claude Lorrain, établis à Rome. L'effort de coordination mené par Le Brun, par les Académies royales et par Colbert va l'ériger en doctrine officielle à partir de 1660. Un de ses manifestes est la « colonnade » du Louvre, œuvre d'une haute qualité technique et plastique, exécutée à partir de 1667 sur un projet, semble-t-il, du médecin Claude Perrault, traducteur de Vitruve en 1673. À Versailles, les jardins de Le Nôtre reçoivent une grande part de leur statuaire, avec la contribution majeure de Girardon, avant même la grande campagne d'agrandissement et de régularisation confiée, en 1678, à J. H.-Mansart. Par-delà l'époque rocaille, le classicisme architectural français trouvera dans le troisième quart du XVIIIe s., avec J.-A. Gabriel, son accomplissement le plus raffiné.

— **Littér.** Le classicisme caractérise des écrivains (Molière, La Fontaine, Racine, Boileau, Bossuet, La Bruyère) qui, tout en gardant leur originalité propre, ont des aspirations communes (culte de l'Antiquité grecque et romaine, souci de la mesure et de la perfection de la forme, intérêt pour la « nature humaine », recherche du naturel et du vraisemblable, fondé notamment au théâtre sur la célèbre règle des trois unités).

CLASSIFICATEUR, TRICE adj. et n. Qui fait, établit des classifications ; qui sait répartir par classes, catégories, etc.

◆ **classificateur** n. m. **1.** Affixe, utilisé notamment dans les langues bantoues, pour indiquer à quelle classe nominale appartient un mot. — **2.** Appareil hydraulique ou pneumatique servant à effectuer une classification chimique.

CLASSIFICATION n. f. (de *classifier*). Action de distribuer par classes, par catégories ; système de classement. • **Biol.** Établissement d'une série hiérarchisée de groupes et introduction de chaque espèce animale ou végétale dans un groupe déterminé, selon le double critère de ses ressemblances avec les autres espèces du même groupe et de la parenté probable entre ces espèces. (Syn. SYSTÉMATIQUE.) [→ *encycl.*] — **Chim.** Opération ayant pour but de séparer, dans une alimentation constituée de grains de taille différente, d'un côté ceux dont la dimension est inférieure à une dimension dite de coupure et, de l'autre, ceux de dimension supérieure. — **Docum.** *Classification décimale,* classification bibliographique qui répartit les connaissances humaines en dix classes, lesquelles se subdivisent à leur tour par dizaine et ainsi de suite. (→ *encycl.*) ‖ *Classification décimale universelle,* classification développée à partir de la classification décimale et qui ajoute à cette dernière des subdivisions communes de forme, de lieux, de langues, de races et chronologiques. — **Dr.** *Société de classification,* société qui délivre une cote aux navires, dont le maintien ou le changement dépend des visites périodiques auxquelles sont astreints ces navires. — **Écon.** *Classification type pour le commerce international (C. T. C. I.),* nomenclature utilisée par les organisations internationales pour les échanges de marchandises. — **Mil.** Action de classer suivant un certain nombre de degrés caractérisant leur niveau de protection (secret, défense, confidentiel défense) les informations qui relèvent de la défense nationale. — **Stat.** *Classification automatique,* ensemble de méthodes permettant, à l'aide d'algorithmes, de construire sur un ensemble d'individus une série de partitions emboîtées les unes dans les autres.

ENCYCL. **Biol.** La classification traditionnelle distingue seulement deux *règnes* vivants, les animaux et les végétaux. Ces règnes étaient divisés en un petit nombre d'*embranchements,* eux-mêmes divisés en *classes,* ces dernières en *ordres,* à leur tour partagés en *familles,* constituées de *genres,* formés chacun de plusieurs *espèces.* De nos jours, on a multiplié les échelons : sous-règne, sous-ordre, superfamille, sous-espèce, variété, etc. Ces entités sont des *niveaux taxinomiques.* Lorsqu'on préfère ne pas préciser le niveau taxinomique, on emploie seulement le mot « groupe ».

On s'est efforcé de donner à certains niveaux taxinomiques : ordre, famille, etc., une désinence commune. La plupart des familles de plantes se terminent en *-acée* (rosacée, chénopodiacée), les ordres végétaux en *-ale* (mucorale, fucale, lamiale), les embranchements végétaux en *-phyte* (spermaphyte, ptéridophyte, bryophyte). En zoologie, les familles se terminent en *-idé* (scarabéidé, canidé, siluridé), les ordres assez souvent en *-forme* (cypriniforme, passériforme), mais il y a de très nombreuses exceptions. Depuis Linné, chaque espèce est désignée, en latin, par le nom du genre qui la contient, suivi d'un adjectif ou d'un nom propre à l'espèce : *Felis domesticus* est le chat, *Felis leo* le lion. Ces noms s'écrivent en italique, l'initiale du nom générique, et elle seule, étant une majuscule. C'est la nomenclature binominale.

La tendance actuelle est de voir dans les ressemblances les plus apparentes de simples effets de convergence et de fonder la classification sur des caractères génétiques, sérologiques, paléontologiques et anatomiques moins sujets à varier rapidement le long des lignées. C'est la cladistique.

— **Docum.** Les dix classes sont : 0, ouvrages généraux ; 1, philosophie ; 2, religion, théologie ; 3, sciences sociales et droit ; 4, philologie, linguistique ; 5, sciences mathématiques et naturelles ; 6, sciences appliquées, technologie ; 7, beaux-arts ; 8, littérature ; 9, histoire et géographie.

CLASSIFICATOIRE adj. Qui contribue à une classification. • **Anthropol.** *Parenté classificatoire,* parenté non biologique qui lie le sujet à des gens auxquels il se sent socialement lié, bien qu'il puisse n'y avoir aucun lien de parenté entre lui et eux. (Contr. PARENTÉ RÉELLE.)

CLASSIFIER v. t. (lat. *classificare*) [conj. 9]. Ranger méthodiquement des choses par classes, par catégories, répartir selon une classification : *Classifier les connaissances humaines.*

CLASSIQUE adj. (lat. *classicus,* de première classe). **1.** Qui appartient à l'Antiquité gréco-latine : *Les langues classiques.* — **2.** Se dit de certains artistes et écrivains du XVIIe et d'une partie du XVIIIe s., ainsi que des musiciens du XVIIIe s. — **3.** Qui a les caractères esthétiques

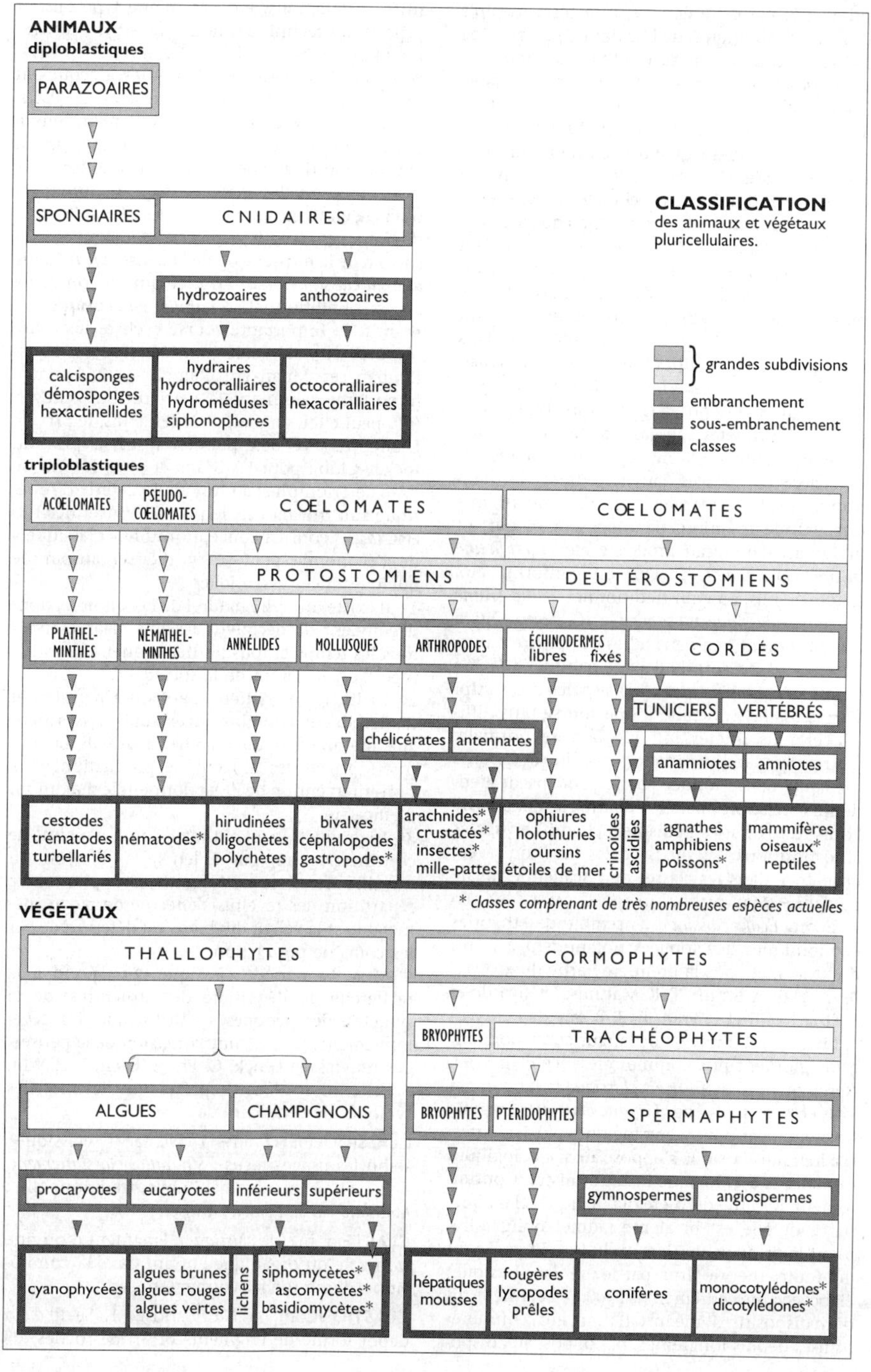

CLASSIFICATION
des animaux et végétaux pluricellulaires.

privilégiés par cette époque, caractères inspirés des choix esthétiques de l'Antiquité gréco-latine (lignes régulières, mesure, etc.) [par oppos. à *romantique* ou à *baroque*] : *Beauté classique.* (→ encycl. Mus.) — **4.** Se dit, dans l'évolution artistique de telle ou de telle civilisation, d'une période où s'allient qualité technique, rationalité, harmonie. (De 480 à 330 av. J.-C. env. en Grèce, de 250 à 950 env. chez les Mayas, etc.) — **5.** Axé sur l'étude des langues grecque et latine et de la littérature : *Études classiques.* — **6.** Qui mérite d'appartenir à la culture générale et est enseigné dans des classes (par oppos. à une œuvre ou à un auteur mineurs) ou qui a atteint une notoriété telle qu'il sert de référence dans son genre : *Connaître ses auteurs classiques. L'ouvrage de ce médecin est devenu classique.* — **7.** Se dit, par oppos. à la musique folklorique, légère, de variétés, au jazz ou à la musique contemporaine, de la musique, des œuvres des musiciens composées dans le cadre de la tradition musicale occidentale. — **8.** Qui appartient à une grande tradition, par oppos. à ce qui est marginal ou nouveau, moderne, etc. : *C'est là une théorie classique.* — **9.** Qui est conforme aux usages établis, au goût traditionnel : *Un costume de coupe classique et sobre.* — **10.** *Fam.* Qui a ordinairement lieu dans telles ou telles circonstances, qui ne surprend pas ; habituel : *Il m'a opposé les arguments classiques en pareil cas.* • **Alp.** *Voie classique,* itinéraire d'une course plus difficile et plus intéressant que la voie normale. — **Arm.** Syn. de CONVENTIONNEL. — **Chorégr.** *Danse classique,* danse fondée sur le principe de l'en-dehors (élaboré par le maître à danser de Louis XIV, Charles Louis Beauchamp) et sur les cinq positions des pieds et des bras, qui a été enseignée dans les classes de l'Académie royale de danse. (Syn. DANSE ACADÉMIQUE, DANSE D'ÉCOLE.) — **Écon.** *École classique,* ensemble des théories économiques développées notamment à la fin du XVIIIe s. et dans la première partie du XIXe par les Anglais A. Smith, T. R. Malthus, D. Ricardo et J. Stuart Mill et le Français J.-B. Say. (→ *encycl.*) — **Ling.** Se dit d'un état de langue correspondant à un moment pris comme référence et norme. (On a qualifié de *français classique* la langue des XVIIe et XVIIIe s.) — **Log.** *Logique classique,* logique bivalente, par oppos. aux logiques plurivalentes. (La logique classique s'oppose aussi aux logiques modales et à la logique intuitionniste. [Contrairement à cette dernière, la logique classique, parce qu'elle est bivalente, admet obligatoirement le principe du tiers exclu.]) — **Phys.** Se dit de toute théorie (ou partie de la physique) élaborée antérieurement à 1900. — **Techn.** Se dit d'un dispositif, d'une installation, etc., connus et utilisés depuis longtemps, par oppos. aux dispositifs, installations, etc., de même type faisant appel à des techniques nouvelles. (Syn. CONVENTIONNEL.)

◆ n. m. **1.** Auteur de l'Antiquité grecque ou romaine ou du classicisme français. — **2.** Partisan de la doctrine classique. — **3.** Auteur, œuvre qui fait autorité dans son genre ou qui, par sa grande notoriété, appartient à la tradition : *Ce morceau est un classique du jazz.* — **4.** Auteur ou ouvrage en usage dans les classes : *Les collections de classiques français.* — **5.** L'art classique (se dit surtout de la musique ou de la danse) : *Je n'écoute que du classique.* — **6.** Tout ce qui est conforme au goût traditionnel : *S'habiller en classique.*

◆ n. f. **1.** Importante course cycliste sur route disputée en une seule journée. (Par ex. Paris-Roubaix et Milan-San Remo.) — **2.** Épreuve importante jalonnant la carrière d'un cheval. (On peut citer, en plat, pour les 3 ans, le prix de Diane [réservé aux pouliches] et le prix du Jockey-Club ; pour les 3 ans et plus, le prix de l'Arc de Triomphe ; au trot attelé, le prix d'Amérique ; au trot monté, le prix de Vincennes.)

ENCYCL. **Écon.** La conception dite « classique » de l'économie peut se synthétiser autour de quelques idées essentielles :

1° Il existe un ordre naturel de l'économie, dont il convient de découvrir les lois valables pour tous les temps et tous les lieux, quel que soit le type d'organisation de la société.

2° La liberté et l'intérêt personnel permettent d'atteindre un équilibre qui exclut les crises grâce aux mécanismes du marché, auxquels la propriété privée des moyens de production et la non-intervention de l'État donnent le maximum d'efficacité.

3° La production est optimale dans un régime de concurrence où, par ailleurs, la division du travail, préconisée par A. Smith, est appliquée. La répartition des revenus s'effectue de façon inéluctable et la valeur des biens est déterminée par les coûts de production.

— **Mus.** La période classique correspond à la recherche de l'équilibre des structures, de la symétrie des périodes, de la logique des développements jointe à une concision de la pensée. Les œuvres de Gluck, C. Ph. E. Bach, J. Haydn, Boccherini et Mozart représentent des modèles typiques de cette période.

CLASSIQUEMENT adv. **1.** De façon classique ; selon les usages reçus : *S'habiller classiquement.* — **2.** D'une manière habituelle, traditionnelle : *Méthode classiquement utilisée.*

CLASTE n. m. (de *clastique*). Fragment d'origine minérale ou organique entrant dans la composition d'une roche sédimentaire.

CLASTIQUE adj. (gr. *klastos,* brisé). **1.** Se dit d'un dépôt formé de fragments brisés de roches, de minéraux ou d'organismes. (Syn. DÉTRITIQUE.) — **2.** Se dit d'une crise violente marquée par des bris d'objets.

CLASTRES (Pierre), anthropologue français (Paris 1934 - Gabriac, Lozère, 1977). Il a étudié les Guayakis et est à l'origine d'une tendance marxiste et anarchiste dans la pensée anthropologique actuelle. Il a écrit notamment *la Société contre l'État* (1974).

CLATHRATE n. m. Association cristalline de deux espèces chimiques dans laquelle les molécules de l'une des espèces se logent dans les lacunes du réseau cristallin formé par les molécules de l'autre.

CLAUDE *(saint)*, évêque de Besançon († v. 699). Il donna son nom au monastère de Condat, devenu plus tard l'abbaye St-Claude, noyau de la ville du même nom.

CLAUDE Ier, en lat. **Tiberius Claudius Caesar Augustus Germanicus** (Lyon 10 av. J.-C. - Rome 54 apr. J.-C.), empereur romain (41-54). Fils de Drusus, Claude est d'abord un érudit qui a laissé une œuvre importante. Présenté traditionnellement comme un homme de peu de prestance, bègue et secoué de crises de tremblement, soumis à l'influence de ses épouses, Messaline puis Agrippine, et des affranchis qui composaient son état-major, Narcisse, Pallas, Calliste et Polybe, il a pourtant accompli une œuvre considérable. Les pouvoirs impériaux ont été encore renforcés aux dépens du sénat et des magistratures traditionnelles. Une administration permanente, obéissant à quatre grandes directions, a commencé à fonctionner. Rome a bénéficié de l'aménagement du nouveau port d'Ostie et d'un nouveau réseau d'aqueducs. Élargissant le recrutement du sénat, Claude y a fait entrer des provinciaux et a accordé largement le droit de cité romaine. Sa politique extérieure a abouti à la conquête de la Bretagne (l'actuelle Grande-Bretagne) en 43 et de la Thrace en 46. Le royaume vassal de Mauritanie a été annexé en 42 et divisé en deux provinces. Fondateur de Cologne, Claude a fait renforcer les fortifications du Danube et ouvrir une route par le col du Brenner.
Cédant à la pression de sa dernière épouse, Agrippine, déjà mère de Néron, il adopta ce dernier pour héritier aux dépens de son propre fils, Britannicus. En 54, Agrippine l'empoisonna pour assurer le succès de ses plans.

CLAUDE II le Gothique, en lat. **Marcus Aurelius Claudius Augustus** (v. 214-Sirmium 270), empereur romain (268-270). Originaire d'Illyrie, il fut acclamé empereur en mars 268 par ses soldats. En 269, il vainquit les Goths à Naissus (Niš) et sauva les Balkans. Il laissa survivre l'empire de Gaule et le royaume de Palmyre, qui préservèrent l'Empire des invasions germaniques et des armées sassanides. Il mourut de la peste.

CLAUDE (Jean), pasteur français (La Sauvetat-du-Dropt, Agenais, 1619 - La Haye 1687). Il controversa avec Bossuet, Nicole, Arnauld et fut expulsé en 1685, après la révocation de l'édit de Nantes.

CLAUDE (Georges), physicien et industriel français (Paris 1870-Saint-Cloud 1960). On lui doit de nombreuses innovations dans le domaine de l'industrie chimique : dissolution de l'acétylène dans l'acétone en vue d'un transport sans danger (1897), procédé industriel de liquéfaction de l'air (1902), tubes d'éclairage luminescents au néon (1910), etc. À partir de 1926, il se consacra à des recherches sur l'exploitation de l'énergie thermique des mers.

Claude Bernard-Horner *(syndrome de)*, syndrome qui associe un myosis, une énophtalmie et un rétrécissement de la fente palpébrale. Il traduit une lésion des voies sympathiques commandant l'œil à un niveau quelconque de leur trajet.

CLAUDE DE FRANCE (Romorantin 1499-Blois 1524), reine de France (1515-1524). Fille aînée de Louis XII et d'Anne de Bretagne, elle épousa en 1514 son cousin germain, le futur François Ier, à qui elle apporta le duché de Bretagne et ses droits sur le Milanais.

CLAUDEL (Camille), sculpteur français (Fère-en-Tardenois, Aisne, 1864 - Avignon 1943), sœur de Paul Claudel. L'œuvre de cette élève et amie de Rodin (jusqu'en 1893) se situe entre un certain naturalisme et un expressionnisme tourmenté (*l'Âge mûr*, bronze, 1899). Elle fut internée les trente dernières années de sa vie.

CLAUDEL (Paul), écrivain français (Villeneuve-sur-Fère, Aisne, 1868 - Paris 1955). Bouleversé par la lecture de Rimbaud et converti à un catholicisme brûlant qu'il conservera jusqu'à sa mort, il mène une double carrière, diplomatique et littéraire. Ami de Mallarmé, il publie *Tête d'or* (1890) avant de partir comme consul à New York (1893), puis à Boston, où il compose son drame *l'Échange*, et enfin en Chine où, durant quatorze ans, il occupe divers postes qui lui inspirent *Connaissance de l'Est* (1895-1905) et *Connaissance du temps* (1903). Après une retraite aux abbayes de Solesmes et de Ligugé (1900) — il a songé un moment à se faire moine —, il donne successivement un drame, *Partage de midi* (1906) et *Cinq Grandes Odes* (1910). C'est en Europe, où il reste de 1909 à 1917, que s'épanouissent son lyrisme (*la Cantate à trois voix*, 1914) et son génie dramatique ; il donne *l'Annonce* faite à Marie* (1912), tragique débat de l'orgueil et de la charité repris dans la trilogie *l'Otage* (1911), *le Pain dur* (1918) et *le Père humilié* (1920). Ambassadeur à

Tōkyō (1921-1927), il y compose *le Soulier* de satin* (1929) [joué en 1943], où perce sa volonté de créer un théâtre « total ». Après deux nouveaux postes d'ambassadeur à Washington (1927-1933), où il écrit *le Livre de Christophe Colomb,* puis à Bruxelles (1933-1935), où il termine sa carrière diplomatique, Claudel partage son existence entre Paris et son château de Brangues (Isère), commentant son credo poétique et religieux (*Conversations dans le Loir-et-Cher,* 1935). [Acad. fr., 1946.]

CLAUDEL (Henri), général français (Saulxures 1871 - Nice 1956). Chef d'état-major du groupe d'armées de l'Est (1915), aide-major du général Joffre (1916), il termina la guerre à la tête du 2e corps d'armée coloniale. Commandant de l'armée française d'Orient (1919-20), il devint inspecteur général des troupes coloniales (1925-1936).

CLAUDICANT, E adj. (lat. *claudicare,* boiter). *Litt.* Qui boite : *Un pas claudicant.*

CLAUDICATION n. f. (lat. *claudicatio,* de *claudicare,* boiter). **1.** Action de boiter. — **2.** *Claudication intermittente,* claudication provoquée par des douleurs survenant après quelques instants de marche, cessant à l'arrêt de celle-ci et se reproduisant lors de la reprise de la marche. (Elle se voit dans les artérites.)

CLAUDIEN, ENNE adj. Qui a rapport à l'empereur Claude.

CLAUDIEN, en lat. **Claudius Claudianus,** poète latin (Alexandrie, Égypte, v. 370-Rome v. 404). Poète officiel à la cour d'Honorius et protégé de Stilicon, il fut un des derniers grands représentants de la poésie païenne à Rome *(l'Enlèvement de Proserpine).*

Claudine *(col),* col rond et plat dont le nom est inspiré de *Claudine à l'école.*

Claudine, série romanesque à caractère fictionnel et autobiographique de Colette, composée de *Claudine à l'école* (1900), *Claudine à Paris* (1901), *Claudine en ménage* (1902), *Claudine s'en va* (1903), publiée d'abord sous le nom de son mari : Willy, puis sous le sien. La série fut complétée par *la Maison de Claudine* (1922).

CLAUDIQUER v. i. (lat. *claudicare,* boiter) [conj. 3]. *Litt.* Boiter légèrement.

CLAUDIUS CAECUS (Appius), patricien romain (IVe-IIIe s. av. J.-C.). Il fut un grand seigneur cultivé, à la fois écrivain, orateur et juriste. Deux fois consul, puis dictateur et censeur de 312 à 308, il a pris des mesures favorables à la plèbe en tenant compte, pour déterminer le cens, de la fortune mobilière et non plus seulement foncière. Il a fait admettre les fils d'affranchis sur la liste des sénateurs. Il a entrepris la construction du premier aqueduc de Rome et de la route qui porta son nom, la *via Appia,* de Rome à Capoue.

CLAUDIUS MARCELLUS (Marcus) → MARCELLUS.

CLAUDIUS MARCELLUS (Marcus), neveu d'Auguste et son héritier désigné (42-23 av. J.-C.). Il avait épousé, en 25, Julie, fille d'Auguste. Virgile s'est fait l'écho du chagrin que suscita sa mort (*l'Énéide,* VI, 882).

CLAUDIUS PULCHER (Publius). Consul en 249 av. J.-C., il fut battu par les Carthaginois à Drepanum (Trapani) lors de la première guerre punique.

CLAUQUE n. f. Syn. de BEC-DE-JAR.

CLAUS (Émile), peintre belge (Sint-Eloois-Vijve 1849 - Astene 1924), un des propagateurs de l'impressionnisme dans son pays.

CLAUS (Hugo Maurice Julien), écrivain belge d'expression néerlandaise (Bruges 1929). Membre du mouvement *Cobra,* il unit la tradition réaliste et expressionniste à travers une œuvre poétique (*Cavalier peint,* 1961 ; *Monsieur Sanglier,* 1971), romanesque (*la Chasse aux canards,* 1950 ; *À propos de Dédé,* 1963 ; *la Honte,* 1972 ; *le Chagrin des Belges,* 1983 ; *l'Espadon,* 1989) et théâtrale (*Sucre,* 1958 ; *le Désir,* 1978) qui, par le biais d'un burlesque amer, ne cesse de mettre en question les conventions esthétiques et sociales.

CLAUSE n. f. (lat. médiév. *clausa,* membre de phrase, du lat. class. *claudere,* clore). **1.** Disposition particulière d'un acte juridique. — **2.** *Clause abusive,* celle qui, dans un contrat, est imposée au détriment de l'une des parties. ‖ *Clause exorbitante du droit commun,* stipulation d'un contrat passé par l'Administration ou pour son compte qui, par sa nature, n'est pas de celles qui sont susceptibles d'être librement consenties entre personnes privées et qui de ce fait est régie par le droit administratif. ‖ *Clauses finales,* stipulations diverses figurant à la fin des actes juridiques, au Moyen Âge, et qui avaient pour objet de garantir l'observation de l'acte et de prévoir les formalités requises à son exécution. ‖ *Clause de la nation la plus favorisée,* clause d'un traité par laquelle un État s'engage envers l'autre à lui accorder tous les avantages qu'il accorderait, dans le domaine concerné, à n'importe quel État. ‖ *Clause or,* clause d'un contrat qui oblige le débiteur à réévaluer sa dette en fonction du cours de l'or. ‖ *Clause à ordre,* clause dont l'effet est de permettre la transmission d'un droit de créance par endos. (Elle contient nécessairement les mots « à ordre ».) ‖ *Clause pénale,* clause d'un contrat précisant le montant de l'indemnité due en cas d'inexécution de l'obligation ou de retard dans son exécution ; clause d'un testament stipulant que sera évincé de la succession ou d'un legs, l'héritier ou le légataire qui n'exécuterait pas une condition imposée dans l'acte. ‖ *Clause résolutoire,* clause d'un acte prévoyant sa résolution automatique si l'une des parties ne remplit pas ses engagements ou si survient un événement indépendant de la volonté des parties. ‖ *Clause de style,* clause commune à des actes juridiques de nature identique ; en langue courante, disposition sans importance.

CLAUSEL ou **CLAUZEL** (Bertrand, *comte*), maréchal de France (Mirepoix 1772 - Secourrieu, Haute-Garonne, 1842). Volontaire en 1791, général en 1802, il prit part à toutes les campagnes de la République et de l'Empire. Il fut nommé maréchal en 1831, puis gouverneur général de l'Algérie en 1835. Il échoua devant Constantine en 1836.

CLAUSEWITZ (Carl VON), général, philosophe et historien militaire prussien (Burg, près de Magdeburg, 1780 - Breslau 1831). Il combattit les armées françaises sous les uniformes prussien, autrichien et russe. Fait prisonnier à Iéna (1806), à son retour, il se consacra, avec Boyen et Gneisenau, à la résurrection militaire de la Prusse, donna des cours à l'École de guerre et se vit confier l'éducation militaire du Kronprinz. Nommé général (1818), il fut directeur de l'École de guerre de Berlin de 1818 à sa mort.
Sa réflexion, tirée de l'analyse des campagnes frédériciennes et napoléoniennes, se retrouve dans de nombreuses lettres et dans son ouvrage *De la guerre**. Celui-ci n'impose aucune doctrine mais fournit une théorie unitaire et complète de la guerre. Il en souligne le caractère intrinsèquement violent et la subordination totale à la politique, dont elle ne constitue qu'un moyen d'action particulier. Interprétée de façon très diverse par Moltke, Ludendorff, puis Hitler, la pensée de Clausewitz marquera surtout les théoriciens du marxisme (Engels, Marx, Lénine), les stratèges soviétiques (Chapochnikov) ou chinois (Mao Zedong).

CLAUSILIE n. f. (lat. *clausus,* fermé). Petit mollusque gastropode pulmoné des mousses et des troncs d'arbres, à enroulement sénestre et dont on distingue plus de 700 espèces dans le monde entier.

CLAUSIUS (Rudolf Emanuel), physicien allemand (Köslin, Poméranie, 1822 - Bonn 1888). Il introduisit en thermodynamique la notion d'entropie et utilisa le dégagement de chaleur produit par les courants électriques pour mesurer l'équivalent mécanique de la calorie. Il fut aussi l'un des créateurs de la théorie cinétique des gaz.
Clausius *(inégalité de),* inégalité qui régit les échanges de chaleur d'un système au cours d'une transformation cyclique. C'est un des énoncés possibles du second principe de la thermodynamique.

CLAUSSEN (Sophus), poète danois (Langeland 1865 - Gentofte, Copenhague, 1931), un des meilleurs représentants du symbolisme dans son pays (*Flûtes de saule,* 1899).

CLAUSTHAL-ZELLERFELD, v. d'Allemagne (Basse-Saxe), dans le Harz ; 16 400 hab. Anc. centre minier auj. reconverti (brasserie, verrerie). Centre touristique. Église en bois du XVIIe s. Musée du haut Harz.

CLAUSTRA n. m. (pl. *claustras* ou *claustra*) [lat. *claustrum,* clôture]. Paroi ajourée clôturant une baie, formant cloison, etc.
ENCYCL. Les claustras en dalles de pierre, ajourés selon des motifs décoratifs divers, ont été très employés pour clore les fenêtres d'église, du haut Moyen Âge à l'époque romane *(transenne).* Le XXe s. fait usage de parois ajourées en béton, en éléments de céramique, en bois, etc.

CLAUSTRAL, E, AUX adj. (lat. médiév. *claustralis,* de *claustrum,* cloître). **1.** Qui a rapport au cloître : *Discipline claustrale.* — **2.** *Bâtiments claustraux,* bâtiments dépendant d'un cloître, en y comprenant le cloître lui-même.

CLAUSTRATION n. f. **1.** Action de claustrer qqn qqpart. — **2.** Réclusion volontaire d'un sujet à son domicile, par crainte des contacts sociaux ou par indifférence à leur égard.

CLAUSTRE n. m. (lat. *claustrum,* clôture). Pièce de terre cuite ayant la forme d'une boîte sans fond, d'un demi-cylindre, etc. (S'emploie en nombre pour la constitution de claustras ou de garde-corps.)

CLAUSTRER v. t. (de *claustral*) [conj. 3]. Enfermer qqn dans un lieu clos, isolé : *La maladie l'a claustré dans sa chambre.*
◆ **se claustrer** v. pr., **être claustré** v. pass. S'enfermer qqpart, se tenir à l'écart des autres, isolé du monde : *Il vit claustré dans une petite pièce.*

CLAUSTROMANIE n. f. Comportement d'un sujet qui s'impose une claustration.

CLAUSTROPHOBE n. Personne qui souffre de claustrophobie.

CLAUSTROPHOBIE n. f. Phobie des espaces clos (métro, ascenseurs, en partic.).

CLAUSULE n. f. (lat. *clausula,* de *claudere,* fermer). Dernier membre d'une strophe d'une période oratoire.

CLAUX (les) → VARS.

CLAUZEL → CLAUSEL.

CLAVAGE n. m. **1.** Action de mettre en place la clef d'une voûte. — **2.** Solidarisation des deux parties d'un ouvrage construites indépendamment l'une de l'autre.

CLAVAIRE n. f. (lat. *clava,* massue). Champignon basidiomycète comestible caractérisé par de nombreuses branches dressées.

CLAVAL (Paul), géographe français (Meudon 1932). Auteur d'un *Essai sur l'évolution de la géographie humaine* (1964) et de *Régions, nations, grands espaces* (1968), il a rapproché la géographie française de l'économie et des sciences sociales, ouvert la discipline aux courants nouveaux (modélisation et géographie quantitative) venant des pays anglo-saxons.

1. CLAVEAU n. m. (bas lat. *clavellus,* pustule). **1.** Exsudation virulente présente dans les vésicopustules engendrées par la clavelée. – **2.** Syn. de CLAVELÉE.

2. CLAVEAU n. m. (lat *clavis,* clé). Chacun des blocs en forme de coin qui constituent une plate-bande, un arc ou une voûte appareillés. (Syn. VOUSSOIR.)

CLAVECIN n. m. (lat. médiév. *clavicymbalum*). Instrument de musique à cordes pincées et à clavier.
ENCYCL. Le clavecin présente une caisse à cinq côtés rappelant une harpe couchée et qui peut atteindre jusqu'à 2,30 m de longueur ; les cordes de métal sont mises en vibration par l'intermédiaire des sautereaux, munis d'un bec de plume.

Clavecin bien tempéré *(le)* → CLAVIER BIEN TEMPÉRÉ *(le)*.

CLAVECINISTE n. Musicien qui joue du clavecin.

CLAVEL (Bernard), écrivain français (Lons-le-Saunier 1923), auteur de romans de caractère humanitaire et pacifiste (cycle de *la Grande Patience*).

CLAVELÉE n. f. (anc. fr. *clavel,* claveau). Maladie infectieuse du mouton, contagieuse, due à un virus variolique et caractérisée par l'éruption de vésicules recouvertes par une croûte desséchée ayant la forme d'un clou. (Cette maladie a disparu d'Europe occidentale.) [Syn. CLAVEAU.]

CLAVELEUX, EUSE ou **CLAVELÉ, E** adj. et n. Relatif à la clavelée ; atteint de la clavelée.

CLAVELLE n. f. Syn. de ANCHORELLE.

CLAVER v. t. (lat. *clavis,* clé) [conj. 3]. **1.** Construire à claveaux ; mettre en place la clef d'un organe fait de claveaux. – **2.** Mettre en serrage un soutènement ou un remblai contre le toit.

CLAVETAGE n. m. **1.** Opération consistant à rendre deux pièces mécaniques solidaires au moyen de clavettes ; l'assemblage lui-même. – **2.** Saisie des textes à composer. – **3.** Solidification des lingots d'acier par interruption du dégagement gazeux à l'aide d'une méthode mécanique.

CLAVETER v. t. (conj. 27). **1.** Fixer par le moyen d'une clavette. – **2.** Effectuer le clavetage d'un lingot d'acier.

CLAVETTE n. f. Cheville de métal enfoncée à force dans une entaille pratiquée dans une pièce pour l'appuyer contre une autre ou entre deux pièces pour les rendre solidaires.

CLAVIATURE n. f. Jeu de raccordements et de vannes permettant diverses combinaisons de branchement de tuyauteries. (Syn. MANIFOLD.)

CLAVICORDE n. m. (lat. médiév. *clavicordium,* de *clavis,* clé, et *corda,* corde). Instrument de musique à cordes frappées, dont les touches du clavier portent chacune une lame métallique jouant à la fois le rôle de marteau et de chevalet. (C'est l'ancêtre du piano.)

CLAVICORNE n. m. (lat. *clava,* massue). Ancien nom de sous-ordre donné aux coléoptères ayant des antennes en massues, comme les coccinelles. (Syn. actuel CUCUJOÏDE.)

CLAVICULAIRE adj. Relatif à la clavicule.

CLAVICULE n. f. (lat. *clavicula,* petite clef). Os long, ayant la forme d'un S allongé, situé à la partie antéro-supérieure du thorax, étendu de l'acromion au sternum, constituant la partie antérieure de la ceinture scapulaire.
ENCYCL. La clavicule existe chez les amphibiens anoures, certains reptiles et chez les oiseaux, chez lesquels les clavicules droite et gauche se soudent ventralement en une fourchette. Certains mammifères ont des clavicules, d'autres n'en ont pas, sans raisons fonctionnelles très apparentes.

CLAVIER n. m. (lat. *clavis,* clé). **1.** Ensemble des touches qui, sous la pression des doigts, actionnent un mécanisme servant à la production du son. (→ *encycl.*) – **2.** Ensemble de touches dont chacune correspond à la commande de caractères, de fonctions ou d'instructions particulières et dont l'enfoncement provoque l'impression d'un caractère, une mise en mémoire ou l'émission d'un signal. – **3.** *Litt.* Ressources d'un art ou d'un artiste ; variété et étendue du talent : *Poète qui a un riche clavier.*
ENCYCL. **Mus.** Les principaux instruments à clavier sont l'orgue, le clavecin et l'épinette, le clavicorde, le piano, la régale, l'accordéon, la vielle à roue, le carillon. Les touches correspondant aux notes naturelles (blanches sur le piano) s'appellent marches, celles qui correspondent aux notes altérées (noires sur le piano), feintes. Dans l'orgue, le clavier, d'abord diatonique (XIe-XIIe s.), devient chromatique (XIVe s.). Il s'étend vers le grave (au début du XVIIe s.). À partir de cette époque, l'orgue peut connaître deux claviers superposés ; le deuxième porte le nom de

positif. Le troisième clavier d'orgue naît au XVIIe s. *(écho),* le quatrième *(récit)* et le cinquième *(bombarde)* à la fin de ce siècle. Le clavier de *pédale* apparaît au XVe s. Au XVIe et au début du XVIIe s., les claviers d'épinettes, régales, clavecins possèdent une étendue de quatre octaves. Cette étendue n'a cessé de s'accroître. Sept octaves un quart (88 notes) restent la norme actuelle du piano.

Clavier bien tempéré *(le),* titre de deux recueils de J. S. Bach, comprenant chacun 24 préludes et fugues dans tous les tons majeurs et mineurs (1722 et 1742). J. S. Bach a voulu ainsi démontrer qu'il était possible de composer dans tous les tons, en vertu du tempérament égal.

CLAVIÈRE (Étienne), financier d'origine helvétique (Genève 1735-Paris 1793). Banquier genevois établi à Paris, il se lia avec Mirabeau contre Necker. Député à l'Assemblée législative (1791), il reçut le portefeuille des Finances lors du premier ministère girondin (mars-juin 1792). Décrété d'accusation le 2 juin 1793 avec les Girondins, il se suicida en prison.

Clavierübung → KLAVIERÜBUNG.

CLAVIGÈRE n. m. Minuscule coléoptère aveugle, vivant dans les fourmilières et nourri par les ouvrières.

CLAVISTE n. Personne qui effectue la saisie pour la composition de textes.

CLAY (Henry), homme politique américain (Hanover County, Virginie, 1777 - Washington 1852). Président du Congrès (1810-1820), secrétaire d'État (1825-1829), puis membre du Sénat (1831-1842 ; 1849-50), il fit adopter le compromis de 1820, qui fit entrer le Missouri dans l'Union comme État esclavagiste, et le compromis de 1850 qui donna à la Californie le statut d'État libre.

CLAY (Lucius DU BIGNON), général américain (Marietta, Géorgie, 1897 - Chatham, Massachusetts, 1978). Officier du génie, chef d'état-major adjoint au matériel de 1942 à 1944, il organisa le pont aérien lors du blocus de Berlin en 1948-49.

CLAY (Cassius) → ALI (Muhammad).

CLAYÈRE [klɛjɛr] n. f. Parc à huîtres, fermé par des claies.

CLAYE-SOUILLY (77410), ch.-l. de cant. de Seine-et-Marne, sur le canal de l'Ourcq, à l'O. de Meaux ; 9 917 hab. Appareils électroménagers.

CLAYES-SOUS-BOIS (Les) [78340], comm. des Yvelines, à l'O. de Versailles ; 16 873 hab.

CLAYETTE [klɛjɛt] n. f. (de *claie*). **1.** Syn. de CAGEOT et de CLISSE. — **2.** Structure maillée de verre, de textile ou de métal, utilisée pour l'incubation des œufs de poisson. — **3.** Petite claie amovible, en métal ou plastique, servant de support dans certains appareils ménagers.

CLAYETTE (La) [71800], ch.-l. de cant. de Saône-et-Loire, dans le sud du Charolais ; 2 377 hab. *(Clayettois).* Élevage hippique. Appareils de levage.

CLAYON [klɛjɔ̃] n. m. (de *claie*). **1.** Panier demi-cylindrique, en osier, utilisé pour transporter les pains longs. — **2.** Syn. de CLISSE.

CLAYONNAGE n. m. (de *clayon*). Assemblage de pieux et de branchages pour soutenir des terres, fermer un passage, etc.

CLAYONNER v. t. (conj. 3). Garnir d'un clayonnage le talus d'un cours d'eau, d'une route, etc.

CLAZOMÈNES, en gr. **Klazomenai,** ville d'Ionie, sur la côte de la mer Égée. Membre de la confédération ionienne, elle fonda Abdère, vers 650 av. J.-C., et plusieurs cités sur les côtes du Pont-Euxin.

CLÉ → CLEF.

CLEAN [klin] adj. (angl. *clean,* propre). *Fam.* Qui est net, strict, sans débraillé.

CLÉANTHE, philosophe grec (Assos, Troade, v. 331 av. J.-C.-v. 232), de tendance stoïcienne, successeur de Zénon, auteur d'un *Hymne à Zeus.*

CLEARANCE → CLAIRANCE.

CLEARING [kliriŋ] n. m. (angl. *clearing,* libération d'une dette). *Accord de clearing,* convention entre deux pays aux termes de laquelle le produit des exportations d'un des pays est affecté au règlement de ses importations et qui tend à réaliser un équilibre des échanges entre les deux pays.

CLÉARQUE, général spartiate (2e moitié du Ve s. av. J.-C.). Il commanda les mercenaires péloponnésiens qui suivirent Cyrus le Jeune dans son expédition contre Artaxerxès II. Artisan de la victoire de Counaxa*, il prit le commandement des Grecs (les Dix Mille) au début de leur retraite, mais il fut tué par le satrape Tissapherne (401).

CLEARWATER ou **EAU-CLAIRE (À l'),** lac du Canada (Québec), qui se déverse dans la baie d'Hudson ; 1 238 km².

CLÉBARD ou **CLEBS** [klɛps] n. m. (ar. maghrébin *kelb,* chien). *Pop.* Chien.

CLEF [kle] ou **CLÉ** n. f. (lat. *clavis*). **1.** Pièce métallique qui porte, à une extrémité, le panneton ou des encoches pour actionner le pêne de la serrure et, à l'autre extrémité, un anneau ou une tête pour permettre la manœuvre. (→ *encycl.*) — **2.** Position, point stratégique qui commande l'accès à un lieu : *Gibraltar est la clef de la Méditerranée.* — **3.** Ce qui permet d'accéder à qqch : *Avec ce poste, il détient la clef du pouvoir.*

— **4.** Ce qui permet de résoudre qqch, de le comprendre : *Cet indice me donne la clef du roman.* — **5.** En apposition à un nom auquel il est lié ou non par un trait d'union, indique qqch ou qqn qui est capital, essentiel, dont tout dépend : *Mots-clefs. Le personnage clef d'un roman.* — **6.** *À la clef,* qui accompagne par voie de conséquence une situation donnée. ‖ *Clefs de saint Pierre,* pouvoir spirituel du Saint-Siège. ‖ *Clefs d'une ville,* clefs qui servaient à ouvrir et à fermer les portes d'une ville et qui symbolisaient la possession de cette ville. ‖ *Clef de voûte,* partie essentielle d'un ensemble, dont tout dépend. ‖ *Donner un tour de clef,* fermer. ‖ *Fermer à clef,* en parlant d'un local, d'un meuble, d'un coffret, etc., comporter une serrure sur sa porte ou sur la partie qui s'ouvre. ‖ *Laisser la clef sur la porte,* la laisser dans la serrure. ‖ *Livre, film, etc., à clef,* qui met en scène, sous des noms inventés, des événements, des personnages réels. ‖ Fam. *Mettre la clef sous la porte,* déménager furtivement. ‖ *Prendre la clef des champs,* sortir pour aller où on veut, reprendre sa liberté ; s'échapper, s'évader. ‖ *Sous clef,* dans un lieu fermé ; en prison : *Mettre des papiers sous clef. Les voleurs sont sous clef.* • **Archit.** et **Bât.** Claveau central d'une plate-bande, d'un arc ou d'une voûte *(clef d'arc, clef de voûte).* [Les clefs de voûtes gothiques sur croisée d'ogives ont souvent reçu un traitement décoratif : rosace, décor figuré et, à la fin du XVe s., exubérance des *clefs pendantes.* Ornementées, les clefs d'arc de l'architecture classique sont appelées *agrafes.*] — **Assain.** *Clef de barrage,* clef composée d'une tige à évidement carré et d'une traverse mobile, utilisée pour les bouches d'incendie. — **Bât.** et **Menuis.** Clavette en bois dur (chêne ou acacia) enfoncée à force dans la partie femelle d'un assemblage. ‖ Petite cheville en bois dur de section rectangulaire, que l'on emploie pour assurer le serrage de certains assemblages. ‖ *Clef de scie,* syn. de GARROT 2. — **Ch. de f.** *Clef de Berne,* clef à tiges carrées, mâle et femelle, qui sert à la manœuvre de différents accessoires des voitures à voyageurs (serrures, couchettes, chauffage, etc.). [Syn. fam. CARRÉ.] — **Chauff.** *Clef de tuyau de poêle,* disque placé à l'intérieur du tuyau et qui sert à régler le tirage. — **Chauss.** *Clef d'embauchoir,* partie centrale de la tige des embauchoirs de bottine ou de botte. ‖ *Clef de forme,* petit coin de bois pour élargir la forme d'une chaussure. — **Dr.** *Fausses clefs,* tout instrument ou clef (imitée, trouvée ou volée) utilisé par un voleur pour ouvrir ou forcer une serrure. (L'usage de fausses clefs peut constituer une circonstance aggravante du vol. — **Écon.** *Clef(s) en main,* se dit de la vente d'un appartement, d'une voiture, etc., prêts à être utilisés dès la livraison ; se dit d'un contrat par lequel la conception, la réalisation, la mise en service d'une entreprise ou d'un complexe industriel incombent à un contractant unique. — **Fauconn.** Chacun des ongles de derrière, chez un oiseau de proie. — **Hérald.** Meuble représentant une clef, très fréquent en héraldique. — **Inform.** *Clef d'accès,* suite de caractères servant de code personnalisé donnant l'autorisation d'utiliser un programme, des données, un service informatique, etc. ‖ *Clef de protection,* indicatif permettant de réserver l'accès de certaines informations à des utilisateurs autorisés. — **Ling.** Élément graphique constituant la partie placée à gauche d'un caractère chinois, ayant en général perdu sa signification originelle et servant à classer le caractère et à le trouver dans un dictionnaire. — **Mécan.** Nom donné à des outils à douille, à œil, à pipe, à ergots, etc., au moyen desquels on serre ou desserre des écrous ou des vis, on tend ou détend le ressort d'un mécanisme, les cordes d'un instrument de musique, etc. ‖ *Clef dynamométrique,* clef munie d'une réglette graduée sur laquelle est fixé un curseur réglable qui provoque un déclic prévenant l'utilisateur lorsque le couple de serrage correspondant est atteint. ‖ *Clef à molette,* ou *clef anglaise,* clef à ouverture variable, dont l'écartement est réglé en actionnant une molette. — **Ménag.** *Clef à sardines,* instrument permettant d'ouvrir le couvercle de certaines boîtes de conserve. — **Mil.** En cryptographie, convention orale ou écrite nécessaire pour effectuer les opérations de chiffrement et de déchiffrement. (Syn. CHIFFRE.) — **Mus.** Signe placé au commencement de la portée et qui détermine le nom des notes, ainsi que leur hauteur précise dans l'échelle musicale. (Il y a trois figures de clefs : clefs de *fa,* de *sol* et d'*ut*). ‖ Dans un instrument à vent, mécanisme qui permet d'ouvrir ou de fermer les trous et donc de modifier la longueur de la colonne d'air vibrante qui donne la hauteur du son. ‖ *Clef d'accord,* outil permettant d'accorder un instrument par rotation des chevilles. — **Publ.** *Annonce à clef,* placard publicitaire comportant un signe distinct permettant l'identification du support dans lequel il est paru et l'évaluation de son rendement. — **Sports.** Dans divers sports de combat (judo, lutte, etc.), prise effectuée avec un bras, tendant à immobiliser l'adversaire. — **Trav. publ.** Partie médiane d'une travée de pont à poutres de hauteur variable.

ENCYCL. **Arts décor.** L'usage de la clef semble remonter aux temps homériques. Les Romains l'utilisaient couramment.

Le type traditionnel, le plus souvent en acier, comporte quatre parties distinctes : l'*anneau,* la *boucle,* ou *embase, la tige* et le *panneton.* Le décor, sculpté, évidé et ciselé, est particulièrement riche sur certains exemplaires du XVIe s. européen. — **Serrur.** Selon qu'elle possède une tige pleine ou creuse, on distingue la clef *bénarde,* ouvrant des deux côtés, et la clef *forée,* ouvrant d'un seul côté.

CLÉGUÉREC (56480), ch.-l. de cant. du Morbihan, à 11 km au N.-O. de Pontivy ; 2 752 hab.

CLÉISTOGAME adj. (gr. *cléistos,* fermé). Se dit des fleurs qui, à maturité, restent closes et dont la pollinisation ne peut se faire que par autogamie directe, telles que la drave, certaines violettes, etc.

CLEITOS, lieutenant d'Alexandre († Samarkand, 328 av. J.-C.). Compagnon d'Alexandre, dont il avait sauvé la vie à la bataille du Granique (334), il fut tué de sa main lors d'un banquet où il l'avait critiqué.

Clélie, roman de Mlle de Scudéry (1654-1660). Préoccupés d'énigmes galantes, les héros de la guerre menée par Tarquin contre Rome dessinent la carte du *Tendre**, dont les méandres marquent les étapes et les effets de l'amour.

CLÉMATITE n. f. (lat. *clematis, -idis,* du gr. *klêmatis, -idos*). Renonculacée vivace, grimpante, à croissance rapide, nuisible aux arbres qu'elle envahit. (La clématite blanche, ou vigne blanche, est l'espèce la plus commune ; d'autres espèces, à fleurs rouges, sont ornementales.)

CLÉMENCE n. f. (lat. *clementia*). *Litt.* **1.** Sentiment de générosité qui porte à épargner les coupables ou à atténuer les peines encourues. — **2.** Douceur favorable du climat : *La clémence de la température.*

CLÉMENCE DE HONGRIE, reine de France. Fille de Charles Martel, roi titulaire de Hongrie, elle épousa en 1315 Louis X le Hutin.

CLEMENCEAU (Georges), homme politique français (Mouilleron-en-Pareds, Vendée, 1841 - Paris 1929). Médecin (1865), il entre en politique comme républicain radical. Maire de Montmartre (1870) puis député de la Seine (1871), il échoue dans sa tentative de conciliation entre versaillais et communards. Président du conseil municipal de Paris (1875), député du XVIIIe arrondissement (1876 et 1877), il représente les tendances les plus avancées du républicanisme. Orateur écouté à la Chambre, fondateur et directeur du journal *la Justice* (1880), il prône la laïcité, la séparation de l'Église et de l'État, la suppression du Sénat et l'arrêt des conquêtes coloniales. Il contribue à la nomination au ministère de la Guerre de Boulanger, mais s'oppose ensuite à ce dernier. Impliqué dans le scandale de Panamá, il perd son siège de député en 1893. Redevenu simple journaliste, il prend la tête des défenseurs de Dreyfus en publiant *J'accuse* de Zola (1898) dans *l'Aurore.* Sénateur du Var (1902), ministre de l'Intérieur dans le cabinet Sarrien (mars 1906) puis président du Conseil (oct. 1906), il fait face avec énergie à l'agitation sociale qui soulève les vignerons du Midi (1907) et les ouvriers de la région parisienne (1908-1909). Renversé en juill. 1909, il fonde le journal *l'Homme libre* (1913), qui devient, après l'institution de la censure (1914), *l'Homme enchaîné,* et vote contre la candidature de Poincaré à la présidence de la République. Son patriotisme l'amène à traquer les défaitistes et les pacifistes lors de la Première Guerre mondiale et il obtient la démission de Malvy (1917). Appelé par Poincaré à constituer un cabinet de salut national (nov. 1917), Clemenceau, surnommé *le Tigre,* fait choisir Foch comme généralissime des forces alliées et conduit d'une main de fer le pays à la victoire. Président de la conférence de la paix (1919), *le Père la Victoire,* alors à l'apogée de sa popularité, accepte de se porter candidat à la présidence de la République. Battu par Deschanel (1920), il se retire de la vie politique. (Acad. fr., 1918).

CLÉMENCET (*dom* Charles), historien bénédictin français (Painblanc, Bourgogne, 1703-Paris 1778). Son principal ouvrage est *l'Art de vérifier les dates,* conçu par dom Maur Dantine, mais exécuté par lui (1750).

CLÉMENT, E adj. (lat. *clemens*). **1.** Qui agit avec clémence, qui est porté à oublier les fautes, les offenses des autres : *Des paroles clémentes.* — **2.** Se dit du climat qui est doux, exempt de rigueur : *Un hiver clément.*

CLÉMENT Ier *(saint),* pape de 88 à 97. On possède une importante lettre adressée par lui, au nom de l'Église de Rome, à l'Église de Corinthe.

CLÉMENT II (SUIDGER DE MORSLEBEN ET HORNBURG) [† Pesaro 1047], pape en 1046-47.

CLÉMENT III (Paolo SCOLARI) [† Rome 1191], pape de 1187 à 1191. Il imposa au clergé de participer financièrement à la troisième croisade.

CLÉMENT IV (Gui FOULQUES) [Saint-Gilles, Gard, fin du XIIe s.-Viterbe 1268], pape de 1265 à 1268.

CLÉMENT V (Bertrand DE GOT) [Villandraut ?-† Roquemaure 1314], pape de 1305 à 1314. Il présida le concile de Vienne (1311-12), où il abolit l'ordre des Templiers. Il fut le premier des papes d'Avignon, où il se fixa en 1309.

CLÉMENT VI (Pierre ROGER) [Maumont, Limousin, 1291-Avignon 1352], pape de 1342 à 1352. Il résida à Avignon, dont il acquit la souveraineté (1348), faisant de sa résidence un palais somptueux.

CLÉMENT VII (Robert DE GENÈVE) [Genève 1342-Avignon 1394], pape d'Avignon de 1378 à 1394. Son élection, non reconnue par les cardinaux romains, fut à l'origine du schisme d'Occident. Il s'installa en Avignon.

CLÉMENT VII (Jules DE MÉDICIS) [Florence 1478-Rome 1534], pape de 1523 à 1534. Fils naturel de Jules de Médicis, il prit parti pour François Ier contre Charles Quint, mais dut subir l'alliance impériale. Il vit Henri VIII se séparer de l'Église romaine.

CLÉMENT VIII (Gil Sánchez DE MUÑOZ) [Teruel, Aragon, v. 1380-Majorque 1446], antipape de 1423 à 1429, à l'époque du schisme d'Occident.

CLÉMENT VIII (Ippolito ALDOBRANDINI) [Fano 1536-Rome 1605], pape de 1592 à 1605. Il fit éditer la *Vulgate* (1592).

CLÉMENT IX (Giulio ROSPIGLIOSI) [Pistoia 1600-Rome 1669], pape de 1667 à 1669. Il chercha à apaiser la querelle janséniste en promulguant la paix dite « clémentine » (1668).

CLÉMENT X (Emilio ALTIERI) [Rome 1590-*id.* 1676], pape de 1670 à 1676. Sous son pontificat commença le conflit de la régale avec Louis XIV (1673).

CLÉMENT XI (Giovan Francesco ALBANI) [Urbino 1649 - Rome 1721], pape de 1700 à 1721. Il publia contre les jansénistes les bulles *Vineam Domini* (1705) et *Unigenitus* (1713), qui relancèrent la querelle théologique.

CLÉMENT XII (Lorenzo CORSINI) [Florence 1652-Rome 1740], pape de 1730 à 1740. Il condamna la franc-maçonnerie.

CLÉMENT XIII (Carlo REZZONICO) [Venise 1693-Rome 1769], pape de 1758 à 1769. Il appuya les jésuites par la bulle *Apostolicum (1765).*

CLÉMENT XIV (Giovanni Vincenzo GANGANELLI) [Sant'Arcangelo di Romagna 1705-Rome 1774], pape de 1769 à 1774. Il supprima la Compagnie de Jésus par le bref *Dominus ac Redemptor* (21 juill. 1773).

CLÉMENT d'Alexandrie, Père de l'Église grecque et philosophe chrétien (Athènes v. 150-entre 211 et 216). D'une famille païenne, il vint au christianisme par la philosophie. Dans ses ouvrages *(le Protreptique, le Pédagogue* et *les Stromates),* il présente la pensée chrétienne comme la seule vraie philosophie.

CLÉMENT de Bulgarie *(saint)* ou **CLÉMENT d'Ohrid** *(saint),* évangélisateur de la Macédoine occidentale († 916). Continuateur direct de l'œuvre de Cyrille et Méthode, il traduisit et adopta pour les Slaves les écrits théologiques des Grecs.

CLÉMENT (Jacques), dominicain français (Serbonnes, Yonne, v. 1567 - Saint-Cloud 1589). Ligueur fanatique, il conçut le projet d'assassiner Henri III lors du siège de Paris par le roi (1589). Il se rendit auprès de Henri III à Saint-Cloud et le tua d'un coup de poignard (1er août 1589). Il fut massacré par des gentilshommes de la Maison du roi.

CLÉMENT (Jean-Baptiste), chansonnier et socialiste français (Boulogne, Hauts-de-Seine, 1836 - Paris 1903), un des principaux représentants de la chanson révolutionnaire française. Il est l'auteur du *Temps des cerises* (1867), qui traduit l'espérance révolutionnaire.

CLÉMENT (René), cinéaste français (Bordeaux 1913 - Monte-Carlo 1996). Il a réalisé *la Bataille du rail* (1945), *les Maudits* (1946), *Jeux interdits* (1952), *Monsieur Ripois* (1954), *Gervaise* (1956), *Plein Soleil* (1959), *Paris brûle-t-il ?* (1966), *le Passager de la pluie* (1969), *la Course du lièvre à travers les champs* (1972).

CLÉMENT DE RIS (Dominique, *comte*), homme politique français (Paris 1750-1827). Sénateur sous le Consulat, il fut fait prisonnier par des chouans qui le retinrent dix-neuf jours dans un souterrain (sept. 1800). Cette « ténébreuse affaire » a inspiré le roman de Balzac portant ce titre.

CLEMENTI (Muzio), compositeur, pianiste et facteur de pianos italien (Rome 1752-Evesham, Angleterre, 1832). Sa carrière d'interprète, perpétuellement en tournée, servit de modèle aux innombrables virtuoses du début du XIXe s. De 1798 à 1830, il se livra à l'édition, à la vente et à la manufacture de pianos. Comme compositeur, il se consacra presque exclusivement au clavier et créa un style pianistique nouveau sur le plan technique et sonore. Il écrivit un concerto pour piano, des symphonies et le *Gradus ad Parnassum,* célèbre recueil didactique (3 vol. ; 1817, 1819 et 1826).

CLÉMENTIN, E adj. **1.** Relatif à l'un des papes Clément. — **2.** *Paix clémentine,* compromis accepté par le pape Clément IX, en 1668, pour apaiser les querelles et les refus d'obéissance nés du jansénisme en France.

◆ **clémentin** n. m. Nom donné aux partisans de Clément VII (Robert de Genève), par oppos. aux *urbanistes,* au début du Grand Schisme d'Occident.

CLÉMENTINE n. f. (de *Clément,* n. pr.). Fruit du clémentinier, proche de la mandarine, à pulpe sucrée très appréciée.

CLÉMENTINIER n. m. Arbre du groupe des agrumes, hybride supposé du bigaradier et du mandarinier, créé en Algérie à la fin du XIXe s., qui produit des clémentines.

CLEMENTIS (Vladimir), homme politique tchécoslovaque (Tisovec, Slovaquie, 1902-Prague 1952). Intellectuel communiste slovaque, en exil en France puis en Angleterre de 1939 à 1945, il fut ministre des Affaires étrangères de 1948 à 1950. Condamné à mort avec Slánský (1951) et exécuté (1952), il a été réhabilité en 1963.

CLENCHE [klɑ̃ʃ] n. f. (frq. **klinka*). **1.** Levier oscillant autour de l'axe d'un loquet, venant s'engager dans le mentonnet. — **2.** En Belgique, poignée de porte. — **3.** Pièce d'un métier à tisser commandant sa mise en marche et son arrêt.

CLÉOBIS et **BITON,** fils de Cydippe, prêtresse d'Héra à Argos, célèbres pour leur amour filial.

CLÉOBULE, personnage semi-légendaire, l'un des Sept Sages de la Grèce.

CLÉOMÈNE, nom de plusieurs rois de Sparte. — **Cléomène Ier** (520-490 av. J.-C.) fut le vainqueur d'Argos, puis intervint à Athènes en faveur du parti aristocratique (507). Il fit déposer son collègue et rival, le roi Démarate, mais fut contraint à s'exiler. Rappelé à Sparte, il se tua ou fut assassiné (487). — **Cléomène III** (235-222 av. J.-C.) voulut restaurer la puissance de l'ancienne Sparte. Rétablissant le pouvoir de la royauté par le massacre des éphores, il reconstitua le corps des citoyens par un nouveau partage des terres. Luttant contre la ligue achéenne pour restaurer l'hégémonie spartiate sur le Péloponnèse, il fut finalement vaincu à Sellasie (222). Il s'enfuit en Égypte, où il se tua après l'échec d'un soulèvement contre Ptolémée IV (219).

CLÉON (76410), comm. de la Seine-Maritime, dans un méandre de la Seine, au N. d'Elbeuf ; 5 888 hab. Industrie automobile.

CLÉON, homme politique athénien († Amphipolis 422 av. J.-C.). Chef du parti populaire après la mort de Périclès (429), il réprima les révoltes des alliés. Partisan de la guerre à outrance contre Sparte, il s'empara de Sphactérie en 425 mais ne put reprendre Amphipolis, devant laquelle il fut tué (422). Il a été la cible d'Aristophane et de Thucydide.

CLÉONINE n. m. Grand charançon dont une espèce est nuisible à la betterave.

CLÉOPÂTRE, fille de Philippe II de Macédoine et d'Olympias († 309 av. J.-C.). Après la mort d'Alexandre le Grand, son frère, elle fut recherchée en mariage par tous les diadoques, avides de ses droits à la couronne. Antigonos la fit assassiner.

CLÉOPÂTRE, nom de sept reines d'Égypte dont la plus célèbre fut **Cléopâtre VII** (Alexandrie 69 av. J.-C.-*id.* 30 av. J.-C.), reine de 51 à 30 av. J.-C., fille de Ptolémée XII Aulète. Elle fut l'un des personnages les plus remarquables de la dynastie lagide, qui restaura la puissance de l'Égypte au point d'inquiéter Rome. Successivement épouse de ses frères Ptolémée XIII (mort en 47) et Ptolémée XIV (mort en 44), elle dut à J. César son autorité sur l'Égypte. Après la naissance du fils qu'elle eut de lui, Césarion (futur Ptolémée XV), elle s'installa près de Rome (46) et revint à Alexandrie lorsque J. César eut été tué. Elle séduisit Antoine, maître de l'Orient romain, qui reconnut à leurs trois enfants le titre de roi (37-36), et joignit au royaume d'Égypte plusieurs provinces romaines d'Orient. Au nom de l'Occident romain, Octave déclara la guerre à la reine d'Égypte. Vaincus à Actium le 2 sept. 31, Cléopâtre et Antoine s'enfuirent en Égypte, où ils se suicidèrent pour échapper au vainqueur. Cléopâtre se serait fait mordre par un aspic.

Cléopâtre captive, tragédie avec chœurs de Jodelle (1553). Elle annonce la tragédie classique du XVIIe s.

CLEPHTE → KLEPHTE.

CLEPSYDRE n. f. (lat. *clepsydra,* du gr. *klepsudra*). Horloge à eau utilisée dans l'Antiquité. (L'eau remplissait une cuve munie à l'intérieur d'une échelle horaire et s'écoulait par un orifice ménagé à la base du récipient.)

CLEPTE n. m. (gr. *klepton,* voleur). Petit hyménoptère chrysididé aux brillantes couleurs, parasite des larves des tenthrèdes.

CLEPTOBIOSE n. f. Mode de vie des animaux qui utilisent le nid ou le terrier d'une autre espèce et parfois le pillent.

CLEPTOMANE ou **KLEPTOMANE** n. Personne qui souffre de cleptomanie.

CLEPTOMANIE ou **KLEPTOMANIE** n. f. (gr. *kleptein,*voler). Conduite répétitive de vol s'accompagnant d'une tension anxieuse. (Le vol finit par s'accomplir au terme d'une lutte entre le désir de voler et sa répression.)

CLÉRAMBAULT (Louis Nicolas), musicien français (Paris 1676 - *id.* 1749). Organiste de St-Sulpice, il est l'auteur de plusieurs livres de cantates, des *Chants et Motets à l'usage des dames de Saint-Cyr,* de pièces d'orgue et de clavecin, dans lesquelles il unit les goûts italien et français.

CLÉRAMBAULT (Gaëtan GATIAN DE CLÉRAMBAULT, dit **G.-G. de**), psychiatre français (Bourges 1872-Malakoff 1934). Il a laissé d'importants travaux sur les intoxications chroniques (chloral, éther et alcool), les délires passionnels et l'automatisme mental.

CLERC [klɛr] n. m. (lat. ecclés. *clericus,* du gr. *klêrikos,* de *klêros,* fonction de prêtre).**1.** Celui qui est engagé dans l'état ecclésiastique. (Actuellement, l'entrée dans la cléricature se fait avec la réception de l'ordre du diaconat.) — **2.** Avant la réforme de Paul VI, celui qui avait reçu la tonsure. — **3.** Employé d'une étude d'officier public ou d'officier ministériel. — **4.** *Litt.* ou *ironiq.* Lettré, savant, intellectuel. — **5.** *Clercs réguliers,* congrégations de prêtres qui pratiquent en commun les exercices de la vie religieuse et font, les uns, des vœux solennels, les autres des vœux simples. (Par ex. les jésuites.) ‖ Litt. *Être grand clerc en qqch,* être versé dans ce domaine. ‖ Litt. *Ne pas être clerc en la matière,* être ignorant sur le sujet. ‖ Litt. *Pas de clerc,* faute, bévue, maladresse due à l'inexpérience.

CLERC (Florence), danseuse française (née en 1951). Étoile à l'Opéra de Paris depuis 1978, brillante autant que lyrique, elle s'impose dans les œuvres du répertoire et confirme son talent dans *le Loup* (de Roland Petit), *Afternoon of a faun* (de Jerome Robbins) ainsi que dans *Ivan le Terrible* (de Iouri Grigorovitch).

CLÈRES (76690), ch.-l. de cant. de la Seine-Maritime, dans le pays de Caux ; 1 262 hab. *(Clérois).* Château en partie du XVe s. ; parc zoologique. Musée de l'Automobile.

CLERFAYT ou **CLAIRFAYT** (Charles DE CROIX, *comte* VON), maréchal autrichien (Bruille, Hainaut, 1733 - Vienne 1798). Il combattit contre les Français à Valmy, Jemmapes, Neerwinden et Wattignies (1793), où il fut battu par Jourdan.

CLERGÉ n. m. (lat. ecclés. *clericatus*). **1.** Corps des clercs ou des ecclésiastiques d'un culte, d'un pays, etc. : *Le clergé catholique, anglican.* — **2.** *Bas clergé,* avant la Révolution, ensemble des prêtres du ministère, des petits bénéficiers, des professeurs. ‖ *Haut clergé,* avant la Révolution, ensemble des dignitaires de l'Église, évêques, abbés, chanoines.

ENCYCL. Dans l'Église catholique, on appelle *clergé séculier* l'ensemble des hommes qui reçoivent le diaconat ou la prêtrise et qui exercent un ministère dans un diocèse ou une paroisse. On appelle *clergé régulier* l'ensemble des clercs qui appartiennent à une communauté de religieux. L'ordination distingue le clergé du reste du peuple de Dieu, lequel peut très bien être investi d'autres ministères. Le clergé catholique constitue une hiérarchie d'ordre et de juridiction : pape, évêques, prêtres, diacres. Tout clerc est tenu au célibat perpétuel — sauf dans le cas des diacres mariés, ministère récent — et à la lecture quotidienne de l'office divin.

• Dans l'Église orthodoxe, la tradition, remontant à l'époque apostolique, a fait une règle de l'obligation du mariage pour le candidat à la prêtrise, à moins qu'il n'ait dépassé 40 ans. Prêtres et diacres sont de nos jours la plupart du temps mariés, sauf s'ils sont moines. Par contre, le célibat est exigé des évêques, ce qui conduit à ne les choisir en fait que dans les milieux monastiques.

• Chez les protestants, l'organisation du clergé varie suivant les États et les communions. Les luthériens ont généralement une hiérarchie qui comporte 3 degrés : les simples pasteurs, les doyens et les inspecteurs ecclésiastiques ; mais certaines Églises luthériennes ont des évêques. Chez les calvinistes, il n'y a pas de distinction de rang entre les ministres. L'Église établie d'Angleterre et les Églises épiscopaliennes ont conservé les degrés et les titres de la hiérarchie catholique.

CLERGEON n. m. (de *clerc*). *Fam.* Enfant de chœur.

CLERGET (Pierre), ingénieur français (Dijon 1875-Moissac 1943). Il fut l'un des premiers constructeurs de moteurs spéciaux pour l'aviation (1895).

CLERGUE (Lucien), photographe français (Arles 1934). Cimetières, écorces, sables et roseaux des marais de Camargue, enfin nus féminins confondus à l'écume des vagues lui ont inspiré des images cruelles, ou poétiques et sereines (*Naissance d'Aphrodite,* sur des poèmes de García Lorca, 1968). Il a fondé (1970), avec Jean-Maurice Rouquette et Michel Tournier, les *Rencontres photographiques d'Arles.*

CLERGYMAN [klɛrʒiman] n. m. (pl. *clergymen*) [angl. *clergyman*]. **1.** Ministre du culte anglican. — **2.** *Habit de clergyman,* costume ecclésiastique de ville, en usage dans le clergé anglo-saxon et adopté en 1963 dans l'Église catholique romaine.

CLÉRICAL, E, AUX adj. (lat. ecclés. *clericalis*). Propre au clergé, aux clercs, à l'état ecclésiastique.
◆ adj. et n. *Péjor.* Partisan du cléricalisme.

CLÉRICALISATION n. f. Action de cléricaliser, d'inspirer l'esprit clérical.

CLÉRICALISER v. t. (conj. 3). Inspirer l'esprit de cléricalisme.

CLÉRICALISME n. m. Système ou tendance en vertu desquels le clergé, sortant du domaine religieux, se mêle des affaires publiques et tend à y faire prédominer son influence.

CLÉRICATURE n. f. (lat. médiév. *clericatura*). État, condition de clerc.

Clericis laicos, bulle publiée le 24 févr. 1296 par le pape Boniface VIII. Interdisant sous peine d'excommunication toute levée de taxes sur le clergé sans autorisation pontificale, elle fut à l'origine d'un conflit entre Boniface VIII et Philippe le Bel.

CLÉRIDÉ n. m. (gr. *klêros,* insecte). Nom de famille attribué aux clairons (insectes coléoptères).

CLÉRIEUX (26260), comm. de la Drôme, à l'O. de Romans ; 1 615 hab.

CLÉRISSEAU (Charles Louis), architecte, peintre et décorateur français (Paris 1721-Auteuil 1820). Grand prix d'architecture en 1746, il parcourut l'Italie — faisant découvrir les antiquités de Rome à R. Adam, qu'il accompagna à Split —, fut mêlé au mouvement d'idées qui suivit les découvertes d'Herculanum, fit des relevés des monuments romains du midi de la France, fournit des dessins à Catherine II de Russie et collabora avec Jefferson pour le Capitole de Richmond (Virginie). Il a donné les plans du palais de justice de Metz.

CLERMONT (60600), ch.-l. d'arrond. du centre de l'Oise ; 9 046 hab. *(Clermontois).* Église en partie du XIVe s., comme l'hôtel de ville (bibliothèque-musée). Hôpital psychiatrique. Industries alimentaires et chimiques. Robinetterie.
— **Hist.** Clermont fut la capitale du *comté de Clermont-en-Beauvaisis,* que Louis IX réunit au domaine royal (1258) et donna en apanage à son fils Robert de Clermont (1269) ,qui le conserva jusqu'en 1527.

CLERMONT (Robert DE FRANCE, *comte* DE), seigneur de Bourbon (1256-Vincennes 1318), sixième fils de Louis IX. Marié en 1272 à Béatrice de Bourbon, il fut le chef de la 3e maison (ou maison capétienne) de Bourbon*.

CLERMONT (Louis DE BOURBON-CONDÉ, *comte* DE) [Versailles 1709 - *id.* 1771], troisième fils de Louis III de Bourbon, prince de Condé. Chargé par Louis XV du commandement de l'armée de Bohême (1758), il fut vaincu à Krefeld par Ferdinand de Brunswick (23 juin) lors de la guerre de Sept Ans. (Acad. fr., 1754.)

CLERMONT-EN-ARGONNE (55120), ch.-l. de cant. de la Meuse, sur la lisière orientale de l'Argonne ; 1 813 hab. Anc. cap. du Clermontois. Église et chapelle du XVIe s.

CLERMONT-FERRAND, ch.-l. de la Région Auvergne et du dép. du Puy-de-Dôme, à 401 m d'alt., à 388 km au S. de Paris ; 140 167 hab. *(Clermontois).*
— **Géogr.** Principale agglomération (plus de 250 000 hab.) de l'Auvergne et même du Massif central, à l'écart toutefois des grands axes de circulation et malgré une zone d'influence relativement limitée, Clermont-Ferrand détient les fonctions d'une capitale régionale, administrative, commerciale, universitaire, avec une industrie toujours dominée par les pneumatiques, devant les constructions mécaniques et électriques, la pharmacie, l'imprimerie (imprimerie de la Banque de France à Chamalières).
— **Hist.** Chef-lieu de la cité des Arvernes, Clermont fut fondée par les Romains. Évêché au début du IVe s., elle fut le lieu où se tint le concile lors duquel Urbain II prêcha la première croisade (1095). Elle fut rattachée avec le comté épiscopal au comté d'Auvergne (1551) puis incorporée au domaine royal (1610). En 1630, l'édit de Troyes l'unit à Montferrand ; mais cette union ne fut effective qu'en 1731.
— **Bx-arts.** Cathédrale en lave noire de style homogène, entreprise par Jean Deschamps, du côté du chœur, en 1248, continuée au XIVe s. (crypte d'env. 950 ; façade de Viollet-le-Duc). Église romane N.-D.-du-Port, du XIIe s. : parfaite ordonnance auvergnate des chapelles rayonnantes du chevet, du massif du transept et du clocher (refait, comme la façade, au XIXe s.) ; intérieur majestueux (chapiteaux du chœur). Hôtels gothiques et Renaissance. Musées.

CLERMONT-L'HÉRAULT (34800), ch.-l. de cant. du centre de l'Hérault ; 6 106 hab. *(Clermontais).* Église fortifiée du XIVe s.

CLERMONT-TONNERRE (*famille* DE), famille originaire du Dauphiné, remontant au XIe s. — ANNE ANTOINE JULES **de Clermont-Tonnerre** (Paris 1748 - Toulouse 1830), évêque de Châlons-sur-Marne (1782), député aux États généraux de 1789, refusa de prêter serment à la Constitution civile du clergé. Archevêque de Toulouse (1820), il fut créé cardinal en 1822. — STANISLAS MARIE ADÉLAÏDE, comte **de Clermont-Tonnerre** (Hamonville, Meurthe-et-Moselle, 1757 - Paris 1792), officier, fut élu premier député de la noblesse de Paris aux États généraux de 1789, siégea avec les monarchiens, préconisa le bicaméralisme et le droit de veto absolu puis complota en faveur du roi. Il fut tué le 10-Août par des émeutiers. — GASPARD, duc **de Clermont-Tonnerre** (Paris 1779-Glisolles 1865), général français, pair de France, aide de camp de Joseph Bonaparte (1808), maréchal de camp sous la Restauration, fut ministre de la Marine (1821) et ministre de la Guerre de 1823 à 1827.

CLÉRODENDRON n. m. Arbre ou arbuste (verbénacée) ornemental des régions chaudes, cultivé en serre chaude en Europe.

CLÉROUQUE n. m. (gr. *klêroukhos,* de *klêros,* sort, et *ekhein,* avoir). Athénien envoyé dans une clérouquie.

CLÉROUQUIE n. f. (gr. *klêroukhia*). Groupe de citoyens athéniens envoyés dans un territoire étranger. (Quoique expatriés, ils restaient membres de leur cité d'origine. Athènes créa de nombreuses clérouquies dans les cités de son empire pour mieux contrôler ces dernières.)

CLERVAL (25340), ch.-l. de cant. du Doubs, en bordure du Jura, sur le Doubs ; 926 hab.

CLERVAUX, canton du nord du Luxembourg, dans le massif ardennais ; 332 km^2 ; 9 600 hab. Ch.-l. *Clervaux* (1 380 hab.).

CLÉRY (Jean-Baptiste Cant HANET, dit), valet de chambre de Louis XVI (les Jardies, Marnes-la-Coquette, 1759 - Hitzing, Autriche, 1809), célèbre par le dévouement avec lequel il servit le roi au Temple.

CLÉRY-SAINT-ANDRÉ (45370), ch.-l. de cant. du Loiret, à 15 km au S.-O. d'Orléans ; 2 527 hab. Basilique Notre-Dame, reconstruite par Louis XI, qui s'y fit enterrer.

CLESINGER (Jean-Baptiste, dit **Auguste**), sculpteur français (Besançon 1814 - Paris 1883), fils du sculpteur bisontin GEORGES **Clesinger** (1788-1852). Son marbre *Femme piquée par un serpent* (Salon de 1847), à la fois réaliste et romantique, lui valut la notoriété. Il a donné de nombreux portraits, en pied ou en buste.

CLET *(saint)* → ANACLET.

CLEVE (Per Teodor), chimiste suédois (Stockholm 1840 - Uppsala 1905) qui a découvert l'holmium et le thulium et retiré l'hélium de la clévéite.

CLÉVÉITE n. f. (de P. T. *Cleve,* n. pr.). Variété d'uraninite contenant jusqu'à 10 % de terres rares.

CLEVELAND, v. des États-Unis, sur le lac Érié, principale agglomération de l'Ohio ; 574 000 hab. (1 898 000 hab. avec les banlieues). Centre culturel (musée d'Art, aux collections quasi universelles ; musée du Rock and roll) et industriel, où les constructions mécaniques ont éclipsé la sidérurgie.

CLEVELAND (Stephen Grover), homme d'État américain (Caldwell, New Jersey, 1837-Princeton 1908). Avocat (1859), membre du parti démocrate, gouverneur de l'État de New York (1882), il est élu président en 1884. Il lutte contre la corruption et mène une politique budgétaire rigoureuse. Adversaire du protectionnisme traditionnel et des « machines » politiques, il n'est pas réélu en 1888. Revenu au pouvoir en 1893, il se coupe des démocrates en brisant la grande grève de Chicago (1894) et, en refusant d'annexer Hawaii, il mécontente les républicains impérialistes. Ces derniers reviennent au pouvoir en 1897 avec McKinley, qui lui succède.

CLÈVES, en all. **Kleve,** v. d'Allemagne (Rhénanie-du-Nord-Westphalie), près du Rhin ; 44 000 hab. *Schwanenburg,* château des XVe-XVIIe s., très restauré.
— **Hist.** *Duché de Clèves → duché de* JULIERS.

CLÈVES (Marie DE), duchesse d'Orléans (1426-Chauny 1487), fille d'Adolphe IV de La Marck, duc de Clèves, et de Marie de Bourgogne. Épouse de Charles d'Orléans (1440), elle fut la mère de Louis XII.

1. CLIC interj. (onomat.). Exprime un claquement sec.
◆ **1.** n. m. Son ou bruit d'une durée très brève. — **2.** Enfoncement puis relâchement rapides du bouton de la souris d'un micro-ordinateur.

2. CLIC ou **CLICK** n. m. (angl. *click*). Consonne occlusive ingressive que l'on trouve notamment dans les langues d'Afrique du Sud (zoulou, hottentot, etc.) et dont l'émission se caractérise par une double occlusion dans le conduit vocal.

CLIC-CLAC n. m. inv. (onomat.). Claquement sec et répété.

CLICHAGE n. m. Action de clicher.

CLICHÉ n. m. (de *clicher*). **1.** Phototype négatif servant au tirage des épreuves. — **2.** *Vx.* Toute photographie : *Montrer ses clichés de vacances.* — **3.** Lieu commun, banalité qu'on redit souvent et dans les mêmes termes ; poncif. — **4.** Planche métallique en relief établie par moulage en vue de l'impression typographique. — **5.** En photogravure, film photographique ou gravure en relief destinée directement à l'impression. — **6.** *Cliché monté,* cliché typographique fixé sur un bloc. ‖ *Cliché photopolymère,* cliché utilisé en impression soit en formes planes, soit en formes cylindriques, en flexographie, en offset sec. ‖ *Cliché type,* cliché de photogravure.

CLICHER v. t. (p.-ê. rad. onomat. exprimant le bruit sec de la matrice) [conj. 3]. Couler un alliage métallique dans l'empreinte prise sur une forme typographique.

CLICHERIE n. f. Atelier où se fait le clichage pour l'impression typographique.

CLICHEUR, EUSE n. Technicien(ne) qui procède aux opérations de clichage.

CLICHY (92110), ch.-l. de cant. des Hauts-de-Seine, banlieue nord-ouest de Paris ; 48 204 hab. *(Clichois).* Église St-Vincent-de-Paul, en partie du XVIIe s. Hôpital Beaujon. Industrie automobile.

Clichy *(prison de),* anc. prison pour dettes (1834-1867), rue de Clichy à Paris.

Clichyens, nom donné, sous le Directoire, à un groupe de députés, en majorité royalistes, qui se réunissaient rue de Clichy. Partisans d'un régime libéral, ils furent évincés par le coup d'État du 18-Fructidor (4 sept. 1797).

CLICHY-SOUS-BOIS (93390), comm. de la Seine-Saint-Denis, à 11 km à l'E.-N.-E. de Paris ; 28 280 hab. *(Clichois).*

CLICQUOT, famille française de facteurs d'orgues, d'origine rémoise. — ROBERT (Reims v. 1645 - Paris 1719) construisit d'admirables instruments dont celui de la chapelle de Versailles

(1679-1711). — Ses fils JEAN-BAPTISTE SIMON (Reims 1678 - Paris 1746) et surtout LOUIS ALEXANDRE (Paris 1684 - *id.* 1760), son petit-fils FRANÇOIS HENRI (Paris 1732 - *id.* 1790) puis le fils de celui-ci, FRANÇOIS CLAUDE (Paris 1762 - *id.* 1801), construisirent de nouveaux instruments, notamment à St-Roch et aux Jacobins à Paris.

CLIDAT (France), pianiste française (Nantes 1938). Elle a enregistré l'intégrale de la musique pour piano de Franz Liszt.

CLIENT, E n. (lat. *cliens, -entis*). **1.** Personne ou collectivité qui reçoit de qqn, contre paiement, des fournitures commerciales ou des services : *Les clients d'un hôtel.* — **2.** Personnage ou famille qui, à Rome, se mettait sous la protection d'un patricien (son patron). [→ *encycl.*]. — **3.** Personne qui se place sous la protection d'un homme puissant. — **4.** *Fam.* Personne, individu quelconque : *Mon voisin est un drôle de client.*

ENCYCL. **Antiq.** À l'origine, une gens patricienne comprend, outre les membres censés descendre de l'ancêtre commun, des familles clientes liées par un lien juridique ainsi que des affranchis. Les clients sont associés au culte gentilice et protégés par le droit religieux. Mais ils n'ont pas de droits politiques et sont dans la dépendance de la gens et de ses gentiles. Ils doivent à leur patron respect et dévouement, certaines prestations et l'assistance militaire. En échange, le patron protège ses clients, leur fait divers dons et leur attribue quelques arpents de terre. Progressivement, toute grande famille, même plébéienne, a ses clients. La notion de client va perdre son caractère sacré, et le lien de client à patron pourra être dissous. Les clients forment une sorte de cour, susceptible de veiller sur la sécurité du patron ou d'exécuter ses ordres et surtout chargée d'organiser les campagnes électorales.

CLIENTÈLE n. f. (lat. *clientela*). **1.** Ensemble des clients d'un commerçant, d'un artisan, d'un médecin, d'une entreprise, d'un pays. — **2.** Ensemble des partisans d'un homme puissant, d'un parti, d'un gouvernement : *Chaque homme politique a ici sa clientèle.* — **3.** Dans l'antiquité romaine, ensemble des clients placés sous la protection d'un patron. — **4.** *Accorder, retirer sa clientèle à qqn,* devenir, cesser d'être son client. ‖ *Avoir la clientèle de qqn,* le compter au nombre de ses clients. ‖ *Indemnité de clientèle,* indemnité qu'un employeur doit verser au représentant qui n'a pas commis de faute grave et dont le contrat expire ou est résilié.

CLIENTÉLISME n. m. Fait pour un homme ou un parti de s'appuyer sur des clientèles pour augmenter son pouvoir politique.

CLIENTÉLISTE ou **CLIENTÉLAIRE** adj. Relatif au clientélisme.

CLIENT-SERVEUR n. m. inv. *Architecture client-serveur,* architecture logicielle dans laquelle les programmes d'application, dits *clients,* font appel, dans le cadre d'un réseau, à des services génériques distants fournis par des ordinateurs appelés *serveurs.*

CLIFF-DWELLINGS [klifdwɛliŋs] n. m. pl. (angl. *cliff-dweller,* troglodyte, de *cliff,* falaise, et *dwelling,* habitation). Habitations construites par les populations anasazis, vers 1200 de notre ère, dans les falaises des régions arides du S.-O. des États-Unis. (Ex. : Cliff-Palace de Mesa Verde [Colorado]).

CLIFFORD (William Kingdon), mathématicien britannique (Exeter 1845-Madère 1879). Vulgarisateur de la géométrie riemannienne en Grande-Bretagne, il défendit l'idée, reprise par la théorie de la relativité, que la nature de l'espace physique est déterminée par les corps qui y sont plongés et il soutint que la vérité géométrique est un produit de l'expérience. Par ailleurs, il a étudié les algèbres non commutatives.

CLIFT (Montgomery), acteur de théâtre et de cinéma américain (Omaha 1920 - New York 1966). Il a marqué le cinéma hollywoodien des années 50 (*la Rivière rouge,* 1948 ; *Station Terminus,* 1953 ; *la Loi du silence,* 1953 ; *Soudain l'été dernier,* 1959 ; *le Fleuve sauvage,* 1960 ; *les Désaxés,* 1961; *Freud,* 1961).

Clignancourt, quartier du nord de Paris (XVIIIe arrond.), anc. localité érigée en commune en 1790 et réunie à Paris en 1860.

CLIGNEMENT n. m. **1.** Action de cligner. — **2.** *Clignement d'œil,* signe de l'œil pour avertir qqn ou attirer son attention.

CLIGNER v. i. (p.-ê. bas lat. *cludinare,* du lat. class. *claudere,* fermer) [conj. 3]. **1.** En parlant des yeux, se fermer et s'ouvrir brusquement et à plusieurs reprises. — **2.** *Litt.* Briller par intermittence, en parlant d'une lumière, scintiller. — **3.** *Cligner des yeux,* fermer et ouvrir ses paupières de manière réflexe. — **4.** *Cligner de l'œil,* faire un signe de l'œil à qqn.

◆ v. t. *Cligner les yeux, les paupières,* les fermer à demi pour mieux distinguer en diminuant le champ visuel.

CLIGNOTANT, E adj. **1.** Qui clignote : *Lumière clignotante.* — **2.** *Corps clignotant,* syn. de MEMBRANE NICTITANTE. ‖ *Feux clignotants,* dispositif d'avertissement par signaux lumineux utilisé en aviation, sur les chemins de fer et en signalisation routière.

◆ **clignotant** n. m. **1.** Dispositif muni d'une lampe qui s'allume et s'éteint alternativement pour avertir, attirer l'attention, etc. – **2.** Signe indicateur d'une évolution alarmante des prix et/ou d'une détérioration de la conjoncture économique et dont l'apparition commande des actions correctrices.

CLIGNOTEMENT n. m. **1.** Mouvement convulsif et rapide des paupières. – **2.** Suite ininterrompue d'apparitions et de disparitions de la lumière.

CLIGNOTER v. i. (de *cligner*) [conj. 3]. **1.** Se fermer à plusieurs reprises, vivement et involontairement, en parlant des yeux : *Le soleil faisait clignoter ses yeux.* – **2.** S'allumer et s'éteindre alternativement, à intervalles très courts, ou éclairer d'une manière irrégulière, intermittente : *Il doit y avoir un faux contact, car la lampe clignote.*

CLIMACIQUE adj. Qui concerne le climax.

CLIMAT n. m. (gr. *klima, -atos,* inclinaison). **1.** Ensemble des phénomènes météorologiques qui caractérisent l'état moyen de l'atmosphère et les oscillations intervenant de part et d'autre de cet état, en un lieu donné. (→ *encycl.*) – **2.** Ensemble des conditions de vie, des circonstances qui agissent sur qqn ; milieu, ambiance, contexte : *Le climat politique, social.* – **3.** *Climat artificiel,* ambiance obtenue dans un local par conditionnement d'air.

ENCYCL. Le climat exprime la combinaison de ses éléments constitutifs (humidité, températures, pressions, vents, etc.) au sein de l'atmosphère. Le temps représente, pour sa part, une situation atmosphérique éphémère liée à une combinaison elle-même très passagère des éléments du climat. C'est l'analyse des temps successifs et l'étude de leurs fréquences qui permettent de définir le climat en un lieu donné.

Les facteurs cosmiques et planétaires dominent le canevas climatique zonal. Ils imposent tout d'abord la zonation thermique (hautes latitudes froides ; basses latitudes subtropicales et intertropicales, chaudes ; latitudes moyennes, en situation intermédiaire, avec affrontement de masses d'air froides et chaudes). Ils imposent aussi la circulation atmosphérique générale et donc les zones d'affrontements : front polaire, convergence intertropicale (que l'on appelle encore l'équateur météorologique). Celles-ci conditionnent la zonation de l'humidité (tendances pluviométriques à l'emplacement des affrontements, d'où pluies aux latitudes moyennes et aux basses latitudes ; tendances inhibitrices aux latitudes subtropicales, domaine des anticyclones).

Les facteurs géographiques altèrent le schéma zonal (répartition des océans intervenant par leur masse, leur inertie thermique et les courants marins ; disposition des continents et surtout des reliefs). Ils constituent un élément explicatif dont l'importance croît avec l'échelle climatique retenue (climats régionaux, climats locaux [au niveau d'un versant, d'une forêt ou d'une agglomération], microclimats). La mosaïque climatique du globe (avec ses grandes divisions : *climat océanique*, climat continental*, climat équatorial*, climat tropical*, climat méditerranéen**, etc.) ne constitue toutefois qu'un moment dans l'histoire géologique de la Terre. Témoignent, dans un passé relativement récent, de cette précarité, les variations des tracés des littoraux ou de l'extension des glaciers, liées à des crises majeures, dont les oscillations climatiques actuelles (sécheresse du Sahel) ne constituent qu'un pâle reflet ou un début.

CLIMATÉRIQUE adj. (lat. *climactericus,* du gr. *klimaktêrikos,* avec l'infl. de *climat*). Se disait de l'année de la vie dont le chiffre est multiple de 7 selon les uns, de 9 selon les autres. (Selon une ancienne croyance, la totalité des cellules du corps mettait 7 ou 9 ans pour se renouveler et le complet changement passait pour être fort critique.)

CLIMATIQUE adj. **1.** Relatif au climat. – **2.** *Station climatique,* station réputée pour les bienfaits de son climat.

CLIMATISATION n. f. **1.** Ensemble d'opérations créant et maintenant dans un local des conditions déterminées de température, d'humidité relative, de vitesse et de pureté de l'air. – **2.** Terme souvent étendu, en particulier dans l'industrie automobile, à des techniques qui n'assurent que le chauffage et/ou la ventilation. – **3.** Syn. de TROPICALISATION.

CLIMATISER v. t. (de *climat*) [conj. 3]. **1.** Créer ou maintenir dans un local ou un véhicule un ensemble de conditions déterminées de température, d'humidité, etc. – **2.** Installer un système de climatisation.

CLIMATISEUR n. m. **1.** Appareil destiné à assurer la climatisation d'un local de volume modéré. – **2.** *Maladie des climatiseurs,* pneumopathie secondaire à l'inhalation de poussières organiques parasitant les conduits des appareils.

CLIMATISME n. m. Ensemble des problèmes touchant les stations climatiques et des moyens mis en œuvre pour leur fonctionnement.

CLIMATOLOGIE n. f. Science des climats.

ENCYCL. La *climatologie fondamentale,* à échelle variable (climatologie générale, étudiant les phénomènes de l'atmosphère, et climatologie régionale ou locale), peut être avant tout descriptive (climatologie statistique) ; ou bien elle peut lier la description à l'explication des phénomènes du

temps (climatologie dynamique, qui fait une large part à l'emploi des cartes synoptiques, des radiosondages, des images que donnent les satellites et au calcul des bilans). La climatologie profite des récents progrès de l'outil statistique, du traitement des données (ordinateurs), de l'investigation aérologique (satellites artificiels), de l'observation de la surface du sol (télédétection) ainsi que du calcul des bilans (radiatifs, thermiques, hydriques, de mouvements).
La *climatologie appliquée* relie le climat à l'agriculture (agroclimatologie), à l'hydrologie, à l'urbanisme et à l'économie (tourisme inclus), ayant une finalité immédiate et aussi prospective (s'intéressant également aux conséquences, à moyen ou long terme, de l'intervention humaine, comme par exemple la modification de la teneur de l'atmosphère en eau, gaz carbonique, ozone).
La *climatologie médicale* considère le climat dans ses rapports avec l'organisme sain ou malade.

CLIMATOLOGIQUE adj. Qui concerne la climatologie.

CLIMATOLOGUE n. Spécialiste de climatologie.

CLIMATOPATHOLOGIE n. f. Étude des influences pathogènes des climats sur l'organisme.

CLIMATOTHÉRAPIE n. f. Utilisation des propriétés des divers climats en vue de maintenir ou de rétablir la santé.

CLIMAX n. m. (angl. *climax,* du gr. *klimaks,* échelle). État durable d'équilibre atteint par l'ensemble d'un sol et de la végétation qu'il porte.
ENCYCL. Le climax est le plus souvent une forêt. Il correspond à une biomasse maximale avec un taux de renouvellement minimal. Le climax diffère selon le climat, la nature du sol minéral, et les terres abandonnées par l'homme n'évoluent pas toujours vers le climax originel, mais plutôt vers un paraclimax à biomasse moins élevée.

CLIMAX, centre minier (molybdène) des États-Unis (Colorado), au S.-O. de Denver.

CLIMOGRAMME n. m. Graphique représentant la marche annuelle des températures et des pluies moyennes d'une station, sur un même système de coordonnées.

CLIN ou **CLAIN** n. m. (néerl. *klinkwerk,* de *klinken,* river). **1.** Biseau formé à l'extrémité de chacune des douelles du tonneau. – **2.** *Construction à clin,* construction dans laquelle les bordages d'un bateau se recouvrent l'un l'autre. ‖ *Recouvrement à clin,* revêtement des murs extérieurs d'un bâtiment par des planches horizontales se recouvrant partiellement.

CLINAL, E, AUX adj. Se dit de la conformation d'une molécule autour d'une liaison simple dans laquelle les deux liaisons de référence font un angle voisin de 90°.

CLINDAMYCINE n. f. Antibiotique semi-synthétique dérivé de la lincomycine, actif surtout sur les germes Gram positif.

CLIN D'ŒIL n. m. (de *cligner*). **1.** Mouvement rapide de la paupière qu'on abaisse ou relève subitement comme signe d'intelligence, de connivence ou comme appel discret : *Faire un clin d'œil à son voisin.* – **2.** *En un clin d'œil,* très rapidement.

CLINFOC n. m. (néerl. *kleine fok,* petit mât de misaine). Foc très léger, amuré sur un bout-dehors.

CLINICAT n. m. Fonction de chef de clinique.

CLINICIEN, ENNE n. (de *clinique*). **1.** Praticien qui exerce la médecine de diagnostic et de soins au contact direct des malades. – **2.** Psychologue qui se consacre à la psychologie clinique.

CLINIQUE adj. (gr. *klinikê tekhnê,* médecine exercée près du lit du malade). **1.** Qui se fait près du lit des malades, sur le patient même, et non dans les livres et par la théorie. – **2.** *Psychologie clinique,* branche de la psychologie qui se fixe comme but l'investigation en profondeur de la personnalité considérée comme une singularité. Les techniques dont dispose la psychologie clinique sont essentiellement l'entretien non directif, l'observation de la conduite de l'individu en situation et, accessoirement, les tests. ‖ *Signes cliniques,* signes que le médecin peut percevoir par le seul usage des sens, par oppos. aux signes biologiques ou radiologiques.
◆ n. f. **1.** Établissement de soins privé. – **2.** Enseignement médical donné en présence des malades. – **3.** *Chef de clinique,* médecin qui, à l'issue de l'internat, est désigné pour assurer l'instruction des stagiaires. (Le chef de clinique enseigne sous l'autorité du professeur de clinique. Tout chef de clinique est en même temps assistant des hôpitaux.) ‖ *Service de clinique,* service d'hôpital dirigé par un professeur chargé de l'enseignement au chevet des malades en traitement.
◆ **cliniques** n. f. pl. Examen de fin d'études médicales passé au chevet d'un malade dont l'étudiant doit déterminer la maladie avec son traitement.

CLINIQUEMENT adv. Du point de vue clinique.

CLINKER [klinkœr] n. m. (angl. *clinker,* scories). **1.** Produit de la cuisson des constituants principaux du ciment, à la sortie du four, mais avant broyage. – **2.** Brique vitrifiée utilisée pour les carrelages. – **3.** *Clinker asphalt,* mélange asphaltique dans lequel le granulat minéral est constitué par des scories ou des cendres à demi vitrifiées.

CLINOCHLORE [-klɔr] n. m. Variété de chlorite, riche en magnésium.

CLINOÏDE adj. Se dit de six apophyses que présente la face endocrânienne de l'os sphénoïde.

CLINOMÈTRE n. m. Appareil permettant de mesurer l'inclinaison d'un plan par rapport à l'horizontale (pente d'un terrain, pendage d'une couche géologique, inclinaison d'un avion, gîte d'un bateau, etc.).

CLINOMICROBAROGRAPHE n. m. Appareil qui mesure la différence des pressions atmosphériques entre des points situés à des distances de l'ordre de quelques centaines de mètres.

CLINOPYROXÈNE n. m. Silicate ferromagnésien (avec du calcium et du sodium), du système monoclinique, rencontré dans les roches magmatiques et métamorphiques.

CLINORHOMBIQUE adj. Syn. de MONOCLINIQUE.

CLINOSTATIQUE adj. Se dit des phénomènes physiologiques provoqués par la position couchée. (Contr. ORTHOSTATIQUE.)

CLINOSTATISME n. m. Position couchée et modifications physiologiques qui en résultent.

CLINOZOÏSITE n. f. Silicate naturel d'aluminium et de calcium, appartenant au groupe des épidotes, que l'on rencontre dans les roches métamorphiques.

CLINQUANT, E adj. (anc. fr. *cliquer*, briller). Qui brille d'un éclat excessif ; qui a plus de brillant que de valeur : *Une décoration clinquante. Des phrases clinquantes, mais vides.*
◆ **clinquant** n. m. **1.** Faux brillant, éclat trompeur. – **2.** Lamelle d'or, d'argent, etc., employée pour rehausser une broderie. – **3.** Feuille très mince de laiton, constituant un revêtement bon conducteur. – **4.** Tôle d'acier très mince utilisée notamment comme cale d'épaisseur.

CLINTON (*sir* Henry), général britannique (Terre-Neuve v. 1738 - Gibraltar 1795). Commandant en chef en Amérique du Nord (1778), il combattit les Insurgents américains. S'entendant mal avec Cornwallis, il démissionna en 1781.

CLINTON (William Jefferson, dit **Bill**), homme d'État américain (Hope, Arkansas, 1946). Démocrate, gouverneur de l'Arkansas (1979-1981 et 1983-1992), il est président des États-Unis depuis 1993.

CLIO n. f. (de *Clio*, n. pr.). Mollusque gastropode de haute mer, qui vit en essaims énormes dans les mers du Nord.

CLIO, la première des neuf Muses, fille de Mnémosyne et de Zeus, muse de la Poésie épique et de l'Histoire.

CLIONE n. f. Éponge perforante qui dissout par places les coquilles calcaires pour s'y établir, agent d'une maladie des huîtres.

CLION-SUR-MER (le), station balnéaire de la Loire-Atlantique (comm. de Pornic).

1. CLIP n. m. (angl. *clip*, pince). Pince à ressort sur laquelle est monté un bijou (broche, boucle d'oreille) ; le bijou lui-même.

2. CLIP n. m. (angl. *clip*, extrait). Court-métrage, tourné le plus souvent en vidéo, qui illustre une chanson, présente le travail d'un artiste, etc.

1. CLIPPER [klipœr] n. m. (angl. *clipper*, de *to clip*, fendre). Navire de commerce du XIXᵉ s. conçu pour la vitesse grâce à son profil élancé et à sa grande surface de voilure.

2. CLIPPER v. t. (conj. 3.). Couper l'extrémité d'une aile de la reine des abeilles pour l'empêcher de voler.

CLIPPERTON *(îlot)*, atoll français isolé de l'océan Pacifique inhabité, à 1 300 km du Mexique. Annexé en 1858 par la France, cet îlot fut pris par les Mexicains en 1907 et restitué à la France en 1931.

CLIQUE n. f. (anc. fr. *cliquer*, résonner). **1.** *Fam.* et *péjor.* Ensemble de personnes ayant des relations de connivence, des affinités, des intérêts communs, et formant en général groupe contre les autres : *Une clique de politiciens et de généraux.* – **2.** Ensemble des tambours et des clairons d'une musique militaire.

CLIQUER v. i. (de *clic*, onomat.) [conj. 3]. Sur un micro-ordinateur, donner un ordre d'exécution à l'aide de la touche d'une souris après avoir positionné celle-ci sur un point de l'écran.

CLIQUES n. f. pl. (de *clique*). Fam. *Prendre ses cliques et ses claques*, partir à la hâte en emportant tout ce qu'on a.

CLIQUET n. m. (anc. fr. *cliquer*, résonner). **1.** Petit levier poussé par un ressort, s'engageant entre les dents d'une roue à rochet et empêchant celle-ci de tourner dans le sens non désiré. – **2.** Petit levier commandant le fermoir d'un bijou. – **3.** *Clef à cliquet, tournevis à cliquet*, clef, tournevis muni d'un mécanisme à cliquet réversible, permettant de visser ou de dévisser par un mouvement de va-et-vient rotatif.

CLIQUETANT, E adj. Qui cliquette.

CLIQUETER [klikte] v. i. (anc. fr. *cliquer*, résonner) [conj. 27]. Faire entendre un cliquetis : *Le moteur cliquette.*

CLIQUETIS [klikti] n. m. **1.** Succession de bruits légers produits par des corps qui s'entrechoquent : *Le cliquetis de la machine à écrire.* — **2.** Litt. *Cliquetis de mots,* assemblage de mots sonores, imagés, produisant un effet brillant, mais artificiel. — **3.** Bruit anormal du moteur d'une automobile dû au phénomène de détonation, et que l'on peut faire disparaître en réduisant l'avance à l'allumage ou en utilisant un supercarburant. (Syn. CLIQUETTEMENT.)

CLIQUETTE n. f. (anc. fr. *cliquer,* résonner). Petit instrument fait de deux ou trois lamelles libres ou attachées ensemble à une seule extrémité, parfois fixées à un manche, et entrechoquées par des mouvements saccadés. (Les lépreux s'en servaient pour signaler leur présence dans les lieux habités.)

CLIQUETTEMENT ou **CLIQUÈTEMENT** n. m. Syn. de CLIQUETIS.

CLISIMÈTRE n. m. (gr. *klisis,* inclinaison). Petit appareil de topographie servant à mesurer les pentes sur le terrain.

CLISSE n. f. (de *éclisse*). **1.** Petite claie d'osier, de jonc ou de métal, employée pour l'égouttage des fromages. (Syn. CLAYON, CLAYETTE.) — **2.** Enveloppe d'osier tressé dont on entoure certaines bouteilles pour les empêcher de se casser.

CLISSER v. t. (conj. 3). **1.** Garnir d'une clisse : *Bouteille clissée.* — **2.** Passer les brins d'osier ou éclisses entre les montants d'un panier pour en former le fond ou les parois.

CLISSON (44190), ch.-l. de cant. de la Loire-Atlantique, sur la Sèvre Nantaise ; 5 552 hab. *(Clissonnais).* Ruines d'un imposant château fort entrepris à la fin du XIIIe s. par Olivier de Clisson. Parc de la Garenne-Lemot, du début du XIXe s. Marché (bovins). Minerai d'uranium dans la région.

CLISSON (Olivier IV, *sire* DE), gentilhomme breton (Clisson 1336-Josselin 1407). Élevé en Angleterre à la cour d'Édouard III, il participa aux côtés des Anglais à la bataille d'Auray (1364) lors de la guerre de la Succession de Bretagne. Passé au service de Charles V (1370), il combattit les Anglais avec Du Guesclin. Nommé connétable de France par Charles VI (1380), il lutta contre Jean IV (ou V) de Montfort, duc de Bretagne (1386-1395) puis s'opposa à Jean V, qui le fit condamner à la prison et à la confiscation de ses biens en 1407.

CLISTHÈNE, dernier tyran de Sicyone (601 av. J.-C.-570 ?). Son règne marque l'apogée économique et artistique de Sicyone. — **Clisthène,** homme d'État athénien (2e moitié du VIe s. av. J.-C.), petit-fils du précédent, et appartenant aux Alcméonides par son père. Il participe aux mouvements de 510 av. J.-C. qui renversent la tyrannie des Pisistratides, puis défend les droits populaires contre la réaction aristocratique menée par Isagoras et appuyée par les Spartiates (Célomène). Il brise la puissance traditionnelle des nobles (Eupatrides) en répartissant les citoyens entre dix tribus, constituées selon des critères géographiques qui mêlent les hommes de toutes origines et de toutes conditions. Toutes les institutions sont adaptées au système décimal des tribus. La boulê est divisée en dix sections *(prytanies)* chargées à tour de rôle de la permanence du gouvernement, pendant un dixième de l'année. L'état civil des Athéniens est modifié : l'origine d'un citoyen est définie par le nom de son dème, la plus petite unité territoriale ; l'Attique en compte 100. Clisthène a peut-être instauré l'*ostracisme,* pour éloigner les auteurs possibles d'une réaction tyrannique ou aristocratique. Après Clisthène, Éphialtès et Périclès achèveront l'instauration d'un régime démocratique.

CLITARQUE d'Alexandrie, historien grec de la fin du IVe s. av. J.-C. Il écrivit une *Histoire d'Alexandre,* qui idéalisait le personnage du conquérant.

CLITELLUM [-lɔm] n. m. (lat. *clitellae,* bât). Région renflée du corps des vers de terre et des sangsues, où se forme le cocon nutritif qui abritera les œufs.

CLITIAS, peintre de vases athénien (première moitié du VIe s. av. J.-C.). Il travailla surtout avec le potier Ergotimos.

CLITOCYBE n. m. Genre de champignons à lames décurrentes, comprenant plusieurs espèces comestibles estimées (clitocybes odorant, en entonnoir, nébuleux [grisette], fausse girolle) et quelques espèces toxiques, de couleur blanche.

CLITORIDECTOMIE n. f. Ablation chirurgicale du clitoris.

CLITORIDIEN, ENNE adj. Relatif au clitoris.

CLITORIS [-ris] n. m. (gr. *kleitoris*). Petit organe érectile, situé à la partie supérieure de la vulve. (C'est un important organe érogène.)

CLITORISME n. m. Érection pathologique du clitoris, analogue au priapisme chez l'homme.

CLIVABLE adj. Qui peut être clivé.

CLIVAGE n. m. (de *cliver*). **1.** Fracture selon certains plans d'orientation précise, particulière à certains minéraux, cristaux et roches. (→ *encycl.*) — **2.** Séparation, différenciation, fractionnement des groupes sociaux, des partis politiques, des idées, etc. : *Clivage entre la gauche et la droite.* • **Bijout.** Taille initiale opérée, dans certains cas, pour dégrossir le diamant. — **Chir.** *Plan de clivage,* interstice emprunté par le chirurgien pour libérer certains organes ou certaines tumeurs. — **Psychan.** *Clivage du moi,* coexistence, au sein du moi, de deux jugements contradictoires relativement à la réalité extérieure. (Le clivage du moi [en all. *Ichspaltung*] est inséparable du déni de la réalité. Ce mécanisme de défense se retrouve dans le fétichisme et la psychose.) ‖ *Clivage de l'objet,* mécanisme de défense, se manifestant dès la position schizoparanoïde, par lequel le sujet scinde l'objet pulsionnel en bon et en mauvais objet.

ENCYCL. **Géol.** Le clivage est l'une des manifestations de l'anisotropie discontinue des cristaux. Il se fait en général le long des plans de la structure cristalline pour lesquels il y a un nombre minimal de liaisons à briser. Les clivages sont des éléments de reconnaissance des minéraux.

CLIVE DE PLASSEY (Robert, *baron*), soldat et administrateur britannique (Styche, Shropshire, 1725 - Londres 1774). Entré au service de la Compagnie des Indes orientales, il combat victorieusement les Français (prise d'Arcot, 1751) et défait l'armée du nabab Sirādj al-Dawla (victoire de Plassey, 1757), se rendant maître du Bengale. Nommé gouverneur de cette région en 1765, il obtient de l'empereur moghol Chāh'Ālam un traité accordant à la Compagnie la souveraineté de fait sur le Bengale, le Bihār et l'Orissa (1765). Il y réforme l'administration, mais, de retour en Angleterre (1767), il est accusé de concussion (1773) et se donne la mort.

CLIVER v. t. (néerl. *klieven,* fendre) [conj. 3]. **1.** Séparer par couches, par lames parallèles, en parlant notamment d'un cristal. — **2.** Tailler un diamant selon sa structure cristallographique.

◆ **se cliver** v. pr., **être clivé** v. pass. Être scindé, divisé en parties distinctes, nettement différenciées et le plus souvent opposées : *Société qui se clive en deux groupes opposés.*

CLIVIA n. m. Amaryllidacée décorative d'appartement, portant de belles fleurs rouges groupées en ombelle.

CLIVURE n. f. Paillette mince de mica utilisée comme matériau de base dans la fabrication de la micanite. (Syn. SPLITTING.)

CLOACAL, E, AUX adj. Relatif au cloaque.

Cloaca maxima (« le Grand Égout »), grand égout collecteur de Rome, destiné à assécher la région du Forum. Commencé sous Tarquin l'Ancien, il a été remanié et achevé sous l'Empire. On en voit encore, sur la rive du Tibre, l'embouchure.

CLOAQUE n. m. (lat. *cloaca,* égout). **1.** Réceptacle des eaux sales, des eaux ménagères ; masse d'eau croupie et infecte, endroit très sale. — **2.** *Litt.* Foyer de corruption morale, lieu immonde. — **3.** Région postérieure du tube digestif des vertébrés, où s'ouvrent l'intestin postérieur, les voies urinaires et génitales. (Les poissons osseux et les mammifères n'ont pas de cloaque.)

CLOCHAGE n. m. Action de mettre une plante sous une cloche pour l'abriter du froid ou en hâter la végétation.

1. CLOCHARD, E n. (de *clocher 2*). **1.** Personne sans domicile, vivant misérablement en marge de la société. — **2.** *Fam.* Personne habillée de façon misérable.

2. CLOCHARD n. f. Variété de reinette.

CLOCHARDISATION n. f. Action de clochardiser, de se clochardiser.

CLOCHARDISER v. t. (conj. 3). Réduire qqn, un groupe à la condition de sans-logis, au statut d'individus sans ressources.

1. CLOCHE n. f. (bas lat. *clocca,* du celt.). **1.** Instrument de musique en métal, en forme de coupe renversée, qu'on met en vibration en frappant sa surface extérieure avec un marteau ou sa surface interne avec un battant. — **2.** Cet instrument utilisé comme signal sonore : *Une cloche annonçait l'heure du repas.* — **3.** *Pop.* Personne stupide, incapable et maladroite : *Quelle cloche !* — **4.** Chapeau de femme dont le bord souple et étroit se porte baissé. — **5.** Fam. *Déménager à la cloche de bois,* déménager clandestinement, sans payer. ‖ Pop. *Se taper la cloche,* bien manger. ‖ *Son de cloche,* opinion d'une ou de plusieurs personnes. ‖ Fam. *Sonner les cloches à qqn,* le réprimander vertement. • **Ch. de f.** *Cloche d'annonce,* appareil sonore destiné, sur les installations anciennes, à avertir les gares, postes d'aiguillage, passages à niveau, etc., du départ et du passage prochain d'un train. — **Chim.** Appareil servant à recueillir un gaz ou à isoler un corps dans une atmosphère gazeuse. ‖ Syn. de CALOTTE* DE BARBOTAGE. — **Électr.** *Moteur cloche,* moteur asynchrone à très faible inertie dont le rotor est constitué d'un mince cylindre conducteur. — **Équit.** Gaine demi-sphérique en caoutchouc, enfilée sur le paturon de certains chevaux pour éviter la blessure par le sabot du pied opposé. — **Fortif.** Cuirassement protégeant dans la fortification moderne un organe d'observation ou l'emplacement de tir d'une arme d'infanterie. — **Habill.** *Jupe cloche,* jupe légèrement évasée. (Syn. JUPE CLOCHÉE.) — **Hortic.** Abri en verre, en forme de cloche, destiné à concentrer la chaleur solaire sur les plantes à forcer ou à protéger du froid. — **Mar.** Partie centrale d'un cabestan. — **Ménag.** Couvercle bombé destiné à conserver les aliments au chaud ou à les protéger contre la dessiccation *(cloche à fromage).* — **Min.** Vide en forme de cloche à la voûte d'une galerie ou d'un chantier. ‖ *Cloche de foudroyage,* zone de terrains éboulés et fortement disloqués au toit d'une exploitation avec foudroyage, au-dessus de la-

quelle les terrains s'affaissent sans se disloquer. — **Probab.** *Courbe en cloche,* syn. de COURBE DE GAUSS*. — **Sports.** Sonnerie annonçant le dernier tour, dans une course sur piste ou en circuit fermé. — **Techn.** *Cloche à plongeur* ou *à plongée,* appareil en forme de cloche, au moyen duquel on pouvait descendre travailler sous l'eau.
◆ adj. *Fam.* Bête, stupide : *C'est cloche d'avoir loupé le bus.*

2. CLOCHE n. f. (de *clochard*). *Pop.* Ensemble des clochards ; condition de clochard.

Cloches de Corneville *(les),* opérette en 3 actes, de Planquette, sur un livret de Clairville et Gabet (Folies-Dramatiques, 1877).

Clochemerle, nom d'un village, modèle de querelles dérisoires et de rivalités mesquines (d'après un roman de G. Chevallier).

CLOCHE-PIED (À) loc. adv. En levant un pied et en sautant sur l'autre.

1. CLOCHER n. m. (de *cloche 1*). **1.** Construction élevée au-dessus ou dans le voisinage d'une église, pour soutenir et abriter les cloches. — **2.** *Litt.* Pays natal ; village, ville où l'on demeure. — **3.** *Esprit de clocher,* attachement étroit à tout ce qui concerne le cercle des gens parmi lesquels on vit habituellement. ‖ *Querelles de clocher,* disputes d'un intérêt purement local.

2. CLOCHER v. i. (lat. pop. **cloppicare,* du lat. class. *cloppus,* boiteux) [conj. 3]. **1.** *Vx.* Être bancal, boiter : *Il y a une chaise qui cloche.* — **2.** *Fam.* Présenter un caractère défectueux ; aller mal, de travers : *Quelque chose cloche dans l'appareil.*

3. CLOCHER v. t. (de *cloche 1*) [conj. 3]. Mettre une plante sous une cloche.

CLOCHER-MUR, CLOCHER-PEIGNE ou, vieilli, **CLOCHER-ARCADE** n. m. (pl. *clochers-murs, clochers-peignes, clochers-arcades*). Mur extérieur d'une église percé de baies, d'arcades pour abriter des cloches.

CLOCHETON n. m. (de *clocher 1*). Amortissement ayant l'aspect d'un clocher en réduction. (Arts roman et, surtout, gothique.)

CLOCHETTE n. f. **1.** Petite cloche. — **2.** Fleur dont la corolle a la forme d'une petite cloche (muguet, etc.) ; cette corolle.

CLODIA, sœur du tribun de la plèbe P. Clodius, née v. 94 av. J.-C. Elle ouvrit sa maison aux lettrés, aux artistes et fut célébrée par Catulle sous le nom de *Lesbie.*

CLODION → CHLODION.

CLODION (Claude MICHEL, dit), sculpteur français (Nancy 1738 - Paris 1814). Élève de son oncle L. S. Adam et de Pigalle, prix de Rome en 1759, il eut un immense succès — au moins jusqu'à la Révolution — avec ses terres cuites de bacchantes, faunesses et satyres pleines de mouvement et de vie.

CLODIUS (Publius Appius), agitateur romain (v. 93-52 av. J.-C.). Issu de la *gens* patricienne Claudia, il modifia son nom pour lui donner une apparence plébéienne et être élu tribun de la plèbe (58). Faisant le jeu de J. César, il organisa avec des bandes armées une agitation permanente, domina la vie politique, tint en échec le sénat et Pompée et fit exiler Cicéron, prit l'initiative de lois populaires et transforma les assemblées en champs de bataille. Le sénat lui opposa un autre agitateur, Annius Milon, qui le tua en 52 av. J.-C.

CLODIUS ALBINUS (Decimus), général romain qui, à la fin de 195, se fit proclamer empereur et gouverna la Bretagne et les Gaules. Il fut battu et tué par Septime Sévère, en février 197, au nord de Lyon.

CLODO n. *Pop.* Clochard.

CLODOALD *(saint)* → CLOUD (saint).

CLODOMIR (v. 495-Vézeronce, Isère, 524), roi des Francs à Orléans (511-524), fils de Clovis Ier et de Clotilde. Il reçut à la mort de son père (511) les pays de la vallée de la Loire (royaume d'Orléans). Il fut vaincu et tué par le roi des Burgondes, Gondeman.

CLOÉ ou **CLOÉON** n. m. Éphémère qui fréquente les maisons et qui ne possède qu'une seule paire d'ailes.

CLOETE (Stuart), écrivain sud-africain d'expression anglaise (Paris 1897-Le Cap 1976), auteur de récits d'inspiration historique (*le Grand Trek,* 1937).

CLOFIBRATE n. m. Médicament agissant sur la synthèse des lipoprotéines, dont il abaisse la teneur dans le sang. (Il diminue le taux de cholestérol, des triglycérides et des lipides totaux sanguins.)

CLOISON n. f. (lat. pop. **clausio, -onis,* fermeture, du lat. class. *claudere,* fermer). **1.** Paroi verticale non portante, de faible épaisseur, destinée à compartimenter l'intérieur d'une construction. — **2.** Mince paroi établissant, dans un objet, des divisions intérieures : *Les cloisons d'un casier.* — **3.** Barrière qui divise, sépare divers secteurs : *Abattre les cloisons qui séparent les disciplines.* • **Anat.** Nom donné à des séparations entre divers organes, telles que la *cloison des fosses nasales,* la *cloison recto-vaginale,* la *cloison interventriculaire du cœur,* etc. — **Arts décor.** et **Orfèvr.** Lamelle, bande métallique soudée sur une plaque de métal pour former de petits compartiments dans lesquels, notamment, on coule l'émail *cloisonné.* — **Bât.** *Cloison d'ais,* cloison lambrissée. ‖ *Cloison articulée* ou *extensible,* cloison en matière souple, ou faite de panneaux articulés, pouvant coulisser sur un rail. ‖ *Cloison de doublage,* cloison construite parallèlement à une autre et qui assure soit une meilleure isolation, soit une plus grande planéité. ‖ *Cloison sèche,* type de cloison qui ne nécessite pas l'emploi de liants hydrauliques et qui est susceptible d'être posé à sec à partir d'éléments préfabriqués (ainsi la *cloison à alvéoles*). — **Mar.** Séparation plane entre les différents compartiments d'un navire.

CLOISONNAGE n. m. **1.** Réalisation de cloisons ; disposition en cloisons. (Syn. CLOISONNEMENT.) — **2.** Travail d'orfèvrerie faisant appel à la pose de petites cloisons.

CLOISONNEMENT n. m. **1.** Syn. de CLOISONNAGE. — **2.** Séparation, division existant entre certaines activités, certains services isolés les uns des autres : *Le cloisonnement des services dans une entreprise.* — **3.** Disposition de l'ensemble des cloisons d'un navire. — **4.**Système de voies tracées dans une portion de forêt pour en faciliter l'exploitation. — **5.** *Cloisonnement de sécurité,* disposition réglementaire conçue pour isoler tout incendie à son début.

CLOISONNER v. t. (conj. 3). **1.** Séparer par des cloisons, diviser un lieu par des cloisons pour en faire plusieurs pièces. — **2.** Séparer en des domaines distincts et souvent de manière arbitraire.

◆ **se cloisonner** v. pr., **être cloisonné** v. pass. **1.** Se diviser en domaines distincts, surtout en parlant de structures administratives. — **2.** *Émaux cloisonnés,* émaux dans lesquels les motifs sont circonscrits par de minces cloisons, dressées verticalement sur la surface de l'objet, qui retiennent la matière vitrifiée. (Chefs-d'œuvre, notamment, des arts byzantin [à partir du Ve s.] et chinois [à partir du XIVe s.].)

CLOISONNISME n. m. Procédé pictural qui a préludé au synthétisme.

CLOÎTRE n. m. (lat. *claustrum,* clôture). **1.** Primitivement, enclos des religieux ou des religieuses. — **2.** Préau-galerie couvert, encadrant la cour centrale du monastère. (→ *encycl.*) — **3.** Enceinte à l'intérieur de laquelle des chanoines, ou même le clergé d'une paroisse, avaient leur habitation, et qui ne relevait que d'eux. — **4.** *Vx.* Couvent, monastère ; vie, règle monastique (vieilli). — **5.** Type de jardin entouré d'allées d'arbres taillés de façon à former des voûtes.

ENCYCL. C'est au Moyen Âge qu'ont été édifiés les plus beaux cloîtres. Les cathédrales en possédaient comme les couvents. Couverte d'une charpente ou d'une voûte, leur galerie s'ouvre sur la cour-jardin par des arcades que supportent des colonnes simples ou jumelées, surmontées de chapiteaux souvent historiés. Le cloître reste partie intégrante du monastère de l'époque classique et suit l'évolution générale du style.

CLOÎTRER v. t. (conj. 3). **1.** *Vx.* Enfermer qqn dans un cloître, le condamner à la vie du cloître. — **2.** Tenir qqn étroitement enfermé, l'éloigner du monde : *La maladie l'avait cloîtré dans sa maison.*

◆ **se cloîtrer** v. pr., **être cloîtré** v. pass. **1.** Être enfermé dans un cloître : *Religieuses cloîtrées.* — **2.** Rester enfermé en un lieu ou chez soi, sans contact avec le monde extérieur : *Rester cloîtré tout le week-end.* — **3.** *Couvent cloîtré,* dont les religieux ne sortent jamais.

CLOMIFÈNE ou **CLOMIPHÈNE** n. m. Médicament de synthèse, employé pour traiter la stérilité par anovulation. (Il agit comme antiœstrogène et déclenche une ovulation si l'hypophyse est intacte.)

CLONAGE n. m. (de *clone*). Technique utilisée en culture de tissus et grâce à laquelle toutes les cellules obtenues sont issues d'une seule cellule et peuvent elles-mêmes se reproduire sous forme de cellules identiques.

CLONAL, E, AUX adj. Qui concerne le clone.

CLONE n. m. (gr. *klôn, -ônos,* jeune pousse). **1.** Population descendant d'un individu unique, par multiplication végétative ou asexuelle. (→ *encycl.*) — **2.** *Fam.* Individu qui aurait été obtenu par clonage, copie conforme d'un autre individu. — **3.** Micro-ordinateur totalement compatible (matériel et logiciel) avec un autre choisi comme référence.

ENCYCL. En général, les cellules d'un clone possèdent le même patrimoine héréditaire. Mais, dans certains cas, des mutations géniques ou chromosomiques peuvent avoir remanié certaines cellules d'un clone. Chez l'homme, la leucémie myéloïde chronique serait due à un remaniement chromosomique survenant au cours de la vie de l'individu, affectant une seule cellule, et produisant le chromosome de Philadelphie.

CLONER v. t. (conj. 3). Pratiquer un clonage.

CLONIDINE n. f. Médicament hypotenseur agissant sur le centre bulbaire de contrôle de la tension artérielle.

CLONIQUE adj. Qui concerne le clonus.

CLONORCHIASE [-kjaz] n. f. Distomatose hépatobiliaire, surtout asiatique, liée au parasitisme de l'homme par des vers trématodes de la famille des opistorchiidés (surtout la douve de Chine, *Clonorchis sinensis,* et la douve des félidés, *Opistorchis félineus*).

CLONUS [-nys] n. m. Suite de contractions itératives et involontaires d'un muscle ou d'un groupe musculaire.

CLOOTS (Jean-Baptiste DU VAL-DE-GRÂCE, baron DE), surnommé **Anacharsis Cloots,** homme politique d'origine prussienne (château de Gnadenthal, près de Clèves, 1755-Paris 1794). Il se fit remarquer au club des Jacobins par son ardeur révolutionnaire, s'intitulant « orateur du genre humain ». Naturalisé français en 1792, il fut élu député de l'Oise à la Convention et se distingua par son antichristianisme. Englobé par Robespierre dans le complot hébertiste, il fut guillotiné.

CLOPE n. m. ou f. *Pop.* Cigarette ou mégot.

CLOPIN-CLOPANT adv. (anc. fr. *clopin,* boiteux, et *cloper,* boiter). *Fam.* **1.** En boitant, en traînant la jambe. – **2.** D'un train irrégulier ; tantôt mieux, tantôt moins bien : *Commerce qui va clopin-clopant.*

CLOPINEL (Jean) → JEAN DE MEUNG.

CLOPINER v. i. (anc. fr. *clop,* boiteux, du lat. pop. *cloppus*) (conj. 3). *Fam.* Marcher avec peine, en boitant un peu.

CLOPINETTES n. f. pl. (de *clope*). Pop. *Des clopinettes,* rien, presque rien.

CLOPORTE n. m. (p.-ê. de *clore* et *porte*). Crustacé isopode terrestre, à respiration aérienne, très commun dans les sols, les souches d'arbres, les lieux humides, sous les pierres, etc. (Dans les steppes de l'Asie centrale, les cloportes jouent un rôle fertilisant en remaniant sans cesse la terre.)

◆ n. *Pop.* Concierge.

CLOQUAGE n. m. Apparition de cloques superficielles ou profondes dans un film de peinture ou de vernis.

CLOQUE n. f. (forme norm. de *cloche*). **1.** Boursouflure de la peau pleine de sérosité ; ampoule. – **2.** Boursouflure dans une couche de peinture, sur un papier humide, un papier mal collé, un cuir, etc. – **3.** Maladie cryptogamique du peuplier, du pêcher et d'autres arbres, se traduisant par l'apparition, sur les feuilles, de boursouflures ; ces boursouflures. – **4.** Boursouflure du métal due à un décollement interne.

CLOQUER v. i. (conj. 3). **1.** Se bomber, se boursoufler, en parlant des couches de peinture. – **2.** *Fam.* En parlant de l'épiderme, se gonfler, former une ou des cloques à l'endroit d'une brûlure, etc.

◆ **être cloqué** v. pass. **1.** En parlant d'une peinture, d'une surface, se boursoufler. – **2.** *Étoffe cloquée,* étoffe, de coton ou de soie, gaufrée.

CLORE v. t. (lat. *claudere,* fermer) [conj. **113**]. *Litt.* **1.** Fermer complètement un passage, en barrer l'accès : *Clore une porte.* – **2.** Entourer un lieu d'une clôture : *Clore un parc.* – **3.** Arrêter qqch, le terminer, en marquer la fin ; le déclarer terminé : *Clore une séance. Clore un inventaire.* – **4.** *Clore la bouche, le bec à qqn,* le réduire au silence. ‖ *Clore les yeux, les paupières,* abaisser les paupières.

◆ **être clos** v. pass. **1.** Fermé : *Les volets sont clos.* – **2.** Définitivement terminé, fini : *L'incident est clos.* – **3.** Litt. *À la nuit close,* quand la nuit est tombée. ‖ *Champ clos,* espace fermé de barrières, où se déroulait un tournoi ou un duel ; lieu à l'écart, où se livre une lutte. ‖ *Maison close,* maison de prostitution, lupanar. ‖ *Trouver porte close,* ne trouver personne au lieu où on se présente. • **Chorégr.** En parlant d'un danseur, ne pas posséder l'en-dehors, du fait de sa conformation physique. – **Hist.** *Lettre close,* lettre renfermant un ordre du roi, signée de lui, authentifiée par l'apposition de son cachet personnel et contresignée par un secrétaire d'État. – **Math.** *Ensemble clos pour une opération* T, ensemble qui contient xTy pour tout couple d'éléments x et y lui appartenant. – **Métall.** *Câble clos,* câble métallique, formé d'un noyau de fils ronds généralement recouvert de deux couches de fils profilés, dits « Z », formant une surface extérieure lisse. – **Phon.** *Voyelles closes,* voyelles dont l'articulation est caractérisée par une faible aperture (par ex. [i] de *pire* ou [y] de *pur*). [Contr. APERT.] – **Zootechn.** *Clos du derrière,* se dit d'un cheval dont les jarrets sont trop rapprochés (par leurs pointes). [On dit aussi JARRETS CROCHUS, JARRETS CLOS.]

CLORIVIÈRE (Michel Julien PICOT DE), jésuite français (Saint-Malo 1735-Paris 1820), restaurateur, après la Révolution, de la Compagnie de Jésus en France.

1. CLOS, E → CLORE.

2. CLOS n. m. (lat. médiév. *clausum,* espace clos). Parcelle cultivée et fermée de murs ou de haies, près des maisons. (Se dit, notamment, en parlant d'une vigne.)

CLOSAGE n. m. *Droit de closage,* syn. de DROIT DE CLÔTURE.

CLOSEAU n. m. Petit clos.

CLOSE-COMBAT n. m. (pl. *close-combats*) [angl. *close combat,* combat rapproché]. Méthode de combat rapproché à mains nues.

CLOSED SHOP [klozdʃɔp] n. m. (angl. *closed shop*). Pratique syndicale, en vigueur en Belgique, en Grande-Bretagne et aux États-Unis, qui prévoit, dans une convention collective ou un accord d'entreprise, l'insertion d'une clause engageant l'employeur à n'embaucher que des travailleurs syndiqués.

CLOSERIE n. f. (de *clos 2*). **1.** Petite propriété entourée de murs ou de haies et possédant une maison d'habitation. – **2** Nom donné à Paris, au XIXe s., à des jardins aménagés en bals publics.

CLOSE-UP [klozœp] n. m. inv. (angl. *close-up,* gros plan). Syn. de GROS PLAN.

CLOSOIR n. m. Banche à pisé.

CLOSTERCAMP, en all. **Klosterkamp** ou **Kamp,** v. d'Allemagne, aux environs de Düsseldorf. Victoire du marquis de Castries devant le duc Ferdinand de Brunswick, en 1760, pendant la guerre de Sept Ans.

CLOSTERMANN (Pierre), officier aviateur français (Curitiba, Brésil, 1921). Engagé dans les Forces aériennes françaises libres, il devint le premier as français de la Seconde Guerre mondiale, avec 33 victoires homologuées.

CLOSTERSEVEN → KLOSTER ZEVEN.

CLOSTRIDION ou **CLOSTRIDIUM**[-djɔm] n. m. (gr. *klostridion,* petit fuseau). Bactérie en forme de bâtonnet, anaérobie, capable de produire des spores. (Certains clostridions sont des agents de fermentation [butyrique, acétonobutylique] ; d'autres sont responsables du botulisme ou de cas de tétanos, gangrènes, œdèmes.)

Clos-Vougeot, vignoble de la Bourgogne dans la côte de Nuits, qui produit des vins rouges renommés. (→ VOUGEOT.)

CLOTAIRE Ier (v. 498-561), roi des Francs à Soissons (511-561), fils de Clovis Ier et de Clotilde. Il reçut de son père (511) les pays situés entre la Marne et la Meuse (royaume de Soissons), s'attribua, à la mort de son frère Clodomir (524), Tours et Poitiers et reconstitua à son profit l'unité du royaume franc à la mort de son frère Childebert Ier (558). – **Clotaire II** (584-629), roi de Neustrie (584-629), d'Austrasie et de Bourgogne (613-629), fils de Chilpéric Ier à qui il succéda sous la tutelle de sa mère Frédégonde. Resté seul maître du royaume franc après la mort de Thierry II et de Brunehaut, qu'il fit exécuter (613), il maintint les trois maires du palais et fit de multiples concessions aux aristocraties bourguignonne et austrasienne. Son fils Dagobert Ier lui succéda. – **Clotaire III** (v. 652-673), roi de Neustrie et de Bourgogne (657-673) et d'Austrasie (662-673), fils de Clovis II. Il régna sous la tutelle de sa mère Bathilde puis sous celle du maire du palais Ebroïn. – **Clotaire IV** († 719), roi d'Austrasie (718-719), fils présumé de Thierry III, et proclamé roi par Charles Martel.

CLOTILDE *(sainte)* [Lyon ou Vienne v. 475-Tours 545), reine des Francs. Nièce de Gondebaud, roi des Burgondes, elle épousa v. 493 Clovis Ier. Ardente catholique, elle contribua à la conversion de son époux, à la mort de qui (511) elle se retira à Tours, près de l'abbaye de Saint-Martin, et se consacra à la prière et aux bonnes œuvres.

CLÔTURE n. f. (bas lat. *clausura,* du lat. class. *claudere,* clore). **1.** Toute enceinte qui ferme l'accès d'un terrain (mur, haie, grillage, palissade, etc.). – **2.** Action d'arrêter, de terminer qqch, une action : *Gala de clôture du festival.* • **Agric.** *Clôture électrique,* fil métallique tendu sur des piquets amovibles, munis d'isolateurs, maintenu sous tension électrique par un électrificateur, et dont les décharges dissuadent les animaux de le franchir. – **Archit.** Enceinte qui, dans une église, sépare l'espace réservé aux religieux de celui des fidèles. (Des clôtures sculptées en pierre, cachant le revers des stalles, ont souvent été établies sur le pourtour du chœur des cathédrales gothiques.) – **Banq.** *Clôture de compte courant,* arrêt du fonctionnement de celui-ci et détermination du solde, engendrant une créance au profit de l'un des deux contractants. – **Bours.** Fin de la séance de cotation. – **Ch. de f.** *Signal de clôture,* signal porté par un train, présentant, de jour, un disque vert, de nuit, un feu vert, indiquant que ce train est le dernier de la journée sur la ligne. – **Dr.** Acte par lequel il est mis fin, dans une assemblée délibérante, à une procédure en cours (clôture d'une discussion, des scrutins, des séances, d'une session). ‖ *Clôture des assises,* fin d'une session de cour d'assises. ‖ *Clôture des débats,* déclaration prononcée par le juge, après les plaidoiries des avocats, qui met fin aux explications des parties. ‖ *Clôture forcée,* mur qu'un propriétaire peut, dans une ville ou dans ses faubourgs, obliger son voisin à édifier à frais communs entre maisons, cours et jardins. ‖ *Clôture d'inventaire,* partie finale d'un procès-verbal d'inventaire. ‖ *Clôture d'un ordre judiciaire,* ordonnance ou jugement qui détermine les droits respectifs des créanciers sur les sommes à distribuer dans l'ordre. ‖ *Clôture de liquidation judiciaire,* fin des opérations de liquidation judiciaire prononcée par le tribunal, lorsqu'il n'existe plus de passif exigible ou en raison de l'insuffisance de l'actif rendant impossible la poursuite des opérations. – **Féod.** *Droit de clôture* ou *de closage,* droit qu'avait le seigneur de faire clore ses vignes et de faire entretenir leur clôture par ses vassaux. – **Math.** *Clôture algébrique d'un corps commutatif* k, extension algébrique K de *k,* algébriquement close, unique à un isomorphisme près. – **Relig.** Enceinte, interdite aux profanes, à l'intérieur de laquelle se déroule la vie d'un couvent cloîtré. ‖ Loi canonique interdisant ou limitant l'entrée et la sortie de cette enceinte. ‖ Vie claustrale.

CLÔTURER v. t. (conj. 3). **1.** Entourer un lieu d'une clôture : *Clôturer un jardin.* – **2.** Arrêter qqch, y mettre fin : *Clôturer un compte.*
◆ v. i. À la Bourse, atteindre tel taux au moment de la fermeture quotidienne, en parlant d'une valeur, d'un indice.

CLOU n. m. (lat. *clavus*). **1.** Morceau de métal, à pointe et à tête, qui sert à fixer ou à suspendre qqch. – **2.** *Fam.* Furoncle. – **3.** *Fam.* et *vx.* Mont-de-piété : *Mettre sa montre au clou.* – **4.** *Fam.* et *vx.* Prison. – **5.** *Fam.* Vieil appareil ou bicyclette en mauvais état. – **6.** Scène à effet, attraction qui assure le succès d'une pièce, d'un spectacle ; moment le plus réussi de qqch : *Le clou de la soirée.* – **7.** Fam. *Ça ne vaut pas un clou,* cela ne vaut rien. ‖ *Clou de girofle,* bouton à fleur du giroflier, employé comme épice. ‖ Fam : *Des clous !,* pas du tout ; absolument rien ; vous pouvez toujours attendre, chercher, etc. ‖ Pop. *Pour des clous,* pour rien : *On s'est dérangé pour des clous.* ‖ *Un clou chasse l'autre,* qqn, qqch en supplante un autre. • **Chir.** Sorte de broche en acier inoxydable utilisée en chirurgie osseuse pour fixer ou consolider un os fracturé ou une articulation. – **Méd.** *Clou de Biskra,* leishmaniose de forme habituellement bénigne, donnant lieu à une dermatose localisée appelée d'une façon générale *bouton* d'Orient.* ‖ *Clou hémostatique* ou *plaquettaire,* agrégat de plaquettes se formant au cours de l'hémostase primaire et colmatant une brèche vasculaire peu importante. (Syn. THROMBUS BLANC.) – **Mobil.** *Clou d'ameublement,* clou à grosse tête estampée, le plus souvent en forme de calotte unie. ‖ *Clou de tapissier,* semence. – **Vétér.** Toute blessure qui perfore la surface plantaire du sabot du cheval.
◆ **clous** n. m. pl. **1.** *Fam.* Passage pour piétons : *Traverser dans les clous.* (Syn. PASSAGE CLOUTÉ.) – **2.** *Pneu à clous,* syn. de PNEU CLOUTÉ*.

CLOUAGE n. m. Action ou manière de clouer.

CLOU-BOULE n. m. (pl. *clous-boules*). Clou à grosse tête bombée, employé pour la protection des fonds de malle, de mallette ou de sac de voyage.

CLOUD ou **CLODOALD** *(saint),* prince mérovingien (v. 522 - Novigentum, auj. Saint-Cloud, v. 560). Fils de Clodomir, il échappa au massacre préparé par ses oncles Childebert Ier et Clotaire Ier, et auquel succombèrent ses frères. Il fonda le monastère de Novigentum où il vécut jusqu'à sa mort.

CLOUER v. t. (conj. 3). **1.** Fixer avec des clous : *Clouer une planche.* – **2.** Fermer avec des clous : *Clouer une caisse.* – **3.** Réduire qqn à l'immobilité : *La maladie l'avait cloué dans son lit. Rester cloué sur place sous l'effet de l'émotion.* – **4.** Au jeu d'échecs, supprimer ou restreindre la capacité de mouvement d'une pièce en l'attaquant de telle sorte qu'elle ne puisse bouger sans mettre le roi en échec ou une pièce plus importante qu'elle en prise. – **5.** *Clouer son pavillon,* le fixer à demeure au mât pour qu'il ne puisse ni tomber ni être amené. (Cela indiquait la résolution de combattre jusqu'à la mort.)

CLOUET (les), dessinateurs et peintres français d'origine flamande (XVIe s.). – JEAN, dit JANET ou JEHANNET (Pays-Bas du Sud v. 1475 - Paris 1540 ou 41), peintre de François Ier à partir de 1516, mêle l'héritage franco-flamand à une sensibilité d'inspiration italienne. Consacrée au portrait (à mi-corps), son œuvre compte des dessins à la pierre noire souvent rehaussés de sanguine et de craie (*Guillaume Budé,* v. 1536, Chantilly) et des peintures (*François Ier,* v. 1535, Louvre), remarquables par l'économie des moyens et l'investigation psychologique. – FRANÇOIS, dit, lui aussi, JANET (Tours v. 1505/1510-Paris 1572), fils de Jean et son successeur comme peintre du roi sous les règnes de François Ier, Henri II, François II et Charles IX, poursuivit la tradition de son père avec un art plus descriptif et plus raffiné : portraits à mi-corps (*Élisabeth d'Autriche,* dessin [1571, B. N.] et peinture [Louvre]) ou en pied (*Charles IX,* Vienne). Mais il peignit également des compositions avec nus (*Dame au bain,* Washington), proches de l'école de Fontainebleau.

CLOUEUR, EUSE n. Ouvrier(ère) de la peausserie qui cloue les peaux sur une planche pour leur donner leur forme définitive.
◆ **cloueuse** n. f. Machine automatique à clouer.

CLOUTAGE n. m. **1.** Action de clouter. – **2.** Technique de réalisation des pneus cloutés. – **3.** Opération consistant à durcir et rendre rugueuse la surface d'une chaussée en lui incorporant des gravillons durs. – **4.** *Cloutage à glace,* ensemble de clous, en forme de crampons, intercalés dans les autres pour empêcher les chevaux de glisser sur le verglas.

CLOUTER v. t. (conj. 3). **1.** Garnir de clous pour protéger ou orner : *Clouter un coffret.* – **2.** Piquer la surface d'une viande de menus morceaux taillés en forme de clou (jambon, truffe, etc.), ou piquer un oignon de clous de girofle.
◆ **être clouté** v. pass. **1.** Être garni de clous : *Chaussures cloutées.* – **2.** *Passage clouté,* passage limité par une double rangée de gros clous placés en travers de la chaussée et destiné aux piétons (auj. remplacé par des bandes peintes appelées *passage pour piétons*). [Syn. CLOUS.] ‖ *Pneu clouté,* enveloppe de pneumatique équipée de pointes en carbure de tungstène pour éviter au véhicule de déraper, etc. (Syn. PNEU À CLOUS.)

CLOUTERIE n. f. **1.** Usine où l'on fabrique des clous. – **2.** Industrie de la fabrication des clous.

CLOUTIER, ÈRE n. Personne qui fabrique ou vend des clous.

◆ **cloutière** n. f. Boîte à compartiments dans laquelle on distribue les clous par catégories de grosseur.

CLOUZOT (Henri Georges), cinéaste français (Niort 1907-Paris 1977). Il mit en scène en 1942 *L'assassin habite au 21,* puis réalisa *le Corbeau* (1943), *Quai des Orfèvres* (1946), *Manon* (1948), *Miquette et sa mère* (1950), *le Salaire de la peur* (1953), *les Diaboliques* (1954), *le Mystère Picasso* (1956), *les Espions* (1958), *la Vérité* (1960), *la Prisonnière* (1968).

CLOVIO (Juraj KLOVIĆ, dit **Giulio**), miniaturiste italien d'origine croate (Grižane, Croatie, 1498 - Rome 1578). La Pierpont Morgan Library (New York) conserve son *Livre d'Heures* exécuté pour le cardinal Alexandre Farnèse (1545-1554).

CLOVIS Ier ou **CHLODOVECUS** (en fr. *Louis*) [v. 465-Paris 511], roi des Francs (481 ou 482-511), fils de Childéric Ier à qui il succéda, vers l'âge de quinze ans, comme roi des Francs Saliens de Tournai. Bénéficiant de l'alliance du roi des Burgondes Gondebaud, dont il épouse la nièce Clotilde (v. 493), et de l'appui de l'Église à la suite de sa conversion au catholicisme et de son baptême à Reims par saint Remi (entre 496 et 499), il vainc Syagrius à Soissons (486), les Alamans au cours de batailles (v. 496 ou 506) dont aucune ne se déroula à Tolbiac, contrairement à une opinion répandue, puis les Wisigoths à Vouillé (507) où Alaric II est tué. Il étend ainsi sa domination jusqu'au-delà de la vallée du Rhin, à l'est, où il se fait reconnaître roi par les Francs du Rhin (v. 509), et jusqu'aux Pyrénées, au sud, où il occupe les territoires wisigothiques à l'exception de la Septimanie. Il obtient le ralliement des Gallo-Romains, hostiles à l'arianisme des Wisigoths, grâce à l'aide de l'Église, qu'il protège. Maître de la Gaule, il établit sa capitale à Paris et reçoit en 508 de l'empereur d'Orient Anastase Ier des insignes qui font de lui le représentant de l'autorité impériale dans l'Occident gaulois. Clovis a jeté les bases de l'Occident chrétien et de la puissance territoriale des Mérovingiens. – **Clovis II** (635-657), roi des Francs de Neustrie et de Bourgogne (639-657), fils et successeur de Dagobert Ier et époux (649) de sainte Bathilde. – **Clovis III** († v. 676), roi des Francs (675), fils supposé de Clotaire III et successeur de Childéric II. – **Clovis IV** (ou **III**) [v. 681-695], roi des Francs (v. 691-695), fils et successeur de Thierry III.

CLOVISSE n. f. (provenç. *clauvisso*). Nom méditerranéen de la palourde.

CLOWN [klun] n. m. (angl. *clown*). **1.** Artiste comique, maquillé et grotesquement accoutré, qui, dans les cirques, exécute des pantomimes bouffonnes et parfois acrobatiques. – **2.** Personne qui cherche à se faire remarquer par sa drôlerie, ses pitreries. – **3.** *Clown blanc,* personnage comique à la face blanche, au chapeau pointu et au costume pailleté.

CLOWNERIE [klu-] n. f. **1.** Tour, facétie, farce de clown. – **2.** Pitrerie, action ridicule, mauvaise plaisanterie.

CLOWNESQUE [klu-] adj. **1.** Relatif à un clown ou à son répertoire. – **2.** Ridicule, grotesque : *Un accoutrement clownesque.*

CLOYÈRE [klwajɛr] n. f. (anc. fr. *cloie,* claie). Panier pour mettre du poisson, et surtout des huîtres ; contenu de ce panier (vingt-cinq douzaines).

CLOYES-SUR-LE-LOIR (28220), ch.-l. de cant. d'Eure-et-Loir, à 12 km au S.-O. de Châteaudun ; 2 607 hab. *(Cloysiens).* Peintures murales dans la chapelle (XIIe s.) de l'anc. prieuré d'Yron.

C. L. T., sigle de COMPAGNIE LUXEMBOURGEOISE de TÉLÉDIFFUSION → LUXEMBOURG *(Radio-Télé-).*

1. CLUB [klœb] n. m. (angl. *club*). **1.** Association, société où l'on discute de problèmes économiques et politiques ; société de réflexion politique. – **2.** Cercle réservé à une société choisie où l'on se réunit pour causer, lire, jouer, etc. – **3.** Groupe fermé constitué par des personnes ou des pays disposant de certains pouvoirs ou ayant des intérêts similaires : *Le club des puissances atomiques.* – **4.** Société, association à buts divers (loisirs, sport, tourisme, etc.) : *Club bouliste.* – **5.** S'emploie en apposition avec ou sans trait d'union pour désigner des aménagements, des formules destinés aux membres d'un club : *Hôtel club.* – **6.** Formule de vente, utilisée notamment dans la diffusion du livre, caractérisée par le fait que les adhérents acceptent d'acheter un certain nombre d'ouvrages dans l'année. – **7.** *Club (de vacances),* organisme accueillant des vacanciers pour un prix forfaitaire et leur offrant des installations de loisirs et de sports. – **8.** *Club d'investissement,* formule populaire d'initiation à l'acquisition et à la gestion d'un portefeuille de valeurs mobilières. ‖ *Cravate club,* cravate à rayures de couleurs obliques. ‖ *Fauteuil club,* fauteuil de cuir des années 30, d'assise assez basse et à accoudoirs pleins.

2. CLUB [klœb] n. m. (angl. *club,* massue, de l'anc. nordique *klubba,* gros bâton). **1.** Au golf, instrument en forme de crosse employé pour lancer la balle. (On divise les clubs de golf en *bois* ou *fers.* — **2.** Massue légère utilisée par les jongleurs.

Club Méditerranée, société française créée en 1950, qui gère et anime des villages de vacances répartis dans de nombreux pays.

Club de Paris, groupe informel d'États créanciers constitué en 1956 en vue de rééchelonner la dette à moyen ou à long terme des pays en développement lorsque celle-ci est devenue suffisament lourde pour justifier une renégociation.

Club de Rome, groupe créé en avr. 1968 qui rassemble des universitaires, des hommes d'affaires et des chercheurs, préoccupés par les problèmes de l'avenir de l'humanité.

CLUBIONE n. f. Petite araignée des campagnes vivant dans une coque de soie blanche.

CLUBISTE [klœ-] n. Personne qui fréquentait les clubs politiques ; membre d'un club.

CLUFF LAKE, site du Canada (Saskatchewan), au N.-O. de Saskatoon. Uranium.

CLUGNY DE NUITS (Jean Étienne Bernard, *baron* DE), homme d'État français (la Guadeloupe 1729-Paris 1776). Contrôleur général des Finances (mai-oct. 1776), il révoqua les édits de son prédécesseur Turgot et rétablit ainsi les corporations et la corvée royale. Pour parer au déficit, il créa la Loterie royale.

CLUJ-NAPOCA, anc. **Cluj,** v. de Roumanie, ch.-l. du *dép. de Cluj ;* 301 000 hab. Principale ville de Transylvanie, elle conserve des monuments gothiques et baroques, des demeures anciennes. Musées d'art, historique et ethnographique. Centre universitaire et industriel (alimentation, mécanique, textile). [En hongr. *Kolozsvár,* en all. *Klausenburg.*]

CLUMBER [klœmbœr] n. m. (angl. *Clumber,* n. pr.). Chien d'arrêt anglais, de la race des épagneuls.

CLUNISIEN, ENNE adj. Relatif à l'ordre de Cluny, à ses monuments.

CLUNISTE n. m. Religieux de l'ordre de Cluny.

CLUNY (71250), ch.-l. de cant. de Saône-et-Loire, en bordure des monts du Mâconnais ; 4 724 hab. *(Clunisois).* Marché du bétail. Haras national. Menuiserie industrielle.
— **Hist.** La ville doit son nom à une abbaye bénédictine fondée en 910 par le duc Guillaume d'Aquitaine et dépendant directement de la papauté. En 931, l'abbaye devint chef d'ordre : l'ordre clunisien comptait, en 1109, 1184 abbayes ou prieurés dépendant de l'abbé de Cluny. Trois grands abbés : Maïeul (948-994), Odilon (994-1049), Hugues (1049-1109) donnèrent à Cluny un rayonnement universel qui tenait à une forte vie spirituelle et intellectuelle. Jusqu'au milieu du XIIe s., Cluny domina l'Occident, par son art spécifique, par le prestige de ses moines dont beaucoup jouèrent un rôle majeur au niveau de l'épiscopat et même du souverain pontificat ; par l'autorité qui permit aux clunisiens d'imposer des institutions de paix à la société féodale ; par la pratique de l'hospitalité et de l'aumône. L'abbaye et la congrégation, en constante décadence depuis le XIVe s., disparurent en 1790.
— **Bx-arts.** De l'abbatiale de Cluny III (fin XIe-début XIIe s., le plus grand édifice de la chrétienté médiévale), exploitée comme carrière de pierre au début du XIXe s., subsistent le croisillon sud du grand transept (33 m sous voûte), surmonté du clocher « de l'Eau bénite », et les élégants chapiteaux du rond-point du chœur, présentés dans le grenier à farine du XIIIe s. Bâtiments divers de l'abbaye (XVe-XVIIIe s.). Maisons romanes ou gothiques. Musée Ochier dans un hôtel du XVe s.

Cluny *(dentelle de),* guipure aux fuseaux, en fil crème ou blanc, qui se fait en Auvergne, et que l'on utilise pour les ornements d'église, ainsi que dans l'ameublement.

Cluny *(hôtel* et *musée de),* rue du Sommerard à Paris (Ve arrond.). Ancienne résidence parisienne des abbés de Cluny, rebâti à la fin du XVe s., il abrita les collections de l'archéologue Alexandre Du Sommerard (1779-1842), acquises par l'État, avec l'hôtel, en 1843. Cet Hôtel abrite un riche musée national du Moyen Âge, prolongement du musée du Louvre (tapisseries de *la Dame à la licorne*). Les restes des thermes de Lutèce communiquent avec lui (sculptures gallo-romaines).

CLUPÉIDÉ n. m. (lat. sc. *clupeidæ,* du lat. class. *clupea,* alose). Poisson tel que le hareng, la sardine et l'alose. (Les *clupéidés,* qui forment une famille, ont de toutes petites dents et une sorte de filtre branchial.)

CLUPÉIFORME n. m. (lat. *clupea,* alose). Poisson d'un type assez primitif, tel que les clupéidés, les salmonidés, les mormyridés, etc. (Les *clupéiformes* constituent un ordre.)

CLUSAZ (La) [74220], comm. de Haute-Savoie, dans le massif des Aravis ; 1 850 hab. *(Clusassiens).* Station de sports d'hiver (alt. 1 100-2 600 m).

CLUSE n. f. (mot jurassien, du lat. *clusa,* gorge, défilé). Vallée étroite, en gorge, faisant communiquer deux dépressions ou traversant un anticlinal.

CLUSE-ET-MIJOUX (La) [25300], comm. du Doubs, à 3 km au S.-S.-E. de Pontarlier ; 1 070 hab.

CLUSERET (Gustave Paul), officier et homme politique français (Paris 1823-près d'Hyères 1900). Commissaire à la Guerre sous la Commune, il fut révoqué pour incapacité. Député du Var (1888), il siégea à l'extrême gauche.

CLUSES (74300), ch.-l. de cant. de Haute-Savoie, dans la cluse de l'Arve ; 16 732 hab. *(Clusiens).* Église des XVe-XVIIe s. École d'horlogerie. Centre de l'industrie du décolletage.

CLUSTER [klœstœr] n. m. (angl. *cluster,* agglomérat). **1.** Combinaison d'au moins trois notes dissonantes. — **2.** *Bombe cluster,* bombe à fragmentation.
ENCYCL. **Mus.** Les clusters se situent à la limite entre le son musical et le bruit. Selon leurs configurations, ils produisent en effet une diminution de la perception des hauteurs, une impression de dissonance, et la genèse d'un timbre spécifique. Depuis la fin des années 50, ils forment un élément essentiel de la composition contemporaine.

CLUSTINE (Ivan), danseur, chorégraphe et maître de ballet russe (Moscou 1862-Nice 1941). Venu de Russie, il fut premier danseur et maître de ballet au théâtre de l'Opéra de Monte-Carlo (1906), maître de ballet et chorégraphe à l'Opéra de Paris (1911-1914) puis chorégraphe attitré de la Compagnie Anna Pavlova (1914-1931). Il a notamment réglé *la Roussalka* (1911), *la Péri* (1912), *Suite de danses* (1913).

CLYDE, fl. d'Écosse, qui draine l'ouest des Lowlands, passe à Glasgow et rejoint le canal du Nord ; 170 km. — *L'estuaire* (ou *firth*) *de la Clyde* s'étend sur plus de 100 km.

CLYDEBANK, v. de Grande-Bretagne, en Écosse, sur la *Clyde,* près de Glasgow ; 49 000 hab. Matériel de forage pétrolier.

CLYDESDALE n. m. (de *Clydesdale,* n. pr.). Race de chevaux anglais, assez massive.

CLYMÉNIE n. f. (gr. *Klumenê,* n. pr.). Mollusque céphalopode fossile du dévonien, au siphon interne.

CLYPEASTER [-peastɛr] n. m. Grand oursin bilatéral aplati, des mers chaudes, très décoratif.

CLYSTÈRE n. m. (bas lat. *clyster, -eris,* du gr. *klustêr*). Lavement, injection pratiqués par le fondement.

CLYTE n. m. (gr. *klutos,* célèbre). Joli capricorne allongé, à livrée sombre, dont les larves creusent leurs galeries sous l'écorce des arbres abattus ou dans les bois ouvrés non résineux.

Clytemnestra, modern dance work ; tragédie chorégraphique inspirée de *l'Orestie* d'Eschyle. Chorégr. et cost. de Martha Graham ; mus. de Halim El-Dabh. Création mondiale à New York (1958) par la Martha Graham Dance Company. Ce fut le premier grand ouvrage de modern dance.

CLYTEMNESTRE, fille de Tyndare, roi mythique de Sparte, et de Léda ; sœur d'Hélène, de Castor et de Pollux ; épouse d'Agamemnon, mère d'Oreste, Électre et Iphigénie. Irritée du sacrifice d'Iphigénie, elle noua, pendant la guerre de Troie, une liaison adultère avec Égisthe. Quand Agamemnon revint, Clytemnestre et Égisthe l'égorgèrent ; ils furent tués, sept ans plus tard, par Oreste.

CLYTRE n. m. (gr. *kleithron,* clôture). Insecte coléoptère cylindrique, aux couleurs vives, dont la larve se fait, de ses excréments, un fourreau protecteur portatif.

Cm, symbole chimique du *curium.*

C. M., abrév. de COURS MOYEN*. (*C. M. 1, C. M. 2,* cours moyen première année, deuxième année.)

C. M. P. P., abrév. de CENTRE MÉDICO-PSYCHO PÉDAGOGIQUE.

C. N. A. C. G. -P., sigle de CENTRE* NATIONAL D'ART ET DE CULTURE GEORGES-POMPIDOU.

C. N. A. M., sigle de CONSERVATOIRE NATIONAL DES ARTS* ET MÉTIERS.

C. N. C., sigle de CENTRE NATIONAL DE LA CINÉMATOGRAPHIE*.

C. N. C. L., sigle de COMMISSION NATIONALE DE LA COMMUNICATION* ET DES LIBERTÉS.

CNÉMIDE n. f. (gr. *knêmis, -idos,* de *knêmê,* jambe). Jambière des soldats grecs de l'Antiquité.

CNEORUM [kneɔrɔm] n. m. (gr. *kneôron,* laurier). Arbuste méditerranéen à feuilles persistantes gris-vert, à fleurs jaunes.

C. N. E. S., sigle de CENTRE NATIONAL D'ÉTUDES SPATIALES*.

CNEXO, sigle de CENTRE NATIONAL POUR L'EXPLOITATION DES OCÉANS, organisme qui a cédé la place à l'IFREMER.

CNIDAIRE n. m. (gr. *knidê,* ortie). Animal aquatique à symétrie axiale d'ordre 6 ou 8, à système digestif en forme de sac, et possédant des cellules urticantes ou cnidoblastes, tel que l'hydre, l'anémone de mer, les méduses, le corail, les polypiers constructeurs, etc. (Les *cnidaires* forment un embranchement.) [Syn. CŒLENTÉRÉ.]
ENCYCL. Les cnidaires, animaux très primitifs, n'ont aucun organe intercalé entre l'épiderme et la paroi digestive : ils sont diploblastiques. Leur orifice digestif, servant à la fois de bouche et d'anus, est entouré de tentacules. Le cycle reproductif typique fait alterner une phase fixée ou polype et une phase nageuse et reproductrice ou méduse, mais plusieurs groupes de cnidaires n'ont qu'une seule de ces deux formes. Les

cnidaires sont partagés en deux sous-embranchements : les hydrozoaires et les anthozoaires ou coralliaires.

CNIDE, en gr. **Knidos,** colonie dorienne d'Asie Mineure fondée sur la côte sud de la mer Égée. À proximité du cap Triopion où siégeait la ligue des cités doriennes, Cnide avait pour patronne la déesse Aphrodite, que Praxitèle représenta dans une statue célèbre. Vestiges antiques.

CNIDOBLASTE n. m. Cellule épidermique propre aux cnidaires et aux cnidosporidies et organisée pour injecter un venin aux proies et aux prédateurs. (Mortel pour les petits animaux, le venin est seulement urticant pour l'homme). [Syn. NÉMATOBLASTE.]

CNIDOCIL n. m. Cil du cnidoblaste.

CNIDOCYSTE n. m. Vacuole du cnidoblaste, contenant le venin et un filament, dont le déroulement, déclenché par le cnidocil, provoque l'injection du venin. (Syn. NÉMATOCYSTE.)

CNIDOSPORIDIE n. f. Protiste présentant une ou plusieurs capsules polaires très semblables au cnidocyste des cnidaires. (Les *cnidosporidies* forment un petit embranchement.)

C. N. I., sigle de CENTRE NATIONAL DES INDÉPENDANTS* et PAYSANS.

C. N. I. T., sigle de CENTRE NATIONAL DES INDUSTRIES ET DES TECHNIQUES, devenu en 1989 CENTRE DES NOUVELLES INDUSTRIES ET TECHNOLOGIES. (→ DÉFENSE [*quartier de la*].)

C. N. J. A., sigle de CENTRE NATIONAL DES JEUNES AGRICULTEURS*.

C. N. L., sigle de CENTRE NATIONAL DU LIVRE.

CNN (Cable News Network), chaîne américaine de télévision par câble. Créée en 1980, elle diffuse 24 h sur 24 un programme d'informations en continu dans plus de 90 pays.

CNOSSOS, en gr. **Knossós,** v. de Crète, dans la plaine du Kaíratos, à 5 km de la mer et du port d'Amnisós. Elle est connue par Homère comme la capitale du roi mythique Minos, qui donnera son nom à la civilisation minoenne*. Fouillé par Evans*, le site révèle une civilisation nouvelle de l'âge du bronze. Construit au bronze moyen, le premier palais disparut vers 1750 av. J.-C. ; il est reconstruit selon un plan canonique, plus complexe, ordonné autour de la cour centrale. Celle-ci avait une fonction religieuse importante, servant d'arène aux jeux tauromachiques connus par plusieurs peintures murales. La construction s'élève par endroits sur plusieurs étages et comprend : salles d'apparat, appartements royaux, escaliers monumentaux, puits de lumière, et magasins. Sanctuaire et centre économique, le palais engendra un vaste complexe urbain. L'ensemble palatial disparut vers le XVe s. av. J.-C., mais Cnossos resta l'une des rares cités organisées dans l'île à l'époque grecque avant de devenir colonie romaine.

C. N. P. F., sigle de CONSEIL NATIONAL DU PATRONAT* FRANÇAIS.

C. N. R., sigle de CONSEIL NATIONAL DE LA RÉSISTANCE*.

C. N. R. S., sigle de CENTRE NATIONAL DE LA RECHERCHE* SCIENTIFIQUE.

C. N. U. C. E. D., sigle de CONFÉRENCE DES NATIONS UNIES POUR LE COMMERCE ET LE DÉVELOPPEMENT*.

CNUT → KNUD.

Co., abrév. de l'angl. *Company,* compagnie.

Co, symbole chimique du *cobalt.*

C. O., abrév. de COMPTE OUVERT.

C/O, abrév. de l'expression angl. *care of,* signifiant « aux bons soins de », utilisée dans le libellé d'une adresse lorsque le destinataire est distinct de la personne qui les reçoit effectivement.

co-, préfixe, du lat. *cum,* avec, entrant dans la composition de nombreux mots où il indique l'association, la participation, la simultanéité : *coauteur, coexister,* etc.

COACCUSATION n. f. État de personnes accusées avec d'autres.

COACCUSÉ, E n. Personne accusée avec une ou plusieurs autres.

COACERVAT n. m. Phase ayant la viscosité la plus élevée lors de la coacervation.

COACERVATION n. f. (lat. *coacervatio, -onis,* groupement). Phénomène de séparation en deux phases de certaines solutions macromoléculaires. (L'une des phases, très fluide, ne renferme qu'une petite quantité de molécules à faible degré de polymérisation. L'autre, le coacervat, contient les macromolécules de degrés de polymérisation les plus élevés.)

COACERVER v. t. (lat. *coacervare,* mettre en tas) [conj. 3]. Produire la coacervation.
◆ v. i. Subir la coacervation.

COACÉTYLASE n. f. Syn. de COENZYME A.

1. COACH [kotʃ] n. m. (pl. *coaches*) [angl. *coach*]. Automobile fermée, à deux portes et à quatre glaces latérales, et dont les dossiers des deux sièges avant se rabattent pour permettre l'accès aux places arrière.

2. COACH [kotʃ] n. m. Entraîneur d'une équipe, d'un sportif de haut niveau.

COACHER [kotʃe] v. t. (conj. 3). Servir de coach à une équipe, un sportif.

COACQUÉREUR n. m. Personne qui fait une acquisition avec d'autres.

COACQUISITION n. f. Acquisition faite en commun par plusieurs personnes.

COADAPTATEUR, TRICE n. Personne qui fait avec une autre l'adaptation d'un texte pour le cinéma, le théâtre.

COADAPTATION n. f. Adaptation réciproque d'être vivants.

COADJUTEUR n. m. (lat. médiév. *coadjutor,* celui qui aide). Évêque adjoint à un autre évêque pour l'aider, avec ou sans future succession.

COADMINISTRATEUR, TRICE n. Personne qui administre avec d'autres.

COAGGLUTINATION n. f. Propriété que possède le sérum de certains malades d'agglutiner non seulement le microbe spécifique de la maladie en cause, mais encore certains microbes voisins.

COAGULABILITÉ n. f. Propriété de certaines substances de se coaguler.

COAGULABLE adj. Qui peut se coaguler : *L'albumine est coagulable.*

COAGULANT, E adj. et n. m. Qui a la propriété de coaguler : *La présure est un coagulant.*

COAGULASE n. f. Toute enzyme pouvant coaguler le fibrinogène.

COAGULATION n. f. (bas lat. *coagulatio -onis*). **1.** Passage du sang de son état liquide à un état gélifié (transformation sol-gel). [→ *encycl.*] – **2.** Formation du gel de caséine lors du caillage du lait. – **3.** Séparation en deux phases d'un colloïde ou d'une solution de polymères, induite par des traitements physiques ou chimiques. (Il y a coagulation dans une suspension colloïdale lorsque les particules s'attirent et se soudent l'une à l'autre ; les molécules biologiques en solution sont dénaturées par l'agent coagulant, avant de s'associer et de précipiter.)
ENCYCL. **Physiol.** La coagulation du sang est due à la conversion du fibrinogène plasmatique en fibrine insoluble qui se polymérise en un fin réseau dans lequel sont emprisonnés les cellules sanguines et le sérum. La transformation du fibrinogène en fibrine résulte de l'activité enzymatique de la thrombine, dont la formation est l'aboutissement de plusieurs réactions enzymatiques. Chacun des facteurs indispensables au mécanisme de la coagulation est désigné par un numéro en chiffres romains : I, fibrinogène ; II, prothrombine ; III, facteur tissulaire ; IV, calcium ; V, proaccélérine ; VI, non attribué ; VII, proconvertine ; VIII, facteur antihémophilique A ; IX, facteur antihémophilique B ; X, facteur Stuart ; XI, plasma thromboplastin antécédent ou PTA ; XII, facteur Hageman ; XIII, facteur stabilisant de la fibrine.

COAGULER v. t. (lat. *coagulare,* réunir) [conj. 3]. Agir sur une solution colloïdale de manière à la séparer irréversiblement en deux phases.
◆ v. i. ou **se coaguler** v. pr., **être coagulé** v. pass. Se former en caillot.

COAGULUM [-lɔm] n. m. (pl. *coagula* ou *coagulums*) [lat. *coagulum,* présure]. Syn. de CAILLOT.

COAHUILA, État du nord du Mexique ; 151 571 km² ; 1 558 000 hab. Cap. *Saltillo.*

COALESCENCE [-lesɑ̃s] n. f. (lat. *coalescere,* s'unir). **1.** Réunion, fusion d'éléments qui sont en contact. – **2.** Soudure normale de deux organes végétaux de nature différente qui se sont développés au contact l'un de l'autre, par exemple un pétale et une étamine. – **3.** Union des granules d'une suspension colloïdale ou des gouttelettes d'une émulsion. – **4.** Concentration, par traitement thermique, de la forme de certaines phases dans les constituants structuraux d'un acier. (Le traitement de coalescence est surtout destiné à améliorer l'usinabilité des aciers au carbone. Il vise à rassembler, sous forme de sphéroïdes, les particules de cémentite normalement réparties en lamelles dans la perlite.) – **5.** Fusion de deux unités phoniques contiguës en une seule. (Syn. CONTRACTION.)

COALESCENT, E [-lesɑ̃, -ɑ̃t] adj. Caractérisé par la coalescence de ses éléments.

COALISÉ, E n. Personne, pays, État qui unit ses forces à un autre contre un adversaire.

COALISER v. t. (de *coalition*) [conj. 3]. Unir, engager des personnes, des forces dans une coalition : *Il a coalisé tout le monde contre moi.*
◆ **se coaliser** v. pr., **être coalisé** v. pass. Former une coalition.

COALITION n. f. (angl. *coalition,* du lat. *coalescere,* s'unir, se lier). **1.** Alliance militaire et politique conclue entre plusieurs nations contre un adversaire commun. – **2.** Entente conclue entre divers partis ou en vue d'une élection, en régime parlementaire, pour constituer une majorité destinée à soutenir un gouvernement où seront représentées les diverses tendances la composant. – **3.** Ensemble des forces unies contre un adversaire commun : *Faire face à une coalition d'intérêts.* – **4.** Réunion de membres d'une même profession en vue d'un arrêt collectif du travail.
ENCYCL. Sous Louis XIV, trois coalitions européennes se formèrent contre la France, réflexes de défense face aux ambitions de Louis XIV qui prétendait à l'hégémonie sur l'Europe. La *première coalition* se noua en 1673-74, après l'invasion des provinces néerlandaises par les armées françaises pendant la guerre de Hollande* : elle

rassembla les Provinces-Unis, l'Empire, l'Espagne, la Lorraine et le Danemark. La *deuxième coalition* se forma par suite de la politique des réunions et de provocations menée par Louis XIV de 1679 à 1688 : les Provinces-Unies, l'Angleterre, la Savoie s'allièrent en 1689-90 avec la ligue d'Augsbourg formée en 1686 par l'empereur, des princes allemands, l'Espagne et la Suède (→ *guerre de la ligue d'*AUGSBOURG). La *troisième coalition* ou *Grande Alliance de La Haye* (1701) fut provoquée par l'acceptation de Louis XIV du testament de Charles II d'Espagne en faveur du duc d'Anjou qui devint roi d'Espagne sous le nom de Philippe V : elle regroupa les Provinces-Unies, l'Angleterre, l'Empire, le Danemark et les princes allemands (→ *guerre de la* SUCCESSION D'ESPAGNE).

À l'époque de la Révolution et du premier Empire, sept coalitions se formèrent contre la France. La *première coalition* (1793-1797) était formée par l'Angleterre, la Russie, la Sardaigne, l'Espagne, Naples, la Prusse, l'Autriche, l'Empire, Bade, les deux Hesse, la Toscane et le Hanovre. D'abord vaincue (Neerwinden, 18 mars 1793), la France arrêta l'invasion à Hondschoote (6 et 8 sept.) et reprit l'offensive : Wattignies (16 oct.), Wissembourg (26 déc.), Fleurus (26 juin 1794). La signature des traités de Paris (1795), de Bâle et de La Haye (16 mai), la campagne victorieuse de Bonaparte en Italie et la signature par l'Autriche du traité de Campoformio (18 oct. 1797) disloquèrent la coalition ; seule l'Angleterre resta en lutte.

La *deuxième coalition* (1799-1802) groupa autour de l'Angleterre, les Deux-Siciles, la Turquie, la Russie et l'Autriche. Les victoires françaises de Zurich (sept. 1799), de Marengo (14 juin 1800) et de Hohenlinden (3 déc.) contraignirent l'Autriche à signer la paix de Lunéville (9 févr. 1801) et l'Angleterre celle d'Amiens (25 mars 1802).

La *troisième coalition* (1805) réunit l'Angleterre, la Russie et l'Autriche. Les succès français d'Ulm (20 oct.) et d'Austerlitz (2 déc.) aboutirent à la paix de Presbourg avec l'Autriche (26 déc.).

La *quatrième coalition* (1806-07) réunissant l'Angleterre, la Russie (battue à Eylau [8 févr. 1807] puis à Friedland [14 juin]) et la Prusse (vaincue à Iéna et Auerstedt [14 oct. 1806]) s'acheva par le traité de Tilsit (7-9 juill. 1807). L'Angleterre poursuivit la lutte.

La *cinquième coalition* (avr.-oct. 1809) qui allia l'Angleterre à l'Autriche fut disloquée par la défaite des coalisés à Wagram (5-6 juill.) et par la signature de la paix de Vienne (14 oct.).

La *sixième coalition* (1813-1814) groupa l'Angleterre, la Russie, la Prusse, l'Autriche et la Suède. La défaite en Allemagne (Leipzig, 16-19 oct.) et en France (1814) contraignit Napoléon Ier à abdiquer (6 avr. 1814).

La *septième coalition* (mars 1815), prolongement de la précédente, provoquée par le retour de l'île d'Elbe, se termina par la défaite de Waterloo (18 juin) et par le second traité de Paris (20 nov.) qui ramena la France en deçà des frontières de 1789.

COALTAR [koltar] n. m. (angl. *coal-tar,* de *coal,* charbon, et *tar,* goudron). Anc. appellation du goudron de houille.

COAPTATION n. f. (lat. ecclés. *coaptatio, -onis,* harmonie). **1.** Emboîtement parfait de deux organes qui se sont développés loin l'un de l'autre et n'ont donc pas pu se modeler l'un sur l'autre. Ex. : armures génitales mâle et femelle des coléoptères, la tête et les pattes antérieures des phasmes, etc. — **2.** Action de remettre en place les os luxés ou les fragments d'os fracturés.

COAPTEUR n. m. Instrument destiné à maintenir en place, après réduction, des fragments d'os fracturés.

COARBRE n. m. Ensemble des branches d'un réseau électrique non incluses dans un arbre choisi.

COARCTATION n. f. (lat. *coartatio, -onis,* action de serrer). **1.** Rétrécissement congénital d'un canal ou conduit naturel. — **2.** *Coarctation de l'aorte,* sténose congénitale de la région de la crosse aortique, en aval de l'artère sous-clavière gauche.

COARTICULATION n. f. Variabilité des réalisations des phonèmes en fonction du contexte phonétique et prosodique.

COASSEMENT n. m. Cri de la grenouille ou du crapaud.

COASSER v. i. (lat. *coaxare,* du gr. *koaks,* onomat.) [conj. **3**]. Crier, en parlant de la grenouille, du crapaud.

COASSOCIÉ, E n. Personne associée avec d'autres.

COASSURANCE n. f. Assurance assumée en commun par plusieurs assureurs.

COAST RANGES (« Chaînes côtières »), montagnes bordant la façade pacifique des États-Unis sur 2 200 km. Peu élevées (sauf dans les monts Olympic, Klamath, San Gabriel et San Bernardino), plus arrosées au N. (conifères) qu'au S. (chaparral), faiblement peuplées, elles sont coupées de quelques dépressions et entaillées par la faille de San Andreas.

COATI n. m. (mot tupi). Carnivore procyonidé arboricole d'Amérique du Sud, au museau allongé, à longue queue annelée, vivant en troupes, aisé à apprivoiser.

COATING [kotiɲ] n. m. (angl. *coating,* tissu pour pardessus). Étoffe de laine cardée, sorte de flanelle, d'origine anglaise.

COATLICUE, déesse aztèque de la Terre et des Fleurs et mère du dieu tribal Huitzilopochtli, enfanté miraculeusement.

COATZACOALCOS, anc. **Puerto México,** port du Mexique, sur la rive nord de l'isthme de Tehuantepec ; 128 000 hab. Terminal pétrolier. Raffinage.

COAUTEUR n. m. **1.** Auteur qui travaille ou a travaillé avec d'autres à un même ouvrage. – **2.** Individu qui participe, à titre principal, avec d'autres à une même infraction, en prenant part directement à l'exécution matérielle de celle-ci.

COAXIAL, E, AUX adj. **1.** Qui a le même axe qu'un autre corps. – **2.** Qui est constitué d'éléments concentriques. – **3.** Se dit d'une ligne de transmission constituée de deux conducteurs circulaires concentriques, séparés par un diélectrique le plus souvent en polyéthylène. (Les lignes coaxiales ne présentent que de faibles pertes et ont un rayonnement négligeable pour des fréquences allant jusqu'à quelques centaines de mégahertz. Elles constituent l'essentiel des lignes de télécommunication à moyenne et grande distance.) – **4.** *Hélices coaxiales,* hélices montées sur des arbres moteurs concentriques et tournant en sens inverse l'une de l'autre.

C. O. B., sigle de COMMISSION DES OPÉRATIONS DE BOURSE*.

COB n. m. (angl. *cob*). Race française de cheval lourd, apprécié pour sa viande.

COBALT n. m. (all. *Kobalt,* de *Kobold,* n. d'un gnome dans les légendes minières germaniques). **1.** Métal blanc, voisin du fer et du nickel. (Élément chimique de symbole Co.) [→ *encycl.*] – **2.** *Bleu de cobalt* ou simplement *cobalt,* bleu canard, bleu foncé. ‖ *Bombe au cobalt,* source scellée de ^{60}Co métallique filtré pour l'émission β et γ, utilisée en cobaltothérapie ; bombe thermonucléaire dont le corps est constitué par du cobalt ou par un métal susceptible de radioactivité indirecte.

Numéro atomique : 27
Masse atomique : 58,933
Masse volumique : 8,9 g/cm³
Température de fusion : 1 495 °C

ENCYCL. **Chim.** Isolé en 1735, le cobalt est un solide blanc d'argent, inaltérable à l'air froid, qui s'oxyde vers 300 °C et se dissout dans les acides forts. Ayant des solutions roses ou rouges, devenant bleues par chauffage, les sels de cobalt donnent avec la potasse un précipité bleu et sont utilisés dans l'industrie des colorants. Le cobalt forme un très grand nombre de complexes ammoniacaux ; les plus importants sont les *cobaltiammines,* dans lesquelles le cobalt est trivalent.
Des composés du cobalt apparaissent dans l'industrie des céramiques (colorants), en pétrochimie (catalyseurs) et en agroalimentaire. Il est aussi utilisé pour la production d'alliages pour aimants permanents, de superalliages réfractaires, d'aciers spéciaux.

COBALTAGE n. m. Action de recouvrir un métal d'une mince couche de cobalt pour le préserver de l'oxydation.

COBALTEUX adj. m. Se dit des composés du cobalt divalent.

COBALTIAMMINE n. f. Complexe ammoniacal du cobalt trivalent.

COBALTIFÈRE adj. Qui contient du cobalt.

COBALTINE ou **COBALTITE** n. f. Arséniosulfure naturel de cobalt, exploité comme minerai de cobalt.

COBALTIQUE adj. Se dit des composés du cobalt trivalent.

1. COBALTITE n. m. Sel M_2CoO_3, où M est un métal monovalent.

2. COBALTITE → COBALTINE.

COBALTOTHÉRAPIE ou **COBALTHÉRAPIE** n. f. Utilisation du rayonnement émis par le cobalt radioactif (bombe* au cobalt) dans le traitement de certaines tumeurs malignes.

COBAMIDE n. m. Noyau de la vitamine B12. (Syn. DIBENCOZIDE.)

COBAYE [kɔbaj] n. m. (tupi *sabuya,* par l'intermédiaire du port). **1.** Petit mammifère rongeur d'Amérique du Sud, creusant son terrier dans les prairies et n'en sortant que la nuit. (Le cobaye a été très utilisé pour les expériences de laboratoire, mais on tend à le remplacer par le rat ou la souris.) [Syn. COCHON D'INDE.] – **2.** *Fam.* Sujet d'expérience : *Servir de cobaye.*

COBBETT (William), homme politique et publiciste britannique (Farnham 1763-Guildford 1835). En 1802, il fonda le *Weekly Political Register.* Tory, il évolua vers le radicalisme, et son journal devint, à partir de 1806, l'organe radical le plus influent. Réclamant avec virulence des réformes politiques et sociales, il fut emprisonné (1810-1812), et dut s'exiler aux États-Unis (1817-1819). À son retour, il relança ses campagnes politiques, et fut élu député des Communes en 1832.

COBDEN (Richard), industriel, économiste et homme politique britannique (Dunford Farm, Heyshott, Sussex, 1804 - Londres 1865). Fervent partisan du libre-échange, il fut l'un des fondateurs de l'Anti-Corn-Law League (1838), et fit campagne contre le protectionnisme. Élu en 1841 aux Communes, il fut le principal artisan de l'abolition des lois protectionnistes en 1846-1851. Il négocia le traité de commerce franco-britannique de 1860, qui abaissait les barrières douanières entre les deux pays.

COBÉE n. m. (de *Cobo,* n. pr.). Jolie plante grimpante d'origine mexicaine, aux fleurs décoratives violemment colorées.

COBELLIGÉRANCE n. f. État de deux pays en guerre contre un ennemi commun.

COBELLIGÉRANT, E adj. et n. Se dit d'un pays en état de cobelligérance.

COBENZL (Ludwig), homme d'État autrichien (Bruxelles 1753-Vienne 1809). Signataire du traité de Campoformio (1797), vice-chancelier d'État et ministre des Affaires étrangères (1800-1805), il négocia le traité de Lunéville (1801).

COBERGHER → COEBERGHER.

COBIER n. m. (mot de l'Ouest). Dans les marais salants, bassin de première concentration, à plusieurs compartiments.

COBITIDÉ n. m. (gr. *kôbitis, -itidos,* sardine). Nom de famille de poissons des eaux douces, de forme allongée, munis de barbillons, tels que les loches.

COBLA n. f. (esp. *cobla*). En Catalogne, orchestre populaire utilisé pour interpréter la sardane.

COBLENCE, en all. **Koblenz,** v. d'Allemagne (Rhénanie-Palatinat), au confluent de la Moselle et du Rhin ; 114 000 hab. Églises médiévales. Centre administratif, commercial et industriel. Port fluvial.
— **Hist.** Ancien camp romain, Coblence fut réunie au Saint Empire en 978. Elle fut l'une des métropoles ecclésiastiques rhénanes. Point de ralliement des émigrés français en 1792, chef-lieu du département Rhin-et-Moselle de 1798 à 1813, elle fit partie de la Prusse en 1815. Elle fut le centre de la Haute-Commission interalliée de 1919 à 1929.

COBOL n. m. (sigle de la locution angl. *common business oriented language*). Langage de programmation évolué spécialisé pour l'écriture des programmes de gestion.

COBOURG n. m. (de *Cobourg,* n. pr.). Étoffe croisée d'un seul côté, à trame de laine mérinos peignée et à chaîne en soie grège ou en coton. (Syn. CACHEMIRE D'ÉCOSSE.)

COBOURG, en all. **Coburg,** v. d'Allemagne (Bavière), au pied du Thüringerwald ; 45 000 hab. Forteresse des ducs de Cobourg, principalement du XVIe s. (musée). Industries mécaniques et électriques.

COBRA n. m. (port. *cobra capello,* couleuvre-chapeau). Serpent venimeux protéroglyphe d'Afrique et d'Asie tel que le naja ou serpent à lunettes.

ENCYCL. Parmi la dizaine d'espèces de cobras, la plus connue est le « serpent à lunettes », qui peut aplatir et étaler son cou (capuchon), faisant apparaître un ornement en forme de lunettes. Le genre *naja* comprend aussi le cobra royal ou hamadryade, long de 6 m, très dangereux mais rare, le cobra égyptien, très agressif et le cobra noir des savanes. Dans un genre voisin, le cobra cracheur d'Afrique du Sud est capable de souffler sur ses proies une sorte d'aérosol venimeux qui les paralyse.

Cobra, mouvement artistique du XXe s., important malgré la brièveté de son existence organisée (1948-1951), formé par des artistes de Copenhague (A. Jorn), Bruxelles (le poète Christian Dotremont [1922-1979] puis Alechinsky) et Amsterdam (les peintres K. Appel, Constant [né en 1920], Corneille [né en 1922]). Issu des mouvances surréaliste et expressionniste, il met en avant une spontanéité et une liberté qui puisent aux sources des arts primitifs et populaires, de l'art brut ou des dessins d'enfants. Une créativité volontiers instinctive et gestuelle, une expressivité riche et colorée, un irrespect souvent plein d'humour caractérisent les œuvres qui en sont issues.

COBURN (Alvin Langdon), photographe américain (Boston 1882-Colwyn Bay, pays de Galles, 1966). Membre fondateur du groupe « Photo-Secession », il est surtout l'un des précurseurs de la photographie abstraite (*l'Octopus,* 1913 ; *les Toits de Paris,* 1917 ; série des « Vortographs », 1917).

1. COCA ou **COCAIER** n. m. (esp. *coca,* de l'aymara). Arbuste des Andes, dont les feuilles fournissent la cocaïne.
◆ **coca** n. f. Masticatoire à base des feuilles de cet arbuste, qui possède des propriétés stimulantes.

2. COCA n. m. inv. *Fam.* Abréviation de COCA-COLA.

COCA-COLA n. m. inv. (n. déposé). Boisson gazeuse fabriquée par Coca-Cola Company.

Coca-Cola Company, société américaine fondée en 1892 pour l'exploitation du Coca-Cola, inventé en 1886 par le pharmacien John Pemberton. Le groupe se classe parmi les premières entreprises alimentaires dans le monde.

COCAGNE n. f. (p.-ê. moyen fr. *cocagne,* pastel en pâte, de l'occitan *coucagno,* boule). **1.** Autref., fête populaire napolitaine au cours de laquelle on attrapait un morceau de viande dans un tas d'aliments symbolisant le Vésuve. — **2.** *Mât de cocagne,* mât glissant au sommet duquel sont suspendus divers objets qu'il faut aller décrocher pour les gagner. ‖ *Pays de cocagne,* pays imaginaire où l'on a tout en abondance et sans peine.

COCAI (Merlin) → FOLENGO (Teofilo).

COCAÏNE n. f. (de *coca 1*). Alcaloïde $C_{17}H_{21}NO_4$ que l'on extrait des feuilles de coca, anesthésique de surface et puissant stimulant du système nerveux central. (Elle est recherchée pour la stimulation intellectuelle qu'elle procure, mais elle engendre une dépendance psychique intense et la cocaïnomanie est cliniquement proche de la toxicomanie aux amphétamines.)

COCAÏNISATION n. f. Administration de cocaïne pour produire l'anesthésie.

COCAÏNOMANE n. Toxicomane à la cocaïne.

COCAÏNOMANIE ou **COCAÏNISME** n. f. Toxicomanie à la cocaïne.

COCANĀDA → KĀKINĀDA.

COCARBOXYLASE n. f. Syn. de PYROPHOSPHATE DE THIAMINE*.

COCARCINOGÈNE adj. et n. m. Qui favorise l'action d'un carcinogène.

COCARDE n. f. (moyen fr. *cocard,* sot, de *coq*). **1.** Insigne circulaire, le plus souvent aux couleurs nationales, ordinairement plissé et porté à la coiffure par les militaires ou par certains corps de fonctionnaires. — **2.** Enseigne aux couleurs nationales, reproduite sur un véhicule, sous les ailes et sur le fuselage des avions militaires, etc. — **3.** Dans certaines courses de vachettes, rosace qu'il s'agit de placer ou de retirer de la tête ou du cou de l'animal. — **4.** Ornement rond placé de chaque côté du frontal d'une bride. — **5.** Partie plane, en tôle, d'un signal ferroviaire mécanique, dont la forme et la couleur donnent aux agents de conduite les indications utiles. — **6.** Rosace de ruban, de perles ou de plumes, qu'on posait en garniture sur les chapeaux et vêtements féminins.

COCARDIER, ÈRE adj. et n. (de *cocarde*). Qui manifeste un patriotisme chauvin et étroit : *Des supporters cocardiers.*

COCASSE adj. (de *coquard,* vantard). *Fam.* Qui est plaisant, drôle, d'un comique qui surprend ; bouffon : *Histoire cocasse.*

COCASSERIE n. f. Caractère de qqn ou de qqch qui est cocasse, d'une drôlerie peu ordinaire.

COCCI n. m. pl. Pluriel de COCCUS.

COCCIDÉ n. m. Nom de famille des cochenilles.

COCCIDIE n. f. Protozoaire parasite des viscères abdominaux, au cycle reproductif complexe.

COCCIDIOÏDOMYCOSE n. f. Mycose viscérale due à *Coccidioïdes immitis* (adélomycètes, hyphomycètes), fréquente dans le milieu semi-désertique du sud-ouest des États-Unis, au Venezuela et en Argentine, sporadique ailleurs dans le monde.

ENCYCL. On distingue la coccidioïdomycose primaire à symptomatologie pulmonaire, d'évolution bénigne, et la forme disséminée, granulomateuse, dont l'évolution est sévère du fait des localisations cérébro-méningées qui peuvent entraîner la mort en l'absence de traitement.

COCCIDIOSE [kɔksi-] n. f. Maladie parasitaire touchant principalement les animaux d'élevage, provoquée par diverses espèces de coccidies vivant dans les cellules de l'épithélium intestinal, surtout dangereuse dans les élevages intensifs de volaille.

COCCINELLE [kɔksi-] n. f. (lat. sc. *coccinella,* du bas lat. *coccinus,* écarlate). Petit coléoptère de forme hémisphérique, aux élytres rouges ou jaunes ornés de quelques grosses taches noires, très commun dans les jardins, prédateur des pucerons, utile à l'agriculture. (N. usuel *bête à bon Dieu.*)

COCCIOLI (Carlo), écrivain italien (Livourne 1920). Romancier mystique, il a évolué entre l'angoisse des générations modernes et sa foi en l'homme (*Mémoires du roi David,* 1976).

COCCOBACILLE n. m. Petit bacille court, de forme ovalaire. (Les bacilles typhique et paratyphiques, le colibacille ont parfois un aspect de coccobacille.)

COCCOLITHE ou **COCCOLITE** n. f. Plaque calcaire enveloppant les coccolithophores.

COCCOLITHOPHORE n. f. Algue chrysophycée unicellulaire de haute mer, très abondante au large de certains estuaires (Sénégal) et caractérisée par les écailles microscopiques ou coccolithes qui la recouvrent. (Les coccolithes du crétacé sont à l'origine des parties calcaires de la craie.)

COCCOLOBA n. m. Arbre des Antilles, dont certaines espèces fournissent un bois rouge, très dur et imputrescible, et dont les fruits évoquent le raisin. (N. usuel *raisinier.*)

COCCUS [kɔkys] n. m. (pl. *cocci*) [lat. *coccum,* grain, du gr. *kokkos*]. Bactérie de forme arrondie. (Les cocci peuvent être isolés ou bien groupés en forme de grappes de raisin [staphylocoques], en chaînettes [streptocoques], ou accolés par deux [diplocoques]. (Syn. COQUE.)

COCCYGIEN, ENNE [kɔksi-] adj. Qui a rapport au coccyx.

COCCYGODYNIE [kɔksi-] n. f. Douleur localisée du coccyx, due à une névralgie des branches postérieures des nerfs sacrés ou à une lésion du coccyx.

COCCYX [kɔksis] n. m. (gr. *kokkuks, -ugos*). Pièce osseuse, aplatie d'avant en arrière, triangulaire, constituant la partie terminale de la colonne vertébrale et s'articulant avec la partie inférieure du sacrum. (Le coccyx est constitué par la réunion des quatre à six dernières vertèbres atrophiées.)

COCHABAMBA, v. de Bolivie, ch.-l. de dép., dans un bassin de la Cordillère orientale, à plus de 2 500 m d'alt. ; 204 000 hab. Noyau d'époque coloniale. Centre commercial (coca) et industriel (raffinerie de pétrole).

1. COCHE n. m. (hongr. *kocsi,* de *Kocs,* n. pr.). 1. Sorte de chariot pour le service des voyageurs. (C'est l'ancêtre de la diligence.) — 2. Fam. *Manquer, rater, louper le coche,* perdre une occasion favorable. ‖ Fam. *Mouche du coche,* personne qui montre un zèle excessif et inutile.

2. COCHE n. m. (anc. frison **kogge,* ou bas lat. *caudica,* sorte de bateau). *Coche d'eau,* bateau à voyageurs qui naviguait sur les cours d'eau, remorqué par des chevaux circulant sur le chemin de halage.

3. COCHE n. f. (p.-ê. lat. pop. **cocca*). 1. *Vx.* Entaille, marque destinée à servir de repère. — 2. Entaille faite à la partie inférieure de la flèche, pour qu'elle tienne sur la corde de l'arc bandé. (Syn. ENCOCHE.)

4. COCHE n. f. (de *cochon*). Nom donné à la truie après la première mise bas.

Coche *(la),* aménagement hydroélectrique du bassin de l'Isère, en Savoie, au S.-E. d'Albertville.

COCHENILLE n. f. (esp. *cochinilla*). 1. Insecte homoptère caractérisé par son extrême dimorphisme sexuel. — 2. Autre nom de la *grenadille.*
ENCYCL. Le mâle est ailé et minuscule ; la femelle, aptère, vit fixée sur une plante dont elle suce la sève en compagnie des larves ; les œufs sont protégés soit par une coque cireuse recouvrant toute la ponte, soit par le cadavre durci de la mère. Certaines cochenilles fournissent des produits utiles : carmin (cochenille du nopal), laque, manne, mais la plupart des espèces sont gravement nuisibles aux plantes cultivées (olivier, figuier, oranger, etc.). On combat ces insectes à l'aide de coccinelles, leurs prédateurs naturels.

COCHENILLIER n. m. Nom usuel du *nopal.*

COCHENILLINE n. f. Syn. de ACIDE CARMINIQUE*.

1. COCHER n. m. (de *coche 1*). 1. Conducteur d'une voiture à cheval : *Cocher de fiacre.* — 2. Vx. *Fouette cocher !,* hardi donc !, en avant !, que rien ne nous arrête.

2. COCHER v. t. (de *coche 3*) [conj. 3]. Marquer d'un trait, d'un repère : *Cocher un nom sur une liste.*

COCHER (en lat. *Auriga, -ae*), constellation boréale, dont les principales étoiles dessinent un pentagone avec l'étoile β du Taureau *(El Nath),* au S.

CÔCHER v. t. (lat. *calcare,* fouler) [conj. 3]. En parlant des oiseaux de basse-cour, couvrir la femelle.

COCHÈRE adj. f. (de *coche 1*). *Porte cochère,* grande porte permettant le passage des voitures dans la cour d'une maison.

COCHEREAU (Pierre), organiste français (Saint-Mandé 1924 - Lyon 1984). Titulaire des grandes orgues de Notre-Dame de Paris (1955), directeur du Conservatoire national supérieur de Lyon (à partir de 1979), il poursuivit une carrière de virtuose.

COCHEREL, hameau de la commune d'Houlbec-Cocherel (Eure). En 1364, pendant la guerre de Cent Ans, Du Guesclin y battit les Anglais et les troupes de Charles le Mauvais.

COCHEREN (57800), comm. de la Moselle, à 5 km à l'E. de Freyming-Merlebach ; 3 430 hab. Houille.

COCHET n. m. (de *coq*). Jeune coq.

COCHET (Gabriel), général d'aviation français (Saumur 1888-Perpignan 1973). Général en avr. 1940, entré dans la Résistance dès l'armistice, arrêté deux fois, deux fois évadé, il rejoignit l'Angleterre, où il dirigea l'état-major français chargé de la préparation du débarquement. Chef des services spéciaux à Alger (1943), il fonda en 1948 le « Comité d'action de la Résistance ».

COCHET (Henri), joueur français de tennis (Villeurbanne 1901 - Saint-Germain-en-Laye 1987). Classé premier joueur du monde de 1926 à 1931, deux fois vainqueur à Wimbledon, il a fait partie de l'équipe des *mousquetaires**.

COCHETTE n. f. (de *coche 4*). Jeune truie avant la première mise bas.

COCHEVIS [kɔʃvi] n. m. Alouette de l'Ancien Monde, à huppe longue, granivore, nidifiant au sol.

COCHIN, v. de l'Inde (Kerala), principal port de la côte de Malabār ; 636 000 hab. Anc. comptoir portugais (1502-1663), puis hollandais (1663-1795). Port, centre touristique et industriel (chantiers navals, raffinerie de pétrole, chimie, aluminium, textile).

COCHIN, graveurs français des XVIIe et XVIIIe s., dont les principaux sont : CHARLES NICOLAS, dit *le Père* (Paris 1688 - *id.* 1754), un des meilleurs graveurs de reproductions de son siècle. — Son fils Charles Nicolas, dit *le Fils* (Paris 1715 - *id.* 1790), dessinateur des Menus-Plaisirs (fêtes et cérémonies de la Cour) de 1739 à 1749, auteur de nombreuses illustrations et vignettes gravées. Ce dernier, par son rôle de secrétaire de l'Académie (1755) et ses fonctions dans l'administration des arts, a grandement contribué à imposer, contre le goût rocaille, le classicisme du style « Louis XVI ».

COCHIN (Augustin), administrateur français (Paris 1823-Versailles 1872). Maire du Xe arrond. de Paris (1853), préfet de la Seine-et-Oise (1871), il anima de nombreuses sociétés charitables et fut l'un des leaders du catholicisme social. Il a laissé de nombreux ouvrages d'histoire sociale. – Son fils Denys (Paris 1851 - *id.* 1922), député de Paris (1893-1919), monarchiste libéral, fit partie des cabinets Briand (1915-16) et Ribot (1917). [Acad. fr., 1911.] – Augustin (Paris 1876 - Hardecourt 1916), fils du précédent, spécialiste de l'histoire de la Révolution française et de ses origines intellectuelles, a notamment laissé *les Sociétés de pensée et la Révolution en Bretagne* (1925).

COCHINCHINE ou **NAM BÔ,** partie méridionale du Viêt-nam. L'essentiel de la Cochinchine est une plaine alluviale drainée par le Mékong qui se termine par un delta. C'est une zone de riziculture pluviale encore peu intensive. La densité de la population (100 hab. par km²) environ) y est très inférieure à celle du Tonkin et des plaines de l'Annam.
– **Hist.** Occupée par la France de 1859 à 1867, colonie entrée dans l'Union indochinoise en 1887, la Cochinchine fut rattachée au Viêt-nam en 1949.

COCHINCHINOIS, E adj. et n. **1.** De Cochinchine. – **2.** *Poule cochinchinoise,* race de poules originaire de la Chine, de grande taille, utilisée dans les croisements destinés à la production du poulet de chair.

COCHISE, chef apache de la tribu des Chiricahuas (1812-1874). Avec Geronimo, il unifia la nation apache et l'organisa pour résister au harcèlement des Blancs. En 1856, il signa un traité de paix qui donna une réserve aux Chiricahuas.

1. COCHLÉAIRE [-kle-] adj. **1.** Qui se rapporte à la cochlée. – **2.** *Canal cochléaire,* diverticule endolymphatique du saccule, qui pénètre dans la rampe vestibulaire du limaçon et contient l'organe auditif. ‖ *Nerf cochléaire,* nerf purement sensoriel constituant avec le nerf vestibulaire la VIIIe paire de nerfs crâniens ou nerf auditif. (Les fibres du nerf cochléaire naissent du ganglion de Corti dans la cochlée avec les fibres vestibulaire pour former le nef auditif, et se terminent dans les noyaux cochléaires.) ‖ *Noyaux cochléaires,* noyaux cellulaires situés au niveau de la protubérance annulaire, et lieu de terminaison du nerf cochléaire. (De ces noyaux partent des fibres ascendantes vers le cortex auditif.) ‖ *Organe cochléaire,* syn. de cochlée.

2. COCHLÉAIRE [-kle-] n. f. ou **COCHLÉARIA** n. m. [-kle-] (lat. sc. *cochlearia,* de *cochlear,* cuiller). Nom générique du *cranson* et du *raifort.*

COCHLÉE [kɔkle] n. f. (gr. *kokhlis,* limaçon). Portion du labyrinthe (oreille interne), enroulée en spirale chez les mammifères et renfermant l'organe auditif proprement dit (organe de Corti). [Chez les reptiles et les oiseaux, la cochlée est courte et rectiligne.] (Syn. limaçon, organe cochléaire.)

COCHLIDE [kɔklid] adj. f. *Colonne cochlide,* colonne dont le fût contient un escalier à vis. (Cas de la plupart des grandes colonnes monumentales.)

1. COCHON n. m. (p.-ê. onomat. exprimant le cri du cochon). **1.** Syn. de porc. – **2.** *Fam.* Viande de porc. – **3.** Sanglier, dans la terminologie cynégétique. – **4.** Fam. *Amis, copains comme cochons,* vivant dans une extrême familiarité, très amis. ‖ Fam. *C'est donner des confitures à un cochon,* c'est faire un cadeau à qqn qui ne sait pas l'apprécier à sa valeur. ‖ *Cochon de lait,* jeune porc abattu précocement en vue de la consommation. ‖ *Cochon d'eau,* cabiai. ‖ *Cochon d'Inde,* cobaye. ‖ *Cochon de mer,* humantin. ‖ *Cochon de terre,* oryctérope. ‖ Fam. *Comme un cochon,* très salement. ‖ Fam. *De cochon,* très mauvais, très désagréable : *Caractère de cochon.* ‖ Fam. *Le cochon qui sommeille,* les instincts sexuels. ‖ Fam. *Mon cochon !,* appellation admirative devant une certaine audace. ‖ Fam. *N'avoir pas gardé les cochons avec qqn,* être par rapport à lui dans une situation qui n'autorise pas des familiarités. ‖ Fam. *Tête de cochon,* personne qui a mauvais caractère et qui est très têtue. ‖ Fam. *Tour de cochon,* action méchante commise au préjudice de qqn. ‖ Fam. *Un cochon n'y retrouverait pas ses petits,* c'est le plus grand désordre.

2. COCHON, ONNE adj. et n. (de *cochon 1*). *Fam.* **1.** Qui est malpropre, sale, dégoûtant, grossier (souvent terme d'injure). – **2.** Qui est égrillard, obscène : *Tais-toi, vieux cochon !* – **3.** Qui est malfaisant, déloyal : *Ce cochon, il a mangé tout le gâteau.* – **4.** Chose très mauvaise : *Un cochon de temps.*
◆ adj. **1.** *Fam.* Égrillard, licencieux, pornographique : *Un spectacle cochon.* – **2.** Pop. *Ce n'est pas cochon,* marque l'admiration ; c'est beau, bon.

COCHONCETÉ n. f. *Fam.* Indécence ; parole, action obscène, cochonnerie.

COCHON DE LAPPARENT → LAPPARENT.

COCHONNAILLE n. f. *Fam.* Viande de cochon diversement apprêtée ; charcuterie.

COCHONNER v. t. (conj. 3). *Fam.* **1.** Faire salement, grossièrement qqch, une action : *Le plombier a cochonné l'installation.* – **2.** Salir, abîmer : *Cochonner ses vêtements en s'asseyant dans l'herbe.* ◆ v. i. Mettre bas, en parlant de la truie.

COCHONNERIE n. f. *Pop.* **1.** Malpropreté digne du cochon : *Être d'une cochonnerie incroyable.* – **2.** Toute chose de mauvaise qualité : *Se nourrir de cochonneries.* – **3.** Objet sans valeur, sans solidité : *Cet appareil est une cochonnerie, il est toujours en panne.* – **4.** Tout ce qui est désagréable, gênant : *Cette cochonnerie de brouillard.* – **5.** Parole, action obscène : *Dire des cochonneries.* – **6.** Action déloyale : *Il m'a fait une cochonnerie dont je me souviendrai.*

COCHONNET n. m. **2.** *Fam.* Jeune porc. – **2.** Boule plus petite que les autres, et qui sert de but dans le jeu de boules ; le jeu de boules lui-même.

COCHONS *(baie des),* en esp. **bahía de Cochinos,** baie de la côte sud de Cuba (prov. de Las Villas). Le 17 avr. 1961 y eut lieu une tentative manquée de débarquement, effectuée avec l'aide des États-Unis, par des Cubains hostiles au régime de Fidel Castro.

COCHRAN (Jacqueline), aviatrice américaine (Pensacola, Floride, 1907 ? - Indio, Californie, 1980). Elle établit de nombreux records féminins de vitesse, d'altitude et de distance. Elle fut la première femme pilote à franchir le mur du son, le 18 mai 1953.

COCHYLIS [-kilis] n. f. (lat. sc. *cochylis,* du gr. *konkhulion,* coquille). Petite tordeuse (lépidoptère) à ailes supérieures bandées de brun, dont une espèce, la teigne de la grappe, est très nuisible à la vigne.

COCKCROFT (*sir* John Douglas), physicien britannique (Todmorden, Yorkshire, 1897-Cambridge 1967). Avec E. T. S. Walton, il utilisa pour la première fois des particules artificiellement accélérées en vue de la transmutation des atomes (1932). Pendant la Seconde Guerre mondiale, il prit une part active au développement du radar et aux travaux de réalisation de l'explosif nucléaire. Dès 1944, il développa en Angleterre la production d'énergie nucléaire. (Prix Nobel de physique 1951.)

COCKER [-kɛr] n. m. (angl. *cocker,* de *cocking,* chasse à la bécasse). Petit chien de chasse et d'agrément d'origine anglaise à fourrure longue et soyeuse, à oreilles pendantes.

COCKERELL (Charles Robert), architecte britannique (Londres 1788 - *id.* 1863), représentant majeur du classicisme éclectique dans son pays, marqué par l'Antiquité grecque et par le maniérisme italien (Ashmolean Museum d'Oxford, 1840).

COCKERILL (John), ingénieur et industriel belge, d'origine britannique (Haslington, Lancashire, 1790 - Varsovie 1840). Il développa la fabrique de machines établie à Liège en 1807 par son père William Cockerill, lui donnant une très grande extension.

COCKNEY [kɔknɛ] adj. et n. (angl. *cockney,* de l'anc. angl. *cocken-ey,* œuf de coq). **1.** Londonien de l'East End, caractérisé par son langage populaire. – **2.** Se dit de cette variété d'anglais populaire : *Accent cockney.*

COCKPIT [kɔkpit] n. m. (angl. *cockpit,* de *cock,* coq, et *pit,* trou). **1.** Emplacement réservé à l'équipage de vol d'un avion. – **2.** Emplacement situé à l'arrière d'un bateau de plaisance, où se tient le barreur.

COCKTAIL [kɔktɛl] n. m. (angl. *cocktail*). **1.** Boisson constituée d'un mélange de liqueurs, d'alcools, de sirops et d'aromates. – **2.** Réception mondaine avec buffet. – **3.** Mélange de choses diverses : *Un cocktail de musique et de danse.* – **4.** *Cocktail Molotov,* bouteille explosive à base d'essence.

1. COCO n. m. **1.** Fruit du cocotier, plus souvent appelé *noix de coco,* parfois grosse comme une tête humaine, contenant un endocarpe ligneux difficile à casser et qui enveloppe l'amande. (Celle-ci fournit une pulpe blanche et sucrée.) – **2.** Fibre textile constituée par l'enveloppe de la noix de coco, utilisée pour faire des tapis grossiers et résistants. (Syn. COIR.) – **3.** Boisson rafraîchissante faite de bois de réglisse macéré dans de l'eau, et de citron. – **4.** *Eau de coco,* partie liquide du fruit mûr. ‖ *Huile de coco,* huile extraite de l'albumen séché du fruit (coprah) et incorporée aux margarines. ‖ *Lait de coco,* partie liquide du fruit non mûr, plus lactescente et plus sucrée que l'eau de coco.

2. COCO n. m. (onomat., d'apr. le cri de la poule). **1.** Œuf, dans le langage enfantin. – **2.** *Fam.* Individu, le plus souvent bizarre ou suspect : *C'est un drôle de coco !* – **3.** Appellatif familier, nom amical que l'on donne à un garçon. – **4.** Variété de haricot à grain sphérique ou légèrement ovoïde.

3. COCO n. f. *Pop.* et *vx.* Cocaïne.

4. COCO adj. et n. Abrév. pop. et péjor. de COMMUNISTE.

COCOBOLO n. m. Arbre d'Amérique tropicale du genre *dalbergia,* du groupe des palissandres.

COCON n. m. (provenç. *coucoun,* de *coco,* coque). 1. Enveloppe souple entourant un animal ou un groupe d'animaux (chrysalide du ver à soie, araignées, poissons dipneustes), pendant une phase inactive de leur cycle reproductif ; œuf, nymphe ou adulte en repos saisonnier. – 2. *Être élevé dans un cocon,* à l'abri des difficultés de l'existence. ‖ *S'enfermer, se retirer dans son cocon,* vivre à l'écart.

COCONISATION n. f. Procédé de protection de matériel ou de marchandises, par formation d'une enveloppe de fibres thermoplastiques projetées à froid et enrobant l'ensemble de la pièce.

COCONNAGE n. m. Travail du ver à soie qui file son cocon. (Celui-ci est ordinairement achevé en trois jours.)

COCONNAT ou **COCONAS** (Annibal, *comte* DE), gentilhomme piémontais (v. 1535-Paris 1574). Fait capitaine des gardes par le duc d'Anjou (futur Henri III), il ourdit avec La Mole un complot en faveur de François, duc d'Alençon (1574). Dénoncé, il fut décapité avec son complice en place de Grève (30 avr. 1574). La Mole et Coconnat ont inspiré A. Dumas dans *la Reine Margot.*

COCONNIÈRE n. f. Local de stockage des cocons de ver à soie, au lieu d'étouffage ou à l'usine des filatures.

COCONTRACTANT, E adj. et n. Se dit de qqn qui est partie à un contrat.

COCORICO n. m. (onomat.). 1. Cri du coq. – 2. *Fam.* Symbole du chauvinisme français, manifestation d'un patriotisme étroit.

COCOS, dorsale océanique du Pacifique oriental et plaque lithosphérique

COCOS *(îles)* ou **KEELING,** petit archipel de l'océan Indien, situé à 3 000 km environ au N.-O. de l'Australie, dont il dépend depuis 1955 et à laquelle il est intégré en 1984 ; 14 km^2 ; 550 hab. Coprah. Découvert en 1609 par William Keeling l'archipel fut annexé par la Grande-Bretagne en 1857.

COCOTERAIE n. f. Lieu planté de cocotiers.

COCOTIER n. m. 1. Palmier des rivages tropicaux, au tronc relativement frêle, pouvant atteindre 25 m de haut, dont le fruit comestible est la noix de coco. – 2. Fam. *Grimper au cocotier,* se mettre rapidement en colère. ‖ Fam. *Secouer le cocotier,* enlever les moyens d'existence, leur position sociale aux gens âgés afin de ne plus les avoir à charge ou de prendre leur place.

ENCYCL. Du cocotier on utilise le fruit, le bois, le bourgeon terminal comestible, les feuilles textiles. Les spathes florales fournissent un suc qui, par fermentation, donne un vin de palme, le *toddy.*

1. COCOTTE n. f. (onomat. d'apr. le cri de la poule). 1. Nom que les enfants donnent à la poule. – 2. *Fam.* Carré de papier plié de façon à lui donner quelque ressemblance avec une poule. – 3. Appellatif familier, terme affectueux, adressé à une femme, à une petite fille. – 4. Terme affectueux adressé à un cheval : *Hue, cocotte !* – 5. *Fam.* et *vx.* Femme entretenue ; demi-mondaine. – 6. Nom usuel de la *fièvre aphteuse.* – 7. Pop. *Sentir, puer la cocotte,* un parfum bon marché, de qualité très médiocre.

2. COCOTTE n. f. (p.-ê. var. du moyen fr. *coquasse,* marmite, de *coquenar*). 1. Récipient à couvercle, fabriqué dans un matériau emmagasinant bien la chaleur pour permettre les cuissons prolongées. – 2. *Œuf (en) cocotte,* œuf cuit à feu doux de façon à coaguler le blanc en conservant le jaune liquide.

COCOTTE-MINUTE n. f. (n. déposé) [pl. *Cocottes-Minute*]. Type d'autocuiseur.

COCOTTER v. i. (de *sentir la cocotte*) [conj. 3]. *Pop.* Puer.

COCRÉANCIER, ÈRE n. Personne qui a, avec d'autres, une créance sur un débiteur.

COCTEAU (Jean), écrivain et cinéaste français (Maisons-Laffitte 1889 - Milly-la-Forêt 1963). Un moment lié aux dadaïstes (*les Mariés de la tour Eiffel,* 1924), il est de toutes les avant-gardes et de toutes les évasions. Du feu d'artifice de la prime jeunesse (*Plain-Chant,* 1923) aux interrogations de la maturité (*Requiem,* 1962), c'est une même « difficulté d'être » qui est au centre de son œuvre. Ses romans (*le Potomak,* 1919 ; *Thomas l'Imposteur,* 1923 ; *les Enfants* terribles,* 1929), aussi bien que son théâtre (*la Machine infernale,* 1934 ; *les Parents terribles,* 1938) sont marqués par la poésie. Cinéaste (*le Sang d'un poète,* 1930 ; *l'Éternel Retour,* 1943 ; *la Belle et la Bête,* 1946 ; *Orphée,* 1950 ; *le Testament d'Orphée,* 1959), dessinateur, peintre (chapelles à Villefranche-sur-Mer, Milly-la-Forêt), ses créations sont autant de « projections » qui éclairent une époque et la transforment, en lui donnant l'occasion de regarder sans cesse « ailleurs ». (Acad. fr., 1955.)

COCTION n. f. (lat. *coctio*). *Période de coction,* période d'une inflammation où les humeurs peuvent être expulsées.

COCU, E adj. et n. (de *coucou,* la femelle de cet oiseau ayant une réputation d'infidélité). *Fam.* 1. Dont le conjoint ou le partenaire est infidèle. – 2. Qui est dupé, trompé : *Dans toute cette histoire, tu as été le cocu, le pigeon.* – 3. *Avoir une chance, une veine de cocu, être cocu,* être très chanceux.

COCUAGE n. m. *Fam.* État de cocu.

COCUFIER v. t. (conj. 9). *Fam.* Faire qqn cocu ; le tromper, le duper.

COCYCLIQUE adj. Se dit de points qui sont sur un même cercle.

COD *(presqu'île du cap),* longue et étroite langue de terre des États-Unis (Massachusetts). Stations balnéaires, villes résidentielles et ports de pêche. Parc national.

CODA n. f. (ital. *coda,* queue). **1.** Section conclusive d'un morceau de musique. — **2.** Dans le ballet classique, troisième et dernière partie d'un pas de deux ou final au cours duquel les principaux interprètes reviennent en scène. (Syn. FINALE.)

CODABLE adj. Qui peut être codé.

CODAGE n. m. **1.** Action de coder un texte, des données informatiques ; chiffrement, encodage. — **2.** Procédé propre à certains argots (largonji, verlan, etc.), consistant à masquer les mots de la langue courante par addition, suppression ou interversion de lettres ou de syllabes. — **3.** Opération de traitement des réponses obtenues au questionnaire d'une enquête ou d'une interview, préalable au chiffrement.

CODE n. m. (lat. *codex*). **1.** Recueil de constitution régissant un pays : *Code Théodosien, code Justinien.* — **2.** Ensemble des lois et règlements qui régissent une matière spéciale : *Code civil. Code de commerce.* — **3.** Livre qui contient ces lois. — **4.** Ensemble de règles qui font loi en matière sociale : *Le code de la politesse.* — **5.** Système conventionnel, rigoureusement structuré, de symboles et de règles combinatoires. • **Comm.** Syn. de CHIFFRE. — **Dr.** *Code civil,* v. CIVIL. ‖ *Code de commerce,* v. COMMERCE. ‖ *Code pénal,* v. PÉNAL. — **Génét.** *Code génétique,* ensemble des mécanismes grâce auxquels l'information génétique est inscrite dans la molécule d'A. D. N. qui constitue le gène (A. R. N. dans quelques virus), puis transcrite en A. R. N. messager, et, enfin, traduite en protéines. (→ *encycl.*) — **Hist.** *Code noir,* ordonnance publiée en 1685 par Louis XIV, établissant la protection des esclaves noirs des « Îles » (Antilles) et réglementant la traite des Noirs dans le trafic triangulaire (France, Afrique, Antilles). — **Inform.** Ensemble d'instructions en langage machine ou symbolique constituant un programme. ‖ Ensemble de règles permettant de représenter des données d'une manière biunivoque sous une forme discrète, en vue de faciliter leur traitement automatique ou leur transmission. — **Ling.** La langue, considérée comme un système conventionnel de symboles et de règles de combinaison, commun à des interlocuteurs et grâce auquel le message peut être produit et interprété. — **Mar.** *Code de signaux* ou *code international,* catalogue des signaux faits au moyen de pavillons spéciaux et destinés à permettre aux navires de communiquer entre eux et avec les sémaphores. — **Post.** *Code postal,* ensemble de cinq chiffres, devant figurer sur toute adresse postale pour permettre le tri automatique du courrier et composé des deux chiffres du code départemental, suivis de trois chiffres identifiant le bureau distributeur qui recevra l'envoi.

◆ **codes** n. m. pl. Syn. courant de FEUX DE CROISEMENT.

ENCYCL. **Génét.** Le message génétique est écrit avec un alphabet de quatre lettres qui correspondent aux quatre bases de l'A. D. N. : thymidine (T), adénine (A), cytosine (C), guanine (G). Les protéines sont, quant à elles, formées par l'enchaînement de 20 acides aminés (valine, leucine, etc.). Le code génétique stipule que chaque acide aminé est codé par un triplet ou codon de trois bases de la molécule d'A. D. N.

CODE-BARRES n. m. (pl. *codes-barres*). Syn. de CODE À BARRES*.

CODÉBITEUR, TRICE n. Personne qui a contracté une dette conjointement avec d'autres. (Syn. COOBLIGÉ.)

CODÉINE n. f. (gr. *kôdeia,* tête de pavot). Alcaloïde de l'opium utilisé comme sédatif de la toux. (Syn. MÉTHYLMORPHINE.)

CODEMANDEUR, ERESSE n. Personne qui forme une demande en justice conjointement avec d'autres.

CODER v. t. (de *code*) [conj. 3]. **1.** Procéder au codage d'un message ; encoder. — **2.** Appliquer un code à des données ; écrire un programme pour ordinateur.

◆ **être codé** v. pass. Être exprimé en code : *Langage codé.*

CODÉTENTEUR, TRICE n. Personne qui détient un bien avec d'autres.

CODÉTENU, E n. Personne détenue en même temps que d'autres, dans un même lieu.

CODÉTHYLINE n. f. Éther éthylique de la morphine employé comme antitussif. (Syn. ÉTHYLMORPHINE.)

CODEUR, EUSE n. Personne qui code des données pour leur utilisation informatique.

◆ **codeur** n. m. Appareil réalisant automatiquement la transcription d'une information selon un code déterminé.

CODÉVELOPPEMENT n. m. Harmonisation des politiques économiques des pays industrialisés avec celles des pays en voie de développement, tenant compte de l'interdépendance de ces groupes de pays.

1. CODEX n. m. (mot lat.). **1.** Dans l'Antiquité, livre fait de feuilles cousues ensemble. (Le codex s'opposait au *volumen*.) — **2.** Manuscrit des Indiens de Méso-Amérique.

2. CODEX n. m. (abrév. de *codex medicamentorum*). Anc. nom de la Pharmacopée française. ◆ adj. inv. Se dit d'un produit exactement conforme aux normes officielles fixées pour les médicaments.

CODICILLAIRE adj. Contenu dans, établi par un codicille.

CODICILLE n. m. (bas lat. *codicillus,* du lat. class. *codicilli,* tablettes à écrire). Acte postérieur à un testament en vue de le modifier ou de le compléter.

CODICOLOGIE n. f. (lat. *codex, -icis,* livre). Partie de la paléographie qui étudie les manuscrits pour eux-mêmes et non pour leur contenu.

CODIFICATEUR, TRICE adj. et n. Qui codifie.

CODIFICATION n. f. **1.** Action de codifier, de réunir en un code des textes de lois, des règlements. — **2.** Action d'ériger un système cohérent de règles.

CODIFIER v. t. (de *code*) [conj. **9**]. **1.** Rassembler en un seul corps des textes législatifs ou réglementaires, des coutumes, etc. — **2.** Ériger en système organisé, rationnel ; normaliser : *Codifier l'usage de la langue.*

CODIFIEUR, EUSE adj. et n. Qui code, fait passer d'un code à l'autre.

CODIMENSION n. f. *Codimension dans* E *d'un sous-espace vectoriel* F *d'un espace vectoriel* E *sur un corps commutatif* K, dimension sur K de l'espace vectoriel quotient, E/F, de E par F. (Si E est de dimension finie, F est de codimension finie et l'on a $\dim F + \text{codim}_E F = \dim E$.)

CODIRECTEUR, TRICE n. Personne qui dirige avec d'autres.

CODIRECTION n. f. Direction exercée avec d'autres personnes.

CODIRIGER v. t. (conj. **17**). Diriger en même temps que d'autres personnes.

CODIUM [-djɔm] n. m. (gr. *kôdion,* toison). Algue verte des rivages marins, de forme parfois massive, à cycle reproductif très simple.

CODOMINANCE n. f. Cas où, pour le caractère considéré, l'hétérozygote exprime les caractéristiques des deux gènes allèles.

CODOMINANT, E adj. Relatif à la codominance.

CODON n. m. (de *code*). Triplet de nucléotides qui code pour un acide aminé particulier ou signalise le début ou la fin du message génétique.

CODONATAIRE adj. et n. Qui reçoit une donation conjointement avec d'autres.

CODONATEUR, TRICE adj. et n. Qui fait une donation conjointement avec d'autres.

CODREANU (Corneliu Zelea), homme politique roumain (Iași 1899 - forêt de Jilava 1938). Il fonda en 1927 une organisation fasciste et terroriste qui prit le nom de Garde* de Fer en 1930. Arrêté en 1938, il fut assassiné.

CODUCCI (Mauro), architecte italien (Lenna, prov. de Bergame, v. 1440 - Venise 1504). Son œuvre, à Venise, adapte les principes d'Alberti à la tradition décorative locale (église S. Michele all'Isola [1469], façade de S. Zaccaria, palais Vendramin-Calergi [v. 1500], etc.).

CODY (William Frederick) → BUFFALO BILL.

COE (Sebastian), athlète britannique (Londres 1956), champion olympique du 1 500 m en 1980 et 1984, champion d'Europe du 800 m en 1986.

COEBERGHER ou **COBERGHER** (Wenzel), architecte et peintre flamand (Anvers 1561-Bruxelles 1634). Maniériste italianisant en peinture, il a élevé à Montaigu, près de Diest, une des premières églises baroques des Flandres (Notre-Dame, rotonde à coupole, 1609-1621).

COÉCHANGISTE n. Personne qui fait un échange avec une autre. (Syn. COPERMUTANT.)

COECKE (Pieter), dit **Van Aelst,** peintre, sculpteur, architecte et décorateur flamand (Aalst 1502 - Bruxelles 1550). Un des premiers esprits « universels » de la Renaissance flamande (il traduisit les traités de Vitruve et de Serlio), maître de Bruegel, il a évolué du maniérisme du début du XVIe s. au romanisme de la 2e moitié du siècle (tableaux religieux, tapisseries, etc.).

CŒDÈS (Georges), orientaliste français (Paris 1886-Neuilly 1969). Épigraphiste et historien de l'Asie du Sud-Est, il publia *Recueil des inscriptions du Siam* (1924-1929), *Recueil des inscriptions du Cambodge* (1937-1968), *les États hindouisés d'Indochine et d'Indonésie* (3e éd., 1964). Il fut directeur de l'École française d'Extrême-Orient de 1929 à 1947.

COÉDITER v. t. (conj. 3). Éditer un ouvrage en collaboration avec d'autres.

COÉDITEUR, TRICE adj. et n. Se dit d'une personne qui fait une coédition.

COÉDITION n. f. Édition d'un même ouvrage réalisée par plusieurs éditeurs.

COEF [køf] n. m. Syn. de CUY.

COEFFICIENT n. m. (de *efficient*). **1.** Facteur appliqué à une grandeur quelconque ; pourcentage : *Coefficient d'erreur.* — **2.** Chiffre conventionnel indiquant la valeur, l'échelon, le degré dans une hiérarchie de salaires, de traitements, etc. : *Salarié qui est au coefficient 500.* — **3.** Nombre qui fixe la valeur relative de chacune des épreuves d'un examen. — **Math.** *Coefficients d'un polynôme* f (x) *de* K [x], éléments a_i du corps K tels que $f(x) = \Sigma a_i x^i$. — **4.** Grandeur caractérisant certaines propriétés d'une substance et qui est généralement le quotient de deux grandeurs d'espèces différentes. — **5.** *Coefficient personnel,* élément subjectif entrant dans un jugement, une appréciation, une note, etc.

CŒLACANTHE [se-] n. m. (gr. *koilos,* creux, et *akantha,* épine). Poisson crossoptérygien, seul survivant actuel d'un groupe qui, jusqu'en 1938, passait pour éteint depuis 80 millions d'années. ENCYCL. Le cœlacanthe est un gros poisson atteignant 2 m de long ; ses nageoires, même impaires, ont presque toutes une structure pédonculée évoquant une patte et la caudale a trois lobes ; la denture est puissante ; le ventre contient un long tube plein de graisse, vestige possible d'un poumon ancestral. On ne pêche ce poisson qu'aux alentours des Comores.

CŒLENTÉRÉ [se-] n. m. Syn. de CNIDAIRE.

COELHO (Joaquim Guilherme Gomes) → DINIS (Júlio).

COELHO NETO (Henrique Maximiano), écrivain brésilien (Caxias, Maranhão, 1864 - Rio de Janeiro 1934), auteur de récits régionalistes d'allure parnassienne (*Roi nègre,* 1914).

CŒLIAQUE [se-] adj. (lat. *cœliacus,* du gr. *koiliakis*). **1.** Se dit de la région médiane de la cavité abdominale située au-dessous du côlon transverse et qui répond, en gros, à l'estomac. — **3.** *Maladie cœliaque,* trouble de l'absorption intestinale par intolérance au gluten, observé chez le nourrisson, entraînant essentiellement une diarrhée profuse, un météorisme abdominal et une hypotrophie. (Syn. MALADIE DE GEE-HERTER.) ‖ *Tronc cœliaque,* branche importante de l'aorte qui se divise en artère coronaire stomachique, artère hépatique et artère splénique.

COÉLIGIBLE adj. Qui peut être élu en même temps qu'un autre.

CŒLIOSCOPIE [se-] n. f. (gr. *koilia,* ventre). Technique d'endoscopie utilisée en gynécologie, permettant d'explorer visuellement les organes génitaux internes et de pratiquer de petites interventions.

COELLO (Claudio), peintre espagnol d'origine portugaise (Madrid 1642 - *id.* 1693). Héritier de la tradition italienne et sensible à la leçon de Velázquez, peintre du roi Charles II (notamment à l'Escorial : *la Sagradea Forma,* 1690), il est la dernière figure marquante du baroque espagnol.

CŒLOMATE [se-] n. m. Animal ayant un cœlome d'origine mésodermique. (Ce groupe réunit tous les animaux supérieurs : annélides, mollusques, arthropodes, échinodermes, procordés et vertébrés.)

CŒLOME [se-] n. m. (gr. *koilôma,* cavité). Cavité interne des animaux supérieurs, résultant d'un creusement du mésoderme. (Le cœlome des vertébrés est ventral ; ses deux feuillets sont la somatopleure, tournée vers l'extérieur, et la splanchnopleure, qui enveloppe les viscères ; dans le plan médian, les deux feuillets se soudent en un mésentère.)

CŒLOMIQUE [se-] adj. Relatif au cœlome.

CŒLOSOMIEN [se-] n. m. Monstre non viable assez fréquemment rencontré dans les espèces bovines et ovines.

CŒLOSTAT ou **CÆLOSTAT** [se-] n. m. Dispositif à un ou plusieurs miroirs plans utilisé pour réfléchir un faisceau lumineux dans une direction donnée.

CŒLUROSAURE [se-] n. m. Très petit dinosaurien bipède, qui avait la taille d'un oiseau et parfois un bec.

COEN (Jan Pieterszoon), homme politique hollandais (Hoorn 1587-Batavia 1629). Il fonda Batavia en 1619, contraignit les Anglais à évacuer les Moluques et commença la mise en valeur de Java.

COËN [kɔɛ̃] n. m. (hébr. *kohen,* prêtre). Membre d'un corps initiatique de la franc-maçonnerie, dit des *élus coëns,* fondé par Martinez Pasqualis.

COENDOU [koɑ̃-] n. m. (mot brésil.). Rongeur arboricole d'Amérique du Sud, à longue queue prenante, couvert de piquants, herbivore, voisin du coquau.

CŒNESTHÉSIE, CŒNOBE, CŒNOCYTE → CÉNESTHÉSIE, CÉNOBE, CÉNOCYTE.

CŒNONYMPHA [se-] n. m. Papillon satyridé, aux nervures épaisses à la base, dont la chenille vit sur les graminées.

CŒNURE ou **CÉNURE** [se-] n. m. Volumineuse larve cysticerque, qui parasite les centres nerveux du mouton et provoque des troubles de l'équilibre, appelés cœnurose.

CŒNUROSE ou **CÉNUROSE** [se-] n. f. Affection parasitaire due à la présence de cœnures dans l'organisme des animaux. (Syn. TOURNIS.)

COENZYME [koɑ̃-] n. f. **1.** Partie non protéique d'une enzyme, liée à la partie protéique (apoenzyme) de certaines enzymes et indispensable à l'activité de celles-ci. — **2.** *Coenzyme A* ou *Co A,* coenzyme des transacétylases, ayant un rôle biologique fondamental (biosynthèse des acides gras, cycle de Krebs). [Syn. COACÉTYLASE.] ‖ *Coenzyme Q* ou *Co Q,* coenzyme intervenant dans la chaîne des transferts d'électrons intracellulaires (chaîne respiratoire). [Syn. UBIQUINONE.]

COÉPOUSE n. f. Dans les civilisations polygames, seconde, troisième, etc., épouse d'un homme par rapport à la première.

COÉQUATION n. f. Répartition réglant ce que chaque contribuable doit payer.

COÉQUIPIER, ÈRE n. Personne qui fait partie d'une équipe avec d'autres.

COERCIBLE adj. (lat. *coercere,* contraindre). Qui peut être réprimé : *Envie de rire difficilement coercible.*

COERCITIF, IVE adj. (lat. *coercitum,* de *coercere,* contraindre). **1.** Qui agit par contrainte : *Mesures coercitives.* – **2.** *Champ coercitif,* valeur du champ magnétique pour laquelle l'induction est nulle.

COERCITION n. f. (lat. *coertitio,* contrainte). Action de contraindre.

COÉSITE n. f. Minéral polymorphe de haute pression du quartz.

COÉTERNEL, ELLE adj. Se dit de chacune des trois personnes de la Sainte-Trinité, qui existent de toute éternité avec les deux autres.

COËTLOGON (Alain Emmanuel, *marquis* DE), vice-amiral et maréchal de France (Rennes 1646 - Paris 1730). Il prit part à toutes les campagnes maritimes du règne de Louis XIV et s'illustra particulièrement à la défense de Saint-Malo contre les Anglais en 1693.

Coëtquidan *(camp de),* camp militaire de Bretagne (Morbihan), à 45 km au S.-O. de Rennes. L'École spéciale militaire y fut transférée en 1946. L'École militaire interarmes y fut créée en 1961 et l'École militaire du corps technique et administratif en 1977.

COETZEE (John M.), écrivain sud-africain de langue anglaise (Le Cap 1940). Il traite d'une manière originale les problèmes raciaux (*Michael K, sa vie, son temps,* 1983).

CŒUR n. m. (lat. *cor, cordis*). **1.** Organe musculaire creux, qui constitue l'élément moteur central de la circulation du sang. (→ *encycl.*) – **2.** Ce qui a la forme stylisée de cet organe : *Cœur en or.* – **3.** Une des quatre couleurs du jeu de cartes figurée par un cœur rouge ; carte de cette couleur. – **4.** Nom de divers fromages ayant la forme d'un cœur. – **5.** La partie centrale d'un légume, d'un fruit, d'un fromage, etc. : *Cœur d'artichaut.* – **6.** Partie centrale de qqch : *Le cœur de la ville.* – **7.** Siège de l'activité principale de qqch : *Le cœur de l'entreprise.* – **8.** Partie essentielle ; nœud : *Le cœur du débat.* – **9.** Siège des sentiments ; sensibilité, affection : *Ce que vous me dites me va droit au cœur.* – **10.** Amour : *Problèmes de cœur.* – **11.** Siège des sentiments altruistes ; bonté : *Avoir du cœur.* – **12.** Personne compatissante : *Vous êtes un cœur généreux.* – **13.** Sens moral, conscience : *Avoir le cœur pur.* – **14.** Appellation tendre destinée à qqn qu'on aime : *Mon cœur !* – **15.** *À cœur,* jusqu'au centre d'un produit ; se dit d'un fromage à pâte molle (camembert) dont l'affinage s'est réalisé jusqu'en son centre ; se dit de la partie interne d'une pièce de fonderie ou d'un lingot. ‖ *À cœur joie,* pleinement, abondamment, à satiété, avec délectation. ‖ *À cœur ouvert,* sans rien cacher, en toute simplicité ; se dit d'une intervention chirurgicale pratiquée sur un cœur vide de sang, le maintien de la vie étant assuré par un cœur-poumon artificiel. ‖ *Arracher, déchirer, fendre, briser, crever le cœur,* lui causer une grande douleur. ‖ *Au cœur de,* en plein milieu. ‖ *Avoir à cœur, prendre à cœur,* tenir à qqch, s'y appliquer avec ardeur. ‖ *Avoir bon cœur, avoir du cœur, avoir le cœur sur la main,* être très généreux. ‖ *Avoir du cœur au ventre,* être plein d'ardeur, de courage. ‖ *Avoir le cœur à,* avoir envie de, être dans des dispositions pour : *Je n'ai pas le cœur à rire.* ‖ *Avoir le cœur à l'ouvrage,* être plein d'ardeur dans son travail. ‖ *Avoir le cœur de,* avoir le courage de : *Tu n'auras pas le cœur de lui refuser ce jouet.* ‖ *Avoir le cœur gros,* être très peiné. ‖ *Avoir le cœur léger,* n'avoir aucun souci. ‖ *Avoir mal au cœur, le cœur barbouillé, le cœur sur les lèvres,* avoir envie de vomir. ‖ *À votre bon cœur !,* invitation à se montrer généreux, à donner son obole. ‖ *Beau, joli comme un cœur,* très beau, très joli. ‖ Litt. *Cœur à cœur,* franchement. ‖ Litt. *Cœur de lion,* grand courage. ‖ *Cœur d'or,* affectueux, dévoué, généreux. ‖ *Cœur sec, dur, cœur de pierre, d'airain,* personne, caractère insensible, impitoyable. ‖ *Coup de cœur,* brusque emballement pour qqn, qqch. ‖ *Cri du cœur,* expression spontanée des sentiments les plus intimes. ‖ *De gaieté de cœur, de grand cœur, de bon cœur, de tout cœur,* très volontiers, sans contrainte. ‖ *Du fond du cœur, de tout son cœur,* très sincèrement. ‖ *En avoir le cœur net,* arriver à savoir à quoi s'en tenir. ‖ *Être de (tout) cœur avec qqn,* partager ses sentiments, se joindre à ce qu'il éprouve. ‖ *Faire appel au bon cœur de qqn,* en appeler à sa générosité. ‖ *Faire battre le cœur,* émouvoir. ‖ *Faire le joli cœur,* faire le galant. ‖ *Faire mal au cœur,* provoquer la nausée ; exciter le dégoût. ‖ *Femme, homme de cœur,* personne courageuse, généreuse. ‖ *La bouche en cœur,* en affectant un air aimable, en minaudant. ‖ *Le cœur me manque,* je suis découragé. ‖ *Lever, soulever le cœur,* provoquer la nausée, le dégoût. ‖ *Ne pas porter qqn dans son cœur,* éprouver de l'antipathie pour lui. ‖ *Par cœur,* en mémorisant parfaitement un énoncé, dans tout son détail ; en reproduisant l'énoncé exact qu'on a mémorisé. ‖ *Prendre qqch à cœur,* en être affecté. ‖ *Rester sur le cœur,* inspirer du ressentiment. ‖ *Sans cœur,* qui est dépourvu de sensibilité. ‖ *Serrer le cœur,* causer de la peine, du chagrin. ‖ *Si le cœur vous en dit,* si cela vous est agréable, si cela vous tente. ‖ *Tenir au (à) cœur,* faire l'objet d'une constante préoccupation. ‖ *Venir du cœur,* être spontané et sincère. ‖ *Vider, ouvrir son cœur,* révéler ses sentiments secrets. — **Arm.** *Cœur nucléaire,* partie d'une arme nucléaire, formée de matériaux fissiles ou fusibles, qui est le siège des réactions nucléaires. — **Ch. de f.** *Pointe de cœur,* dans un branchement ou un croisement de voies, pièce constituée par deux bouts de rails soudés en angle aigu. — **Hérald.** Meuble représentant un cœur, qui peut être enflammé. ‖ Syn. de ABÎME. — **Nucl.** *Cœur d'un réacteur nucléaire,* région du réacteur constituée de différents matériaux, choisis et répartis de telle sorte qu'il soit possible d'y réaliser une réaction nucléaire de fission auto-entretenue. (Le combustible nucléaire est l'un des constituants du cœur. Au sens restreint, le cœur est la charge de combustible placée dans le réacteur.) — **Publ.** *Cœur de cible,* partie du public plus spécialement visée par une campagne publicitaire. — **Sylvic.** *Bois de cœur,* bois parfait, ou duramen. ‖ *Cœur de l'arbre,* partie centrale du tronc, dont le bois est parfois de qualité médiocre, sujet à des fentes, déformations et colorations. (On l'élimine souvent au triage [*débit hors cœur*].)

ENCYCL. Chez la plupart des invertébérés, le cœur est un vaisseau contractile dorsal, médian, propulsant d'arrière en avant le sang hématosé. Chez les vertébrés, le cœur est en position ventrale ; il ne reçoit que du sang désoxygéné (« veineux ») chez les poissons, puis l'évolution se fait vers le partage du cœur en deux moitiés, gauche et droite, de mieux en mieux séparées, l'une propulsant le sang « rouge » vers les organes, l'autre le sang « noir » vers les poumons. En revanche, au lieu des quatre cavités successives des poissons : sinus veineux, atrium, ventricule, bulbe artériel, le sang des vertébrés supérieurs n'en traverse plus que deux : oreillette et ventricule, ce dernier seul propulseur et fortement musclé.

anatomie humaine

Le cœur est un muscle creux, en forme de cône aplati à base supérieure et à pointe inférieure, à peu près du volume du poing. Ce muscle est appelé *myocarde.* Sa surface interne est tapissée par une mince membrane, l'*endocarde.* Sa surface externe est recouverte par une enveloppe fibroséreuse, le *péricarde.*

Le cœur est constitué de 2 organes presque semblables et étroitement soudés entre eux : le cœur droit, qui contient du sang non oxygéné, et le cœur gauche, contenant du sang oxygéné. Ceux-ci ne présentent aucune communication l'un avec l'autre. L'un et l'autre sont divisés en 2 cavités : une supérieure, ou oreillette, et une inférieure, ou ventricule.

Les ventricules ont des parois épaisses. Ils communiquent avec l'oreillette correspondante par un orifice auriculo-ventriculaire muni de valvules empêchant le sang de refluer du ventricule vers l'oreillette : valvule mitrale (cœur gauche) et valvule tricuspide (cœur droit). Les orifices artériels munis de valvules sigmoïdes font communiquer les ventricules avec l'aorte pour le cœur gauche et l'artère pulmonaire pour le cœur droit.

Les oreillettes ont une paroi mince. Elles reçoivent les veines pulmonaires à gauche et les veines caves à droite. Le cœur est vascularisé par 2 artères, dites *coronaires droite* et *gauche,* naissant de l'aorte.

physiologie

Le cœur est l'organe propulseur du sang ; il agit grâce à des pressions créées dans ses cavités et telles que le liquide s'écoule de manière irréversible de la forte pression vers la plus faible. Ces pressions sont dues aux contractions du cœur. Les contractions sont appelées *systoles ;* les périodes de relâchement ou repos, *diastoles.* La systole auriculaire précède la systole ventriculaire. Le sens de déplacement du sang dans les cavités cardiaques se fait des veines vers les oreillettes, des oreillettes vers les ventricules et des ventricules vers les artères.

Les contractions du cœur sont commandées par son système nerveux intrinsèque (nœud sinusal de Keith et Flack, nœud de Tawara, faisceau de His), qui lui assure une autonomie de contraction. La fréquence cardiaque varie selon les situations et les besoins physiologiques. Elle est normalement d'environ 70 battements par minute. Elle est plus élevée chez l'enfant et le nourrisson (110 à 120 par minute).

pathologie, exploration
thérapeutique, chirurgie

Les malformations congénitales consistent principalement en rétrécissements (de l'aorte, de l'artère pulmonaire) ou en communications anormales (persistance du canal artériel, communication interventriculaire, communication interauriculaire, tétralogie et trilogie de Fallot). Les maladies acquises du cœur peuvent concerner chacune des trois tuniques cardiaques : péricardites, myocardites et endocardites. Ces dernières atteignent spécialement les différents orifices valvulaires et aboutissent à des rétrécissements ou à des insuffisances. Les altérations des artères coronaires sont les coronarites qui se traduisent par des crises d'angine de poitrine et peuvent provoquer l'infarctus du myocarde.

L'exploration du cœur, en dehors de l'auscultation, fait appel à de nombreux examens : électrocardiogramme, radioscopie, radiographie

après opacification des cavités cardiaques ou des coronaires (coronarographie), échocardiographie, examens manométriques (surtout après cathétérisme cardiaque), examens isotopiques (en cours de développement).
En dehors des traitements médicaux, qui ont fait surtout des progrès dans le domaine de la réanimation cardiaque, les maladies du cœur bénéficient maintenant de nombreuses interventions chirurgicales rendues possibles par les techniques de circulation extracorporelle. Presque toutes les malformations congénitales peuvent maintenant être guéries par la chirurgie. La pose d'un stimulateur cardiaque (pacemaker) est devenue une pratique courante, notamment en cas de syndrome d'Adams-Stockes et permet d'éviter des syncopes mortelles.
Le pronostic des cardiopathies valvulaires a été transformé par la pose de prothèses (valve de Starr). Les transplantations cardiaques ne présentent plus de difficultés chirurgicales mais restent soumises à des problèmes immunologiques de rejet. Malgré quelques succès, le cœur artificiel en est encore au stade expérimental. La chirurgie des artères coronaires est couramment pratiquée (pontage).

Cœur *(Sacré)* ou **Sacré Cœur de Jésus,** cœur de Jésus, à qui l'Église catholique rend un culte de latrie, en sa qualité de symbole de l'amour humain et divin de Jésus-Christ. Cette dévotion, déjà connue auparavant, se répandit au XVIIe s. grâce à saint Jean Eudes et à Marguerite-Marie Alacoque.

CŒUR D'AMOUR ÉPRIS *(Maître du)* ou **MAÎTRE DU ROI RENÉ**, peintre flamand ou français actif en Anjou et en Provence entre 1440 et 1470 env. Cet artiste tient son nom de l'œuvre écrite par le roi René, qu'il aurait peinte vers 1465 (B. N. de Vienne). Ses compositions, monumentales, sont animées d'étonnants effets de lumière. La composante néerlandaise de son style permet l'hypothèse de son identification avec un certain Barthélemy d'Eyck, connu pour avoir travaillé auprès du roi à la même époque. L'*Annonciation* d'Aix* pourrait être attribuée au même peintre.

CŒUR (Jacques), financier, marchand et homme d'État français (Bourges v. 1395-Chio 1456). Fils d'un riche pelletier de Bourges, il s'enrichit dans la fabrication monétaire. Ayant compris le jeu des métaux précieux entre l'Europe avide d'or et l'Orient avide d'argent, il entreprend de commercer avec le Levant (1432) et érige un vaste empire commercial. Trafiquant épices, sel, blé, laines, draps, toiles, fourrures en Orient, en Italie, en Espagne, en Angleterre, en Flandre et dans les pays baltiques, il réalise des bénéfices énormes, qui lui permettent d'acheter une quarantaine de seigneuries et d'édifier un somptueux hôtel à Bourges. Argentier du roi (1439), conseiller de Charles VII qui l'anoblit en 1441, il remplit d'importantes missions politiques et diplomatiques, réorganise les finances et consent des prêts considérables au roi pour reconquérir la Normandie sur les Anglais. Il sera victime de ses créanciers. Sur la fausse accusation d'avoir empoisonné Agnès Sorel, il est arrêté sur l'ordre de Charles VII (1451), condamné à la confiscation de ses biens et à la prison jusqu'au paiement d'une très forte amende (1453). Évadé du château de Poitiers, il se réfugie à Rome où le pape Nicolas V proclama son innocence (1455).

CŒUR-DE-PIGEON n. m. (pl. *cœurs-de-pigeon*). Variété de cerise à chair ferme.

CŒUR-POUMON n. m. (pl. *cœurs-poumons*). *Cœur-poumon artificiel,* appareil assurant une circulation et une hématose extracorporelle en excluant provisoirement le cœur et les poumons de l'organisme.

CŒURSAGE [kœrsaʒ] n. m. Travail artisanal des peaux, consistant à en éliminer les résidus épidermiques qui subsistent après l'ébourrage.

CŒURS D'ALENE, Indiens des États-Unis, originaires des rives du lac Cœur d'Alene, de langue salish.

CŒURSE [kœrs] n. f. Couteau à lame d'ardoise que l'on emploie pour le cœursage.

COËVRONS (les), région des collines partiellement boisées de l'est de la Mayenne, au N.-E. d'Évron ; 357 m.

COËX (85220), comm. de la Vendée, à 14 km à l'E. de Saint-Gilles-Croix-de-Vie ; 2 294 hab. Matériel agricole.

COEXISTANT, E adj. Qui existe en même temps que qqch d'autre.

COEXISTENCE n. f. **1.** Action de coexister ; son résultat : *La coexistence de partis opposés.* – **2.** *Coexistence pacifique,* principe selon lequel deux États ou groupes d'États, aux idéologies opposées, acceptent de ne pas entrer en conflit armé.

COEXISTER v. i. (conj. 3). **1.** Exister simultanément, en même temps que qqn ou qqch d'autre : *L'ancienne université coexiste avec la nouvelle.* – **2.** Exister simultanément avec un groupe, une collectivité : *Ces deux ethnies coexistent difficilement.*

COEXPLOITATION n. f. Exploitation en commun par plusieurs entreprises de distribution d'une surface de vente ou d'un fonds de commerce.

COEXPLOITER v. t. (conj. 3). Exploiter en commun.

COEXTENSIF, IVE adj. Se dit d'un concept susceptible d'avoir la même extension qu'un autre.

COEXTRUSION n. f. Technique d'extrusion permettant de réaliser des structures multicouches par alimentation d'une filière avec plusieurs extrudeuses.

COFACTEUR n. m. **1.** Facteur qui intervient conjointement avec d'autres au cours d'un processus. – **2.** *Cofacteur d'un élément* α_{ij} *d'une matrice carrée* $A = (\alpha_{ij})$, scalaire par lequel ce coefficient est multiplié dans le développement du déterminant de A par rapport à la i-ème ligne, ou la j-ème colonne. (→ DÉTERMINANT.)

COFFIN n. m. (bas lat. *cophinus,* du gr. *kophinos,* corbeille). Étui contenant de l'eau, dans lequel le faucheur met la pierre à aiguiser.

COFFINE n. f. (de *coffin,* corbeille). Ardoise ou tuile ayant un galbe convexe dans le sens transversal.

COFFINITE n. f. Silicate hydraté naturel d'uranium, souvent associé à la pechblende, formant un minerai exploité aux États-Unis.

COFFRAGE n. m. (de *coffre 1*). **1.** Forme de bois, de métal ou de toute autre matière, servant de moule au béton. – **2.** Action de poser cette forme pour maintenir des matériaux jusqu'à leur prise. – **3.** Paroi provisoire en planches destinée à maintenir les terres ébouleuses d'une tranchée. – **4.** Habillage pour dissimuler un appareil, des conduits, etc.

ENCYCL. Après les coffrages en bois et les coffrages métalliques, on utilise aujourd'hui des *coffrages outils,* dispositifs industrialisés réglables et mobiles. Pour les grandes surfaces de béton, on emploie les *coffrages grimpants* et les *coffrages glissants* qui progressent au fur et à mesure de la prise du béton.

1. COFFRE n. m. (bas lat. *cophinus,* du gr. *kophinos,* corbeille). **1.** Meuble de bois, de métal, etc., en forme de parallélépipède dont la face supérieure est un couvercle mobile : *Coffre à jouets, à linge.* (Transportable par nature, le coffre fut, au Moyen Âge, le principal meuble de rangement.) – **2.** Syn. de COFFRE-FORT. – **3.** Compartiment d'un coffre-fort qu'une banque loue à ses clients : *Avoir un coffre à la banque.* – **4.** Caisse ayant la forme d'un parallélépipède et servant de réceptacle : *Coffre d'un piano.* – **5.** Volume placé à l'arrière ou à l'avant d'une voiture particulière et servant au transport de bagages, de colis ou d'objets divers. – **6.** *Fam.* Poitrine, estomac, poumons. – **7.** Fam. *Avoir du coffre,* avoir un thorax puissant, une voix puissante ; avoir du souffle ; avoir du courage. ‖ *Les coffres de l'État,* le Trésor public. • **Bât.** Partie de conduit de fumée en saillie dans une pièce. – **Bouch.** Moitié antérieure de la carcasse de mouton. – **Céram.** Caisse étanche servant à garder la pâte fraîche ou à maintenir les ébauches à une humidité constante avant leur tournassage. – **Hortic.** Cadre formé de planches, destiné à supporter les châssis ou panneaux. – **Mar.** Ancienne dénomination de PUITS DE SUPERSTRUCTURE. ‖ *Coffre d'amarrage,* gros flotteur cylindrique vertical mouillé en rade sur un corps-mort, pour l'amarrage des navires. – **Serrur.** Boîtier abritant le mécanisme d'une serrure.

2. COFFRE n. m. (de *coffre 1*). Poisson des mers chaudes, couvert d'une carapace osseuse rigide. (Les coffres sont appréciés en aquarium pour leurs vives couleurs.)

COFFRE-FORT n. m. (pl. *coffres-forts*). Armoire de métal blindée, munie de serrures de sûreté ou de dispositifs d'ouverture à combinaison, utilisée pour renfermer des sommes importantes ou des objets de valeur. (Syn. COFFRE.)

COFFRER v. t. (conj. 3). **1.** Poser un coffrage. – **2.** *Fam.* Emprisonner, enfermer qqn : *Se faire coffrer.*

◆ **être coffré** v. pass. *Pli coffré,* pli dont la charnière est plate et les flancs formés par deux flexures accentuées (anticlinaux du Jura).

COFFRET n. m. **1.** Petit coffre ou boîte de confection soignée. – **2.** Ensemble de livres, de disques vendus dans un emballage cartonné. – **3.** Boîte quelconque servant à présenter avec une certaine élégance des objets divers : *Un coffret de chocolats.* – **4.** *Coffret de chantier,* boîte métallique qui renferme l'ensemble des dispositifs de commande d'un matériel électrique.

COFFRETIER n. m. Autref., fabricant ou marchand de coffres.

COFFREUR n. m. Ouvrier du bâtiment spécialisé dans la mise en œuvre des coffrages pour le moulage du béton.

COFINANCEMENT n. m. Opération financière réalisée par un établissement prêteur associé à un autre.

COFINANCER v. t. (conj. **16**). Effectuer un cofinancement.

COFONDATEUR, TRICE n. Personne qui fonde qqch avec d'autres personnes.

COGEMA, abrév. de *COmpagnie GÉnérale des MAtières nucléaires,* la plus importante filiale du Commissariat à l'énergie atomique. C'est la seule compagnie mondiale dont l'activité s'étend, directement ou à travers ses filiales, à tous les stades du cycle des combustibles nucléaires, de la prospection au retraitement des combustibles irradiés.

COGÉRANCE n. f. Gérance exercée par plusieurs personnes.

COGÉRANT, E n. Personne qui est chargée d'une cogérance.

COGÉRER v. t. (conj. **18**). Gérer en commun.

COGESTION n. f. **1.** Gestion en commun d'un organisme. — **2.** Système de participation des travailleurs à la gestion des entreprises, né en Allemagne fédérale.

COG ou **COGGHE** [kɔg] n. f. (mot picard, du lat. *cogga,* coque de navire). Navire de forme haute, courte et ronde, qui était en usage au Moyen Âge.

COGITATION n. f. (lat. *cogitatio, -onis*). Réflexion, action de réfléchir (souvent ironiq.) : *Se laisser aller à des cogitations confuses.*

COGITER v. t. (lat. *cogitare*) [conj. **3**]. *Fam.* et *ironiq.* Penser, réfléchir à qqch : *Qu'est-ce que tu cogites ?*

COGITO n. m. (abrév. de la formule cartésienne *cogito, ergo sum,* je pense, donc je suis). **1.** Raisonnement cartésien déduisant l'existence à partir de la pensée. — **2.** La pensée elle-même, définie par les philosophes cartésiens.

COGNAC n. m. Eau-de-vie d'appellation contrôlée, produite à partir des vins récoltés et distillés dans la région de Cognac.
ENCYCL. La région productrice du cognac correspond sensiblement au territoire géographique des départements de la Charente et de la Charente-Maritime. Elle est divisée en zones correspondant à des eaux-de-vie de qualité différentes *(Grande Champagne, Fine Champagne).* Les vignes sont plantées en cépages dont le produit est un vin médiocre, mais donnant d'excellentes eaux-de-vie. On distille le vin par la méthode dite « par brouillis et repasses ». Une première chauffe donne un alcool impur qu'on appelle « brouillis », une deuxième produit l'eau-de-vie de cœur que l'on met dans des fûts en chêne, où elle séjournera plus ou moins longtemps pour acquérir la couleur que lui communique le bois et les qualités qui font sa renommée. Enfin, les produits obtenus en fin de distillation, mélangés à ceux du début, constituent les repasses, qui sont ajoutées au vin que l'on va distiller pour obtenir du nouveau brouillis.

COGNAC (16100), ch.-l. d'arrond. de la Charente, sur la Charente ; 19 932 hab. *(Cognaçais).* Centre de la distillerie du cognac et industries annexes (emballages, verrerie). Monuments des XIIe-XVIe s. Musée. École de pilotage de base de l'armée de l'air.
— **Hist.** La ville a probablement pour origine le prieuré bénédictin de St-Liguaire. L'une des quatre « places de sûreté » données aux protestants par la paix de Saint-Germain (1570), elle fut ruinée par la révocation de l'édit de Nantes et se releva — depuis 1787 — grâce à l'industrie des eaux-de-vie.

COGNAÇAIS, région de la Charente, plus réduite que la région productrice de cognac, de part et d'autre de la Charente, autour de Cognac.

COGNACQ (Ernest), négociant et philanthrope français (Saint-Martin-de-Ré 1839-Paris 1928). Il fonda en 1870 le magasin « À la Samaritaine », se signala par de nombreuses œuvres d'assistance en faveur de ses employés et par l'institution de prix décernés aux familles nombreuses (fondation Cognacq-Jay). — Sa femme, MARIE LOUISE **Jay** (Samoëns 1838-Paris 1925), le seconda dans ses activités.

Cognacq-Jay *(musée),* à Paris, musée municipal résultant de la donation à la Ville (1928) des collections d'arts décoratifs et plastiques du XVIIIe s. constituées par E. Cognacq et son épouse M.-L. Jay.

COGNASSIER [-ɲa-] n. m. (de *coing*). **1.** Arbre fruitier de la famille des rosacées, qui produit le coing et qu'on utilise surtout comme porte-greffe du poirier. — **2.** *Cognassier du Japon,* arbuste tortueux, épineux, dense, aux grandes fleurs rouges ou oranges, qui en font une très belle plante d'ornement, objet d'une importante culture au Japon.

COGNAT [-gna] n. m. (lat. *cognatus*). À Rome, celui qui était uni à d'autres par des liens de parenté naturelle (et non pas civile), et, particulièrement, celui qui était parent par les femmes.

COGNATION [-gnasjɔ̃] n. f. (lat. *cognatio, -onis*). Lien de parenté entre des cognats.

COGNATIQUE [-gna-] adj. (de *cognat*). **1.** Se dit d'un mode de filiation non unilinéaire, qui passe indifféremment par les hommes et par les femmes. (Syn. BILATÉRAL, INDIFFÉRENCIÉ.) — **2.** *Succession cognatique,* succession dévolue aux cognats.

1. COGNE n. f. (de *cogner*). *Pop.* Action de cogner, de frapper qqn, de se battre : *Il va y avoir de la cogne.*

2. COGNE n. m. (de *cogner*). *Pop.* Agent de police, gendarme.

COGNÉE n. f. (lat. médiév. *cuneata,* de *cuneatus,* en forme de coin). **1.** Sorte de hache à fer étroit, à long manche, qui sert à abattre les arbres, à dégrossir les pièces de charpente, etc. — **2.** *Jeter le manche après la cognée,* tout abandonner par découragement.

COGNEMENT n. m. **1.** Action de cogner, de frapper à coups répétés ; bruit sourd résultant de cette action. — **2.** Série de bruits sourds caractéristiques du déréglage de l'allumage d'un moteur à explosion ou du jeu exagéré d'une bielle.

COGNER v. t. (de *coin*) [conj. 3]. **1.** Frapper qqch contre qqch, le heurter (involontairement) : *Ne cogne pas les verres, ils sont fragiles.* – **2.** *Pop.* Frapper durement qqn, le battre.
◆ v. t. ind. **1.** Frapper, venir frapper qqch, donner des coups sur qqch : *Cogner sur un clou avec un marteau.* – **2.** Frapper, donner des coups, surtout pour avertir : *Quelqu'un cogne à la porte.* – **3.** *Pop.* Frapper violemment sur qqn, le battre : *Quand il est ivre, il cogne.*
◆ v. i. **1.** Faire entendre un battement, un bruit sourd et répété : *Entendre son cœur cogner.* – **2.** *Pop.* Sentir mauvais, puer. – **3.** Pop. *Ça va cogner,* il va y avoir de la bagarre. ‖ Fam. *Le soleil cogne,* il fait très chaud, le soleil tape.
◆ **se cogner** v. pr. **1.** Se heurter contre qqch, se donner une contusion : *Je me suis cogné contre le coin de la table.* – **2.** *Fam.* Rencontrer qqn par hasard, le trouver sur son chemin : *Partout où je vais je me cogne à lui.* – **3.** *Se cogner la tête contre les murs,* se dit quand on sent qu'on ne viendra jamais à bout d'une difficulté.

COGNEUR, EUSE adj. Se dit d'un chien courant qui, en chassant, a le récri court, répété et régulier.
◆ **cogneur** n. m. *Fam.* Bagarreur.

COGNEUX ou **COIGNEUX** n. m. Batte du fondeur, pour frapper le sable à moule.

COGNIN (73160), ch.-l. de cant. de la Savoie, banlieue ouest de Chambéry ; 6 087 hab. Coutellerie.

COGNITICIEN, ENNE n. Spécialiste de recherches en intelligence artificielle.

COGNITIF, IVE [kɔgni-] adj. (lat. médiév. *cognitivus*). **1.** Qui se rapporte à la cognition. – **2.** *Fonction cognitive,* syn. de FONCTION RÉFÉRENTIELLE. ‖ *Psychologie cognitive,* étude des activités psychologiques supérieures (perception, attention, mémoire, langage, processus intellectuels). ‖ *Sciences cognitives,* ensemble des sciences qui portent sur la cognition (psychologie cognitive, linguistique, logique, recherches en intelligence artificielle, etc.).

COGNITION [kɔgnisjɔ̃] n. f. (lat. *cognitio, -onis*). **1.** Dans la philosophie scolastique, faculté de connaître. – **2.** Ensemble des structures et activités psychologiques dont la fonction est la connaissance, par oppos. aux domaines de l'affectivité.

COGNITIVISME [kɔgni-] n. m. Tendance théorique qui met l'accent sur les activités supérieures humaines (la cognition), et qui accepte l'idée qu'une connaissance scientifique de ces activités est possible.

COGNITIVISTE [kɔgni-] adj. et n. Qui relève du cognitivisme ; qui en est partisan.

COGNOMEN [kɔgnɔmɛn] n. m. (lat. *cognomen*). Chez les Romains, surnom donné à l'origine à un individu, en souvenir d'une action d'éclat, ou à cause d'une particularité généralement physique (le cognomen est ensuite devenu héréditaire).

COGOLIN (83310), comm. du Var, en bordure du massif des Maures ; 8 006 hab. *(Cogolinois).* Église en partie romane. Station balnéaire et port de plaisance (avec marines) au fond du golfe de Saint-Tropez.

COHABITANT, E n. Personne qui a une habitation commune avec d'autres.

COHABITATION n. f. (lat. ecclés. *cohabitatio, -onis*). **1.** Fait de cohabiter, de vivre ensemble ; coexistence. – **2.** Présence simultanée d'une majorité parlementaire et d'un chef de l'État de tendances politiques différentes. 3. *Cohabitation juvénile,* fait pour un jeune homme et une jeune fille de vivre en couple sans être mariés.

COHABITATIONNISTE adj. et n. Relatif à la cohabitation en politique ; qui en est partisan.

COHABITER v. t. ind. (lat. ecclés. *cohabitare*) [conj. 3]. **1.** Habiter dans le même logement que qqn : *Cohabiter avec ses beaux-parents.* – **2.** Vivre avec l'autre, en parlant de chacun des membres d'un couple. – **3.** Vivre avec un autre groupe (ethnique, politique, etc.) présent sur le même territoire ou dans le même espace juridique, sans remettre en cause le système existant. – **4.** Exister en même temps que qqch : *Comment faire cohabiter cette théorie avec la situation actuelle ?*

COHAN (Robert), danseur, chorégraphe et directeur de troupe américain (New York 1925). Premier directeur de la London School of Contemporary Dance (1967) puis directeur du London Dance Contemporary Theatre (1969), il fit connaître en Europe le style de Martha Graham.

COHEN (Hermann), philosophe allemand (Coswig 1842 - Berlin 1918). Fondateur de l'école de Marburg, il est l'un des principaux tenants du néokantisme. Il a écrit *Logik der Reinen Erkenntnis* (1902), *Der Begriff der Religion im System der Philosophie* (1915).

COHEN (Marcel), linguiste français (Paris 1884-Viroflay 1974). Disciple d'A. Meillet, c'est un spécialiste des langues sémitiques. Il s'est également intéressé à la classification des langues, à des problèmes de linguistique française (*Histoire d'une langue, le français,* 1947, 4e éd. 1974), aux rapports entre les langues et les sociétés (*Pour une sociologie du langage,* 1956), à l'écriture (*la Grande Invention de l'écriture et son évolution,* 1959).

COHEN (Robert), historien français (Paris 1889 - *id.* 1939). Il fut collaborateur de Gustave Glotz, dont il poursuivit l'*Histoire générale* consacrée à la Grèce. On lui doit aussi *la Grèce et l'hellénisation du monde antique* (1934).

COHEN (Albert), écrivain suisse de langue française (Corfou 1895-Genève 1981). Haut fonctionnaire international à la S. D. N., puis à l'O. N. U., il dut la célébrité à son roman *Belle du Seigneur* (1968), troisième volet d'une trilogie commencée avec *Solal* (1930) et *Mangeclous* (1938).

COHEN (Paul Joseph), mathématicien américain (Long Branch, New Jersey, 1934). Professeur à l'université de Stanford, il a démontré que l'hypothèse du continu est indécidable. Il a obtenu la médaille Fields en 1966.

COHÉRENCE n. f. (lat. *cohaerentia*). **1.** Propriété de ce qui est cohérent, logique interne d'un discours, d'une idée, d'un acte, etc. ; qualité de qqn, d'un groupe cohérents : *Son discours manquait tellement de cohérence qu'il était difficile à suivre.* — **2.** Aptitude d'un rayonnement optique ou d'une source à engendrer des phénomènes d'interférences lors de la division de ce rayonnement en plusieurs faisceaux qui se superposent. (Les lasers sont des sources lumineuses dont la cohérence spatiale et la cohérence temporelle sont remarquables.)

COHÉRENT, E adj. (lat. *cohaerens,* de *cohaerere,* être attaché ensemble). **1.** Dont les parties s'enchaînent bien et présentent entre elles des rapports logiques ; qui se tient, logique : *Des idées cohérentes.* — **2.** Se dit d'un rayonnement qui manifeste la propriété de cohérence. — **3.** *Être cohérent (avec soi-même),* manifester de la continuité, de la logique dans ses idées et ses actes, être logique avec soi-même. ‖ *Précipité cohérent,* ensemble de particules très fines d'un composé cristallisé dont le réseau cristallin est en continuité avec celui du grain du métal hôte. ‖ *Roche cohérente,* roche sédimentaire dure dont les éléments sont réunis par un ciment.

COHÉREUR n. m. (lat. *cohaerere,* être attaché ensemble). Détecteur d'oscillations électriques, inventé par Édouard Branly, fondé sur la diminution brusque de la résistance d'un contact métallique lorsqu'il est soumis à une tension alternative de fréquence élevée. (Marconi l'utilisa pour réaliser la première liaison par T. S. F. à travers la Manche, en 1899.)

COHÉRITER v. t. ind. (conj. **3**). Hériter avec d'autres.

COHÉRITIER, ÈRE n. Chacune des personnes qui est appelée à cohériter.

COHÉSIF, IVE adj. Qui assure la cohésion, l'unité de qqch : *Force cohésive.*

COHÉSION n. f. (lat. *cohaesum,* de *cohaerere,* être attaché ensemble). **1.** Propriété d'un ensemble dont toutes les parties sont solidaires ; solidarité : *La cohésion des différentes parties d'un État.* — **2.** Caractère d'une pensée, d'un exposé, etc., dont toutes les parties sont liées logiquement les unes aux autres : *La cohésion d'un récit.* — **3.** Ensemble des forces développées à l'intérieur d'un film d'adhésif sec, qui assurent son intégrité par maintien entre elles de ses particules. — **4.** Résistance au cisaillement d'un échantillon de sol en l'absence de contrainte normale.

COHÉSIVITÉ n. f. Propriété que possède une matière de conserver sa stabilité par le jeu des forces intérieures.

COHL (Émile COURTET, dit **Émile**), cinéaste d'animation et caricaturiste français (Paris 1857-Villejuif 1938). Il fut l'un des grands pionniers du dessin animé (*Fantasmagorie,* 1908 ; *Un drame chez les Fantoches,* 1908) ; *les Joyeux Microbes,* 1909, *les Pieds nickelés,* 1917-18).

COHORTE n. f. (lat. *cohors, -ortis*). **1.** Unité tactique de base de la légion romaine (environ 600 hommes, soit un dixième de la légion), constituée de trois manipules. — **2.** Troupe de gens quelconque : *Une cohorte de touristes.* — **3.** Ensemble des individus ou des couples considérés ensemble sur le plan démographique. (Syn. PROMOTION.)

COHUE n. f. (breton *koc'hu,* halle). **2.** Multitude désordonnée, confuse et bruyante de personnes ; bousculade : *Se faire voler son sac dans la cohue.*

COI, COITE adj. (lat. pop. *quetus,* du lat. class. *quietus,* qui est au repos). *Rester coi, se tenir coi,* rester, demeurer calme, tranquille, muet, sous l'effet de la surprise, de l'émotion, de la crainte, etc.

COIFFAGE n. m. **1.** Action de coiffer les cheveux. — **2.** Action de recouvrir d'un revêtement protecteur la dentine cariée ou la pulpe dénudée d'une dent.

COIFFANT, E adj. Se dit d'un chapeau pour exprimer comment il va à la personne qui le porte.

◆ **coiffant** n. m. Manière dont un chapeau sied au visage.

COIFFE n. f. (bas lat. *cofia,* p.-ê. du germ.). **1.** Coiffure que portaient autrefois les femme de toutes les classes sociales et qui est encore portée par des religieuses et quelquefois à la campagne. — **2.** Partie de la coiffure faite de lingerie, qui se portait à même les cheveux. (Syn. SOUS-COIFFE.) — **3.** Doublure d'une coiffure quelconque. (Syn. FOND DE CHAPEAU.) — **4.** Partie de peau rabattue en tête et en queue du dos d'un livre. – **5.** Partie de la cotte de mailles habillant autrefois le crâne sous le casque. – **6.** Partie supérieure d'une fusée, dans laquelle est logée la charge utile, et la protégeant durant la traversée des couches denses de l'atmosphère. – **7.** Région terminale de chacune des racines d'une plante, dont les cellules se renouvellent constamment. – **8.** Débris d'archégone recouvrant le sporogone des mousses avant la dispersion des spores.

COIFFER v. t. (de *coiffe*) [conj. 3]. **1.** Mettre sur la tête de qqn une coiffure, un chapeau : *Coiffer un enfant d'une casquette.* – **2.** Mettre une coiffure sur sa tête : *Coiffer une toque.* – **3.** En parlant d'une coiffure, aller de telle ou telle manière à qqn : *Ce chapeau vous coiffe à merveille.* – **4.** Arranger la chevelure avec soin : *Cheveux faciles, difficiles à coiffer.* – **5.** Faire tel type de coiffure : *Coiffez-le court, s'il vous plaît.* – **6.** Être coiffeur de qqn : *C'est Jacques qui vous coiffe ?* – **7.** En parlant d'un coiffeur, exercer son activité de telle ou telle manière : *Il coiffe à merveille.* – **8.** Placer qqch au-dessus de qqch, être placé au-dessus : *Coiffer une lampe d'un abat-jour.* – **9.** Être à la tête d'un groupe, d'un service, etc., exercer une autorité supérieure sur lui ; chapeauter : *Il coiffe tous les services administratifs et financiers.* – **10.** En parlant d'un sportif, dépasser un concurrent, passer en tête alors qu'ils sont tous les deux près de l'arrivée ; en parlant d'une personne quelconque, l'emporter sur un concurrent au dernier moment. – **11.** Prendre un poisson en se servant d'une épuisette ou d'un filet. – **12.** *Coiffer la couronne, la mitre, la tiare,* être élevé à la dignité de roi, d'évêque, de pape. ‖ *Coiffer un objectif,* l'atteindre par le tir ou le conquérir. ‖ Fam. *Coiffer sainte Catherine,* atteindre sa vingt-cinquième année sans s'être mariée.

◆ v. i. Porter des chapeaux de telle taille, avoir tel tour de tête : *Coiffer du 50.*

◆ **être coiffé** v. pass. *Être (né) coiffé,* avoir une chance persévérante (se disait d'un nouveau-né venu au monde avec une partie de la membrane fœtale sur la tête, ce qui passait pour un signe de chance). ‖ *Chien bien coiffé,* qui a les oreilles longues et pendantes. ‖ Fam. *Le premier chien coiffé,* le premier venu, n'importe qui. ‖ *Pion coiffé,* au jeu d'échecs, pion désigné d'avance, avec lequel un des joueurs s'engage à faire mat.

◆ **se coiffer** v. pr., **être coiffé** v. pass. **1.** Placer sur sa tête telle ou telle coiffure, la porter : *Il était coiffé d'un béret.* – **2.** Arranger sa chevelure, avoir les cheveux en ordre : *Coiffe-toi, tu as les cheveux en bataille.* – **3.** Avoir tel type de coiffure : *Être coiffé en brosse.* – **4.** *Fam.* et *vx.* S'enticher de qqch ou de qqn, marquer un goût soudain et vif pour qqch ou qqn.

COIFFETTE n. f. Petite coiffe.

COIFFEUR, EUSE n. Professionnel procédant aux soins esthétiques et hygiéniques de la chevelure ou de la barbe.

◆ **coiffeuse** n. f. Petit table pour les soins de beauté, munie d'un miroir ainsi que de tiroirs ou casiers.

COIFFURE n. f. **1.** Élément d'un costume, pièce de l'habillement qui se porte sur la tête : *Coiffure militaire.* – **2.** Coupe ou arrangement particulier des cheveux : *Coiffure en brosse.* – **3.** Art de coiffer ; métier, activité du coiffeur : *Salon de coiffure.*

COIGNARD, famille de libraires et d'imprimeurs parisiens. – JEAN-BAPTISTE (1637-1689) fut imprimeur de l'Académie française. – ÉLIE JEAN-BAPTISTE (1667-1735) publia les deux premières éditions du *Dictionnaire de l'Académie.* – JEAN-BAPTISTE III (1693-1768) publia le *Dictionnaire des arts et des sciences* de Thomas Corneille.

COIGNET (Jean Roch), officier français (Druyes-les-Belles-Fontaines, Yonne, 1776-Auxerre 1865). Ancien sous-officier des grenadiers de la Garde impériale, il écrivit ses souvenirs, publiés en 1851 sous le titre *Cahiers du capitaine Coignet.*

COIGNET (François), industriel français (Lyon 1814 - *id.* 1888). Il améliora le traditionnel béton de terre *(pisé banché à la lyonnaise)* avec des liants hydrauliques et mit ainsi au point la technique des bétons agglomérés, brevetée en 1855. Les grands travaux exécutés par ce procédé ouvrirent la voie au béton armé.

COIGNEUX → COGNEUX.

COIGNY (Marie François Henri DE FRANQUETOT, *duc* DE), maréchal de France (Paris 1737 - *id.* 1821). Lieutenant général (1780), député aux États généraux de 1789, il émigra en 1792, combattit dans l'armée de Condé et celle des Princes et fut fait maréchal de France en 1816. – Sa nièce, AIMÉE **de Franquetot de Coigny,** duchesse de Fleury (Paris 1769-*id.* 1820), épousa en 1785 l'arrière-petit-neveu du cardinal de Fleury. Divorcée en 1793, elle fut emprisonnée et incarcérée à Saint-Lazare où elle inspira à A. Chénier l'élégie de *la Jeune Captive.*

COILER [kɔjlœr] n. m. (angl. *coiler,* bobineuse). Dispositif équipant les machines de préparation à la filature, formé d'un plateau tournant entraînant un pot, dans lequel se déposent, en spires régulières, les rubans de fibres.

COIMBATORE, v. de l'Inde (Tamil Nadu), dans le Deccan ; 917 000 hab. Centre industriel (textile, constructions mécaniques et électriques).

COIMBRA, v. du Portugal, dans la Beira, ch.-l. de district, sur le Mondego ; 72 000 hab. Cap. du Portugal du XIIe s. jusqu'au milieu du XIIIe s.

Centre universitaire (le seul au Portugal jusqu'en 1911) et industriel (textile, céramique, biscuiterie, mécanique). Dans la ville haute, vieille cathédrale du XIIe s., romane, université (chapelle manuéline à azulejos, bibliothèque du XVIIIe s.), musée ethnographique, riche musée Machado de Castro occupant l'anc. palais épiscopal. Dans la ville basse, monastère de S. Cruz, rebâti par Manuel Ier (cloître), et autres monuments.

COIN n. m. (lat. *cuneus,* coin à fendre). **1.** Angle formé par deux lignes, deux plans qui se coupent, surface située dans cet angle : *Il s'est cogné au coin du bureau.* – **2.** Angle formé par deux rues qui se coupent : *Vous avez un tabac au coin.* – **3.** Angle d'une pièce dans lequel se tient, en punition, un enfant, le dos tourné au reste de la salle ; cette punition : *Aller au coin.* – **4.** Petite partie d'un espace quelconque, d'une surface quelconque : *On aperçoit un coin de ciel bleu.* – **5.** Partie d'un espace affectée à un usage précis : *Le coin des bricoleurs dans un grand magasin.* – **6.** Endroit, lieu, quartier ou localité plus ou moins déterminés : *C'est un coin de Paris que je ne connais pas.* – **7.** Environs immédiats du lieu où on est et, en partic., du lieu où on habite : *Je ne peux pas vous renseigner, je ne suis pas du coin.* – **8.** *Au coin du feu,* près de la cheminée, dans un climat familier. ‖ *Aux quatre coins d'un lieu,* aux extrémités opposées de ce lieu, partout dans ce lieu : *Elle a voyagé aux quatre coins du monde.* ‖ *Coin cuisine, coin repas, coin salon, etc.,* espace spécialement aménagé pour la cuisine, le repas, la détente, etc., à l'intérieur d'une pièce ayant une autre fonction (souvent avec un trait d'union). ‖ *Coin fenêtre, coin couloir,* place située dans un train près de la fenêtre, près du couloir. ‖ *Coins de la bouche, des yeux,* commissures des lèvres, des paupières. ‖ Fam. *Connaître dans les coins,* parfaitement. ‖ *De coin,* se dit d'une place, d'un fauteuil situés à l'extrémité d'une rangée ; se dit d'un meuble conçu pour occuper l'angle d'une pièce ; d'angle, de biais, indirect. ‖ *Du coin de l'œil,* d'un regard discret, à la dérobée : *À tous les coins de rue,* très banal, sans grande valeur. ‖ *Laisser qqn dans son coin, rester dans son coin,* laisser qqn, rester à l'écart des autres, se tenir à l'écart des autres, s'isoler. ‖ *Les quatre coins,* jeu dans lequel quatre personnes vont d'un coin à un autre d'un espace carré, tandis qu'une cinquième, placée au milieu s'efforce de s'emparer de l'un des coins quand il est inoccupé. ‖ Litt. *Marqué, frappé au coin de,* qui porte la marque de : *Observation marquée au coin du bon sens.* ‖ *On ne voudrait pas, on n'aimerait pas le rencontrer au coin d'un bois,* il a une mine patibulaire, il n'inspire pas confiance. ‖ *Petit(s) coin(s),* cabinets, waters. ‖ *Regard, sourire en coin,* qui est furtif, ironique. • **Arm.** *Fermeture à coin,* système de fermeture de la culasse des canons. – **Bijout.** *Coin de table, de culasse,* chacune des quatre facettes obtenues au cours de la mise en croix, sur le dessus et le dessous d'une pierre de bijouterie. – **Bur.** *Coin de lettre,* attache métallique permettant de réunir plusieurs feuillets. – **Géogr.** *Coin de glace* ou *fente en coin,* phénomène dû à des dérangements des couches meubles par cryoturbation, résultant du remplissage de veines de glace (polygones de toundra) par des matériaux meubles. – **Hydrol.** *Coin salé,* dans une embouchure, pénétration de l'eau marine sous l'eau fluviale, dont elle est séparée par une halocline en pente douce vers l'amont. – **Menuis.** Pièce d'un rabot ou d'une varlope, de forme aiguë, servant à bloquer le fer dans la lumière du fût. ‖ Petite pièce de bois enfoncée dans la tête d'un tenon apparent. – **Monn.** Matrice de frappe des monnaies et des médailles. – **Opt.** Pièce optique en forme de prisme d'angle très faible. – **Outill.** Petite pièce servant à serrer un manche dans l'œil de l'outil. – **Phot.** *Coin (gommé),* languette de papier collant, permettant de fixer des photographies par les coins dans un album. – **Rel.** Triangle de peau ou de toile, garnissant les deux angles des plats d'une reliure. – **Sports.** Angle du ring où le boxeur se tient pendant la minute de repos. – **Sylvic.** Pièce de métal ou de bois très dur, en forme de prisme à angle très aigu, utilisée dans l'abattage des arbres et pour débiter des billes en quartiers. – **Zootechn.** Incisive latérale des herbivores dont l'usure permet d'estimer l'âge.

COINÇAGE n. m. Action de coincer.

COINCEMENT n. m. État de ce qui est coincé, bloqué.

COINCER v. t. (de *coin*) [conj. **16**]. **1.** Immobiliser qqch, qqn, le serrer, le bloquer dans un espace étroit, entre d'autres objets ou d'autres personnes, et l'empêcher de bouger, de se mouvoir : *L'éboulement avait coincé de nombreuses victimes sous les décombres.* – **2.** Obstruer un passage, une ouverture en empêchant de passer : *Les gens coinçaient la sortie, on a dû attendre.* – **3.** Immobiliser qqch, le bloquer : *Il y a quelque chose qui coince le tiroir.* – **4.** Retenir qqn en un lieu, contre sa volonté : *Elle m'a coincée dans le couloir pour me raconter ses vacances.* – **5.** Mettre qqn dans l'embarras pour agir, répondre, se déterminer : *La journaliste l'a coincé sur sa position politique.* – **6.** *Fam.* Pincer qqn qui a commis une faute, un délit : *Se faire coincer à la douane.*
◆ v. i. (fam.) ou **se coincer** v. pr., **être coincé** v. pass. **1.** Être bloqué, immobilisé : *Le tiroir coince, ne force pas.* – **2.** *Fam.* Se bloquer, rencontrer un obstacle : *Les négociations coincent sur ce point.*
◆ **être coincé** v. pass. **1.** Être retenu immobilisé, bloqué qqpart : *On trouva la victime coincée sous*

les décombres. — **2.** *Fam.* Être retenu en un lieu par qqch ou par qqn : *Je suis coincé à la maison à cause des enfants.* — **3.** *Fam.* Être mis dans l'impossibilité de répondre, d'agir : *Il est coincé entre son désir de plaire et la nécessité de faire preuve d'autorité.* — **4.** Fam. *Être (un peu, très) coincé,* avoir des difficultés financières momentanées ; être mal à l'aise dans sa façon d'être, être bloqué. ◆ **se coincer** v. pr., **être coincé** v. pass. **1.** Se prendre un doigt, une main, etc., entre deux choses qui les serrent et les bloquent : *Se coincer le doigt dans une porte.* — **2.** Faire un faux mouvement qui bloque une articulation : *Avoir le genou coincé.* — **3.** Se bloquer, être bloqué : *La clef s'est coincée dans la serrure.*

COINCEUR n. m. Ustensile en acier placé dans une fissure et utilisé par l'alpiniste pour l'assurage sur une paroi rocheuse.

COINCHER v. i. (p.-ê. forme norm. de *coincer,* duper) [conj. 3]. À la manille, syn. de CONTRER.

COÏNCIDENCE n. f. **1.** Rencontre fortuite de circonstances ; événements qui se produisent en même temps : *Une fâcheuse coïncidence.* — **2.** Circuit électronique permettant de s'assurer que des impulsions provenant de détecteurs sont toutes relatives à un même événement physique. — **3.** État de deux figures coïncidentes.

COÏNCIDENT, E adj. Se dit de figures géométriques applicables, ou isométriques.

COÏNCIDER v. t. ind. (lat. médiév. *coincidere,* tomber ensemble, de *incidere,* tomber) [conj. 3]. **1.** En parlant de deux surfaces, de deux objets ou deux formes, correspondre point par point, pouvoir se superposer, se recouvrir : *L'empreinte des traces relevées dans la neige coïncide avec l'empreinte de vos semelles.* — **2.** Arriver, se produire en même temps, en parlant de qqch : *Nous sommes arrivés à faire coïncider nos dates de vacances.* — **3.** S'accorder en tout point avec qqch, concorder, en parlant de qqch : *Votre désir coïncide avec le mien.* — **4.** Être isométrique.

COIN-COIN interj. (onomat.). Imite le cri du canard ou le bruit des vieux avertisseurs sonores (surtout à pomme de caoutchouc).

COÏNCULPÉ, E [koɛ̃-] n. Personne qui est inculpée avec une ou plusieurs autres.

COIN-DE-FEU n. m. (pl. *coins-de-feu*). Petit siège conçu pour s'asseoir près du feu (XVIIIe s.).

COÏNDIVISAIRE n. Propriétaire d'un bien indivis avec un ou plusieurs autres.

COING [kwɛ̃] n. m. (lat. *cotoneum,* du gr. *kudônia,* de Kydonia, n. pr.). **1.** Fruit du cognassier, de couleur jaune, ayant la forme d'une grosse poire, un goût âpre, la peau veloutée. — **2.** *Pâte de coings,* marmelade de coings séchée à l'étuve, détaillée en morceaux et roulée dans du sucre cristallisé.

Cointrin, aéroport de Genève (Suisse).

COIR n. m. Syn. de COCO 1.

COIRE, en all. **Chur,** v. de Suisse, ch.-l. du cant. des Grisons, sur le Rhin ; 32 000 hab. Centre touristique et nœud de communications. La ville haute, entourée de murailles, occupe le site d'une ancienne cité romaine ; cathédrale romane, palais épiscopal de 1730. Centre commercial et industriel (textile, mécanique, chocolat). — **Hist.** Ancien établissement militaire romain, elle fut siège d'un évêché dès le Ve s., dont les évêques, largement dotés par Otton Ier (Xe s.), reçurent la dignité princière en 1160. L'empereur Frédéric III lui reconnut le statut de ville libre (1464). Après avoir adhéré à la Réforme (1526), Coire connut des désordres aux XVIe et XVIIe s. Elle devint en 1803 le chef-lieu du canton des Grisons.

COIRON (le) ou **COIRONS** (les), plateau volcanique de la bordure orientale du Massif central, dans le Vivarais (Ardèche) ; 1 061 m au Roc de Gourdon.

COISLIN, titre de la famille bretonne **du Cambout,** connue dès le XIIe s. — PIERRE CÉSAR **du Cambout,** marquis **de Coislin** (1613-Aire 1641), lieutenant général des armées, eut de Marie Séguier, fille du chancelier, PIERRE ARMAND (Paris 1636-Versailles 1706), évêque d'Orléans et cardinal (Acad. fr. 1702) et ARMAND (1635-1702), lieutenant général des armées (Acad. fr., 1652), duc **de Coislin** en 1663. — HENRI CHARLES (Paris 1664-*id.* 1732), fils du précédent, fut évêque de Metz. (Acad. fr., 1710.)

COÏT [kɔit] n. m. (lat. *coitus,* action de se réunir). **1.** Relation sexuelle entre deux individus par intromission du pénis dans le vagin. — **2.** *Coït interrompu,* méthode contraceptive consistant à interrompre le coït avant l'éjaculation. ‖ *Maladie du coït,* syn. de DOURINE.

ENCYCL. **Sexol.** Principale manifestation de la sexualité génitale, le coït, dans son déroulement normal ou perturbé, relève à la fois du physiologique et du psychologique. Le coït comporte deux phases indépendantes l'une de l'autre : une phase d'excitation ou de désir et une phase orgasmique. La phase d'excitation s'exprime essentiellement, chez l'homme, par une érection du pénis et, chez la femme, par une lubrification vaginale. Dans le coït, l'orgasme est marqué par une intensification très brève de la volupté et met en cause la contraction des muscles périnéaux et bulbaires, de l'urètre, des vésicules séminales et du sphincter vésical chez l'homme, et chez la femme des muscles du diaphragme pelvien et du sphincter anal. Le sperme est expulsé par le méat urétral en 3 ou 4 jets saccadés (éjaculation), issus des contractions de l'urètre pelvien.

COÏTAL, E, AUX adj. Relatif au coït.

COÏTER v. t. ind. (conj. 3). *Pop.* S'accoupler avec qqn.

COITIER (Jacques), (Poligny, Jura, début du XVe s. - Paris v. 1505). Médecin de Louis XI, il eut un grand ascendant sur le roi qui le nomma président de la Chambre des comptes (1482).

COÎTRE n. m. Maladie de la vigne, appelée aussi *rot blanc,* causée par un champignon et qui se manifeste surtout après une chute de grêle, la grappe desséchant et brunissant.

COITTE → COUETTE 2 .

COÏX [koiks] n. m. Graminée aux grains ornementaux. (N. usuel *larme-de-Job.*)

COJOUISSANCE n. f. Jouissance simultanée d'un même bien.

COJUMEAU, ELLE n. L'un des jumeaux par rapport à l'autre.

1. COKE n. m. (angl. *coke*). **1.** Combustible provenant de la distillation de la houille et ne renfermant plus qu'une très faible fraction des matières volatiles qu'elle contenait. – **2.** *Coke métallurgique,* coke en morceaux relativement gros et surtout très résistants à la compression, obtenu à partir de charbon de qualité, et utilisé dans les fours métallurgiques, notamment les hauts-fourneaux. (On l'utilise dans la fabrication de la fonte à raison de 400 kg par tonne de fonte et comme combustible dans les foyers à feu continu.) ‖ *Coke moulé,* coke préparé à partir de charbons agglomérés analogues aux boulets domestiques. ‖ *Coke de pétrole,* produit solide, noirâtre, constitué essentiellement de carbone, obtenu le plus souvent par craquage thermique. (Il sert à la fabrication d'électrodes, et comme réfractaire dans les fours à haute température.)

2. COKE n. f. *Pop.* Cocaïne.

COKE (*sir* Edward), juriste anglais (Mileham 1552 - Stoke Poges 1634). Attorney général, il conduisit l'instruction du procès de la Conspiration des poudres (1605). Juge principal des plaids communs (1606), il s'attacha à défendre la suprématie de la Common Law : aussi Jacques Ier le démit-il de ses fonctions en 1616. Il fut l'un des principaux rédacteurs de la Pétition de droit (1628).

COKE-CAR n. m. (pl. *coke-cars*) [angl. *coke,* charbon, et *car,* voiture]. Wagon utilisé pour extraire des fours le coke en pleine combustion et le transporter dans une chambre d'extinction puis sur les aires de déversement.

COKÉFACTION n. f. **1.** Transformation, en vase clos et à haute température, de la houille en coke par action de la chaleur. (→ *encycl.*) – **2.** Opération permettant de transformer en coke, par craquage thermique, les résidus lourds de pétrole. (Syn. COKING.) – **3.** *Chaleur de cokéfaction,* chaleur de réaction correspondant à la transformation de la houille en coke.

ENCYCL. La cokéfaction s'effectue vers 1 000 °C dans des fours à coke, soit à sec (sans aucun additif), soit sous vapeur (avec injection de vapeur d'eau à la base des fours), soit encore avec addition d'hydrocarbures liquides ou gazeux. L'alimentation en charbon et l'évacuation du coke sont le plus souvent continues dans les installations récentes. Les résidus gazeux sont brûlés dans les centrales thermiques, tandis que les benzols, les eaux ammoniacales et les goudrons sont orientés vers l'industrie chimique.

COKÉFIABLE adj. Qui peut être converti en coke.

COKÉFIANT, E adj. *Pouvoir cokéfiant,* aptitude d'une houille à la cokéfaction.

COKÉFIER v. t. (conj. 9). Transformer en coke.

COKERIE n. f. (de *coke 1*). Usine qui comporte des fours à chambres de grande capacité, dans lesquels on fabrique du coke métallurgique, et dont les sous-produits (goudrons, benzols, gaz divers) sont la base de la carbochimie.

COKING n. m. Syn. de COKÉFACTION.

COL n. m. (lat. *collum,* cou). **1.** Syn. vx de COU. – **2.** Partie rapportée d'un vêtement en bordure de l'encolure. – **3.** Goulot, partie étroite et allongée d'une bouteille, d'un vase, etc. – **4.** Partie déprimée d'un relief, d'une arête montagneuse, souvent utilisée pour passer d'un versant à l'autre. – **5.** *Col blanc,* employé de bureau. ‖ *Col bleu,* ouvrier de l'industrie. ‖ *Faux col,* col amovible d'une chemise d'homme, qui se fixe par un boutonnage, et, *fam.,* mousse de la bière dans un verre. ‖ Fam. *Se pousser du col,* prendre des airs importants, chercher à se faire valoir. • **Anat.** Portion rétrécie de certains os *(fémur, humérus)* ou de certains organes creux *(col de l'utérus, col de la vessie).* – **Bot.** Conduit allongé qui, dans l'archégone des plantes, surmonte l'oosphère. – **Habill.** *Pied de col,* partie inférieure d'un col chemisier, au-dessous de la ligne de pliure, dont le bord extérieur droit s'applique à l'encolure. – **Pathol.** *Maladie du col,* syn. de DYSECTASIE. – **Techn.** Partie rétrécie d'une tuyère, au plan de raccordement du convergent et du divergent.

1. COLA ou **KOLA** n. m. (mot dialect. d'Afrique). *Noix de cola,* graine du colatier, rouge ou blanche, grosse comme une noix, douée de propriétés stimulantes, utilisée dans certaines boissons et en pharmacie.

2. COLA n. m. Nom générique de boissons gazeuses préparées à partir d'extraits naturels de fruits ou de plantes et contenant, en plus du gaz carbonique, du sucre ou des succédanés de sucre, de la caféine et des colorants.

3. COLA n. f. (esp. *cola*). Traîne de la robe de la danseuse espagnole.

COLA ou **CHOLA,** dynastie de l'Inde du Sud (VIIe-XIIIe s.) qui eut pour capitale Kāñcī (Kānchīpuram).

COLA DI RIENZO, homme politique italien (Rome 1313 ou 1314 - *id.* 1354). Voulant restaurer la grandeur de Rome, il organisa une conjuration antinobiliaire et gagna la faveur du peuple qui le proclama tribun (mai 1347). Chassé de Rome par le pape Clément VI et par les nobles (déc. 1347), il fut rappelé par le pape Innocent VI (1353) et retrouva le pouvoir (août 1354). Mais s'étant aliéné le peuple par la création d'impôts, il fut assassiné. Son histoire inspira Wagner dans son drame musical *Rienzi.*

COLANTONIO, peintre italien, actif à Naples entre 1445 et 1465. Acclimatant en Italie méridionale une manière nouvelle en rapport avec les expériences flamandes, provençales et aragonaises, il fut le maître d'Antonello da Messina.

COLASPIDÈME n. f. (gr. *kolos,* tronqué, et *aspis, -idis,* bouclier). Chrysomèle méditerranéen, très nuisible à la luzerne, parfois aussi au haricot et à la pomme de terre. (N. usuel *négril, babotte.*)

COLASSE (Pascal) → COLLASSE.

COLATEUR n. m. (du lat. *colare,* filtrer). Canal servant à l'écoulement des eaux d'irrigation excédentaires.

COLATIER ou **KOLATIER** n. m. (de *cola 1*). Arbre d'Afrique centrale et occidentale fournissant la noix de cola.

COLATITUDE n. f. Angle complémentaire de la latitude, en un lieu donné.

COLATURE n. f. Eau excédentaire des irrigations, recueillie dans les colateurs.

1. COLBACK n. m. (turc, *kalpak*). Sorte de bonnet à poil surmonté d'un plumet, évasé du haut et fermé par une poche conique en drap appelée « flamme ». (Syn. KALPACK.)

2. COLBACK n. m. (de *col*). *Pop.* Cou, col, collet : *Attraper quelqu'un par le colback.*

COLBERT *(famille),* famille champenoise. Laboureurs dans la région de Reims à la fin de la guerre de Cent Ans, les Colbert appartenaient au XVIe s. à la riche bourgeoisie rémoise : OUDART Ier **Colbert** (1520-1573) exerçait à Reims le métier de marchand mercier et commerçait surtout des tissus. Devenus négociants internationaux au XVIIe s., les Colbert pénétrèrent alors le monde des financiers et l'administration royale et accédèrent par là à la noblesse : en 1612, OUDARD II **Colbert,** seigneur *de Villacerf* († 1638), fut anobli par charge de secrétaire du roi. Au milieu du XVIIe s., les Colbert formaient une puissante famille financière, intégrée à un véritable clan politique et financier où se mêlaient des ministres (comme Le Tellier) et des gens d'affaires (tel Particelli d'Émery). Elle atteignit son apogée sous le règne de Louis XIV grâce à Jean-Baptiste Colbert*. Celui-ci maria ses trois filles à des ducs et pairs, les ducs de Beauvillier, de Chevreuse et de Mortemart et poussa son frère Croissy*, son fils Seignelay*, son neveu Torcy* aux plus hauts postes de l'État.

COLBERT (Jean-Baptiste), homme d'État français (Reims 1619-Paris 1683). Il entre au secrétariat d'État à la Guerre (1640) et devient premier commis de Le Tellier (1642) grâce à qui il est nommé conseiller d'État (1649). Intendant de Mazarin (1651), il provoque la disgrâce de Fouquet. Sur la recommandation de Mazarin, Louis XIV le nomme ministre d'État (1661). Intendant des Finances en 1661, Colbert cumule dès lors les fonctions : surintendant des Bâtiments du roi, arts et manufactures (1664), contrôleur général des Finances (1665), secrétaire d'État à la Maison du roi (1668) et à la Marine (1669). Il s'occupera pendant plus de vingt ans de toute l'administration du royaume à l'exception de la Guerre et des Affaires étrangères. Son œuvre est étroitement liée au renforcement du pouvoir royal et à l'apogée de la monarchie louisquatorzienne. À la faveur de douze années de paix (1660-1672), Colbert parvient à remettre de l'ordre dans les finances et à assurer un budget en équilibre grâce à une comptabilité stricte, à un meilleur rendement de la fiscalité obtenu par l'augmentation des aides et des dons gratuits, par l'étroite surveillance des traitants, et par la recherche des exempts abusifs (notamment les faux nobles), qui permet une meilleure répartition de la taille. Appliquant dans tous les domaines la « maxime de l'ordre », Colbert clarifie la loi et tente de l'imposer dans tout le royaume. Il étend ainsi la compétence des intendants, qui seront les meilleurs agents de la centralisation monarchique et établit une certaine unité de législation en faisant rédiger les ordonnances civile (1667), criminelle (1670), des Eaux et Forêts (1669), du Commerce (1673) et de la Marine (1681). Soucieux d'asservir l'art à la puissance et à la majesté royale, il réglemente le travail des artistes avec le concours de Lebrun, de C. Perrault et des académies* qu'il fonde ou réorganise. Colbert s'est surtout attaché à faire de la France une puissance industrielle et marchande autarcique. Appliquant son système économique, le colbertisme*, il crée plus de 400 manufactures dotées de privilèges : tapisseries des Gobelins, de Beauvais, d'Aubusson ; glaces et miroirs du faubourg Saint-Antoine ; soieries de Lyon, draps d'Abbeville, etc. Il multiplie leurs règlements pour obtenir une production de qualité, qu'il protège par des tarifs douaniers (1664, 1667). Il encourage le développement de la marine marchande et fonde des compagnies de commerces bénéficiant de monopoles d'exploitation : Compagnies des Indes orientales, des Indes occidentales (1664), du Nord (1669), du Levant (1670), du Sénégal (1673). Il restaure aussi la marine de guerre et fait aménager des ports (Rochefort, Brest, Toulon, Dunkerque). En 1671 les progrès économiques sont remarquables. Mais le coût des guerres qui provoque à partir de 1672 le relâchement de l'aide financière de l'État à l'économie, l'hostilité des marchands et des artisans aux règlements et aux monopoles, la puissance de la concurrence anglo-hollandaise et les difficultés liées à une conjoncture de dépression suscitent la réapparition du déficit budgétaire et la disparition ou le déclin des manufactures et des compagnies de commerce. Contraint dès 1672 d'abandonner sa politique économique et de recourir aux expédients (ventes d'offices, emprunts) pour financer la politique de gloire du roi, Colbert verra son crédit auprès du roi entamé par la montée de Louvois quelques années avant sa mort (1683).

Colbert *(guipure* ou *point)*, dentelle à l'aiguille imitant à l'origine le point de Venise. Inspirée des rinceaux de la Renaissance, elle connut la plus grande renommée sous l'appellation de « point de France ».

COLBERT (Charles), marquis **de Croissy** et **COLBERT DE CROISSY** (Charles Joachim) → CROISSY.

COLBERT (Jean-Baptiste), marquis **de Torcy** → TORCY.

COLBERT (Jean-Baptiste), marquis **de Seignelay** → SEIGNELAY.

COLBERT (Émilie CHAUCHOIN, dite **Claudette**), actrice américaine d'origine française (Saint-Mandé 1903 - la Barbade 1996). Elle fut l'une des vedettes d'Hollywood dans les années 30.

COLBERTISME n.m. Système économique dont Colbert fut, en France, le théoricien et le généralisateur.

ENCYCL. Version française et systématique du mercantilisme, le colbertisme a abondamment puisé dans les théories de A. de Montchrestien, et Colbert s'est inspiré des pratiques de B. de Laffemas et de Richelieu. Les principes colbertistes découlent du postulat suivant lequel la richesse d'un État — donc sa puissance — dépend de ses disponibilités en métaux précieux, qui doivent être accrues par le commerce ou au besoin par la guerre. Ces principes impliquent des mesures de strict protectionnisme : réduction des importations, tarifs douaniers élevés, encouragement à l'exportation, développement de la flotte nationale. Le commerce devient une « guerre d'argent » permanente. L'industrie doit produire ce qui n'est plus importé et travailler essentiellement pour l'exportation afin de faire entrer l'argent extérieur. Dans tous les domaines, le colbertisme est un étatisme : l'État subventionne, protège, contrôle, oriente la grande entreprise et sa production ; il établit les tarifs douaniers, dirige la construction de la flotte, crée ou inspire la fondation de compagnies de commerce et de manufactures dont la production et la fabrication sont étroitement réglementées ; il impose à toutes les professions une réglementation rigoureuse. Le colbertisme a été vigoureusement critiqué dès après la mort de Colbert, qui fut accusé d'avoir sacrifié l'agriculture à l'industrie et d'avoir ruiné le commerce français. Au XVIIIe s., les économistes libéraux, en prônant la libre circulation des productions et des capitaux et la liberté d'entreprise, prirent l'exact contre-pied de ce système.

COLBERTISTE adj. et n. Relatif au colbertisme ; partisan du colbertisme.

COL-BLEU n. m. (pl. *cols-bleus*). *Fam.* Marin de la Marine nationale.

COLCHESTER, v. de Grande-Bretagne (Essex), au N.-E. de Londres, sur la Colne ; 82 000 hab. Ce fut le *Camulodunum* des Romains (vestiges d'enceinte). Musée dans le donjon normand de l'ancien château. Université. Mécanique.

COLCHICINE n. f. Principal alcaloïde du colchique. (La colchicine est extraite des semences de colchique ou préparée par synthèse. C'est le médicament spécifique de la goutte.)

COLCHICOSIDE n. m. Glucoside extrait des semences de colchique. (Il possède les mêmes propriétés et les mêmes indications que la colchicine avec une moindre toxicité.)

COLCHIDE, en gr. **Kolkhis,** région de l'Asie antérieure, partie de l'actuelle Géorgie, située à l'E. du Pont-Euxin. La Colchide, au climat favorable et aux mines d'or et de fer, fut pour les Grecs un pays de richesse, où les Argonautes, selon la légende, allèrent chercher la Toison d'or. Colonisée par Milet, la Colchide appartint ensuite au royaume du Pont. Rome l'annexa en 65 av. J.-C.

COLCHIQUE n. m. (moyen fr. *colchicum,* du gr. *kolkhikon,* herbe de Colchide). Plante monocotylédone bulbeuse, aux fleurs violacées allongées paraissant à l'automne dans les prairies, et qui contient un poison violent, la colchicine.

COLCOTAR n. m. (ar. *qulqutār*). Oxyde ferrique utilisé pour le polissage des verres d'optique. (Syn. ROUGE D'ANGLETERRE, ROUGE À POLIR, ROUGE DE PRUSSE.)

COLCRETE n. m. (angl. *colloidal,* colloïdal, et *concrete,* béton). Béton composé de gros granulats entre lesquels on a injecté le mortier colloïdal colgrout, composé de ciment et d'eau. (Il est employé pour le coulage du béton sous l'eau et la consolidation de terrains fissurés.)

COLD-CREAM [koldkrim] n. m. (pl. *cold-creams*) [angl. *cold-cream,* de *cold,* froid, et *cream,* crème]. Cérat parfumé à la rose, employé en dermatologie, à l'état pur ou comme excipient pour des préparations magistrales.

COL-DE-CYGNE n. m. (pl. *cols-de-cygne*). **1.** Tuyauterie doublement coudée pour absorber la dilatation due aux produits chauds. (Syn. LYRE DE DILATATION.) — **2.** Robinet dont l'extrémité est recourbée comme le cou d'un cygne. — **3.** Motif décoratif fréquent dans les styles Empire et Restauration.

COLDITZ ou **KOLDITZ,** v. d'Allemagne (Saxe), à 40 km S.-E. de Leipzig ; 7 000 hab. Le IIIe Reich y avait installé un camp de représailles pour prisonniers de guerre.

COLE (Thomas), peintre américain d'origine britannique (Bolton-le-Moors, Lancashire, 1801 - Catskill, New York, 1848). Principal représentant du romantisme américain et fondateur de l'« école de l'Hudson », il a peint des suites de paysages allégoriques où transparaît son admiration pour C. Lorrain et Turner (*le Voyage de la vie,* National Gallery de Washington).

COLE (Nathaniel Adams, dit **Nat « King »**), pianiste de jazz et chanteur américain (Montgomery 1919 - Santa Monica, Californie, 1965). Excellent pianiste, il s'imposa comme l'une des plus grandes vedettes de la chanson populaire américaine des années 50.

COLEBROOKE (Henry Thomas), orientaliste britannique (Londres 1765 - *id.* 1837). Secrétaire de la Compagnie des Indes orientales, il séjourna longtemps aux Indes, où il étudia le sanskrit. Il fonda la Société asiatique de Londres, et légua à la Compagnie des Indes sa riche collection de manuscrits orientaux.

COLECTOMIE n. f. Ablation du côlon.

COLÉE n. f. (de *col*). Coup du plat de la main donné par le parrain sur la nuque de celui qui était fait chevalier, lors de la cérémonie de l'adoubement. (Syn. PAUMÉE.)

COLÉGATAIRE n. Personne qui est légataire avec d'autres.

COLEMAN (Ornette), saxophoniste de jazz américain (Fort Worth 1930). Il fut l'un des créateurs du free jazz.

COLÉOPTÈRE n. m. (gr. *koleoptéros,* de *koleos,* étui, et *pteron,* aile). Insecte dont les ailes de la première paire, conformées en élytres coriaces et résistants, protègent les ailes postérieures motrices de la deuxième paire.

ENCYCL. Les coléoptères, dont le type classique est le hanneton, forment le plus vaste de tous les ordres du règne animal, avec au moins 300 000 espèces. Ils doivent ce développement à la protection absolue dont bénéficient leurs ailes, ce qui leur permet de fouir le sol, de creuser des galeries dans le bois, de résister aux chocs et à de nombreux prédateurs. Ils possèdent un appareil buccal de type broyeur, leur permettant, selon l'espèce, de dévorer des proies animales ou végétales. Ils ont des métamorphoses complètes : larve souvent vermiforme, nymphe encoconnée. La taille d'un coléoptère adulte varie de 0,5 cm à 15 cm (titan de la Guyane). On distingue en général, selon la nervation des ailes, deux sous-ordres : les caraboïdes ou adéphages (carabes, dytiques, cicindèles, etc.), qui sont carnivores et les polyphages, plutôt végétariens, tels que les staphylins, taupins, buprestes, bostryches, lucioles, cantharides, chrysomèles, capricornes, bruches, charançons, scarabées et hannetons, en y joignant les coccinelles, qui sont carnivores.
Les premiers coléoptères datent du trias. De façon globale, les polyphages sont nuisibles à l'homme, les adéphages et les coccinelles lui sont utiles dans la mesure où ils dévorent des espèces nuisibles.

COLÉOPTILE n. m. Fourreau protecteur de la très jeune tige des graminées, sécrétant l'auxine, hormone de croissance.

COLÉORHIZE n. f. Fourreau protecteur de la très jeune racine des graminées.

COLÈRE n. f. (lat. *cholera,* bile, du gr. *kholera*). **1.** État affectif violent et passager, résultant du sentiment d'une agression, d'un désagrément, traduisant un vif mécontentement et accompagné de réactions brutales : *Se mettre en colère.* — **2.** Manifestation de cet état, accès d'irritation : *Piquer une colère.* — **3.** *Colère blanche, colère froide,* colère contenue, sans manifestation gestuelle ni verbale. ‖ *Colère bleue, noire,* très violente. ‖ Fam. *Faire des colères,* en parlant d'un enfant, avoir de brusques et violents accès de larmes et de réactions de colère.

COLÉREUX, EUSE adj. et n. Qui est prompt à se mettre en colère, qui manifeste de la colère : *Des gens coléreux.*

COLERIDGE (Samuel Taylor), poète et philosophe britannique (Ottery Saint Mary, Devon, 1772 - Londres 1834). Enthousiasmé par la Révolution française qui lui fournit la matière d'un drame, *la Chute de Robespierre* (1794), il exploite dans sa poésie les thèmes du fantastique et de l'étrange (*Kubla Khan,* 1816). Écrites en collaboration avec Wordsworth, ses *Ballades* lyriques* (1798), où le poète dit son désespoir, marquent l'avènement du romantisme. Traducteur de Schiller et critique littéraire (*Biographia Literaria,* 1817), il évolua vers une philosophie mystique.

COLÉRIQUE adj. et n. (lat. *cholericus,* bilieux). *Litt.* Qui est prompt à se mettre en colère, coléreux.

COLET (Louise REVOIL, *Madame*), femme de lettres française (Aix-en-Provence 1810 -Paris 1876), auteur de poèmes et de romans. Elle fut l'égérie de Victor Cousin, Musset, Vigny, Flaubert avec qui elle entretint une correspondance.

COLETTE *(sainte),* religieuse clarisse (Corbie 1381 - Gand 1447). D'abord recluse à Corbie, elle réforma l'ordre des Clarisses dans l'esprit primitif. Canonisée en 1807.

COLETTE (Sidonie Gabrielle), femme de lettres française (Saint-Sauveur-en-Puisaye, Yonne, 1873 - Paris 1954). Après une enfance et une adolescence passées à la campagne, elle épousa l'écrivain Willy, qui publia sous son nom la série des *Claudine* (1900-1903). Avide de naturel et de liberté, elle divorça deux fois, fit l'expérience du music-hall dont elle témoigne dans *la Vagabonde* (1910) et devint journaliste. Elle exalta dans ses romans, en un style imagé et sensuel, l'âme de la femme (*le Blé en herbe,* 1923). Puis, elle revint peu à peu à l'évocation de son enfance, de ses parents, de la nature qui forme son univers familier (*Sido,* 1930 ; *l'Étoile Vesper,* 1947).

COLETTINE n. f. Religieuse clarisse de la réforme de sainte Colette.

COLEUS [-leys] n. m. (lat. sc. *coleus,* du gr. *koleos,* gaine). Labiée des régions chaudes entourant l'océan Indien, dont diverses espèces sont aromatiques, médicinales, colorantes, ornementales ou comestibles. (Dans ce dernier cas, les tubercules sont apprêtés comme des pommes de terre.)

COLFONTAINE, comm. de Belgique, dans le Hainaut, au S.-O. de Mons ; 23 000 hab.

Colgate-Palmolive, société américaine de fabrication de produits de beauté, fondée en 1928 par la réunion des deux sociétés, Colgate et Palmolive, créées au milieu du XIXe s. Elle se consacre aujourd'hui essentiellement au domaine de la parachimie.

COLGROUT n. m. (angl. *colloidal,* colloïdal, et *grout,* coulis). Mélange composé de ciment et d'eau, brassé énergiquement, et auquel on ajoute du sable en fin d'opération.

COLI (François), aviateur français (Marseille 1881 - Atlantique nord 1927). Il réussit en 1919, avec Henri Roget, la première traversée aller et retour de la Méditerranée en moins de 24 heures. Il disparut le 8 mai 1927, avec Charles Nungesser, à bord de l'*Oiseau blanc,* lors d'une tentative de liaison Paris-New York sans escale.

COLIADE n. f. ou **COLIAS** [-ljas] n. m. Jolie piéride aux ailes jaunes variées d'orangé.

COLIBACILLAIRE adj. Relatif au colibacille.

COLIBACILLE n. m. (gr. *kôlon,* intestin, et bacille). Bactérie Gram négatif, en forme de bâtonnet, à l'extrémité arrondie, appartenant à la famille des entérobactériacées. (Syn. ESCHERICHIA COLI.)

ENCYCL. Le colibacille est très répandu et présente un grand nombre de variétés ; il vit la plupart du temps à l'état de saprophyte dans l'intestin de l'homme, mais, dans certaines conditions, il peut devenir pathogène.

COLIBACILLOSE n. f. Infection provoquée par le colibacille.

ENCYCL. Les organes les plus fréquemment atteints sont l'appareil digestif (entérites, entérocolites), les voies biliaires (cholécystite), les voies génito-urinaires (métrites, salpingites, cystites et pyonéphrites).

COLIBACILLURIE n. f. Présence de colibacilles dans les urines.

COLIBRI n. m. Très petit oiseau apodiforme dont les nombreuses espèces, aux couleurs vives, sont réparties dans tout le Nouveau Monde et qui se nourrit du nectar des fleurs. (Syn. OISEAU-MOUCHE.)

ENCYCL. Les colibris forment plus de 300 espèces, très diverses. Beaucoup d'entre eux ont un long bec tubulaire pour aspirer le nectar et peuvent voler « au point fixe », d'un vol bourdonnant, sans se poser sur les fleurs.

COLICHEMARDE n. f. (all. *Königsmarck,* n. pr.). Lame d'épée d'abord large puis s'effilant brusquement en carrelet (XVIe s.).

COLICITANT, E adj. et n. Se dit de cohéritiers ou copropriétaires, au nom desquels se fait une vente par licitation.

COLIFICHET n. m. (moyen fr. *coeffichier,* avec l'infl. de *coller* et *affiquet*). **1.** Objet de fantaisie, de peu de valeur, utilisé pour la parure ou la décoration. — **2.** Support séparant les céramiques en terre cuite réfractaire, émaillées pendant leur cuisson. (Syn. PATTE-DE-COQ.)

COLIFORME ou **COLIMORPHE** n. m. Bacille ayant la forme et les affinités tinctoriales du colibacille, et ne pouvant en être différencié que par des cultures sur milieux spéciaux. (Les coliformes sont toujours d'origine fécale. Toute eau renfermant au moins un coliforme fécal dans 100 ml est impropre à la consommation.)

COLIGNY (01270), ch.-l. de cant. de l'Ain, sur les pentes du Revermont ; 1 127 hab. *(Colignois).* Église en partie du XVe s. La seigneurie de Coligny tomba au XVIe s. entre les mains de la maison de Châtillon-sur-Loing.

COLIGNY (Gaspard Ier DE), dit **le maréchal de Châtillon** (Châtillon-sur-Loing v. 1470-Dax 1522). Après avoir participé aux guerres d'Italie, il fut promu maréchal de France (1516) par François Ier. — Son fils ODET, dit *le cardinal de Châtillon* (Châtillon-sur-Loing 1517-Canterbury 1571), fut cardinal (1533) et évêque de Beauvais (1535). Il abjura le catholicisme en 1562 et participa aux deux premières guerres de Religion. — GASPARD II, dit *l'amiral de Coligny* (Châtillon-sur-Loing 1519-Paris 1572), frère du précédent, fut nommé par Henri II amiral de France en 1552. Gouverneur de Picardie (1555), il fut fait prisonnier par les Espagnols en défendant Saint-Quentin (1557). Converti au calvinisme après sa libération (1559), il devint le chef du parti protestant (1561). Membre du Conseil privé, il obtint de Catherine de Médicis la liberté de culte (édit de janv. 1562). Lors des trois premières guerres de Religion, il combattit à Dreux (1562), à Saint-Denis (1567), à Moncontour (1569) et à Arnay-le-Duc (1570). Appelé au Conseil privé par Charles IX (1571), il s'efforça d'entraîner ce dernier dans une guerre aux Pays-Bas contre l'Espagne, afin de réconcilier catholiques et protestants. Mais il se heurta à l'opposition de Catherine de Médicis qui décida de l'éliminer. Blessé à Maurevert lors d'un attentat le 22 août 1572, il fut tué le 24 août : son assassinat marqua le début de la Saint-Barthélemy*. — FRANÇOIS, seigneur *d'Andelot* (Châtillon-sur-Loing 1521-Saintes 1569), frère du précédent, se convertit au calvinisme (1558) et participa aux trois premières guerres de Religion en tant que colonel général de l'infanterie (1556). — LOUISE (Châtillon-sur-Loing 1555-Fontainebleau 1620), fille de l'amiral de Coligny, épousa en secondes noces (1583) Guillaume Ier d'Orange-Nassau.

COLIMA, v. du Mexique, cap. d'État, en bordure de la sierra Madre occidentale ; 71 000 hab.

COLIMAÇON n. m. (picard *calimachon,* avec l'infl. de *limace*). **1.** Ensemble des spires tracées sur un disque microsillon dont le pas est supérieur au pas normal, pour passer d'une plage à la suivante. — **2.** Syn. de LIMAÇON. – 3. En colimaçon, en spirale : *Escalier en colimaçon.*

COLIMORPHE → COLIFORME.

1. COLIN n. m. (p.-ê. moyen fr. *cole,* du néerl. *kole,* charbon). Nom commercial de deux poissons gadidés, le lieu noir et le merlu.

2. COLIN n. m. (de *Colin,* dimin. de *Nicolas*). Oiseau d'Amérique, voisin de la caille.

COLIN (Jean-Claude), ecclésiastique français (Saint-Bonnet-le-Troncy, Rhône, 1790-La Neylière, Rhône, 1875). Fondateur de la Société de Marie (maristes), approuvée par Grégoire XVI en 1836.

COLIN (Paul), peintre et affichiste français (Nancy 1892 - Nogent-sur-Marne 1985). Caractérisée par le style synthétique et expressif de ses affiches (*la Revue nègre* [1925], *la Libération de la France* [1944]), son œuvre comporte également des décors et costumes de théâtre.

Colin (*librairie* **Armand**), maison d'édition française, fondée en 1870 par Armand Colin (1842-1900). Rachetée en 1987 par Masson, elle fait aujourd'hui partie de C. E. P. Communication.

COLINÉAIRE adj. *Vecteurs colinéaires,* vecteur $\vec{U}$ et $\vec{V}$ d'un K-espace vectoriel, tels qu'il existe un scalaire k non nul vérifiant $\vec{U} = k.\vec{V}$.

COLINEAU ou **COLINOT** n. m. Colin (poisson) de petite taille.

COLIN-MAILLARD n. m. (pl. *colin-maillards*) [de *Colin,* dimin. de *Nicolas,* et de *Maillard,* n. pr.]. Jeu dans lequel un des joueurs, les yeux bandés, essaie à tâtons d'attraper un des autres et de l'identifier. (Syn. anc. COLIN-TAMPON.)

COLIN MUSET, trouvère de l'est de la France (XIIIe s.).

COLINS (Jean Hippolyte, *baron* DE), économiste et homme politique français d'origine belge (Bruxelles 1783 - Paris 1859). Combattant dans l'armée française de 1803 à 1815, il se fit naturaliser français en 1830, participa aux révolutions de 1830 et 1848. Il définit le collectivisme et le « socialisme rationnel », forme de libéralisme antidirigiste. Il a écrit *le Pacte social* (1834) et *la Science sociale* (1857).

COLIN-TAMPON n. m. (pl. *colin-tampons*) [de *Colin,* dimin. de *Nicolas,* et *tampon,* d'apr. *tambour*]. **1.** Syn. anc. de COLIN-MAILLARD. — **2.** Fam. *S'en moquer comme de colin-tampon,* n'en faire aucun cas.

COLIOU n. m. Petit oiseau social africain, du sud du Sahara, à bec fort, huppe et longue queue. (Il se nourrit de fruits et de bourgeons et ravage les vergers.)

1. **COLIQUE** adj. (lat. *colicus,* du gr. *kôlikos,* de *kôlon,* côlon). Qui appartient ou se rapporte au côlon.

2. **COLIQUE** n. f. (lat. médiév. *colica,* du bas lat. *colica passio,* maladie du côlon). **1.** Douleur du côlon, provoquée le plus souvent par un spasme, et plus généralement toute douleur abdominale paroxystique, due habituellement à la contraction d'un organe creux. — **2.** *Fam.* Diarrhée. — **3.** Fam. *Avoir la colique,* avoir peur. ‖ *Colique hépatique,* crise douloureuse paroxystique due à un blocage soudain des voies biliaires en raison de la migration d'un calcul, ou d'une violente contraction de la vésicule biliaire. ‖ *Colique de miserere,* nom donné autrefois à l'obstruction intestinale, par suite des vives douleurs qu'elle détermine. ‖ *Colique néphrétique,* crise douloureuse paroxystique due au blocage soudain des voies urinaires. ‖ *Colique de plomb* ou *colique saturnine,* crise douloureuse abdominale accompagnée de constipation, observée dans l'intoxication chronique par le plomb. ‖ Fam. *Quelle colique !,* qui est fatigant, ennuyeux, contrariant.

COLIQUIDATEUR n. m. Personne qui procède avec d'autres à une liquidation.

COLIS n. m. (ital. *colli,* charges sur le cou). **1.** Paquet, caisse de marchandises diverses, qui est l'objet d'un transport, d'un envoi : *Colis postal.* — **2.** *Colis volant,* méthode de déchargement des navires utilisant deux mâts de charge du bord, l'un dit élévateur et l'autre débardeur.

COLISAGE n. m. **1.** Préparation matérielle d'une expédition en colis. — **2.** Document répertoriant les colis d'un même chargement.

COLISE n. m. (mot bengalī). Poisson des eaux douces et saumâtres des Indes, dont les mâles construisent des nids pour les œufs.

Colisée ou **amphithéâtre Flavien,** amphithéâtre romain, dont le nom vient de la statue colossale de Néron qui se trouvait à proximité. Commencé par Vespasien, achevé par Titus en 80 apr. J.-C., il pouvait contenir jusqu'à 100 000 spectateurs ; sa façade extérieure comporte quatre ordres d'étages. À l'intérieur *(cavea),* tous les étages étaient desservis par des galeries concentriques et rayonnantes *(vomitoria)* et par des escaliers. Le Colisée, utilisé pour des combats de gladiateurs, des naumachies, des chasses et des supplices, a, d'après la tradition, servi au martyre de nombreux chrétiens.

COLISTIER, ÈRE n. Chacune des personnes inscrites sur une même liste de candidats.

COLISTINE n. f. Antibiotique de la famille des polymyxines, constitué par un mélange de sulfates de polypeptides élaborés par certaines souches de *Bacillus polymyxa,* variété *colistinus,* actif sur les bacilles Gram négatif.

COLITE n. f. Inflammation du côlon.

COLITIGANT, E adj. Se dit des parties qui plaident l'une contre l'autre.

COLITIQUE adj. et n. Relatif à la colite ; qui est atteint de colite.

COLLABO n. *Fam.* et *péjor.* Collaborateur (avec l'ennemi).

COLLABORATEUR, TRICE n. **1.** Personne qui travaille avec qqn d'autre à une entreprise commune. — **2.** Personne qui collabore avec un ennemi occupant le territoire national. — **3.** Français qui collaborait avec les Allemands sous l'Occupation (1940-1944). [Syn. COLLABORATIONNISTE.]

COLLABORATION n. f. (lat. médiév. *collaboratio, -onis*). **1.** Action de collaborer, de participer à une œuvre avec d'autres. — **2.** Politique de coopération active avec un occupant ennemi. — **3.** Politique de coopération avec l'Allemagne pratiquée par le gouvernement de Vichy et certains milieux politiques français sous l'Occupation (1940-1944). [→ *encycl.*] — **4.** *Œuvre de collaboration,* en matière de propriété littéraire et artistique, œuvre élaborée par deux ou plusieurs auteurs, mais qui, contrairement à l'œuvre collective, préserve l'identification de chacun des auteurs ainsi que leurs droits moraux et patrimoniaux. ‖ *Collaboration de classe,* dans le vocabulaire marxiste, comportement de certains représentants de la classe ouvrière qui soutiennent les points de vue politiques de la bourgeoisie.

ENCYCL. **Hist.** Établie lors de l'entrevue du maréchal Pétain avec Hitler à Montoire (oct. 1940), la politique de collaboration est au départ librement consentie par le gouvernement de Vichy, qui s'imagine qu'elle peut apporter un sort meilleur au pays. Elle se traduira dans les faits par une exploitation intensive des richesses de la France (fourniture de produits agricoles et industriels), le transfert de main-d'œuvre en Allemagne (institution du Service du travail obligatoire [S. T. O.] en févr. 1943), mais aussi par un soutien militaire effectif, avec la création de la Légion des volontaires français (L. V. F.) [1941], et les unités françaises de Waffen SS (févr. 1943), ou encore la Milice française créée par J. Darnand en janv. 1943. Impopulaire et minoritaire, la collaboration rassemble des hommes représentant des tendances variées, tels que M. Bucard, M. Déat, J. Doriot, Drieu La Rochelle. Ils se font l'écho de la propagande nazie, antisémite, anticommuniste et anglophobe, dont les thèmes sont développés à la radio par Jean-Hérold-Paquis ou Ph. Henriot, ainsi que dans la presse collaborationniste : *Je suis partout* (Brasillach, Rebatet), *la Gerbe* (A. de Châteaubriant). À la Libération, un certain nombre de chefs de la collaboration tentent de constituer une éphémère Commission gouvernementale française (août 1944). Arrêtés ultérieurement, ils seront jugés et souvent exécutés. (→ *gouvernement de* VICHY.)

COLLABORATIONNISTE adj. Se dit d'une politique de collaboration active avec un ennemi occupant le territoire national.
◆ n. Syn. vx de COLLABORATEUR.

COLLABORER v. t. ind. (bas lat. *collaborare,* travailler avec qqn) [conj. 3]. **1.** Travailler de concert avec qqn d'autre, l'aider dans ses fonctions ; participer avec un ou plusieurs autres à une œuvre commune : *J'ai collaboré avec lui à la préparation du projet.* – **2.** *Collaborer (avec l'ennemi),* l'aider, participer à son action, lui apporter son soutien.

COLLAGE n. m. **1.** Action de coller, état de ce qui est collé. – **2.** *Pop.* Situation d'un homme et d'une femme qui vivent ensemble sans être légalement mariés. • **Agroalim.** Méthode de clarification du vin, des liqueurs, qui consiste à leur ajouter une substance appelée *colle,* capable de se déposer en entraînant les particules en suspension. (On utilise soit des colles minérales, comme le kieselguhr, soit des colles organiques, comme le blanc d'œuf, la caséine.) – **Art contemp.** Procédé de composition consistant à assembler et coller sur un support des fragments de matériaux hétérogènes ; œuvre composée selon ce procédé. (Lorsqu'il s'agit uniquement de papiers, on dit aussi *papier collé.*) [→ *encycl.*] – **Céram.** Fixation de deux pièces crues au moyen de barbotine épaisse. – **Cin.** Syn. de COLLURE. – **Littér.** Composition littéraire formée d'éléments prélevés sur un texte préexistant. – **Métall.** Manque de liaison entre le métal déposé par soudage et le métal de base, ou entre deux couches contiguës de métal déposé. – **Papet.** Addition de produits dans la pâte ou sur les surfaces de la feuille de papier ou de carton, afin d'en augmenter la résistance à la pénétration et à l'étalement de liquides aqueux, par exemple l'encre d'écriture. (On utilise des produits synthétiques ou de la colophane.)
ENCYCL. **Art contemp.** Le collage s'est imposé avec le cubisme (dès 1912 chez Braque, Picasso, Gris) comme intégration directe et synthétique de la réalité (éléments tels que papier journal, papier peint, papier imitant le bois ou le marbre, etc.) à une œuvre en partie peinte ou dessinée (papier* collé). Avec les dadaïstes (Ernst, Duchamp, Picabia, M. Ray, etc.), il est devenu détournement d'éléments (gravures, photos, objets, etc.) pour faire surgir des images corrosives ou subversives, avec les surréalistes, domaine du hasard et des associations poétiques et oniriques. La recherche d'une forme de réalisme quotidien et l'héritage « néodadaïste » caractérisent les collages, comme les assemblages*, du pop art et du nouveau réalisme.

COLLAGÈNE n. m. Protéine fibreuse, de nature muco-polysaccharique, qui constitue l'essentiel de la substance intercellulaire du tissu conjonctif.

COLLAGÉNOSE n. f. Ensemble des affections ayant en commun une atteinte dégénérative des fibres du collagène du tissu conjonctif à la suite d'une réaction allergique de type auto-immun, et dont la caractéristique essentielle est une atteinte de tous les appareils. (Syn. CONNECTIVITE.)
ENCYCL. Les collagénoses comprennent classiquement le lupus érythémateux systémique, la périartérite noueuse, la dermatomyosite, la sclérodermie. On a étendu leur champ à des affections comme la polyarthrite rhumatoïde, voire le rhumatisme articulaire aigu, le purpura thrombocytopénique, la thromboangéite, la néphroangiosclérose, le syndrome de Gougerot-Sjögren et la spondylarthrite ankylosante. Ces affections ont en commun une atteinte articulaire importante, une atteinte polyviscérale pouvant toucher tous les appareils et une altération importante de l'état général.

COLLANT, E adj. **1.** Se dit d'une substance gluante, poisseuse, qui peut adhérer, coller à qqch ou de ce qui en est couvert : *Une boue collante. Avoir des mains collantes.* – **2.** Se dit du riz, des pâtes trop cuits dont les éléments sont agglutinés les uns aux autres. – **3.** Se dit d'un vêtement qui épouse étroitement les formes du corps ; moulant. – **4.** *Fam.* Se dit de qqn d'importun, d'ennuyeux, dont on ne peut se débarrasser : *Qu'est-ce qu'il peut être collant, celui-là !* – **5.** *Papier collant,* papier enduit de colle sèche sur une de ses faces, pour être collé quand on le mouille.
◆ **collant** n. m. **1.** Vêtement extensible couvrant la partie inférieure du corps, et utilisé pour des activités artistiques ou sportives. – **2.** Sous-vêtement féminin de cette forme porté en guise de bas.
◆ **collante** n. f. *Arg. scol.* Convocation à un examen.

COLLAPSE n. m. (angl. *collapse,* affaissement). Dommage susceptible de survenir au cours du séchage artificiel du bois, se traduisant par des affaissements et des déformations internes.

COLLAPSE STRUCTURE n. f. (pl. *collapse structures*) [mots angl.]. Structure d'effondrement d'un relief acquise sous l'effet du glissement et de la gravité le long de flancs de plis plus ou moins érodés.

COLLAPSUS [-psys] n. m. (lat. *collapsus,* affaissement). **1.** Diminution rapide des forces, sans syncope. — **2.** *Collapsus cardiovasculaire,* baisse rapide et durable de la pression artérielle pouvant mettre la vie en danger en l'absence de traitement.

COLLARD (Léo), homme politique belge (Aulnois 1902 - Mons 1981). Leader du parti socialiste belge (1959-1971), ministre de l'Instruction publique de 1954 à 1958, il fit renaître en Belgique la guerre scolaire, en déposant (1er févr. 1955) un projet de loi organique favorable à l'uniformisation et à la démocratisation des enseignements laïque et chrétien.

COLLARGOL n. m. (n. déposé). Argent colloïdal utilisé comme antiseptique en pommade à 15 %.

COLLASSE ou **COLASSE** (Pascal), compositeur français (Reims 1649-Versailles 1709). En 1683, il obtint un poste à la chapelle royale. Il composa des œuvres religieuses (*Cantiques spirituels* de Racine, 1695), des divertissements et une dizaine d'ouvrages lyriques. Considéré comme le fils spirituel de Lully, il souffrit de cette réputation. Pourtant, il fut le premier à créer une tempête avec des effets naturalistes dans sa tragédie lyrique *Thétis et Pelée* (1689), et à mettre en musique un opéra-ballet : *les Saisons* (1695).

COLLATÉRAL, E, AUX adj. (lat. médiév. *collateralis,* de *lateralis,* latéral). **1.** Qui est placé de chaque côté de qqch : *Un boulevard et les rues collatérales.* — **2.** Qui est apparenté hors de la ligne de parenté directe : *Ligne collatérale.* — **3.** Se dit de la branche d'un nerf, d'une veine ou d'une artère qui aboutit à une autre structure anatomique que le tronc principal. — **4.** *Succession collatérale,* succession recueillie comme parent collatéral.

◆ **collatéral** n. m. Syn. de BAS-CÔTÉ.

◆ **collatérale** n. f. **1.** Nerf, veine, artère collatéraux.

◆ **collatéraux** n. m. pl. Ensemble des parents des lignes collatérales. (On distingue les *collatéraux privilégiés* [frères et sœurs, neveux et nièces], et les *collatéraux ordinaires* [oncles, tantes, cousins].)

COLLATÉRALEMENT adv. Sur le plan collatéral, du point de vue de la parenté.

COLLATÉRALITÉ n. f. *Principe de collatéralité,* distinction des dénominations entre les parents en ligne directe et les autres parents (collatéraux).

COLLATEUR n. m. (bas lat. *collator*). Celui qui avait le droit de conférer un bénéfice ecclésiastique.

1. COLLATION n. f. (lat. ecclés. *collatio, -onis,* discussion, puis repas du soir). **1.** Repas léger, toléré les jours de jeûne, dans la religion catholique. — **2.** Léger repas : *Prendre une collation.*

2. COLLATION n. f. (lat. ecclés. *collatio, -onis,* action de conférer). Action, pouvoir de conférer à qqn un bénéfice ecclésiastique, un grade, un titre universitaire.

3. COLLATION n. f. (lat. ecclés. *collatio, -onis,* action de comparer). **1.** Confrontation de textes manuscrits ou imprimés pour s'assurer de leur conformité. — **2.** Ensemble des caractéristiques physiques d'un ouvrage (nombre de volumes, format, etc.), permettant son classement.

COLLATIONNEMENT n. m. **1.** Action de collationner, de vérifier. — **2.** Ensemble des opérations de documentation qui décrivent la collation d'un ouvrage. — **3.** Action de collationner un livre à relier. — **4.** *Indice de collationnement,* repère destiné au contrôle visuel et rapide de l'assemblage des cahiers d'un livre.

COLLATIONNER v. t. (de *collation 3*) [conj. 3]. **1.** Comparer entre eux des exemplaires manuscrits ou imprimés. — **2.** Vérifier des textes, des actes. — **3.** Noter la collation d'un ouvrage en vue de son classement. — **4.** Vérifier si les éléments d'un volume à relier sont bien placés dans l'ordre.

COLLE n. f. (gr. *kolla,* gomme). **1.** Substance ou préparation capable de maintenir ensemble, par adhérence durable, des matériaux en contact. — **2.** *Fam.* Chose ennuyeuse, contrariante : *Quelle colle !* — **3.** *Fam.* Question embarrassante posée à qqn, en partic. à un candidat : *Poser une colle.* — **4.** *Arg. scol.* Interrogation périodique de contrôle : *Passer une colle en histoire.* — **5.** *Arg. scol.* Punition écrite, devoir supplémentaire : *Avoir comme colle un devoir de math.* — **6.** *Arg. scol.* Punition consistant à obliger un élève à venir à l'école en dehors des heures de cours ; retenue, consigne : *Avoir deux heures de colle.* — **7.** Substance utilisée pour le collage d'un vin, d'un papier, etc. — **8.** Fam. *Faites chauffer la colle !,* se dit lorsque qqn vient de casser qqch ; se dit lorsqu'une dispute est âpre, qu'une rupture, un désaccord profond s'esquisse. ‖ *Peinture à la colle,* syn. de DÉTREMPE. ‖ Fam. *Pot de colle,* personne importune, dont on ne peut se débarrasser, qui colle. ‖ Pop. *Vivre, être, se mettre à la colle avec qqn,* vivre en union libre avec lui.

COLLÉ (Charles), chansonnier et auteur dramatique français (Paris 1709 - *id.* 1783), l'un des fondateurs du Caveau*.

COLLECTAGE n. m. Action de collecter.

COLLECTE n. f. (lat. *collecta,* de *colligere,* réunir). **1.** Action de collecter, de réunir des choses, des fonds, etc. — **2.** Ramassage des ordures ménagères. — **3.** Sous l'Ancien Régime, levée des deniers de la taille ou d'une taxe. — **4.** Nom donné primitivement à l'assemblée des fidèles, puis à l'oraison que dit le prêtre lorsque les fidèles sont rassemblés. — **5.** Opération consistant à grouper l'exploitation d'un certain nombre de puits de pétrole ou de gaz naturel. — **6.** Réunion des informations nécessaires à l'établissement d'une série statistique.

COLLECTER v. t. (conj. 4). **1.** Faire une collecte de choses, les recueillir : *Collecter des fonds.* — **2.** Ramasser certains produits agricoles en allant d'un lieu de production à un autre : *Collecter du lait.*

◆ **se collecter** v. pr. Se rassembler en une collection pathologique.

COLLECTEUR, TRICE adj. Qui recueille, reçoit de plusieurs côtés : *Égout collecteur.*

◆ n. Personne qui recueille des fonds, reçoit des cotisations.

◆ **collecteur** n. m. **1.** Personne qui, jadis, percevait des impôts. — **2.** Conduite ou canalisation principale qui, dans les adductions d'eau, les égouts, les réseaux de drainage, etc., reçoit les ramifications des conduites secondaires. • **Aéron.** Syn. de CONVERGENT. — **Autom.** Tuyauterie qui amène les gaz carburés aux orifices d'admission des cylindres d'un moteur, ou qui recueille les gaz brûlés aux sorties d'échappement de la culasse. — **Bât.** *Collecteur d'appareils,* canalisation d'allure horizontale (faible pente) recueillant les eaux usées et raccordant les différents appareils sanitaires aux tuyaux de chute. — **Électr.** Dans une machine à courant continu, ensemble de lames conductrices, isolées les unes des autres, mais reliées aux sections d'un enroulement et sur lesquelles frottent les balais. — **Électron.** Électrode de sortie d'un transistor à jonctions. — **Min.** Produit chimique tensioactif qui permet, en se fixant sélectivement sur certains grains de minéraux, de séparer ceux-ci des autres grains non sensibles, ou déprimés. — **Ostréic.** Système à base d'ardoises, de tuiles, de coquilles, de métal, etc., utilisé pour le captage des larves d'huîtres. — **Techn.** *Collecteur solaire,* structure fixe ou mobile qui absorbe le rayonnement solaire incident pour le transformer en chaleur ou en électricité. (On distingue les collecteurs plans et les collecteurs à concentration.) — **Therm.** *Collecteur de vapeur,* capacité double reliée aux deux extrémités des tubes surchauffeurs, alimentant les cylindres en vapeur surchauffée.

COLLECTIF, IVE adj. (lat. *collectivus,* rassemblé). **1.** Qui est le fait de plusieurs personnes : *Travail collectif.* — **2.** Qui s'adresse à un groupe de personnes : *Cours collectif.* — **3.** Qui concerne toutes les personnes d'un groupe déterminé, une collectivité quelconque : *Équipements collectifs. Habitat collectif.* — **4.** Se dit des comportements manifestés par des personnes lorsqu'elles sont en groupe : *Fureur collective. Psychose collective.* — **5.** *Vie collective,* vie en groupe, en collectivité. • **Dr.** *Œuvre collective,* en matière de propriété littéraire et artistique, œuvre créée sur l'initiative d'une personne physique ou morale, qui l'édite, la publie et la diffuse sous sa direction et son nom, et dans laquelle la contribution personnelle des divers auteurs participant à son élaboration se fond dans l'ensemble, sans qu'il soit possible d'attribuer à chacun d'eux un droit distinct sur l'ensemble réalisé. ‖ *Responsabilité collective,* responsabilité imputée à tout un groupe, alors que seul(s) un (ou des) membre(s) de ce groupe a (ont) commis une faute. — **Ling.** *Nom collectif* ou *collectif* (n. m.), nom qui, au singulier, désigne un ensemble d'êtres ou de choses. (*Foule, armée, troupeau, tas* sont des collectifs. En français, certains collectifs sont formés à l'aide de suffixes : « -age » [*plumage, outillage*], « -aie » [*chênaie, cerisaie*], etc. Le suffixe « -aine » sert à former des noms de nombre collectifs [*dizaine, centaine,* etc.].) — **Publ.** *Publicité collective,* syn. de PUBLICITÉ COMPENSÉE*.

◆ **collectif** n. m. Ensemble de personnes participant d'une manière concertée à une entreprise quelconque : *Collectif d'édition d'une revue.* • **Chorégr.** *Collectif scénique,* dans le ballet contemporain, principe de discipline qui soumet les interprètes aux directives du maître de ballet, et nivelle tous les rôles. — **Comm.** *Collectif d'indépendants,* surface de vente groupant des commerçants indépendants aux activités complémentaires, qui l'exploitent en commun. — **Fin.** *Collectif budgétaire,* appellation courante des lois de finances rectificatives. — **Probab.** Série d'épreuves qu'on imagine indéfiniment répétées.

COLLECTION n. f. (lat. *collectio, -onis*). **1.** Réunion d'objets rassemblés et classés pour leur valeur documentaire, esthétique, pour leur prix, leur rareté, etc. : *Collection de tableaux.* — **2.** Réunion, série d'ouvrages du même auteur, ou de même thème : *La collection des œuvres de Racine.* — **3.** Ensemble de livres publiés chez le même éditeur et ayant une caractéristique commune (thème, format, présentation, etc.) : *Collection historique.* — **4.** Recueil d'une série de numéros d'une publication : *La collection du « Journal officiel ».* — **5.** Grande quantité de personnes réunies, ayant certaines caractéristiques : *Une collection d'imbéciles.* — **6.** Ensemble de modèles présentés à la presse et à la clientèle par les professionnels de l'habillement, en partic. par la couture création. (La couture création est tenue de présenter deux collections annuelles d'au moins 75 modèles originaux.) — **7.** Syn. de ENSEMBLE. — **8.** Accumulation de pus ou de sang.

— 9. *Faire collection de choses,* les réunir en quantité ; et, *fam.,* les accumuler : *Faire collection de livres rares.* ‖ Fam. *Ne pas déparer la collection,* être aussi laid, aussi ridicule, etc., que les autres. ‖ *Objet, pièce de collection,* objet que sa rareté, sa valeur, son caractère esthétique, etc., désignent pour faire partie d'une collection.

COLLECTIONNER v. t. (conj. 3). 1. Réunir des objets en collection : *Collectionner des timbres.* — 2. *Fam.* Avoir des choses, des personnes en grand nombre, les accumuler : *Collectionner les gaffes. Elle collectionnait les amants.*

COLLECTIONNEUR, EUSE n. Personne qui a la passion de collectionner.

COLLECTIONNISME n. m. Besoin pathologique de rassembler des objets hétéroclites inutiles et sans valeur marchande.

COLLECTIONNITE n. f. *Fam.* Manie de celui qui entreprend des collections de toutes sortes.

COLLECTIVEMENT adv. De façon collective.

COLLECTIVISATION n. f. Action menée en vue d'une appropriation collective des moyens de production et d'échange par expropriation ou par nationalisation.

COLLECTIVISER v. t. (conj. 3). Mettre les moyens de production et d'échange au service de la collectivité par l'expropriation ou la nationalisation.

COLLECTIVISME n. m. Système économique fondé sur la propriété collective des moyens de production à l'échelle locale, régionale, nationale ou mondiale.

COLLECTIVISTE adj. et n. Relatif au collectivisme ; partisan du collectivisme.

COLLECTIVITÉ n. f. 1. Groupe de personnes, généralement assez étendu, que réunissent un intérêt commun, une organisation commune ou des sentiments communs, ou habitant un même lieu, un même pays ; communauté : *Vivre en collectivité.* — 2. *Collectivité locale* ou *territoriale,* circonscription administrative dotée de la personnalité morale. (Les collectivités locales ou territoriales comprennent les communes, les départements, Paris [commune et département], les départements et territoires d'outre-mer et les régions depuis la loi de 1982 sur la décentralisation ; Mayotte, depuis l'indépendance des Comores, et Saint-Pierre-et-Miquelon, depuis 1985, constituent des collectivités territoriales sui generis ; État fédéré dans un État fédéral ou conféral. ‖ *Collectivités publiques,* nom générique recouvrant l'État, les collectivités locales, les établissements publics.

COLLÈGE n. m. (lat. *collegium*). 1. Établissement d'enseignement du premier cycle du second degré. (La loi du 11 juill. 1975 fait des collèges [collèges d'enseignement secondaire (C. E. S.)] la structure unique d'accueil de tous les élèves issus de l'école primaire élémentaire.) — 2. Nom donné à certains établissements d'enseignement privé : *Collège de jésuites.* — 3. Ensemble des élèves d'un collège. — 4. Réunion des personnes revêtues de la même dignité ou ayant la même fonction : *Collège des magistrats.* — 5. Dans les pays anglo-saxons, établissement scolaire dépendant d'une université. — 6. À Rome, association légale qui pouvait être funéraire, électorale, commerçante ou religieuse. — 7. *Collège électoral,* ensemble des électeurs appelés à participer à un scrutin déterminé. ‖ *Double collège,* système qui, sous la IVe République, fonctionnait dans certaines possessions d'outre-mer, en Algérie notamment, pour distinguer les élus des colons et ceux des autochtones. ‖ *Sacré Collège,* l'ensemble des cardinaux.

Collège de France, établissement d'enseignement, dont l'origine remonte à François Ier (1530) qui le créa à Paris, en dehors de l'université, sur les conseils de G. Budé. Appelé successivement *Collège des trois langues, Collège royal* (1545), *Collège national,* sous la Révolution, *Collège impérial,* sous Napoléon Ier, il prit le nom de *Collège de France* sous la Restauration. Ouverts à tous, les cours sont confiés aux maîtres les plus éminents ; on compte une cinquantaine de chaires relatives à toutes les disciplines. Situé près de la Sorbonne depuis 1610, le Collège, dont certains bâtiments datent de 1774, s'est agrandi au cours des XIXe et XXe s.

COLLÉGIAL, E, AUX adj. 1. Relatif à un collège de personnes revêtues de la même dignité : *Assemblée collégiale.* — 2. *Chapitre collégial,* chapitre de chanoines établi dans une église qui n'a pas le titre de cathédrale. ‖ *Direction collégiale,* organe dirigeant d'une société organisée, composé de plusieurs membres disposant de pouvoirs égaux. ‖ *Église collégiale,* ou *collégiale* (n. f.), église qui possède un chapitre collégial. (De nombreuses églises, dont le corps des chanoines a été supprimé, conservent cette appellation, à titre honorifique.) ‖ *Gouvernement collégial,* gouvernement où l'exécutif fonctionne selon le système de la collégialité.

COLLÉGIALEMENT adv. Selon des règles de collégialité.

COLLÉGIALITÉ n. f. 1. Caractère de ce qui est organisé en collège. — 2. Forme d'organisation du pouvoir confiant la fonction exécutive à plusieurs personnes. — 3. Règle du droit français selon laquelle chaque juridiction comporte plusieurs juges afin de garantir l'impartialité des jugements. (Dans certains cas prévus par la loi, le magistrat peut statuer en tant que *juge unique.*)

COLLÉGIEN, ENNE n. **1.** Élève d'un collège. — **2.** *Fam.* Personne naïve : *Vous me prenez pour un collégien.*

COLLÈGUE n. (lat. *collega*). **1.** Personne qui remplit la même fonction publique, civile ou militaire qu'une autre, qui a reçu la même mission qu'une ou plusieurs autres. — **2.** Personne qui travaille dans la même entreprise, dans le même établissement scolaire qu'une autre.

COLLEMBOLE n. m. Insecte très primitif, sans ailes, sans yeux composés, en général sans trachées. (L'ordre des *collemboles* existe depuis le dévonien ; ces insectes jouent un rôle capital dans l'équilibre biologique des sols, où ils abondent.)

COLLENCHYME [-lɑ̃ʃim] n. m. (gr. *kolla,* colle, et *-enchyme*). **1.** Tissu végétal vivant, aux parois cellulosiques plus épaisses que celles d'un parenchyme, et pouvant de ce fait jouer un rôle de soutien dans les tiges en cours de croissance. — **2.** Nom parfois donné à la *mésoglée.*

COLLEONI (Bartolomeo), condottiere italien (Solza, près de Bergame, 1400 - Malpaga, près de Bergame, 1475). Il fit l'essentiel de sa carrière militaire à Venise, qui lui confia le commandement suprême de son armée en 1454. Il légua une partie de ses biens à la République de Venise qui lui fit sculpter une statue équestre par Verrocchio.

COLLER v. t. (de *colle*) [conj. 3]. **1.** En parlant d'une substance gluante et, en partic., d'une colle, fixer, faire adhérer qqch à qqch d'autre : *La sueur lui collait les cheveux.* — **2.** Fixer, faire adhérer qqch à qqch d'autre au moyen d'une colle ou d'un adhésif appropriés : *Coller une affiche sur un mur.* — **3.** Appliquer qqch sur, contre qqch : *Coller son oreille à la porte pour écouter.* — **4.** *Fam.* Placer qqn, qqch le plus souvent d'autorité ou sans précaution, sans ménagement ; mettre : *On l'a collé en prison.* — **5.** *Pop.* Donner, confier, transmettre d'autorité qqch de désagréable à qqn, placer près de lui ou à son service qqn dont il se serait bien passé : *Coller une contravention à un automobiliste. On m'a collé ce secrétaire dont je ne sais que faire.* — **6.** *Pop.* Rester sans cesse près de qqn au point de l'importuner, être collant : *Qu'est-ce qu'il nous colle, celui-là !* — **7.** *Fam.* Poser à qqn une question à laquelle il est incapable de répondre : *Il est difficile de le coller en géographie.* — **8.** *Fam.* Refuser un candidat à un examen : *Il s'est fait coller au bac.* — **9.** *Pop.* Infliger une colle à un élève, le punir d'une consigne. — **10.** Donner de la consistance à une préparation culinaire en y ajoutant de la gélatine. — **11.** Effectuer le collage d'un vin, d'un papier, etc. — **12.** Pop. *Coller un coup, une gifle à qqn,* les lui asséner. ‖ *Coller qqn au mur,* le fusiller. ‖ *Coller son regard, ses yeux sur qqn, qqch,* les regarder fixement.

◆ v. t. ind. **1.** Adhérer à qqch, s'y fixer : *La boue collait aux chaussures.* — **2.** Mouler le corps, en épouser étroitement les formes, être collant : *Robe qui colle trop aux hanches.* — **3.** Correspondre à qqch, le suivre exactement, lui être fidèle : *Coller à la réalité.* — **4.** *Fam.* Être dans un rapport de convenance, d'harmonie, sans contradiction avec qqch : *Il y a quelque chose qui ne colle pas ?* — **5.** En parlant d'un véhicule, rester trop près derrière un autre véhicule : *Ne colle pas à la voiture de devant.* — **6.** En parlant d'un coureur, suivre de près le ou les coureurs qui précèdent. — **7.** S'emparer de qqn, l'imprégner, ne pas le quitter : *Odeur qui colle à la peau.*

◆ v. i. **1.** Être poisseux, gluant, collant : *Avoir les mains qui collent.* — **2.** En parlant du riz, des pâtes, etc., être collant. — **3.** *Fam.* Dans certains jeux d'enfants, en partic. au jeu de cache-cache, s'éloigner du reste du groupe ou se cacher les yeux (le plus souvent en comptant) pendant que les autres vont se cacher ou préparent qqch. — **4.** *Fam.* Être recalé : *Il a collé au bac.* — **5.** Fam. *Ça colle,* c'est d'accord, c'est entendu ; la bonne entente règne.

◆ **se coller** v. pr., **être collé** v. pass. **1.** Être fixé par collage : *Il y avait des affiches collées sur tout le mur.* — **2.** Être placé tout contre qqch : *Il s'est collé contre le mur pour nous laisser passer.* — **3.** *Fam.* Se fixer qqpart, y adhérer, y rester avec l'intention de ne pas changer de place : *Tous les soirs, à 7 heures, il est collé devant la télé.* — **4.** *Fam.* Se mettre avec énergie à faire qqch : *Se coller à un travail difficile.* — **5.** *Pop.* Supporter, subir une tâche, qqn dont on se serait bien passé : *Il va falloir se coller la vaisselle.* — **6.** *Pop.* Vivre en concubinage avec qqn. — **7.** Être sans arrêt aux côtés de qqn ou être très près de lui : *Dans le métro, à 6 heures du soir, on est collé les uns aux autres.*

COLLERETTE n. f. (de *collier*). **1.** Volant plissé ou froncé, placé en garniture au bord d'une encolure ou d'un décolleté de robe. — **2.** Objet en forme de collerette : *Mettre une collerette de papier à un manche de gigot.* — **3.** Anneau fixe entourant la partie supérieure du pied de nombreux champignons. — **4.** Petit harnais de chien dont une partie sert de collier et l'autre passe sous le ventre. — **5.** Syn. de BRIDE.

COLLERYE (Roger DE), poète français (Paris ou Auxerre 1468 - v. 1540). Auteur de ballades, épîtres, rondeaux, il adopta le surnom de **Roger Bontemps,** type populaire traditionnel du bon vivant.

COLLE-SUR-LOUP (La) [06480], comm. des Alpes-Maritimes, au S. de Vence ; 6 045 hab.

(Collois). Cultures florales (roses). Centre de séjour.

COLLET n. m. (de *col*). **1.** *Vx.* Partie du vêtement qui entourait le cou. — **2.** Piège en crin ou en laiton, destiné à prendre les oiseaux et les mammifères. (Syn. LACET.) — **3.** *Collet monté,* se dit de qqn de prude, guindé, affecté. ‖ Fam. *Prendre, saisir qqn au collet, mettre la main au collet de qqn,* l'arrêter de force, se rendre maître de sa personne. ‖ Fam. et vx. *Se prendre au collet,* se battre, se bagarrer. • **Anat.** Zone de jonction entre les prismes de l'émail dentaire et le cément recouvrant la racine. — **Bât.** Partie la plus étroite des marches d'un escalier à vis. — **Bot.** Zone de passage entre la partie aérienne et la partie souterraine d'une plante, généralement située au niveau de la surface du sol. — **Bouch.** Morceau de viande correspondant au cou chez le veau et chez le mouton. (Syn. COLLIER.) — **Cost.** Petite pèlerine courte. — **Mil.** *Collet de buffle,* pourpoint en peau de buffle, usité jadis dans la cavalerie française. ‖ *Collet de mailles,* partie d'armure enveloppant le cou, la poitrine, le dos et les épaules (XIVe-XVe s.). — **Plomb.** Élargissement pratiqué à l'extrémité d'un tuyau de façon à y fixer une bride. — **Relig.** *Petit collet,* rabat moins ample que celui des laïques, dont les gens d'Église faisaient usage.

COLLETAGE n. m. **1.** Bande de tricot prédécoupée en bande étroite continue et enroulée sur un support en vue d'alimenter une colleteuse. — **2.** Pose de cette bande de tricot.

COLLET-D'ALLEVARD (le) [38580 Allevard], station de sports d'hiver des Alpes françaises (Isère, comm. d'Allevard), dans le massif de Belledonne.

COLLÈTE n. m. (gr. *kollêtos,* soudé). Petite abeille solitaire des sols sablonneux.

COLLETER v. t. (conj. **27**). Tendre des collets, prendre des animaux au collet.

◆ **se colleter** v. pr. **1.** En venir aux mains avec qqn, se battre avec lui : *Ils se sont colletés à la sortie du bal.* — **2.** Lutter contre une difficulté, se débattre dans une situation difficile.

COLLETEUR, EUSE n. Ouvrier, ouvrière de confection travaillant sur une colleteuse.

◆ **colleteuse** n. f. Machine à coudre destinée à poser un colletage sur les bords d'un article de bonneterie.

COLLÉTIE [-si] n. f. (de *Collet,* n. pr.). Arbuste d'Amérique du Sud, épineux, et qui peut servir à faire des haies.

COLLETIN n. m. Collet de mailles ou de plates, qui protégeait les épaules et le cou.

COLLETT (Camilla), femme de lettres norvégienne (Kristiansand 1813 - Christiania 1895). Sœur du grand poète romantique norvégien, Wergeland, elle est l'auteur de romans psychologiques à caractère social et féministe (*les Filles du préfet,* 1855).

COLLEUR, EUSE n. **1.** Personne dont la profession est de coller : *Un colleur d'affiches.* — **2.** *Arg. scol.* Examinateur, trice chargé(e) de faire passer des colles.

◆ **colleuse** n. f. Appareil employé pour effectuer les collures.

COLLEY ou **COLLIE** n. m. (angl. *collie,* p.-ê. du gaél. *cuilean,* chien). Chien de berger écossais à la fourrure abondante, au museau long, à la tête fine et aux oreilles pointues.

COLLIER n. m. (bas lat. *collarium,* du lat. class. *collare,* collier). **1.** Bijou de cou constitué soit de pierres précieuses serties, soit de perles ou de menus objets enfilés, ou encore d'un cercle ou d'une chaîne de métal. — **2.** Cercle de cuir ou de métal, courroie, qu'on met au cou de certains animaux pour les attacher, les aider à travailler, les reconnaître, etc. — **3.** Toute parure qui se porte autour du cou et qui est constituée d'éléments décoratifs enfilés : *Collier de fleurs.* — **4.** Barbe courte et étroite, disposée en demi-cercle d'une tempe à l'autre. — **5.** Bague généralement métallique entourant, pour le maintenir ou le fixer à un appui, un tuyau, une conduite, un arbre de transmission, etc., et composée de deux pièces réunies par boulons ou par charnière et targette. — **6.** Litt. *Collier de misère,* travail pénible. ‖ *Donner un coup de collier,* faire un effort intense sur un court laps de temps. ‖ *Franc du collier,* se dit d'une bête de trait qui tire énergiquement sur le collier ; se dit de qqn qui se montre décidé, direct, sans arrière-pensée. ‖ Fam. *Reprendre le collier,* se remettre au travail après une période de repos. • **Arbor.** Cercle métallique, garni d'une matière protectrice, telle le caoutchouc, qui sert à relier un jeune arbre à son tuteur. — **Bijout.** *Collier de chien,* collier à plusieurs rangs, porté au ras du cou. — **Bouch.** Cou des gros bovins. ‖ Syn. de COLLET. — **Bourrell.** Partie principale du harnais d'attelage du cheval, qui entoure la base de l'encolure. ‖ *Collier d'attache,* courroie entourant l'encolure du cheval, munie d'un anneau auquel se fixe la longe ou la chaîne d'attache. ‖ *Collier de chasse,* système composé d'un collier relié à la sangle et à la selle par des courroies en cuir et empêchant la selle de glisser vers l'arrière. — **Chass.** *Collier de force,* collier garni de pointes en dedans, dont on se sert pour dresser certains chiens peu obéissants. — **Décor.** Chaîne ouvragée supportant les insignes des hauts dignitaires de certains ordres de chevalerie. — **Électr.** *Collier porte-balais,* organe sur lequel sont fixés les porte-balais d'une machine à collecteur. — **Fr.-maçonn.** Large ruban en sautoir, terminé par un bijou distinctif, que portent les officiers d'une loge. – **Mécan.** *Collier de serrage,* collier amovible, refermé sur lui-même par un dispositif à vis ou cranté, utilisé pour maintenir en place l'extrémité d'un tuyau souple, d'une durite, etc. – **Méd.** *Collier de Vénus,* lésion caractéristique de la syphilis secondaire, observée sur le cou sous forme de taches rondes souvent décolorées. – **Pêch.** Corde reliée au bout du verveux, et s'attachant à un pieu fiché en terre.

Collier *(affaire du)* [1785-86], scandale qui éclata en France à la fin de l'Ancien Régime et qui éclaboussa la reine Marie-Antoinette. Circonvenu par une aventurière, la comtesse de La Motte, le cardinal de Rohan crut rentrer en grâce auprès de la reine en offrant à cette dernière un collier de diamants de 1 600 000 livres. Acheté à crédit, ce collier passa aux mains de Mme de La Motte. L'escroquerie ayant été découverte par suite de l'incapacité du cardinal à payer la première traite, Louis XVI fit embastiller le cardinal (15 août 1785) et porta l'affaire devant le parlement de Paris qui acquitta le cardinal (31 mai 1786). Calomniée, bien qu'étrangère à l'affaire, Marie-Antoinette et avec elle la Cour virent redoubler leur impopularité.

COLLIER-DOUCHE n. m. (pl. *colliers-douches).* Cercle de métal percé de trous, relié par un tuyau flexible à une alimentation d'eau, et qui permet de se doucher sans se mouiller la tête.

COLLIGATIF, IVE adj. Se dit des propriétés d'une substance qui ne dépendent que de sa concentration moléculaire et non de la nature même de la substance.

COLLIGATION n. f. (angl. *colligation,* du lat. *colligatio,* liaison). Action de colliger.

COLLIGER v. t. (lat. *colligere,* recueillir) [conj. **17**]. **1.** Réunir des textes, des notes pour constituer un tout (recueil, synthèse, etc.). – **2.** Relier plusieurs observations en une notion synthétique permettant d'induire un phénomène non encore détecté.

COLLIGNON (Maxime), archéologue français (Verdun 1849-Paris 1917), auteur d'une *Histoire de la sculpture grecque* (1892-1896) et d'une étude importante sur le Parthénon (1914).

COLLIMATEUR, TRICE adj. Qui sert à faire des visées.

◆ **collimateur** n. m. **1.** Instrument d'optique formé d'une lentille convergente achromatique et d'une fente éclairée, située dans le plan focal de cette lentille. (Les collimateurs permettent d'obtenir un faisceau de rayons lumineux parallèles. Ils sont utilisés pour ramener l'axe optique d'une lunette dans une même direction.) – **2.** Fam. *Avoir, prendre qqn dans le collimateur,* le surveiller de très près, par suspicion, antipathie, etc., pour être prêt à l'attaquer ou à contrecarrer ses projets ; l'avoir à l'œil. ‖ Fam. *Être dans le collimateur de qqn,* être l'objet de sa part d'une surveillance attentive et hostile.

COLLIMATION n. f. (lat. *collimare,* pour *collineare,* viser). Action de viser, d'orienter une lunette dans une direction déterminée.

COLLIN D'HARLEVILLE (Jean-François), écrivain français (Maintenon, Eure-et-Loir, 1755 - Paris 1806), auteur de comédies moralisatrices (*le Vieux Célibataire,* 1792). [Acad. fr., 1803.]

COLLINAIRE adj. **1.** Relatif aux collines. – **2.** *Retenue* ou *lac collinaire,* étendue d'eau artificielle utilisant une dépression naturelle entre deux ou plusieurs collines.

COLLINE n. f. (ital. *collina,* du bas lat. *collina,* du lat. *collis,* colline). Relief isolé, de faible altitude relative, de forme grossièrement circulaire et à sommet arrondi.

Colline inspirée *(la),* roman de Maurice Barrès (1913). Trois prêtres illuminés font de la colline de Sion-Vaudémont un des « lieux où souffle l'esprit ».

Colline *(porte),* l'une des portes de Rome, voisine des monts Quirinal, Viminal et Esquilin.

COLLINÉE (22330), ch.-l. de cant. des Côtes-d'Armor, au pied des landes du Mené ; 900 hab. Abattoir.

COLLINÉEN, ENNE adj. Se dit de l'étage montagnard où se situent prairies, vergers de pommiers et forêts de chênes pubescents (600 à 800 m dans les Alpes, 800 à 1 000 m dans les Pyrénées).

COLLINGWOOD (Cuthbert, 1er *baron*), amiral britannique (Newcastle-upon-Tyne 1750 -

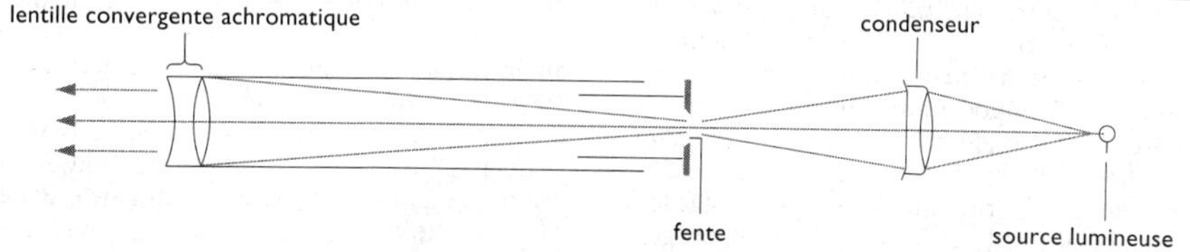

Schéma de principe d'un **collimateur**

devant Minorque 1810). Lieutenant de Nelson, il prit une part active à la bataille de Trafalgar (1805) ; il succéda à son chef après la mort de celui-ci.

COLLINS (Anthony), philosophe anglais (Heston, Middlesex, 1676 - Londres 1729). Représentant de la libre pensée anglaise, il exerça une profonde influence sur les encyclopédistes français du XVIIIe s. Il a écrit un *Discours sur la liberté de penser* (1713).

COLLINS (William), poète anglais (Chichester 1721 - *id.* 1759). Ses *Odes sur les sujets descriptifs et allégoriques* (1747) font de lui un des grands précurseurs du romantisme anglais.

COLLINS (William Wilkie), romancier anglais (Londres 1824 - *id.* 1889), ami de Dickens, auteur de romans de mœurs (*Cache-cache,* 1854) et l'un des précurseurs du roman policier (*la Pierre de lune,* 1868).

COLLINS (Michael), homme politique et chef militaire irlandais (Clonakilty, Cork, 1890 - Bandon, Cork, 1922). Membre du Sinn Féin, il participa à la révolte de Pâques 1916. Ministre des Finances après la proclamation de la République en 1918, il joua un rôle décisif dans les négociations de 1920-21. Président du gouvernement de l'État libre, il dut faire face à la révolte des républicains extrémistes, qui n'acceptaient pas le traité de Londres. En 1922, la guerre civile éclata, au cours de laquelle il fut tué.

COLLINS (Michael), astronaute et officier américain (Rome 1930). En 1969, il participa à la première mission de débarquement d'astronautes sur la Lune en tant que pilote du module de commande du vaisseau Apollo 11, restant en orbite autour de la Lune tandis que N. Armstrong et E. Aldrin se posaient à sa surface.

Collins Sons and Co. Ltd (Wm.), maison d'édition britannique fondée à Londres en 1819 par William Collins (1789-1853).

COLLIOURE (66190), comm. des Pyrénées-Orientales, sur la côte Vermeille ; 2 775 hab. Anc. place forte. Église de la fin du XVIIe s. (beaux retables). Station balnéaire.

COLLISION n. f. (lat. *collisio, -onis,* choc). **1.** Rencontre, plus ou moins rude, de deux corps en mouvement, ou choc d'un corps contre un obstacle : *Entrer en collision avec un véhicule.* – **2.** Heurt violent entre des groupes opposés : *Collision entre les manifestants et les forces de l'ordre.* – **3.** Opposition profonde entre des intérêts, des idées : *Collision d'intérêts.* – **4.** Affrontement de deux masses continentales à la suite de la fermeture d'un espace océanique intermédiaire. (Il est à l'origine d'un orogène caractérisé par l'importance des nappes de charriage.) – **5.** Interaction entre deux ou plusieurs corps, qui produit une modification de l'état de mouvement des corps. (On distingue les collisions *élastiques* et *inélastiques,* selon que l'énergie cinétique totale du système se conserve ou se transforme en chaleur ou en énergie potentielle.) [Syn. CHOC.]

COLLISIONNEUR n. m. Nom générique des appareils permettant de réaliser la collision de deux faisceaux de particules. (Ce sont soit des anneaux de collision, soit des anneaux d'intersection, ou encore d'autres dispositifs utilisant des accélérateurs.)

COLLO → QOLL *(El-).*

COLLOBRIÈRES (83610), ch.-l. de cant. du Var, dans les Maures ; 1 598 hab. Centre d'excursions. Forêt domaniale. – À l'E., dans le massif, anc. chartreuse de la Verne (XIIe-XVIIIe s.).

COLLOCALE n. f. (gr. *kolla,* colle et *kalia,* niche). Syn. de SALANGANE.

COLLOCATION n. f. (lat. *collocatio, -onis,* disposition). **1.** Action ou manière d'inscrire des créanciers dans l'ordre que la loi assigne au paiement de leur créance. – **2.** Somme que doit recevoir un créancier d'après l'ordre qu'il occupe. – **3.** Position d'un objet par rapport à d'autres au sein d'un ensemble, d'un mot par rapport à d'autres le long de la chaîne parlée.

COLLODI (Carlo LORENZINI, dit **Carlo**), écrivain et journaliste italien (Florence 1826 - *id.* 1890), auteur de fables pédagogiques *les Aventures de Pinocchio** (1880-1883).

COLLODION n. m. (lat. sc. *collodium,* du gr. *kollôdês,* gluant). Solution de nitrocellulose dans un mélange d'éther et d'alcool.
ENCYCL. Le collodion est préparé à partir de nitrocelluloses, les *colloxylines,* et sert à fabriquer des explosifs. Il est employé en thérapeutique comme excipient de substances médicamenteuses. On lui incorpore des acides (salicylique, lactique, trichloracétique) afin d'obtenir un produit caustique pour le traitement des cors et des verrues.

COLLOÏDAL, E, AUX adj. **1.** Se dit d'un système très divisé de grains ou de gouttes *(état colloïdal).* – **2.** Se dit d'une substance mise à l'état colloïdal. (→ *encycl.*) – **3.** *Béton colloïdal léger,* micromortier aéré de ciment, amélioré par l'ajout d'un colloïde puissant. ‖ *Poudres colloïdales,* poudres obtenues par la gélatinisation de la nitrocellulose.
ENCYCL. **Chim.** On obtient l'*état colloïdal* par précipitation, par agitation ou par pulvérisation. Cet état, généralement instable, peut être stabilisé par l'emploi de tensioactifs ou par le traitement chimique des grains, qui annihile les forces d'attraction entre eux.

COLLOÏDE n. m. (angl. *colloid*). **1.** Système dans lequel des particules se trouvent suspendues dans un fluide. (→ *encycl.*) — **2.** Matériel sédimentaire non cristallisé, de taille inférieure à 0,1 µm. — **3.** *Colloïdes artificiels,* solutés dits « de remplacement » permettant un remplissage vasculaire urgent à la place ou en l'absence de sang. ‖ *Colloïde magnétique,* liquide contenant en suspension des particules magnétiques, servant à la mise en évidence de certaines structures métallographiques.

ENCYCL. **Chim.** Les particules constituant un colloïde ont un diamètre compris entre 100 Å et 100 µm. Les émulsions* d'huile dans l'eau, les suspensions de petites particules métalliques dans l'eau, les fumées et les brouillards dans l'air, les peintures, les cosmétiques, de nombreux produits alimentaires sont le plus souvent des colloïdes. Lorsque les particules s'agglomèrent, il y a floculation ou coagulation. Pour caractériser un colloïde, on étudie la diffusion de la lumière qu'il provoque, ses propriétés électriques (électrophorèse) ou le passage de ses particules dans des pores très fins.

COLLOMBEY-MURAZ, v. de Suisse (Valais), sur le Rhône (r. g.) ; 3 000 hab. Raffinerie de pétrole (dite aussi d'Aigle).

COLLONGES (01550), ch.-l. de l'Ain ; 1 009 h.

COLLOQUE n. m. (lat. *colloquium,* de *colloqui,* converser). **1.** Entretien entre deux ou plusieurs personnes. — **2.** Réunion visant à l'étude d'une question scientifique ou à la discussion de problèmes diplomatiques, économiques, politiques, etc. ; congrès. — **3.** Dans les anciennes Églises calvinistes, assemblée et juridiction intermédiaires entre les consistoires et les synodes provinciaux.

1. COLLOQUER v. i. (de *colloque*) [conj. 3]. *Fam.* Se réunir en colloque pour débattre de questions diverses.

2. COLLOQUER v. t. (lat. *collocare,* placer, disposer) [conj. 3]. Inscrire des créanciers dans l'ordre suivant lequel ils doivent être payés.

COLLOR DE MELLO (Fernando), homme d'État brésilien (Rio de Janeiro 1949). Membre du Parti du mouvement démocratique brésilien, il est président de la République depuis 1990. Convaincu de corruption, il démissionne en 1992.

COLLOT D'HERBOIS (Jean-Marie), homme politique français (Paris 1750 - Sinnamary, Guyane, 1796). Acteur et auteur de pièces de théâtre, il fut élu député à la Convention (1792) où il appuya toutes les mesures de terreur. Membre du Comité de salut public (1793-94), il exerça, avec Fouché, d'atroces représailles contre les royalistes insurgés de Lyon (1793). Président de la Convention (juill. 1794), il contribua à la chute de Robespierre, mais fut déporté en Guyane après l'insurrection du 12-Germinal (1er avr. 1795).

COLLOXYLINE n. f. Nitrocellulose relativement stable à partir de laquelle on prépare le collodion.

COLLURE n. f. (de *coller*). **1.** Joint entre deux surfaces, réalisé par l'opération du collage. — **2.** Endroit où se raccordent deux parties d'une pellicule. (Syn. COLLAGE.)

COLLUSION [-zjɔ̃] n. f. (lat. *collusio, -onis*). **1.** Entente secrète entre deux ou plusieurs personnes pour agir en fraudant les droits d'un tiers, et qui est réprimée par la loi. — **2.** Toute entente secrète visant à tromper qqn.

COLLUSOIRE adj. Se dit de ce qui est fait par collusion.

COLLUTOIRE n. m. (lat. *collutum,* de *colluere,* laver). Préparation médicamenteuse destinée à être appliquée sur les parois internes de la cavité buccale.

COLLUVION n. f. (de *alluvion*). Dépôt mis en place au pied d'un versant directement dominant.

COLLUVIONNEMENT n. m. Mis en place de colluvions sous l'effet de la pesanteur.

COLLYBIE n. f. (gr. *kollubos,* petite pièce de monnaie). Champignon à pied dur, peu comestible, croissant en touffes sur les souches d'arbres. (Syn. SOUCHETTE.)

COLLYRE n. m. (lat. *collyrium,* du gr. *kollurion,* onguent). Médicament stérile liquide que l'on instille en gouttes sur l'œil.

COLMAN (George) **l'Aîné,** auteur dramatique anglais (Florence 1732-Londres 1794). Auteur de comédies « à la française » (*la Femme jalouse,* 1761), il dirigea le théâtre de Haymarket (1777-1789). — Son fils GEORGE, dit *le Jeune* (Londres 1762 - *id.* 1836), auteur de comédies (*John Bull,* 1803), lui succéda à la direction du théâtre de Haymarket.

COLMAR (68000), ch.-l. du dép. du Haut-Rhin, sur la Lauch, à 444 km à l'E.-S.-E. de Paris ; 64 889 hab. *(Colmariens).* Capitale historique de la Haute-Alsace, au contact de la plaine d'Alsace et des Vosges, c'est un centre administratif, judiciaire (cour d'appel), commercial (vins d'Alsace), touristique, industrialisé (métallurgie de transformation principalement) surtout à l'E. (zone portuaire sur le Rhin).
— **Hist.** Ville impériale en 1226, Colmar dut défendre son indépendance contre les évêques de Strasbourg et les nobles alsaciens. Elle fit partie de la Décapole alsacienne (1354) et se dota

d'une constitution communale (v. 1360). Française en 1648, Louis XIV en fit la capitale judiciaire de l'Alsace (1698).
– **Bx-arts.** Églises St-Martin (XIIIe-XIVe s. ; *Vierge au buisson de roses* de Schongauer), des Dominicains (vitraux du XIVe s.) et des Franciscains (auj. St-Matthieu ; jubé du XVe s.). Ancienne douane et belles maisons du Moyen Âge (à pans de bois) et de la Renaissance. Musée d'Unterlinden dans l'anc. couvent des Dominicaines, des XIIIe-XIVe s. (art populaire et histoire locale ; primitifs rhénans, dont le célèbre polyptyque de M. Grünewald). Musée Bartholdi.

Colmar *(bataille de)* → Alsace (campagne d').

COLMAR-BERG, zone industrielle du Luxembourg (canton de Mersch), au S. d'Ettelbrück. Pneumatiques.

COLMARS (04370), ch.-l. de cant. des Alpes-de-Haute-Provence, dans la haute vallée du Verdon ; 370 hab. *(Colmarsiens).* Enceinte du XVIIe s. Centre de séjour.

COLMATAGE n. m. **1.** Action de colmater ; fait d'être colmaté. — **2.** Rétablissement d'un front continu après une percée ennemie. — **3.** Opération consistant à faire déposer par sédimentation sur un terrain les matériaux charriés par l'eau, notamment pour exhausser le niveau des terres basses marécageuses et pour les fertiliser. — **4.** Accumulation de matériel fin déposé en grande partie par décantation des eaux courantes. — **5.** Obturation progressive de tuyaux, drains, filtres, etc., produite par les dépôts des liquides qui les traversent.

COLMATER v. t. (ital. *colmata,* de *colmare,* combler) [conj. 3]. **1.** Boucher une fente, une fuite, etc., les fermer plus ou moins complètement. — **2.** Réparer qqch, l'arranger tant bien que mal, en comblant les manques : *Colmater, le déficit du commerce extérieur.* — **3.** Réaliser un colmatage.
◆ **se colmater** v. pr. Se boucher à la suite d'un colmatage.

COLMIANE (la), écart de la comm. de Valdeblore (Alpes-Maritimes), à 8 km à l'O. de Saint-Martin-Vésubie et dominée par le *pic de la Colmiane* (1 795 m). Sports d'hiver.

COLO n. f. *Fam.* Colonie de vacances.

COLOBE n. m. (gr. *kolobos,* tronqué). Superbe singe d'Afrique, mangeur de feuilles, à la longue queue et aux pouces atrophiés, longtemps chassé pour sa fourrure. (Le colobe à manteau, ou guéréza, est l'espèce la plus menacée.)

COLOBIDÉ n. m. Singe tel que les colobes, les langurs, l'entelle et le nasique. (Les *colobidés* forment une famille.)

COLOCASE n. f. (lat. *colocasia,* du gr. *kolokasia*). Nom générique du *taro.*

COLOCATAIRE n. Personne qui est locataire avec d'autres.

COLOCATION n. f. Location en commun.

COLOCOTRONIS (Théodore) → KOLOKOTRÓNIS.

COLOGARITHME n. m. Logarithme de l'inverse du réel considéré :

$$\text{colg}\ x = \lg \frac{1}{x} = -\lg x.$$

COLOGNE, en all. **Köln,** v. d'Allemagne (Rhénanie-du-Nord-Westphalie) ; 977 000 hab.
— **Géogr.** Sur le Rhin (port fluvial) au S. de la Ruhr, Cologne est une métropole tertiaire (siège de la Lufthansa et de la radiodiffusion ouest-allemande, université, banques et assurances), un nœud ferroviaire et autoroutier, un centre commercial, touristique et industriel (constructions mécaniques et électriques, chimie).
— **Hist.** Ancien camp militaire romain, fondé au début du Ier s. apr. J.-C., évêché dès le IVe s., Cologne devint au Ve s. la capitale des Francs du Rhin. Archevêché en 785, elle devint au XIIIe s. ville libre impériale. Membre de la Hanse, au rôle commercial important durant tout le Moyen Âge, sa prospérité déclina avec les guerres de Religion aux XVIe et XVIIe s., mais l'archevêque-électeur, archichancelier d'Empire pour l'Italie, joua un rôle déterminant dans la vie politique du Saint Empire. Occupée par les Français en 1794, la ville devint prussienne en 1815. Elle fut occupée par les troupes alliées de 1918 à 1926. Cologne fut l'objet, le 30 mai 1942, du premier grand raid des bombardiers britanniques.
— **Bx-arts.** Vestiges romains. Majestueuses églises, très remaniées et restaurées, des époques ottonienne (S. Pantaleon, Xe s., avec massif occidental d'esprit carolingien) et romane (S. Maria im Kapitol, XIe s., avec chœur-transept triconque surmonté d'une coupole ; S. Aposteln), souvent édifiées sur les restes d'édifices antérieurs. Grandiose cathédrale, reconstruite en gothique français de 1248 au XIXe s. (vitraux, statues, *Adoration des mages* de Lochner, trésor). Églises et monuments civils, mutilés, du XIIIe au XVIIIe s. Importants musées, dont le Romano-Germanique et le Wallraf-Richartz-Ludwig (peintures de l'école colonaise du XVe s., de Leibl, de l'expressionnisme allemand, de Max Ernst… ; avant-garde contemporaine).

Cologne *(eau de),* eau de toilette consistant en une solution alcoolique d'huiles essentielles, principalement de bergamote et de citron. L'origine de l'eau de Cologne est liée au nom de Giovanni Maria *Farina,* qui, au XVIIIe s., exerça la vente de l'« eau admirable », dont l'inventeur présumé serait Paul Feminis, établi à Cologne vers 1695.

COLOGNE *(bassin de),* important gisement de lignite d'Allemagne, proche de Cologne, sur la rive gauche du Rhin.

COLOGNE (32430), ch.-l. de cant. du Gers ; 567 hab. Bastide fondée à la fin du XIIIe s.

COLOMAN Ier → KÁLMÁN Ier.

COLOMB (Christophe), en esp. **Cristóbal Colón,** navigateur génois, découvreur de l'Amérique (Gênes 1450 ou 1451-Valladolid 1506). Fils d'un tisserand de Gênes, sa jeunesse est mal connue. En 1476 ou 1477, il s'établit auprès de son frère Barthélemy, cartographe à Lisbonne, et participe sans doute à des expéditions maritimes sur les côtes d'Afrique. Persuadé, à partir de données fausses sur les dimensions de la Terre, de pouvoir atteindre l'Orient par l'Atlantique, il conçoit le projet de partir pour l'Asie orientale à la recherche de l'or qui permettrait de financer une ultime croisade pour libérer Jérusalem. Il expose son projet au roi de Portugal et est éconduit (1484). Il passe alors en Espagne (1485) et sollicite l'appui des Rois Catholiques qui acceptent en 1492 de financer une petite expédition. Composée de trois navires (la *Santa María,* la *Pinta* et la *Niña*), celle-ci quitte Palos de Moguer le 3 août 1492. Le 12 oct., l'expédition arrive en vue d'une terre, probablement San Salvador (ou Samana Cay, selon une hypothèse plus récente), aux Bahamas, puis touche Cuba et Haïti, baptisée Hispaniola. L'expédition repart en janv. 1493 et Colomb est accueilli triomphalement à son retour en Espagne. Avec les titres d'« amiral de la mer océane et de vice-roi de toutes terres à découvrir », il se fait confier une nouvelle expédition, forte de 17 navires. De sept. 1493 à juin 1496, il découvre la Dominique, la Guadeloupe et poursuit l'exploration de Cuba ; il installe à Haïti une colonie qui commence à exploiter la main-d'œuvre indigène. Au cours d'une troisième expédition, partie en 1498, Colomb découvre la Trinité et atteint pour la première fois la côte du continent américain (région de l'Orénoque). Mais il se heurte aux colons d'Haïti. Accusé d'irrégularités financières, il est renvoyé en Espagne et privé du titre de vice-roi (1500). Il parvient cependant à restaurer son crédit auprès des souverains et peut réaliser une quatrième expédition (1502-1504) qui le conduit sur les côtes de l'actuel Honduras et à la Jamaïque. Colomb fut sans doute le navigateur le plus hardi de tous les temps. Mais, pensant que les territoires qu'il avait découverts constituaient une annexe, peut-être lointaine, de l'Asie, il ignorait probablement qu'il avait ouvert la voie vers un nouveau continent. — BARTHÉLEMY (ou BARTHOLOMÉ) **Colomb** ou **Colón,** colonisateur et cartographe espagnol (Gênes v. 1461-Saint-Domingue 1514). Il rejoignit son frère Christophe à Haïti (Hispaniola) et devint son lieutenant (1495). En 1496, il fonda Saint-Domingue. — HERNANDO **Colomb** ou **Colón,** historien espagnol (Cordoue 1488-Séville 1539). Fils naturel de Christophe Colomb, il constitua à Séville la précieuse bibliothèque dite *Colombine* et écrivit en espagnol une biographie de son père.

COLOMB (Georges) → CHRISTOPHE.

COLOMBA ou **COLUMBA** *(saint),* en irland. **Columcille,** religieux irlandais (comté de Donegal 521 ? - Iona 597). Il fonda, dans l'île d'Iona, une abbaye qui devint un grand foyer missionnaire et culturel de la chrétienté irlandaise.

Colomba, nouvelle de Prosper Mérimée (1840), récit dramatique d'une vendetta corse.

COLOMBAGE n. m. (de *colombe*). **1.** Pan de bois, cloison ou mur en charpente dont les vides sont remplis par une maçonnerie de plâtre, de brique, etc. *(hourdis).* — **2.** Ensemble des poteaux dans un pan de bois.

COLOMBAN *(saint)* [dans le Leinster, Irlande, v. 540 - Bobbio, Italie, 615]. Moine irlandais. Passé en Gaule en 590, il fonda en Europe de nombreux monastères — Luxeuil, Bobbio... — auxquels il imposa une règle très dure.

COLOMBARD n. m. Cépage blanc cultivé dans la région de Cognac et en Californie.

COLOMB-BÉCHAR → BECHAR.

1. COLOMBE n. f. (lat. *columba*). **1.** Autre nom du pigeon, appliqué surtout aux variétés blanches et à la tourterelle d'élevage. — **2.** Terme d'affection à l'adresse d'une jeune fille, d'une femme. — **3.** Symbole de la paix, de la douceur. — **4.** Dans un gouvernement, une organisation politique, partisan de la paix, d'une attitude de conciliation, de détente. (Contr. FAUCON.) — **5.** *Colombe eucharistique,* vase de métal précieux en forme de colombe, suspendu au-dessus de l'autel, dans lequel, au Moyen Âge, étaient conservées les hosties consacrées. ‖ *Colombe poignardée,* tourterelle du Sud-Est asiatique, dont la poitrine blanche porte une tache rouge médiane.

ENCYCL. **Iconogr.** L'Antiquité donna la colombe pour attribut à Vénus-Aphrodite. Les chrétiens y voyant le symbole de l'Esprit-Saint, elle figure souvent la troisième personne de la Trinité. Elle est aussi le symbole de la paix (avec un rameau d'olivier, comme dans la légende de Noé).

2. COLOMBE n. f. (anc. fr. *colombe,* doublet de *colonne*). **1.** Poteau intermédiaire dans une cloison, un pan de bois. — **2.** Grande varlope à l'usage des emballeurs, des malletiers et des tonneliers.

COLOMBE (en lat. *Columba, -æ*), petite constellation australe.

COLOMBE (Michel), sculpteur français (dans le Berry ou le Bourbonnais v. 1430 - Tours v. 1513). La plus grande partie de son œuvre a disparu. Figure majeure de la sculpture de son temps, il allie la douceur et la fermeté de l'art ligérien de la fin du gothique à l'italianisme naissant (tombeau de François II de Bretagne et de Marguerite de Foix, sur cartons de J. Perréal, 1502-1507, cathédrale de Nantes). L'atelier qu'il avait ouvert à Tours fut repris par son neveu et disciple Guillaume Regnault († 1532).

COLOMBE (Jean), enlumineur français (Bourges v. 1440 - *id.* 1493 ?), peut-être frère du précédent. Chef d'un atelier très achalandé, il emprunte à Fouquet sans prétendre à sa plénitude classique.

COLOMBELLES (14460), comm. du Calvados, sur l'Orne, en aval de Caen ; 5 717 hab. *(Colombellois).* Cimenterie.

COLOMBES (92700), ch.-l. de cant. des Hauts-de-Seine, dans la banlieue nord-ouest de Paris, sur la Seine ; 79 058 hab. Stade Yves-du-Manoir. Centre industriel (matériel téléphonique notamment) et résidentiel.

COLOMBEY-LES-DEUX-ÉGLISES (52330), comm. de la Haute-Marne, à 27 km au N.-O. de Chaumont ; 664 hab. Anc. résidence privée (auj. musée) du général de Gaulle, inhumé dans la commune. Mémorial (croix de Lorraine).

COLOMBICULTEUR, TRICE n. Personne qui élève des pigeons.

COLOMBICULTURE n. f. Art d'élever les pigeons ; élevage de pigeons.

COLOMBIE, en esp. **Colombia,** État de l'Amérique du Sud, sur l'Atlantique et le Pacifique ; 1 140 000 km²; 35 700 000 hab. *(Colombiens).* CAP. *Bogotá.* LANGUE : *espagnol.* MONNAIE : *peso colombien.*

Géographie.

• *Le milieu naturel et la population.* Aux confins de l'Amérique centrale, largement ouverte sur la mer des Antilles et le Pacifique, avec plus de la moitié de sa superficie appartenant à la forêt amazonienne ou surtout aux savanes des Llanos, la Colombie demeure cependant d'abord un État andin. Les Andes, coupées par les vallées du Cauca et du Magdalena, couvrent seulement le quart de la superficie, mais concentrent encore plus de la moitié de la population. La région andine possède les trois principales villes (Bogotá, Medellín et Cali), qui regroupent plus de 25 % d'une population urbanisée pour environ 70 %, fortement métissée et connaissant une croissance démographique notable.

Le pays est sité dans les zones tropicale et équatoriale (au S.). L'altitude introduit des différenciations thermiques (modérant et « assainissant » les températures) et pluviométriques (notamment selon l'orientation des reliefs). La chaleur règne sur les terres basses (plus humides sur le Pacifique et aux confins de l'Amazonie brésilienne) et au pied des Andes (jusqu'à 1 100 m), puis s'atténue rapidement en montagne.

• *L'économie.* Le climat commande l'agriculture (et sa localisation), qui occupe une part notable de la population active, avec une prépondérance du faire-valoir direct, malgré l'importance des grandes exploitations. Le café (2e rang mondial) domine. La pomme de terre et le riz, la canne à sucre, le cacaoyer, le bananier, le coton et les fleurs sont les autres cultures notables avec la coca, absente dans les statistiques. L'élevage bovin, héritage colonial, reste important. L'agroalimentaire constitue une branche majeure d'une industrie en développement (métallurgie, textile, chimie, bois, etc). La Colombie possède également des bases énergétiques non négligeables, houille, gaz naturel et surtout pétrole, qui fournissent une part importante des exportations. L'hydroélectricité assure la moité de la production totale d'électricité. Le sous-sol recèle encore notamment du fer, de l'or et des émeraudes.

L'Union européenne est le premier partenaire commercial de la Colombie devant les États-Unis. Une inflation contenue, une dette extérieure modérée, une croissance soutenue sont les principaux indices d'une situation meilleure que celle de la plupart des pays de la région.

Histoire. Le territoire de la Colombie est envahi au XVIe s. par les conquistadors espagnols. Au XVIIIe s., Bogotá devient la capitale de la vice-royauté de Nouvelle-Grenade.

1810-1819 : Soulèvement contre l'Espagne, dirigé par Simón Bolívar.

La victoire des insurgés amène la création d'une république de Grande-Colombie unissant la Nouvelle-Grenade, le Venezuela, le Panamá et l'Équateur.

1830 : Le Venezuela et l'Équateur font sécession. Pendant le XIXe s. règne une grande instabilité politique, marquée par la rivalité entre conservateurs centralistes et libéraux fédéralistes. L'économie est essentiellement fondée sur le café.

1886 : Une Constitution met définitivement en place un État centralisé.

1899-1903 : Guerre civile.

1903 : Le Panamá accède à l'indépendance sous la pression des États-Unis.

1948-1958 : Une guerre civile larvée oppose libéraux et conservateurs.

De 1958 à 1978, à la suite d'un amendement constitutionnel, les deux partis se succèdent régulièrement à la présidence et se partagent toutes les charges politiques et administratives. Apparue dans les années 1960, la guérilla multiplie ses actions après 1970 et atteint les milieux urbains.
1978 : L'aggravation de la situation provoque l'adoption de lois d'exception.
1982 : Belisario Betancur, élu président, promulgue une loi d'amnistie.
Ses successeurs doivent faire face à la montée de la violence liée aux tensions politiques et au trafic de drogue.

COLOMBIE BRITANNIQUE, en angl. **British Columbia,** province du Canada, sur le Pacifique ; 950 000 km² ; 3 282 061 hab. Cap. *Victoria.* La province, très vaste, est en grande partie montagneuse (chaînes côtières précédées d'îles et Rocheuses [plus de 3 000 m], encadrant de hauts plateaux [entaillés par le Fraser]), souvent bien arrosée et forestière, avec des températures clémentes sur le littoral. Elle juxtapose une métropole (Vancouver) concentrant la moitié de la population totale (et une part encore plus grande de l'industrie de transformation et des services) et des sites d'exploitation ponctuels, liés à la forêt (industries du bois), au sous-sol (charbon et hydrocarbures, molybdène, zinc), à l'abondante production hydroélectrique (électrométallurgie), à la mer (pêche et conserveries).
— **Hist.** La région fut explorée par Cook (1778), par Vancouver (1792-1794) et par Mackenzie (1793). Les Anglais y fondèrent en 1858 la colonie de la Colombie britannique. Rattachée à l'île Vancouver en 1866, celle-ci adhéra en 1871 au dominion du Canada.

COLOMBIEN, ENNE adj. et n. De Colombie.

1. COLOMBIER n. m. (lat. *columbarium*). Bâtiment (ou simple aménagement mural) où l'on élève des pigeons.

2. COLOMBIER n. m. (de *Colombier,* n. pr.). Ancien format de papier de plusieurs dimensions suivant l'utilisation : 60 à 63 ×80 à 90 cm.

COLOMBIER → GRAND COLOMBIER.

COLOMBIER-FONTAINE (25260), comm. du Doubs, en bordure du Jura, près du Doubs ; 1 528 hab. Fabrique de sièges.

1. COLOMBIN, E adj. (lat. *columbinus,* de *columba,* pigeon). D'une couleur mélangée, entre le rouge et le violet.
◆ **colombin** n. m. Pigeon voisin du ramier, caractérisé par les deux barres noires qui ornent ses ailes.
◆ **colombine** n. f. Tourterelle américaine de mœurs terrestres.

2. COLOMBIN n. m. (de *colombe 1*). **1.** Boudin de pâte molle servant à façonner des céramiques sans utiliser le tour. — **2.** *Pop.* Étron.
◆ **colombine** n. f. Engrais composé d'excréments des oiseaux de basse-cour.

COLOMBINAGE n. m. Façonnage de pièces céramiques au moyen de colombins posés les uns sur les autres, puis réunis.

Colombine, personnage de la commedia dell'arte : type de soubrette faussement ingénue.

COLOMBITE ou **COLUMBITE** n. f. (angl. *columbite*). Niobotantalate naturel de fer et de manganèse, utilisé comme minerai de niobium (ou colombium). [Syn. NIOBITE.]

COLOMBIUM ou **COLUMBIUM** [-bjɔm] n. m. Ancien nom du niobium.

1. COLOMBO n. m. (bantou *kalumb,* avec l'infl. de *Colombo,* ville de Sri Lanka). Nom usuel de la racine amère et jaunâtre de *Chasmantera palmata* (ménispermacées), qu'on emploie en médecine comme astringent et comme stomachique.

2. COLOMBO n. m. (de *Colombo,* ville de Sri Lanka). **1.** Épice constituée d'un mélange de plantes (coriandre, safran, anis, etc.). — **2.** Ragoût de viande ou de poisson accompagné de riz et épicé avec du colombo. (Cuisine antillaise.)

COLOMBO ou **KOLAMBA,** cap. de Sri Lanka, sur la côte sud-ouest de l'île ; plus de 1 million d'hab. dans l'agglomération, à la population composite par l'ethnie (Cinghalais, Tamouls, Moors, etc.) et la religion (bouddhistes, hindouistes, musulmans, chrétiens). Port (exportation de thé surtout), centre administratif, commercial, encore peu industrialisé (agroalimentaire). Musée (riches collections archéologiques).
— **Hist.** Port occupé successivement par les Portugais (début du XVIe s.-1656), par les Hollandais (1656-1796) puis par les Britanniques, Colombo devint la capitale de Ceylan en 1948.

Colombo *(plan de),* projet pour l'aide au développement des pays d'Asie du Sud et du Sud-Est mis en place à l'initiative du Commonwealth, puis des États-Unis, au cours de deux conférences réunies en 1950 et 1951 à Colombo.

COLOMBO (Joe), architecte et designer italien (Milan 1930 - *id.* 1971). Spécialisé dans l'architecture intérieure et le design, collaborant notamment avec l'industrie et les grands magasins, il a développé des recherches sur les structures modulaires combinables en sièges, lits, tables, etc., et, plus globalement, sur l'habitat.

COLOMBOPHILE adj. et n. Qui élève ou emploie les pigeons voyageurs.

COLOMBOPHILIE n. f. Science de l'élevage des pigeons voyageurs.

COLOMIERS (31770), comm. de la Haute-Garonne, banlieue ouest de Toulouse ; 27 253 hab. *(Columériens)*. Construction aéronautique. Électronique.

1. COLON n. m. (lat. *colonus*). **1.** Personne qui a quitté son pays pour aller exploiter une terre, faire du commerce, etc., dans une colonie ; descendant de ces immigrés, installé à demeure dans ce pays et cohabitant avec les autochtones. — **2.** Enfant d'une colonie de vacances. — **3.** Membre d'une colonie pénitentiaire. — **4.** Sous l'Empire romain, personne de condition libre, mais attachée héréditairement au sol qu'elle cultive. — **5.** *Colon partiaire*, syn. de MÉTAYER.

2. COLON n. m. (de *colonel*). **1.** *Arg. mil.* Colonel. — **2.** Pop. *Ben, mon colon !, ah, mon colon !*, exclamation traduisant la surprise, l'admiration, etc.

3. COLON [kolɔn] n. m. (pl. *colones*). Unité monétaire du Salvador et de Costa Rica.

CÔLON n. m. (bas lat. *colon*, du gr. *kôlon*). Le gros intestin, excepté sa dernière portion, le rectum.

ENCYCL. Le côlon commence au cæcum ; il monte d'abord verticalement jusqu'à la face inférieure du foie *(côlon ascendant)* ; là, il se porte transversalement de droite à gauche jusqu'à la rate *(côlon transverse)* ; il se coude une deuxième fois au-dessous de la rate et descend verticalement jusqu'à la fosse iliaque gauche *(côlon descendant)* ; ensuite le côlon se porte vers le petit bassin, en décrivant des flexuosités *(côlon sigmoïde)*. La longueur du gros intestin de l'homme est en moyenne de 1,50 m.

COLÓN, port de la République de Panamá, ch.-l. de prov., sur la mer des Antilles, à l'entrée du canal inter-océanique ; 60 000 hab. Centre commercial (zone franche). Raffinage du pétrole.

COLÓN (Cristóbal), nom esp. de Christophe Colomb*.

COLONAGE n. m. (de *colon 1*). *Bail à colonage partiaire*, syn. de MÉTAYAGE.

COLONAT n. m. **1.** État de colon. — **2.** Syn. de MÉTAYAGE.

ENCYCL. Sous le Haut-Empire les colons sont des paysans libres, liés par contrat, et qui exploitent les grands domaines impériaux *(saltus)* d'Afrique ou d'Asie.

Au Bas-Empire, la condition de colon sur les domaines de l'empereur ou de grands propriétaires tend à devenir héréditaire. Le colon n'a plus le droit de quitter la terre qu'il cultive et il verse une redevance en argent ou en nature à son maître à qui il doit en outre des corvées.

COLONE, en gr. **Kolônos,** bourg de l'Attique, patrie de Sophocle, où il a situé son *Œdipe à Colone*.

COLONEL n. m. (ital. *colonnello*, de *colonna*, troupe en colonne). **1.** Grade le plus élevé de la hiérarchie des officiers supérieurs des armées de terre et de l'air. — **2.** *Colonel général*, ancienne dignité militaire française.

Colonel Chabert *(le)*, roman d'H. de Balzac (1832) [*Scènes de la vie privée*]. Porté mort à Eylau, le héros retrouve, dix ans après, sa femme remariée et qui refuse de le reconnaître : il se résignera à l'anonymat et finira à l'hospice.

1. COLONELLE adj. f. *Compagnie colonelle*, première compagnie d'un régiment, sous l'Ancien Régime.

2. COLONELLE n. f. *Fam.* Femme d'un colonel.

COLONGE n. f. Tenure rurale en Alsace et certains pays rhénans, équivalent de la manse.

COLONGER, ÈRE adj. Relatif à une colonge.

◆ **colonger** n. m. Propriétaire ou exploitant d'une colonge.

COLONIA, nom de plusieurs villes antiques, où des colonies romaines avaient été établies.

COLONIA (Juan DE), architecte espagnol d'origine allemande (arrivé en Espagne v. 1440-Burgos 1481). Auteur des flèches de la cathédrale de Burgos (1442-1458), il reçut en 1454 la direction du chantier de la chartreuse de Miraflores. — Son fils SIMÓN, architecte et sculpteur (né v. 1450), a donné son œuvre majeure avec la chapelle du Connétable de la cathédrale de Burgos (1484 et suiv.), d'un gothique luxuriant. — FRANCISCO, architecte († Burgos 1542), fils du précédent, a travaillé avec lui à la façade de S. Pablo de Valladolid. Sa porte de la Pellejería, à la cathédrale de Burgos, (1516) est plateresque.

COLONIAL, E, AUX adj. **1.** Relatif aux colonies ; qui concerne les colonies : *Régime colonial.* — **2.** Qui appartient aux pays tropicaux : *Produits coloniaux.* — **3.** Se dit du caractère particulier de l'architecture ou de l'art dans une contrée colonisée. — **4.** Se dit d'une espèce animale qui vit en colonies. — **5.** *Artillerie, infanterie, troupes coloniales* ou, fam., *la Coloniale*, appellation donnée de 1900 à 1961 aux formations de l'armée de terre chargées de la défense des territoires français d'outre-mer. ‖ *Ordres coloniaux*, ancienne appellation des ordres de la France d'outre-mer. ‖ *Pacte colonial*, ensemble de règles, avant tout économiques, imposées autrefois par une métropole à sa colonie. (→ *encycl.*) ‖ *Système colonial*, système qui impose des règles limitatives au commerce des colonies, en faveur de la métropole.

◆ **colonial** n. m. **1.** Fonctionnaire ou habitant des colonies. – **2.** Soldat appartenant aux unités coloniales.

ENCYCL. **Écon.** Le *pacte colonial* répondait à une conception mercantiliste de la colonisation, visant l'enrichissement de la métropole. Il stipulait : l'interdiction totale ou partielle du marché colonial aux produits étrangers ; l'obligation d'exporter les produits coloniaux exclusivement ou principalement vers la métropole ; l'interdiction, pour la colonie, de produire des objets manufacturés, son rôle économique se bornant à celui de productrice de matières premières et de débouché commercial ; le traitement de faveur accordé par la métropole aux produits coloniaux, accompagné d'une aide politique, militaire, culturelle et, souvent, économique, fournie par la métropole.

coloniale *(médaille)*, décoration française, instituée en 1893 pour récompenser la participation à des opérations de guerre dans une colonie ou un protectorat. Elle est appelée *médaille d'outre-mer* depuis le 6 juin 1962.

COLONIALISME n. m. Système qui préconise l'établissement et le développement de pays dépendants considérés comme sources de richesse et de puissance pour la nation qui les possède.

COLONIALISTE adj. et n. Qui relève du colonialisme ; partisan du colonialisme.

COLONIE n. f. (lat. *colonia*). **1.** Territoire occupé et administré par une nation en dehors de ses frontières, et demeurant attaché à la métropole par des liens politiques et économiques étroits. – **2.** Groupe de personnes quittant leur pays pour aller en peupler un autre : *Une colonie de Phéniciens fonda Carthage.* – **3.** Ensemble de personnes d'un même pays, d'une même région résidant dans un pays étranger, dans une autre région : *La colonie bretonne de Paris.* – **4.** Réunion de personnes que rapprochent leurs goûts ou leurs situations : *Une colonie de peintres.* – **5.** *Colonie (de vacances)*, centre d'accueil pour les enfants en vacances, à l'initiative d'un organisme social ou municipal, et dans lequel sont organisées des activités de loisirs. (Syn. CENTRE DE VACANCES ET DE LOISIRS.) – **6.** Groupement de nombreux animaux de la même espèce vivant côte à côte de façon permanente, généralement sur un territoire fixe, et qui sont le plus souvent proches parents les uns des autres. – **7.** Ensemble des abeilles habitant une ruche, et comprenant la reine, des ouvrières en très grand nombre (jusqu'à 60 000) et, en saison chaude, des mâles ou faux bourdons. – **8.** Groupe de microbes issus d'un seul germe et qui constitue une masse reconnaissable par son aspect, sa consistance et sa coloration. – **9.** *Colonie militaire*, communauté militaire dont les membres sont chargés de mettre en culture des territoires nationaux ou conquis, tout en assurant leur garde. ‖ *Colonie pénitentiaire*, colonie qui était affectée à l'exécution des peines coloniales (déportation, transportation, relégation) ; établissement public pour mineurs délinquants institué en 1850 et supprimé en 1951.

◆ **colonies** n. f. pl. Nom donné aux anciens empires coloniaux : *Aller vivre aux colonies.*

COLONISABLE adj. Qui peut être colonisé.

COLONISATEUR, TRICE adj. et n. Qui fonde et exploite une colonie, qui transforme un pays en colonie : *Un peuple colonisateur.*

COLONISATION n. f. **1.** Action de coloniser : *La colonisation de l'Afrique par les puissances européennes au XIXe s.* – **2.** État de fait qui résulte de cette action.

ENCYCL. **Hist.** Dans l'Antiquité grecque, le mouvement de colonisation de terres neuves, puis de prise de possession de sites favorables au commerce dura du VIIIe au VIe s. av. J.-C. : la terre de Grèce propre ne nourrissait plus ses habitants et les luttes politiques se traduisaient par l'exil des vaincus. Entre la métropole et sa colonie subsistaient des liens surtout moraux, dus à la communauté des traditions religieuses et de la langue. On ne considère pas comme des colonies les clérouquies* ou les villes fondées dans les pays d'Orient par les paysans et les soldats grecs ou macédoniens.

À partir du moment où Rome étendit son territoire par les conquêtes, elle fonda des colonies pour y assurer son autorité. Les colons y jouissaient d'une large autonomie dans leur gestion locale ; les colonies de droit romain conservaient aux citoyens qui y étaient installés le droit de cité* romaine ; les colonies de droit latin, peuplées à l'origine de Latins et d'Alliés, leur conféraient un droit de cité incomplet. Au total, on connaît 46 colonies latines et plus de 200 colonies romaines dont la mise en place fut pratiquement achevée avec les colonies surtout peuplées de vétérans fondées par Marius, César et Auguste. Pourtant, l'appellation et le statut de colonie romaine, très recherchés, furent encore conférés à titre honorifique.

Au Moyen Âge, la reprise économique et démographique du XIe s. engendra de nouvelles formes de colonies dont les plus caractéristiques étaient les comptoirs commerciaux. Les commerçants pisans, génois et vénitiens en Méditerranée, ceux de la Hanse dans les pays de la Baltique se firent octroyer par les souverains des pays avec lesquels ils trafiquaient le droit de s'établir dans une ville qui leur était concédée tout entière (telle Kaffa aux Génois) ou seulement en partie (comme à

Constantinople). Ces concessions urbaines, accordées soit à une seule « nation », soit à plusieurs, jouirent habituellement d'une large autonomie judiciaire sous la responsabilité d'un chef de la colonie. Cette colonisation économique fut le plus souvent à l'origine d'une colonisation politique. Ainsi, autour des colonies urbaines se créèrent de véritables « empires » coloniaux à but mercantile, tels l'empire génois de l'Égée orientale et surtout le vaste empire vénitien qui s'étendait de l'Istrie à Chypre (→ GÊNES et VENISE).

À partir du XVIe s., l'expansion des peuples et des États de l'Europe sur les autres continents s'est opérée chronologiquement de façon irrégulière. On distingue : *une première phase* de fondation allant du XVIe au XVIIIe s., marquée par les conquêtes portugaises (comptoirs africains et indiens ; Brésil), espagnoles (Amérique centrale et méridionale), anglaises et françaises (Amérique du Nord). Assurée par la supériorité militaire, cette expansion a eu des motivations commerciales et monétaires (or, épices) mêlées à des préoccupations religieuses et stratégiques. L'administration coloniale varia du modèle ibérique (gouvernements dépendant du Conseil des Indes) au système des compagnies à chartes anglaises, françaises et hollandaises ; *une deuxième phase* (1750-1825), marquée par l'amputation des Empires français (Canada, 1763) et anglais (indépendance des États-Unis, 1783) et l'émancipation des colonies espagnoles (1809-1826) ; *une troisième phase* (1830-1914), étroitement liée à l'expansion démographique et à la révolution industrielle et qui aboutit à l'établissement de vastes empires. Les plus grands, l'Empire britannique (35 millions de km^2) et l'Empire français (12 millions de km^2), formèrent, à l'aube du XXe s., de véritables sous-continents. En leur ajoutant les possessions coloniales belges, néerlandaises, allemandes et italiennes, on estime que 200 millions d'Européens dominaient alors 700 millions d'hommes. Les formes administratives varièrent, depuis les méthodes d'exploitation brutale (colonisation directe) jusqu'aux protectorats qui se voulaient respectueux des souverainetés indigènes, et aux dominions britanniques. Mais, dès 1920, la crise finale des empires coloniaux éclata. Aux revendications émancipatrices des colonisés s'ajouta, après 1945, la question de la rentabilité financière des colonies. En une trentaine d'années (1945-1975), sous le choc des mouvements nationalistes et de la révision des politiques impériales, tous les empires coloniaux s'effondrèrent.

(→ *empire colonial* BRITANNIQUE, ESPAGNOL, FRANÇAIS, ITALIEN, NÉERLANDAIS, PORTUGAIS.)

COLONISÉ, E n. Peuple, personne qui est sous le régime de la colonisation.

COLONISER v. t. (p.-ê. angl. *to colonize*) [conj. 3]. **1.** Transformer un pays en une colonie, en un territoire dépendant d'une métropole. — **2.** Peupler un pays, une région de colons : *Les Anglais ont colonisé l'Australie.* — **3.** Mettre un pays sous sa dépendance économique. — **4.** Occuper un lieu, l'envahir en s'installant en grand nombre dans des résidences secondaires, des propriétés : *Les touristes allemands ont colonisé la côte méditerranéenne.* — **5.** En parlant d'une espèce animale ou végétale, s'installer en premier lieu dans une place vide qui vient de se créer. (S'il s'agit d'une place déjà occupée, on dit plutôt ENVAHIR.)

COLONNA, famille noble romaine remontant au XIe s., qui joua un grand rôle dans l'histoire de l'Église et celle de Rome où elle s'opposa à d'autres familles nobles romaines, en particulier aux Orsini. — GIOVANNI († Rome v. 1290), archevêque de Messine (1255) et vicaire de Rome (1262), accompagna Louis IX en Égypte et fonda l'hôpital du Latran. — GIACOMO († Avignon 1318), cardinal (1278), et son neveu SCIARRA († 1329), sénateur romain, s'opposèrent au pape Boniface VIII et participèrent à l'attentat perpétré contre ce dernier par Philippe IV le Bel à Anagni (1303). — ODDONE devint pape en 1417 sous le nom de Martin V*. — FABRIZIO († 1520) fut condottiere au service de Ferdinand II le Catholique qui le nomma grand connétable du royaume de Naples (1515). — PROSPERO (1452-Milan 1523), condottiere, commanda les troupes de Charles Quint en Italie où il vainquit à La Bicoque les troupes françaises du maréchal de Lautrec (1522). — VITTORIA, marquise *de Pescara* (Marino, Rome, 1490-*id.* 1547), fille de Fabrizio, poétesse, auteur de *Rime della Vittoria Colonna,* de forme pétrarquesque, inspira une ardente passion à Michel-Ange. — LORENZO ONOFRIO, prince *de Paliano* et *de Castiglione* († Rome 1689), épousa la nièce de Mazarin, Marie Mancini (1661), dont il se sépara en 1672. Il fonda la galerie *Colonna* à Rome.

COLONNADE n. f. (de *colonne,* avec l'infl. de l'ital. *colonnato*). **1.** File de colonnes et ce qui la surmonte, entablement ou arcs. (Ces deux modalités se trouvent associées dans le cas particulier des *arcades à ordonnance.* Le rythme de la colonnade dépend, notamment, de la valeur de l'*entrecolonnement.*) — **2.** *Colonnade basaltique,* forme de relief, édifiée par le refroidissement des basaltes. (Syn. PRISME BASALTIQUE.)

COLONNAIRE adj. (bas lat. *columnaris*). **1.** Qui a la forme d'une colonne. — **2.** Syn. de BASALTIQUE. — **3.** *Pin colonnaire,* autre nom de l'araucaria.

COLONNE n. f. (lat. *columna*). **1.** Support en principe vertical, constitué par un fût de section proche du cercle que surmonte généralement un chapiteau et qui repose souvent sur une base, le tout constituant un ensemble esthétiquement élaboré. (Employées en nombre dans une architecture, les colonnes, qu'elles soient isolées, ou engagées, ou jumelées, etc., soutiennent soit un entablement, soit une suite d'arcs. Leurs proportions et leur style, dans l'art classique européen, sont régis par les ordres.) — **2.** Support ou ornement de forme cylindrique : *Les colonnes d'un lit.* — **3.** Monument commémoratif de forme cylindrique, pouvant supporter une statue et/ou une plate-forme accessible par un escalier intérieur *(colonne colchide) : La colonne Vendôme.* — **4.** Ce qui s'élève à une grande hauteur, selon une forme vaguement cylindrique : *Colonne de fumée.* — **5.** Masse d'un fluide, d'un liquide contenue dans un tube vertical : *Colonne de mercure d'un thermomètre.* — **6.** Suite d'objets placés verticalement, superposés les uns aux autres : *Une colonne de chiffres.* — **7.** Section verticale d'une page : *Ne rien inscrire dans cette colonne.* — **8.** Assemblage de lignes occupant une section verticale de page : *Les colonnes d'un dictionnaire.* — **9.** Rang de personnes placées les unes derrière les autres : *Mettez-vous en colonne par deux.* — **10.** Formation dans laquelle se trouve une troupe dont les éléments sont disposés les uns derrière les autres ; la troupe ainsi constituée. — **11.** *Cinq colonnes à la une,* se dit d'un titre qui, dans un journal, occupe presque toute la première page pour relater un événement particulièrement important. ‖ *Cinquième colonne,* nom donné, pendant la guerre civile espagnole (1936-1939), aux éléments nationalistes demeurés dans Madrid pendant le siège de

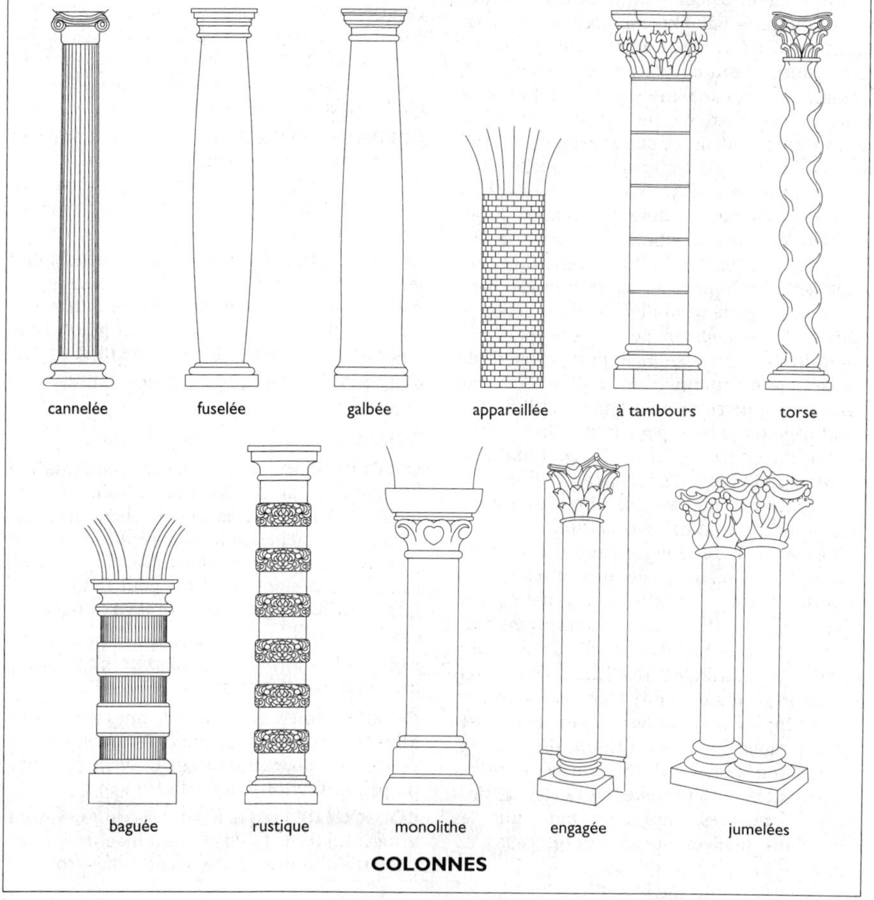

COLONNES

la capitale par quatre colonnes franquistes ; élément travaillant sur un territoire au profit de l'adversaire (c'est sous ce nom que furent désignés en 1940 les agents des services secrets allemands opérant en France). ‖ *Colonne infernale,* appellation donnée par les vendéens aux détachements bleus. ‖ *Colonne mobile,* formation légère à base de cavalerie et d'infanterie organisée par Bugeaud en Algérie en 1841. ‖ *Colonne Morris,* édicule cylindrique servant à Paris à apposer les affiches publicitaires des spectacles. ‖ *Dans les colonnes d'un journal,* dans le journal lui-même. • **Algèbr.** Dans un tableau à double entrée (déterminant, matrice, etc.), ensemble des éléments se trouvant sur une même verticale. ‖ *Matrice colonne,* syn. de MATRICE UNICOLONNE. — **Anat.** *Colonne vertébrale,* squelette axial du tronc, qui soutient la tête et est rattaché aux membres par la ceinture scapulaire et le bassin. (Syn. RACHIS.) [→ *encycl.*] — **Autom.** *Colonne de direction,* arbre de commande de la direction d'une voiture. — **Bât.** *Colonne descendante,* canalisation d'allure verticale alimentant les étages, dans laquelle l'eau circule en descendant, (alimentation « en parapluie » par ex.). ‖ *Colonne montante,* canalisation principale d'eau (alimentation « en chandelle »), de gaz ou d'électricité, etc., d'un immeuble à étages, sur laquelle viennent se raccorder les tuyaux, conduites ou câbles desservant chaque abonné ou chaque local. — **Chim.** Appareil de laboratoire servant à distiller ou à dessécher. ‖ Nom générique des capacités cylindriques verticales utilisées dans divers procédés de séparation ou d'extraction. ‖ *Colonne d'absorption,* syn. de ABSORBEUR. ‖ *Colonne à distiller,* organe essentiel d'un appareil de distillation à fonctionnement continu. ‖ *Colonne à plateaux,* appareil principalement utilisé dans le raffinage du pétrole pour la distillation fractionnée. (Syn. TOUR.) [→ *encycl.*] — **Dr.** *Réunion de colonne,* subdivision d'un barreau auquel sont inscrits plus de vingt avocats ; formation groupant tout ou partie des avocats stagiaires d'un barreau en vue de leur formation professionnelle. — **For.** Assemblage de tubes d'acier vissés les uns aux autres pour le tubage d'un puits. — **Neurol.** Amas de cellules s'étendant en hauteur sur plusieurs segments de moelle épinière.

ENCYCL. **Anat.** La *colonne vertébrale* est composée de vertèbres*, réunies entre elles par les disques intervertébraux qui, par leur élasticité, permettent des mouvements de flexion, d'extension, d'inclinaison latérale et de rotation. Les vertèbres se répartissent en 7 vertèbres cervicales, 12 dorsales, 5 lombaires, auxquelles font suite les 5 vertèbres soudées du sacrum et celles du coccyx.

— **Archéol.** À Rome, les *colonnes triomphales* étaient élevées pour commémorer une victoire ; elles sont dites colonnes rostrales lorsqu'elles sont ornées d'éperons de navires (rostres), et célèbrent alors une victoire navale. Sous l'Empire, la colonne triomphale atteignit des dimensions colossales. La *colonne Trajane* fut érigée en 113, au forum de Trajan, pour commémorer les victoires de l'empereur sur les Daces.
La *colonne de Marc Aurèle* (sur la piazza Colonna) fut élevée vers 180, par le sénat, sur le forum d'Antonin, en souvenir des victoires de Marc Aurèle sur les Germains et les Sarmates. L'une et l'autre sont historiées de bas-reliefs.

— **Chim.** Dans une *colonne à plateaux,* chaque plateau établit un contact intime entre le liquide descendant, retenu par un déversoir, et les vapeurs ascendantes, qui, en traversant les calottes de barbotage, sont obligées de se séparer en bulles. Le nombre de plateaux varie de 10 à 50, suivant le fractionnement désiré.

COLONNE (Judas COLONNA, dit **Édouard**), chef d'orchestre français (Bordeaux 1838-Paris 1910). Il fonda, en 1873, le Concert national (devenu plus tard l'Association des concerts Colonne), qu'il dirigea jusqu'en 1909.

COLONNES D'HERCULE, anc. nom donné aux caps montagneux marquant l'entrée du détroit de Gibraltar. C'était là le terme prétendu des travaux d'Hercule, le point où il avait posé les bornes du monde.

COLONNETTE n. f. Petite colonne qui, habituellement, a un fût de proportion très allongée. (Des colonnettes sont souvent adossées, dans les églises gothiques, aux murs ou aux piliers pour recevoir les retombées des nervures de la voûte.)

COLONOSCOPE, COLONOSCOPIE → COLOSCOPE, COLOSCOPIE.

COLOPATHIE n. f. Affection du côlon.

COLOPHANE n. f. (lat. *resina colophonia,* résine de Colophon, du gr. *Kolophôn*). Résidu solide de la distillation de l'essence de térébenthine, employé à la préparation de savons, de colles, d'encres d'imprimerie, de plastifiants et de vernis. (Les musiciens l'utilisent pour faciliter l'attaque des cordes par l'archet.) [Syn. ARCANSON.]

COLOPHON n. m. (gr. *kolophôn,* achèvement). Note finale d'un livre. (Peut parfois se confondre avec l'achevé d'imprimer.)

COLOPHON, en gr. **Kolophôn,** anc. ville d'Asie Mineure, en Ionie, à 20 km de la mer Égée. Elle fut célèbre pour sa douceur de vivre. L'oracle d'Apollon Clarios se trouvait sur son territoire.

COLOQUINTE [-kɛ̃t] n. f. (lat. *colocynthis, -idis,* du gr. *kolokunthis*). **1.** Plante de l'Inde, aux fleurs jaunes, et dont les fruits séchés, durs, souvent ornés de côtes colorées, peuvent constituer des récipients ou des boîtes décoratives. — **2.** *Pop.* Tête humaine ; cervelle.

COLORADO *(río),* appellation espagnole de plusieurs fleuves, aux flots rougeâtres ou jaunes, de la péninsule Ibérique et de l'Amérique.

COLORADO *(rio),* fl. d'Amérique du Nord, long de 2 250 km, qui, né dans les Rocheuses, se jette dans le golfe de Californie. Traversant une région aride, entaillant dans l'Arizona le célèbre Grand* Canyon, ses eaux (débit total naturel de 700 m³/s) sont utilisées pour l'irrigation (surtout vers la Californie, la région de Denver) et la production hydroélectrique (centrale de Hoover Dam).

COLORADO *(rio),* fl. des États-Unis (Texas), né sur le Llano Estacado et qui passe à Austin avant de rejoindre le golfe du Mexique ; 1 560 km.

COLORADO *(río),* nom de plusieurs cours d'eau d'Argentine. Le plus important est le fleuve qui marque la limite nord de la Patagonie et se jette dans l'Atlantique au S. de Bahía Blanca ; 1 300 km. Aménagements hydrauliques.

COLORADO, État des États-Unis ; 270 000 km² ; 3 294 394 hab. Cap. Denver. Au contact des Rocheuses, touristiques, et des Grandes Plaines, plus arides, où domine l'élevage, l'agglomération de Denver, sur le Piedmont, concentre la majeure partie de la population et des industries (s'ajoutant à l'extraction des hydrocarbures et du molybdène).
— **Hist.** Annexée en 1706 à l'Empire colonial espagnol, la région fut cédée par le Mexique aux États-Unis lors du traité de Guadalupe Hidalgo (1848) et transformée en État en 1876.

COLORADO *(plateaux du),* hauts plateaux arides de l'ouest des États-Unis, entre les Rocheuses à l'E., le Grand Bassin à l'O., entaillés de cañons profonds (dont celui du rio Colorado).

Colorado *(fièvre à tique du),* maladie infectieuse due à un arbovirus transmis par morsure de tiques du genre *dermacentor.*

COLORADO SPRINGS, v. des États-Unis (Colorado), en bordure des Rocheuses ; 215 000 hab. Centre touristique. Électronique. Siège de l'école de l'air américaine et du commandement unifié américano-canadien de la défense aérienne nord-américaine.

COLORANT, E adj. Qui colore : *Shampooing colorant.*

◆ **colorant** n. m. **1.** Substance colorée, naturelle ou synthétique, qui, mise en contact avec un support, dans des conditions appropriées, se fixe sur ce dernier de façon durable en lui communiquant une certaine couleur. — **2.** *Colorant alimentaire,* colorant ajouté à certaines denrées alimentaires afin d'améliorer leurs qualités organoleptiques.

ENCYCL. **Agroalim.** Les *colorants alimentaires* sont soit des constituants de plantes habituellement consommées, soit des substances extraites d'animaux ou de végétaux n'entrant pas dans l'alimentation courante, ou des substances obtenues à partir de substances naturelles mais ayant subi une transformation (caramel), ou enfin des produits de synthèse. Les matières colorantes utilisables sont soumises à des examens toxicologiques permettant d'exclure tout risque pour la santé du consommateur.
— **Chim.** À l'heure actuelle, la presque totalité des matières colorantes employées sont des dérivés des hydrocarbures aromatiques contenus dans le goudron de houille ou obtenus à partir du pétrole. Tous les hydrocarbures sont incolores, mais l'introduction d'atomes ou de groupes d'atomes non saturés, appelés chromophores, fait apparaître la couleur en transformant l'hydrocarbure en chromogène. Celui-ci est transformé en colorant par l'introduction d'un groupement appelé auxochrome. Les chromophores sont essentiellement des groupes cétoniques, nitrés, nitrosés ou azoïques ; les auxochromes dérivent des groupes aminés —NH_2 et hydroxyle —OH.
En l'absence d'une théorie complète de la coloration, on sait seulement qu'il existe des relations très nettes entre la couleur et la constitution chimique. Les causes de l'absorption de la lumière par la matière pourraient être la rupture et la reformation de doubles liaisons, le passage d'une forme à une autre par tautomérie, des réarrangements moléculaires ou l'oscillation des électrons d'une extrémité à l'autre d'une molécule.
Parmi les colorants pour textiles, on distingue les *colorants basiques,* à grande vivacité et fort pouvoir de coloration, les *colorants acides,* surtout utilisés pour la laine, les *colorants à mordants* à base de chrome, qui donnent une combinaison laine-métal-colorant très solide, dans laquelle l'atome de chrome sert de lien. Les *colorants au soufre* et les *colorants de cuve* n'adhèrent aux fibres cellulosiques qu'après avoir subi une réaction chimique. Les *colorants réactifs* se fixent à la cellulose en établissant des liaisons covalentes, tandis que les *colorants pigmentaires* et *plastosolubles* adhèrent au tissu par l'intermédiaire d'un liant où sont dispersés des pigments colorés.
Pour colorer les matières plastiques, on emploie surtout des pigments dispersés dans le matériau à colorer. Ce sont des composés inorganiques (chromates, ferrocyanures, sulfures, oxydes) et des composés organiques (pigments azoïques, phtalocyanines, quinacridones).

COLORATION n. f. **1.** Action de colorer, fait de se colorer : *Se faire faire une coloration par le coiffeur.* — **2.** État de ce qui est coloré ; teinte, nuance, couleur : *La coloration naturelle du teint.* — **3.** Nuance dans le timbre de la voix, nuance d'un son : *Coloration grave.* — **4.** *Coloration (politique),* ce qui dans un journal, un discours, etc., manifeste une certaine appartenance politique ; couleur politique.

COLORATURE n. f. (ital. *coloratura,* par l'intermédiaire de l'all. *Koloratur,* vocalise). **1.** Ensemble des ornements du chant. — **2.** Toute voix apte à interpréter ces ornements. (Le terme a été improprement appliqué à la tessiture d'un soprano léger.)

COLORER v. t. (de *couleur,* avec l'infl. du lat. *colorare,* colorer) [conj. 3]. **1.** Teinter qqch de telle couleur : *Colorer un dessin en rouge.* — **2.** Donner à qqch de la couleur ou plus de couleur : *L'émotion lui colora les joues.* — **3.** *Litt.* Apporter à qqch une teinte, une note particulière : *Il colorait ses reproches d'une légère ironie.* — **4.** Donner une couleur à certains aliments en les faisant revenir dans un corps gras ou par adjonction de substances spécifiques.

◆ **se colorer** v. pr., **être coloré** v. pass. **1.** Se teinter d'une certaine couleur : *Peu à peu l'horizon se colore de rouge.* — **2.** Prendre une couleur vive : *Un teint coloré.* — **3.** Prendre tel aspect particulier : *Comportement qui se colore de tendresse.* — **4.** Prendre du brillant, avoir de la truculence, de l'éclat : *Un langage coloré.*

COLORIAGE n. m. **1.** Action de colorier : *Faire du coloriage.* — **2.** Dessin à colorier, album comportant des dessins à colorier : *Acheter des coloriages.* — **3.** Catégorie de problèmes de topologie combinatoire où l'on cherche à colorier, avec un minimum de couleurs différentes, une carte géographique tracée sur une surface (plane ou non) de manière que deux régions voisines soient de couleurs différentes. (→ *encycl.*)

ENCYCL. **Math.** La résolution du problème du coloriage sur le plan ou la sphère ne date que de 1976. Quatre couleurs sont nécessaires et suffisantes. Bien que la constatation pratique de ce résultat ait été faite depuis longtemps par les cartographes, « la conjecture des quatre couleurs » n'a pu être justifiée qu'à l'aide de l'ordinateur.

COLORIER v. t. (de *coloris*) [conj. 9]. Appliquer des couleurs dans les espaces délimités par les contours d'un dessin : *Colorier une carte.*

COLORIEUR adj. m. Se dit du rouleau qui applique les couleurs sur les étoffes.

COLORIMÈTRE n. m. **1.** Appareil permettant de déterminer les composantes ou les coordonnées trichromatiques d'un stimulus de couleur dans des conditions d'éclairage et d'observation définies. — **2.** Appellation de certains spectrophotomètres effectuant des dosages par colorimétrie.

COLORIMÉTRIE n. f. **1.** Ensemble des techniques qui permettent de définir et comparer les couleurs. (→ *encycl.*) — **2.** Méthode d'analyse spectrophotométrique d'absorption de la lumière.

ENCYCL. Les techniques de colorimétrie font référence à un observateur moyen déterminé par les résultats d'expériences. N'importe quelle couleur peut être définie à partir de trois paramètres : la clarté (mesurée par la luminance de la surface examinée), la tonalité chromatique (caractérisée par la longueur d'onde dominante) et la saturation (proportion de couleur chromatiquement pure contenue dans la sensation totale). Les couleurs peuvent ainsi être repérées par leurs coordonnées dans un diagramme chromatique, surface bordée par une courbe sur laquelle on trouve toutes les couleurs pures monochromatiques.

COLORIMÉTRIQUE adj. Qui concerne la colorimétrie.

COLORIS n. m. (ital. *colorito*). **1.** Art d'assortir, d'employer les couleurs en peinture ; effet qui en résulte : *Le coloris de Titien.* — **2.** Éclat et teinte du visage, des fleurs, des fruits : *Ces deux roses n'ont pas le même coloris.* — **3.** Nuance agréable ou délicate de la couleur : *Tissus aux riches coloris.* — **4.** *Litt.* Éclat d'un style expressif, imagé. — **5.** Manière dont sont combinés les différents timbres des instruments.

COLORISATION n. f. **1.** Action d'appliquer des couleurs sur un corps. — **2.** Coloriage des films en noir et blanc par des procédés informatiques.

COLORISER v. t. (conj. 3). Procéder à la colorisation d'un film.

COLORISTE n. (de *coloris*). **1.** Artiste peintre qui privilégie les problèmes de la couleur et/ou excelle par le coloris. — **2.** Spécialiste de la réalisation de mélanges colorés servant à la production ou reproduction de couleurs (impression, teinture, peinture, etc.).

COLOSCOPE ou **COLONOSCOPE** n. m. Endoscope pour l'examen du côlon.

COLOSCOPIE ou **COLONOSCOPIE** n. f. Examen endoscopique effectué au moyen d'un coloscope.

COLOSSAL, E, AUX adj. **1.** Qui a des dimensions considérables, qui a des proportions énormes : *Édifice colossal.* — **2.** Qui dépasse de beaucoup la mesure normale ; considérable : *Fortune colossale.* — **3.** Se dit d'une statue qui dépasse nettement la taille naturelle. — **4.** *Ordre colossal,* ordonnance d'une élévation dans laquelle colonnes ou pilastres s'élèvent sur la hauteur de plusieurs étages.

COLOSSALEMENT adv. De façon colossale ; énormément.

COLOSSE n. m. (lat. *colossus,* du gr. *kolossos,* statue de hauteur extraordinaire). **1.** Homme, parfois animal, de grande taille et donnant une impression de force extraordinaire : *Le boxeur était un colosse de 110 kilos.* — **2.** Personne extrêmement importante dans son domaine : *Colosse de la littérature.* — **3.** Groupe, État, puissance économique, politique très importants. — **4.** Statue de très grandes dimensions. (Par ex. les colosses de Memnon, le Colosse de Rhodes.) — **5.** *Colosse aux pieds d'argile,* se dit d'une puissance, d'un État dont les dimensions énormes masquent une faiblesse réelle.

COLOSSES, en gr. **Kolossai,** anc. ville grecque de l'Asie Mineure, en Phrygie, sur le Lycos, qui fut convertie au christianisme par saint Paul.

Colossiens *(Épître de saint Paul aux),* lettre de saint Paul aux chrétiens de Colosses, écrite entre 61 et 63. L'apôtre, par ses développements sur l'œuvre cosmique du Christ, met en évidence le rapport entre l'histoire du salut dans le Christ et la création tout entière.

COLOSTOMIE n. f. Abouchement, définitif ou provisoire, du côlon à la peau, en vue de créer un anus artificiel.

COLOSTOMISÉ, E n. Personne qui a subi une colostomie.

COLOSTRUM [-trɔm] n. m. (lat. *colostrum*). Sécrétion mammaire apparaissant peu après l'accouchement et précédant la montée laiteuse proprement dite.

COLOT, famille de chirurgiens français des XVe-XVIIe s. qui garda plus d'un siècle le secret de l'opération de la pierre.

COLOURED [kɔlɔrd] adj. et n. (angl. *coloured,* métis). Se dit d'un habitant de la République d'Afrique du Sud ayant des ascendants mixtes parmi les Africains, les Européens, les Asiatiques. (Les recensements établis par l'Afrique du Sud distinguent les Blancs, les Bantous, les Coloureds et les Asiatiques.)

COLPECTOMIE n. f. Ablation de la muqueuse vaginale.

COLPITE n. f. État inflammatoire du revêtement malpighien du vagin et du col utérin.

COLPOCÈLE n. f. Prolapsus du vagin.

COLPODE n. m. Cilié holotriche des eaux douces (en particulier de l'eau des vases de fleurs) ressemblant à la paramécie, mais environ cinq fois plus petit.

COLPO-HYSTÉRECTOMIE n. f. Hystérectomie totale associée à l'ablation d'une collerette vaginale.

COLPOPÉRINÉOPLASTIE ou **COLPOPÉRINÉORRAPHIE** n. f. Intervention associant une réfection du périnée et une colpectomie partielle.

COLPOPLASTIE n. f. Création d'un vagin artificiel en cas d'absence congénitale ou d'atrésie importante de ce canal.

COLPORTAGE n. m. **1.** Action de colporter des marchandises ; profession, activité du colporteur. — **2.** Action de colporter des bruits, des ragots. — **3.** *Littérature de colportage,* ensemble des livres de petit format (ouvrages de piété, almanachs, guides d'agriculture ou de médecine, contes de fées et romans sentimentaux) diffusés dès le XVIe et jusqu'au XIXe s. auprès du public populaire par des merciers ou des camelots ambulants. (Leur nombre dépasse 9 millions d'exemplaires quand apparaît la presse à bon marché [1880]. Les derniers grands succès de la littérature de colportage annoncent les thèmes du roman-feuilleton et du mélodrame. Cette littérature a permis aussi la diffusion des thèses des philosophes [XVIIIe s.] et des idées socialistes [XIXe s.].)

COLPORTER v. t. (de *comporter,* porter, avec l'infl. de *porter à col*) [conj. 3]. **1.** *Vx.* Porter çà et là, dans les villes ou les campagnes, des marchandises pour les vendre : *Colporter des livres.* — **2.** Propager, faire connaître partout (souvent péjor.) : *On colporte sur toi des bruits curieux.*

COLPORTEUR, EUSE n. **1.** Marchand ambulant qui proposait les marchandises à domicile. — **2.** Personne qui propage des bruits, des ragots : *Colporteur de fausses nouvelles.*

COLPOSCOPE n. m. Loupe binoculaire munie d'une source de lumière permettant de faire une colposcopie.

COLPOSCOPIE n. f. Examen du col utérin à l'aide d'un colposcope. (Cet examen permet un diagnostic précoce du cancer.)

COLROY-LA-GRANDE (88490), comm. des Vosges, au S. du col de Saales ; 636 hab. Bonneterie.

COLSON (Clément), économiste et administrateur français (Versailles 1853-Paris 1939). Son *Cours d'économie politique* (1907) marque un jalon dans la pensée économique libérale française.

COLT [kɔlt] n. m. (de S. *Colt,* n. pr.). Pistolet automatique américain mis en service en 1911, d'un calibre de 11,4 mm, à chargement automatique.

COLT (Samuel), ingénieur américain (Hartford, 1814-*id.* 1862), inventeur d'un pistolet à barillet dit « revolver » (1835).

COLTIN n. m. (de *collet*). Large chapeau de cuir à l'usage des portefaix, ou coltineurs, qui protégeait la tête, le cou et les épaules.

COLTINAGE n. m. Action de coltiner.

COLTINER v. t. (de *collet*) [conj. 3]. *Fam.* Porter qqch avec effort : *Coltiner de lourdes valises jusqu'à la gare.*

◆ **se coltiner** v. pr. *Fam.* **1.** Porter avec peine et difficulté qqch de très lourd : *Se coltiner des valises.* – **2.** Se charger d'un travail pénible ou désagréable : *Se coltiner la vaisselle.* – **3.** Supporter avec peine la présence de qqn pendant un certain temps : *On s'est coltiné le beau-père hier soir.*

COLTINEUR n. m. Homme qui transportait de pesants fardeaux.

COLTRANE (William John), saxophoniste de jazz américain (Hamlet 1926-Huntington 1967). Il débuta dans des orchestres de rhythm and blues, joua dans les orchestres de Dizzy Gillespie (1949), Johnny Hodges, Jimmy Smith et s'imposa dans le quintette de Miles Davis (1955). Il travailla avec Thelonious Monk en 1957, puis fonda son propre quartette en 1960. Héritier de Charlie Parker, il a joué un rôle de catalyseur dans la naissance du free jazz.

COLUBRIDÉ n. m. (lat. *coluber, -bris*, couleuvre). Serpent caractérisé par la position reculée ou l'absence complète des crochets venimeux. (La plupart des serpents sont classés dans la famille des *colubridés,* dont le type est la couleuvre.)

COLUCHE (Michel COLUCCI, dit), artiste de variétés et acteur français (Paris 1944 -Opio, Alpes-Maritimes, 1986). La dérision violente dont il usait pour dénoncer les stéréotypes de la société contemporaine allait de pair, tant au music-hall qu'au cinéma (*Tchao Pantin,* 1983), avec une profonde sensibilité. Il est à l'origine du lancement (1985) des Restaurants du cœur.

COLUMBARIUM [kɔlɔ̃barjɔm] n. m. (lat. *columbarium,* colombier). Bâtiment pourvu de niches où sont conservées les urnes contenant les cendres des personnes incinérées.

COLUMBIA (la), fl. d'Amérique du Nord, tributaire du Pacifique ; 1 930 km. Née dans les Rocheuses canadiennes, elle pénètre aux États-Unis où elle franchit la chaîne des Cascades, puis les Coast Ranges. La Columbia est coupée de grands barrages pour la production d'électricité (à la base de la métallurgie de l'aluminium) et l'irrigation.

COLUMBIA, v. des États-Unis, cap. de la Caroline du Sud ; 99 000 hab. Carrefour ferroviaire et routier. Centre industriel.

COLUMBIA *(district of)* ou **WASHINGTON D. C.,** portion de territoire des États-Unis, découpée dans l'État de Maryland pour constituer la capitale fédérale et couvrant 175 km^2 ; 638 000 hab. Aujourd'hui, les administrations et les quartiers de résidence débordent largement du district, dans le Maryland et la Virginie. Le district de Columbia est administré directement par le Congrès depuis 1878. (→ WASHINGTON.)

COLUMBIA *(mont),* sommet des Rocheuses canadiennes, aux confins de l'Alberta et de la Colombie britannique ; 3 747 m.

COLUMBIA *(plateau de la),* vaste région tabulaire du nord-ouest des États-Unis, entre les Rocheuses et la chaîne des Cascades, entaillée par la Columbia et la Snake. (États de Washington, de l'Oregon et de l'Idaho.)

Columbia (abrév. de *Columbia Pictures Industries Inc.*), société de production cinématographique américaine, fondée en 1924 par les frères Harry et Jack Cohn.

Columbia *(université),* université américaine située à New York, née de la fusion de King's College, fondé en 1754, et de l'université de l'État de New York (1784).

Columbia Broadcasting Systems Inc. ou **CBS Inc.,** société américaine fondée en 1927, aujourd'hui un des premiers groupes de l'industrie de la radiotélévision aux États-Unis et la première entreprise mondiale de l'industrie de l'enregistrement.

COLUMBIDÉ n. m. (lat. *columba,* pigeon). Nom de famille attribué aux pigeons et aux tourterelles.

COLUMBITE, COLUMBIUM → COLOMBITE, COLOMBIUM.

COLUMBUS, v. des États-Unis, cap. de l'Ohio ; 565 000 hab. Université. Carrefour ferroviaire. Centre administratif, commercial et industriel.

COLUMBUS, v. des États-Unis (Géorgie) ; 169 000 hab. Galerie des beaux-arts. Centre commercial et industriel. Industries alimentaires.

COLUMELLE n. f. (lat. *columella*). **1.** Petite colonne. – **2.** Axe conique du limaçon de l'oreille interne. – **3.** Axe solide médian d'un organe, allongé, entouré de toutes parts de cavités vides ou pleines. (L'axe d'enroulement des coquilles de mollusques gastropodes, l'axe de nombreux polypes de cnidaires tels que les coraux, l'axe du sporange des mousses et de certaines moisissures, l'osselet de l'oreille moyenne des reptiles et des oiseaux sont des exemples de columelles.)

COLUMELLE, écrivain latin (Cadix Ier s. apr. J.-C.), auteur d'un traité d'agriculture *(De re rustica).*

COLVERT n. m. (de *col* et *vert*). Canard sauvage dont dérivent la plupart des variétés domestiques élevées en France. (Le colvert est caractérisé par le plumage vert, limité par un collier blanc, que portent la tête et le cou du mâle, tandis que la femelle est brune.)

COLYMBIFORME n. m. Nom d'ordre des oiseaux tels que les plongeons et les grèbes. (Syn. GAVIIFORME.)

COLZA n. m. (néerl. *koolzaad,* graine de chou). Plante annuelle (crucifère) cultivée pour ses graines dont on tire une huile alimentaire et un tourteau utilisé pour l'alimentation du bétail. (Plante à fleurs jaunes, à petites graines enfermées dans des siliques, le colza est cultivé dans les régions céréalières où il constitue un bon précédent pour le blé.)

COLZATIER n. m. Cultivateur de colza.

1. COMA n. m. (gr. *kôma, -atos,* sommeil profond). État pathologique caractérisé par la perte des fonctions de relation (conscience, motilité, sensibilité).

ENCYCL. En fonction de la profondeur du coma, on distingue : le stade 1 ou *coma vigil,* simple état d'obnubilation ; le stade 2 ou *coma léger,* caractérisé par la persistance des réactions de défense aux stimulations douloureuses ; le stade 3, *coma profond* ou *coma carus**, beaucoup plus grave, au cours duquel le patient ne réagit pas aux stimulations douloureuses, où la résolution musculaire est complète, les réflexes ostéotendineux et le réflexe cornéen sont abolis ; la vie végétative est également perturbée avec hyperthermie et trouble des rythmes cardiaque et respiratoire ; le stade 4, caractérisé par la perte totale de la vie végétative ; l'électroencéphalogramme est plat, et la survie n'est possible que grâce à l'emploi d'un appareil respirateur et à l'utilisation de vasopresseurs. Le *coma dépassé* désigne la mort du cerveau et se définit par la perte totale de la conscience, l'abolition de toute réactivité et l'abolition de la respiration spontanée après débranchement du respirateur durant au moins 3 min, la nullité du tracé EEG, qui reste linéaire pendant au moins 10 min. (L'Académie nationale de médecine préconise l'emploi du terme *mort cérébrale* de préférence à celui de *coma dépassé* pour éviter la confusion avec les comas prolongés.)

2. COMA n. f. (gr. *komê,* chevelure). Aberration géométrique des systèmes centrés pour un point objet situé hors de l'axe optique.

COMACCHIO, v. d'Italie, en Émilie, au S.-E. de Ferrare ; 19 000 hab. La ville est bâtie sur 13 îlots séparés par des canaux qu'enjambent de nombreux ponts. — Au S., la lagune couvre 40 000 ha.

COMANCHES, Indiens des plaines des États-Unis. Originaires du Wyoming actuel, ils sont aujourd'hui parqués dans l'Oklahoma.

COMANDANT, E n. Personne qui donne un mandat avec d'autres.

COMANDATAIRE n. Personne qui est chargée d'un mandat avec d'autres.

COMANECI (Nadia), gymnaste roumaine (Gheorghe Gheorghiu-Dej, auj. Oneşti, 1961), championne olympique à Montréal en 1976.

COMARET n. m. Potentille à fleurs pourpres des prairies marécageuses.

COMATÉITE n. f. Lave de composition ultrabasique, connue exclusivement dans les provinces volcaniques archéennes.

COMATEUX, EUSE adj. **1.** Relatif au coma : *État comateux.* — **2.** Marqué par la diminution de la conscience et de la sensibilité : *Un sommeil comateux.*

◆ adj. et n. Qui est dans le coma.

COMATIQUE adj. Qui présente l'aberration de coma.

COMATRICE n. f. *Comatrice d'une matrice carrée* $A = (a_{ij})$ *d'ordre* n, matrice obtenue en remplaçant chaque élément a_{ij} par son cofacteur A_{ij}. (Si la matrice A est inversible, la comatrice de A est utilisée pour calculer son inverse par la formule $A^{-1} = \frac{1}{\det A}\tilde{A}$ où $\tilde{A}$ est égale à la transposée de la comatrice de A.)

COMATULE n. f. (lat. sc. *comatula,* de *coma,* chevelure). Échinoderme crinoïde qui, à l'état adulte, se détache de sa tige et nage librement dans la mer. (Nom sc. *Antédon.*)

Combarelles (les), grotte de la commune des Eyzies-de-Tayac-Sireuil (Dordogne), découverte en 1897. Elle abrite plusieurs centaines de gravures pariétales (chevaux, ours, bisons, mammouths et une célèbre lionne) datées du magdalénien moyen ou supérieur.

COMBAT n. m. **1.** Engagement limité dans l'espace et le temps de formations terrestres, aériennes ou navales adverses. — **2.** Fait de se battre avec des forces adverses : *Des combats de rues.* — **3.** Lutte où deux adversaires s'affrontent dans des jeux sportifs selon certaines règles et afin de remporter un titre, un trophée, etc. : *Combat de boxe.* — **4.** Lutte d'animaux dressés à un type de jeu : *Combat de coqs.* — **5.** Toute lutte menée contre des adversaires ou en faveur de qqch : *Le combat de la presse contre le pouvoir.*

— **6.** Toute lutte menée par divers moyens contre des obstacles divers, des dangers de toute nature : *Combat contre la maladie.* — **7.** *Litt.* Opposition ou lutte de forces antagonistes : *Le combat de la vie et de la mort.* — **8.** Assaut d'émulation entre plusieurs personnes en vue de se surpasser l'un l'autre en qqch : *Combat d'élégance.* — **9.** *Avion de combat,* appareil doté d'un armement utilisé pour le combat entre avions et l'attaque d'objectifs au sol. ‖ *Combat rapproché,* combat à courte distance pouvant aller jusqu'au corps à corps. ‖ *Combat singulier,* duel. ‖ *De combat,* qui sert à la lutte armée : *Gaz de combat ;* engagé dans une lutte politique, sociale, etc. : *Presse de combat.* ‖ *Hors (de) combat,* dans l'impossibilité de continuer la lutte, vaincu ou, *fam.,* dans l'impossibilité de faire face à une situation quelconque, sans force aucune. ‖ *Mener le bon combat,* lutter pour faire triompher une cause que l'on croit juste.

Combat, un des trois grands mouvements de résistance de la zone Sud, né fin 1941, dirigé par un officier passé à la clandestinité, H. Frenay. Ses multiples activités (édition du journal *Combat,* faux papiers, propagande, sabotages) furent un modèle pour les autres mouvements de résistance. « Combat » fusionna en 1943 avec « Libération » et « Franc-Tireur » pour former les Mouvements unis de la Résistance (M. U. R.).

Combat, quotidien fondé clandestinement à Lyon en 1941 par Albert Camus et H. Frenay. Il parut à Paris dès la Libération en 1944. Il fut longtemps considéré comme un journal politique et polémique représentant les divers courants de la gauche française. En 1953, H. Smadja en prit la direction. Il cessa de paraître en août 1974.

COMBATIF, IVE adj. et n. Qui manifeste de l'agressivité, un esprit de lutte, de compétition : *Un syndicat combatif.*

COMBATIVITÉ n. f. Goût du combat, de la lutte ; agressivité.

COMBATTANT, E adj. Qui prend part à un combat, qui participe à un engagement militaire : *Les unités combattantes.*

◆ **combattant** n. m. **1.** Homme, soldat qui prend part directement à un combat, à une guerre. — **2.** Personne qui en vient aux mains avec qqn d'autre, qui participe à une rixe, une querelle (parfois fém. *combattante*) : *Séparer les combattants.* — **3.** Nom donné à différentes races de volailles de taille élevée et élancée, ayant une humeur belliqueuse envers leurs congénères, cette agressivité ayant été développée chez les coqs de combat. — **4.** Poisson des eaux douces stagnantes du Sud-Est asiatique, capable de respirer l'air en nature et célèbre pour les combats entre mâles, dont l'issue donne lieu à des paris. (Les œufs du combattant sont pondus dans un nid muqueux riche en bulles d'air, sur lequel veillent les parents.) — **5.** Oiseau échassier du nord de l'Europe et de l'Asie, d'extension restreinte en France, et dont les mâles, vivement colorés, se livrent des combats spectaculaires. (Les combattants migrent vers les régions tropicales à l'entrée de l'hiver.) — **6.** *Ancien combattant,* qualité reconnue officiellement à celui qui a combattu dans une guerre et qui lui confère certains droits ; *ironiq.,* celui qui a pris part à une lutte militaire, sociale ou politique à un moment de l'histoire aujourd'hui révolu et qui évoque complaisamment son expérience passée.

Combattant *(croix du),* décoration française créée en 1930 en faveur des titulaires de la carte du combattant. À l'occasion des deux guerres mondiales furent créées des *croix du combattant volontaire.* Une *croix du combattant volontaire de la Résistance* a été créée en 1949 pour les titulaires de la carte du même nom. Un décret du 8 sept. 1981 a créé une nouvelle *croix du combattant volontaire* qui garde le même ruban que celle de la Seconde Guerre mondiale mais étend son attribution.

combattant *(ordre du Mérite),* ordre français créé en 1953 pour récompenser les services rendus aux anciens combattants et victimes de guerre. Il n'est plus décerné depuis le 1er janv. 1964 à la suite de la création de l'*ordre national du Mérite**.

COMBATTRE v. t. (lat. pop. **combattere,* du bas lat. *combattuere*) [conj. **83**]. **1.** *Litt.* Soutenir un combat, lutter par les armes : *Combattre les bêtes féroces.* — **2.** Faire la guerre à un ennemi ; se battre : *Ils ont combattu l'Allemagne à nos côtés pendant la Seconde Guerre mondiale.* — **3.** S'opposer fortement à qqch par divers moyens, l'attaquer : *Combattre un gouvernement, sa politique.* — **4.** Lutter contre un mal, mettre tout en œuvre pour qu'il cesse ou disparaisse, en parlant de qqn ; être l'élément qui permettra de neutraliser, de faire cesser ce mal, en parlant de qqch : *Combattre l'inflation. Médicament qui combat le rhume.*

◆ v. t. ind. **1.** Livrer un combat pour vaincre qqn, un groupe, pour s'en rendre maître (ou pour les défendre) : *Combattre pour sa patrie.* — **2.** Faire la guerre contre un ennemi. — **3.** Se battre pour ou contre qqn, qqch, lutter en leur faveur ou contre eux : *Combattre pour la liberté, contre les préjugés.*

COMBE n. f. (gaul. **cumba*). **1.** Dépression de forme oblongue, évidée dans des couches tendres à l'emplacement d'un axe anticlinal et limitée par des crêts se faisant face. — **2.** *Combe à neige,* vallée d'altitude moyenne, très peu ensoleillée, longtemps enneigée et dont la flore est celle des hautes montagnes.

COMBE DE SAVOIE, région des Alpes françaises du Nord (Isère), s'étendant sur la vallée de l'Isère, entre la cluse de Chambéry et la région d'Albertville, au pied du massif des Bauges, partie du Sillon alpin.

COMBES (Charles), ingénieur et savant français (Cahors 1801-Paris 1872). Il effectua dès 1842 des observations qui mirent plus tard G. A. Hirn sur la voie de la « théorie expérimentale » de la machine à vapeur.

COMBES (Émile), homme politique français (Roquecourbe, Tarn, 1835-Pons, Charente-Maritime, 1921). Professeur de philosophie, il se destine à l'état ecclésiastique puis rompt avec le catholicisme et s'établit médecin à Pons (1868). Sénateur radical (1885), vice-président du Sénat (1894), ministre de l'Instruction publique, des Beaux-Arts et du Culte (1895), il contribue, dès l'affaire Dreyfus, à la constitution d'une majorité de combat pour la défense de la République. Président du Conseil et ministre de l'Intérieur et des Cultes (1902), il mène une politique anticléricale brutale, en appliquant strictement la loi de 1901 sur les congrégations, puis en interdisant aux congréganistes d'enseigner (loi de mars 1904). Un conflit au sujet de la nomination d'évêques et les protestations du pape lors de la visite du président Loubet à Rome (mars 1904) lui servent de prétexte à la rupture des relations diplomatiques avec le Vatican (30 juill. 1904). Il s'emploie alors à préparer la séparation de l'Église et de l'État. Mais les pratiques policières de son gouvernement (affaire des fiches) étant violemment attaquées, il devra démissionner (18 janv. 1905).

COMBIEN adv. interr. ou exclamatif (anc. fr. *com,* comme, et *bien*). **1.** Sert à poser une question sur la quantité, le prix, la dimension, le poids, le degré ou à exprimer une exclamation sur le haut degré de qqch : *Combien je vous comprends ! Combien est-ce que cela coûte ? Combien tardivement il s'en est aperçu !* – **2.** Interroge sur la quantité ou le nombre ou indique, dans une phrase exclamative, une grande quantité : *Combien de temps resterez-vous ? Combien est-ce qu'il est venu de clients ?* – **3.** Interroge sur le nombre de personnes ou indique, dans une phrase exclamative, une grande quantité : *Vous êtes combien ?* – **4.** Litt. ou ironiq. *Et combien ! Ô combien !,* très, extrêmement, de beaucoup : *J'ai regretté, et combien ! votre absence.*

◆ n. m. inv. Fam. **1.** *Le combien* indique le quantième du mois, le rang : *Le combien sommes-nous ? Le combien est-il au classement ?* – **2.** *Tous les combien* interroge sur la fréquence : *L'autobus passe tous les combien ?*

COMBIENTIÈME adj. et n. *Fam.* À quel rang : *Tu es combientième en math ?*

COMBIN (Grand), massif des Alpes suisses, au N.-E. du col du Grand-Saint-Bernard ; 4 314 m. Première ascension par C. Sainte-Claire Deville, avec D. E. et G. Balleys et B. Dorsaz (1859).

COMBINABILITÉ n. f. Caractère d'éléments combinables.

COMBINABLE adj. Qui peut se combiner, être combiné.

1. COMBINAISON n. f. (bas lat. *combinatio, -onis,* assemblage). **1.** Action de combiner, d'arranger, de réunir des éléments divers pour former un tout, un ensemble ; cet assemblage, cet arrangement lui-même : *Trois chiffres différents offrent six combinaisons possibles.* – **2.** Fait de se combiner, rencontre, interférence accidentelle ou volontaire de faits, de sentiments, d'événements, etc. : *Caractère qui est une combinaison de douceur et de fermeté.* – **3.** Ensemble de signes, de symboles combinés dans un ordre ou un arrangement précis servant en partic. à assurer une fermeture ; formule : *La combinaison d'une serrure.* – **4.** Mesure prise, calcul fait pour assurer le succès d'une entreprise ; manigance (le plus souvent pl. et péjor.) : *Les combinaisons d'un arriviste pour parvenir à ses fins.* – **5.** *Combinaison ministérielle,* ministère dont les diverses personnalités sont choisies selon un dosage qui tient compte de leur appartenance politique. – **6.** Action d'unir chimiquement plusieurs corps pour en former un nouveau ; résultat de cette action. – **7.** Agencement mécanique intérieur d'un coffre, permettant son ouverture. – **8.** Agencement d'encoches, de crans ou de divisions réalisé sur une clef de sûreté de précision. • **Acoust.** *Son de combinaison,* syn. de SON ADDITIONNEL*. – **Inform.** *Combinaison de code,* syn. de MOT* DE CODE. – **Math.** *Combinaison avec répétition de* p *éléments,* toute partie à p éléments d'un ensemble à n éléments ($0 < p \leqslant n$), chacun d'eux pouvant être répété jusqu'à p fois. (Le nombre de combinaisons avec répétition est égal à C_{n+p-1}^{p}.) ‖ *Combinaison sans répétition de* p *éléments,* toute partie à p éléments d'un ensemble à n éléments ($0 < p \leqslant n$). [Le nombre de combinaisons sans répétition de p éléments est égal à

$$C_n^p = \binom{n}{p} = \frac{n!}{p!\,(n-p)!}.]$$

(→ *analyse combinatoire.*) – **Pêch.** *Canne combinaison,* canne pour la pêche au coup, dont les éléments interchangeables permettent d'obtenir des longueurs diverses.

2. COMBINAISON n. f. (angl. *combination*). **1.** Sous-vêtement féminin descendant jusqu'aux genoux. — **2.** Vêtement de travail ou de sport combinant en une pièce veste et pantalon. — **3.** *Combinaison de plongée,* vêtement imperméable, que les plongeurs sous-marins utilisent pour lutter contre les effets de l'immersion prolongée en eau profonde. ‖ *Combinaison de vol,* tenue spéciale que revêtent les pilotes et les autres membres de l'équipage d'un avion ou d'un engin spatial.

COMBINARD, E adj. et n. *Fam.* Qui recourt à des combines plus ou moins louches.

COMBINAT n. m. (russe *kombinat*). **1.** Dans l'ancienne U. R. S. S., groupement, dans une même région économique et en une organisation administrative unique, de plusieurs établissements industriels aux activités solidaires. — **2.** Groupement d'industries ou d'établissements divers.

COMBINATEUR n. m. (de *combiner*). **1.** Commutateur permettant de mettre en service, selon les besoins, les appareils d'éclairage et d'avertissement d'une voiture automobile. — **2.** Commutateur dont les contacts mobiles sont disposés sur un cylindre et les contacts fixes sur une ou plusieurs génératrices de ce cylindre. — **3.** Dispositif au moyen duquel on réalise mécaniquement les opérations nécessaires pour commander à distance les appareils de signalisation et d'aiguillage sur un itinéraire déterminé de voie ferrée.

COMBINATOIRE adj. et n. f. — **Ling.** Relatif aux combinaisons des unités linguistiques entre elles. ‖ *Fonction combinatoire* ou *combinatoire* (n. f.), capacité des unités linguistiques à s'associer entre elles pour constituer des groupes permettant la réalisation d'unités de rang supérieur. — **Log.** *Logique combinatoire,* théorie logique fondée sur l'élimination complète des variables et des connecteurs, à l'exception d'une notation pour désigner l'application d'une fonction unaire à son argument. — **Math.** *Analyse combinatoire,* branche des mathématiques dont le but est de dénombrer les dispositions que l'on peut former à l'aide des éléments d'un ensemble fini. (→ *encycl.*) — **Phon.** *Phonétique combinatoire,* étude des variations subies par les phonèmes en fonction du contexte, lors de leur insertion dans la chaîne parlée (phénomènes de coarticulation). ‖ *Variante combinatoire,* nom donné à diverses réalisations d'un même phonème (allophone) ou d'un même morphème (allomorphe), qui sont conditionnées par les changements de contexte. (Syn. VARIANTE CONTEXTUELLE.) ◆ n. f. **1.** Disposition d'éléments qui se combinent entre eux selon un certain ordre. — **2.** Branche des mathématiques qui étudie les configurations d'éléments discrets et les opérations faites sur ces configurations.

ENCYCL. **Math.** Les dispositions classiques de l'analyse combinatoire sont : permutations, arrangements, combinaisons avec ou sans répétitions. C'est l'étude du nombre de bijections d'un ensemble E à n éléments ou nombre de permutations de n objets qui définit n ! (se lit « factorielle n »), entier égal à

$$1 \times 2 \times ... (n - 1) \times n$$

(avec $0 ! = 1$). L'étude du nombre d'injections d'un ensemble M à m éléments dans un ensemble N à n éléments ou nombre d'arrangements sans répétition de n objets m à m définit l'entier A_n^m égal à

$$n(n-1)...(n-m+1) = \frac{n!}{(n-m)!}.$$

L'étude du nombre de parties à m éléments d'un ensemble E à n éléments, égal au rapport du nombre d'injections, de l'ensemble M à m éléments dans l'ensemble E, au nombre de bijections de M définit l'entier C_n^m ou $\binom{n}{m}$ égal à :

$$\frac{n(n-1)...(n-m+1)}{m!} = \frac{n!}{m!(n-m)!}$$

(nombre de combinaisons sans répétition de n éléments m à m).

COMBINE n. f. (abrév. de *combinaison*). *Fam.* **1.** Moyen astucieux, mais parfois peu scrupuleux, utilisé pour parvenir à ses fins : *Chercher une combine pour se tirer d'affaire.* — **2.** *Être, entrer dans la combine,* être au courant d'une affaire qui se trame, y participer.

COMBINÉ n. m. **1.** Assemblage, mélange d'éléments divers ; combinaison : *Son esprit était un combiné d'extrême intelligence et d'extrême férocité.* — **2.** Dispositif rigide en forme de poignée, réunissant un écouteur téléphonique et un microphone. — **3.** Appareil de conception intermédiaire entre l'avion et l'hélicoptère, sustenté par un rotor et/ou une aile fixe. — **4.** Groupement sur un même support des cadrans, voyants et indicateurs placés à bord d'une automobile. — **5.** Sous-vêtement féminin associant en une pièce soutien-gorge et gaine. — **6.** Compétition comportant des épreuves de nature différente, et dont le classement est établi par addition des résultats obtenus par chaque concurrent dans ces diverses épreuves. — **7.** *Combiné alpin,* en ski alpin, classement par addition des points obtenus dans les épreuves de descente et de slalom. ‖ *Combiné nordique,* en ski nordique, classement par addition des points obtenus dans la course de 15 km et dans l'épreuve de saut.

COMBINÉE n. f. Machine-outil à bois groupant sur le même bâti une scie circulaire, une dégauchisseuse, une raboteuse, une toupie, une mortaiseuse et une perceuse.

COMBINER v. t. (bas lat. *combinare bini,* unir deux choses ensemble) [conj. 3]. **1.** Réunir des choses en les arrangeant, en les mettant dans un certain ordre, une certaine disposition, etc., en vue d'un certain résultat : *Combiner des couleurs.* – **2.** Organiser des choses ensemble, les associer pour obtenir un résultat qui arrange : *Combiner son travail et ses loisirs.* – **3.** Réunir des choses, les intégrer dans qqch ; en parlant de qqch, les réunir en soi : *Combiner dans un robot de cuisine un mixer, un batteur et une centrifugeuse.* – **4.** Comporter en soi qqch et qqch d'autre, les réunir : *Un sentiment qui combine le désir et la peur.* – **5.** Organiser les éléments de qqch, le prévoir en vue d'un certain résultat : *Combinez votre voyage de telle sorte que vous puissiez passer nous voir.* – **6.** Prévoir qqch, l'organiser, le calculer, souvent dans une intention maligne ou sournoise, en usant de moyens astucieux, de combines ; manigancer : *Ils avaient combiné de raconter le même bobard.* – **7.** Produire la combinaison chimique de plusieurs corps.

◆ **être combiné** v. pass. **1.** Être le résultat de plusieurs choses qui se conjoignent, s'additionnent en se mêlant : *L'action combinée du gel et de la pluie sur les roches.* – **2.** Intéresser simultanément les armées de terre, de mer ou de l'air : *Opération combinée.*

◆ **se combiner** v. pr., **être combiné** v. pass. **1.** Former un tout composé, un ensemble ordonné : *Couleurs qui se combinent bien.* – **2.** S'organiser d'une manière habile, judicieuse : *Horaire combiné à l'avance.*

COMBLANCHIEN n. m. (de *Comblanchien,* n. pr.). Pierre marbrière, utilisée en dalles ou en plaques pour le revêtement de sols et de murs.

COMBLANCHIEN (21700), comm. de la Côte-d'Or ; 541 hab. Vignobles de la côte de Nuits. Pierre de taille.

1. COMBLE adj. (de *combler*). **1.** Se dit d'un lieu, d'un local très ou trop plein : *Le métro est comble à 5 heures.* – **2.** Se dit d'un récipient servant à mesurer, rempli plus haut que ses bords. – **3.** *Faire salle comble,* en parlant d'une représentation, d'un artiste, d'un conférencier, etc., attirer un nombreux public remplissant la salle. ‖ *La mesure est comble,* il est impossible d'en endurer plus, les limites de la patience sont atteintes ; cela dépasse les bornes.

2. COMBLE n. m. (lat. *cumulus,* monceau). **1.** Le point culminant de qqch, le degré extrême d'un état, d'un sentiment : *C'est le comble du ridicule.* – **2.** *Au comble de,* au maximum de, à son plus haut degré : *Être au comble de la joie.* ‖ *C'est un comble !, c'est le comble,* c'est insupportable, on ne peut imaginer une chose pareille. ‖ *Mettre le comble à qqch,* apporter un surcroît à qqch, ajouter d'une manière excessive. ‖ *Pour comble (de malheur, de malchance, etc.),* pour ajouter à ce qui est déjà malheureux, ennuyeux, etc.

3. COMBLE n. m. (de *comble 2*). **1.** Partie de l'espace intérieur d'un bâtiment située immédiatement sous la toiture et séparée des parties inférieures par un plancher ou une voûte. – **2.** Faîte du bâtiment, comprenant charpente et couverture. (→ *encycl.*) – **3.** *De fond en comble* [dəfɔ̃tɑ̃kɔ̃bl], de la cave au grenier, de haut en bas ; totalement : *Fouiller une maison de fond en comble.*

◆ **combles** n. m. pl. Logements situés immédiatement sous le toit d'un édifice. (Syn. GALETAS.)

ENCYCL. **Bât.** Le comble peut servir de grenier, de resserre, d'habitation (comble habitable, galetas, mansarde), ou demeurer inaccessible (comble perdu, ou *faux comble*). Les hauts combles du Moyen Âge, ménagés dans une charpente à « chevrons formant ferme », offraient des berceaux lambrissés, éclairés par de hautes lucarnes. Les charpentes courbes « à la Philibert Delorme » visaient au même résultat. Dans les classiques charpentes à ferme, le comble peut offrir un plafond plat, fixé à des entraits retroussés ; seules les parois ont une pente, un lambris, encore inséré dans la partie supérieure des murs dans le *comble à surcroît,* mais s'en dégageant totalement dans le *comble à la Mansart,* où le brisis repose sur la corniche.

COMBLEMENT n. m. Action de combler, de remplir un creux : *Le comblement d'une tranchée.*

COMBLER v. t. (lat. *cumulare*) [conj. 3]. **1.** Remplir un creux, un vide, une cavité d'un matériau solide de manière à ce qu'il n'y ait plus de creux, que la cavité soit pleine, etc. : *Combler un fossé avec de la terre.* – **2.** Faire en sorte qu'un manque, un déficit, une lacune, etc., disparaissent en faisant les apports ou les modifications nécessaires, en prenant les mesures appropriées : *Ce livre vient combler une lacune.* – **3.** Satisfaire pleinement, réaliser le souhait, le désir de qqn : *Vous comblez tous mes espoirs.* – **4.** Donner à qqn, lui apporter à profusion qqch d'agréable : *Combler un enfant de cadeaux. Vous me comblez de joie.* – **5.** *Combler son retard,* rattraper son retard. ‖ *Combler un vide,* faire en sorte que l'absence de qqn ou de qqch ne soit plus fortement et douloureusement ressentie.

◆ **être comblé** v. pass. Être heureux, satisfait, avoir tous ses souhaits réalisés : *Vous avez devant vous un homme comblé.*

COMBLES (80360), ch.-l. de cant. de la Somme, à 11 km au N.-O. de Péronne ; 637 hab. – Théâtre d'une lutte acharnée au cours de la bataille de la Somme en 1916. En 1918, cette localité était en ruine.

COMBLOUX (74920), comm. de la Haute-Savoie, au-dessus de la vallée de l'Arve ; 1 766 hab. Station de sports d'hiver (alt. 1 000-1 870 m).

COMBO n. m. (angl. *combo,* abrév. de *combination,* combinaison). Petit orchestre de jazz comportant de 3 à 8 musiciens.

COMBOURG (35270), ch.-l. de cant. d'Ille-et-Vilaine, à 37 km au N. de Rennes ; 4 900 hab. *(Combourgeois).* Château (XIe-XVe s.) où Châteaubriand passa une partie de son enfance. Confection.

COMBRAILLE ou **COMBRAILLES** (la), région de plateaux du nord-ouest de l'Auvergne *(Combraille d'Auvergne),* au-delà des monts Dôme, et du Bourbonnais *(Combraille bourbonnaise),* à l'O. de l'Allier. Élevage bovin.

COMBRAY → ILLIERS-COMBRAY.

COMBRONDE (63460), ch.-l. de cant. du nord du Puy-de-Dôme ; 1 869 hab. *(Combrondères).*

COMBS-LA-VILLE (77380), ch.-l. de cant. de Seine-et-Marne, dans la Brie, sur l'Yerres ; 20 001 hab. *(Comblavillais).*

COMBURANT, E adj. et n. m. (lat. *comburere,* brûler). Se dit d'un corps qui, en se combinant avec un autre, donne lieu à la combustion de ce dernier.

COMBURIVORE adj. *Pouvoir comburivore,* quantité d'air nécessaire à la combustion d'une unité de combustible.

COMBUSTIBILITÉ n. f. Propriété des corps combustibles.

COMBUSTIBLE adj. Qui est susceptible de brûler : *Le papier est très combustible.*
◆ n. m. **1.** Matière capable de brûler au contact de l'oxygène ou d'un gaz contenant de l'oxygène, en produisant une quantité de chaleur utilisable. (→ *encycl.*) – **2.** *Combustible nucléaire,* matière susceptible de fournir de l'énergie par fission ou fusion nucléaire ; matière fissile qui, placée dans un réacteur, permet d'y développer une réaction nucléaire en chaîne ; ensemble d'éléments fabriqués industriellement, qui contiennent de la matière fissile et qui, placés dans le réacteur, en constituent le cœur. (→ *encycl.*)

ENCYCL. **Nucl.** La maîtrise de l'énergie de fusion étant encore lointaine, le terme de *combustible nucléaire* est habituellement réservé aux matières qui contiennent des nucléides fissiles, c'est-à-dire qui peuvent subir la fission dans un réacteur nucléaire. Les nucléides fissiles qui ont la plus grande importance pratique sont certains isotopes de l'uranium et du plutonium.

L'uranium 235 peut subir la fission en émettant deux ou trois neutrons (dont un est utilisé pour entretenir la réaction nucléaire) et en fournissant de l'énergie. L'uranium 238 peut aussi subir la fission, mais plus souvent absorbe un neutron et donne l'uranium 239. Ce dernier, radioactif, donne successivement le neptunium 239 et le plutonium 239, lui-même fissile. On dit que l'uranium 238 est fertile.

Deux éléments naturels présentent de l'intérêt pour constituer les combustibles des réacteurs nucléaires : l'uranium et le thorium. L'uranium naturel est un mélange de trois isotopes, l'uranium 238 (99,28 %), l'uranium 235 (0,71 %) et l'uranium 234. Le thorium 232 est fertile et donne l'uranium 233 fissile, mais son emploi en énergie nucléaire a jusqu'ici été très limité. En fait, les combustibles actuels contiennent essentiellement de l'uranium, renfermant une proportion plus ou moins importante d'uranium 235, et éventuellement du plutonium. Ils se présentent le plus souvent sous forme d'oxydes frittés.

Les réacteurs industriels les plus utilisés sont les réacteurs à eau ordinaire, et en premier lieu les réacteurs à eau ordinaire sous pression (REP), sur lesquels est fondé le programme électronucléaire français. Dans ces derniers le combustible est constitué de pastilles d'oxyde d'uranium enrichi à 3,25 % (c'est-à-dire d'uranium contenant 3,25 % d'uranium 235). Les pastilles cylindriques, placées dans une gaine étanche de Zircaloy, constituent l'élément combustible de faible diamètre également appelé crayon (→ figure). L'assemblage combustible comprend 264 crayons et 24 tubes guides. Ceux-ci peuvent recevoir une grappe de crayons spéciaux qui absorbent les neutrons et participent au réglage de la puissance du réacteur. Le cœur d'un REP équipant une unité électronucléaire de 900 MW compte 157 assemblages de ce type.

Le cycle du combustible est l'ensemble des opérations liées à l'approvisionnement en combustible des réacteurs. Dans le cas des réacteurs à eau ordinaire il comprend l'extraction et la concentration de l'uranium, sa conversion en hexafluorure (UF_6), son enrichissement dans une usine de séparation isotopique, la fabrication des pastilles d'oxyde (UO_2) et la réalisation des crayons et des assemblages, le chargement dans le réacteur et la production d'énergie, le déchargement suivi d'une période de désactivation, et enfin le retraitement au cours duquel les déchets radioactifs sont séparés des matières de valeur, uranium et plutonium, qui n'ont pas été consommées. Les déchets sont ensuite traités, conditionnés et stockés. (→ ENRICHISSEMENT, FISSION, RÉACTEUR.)

— **Therm.** Les *combustibles liquides* les plus importants sont ceux qui proviennent du raffinage du pétrole. On distingue essentiellement les carburants destinés à la propulsion et les fuels-oils, ou mazouts, destinés aux moteurs Diesel fixes, à la propulsion des navires et à la production de chaleur.

Les *combustibles gazeux* les plus répandus sont les gaz naturels issus de gisements spécifiques ou associés à des gisements pétrolifères. Les gaz de pétrole liquéfiés, butane et propane, proviennent du raffinage du pétrole, mais sont également présents dans certains gisements de gaz naturel. (→ PÉTROLE.)

COMBUSTION n. f. (bas lat. *combustio, -onis,* de *comburere,* brûler). Fait pour un corps de se consumer par le feu. • **Art contemp.** Nom donné à certaines œuvres qui utilisent le feu et l'effet des flammes comme facteur de violence expressive. (Compositions abstraites du peintre italien Alberto Burri [né en 1915] dans les années 50 ; objets brûlés d'Arman.) — **Chim.** et **Therm.** Ensemble des phénomènes qui se produisent lors d'une oxydation exothermique. (→ *encycl.*) — **Mécan.** Troisième temps du fonctionnement d'un moteur suivant le cycle à quatre temps. (On dit aussi improprement *explosion,* mais il s'agit bien d'une combustion se propageant par ondes successives et dont la naissance n'est pas instantanée.) — **Nucl.** *Combustion massique* ou *taux de combustion,* énergie totale qui a été fournie par un combustible nucléaire, rapportée à l'unité de masse des noyaux lourds (par exemple, noyaux d'uranium) contenus initialement dans ce combustible. (Elle s'exprime communément en mégawattjours par tonne [MWj/t].) — **Pétr.** *Combustion in situ,* méthode thermique de récupération du pétrole dans laquelle une faible fraction de l'huile du gisement est brûlée en place pour chauffer les fluides et la roche du réservoir et accroître la production. — **Physiol.** *Combustion organique,* ensemble des oxydations qui s'accomplissent dans l'organisme, et qui ont leur siège au sein des cellules. — **Pyrotechn.** Déflagration d'une poudre. — **Therm.** *Combustion étagée,* mode de chauffage où le combustible est brûlé complètement en plusieurs étapes, en commençant par ses matières volatiles. ‖ *Indice de combustion,* rapport des volumes d'oxyde de carbone et de gaz carbonique qui existent dans les produits de la combustion.

ENCYCL. **Chim.** et **Therm.** Il y a *combustion vive* lorsque le carburant et le comburant (généralement de l'oxygène) se combinent rapidement en dégageant suffisamment de chaleur pour porter le combustible à l'incandescence. Dans le cas contraire, il y a *combustion lente,* appelée communément oxydation.

La combustion d'un hydrocarbure est complète si le volume d'oxygène est suffisant pour transformer tout l'hydrogène en eau et tout le carbone en gaz carbonique. Lors d'une combustion incomplète, on observe la présence de monoxyde de carbone.

CÔME, en ital. **Como,** v. d'Italie, en Lombardie, ch.-l. de prov., au fond de la branche S.-O. du *lac de Côme ;* 96 000 hab. Églises romanes S. Abbondio (XIe s.) et S. Fedele ; cathédrale des XIVe-XVIIIe s. Centre touristique, commercial et industriel.

CÔME *(lac de),* lac d'origine glaciaire de la bordure des Alpes italiennes (Lombardie) ; 146 km². Il s'allonge du N. au S. et se termine par deux branches dites « de Côme » et « de Lecco », que sépare la péninsule de Bellagio. Déversant ses eaux dans le Pô par l'Adda, c'est un site touristique (lié à la douceur du climat).

CÔME (ou **COSME**) et **DAMIEN** *(saints),* martyrs sous Dioclétien († Cyr, Syrie, v. 295 ?). Médecins, ils sont les patrons des chirurgiens.

COME-BACK [kɔmbak] n. m. inv. (angl. *come-back,* retour). Retour au premier plan, après une période d'oubli ou d'inactivité, d'une personnalité artistique, sportive, politique, reprise de sa carrière ; regain de vogue pour qqch qui était désuet.

Comecon, sigle de *Council for Mutual Economic Assistance* (Conseil d'assistance économique mutuelle [C. A. E. M.]), organisme de coopération économique créé à Moscou, en janv. 1949, et qui regroupait l'U. R. S. S. , l'Albanie (1950-1961), la République démocratique allemande (de 1950 à 1990), la Bulgarie, la Hongrie, la Pologne, la Roumanie, la Tchécoslovaquie ainsi que la Mongolie, Cuba et le Viêt-nam. Il a été dissous en 1991 .

COMÉDIE n. f. (lat. *comoedia,* du gr. *kômôidia,* comédie). **1.** Toute pièce de théâtre au XVIIe s. (Sens repris de nos jours.) — **2.** Pièce de théâtre destinée à provoquer le rire par le traitement de l'intrigue, la peinture satirique des mœurs, la représentation de travers et de ridicules. (→ *encycl.*) — **3.** Genre littéraire, théâtral, cinématographique, etc., dont le propos est d'amuser. — **4.** Manifestation hypocrite de sentiments qu'on n'éprouve pas réellement ; feinte, dissimulation : *Tout cela c'est de la comédie.* — **5.** *Fam.* Manœuvre compliquée ou ennuyeuse, nécessitée par certaines circonstances : *C'est toute une comédie pour obtenir une invitation.* — **6.** *Fam.*

Attitude désagréable, insupportable, surtout en parlant des enfants : *Cessez votre comédie.* – 7. *Comédie musicale,* spectacle qui associe la musique, le chant, la danse et la prose. ‖ *Jouer la comédie,* prendre part à la représentation d'une pièce de théâtre ; afficher des sentiments que l'on n'éprouve pas en prenant telle ou telle attitude : *Il joue la comédie du père outragé.* ‖ *Personnage de comédie,* qqn qu'on ne peut pas prendre au sérieux ou qui a des côtés bouffons, ridicules.

ENCYCL. Le genre a évolué en se diversifiant. On peut distinguer : la *comédie ancienne,* rattachée au culte de Dionysos, apparue en Grèce vers 480 av. J.-C., et qui comporte toujours une satire de la réalité contemporaine (Aristophane) ; la *comédie de caractère* qui a pour objet l'analyse psychologique d'un trait typique ; la *comédie héroïque* qui met en scène des personnages nobles engagés dans des aventures glorieuses ou romanesques ; la *comédie d'intrigue,* fondée sur l'imbrication de stratagèmes ; la *comédie larmoyante* et la *comédie sérieuse,* où le pathétique l'emporte sur le comique ; la *comédie de mœurs* qui peint les mœurs d'une époque ou d'une classe sociale ; la *comédie pastorale* qui peint les intrigues amoureuses de bergers et bergères dans un cadre champêtre ; la *comédie romanesque,* proche de la comédie d'intrigue, et qui y mêle des événements plus graves ; enfin la *comédie à tiroirs* qui présente une suite de scènes rarement unies par des liens logiques.

Inspirée des opérettes françaises et viennoises, la *comédie musicale* s'est développée aux États-Unis dès la fin du XIXe s., mais surtout à partir des années 1920. Les « lyrics », ou parties chantées, deviennent parfois de véritables « standards » internationaux (*Rose-Marie,* de R. Friml, 1924 ; *Show Boat,* de J. Kern, 1927 ; *No, no, Nanette,* de V. Youmans, 1924). La vogue du jazz fait succéder aux romances sentimentales des rythmes plus syncopés qu'utilisera avec brio George Gershwin. Dans les années 40, la danse s'insère avec plus de cohésion au spectacle. Des chorégraphes de renom travaillent pour Broadway : Eugene Loring, Agnes De Mille, Michael Kidd, Alvin Ailey. Les compositeurs Jerome Kern, Irving Berlin, Cole Porter, Richard Rodgers ou Leonard Bernstein popularisent dans le monde entier la comédie musicale. Dans les années 50, et grâce au chorégraphe Jerome Robbins, la danse occupe un rôle primordial (*West Side Story,* 1957). Les vedettes du ballet tiennent alors le haut de l'affiche : Fred Astaire, Gene Kelly, John Kriza, Eugene Loring, Alvin Ailey, Zizi Jeanmaire, Nora Kaye, Leslie Caron.

De nombreuses comédies musicales ont été adaptées à l'écran. S'y illustrèrent notamment le chorégraphe Busby Berkeley, les réalisateurs Stanley Donen et Vincente Minnelli, l'acteur, danseur et chorégraphe Gene Kelly. En 1961, l'adaptation cinématographique de *West Side Story* renouvela le genre, que d'autres pays tentèrent de populariser (J. Demy, en France, par ex.).

Comédie humaine *(la),* titre général sous lequel Balzac regroupa l'ensemble de ses romans à partir de leur réédition qui, commencée en 1842, se poursuivit jusqu'en 1848.

Comédies et proverbes, titre général sous lequel sont réunies les pièces qu'Alfred de Musset publia, de 1832 à 1851 dans *Un spectacle dans un fauteuil* et dans *la Revue des Deux Mondes ;* les principales sont : *les Caprices* de Marianne, Fantasio*, On ne badine pas avec l'amour, Lorenzaccio*, le Chandelier*, Il* ne faut jurer de rien.*

COMÉDIE-BALLET n. f. (pl. *comédies-ballets*). Comédie entremêlée d'intermèdes et de divertissements de danse (ex. : *Monsieur de Pourceaugnac,* de Molière).

Comédie-Française, société des comédiens-français ou du Théâtre-Français, née de la fusion, en 1680, de la troupe de l'Hôtel de Bourgogne et des comédiens de Molière, ordonnée par Louis XIV pour faire face aux comédiens-italiens. Dissoute en 1792 et reconstituée en 1804, date à laquelle elle s'installa rue de Richelieu à Paris, dans une dépendance du Palais-Royal, elle reçut de nouveaux aménagements grâce au décret signé par Napoléon à Moscou en 1812. Sous la direction d'un administrateur, les sociétaires ainsi que les « pensionnaires » jouent un répertoire classique avant tout, mais qui s'ouvre aussi aux œuvres et aux mises en scène modernes.

Comédie-Française *(théâtre de la),* à Paris. Il fut entrepris en 1786 par V. Louis, comme dépendance du Palais-Royal. La salle, qui ne contient plus que 900 places depuis la rénovation de 1976, est couverte d'une coupole peinte par A. Besnard. Les vestibules, les foyers, les locaux administratifs contiennent des œuvres d'art : bustes d'écrivains et d'artistes, *Voltaire assis* de Houdon, dessins, peintures. La bibliothèque conserve des manuscrits.

Comédie-Italienne, nom donné aux troupes d'acteurs italiens qui jouèrent à Paris du XVIe au XVIIIe s. *Comici confidenti* (confiants dans l'amitié du public), *comici gelosi* (jaloux de plaire) ou *comici fideli* (fidèles), ils venaient pour faire connaître au public français l'art de la commedia dell'arte. Seuls exploitants de l'Hôtel de Bourgogne lors de la création de la Comédie-Française (1680), ils furent expulsés de France en 1697 pour une pièce qui attaquait Mme de Maintenon. De retour en France en 1716, ils durent se convertir à la comédie d'auteur (Marivaux, Lesage) pour reconquérir un public lassé du théâtre de farce. Ils fusionnèrent en 1762 avec l'Opéra-Comique mais furent définitivement expulsés en 1779.

COMÉDIEN, ENNE n. **1.** Personne dont la profession est de jouer au théâtre, au cinéma, à la télévision ou à la radio ; acteur, actrice. – **2.** *Comédiens du roi,* troupe du premier Théâtre-Français. ‖ *Comédiens-français,* troupe de la Comédie-Française. ‖ *Comédiens-italiens,* acteurs du Théâtre-Italien.
◆ adj. et n. Qui feint des sentiments qu'il n'éprouve pas, qui aime se donner en spectacle, qui a des attitudes théâtrales.

COMÉDON n. m. (lat. *comedo, -onis,* mangeur). Bouchon graisseux obturant l'orifice d'une glande sébacée, constituant les points noirs observés dans la séborrhée et l'acné.

COMENCINI (Luigi), cinéaste italien (Salo, prov. de Brescia, 1916). Il a réalisé : *Pain, amour et fantaisie* (1953) ; *l'Incompris* (1967), *Casanova, un adolescent à Venise* (1969), *les Aventures de Pinocchio* (1972), *l'Argent de la vieille* (1972), *le Grand Embouteillage* (1979), *Eugenio* (1980), *Cuore* (1984), *La storia* (1986), *Un enfant de Calabre* (1987), *la Bohème* (1988), *Joyeux Noël, bonne année* (1989), *Marcellino* (1991).

COMENIUS, nom latinisé de l'humaniste tchèque JAN ÁMOS **Komenský** (Nivnice, près de Uherský Brod, Moravie, 1592-Amsterdam 1670). Prêtre, puis évêque des Frères bohêmes, il fut contraint à l'exil en Pologne par la persécution ordonnée par Ferdinand II contre les réformés. Il y écrivit son œuvre majeure, *la Grande Didactique,* en 1638. Ses conceptions humanistes et pédagogiques font de lui un précurseur de l'éducation moderne.

COMÉPHORE n. m. Poisson du lac Baïkal, sans écailles, translucide, vivipare, aux yeux atrophiés, vivant surtout à une grande profondeur.

COMESTIBILITÉ n. f. Qualité de ce qui est comestible.

COMESTIBLE adj. (lat. médiév. *comestibilis,* de *comedere,* manger). Qui est propre à être utilisé comme aliment par l'homme : *Champignon comestible.*
◆ **comestibles** n. m. pl. Produits alimentaires : *Rayon de comestibles.*

COMÉTAIRE adj. Relatif aux comètes.

COMÈTE n. f. (lat. *cometes,* du gr. *komêtês,* chevelu). **1.** Astre du système solaire d'aspect diffus, observable à proximité du Soleil. (→ *encycl.*) – **2.** Ruban étroit,en velour ou en satin, employé comme garniture. – **3.** Tranchefile de relieur ne comportant qu'un seul bourrelet plat. – **4.** *Tirer des plans sur la comète,* s'ingénier à atteindre un résultat, malgré des moyens réduits, par des voies risquées ou illusoires.
ENCYCL. **Astron.** Loin du Soleil, une comète se réduit à un *noyau* compact de quelques kilomètres de diamètre, en rotation sur lui-même, constitué d'un mélange de glaces, de fragments rocheux et de poussières (« boule de neige sale »). Lorsque la comète se rapproche du Soleil, les glaces se subliment ; des gaz s'échappent, entraînant des fragments rocheux et des poussières. Une nébulosité diffuse, la *chevelure,* commence à se former ; son diamètre atteint environ 100 000 km au niveau de l'orbite terrestre. La diffusion de la lumière solaire par les poussières et sa fluorescence au contact des gaz la rendent lumineuse. Sa région externe n'est pas constituée de gaz issus directement du noyau mais de molécules ou d'ions résultant de photodissociations et de collisions. Elle est entourée d'une vaste enveloppe d'hydrogène décelable par ses émissions dans l'ultraviolet. Repoussés par le vent* solaire, les ions formés dans la chevelure engendrent dans la direction opposée à celle du Soleil une longue queue bleutée rectiligne, dite *queue de gaz* (ou *de plasma*), qui peut s'étirer sur plusieurs centaines de millions de kilomètres. Les poussières éjectées du noyau, repoussées par la pression du rayonnement solaire, forment elles-mêmes une *queue de poussières* jaunâtre, plus large, plus diffuse et incurvée.

COMICE n. f. Variété de doyenné (poire).

COMICES n. m. pl. (lat. *comitia,* pl. de *comitium*). **1.** À Rome, assemblée du peuple disposant du pouvoir législatif, de diverses prérogatives en matière religieuse et judiciaire, et du droit d'élire les magistrats. – **2.** *Comices agricoles,* association privée de cultivateurs d'une région qui avait pour but le développement du progrès technique en agriculture par des subventions, concours, essais culturaux, diffusion des connaissances, etc. (Parfois au sing. *comice agricole.*)
ENCYCL. **Antiq.** Différents types de comices sont apparus successivement au cours des premiers siècles de l'histoire romaine et ont ensuite coexisté : les *comices curiates* qui ont perdu leur pouvoir à partir du Ve s. av. J.-C., les *comices centuriates* qui ont longtemps détenu tous les pouvoirs législatifs et électifs, et les *comices tributes* apparus les derniers, qui sont devenus au IIIe s. av. J.-C. le véritable organe de la souveraineté populaire, en élisant plusieurs magistrats (dont les tribuns de la plèbe) et en votant les lois. Sous l'Empire, les comices furent progressivement dépouillés de leurs pouvoirs.

COMICS [kɔmiks] n. m. pl. (angl. *comics,* bandes dessinées). Aux États-Unis, bande dessinée. (On distingue les *comic strips* [vignettes dans les quotidiens] des *comic books* [mensuels spécialisés nés en 1937].)

COMINES (59560), comm. du Nord, sur la rive droite de la Lys, à la frontière belge ; 11 360 hab. *(Cominois).* Textile. Centrale thermique.

COMINES (Philippe DE) → COMMYNES.

COMINES-WARNETON, en néerl. **Komen-Waasten,** comm. de Belgique (Hainaut), sur la rive gauche de la Lys, à la frontière française ; 18 000 hab.

COMINO, en maltais **Kemmuna,** îlot du groupe de Malte (Méditerranée), entre cette île et celle de Gozo.

COMIQUE adj. (lat. *comicus,* du gr. *kômikos*). **1.** Propre à la comédie, au théâtre plaisant : *Un auteur comique.* – **2.** Qui fait rire : *Un récit comique. Un acteur comique.* – **3.** Qui est ridicule, qui prête à rire par son aspect insolite ou grotesque : *Il est comique avec son costume trop étroit.*
◆ n. **1.** Artiste, fantaisiste spécialisé dans les rôles comiques. – **2.** Personne qui fait rire par son comportement. – **3.** Auteur comique : *Les anciens comiques italiens.*
◆ n. m. **1.** Manière d'exprimer ce qui est plaisant ou ridicule : *Daumier avait un comique cruel.* – **2.** *Ce qui provoque le rire par son côté plaisant ou grotesque : Le comique de la situation.* – **3.** Caractère propre de la comédie, des divers genres de comédies : *Comique de caractère, de gestes, de mots, de situation.*

COMIQUEMENT adv. De façon comique.

COMITARD, E n. *Péjor.* Personne qui participe assidûment à des comités divers.

COMITAT n. m. (bas lat. *comitatus,* dignité de comte). Anc. subdivision administrative de la Hongrie.

COMITÉ n. m. (angl. *committee,* de *to commit,* confier). **1.** Réunion de personnes déléguées par une assemblée, par une autorité, constituant un organe collégial de gestion, de consultation, de décision, etc. ; réunion de particuliers pour l'étude de certaines questions, l'examen d'un projet, d'une idée, etc. : *Comité de locataires.* – **2.** *Comité central,* organe dirigeant d'un parti, composé de membres élus (se dit en partic. dans les partis communistes). ‖ *Comité des chefs d'état-major,* organisme consultatif à la disposition du ministre de la Défense pour l'examen des problèmes généraux de défense. ‖ *Comité de défense,* organisme de décision en matière de direction générale de la défense. ‖ *Comités départementaux de libération (C. D. L.),* organismes créés pendant l'Occupation par le Comité français de libération nationale, pour assurer, à la Libération, la représentation provisoire de la population du département. ‖ *Comité économique et social (C. E. S.),* assemblée consultative auprès du conseil régional, composée de représentants des employeurs, des syndicats, d'associations et de personnalités qualifiées désignées par le gouvernement. ‖ *Comité électoral,* groupement local de membres ou sympathisants d'un parti, en vue de patronner un ou plusieurs candidats et de soutenir leur campagne. ‖ *Comité d'entreprise,* organisme à mission professionnelle, économique et sociale, institué dans les entreprises françaises par l'ordonnance du 22 févr. 1945. (→ *encycl.*) ‖ *Comité de groupe,* organe de représentation du personnel au niveau d'un groupe constitué par une société dite dominante, ses filiales et les sociétés dont la société dominante détient indirectement plus de la moitié du capital. (Le comité de groupe comprend le chef de l'entreprise dominante et des élus des comités d'entreprise des sociétés du groupe.) ‖ *Comité d'hygiène, de sécurité et des conditions de travail (C. H. S. C. T.),* organisme consultatif obligatoire dans toute entreprise de plus de 50 salariés et de plus de 300 salariés dans le secteur du bâtiment et des travaux publics, et dont le rôle est de veiller au respect des conditions d'hygiène, de sécurité et de travail ainsi que de susciter toute initiative contribuant à la prévention des risques professionnels. ‖ *Comité interministériel,* formation gouvernementale composée de ministres, de secrétaires d'État, de hauts fonctionnaires, et réunie sous la présidence du Premier ministre afin de procéder à l'examen d'une affaire ou d'une matière déterminée. ‖ *Comité de lecture,* réunion d'écrivains ou d'acteurs chargés d'admettre ou de rejeter des écrits, des pièces. ‖ *Comité révolutionnaire* ou *de surveillance,* organisme créé le 21 mars 1793 par la Convention nationale dans chaque commune et dans chaque section des villes de plus de 25 000 hab. (→ *encycl.*) ‖ *Comité secret,* réunion à huis clos du Parlement. ‖ *En comité secret,* en séance privée, le public étant exclu. ‖ *En petit comité, en comité restreint,* entre un petit nombre de personnes ou en se limitant à un petit cercle d'intimes.

ENCYCL. Le *comité d'entreprise* est obligatoire dans toutes les entreprises et dans les organismes employant au moins 50 salariés. Les membres du comité d'entreprise sont élus pour 2 ans (renouvelables), par tous les salariés de l'entreprise âgés de plus de 16 ans et ayant au moins 6 mois d'ancienneté. Ils bénéficient d'une protection légale en cas de licenciement (pendant la durée de leur mandat et 6 mois après l'expiration de celui-ci). Le comité d'entreprise, dans les entreprises comportant plusieurs établissements de plus de 50 salariés, comprend des *comités d'établissement* et un *comité central d'entreprise.* La loi

du 28 oct. 1982 en a fait un organe de contrôle : il est obligatoirement informé et consulté sur les questions intéressant l'organisation, la gestion et la marche de l'entreprise (→ BILAN* SOCIAL). Il gère également les œuvres sociales.
— **Hist.** Les *comités révolutionnaires* étaient chargés de dresser la liste des suspects et de procéder à leur arrestation, de délivrer les certificats de civisme et de faire appliquer les lois révolutionnaires. Placés sous l'autorité du Comité de sûreté générale et composés chacun de 12 membres, ils furent supprimés après le 9-Thermidor.

Comité central de la Garde nationale, organisme républicain créé le 3 mars 1871 par les gardes nationaux fédérés au sein de la « Délégation des vingt arrondissements de Paris » (janv. 1871). Après l'insurrection du 18 mars 1871, ce comité se substitua au gouvernement de Thiers et devint un véritable gouvernement provisoire qui céda la place à la Commune après les élections du 26 mars. Il subsista cependant, conservant son organisation et son autonomie.

Comité des forges, organisation patronale de la sidérurgie française créée en 1864. On lui attribuait une importante influence occulte. Il fut signataire, en 1936, des accords Matignon. Supprimé en 1940, il fut remplacé par le *Comité d'organisation de la sidérurgie.*

Comité français de libération nationale (C. F. L. N.), organisme constitué à Alger le 3 juin 1943 sous la coprésidence de Giraud et de Gaulle. Tentant de rassembler la France libre et la France africaine de Vichy, composé, à l'origine, par moitié de partisans de Giraud et de Charles de Gaulle, il s'unifiera derrière ce dernier, qui assurera seul la présidence à partir d'oct. 1943.

Comité international olympique (C. I. O.) → OLYMPIQUE.

Comité révolutionnaire central (C. R. C.), organisation politique française (1881-1898), constituée, après la mort d'Auguste Blanqui, autour d'Édouard Vaillant, et se proclamant athée, internationaliste et révolutionnaire. En 1898, le C. R. C. se transforma en parti socialiste révolutionnaire (P. S. R.).

Comité de salut public, organisme créé par la Convention nationale le 6 avr. 1793 pour contrôler les ministres et restaurer l'autorité du gouvernement. Comprenant 9 membres, il fut d'abord dominé par Danton. Après l'élimination de ce dernier (juill. 1793), accusé de modérantisme, il passa aux mains d'une équipe de Montagnards énergiques d'où émergea la personnalité de Robespierre. Composé alors de 12 membres (dont Couthon, Saint-Just, Carnot, Billaud-Varenne), il devint le vrai gouvernement de la République. Mais il devait cependant rendre compte de ses actes à la Convention qui élisait ses membres et votait les décrets qu'il proposait. Désagrégé lors de la chute de Robespierre (9-Thermidor), il vit ses pouvoirs réduits en août 1794, et disparut avec la Convention en 1795.

Comité de sûreté générale, organisme créé par la Convention nationale le 2 oct. 1792. Composé de membres élus par la Convention, il dirigeait la justice et la police révolutionnaires. Il joua un rôle décisif dans la chute de Robespierre et conserva un rôle important jusqu'à la fin de la Convention (1795).

COMITIAL, E, AUX [-sjal] adj. et n. Relatif à l'épilepsie ; atteint d'épilepsie.

COMITIALITÉ n. f. Syn. de ÉPILEPSIE.

Comitium, place attenante au Forum romain du côté nord, où se réunissaient en principe les comices tributes.

COMM, chef gaulois, Fait roi des Atrébates par César (54 av. J.-C.), il participa ensuite à la levée en masse destinée à secourir Vercingétorix (52).

COMMA n. m. (lat. *comma, -atis,* du gr. *komma,* membre de phrase). Micro-intervalle représentant la neuvième partie du ton.

COMMAGÈNE, en gr. **Kommagênê,** petit royaume hellénistique s'étendant sur le versant sud du Taurus Cap. *Samosate.* Indépendant après la mort d'Antiochos III, il fut progressivement intégré à l'Empire romain. Le roi Antiochos Ier y a édifié, au Ier s. av. J.-C., le monument funéraire du Nemrut Dağ, orné de statues colossales.

COMMAND [kɔmɑ̃] n. m. (de *commander*). Personne au nom de laquelle on se porte acquéreur ou adjudicataire.

COMMANDANT n. m. **1.** Chef, personne qui exerce un commandement : *Le commandant du poste, du navire.* — **2.** Premier grade de la hiérarchie des officiers supérieurs dans les armées de terre et de l'air (ils portent 4 galons). — **3.** Dans la marine militaire, tout officier supérieur ou, quel que soit son grade, tout officier commandant un bâtiment de guerre. — **4.** *Commandant de bord,* celui qui commande à bord d'un avion de ligne ou d'un vaisseau spatial. ‖ *Commandant en chef,* officier général exerçant le commandement d'un groupement de forces nationales ou alliées. ‖ *Commandant militaire,* officier général ou supérieur responsable de la sécurité d'une assemblée parlementaire. ‖ *Commandant supérieur,* général commandant les forces des trois armées stationnées sur un territoire extérieur.

COMMANDANTE n. f. *Fam.* et *vx.* Femme d'un commandant.

COMMAND-CAR n. m. (pl. *command-cars*) [amér. *command-car,* voiture de commandement]. Véhicule opérationnel de l'armée ou de la police, équipé de moyens radio permettant de commander les forces engagées.

COMMANDE n. f. **1.** Action de commander une marchandise, un travail, une œuvre, un repas ; la chose commandée : *Votre commande sera livrée demain.* — **2.** Action d'agir sur un mécanisme : *Levier de commande.* — **3.** Organe directeur permettant de déclencher ou d'arrêter un mécanisme : *La commande des essuie-glaces est sur le tableau de bord.* — **4.** *De commande,* se dit d'un comportement contraint, imposé ou feint, non sincère. ‖ *Être aux commandes, prendre les commandes,* conduire, diriger un véhicule, un bateau, un avion. ‖ Litt. *Être de commande,* être obligatoire, indispensable. ‖ *Prendre les (leviers de) commande(s),* assumer la direction d'une affaire, d'une entreprise. ‖ *Sur commande,* sur ordre ou d'une manière feinte. • **Aéron.** *Commandes croisées,* position des commandes sollicitant l'avion dans deux directions de virage opposées. ‖ *Commande de profondeur, de direction,* organe de manœuvre des gouvernes de profondeur, de direction d'un avion. — **Aéron.** et **Autom.** *Double(-)commande,* duplication de certains organes pour permettre à un moniteur d'intervenir lors de l'apprentissage du pilotage ou de la conduite. — **Ch. de f.** *Commande centralisée des circulations,* installation permettant de commander et de contrôler depuis un poste unique l'ensemble des aiguillages et des signaux d'une ligne. ‖ *Commande centralisée des sous-stations,* installation permettant de commander et de contrôler l'ensemble des sous-stations d'alimentation de traction électrique d'une ou de plusieurs lignes. — **Cybern.** Action humaine ou automatique visant à modifier l'état d'un système en agissant sur une ou plusieurs grandeurs, dites grandeurs d'action, par l'intermédiaire d'organes appropriés, appelés actionneurs. ‖ *Commande automatique,* commande assurée sans intervention humaine. ‖ *Commande à distance,* syn. de TÉLÉCOMMANDE. ‖ *Commande numérique,* mode de commande dans lequel les valeurs désirées d'une variable commandée sont définies selon un code numérique. (La machine-outil constitue le principal domaine d'application de la commande numérique.) [→ *encycl.*] — **Dr.** *Contrat de commande,* contrat synallagmatique par lequel un auteur s'engage à créer une œuvre et à la livrer ou à en concéder certains droits à un tiers qui s'engage, en contrepartie, à lui verser la rémunération convenue. — **Inform.** Clef qui permet l'action externe d'un opérateur sur un calculateur. (Syn. CONTRÔLE.) — **Mécan.** *Circuit de commande,* circuit à bas niveau (basse tension ou basse pression) transmettant les instructions au circuit de puissance d'une machine. — **Télécomm.** *Commande automatique d'accord* ou *de fréquence (C. A. F.),* dispositif qui règle automatiquement la fréquence de fonctionnement d'un récepteur radioélectrique sur la fréquence d'un signal incident. ‖ *Commande automatique de gain (C. A. G.),* dispositif de régulation qui assure un niveau peu variable du signal de sortie d'un récepteur radioélectrique malgré des variations importantes du niveau moyen du signal à l'entrée.

ENCYCL. **Cybern.** et **Mécan.** Une machine à *commande numérique* reçoit par l'intermédiaire d'un ruban perforé ou d'une bande magnétique les instructions nécessaires à l'exécution des opérations : coordonnées des points définissant la trajectoire à décrire, vitesses d'avance et de broche, nature du cycle, numéro de l'outil à utiliser, etc. Dans le travail paraxial, les usinages peuvent être effectués pendant un déplacement suivant l'un des axes perpendiculaires à celui de la broche et constituant l'avance de travail. Les machines récentes font du contournage, c'est-à-dire des usinages dans lesquels la trajectoire de l'outil par rapport à la pièce est curviligne. La plupart des machines-outils classiques existent dans des versions à commande numérique. On utilise aussi la commande numérique dans des domaines comme le câblage, le bobinage, le dessin, le traçage, le contrôle, etc.

COMMANDEMENT n. m. **1.** Action de commander qqch à qqn ; injonction, ordre : *Obéir aux commandements d'un supérieur.* — **2.** Action, fait de commander un groupe, une armée, etc. ; fonction, organisation correspondantes : *Prendre le commandement d'une section.* — **3.** Ensemble des autorités militaires supérieures. — **4.** Loi, précepte édictés par la volonté divine, par l'Église : *Les commandements de Dieu.* — **5.** *À mon commandement,* se dit au moment où on donne l'ordre d'exécuter une action, un mouvement, etc. : *À mon commandement, prêt, partez !* ‖ *Bâton de commandement,* bâton qui sert de signe de commandement à certains officiers. ‖ *Être au commandement,* dans une course, être en tête ; diriger une action, une opération ; gouverner. • **Dr.** Droit de disposer de la force armée que la Constitution de 1958 partage entre le président de la République et le Premier ministre. ‖ Acte par lequel un huissier enjoint à un débiteur d'exécuter les obligations découlant d'un titre exécutoire, avant de procéder aux voies d'exécution forcée. — **Mil.** Grande unité et fonction opérationnelle spécialisée de l'armée de l'air ou de la Marine nationale. (→ *encycl.*) ‖ Ordre bref pour faire exécuter les mouvements militaires. ‖ *Haut commandement,* autorité qui assume des responsabilités intéressant l'ensemble d'une armée ou des forces armées. ‖ *Régiment de commandement et de soutien,* unité du train créée en 1977. – **Psychol.** Capacité qu'a un individu d'acquérir ou d'exercer de l'autorité dans un groupe en fonction de sa compétence, de sa popularité ou parce qu'il est un chef élu ou imposé. (→ *encycl.*)

ENCYCL. **Mil.** L'organisation du commandement a été établie pour répondre aux différentes conditions d'emploi des forces : 1° *commandements territoriaux* adaptés à l'organisation territoriale, en métropole, dans les départements et territoires d'outre-mer ou en République fédérale d'Allemagne ; 2° *commandements adaptés* à l'organisation de chaque armée (ex. commandements des écoles dans l'armée de terre, l'aviation ou la gendarmerie) ; 3° *commandements opérationnels* dans chaque armée (Ire armée, corps d'armée ou divisions dans l'armée de terre ; Force océanique stratégique ou escadres de l'Atlantique et de la Méditerranée dans la marine ; force aérienne stratégique ou défense aérienne dans l'aviation) ; 4° *commandements supérieurs* à caractère interarmées (forces armées de la zone sud de l'océan Indien) ; 5° *commandements en chef* des théâtres d'opérations n'exerçant leurs fonctions qu'en cas de besoin et investis de pouvoirs civils et militaires.

– **Psychol.** Les psychosociologues distinguent en général trois styles de commandement : le style autoritaire, le style démocratique et le style du laissez-faire. Ainsi, dans des groupes d'enfants, dirigés selon le style autoritaire, le chef adulte fixe et détermine toutes les activités et l'organisation du groupe et reste à l'écart de toute participation active du groupe. Au contraire, le chef démocratique soumet les décisions au groupe, qui en discute avec l'aide et la participation active du chef adulte. Dans les groupes dirigés selon le style du laissez-faire, l'adulte est plutôt passif et ne fournit de l'aide ou des informations que lorsqu'on les lui demande. Les enfants sont libres de décider de leurs activités et de l'organisation du groupe. On a pu ainsi constater que dans un climat autoritaire les enfants montrent une dépendance plus prononcée vis-à-vis de leur chef que dans les autres situations et font preuve d'une certaine agressivité canalisée vers le chef autoritaire. Dans un climat démocratique, les enfants se sentent plus libres et portés à faire des suggestions et à prendre des initiatives qu'ils ne le sont dans les autres groupes ; de plus, ils sont moins agressifs les uns envers les autres.

Commandements de Dieu → DÉCALOGUE.

COMMANDER v. t. (lat. pop. **commandare,* du lat. class. *commendare,* confier) [conj. 3]. **1.** Être le chef d'un groupe, d'une équipe, en diriger les actions, donner les ordres : *Commander une armée.* – **2.** Assurer la direction et la responsabilité d'une action menée par un groupe : *Commander une manœuvre militaire.* – **3.** Exercer son autorité sur qqn, lui donner des ordres : *Sans vous commander, pourriez-vous, s'il vous plaît, faire ceci.* – **4.** Donner tel ordre ; ordonner : *Nos gardiens nous avaient commandé de nous taire.* – **5.** *Litt.* Dominer un sentiment, une attitude en les soumettant à sa volonté ; maîtriser : *Il ne commande plus ses nerfs.* – **6.** Entraîner de par sa nature même tel sentiment, exiger, appeler tel comportement : *La simple prudence commande le silence absolu sur ce point.* – **7.** Déterminer le comportement principal de qqn, être l'objectif majeur : *Le devoir commande.* – **8.** Exécuter la manœuvre nécessaire pour faire fonctionner un mécanisme ; être l'élément qui déclenche le fonctionnement d'un mécanisme. – **9.** Contrôler l'accès à un lieu, permettre ou interdire cet accès : *Porte qui commande l'accès à la cave.* – **10.** Demander la fabrication, la fourniture ou la livraison de qqch et, en partic. dans un restaurant, un café, etc., demander que tel plat, telle boisson, etc., soient servis : *Commander un tableau à un peintre. Commander le menu.*

◆ v. t. ind. **1.** Être le chef de qqn, d'un groupe, en avoir la direction : *Commander à une équipe.* – **2.** Sans compl., être le chef : *C'est moi qui commande ici.* – **3.** Se rendre maître d'un sentiment : *On ne commande pas à ses désirs.*

◆ **se commander** v. pr., **être commandé** v. pass. Être contrôlé, en parlant d'un mécanisme : *L'ouverture est commandée par la manette de gauche.*

◆ **se commander** v. pr. **1.** En parlant de pièces, être disposées de telle sorte que, pour aller dans l'une, il faut obligatoirement passer par l'autre : *Dans l'appartement, toutes les pièces se commandent.* – **2.** *Ne pas se commander,* être spontané, indépendant de la volonté : *L'amitié ne se commande pas.*

COMMANDERIE n. f. (de *commandeur*). **1.** Bénéfice dont étaient pourvus les dignitaires de certains ordres religieux militaires. – **2.** Résidence du commandeur d'un de ces ordres.

COMMANDEUR n. m. (de *commander*). **1.** Chevalier pourvu d'une commanderie. – **2.** Un des grades supérieurs des ordres de chevalerie. – **3.** En France, grade le plus élevé des ordres nationaux et des ordres civils. – **4.** *Commandeur des croyants,* traduction du titre honorifique arabe de *amīr al-mu'minīn,* en usage chez les musulmans. (Syn. ÉMIR.) ‖ *Grand commandeur,* premier dignitaire de l'ordre de Malte, après le grand maître ; dignitaire d'un grade plus élevé que celui de commandeur, dans certains ordres de chevalerie.

COMMANDEUR *(îles du),* archipel russe du sud de la mer de Béring, entre le Kamtchatka et les Aléoutiennes.

COMMANDITAIRE n. (de *commandite*). **1.** Associé d'une société en commandite, qui n'est tenu des dettes de celle-ci qu'à concurrence de ses apports. – **2.** Bailleur de fonds d'une entreprise ou d'un groupement. – **3.** Syn. de SPONSOR.

COMMANDITE n. f. (ital. *accomandita,* du lat. *accommodare,* confier). **1.** Fraction du capital d'une société en commandite apportée par un ou plusieurs commanditaires. – **2.** *Société en commandite par actions,* société où trois commanditaires au moins sont requis et dont les apports sont représentés par des actions négociables. ‖ *Société en commandite simple,* société de personnes qui peut se limiter à un commandité et un commanditaire, les apports des commanditaires étant représentés par des parts sociales incessibles.

COMMANDITÉ, E n. (de *commanditer*). Associé d'une société en commandite, qui est responsable personnellement des dettes sociales de la société.

COMMANDITER v. t. (de *commandite*) [conj. 3]. **1.** Fournir des fonds pour une entreprise commerciale. – **2.** Syn. de SPONSORISER.

COMMANDO n. m. (angl. *commando,* de l'afrikaans, lui-même du port. *comando*). **1.** Formation militaire de faible effectif, chargée de missions spéciales et opérant isolément. – **2.** Dans le système des camps, petit groupe de prisonniers affectés à certains travaux. – **3.** Petit groupe d'hommes armés qui se livre à des actes de violence (attentats, sabotages, détournements d'avions, etc.).

1. COMME conj. (lat. pop. *como,* du lat. class. *quomodo*). **1.** Exprime le temps avant un verbe à l'imparfait de l'indicatif qui indique une action ou un état en cours : *Comme nous approchions de la ville, il s'est mis à pleuvoir.* – **2.** Exprime la cause avant un verbe à l'indicatif qui précède la proposition principale : *Comme j'étais pressé, j'ai voyagé en avion.* – **3.** Exprime la comparaison avant un verbe à l'indicatif ou au conditionnel, ou sans verbe : *Il ment comme il respire. Nous l'aimons comme notre propre fils.* – **4.** Exprime l'addition ; ainsi que, et aussi : *Tout le monde s'y est mis, les jeunes comme les vieux.* – **5.** S'emploie dans des comparaisons stéréotypées à valeur intensive : *Il est malin comme un singe.* – **6.** Indique à quel titre on agit, en quelle qualité on considère qqn ou qqch : *Comme rapporteur devant la commission, il a exposé le projet.* – **7.** Introduit un exemple : *Les verbes de déclaration, comme dire, affirmer, répondre, répliquer.* – **8.** Atténue ou rend plus vague une assertion : *Il y a là comme un défaut.* – **9.** Fam. *Alors comme ça,* introduit une constatation faite avec insistance. ‖ Fam. *C'est tout comme,* cela revient au même, il n'y a pratiquement pas de différence. ‖ Fam. *Comme ça !,* exprime l'admiration (souvent accompagné d'un geste expressif). ‖ Fam. *(Comme ci), comme ça,* ni bien ni mal, moyennement. ‖ *Comme il faut,* convenablement, bien (avec valeur d'adverbe) ; bien élevé, distingué, conforme aux bons usages (avec valeur d'adjectif). ‖ Fam. *Comme qui dirait,* exprime une approximation, une atténuation ; pour ainsi dire. ‖ *Comme quoi,* ce qui montre bien que, ce qui est bien la preuve que. ‖ *Comme si,* introduit une comparaison avec un cas hypothétique. ‖ Fam. *Comme tout,* renforce un adjectif : *C'est facile comme tout.* ‖ *Faire comme si,* faire semblant. ‖ *Tout comme,* exactement de la même manière que.

2. COMME adv. exclamatif (de *comme 1*). **1.** Exprime la manière ou l'intensité : *Comme il dit cela ! Comme il est naïf !* – **2.** Fam. *Comme vous y allez !,* vous exagérez. ‖ *Dieu sait comme,* d'une manière peu claire, plus ou moins suspecte. ‖ Fam. *(Il) faut voir comme,* indique une manière, une intensité remarquables.

Comme il vous plaira, comédie en cinq actes de W. Shakespeare (v. 1599).

COMMEDIA DELL'ARTE n. f. (ital. *commedia dell'arte,* comédie de l'art). Forme théâtrale italienne, particulièrement florissante à la fin du XVIe s. et au début du XVIIe s.

ENCYCL. Opposée primitivement à la comédie écrite, apprise et récitée *(commedia sostenuta),* la *comédie de l'art,* c'est-à-dire du « métier scénique » est pour l'essentiel un théâtre d'improvisation qui superpose acrobaties, lazzi et mimiques à des canevas réglés à l'avance. Les personnages, le plus souvent accusés par un masque, en sont conventionnels. Les principaux sont Arlequin, Pedrolino (qui devient le Pierrot français), Scaramouche, Pantalon, le Capitan, Pulcinella. Les femmes, Colombine, Isabelle, Silvia, jouent sans masque.

COMMÉLINACÉE n. f. Nom de famille attribué au tradescantia, à la comméline et aux plantes voisines.

COMMÉLINE n. f. (de *Commelin,* n. pr.). Herbe monocotylédone vivace des régions chaudes, dont les fleurs, d'un bleu éclatant, sont très ornementales.

COMMÉMORABLE adj. Se dit d'un événement qui mérite d'être commémoré.

COMMÉMORAISON n. f. (lat. *commemoratio, -onis*). Mention de la fête d'un saint au cours d'un office.

COMMÉMORATIF, IVE adj. (de *commémorer*). Qui rappelle le souvenir de qqn, d'un événement : *Plaque commémorative.*
◆ **commémoratifs** n. m. pl. Antécédents d'une maladie.

COMMÉMORATION n. f. (lat. *commemoratio, -onis*). **1.** Action de commémorer, de rappeler le souvenir d'un événement, d'une personne ; cérémonie faite à cette occasion. – **2.** Mention que le prêtre fait, au canon de la messe, des vivants et des morts. – **3.** Commémoration de tous les défunts, fête des morts, le 2 novembre.

COMMÉMORER v. t. (lat. *commemorare,* de *memorare,* rappeler) [conj. 3]. Célébrer par une cérémonie le souvenir d'un événement important : *Commémorer l'armistice de 1918.*

COMMENÇANT, E n. **1.** Personne qui commence l'étude d'une science, d'un art, etc., qui en est aux rudiments ; débutant. – **2.** *Grand commençant,* celui qui débute tardivement dans l'étude d'une matière.

COMMENCEMENT n. m. **1.** Première partie d'une chose, d'une action, d'une période, d'une vie, etc. ; début : *Il y a eu un commencement d'incendie.* – **2.** *Litt.* Cause première, principe : *Dieu est le commencement et la fin de toutes choses.* – **3.** *Au commencement,* au début, dans les premiers moments ou dans les temps les plus anciens. ‖ *Commencement d'exécution,* acte matériel commis par celui qui avait projeté une infraction et qui est considéré comme suffisant pour caractériser la tentative punissable. ‖ *Commencement de preuve par écrit,* élément partiel de preuve figurant dans un acte écrit du défendeur ou de ceux qu'il représente, qui rend vraisemblable le fait allégué. ‖ *Il y a un commencement à tout,* il faut en tout un apprentissage ; il faut du temps pour réussir.

COMMENCER v. t. et v. t. ind. (lat. pop. **cominitiare,* du lat. class. *cum,* avec, et *initiare,* débuter) [conj. **16**]. **1.** Entreprendre la première phase d'une opération, la première opération d'une série, se mettre à faire qqch : *Les enfants commencent (à étudier) l'anglais en sixième. Bien, mal commencer la journée.* – **2.** Entamer une opération par une première phase, placer qqch comme première phase d'une opération ou comme première opération d'une série ; être situé au début de qqch, en constituer la première partie, le premier élément : *Commencer un discours par quelques mots de remerciements.* – **3.** Être dans la première phase d'un état, donner les signes d'une maladie : *Je crois que je commence une angine, j'ai mal à la gorge.* – **4.** Faire qqch en premier, s'occuper en premier de qqch : *Ne pas savoir par quoi commencer.* – **5.** *Fam.* Se mettre à dire ou à faire qqch qu'on juge pénible, désagréable, inopportun : *Ah ! Tu ne vas pas commencer !* – **6.** *À commencer par,* indique que qqn ou qqch est au premier chef concerné par ce qui est énoncé. ‖ *Bien, mal commencer (dans une activité, des études, etc.),* avoir des débuts prometteurs, peu prometteurs.
◆ v. i. (auxil. *avoir*). **1.** Être à son début, débuter : *Dépêche-toi, le spectacle va commencer.* – **2.** Avoir tel lieu, telle date comme point de départ, débuter d'une certaine manière, avoir telle chose, telle personne comme premier élément, comporter tel état, telle action comme première phase : *L'année commence le 1er janvier.* – **3.** Se mettre à : *Il commence à pleuvoir.* – **4.** Fam. *Ça commence à bien faire,* indique la lassitude, l'exaspération. ‖ Fam. et ironiq. *Ça commence bien,* les choses se présentent mal.

COMMENDATAIRE adj. (lat. médiév. *commendatarius*). **1.** Qui est pourvu d'une commende. – **2.** Qui est tenu en commende.

COMMENDE n. f. (lat. médiév. *commenda,* de *commendare,* confier). Collation d'un bénéfice régulier (abbaye, prieuré) à quelqu'un qui n'était pas tenu d'observer les obligations inhérentes à sa charge ; ce bénéfice lui-même.

COMMENSAL, E, AUX n. (lat. médiév. *commensalis,* du lat. class. *cum,* avec, et *mensa,* table). **1.** *Litt.* Personne qui mange (habituellement) à la même table qu'une autre ; compagnon de table ; hôte. – **2.** Animal qui pratique le commensalisme. (Ex. le pluvian avec le crocodile, le pique-bœuf avec les bovins, le pilote avec les requins ou l'amphiprion avec les actinies.)

COMMENSALISME n. m. Mode d'alimentation d'un animal qui se nourrit des débris de repas ou des parasites externes d'un animal d'une autre espèce, généralement plus grand, sans faire de tort à son hôte, qui le laisse faire.

COMMENSURABILITÉ n. f. Qualité de ce qui est commensurable.

COMMENSURABLE adj. (bas lat. *commensurabilis*). **1.** Se dit de deux ou plusieurs grandeurs qui sont chacune des multiples entiers d'une autre grandeur. – **2.** Que l'on peut évaluer, comparer au moyen d'une même unité.

COMMENT adv. interr. et exclamatif (anc. fr. *com,* comment, et suff. adv. *-ment*). **1.** Interroge sur la manière ou le moyen (suivi en langue courante de *est-ce que*) : *J'ignore comment cela s'est passé.* – **2.** Sans compl., incitation à répéter qqch qu'on n'a pas entendu. – **3.** Exprime la surprise, le regret, la réprobation, l'indignation : *Comment oses-tu dire ça ? Comment ! Tu t'es encore trompé ?* – **4.** *(Mais) comment donc !* exprime l'approbation, souvent ironiquement. ‖ Pop. *Comment que,* interrogation portant sur la manière, ou exclamation à valeur intensive : *Comment qu'il a fait ?* ‖ Fam. *Et comment !,* insiste sur une affirmation ; assurément : *Tu t'es régalé ? — Et comment !*

◆ n. m. inv. Circonstances dans lesquelles qqch se fait ou s'est fait : *Savoir le pourquoi et le comment d'une chose.*

COMMENTAIRE n. m. (lat. *commentarium*). **1.** Exposé par lequel on explique, on interprète, on juge un texte ; notes et éclaircissements destinés à faciliter l'intelligence d'un texte : *Commentaire littéraire, juridique.* — **2.** Interprétation plutôt malveillante des paroles ou des actes d'autrui ; propos médisants (surtout pl.) : *Sa conduite provoque des commentaires.* — **3.** Exposé, analyse, interprétation d'une nouvelle, d'une information, d'un match, d'une cérémonie, etc. : *Le discours du président a donné lieu à des commentaires variés.* — **4.** En linguistique, partie de l'énoncé qui ajoute quelque chose de nouveau au thème, par oppos. au *topique.* — **5.** *Commentaire critique,* exposé qui a pour objet d'établir le meilleur texte d'un auteur, qui confronte les leçons et donne les variantes. ‖ *Pas de commentaire !* se dit pour imposer silence ; taisez-vous. ‖ *Sans commentaire,* je vous laisse juge, je préfère ne rien dire.

Commentaires, Mémoires de Jules César sur la *Guerre des Gaules (De bello gallico)* et sur la *Guerre civile (De bello civili).* Le premier de ces ouvrages est divisé en sept livres. La *Guerre civile* comprend trois livres, le récit cessant à la mort de Pompée.

COMMENTATEUR, TRICE n. (bas lat. *commentator*). **1.** Personne qui fait un commentaire sur un texte historique, littéraire, etc. — **2.** Journaliste chargé du commentaire des informations, d'un reportage, etc., à la radio ou à la télévision.

COMMENTER v. t. (bas lat. *commentari,* appliquer son esprit à) [conj. 3]. **1.** Expliquer, développer un texte, une œuvre par un commentaire : *Commenter la Bible, Dante.* — **2.** Interpréter une nouvelle, un événement, en les développant ; en rendre compte en portant des jugements à leur sujet : *Commenter le discours du président.* — **3.** Juger de manière critique ou malveillante une action, une attitude : *Votre conduite sera sûrement commentée.*

COMMENTRY (03600), ch.-l. de cant. de l'Allier ; 8 290 hab. *(Commentryens).* Industrie pharmaceutique.

COMMÉRAGE n. m. Propos de commère, bavardage malveillant ; ragot.

COMMERÇANT, E adj. **1.** Qui fait du commerce, dont le commerce est la principale activité : *Les Phéniciens étaient un peuple commerçant.* — **2.** Où il se fait du commerce, où il y a beaucoup de commerces : *Un quartier commerçant.* — **3.** Qui sait vendre intelligemment des articles ou des services : *Un hôtelier très commerçant.*

◆ n. **1.** Personne qui accomplit par profession des actes de commerce. — **2.** *Petit commerçant,* personne titulaire d'un commerce de faible importance ; détaillant.

ENCYCL. **Dr.** Tout commerçant est tenu de s'inscrire au registre du commerce et des sociétés, de tenir des livres de commerce, de payer certains impôts spécifiques (impôt sur les B.I.C., taxe professionnelle...). Justiciable des tribunaux de commerce, le commerçant est soumis en cas de cessation de paiements au redressement et à la liquidation judiciaires. Certaines professions sont incompatibles avec la qualité de commerçant (avocat, notaire, fonction publique non élective).

1. COMMERCE n. m. (lat. *commercium,* de *merx, mercis,* marchandise). **1.** Activité consistant dans l'achat, la vente, l'échange de marchandises, de denrées, de valeurs, dans la vente de services ; métier de celui qui achète des objets pour les revendre : *Faire le commerce de gros, de détail. Marine, navire, port de commerce.* — **2.** Ensemble des commerçants, des professions commerciales ; chacune des branches de cette activité : *Le monde du commerce. Le petit commerce.* — **3.** Établissement commercial ; fonds de commerce : *Acheter un commerce d'épicerie.* — **4.** *Vx.* Entreprise suspecte, trafic honteux : *Il n'aime pas qu'on se mêle de son petit commerce.* — **5.** *Être dans le commerce,* exercer la profession de commerçant. ‖ *Être, se trouver dans le commerce,* se trouver sur le marché, être distribué par les circuits habituels du commerce. ‖ Fam. *Faire commerce de ses charmes,* se prostituer. ‖ *Hors commerce,* qui n'est pas ou n'est plus distribué par les circuits habituels de distribution. • **Dr.** *Acte de commerce,* acte juridique soumis aux règles du droit commercial, en raison de sa nature, de sa forme ou de la qualité de commerçant de son auteur. ‖ *Code de commerce,* ensemble des dispositions législatives et réglementaires qui régissent le droit commercial, terrestre et maritime, codifiées en 1807. ‖ *Livre de commerce,* registre que tiennent les commerçants. ‖ *Registre du commerce et des sociétés,* registre tenu au greffe des tribunaux de commerce auquel sont tenus de s'inscrire les commerçants, les sociétés commerciales et civiles et les groupements d'intérêt économique, et qui rend publics les éléments juridiques de leur situation. (Un numéro d'immatriculation leur est délivré.) — **Écon.** *Commerce associé,* ensemble des détaillants et des grossistes qui, tout en demeurant indépendants, sont groupés au sein de chaînes volontaires, ou de groupements d'achats. ‖ *Commerce concentré,* ensemble de commerçants associés ou intégrés. ‖ *Commerce intégré,* forme de distribution dans laquelle les différents points de vente sont soumis à une direction unique. (C'est le cas, notamment, des magasins à succursales multiples, des grands magasins et des magasins populaires.) — **Jeux.** Jeu de cartes reposant sur la mise aux enchères d'une carte inconnue des participants.

2. COMMERCE n. m. (de *commerce 1*). *Litt.* **1.** Communication, échange de pensées, de sentiments, etc. : *Commerce épistolaire.* — **2.** Rapports intimes entre un homme et une femme. — **3.** Manière de se comporter avec les autres ; fréquentation, compagnie : *Un homme d'un commerce agréable.*

COMMERCER v. t. ind. (conj. **16**). Faire du commerce avec qqn, un pays.

COMMERCIAL, E, AUX adj. **1.** Relatif au commerce, qui s'en occupe, qui y a trait : *La politique commerciale. Service commercial d'une entreprise.* — **2.** Qui est exécuté dans un but essentiellement lucratif, pour plaire au public le plus large : *Film commercial.* — **3.** *Droit commercial,* ensemble des règles applicables aux actes de commerce, aux commerçants et aux sociétés commerciales.

◆ n. Employé appartenant dans une entreprise aux services commerciaux.

◆ **commerciale** n. f. Automobile pouvant se transformer en camionnette légère.

COMMERCIALEMENT adv. Au point de vue du commerce.

COMMERCIALISABLE adj. Qui peut être commercialisé.

COMMERCIALISATION n. f. Action de commercialiser.

COMMERCIALISER v. t. (conj. **3**). **1.** Procéder à un acte d'exploitation sur le plan commercial : *Commercialiser un nouveau procédé.* — **2.** Soumettre aux stipulations du droit commercial : *Commercialiser une lettre de change.*

COMMERCIALISTE n. Juriste spécialisé en droit commercial.

COMMERCIALITÉ n. f. Qualité de ce qui est régi par le droit commercial.

COMMERCY (55200), ch.-l. d'arrond. de la Meuse, sur la Meuse ; 7 673 hab. *(Commerciens).* Important château du XVIIIe s., très restauré (Musée municipal). Métallurgie. Spécialité de pâtisserie, les « madeleines ».

COMMÈRE n. f. (lat. ecclés. *commater,* marraine). **1.** *Vx.* Marraine d'un enfant par rapport au parrain (ou compère). — **2.** *Vx.* Femme du peuple qui en impose par son allant et son langage ; maîtresse femme. — **3.** Personne curieuse et bavarde qui colporte les nouvelles partout (se dit aussi d'un homme).

COMMÉRER v. i. (conj. **18**). *Fam.* et *vx.* Faire des commérages ; bavarder.

COMMERSON (Philibert), naturaliste français (Châtillon-les-Dombes 1727 - île de France, auj. île Maurice, 1773). Compagnon de voyage de Bougainville (1766-1768), il a fait connaître de nombreuses espèces animales et végétales d'Amérique du Sud et d'Océanie.

COMMETTANT n. m. **1.** Toute personne ayant sous sa direction des préposés à qui elle donne des instructions et des ordres. — **2.** Client du commissionnaire, qu'il charge d'acheter ou de vendre des marchandises pour son compte.

COMMETTRE v. t. (lat. *committere,* mettre ensemble) [conj. **84**]. **1.** Accomplir une action blâmable ou regrettable : *Commettre un crime, une imprudence.* — **2.** *Fam.* Être l'auteur d'un ouvrage, d'un article irrespectueux, critiquable, ou considéré comme plus ou moins valable, etc. — **3.** Désigner, nommer qqn (arbitre, rapporteur, avocat, etc.) à une fonction déterminée : *Commettre un avocat à la défense d'un accusé.*

◆ **être commis** v. pass. *Juge commis,* syn. de JUGE-COMMISSAIRE.

◆ **se commettre** v. pr. *Litt.* S'afficher, entretenir des relations compromettantes, déshonorantes avec qqn : *Se commettre avec des personnes louches.*

COMMINATOIRE adj. (lat. médiév. *comminatorius,* de *comminari,* menacer). **1.** Qui a le caractère d'une menace ; menaçant : *Style, ton comminatoire.* — **2.** Se dit d'une mesure destinée à faire pression sur le débiteur.

COMMINES → COMMYNES.

COMMINGES (le), région des Pyrénées centrales, s'étendant essentiellement dans la Haute-Garonne et correspondant approximativement à la haute vallée de la Garonne et aux vallées d'affluents pyrénéens, dont la Pique. (Hab. *Commingeois.*)

COMMINUTIF, IVE adj. (lat. *comminutum,* de *comminuere,* briser). Se dit d'une fracture comportant de nombreux fragments d'os.

COMMINUTION n. f. Syn. de FRAGMENTATION.

COMMIS n. m. (de *commettre*). **1.** Employé subalterne chargé de la vente dans une maison de commerce ou des écritures dans une administration, une banque : *Commis de magasin.* (Au fém., on dit COMMISE.) — **2.** Employé subalterne, ou aide dans une exploitation agricole, certains commerces : *Le boucher a changé de commis.* — **3.** *Commis greffier,* fonctionnaire du secrétariat-greffe. — ‖ Vx. *Commis voyageur,* représentant, voyageur de commerce. ‖ *Les grands commis de l'État,* les hauts fonctionnaires. ‖

Premier commis, sous l'Ancien Régime, fonctionnaire supérieur attaché à un département ministériel.

COMMISE n. f. (bas lat. *commissum*). **1.** Confiscation des fiefs d'un vassal par le suzerain. — **2.** Confiscation de marchandises prohibées ou introduites en fraude.

COMMISÉRATION n. f. (lat. *commiseratio, -onis,* de *commiserari,* avoir pitié). Sentiment de compassion, en présence des malheurs d'autrui : *Élan de commisération.*

COMMISSAIRE n. (lat. médiév. *commissarius*). **1.** Personne chargée d'organiser, d'administrer qqch pour une durée limitée : *Les commissaires d'une course.* — **2.** *Commissaire (de police),* fonctionnaire de la police nationale, placé sous l'autorité du ministre de l'Intérieur, chargé de tâches de police administrative. (Il est également officier de police judiciaire et, à ce titre, agit sur ordre et sous le contrôle du parquet en vue de rechercher les auteurs d'infractions.) • **Dr.** *Commissaire enquêteur,* personne chargée par le juge d'une enquête publique. ‖ *Commissaire du gouvernement,* magistrat du Conseil d'État ou d'un tribunal administratif chargé d'assurer, en toute indépendance, le rôle de ministère public auprès de la juridiction (il n'a pas à assurer la défense de l'Administration et doit présenter des conclusions pour éclairer le juge) ; fonctionnaire placé par le gouvernement auprès de chaque entreprise publique et chargé d'en surveiller le fonctionnement ; conseiller d'État chargé auprès des sections administratives du Conseil d'État de présenter les projets du gouvernement ; fonctionnaire chargé d'assister un ministre lors d'une discussion devant le Parlement. ‖ *Commissaire de la République,* nom donné de 1982 à 1988 au représentant de l'État dans le département. (Il a repris aujourd'hui sa dénomination antérieure de préfet.) ‖ *Commissaire adjoint de la République,* nom donné de 1982 à 1988 au représentant de l'État dans l'arrondissement. (Il a repris aujourd'hui sa dénomination antérieure de sous-préfet.) — **Écon.** *Commissaire aux comptes,* personne dont la mission est de contrôler la sincérité et la régularité des comptes annuels des sociétés commerciales. (Il est obligatoire dans les sociétés anonymes et, à partir d'un certain seuil, dans les S. A. R. L., les sociétés en nom collectif, en commandite simple, certaines entités économiques et les G. I. E.) — **Hist.** Représentant du roi, pourvu d'une commission temporaire et révocable. (→ *encycl.*) ‖ *Commissaire du peuple,* agent supérieur du pouvoir gouvernemental de la Russie soviétique puis de l'U. R. S. S. (1917-1946). [Depuis 1946, la fonction de ministre a été rétablie.] ‖ *Commissaire régional de la République,* haut fonctionnaire chargé, en France, après la Libération, de l'administration d'une région, et dont l'importance fut considérable dans la réorganisation du territoire. (Ils durent transférer leurs fonctions aux préfets [loi du 26 mars 1946].) — **Mil.** Officier ou fonctionnaire militaire chargé de missions d'ordre administratif ou judiciaire. ‖ Officier des Commissariats de l'armée de terre, de l'air ou de la marine. ‖ *Commissaire du gouvernement,* magistrat militaire qui remplit les fonctions de ministère public auprès des juridictions militaires ; dans la marine, officier chargé de représenter les intérêts de l'État sur un navire marchand. ‖ *Commissaire des guerres,* représentant du gouvernement, dont la mission était de vérifier la présence régulière des troupes et des équipements payés par le Trésor public, et de dépister les passe-volants. — **Polit.** Membre d'une commission nommée par une assemblée délibérante. — **Sports.** Personne officiellement chargée de faire respecter les règlements.

ENCYCL. **Hist.** Titulaire d'une fonction toujours révocable et dont les limites étaient fixées par le roi, le commissaire était envoyé en tournée d'inspection dans le royaume dès le XIIIe s. Investi en 1551 du titre de *commissaire départi,* il était chargé de diverses fonctions : contrôle des officiers, répartition de la taille, etc.

COMMISSAIRE-PRISEUR n. m. (pl. *commissaires-priseurs*). Officier ministériel chargé de procéder à l'estimation et à la vente publique aux enchères des meubles et effets mobiliers corporels.

COMMISSARIAT n. m. **1.** Endroit où un commissaire de police a ses services. — **2.** Fonction, bureau d'un commissaire. — **3.** Nom donné à certains organismes administratifs, scientifiques, etc.

Commissariat de l'air, Commissariat de l'armée de terre, Commissariat de la marine, services administratifs respectifs de l'armée de l'air, de l'armée de terre et de la marine, chargés notamment du commandement en matière administrative, financière, juridique et logistique.

Commissariat à l'énergie atomique (C. E. A.) → ÉNERGIE ATOMIQUE.

Commissariat général du plan d'équipement et de la productivité → PLAN.

COMMISSION n. f. (lat. *commissio, -onis,* de *committere,* confier). **1.** Charge, mission que l'on confie à qqn pour qu'il fasse qqch à votre place ; cette action elle-même. — **2.** Rémunération dont le montant est déterminé proportionnellement aux bénéfices ou au chiffre d'affaires de l'entreprise : *Travailler à la commission.* — **3.** Gratification plus ou moins régulière rétribuant celui qui a permis la conclusion d'une affaire par son influence ; pot-de-vin versé lors de l'entrée dans un appartement loué. – **4.** Réunion de personnes chargées de procéder à l'étude d'une question ou d'une proposition, de donner des avis, d'assurer un service. – **5.** *Faire la commission à qqn,* lui transmettre un message qu'on a reçu de qqn d'autre et qui lui était adressé. ‖ Fam. *Faire la petite, la grosse commission,* uriner, aller à la selle. • **Comm.** Pouvoir conféré à qqn (le commissionnaire) d'agir au nom de celui qui le délègue (le commettant). – **Dr.** Attribution d'une fonction, d'une charge, par l'autorité ou par une administration ; fonction, charge ainsi conférée. ‖ Délégation de pouvoirs conférée par cette administration à son agent ; titre constatant cette délégation. ‖ Action de commettre (une infraction). ‖ *Commission internationale d'enquête,* nom de divers organismes destinés à faciliter le règlement des conflits internationaux, et créés par accords à dessein de contrôler des faits discutés. ‖ *Commission d'office,* désignation d'un avocat par son bâtonnier, ou le président d'une cour ou d'un tribunal, pour assister, à titre gratuit, un prévenu ou un accusé devant une juridiction répressive. (Depuis la loi du 31 déc. 1982, l'avocat est indemnisé par l'État.) ‖ *Commission rogatoire,* acte par lequel un juge d'instruction charge un autre juge ou un officier de police judiciaire de procéder à certaines opérations de l'instruction. (Quand l'instruction d'un procès nécessite des opérations à l'étranger, le tribunal adresse une commission rogatoire internationale aux autorités étrangères.) – **Enseign.** *Commission d'examen,* ensemble des examinateurs chargés de faire subir les épreuves aux candidats. ‖ *Commission municipale scolaire,* commission qui surveille dans chaque commune la fréquentation des écoles, dresse les listes des enfants d'âge scolaire et pénalise les absences non motivées. – **Mar.** *Commission de visite,* commission d'experts chargée de visiter les bâtiments et de constater qu'ils ont la solidité et le gréement nécessaires pour pouvoir naviguer. – **Mil.** Dans l'armée de l'Ancien Régime, titre ou brevet délivré par le roi et conférant un grade ou un emploi militaire. ‖ Organisme temporaire ou permanent chargé d'une étude ou d'une mission particulière (commissions locales d'aptitude, commissions de réforme, commissions consultatives des unités [ordinaire, foyer et loisirs, information]). – **Polit.** *Commission parlementaire,* organisme de travail créé au sein des assemblées parlementaires pour assurer la préparation des décisions des assemblées. (Il y a par assemblée six *commissions permanentes* spécialisées qui examinent tous les projets relatifs à leur matière, et des *commissions spéciales* et *temporaires* [*commissions d'enquête* et *de contrôle*] chargées d'étudier un rapport déterminé ou d'effectuer une enquête.)

◆ **commissions** n. f. pl. **1.** Action de faire les courses d'approvisionnement : *Faire les commissions.* – **2.** Provisions qu'on vient d'acheter : *Rapporter les commissions.*

Commission exécutive, organisme créé le 10 mai 1848 par l'Assemblée constituante après la démission du Gouvernement provisoire. Composée de cinq membres de ce gouvernement (Arago, Garnier-Pagès, Marie, Lamartine, Ledru-Rollin), elle constitua une sorte de présidence collégiale, au-dessus du nouveau ministère. Elle se retira lorsque l'Assemblée eut conféré au général Cavaignac le pouvoir exécutif (24-28 juin 1848).

Commission du Luxembourg ou **Commission du gouvernement des travailleurs,** organisme créé le 28 févr. 1848 par le Gouvernement provisoire et chargé de traiter des grandes questions sociales. Simple commission paritaire à voix consultative, siégeant au palais du Luxembourg sous la présidence de L. Blanc, elle élabora des propositions sur l'emploi des femmes et des enfants, sur l'apprentissage et sur la journée de travail qu'elle fixa à 10 heures à Paris et à 12 heures en province. Elle fut dissoute par l'Assemblée constituante le 16 mai 1848.

COMMISSIONNAIRE n. **1.** Personne dont la profession est de faire les commissions d'autrui ; coursier. – **2.** Personne qui, par obligeance, se charge d'une commission. – **3.** Intermédiaire commercial qui agit pour le compte de son client, le commettant, mais en son propre nom. – **4.** *Commissionnaire agréé près la Bourse de commerce de Paris,* commerçant assermenté titulaire d'une charge, intermédiaire obligé sur les marchés à terme de la Bourse de commerce de Paris. ‖ *Commissionnaire en douane,* personne ou société dont l'activité consiste à accomplir pour autrui les formalités de douane. ‖ *Commissionnaire de transport,* intermédiaire entre le voiturier et l'expéditeur, qui se charge d'assurer l'ensemble des diverses opérations de transport.

COMMISSIONNÉ, E n. Personne qui a reçu un mandat, une mission.

COMMISSIONNEMENT n. m. Action de commissionner.

COMMISSIONNER v. t. (de *commission*) [conj. 3]. **1.** Déléguer un pouvoir, attribuer une fonction à qqn. – **2.** Donner commission d'acheter ou de vendre des marchandises.

COMMISSOIRE adj. (bas lat. *commissorius*). *Pacte commissoire,* contrat dont une clause stipule qu'il sera résolu de plein droit, si l'une des parties ne tient pas l'engagement pris. ‖ Clause d'un contrat de gage prévoyant l'appropriation du gage par le créancier en cas de non-paiement. (Clause en principe illicite ; syn. CLAUSE DE VOIE PARÉE.)

COMMISSURAL, E, AUX adj. Relatif à une commissure.

COMMISSURE n. f. (lat. *commissura*). **1.** Territoire tissulaire où se réunissent deux parties, ou qui sert de pont entre deux parties (*commissures des lèvres, de la valvule mitrale*). – **2.** Faisceau de substance blanche unissant les hémisphères cérébraux entre eux. (On distingue : 1° la *commissure blanche antérieure,* située entre les piliers antérieurs du trigone ; 2° le *corps calleux,* qui unit les hémisphères cérébraux ; 3° le *trigone* ou *fornix.*) – **3.** *Commissure palpébrale,* syn. de CANTHUS.

COMMISSUROTOMIE n. f. Opération de chirurgie cardiaque qui consiste à rendre la liberté aux valves des valvules soudées près de leurs commissures. (Elle est surtout pratiquée en cas de rétrécissement mitral.)

COMMODAT n. m. (bas lat. *commodatum,* prêté). Syn. de PRÊT À USAGE.

COMMODATAIRE n. Personne à qui l'on prête par commodat.

1. COMMODE adj. (lat. *commodus*). **1.** Qui se prête à l'usage requis ; approprié, favorable, pratique : *Un outil commode.* – **2.** Qui est facile, qui n'offre pas d'obstacle, de difficulté : *Ce que vous demandez n'est pas commode.* – **3.** Fam. *C'est, ça serait trop commode,* c'est une solution de facilité. ‖ *Pas commode, peu commode,* qui a un caractère difficile, qui est rigoureux.

2. COMMODE n. f. (de *commode 1*). Meuble à hauteur d'appui garni, le plus souvent, de tiroirs. (Création du XVIIe s.)

COMMODE, en lat. **Marcus Aurelius Commodus** (Lanuvium 161 - Rome 192), empereur romain (180-192). Fils de Marc Aurèle, il fut associé au pouvoir avec les titres d'imperator et d'auguste en 176-177. Il traita avec les Barbares danubiens et abandonna la politique militaire de son père. S'appuyant sur les chevaliers puis sur les affranchis de son entourage, il gouverna par la terreur, s'identifia à Hercule et, dans ses extravagances, donna à Rome le nom de *Colonia Commodiana.* Premier empereur initié au culte de Mithra, il favorisa les cultes orientaux. Il mourut étranglé dans son bain (31 déc. 192).

COMMODÉMENT adv. (de *commode 1*). D'une manière agréable, confortable.

COMMODITÉ n. f. (lat. *commoditas*). **1.** Qualité de ce qui est commode, de ce qui se prête bien à l'usage qu'on veut en faire : *La commodité d'un appartement.* – **2.** Facilité d'user de qqch ; avantage qu'on y trouve : *Pour plus de commodité, on a rassemblé ici tous les dictionnaires.*
◆ **commodités** n. f. pl. **1.** Éléments de confort ; aises de qqn : *Cet appartement a toutes les commodités.* – **2.** *Vx.* Lieux d'aisances.

COMMODORE n. m. (angl. *commodore,* p.-ê. du fr. *commandeur*). Dans les marines britannique, américaine et néerlandaise, grade intermédiaire entre capitaine de vaisseau et contre-amiral donné à un officier qui commande une petite force navale.

Common Law, mots angl. signif. *loi commune* et désignant l'ensemble des règles de droit non écrit, sanctionnées par la coutume et la jurisprudence constante des tribunaux, qui constituent la base du droit dans les pays de langue anglaise.

Common Prayer *(The Book of)* [« le Livre des prières communes »], à la fois missel, bréviaire et rituel de l'Église anglicane (1549, révisé en 1552, 1559, 1604 et 1662).

Commonwealth, gouvernement établi en Angleterre, en 1649, par l'armée victorieuse. Ce terme est souvent traduit par « république », mot auquel il faut donner son sens antique. Sans cesse menacé par ses équivoques et ses contradictions, ce régime n'exista que par la forte personnalité de Cromwell*, et disparut après sa mort. L'incapacité de Richard Cromwell à lui succéder – il démissionna en 1659 – permit la restauration de la royauté (1660).

COMMONWEALTH OF AUSTRALIA → AUSTRALIE.

COMMONWEALTH OF NATIONS (« Communauté de nations »), ensemble des États et territoires issus de l'Empire britannique, et reconnaissant entre eux une certaine solidarité, désormais plus morale que juridique (53 États en 1995). Le Commonwealth fut créé en 1931 par le statut de Westminster. Il substituait à l'Empire britannique une Communauté de nations, comprenant le Royaume-Uni, ses colonies, ses protectorats et un groupe d'États indépendants, les dominions (Canada, Australie, Nouvelle-Zélande, Union sud-africaine), liés par un commun serment d'allégeance à la Couronne britannique. Lorsque les premiers États issus de la décolonisation eurent adopté des régimes républicains, l'allégeance à la Couronne britannique cessa d'être une condition d'appartenance à la Communauté (1950).
C'est dans le cadre du Commonwealth que la plupart des anciennes possessions britanniques ont accédé à l'indépendance : Inde et Pākistān (1947) ; Ceylan (1948) ; Ghana, Malaisie (1957) ; Nigeria (suspendu en 1995), Chypre (1960) ; Sierra Leone, Tanganyika (1961) ; Samoa occidentales, Jamaïque, Trinité-et-Tobago, Ouganda

(1962) ; Kenya, Zanzibar (1963) ; Malawi, Zambie, Malte (1964) ; Gambie, Singapour (1965) ; Barbade, Botswana, Guyana, Lesotho (1966) ; île Maurice, Swaziland, Nauru (1968) ; Tonga, îles Fidji (1970) ; Bangladesh (1972) ; Bahamas (1973) ; Grenade (1974) ; Papouasie-Nouvelle-Guinée (1975) ; Seychelles (1976) ; Dominique, îles Salomon, Tuvalu (1978) ; îles Kiribati, Saint-Vincent et les Grenadines, Sainte-Lucie (1979) ; Vanuatu, Zimbabwe (1980) ; Belize, Antigua-et-Barbuda (1981) ; Saint Christopher et Nevis (1983) ; Brunei (1984) ; Namibie (1990) ; Cameroun, Mozambique (1995). Le Pākistān, qui s'était séparé du Commonwealth en 1972, en est redevenu membre en 1989. L'Afrique du Sud, qui l'avait quitté en 1961, l'a réintégré en 1994.

COMMOTION n. f. (lat. *commotio, -onis*). **1.** Violent ébranlement physique subi par qqn et consécutif à un choc : *Il est encore sous le coup de la commotion.* – **2.** Trouble violent dû à une vive émotion ; ébranlement psychique : *La mort de son fils lui avait causé une violente commotion.* – **3.** *Litt.* Perturbation sociale ou politique, violent ébranlement dû à la guerre, à une révolution. – **4.** Ébranlement d'un organe, consécutif à un choc et qui perturbe son fonctionnement sans altérer sa structure : *Commotion cérébrale.*

COMMOTIONNÉ, E n. Personne qui a subi une commotion ou qui présente des troubles consécutifs à une commotion.

COMMOTIONNER v. t. (conj. 3). **1.** Provoquer une commotion. – **2.** Causer un choc psychique, une émotion violente à qqn ; le traumatiser : *Cette nouvelle l'a fortement commotionné.*

COMMUABILITÉ n. f. État de ce qui peut être commué.

COMMUABLE adj. Qui peut être commué.

COMMUER v. t. (lat. *commutare*) [conj. 7]. Changer une peine en une peine moindre.

COMMUN, E adj. (lat. *communis*). **1.** Qui appartient à tous, qui concerne tout le monde, à quoi tous ont droit ou part : *Les parties communes d'un immeuble.* – **2.** Qui est propre au plus grand nombre ; général, public : *L'intérêt commun.* – **3.** Qui appartient à plusieurs choses ou personnes, qui est simultanément le fait de plusieurs choses ou personnes, ou qu'on partage avec d'autres : *Point commun à deux lignes. S'associer à l'effort commun.* – **4.** Qui se rencontre fréquemment, qui n'est pas rare ; abondant ou habituel, répandu, ordinaire, courant : *L'aubépine est commune dans les haies.* – **5.** Qui manque de distinction, d'élégance ; vulgaire : *Il a des manières très communes.* – **6.** *Avoir quelque chose de commun avec,* ressembler à qqch, à qqn en quelque point. ‖ Vx. *Maison commune,* la mairie, l'hôtel de ville. ‖ *Salle commune,* dans un hôpital, salle comportant un grand nombre de lits. ‖ *Vie commune,* vie en communauté ou vie en couple. • **Astrol.** Se dit de chacun des quatre signes précédant les équinoxes et les solstices (Gémeaux, Poissons, Sagittaire et Vierge). [Syn. MUTABLE.] – **Chronol.** *Année commune,* année ordinaire de 365 jours. – **Dr.** *Biens communs,* biens tombant dans la communauté des époux (par oppos. aux *biens propres*). – **Gramm.** *Nom commun,* substantif qui désigne un être ou une chose considérés comme appartenant à une catégorie générale, par opposition au nom propre (par ex. *enfant, chien, maison, courage,* etc.). – **Inform.** Se dit d'un paramètre ou d'une variable gardant une même valeur dans divers sous-programmes d'un même programme. – **Ling.** Se dit de la langue usuelle, par opposition aux langages techniques. ‖ En linguistique historique, se dit d'un état de langue, généralement non attesté, qui serait celui de la langue considérée avant sa différenciation en dialectes.

◆ **commun** n. m. **1.** *Litt.* Le plus grand nombre, la généralité : *Le commun des lecteurs aime ce genre de livres.* – **2.** *Avoir qqch en commun,* l'avoir chacun de manière identique. ‖ *Faire qqch en commun,* le faire ensemble. ‖ *Le commun des mortels,* n'importe qui, tout un chacun. ‖ *Mettre qqch en commun,* à la disposition de tous, d'une communauté. ‖ *Sortir du commun,* ne pas être banal, ni répandu ; être d'une grande originalité. ‖ *Transports en commun,* ensemble des transports publics utilisés pour les déplacements dans les villes et pour les migrations journalières. • **Hist.** Ensemble des personnes qui formaient le service des grandes maisons. – **Liturg.** *Le commun des martyrs, des apôtres, etc.,* office qui sert pour un ensemble de saints de la même catégorie.

◆ **communs** n. m. pl. Dans un château, une grande maison, ensemble des logements du service (cuisine, écuries, habitations des domestiques, etc.).

COMMUNAL, E, AUX adj. (lat. *communalis*). **1.** Qui appartient à la commune, qui la concerne : *École communale.* – **2.** *Biens communaux* ou *communaux* (n. m. pl.) ; biens composés essentiellement de forêts, de pâtures, de terres incultes, laissés à la jouissance d'une communauté d'habitants et soumis à un régime d'indivision perpétuelle. ‖ *Conseil communal,* en Belgique, conseil municipal. ‖ *Maison communale,* en Belgique, mairie.

◆ **communale** n. f. Fam. et vx. *La communale,* l'école communale.

COMMUNALISATION n. f. Action de communaliser.

COMMUNALISER v. t. (conj. 3). Mettre qqch sous la dépendance de la commune.

COMMUNARD, E n. **1.** Partisan de la Commune de Paris, en 1871. – **2.** *Fam.* Personne qui vit en communauté.

COMMUNAUTAIRE adj. **1.** Qui relève d'une communauté, en partic. d'une communauté de biens : *Vie communautaire.* – **2.** Qui relève du Marché commun ; qui intéresse les États de la Communauté européenne.

COMMUNAUTARISATION n. f. Gestion en commun par plusieurs États des espaces maritimes qui les bordent et des ressources qu'ils contiennent.

COMMUNAUTARISER v. t. (conj. 3). Mettre en œuvre une communautarisation.

COMMUNAUTARISME n.m. Tendance du multiculturalisme américain qui met l'accent sur la fonction sociale des organisations communautaires (ethniques, religieuses, sexuelles, etc.).

COMMUNAUTÉ n. f. (anc. fr. *communité,* du lat. *communitas*). **1.** État, caractère de ce qui est commun à plusieurs personnes : *Une communauté de biens, d'intérêts.* – **2.** Identité dans la manière de penser de plusieurs personnes : *Une communauté de vues.* – **3.** Ensemble de personnes unies par des liens d'intérêts, des habitudes communes, des opinions ou des caractères communs : *Communauté ethnique, linguistiques.* (→ *encycl.* Sociol.) – **4.** Ensemble des citoyens d'un État, des habitants d'une ville ou d'un village. – **5.** Groupement spontané d'individus visant à échapper au modèle familial, social et politique constitué par la famille nucléaire, et aux circuits habituels de production. (Les communautés ont connu leur apogée en France dans les années 1970-1974.) – **6.** *Communauté internationale,* ensemble des nations, en partic. dans le cadre de l'O. N. U. • **Dr.** Usage commun d'une chose indivise. ‖ *Communauté (légale),* régime matrimonial légal des époux mariés sans contrat depuis la loi du 1er févr. 1966. (Les époux mariés sans contrat sont sous le régime de la *communauté réduite aux acquêts :* l'ensemble des acquisitions à titre onéreux faites par les époux en commun ou séparément pendant le mariage tombent dans le patrimoine commun des époux.) ‖ *Communauté urbaine,* établissement public, institué en 1966, qui, dans une agglomération donnée, se substitue aux communes qui la composent pour la gestion d'un certain nombre de services publics. – **Polit.** *Communauté autonome,* division régionale espagnole, dotée d'une assemblée législative élue au suffrage universel et d'un gouvernement régional. – **Psychiatr.** *Communauté thérapeutique,* institution psychiatrique qui privilégie l'intensification des relations entre soignants et soignés comme principal instrument thérapeutique. (→ *encycl.*) – **Relig.** Réunion de personnes soumises à une règle, dans un dessein religieux ; lieu qu'elles habitent en commun. ‖ *Communauté de base,* petite communauté constituée de chrétiens désireux de vivre ensemble l'idéal évangélique hors du cadre paroissial. – **Sociol.** *Communauté primitive,* hypothèse marxiste selon laquelle l'humanité aurait connu une période au cours de laquelle ni propriété individuelle ni État n'auraient existé. (Syn. COMMUNISME PRIMITIF.) – **Zool.** *Communauté animale,* association constante et équilibrée entre animaux d'espèces différentes, favorable à leur protection contre des prédateurs communs (cas du mimétisme batésien) ou simplement à l'alimentation (commensalisme), au transport (phorésie), à l'hébergement (terrier commun) de l'une des espèces. (Syn. SOCIÉTÉ ANIMALE.)

ENCYCL. **Psychiatr.** Dans les premiers modèles de *communauté thérapeutique,* l'effacement des rapports traditionnels entre soignants et soignés, ainsi que la participation active des soignés au fonctionnement de l'institution avaient pour visée de favoriser leur apprentissage social, considéré comme principal processus thérapeutique. Cependant, à partir des années 1970 se sont également appelées « communautés thérapeutiques » des institutions presque toutes destinées à un certain type de patients (alcooliques, toxicomanes) où le changement est imposé de façon quasi autoritaire en faisant intervenir la pression du groupe.
– **Sociol.** Hegel distinguait une communauté réflexive réciproque et une cohésion affective réalisée sur le plan social et politique, dont la communauté religieuse constitue la réalisation la plus parfaite. Cette distinction a marqué la sociologie allemande, notamment F. Tönnies, qui oppose communauté et société, en mettant d'un côté l'affectif (communauté) et de l'autre l'économique et le politique (société).

Communauté, association entre la République française et la plupart de ses anciennes colonies d'outre-mer, créée par la Constitution de la Ve République (oct. 1958). Succédant à l'ancienne Union* française, la Communauté constituait une tentative de réorganisation de l'Empire colonial français, permettant aux États concernés d'accéder à l'autonomie interne, tout en conservant des liens économiques, politiques et culturels avec la France. Elle regroupait, à côté de la République française, 12 États autonomes (République malgache, République centrafricaine, Congo, Côte-d'Ivoire, Dahomey, Gabon, Mauritanie, Niger, Sénégal, Soudan, Tchad, Haute-Volta). Le désir d'une indépendance complète entraîna rapidement sa disparition de fait (1960). Seules subsistèrent des relations économiques et culturelles, la plupart des pays africains ayant alors signé avec la France des accords particuliers de coopération.

Communautés d'États indépendants (C.E.I.), organisation, créée en décembre 1991, regroupant à l'origine 11 républiques de l'ancienne U. R. S. S. (Arménie, Azerbaïdjan, Biélorussie, Kazakhstan, Kirghizistan, Moldavie, Ouzbékistan, Russie, Tadjikistan, Turkménistan, Ukraine). La Géorgie y adhère en 1993.

Communautés européennes, ensemble des organisations (C. E. C. A., Euratom, Communauté européenne) créées entre pays d'Europe occidentale et méditerranéenne, et tendant à l'intégration économique puis à l'union progressive de ces pays.

Les Communautés européennes comptent 15 États membres : Allemagne, Belgique, France, Italie, Luxembourg, Pays-Bas (1958), Grande-Bretagne, Danemark, Irlande (1973), Grèce (1981), Espagne, Portugal (1986), Autriche, Finlande et Suède (1995). Tout État européen peut devenir membre des Communautés européennes, sous réserve d'une procédure à suivre nécessitant, notamment, l'accord unanime des États membres. Un statut spécial permet à d'autres États n'ayant pas la qualité d'État membre de conclure avec elles des accords d'association.

• *La Communauté européenne du charbon et de l'acier (C. E. C. A.).* Le traité du 18 avril 1951, instituant la C. E. C. A., signé et ratifié par 6 pays (République fédérale d'Allemagne, Belgique, France, Italie, Luxembourg et Pays-Bas), entre en vigueur le 25 juillet 1952, avec l'ouverture du marché commun du charbon, du minerai de fer et de la ferraille ; le 1er mai suivant, le marché commun de l'acier est établi. La C. E. C. A. « a pour mission de contribuer, en harmonie avec l'économie générale des États membres et grâce à l'établissement d'un marché commun, à l'expansion économique, au développement de l'emploi et au relèvement du niveau de vie dans les États membres ». La réalisation des objectifs prévus s'échelonne suivant des échéances fixes ; au cours d'une période transitoire de cinq ans, des clauses de sauvegarde et des mécanismes de compensation sont autorisés. Le 21 décembre 1954, un accord d'association est signé avec la Grande-Bretagne puis entre en application le 23 septembre 1955.

• *La Communauté européenne de l'énergie atomique (Euratom).* Le traité l'instituant, signé à Rome le 25 mars 1957, est entré en vigueur le 1er janvier 1958. Les contractants sont les mêmes que ceux de la C. E. C. A. et du Marché commun. Cette Communauté « a pour mission de contribuer, par l'établissement des conditions nécessaires à la formation et à la croissance rapides des industries nucléaires, à l'élévation du niveau de vie dans les États membres et au développement des échanges avec les autres pays ». Le traité prévoit le développement de la recherche, la diffusion des connaissances et le respect du secret, la protection sanitaire, l'approvisionnement en minerais, matières brutes et matières fissiles spéciales. L'Euratom jouit des mêmes privilèges que la C. E. C. A. et le Marché commun.

• *La Communauté européenne (C. E.).* Le traité instituant la Communauté économique européenne (C. E. E.), ou Marché commun, signé à Rome le 25 mars 1957 pour une durée illimitée, est entré en application le 1er janvier 1958.

Le *traité de Rome* précise : 1. les fondements de la Communauté (libre circulation des marchandises entre les États membres par l'élimination des tarifs douaniers et des contingents et par l'élaboration d'un tarif douanier commun à l'égard des pays non membres ; établissement d'une politique agricole commune ; libre circulation des personnes, des services et des capitaux ; établissement d'une politique commune des transports) ; 2. la politique économique de la Communauté.

La réalisation du Marché commun, accélérée à partir de 1963, a subi une crise en 1965 à propos de la fixation de prix agricoles communs.

L'*Acte unique européen,* conclu en décembre 1985, signé en février 1986 et entré en vigueur le 1er juillet 1987, a relancé le processus d'intégration européenne et fixé au 31 décembre 1992 la réalisation complète du « grand marché intérieur » (ouverture sur le Marché unique européen de 1993). Il élargit le champ d'action de la Communauté, en particulier dans les domaines de la politique sociale, de l'environnement et de la recherche (où existent déjà plusieurs programmes : Esprit, Race, Eurêka, etc.), pour stimuler les potentialités du pôle technologique ouest-européen. L'Acte unique prévoit aussi une réforme des processus de décision communautaire ayant en particulier pour objet de limiter l'application de la règle de l'unanimité.

L'*accord de Schengen,* conclu en juin 1985 et complété en juin 1990, a engagé plusieurs pays de la Communauté à expérimenter entre eux la libre circulation des personnes. Il est entré en vigueur en 1995.

Le *traité sur l'Union européenne,* préparé par les conférences de Rome (décembre 1990) et le sommet de Maastricht (décembre 1991), a été signé le 7 février 1992. Il fait de la C. E. E., devenue C. E., ou « Communauté européenne », le cadre institutionnel unique de l'Union européenne, fixe à 1999 au plus tard le passage à une monnaie unique (qui aura pour nom euro) et à la création d'une Banque centrale (tout en accordant, notamment à la Grande-Bretagne et au Danemark, des clauses d'exemption) et jette les bases d'une politique étrangère et de sécurité commune. Il instaure en outre une citoyenneté européenne. Il est entré en vigueur, après ratification par les pays de la Communauté, le 1er novembre 1993.

La politique étrangère. La Communauté a passé de nombreux accords avec les États en voie de développement. Sa politique, d'abord limitée aux anciennes dépendances coloniales de certains États membres (conventions de Yaoundé, 1963 et 1969), s'étend, avec la conclusion des quatre conventions de Lomé (1975, 1979, 1984 et 1989), à 70 États d'Afrique, des Caraïbes et du Pacifique (A. C. P.). De même, la Communauté entretient des relations commerciales privilégiées avec la plupart des pays de l'aire méditerranéenne et, dans une moindre mesure, avec les membres du Pacte andin (depuis 1987) et de l'ASEAN (depuis 1985). Avec les pays de l'Europe de l'Est, c'est par l'intermédiaire de la Banque européenne pour la reconstruction et le développement de l'Europe de l'Est (B. E. R. D.), créée en 1990, que la C. E. contribue notamment à faciliter la transition des anciens pays socialistes vers l'économie de marché.

La politique monétaire. Sur le plan monétaire, la Communauté connaît plusieurs systèmes successifs. L'accord monétaire européen de 1958 établit une unité de compte dont la valeur, exprimée en or, équivaut à celle du dollar américain. Le « serpent monétaire européen », institué en 1972, oblige les États membres à maintenir la parité des monnaies dans des limites étroites. Le système monétaire européen, qui le remplace en 1979 (avec pour monnaie de calcul et de référence, l'écu [European Currency Unit, ou unité monétaire européenne]), reprend le principe général d'une certaine stabilité des monnaies les unes par rapport aux autres. Il prévoit que les banques centrales devront intervenir pour éviter qu'une monnaie dépasse la marge de fluctuation autorisée. Décidée en 1988, la libre circulation des capitaux à l'intérieur de la Communauté — étape importante sur la voie de l'Union économique et monétaire (U. E. M.) — a pris effet le 1er juillet 1990. Une nouvelle étape a été franchie le 1er janvier 1994 avec l'installation, à Francfort-sur-le-Main, de l'Institut monétaire européen (I. M. E.).

• *Les organes communs des Communautés européennes.* La réalisation des tâches confiées aux trois Communautés européennes, C. E. C. A., Euratom et C. E., est assurée par 5 institutions : le Parlement européen, le Conseil des ministres, la Commission et la Cour de justice, ainsi que par la Cour des comptes. Avant juillet 1967, les trois communautés avaient des commissions exécutives distinctes ainsi que des Conseils des ministres séparés. Par contre, le Parlement européen et la Cour de justice leur étaient communs. Depuis 1967, il existe une Commission unique et un Conseil unique qui exercent l'ensemble des attributions précédemment confiées aux anciennes institutions.

Enfin, les Communautés se sont dotées d'organes subsidiaires spécialisés : la Banque européenne d'investissement (B. E. I.), le Fonds européen d'orientation et de garantie agricole (F. E. O. G. A.), le Fonds social européen (F. S. E.), le Fonds européen de développement en sont les plus notables. Depuis 1989, un tribunal de première instance fonctionne aux côtés de la Cour de justice.

• *Le budget.* Les finances européennes reposent sur les contributions des États membres jusqu'en 1970, puis sur des ressources propres, constituées par les droits de douane sur les produits importés, les prélèvements agricoles, des cotisations dans le secteur du sucre, un pourcentage des recettes de T. V. A. et, depuis 1988, par une part du P. N. B. de chaque État membre, de manière à financer le solde des dépenses.

COMMUNE n. f. (lat. pop. *communia,* pl. de *communis,* commun). **1.** Collectivité territoriale décentralisée, dotée de la personnalité morale qui est à la base de l'organisation administrative française. (→ *encycl.* Dr.) — **2.** Circonscription administrative de base dans de nombreux pays. — **3.** Association des bourgeois d'une même ville, d'un même bourg, qui jouissait de privilèges conférant une certaine autonomie. (→ *encycl.* Hist.) — **4.** *Code des communes,* ensemble des textes régissant l'organisation et le fonctionnement des communes, codifiés en 1977. ‖ *Commune libre,* groupe, costumé à la mode de la fin du XIXe s., parodiant l'administration municipale et comportant les personnages traditionnels du village (maire, adjoints, garde champêtre, curé, instituteur, pharmacien, docteur, etc.). ‖ *Commune populaire,* en Chine, organisme regroupant plusieurs villages en vue d'exploiter collectivement les terres et de coordonner les travaux d'intérêt général. (Créées à partir de 1958, elles n'existent plus en fait depuis l'apparition en 1978 des systèmes de responsabilité dans les campagnes.) ‖ *Communes révolutionnaires,* communes créées en France pendant la Révolution (→ *encycl.*)

ENCYCL. **Dr.** La loi du 5 avril 1884 est à l'origine de la structure communale. Personne morale de droit public, la commune est soumise au principe de spécialité. Collectivité locale, elle a la charge de l'ensemble des services publics municipaux. En outre, c'est une autorité décentralisée, administrée par un conseil municipal élu au suffrage universel et par un maire élu par le conseil municipal. Enfin, c'est une circonscription de l'action de l'État. La loi du 2 mars 1982 sur la décentralisation supprime les tutelles administratives et budgétaires exercées a priori. En contrepartie, un contrôle a posteriori est instauré qui engage la responsabilité des élus locaux devant la Cour de discipline budgétaire et financière. Les délibérations et arrêtés pris par les autorités communales deviennent exécutoires de plein droit. Le conseil municipal peut prendre les mesures nécessaires à la protection des intérêts économiques et sociaux de la population communale. Le contrôle de la régularité des actes budgétaires est exercé par des chambres régionales des comptes. La nomination du comptable de la commune par le gouvernement intervient après agrément du maire. Le préfet veille à l'exercice régulier des compétences attribuées aux autorités communales.

— **Hist.** La commune médiévale est une collectivité urbaine qui a réussi à acquérir une certaine autonomie en matière judiciaire, administrative, financière, voire militaire, et une personnalité juridique propre vis-à-vis du seigneur. Les principales causes du mouvement communal résident dans le développement du commerce, la formation d'un monde nouveau d'artisans et de commerçants, qui ressentent comme une entrave à l'essor de leurs affaires la soumission à un seigneur et les servitudes que celle-ci entraînait. Cherchant à limiter ces obligations, et afin de faire valoir leurs revendications avec plus de force, ils s'unissent en une *communio* par un serment d'entraide et de défense. Le mouvement communal réussit d'abord en Italie. Parti de Crémone en 1030, il conquiert la majeure partie des villes de Lombardie, de Ligurie et de Toscane (XIe-XIIIe s.), puis il s'étend à la Rhénanie, à la France du Nord et aux Pays-Bas (XIIe s.), connaissant parfois des développements sanglants (Laon, Vézelay). Hostiles à l'origine, les seigneurs y voient rapidement des avantages économiques, accordant même des chartes de franchise à de nombreuses communautés urbaines non conjurées ; certains rois (Louis VIII, Philippe Auguste) y ont vu le moyen d'affaiblir les grands féodaux. La commune, entité autonome, présidée par un maire (ou un bourgmestre), assisté par des échevins, s'intègre dans la hiérarchie féodale et devient vassale du seigneur concédant. Elle possède un sceau et un beffroi (ou campanile), symboles visibles de son autonomie. En Italie, les communes évoluèrent vers un statut de cités-États, dont l'achèvement se situe au XVe s., et qui reste contrôlé par les membres de l'aristocratie marchande et financière. En France du Nord, le mouvement communal aboutit soit à la restriction des privilèges des communes, soit à la création des « bonnes villes », échappant à une aristocratie bourgeoise, et qui permettaient à la monarchie de contrôler le pouvoir municipal, devenant en quelque sorte un rouage de la nouvelle administration royale.

• Surgies spontanément après la prise de la Bastille, les *communes révolutionnaires* furent organisées le 14 déc. 1789 par l'Assemblée nationale constituante. Leur administration était confiée à un Conseil général composé d'officiers municipaux et de notables, élus par les citoyens actifs pour deux ans, parmi lesquels étaient choisis le maire, le procureur-syndic et le substitut. La Commune* de Paris jouit d'un régime spécial.

Commune (la) [18 mars - 27 mai 1871], tentative à implications révolutionnaires faite à Paris après l'insurrection du 18 mars 1871 pour assurer, dans un cadre municipal et sans recours à l'État, la gestion des affaires publiques. Les causes de l'insurrection du 18 mars sont à rechercher à la fois dans un sursaut patriotique après l'humiliante capitulation du 28 janv., à l'issue de la guerre franco-allemande*, dans la tradition entretenue depuis 1789 d'un pouvoir communaliste, et dans l'essor récent du mouvement ouvrier et socialiste. Déjà, le 31 oct. 1870, l'annonce de la reddition de Metz (27 oct.) par Bazaine, et l'échec sanglant d'une sortie de l'armée de Paris encerclé en direction du Bourget (28-30 oct.) avaient entraîné une manifestation appuyée par la Garde nationale qui avait occupé l'Hôtel de Ville (→ *gouvernement de la* DÉFENSE NATIONALE). À partir de janv. 1871, la capitale, soumise aux bombardements réguliers des Prussiens, est la proie d'une atroce famine et d'épidémies qui déciment la population. L'armistice, signé par Jules Favre le 28 janv., est suivi de l'élection d'une Assemblée nationale, dont le vrai maître est Thiers et qui, à majorité monarchiste, entend imposer la ratification des conditions de paix exigées par Bismarck et briser la résistance patriotique de Paris. Le gouvernement, replié à Versailles, supprime la solde des gardes nationaux (15 févr.), abolit le moratoire qui suspend les paiements des loyers parisiens (10 mars) et, sous l'impulsion de Thiers, chef du gouvernement exécutif, tente un coup de main pour désarmer Paris en lui enlevant son parc d'artillerie (18 mars). L'affaire échoue, soldats et peuple fraternisant, tandis que les bâtiments officiels sont occupés sur l'initiative du Comité* central de la Garde nationale, érigé en gouvernement à l'Hôtel de Ville. Paris devient le siège d'une démocratie populaire avec ses clubs, ses associations, ses journaux qui ressuscitent l'atmosphère de 1848, ses sections de la Ire Internationale (fondée en 1864), la fédération de la Chambre syndicale, le Comité central de la Garde nationale. Le nouveau pouvoir se fait légitimer par les élections municipales du 26 mars qui mettent en place à l'Hôtel de Ville (28 mars) un Conseil communal (ou Commune de Paris) de 85 membres, divisés en républicains modérés (le « parti des maires »), blanquistes (Rigault, Ferré), jacobins (Delescluze, Pyat), internationalistes (Varlin, Frankel), révolutionnaires indépendants (Clément, Vallès, Vermorel). Malgré ces divisions, la Commune met sur pied une politique sociale et démocratique avancée : remise totale et générale des loyers (30 mars), séparation de l'Église et de l'État (2 avr.), abolition du travail de nuit des ouvriers boulangers (20 avr.), suppression des armées permanentes, création de sociétés coopératives et ébauche d'une réforme de l'enseignement primaire et professionnel. Mais la tentative de la Commune ne trouve que peu d'échos en province (Lyon, Saint-Étienne, Le Creusot, Narbonne, Marseille), tandis que Thiers concentre à Versailles une armée de 130 000 hommes, qui, après s'être emparée des forts d'Issy et de Vanves, pénètre dans Paris (21 mai) par la porte de Saint-Cloud. Les troupes communardes, héroïques, mais indisciplinées et mal commandées, sont écrasées sur leurs barricades. Aux atrocités versaillaises, la Commune répond par des massacres d'otages, dont Mgr Darboy. La « semaine sanglante » s'achève le 27 mai au cimetière du Père-Lachaise où les communards sont fusillés au pied du « mur des fédérés ». La répression qui suit ajoute aux 20 000 à 30 000 Parisiens tués au combat 13 450 condamnations, dont 268 à la peine de mort, les autres aux travaux forcés ou à la déportation. Paris est privé de ses chefs et de ses militants révolutionnaires, mais aussi d'environ 100 000 ouvriers tués, prisonniers ou en fuite. Cependant l'exemple de la Commune influencera considérablement et durablement le socialisme international.

Commune de Paris (juill. 1789 - oct. 1795), gouvernement municipal de Paris pendant la Révolution française. Instituée après la prise de la Bastille, la Commune de Paris est pourvue d'institutions légales par le décret du 21 mai 1790. Élue par les citoyens actifs des 48 sections, elle comprend : un maire (Bailly, puis [nov. 1791] Pétion), un Conseil général de 96 membres, un procureur-syndic (Manuel) doublé de deux substituts (dont Danton). Dans la nuit du 9 au 10 août 1792, 82 commissaires, élus par les citoyens actifs et passifs des sections les plus révolutionnaires, remplacent cette Commune légale par une Commune insurrectionnelle qui dirige l'assaut des Tuileries (10 août). Devenue la plus grande autorité de l'État, elle décide le transfert de la famille royale au Temple, la création d'un tribunal extraordinaire et organise les massacres de Septembre. Dominée à partir de févr. 1793 par les hébertistes (Pache, Chaumette, Réal, Hébert), elle fait proscrire les Girondins et instaure la Terreur. Mais elle se heurte à Robespierre et au Comité de salut public et perd son autonomie après l'élimination des hébertistes (mars 1794). Dépouillée de ses pouvoirs après le 9-Thermidor et remplacée par deux commissions, elle disparaît avec la Convention (oct. 1795).

communes *(Chambre des)* ou **Communes** *(les)*, assemblée des représentants élus au suffrage universel en Grande-Bretagne. Cour féodale, le Parlement est essentiellement au XIIIe s. une représentation des barons, de la petite noblesse et des bourgs. C'est au XIVe s. que sa place est véritablement reconnue. L'importance des Communes est acceptée par les Tudors, qui cherchent à mettre cette force au service de leur autorité. La faiblesse des Stuarts fait revendiquer par les Communes la première place dans le Parlement. Les révolutions de 1642 et de 1688 permettent aux Communes d'acquérir un rôle de plus en plus éminent, renforcé par la naissance de nouveaux partis politiques sous les Hanovre (whigs et tories). Walpole reconnaît dans les Communes le partenaire principal du gouvernement. L'élargissement du corps électoral au XIXe s., puis l'instauration du suffrage universel (1918) confirment la primauté de la Chambre des communes, pratiquement unique détentrice de l'autorité souveraine depuis l'effacement de la Chambre des lords à partir de 1911. L'assemblée a un président élu, appelé *speaker.* Chaque parti a un chef, ou *leader.* L'assemblée contrôle l'action gouvernementale, ainsi que la gestion des finances. Les projets de loi *(bill)* sont toujours présentés en premier lieu aux Communes. Voté, le projet de loi fait la navette avec la Chambre des lords, et accepté, il devient loi ou *Act of Parliament.*

COMMUNÉMENT adv. Suivant l'usage commun ; couramment, habituellement, généralement.

COMMUNIANT, E n. **1.** Personne qui communie ; personne en âge de communier. — **2.** *Premier communiant, première communiante,* celui, celle qui fait sa première communion ou communion privée.

COMMUNICABILITÉ n. f. Qualité ou état de ce qui est communicable.

COMMUNICABLE adj. Qui peut être communiqué, transmis : *Une ardeur communicable.*

COMMUNICANT, E adj. Qui communique avec qqch d'autre, un autre lieu (surtout pl.) : *Vases communicants.*
◆ **communicant** n. m. **1.** Personne qui participe à un processus de communication (l'émetteur ou le récepteur du message). – **2.** Personne qui fait une communication dans un colloque, un congrès.

COMMUNICATEUR n. m. Personne qui communique efficacement, qui sait imposer au public son image ou son message.

COMMUNICATIF, IVE adj. **1.** Qui se communique facilement aux autres, qui gagne les autres : *Rire communicatif.* – **2.** Qui est porté à exprimer ses idées, ses sentiments ; expansif : *Il n'est pas très communicatif.*

COMMUNICATION n. f. **1.** Action, fait de communiquer, de transmettre qqch : *Communication de la chaleur à un corps.* – **2.** Action de communiquer avec qqn, d'être en rapport avec autrui, en général par le langage ; échange verbal entre un locuteur et un interlocuteur dont il sollicite une réponse : *Le langage, le téléphone sont des moyens de communication.* (→ *encycl.* Sociol.) – **3.** Action de mettre en relation, en liaison, en contact, des choses : *Établir une communication entre deux conduites.* – **4.** Mise en relation et conversation de deux correspondants par téléphone ou par un autre moyen de télécommunication. – **5.** Exposé fait à un groupe et en partic. à une société savante, dans un congrès, etc., information, écrite ou orale, donnée à un groupe, un organisme : *Communication à la presse.* – **6.** Liaison, jonction, passage entre deux lieux : *Porte de communication entre deux chambres.* – **7.** Fait, pour une personnalité, un organisme, une entreprise, de se donner telle ou telle image vis-à-vis du public : *Conseiller en communication. Campagne de communication.* – **8.** *Avoir, demander, donner, etc., communication de qqch (à qqn),* recevoir, demander ou transmettre un dossier pour consultation, un renseignement pour information, etc. ‖ *Communication de masse,* ensemble des moyens et des techniques permettant la diffusion des messages les plus divers auprès d'un public plus ou moins vaste et hétérogène. (Elle constitue l'équivalent de ce que les sociologues belges et anglo-américains appellent respectivement *techniques de diffusion collective* et *mass media.*) • **Dr.** *Communication audiovisuelle,* toute mise à disposition du public ou de certains publics, par un procédé de télécommunication, de signes, signaux, écrits, images, sons ou messages de toute nature qui n'ont pas le caractère d'une correspondance privée. ‖ *Communication au ministère public,* acte par lequel on soumet une affaire au ministère public. ‖ *Communication de pièces,* acte par lequel chaque partie remet à son adversaire, lors d'un procès, les pièces et titres dont elle entend faire état. – **Éthol.** *Communication animale,* échange de signaux de nature diverse entre deux ou plusieurs animaux, ayant pour effet de produire une adaptation réciproque de leur comportement. (→ *encycl.*) – **Inform.** *Communication homme-machine,* méthode par laquelle un utilisateur dialogue avec un ordinateur. (→ *encycl.*) – **Méd.** Malformation, le plus souvent congénitale, faisant communiquer deux vaisseaux ou deux cavités cardiaques habituellement séparés. (Les principales malformations de ce type sont les *communications aorto-pulmonaire, interauriculaire, interventriculaire, interauriculo-ventriculaire.* Elles bénéficient généralement de la chirurgie cardiaque.) – **Mil.** Ensemble de l'infrastructure routière, fluviale, ferroviaire, portuaire et aérienne, permettant d'assurer les mouvements et les transports des troupes en opération. ‖ *Communication enterrée,* fossé aménagé pour assurer à la circulation la protection contre les vues et les coups de l'ennemi. ‖ *Zone de communications,* portion d'un théâtre d'opérations non incluse dans la zone de combat terrestre (correspondant à l'ancienne *zone des arrières*).

ENCYCL. **Éthol.** La reconnaissance spécifique est un exemple de *communication animale.* Elle est particulièrement importante pour les animaux qui partagent avec d'autres espèces l'exploitation d'un milieu donné : ainsi, dans chaque espèce de canards, les mâles présentent sur l'aile un dessin très voyant de forme et de couleur spécifiques, qui permet, lors d'un envol, le regroupement des individus de même espèce. La reconnaissance des jeunes par les parents peut être liée à différents stimulus visuels ou sonores (par ex., le cri des petits chez la dinde).

Certaines séquences comportementales préalables à l'accouplement constituent de véritables dialogues. La réaction d'un animal détermine l'activité suivante de l'autre, conduisant à un ajustement physiologique réciproque. Ainsi, les roucoulements et courbettes de parade effectués par le mâle de tourterelle, au début du cycle de reproduction, stimulent chez la femelle la sécrétion d'hormones gonadotropes. Celles-ci provoquent l'élévation du taux d'œstrogènes (déclenchant la construction du nid) et du taux de progestérone (début de l'incubation). De même, la délimitation et la défense d'un territoire reposent sur un registre d'avertissements et de menaces très varié : stimulus sonores chez les oiseaux, marquage olfactif chez les mammifères, signaux visuels. C'est surtout chez les espèces sociales que la communication se révèle indispensable pour maintenir la cohésion et permettre la survie du groupe. Ainsi, chez les singes, la posture et les mouvements de l'individu indiquent son rang hiérarchique.

– **Inform.** La communication entre l'homme et un système informatique peut se faire par l'utilisation d'une imprimante et d'un clavier analogue à celui d'une machine à écrire, par l'utilisation d'un écran de visualisation et d'un crayon lumineux (photostyle) que l'opérateur déplace sur l'écran ou sur une tablette graphique adjacente, ou enfin par l'utilisation de la parole, l'ordinateur étant alors muni d'un système de reconnaissance de la parole et d'un appareil de synthèse des sons.

– **Sociol.** Tout *système de communication* fonctionne de la façon suivante : une source d'information (par ex. le cerveau) choisit le message désiré (par ex. des mots parlés) parmi la série des messages possibles ; un émetteur (par ex. les variations de tension des cordes vocales) transforme en signal ce message qui est alors envoyé par le canal de communication (par ex. l'air, les ondes hertziennes) au récepteur (par ex. l'oreille). Au cours de ce processus, certains éléments qui n'étaient pas désirés par la source peuvent, dans le canal de communication, venir altérer le signal ; ce sont les bruits. Nombre de recherches en communication verbale et non verbale s'inspirent plus ou moins implicitement de ce modèle, qui a été élaboré par des théoriciens (C. E. Shannon et W. Weaver) de la transmission téléphonique sous le nom de théorie de l'information.

communication et des libertés *(Commission nationale de la)* [C. N. C. L.], autorité administrative indépendante instituée en 1986 et chargée notamment de veiller à la liberté et à la pluralité de la communication audiovisuelle. Elle a été remplacée en 1989 par le Conseil supérieur de l'audiovisuel* (C. S. A.).

COMMUNICATIONNEL, ELLE adj. Qui concerne la communication, les communications de masse : *Les nouvelles techniques communicationnelles.*

COMMUNIER v. i. (lat. ecclés. *communicare,* communiquer) [conj. 9]. Recevoir le sacrement de l'eucharistie.

◆ v. i. *Litt.* Être en communion intellectuelle et morale avec une ou plusieurs personnes ou choses : *Communier dans un même idéal de justice.*

◆ v. t. Administrer à qqn le sacrement de l'eucharistie.

COMMUNION n. f. (lat. ecclés. *communio, -onis*). **1.** *Litt.* Union de plusieurs personnes dans la même foi : *Les différentes communions chrétiennes.* – **2.** Parfait accord d'idées, de sentiments : *Être en communion d'idées avec un ami.* – **3.** Partie de la messe où les participants reçoivent le corps et le sang du Christ sous les espèces du pain et du vin ; le sacrement de l'eucharistie lui-même ; antienne que l'on chante pendant la communion. – **4.** *Communion privée* ou *première communion,* cérémonie où l'enfant, parvenu à l'âge de raison, communie pour la première fois. ‖ *Communion des saints,* communauté de foi de tous les membres de l'Église, ne formant qu'un seul corps, celui du Christ ; participation des fidèles au corps eucharistique. ‖ *Communion solennelle,* communion marquée par une cérémonie collective, que l'enfant recevait à l'issue de ses années de catéchisme ; réception, fête donnée à cette occasion. (Depuis le concile Vatican II, on dit PROFESSION DE FOI.)

ENCYCL. Chez les catholiques, la *communion eucharistique,* généralement sous l'espèce du pain (ou *hostie*), peut se faire aussi, dans certaines circonstances, au calice, depuis 1965. La communion pascale a été prescrite par le IVe concile du Latran (1215) comme un minimum requis par l'Église. Le prêtre et le diacre sont les ministres ordinaires de la communion. Mais, en cas de besoin, des laïcs peuvent administrer aussi la communion. L'usage ancien de communier dans la main, disparu depuis le XIIIe s., s'est restauré progressivement (en France depuis 1969), à côté de l'usage, plus récent, de recevoir l'hostie sur la langue. Pour recevoir la communion il faut être en état de grâce et n'avoir rien absorbé dans l'heure qui précède. Les protestants, tout en rejetant la messe, ont conservé la communion sous les deux espèces et la nomment Sainte Cène. Les orthodoxes communient sous les deux espèces.

COMMUNIQUÉ n. m. **1.** Avis ou renseignement transmis officiellement au public. – **2.** *Communiqué de presse,* texte émanant d'un organisme privé ou officiel, transmis aux organes d'information pour être énoncé in extenso.

COMMUNIQUER v. t. (lat. *communicare*) [conj. 3]. **1.** Faire passer qqch, le transmettre à qqch d'autre : *Le Soleil communique sa chaleur à la Terre.* – **2.** Transmettre à qqn un savoir, un don, faire qu'il ait ce savoir, ce don, cette qualité, etc. : *Communiquer à ses enfants son savoir.* – **3.** Faire partager à qqn un sentiment, un état, faire qu'il ait le même sentiment, qu'il soit dans le même état, etc. : *Il nous a communiqué son fou rire.* – **4.** Faire passer qqch à qqn pour qu'il en prenne connaissance : *Le service de la Préfecture nous a communiqué votre dossier.* – **5.** Faire savoir qqch à qqn, le lui révéler, lui en donner connaissance ; transmettre, divulguer : *Communiquer des renseignements confidentiels à un concurrent.* – **6.** Transmettre une maladie à qqn, le contaminer.

◆ v. t. ind. **1.** Comporter un passage, une ouverture qui donne accès qqpart ; correspondre : *La salle à manger communique avec le salon.* – **2.** Entrer en contact avec qqn, lui faire part de sa pensée, de ses sentiments : *Enfant solitaire qui ne communique avec personne.* – **3.** *Communiquer sur qqch*, le faire connaître au public par l'intermédiaire des médias (presse, télévision, publicité, etc.).

◆ **se communiquer** v. pr. **1.** Se propager, se répandre d'un lieu à un autre : *L'incendie s'est communiqué d'une maison à l'autre.* – **2.** Se transmettre à qqn : *Son angoisse risque de se communiquer à tout le monde.* – **3.** Être transmis, donné pour être connu : *Savoir-faire qui se communique de génération en génération.*

COMMUNISANT, E adj. et n. (de *communisme*). Qui sympathise avec le communisme, est proche du communisme.

COMMUNISME n. m. (de *commun*). **1.** Théorie visant à mettre en commun les biens matériels. – **2.** Formation économique et sociale caractérisée par la mise en commun des moyens de production et d'échange, par la répartition des biens produits suivant les besoins de chacun, par la suppression des classes sociales et l'extinction de l'État qui devient l'administration des choses. – **3.** Politique, doctrine des partis communistes ; forme d'organisation des pays où ces partis sont au pouvoir. – **4.** Ensemble des partis communistes, des communistes : *Le communisme international.* – **5.** *Communisme de guerre,* politique poursuivie par le gouvernement de la Russie soviétique de l'été 1918 à mars 1921. ‖ *Communisme primitif,* syn. de COMMUNAUTÉ* PRIMITIVE.

ENCYCL. L'idée communiste est fréquemment projetée par les théoriciens du XIXe s. dans les sociétés qui ont existé à l'aube de l'humanité : n'appartenant en propre à personne, la terre aurait été propriété de tous, État et classes sociales n'auraient pas eu d'existence. Cette vue est le fait de théoriciens comme Marx ou d'anthropologues comme Morgan. Elle complète le mythe du « bon sauvage », répandu au XVIIIe s., avec J.-J. Rousseau.

L'idée communiste hante l'imaginaire collectif tout au long de l'histoire. En Chine, Mencius proposa la mise en commun de l'exploitation des terres, et de nombreuses révoltes paysannes, comme celle des Turbans jaunes (IIe s. apr. J.-C.), les jacqueries du XIVe s., la révolte des Taiping au XIXe s. tentèrent de mettre en pratique la communauté des terres. Chez les Grecs, on trouve quelques idées théoriques sur la société égalitaire, chez Hippodamos de Milet ou chez Platon, mais l'omnipotence de l'État est considérée comme un dogme. Le soulèvement des esclaves chez les Romains (Spartacus) échoua et n'a laissé aucune trace théorique. Dans le monde de l'islām, la révolte des khāridjites contre les ʿAbbāssides dans la région de Bassora (IXe-Xe s.) s'appuyait sur une référence à la communauté des biens qui joue un rôle dans la tradition soufi – elle-même reliée à l'égalitarisme qui caractérisait l'islām primitif.

Les premières communautés chrétiennes reposaient sur la mise en commun des biens : mais, là aussi, rien ne vient contester la nécessité de l'État (« Rendez à César ce qui est à César », affirme le Christ [Luc, XX, 21]), ni la nécessité de l'échange économique et la fructification du capital (parabole des talents [Matthieu, XXV, 14-30]). Avec la Réforme, le mouvement des taborites, les anabaptistes de Münster, la révolte des paysans allemands (pourtant condamnée par Luther) marquent la permanence de l'idéal égalitaire.

Au XVIIIe s., avec le curé Meslier, Morelly, Mably, Collignon et surtout Babeuf, l'idée communiste se sépare de la religion et devient athée. Chez Babeuf, puis surtout chez Auguste Blanqui, l'aspiration théorique rejoint la nécessité d'une organisation pratique, secrète et minoritaire, qui devra s'emparer de l'État par un coup de force et installer une dictature même provisoire. Les théoriciens français Étienne Cabet, Albert Laponneraye, Richard Lahautière, Théodore Dézamy, Jean-Jacques Pillot (ces quatre derniers dans la ligne de Babeuf), les socialistes chrétiens La Mennais, Constantin Pecqueur, Flora Tristan, le chartiste britannique Robert Owen, les penseurs allemands Friedrich Hegel, Moses Hess, Bruno Bauer, Arnold Ruge, Wilhelm Weitling, Max Stirner formulent leurs aspirations vers une société plus juste, plus égale, plus libre, au moment où se constitue le capitalisme industriel en Europe occidentale. Marx et Engels donnent du capitalisme l'analyse la plus complète du XIXe s. en même temps qu'ils essaient, sans y réussir, de donner au mouvement ouvrier une organisation internationale et révolutionnaire (→ MARXISME) : c'est la fondation de la Ire Internationale. La référence au terme « communisme » subit alors une certaine défaveur ; on lui préfère celui de « collectivisme » ou celui de « social-démocratie ». C'est sous le nom de « partis sociaux-démocrates » que se fondent les partis qui se réfèrent au communisme.

Le parti ouvrier social-démocrate allemand fondé en 1869, la Fédération du parti des travailleurs socialistes de France fondée en 1879, le parti ouvrier social-démocrate de Russie (P. O. S. D. R.) fondé en 1898 ont en commun l'idéologie communiste : abolition des classes grâce à l'action quasi messianique de la classe ouvrière, extinction de l'État, après une phase de transition, au cours de laquelle s'exerce la dictature du prolétariat, disparition de la propriété privée des moyens de production et d'échange.

L'échec du mouvement internationaliste en 1914 avec l'acceptation de la guerre par la quasi-totalité des partis sociaux-démocrates marque un profond tournant dans l'histoire du communisme. Une pratique nouvelle va naître avec Lénine, accompagnée d'approfondissements théoriques importants (Rosa Luxemburg, György Lukács, Karl Korsch, Antonio Gramsci).

Après la révolution russe de 1917 et sous l'impulsion de la IIIe Internationale (1922), les partis communistes s'implantent partout dans le monde. Mais l'omnipotence du parti bolchevique d'U. R. S. S., l'influence grandissante de Joseph Staline se traduisent par une succession de politiques différentes et parfois contradictoires ou inadaptées aux conditions locales (« classe contre classe », « front unique ») qui brisent l'unité du mouvement communiste. (La stratégie du « front populaire », bien que de courte durée, connaît un meilleur succès.)

La lutte contre le fascisme et surtout contre le nazisme redonne aux partis communistes nationaux une force nouvelle après la guerre : les démocraties populaires sont fondées dans l'Europe de l'Est grâce à l'appui de l'Armée rouge qui vient de chasser l'occupant nazi. La rupture entre Tito et Staline (1948) est le premier signe d'une volonté de résistance nationale à la domination des Soviétiques par l'intermédiaire des partis communistes au pouvoir ; aussi la Yougoslavie est-elle immédiatement isolée économiquement par l'U. R. S. S. et ses alliés et fait l'objet de violentes critiques sur le plan idéologique : tous les partis communistes du monde se rangent aux thèses staliniennes. En 1949, le parti communiste chinois arrive au pouvoir.

En 1956, le XXe Congrès du P. C. de l'Union soviétique va marquer une nouvelle étape : le pouvoir de Staline est rejeté ; la « déstalinisation » tente de s'installer. Mais, conçue principalement comme la lutte contre le culte de la personnalité, celle-ci connaît vite ses limites. Elle entraînera même en 1961 la cassure du mouvement communiste lors de la rupture de la Chine de Mao Zedong avec l'U. R. S. S. Les démocraties populaires européennes tentent, mais en vain, d'alléger le poids du joug soviétique : Hongrie (1956), Pologne (1970, 1980), Tchécoslovaquie (1968). Des affrontements militaires se produisent entre pays communistes : Chine et U. R. S. S. (1969), Cambodge et Viêt-nam (1979), Chine et Viêt-nam (1979).

Arrivés au pouvoir à Cuba en janv. 1959, les partisans de Fidel Castro adoptent le modèle soviétique : la « révolution cubaine » constitue dès lors pour les mouvements sud-américains de guérilla une référence.

Les années 70 sont également marquées par l'accession au pouvoir de partis se réclamant du communisme dans les pays du tiers monde (notamm. en Afrique : Bénin, Angola, Guinée-Bissau, Éthiopie, Mozambique, Burkina, etc.).

Avec l'arrivée de Mikhaïl Gorbatchev au pouvoir en U. R. S. S. (1985), une nouvelle approche idéologique, subordonnant les intérêts de classe aux intérêts communs à toute l'humanité, s'impose progressivement. En 1989-90, les partis communistes, socialistes ou ouvriers de l'U.R.S.S. et de l'Europe de l'Est renoncent au monopole du pouvoir qu'ils doivent le plus souvent céder à des mouvements d'opposition démocratique. Pourtant, si l'échec de l'idéologie communiste semble irréversible, il faut noter que, dans les pays est-européens anciennement socialistes, les hommes et les appareils issus de l'ancien régime, convertis à l'économie de marché et à la social-démocratie, jouent un rôle important dans les processus de transition. On assiste même, comme en Pologne (1993), en Hongrie (1994) ou en Bulgarie (1994), à leur retour au pouvoir. Les communistes connaissent également un regain d'influence majeur en Russie.

Le parti communiste conserve en Chine, en Corée du Nord, à Cuba et au Viêt-nam une pratique autoritaire.

COMMUNISME *(pic du),* anc. **pic Staline,** point culminant du Tadjikistan, dans le Pamir ; 7 495 m. Première ascension par E. Abalakov en 1933.

COMMUNISTE adj. et n. Relatif au communisme ; partisan du communisme, membre d'un parti communiste.

communiste allemand *(parti),* parti né en déc. 1918 de la fusion de divers groupes, principalement spartakistes, sous la direction de Karl Liebknecht et Rosa Luxemburg ; il fusionne avec le parti social-démocrate indépendant en 1920, après l'échec et la mort de ses deux leaders. E. Thälmann en devient le secrétaire général en 1925. Fort de près de 6 millions d'électeurs en 1932, le parti ne sait pas s'opposer à la montée de l'hitlérisme et il est interdit après l'avènement du IIIe Reich. Il renaît en 1945. En zone soviétique, il fusionne avec le parti social-démocrate et devient, sous le nom de parti socialiste unifié (SED), le parti dominant de la R. D. A. jusqu'en 1989.

communiste chinois *(parti)* **[P. C. C.],** parti unique de la République populaire de Chine. Fondé en 1921, il regroupe actuellement une quarantaine de millions de membres. Il est la source exclusive de l'autorité : gouvernement et administration exécutent ses directives. Le Congrès, réuni normalement une fois tous les cinq ans, élit le Comité central, qui nomme les 25 membres du Bureau politique. Celui-ci exerce en fait le pouvoir. Le XIIe Congrès, réuni en sept. 1982, s'efforce de consolider les organismes du parti, très fortement ébranlés par la Révolution culturelle et les luttes pour le pouvoir. Le XIIIe Congrès (oct.-nov. 1987) se prononce pour une pluralité de systèmes économiques, politiques, sociaux et culturels lors de « l'étape initiale » du socialisme. Cependant, le parti renonce en 1988 à la poursuite des réformes et conserve une pratique autoritaire (répression du mouvement démocratique en mai-juin 1989).

communiste espagnol *(parti)* **[P. C. E.],** parti né en 1920 sous l'influence des anarchistes de la Confederación Nacional del Trabajo (CNT) qui décident d'adhérer provisoirement à la IIIe Internationale. Il reste minoritaire face aux socialistes et aux anarchistes. En 1936, il participe au Front populaire, mais ses dissensions internes et ses rivalités avec les autres mouvements ouvriers (anarchistes, parti ouvrier d'unification marxiste [POUM]) affaiblissent la lutte contre Franco. De 1939 à 1975 il est interdit. Revenu à la légalité, il s'engage sur la voie de l'eurocommunisme, sous la direction de son secrétaire général, Santiago Carrillo. Mais celui-ci, après un grave échec aux élections de 1982 (3,8 % des voix), doit démissionner. Il est remplacé par Gerardo Iglesias, auquel succède en 1988 Julio Anguita. Le P. C. E., retrouvant une cohésion, connaît un net redressement aux élections de 1989, 1993 et 1996.

communiste français *(parti)* **[P. C. F.],** parti formé en déc. 1920 au congrès de Tours sous le nom de « section française de l'Internationale communiste » à la suite du vote de la grande majorité des socialistes appartenant à la S. F. I. O. Ses fondateurs se sont ralliés aux thèses marxistes-léninistes du parti communiste bolchevique, exprimées dans les 21 conditions imposées par la IIIe Internationale. L'application des mots d'ordre de celle-ci amène la réduction du nombre des adhérents de plus de 100 000 à 30 000 entre 1920 et 1930. Isolé, le parti n'est plus implanté que dans quelques bastions ouvriers (banlieue parisienne, Nord, bordure du Massif central).

Entre 1932 et 1934, face à la montée du fascisme, une nouvelle ligne se dessine, avec Maurice Thorez au poste de secrétaire général : alliance avec les socialistes et les radicaux, « main tendue » aux chrétiens. Elle permet l'arrivée au pouvoir en 1936 du Front populaire, que les communistes soutiennent sans y participer. Dissous après la signature du pacte germano-soviétique, le parti entre dans la clandestinité. Après 1941, le parti consacre toutes ses forces (création des F. T. P.) à la lutte contre l'occupant. Il participe en 1943 à la fondation du Conseil national de la Résistance et est représenté dans le Gouvernement provisoire d'Alger. En 1945, fort de 25 % des suffrages, il entre au gouvernement. Il y restera deux ans. Car la guerre froide et la répression des grèves par les socialistes au pouvoir ramènent le parti communiste à la lutte économique et à l'opposition systématique. Après le XXe Congrès du P. C. U. S. et la déstalinisation, une nouvelle stratégie s'esquisse, qui aboutit, notamment sous l'impulsion de Georges Marchais, devenu secrétaire général, à l'adoption d'une politique de programme commun avec les socialistes (1972). Cette politique échoue cependant avec la rupture de l'union de la gauche (sept. 1977), qui retentit sur le résultat des législatives de 1978. Constatant sa propre érosion en voix et la progression du parti socialiste, le P. C. F. décide in extremis en 1981 de soutenir la candidature de F. Mitterrand au second tour de l'élection présidentielle. Il participe pendant trois ans au gouvernement dirigé par les socialistes. Mais les divergences croissantes avec ces derniers l'amènent à se retirer du gouvernement (juill. 1984) et à passer dans l'opposition. Le P. C. F. maintient ensuite cette position, tout en appelant à voter pour F. Mitterrand au second tour de l'élection présidentielle de 1988. En 1994, Robert Hue succède à G. Marchais à la tête du P.C.F. (avec le titre de secrétaire national, qui remplace celui de secrétaire général). Sous son impulsion le parti s'engage sur la voie de la rénovation. L'audience du P.C.F. se situe auj. autour de 9 %.

communiste italien *(parti)* **[P. C. I.],** parti fondé en janv. 1921 au congrès de Livourne par la minorité du parti socialiste. Sous la direction de Bordiga, de Gramsci (arrêté en 1926 et mort en prison en 1937) et de Togliatti, il est le principal animateur de la résistance au fascisme et à ses alliés hitlériens. En 1945, il compte environ 500 000 adhérents ; il participe quelque temps au gouvernement de De Gasperi, puis en est écarté. Dans les années 70, son secrétaire général, Enrico Berlinguer, qui, après le XXe Congrès du P. C. U. S. (1956), a soutenu le polycentrisme dans le mouvement communiste international, fait adopter en 1973 l'idée du compromis* historique avec la Démocratie chrétienne. En 1979, le P. C. I. obtient près de 30 % des voix. Mais, après la mort de Berlinguer (1984), à qui succède Alessandro Natta, le parti perd, aux élections régionales de 1985, les grandes municipalités qu'il dirigeait (Rome, Milan, Florence). Il recule encore aux législatives de juin 1987. En 1988, après la démission de A. Natta, Achille Occhetto prend la direction du parti, dont il accélère l'inflexion vers la social-démocratie. En 1991, au congrès de Rimini, le parti démocratique de la gauche (Partito Democratico della Sinistra [PDS]), remplace le P. C. I. Après les mauvais résultats obtenus lors des élections de 1992 et 1994, le PDS, dirigé par Massimo d'Alema (depuis 1994), s'efforce de rassembler des coalitions « progressistes ». En 1996, il constitue l'axe de la coalition gauche-centre gauche qui remporte les élections législatives et joue un rôle majeur dans le nouveau gouvernement.

communiste de l'Union soviétique *(parti)* **[P. C. U. S.],** parti politique de l'U. R. S. S. Fondé en mars 1918 sous le nom de parti communiste (bolchevik) de Russie lors du VIIe Congrès du P. O. S. D. R. (parti ouvrier social-démocrate* de Russie), transformé en parti communiste (bolchevik) de l'U. R. S. S. en 1925, il prend son nom actuel en 1952. Alors que le P. O. S. D. R., composé de révolutionnaires vivant dans la clandestinité ou l'exil, comptait 23 000 membres en févr. 1917, le parti était en 1988 une organisation de 18 millions d'adhérents. Pendant cette période, il exerce un rôle éminent dans la vie politique, sociale et économique de l'U. R. S. S. Jusqu'aux réformes du système politique engagées en 1988, deux de ses organes, le Politburo et le secrétariat du Comité central, détenaient en fait le pouvoir exécutif. Le P. C. U. S. renonce à son rôle dirigeant en 1990. En 1991, avant même le démantèlement de l'U. R. S. S. (déc.), le parti est suspendu à la suite du coup d'État manqué contre M. Gorbatchev (août).

COMMUTABLE adj. Susceptible de commuter.

COMMUTATEUR n. m. (de *commuter 2*). **1.** Appareil destiné à modifier les connexions d'un ou plusieurs circuits électriques. — **2.** Syn. de INTERRUPTEUR. — **3.** Ensemble d'organes de connexion, permettant de relier à la demande des lignes téléphoniques. (On distingue les commutateurs manuels, électromécaniques et électroniques.) — **4.** *Commutateur de deux éléments* a *et* b *d'un groupe* G, élément $aba^{-1}b^{-1}$. ‖ *Commutateur de deux opérateurs* A *et* B, différence AB – BA, notée symboliquement [A,B]. ‖ *Commutateur de réglage en charge,* syn. de GRADUATEUR. ‖ *Support commutateur,* commutateur qui sert de support au combiné d'un poste téléphonique au repos et qui, dans cette position, connecte la sonnerie à la ligne.

COMMUTATIF, IVE adj. **1.** Se dit d'une opération mathématique portant sur deux ou plusieurs termes et dont le résultat ne change pas si l'on change l'ordre de ces termes. (Syn. ABÉLIEN.) — **2.** Relatif à une commutation d'éléments linguistiques. — **3.** *Acte, contrat commutatif,* convention à titre onéreux, par laquelle chacune des parties s'engage à donner ou à faire une chose considérée comme l'équivalent de ce qu'on lui donne ou de ce qu'on fait pour elle. (C'est l'opposé de l'*acte aléatoire*.) ‖ *Justice commutative,* échange des droits et des devoirs, fondé sur l'égalité des personnes (par oppos. à la *justice distributive*).

COMMUTATION n. f. (lat. *commutatio, -onis,* changement). **Dr.** *Commutation de peine,* substitution d'une peine moindre à la peine initiale. — **Électr.** Transfert de connexions d'un ensemble de conducteurs à un autre. ‖ Ensemble des phénomènes qui, dans les machines électriques à collecteur, accompagnent le renversement du sens du courant dans la ou les sections court-circuitées par les balais. ‖ *Pôle de commutation,* syn. de PÔLE AUXILIAIRE*. — **Électron.** Passage brusque, pour un élément actif, de l'état bloqué à l'état saturé, ou inversement. — **Inform.** Technique d'acheminement des données entre deux ordinateurs connectés par un réseau de transmission. — **Ling.** Opération qui consiste à substituer les uns aux autres des éléments (phoniques, morphologiques, sémantiques) pour dégager des distinctions linguistiques pertinentes. — **Log.** *Loi de commutation,* important théorème de la logique propositionnelle qui s'énonce $[p \rightarrow (q \rightarrow r)] \rightarrow [q \rightarrow (p \rightarrow r)]$. — **Télécomm.** Établissement à la demande de connexions individuelles ou de moyens de transfert entre des voies de transmission ou des circuits de télécommunication. (On distingue la *commutation spatiale,* dans laquelle une communication en cours utilise seule une voie de transmission, et la *commutation temporelle* qui permet d'écouler plusieurs communications simultanées sur une même voie.)

COMMUTATIVITÉ n. f. **1.** Propriété d'une opération mathématique commutative. — **2.** Fait pour des éléments linguistiques de pouvoir entrer dans des cadres de phrase identiques.

COMMUTATRICE n. f. Ancien convertisseur à inducteur fixe et à un seul enroulement induit tournant, comportant un collecteur et des bagues.

1. COMMUTER [kɔmytœr] adj. et n. m. (angl. *to commute,* faire la navette). Se dit d'un transport aérien assurant des liaisons entre villes de faible ou de moyenne importance. (Syn. TROISIÈME NIVEAU.)

2. COMMUTER v. i. (lat. *commutare,* changer) [conj. 3]. **1.** Pour deux opérateurs A et B, satisfaire à la relation AB = BA. – **2.** Pour deux éléments d'un ensemble sur lequel a été définie une loi de composition interne (notée T), vérifier la relation $aTb = bTa$. – **3.** En parlant d'éléments linguistiques, pouvoir être remplacés l'un par l'autre dans un contexte défini.
◆ v. t. **1.** Effectuer la commutation d'éléments linguistiques. – **2.** Transférer un courant électrique d'un circuit à un autre. – **3.** *Commuter un élément avec un autre élément liés par une loi de composition,* remplacer le produit aTb par le produit bTa.

COMMYNES, COMMINES ou **COMINES** (Philippe DE), sire **d'Argenton,** mémorialiste et homme d'État français (Renescure, près d'Hazebrouck ?, 1447 - Argenton 1511). Chambellan de Charles le Téméraire (1467), il entre au service de Louis XI en 1472. Conseiller et confident du roi, il participe de 1472 à 1476 à toutes les négociations et à la haute direction des affaires de 1478 à 1483. Devenu l'un des principaux conseillers de Charles VIII (1491), il suit ce dernier en Italie (1494-95), où il retourne aux côtés de Louis XII (1507). « Premier écrivain vraiment moderne » (Sainte-Beuve), Commynes a rédigé des *Mémoires* (publiés en 1524) relatant le règne de Louis XI (années 1464-1483) et l'expédition de Charles VIII en Italie.

COMNÈNE, grande famille byzantine qui a donné six empereurs : ISAAC Ier, empereur de 1057 à 1059. – ALEXIS Ier, son neveu, empereur de 1081 à 1118. – JEAN II, fils d'Alexis Ier, empereur de 1118 à 1143. – MANUEL Ier, fils de Jean II, empereur de 1143 à 1180. – ALEXIS II, fils de Manuel Ier, empereur de 1180 à 1183. – ANDRONIC Ier, petit-fils d'Alexis Ier, empereur de 1183 à 1185. – ALEXIS Ier, petit-fils d'Andronic Ier, créa l'empire de Trébizonde après 1204.

COMODORO RIVADAVIA, v. d'Argentine, sur la côte de Patagonie ; 73 000 hab. Centre pétrolier.

COMOÉ (la), fl. d'Afrique occidentale (Burkina et Côte-d'Ivoire), qui traverse la lagune Ébrié et rejoint l'Atlantique ; 1 000 km.

COMOMENT n. m. *Comoment de deux vecteurs glissants* $\overrightarrow{AB}$ *et* $\overrightarrow{CD}$, produit scalaire du vecteur $\overrightarrow{CD}$ et du moment en C du vecteur $\overrightarrow{AB}$. (Le comoment ne varie pas si le vecteur $\overrightarrow{AB}$ et le vecteur $\overrightarrow{CD}$ glissent sur leur support ; de plus, il est commutatif.)

COMONFORT (Ignacio), général et homme d'État mexicain (Puebla 1812 - près de Celaya 1863). Libéral, il prit part à la rébellion contre Santa Anna (1854). Ministre de la Guerre (1855), il succéda à J. Alvarez comme président de la République (1855-1858).

COMORE (Grande) → NGAZIDJA.

COMORES, État de l'océan Indien, au nord-ouest de Madagascar. Il comprend les îles de Ngazidja (anc. Grande Comore), de Moili (anc. Mohéli) et de Ndzouani (anc. Anjouan) [la quatrième île de l'archipel, Mayotte, a choisi, en 1976, le maintien dans le cadre français] ; 1 900 km² ; 680 000 hab. *(Comoriens).* CAP. *Moroni.* LANGUES : *français* et *arabe.* MONNAIE : *franc C. F. A.*

Géographie. L'archipel, volcanique, a un climat chaud avec de fortes précipitations de novembre à avril. Les principales ressources sont agricoles : épices, huiles essentielles fournies par les plantations établies sur les basses pentes. Les forêts sont délabrées et la pêche reste artisanale. L'aide internationale reste indispensable à l'économie, dégradée, de l'archipel.

Histoire. Des Bantous de l'Est africain émigrent aux Comores à une date antérieure au XIVe s. et se mélangent à une population venue d'Insulinde. Fréquenté par des marchands arabes, l'archipel est islamisé au XVIe s.
1886 : Protectorat français sur les Comores, placées sous le gouvernement général de Madagascar de 1912 à 1946.
1958 : Les Comores deviennent territoire français d'outre-mer.
1975 : L'archipel, à l'exception de Mayotte, proclame son indépendance.
1978 : À la suite d'un coup d'État, une nouvelle Constitution instaure une République fédérale et islamique.

COMORIEN, ENNE adj. et n. Des Comores.

COMORIN ou **KANYĀ KUMĀRĪ** *(cap),* promontoire de l'Inde, extrémité méridionale du Deccan.

CÔMOS [-mɔs] n. m. (gr. *kômos*). Fête dorienne archaïque, avec danses et chants, en l'honneur de Dionysos, dont les chœurs sont à l'origine du théâtre grec.

COMOURANTS n. m. pl. Personnes décédées dans un même événement et qui sont appelées à se succéder réciproquement. (La loi détermine lequel des comourants est supposé être décédé le dernier).

COMPACITÉ n. f. **1.** État, qualité de ce qui est compact : *La compacité d'un sol.* – **2.** Propriété d'un espace topologique compact. – **3.** Rapport entre le volume total des atomes ou ions contenus dans une maille cristalline et le volume de cette maille. – **4.** *Théorème de compacité,* théorème essentiel de la logique mathématique, dû à Gödel (1930) et A. I. Maltsev (1936), et selon lequel un ensemble de formules a un modèle si et seulement si chaque sous-ensemble fini a un modèle.

COMPACT, E [-pakt] adj. (lat. *compactus,* resserré). **1.** Dont les parties sont étroitement serrées et ne se séparent que difficilement : *Bois compact. Roche compacte.* – **2.** Dont les éléments sont très rapprochés les uns des autres ; dense : *Une foule compacte.* – **3.** Qui forme bloc, ne se laisse pas entamer ; solide : *Une majorité compacte.* – **4.** (de l'angl. *compact*) Se dit d'un appareil de faible encombrement : *Un appareil photo compact.* – **5.** *Disque compact* ou *compact* (n. m.), disque audionumérique de 12 centimètres de diamètre. • **Agric.** Se dit d'un sol, d'une couche de sol ou d'une motte de terre lorsque sa porosité est faible ou nulle. – **Astron.** Se dit d'une galaxie de brillance superficielle très élevée. – **Autom.** Automobile américaine dont les dimensions sont relativement réduites. – **Math.** Se dit d'un espace topologique qui est à la fois quasi compact et séparé. (→ *encycl.*) ‖ Se dit d'une partie A d'un espace topologique E, qui est compacte pour la topologie induite par celle de E sur A. – **Phon.** Se dit d'un phonème dont l'énergie est concentrée dans une zone du spectre relativement étroite et centrale (par ex. les voyelles [ɑ] et [a] et les consonnes [ʃ] et [k]). [Contr. DIFFUS.]

◆ **compact** n. m. **1.** Ski compact. – **2.** Appareil réunissant en un seul ensemble un amplificateur, un tuner et un tourne-disque. – **3.** Ensemble ou sous-ensemble compact.

ENCYCL. **Math.** Une partie d'un espace compact est compacte si et seulement si elle est fermée ; une partie compacte d'un espace métrique est fermée bornée ; dans un espace vectoriel sur $\mathbb{R}$ ou $\mathbb{C}$ normé et de dimension finie (telle que $\mathbb{R}^n$ ou $\mathbb{C}^n$), une partie est compacte si et seulement si elle est fermée bornée (par ex. les segments et les pavés).

COMPACTAGE n. m. (de *compact*). **1.** Opération qui a pour but d'augmenter la densité sèche d'un sol, en chassant l'air qu'il contient, par pression, vibration ou percussion. – **2.** Méthode consistant à comprimer au maximum, à l'aide d'engins spéciaux, les ordures ménagères mises en décharge. – **3.** Tassement de terrain qui peut être volontaire (pour densifier un remblai par exemple) ou subi (du fait de la pression des terrains ou de la proximité d'une explosion). – **4.** Opération qui consiste à réduire les dimensions d'un ensemble de données informatiques par des procédés de codage, sans perte d'information.

Compactata de Jihlava (5 juill. 1436), accords signés à l'issue des guerres hussites par les délégués du concile de Bâle et par ceux des États de Bohême, aux termes desquels les Tchèques de Bohême furent à nouveau admis dans l'Église catholique et obtinrent le droit de communier sous les deux espèces.

COMPACT DISC n. m. (pl. *Compact Discs*) [n. déposé]. **1.** Disque audionumérique de 12 centimètres de diamètre. (On dit aussi communément *disque compact* ou *compact* ou, par abrév., CD.) – **2.** *Compact Disc Video,* disque compact sur lequel sont enregistrés des programmes audiovisuels restituables sur un téléviseur. (Abrév. CDV.)

COMPACTER v. t. (de *compactage*) [conj. **3**]. Soumettre au compactage.

COMPACTEUR n. m. (de *compact*). Engin de terrassement utilisé pour le compactage du terrain.

COMPACTION n. f. (de *compact*). En métallurgie des poudres, densification résultant d'une compression ou d'un traitement thermomécanique.

COMPAGNE n. f. (anc. fr. *compain,* qui partage le même pain). **1.** Celle qui accompagne qqn : *Compagne de route.* – **2.** Femme ou fille qui vit ordinairement auprès de qqn d'autre, qui partage ses occupations : *Compagne de classe, de jeux.* – **3.** Celle qui partage le même idéal, les mêmes joies, les mêmes peines que qqn : *Compagne d'infortune.* – **4.** Celle qui partage la vie de qqn comme épouse ou comme concubine. – **5.** *Espèce compagne,* espèce végétale souvent mêlée à une population plus nombreuse d'une autre espèce bien déterminée. (Le coquelicot est une espèce compagne du blé.)

COMPAGNI (Dino), écrivain italien (Florence 1255 - *id.* 1324). Prieur (1289) puis gonfalonier de justice (1293) à Florence, il participa activement à la vie politique de cette ville dont il a relaté l'histoire (de 1280 à 1312) dans sa *Cronica delle cose occorrenti ne' tempi suoi.*

COMPAGNIE n. f. (anc. fr. *compaignie,* du lat. pop. **compania,* class. *panis,* pain). **1.** Présence d'une personne, d'un animal auprès de qqn ; cette personne, cet animal : *Fuir la compagnie des pédants.* – **2.** Réunion de personnes : *Les éclats de rire d'une joyeuse compagnie.* – **3.** Association de personnes régie par des statuts et ayant un but culturel, commercial, etc. : *Compagnie théâtrale, aérienne.* – **4.** *Animal de compagnie,* animal domestique (chien, chat) qui vit auprès de qqn. ‖ *Dame, demoiselle de compagnie,* personne dont la fonction est spécialement de tenir compagnie à qqn. ‖ *De bonne (de mauvaise) compagnie,* dont la présence est agréable (ou désagréable), qui est bien (ou mal) élevé. ‖ *En compagnie de,* en même temps que, avec. ‖ *Et compagnie,* expression (souvent abrégée *et Cie*) ajoutée à la raison sociale d'une entreprise, lorsque les noms de tous les associés n'y figurent pas ; (fam.) et autres choses du même genre, tous autant qu'ils sont. ‖ *Fausser compagnie,* quitter brusquement qqn et le plus souvent sans prévenir. ‖ *Tenir compagnie,* rester auprès de qqn, en lui parlant. • **Chass.** Bande d'animaux, à poils ou à plumes, de même espèce. ‖ *Bêtes de compagnie,* jeunes sangliers d'un an à deux ans, et qui vont en troupe. – **Dr.** *Compagnies républicaines de sécurité (C. R. S.),* forces mobiles de police, créées en 1945, destinées à renforcer les corps de police. (Elles sont placées, au sein de la police nationale, en réserve, sous l'autorité du ministre de l'Intérieur.) – **Hist.** *Compagnies de commerce et de navigation,* nom donné à des organismes permanents, qui étaient liés aux États européens par une charte, et qui recevaient des privilèges pour réaliser un programme de mise en valeur, de commerce ou de peuplement des colonies. (→ *encycl.*) – **Mar.** Fraction de l'équipage. ‖ *Compagnie de navigation,* entreprise commerciale et maritime dont l'activité consiste à assurer le transport de marchandises ou de passagers. – **Mil.** Autref., réunion de compagnons autour d'un chef. ‖ Unité administrative et tactique de l'infanterie, des armes anciennement à pied et de certains services. (Elle est commandée par un capitaine.) [→ *encycl.*] – **Relig.** Institut religieux.

ENCYCL. **Hist.** Au XVIe s., les premières *compagnies de commerce et de navigation* se présentaient comme l'association de plusieurs commerçants, limitée dans le temps et les moyens financiers, pour la réalisation d'un voyage par exemple. À ce type se rattachaient les Marchands aventuriers, la Compagnie de Moscovie. Les compagnies de commerce et de navigation seront les outils essentiels pour la création des grands empires coloniaux hollandais, français et britannique au XVIIe s. Leur influence diminua au début du XIXe s., le libéralisme limitant leurs monopoles. À la fin du XIXe s., elles seront encore un instrument important de la dernière expansion coloniale des États européens.

– **Mil.** Les régiments d'infanterie comprennent en général, à côté des *compagnies de combat,* une *compagnie de commandement et des services* (C. C. S.) et une *compagnie d'éclairage et d'appui* (C. E. A.). Certaines unités sont caractérisées par le matériel qu'elles servent *(compagnies antichars, compagnies de chars, compagnies mécanisées).* Par analogie avec l'infanterie, l'appellation de « compagnie » a été donnée à des unités d'autres armes et services (génie, matériel, transmissions). La compagnie est l'équivalent de l'escadron des armes montées et de celles qui en sont dérivées.

Compagnie de Jésus → JÉSUS.

Compagnie de Suez, société française constituée en 1858 sous le nom de « Compagnie universelle du canal maritime de Suez », afin d'exploiter la concession du canal accordée (en 1869) par le gouvernement égyptien. Elle fut privée de son exploitation en 1956, à la suite de la nationalisation du canal, et, en 1958, se transforma en société de portefeuille. Devenue en 1967 « Compagnie financière de Suez et de l'Union parisienne » puis, en 1972, « Compagnie financière de Suez », elle fut nationalisée en 1982, avant de retourner au secteur privé en 1987. Elle a pris sa dénomination actuelle en 1990.

Compagnies *(Grandes),* au XIVe s., bandes de mercenaires de toutes nationalités, qui combattaient à la solde des princes. En période de paix, elles vivaient de brigandage. Du Guesclin en débarrassa le royaume en les entraînant conquérir la Castille.

COMPAGNON n. m. (lat. pop. *companio, -onis,* class. *panis,* pain). **1.** Celui qui accompagne qqn : *Compagnon de voyage.* – **2.** Celui qui vit ordinairement auprès de qqn, qui partage ses occupations : *Compagnon de captivité.* – **3.** Celui qui partage les mêmes joies, les mêmes peines, le même idéal que qqn d'autre : *Compagnon d'infortune.* – **4.** Celui qui partage la vie de qqn comme époux ou comme concubin. – **5.** Dans certains métiers, ouvrier qui a terminé son apprentissage et qui travaille pour le compte d'un maître avant de devenir maître lui-même. – **6.** Animal domestique qui vit auprès de qqn. – **7.** *Compagnon de route,* personne qui, sans être membre d'un parti communiste, en adopte les principes. • **Astron.** Composante d'éclat le plus faible dans un système stellaire double. – **Bot.** *Compagnon blanc, compagnon rouge,* noms usuels de deux lychnis. – **Hist.** *Compagnon de la Libération,* membre de l'ordre de la Libération*.

COMPAGNONNAGE n. m. (de *compagnon*). **1.** Temps pendant lequel un ouvrier sorti d'apprentissage doit travailler comme compagnon chez un maître avant de devenir maître lui-même. – **2.** Association entre ouvriers d'un même corps d'état à des fins d'instruction professionnelle, d'assurance mutuelle et de moralisation.

ENCYCL. Le compagnonnage, nommé *Devoir* jusqu'au XVIIe s., remonte au Moyen Âge. Pourtant, bon nombre de compagnons ont fait remonter leur association à la construction du Temple de Jérusalem. L'histoire du compagnonnage sort de l'ombre au XVIe s. Il semble qu'une grave scission ait été causée par la Réforme, entre devoirants ou dévorants, fidèles au catholicisme, et gavots, plus ouverts aux nouveautés. Les compagnonnages se manifestent alors dans tout le royaume (particulièrement au sud de la Seine) et, dès 1539, l'ordonnance de Villers-Cotterêts interdit aux ouvriers de « *cabaler* pour se placer les uns les autres chez les maîtres ». Ces associations ont en effet un but essentiel, assurer dans le monde du travail une forme élémentaire de solidarité. Le compagnonnage est aussi une forme d'assurance mutuelle, et une école d'instruction professionnelle et morale. On distingue les compagnons du Devoir (rites de maître Jacques et du père Soubise) et les compagnons du Devoir de liberté (rite de Salomon). Dans l'une comme dans l'autre association, l'ouvrier n'est admis qu'après un temps de probation, et doit subir une initiation. Tout compagnon reçu après avoir présenté son chef-d'œuvre doit effectuer un tour de France. Dans chaque grande ville, le compagnon est reçu dans une « cayenne », tenue par une « mère ». Le « rouleur » lui trouve du travail. À peine toléré sous l'Ancien Régime, combattu par la Révolution (loi Le Chapelier, 1791), le compagnonnage retrouva sa vigueur sous la Restauration. Mais, dès la seconde moitié du XIXe s., la naissance de la grande entreprise et le développement du syndicalisme affaiblirent son impact sur le monde ouvrier. Cependant les compagnonnages se maintiennent toujours.

COMPAGNONNIQUE adj. Relatif au compagnonnage.

COMPANYS (Lluís), homme politique catalan (Tarrós, prov. de Lérida, 1883 - Barcelone 1940). Président de la généralité de Catalogne (1934), il se révolta contre le gouvernement central et proclama la souveraineté de la Catalogne au sein de la République fédérale espagnole (6 oct.). Vaincu et fait prisonnier, mais amnistié en févr. 1936, il fut à nouveau président. Exilé en France en 1939, il fut extradé par le gouvernement de Vichy et fusillé en 1940.

COMPARABILITÉ n. f. Qualité de ce qui est comparable.

COMPARABLE adj. (lat. *comparabilis*). **1.** Qui peut être comparé à qqn, à qqch d'autre, qui rivalise de valeur, de qualité, d'intensité, etc. : *Ces arguments ne sont pas comparables.* — **2.** *Éléments comparables,* éléments a et b d'un ensemble ordonné (M, $\leqslant$) tels que l'une des deux relations $a \leqslant b$ et $b \geqslant a$ est vérifiée.

COMPARAISON n. f. **1.** Action de comparer, de rapprocher des personnes ou des choses pour examiner leurs ressemblances ou leurs différences ; rapprochement : *Faire la comparaison entre des prix.* — **2.** *En comparaison (de, avec qqch, qqn),* relativement à eux, eu égard à eux. ‖ *Entrer en comparaison, soutenir, supporter la comparaison avec qqn, qqch,* leur être comparable. ‖ *Hors de comparaison,* se dit lorsque qqch, qqn est jugé bien supérieur à qqch, qqn d'autre. ‖ *Par comparaison, en comparaison,* comparativement ; d'une manière relative. ‖ *Sans comparaison,* indique que qqch est très différent de qqch d'autre, qu'on ne peut les comparer et, en partic., que qqch se distingue par sa qualité. ‖ *Terme, point de comparaison,* objet choisi pour être comparé à d'autres que l'on veut apprécier par rapport à lui ; critère. • **Gramm.** *Degré de comparaison,* chacun des degrés d'une qualité exprimée par un adjectif ou par un adverbe. (Il s'agit du comparatif et du superlatif par opposition au positif ; les degrés de comparaison peuvent être relatifs ou absolus.) [Syn. DEGRÉ DE SIGNIFICATION.] ‖ *Subordonnée de comparaison,* syn. de SUBORDONNÉE COMPARATIVE. — **Ling.** Rapport de ressemblance établi entre deux termes d'un énoncé grâce à un troisième terme introducteur (comme, ainsi que, etc.). — **Psychol.** *Comparaison sociale,* tendance des individus à comparer leurs attitudes et capacités à celles d'autres individus. (Dans un groupe elle exerce une pression vers l'uniformité visant à réduire les divergences et à exclure les déviants.)

COMPARAÎTRE v. i. (anc. fr. *comparoir,* refait sur *paraître*) [conj. **91**]. **1.** Se présenter devant un tribunal ; constituer avocat ou avoué. — **2.** Se présenter sur ordre devant un supérieur, un conseil, etc., pour s'expliquer sur une faute commise.

COMPARANT, E adj. et n. (de *comparoir*). Qui comparaît devant un tribunal.

COMPARATEUR n. m. **1.** Instrument de précision utilisé pour comparer une dimension d'une pièce à celle d'un étalon. (Le *comparateur mécanique,* muni d'un palpeur et d'un cadran à aiguille, donne une précision de 1/100 de millimètre. On atteint le 1/1 000 de millimètre avec le *comparateur à microscope* et le *projecteur de profil* qui donne sur un écran une image très agrandie du contour de la pièce que l'on peut ainsi comparer à un profil de référence.) — **2.** Organe qui compare deux signaux ou qui compare une grandeur à sa valeur de référence pour faire apparaître l'écart éventuel. (Syn. DISCRIMINATEUR, DÉTECTEUR D'ÉCART.)

COMPARATIF, IVE adj. (lat. *comparativus*). **1.** Qui recourt à la comparaison ; qui met en comparaison : *Tableau comparatif.* — **2.** *Proposition comparative* ou *comparative* (n. f.), subordonnée circonstancielle exprimant une comparaison avec l'idée indiquée par le verbe principal. (Les comparatives sont des conjonctives introduites par *comme, tel... que,* etc.) ‖ *Publicité comparative,* publicité faite par le fabricant d'un produit dans le but de montrer au consommateur l'intérêt de choisir son produit (prix, qualité, etc.) plutôt que tel autre nommément désigné.

◆ **comparatif** n. m. Degré de comparaison de l'adjectif ou de l'adverbe exprimant une qualité à un degré égal, supérieur ou inférieur soit à une autre qualité, soit à la même qualité considérée chez un autre. (On distingue les comparatifs d'égalité [*aussi grand*], d'infériorité [*moins grand*], de supériorité [*plus grand*].

COMPARATISME n. m. Ensemble des études de linguistique ou de littérature comparées.

COMPARATISTE adj. et n. Qui concerne le comparatisme ; spécialiste de ces études.

COMPARATIVEMENT adv. Par comparaison avec qqn, qqch.

COMPARER v. t. (lat. *comparare*) [conj. 3]. **1.** Mettre en parallèle des choses, des personnes pour faire apparaître les similitudes ou les différences : *Comparer plusieurs articles avant de faire son choix.* – **2.** Établir entre des personnes ou des choses un lien, un rapport d'égalité, les rapprocher par la pensée, le jugement, l'appréciation, les placer au même rang, sur le même plan : *On peut comparer la politique actuelle à celle qui a été faite jadis.* – **3.** Mettre des personnes ou des choses en parallèle, établir un rapprochement, une comparaison entre elles pour expliciter sa pensée, son jugement, son appréciation : *Comparer une jeune fille à une rose.*

◆ **être comparé** v. pass. **1.** En parlant de deux ou plusieurs choses, être considérées les unes par rapport aux autres : *Forces comparées de deux armées.* – **2.** *Comparé à,* indique que qqn, qqch sert de point de comparaison : *Comparé à son frère, il est nul en maths.* – **3.** *Droit comparé,* branche du droit qui a pour objet d'analyser et de comparer les institutions et les systèmes de droit en vigueur dans les différents pays. ‖ *Linguistique* ou *grammaire comparée,* branche de la linguistique qui s'occupe de comparer des langues différentes ou une même langue à des moments différents de son évolution (par oppos. à la *linguistique descriptive*). ‖ *Littérature comparée,* branche de l'histoire littéraire qui étudie les rapports entre les littératures de différents pays ou l'évolution d'un genre ou d'un thème littéraire.

◆ **se comparer** v. pr. Faire un rapprochement entre soi et qqn ou qqch d'autre ; se prêter à un rapprochement : *Ce texte ne peut se comparer à aucun autre.*

COMPAROIR v. i. (lat. médiév. *comparere,* avec l'infl. de l'anc. fr. *paroir,* du lat. *parere,* paraître) [seulement inf. et part. prés. *comparant*]. *Vx.* Comparaître en justice.

COMPARSE n. (ital. *comparsa,* apparition, du lat. *comparere,* apparaître). **1.** Personnage muet ou de très peu d'importance au théâtre. – **2.** Complice qui joue un rôle secondaire dans une affaire délictueuse, dans une action blâmable : *On a puni le coupable et acquitté ses comparses.*

COMPARTIMENT n. m. (ital. *compartimento,* de *compartire,* partager). **1.** Division d'une surface par la disposition régulière et symétrique de lignes : *Les compartiments d'un damier.* – **2.** Division, subdivision d'un objet, d'un meuble qui résulte de cloisons ; case : *Un tiroir à compartiments.* – **3.** Division, catégorie, partie : *Diviser les connaissances en compartiments trop cloisonnés.* – **4.** Partie d'une voiture que l'on a divisée par des cloisons, et comportant banquettes, filets, etc., pour l'accès et l'installation des voyageurs. – **5.** Cellule intérieure entièrement cloisonnée d'un navire. – **6.** *Parquet à compartiments,* parquet dont l'unité de pose est un carreau constitué par un cadre à l'intérieur duquel des lames de bois variés dessinent des motifs géométriques. (Syn. PARQUET À LA FRANÇAISE.)

COMPARTIMENTAGE n. m. ou **COMPARTIMENTATION** n. f. Action de compartimenter ; disposition qui en résulte.

COMPARTIMENTER v. t. (conj. 3). **1.** Diviser qqch en compartiments, en cases : *Compartimenter une bibliothèque.* – **2.** Séparer qqch par des divisions nettement tranchées ; cloisonner : *On a trop compartimenté les divers services.*

COMPARUTION n. f. (de *comparu*). **1.** Action de comparaître en justice. – **2.** Fait de comparaître devant qqn, devant un conseil : *Comparution en conseil de discipline.* – **3.** *Comparution immédiate,* procédure instituée en 1983 pour la répression de certains délits flagrants, dans laquelle le prévenu n'est jugé, le jour même de sa comparution, qu'avec son accord et celui de son avocat. ‖ *Comparution personnelle,* mesure d'instruction ordonnée par un tribunal à l'effet de faire venir les parties, ou l'une d'elles, pour obtenir des explications ou des aveux. ‖ *Mandat de comparution,* mise en demeure adressée par le juge d'instruction à une personne, de se présenter devant lui aux date et heure indiquées sur le mandat.

COMPAS n. m. (de *compasser*). **1.** Instrument de tracé ou de mesure composé de deux branches articulées à une extrémité, destiné à dessiner des cercles ou à reporter des longueurs. – **2.** Instrument permettant de connaître à tout moment, sur un navire ou un avion, une direction fixe de référence, en général le nord magnétique. (→ *encycl.*) – **3.** Symbole maçonnique qui est l'une des trois « Grandes Lumières », avec le Volume de la Loi sacrée et l'Équerre. – **4.** *Au compas,* avec une exactitude méticuleuse. ‖ Fam. *Avoir le compas dans l'œil,* apprécier, avec rapidité et justesse, les distances, les proportions. ‖ *Compas à balustre,* petit compas que l'on manœuvre au moyen d'une tige tenue entre le pouce et l'index, et qui sert à tracer de très petits cercles. ‖ *Compas d'ellipse* ou *elliptique,* instrument qui sert à tracer des ellipses. ‖ *Compas forestier,* syn. de BASTRINGUE.

‖ *Compas gyroscopique,* syn. de GYROCOMPAS. ‖ *Compas à pointes sèches,* compas dont chaque branche se termine par une simple pointe, utilisé pour reporter des longueurs. ‖ *Compas de réduction,* compas à quatre pointes, dans lequel la charnière est remplacée par un bouton mobile le long des branches. ‖ *Compas à trois branches,* instrument à trois branches articulées qu'emploient les sculpteurs pour prendre et reporter des mesures.

◆ n. m. pl. *Pop.* Paire de jambes.

ENCYCL. **Aéron.** et **Mar.** Le compas permet de faire suivre à un navire ou à un avion une route dont on a fixé à l'avance l'angle avec la direction de référence et que l'on désigne sous le nom de cap. Les *compas magnétiques* comportent plusieurs aiguilles aimantées parallèles solidaires d'une couronne mobile graduée (rose* des vents). Ils sont montés avec une suspension à la Cardan dans un boîtier cylindrique vitré. Dans les *compas liquides,* l'équipage magnétique est constitué par deux gros aimants fixés à des flotteurs baignant dans un mélange eau-alcool, ce qui provoque un amortissement rapide des oscillations de la rose. Sur les navires en acier, les structures métalliques provoquent des perturbations des indications du compas, que l'on doit corriger ou neutraliser (compensation). Sur les gros et moyens bâtiments et sur les avions le compas magnétique est à présent supplanté par le gyrocompas*.

COMPAS (en lat. *Circinus, -i*), constellation australe, située entre le Centaure et le Triangle austral, introduite par La Caille en 1752.

COMPASSAGE n. m. Tracé de divisions régulières à l'aide d'un compas.

COMPASSÉ (ÊTRE) v. pass. (lat. pop. **compassare,* mesurer avec le pas, du lat. class. *passus,* pas). Être affecté, d'une raideur exagérée et sans spontanéité : *Son attitude est compassée, guindée. Parler d'un ton compassé.*

COMPASSEMENT n. m. *Litt.* Caractère de qqn, de son comportement, qui est compassé ; affectation, froideur.

COMPASSION n. f. (lat. ecclés. *compassio, -onis,* de *compati,* souffrir avec). *Litt.* Sentiment de pitié qui nous rend sensible aux malheurs d'autrui ; pitié, commisération.

COMPASSIONNEL, ELLE adj. **1.** Accordé à qqn par compassion. *Prescription compassionnelle.* **2.** Destiné à produire un sentiment de compassion. *Émission compassionnelle.*

COMPATIBILITÉ n. f. **1.** Caractère, état de qqch qui est compatible, en accord avec qqch d'autre : *Compatibilité d'humeur.* — **2.** Qualité relative de deux procédés de télécommunication pouvant fonctionner avec les mêmes appareils. — **3.** Qualité relative de deux ordinateurs, dont l'un peut exécuter des programmes écrits pour l'autre sans traduction ni réécriture. — **4.** *Compatibilité sanguine,* recherche de l'absence de toute agglutination lors du mélange du sérum d'un receveur avec les globules rouges d'un donneur, en vue de s'assurer de l'inocuité et de l'efficacité de la transfusion. ‖ *Compatibilité tissulaire,* syn. de HISTOCOMPATIBILITÉ.

COMPATIBLE adj. (lat. médiév. *compatibilis*). **1.** Qui peut exister en même temps, s'accorder avec qqch d'autre ; conciliable : *Leurs caractères ne sont pas compatibles.* — **2.** Se dit d'appareils doués de compatibilité. — **3.** Se dit de polymères présentant une bonne miscibilité. — **4.** *Événements compatibles,* événements d'un même univers de probabilité ayant des éventualités communes et pouvant donc se réaliser simultanément. ‖ *Propriété* P *compatible avec une relation d'équivalence* $\mathcal{R}$, propriété telle que si un élément x vérifie la propriété P et est équivalent à un élément y (modulo $\mathcal{R}$), alors y vérifie la propriété P. ‖ *Relation compatible à gauche* (resp. *à droite*), relation $\mathcal{R}$ définie sur un ensemble E, muni d'une loi interne T telle que

$$x \mathcal{R} x' \Rightarrow (y \top x) \mathcal{R} (y \top x')$$
$$\text{resp. } x \mathcal{R} x' \Rightarrow (x \top y) \mathcal{R} (x' \top y).$$

‖ *Relation compatible avec une loi interne,* relation $\mathcal{R}$ définie sur un ensemble E, muni d'une loi interne T telle que si $x \mathcal{R} y$ et $x' \mathcal{R} y'$, alors $(x \top x') \mathcal{R} (y \top y')$. ‖ *Système d'équations compatibles,* système d'équations dont l'ensemble des solutions est non-vide.

COMPATIR v. t. ind. (bas lat. *compati,* souffrir avec) [conj. **32**]. Prendre part aux maux d'autrui : *Compatir au deuil d'un ami.*

COMPATISSANT, E adj. Qui est porté à la compassion, qui est sensible aux souffrances d'autrui.

COMPATRIOTE n. (bas lat. *compatriota,* du lat. class. *patria,* patrie). Habitant ou personne originaire de la même contrée, de la même ville, du même village ou du même pays que qqn d'autre ; personne qui a la même nationalité.

COMPENDIEUX, EUSE adj. (lat. *compendiosus,* abrégé). *Litt.* **1.** Qui s'exprime brièvement. — **2.** Abrégé, exprimé en peu de mots.

COMPENDIUM [kɔ̃pɑ̃djɔm] n. m. (lat. médiév. *compondium,* résumé). *Litt.* Résumé d'une science, d'une doctrine, etc.

COMPÉNÉTRATION n. f. *Litt.* Pénétration mutuelle.

COMPÉNÉTRER (SE) v. pr. (conj. **18**). *Litt.* Se pénétrer mutuellement ; être imbriqué l'un dans l'autre, influencé l'un par l'autre.

COMPENSABLE adj. **1.** Qui peut être compensé : *Une perte difficilement compensable.* — **2.** Se dit d'un chèque qui peut passer à la Chambre de compensation.

COMPENSATEUR, TRICE adj. **1.** Qui fournit une compensation : *Indemnité compensatrice d'un dommage.* — **2.** Se dit d'un pendule conçu pour maintenir la précision du réglage aux variations thermiques.

◆ **compensateur** n. m. **1.** Appareil destiné à compenser une différence ou une variation (de longueur, d'effort, etc.). — **2.** Dispositif qui diminue les réactions des gouvernes de l'avion sur les commandes, réduisant ainsi la fatigue du pilote. (Syn. TAB.) — **3.** Dispositif permettant soit de réaliser automatiquement l'horizontalité de la visée dans un niveau, soit d'obtenir dans un tachéomètre le site ou la pente corrects. — **4.** *Compensateur de dilatation,* appareil ou dispositif absorbant la variation de longueur d'une tuyauterie dans laquelle circule un fluide à température variable ou différente de la température ambiante. ‖ *Compensateur (synchrone* ou *asynchrone),* machine (synchrone ou asynchrone) destinée à fournir ou à absorber de la puissance réactive.

COMPENSATION n. f. (lat. *compensatio*). **1.** Avantage qui compense un inconvénient, un mal, un préjudice ; dédommagement : *Il n'y a pas de compensation à l'alourdissement de l'horaire.* — **2.** Action de compenser un sentiment de manque : *Manger par compensation.* — **3.** *En compensation,* pour compenser ; en contrepartie, en échange. • **Aéron.** Phénomène qui permet d'atténuer les efforts sur les commandes lors du braquage d'une gouverne. — **Anthropol.** *Compensation matrimoniale,* en théorie de la parenté, ensemble des prestations fournies à la belle-famille par le mari ou sa famille, nécessaires à l'accomplissement des cérémonies de mariage. — **Banq.** Opération par laquelle les achats et les ventes se règlent au moyen de virements réciproques, sans déplacement de titres ni d'argent. ‖ *Chambre de compensation,* lieu de réunion des représentants des banques, où ceux-ci s'échangent réciproquement les effets et les chèques qu'ils sont chargés de recouvrer pour leur propre compte ou pour le compte de leurs clients. ‖ *Cours de compensation,* cours conventionnel fixé à chaque liquidation par les agents de change, et auquel les acheteurs et vendeurs d'une valeur pendant le mois précédent restent acheteurs et vendeurs de la même valeur pendant le mois suivant. — **Biol.** *Profondeur de compensation,* profondeur marine à laquelle parvient une quantité de lumière juste suffisante pour permettre aux algues de compenser leurs pertes sans croître. — **Cybern.** Suppression progressive d'un asservissement secondaire de stabilisation, ayant pour effet de ramener la grandeur réglée à sa valeur de régime après un régime transitoire. — **Dr.** Procédé qui permet d'éteindre des obligations entre deux personnes respectivement créancières et débitrices l'une de l'autre. (La compensation peut être légale, conventionnelle ou judiciaire.) ‖ *Compensation démographique,* aide aux régimes sociaux défavorisés par leurs structures démographiques, fournie par le régime général des salariés, et instituée en 1974. — **Écon.** Système de règlement d'échanges internationaux aux termes duquel un pays exportateur est réglé par le pays importateur non en devises, mais en marchandises. — **Électr.** *Enroulement de compensation,* enroulement auxiliaire d'une machine électrique atténuant les effets du courant principal. — **Horlog.** Limitation ou suppression des effets perturbateurs agissant au détriment de la précision des appareils horaires. — **Hydrol.** *Courant de compensation,* courant marin rétablissant l'équilibre isostatique de la surface. — **Mar.** Correction des déviations de l'aiguille aimantée du compas d'un navire dues à l'acier présent dans la structure ou le chargement de ce navire. — **Métrol.** Application de la technique d'estimation par moindres carrés au traitement des mesures. — **Psychan.** Processus selon lequel tout être vivant viserait à effacer ses déficiences dans n'importe quel domaine pour rétablir un équilibre, voire à augmenter notablement au-dessus de la moyenne ses performances dans le secteur de son infériorité initiale (surcompensation). [La compensation s'inscrit dans la théorie d'Adler du sentiment d'infériorité, dont il fait la clé de la vie psychique.]

COMPENSATOIRE adj. **1.** Qui constitue une compensation. — **2.** *Intérêts compensatoires,* intérêts dus à titre d'indemnité pour réparer le préjudice subi du fait de l'inexécution d'une obligation. ‖ *Prestation compensatoire,* somme d'argent, versée sous forme de capital ou de rente, qui peut être allouée à l'un des époux en cas de divorce.

COMPENSER v. t. (lat. *compensare*) [conj. 3]. **1.** Contrebalancer, équilibrer un effet par un autre, neutraliser un inconvénient, un préjudice par un avantage, un dédommagement ; dédommager : *L'accroissement des impôts compense les dépenses nouvelles.* — **2.** Satisfaire plus que nécessaire un besoin pour remplacer l'inassouvissement d'un autre besoin : *Elle compense, en mangeant, le manque d'affection qu'elle ressent.* — **3.** En droit, effectuer une compensation.

◆ **être compensé** v. pass. **1.** En parlant d'une lésion, être neutralisée dans ses effets nuisibles soit par une réaction de défense de l'organisme, soit par le traitement. — **2.** *Publicité compensée,* publicité d'un organisme professionnel concernant un produit en général, mais non une marque particulière. (Syn. PUBLICITÉ COLLECTIVE.) ‖ *Talon compensé* ou *semelle compensée,* talon qui se prolonge vers l'avant pour se raccorder sans interruption à l'appui de la semelle.

◆ **se compenser** v. pr., **être compensé** v. pass. S'équilibrer, se neutraliser, se contrebalancer : *Les avantages et les inconvénients du projet se compensent.*

COMPÉRAGE n. m. (de *compère*). **1.** *Vx.* Intelligence secrète de deux personnes qui s'entendent pour en tromper d'autres. – **2.** Parenté rituelle créée essentiellement par le sacrement du baptême entre les parents, le parrain et la marraine d'un enfant. (On le trouve en Amérique latine et en Europe méditerranéenne.)

COMPÈRE n. m. (lat. ecclés. *compater,* parrain). **1.** *Vx.* Parrain d'un enfant par rapport à la marraine (ou commère). – **2.** Spectateur qui est d'intelligence avec un camelot, un faiseur de tours. – **3.** Partenaire et complice d'un artiste comique. – **4.** *Vx.* Complice en supercheries, en astuces. – **5.** *Vx.* Meneur de jeu dans des revues de music-hall. – **6.** *Un joyeux compère,* un bon vivant.

COMPÈRE-LORIOT n. m. (pl. *compères-loriots*). Nom usuel de l'*orgelet.*

1. COMPÉTENCE n. f. (bas lat. *competentia,* juste rapport). **1.** Aptitude d'une autorité à effectuer certains actes. – **2.** Aptitude d'une juridiction à instruire et à juger une affaire. – **3.** Capacité reconnue en telle ou telle matière en raison de connaissances possédées et qui donne le droit d'en juger : *Avoir des compétences en physique.* – **4.** *Fam.* Personne qualifiée : *Les plus hautes compétences médicales ont examiné le cas.* – **5.** Aptitude d'un fluide (eau ou vent) à déplacer des éléments d'une taille donnée. – **6.** Caractère d'une roche compétente. – **7.** *Compétence d'attribution* (ou *compétence ratione materiae*), aptitude des juridictions d'un certain ordre à connaître de certaines affaires en considération de l'objet même du procès et de sa valeur pécuniaire. (Cette compétence est d'ordre public.) ‖ *Compétence liée,* situation dans laquelle se trouve l'Administration lorsqu'elle est tenue de prendre une décision dont les lois et règlements précisent à la fois le contenu et la nécessité. ‖ *Compétence territoriale* (ou *compétence ratione personae*), aptitude d'une juridiction d'un certain ordre à connaître d'une affaire donnée, à l'exclusion des autres juridictions du même ordre.

2. COMPÉTENCE n. f. (amér. *competence*). Ensemble des dispositions, capacités, aptitudes spécifiques qui permettent à tout sujet parlant une langue de la maîtriser, et qu'il met en œuvre à l'occasion de ses actes de parole effectifs dans des situations concrètes (ce qui constitue la *performance*).

ENCYCL. Concept de base de la grammaire générative, la compétence est conçue comme un système hypothétique de règles grâce auquel tout locuteur d'une langue est capable : 1° de comprendre et d'émettre un nombre infini de phrases inédites ; 2° de reconnaître les phrases agrammaticales ; 3° de déceler les phrases ambiguës ; 4° de repérer les paraphrases.

COMPÉTENT, E adj. (bas lat. *competens,* de *competere,* convenir à). **1.** Qui a l'aptitude à effectuer certains actes : *Le maire est compétent en la matière.* – **2.** Se dit d'un tribunal qui est apte à connaître d'une affaire. – **3.** Qui connaît bien une question, une matière, un domaine : *Être compétent en mathématiques.* – **4.** Qui connaît bien son travail, qui est parfaitement apte à la fonction qu'il exerce : *Un physicien compétent.* – **5.** Se dit d'une roche ou d'un niveau rocheux dont le comportement lors de la déformation est plus rigide que celui des terrains qui l'entourent. – **6.** Se dit d'un médecin spécialiste qui exerce simultanément la médecine générale.

COMPÉTITEUR, TRICE n. (lat. *competitor,* concurrent). **1.** Personne qui revendique une charge, une dignité, un emploi, un avantage, également revendiqués par une autre. – **2.** Personne qui dispute un prix, un rang ; concurrent dans une épreuve.

COMPÉTITIF, IVE adj. (angl. *competitive*). **1.** Qui est susceptible, grâce à ses qualités, à ses caractéristiques, de supporter la concurrence : *Sortir un produit compétitif.* 2. Qui offre ses produits à un prix tel qu'ils peuvent faire concurrence aux autres produits similaires sur le marché.

COMPÉTITION n. f. (angl. *competition,* du bas lat. *competitio*). **1.** Action de chercher à obtenir en même temps que d'autres le même titre, la même charge ou dignité, la même fonction, etc. : *La compétition électorale.* – **2.** Action de participer à un championnat, à une coupe, à un tournoi : *Faire de la compétition automobile.* – **3.** Épreuve sportive mettant aux prises plusieurs équipes ou concurrents : *Participer à une compétition de natation.* 4. Concurrence entre des organismes, des populations ou des espèces pour l'utilisation d'une ressource, la recherche de la nourriture ou l'appropriation d'un habitat. – **5.** *Être, entrer en compétition avec qqn, qqch,* se poser en rival, en concurrent.

COMPÉTITIVITÉ n. f. Caractère de produits compétitifs, d'une entreprise compétitive.

COMPIÈGNE (60200), ch.-l. d'arrond. de l'Oise, sur l'Oise, au N. de la *forêt de Compiègne ;* 44 703 hab. *(Compiégnois).* Centre universitaire

(enseignement technologique) ; siège depuis 1980 de l'École d'état-major. Centre résidentiel et élément principal d'une agglomération d'environ 65 000 hab., industrialisée (verrerie, pneumatiques, chimie, métallurgie).
– **Hist.** Demeure royale dès les Mérovingiens, Compiègne fut le siège de plusieurs assemblées ou conciles. Charles V y tint des états généraux en 1358, Jeanne d'Arc y fut faite prisonnière par les Anglais en 1430. C'est dans la forêt de Compiègne, près de la gare de Rethondes, que furent signés l'armistice du 11 nov. 1918, puis celui du 22 juin 1940. À Royallieu, près de Compiègne, les Allemands installèrent d'importants camps de prisonniers.
– **Bx-arts.** Église St-Jacques, des XIIIe-XVIe s. Hôtel de ville en partie de style flamboyant (début du XVIe s. ; musée de la Figurine historique). Musée Vivenel (riches collections d'archéologie, d'objets d'art [vases grecs], etc.). Le château royal, rebâti dans un style sévère par les Gabriel père et fils, achevé par Louis Le Dreux de la Châtre, présente des appartements Napoléon Ier et Napoléon III, abrite un musée du second Empire ainsi qu'un musée de la Voiture et du Tourisme.

Compiègne *(forêt de),* forêt domaniale au sud et à l'est de Compiègne, de 14 500 ha, exploitée en futaie régulière de hêtres et secondairement de chênes, pins et essences diverses.

COMPILABLE adj. Se dit d'un programme, d'un langage susceptible d'être compilé.

COMPILATEUR, TRICE n. (bas lat. *compilator,* pillard). Auteur qui réunit des extraits tirés de divers ouvrages pour en faire un tout qui n'a pas d'originalité.

◆ **compilateur** n. m. Programme de traduction en langage machine de programmes écrits dans un langage évolué tel que le fortran, le cobol, etc.
ENCYCL. **Inform.** Un compilateur traduit un programme écrit dans un *langage source* symbolique *(programme source)* en un programme équivalent, dans un *langage cible (programme objet).* La compilation commence par l'analyse lexicologique, syntaxique et sémantique du texte source. Le compilateur procède ensuite à des tâches préparatoires à la synthèse du programme objet : implantation des constantes, allocation de zones de mémoires aux variables. Puis le programme est traduit le plus souvent dans un langage intermédiaire interne et propre au compilateur. Enfin, s'effectue la génération finale des instructions dans le langage objet.

COMPILATION n. f. **1.** Action de compiler des textes. – **2.** Ouvrage de compilateur. – **3.** Traduction d'un programme écrit en langage évolué en un programme équivalent en langage machine.

COMPILER v. t. (lat. *compilare,* piller) [conj. **3**]. **1.** Écrire un ouvrage fait d'un assemblage de textes empruntés, de morceaux puisés dans d'autres ouvrages. – **2.** Tirer des extraits de divers textes et les réunir pour faire un ouvrage de seconde main : *Il a compilé plusieurs ouvrages pour faire son dictionnaire.* – **3.** Procéder à la compilation d'un programme.

COMPISSER v. t. (conj. 3). *Litt.* Arroser de son urine (style burlesque).

1. COMPLAINTE n. f. (anc. fr. *complaindre,* se plaindre). Action possessoire tendant à faire cesser un trouble de droit ou de fait.

2. COMPLAINTE n. f. (de *complainte 1*). Chanson populaire racontant les malheurs d'un personnage.

COMPLAIRE v. t. ind. (lat. *complacere,* plaire beaucoup) [conj. **110**]. *Litt.* S'accommoder au goût de qqn, à ses sentiments ; se rendre agréable à qqn en le flattant : *Complaire à un supérieur par une attitude de flatterie.*

◆ **se complaire** v. pr. Trouver son plaisir, sa satisfaction dans qqch : *Il se complaît dans son ignorance.*

COMPLAISAMMENT adv. **1.** Pour être agréable : *Il m'a très complaisamment prêté sa voiture.* – **2.** En s'attardant avec satisfaction : *Détailler complaisamment les mésaventures d'un ami.*

COMPLAISANCE n. f. (lat. ecclés. *complacentia*). **1.** Disposition d'esprit de celui qui cherche à faire plaisir en s'adaptant aux goûts ou aux désirs de qqn : *Il m'a écouté avec beaucoup de complaisance.* – **2.** Indulgence excessive et souvent blâmable : *La grande complaisance d'un père envers ses enfants.* – **3.** Satisfaction personnelle allant jusqu'à la fatuité : *S'écouter avec complaisance.* – **4.** *Avoir des complaisances,* en parlant d'une femme, accorder ses faveurs à un homme. ‖ *Certificat, attestation de complaisance,* délivrés sans aucun motif valable, uniquement pour lui faire plaisir, à qqn qui n'y a pas droit. ‖ *Complaisance somatique,* facilité avec laquelle un organe ou une fonction se prête à être le support d'une conversation hystérique ou d'une somatisation. ‖ *De complaisance,* qui est fait ou manifesté par politesse, mais qui n'est ni vrai, ni profond, ni ressenti. ‖ *Effets* ou *papiers de complaisance,* syn. de EFFETS OU PAPIERS DE CAVALERIE*. ‖ *Par complaisance,* par politesse, pour être simplement agréable à qqn. ‖ *Pavillon de complaisance,* nationalité fictive donnée par un armateur à un navire pour échapper au fisc de son pays.

COMPLAISANT, E adj. **1.** Qui cherche à faire plaisir, à être agréable : *C'est un ami très complaisant ; il m'a prêté sa voiture.* – **2.** Qui fait preuve d'une indulgence coupable : *C'est un père* *trop complaisant.* – **3.** Qui dénote la satisfaction personnelle : *Prêter une oreille complaisante aux éloges.* – **4.** Qui tolère, sinon qui favorise, les infidélités de son conjoint.

COMPLANT n. m. (lat. médiév. *complantus*). **1.** Redevance versée par le bénéficiaire d'un bail à complant. – **2.** *Bail à complant,* contrat par lequel un propriétaire de champs les loue à une personne qui s'engage à les complanter s'ils sont en friche, ou à les cultiver s'ils sont déjà plantés, moyennant une certaine quantité de fruits.

COMPLANTER v. t. (bas lat. *complantare,* planter ensemble) [conj. 3]. **1.** Couvrir un terrain de plantations. – **2.** Planter un terrain d'espèces différentes (par ex. vignes et arbres fruitiers).

COMPLANTEUR ou **COMPLANTIER** n. m. Preneur à complant.

COMPLÉMENT n. m. (lat. *complementum,* de *complere,* remplir). Ce qui s'ajoute ou doit s'ajouter à qqch pour le compléter : *Demander un complément d'enquête.* • **Dr.** *Complément familial,* allocation versée sous conditions de ressources aux familles d'au moins trois enfants de plus de trois ans. – **Gramm.** Mot ou proposition qui dépend d'un autre mot ou d'une autre proposition pour les compléter ou en préciser le sens. (On distingue traditionnellement le complément d'objet, direct [*Il mange du* PAIN] ou indirect [*Il pense à ses* PARENTS], le complément d'attribution ou complément secondaire [*Il* LUI *donne un livre*], les compléments circonstanciels [*Il est allé* DIMANCHE *à la* CAMPAGNE].) – **Math.** En numération à base fixe, nombre déduit d'un nombre donné en retranchant à chaque chiffre de ce nombre un chiffre déterminé. – **Méd.** Substance complexe du sérum et des liquides extracellulaires, qui possède notamment la propriété de se fixer sur les complexes antigènes-anticorps et de provoquer la lyse de certains antigènes. (Alors que les systèmes anticorps-antigènes sont innombrables, il semble n'exister qu'un seul complément qu'on retrouve dans la plupart des liquides organiques, et qui englobe neuf facteurs sériques.) ‖ *Réaction de fixation* ou *de déviation du complément,* réaction utilisant les propriétés du complément pour déceler un anticorps dans un liquide organique suspect en présence d'un antigène connu, et qui est particulièrement utilisée pour le diagnostic de la syphilis.

COMPLÉMENTAIRE adj. **1.** Qui constitue un complément, qui vient s'ajouter à d'autres choses de même nature pour les compléter : *Des informations complémentaires.* – **2.** Se dit de choses, de personnes qui se complètent l'une l'autre : *Ce sont des industries complémentaires.* • **Écon.** Se dit de biens caractérisés par la complémentarité. – **Jeux.** *Numéro complémentaire,* au Loto national, numéro qui, ajouté à cinq des six numéros gagnants, détermine l'attribution d'un lot particulier. – **Ling.** *Distribution complémentaire,* situation de deux unités linguistiques, l'une par rapport à l'autre, quand elles n'apparaissent jamais dans le même contexte. (C'est le cas des allophones, allomorphes, etc.) – **Math.** Se dit de deux objets mathématiques tels que l'un est le complémentaire de l'autre. – **Opt.** Se dit d'une couleur qui, par mélange en proportion convenable avec une autre, donne un stimulus achromatique. (Ainsi le jaune, couleur primaire, et le violet, couleur binaire, sont complémentaires.)

◆ n. m. *Complémentaire de l'angle d'un couple de droites,* angle de couple de droites tel que la somme des mesures des deux angles en radians vaille $\frac{\pi}{2}$ (modulo π). ‖ *Complémentaire d'une partie* A *d'un ensemble* E, partie formée par les éléments de E qui n'appartiennent pas à A.

ENCYCL. Si $\bar{A}$ désigne le complémentaire de A dans E, on a les propriétés suivantes :
1. $\bar{\bar{A}} = A$; 2. $\bar{\emptyset} = E$ et $\bar{E} = \emptyset$; 3. $A \cap \bar{A} = \emptyset$ et $A \cup \bar{A} = E$; 4. $A \subset A' \Leftrightarrow \bar{A'} \subset \bar{A}$; 5. $\overline{A \cap B} = \bar{A} \cup \bar{B}$ et $\overline{A \cup B} = \bar{A} \cap \bar{B}$.

COMPLÉMENTARITÉ n. f. **1.** Caractère de ce qui est complémentaire. – **2.** Caractéristique qui lie deux biens économiques si le fait d'utiliser une unité de l'un entraîne l'utilisation d'une certaine quantité de l'autre. – **3.** *Principe de complémentarité,* principe épistémologique énoncé par N. Bohr, selon lequel les deux descriptions, particulaire et ondulatoire, des objets quantiques ne sont pas contradictoires, mais complémentaires.

COMPLÉMENTATION n. f. Opération qui consiste à prendre le complément d'un nombre écrit dans une base de numération donnée.

COMPLÉMENTER v. t. (conj. 3). Effectuer une complémentation.

1. COMPLET, ÈTE adj. (lat. *completus,* rempli). **1.** Qui comporte tous les éléments nécessaires, à quoi rien ne manque : *Une collection complète des œuvres de Balzac.* – **2.** Se dit d'une période envisagée dans sa totalité ; entier : *Nous passerons un mois complet à la campagne.* – **3.** Qui comporte un vaste ensemble d'éléments qui couvrent bien le domaine en question : *Sa discothèque est assez complète.* – **4.** Qui ne peut plus rien contenir, dont toutes les places sont occupées ; plein, bondé : *Parking complet. Autobus complet.* – **5.** Qui remplit parfaitement son objet, qui répond totalement à la diversité des besoins : *La natation est un sport complet.* – **6.** Qui est parfaitement ce qu'il est, sans réserve ni restriction, ni atténuation ; total, absolu : *N'ouvrir que dans l'obscurité complète.* – **7.** Qui est accompli en son genre, dont tous les aspects sont présents, développés : *C'est un artiste complet. Un spectacle complet.* — **8.** *Fam.* et *péjor.* Indique un haut degré ; parfait : *C'est un complet imbécile.* — **9.** Se dit d'un aliment qui contient en quantité suffisante et en proportions adéquates tous les éléments nutritifs nécessaires à l'organisme. — **10.** Fam. *C'est complet !,* se dit quand un dernier ennui vient s'ajouter à une série d'autres. ‖ *Pain complet,* pain fabriqué à partir de farine brute et de son. • **Bot.** *Fleur complète,* fleur ayant tous les verticilles floraux typiques : calice, corolle, étamines et pistil. — **Log.** *Symbole complet,* symbole qui comporte par lui-même un sens et une dénotation. ‖ *Théorie complète,* théorie qui jouit de la propriété de complétude sémantique et/ou syntaxique. — **Math.** Se dit d'un espace métrique sur lequel toute suite de Cauchy est convergente. (→ *encycl.*)

◆ **complet** n. m. *Au (grand) complet,* sans que rien ou personne ne manque.

ENCYCL. **Math.** $\mathbb{R}^p$ est complet, quel que soit p entier non nul. Un espace métrique compact est aussi un espace complet. Par contre, $\mathbb{Q}$ n'en est pas un. Un sous-espace d'un espace complet est complet si et seulement si il est fermé pour la métrique considérée.

2. COMPLET n. m. (de *complet 1*). Costume de ville masculin composé d'une veste, d'un pantalon et souvent d'un gilet.

1. COMPLÈTEMENT adv. (de *complet 1*). **1.** Entièrement, d'un bout à l'autre : *Lire un ouvrage complètement.* — **2.** Indique un degré extrême ; tout à fait : *Il est complètement fou.*

2. COMPLÈTEMENT n. m. (de *compléter*). **1.** *Vx.* Action de mettre au complet : *Le complètement d'une collection.* — **2.** En topographie, report sur une minute obtenue par photogrammétrie des renseignements que la photographie aérienne ne peut fournir (toponymie, viabilité des routes, chemins sous bois, etc.).

COMPLÉTER v. t. (conj. **18**). **1.** Ajouter les éléments qui manquent à qqch ou à un ensemble pour qu'il soit complet : *Compléter un jeu d'échecs en rachetant la pièce manquante.* — **2.** Venir s'ajouter pour que l'ensemble soit complet, entier : *Le détail complète le personnage.* — **3.** Parfaire qqch qui était insuffisant ; parachever : *La police doit compléter son enquête par l'audition d'autres témoins.* — **4.** Avoir les qualités, les éléments qui manquent à qqch, à qqn, de telle sorte que l'ensemble formé fasse un tout assez complet, harmonieux, efficace : *L'index complète utilement le guide.* — **5.** Procéder au complètement d'une carte.

◆ **se compléter** v. pr. **1.** Devenir complet peu à peu : *Ma documentation se complète.* — **2.** Former un tout complet, homogène, harmonieux, un groupe efficace, etc. : *Leurs caractères se complètent.*

COMPLÉTION n. f. (de *compléter*). Ensemble des opérations d'achèvement d'un puits avant sa mise en production.

COMPLÉTIVE adj. f. et n. f. (bas lat. *completivus,* qui complète). *Proposition complétive,* proposition subordonnée, conjonctive ou infinitive, équivalant à un groupe nominal complément, sujet ou attribut d'un élément de la proposition principale. (Par ex. QUE VOUS PROTESTIEZ ne change rien. On sentait L'HIVER VENIR.)

COMPLÉTUDE n. f. (de *complet 1*). **1.** Propriété d'une théorie déductive non-contradictoire, dans laquelle toute formule est décidable. — **2.** Propriété pour un espace d'être complet.

COMPLEXANT, E adj. et n. m. Se dit de composés chimiques propres à induire la formation de complexes.

COMPLEXATION n. f. Action de complexer.

1. COMPLEXE adj. (lat. *complexus,* de *complecti,* embrasser). **1.** Qui contient plusieurs parties ou plusieurs éléments combinés d'une manière qui n'est pas immédiatement claire pour l'esprit ; compliqué, difficile à comprendre : *Question complexe. Une personnalité complexe.* — **2.** Se dit d'un son complexe, son créé par un mouvement vibratoire périodique qui n'est pas un mouvement sinusoïdal pur. — **3.** Se dit d'une phrase formée de plusieurs propositions liées entre elles par coordination ou subordination. — **4.** *Fonction complexe,* fonction à valeur dans $\mathbb{C}$. ‖ *Nombre complexe* ou *complexe* (n. m.), élément du corps $\mathbb{C}$.

◆ n. m. **1.** Ce qui est complexe, composé de plusieurs parties ou de plusieurs éléments. — **2.** Ensemble industriel dont les parties concourent à une production particulière : *Complexe sidérurgique.* — **3.** Ensemble d'installations groupées en fonction de leur utilisation : *Complexe hôtelier, touristique.* — **4.** Ensemble de plusieurs salles de cinéma dans un même immeuble. (On dit aussi COMPLEXE MULTISALLES.) • **Bât.** *Complexe d'étanchéité,* étanchéité multicouche. — **Chim.** Combinaison dans laquelle plusieurs molécules ou ions, saturés en apparence, sont unis les uns aux autres, et dans laquelle les propriétés chimiques de ces molécules ou de ces ions ont disparu. ‖ Substance formée par l'ensemble de deux ou plusieurs groupements chimiques liés entre eux. (Les complexes sont formés grâce à la propriété qu'ont de nombreux ions, surtout de métaux lourds, d'attirer et de grouper autour d'eux des ions ou des molécules appelés *ligands* ou *coordinats*). — **Emball.** Matériau obtenu par l'association de deux ou plusieurs éléments (papiers, plastiques, aluminium mince, etc.) dont on peut varier les combinaisons. – **Pathol.** *Complexe immun,* syn. de IMMUN-COMPLEXE.

2. COMPLEXE n. m. (all. *Komplex*). **1.** Ensemble structuré d'éléments mnésiques inconscients de la personnalité, qui l'organisent nécessairement chez chacun, à l'insu ou non du sujet, et déterminent ses affects et ses actions. (Le terme, introduit par E. Bleuler et C. G. Jung a été fort peu utilisé par Freud, en dehors d'un nombre restreint de cas : *complexe de castration, complexe d'Œdipe.*) – **2.** Syn. de APPAREIL. – **3.** *Avoir un complexe (d'infériorité),* avoir le sentiment pénible qu'on est inférieur aux autres et le manifester dans son comportement. ‖ Fam. *Avoir des complexes,* être animé de sentiments divers et contradictoires qui entraînent une certaine forme d'inhibition dans l'action. ‖ Fam. *Sans complexe(s),* naturellement, sans hésitation.

COMPLEXÉ, E adj. et n. Se dit de qqn qui souffre de complexes, qui est inhibé.

1. COMPLEXER v. t. (de *complexe 1*) [conj. 4]. Provoquer la formation d'un complexe chimique à partir d'un ion ou d'un atome métallique.

2. COMPLEXER v. t. (de *complexe 2*) [conj. 4]. Donner des complexes à qqn, l'inhiber.

COMPLEXIFICATION n. f. Fait de devenir complexe.

COMPLEXIFIÉ n. m. *Complexifié d'un espace vectoriel* E *sur* $\mathbb{R}$, espace vectoriel sur $\mathbb{C}$, égal à E × E muni de l'opération interne qui, au couple $[(x,y),(x',y')]$, associe le couple $(x + x',y + y')$ et de l'opération externe qui, au couple $[\alpha + i\beta, (x,y)]$, associe le couple $(\alpha x - \beta y, \alpha y + \beta x)$.

COMPLEXIFIER v. t. (conj. 9). Rendre qqch plus complexe, plus compliqué.

COMPLEXION n. f. (lat. *complexio, -onis*). **1.** *Litt.* Constitution physique du corps ; état de son organisme surtout sous le rapport de la résistance : *Complexion robuste.* – **2.** *Vx.* Humeur, inclination, caractère : *Être de complexion amoureuse.* – **3.** Distribution statistique de *n* objets dans diverses cases.

COMPLEXITÉ n. f. Caractère de ce qui est complexe, qui comporte des éléments divers qu'il est difficile de démêler.

COMPLEXOMÉTRIE n. f. Ensemble des méthodes de dosage volumétrique de certains ions métalliques, basées sur l'emploi de réactifs organiques formant des ions ou des molécules complexes. (La complexométrie correspond à la généralisation de l'acidimétrie au cas des complexes.)

COMPLEXOMÉTRIQUE adj. Relatif à la complexométrie.

COMPLIANCE n. f. *Compliance pulmonaire,* élasticité pulmonaire mesurée par la variation du volume et rapportée à une variation de pression à l'intérieur des poumons.

COMPLICATION n. f. (bas lat. *complicatio, -onis*). **1.** État, caractère de ce qui est compliqué, difficile à comprendre, à analyser ; complexité : *La complication d'une machine.* – **2.** Élément nouveau, concours de circonstances qui entrave le déroulement normal de qqch en créant des difficultés (surtout pl.) : *Fuir les complications.* – **3.** Manifestation morbide qui se surajoute à l'évolution normale d'une maladie et qui en aggrave le pronostic (surtout pl.). – **4.** Aggravation d'un mal, d'une situation difficile (surtout pl.) : *Complications d'une crise économique.*

COMPLICE adj. et n. (bas lat. *complex, -icis,* uni). **1.** Qui participe au crime, au délit, à la faute d'un autre et qui est, en principe, passible de la même peine que celle encourue par l'auteur de l'infraction : *Être complice d'un vol, d'un voleur.* – **2.** Qui participe à une action menée dans le secret ou plus ou moins répréhensible ou nuisible, ou qui, par son attitude, favorise, couvre cette action : *Vous êtes complice de cette politique.* – **3.** Qui est de connivence avec qqn d'autre, qui se sent très proche de lui : *C'est son complice de tous les instants.*

◆ adj. **1.** Qui aide, favorise une action plus ou moins répréhensible : *Un silence complice.* – **2.** Qui est de connivence : *Un regard complice.*

COMPLICITÉ n. f. **1.** Participation à la réalisation d'un crime ou d'un délit, antérieure ou concomitante à l'infraction : *Être condamné pour complicité.* – **2.** Participation à une action ; aide apportée à qqn dans son action : *Il a réussi avec la complicité de sa mère.* – **3.** Connivence, entente tacite : *Sourire de complicité.*

COMPLIES n. f. pl. (lat. ecclés. *completa hora*). Dans l'Église catholique, le dernier office de prière de la journée.

COMPLIMENT n. m. (ital. *complimento,* de l'esp. *cumplimiento*). **1.** Action de féliciter qqn d'un mérite quelconque ; paroles louangeuses, éloges, félicitations : *Adresser des compliments au lauréat.* – **2.** Formule de politesse employée pour se rappeler au bon souvenir de qqn : *Avec les compliments de la direction.* – **3.** Petit discours qu'on adresse à qqn dans une circonstance solennelle ou heureuse de sa vie : *Enfant récitant un compliment à sa mère.* – **4.** Salut des artistes de cirque après leur exercice. – **5.** Ironiq. *Je vous fais mes compliments, mes compliments !,* je ne vous félicite pas.

COMPLIMENTER v. t. (conj. 3). Adresser à qqn des félicitations, des compliments ou des éloges pour telle ou telle raison : *On l'a complimenté pour son élégance.*

COMPLIMENTEUR, TEUSE adj. et n. *Litt.* Qui fait trop de compliments ; flatteur.

COMPLIQUÉ, E n. Personne qui cherche la difficulté, qui n'agit pas simplement.
◆ n. m. Ce qui est difficile à démêler, à comprendre : *C'est d'un compliqué !*

COMPLIQUER v. t. (lat. *complicare,* plier ensemble) [conj. 3]. **1.** Rendre moins simple qu'il n'était, plus difficile à comprendre, à réaliser, à effectuer ; embrouiller : *Vous me compliquez la tâche avec vos interventions.* — **2.** *Compliquer la vie, l'existence,* la rendre plus pénible en apportant des soucis supplémentaires, des problèmes inutiles.
◆ **être compliqué** v. pass. **1.** Être fait d'éléments multiples, difficiles à démêler, à analyser, à exécuter, ne pas être simple ; complexe : *C'est compliqué à expliquer.* — **2.** Ne pas agir simplement, ne pas se prêter à des relations simples avec autrui : *Un enfant compliqué.* — **3.** Fam. *Ce n'est pas compliqué,* introduit une constatation ; c'est simple.
◆ **se compliquer** v. pr., **être compliqué** v. pass. **1.** Devenir difficile à comprendre, à exécuter ; présenter de nouvelles difficultés, s'embrouiller : *La situation se complique.* — **2.** Évoluer vers qqch de plus grave : *L'angine peut se compliquer.*

COMPLOT n. m. **1.** Résolution concertée en commun et secrètement contre la sûreté intérieure de l'État, contre qqn, contre une institution. (Le complot est puni de la détention criminelle.) — **2.** Projet, plus ou moins répréhensible, d'une action menée en commun et secrètement.

COMPLOTER v. t. (conj. 3). **1.** Préparer secrètement une action, en général hostile, néfaste, former des projets secrets, mystérieux : *Comploter d'assassiner le président.* — **2.** Avoir un comportement qui prête à penser qu'on prépare une action dirigée contre qqn, qqch ; manigancer : *Qu'est-ce que vous complotez dans votre coin ?*
◆ v. t. ind. Former un complot, un projet secret contre qqn, qqch : *Comploter de renverser le gouvernement.*

COMPLOTEUR, EUSE n. Personne qui complote.

COMPLUVIUM [-vjɔm] n. m. (lat. *compluvium*). Ouverture carrée, ménagée au milieu du toit de l'atrium et par où se déversaient les eaux de pluie qui tombaient dans un bassin central *(impluvium).*

COMPONCTION n. f. (bas lat. *compunctio, -onis,* piqûre). **1.** *Litt.* Tristesse produite par les effets du repentir, le regret d'avoir offensé Dieu. — **2.** *Ironiq.* Air de gravité, de recueillement.

COMPONÉ, E adj. et n. m. (lat. *componere*). Se dit d'une pièce héraldique divisée en compartiments carrés d'émaux alternés.

COMPONENTIEL, ELLE adj. (angl. *component,* composant). *Analyse componentielle,* analyse sémantique des mots en composants ultimes, appelés traits sémantiques ou sèmes.

COMPORTE n. f. (languedocien *comporta,* du lat. *comportare,* porter ensemble). Récipient en bois servant à emporter la vendange hors de la vigne.

COMPORTEMENT n. m. (de *se comporter*). **1.** Manière d'être, d'agir ou de réagir des êtres humains, d'un groupe, des animaux ; attitude, conduite : *Un comportement étrange.* — **2.** Manière dont qqch fonctionne, marche, évolue dans certaines circonstances : *Étudier le comportement d'un véhicule sur une chaussée glissante.* — **3.** *Psychologie du comportement,* connaissance psychologique construite à partir de l'observation du comportement et de ses conditions. (→ *encycl.*) ‖ *Sciences du comportement,* l'ensemble des sciences qui s'appuient sur l'étude du comportement (psychologie objective, éthologie, sociologie...). ‖ *Trouble du comportement,* trouble psychique se manifestant essentiellement au niveau des conduites observables.

ENCYCL. **Psychol.** La *psychologie du comportement* s'est d'abord confondue avec le béhaviorisme*, qui ne considérait que les comportements donnés en réponse à un événement de l'environnement ou stimulus. Dans cette conception, on s'interdit à peu près complètement de supposer l'existence d'événements ou de variables qui soient intermédiaires entre le stimulus et la réponse, et qui ne puissent être réduits aux relations simples qu'on peut observer entre ceux-ci.

Au cours des deux dernières décennies, la conception béhavioriste a été remplacée par des conceptions dans lesquelles on s'efforce de se représenter, sous forme de modèles, « ce qui se passe à l'intérieur » des individus, et l'on soumet ensuite ces modèles à une validation par le moyen de l'étude de comportements observés dans des conditions bien déterminées. Ces dernières conceptions, du fait qu'elles sont particulièrement bien adaptées à l'étude des phénomènes supérieurs chez l'homme, (la pensée, la cognition) sont généralement qualifiées de « cognitivistes ». Mais, en principe, elles pourraient bien être utilisées pour l'étude des phénomènes affectifs.

Le béhaviorisme considérait le comportement comme l'objet de la connaissance. Aujourd'hui il constitue une manifestation objective possible d'activités internes, qui sont en elles-mêmes inobservables de façon publique, et dont les témoignages subjectifs sont peu fiables.

COMPORTEMENTAL, E, AUX adj. **1.** Relatif au comportement. – **2.** *Thérapie comportementale,* ensemble des techniques qui ont pour objectif, en se fondant sur les lois de l'apprentissage et du conditionnement, de modifier les conduites d'un individu, en l'amenant à diminuer ses comportements inadaptés et à accroître ses comportements adaptés.
ENCYCL. **Psychiatr.** Les *thérapies comportementales,* qui se sont d'abord développées en Amérique du Nord, à partir du schéma explicatif des névroses expérimentales de l'animal, dans leur visée de disparition du symptôme et d'adaptation à la norme, s'opposent au subjectivisme qui, selon ses théoriciens, domine l'approche psychanalytique. En matière de pathologie mentale, leur terrain d'élection est, outre les phobies et les symptômes névrotiques divers, l'autisme. Elles sont par ailleurs utilisées dans certaines communautés* thérapeutiques d'anciens toxicomanes et peuvent s'étendre facilement à tous types de déviance.

COMPORTEMENTALISME n. m. Syn. de BÉHAVIORISME.

COMPORTEMENTALISTE adj. et n. Syn. de BÉHAVIORISTE.

1. COMPORTER v. t. (lat. *comportare,* transporter) [conj. 3, mais sans passif]. **1.** Contenir qqch, le comprendre, le renfermer par nature ou comme partie : *La maison comporte deux étages.* – **2.** Impliquer qqch, l'entraîner comme conséquence : *Cette règle ne comporte aucune exception.*

2. COMPORTER (SE) v. pr. (de *comporter 1*) [conj. 3]. **1.** Se conduire de telle ou telle façon ; avoir tel type de comportement : *Il s'est mal comporté à mon égard.* – **2.** Marcher, fonctionner, évoluer de telle ou telle manière : *Voiture qui se comporte bien sur la route.*

COMPOSABLE adj. Qui peut être composé.

COMPOSACÉE → COMPOSÉE 2.

COMPOSANT, E adj. **1.** Qui entre dans la composition ; qui sert à composer : *Les corps composants d'un sel.* – **2.** Qui entre dans la formation d'un mot composé.
◆ **composant** n. m. **1.** Objet, substance, élément qui entre dans la composition de qqch : *Les composants de l'eau.* – **2.** Élément standard utilisé dans la construction de produits industriels de série tels que machines, véhicules, circuits électriques et électroniques, appareils électroménagers, portes, fenêtres, etc. (En électronique, on distingue les *composants passifs** et les *composants actifs**.) – **3.** Élément préfabriqué industrialisé de gros œuvre ou de second œuvre. – **4.** *Composant sémantique,* syn. de TRAIT SÉMANTIQUE.
◆ **composante** n. f. **1.** Élément constituant d'un ensemble complexe : *Les composantes du gouvernement.* – **2.** Chacune des étoiles d'un système double ou multiple. – **3.** Mesure algébrique de la projection sur un axe du vecteur représentant une grandeur vectorielle. – **4.** *Analyse en composantes principales,* méthode factorielle d'analyse des données, ayant pour but de décrire les données d'un tableau de *p* caractères numériques mesurées sur *n* individus. ‖ *Composantes d'un vecteur,* syn. de COORDONNÉES. ‖ *Méthode des composantes symétriques,* méthode utilisée en électrotechnique dans l'étude des réseaux polyphasés en régime sinusoïdal permanent, qui consiste à décomposer un système de tensions (ou de courants) polyphasé non équilibré en une somme de systèmes de tensions (ou de courants) polyphasés équilibrés.

1. COMPOSÉ → COMPOSER.

2. COMPOSÉ n. m. **1.** Ensemble constitué d'éléments divers : *Ce garçon est un composé de douceur et de brutalité.* – **2.** Espèce chimique formée par la combinaison de deux ou plusieurs éléments. – **3.** Mot composé. – **4.** Dans un ensemble muni d'une loi de composition T, élément z, noté xTy, résultant de la composition de deux éléments x et y. – **5.** *Composé (intermétallique),* substance cristalline formée à partir de deux éléments, parfois plus, constituant un matériau semi-conducteur. (Les composés, très nombreux [GaAs, InSb, CdS, etc.], sont principalement utilisés pour la réalisation de composants optoélectroniques.)

1. COMPOSÉE n. f. *Composée de deux fonctions,* pour une fonction $f : E \rightarrow F$ et une fonction $g : F \rightarrow G$, fonction (notée $g \circ f$) définie de E dans G par : $x \rightarrow g(f(x))$. ‖ *Composée de deux relations,* pour une relation $\mathcal{R}$ de E vers F et une relation $\mathcal{S}$ de F vers G, relation (notée $\mathcal{S} \circ \mathcal{R}$) de E vers G qui à $x \in E$ associe $z \in G$ pourvu qu'il existe $y \in F$ tel que : $x\mathcal{R}y$ et $y\mathcal{S}z$.

2. COMPOSÉE ou **COMPOSACÉE** n. f. Herbe dicotylédone aux fleurs serrées en capitule sur un réceptacle commun, de telle sorte que l'inflorescence ait les dimensions, et parfois l'apparence, d'une fleur unique, comme la marguerite, le pissenlit et le bleuet. (Les *composées* forment une immense famille, avec plus de 20 000 espèces.)
ENCYCL. Le pédoncule floral d'une composée s'élargit en un vaste plateau ou réceptacle (10 cm chez le tournesol), entouré d'un involucre ou couronne de bractées, et à la face supérieure duquel les fleurs sont comme piquées. Petites et nombreuses, les fleurs peuvent être tubuleuses (fleurons) ou ligulées, c'est-à-dire munies d'un seul pétale très grand (ligules, demi-fleurons), ce qui fonde le partage de cette grande famille en

trois sous-familles : les tubuliflores (bleuet, centaurée, artichaut, bardane), les liguliflores (laitues, chicorée, pissenlit, salsifis), enfin les radiées, qui ont au centre de l'inflorescence des fleurons hermaphrodites, souvent jaunes, et sur le pourtour des ligules uniquement femelles de couleurs diverses (marguerite, pâquerette, camomille, chrysanthème).

COMPOSER v. t. (lat. *componere,* placer ensemble, avec l'infl. de *poser*) [conj. 3]. **1.** Former, réaliser, en combinant, en assemblant divers éléments : *Composer un bouquet, un menu.* – **2.** Entrer dans la constitution de qqch, d'un groupe, en être un des éléments constitutifs ; constituer : *Les professeurs qui composent le jury.* – **3.** Créer de toutes pièces une œuvre, un texte en choisissant et en arrangeant leurs différents éléments constitutifs : *Composer un roman, un discours.* – **4.** Créer de la musique, être compositeur : *Composer une symphonie.* – **5.** Inscrire successivement les différents éléments d'un code, d'un numéro sur un cadran, un clavier. – **6.** Emprunter telle expression, adopter telle attitude, pour paraître aux yeux d'autrui non pas tel qu'on est, mais tel qu'on veut apparaître : *Composer son personnage.* – **7.** Procéder à la composition d'un texte à imprimer. – **8.** *Composer deux mouvements,* déterminer le mouvement d'un mobile par rapport à un référentiel R, connaissant son mouvement par rapport à un autre référentiel R′, ainsi que le mouvement de R′ par rapport à R.

◆ v. i. **1.** Faire des concessions, ne pas être trop exigeant, ni trop ferme sur ses positions pour pouvoir s'accommoder d'une situation : *Il lui a fallu composer avec les préjugés de sa famille.* – **2.** Trouver un biais, employer des moyens détournés pour s'accommoder de sa conscience, de la loi, etc. ; biaiser, transiger : *Composer avec sa conscience, avec la morale.* – **3.** Concourir par écrit, faire une composition, en parlant d'un élève, d'un étudiant : *Composer en thème latin.*

◆ **être composé** v. pass. Être formé de la réunion d'éléments divers : *Bouquet composé.* • **Archit.** *Pilier composé,* pilier comprenant un noyau à ressauts, des colonnes engagées et des colonnettes dans les angles rentrants (architecture gothique). – **Bot.** *Feuille composée,* feuille dont le limbe est formé de plusieurs parties entièrement séparées. (On distingue les feuilles composées palmées, comme celles du marronnier d'Inde, où toutes les parties [folioles] sont issues du même point, et les feuilles composées pennées, comme celles du robinier, dont les folioles forment des rangées de part et d'autre de la nervure principale ; s'il y a en outre une foliole terminale, la feuille composée est imparipennée.) ‖ *Fleur composée,* syn. de COMPOSÉE. ‖ *Inflorescence composée,* ensemble de fleurs constituant plusieurs groupes (ombelle formée d'ombellules, épi formé d'épillets, etc.). – **Écon.** *Intérêts composés,* intérêts qui s'ajoutent périodiquement au capital pour fructifier avec lui. – **Électr.** *Tension composée,* tension existant, dans un système polyphasé équilibré, entre deux fils de ligne de numéros consécutifs. – **Ling.** *Mot composé* ou *composé* (n. m.), mot contenant deux ou plus de deux morphèmes lexicaux et constituant une unité significative (par ex. *malheureux, porte-bagages, chemin de fer*). [→ encycl.] ‖ *Temps composés,* formes verbales actives constituées d'un auxiliaire (*avoir* ou *être*) et d'un participe passé. (Il s'agit du passé composé, du plus-que-parfait, du passé antérieur et du futur antérieur, formes qui, en français, traduisent l'aspect accompli.) – **Math.** *Application composée de* $\varphi : A \rightarrow B$ *et de* $\psi : B \rightarrow C$, application $\chi : A \rightarrow C$ définie par $z = \chi(x) = \psi[\varphi(x)]$ et notée $\psi \circ \varphi$. – **Mus.** *Mesure composée,* mesure dont les temps sont divisibles par 3. (Syn. MESURE TERNAIRE.) – **Peint.** *Paysage composé,* syn. de PAYSAGE HISTORIQUE. – **Phys.** *Noyau composé,* état nucléaire transitoire résultant de la fusion de deux noyaux atomiques entrant en collision. – **Probab.** *Formule des probabilités composées,* formule $P(A \cap B) = P(A) \cdot P_A(B)$ donnant la probabilité de la conjonction de deux événements A et B d'un même univers, en fonction de la probabilité P(A) de A et de la probabilité conditionnelle $P_A(B)$ de B sachant A. [On a aussi

$$P(A \cap B) = P(B) \cdot P_B(A).]$$

◆ **se composer** v. pr., **être composé** v. pass. Être formé, constitué de choses ou de personnes, les avoir comme éléments constitutifs : *L'eau se compose d'oxygène et d'hydrogène.*

◆ **se composer** v. pr. Constituer qqch pour soi en ajoutant au fur et à mesure les éléments constitutifs de l'ensemble ; se constituer : *Se composer une discothèque.*

ENCYCL. **Ling.** Les *mots composés* peuvent être constitués : 1° d'un nom suivi d'un complément de nom, avec ou sans préposition, avec ou sans trait d'union *(timbre-poste, dessous-de-table, pomme de terre, homme d'affaires)* ; 2° d'un nom suivi ou précédé d'un adjectif épithète ou d'un nom apposé, sans préposition et avec trait d'union *(rouge-gorge, pur-sang)* ; 3° d'un adjectif suivi d'un adjectif *(clair-obscur, sourd-muet)* ; 4° d'une préposition ou d'un adverbe suivi d'un nom *(arrière-pensée, sans-cœur)* ; 5° d'un verbe suivi d'un nom complément avec ou sans préposition *(coupe-circuit, meurt-de-faim)* ; 6° d'un verbe suivi d'un verbe avec ou sans conjonction *(un laissez-passer, un va-et-vient)* ; 7° d'une proposition *(des on-dit, un sauve-qui-peut)*. D'autres mots composés sont formés de deux ou plusieurs radicaux savants (omnivore, psychologie, mégatonne).

COMPOSEUR n. m. *Composeur de numéros,* dispositif associé à un poste téléphonique pour composer automatiquement des numéros d'appel mis en mémoire.

COMPOSEUSE n. f. **1.** Machine servant à composer les textes. – **2.** *Composeuse photographique,* syn. de PHOTOCOMPOSEUSE.

COMPOSITE adj. (lat. *compositus,* composé). Qui est formé d'éléments divers et peu homogènes ; mêlé, disparate, hétéroclite : *Foule composite.* • **Aéron.** *Avion composite* ou *composite* (n. m.), aéronef composé de deux avions reliés rigidement, l'un portant l'autre. – **Archit.** Se dit d'un type de colonne égyptienne de l'époque ptolémaïque. Se dit d'un ordre qui combine l'ionique et le corinthien. (Parfois appelé CINQUIÈME ORDRE.) ‖ Se dit d'un édifice construit en plusieurs campagnes et selon des programmes différents. (Contr. HOMOGÈNE.) – **Pyrotechn.** Se dit d'une poudre constituée par juxtaposition de grains de matières différentes ou d'un chargement constitué par des poudres différentes. – **Techn.** *Matériau composite* ou *composite* (n. m.), matériau formé de plusieurs composants élémentaires dont l'association confère à l'ensemble des propriétés qu'aucun des composants pris séparément ne possède. (→ *encycl.*)

ENCYCL. **Techn.** On distingue les *matériaux composites* à phases dispersées (associations plastique-plastique et charge minérale-plastique), à particules (« agglomérés »), à fibres (bore, carbone, fibres textiles naturelles ou synthétiques) et les matériaux laminés ou sandwiches (association de feuilles minces ou de tissus et de plastique). Les domaines d'emploi des composites (bâtiment, panneaux, industrie chimique, navigation de plaisance, industries mécanique et électrique), se sont élargis par suite des exigences de l'aéronautique et de la recherche spatiale. (→ *plastique* ARMÉ, plastique STRATIFIÉ et ALLIAGE.)

COMPOSITEUR, TRICE n. (lat. *compositor*). **1.** Personne qui compose de la musique. – **2.** Propriétaire ou dirigeant d'une entreprise pratiquant la composition de textes. – **3.** Typographe qui travaille en composition manuelle. – **4.** *Amiable compositeur,* arbitre ayant reçu des parties, dans le cadre d'un compromis, le droit de statuer sur le litige qui lui est soumis. ‖ *Compositeur de ballet,* syn. anc. de CHORÉGRAPHE.

COMPOSITION n. f. (lat. *compositio, -onis*). **1.** Action de composer, de former un tout par assemblage ; réunion, dosage d'éléments constituants : *La composition du gouvernement fut délicate.* – **2.** Ensemble des éléments qui forment un tout, des personnes qui constituent un groupe : *La composition des tribunaux a été modifiée.* – **3.** Proportion et nature des éléments qui entrent dans un corps, un tout : *Quelle est la composition de ce produit ?* – **4.** Art et action de choisir, de disposer et de coordonner les divers éléments constitutifs d'une œuvre littéraire, artistique, architecturale, etc. ; cette œuvre elle-même : *Une remarquable composition picturale.* – **5.** Ordonnance équilibrée des parties constituant un tout ; construction : *Avoir le sens de la composition.* – **6.** Exercice scolaire fait en classe en vue de classer les élèves selon leur valeur. – **7.** *Composition (française),* exercice littéraire qui était destiné à apprendre aux élèves à s'exprimer par écrit sur un thème donné. – **8.** *Litt.* Action, fait de composer son comportement, de se composer un visage, etc. – **9.** *Amener qqn à composition, arriver, venir à composition,* trouver un compromis, un terrain d'entente. ‖ *De la composition de qqn,* fabriqué, conçu par lui. ‖ *Entrer dans la composition de qqch,* être un des éléments qui le composent. ‖ *Être de bonne, de mauvaise composition,* être, ne pas être arrangeant, facile ; avoir, ne pas avoir un caractère accommodant. ‖ *Rôle de composition,* pour un acteur, un danseur, représentation d'un personnage très typé derrière lequel doit s'effacer sa personnalité. • **Cartogr.** *Composition colorée,* représentation significative obtenue par une ou plusieurs combinaisons de couleurs. – **Chim.** Proportion des éléments qui entrent dans un corps composé ou proportion des constituants d'un mélange. – **Impr.** Ensemble des opérations nécessaires pour reproduire un texte en utilisant soit des caractères d'imprimerie *(composition manuelle),* soit des machines de *composition mécanique,* ou des *photocomposeuses.* (→ *encycl.*) – **Ling.** Formation d'une unité lexicale à partir d'éléments qui sont eux-mêmes soit des mots de langue, soit des mots ou des radicaux savants d'origine française, latine ou grecque. – **Math.** *Loi de composition interne sur un ensemble* M, application d'une partie N de M × M dans M (on dit que M est *muni de la loi de composition* en question). [À tout couple (x,y) d'éléments de N, une loi interne associe donc un élément unique z de M, appelé le *composé* de x et de y.] ‖ *Loi de composition externe,* application définie sur le produit cartésien $\Omega \times E$ de deux ensembles Ω et E, et qui prend ses valeurs dans E. (Ω est l'*ensemble des opérations* pour la loi externe φ.) ‖ *Produit de composition,* syn. de PRODUIT DE CONVOLUTION. – **Mus.** Invention et élaboration d'une œuvre musicale. – **Phys.** Opération consistant à composer deux mouvements. – **Verr.** *Atelier de composition,* ensemble du bâtiment et des appareils où arrivent, circulent et sont traitées et mélangées les matières vitrifiables.

ENCYCL. En *composition manuelle,* le compositeur typographe prélève dans la casse les caractères et les dispose dans le composteur préalablement réglé sur la justification désirée. Lorsque la composition d'une ligne est presque achevée, il pourra justifier, c'est-à-dire répartir des valeurs d'espaces entre les mots et amener sa ligne à déterminer la justification. À la fin de la composition, le compositeur effectue la *mise en pages.* La composition manuelle n'est plus guère utilisée, en typographie, que pour les travaux de ville (bilboquets) ou encore pour les ouvrages de bibliophilie.

La *composition mécanique* des textes est apparue à la fin du XIXe s. Dans la *composition en lignes-blocs,* plus connue sous le nom de *Linotype,* chaque ligne composée était aussitôt fondue. Ce système était très maniable pour la mise en pages. Dans la *composition en caractères mobiles,* ou *Monotype,* un clavier permettait d'abord le codage du texte, sous la forme d'une bande de papier perforé qui était ensuite placée sur une machine à fondre les caractères, afin d'en assurer la commande. Ces systèmes ont été remplacés par la composition automatique et la photocomposition.

En *composition automatique* ou *programmée,* l'opérateur enregistre (saisit) le texte à composer en utilisant un clavier comparable à celui d'une machine à écrire sans se soucier de la justification des lignes. Le support de cet enregistrement se présente sous la forme de bandes ou de disques magnétiques. Le texte, ainsi « saisi au kilomètre », est ensuite traité et justifié par un ordinateur ; la composition, les corrections et la mise en pages sont effectuées automatiquement. L'ordinateur envoie ces informations directement à l'unité de composition ou délivre un support magnétique (ruban ou disque) susceptible d'être utilisé pour la commande d'une unité de photocomposition.

La *composition photographique* ou *photocomposition* débute avec la *Lumitype,* inventée et mise au point en France par Higonnet et Moyroud en 1949. Le principe consiste à obtenir, à partir de séries (ou *polices*) de caractères établies sur films, en négatif, des compositions de textes restituées sur du papier ou du film photographique. Une seule série de caractères peut servir pour la composition dans les différentes grandeurs (ou corps) qui sont obtenues à l'aide des systèmes optiques.

Dans la *composition photographique à caractères numérisés,* les caractères font l'objet d'une analyse afin de les traduire en signaux électroniques, permettant ainsi de les stocker dans des mémoires d'ordinateurs. Pour la restitution de la composition, on fait appel soit aux techniques des tubes cathodiques, soit à celle du laser.

Il existe aussi des système de composition à lecture* optique.

COMPOSITIONNEL, ELLE adj. Relatif à la composition musicale.

COMPOSSIBILITÉ n. f. Caractère de choses compossibles.

COMPOSSIBLE adj. Dont l'existence est possible en même temps que qqch d'autre.

COMPOST [kõpɔst] n. m. (angl. *compost,* de l'anc. fr. *compost,* engrais, composé). Produit du compostage des déchets.

1. COMPOSTAGE n. m. (de *compost*). Mise en fermentation de certains déchets agricoles ou urbains, de façon à récupérer des éléments riches en minéraux et matière organique, qui sont ensuite incorporés aux terres agricoles afin de les enrichir.

ENCYCL. Dans le *compostage naturel,* on se contente de remuer périodiquement les tas d'ordures broyées laissées à l'air libre ; le *compostage accéléré* s'effectue dans un milieu fermé où l'on maintient relativement constantes l'humidité, la température et la proportion d'éventuels mélanges. Cette technique se pratique à l'échelle industrielle, en particulier pour le traitement des ordures ménagères ou des boues résiduaires du traitement des eaux.

2. COMPOSTAGE n. m. (de *composter 2*). Action d'imprimer, de marquer, de valider avec un composteur.

COMPOSTELLE (Saint-Jacques-de-) → SAINT-JACQUES-DE-COMPOSTELLE.

1. COMPOSTER v. t. (de *compost*) [conj. 3]. Transformer des déchets en compost.

2. COMPOSTER v. t. (de *composteur*) [conj. 3]. **1.** Imprimer, marquer, numéroter avec un composteur. — **2.** Faire valider un titre de transport par oblitération, par timbre, perforation, impression, ou par codage magnétique.

COMPOSTEUR n. m. (ital. *compositore*). **1.** Appareil à marquer ou numéroter par un procédé à encre à sec ou par perforation. — **2.** Appareil mis à la disposition des voyageurs pour composter leurs titres de transport. — **3.** Outil dans lequel le compositeur typographe assemble manuellement les caractères.

COMPOTE n. f. (lat. pop. **composita,* du lat. class. *compositus,* composé). **1.** Fruits que l'on a fait cuire, entiers ou en quartiers, avec du sucre, de l'eau, du vin rouge, etc. — **2.** Fam. *En compote,* très abîmé, rendu inutilisable : *Voiture en compote ;* meurtri, tuméfié : *Visage en compote.*

COMPOTIER n. m. Coupe pour servir des compotes, des fruits, etc. ; son contenu.

COMPOUND [kɔ̃pund] adj. inv. (angl. *compound,* composé). **1.** Se dit de certains organes ou appareils associés. – **2.** *Moteur compound,* moteur d'avion à pistons où l'énergie des gaz d'échappement était en partie récupérée sur les aubes d'une turbine. ‖ *Excitation compound,* excitation d'une machine électrique dont les inducteurs comportent deux enroulements, l'un en dérivation, l'autre en série avec l'induit. ‖ *Génératrice, moteur compound,* génératrice, moteur à courant continu, à excitation compound. ‖ *Machine compound,* machine à vapeur dans laquelle la vapeur se détend successivement dans deux étages de cylindres.
◆ n. m. Composition isolante employée dans la construction des machines.

COMPOUNDAGE n. m. **1.** Action d'équiper une machine à vapeur avec plusieurs étages de détente. – **2.** Maintien aux bornes d'une source d'énergie, d'une tension indépendante du courant débité. – **3.** Addition d'un produit gras à une huile lubrifiante minérale.

COMPOUNDER v. t. (de *compound*) [conj. 3]. Réaliser le compoundage d'une machine, d'une huile, etc.

COMPRADOR n. m. (pl. *compradores*) [port. *comprador,* acheteur]. **1.** Autref., en Chine, autochtone fondé de pouvoir des firmes étrangères. – **2.** Dans les pays en voie de développement, membre de la bourgeoisie autochtone enrichi dans le commerce avec les étrangers.
◆ **comprador, e** adj. Relatif aux compradores.

COMPRÉHENSIBILITÉ n. f. Qualité de ce qui est compréhensible.

COMPRÉHENSIBLE adj. (lat. *comprehensibilis*). **1.** Qui peut être compris, intelligible, clair : *Arguments compréhensibles.* – **2.** Dont on comprend aisément les raisons, qu'on admet facilement ; excusable : *Une erreur compréhensible.*

COMPRÉHENSIF, IVE adj. (bas lat. *comprehensivus*). **1.** Qui comprend et excuse volontiers les gens, qui admet le point de vue des autres ; tolérant, indulgent : *Avoir des parents compréhensifs.* – **2.** Relatif à la compréhension d'un concept. (Contr. EXTENSIF.) – **3.** Relatif à des séries sédimentaires de même nature et de grande épaisseur, dont l'origine terrigène paraît nette.

COMPRÉHENSION n. f. (lat. *comprehensio*). **1.** Action de comprendre le sens, le fonctionnement, la nature, etc., de qqch : *Faciliter la compréhension d'un texte.* – **2.** Aptitude à comprendre ; intelligence : *Rapidité de compréhension.* – **3.** Sympathie, indulgence, esprit de conciliation qui procède d'une connaissance des problèmes, des difficultés rencontrés par qqn, un groupe, etc. : *Faire preuve de compréhension.* • **Log.** Ensemble des caractères propres à un concept, par opposition à l'ensemble des objets significatifs se référant à l'objet désigné, ou extension. ‖ *Définition en compréhension,* opération qui consiste à spécifier les propriétés caractéristiques des objets qui tombent sous un concept, par opposition à la *définition par extension.* – **Math.** *Axiome de compréhension,* axiome fondamental de la théorie des ensembles, selon lequel, pour tout ensemble M et pour toute propriété $\mathcal{P}(x)$, il existe un ensemble N dont les éléments sont ceux des éléments de M qui satisfont à la propriété $\mathcal{P}(x)$.

COMPRENDRE v. t. (lat. *comprehendere,* saisir) [conj. **79**]. **1.** Faire entrer, compter qqn, qqch dans un ensemble, un total ou, en parlant de cet ensemble, les contenir, les englober, les inclure : *Le total ne comprend pas la T. V. A.* – **2.** Être partiellement ou complètement composé, constitué de choses, de personnes : *L'appartement comprend trois chambres. Équipe qui comprend onze joueurs.* – **3.** Saisir par l'esprit, l'intelligence ou le raisonnement qqch, le sens des paroles, des actes de qqn : *Comprendre l'anglais. Je lui ai fait comprendre qu'il me gênait.* – **4.** Saisir par l'esprit l'action, le comportement de qqn, en entrant dans ses raisons, ses mobiles, participer à sa manière de voir, de réagir : *Il ne comprend pas votre refus.* – **5.** Se rendre compte de (l'importance de) qqch ; réaliser : *Elle comprit d'un coup la gravité de sa maladie.* – **6.** Appréhender d'emblée et par la sensibilité la nature profonde de qqn, d'un art, s'en tenir proche, en avoir une connaissance intuitive : *Comprendre la musique de Bach.* – **7.** Se représenter qqn, qqch d'une certaine manière, s'en faire une certaine idée : *Voilà comment il comprend la vie, les choses.* – **8.** *C'est à n'y rien comprendre,* c'est inexplicable, très étonnant. ‖ *Comprendre les choses,* avoir l'esprit large, être tolérant, indulgent. ‖ *Comprendre la plaisanterie,* ne pas s'en irriter, accepter qu'on plaisante sur soi. ‖ *Comprendre quelque chose,* avoir quelques notions, une petite idée de qqch. ‖ *Je comprends !,* bien sûr !
◆ **être compris** v. pass. **1.** Faire partie de qqch, d'un ensemble : *Le service est compris dans la note.* – **2.** Être situé entre deux choses : *L'inflation annuelle est comprise entre 13 et 14 %.* – **3.** *Être (bien, mal) compris de qqn,* être saisi, assimilé, dominé par lui. – **4.** *Bien compris,* judicieusement conçu : *Un agencement moderne et bien compris.* ‖ Fam. *Compris !, Compris ?* s'emploient dans une réponse pour indiquer qu'une consigne est comprise et acceptée, ou pour souligner un ordre, une défense. ‖ *Y compris, non compris,* en incluant ; sans inclure qqch ou qqn (inv.

quand ils sont placés avant le n.) : *Trente-deux personnes, y compris l'équipage.*

◆ **se comprendre** v. pr. **1.** Pouvoir être appréhendé, saisi par l'intelligence, l'esprit ou être admis, approuvé dans ses motifs, ses causes, etc. : *Son attitude se comprend aisément.* — **2.** Saisir chacun les raisons, l'attitude, la nature de l'autre, le sens de ses paroles, de ses actes, s'entendre : *Nous ne parlons pas la même langue, nous ne pouvons pas nous comprendre.* — **3.** *Cela se comprend,* on l'admet sans peine ; cela n'a pas besoin d'explication, c'est évident. ‖ *Je me comprends,* même si vous n'avez pas bien saisi le sens de mes paroles, moi, je sais fort bien ce que je veux dire.

COMPRENETTE n. f. *Fam.* Faculté de comprendre : *Avoir la comprenette difficile.*

COMPRESSE n. f. (de *compresser*). Pièce de gaz hydrophile, pliée, utilisée pour les pansements des plaies ou la protection des contusions.

COMPRESSER v. t. (bas lat. *compressare,* comprimer à plusieurs reprises) [conj. 4]. Serrer, presser qqch, qqn dans un espace plus ou moins étroit : *Les voyageurs sont compressés dans le métro.*

COMPRESSEUR n. m. **1.** Machine servant à comprimer un fluide compressible (par exemple de l'air) à une pression voulue. (→ *encycl.*) — **2.** Organe d'une installation frigorifique qui aspire le frigorigène gazeux et le refoule à une pression plus élevée. (Les compresseurs à piston sont employés dans les installations de faible puissance ; les compresseurs à vis et les compresseurs centrifuges, dans les installations de moyenne et forte puissance.)

ENCYCL. **Mécan.** Les compresseurs sont de deux types : machines volumétriques et turbocompresseurs. Les machines volumétriques ou alternatives utilisent les propriétés élastiques et thermiques du fluide. L'augmentation de pression est réalisée par réduction (à l'aide de pistons, de palettes ou d'engrenages) du volume offert à une masse donnée de fluide. À chaque instant, l'énergie cinétique du fluide est négligeable ou nulle.

Les *turbocompresseurs* ou *turbosoufflantes,* compresseur et son moteur montés sur l'axe d'une turbine, utilisent les propriétés élastiques et thermocinétiques du fluide. Un organe tournant, muni d'aubes ou d'ailettes, imprime aux particules fluides une variation de pression en même temps qu'une variation d'énergie cinétique. Des organes fixes réduisent la vitesse du fluide et, partant, augmentent sa pression.

COMPRESSIBILITÉ n. f. (de *compressible*). **1.** Propriété qu'ont les corps de diminuer de volume sous l'effet d'une augmentation de pression. (→ *encycl.*) — **2.** Caractère de ce qui peut être réduit, diminué : *La compressibilité des dépenses de l'État.*

ENCYCL. À température constante, le volume occupé par un gaz parfait est inversement proportionnel à la pression, cette loi n'étant valable que pour des systèmes éloignés du point critique*. La compressibilité des liquides, et surtout celle des solides, est beaucoup plus faible que celle des gaz.

COMPRESSIBLE adj. (de *compresser*). **1.** Qui peut être comprimé : *Les gaz sont compressibles.* — **2.** Qui est susceptible d'être restreint, diminué : *Des dépenses compressibles.*

COMPRESSIF, IVE adj. (de *compresser*). **1.** Se dit d'un bandage, d'un appareil qui sert à comprimer. — **2.** Relatif à un processus de compression tectonique.

COMPRESSION n. f. (lat. *compressio, -onis*). **1.** Action de comprimer qqch ; fait d'être comprimé. — **2.** *Compression de personnel, des dépenses, etc.,* diminution, réduction du personnel, des dépenses. • **Bois.** *Bois de compression,* type de bois de réaction, que l'on rencontre dans les conifères du côté comprimé du tronc. (Syn. VEINE ROUGE.) — **Chir.** Action de comprimer une artère, une veine, en particulier pour lutter contre une hémorragie. — **Électron.** *Compression d'un signal,* réduction automatique des variations du niveau moyen d'un signal. (La compression et l'extension permettent, en téléphonie à grande distance, de réaliser une économie importante sur la puissance d'émission.) — **Frigor.** *Cycle à compression de vapeur,* cycle thermodynamique utilisé en production du froid. (Il comporte la vaporisation du frigorigène à basse pression, la compression de la vapeur formée, la liquéfaction de cette vapeur et la détente du liquide.) ‖ *Machine à compression de vapeur,* installation frigorifique mettant en œuvre un tel cycle. — **Inform., Télécomm.** *Compression numérique :* technique de réduction du volume des signaux numérisés, en vue d'optimiser leur transmission ou leur stockage. — **Métall.** Agglomération de poudre placée dans un moule par application d'une pression (on distingue la *compression à chaud,* pendant ou après le frittage, et la *compression à froid* ou *briquetage,* à température ambiante). — **Min.** *Résistance à la compression d'une roche,* pression que peut supporter une roche sans s'écraser. — **Pathol.** *Troubles de compression,* signes résultant d'une augmentation de volume d'un organe due à une inflammation, une tumeur ou un épanchement, une constriction externe. — **Techn.** Premier temps du cycle d'un moteur à deux temps et deuxième temps du cycle d'un moteur à quatre temps.

COMPRIMABLE adj. Qui peut être comprimé ; compressible.

COMPRIMÉ n. m. **1.** Préparation médicamenteuse de consistance solide, contenant une unité de prise d'une ou de plusieurs substances actives. – **2.** Demi-produit obtenu par compression de poudre, et destiné à être fritté.

COMPRIMER v. t. (lat. *comprimere,* serrer) [conj. 3). **1.** Exercer sur qqch une pression de telle sorte que son volume s'en trouve réduit : *Comprimer une artère pour arrêter une hémorragie.* – **2.** Serrer fortement qqch, qqn ; tasser : *Comprimer des vêtements dans une valise.* – **3.** Contenir un sentiment, l'empêcher de se manifester : *Comprimer ses larmes, sa colère.* – **4.** *Comprimer les dépenses,* en diminuer le montant, le volume, freiner leur augmentation. ‖ *Comprimer les effectifs, le personnel,* dans une entreprise, les réduire, supprimer des postes.
◆ **être comprimé** v. pass. *Acier comprimé,* acier qui a subi, aussitôt après la coulée, une compression à la presse qui améliore ses propriétés. *Poudre comprimée,* poudre explosive noire, comprimée à la presse en cartouches cylindriques. ‖ *Poisson comprimé,* poisson au corps étroit et haut, aux flancs développés, et dont le dos et le ventre sont réduits à des crêtes, comme le scalaire.

COMPRIS → COMPRENDRE.

COMPROMETTANT, E adj. **1.** Qui peut exposer qqn à un danger, qui peut lui causer un préjudice, porter atteinte à sa réputation : *Des lettres compromettantes.* – **2.** Susceptible de nuire à la réputation de qqn : *Se promener en compagnie d'une personne compromettante.*

COMPROMETTRE v. t. (lat. *compromittere,* s'engager mutuellement) [conj. **84**]. **1.** Exposer qqch à un danger, à une atteinte, à un risque, diminuer les possibilités de réussite de qqch ou de qqn : *Compromettre sa fortune, son avenir.* – **2.** Engager qqn dans une action, une entreprise qui lui porte un grave préjudice sur le plan social : *Des amis l'ont compromis dans une affaire suspecte.* – **3.** Faire mal juger qqn, nuire à sa réputation : *Il refusait les pots-de-vin qui risquaient de le compromettre.*
◆ v. i. Faire un compromis, s'en remettre à un arbitrage.
◆ **être compromis** v. pass. Risquer fort d'échouer, de ne pas se produire : *Il pleut, notre promenade est bien compromise.*
◆ **se compromettre** v. pr., **être compromis** v. pass. S'engager dans une action, une entreprise où on risque sa propre réputation : *Notaire compromis dans des affaires d'immobilier.*
◆ **se compromettre** v. pr. Avoir avec qqn des relations qui peuvent faire du tort : *Se compromettre avec la canaille.*

COMPROMIS n. m. (lat. *compromissum*). **1.** Action qui implique des concessions réciproques ; transaction : *La vie en société nécessite des compromis.* – **2.** Moyen terme, état intermédiaire, transition : *Cette attitude est un compromis entre le classicisme et le modernisme.* – **3.** Convention par laquelle les parties à un litige soumettent l'objet de celui-ci à un arbitrage. – **4.** *Compromis historique,* stratégie élaborée par le parti communiste italien préconisant entre les couches sociales qu'il représente et les autres (dont celles qui soutiennent la Démocratie chrétienne), un pacte destiné à surmonter la crise. (Il a caractérisé le parti communiste italien entre 1973 et 1980.) ‖ *Formation de compromis,* moyen par lequel le refoulé fait irruption dans la conscience à condition de ne pas être reconnu (rêve, acte manqué, symptôme névrotique, etc.).

COMPROMISSION n. f. (de *compromettre*). Fait d'exposer qqn, de s'exposer à un préjudice moral ou d'engager sa réputation dans une affaire douteuse ; arrangement conclu par lâcheté ou intérêt : *Accepter n'importe quelle compromission.*

COMPROMISSOIRE adj. **1.** Relatif à un compromis. – **2.** *Clause compromissoire,* clause d'un contrat ou disposition d'un traité entre États qui prévoit le recours à l'arbitrage en cas de litige entre les parties.

COMPS-SUR-ARTUBY (83840), ch.-l. de cant. du Var, au N. de Draguignan ; 274 hab. Église gothique du XIIIe s. Centre touristique près des gorges du Verdon.

COMPTABILISABLE [kɔ̃ta-] adj. Qui peut être comptabilisé.

COMPTABILISATION [kɔ̃ta-] n. f. Fait ou action de comptabiliser.

COMPTABILISER [kɔ̃ta-] v. t. (conj. 3). **1.** Faire entrer en comptabilité. – **2.** Calculer de façon détaillée des choses non évaluées en argent : *Je n'ai pas comptabilisé toutes les lettres reçues.*

COMPTABILITÉ [kɔ̃ta-] n. f. **1.** Science de l'établissement et de la tenue des comptes, de l'enregistrement et du classement des mouvements de valeurs impliqués par une activité économique. – **2.** Ensemble des comptes de qqn, d'un établissement, d'une entreprise, d'une association, d'une collectivité publique. – **3.** Service chargé de tenir les comptes ; locaux où se trouve ce service. – **4.** Calcul détaillé de choses non évaluées en argent. – **5.** *Comptabilité analytique,* enregistrement et classement de tous les éléments déterminants des prix de revient des produits et services de l'entreprise, rendant ainsi possibles la prévision et le contrôle budgétaire. (→ *encycl.*) ‖ *Comptabilité deniers,* celle qui concerne le mouvement de valeurs. ‖ *Compta-*

bilité générale, celle qui enregistre les mouvements de valeurs impliqués par l'activité de l'entreprise et concourt, notamment, à l'établissement du bilan et du compte de résultat. (→ *encycl.*) ‖ *Comptabilité matières,* celle qui se rapporte au mouvement des marchandises (matières premières, produits semi-finis, produits finis). ‖ *Comptabilité nationale,* branche spécialisée de la science économique, qui, dans le cadre de la nation, recense les flux des biens les plus importants, la provenance et la répartition des revenus, leur redistribution, les investissements et les sources de financement qui les assurent. (→ *encycl.*) ‖ *Comptabilité à partie double,* enregistrement des opérations commerciales grâce à deux écritures égales et de sens contraires, la valeur déplacée étant passée au débit du compte qui reçoit et au crédit du compte qui fournit. ‖ *Comptabilité publique,* ensemble des règles applicables à la gestion des deniers publics ou, plus spécialement, service préposé à cette gestion. (→ *encycl.*)

ENCYCL. La *comptabilité générale,* sur une base d'informations rigoureusement classées, peut tirer périodiquement (exercice d'une année en général) un état de la situation patrimoniale ou bilan de l'entreprise (la différence entre l'actif et le passif représentant la situation nette) et un compte de résultat qui dégage le revenu que tire l'entreprise des trois types d'opérations qu'elle effectue : opérations d'exploitation, opérations financières, opérations exceptionnelles.

La *comptabilité analytique* vise davantage à satisfaire les besoins de gestion de l'entreprise, en mettant en relief les éléments constitutifs des coûts et des résultats. Si la détermination des prix de revient reste un domaine d'élection de la comptabilité analytique, ses possibilités de contrôle et de prévision sont, par ailleurs, importantes. Elle peut servir de base à l'organisation d'une gestion prévisionnelle.

La *comptabilité nationale* mesure l'activité économique de la nation. Elle vise, d'une part, à mesurer des flux, tentant de cerner la réalité et l'intensité des transactions effectuées par les agents économiques (classés par groupes) au terme des opérations que ceux-ci effectuent (opérations sur biens et services, opérations de répartition, opérations financières). La comptabilité nationale vise également à établir des comptes de patrimoine et, notamment, à mesurer l'évolution du capital fixe productif et à estimer le patrimoine des ménages. Trois tableaux concourent au regroupement des mesures de la comptabilité nationale : le tableau entrées sorties (T. E. S.), le tableau économique d'ensemble (T. E. E.) et le tableau des opérations financières (T. O. F.).

La *comptabilité publique* comprend : 1° la *comptabilité administrative,* dont les comptes sont tenus dans chaque ministère par les services ordonnateurs, et qui retrace les ordres de recettes et de dépenses qui sont le fait des administrateurs. Chaque ministère établit des comptes définitifs, qui sont centralisés au ministère de l'Économie et des Finances et communiqués à la Cour des comptes ; 2° la *comptabilité deniers,* dont la tenue est obligatoire, qui fournit la base du contrôle du budget, et retrace les mouvements de fonds ayant affecté les caisses des comptables du Trésor.

COMPTABLE [kɔ̃tabl] adj. (de *compter*). **1.** Qui a des comptes à tenir ou à rendre : *Agent comptable.* – **2.** Qui relève des agents comptables, de la comptabilité : *Quittance comptable. Plan comptable.* – **3.** Qui est moralement responsable de qqch devant qqn, devant une autorité : *Vous êtes comptable de la vie des passagers.* – **4.** Se dit des noms désignant des personnes ou des objets qui peuvent être comptés, c'est-à-dire qui connaissent l'opposition singulier/pluriel. (Ils peuvent être précédés d'un adjectif numéral cardinal.) [Syn. DÉNOMBRABLE.] – **5.** *Machine comptable,* machine destinée à établir des documents comptables ou commerciaux. – **Écon.** *Pièce comptable,* document justifiant une écriture comptable. ‖ *Plan comptable,* ensemble des réglementations imposées aux entreprises fixant des normes pour la tenue des comptes.

◆ n. **1.** Personne dont la profession est de tenir les comptes d'un commerçant, d'une entreprise. – **2.** Agent de l'Administration des finances chargé de réaliser les opérations de paiement des sommes ordonnancées par les diverses administrations. (Les comptables forment un corps de fonctionnaires placés sous la responsabilité du trésorier-payeur général du département.) – **3.** *Comptable occulte* ou *de fait,* toute personne qui, bien que n'ayant pas le titre de comptable public, exécute des opérations réservées à ce dernier.

COMPTAGE [kɔ̃taʒ] n. m. Action de compter, de faire le décompte de qqch : *Le comptage des voitures.*

COMPTANT [kɔ̃tɑ̃] adj. m. inv. **1.** Se dit d'une somme qui est versée totalement au moment de l'achat : *Mille francs comptant.* – **2.** *Prendre qqch pour de l'argent comptant,* croire naïvement ce qui est dit ou promis.

◆ adv. En payant la somme totale au moment de l'achat.

◆ n. m. *Au comptant,* en payant ou en se faisant payer comptant, sans crédit : *Acheter au comptant.*

COMPTE [kɔ̃t] n. m. (bas lat. *computus,* du lat. class. *computare,* compter). **1.** Action de compter, de faire le calcul ; calcul, dénombrement : *Faire le compte de ses dépenses.* – **2.** Résultat trouvé en comptant à l'issue d'un calcul ; total : *Le compte est exact.* – **3.** Somme qui est due ; ce qui appartient ou revient à qqn : *Le compte n'y est pas.* – **4.** *Litt.* Relation détaillée d'actes, d'événements ; compte-rendu récapitulatif : *Écrire dans un carnet le compte de ses journées.* – **5.** *À bon compte,* à un prix avantageux ; sans beaucoup de mal. ‖ *À ce compte-là,* dans ces conditions, d'après ce raisonnement. ‖ *Avoir son compte de qqch,* en avoir une quantité suffisante ou exagérée. ‖ Fam. *Avoir son compte,* avoir été malmené, tué ; être épuisé ; être ivre. ‖ *Comment fait-il son compte pour,* interroge sur les raisons qui amènent qqn à faire une erreur, à commettre une maladresse ou un acte regrettable. ‖ *Compte tenu de,* eu égard à, en considération de : *Compte tenu de son jeune âge, c'est un véritable exploit.* ‖ *De compte à demi,* en partageant les bénéfices et les pertes, les avantages et les inconvénients. ‖ *Demander des comptes à qqn,* lui demander des explications, l'inviter à se justifier. ‖ *Demander son compte,* se faire régler son salaire et quitter son emploi. ‖ *Devoir des comptes à qqn,* devoir se justifier à ses yeux. ‖ *Donner son compte à qqn,* lui payer son salaire et le congédier. ‖ *En fin de compte, au bout du compte, tout compte fait,* tout bien considéré, pour conclure. ‖ *Être, se mettre, travailler à son compte,* travailler pour soi, ne pas dépendre d'un employeur. ‖ *Être en compte avec qqn,* être dans la situation mutuelle de créancier et de débiteur. ‖ *Être loin du compte,* se tromper de beaucoup sur l'évaluation d'une quantité ; être éloigné de la vérité. ‖ *Faire bon compte,* donner largement la quantité de marchandises vendue. ‖ *Faire le compte de qqch,* faire le calcul, le bilan ; comparer les avantages et les inconvénients. ‖ *Faire les (ses) comptes,* calculer ses dépenses et ses recettes, l'actif et le passif. ‖ *Mettre qqch sur le compte de qqn, de qqch,* l'en rendre responsable. ‖ *Ne pas demander son compte,* ne rien demander et partir, s'esquiver, fuir une situation délicate. ‖ *Pour le compte de,* à son profit, en son nom. ‖ *Pour mon compte,* en ce qui me concerne, selon moi. ‖ *Prendre qqch à son compte,* en assumer la charge, la responsabilité. ‖ *Prendre qqch en compte,* le considérer comme lui revenant, le prendre en considération dans une action, une affaire. ‖ *Prendre un jour à son compte,* prendre un jour de congé sans être rémunéré. ‖ *Recevoir son compte,* être payé ou être congédié. ‖ *Règlement de compte(s),* action de régler un différend par la violence, et, *fam.*, vengeance. ‖ Fam. *Régler son compte à qqn,* lui faire un mauvais parti pour satisfaire sa vengeance. ‖ *Régler ses comptes,* régler un différend. ‖ *Régler un compte,* s'acquitter ; mettre au net une situation ; *(fam.)* se venger. ‖ *Rendre compte de qqch,* le rapporter, l'analyser, en faire un compte-rendu, le justifier. ‖ *Rendre des comptes à qqn,* s'expliquer, se justifier auprès de qqn. ‖ Fam. *S'en tirer à bon compte,* sans subir trop de dommages. ‖ *Se rendre compte de qqch,* apprécier par soi-même ; avoir une notion nette, comprendre. ‖ *Son compte est bon,* il n'a plus rien de bon à espérer, il est perdu. ‖ *Sur le compte de qqn,* à son sujet. ‖ *Tenir compte de qqch,* le prendre en considération : *Il faut tenir compte de la conjoncture économique.* ‖ *Trouver son compte à qqch,* y trouver son avantage. ‖ Fam. *Tu te rends compte !, Vous vous rendez compte !,* souligne l'importance, l'intérêt d'un fait. • **Banq.** Ensemble des écritures au crédit ou au débit d'un client, dans une banque, chez un agent de change, un établissement financier, etc. ‖ *Compte de dépôt* et *compte de chèques,* compte qui est ouvert par un banquier à un client, alimenté par les dépôts du titulaire et dont les retraits s'effectuent généralement par le tirage de chèques. ‖ *Compte joint,* compte collectif, où chaque titulaire a qualité pour faire fonctionner seul le compte sans procuration. – **Comptab.** Tableau à deux colonnes où sont enregistrés les débits et les crédits. ‖ *Compte de bilan* ou *de situation,* compte dont le solde, repris au bilan, mesure un état des ressources et des emplois de valeurs à la fin d'un exercice. ‖ *Compte de gestion,* de *flux,* ou *d'opérations,* compte dont le solde mesure le mouvement des valeurs durant l'exercice, c'est-à-dire les variations d'emplois et de ressources de la période. ‖ *Compte d'ordre,* compte fonctionnant à côté d'un autre compte, pour enregistrer des opérations qui n'ont pas encore été liquidées. (Les comptes d'ordre figurent pour un montant égal, tant à l'actif qu'au passif.) ‖ *Compte de résultat,* compte synthétique qui fait ressortir les pertes ou profits engendrés par l'ensemble des opérations d'exploitation, financières ou exceptionnelles que l'entreprise a réalisées au cours d'un exercice. – **Dr.** *Contrat à compte d'auteur,* contrat par lequel l'auteur ou ses ayants droit versent à l'éditeur une rémunération forfaitaire, à charge pour ce dernier de fabriquer les exemplaires de l'œuvre et d'en assurer la publication et la diffusion. ‖ *Contrat de compte à demi,* contrat par lequel l'éditeur et l'auteur conviennent de partager les bénéfices et pertes d'exploitation, à charge pour l'éditeur d'assumer seul les frais de fabrication, de publication et de diffusion de l'œuvre. ‖ *Compte de tutelle,* compte rendu de sa gestion par le tuteur à sa sortie de charge. ‖ *Reddition de comptes,* production, aux fins de vérification, d'un état de la recette et de la dépense des biens que l'on a administrés pour autrui. — **Écon.** *Monnaie de compte,* unité conventionnelle qui sert à exprimer le montant des transactions mais qui n'est pas nécessairement représentée par une monnaie circulant effectivement. (Par exemple, l'écu, défini dans le cadre du système monétaire européen.) — **Fin.** *Chambre régionale des comptes,* organe juridictionnel créé dans chaque région par la loi de 1982 sur la décentralisation, et chargé de la tutelle financière des collectivités décentralisées. ‖ *Compte administratif,* compte retraçant, pour un exercice donné, les recettes et les dépenses ordonnées par les ordonnateurs. (Il est présenté chaque année par l'autorité exécutive à l'autorité délibérante des collectivités locales ou des établissements publics.) ‖ *Compte courant du Trésor,* compte ouvert par le Trésor dans ses livres au profit d'organismes financiers qui y laissent leurs fonds disponibles. ‖ *Compte de gestion,* ou *compte deniers,* compte retraçant en recettes et dépenses les mouvements de fonds affectant la caisse des comptables. ‖ *Comptes de la nation,* annexe du projet de loi de finances de l'année, retraçant les données de l'activité économique nationale au cours des années précédentes. ‖ *Comptes spéciaux du Trésor,* compte retraçant les opérations provisoires effectuées par le Trésor et figurant dans la loi de finances. (On distingue les comptes d'affectation spéciale financés par des ressources propres, les comptes de commerce, les comptes de règlement avec les gouvernements étrangers, les comptes d'opérations monétaires, les comptes d'avances et les comptes de prêts.) — **Sports.** En boxe, temps de dix secondes compté lorsqu'un boxeur est à terre et passé lequel il est déclaré battu (knock-out). — **Text.** Nombre de fils de chaîne d'un tissu compris dans une unité de mesure.

COMPTE(-)CHÈQUES n. m. (pl. *comptes*[-]*chèques*). **1.** Syn. usuel de COMPTE DE CHÈQUES : *Ouvrir un compte(-)chèques.* — **2.** *Compte(-)chèques postal,* syn. de COMPTE(-)COURANT POSTAL.

Compte(-)Chèques postaux (C. C. P.), administration qui gère les chèques postaux.

COMPTE(-)COURANT n. m. (pl. *comptes*[-]*courants*) [calque de l'ital. *conto corrente*]. **1.** Mode de règlement que deux personnes, souvent une banque et un commerçant, conviennent de conclure entre elles afin que toutes les créances réciproques soient inscrites dans le compte. — **2.** *Compte(-)courant postal (C. C. P.),* compte ouvert dans un centre de chèques postaux à une entreprise ou à un particulier, et sur lequel ont lieu des mouvements de retrait ou de dépôt de fonds. (Syn. COMPTE[-]CHÈQUES POSTAL.)

COMPTE-FILS n. m. inv. Instrument comportant une loupe facilitant l'examen d'une étoffe, d'un détail de dessin, etc. (Syn. QUART-DE-POUCE.)

COMPTE-GOUTTES n. m. inv. **1.** Tube de verre effilé, surmonté d'un capuchon de caoutchouc, destiné à compter les gouttes d'une solution. — **2.** *Au compte-gouttes,* avec parcimonie.

COMPTE-POSE n. m. (pl. *compte-poses*). Appareil indiquant la durée d'exposition dans les opérations photographiques.

COMPTER v. t. (lat. *computare*) [conj. 3]. **1.** Déterminer le nombre des éléments d'un ensemble en faisant correspondre à chacun d'entre eux, et successivement, chacun des nombres de la série des entiers naturels ; dénombrer : *Compter les élèves de la classe.* — **2.** Déterminer le nombre, la quantité de choses, de personnes en procédant à un calcul : *N'oubliez pas de compter vos heures pour pouvoir vous faire payer.* — **3.** Faire entrer qqn, qqch dans un calcul d'ensemble : *Il vous faut trois mètres de tissu en comptant l'ourlet.* — **4.** Évaluer le prix de qqch et se le faire payer : *Il m'a compté 500 francs pour la réparation.* — **5.** Verser une somme à qqn, la lui payer : *Passez à la caisse, le caissier vous comptera vos 500 francs.* — **6.** Évaluer une certaine quantité à l'avance, la prévoir : *Il faut compter six bonnes heures pour faire ce travail.* — **7.** Attribuer telle valeur à qqn, qqch : *Vous pouvez compter Pierre pour trois personnes, il mange comme trois.* — **8.** Comporter tel nombre de choses, de personnes, en être constitué, l'avoir, le comprendre : *Collection qui compte deux mille gravures.* — **9.** Avoir pour soi des choses ou des personnes au sein d'un ensemble : *Il compte quelques personnalités de la finance parmi ses amis.* — **10.** Avoir tel nombre d'années à son actif, avoir une durée de tant : *Il compte 20 ans de présence dans la maison.* — **11.** Prendre qqch en considération, en tenir compte : *Et je ne compte pas la fatigue, les heures d'angoisse.* — **12.** Donner qqch à qqn avec parcimonie : *On a l'impression qu'il nous compte tout ce qu'il offre.* — **13.** Dénombrer les moments qui s'écoulent ou qui sont à venir en trouvant le temps long : *Compter les jours qui séparent des vacances.* — **14.** *Compter les points, les coups,* ne pas intervenir dans une lutte et enregistrer les avantages successifs des deux adversaires. ‖ *Compter qqch, qqn pour rien,* ne lui accorder aucune valeur, aucune importance. ‖ *Sans compter,* largement : *Dépenser sans compter.* ‖ *Sans compter que,* sans tenir compte du fait que ; outre que, en notant en plus que.
◆ v. t. et v. t. ind. **1.** Attendre de qqn qu'il fasse qqch, attendre qqch de qqch, mettre son espoir en qqn ou en qqch : *Je compte sur vous pour m'aider.* — **2.** Avoir l'intention de, se proposer de : *Vous comptez venir ?* — **3.** *Compter avec qqn, qqch,* le prendre en considération, le prévoir. ‖

Compter sans qqch, qqn, ne pas le faire entrer en ligne de compte, ne pas le prendre en considération. ‖ Fam. *On peut compter sur toi, pour...,* se dit pour indiquer qu'on peut prévoir à coup sûr le comportement de qqn. ‖ *Pouvoir compter sur qqn,* lui faire confiance.

◆ v. i. **1.** Énumérer la suite des nombres : *Enfant qui sait compter jusqu'à 10.* – **2.** Faire des calculs : *Vous vous êtes trompé dans votre addition, apprenez à compter.* – **3.** Calculer avec précision ses dépenses par souci d'économie : *Avec un budget aussi restreint, il faut sans cesse compter.* – **4.** Entrer en ligne de compte avec telle valeur : *C'est une erreur, ça ne compte pas.* – **5.** Avoir de l'importance : *Pierre compte beaucoup pour elle.* – **6.** Être au rang, au nombre de : *Livre qui compte parmi les plus grands succès de l'année.* – **7.** *À compter de,* à dater de, à partir de : *À compter du lundi 7 septembre.* ‖ *Compter large, juste, serré,* évaluer une quantité, une mesure, de manière large ou juste suffisante. ‖ *Compter pour deux, pour trois, etc.,* compter double, triple, etc.

◆ **être compté** v. pass. **1.** Être pris en considération dans un jugement, une évaluation morale : *Votre attitude actuelle vous sera comptée.* – **2.** En boxe, être momentanément hors de combat. – **3.** *À pas comptés,* d'un pas lent, mais sûr, avec une lente régularité. ‖ *Mon temps est compté,* je n'en ai pas beaucoup. ‖ *Ses jours sont comptés,* il n'a plus longtemps à vivre.

◆ **se compter** v. pr. Être évalué en quantité, en nombre : *Ses exploits se comptent sur les doigts de la main.*

COMPTE(-)RENDU n. m. (pl. *comptes*[-]*rendus*). **1.** Rapport fait sur un événement, une situation, un ouvrage, la séance d'une assemblée, etc. – **2.** *Compte-rendu des débats parlementaires,* publication résumée (compte-rendu analytique) ou intégrale (au *Journal officiel*) de la teneur des séances des assemblées.

COMPTE-TOURS n. m. inv. Appareil servant à compter le nombre de tours faits par un arbre en rotation dans un temps donné.

1. COMPTEUR, EUSE n. Professionnel chargé du comptage.

2. COMPTEUR n. m. **1.** Appareil destiné à compter des impulsions ou à mesurer certaines grandeurs (distance parcourue, énergie consommée, etc.). [→ *encycl.*] – **2.** Appareil horaire servant généralement à la mesure de temps courts, sans donner l'heure comme les chronographes. – **3.** Détecteur permettant de compter les particules qui le traversent et, dans certains cas, de mesurer leur énergie ou leur vitesse. (→ *encycl.* Phys.) – **4.** Fam. *Remettre le(s) compteur(s) à zéro,* prendre un nouveau départ, repartir sur de nouvelles bases.

ENCYCL. **Métrol.**

• *Compteurs de chaleur.* Destinés à mesurer les quantités de chaleur consommées dans les installations de chauffage par l'eau chaude, ils enregistrent le produit des volumes d'eau par les différences de température à l'entrée et à la sortie de l'installation. Les *compteurs de vapeur* mesurent la chute de pression dans une tuyère intercalée dans la tuyauterie d'une chaufferie.

• *Compteurs d'eau.* On distingue : les *compteurs volumétriques,* dans lesquels un piston entraîné par la pression chasse l'eau en aval ; les *compteurs de vitesse,* dans lesquels l'eau imprime à une petite turbine un mouvement de rotation dont la vitesse est proportionnelle à celle du liquide, donc au débit ; et les *compteurs magnétiques,* dans lesquels le débit de l'eau est déduit de la vitesse d'écoulement dans un tuyau calibré, elle-même déterminée par la variation d'un champ magnétique ou électrique.

• *Compteur d'électricité.* Sa lecture fournit le résultat de l'intégration temporelle d'une grandeur électrique. Les appareils les plus répandus sont les wattheuremètres, qui mesurent l'énergie active dans un circuit. La plupart d'entre eux, intervenant dans des circuits à courant alternatif, sont de petits moteurs asynchrones dont le rotor a la forme d'un disque et dont les enroulements du stator sont parcourus, l'un par le courant du circuit, l'autre par un courant proportionnel à la tension d'utilisation. On utilise aussi des compteurs électroniques, plus coûteux mais plus précis.

• *Compteur de gaz.* Le *compteur sec à soufflet* a pour organe de mesure une caisse indéformable divisée en deux capacités par un soufflet mobile. Sous l'effet de la pression du gaz, le soufflet se déplace, en sorte qu'une des chambres de mesure se vide pendant que l'autre se remplit.

– **Phys.** Dans les *compteurs à scintillations* et *Tcherenkov,* le passage des particules provoque une émission de lumière. Les photons sont convertis par des photomultiplicateurs* en impulsions électriques qui peuvent être comptées et analysées. Le fonctionnement du *compteur de Geiger-Müller* est analogue à celui du compteur proportionnel (→ CHAMBRE).

COMPTEUR-DÉCOMPTEUR n. m. (pl. *compteurs-décompteurs*). Compteur d'impulsions provoquant l'arrêt d'une machine ou fournissant un signal lorsque leur nombre atteint une valeur déterminée.

COMPTINE n. f. (de *compter*). **1.** Formule que récitent les enfants pour déterminer, par le compte des syllabes, celui à qui un rôle sera dévolu dans leurs jeux. – **2.** Poésie enfantine simple et rythmée.

COMPTOIR n. m. (de *compter*). **1.** Table massive et élevée, sur laquelle les commerçants étalent leurs marchandises, les débitants de boissons servent leurs consommations, etc. — **2.** Établissement de commerce, de banque, etc., fondé jadis par une nation ou par des particuliers dans les pays éloignés : *Les anciens comptoirs des Indes.* — **3.** Nom donné à divers établissements de crédit. — **4.** Organe qui, se substituant à ses adhérents dans leurs rapports avec la clientèle, diffuse leurs produits sur l'ensemble d'un territoire ou sur l'ensemble du marché et répartit entre ses membres, selon certains critères, les quantités de produits écoulées. (L'intervention du comptoir élimine la concurrence.)

Comptoir des entrepreneurs (C. D. E.), institution financière spécialisée qui fit suite en 1964 au Sous-Comptoir des entrepreneurs créé en 1848. Elle intervient dans le secteur immobilier en finançant l'accession à la propriété, la réalisation d'opérations immobilières, l'amélioration de l'habitat, etc.

COMPTON (Arthur Holly), physicien américain (Wooster, Ohio, 1892 - Berkeley 1962). En étudiant la diffusion des rayons X par le graphite, il mit en évidence en 1923 l'effet qui porte son nom. Par la suite il joua un rôle important dans l'étude des rayons cosmiques. (Prix Nobel de physique 1927.)

Compton *(effet),* processus d'interaction entre matière et rayonnement électromagnétique dû à la diffusion du rayonnement par les électrons des atomes. Lors d'une collision élastique avec un électron, un photon subit une augmentation de longueur d'onde. Cet effet est mis à profit pour l'étude aux rayons X de la distribution électronique des atomes d'un cristal.

COMPTON-BURNETT (Ivy), romancière anglaise (Pinner, Middlesex, 1884 - Londres 1969). Dans un style élégant elle dévoile les passions monstrueuses des grandes familles edwardiennes (*Frères et Sœurs,* 1929, *la Chute des puissants,* 1961).

COMPULSATION n. f. Action de compulser.

COMPULSER v. t. (lat. *compulsare,* pousser fort) [conj. 3]. Se référer à un texte, un document pour vérifier un renseignement ; consulter : *Compulser ses notes.*

COMPULSIF, IVE adj. (angl. *compulsive*). Qui est caractérisé par la compulsion, par des gestes répétitifs, par des idées fixes.

COMPULSION n. f. (bas lat. *compulsio, -onis*). Tendance intérieure irrésistible poussant un sujet à accomplir une certaine action (ou à penser une certaine idée) même s'il la désapprouve, sa non-exécution étant ressentie par lui comme génératrice d'angoisse. (La compulsion se distingue de l'impulsion par la lutte du sujet pour résister à ce qui assiège sa conscience.)

COMPULSIONNEL, ELLE adj. Relatif à la compulsion.

COMPULSIVEMENT adv. De façon compulsive.

COMPUT [kɔ̃pyt] n. m. (bas lat. *computus,* compte). Calcul permettant de déterminer la date de Pâques. (Ses éléments sont la lettre dominicale, le cycle solaire, l'indiction romaine, le nombre d'or et l'épacte.)

COMPUTATION n. f. (lat. *computatio, -onis,* calcul). Manière de calculer le temps.

COMPUTER [kɔ̃pjutœr] ou **COMPUTEUR** n. m. (angl. *computer,* de *to compute,* calculer). Syn. de ORDINATEUR.

COMPUTÉRISATION n. f. Syn. de INFORMATISATION.

COMPUTÉRISER v. t. (conj. 3). **1.** Syn. de INFORMATISER. — **2.** *Tomographie computérisée (T. C.),* syn. de SCANOGRAPHIE.

COMPUTISTE n. m. (de *comput*). Celui qui dresse le calendrier ecclésiastique.

COMTADIN, E adj. et n. Du Comtat Venaissin.

COMTAL, E, AUX adj. Qui appartient à un comte ou à un comté : *Couronne comtale.*

COMTAL (causse) ou, parfois, **CAUSSE DE RODEZ,** plateau calcaire de l'ouest du Massif central (Aveyron), entre les vallées du Lot et de l'Aveyron.

COMTAT VENAISSIN ou **COMTAT,** plaine de l'ouest du département de Vaucluse, dans l'angle formé par le Rhône et la Durance. Région agricole, irriguée, portant des cultures légumières (tomates) et fruitières (pommes, raisins et melons).
— **Hist.** Pays de l'ancienne France, le Comtat fut cédé par Philippe III le Hardi au pape Grégoire X et demeura sous l'autorité pontificale jusqu'à sa réunion à la France, en 1791 ; cette annexion ne fut acceptée par le Saint-Siège qu'en 1797.

COMTE [kɔ̃t] n. m. (lat. *comes, -itis,* compagnon). **1.** Titre de noblesse, entre ceux de marquis et de vicomte. — **2.** Sous le Bas-Empire romain, haut fonctionnaire impérial. — **3.** Au Moyen Âge, représentant du roi chargé de missions civiles et militaires.

ENCYCL.

• *Dans l'Empire romain.* Les hommes qui entourent l'empereur, les *amici Caesaris* ou *amici Augusti,* ou encore *comites* (« compagnons ») *Caesaris* ou *Augusti,* constituent le Conseil* du prince, qu'ils exercent ou non des fonctions politiques ou administratives. Constantin multiplie le nombre de ses « compagnons » ; ils sont désormais les « fidèles » de l'empereur, et forment une catégorie particulière dans le corps des fonctionnaires impériaux. Les plus importants siègent au *consistorium,* nouveau nom du Conseil du prince. Parmi les comtes chargés de fonctions précises, il faut citer : le comte des largesses sacrées, chargé des dépenses de l'État ; le comte des biens privés, chargé de gérer les biens personnels du souverain ; le comte commandant la garde impériale ; le comte d'Orient, pourvu de pouvoirs militaires dans ce diocèse particulièrement important.

• *Au Moyen Âge.* Les comtes (au sens romain du terme) disparaissent en Occident avec l'Empire. Les rois barbares reprennent ce titre aux Romains pour en orner une institution qui leur est familière. Les comtes sont les membres immédiats de l'entourage du monarque, liés à lui par un serment de fidélité. Le roi choisit parmi eux ses conseillers et ses officiers du palais. Certains sont envoyés en mission, chargés d'administrer à sa place des circonscriptions appelées *civitates* ou *pagi.* Ceux qui sont attachés à sa cour portent le titre de *comtes palatins,* et jouissent d'une influence accrue. Dès la période mérovingienne, les comtes, profitant de l'affaiblissement du pouvoir royal, tendent à se fixer dans les régions où ils avaient été envoyés en mission. Sous les premiers Carolingiens, spécialement Charlemagne, ils redeviennent des agents du souverain, chargés d'une mission précise et temporaire, et contrôlés par des *missi dominici.* Avec les derniers Carolingiens, ils se transforment de nouveau en une aristocratie terrienne, et deviennent en quelques décennies de puissants seigneurs territoriaux, détenteurs d'un titre et de biens désormais tenus à titre héréditaire. À partir du XIIIe s., la centralisation monarchique se fait aux dépens des comtes, qui perdent les droits régaliens usurpés et doivent se soumettre. Le titre de comte devient alors purement honorifique. Supprimé par la Révolution, il est restauré par Napoléon Ier, puis n'est plus conféré, comme les autres titres nobiliaires, à partir de la IIIe République.

— **Hérald.** L'insigne de comte est une couronne d'or rehaussée de perles ; vue de profil, c'est-à-dire telle qu'elle est figurée en art héraldique, cette couronne montre neuf grosses perles.

Comte de Monte-Cristo *(le),* roman d'Alexandre Dumas père (1845), dont le héros, Edmond Dantès, consacre sa vie à la vengeance.

COMTE (Auguste), philosophe français (Montpellier 1798 - Paris 1857). Polytechnicien, il commence par enseigner les mathématiques, puis devient le secrétaire de Saint-Simon. Il entreprend à ce moment d'écrire son *Cours de philosophie positive* (1830-1842). La philosophie qu'il élabore se présente comme une philosophie des sciences. D'une part, Comte procède à une classification des sciences, selon un ordre de complexité croissante, d'autre part, il formule la loi des trois états, qui, successivement, caractérisent l'histoire humaine : l'état théologique, où Dieu est la référence obligée de l'homme ; l'état métaphysique, dans lequel l'ignorance de la réalité et l'incroyance en un Dieu tout-puissant entraînent à croire à des rapports mystérieux entre les choses, en des esprits par exemple ; enfin l'état positif, seule manière pour l'esprit humain d'appréhender la réalité dans sa pleine consistance ou *positivité.* Le positivisme consiste à appliquer aux sciences sociales les méthodes utilisées en mathématiques pour en dégager des lois qui régissent le développement des sociétés. Comte est regardé comme le fondateur de la sociologie. À la fin de sa vie, le positivisme qu'Auguste Comte préconise devient une religion de l'humanité (*Catéchisme positiviste,* 1852).

1. COMTÉ n. m. (de *comte*). **1.** Domaine conférant le titre de comte. — **2.** Territoire possédé par un comte.

2. COMTÉ n. m. (angl. *county*). Division administrative dans les pays anglo-saxons.

3. COMTÉ n. m. (de *Franche-Comté*). Gruyère fabriqué en Franche-Comté.

COMTÉ-PAIRIE n. f. (pl. *comtés-pairies*). **1.** Dignité de comte et pair. — **2.** Comté auquel était joint le titre de pair.

COMTESSE n. f. **1.** Celle qui, de son chef, possédait un comté. — **2.** Femme ou veuve d'un comte.

COMTOIS, E adj. et n. **1.** De Franche-Comté. — **2.** Se dit d'une race française de chevaux lourds de petite taille, encore utilisés pour la traction dans le Jura, mais élevés surtout pour leur viande.

◆ **comtoise** n. f. Horloge de parquet très rustique et très robuste, fabriquée dès le XVIe s. en Franche-Comté.

COMUNERO n. m. (esp. *comunero*). Participant à la révolte des communes *(comunidades)* de Castille qui, en 1520, se soulevèrent pour préserver leurs privilèges et protester contre les exigences fiscales de Charles Quint et le favoritisme dont jouissaient les fonctionnaires étrangers. (Dirigés par Juan de Padilla, les comuneros furent écrasés à Villalar le 23 avr. 1521.)

1. CON n. m. (lat. *cunnus*). *Pop.* Sexe de la femme, vagin.

2. CON, CONNE adj. et n. (de *conard*). *Pop.* **1.** Stupide, imbécile, idiot. — **2.** *À la con,* idiot, stupide : *Histoire à la con.* ‖ *Faire le con,* avoir un comportement stupide, faire des choses de peu d'intérêt ou des bêtises. ‖ *Con comme un balai, comme la lune,* très stupide.

— REM. L'adj. fém. peut garder la forme du masc. : *Qu'est-ce qu'elle est con !*

CONAKRY, cap. de la Guinée ; 763 000 hab. Seule grande ville du pays, port et tête de lignes ferroviaires, centre politique, commercial, universitaire, avec quelques industries (agroalimentaire, mécanique).

CONAN Ier, dit le Tort († Conquereuil 992), comte de Rennes (970-992). Après s'être emparé de Nantes (990), il établit sa domination sur toute la Bretagne. Mais il fut vaincu et tué par Foulques III Nerra, comte d'Anjou. — **Conan II** († 1066), comte de Bretagne (1040-1066). Il fut vaincu à Dol par Guillaume le Conquérant auquel il dut céder Dinan (1066). — **Conan III** *le Gros* (1095-1148), duc de Bretagne (1112-1148), épousa Mathilde, fille naturelle de Henri Ier, roi d'Angleterre. — **Conan IV** (v. 1140-v. 1171), duc de Bretagne (1148-1166), petit-fils du précédent. Henri II Plantagenêt le contraignit à fiancer sa fille et héritière Constance à Geoffroi II et à abdiquer en sa faveur (1166).

CONAN (Félicité ANGERS, dite **Laure**), romancière canadienne de langue française (La Malbaie 1845 - Sillery 1924). Première femme de lettres du Canada français, elle lui a aussi donné son premier roman psychologique (*Angéline de Montbrun,* 1884).

CONANT (Kenneth John), archéologue américain (Neenah, Wisconsin, 1894). Il a participé aux fouilles de Cluny (1928-1950) et a notamment publié : *Carolingian and Romanesque Architecture* (1959) ; *Cluny, les églises et la maison du chef d'ordre* (1968).

CONARD ou **CONNARD** adj. et n. m. (de *con 1*). *Pop.* Imbécile, crétin.

CONASSE ou **CONNASSE** n. f. *Pop.* Imbécile, idiote.

CONATIF, IVE adj. (lat. *conari,* s'efforcer de). **1.** Qui se rapporte à la volonté et à l'effort. — **2.** Se dit d'une forme verbale propre à exprimer l'idée d'effort.

CONCARNEAU (29900), ch.-l. de cant. du Finistère, sur le littoral de la Cornouaille ; 18 989 hab. *(Concarnois).* La partie ancienne est entourée de remparts. Port de pêche (thon notamment), avec quelques conserveries. Tourisme balnéaire. Laboratoire de zoologie et de physiologie marines, institut de thalassothérapie.

CONCASSAGE n. m. Action de concasser les corps durs, les grains, etc.

CONCASSÉ n. m. Élément pierreux de dimensions réduites, produit par cassure à partir d'éléments plus gros.

CONCASSEMENT n. m. Concassage excessif, pulvérisation.

CONCASSER v. t. (lat. *conquassare,* secouer fortement) [conj. 3]. **1.** Réduire en menus fragments des matières dures ou sèches. — **2.** Hacher grossièrement une substance alimentaire.

CONCASSEUR n. m. (de *concasser*). Appareil servant à concasser.

ENCYCL. Le choix du matériel de concassage dépend de la dureté de la roche à concasser et de la granulométrie du produit fini désiré. On distingue les *concasseurs giratoires,* les *concasseurs à cylindres, à mâchoires* et *à marteaux,* ces derniers donnant une granulométrie particulièrement fine. Les concasseurs sont en général disposés en cascade, en alternance avec les cribles.

CONCATÉNATION n. f. (bas lat. *concatenatio, -onis,* enchaînement). **1.** Enchaînement des idées entre elles, des faits entre eux suivant la causalité. — **2.** Dans certains langages de programmation, enchaînement de deux listes ou de deux chaînes de caractères mises bout à bout. (Contr. DICHOTOMIE.) — **3.** Juxtaposition et enchaînement d'unités linguistiques dans un ordre donné.

CONCATÉNER v. t. (lat. *concatenare*) [conj. **18**]. Opérer la concaténation.

CONCAVE adj. (lat. *concavus,* creux et rond). **1.** Dont la forme est en creux, sans irrégularité apparente. — **2.** *Arc concave vers les* y *négatifs,* arc Γ de la courbe représentative d'une fonction *f,* dans un repère (O, $\vec{i}$, $\vec{j}$), tel que toute partie [M_1, M_2] de Γ est située au-dessus de la droite (M_1M_2). ‖ *Fonction concave,* fonction dont la fonction opposée est convexe. ‖ *Miroir concave,* miroir à surface concave, qui a la propriété de faire converger les rayons lumineux, caloriques ou sonores, issus d'un faisceau parallèle.

CONCAVITÉ n. f. (bas lat. *concavitas*). État de ce qui est concave, partie concave de qqch.

CONCÉDER v. t. (lat. *concedere,* quitter une place) [conj. **18**]. **1.** Accorder qqch à qqn dans une discussion ; consentir, reconnaître : *Je te concède qu'on est allé trop loin.* — **2.** Donner par concession qqch à qqn, lui céder : *Concéder le monopole d'exploitation pétrolière à une société.* — **3.** Abandonner à l'adversaire un point, un avantage (au football).

CONCÉLÉBRATION n. f. Participation active de plusieurs ministres du culte à une même action liturgique. (D'usage habituel dans les premiers siècles, conservé par les Orientaux, la concélébration a été restaurée par le IIe concile du Vatican [1963] ; la concélébration eucharistique est devenue de nouveau habituelle dans l'Église latine.)

CONCÉLÉBRER v. t. (lat. ecclés. *concelebrare*) [conj. **18**]. Célébrer à plusieurs ministres l'eucharistie ou d'autres sacrements.

CONCENTRATEUR n. m. **1.** Appareil permettant la concentration d'une solution, en général par élimination d'eau. — **2.** Appareil qui, dans un système informatique, regroupe les données provenant de plusieurs terminaux et les achemine sur une seule voie vers l'unité centrale, pour réduire le coût de la transmission. — **3.** Dispositif de commutation permettant de desservir un certain nombre de postes téléphoniques à l'aide d'un nombre limité de circuits.

CONCENTRATION n. f. **1.** Action de concentrer, fait de se rassembler, de se réunir ; état de ce qui est ainsi réuni : *La concentration de la population dans les villes. La concentration de tous les pouvoirs en un seul homme.* — **2.** Action de faire porter toute son attention sur un même objet : *Son manque de concentration lui a fait faire plusieurs erreurs.* — **3.** Réunion de deux ou plusieurs entreprises (par fusion, absorption, apport partiel d'actifs ou prises de participation) tendant à réaliser un ensemble plus vaste. (→ *encycl.* Écon.) — **4.** Syn. de ALOI. — **5.** *Camp de concentration,* camp dans lequel sont rassemblés, sous la surveillance de l'armée ou de la police, soit des populations civiles de nationalité ennemie, soit des minorités ethniques ou religieuses, soit des prisonniers de droit commun ou des détenus politiques. (→ *encycl.* Hist.) • **Agroalim.** Opération permettant l'élimination partielle d'eau d'une solution soit avant une autre tranformation (fabrication de poudre de lait, cristallisation du sucre), soit pour réduire le volume d'un liquide. — **Chim.** Action d'augmenter la richesse d'un mélange en une substance déterminée, par l'élimination de liquides moins denses, d'impuretés ou de corps étrangers. ‖ Masse d'un corps dissous dans l'unité de volume de la solution. ‖ *Concentration moléculaire* (ou *molaire*), nombre de moles du corps par unité de volume (litre) de solution. — **Méd.** *Concentration corpusculaire moyenne en hémoglobine,* quantité d'hémoglobine (en g) contenue dans 100 ml de globules rouges et qui permet d'apprécier la chromie. — **Mil.** Autref., opération consistant à rassembler les grandes unités, mises sur pied à la mobilisation, en des emplacements prévus à l'avance, avant de les engager au combat. ‖ *Concentration de feux,* concentration des tirs sur un même objectif pour le détruire ou le neutraliser. — **Min.** Traitement du minerai brut pour l'obtention de concentrés riches à teneur marchande. (Les procédés employés sont de nature physique [électrique, magnétique, mécanique...] ou physico-chimique [flottation, hydrométallurgie...].) — **Nucl.** *Concentration maximale admissible (C. M. A.),* concentration d'un radioélément donné dans l'air inhalé ou dans l'eau de boisson, qui, supposée constante, entraînerait en trois mois la pénétration dans l'appareil respiratoire ou dans l'appareil digestif de la dose trimestrielle limite. (Elle se mesure en curies [ou becquerels] par mètre cube.) — **Télév.** Réduction des dimensions de la surface d'impact du faisceau d'électrons sur l'écran d'un tube cathodique ou d'un tube image, de façon à assurer une bonne reproduction des détails de l'image. (Syn. FOCALISATION.)

ENCYCL. **Écon.** La *concentration verticale* consiste, pour une entreprise, à prendre le contrôle - par des prises de participation - des stades successifs concourant à l'élaboration d'un même produit, soit vers l'amont (contrôle des matières premières et des premiers stades de l'élaboration du produit), soit vers l'aval (intégration d'unités achevant et diffusant le produit). La *concentration horizontale* tend à réunir, au terme notamment de fusions, des unités participant au même stade de la production d'un même bien, ou des unités s'adonnant à des productions de biens différents mais remplissant une même fonction économique, ou encore tend à réaliser une politique de diversification, en réunissant des unités produisant des biens totalement différents (conglomérats). [→ CARTEL, GROUPE, HOLDING, MULTINATIONALE, TRUST.]

— **Hist.** • *Camps de concentration nazis.* Dès l'arrivée au pouvoir du parti nazi, le camp de Dachau est créé en mars 1933, suivi par celui d'Oranienburg. En 1939, on compte 6 camps dont Buchenwald et Mauthausen. Ces camps sont destinés à rééduquer des condamnés de droit commun, mais surtout des Allemands antinazis : communistes, socio-démocrates, juifs, catholiques, protestants. La garde de ces camps est confiée bientôt aux SS, et, à partir de 1938, seule la Gestapo a la faculté de décider les internements.

Avec la guerre et l'occupation d'une partie de l'Europe par la Wehrmacht, le système concentrationnaire nazi s'internationalise. Les camps se multiplient, où s'entassent Polonais, prisonniers de guerre russes non protégés par la Convention de Genève que l'U. R. S. S. n'a pas signée, résistants de toutes les nations occupées, déportés en application de l'ordonnance « Nacht und Nebel » (Nuit et brouillard). Ces concentrations de masse ont pour but non seulement d'interner des adversaires, mais surtout de fournir à l'économie allemande une main-d'œuvre, corvéable à merci et jusqu'à l'épuisement. On estime actuellement que, entre 1939 et 1945, 1 650 000 personnes ont été déportées dans une douzaine de grands camps, répartis en Allemagne, en Pologne mais

aussi en Autriche, en Bohême, en Alsace et dans les pays baltes : Bergen-Belsen, Buchenwald, Dachau, Dora-Mittelbau, Flossenbürg, Gross-Rosen, Mauthausen, Neuengamme, Oranienburg-Sachsenhausen, Ravensbrück, Struthof, Stutthof, Theresienstadt. À cette « extermination par le travail » s'ajoute l'élimination systématique de groupes humains qualifiés de « races inférieures » : Juifs, Slaves, Tsiganes. L'année 1941 voit la création des camps d'extermination, uniquement destinés à éliminer physiquement et massivement ces populations. Au nombre de six, ils étaient tous situés en territoire polonais : Bełżec, Chełmno, Sobibór, Treblinka ainsi qu'Auschwitz-Birkenau et Majdanek, créés comme camps de concentration et transformés en camps d'extermination. La population déportée sert également de cobayes aux « expériences médicales » des médecins SS, sur le typhus, la stérilisation ou la résistance aux basses températures, par exemple.
Les camps de concentration et d'extermination nazis constituent l'application la plus effroyable d'un système lié à une conception raciste et politique relevant d'une idéologie totalitaire. Ce système aboutit à la disparition de millions d'internés, par épuisement physique, par épidémie de typhus ou par élimination par la torture, la pendaison ou la chambre à gaz.
• *Camps de concentration en U. R. S. S.* ⟶ GOULAG.

CONCENTRATIONNAIRE adj. Relatif aux camps de concentration ou qui les rappelle : *L'univers concentrationnaire d'une cité.*
◆ n. Détenu d'un camp de concentration ; déporté.

CONCENTRÉ n. m. **1.** Accumulation sous une forme condensée : *Ce livre est un concentré de banalités.* – **2.** Produit alimentaire obtenu par concentration. – **3.** Minerai concentré, par préparation physique ou chimique, à teneur marchande. – **4.** Mélange des éléments odorants entrant dans la constitution d'un parfum, avant ajout de l'alcool. – **5.** *Concentrés érythrocytaire, granulocytaire, plaquettaire, unitaire,* préparations contenant seulement certains éléments du sang et utilisés en transfusion sanguine.

CONCENTRER v. t. (de *con-* et *centre*) [conj. 3]. **1.** Faire converger qqch (de dispersé) vers un même centre : *Concentrer les rayons du soleil avec une loupe.* – **2.** Rassembler des choses, des gens dans un même lieu, vers un même point : *Concentrer des troupes à l'arrière du front.* – **3.** Réunir des choses en une personne, en un seul organisme, etc., alors qu'elles étaient dispersées : *Concentrer tous les pouvoirs en une seule main.* – **4.** Occuper entièrement son esprit, son attention à faire qqch : *Concentrer ses efforts à faire un travail.* – **5.** Enrichir la teneur d'une solution en corps dissous en chassant plus ou moins complètement le solvant. – **6.** Éliminer les corps étrangers d'un minerai natif, pour enrichir sa teneur en vue de son traitement final.
◆ **être concentré** v. pass. **1.** Être très intense, très fort en raison d'une concentration qui renforce la puissance : *L'odeur concentrée d'un parfum.* – **2.** *Aliment concentré,* aliment destiné aux animaux qui se caractérise par des teneurs élevées en une ou plusieurs composantes nutritives (énergie, protéines...). [Il s'agit des céréales et de sous-produits industriels.] ‖ *Ruissellement concentré,* ruissellement caractérisé par la hiérarchisation de rigoles élémentaires, qui se réunissent pour former des ruisseaux capables de creuser des ravins ou des torrents.
◆ **se concentrer** v. pr., **être concentré** v. pass. **1.** Se rassembler qqpart : *Les manifestants se concentrent sur la place.* – **2.** Fixer son attention sur qqch, y être attentif : *Se concentrer sur un problème difficile.*

CONCENTRIQUE adj. Se dit de deux ou de plusieurs figures qui ont le même centre.

CONCENTRIQUEMENT adv. De façon concentrique.

CONCEPCIÓN, port du Chili, ch.-l. de la région de Bío-Bío, sur l'estuaire du Bío-Bío ; 266 000 hab. Université. Centre commercial et industriel (raffinage du pétrole).

CONCEPCIÓN, v. du Paraguay, ch.-l. de dép., sur le Paraguay ; 23 000 hab.

CONCEPCIÓN DE LA VEGA ⟶ VEGA *(La).*

CONCEPT [-sɛpt] n. m. (lat. *conceptus,* conçu). **1.** Idée générale et abstraite que se fait l'esprit humain d'un objet de pensée concret ou abstrait, et qui lui permet de rattacher à ce même objet les diverses perceptions qu'il en a, et d'en organiser les connaissances. – **2.** Manière dont une entreprise est conçue ; idée générale, projet : *Présenter le concept d'une nouvelle ligne de dictionnaires.*

CONCEPTACLE n. m. (lat. *conceptaculum,* réceptacle). Organe reproducteur des fucus et algues voisines.

CONCEPTEUR, TRICE n. (bas lat. *conceptor*). **1.** Personne chargée de la conception des projets, des produits dans une entreprise. – **2.** Personne chargée de concevoir un thème publicitaire et de l'exploiter par écrit *(concepteur rédacteur),* ou dessinateur chargé de la conception graphique d'une campagne de publicité *(concepteur maquettiste).*

CONCEPTION n. f. (lat. *conceptio, -onis,* action de concevoir). **1.** Dans la reproduction des êtres sexués, rencontre et fusion du gamète femelle, l'ovule, et du gamète mâle, le spermatozoïde, pour donner un œuf fécondé ou zygote, étape initiale de l'embryon. — **2.** Action d'élaborer qqch dans son esprit, de le concevoir ; résultat de cette action : *Mauvaise conception d'un appartement.* — **3.** *Litt.* Aptitude à comprendre qqch, à le saisir ou à le produire par l'esprit : *Cela dépasse la conception humaine.* — **4.** Manière particulière de comprendre une question ; opinion, représentation, idée que l'on peut se faire de qqch : *Des conceptions politiques.* • **Dr.** *Période légale de la conception,* période de 121 jours, entre le trois centième et le cent quatre-vingtième jour avant la naissance, présumée être, par la loi, celle de la conception de l'enfant légitime. — **Inform.** *Conception assistée par ordinateur (C. A. O.),* ensemble des techniques informatiques utilisables dans le processus de conception d'un produit nouveau. ‖ *Conception et fabrication assistées par ordinateur (C. F. A. O.),* prolongement de la C. A. O. vers la fabrication des produits conçus par celle-çi, en utilisant les données produites. (→ *encycl.*) — **Philos.** *Conception du monde,* point de vue général que possèdent les hommes sur l'existence en général. (Le terme est une traduction habituelle du mot allemand « Weltanschauung ».) — **Théol.** *Immaculée Conception de Marie,* dogme de foi catholique, défini en 1854, d'après lequel la Vierge Marie a été conçue sans contracter le péché originel ; fête par laquelle l'Église célèbre ce mystère le 8 décembre.

ENCYCL. **Inform.** La *C. A. O.* aide tout d'abord à la définition de plans représentant l'objet à produire : l'opérateur travaille devant un écran graphique, disposant d'un clavier alphanumérique, et doté d'un photostyle ou d'une tablette graphique ; le concepteur définit ce qu'il veut faire, en choisissant ses commandes dans un menu constitué de la liste des opérations possibles à un moment donné. Les objets ainsi conçus sont représentés soit par leurs projections planes, soit par une vue en perspective, pour mieux appréhender les volumes.

Après avoir conçu un composant, ou un produit complet, l'opérateur indique à l'ordinateur de le conserver dans une banque de données où sont enregistrés et décrits les sous-ensembles déjà conçus en vue de l'utilisation éventuelle des formes antérieurement étudiées, après établissement de variantes, de mises à l'échelle, etc., dans une nouvelle structure. Quand l'aspect et les caractéristiques de l'objet (volume, centre de gravité, résistance...) s'avèrent satisfaisants, un traceur automatique relié à l'ordinateur gérant l'écran dessine les plans du produit : pièce mécanique, avion, automobile, circuit électronique, plan d'un bâtiment...

De plus en plus souvent, le système de C. A. O. graphique s'étend à un système général de *conception et de fabrication assistées par ordinateur (C. F. A. O.)* qui gère l'ensemble du patrimoine technique et industriel de l'entreprise.

CONCEPTION BAY, baie du Canada (Terre-Neuve), ouverte dans la péninsule d'Avalon.

CONCEPTIONISTE n. m. Religieux de la congrégation hospitalière et enseignante des Fils de l'Immaculée Conception, fondée à Rome en 1857.

CONCEPTIONNEL, ELLE adj. Se dit de l'âge d'un être vivant compté depuis sa conception.

CONCEPTISME n. m. (esp. *concepto,* concept, pensée). Dans la littérature espagnole, style caractérisé par l'abus de la finesse d'esprit.

CONCEPTISTE n. Écrivain dont le style est caractérisé par le conceptisme.

CONCEPTUALISATION n. f. Fait de conceptualiser, d'organiser en concepts.

CONCEPTUALISER v. t. (de *conceptuel*) [conj. 3]. Élever au niveau du concept des pratiques empiriques ; organiser en concepts : *Une théorie qui conceptualise des pratiques diverses.*

CONCEPTUALISME n. m. (de *conceptuel*). Doctrine philosophique qui affirme que l'universel existe dans les choses et que, séparé d'elles, il n'est ni une réalité en soi, comme le veulent les réalistes, ni un simple mot, comme le soutiennent les nominalistes, mais une conception de l'esprit, qui exprime la nature essentielle de la pensée. (La première forme que reçoit le conceptualisme se trouve chez Abélard.)

CONCEPTUALISTE n. et adj. Partisan du conceptualisme ; relatif au conceptualisme.

CONCEPTUALITÉ n. f. Caractère conceptuel d'une notion.

CONCEPTUEL, ELLE adj. (lat. scolast. *conceptualis*). **1.** Qui relève du concept. — **2.** Se dit d'une tendance qui fait primer l'idée sur la réalité matérielle de l'œuvre, d'un artiste, d'un travail qui appartiennent à cette tendance. (→ *encycl.*)

ENCYCL. Prolongeant la réduction formelle qui caractérise l'art minimal, l'*art conceptuel* se développe à la fin des années 60 aux États-Unis et en Europe. Plutôt qu'à des propositions esthétiques, il s'attache à l'analyse du concept d'art, à la définition de l'art et à sa situation par rapport aux autres domaines de la pensée : l'art est affirmé comme moyen de connaissance. L'œuvre est pure formulation de la recherche (textes imprimés, graphiques, agrandissements photographiques, etc., de Kosuth, Lawrence Weiner, Bernar Venet, Hanne Darboven, du groupe anglais « Art-Language », etc.) ; mais de multiples expérimentations (travaux photographiques [Victor Burgin], souvent centrés sur la nature

[Jan Dibbets, Douglas Huebler], interventions [Gilbert and George], etc.) interfèrent avec le land art, l'action, etc.

CONCERNANT prép. À propos de, au sujet de, touchant.

CONCERNER v. t. (bas lat. *concernere,* mélanger) [conj. 3]. **1.** Avoir un rapport direct avec qqn ou qqch, les toucher directement ; regarder, intéresser : *Ceci vous concerne.* – **2.** *En (pour) ce qui concerne qqn, qqch,* relativement à qqn, qqch, pour ce qui est de.

CONCERT n. m. (ital. *concerto*). **1.** Exécution musicale, publique ou privée. (Un concert de soliste est un *récital.*) – **2.** Ensemble de bruits, de sons simultanés : *Un concert de sifflets.* – **3.** *Litt.* Accord, harmonie entre personnes ou groupes de personnes : *Le concert des grandes puissances.* – **4.** *De concert (avec qqn),* avec entente, en accord avec qqn : *Agissons de concert avec nos amis.* ‖ *Un concert d'éloges, de lamentations, etc.,* une manifestation unanime dans l'éloge, les lamentations. • **Chorégr.** *Concert de danse,* représentation publique d'un programme chorégraphique élaboré pour cette occasion et donné par des danseurs réunis spécialement pour cette prestation. ‖ *Danseur de concert,* artiste chorégraphique qui donne un récital. – **Mus.** Titre donné à une œuvre musicale groupant des instruments de même famille ou de familles diverses *(Broken Concert).* ‖ *Association de concert,* groupement administratif et artistique qui organise des manifestations musicales. ‖ *Concert spirituel,* audition de musique sacrée, généralement donnée dans un sanctuaire.

Concerts pour plusieurs instruments, dénomination française donnée par J. S. Bach aux six concertos qu'il dédia en 1721 à Christian Ludwig de Brandebourg, et qui sont plus connus sous l'appellation de « concerts (ou concertos) brandebourgeois ».

CONCERTANT, E adj. Se dit d'un style de musique basé sur le principe du dialogue entre plusieurs groupes de voix ou d'instruments, ou de l'opposition entre un ou plusieurs solistes et un ensemble vocal ou instrumental.

CONCERTATION n. f. **1.** Action de se concerter. – **2.** Pratique qui consiste à faire précéder une décision d'une consultation des parties concernées.

CONCERTER v. t. (ital. *concertare,* du lat. *concertare,* se mettre d'accord) [conj. 3]. Préparer une action en commun avec une ou plusieurs personnes ; combiner, arranger : *Il a concerté ce projet avec ses collaborateurs.*

◆ **être concerté** v. pass. **1.** Être préparé avec soin, être bien arrangé : *Un plan concerté.* – **2.** *Économie concertée,* système dans lequel les représentants de l'État et les dirigeants des entreprises se réunissent périodiquement pour échanger des informations, confronter leurs prévisions, prendre des décisions.

◆ **se concerter** v. pr. S'accorder, se consulter pour mettre au point un projet commun : *Nous avons eu la même idée sans nous être concertés.*

CONCERTINA n. m. (mot angl.). Accordéon de forme hexagonale comportant deux claviers à boutons chromatiques.

CONCERTINO n. m. (ital. *concertino*). **1.** Groupe des solistes dans un concerto grosso. – **2.** Petit concerto.

CONCERTISTE n. **1.** Instrumentiste qui joue en concert. – **2.** Soliste de concerto.

CONCERTO n. m. (ital. *concerto*). Œuvre musicale pour un ou plusieurs instruments solistes et orchestre.

ENCYCL. Apparu au XVIIe s. (G. Gabrieli, Monteverdi, Viadana, Schütz), le concerto se stabilise (1650 - 1750) en une forme exclusivement instrumentale, qui suivra deux schémas principaux : 1° le *concerto grosso,* alternance de quatre à six mouvements vifs et lents, met en présence deux ou plusieurs solistes *(concertino),* opposés à l'orchestre *(ripieno)* ; 2° le *concerto solo,* comportant un mouvement lent encadré de deux mouvements vifs, oppose un soliste à l'orchestre. Vivaldi, J. S. Bach, Händel, Telemann s'y sont illustrés. Faisant appel d'abord aux cordes, au clavecin et à la flûte, le concerto s'élargira à d'autres instruments solistes (piano, cor, trompette, hautbois, etc.). Les fils de Bach, Mozart, Haydn, Boccherini ont écrit les plus beaux concertos de l'époque classique. Le genre favorisera la virtuosité, notamment chez les compositeurs romantiques, postromantiques et modernes (Paganini, Liszt, Tchaïkovski, Rakhmaninov, Saint-Saëns, Ravel, Prokofiev, Bartók). D'autres trouveront le moyen d'exprimer un dialogue plus personnel (Beethoven, Chopin, Brahms, Grieg, Berg).

CONCERTSTÜCK [kɔ̃sɛrʃtyk] n. m. (all. *Konzertstück,* pièce de concert). Pièce instrumentale de style concertant, en un seul mouvement divisé en plusieurs épisodes.

CONCESSIBLE adj. **1.** Qui peut être concédé. – **2.** Se dit d'une substance minérale devant donner lieu à concession de mine pour être exploitée (substances énergétiques, minerais divers, à l'exclusion de matériaux de construction).

CONCESSIF, IVE adj. et n. f. (bas lat. *concessivus*). Se dit d'une proposition subordonnée indiquant la raison qui pourrait s'opposer à l'action indiquée par le verbe principal. (Par ex. *Il sort, bien qu'il soit malade.*) [Syn. PROPOSITION D'OPPOSITION.]

CONCESSION n. f. (lat. *concessio, -onis*). **1.** Abandon d'un avantage, d'un droit, d'une prétention : *Au prix de nombreuses concessions il a réussi à se maintenir au pouvoir.* – **2.** Fait de concéder qqch à qqn, d'accorder un point (surtout dans une discussion) à un adversaire ; cet avantage accordé. – **3.** *Sans concession,* se dit de qqn de rigoureux, qui n'admet pas d'abandon, de compromis avec les principes. • **Dr.** Aliénation d'un immeuble ou d'un droit réel. ‖ Contrat par lequel l'administration, le concédant, charge une personne privée, le concessionnaire, de la gestion d'un service public ou de la réalisation et de l'exploitation d'un ouvrage public, moyennant une rémunération que le concessionnaire percevra des usages du service ou de l'ouvrage. ‖ Contrat par lequel l'administration autorise, moyennant redevance, une personne privée à utiliser privativement le domaine public (concession de sépulture dans un cimetière, qui peut être perpétuelle, cinquantenaire, trentenaire ou temporaire [15 ans au plus]) ; matière qui fait l'objet de la concession. ‖ *Concession immobilière,* contrat par lequel le propriétaire d'un immeuble, bâti ou non bâti, peut en conférer la jouissance à une personne, le concessionnaire (20 ans au minimum), moyennant le paiement d'une redevance. – **Gramm.** *Proposition de concession,* syn. de PROPOSITION CONCESSIVE. – **Hist.** Enclave territoriale sur laquelle l'État concédant n'exerçait plus sa compétence à l'égard des étrangers, notamment en Chine, du milieu du XIXe s. à la Seconde Guerre mondiale. – **Min.** Propriété d'un sous-sol minéralisé, délivrée par un acte ministériel conférant au concessionnaire le droit d'exploiter la substance concédée et de disposer des produits de l'exploitation. ‖ Superficie attribuée à une personne physique ou morale, et à l'intérieur de laquelle ladite personne peut procéder à des travaux d'exploitation pendant une période déterminée. – **Sylvic.** *Concession forestière,* autorisation de durée limitée et variable, donnée par le propriétaire d'une forêt à un tiers pour l'exploitation d'une partie de cette forêt.

CONCESSIONNAIRE adj. et n. **1.** Se dit d'un titulaire d'un contrat de concession. – **2.** Se dit d'un professionnel ayant la représentation exclusive d'une marque pour la vente d'un produit ou d'un objet. – **3.** *Concessionnaire de publicité presse,* syn. de RÉGISSEUR* DE PRESSE.

CONCEVABLE adj. Qui peut se concevoir.

CONCEVOIR v. t. (lat. *concipere,* prendre entièrement) [conj. **52**]. **1.** Accomplir l'acte sexuel par lequel sera engendré l'enfant ; devenir enceinte, en parlant d'une femme. – **2.** Élaborer qqch dans son esprit, en arranger les divers éléments et le réaliser ou le faire réaliser : *Il a conçu une installation entièrement nouvelle.* – **3.** Se représenter par la pensée qqch de telle manière, en avoir telle idée, telle interprétation ; envisager qqch : *Nous n'avons pas la même manière de concevoir les choses. Ce que l'on conçoit bien s'énonce clairement* (vers de Boileau). – **4.** Comprendre, saisir par l'esprit, admettre : *Je conçois fort bien qu'on ait mal pris la chose.* – **5.** Se mettre à éprouver un sentiment, en particulier à la suite d'un événement quelconque : *Concevoir des doutes sur un témoignage.*

◆ **être conçu** v. pass. **1.** Être rédigé d'une certaine manière : *Sa lettre était conçue dans les termes suivants.* – **2.** En parlant d'un enfant, commencer son développement intra-utérin. – **3.** *Être bien, mal conçu,* être bien, mal adapté à l'usage qu'on en fait : *Voiture bien conçue pour la ville.*

◆ **se concevoir** v. pr. **1.** Être imaginé, élaboré dans l'esprit : *Un tel plan se conçoit sérieusement.* – **2.** Pouvoir être admis, compris : *Son attitude se conçoit parfaitement.*

CONCHAGE n. m. Opération qui consiste à malaxer à chaud la pâte de chocolat dans des cuves ou conches.

Conches *(forêt de),* forêt privée située dans le département de l'Eure, traitée en taillis sous fûtaie (chênes, hêtres, charmes).

CONCHES-EN-OUCHE (27190), ch.-l. de cant. de l'Eure ; 4 028 hab. *(Conchois).* Donjon du XIIe s. Église Ste-Foy, des XVe et XVIe s. (vitraux remarquables).

CONCHIER v. t. (lat. *concacare*) [conj. **9**]. *Litt.* Souiller avec des excrément ; salir.

CONCHOÏDAL, E, AUX [-kɔidal] adj. (de *conchoïde*). Se dit de la cassure concave ou convexe d'un minéral sillonnée par des stries courbes et concentriques.

CONCHOÏDE [kɔ̃kɔid] n. f. (gr. *kogkhoeidês,* semblable à une coquille). **1.** Renflement visible sur les fragments résultant de l'éclatement de certaines roches dures. (Syn. BULBE DE PERCUSSION.) – **2.** *Conchoïde d'une courbe* C *par rapport à un point* O, lieu des points X et Y obtenus en menant une droite variable passant par O et sécante en M à C, tels que MX = MY = *b*, où *b* est un nombre constant.

CONCHYLICULTEUR, TRICE [-ki-] n. Personne qui pratique la conchyliculture.

CONCHYLICULTURE [-ki-] n. f. Ensemble des procédés et des techniques utilisés pour favoriser la production des coquillages (huîtres, moules, palourdes, ormeaux, coquilles Saint-Jacques, etc.).

CONCHYLIOLOGIE [-ki-] n. f. Étude scientifique des coquilles.

CONCHYLIOPHAGE [-ki-] adj. Se dit des animaux qui se nourrissent de mollusques.

CONCHYOLINE [-kjɔ-] n. f. (lat. *conchylium,* coquillage). Constituant protéique des coquilles de mollusques, sécrété par la face externe du manteau.

CONCIERGE n. (lat. pop. **conservius,* de *conservus,* compagnon d'esclavage). **1.** Personne qui a la garde d'un hôtel particulier, d'un édifice public, d'un immeuble. (Syn. GARDIEN.) – **2.** *Fam.* Personne qui aime les potins, les commérages. – **3.** *Concierge du Palais,* au Moyen Âge, officier royal qui habitait le palais de la Cité, à Paris, et qui avait juridiction dans le quartier du palais.

CONCIERGERIE n. f. **1.** Au Moyen Âge, étendue de la juridiction du concierge du Palais. – **2.** Logement du concierge d'un bâtiment administratif.

Conciergerie (la), à Paris, partie médiévale du Palais de Justice, dans l'île de la Cité. Cette partie de l'ancien palais royal fut transformée en prison en 1392, lorsque le roi abandonna la Cité. Sous la Révolution y furent enfermés de nombreux détenus promis à la guillotine, telle Marie-Antoinette.

CONCILE n. m. (lat. *concilium,* assemblée). **1.** Assemblée d'évêques et de théologiens qui, en accord avec le pape, décide de questions de doctrine et de discipline ecclésiastique. (→ *encycl.*) – **2.** Collection des actes d'un concile. – **3.** *Concile diocésain,* syn. de SYNODE. ‖ *Concile général, plénier* ou *œcuménique,* celui auquel ont été convoqués tous les évêques. ‖ *Concile national,* celui qui réunit les évêques d'un État. ‖ *Concile provincial,* celui qui réunit les évêques d'une province ecclésiastique. ‖ *Conciles bouddhistes,* assemblées réunies pour traiter des problèmes internes de la communauté bouddhiste.
ENCYCL. Au IVe s., lorsque le christianisme fut reconnu dans tout l'Empire romain, se fit sentir le besoin de décisions prises par l'Église tout entière pour éviter l'émiettement de la foi et de la discipline. D'où des conciles œcuméniques, qui sont au nombre de 21 dans l'histoire de l'Église catholique et qui peuvent être répartis ainsi : *les 8 conciles des premiers siècles* (IVe - IXe s.), notamment Nicée I (325), Éphèse (431), Constantinople III (680-681), qui établirent les dogmes fondamentaux du christianisme ; *les 7 conciles médiévaux* (XIIe-XIVe s.), notamment Latran IV (1215), qui s'intéressèrent surtout à des problèmes de discipline ; *les 2 conciles unitaires* de Constance (1414-1418) et de Bâle (1431-1449), qui s'efforcèrent de conjurer le déchirement de la chrétienté à l'aube des temps modernes ; *les conciles modernes :* Latran V (1512-1517), Trente (1545-1563), Vatican I (1869-1870), Vatican II (1962-1965), qui confrontèrent la Révélation et la Tradition avec les aspirations et les ruptures de la période postérieure à la Renaissance.

CONCILIABLE adj. Qui peut se concilier avec qqch d'autre ; compatible : *Opinions peu conciliables.*

CONCILIABULE n. m. (lat. *conciliabulum,* lieu de réunion). **1.** Assemblée de prélats qui n'avait pas autorité pour délibérer. – **2.** Entretiens à voix basse, plus ou moins suspect.

CONCILIABULUM, mot lat. désignant, dans la Gaule romaine, un centre civique destiné aux populations rurales éloignées d'une ville, et comprenant temple, théâtre, thermes, groupés autour d'un forum.

CONCILIAIRE adj. **1.** Relatif aux conciles. – **2.** Qui participe à un concile. – **3.** *Théorie conciliaire,* point de vue théologique, propre notamment au gallicanisme et aux vieux-catholiques, selon lequel l'autorité du concile œcuménique est supérieure à celle du pape, lequel ne serait que le « chef ministériel » de l'Église.

CONCILIANT, E adj. Qui est prêt, disposé à la conciliation, qui témoigne de cette disposition ; accommodant : *Homme conciliant.*

CONCILIATEUR, TRICE n. (lat. *conciliator*). Personne qui concilie, travaille à concilier les gens entre eux.

◆ adj. Qui concilie, amène à conciliation : *Rôle conciliateur.*

◆ **conciliateur** n. m. Personne chargée, à titre bénévole, de faciliter, en dehors de toute procédure judiciaire, le règlement amiable de certains conflits privés. (Le conciliateur reçoit en principe à la mairie.)

CONCILIATION n. f. (lat. *conciliatio, -onis*). **1.** Action qui vise à rétablir la bonne entente entre des personnes dont les opinions ou les intérêts s'opposent : *Rechercher la conciliation entre les parties opposées.* – **2.** *Litt.* Action de rendre les choses compatibles : *La conciliation de témoignages contradictoires.* – **3.** Procédé de règlement amiable des conflits collectifs du travail, qui est obligatoire. – **4.** Mode de règlement pacifique des différends entre États. – **5.** Intervention d'un juge pour tenter de rapprocher les plaideurs et pour les mettre d'accord. – **6.** *Bureau de conciliation,* l'une des deux formations du conseil de prud'hommes, composée d'un employeur et d'un salarié, devant laquelle toutes les affaires prud'homales sont obligatoirement portées. (En cas d'échec de la tentative de conciliation, le bureau de jugement est saisi.) ‖ *Tentative de conciliation,* phase obligatoire de la procédure devant les prud'hommes, les tribunaux paritaires des baux ruraux et en matière de divorce.

CONCILIATOIRE adj. Destiné, propre à concilier des personnes.

CONCILIER v. t. (lat. *conciliare,* unir) [conj. **9**]. **1.** Mettre d'accord des personnes par une procédure de conciliation. – **2.** Rendre des choses compatibles ; harmoniser : *Concilier ses besoins avec l'intérêt général.* – **3.** Disposer favorablement qqn à l'égard de qqn d'autre, le faire bénéficier de cette attitude bienveillante : *Ce cadeau lui a concilié la bienveillance de ses voisins.*
◆ **se concilier** v. pr. **1.** Être compatible avec autre chose : *Son activité ne se concilie guère avec sa santé fragile.* – **2.** Se rendre qqn favorable, conquérir qqch : *Se concilier la faveur de quelqu'un.*

CONCINI (Concino), aventurier italien au service de la France (Florence v. 1575 - Paris 1617). Fils d'un notaire florentin, il vint en France avec Marie de Médicis (1600) dont il devint le majordome (1601) grâce aux intrigues de sa femme Leonora Galigaï. Comblé d'honneurs et de charges par la reine devenue régente en 1610, il fut nommé conseiller d'État, marquis d'Ancre (1610). Premier ministre de fait (1616), sa faveur suscita l'opposition des Grands (dont Condé), la haine du peuple et l'hostilité de Louis XIII, qui l'écarta des affaires. Sur les conseils de Luynes, le roi le fit assassiner par le capitaine des gardes Vitry (24 avr. 1617).

CONCIS, E adj. (lat. *concisus,* de *concidere,* couper). Qui exprime beaucoup de choses en peu de mots ; qui est exprimé en peu de mots ; bref ; laconique, succinct : *Soyez concis. Texte concis.*

CONCISION n. f. (lat. *concisio, -onis,* action de couper). Qualité de ce qui est concis, de celui qui est concis.

CONCITOYEN, ENNE n. Personne qui est de la même ville, du même pays qu'un autre.

CONCITOYENNETÉ n. f. Qualité de ceux qui sont de la même ville, du même pays.

CONCLAVE n. m. (lat. médiév. *conclave,* pièce fermant à clef, du lat. class. *clavis,* clef). **1.** Enceinte où sont enfermés les cardinaux pour procéder à l'élection d'un pape. – **2.** L'assemblée elle-même.
ENCYCL. Longtemps réservée au clergé romain, l'élection du pape donna lieu fréquemment à des rivalités parfois sordides. Si bien que Nicolas II, en 1059, fit des cardinaux-évêques les seuls électeurs officiels du pontife romain ; en 1179, le troisième concile de Latran étendit cette prérogative à l'ensemble des cardinaux : mais les ambitions de ces derniers et de leurs protecteurs respectifs provoquant blocages et abus, le deuxième concile de Lyon (1274) les obligea et à la clôture absolue et au secret. Paul VI, en 1967, décréta que les cardinaux électeurs devaient avoir moins de 80 ans, et simplifia encore le rituel des conclaves qui se déroulent dans des locaux que l'on construit spécialement à cet effet avec, comme lieu électif, la chapelle Sixtine. L'élu doit obtenir plus des deux tiers des voix, mais son acceptation est indispensable.

CONCLAVISTE n. m. Clerc ou laïque attaché au service des cardinaux durant l'élection du pape et enfermé avec eux dans l'enceinte du conclave.

CONCLUANT, E adj. Qui établit de façon irréfutable la conclusion à laquelle on veut arriver ; qui apporte une confirmation ; convaincant : *Expérience concluante.*

CONCLURE v. t. (lat. *concludere,* de *claudere,* fermer) [conj. **96**]. **1.** Arriver à un arrangement, à une entente, se mettre d'accord après discussions ou négociations sur certains points : *Conclure un marché.* – **2.** Finir, terminer une action par qqch, apporter le dernier élément qui la rendra complète, parfaite : *Conclure un bon repas par un verre d'eau-de-vie.* – **3.** Finir un texte, un discours, etc., le terminer, y apporter une fin ; clore : *Conclure une lettre par quelques mots de politesse.* – **4.** Donner une conclusion à une discussion, à un entretien, à un discours : *Il est temps de conclure.* – **5.** Tirer de qqch une conclusion, en déduire qqch, dire en conclusion : *J'en conclus que vous vous êtes trompé.*
◆ v. t. ind. **1.** Se prononcer après réflexion, examen, etc., pour telle chose, en venir à telle ou telle conclusion : *Conclure à la nécessité d'un changement.* – **2.** Se prononcer contre, en faveur de qqch, de qqn après examen ou délibération : *Aucun témoignage ne conclut contre lui.* – **3.** Sans compl., pour une partie, dans un procès, faire, présenter ses conclusions.
◆ **être conclu** v. pass. Être décidé, traité en parlant d'une affaire : *Marché conclu.*
◆ **se conclure** v. pr. Se terminer, s'achever par qqch, avoir pour conclusion : *La discussion s'est conclue par la constatation du désaccord.*

CONCLUSIF, IVE adj. (lat. ecclés. *conclusivus*). Qui indique, qui exprime une conclusion : *Paragraphe conclusif.*

CONCLUSION n. f. (lat. *conclusio, -onis*). **1.** Action de conclure une affaire, de la mener à son terme : *La conclusion d'un traité.* – **2.** Développement marquant la fin d'un discours, d'un texte et en dégageant éventuellement la synthèse ou la morale. – **3.** Conséquence déduite d'un raisonnement, d'une observation : *Tirer les conclusions d'un échec.* – **4.** En logique, proposition qui se déduit d'autres propositions, les prémisses. – **5.** *En conclusion,* pour conclure, en conséquence, en définitive.

◆ **conclusions** n. f. pl. Acte de procédure par lequel les parties exposent et motivent leurs prétentions et qui lie le juge, lequel ne peut statuer sur d'autres points que ceux mentionnés dans l'acte.

CONCOCTER v. t. (de *concoction*) [conj. 3]. *Fam.* Imaginer qqch, élaborer avec soin ; *Concocter une lettre de réclamation.*

CONCOCTION n. f. (bas lat. *concoctio, -onis,* du lat. class. *concoquare,* faire cuire ensemble). *Litt.* Produit, écrit, etc., élaboré avec soin.

CONCOMBRE n. m. (anc. provenç. *cogombre,* du lat. *cucumis, -eris*). **1.** Cucurbitacée annuelle, à fleurs jaunes et aux tiges longues et rampantes, cultivée pour son fruit. – **2.** Fruit de cette plante, oblong, renfermant de nombreuses graines, apprécié pour sa chair croquante, aqueuse et rafraîchissante. – **3.** *Concombre d'âne,* nom usuel de l'*ecballium.* ‖ *Concombre de mer,* syn. de HOLOTHURIE. ‖ *Concombre serpent,* variété de melon.

CONCOMITAMMENT adv. *Litt.* De manière concomitante.

CONCOMITANCE n. f. (lat. médiév. *concomitantia,* du lat. class. *concomitari,* accompagner). Existence ou évolution simultanée de deux choses ; simultanéité : *La concomitance de deux phénomènes.*

CONCOMITANT, E adj. (lat. *concomitans, -antis*). **1.** Qui a lieu en même temps qu'un autre phénomène ; simultané : *Variations concomitantes.* – **2.** *Sons concomitants,* sons accessoires accompagnant un son fondamental, chacun ayant pour fréquence un multiple entier de celle du son fondamental. ‖ *Variations concomitantes,* variations simultanées et proportionnelles de certains phénomènes, qui permettraient, selon certains philosophes, comme Stuart Mill, d'induire leur cause commune.

CONCORD, v. des États-Unis, cap. du New Hampshire, sur le Merrimack ; 30 000 hab.

CONCORD, v. des États-Unis (Massachusetts), au N.-O. de Boston ; 16 000 hab. Site du premier accrochage (18 avr. 1775) entre miliciens et Anglais, ouvrant la guerre de l'Indépendance.

CONCORDANCE n. f. (lat. médiév. *concordantia*). **1.** Rapport de conformité entre deux ou plusieurs choses ; accord, correspondance, analogie : *La concordance des témoignages.* – **2.** Disposition normale, non plissée, de couches sédimentaires sur des couches plus anciennes. – **3.** Phénomène par lequel le verbe d'une subordonnée se met au temps ou au mode du verbe de la proposition dont il dépend et non au temps ou au mode qu'il aurait s'il n'avait pas été subordonné. (Ex. de *concordance des temps : Je crains qu'il ne soit trop tard/Je craignais qu'il ne fût trop tard.*) – **4.** *Concordance de phase,* situation de phénomènes sinusoïdaux synchrones dont les phases à l'origine sont égales. ‖ *Concordance biblique,* index alphabétique systématique des mots employés dans les livres bibliques avec l'indication, pour chaque terme cité, des passages où on le rencontre.

CONCORDANT, E adj. (de *concorder*). **1.** Se dit de choses qui s'accordent entre elles : *Des témoignages concordants.* – **2.** Se dit de couches sédimentaires reposant normalement sur des couches plus anciennes.

CONCORDAT n. m. (lat. médiév. *concordatum,* du lat. class. *concordare,* s'accorder). **1.** Convention passée entre le Saint-Siège et les États de populations catholiques, en totalité ou en partie, sur la discipline, l'organisation ecclésiastique, à l'exclusion de la foi ou du dogme. – **2.** *Le Concordat,* celui passé entre Pie VII et Bonaparte le 15 juill. 1801. (→ *encycl.*) – **3.** Contrat par lequel une entreprise en état de cessation de paiements s'engage à payer tout ou partie de ses dettes dans un délai déterminé, à condition d'être ainsi définitivement libérée envers ses créanciers (dans le cadre de l'ancienne procédure de règlement judiciaire).

ENCYCL. **Hist.** L'un des plus anciens concordats fut celui de Worms (23 sept. 1122), passé entre le pape Calixte et l'empereur Henri V et qui mit fin à la querelle des Investitures. En France, sous l'Ancien Régime, un seul concordat fut signé, en 1516, entre Léon X et François Ier, avec des clauses très favorables à la monarchie. Il fut aboli par la Constituante en 1789. Voulu par Bonaparte à la fois pour rétablir la paix religieuse en France et pour contrôler le fonctionnement et les orientations politiques de l'Église de France au lendemain de la tourmente révolutionnaire, le Concordat du 15 juill. 1801 reconnaissait la religion catholique comme celle « de la grande majorité des Français » et donnait au chef de l'État le droit de nommer les évêques qui, ensuite, recevaient l'investiture canonique du pape. De son côté, Pie VII s'interdisait de revendiquer les biens du clergé nationalisés durant la Révolution : en contrepartie, l'État assurait un entretien décent aux catégories d'ecclésiastiques déterminées par l'accord. Ce concordat, que des membres d'une « Petite Église » refusèrent de reconnaître, fut complété, unilatéralement, par des *Articles organiques* qui fonctionnarisèrent le clergé ; d'autre part, ces articles reconnaissaient aux ministres du culte protestants et israélites les mêmes avantages qu'aux prêtres catholiques. En 1813, Bonaparte essaya d'imposer à Pie VII un nouveau concordat, dit de Fontainebleau ; en 1817 puis en 1822, des tractations entre

Louis XVIII et le Saint-Siège pour rétablir le concordat de 1516 n'aboutirent pas. Le Concordat de 1801, abrogé par la loi de Séparation de 1905, est encore en vigueur dans les trois départements du Bas-Rhin, du Haut-Rhin et de la Moselle.

Au XIXe et au XXe s., de nombreux États européens conclurent avec Rome des accords plus ou moins inspirés du concordat français de 1801 ; les concordats les plus célèbres furent signés avec : l'Espagne (1851, 1859, 1904, 1953) ; l'Autriche (1855) ; l'Italie (1929, mais ce concordat a été profondément modifié en 1984); l'Allemagne (1933).

CONCORDATAIRE adj. **1.** Relatif à un concordat, en partic. au concordat de 1801. – **2.** Se dit d'un débiteur qui a obtenu un concordat.

CONCORDE n. f. (lat. *concordia*). Union des cœurs et des volontés, qui produit la paix ; bonne entente : *Un climat de concorde sociale.*

Concorde *(place de la),* à Paris, anc. place Louis XV, entre le jardin des Tuileries et les Champs-Élysées. Elle fut conçue et bordée au nord de deux palais, entre 1754 et 1772, par J.-A. Gabriel (décor remanié au XIXe s. : obélisque de Louqsor [1836], fontaines, etc.). Le *pont de la Concorde,* qui la relie au palais Bourbon, fut construit par Perronet (1787).

Concorde, avion de transport long-courrier supersonique franco-britannique. Long de 62,10 m, pour une envergure de 25,6 m et une masse totale de 185 t, dont 12,7 t de charge marchande, ce quadriréacteur emporte 100 à 110 passagers sur 6 500 km sans escale, en volant à la vitesse de croisière de Mach 2 à une altitude de 15 000 à 18 000 m. Sa mise en exploitation régulière a commencé en 1976, mais, par suite de difficultés commerciales, 15 exemplaires de série seulement ont été construits.

CONCORDER v. t. ind. (lat. *concordare*) [conj. **3**]. Être en conformité avec qqch ; coïncider : *Sa déposition concorde avec ce que nous savons déjà.*

CONCORDIA, port fluvial d'Argentine (prov. d'Entre Rios), sur l'Uruguay ; 72 000 hab. Agroalimentaire.

CONCORDISME n. m. (de *concorde*). Système d'exégèse qui consiste à interpréter la Bible de manière à la mettre en accord avec les résultats des sciences intéressées (géologie, préhistoire, histoire).

CONCORDISTE adj. et n. Relatif au concordisme ; partisan du concordisme.

CONCOURANT, E adj. (de *concourir*). **1.** Qui tend vers un même point, un même but : *Efforts concourants.* – **2.** Se dit de lieux géométriques qui concourent. – **3.** *Forces concourantes,* forces dont les supports passent par un même point.

CONCOURIR v. t. ind. (lat. *concurrere,* avec l'infl. de courir) [conj. **45**]. Tendre conjointement avec d'autres éléments ou personnes vers un certain résultat, participer conjointement avec d'autres éléments ou personnes à la réalisation de qqch : *Tous ces éléments ont concouru à la réussite de l'entreprise.*

◆ v. i. **1.** Participer à un concours, à un championnat, à un festival, etc., pour obtenir un prix, une place : *Films admis à concourir au festival.* – **2.** Avoir, à plusieurs créanciers, une hypothèque ou une créance, sur les biens d'un même débiteur. – **3.** Avoir un point d'intersection en commun, en parlant de droites.

CONCOURISTE n. Personne qui participe aux concours proposés dans les médias.

CONCOURS n. m. (lat. *concursus,* rencontre, avec l'infl. de *cours*). **1.** Examen où ne sont admis qu'un nombre limité et déterminé à l'avance de candidats, qui, après classement, obtiennent une place, un prix, un titre : *Concours d'entrée à l'École polytechnique.* – **2.** Compétition organisée en vue d'octroyer un prix aux meilleurs concurrents, ou aux œuvres, travaux, projets, animaux, etc., les plus remarquables, qui s'y présentent ou qui y sont présentés : *Concours hippique.* – **3.** Jeu s'adressant au public, organisé le plus souvent à des fins publicitaires et à l'issue duquel les gagnants remportent des lots. – **4.** Aide, secours apportés par qqn, un groupe dans une action, participation de qqn à une activité : *Concert donné avec le concours d'un célèbre violoniste.* – **5.** *Concours de circonstances, de chances, etc.,* rencontre le plus souvent fortuite de divers événements. ‖ *Faire un concours de qqch,* rivaliser dans un domaine. ‖ *Hors concours,* qui n'est plus admis à concourir ; qui surpasse de loin tous les autres. • **Agric.** *Concours agricole,* manifestation comportant la présentation et la comparaison de divers produits, moyens de production ou centres d'intérêts agricoles ou ruraux (animaux d'élevage, cultures, matériels, équipements, aménagements de ferme, etc.), organisée en vue d'améliorer les résultats de l'agriculture. (Le Concours général agricole de Paris se tient dans la première quinzaine de mars.) – **Banq.** *Concours à l'économie,* ensemble des crédits ouverts à l'économie, de caractère bancaire et non bancaire, et financés par des ressources monétaires et non monétaires. – **Dr.** Compétition de plusieurs personnes à propos d'un même droit (concours de privilèges, concours entre créanciers). ‖ Intervention financière d'une collectivité (État, commune, etc.) dans des travaux publics, etc. – **Enseign.** *Concours général,* concours annuel entre les meilleurs élèves des classes supérieures des lycées (et des écoles privées à partir de 1987). — **Équit.** *Concours complet,* l'une des trois disciplines équestres classiques. (Le concours complet international comprend une épreuve de dressage, une épreuve de fond, et une épreuve de saut d'obstacles.) ‖ *Concours hippique,* toute compétition où sont engagés des chevaux et plus particulièrement concours de saut d'obstacles. — **Fin.** *Fonds de concours,* fonds encaissés par l'État provenant de diverses collectivités locales et dont l'usage échappe au contrôle du Parlement. — **Géom.** *Point de concours,* point d'intersection. — **Sports.** En athlétisme, ensemble des sauts et des lancers.

CONCRESCENCE n. f. (lat. *cum,* avec, et *crescere,* croître). Croissance en commun de deux pièces florales qui restent ensuite soudées.

CONCRET, ÈTE adj. (lat. *concretus,* de *concrescere,* s'épaissir). **1.** Par oppos. à *abstrait,* qui est directement perceptible par les sens ; palpable, tangible, matériel : *Un objet concret.* — **2.** Par oppos. à *hypothétique* ou à *théorique,* qui est en prise directe avec la réalité, qui y fait référence, qui est en rapport étroit avec l'expérience : *Applications concrètes d'une théorie.* — **3.** Qui ne s'écarte pas des faits réels, des données de l'expérience : *Intelligence concrète.* • **Art contemp.** *Art concret,* art abstrait géométrique, considéré comme réalité objective et comme création de faits plastiques. (Notion développée vers 1930-31 par Th. Van Doesburg, puis, à partir des années 40, par M. Bill.) — **Corps gras.** Se dit d'un corps gras solide à la température ordinaire. (Contr. FLUIDE.) — **Mus.** *Musique concrète,* musique construite à partir d'objets sonores divers et naturels, préenregistrés et manipulés ensuite en studios, et reproduite à l'aide de haut-parleurs. (→ *encycl.*) — **Parfum.** *Essence concrète* ou *concrète* (n. f.), produit obtenu par extraction de substances végétales fraîches au moyen d'un solvant volatil, suivie de distillation du solvant. — **Psychol.** *Opérations concrètes de la pensée,* dans la terminologie de Piaget, opérations de la pensée portant directement sur des objets manipulables et non sur des énoncés verbaux comme les opérations formelles. (→ *encycl.*)

◆ **concret** n. m. Ce qui est concret : *Aller du concret à l'abstrait.*

ENCYCL. **Mus.** La *musique concrète* a été développée par Pierre Schaeffer et Pierre Henry, juste après la Seconde Guerre mondiale, dans les studios d'essai de la R. T. F. La manipulation des sons se fait par ralentissement, accélération ou récurrence de la bande magnétique, ainsi que par déformations au niveau du montage.

— **Psychol.** Les opérations concrètes apparaissent spontanément vers 7 ou 8 ans dans tous les domaines de la pensée (cognitif, affectif, social et moral). À ce stade, la mobilité et la réversibilité de la pensée ne se manifestent que si l'action porte sur le réel directement. Chaque forme de réversibilité, inversion ou réciprocité, n'est pas combinée en un système d'ensemble comme au niveau des opérations formelles qui apparaissent vers 11-12 ans. (→ CONSERVATION.)

CONCRÈTEMENT adv. De façon concrète, pratiquement, en fait.

CONCRÉTION n. f. (lat. *concretio, -onis,* agrégat). **1.** Précipitation chimique et agrégation de particules solides. — **2.** Matériau typique de la construction romaine impériale, constitué de blocaille, de fragments divers noyés dans un bain de ciment. — **3.** Dans une roche ou un sol, partie, de nature ou de consistance différente du reste de la formation, qui s'est accrue par apport progressif de matière et a pris des formes variables (ovoïdes, branchues, mamelonnées). — **4.** Production morbide de formations solides dans l'épaisseur des tissus, dans les articulations, dans les conduits et les réservoirs.

CONCRÉTIONNÉ, E adj. Qui est en concrétion ou qui présente des concrétions.

CONCRÉTIONNEMENT n. m. Phénomène qui donne naissance aux concrétions.

CONCRÉTISATION n. f. Processus par lequel qqch d'abstrait devient une réalité ; fait de se concrétiser : *La concrétisation d'un projet.*

CONCRÉTISER v. t. (conj. 3). Rendre concret ce qui était abstrait, imaginaire, idéal ou hypothétique, ce qui n'était pas encore réalisé ; matérialiser, réaliser : *Cet événement a concrétisé nos espérances.*

◆ **se concrétiser** v. pr. Se manifester de manière sensible, devenir réalité ; se matérialiser : *Ce que tu avais imaginé s'est finalement concrétisé.*

CONCRÉTUDE n. f. (de *concret,* d'apr. l'all. *Konkretheit*). Caractère de ce qui est concret.

CONÇU → CONCEVOIR.

CONCUBIN, E n. (lat. *concubinus,* de *concubere,* coucher avec). Personne qui vit en état de concubinage avec une autre.

CONCUBINAGE ou, rare, **CONCUBINAT** n. m. (de *concubin*). État d'un homme et d'une femme non mariés, qui vivent ensemble maritalement. (Le *concubinage notoire* ouvre certains droits aux concubins ainsi qu'aux enfants issus du concubinage.) [Syn. UNION LIBRE.]

CONCUPISCENCE n. f. (lat. *concupiscentia,* de *concupiscere,* convoiter). *Litt.* Attrait naturel vers les biens matériels, terrestres, et en partic. penchant aux plaisirs sensuels.

CONCUPISCENT, E adj. (lat. *concupiscens, -entis*). *Litt.* Qui éprouve de la concupiscence, qui est attaché aux plaisirs sensuels ; qui est inspiré par la concupiscence : *Paroles concupiscentes.*

CONCURREMMENT [-ramɑ̃] adv. **1.** Conjointement, en conjuguant son action avec celle d'un autre : *Agir concurremment avec quelques amis.* – **2.** En concurrence, en rivalisant : *Il aspirait à ce poste concurremment avec d'autres candidats.* – **3.** Simultanément, à la fois : *Je lis concurremment deux romans.*

CONCURRENCE n. f. (de *concurrent*). **1.** Compétition, rivalité d'intérêts entre plusieurs personnes qui poursuivent un même but : *Être en concurrence avec quelqu'un pour obtenir un poste.* – **2.** Situation mutuelle des commerçants ou industriels dont chacun tente d'attirer à lui la clientèle par des prix plus avantageux, des conditions de vente ou une qualité meilleures. (→ *encycl.* Écon.) – **3.** Compétition sur le marché commercial entre plusieurs produits, services, etc. – **4.** Ensemble des commerçants, des industriels concurrents : *Lutter contre la concurrence.* – **5.** *Faire concurrence à,* tenter d'obtenir une même chose que qqn d'autre ; offrir des avantages qui risquent de supplanter qqch d'autre sur le marché commercial, industriel, etc., être compétitif. ‖ *Jusqu'à concurrence de tant,* jusqu'à ce que telle limite soit atteinte. • **Biol.** *Concurrence vitale,* compétition entre individus d'une même population pour leur subsistance, leur territoire, etc., ayant pour résultat la survivance et la reproduction des plus aptes, et une meilleure adaptation de la lignée à son milieu. – **Dr.** *Concurrence déloyale,* ensemble d'actes par lesquels un commerçant cherche à détourner frauduleusement la clientèle d'un autre et qui est sanctionné par la loi. – **Écon.** *Régime de libre concurrence,* celui dans lequel les prix ne sont pas contrôlés par les pouvoirs publics, où la création des entreprises privées demeure libre et où les pouvoirs publics n'interviennent essentiellement que pour garantir le libre jeu de la compétition entre les entreprises.

ENCYCL. **Écon.** Dans la *concurrence parfaite,* chacun des acheteurs et des vendeurs doit, sur un bien ou un service donné, représenter une part seulement faible (ou très faible) de l'ensemble des acheteurs et des vendeurs sur ce marché, aucun d'eux ne pouvant exercer d'action prédominante ; les utilisateurs du marché ne doivent pas manifester de préférence (autre qu'économique) à l'égard d'un intervenant (vendeur ou acheteur) plutôt qu'envers un autre ; chacun des acheteurs et vendeurs doit être parfaitement au courant des termes du marché et capable d'y intervenir commodément et rapidement ; la liberté des transactions doit être totale et ne rencontrer aucune gêne ; l'« entrée » dans la branche, enfin, doit être libre, tout agent économique devant pouvoir s'adonner à la production d'un bien ou d'un service, s'il le juge souhaitable, et l'offrir au marché.

Les économistes classiques ont attribué à la concurrence de nombreuses vertus, car selon eux la concurrence équilibrerait la production et la consommation par le libre jeu de l'offre et de la demande et par l'intermédiaire des prix ; elle a, par ailleurs, le mérite de tendre, par la compétition qui s'instaure entre les producteurs, à la baisse de ceux-ci.

En réalité, les transformations profondes des économies, intervenues depuis la fin du XIXe s., sous l'influence notamment des phénomènes de concentration, ont substitué à la concurrence pure et parfaite des situations de concurrence hybrides : la *concurrence imparfaite* quand le comportement des intervenants ne réunit pas tous les éléments de la concurrence, aucun élément de monopole, pourtant, ne se trouvant réuni, et la *concurrence monopolistique,* situation de marché où se rencontrent à la fois des éléments de concurrence et de monopole, réalisée notamment lorsque les vendeurs présentent des biens de même nature mais non parfaitement identiques, chaque vendeur possédant, par cela même, un monopole de fait sur chacun de ces produits légèrement différents.

CONCURRENCER v. t. (conj. **16**). Faire concurrence à qqn, à qqch : *Les grandes surfaces concurrencent le petit commerce.*

CONCURRENT, E adj. (lat. *concurrens, -entis,* de *concurrere,* courir avec). **1.** *Litt.* Se dit de choses qui participent à une action commune : *Forces concurrentes.* – **2.** Qui fait concurrence à qqn, qqch d'autre, qui entre en concurrence avec qqn, qqch d'autre : *Il sont concurrents pour ce poste.*

◆ n. **1.** Personne, groupe, qui entre en compétition avec d'autres pour obtenir qqch, en partic., participant à une compétition sportive : *Classé premier sur deux cents concurrents.* – **2.** Personne, groupe qui fait concurrence à d'autres en exerçant le même commerce, la même profession : *Abandonner un commerçant pour son concurrent.*

CONCURRENTIEL, ELLE adj. **1.** Où se manifeste la concurrence : *Les secteurs concurrentiels de l'économie.* – **2.** Qui est capable d'entrer en concurrence ; compétitif : *Nos produits sont concurrentiels.*

CONCUSSION n. f. (bas lat. *concussio, -onis,* exaction, du lat. class. *concutere,* frapper). Malversation dans l'exercice d'une fonction publique (notamment dans le maniement des deniers publics) et qui est réprimée par la loi.

CONCUSSIONNAIRE adj. et n. Coupable de concussion.

CONDAMNABLE [-dana-] adj. (bas lat. *condemnabilis*). Qui mérite d'être condamné, blâmable : *Acte condamnable.*

CONDAMNATION [-dana-] n. f. (lat. *condemnatio, -onis*). **1.** Action de condamner qqn, qqch : *Condamnation d'un voleur.* – **2.** Fait qui constitue un témoignage accablant contre qqn, qqch, qui le condamne : *Cet échec est la condamnation d'une politique.* – **3.** Fait qui détermine la ruine, la mort de qqch, qqn : *Ces mesures sont la condamnation des petites entreprises.* – **3.** Décision d'une juridiction qui prononce une peine contre l'auteur d'une infraction ; peine ainsi infligée. – **4.** Décision judiciaire qui oblige l'une des parties à satisfaire totalement ou partiellement à la prétention de son adversaire. – **5.** Dispositif d'une serrure permettant d'interdire le fonctionnement du demi-tour.

CONDAMNATOIRE [-dana-] adj. Qui porte condamnation.

CONDAMNÉ, E [-dane] n. Personne frappée d'une condamnation judiciaire.

CONDAMNER [-dane] v. t. (lat. *condemnare,* avec l'infl. de *damnare,* infliger une peine) [conj. 3]. **1.** Déclarer qqn officiellement et en justice coupable d'un délit, d'un crime et lui infliger telle ou telle peine : *On l'a condamné pour vol à cinq ans de prison.* – **2.** Déclarer qu'un acte est répréhensible, blâmable et que son auteur est passible d'une peine : *La loi condamne le chantage.* – **3.** Déclarer un mot, une expression non conformes aux règles et aux usages d'une langue ; en désapprouver l'emploi : *L'Académie condamne certains mots employés par les médias.* – **4.** Juger et déclarer qqn ou qqch fautif, blâmable ou responsable d'un mal, prouver que qqch est faux, erroné, non adéquat ; critiquer, réprouver : *L'opposition condamne la politique du gouvernement.* – **5.** Être l'élément qui prouve la culpabilité de qqn, qui prouve que qqn ou qqch est responsable d'un acte fautif, blâmable : *Cette nouvelle preuve le condamnait irrémédiablement.* – **6.** Déclarer qqn incurable, perdu : *Tous le condamnaient et miraculeusement il a guéri.* – **7.** Déterminer la ruine, la mort d'un groupe, d'une activité, d'une entreprise : *En fermant ces usines c'est la ville entière que vous condamnez.* – **8.** Obliger, astreindre qqn, un groupe à agir de telle manière, à se trouver dans tel état : *Sa maladie le condamne à l'inaction.* – **9.** Interdire l'usage d'un lieu, d'un accès en le fermant, le barrant, le murant, etc. : *Condamner une porte, une fenêtre.* – **10.** *Condamner sa porte (à qqn),* déclarer qu'on ne recevra plus qqn, ou qu'on ne recevra personne.
◆ **être condamné** v. pass. **1.** Être reconnu coupable : *Un innocent condamné à tort.* – **2.** Être dans un état désespéré ; être perdu : *On le transporta chez lui : il était condamné.* – **3.** Être barré, fermé : *Porte condamnée.*

CONDAT (15190), anc. **Condat-en-Féniers,** ch.-l. de cant. du nord du Cantal, sur la Rhue ; 1 322 hab. Station estivale.

CONDAT-SUR-VÉZÈRE → LARDIN-SAINT-LAZARE (LE).

CONDÉ n. m. (p.-ê. port. *conde,* gouverneur). *Arg.* **1.** Autorisation exceptionnelle accordée par la police en contrepartie d'informations. – **2.** Fonctionnaire de police.

CONDÉ (*maison* DE), branche de la maison de Bourbon. Cette maison est issue de LOUIS Ier **de Bourbon,** 1er prince **de Condé** (Vendôme 1530 - Jarnac 1569), fils de Charles de Bourbon, duc de Vendôme et frère d'Antoine de Bourbon. Défenseur des calvinistes et adversaire des Guises, il fomenta contre ces derniers la conjuration d'Amboise (1560). Après le massacre de Wassy (1562), il réunit des troupes calvinistes, prit Orléans et déclencha ainsi les guerres de Religion au cours desquelles il fut tué à Jarnac (1569). – Son fils HENRI Ier **de Bourbon,** 2e prince **de Condé** (La Ferté-sous-Jouarre 1552 - Saint-Jean-d'Angély 1588), fut reconnu après sa mort chef du parti protestant. – HENRI II **de Bourbon,** 3e prince **de Condé** (Saint-Jean-d'Angély 1588 - Paris 1646), fils du précédent, dirigea l'opposition des Grands sous la régence de Marie de Médicis qui le fit prisonnier (1616 - 1619), puis servit fidèlement Louis XIII qui lui donna le gouvernement de la Bourgogne (1631). – LOUIS II **de Bourbon,** 4e prince **de Condé,** dit **le Grand Condé** (Paris 1621 - Fontainebleau 1686), fils du précédent, porta le titre de « duc d'Enghien » jusqu'à la mort de son père (1646). Gouverneur de Bourgogne (1638), il fut distingué par Richelieu qui décela son génie militaire et lui fit donner l'armée de Picardie. Le 19 mai 1643, il écrasa à Rocroi les Espagnols et inaugura ainsi une série d'éclatantes victoires ; celles de Fribourg (1644) et de Nördlingen (1645) remportées sur les Bavarois avec Turenne, et celle, décisive, de Lens (1648), qui entraîna la capitulation de l'Empire et la conclusion des traités de Westphalie. Pendant la Fronde, il servit d'abord Mazarin et fit le blocus de Paris, contraignant ainsi les parlementaires à la paix de Rueil (1649). Puis il s'opposa à Mazarin qu'il prétendait remplacer. Enfermé à Vincennes par Anne d'Autriche (1650), puis libéré (1651), il prit la tête de la Fronde des princes. Battu dans le faubourg Saint-Antoine par Turenne (1652), il rentra cependant dans Paris grâce à la Grande Mademoiselle. Mais, désavoué par la bourgeoisie, il s'enfuit aux Pays-Bas et se mit au service de l'Espagne. Condamné à mort pour trahison

(1654), il fit sa soumission après les défaites d'Arras (1654) et des Dunes (1658) que lui infligea Turenne. Rétabli dans ses titres et ses biens (traité des Pyrénées, 1659), il reprit du service : il occupa la Franche-Comté (1668) pendant la guerre de Dévolution, battit Guillaume d'Orange à Seneffe (1674) et sauva l'Alsace des Impériaux (1675) pendant la guerre de Hollande. Retiré dans son château de Chantilly (1675) il se consacra au mécénat, protégeant Molière, Racine, La Bruyère. — HENRI JULES **de Bourbon,** 5e prince **de Condé** (Paris 1643 - *id.* 1709), fils du précédent, fut lieutenant général (1673). — LOUIS III **de Bourbon,** 6e prince **de Condé** (Paris 1668 - *id.* 1710), fils du précédent, épousa Mlle de Nantes, fille de Louis XIV et de Mme de Montespan (1685) et fut lieutenant général (1692). — LOUIS HENRI **de Bourbon,** 7e prince **de Condé** (Versailles 1692 - Chantilly 1740), fils du précédent, porta le titre de « duc de Bourbon ». Premier ministre à la mort du Régent (1723), il s'aliéna les privilégiés par ses projets fiscaux et les protestants, victimes d'un édit de répression (1724). Il fut disgracié par Louis XV au profit du cardinal de Fleury (1726). — LOUIS JOSEPH **de Bourbon,** 8e prince **de Condé** (Paris 1736 - *id.* 1818), fils du précédent. Lieutenant général (1758), il émigra après la prise de la Bastille, organisa à Worms (1791) un corps d'émigrés (l'« armée de Condé ») avec lequel il prit part aux campagnes rhénanes (1792 -1796), puis rentra à Paris en 1814. — LOUIS HENRY JOSEPH **de Bourbon,** 9e prince **de Condé** (Chantilly 1756 - Saint-Leu 1830), fils du précédent. Il servit dans l'armée de Condé et rentra à Paris en 1814. Découvert pendu dans son château de Saint-Leu, sa mort reste une énigme. Avec lui s'éteignit la maison de Condé.

CONDÉ (Louis Antoine Henri DE), duc **d'Enghien** → ENGHIEN (duc D').

Condé *(musée)* → CHANTILLY.

CONDENSABLE adj. Qui peut être condensé.

CONDENSAT n. m. **1.** Produit liquéfié par condensation à partir de sa vapeur. — **2.** Mélange d'hydrocarbures qui, maintenus à l'état gazeux dans les conditions de pression et de température du gisement, deviennent liquides lorsqu'ils atteignent la surface.

CONDENSATEUR n. m. (de *condenser*). Système de deux conducteurs ou armatures séparés par un milieu isolant.
ENCYCL. La propriété essentielle d'un condensateur est sa *capacité**, correspondant à la faculté d'accumuler sur ses armatures des charges électriques de signes opposés. On emploie actuellement des *condensateurs céramiques,* utilisant comme diélectriques des produits céramiques, et des *condensateurs électrochimiques,* comprenant une bande d'aluminium enroulée en spirale, baignant dans une solution de phosphate de sodium. On appelle batterie* le groupement de plusieurs condensateurs.

CONDENSATION n. f. (bas lat. *condensatio, -onis*). **1.** Action de ne garder que l'essentiel, de résumer : *Condensation de texte.* — **2.** Réaction au cours de laquelle deux molécules se soudent pour former une molécule plus grosse, avec élimination d'une autre molécule généralement plus petite (eau par ex.). [En chimie organique, les réactions de condensation se font par liaison carbone-oxygène (estérification), carbone-azote (formation d'amide) ou carbone-carbone (alkylation ou acylation).] (Syn. COPULATION.) — **3.** Passage d'une vapeur à l'état solide ou liquide. — **4.** Phase du cycle d'une machine thermique au cours de laquelle le gaz se liquéfie. (La condensation de la vapeur s'obtient par compression ou refroidissement et dégage de la chaleur. Elle peut avoir lieu sur une surface plus froide que le gaz environnant ou, loin d'une surface, autour de *noyaux de condensation,* petites particules en suspension qui initient le phénomène.) — **5.** Mécanisme par lequel une représentation inconsciente concentre les éléments d'une série d'autres représentations. — **6.** Chaudière à condensation, chaudière à haut rendement dans laquelle on récupère par condensation l'énergie latente contenue dans la vapeur.

CONDENSÉ n. m. Résumé succinct : *Le condensé d'un livre.*

CONDENSER v. t. (lat. *condensare*) [conj. 3]. **1.** Faire passer de l'état de vapeur à l'état de liquide ou de solide. — **2.** Réduire qqch à ses éléments essentiels, significatifs, en éliminant l'accessoire ; abréger, résumer, resserrer : *Condenser un récit. Style condensé.* — **3.** En chimie, procéder à la condensation.

◆ **être condensé** v. pass. *Développement condensé,* celui des espèces animales qui naissent ou éclosent sous une forme proche de celle de l'adulte, contrairement aux autres espèces du même groupe. ‖ *État condensé,* état (liquide ou solide) de la matière dans lequel les atomes du corps sont très proches les uns des autres. ‖ *Série condensée,* dépôt dont la sédimentation s'est opérée pendant une longue durée, mais dont l'épaisseur est réduite.

◆ **se condenser** v. pr. Passer de l'état de vapeur à l'état de liquide ou de solide.

CONDENSEUR n. m. (angl. *condenser*). **1.** Appareil servant à condenser une vapeur. (On distingue les *condenseurs à mélange,* où la vapeur est mélangée à l'eau froide qui sert à la condenser, et les *condenseurs à surface,* où les échanges de chaleur se font à travers une paroi métallique.) — **2.** Dans une installation frigorifique, échangeur de chaleur, refroidi par air ou par eau, qui évacue la chaleur de liquéfaction du frigorigène gazeux. — **3.** Récipient en terre cuite vernissée, utilisé dans la métallurgie du zinc, et dans lequel vient se condenser le métal lors de la réduction de l'oxyde de zinc. — **4.** Combinaison optique servant à éclairer un objet transparent examiné au microscope ou à concentrer la lumière vers un appareil de projection ou un agrandisseur. — **5.** Appareil tubulaire d'échange de chaleur qui permet la condensation et le refroidissement d'un effluent vapeur en tête de la colonne de raffinage. — **6.** *Condenseur à air,* syn. de AÉROCONDENSEUR. ‖ *Condenseur barométrique,* appareil où se produit une très forte dépression, par condensation des vapeurs dans un courant d'eau froide.

CONDESCENDANCE n. f. (de *condescendre*). Attitude de supériorité méprisante de qqn qui, tout en accordant une faveur, fait sentir qu'il pourrait la refuser : *Un air de condescendance fort blessant.*

CONDESCENDANT, E adj. Qui montre de la condescendance ; hautain, supérieur : *Un ton condescendant.*

CONDESCENDRE v. t. ind. (lat. ecclés. *condescendere,* de *descendere,* descendre) [conj. 73]. Consentir à qqch en se faisant prier ; s'abaisser, daigner.

CONDÉ-SUR-L'ESCAUT (59163), ch.-l. de cant. du Nord ; 11 333 hab. Industrie chimique. Anc. place forte. Monuments des XV-XVIIIe s.

CONDÉ-SUR-NOIREAU (14110), ch.-l. de cant. du Calvados, dans le Bocage normand ; 6 425 hab. *(Condéens).* Marché agricole et petit centre industriel (constructions mécaniques, joints, imprimerie).

CONDÉ-SUR-VIRE (50890), comm. de la Manche, dans le Bocage normand ; 3 086 hab. Industrie laitière.

CONDILLAC (Étienne BONNOT DE), philosophe français (Grenoble 1714 - abbaye de Flux 1780). Influencée par Locke, sa pensée a marqué les idéologues (*Traité des sensations,* 1754). Le sensualisme dont il s'est fait le théoricien le conduit à placer les besoins au point de départ de l'économie (*le Commerce et le Gouvernement considérés relativement l'un à l'autre,* 1776). Dans son ouvrage principal, *Essais sur l'origine des connaissances humaines* (1746), Condillac affirme que la sensation est la source unique de nos pensées et esquisse également une théorie du langage.

CONDIMENT n. m. (lat. *condimentum*). Substance (sel) ou préparation (moutarde, pickles) ajoutée aux aliments cuits ou crus pour en relever la saveur.

CONDIMENTAIRE adj. Qui concerne les condiments.

CONDIMENTER v. t. (conj. 3). Rehausser le goût d'une préparation culinaire à l'aide de condiment.

CONDISCIPLE n. (lat. *condiscipulus,* de *discipulus,* disciple). Compagnon, compagne d'études dans un établissement d'enseignement.

CONDITION n. f. (lat. *condicio, -onis*). **1.** Place que qqn occupe dans une société hiérarchisée selon des critères économiques, culturels, sociaux, selon la classe à laquelle il appartient : *Il y avait dans notre groupe des gens de toutes les conditions.* — **2.** Situation, manière d'être, d'évoluer, de qqn, d'un groupe, etc., à un moment donné, dans un contexte particulier : *La condition des femmes dans les entreprises.* — **3.** *Litt.* Sort, destinée, avenir de qqn, d'un groupe : *La condition humaine.* — **4.** Circonstance extérieure, fait, situation, contexte dont l'existence est nécessaire pour que qqch ait lieu, se produise, se fasse : *La condition pour que je vienne est qu'il ne soit pas invité.* — **5.** Ensemble des circonstances, des faits, des éléments qui constituent le cadre d'une activité, le milieu, la situation favorables pour qu'une action se déroule, qu'un phénomène se produise : *Les conditions de travail dans une usine.* — **6.** Base d'un accord, qualité ou élément requis pour qu'il y ait acceptation, marché, etc., pour que qqch puisse se faire : *Candidat qui remplit les conditions exigées pour ce poste.* — **7.** Clause restrictive : *J'accepte, mais j'y mets une condition, c'est que nous partagions les frais.* — **8.** *À (la) condition, sous la condition de, que,* étant convenu, stipulé que, seulement dans le cas où : *Il viendra à condition que vous veniez aussi.* ‖ *Condition (physique),* état, forme physique de qqn. ‖ *Dans ces conditions,* si c'est comme ça, dans ce cas. ‖ Vx. *En condition,* se disait de qqn placé comme domestique. ‖ *En bonne, mauvaise condition (pour une épreuve),* bien, mal préparé physiquement, psychologiquement, moralement ; en bonne, mauvaise forme. ‖ *Mettre qqn en condition,* soumettre qqn à une influence, une propagande telle qu'il sera préparé à accepter certaines mesures, à agir et à penser dans le sens voulu, le conditionner. ‖ Vx. *Personne de condition,* noble. ‖ *Sous condition,* sous certaines réserves émises préalablement. • **Dr.** Événement futur et incertain de la réalisation duquel on fait dépendre soit la naissance *(condition suspensive),* soit la résolution d'un droit *(condition résolutoire).* [Les conditions *impossibles, immorales* et *illicites* entraînent l'annulation de l'acte dans lequel elles sont insérées.]. — **Gramm.** *Complé-*

ment de condition, complément exprimant à quelle condition est effectuée l'action verbale. (Ex. EN CAS DE BESOIN, appelez-moi.) ‖ *Subordonnée de condition,* syn. de PROPOSITION CONDITIONNELLE. – **Log.** Condition nécessaire et suffisante, condition telle qu'elle entraîne nécessairement une conséquence donnée et, en même temps, l'exclut nécessairement si elle n'est pas posée. (→ *encycl.*) – **Phys.** *Conditions normales,* température et pression de référence dont les valeurs respectives sont 273,15 K et $1{,}013 \cdot 10^5$ N/m² (0 °C et 1 atmosphère). – **Sociol.** *Conditions de travail,* éléments qui constituent la situation d'un travailleur (salaires, horaires, nuisances, risques, nature de la tâche, etc.). – **Text.** Établissement où l'on détermine, après dessiccation, le poids marchand des matières textiles sous tous états. – **Théol.** *Sacrement sous condition,* avec une restriction dans la pensée de celui qui l'administre, de sorte que celui-ci ne soit pas conféré si la condition posée n'est pas accomplie.

◆ **conditions** n. f. pl. Prix, tarif, modalité de paiement : *Quelles sont vos conditions ?*

ENCYCL. **Log.** et **Math.** *Condition nécessaire et suffisante.* La condition nécessaire n'est pas obligatoirement liée à la condition suffisante. La première est décrite de la façon suivante : « A est condition nécessaire de B si l'on ne peut avoir simultanément B et non-A. » On dit alors que B implique A. La seconde est décrite de la façon suivante : « A est une condition suffisante de B si on ne peut avoir simultanément A et non-B. » On dit alors que A implique B. On peut remarquer que « A est une condition nécessaire de B » et « B est une condition suffisante de A » sont des expressions synonymes.

Condition humaine *(la),* roman d'André Malraux (1933). L'auteur reprend les thèmes principaux des romans antérieurs (la révolution chinoise, l'action, l'art) auxquels s'ajoute celui de la fraternité.

CONDITIONNÉ → CONDITIONNER.

CONDITIONNEL, ELLE adj. (bas lat. *condicionalis*). Qui dépend de certaines conditions : *Mon accord est conditionnel.* • **Gramm.** *Proposition conditionnelle* ou *conditionnelle* (n. f.), subordonnée circonstancielle exprimant à quelles conditions est effectuée l'action du verbe principal. (Par ex. SI TU VEUX, je viendrai.) – **Probab.** *Probabilité conditionnelle d'un événement* A *relative à un élément* B *d'un même univers* Ω, B étant de probabilité P_B non nulle, quotient $P_B(A) = \frac{P(A \cap B)}{P_B}$ où $P(A \cap B)$ est la probabilité de l'événement A et B. – **Psychol.** *Réflexe conditionnel* (ou *conditionné*), *réaction conditionnelle,* réflexe ou réaction qu'un individu a acquis dans des conditions bien déterminées. ‖ *Stimulus conditionnel,* stimulus qui suscite un réflexe conditionnel ou une réaction conditionnelle. – **Stat.** *Distribution conditionnelle,* dans le cas de distribution à deux (ou plusieurs) caractères, distribution d'un des caractères, lorsque l'autre est (ou les autres sont) fixé(s).

◆ **conditionnel** n. m. **1.** Mode du verbe qui sert à présenter l'action comme une éventualité ou comme la conséquence d'un fait supposé, d'une condition. (Le français possède un conditionnel présent [*j'aimerais*] et un conditionnel passé [*j'aurais aimé*] dont il existe une variante littéraire [*j'eusse aimé*].) – **2.** Syn. de IMPLICATION.

CONDITIONNELLEMENT adv. Sous certaines conditions.

CONDITIONNEMENT n. m. Action de conditionner, d'influencer, d'être conditionné : *Le conditionnement de l'opinion publique par les médias.* • **Agric.** Traitement d'un fourrage à l'aide d'un conditionneur. – **Agroalim.** Action de conditionner un produit alimentaire. – **Chauff.** *Conditionnement d'air,* ensemble d'opérations ayant pour objet de conditionner l'air introduit dans un local. – **Emball.** Protection initiale de tout objet, comprenant la mise directe dans un premier contenant, avec, s'il est nécessaire, recherche d'une bonne présentation pour la vente et d'une protection suffisante ; le contenant lui-même. – **Psychol.** Établissement, chez l'animal ou l'homme, d'un comportement nouveau correspondant à des critères bien définis. (→ *encycl.*) – **Techn.** Réglage de la température et de l'humidité d'une matière première pour la placer dans les conditions de traitement les plus favorables. – **Text.** Série d'opérations destinées à déterminer la quantité d'eau contenue dans un textile et à calculer le poids conditionné de ce textile.

ENCYCL. **Psychol.** Le *conditionnement classique* est l'établissement d'une réaction conditionnelle, par une technique semblable à celle découverte par I. P. Pavlov. Il repose toujours sur l'existence préalable d'une réaction inconditionnelle, suscitée par un stimulus inconditionnel, le changement essentiel consistant en ce qu'un stimulus qui était précédemment neutre (c'est-à-dire sans effet sur la réaction) devient désormais susceptible de la déclencher. La condition essentielle réside dans la répétition, un nombre suffisant de fois, de la procédure (dite de renforcement), consistant à présenter le stimulus neutre en contiguïté temporelle avec le stimulus inconditionnel, de préférence avant lui ; le stimulus neutre est devenu conditionnel. La capacité du stimulus conditionnel peut disparaître si on le présente de façon répétée sans l'accompagner du stimulus inconditionnel (extinction de la réaction conditionnelle). Au moyen du conditionnement, Pavlov a mis en évidence de très nombreux phénomènes : conditionnement retardé ou trace, effets d'inhibition, phénomènes de généralisation du stimulus ou de différenciation, etc. Dans le second type de conditionnement *(conditionnement instrumental* ou *conditionnement opérant)*, une réaction est également apprise, mais dans des conditions différentes de celles du conditionnement classique : il n'existe pas de stimulus inconditionnel (et donc pas de renforcement) et, en général, pas de stimulus conditionnel. L'acquisition consiste en ce qu'une réaction devient de plus en plus fréquente du fait qu'elle est suivie par un certain événement (ex. : présentation de nourriture) dont on dit, par analogie, qu'il produit un renforcement de la réaction.

CONDITIONNER v. t. (conj. 3). **1.** Être une condition importante ou essentielle de la réalisation d'une action ou d'un événement, de son apparition, de son existence, être l'élément dont dépend cette action, cet événement, etc. ; commander : *Votre état de santé conditionne notre départ.* — **2.** Influencer fortement le comportement et l'opinion de qqn, d'un groupe, et le plus souvent sans qu'ils se rendent compte du processus : *Les publicitaires conditionnent le public.* — **3.** Traiter un produit pour lui assurer certaines caractéristiques de composition ou de conservation. — **4.** Mettre un local dans des conditions définies de température et de degré hygrométrique. — **5.** Emballer une marchandise en vue de sa présentation commerciale.

◆ **être conditionné** v. pass. **1.** Offrir par la disposition de ses éléments les avantages qu'on peut en attendre : *Placards bien conditionnés.* — **2.** Être soumis à telle influence extérieure qui oriente et détermine le comportement, les goûts, l'opinion, les habitudes. — **3.** Avoir subi un conditionnement : *Marchandise conditionnée.* — **4.** Être alimenté par l'air conditionné : *Bureaux conditionnés.* — **5.** *Air conditionné,* qui a subi les traitements du conditionnement. ‖ *Poids conditionné,* poids d'une matière textile contenant son taux conventionnel de reprise. ‖ *Réflexe conditionné,* syn. de RÉFLEXE CONDITIONNEL.

CONDITIONNEUR, EUSE n. Personne qui conditionne des denrées alimentaires.

◆ **conditionneur** n. m. **1.** Appareil servant à effectuer le conditionnement des denrées alimentaires. — **2.** Appareil permettant de conditionner un local. — **3.** Lotion traitante destinée à modifier l'aspect du cheveu en lui apportant des propriétés cosmétiques (brillant, souplesse, volume). — **4.** *Conditionneur de fourrage,* appareil comportant deux rouleaux qui aplatissent ou plient les tiges de fourrage venant d'être coupées de façon à accélérer leur dessiccation à l'air libre. (Syn. ÉCLATEUR DE FOURRAGE.)

◆ **conditionneuse** n. f. Machine utilisée pour le conditionnement.

CONDOLÉANCES n. f. pl. (anc. fr. *condoloir,* s'affliger avec qqn, du lat. ecclés. *condolere,* avec l'infl. de *doléance*). Témoignages de regrets, de participation à la douleur d'autrui, en partic. à l'occasion d'un deuil : *Adresser une lettre de condoléances.*

CONDOM [-dɔm] n. m. (de *Condom,* n. pr.). Gaine en caoutchouc, employée comme préservatif masculin. (Syn. fam. CAPOTE ANGLAISE.)

CONDOM (32100), ch.-l. d'arrond. du Gers, en Gascogne, sur la Baïse ; 7 953 hab. *(Condomois).* Anc. cathédrale gothique du XVIe s. (cloître flamboyant). Eaux-de-vie (armagnac) [musée]. Mobilier.

CONDOMINIUM [-njɔm] n. m. (angl. *condominium,* du lat. *dominium,* souveraineté). Droit de souveraineté exercé en commun par plusieurs puissances sur un même pays.

CONDOR n. m. (esp. *condor,* du quechua *kuntur*). Très grand rapace diurne des Andes et de Californie, au cou nu orné de caroncules, mangeur de cadavres, menacé de disparition du fait de sa reproduction lente et restreinte.

Condor *(légion),* unité formée de volontaires allemands qui prirent part aux côtés des troupes de Franco à la guerre civile d'Espagne (1936-1939).

CONDORCET (Marie Jean Antoine Nicolas DE CARITAT, *marquis* DE), philosophe mathématicien et homme politique français (Ribemont 1743 - Bourg-la-Reine 1794). Lié à d'Alembert, à Voltaire et surtout à Turgot, il collabore à l'*Encyclopédie.* En 1789, il est reconnu comme l'héritier des penseurs du XVIIIe s. et le chef du « parti philosophique », défenseur des droits de l'homme. Député à l'Assemblée législative et à la Convention, il élabore un plan d'organisation de l'instruction publique ainsi qu'un projet de Constitution, restés lettre morte. Ami des Girondins, sans leur être inféodé, hostile à la peine de mort contre Louis XVI, il est l'objet d'un décret d'accusation en juill. 1793, puis se dérobe pendant 8 mois aux recherches. Arrêté, emprisonné, on le retrouve mort ; sans doute s'est-il empoisonné grâce à l'aide de son beau-frère, Georges Cabanis. Il avait eu le temps de rédiger son *Esquisse d'un tableau historique des progrès de l'esprit humain,* où il s'enthousiasme pour l'esprit des Lumières, et dit sa confiance dans la science et ses conséquences bienfaisantes. Ses cendres ont été transférées au Panthéon en 1989. (Acad. des sc., 1769 ; Acad. fr., 1773.)

CONDORCET (Marie Louise Sophie DE GROUCHY, *marquise* DE) [château de Villette, près de Meulan, 1764 - Paris 1822]. Sœur du maréchal de Grouchy, elle épousa en 1786 Condorcet avec qui elle tint à Paris un salon fréquenté par les philosophes et les encyclopédistes. Après la mort de son époux (1794), elle rouvrit son salon, où se réunirent les opposants au Consulat et à l'Empire.

CONDOTTIERE [kɔ̃dotjɛr] n. m. (pl. *condottieri* ou *condottieres*) [ital. *condottiere,* de *condotta,* troupe de mercenaires]. Chef de partisans ou de soldats mercenaires, en Italie, au Moyen Âge et pendant la Renaissance.

ENCYCL. C'est dans l'Italie du Nord, et surtout à Venise, que se développa, à partir du XIIe s., l'usage des troupes mercenaires qui étaient licenciées à la fin des guerres. Cette pratique devint courante lors des luttes incessantes entre guelfes et gibelins au XIIIe s. Les condottieri étaient alors de véritables chefs de bandes, souvent étrangers. Au cours du XIVe s., ils constituèrent des troupes permanentes, qui, à la solde des différents États, les trahissaient au gré de leurs intérêts, et s'illustraient par leurs pillages. La faiblesse des États de la péninsule favorisa l'ambition de certains condottieri, tel Francesco Sforza, au service de Philippe Marie Visconti, qui réussit à s'imposer comme duc de Milan en 1450. Les condottieri disparurent au XVIe s. avec la création des armées monarchiques.

CONDREN (Charles DE), théologien français (Vaubuin, près de Soissons, 1558 -Paris 1641), deuxième supérieur général de la congrégation de l'Oratoire (1629), dont il rédigea les constitutions. Il fonda le collège de Juilly.

CONDRIEU n. m. (de *Condrieu,* n. pr.). Vin blanc des côtes du Rhône.

CONDRIEU (69420), ch.-l. de cant. du sud du Rhône, sur le Rhône ; 3 118 hab. *(Condriots).*

CONDROZ (le), région de Belgique, entre la Meuse et l'Ourthe. (Hab. *Condrusiens.*) Prolongeant l'Ardenne, c'est une région de peuplement ancien (stations préhistoriques), encore largement rurale (céréales et élevage).

CONDUCTANCE n. f. (de *conduction,* d'apr. *résistance*). Quotient G du courant continu I qui traverse une portion de circuit par la tension V à ses bornes. (L'unité SI est le *siemens* [symb. S], égale à 1 Ω^{-1} et encore appelée mho).

CONDUCTEUR, TRICE n. (lat. *conductor,* de *conducere,* conduire). **1.** Personne qui conduit un véhicule : *Conducteur d'autobus.* — **2.** *Litt.* Personne qui guide, dirige, gouverne : *Conducteur de peuples.* — **3.** Appellation réglementaire des soldats du train. — **4.** *Conducteur de manœuvres, conducteur de route,* cheminot susceptible d'être utilisé soit au seul service des manœuvres, soit au service des machines de ligne. ‖ *Conducteur de presse,* dans l'imprimerie, ouvrier chargé d'assurer la production d'une presse mécanique. ‖ *Conducteur de travaux,* agent d'une entreprise responsable de l'exécution des travaux, de la gestion du chantier et de la direction du personnel placé sous ses ordres.

◆ adj. **1.** Se dit d'un milieu, d'un corps qui peut être parcouru par un courant de conduction. (Contr. ISOLANT.) — **2.** *Principe, fil conducteur,* ce qui guide une recherche, un raisonnement, une manière de se comporter. ‖ *Tissus conducteurs,* vaisseaux du bois et du liber, qui conduisent les sèves ou tissus du style, le long duquel croissent les tubes polliniques.

◆ **conducteur** n. m. **1.** Document contenant le texte d'une émission de radio ou de télévision et des indications relatives aux éléments à incorporer, avec leur minutage. — **2.** Corps susceptible de transmettre d'un point à un autre de sa masse la chaleur ou l'électricité. — **3.** *Conducteur de mise de feu,* dispositif pyrotechnique ou électrique servant à la mise de feu d'explosifs à distance.

CONDUCTIBILITÉ n. f. **1.** Propriété qu'ont les corps ou les milieux de transmettre plus ou moins facilement, d'un point à un autre de leur masse, la chaleur ou l'électricité. — **2.** *Coefficient de conductibilité thermique,* syn. de CONDUCTIVITÉ THERMIQUE.

CONDUCTIBLE adj. Qui transmet la chaleur ou l'électricité.

CONDUCTIF, IVE adj. **1.** Capable de conduire le courant électrique. — **2.** *Couplage conductif,* connexion établie entre deux circuits au moyen d'un conducteur.

CONDUCTIMÈTRE n. m. Appareil servant aux mesures de conductimétrie.

CONDUCTIMÉTRIE n. f. **1.** Mesure de la conductivité électrique. — **2.** Technique d'analyse physico-chimique basée sur les variations de conductivité se produisant dans une solution lorsqu'on lui ajoute un réactif.

CONDUCTIMÉTRIQUE adj. Qui se rapporte à la conductimétrie.

CONDUCTION n. f. (de *conduire*). **1.** Passage de la chaleur ou de l'électricité d'un point à un autre d'un corps sous l'action d'une différence de température ou de potentiel électrique. (→ *encycl.* Phys.) — **2.** Propriété caractéristique des fibres nerveuses et musculaires qui peuvent propager le long de leur membrane le potentiel d'action. (→ *encycl.* Physiol.) — **3.** *Conduction électrolytique,* mode de transmission de l'électricité dans un circuit où peuvent se produire des décompositions et des transports électrolytiques. ‖ *Conduction gazeuse,* passage d'un courant de conduction dans un gaz ionisé. (Syn. usuel DÉCHARGE ÉLECTRIQUE.)

ENCYCL. **Phys.** On distingue deux types de *conduction électrique :* la *conduction électronique,* due aux électrons libres des métaux, des semi-conducteurs et de certains polymères, et la *conduction ionique,* due aux ions dans les solutions électrolytiques.

• *Conduction thermique.* La chaleur correspondant à une agitation thermique des particules qui constituent la substance peut se transmettre de proche en proche par des chocs au cours desquels les particules situées en un point à température élevée cèdent une partie de leur énergie cinétique à celles qui se trouvent en un point à température plus basse.

– **Physiol.**

• *Conduction dans le cœur.* L'influx nerveux autonome responsable de la contraction du cœur naît dans le nœud de Keith et Flack (ou sinus) situé dans l'oreillette droite. Il se propage circulairement dans le myocarde auriculaire et atteint le nœud d'Aschoff-Tawara, qui est le seul lieu de passage entre oreillettes et ventricules. L'influx est repris par le faisceau de His, qui chemine dans le septum interventriculaire, se divise en branches droite et gauche et se résout dans le réseau de Purkinje tapissant le myocarde ventriculaire, auquel il transmet l'influx provoquant la contraction.

• *Conduction dans les voies nerveuses.* La membrane des cellules nerveuses est polarisée au repos, et le potentiel d'action (ou influx nerveux) réalise une dépolarisation de la membrane. Autour de la région dépolarisée se produisent des courants locaux à travers la membrane qui en diminuent la polarisation et l'amènent à un point appelé *seuil d'excitabilité.* Au niveau de ce seuil, la perméabilité de la membrane cellulaire aux espèces ioniques se modifie brusquement et permet l'entrée massive de sodium dans la cellule : c'est le *potentiel d'action* qui se propage ainsi de proche en proche.

Certaines fibres nerveuses sont revêtues de myéline, qui est un excellent isolant électrique. La gaine de myéline est interrompue au niveau des nœuds de Ranvier. Les courants locaux ne peuvent se produire qu'au niveau de ces nœuds de Ranvier, et la propagation du signal nerveux sera bien plus rapide car propagée d'un nœud de Ranvier à l'autre : c'est la *conduction saltatoire.*

CONDUCTIVITÉ n. f. (angl. *conductivity*). **1.** *Conductivité électrique,* grandeur physique σ, caractérisant la capacité de conduction d'une substance, égale au rapport de la densité de courant électrique j traversant la substance au champ électrique appliqué E ($j = \sigma E$). [L'unité SI de conductivité électrique est l'ohm^{-1}·mètre^{-1} ($\Omega^{-1}\cdot m^{-1}$), ou siemens par mètre ($S\cdot m^{-1}$).] (→ *encycl.*) – **2.** *Conductivité thermique,* grandeur caractérisant la conductibilité thermique d'une substance et égale au quotient de la densité de flux thermique par le gradient de température. (L'unité SI de conductivité thermique est le watt par mètre et par Kelvin [$W\cdot m^{-1}\cdot K^{-1}$].) [Syn. COEFFICIENT DE CONDUCTIBILITÉ THERMIQUE.]

ENCYCL. La *conductivité électrique* dépend principalement de deux paramètres, la densité de porteurs libres et leur mobilité. Les corps les plus conducteurs sont les métaux qui contiennent de l'ordre de 10^{28} électrons libres par mètre cube. Le cuivre a une conductibilité $\sigma = 6\cdot 10^8 = \Omega^{-1}\cdot m^{-1}$ à température ambiante. Les bons isolants ont une conductivité de l'ordre de $10^{-12}\ \Omega^{-1}\cdot m^{-1}$.

CONDUIRE v. t. (lat. *conducere,* de *ducere,* mener) [conj. **98**]. **1.** Mener qqn, un animal avec soi vers un lieu déterminé, les accompagner à pied ou avec un véhicule : *Conduire des troupeaux aux champs.* – **2.** Transporter qqn, qqch dans un véhicule vers un lieu déterminé : *Chauffeur, conduisez-moi à la gare Saint-Lazare.* – **3.** Mener à tel ou tel lieu en y aboutissant ou en le desservant : *Escalier qui conduit à la cave.* – **4.** Guider le chemin de qqn vers : *Ses traces nous ont conduits jusqu'ici.* – **5.** Amener qqch dans un lieu déterminé : *Cette canalisation conduit l'eau dans la cuisine.* – **6.** Guider qqn, un animal, dans ses déplacements, qqch dans son mouvement : *Conduire un cheval par la bride.* – **7.** Être devant, en tête : *Conduire le deuil, le convoi.* – **8.** Amener, entraîner qqn vers tel ou tel état, à faire telle action : *Vous l'avez conduit au désespoir. Je me demande ce qui l'a conduit à se suicider.* – **9.** Élaborer le développement, le déroulement d'une action, d'un raisonnement : *Il a mal conduit son affaire.* – **10.** Diriger un groupe, une entreprise : *Conduire un orchestre.* – **11.** Guider qqn dans son existence ou être l'élément moteur qui le pousse à agir d'une certaine manière dans son existence : *C'est l'argent qui conduit le monde.* – **12.** Assurer la direction d'un véhicule, faire les manœuvres nécessaires pour qu'il se mette en mouvement et suive tel ou tel chemin : *Conduire un bateau. Apprendre à conduire.* – **13.** *Conduire la chaleur, l'électricité,* en parlant d'un corps, les propager, être conductible. ‖ Litt. *Conduire la main, les pas de qqn,* l'aider dans ses actes.

◆ **se conduire** v. pr. **1.** Pouvoir être conduit en parlant d'un véhicule, d'un groupe, d'une action : *Voiture qui se conduit facilement.* – **2.** Agir, se comporter de telle ou telle manière et, en partic., se comporter conformément aux bienséances, aux règles en vigueur dans tel ou tel milieu : *Il s'est mal conduit à ton égard.*

CONDUIT n. m. (lat. médiév. *conductum*). **1.** Tuyau, carneau ou gaine guidant l'écoulement d'un fluide, gazeux surtout. – **2.** Nom donné à divers canaux de l'organisme (conduits auditif, ethmoïdaux, lacrymaux, etc.). • **Chauff.** *Conduit de fumée,* conduit servant à assurer le tirage des cheminées et à diriger hors comble les gaz provenant de la combustion. ‖ *Conduit de ventilation,* conduit exclusivement réservé au passage de l'air frais, ou vicié. – **Phon.** *Conduit vocal,* partie des organes de la parole constituée des cavités pharyngale et buccale et délimitée, à ses deux extrémités, par les cordes vocales et les lèvres. (Syn. CHENAL VOCAL, TRACTUS VOCAL.) – **Sal.** Syn. de COLLOI. – **Serrur.** Chacune des pièces fixes assurant le guidage des tringles d'une crémone. – **Techn.** Pointe sans tête, recourbée en forme de U.

CONDUITE n. f. **1.** Action de conduire un véhicule et, en partic., une voiture automobile : *La conduite en ville, sur route.* – **2.** Action, fait de mener une entreprise, une affaire : *Assurer la conduite des travaux.* – **3.** Manière de se comporter ; comportement, attitude : *Avoir une conduite étrange.* – **4.** Manière de se comporter par rapport aux règles en usage dans un groupe plus ou moins large, un milieu, une société : *Zéro de conduite.* – **5.** Tuyau parcouru par un fluide ou un solide morcelé ; canalisation : *Conduite d'eau, de gaz.* – **6.** Fam. *Acheter une conduite,* mener une vie plus rangée, s'amender. ‖ *Faire un brin de conduite à qqn,* l'accompagner une partie du chemin. ‖ *Sous la conduite de,* en étant guidé, dirigé matériellement ou psychologiquement par qqn. • **Autom.** *Conduite intérieure,* type de carrosserie automobile entièrement fermée. – **Ch. de f.** Service des agents utilisés sur les engins de traction. (L'*agent de conduite* est désigné dans les textes réglementaires de sécurité sous le nom de mécanicien.) ‖ *Conduite générale du frein continu,* conduite établie tout le long du train et dont la continuité est assurée par des raccords souples entre les véhicules. (Elle renferme de l'air sous une pression normale et déterminée. Toute baisse de cette dernière provoque le serrage des freins de tous les véhicules.) – **Cybern.** Action humaine ou automatique visant à gouverner l'évolution d'un système en modifiant son état par l'intermédiaire d'organes appropriés et en s'assurant que son comportement est bien celui que l'on désire. (Syn. PILOTAGE 1.) – **Dr.** *Conduite en état alcoolique* ou *en état d'ivresse,* délit commis par tout conducteur « sous l'empire d'un état alcoolique même en l'absence de signe manifeste d'ivresse », et qui peut, outre une peine d'amende et d'emprisonnement, entraîner la suspension ou l'annulation du permis de conduire. – **Hist.** Escorte rituelle faite à l'occasion du départ d'un compagnon du tour de France par ses frères de la ville. ‖ *Conduite de Grenoble,* conduite dérisoire, châtiment d'un compagnon qui a démérité. – **Mil.** *Conduite de feu,* mise en œuvre par le chef de combat de ses moyens de feu pour défendre une position ou appuyer une progression. ‖ *Conduite de tir,* suite des commandements donnés par l'instructeur aux séances d'instruction du tir. – **Théâtr.** Fonction du régisseur qui assure la marche du spectacle et qui consiste à suivre l'exécution de la représentation aussi bien sur la scène que sur la conduite générale. ‖ *Conduite générale,* document portant toutes les indications nécessaires au régisseur. – **Therm.** *Conduite des feux,* syn. de CHAUFFE. – **Trav. publ.** Conduite forcée, canalisation qui amène l'eau sous pression depuis un barrage jusqu'aux machines de l'usine d'utilisation.

CONDYLARTHRE n. m. Mammifère fossile du début du tertiaire, ancêtre possible des ongulés, mais encore omnivore et muni de 5 doigts par patte, tel le *phenacodus.*

CONDYLE n. m. Surface articulaire convexe et arrondie ou ovoïde d'un os, chez les vertébrés.
ENCYCL. Chez l'homme, les principaux condyles sont ceux du maxillaire inférieur, de l'occipital, de l'extrémité inférieure de l'humérus, de l'extrémité inférieure du fémur. Chez les mammifères, le *condyle mandibulaire* gouverne les mouvements de mastication et, par eux, le régime alimentaire et l'usure des dents. Chez les carnivores sécodontes, le condyle est une barre transversale et ne permet que l'ouverture et la fermeture de la bouche, sans glissement. Le condyle des rongeurs, des ruminants, des primates (dont l'homme) permet des mouvements d'arrière en avant et de droite à gauche. Quant au *condyle occipital,* par lequel le crâne s'articule à la colonne vertébrale, il en existe deux chez les amphibiens et les mammifères, un seul dans les autres classes.

CONDYLIEN, ENNE adj. Qui se rapporte à un condyle.

CONDYLOME n. m. (gr. *kondulôma, -atos,* grosseur calleuse). *Condylome acuminé,* tumeur bénigne due au même virus que les verrues vulgaires dont elle est l'équivalent dans la région ano-génitale. (Syn. CRÊTE-DE-COQ, VÉGÉTATION VÉNÉRIENNE.) ‖ *Condylome syphilitique,* lésion observée à la période secondaire de la syphilis au niveau de la vulve et de l'anus. (Syn. SYPHILIDE VÉGÉTANTE HYPERTROPHIQUE.)

CONDYLURE n. f. Taupe nageuse d'Amérique du Nord, curieuse par son groin entouré d'une couronne de 22 tentacules tactiles.

CONE (James Hal), théologien américain méthodiste (Fordyce, Arkensas, 1938). Il enseigne la théologie dans plusieurs universités et s'est notamment fait remarquer par son engagement dans la théologie de la libération (*A Black Theology of Liberation,* 1970 ; *God of the Oppressed,* 1975).

CÔNE n. m. (lat. *conus,* du gr. *kônos*). Objet de base circulaire ou elliptique et qui se rétrécit régulièrement en pointe. • **Anat.** *Cônes efférents,* fins canaux reliant le testicule à l'épididyme. – **Bot.** Organe reproducteur de quelques rares plantes angiospermes (houblon) et de toutes les gymnospermes nommées pour cette raison *conifères.* (Le cône femelle du pin, formé d'écailles abritant des graines ailées, est la *pomme de pin* ; le cône de l'épicéa est plus souple et plus allongé, celui du cyprès est globuleux, celui du cèdre ovoïde.) – **Chapell.** Première forme du chapeau en feutre après l'opération de feutrage. – **Géogr.** *Cône d'avalanche,* accumulation de débris au bas d'un couloir à forte pente, que ramonent périodiquement des coulées de neige. ‖ *Cône de déjection,* accumulation alluviale édifiée par un torrent au débouché du chenal d'écoulement dans une vallée principale. ‖ *Cône sous-marin* ou *abyssal,* amas de sédiments en forme d'éventail élargi vers le bas, édifié au débouché d'un cañon sous-marin. (Syn. DELTA SOUS-MARIN ou DELTA ABYSSAL.) ‖ *Cône volcanique,* appareil construit autour du point d'émission par les matériaux éjectés lors d'éruptions de type strombolien ou vulcanien. – **Géom.** Réunion de toutes les droites passant par un même point S et rencontrant une même courbe (C). [Les droites sont ses *génératrices,* S son *sommet,* et (C) sa *directrice ;* syn. SURFACE CONIQUE.] (→ *encycl.*) ‖ Solide limité par la famille des demi-droites de même origine S et s'appuyant sur une courbe plane fermée (C), et par le plan contenant (C). [La face plane de ce solide est sa base.] ‖ *Cône à base circulaire,* cône dont la base est un disque. ‖ *Cône droit,* cône de révolution (solide). ‖ *Cône oblique,* cône (solide) dont la perpendiculaire à la base en son centre ne passe pas par le sommet. ‖ *Cône de révolution,* solide engendré par un triangle rectangle (surface) qui tourne autour d'un de ses côtés de l'angle droit ; surface engendrée par une droite passant par un point fixe S, tournant autour d'une droite fixe contenant S. – **Histol.** Cellule visuelle de la couche de la rétine au contact de la choroïde, déterminant la perception des formes et des couleurs. – **Mécan.** Partie tronconique d'un outil, permettant sa fixation dans le nez de la machine qui l'utilise. – **Trav. publ.** *Cône d'ancrage,* pièce sur la surface de laquelle les fils d'ancrage du béton précontraint s'épanouissent. – **Verr.** *Cône d'étirage,* portion du filet de verre chaud, située à la sortie de l'orifice de fibrage dans la fabrication de la fibre de verre. – **Zool.** Gastropode marin carnassier et venimeux, dont la coquille a la forme d'un cône très joliment orné. (L'animal rampe avec la pointe du cône couchée vers l'avant ; toutes les espèces sauf une sont propres aux mers chaudes.)

ENCYCL. **Géom.** Un cône (C) [surface] de sommet S est une surface développable.

L'aire latérale d'un cône de révolution (solide) est $\mathcal{A} = \pi R a$, R étant le rayon de la base, et *a* l'apothème ; son volume est $\mathcal{V} = \frac{1}{3}\pi R^2 H$, H étant la hauteur du cône.

CONEGLIANO, v. d'Italie, en Vénétie, au N. de Trévise, au pied des Préalpes ; 36 000 hab. Cathédrale en partie des XIVe-XVe s. Maison des corporations (fresques du XVIe s.).

CONESSINE n. f. Alcaloïde stéroïdique, extrait de diverses apocynacées, et possédant une action spécifique contre les amibes et les flagellés.

CONF. → CF.

CONFABULATION n. f. (lat. ecclés. *confabulatio, -onis,* entretien). Trouble de la mémoire se manifestant comme une fabulation dite « compensatrice » des lacunes amnésiques intéressant surtout le présent ou le passé récent, lors des amnésies globales du type syndrome de Korsakov. (Syn. PARAMNÉSIE.)

CONFALONIERI (Federico, *comte*), patriote italien (Milan 1785 - Hospenthal, Uri, 1846). Il fut avec G. Berchet l'un des principaux fondateurs du périodique *Il Conciliatore* (sept. 1818), qui militait en faveur du réveil culturel et économique de la Lombardie et qui fut interdit par le gouvernement autrichien en oct. 1819. Arrêté en 1821 et emprisonné, il fut gracié en 1835.

CONFECTION n. f. (lat. *confectio, -onis,* de *conficere,* achever). **1.** Action de faire, de réaliser, de confectionner qqch : *La confection d'un dictionnaire.* – **2.** Fabrication en série de vêtements. – **3.** Syn. vieilli de PRÊT-À-PORTER. – **4.** Réalisation d'ourlets et assemblage de pièces d'étoffes, en formes ou prédécoupées, permettant de produire un article fini. – **5.** Atelier où est réalisé le montage des articles textiles.

CONFECTIONNER v. t. (conj. 3). Exécuter qqch dont la complexité plus ou moins grande exige plusieurs opérations ; faire, fabriquer, composer : *Confectionner une sauce.*

CONFECTIONNEUR, EUSE n. Personne dont le métier consiste à fabriquer des vêtements en prêt-à-porter.

Confederación General del Trabajo (CGT), organisation syndicale argentine, née en 1930 et devenue très puissante dès 1940. Elle est contrôlée par les péronistes depuis 1943-1946.

Confederación Nacional del Trabajo (CNT), organisation anarcho-syndicaliste espagnole, née en 1910 à Barcelone. Soumise dès 1931 à l'influence prédominante de la Federación Anarquista Ibérica (FAI), elle anima pendant la guerre civile le mouvement des collectivisations révolutionnaires.

CONFÉDÉRAL, E, AUX adj. Relatif à une confédération.

CONFÉDÉRATEUR, TRICE adj. (de *confédérer*). Qui organise, qui établit une confédération : *État confédérateur.*

CONFÉDÉRATION n. f. (bas lat. *confoederatio, -onis*). **1.** Association d'États indépendants qui ont délégué l'exercice de certaines de leurs compétences à un pouvoir central, constitué par un organisme de coordination dont presque toutes les décisions doivent être prises à l'unanimité des États membres. — **2.** Groupement de diverses associations de caractère sportif, professionnel, etc. — **3.** Réunion de fédérations syndicales. (Syn. CENTRALE.)

Confédération d'Allemagne du Nord *(Norddeutscher Bund),* union politique qui groupa 22 États allemands au nord du Main de 1866 à 1870. Créée par Bismarck au lendemain de la défaite de l'Autriche et de la dissolution de la Confédération germanique, elle marqua une étape décisive vers l'unité allemande réalisée sous la domination de la Prusse et consacrée par la création du IIe Reich (1871).

Confédération athénienne *(première)* ou **ligue de Délos** (477 - 404 av. J.-C.), organisation collective groupant des cités grecques sous l'autorité d'Athènes. Constituée en 477 av. J.-C. pour repousser les Perses, déjà vaincus à Salamine (480) et à Platées (479), et libérer les Grecs qui leur sont encore soumis, elle englobe les îles de la mer Ionienne et de la mer Égée et les cités grecques d'Asie Mineure. La capitale est Délos, siège du conseil de la ligue. Mais Athènes, qui reçoit de ses alliés des troupes, des navires ou un *phoros* (tribut) en argent, exerce en fait sa domination. Quand la paix de Callias (449-448) met fin aux guerres médiques, la ligue perd sa raison d'être et devient l'instrument de l'Empire athénien : transfert du trésor fédéral à Athènes (454) ; suppression du conseil fédéral au profit de l'ecclésia ; fondation des clérouquies*. En dépit de quelques révoltes (Samos, en 440-439) durement réprimées, les alliés sont considérés comme des sujets. La capitulation d'Athènes (404) devant les Spartiates entraîne la dislocation de la confédération.

Confédération athénienne *(seconde),* confédération reconstituée par Athènes (378 - 338 av. J.-C.). Ayant reconquis sa puissance maritime (victoire de Cnide, 394), Athènes, maîtresse de la route du Pont-Euxin, conclut de nombreuses alliances qui aboutissent à la création d'une confédération nouvelle, dirigée contre Sparte et respectant scrupuleusement l'autonomie de ses membres. Mais quelques échecs militaires, la montée de la puissance thébaine et surtout le manque d'argent provoquent un retour aux méthodes traditionnelles qui mécontente les alliés : dès 362, la confédération est secouée par une série de révoltes. Vaincue, Athènes reconnaît l'indépendance des cités de l'Égée orientale (355). La ligue est définitivement détruite après la victoire de Philippe II de Macédoine à Chéronée (338 av. J.-C.).

Confédération germanique *(Deutscher Bund),* union politique qui groupa les États allemands de 1815 à 1866. Créée par l'Acte fédératif de Vienne du 9 juin 1815, et édifiée sur les ruines de la Confédération du Rhin, elle regroupe à l'origine 34 États souverains et quatre villes libres (Francfort, Hambourg, Brême, Lübeck). L'Autriche et la Prusse, puissances dominantes de la Confédération, n'y sont que partiellement intégrées puisque leurs territoires qui, avant 1806, ne faisaient pas partie du Saint Empire en sont exclus. En revanche, les souverains du Danemark, en tant que duc de Holstein, des Pays-Bas, en tant que grand-duc de Luxembourg, et d'Angleterre, en tant que roi de Hanovre, y sont représentés. Les États confédérés n'ont pas renoncé à leurs particularismes et l'assemblée confédérale, la Diète de Francfort, manque de moyens d'action. La Confédération est le théâtre d'une opposition grandissante entre la Prusse et l'Autriche qui en exerce la présidence. Cette dernière se heurte à une forte opposition libérale ainsi qu'aux progrès du mouvement national allemand, durement réprimés par Metternich. La révolution de 1848 cherche à transformer la Confédération en un véritable État national. Mais son échec avive la rivalité entre la Prusse et l'Autriche. Cette dernière oblige la Prusse à renoncer à son projet de création d'un État fédéral allemand (nov. 1850) et reconstitue la Confédération germanique. La guerre éclate entre les deux États en 1866. À la paix de Prague (23 août 1866), l'Autriche, vaincue à Sadowa (3 juill.), reconnaît la dissolution de la Confédération. La Prusse a désormais le champ libre pour créer la Confédération d'Allemagne du Nord et réaliser l'unité allemande.

Confédération du Rhin *(Rheinbund),* union politique qui groupa certains États allemands de 1806 à 1813. Constituée le 12 juill. 1806 à l'instigation de Napoléon Ier, la Confédération du Rhin regroupe à l'origine 16 princes d'Allemagne occidentale et méridionale qui se sont séparés du Saint Empire romain germanique, provoquant ainsi sa disparition et la renonciation de François II à son titre d'empereur romain. À titre de « protecteur », Napoléon Ier dirige la politique extérieure de la Confédération ainsi que ses forces armées. Il confie les fonctions d'archi-chancelier à K. T. von Dalberg qui porte le titre de prince primat de Germanie. Aux royaumes de Bavière et de Wurtemberg, récemment créés, et aux grands-duchés de Bade, de Berg et de Hesse, qui à l'origine constituaient les principaux « États confédérés du Rhin », s'ajoutent, après l'effondrement militaire de la Prusse à la fin de 1806, le grand-duché de Würzburg, le royaume de Saxe puis cinq duchés de Saxe, et, en 1807, le royaume de Westphalie, nouvellement créé au profit de Jérôme Bonaparte. En 1808, la Confédération regroupe l'ensemble de l'Allemagne, la Prusse exceptée. La défaite de Leipzig (16-19 oct. 1813) provoque sa désagrégation. La Confédération du Rhin contribua au progrès de l'unité allemande car elle permit la simplification de la carte du vieux Reich et le développement du mouvement patriotique soit par réaction à la domination napoléonienne, soit sous l'influence des idées et des institutions empruntées à la Révolution française.

Confédération suisse, groupement des 23 cantons constituant la Suisse.

Confédération française démocratique du travail (C. F. D. T.), centrale syndicale française fondée en nov. 1964 et issue de la C. F. T. C. L'enjeu de cette scission était de déconfessionnaliser la centrale. La C. F. D. T. a pour secrétaires généraux Eugène Descamps (1964-1971), Edmond Maire (1971-1988), Jean Kaspar (1988-1992), Nicole Notat (depuis 1992).

Confédération française de l'encadrement-C. G. C. (C. F. E. - C. G. C.), jusqu'en 1981 *Confédération générale des cadres (C. G. C.),* organisation syndicale française fondée en 1944. Elle comprend trois sections : agents de maîtrise et techniciens ; voyageurs, représentants et placiers ; ingénieurs et cadres. Secrétaire général de 1956 à 1975, André Malterre en a défini la ligne d'action. Lui ont succédé Yvon Charpentié (1975-1979), Jean Menu (1979-1984), Paul Marchelli (1984-1993), Marc Vilbenoît (depuis 1993).

Confédération française des travailleurs chrétiens (C. F. T. C.), organisation syndicale française créée en nov. 1919 avec Gaston Tessier comme secrétaire général, et regroupant les syndicats chrétiens (dont les premiers ont vu le jour en 1885). Lors de la scission qui aboutit à la fondation de la C. F. D. T. (1964), les dirigeants de la C. F. T. C. (Jacques Tessier, Jean Bornard, Guy Drilleaud, Alain Deleu) ont décidé de conserver leurs trois principes d'action : référence chrétienne, apolitisme, recours à la conciliation et à l'arbitrage dans les conflits sociaux.

Confédération générale des cadres → CONFÉDÉRATION FRANÇAISE DE L'ENCADREMENT-C. G. C.

Confédération générale du patronat français (C. G. P. F.), groupement de syndicats patronaux dissous en 1940 par le gouvernement de Vichy, mais dont l'action s'est poursuivie, après 1945, par le Conseil national du patronat* français.

Confédération générale des petites et moyennes entreprises (C. G. P. M. E.), organisation patronale française créée en oct. 1944, représentative des intérêts économiques et sociaux des dirigeants des petites et moyennes entreprises se rattachant à l'industrie, au commerce et aux services (patronat réel). Elle est dirigée par Léon Gingembre (1945-1978), René Bernasconi (1978-1990), Lucien Rebuffel (depuis 1990).

Confédération générale du travail (C. G. T.), centrale syndicale française créée en 1895. Née de différents syndicats d'industrie, de fédérations et de Bourses du travail, elle s'organise progressivement, notamment grâce à l'action de Léon Jouhaux. Ses principes d'action sont notamment affirmés dans la Charte d'Amiens (1906), qui affirme l'indépendance absolue du syndicat à l'égard des partis, notamment le parti socialiste (S. F. I. O.). La C. G. T. a constitué jusqu'en 1919 la seule organisation syndicale représentant les intérêts des salariés français. En 1922, les luttes internes, nées des difficultés de l'après-guerre et surtout de l'influence du parti communiste, aboutissent à une scission et les minoritaires forment la Confédération générale du travail unitaire, la C. G. T. U. La réunification des deux C. G. T. se fait en 1936. En 1940, la C. G. T. est dissoute comme les autres syndicats : elle participe activement à la lutte contre l'occupant allemand. En 1947, la guerre froide et l'importance de l'influence du P. C. F. au sein de la centrale entraînent une nouvelle scission au sein de la C. G. T. : c'est la naissance de la C. G. T.-F. O. avec Jouhaux et Bergeron. La C. G. T. a pour secrétaires généraux Benoît Frachon (1936-1967), Georges Séguy (1967-1982), Henri Krasucki (1982-1992), Louis Viannet (depuis 1992).

Confédération générale du travail-Force ouvrière (C. G. T.- F. O.), centrale syndicale française issue d'une scission de la C. G. T. en 1948, menée par des militants hostiles aux options communistes des dirigeants cégétistes. La centrale est dirigée par Léon Jouhaux (1948-1954), Robert Bothereau (1954-1963), André Bergeron (1963-1989), Marc Blondel (depuis 1989).

Confédération générale du travail unitaire (C. G. T. U.), organisation syndicale française née en 1922 de la scission des éléments anarcho-syndicalistes de la C. G. T. En 1923, elle adhéra à l'Internationale syndicale rouge ; elle retourna au sein de la C. G. T. en 1936.

Confédération internationale des syndicats chrétiens (C. I. S. C.), organisation syndicale internationale, créée au congrès de La Haye (juin 1919). En 1968, elle abandonne toute référence au christianisme et devient Confédération mondiale du travail (C. M. T.).

Confédération internationale des syndicats libres (C. I. S. L.), organisation syndicale internationale, créée au congrès de Londres (1949). Elle est issue d'une scission de la Fédération syndicale mondiale, accusée d'être trop proche des thèses communistes. Elle compte la C. G. T.-F. O. et la C. F. D. T. parmi ses membres.

Confédération mondiale du travail (C. M. T.), organisation syndicale internationale qui, en 1968, a pris la suite de la Confédération internationale des syndicats chrétiens.

Confederazione generale italiana del lavoro (CGIL), organisation syndicale italienne constituée en juin 1944.

Confederazione italiana sindacati lavoratori (CISL), organisation syndicale italienne d'inspiration catholique, créée en 1950.

CONFÉDÉRÉ, E n. En Suisse, ressortissant d'un canton autre que le sien.
◆ **confédérés** n. m. pl. Nom donné aux onze États du sud des États-Unis ligués contre le gouvernement fédéral, lors de la guerre de Sécession.

CONFÉDÉRER v. t. (bas lat. *confoederare,* du lat. class. *foedus, -eris,* alliance) [conj. **18**]. Réunir en confédération : *La Constitution qui a confédéré les cantons.*

CONFER → CF.

CONFÉRENCE n. f. (lat. médiév. *conferentia,* du lat. class. *conferre,* discuter). **1.** Réunion de diplomates, de chefs de gouvernement ou de ministres, assistés de techniciens, en vue de régler un problème politique d'ordre international. — **2.** Réunion de personnes qui discutent des questions relatives à leur travail commun : *Conférence de travail.* — **3.** Exposé fait devant un public et portant sur des sujets d'ordre littéraire, artistique, scientifique, etc. — **4.** Variété de poire de taille moyenne, de couleur vert clair. — **5.** *Conférence de presse,* réunion au cours de laquelle une ou plusieurs personnalités s'adressent aux journalistes et répondent à leurs questions. ‖ *Être en conférence,* être en réunion avec ses collaborateurs ; être en réunion de travail. • **Dr.** *Conférence des présidents,* organisme, créé en 1971, qui examine le programme des travaux de chacune des assemblées parlementaires et fait des propositions sur l'ordre du jour. ‖ *Conférence du stage,* réunion périodique des avocats stagiaires d'un barreau, sous la présidence du bâtonnier, en vue de leur perfectionnement professionnel. — **Mar.** Accord conclu entre des armateurs ou des compagnies de navigation desservant les mêmes lignes, pour lutter contre la concurrence et maintenir les taux de fret. — **Relig.** Discours religieux prononcé dans des formes moins solennelles que celles du sermon. ‖ Livre qui tient des comptes rendus de conférences ecclésiastiques ou des discours religieux appelés « conférences ». ‖ *Conférence ecclésiastique,* réunion de prêtres sur des sujets spirituels. ‖ *Conférence épiscopale,* réunion annuelle des évêques d'une Église nationale et qui est investie par le pape du double pouvoir de parole et de décision. ‖ *Conférences de Notre-Dame,* série annuelle (carême) de discours apologétiques de la religion et de la doctrine catholiques, prononcés à Notre-Dame de Paris. (Inaugurées par Lacordaire en 1835, elles se sont depuis lors poursuivies pratiquement sans interruption.)

conférence islamique *(Organisation de la)* [O. C. I.], organisation fondée en 1971 dans le but de promouvoir la solidarité islamique entre ses membres. Son organe suprême est la conférence des chefs d'État ; elle compte également un certain nombre de comités spécialisés, notamment le comité al-Quds (1976), chargé de la restitution de Jérusalem. Regroupant quarante-quatre États musulmans ainsi que l'O. L. P., elle a son siège à Djedda.

Conférence de Saint-Vincent-de-Paul → SAINT-VINCENT-DE-PAUL *(Société de).*

Conférence sur la sécurité et la coopération en Europe (C. S. C. E.) → ORGANISATION POUR LA SÉCURITÉ ET LA COOPÉRATION EN EUROPE (O. S. C. E.).

CONFÉRENCE *(île de la)* → *île des* FAISANS.

CONFÉRENCIER, ÈRE n. Personne qui fait une conférence devant un public, qui fait habituellement des conférences.

1. CONFÉRER v. t. (lat. *conferre,* attribuer) [conj. **18**]. **1.** Donner, accorder un titre, une charge à qqn en vertu de l'autorité qu'on a de le faire : *Conférer une décoration à quelqu'un.* — **2.** Donner à qqch une valeur, une qualité particulière : *L'intonation peut conférer des sens très différents à la même expression.*

2. CONFÉRER v. t. ind. (lat. *conferre,* échanger) [conj. **18**]. Avoir un entretien, une discussion avec qqn au cours d'une rencontre aménagée à cet effet : *L'ambassadeur a conféré plus d'une heure avec le président.*

CONFERVE n. f. (lat. *conferva,* du lat. class. *confervere,* souder, parce que les Anciens attribuaient à ces plantes la vertu de cicatriser les plaies). Nom ancien donné à de nombreuses algues vertes filamenteuses, par exemple les cladophores.

CONFESSE n. f. *Être, aller à confesse, revenir de confesse,* se confesser, y aller, en revenir.

CONFESSER v. t. (anc. fr. *estre cunfes,* avouer ses péchés, du lat. ecclés. *confessus,* de *confiteri,* avouer ses fautes) [conj. **4**]. **1.** Pour un catholique, déclarer ses péchés au tribunal de la pénitence. – **2.** En parlant d'un prêtre catholique, recevoir la confession de qqn. – **3.** *Litt.* Proclamer publiquement ses croyances : *Confesser sa foi.* – **4.** Avouer qqch, le déclarer, le reconnaître pour vrai : *J'ai tort, je le confesse.* – **5.** *Fam.* Tirer subtilement à qqn des aveux, une confidence.
◆ **se confesser** v. pr. **1.** Pour un catholique, avouer ses fautes à un prêtre pour en obtenir le pardon dans le sacrement de pénitence. – **2.** Se confier à qqn, lui faire des confidences.

CONFESSEUR n. m. (lat. ecclés. *confessor*). **1.** Ministre du sacrement de pénitence à qui on va se confesser. – **2.** Personne à qui on se confie. – **3.** Syn. de MARTYR DE LA FOI. – **4.** Titre donné aux saints qui ne sont ni apôtres ni martyrs.

CONFESSION n. f. (lat. ecclés. *confessio, -onis*). **1.** Aveu de ses péchés à un prêtre catholique, pour en obtenir l'absolution. (→ *encycl.*) – **2.** Action de confier, d'avouer à qqn les fautes, les erreurs qu'on a à se reprocher. – **3.** Appartenance à telle ou telle religion : *Être de confession orthodoxe.* – **4.** *Litt.* Affirmation publique de sa foi, d'une croyance, etc. – **5.** Résumé des articles qui contiennent la déclaration de foi d'une Église (avec majusc.) : *La Confession d'Augsbourg.* – **6.** Caveau funéraire contenant le corps d'un martyr au-dessus duquel s'élevait un autel. (Il était interdit aux fidèles, qui pouvaient cependant voir le tombeau à travers une petite ouverture dite *fenestra* ou *fenestella*.) [Syn. MARTYRIUM.] – **7.** *Billet de confession,* certificat que le confesseur donnait à son pénitent pour attester, sans plus, qu'il s'était présenté à lui au confessionnal. ‖ *Confession de foi,* exposé d'une foi religieuse personnelle. ‖ *Secret de la confession,* obligation imposée au confesseur, sous peine d'excommunication, de ne rien dévoiler de ce qui a été dit dans une confession sacramentelle. ‖ *Sous le sceau de la confession,* en lui recommandant le secret le plus rigoureux. ‖ *On lui donnerait le bon Dieu sans confession,* se dit de qqn qui a l'air parfaitement innocent ou vertueux, mais qui ne l'est pas.
ENCYCL. Depuis 1973, le rituel de la pénitence, chez les catholiques, prévoit, à côté de la confession individuelle faite au confessionnal, des formes communautaires : soit avec confession et absolution individuelles, soit, exceptionnellement, sans aveu personnel mais absolution collective. Dans l'Église orthodoxe, la confession n'est le plus souvent qu'un aveu général de péché. Certaines Églises protestantes ont conservé la confession, mais sans en faire un sacrement.

Confession d'Augsbourg → AUGSBOURG.

Confession d'un enfant du siècle *(la),* roman d'A. de Musset (1836). En transposant son aventure de Venise avec George Sand, Musset peint, à travers les souffrances du héros, Octave, le « mal du siècle » des générations romantiques.

Confessions, œuvre autobiographique de saint Augustin écrite entre 397 et 401, où saint Augustin décrit son évolution religieuse jusqu'à sa conversion et la mort de sa mère (387).

Confessions *(les),* autobiographie de Jean-Jacques Rousseau, publiée après sa mort, en 1782 et 1789. Désireux de « tout dire », Rousseau recherche par un effort de la mémoire affective les « chaînes d'affections secrètes » qui constituent la trame d'une vie. On y trouve de précieux renseignements sur l'élaboration de son œuvre.

Confessions d'un Anglais mangeur d'opium *(les),* récit autobiographique de Th. De Quincey (1821). Le rêve et l'inconscient sont exaltés grâce à l'opium comme les instruments du sublime dans l'homme. Le récit inspirera Dickens, Musset, Baudelaire, Nerval.

Confessions helvétiques, formulaires contenant les professions de foi des réformés de Suisse. Bullinger rédigea la première en 1536 et la seconde en 1566. Celle-ci, approuvée par les autres Églises calvinistes orthodoxes, est l'équivalent de la Confession d'Augsbourg pour les luthériens.

CONFESSIONNAL n. m. (de *confession*). **1.** Meuble en forme d'isoloir où le prêtre entend la confession des pénitents. – **2.** La confession : *Les secrets du confessionnal.* – **3.** Fauteuil rembourré à oreilles.

CONFESSIONNALISATION n. f. Action de confessionnaliser.

CONFESSIONNALISER v. t. (conj. 3). Introduire dans un problème, un débat, etc., des considérations et des motivations religieuses.

CONFESSIONALISME n. m. **1.** Sentiment d'appartenir à une confession, à une religion, plutôt qu'à une nation. – **2.** Système politique du

Liban, qui répartit proportionnellement entre les nombreuses confessions religieuses (maronites, sunnites, chī'ites, druzes, orthodoxes...) les sièges au Parlement et les postes dans les grandes fonctions publiques.

CONFESSIONNEL, ELLE adj. (de *confession*). **1.** Relatif à la foi religieuse : *Querelles confessionnelles.* – **2.** *École confessionnelle,* école privée où se donne tel ou tel enseignement religieux.

CONFESSOIRE adj. (lat. *confessorius*). *Action confessoire,* action qui tend à faire reconnaître ou à permettre l'exercice d'un droit de servitude, d'usufruit ou d'usage.

CONFETTI n. m. (pl. *confettis*) [pl. de l'ital. *confetto,* dragée]). Mince rondelle de papier coloré qu'on lance par poignées lors de certaines festivités (carnaval).

CONFIANCE n. f. (lat. *confidentia,* avec l'infl. de l'anc. fr. *fiance,* foi). **1.** Assurance, hardiesse, courage qui vient de la conscience qu'on a de sa valeur, de sa chance : *Faire face aux difficultés avec confiance.* – **2.** Sentiment de qqn qui se fie entièrement à qqn d'autre, à qqch : *Notre amitié est fondée sur une confiance réciproque.* – **3.** Sentiment d'assurance, de sécurité qu'inspire au public la stabilité des affaires, de la situation politique : *La confiance des épargnants envers l'État.* – **4.** *Avoir confiance en qqn, en qqch,* se fier entièrement à eux. ‖ *Avoir la confiance de qqn,* lui inspirer un sentiment de confiance. ‖ *Confiance en soi,* sentiment, conscience que l'on a de sa propre valeur et dans lesquels on puise une certaine assurance. ‖ *De confiance,* accompli sans hésitation, sans défiance ; en qui ont peut avoir confiance. ‖ *Donner, inspirer confiance à qqn,* le rendre confiant. ‖ *En (toute) confiance,* sans craindre d'être trompé ou mal servi. ‖ *Faire confiance à, mettre sa confiance en,* considérer qqn, qqch comme digne de la confiance qu'on lui accorde ; se remettre entre les mains de qqn. ‖ Fam. *et* ironiq. *Faire confiance à qqn,* savoir ce dont il est capable dans une circonstance donnée. ‖ *Perdre confiance,* cesser d'avoir confiance. • **Dr.** Appui donné au gouvernement par la majorité du Parlement. ‖ *Question de confiance,* procédure déclenchée sur l'initiative du chef d'un gouvernement parlementaire, en vue de faire adopter par une assemblée législative un ordre du jour favorable à la politique gouvernementale ou à un projet de loi. (Le refus de la confiance implique soit la démission du gouvernement, soit la dissolution de l'assemblée et le recours à de nouvelles élections.) – **Stat.** *Intervalle de confiance,* intervalle $[t_1, t_2]$ des valeurs d'un paramètre t à estimer, tel que la probabilité pour que t appartienne à cet intervalle soit égale à $1 - \alpha$, $1 - \alpha$ étant un nombre fixé positif et inférieur à 1, appelé niveau de confiance.

CONFIANT, E adj. (de *confier*). **1.** Qui fait confiance à autrui et, en partic., qui est par nature porté à faire confiance à autrui : *Être d'un naturel confiant.* – **2.** Qui marque, exprime la confiance : *Un regard confiant.* – **3.** Qui se fie à qqch, qui est sûr de pouvoir y compter : *Confiant dans les décisions que vous pourrez prendre.* – **4.** *Confiant en lui,* qui a un sentiment d'assurance venu du fait qu'il a confiance en lui.

CONFIDENCE n. f. (lat. *confidentia*). **1.** Communication d'un secret, d'un sentiment personnel à qqn : *Faire une confidence à quelqu'un.* – **2.** *En confidence,* sous le sceau du secret. ‖ *Être dans la confidence,* avoir connaissance d'un secret. ‖ *Fausse confidence,* communication d'un prétendu secret, faite pour tromper qqn. ‖ *Mettre qqn dans la confidence,* lui confier un secret.

CONFIDENT, E n. (ital. *confidente,* du lat. *confidens,* confiant). **1.** Personne à qui l'on fait ses confidences, à qui l'on confie ses pensées les plus secrètes. – **2.** Au théâtre, personnage secondaire à qui les personnages principaux confient leurs états d'âme et leurs desseins, afin d'en instruire les spectateurs. – **3.** Double fauteuil rembourré au plan en S, offrant deux places de sens inverse (XIXe s.).

CONFIDENTIALITÉ n. f. **1.** Caractère d'une information confidentielle ; secret : *Demander la confidentialité au début d'une réunion.* – **2.** Sécurité visant à interdire l'accès à un système informatique.

CONFIDENTIEL, ELLE adj. **1.** Qui se dit, se fait en confidence, qui contient des informations qui doivent rester secrètes : *Dossier confidentiel.* – **2.** Qui ne s'adresse qu'à un petit nombre de personnes : *Une diffusion confidentielle.*

CONFIDENTIELLEMENT adv. De façon confidentielle, en confidence.

CONFIER v. t. (lat. *confidere,* avec l'infl. de se *fier*) [conj. 9]. **1.** Remettre qqn, qqch aux mains de qqn, à sa garde : *Confier les clefs de son appartement au gardien.* – **2.** Dévoiler ses sentiments intimes, dire qqch de confidentiel : *Il m'a confié ses projets.* – **3.** *Litt.* Livrer qqch à l'action de qqch : *Confier son bateau au vent.*

◆ **se confier** v. pr. **1.** Faire ses confidences à qqn, lui faire part d'un secret : *Se confier à sa mère.* – **2.** *Litt.* S'en remettre à qqch ; se fier : *Se ccnfier au hasard.*

CONFIGURATION n. f. (lat. ecclés. *configuratio, -onis,* de *configurare,* donner une forme). **1.** Forme extérieure d'un ensemble ; relief : *La configuration d'un pays.* – **2.** Aspect général de qqch d'abstrait, caractère d'ensemble, physionomie : *Son nom a une configuration germanique.* • **Chim.** *Configuration stérique,* disposition tridimensionnelle des atomes ou radicaux fixés sur un centre chiral. (→ *encycl.*) – **Inform.** Description des éléments d'un système informatique précisant les différentes unités et leur liaison. – **Phys.** et **Chim.** *Configuration électronique,* description de l'état collectif des électrons d'un atome (ou d'une molécule) à partir de leur répartition dans les divers états quantiques individuels possibles. – **Psychol.** Syn. de FORME.

ENCYCL. **Chim.** Le cas le plus simple de *configuration stérique* autour d'un centre chiral

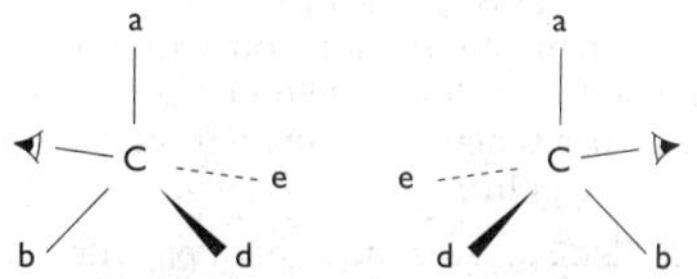

configurations stériques antipodes

est celui de la configuration d'un atome de carbone C lié à quatre substituants *a, b, d* et *e.* Cet atome se trouve au centre d'un tétraèdre, et il existe deux arrangements et deux seulement pour placer *a, b, d* et *e* aux sommets du tétraèdre. Ces arrangements sont antipodes, c'est-à-dire images l'un de l'autre dans un miroir. Lorsqu'il y a plusieurs atomes chiraux dans une molécule, certains isomères sont antipodes (toutes les configurations des atomes chiraux sont inversées) et d'autres sont diastéréo-isomères (toutes les configurations ne sont pas inversées). S'il est difficile de déterminer par radiocristallographie les *configurations absolues* d'une molécule, il est plus facile de connaître ses *configurations relatives* par rapport à un composé voisin. Cette comparaison peut se faire par voie chimique ou par voie optique, en examinant le pouvoir rotatoire.

CONFINEMENT n. m. **1.** Action de confiner, de se confiner dans un lieu ; fait d'être confiné. – **2.** Situation d'une population animale trop nombreuse dans un espace trop restreint et qui, de ce fait, manque d'oxygène, de nourriture ou d'espace. (→ *encycl.*) – **3.** Ensemble des précautions prises pour empêcher la dissémination des produits radioactifs, dans l'environnement d'une installation nucléaire. (L'enceinte de confinement d'un réacteur nucléaire est un bâtiment étanche entourant complètement le réacteur. C'est l'une des trois barrières placées entre les produits radioactifs et le public.) – **4.** Ensemble des conditions dans lesquelles se trouve un explosif détonant quand il est logé dans une enveloppe résistante. – **5.** *Confinement d'un plasma,* technique destinée à maintenir un plasma de particules ionisées isolé thermiquement des parois du récipient qui l'entoure. ‖ *Confinement des quarks,* théorie rendant compte de l'impossibilité d'isoler les quarks constituant les hadrons.

ENCYCL. **Biol.** On parle surtout de confinement lorsque l'espèce est prisonnière de son biotope : île, étang, sommet montagneux et autres isolats. L'adaptation a lieu par diminution de la taille des individus, baisse de leur fécondité, mortalité régulatrice et surtout diminution du nombre des espèces présentes dans le milieu confiné, d'où un endémisme important.

CONFINER v. t. ind. (de *confins*) [conj. 3]. **1.** *Litt.* Toucher à un lieu par ses frontières : *La Suisse confine à l'Allemagne, à l'Autriche, à la France et à l'Italie.* – **2.** Être très proche de qqch : *Un air de satisfaction qui confine à l'insolence.*

◆ v. t. Enfermer qqn dans un lieu, le tenir dans d'étroites limites : *Confiner un subordonné dans le cadre de ses fonctions.*

◆ **être confiné** v. pass. *Air confiné,* air non renouvelé.

◆ **se confiner** v. pr., **être confiné** v. pass. **1.** S'enfermer, être enfermé dans un lieu : *Se confiner dans sa chambre.* – **2.** Se limiter, se borner à une activité quelconque unique ou restreinte : *Se confiner dans ses fonctions.*

CONFINS n. m. pl. (lat. *confinium,* voisinage). **1.** Parties d'un territoire situées à son extrême limite et à la frontière d'un autre : *Les confins de l'Europe et de l'Asie.* – **2.** *Litt.* Limite, point, partie extrême : *Venir des confins de la ville.* – **3.** Point, degré intermédiaire, limite indécise entre deux états : *Aux confins du courage et de la lâcheté.*

CONFIRE v. t. (lat. *conficere,* achever) [conj. **101**]. Conserver des fruits ou des légumes dans du sucre, de l'alcool ou du vinaigre ; conserver une viande ou une volaille dans sa propre graisse.

◆ **être confit** v. pass. **1.** Avoir un air mièvre, doucereux : *Mine confite.* – **2.** *Fruit confit,* fruit cuit dans un sirop de sucre suffisamment concentré pour assurer sa conservation.

◆ **se confire** v. pr., **être confit** v. pass. *Litt.* Se pénétrer avec exagération d'une attitude ; être imprégné, pénétré d'un sentiment : *Se confire en dévotion.*

CONFIRMAND, E n. (lat. ecclés. *confirmandus*). Personne qui va recevoir le sacrement de confirmation.

CONFIRMANT n. m. Ministre de la confirmation. (En règle générale l'évêque, et, en cas de besoin, le curé de la paroisse.)

CONFIRMATIF, IVE adj. *Acte confirmatif,* syn. de CONFIRMATION.

CONFIRMATION n. f. (lat. *confirmatio, -onis*). **1.** Action de confirmer qqch ; déclaration, écrit, etc., qui en résulte (souvent sans art. après *avoir, donner, attendre,* etc.) : *Donner confirmation d'un rendez-vous.* — **2.** Acte, fait, élément qui vient confirmer une opinion, un sentiment, une théorie, un état, etc. • **Diplom.** *Charte de confirmation,* acte confirmant une donation. (Cet usage remonte à l'Antiquité. Jusqu'au XIIe s., la confirmation reproduisait l'essentiel de l'acte précédent. Au XIIIe s., il y était reproduit in extenso.) — **Dr.** Acte unilatéral ou tacite, par lequel une personne qui aurait le droit de demander l'annulation d'un acte (pour nullité relative ou rescision) renonce volontairement à user de ce droit. (Syn. ACTE CONFIRMATIF.) ‖ Décision de la juridiction du second degré qui consolide et maintient la décision des premiers juges. (Contr. INFIRMATION.) — **Relig.** Sacrement de l'Église qui achève le baptême, en communiquant les dons de l'Esprit saint. (→ *encycl.*)

ENCYCL. **Relig.** La confirmation, pour les Églises catholique et orthodoxe, est un sacrement qui achève l'initiation chrétienne donnée par le baptême, auquel elle était jointe directement à l'origine. Le ministre originel de la confirmation est l'évêque, comme successeur des Apôtres, mais la délégation du pouvoir de confirmer à un prêtre est courante en Orient et plus fréquente en Occident depuis 1971. Chez les protestants la confirmation est l'acte par lequel les jeunes gens, vers 15 ou 16 ans, confirment publiquement le vœu de leur baptême et sont ainsi admis à prendre part à la cène.

CONFIRMÉ, E n. Baptisé qui a reçu le sacrement de la confirmation.

CONFIRMER v. t. (lat. *confirmare,* de *firmus,* ferme) [conj. 3]. **1.** Affirmer, parce qu'on est bien informé, autorisé à le faire ou après un certain temps de réflexion, que ce qui a été dit, demandé ou fixé auparavant est (toujours) valable : *Confirmer un rendez-vous.* — **2.** Apporter ou être la preuve qu'un jugement, un sentiment, etc., sont justes ou fondés, qu'un fait est exact, vrai ; appuyer, renforcer l'évolution d'un phénomène ; attester, démontrer, ratifier : *Analyse de laboratoire qui confirme un diagnostic.* — **3.** Faire que qqn soit sûr ou plus sûr du bien-fondé de son opinion, de sa résolution, l'affermir dans son comportement, l'encourager : *En apportant ces nouveaux éléments, vous me confirmez dans ma résolution.* — **4.** *Confirmer qqn dans ses fonctions,* transformer son statut provisoire ou d'essai en statut réel, définitif. — **5.** Renoncer au droit de discuter la validité d'un acte juridique. — **6.** Donner le sacrement de confirmation.

◆ **être confirmé** v. pass. Être expérimenté, avoir fait ses preuves dans un travail, un poste : *Nous demandons un ingénieur confirmé.*

◆ **se confirmer** v. pr., **être confirmé** v. pass. **1.** Se manifester avec plus d'évidence, se renforcer, être renforcé : *La tendance à la hausse se confirme.* — **2.** Se manifester comme vrai ; être reconnu comme exact, fondé : *Les bruits qui couraient sur son compte se confirment.*

CONFISAGE n. m. Action de préparer les fruits confits.

CONFISCABLE adj. Qui peut être confisqué.

CONFISCATION n. f. (lat. *confiscatio, -onis*). **1.** Action de confisquer ; saisie : *La confiscation des biens des grands propriétaires.* — **2.** Acte qui consiste à transférer à l'État, ou parfois à un établissement public, tout ou partie des biens d'une personne, à la suite d'une condamnation pénale, par sanction en matière fiscale ou par mesure de police.

CONFISERIE n. f. (de *confis,* part. prés. de *confire*). **1.** Fabrication de friandises à partir de sucre cuit, travaillé et aromatisé. — **2.** Produit vendu par le confiseur ; sucrerie. — **3.** Usine, magasin du confiseur. — **4.** Préparation et conservation des aliments par diminution de l'activité de l'eau ou par augmentation de la concentration en extrait au moyen d'addition de sucre, de sel ou de matière grasse ; usine mettant en œuvre ces techniques. — **5.** Ensemble des techniques nécessaires à la préparation des olives en saumure ; usine où l'on prépare les olives en saumure. — **6.** Conserverie de sardines.

CONFISEUR, EUSE n. **1.** Personne qui fabrique ou vend des confiseries. — **2.** *Trêve des confiseurs,* période de fêtes de fin d'année et du nouvel an pendant laquelle il est de tradition que cessent les polémiques de caractère politique.

CONFISQUER v. t. (bas lat. *confiscare,* du lat. class. *fiscus,* fisc) [conj. 3]. **1.** Saisir au nom du fisc, de l'État ou d'un tiers : *Confisquer des biens, des marchandises de contrebande.* — **2.** Prendre à qqn des objets qu'on lui interdit d'avoir en sa possession : *Confisquer à son fils son couteau.* — **3.** S'emparer de qqch à son profit ; ravir, supprimer : *On nous confisque les libertés.* — **4.** *Fam.* Soustraire qqn à la compagnie de qqn d'autre : *Je vous confisque cinq minutes votre mari.*

1. CONFIT, E → CONFIRE.

2. CONFIT n. m. (de *confire*). **1.** Viande ou volaille conservée dans la graisse (spécialité du Sud-Ouest). — **2.** Produit, bain de traitement utilisé en peausserie, qui, par une action microbiologique et/ou enzymatique, dissout et modifie certains constituants de la peau, tendant à produire un cuir plus souple.

CONFITAGE n. m. Opération consistant à soumettre les peaux à l'action d'un confit.

CONFITEOR [-teɔr] n. m. inv. (lat. *confiteor,* je confesse). Prière latine commençant par ce mot et par laquelle on se reconnaît pécheur.

CONFITER v. t. (de *confit 2*) [conj. 3]. Soumettre les peaux à l'action d'un confit.

CONFITURE n. f. (de *confire*). Préparation composée de fruits entiers ou en morceaux cuits dans du sucre à la nappe.

CONFITURERIE n. f. Entreprise qui fabrique des confitures.

CONFITURIER, ÈRE n. Personne qui fabrique ou vend des confitures.
◆ **confiturier** n. m. Récipient employé pour servir la confiture.

CONFLAGRATION n. f. (bas lat. *conflagratio, -onis,* du lat. class. *flagrare,* brûler). Conflit international de grande envergure.

Conflans *(traité de)* [5 oct. 1465], traité, signé à Conflans-l'Archevêque (auj. section de la comm. de Charenton-le-Pont), qui mit fin à la ligue du Bien* public et par lequel Louis XI rendait les villes de la Somme à Charles le Téméraire et cédait la Normandie à son frère Charles.

CONFLANS-EN-JARNISY (54800), ch.-l. de cant. de Meurthe-et-Moselle, sur l'Orne ; 2 755 hab. Carrefour ferroviaire.

CONFLANS-SAINTE-HONORINE (78700), ch.-l. de cant. des Yvelines, sur la Seine, au confluent de l'Oise ; 31 857 hab. *(Conflanais).* Église des XIIe-XVe s. Musée de la Batellerie. Centre de batellerie et port fluvial. Câbles électriques.

CONFLENT (le), région du dép. des Pyrénées-Orientales, de part et d'autre de la moyenne vallée de la Têt. Cultures maraîchères et fruitières.

CONFLICTUEL, ELLE adj. Qui comporte en soi-même une cause de conflits : *Une situation conflictuelle.*

CONFLIT n. m. (bas lat. *conflictus,* du lat. class. *confligere,* lutter). **1.** Lutte armée, combat entre deux ou plusieurs puissances qui se disputent un droit. — **2.** Violente opposition de sentiments, d'opinions, d'intérêts : *Le conflit de deux générations.* — **3.** Situation opposant deux types de juridiction *(conflit d'attribution)* ou deux tribunaux d'un même ordre *(conflit de juridiction)* qui prétendent tous deux se saisir d'une même affaire *(conflit positif)* ou, au contraire, se refusent l'un et l'autre à s'en saisir *(conflit négatif).* — **4.** Expression d'exigences internes inconciliables, telles que désirs et représentations opposés, et plus spécifiquement de forces pulsionnelles antagonistes. (Le conflit psychique peut être manifeste ou latent.) — **5.** *Conflit collectif du travail,* litige opposant à un ou plusieurs employeurs un groupement de salariés, pour la défense des intérêts communs au groupe. (Le conflit collectif se traduit le plus souvent par une grève. La loi a prévu le recours à l'arbitrage, la conciliation ou la médiation.) ‖ *Conflit limité,* affrontement militaire dans lequel les adversaires limitent volontairement les objectifs à atteindre. (→ *encycl.*) ‖ *Conflit de lois,* problème posé par la succession d'une loi nouvelle à une loi ancienne (droit transitoire), ou par la présence de deux législations de nations différentes concernant une même situation juridique. ‖ *Élever le conflit,* pour l'autorité administrative, demander au Tribunal des conflits de dessaisir une juridiction judiciaire au profit d'une juridiction administrative.

ENCYCL. **Mil.** Avec l'avènement de l'arme nucléaire, l'époque contemporaine redécouvre la notion de *conflit limité* qui est souvent le lieu d'affrontement indirect entre les grandes puissances par nations interposées.

CONFLUENCE n. f. (bas lat. *confluentia*). **1.** Fait de confluer ; convergence de deux ou plusieurs choses abstraites : *La confluence de deux courants de pensée.* — **2.** Syn. de CONFLUENT.

CONFLUENT n. m. (lat. *confluens, -entis*). **1.** Lieu de réunion de cours d'eau, de glaciers ou de courants marins. (Syn. CONFLUENCE.) — **2.** Point de rencontre de deux vaisseaux sanguins. — **3.** Litt. *Au confluent de plusieurs choses,* au point de rencontre. ‖ *Confluent de Pirogov,* union des veines jugulaire interne et sous-clavière pour constituer le tronc veineux brachiocéphalique.

CONFLUER v. i. (lat. *confluere,* couler ensemble) [conj. 3]. **1.** Se réunir en parlant de deux grands cours d'eau : *La Seine et la Marne confluent à Charenton.* — **2.** Converger vers un même lieu : *Une petite place où confluent toutes les rues du village.*

CONFOLENS (16500), ch.-l. d'arrond. de la Charente, au confluent de la Vienne et du Goire ; 3 158 hab. *(Confolentais).* Monuments des XIe-XVe s. Constructions électriques.

CONFOLENTAIS, région des confins du Massif central, autour de Confolens. Élevage (ovins).

CONFONDANT, E adj. Qui confond, déconcerte : *Une ignorance confondante.*

CONFONDRE v. t. (lat. *confundere,* mélanger) [conj. 75]. **1.** *Litt.* Mêler des choses ensemble jusqu'à ce qu'on ne les distingue plus : *Sur son tableau il a confondu la mer et le ciel en une même couleur.* — **2.** Ne pas distinguer des choses, des gens, les mêler dans son esprit et, en partic., se tromper en les prenant l'un pour l'autre, faire une confusion : *Ils se ressemblent tellement qu'on peut les confondre.* — **3.** Troubler qqn au point de le réduire à l'impuissance, de le mettre dans l'impossibilité de répondre, le décontenancer : *Une telle insolence a de quoi vous confondre.* – **4.** Prouver publiquement que qqn a commis une faute ou un délit, le démasquer : *Confondre un menteur.* – **5.** Frapper qqn d'un grand étonnement : *Une telle horreur dans le crime confond l'entendement.*

◆ **être confondu** v. pass. Être rempli de trouble, de confusion par suite d'un excès de bonté, d'éloges, etc. : *Il était confondu devant tant de gentillesse.*

◆ **se confondre** v. pr., **être confondu** v. pass. **1.** Être mêlé au point de ne plus se distinguer : *Les dates se confondaient dans mon esprit.* – **2.** Se mêler, s'unir à qqch au point d'en devenir indistinct : *La mer se confondait avec le ciel.* – **3.** Multiplier les excuses, les remerciements, etc. : *Il se confondit en excuses après une telle faveur.*

CONFORMATEUR n. m. (de *conformer*). **1.** Instrument qui permet de prendre la conformation de la tête pour lui adapter un chapeau. – **2.** Instrument qui sert à agrandir un chapeau.

CONFORMATION n. f. (lat. *conformatio*). **1.** Manière dont sont assemblées les parties du corps, d'un organe : *La conformation du squelette.* – **2.** Disposition tridimensionnelle des atomes ou radicaux fixés sur des atomes liés entre eux par une ou plusieurs liaisons chimiques. (→ *encycl.*) – **3.** Apparence extérieure d'un animal d'élevage, appréciée par rapport aux objectifs de production de l'animal (lait, viande).

ENCYCL. **Chim.** La molécule d'éthane $H_3C{-}CH_3$ peut être décrite selon la représentation symbolique de Newman : si l'observateur se place dans l'axe de la liaison C–C, il voit deux étoiles à trois branches superposées, pour lesquelles l'angle dièdre entre deux branches (une de chaque étoile) peut prendre toutes les valeurs de 0 à 360°. Les conformations sont dites *décalées* lorsque l'angle dièdre est voisin de 60°, *éclipsées* lorsque l'angle est voisin de 120°. On peut étendre la notion de conformation par rapport à une simple liaison au cas où l'un des atomes n'est pas un atome de carbone, au cas où l'un des atomes de carbone, ou les deux, possède une double liaison et même au cas où les deux atomes de carbone sont doublement liés l'un à l'autre. À chaque conformation d'une molécule correspond un isomère de conformation.

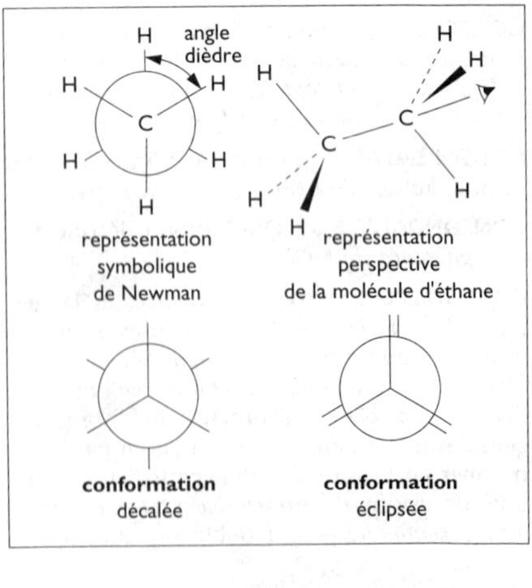

CONFORMATIONNEL, ELLE adj. **1.** Qui a trait à la conformation des molécules. – **2.** *Analyse conformationnelle,* partie de la stéréochimie qui étudie la stabilité des isomères conformationnels. (→ *encycl.*) ‖ *Isomère conformationnel,* isomère dans lequel la cause de l'isomérie est la conformation d'une molécule. (Syn. CONFORMÈRE.)

ENCYCL. **Chim.** La spectroscopie montre que les conformations privilégiées de l'éthane $H_3C{-}CH_3$ sont des conformations décalées, et que les conformations éclipsées sont simplement des états transitoires de la molécule (ou barrières d'énergie) entre ces conformations décalées ; la hauteur de la barrière est de 3 kcal/mole (fig. 1 ci-contre). Dans le cas du cyclohexane, on passe d'une conformation chaise à l'autre conformation chaise en surmontant une barrière d'inversion de 9 kcal/mole, avec une conformation bateau intermédiaire moins stable de 6,9 kcal/mole (fig. 2 ci-contre). L'analyse conformationnelle permet donc de détecter les conformères les plus stables, les barrières d'énergie qui les séparent et les cas où les conformères seront séparables (barrière supérieure à 20 kcal/mole).

CONFORME adj. (bas lat. *conformis,* semblable). **1.** Dont la forme est semblable à celle d'un autre objet considéré comme modèle, comme point de référence : *Cette traduction est conforme au texte original.* – **2.** Qui s'accorde avec qqch à quoi il est destiné, qui lui correspond exactement, qui lui est adapté : *Décision conforme à la loi.* – **3.** Qui correspond exactement à la norme, à la règle générale, à l'idéal social dominant : *Avoir des opinions conformes.* • **Dr.** *Pour copie conforme,* formule par laquelle on atteste qu'un document est bien conforme au texte original. – **Géogr.** Se dit d'un réseau hydrographique dont le tracé est guidé par la nature et la disposition des couches géologiques. – **Géol.** Se dit d'une faille dont le pendage est dans le même sens que celui des séries qu'elle affecte. – **Math.** Se dit de la représentation d'une surface sur une autre qui ne présente pas de déformation angulaire.

CONFORMÉMENT adv. D'une manière conforme à qqch : *J'ai agi conformément aux ordres reçus.*

CONFORMER v. t. (lat. *conformare*) [conj. 3]. Rendre qqch conforme, le mettre en accord avec qqch, l'y adapter : *Conformer son plan aux réalités.* ◆ **être conformé** v. pass. En parlant d'un être vivant, avoir telle ou telle conformation naturelle : *Cet enfant est bien conformé.* ◆ **se conformer** v. pr. Régler sa conduite en accord avec qqch, se soumettre, s'adapter à : *Se conformer aux règlements.*

CONFORMÈRE n. m. Syn. de ISOMÈRE CONFORMATIONNEL*.

CONFORMISME n. m. (de *conformiste*). Tendance à se conformer aux usages, à accepter les manières de penser ou d'agir du plus grand nombre, les normes sociales.

CONFORMISTE adj. et n. (angl. *conformist,* qui professe la religion officielle). Qui fait preuve de conformisme.

CONFORMITÉ n. f. (bas lat. *conformitas, -atis*). **1.** État de deux ou plusieurs choses semblables entre elles ; ressemblance, similitude : *La conformité de deux objets.* — **2.** État des choses qui s'accordent, qui se trouvent en parfaite harmonie ; concordance, accord : *La conformité de goûts.* — **3.** Caractéristique du comportement d'un individu ou d'un sous-groupe lorsque ce comportement est déterminé par la règle du groupe ou par une autorité. — **4.** *En conformité de, avec qqch,* conformément à qqch, en accord, en harmonie avec qqch. ‖ *Certificat de conformité,* pièce délivrée par le directeur départemental de l'équipement constatant la conformité des travaux effectués avec les indications du permis de construire.

CONFORMITÉ

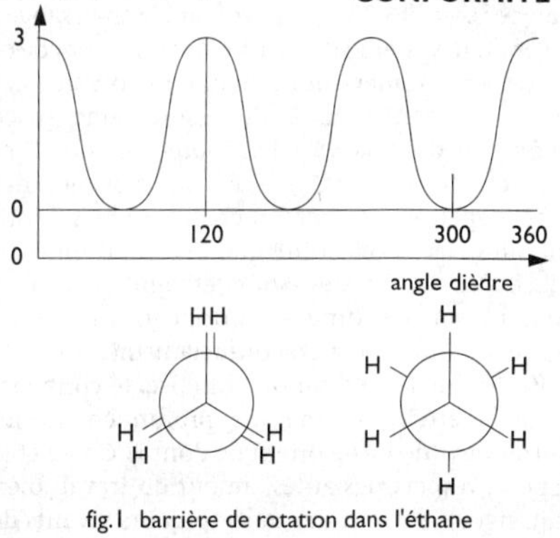

fig. I barrière de rotation dans l'éthane

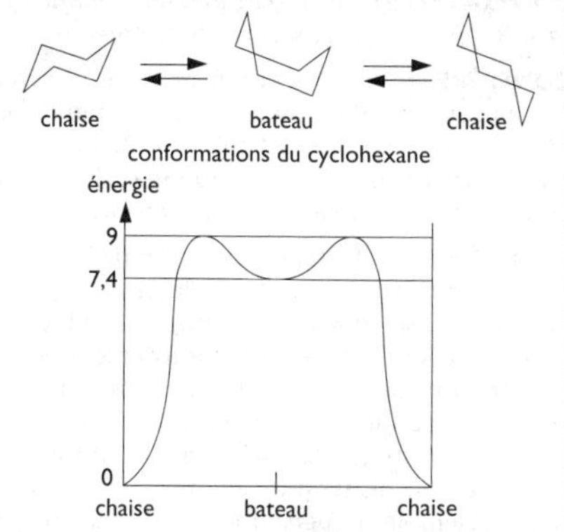

fig.2 barrière d'inversion dans le cyclohexane

CONFORMITÉ

CONFORT n. m. (angl. *comfort,* de l'anc. fr. *confort,* réconfort). **1.** Ensemble des commodités, des agréments qui produit le bien-être matériel ; bien-être en résultant : *Hôtel qui a tout le confort.* — **2.** Bien-être, aisance qu'apportent un vêtement, une pièce de mobilier, un véhicule, etc. : *Apprécier le confort d'un manteau de laine.* — **3.** Tranquillité psychologique, intellectuelle, morale obtenue par le rejet de toute préoccupation. — **4.** *Confort d'écoute,* bonne qualité d'un matériel tel qu'une chaîne stéréophonique, une radio, la télévision, etc. ‖ *Médicament de confort,* médicament qui est surtout prescrit dans un but psychologique.

CONFORTABLE adj. (angl. *comfortable,* du fr. *conforter,* réconforter). **1.** Qui procure le confort, qui contribue au bien-être : *Fauteuil confortable.* — **2.** *Fam.* Qui est bien installé, à l'aise : *Vous êtes confortable dans ce fauteuil ?* — **3.** Qui procure une certaine aisance : *Avoir un revenu confortable.* — **4.** Qui est exempt de soucis, de préoccupations : *Être dans une situation peu confortable.*

CONFORTABLEMENT adv. De façon confortable, agréable : *Être confortablement installé dans un fauteuil.*

CONFORTER v. t. (lat. ecclés. *confortare,* renforcer) [conj. 3]. **1.** Renforcer qqch, le rendre plus solide : *Le franc a conforté sa position.* — **2.** Rassurer qqn, le réconforter : *Conforter un ami grâce à sa présence.* — **3.** Soutenir, renforcer qqn dans son opinion, apporter, être le témoignage qui montre qu'il est dans le vrai : *Ces révélations m'ont conforté dans la piètre opinion que j'avais de lui.*

CONFRATERNEL, ELLE adj. (de *confrère,* d'apr. *fraternel*). Qui est propre à des confrères, qui exprime la confraternité : *Relations confraternelles.*

CONFRATERNITÉ n. f. (lat. médiév. *confraternitas*). Rapports amicaux entre confrères.

CONFRÈRE n. m. (de *confrérie,* d'apr. *frère*). **1.** Chacun des membres d'une confrérie religieuse, d'une société littéraire. – **2.** Personne qui exerce une même profession libérale qu'une autre : *Envoyer un patient à un confrère.*

CONFRÉRIE n. f. (anc. fr. *confrarie,* du lat. médiév. *confratria,* avec l'infl. de *frère*). **1.** Association pieuse, d'assistance mutuelle et d'entraide, souvent associée ou confondue avec les corporations au Moyen Âge. (De nos jours, les confréries de métier maintiennent d'anciennes traditions festives [Saint-Vincent, Saint-Fiacre, Sainte-Anne], ainsi que certaines cérémonies.) – **2.** Ensemble de personnes unies par un lien professionnel, corporatif ou autre : *La confrérie des cuisiniers.* – **3.** *Confrérie gastronomique, vineuse,* association régionale constituée autour de la dégustation d'un produit du cru afin d'en préserver et d'en promouvoir la qualité. ‖ *Confrérie musulmane,* syn. de TARĪQA.

Confrérie Notre-Dame, réseau de renseignements de la Résistance clandestine, fondé par G. Renault, dit Rémy, le premier qui communiqua par radio avec Londres.

Confrérie de la Passion, association qui, au Moyen Âge, se consacrait à la représentation des drames sacrés et particulièrement du mystère de la Passion. Elle fut dissoute en 1676.

CONFRONTATION n. f. (lat. médiév. *confrontatio, -onis*). **1.** Action de confronter des personnes, de les mettre face à face, en présence : *La confrontation d'un accusé avec des témoins.* – **2.** Action de rapprocher des choses, de les comparer en les opposant : *La confrontation des points de vue.* – **3.** Conflit entre deux groupes ou deux pays : *Confrontation armée.* – **4.** Acte d'instruction qui permet au juge d'instruction d'interroger une personne en présence d'un ou plusieurs témoins, d'une des parties ou de l'inculpé, afin de confronter leurs dires.

CONFRONTER v. t. (lat. médiév. *confrontare,* confiner à, du lat. class. *frons, frontis,* front) [conj. 3]. **1.** Mettre des personnes en présence, pour comparer, vérifier leurs dires : *Confronter l'accusé avec sa victime.* – **2.** Comparer des choses pour déceler des ressemblances ou des différences : *Confronter des textes, des points de vue.* – **3.** Mettre qqn en présence d'une difficulté, d'un problème auquel il doit faire face : *Cette nouvelle situation l'a confronté à une réalité pénible.*

◆ **être confronté** v. pass. Être affronté à un obstacle, se trouver placé devant un obstacle ; devoir y faire face : *Être confronté à une situation nouvelle.*

CONFUCÉEN, ENNE ou **CONFUCIANISTE** adj. et n. Qui concerne le confucianisme ; adepte du confucianisme.

CONFUCIANISME n. m. Doctrine de Confucius, connue à partir du *lunyu.*

ENCYCL. Le confucianisme tente, comme beaucoup d'autres écoles de pensée de l'époque troublée du déclin des Zhou, d'établir des règles de comportement susceptibles de restaurer l'ordre dans le monde chinois où les principautés s'entre-déchirent. L'enseignement de Confucius, propagé par ses disciples, est axé sur l'idée qu'en cultivant sa propre personne, le sage diffuse autour de lui un principe d'ordre, qui se répand alors, de proche en proche, de l'individu à tout l'univers. Aucune préoccupation métaphysique ne marque cette sagesse ; il s'agit de préceptes moraux pour la vie dans le monde d'ici-bas. Il faut imiter la conduite des ancêtres. Confucius professe aussi des devoirs envers la famille et la société que l'homme se doit de respecter : *xiao,* piété filiale, *zhong,* fidélité aux chefs, déférence vis-à-vis des supérieurs, *yi,* justice morale, sociale, *ren,* vertu suprême d'altruisme, de bienfaisance. Les princes qui gouvernent les peuples doivent mettre en pratique ces valeurs pour atteindre l'idéal d'homme supérieur *(junzi),* cultivé, vertueux et sage.

L'implantation du confucianisme dans la société chinoise n'a pas été immédiate : la pensée du Maître est restée, de son vivant, confinée à un cercle restreint de fidèles. Sous la première dynastie impériale, les Qin, les lettrés confucéens ont même été persécutés. Ce n'est qu'à partir du Ier s. av. J.-C. que le confucianisme est devenu une véritable religion d'État, après avoir emprunté des éléments du culte populaire et du culte étatique. Après une relative éclipse au cours des six dynasties, due à la concurrence du bouddhisme, le confucianisme a connu sous les Tang et sous les Song une véritable renaissance ; en effet, le système de recrutement des fonctionnaires par examen, qui s'établit au cours de ces siècles, a contribué à lui assurer une place définitive dans la société. Toutefois, sous l'influence du bouddhisme et du taoïsme, des préoccupations d'ordre métaphysique se sont manifestées, à tel point que l'éthique mise en place dès la fin des Song et appliquée avec rigidité sous les Ming, et surtout sous les Qing, porte le nom de néo-confucianisme. Avec la diffusion de la civilisation chinoise, le confucianime a atteint et marqué profondément les autres pays de l'Asie orientale dont la Corée et le Japon ; respect des aînés, amour du travail bien fait, rigorisme sont des traits toujours vivants de toutes les sociétés d'Extrême-Orient.

CONFUCIUS, en chin. **Kongzi (K'ong-tseu)** ou **Kongfuzi (K'ong-fou-tseu) [maître Kong],** sage chinois. Né dans l'État de Lu (prov. du Shandong), il aurait vécu de 551 à 479 av. J.-C., à une période où les empereurs de la dynastie des Zhou avaient perdu leur autorité sur l'ensemble du pays. Du personnage historique, on sait seulement qu'il était issu d'une famille noble et qu'il a connu le sort des intellectuels de l'époque – où fleurissaient « cent écoles » philosophiques –, se déplaçant de principauté en principauté pour proposer, sans réussite durable, ses services de conseiller à différents seigneurs. Mais aucun d'entre eux ne mit réellement en pratique ses idées. Ses activités d'enseignement, en revanche, semblent avoir été davantage couronnées de succès. Il eut ainsi de nombreux disciples, qui compilèrent, après la mort du Maître, un recueil de ses préceptes : le *lunyu (Discours et Conversations)*. La tradition veut qu'il ait classé et arrangé les classiques qui existaient de son vivant. Il est en réalité très improbable qu'il ait pris part à leur rédaction. Confucius serait enterré dans son pays natal, à Qufu, petite cité du Shandong, redevenue à l'heure actuelle un haut lieu de pèlerinage.

CONFUS, E adj. (lat. *confusus,* de *confundere,* mélanger). **1.** Dont les éléments sont mal distincts ; désordonné, indistinct : *Une rumeur confuse.* – **2.** Qui se manifeste à l'esprit, aux sens, sans grande netteté, qu'on a du mal à analyser, à reconnaître ou à identifier clairement ; vague : *J'avais le sentiment confus que quelque chose allait se produire.* – **3.** Qui manque de clarté ; embrouillé, obscur : *Ses explications étaient confuses.* – **4.** Qui est troublé, embarrassé par le sentiment d'une maladresse, d'une erreur ; désolé, navré : *Je suis confus de m'être trompé.* – **5.** Qui est vivement touché par une marque de sympathie, par des compliments, des éloges, etc. (souvent terme de politesse) : *Je suis confus de votre envoi.* – **6.** Se dit de qqn qui souffre de confusion mentale. – **7.** *Son confus,* son complexe, sans caractère tonal ou musical.

CONFUSÉMENT adv. D'une façon confuse, indistincte.

CONFUSION n. f. (lat. *confusio, -onis*). **1.** Action de confondre, de prendre qqch ou qqn, pour qqch, qqn d'autre ; erreur, méprise : *Ce malentendu était dû à une confusion de noms.* – **2.** *Litt.* Action de réunir ce qui était distinct ; état qui en résulte : *La confusion des pouvoirs.* – **3.** État de ce qui est confus, indistinct, désordonné ; désordre : *Ce plan reste d'une grande confusion.* – **4.** Situation d'un groupe où tout le monde s'agite de manière désordonnée : *La réunion s'est terminée dans la confusion générale.* – **5.** Embarras, trouble causé par le sentiment d'une maladresse, d'une faute ; gêne, honte : *Rougir de confusion.* – **6.** *À la grande confusion de qqn,* se dit lorsque qqn est extrêmement confus, embarrassé, troublé. • **Dr.** Réunion de droits différents, dont l'un implique l'autre, sur un même objet. ‖ *Confusion de dette,* situation d'une dette à la suite de la réunion par une même personne des qualités de créancier et de débiteur. ‖ *Confusion de part* ou *de paternité,* impossibilité de reconnaître le père d'un enfant né plus de 6 mois après que la mère a contracté un second mariage et moins de 9 mois après la mort du premier époux. ‖ *Confusion des patrimoines,* confusion des biens et des dettes d'une personne décédée avec les biens et les dettes de son héritier, qui cesse en cas d'acceptation sous bénéfice d'inventaire et de séparation de patrimoines. ‖ *Confusion des peines,* pour un individu condamné pour plusieurs infractions au cours d'instances différentes, condamnation à la seule peine afférente à l'infraction la plus grave. – **Polit.** *Confusion du* ou *des pouvoirs,* réunion des trois fonctions législative, exécutive, judiciaire en une même personne ou un même organe de l'État (dictature ou régime d'assemblée). – **Psychiatr.** *Confusion mentale,* perturbation globale des fonctions psychiques, aiguë et habituellement transitoire. (→ *encycl.*)

ENCYCL. **Psychiatr.** La *confusion mentale* est caractérisée par une obnubilation de la conscience, une inefficacité des processus de synthèse (perception, mémoire, orientation temporo-spatiale) ainsi que par un onirisme où prédominent les hallucinations visuelles organisées en scènes. Ses causes les plus fréquentes sont infectieuses, toxiques (surtout l'alcoolisme), iatrogéniques, émotionnelles et traumatiques.

CONFUSIONNEL, ELLE adj. Relatif à la confusion mentale.

CONFUSIONNISME n. m. Fait d'entretenir la confusion dans les esprits et d'empêcher l'analyse objective des faits.

CONFUSIONNISTE adj. et n. Qui entretient la confusion des idées chez les autres.

CONFUSO-ONIRIQUE adj. (pl. *confuso-oniriques*). Se dit d'un état de confusion mentale où l'onirisme est important.

CONGA n. f. (esp. *conga*). **1.** Danse d'origine cubaine, de rythme à 4/4. – **2.** Tambour cubain, de forme allongée.

CONGAÏ ou **CONGAYE** [-gaj] n. f. (annamite *con gai,* la fille). Au Viêt-nam, femme ou jeune fille.

CONGAR (Yves), en religion **frère Marie Joseph,** dominicain et théologien français (Sedan 1904-Paris 1995). Son influence dans la préparation et le déroulement du deuxième concile du Vatican ainsi que durant la période postconciliaire a été considérable. Son œuvre concerne l'ecclésiologie, l'œcuménisme, le ministère sacerdotal et missionnaire. Il fut créé cardinal en 1994.

CONGE n. m. (lat. *congius,* mesure pour les liquides). Récipient à fermeture hermétique, dans lequel se fait le mélange destiné à la préparation des liqueurs.

1. CONGÉ n. m. (lat. *commeatus,* permission, de *commeare,* circuler). **1.** Autorisation accordée à un salarié de cesser le travail ; période pendant laquelle il y a interruption de travail à l'occasion d'une fête, de vacances, d'une maladie, etc. : *Un congé de maladie.* – **2.** Cessation des classes et des cours, dans les établissements d'enseignement : *Les écoles ont congé le 11 novembre.* – **3.** *Congés payés,* vacances payées accordées par la loi à tout salarié ayant effectué au moins un mois de travail continu dans une même entreprise ; vacanciers eux-mêmes. (→ *encycl.*) ‖ *Donner congé à qqn,* lui donner l'autorisation de se retirer. ‖ *Prendre congé,* se retirer ; accomplir les devoirs dus à une personne que l'on quitte. • **Dr.** Résiliation d'un contrat de travail (par l'employeur ou l'employé) ou d'un contrat de location (par le bailleur ou le preneur). [Syn. PRÉAVIS.] ‖ Attestation délivrée par le vendeur selon laquelle il a réglé les droits de consommation afférents aux boissons livrées. ‖ Position d'un fonctionnaire ou d'un parlementaire régulièrement autorisé à ne pas exercer ses fonctions pendant une certaine période, d'un homme politique qui, sans quitter définitivement son parti, cesse d'être soumis à ses règles et à sa discipline. ‖ Document attestant le paiement du droit de sortie des navires et délivré par l'administration des douanes. ‖ *Congé pour création d'entreprise,* congé qui permet aux salariés après trois ans d'ancienneté, de quitter leur emploi pendant deux ans au plus pour créer une entreprise. ‖ *Congé d'éducation ouvrière,* autorisation d'absence en principe non rémunérée de 12 jours au plus pour permettre aux salariés de suivre des sessions de formation syndicale. (Il est prévu de lui substituer un congé de formation économique, sociale ou syndicale.) ‖ *Congé de conversion,* système qui permet aux licenciés pour motif économique de rester liés à leur employeur, mais d'être dispensés d'activité afin de participer à toutes actions utiles à leur reclassement, tout en percevant une allocation spéciale. ‖ *Congé(-)formation,* congé octroyé au salarié pendant une durée variable afin de suivre une formation professionnelle, et rémunéré par l'employeur selon certaines modalités. ‖ *Congé individuel de formation* (C. I. F.), congé ouvert à tout travailleur, sur son initiative et à titre personnel, lui permettant de suivre une des formations prévues par la loi, indépendamment du plan de formation de son entreprise. ‖ *Congé(-)maternité,* repos légal obligatoire (16 semaines) accordé aux femmes salariées en cas de grossesse. (Le congé est étendu à partir de la naissance du 3e enfant et s'applique en matière d'adoption.) ‖ *Congé de naissance,* congé de 3 jours accordé au père salarié à l'occasion de chaque naissance dans son foyer. ‖ *Congé parental d'éducation,* possibilité pour la mère ou le père, dans les entreprises de plus de 100 salariés, de prendre, après la naissance (ou l'adoption d'un enfant), un congé sans solde de 3 ans au plus. – **Littér.** Genre poétique du nord de la France, pratiqué aux XIIIe-XIVe s. – **Mil.** Libération du service militaire. ‖ Autorisation d'absence d'une durée supérieure à 30 jours (congé de maladie, congé de fin de campagne, etc.).

ENCYCL. **Dr.** Les accords Matignon, ont, en 1936, consacré le principe de la généralisation des congés payés aux salariés. Depuis l'ordonnance du 16 janv. 1982, tout employeur est tenu par la loi d'accorder chaque année, à chaque travailleur, un congé rémunéré d'au moins 2 jours et demi ouvrables par mois de travail accompli dans l'entreprise, soit 30 jours ouvrables pour une ancienneté de 1 an minimale. Des congés supplémentaires sont accordés aux mères de famille de moins de 21 ans et aussi aux jeunes travailleurs.

2. CONGÉ n. m. (lat. *commeatus,* passage). **1.** Terminaison adoucie d'une moulure, d'une cannelure. – **2.** Adoucissement en cavet des extrémités du fût d'une colonne. – **3.** Raccordement concave de deux surfaces métalliques.

CONGÉABLE adj. *Bail à domaine congéable,* convention par laquelle le propriétaire d'un fonds rural cède au preneur, moyennant un fermage annuel, avec la jouissance du fonds, la propriété de la superficie à la condition que, lors du congé ou *congédiement,* il pourra reprendre la propriété superficielle, moyennant indemnité. (Syn. BAIL À CONVENANT.)

CONGÉDIABLE adj. Que l'on peut congédier.

CONGÉDIEMENT n. m. **1.** Action de congédier ; renvoi, licenciement. – **2.** Dans un bail à domaine congéable, syn. de CONGÉ.

CONGÉDIER v. t. (anc. fr. *congeer,* avec l'infl. de l'ital. *congedare,* de *congedo,* congé) [conj. **9**]. **1.** Indiquer à qqn qu'il doit se retirer : *Congédier un visiteur.* – **2.** Signifier à qqn qu'il doit quitter son emploi. – **3.** Signifier à un locataire la cessation de son contrat de location.

CONGELABLE adj. Qui peut être congelé.

CONGÉLATEUR n. m. Appareil ménager constitué d'une enceinte calorifugée et doté d'un circuit frigorifique permettant de congeler des aliments à –30 °C et de les conserver pour une longue durée à –18 °C.

CONGÉLATION n. f. (lat. *congelatio, -onis*). **1.** Transition de phase au cours de laquelle un corps passe de l'état liquide à l'état solide. — **2.** Action de soumettre au froid, pour le conserver, un produit alimentaire, en l'amenant rapidement à basse température (–30 °C) pour éviter d'en détériorer les tissus par formation de très gros cristaux de glace et pour ralentir les processus enzymatiques. — **3.** Ornement architectural qui imite des stalactites ou des glaçons. — **4.** Procédé permettant le fonçage d'un puits de mine ou d'une galerie en milieux aquifères, par solidification de l'eau située dans les vides du terrain.

CONGELÉ n. m. Produit congelé.

CONGELER v. t. (lat. *congelare*) [conj. **25**]. Opérer la congélation d'un produit.

CONGÉNÈRE n. (lat. *congener, -eris*). **1.** Animal qui est de la même espèce qu'un autre. — **2.** Personne qui est de la même sorte qu'une autre (souvent péjor.) : *Cet individu et ses congénères ne m'inspirent aucune sympathie.*

CONGÉNITAL, E, AUX adj. (bas lat. *congenitus*, né avec). **1.** Se dit d'un caractère physique, organique apporté en naissant, par oppos. à *acquis*. — **2.** Se dit d'un trait psychologique, d'une tendance, etc., qu'on a toujours manifesté : *Une stupidité congénitale.*

CONGÉNITALEMENT adv. De façon congénitale ; de naissance.

CONGÈRE n. f. (lat. *congeries*, amas). Amas de neige entassée par le vent.

CONGÉRIE n. f. (lat. *congeries*, amas). Mollusque bivalve, équivalve, très bombé, fossile très commun dans les terrains tertiaires.

CONGESTIF, IVE adj. Relatif à la congestion.

CONGESTION n. f. (lat. *congestio, -onis*, amas). **1.** Accumulation de sang dans les vaisseaux dilatés d'un tissu ou d'un organe lui donnant une coloration rouge d'intensité variable, et pouvant provoquer une augmentation de son volume et une altération de ses fonctions. (On distingue la *congestion active* ou *fluxion*, d'origine artérielle, et la *congestion passive* ou *stase*, liée à une gêne de la circulation veineuse.) [Syn. HYPERÉMIE.]. — **2.** État d'un lieu de passage, d'un réseau qui est fortement encombré : *La congestion de l'autoroute le vendredi soir.*

CONGESTIONNER v. t. (conj. **3**). **1.** Causer une congestion à une partie du corps. — **2.** Encombrer un lieu, un réseau, l'embouteiller : *Le grand nombre de véhicules congestionne le centre des villes.*

◆ **se congestionner** v. pr., **être congestionné** v. pass. **1.** Manifester un état congestif : *Son visage se congestionne.* — **2.** Être encombré par un grand nombre de véhicules : *Autoroute congestionnée.*

CONGIAIRE n. m. (lat. *congiarium*). Distribution d'huile, de vin (plus tard d'argent), au peuple de Rome, à l'occasion des fêtes, des triomphes, etc.

CONGLOMÉRAL, E, AUX adj. Relatif à un conglomérat.

1. CONGLOMÉRAT n. m. (lat. *conglomerare*, entasser). **1.** Roche sédimentaire détritique dont les éléments, de taille supérieure à 2 mm, sont consolidés par un ciment. (Lorsque les éléments sont anguleux, on parle de brèche, lorsqu'ils sont arrondis, de poudingue.) — **2.** Personnes ou choses intimement réunies ou mêlées dans un tout : *Un État multinational, conglomérat de diverses nationalités.*

2. CONGLOMÉRAT n. m. (amér. *conglomerate*). Ensemble d'entreprises réunies par des liens juridiques et financiers plus ou moins précis et s'adonnant à des activités très diverses ayant parfois peu de rapport entre elles.

CONGLOMÉRATION n. f. Action de conglomérer ; fait d'être congloméré.

CONGLOMÉRER v. t. (lat. *conglomerare*, de *glomus, -eris*, pelote) [conj. **18**]. Réunir en une seule masse ; agréger, agglomérer.

CONGLUTINER v. t. (lat. *conglutinare*, de *glutinen, -inis*, glu) [conj. **3**]. Épaissir un liquide et le rendre visqueux comme la glu.

CONGO, fl. de l'Afrique équatoriale, auquel, en 1971, le gouvernement de Kinshasa a donné le nom ancien de son cours inférieur, *Zaïre.*

CONGO, anc. **Congo-Brazzaville,** État de l'Afrique équatoriale ; 342 000 km² ; 2 700 000 hab. *(Congolais)* CAP. *Brazzaville.* LANGUE : *français.* MONNAIE : *franc C. F. A.*

Géographie. Vaste, mais peu peuplé, sinon au S. des plateaux Batéké, où se concentrent plus des deux tiers de la population, le pays, traversé par l'équateur, possède un climat chaud et humide (1 200 à 1 800 mm de pluies, malgré une saison « sèche ») qui explique l'extension de la forêt (plus de la moitié du territoire).

L'agriculture vivrière (manioc surtout), quelques cultures d'exportation (cacao, café, tabac, arachide), l'exploitation de la forêt ont longtemps constitué les fondements d'une économie socialiste qui se libéralise progressivement. Le pétrole constitue le premier poste d'exportation, et les fluctuations de ses cours ont d'importantes répercussions sur la situation économique du pays, déjà grevée par une très lourde dette extérieure. L'exploitation pétrolière a contribué à accélérer l'urbanisation, et, l'exode rural s'ajoutant au croît démographique, 50 % des Congolais résident à Brazzaville ou à Pointe-Noire (débouché maritime).

Histoire.

xve s. : Fondation de deux royaumes africains (Loango et Tyo), commerçant avec l'Europe.

1886-1897 : Savorgnan de Brazza organise la colonie du Congo français.

1910 : Devenu le Moyen-Congo, le territoire est intégré dans l'Afrique-Équatoriale française.

1940 : À Brazzaville, le gouverneur général Félix Éboué choisit la France libre.

1958 : Création de la République du Congo, qui accède à l'indépendance en 1960, sous l'autorité de l'abbé Fulbert Youlou, au pouvoir jusqu'en 1963.

D'abord libéral, le nouveau régime s'oriente dans la voie du socialisme.

1969 : Création de la République populaire du Congo.

1990 : Instauration du multipartisme.

1992 : Une nouvelle constitution est approuvée par référendum. Pascal Lissouba, un des leaders de l'opposition démocratique, est élu à la tête de l'État, mais il doit rapidement faire face à une grave crise politique.

1995 : Une réconciliation nationale s'amorce.

CONGO *(État indépendant du)*, anc. État de l'Afrique équatoriale, régi par le souverain des Belges, dont il était la possession propre, et auquel se substitua, en 1908, le Congo belge. (→ ZAÏRE.)

CONGO *(royaume du)* → KONGO.

CONGO BELGE, anc. colonie belge de l'Afrique équatoriale, qui succéda en 1908 à l'État indépendant du Congo et qui devint indépendant en 1960. (→ ZAÏRE.)

CONGO FRANÇAIS, dénomination sous laquelle furent désignés, de 1886 à 1910, les territoires du Moyen-Congo et du Gabon avant la création de l'Afrique équatoriale française.

CONGOLAIS, E adj. et n. Du Congo.
◆ **congolais** n. m. Gâteau à la noix de coco.

Congonhas, aéroport de São Paulo (Brésil), dans le sud de l'agglomération.

Congo-Océan, chemin de fer long de 517 km (voie à 1,067 m) reliant Brazzaville à l'Atlantique. Le manganèse gabonais y transite également.

CONGRATULATIONS n. f. pl. (bas lat. *congratulatio, -onis*). *Litt.* Félicitations, témoignages de satisfaction, compliments un peu exagérés : *Échanger des congratulations.*

CONGRATULER v. t. (lat. *congratulari*) [conj. 3]. *Litt.* Féliciter qqn, le complimenter sur un heureux événement : *Chacun s'empressa de congratuler le vainqueur.*

CONGRE n. m. (bas lat. *congrus,* du lat. class. *conger, -gri*). **1.** Poisson du littoral, à peau nue, ressemblant à une anguille, carnassier nocturne très vorace. (La femelle atteint 2 m de long.) – **2.** Syn. de CONGRIER.

CONGRÉER v. t. (anc. fr. *conréer,* apprêter, avec l'infl. de *gréer*) [conj. **15**]. Entourer un cordage avec des brins peu épais, pour faire disparaître les vides entre les torons.

CONGRÉGANISME n. m. Système, esprit religieux et politique de la Congrégation, sous la Restauration.

CONGRÉGANISTE n. **1.** Membre d'une congrégation religieuse. – **2.** Sous la Restauration, membre ou partisan de la Congrégation.
◆ adj. Relatif à une congrégation, au congréganisme.

CONGRÉGATION n. f. (lat. *congregatio, -onis,* réunion). **1.** Association de fidèles ou de prêtres, formée dans un but de piété ou de charité, sous l'invocation d'un saint. – **2.** Nom que l'on donne en général à l'ensemble des ordres et instituts religieux. – **3.** Depuis le Code de droit canonique de 1917, association religieuse dont les membres font des vœux simples ou ne sont liés que par une promesse d'obéissance. – **4.** Fédération de monastères autonomes appartenant à la même règle, et réunis sous un même supérieur. – **5.** Communauté locale, ou paroisse, dans certaines Églises protestantes. – **6.** *Congrégations romaines,* nom donné à certains organismes administratifs de la curie romaine.

Congrégation (la), association religieuse qui groupa sous la Restauration de nombreux membres des classes dirigeantes. Issue de la Congrégation de la Sainte-Vierge, dissoute par Napoléon en 1809, elle se constitua en 1814 sous l'autorité du P. Ronsin, s'occupant d'œuvres de charité. L'opposition libérale l'accusa de jouer un rôle occulte dans le gouvernement, la confondant avec la société secrète des « Chevaliers de la foi », ultraroyaliste. Elle fut dissoute en 1830.

CONGRÉGATIONALISME n. m. **1.** Dans le protestantisme, système ecclésiastique qui revendique l'autonomie de l'Église locale, seule forme authentique de l'Église invisible. – **2.** Système qui, dans le protestantisme également, remet la direction de l'Église locale à l'assemblée des membres (congrégation).

CONGRÉGATIONALISTE adj. et n. Qui appartient au congrégationalisme.

1. CONGRÈS [-grɛ] n. m. (lat. *congressus,* réunion). **1.** Réunion, conférence de souverains, d'ambassadeurs, de délégués de divers pays. – **2.** Réunion de personnes qui délibèrent sur des intérêts communs, des études communes, etc. : *Congrès scientifique.* — **3.** Nom donné à l'Assemblée constituante belge de 1830-31.

2. CONGRÈS n. m. (amér. *congress*). Aux États-Unis, ensemble du corps législatif (sénateurs et représentants.)

3. CONGRÈS n. m. (de *congrès 1*). *Congrès du Parlement,* réunion commune, à Versailles, des membres des deux assemblées constituant le Parlement français, lorsque celui-ci est convoqué par le président de la République en vue de procéder à une révision constitutionnelle qu'il renonce à soumettre au référendum.

Congrès *(médaille d'honneur du)* → MÉDAILLE D'HONNEUR.

Congrès *(parti du),* en angl. *Indian National Congress,* mouvement, puis parti politique indien. Fondé en 1885 par une élite occidentalisée réclamant une plus grande participation à la vie politique, il s'allie en 1916 avec la Ligue musulmane (fondée en 1906). Modéré jusqu'en 1914, il se radicalise et devient grâce à l'action de Gāndhī un parti de masse. Il lance l'agitation pour l'autonomie à partir de 1919-20, puis, présidé par J. Nehru à partir de 1929, réclame l'indépendance. Il gagne les élections de 1937, ce qui amène sa rupture avec la Ligue musulmane qui demande, et obtient en 1947, l'État séparé du Pākistān. En 1947, le Congrès est le parti dominant de l'Inde indépendante. Il impose une politique intérieure de développement économique se réclamant du socialisme et prône, à l'extérieur, le non-alignement. Affaibli par la mort de J. Nehru (1964), le parti connaît deux scissions, en 1969 et en 1978 (où il prend le nom de *Congrès-I* [comme *Indira*]). Il exerce cependant le plus souvent le pouvoir : sous la direction de L. B. Shastri (de 1964 à 1966), puis de Indira Gāndhī (de 1966 à 1977 et de 1980 à sa mort en 1984), de son fils Rajiv (de 1984 à 1989) et de P. V. Narasimha Rao (de 1991 à 1996).

Congrès des députés du peuple, organe supérieur du pouvoir d'État en U. R. S. S., créé en 1988. Il élisait en son sein le Soviet suprême.

CONGRESSIONNEL, ELLE adj. Se dit d'une phase de la vie politique américaine où le Congrès domine la présidence.

Congress of Industrial Organizations (CIO), organisation syndicale américaine fondée par un certain nombre de syndicats après leur expulsion en 1937 de l'American Federation of Labor (AFL). En 1955, le CIO s'est réunifié avec l'AFL formant l'AFL-CIO.

CONGRESSISTE n. Personne qui participe à un congrès.

CONGREVE (William), auteur dramatique anglais (Bardsey, près de Leeds, 1670-Londres 1729). Ses drames (*la Fiancée en deuil,* 1697) et ses comédies (*Ainsi va le monde,* 1700) témoignent de la réaction contre le puritanisme.

CONGREVE (*sir* William), général britannique (Londres 1772-Toulouse 1828). Il inventa en 1804 une fusée qui fut utilisée par les Anglais contre Boulogne en 1806.

CONGRIER ou **CONGROIS** n. m. Sorte de vivier. (Syn. CONGRE.)

CONGRU, E adj. (lat. *congruus,* convenable). **1.** *Litt.* Qui est bien approprié à l'usage qu'on en fait, aux circonstances. — **2.** Se dit de chacun des deux entiers relatifs unis par une relation de congruence. — **3.** *Portion congrue,* quantité de nourriture à peine suffisante ; ressources insuffisantes ; sous l'Ancien Régime, revenu nécessaire à la subsistance et à l'entretien de celui qui remplissait une charge ecclésiastique ; pension annuelle que payait le bénéficiaire au prêtre qui desservait son bénéfice.

CONGRUENCE n. f. (lat. *congruentia,* conformité). **1.** *Litt.* Fait de coïncider, de s'ajuster parfaitement. — **2.** Qualité d'une articulation ou d'une anastomose dont les deux parties s'adaptent parfaitement. — **3.** *Relation de congruence modulo un entier,* relation définie sur l'ensemble $\mathbb{Z}$ des entiers relatifs par x congru à y modulo n (noté $x \equiv y \bmod n$) si et seulement si $x - y$ est multiple de n. (Cette relation est une relation d'équivalence.) [→ CLASSE *résiduelle modulo* n.]

CONGRUENT, E adj. (lat. *congruens, -entis,* qui s'accorde). **1.** *Litt.* Qui est en rapport, assorti avec qqch. — **2.** Se dit d'une articulation qui a une bonne congruence. — **3.** *Matrice congruente,* pour une matrice carrée régulière N, matrice de la forme $M = {}^tPAP$, P étant une matrice carrée inversible de même ordre. ‖ *Point de fusion congruent,* point particulier de la courbe de liquidus où les phases liquide et solide coexistent à la même composition. (Son existence est liée à la présence d'un composé défini.)

CONGRUISME n. m. Système théologique soutenu par l'école moliniste et les pères de la Compagnie de Jésus, et qui était conçu pour expliquer le libre jeu de la liberté humaine à l'égard de la grâce divine.

CONGRUISTE adj. et n. Relatif au congruisme ; partisan du congruisme.

CONGRÛMENT adv. *Litt.* D'une manière convenable ; pertinemment.

CONI → CUNEO.

CONIACIEN n. m. (de *Cognac,* en Charente). Étage du système crétacé.

CONICINE n. f. Syn. de CICUTINE.

CONICITÉ n. f. **1.** Forme conique. – **2.** *Conicité des bandages,* profil tronconique présenté par les bandages des roues pour maintenir l'essieu perpendiculaire à l'axe de la voie et, lorsque le véhicule circule en courbe, augmenter le diamètre de roulement sur le rail extérieur où le chemin à parcourir est plus grand et le diminuer sur le rail intérieur.

CONIDIE n. f. (lat. sc. *conidium,* du gr. *konis, -idos,* poussière). Bouture unicellulaire de champignon, jouant le rôle d'une spore dans la dispersion de l'espèce.

CONIDIOPHORE n. m. Partie du mycélium des champignons qui porte des conidies.

CONIFÈRE n. m. (lat. *conifer,* de *conus,* cône, et *ferre,* porter). Arbre du sous-embranchement des gymnospermes tel que les pins, sapins, épicéas, cèdres, mélèzes, cyprès, thuyas, etc., dont le fruit est un cône au sens botanique du mot.
ENCYCL. La plupart des conifères sont des arbres résineux, aux feuilles réduites à des aiguilles ou en tout cas très petites ; les fleurs mâles produisent en abondance des grains de pollen allégés par des ballonnets, les cônes femelles écailleux se ferment après la fécondation, puis se rouvrent pour libérer des graines souvent ailées. Ifs et genévriers ont des fruits charnus (« fausses baies »). Avec 35 genres et 400 espèces, les conifères sont adaptés à divers climats, depuis la Méditerranée (pin parasol) jusqu'aux confins de la toundra. Les forêts de conifères peuvent croître sur un sol pauvre, mais elles sont loin de l'améliorer et le font évoluer vers un podzol. On en fait grand usage pour fixer les dunes de sable (Landes) et on exploite leur résine.

CONÍMBRIGA, cité romaine de Lusitanie, à 16 km au S. de Coimbra (Portugal). Cap. de la tribu des *Conii.* On a retrouvé l'amphithéâtre, des thermes et des maisons ornées de mosaïques polychromes de la fin du IIe s. et du début du IIIe. Après les invasions du milieu du IIIe s., la ville fut entourée d'une enceinte et occupée jusqu'à l'invasion arabe ; ensuite l'évêché et le nom furent transférés à Coimbra.

CONIMÈTRE n. m. Appareil mesurant le nombre des particules de poussière dans une atmosphère suspecte (mines, ateliers, etc.).

CONIOSE n. f. Maladie produite par l'inhalation des poussières. (La forme la plus connue est la pneumoconiose.)

CONIQUE adj. (gr. *kônikos,* de *kônos,* cône). **1.** Qui a la forme d'un cône : *Un fruit conique.* – **2.** *Surface conique,* syn. de CÔNE.
◆ n. f. Intersection d'un cône du second degré avec un plan ne contenant pas le sommet.
ENCYCL. *Classification des coniques.* Les coniques ont une équation cartésienne de la forme
$ax^2 + 2bxy + cy^2 + dx + ey + f = 0$,
a, b, c non tous nuls.
Les *directions asymptotiques* de la conique ont pour coefficients directeurs les solutions m de l'équation $cm^2 + 2bm + a = 0$.
– $b^2 - ac > 0$. La courbe a deux directions asymptotiques distinctes ; c'est une *hyperbole* si elle n'est pas décomposée en deux droites sécantes.
– $b^2 - ac = 0$. La courbe a deux directions asymptotiques confondues ; c'est une *parabole* si elle n'est pas décomposée en deux droites parallèles.
– $b^2 - ac < 0$. La courbe n'a pas de branche infinie ; c'est une *ellipse* si ce n'est pas l'ensemble vide.

Le *centre de symétrie* n'existe que pour les ellipses et les hyperboles ($b^2 - ac = 0$) et est donné par les équations $ax + by + d = 0$ et $bx + cy + e = 0$.
• *Équations réduites.* Par un changement de repère convenable, on peut prendre pour axes de coordonnées les axes de symétrie des ellipses et hyperboles ; les équations deviennent :
– pour l'ellipse $\frac{x^2}{a^2} + \frac{y^2}{b^2} = 1$;
– pour l'hyperbole $\frac{x^2}{a^2} - \frac{y^2}{b^2} = 1$; dont les asymptotes ont pour équation

$$y = \pm \frac{b}{a} \cdot x \, ;$$

– pour la parabole $y^2 = 2px$.

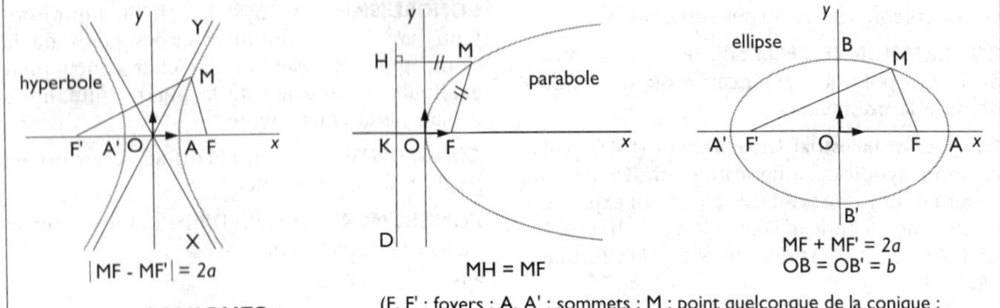

CONIQUES

(F, F' : foyers ; A, A' : sommets ; M : point quelconque de la conique ; D : directrice ; O*x* : axe focal ; O*y* : axe tranverse ; OX, OY : asymptotes).

• *Équations paramétriques* :

ellipse $\begin{cases} x = a \cdot \cos \varphi \\ y = b \cdot \sin \varphi \end{cases} \quad \varphi \in]-\pi, \pi]$

hyperbole $\begin{cases} x = a \cdot \text{ch}\, x \\ y = b \cdot \text{sh}\, x \end{cases} \quad x \in \mathbb{R}$

En prenant comme axes ses asymptotes, l'hyperbole a une équation de la forme $XY = k$ et réciproquement.

CONIROSTRE n. m. Se dit d'un oiseau au bec conique (généralement granivore).

CONJECTURAL, E, AUX adj. (lat. *conjecturalis*). Qui est fondé sur des conjectures ; incertain : *Une politique conjecturale.*

CONJECTURALEMENT adv. De façon conjecturale, par hypothèse.

CONJECTURE n. f. (lat. *conjectura*). **1.** Supposition fondée sur des probabilités, mais qui n'est pas contrôlée par les faits ; présomption, hypothèse : *On est réduit à des conjectures sur ses motivations.* – **2.** Hypothèse formulée sur l'exactitude ou l'inexactitude d'un énoncé dont on ne connaît pas encore de démonstration. – **3.** *Se perdre en conjectures,* être perplexe devant la multiplicité d'hypothèses envisageables.

CONJECTURER v. t. (bas lat. *conjecturare,* du lat. class. *conjicere,* jeter) [conj. 3]. Présumer qqch, le croire, le juger par conjecture : *Je ne conjecture rien de bon de la situation politique.*

CONJEEVERAM → KĀNCHĪPURAM.

1. CONJOINT, E adj. (lat. *conjunctus,* lié). **1.** Associé, étroitement uni : *Ce sont là des problèmes conjoints ; on ne peut les séparer.* – **2.** Fait ensemble : *Ils ont décidé une action conjointe.* – **3.** Unis dans le même droit ou la même obligation. – **4.** *Degrés conjoints,* degrés de la gamme qui se succèdent. ‖ *Mouvement conjoint,* mouvement mélodique dans lequel deux notes voisines se succèdent. ‖ *Requête conjointe,* acte commun à deux ou à plusieurs parties par lequel elles soumettent au juge leurs prétentions respectives, les points litigieux, ainsi que leurs moyens de défense.

2. CONJOINT, E n. (de *conjoint 1*). Chacun des époux.

CONJOINTEMENT adv. Ensemble et en même temps : *Nous agirons conjointement avec vous.*

CONJONCTEUR n. m. (de *conjonction*). **1.** Interrupteur dans lequel la fermeture du circuit se produit automatiquement. – **2.** Prise murale permettant de connecter un appareil téléphonique à une ligne d'abonné. (Syn. PRISE TÉLÉPHONIQUE.)

CONJONCTEUR-DISJONCTEUR n. m. (pl. *conjoncteurs-disjoncteurs*). Interrupteur possédant à la fois les caractéristiques du disjoncteur et celles du conjoncteur.

1. CONJONCTIF, IVE adj. (bas lat. *conjunctivus,* qui sert à lier). **1.** En logique, qui a trait à la conjonction. – **2.** *Locution conjonctive,* groupe de mots jouant le rôle d'une conjonction (par ex. *afin que, depuis que*). ‖ *Proposition conjonctive* ou *conjonctive* (n.f.), proposition subordonnée introduite par une conjonction ou une locution conjonctive.

2. CONJONCTIF, IVE adj. (de *conjonctif 1*). **1.** Relatif au tissu conjonctif. – **2.** *Tissu conjonctif,* tissu d'origine mésenchymateuse, faisant jonction entre les autres tissus, et constitué par une substance fondamentale, des fibres et des cellules d'aspect très divers. (Syn. TISSU CONNECTIF.) [→ *encycl.*]

◆ **conjonctive** n. f. Fine membrane muqueuse qui recouvre la face postérieure des paupières, se replie et passe devant l'œil en devenant transparente.

ENCYCL. Les *cellules conjonctives* comprennent des cellules fixes (fibroblastes, cellules adipeuses) et des cellules mobiles qui jouent un rôle essentiel dans le système de défense de l'organisme. Les fibres sont des fibres de collagène, des fibres de réticuline et des fibres élastiques. La substance fondamentale est une sorte de gelée transparente, hyaline, disposée entre cellules et fibres conjonctives. Elle est essentiellement constituée d'eau, de protéines, de mucopolysaccharides, de sels minéraux et de divers métabolites. Le tissu conjonctif assure les fonctions de remplissage, de jonction et de nutrition. Son rôle de support ou de charpente est essentiel pour les épithéliums et les organes.

CONJONCTION n. f. (lat. *conjunctio, -onis*). **1.** Action de joindre, de conjuguer des choses ; fait d'être joint ; réunion, union, rencontre : *La conjonction de nos efforts nous permettra d'aboutir.* – **2.** Situation de deux astres ayant même longitude géocentrique ou même ascension droite. (→ *encycl.*) – **3.** Mot invariable servant à lier deux mots ou deux propositions *(conjonction de coordination)* ou une proposition à une autre dont elle dépend *(conjonction de subordination).* – **4.** Liaison de deux propositions par « et ». (La conjonction est généralement symbolisée par & ou par $\wedge$; on écrit par exemple p & q. La conjonction p & q de deux formules p et q est toujours fausse, sauf si les deux formules p et q sont vraies.) [Syn. PRODUIT LOGIQUE.]

ENCYCL. **Astron.** En pratique, la conjonction entre deux astres se traduit par leur rapprochement dans le ciel. Les planètes inférieures* présentent avec le Soleil une conjonction infé-

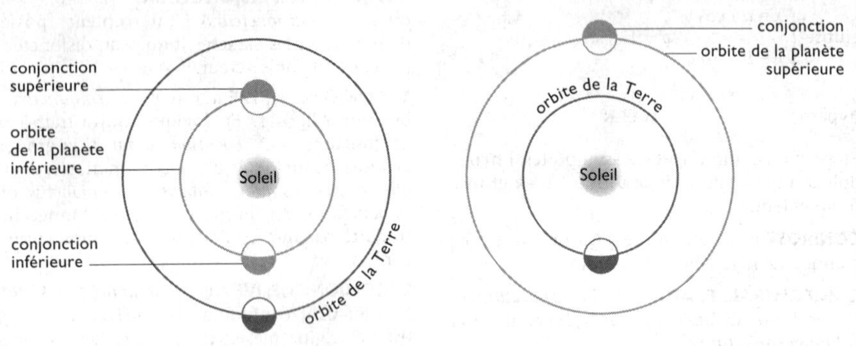

Principe de la **conjonction** d'une planète inférieure (à gauche) et d'une planète supérieure (à droite) avec le Soleil.

rieure lorsqu'elles s'interposent entre le Soleil et la Terre, et une conjonction supérieure lorsqu'elles passent derrière le Soleil. Les planètes supérieures* ne présentent qu'une seule conjonction, qui est supérieure.

CONJONCTIVAL, E, AUX adj. Relatif à la conjonctive.

CONJONCTIVE → CONJONCTIF 1 et 2.

CONJONCTIVITE n. f. Inflammation de la conjonctive.

CONJONCTURE n. f. (anc. fr. *conjointure,* d'apr. le lat. *conjunctus,* lié). **1.** Situation qui résulte d'un ensemble de facteurs définis ; concours de circonstances : *Dans la conjoncture internationale actuelle.* – **2.** Variations non saisonnières de l'activité économique à court terme, pour une région ou un pays donné ; technique d'étude de l'évolution et de la prévision de ces variations. (→ *encycl.*)

ENCYCL. **Écon.** Après la Première Guerre mondiale, les travaux de conjoncture ont connu un large développement. Le comité de recherches économiques de l'université Harvard aux États-Unis (1917) établit un système de prévision fondé sur l'ordre de succession de trois courbes synthétisant les données statistiques. La méthode s'appuie sur des données essentiellement quantitatives. Des instituts se créent à Londres, à Berlin, à Louvain, à Paris, à Moscou, etc., s'efforçant de prendre en considération les particularités propres à chaque type d'économie étudié, les données de fait relatives à ces types et les relations existant entre tous les éléments de l'économie.

Au lendemain de la Seconde Guerre mondiale, en France, une réaction contre les excès de la statistique quantitative se produit. Un premier courant de pensée se dessine, animé par A. Sauvy, faisant appel à des indicateurs liés à l'ensemble de l'activité économique ainsi qu'à de multiples données, économiques ou non, quantitatives et qualitatives. Une représentation des divers documents doit permettre, à partir d'un éclairage du passé, la formulation d'hypothèses destinées à éclairer une politique économique pour le futur.

Un deuxième courant fait appel à des *modèles économiques* qui retracent d'une manière schématique l'évolution et les interactions des divers facteurs qui conditionnent le comportement de l'économie. Ces schémas, très formalisés, peuvent également permettre une certaine prévision de l'évolution à venir.

CONJONCTUREL, ELLE adj. **1.** Relatif à la conjoncture, à la situation du moment ; lié aux circonstances : *Une politique conjoncturelle.* – **2.** *Test conjoncturel,* méthode de prévision cherchant à cerner l'évolution quantitative et qualitative à court terme de l'économie, à l'aide d'enquêtes périodiques conduites auprès des entreprises sur un point particulier (commandes en cours, emploi, etc.).

CONJONCTURISTE n. Économiste spécialiste des problèmes de conjoncture.

CONJUGABLE adj. Se dit d'un verbe qui peut être conjugué.

1. CONJUGAISON n. f. (lat. *conjugatio, -onis,* alliage). **1.** *Litt.* Action de joindre, de réunir des éléments divers ; réunion, conjonction : *Seule la conjugaison de nos efforts nous permettra d'aboutir.* – **2.** Nom commun à trois phénomènes sexuels atypiques, ayant lieu respectivement chez les bactéries, chez les ciliés et chez les algues dites *conjuguées.* (→ *encycl.*) – **3.** Propriété des liaisons chimiques conjuguées. (→ *encycl.*) – **4.** *Conjugaison de charge,* opération théorique qui fait correspondre à toute particule fondamentale son antiparticule. (La conjugaison de charge change le signe des valeurs de toutes les charges d'une particule. La plupart des lois physiques étant invariantes par conjugaison de charge, matière et antimatière ont des propriétés physiques parfaitement symétriques.) ‖ *Trous de conjugaison,* orifices formés sur les parties latérales de la colonne vertébrale par les échancrures des pédicules des vertèbres sus- et sous-jacentes et qui livrent passage aux nerfs rachidiens.

ENCYCL. **Chim.** La conjugaison de deux radicaux signifie que ces deux radicaux, séparés en principe par une liaison simple, sont en réalité séparés par une liaison de multiplicité supérieure, un des radicaux pouvant donner des électrons, l'autre en recevoir. La conjugaison se traduit par une modification des propriétés physiques et chimiques, par comparaison avec celles des composés où les radicaux ou atomes sont séparés par plusieurs liaisons. (→ MÉSOMÉRIE.) — **Biol.** La conjugaison des bactéries est la transmission par une bactérie donneuse (dite mâle) à une bactérie réceptrice (dite femelle) d'une partie de son unique chromosome, ce qui modifie le patrimoine génétique des deux cellules. Chez les ciliés, la conjugaison, qui n'a lieu qu'entre cellules d'un âge moyen et lorsque les conditions de vie deviennent moins favorables, consiste en un échange entre deux cellules après dédoublement du petit noyau (micronucleus) de chacune d'elles et fusion avec celui qui est resté en place. Il en résulte un fort rajeunissement. Chez les algues conjuguées, il s'agit de l'union entre deux cellules haploïdes n'ayant subi aucune différenciation.

2. CONJUGAISON n. f. (bas lat. *conjugatio, -onis*). Ensemble des formes, pourvues d'affixes ou accompagnées d'un auxiliaire, que présente un verbe pour exprimer les catégories de la voix, du mode, du temps, de la personne, du nombre, de l'aspect, etc. ; tableau ordonné présentant cet ensemble de formes ; ensemble de verbes ayant des formes communes.

ENCYCL. La grammaire traditionnelle distingue, en français, trois conjugaisons. En dehors de *être* et *avoir,* qui ont des conjugaisons spéciales et fortement déviantes, le premier groupe est celui des verbes en *-er,* productif de nouveaux items formés sur des noms *(pétarader)* ; le deuxième, celui des verbes en *-ir* (*-issais* à l'imparfait), productif de nouveaux items formés sur des adjectifs *(rosir).* Le troisième groupe réunit tous les autres verbes, plus ou moins irréguliers : en *ir* (*partir* [*partais* à l'imparfait]), en *-oir (percevoir),* en *-re (rendre).*

CONJUGAL, E, AUX adj. (lat. *conjugalis*). **1.** Relatif à l'union des époux : *Vie conjugale.* — **2.** *Devoir conjugal,* obligation réciproque de se prêter à l'union charnelle. ‖ *Domicile conjugal,* anc. appellation de la *résidence* de la famille.*

CONJUGALEMENT adv. Selon l'union conjugale.

CONJUGALITÉ n. f. Situation de qqn qui est marié.

CONJUGUÉ n. m. *Conjugué* ou *nombre complexe conjugué d'un nombre complexe* z = a + ib, nombre complexe (noté $\bar{z}$) qui est égal à $a - ib$. (→ ℂ.)

CONJUGUÉE n. f. Algue verte uni- ou pluricellulaire d'eau douce, se reproduisant sans spores, sans gamètes libres, par simple fusion de cellules haploïdes banales de deux individus.

ENCYCL. Les formes pluricellulaires sont des filaments unisériés. Deux filaments voisins de signe sexuel opposé s'unissent par des ponts intercellulaires, ce qui permet la rencontre et l'union des noyaux cellulaires ainsi réunis. Dans certaines espèces (spirogyre), la série des œufs est hébergée par l'un des deux filaments, dit « femelle », dans d'autres (mougeotia), l'œuf se forme au milieu du pont et l'isogamie est parfaite.

1. CONJUGUER v. t. (lat. *conjugare,* unir, de *jugum,* joug) [conj. 3]. **1.** Joindre des choses ensemble, les associer : *Conjuguons nos efforts pour sortir de la crise.* — **2.** Mettre en conjugaison deux ou plusieurs atomes ou groupes d'atomes, deux ou plusieurs radicaux.

◆ **se conjuguer** v. pr., **être conjugué** v. pass. Se combiner, être joint, réuni pour obtenir un effet précis : *Tout se conjugue pour rendre vains tous nos efforts.* • **Chim.** *Liaisons conjuguées,* liaisons entre plusieurs atomes consécutifs, telles que leurs électrons de liaison participent à l'ensemble des liaisons. — **Géol.** *Failles conjuguées,* failles résultant de l'action d'une même contrainte. — **Math.** *Matrice conjuguée d'une matrice complexe* $A = (\alpha_{ij})$ *de type* (m, n), matrice complexe, de type (m, n), égale à $\bar{A} = (\bar{\alpha}_{ij})$, où $\bar{\alpha}_{ij}$ est complexe conjugué de α_{ij}. ‖ *Nombre complexe conjugué,* syn. de CONJUGUÉ. — **Opt.** *Points conjugués dans un système optique,* système de deux points tels qu'un faisceau de rayons parti de l'un se concentre à l'autre.

2. CONJUGUER v. t. (de *conjugaison 2*) [conj. 3]. Énumérer les formes d'un verbe selon les voix, les modes, les temps et les personnes.

◆ **se conjuguer** v. pr., **être conjugué** v. pass. En parlant d'un verbe, être conforme à tel ou tel modèle de conjugaison.

CONJUNGO [kɔ̃ʒɔ̃go] n. m. (lat. *conjungo,* j'unis). *Fam.* et *vx.* Mariage.

CONJURATEUR, TRICE n. Personne qui pratique la conjuration par des exorcismes.

CONJURATION n. f. (lat. *conjuratio, -onis*). **1.** Entreprise concertée secrètement entre des personnes liées par un engagement solennel pour renverser le pouvoir établi ; complot, conspiration : *Fomenter une conjuration.* – **2.** *Litt.* Action menée conjointement contre qqn, qqch, pour leur nuire, pour les détruire. – **3.** Action d'écarter, de conjurer, par des moyens magiques, les effets d'une influence maléfique ; paroles magiques destinées à cet effet. – **4.** En magie blanche, ensemble de prières et d'exorcismes destinés à mettre en fuite le démon ; en magie noire, action d'évoquer le démon.

CONJURATOIRE adj. Destiné à conjurer le mauvais sort : *Gestes conjuratoires.*

CONJURÉ, E n. (lat. *conjuratus*). Personne qui prend part à une conjuration.

CONJURER v. t. (lat. *conjurare,* de *jurare,* jurer) [conj. 3]. **1.** *Litt.* S'engager avec d'autres par serment à réaliser une action funeste ; projeter ensemble, comploter : *Conjurer la ruine de quelqu'un.* – **2.** Écarter qqch, qqn (de mauvais) par des serments, des pratiques religieuses, magiques, surnaturelles, etc. ; exorciser : *Conjurer le mauvais sort.* – **3.** Écarter une action néfaste, la détourner par un moyen quelconque : *Conjurer une crise.* – **4.** *Litt.* Prier qqn, le supplier instamment au nom de qqch d'important, de sacré, adjurer, implorer : *Je vous conjure de vous taire.* ◆ **se conjurer** v. pr. *Litt.* Former un complot pour s'opposer à qqn, à qqch.

CONLIE (72240), ch.-l. de cant. de la Sarthe, à 22 km au N.-O. du Mans ; 1 655 hab. *(Conlinois).* Marché (volailles). Œuvres d'art dans l'église.

CON MOTO loc. adv. (ital. *con moto,* avec mouvement). Avec animation : *Allegro con moto.*

CONN, héros irlandais demi-légendaire, mort vers le milieu du IIe s., fondateur du royaume de Connacht*.

CONNACHT ou **CONNAUGHT,** en gaél. **Connachta,** prov. de la République d'Irlande, qui s'étend sur la plaine centrale et sur les massifs côtiers de Connemara et du Mayo ; 17 122 km^2 ; 424 400 hab.
– **Hist.** Le royaume gaélique de Connacht aurait été fondé vers 150 apr. J.-C. par Conn, qui étendit son domaine jusqu'en Meath. Il passa à la couronne anglaise au XVe s.

CONNAISSABLE adj. Qui peut être connu : *Les notions de temps et d'espace ne sont pas directement connaissables.*

CONNAISSANCE n. f. (de *connaître*). **1.** Action, fait de comprendre, de connaître les propriétés, les caractéristiques, les traits spécifiques de qqch : *La connaissance de la nature.* – **2.** Opération par laquelle l'esprit humain procède à l'analyse d'un objet, d'une réalité et en définit la nature : *Connaissance intuitive.* – **3.** Ensemble des domaines où s'exerce l'activité d'apprendre ; savoir : *Toutes les branches de la connaissance.* – **4.** Personne que l'on connaît, relation : *Ce n'est pas vraiment un ami, c'est une simple connaissance.* – **5.** Capacité de qqn en état d'éveil à être conscient de son existence et de la réalité qui l'entoure, état conscient ; conscience (toujours dans des express.) : *Il est tombé par terre sans connaissance.* – **6.** *À ma connaissance,* d'après ce que je sais. ‖ *Avoir connaissance de qqch,* l'apprendre, le savoir. ‖ *De connaissance,* se dit de qqn, de qqch qu'on connaît : *Personne de connaissance.* ‖ *Donner connaissance de qqch à qqn, porter qqch à la connaissance de qqn,* l'en informer. ‖ *Être en pays de connaissance,* être dans un milieu, une société où l'on ne se sent pas perdu ; se trouver dans une matière, question, domaine où on se sent à l'aise. ‖ *Faire, lier connaissance (avec qqn), faire la connaissance de qqn,* le rencontrer pour la première fois. ‖ *Faire connaissance avec qqch,* en faire l'expérience pour la première fois. ‖ *Perdre connaissance,* s'évanouir ; tomber dans le coma. ‖ *Prendre connaissance de qqch,* l'examiner, l'étudier, le lire, s'en informer. ‖ *Reprendre connaissance,* reprendre conscience ; revenir d'un évanouissement. ‖ *Venir à la connaissance de qqn,* être appris par lui. • **Philos.** *Logique de la connaissance,* selon Karl R. Popper, méthode d'analyse qui concerne les seules relations logiques et qui s'oppose à la psychologie de la connaissance, traitant des faits empiriques. ‖ *Théorie de la connaissance,* système d'explication des rapports entre la pensée et les objets, entre l'homme et le monde. – **Relig.** En style biblique, union charnelle de l'homme et de la femme. – **Sociol.** *Sociologie de la connaissance,* étude des rapports entre le contenu, l'expression, l'acquisition et le rôle du savoir d'un sujet et les cadres sociaux auxquels il se rattache. (La sociologie de la connaissance a été créée par Karl Mannheim, et se retrouve chez Wright Mills et G. Gurvitch.) ◆ **connaissances** n. f. pl. **1.** Ensemble de ce qu'on a appris ; notions, culture dans un domaine précis : *Approfondir ses connaissances.* – **2.** *Épreuve normalisée de connaissances,* épreuve standardisée, conçue pour apprécier le niveau de connaissances atteint par des personnes ayant suivi un programme d'enseignement particulier.

Connaissance par les gouffres, œuvre d'Henri Michaux (1961), bilan de l'expérience de la drogue, dont l'auteur attend un élargissement du savoir.

CONNAISSEMENT n. m. (de *connaître*). Déclaration contenant un état des marchandises chargées sur un bateau.

CONNAISSEUR, EUSE adj. et n. Qui s'y connaît en qqch, qui sait en juger et, en partic., qui est capable d'apprécier qqch : *Public de connaisseurs. Un air connaisseur.*

CONNAÎTRE v. t. (lat. *cognoscere*) [conj. **91**]. **1.** Pouvoir identifier qqn, qqch, les reconnaître ou avoir appris leur nom, ce qu'ils sont, qui ils sont : *Je connais le garçon qui est là-bas. Il connaît bien les champignons.* – **2.** Avoir appris comment qqn, un animal, un groupe vivent, se comportent et pouvoir prévoir leurs réactions, leurs sentiments, etc. : *Apprendre à connaître les animaux.* – **3.** Entrer en contact avec qqn, faire sa connaissance, l'avoir parmi ses relations : *Quand et où avez-vous connu Jacques ?* – **4.** Être déjà allé dans un lieu, être au courant de sa disposition, de ses particularités et pouvoir y trouver son chemin : *Vous connaissez Lyon ?* – **5.** Être au courant de qqch, de l'existence de qqn, le savoir et pouvoir le dire : *Connaître l'adresse d'un bon restaurant dans le quartier.* – **6.** Avoir appris une science, une technique, une langue, etc. ; savoir : *Vous connaissez l'anglais ?* – **7.** Être au courant du fonctionnement d'un appareil, des éléments qui concourent à une situation, etc., en avoir l'expérience : *Vous connaissez bien cette machine, montrez-moi comment elle marche.* – **8.** Comporter qqch, l'avoir ou en être affecté, atteint : *Règle qui ne connaît aucune exception.* – **9.** Se trouver dans une certaine situation, éprouver, ressentir tel état : *Avoir connu la faim, les privations.* – **10.** Savoir que qqn est pourvu de qqch, qu'il le possède : *Je ne vous connaissais pas cette qualité.* – **11.** Fam. *Ça me connaît,* je sais m'y prendre dans ce domaine. ‖ Fam. *Connaître la chanson, la musique,* savoir à l'avance ce qui va se passer, ce qui va être dit, parce que c'est toujours la même chose. ‖ *Connaître une femme, un homme,* avoir avec elle ou avec lui des relations sexuelles (fam. et plaisant, ou style biblique). ‖ *Connaître quelque chose à qqch,* avoir quelques notions dans un domaine quelconque. ‖ *Connaître qqn de nom, de réputation, de vue,* être au courant de son existence, en avoir entendu parler, l'avoir déjà rencontré, mais ne pas être en relation avec lui. ‖ Fam. *En connaître un bout, un rayon,* être très au courant de qqch, être calé dans une science, une technique, etc. ‖ *Faire connaître,* montrer, indiquer, dire, apprendre qqch à qqn, l'en informer, porter à sa connaissance l'existence de qqn, le lui faire rencontrer ; lui faire découvrir et, en partic., apprécier qqch ou qqn. ‖ Fam. *Je ne connais que lui,* je le connais très bien. ‖ *Ne connaître que,* ne prendre en considération que qqn, qqch. ‖ *Ne pas connaître son bonheur,* se dit de qqn qui se plaint alors qu'il est dans une situation privilégiée par rapport aux autres. ‖ *Ne pas connaître sa force,* ne pas pouvoir se dominer ou maîtriser sa force. ‖ Fam. *Ne plus (vouloir) connaître qqn,* rompre toute relation avec lui. ‖ *Se faire connaître,* faire savoir qui l'on est et, en partic., acquérir une réputation, se faire apprécier.

◆ v. t. ind. *Connaître de qqch,* prendre connaissance d'une question et la juger ; avoir le droit de statuer sur qqch.

◆ **être connu** v. pass. **1.** Avoir atteint une grande notoriété ; être renommé, célèbre : *Un peintre connu.* – **2.** Être répandu largement dans le public, être banal : *C'est un procédé bien connu.* – **3.** Avoir une réputation (bonne ou mauvaise) qui détermine un certain type de relations : *On est connus dans le quartier.*

◆ **se connaître** v. pr. **1.** Être en relation avec qqn : *Vous vous connaissez depuis longtemps ?* – **2.** Être habile, expert en qqch ; s'y entendre : *S'y connaître en peinture.* – **3.** *Ne plus se connaître,* être hors de soi, égaré par la colère, etc. ‖ *Ou je ne m'y connais pas,* se dit pour indiquer qu'on est sûr de ce qu'on vient d'énoncer. ‖ *Connais-toi toi-même,* inscription gravée sur le fronton du temple de Delphes et dont Socrate avait fait sa maxime favorite.

CONNANTRE (51230), comm. du sud-ouest de la Marne ; 1 111 hab. Sucrerie.

CONNARD, CONNASSE → CONARD, CONASSE.

CONNAUGHT → CONNACHT.

CONNE → CON 2.

CONNÉ, E adj. (lat. *coadunatus,* réuni). Se dit de feuilles soudée par leur base (chèvrefeuille).

CONNEAU (Henri), médecin et homme politique français (Milan 1803 - La Porta, Corse, 1877). Médecin de Louis Napoléon Bonaparte, il fut condamné (1846) pour complicité dans l'évasion de ce prince du fort de Ham. Premier médecin de la maison impériale, député du Corps législatif (1852) puis sénateur (1867), il fut chargé par Napoléon III de missions diplomatiques secrètes.

CONNECTABILITÉ n. f. Propriété d'un ordinateur auquel on peut adjoindre des organes périphériques sans avoir à modifier la structure de l'unité centrale. (Syn. MODULARITÉ.)

CONNECTABLE adj. Se dit d'un dispositif qui peut être connecté, et en partic. d'un ordinateur doué de connectabilité.

CONNECTER v. t. (lat. *conectere,* de *nectere,* lier) [conj. **14**]. **1.** Unir des choses en les mettant en relation entre elles. – **2.** Établir des liaisons conductrices entre différents dispositifs conducteurs.

CONNECTEUR n. m. **1.** Appareil ou composant passif relié à l'extrémité d'un ou plusieurs conducteurs afin de permettre de les relier électriquement à un autre appareil ou composant. – **2.** Élément mettant des unités linguistiques en relation de coordination ou de subordination. – **3.** *Connecteur (propositionnel),* symbole qui permet de former une formule complexe à partir d'une ou plusieurs formules plus simples, la valeur de vérité de la formule complexe étant fonction de la valeur de vérité des formules simples et de la nature du connecteur. (On considère en général un seul *connecteur unaire,* la négation, et plusieurs *connecteurs propositionnels binaires* : la conjonction, la disjonction, l'implication, l'équivalence.)

CONNECTICUT, fl. côtier de l'est des États-Unis, en Nouvelle-Angleterre, tributaire de l'océan Atlantique ; 650 km.

CONNECTICUT, État des États-Unis, en Nouvelle-Angleterre ; 13 000 km^2 ; 3 287 116 hab. Cap. *Hartford.* L'État, qui est résidentiel, fortement urbanisé et industrialisé (aéronautique, mécanique, textile, travail des métaux, horlogerie), doit son nom au fleuve Connecticut, dont il possède la vallée inférieure.

CONNECTIF, IVE adj. (de *connecter*). *Tissu connectif,* syn. de TISSU CONJONCTIF*.

◆ **connectif** n. m. Axe de l'anthère des étamines, prolongeant le filet.

CONNECTION n. f. (amér. *connection*). Filière de la drogue.

CONNECTIQUE n. f. Industrie des connecteurs électriques.

CONNECTIVITE n. f. Syn. de COLLAGÉNOSE.

CONNEMARA *(monts de),* massif de l'ouest de la République d'Irlande (prov. de Connacht) [alt. 600 m env.].

Connemara *(race de),* race de poneys originaires d'Irlande appréciés pour la promenade, l'attelage et la compétition.

CONNERIE n. f. *Pop.* **1.** Stupidité. – **2.** Parole, action idiotes, stupides.

CONNERRÉ (72160), comm. de la Sarthe, à 25 km à l'E.-N.-E. du Mans, sur l'Huisne ; 2 553 hab. Rillettes.

CONNES (Alain), mathématicien français (Draguignan 1947). Ses travaux portent principalement sur les algèbres de von Neumann. En 1982, il a reçu la médaille Fields.

CONNÉTABLE n. m. (bas lat. *comes stabuli,* comte de l'étable). Au Moyen Âge et sous l'Ancien Régime, grand officier de la Couronne et commandant suprême des armées royales.

ENCYCL. À la cour des Mérovingiens et des Carolingiens, le connétable est un fonctionnaire de second rang. Ses pouvoirs s'étendent avec les Capétiens : inamovible, il juge les délits militaires ; gouverneur des provinces sous Philippe le Bel, ses prérogatives sont encore renforcées du XIVe au XVIe s. Au XVIe s., son office reste pratiquement sans titulaire : Richelieu le supprime en 1627. Napoléon Ier ressuscite le titre de grand connétable en faveur de son frère Louis et crée, en 1807, un vice-connétable, le maréchal Berthier.

CONNÉTABLIE n. f. Juridiction d'un connétable ; tribunal où elle s'exerçait.

CONNEXE adj. (lat. *connexus,* de *nectere,* lier). **1.** Qui est lié à qqch d'autre par des rapports étroits, par la similitude ou la dépendance : *Sciences connexes.* – **2.** Se dit d'un espace topologique dont on ne peut pas faire une bipartition à l'aide de deux ouverts non vides. – **3.** Se dit d'une partie A d'un espace topologique E qui est un espace topologique connexe pour la topologie induite sur A par celle de E. – **4.** *Composante connexe d'un graphe,* sous-graphe formé par un ensemble de sommets du graphe pouvant être reliés entre eux par une chaîne. ‖ *Graphe connexe,* graphe n'admettant qu'une seule composante connexe.

◆ n. m. Espace topologique connexe.

CONNEXION n. f. (lat. *connexio, -onis*). **1.** Action de lier par des rapports étroits ; fait d'être lié ; liaison, enchaînement : *Établir des connexions entre la situation intérieure et les événements extérieurs.* – **2.** Ensemble des liens (contact, articulation, innervation, irrigation) d'un organe animal déterminé avec les organes et tissus avoisinants. (→ *encycl.*) – **3.** Réunion provisoire de deux machines entre elles pour se compléter ou fonctionner simultanément. – **4.** Syn. de CONNEXITÉ. – **5.** Liaison électrique entre deux ou plusieurs systèmes conducteurs ; organe assurant une liaison. – **6.** *Connexion frontale,* pour un enroulement de machine, partie extérieure au circuit ferromagnétique, comprise entre deux encoches. (Syn. TÊTE DE BOBINE.)

ENCYCL. **Biol.** Les connexions ne sont guère altérées par l'évolution, même quand celle-ci a pour effet de réduire l'organe à l'état de vestige ou d'en changer entièrement la fonction. Leur étude permet donc de suivre l'évolution d'un organe le long des divers phylums (radiation évolutive) et de trouver quels sont les organes homologues* des divers groupes animaux.

CONNEXITÉ n. f. (de *connexe*). **1.** *Litt.* Rapport étroit qui existe entre deux ou plusieurs choses. – **2.** Lien qui existe entre deux affaires portées devant deux juridictions distinctes et qui permet, dans l'intérêt d'une bonne justice, de les faire instruire et juger ensemble par l'une des deux juridictions. (Syn. CONNEXION.)

CONNIVENCE n. f. (bas lat. *coniventia,* de *conivere,* laisser faire). Participation, entente secrète, intelligence non avouée en vue d'une action ; complicité : *Agir de connivence avec quelqu'un.*

CONNIVENT, E adj. (lat. *conivens, -entis,* de *conivere,* se fermer). *Valvules conniventes,* replis muqueux que présentent le duodénum et l'intestin grêle.

CONNOLLY (James), socialiste irlandais (comté de Monaghan 1868 - Dublin 1916). L'une des principales personnalités du socialisme irlandais, il se joignit au mouvement Sinn Féin. Commandant en chef des insurgés de Pâques 1916 à Dublin, il fut fait prisonnier et exécuté.

CONNOTATEUR n. m. Élément signifiant de connotation.

CONNOTATIF, IVE adj. (lat. scolast. *connotativus*). Relatif à la connotation.

CONNOTATION n. f. (lat. scolast. *connotatio, -onis,* avec l'infl. de l'angl. *connotation*). **1.** Ensemble de significations secondes provoquées par l'utilisation d'un matériau linguistique particulier et qui viennent s'ajouter au sens conceptuel, fondamental et stable, qui constitue la dénotation. (Ainsi, *cheval, destrier, canasson* ont la même dénotation, mais ils diffèrent par leurs connotations : *destrier* a une connotation poétique, *canasson* une connotation familière.) — **2.** Dans la logique aristotélicienne, définition en compréhension (par oppos. à *dénotation*). — **3.** Valeur que prend qqch en plus de sa signification première : *Ce texte a des connotations morales.*

CONNOTER v. t. (lat. scolast. *connotare*) [conj. 3]. En parlant d'un mot, exprimer, en même temps que son sens premier, une connotation qui s'y rattache.

CONNU → CONNAÎTRE.

CONOCÉPHALE n. m. Sauterelle verte des prairies humides.

CONOÏDE adj. (gr. *kônoidês*). Se dit d'une surface engendrée par une droite (G) [*génératrice*] qui est parallèle à un plan fixe (P) [*plan directeur*] tout en s'appuyant sur une droite fixe (D) [*directrice*] et qui satisfait à une condition supplémentaire.
◆ n. m. **1.** Surface conoïde. — **2.** *Conoïde droit,* conoïde obtenu dans le cas où (D) et (P) sont perpendiculaires.

CONON, général athénien (v. 444 - 390 av. J.-C.). Il commandait la flotte athénienne en mer Égée quand il se laissa surprendre par la flotte de Lysandre à l'embouchure de l'Aigos-Potamos, défaite qui entraîna l'effondrement de l'Empire athénien. Réfugié auprès des Perses, il remporta à leurs côtés la victoire de Cnide sur les Spartiates (394) ; il les chassa de l'Archipel (393) et rentra à Athènes pour relever les Longs Murs.

CONON († 687), pape de 686 à 687.

CONON de Béthune (1150 ? - 1219), trouvère picard. Il joua un rôle important dans la 4e croisade et fut régent de l'Empire latin d'Orient. Il composa des chansons de croisade et des chansons courtoises.

CONOPÉE n. m. (lat. médiév. *conopeum,* du gr. *kônôpeion,* moustiquaire). Voile qui peut recouvrir le tabernacle où l'on conserve l'eucharistie.

CONOPHYTON n. m. Plante aizoacée naine et charnue, à deux feuilles seulement, à fleur unique très colorée, telle que la plante-caillou des déserts d'Afrique du Sud et près de 200 autres espèces.

CONOPS n. m. (gr. *kônôps,* moucheron). Mouche rappelant les guêpes et dont la larve vit en parasite interne de celles-ci.

CONQUE n. f. (lat. *concha,* du gr. *kogkhê,* coquillage). **1.** Nom donné à différents mollusques bivalves ou gastropodes marins de grande taille. — **2.** Coquille en spirale utilisée comme trompe en diverses régions d'Asie, d'Amérique, d'Océanie et à Madagascar. — **3.** Cavité profonde du pavillon de l'oreille, où s'ouvre le conduit auditif. — **4.** Syn. anc. de CUL-DE-FOUR. — **5.** Petite dépression du relief.

CONQUÉRANT, E adj. et n. **1.** Qui fait ou a fait des conquêtes par les armes : *Un peuple conquérant.* — **2.** Qui a le désir d'étendre son pouvoir : *Un esprit conquérant.*
◆ adj. Qui est présomptueux, fat, destiné à séduire : *Prendre un air conquérant.*

CONQUÉRIR v. t. (lat. pop. *conquaerere,* du lat. class. *conquirere,* rassembler) [conj. 39]. **1.** Soumettre un pays par les armes : *César conquit la Gaule.* — **2.** Gagner qqch, s'en rendre maître, le plus souvent au prix d'efforts : *Conquérir le marché européen.* — **3.** Maîtriser, dominer qqch : *Les hommes ont toujours rêvé de conquérir l'espace.* — **4.** Séduire qqn, gagner son cœur, son estime, son affection, etc. : *Sa gentillesse a conquis tous ses collègues.*
◆ **être conquis** v. pass. **1.** Avoir subi une conquête, être pris par les armes : *Ville conquise.* — **2.** Être séduit, gagné moralement, psychologiquement par qqch, en parlant de qqn : *Nous étions tous conquis à ses idées.* — **3.** *Se comporter comme en pays, en terrain conquis,* sans aucun ménagement, sans tenir compte des autres.

CONQUES (12320), ch.-l. de cant. du nord de l'Aveyron ; 366 hab. *(Conquois).* Grande abbatiale (milieu du XIe s.-début du XIIe) apparentée au roman auvergnat et aux églises de pèlerinage du type de St-Sernin de Toulouse (célèbre tympan sculpté du *Jugement dernier*). Trésor médiéval, le plus important conservé en France (« Majesté » de sainte Foy, statue reliquaire de la sainte, Ve?-XVIe s.).

CONQUES-SUR-ORBIEL (11600), ch.-l. de cant. de l'Aude, à 8 km au N.-N.-E. de Carcassonne ;

2 057 hab. *(Conquois)*. Église gothique. Vignobles.

CONQUET n. m. Cuve dans laquelle est versée la vendange à son arrivée à la cave.

CONQUET (Le) [29217], comm. de l'ouest du Finistère, sur le chenal du Four ; 2 159 hab. *(Conquetois)*. Pêche. Centre radiomaritime. Phare.

CONQUÊTE n. f. (anc. fr. *conqueste,* du lat. pop. **conquaesitum,* de *conquaerere,* chercher à prendre). **1.** Action de conquérir qqch ; ce qui a été conquis : *La conquête de l'espace, d'un marché.* – **2.** Action de gagner le cœur, l'affection ou l'amour de qqn : *Faire la conquête d'une jeune fille.* – **3.** Personne dont on a conquis le cœur, que l'on a séduite : *C'est sa dernière conquête.*

conquête de Constantinople *(Histoire de la)* → CONSTANTINOPLE *(Histoire de la conquête de)*.

CONQUIS → CONQUÉRIR.

CONQUISTADOR n. m. (pl. *conquistadores*) [esp. *conquistador,* conquérant]. Nom donné aux Espagnols qui réalisèrent la découverte, la conquête et la colonisation de l'Amérique.

CONRAD Ier († 918), roi de Germanie (911 - 918), duc de Franconie, petit-fils du dernier empereur carolingien, Arnoul. Il fut élu roi en nov. 911, mais son autorité ne fut pas reconnue par les duchés nationaux. À sa mort, il désigna pour lui succéder son principal adversaire, le duc de Saxe Henri l'Oiseleur. – **Conrad II** *le Salique* ou *le Salien* (v. 990 - Utrecht 1039), empereur germanique (1027 - 1039). Fondateur de la dynastie franconienne, il fut élu roi de Germanie en 1024. Roi d'Italie en 1026, puis couronné empereur par le pape Jean XIX en 1027, il refoula les Polonais au-delà de l'Oder (1032) et imposa sa suzeraineté à la Bohême (1035). Il réussit à se faire élire roi de Bourgogne en 1032, intégrant ainsi ce pays à l'Empire. – **Conrad III** *de Hohenstaufen* (1093 ou 1094 - Bamberg 1152), duc de Franconie (1115 - 1152), roi d'Italie (1127 - 1152), roi des Romains (1138 - 1152). Fils de Frédéric Ier de Souabe, élu roi des Romains en 1138, il se fit reconnaître empereur, sans réussir à se faire couronner, et désigna son neveu, Frédéric III de Souabe (Frédéric Ier Barberousse), comme son successeur. – **Conrad IV** *de Hohenstaufen* (Andria 1228 - Lavello, prov. de Potenza, 1254), roi des Romains, ou **Conrad Ier,** roi de Sicile (1250 - 1254), ou **Conrad II,** roi titulaire de Jérusalem (1228 - 1254). Fils de l'empereur Frédéric II, élu roi des Romains en 1237, il n'obtint jamais la couronne impériale. – Son fils, **Conrad V** *de Hohenstaufen* ou **Conradin** (Wolfstein 1252 - Naples 1268), ou **Conrad III,** roi titulaire de Jérusalem (1254 - 1268), dernier des Hohenstaufen, vaincu à Tagliacozzo (1268) par Charles Ier d'Anjou, son adversaire en Sicile, fut condamné à mort et exécuté.

CONRAD Ier († 1192), marquis **de Montferrat** (v. 1188 - 1192), seigneur de Tyr et roi élu de Jérusalem (1192), fils de Guillaume III, marquis de Montferrat. Marié à Théodora, sœur d'Isaac II Ange, empereur d'Orient, il aida ce dernier à conserver son trône en vainquant et tuant Alexis Branas (1186). En 1187, il défendit avec succès Tyr contre Saladin et resta seul maître de la ville. Remarié à Isabelle d'Anjou, fille cadette d'Amaury Ier, roi de Jérusalem, il prétendit au trône de Jérusalem et s'opposa à son beau-frère Gui de Lusignan. Élevé à la royauté par les barons de Jérusalem en 1192, il fut assassiné la même année par des ismaéliens. – **Conrad II** (1228 - 1254), roi titulaire de Jérusalem → CONRAD IV DE HOHENSTAUFEN. – **Conrad III** (1254 - 1268), roi titulaire de Jérusalem → CONRAD V de HOHENSTAUFEN.

CONRAD DE MAZOVIE, prince polonais (v. 1187 - 1247). Afin de mettre un terme aux incursions des païens de Prusse, il fit appel en 1226 à l'ordre des chevaliers Teutoniques, qu'il établit sur la terre de Chełmno.

CONRAD de Soest → KONRAD VON SOEST.

CONRAD (Michael Georg), écrivain allemand (Gnodstadt, Bavière, 1846 - Munich 1927). Il fut l'initiateur du naturalisme dans ses romans sur la société munichoise (*Die klugen Jungfrauen,* 1889).

CONRAD (Józef Konrad KORZENIOWSKI, dit **Joseph**), écrivain anglais d'origine polonaise (Berditchev, Ukraine, 1857 - Bishopsbourne, Kent, 1924). Il servit vingt ans dans la marine marchande française, puis britannique. De nationalité anglaise depuis 1886, il publia des romans, en anglais, qui se situent sur mer et dans des pays exotiques : l'aventure est une quête initiatique à travers l'épreuve de la volonté (*Lord Jim,* 1900 ; *Cœur des ténèbres,* 1902 ; *le Miroir de la mer,* 1906 ; *le Frère de la côte,* 1923).

CONRAD VON HÖTZENDORF (Franz, *baron* [1910], puis *comte* [1918]), feldmaréchal autrichien (Penzing, près de Vienne, 1852 - Bad Mergentheim 1925). Chef d'état-major général (1906-1911), rappelé par François-Joseph (1912) après une période de disgrâce, il chassa les Russes de Pologne (1915), mais fut impuissant à stopper la percée de Broussilov sur le front austro-allemand (1916). Vainqueur des Italiens à Caporetto (oct. 1917), ses attaques sur le front d'Asiago échouèrent, entraînant sa disgrâce (juill. 1918).

CONRADE ou **CORRADI,** patronyme d'une famille de faïenciers originaires d'Albissola, près de Savone (Italie). Les trois frères Conrade, AUGUSTIN (1540 - 1612), BAPTISTE (1543 - av. 1618) et DOMINIQUE († apr. 1638), fondèrent la première faïencerie de Nevers à la fin du XVIe s.

CONRADI (Hermann), écrivain allemand (Jessnitz, près de Halle, 1862 - Würzburg 1890). Représentant du premier courant naturaliste, influencé par Nietzsche et Zola, il exalte l'artiste, martyr de la société bourgeoise (*Adam Mensch,* 1889).

CONRADIN → CONRAD V.

CONRAN (*sir* Terence), designer britannique (Londres 1931). À partir de recherches sur le mobilier bientôt élargies au textile, au graphisme, etc., il a fondé en 1964 la chaîne des magasins « Habitat » (Grande-Bretagne, France, Belgique, États-Unis).

CONRART (Valentin), écrivain français (Paris 1603 - *id.* 1675). Considéré comme un maître de la langue et du style, il fut le premier secrétaire perpétuel de l'Académie française. Il laisse des *Lettres* et des *Mémoires.*

CONSACRANT → CONSÉCRATEUR.

CONSACRER v. t. (lat. *consecrare,* avec l'infl. de *sacrer*) [conj. 3]. **1.** Dédier à Dieu ou aux dieux un lieu, un édifice, les réserver à un culte divin : *Consacrer un autel.* — **2.** À la messe, convertir le pain et le vin en la substance du corps et du sang de Jésus-Christ. — **3.** Donner à un évêque la consécration. — **4.** Rendre qqch durable, en faire une règle habituelle, le sanctionner, le ratifier : *Une expression que l'usage a consacrée.* — **5.** Donner à qqn, qqch une place éminente dans le public : *Les critiques ont consacré cette œuvre.* — **6.** Employer qqch totalement dans un but, pour le bien de qqn : *Consacrer son énergie à achever un ouvrage.*

◆ **être consacré** v. pass. **1.** Avoir reçu une consécration religieuse. — **2.** Être ratifié par un règlement ou par l'usage : *Selon la formule consacrée.* — **3.** Avoir acquis la célébrité, la notoriété : *Écrivain consacré.*

◆ **se consacrer** v. pr. **1.** S'abandonner tout entier à la réalisation de qqch, employer tout son temps à qqch, au service de qqn : *Il s'est entièrement consacré aux handicapés.* — **2.** *Se consacrer à Dieu,* entrer dans l'état ecclésiastique ou dans un ordre religieux.

CONSALVI (Ercole), cardinal et homme d'État romain (Rome 1757-Anzio 1824). Fait cardinal et secrétaire d'État par Pie VII, dont il favorisa l'élection (1800), il négocia avec Bonaparte le concordat de 1801. Il fut disgracié en 1823.

CONSANGUIN, E adj. et n. **1.** Se dit d'individus liés entre eux par des relations de consanguinité. — **2.** Se dit d'un parent du côté paternel (par oppos. à *utérin*).

◆ adj. Se dit d'une union entre des personnes de même parenté sanguine, issues d'une manière plus ou moins directe d'un même parent : *Mariage consanguin.*

CONSANGUINITÉ [-gɥi-ou -gi-] n. f. (lat. *consanguinitas*). **1.** Parenté sanguine de descendants comptant un ancêtre immédiat commun (père, mère, grand-père, grand-mère). — **2.** Parenté du côté paternel.

ENCYCL. Un individu est dit consanguin si son père et sa mère ont des antécédents communs. Cet apparentement pourrait être constaté entre les membres de tous les couples procréateurs si l'on pouvait reconstituer leurs généalogies sur un nombre suffisamment grand de générations. Il est donc nécessaire de limiter le champ de cet apparentement en se bornant aux ancêtres connus.

CONSCIEMMENT [-sjamɑ̃] adv. De façon consciente.

1. CONSCIENCE n. f. (lat. *conscientia,* de *scire,* savoir). **1.** Connaissance, intuitive ou réflexive immédiate, que chacun a de son existence et de celle du monde extérieur. — **2.** Représentation mentale claire de l'existence, de la réalité de telle ou telle chose : *L'expérience lui a donné une conscience aiguë du danger.* — **3.** *Avoir, prendre conscience de qqch,* s'en rendre compte, se le représenter mentalement d'une manière claire : *Il a pris conscience de ses responsabilités.* ‖ *Conscience politique,* présence chez un individu d'une culture, d'une expérience et d'une maturité politiques, autorisant, notamment en matière électorale, des choix réfléchis. ‖ *Liberté de conscience,* faculté laissée à chacun de choisir librement ses convictions religieuses ou philosophiques et d'agir en conséquence. ‖ *Perdre, reprendre conscience,* s'évanouir, se ranimer. ‖ *Prise de conscience,* fait, pour un individu, un groupe, de prendre pleinement conscience de qqch dont, jusque-là, il ne voulait pas voir ou assumer la réalité. • **Philos.** *Conscience de classe,* chez les marxistes, ensemble des représentations idéologiques (éducation, culture), des comportements sociaux (vie professionnelle, politique, etc.) par lesquels un individu sait qu'il appartient à une classe sociale déterminée, par opposition à une autre. ‖ *Conscience (de) qqch,* dans la phénoménologie husserlienne et sartrienne, situation dans laquelle l'objet de la pensée, l'image, présents dans l'esprit, ne peuvent absolument pas être distingués de la pensée elle-même, ce qu'indique la présence des parenthèses pour (de). ‖ *Conscience de soi,* chez Hegel, moment du savoir qui fait que l'individu se saisit lui-même réflexivement comme immanence à soi. – **Psychol.** Fonction de synthèse qui permet à un sujet d'analyser son expérience actuelle en fonction de la structure de sa personnalité et de se projeter dans l'avenir. ‖ *Troubles de la conscience,* ensemble des troubles impliquant une altération de la vigilance et/ou une altération de la perception que le sujet a de lui-même. (→ *encycl.*) – **Sociol.** *Conscience collective,* selon Durkheim et ses disciples, ensemble de croyances et sentiments partagés par les membres d'une collectivité.

ENCYCL. **Psychiatr.** On distingue deux sortes de *troubles de la conscience* : ceux qui se ramènent à une altération quantitative de la vigilance (régulation du système éveil-sommeil des neurobiologistes), parmi lesquels on range les troubles du sommeil, l'hypnose, l'obnubilation, l'obtusion, la stupeur, le coma, les syncopes, les ivresses, les absences épileptiques et la confusion mentale ; ceux qui sont plus spécifiquement psychogénétiques et pour lesquels l'atteinte de la conscience constitue un des aspects cliniques essentiels, comme dans les bouffées délirantes, les moments féconds des psychoses chroniques ou lors des états paroxystiques tels que la dépersonnalisation, les états crépusculaires et les états seconds.

2. CONSCIENCE n. f. (de *conscience 1*). **1.** Faculté qui pousse à porter un jugement de valeur sur ses propres actes ; sens moral : *Chacun se décidera selon sa conscience. Science sans conscience n'est que ruine de l'âme* (Rabelais). – **2.** Sens du devoir, soin scrupuleux : *Un travail fait avec beaucoup de conscience.* – **3.** Siège des sentiments personnels, des pensées intimes : *Chercher à scruter les consciences.* – **4.** *Acheter les consciences,* soudoyer les gens. ‖ *Affaire de conscience,* affaire personnelle que seul l'intéressé peut résoudre selon ses conceptions morales. ‖ *Avoir bonne conscience, avoir la conscience tranquille, en paix, avoir sa conscience pour soi,* n'avoir rien à se reprocher, être sûr d'avoir bien agi. ‖ *Avoir la conscience large, élastique,* ne pas être scrupuleux, avoir une morale relâchée. ‖ *Avoir mauvaise conscience,* se sentir fautif. ‖ *Avoir qqch, un poids sur la conscience,* avoir qqch à se reprocher, se sentir coupable. ‖ *Cas de conscience,* situation délicate où on doit agir selon son seul sens moral, sans référence à une règle. ‖ *Clause de conscience,* faculté accordée, par la loi du 29 mars 1935, à un journaliste, en cas de cession du journal ou d'un changement notable de son orientation, de rompre son contrat tout en ayant droit aux indemnités qui lui seraient dues pour cause de licenciement. ‖ *Conscience professionnelle,* soin avec lequel on exerce son métier. ‖ *En conscience,* honnêtement, en toute franchise, même sans obligation extérieure formelle. ‖ *Examen de conscience,* examen approfondi de ses actes, du point de vue de leur valeur morale ; pour les catholiques, recherche de ses péchés en vue de la confession. ‖ Litt. *Opprimer les consciences,* empêcher la libre manifestation des opinions, des croyances. ‖ *Se donner bonne conscience,* se trouver coûte que coûte des excuses ; se donner des raisons plus ou moins bonnes de penser qu'on a bien agi. ‖ *Soulager sa conscience,* ne rien cacher.

CONSCIENCE (Hendrik), écrivain belge d'expression néerlandaise (Anvers 1812 - Bruxelles 1883). Auteur de romans historiques (*le Lion de Flandre,* 1838 ; *Jacob Van Artevelde,* 1849) et de tableaux de mœurs rustiques ou bourgeoises (*le Fléau du village,* 1855), il inaugura la renaissance des lettres flamandes.

CONSCIENCIEUSEMENT adv. De façon consciencieuse.

CONSCIENCIEUX, EUSE adj. et n. Qui accomplit son travail avec conscience, application ; scrupuleux, appliqué.

◆ adj. Qui a été exécuté avec minutie, application : *Travail consciencieux.*

CONSCIENT, E adj. (lat. *consciens,* de *conscire,* savoir). **1.** Qui a une pleine et claire connaissance de ce qu'il fait ou éprouve, de l'existence ou de la réalité de qqch : *Être conscient du danger.* – **2.** Qui est fait en toute conscience, en connaissance de cause, sciemment : *Un geste conscient.* – **3.** Qui a toute sa conscience, sa connaissance ; lucide : *Le blessé est conscient.* – **4.** Se dit d'un contenu psychique qui appartient à un moment donné à la conscience.

◆ **conscient** n. m. Par analogie avec l'inconscient, lieu de l'appareil psychique concerné par le fonctionnement du système perception-conscience.

CONSCIENTISATION n. f. **1.** Action de conscientiser. – **2.** Méthode pédagogique par laquelle l'éducateur prend comme support de son enseignement la réalité matérielle et sociale environnant le sujet, de façon à l'impliquer et à le motiver au mieux possible pour son apprentissage. (Cette méthode a été notamment pratiquée, dans le cadre de l'alphabétisation, par Paulo Freire.)

CONSCIENTISER v. t. (conj. 3). Faire que qqn, un groupe prenne conscience des problèmes politiques, sociaux, culturels qui se posent à lui.

CONSCRIPTION n. f. (lat. *conscriptio, -onis,* avec l'infl. de *conscrit*). Nom donné, à partir du Directoire, à l'inscription au rôle des jeunes gens parmi lesquels le sort désignait les conscrits. (La conscription fut abolie par la Charte de 1814.)

CONSCRIT n. m. (lat. *conscriptus,* inscrit sur la même liste). **1.** Recrue levée par le système de conscription. — **2.** Jeune homme sur le point d'être incorporé. — **3.** *Fam.* et *vx.* Homme inexpérimenté ou naïf : *Se laisser berner comme un conscrit.*

◆ adj. m. *Pères conscrits,* titre des sénateurs romains.

CONSÉCRATEUR ou **CONSACRANT** adj. m. et n. m. **1.** Se dit d'un évêque qui sacre un autre évêque. — **2.** Se dit du prêtre qui consacre l'hostie, à la messe.

CONSÉCRATION n. f. (lat. *consecratio, -onis*). **1.** Rite par lequel on affecte au service de Dieu une personne, une chose qui, par là, entre dans la catégorie du sacré. — **2.** Chez les catholiques, acte par lequel le pain et le vin sont convertis en la substance du corps et du sang de Jésus-Christ ; moment de la messe où se fait cette action. — **3.** Chez les protestants, acte par lequel l'Église confère à un homme la charge d'un ministère. (Les anglicans et les luthériens la réservent aux pasteurs.) [Syn. ORDINATION.] — **4.** Confirmation solennelle, sanction : *Cette élection est la consécration de ses efforts.* — **5.** Action de donner à qqn, à qqch une place éminente ; fait d'être consacré : *La consécration d'un chanteur.*

CONSÉCUTIF, IVE adj. (lat. *consecutus,* de *consequi,* suivre). **1.** Se dit de plusieurs choses qui se suivent sans interruption dans le temps : *Dormir dix heures consécutives.* — **2.** Qui est le résultat, la conséquence de qqch : *L'inflation consécutive à la hausse des prix du pétrole.* • **Géom.** *Côtés consécutifs,* se dit de deux côtés ayant une extrémité commune. ‖ *Sommets consécutifs,* se dit de deux sommets, extrémités d'un même côté. — **Gramm.** *Proposition consécutive* ou *consécutive* (n. f.), subordonnée circonstancielle exprimant la conséquence de l'action du verbe principal. (*Il fait un tel bruit* QU'IL M'ASSOURDIT ou *Il est trop petit* POUR COMPRENDRE.) — **Log.** Relatif à une consécution. — **Math.** *Élément consécutif,* syn. de SUCCESSEUR. — **Méd.** *Image consécutive,* image d'une couleur complémentaire de celle de l'objet auparavant perçu et qui joue un grand rôle dans la formation des rêves et des hallucinations.

CONSÉCUTION n. f. (lat. *consecutio, -onis,* conséquence). **1.** Suite, enchaînement logique de concepts. — **2.** Enchaînement successif et cohérent de plusieurs conséquents.

CONSÉCUTIVEMENT adv. **1.** De façon consécutive ; successivement : *Il a subi consécutivement trois échecs.* — **2.** *Consécutivement à,* par suite de.

CONSEIL n. m. (lat. *consilium*). **1.** Avis, indication donnés à qqn par qqn d'autre pour le diriger dans sa conduite, dans ses actes ; recommandation : *Demander un conseil à un ami.* — **2.** Indication sur une manière d'agir que l'on découvre en faisant référence à qqch ; incitation : *Écouter les conseils de l'expérience.* — **3.** Personne, souvent spécialisée, à qui on s'adresse pour avoir un avis sur une question, dans un domaine précis (peut s'employer en apposition, avec ou sans trait d'union) : *Un conseil en gestion. Un ingénieur-conseil.* — **4.** Assemblée de personnes chargées de fonctions consultatives, délibératives, administratives, juridictionnelles, etc. : *Le conseil municipal.* — **5.** Séance tenue par des personnes qui délibèrent : *Assister au conseil.* — **6.** *Conseil de famille,* réunion de famille pour délibérer d'un problème posé à l'ensemble ou à un des membres de la famille. ‖ *Demander conseil à qqn, prendre conseil de qqn,* solliciter son avis avant d'agir. ‖ *Être de bon conseil,* être capable de donner de bons conseils. ‖ *Tenir conseil,* délibérer ensemble sur le parti à prendre. • **Dr.** *Conseil administratif,* organisme consultatif spécialisé. (Conseil supérieur de l'artisanat, conseil des impôts...) ‖ *Conseil d'administration,* organe d'une société anonyme ou d'une association composé de membres élus par l'assemblée générale, qui a pour mission de gérer les affaires de la société ou de l'association. ‖ *Conseil d'arrondissement,* conseil institué dans chaque arrondissement de Paris, Lyon et Marseille, qui a voix délibérative sur les problèmes localisés dans l'arrondissement et qui gère les petits équipements. ‖ *Conseil de cabinet,* réunion de tous les ministres, secrétaires et sous-secrétaires d'État, hors de la présence du président de la République. ‖ *Conseil de discipline,* organe chargé de donner un avis sur l'opportunité d'une sanction disciplinaire. ‖ *Conseil de famille,* un des organes de la tutelle, composé de quatre à six membres, y compris le subrogé tuteur, mais non le tuteur ni le juge des tutelles. (Présidé par le juge des tutelles, qui en choisit les membres, le conseil de famille autorise certains actes graves accomplis au nom du mineur ou du majeur en tutelle et contrôle la gestion du tuteur.) ‖ *Conseil fiscal,* technicien dont les contribuables peuvent se faire assister au cours de la vérification de leur comptabilité. ‖ *Conseil général,* organe élu, chargé de régler par ses délibérations les affaires du département et dont le président est l'organe exécutif du département depuis la loi de 1982 sur la décentralisation. (→ *encycl.*) ‖ *Conseil interministériel,* en France, formation gouvernementale composée de ministres, de secrétaires d'État, de hauts fonctionnaires et réunie sous la présidence du chef de l'État afin de procéder à l'examen d'une affaire ou d'une matière déterminée. ‖ *Conseil juridique,* personne inscrite sur une liste nationale et dont les titres ou la pratique l'autorisent à donner à titre professionnel des consultations juridiques et à rédiger certains actes. ‖ *Conseil des ministres,* réunion des ministres sous la présidence du président de la République. ‖ *Conseil municipal,* organe élu, chargé de régler par ses délibérations les affaires de la commune et dont le maire (élu au sein du conseil municipal) est l'organe exécutif de la commune. (→ *encycl.*) ‖ *Conseil régional,* organe chargé de régler par ses délibérations les affaires de la Région et dont l'élection au suffrage universel est organisée par la loi de 1982 sur la décentralisation. (→ *encycl.*) – **Écon.** *Conseil économique,* organisme représentant les milieux et intérêts économiques auprès des pouvoirs politiques. – **Enseign.** *Conseil de classe,* réunion trimestrielle, dans les lycées et collèges, des professeurs de la classe, des représentants des parents et des délégués des élèves où est effectué le bilan de la scolarité des élèves. ‖ *Conseil de discipline,* conseil d'établissement d'un lycée ou d'un collège qui siège en formation disciplinaire. ‖ *Conseil d'établissement,* organisme composé de responsables administratifs, de représentants des parents et des délégués des élèves, chargé, dans les lycées et les collèges, d'assister le chef d'établissement, qui le préside. – **Fr.-maçonn.** Nom donné à certains ateliers supérieurs. – **Hist.** *Conseil de commerce,* sous l'Ancien Régime, corps consultatif formé de fonctionnaires royaux et (ou) de représentants de négociants et qui aidait le roi dans le développement, la protection et la réglementation du commerce et de l'industrie. (→ *encycl.*) ‖ *Conseils souverains,* juridictions analogues aux parlements, instituées dans les provinces annexées à la France aux XVIIe et XVIIIe s. (Quatre conseils souverains subsistèrent jusqu'à la fin de l'Ancien Régime : ceux d'Artois [1641], d'Alsace [1657], de Roussillon [1660] et de Corse [1768].) – **Mil.** *Conseil de défense,* conseil formé dans une place de guerre assiégée et composé des officiers les plus anciens d'une garnison. ‖ *Conseil de discipline,* organisme chargé, notamment, dans les corps de troupes, d'émettre un avis sur la réduction de grade des militaires du rang appelés. ‖ *Conseil de guerre,* autref., assemblée d'officiers de haut rang délibérant sur les mesures à prendre dans certaines circonstances graves ; anc. appellation donnée jusqu'en 1928 au tribunal militaire. ‖ *Conseil de révision,* anc. appellation donnée jusqu'en 1928 à la juridiction d'appel chargée de réformer les jugements des conseils de guerre ; organisme qui jugeait, jusqu'en 1971, de l'aptitude des jeunes gens au service militaire. – **Relig.** *Conseil épiscopal,* ensemble des prêtres et des laïcs qui sont convoqués régulièrement par l'évêque pour composer une assemblée délibérative. ‖ *Conseil de fabrique,* sous le régime concordataire, assemblée délibérante des fabriques paroissiales. ‖ *Conseil presbytéral,* depuis le concile Vatican II, instance consultative qui, dans chaque diocèse, est constituée de prêtres désignés par leurs confrères en vue d'aider l'évêque dans sa charge ; organe d'administration élu des paroisses protestantes. – **Sociol.** *Conseil d'atelier,* organisation préconisée par certains syndicats, constituée de travailleurs élus directement et exclusivement par une unité de production déterminée, notamment l'atelier. ‖ *Conseil ouvrier,* organisation préconisée par certains adeptes du marxisme destinée à faire contrepoids, par la représentativité directe, aux organisations ouvrières déjà existantes (syndicats), critiquées par eux.

ENCYCL. **Dr.** Le *conseil général* est composé de membres élus pour six ans au suffrage universel au scrutin uninominal à deux tours. Il comprend autant de conseillers généraux que le département compte de cantons (d'où le nom d'« élections cantonales » donné aux élections pour le renouvellement du conseil général). Le conseil général est renouvelé par moitié tous les trois ans.

• *Le conseil municipal* est composé d'un nombre de conseillers qui varie selon l'importance de la commune, au minimum 9 pour les communes de moins de 100 habitants. Les conseillers municipaux sont élus pour 6 ans au scrutin de liste majoritaire à deux tours. Selon que la commune a plus ou moins de 3 500 habitants, le panachage est interdit ou autorisé.

• *Le conseil régional,* en vertu de la loi du 5 juill. 1972, qui donne à la Région son existence légale, est composé de parlementaires de la Région (députés et sénateurs), qui en sont membres de droit et qui disposent de la moitié des sièges, ainsi que des représentants des grandes agglomérations, des communautés urbaines, des collectivités locales désignés par les conseils généraux parmi les maires, conseillers généraux et municipaux.

Depuis la loi de 1982 sur la décentralisation, la Région, qui était un établissement public, est érigée en collectivité territoriale. Les premières élections régionales au suffrage universel ont eu lieu en mars 1986. Les conseillers régionaux, au nombre de 1840, sont élus pour 6 ans.

– **Hist.** Le premier *conseil* [ou *commission*] *de commerce* fonctionna sous Henri IV de 1601 à 1603. Colbert créa en 1664 un conseil de commerce, issu du Conseil des finances, qui dura jusqu'en 1715. Réorganisé en 1722 sous le nom de *Bureau du commerce,* il fut doublé à partir de 1730 du *Conseil royal du commerce,* qui fut réuni en 1787 au Conseil des finances pour former le *Conseil royal des finances et du commerce.*

Conseil des Anciens → ANCIENS.

Conseil des Cinq-Cents → CINQ-CENTS.

Conseil constitutionnel, organe créé par la Constitution française de 1958 et formé en févr. 1959 en remplacement du Comité constitutionnel. Il veille à la régularité des élections présidentielles, législatives et des référendums. Il se prononce sur la conformité à la Constitution des lois organiques et des règlements des assemblées parlementaires ainsi que des lois ordinaires qui lui sont déférées par le président de la République, le Premier ministre, le président de l'une ou de l'autre assemblée ou par soixante députés ou soixante sénateurs. Ses décisions ne sont susceptibles d'aucun recours. Il est obligatoirement consulté en cas de mise en application de l'article 16 par le président de la République et en cas d'empêchement du président de la République. Il comprend les anciens présidents de la République et neuf membres (dont le mandat n'est pas renouvelable) nommés pour neuf ans par le président de la République, le président de l'Assemblée nationale et le président du Sénat, qui en désignent chacun trois. Le renouvellement s'effectue par tiers tous les trois ans.

Conseil économique et social, assemblée consultative créée par la Constitution française de 1958, qui participe à la politique économique et sociale du gouvernement. Il comprend 231 membres nommés pour 5 ans : 40 sont des personnalités qualifiées nommées par le gouvernement ; tous les autres représentent des catégories d'activités industrielles, agricoles, artisanales, sociales et sont désignés par les organisations syndicales les plus représentatives.

Conseil d'État, instance consultative et juridictionnelle suprême de l'administration française. Héritier du Conseil du roi de l'Ancien Régime, le Conseil d'État a été créé par la Constitution de l'an VIII. C'est la loi du 24 mai 1872 qui lui donna sa physionomie définitive.
En matière administrative, le Conseil d'État remplit sa fonction de conseil du gouvernement en donnant des avis, obligatoires dans certains cas (ordonnances, projets de loi, etc.). Cinq sections administratives participent à cette activité de conseil : Finances, Travaux publics, Intérieur, section Sociale et Rapport et Études. Les affaires particulièrement importantes sont examinées en assemblée générale ordinaire ou plénière. Une commission permanente examine les projets de lois urgents.
En matière de contentieux, le Conseil d'État est seul compétent pour statuer en premier et en dernier ressort sur un certain nombre de litiges (recours contre les décrets, litiges relatifs à la situation individuelle des fonctionnaires nommés par décret, etc.). Il est juge d'appel de certaines décisions rendues en premier ressort par les juridictions administratives. Enfin, il est juge de cassation de toutes les juridictions administratives qui statuent en dernier ressort. Les 209 membres qui composent le Conseil d'État sont placés sous la présidence de pure forme du Premier ministre.

Conseil national du crédit → CRÉDIT.

Conseil national du patronat français (C. N. P. F.) → PATRONAT.

Conseil national de la Résistance (C. N. R.), la plus haute institution de la France clandestine, créée en mai 1943 par Jean Moulin, selon les instructions du général de Gaulle, qui voulait instituer un organisme représentatif de toutes les tendances politiques de la Résistance. Il se réunit pour la première fois le 27 mai 1943 sous la présidence de J. Moulin et permit à de Gaulle, arrivant à Alger, de se réclamer de la Résistance intérieure unie et d'affirmer sa légitimité vis-à-vis du général Giraud et des Alliés. Après l'arrestation de J. Moulin (21 juin 1943), le C. N. R. se donne un nouveau président, G. Bidault. Le C. N. R. a préparé la mise en place des comités de libération, et les mesures qu'il a élaborées sont à l'origine des grandes réformes de l'après-guerre (nationalisations, Sécurité sociale, par ex.).

Conseil œcuménique des Églises → ŒCUMÉNIQUE.

Conseil du prince, à Rome, conseil chargé d'aider l'empereur en matière juridique et regroupant, à l'origine, ses « compagnons », ou « comtes* ». Avec Hadrien, il reçut une organisation officielle, et son rôle devint vraiment prépondérant sous les Sévères. Les empereurs du IIIe s. le remplacèrent par les « Conseils sacrés » *(Consilia sacra),* dont le plus important prit sous Constantin le nom de *consistoire**.

Conseil privé, en Angleterre, organisme issu dès le XIIIe s. de la *Curia regis* des souverains normands, en même temps que le Conseil élargi, ou Parlement, se précisait et s'individualisait. Organe essentiel du gouvernement Tudor, le Conseil privé perdit progressivement de son importance dès les premiers Stuarts.

Conseil de la religion prétendue réformée (C. R. P. R.), conseil constitué après la révocation de l'édit de Nantes (1685). Composé de laïcs et d'ecclésiastiques, il était chargé d'examiner toutes les affaires concernant le protestantisme. Il fut supprimé en 1701.

Conseil de la République, seconde chambre du Parlement dans la Constitution française de 1946, héritier diminué du Sénat de la IIIe République.

Conseil du roi, en France, sous l'Ancien Régime, l'organe principal du gouvernement. Comme le Parlement et la Chambre des comptes, le Conseil du roi est issu de la *Curia regis,* dont il se détacha à la fin du XIIIe s. Au cours des XIVe et XVe s., il devint un véritable conseil de gouvernement, doté d'attributions multiples, à la fois politiques, administratives, financières et judiciaires, et composé des princes du sang et des pairs, des grands officiers de la Couronne et des hauts dignitaires du royaume choisis par le roi. En 1497, une section judiciaire s'en détacha, qui reçut le nom de *Grand Conseil* et fut chargée de juger les affaires ecclésiastiques et les conflits de juridiction entre les cours souveraines. Au XVIe s., la complexité des affaires contraignit les souverains à partager le Conseil du roi en sections spécialisées, dont plusieurs règlements (1563, 1578, 1582, 1595) consacrèrent l'existence : *Conseil des affaires* (ou *Conseil étroit,* ou *Conseil secret*), qui délibérait des grandes questions politiques ; *Conseil des parties* (ou *Conseil privé*), qui expédiait les affaires courantes de justice et d'administration ; *Conseil d'État,* chargé des questions administratives ; *Conseil des finances ; Conseil des affaires et des dépêches,* qui examinait les questions relatives à l'administration intérieure. Cette organisation fut remaniée par Louis XIV, qui donna au Conseil la forme qu'il conserva jusqu'à la fin de l'Ancien Régime. Le Conseil comprit dès lors quatre sections : 1°) le *Conseil d'en haut,* appelé aussi *Conseil d'État,* qui réunit deux à trois fois par semaine autour du roi de quatre à sept ministres d'État pour traiter des affaires les plus importantes, tant sur le plan intérieur qu'extérieur ; 2°) le *Conseil des dépêches,* présidé par le roi ou le chancelier et composé des ministres et secrétaires d'État et de un ou deux conseillers d'État, qui s'occupait des affaires intérieures du royaume, en particulier de la correspondance (dépêches) des intendants ; 3°) le *Conseil des finances,* présidé par le roi et comprenant le contrôleur général des finances, des intendants, le chancelier et plusieurs conseillers d'État, qui étudiait tous les problèmes financiers (budget, répartition de la taille entre les généralités, etc.), s'occupait de l'économie du royaume (jusqu'en 1730) et absorba en 1787 les attributions du Conseil du commerce. Il prit dès lors le nom de *Conseil royal des finances et du commerce ;* 4°) le *Conseil d'État privé, finances et directions,* présidé par le roi ou le chancelier et composé d'une trentaine de conseillers d'État et d'environ 80 maîtres de requêtes, qui agissait soit comme *Conseil d'État privé,* réglant le contentieux privé, ou contentieux entre parties, d'où son nom de *Conseil des parties,* et préparant les édits et ordonnances du roi ; soit comme *Conseil d'État et finances,* chargé d'instruire les affaires financières que lui soumettait le contrôleur général ; soit enfin comme *Conseil d'État et directions,* réglant le contentieux administratif.

Conseil de sécurité, Conseil de tutelle, organes de l'Organisation* des Nations unies.

Conseil supérieur de l'armée de terre, Conseil supérieur de la marine, Conseil supérieur de l'armée de l'air, organismes français de conseil et d'étude propres à chaque armée et qui ont été souvent réorganisés. La mission (établissement des listes d'aptitudes aux grades d'officier général, application aux officiers généraux de certaines mesures individuelles) et la composition de ces conseils sont actuellement fixées par un décret du 8 févr. 1982.

Conseil supérieur de défense, organisme français d'étude des problèmes de défense. Il est présidé par le président de la République.

Conseil des troubles ou **Tribunal du sang,** juridiction spéciale établie en sept. 1567 par le duc d'Albe, dans les Flandres, pour juger les rebelles à l'autorité du seigneur des Flandres et roi d'Espagne, Philippe II.

CONSEILLABLE adj. Qui peut être conseillé : *Démarche peu conseillable.*

1. CONSEILLER v. t. (lat. pop. *consiliare,* du lat. class. *consiliari*) [conj. 4]. **1.** Indiquer à qqn ce qu'il doit faire, lui recommander qqch ou qqn ; donner l'avis de faire telle chose, suggérer : *Je vous conseille cet excellent restaurant.* — **2.** Donner à qqn des conseils ; le diriger, l'orienter, lui servir de guide : *Conseiller un enfant dans ses études.*

◆ **être conseillé** v. pass. **1.** Être entouré de personnes de bon (ou mauvais) conseil ; avoir un conseiller : *Il doit être mal conseillé pour avoir pris cette décision.* — **2.** Être recommandé : *Ce régime n'est pas conseillé dans son cas.*

2. CONSEILLER, ÈRE n. (lat. *consiliarus*). **1.** Personne qui donne des conseils : *Les conseillers du président.* — **2.** Chose qui influe sur le comportement de qqn : *La colère est mauvaise conseillère.* — **3.** Membre de divers conseils administratifs (conseiller général, conseiller municipal, conseiller régional). — **4.** Magistrat occupant un rang élevé dans la hiérarchie (conseiller à la Cour de cassation, conseiller à la cour, conseiller d'État, conseiller référendaire et conseiller maître à la Cour des comptes). — **5.** Nom de certains hauts fonctionnaires (conseiller agricole, conseiller du commerce extérieur). — **6.** Juge du tribunal administratif. — **7.** *Conseiller en économie sociale et familiale,* personne diplômée chargée, en liaison avec les travailleurs sociaux, d'assister des individus ou des groupes dans tous les domaines de la vie quotidienne. ‖ *Conseiller du travail,* personne diplômée d'État à qui est confiée la direction d'un service social, obligatoire dans les entreprises employant au moins 250 salariés. ‖ *Conseiller d'éducation,* dans les instituts techniques et les collèges, fonctionnaire chargé de la surveillance, de tâches administratives, de l'organisation et de l'animation de la vie scolaire. (Dans les lycées, ce rôle est assumé par les *conseillers principaux d'éducation.*) ‖ *Conseiller d'orientation,* fonctionnaire chargé de l'information et de l'orientation des élèves du second degré. ‖ *Conseiller du roi,* ou *conseiller du roi en ses conseils,* membre du Conseil du roi. (Appelé conseiller d'État à partir du règne d'Henri III, il est nommé par lettre de commission.)

CONSEILLEUR, EUSE n. Personne qui a la manie de donner des conseils.

CONSEILLISME n. m. Théorie de ceux qui préconisent les conseils ouvriers.

CONSEILLISTE adj. et n. Relatif au conseillisme ; partisan de cette doctrine.

CONSENSUEL, ELLE [-sɑ̃-], adj. (lat. *consensus,* accord). **1.** Qui repose sur un consensus : *Politique consensuelle.* – **2.** Se dit d'un contrat formé par le seul consentement des parties, sans que la manifestation de ce consentement soit soumise à aucune forme. – **3.** *Réflexe consensuel,* réflexe pupillaire qui se manifeste au niveau de l'un des deux yeux lorsqu'on expose l'autre œil à un rayon lumineux.

CONSENSUS [-sɛ̃sys] n. m. (lat. *consensus,* accord). **1.** Accord et consentement du plus grand nombre, de l'opinion publique : *Consensus social.* – **2.** Procédure qui consiste à dégager un accord sans procéder à un vote formel, ce qui évite de faire apparaître les objections et les abstentions.

CONSENTANT, E adj. Qui consent, accepte qqch : *Les deux parties sont consentantes.*

CONSENTEMENT n. m. (de *consentir*). **1.** Action de donner son accord à une action, à un projet ; acquiescement, approbation, assentiment : *Il a agi avec mon consentement.* – **2.** *Consentement exprès,* celui qui est écrit ou exprimé verbalement. ‖ *Consentement tacite,* celui qui est supposé par la loi dans le cas où la volonté contraire n'est pas exprimée.

CONSENTIR v. t. ind. (lat. *consentire,* être d'accord) [conj. 37]. Accepter que qqch se fasse ; tomber d'accord sur qqch ; acquiescer : *La direction consent à l'augmentation des salaires.*
◆ v. t. Accorder un avantage à qqn : *Consentir un délai à un débiteur.*

CONSÉQUEMMENT [-kamɑ̃] adv. *Litt.* En conséquence ; par suite.

CONSÉQUENCE n. f. (lat. *consequentia,* succession). **1.** Ce qui est produit nécessairement par qqch, qui en est une suite logique : *La décision est lourde de conséquences.* – **2.** Caractéristique d'une formule résultant d'une règle d'inférence. – **3.** *De conséquence,* important, grave, sérieux. ‖ *En conséquence (de quoi),* pour cette raison, par suite. ‖ *En conséquence,* comme il convient nécessairement en pareil cas. ‖ *Être gros de conséquences,* avoir des suites importantes et graves. ‖ *Par voie de conséquence,* partant, comme suit, et donc. ‖ *Proposition de conséquence,* syn. de PROPOSITION CONSÉCUTIVE*. ‖ *Sans conséquence,* sans suite fâcheuse, sans importance. ‖ *Tirer à conséquence,* avoir des suites fâcheuses, être important.

CONSÉQUENT, E adj. (lat. *consequens,* de *consequi,* suivre). **1.** Qui agit avec esprit de suite et en conformité avec ses principes, ses décisions, etc. : *Être conséquent dans ses actes.* – **2.** Qui est d'une grande importance ; considérable : *Il tient un magasin d'antiquités assez conséquent.* – **3.** *Par conséquent,* en conséquence, par suite, donc. • **Géogr.** Se dit, dans la terminologie de W. M. Davis, d'un cours d'eau dont l'orientation est conforme à la pente de la surface originelle lors de l'émersion. (Ce terme a été détourné de son sens initial pour qualifier les rivières qui coulent conformément au pendage des couches ; il est ici préférable de lui substituer le terme de *cataclinal.*) – **Log.** Relatif au conséquent. ‖ *Proposition conséquente,* proposition qui s'enchaîne avec un antécédent suivant une règle d'inférence ; chez Aristote, syn. de CONSÉQUENT.
◆ **conséquent** n. m. **1.** Formule résultant de l'application d'une règle d'inférence (par oppos. à ANTÉCÉDENT). [Certaines règles d'inférence, comme la règle de substitution, ont un seul antécédent, mais une infinité de conséquents.] – **2.** Dans la logique aristotélicienne, seconde proposition d'un raisonnement composé de deux propositions et qui constitue la suite déductible de la première, qui la conditionne.

CONSERVATEUR, TRICE adj. (lat. *conservator*). **1.** Qui aime garder les choses, ne pas s'en dessaisir : *Il ne jette rien, il est très conservateur.* – **2.** Inspiré par un esprit de conservation, de maintien du statu quo : *Gestion conservatrice des intérêts des actionnaires.* – **3.** Relatif au conservatisme, à ses partisans : *Journal conservateur.* – **4.** Qui vise à conserver un organe dans son état : *Chirurgie conservatrice.* – **5.** *Agent conservateur* ou *conservateur* (n. m.), additif alimentaire destiné à empêcher l'altération des aliments. (Syn. AGENT DE CONSERVATION.)

◆ adj. et n. Se dit de qqn, d'un parti politique caractérisés par l'attachement aux valeurs et aux structures traditionnelles et par l'hostilité au changement.

◆ n. **1.** Personne qui conserve, qui a la mission de conserver. — **2.** Fonctionnaire chargé soit d'assurer la conservation et la publicité des actes relatifs aux immeubles *(conservateur des hypothèques),* soit de la garde, de l'administration et de l'entretien de biens, de monuments ou d'objets appartenant à l'État ou à des collectivités publiques (*conservateur de musée,* etc.).

◆ **conservateur** n. m. **1.** Enceinte calorifugée et dotée d'un dispositif frigorifique permettant de conserver pour une longue durée à - 18 °C des denrées alimentaires déjà congelées. — **2.** *Conservateur de cap,* compas gyroscopique qui indique le cap à tenir.

conservateur *(parti),* l'un des grands partis britanniques. Le terme « conservateur » fut officiellement substitué à celui de « tory » après la réforme électorale de 1832. De 1832 à 1914, le parti conservateur alterne au pouvoir avec le parti libéral. Robert Peel, le premier leader des conservateurs (1832 à 1846), veut rajeunir le vieux torysme en élargissant le parti aux classes moyennes ; mais les membres du parti se divisent sur la question du protectionnisme. À partir de 1845, Disraeli entreprend de rénover et de vivifier le parti conservateur. Leader du parti de 1868 à 1881, Premier ministre en 1868 et de 1874 à 1880, il préconise des réformes politiques et sociales hardies. La fin du XIXe s. donne à la question impériale une place prédominante dans le programme conservateur. Son attachement à l'Empire lui vaut de grouper autour de lui la coalition unioniste, influencée par la personnalité de J. Chamberlain. La suppression de la puissance politique des lords (Parliament Act de 1911) porte un nouveau coup aux conservateurs, mais ceux-ci reviennent au pouvoir dans un gouvernement de coalition pendant la Première Guerre mondiale. Entre les deux guerres et pendant la Seconde Guerre mondiale — qui met en valeur la personnalité de Winston Churchill, leader du parti de 1940 à 1955 —, ils président de nouveau aux affaires du pays. Battus en 1945, ils reviennent au pouvoir avec A. Eden (1955-1957), H. Macmillan (1957-1963), A. Douglas-Home (1963-64) et E. Heath (1970-1974). En 1975, Margaret Thatcher devient leader du parti et, en mai 1979, Premier ministre. En 1990, John Major lui succède à la tête du parti et au poste de Premier ministre.

CONSERVATIF, IVE adj. (bas lat. *conservativus*). **1.** Se dit d'un système dont l'énergie mécanique reste constante. (Contr. DISSIPATIF.) — **2.** Se dit de la circulation d'un vecteur lorsqu'elle ne dépend pas du chemin suivi. — **3.** Se dit du flux d'un vecteur lorsqu'il est nul à travers toute surface fermée. — **4.** *Extension conservative d'une théorie T,* théorie T′ telle que chaque formule du langage £(T) de T qui est un théorème de T′ est aussi un théorème de T.

CONSERVATION n. f. (lat. *conservatio, -onis*). **1.** Action de conserver qqch intact, de le maintenir dans le même état : *Conservation des aliments par le froid.* (→ encycl. Agroalim.) — **2.** Manière dont qqch est conservé. — **3.** *Instinct de conservation,* instinct qui pousse un être vivant à lutter pour son existence quand elle est menacée. ‖ *Agent de conservation,* syn. de AGENT CONSERVATEUR*. • **Dr.** Fonctions d'un conservateur. ‖ Administration régie par un conservateur. ‖ Local de service du conservateur. — **Pédol.** *Conservation des sols,* ensemble des interventions et méthodes de lutte contre l'érosion hydrique et éolienne, dont les effets sont souvent catastrophiques en milieu tropical. — **Pétr.** Ensemble des mesures destinées à limiter la production instantanée des puits d'un même gisement afin d'augmenter la récupération totale. — **Phys.** *Loi de conservation,* loi exprimant que la valeur d'une grandeur physique associée à un système isolé reste inchangée tout au long de l'évolution temporelle du système, aussi longtemps qu'il n'interagit pas avec un autre système. [Les lois de conservation (de l'énergie, de la quantité de mouvement, etc.) jouent un rôle fondamental dans les théories physiques. Elles sont liées aux propriétés de symétrie de l'espace-temps, supposé homogène et isotrope.] — **Psychol.** Schème de la pensée conceptuelle acquis par l'enfant entre 7 et 12 ans et suivant lequel l'enfant sait que certaines transformations sensibles d'un objet (par ex. son changement de forme) n'excluent pas qu'il conserve une ou plusieurs qualités qu'il avait antérieurement (par ex. son poids). [→ *encycl.*]

ENCYCL. **Agroalim.** Les méthodes les plus fréquemment utilisées pour assurer la *conservation des aliments* sont :

— la chaleur : pasteurisation (à moins de 100 °C), permettant une conservation de moyenne durée (lait, bière), stérilisation ou appertisation (de 110 à 140 °C), permettant une conservation de longue durée (fruits, légumes, viande, poissons) et une présentation en boîte (« boîtes de conserve » ; ce dernier procédé a été mis au point par N. Appert à partir de 1790 et a permis le développement de l'industrie de la conserve) ;

— le froid : réfrigération (- 5 à - 10 °C), donnant une conservation limitée, congélation et surgélation (- 18 à - 30 ou - 40 °C), assurant une conservation prolongée s'il n'y a pas rupture de la chaîne de froid ;

– la perte en eau : séchage, lyophilisation, concentration (lait, jus de fruits, purée de tomates) ;
– le salage, la confiserie, la confiturerie, le fumage ;
– la protection par enrobage (confit) ;
– l'addition de conservateurs ;
– l'irradiation par rayons ionisants ;
– la fermentation, qui transforme certains produits en corps antiseptiques : alcool (vin, bière, cidre), acides acétique (vinaigre) et lactique (choucroute, yaourts, olives, etc.).
– **Psychol.** Les *schèmes de conservation* sont considérés par Piaget comme indices de l'existence de structures opératoires de la pensée. La réversibilité qui caractérise les opérations se traduit par l'existence d'invariants grâce auxquels un retour au point de départ est possible ; c'est-à-dire qu'il existe une conservation d'une certaine propriété au cours de la transformation. L'acquisition de la conservation établit une différence fondamentale entre les enfants de niveau préopératoire (4-6 ans) et ceux qui ont atteint le stade des opérations concrètes.

CONSERVATISME n. m. Attitude ou tendance de qqn, d'un groupe ou d'une société, définie par le refus du changement et la référence sécurisante à des valeurs ou des structures immuables.

1. CONSERVATOIRE adj. (de *conserver*). Relatif à la sauvegarde ou à la conservation d'un droit, d'un bien avant que n'intervienne la solution définitive du litige : *Acte, mesure conservatoire.*

2. CONSERVATOIRE n. m. (ital. *conservatorio*). **1.** Nom donné à certains organismes administratifs et à certains établissements d'enseignement, en partic. dans le domaine musical. – **2.** *Le Conservatoire,* le Conservatoire national supérieur de musique et de danse ou le Conservatoire national supérieur d'art dramatique.

Conservatoire de l'espace littoral et des rivages lacustres ou **Conservatoire du littoral,** établissement public administratif créé en 1975 et chargé de mener une politique foncière de sauvegarde de l'espace littoral, de respect des sites naturels et de l'équilibre écologique.

Conservatoire national des arts et métiers → ARTS ET MÉTIERS.

Conservatoire national supérieur d'art dramatique, à Paris, établissement d'enseignement supérieur, détaché du Conservatoire national supérieur de musique en 1946 et assurant la formation, après admission sur concours, aux métiers de comédien et de dramaturge.

Conservatoire national supérieur de musique et de danse, établissement assurant la formation de musiciens et de danseurs professionnels, fondé à Paris par B. Sarrette en 1795. Tantôt impérial, royal ou national selon les régimes, il prit en 1957 le nom de Conservatoire national supérieur de musique et en 1990 sa dénomination actuelle. L'enseignement y est dispensé par des artistes de renommée internationale, s'adressant à des élèves recrutés par concours. Le Conservatoire national dispose depuis 1979, outre son établissement de Paris (installé depuis 1990 à la Cité de la musique, dans le parc de la Villette), d'un établissement à Lyon.

CONSERVATOIREMENT adv. D'une façon conservatoire ; pour conserver.

1. CONSERVE n. f. (de *conserver*). **1.** Aliment conservé à l'aide de différents procédés ; plus spécialement, aliment conservé en boîte *(boîte de conserve),* en bocal par traitement à la chaleur : *Ne se nourrir que de conserves.* – **2.** Récipient servant à mettre des substances chimiques en réserve. – **3.** Fam. *Mettre qqch en conserve,* le garder pour ne l'utiliser que plus tard.

2. CONSERVE (DE) loc. adv. (de *conserve 1*). **1.** *Litt.* Ensemble, conjointement, de concert. – **2.** Se dit de navires qui naviguent ensemble pour s'aider.

CONSERVER v. t. (lat. *conservare*) [conj. 3]. **1.** Maintenir des denrées, des produits en bon état, les préserver de toute altération : *Conserver de la viande grâce au froid.* – **2.** Maintenir, garder qqch, qqn dans un certain état (surtout favorable) : *J'ai conservé intact le souvenir de notre rencontre.* – **3.** Faire que qqch reste en bon état, continue d'avoir la même qualité : *Cette crème conservera tout leur éclat à vos cheveux.* – **4.** Rester dans un certain état, continuer d'avoir une certaine qualité ; garder : *Conserver ses illusions, ses doutes.* – **5.** Continuer d'avoir qqch, qqn, ne pas les perdre ni s'en dessaisir ; garder : *C'est lui qui a conservé la maison familiale.* – **6.** Garder qqch à sa disposition (en un lieu quelconque), ne pas s'en séparer : *Conserver toutes ses vieilles photos d'école.* – **7.** Prendre soin de qqch en l'absence de qqn, le garder pour lui : *Nous vous avons conservé votre place.* – **8.** *Fam.* Maintenir qqn en bonne santé, en forme : *Le sport, ça conserve.* – **9.** *Conserver son amitié, son affection à qqn,* continuer, malgré un fait quelconque, à éprouver de l'amitié, de l'affection pour lui. ‖ *Conserver toute sa tête,* avoir ses pleines facultés mentales malgré l'âge, la maladie, un choc, etc.

◆ **se conserver** v. pr., **être conservé** v. pass. **1.** Être gardé dans son état : *Cette sauce peut se conserver quelques jours au réfrigérateur.* – **2.** Fam. *Être bien conservé,* avoir gardé, malgré l'âge, de la vigueur et de la jeunesse.

CONSERVERIE n. f. (de *conserver*). **1.** Ensemble des techniques de la mise en conserve des aliments. – **2.** Industrie de la mise en conserve des aliments. – **3.** Usine où sont fabriquées des conserves.

CONSERVEUR n. m. Industriel qui fabrique des conserves alimentaires.

CONSIDÉRABLE adj. (lat. médiév. *considerabilis*). **1.** Qui est très grand par le nombre, l'intensité, la valeur : *L'émotion est considérable dans le pays.* – **2.** Très important par sa valeur, son mérite, son crédit : *C'est un homme politique considérable dans son département.*

CONSIDÉRABLEMENT adv. Beaucoup, de façon notable.

CONSIDÉRANT n. m. Chacun des alinéas d'un arrêt d'une cour et des décisions des juridictions administratives, qui commence par les mots « *considérant que* » et qui les motive.

CONSIDÉRANT (Victor), homme politique français (Salins, Jura, 1808 - Paris 1893). Polytechnicien, disciple de Fourier, il précisa la notion de droit au travail, qui fut l'une des idées-forces des socialistes français, notamment en 1848. Élu député à la Constituante en 1848, puis à la Législative, il participa à l'insurrection du 13 juin 1849 ; condamné, il se réfugia en Belgique puis au Texas. Aux États-Unis, il fonda un phalanstère, qui échoua. Il a écrit notamment *Destinée sociale* (1834-1838), *Manifeste de l'école sociétaire* (1841), *Principes du socialisme* (1847), *le Socialisme devant le vieux monde* (1848).

CONSIDÉRATION n. f. (lat. *consideratio, -onis*). **1.** Action de considérer qqch, de le faire entrer en ligne de compte : *La considération de sa fortune n'entre pas en ligne de compte.* – **2.** Bonne opinion qu'on a de qqn ; estime, égards accordés à qqn : *Traiter quelqu'un avec considération.* – **3.** Entre dans des formules de politesse à la fin d'une lettre : *Recevez l'assurance de ma considération distinguée.* – **4.** *Qui est digne de considération,* qui, par ses qualités, mérite l'estime, la déférence. – **5.** *En considération de,* eu égard à, compte tenu de. ‖ *Mériter considération,* être assez important pour qu'on l'examine avec soin, qu'on y réfléchisse. ‖ *Par considération pour,* eu égard à l'estime qu'on a pour. ‖ *Prendre en considération, faire entrer en considération,* arrêter son attention sur, tenir compte de. ‖ *Sans considération de personne,* sans tenir compte des cas particuliers que pourraient présenter des individus.

◆ **considérations** n. f. pl. **1.** Ce que l'on prend en considération, qui retient l'attention lorsqu'on a à déterminer son attitude, son action : *S'arrêter à des considérations de fortune.* – **2.** Idées développées, réflexions, observations sur un sujet : *Il s'est perdu en considérations philosophiques.*

Considérations sur les causes de la grandeur des Romains et de leur décadence, ouvrage historique et philosophique de Montesquieu (1734), qui explique, par des causes politiques et morales, l'évolution de la puissance romaine.

CONSIDÉRER v. t. (lat. *considerare*) [conj. **18**]. **1.** Regarder qqn, qqch avec attention, longuement ; observer : *Tout le monde considéra le nouvel arrivant.* – **2.** Regarder, envisager qqch sous un certain angle : *Si l'on considère le problème du point de vue de nos adversaires, vous avez raison.* – **3.** Peser qqch, l'apprécier, le prendre en compte : *Ne considérer que ses seuls intérêts.* – **4.** Être d'avis après réflexion que ; estimer, croire : *Je considère qu'il est trop tard.* – **5.** Respecter qqn, l'avoir en estime : *On considérait beaucoup votre père dans les milieux d'affaires.* – **6.** Juger qqch, qqn, lui attribuer telle ou telle qualité : *Je considère cette réponse comme un refus.* – **7.** *Considérons, considérez telle chose,* prenons, prenez en considération telle chose ; en partic. en mathématiques : *Considérons la droite* AB.

◆ **être considéré** v. pass. **1.** Jouir de la considération d'autrui : *Une famille très considérée dans le quartier.* – **2.** Être envisagé de telle ou telle façon : *La femme considérée du point de vue de sa position dans la société.* – **3.** *Tout bien considéré,* après mûre réflexion, après avoir pesé le pour et le contre.

CONSIGNATAIRE n. Personne à qui l'on confie des marchandises soit pour les garder en dépôt, soit pour les répartir.

CONSIGNATEUR, TRICE n. Personne qui fait une consignation.

CONSIGNATION n. f. (de *consigner*). **1.** Pratique commerciale suivant laquelle un fournisseur laisse en dépôt chez un client, moyennant une valeur convenue et récupérable en cas de retour, des emballages de marchandises dont il reste propriétaire. (Syn. CONSIGNE.) – **2.** Dépôt fait par un débiteur dans un lieu ou dans une caisse publique que la loi détermine, soit à titre de garantie, soit à titre libératoire. (La *Caisse des dépôts et consignations* est l'unique dépositaire légal des consignations de toute nature.) – **3.** Dépôt de marchandises effectué pour obtenir des avances ou en faire opérer le placement ; objet ainsi déposé.

CONSIGNE n. f. (de *consigner*). **1.** Dans une gare, un aéroport, service qui s'occupe des bagages déposés en attente ; local où sont remisés ces bagages. – **2.** Syn. de CONSIGNATION ; valeur du dépôt consigné : *Il y a cinquante centimes de consigne sur la bouteille.* – **3.** Instruction formelle donnée à un militaire, fixant sa mission dans diverses éventualités du combat ou du service de garnison. – **4.** Instruction formelle donnée à qqn, qui est chargé de l'exécuter : *J'ai la consigne de ne rien dire.* — **5.** Punition qui sanctionne une faute légère et qui prive l'homme du rang des sorties et autorisations d'absence auxquelles il pouvait prétendre. — **6.** Punition consistant à retenir un élève dans l'établissement un jour de sortie ; retenue, colle. — **7.** Mesure de sécurité maintenant, pour des raisons diverses, la troupe dans ses casernements. — **8.** Valeur prescrite à une grandeur dans un dispositif de commande. (Syn. VALEUR DE CONSIGNE.) — **9.** *Consigne automatique,* consigne constituée par des casiers métalliques dont la fermeture n'est possible qu'après insertion, dans une fente, de pièces de monnaie.

CONSIGNÉ, E n. Soldat, marin, élève privés de sortie par punition ou par mesure d'ordre ou de santé.

CONSIGNER v. t. (lat. *consignare,* sceller) [conj. 3]. **1.** Mettre en dépôt à la consigne d'une gare, d'un aéroport. — **2.** Facturer provisoirement un emballage pour le rembourser quand il sera rapporté. — **3.** Noter par écrit ce qu'on veut retenir ou transmettre : *Consigner les déclarations des témoins.* — **4.** Interdire à qqn toute sortie par mesure disciplinaire ou par mesure d'ordre : *Consigner des troupes, un élève.* — **5.** Interdire toute action sur un appareil au moyen d'une pancarte, d'un cadenas, d'une goupille, etc. — **6.** Effectuer une consignation. — **7.** Remettre une marchandise à un commissionnaire chargé de la vendre. — **8.** *Consigner sa porte (à qqn),* refuser de le recevoir.

CONSILIUM FRAUDIS [kɔ̃siljɔmfrodis] loc. adv. (mots lat.). Se dit de l'intention frauduleuse du débiteur (ou d'un tiers) causant un préjudice aux créanciers.

1. CONSISTANCE n. f. (de *consister*). **1.** État d'un corps du point de vue de la texture, de la malléabilité, de la fluidité : *Consistance pâteuse.* — **2.** État d'un corps liquide ou pâteux qui s'épaissit ou s'est épaissi, qui prend ou a pris une certaine solidité : *La farine donnera plus de consistance à la sauce.* — **3.** Cohérence, solidité, poids de qqch : *Son raisonnement a une certaine consistance.* — **4.** *Sans consistance,* qui manque de caractère, de fermeté ; qui est sans fondement, sans réalité.

2. CONSISTANCE n. f. (angl. *consistency*). **1.** Propriété d'une théorie non contradictoire, c'est-à-dire dans laquelle il n'existe pas de formule qui soit théorème en même temps que sa négation. — **2.** Répétition d'un même type de réponse dans le comportement d'un individu ou d'un sous-groupe ; dans un sondage, maintien d'une même opinion par un sujet interrogé.

1. CONSISTANT, E adj. **1.** Dont la fluidité est réduite ; pâteux : *La peinture est un peu trop consistante.* — **2.** Copieux, nourrissant : *Un plat consistant.* — **3.** Qui a une existence réelle ; fondé, bien établi, stable : *Une rumeur assez consistante.*

2. CONSISTANT, E adj. (angl. *consistent,* cohérent). Se dit d'un ensemble de propositions, d'affirmations, d'une théorie mathématique, etc., caractérisé par la consistance. (Syn. AUTOSUFFISANT.)

CONSISTER v. t. ind. (lat. *consistere,* se tenir ensemble) [conj. 3]. **1.** Reposer sur qqch, résider dans qqch : *En quoi consiste mon erreur ?* — **2.** Avoir pour caractère essentiel, en parlant de qqch : *Son programme consistait à satisfaire tout le monde.* — **3.** Être composé, formé de : *Une propriété qui consiste en herbages.*

CONSISTOIRE n. m. (bas lat. *consistorium,* lieu de réunion). **1.** Assemblée solennelle des cardinaux présents à Rome, réunis sous la présidence du pape dans des circonstances très importantes. — **2.** Dans le luthéranisme, organe directeur d'une Église, comportant en proportions variables des pasteurs et des laïcs. (Dans certaines Églises réformées [calvinistes], c'est une subdivision régionale regroupant les représentants de toutes les paroisses [un pasteur et un laïc par poste] d'un district.) — **3.** Assemblée du conseil d'une synagogue. — **4.** Nom donné, à partir de Constantin, au Conseil du prince, parce que ses membres devaient y siéger debout et silencieusement, comme dans une chapelle divine (« sacrarium »), du fait de la présence de l'empereur.

Consistoire du Gai Savoir → JEUX FLORAUX.

CONSISTOMÈTRE n. m. Appareil mesurant la consistance des huiles, des peintures et des vernis.

CONSISTORIAL, E, AUX adj. (de *consistoire*). **1.** Relatif au consistoire tenu par le pape. — **2.** Qui concerne tout consistoire. — **3.** *Congrégation consistoriale,* anc. nom de la congrégation des évêques.

◆ **consistorial** n. m. Membre d'un consistoire.

CONSŒUR n. f. **1.** Religieuse d'un même couvent ou d'un même ordre. — **2.** Femme exerçant la même profession libérale qu'une autre. — **3.** Entreprise exerçant le même type d'activité qu'une autre.

CONSOL n. m. (de *Consol,* n. pr.). Procédé de radionavigation à longue distance, utilisant des signaux audibles. (Il a été remplacé par les systèmes automatiques loran et decca.)

CONSOLABLE adj. Qui peut être consolé : *Il est difficilement consolable.*

CONSOLANT, E adj. Propre à consoler ; réconfortant : *Geste consolant.*

CONSOLATEUR, TRICE adj. et n. (lat. *consolator*). Qui apporte une consolation, un soulagement moral, un apaisement : *Paroles consolatrices.*

CONSOLATION n. f. (lat. *consolatio, -onis*). **1.** Soulagement apporté à un chagrin, à la peine de qqn. — **2.** Sujet de satisfaction, de joie au milieu des épreuves : *Son fils lui donne de grandes consolations.* — **3.** Personne ou chose qui peut consoler : *Sa fille est pour lui sa seule consolation.* — **4.** Œuvre littéraire latine d'inspiration philosophique, proche à la fois de la lettre et du traité de morale pratique. — **5.** *Épreuve, tournoi de consolation,* épreuve où se rencontrent parfois les premiers éliminés d'une compétition. ‖ *Lot, prix de consolation,* accordé à qqn qui a été désavantagé par le sort.

Consolation à Du Périer, stances poétiques adressées vers 1599 par Malherbe à son ami François Du Périer à l'occasion de la mort de sa fille. Ce poème annonce l'esthétique classique.

CONSOLE n. f. (p.-ê. de *consolateur*). **1.** Élément en volute supportant le bras d'un siège ou le plateau d'un meuble. — **2.** Table appliquée le long d'un mur, dont les pieds (deux ou quatre) convergent ou non vers le bas. (Apparaît à la fin du XVIIe s.) — **3.** Organe en saillie sur un mur, destiné à porter une charge (balcon, corniche, etc.). [La console s'inscrit dans un triangle rectangle dont l'hypoténuse délimite son côté libre, habituellement galbé en talon ; parfois, les extrémités de ce talon se recourbent en volutes.] — **4.** Élément de structure d'un ouvrage d'art encastré dans un appui et se développant en porte à faux. — **5.** Périphérique ou terminal d'un ordinateur permettant l'utilisation interactive de programmes. — **6.** Partie supérieure d'une harpe, qui sert de chevillier. — **7.** Meuble intégré au soubassement de l'orgue, qui groupe les commandes de l'instrument (claviers, pédaliers, boutons de registre). — **8.** *Console d'applique,* support en cul-de-lampe appliqué au mur, servant à présenter pendule, vase, bibelot, etc. ‖ *Console renversée,* syn. de AILERON. ‖ *Console de visualisation,* console munie d'un écran cathodique et permettant l'affichage de caractères *(console alphanumérique)* ou de graphismes *(console graphique).*

CONSOLER v. t. (lat. *consolari*) [conj. 3]. **1.** Soulager qqn qui a de la peine, du chagrin, l'aider dans sa douleur : *Consoler un enfant qui pleure.* — **2.** Apaiser, adoucir : *Consoler la douleur de qqn.* — **3.** Apporter à qqn un réconfort, une compensation qui fera disparaître la peine éprouvée : *Rien ne pourra me consoler de mon échec.*

◆ **se consoler** v. pr., **être consolé** v. pass. Mettre fin à son chagrin, à son regret d'avoir fait ou subi telle ou telle chose : *Il est maintenant consolé de la perte de son chat.*

CONSOLIDABLE adj. Qui peut ou qui doit être consolidé.

CONSOLIDATION n. f. (bas lat. *consolidatio, -onis*). Action de consolider qqch : *La consolidation d'un édifice.* • **Chir.** Action par laquelle les fragments d'un os fracturé se ressoudent. ‖ *Certificat de consolidation,* certificat délivré par le médecin traitant au moment où les soins donnés à un blessé ne sont plus susceptibles d'améliorer son état et où il devient possible d'évaluer l'incapacité résultant des blessures. — **Comptab.** Pratique comptable qui consiste à agréger les comptes des sociétés appartenant à un même groupe en vue de présenter les résultats et la situation financière d'ensemble du groupe. — **Dr.** Réunion sur une même personne de droits jusque-là séparés. — **Fin.** Substitution d'une dette à moyen ou à long terme à une dette à court terme. — **Géol.** et **Trav. publ.** Accroissement de la densité sèche d'un terrain par suite de son tassement sous l'effet de son propre poids. — **Psychol.** Phénomène supposé qui jouerait un rôle dans la mise en mémoire et qui en serait une condition. (Ce phénomène serait postérieur à ceux qui ont lieu dans la perception et les activités psychologiques courantes, mais sa nature est jusque-là mal connue.)

CONSOLIDER v. t. (lat. *consolidare,* de *solidus,* solide) [conj. 3]. **1.** Donner plus de solidité à qqch par un étai : *Consolider un mur.* — **2.** Rendre qqch durable, plus résistant, l'affermir : *Son succès électoral a consolidé la majorité.* — **3.** Soumettre une comptabilité à la consolidation. — **4.** Réunir sur une même personne des droits jusque-là séparés. — **5.** Effectuer la consolidation d'une dette.

◆ **être consolidé** v. pass. **1.** Se dit d'un état comptable, d'un bilan qui suit les règles de la consolidation. — **2.** *Fonds consolidés,* titre de la dette publique ayant fait l'objet d'une consolidation.

CONSOLIDÉS n. m. pl. Fonds consolidés.

CONSOMMABLE adj. **1.** Que l'on peut consommer : *Produits peu consommables.* — **2.** Se dit d'un corps, d'un produit ou d'un constituant qui disparaît lors d'un processus chimique.

CONSOMMARISATION n. f. Action de consommariser.

CONSOMMARISER v. t. (de *consommateur*) [conj. 3]. Adapter un point de vente aux habitudes d'une clientèle locale, régionale.

CONSOMMATEUR, TRICE n. (de *consommer*). 1. Personne qui achète pour son usage des produits quelconques : *Les associations de consommateurs.* – 2. Personne qui mange ou boit dans un établissement public. – 3. Personne ou chose qui consomme qqch, en particulier un matériau, une source d'énergie : *Cet appareil est un gros consommateur d'électricité.*
◆ adj. Qui achète des produits, par oppos. à producteur (avec un compl.) : *Pays consommateurs de pétrole.*

consommateurs *(Union fédérale des)* **[U. F. C.]**, association, créée en 1951, qui a pour but d'assurer la défense des consommateurs et surtout de les informer à partir d'enquêtes et de tests comparatifs de produits et services, publiés dans le mensuel *Que choisir ?*

CONSOMMATICIEN, ENNE n. Personne qui étudie les faits relatifs à la consommation et à la défense des intérêts des consommateurs.

CONSOMMATION n. f. (lat. *consummatio, -onis,* accomplissement). 1. *Litt.* Action d'amener qqch à son terme, à son maximum ; état qui en résulte : *C'était la consommation de sa ruine.* – 2. *Litt.* Action de commettre un acte néfaste ; perpétration : *Consommation d'un crime.* – 3. Action de consommer un aliment, une boisson : *Conserve avariée, impropre à la consommation.* – 4. Boisson prise dans un café, un bar, un hôtel, etc. : *Jouer les consommations au 421.* – 5. Action, fait de consommer un produit, une matière, de les utiliser comme source d'énergie ; quantité consommée pendant un certain temps : *La consommation d'électricité, de gaz.* – 6. Action de consommer une chose quelconque : *Il fait une grande consommation de tickets de métro.* – 7. *Consommation du mariage,* union charnelle des époux après la célébration nuptiale. ‖ *De consommation,* se dit d'un bien, d'un produit destiné à l'utilisation directe des consommateurs. ‖ Litt. *(Jusqu'à) la consommation des siècles,* (jusqu'à) l'achèvement du temps, du monde, son anéantissement. ‖ *Société de consommation,* société orientée vers la sollicitation de la consommation et des consommateurs par les producteurs, sans que la satisfaction des besoins fondamentaux soit l'objectif primordial pris en compte. • **Dr.** *Droit de consommation,* un des droits perçus sur certaines boissons. ‖ *Prêt de consommation,* prêt de choses destinées à être consommées. ‖ *Taxes de consommation,* droits perçus lors de la vente des produits ou services. – **Écon.** Somme de biens et services fournis à titre onéreux ou gratuit aux consommateurs. ‖ *Consommation collective,* services rendus par les administrations (Sécurité sociale, collectivités publiques) en matière de logement, éducation, santé, équipement culturel, etc. ‖ *Consommations intermédiaires,* valeur des produits des autres branches qu'une branche donnée utilise dans son processus de production.

consommation *(Institut national de la),* **[I. N. C.]**, établissement public autonome, créé en 1966. L'I. N. C. est à la fois un centre d'essais comparatifs de produits et services, un bureau d'informations et un organe de protection des consommateurs. L'I. N. C. publie un mensuel, *60 Millions de consommateurs.*

CONSOMMATIQUE n. f. Ensemble des faits, des problèmes et des études ayant trait à la consommation.

CONSOMMATOIRE adj. Se dit du comportement instinctif déclenché par la conjonction d'un ensemble de stimulus spécifiques et qui sert de conclusion à un comportement appétitif. (Il constitue pour K. Lorenz l'essence même des comportements instinctifs.)

1. CONSOMMÉ adj. 1. Qui a atteint un haut degré de perfection : *Un art consommé.* – 2. Qui a une grande expérience dans qqch : *Un tacticien consommé.*

2. CONSOMMÉ n. m. (de *consommer*). Bouillon de bœuf ou de volaille clarifié.

CONSOMMER v. t. (lat. *consummare,* accomplir) [conj. 3]. 1. *Litt.* Mener une action, un état à un degré d'achèvement complet, à leur accomplissement définitif : *Consommer la ruine d'une entreprise.* – 2. *Litt.* Accomplir, perpétrer un acte néfaste : *Consommer un forfait.* – 3. Absorber un aliment, une boisson : *Consommer trop de féculents.* – 4. Prendre une boisson, une consommation dans un café, un restaurant, etc. – 5. Utiliser une matière, un produit, l'employer, en le détruisant, en le rendant inutilisable, au fur et à mesure qu'on en fait usage, et, en partic., l'utiliser comme source d'énergie : *Voiture qui consomme beaucoup d'essence.* – 6. Acheter un produit, une marchandise pour en faire usage ou non, ou y avoir recours, l'utiliser, en faire usage : *Il consomme quatre romans policiers par semaine.* – 7. Litt. *Consommer le mariage,* s'unir charnellement avec la personne qu'on a épousée.

CONSOMPTIBLE adj. (bas lat. *consumptibilis*). Se dit de produits dont on ne peut se servir sans les détruire.

CONSOMPTIF, IVE adj. (lat. *consomptus,* de *consumere,* détruire). *Diabète consomptif,* forme grave du diabète s'accompagnant d'amaigrissement.

CONSOMPTION n. f. (lat. *consumptio, -onis,* de *consumere,* détruire). 1. *Vx.* Amaigrissement et dépérissement progressifs dans certaines maladies, en partic. la tuberculose. – 2. *Vitesse de consomption,* vitesse à laquelle diminue la masse d'une charge de poudre, au cours de sa combustion.

CONSONANCE n. f. (lat. *consonantia*). **1.** En musique, affinité entre deux ou plusieurs sons émis successivement ou simultanément. – **2.** Uniformité du son dans les terminaisons des mots ou des phrases. – **3.** Suite, ensemble de sons : *Un nom aux consonances harmonieuses.*

CONSONANT, E adj. (lat. *consonans, -antis*). **1.** Qui produit une consonance musicale. – **2.** Se dit de mots ou de phrases se terminant par le même son.

CONSONANTIQUE adj. **1.** Relatif aux consonnes. – **2.** Se dit d'un trait distinctif fondamental des phonèmes caractérisé sur le plan acoustique par une réduction de leur énergie globale et par la présence de bruits et de zéros acoustiques.

CONSONANTISME n. m. Système des consonnes d'une langue (par oppos. à *vocalisme*).

CONSONER v. i. (lat. *consonare*) [conj. **3**]. Former une consonance musicale.

CONSONNE n. f. (lat. gramm. *consona littera*, lettre dont le son se joint à celui de la voyelle). Un des deux types de sons du langage, caractérisé par la présence d'un obstacle dans le conduit vocal (occlusion ou constriction), qui entrave l'écoulement du flux d'air phonatoire.

ENCYCL. Les consonnes sont des marges de syllabes par opposition aux voyelles, qui en constituent les noyaux. On classe les consonnes selon l'importance (mode d'articulation) et l'emplacement (point d'articulation) de l'obstacle. C'est ainsi qu'on distingue les occlusives (fermeture totale), les fricatives, ou constrictives (fermeture partielle), les nasales (fermeture seulement buccale), les latérales (occlusion centrale et écoulement sur les côtés), les vibrantes (écoulement interrompu par une série d'occlusions). On distingue d'autre part, d'après le point d'articulation, les labiales (lèvres), les dentales, les alvéolaires (alvéoles), les palatales, les vélaires (voile du palais), les uvulaires (luette), les pharyngales, les laryngales et les glottales.

CONSORT n. m. et adj. m. (angl. *consort*). En droit constitutionnel britannique, mari ou femme d'un souverain régnant, dans sa capacité politique et sa participation aux prérogatives royales.

CONSORTIAL, E, AUX [-sjal, -sjo] adj. Relatif à un consortium.

CONSORTIUM [-sjɔm] n. m. (angl. *consortium*, du lat. *consortium*, communauté). Association d'entreprises constituée dans le but de réaliser un projet commun. (Syn. POOL.)

CONSORTS n. m. pl. (lat. *consortes*, ceux qui possèdent en commun). **1.** Personnes intéressées dans une même procédure. – **2.** *Un tel et consorts*, lui et tous ceux qui appartiennent au même groupe, à la même espèce (souvent péjor.).

CONSOUDE n. f. (bas lat. *consolida*, de *consolidare*, affermir). Grande herbe borraginacée vivace, velue, à petites fleurs, qui doit son nom à ses propriétés cicatrisantes.

CONSPIRATEUR, TRICE n. (lat. médiév. *conspirator*). Personne qui conspire ; comploteur, conjuré.

CONSPIRATION n. f. (lat. *conspiratio, -onis*). **1.** Complot tramé contre un régime politique ou un homme politique. – **2.** Cabale, intrigue dirigée contre qqn ; machination. – **3.** *Conspiration du silence*, entente pour ne pas parler de qqch, pour étouffer une affaire.

Conspiration des poudres, complot organisé par des catholiques anglais, en 1604-1605, dans le dessein de faire sauter le Parlement et le roi Jacques Ier. Le gouvernement, averti, fit arrêter la plupart des conjurés, qui furent mis à mort.

CONSPIRER v. t. ind. (lat. *conspirare*, comploter) [conj. **3**]. **1.** S'entendre à plusieurs pour renverser un régime, une personnalité ; comploter : *Conspirer contre l'État.* – **2.** S'entendre pour faire qqch : *Tout le monde a conspiré pour lui faire une surprise.* – **3.** Contribuer à un résultat, en parlant de qqch : *Tout conspire à faire échouer ce projet.*

CONSPUER v. t. (lat. *conspuere*, cracher dessus) [conj. **7**]. Manifester bruyamment et en groupe son mépris contre qqn, qqch ; huer : *Conspuer un orateur.*

CONSTABLE [kɔ̃stabl] n. m. (angl. *constable*, de l'anc. fr. *conestable*, connétable). En Grande-Bretagne, officier de police. (Apparu en 1264, il est aujourd'hui un agent de police locale.)

CONSTABLE (John), peintre anglais (East Bergholt, Suffolk, 1776 - Londres 1837). Créateur du paysage romantique avec Turner et Bonington, plus naturaliste qu'eux, il aborda les études en plein air vers 1810, commençant à juxtaposer les tons et à diviser la touche pour traduire les variations de l'atmosphère et de la lumière. Reconnu en France (Salon de 1824) et, assez tardivement, en Angleterre (élection à la Royal Academy en 1829) pour ses grands paysages (*la Charrette à foin*, 1821, National Gallery, Londres), il atteint la plus grande expressivité lyrique dans ses aquarelles et ses petites études à l'huile.

CONSTAMMENT adv. (de *constant*). Sans interruption ni répit dans le temps ; d'une manière répétitive, très fréquente ; toujours, invariablement : *On est constamment dérangé ici.*

CONSTANCE n. f. (lat. *constantia*). **1.** *Litt.* Patience, persévérance de qqn, entretenue par une force morale sans défaillance : *Poursuivre un dessein avec constance.* — **2.** Caractère stable d'une opinion, d'un sentiment : *Amour d'une rare constance.* — **3.** Caractère de qqch qui reste identique, qui ne varie pas : *Constance d'un phénomène.* — **4.** *Constance perceptive,* phénomène automatique et inconscient de régulation perceptive qui fait apparaître comme subjectivement constants des objets ou des stimulus qui sont objectivement soumis à de grandes variations sensorielles. (Elle marque clairement que l'activité perceptive ne dépend que de façon très partielle du stimulus et que cette activité inclut une part considérable d'élaboration, fondée sur les connaissances acquises.) ‖ *Principe de constance,* principe proposé par S. Freud comme le fondement économique du principe de plaisir et selon lequel l'appareil psychique viserait à maintenir constant son niveau d'excitation par divers mécanismes d'autorégulation. (Syn. PRINCIPE DE NIRVĀNA.)

CONSTANCE *(lac de),* en all. **Bodensee,** lac de l'Europe centrale, entre l'Allemagne, la Suisse et l'Autriche, traversé par le Rhin ; 540 km². Site touristique.

CONSTANCE, en all. **Konstanz,** v. d'Allemagne (Bade-Wurtemberg), sur la rive sud du lac de Constance, formant enclave en territoire suisse ; 69 000 hab. Centre touristique et industriel. Université. Cathédrale des XIe-XVIe s.
— **Hist.** *Castrum* romain au Ier s., Constance devint ville épiscopale au VIe s. Située sur un axe commercial important (entre Venise et la mer du Nord), elle connut une certaine prospérité et obtint le statut de ville d'Empire (1192). Annexée par l'Autriche, elle fut incorporée au grand-duché de Bade en 1805.

Constance *(concile de)* [5 nov. 1414 -22 avr. 1418], concile qui se tint dans la ville de Constance et qui mit fin au grand schisme d'Occident en obligeant les trois papes Grégoire XII, Benoît XIII et Jean XXIII à démissionner et en faisant élire Martin V (1417) ; mais il échoua dans sa tentative de faire reconnaître la supériorité des conciles sur le pape. Jan Hus y fut condamné pour hérésie en 1414 ; les idées de Wycliffe y furent proscrites en 1415.

Constance *(paix de)* [25 juin 1183], convention par laquelle l'empereur Frédéric Ier Barberousse reconnut aux villes lombardes un droit d'administration autonome, la faculté de conserver leur ligue et d'élever des fortifications.

CONSTANCE Ier CHLORE *(le Pâle),* en lat. **Marcus Flavius Valerius Constantius** (v. 225 - Eboracum, auj. York, 306), empereur romain de 305 à 306. D'origine illyrienne, il fut désigné par Dioclétien comme césar auprès de l'auguste Maximien, chargé de la défense de l'Occident. Adepte du culte du Soleil *(Sol Invictus),* connaissant peut-être le christianisme par sa concubine Hélène, il appliqua avec modération l'édit de 303 contre les chrétiens. Promu auguste lors de l'abdication de Maximien et de Dioclétien (1er mai 305), il dut adopter le césar Sévère, que Dioclétien lui avait donné. Il se préparait à soutenir la candidature au titre de césar de son fils Constantin, qu'il avait eu d'Hélène, quand il mourut. Il est le fondateur de la seconde dynastie des Flaviens.

CONSTANCE II (317 - 361), empereur romain de 337 à 361, deuxième fils de Constantin Ier et de Fausta. À la mort de son père, il partagea l'Empire avec ses deux frères, Constantin II et Constant Ier, recevant l'Asie et l'Égypte, puis les Balkans. De 338 à 350, il combattit sans cesse en Orient contre les Perses. Partisan de l'arianisme, il se heurta à son frère, Constant Ier, empereur d'Occident, favorable à l'orthodoxie. Après la mort de Constant (350), il vainquit l'usurpateur Magnence à Mursa (351) et rétablit l'unité de l'Empire. Il dut reprendre la lutte aux frontières en 357 contre les Sarmates et contre les Perses. Il mourut alors qu'il se dirigeait vers la Gaule pour combattre le césar Julien, qui s'était proclamé empereur à Lutèce.

CONSTANCE III, en lat. **Flavius Constantius** (Naissus, auj. Niš, ? - 421), empereur romain en 421. Originaire d'Illyrie, général d'Honorius, il battit en Italie le Goth Athaulf. En 417, il épousa Galla Placidia, demi-sœur d'Honorius et veuve d'Athaulf. Honorius se l'associa en 421.

CONSTANCE Ire (Palerme 1154 - *id.* 1198), reine de Sicile (1194 - 1198), fille de Roger II. Par son mariage (1186) avec le futur empereur Henri VI, elle apporta aux Hohenstaufen la Sicile. Après la mort de son époux (1197), elle transmit le royaume à son fils, le futur Frédéric II.

CONSTANCE DE CASTILLE († 1160), reine de France. Fille d'Alphonse VII, roi de Castille, elle épousa en 1154 Louis VII, qui avait répudié en 1152 Aliénor d'Aquitaine.

CONSTANCE DE PROVENCE († Melun 1032), reine de France. Fille de Guillaume Ier, comte de Provence, elle épousa v. 1003 Robert II le Pieux.

CONSTANS (Jean), homme politique français (Béziers 1833 - Paris 1913). Député en 1876, ministre de l'Intérieur (1880-81, 1889-1892), il combattit avec fermeté le boulangisme. Sénateur en 1889, il fut ambassadeur à Constantinople de 1898 à 1907.

CONSTANT, E adj. (lat. *constans*). **1.** Qui est persévérant, stable, qui ne varie pas : *Être constant dans ses amitiés.* — **2.** Qui ne s'interrompt pas, qui est continuel ; durable : *Bonheur constant.*

– 3. *Fonction constante,* fonction mathématique qui donne de tous les éléments de l'ensemble de définition la même image. ‖ *Franc constant, monnaie constante,* franc ou monnaie calculés en tenant compte de l'érosion monétaire, par oppos. à *franc courant.*

◆ **constante** n. f. 1. Quantité qui conserve toujours la même valeur ; nombre indépendant des variables, dans une équation. – 2. Tendance, orientation générale permanente : *Les constantes d'une politique.* – 3. Valeur numérique de certaines grandeurs (températures de fusion, d'ébullition, indice de réfraction, etc.) pouvant servir à caractériser un corps pur ou un mélange. – 4. Donnée dont la nature et la valeur sont déterminées lors de l'écriture d'un programme informatique et ne doivent pas varier durant son exécution. – 5. Symbole logique possédant une dénotation. (2, par exemple, est une constante arithmétique.) – 6. *Constante biologique,* valeur considérée statistiquement comme normale d'un dosage ou d'une mesure permettant d'apprécier le fonctionnement d'un organe, d'un appareil ou d'un organisme. ‖ *Constante électrique,* syn. de PERMITTIVITÉ ABSOLUE DU VIDE. ‖ *Constante fondamentale,* grandeur particulière qui joue un rôle central dans les théories physiques. ‖ *Constante magnétique,* syn. de PERMÉABILITÉ ABSOLUE DU VIDE. ‖ *Constante radioactive,* probabilité de désintégration d'un atome de radioélément par unité de temps.

Principales constantes fondamentales de la physique

e, charge de l'électron
$(1{,}602\,189\,2 \pm 0{,}000\,004\,6)\cdot10^{-19}$ C ;
h, constante de Planck
$(6{,}626\,176 \pm 0{,}000\,036)\cdot10^{-34}$ J·s ;
m_e, masse de l'électron
$(9{,}109\,534 \pm 0{,}000\,047)\cdot10^{-31}$ kg ;
N_A, constante d'Avogadro
$(6{,}022\,045 \pm 0{,}000\,031)\cdot10^{26}$ par kilomole ;
c, vitesse ou célérité de la lumière
$(299\,792\,458 \pm 1{,}2)$ m/s.

CONSTANT Ier (320 - 350), empereur romain (337 - 350), troisième fils de Constantin Ier et de Fausta. Il partagea le pouvoir avec ses frères, Constance II et Constantin II. En 340, il résista à Constantin II, qui fut vaincu et tué. Seul maître de l'Occident, il se montra fidèle à l'orthodoxie et contribua au rétablissement d'Athanase. Il fut tué à la suite d'une conspiration.

CONSTANT II HÉRACLIUS (630 - Syracuse 668), empereur byzantin (641 - 668), fils aîné de Constantin III. Après la mort de celui-ci (24 mai 641), Constant II devint empereur avec le renversement de l'impératrice Martine et de son fils Héraclius II (nov. 641). En 653, il soumit une partie de l'Arménie mais fut vaincu par Mu'āwiyya (655) ; pourtant, les Arabes durent renoncer à la conquête de Constantinople. Pour apaiser les troubles religieux, Constant II interdit toute discussion christologique. Il fit arrêter le pape Martin, qu'il laissa mourir à Chersonèsos. En 658, il parvint à faire reconnaître aux Slaves la souveraineté byzantine. En 660, il quitta Constantinople et fixa sa résidence à Syracuse afin de mieux surveiller à la fois l'Orient, l'Occident et l'Afrique et d'organiser une base de résistance aux Arabes. Il y fut assassiné par un officier du palais.

CONSTANT DE REBECQUE (Benjamin), écrivain et homme politique français (Lausanne 1767 - Paris 1830). Initié à la pensée germanique à l'université d'Erlangen, à la culture britannique à Édimbourg et à l'esprit français dans les salons parisiens, il révèle en politique et en littérature une personnalité divisée. Porte-parole du libéralisme bourgeois, favorable au Directoire, membre du Tribunat, hostile au despotisme impérial, exilé en compagnie de Mme de Staël, avec qui il connaîtra quatorze années d'une liaison tumultueuse à Coppet, puis en Allemagne, il rédige cependant, en 1815, l'*Acte additionnel aux constitutions de l'Empire,* accepte la monarchie restaurée, mais contribue à la révolution de 1830. Il publie son essai *De la religion* (1824-1831), mais c'est à son roman intimiste *Adolphe** (1816) et à ses *Journaux intimes* couvrant les périodes 1803-1807 et 1811-1816 (publiés en 1952) qu'il devra de figurer comme un des maîtres de l'analyse psychologique.

CONSTANT (Marius), compositeur français (Bucarest 1925). Il est depuis 1978 professeur d'orchestration et d'instrumentation au Conservatoire de Paris. Il a composé les *24 Préludes pour orchestre* (1959) et s'est orienté vers la musique aléatoire et vers l'improvisation dans *les Chants de Maldoror* (1962). Il a écrit aussi des ballets pour Roland Petit, comme *Éloge de la folie* (1966) et *Nana* (1976), un cérémonial d'église, *le Jeu de sainte Agnès* (1981), l'adaptation musicale de *la Tragédie de Carmen* de Peter Brook (1981), un oratorio, *Des droits de l'homme* (1989) et un opéra, *Teresa* (1995).

CONSTANŢA, principal port de Roumanie, sur la mer Noire, et ch.-l. de dép. ; 307 000 hab. Musée des antiquités hellénistiques, romaines et paléochrétiennes. Centre industriel (métallurgie, agroalimentaire). Aéroport.

CONSTANTAN n. m. (n. déposé). Alliage de cuivre et de nickel utilisé pour la confection de fils de résistances électriques et de jauges d'extensométrie.

CONSTANTIA (Flavia Julia), princesse romaine († v. 333), fille de Constance Chlore et sœur de Constantin le Grand. Elle épousa Licinius Licinianus, empereur d'Orient. Dévouée à l'arianisme, elle fit rappeler Arius, exilé à la suite du concile de Nicée (325).

CONSTANTIA (Flavia Maxima), princesse romaine (362 - 383), fille posthume de Constance II et de Faustine. Elle épousa en 374 l'empereur Gratien.

PAPE

CONSTANTIN Ier († 715), pape de 708 à 715.

EMPEREURS

CONSTANTIN Ier le Grand, en lat. **Caius Flavius Valerius Aurelius Constantinus** (Naissus, Niš, entre 270 et 288 - Nicomédie 337), empereur romain (306 - 337), fils de Constance Chlore et de sa concubine Hélène. À la mort de Constance Chlore, l'armée le proclame « auguste » (306), mais Galère ne lui accorde que le titre de « césar » subordonné à Sévère. L'année suivante, Constantin se fait reconnaître auguste par Maximien, dont il épouse la fille, Fausta. Maxence, fils de Maximien, s'étant fait proclamer empereur à Rome, l'Empire compte sept empereurs en 310. Brouillé avec Maximien, Constantin le capture dans Marseille et le contraint au suicide en 310. Galère meurt en 311 et Constantin s'allie avec Licinius Licinianus, l'un des augustes d'Orient, à qui il donne sa sœur Constantia. Il descend en Italie et marche sur Rome. Maxence le rencontre au pont Milvius (28 oct. 312), où Constantin est vainqueur ; il devient seul maître de l'Occident. Au début de 313, Licinius et Constantin proclament l'*édit de Milan,* ensemble de décisions garantissant à tous la liberté de culte (chrétiens compris) et ordonnant la restitution aux chrétiens des biens ecclésiastiques confisqués. Les deux augustes survivants se brouillent. Vaincu près d'Andrinople, puis à Chrysopolis en 324, Licinius doit se rendre à Constantin, qui le fait exécuter. Constantin devient alors le seul maître de l'Empire. Il confie à ses fils, Crispus, puis Constantin le Jeune, la défense du Rhin face aux Alamans et aux Francs. Lui-même mène les guerres danubiennes contre les Goths, dont l'évangélisation commence, puis chez les Sarmates.

L'œuvre religieuse de Constantin est capitale, puisqu'elle devait aboutir à l'établissement d'un Empire chrétien. La tradition veut que Constantin ait été illuminé d'une vision à la veille de la bataille du pont Milvius et se soit converti brutalement au christianisme. En fait, Constantin eut d'abord une religion solaire, à tendance monothéiste, celle du Soleil *(Sol Invictus).* Il se considérait comme l'inspiré d'un Dieu unique, mais mal défini, et il est demeuré *pontifex maximus* et maître du paganisme. Il ne fut baptisé dans la foi arienne que sur son lit de mort (337). Mais il reste l'empereur qui a rendu possible le triomphe du christianisme dans l'Empire en accordant des privilèges judiciaires et fiscaux aux chrétiens, en apportant des entraves au paganisme (fermeture des temples, interdiction des sacrifices), en intervenant dans le conflit qui opposait ariens et orthodoxes (convocation et tenue du concile de Nicée* en 325).

L'Empire prend définitivement la forme d'une monarchie absolue de droit divin. Le sénat romain n'est plus qu'un conseil municipal, doublé par celui de Constantinople. Le titre de consul ne fut plus qu'honorifique et la cour devint le centre de l'État. La chancellerie, le consistoire et les grands services disposent d'une puissante administration où les représentants directs du souverain prennent en main tous les rouages de l'État : les comtes* doublent puis remplacent les anciens fonctionnaires. Les *agentes in rebus* contrôlent, rendent compte, dénoncent et poursuivent au besoin.

La société, toujours plus hiérarchisée, rive davantage les hommes à leur condition et à leurs charges : les colons sont fixés à la glèbe (332) ; les fonctions de soldat et de responsables municipaux, les ordres sociaux privilégiés deviennent héréditaires. La fiscalité s'alourdit encore. Constantin crée le sou *(solidus),* monnaie d'or qui succède à l'*aureus* dévalué. La garde prétorienne est remplacée par celle des « domestiques ». L'armée est réorganisée en armée des frontières et armée d'intervention, placée en réserve. Pour mieux contrôler les frontières avec les Perses et les peuples danubiens, Constantin fonde Constantinople, destinée à rivaliser avec Rome, la capitale de l'Occident, mais non à la supplanter. Ce sera pourtant le point de départ, involontaire, de l'Empire byzantin.

Constantin *(basilique de),* édifice antique dont des restes importants subsistent à Rome sur le Forum. Commencée par l'empereur Maxence (306-312), elle fut transformée et achevée par Constantin ; elle comportait trois nefs voûtées et se terminait par une abside dans laquelle se trouvait une statue colossale de Constantin.

CONSTANTIN II le Jeune (317 - Aquilée 340), empereur romain (337 - 340), fils aîné de Constantin Ier et de Fausta. Après une période de pouvoir commun avec ses frères, Constance II et Constant Ier, il attaqua Constant pour régner seul sur l'Occident ; vaincu, il fut tué dans sa fuite.

CONSTANTIN III HÉRACLIUS (612 - Chalcédoine 641), empereur byzantin (févr.-mai 641), fils aîné d'Héraclius Ier et d'Eudoxie. Il entama une politique de réconciliation avec Rome ; malade, il se retira dès le début de son règne à

Chalcédoine. Il laissa deux fils, Constant II Héraclius et Théodose.

CONSTANTIN IV (654 - 685), empereur byzantin (668 - 685), fils aîné de Constant II Héraclius. Ayant brisé les révoltes de la Sicile et de l'Asie Mineure, il résiste aux Arabes qui assiègent Constantinople (674 -678), celle-ci utilisant pour la première fois le feu grégeois. L'avance arabe en Orient est définitivement brisée, mais l'expansion bulgare commence, qui va menacer Byzance durant trois siècles. La conversion des Croates et des Serbes annonce toutefois l'hellénisation des Slaves. Le sixième concile œcuménique tenu à Constantinople (680 - 681) rétablit la concorde religieuse.

CONSTANTIN V (718 - 775), empereur byzantin (741 - 775), fils de Léon III l'Isaurien. Brillant homme de guerre, il chasse les Arabes d'Asie Mineure, sauve Constantinople attaquée par les Bulgares (756) et les écrase à Anchialos (763). En Italie, toutefois, la prise de Ravenne par les Lombards amène la perte de l'exarchat (751), et les querelles religieuses entraînent la rupture avec Rome, Constantin soutenant la position des iconoclastes.

CONSTANTIN VI (771 - v. 800), empereur byzantin (780 - 797), fils de Léon IV et d'Irène. Il régna d'abord sous la tutelle de sa mère, qui restaura le culte des images. Un soulèvement militaire renversa la régente, mais, battu par les Bulgares (792) et par les Arabes (797), il devint bientôt impopulaire. Irène se ressaisit du pouvoir (797 -802) et lui fit crever les yeux.

CONSTANTIN VII PORPHYROGÉNÈTE (905 - 959), empereur byzantin (913 - 959), fils de Léon VI. Il régna d'abord sous la tutelle de son oncle Alexandre (912 - 913), puis sous la régence de sa mère Zoé (913 -919) ; il subit ensuite (919 - 944) l'autorité de son beau-père Romain Ier Lécapène ; il ne gouverna seul que de 945 à 959. Empereur cultivé, il réorganisa l'enseignement public et contribua à un nouvel essor artistique et littéraire. Lui-même a composé plusieurs ouvrages. Il eut pour successeur son fils, Romain II.

CONSTANTIN VIII (v. 960 - 1028), empereur byzantin (961 - 1028), second fils de Romain II et de Théophano. Après avoir, comme son frère Basile II, subi la tutelle de sa mère, puis de Nicéphore Phokas (963 -969), conquérant de la Crète et d'Alep, il prit réellement le pouvoir, avec Basile II, en 976. Il laissa à son frère toute l'initiative des affaires et gouverna seul après la mort de Basile II (1025).

CONSTANTIN IX MONOMAQUE, empereur byzantin (1042 - 1055) de la dynastie macédonienne, époux de l'impératrice Zoé, fille de Constantin VIII. Son règne fut marqué par l'affaiblissement de l'administration provinciale, l'apparition d'ennemis nouveaux (Turcs Seldjoukides en Orient, Normands en Occident) et par le schisme de 1054 entre Rome et Byzance.

CONSTANTIN X DOUKAS, empereur byzantin (1059 - 1067). Il parvint au trône à la suite de l'abdication d'Isaac Ier Comnène. Représentant de la noblesse civile, il favorisa la promotion sociale de la bourgeoisie. Sous son règne, les Normands de Robert Guiscard étendirent leur emprise en Italie, et les Seldjoukides pénétrèrent en Cappadoce.

CONSTANTIN LASCARIS ou **CONSTANTIN XI,** empereur byzantin (1204). Après la prise de Constantinople par les Latins (1204), il organisa la résistance en Asie Mineure et fut proclamé empereur.

CONSTANTIN XII PALÉOLOGUE ou **CONSTANTIN XI,** surnommé **Dragasès** (1403 - Constantinople 1453), empereur byzantin (1449 - 1453). Frère de Jean VIII, il fut en 1443 despote de Mistra ; à la mort de Jean VIII (1448), il devint empereur. Il périt (29 mai 1453) en défendant Constantinople contre les assauts de Mehmed II.

BULGARIE

CONSTANTIN ASEN († près de Tărnovo 1277), tsar de Bulgarie (1257 - 1277). Boyard de la famille Nemanja, Constantin Asen fut élu tsar en 1257. Il participa à la coalition antibyzantine formée par Charles Ier d'Anjou. Il fut renversé par la révolte d'Ivajlo.

GRÈCE

CONSTANTIN Ier (Athènes 1868 - Palerme 1923), roi de Grèce (1913-1917 ; 1920-1922), fils et successeur de Georges Ier. Il fut contraint par les Alliés et Venizélos à abdiquer en juin 1917. Rétabli par le plébiscite de 1920, il fut renversé après la défaite grecque en Anatolie (1922).

CONSTANTIN II (Psykhikón, près d'Athènes, 1940), roi de Grèce (1964 - 1973), fils et successeur de Paul Ier. Il dut s'exiler en 1967, à la suite du coup d'État des colonels.

RUSSIE

CONSTANTIN PAVLOVITCH, grand-duc russe (Tsarskoïe Selo 1779 - Vitebsk 1831), deuxième fils de Paul Ier. Commandant en chef de l'armée en Pologne (1815 - 1830), il y exerça en fait les pouvoirs de vice-roi. Sa renonciation au trône de Russie avait été tenue secrète, ce qui provoqua, à la mort d'Alexandre Ier (1825), un court interrègne, mis à profit par les décabristes.

DIVERS

CONSTANTIN de Preslav, connu aussi sous les noms de **Constantin le Prêtre** et de **Constantin l'Évêque,** évêque et écrivain du premier Empire bulgare (IXe -Xe s.). Disciple de Cyrille et Méthode, il passe pour être le premier historien et le premier poète de la littérature bulgare.

CONSTANTINE ou **QACENTINA,** v. d'Algérie, ch.-l. de wilaya, au-dessus d'un profond cañon de l'oued Rummel ; 438 000 hab. Haut lieu de l'islām maghrébin, centre de l'Est algérien, c'est la troisième ville du pays aux points de vue commercial, universitaire et industriel.
– **Hist.** Comptoir carthaginois, la ville fut, sous le nom de *Cirta,* la capitale de la Numidie. César y installa une colonie romaine. Détruite par les soldats de Maxence (311), elle fut reconstruite par Constantin, qui lui donna son nom. Chef-lieu d'un des trois beylicats établis par les Ottomans en Algérie, elle fut conquise par les Français en 1837.
– **Archéol.** Un palais hellénistique (sans doute celui de Juba Ier) a livré une magnifique mosaïque du Ier s. av. J.-C., conservée au musée de la ville. Dans les environs, tophet punique qui a rendu de nombreuses stèles.

CONSTANTINIEN, ENNE adj. Relatif à Constantin le Grand.

CONSTANTINOIS, région du nord-est de l'Algérie, en grande partie montagneuse (Kabylie d'El-Qoll, Kabylie des Babors, chaîne Numidique, monts de Constantine), parfois coupée de bassins et de plaines (céréales, élevage).

CONSTANTINOPLE, ancien nom d'**Istanbul.** Constantinople a succédé à l'antique Byzance (fondée en 658 av. J.-C.) par la volonté de Constantin Ier, qui voulut donner à l'Empire une seconde capitale, plus proche des provinces menacées par les Barbares des Balkans et les Perses sassanides. Construite entre 324 et 336, la Nouvelle Rome fut inaugurée le 11 mai 330.
Capitale politique par la présence continue, dès le Ve s., de l'empereur, religieuse par le siège du patriarcat d'Orient, intellectuelle grâce à son université, fondée en 330, économique par sa position au carrefour des grandes routes commerciales, Constantinople est protégée par une double enceinte militaire formée par les murs de Constantin (IVe s.) et de Théodose II (Ve s.), complétée, sur ses trois faces maritimes, d'importantes fortifications qui la préserveront de tous les assauts jusqu'en 1204.
Juridiquement, Constantinople est l'égale de Rome. L'ancienne boulê de Byzance, transformée en sénat, jouera un rôle politique essentiel jusqu'en 1453 ; son approbation est indispensable à la légitimation du pouvoir impérial et son avis est sollicité par les empereurs. Le souverain recrute les membres de la haute administration et du consistoire. Le premier des sénateurs, membre de droit du consistoire, est le préfet de la ville, ou éparque, qui gère la cité et préside le tribunal impérial en l'absence de l'empereur. Peuplée de 400 000 habitants au VIe s., Constantinople voit sa population divisée en quatre factions groupées deux à deux, les rouges et les verts, les blancs et les bleus, dont les couleurs sont portées et défendues par les cochers des courses de chars de l'Hippodrome. Les bleus représentent plutôt la population strictement orthodoxe des quartiers aristocratiques (les Blachernes), les verts celle des quartiers pauvres de Sainte-Euphémie, sur la Corne d'Or. Les deux groupes de factions s'unissent parfois (sédition Nika en 532, soulèvement de 602) pour défendre leurs libertés contre l'arbitraire impérial. Après 610, Héraclius limite leur rôle à l'organisation des jeux et les organise militairement en les rattachant à la garde impériale.
Constantinople a été le plus grand port et le plus grand entrepôt du Moyen Âge, recevant de l'Orient la soie et les épices, le blé scythe ou bulgare, les esclaves, les pelleteries du Nord, l'ambre de la Baltique ; l'alun de Phocée, les vins de Crète et de Grèce ; les blés et vins d'Italie, les bois de Dalmatie, les esclaves des Balkans. Sous le contrôle de l'État, de nombreuses industries s'y trouvent concentrées. Parmi elles, les textiles occupent la première place : travail du lin, tapisserie de haute laine, travail de la soie, fabrication et vente de la soie et des étoffes demeurant le monopole de Constantinople jusqu'au XIIe s. De même, Constantinople fut longtemps seule à fournir les produits de l'émaillerie, de la glyptique, de la taille des pierres dures, de l'ivoire et de la peinture sur manuscrits. Son commerce fit aussi d'elle la capitale monétaire du monde médiéval. Cette activité commerciale est à l'origine de l'afflux des marchands étrangers. Après les Vénitiens, établis dès le Xe s. et disposant après 1082 d'un quartier de Galata, apparaissent les Amalfitains, puis, en 1111, les Pisans, en 1155 les Génois. Les privilèges d'abord consentis aux marchands occidentaux pour éviter leur installation dans les autres ports du Levant ont pour conséquence le déclin de la cité impériale, dont le port n'est plus sillonné par des navires byzantins, mais par des bâtiments italiens, et l'hostilité qui dresse les Byzantins contre les étrangers (soulèvement de 1182). La prise de Constantinople par les croisés, en 1204, et la création de l'Empire latin accélèrent ce déclin économique et politique. Le retour des Grecs en 1261 ne peut empêcher les Vénitiens, à Galata, les Génois, à Pera, de constituer de véritables États indépendants. Catalans, Provençaux, Ragusains, Florentins disposent également de quartiers privilégiés.

En fait, la Nouvelle Rome, déjà éprouvée par la peste de 1076, a perdu la prospérité économique et le dynamisme démographique qu'elle a connus avant 1204. En 1453, elle est une ville dépeuplée (40 000 à 50 000 hab.), aux quartiers partiellement abandonnés. La chute de Constantinople (29 mai 1453), assiégée par les troupes de Mehmed II, consacra l'effondrement définitif de l'Empire byzantin.
— **Archéol.** Occupée dès le néolithique, la ville prend sa véritable dimension sous le règne de Constantin. De cette époque datent l'hippodrome, dont seul subsiste le tracé, la colonne serpentine, ramenée de Delphes par Constantin, deux obélisques, dont celui de Théodose, l'aqueduc de Valens et la citerne des mille et une colonnes. St-Jean-de-Stoudios (Ve s.) garde le type classique de la basilique des forums, couverte en charpente. Sous Justinien, un esprit nouveau apparaît dans les techniques de construction : emploi de la brique, coupoles contre-butées par des voûtes en berceau inscrites dans un plan plus ou moins carré (Ste-Sophie*, Sts-Serge-et-Bacchus, Ste-Irène). L'église St-Polyeucte (édifiée entre 524 et 527) a livré un décor d'une extrême richesse. L'ornement décoratif sculpté marque les grandes lignes des édifices. Devenues des mosquées, les églises des Xe, XIe et XIIIe s., construites sous les empereurs macédoniens et les Comnènes, gardent leur forme typiquement byzantine, articulée sur la croix grecque (Sts-Pierre-et-Marc, Pantocrator, Ste-Théodosie, etc.). L'église St-Sauveur-in-Chora (VIe s., restaurée au XIe) conserve son iconographie byzantine avec des peintures et des mosaïques du XIVe s. Vers la Corne d'Or, il ne subsiste des palais impériaux que les restes de ceux qui furent reconstruits au XIIIe s. pour les Paléologues. L'imposante enceinte de la ville (élevée au Ve et restaurée au XIIe s.) demeure visible en quelques endroits.

Constantinople *(conciles de)*. Quatre conciles œcuméniques se sont tenus à Constantinople : *Constantinople I,* en 381, qui condamna l'arianisme ; *Constantinople II,* en 553, qui prit position contre le nestorianisme ; *Constantinople III,* en 680 - 681, qui condamna le monothélisme ; *Constantinople IV,* en 869-870, qui déposa Photios.

Constantinople *(Histoire de la conquête de),* chronique de Geoffroi de Villehardouin relatant la quatrième croisade et l'histoire des États latins du Levant jusqu'en 1207.

Constantinople *(patriarcat œcuménique de)*. Tout au long de la période byzantine, le patriarche de Constantinople fut, de fait, le chef de l'Église orientale dans son ensemble. La rupture avec Rome (1054) donna au patriarcat œcuménique une dimension nouvelle. Il disposa, à l'échelle universelle, d'une primauté d'honneur et d'un certain rôle d'initiative et de présidence des Églises orthodoxes. Ces Églises ont obtenu, pour la plupart, l'autocéphalie et se sont dotées de patriarches nationaux. (→ ÉGLISES orientales.) Après la chute de Constantinople (1453), l'axe de l'orthodoxie se déplaça vers Moscou. Mais, même si sa juridiction, de nos jours, reste assez limitée, le patriarche œcuménique, « premier parmi les égaux », garde un prestige considérable.

CONSTANTINOPLE *(Empire latin de)* → LATIN DE CONSTANTINOPLE *(Empire)*.

CONSTANTZA → CONSTANŢA.

CONSTAT n. m. (lat. *constat,* il est certain que, de *constare,* être d'aplomb). **1.** Procès-verbal par lequel un huissier procède, à la demande du juge ou d'un particulier, à des constatations purement matérielles, exclusives de tout avis sur les conséquences de fait ou de droit qui peuvent en résulter. — **2.** Examen objectif des résultats d'une action, d'une période, d'une situation ; bilan : *Constat d'échec.* — **3.** *Constat amiable,* déclaration d'accident survenu entre deux ou plusieurs véhicules, remplie au moment de l'accident par les conducteurs des véhicules.

CONSTATABLE adj. Que l'on peut constater : *Un fait facilement constatable.*

CONSTATATION n. f. Action de constater ; fait constaté, observation : *Ce n'est pas une critique, c'est une simple constatation.*

CONSTATER v. t. (lat. *constat,* il est certain que) [conj. 3]. **1.** Remarquer objectivement qqch, l'enregistrer comme vrai, réel, observer : *Constater une absence.* — **2.** Consigner qqch dans un écrit officiel, le certifier par un acte authentique : *Constater un décès.*

CONSTATIF, IVE adj. Se dit des énoncés qui décrivent un état de choses, par oppos. aux énoncés *performatifs.*

CONSTELLATION n. f. (bas lat. *constellatio, -onis*). **1.** Groupe d'étoiles voisines sur la sphère céleste, présentant une figure conventionnelle déterminée, à laquelle on a donné un nom particulier. (V. *tableau* CIEL.) — **2.** Région du ciel dans laquelle se trouve ce groupe d'étoiles. — **3.** Groupe de choses éparses : *Une constellation de taches sur un habit.* — **4.** *Litt.* Groupe de personnes illustres, éminentes : *Une constellation de savants.*

Constellation, avion quadrimoteur de transport civil et militaire américain construit par la Lockheed Aircraft Corporation. Son premier vol commercial eut lieu en 1946. Il fut construit jusqu'en 1951, puis remplacé par le Super-Constellation, produit jusqu'en 1957.

CONSTELLER v. t. (de *constellation*) [conj. 4]. **1.** *Litt.* Couvrir le ciel de constellations, en parlant des étoiles. – 2. Couvrir une surface, la parsemer de points, de marques, etc., visibles : *Des décorations constellent son uniforme.*

CONSTERNANT, E adj. Qui consterne, abat ; affligeant : *Nouvelle consternante.*

CONSTERNATION n. f. (lat. *consternatio*). Profond abattement causé par la constatation de qqch qui accable en surprenant fâcheusement ; accablement, désolation : *Son échec jeta la consternation dans la famille.*

CONSTERNER v. t. (lat. *consternare,* bouleverser) [conj. 3]. Jeter qqn dans l'abattement en le surprenant très fâcheusement ; atterrer, désoler : *Tes notes vont consterner tes parents.*

CONSTIPANT, E adj. Qui provoque la constipation.

CONSTIPATION n. f. (lat. *constipatio, -onis*). Rareté de l'évacuation des selles, due à une rétention anormalement prolongée des matières fécales dans l'intestin.

ENCYCL. La constipation a parfois des causes organiques, mais le plus souvent celles-ci sont fonctionnelles (exercice physique insuffisant, alimentation déséquilibrée, vie agitée). Le traitement consiste dans une vie plus hygiénique et réglée et dans un apport suffisant de légumes verts et de fibres (aliments de ballast). L'usage des laxatifs doit être le plus possible évité.

CONSTIPÉ, E n. 1. Personne qui a des difficultés pour aller à la selle. – 2. *Fam.* Personne qui est mal à l'aise dans son comportement.

CONSTIPER v. t. (lat. *constipare,* serrer, de *stipare,* épaissir) [conj. 3]. Rendre les selles rares ou difficiles.

◆ **être constipé** v. pass. 1. Avoir les selles rares ou difficiles. – 2. *Fam.* Être embarrassé, mal à l'aise par suite d'anxiété, de timidité, etc.

CONSTITUANT, E adj. 1. Qui entre dans la constitution, dans la composition de qqch : *Les éléments constituants d'une phrase.* – 2. *Assemblée constituante* ou *Constituante* (n. f.), assemblée convoquée pour voter une constitution. ‖ *Pouvoir constituant,* pouvoir qu'a un organe de fixer ou de modifier les règles constitutionnelles.

◆ **constituant** n. m. 1. Membre d'une assemblée constituante. – 2. Personne ayant constitué une rente, une dotation, etc. – 3. L'un quelconque des corps purs que contient un système en équilibre physico-chimique ; chacun des corps simples qui forment un composé ; chacun des corps, simples ou composés, qui forment un mélange. – 4. Élément ou suite d'éléments résultant de la décomposition syntaxique d'une phrase. (Introduite par L. Bloomfield, l'analyse en *constituants immédiats,* représentable par un arbre, pose le principe que toute phrase n'est pas une simple suite d'éléments discrets mais une structure hiérarchisée de constituants.)

constituante *(Assemblée nationale),* une des assemblées révolutionnaires. Proclamée le 17 juin 1789 par le tiers état, elle est définitivement constituée le 9 juill., par la réunion des délégués aux États généraux des trois ordres, noblesse, clergé et tiers état. Transférée de Versailles à Paris le 6 oct. 1789, elle s'installe (près de 1 200 membres) dans la salle du Manège, aux Tuileries. Réunie pour donner une constitution au royaume, elle s'attribue en fait le pouvoir politique. Elle travaille dans des conditions difficiles, au milieu d'événements qui secouent le pays (prise de la Bastille, Grande Peur et émeutes paysannes, fuite du roi). En l'espace de deux ans, elle vote un nombre considérable de réformes, dont l'abolition des privilèges féodaux (4 août 1789), la Déclaration des droits de l'homme et du citoyen (26 août 1789), la mise à la disposition du pays des biens du clergé, devenus biens nationaux (2 nov. 1789), la Constitution civile du clergé (12 juill. 1790), l'interdiction des associations ouvrières et des grèves (loi Le Chapelier, 14 juin 1791) et surtout la Constitution de 1791. Selon celle-ci, le pouvoir est confié d'une part à une chambre unique, l'Assemblée législative, de l'autre au roi, délégué héréditaire de la nation, chargé de l'exécutif. Il n'a pas l'initiative des lois, mais peut les suspendre par l'exercice de son droit de veto. La Constitution est acceptée solennellement par le roi le 14 sept. 1791. Le 30, la Constituante laisse la place à l'Assemblée législative.

CONSTITUER v. t. (lat. *constituere,* placer, de *statuere,* établir) [conj. 7]. 1. Créer un tout, un ensemble, le composer en en rassemblant les divers éléments ; former : *Acheter des timbres pour constituer une collection.* – 2. Entrer dans la composition de qqch, le former, être les éléments constituants d'un ensemble : *Les timbres qui constituent sa collection sont magnifiques.* – 3. Établir qqch par la loi, juridiquement : *Constituer une association d'anciens élèves.* – 4. Établir légalement qqn dans une situation : *Ils l'ont constitué président de leur groupe.* – 5. Être ou créer qqch par soi-même, par sa nature même : *Sa présence constituait un danger pour nous.* – 6. Reconnaître, assurer une dotation, une rente, une pension à qqn. – 7. *Constituer avocat,* charger un avocat de la conduite ou de la défense d'une affaire. ‖ *Constituer avoué,* charger un avoué de représenter le plaideur devant la cour d'appel.

◆ **être constitué** v. pass. 1. Avoir telle constitution, telle conformation physique, en parlant de qqn : *Être solidement constitué.* – 2. *Autorités, corps constitués,* qui sont instaurés par la loi, la constitution.

◆ **se constituer** v. pr., **être constitué** v. pass. **1.** Comporter des choses, des personnes comme éléments constituants, en être composé : *L'eau est constituée d'oxygène et d'hydrogène.* – **2.** Se former, être créé : *Un nouveau syndicat s'est constitué dans l'entreprise.*

◆ **se constituer** v. pr. **1.** Constituer pour soi : *Se constituer une bibliothèque.* – **2.** *Se constituer prisonnier,* se livrer à la justice en se déclarant coupable. ‖ *Se constituer partie civile,* saisir une juridiction répressive d'une demande de dommages-intérêts.

CONSTITUTIF, IVE adj. **1.** Qui entre nécessairement dans la constitution, la composition de qqch ; constituant : *L'oxygène et l'hydrogène sont les éléments constitutifs de l'eau.* – **2.** Qui appartient à la nature même de qqch : *L'espace est une propriété constitutive de la matière.* – **3.** Qui établit juridiquement un droit.

1. CONSTITUTION n. f. (lat. *constitutio, -onis,* institution). **1.** Action de constituer qqch : *La constitution d'un dossier.* – **2.** Manière dont qqch est constitué, composé, établi ; ensemble des éléments qui le composent : *La constitution de l'équipe est la suivante.* – **3.** Action, fait d'établir, de créer, d'organiser, de former qqch : *La constitution d'une société.* – **4.** Ensemble des caractéristiques morphologiques, physiologiques et psychologiques d'un individu qui permettent de déterminer le type auquel il se rattache. (→ *encycl.* Psychol.) – **5.** Acte de procédure qui permet de se constituer partie civile ou de constituer avocat ou avoué. – **6.** Acte créant une rente, une pension, une dotation. – **7.** Composante statique et invariable retenue par la typologie homéopathique. (L'autre composante étant le tempérament, considéré comme évolutif et variable.) [→ *encycl.*] – **8.** Opération qui consiste à donner une définition d'un concept à partir d'un ou de plusieurs autres concepts.

ENCYCL. **Homéopath.** L. Vannier a décrit trois constitutions de base : *carbonique, phosphorique, fluorique* en s'appuyant sur l'inégalité de répartition des principaux sels de calcium présents dans l'organisme. Il a su, en outre, établir de fructueuses correspondances entre constitutions et diathèses.

Les adultes de constitution carbonique sont caractérisés par leur silhouette trapue, la raideur de leurs mouvements. Leur esprit est pratique, opiniâtre mais dépourvu de toute originalité. Ils sont rarement souffrants mais les affections qui les touchent sont brutales et graves et ils sont particulièrement menacés dans le domaine cardiovasculaire.

Les traits essentiels de la constitution fluorique sont l'asymétrie et l'irrégularité tant dans la silhouette et les gestes que dans l'humeur, ce qui les entraîne dans des conflits de tous ordres. Les adultes fluoriques sont incapables d'efforts soutenus mais ils ont souvent de réels talents d'orateur. Ils sont moins résistants aux agressions que les carboniques.

La constitution phosphorique se distingue par sa grande variabilité et son charme indéniable. Longilignes ayant une musculature peu développée, les adultes phosphoriques ont des gestes gracieux, jamais fonctionnels. Ils sont caractérisés par leur goût pour la spéculation intellectuelle mais leur humeur alterne entre phases d'excitation et phases de dépression.

Ces trois types, à l'état pur, ne sont que des notions théoriques : le type de chaque individu est unique, étant la somme des différentes tendances constitutionnelles qui l'habitent ; mais, habituellement, l'une d'entre elles prédomine.

– **Psychol.** et **Psychiatr.** Le terme de « constitution » a longtemps été réservé à la structure morphologique des individus, mais, de plus en plus, son usage tend à y inclure des caractéristiques physiologiques, voire psychophysiologiques. En sorte que la notion de constitution est solidaire de celle de tempérament : la constitution correspondrait à un ensemble de caractéristiques statiques auxquelles répondrait un ensemble de caractéristiques dynamiques définissant le tempérament.

La notion de types constitutionnels a également été étendue au domaine psychologique. D'où l'idée qu'à un type morphologique donné correspondrait une constitution psychique donnée. Cette extension impose alors que l'on admette des dispositions mentales innées, hypothèse qui n'a pas reçu de preuve décisive jusqu'ici.

2. CONSTITUTION n. f. (de *constitution 1*). **1.** Forme du gouvernement d'un État, régime (avec un adj.) : *Donner à un pays une constitution républicaine.* – **2.** Loi fondamentale, ensemble des lois fondamentales qui, dans un pays, règle l'organisation et les rapports des pouvoirs publics et, éventuellement, détermine les principes qui régissent les relations des gouvernants et des gouvernés (en ce sens, prend une majusc.).

ENCYCL. Une constitution est indispensable à l'existence de l'État ; l'autorité ne peut s'y concrétiser et le pouvoir s'y exercer durablement sans que des règles institutives soient posées et suivies. Matériellement, toutes les règles qui, fondant l'État, lui donnent ses assises et dessinent sa structure forment sa constitution au sens large, en dépit de l'usage restrictif du terme, qui, fréquemment, limite le « droit constitutionnel » à la création et à l'existence des organes supérieurs de gouvernement. C'est ainsi que les constitutions révolutionnaires et républicaines

(Constitutions de 1791, de 1793, de l'an III, de 1848, de 1946, de 1958), procédant à une complète réforme de l'État, ont traité de l'ensemble des institutions étatiques. (→ FRANCE.)

Constitution antonine ou **édit de Caracalla,** édit promulgué en 212, qui accordait le droit de cité romain à tous les hommes libres de l'Empire tout en sauvegardant les droits de la cité d'origine de chacun.

Constitution civile du clergé, nom donné au décret voté par l'Assemblée constituante le 12 juill. 1790, sanctionné par Louis XVI le 24 août et qui réorganisait le clergé séculier : le nombre des évêchés était ramené de 134 à 83 – un par département ; les 83 diocèses étaient groupés en 10 métropoles ; les métropolitains et les évêques, qui ne recevaient plus l'investiture papale, étaient élus par les assemblées électorales des départements, les curés par celles des districts ; les uns et les autres devenaient des fonctionnaires rétribués par l'État. L'inspiration révolutionnaire de la Constitution civile se manifestait ainsi dans la subordination étroite de l'Église à l'État. L'Assemblée décida, le 27 nov. 1790, que les ecclésiastiques en fonction devraient prêter le serment de fidélité à la nation, à la loi et au roi, ce qui impliquait l'acceptation de la Constitution civile. Presque tous les évêques et la moitié du clergé paroissial refusèrent le serment. L'Église de France se trouva coupée en deux : prêtres *assermentés* ou *constitutionnels,* prêtres *insermentés* ou *réfractaires.* Lorsque le pape Pie VI eut, le 10 mars 1791, condamné la Constitution civile, le schisme fut consommé. (→ ÉGLISE CONSTITUTIONNELLE.)

CONSTITUTIONNALISATION n. f. Action conférant valeur constitutionnelle à un texte ou à un principe.

CONSTITUTIONNALISER v. t. (conj. 3). Procéder à la constitutionnalisation d'un texte, d'un principe, etc.

CONSTITUTIONNALISME n. m. **1.** *Vx.* Gouvernement constitutionnel. – **2.** Doctrine selon laquelle une constitution n'est pas n'importe quelle organisation étatique ou gouvernementale, dotée d'une certaine stabilité, mais seulement la structure politique qui, selon la distinction de Montesquieu, a la liberté pour objet.

CONSTITUTIONNALISTE n. **1.** Partisan de l'application rigoureuse de la constitution. – **2.** Juriste spécialiste de droit constitutionnel.
◆ adj. Relatif au constitutionnalisme.

CONSTITUTIONNALITÉ n. f. Caractère de ce qui est conforme à la constitution. (Le contrôle de la constitutionnalité des lois relève du Conseil* constitutionnel.)

CONSTITUTIONNEL, ELLE adj. **1.** Qui relève de la constitution physique ou psychique de qqn : *Une faiblesse constitutionnelle.* – **2.** Relatif à la constitution, à l'organisation de qqch : *Les difficultés constitutionnelles de la sociologie.* – **3.** Relatif à la constitution d'un État : *Loi constitutionnelle.* – **4.** Conforme à la constitution d'un État. – **5.** Se dit d'un pouvoir politique soumis à une constitution : *Monarchie constitutionnelle. Système constitutionnel.* – **6.** *Droit constitutionnel,* ensemble des règles, des institutions et des pratiques relatives au pouvoir politique.
◆ adj. et n. **1.** Se dit d'un partisan de telle ou telle constitution. – **2.** Se disait des évêques et des prêtres français qui avaient fait acte d'adhésion à la Constitution civile du clergé. (Syn. ASSERMENTÉ, JUREUR.)

Constitutionnel *(le),* quotidien politique fondé à Paris pendant les Cent-Jours par Fouché sous le titre *l'Indépendant.* Organe de ralliement des libéraux, des bonapartistes et des anticléricaux, il joua en 1848 un rôle capital dans l'élection de Louis Napoléon Bonaparte et devint l'un des principaux journaux gouvernementaux du second Empire. Sainte-Beuve y publia ses « Causeries du lundi ». Ce journal cessa de paraître en 1914.

constitutionnel-démocrate *(parti),* parti libéral russe. Ce parti, dit *K.D.* ou *Cadets,* regroupa la majeure partie de l'intelligentsia et de la bourgeoisie libérales de 1905 à 1917. Après la révolution de févr. 1917, il participa au gouvernement provisoire et se prononça pour la poursuite de la guerre. Il fut déclaré hors la loi par les bolcheviks (déc. 1917).

constitutionnelle *(Église)* → ÉGLISE CONSTITUTIONNELLE.

CONSTITUTIONNELLEMENT adv. De façon conforme à la constitution d'un État.

CONSTRICTEUR adj. m. et n. m. (lat. *constrictus,* resserré). **1.** *Boa constricteur, boa constrictor* ou *constricteur* (n. m.), grand serpent boa d'Amérique du Sud, qui étouffe ses proies en s'enroulant autour d'elles. – **2.** *Muscle constricteur* ou *constricteur* (n. m.), muscle qui a pour fonction de resserrer circulairement certains canaux ou orifices (vagin, pharynx).

CONSTRICTIF, IVE adj. (bas lat. *constrictivus*). Qui produit une constriction, donne une sensation de constriction.

CONSTRICTION n. f. (bas lat. *constrictio, -onis,* du lat. class. *constringere,* resserrer). **1.** Pression circulaire qui diminue le diamètre d'un organe : *Constriction de l'épigastre.* – **2.** *Constriction principale,* syn. de CENTROMÈRE. ‖ *Constriction secon-*

daire, séparation inconstante isolant une partie d'un bras chromosomique.

CONSTRICTIVE n. f. Consonne réalisée avec une constriction importante du conduit vocal, de sorte que l'air phonatoire devient turbulent et s'écoule avec un bruit de friction caractéristique (par ex. [f] *fou,* [s] *sous,* [ʃ] *choux*). [Syn. FRICATIVE, SPIRANTE.]

CONSTRICTOR → CONSTRICTEUR.

CONSTRINGENCE n. f. (lat. *constringens,* de *constringere,* resserrer). Inverse du pouvoir dispersif d'une substance.

CONSTRUCTEUR, TRICE adj. (bas lat. *constructor*). Qui construit ou fait construire : *Sociétés constructrices d'automobiles.*

◆ **constructeur** n. m. **1.** *Litt.* Personne qui construit ou fait construire des monuments, des édifices. – **2.** Groupe, société qui construit des édifices ou des appareils. – **3.** Tout architecte, entrepreneur ou technicien, tout vendeur d'immeuble après achèvement et, enfin, tout mandataire assimilé à un locateur d'ouvrage. – **4.** Litt. *Constructeur d'empire,* pays, personne qui conquiert un empire, auquel il donne une structure qui en forme l'unité provisoire.

Constructeurs *(les),* toile de 1950 par Fernand Léger (3 × 2 m, musée national F.-Léger, Biot). Le parti pris de réalisme et le contenu social, associés à la simplification plastique propre à Léger, fondent un art qui se veut « compréhensible pour tous, sans subtilité ». Études et variantes nombreuses.

CONSTRUCTIBILITÉ n. f. **1.** État d'un terrain constructible. – **2.** Possibilité, formulée à l'aide d'hypothèses, d'énoncer un système logique recevable. – **3.** *Axiome de constructibilité,* axiome de la théorie des ensembles, selon lequel tous les ensembles sont constructibles.

CONSTRUCTIBLE adj. **1.** Se dit d'un terrain sur lequel on peut bâtir, construire. (Syn. BÂTISSABLE.) – **2.** Qui possède la propriété de constructibilité. – **3.** *Ensemble constructible,* ensemble qui peut être obtenu par un certain procédé d'engendrement (fondé sur une *induction transfinie*), utilisé par Gödel en 1938 pour démontrer la consistance de l'*axiome du choix* et des autres axiomes de la théorie ZF des ensembles.

CONSTRUCTIF, IVE adj. (bas lat. *constructivus*). **1.** Qui est apte à faire progresser une situation, qui manifeste une efficacité pratique : *Critique constructive.* – **2.** *Système constructif,* système de construction utilisant une gamme définie de composants modulaires préfabriqués.

CONSTRUCTION n. f. (lat. *constructio, -onis*). **1.** Action de construire qqch : *Construction d'un navire, d'un immeuble.* – **2.** Ensemble des techniques qui permettent de bâtir ; secteur d'activité dont l'objet est de bâtir : *Matériaux de construction.* – **3.** Ce qui est construit, maison, bâtiment ou monument : *Des constructions récentes.* – **4.** Ensemble d'industries fabriquant du matériel, des véhicules, des appareils, etc : *Les constructions navales.* – **5.** Action et manière de construire un ensemble (œuvre, théorie, etc.), d'en agencer les divers éléments : *La construction d'un roman.* – **6.** Action d'élaborer un système, une institution, un État et d'en assurer la réalisation : *La construction de l'Europe.* – **7.** Création de l'esprit : *Ce système philosophique est une belle construction.* – **8.** Manière dont les mots sont disposés dans la proposition, les propositions dans la phrase, d'après leur sens et leur rôle syntaxique, selon des règles propres à chaque langue. – **9.** Suite d'éléments linguistiques dont le groupement obéit à un schéma syntaxique ou morphologique. – **10.** *Cale, forme de construction,* cale ou forme où sont construits les navires avant leur lancement (cale) ou leur mise à flot (forme). ‖ *Code de la construction et de l'habitation,* ensemble des règles édictées par le décret du 31 mai 1978 relatives aux questions concernant les constructions et habitations. ‖ *Jeu de construction,* jeu constitué d'éléments divers à assembler.

CONSTRUCTIVISME n. m. (de *constructif*). **1.** Mouvement artistique russe, qui reçut sa dénomination en 1920 et connut divers prolongements dans l'art européen. (→ *encycl.*) – **2.** Ensemble d'attitudes, de doctrines et de méthodes qui prétendent répondre aux problèmes de la nature et du fondement des mathématiques et qui ont en commun une certaine adhésion à l'hypothèse de constructibilité. (Le finitisme de l'école hilbertienne, l'intuitionnisme de Brouwer et Heyting, plus récemment le prédicativisme sont considérés comme des constructivismes.)

ENCYCL. En littérature, c'est dans la mouvance du futurisme que le constructivisme (mouvement littéraire soviétique) a cherché à créer une poésie fonctionnelle (création du Centre littéraire des constructivistes [1924-1930]).

– **Bx-arts.** Caractérisé par une rigueur formelle héritée du cubisme et du suprématisme, par une volonté d'intégration des facteurs espace et temps et par l'ambition d'une synthèse des arts plastiques, le constructivisme s'est développé sur deux axes. D'une part, Gabo et Pevsner (*Manifeste réaliste,* 1920) ont affirmé un art spatial et rythmique, de nature spirituelle ; d'autre part, Tatline et les « productivistes », tel Rodtchenko, ont défendu une unité de l'art et de la technique qui assignait au créateur une fonction sociale. Les applications aux arts graphiques (Lissitzky), à l'architecture et au design furent un souci majeur, à côté des tendances plus esthétiques. À des degrés divers, ces aspects se sont retrouvés dans le Bauhaus, l'avant-garde polonaise, le mouvement *De Stijl,* etc.

CONSTRUCTIVISTE adj. et n. Qui se rattache au constructivisme.

CONSTRUIRE v. t. (lat. *construere,* bâtir, édifier) [conj. **98**]. **1.** Assembler à partir d'un plan les diverses parties d'un ouvrage d'architecture, de travaux publics, le bâtir, l'édifier, le réaliser : *Construire une route, un pont.* — **2.** Diriger ou commander la réalisation d'un édifice : *Il fait construire un pavillon en banlieue.* — **3.** Édifier des bâtiments, en partic. d'habitation : *On a beaucoup construit récemment dans ce quartier.* — **4.** Réaliser qqch, en assembler les diverses parties : *Construire un navire.* — **5.** Faire une phrase, un texte, les réaliser selon un ordre, un plan, etc. : *Apprendre à construire un exposé.* — **6.** Imaginer qqch, bâtir un ensemble abstrait ; élaborer : *Construire une théorie.* — **7.** Élaborer un système, le préparer et en assurer la réalisation : *Construire l'Europe.*

◆ **se construire** v. pr., **être construit** v. pass. **1.** Pouvoir être assemblé, bâti : *Villa récemment construite.* — **2.** Pouvoir être élaboré : *Un roman ne se construit pas sans peine.* — **3.** Recevoir des bâtiments, des habitations, des immeubles, etc. : *Ça s'est beaucoup construit par ici.* — **4.** S'employer syntaxiquement : *Un verbe qui se construit avec la préposition « à ».*

CONSUBSTANTIALISME n. m. Doctrine de la consubstantialité.

CONSUBSTANTIALITÉ n. f. (lat. ecclés. *consubstantialitas*). Unité et identité de substance des trois personnes de la Trinité.

CONSUBSTANTIATION n. f. (lat. ecclés. *consubstantiatio, -onis*). Doctrine luthérienne de la présence du Christ dans l'eucharistie. (Pour les calvinistes, cette présence réelle est assurée par l'action de l'Esprit. Seuls les protestants de la tendance de Zwingli considèrent la Cène comme un acte symbolique.)

CONSUBSTANTIEL, ELLE adj. (lat. ecclés. *consubstantialis,* de *cum,* avec, et *substantia,* substance). Qui n'a qu'une seule et même substance (en parlant de Dieu).

CONSUL n. m. (lat. *consul*). **1.** Agent officiel d'un État en pays étranger, chargé de protéger la personne et les intérêts des ressortissants de son pays. — **2.** À Rome, magistrat qui partageait avec un collègue le pouvoir suprême. — **3.** Au Moyen Âge et sous l'Ancien Régime, magistrat municipal de certaines villes du midi de la France, autonomes par rapport au seigneur. (Institués v. 1130, les consuls, dont le nombre variait, assuraient la direction et l'administration générale de la ville.) — **4.** En France, sous le Consulat, chacun des trois chefs du pouvoir exécutif. — **5.** *Le Premier consul,* Bonaparte.

CONSULAIRE adj. (lat. *consularis*). **1.** Qui se rapporte aux attributions des consuls, à un consulat en pays étranger. — **2.** Relatif aux consuls romains. — **3.** Qui concerne les membres du tribunal de commerce, et ce tribunal lui-même. — **4.** Qui a rapport aux consuls, au Consulat. ‖ *Province consulaire,* celle qui ne pouvait avoir pour gouverneur qu'un consul ou un personnage consulaire.

◆ n. m. À Rome, homme qui avait exercé la charge de consul.

CONSULAT n. m. (lat. *consulatus*). **1.** Charge de consul en pays étranger ; sa résidence ; bureaux du personnel consulaire. — **2.** À Rome, charge de consul ; sa durée. (→ *encycl.*) — **3.** En Espagne et dans l'Empire colonial espagnol, guilde de marchands qui contrôlait le commerce avec de très larges attributions, notamment judiciaires. (Les premiers consulats sont nés en Espagne au XIIe s. ; les plus importants furent ceux de Barcelone, de Séville, de Cadix, de Mexico et de Lima. L'institution se perpétua jusqu'au début du XIXe s.)

ENCYCL. **Antiq.** Au lendemain de la révolution de 509 av. J.-C., Rome remplace le roi par un magistrat, le préteur, dont la fonction annuelle est bientôt dédoublée. Au milieu du Ve s. av. J.-C., ces deux préteurs prennent le nom de consuls (ceux qui « siègent ensemble »). Pour éviter que des plébéiens n'accèdent à cette magistrature, les patriciens la font supprimer en 445 av. J.-C. C'est seulement en 366 (lois liciniennes) que le consulat reparaît, partagé entre un plébéien et un patricien ; la réélection au consulat n'est autorisée qu'au bout de 10 ans (172), puis elle est strictement interdite (151).

À l'apogée de la République romaine, au IIe s. av. J.-C., le consulat est la principale magistrature curule ordinaire, disposant de l'*imperium* complet (droit de commandement et de mort, symbolisé par le droit d'être précédé de licteurs) et du *jus auspiciorum majorum* (droit de prendre les auspices où que se trouve le consul). Le consulat est au sommet de la carrière politique définie par le *cursus honorum* ; l'âge requis est d'abord de 33 ans, minimum porté très vite à 37, puis à 43 ans. Les deux consuls sont élus par les comices centuriates. Ils sont ensuite revêtus de l'*imperium* par une *lex de imperio* votée par les comices curiates. Leur entrée en charge a lieu le 1er mars (avant 153 av. J.-C.), puis le 1er janvier (à partir de 153 av. J.-C.). Ils sont, pendant un an, les véritables chefs de l'État romain ; ils donnent leurs noms à l'année durant laquelle ils exercent leurs fonctions. Ils sont chargés d'exécuter les décisions du sénat et du peuple ; ils convoquent et président le sénat, les comices curiates et les comices centuriates. Ils sont les chefs de l'armée, qu'ils lèvent et qu'ils commandent au combat. De plus, ils exercent l'intérim des censeurs pendant l'intervalle qui s'écoule entre deux mandats censoraux, c'est-à-dire pendant trois ans et demi sur cinq. À ce titre, ils sont les maîtres des deniers publics en mettant en adjudication la ferme des impôts, les fournitures et les travaux publics. Leur pouvoir connaît des limites : le *veto** tribunicien ou l'*intercessio* (droit d'opposition) d'un consul vis-à-vis de son collègue, interdiction de réélection, collégialité (même sans *intercessio*) et non-disposition des clés de l'*Aerarium* (trésor public). La charge de consul est en principe gratuite et le recrutement se fait presque exclusivement parmi le patriciat et les riches familles plébéiennes. Enfin, en cas de menace majeure pour l'État et d'insuffisance des consuls, le sénat donne l'ordre à l'un d'entre eux de nommer pour six mois un dictateur*. À leur sortie de charge, les anciens consuls *(consulares)* sont inscrits de droit sur la liste du sénat. C'est parmi les anciens consuls que se recrutent les censeurs.

Le consulat se dégrade dès la fin du IIe s. av. J.-C. : Marius se fera réélire consul plusieurs années de suite (105-100 av. J.-C.), et Sulla enlèvera aux consuls leurs pouvoirs militaires. À l'époque impériale, désignés en fait par l'empereur, les consuls perdent leurs hautes fonctions civiles et judiciaires au profit des agents impériaux. L'empereur fait désigner consuls ceux qu'il veut honorer et remplace les consuls ordinaires au bout de deux, quatre ou six mois. Au IVe s. apr. J.-C., certaines fonctions entraînent automatiquement l'inscription sur la liste consulaire, et une caste consulaire héréditaire est créée. Finalement, il n'existera plus qu'un consulat honoraire.

Consulat (le), régime politique établi en France après le coup d'État des 18-19 brumaire an VIII (9-10 nov. 1799) et qui dura jusqu'à l'instauration du premier Empire, le 18 mai 1804. Le coup d'État, mis sur pied dès oct. 1799 par les directeurs Sieyès, Ducos et Barras et dont Bonaparte est le sabre, réussit : au terme de deux journées décisives (18-19 brumaire), le Directoire* et ses assemblées (Conseils des Anciens et des Cinq-Cents) sont dissous et trois consuls provisoires (Bonaparte, Sieyès, Ducos) disposent des pleins pouvoirs pour modifier la Constitution. Élaborée par Bonaparte, la nouvelle Constitution confie l'exécutif à trois consuls (Bonaparte, Cambacérès, Lebrun) ; en fait, le Premier consul (Bonaparte) détient seul la réalité du pouvoir. Le pouvoir législatif est partagé entre quatre assemblées : le Sénat, le Tribunat, le Corps législatif et le Conseil d'État. Promulguée le 13 déc. 1799, la Constitution de l'an VIII est plébiscitée en février par 3 millions de voix contre 1 562 opposants.

À l'intérieur, Bonaparte, appuyé sur la bourgeoisie, ramène l'ordre, la sécurité, la stabilité et la prospérité. L'opposition des royalistes et des Jacobins est brisée après l'attentat de la rue Saint-Nicaise contre le Premier consul (déc. 1800) ; les chouans et les vendéens sont soumis et le brigandage enrayé. Le Concordat (15 juill. 1801) apporte l'apaisement souhaité par les catholiques. Le redressement financier est favorisé par la fondation de la Banque de France (13 févr. 1800) et la création d'un corps de fonctionnaires spécialisés dans la répartition et la perception de l'impôt. L'administration locale et régionale est réorganisée par la loi du 17 févr. 1800, qui établit une rigoureuse centralisation : nommés par le gouvernement, maires, sous-préfets et préfets sont placés à la tête des communes, des arrondissements et des départements. L'organisation judiciaire est remaniée par la loi du 18 mars 1800, qui coiffe les juridictions par un tribunal de cassation. Le recrutement des cadres de l'État est assuré par la création des lycées (1er mai 1802), et la Légion d'honneur (19 mai 1802) forme une aristocratie du mérite. Toutes ces réformes et ces créations favorisent l'établissement de la république des notables, dont la prééminence sociale est consacrée par le Code civil, promulgué le 21 mars 1804.

À l'extérieur, Bonaparte met un terme à la guerre qui depuis 1792 oppose la France révolutionnaire à l'Europe aristocratique. Tandis que les victoires de Marengo (14 juin 1800) et de Hohenlinden (3 déc.) poussent l'Autriche à signer la paix de Lunéville (9 févr. 1801), la Grande-Bretagne se résigne à traiter à Amiens (25 mars 1802). Mais la réorganisation de la Suisse (acte de médiation du 19 févr. 1803) et de l'Allemagne (recez du 25 févr. 1803) par le Premier consul et les tentatives d'expansion coloniale de la France (Inde, Saint-Domingue) provoquent la rupture de la paix d'Amiens par la Grande-Bretagne (16 mai 1803). La reprise des hostilités et le complot anglo-royaliste ourdi par Cadoudal, Moreau et Pichegru (févr. 1804) et suivi par l'exécution du duc d'Enghien (mars) précipitent la transformation de la république des notables en une dictature, du Consulat en une monarchie impériale. Consul à vie depuis le 4 août 1802, Bonaparte est proclamé empereur des Français par le sénatus-consulte du 18 mai 1804 qui établit l'Empire*.

Consulat et de l'Empire *(Histoire du)*, ouvrage de Thiers, publié entre 1845 et 1862. C'est une histoire politique, administrative, militaire et diplomatique.

Consulat de la mer, recueil de jurisprudence maritime rédigé entre le XIIe et le XIVe s. et qui contenait les règles et les usages de droit commercial et maritime en vigueur dans les ports de la Méditerranée.

CONSULTABLE adj. Qu'on peut consulter.

CONSULTANT, E n. **1.** Personne qui donne des consultations, des avis circonstanciés : *Un consultant en gestion.* — **2.** Personne qui demande une consultation : *Les consultants d'un avocat.*
◆ adj. *Médecin consultant,* médecin auquel fait appel le médecin traitant d'un malade en vue d'un avis diagnostique ou thérapeutique.

CONSULTATIF, IVE adj. (de *consulter*). **1.** Qui est appelé à donner des avis, des conseils sur certaines choses, sans avoir pouvoir de décision ; se dit de la fonction elle-même : *Nous n'avons qu'un rôle consultatif.* — **2.** *À titre consultatif,* pour avis seulement. ‖ *Avoir voix consultative,* dans une assemblée, avoir droit de donner son avis, mais non de voter.

CONSULTATION n. f. (lat. *consultatio, -onis*). **1.** Action de consulter qqn, de lui demander son avis : *Consultation de la population par référendum.* — **2.** Action de lire, de parcourir un ouvrage, un panneau, etc., afin d'y puiser un renseignement : *La consultation d'un dictionnaire vous donnera le renseignement.* — **3.** Action de donner un avis autorisé sur une affaire, en parlant d'un expert ; cet avis lui-même : *Consultation d'un juriste.* ‖ *Consultation de fichier,* mode d'exploitation d'un fichier qui ne comporte qu'une recherche et une lecture d'article. — **4.** Examen d'un malade que le médecin pratique à son cabinet. — **5.** Avis motivé de plusieurs médecins se rencontrant au chevet d'un malade. — **6.** *Consultation électorale,* fait de consulter les électeurs par un vote.

consultative provisoire *(Assemblée),* assemblée instituée à Alger par une ordonnance (17 sept. 1943) des généraux Giraud et de Gaulle. Transférée à Paris, elle siégea au palais du Luxembourg jusqu'à la fin d'oct. 1945. Elle comportait des représentants du Parlement et de la Résistance.

CONSULTE n. f. (ital. *consulta,* de *consultare,* consulter). **1.** En Corse, assemblée, groupement se réunissant pour traiter d'une question particulière. — **2.** Assemblée, conseil, cour de justice autrefois en Italie et dans quelques cantons suisses. — **3.** *Sacrée Consulte,* tribunal suprême dans les États de l'Église.

CONSULTER v. t. (lat. *consultare*) [conj. 3]. **1.** Demander à qqn son avis, son conseil, chercher des renseignements auprès de lui ; interroger : *On ne m'a consulté sur rien.* — **2.** Solliciter d'un spécialiste un avis circonstancié, autorisé : *Consulter un avocat.* — **3.** Se faire examiner par un médecin. — **4.** Regarder qqch, le parcourir pour y chercher un renseignement : *Consulter l'horaire des trains.* — **5.** Regarder des astres, des cartes, etc., et en étudier la disposition pour y chercher des renseignements sur le futur : *Consulter le marc de café pour connaître l'avenir.* — **6.** *Consulter sa mémoire, ses souvenirs,* y faire appel. ‖ *Consulter son miroir,* s'y regarder. ‖ *(Ne) consulter (que) son intérêt, son caprice, son désir, sa conscience, etc.,* les prendre pour seule règle de conduite, pour seul guide.
◆ v. i. En parlant d'un médecin, donner des consultations, recevoir des patients.
◆ **se consulter** v. pr. **1.** S'entretenir pour s'enquérir des avis réciproques ; se concerter : *Ils se sont consultés avant d'agir.* — **2.** *Se consulter du regard,* échanger mutuellement un coup d'œil pour savoir ce que l'autre pense.

CONSULTEUR, TRICE n. **1.** Théologien adjoint aux membres des congrégations romaines, pour préparer l'examen des questions qui leur sont soumises. — **2.** Dans certains ordres religieux, assistant et conseiller du supérieur.

CONSUMABLE adj. Qui peut être consumé, brûlé.

CONSUMATION n. f. *Litt.* Action de détruire qqch, progressivement ou complètement, comme par le feu.

CONSUME n. f. Perte de vin ou d'alcool causée par l'évaporation à travers les parois des tonneaux.

CONSUMER v. t. (lat. *consumere,* détruire) [conj. 3]. **1.** Détruire peu à peu qqch en le réduisant à rien, spécialement par l'action du feu ou d'une très forte chaleur : *Le feu a consumé tous les livres.* — **2.** *Litt.* En parlant d'un sentiment, faire dépérir qqn peu à peu, épuiser ses forces, son énergie : *Le chagrin le consume.*
◆ **se consumer** v. pr., **être consumé** v. pass. **1.** Être détruit, en partic. par le feu : *La cigarette achevait de se consumer.* — **2.** *Litt.* Perdre ses forces, être épuisé par l'intensité d'un sentiment, l'ardeur mise dans une action : *Se consumer d'amour pour quelqu'un.*

CONSUMÉRISME n. m. (angl. *consumerism*). Mouvement visant à donner aux consommateurs un rôle actif au niveau économique et social.

ENCYCL. Le consumérisme est apparu dans les années 60 aux États-Unis, tendant à réclamer pour le consommateur le droit à la sécurité, à l'information, et celui de pouvoir choisir, en toute liberté et connaissance de cause, les produits qu'il désire. En France, les associations de consommateurs ont été officiellement reconnues dès 1960.

Des organes, publics et privés, ont vu le jour (Union fédérale des consommateurs, 1961 ; Institut national de la consommation, 1966).

CONSUMÉRISTE adj. et n. (angl. *consumerist*). Relatif au consumérisme ; partisan du consumérisme.

CONTACT n. m. (lat. *contactus,* de *contingere,* toucher). **1.** État ou position de deux corps ou substances qui se touchent : *Mettre deux corps en contact.* – **2.** Sensation produite par qqch qui touche la peau : *Le doux contact du velours.* – **3.** État ou action de personnes qui sont en relation, qui communiquent entre elles, qui se fréquentent : *Garder le contact avec des amis d'enfance.* – **4.** Personne avec qui on est en relation, avec qui on entre en rapport pour se procurer qqch, pour obtenir des renseignements, etc. : *Avoir un contact pour obtenir de la drogue.* – **5.** Communication, relation entre des personnes, des groupes : *Il n'y a pas de contact possible entre eux.* – **6.** État de qqn qui est proche de la réalité, qui fait l'expérience d'une activité, d'une relation avec l'extérieur, etc., de manière concrète : *Il a perdu tout contact avec le réel.* – **7.** Liaison établie entre deux points d'un circuit électrique : *Le contact ne se fait pas.* – **8.** *Fam.* Personne avec laquelle un espion est en relation dans le pays où il opère. – **9.** *Contact radio,* relation établie par radio entre qqn et qqn d'autre ou un appareil enregistreur. ‖ *Entrer, se mettre en contact, prendre contact avec qqn,* le contacter, se mettre en rapport avec lui. ‖ *Mettre, couper le contact,* brancher, débrancher un circuit électrique, en partic. dans un véhicule. ‖ *Perdre le contact avec qqn,* ne plus le voir, ne plus être en relation avec lui. ‖ *Prise de contact,* action d'entrer en relation avec qqn ; action de pratiquer pour la première fois une activité, de faire une première expérience. • **Autom.** *Clef de contact,* clef utilisée pour la manœuvre de l'interrupteur d'allumage. – **Ch. de f.** *Ligne de contact, fil de contact,* fil conducteur de la caténaire, sous lequel frotte l'archet du pantographe. – **Chim.** *Procédé de contact,* fabrication industrielle de l'acide sulfurique, par catalyse en phase gazeuse. – **Électr.** Surface commune à deux pièces conductrices qui se touchent. ‖ Chacune des pièces qui assurent le contact. – **Électron.** Élément conducteur d'un composant, qui touche ou s'accouple avec un élément correspondant pour assurer le passage du courant. – **Équit.** Liaison que garde le cavalier, par l'intermédiaire des rênes, avec la bouche de son cheval. – **Géol.** Rapport normal ou anormal entre deux formations. (Dans le premier cas, la limite correspond au dispositif stratigraphique originel. Dans le second, cette limite est d'origine tectonique [accident de type faille, décrochement, chevauchement ou charriage].) – **Géom.** *Élément de contact,* point commun à plusieurs courbes ou surfaces. – **Ling.** *Contact de langues,* situation dans laquelle un individu ou un groupe sont conduits à faire usage de deux (ou plusieurs) langues (ou dialectes d'une même langue). – **Méd.** *Système de contact,* système initiateur du processus de coagulation du sang. (Il comprend plusieurs facteurs plasmatiques.) ‖ *Verre de contact,* petite coque de matière plastique que l'on applique directement sur l'œil et qui a pour but de supprimer les vices de réfraction de la cornée. (→ *encycl.*) – **Mil.** Relation établie entre deux adversaires par la vue ou par le feu. ‖ *Prise de contact,* action destinée à préciser sur le terrain la situation de l'ennemi. ‖ *Rompre le contact,* se dérober au contact de l'ennemi. (Syn. DÉCROCHER.) – **Phot.** Épreuve obtenue en mettant le papier sensible en contact avec le phototype négatif ou positif à tirer. – **Publ.** Nombre de personnes qui, à un moment donné, rencontrent un support publicitaire. – **Techn.** *Fermeture contact,* fermeture composée de deux rubans, fixés sur les deux pièces à maintenir jointes, dont l'un comporte à sa surface des éléments en forme de crochets, champignons ou harpons et l'autre de fines boucles dans lesquelles se prennent ces éléments lorsqu'on presse les deux rubans ensemble.

ENCYCL. **Méd.** On distingue le *verre de contact scléral,* coque transparente qui se moule sur la face antérieure du globe oculaire, et la *lentille cornéenne,* verre de contact souple ou dur qui ne déborde pas le cercle de la cornée et qui, plus légère et mieux supportée, tend à le supplanter dans de nombreux cas.

CONTACTER v. t. (de *contact*) [conj. 3]. Entrer en contact, se mettre en rapport avec qqn : *On peut me contacter par téléphone.*

CONTACTEUR n. m. **1.** Appareil destiné à déterminer l'ouverture ou la fermeture d'un ou de plusieurs circuits et dont les éléments mobiles n'ont qu'une position de repos correspondant à l'ouverture des circuits principaux. – **2.** Appareil maintenant en contact deux ou plusieurs produits, pour faciliter une réaction chimique.

CONTACTEUR-DISJONCTEUR n. m. (pl. *contacteurs-disjoncteurs*). Contacteur électromagnétique muni de relais provoquant son ouverture automatique.

CONTACTHÉRAPIE ou **CONTACTOTHÉRAPIE** n. f. Syn. de RADIOTHÉRAPIE DE CONTACT.

CONTACTOLOGIE n. f. Discipline médicale consacrée à l'adaptation des verres de contact oculaires.

CONTACTOLOGUE ou **CONTACTOLOGISTE** n. Praticien qui adapte les verres de contact oculaires.

CONTADES (Louis Georges Érasme, *marquis* DE), maréchal de France (Angers 1704 - Livry 1795). Commandant l'armée d'Allemagne en 1758, lors de la guerre de Sept Ans, il fut vaincu à Minden (1759) par le duc Ferdinand de Brunswick.

Contadora *(groupe de),* groupe de pays d'Amérique latine (Colombie, Mexique, Panamá, Venezuela), formé en janv. 1983 en vue de promouvoir une solution négociée avec les États-Unis de la crise de l'Amérique centrale.

CONTAGE n. m. (lat. *contagium*). **1.** Syn. de CONTAGION. — **2.** Possibilité de contact antérieur d'un malade avec un sujet atteint de la même maladie, qui est donc dite contagieuse.

CONTAGIEUX, EUSE adj. (bas lat. *contagiosus*). **1.** Qui se communique, se transmet par contagion. — **2.** Qui produit la contagion. — **3.** Qui se transmet facilement d'une personne à une autre ; communicatif : *Rire contagieux.* — **4.** *Maladie légalement réputée contagieuse (M. L. R. C.),* épizootie économiquement grave, parfois transmissible à l'homme, donnant lieu à déclaration obligatoire et à l'application de mesures de police sanitaire (rage, peste bovine, brucellose, fièvre aphteuse, peste aviaire, myxomatose, etc.). ◆ adj. et n. Se dit d'un sujet atteint d'une maladie contagieuse.

Maladies contagieuses à déclaration obligatoire	
1.	Fièvre typhoïde et fièvres paratyphoïdes.
2.	Typhus exanthématique.
3.	Variole.
6.	Diphtérie.
8.	Choléra.
9.	Peste.
10.	Fièvre jaune.
12.	Toxi-infections alimentaires collectives.
13.	Méningite cérébro-spinale à méningocoques et méningococcémies.
14.	Poliomyélite antérieure aiguë.
16.	Brucelloses.
20	Tétanos.
24 *a*.	Paludisme autochtone.
24 *b*.	Paludisme importé.
27.	Tuberculose.
29.	Rage.
-	Botulisme.
-	Légionelloses.
-	Sida.
-	Fièvres hémorragiques africaines.
•	Pour les maladies vénériennes : . Syphilis. . Gonococcie. . Chancre mou. . Maladie de Nicolas-Favre.

CONTAGION n. f. (lat. *contagio, -onis,* de *cum,* avec, et *tangere,* toucher). **1.** Transmission d'une maladie d'un sujet malade à une personne saine. (Syn. CONTAGE.) [La contagion peut être directe, indirecte (par l'intermédiaire d'un animal ou d'un objet contaminé) ou, le plus souvent, mixte.] — **2.** Transmission involontaire d'un état affectif ; propagation : *Contagion du rire.* — **3.** *Contagion mentale,* transmission directe de troubles psychiques d'un individu à un ou plusieurs autres. (Il semble toutefois que le processus en cause soit plus complexe que la suggestibilité, souvent incriminée à son origine.)

CONTAGIONNER v. t. (conj. **3**). *Litt.* Faire acquérir à qqn les mêmes idées, les mêmes sentiments.

CONTAGIOSITÉ n. f. Caractère de ce qui est contagieux.

CONTAINER, CONTAINÉRISABLE, CONTAINÉRISATION, CONTAINÉRISER → CONTENEUR, CONTENEURISABLE, CONTENEURISATION, CONTENEURISER.

CONTAMINATEUR, TRICE adj. et n. Qui transmet une maladie, en partic. une maladie vénérienne.

CONTAMINATION n. f. (lat. ecclés. *contaminatio, -onis,* souillure). **1.** Action de contaminer ; envahissement d'un organisme vivant ou d'une chose quelconque par des micro-organismes pathogènes. (Syn. CONTAGION.) — **2.** Propagation d'un mal, d'un vice, d'un défaut. — **3.** *Litt.* Action de se contaminer, d'interférer en réagissant l'un sur l'autre : *La contamination de deux théories.* — **4.** Modification de la composition chimique d'un magma par un mélange avec un autre magma ou avec des éléments des roches avoisinantes. — **5.** Action analogique exercée par un élément linguistique sur un autre. — **6.** *Contamination radioactive,* présence indésirable d'une substance radioactive dans un milieu (et en particulier dans l'organisme humain) ou sur une surface (et en particulier sur la peau).

CONTAMINER v. t. (lat. *contaminare*) [conj. 3]. **1.** Infecter qqn, un milieu, de germes pathogènes, leur transmettre une affection contagieuse : *Il faut isoler le malade pour qu'il ne contamine pas toute la famille.* — **2.** Provoquer la contamination radioactive. — **3.** En parlant d'un mal ou de qqn, de qqch atteint par un mal, gagner qqn, qqch d'autre : *Quelques mauvais esprits ont contaminé toute la classe.* — **4.** Influencer qqch et le transformer : *Courant de pensée qui en a contaminé un autre.*

CONTAMINES-MONTJOIE (Les) [74190], comm. de la Haute-Savoie, dans le massif du Mont-Blanc ; 999 hab. *(Contaminards).* Station de sports d'hiver.

Durée d'éviction des établissements scolaires et des centres de vacances et de loisirs et mesures de prophylaxie à prendre en cas de maladies contagieuses		
	Sujet malade	Sujets en contact avec le sujet malade
Coqueluche	Éviction de 30 j à compter du début de la maladie.	Pas d'éviction.
Diphtérie	Éviction de 30 j à compter de la guérison clinique. Délai abrégé si 2 prélèvements rhinopharyngés à 8 j d'intervalle sont négatifs.	Pas d'éviction. Pour les vaccinés : une injection de rappel. Pour les non vaccinés : mise en route immédiate de la vaccination ; prélèvements de gorge ; antibiothérapie de 7 j si prélèvement positif.
Méningite à méningocoque	Éviction jusqu'à guérison clinique.	Pas d'éviction. Prophylaxie médicamenteuse et, dans certains cas, vaccination.
Poliomyélite	Éviction jusqu'à absence de virus dans les selles.	Pas d'éviction. Vaccination ou revaccination systématique ; prélèvements de selles.
Rougeole, oreillons, rubéole*	Éviction jusqu'à guérison clinique.	Pas d'éviction. Vaccination recommandée chez les personnes non vaccinées et n'ayant pas eu la maladie.
Streptococcies hémolytiques du groupe A : scarlatine, angines à streptocoques, R. A. A., néphrites aiguës, etc.	Réadmission subordonnée à la présentation d'un certificat médical attestant que le malade a été soumis à une thérapeutique appropriée.	Pas d'éviction. En cas d'épidémie, prélèvements de gorge et antibiothérapie.
Typhoïde et paratyphoïdes	Éviction jusqu'à guérison clinique.	Pas d'éviction. Renforcement des règles d'hygiène.
Infections par le HIV (virus du sida) ou le virus de l'hépatite B	Pas d'éviction.	Pas d'éviction.
Teignes	Éviction jusqu'à présentation d'un certificat médical attestant disparition de l'agent pathogène à l'examen microscopique.	Pas d'éviction. Dépistage systématique.
Tuberculose respiratoire	Éviction jusqu'à présentation d'un certificat médical attestant négativation de l'expectoration.	Pas d'éviction. Dépistage.
Pédiculose	Pas d'éviction si traitement.	Pas d'éviction.

Durée d'éviction des établissements scolaires et des centres de vacances et de loisirs et mesures de prophylaxie à prendre en cas de maladies contagieuses		
	Sujet malade	Sujets en contact avec le sujet malade
Dysenteries amibienne ou bacillaire, Gale syndrome grippal épidémique, hépatite A, impétigo (et autres pyodermites), varicelle	Éviction jusqu'à guérison clinique.	Pas d'éviction.
* Dès qu'un cas de rubéole se déclare, les femmes en âge de procréer (et, à plus forte raison, les femmes enceintes) doivent en être informées.		

CONTANT D'IVRY (Pierre CONTENT ou CONSTANT, dit), architecte français (Ivry-sur-Seine 1698 - Paris 1777). Dans le goût classique de sa maturité, il a élevé la chapelle de Pentémont, rue de Grenelle à Paris (1747), a remanié le Palais-Royal et a rebâti à Arras l'abbatiale St-Vaast.

CONTARINI, famille vénitienne. Enrichie par le commerce, elle a fourni à Venise des prélats, des généraux, des artistes et huit doges (entre 1043 et 1684).

CONTARINIA n. f. (de N. B. *Contarini,* n. pr.). Minuscule moucheron (cécidomyie), dont diverses espèces sont gravement nuisibles au blé, aux poires, à la vigne, au colza, à la luzerne, etc.

CONTE n. m. (de *conter*). **1.** Récit, en général assez court, de faits imaginaires. (→ *encycl.*) — **2.** *Conte à dormir debout, conte bleu,* récit, assertion ridicule, sans fondement. ‖ *Conte de fées,* récit merveilleux où interviennent des fées. ‖ *Vivre un conte de fées,* vivre une aventure merveilleuse, extraordinaire.

ENCYCL. **Littér.** Le conte représente une des plus anciennes formes de littérature populaire de transmission orale. Expression de mythes humains universels, il se distingue du roman et de la nouvelle par sa forme de récit parlé, trahissant la présence constante de l'auteur. Illustré par le *merveilleux** au Moyen Âge *(les Mille et Une Nuits),* mais aussi par la satire et le réalisme (*le Décameron,* de Boccace, *les Contes de Cantorbéry,* de Chaucer), veine qui se prolonge sous la Renaissance *(l'Heptaméron),* puis chez La Fontaine *(Contes)* et Balzac *(Contes drolatiques),* il devient fantastique à l'époque du romantisme français (Nodier) et allemand (les frères Grimm, E. T. A. Hoffmann), pour revenir au réalisme en France (Daudet), en Angleterre (Dickens) et aux États-Unis (Mark Twain, O. Henry). Conteur illustre, Andersen a réuni la saveur populaire au charme du rêve.

Conte d'hiver *(le),* comédie en 5 actes de W. Shakespeare (v. 1610). La tragédie engendrée par la jalousie trouve un dénouement heureux grâce à la pastorale.

Conte du tonneau *(le),* allégorie satirique de Swift (1704) : virulent procès contre les dissensions de la Réforme.

Contes, de H. C. Andersen, publiés en plusieurs recueils de 1835 à 1872. S'il s'est inspiré du folklore ou des légendes scandinaves, Andersen a surtout créé des contes originaux, parfois autobiographiques *(le Vilain Petit Canard, la Petite Sirène, la Petite Fille aux allumettes, l'Intrépide Soldat de plomb, les Nouveaux Habits de l'empereur).*

Contes, de La Fontaine, divisés en 5 livres (1665-1682). Ce sont des récits galants en vers, imités de l'Arioste et de Boccace.

Contes, de Charles Perrault, publiés en 1697 sous le titre de *Histoires ou Contes du temps passé,* avec cet autre titre : *Contes de ma mère l'Oye,* et sous le nom de son fils, Perrault d'Armancour. Ils rassemblent des contes en prose *(la Belle au bois dormant, le Petit Chaperon rouge, Barbe-Bleue, le Chat botté, Cendrillon, le Petit Poucet)* et en vers *(les Souhaits, Peau d'âne),* qui appartiennent, pour la plupart, à la tradition populaire.

Contes de Cantorbéry *(les),* recueil de contes en prose et en vers de G. Chaucer (composé v. 1390 et édité v. 1478). Ces récits de pèlerins mêlant la tradition courtoise à la veine populaire constituent le premier chef-d'œuvre de la littérature anglaise. — Pasolini en a donné une adaptation au cinéma (1972).

Contes du chat perché *(les),* recueil de Marcel Aymé (1934), complété par les *Autres Contes du chat perché* (1950) et les *Derniers Contes du chat perché* (1958). Les animaux qui en sont les héros parlent en hommes et en partagent les défauts.

Contes cruels, recueil de 27 contes de Villiers de L'Isle-Adam (1883), suivis des *Nouveaux Contes cruels* et des *Histoires insolites* (1888). À l'angoisse personnelle de l'auteur se mêle l'influence de Byron et d'Edgar Poe *(l'Intersigne, Vera).*

Contes drolatiques, d'Honoré de Balzac (1832-1837). Très lestes de sujets et de ton, ils ont été illustrés par Gustave Doré (1855).

Contes d'enfants et du foyer, recueil groupant 200 *Contes* des frères Grimm (1812-1815 et 1822). Restitution pleine de fraîcheur de contes populaires allemands *(Blanche-Neige, Hänsel et Gretel, les Musiciens de la ville de Brême).*

Contes de fées, par Mme d'Aulnoy (1697-1698). Destinés aux enfants, ils sont à la fois naïfs et pleins de finesse *(l'Oiseau bleu, la Chatte blanche).*

Contes des frères Sérapion, recueil de E. T. A. Hoffmann (1819-1821), qui allie une imagination fantastique à un réalisme minutieux *(Casse-Noisette, le Roi des rats, Mademoiselle de Scudéry).*

Contes d'Hoffmann *(les),* opéra en 3 actes de J. Offenbach, sur un livret de J. Barbier (Paris, 1881), terminé et orchestré par E. Guiraud. Le texte a été tiré librement des écrits de E. T. A. Hoffmann.

Contes du lundi, d'Alphonse Daudet (1873). À quelques contes dans la veine des *Lettres de mon moulin* s'ajoutent des récits inspirés, pour la plupart, de la guerre de 1870 *(la Dernière Classe, l'Enfant espion).*

Contes de Noël, de Ch. Dickens (1843-1848). Ce sont des récits populaires par leur humour *(le Chant de Noël)* ou leur émotion *(le Grillon du foyer).*

Contes de pluie et de lune, recueil de 9 contes d'Ueda Akinari (1776). Exercice de style sur des thèmes traditionnels de légendes populaires japonaises ou chinoises *(Passion d'un serpent).* – Le cinéaste Mizoguchi Kenji a adapté deux de ces récits pour un film (*Contes de la lune vague après la pluie,* 1953) qui est l'un des chefs-d'œuvre du cinéma japonais.

CONTE (Paolo), auteur-compositeur et interprète italien (Asti 1937). Passionné de jazz mais ouvert à toutes les musiques, il livre des mélodies poignantes, des rythmes swingants, des airs qui évoquent l'opéra *(Max, Hemingway, Boogie, Il Maestro).*

CONTÉ (Nicolas Jacques), chimiste et mécanicien français (près de Sées, Orne, 1755 - Paris 1805). On lui doit l'idée d'utiliser les aérostats dans les opérations militaires. Il est également le créateur des crayons à mine de graphite aggloméré qui portent son nom.

CONTEMPLATEUR, TRICE adj. et n. (lat. *contemplator*). *Litt.* Qui contemple un objet, qui s'absorbe dans l'admiration de qqn, de qqch, dans ses méditations.

CONTEMPLATIF, IVE adj. et n. (lat. *contemplativus*). Qui se livre à la contemplation : *C'est un esprit contemplatif.*
◆ adj. **1.** Se dit d'un état particulier dans lequel l'âme se livre tout entière à la contemplation. – **2.** *Ordres contemplatifs,* ordres religieux dont les membres s'adonnent essentiellement à la contemplation. ‖ *Vie contemplative,* vie principalement consacrée à la contemplation. (Se dit par oppos. à VIE ACTIVE.)

CONTEMPLATION n. f. (lat. *contemplatio, -onis*). **1.** Action de contempler qqn, qqch, de les regarder avec attention et longuement : *Contemplation d'un tableau.* – **2.** État de l'esprit qui s'applique profondément à un objet intellectuel, état de l'âme qui se donne tout entière à la méditation : *Contemplation intérieure.* – **3.** Union à Dieu, par la connaissance affective. – **4.** *Être en contemplation devant qqn, qqch,* l'admirer sans restriction et sans aucun esprit critique.

Contemplations *(les),* recueil de poésies et monument central du lyrisme de Hugo (1856), qui continue, recoupe et sublime les recueils de 1830-1840. Autobiographie, confession, examen de conscience, profession de foi délibérément discontinue révèlent les tourments de l'auteur torturé par la mort de sa fille et par l'exil – d'où la division du recueil en deux parties : *Autrefois* et *Aujourd'hui.*

CONTEMPLATIVEMENT adv. *Litt.* De manière contemplative.

CONTEMPLER v. t. (lat. *contemplari*) [conj. 3]. **1.** Regarder longuement qqch, qqn avec beaucoup d'attention, en s'absorbant dans cette observation : *Contempler le ciel.* – **2.** Regarder qqch avec admiration : *D'ici vous pouvez contempler ce magnifique paysage.* – **3.** Regarder qqch, qqn d'une certaine manière, l'observer, le voir sous l'effet de tel ou tel sentiment : *Contempler avec horreur les débris d'un avion écrasé.* – **4.** Considérer une situation, un état dans tous leurs aspects, dans toute leur étendue, en prendre pleinement conscience : *Contempler l'ampleur du désastre.*

CONTEMPORAIN, E adj. et n. (bas lat. *contemporaneus,* du lat. class. *cum,* avec, et *tempus, -oris,* temps). **1.** Qui vit à la même époque que qqn d'autre, que celle où certains événements se produisent : *Pascal est le contemporain de Molière.* — **2.** Qui appartient à l'époque présente, au temps présent : *Auteurs contemporains.*

◆ adj. **1.** Qui existe dans le même temps que qqn ou qqch d'autre : *Ce château est contemporain de la Renaissance.* — **2.** Qui est du temps présent ; moderne : *La musique contemporaine.* — **3.** *Danse contemporaine,* nom donné par Martha Graham et ses disciples à la *danse moderne.* ‖ *Histoire contemporaine,* histoire écrite dans le temps même des événements qui y sont racontés ; partie de l'histoire postérieure à la Révolution de 1789.

CONTEMPORANÉITÉ n. f. Fait d'exister à la même époque ; caractère de ce qui est contemporain.

CONTEMPORANISTE n. Spécialiste de l'histoire contemporaine.

CONTEMPTEUR, TRICE n. (lat. *contemptor,* de *contemnere,* mépriser). *Litt.* Personne qui dénigre qqn ou qqch : *Les contempteurs des valeurs morales.*

CONTENANCE n. f. (de *contenir*). **1.** Quantité que peut contenir qqch ; capacité : *La contenance d'un tonneau.* — **2.** *Vx.* Étendue, superficie : *Parc d'une contenance de trois cents hectares.* — **3.** Manière qu'a qqn de se tenir en telle ou telle circonstance ; attitude : *Ne pas savoir quelle contenance prendre.* — **4.** *Faire bonne contenance,* montrer de la fermeté, du courage ou de l'aplomb dans une situation difficile ou délicate. ‖ *Perdre contenance,* perdre son sang-froid, être embarrassé, intimidé, se démonter. ‖ *Se donner une contenance,* adopter une attitude, un comportement susceptibles de masquer son trouble, sa timidité.

CONTENANT n. m. Ce qui contient qqch ; récipient, emballage.

CONTENAU (Georges), archéologue français (Laon 1877 - Paris 1964). Conservateur en chef des Antiquités orientales du musée du Louvre (1927), il participa à de nombreuses fouilles à Suse (Iran), Sidon (Liban), Tepe Giyān (Iran). Il a publié un *Manuel d'archéologie orientale* (1927-1947, 4 vol.).

CONTENEUR ou **CONTAINER** n. m. (angl. *container*). **1.** Caisse de dimensions normalisées utilisée pour la manutention, le stockage ou le transport de matières ou de lots d'objets dont elle permet de simplifier l'emballage. — **2.** Cylindre dans lequel on place le lopin de métal que l'on veut filer à la presse. — **3.** Récipient transportable permettant de pratiquer des cultures hors sol. — **4.** *Conteneur à gaz,* réservoir métallique sous pression, de 500 à 1 000 l, pour le transport du propane, de l'ammoniac, etc.

CONTENEURISATION ou **CONTAINÉRISATION** n. f. Action de mettre des marchandises en conteneur ; son résultat.

CONTENEURISER ou **CONTAINÉRISER** v. t. (conj. 3). Faire la conteneurisation de qqch.

CONTENIR v. t. (lat. *continere,* de *cum,* avec, et *tenere,* tenir) [conj. **40**]. **1.** Avoir telle capacité, en parlant d'un récipient, d'un objet creux, d'un local, etc. ; recevoir : *Bouteille qui contient un litre.* — **2.** *Vx.* Avoir telle étendue, en parlant d'un espace : *Ce parc contient dix hectares.* — **3.** Renfermer qqch, l'avoir en soi ; renfermer : *Que contient cette boîte ?* — **4.** Avoir comme élément constitutif un produit, une substance : *Boisson qui contient de l'alcool.* — **5.** Avoir comme éléments ; compter : *Dictionnaire qui contient 50 000 mots.* — **6.** Empêcher qqch, un groupe de s'étendre ou d'avancer au-delà de certaines limites, les renfermer dans certaines limites ; endiguer, retenir : *Contenir la foule derrière une barrière.* — **7.** Réprimer un sentiment, empêcher sa manifestation extérieure, maintenir qqn dans un état de calme, l'empêcher de manifester des sentiments violents : *Contenir sa colère, ses larmes.*

◆ **être contenu** v. pass. **1.** Se trouver dans qqch, y être : *Déterminer la quantité de sucre contenue dans le sang.* — **2.** Être réfréné, maîtrisé, retenu, en parlant d'un sentiment : *Colère contenue.*

◆ **se contenir** v. pr. Maîtriser, contrôler et réprimer ses sentiments (surtout violents) et leurs manifestations extérieures.

CONTENT, E adj. (lat. *contentus*). **1.** Qui éprouve du bonheur, de la satisfaction en raison de circonstances agréables, satisfaisantes : *Je suis content de ce succès.* — **2.** Qui est satisfait de la conduite de qqn, de son travail, de ses services, etc. — **3.** Qui éprouve de la satisfaction et la manifeste : *Quand la saison est belle, les hôteliers sont contents.* — **4.** *Être content de soi, de sa (petite) personne,* éprouver une satisfaction plus ou moins vaniteuse de ses actes, de son physique ; suffisant. ‖ *Non content de,* ne se satisfaisant pas de, ne se contentant pas de : *Non content d'être riche, il veut aussi être beau.*

◆ **content** n. m. *Avoir (tout) son content (de qqch),* avoir tout ce qu'on désirait ou, ironiq., être comblé, accablé de qqch de pénible. ‖ *Dormir, agir, etc., (tout) son content,* d'une manière telle, en quantité telle que le besoin est satisfait.

CONTENTEMENT n. m. **1.** Action de contenter, de satisfaire un désir, un besoin, etc. ; assouvissement. — **2.** État, sentiment de qqn qui ne désire rien de plus ; satisfaction vive et durable ;

plaisir, joie. – 3. *Contentement de soi, de soi-même,* vive satisfaction, plus ou moins marquée de vanité, qu'on éprouve en jugeant trop favorablement son action, sa propre personne.

CONTENTER v. t. (de *content*) [conj. 3]. 1. Satisfaire qqn, combler ses désirs, lui plaire : *Cet arrangement amiable devrait contenter tout le monde.* – 2. Assouvir une tendance, un instinct, les laisser s'exercer : *Pour contenter ta curiosité, je vais te lire la lettre.*

◆ **se contenter** v. pr. 1. Être satisfait de qqch, ne rien demander de plus, borner ses désirs à cela : *Il se contente de peu.* – 2. Se borner à : *Pour toute réponse, il s'est contenté de hausser les épaules.*

CONTENTIEUX, EUSE adj. (bas lat. *contentiosus,* querelleur). 1. Qui donne ou peut donner lieu à débat, à procès. – 2. *Juridiction contentieuse,* celle qu'exercent les tribunaux, par oppos. à la *juridiction gracieuse.*

◆ **contentieux** n. m. 1. Ensemble des affaires contentieuses pendantes entre deux parties ; service administratif chargé de ces affaires. – 2. Ensemble de conflits passés non résolus existant entre des personnes ou des groupes et pesant sur la situation présente. – 3. *Contentieux administratif,* contentieux qui relève de la compétence des juridictions administratives placées sous le contrôle du Conseil d'État. ‖ *Contentieux fiscal,* ensemble des procédures arbitrales, administratives ou judiciaires servant à résoudre les contestations d'ordre fiscal. ‖ *Contentieux électoral,* ensemble des litiges relatifs à l'application de la législation et de la réglementation électorales.

CONTENTIF, IVE adj. Qui exerce une contention sur un membre, une personne, un animal.

1. CONTENTION n. f. (lat. *contentio, -onis,* effort). *Litt.* Tension forte et prolongée des facultés intellectuelles : *Contention d'esprit.*

2. CONTENTION n. f. (lat. méd. *contentio, -onis*). 1. Procédé utilisé pour immobiliser un os fracturé à l'aide d'appareils externes (bandage, plâtre, etc.) ou internes (vis, broches, plaques). – 2. Action d'immobiliser un malade mental agité. – 3. Procédé employé pour immobiliser les animaux domestiques afin d'effectuer un diagnostic, de mettre en œuvre un traitement ou de pratiquer une intervention chirurgicale.

1. CONTENU → CONTENIR.

2. CONTENU n. m. 1. Ce qui est contenu dans un récipient : *Le contenu d'une assiette.* – 2. Ce qui est exprimé dans un texte, un énoncé, sa teneur, sa signification : *Tous ignoraient le contenu du testament.* – 3. Sens d'un mot : *Chaque terme a un contenu précis.* • **Docum.** *Analyse du contenu,* action documentaire par laquelle un document est défini ou décrit pour un lecteur éventuel. – **Ling.** Face abstraite, conceptuelle du message linguistique, par oppos. à l'*expression,* qui en est le véhicule sonore. – **Psychan.** *Contenu latent,* contenu de pensée que le travail d'interprétation psychanalytique découvre derrière le rêve ; ensemble de restes diurnes de souvenirs, de discours et plus singulièrement de désirs auxquels conduisent les libres associations de l'analysant. (→ *encycl.*) ‖ *Contenu manifeste,* récit du rêve avant qu'il ne soit soumis à l'interprétation psychanalytique. – **Psychol.** *Analyse de contenu,* méthode empirique où le codeur intervient pour établir le sens d'un texte afin de déterminer, par exemple, par quels mécanismes l'influence sociale s'y exerce. (→ *encycl.*)

ENCYCL. **Psychan.** Bref et lacunaire, le *contenu manifeste* du rêve est le produit d'un immense travail de condensation. Il est comparable à une transcription sous forme d'hiéroglyphes du contenu latent, ou encore à un rébus qui, correctement traduit, révèle un discours porteur de désirs. Le *contenu latent,* riche et diversifié, est la mise en évidence par l'interprétation analytique du « matériel psychique » qui a été soumis au travail du rêve.

– **Psychol.** Dans l'*analyse de contenu,* le codeur découpe des unités de signification (catégories d'analyse) dans le texte étudié et établit ensuite des différences, des similitudes et des transformations qui doivent être interprétées pour aboutir à une caractérisation des états observés.

CONTER v. t. (lat. *computare,* compter) [conj. 3]. 1. Rapporter un fait en énumérant ses diverses circonstances, en faire le récit ; narrer : *Conter une histoire.* – 2. *En conter à qqn,* le tromper, l'abuser, se moquer de lui. ‖ *S'en laisser conter,* se laisser abuser, se laisser séduire.

CONTES (06390), ch.-l. de cant. des Alpes-Maritimes, dans les Alpes niçoises ; 5 944 hab. *(Contois).* Église du XVIe s. (retable de l'école des Bréa).

CONTESTABLE adj. Qui peut être contesté, mis en discussion ; discutable, douteux : *Opinion contestable.*

CONTESTATAIRE adj. et n. Qui conteste, remet en cause les valeurs dominantes au sein d'une société ou la société dans sa totalité.

◆ adj. Qui dénote un esprit de contestation, qui relève de la contestation : *Un journal contestataire.*

CONTESTATEUR, TRICE adj. et n. Qui conteste : *Ton contestateur.*

CONTESTATION n. f. (lat. *contestatio, -onis*). 1. Action de contester, de ne pas admettre qqch ; discussion : *La contestation d'un droit.* – 2. Débat, dispute, querelle, controverse, différend sur une question litigieuse. — **3.** Action de remettre en cause l'ordre social, politique, économique établi et de critiquer systématiquement les institutions existantes et l'idéologie dominante. — **4.** *Action en contestation d'état,* action judiciaire ouverte à une personne qui a une possession d'état non conforme à son acte de naissance.

CONTESTE (SANS) loc. adv. Incontestablement, sans contredit.

CONTESTER v. t. (lat. *contestari,* par l'intermédiaire de l'anc. provenç. *contestar*) [conj. 3]. **1.** Mettre qqch en cause, discuter qqch à qqn : *Je vous conteste le droit de m'interrompre.* — **2.** Remettre qqch en cause, refuser de reconnaître la validité de qqch, d'une assertion : *On a contesté la compétence du jury.* — **3.** Mettre en doute la qualification de qqn, son mérite, sa valeur ; critiquer : *On le conteste dans les milieux scientifiques.* — **4.** Remettre en question la société, les institutions politiques et sociales, en critiquer systématiquement les bases : *Les jeunes contestent tout.*

◆ **être contesté** v. pass. Être mis en question ; être critiqué : *Une personnalité très contestée.*

CONTEUR, EUSE n. **1.** Personne qui conte, qui a l'habitude de conter ; narrateur. — **2.** Personne qui invente, qui dit ou écrit des contes pour amuser, distraire : *Les conteurs arabes.*

CONTEXTE n. m. (lat. *contextus,* assemblage). **1.** Ensemble des conditions naturelles, sociales, culturelles dans lesquelles se situe un énoncé, un discours. — **2.** Ensemble des circonstances dans lesquelles se produit un événement, se situe une action : *Replacer un fait dans son contexte historique.* — **3.** Ensemble du texte à l'intérieur duquel se situe un élément d'un énoncé et dont il tire sa signification. — **4.** Ensemble d'informations caractérisant l'état de l'unité centrale d'un ordinateur à tout moment de l'exécution d'un programme. — **5.** Ensemble des éléments (phonème, morphème, phrase, etc.) qui précèdent et/ou suivent une unité linguistique à l'intérieur d'un énoncé. (Syn. ENVIRONNEMENT.)

CONTEXTUEL, ELLE adj. **1.** Relatif au contexte. — **2.** *Définition contextuelle,* définition qui ne fournit pas un équivalent du symbole ou du terme à définir, mais qui constitue une règle pour traduire en un énoncé équivalent tout contexte dans lequel ce symbole intervient et où ce symbole ne figure plus. ‖ *Variante contextuelle,* syn. de VARIANTE COMBINATOIRE.

CONTEXTUELLEMENT adv. D'une manière contextuelle.

CONTEXTURE n. f. (de *contexte,* d'apr. *texture*). **1.** Entrelacement, assemblage d'éléments, organisation de parties qui forment un tout : *Contexture d'une étoffe, d'une roche.* — **2.** Liaison des différentes parties d'un texte, d'un ouvrage ; structure : *La contexture d'un roman.* — **3.** Mode d'entrecroisement des fils de chaîne et des fils de trame dans un tissu.

CONTI ou **CONTY** (*maison* DE), branche cadette de la maison de Condé, elle-même issue de la maison de Bourbon. Formée en 1558, la maison de Conti disparut en 1614, se reforma en 1629 et s'éteignit en 1814.

— La *première maison de Conti* n'a qu'un seul représentant : FRANÇOIS **de Bourbon,** prince **de Conti** (La Ferté-sous-Jouarre 1558 - Paris 1614), troisième fils de Louis Ier de Bourbon, premier prince de Condé, qui avait acquis en 1551 la seigneurie de Conti (auj. Conty [Somme]) par son mariage avec Éléonore de Roye. Vers 1585, Conti fut érigé en sa faveur en principauté.

— La *deuxième maison de Conti* est issue d'ARMAND **de Bourbon,** prince **de Conti** (Paris 1629 - Pézenas 1666), fils d'Henri II de Bourbon, troisième prince de Condé, qui fut l'un des protagonistes de la Fronde des princes. Arrêté et enfermé à Vincennes avec son frère le Grand Condé (1650), puis libéré (1651), il se rallia à Mazarin (1653), dont il épousa, en 1654, la nièce, Anne-Marie Martinozzi. Les principaux membres de cette maison furent : FRANÇOIS LOUIS **de Bourbon,** prince **de La Roche-sur-Yon** puis prince **de Conti** (Paris 1664 - *id.* 1709), fils d'Armand, qui fut élu roi de Pologne en 1697. Mais en 1699, sous la pression du tsar Pierre Ier, ses partisans à la Diète reconnurent comme roi l'Électeur de Saxe Auguste II. — LOUIS FRANÇOIS **de Bourbon,** prince **de Conti** (Paris 1717 -L'Isle-Adam 1776), petit-fils du précédent, lieutenant général (1735). Il remporta la victoire de Coni (Cuneo) pendant la guerre de la Succession d'Autriche et fut nommé par Louis XV chef du Secret du roi (1747). — LOUIS FRANÇOIS JOSEPH **de Bourbon,** prince **de Conti** (Paris 1734 - Barcelone 1814), fils du précédent qui fut promu lieutenant général après s'être distingué à la bataille de Krefeld (1758), lors de la guerre de Sept Ans. Il mourut sans laisser de postérité.

Conti *(quai de),* à Paris, quai de la rive gauche de la Seine, où se trouvent l'Institut de France et la Monnaie.

CONTI, famille romaine remontant au XIe s., descendant des comtes de Segni et dont étaient issus les papes Innocent III*, Grégoire IX* et Innocent XIII*.

CONTI (Niccolo DEI), voyageur vénitien du XVe s. (Chioggia-Venise 1469). Il se rendit à Bagdad en 1414 puis voyagea pendant vingt-cinq ans en Inde, à Sumatra, à Java et en Birmanie.

CONTI (Amélie Gabrielle Stéphanie Louise DE **Bourbon-**), aventurière française (Paris 1756 - *id.* 1825). Sans doute fille du secrétaire Étienne Delorme, elle prétendait être la fille naturelle de Louis François de Bourbon, prince de Conti, et de la duchesse de Mazarin et passa sa vie à revendiquer sa prétendue haute lignée. Les *Mémoires historiques,* qu'elle publia en 1798, ont inspiré Goethe dans sa *Fille naturelle* (1802).

CONTIGU, Ë adj. (lat. *contiguus,* de *contingere,* toucher). **1.** Qui touche à qqch, à un lieu ; qui en est voisin : *La maison est contiguë à la mairie. Nos chambres sont contiguës.* — **2.** Qui est rapproché de qqch d'autre par le sens ou le temps : *Des périodes historiques contiguës.*

CONTIGUÏTÉ n. f. (bas lat. *contiguitas*). État de deux choses contiguës : *La contiguïté de deux propriétés.*

CONTINENCE n. f. (lat. *continentia,* de *continere,* contenir). **1.** Abstinence des plaisirs sexuels. — **2.** Discrétion, sobriété dans ses discours, ses écrits. — **3.** État d'un sphincter qui fonctionne normalement.

1. CONTINENT, E adj. (lat. *continens,* qui retient). **1.** Qui s'abstient des plaisirs sexuels. — **2.** Qui est sobre, discret en paroles : *Être continent dans ses exposés.* — **3.** Se dit d'un sujet (enfant malade) qui est capable de contrôler l'émission de ses urines et de ses matières fécales ; se dit aussi d'un sphincter en état de continence. (Contr. INCONTINENT.)

2. CONTINENT n. m. (lat. *continens terra,* terre continue). **1.** Vaste étendue de terre émergée, considérée comme une partie du monde et à laquelle on rattache les îles proches. — **2.** La partie du continent proche par rapport à une île. (L'Europe pour les îles Britanniques, la France pour la Corse.)

ENCYCL. On distingue traditionnellement cinq continents (l'Europe, l'Asie et l'Afrique [formant l'*Ancien Continent*], l'Amérique [appelée aussi *Nouveau Continent*] et l'Océanie). Certains considèrent que l'Antarctique constitue un sixième continent. L'ensemble des continents couvre moins du tiers (29 %) de la surface du globe et est localisé, en majeure partie, dans l'hémisphère Nord.

CONTINENTAL, E, AUX adj. (angl. *continental*). **1.** Relatif aux continents, à l'intérieur des continents : *Climat continental.* — **2.** Relatif au continent européen, par oppos. à une île ou au reste du monde : *Blocus continental.* — **3.** *Climat continental,* climat de l'intérieur des continents, sous les latitudes moyennes, caractérisé par de fortes amplitudes thermiques entre l'été et l'hiver, avec un maximum estival de précipitations. ‖ *Formations continentales,* sédiments non marins déposés par le vent, les glaciers, les fleuves ou dans les lacs, ou résultant d'altérations à l'air libre. ‖ *Petit déjeuner continental,* par oppos. au petit déjeuner britannique, celui qui, en France, est servi sans œuf.

◆ n. Personne qui habite sur le continent (en partic., la France pour les Corses).

CONTINENTALITÉ n. f. Ensemble des caractères climatiques déterminés par l'affaiblissement des influences maritimes vers l'intérieur d'un continent.

CONTINGENCE n. f. (bas lat. *contingentia,* hasard). **1.** Caractère de ce qui est contingent ; éventualité, possibilité que qqch arrive ou non. — **2.** Dépendance, liaison entre deux caractères généralement qualitatifs. — **3.** *Coefficient de contingence,* nombre qu'on peut calculer avec un tableau de contingence et qui mesure l'importance de la contingence entre deux caractères. ‖ *Tableau de contingence,* tableau statistique mettant en évidence, parmi un groupe d'individus, un échantillon ou une population, une distribution d'un certain caractère A pour chaque catégorie ou tranche d'un autre caractère B, et réciproquement. (La distribution de A et celle de B figurent dans les deux marges du tableau.)

◆ **contingences** n. f. pl. Ensemble des circonstances fortuites qui échappent à la prévision et à la volonté et peuvent conditionner un facteur principal.

1. CONTINGENT, E adj. (lat. *contingens,* de *contingere,* arriver). **1.** Qui peut arriver ou ne pas arriver ; fortuit, occasionnel ; accidentel, incertain : *Circonstances contingentes.* — **2.** Qui a une importance secondaire, un caractère accessoire : *Ne tenez pas compte de ces considérations contingentes.* — **3.** *Portion contingente,* part qui échoit à chacun dans un partage. ‖ *Proposition contingente,* se dit d'une assertion dont la vérité et la fausseté sont également possibles.

◆ **contingent** n. m. Ce qui peut arriver ou non.

2. CONTINGENT n. m. (de *contingent 1*). **1.** Quantité attribuée à qqn ou qu'il fournit : *Magasin qui n'a pas reçu son contingent habituel de marchandises.* — **2.** Part qui incombe à une collectivité locale et qui fixe sa contribution au financement de certaines dépenses. — **3.** Quantité de marchandises prévue par un contingentement. — **4.** Troupe fournie par un État, un territoire. — **5.** Ensemble des jeunes gens qui, au cours d'une même année civile, sont appelés au service national actif.

CONTINGENTAIRE adj. Relatif au contingentement.

CONTINGENTEMENT n. m. **1.** Action de limiter l'importation ou la distribution d'un produit. — **2.** Pratique de cartels ou d'ententes tendant à limiter la production de chacune des entreprises membres et à répartir la clientèle entre celles-ci.

CONTINGENTER v. t. (conj. 3). Effectuer un contingentement.

CONTINI (Gianfranco), philologue et critique littéraire italien (Domodossola 1912 -*id.* 1990), spécialiste de la littérature médiévale et de la littérature italienne contemporaine.

CONTINU, E adj. (lat. *continuus*). **1.** Qui ne subit pas d'interruption dans le temps ; soutenu, incessant : *Fournir un effort continu.* – **2.** Qui ne présente aucune rupture, aucune discontinuité dans l'espace ; ininterrompu : *Ligne continue.* – **3.** *Journée continue,* horaire journalier de travail comportant une brève interruption pour les repas et qui permet au salarié, tout en assurant son nombre d'heures obligatoires, de rester moins de temps sur son lieu de travail. • **Ch. de f.** *Frein continu,* frein dont la mise en action est simultanée sur l'ensemble du train. ‖ *Puissance continue,* puissance qui peut être fournie sans interruption par une locomotive électrique sans que l'échauffement des moteurs dépasse une valeur fixée à l'avance en fonction de la nature des isolants. – **Électr.** Se dit d'une grandeur (courant, tension, etc.) indépendante du temps ou dont la composante indépendante du temps est primordiale. – **Math.** *Fonction continue à droite (resp. à gauche) en* x_0, fonction définie sur une partie de $\mathbb{R}$ telle que $f(x)$ tend vers $f(x_0)$ quand x tend vers x_0 par valeurs supérieures (resp. inférieures). ‖ *Fonction continue sur un ensemble* E *ou sur un intervalle* I *de* $\mathbb{R}$, fonction continue en chacun des éléments de E ou de I. ‖ *Fonction* f *continue en un point* x_0, fonction telle que $f(x)$ a pour limite $f(x_0)$ quand x tend vers x_0. ‖ *Fonction continue sur un segment* [a, b] *de* $\mathbb{R}$, fonction continue en chacun des points de $]a,b[$, continue à droite en a et continue à gauche en b. ‖ *Fonction uniformément continue sur un ensemble,* fonction dont le « type de continuité » ne dépend pas de l'élément de l'ensemble considéré. (→ *encycl.*) – **Phon.** Se dit des phonèmes dont l'enveloppe spectrale est caractérisée par l'absence d'une transition abrupte. – **Phys.** Se dit d'une grandeur pouvant prendre toutes les valeurs réelles d'un intervalle déterminé, par oppos. à une grandeur *discrète.* – **Probab.** *Variable aléatoire continue,* variable aléatoire pouvant prendre toute valeur d'un intervalle ou d'une réunion d'intervalles de $\mathbb{R}$. – **Stat.** *Caractère quantitatif continu,* caractère dont la valeur est une fonction continue au sens mathématique. – **Text.** *Fil continu,* fil composé de brins non coupés, tel que fil de soie, de Nylon ou de rayonne. ‖ *Métier continu,* métier à filer dans lequel l'élaboration du fil et son renvidage se font d'une manière continue. [On dit aussi CONTINU À FILER.]

◆ **continu** n. m. **1.** Ce qui est sans intervalle. – **2.** Caractère de deux choses en contact, dont on peut dire qu'elles sont contiguës, selon Aristote. – **3.** *En continu,* d'une manière continue, sans interruption. • **Impr.** *Impression en continu,* impression de papier en bobine ou en paravent pour alimenter, notamment, les imprimantes d'ordinateurs. – **Math.** *Hypothèse du continu,* hypothèse de Cantor selon laquelle la puissance du continu est celle qui suit immédiatement la puissance de l'ensemble $\mathbb{N}$ des entiers naturels. (→ *encycl.*) ‖ *Puissance du continu,* en théorie des ensembles, puissance de l'ensemble $\mathbb{R}$ des nombres réels. (→ *encycl.*)

◆ **continue** n. f. Consonne dont l'émission s'accompagne d'un écoulement ininterrompu du flux d'air phonatoire. (Les constrictives, les approximantes, les latérales, les glides et les nasales sont des continues.)

ENCYCL. **Math.** *Hypothèse du continu.* Elle désigne la conjecture selon laquelle il n'existe pas d'ensemble qui ait une puissance intermédiaire entre $\aleph_0$ (cardinal des ensembles dénombrables) et la puissance du continu. En un sens, on peut aujourd'hui considérer que le problème a été résolu, d'abord par Gödel, qui a montré en 1938 la *consistance* de l'hypothèse du continu avec les autres axiomes de la théorie ZF des ensembles, puis par P. Cohen, qui a montré l'*indépendance* de cette hypothèse (1963) : que l'on adjoigne l'hypothèse du continu ou sa négation aux axiomes de la théorie ZF, aucune contradiction n'en découlera.

• *Puissance du continu.* Cardinal, noté $\aleph_1$, de l'ensemble des nombres réels, c'est aussi celui du segment [0,1] et de l'espace réel $\mathbb{R}^2$.

• La définition d'une *fonction* f *continue en un point* x_0 peut prendre différentes formes suivant que l'on se trouve dans des espaces topologiques, métriques ou plus simplement dans $\mathbb{R}$ muni de sa métrique habituelle.

(1) Si f est une application de E_1 dans E_2 (E_1 et E_2 espaces topologiques), f est continue en x_0 si tout voisinage de $f(x_0)$ a pour image par f^1 un voisinage de x_0.

(2) Si f est une application de (E_1, d_1) dans (E_2, d_2) [E_1 et E_2 espaces métriques], f est continue en x_0 si

$$\forall \varepsilon > 0,\ \exists\eta(x_0, \varepsilon) > 0 / d_1(x_0, x) < \eta \Rightarrow d_2\,[f(x_0), f(x)] < \varepsilon.$$

(3) Si f est une application de $\mathbb{R}$ dans $\mathbb{R}$, f est continue en x_0 si

$$\forall \varepsilon > 0,\ \exists\eta(x_0, \varepsilon) > 0 / |x-x_0| < \eta \Rightarrow |f(x) - f(x_0)| < \varepsilon.$$

Dans les cas (2) et (3), la continuité est dite uniforme lorsque l'élément η de la définition ne dépend plus de x_0, mais seulement du choix de ε. Dans le cas (3), la notion de continuité est liée à celle du trait de la représentation graphique au point d'abscisse x_0.

CONTINUATEUR, TRICE n. Personne qui continue une œuvre commencée par qqn d'autre.

CONTINUATION n. f. (lat. *continuatio, -onis*). **1.** Action de continuer une action : *Se charger de la continuation d'un livre.* – **2.** Résultat de cette action ; suite, prolongement : *La politique de ce ministre a été la continuation de celle de son prédécesseur.* – **3.** Fait de se prolonger, de se continuer : *La continuation de la guerre.* – **4.** Fam. *Bonne continuation,* souhait adressé à qqn pour l'encourager à poursuivre ce qu'il fait.

CONTINUEL, ELLE adj. (de *continu*). Qui dure presque sans interruption, qui se répète constamment ; constant, perpétuel : *Le bruit continuel des vagues.*

CONTINUELLEMENT adv. De façon continuelle, à tout instant, très fréquemment ; constamment, toujours : *Il vit continuellement à la campagne.*

CONTINUER v. t. (lat. *continuare*) [conj. 7]. **1.** Ne pas interrompre, poursuivre ce qu'on a commencé : *Continuer la conversation.* – **2.** Avoir toujours le même effet : *Médicament qui continue d'être actif.* – **3.** Ne pas cesser de se produire : *Il continue de pleuvoir.* – **4.** Répéter une même action, la recommencer à plusieurs reprises : *Continuer les mêmes erreurs.* – **5.** Prolonger qqch, en être le prolongement : *Continue le trait jusqu'au bout de la ligne.* – **6.** Poursuivre ce qui a été commencé, prolonger l'existence de qqch, donner une suite, une nouvelle existence à qqch, ou renouveler un accord, un engagement, etc., de manière à ce qu'il ne cesse pas : *Continuer la politique du gouvernement précédent.* – **7.** Poursuivre l'œuvre de qqn, sa politique, etc. : *Mazarin continue Richelieu.* – **8.** Poursuivre ou reprendre sa marche, ne pas arrêter sa progression : *Vous continuez jusqu'à la poste. L'idée continua son chemin.*
◆ v. i. **1.** Ne pas cesser de se manifester, de se répéter : *La vente continue pendant les travaux.* – **2.** Avoir une suite, se prolonger : *La route continue jusqu'au village.* – **3.** *La vie continue,* il faut continuer à vivre, à garder l'espoir, malgré les ennuis ou les deuils.
◆ **se continuer** v. pr. Avoir tel élément comme suite, comme prolongement dans le temps ou dans l'espace : *L'opération va se continuer par la section de l'artère.*

CONTINUITÉ n. f. (lat. *continuitas*). Caractère de ce qui est continu ; permanence, persistance : *Le succès dépend de la continuité de l'effort.* • **Ch. de f.** Caractère d'un frein dont la mise en action est simultanée sur l'ensemble d'un train. – **Math.** Propriété pour une fonction d'être continue. ‖ *Axiome de continuité,* syn. de AXIOME DE CANTOR-DEDEKIND. ‖ *Continuité uniforme,* propriété pour une fonction d'être uniformément continue. – **Philos.** *Principe de continuité,* selon Leibniz, principe fondamental selon lequel l'évolution des êtres se produit de façon insensible et sans interruption. – **Phys.** *Continuité de l'état liquide et de l'état gazeux,* possibilité de passer, au-delà de la température critique, de l'un à l'autre de ces états sans que les propriétés de la matière varient d'une façon discontinue. – **Polit.** *Continuité de l'État,* principe selon lequel un régime politique ou un gouvernement ne peuvent répudier les engagements pris par leurs prédécesseurs.

CONTINÛMENT adv. **1.** *Litt.* De façon continue, sans interruption. – **2.** *Fonction continûment différentiable,* fonction dont la dérivée ou toutes les dérivées partielles sont continues.

CONTINUO n. m. (ital. *continuo,* continu). Syn. de BASSE CONTINUE.

CONTINUUM [-nyɔm] n. m. (bas lat. *continuum,* du lat. class. *continuus,* continu). **1.** Continuité dans l'espace ou le temps. – **2.** Ensemble de valeurs que peut prendre une grandeur dont les variations sont continues.

CONTIS-PLAGE, écart de la comm. de Saint-Julien-en-Born (dép. des Landes), au S.-S.-O de Mimizan. Station balnéaire.

CONTONDANT, E adj. (part. prés. de l'anc. fr. *contondre,* du lat. *contundere,* blesser). Se dit d'un objet qui blesse par choc, sans couper ni déchirer les chairs.

CONTORNIATE n. m. (ital. *contorniato,* de *contorno,* contour). Nom donné à des médaillons romains de bronze entourés d'une sorte de moulure ronde (IVe s. apr. J.-C.).

CONTORSION n. f. (lat. *contortio, -onis*). **1.** Torsion violente et anormale des muscles, des membres : *Contorsion des bras.* – **2.** Exercice d'acrobate consistant à donner à son corps et à ses membres des torsions. – **3.** Gestes outrés, ridicules, grimaces (surtout pl.).

CONTORSIONNER (SE) v. pr., **ÊTRE CONTORSIONNÉ** v. pass. (conj. 3). Faire des contorsions, se tordre de mille manières ; être affecté de contorsions : *Se contorsionner comme un ver.*

CONTORSIONNISTE n. Équilibriste spécialisé dans les attitudes en dislocation.

CONTOUR n. m. (de *contourner*). **1.** Ligne ou surface qui limite extérieurement un corps, qui permet de le définir, de le déterminer, de le préciser ; tour, forme : *Une statue aux contours harmonieux.* – **2.** Forme, aspect général de qqch : *Le projet a des contours assez imprécis.* – **3.** Ligne qui limite une forme arrondie : *Le contour d'un visage.* – **4.** Partie du cours d'un fleuve, du tracé d'une route, etc., qui décrit une courbe. • **Dess.**

Contour apparent, trace, sur un plan de projection, du cylindre circonscrit au corps à représenter et perpendiculaire à ce plan. – **Électroacoust.** Sur un amplificateur de haute-fidélité, dispositif permettant de relever automatiquement le niveau des fréquences graves et aiguës lorsque le niveau de volume sonore est faible. – **Géom.** *Contour apparent d'un corps par rapport à un plan* P, ensemble des éléments de contact de ce corps avec le cylindre dont les génératrices sont tangentes au corps et perpendiculaires à P. ‖ *Contour apparent d'un corps vu d'un point* O, ensemble des éléments de contact de ce corps avec le cône de sommet O dont les génératrices lui sont tangentes. – **Hydrol.** *Courant de contour,* courant marin profond qui progresse selon les isobathes.

CONTOURNAGE n. m. Opération par laquelle une machine-outil à commande numérique confère de manière continue à une pièce une forme ou un contour curviligne déterminés.

CONTOURNEMENT n. m. **1.** Action de contourner, manière d'être contourné. – **2.** Arc électrique court-circuitant extérieurement un corps isolant.

CONTOURNER v. t. (lat. pop. *contornare*) [conj. 3]. **1.** Donner à un projet, en le créant, en le travaillant, en le dessinant, des formes courbes et le plus souvent compliquées : *Contourner un vase.* – **2.** Tourner qqch de travers, le déformer en le tordant : *La chaleur contourne le bois.* – **3.** Faire le tour de qqch : *Contourner les positions ennemies.* – **4.** Éviter qqch par des moyens détournés, par un artifice : *Contourner la loi.* – **5.** Donner à sa pensée, à son expérience une forme compliquée.
◆ **être contourné** v. pass. **1.** Présenter une grande quantité de formes ou de lignes courbes : *Ruelles contournées.* – **2.** Présenter une forme compliquée, peu naturelle ; tarabiscoté : *Expression contournée.* – **3.** Se dit d'animaux héraldiques représentés de profil et regardant à senestre.

CONTRA n. (le plus souvent au pl.). Guérillero hostile au régime socialiste mis en place après la chute du gouvernement Somoza, au Nicaragua.

CONTRACEPTIF, IVE adj. (angl. *contraceptive*). **1.** Qui assure la contraception, qui empêche la fécondation : *Pilule contraceptive.* – **2.** Qui a trait à la contraception : *Propagande contraceptive.*
◆ **contraceptif** n. m. Moyen permettant la contraception.

CONTRACEPTION n. f. (angl. *contraception*). Ensemble des méthodes visant à éviter, de façon réversible et temporaire, la conception.
ENCYCL. Les méthodes dites naturelles sont basées sur le retrait avant l'éjaculation (coït interrompu) et sur l'abstinence durant la période de fécondité de la femme. Elles ont un taux d'échecs élevé (méthode d'Ogino-Knaus, courbe thermique rectale).
Les méthodes locales interviennent en tant que barrière mécanique (préservatifs masculins et féminins) ou chimique (produits spermicides) ou par l'introduction d'un dispositif intra-utérin (stérilet).
Les méthodes hormonales utilisent des produits de synthèse à action œstrogénique et/ou progestative administrés le plus souvent sous forme de comprimés appelés couramment pilules. La pilule classique, qui contient une association d'un progestatif et d'un œstrogène, est administrée à partir du 5e jour du cycle et pendant 21 jours. La minipilule a un faible dosage en œstrogène. La micropilule ne contient aucun œstrogène. Son action est beaucoup moins complète et elle doit être prise tous les jours sans aucune interruption.

CONTRACTANT, E adj. et n. Qui contracte un engagement, etc. : *Les parties contractantes.*

CONTRACTE adj. (lat. *contractus*). En grammaire grecque, se dit des mots caractérisés par la contraction de deux voyelles en une seule ; se dit aussi de cette voyelle.

1. CONTRACTER v. t. (lat. *contractus,* de *contrahere,* resserrer) [conj. 3]. **1.** Serrer un corps, un fluide en réduisant son volume, sa longueur. – **2.** Réduire le volume, l'importance de qqch : *Contracter la masse monétaire.* – **3.** Raidir très fortement un muscle, un organe : *Contracter ses mâchoires.* – **4.** Réunir en un seul deux ou plusieurs éléments phonétiques.
◆ **se contracter** v. pr., **être contracté** v. pass. **1.** Diminuer de volume : *La masse monétaire a tendance à se contracter.* – **2.** Se resserrer et se durcir : *Fibre qui se contracte.* – **3.** Se raidir, se crisper, perdre de son aisance sous l'effet d'une émotion, d'une douleur : *Si vous vous contractez, vous aurez encore plus mal. Répondre d'une voix contractée.* – **4.** Prendre une expression plus dure, en parlant du visage : *Ses traits se contractent.* – **5.** En parlant d'un mot, être constitué de deux éléments réunis en un seul. (Par ex., *au* [à le], *du* [de le] sont des articles contractés.)

2. CONTRACTER v. t. (lat. jurid. *contractus,* contrat, de *contrahere,* engager une affaire) [conj. 3]. **1.** S'engager envers qqn par contrat ou convention (le nom est qqf sans article) : *Contracter mariage. Contracter une assurance sur la vie.* – **2.** S'engager à qqch : *Contracter des obligations envers quelqu'un.* – **3.** Acquérir une attitude, prendre une manière d'être souvent fâcheuse : *Contracter une manie.* – **4.** Être atteint d'une maladie, l'attraper : *Contracter la grippe.*

CONTRACTILE adj. Se dit de muscles ou de tissus organiques qui peuvent se contracter.

CONTRACTILITÉ n. f. Propriété caractéristique des organes contractiles.

CONTRACTION n. f. (lat. *contractio, -onis*). **1.** Diminution de volume par resserrement : *La contraction d'un gaz par la pression.* – **2.** Diminution de l'importance, de la quantité de qqch : *Contraction de la masse monétaire.* – **3.** Réunion de deux éléments linguistiques en un seul (par ex., la contraction de *de* et de *les* donne *des*). – **4.** Durcissement des traits qui trahit une sensation, une impression désagréable. – **5.** Tension nerveuse ; crispation : *Au début de l'entretien, sa contraction était évidente.* – **6.** Raccourcissement d'un muscle qui gonfle et durcit sous l'effet d'un stimulus approprié, ce qui permet le développement d'une force. (→ *encycl.*) • **Enseign.** *Contraction de texte,* exercice scolaire consistant à réécrire un texte en le condensant, en le résumant, tout en lui conservant ses caractéristiques essentielles. – **Géol.** Théorie (aujourd'hui abandonnée) développée par L. Élie de Beaumont (1852) selon laquelle les causes principales de la formation des montagnes résideraient dans un refroidissement provoquant une contraction de l'écorce terrestre. – **Méd.** *Contraction (utérine),* contraction du muscle utérin au cours de la grossesse et lors de la phase de travail de l'accouchement. (Dans ce dernier cas, les contractions sont intermittentes, rythmées, progressives et douloureuses. Elles ont pour effet d'ouvrir l'utérus [dilatation] puis de pousser le fœtus vers le bas, hors des voies génitales [expulsion].) – **Phon.** Syn. de COALESCENCE. – **Phys.** Contraction d'une veine fluide, étranglement que subit une veine de liquide ou de gaz qui s'échappe par un orifice ou un ajutage. ‖ *Contraction des longueurs* ou *de Lorentz,* en relativité einsteinienne, effet selon lequel la longueur d'un objet apparaît, lorsqu'elle est mesurée par un observateur en mouvement, inférieure à sa longueur propre, mesurée par un observateur immobile par rapport à l'objet.

ENCYCL. **Neurol.** Si la force développée par le muscle reste constante, la contraction est dite isotonique et permet le déplacement d'un segment de membre : la contraction isotonique du biceps brachial assure ainsi la flexion de l'avant-bras sur le bras. Si la longueur du muscle reste constante, par ex. lors du maintien d'un poids, la force développée augmente progressivement et la contraction est dite isométrique ; elle joue un rôle important dans le maintien de l'équilibre et de la posture.

La contraction musculaire est normalement provoquée par un potentiel de plaque à la jonction neuro-musculaire. Elle est le fait de l'appareil myofibrillaire, caractéristique de la cellule musculaire, dont les modifications mécaniques sont sous-tendues par des phénomènes biochimiques et moléculaires.

CONTRACTUALISATION n. f. Action de contractualiser qqch ou qqn.

CONTRACTUALISER v. t. (conj. 3). **1.** Régler un problème par un contrat. – **2.** Attribuer à un employé d'une administration le statut d'agent contractuel.

CONTRACTUALITÉ n. f. Caractère d'un engagement contractuel.

CONTRACTUEL, ELLE adj. (lat. *contractus,* contrat). **1.** Qui est stipulé, établi par contrat ; relatif à un contrat : *Emploi contractuel.* – **2.** *Agent contractuel,* agent non fonctionnaire de l'Administration, dont la situation est régie par un contrat qui détermine ses droits et obligations ; auxiliaire de police chargé de veiller à l'application des règlements en matière de stationnement des véhicules.

◆ n. Agent contractuel.

CONTRACTUELLEMENT adv. Par contrat.

CONTRACTURE n. f. (lat. *contractura*). **1.** Contraction involontaire, plus ou moins durable et parfois permanente, d'un muscle ou d'un groupe musculaire. – **2.** En architecture, diminution d'une colonne.

CONTRACTURER v. t. (conj. 3). Causer une contracture.

CONTRADICTEUR n. m. (bas lat. *contradictor,* de *contradicere,* contredire). Personne qui contredit, qui soutient une thèse opposée à une autre. (Le féminin *contradictrice* est rare.)

CONTRADICTION n. f. (lat. *contradictio*). **1.** Action de contredire, de s'opposer à une affirmation ; contestation : *Porter la contradiction dans un débat.* – **2.** Action de contredire, de se mettre en opposition avec ce qu'on a dit ou fait : *Les contradictions d'un témoin.* – **3.** Opposition, incompatibilité entre deux choses ; inconséquence : *Ce raisonnement comporte plusieurs contradictions.* – **4.** Contestation élevée contre un droit, une prétention, une allégation. – **5.** Situation de deux choses qui s'opposent. (C'est sur cette notion que sont construits les systèmes de Hegel et de Marx.) – **6.** *Esprit de contradiction,* disposition à contredire ; plaisir de faire le contraire de ce que les autres désirent. ‖ *Être en contradiction avec qqch,* être incompatible avec qqch, le contredire. ‖ *Être en contradiction avec soi-même, ses idées, etc.,* se contredire, parler ou agir de façon non conforme à ses principes, ses idées ou ses affirmations précédentes. ‖ *Principe de contradiction,* selon Leibniz, principe fondamental qui affirme que, de deux propositions contradictoires, l'une est vraie, l'autre fausse.

(C'est à peu de chose près l'énoncé de la loi du tiers exclu.)

CONTRADICTOIRE adj. (bas lat. *contradictorius*). **1.** Qui contredit une affirmation, un fait : *Des théories contradictoires.* — **2.** Où s'opposent des opinions divergentes : *Débat contradictoire.* — **3.** Qui renferme en soi-même une contradiction : *Témoignage contradictoire.* — **4.** *Débat contradictoire,* débat entre le ministère public et l'inculpé assisté de son avocat devant le juge d'instruction, qui doit précéder tout placement en détention provisoire. ‖ *Jugement contradictoire,* jugement insusceptible d'opposition, les parties ayant comparu et ayant été entendues en leurs moyens respectifs. ‖ *Procédure contradictoire,* procédure par laquelle le demandeur et le défendeur ont fait valoir leurs moyens de défense et déposé leurs conclusions. ‖ *Propositions contradictoires,* propositions opposées à la fois en qualité et en quantité. (→ *encycl.*) ‖ *Théorie contradictoire,* théorie dans laquelle une même formule est à la fois démontrable et réfutable. (Syn. THÉORIE INCONSISTANTE.)

ENCYCL. **Log.** Deux propositions sont dites contradictoires dans la logique aristotélicienne lorsque l'une est affirmative et universelle, l'autre négative et particulière, ou encore lorsque l'une est négative universelle, l'autre affirmative particulière. Un exemple de la première situation est : « Tous les hommes sont méchants ; quelque homme n'est pas méchant. » Deux propositions contradictoires ne sont jamais ni vraies ni fausses simultanément.

CONTRADICTOIREMENT adv. **1.** De façon contradictoire, incompatible. — **2.** En présence des deux parties.

CONTRAHORAIRE adj. Se dit d'un mouvement tourbillonnaire d'un fluide allant dans le sens contraire des aiguilles d'une montre. (Contr. HORAIRE.)

CONTRAIGNABLE adj. Que l'on peut contraindre.

CONTRAIGNANT, E adj. Qui contraint, qui astreint à qqch de pénible, qui oblige à agir dans un certain sens, dans certaines limites : *Contrat très contraignant.*

CONTRAINDRE v. t. (lat. *constringere,* enchaîner) [conj. **80**]. **1.** Obliger qqn à agir d'une certaine manière, l'amener à telle action, tel état, malgré sa volonté, son désir : *Sa maladie l'a contraint au repos complet.* — **2.** *Litt.* Empêcher qqn de donner libre cours à ses sentiments, à ses goûts ; diminuer, réduire sa liberté, refouler, repousser intérieurement ses tendances. — **3.** Obliger qqn par les voies de droit.

◆ **être contraint** v. pass. **1.** Être dans l'obligation de faire telle chose : *Je suis contraint de renoncer à mes vacances.* — **2.** Être mal à l'aise, gêné, témoigner de l'embarras, être peu naturel ; emprunté : *Sourire contraint.* — **3.** *Contraint et forcé,* sous la contrainte, sous l'effet d'une pression morale.

◆ **se contraindre** v. pr. **1.** *Litt.* Se contenir, réfréner ses sentiments, ses tendances, ne pas leur donner libre cours. — **2.** S'obliger, se forcer à : *Il se contraint à se lever très tôt tous les matins.*

CONTRAINTE n. f. **1.** Action de contraindre, de forcer qqn à agir contre sa volonté ; pression morale ou physique, violence exercée sur lui : *Céder sous la contrainte.* — **2.** Obligation créée par les règles en usage dans un milieu, par les lois propres à un domaine, par une nécessité, etc. : *Ne pas supporter les contraintes sociales.* — **3.** État de gêne de qqn à qui on impose ou qui s'impose une attitude contraire à son naturel, à son penchant. • **Dr.** Acte exécutoire délivré à un redevable de deniers publics, de droits fiscaux ou de cotisations de Sécurité sociale, pour le mettre en demeure de payer et, à défaut de paiement, donner ouverture aux poursuites. ‖ *Contrainte par corps,* voie d'exécution qui consiste à priver de la liberté la personne du débiteur, pour le contraindre à remplir ses engagements. (Abolie en 1867 en matière civile, elle n'est plus appliquée, en France, que pour garantir le recouvrement de certaines condamnations pécuniaires.) — **Log.** Syn. de FORCING. — **Matér.** Force agissant sur l'unité d'aire d'un élément de surface d'un solide, pris à l'intérieur du solide ou sur son contour. (On définit la force de contrainte par ses composantes normale et tangentielle. Les contraintes d'une pièce peuvent être visualisées par extensométrie, interférométrie ou holographie.) — **Min.** *Contrainte naturelle,* contrainte existant en un point d'un massif rocheux avant toute excavation. (Cette contrainte résulte normalement du poids des terrains sus-jacents.)

CONTRAIRE adj. (lat. *contrarius*). **1.** Qui est en opposition avec qqch ; contradictoire, incompatible, antinomique : *Cette décision est contraire au règlement.* — **2.** Qui est, qui se fait dans une direction radicalement opposée, inverse : *Sens contraire à celui des aiguilles d'une montre.* — **3.** Qui est défavorable, nuisible à qqn ou qqch : *Le sort nous est contraire.* • **Géol.** Se dit d'une faille dont le pendage est en sens opposé à celui des formations qu'elle affecte. — **Log.** Se dit dans la logique aristotélicienne de propositions universelles dont l'une est négative et l'autre affirmative. — **Probab.** *Événements contraires d'un univers* Ω, événements A et $\bar{A} = \complement_{\Omega} A$ tel que $A \cup \bar{A} = \Omega$, $A \cap \bar{A} = \emptyset$. (Deux événements contraires sont incompatibles.)

◆ n. m. **1.** Chose ou personne qui s'oppose radicalement à qqch, à qqn d'autre, à l'opinion qu'on en a, etc. : *La douceur est le contraire de la violence.* – **2.** *Au contraire, bien au contraire, tout au contraire,* d'une manière opposée. ‖ *Au contraire de,* contrairement à qqch, qqn. • **Ling.** Syn. courant de ANTONYME. – **Log.** Caractère d'une proposition contraire. (Pour Aristote, les contraires sont les seuls opposés [à l'exclusion, notamment, des contradictoires et des relatifs] qui rentrent dans le même genre.)

CONTRAIREMENT À loc. prép. D'une manière opposée à : *Contrairement aux prévisions, il n'a pas plu.*

CONTRALATÉRAL, E, AUX adj. **1.** Se dit de l'effet de contraste résultant de l'action de deux signaux simultanés, de niveaux d'intensité acoustique différents, sur chacune des deux oreilles. – **2.** Syn. de CONTROLATÉRAL.

CONTRALTISTE → CONTRE-ALTISTE.

CONTRALTO n. m. (pl. *contraltos*) [ital. *contralto,* de *contra,* contre, et *alto,* haut]. **1.** Voix féminine la plus grave. – **2.** Chanteuse qui possède cette voix.

CONTRAPOSÉ, E adj. Se dit d'un littoral dont le recul produit un déblaiement des matériaux meubles et le dégagement d'une structure sous-jacente plus résistante.

CONTRAPOSITION n. f. Loi logique selon laquelle il est équivalent de dire que A implique B et que non-B implique non-A.

CONTRAPPOSTO n. m. (ital. *contrapposto*). Dans une statue, position debout au repos dans laquelle le poids du corps se reporte sur une seule jambe, cependant que l'épaule au-dessus de cette jambe remonte *(hanchement contrarié).*

CONTRAPUNTIQUE adj. Relatif au contrepoint.

CONTRAPUNTISTE, CONTRAPONTISTE ou **CONTREPOINTISTE** n. (ital. *contrappuntista,* de *contrappunto,* contrepoint). Compositeur de musique qui utilise les règles du contrepoint.

CONTRARIANT, E adj. **1.** Qui est source de souci, de mécontentement : *Ce que cet enfant est contrariant !* – **2.** Qui est de nature à causer du mécontentement, de la contrariété à qqn ; ennuyeux, fâcheux : *C'est contrariant qu'il ne soit pas là.* – **3.** *Ne pas être contrariant,* être accommodant.

CONTRARIER v. t. (bas lat. *contrariare,* contredire, de *contrarius,* contraire) [conj. 9]. **1.** Aller en sens contraire d'un mouvement, d'une force, s'y opposer : *Le vent contrarie le mouvement des coureurs.* – **2.** Faire obstacle à qqch, aller à son encontre, contrecarrer, déranger : *Contrarier les desseins de quelqu'un.* – **3.** Causer à qqn du mécontentement, du dépit, du déplaisir, lui poser problème en allant à l'encontre de ses projets, de ses sentiments, de ses goûts, de ses désirs ; mécontenter, fâcher : *Cette histoire me contrarie beaucoup.* – **4.** Faire alterner des formes, des couleurs, les choisir de telle sorte qu'elles s'opposent les unes aux autres pour produire un effet esthétique. – **5.** *Contrarier un gaucher,* forcer un gaucher à écrire de la main droite.

◆ **être contrarié** v. pass. **1.** Être mécontent, avoir du déplaisir à la suite d'obstacles, de difficultés qui vont à l'encontre d'un projet, de ses goûts, de ses sentiments : *Je suis contrarié qu'il ne puisse pas venir.* – **2.** Être gêné dans son développement : *Amour contrarié.*

◆ **se contrarier** v. pr. **1.** Aller à l'encontre l'une de l'autre, en parlant de choses : *Forces qui se contrarient.* – **2.** Se causer réciproquement du mécontentement : *Frères qui se contrarient sans cesse.* – **3.** Se couper, s'opposer, alterner, en parlant de lignes, de formes, de couleurs.

CONTRARIÉTÉ n. f. (bas lat. *contrarietas*). **1.** *Litt.* Opposition entre choses contraires : *Contrariété d'humeur.* – **2.** Ennui, dépit causé par l'opposition que l'on rencontre ; ce qui contrarie qqn ; mécontentement, irritation : *Éprouver une vive contrariété.* – **3.** Caractère de ce qui est contraire à qqch d'autre. – **4.** *Contrariété de jugements,* opposition existant entre deux décisions rendues en dernier ressort, sur le même objet et entre les mêmes parties, émanant d'un même tribunal ou de tribunaux différents.

CONTRAROTATIF, IVE adj. Se dit d'hélices qui tournent en sens contraire.

CONTRASTANT, E adj. Qui produit un contraste : *Effets de lumière contrastants.*

CONTRASTE n. m. (ital. *contrasto,* lutte). **1.** Opposition de deux choses, dont l'une fait ressortir l'autre : *Le contraste entre un tapis bleu et un mur jaune. Le contraste de deux caractères.* – **2.** Ensemble des rapports d'une unité linguistique avec les unités de même niveau qui l'entourent, en partic. différence phonologique entre deux unités successives de la chaîne parlée. – **3.** *Contraste des couleurs,* effet subjectif d'une apposition quantitative de couleurs, par exemple des stimulations sensorielles juxtaposées dans l'espace *(contraste simultané)* ou dans le temps *(contraste successif).* ‖ *Contraste d'une image optique,* variation relative de l'éclairement d'une image lorsqu'on se déplace à l'intérieur de cette image. ‖ *En contraste, par contraste avec qqch,* par opposition à qqch : *Par contraste avec l'agitation de la ville, tout est calme ici.* ‖ *Substance de contraste,* produit opaque aux rayons X (sulfate de baryum, dérivés iodés) qui permet, après absorption ou administration, de faire apparaître l'image de tout ou partie d'un organe normalement invisible.

CONTRASTER v. t. ind. (anc. fr. *contrester,* résister, du bas lat. *contra stare,* s'opposer à, avec l'infl. de l'ital. *contrastare*) [conj. 3]. Être en opposition avec qqch ; s'opposer : *Son calme apparent contraste avec son imagination débridée.*
◆ v. t. **1.** Mettre des choses en contraste, les opposer fortement : *Contraster les couleurs dans un tableau.* – **2.** Accuser les oppositions entre le clair et le foncé d'une image, d'une photo.
◆ **être contrasté** v. pass. **1.** Présenter des contrastes, des différences : *Situations individuelles très contrastées.* – **2.** Se dit d'une image où l'opposition entre le clair et le foncé est accusée.

CONTRASTIF, IVE adj. **1.** Qui produit un contraste. – **2.** *Linguistique contrastive,* branche de la linguistique appliquée dont le but est de comparer deux langues de manière rigoureuse et systématique.

CONTRAT n. m. (bas lat. *contractus*). **1.** Convention, accord de volontés ayant pour but d'engendrer une obligation d'une ou de plusieurs personnes envers une ou plusieurs autres. (Quatre conditions sont nécessaires pour la validité du contrat : le consentement des parties, la capacité de contracter, un objet certain, une cause licite.) – **2.** Acte authentique qui constate cette convention : *Signer un contrat. Contrat notarié.* – **3.** Simple accord fondé sur la seule bonne foi : *Contrat verbal.* – **4.** *Arg.* Convention conclue entre une organisation, un individu et un ou plusieurs tueurs professionnels en vue d'assassiner une ou plusieurs personnes. – **5.** Au bridge, enchère la plus élevée formulée au cours des déclarations et déterminant le nombre de levées à réaliser. – **6.** *Contrat d'adhésion,* contrat dont toutes les clauses sont établies d'avance par l'une des parties et doivent être acceptées ne varietur par tous ceux qui contractent avec elle (abonnement au téléphone, au gaz, à l'électricité, etc.). ‖ *Contrat administratif,* catégorie particulière de contrats passés par l'Administration ou pour son compte, qui, soit à raison d'une qualification légale, soit à raison de leurs dispositions ou de leur objet, sont soumis au droit administratif. ‖ *Contrat emploi-solidarité (C. E. S.),* contrat destiné à favoriser l'insertion des personnes sans emploi. (Mis en place en 1990, il prévoit la prise en charge par l'État d'une partie des coûts occasionnés à l'entreprise.) ‖ *Contrat d'entreprise,* syn. de LOUAGE* D'OUVRAGE. ‖ *Contrat initiative-emploi (C. I. E.),* contrat destiné à favoriser le retour à l'emploi. (Mis en place en 1995, il concerne plus particulièrement les demandeurs d'emploi de longue durée.) ‖ *Contrat de travail,* engagement liant un employeur et un salarié, par lequel le salarié met au service de l'employeur et sous son autorité son activité moyennant rémunération. (→ *encycl.*) ‖ *Contrat social,* convention expresse ou tacite soit par les hommes entre eux (Hobbes), soit entre les individus et le souverain (Locke), soit entre chaque être et la communauté (Rousseau) et qui, d'après ces penseurs, constitue le fondement de la société. ‖ *Réaliser, remplir son contrat,* faire ce qu'on avait promis.

ENCYCL. **Dr.** Le *contrat de travail* permet au salarié de bénéficier de la protection des lois sociales. Juridiquement, il suppose l'existence de trois éléments : une prestation de travail, une rémunération et un lien de subordination entre le salarié et l'employeur. Le principe de la liberté contractuelle laisse aux parties le libre choix de la forme du contrat, qui peut très bien ne pas être écrit. La loi a cependant apporté des limitations à cette liberté : les contrats à durée déterminée doivent obligatoirement faire l'objet d'un écrit.

contrat social *(Du) ou Principes du droit politique* (1762), de J.-J. Rousseau. Fragment d'un vaste ouvrage inachevé, ce traité expose la théorie du contrat social selon l'auteur. Opposant ce qui peut être (la justice idéale) à ce qui est (le droit réellement pratiqué), Rousseau montre comment le peuple constitue la seule origine possible d'un gouvernement légitime.

Contratación *(Casa de)* → CASA DE CONTRATACIÓN.

CONTRAT-TYPE n. m. (pl. *contrats-types*). Formulaire comprenant un ensemble de clauses imprimées, relatives à un domaine particulier, dont certaines sont à compléter en bonne et due forme par les cocontractants et qui, une fois signé par eux, devient valide (contrat de location).

CONTRAVENTION n. f. (de *contrevenir*). **1.** Infraction à une loi, à un contrat, etc. – **2.** Infraction qui ne relève que des tribunaux de police et qui est (le plus souvent) sanctionnée par une amende ; cette amende elle-même. (Les contraventions sont divisées en cinq classes, sanctionnées graduellement d'amendes et de peines de prison de un jour à un mois.) – **3.** Procès-verbal ou rapport qui constate une infraction.

CONTRAVENTIONNEL, ELLE adj. Qui a le caractère d'une contravention.

CONTRAVIS n. m. Avis contraire à un avis précédent.

CONTRE-, préfixe, du lat. *contra,* entrant dans la composition de nombreux mots pour exprimer l'opposition ou l'action contraire *(contre-courant),* l'idée d'échange ou d'équilibre *(contre-balancer),* la réplique *(contre-enquête).*

CONTRE prép. (lat. *contra*). Indique **1.** la proximité, le contact : *Echelle dressée contre le mur.*

– **2.** l'opposition à qqch ou à qqn : *Lutter contre un dictateur. Nager contre le courant.* – **3.** la défense, la protection : *Sirop contre la toux.* – **4.** la proportion, la comparaison : *La moyenne est de dix réussites contre un échec.* – **5.** l'échange : *Je donnerais bien toute ma collection contre ce seul tableau.* – **6.** *Parier à dix, à cent contre un,* avoir la certitude quasi absolue que les choses se passeront comme on le dit.

◆ adv. **1.** Indique l'opposition à une proposition, à une idée, à un candidat : *Voter contre.* – **2.** *Là contre,* en opposition à cela : *On ne peut rien dire là contre.* ‖ *Par contre,* marque une idée d'opposition ; mais, au contraire, en revanche. ‖ *Tout contre,* indique la proximité immédiate ; tout auprès.

◆ n. m. **1.** Au billard, choc des billes empêchant ou favorisant le carambolage. – **2.** Au bridge, à la manille, au tarot, déclaration d'une équipe prétendant que l'équipe adverse ne fera pas son contrat. – **3.** Syn. de CONTRE-ATTAQUE. – **4.** Au volley-ball, action de repousser le ballon au-dessus du filet au départ de l'attaque adverse. (Syn. BLOCK.) – **5.** *Prendre le contre,* en parlant de chiens de meute, empaumer la voie à l'envers, ou bien, en parlant d'un animal, revenir sur sa voie.

CONTRE-ACCULTURATION n. f. (pl. *contre-acculturations*). Ensemble des manifestations marquant la protestation d'un groupe social contre une culture qu'il perçoit comme étrangère ou différente de la sienne.

CONTRE-ACCUSATION n. f. (pl. *contre-accusations*). Accusation qui répond à une autre.

CONTRE-ACHAT n. m. (pl. *contre-achats*). Achat à un pays effectué en contrepartie d'une vente à ce pays.

CONTRE-AIGUILLE n. f. (pl. *contre-aiguilles*). Rail sur lequel vient s'appliquer la lame d'aiguille d'un branchement.

CONTRE-ALIZÉ n. m. (pl. *contre-alizés*). Courant supérieur superposé aux vents alizés et de direction opposée.

CONTRE-ALLÉE n. f. (pl. *contre-allées*). Allée latérale, parallèle à la chaussée principale d'une avenue, d'une promenade.

CONTRE-ALTISTE ou **CONTRALTISTE** n. m. (pl. *contre-altistes*). Chanteur masculin possédant un registre de contralto. (S'applique aux voix d'enfants, de castrats ou de falsettistes.)

CONTRE-AMIRAL n. m. (pl. *contre-amiraux*). Officier général de marine, de grade correspondant à celui de général de brigade.

CONTRE-APPEL n. m. (pl. *contre-appels*). Appel fait inopinément après un appel régulier, pour en contrôler l'exactitude.

CONTRE-ARC n. m. (pl. *contre-arcs*). Courbure prise par la coque d'un navire lorsque les couples du milieu s'affaissent par rapport aux couples d'extrémités.

CONTRE-ASSURANCE n. f. (pl. *contre-assurances*). **1.** Contrat ayant pour objet de garantir, en cas de décès, le remboursement des primes versées pour une assurance en cas de vie, ou opération analogue. – **2.** Assurance accessoire qui garantit l'assuré contre les dommages éprouvés par ses véhicules au cours de collisions avec des véhicules appartenant à des tiers.

CONTRE-ATTAQUE n. f. (pl. *contre-attaques*). **1.** Riposte offensive locale déclenchée soudainement contre une attaque adverse par une unité militaire. – **2.** Dans les jeux de ballon, riposte offensive intervenant pendant l'attaque adverse, ou juste à la fin. (Syn. CONTRE.) – **3.** Autref., travaux exécutés par la garnison d'une forteresse pour dégager ses champs de tir ou pour prendre à revers l'assaillant.

CONTRE-ATTAQUER v. t. (conj. 3). Lancer une contre-attaque ; riposter.

CONTREBALANCER v. t. (conj. 16). **1.** En parlant d'un poids, faire équilibre à un autre poids. – **2.** Neutraliser qqch par une action égale et opposée ; équilibrer, compenser : *L'influence de ses lectures contrebalance celle de la télévision.*

◆ **se contrebalancer** v. pr. **1.** S'équilibrer, se neutraliser l'un l'autre : *Les arguments de chaque partie se contrebalancent.* – **2.** Fam. *S'en contrebalancer,* s'en moquer éperdument.

CONTREBANDE n. f. (ital. *contrabbando,* contre le ban). **1.** Introduction clandestine, dans un pays, de marchandises prohibées ou dont on n'acquitte pas les droits de douane ou d'octroi. – **2.** *En contrebande,* d'une manière illicite ou clandestine. ‖ *Contrebande de guerre,* objets qu'un neutre ne peut transporter pour le compte d'un belligérant sans violer la neutralité.

CONTREBANDIER, ÈRE n. Personne qui se livre à la contrebande.

CONTREBAS n. m. **1.** *Litt.* Partie située à un niveau inférieur. – **2.** *En contrebas,* à un niveau inférieur : *En contrebas de la maison, vous avez un chemin.*

CONTREBASSE n. f. (ital. *contrabbasso*). **1.** Instrument de musique de la famille des violons (généralement à 4 cordes accordées par quartes), le plus grave du quintette à cordes. – **2.** Le plus grave des instruments d'une famille instrumentale : *Contrebasse de bombarde.*

◆ n. Syn. de CONTREBASSISTE.

CONTREBASSISTE n. Musicien qui joue de la contrebasse. (Syn. CONTREBASSE.)

CONTREBASSON n. m. Instrument de musique sonnant à l'octave inférieure du basson.

CONTREBATTERIE n. f. Tir exécuté contre les batteries d'artillerie ennemies.

CONTRE-BATTEUR n. m. (pl. *contre-batteurs*). Cylindre fixe, ajouré, contre lequel tourne le batteur des moissonneuses-batteuses.

CONTREBATTRE v. t. (conj. 83). Exécuter un tir de contrebatterie.

CONTRE-BORD (À) loc. adv. En allant à l'opposé l'un de l'autre, en parlant de navires.

CONTRE-BRAQUAGE n. m. (pl. *contre-braquages*). Action de contre-braquer.

CONTRE-BRAQUER v. t. (conj. 3). Braquer les roues avant d'une voiture dans la direction inverse de celle que tend à prendre le véhicule.

CONTREBUTEMENT n. m. Fonction de contrebuter ; dispositif, organe qui l'assure.

CONTREBUTER v. t. (conj. 3). Neutraliser la poussée d'une voûte, d'un mur, en construisant un organe qui lui oppose une poussée de sens contraire. (Syn. BUTER.)

CONTRE-CALQUE n. m. (pl. *contre-calques*). Copie sur support translucide obtenue par héliographie à partir d'un calque original.

CONTRECARRER v. t. (anc. fr. *contrecarre,* opposition) [conj. 3]. S'opposer directement à qqn, à ses projets, à ses actions, les contrarier.

CONTRE-CAUTION n. f. (pl. *contre-cautions*). Syn. de CERTIFICATEUR* DE CAUTION.

CONTRECHAMP n. m. **1.** Disposition de la caméra où l'orientation de celle-ci est opposée à son orientation dans le plan précédent. — **2.** Plan filmé de cette façon.

CONTRE-CHANGEMENT n. m. (pl. *contre-changements*). *Contre-changement de main,* au manège, action de faire quitter la piste au cheval par une diagonale et de la lui faire rejoindre par une autre diagonale.

CONTRE-CHANT n. m. (pl. *contre-chants*). Contrepoint destiné à accompagner une mélodie.

CONTRE-CHÂSSIS n. m. inv. Syn. de CONTRE-FENÊTRE.

CONTRE-CHOC n. m. (pl. *contre-chocs*). Choc en retour.

CONTRE-CHŒUR n. m. (pl. *contre-chœurs*). Partie d'une église, comportant ou ayant comporté un autel, située à l'opposé du chœur principal.

1. CONTRECŒUR n. m. **1.** Mur de fond d'un foyer ouvert. — **2.** Plaque, en général en fonte, dont on recouvre cette partie. (Le contrecœur apparaît dans les cheminées vers le milieu du XVe s. Il est décoré d'armoiries, de chiffres, d'emblèmes en relief.) [Syn. CONTRE-FEU, TAQUE.] — **3.** Maniement pair pratiqué chez les bovins dans la partie postérieure de l'épaule.

2. CONTRECŒUR (À) loc. adv. En surmontant un sentiment de répugnance ; contre son gré, malgré soi, à regret : *Accepter une invitation à contrecœur.*

CONTRECOLLAGE n. m. **1.** Technique permettant d'associer les matériaux entrant dans la fabrication d'un complexe. — **2.** Opération dans laquelle des feuilles de papier, carton ou autres matériaux en feuilles ou en plaques sont collées sur toute leur surface à une autre feuille grâce à un adhésif approprié. — **3.** Action de coller une page de garde sur l'intérieur des plats d'un livre à relier.

CONTRECOLLER v. t. (conj. 3). Pratiquer l'opération de contrecollage.

◆ **être contrecollé** v. pass. *Bois contrecollé,* surface plane ou panneau formé de lits de bois collés à fil croisé. (On emploie CONTREPLAQUÉ dans le cas de placages.) ‖ *Tissu contrecollé,* tissu dont l'envers est collé, à la fabrication, à de la mousse synthétique (ex. polyuréthanne) qui lui constitue une doublure.

CONTRECOUP n. m. Répercussion, conséquence indirecte d'un acte, d'un événement ; choc en retour : *L'économie a subi le contrecoup du choc pétrolier.*

CONTRE-COURANT n. m. (pl. *contre-courants*). **1.** Courant marin secondaire allant en sens contraire du courant principal. (Syn. COURANT DE RETOUR.) — **2.** Procédé qui consiste à donner à deux corps devant agir l'un sur l'autre des mouvements en sens inverses. (Les procédés à contre-courant permettent de maintenir un gradient important de chaleur et de concentration entre les phases qui interagissent.) — **3.** *À contre-courant,* en sens opposé au sens de la tendance générale : *Aller à contre-courant de la mode.*

CONTRE-COURBE n. f. (pl. *contre-courbes*). Courbe inversée par rapport à une autre, qu'elle prolonge.

CONTRE-CULTURE n. f. (pl. *contre-cultures*). Ensemble des manifestations marquant une révolte contre les institutions, les valeurs, les habitudes, les hiérarchies, les traditions dominantes de la société telle qu'elle existe.

1. CONTREDANSE n. f. (angl. *country dance,* danse de la campagne). **1.** Danse rustique d'origine anglaise, introduite en France au début du XVIIIe s. — **2.** *Contredanse créole,* syn. de HABANERA.
ENCYCL. Composée d'une ou de plusieurs figures, dansée en groupes avec des « chaînes » et des

« ronds », la contredanse était exécutée par couples. Très souvent à 2 temps, les airs de contredanse sont « brillants et gais » et très simples. La contredanse, qui présente une certaine analogie avec le cotillon, donna naissance au quadrille.

2. CONTREDANSE n. f. (de *contravention* et *danse*). *Fam.* Contravention (dans le domaine de la voirie et de la circulation).

CONTRE-DÉNONCIATION n. f. (pl. *contre-dénonciations*). Acte de la procédure de saisie-arrêt par lequel le saisissant avertit le débiteur de la créance saisie *(tiers saisi)* que saisie de cette créance a été notifiée au *débiteur saisi,* c'est-à-dire à son propre créancier.

CONTRE-DÉPOUILLE n. f. (pl. *contre-dépouilles*). Inclinaison des faces verticales d'une pièce moulée, inverse de la dépouille.

CONTREDIRE v. t. (lat. *contradicere*) [conj. **103**]. **1.** Dire le contraire de ce que dit qqn, énoncer qqch qui est en contradiction avec ses propos ou, en parlant des paroles elles-mêmes, s'opposer, être en contradiction avec ce qui a été dit : *Son témoignage contredit le vôtre.* — **2.** Être en opposition avec qqch, aller à l'encontre d'une évolution, d'une tendance, etc. : *Faits qui contredisent une hypothèse.* — **3.** Combattre par des écritures les conclusions et les moyens de la partie adverse.

◆ **se contredire** v. pr. Énoncer des arguments, des affirmations incompatibles, ou, en parlant de ces arguments, de ces affirmations, être incompatibles : *Vos propositions se contredisent, mettez-vous d'accord.*

CONTREDISANT, E adj. et n. Se dit du plaideur qui fournit des contredits.

CONTREDIT n. m. (de *contredire*). **1.** Voie de recours qui permet au plaideur de contester la décision du juge dans certains cas (contredit de compétence, à injonction de payer, contredit en matière d'ordre ou de contribution, d'état des créances). — **2.** Litt. *Sans contredit,* sans qu'on puisse réfuter, contredire : certainement, assurément, sans conteste.

CONTRE-DON n. m. (pl. *contre-dons*). Don offert par un groupe à un autre groupe en vertu du système de la contre-prestation.

CONTREDOUBLER v. t. (conj. **3**). Poser une contredoublure.

CONTREDOUBLURE n. f. Doublure fixée à chaque pièce d'un patron avant l'assemblage, afin de donner plus de tenue au vêtement.

CONTRÉE n. f. (bas lat. *contrata regio,* pays situé en face de). Étendue de pays : *Contrée pittoresque.*

CONTRE-ÉCHARNAGE n. m. (pl. *contre-écharnages*). Façon donnée à la peau ou au cuir pour compléter l'écharnage.

CONTRE-ÉCHARNER v. t. (conj. **3**). Faire subir à la peau un second écharnage.

CONTRE-ÉCROU n. m. (pl. *contre-écrous*). Deuxième écrou, monté sur une vis à la suite d'un premier et bloqué contre celui-ci pour en éviter le desserrage.

CONTRE-ÉLECTROMOTEUR, TRICE adj. (pl. *contre-électromoteurs, trices*). *Force contre-électromotrice (f.c.é.m.),* force électromotrice inverse, qui se développe dans les récepteurs électriques.

CONTRE-EMPLOI n. m. (pl. *contre-emplois*). Type de rôle ne correspondant ni au physique ni aux dispositions naturelles d'un comédien.

CONTRE-ENQUÊTE n. f. (pl. *contre-enquêtes*). Enquête destinée à contrôler les résultats d'une enquête précédente.

CONTRE-ÉPAULETTE n. f. (pl. *contre-épaulettes*). Épaulette sans franges.

CONTRE-ÉPREUVE n. f. (pl. *contre-épreuves*). **1.** Seconde vérification faite pour compléter une vérification précédente ; contre-essai. — **2.** Vérification d'un scrutin dans une assemblée délibérante. — **3.** Reproduction en sens inverse d'un dessin ou d'une gravure, obtenue par simple pression sur une feuille de papier humide. — **4.** *Presse à contre-épreuve,* machine utilisée dans les ateliers de photogravure offset pour le tirage des épreuves de contrôle, ou épreuves d'essai.

CONTRE-ESPALIER n. m. (pl. *contre-espaliers*). Ligne d'arbres fruitiers palissés sur des fils de fer tendus entre des poteaux et non appuyés contre un mur.

CONTRE-ESPIONNAGE n. m. (pl. *contre-espionnages*). **1.** Action de s'opposer à l'activité des espions étrangers. — **2.** Service de sécurité chargé de déceler l'action des agents de renseignements ennemis, tant à l'intérieur qu'à l'extérieur du pays.

CONTRE-ESSAI n. m. (pl. *contre-essais*). Essai destiné à contrôler les résultats d'un essai précédent ; contre-épreuve.

CONTRE-ÉTUDE n. f. (pl. *contre-études*). Étude destinée à en confirmer ou à en infirmer une autre.

CONTRE-EXEMPLE n. m. (pl. *contre-exemples*). **1.** Exemple, cas qui contredit une affirmation, une règle. — **2.** Observation qui permet d'induire qu'un énoncé universel est en défaut.

CONTRE-EXPERT n. m. (pl. *contre-experts*). Expert chargé d'une contre-expertise.

CONTRE-EXPERTISE n. f. (pl. *contre-expertises*). Expertise destinée à en contrôler une autre.

CONTRE-EXTENSION n. f. (pl. *contre-extensions*). Action de maintenir la partie supérieure d'un membre fracturé ou luxé tandis qu'on en opère la réduction par extension.

CONTREFAÇON n. f. (de *contrefaire,* d'apr. *façon*). **1.** Usurpation du droit de propriété littéraire, artistique, commerciale ou industrielle d'un autre. – **2.** Action d'imiter frauduleusement un objet ayant un caractère public (monnaie, billets de banque...). – **3.** Œuvre, objet qui est l'imitation ou la reproduction frauduleuse d'un autre.

CONTREFACTEUR, TRICE n. Personne qui commet une contrefaçon frauduleuse.

CONTREFAIRE v. t. (bas lat. *contrafacere,* reproduire en imitant) [conj. **109**]. **1.** Imiter qqn, sa voix, etc., par dénigrement, pour se moquer, pour parodier, ou l'imiter mal ; le caricaturer : *Il a voulu imiter votre style, il n'a pu que le contrefaire.* – **2.** Imiter qqch, le reproduire dans une intention frauduleuse : *Contrefaire la signature de quelqu'un.* – **3.** Modifier sa voix, son écriture, l'altérer pour se masquer, pour ne pas être reconnu, en partic. dans une action frauduleuse. ◆ **être contrefait** v. pass. Avoir un corps qui présente une difformité ; être malbâti, difforme : *Une pauvre fille contrefaite.*

CONTRE-FENÊTRE n. f. (pl. *contre-fenêtres*). Seconde clôture d'une fenêtre. (L'ensemble constitue une *double fenêtre.*) [Syn. CONTRE-CHÂSSIS.]

CONTRE-FER n. m. (pl. *contre-fers*). Lame d'acier serrée contre le fer d'un rabot ou d'une varlope, destinée à obtenir un bon corroyage et à faciliter le rejet des copeaux.

CONTRE-FEU n. m. (pl. *contre-feux*). **1.** Action de brûler, dans la direction d'un incendie de forêt, des parties de bois pour créer un vide que le feu ne pourra franchir et qui arrêtera l'incendie. – **2.** Syn. de CONTRECŒUR. – **3.** Flamme opposée au feu principal d'un four métallurgique et diminuant son action.

CONTREFICHE n. f. **1.** Dans une ferme de charpente, lien entre l'arbalétrier et le poinçon, au droit d'une panne. – **2.** Lien de contreventement. (Syn. CONTREVENT.) – **3.** Barre diagonale dans un panneau de poutre en treillis. – **4.** Étai oblique. – **5.** Syn. de JAMBE* DE FORCE.

CONTREFICHER (SE) v. pr. (conj. 3). *Fam.* Se moquer complètement de qqch, de qqn : *Je me contrefiche de vos ordres.*

CONTRE-FIL n. m. (pl. *contre-fils*). **1.** Sens contraire à la direction normale. – **2.** Irrégularité de la structure du bois, se traduisant par des zones où le fil présente une inclinaison différente de celle des parties avoisinantes.

CONTRE-FILET n. m. (pl. *contre-filets*). Morceau de bœuf de boucherie, correspondant à la région du rein. (Le contre-filet fait partie de l'aloyau.) [Syn. FAUX-FILET.]

CONTRE-FORME n. f. (pl. *contre-formes*). Forme destinée à l'impression d'une seconde couleur et établie avec des éléments dissociés de la forme initiale.

CONTREFORT n. m. **1.** Pilier, massif de maçonnerie engagé dans un mur qui reçoit une poussée, afin de l'épauler, d'en prévenir le renversement. (Sa saillie est plus forte que celle d'une lésène, d'un pilastre, qui sont de simples raidisseurs. La culée d'un arc-boutant est parfois nommée contrefort.) – **2.** Soutien de la tige de la chaussure, intercalé entre dessus et doublure, destiné à éviter l'affaissement de la tige et à maintenir le talon du pied en place. – **3.** Partie de la montagne formée par une arête secondaire qui vient buter contre une arête principale. – **4.** Partie saillante d'un arbre, au-dessus du sol, entre les racines et la partie inférieure du tronc.

CONTRE-FOSSÉ n. m. (pl. *contre-fossés*). Syn. de AVANT-FOSSÉ.

CONTREFOUTRE (SE) v. pr. (conj. sur *foutre*). *Pop.* Se désintéresser de qqch, de qqn, s'en moquer totalement.

CONTRE-FRUIT n. m. (pl. *contre-fruits*). Diminution progressive, de bas en haut, sur sa face interne, de l'épaisseur d'un mur qui est à l'aplomb au-dehors.

1. CONTRE-GARDE n. m. (pl. *contre-gardes*). Officier de la Monnaie qui était chargé de recevoir les matières destinées à la fonte et de surveiller toutes les opérations monétaires. (Institués en 1213, les contre-gardes furent supprimés en 1696.)

2. CONTRE-GARDE n. f. (pl. *contre-gardes*) [anc. fr. *contregarder,* prendre garde). **1.** Partie arrière de la garde d'une épée ou d'un sabre, protégeant l'intérieur de la main. – **2.** Ouvrage extérieur couvrant les faces d'un bastion ou d'une demi-lune tout en étant séparé de ceux-ci par un fossé. (Syn. COUVRE-FACE.)

CONTRE-GUÉRILLA n. f. (pl. *contre-guérillas*). Ensemble des actions armées menées en vue de détruire les éléments de guérilla adverse.

CONTRE-HAUT (EN) loc. prép. et adv. À un niveau supérieur d'un lieu : *Maison bâtie en contre-haut du ruisseau.*

CONTRE-HERMINE n. f. (pl. *contre-hermines*). En héraldique, fourrure qui, à l'inverse de l'hermine, est constituée par un champ de sable semé de mouchetures d'argent.

CONTRE-HUS [kɔ̃try] n. m. inv. Dans une porte comportant deux parties superposées, vantail inférieur, qui peut rester fermé tandis qu'on ouvre l'autre. (Syn. HEC.)

CONTRE-INDICATION n. f. (pl. *contre-indications*). **1.** Circonstance particulière qui s'oppose à l'application d'un geste thérapeutique (médicament, opération chirurgicale, etc.). – **2.** Circonstance qui s'oppose à la réalisation d'une action, d'un projet en les présentant comme défavorables.

CONTRE-INDIQUER v. t. (conj. **3**). Constituer une contre-indication de qqch : *Son état de faiblesse contre-indique toute opération.*

◆ **être contre-indiqué** v. pass. **1.** Être l'objet d'une contre-indication médicale : *Ce médicament est contre-indiqué en cas de diabète.* – **2.** Se présenter comme peu favorable étant donné les circonstances ; être déconseillé.

CONTRE-INTERROGATOIRE n. m. (pl. *contre-interrogatoires*). Interrogatoire d'un témoin, d'un accusé par la partie adverse.

CONTRE-INVESTISSEMENT n. m. (pl. *contre-investissements*). Processus psychique étroitement lié au refoulement et nécessaire au maintien des structures défensives du moi et à la stabilité du symptôme.

ENCYCL. Le contre-investissement est l'utilisation de l'énergie (rendue disponible par le désinvestissement) pour maintenir refoulé le désir inconscient. Il peut porter sur un objet (ce qui peut aboutir à une formation substitutive, comme dans le cas de la phobie), une représentation ou une attitude consciente opposée au désir inconscient (formation réactionnelle).

CONTRE-JAUGER v. t. (conj. **17**). Reporter au compas à pointes la dimension d'une pièce de bois sur une autre.

CONTRE-JOUR n. m. (pl. *contre-jours*). **1.** Éclairage d'un objet recevant la lumière du côté opposé à celui par où on le regarde. – **2.** Photo prise en contre-jour. – **3.** *À contre-jour,* dans une position telle que la lumière vient par-derrière ou d'une manière défavorable.

CONTRE-LA-MONTRE n. m. inv. *Fam.* Épreuve cycliste contre la montre.

CONTRE-LATTE n. f. (pl. *contre-lattes*). Latte posée parallèlement aux chevrons d'un toit pour maintenir les lattes.

CONTRE-LETTRE n. f. (pl. *contre-lettres*). Acte écrit et secret par lequel on déroge à ce qui est stipulé dans un acte apparent.

CONTRE-MAILLE n. f. (pl. *contre-mailles*). Maille de filet opposée à d'autres mailles du même filet.

CONTRE-MAILLER v. t. (conj. **3**). **1.** Doubler les mailles d'un filet. – **2.** Former deux nappes de mailles superposées.

CONTREMAÎTRE n. m. **1.** Personne qui dirige le travail d'un groupe d'ouvriers, d'ouvrières dans un atelier, etc. (Le fém. *contremaîtresse* est peu usuel.) – **2.** Appellation des officiers mariniers dans l'ancienne marine à voile.

CONTRE-MANIFESTANT, E n. (pl. *contre-manifestants, es*). Personne qui s'oppose à d'autres manifestants.

CONTRE-MANIFESTATION n. f. (pl. *contre-manifestations*). Manifestation qui s'oppose à une autre en exprimant une opinion contraire.

CONTRE-MANIFESTER v. t. (conj. **3**). Participer à une manifestation qui s'oppose à une autre.

CONTRE-MANŒUVRE n. f. (pl. *contre-manœuvres*). Manœuvre opposée à une manœuvre ennemie.

CONTREMARCHE n. f. **1.** Marche d'une armée en sens opposé à la direction d'abord suivie. (La contremarche est une manœuvre destinée à éviter l'ennemi ou à le tromper.) – **2.** Face verticale d'une marche d'escalier.

CONTREMARQUE n. f. **1.** Carte délivrée à des spectateurs qui sortent momentanément d'une salle de spectacle. – **2.** Titre de transport s'ajoutant au billet pour permettre le franchissement d'une section ou donner accès à une ou plusieurs gares ou stations. – **3.** Document individuel qui témoigne d'un billet de passage pris à titre collectif. – **4.** Ensemble de traits ou marque que les charpentiers tracent sur les pièces de bois pour les reconnaître au moment du montage. (En menuiserie, ces marques prennent le nom d'établissement.) – **5.** Maquillage des dents des chevaux, destiné à déguiser leur âge. – **6.** Estampille frappée sur une monnaie soit pour en modifier la valeur, soit pour lui donner cours dans un pays autre que celui où elle a été émise.

CONTREMARQUER v. t. (conj. **3**). Apposer une contremarque sur qqch.

CONTRE-MESURE n. f. (pl. *contre-mesures*). **1.** Mesure destinée à s'opposer à une action, à un événement ou à les prévenir. – **2.** Action destinée à rendre inefficaces les armements ennemis. – **3.** *Contre-mesure électronique (C. M. E.),* action profitant sur le plan opérationnel de l'utilisation des ondes électromagnétiques par l'ennemi. (→ *encycl.*) ‖ *Contre contre-mesure électronique (C. C. M. E.),* action ayant pour but toute modification des équipements militaires ou de leur emploi pour les protéger de la guerre électronique.

CONTRER v. t. (de *contre*) [conj. 3]. **1.** Au bridge, à la manille, au tarot, parier que l'équipe adverse ne réussira pas son contrat. — **2.** S'opposer à qqn, à une action en les neutralisant : *Contrer un concurrent.* — **3.** Syn. de CONTRE-ATTAQUER. — **4.** Faire un contre au volley-ball.

CONTRE-RAIL n. m. (pl. *contre-rails*). Rail placé à l'intérieur de la voie et destiné à guider les boudins des roues dans la travée des appareils ou à maintenir la largeur de l'ornière dans une voie encastrée à un passage à niveau.

CONTRE-RÉACTION n. f. (pl. *contre-réactions*). Réintroduction, en opposition de phase, à l'entrée d'un montage électronique, d'une partie du signal prélevé à sa sortie. (Syn. RÉACTION NÉGATIVE.)

CONTRE-RÉFORME, autre nom de la *Réforme catholique.*

CONTRE-RÉVOLUTION n. f. (pl. *contre-révolutions*). **1.** Mouvement politique ou social destiné à combattre une révolution, à en ruiner les résultats. — **2.** (avec une majusc.) Mouvement d'opposition à la Révolution française, visant à détruire l'œuvre de cette dernière et à restaurer l'Ancien Régime.

ENCYCL. **Hist.** Dans une première phase (1789-1792), la Contre-Révolution s'incarne dans l'obstruction de Louis XVI à l'application des décisions de la Constituante, dans les soulèvements (1790-91) fomentés par les royalistes (Languedoc, Vendée, Lyon, camp de Jalès), dans l'intervention armée préparée par les émigrés massés sur le Rhin (« armée des princes », 1791) et dans la politique du pire qui consiste à déclarer la guerre à l'Autriche (20 avr. 1792). Elle s'exprime aussi dans la déclaration de Pillnitz (27 août 1791), où l'empereur et le roi de Prusse disent leur volonté de rétablir l'ordre en France, et dans de nombreux journaux contre-révolutionnaires où écrivent des auteurs de talent (Rivarol) et des publicistes à la solde du roi. Cependant, tous ses efforts pour contrecarrer l'action des démocrates et effacer 1789 sont vains. Mais, à partir de 1793, la Contre-Révolution met en péril la République. Avec les soulèvements de la Vendée et du Midi (Lyon, Toulon, Bordeaux, etc.), elle dispose d'une base sociale de masse. Mais sa force principale réside dans les armées de l'Europe monarchique coalisée contre la France révolutionnaire et chez les écrivains (Burke, J. de Maistre, L. de Bonald, J. Mallet du Pan) qui publient leurs thèses favorables à l'Ancien Régime et ameutent l'Europe contre la France. Mais ces perspectives, un moment entrevues après le 9-Thermidor, s'évanouissent. Les royalistes échouent et sont écrasés lors du débarquement de Quiberon (juin-juill. 1795), de la journée du 13-Vendémiaire (5 oct. 1795) et du coup d'État du 18-Fructidor (4 sept. 1797), tandis que Bonaparte, loin de rallier le comte de Provence, instaure une monarchie consulaire (1799) puis impériale (1804) qui met fin aux espoirs de restauration de la dynastie des Bourbons.

CONTRE-RÉVOLUTIONNAIRE adj. et n. (pl. *contre-révolutionnaires*). Favorable à une contre-révolution, qui participe à une contre-révolution.

CONTRE-RIVURE n. f. (pl. *contre-rivures*). Bague métallique écrasée sur le bois par la tête fermante d'un rivet.

CONTRES (41700), ch.-l. de cant. de Loir-et-Cher, en Sologne ; 3 014 hab. *(Controis).* Vins. Abattoir.

CONTRE-SAISON n. f. (pl. *contre-saisons*). Production de végétaux en dehors de la saison normale.

CONTRE-SANGLON n. m. (pl. *contre-sanglons*). Courroie fixée à l'arçon de la selle et servant à attacher la sangle.

CONTRESCARPE n. f. Paroi extérieure d'un fossé de fortification.

CONTRE-SCEAU n. m. (pl. *contre-sceaux*). Empreinte complémentaire d'un sceau. (Ils furent courants avec l'usage des sceaux pendants aux XIIIe-XIVe s.)

CONTRESEING [-sɛ̃] n. m. **1.** Signature que les ministres d'un chef d'État ou d'un souverain constitutionnel apposent au bas des actes émanés de celui-ci. — **2.** Signature de qqn qui contresigne un acte et s'en déclare solidaire.

CONTRE-SEMPLAGE n. m. (pl. *contre-semplages*). Dessins en quinconce sur un tissu.

CONTRE-SEMPLER v. t. (conj. 3). **1.** Disposer en quinconce un motif de dessin sur une étoffe par le déplacement d'un demi-rapport. — **2.** Reproduire le dessin d'un semple sur un autre.

CONTRESENS n. m. **1.** Sens contraire à celui dans lequel on doit prendre qqch : *Prendre le contresens d'une étoffe.* — **2.** Interprétation opposée à la véritable signification ; sens erroné : *Une traduction pleine de contresens.* — **3.** Action ou attitude absurde, situation opposée à ce qui devrait être : *Cette politique est un contresens.* — **4.** Selon Husserl, propriété d'une expression qui contient une contradiction interne (par oppos. au *non-sens*). — **5.** *À contresens (de),* dans un sens contraire au sens normal de la circulation, au sens naturel ou à la signification exacte de qqch ; à l'opposé de.

CONTRE-SEP n. m. (pl. *contre-seps*). Pièce de la charrue protégeant le sep et l'étançon de l'usure.

CONTRESIGNATAIRE n. Personne qui contresigne un acte.

CONTRESIGNER v. t. (conj. 3). **1.** Signer après celui dont l'acte émane. – **2.** Apposer sa signature sur un acte pour en attester l'authenticité ou s'en déclarer solidaire.

CONTRE-SOCIÉTÉ n. f. (pl. *contre-sociétés*). Communauté contestatrice organisée sur la base de valeurs opposées aux valeurs dominantes de la société où elle vit.

CONTRE-SUJET n. m. (pl. *contre-sujets*). Dans la fugue, partie destinée à accompagner le sujet à chacune de ses entrées.

CONTRE-TAILLE n. f. (pl. *contre-tailles*). Chacune des tailles ou hachures qui croisent les premières tailles d'une gravure.

CONTRETEMPS n. m. (calque de l'ital. *contrattempo*). **1.** Circonstance, événement qui va contre un projet, des dispositions prises, etc. ; complication : *Un fâcheux contretemps a retardé notre départ.* – **2.** En chorégraphie, syn. de PASSÉ. – **3.** Procédé rythmique dans lequel un son est articulé sur un temps faible ou sur la partie faible d'un temps. – **4.** *À contretemps,* sans respecter la mesure, le rythme ; à un moment inopportun, mal à propos.

CONTRE-TÉNOR n. m. (pl. *contre-ténors*). Syn. de HAUTE-CONTRE.

CONTRE-TERRORISME n. m. (pl. *contre-terrorismes*). Ensemble d'actions ripostant au terrorisme par des moyens analogues.

CONTRE-TERRORISTE adj. et n. (pl. *contre-terroristes*). Qui participe à des actions contre les terroristes.

CONTRE-TIMBRE n. m. (pl. *contre-timbres*). Empreinte apposée sur les papiers timbrés pour modifier la valeur du premier timbre.

CONTRE-TIRER v. t. (conj. 3). Tirer la contre-épreuve d'une estampe ou d'un dessin.

CONTRE-TITRÉ, E adj. (pl. *contre-titrés, ées*). Se dit des ouvrages d'or ou d'argent incorrectement titrés.

CONTRE-TORPILLEUR n. m. (pl. *contre-torpilleurs*). Petit bâtiment de guerre destiné à lutter contre les torpilleurs. (Syn. DESTROYER.)
ENCYCL. Apparu à la fin du XIXe s., le contre-torpilleur était armé de canons légers à tir rapide. Il a joué un rôle déterminant dans la protection des flottes de guerre et des convois pendant les deux guerres mondiales, mais a cédé aujourd'hui la place aux « corvettes » et aux « frégates ».

CONTRE-TRANSFÉRENTIEL, ELLE adj. (pl. *contre-transférentiels, elles*). Qui se rapporte au contre-transfert.

CONTRE-TRANSFERT n. m. (pl. *contre-transferts*). Ensemble des réactions inconscientes de l'analyste vis-à-vis du patient et qui peuvent interférer avec son interprétation. (Les effets du contre-transfert ont été posés comme ce qui exigeait de l'analyste une analyse didactique.)

CONTRETYPE n. m. Duplicata d'un phototype négatif ou positif obtenu par contact.

CONTRETYPER v. t. (conj. 3). Effectuer un contretype.

CONTRE-UTOPIE n. f. (pl. *contre-utopies*). Description, au moyen d'une fiction, d'un univers déshumanisé et totalitaire, dans lequel les rapports sociaux sont dominés par la technologie et la science. (*Le Meilleur des mondes,* de Aldous Huxley, est un exemple de contre-utopie.)

CONTRE-VAIR n. m. (pl. *contre-vairs*). Fourrure héraldique constituée par des cloches ou pans d'azur et d'argent réunis deux à deux par leurs bases.

CONTRE-VAIRÉ n. m. (pl. *contre-vairés*). Fourrure héraldique où les pans sont disposés comme dans le contre-vair, mais sont d'autres émaux que l'argent et l'azur.

CONTRE-VALEUR n. f. (pl. *contre-valeurs*). Valeur commerciale donnée en échange d'une autre.

CONTREVALLATION n. f. (bas lat. *vallatio,* palissade). Ligne de défense établie par l'assiégeant pour se garder contre les sorties de l'assiégé.

CONTREVENANT, E n. Personne qui enfreint un règlement.

CONTREVENIR v. t. ind. (lat. *contravenire*) [conj. 40, auxil. *avoir*]. Agir contrairement à une prescription, à une obligation, ne pas s'y conformer : *Contrevenir aux ordres reçus, aux règles de la politesse.*

CONTREVENT n. m. **1.** Volet extérieur en bois. – **2.** Syn. rare de CONTREFICHE. – **3.** Paroi du creuset d'un haut fourneau opposée à la tuyère.

CONTREVENTEMENT n. m. Dispositif (contrefiche, palée, paroi) s'opposant à tout effet de déformation ou de renversement d'une charpente ou d'un mur.

CONTREVENTER v. t. (conj. 3). Renforcer à l'aide d'un contreventement.

CONTRE-VÉRITÉ n. f. (pl. *contre-vérités*). Affirmation catégorique manifestement contraire à la vérité ; mensonge.

CONTRE-VIRAGE n. m. (pl. *contre-virages*). À ski, dérapage et reprise de carre destinés à ralentir la vitesse avant un virage.

CONTRE-VISITE n. f. (pl. *contre-visites*). Seconde visite, en partic. examen médical destiné à en contrôler un autre.

CONTRE-VOIE n. f. (pl. *contre-voies*). **1.** Sur les lignes de chemin de fer à double voie, voie de sens opposé à celle que suit un train. – **2.** *Monter, descendre à contre-voie,* emprunter une porte s'ouvrant sur une autre voie et non sur un quai.

CONTREXÉVILLE (88140), comm. des Vosges, à 5 km au S.-O. de Vittel ; 4 443 hab. *(Contrexévillois).* Station hydrominérale dont les eaux, utilisées surtout en boisson, ont une composition voisine et des indications analogues à celles de Vittel.

CONTRIBUABLE n. Personne assujettie au paiement de l'impôt.

CONTRIBUER v. t. ind. (lat. *contribuere*) [conj. 7]. **1.** Apporter sa part à une œuvre commune, avoir part à un résultat : *Contribuer à la réalisation d'un projet.* – **2.** Être un des éléments qui concourent à qqch : *La forêt contribue à rendre cette région agréable.* – **3.** Verser sa quote-part d'une dépense commune : *Tout le personnel a contribué à l'achat de son cadeau.*

CONTRIBUTIF, IVE adj. Relatif aux contributions, aux impôts.

CONTRIBUTION n. f. (lat. jurid. *contributio, -onis*). **1.** Action de contribuer à qqch, part apportée à une œuvre ou à une dépense commune : *Contribution d'un auteur à une publication. Demander à chacun une contribution aux frais.* – **2.** Étude complémentaire sur un sujet littéraire ou scientifique : *Contribution à l'histoire du droit.* – **3.** Part que chacun apporte à une dépense commune, et en partic. aux dépenses de l'État ou des collectivités publiques (au pl. surtout). ‖ *Contribution pour le remboursement de la dette sociale (C.R.D.S.),* prélèvement fiscal institué en 1996 et destiné à aider au remboursement de la dette de la Sécurité sociale. ‖ *Contribution sociale généralisée (C.S.G.),* prélèvement fiscal institué en 1991 et destiné à faciliter l'équilibre financier des organismes de la Sécurité sociale. – **4.** *Contribution de guerre,* paiement imposé par le vainqueur au vaincu à titre de représailles ou de réquisition. ‖ *Distribution par contribution,* procédure judiciaire qui répartit entre les créanciers, au prorata de leurs droits, les sommes provenant d'une saisie de biens de leur débiteur, en l'absence de créanciers privilégiés et hypothécaires. ‖ *Mettre à contribution,* avoir recours aux services de qqn, lui faire des emprunts ; utiliser qqch.

◆ **contributions** n. f. pl. Administration chargée de la répartition des impôts.

CONTRISTER v. t. (lat. *contristare,* de *tristis,* triste) [conj. 3]. *Litt.* Rendre qqn profondément triste, l'affliger.

CONTRIT, E [-tri, -it] adj. (bas lat. *contritus,* de *tritus,* broyé). **1.** *Litt.* Qui se repent d'une faute : *Être contrit d'avoir commis une maladresse.* – **2.** Qui marque le repentir, le regret : *Un air contrit.*

CONTRITION n. f. (bas lat. *contritio,* de *contritus,* contrit). **1.** Acte de la volonté par lequel le chrétien se détourne du péché et se dispose à recevoir la grâce pour revenir à Dieu. – **2.** *Litt.* Repentir, remords.

CONTRÔLABILITÉ n. f. État, propriété de ce qui est contrôlable.

CONTRÔLABLE adj. Qui peut être contrôlé.

CONTROLATÉRAL ou **CONTRALATÉRAL, E, AUX** adj. Relatif au côté du corps opposé à celui dont il est question.

CONTRÔLE n. m. (anc. fr. *contrerole,* registre tenu en double). **1.** Action de contrôler qqch, qqn, de vérifier leur état ou leur situation au regard d'une norme : *Contrôle des touristes à la douane. Tour de contrôle d'un aérodrome. Contrôle médical.* – **2.** Bureau où se tiennent des contrôleurs, où se font des vérifications : *Être prié de se présenter au contrôle.* – **3.** Action, fait de contrôler qqch, un groupe, d'avoir le pouvoir de les diriger : *Perdre le contrôle de son véhicule. Avoir le contrôle d'un territoire.* – **4.** Interrogation écrite, composition faite en classe : *Avoir un contrôle en maths.* – **5.** *Contrôle (de soi-même),* action, fait de se dominer, de maîtriser ses propres réactions. • **Agric.** *Contrôle biologique,* syn. de LUTTE* BIOLOGIQUE. – **Bours.** Action de contrôler une société en en détenant la majorité des actions. – **Ch. de f.** Dispositif optique ou acoustique destiné à renseigner sur la position d'un signal ou d'une aiguille. – **Cybern.** Ensemble d'opérations humaines ou automatiques visant à surveiller l'état d'un système conduit en vue d'élaborer les actions de commande. – **Dr.** Service de l'Administration fiscale où s'effectue la vérification du titre des matières d'or et d'argent. ‖ Apposition par ce service, moyennant paiement d'un droit de garantie, sur les objets de joaillerie, bijouterie, orfèvrerie, d'un poinçon attestant la teneur en métal fin, ou titre. ‖ *Contrôle fiscal,* syn. usuel de VÉRIFICATION* DE COMPTABILITÉ. ‖ *Contrôle judiciaire,* ensemble d'obligations imposées par le juge d'instruction à un inculpé pour les besoins de l'instruction en cours ou par mesure de sûreté (interdiction de franchir certaines limites territoriales, obligation de se présenter périodiquement aux autorités de police, etc.). ‖ *Contrôle de police,* contrôle d'identité effectué par des policiers sur la voie publique. – **Écon.** *Contrôle budgétaire* ou *de gestion,* méthode d'élaboration de budgets prévisionnels dans l'entreprise ainsi que d'interprétation des écarts entre prévisions et réalisations. (→ *encycl.*) — **Enseign.** *Contrôle continu des connaissances,* modalité de vérification du niveau des étudiants par des interrogations effectuées tout au long de l'année. — **Fin.** *Contrôle des dépenses engagées,* contrôle exercé par le contrôleur financier, destiné à s'assurer, avant qu'une dépense ne soit définitivement ordonnancée, qu'elle correspond effectivement à une prévision du budget. (Ce contrôle est matérialisé par un visa.) — **Industr.** Opération qui sert à éliminer les pièces dont certaines caractéristiques s'écartent des limites tolérées. ‖ *Carte de contrôle,* carte sur laquelle sont reportées, par rapport à des données statistiques, les limites de contrôle et de surveillance inférieures et supérieures. (Syn. CARTE CONTRÔLEUSE.) ‖ *Contrôle statistique,* contrôle par prélèvement d'échantillons. — **Inform.** Syn. de COMMANDE. — **Méd.** *Contrôle des naissances,* régulation du nombre des naissances grâce à des méthodes contraceptives. — **Mil.** État nominatif des personnes qui appartiennent à un corps. ‖ *Contrôle général des armées,* corps de hauts fonctionnaires militaires chargés directement par le ministre de vérifier l'observation des lois et règlements, notamment en matière financière. — **Philos.** *Contrôle ouvrier,* pouvoir de décision que les travailleurs d'une entreprise devraient exercer directement sur elle, en cas de révolution. — **Psychol.** *Groupe de contrôle,* groupe non soumis à l'effet d'une variable et auquel on compare le groupe expérimental, qui a été, lui, soumis à un tel effet. — **Sociol.** *Contrôle social,* ensemble des mécanismes régulateurs de la vie sociale qui visent à contraindre les membres d'un groupe ou d'une société à agir selon des modèles préétablis. — **Sports.** Domination que possède un joueur ou une équipe sur le déroulement du jeu. ‖ Action de se rendre maître de la balle ou du ballon et de le diriger à sa guise. — **Techn.** *Liste de contrôle,* ensemble de questions préétablies, de caractère systématique, destinées à éviter d'éventuelles omissions dans l'étude d'un problème. (Syn. CHECK-LIST.)

ENCYCL. **Écon.** *Contrôle budgétaire.* Des rapports réguliers permettent de mesurer les réalisations effectives et d'interpréter les écarts constatés. Au-delà des avantages qu'il présente en termes de coordination des actions et de décentralisation des responsabilités, le contrôle de gestion autorise la direction à pratiquer un « pilotage » plus fin de l'entreprise (qu'évoque la notion de « tableau de bord ») et à décider, à partir de l'analyse des écarts, les actions correctrices nécessaires.

CONTRÔLER v. t. (de *contrôle*) [conj. 3]. **1.** Examiner qqch pour en vérifier la régularité, l'exactitude, la validité, la qualité, le bon fonctionnement, etc. : *Contrôler un renseignement.* — **2.** Soumettre qqn, qqch à un contrôle d'ordre administratif : *Contrôler un véhicule en infraction.* — **3.** Dominer, contenir ses propres réactions ou sentiments : *Contrôler ses nerfs.* — **4.** Pouvoir diriger un phénomène, un processus, intervenir dans son évolution : *Contrôler sa respiration. Un gouvernement qui ne contrôle plus la situation.* — **5.** Avoir sous son autorité, sous son pouvoir (politique, économique, financier, militaire) une collectivité, un territoire : *Banques qui contrôlent un groupe industriel.* — **6.** Rester maître de la vitesse et de la direction de son véhicule. — **7.** Posséder la majorité des voix attachées à la détention des actions qui composent le capital d'une société. — **8.** Poinçonner, mettre la marque du contrôle sur les objets de joaillerie, bijouterie, orfèvrerie. — **9.** Dominer un match, une course. — **10.** Avoir le contrôle du ballon, en être maître, empêcher l'adversaire de s'en emparer.

◆ **se contrôler** v. pr. Rester maître de soi, garder son sang-froid : *Il ne se contrôle plus, il est capable de tout.*

CONTRÔLEUR, EUSE n. Agent, employé chargé d'un contrôle : *Contrôleur des douanes.* • **Aéron.** Officier ou sous-officier spécialisé de l'armée de l'air, dont la mission consiste à assurer la police du ciel, évaluer la menace aérienne, diffuser l'alerte, contrôler la circulation aérienne militaire et, en temps de crise, à conduire les opérations de défense aérienne du territoire. ‖ *Contrôleur de la navigation aérienne,* agent chargé de suivre et d'organiser les mouvements des aéronefs afin d'éviter les risques de collision, particulièrement autour des aéroports. (Syn. fam. AIGUILLEUR DU CIEL.) — **Ch. de f.** Agent chargé de l'accueil et du contrôle des titres de transport des voyageurs. ‖ Agent d'encadrement chargé du contrôle des installations techniques, de l'application de la réglementation, etc. — **Écon.** *Contrôleur de gestion,* cadre supérieur d'une entreprise, responsable de la mise en place, du fonctionnement et de l'exploitation des systèmes d'information permettant de contrôler les performances de la firme. — **Fin.** *Contrôleur d'État,* fonctionnaire chargé de suivre la gestion économique et financière des entreprises publiques. ‖ *Contrôleur financier,* fonctionnaire de l'Administration des finances placé auprès du chef d'un service ayant qualité pour ordonnancer une dépense publique et chargé d'assurer le contrôle des dépenses engagées. — **Hist.** *Contrôleur général des Finances,* chef de l'administration financière en France aux XVIIe s. et XVIIIe s. (→ *encycl.*) — **Mil.** Membre du corps du contrôle général des armées.

◆ adj. *Carte contrôleuse,* syn. de CARTE DE CONTRÔLE.

◆ **contrôleur** n. m. **1.** Instrument destiné à des vérifications de pièces usinées. – **2.** Syn. de RÉGULATEUR.

ENCYCL. **Hist.** Créé en 1665 en faveur de Colbert par Louis XIV, après la disgrâce de Fouquet et la suppression de la charge de surintendant des Finances, le *contrôleur général des Finances* reçut les fonctions de ce dernier à l'exception de l'ordonnancement des finances, que le roi se réserva. À la tête de l'administration financière du royaume, il dirigeait aussi toute l'économie. Parmi les contrôleurs les plus connus figurent Colbert, Chamillart, Machault d'Arnouville, Terray, Turgot, Calonne. Necker exerça la charge avec le titre de « directeur général des Finances ».

CONTRORDRE n. m. Ordre, décision qui annule l'ordre, la décision qui précède : *Je viendrai, sauf contrordre.*

CONTROUVÉ, E adj. (anc. fr. *controuver,* inventer). *Litt.* Inventé de toutes pièces, mensonger : *Anecdote controuvée.*

CONTROVERSABLE adj. Qui peut être discuté, controversé.

CONTROVERSE n. f. (lat. *controversia*). **1.** Discussion suivie sur une question, motivée par des opinions ou des interprétations divergentes : *Controverse scientifique.* – **2.** Art de discuter les questions religieuses ; traité où est élaboré et enseigné cet art.

CONTROVERSÉ, E adj. (moyen. fr. *controverser,* du lat. *controversari*). Qui suscite une controverse, des contestations ; discuté : *Une décision controversée.*

CONTROVERSISTE n. Personne versée dans la controverse religieuse.

1. CONTUMACE n. f. (lat. *contumacia*). **1.** État de l'individu qui, accusé d'un crime, se soustrait à la procédure contradictoire de jugement à laquelle il a l'obligation de se soumettre. – **2.** *Purger sa contumace,* comparaître devant le juge, après avoir été condamné par contumace et avant la prescription de la peine.

2. CONTUMACE ou **CONTUMAX** adj. et n. (lat. *contumax,* opiniâtre). Se dit d'un accusé dans l'état de contumace.

CONTUS, E adj. (lat. *contusus,* de *contundere,* meurtrir). Qui est dû à une contusion ou qui présente une contusion : *Plaie contuse.*

CONTUSIF, IVE adj. Qui produit une contusion ou qui est produit par une contusion.

CONTUSION n. f. (lat. *contusio,* de *contundere,* meurtrir). **1.** Lésion produite par un coup, un choc ou une compression sans plaie des téguments. – **2.** *Contusion cérébrale,* foyer cérébral de nécrose hémorragique avec œdème siégeant au point d'impact d'un traumatisme, avec fréquemment une fracture du crâne associée.

CONTUSIONNER v. t. (conj. 3). Provoquer des contusions sur (le corps de) qqn : *Visage contusionné.*

CONTY (80160), ch.-l. de cant. de la Somme, à 21 km au S.-S.-O. d'Amiens ; 1 561 hab. Église flamboyante des XVe-XVIe s. Fonderie. Édition. La ville a donné son nom aux princes de Conti (ou Conty). [→ *maison de* CONTI.]

CONURBATION n. f. (lat. *urbs, urbis,* ville). Agglomération urbaine résultant de la proximité de plusieurs villes dont les banlieues se sont rejointes.

CONVAINCANT, E adj. **1.** Qui est propre à convaincre : *Exposé convaincant.* – **2.** Qui se montre persuasif, éloquent : *Il n'a pas été très convaincant.*

CONVAINCRE v. t. (lat. *convincere,* d'apr. *vaincre*) [conj. **114**]. **1.** Amener qqn, par des raisons ou des preuves, à reconnaître qqch comme vrai ou nécessaire : *Je l'ai convaincu de renoncer à son projet.* – **2.** Obliger qqn à reconnaître ses torts, son erreur, apporter les preuves de sa culpabilité : *Convaincre quelqu'un de mensonge.*

◆ **être convaincu** v. pass. **1.** Être sincèrement persuadé de la justesse de ce que l'on pense ; manifester sa conviction : *Un partisan convaincu de l'Europe.* – **2.** Être accusé, avec des preuves évidentes, de qqch : *Être convaincu d'avoir commis un crime.*

◆ **se convaincre** v. pr. Se persuader de qqch : *Il a fini par se convaincre de la gravité de la situation.*

CONVAINCU, E n. Personne intimement persuadée de la justesse de ses idées.

CONVALESCENCE n. f. (lat. *convalescere,* guérir). **1.** Période de transition entre la fin de la maladie et le retour à une parfaite santé. – **2.** Reprise encore fragile d'une activité après une période de récession : *La convalescence d'une industrie.*

CONVALESCENT, E adj. et n. (lat. *convalescens*). Qui est en convalescence.

◆ adj. Qui est en voie de reprise après une récession : *Une économie convalescente.*

CONVECTEUR n. m. Corps de chauffe destiné à chauffer l'air circulant à l'intérieur d'un capot, l'émission de chaleur se faisant essentiellement par convection.

CONVECTIF, IVE adj. Relatif à une convection.

CONVECTION ou **CONVEXION** n. f. (lat. *convectus,* de *convehere,* transporter). **1.** Mouvement vertical de l'air, ascendant ou descendant, par oppos. à l'advection, qui désigne les mouvements horizontaux. – **2.** Transfert de chaleur accompagné d'un transport de matière à l'état de fluide. – **3.** *Convection électrique,* déplacement d'ensemble de porteurs de charge, créant un *courant* dit *de convection.*

CONVENABLE adj. **1.** Qui convient à qqch, qui est approprié à son objet ; adéquat : *Agir au moment convenable.* – **2.** Qui respecte les convenances ; correct, décent : *Des jeunes très convenables. Se présenter dans une tenue convenable.* – **3.** Dont la qualité, la valeur est suffisante sans être remarquable : *Un salaire à peine convenable.*

CONVENABLEMENT adv. **1.** De façon appropriée : *Des citations convenablement choisies.* – **2.** De façon décente : *Se tenir convenablement.* – **3.** De manière acceptable : *Gagner convenablement sa vie.*

CONVENANCE n. f. (anc. fr. *covenant,* convenable). **1.** *Litt.* Qualité de ce qui convient, est approprié ; conformité, adéquation : *Un style remarquable par la convenance des termes.* – **2.** *À la convenance de qqn,* selon ce qui lui convient, à son goût. ‖ *Convenance(s) personnelle(s),* motif relevant de la vie personnelle, qui est invoqué sur le plan administratif, mais n'est pas autrement précisé. ‖ *Mariage de convenance,* mariage conclu selon des considérations d'intérêt, de condition sociale, etc. ‖ *Opération de convenance,* intervention chirurgicale effectuée chez les animaux de compagnie (coupe de queue et d'oreilles chez le chien, castration du chat, tatouages réglementaires).

◆ **convenances** n. f. pl. Règles du bon usage, bienséances : *Braver les convenances.*

CONVENANT n. m. *Bail à convenant,* syn. de BAIL À DOMAINE CONGÉABLE*.

CONVENIR v. t. ind. (lat. *convenire,* venir ensemble) [conj. **40**]. **1.** Être approprié à qqch, présenter un rapport de conformité, d'adéquation, d'harmonie avec qqch : *Les tapis convenaient parfaitement à la pièce.* – **2.** Être en parfaite conformité avec la situation : *Il a su faire le geste qui convenait.* – **3.** Être approprié à qqn, à sa nature, ses goûts, son caractère, etc. : *Ce climat lui convient mal.* – **4.** Agréer à qqn, lui plaire, ne le gêner en rien : *Choisir un lieu de rencontre qui convienne à tous.* – **5.** Admettre qqch, le reconnaître comme vrai ; confesser : *Vous convenez de votre erreur ?* – **6.** (auxil. *avoir* ou *être*) En parlant de plusieurs personnes, tomber d'accord sur qqch (opinion, décision, etc.) : *Nous avions convenu (nous étions convenus) de nous revoir sous peu.* – **7.** *Il convient de, que,* il est requis par les circonstances, il faut, il est souhaitable.

◆ **être convenu** v. pass. **1.** Être le résultat d'un accord, d'une convention : *Langage convenu.* – **2.** *Il est convenu que,* il a été fixé en commun à l'avance. – **3.** *Comme convenu,* selon notre accord. ‖ *Jugement convenu,* syn. de JUGEMENT D'EXPÉDIENT*.

◆ **se convenir** v. pr. Avoir des affinités réciproques, se plaire mutuellement : *Deux êtres qui se convenaient parfaitement.*

CONVENT n. m. (lat. *conventus,* réunion). Assemblée générale des francs-maçons.

1. CONVENTION n. f. (lat. *conventio, -onis*). **1.** Accord passé entre des personnes, des groupes, des sujets de droit international (États, organisations), destiné à produire des effets juridiques et qui revêt en principe un caractère obligatoire pour ceux qui y adhèrent ; écrit destiné à justifier la réalité de cet accord : *Des conventions internationales sur la pêche.* – **2.** Règle de conduite adoptée à l'intérieur d'un groupe social (le plus souvent pl.) : *Avoir le respect des conventions.* – **3.** Ce qui est admis d'un commun accord, tacite ou explicite : *Les conventions orthographiques.* – **4.** *De convention,* qui relève des seules conventions sociales, par oppos. à ce qui est naturel, sincère, spontané ; conventionnel : *Une amabilité de convention.* • **Dr.** Accord conclu entre une caisse de Sécurité sociale et un syndicat représentatif de praticiens en vue de fixer les tarifs médicaux et leur remboursement. ‖ *Convention collective (du travail),* accord relatif aux conditions d'emploi et de travail ainsi qu'aux garanties sociales et aux obligations incombant aux signataires, conclu entre un employeur ou un groupement d'employeurs et une ou plusieurs organisations syndicales représentatives des travailleurs. (→ *encycl.*) – **Écon.** *Convention d'établissement,* convention conclue, dans le cadre de garanties ou d'avantages accordés aux investisseurs étrangers dans les pays en voie de développement, entre l'État bénéficiaire et l'investisseur. – **Philos.** Principe admis comme hypothèse étrangère à une théorie et destiné à une description systématique du monde.

ENCYCL. **Dr.** La loi du 11 févr. 1950 a donné aux *conventions collectives du travail* un statut s'appliquant à toutes les professions, sauf aux entreprises publiques. La loi du 13 nov. 1982 sur la négociation collective et les conflits collectifs du travail a modifié les modalités des conventions tout en incluant dans son champ d'application les entreprises publiques, les établissements publics industriels et commerciaux, les ateliers protégés et les centres de distribution du travail à domicile. Obligatoirement écrites, les conventions collectives ne peuvent être moins avantageuses pour les salariés que la loi.

2. CONVENTION n. f. (de *convention 1,* avec l'infl. de l'angl. *convention*). **1.** Assemblée réunie pour réviser, élaborer et, éventuellement, adopter une constitution ; local ou lieu où cette même assemblée tient ses séances. — 2. *Convention (électorale),* aux États-Unis, assemblée d'un parti composée de délégués de chaque État, chargée de désigner les candidats à l'élection présidentielle.

Convention écossaise de 1639, Parlement réuni par les Écossais pour combattre le roi d'Angleterre Charles Ier, qui avait tenté d'imposer le *Book of Common Prayer* en 1637.

Convention des institutions républicaines (C. I. R.), organisation politique française née en juin 1964 du regroupement de divers clubs et organisations de la gauche non communiste. Ayant à sa tête F. Mitterrand (1970-71), elle fusionna avec le parti socialiste au congrès d'Épinay-sur-Seine (juin 1971). F. Mitterrand devint alors premier secrétaire du nouveau parti socialiste.

Convention nationale, assemblée constituante qui succéda à l'Assemblée législative le 21 sept. 1792, fonda la Ire République et gouverna la France jusqu'au 26 oct. 1795.
Instituée par la Législative le 10 août 1792 après la suspension de Louis XVI, élue le 2 sept. au suffrage universel à deux degrés par une minorité de Français, la Convention devient le « centre unique de l'impulsion du gouvernement révolutionnaire ». Elle se compose de 749 députés, parmi lesquels domine la bourgeoisie des professions libérales et du négoce. À droite siègent les Girondins (env. 160 députés), bourgeois libéraux, aux puissantes attaches provinciales, fédéralistes hostiles à la dictature jacobine centralisatrice, désireux d'arrêter la Révolution « à son stade bourgeois » et conduits par Brissot, Vergniaud, Guadet, Pétion et Roland. À gauche, le groupe des Montagnards (env. 140) mêle des idéalistes purs et des aventuriers, des patriotes désintéressés et des profiteurs cyniques, des déistes et des « déchristianisateurs » ; ouverts aux revendications populaires, proches des sans-culottes, ils acceptent avec audace toutes les conséquences de la Révolution ; aux côtés de leurs chefs, les « triumvirs » (Robespierre, Danton, Marat), siègent Desmoulins, Saint-Just, Fouché, Couthon, Collot d'Herbois, le duc d'Orléans (Philippe Égalité), etc. Au centre, la Plaine (ou le Marais), groupée autour de Sieyès, Cambacérès, Boissy d'Anglas, est composée d'opportunistes (env. 400).
• *La Convention girondine (21 sept. 1792 -2 juin 1793).* Ses premiers actes sont l'abolition de la royauté et la proclamation de la République (21 sept.), et la décision de dater les actes publics de l'an I de la République (22 sept.). Mais elle se déchire entre Girondins et Montagnards. Les premiers inspirent une politique de guerre et de conquêtes qui remporte d'abord des succès (victoire de Dumouriez à Jemmapes, 6 nov.). Mais le procès du roi (dont la mort est votée le 19 janv. 1793), l'insurrection de la Vendée (mars 1793), les graves revers militaires infligés par la première coalition (défaite de Neerwinden, 18 mars) et la trahison de Dumouriez (6 avr.) déconsidèrent la Gironde, qui perd la majorité et accumule les erreurs (arrestation de Marat et d'Hébert, avr.-mai). Le 2 juin 1793, sous la menace des canons de la Garde nationale, la Convention décrète l'arrestation de 29 députés et de deux ministres girondins. La Montagne triomphe.
• *La Convention montagnarde (2 juin 1793 - 27 juill. 1794).* Pour lutter contre les périls extérieurs et intérieurs qui menacent la République, elle organise sa propre dictature et fonde le gouvernement révolutionnaire par la loi du 4 déc. 1793. Nommant les membres des organes de ce gouvernement (Comités de salut public et de sûreté générale, Tribunal révolutionnaire, etc.), elle vote souverainement les décrets proposés. Les Montagnards, qui en sont les maîtres absolus, votent, avec l'appui et sous la pression des sans-culottes, les grands actes révolutionnaires, « mettent à l'ordre du jour » la Terreur (abolition des droits féodaux [17 juill. 1793], levée en masse [23 août], loi des suspects [17 sept.], loi du maximum général [29 sept.], abolition de l'esclavage [4 févr. 1794]) et obtiennent des succès : ils brisent les insurrections des vendéens (Savenay, 23 déc. 1793), des fédéralistes et des royalistes (reprise de Lyon et de Toulon, oct.-déc. 1793) et sauvent la France de l'invasion (victoires de Hondschoote [6-8 sept. 1793] et de Wattignies [16 oct.]). Mais les excès de la dictature de Robespierre divisent la Convention, où un complot de la Plaine et de la Montagne isole et abat l'Incorruptible le 9-Thermidor (27 juill. 1794).
• *La Convention thermidorienne (27 juill. 1794 - 26 oct. 1795).* Sa politique, inspirée par la Plaine, sera essentiellement une réaction contre la démocratie montagnarde et populaire. Le gouvernement révolutionnaire est démantelé, la loi du maximum abolie (24 déc. 1794), la liberté des cultes proclamée (21 févr. 1795). Attachée à un régime démocratique où les propriétaires ont le pouvoir, la Plaine s'oppose à la Contre-Révolution (échec des royalistes à Quiberon [juin - juill. 1795] et à Paris [13-Vendémiaire]) et vote une nouvelle constitution (celle de l'an III) [22 août 1795], empreinte de l'idéal bourgeois, qui veut écarter à la fois la monarchie et le terrorisme en instituant le bicaméralisme, la séparation des pouvoirs et le suffrage censitaire. À l'extérieur, la Convention thermidorienne conclut les traités de Bâle (5 avr. et 22 juill. 1795) et de La Haye (16 mai), qui enlèvent à la France des ennemis (Prusse, Espagne, Hollande) et lui donnent

la rive gauche du Rhin et une partie de Saint-Domingue. La Constitution de l'an III, qui fonde la république des notables, étant approuvée par plébiscite (sept. 1795), la Convention thermidorienne se sépare le 26 oct. 1795 pour faire place au Directoire*, auquel elle lègue des institutions mal adaptées à la guerre qui se poursuit.

Convention de Philadelphie (1787), assemblée constitutionnelle, présidée par G. Washington, d'où sortit la Constitution fédérant les 13 États d'Amérique du Nord qui avaient proclamé leur indépendance en 1776. Cette Constitution entra en vigueur en 1789.

CONVENTIONNALISME n. m. **1.** Tendance au conformisme social. – **2.** Doctrine épistémologique, soutenue notamment par H. Poincaré, selon laquelle les théories scientifiques sont en fait des conventions, particulièrement commodes, compatibles avec les données de l'observation, mais dont on ne peut prétendre qu'elles traduisent la structure du monde.

CONVENTIONNALISTE adj. et n. Relatif au conventionnalisme ; partisan du conventionnalisme.

1. CONVENTIONNEL, ELLE adj. (bas lat. *conventionalis*). **1.** Qui résulte d'une convention entre parties : *Bail conventionnel.* – **2.** Qui résulte d'une règle, tacite ou explicite, acceptée par tous ; arbitraire : *Signe conventionnel.* – **3.** Qui est admis en vertu des conventions sociales ; qui manque de naturel, de vérité : *Sentiments conventionnels.* – **4.** Qui se soumet étroitement aux conventions sociales : *Être très conventionnel dans ses goûts.* – **5.** Relatif aux conventions collectives : *Politique conventionnelle.*
◆ **conventionnel** n. m. **1.** Membre d'une convention. – **2.** Membre de la Convention nationale (avec une majusc.).

2. CONVENTIONNEL, ELLE adj. (angl. *conventional*). **1.** En technologie, syn. de CLASSIQUE. – **2.** Se dit des armements autres que les armes nucléaires, biologiques et chimiques, et de la guerre où ils sont seuls employés.

CONVENTIONNELLEMENT adv. Par convention.

CONVENTIONNEMENT n. m. **1.** Action de lier un médecin, un établissement à la Sécurité sociale par une convention de tarifs ; état d'un établissement conventionné. – **2.** Passation d'accords entre les pouvoirs publics et les organismes constructeurs de logements aux termes desquels certains avantages leur sont réservés.

CONVENTIONNER v. t. (conj. 3). Lier par un conventionnement : *Clinique conventionnée.*

CONVENTIONNISTE adj. Partisan de la conclusion d'une convention de tarifs d'honoraires médicaux.

CONVENTUEL, ELLE adj. (lat. médiév. *conventualis*). **1.** Relatif, propre au couvent. – **2.** *Assemblée conventuelle,* assemblée de tous les membres de la communauté. ‖ *Maison conventuelle,* couvent. ‖ *Messe conventuelle,* messe à laquelle assiste toute la communauté. ‖ *Religieux conventuel,* religieux qui habite dans un couvent. (On donne particulièrement ce nom à ceux des franciscains qui n'ont pas adopté la réforme des observants.)
◆ **conventuel** n. m. Franciscain conventuel.

CONVENU → CONVENIR.

CONVERGENCE n. f. (lat. *convergentia*). **1.** Fait de converger, de tendre vers un même point : *La convergence de deux lignes.* – **2.** Fait de tendre vers un même but ou un même résultat : *La convergence des efforts.* – **3.** Fait de présenter des analogies, des points communs : *Les convergences entre nous sont nombreuses.* • **Biol.** Ressemblance acquise entre des animaux ou des plantes vivant dans le même milieu, entre des animaux ayant le même mode de locomotion ou le même régime alimentaire, alors que leurs ancêtres étaient beaucoup plus différents, ce qui interdit d'attribuer cette ressemblance à une parenté entre eux. (C'est ainsi, par exemple, que les naturalistes ont été amenés à séparer les cétacés et les poissons.) – **Géod.** *Convergence des méridiens en un point,* dans une représentation plane de l'ellipsoïde terrestre, gisement de l'image du méridien passant par ce point. – **Géol.** *Convergence lithosphérique,* phénomène de rencontre entre deux portions de lithosphère contraintes à s'enfoncer. – **Hydrol.** *Convergence océanique,* concentration vers un point ou une ligne de masses d'eau de températures différentes le long d'un front océanique. – **Math.** Propriété d'une suite, d'une série entière d'être convergente. ‖ *Intervalle de convergence d'une série entière réelle,* intervalle]–R,R[, ensemble des valeurs pour lesquelles la série est absolument convergente. ‖ *Rayon de convergence d'une série entière,* nombre R tel que, pour tout complexe de module strictement inférieur à R, la série converge, alors qu'elle diverge pour tout complexe de module strictement supérieur à R. – **Méd.** *Convergence binoculaire,* convergence des deux globes oculaires sur un objet fixé, de manière à amener la formation de ses images rétiniennes sur les deux fovéas. (L'insuffisance de convergence entraîne l'asthénopie.) – **Météo.** Accumulation de l'air par suite de son arrivée, à l'horizontale, dans une région donnée, ce qui appelle, à l'endroit de l'accumulation, un mouvement vertical compensatoire de bas en haut (ascendance dynamique). ‖ *Convergence intertropicale,* zone d'affrontement des alizés, caractérisée par une ascendance dynamique. – **Min.** Variation de longueur de toute corde d'une section droite d'une cavité souterraine.

— **Neurol.** Intégration par une cellule nerveuse des signaux venus d'endroits différents qui convergent sur elle. ‖ *Convergence spatiale,* renforcement de l'état d'excitation d'un neurone par la sommation, ou convergence, d'influx nerveux provenant de plusieurs autres neurones. (Syn. SOMMATION SPATIALE.) ‖ *Convergence temporelle,* renforcement de l'état d'excitation d'un neurone par la répétition rapide d'influx provenant d'une même source. (Syn. SOMMATION TEMPORELLE.) — **Opt.** Vergence positive d'un système dioptrique centré (par oppos. à la divergence), égale à l'inverse de la distance focale exprimée en mètres. (L'unité de convergence est le m^{-1} ou dioptrie.) — **Télév.** Dans un tube à masque de télévision en couleurs, réglage des balayages des faisceaux électroniques correspondant aux trois couleurs primaires, réalisé afin qu'ils traversent un même trou du masque.

CONVERGENT, E adj. (lat. *convergens*). **1.** Qui converge, tend vers un point unique : *Rayons convergents.* – **2.** Se dit d'actions qui tendent vers le même but, le même résultat, ou de données abstraites présentant de l'analogie : *Points de vue convergents.* • **Math.** *Série absolument convergente,* série (u_n), à termes réels ou complexes, telle que la série $(|u_n|)$ converge. ‖ *Série convergente,* série (u_n) telle que la somme S_n de ses n premiers termes tende vers une limite S quand n devient infini. ‖ *Suite de fonctions uniformément convergente vers* f, suite (f_n) de fonctions réelles ou complexes définies par exemple sur une partie D de $\mathbb{R}$ ou $\mathbb{C}$, telle que $\forall\ \varepsilon > 0, \exists\ N(\varepsilon)\ /\ \forall\ x \in D$ et $\forall\ n > N(\varepsilon), |f_n(x) - f(x)| < \varepsilon$. – **Opt.** Se dit d'une lentille qui a la propriété de faire converger.
◆ **convergent** n. m. Tuyère conique dans laquelle la section d'écoulement d'un fluide va en diminuant. (Les convergents sont utilisés pour mesurer le débit d'un fluide.) [Syn. COLLECTEUR.]

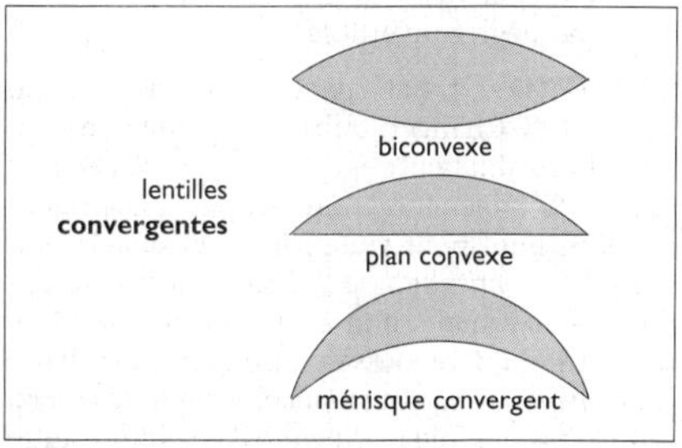

CONVERGER v. i. (bas lat. *convergere*) [conj. 17]. **1.** En parlant de plusieurs personnes ou choses venant d'endroits différents, se diriger vers un même point, y aboutir : *Les voies ferrées convergent vers Paris. Les regards convergeaient sur lui.* – **2.** En parlant de plusieurs actions, tendre vers un but identique : *Des études qui convergent.* – **3.** En parlant d'idées, d'opinions, etc., se rapprocher, comporter des analogies : *Leurs propositions convergent en plusieurs points.* – **4.** En parlant d'une série, d'une suite, être convergentes. – **5.** Pour des rayons lumineux ou des rayonnements, se propager en direction d'un même point.

CONVERS, E [-vɛr, -ɛrs] adj. (lat. ecclés. *conversus,* converti). Se dit des religieux et religieuses qui ne chantent pas au chœur et sont chargés du service domestique de la communauté.

CONVERSATION n. f. (lat. *conversatio, -onis*). **1.** Échange de propos entre plusieurs personnes sur un ton généralement familier ; entretien : *La conversation roula sur la politique.* – **2.** Entrevue, entretien entre des responsables ayant un objet précis ; pourparlers (surtout pl.) : *Des conversations entre les syndicats et le patronat.* – **3.** Ensemble des propos tenus par qqn quand il parle avec d'autres, manière de s'exprimer : *Je n'aime pas sa conversation.* – **4.** Tartelette ronde feuilletée, fourrée de crème pâtissière aux amandes, couverte de glace royale et garnie de croisillons de pâte. – **5.** Tableau représentant une assemblée de personnages communiquant entre eux. (Réunion de saints et de saintes autour de la Vierge : *Conversation sacrée* [*Sacra Conversazione* italienne, XVe-XVIe s.] ; réunions diverses dans un cadre familier : *Conversation piece* anglaise [XVIIIe s.], qu'ont précédée les scènes bourgeoises de la peinture flamande et hollandaise.) – **6.** Fam. *Avoir de la conversation,* être habile à parler de choses diverses en société.

CONVERSATIONNEL, ELLE adj. (de *conversation*). Syn. de INTERACTIF.

CONVERSE adj. et n. f. (lat. *conversa,* de *convertere,* convertir). Dans la logique aristotélicienne, se dit d'une proposition dont la place du sujet et la place de l'attribut ont été interverties par rapport à une autre proposition. (La converse de la formule A → B est la formule B → A.)

CONVERSER v. t. ind. (lat. *conversari,* fréquenter) [conj. 3]. Échanger des propos sur un ton familier avec une ou plusieurs personnes ; causer, bavarder : *Rester à converser après le repas.*

CONVERSION n. f. (lat. *conversio, -onis*). **1.** Action de tourner ; mouvement qui fait tourner. – **2.** *Vx.* Changement de qqch en qqch d'autre ; mutation : *L'alchimie cherchait la conversion des métaux en or.* – **3.** Action d'adhérer à une religion, d'abandonner une religion pour une autre ou de passer de l'incroyance à la foi religieuse : *Conversion au catholicisme.* – **4.** Changement d'idées, d'opinions, de conduite ; adhésion à une doctrine que l'on rejetait jusqu'alors : *Conversion à la démocratie.* – **5.** Action d'exprimer une grandeur à l'aide d'une autre unité. • **Chim.** *Procédé de conversion,* transformation de l'oxyde de carbone en gaz carbonique et en hydrogène par traitement à la vapeur d'eau et au rouge. – **Dr.** Changement d'un acte, d'une procédure en une autre. ‖ *Conversion de rente,* en matière d'accident du travail, transformation d'une rente, dont le montant serait trop minime, en capital. ‖ *Conversion de saisie,* autorisation donnée par le tribunal au créancier poursuivant et au saisi de faire vendre sur simples annonces et affiches. – **Fin.** Opération par laquelle l'État offre à des porteurs de titres d'emprunt soit le remboursement, soit des titres offrant un taux d'intérêt inférieur. ‖ Changement de forme d'un titre (de la forme nominative à la forme au porteur ou réciproquement). – **Impr.** *Procédé de conversion,* procédé permettant d'obtenir, en partant de la composition typographique, des épreuves ou des films utilisables pour l'établissement de formes imprimantes en offset et en héliogravure. – **Inform.** Modification de la représentation d'un nombre permettant de passer d'un système de numération à un autre. ‖ Adaptation de programmes en vue de leur fonctionnement sous un autre système d'exploitation que celui pour lequel ils ont été écrits. ‖ *Conversion analogique-digitale,* conversion d'une grandeur analogique en une grandeur numérique. – **Log.** Règle d'inférence qui consiste à transformer une formule F du type « S est p » en une formule F' dont le prédicat et le sujet soient intervertis par rapport à F et qui soit déductible à partir de F. (Par exemple F peut être « tous les hommes sont des animaux », F' sera : « quelques animaux sont des hommes ».) – **Méd.** *Enzyme de conversion de l'angiotensine (E. C. A.),* enzyme qui transforme l'angiotensine I inactive en angiotensine II, dont l'hyperactivité provoque une hypertension artérielle. – **Mil.** Autref., évolution tactique qui consistait à changer la direction du front. – **Nucl.** Dans un réacteur nucléaire, production, à partir d'une substance fertile, d'une substance fissile différente de celle contenue dans le combustible initial du réacteur. (Par ex., production de plutonium 239 [fissile] dans un réacteur dont le combustible initial est constitué d'un mélange d'uranium 235 [fissile] et d'uranium 238 [fertile].) – **Phys.** Transformation d'une énergie d'une forme en une autre ou, pour une même forme, d'un mode en un autre. – **Psychan.** Processus de formation de symptôme par lequel une quantité d'énergie psychique est supposée passer dans le corps sous des formes somatiques diverses (paralysie, douleurs, anesthésies). [Ce mécanisme serait particulièrement important dans l'*hystérie de conversion.*] – **Sociol.** Changement de spécialité d'un travailleur, qui permet son reclassement dans un secteur ou dans une région offrant des emplois dans sa nouvelle spécialité. – **Sports.** Mouvement dans lequel le skieur à l'arrêt exécute un demi-tour sur place. – **Sylvic.** Changement du régime appliqué à une forêt. – **Télécomm.** *Conversion de fréquence,* syn. de CHANGEMENT* DE FRÉQUENCE.

CONVERTI, E n. (de *convertir*). **1.** Personne qui a été amenée ou ramenée à une religion, à une croyance considérée comme vraie. – **2.** Personne qui a adhéré à une autre religion que celle qu'elle professait auparavant. – **3.** Personne qui s'est tournée vers une autre opinion ou un autre parti : *Les nouveaux convertis sont toujours pleins de zèle.* – **4.** *Prêcher un converti,* vouloir convaincre qqn qui est déjà convaincu.

CONVERTIBILITÉ n. f. (lat. ecclés. *convertibilitas, -atis*). **1.** Propriété, qualité de ce qui est convertible. – **2.** *Convertibilité d'une monnaie,* possibilité, pour le détenteur d'une monnaie, de l'échanger légalement contre de l'or ou d'autres monnaies.

CONVERTIBLE adj. (lat. ecclés. *convertibilis*). **1.** Qui peut être converti, transformé. – **2.** Se dit d'un aéronef qui, par un changement de configuration tel que le basculement du ou des groupes motopropulseurs, munis d'hélices à très grandes pales, est capable de décoller ou d'atterrir verticalement comme un hélicoptère (les hélices servant de rotors) et de voler à grande vitesse (les hélices ayant basculé de 90° pour assurer la traction et non plus la sustentation). – **3.** Se dit d'un siège que l'on peut transformer en lit. – **4.** *Obligation convertible,* celle qui, au bout d'un certain délai et au gré du porteur, peut être transformée en action. ‖ *Proposition convertible,* proposition qui peut faire l'objet d'une conversion.

◆ n. m. Siège convertible.

CONVERTIR v. t. (lat. *convertere,* tourner) [conj. 32]. **1.** *Litt.* Changer, transformer une chose en une chose différente : *Convertir un château en hôtel.* – **2.** Amener ou ramener qqn à la religion que l'on tient pour vraie : *Les missionnaires ont converti au christianisme une partie de ces populations.* – **3.** Amener qqn à adopter une opinion, un parti qu'il repoussait jusqu'alors ; rallier : *Finalement, je l'ai converti à notre projet de voyage.* – **4.** Exprimer une grandeur à l'aide d'une autre unité. – **5.** Échanger une monnaie contre une autre. – **6.** Réduire le taux des intérêts de sa dette. – **7.** Procéder au convertissage. – **8.** *Convertir des données informatiques,* changer la forme de leur représentation ou de leur codage, sans altérer les informations qu'elles contiennent ou représentent. ‖ *Convertir des* *programmes,* les adapter à un nouveau système d'exploitation.

◆ **se convertir** v. pr., **être converti** v. pass. **1.** Changer de religion : *Chrétienne convertie au judaïsme.* – **2.** Adopter d'autres opinions que celles auxquelles on adhérait auparavant : *Se convertir au socialisme.*

CONVERTISSAGE n. m. **1.** Opération métallurgique consistant en une oxydation dans un convertisseur par un courant d'air ou d'oxygène. – **2.** Transformation des gruaux ou des semoules fines en farine et remoulages. – **3.** Transformation de câbles de filaments chimiques sans torsion en un ruban de fibres discontinues, en une seule opération, par écrasement local en continu, sans désorganisation de l'ensemble.

CONVERTISSEUR, EUSE n. *Litt.* Personne qui cherche à amener à la religion ou aux idées qu'elle croit vraies.

◆ **convertisseur** n. m. **1.** Grande cornue métallique avec revêtement intérieur réfractaire dans laquelle se produit une réaction d'oxydation et utilisée dans les métallurgies de l'acier, du cuivre et du nickel. (→ *encycl.* Métall.) – **2.** Dispositif assurant une conversion ou un transfert d'énergie et dans lequel une énergie au moins est de nature électrique (générateurs, moteurs, transformateurs, mutateurs, piles et accumulateurs). – **3.** Appareil à cylindres servant au convertissage des semoules. – **4.** Appareil qui opère la conversion de données informatiques. – **5.** *Convertisseur de couple,* appareil permettant de faire varier automatiquement et de façon continue la démultiplication de l'effort ou du couple d'un moteur transmis à un organe d'utilisation. (→ *encycl.* Mécan.) ‖ *Convertisseur direct d'énergie électrique,* convertisseur transformant en énergie électrique, sans passage intermédiaire par l'énergie mécanique, l'énergie fournie par une source naturelle (par ex. photopile, thermopile, pile à combustible). ‖ *Convertisseur d'images,* cellule photoélectrique dont la cathode est une couche transparente et l'anode un écran fluorescent de type télévision, donnant une lumière visible sous le choc des électrons. (On l'utilise notamment en astronomie et en radiologie, industrielle ou médicale, pour obtenir des images à haute définition.) ‖ *Convertisseur de tension,* système permettant de transformer une tension continue donnée en une autre, d'intensité supérieure ou inférieure. ‖ *Groupe convertisseur,* groupe composé d'un moteur électrique et d'une génératrice à laquelle il est mécaniquement accouplé.

ENCYCL. **Mécan.** Un *convertisseur de couple* se compose essentiellement d'un embrayage hydraulique associé à un réacteur, comportant une roue à aubes. L'ensemble est contenu dans un carter étanche rempli d'huile. Lorsque le rotor primaire tourne sous l'action du moteur, il chasse le liquide dans le rotor secondaire en exerçant sur les pales de celui-ci une pression qui tend à l'entraîner. Le réacteur modifie la direction du courant liquide en fonction de la vitesse et fait augmenter la valeur du couple reçu par le rotor secondaire. Lorsque les vitesses des deux rotors tendent à s'égaler, toutes les pièces du convertisseur tournent d'un même mouvement, constituant un coupleur hydraulique simple.

– **Métall.** Dans les *convertisseurs de grillage,* les matières sont oxydées à l'état solide par l'action d'un courant d'air. Dans les *convertisseurs de fusion,* munis d'un revêtement intérieur réfractaire, les éléments sont oxydés à l'état liquide par un vif courant d'air, parfois enrichi en oxygène. Dans les *convertisseurs d'affinage,* l'oxydation s'effectue par soufflage d'oxygène pur à la surface du bain en fusion [procédés LD, OLP et Kaldo]. (→ SIDÉRURGIE.)

CONVEXE adj. (lat. *convexus*). **1.** Qui présente une courbure sphérique en relief ; qui est arrondi en dehors : *Miroirs convexes.* – **2.** Se dit d'un ensemble ponctuel E (différent d'une courbe) tel que tout segment ayant ses extrémités dans E est entièrement inclus dans E. – **3.** *Courbe convexe,* frontière d'un convexe de dimension 2 inclus dans le plan affine euclidien. (Une telle courbe est homéomorphe soit au cercle S^1 de rayon 1, soit à la droite $\mathbb{R}$.) ‖ *Enveloppe* ou *fermeture convexe d'un ensemble* A *(non vide),* le plus petit convexe contenant A. ‖ *Fonction convexe,* fonction numérique *f,* définie sur un intervalle I de $\mathbb{R}$, telle que $\forall\,(x_1,x_2) \in I^2$ et $\forall\,\lambda \in [0,1]$ $f[\lambda x_1 + (1 - \lambda)\,x_2] \leqslant \lambda f(x_1) + (1 - \lambda) f(x_2)$. ‖ *Partie convexe d'un espace vectoriel* E *sur* $\mathbb{R}$, partie A de E telle que $\forall\,(x_1,x_2) \in A_2$ et $\forall\,\alpha \in [0,1]$, $\alpha\,x_1 + (1 - \alpha)\,x_2 \in A$. ‖ *Polyèdre convexe,* partie d'un espace affine (réel) qui est une intersection finie de demi-espaces fermés. ‖ *Surface convexe,* frontière d'un convexe de dimension 3 inclus dans l'espace euclidien de dimension 3.

◆ n. m. Ensemble ponctuel convexe, différent d'une courbe.

CONVEXION → CONVECTION.

CONVEXITÉ n. f. (lat. *convexitas*). **1.** État de ce qui est convexe : *La convexité du globe terrestre.* – **2.** Propriété des ensembles convexes.

CONVEXO-CONCAVE adj. (pl. *convexo-concaves*). Se dit du profil de nombreux versants, façonnés dans une structure homogène, convexes dans leur partie supérieure et concaves à l'aval.

CONVICT [-vikt] n. m. (angl. *convict*). Dans les pays anglo-saxons, criminel condamné à la déportation ou aux travaux forcés.

CONVICTION n. f. (lat. ecclés. *convictio, -onis*). **1.** État d'esprit de qqn qui croit fermement à la vérité de ce qu'il pense ; certitude : *J'ai la conviction que le conflit aura lieu.* – **2.** Principe, idée qui a un caractère fondamental pour qqn (surtout pl.) : *Avoir des convictions politiques bien arrêtées.* – **3.** Conscience que l'on a de l'importance, de l'utilité, du bien-fondé de ce que l'on fait ; sérieux : *Soutenir un projet avec conviction.* – **4.** *Conviction délirante,* certitude absolue non accessible à la critique du jugement ou de l'évidence. ‖ *Intime conviction du juge,* sentiment personnel du juge, qui, même s'il subsiste un doute quant à la culpabilité de l'accusé, lui fait rendre son jugement (en son âme et conscience). ‖ *Pièce à (de) conviction,* preuve matérielle d'un acte criminel.

CONVIER v. t. (bas lat. **convitare,* inviter, du lat. class. *convivium,* repas, croisé avec *invitare*) [conj. 9]. **1.** Inviter : *Convier ses amis à un dîner.* – **2.** Engager, pousser qqn à faire qqch ; inciter : *On l'a convié fermement à offrir sa démission.*

CONVIVE n. (lat. *conviva,* de *cum,* avec, et *vivere,* vivre). Personne qui prend ou doit prendre part à un repas ; invité : *Prier les convives de passer à table.*

CONVIVIAL, E, AUX adj. (lat. *convivalis*). Relatif à la convivialité.

CONVIVIALITÉ n. f. (angl. *conviviality*). **1.** Capacité d'une société à favoriser la tolérance et les échanges réciproques des personnes et des groupes qui la composent. – **2.** Facilité d'emploi d'un système informatique.

CONVOCABLE adj. Qui peut être convoqué.

CONVOCATION n. f. (lat. *convocatio, -onis*). **1.** Action de convoquer : *Convocation de l'Assemblée nationale.* – **2.** Lettre, écrit qui convoque : *Recevoir une convocation.* – **3.** Nom donné aux assemblées de l'Église d'Angleterre tenues à Canterbury et à York, et comparables aux anciennes assemblées du clergé de France.

CONVOI n. m. (de *convoyer*). **1.** Suite de véhicules de transport qui ont la même destination, qui font route ensemble : *Convoi de camions, de barges. Convoi militaire.* – **2.** Groupe important de personnes qu'on achemine vers un lieu déterminé : *Convoi de réfugiés.* – **3.** *Convoi (funèbre),* cortège accompagnant le corps d'un défunt à l'église, au cimetière. – **4.** Suite de voitures de chemin de fer entraînées par la même machine. (Syn. usuel TRAIN.) – **5.** Formation de navires de commerce naviguant en rangs serrés sous la protection d'une escorte de bâtiments de guerre.

CONVOIEMENT → CONVOYAGE.

CONVOITABLE adj. Qu'on peut convoiter.

CONVOITER v. t. (lat. pop. **cupidietare,* du lat. class. *cupiditas,* convoitise) [conj. 3]. **1.** Désirer ardemment une chose qui est disputée ou qui appartient à autrui : *Convoiter un héritage.* – **2.** *Litt.* Désirer physiquement, charnellement qqn.
◆ **être convoité** v. pass. Être désiré ardemment : *Un poste très convoité.*

CONVOITISE n. f. **1.** Désir extrême ou immodéré de posséder qqch ; cupidité : *De telles richesses exaspèrent les convoitises.* – **2.** *Litt.* Désir de posséder charnellement qqn ; concupiscence.

CONVOLER v. t. ind. (bas lat. jurid. *convolare,* se hâter vers) [conj. 3]. **1.** Se remarier : *Elle convola en secondes noces avec un veuf.* – **2.** Ironiq. *Convoler (en justes noces),* se marier.

CONVOLUTE n. f. (lat. sc. *convoluta*). Ver plat turbellarié marin sans tube digestif, vivant en symbiose avec des protistes chlorophylliens, qu'il expose à la lumière à marée basse pour leur permettre de se nourrir et dont il digère quelques-uns chaque jour. (À marée haute, la convolute s'enfouit dans le sable.)

CONVOLUTÉ, E adj. (lat. sc. *convolutus,* enroulé). Se dit d'un organe végétal enroulé sur lui-même.

CONVOLUTION n. f. (lat. *convolutus,* de *convolvere,* s'enrouler autour). *Produit de convolution de* f *et* g, fonction notée $f \star g$, *définie par*

$$f \star g = \int_{\mathbb{R}^n} f(x-t) \cdot g(t) \cdot dt,$$

f et g étant toutes deux intégrables.

CONVOLVULACÉE n. f. (lat. sc. *convolvulaceæ*). Plante aux fleurs à corolle en entonnoir, aux pétales entièrement soudés, telle que le liseron ou l'ipomée. (Les *convolvulacées* forment une famille.)

CONVOQUER v. t. (lat. *convocare,* de *vocare,* appeler) [conj. 3]. **1.** Appeler des personnes, une assemblée à se réunir : *Convoquer un concile.* – **2.** Prier qqn, de manière impérative, de venir qqpart, en partic. auprès de soi : *La police a convoqué les témoins.* – **3.** Prier qqn de se présenter, à telle date, telle heure et en tel lieu, pour passer un examen.

CONVOYAGE ou **CONVOIEMENT** n. m. **1.** Action de convoyer. – **2.** Opération consistant à diriger des avions neufs sur les bases aériennes des zones d'opérations.

CONVOYER v. t. (lat. pop. **conviare,* de *cum,* avec, et bas lat. *viare,* faire route) [conj. **13**]. Escorter, accompagner, pour les protéger ou les surveiller, des véhicules, des personnes, des biens, etc. : *Convoyer de l'or de Paris à Marseille.*

CONVOYEUR, EUSE n. **1.** Personne qui convoie : *Un convoyeur de fonds.* – **2.** Personnel chargé d'accompagner du matériel, du ravitaillement, des blessés, transportés par un moyen quelconque.

◆ **convoyeur** n. m. **1.** Tout bâtiment participant à l'escorte d'un convoi. — **2.** Appareil de manutention continue en circuit fermé, servant au transport aérien ou au sol de charges ou de matériaux. — **3.** *Convoyeur à bande* ou *à courroie,* convoyeur continu composé d'une ossature métallique et d'une bande sans fin entraînée par des tambours et supportée par des rouleaux qui la déforment en auge. (Syn. TRANSPORTEUR À BANDE.) ‖ *Convoyeur blindé* ou *à raclettes,* convoyeur métallique utilisé en taille pour évacuer le minerai abattu.

CONVULSER v. t. (bas lat. *convulsus,* de *convellere,* arracher) [conj. 3]. Contracter, crisper, tordre par des convulsions qqn, une partie de son corps : *La peur convulsait son visage.*

CONVULSIF, IVE adj. (de *convulsion*). **1.** Qui est caractérisé, accompagné par des convulsions : *Maladie, toux convulsive.* — **2.** Qui a le caractère brusque, violent, involontaire des convulsions : *Des gestes convulsifs.*

CONVULSION n. f. (lat. *convulsio, -onis*). **1.** Contraction brusque et involontaire des muscles squelettiques s'accompagnant parfois de contractions des muscles lisses, qui peut être localisée à un ou plusieurs muscles ou généralisée à tout le corps (surtout pl.). [→ *encycl.*] — **2.** Mouvement désordonné provoqué par certaines émotions, certains troubles : *Des convulsions de rage.* — **3.** Trouble violent qui bouleverse le monde physique, les États (surtout pl.) : *Les convulsions sanglantes d'une révolution.*

ENCYCL. **Neurol.** L'épilepsie constitue la cause la plus fréquente des convulsions chez l'adulte. Par contre, chez l'enfant, si cette cause est également possible, les convulsions constituent un mode de réaction à des excitations diverses : maladies infectieuses, hyperthermie surtout.

CONVULSIONNAIRE n. *Litt.* **1.** Personne qui a des convulsions. — **2.** Mystique qui était sujet à des convulsions.

ENCYCL. En 1729, à un moment où le parti janséniste déclinait, le bruit se répandit que des miracles étaient obtenus par l'intercession d'un simple diacre, janséniste appelant, nommé François de Pâris († 1727). Au cimetière de Saint-Médard, où Pâris était inhumé, de nombreuses personnes furent agitées de violentes convulsions : de là leur nom de « convulsionnaires ». En 1732, le cimetière fut interdit.

CONVULSIONNER v. t. (conj. 3). Déformer le visage par des contractions nerveuses.

CONVULSIVANT, E adj. Qui provoque des convulsions.

CONVULSIVEMENT adv. De façon convulsive : *S'agiter convulsivement.*

CONVULSIVOTHÉRAPIE n. f. Syn. de SISMOTHÉRAPIE.

CONZE (Alexander), archéologue allemand (Hanovre 1831 - Berlin 1914), directeur de l'Institut archéologique allemand (1887). Il explora Samothrace, avec la collaboration de Benndorf (1873-1875), et Pergame (*Antiquités de Pergame,* 1912-13).

COOBLIGATION n. f. Obligation réciproque ou commune à plusieurs personnes.

COOBLIGÉ, E adj. et n. Syn. de CODÉBITEUR.

COOCCUPANT, E n. Personne qui occupe un lieu avec d'autres personnes.

COOCCURRENCE n. f. (angl. *cooccurrence,* de *to occur,* apparaître). Apparition dans un même énoncé de plusieurs éléments linguistiques distincts ; relation qui existe entre ces éléments. (Dans la phrase *Le chat dort, chat* est en relation de cooccurrence avec *le* et *dort.*)

COOCCURRENT, E adj. et n. m. Se dit d'éléments linguistiques entre lesquels il y a une relation de cooccurrence.

COOK *(détroit de),* bras de mer séparant les deux îles principales de la Nouvelle-Zélande.

COOK *(îles),* archipel du Pacifique situé entre 8° et 23° de latitude S., couvrant 241 km² et comptant 18 000 hab. Cap. *Avarua,* sur Rarotonga, la plus importante des neuf îles du Sud, volcaniques, mises en valeur (cocotiers, bananiers, agrumes, ananas) sur le littoral. Les six îles du Nord, qui sont des atolls, ont des ressources limitées (cocotiers, huîtres perlières).
— **Hist.** Découvert en 1773 par James Cook, protectorat britannique (1888), l'archipel fut annexé en 1901 par la Nouvelle-Zélande. C'est depuis 1965 un territoire autonome, librement associé à la Nouvelle-Zélande, qui en reçoit de nombreux émigrés.

COOK *(mont),* point culminant de la Nouvelle-Zélande, dans l'île du Sud, englobé dans un parc national ; 3 764 m.

COOK (James), navigateur anglais (Marton-in-Cleveland, Yorkshire, 1728 - baie de Kealakekua, îles Hawaii, 1779). Engagé dans la marine royale en 1755, il réalise d'importantes études océanographiques au Canada. Parti en 1768 à la tête d'une expédition scientifique, il explore les îles de la Société (1769), puis la Nouvelle-Zélande (1770) et la côte est de l'Australie, puis regagne l'Angleterre par le cap de Bonne-Espérance (1771). Reparti le 13 juill. 1772, il tente à trois reprises de préciser l'extension réelle des terres entourant le pôle Sud (1772 1775). Continuant l'exploration des régions comprises entre Tahiti, l'Australie et la Nouvelle-Zélande, il découvre la Nouvelle-Calédonie (sept. 1774). Au cours d'un troisième voyage (1776-1779), il découvre les îles Sandwich (les Hawaii) en 1778, pénètre dans l'Arctique par le détroit de Béring et revient hiverner aux Sandwich, où il est tué au cours d'une rixe avec les insulaires.

COOK (Thomas), homme d'affaires britannique (Melbourne, Derbyshire, 1808 - Leicester 1892), fondateur d'agences de voyages.

COOL [kul] adj. inv. (angl. *cool,* froid). **1.** *Fam.* Calme, décontracté, détendu. — **2.** Se dit d'un style de jazz apparu à la fin des années 40 en réaction au bop, aux rythmes moins complexes et aux sonorités feutrées.

COOLEY (Charles Horton), sociologue américain (Ann Arbor 1864 - *id.* 1929). Il analysa la société comme un organisme biologique dont tous les individus sont interdépendants mais ne peuvent agir qu'en intériorisant mentalement l'image des autres et leur propre image (*Human Nature and the Social Order,* 1902).

COOLIDGE (Calvin), homme d'État américain (Plymouth, Vermont, 1872 - Northampton, Massachusetts, 1933). Républicain, vice-président (1921-1923) puis président des États-Unis (1923-24, 1924-1929), il pratiqua une politique de libéralisme économique.

COOLIDGE (William David), physicien et chimiste américain (Hudson, Massachusetts, 1873 - Schenectady, État de New York, 1975). Il mit au point, en 1908, les lampes à filament de tungstène et inventa, en 1913, le *tube de Coolidge,* à cathode chaude, pour la production des rayons X.

COOLIE [kuli] n. m. (mot angl. du gujarātī *kūlī,* n. d'une peuplade de l'Inde). En Extrême-Orient, porteur (manœuvre, pousse-pousse).

COOMANS ou **COMANS** (DE), famille de tapissiers originaires d'Anvers, qui sont à l'origine de la manufacture des Gobelins. Les débuts de celle-ci, dans la 1re décennie du XVIIe s., sont l'œuvre de Marc de Coomans, associé à F. de La Planche, tous deux attirés à Paris par Henri IV.

COOMARASWAMY (Ananda Kentish), historien cinghalais d'art de l'Inde et iconographe (Colombo 1877 - Needham, Massachusetts, 1947). Directeur du Mineralogical Survey of Ceylan, il fut un grand spécialiste des arts du monde indien et le défenseur des arts traditionnels de Ceylan.

COOMBS (Philip H.), économiste et sociologue américain (Holyoke, Massachusetts, 1915), spécialiste de la sociologie de l'éducation (*la Crise mondiale de l'éducation. Analyse de systèmes,* 1968).

Coombs *(test de),* méthode de diagnostic hématologique pour détecter la présence d'anticorps incomplets et plus spécialement les anti-Rhésus.

COOPER (James Fenimore), romancier américain (Burlington, New Jersey, 1789 -Cooperstown, État de New York, 1851). Créateur du roman de l'Ouest américain, il a donné une image épique de la lutte entre les Peaux-Rouges et les pionniers, dans le cadre mythique de la grande prairie (*le Dernier* des Mohicans,* 1826 ; *la Prairie,* 1827 ; *Tueur de daims,* 1841).

COOPER (Alfred Duff), 1er vicomte **Norwich,** homme politique et diplomate britannique (Londres 1890 - en mer près de Vigo, Espagne, 1954). Député conservateur (1924), secrétaire d'État à la Guerre (1935-1937) puis Premier lord de l'amirauté (1937-38), il combattit les accords de Munich. Représentant britannique auprès du Comité français de libération nationale (1943-44), il fut ambassadeur en France de 1944 à 1947.

COOPER (Frank James COOPER, dit **Gary**), acteur américain (Helena, Montana, 1901 -Los Angeles 1961). Il débuta dans des westerns puis incarna l'un des types du héros américain, viril, réservé, loyal, dans d'innombrables films hollywoodiens entre les années 30 et 60 (*Le train sifflera trois fois,* 1952).

COOPER (Leon N.), physicien américain (New York 1930). Il a partagé avec Bardeen et Schrieffer le prix Nobel de physique en 1972 pour leur théorie commune de la supraconductivité.

COOPER (David), psychiatre britannique (Le Cap 1931 - Paris 1986). Il est avec R. D. Laing à l'origine du courant antipsychiatrique. Il a écrit *Raison et Violence* (en coll. avec Laing, 1964), *Psychiatrie et Antipsychiatrie* (1967), *Mort de la famille* (1971).

COOPÉRANT, E adj. Qui est prêt à coopérer, à participer à qqch ; coopératif.

◆ n. Spécialiste d'un pays industrialisé qui, au titre de la coopération, est mis à la disposition d'un pays en voie de développement.

◆ **coopérant** n. m. Jeune homme qui accomplit ses obligations du service national actif dans le service de la coopération.

COOPÉRATEUR, TRICE n. (lat. ecclés. *cooperator*). **1.** Personne qui participe avec d'autres à une même entreprise. — **2.** Adhérent d'une coopérative de consommation ou de production.

COOPÉRATIF, IVE adj. (bas lat. *cooperativus*). **1.** Qui participe volontiers à un effort commun : *Se montrer très coopératif.* — **2.** Relatif aux coopératives, à la coopération en tant qu'association. — **3.** *Classe coopérative,* classe fondée sur la coopération du groupe des élèves et leur participation active à l'enseignement.

COOPÉRATION n. f. (lat. ecclés. *cooperatio, -onis*). 1. Action de coopérer, de participer à une œuvre commune ; collaboration, concours : *Nous avons besoin de votre coopération.* — 2. Politique d'entente et d'échanges entre deux États. — 3. Politique d'aide économique, technique et financière des pays développés en faveur des pays en voie de développement. — 4. Forme particulière du service national actif, applicable depuis 1964 à certains jeunes gens volontaires pour participer au développement des États étrangers qui en font la demande. — 5. Méthode d'action par laquelle des individus ou des familles ayant des intérêts communs constituent une entreprise où les droits de tous sont égaux et où le profit réalisé est réparti entre les seuls associés au prorata de leur participation à l'activité sociétaire.

COOPÉRATISME n. m. Doctrine qui veut résoudre la question sociale par le développement et la généralisation de la coopération, notamment de consommation.

COOPÉRATISTE adj. et n. Relatif au coopératisme ; partisan de cette doctrine.

COOPÉRATIVE n. f. (angl. *cooperative*). 1. Groupement économique pratiquant la coopération. (→ *encycl.*) — 2. *Coopérative scolaire,* association d'élèves animée par le maître, autofinançant certaines de ses activités par des travaux et productions réalisés en commun, généralement en dehors de la classe et de l'enseignement quotidien.

ENCYCL. Les objets essentiels de la coopérative sont : 1° de réduire, au bénéfice de ses membres et par l'effort commun de ceux-ci, le prix de revient (et, le cas échéant, le prix de vente) de certains produits ou de certains services, en assurant les fonctions des entrepreneurs ou intermédiaires ; 2° d'améliorer la qualité marchande des produits fournis. Les coopératives se distinguent nettement des entreprises capitalistes, puisqu'elles ne recherchent ni le profit ni la puissance maximale et qu'elles répartissent entre leurs membres le profit en fonction du travail fourni. La constitution des sociétés coopératives est fondée sur l'égalité des droits des sociétaires à la gestion et au contrôle, chaque membre disposant d'une seule voix aux assemblées générales.

les coopératives ouvrières de production

Ce sont les ouvriers coopérateurs qui détiennent l'initiative et la responsabilité.

• *Les sociétés coopératives ouvrières de production (S. C. O. P.).* Leur origine remonte aux années 1830, mais elles connurent leur premier essor en 1848. Actuellement, ces sociétés (au nombre d'à peu près 1 400, employant env. 35 000 personnes) adhèrent à un organisme commun : la *Confédération générale des coopératives ouvrières de production.* Une loi du 19 juill. 1978 définit le statut des S. C. O. P. Elles peuvent revêtir la forme de S. A. R. L. ou de société anonyme.

• *Les communautés de travail.* Constituées à la suite de l'expérience tentée en 1941, à Valence, par Marcel Barbu (communauté Boimondau), ce sont des communautés de vie au moins autant que des communautés de travail ; le capital reste propriété indivise de celles-ci.

• *Les coopératives de travail ou de main-d'œuvre.* Ne disposant d'aucun capital important, elles se bornent à exécuter des tâches bien définies. Elles ont pour objet de débattre le prix de l'ouvrage avec l'entrepreneur principal, puis de répartir les tâches et les rémunérations entre leurs membres de façon équitable et suivant des règles que ces derniers se sont données à eux-mêmes. Ces coopératives existent en assez grand nombre dans l'industrie du livre sous le nom de *commandites de travail.*

les coopératives agricoles

Le mouvement coopératif représente un élément essentiel du développement actuel de l'agriculture en permettant aux agriculteurs de contrôler près de la moitié des activités de transformation de la production agricole nationale. Quatre agriculteurs sur cinq sont adhérents d'une coopérative agricole. Le rôle des coopératives agricoles est très important dans le secteur de l'exportation agroalimentaire.

• *Les coopératives de production,* alors qu'elles constituent les formes caractéristiques de l'organisation de la production agricole dans certains pays (kibboutz, kolkhoze, etc.), sont quasi inexistantes en France.

• *Les coopératives de services,* surtout représentées par les C. U. M. A. (coopératives d'utilisation du matériel agricole), abordent des domaines aussi variés que le travail du sol, la récolte, le drainage et l'irrigation, la déshydratation, l'ensilage, etc.

• *Les coopératives de stockage et de commercialisation* assurent, à l'amont de l'entreprise agricole, une fonction d'approvisionnement (engrais, aliments du bétail, produits phytosanitaires, etc.) et, à l'aval, la commercialisation des produits (fruits, légumes frais).

• *Les coopératives de transformation* assurent une proportion très significative de la collecte du lait et de la production du lait, des beurres et des poudres de lait, ainsi qu'une large part de la vinification pour les vins de consommation courante et d'appellation contrôlée ; elles agissent aussi dans le secteur des viandes et volailles et dans celui des fruits et légumes, dont elles assurent une large part de la conserverie.

les coopératives de consommateurs

Elles vendent à tous les consommateurs des produits au prix du marché, tout en s'efforçant de faire pression contre les hausses spéculatives ; les profits ainsi réalisés sont répartis entre leurs seuls adhérents au prorata de leurs achats dans leurs magasins. La tendance actuelle est de faire deux parts des profits : la plus faible est redistribuée aux coopérateurs suivant la règle indiquée ; la plus forte est affectée à des œuvres sociales ou éducatives réservées aux coopérateurs. Le succès des coopératives de consommation a été particulièrement important notamment en Autriche, en Suisse, en Belgique et dans les pays scandinaves. En France, ces coopératives, adonnées surtout au secteur de l'alimentation, sont affiliées à la Fédération nationale des coopératives de consommateurs (F. N. C. C.) et leur points de vente sont à l'enseigne «Coop ». Elles connaissent depuis 1985 certains problèmes (notamment au niveau des sociétés régionales) qui ont conduit, au début de 1986, à la mise en liquidation de la F.N.C.C.

les coopératives de détaillants

Ce sont des sociétés coopératives formées entre des commerçants détaillants pour assumer au profit de leurs membres tout ou partie du rôle que remplissent les grossistes. Les premières sont apparues en 1883 en Suisse et en Allemagne ; la possibilité de s'approvisionner à meilleur compte en formant une coopérative plutôt qu'en passant par les grossistes doit permettre aux détaillants de mieux conserver leur liberté. Leur nombre est en France très limité.

COOPÉRER v. t. ind. (lat. ecclés. *cooperari*) [conj. **18**]. **1.** Prendre part, concourir à une œuvre commune ; contribuer, participer : *Coopérer à la rédaction d'un dictionnaire.* — **2.** Collaborer avec la police, avec un service de renseignements, etc., dans une enquête : *Un témoin qui se déclare prêt à coopérer.*

COOPTATION n. f. (lat. *cooptatio, -onis*). Désignation d'un membre nouveau d'une assemblée, d'un corps constitué, etc., par les membres qui en font déjà partie.

COOPTER v. t. (lat. *cooptare,* choisir) [conj. 3]. Admettre qqn par cooptation dans une assemblée.

COORBITAL, E, AUX adj. Astron. *Satellites coorbitaux,* satellites naturels d'une planète qui décrivent des orbites suffisamment voisines pour que leur attraction gravitationnelle mutuelle perturbe de manière cyclique leur mouvement orbital.

ENCYCL. Deux petits satellites de Saturne, Épiméthée et Janus, présentent la particularité d'être coorbitaux : la différence entre leurs rayons orbitaux moyens est inférieure à la somme de leurs diamètres. Ainsi, leurs vitesses orbitales sont très voisines mais non égales : le satellite intérieur rattrape lentement le satellite extérieur dans son mouvement orbital. Lorsqu'ils s'approchent l'un de l'autre, l'attraction gravitationnelle modifie leur mouvement angulaire. Le moment du satellite intérieur augmente et celui-ci gagne une orbite plus « haute », où sa vitesse orbitale est plus petite ; le moment du satellite extérieur diminue et ce dernier est déplacé sur une orbite plus « basse », où sa vitesse orbitale est plus grande. Les deux satellites échangent donc leurs places. Ce pas de deux se répète tous les quatre ans.

COORDINAT n. m. Atome ou groupement d'atomes liés à un atome occupant une position centrale.

COORDINATEUR, TRICE adj. et n. Qui coordonne diverses actions, fonctions ou services, qui en assure la liaison.

◆ adj. Qui contribue à une coordination, à une harmonisation : *Rôle coordinateur.*

COORDINATION n. f. (bas lat. *coordinatio, -onis*). **1.** Action de coordonner ; harmonisation d'activités diverses dans un souci d'efficacité : *Coordination des transports.* — **2.** Représentation élue par des grévistes en marge des organisations syndicales. — **3.** Réglementation qui impose l'inscription du transporteur routier sur un registre départemental tenu par l'Administration ainsi que la licence de transporter. — **4.** Rapport qui existe entre des unités linguistiques (mots, propositions) ayant le même statut dans la phrase. (La coordination peut s'exprimer par l'emploi de termes spécifiques, les coordonnants : *Un ciel bleu* ET lumineux, DONC très pur, ou par simple juxtaposition : *Un ciel bleu, lumineux, très pur.*) — **5.** Ensemble des mécanismes de régulation permettant l'adaptation posturale et le mouvement volontaire grâce au jeu harmonieux des muscles agonistes et antagonistes, de leur contraction et décontraction. — **6.** *Composé de coordination,* composé moléculaire qui, en solution, donne des ions complexes.

COORDINATOGRAPHE n. m. Appareil de report de points par leurs coordonnées, à commande manuelle ou automatique.

COORDINATOMÈTRE n. m. Appareil fournissant des données numériques sous forme de codes et de coordonnées, à partir de documents graphiques, ou déplaçant une tête d'impression en fonction des coordonnées numériques codant sa position.

COORDINÉ, E adj. Se dit d'un groupement qui, dans un complexe, est lié à l'atome central par coordinence.

COORDINENCE n. f. (de *coordination*). Valence particulière indiquant le nombre total de groupements associés dans un complexe à l'atome central. (La liaison de coordinence s'explique par le recouvrement des orbitales des coordinats avec celles de l'ion central d'un complexe.)

COORDONNANT n. m. Mot ou locution qui assure une coordination. (Il s'agit des conjonctions de coordination, mais aussi d'adverbes, tels que *néanmoins, aussi, en effet, par conséquent,* etc.)

COORDONNATEUR, TRICE adj. et n. Syn. administratif de COORDINATEUR, TRICE.

COORDONNÉE n. f. **1.** Chacun des éléments servant à déterminer la position d'un point sur une surface ou dans l'espace par rapport à un système de référence : *Coordonnées géographiques, astronomiques.* (→ *encycl.* Astron. et Géod.) – **2.** Proposition coordonnée à une autre.

◆ **coordonnées** n. f. pl. *Fam.* Renseignements précis permettant de localiser qqn (adresse, numéro de téléphone, etc.). • **Algèbr.** *Coordonnées d'un* n-*uplet* $(x_1, x_2, ..., x_n)$, éléments $x_1, x_2, ..., x_n$ qui forment le *n*-uplet. (x_i est appelée la $i^{ième}$ coordonnée.) ‖ *Coordonnées d'un vecteur, relatives à une base* $(a_i)_{i \in I}$ *d'un* K-*espace vectoriel,* scalaires λ_i, appartenant à K, tels que le vecteur x s'exprime de manière unique sous la forme $x = \sum_{i \in I} \lambda_i a_i$, où les λ_i non nuls sont en nombre fini. (Syn. COMPOSANTES D'UN VECTEUR.) – **Géom.** *Coordonnées d'un point* M, *n*-uplet de réels (ou [*n* + 1]-uplet dans les cas des coordonnées barycentriques et des coordonnées homogènes) qui servent à déterminer la position du point M dans l'espace affine E_n de dimension *n.* ‖ *Coordonnées cartésiennes d'un point* M, coordonnées du vecteur $\overrightarrow{OM}$ sur une base de l'espace vectoriel associé à E_n, O étant l'origine de l'espace affine. (→ *encycl.*)

ENCYCL. **Astron.** On distingue : les *coordonnées horizontales* (azimut et distance zénithale) ; *horaires* (angle horaire et déclinaison) ; *équatoriales* (ascension droite et déclinaison) ; *écliptiques* et *galactiques* (longitude et latitude).

– **Géod.** *Coordonnées géographiques.* La position d'un point M à la surface de la Terre peut être définie par sa latitude* φ, angle de sa normale à l'ellipsoïde terrestre avec le plan de l'équateur, et par sa longitude* λ, angle dièdre du méridien* du point et d'un méridien origine.

• *Coordonnées rectangulaires cartographiques.* Elles constituent un système de repérage des points de la carte en coordonnées cartésiennes rectangulaires. Les formules de la projection utilisée définissent les coordonnées rectangulaires planes de tout point de la Terre dont on connaît les coordonnées géographiques.

– **Géom.** *Coordonnées cartésiennes.* Dans l'espace muni d'un repère cartésien $(O, \vec{i}, \vec{j}, \vec{k})$ [fig. 1], tout point M est déterminé par

$$\overrightarrow{OM} = x \cdot \vec{i} + y \cdot \vec{j} + z \cdot \vec{k},$$

où $x = \overline{OP}$, *abscisse* de M, $y = \overline{OQ}$, *ordonnée* de M, et $z = \overline{OR}$, *cote* de M, sont les coordonnées

fig. 1

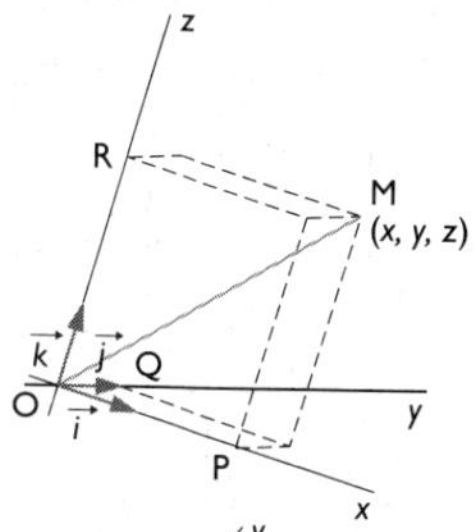

fig. 2

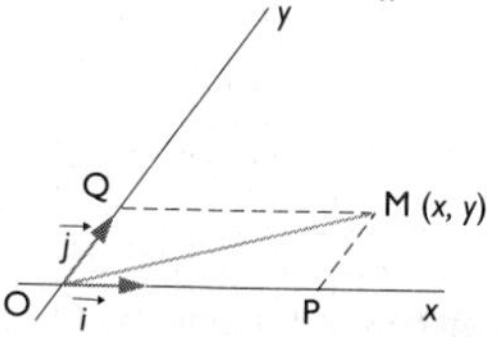

coordonnées cartésiennes

cartésiennes du point M. En géométrie plane, on n'a besoin que de l'abscisse et de l'ordonnée (fig. 2) ; sur la droite, que de l'abscisse.

• Dans le plan, on utilise aussi les *coordonnées polaires* (fig. 3). Dans le repère orthonormé direct $(O, \vec{i}, \vec{j})$, un point M est déterminé par la mesure θ de l'angle $(\vec{i}, \vec{u})$ [$\vec{u}$, vecteur unitaire choisi sur la droite (OM)] et par le réel ρ tel que $\overrightarrow{OM} = \rho \cdot \vec{u}$. Le couple (ρ, θ) forme les coordonnées polaires de M. Coordonnées cartésiennes (x,y) et coordonnées polaires (ρ,θ) sont liées par $x = \rho \cdot \cos\theta$ et $y = \rho \cdot \sin\theta$.

coordonnées polaires

fig. 3

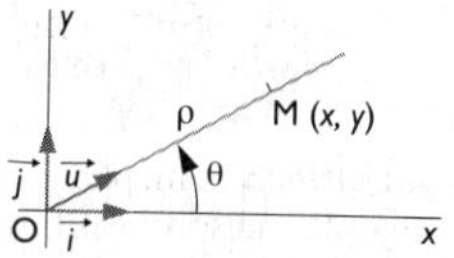

• Dans l'espace affine E_3 de dimension 3, on utilise parfois les *coordonnées cylindriques* (ρ,θ,z) où (ρ,θ) sont les coordonnées polaires de *m*, projection de M sur *xOy*, et *z* est la cote de M (fig. 4).

coordonnées cylindriques

fig. 4

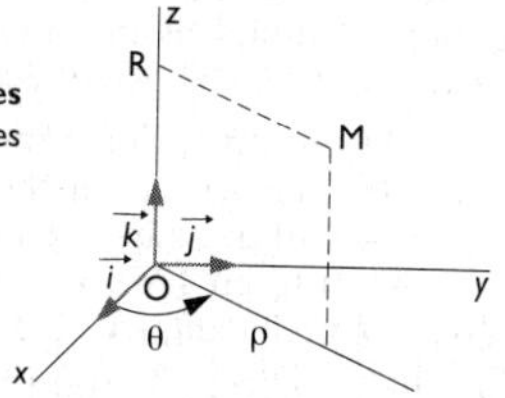

• *Coordonnées sphériques* (fig. 5). Dans l'espace E_3 rapporté au repère orthonormé $(O, \vec{i}, \vec{j}, \vec{k})$ positif, les coordonnées sphériques de M sont (ρ,θ,φ) où :

$\rho = \overline{OM}$, $\theta = \widehat{(Ox, D)}$ et $\varphi = \widehat{(\vec{k}\ ,\ \overrightarrow{OM})}$.

Coordonnées cartésiennes (x,y,z) et coordonnées sphériques (ρ,θ,φ) sont liées par les relations

$x = \rho \cdot \sin\varphi \cdot \cos\theta$, $\quad y = \rho \cdot \sin\varphi \cdot \sin\theta$

et $z = \rho \cdot \cos\varphi$.

coordonnées sphériques

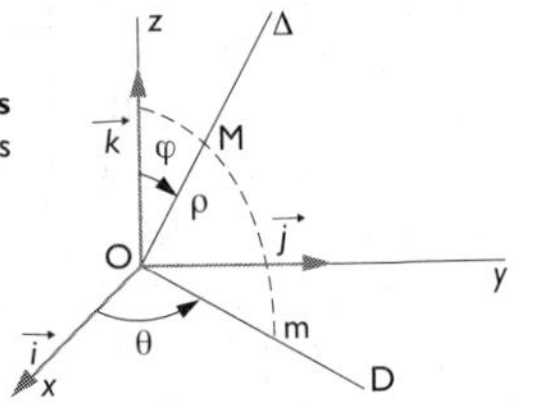

fig. 5

COORDONNER v. t. (conj. 3). **1.** Ordonner des éléments séparés, combiner des actions, des activités distinctes en vue de constituer un ensemble cohérent ou d'atteindre un résultat déterminé : *Un comité a été formé pour coordonner les secours.* – **2.** Assortir entre eux des éléments du vêtement ou de la décoration. – **3.** Relier des mots, des propositions, des phrases grâce à un coordonnant.
◆ **être coordonné** v. pass. **1.** Présenter une bonne coordination : *Les mouvements coordonnés du nageur.* – **2.** Présenter une harmonie, une similitude de couleurs : *Papiers peints et rideaux coordonnés.* – **3.** En parlant de mots, de propositions, être reliés par un coordonnant. – **4.** *Ligne coordonnée,* ligne fermée au trafic voyageurs au profit d'une desserte routière assurée par une autre entreprise que celle exploitant la voie ferrée.

COORDONNÉS n. m. pl. Pièces d'habillement ou de linge de maison assorties entre elles.

COORGANISER v. t. (conj. 3). Organiser qqch en commun.

COORNAERT (Émile), historien français (Hondschoote 1886 - Paris 1980). Professeur au Collège de France (1936), membre de l'Institut (1958), il est l'un des grands spécialistes de l'histoire économique et sociale de l'Europe médiévale et moderne. Il a publié notamment *les Corporations en France avant 1789* (1941, 2e éd. 1968).

COOTE (*sir* Eyre), officier britannique de l'armée des Indes (Kilmallock, Limerick, 1726 - Madras 1783). Vainqueur de Lally-Tollendal à Vandavachy (Wandiwash) en 1761, il s'empara de Pondichéry. Commandant en chef aux Indes en 1779, il battit Ḥaydar ʿAlī à Porto-Novo (1781).

C. O. P. A., sigle de COMITÉ DES ORGANISATIONS PROFESSIONNELLES AGRICOLES DE LA COMMUNAUTÉ ÉCONOMIQUE EUROPÉENNE.

COPACABANA, localité de Bolivie (dép. de La Paz), située dans la presqu'île du même nom, sur le lac Titicaca. Église d'époque coloniale conservant la Vierge sculptée au XVIe s. par l'Indien Francisco Tito Yupanqui.

COPACABANA, quartier de Rio de Janeiro (Brésil), au S.-O. du Pain de Sucre. Grande station balnéaire et second centre urbain de Rio.

COPAHU n. m. (tupi *copaü*). *Baume de copahu,* oléorésine utilisée comme anticatarrhal bronchique et extraite d'un copaïer.

COPAÏER n. m. Césalpiniacée arborescente des régions chaudes, aux fleurs blanches en grappes, fournissant le *copahu.*

COPAIN n. m., **COPINE** n. f. (anc. fr. *compain,* cas sujet de *compagnon*). *Fam.* Compagnon, compagne de classe, de travail, de loisirs, etc.
◆ adj. Fam. *Être copain* (ou, pop., *copain copain*) *avec qqn,* être ami avec lui. ‖ Fam. *Copains comme cochons,* se dit de personnes qui vivent dans une extrême familiarité.

COPAÏS → KOPAÏS.

COPAL n. m. (pl. *copals*) [esp. *copal,* du nahuatl *copalli*]. Résine d'origine végétale, utilisée dans la fabrication des vernis. (Les copals fossiles ou semi-fossiles sont plus recherchés que les copals verts ; on commercialise les copals de nombreux arbres, surtout des césalpiniacées.)

COPALIER n. m. Arbre fournissant un copal. (Par incision du tronc et des branches, on obtient le copal vert, et par fouille au pied de l'arbre, le copal dur, plus apprécié.)

COPALME n. m. (de *copal,* d'apr. *palme*). Sécrétion fluide du liquidambar, utilisée dans la fabrication du chewing-gum.

COPÁN, cité maya de la période classique (250-950) dans le dép. de Copán. Temples pyramides ; escalier (terminé au VIIIe s.) orné d'un texte de 2 500 glyphes ; jeu de balle. Profusion du décor sculpté.

COPARTAGE n. m. Partage d'un bien entre plusieurs personnes.

COPARTAGÉ, E adj. et n. Qui a une part dans un partage.

COPARTAGEANT, E adj. et n. Qui prend sa part dans un partage.

COPARTAGER v. t. (conj. **17**). Partager avec une ou plusieurs personnes.

COPARTICIPANT, E adj. et n. Qui participe avec d'autres à une entreprise.

COPARTICIPATION n. f. Participation commune de plusieurs personnes.

COPATERNITÉ n. f. En matière de filiation, situation de plusieurs hommes susceptibles d'avoir entretenu des rapports avec une même femme durant la période légale de conception d'un enfant et qui peuvent être condamnés solidairement à des aliments au profit de ce dernier.

COPE (Edward Drinker), paléontologiste américain (Philadelphie 1840 - *id.* 1897). Il a découvert de nombreuses espèces de vertébrés fossiles (dinosaures, mammifères) et établi plusieurs lois importantes de l'évolution : non-spécialisation des espèces souches, radiation évolutive, augmentation de la taille, etc.

COPEAU n. m. (anc. fr. *cospel,* du lat. *cuspis,* pointe). **1.** Fragment de bois, de métal, etc., détaché par un outil. — **2.** *Copeau tectonique,* lambeau de terrains jalonnant un contact anormal tangentiel.

COPEAU (Jacques), écrivain, acteur et directeur de théâtre français (Paris 1879 -Beaune 1949). Critique dramatique, l'un des fondateurs de *la Nouvelle Revue française* (1909), il créa et dirigea le théâtre du Vieux-Colombier (1913-1924), où il s'efforça de renouveler la technique théâtrale, notamment dans une recherche synthétique de la mise en scène. Il adjoignit à son théâtre une école de comédiens. Retiré en Bourgogne, il se livra, avec ses élèves, à une tentative de décentralisation théâtrale (1924-1929) avant de revenir à la mise en scène à la Comédie-Française (1936).

COPENHAGUE, en danois **København,** cap. du Danemark ; 491 000 hab. (1 201 000 hab. dans l'agglomération). Métropole de la Scandinavie méridionale, concentrant près du quart de la population danoise, l'agglomération, étendue et coupée d'espaces verts, sur le Sund (îles de Sjaelland et d'Amager), est un centre politique, commercial (principal port du pays, aéroport international de Kastrup), culturel, où l'industrie demeure active (brasserie, chantiers navals et constructions mécaniques, porcelaine).
— **Hist.** Important site marchand, capitale du Danemark (1443), elle s'affirma comme métropole commerciale des pays nordiques. Elle s'assura au XVIe s. le contrôle du Sund et résista au XVIIe s. aux attaques suédoises. Aux XVIIe et XVIIIe s., Copenhague devint une place financière et commerciale internationale. Maîtresse absolue du commerce baltique, la ville s'attribua le monopole de l'exploitation coloniale de l'Islande, du Groenland et des Antilles danoises. Elle fut bombardée à deux reprises par les Anglais pour briser la ligue des Neutres (1801), puis l'alliance du Danemark avec Napoléon Ier (1807).
— **Bx-arts.** Bourse (1619) et château de Rosenborg (1606, collections royales), de style Renaissance hollandaise. Château baroque de Charlottenborg (1672). Place et palais d'Amalienborg (milieu du XVIIIe s.) par N. Eigtved. Cathédrale néoclassique (1811-1829) par C. F. Hansen (sculptures de Thorvaldsen). Hôtel de ville (fin du XIXe s.) de style historiciste national, par Martin Nyrop. Musée national, fondé en 1807, dans un palais de N. Eigtved ; musées des Beaux-Arts, des Arts décoratifs, glyptothèque Carlsberg. Manufacture royale de porcelaine (fondée en 1775).

COPÉPODE n. m. (gr. *kôpê,* rame). Petit crustacé aquatique et parasite, dont certaines espèces abondent dans le plancton marin. (Les *copépodes,* qui forment une sous-classe, nagent à l'aide de leurs antennes antérieures. Le plus commun dans les eaux douces est le cyclope.)

COPERMUTANT, E n. Syn. de COÉCHANGISTE.

COPERMUTATION n. f. Action de copermuter.

COPERMUTER v. t. (conj. 3). Échanger, troquer qqch contre qqch d'autre.

COPERNIC (Nicolas), en polon. **Mikołaj Kopernik,** astronome polonais (Toruń 1473-Frauenburg, auj. Frombork, 1543). Il étudia à Cracovie, Bologne et fut nommé chanoine de Frauenburg en 1479. Il prolongea ses études en Italie. Dans un traité intitulé *De revolutionibus orbium coelestium libri VI* (1543), il s'opposa au système du monde admis depuis Ptolémée en affirmant que la Terre n'occupe pas le centre de l'Univers, mais qu'avec les autres planètes elle tourne autour du Soleil. Cette conception nouvelle, corroborée au siècle suivant par les observations de Galilée, favorisa l'émancipation de la cosmologie par rapport à la théologie.

COPERNICIA n. m. Palmier cirier d'Amérique tropicale qui fournit la *cire de Carnauba.*

COPERNICIEN, ENNE adj. et n. **1.** Relatif au système de Copernic ; partisan de ce système. — **2.** *Révolution copernicienne,* transformation radicale de l'optique philosophique relative à un problème. (Cette expression provient d'un texte de Kant, qui définit comme « révolution copernicienne » l'œuvre qu'il réalise lui-même dans l'histoire de la pensée.)

COPIAGE n. m. **1.** Action de copier frauduleusement dans un examen, d'imiter servilement une œuvre. — **2.** Reproduction automatique d'une pièce sur une machine-outil, par l'intermédiaire d'un gabarit.

COPIAPÓ, v. du Chili, ch.-l. de la région d'Atacama, au S. du désert de l'Atacama ; 70 000 hab. Mines (argent et cuivre).

COPIDE n. f. (gr. *kopis, -idos*). Cimeterre des Macédoniens et d'anciens peuples d'Orient.

COPIE n. f. (lat. *copia,* abondance, avec l'infl. du lat. médiév. *copiare,* transcrire). **1.** Reproduction d'un écrit : *Faire une copie dactylographiée d'un contrat.* – **2.** Reproduction d'une œuvre d'art, d'un bijou, d'une photo, etc. : *Acheter une copie d'un tableau de maître.* (→ encycl.) – **3.** Reproduction, calque, imitation de qqch : *L'art n'est pas une copie de la nature.* – **4.** *Vx.* Personne qui ressemble à une autre par son attitude, ses traits : *Il est la copie de son père.* – **5.** Feuille double de papier, de format standard, destinée à la rédaction. – **6.** Devoir, travail scolaire rédigé sur des feuilles volantes : *Corriger des copies d'examen.* – **7.** Fam. *Être en mal de copie,* en parlant d'un journaliste, manquer de sujets intéressants. ‖ *Rendre, remettre une copie blanche,* rendre une copie sur laquelle on n'a rien écrit du sujet à traiter. • **Cin.** *Copie (standard),* film positif destiné à la projection. – **Dr.** Reproduction littérale d'un autre écrit, qui n'a généralement pas de force probante, mais peut parfois tenir lieu de commencement de preuve par écrit. – **Impr.** Texte écrit (copie manuscrite), dactylographié (tapuscrit) ou imprimé (copie en réimpression) destiné à être saisi et traité en composition. ‖ Opération qui consiste, dans les procédés photomécaniques, à reporter sur une forme les éléments imprimants, réunis préalablement par montage sur un support transparent. ‖ *Châssis de copie,* appareil utilisé pour la copie par contact.

ENCYCL. **Bx-arts.** On distingue notamment les *répétitions**, les *répliques**, les *copies d'étude* (exercices d'élèves), les *copies interprétées* (libres interprétations d'œuvres d'un artiste par un autre artiste), les *contrefaçons,* et les *reproductions* (notamm. de peintures ou de dessins par procédés photomécaniques, les plus fidèles étant appelées *fac-similés*).

COPIER v. t. (lat. médiév. *copiare,* reproduire un écrit) [conj. 9]. **1.** Reproduire par écrit un texte, en faire une ou plusieurs copies ; recopier, transcrire : *Copier un poème, un document.* – **2.** Reproduire frauduleusement le travail écrit d'un autre, une partie d'un ouvrage, etc., ou s'en inspirer indûment : *Copier sur son voisin.* – **3.** Reproduire une œuvre avec ou sans intention frauduleuse ; s'inspirer très fortement d'un artiste, l'imiter : *Copier les dessins des maîtres.* – **4.** Imiter qqn, un groupe, leurs actions : *Ils copient les Américains.* – **5.** Répéter exactement qqch, en être une imitation, une réplique : *Leur politique copie en tous points la nôtre.* – **6.** Fam. *Vous me la copierez,* voilà qqch de peu banal dont je tiens à me souvenir. ‖ *Machine à copier,* machine permettant la fabrication, en une seule opération, d'un ou plusieurs objets rigoureusement conformes à un modèle.

COPIEUR, EUSE n. Élève, personne qui copie frauduleusement.

◆ **copieur** n. m. **1.** Matériel de reproduction employant les techniques d'électrocopie. – **2.** Dispositif permettant à une machine-outil de fabriquer une pièce de forme définie par un modèle, un gabarit ou un dessin.

COPIEUSEMENT adv. **1.** De façon copieuse, en grande quantité : *Servir copieusement ses invités.* – **2.** *Fam.* Avec force : *Je l'ai copieusement injurié.*

COPIEUX, EUSE adj. (lat. *copiosus,* abondant). Qui est en grande quantité, qui dépasse la mesure ordinaire : *Repas copieux.*

COPILOTE n. Pilote dont le rôle est d'assister le premier pilote.

COPINAGE n. m. *Fam.* et *péjor.* Relations visant à se procurer des avantages mutuels.

COPINE → COPAIN.

COPINER v. t. ind. (conj. 3). *Fam.* Avoir des relations de familiarité, d'amitié avec qqn.

COPINERIE n. f. *Fam.* et *péjor.* Relations entre copains.

COPISTE n. **1.** Personne qui, avant l'invention de l'imprimerie, copiait des manuscrits. (→ *encycl.*) – **2.** Personnes faisant métier de transcrire des textes, de la musique. – **3.** Ouvrier qui effectue la copie du montage sur une plaque ou un cylindre afin de constituer une forme imprimante.

ENCYCL. **Hist.** Lorsque s'épanouit à partir du IXᵉ s. la renaissance carolingienne, des ateliers de copistes (ou *scriptoria*) furent établis dans tous les grands monastères (tels ceux de Fulda, Saint-Gall, Corbie, etc.). Ainsi furent sauvées un grand nombre d'œuvres antiques, grecques et latines, dont nous ne possédons plus les originaux.

COPLA n. f. (esp. *copla*). Dans la littérature espagnole, court poème lyrique, élégiaque ou amoureux ; strophe de ce poème.

COPLANAIRE adj. Se dit de points, de droites situés dans un même plan.

COPLAND (Aaron), pianiste et compositeur américain (Brooklyn 1900 - North Tarrytown, État de New York, 1990). Il vit en France de 1921 à 1924, s'orientant vers une esthétique proche de celle du groupe des Six (*Dance Symphony,* 1925). De retour dans son pays, il étudie les possibilités offertes par Stravinski, le jazz, la polytonalité, le folklore, d'où un style cosmopolite illustré par le spirituel *El Salón Mexico* (1936) et *Appalachian Spring* (1944). À partir de 1950, il est tenté par le sérialisme (*Music for a Great City,* 1964).

COPLEY (John Singleton), peintre américain (Boston 1738 - Londres 1815). Portraitiste marqué par l'art anglais, il a évolué, à partir de son installation à Londres en 1774, vers un néoclassicisme appliqué à la peinture d'histoire.

COPOCLÉPHILE n. (de *collection* et *porte-clés*). Collectionneur de porte-clés.

COPOLYMÈRE n. m. Composé formé de macromolécules renfermant des motifs monomères différents.

ENCYCL. Un copolymère renfermant deux motifs monomères A et B de types différents est *statistique* si A et B sont répartis au hasard dans les macromolécules, *alterné* si A et B sont répartis de façon alternée, *greffé* si un type de motifs constitue la chaîne principale, alors que les autres motifs sont tous situés dans les chaînes latérales, et *séquencé* si A et B sont regroupés dans des séquences associées dans une chaîne linéaire. La copolymérisation permet d'obtenir un très grand nombre de matériaux à partir de quelques structures de base. Le caoutchouc butyle, les copolymères du styrène, du chlorure de vinyle et les divers polyéthylènes greffés sont d'une importance industrielle considérable.

COPOLYMÉRISATION n. f. Opération de synthèse qui consiste à créer une chaîne macromoléculaire à partir de motifs monomères différents.

COPOLYMÉRISER v. t. (conj. 3). Réaliser une copolymérisation.
◆ v. i. Entrer en copolymérisation.

COPOSSÉDER v. t. (conj. **18**). Posséder avec un ou plusieurs autres.

COPOSSESSEUR, EUSE n. Personne qui copossède.

COPOSSESSION n. f. Action de copossséder ; ce que l'on copossède.

COPPA n. f. (ital. *coppa*). Charcuterie d'origine italienne, constituée par de l'échine de porc désossée, salée et fumée.

COPPÉE (François), écrivain français (Paris 1842 - *id.* 1908), auteur de comédies (*le Passant,* 1869), de drames d'inspiration romantique (*Pour la couronne,* 1895) et de poésies sur la vie du petit peuple (*les Humbles,* 1872). [Acad. fr., 1884.]

Coppélia ou la Fille aux yeux d'émail, ballet-pantomime en 2 actes et 3 tableaux ; livr. de Charles Nuitter et Arthur Saint-Léon, d'après le conte d'Hoffmann « le Marchand de sable » ; chorégr. d'A. Saint-Léon ; mus. de Léo Delibes. Création mondiale à Paris en 1870. Le Dr Coppélius a créé une poupée automate (Coppélia), dont s'éprend Frantz, le fiancé de Swanilda. Coppélia, à qui son créateur a insufflé vie pendant une nuit, redevient poupée, et Swanilda reconquiert Frantz.

COPPENS (Yves), paléontologue français (Vannes 1934). Il a proposé une interprétation écologique de l'apparition des premiers hominidés (australopithèques) en Afrique orientale. (Acad. des sc., 1985.)

COPPER BELT ou **COPPERBELT** (« Ceinture de cuivre »), nom de la région d'extraction du cuivre, aux confins du Zaïre (Shaba) et de la Zambie.

COPPER CLIFF, centre industriel (métallurgie du cuivre et du nickel) du Canada (Ontario), à l'O. de Sudbury.

COPPERMINE, fl. du Canada (Territoires du Nord-Ouest), qui se jette dans le golfe du Couronnement ; 840 km.

COPPET, village de Suisse (cant. de Vaud), près de Genève, sur le lac Léman ; 1 550 hab. Château ayant appartenu à Necker et à sa fille, Mme de Staël.

Coppet *(groupe de),* réunion autour de Mme de Staël, entre 1800 et 1815, d'écrivains, de philosophes et de savants (Sismondi, Constant, Schlegel, Humboldt).

COPPI (Angelo Fausto), coureur cycliste italien (Castellania 1919 - Novi Ligure 1960). Remarquable rouleur et grimpeur, il porta en 1942 à 45,798 km le record du monde de l'heure, fut champion du monde de poursuite (1947 et 1949) et sur route (1953), gagna deux fois le Tour de France (1949 et 1952), cinq fois le Tour d'Italie (1940, 1947, 1949, 1952 et 1953) et la plupart des grandes classiques internationales.

COPPOLA (Francis Ford), cinéaste américain (Detroit 1939). Fils du compositeur Carmine Coppola, féru de technique cinématographique, il a réalisé *les Gens de la pluie* (1969), *le Parrain* (1972), *Conversation secrète* (Palme d'or du festival de Cannes 1974), *le Parrain II* (1975), *Apocalypse now* (Palme d'or du festival de Cannes 1979), *Coup de cœur* (1982), *Outsiders* (1983), *Rusty James* (1983), *Cotton Club* (1984), *Peggy Sue s'est mariée* (1986), *Gardens of Stone* (1987), *Tucker* (1988), *Dracula* (1992).

COPPOLANI (Xavier), administrateur français (Marignana, Corse, 1866 - Tidjikdja, Mauritanie, 1905). Il organisa la pénétration française en Mauritanie (1900 - 1904) et fut assassiné en 1905 alors qu'il préparait une mission dans l'Adrar.

COPRAH ou **COPRA** n. m. (du tamoul *copparā*). Amande de coco prête pour l'extraction d'une huile *(huile de coprah),* utilisée comme aliment et en savonnerie.

COPRÉCIPITÉ n. m. Produit obtenu à partir du lait écrémé par précipitation simultanée de la caséine et des autres protéines puis séchage du précipité.

COPRENEUR, EUSE n. Personne qui, conjointement avec une ou plusieurs autres, prend un objet à loyer ou à ferme.

COPRÉSENCE n. f. Présence simultanée au même endroit.

COPRÉSIDENCE n. f. Présidence assurée conjointement par plusieurs personnes.

COPRÉSIDENT, E n. Personne, institution participant à une coprésidence.

COPRIN n. m. (gr. tardif *koprinos,* qui vit dans les excréments). Champignon poussant en touffes au pied des arbres et dont une espèce, le *coprin chevelu,* est un excellent comestible. (Le *coprin noir* d'encre s'autolyse en un liquide noir, toxique s'il est associé à une boisson alcoolisée.)

COPRIS [-pris] n. m. (gr. *kopros,* fumier). Bousier dont le mâle porte une corne sur la tête et dont la femelle pond un œuf sur chacune des boulettes de bouse qu'il façonne en forme de poire.

COPROCULTURE n. f. Culture en laboratoire, aux fins d'isolement et d'identification, des bactéries présentes dans les selles.

COPRODUCTION n. f. **1.** Production effectuée en commun. — **2.** Production d'un film assurée en commun par plusieurs producteurs ; le film ainsi réalisé.

COPRODUIRE v. t. (conj. **98**). Produire qqch en association avec d'autres.

COPROLALIE n. f. Tendance pathologique à prononcer des mots obscènes.

COPROLITHE ou **COPROLITE** n. m. Excrément fossilisé.

COPROLOGIE n. f. Étude des matières fécales, ou fèces. (L'examen coprologique comprend des examens chimique, bactériologique, parasitologique, mycologique.)

COPROLOGIQUE adj. Relatif à la coprologie.

COPROPHAGE adj. et n. Qui se nourrit d'excréments.
◆ n. m. Autre nom des scarabées des bouses (bousiers proprement dits, géotrupes, ateuchus, etc.), parfois très grands et revêtus d'une superbe livrée.

COPROPHAGIE n. f. **1.** Ingestion d'excréments, de matières fécales. — **2.** Habitude, propre au lapin et au lièvre, de réingérer ses propres crottes d'origine caecale. (Elle permet une seconde digestion des aliments, comparable à la rumination.)

COPROPHILE adj. Se dit des animaux qui vivent dans les excréments. (Syn. SCATOPHILE.)
◆ adj. et n. Qui est atteint de coprophilie.

COPROPHILIE n. f. Érotisation de la zone anale et de la conduite excrémentielle.

COPROPRIÉTAIRE n. Personne qui est propriétaire par indivis d'une chose, conjointement avec d'autres.

COPROPRIÉTÉ n. f. **1.** Droit de propriété appartenant à plusieurs personnes sur une seule et même chose. — **2.** *Règlement de copropriété,* règlement qui définit les droits et obligations des copropriétaires ainsi que l'organisation de la copropriété dans un immeuble collectif (répartition des charges, conditions d'utilisation des parties communes, destination de l'immeuble, etc.).

COPROSCOPIE n. f. Examen au microscope des excréments en vue de déterminer l'existence d'une infestation parasitaire (identification des œufs, des larves ou de la forme adulte d'un parasite).

COPROSTASE n. f. Accumulation de matières fécales dans le gros intestin.

COPROSTÉROL n. m. Catabolite du cholestérol par réduction du cholestérol par les bactéries intestinales et excrété par les matières fécales.

COPS [kɔps] n. m. **1.** Enroulement de fil, de forme cylindrique ou cylindro-conique. — **2.** Tube sur lequel est effectué cet enroulement.

COPSAGE n. m. Action d'enrouler sur un cops le fil de trame.

COPTE adj. **1.** Relatif aux Coptes. — **2.** *Église copte,* Église monophysite d'Égypte dont le siège patriarcal est à Alexandrie.
◆ n. m. Langue chamito-sémitique parlée en Égypte à partir du IIIe s. apr. J.-C.
ENCYCL. Le copte représente le stade final de l'égyptien ancien ; il prit ce nom au IIIe s., au moment où la population de l'Égypte se convertit au christianisme et où un nouveau système d'écriture fut adopté (l'alphabet grec enrichi de 7 lettres empruntées au démotique). Supplanté par l'arabe, le copte ne subsiste que comme langue liturgique.

COPTES (du gr. *aiguptios,* après chute, à la période arabe, de la première syllabe), nom donné originellement aux habitants de l'Égypte et aujourd'hui aux chrétiens de ce pays restés fidèles au monophysisme. Après la condamnation par le concile de Chalcédoine (451) du patriarche d'Alexandrie Dioscore, qui pour s'opposer à la montée du siège de Constantinople s'était fait le protagoniste du monophysisme, tous les moines et le clergé suivirent celui-ci dans sa rébellion. Lorsque l'Égypte passa sous la domination arabe, la masse de la population égyptienne passa à l'islām. L'Église copte fut victime de persécutions et déclina. Elle renaquit à la fin du XVIIe s. et essaima hors d'Égypte. Le patriarche d'Alexandrie réside au Caire et dirige son Église avec son propre synode. Le chiffre des fidèles est estimé aujourd'hui à environ 7 millions. Le pape Léon XIII a créé en 1899 un patriarcat copte catholique, également à Alexandrie, qui regroupe environ 150 000 fidèles. — **Bx-arts.** L'art des premiers chrétiens d'Égypte prend naissance vers le IIe s. et persiste jusqu'au XIIe s. La période de formation (IIe s.-première moitié du Ve s.) correspond à l'assimilation de thèmes hellénistiques et surtout alexandrins, auxquels sont adjoints des sujets chrétiens. Les églises sont souvent construites selon l'antique plan basilical avec nef et bas-côtés (Le Caire, chapelle Saint-Serge). Peintures et portraits trahissent encore le naturalisme gréco-romain des portraits du Fayoum*, alors que, dans les reliefs traités selon la manière douce, déjà le canon diffère. Peu à peu, les monastères s'organisent et se multiplient (Couvent Blanc, Couvent Rouge, près de Sohag, Saqqarah, Baouîț, etc.). Entre le Ve et le VIIe s., l'idée et le concept l'emportent, et la stylisation des feuillages et des rinceaux devient presque monotone, alors que l'opposition des pleins et des vides est violemment accusée. La peinture reflète la même évolution et, si l'intensité du regard demeure, la schématisation domine les compositions (l'abbé Ména, provenant de Baouîț, Louvre ; peintures murales de Saqqarah...). Parmi les arts mineurs, la tapisserie est l'un des moyens d'expression privilégiés des Coptes et qu'ils continueront à pratiquer après la conquête arabe.

COPTISANT, E n. Spécialiste de la langue et de la civilisation coptes.

COPTOS, en gr. **Koptos,** anc. ville de Haute-Égypte située sur la rive droite du Nil (auj. *Qift*). Coptos était le point d'aboutissement, sur le fleuve, de la piste du Ouadi Hammamat, où arrivaient les marchandises de la Côte des Somalis, de Mésopotamie, d'Afghānistān, de l'Indus. Son rôle politique fut éclipsé par celui de Thèbes sous la XIe dynastie.

COPULANT n. m. Composé réagissant avec le développateur photographique oxydé pour engendrer un colorant. (Syn. COUPLEUR.)

COPULATIF, IVE adj. (lat. *copulativus*). Se dit d'un élément linguistique qui sert à lier, qui exerce une fonction de copule.

COPULATION n. f. (lat. ecclés. *copulatio, -onis*). **1.** Accouplement du mâle et de la femelle, coït. — **2.** En chimie, syn. de CONDENSATION dans le cas d'un sel de diazonium avec un phénol ou une amine aromatique.

COPULE n. f. (lat. *copula,* union). **1.** Élément linguistique servant à lier. — **2.** Nom donné au verbe *être* quand il est le signe de la relation entre sujet et prédicat.

COPULER v. t. ind. (lat. *copulare,* lier) [conj. 3]. **1.** *Fam.* S'accoupler. — **2.** Procéder à la copulation chimique.

COPYRIGHT [kɔpirajt] n. m. (angl. *copyright,* droit de reproduction). **1.** Droit que se réserve un auteur ou son cessionnaire pour protéger l'exploitation, pendant un certain nombre d'années, d'une œuvre littéraire, artistique ou scientifique. — **2.** Marque de ce droit par le symbole © suivi du nom du titulaire du droit d'auteur et de l'indication de l'année de première publication.

1. COQ n. m. (onomat., du bas lat. *coccus*). **1.** Oiseau domestique, mâle de la poule. — **2.** Sorte de girouette représentant un coq, placée sur la pointe des clochers d'églises. — **3.** *Fam.* Homme ardent en amour. — **4.** Syn. de POULET dans certains apprêts culinaires : *Coq au vin.* — **5.** *Au chant du coq,* au point du jour. ‖ *Coq gaulois,* symbole national français. ‖ *Coq de village,* celui qui, dans un village, est le plus admiré des femmes. ‖ *Être comme un coq en pâte,* être entouré de soins, choyé. ‖ *Fier comme un coq,* très fier. ‖ *Jambes, mollets de coq,* très grêles. ‖ *Passer, sauter du coq à l'âne,* passer sans transition ni raison d'un sujet à un autre, tenir un discours décousu. ‖ *Rouge comme un coq,* à qui la colère ou un effort violent fait monter le sang au visage. ‖ *Combat de coqs,* fête populaire au cours de laquelle on met face à face deux coqs que l'on regarde se battre, généralement jusqu'à la mort de l'un des deux. (Ce jeu, qui se pratique dans le Nord et le Pas-de-Calais, a été interdit au XIXe s. puis de nouveau autorisé sous certaines conditions après la Seconde Guerre mondiale. Il est très populaire en Amérique latine et en Asie du Sud-Est.) • **Horlog.** Platine plus ou moins artistement parée qui couvrait une partie du mouvement dans les montres anciennes. ‖ Syn. de PONT DE BALANCIER, dans les montres mécaniques. — **Sports.** Catégorie de poids dans divers sports, dont la boxe. — **Zool.** Mâle des oiseaux galliformes. (Les coqs sont voisins des faisans, dont ils ne diffèrent que par le plus grand développement des caroncules [crête et barbillons] et de la queue. Le coq bankiva est la souche des races domestiques.) ‖ *Coq de bruyère,* nom usuel du *tétras.* ‖ *Coq d'Inde,* dindon mâle. ‖ *Coq de roche,* nom usuel du *rupicole.* ‖ *Coq vierge,* chapon.

2. COQ n. m. (néerl. *kok,* du lat. *coquus*). Cuisinier de l'équipage. (On dit plus souvent MAÎTRE COQ ou CHEF.)

COQ-À-L'ÂNE n. m. inv. **1.** Fait de passer brusquement d'un sujet à un autre dans une conversation. — **2.** Procédé littéraire qui se joue de la logique en sautant d'un sujet à un autre. (Il est à la base de la sottie, dont il définit aussi un sous-genre, en faveur au XVe s.) — **3.** Trouble de la pensée se manifestant par un discours accéléré, sans suite ni liaison.

Coq d'or *(le),* opéra de Rimski-Korsakov ; livr. de Belski d'après Pouchkine (Moscou 1909). De cet opéra a été tiré un ballet en 1 acte, de Michel Fokine (création mondiale à l'Opéra de Paris, en 1914, par les Ballets russes).

COQUARD ou **COQUART** n. m. (de *coque 1*). *Pop.* Tuméfaction de l'œil, par suite d'un coup violent ; œil au beurre noir.

COQUARDE n. f. (forme anc. de *cocarde*). *Bonnet à la coquarde,* coiffure masculine du XVIe s., basse, à bords tailladés, ornés de plumes.

1. COQUART n. m. (de *coq 1*). Métis obtenu par le croisement du faisan et de la poule.

2. COQUART → COQUARD.

COQUATRIX (Bruno), auteur-compositeur français de chansons et d'opérettes (Ronchin 1910 - Paris 1979). Il dirigea le music-hall l'*Olympia* de 1954 à 1979.

COQUAU n. m. Grand porc-épic arboricole d'Amérique du Nord, voisin du coendou, nuisible aux arbres. (On dit aussi OURSON COQUAU.)

1. COQUE n. f. (lat. *coccum,* excroissance). **1.** Enveloppe dure d'un être ou d'un organe, notamment comestible, tel qu'un œuf, un mollusque, une noix, etc. (Syn. COQUILLE.) — **2.** Mollusque bivalve comestible des côtes de France, très commun. (Ancien genre *cardium,* auj. *cerastoderma.*) [Syn. BUCARDE.] — **3.** Carcasse d'un navire, constituée du bordé, des cloisons, des ponts et des raidisseurs. — **4.** Structure métallique rigide d'une voiture, qui tient lieu de cadre de châssis et de carrosserie. — **5.** Fam. *Coque (de noix),* petite embarcation. ‖ *Œuf à la coque* ou *œuf coque,* œuf dans sa coque cuit quelques minutes à l'eau bouillante. • **Bât.** Structure continue, mince, à surface courbe, rendue rigide à la fois par sa forme et par la nature de ses constituants (ciment armé, métal, bois, plastiques). — **Chauss.** Dans une chaussure de ski moulée, bloc de matière plastique rigide garni d'un chausson intérieur (mousse plastique ou tissu) destiné à envelopper le pied. — **Coiff.** Grosse boucle de cheveu que l'on fait boucler en la coiffant. — **Cout.** Boucle faite par un morceau de ruban ou de tissu noué. — **Maroq.** Élément en métal léger ou en matériau plastique, formant le support d'un objet à gainer. (Syn. COQUILLE.) — **Matér.** Solide limité par deux surfaces courbes, la distance entre ces surfaces étant petite vis-à-vis de leurs rayons de courbure et de leurs autres dimensions.

2. COQUE n. m. Syn. de COCCUS.

COQUECIGRUE n. f. (p.-ê. de *coq, cigogne* et *grue,* animal imaginaire). *Litt.* Rêverie fantasque, absurdité.

COQUELET n. m. Jeune coq.

COQUELEUX, EUSE n. Personne qui élève des coqs de combat.

COQUELICOT n. m. (var. de *coquerico,* graphie anc. de *cocorico*). **1.** Pavot rouge, commun dans les champs de céréales, caractérisé par ses deux sépales qui tombent dès l'éclosion de la fleur, ses quatre pétales d'un rouge vif, son fruit en capsule. — **2.** *Rouge comme un coquelicot,* dont le visage est rouge de honte, de confusion.

COQUELIN (Constant), dit **Coquelin aîné,** comédien français (Boulogne-sur-Mer 1841 - Couilly-Saint-Germain, auj. Couilly-Pont-aux-Dames, 1909). Entré à la Comédie-Française en 1860, il est célèbre pour avoir créé Cyrano de Bergerac en 1897. À la fin de sa vie, il créa la maison de retraite des comédiens de Pont-aux-Dames.

COQUELLES (62231), comm. du Pas-de-Calais, à 5 km au S.-O. de Calais ; 2 134 hab. Terminal du tunnel sous la Manche. Textiles chimiques.

COQUELUCHE n. f. (p.-ê. moyen fr. *coqueluche,* capuchon). **1.** Maladie contagieuse, caractérisée essentiellement par des quintes de toux suivies de l'expulsion de mucosités filantes et s'accompagnant parfois de vomissements. (→ *encycl.*) — **2.** Fam. *Être la coqueluche d'un groupe,* y être admiré, adulé, fêté.

ENCYCL. Due au bacille de Bordet-Gengou *(Bordetella pertussis),* la coqueluche atteint surtout les enfants. C'est une maladie grave chez le nouveau-né et le nourrisson. L'incubation dure environ 7 jours. Elle est suivie par une période de bronchite et de coryza de 10 à 15 jours. Puis apparaissent les quintes, qui deviennent moins nombreuses et moins nettes au bout de 20 à 30 jours. La vaccination est d'une grande efficacité.

COQUELUCHEUX, EUSE adj. et n. Relatif à la coqueluche ; atteint de la coqueluche.

COQUEMAR n. m. (p.-ê. néerl. *kookmoor,* de *koken,* bouillir, et *moor,* chaudron). Récipient de terre ou de métal utilisé autref. pour faire bouillir l'eau.

COQUEREL (Athanase), pasteur français (Paris 1795 - *id.* 1868), l'un des chefs du protestantisme libéral français.

COQUERET n. m. Autre nom du *physalis.*

Coqueret *(collège de),* ancien collège de Paris, situé sur la montagne Sainte-Geneviève. Dorat en fut le principal (1547) et y donna son enseignement à Ronsard et à ses amis.

COQUERON n. m. (de l'angl. *cook-room,* de *to cook,* cuire, et *room,* pièce). **1.** Compartiment situé à l'extrémité avant ou arrière d'un navire et servant souvent de citerne de lestage. – **2.** Au Québec, logement exigu.

COQUES (Gonzales), peintre flamand (Anvers 1618 - *id.* 1684). Auteur de petits portraits de famille et de scènes élégantes, il eut un large succès auprès de la bourgeoisie anversoise et des princes étrangers.

COQUET, ETTE adj. et n. (de *coq 1*). **1.** Qui cherche à plaire par sa mise, qui a le goût de la toilette, de la parure : *Être coquet de sa personne.* – **2.** Qui cherche à plaire aux personnes du sexe opposé, à les séduire : *Elle se montra coquette avec lui pendant tout le repas.*

◆ adj. **1.** Dont l'aspect est soigné, élégant, gracieux : *Un petit salon coquet.* – **2.** *Fam.* Se dit d'une somme assez considérable ; rondelet : *Une coquette indemnité.*

◆ **coquette** n. f. **1.** Femme qui cherche les hommages par pur esprit de conquête. – **2.** Nom usuel donné à un poisson du genre labre et à un papillon, la zeuzère, pour leurs couleurs bigarrées. – **3.** *(Grande) coquette,* rôle féminin de personnage élégant et séduisant ; actrice qui remplit cet emploi.

COQUETEL n. m. Graphie canadienne de *cocktail.*

1. COQUETER v. t. ind. (de *coquet*) [conj. 27]. *Litt.* Flirter : *Coqueter avec l'anarchie.*

2. COQUETER v. i. (de *coq 1*) [conj. 27]. Couvrir, côcher la poule, en parlant du coq.

1. COQUETIER n. m. (de *coq*). Autref., marchand d'œufs et de volailles en gros.

2. COQUETIER n. m. (de *coque 1*). **1.** Godet à pied destiné à loger l'œuf que l'on mange à la coque. – **2.** Pêcheur de coques. – **3.** Fam. *Décrocher, gagner le coquetier,* faire réussir qqch et, ironiq., une sottise.

COQUETIÈRE n. f. Ustensile servant à faire cuire les œufs à la coque.

COQUETTEMENT adv. De façon coquette, en cherchant à plaire.

COQUETTERIE n. f. **1.** *Litt.* Désir de se faire valoir, de plaire aux autres : *Mettre sa coquetterie à parler sans notes.* – **2.** Attitude et manières de qqn, d'une femme en particulier, qui cherche à séduire : *Une coquetterie provocante.* – **3.** Recherche dans la manière de s'habiller ; élégance, chic : *Un foulard noué avec coquetterie.* – **4.** Fam. *Avoir une coquetterie dans l'œil,* être affecté d'un léger strabisme. ‖ *Être en coquetterie avec qqn,* être en mauvais termes avec lui ou, vx, chercher à le séduire.

COQUILHATVILLE → MBANDAKA.

COQUILLAGE n. m. (de *coquille*). **1.** Mollusque revêtu d'une coquille. – **2.** Partie molle, vivante qui est à l'intérieur : *Manger des coquillages.* – **3.** La coquille même : *Grotte couverte de coquillages.*

1. COQUILLARD n. m. (de *coquille*). *Pop.* **1.** Œil. – **2.** *S'en tamponner le coquillard,* s'en moquer.

2. COQUILLARD n. m. (du nom d'une bande de malfaiteurs qui portaient une coquille). Malfaiteur, bandit, au Moyen Âge.

COQUILLART n. m. Pierre à bâtir contenant une grande variété de coquilles.

COQUILLE n. f. (lat. pop. **conchilia,* du gr. *kogkhulion*). **1.** Syn. de COQUE. – **2.** Plus spécialement, enveloppe protectrice dure et calcaire de la plupart des mollusques et des brachiopodes (→ *encycl.*) – **3.** Enveloppe ligneuse de certains fruits : *Coquilles de noix.* – **4.** Objet, motif ornemental évoquant la forme d'une coquille, et en partic. d'une coquille de mollusque bivalve. (→ *encycl.* Arts décor.) – **5.** Fam. *Coquille de noix,* petite embarcation fragile. ‖ Fam. *Rentrer dans sa coquille,* se retirer prudemment après s'être un peu trop avancé ; se renfermer en soi-même. ‖ Fam. *Rester dans sa coquille,* rester chez soi, fuir la société ; se replier sur soi-même. • **Arm.** Expansion inférieure de la garde d'une épée, d'un sabre, d'une dague, servant à protéger la main. – **Bât.** Voûte en cul-de-four naissant d'un trompillon et le plus souvent appareillée en panache. – **Bonnet.** Dessin de broderie appliqué en bordure de certains articles, (brassières) à l'aide de machines spéciales, dites « machines à point de coquille ». – **Céram.** *Coquille d'œuf,* catégorie de porcelaine chinoise et japonaise à pâte très fine, légère et translucide. – **Chir.** Plâtre amovible utilisé dans le traitement des affections de la colonne vertébrale. – **Cuis.** Préparation culinaire enrobée de sauce, servie dans une coquille ou un ramequin. ‖ Lamelle de beurre roulée sur elle-même. – **Habill.** Bonnet en matière rigide doublant le soutien-gorge d'un bustier. – **Impr.** Substitution d'une lettre à une autre, par erreur, dans la composition d'un texte. – **Maroq.** Syn. de COQUE. – **Métall.** Chacune des parties séparables d'un outillage de mise en forme, permettant l'évacuation de la pièce finie. ‖ Pièce métallique placée dans la masse d'un moule de fonderie en sable et contre laquelle se solidifie le métal. ‖ Moule métallique permanent. – **Papet.** Ancien format de dimensions 44 × 56 cm. – **Sports.** Ceinture de protection du bas-ventre, dont le port est obligatoire dans certains sports de combat. – **Zool.** *Coquille Saint-Jacques,* grand mollusque bivalve comestible, dont la valve creuse a servi d'écuelle et de symbole aux pèlerins de Saint-Jacques de Compostelle.

ENCYCL. **Arts décor.** En tant qu'élément décoratif emprunté à la nature, la coquille (animale), mélangée à la rocaille, abonde dans le style Louis XV.

– **Biol.** La coquille des mollusques est sécrétée par la face externe du manteau. Recouverte extérieurement d'une sorte de vernis et ornée de couleurs variées, de côtes ou de tubercules, elle est tapissée intérieurement de nacre.

La coquille des brachiopodes et des bivalves est formée de valves qui se font face et s'articulent par une charnière. Les valves, ventrale et dorsale chez les brachiopodes, en principe droite et gauche chez les mollusques, peuvent être identiques (coque) ou différentes (huître).

La coquille de type spiralé s'enroule autour de sa pointe, soit dans son propre plan (céphalopodes, quelques gastropodes), soit autour d'un axe (columelle) perpendiculaire à ce plan (la plupart des gastropodes). L'enroulement est généralement dextre. La coquille des céphalopodes (nautiles) est partagée en chambres par des cloisons, que relie un siphon.

Certaines coquilles ne se rattachent à aucun des deux types précédents : patelle, dentale, vermet, « os » de seiche, etc.

COQUILLE (Guy), jurisconsulte français (Decize 1523 - Nevers 1603). Représentant du tiers aux états de Blois (1576 et 1588), il fut le principal rédacteur des cahiers de cet ordre. Ses ouvrages les plus importants sont *le Traité des libertés de l'Église de France* (1594), *les Coutumes du pays et duché de Nivernais* (v. 1590).

COQUILLÉ, E adj. **1.** Syn. de COQUILLIER. – **2.** Se dit d'un pigeon caractérisé par la présence d'une coquille de plumes retroussées derrière la tête. (Syn. PIGEON CASQUÉ.)

COQUILLE(-)D'ŒUF adj. inv. D'un blanc à peine teinté de beige ou de jaune.

COQUILLER v. i. (conj. 3). Former des boursouflures, en parlant de la croûte du pain.

COQUILLETTE n. f. (de *coquille*). Pâte alimentaire en forme de cylindre recourbé.

COQUILLIER, ÈRE, COQUILLÉ, E ou **COQUILLEUX, EUSE** adj. Se dit d'une roche qui contient des coquilles.

COQUIMBO, port du Chili septentrional ; 86 000 hab. Exportation de cuivre, de fer et de manganèse. Pêche. Farine et huile de poisson.

1. COQUIN, E n. (p.-ê. de *coq 1*). *Vx.* Personne sans scrupule, capable de bassesse et de malhonnêteté : *Un fieffé coquin.*

◆ adj. et n. Se dit d'un enfant malicieux : *Petit coquin.*

◆ adj. **1.** Qui dénote un esprit égrillard, grivois : *Un regard coquin.* – **2.** *Coquin de sort !,* exclamation méridionale.

◆ **coquine** n. f. *Vx.* Femme débauchée.

2. COQUIN n. m. (p.-ê. de *coque 1*). **1.** Calcaire coquillier mal cimenté. – **2.** Concrétion de phosphate de chaux dans les grès des Ardennes.

COQUINERIE n. f. *Litt.* Caractère de coquin ; acte qui dénote ce caractère.

1. COR n. m. (lat. *cornu,* corne). **1.** Corne ou défense d'éléphant (olifant), utilisée autrefois comme instrument d'appel, surtout guerrier. – **2.** Instrument de musique composé d'une embouchure, d'un long tube conique en cuivre ou en laiton enroulé sur lui-même et terminé par un pavillon largement évasé. (→ *encycl.*) – **3.** *À cor et à cri,* à grand bruit et en insistant vivement. ‖ *Cor anglais,* hautbois alto, sonnant une quinte au-dessous du hautbois ordinaire. (Son pavillon a la forme d'une boule.) ‖ *Cor de basset,* ancien nom de la clarinette alto. ‖ *Cor de chasse,* instrument issu de la famille des trompes, appartenant à la catégorie des instruments donnant une fondamentale unique. Autref., insigne des troupes d'infanterie légère ; auj., insigne des chasseurs alpins. ‖ *Chasser à cor et à cri,* chasser à grand bruit, avec le son de la trompe, le cri des veneurs et le récri des chiens.

ENCYCL. **Mus.** Le *cor simple,* ou *naturel,* ne possédait aucune perforation, l'échelle de sons étant obtenue par le jeu des exécutants. L'instrument fut ensuite muni de rallonges (cor d'harmonie), puis d'un mécanisme de pistons (cor chromatique, dû à Stölzel, 1814).

2. COR n. m. (de *cor 1*). Chacune des branches adventices du bois d'un cerf.

3. COR n. m. (anc. fr. *corn,* matière cornée, du lat. *cornu,* corne). **1.** Épaississement de la couche cornée de l'épiderme, situé au niveau des orteils. – **2.** Gangrène sèche de la peau des équidés provoquée par la pression du harnais.

CORACIADIFORME n. m. (gr. *korakias,* qui ressemble au corbeau). Oiseau, tel que les martins-pêcheurs, les rolliers, les huppes, les calaos et les formes voisines, caractérisé par un régime carnivore, un plumage coloré, deux doigts soudés à chaque patte et qui nidifie dans un terrier ou un trou d'arbre. (Les *coraciadiformes,* qui constituent un ordre, vivent surtout dans les régions chaudes.)

CORACIN n. m. Syn. de CORB.

CORACLE n. m. Embarcation fluviale ou lacustre légère, faite de branchages entrecroisés et recouverts de peaux ou de toiles imperméabilisées, se manœuvrant à la pagaie.

CORACO-BRACHIAL, E, AUX [-kjal] adj. Se dit d'un muscle étendu de l'apophyse coracoïde à la face interne de l'humérus. (Il porte le bras en avant et en dedans.)

CORACOÏDE adj. et n. f. (gr. *koraks, -akos,* corbeau). Se dit de l'apophyse située sur le bord supérieur de l'omoplate, que sa forme a fait comparer au bec d'un corbeau.
◆ n. m. Os pair de la ceinture du membre antérieur des vertébrés, très important chez les oiseaux, chez lesquels il relie solidement le sternum à l'épaule, bien distinct chez les amphibiens et les reptiles, soudé à l'omoplate et très réduit chez les mammifères.

CORAÏ ou **KORAÍS** (Adhamándios), écrivain grec (Smyrne 1748 - Paris 1833). Il aida au développement du philhellénisme en Occident et préconisa l'usage d'une langue nationale unique, mi-populaire, mi-savante.

CORAICHITES ou **COREICHITES** → QURAYCHITES.

CORAIL n. m. (bas lat. *corallum,* du lat. class. *corallium*). **1.** Cnidaire octocoralliaire à beau squelette rouge arborescent, des mers chaudes. (→ *encycl.*) – **2.** Substance ferme et rouge contenue dans la carapace de certains crustacés et mollusques et que l'on utilise dans quelques préparations. – **3.** *Bois corail,* syn. de PADOUK. ‖ *Corail bleu, corail noir,* cnidaires branchus des mers chaudes. ‖ *Serpent corail,* serpent venimeux des régions chaudes, annelé de rouge et de noir.
◆ adj. et n. m. inv. D'un rouge éclatant.
◆ **coraux** n. m. pl. Nom usuel donné à tous les polypiers constructeurs de récifs et d'atolls. (Syn. MADRÉPORAIRES.)
ENCYCL. Le corail vivant se présente comme un arbuste rouge portant des fleurs à huit fins pétales. Chaque « fleur » est un individu (polype) pouvant, en cas de danger, se rétracter à l'intérieur d'un trou du squelette commun, et communiquant avec les autres polypes par un réseau de tubes qui parcourent l'intérieur du squelette. Ce dernier subsiste seul après la mort. La bijouterie en fait grand usage.

CORAIL *(mer de),* mer marginale du Pacifique, entre la côte du Queensland, les arcs insulaires de Nouvelle-Guinée, des Salomon, de Vanuatu, de la Nouvelle-Calédonie et la suite des hauts-fonds couronnés par le plateau Bellona. Elle doit son nom à l'importance des constructions coralliennes.

Corail *(bataille de la mer de)* [4-8 mai 1942], victoire aéronavale anglo-américaine contre les Japonais, qui durent renoncer à débarquer en Nouvelle-Guinée.

CORAILLÈRE n. f. Espèce de chaloupe du Levant pour la pêche du corail.

CORAILLEUR, EUSE n. **1.** Personne qui pêche le corail. – **2.** Personne qui travaille le corail.

CORALLIAIRE n. m. Syn. ancien de ANTHOZOAIRE.

CORALLIEN, ENNE adj. Se dit du calcaire constitué de squelettes de polypiers constructeurs fossiles. (Ces roches constituent le tiers de tous les calcaires du monde.)

CORALLIN, E adj. (bas lat. *corallinus*). *Litt.* Qui est rouge comme le corail.

CORALLINE n. f. (lat. sc. *corallina*). Algue rouge ramifiée, calcifiée, articulée, très commune sur les côtes.

CORALLIORHIZA n. f. Orchidée saprophyte sans chlorophylle ni feuilles.

CORALLI PERACINI (Jean), danseur et chorégraphe français d'origine italienne (Paris 1799 - *id.* 1854). Chorégraphe avant de faire ses débuts de danseur à l'Opéra de Paris (1802), il fut maître de ballet au théâtre de la Porte-Saint-Martin (1825), puis chorégraphe à l'Opéra de Paris (1831), où il monta notamment *le Diable boiteux* (1836), *la Péri* (1843) et surtout *Giselle** (en collab. avec Jules Perrot, 1841).

Coran (de l'ar. *al-Qur'ān,* « la lecture » ou, plus précisément, « la récitation déclamatoire »), livre sacré des musulmans, parole incréée de Dieu transmise à Mahomet par l'ange Gabriel de 612 à 632, à La Mecque, puis à Médine. Retenu de mémoire par ses fidèles, puis noté sur des supports de fortune, le Coran ne fut rédigé définitivement que sous le troisième calife, 'Uthmān. Aujourd'hui, il est formé de 114 chapitres, ou sourates (de l'ar. *sūra*), subdivisés en versets, ou *āyāt,* classés selon un ordre de longueur décroissante. On peut les regrouper chronologiquement selon quatre périodes successives de l'apostolat du Prophète. Le thème du premier groupe est la purification, la charité, l'unicité divine, le rejet du paganisme, la création et la résurrection. Le thème du deuxième groupe est la réaffirmation de l'unicité divine, la lutte contre le polythéisme, le prophétisme de Mahomet, les récompenses et châtiments dans l'au-delà. Les troisième et quatrième groupes comprennent les révélations faites à Médine, à une époque où le Prophète élargit et organise solidement la communauté : Mahomet reprend et accentue les thèmes essentiels de toute sa prédication. La « liminaire », ou *fātiḥa,* est la plus courte et la plus dense invocation au Seigneur, que tout musulman connaît par cœur.
– **Bx-arts.** L'importance accordée par les musulmans au texte sacré explique la place qu'occupent la calligraphie, l'enluminure et la reliure des corans dans l'art islamique. Seul le décor

abstrait y est admis, à l'exclusion de toute représentation de la vie.

CORANIQUE adj. **1.** Relatif au Coran, qui est conforme à l'esprit du Coran. – **2.** *École coranique,* école rattachée à la mosquée et destinée aux enfants, qui apprennent l'écriture et la lecture dans le Coran.

CORAP (André Georges), général français (Pont-Audemer 1878 - Fontainebleau 1953). Il commanda la IXe armée en 1940 et, en mai, fut attaqué par la masse des chars allemands dans les Ardennes. Rendu responsable de l'échec de la manœuvre d'ensemble, il fut remplacé par le général Giraud le 15 mai.

CORAZZINI (Sergio), poète italien (Rome 1886 - *id.* 1907), dont l'inspiration morbide se situe à mi-chemin entre le symbolisme et la sensibilité « crépusculaire » (*L'amaro calice,* 1905).

CORB n. m. (lat. *corvus,* corbeau). Poisson carnivore (sciænidé), à chair estimée, commun en Méditerranée. (Syn. CORACIN.)

CORBAS (69960), comm. du Rhône, à 11 km au S.-E. de Lyon ; 8 212 hab. Abattoirs. Jouets.

CORBEAU n. m. (anc. fr. *corp,* du lat. *corvus*). **1.** Grand passereau noir, au bec fort, pouvant atteindre 1 m d'envergure, nuisible lorsqu'il s'attaque aux champs cultivés, utile quand il nettoie les charognes ou dévore les oiseaux pilleurs. (Le corbeau a des facultés psychiques remarquables et vit en sociétés complexes.) – **2.** Oiseau voisin du vrai corbeau (corneille, freux, choucas, chocard, crave). – **3.** *Péjor.* Prêtre. – **4.** *Vx* et *fam.* Homme d'affaires rapace et sans scrupule. – **5.** *Fam.* Auteur de lettres anonymes. • **Arm.** Machine de guerre navale romaine en forme d'échelle munie de crocs utilisée pour l'abordage. ‖ *Corbeau démolisseur,* longue poutre employée par les assaillants pour arracher les pierres des murailles d'une place forte. ‖ *Corbeau de rempart,* longue perche placée sur les remparts et servant à rejeter ou à capturer les assaillants. – **Bât.** Pierre, pièce de bois ou de métal partiellement encastrée dans un mur et supportant une charge quelconque par sa partie saillante.

CORBEAU (en lat. *Corvus, -i*), petite constellation australe.

CORBEAUTIÈRE n. f. Colonie de nidification des freux.

CORBEHEM (62112), comm. du Pas-de-Calais, sur la Scarpe, au S.-S.-O. de Douai ; 2 359 hab. Sucrerie. Papeterie. Cartonnerie.

CORBEIL (Pierre DE) → PIERRE DE CORBEIL.

CORBEIL-ESSONNES (91100), ch.-l. de cant. de l'Essonne, au confluent de la Seine et de l'Essonne ; 40 768 hab. *(Corbeillessonnois).* Église St-Spire (auj. cathédrale), reconstruite du XIIe au XVe s. Centre industriel (aéronautique, électronique, alimentation, papeterie, imprimerie, etc.) bien desservi par le rail et la route et élément principal de la ville nouvelle d'Évry.
– **Hist.** Capitale d'un comté à l'époque carolingienne, la ville fut annexée à la Couronne par Louis VI (1118). Dès le XIIe s., ses moulins servaient à l'approvisionnement de Paris.

CORBEILLE n. f. (bas lat. *corbicula,* du lat. class. *corbis,* panier). **1.** Panier sans anse ou n'ayant que de petites anses sur les côtés : *Corbeille à ouvrage, à pain.* – **2.** Ce panier garni d'objets, ou son contenu : *Offrir une corbeille de fruits.* – **3.** Dans un théâtre, le premier balcon ou les trois premiers rangs d'orchestre. – **4.** Espace vide qui, dans les Bourses de valeurs, est entouré d'une balustrade autour de laquelle les agents de change se font verbalement leurs offres et demandes mutuelles (cet espace tend à disparaître avec la généralisation des procédés informatiques de cotation, générateurs d'une délocalisation) ; la Bourse elle-même. – **5.** *Corbeille à courrier,* sorte de panier plat utilisé pour ranger les lettres et documents en instance sur un bureau. ‖ *Corbeille à papier,* récipient dans lequel on jette les vieux papiers, emballages, etc. ‖ *Corbeille de mariage,* autref., présents offerts à une fiancée par son fiancé ; auj., cadeaux offerts aux nouveaux mariés. • **Archit.** Partie principale du chapiteau, comprise entre l'astragale et l'abaque. (Spécialement dans le chapiteau corinthien et les chapiteaux gothiques à feuillages.) – **Arts décor.** Élément décoratif du style Louis XVI. – **Hortic.** Groupe de plantes à fleurs, annuelles ou vivaces, plantées d'une façon régulière à l'intérieur d'un cercle ou d'un ovale. – **Mobil.** *Canapé corbeille,* canapé dont le dossier se prolonge sur les deux côtés selon une forme enveloppante. – **Zool.** Cavité externe du tibia des pattes postérieures des abeilles ouvrières, dans laquelle les butineuses logent et transportent le pollen.

CORBEILLE-D'ARGENT n. f. (pl. *corbeilles-d'argent*). Plante de bordure des massifs floraux, à feuilles ou capitules d'un blanc argenté, telle que l'alyssum et l'iberis.

CORBIE (80800), ch.-l. de cant. de la Somme, sur la Somme ; 6 279 hab. *(Corbéens).* Sainte Bathilde y fonda v. 657 une abbaye bénédictine dont les membres se dispersèrent en 1790. Bonneterie. Métallurgie.

CORBIER (le) [73300 St Jean de Maurienne], station de sports d'hiver de Savoie (comm. de Villarembert), à l'O.-S.-O. de Saint-Jean-de-Maurienne.

CORBIÈRE (Édouard Joachim, dit **Tristan**), poète français (domaine de Coat Congar, près de Morlaix, 1845 - Morlaix 1875). « Poète maudit », ses *Amours* jaunes* (1873), au lyrisme douloureux, furent révélées en 1884 par Verlaine.

CORBIÈRES n. m. Vin rouge réputé produit dans le massif des Corbières.

CORBIÈRES (les), massif du sud de la France, qui prolonge les Pyrénées vers le nord et domine la vallée de l'Aude entre Carcassonne et Narbonne. V. princ. *Lézignan-Corbières.* Vignobles. Tourisme estival.

CORBIGNY (58800), ch.-l. de cant. de la Nièvre, sur la bordure O. du Morvan ; 1 922 hab. Anc. abbaye. Église du XVIe s. Marché.

CORBILLARD n. m. (de *Corbeil,* n. pr., le corbillard étant initialement un coche d'eau qui faisait le service entre Paris et Corbeil). Voiture ou fourgon automobile pour transporter les morts.

CORBILLON n. m. (de *corbeille*). Jeu de société où chacun doit répondre par une rime en *on* à cette question : *Dans mon corbillon, qu'y met-on ?*

CORBIN n. m. (lat. *corvinus,* du corbeau). Syn. de BEC-DE-CORBIN.

CORBIN (Henry), érudit français (Paris 1903-*id.* 1978). En 1954, il succède à Louis Massignon à l'École pratique des hautes études. Spécialiste des gnostiques iraniens de l'islām, il a notamment écrit une *Histoire de la philosophie islamique* (1964).

CORBIN (Raymond), médailleur et sculpteur français (Rochefort-sur-Mer 1907). Élève de Dropsy et de Wlérick, il a été professeur de gravure en médailles à l'E. N. S. B. A.

CORBLEU ! interj. (de *corps de Dieu*). Anc. juron familier.

CORBULON → DOMITIUS CORBULO.

CORCHORUS [-kɔrys] n. m. (lat. *corchorus*). Nom générique d'une plante cultivée principalement au Bangladesh et qui fournit le jute.

CORCIEUX (88430), ch.-l. de cant. des Vosges, à 20 km au S.-S.-O. de Saint-Dié ; 1 735 hab.

CORCOVADO, pic granitique, en forme de pain de sucre, qui domine la baie de Rio de Janeiro et qui porte une immense statue du Christ, par Landowski ; alt. 704 m.

CORCYRE, en gr. **Kerkura,** île de la mer Ionienne (auj. *Corfou*), où Homère fait vivre les Phéaciens. Colonie de Corinthe fondée à la fin du VIIIe s. av. J.-C., elle fit appel à Athènes contre sa métropole : cette dernière demanda l'aide de Sparte, et ce fut le début de la guerre du Péloponnèse.

CORDAGE n. m. **1.** Nom générique des cordes, des câbles, des filins, etc., employés au gréement des navires et à la manœuvre d'engins quelconques. — **2.** Ensemble des cordes d'une raquette de tennis. — **3.** Action de corder une raquette de tennis. — **4.** Manière de mesurer le bois à l'aide d'une corde. — **5.** *Cordage composé,* corde composée de plusieurs cordages simples câblés ensemble. (Syn. GRELIN.) ‖ *Cordage simple,* corde formée de plusieurs torons tordus ensemble.

CORDAÏTE n. f. (de *Corda,* n. pr.). Grand arbre gymnosperme de l'ère primaire, proche des conifères et des cycadées.

CORDAY D'ARMONT (Charlotte DE), dite **Charlotte Corday** (Saint-Saturnin-des-Ligneries, Orne, 1768 - Paris 1793). Arrière-petite-nièce de Corneille, républicaine dès avant la Révolution mais indignée par la Terreur et la proscription des Girondins (2 juin 1793), dont elle rendait Marat responsable, elle poignarda ce dernier dans son bain (13 juill. 1793). Elle fut guillotinée.

CORDE n. f. (lat. *chorda,* du gr. *khordê,* boyau). **1.** Matériau constitué de torons tordus ensemble, fabriqué avec diverses matières textiles naturelles (lin, chanvre, coton, alfa, etc.) ou chimiques (polyamide, polyester, etc.) : *Semelles de corde.* — **2.** Lien constitué de ce matériau et servant à divers usages : *Corde à linge. Alpinistes reliés par une corde. Faire un nœud à une corde.* — **3.** Câble tendu en l'air sur lequel marche un funambule. — **4.** Corde dotée de poignées que l'on tient dans chaque main et par-dessus laquelle on saute en la faisant passer sous les pieds. — **5.** Lien servant à tendre un arc. — **6.** Limite intérieure d'une piste ou d'un circuit. — **7.** *Litt.* Supplice de la potence : *Mériter la corde.* — **8.** Fam. *Avoir la corde au cou,* être privé de toute liberté ; être marié. ‖ *Avoir plus d'une corde, plusieurs cordes à son arc,* avoir plusieurs moyens de parvenir à ses fins. ‖ Fam. *C'est dans mes cordes,* c'est dans mes compétences. ‖ *Être sur la corde raide,* être dans une situation critique. ‖ *Faire jouer la corde sensible,* chercher à émouvoir. ‖ *Il ne vaut pas la corde pour le pendre,* c'est un individu méprisable, un vaurien. ‖ *Parler de corde dans la maison d'un pendu,* faire une allusion maladroite. ‖ *Prendre un virage à la corde,* suivre le plus court trajet en se tenant le plus près du bord de la route. ‖ *Tenir la corde,* en parlant d'un coureur, être placé le plus près du bord intérieur de la piste. ‖ *Tirer sur la corde,* abuser d'une situation. ‖ *Usé jusqu'à la corde,* se dit d'un tissu élimé et dont on voit la trame, ou d'un sujet rebattu, ressassé. • **Acoust.** et **Mus.** *Corde (vibrante),* fil métallique ou de boyau, tendu entre deux points fixes et dont on provoque les vibrations transversales. (→ *encycl.*) — **Anat.** *Corde du tympan,* rameau nerveux qui traverse la caisse du tympan et gagne la région antérieure et latérale de la langue, dont il transmet les sensations gustatives. ‖ *Cordes vocales,* muscles et ligaments du larynx formant une paire de lèvres symétriques, limitant latéralement l'orifice glottique et dont les vibrations sont à l'origine de la voix. – **Bois.** *Bois de corde,* bois de chauffage comportant seulement des rondins et du quartier fendu. – **Géom.** Segment qui a pour extrémités deux points d'une courbe. – **Métall.** *Corde à piano,* fil d'acier à très haute résistance. – **Mus.** *Cordes sympathiques,* cordes situées sous le plan des cordes de jeu et rentrant en vibration spontanément. – **Pêch.** Ligne de fond pour la rivière comme pour la mer. (Dans ce dernier cas, on dit aussi PALANGRE.) ‖ *Corde flottante,* ligne soutenue par des morceaux de liège pour pêcher entre deux eaux ou en surface. ‖ *Maîtresse corde,* ou *corde mère,* syn. de BAUFFE. – **Pyrotechn.** Brin de poudre à section pleine. – **Sports.** Fil de Nylon ou de boyau étiré, utilisé pour la fabrication des raquettes de tennis. ‖ *Corde lisse, corde à nœuds,* cordes auxquelles on se hisse à la force des bras. – **Sylvic.** Mesure ancienne pour le bois de chauffage valant de 2 à 5 stères. – **Zool.** *Corde dorsale,* axe dorsal longitudinal et médian, élastique et fibreux, sis entre la moelle épinière et le tube digestif, caractéristique du groupe des cordés. (Syn. CHORDE, NOTOCORDE.) [→ *encycl.*]

◆ **cordes** n. f. pl. **1.** Limites d'un ring de boxe constituées par trois rangées de cordes. – **2.** Dans l'orchestre, instruments à cordes et à archet, par oppos. aux bois et aux cuivres. – **3.** Fam. *Aller dans les cordes,* être en difficulté. ‖ Fam. *Il pleut, il tombe des cordes,* il pleut très abondamment.

ENCYCL. **Acoust.** Quand on fait vibrer une corde de manière quelconque, elle vibre en formant un fuseau dont les extrémités sont les points fixes de la corde. Elle émet alors un son, appelé *son fondamental,* ou *premier partiel,* dont la fréquence N est donnée par la formule

$$N = \frac{1}{2L}\sqrt{\frac{T}{m}}$$

L représente la longueur de la corde, T sa tension, *m* sa masse par unité de longueur. Mais on peut s'arranger pour faire vibrer la corde en deux, trois, quatre, etc., fuseaux ; elle émet alors les partiels de rang deux, trois, quatre, etc., dont les fréquences sont pratiquement 2/N, 3/N, 4/N, etc., et qui sont harmoniques du son fondamental. La loi est d'autant mieux vérifiée que la corde est plus fine, plus longue et plus tendue. L'émission de ces partiels est utilisée, en musique, dans le jeu en harmoniques des violonistes.

– **Zool.** À l'état embryonnaire, la corde existe chez tous les cordés. Chez les tétrapodes et les poissons osseux, elle est remplacée au cours du développement par la colonne vertébrale, ne laissant que des vestiges (disques intervertébraux des mammifères et des poissons cartilagineux) ou disparaissant complètement (reptiles, oiseaux). Elle subsiste dans divers petits groupes de poissons et chez l'amphioxus, tandis que chez les procordés elle n'occupe que la queue de la larve (d'où le nom d'urocordé également donné aux procordés).

CORDÉ ou **CHORDÉ** n. m. (de *corde*). Animal pourvu d'une corde dorsale.

ENCYCL. Les cordés ont tous un axe nerveux situé dorsalement par rapport à la corde, la partie antérieure du tube digestif est percée de fentes latérales pour la capture de très petites proies ou la respiration branchiale. Les espèces terrestres, homme compris, ont de telles fentes à l'état embryonnaire. Les cordés forment trois embranchements extrêmement inégaux : vertébrés, céphalocordés (amphioxus) et tuniciers. Ils descendent probablement des stomocordés, qui ont également des fentes pharyngiennes.

CORDEAU n. m. **1.** Petite corde que l'on tend entre deux points pour tracer une ligne droite, pour aligner. – **2.** Nom donné à des lignes de fond de toutes sortes utilisées en rivière. – **3.** *Cordeau Bickford,* syn. de MÈCHE* DE SÛRETÉ. ‖ *Cordeau détonant,* artifice comprenant une âme d'explosif dans une gaine en métal, en textile ou en matière plastique. ‖ *Tiré au cordeau,* de façon nette, régulière, précise.

CORDÉE n. f. **1.** *Vx.* Ce qui peut être entouré par une corde : *Une cordée de bois.* – **2.** Groupe d'alpinistes reliés l'un à l'autre par une même corde pour faire une ascension. – **3.** Ligne de fond dormante, que l'on tend en mer ; ensemble des lignes tendues en une marée. – **4.** *Premier de cordée,* celui qui est en tête de la caravane d'alpinistes et marque la voie.

CORDEL, mot port. signif. *ficelle.* On appelle *littérature de cordel,* au Brésil, la production narrative populaire en vers, imprimée à la main sur papier d'emballage, mise en vente dans des étalages, accrochée à des ficelles.

CORDELER v. t. (anc. fr. *cordel,* petite corde) [conj. **24**]. *Vx.* Tresser en corde, tordre, tortiller : *Cordeler ses cheveux.*

CORDELETTE n. f. Corde mince.

CORDELIA, sixième satellite d'Uranus, découvert en 1986 par la sonde américaine Voyager 2. Demi-grand axe de son orbite : 49 800 km. Période de révolution sidérale : 8 h 02 min. Diamètre : 40 km.

CORDELIER n. m. (de *cordelle,* à cause de la corde dont ces religieux ceignent leurs reins). Nom fam. donné, en France, avant la Révolution, aux franciscains.

Cordelier *(le Vieux),* journal rédigé par Camille Desmoulins (7 numéros [déc. 1793]). Organe de la faction des « Indulgents », il attaqua vigoureusement les hébertistes, la Terreur et le gouvernement de Robespierre.

Cordeliers *(club des),* club révolutionnaire fondé à Paris en avr. 1790 sous le nom de *Société des Amis des droits de l'homme et du citoyen* et qui siégea dans le *couvent des Cordeliers,* désaffecté (auj. rue de l'École-de-Médecine, à Paris) jusqu'en mai 1791. Animé par Danton, Desmoulins, Hébert et Marat, il recrutait dans le petit peuple parisien. Organisateur de la manifestation qui aboutit à la fusillade du Champ-de-Mars (17 juin 1791), il exerça une influence décisive dans les journées des 20 juin et 10 août 1792. Passé sous le contrôle des hébertistes à la fin de 1792, il disparut lorsque ces derniers furent guillotinés (mars 1794).

CORDELIÈRE n. f. (de *cordelle*). **1.** Cordon employé dans l'ameublement ou dans l'habillement. – **2.** Corde à trois nœuds (symboles des trois vœux de religion : pauvreté, chasteté, obéissance) portée comme ceinture par les religieux de Saint-François.

CORDELINE n. f. **1.** Lisière d'un tissu de soie. – **2.** Baguette métallique avec laquelle on prend le verre pour former le cordon du goulot des bouteilles.

CORDEMAIS (44360), comm. de la Loire-Atlantique ; 2 384 hab. Centrale thermique sur l'estuaire de la Loire.

CORDER v. t. (conj. 3). **1.** Mettre en corde des fibres textiles : *Corder du chanvre.* – **2.** Lier, serrer qqch avec une corde : *Corder une malle.* – **3.** Garnir de cordes une raquette de tennis.

◆ **être cordé** v. pass. *Coulée cordée, laves cordées,* coulée volcanique dont la surface, figée par le refroidissement brutal, se fronce et se plisse lors de l'écoulement de la lave. ‖ *Faciès cordé,* faciès préhistorique caractérisé par le décor de sa céramique obtenu par l'impression de cordelettes sur l'argile avant cuisson. (→ *encycl.*)

◆ **se corder** v. pr. En parlant d'un légume, devenir filandreux.

ENCYCL. Le *faciès cordé* caractérise des populations essentiellement pastorales qui, à la fin du néolithique et au chalcolithique, se rencontrent en Scandinavie, en Russie, en Europe centrale et dont l'influence atteint la Suisse et l'E. de la France. Il semble que des contacts culturels étroits aient existé avec le groupe campaniforme.

CORDERIE n. f. **1.** Industrie de la fabrication des ficelles et des cordes. – **2.** Usine, atelier où l'on pratique cette industrie.

ENCYCL. La corderie utilise des fibres naturelles (chanvre, lin, jute, coton, sisal ou henequen, manille ou abaca, coco) ou, de plus en plus, synthétiques (polyamides, polyesters, polyoléfines). Elle emploie également des fils d'acier pour la fabrication des câbles mixtes. On produit d'abord des fils élémentaires, dits « fils de caret ». Dans certains cas, ces fils subissent une opération de polissage, ou glaçage, ce qui permet leur utilisation directe comme ficelle. La réunion par la torsion de plusieurs fils de caret (commettage ou toronnage) aboutit à la fabrication d'un toron. On peut ensuite tordre plusieurs torons ensemble (câblage) pour obtenir un cordage.

CORDES (81170), ch.-l. de cant. du nord du Tarn, à 25 km au N.-O. d'Albi, au-dessus de la vallée du Cérou ; 971 hab. *(Cordais).* Cette anc. bastide, fondée en 1222 par Raimond VII de Toulouse, a gardé un aspect pittoresque (portes fortifiées, église, chapelles, halle et demeures gothiques).

CORDIA n. f. Plante borraginacée d'Amérique du Sud, que certaines fourmis *(azteca)* utilisent comme logement et comme « jardin », y semant des graines qui y germent et se nourrissant aux dépens de la plante.

CORDIAL, E, AUX adj. (lat. médiév. *cordialis*). **1.** Qui vient du cœur, qui est particulièrement sincère : *Des sentiments cordiaux.* – **2.** Qui a ou manifeste une bienveillance, une sympathie sincères : *Un homme franc et cordial.* – **3.** Qui vient du plus profond de soi-même : *Une haine cordiale.*

◆ **cordial** n. m. Petit verre d'alcool.

CORDIALEMENT adv. **1.** De façon bienveillante, chaleureuse : *Serrer cordialement la main.* – **2.** Du fond du cœur : *Je le déteste cordialement.*

CORDIALITÉ n. f. (de *cordial*). Bienveillance qui part du cœur ; chaleur, sympathie : *Une grande cordialité règne entre eux.*

CORDIER, ÈRE n. **1.** Ouvrier(ère) qui fait des cordes. – **2.** Commerçant qui vend des cordes.

◆ **cordier** n. m. Pièce de bois servant à fixer les cordes à l'extrémité de la caisse d'un instrument de musique.

CORDIER (Nicolas), sculpteur français (en Lorraine v. 1567 - Rome 1612). Dans la Rome papale des années 1600-1612, il fut, à juste titre, le sculpteur le plus sollicité (statues de saints ; *Henri IV* colossal de St-Jean-de-Latran).

CORDIÉRITE n. f. (de *Cordier,* n. pr.). Silicate naturel d'aluminium, de magnésium et de fer, orthorhombique, que l'on trouve dans les roches métamorphiques et les migmatites. (Syn. DICHROÏTE.)

CORDIFORME adj. (lat. *cor, cordis,* cœur). En forme de cœur.

CORDILLÈRE [-dijɛr] n. f. (esp. *cordillera*). Syn. de CEINTURE* OROGÉNIQUE.

CORDILLÈRE AUSTRALIENNE, ensemble de hauteurs et de plateaux fortement disséqués, rebord E. et S.-E. de l'Australie; 2 228 m au mont *Kosciusko.*

CORDILLÈRE CENTRALE, en esp. **Cordillera central,** nom de plusieurs chaînes des Andes, en particulier en Colombie et dans le Pérou septentrional. — Chaîne de montagnes de l'ouest de la République Dominicaine, dans l'île d'Haïti.

CORDILLÈRE NORD-AMÉRICAINE, ensemble de montagnes et de plateaux qui forme l'ouest de l'Amérique du Nord, sur 7 200 km de longueur (8 000 avec la partie mexicaine) et 800 à 2 000 km de largeur. Il comprend d'abord deux chaînes parallèles au Pacifique, qui enserrent une dépression discontinue. Des hauts plateaux, accidentés de quelques massifs isolés, les séparent de l'alignement des Rocheuses dominant la Prairie et le bassin du Mississippi.

CORDILLÈRES BÉTIQUES → BÉTIQUES *(chaînes* ou *cordillères).*

CORDITE n. f. (angl. *cordite*). Poudre propulsive à base de nitrocellulose et de nitroglycérine.

CORDOBA n. m. Unité monétaire du Nicaragua.

CÓRDOBA, nom esp. de Cordoue.

CÓRDOBA, v. d'Argentine, ch.-l. de province ; 969 000 hab. Fondée en 1573 au pied de la *sierra de Córdoba,* au contact de la Pampa, c'est une métropole universitaire et religieuse (église des Jésuites et cathédrale des XVIIe-XVIIIe s., héritages de la période coloniale), la deuxième ville du pays et un pôle industriel (métallurgie de transformation surtout), ainsi que le centre d'une région irriguée (vergers, cultures maraîchères).

CÓRDOBA, v. du Mexique (État de Veracruz), dans la sierra Madre orientale ; 78 500 hab. Café.

CÓRDOBA *(sierra de),* massif occupant le centre de l'Argentine, à l'E. des Andes. Relativement arrosée (grâce à des altitudes dépassant parfois 2 000 m), elle porte des prairies et est parsemée de lacs de barrage (hydroélectricité, irrigation, tourisme).

CÓRDOBA (Francisco FERNÁNDEZ DE) → FERNÁNDEZ DE CÓRDOBA (Francisco).

CORDON n. m. (de *corde*). **1.** Tresse ronde ou plate servant à attacher, à suspendre, à tirer, etc. : *Cordon de rideau.* — **2.** Autref., corde au moyen de laquelle un concierge ouvrait la porte d'un immeuble. — **3.** Ligne formée par une suite d'objets, de personnes : *Un cordon de peupliers, d'agents de police.* — **4.** *Cordon sanitaire,* dispositif de surveillance isolant une région en proie à une épidémie et dont le franchissement est réglementé ; tout système de protection visant à isoler un pays pour le défendre contre la pénétration de doctrines subversives. ‖ *Couper le cordon ombilical,* se séparer, se rendre totalement indépendant de qqn, d'un groupe, et en partic. de ses parents. • **Anat.** Nom donné à divers organes en raison de leur forme et de leur disposition. ‖ *Cordon (ombilical),* tige conjonctivo-vasculaire engainée par l'amnios, reliant le fœtus au placenta. (→ *encycl.*) ‖ *Cordon spermatique,* pédicule qui suspend le testicule et l'épididyme. (Il contient le canal déférent, les artères spermatique et déférentielle, les veines spermatiques, les plexus nerveux et sympathique.) — **Arbor.** Arbre fruitier ou vigne taillé à faible hauteur, avec une seule branche charpentière. — **Archit.** Moulure, corps de moulure, bandeau, saillant et horizontal, décoré (*cordon de billettes, cordon feuillagé,* etc.) ou non. — **Brod.** *Point de cordon,* syn. de POINT DE BOURDON*. — **Décor.** Large ruban porté en écharpe par les dignitaires des ordres de chevalerie ou de mérite. ‖ Celui qui porte le cordon aux couleurs de son ordre. ‖ *Cordon bleu, cordon rouge,* insignes respectifs des chevaliers du Saint-Esprit et de Saint-Louis ; titulaires de ces grades. ‖ *Recevoir le grand cordon,* être élevé à la dignité de grand-croix de la Légion d'honneur. — **Électr.** Ensemble de conducteurs souples isolés. — **Fr.-maçonn.** Large ruban de moire, dont la couleur et les broderies servent de signes distinctifs dans certains grades de la maçonnerie. — **Géogr.** *Cordon littoral,* remblai naturel, allongé, de faisceaux parallèles au rivage et formé de matériaux détritiques (sables, galets) accumulés par la dérive littorale sur la partie haute d'une plage. — **Métall.** *Cordon de soudure,* soudure résultant d'une passe. — **Neurol.** *Cordons de la moelle,* colonnes de substance blanche s'étendant en hauteur sur plusieurs segments de moelle épinière et qui sont des lieux de passage des grandes voies ascendantes et descendantes de la moelle. — **Text.** Ensemble de traits obliques que certains croisements forment sur l'étoffe. ‖ Fil double ou triple que, dans le tissage de la soie, on ajoute à la chaîne pour la formation des lisières de l'étoffe. ‖ *Cordon de chanvre,* chanvre ayant subi l'opération du peignage. — **Vitic.** Souche de vigne composée d'un tronc et d'un ou deux bras alignés sur un fil de palissage et portant des branches à fruit courtes. — **Zool.** Ensemble allongé de ganglions et de fibres nerveuses situé en arrière du cerveau des animaux et d'où sont issus les nerfs latéraux. (Les annélides et les

arthropodes ont deux cordons ventraux symétriques constituant la « chaîne nerveuse », les vertébrés un cordon impair et dorsal, la moelle épinière, à son tour partagée en un certain nombre de faisceaux souvent appelés eux-mêmes des cordons.) ‖ *Cordon bleu,* petit oiseau africain du groupe des astrilds, très commun et très familier, souvent élevé en cage.
ENCYCL. **Anat.** Le *cordon ombilical* contient la veine ombilicale, qui renferme du sang oxygéné, et les deux artères ombilicales, plus petites, qui conduisent au placenta le sang désoxygéné du fœtus. Ces trois vaisseaux sont contenus dans une substance mucoïde appelée gelée de Wharton.

CORDON-BLEU n. m. (pl. *cordons-bleus*). Excellent(e) cuisinier ou cuisinière.

CORDONNAGE n. m. Refoulement du métal sur le contour du flan d'une monnaie.

CORDONNER v. t. (conj. 3). **1.** Réunir en tresse, par torsion, les brins de toute nature textile. — **2.** Procéder au cordonnage.

CORDONNERIE n. f. **1.** Activité du cordonnier. — **2.** Local (atelier ou boutique) où s'exerce cette activité.

CORDONNET n. m. **1.** Petit cordon de fil, de soie, d'or ou d'argent pour passementerie. — **2.** Fil de soie torse.

CORDONNIER n. m. (anc. fr. *cordoan,* cuir de Cordoue, avec l'infl. de *cordon*). **1.** Artisan qui répare les chaussures, les bottes, etc., et en général les articles de cuir (le fém. *cordonnière* est rare). — **2.** Syn. de ÉPINOCHE.

CORDOPHONE n. m. Tout instrument de musique produisant un son par l'intermédiaire de cordes frappées, pincées ou frottées.

CORDOTOMIE ou **CHORDOTOMIE** n. f. Section d'un cordon médullaire dans un but thérapeutique.

CORDOUAN, E adj. et n. De Cordoue.
◆ **cordouan** n. m. **1.** Peau de chèvre d'Espagne à fleur fine. — **2.** Partie du cuir provenant de la culée d'un cheval.

CORDOUAN, rocher du golfe de Gascogne, au large de l'estuaire de la Gironde. Phare entrepris en 1584.

CORDOUE, en esp. **Córdoba,** v. d'Espagne, en Andalousie, ch.-l. de prov., sur le Guadalquivir ; 279 000 hab. Jadis célèbre pour la fabrication de ses cuirs, c'est un centre administratif, commercial et surtout touristique, avec quelques industries.
— **Hist.** Sans doute fondée par les Carthaginois, la ville fut conquise par les Romains, qui y établirent une colonie en 169 av. J.-C. Occupée par les Arabes en 711, elle devint la capitale d'un émirat indépendant fondé en 756 par 'Abd al-Raḥmān Ier puis d'un califat (929). Cordoue atteignit alors son apogée. Elle fut reconquise en 1236 par Ferdinand III, roi de Castille et de León.
— **Bx-arts.** La Grande Mosquée, commencée en 785, achevée en 987, est l'un des monuments les plus significatifs et les plus influents de l'islām occidental. Les 19 vaisseaux sont limités par des colonnes supportant un double étage d'arcs outrepassés et polylobés. Le décor, magnifique, atteint son sommet dans le minbar, la maqṣūra et le miḥrāb. L'édifice devenu cathédrale, son espace intérieur a été coupé par la construction, au XVIe s., d'un vaste chœur de style composite puis plateresque. Églises mudéjares et gothiques. Synagogue du XIVe s. à décor intérieur mudéjar. Palais de la Renaissance. Importants musées.

CORDOUE (Gonzalve DE) → GONZALVE DE CORDOUE.

CORDULIE n. f. (gr. *kordulê,* bosse). Libellule d'Europe très commune.

CORDYLIDÉ n. m. Nom de famille de divers lézards épineux d'Afrique et de Madagascar, les uns serpentiformes, les autres coureurs ou fouisseurs.

CORDYLINE n. f. Liliacée ornementale arborescente, de serre ou de pleine terre en France, aux petites fleurs blanches.

CORDYLOBIE n. f. (gr. *kordulê,* bosse). Mouche jaunâtre marquée de noir, dont la larve *(ver du Cayor)* vit en Afrique sous la peau de l'homme et du chien.

CORÉ → KORÉ.

CORÉ → KORÉ.

CORÉE, en coréen **Choson (Čo-sŏn)** [« Pays du matin calme »], péninsule comprise entre la mer du Japon (dite ici mer de l'Est) et la mer Jaune, partagée en deux unités politiques : la *Corée du Nord* et la *Corée du Sud.*

Histoire. L'influence de la Chine a été très forte en Corée, pays qu'elle conquiert au IIe-IIIe s. av. J.-C. et où elle établit des commanderies. Au IVe s. av. J.-C., le bouddhisme pénètre en Corée.
918 : Naissance de l'État de Koryo (d'où vient le nom européen de Corée).
1231 : Invasion mongole.
La dynastie des Li (Yi) règne de 1392 à 1910. Elle adopte le confucianisme et interdit le bouddhisme. Elle repousse deux tentatives d'invasion japonaise (1592-1597) puis doit reconnaître la suzeraineté de la dynastie chinoise des Qing (1637). Victorieux de la Chine, le Japon élimine les Qing de Corée (1895).
1910 : Le Japon annexe le pays. À la fin de la Seconde Guerre mondiale, le pays est occupé par les Alliés : Soviétiques au nord, Américains au sud.

1948 : Le pays est partagé en deux États : la République de Corée, au sud (ou Corée du Sud), et la République démocratique populaire de Corée, au nord (ou Corée du Nord). La division du pays est maintenue à l'issue de la guerre de Corée (1950-1953).

Corée *(République démocratique populaire de)* ou **Corée du Nord,** État de l'Asie orientale occupant la partie nord de la péninsule coréenne ; 120 500 km^2 ; 24 300 000 hab. *(Nord-Coréens).* CAP. *Pyongyang.* LANGUE : *coréen.* MONNAIE : *won.*

Géographie. Plus vaste que la Corée du Sud, la Corée du Nord a une population inférieure de moitié. Toutefois, le peuplement demeure important, surtout compte tenu des conditions naturelles souvent difficiles (reliefs montagneux et importante couverture forestière, climat aux hivers rigoureux et aux précipitations parfois insuffisantes). En revanche, le sous-sol est riche (houille, lignite, fer, tungstène, zinc, etc.) et fournit la base d'une industrie, depuis longtemps le fondement de l'économie. L'hydroélectricité apporte un complément énergétique appréciable. L'industrie lourde est développée, mais l'outil de production est vieilli. L'agriculture, collectivisée, comme le reste de l'économie, fournit surtout du riz, et la pêche reste importante. La désintégration de l'U. R. S. S., qui était le premier partenaire commercial de la Corée (devant le Japon), l'incite à s'ouvrir progressivement sur l'extérieur.

Histoire. La République a été dirigée, depuis sa création en 1948, par Kim Il-sung (jusqu'à sa mort en 1994), qui a instauré une organisation de type soviétique et engagé le pays dans la construction du socialisme. Son fils Kim Jong-il est appelé à lui succéder.

1991 : Les deux Corées entrent à l'O.N.U. et signent un accord de réconciliation.

1994 : Mort de Kim Il-sung.

Corée *(République de)* ou **Corée du Sud,** État de l'Asie orientale, occupant la partie sud de la péninsule coréenne ; 99 000 km^2 ; 45 400 000 hab. *(Sud-Coréens).* CAP. *Séoul.* LANGUE : *coréen.* MONNAIE : *won.*

Géographie. Sensiblement moins étendue que la Corée du Nord, la Corée du Sud compte une population double. La densité moyenne dépasse 400 hab. au km^2. Le pays bénéficie de conditions de relief et de climat assez favorables, avec une notable extension des plaines, des températures clémentes et une pluviosité suffisante.

Le riz est, de loin, la principale culture, mais la production céréalière est déficitaire. L'élevage est peu développé, mais la pêche est très active. Malgré la pauvreté du sous-sol, l'industrie est devenue le fondement de l'économie, avec une production diversifiée : biens d'équipement (construction navale notamm., alimentée par une puissante sidérurgie) et de consommation (textile, électronique, montage automobile). Elle repose sur l'importation de matières premières (fer et surtout pétrole), d'équipements et aussi de capitaux (entraînant un lourd endettement extérieur). La croissance économique, très rapide dans les années 1980, s'est ralentie, en raison notamment de l'augmentation des coût salariaux, d'une demande moins soutenue. Elle est largement dépendante des exportations, vers les États-Unis et le Japon surtout.

Histoire. Présidée par Syngman Rhee (1948-1960) auquel ont succédé Park Chung-hee (1963-1979) puis Chun Doo-hwan (1980-1988), la République de Corée est soumise à un régime autoritaire. Un processus de démocratisation s'engage en 1987.

1988 : Entrée en fonctions du président Roh Tae-woo, élu au suffrage universel.

1991 : Les deux Corées entrent à l'O.N.U. et signent un accord de réconciliation.

1993 : Kim Young-sam succède à Roh Tae-woo.

CORÉE, *(détroit de),* bras de mer qui relie la mer de Chine orientale et la mer du Japon et sépare le Japon de la Corée. Largeur : 175 km environ.

Corée *(guerre de)* [juin 1950 - juill. 1953], conflit qui opposa les deux Corées. Répondant à l'appel de l'O. N. U., qui avait condamné l'agression de la Corée du Sud par la Corée du Nord (25 juin 1950), le président Truman engage (30 juin), au nom des États-Unis, les divisions américaines stationnées au Japon. S'y joignent progressivement des détachements britanniques, français, belges, turcs et néerlandais. Les troupes des Nations unies, conduites par MacArthur, partant de la tête du pont de Pusan et débarquant à Inchon, repoussent les Nord-Coréens (janv. 1951). L'intervention des troupes chinoises massées alors en Mandchourie, à laquelle MacArthur ne croyait cependant pas, contraint au rembarquement de justesse du corps débarqué. Les États-Unis, craignant un conflit généralisé avec la Chine, remplacent MacArthur (partisan de la poursuite de l'offensive) par Ridgway (avr. 1951) puis par Clark (1952). De nouveau, l'objectif se limite au rétablissement du *statu quo ante* autour du 38e parallèle. Le front se stabilise et les négociations, engagées (juill. 1951) puis rompues (août) à Kaesong, reprennent à Panmunjon (oct.) et aboutissent le 27 juill. 1953 à une reconnaissance respective des deux Corées par les États-Unis et l'U. R. S. S.

Corée *(médaille commémorative française des opérations de l'O. N. U. en),* décoration française créée en 1952 pour les militaires français ayant séjourné sur ce théâtre d'opérations au moins deux mois.

CORÉEN, ENNE adj. et n. De Corée.

◆ **coréen** n. m. Langue parlée en Corée.

ENCYCL. Langue nationale de la Corée, le coréen est également parlé par environ 500 000 Coréens émigrés au Japon. Du fait de ses structures grammaticales, le coréen est sans doute apparenté anciennement avec le japonais, quoique sa phonologie et son lexique en soient très différents. Le coréen s'écrit grâce à un alphabet original (le hangŭl) qui fut créé au XVe s., mais qui ne s'est vraiment imposé qu'au début du XXe s. face au système idéographique emprunté au chinois (l'idu).

CORÉFÉRENCE n. f. Relation entre deux termes ayant le même référent.

CORÉFÉRENT, E adj. et n. m. Se dit de termes en relation de coréférence.

CORÉGENCE n. f. Fonctions, dignité de corégent.

CORÉGENT n. m. Personnage qui partage avec un autre les fonctions de régent.

CORÉGONE n. m. (gr. *korê,* pupille, et *gonia,* angle). Poisson salmonidé des lacs d'Europe, d'Asie et d'Amérique du Nord, caractérisé par ses dents minuscules. (Chaque lac a son type particulier de corégone ; comestibles, ces poissons font l'objet d'une importante pisciculture de repeuplement, surtout en Europe centrale.)

CORÉIDÉ n. m. (gr. *koris,* punaise). Nom de famille de nombreuses espèces de punaises terrestres suceuses de sève, souvent malodorantes.

CORELIGIONNAIRE n. (de *co-* et *religion*). Personne qui professe la même religion, la même doctrine qu'une autre.

CORELLI (Arcangelo), compositeur et violoniste italien (Fusignano, près de Ravenne, 1653 - Rome 1713). Rome devint le centre de ses activités à partir de 1671. Maître de chapelle de Saint-Louis-des-Français (1682), il entra en 1684 au service du cardinal Pamphili. À partir de 1689, le cardinal Ottoboni le chargea de la direction de sa musique. L'œuvre de Corelli comprend 4 recueils de sonates en trio, 1 recueil de sonates pour violon et basse, et des concertos grossos. Corelli est le fondateur de l'école classique du violon.

CORÉOPSIS [-psis] n. m. (gr. *koris,* punaise). Plante composée radiée ornementale aux capitules jaunes, d'origine exotique. (Syn. ACISPERME.)

CORÉPRESSEUR n. m. Corps qui active un aporécepteur en vue de bloquer une chaîne de biosynthèse.

CORESI, diacre et typographe roumain (v. 1510 - v. 1581). Il jeta les bases de la langue littéraire roumaine en publiant à Braşov, dans la seconde moitié du XVIe s., les principaux livres de l'orthodoxie en langues roumaine et slavonne.

CORESPONSABILITÉ n. f. Responsabilité partagée entre plusieurs personnes.

CORESPONSABLE adj. et n. Qui partage des responsabilités avec d'autres.

CORE-YARN [kɔrjɑrn] n. m. (pl. *core-yarns*) [angl. *core,* centre, et *yarn,* fil]. Filé de fibres comportant une âme, généralement en fil de filaments continus. (Syn. FIL À ÂME.)

CORFINIUM, anc. ville d'Italie (auj. *Corfinio*). Pendant la guerre sociale (91-88 av. J.-C.), elle fut la capitale des alliés révoltés contre Rome, sous le nom d'*Italica.*

CORFOU, en gr. **Kérkyra** ou **Kérkira,** île grecque de la mer Ionienne, séparée de la côte par le *détroit de Corfou ;* 589 km² ; 90 700 hab. *(Corfiotes).* Corfou est la plus septentrionale et la principale des îles Ioniennes ; c'est une terre montagneuse (911 m). On y cultive le blé, la vigne et les arbres fruitiers. Tourisme. V. princ. *Corfou* (ou *Kérkyra*).

— **Archéol.** L'île fut peuplée dès le paléolithique. La cité des colons corinthiens occupait la péninsule de Paléopolis et comportait 2 ports. Le temple d'Artémis, le plus ancien pseudopériptère dorique (8 x 17 colonnes), est important surtout pour le décor de son fronton, exposé au musée de la ville (Gorgone gigantesque et scènes mythologiques). Forteresse vénitienne construite après le premier siège de Corfou par les Turcs (1537).

CORFOU, en gr. **Kérkyra,** port de Grèce, ch.-l. de nome, sur la côte est de l'île homonyme ; 37 000 hab. Fort vénitien. Escale touristique entre l'Italie et la Grèce.

CORGOLOIN (21700), comm. de la Côte-d'Or ; 907 hab. Église du XIIIe s. Vignobles. Culture du cassis. Carrières.

CORI, comm. d'Italie, dans le Latium (prov. de Latina) ; 10 000 hab. C'est l'antique *Cora,* ville des Volsques ; vestiges importants (murs cyclopéens, sanctuaires).

CORI (Carl Ferdinand), biochimiste tchèque naturalisé américain (Prague 1896-Cambridge, Massachusetts, 1984). En 1947, il a obtenu avec sa femme, GERTY THERESA (Prague 1896 - Saint Louis, Missouri, 1957), le prix Nobel de physiologie et de médecine pour leurs travaux sur le métabolisme des hydrates de carbone.

CORIACE adj. (bas lat. *coriaceus,* du lat. class. *corium,* cuir). **1.** Se dit d'une viande extrêmement dure : *Bifteck coriace.* — **2.** Qui tient fermement ses positions, qui ne cède pas facilement ; dur, tenace : *Un homme d'affaires coriace.*

CORIANDRE n. f. (lat. *coriandrium,* du gr. *koriandron*). Ombellifère d'Europe méridionale, fournissant une huile de parfumerie et dont les petits fruits servent de condiment.

CORIARIACÉE n. f. (lat. *corium,* cuir). Nom de famille donné au redoul et aux plantes voisines.

CORICIDE n. m. Substance propre à détruire les cors aux pieds.

CORINDE n. f. Graine du cardiosperme. (Syn. POIS DE CŒUR.)

CORINDON n. m. (tamoul *corundum*). Alumine à l'état naturel ou obtenue artificiellement, utilisée comme abrasif.
ENCYCL. Le corindon naturel, rhomboédrique, est, après le diamant, le plus dur des minéraux (dureté 9 dans l'échelle de Mohs). Il existe différents grades, suivant la teneur en oxyde d'aluminium, qui peut aller jusqu'à 99 % pour le corindon artificiel. Rubis et saphirs sont des corindons colorés par des ions divers.

CORINNE, poétesse grecque (fin du VIe s. av. J.-C.). Originaire de Tanagra ou de Thèbes, elle fut la rivale de Pindare.

Corinne ou l'Italie, roman de Mme de Staël (1807), histoire d'amour d'une poétesse et d'un lord anglais. Véritable guide à travers l'histoire et l'art de l'Italie, il fut pour toute une génération l'expression de l'idéal amoureux.

CORINTH (Lovis), peintre et graveur allemand (Tapiau, Prusse-Orientale, 1858 -Zandwoort, Hollande, 1925). Réaliste puissant, souvent marqué par la facture de Hals comme par l'impressionnisme, animateur et président (1911) de la Sécession à Berlin, il adopta, à partir de 1911-12, un style caractérisé par la fougue et l'éclatement de la touche (figures, paysages).

CORINTHE n. m. Cépage cultivé, principalement en Grèce, pour ses grains très petits et très sucrés, utilisés secs en confiserie.

CORINTHE, en gr. **Kórinthos,** v. de Grèce, ch.-l. de nome, au fond du *golfe de Corinthe ;* 22 600 hab.
— **Hist.** Corinthe, longtemps dépendante d'Argos, a d'abord été gouvernée par la dynastie légendaire des Héraclides, à laquelle succéda le pouvoir aristocratique de la famille des Bacchiades (775 av. J.-C.). Vers 657, cette oligarchie est renversée par le tyran Cypsélos, dont les descendants conserveront le pouvoir jusqu'en 584. Durant cette période, Corinthe parvient à l'apogée de sa fortune. Sa position sur l'isthme et ses ports de Lekhaion et Kenkhrées, de part et d'autre de l'isthme, en font une grande cité commerciale. Un *diolkos* (piste de roulage) permet de faire glisser par terre les navires à travers l'isthme. Le commerce corinthien s'étend alors à l'Asie Mineure et à l'Égypte ainsi qu'à ses nombreuses colonies d'Occident, parmi lesquelles Syracuse. Sa céramique inonde alors tous les marchés et ses potiers seront sans rivaux jusqu'au début du VIe s. av. J.-C. Elle fabrique aussi des armes réputées, et les Corinthiens, qui ont peut-être inventé la trière, travaillent dans de nombreux chantiers navals. Tous les quatre ans, les Grecs viennent y célébrer le culte de Poséidon.
Les conflits entre Corinthe et Athènes déclenchent la guerre du Péloponnèse ; mais Corinthe ne retire aucun avantage de la défaite athénienne, Sparte imposant son hégémonie au monde grec. La *guerre de Corinthe* (395) oppose Argos, Thèbes et Athènes aux Spartiates, qui l'emportent (391). La position stratégique de Corinthe, la puissance de sa citadelle (l'Acrocorinthe) en font une place clé de la domination des rois de Macédoine, qui y installent une puissante garnison. En 196 av. J.-C., c'est à Corinthe que Flamininus proclame la liberté de tous les Grecs. Mais Corinthe suit les Achéens dans leur révolte. Assiégée par Mummius, elle est mise à sac, puis incendiée en 146 av. J.-C.
Un siècle après, J. César décide de relever la ville en y fondant une colonie. Corinthe retrouve une éclatante prospérité et devient la capitale de la province d'Achaïe. Saint Paul y prêche à trois reprises entre 50 et 58. Pillée par les Hérules (267 apr. J.-C.), puis par les Goths d'Alaric (396), la ville est dévastée par les Slaves au VIIe s. et subit encore invasions, sièges et pillages tout au long du Moyen Âge. Les Turcs l'occupent finalement de 1458 à 1821.
— **Archéol.** Le site a été occupé dès le néolithique et, en dehors de la ville romaine, les fouilles ont révélé plusieurs sanctuaires dont le temple d'Apollon, prototype de l'architecture archaïque, aux proportions trapues, des installations portuaires, des basiliques paléochrétiennes devenues des églises. L'époque médiévale a laissé les remarquables fortifications de l'Acrocorinthe.

Corinthe *(canal de),* voie navigable de Grèce, percée de 1881 à 1893 à travers l'isthme de Corinthe pour éviter de contourner le Péloponnèse aux navires de petit tonnage se rendant des mers Adriatique et Ionienne vers Le Pirée. Longueur 6 300 m ; profondeur 8 m.

CORINTHE *(isthme de),* langue de terre étroite reliant le Péloponnèse au reste de la Grèce continentale, coupée par un canal.

CORINTHIEN, ENNE adj. et n. **1.** De Corinthe. — **2.** *Ordre corinthien* ou *corinthien* (n. m.), le dernier apparu des ordres grecs, caractérisé par un chapiteau dont la corbeille comporte deux rangs de feuilles d'acanthes.

Corinthiens *(Épîtres de saint Paul aux),* nom donné à deux lettres de l'apôtre saint Paul adressées aux chrétiens de l'Église de Corinthe et écrites entre 55 et 57. L'apôtre y oppose la sagesse de Dieu à la sagesse de l'homme et montre que la résurrection du Christ est le garant de notre propre résurrection.

CORIOLAN, en lat. **Gnaeus Marcius Coriolanus,** général romain du vᵉ s. av. J.-C., personnage légendaire qui, s'étant attiré la haine du peuple, se réfugia chez les Volsques, qu'il mena contre Rome. Seules les prières de sa mère et de sa femme l'arrêtèrent dans son désir de vengeance. Il inspira à Shakespeare son drame *Coriolanus* (v. 1607).

CORIOLIS (Gaspard), mathématicien français (Paris 1792 - *id.* 1843). Étudiant le mouvement d'un corps par rapport à un repère lui-même en mouvement par rapport à la Terre, il a mis en évidence les « forces centrifuges composées » (dites de *Coriolis*) résultant du mouvement relatif et du mouvement du repère.

Coriolis *(accélération de),* terme intervenant dans la relation entre l'accélération d'un mobile dans un référentiel R et celle dans un référentiel R' en rotation par rapport à R. L'accélération de Coriolis est proportionnelle à la vitesse angulaire de R' par rapport à R et à la vitesse du mobile dans R', à laquelle elle est perpendiculaire.

Coriolis *(force de),* force produite par l'accélération complémentaire due à la rotation terrestre et qui s'exerce sur tous les corps en mouvement à la surface de la Terre. Elle détermine la direction générale des vents et des courants océaniques, les déviant vers la droite dans l'hémisphère Nord, vers la gauche dans l'hémisphère Sud.

CORISANDE (Diane d'ANDOINS, *comtesse* DE GRAMONT, dite **la Belle**) → GRAMONT (Diane d'Andoins, comtesse de).

CORISE n. f. (gr. *koris,* punaise). Nom scientifique des punaises.

CORK, en gaél. **Corcaigh,** v. du sud de la République d'Irlande, la deuxième du pays, ch.-l. de la prov. de Munster, sur la *rade de Cork ;* 136 000 hab. Centre religieux et culturel gaélique. Colonisée par les Danois, elle fut conquise par les Anglais au XIIᵉ s. Université. Musées. Port de voyageurs et de commerce. Centre industriel (mécanique, chimie, confection).

CORKSCREW [kɔrkskru] n. m. (angl. *corkscrew,* tire-bouchon). Lainage anglais croisé, léger, réalisé avec une armure dérivée du cannelé oblique.

CORLAY (22320), ch.-l. de cant. des Côtes-d'Armor ; 1 088 hab. *(Corlaisiens).* Élevage de chevaux. Église des XVᵉ-XVIᵉ s.

CORLIEU n. m. Petit courlis migrateur, de passage sur les côtes françaises de l'Atlantique.

CORLISS (George Henry), ingénieur américain (Easton, New York, 1817 - Providence 1888). Il inventa et construisit (1849) la machine à vapeur qui porte son nom, caractérisée par le nouveau mode de distribution dont il fut le créateur.

CORMACK (Allan MacLeod), physicien américain originaire d'Afrique du Sud (Johannesburg 1924). En 1979, il a reçu le prix Nobel de médecine et physiologie avec G. N. Hounsfield pour sa contribution au développement du scanner.

CORMATIN (Pierre DEZOTEUX, dit **baron de**), chef chouan (Paris 1753 - Lyon 1812). Institué par Puisaye major général de l'armée catholique et royale de l'Ouest (1794), il fut à la tête des chouans qui négocièrent et signèrent le traité de La Jaunaye (1795) avec le gouvernement républicain, qui le fit cependant emprisonner (1795-1802).

CORME n. f. (gaul. **corma*). Fruit comestible du cormier. (Syn. SORBE.)

CORMEILLES (27260), ch.-l. de cant. de l'Eure, dans le Lieuvin, au S.-O. de Pont-Audemer ; 1 102 hab. *(Cormeillais).* Église des XIᵉ et XVᵉ s.

CORMEILLES-EN-PARISIS (95240), ch.-l. de cant. du Val-d'Oise, au N.-O. de Paris ; 17 549 hab. *(Cormeillais).* Église des XIIIᵉ-XVIᵉ s. Carrières. Cimenterie.

CORMELLES-LE-ROYAL (14123), comm. du Calvados, banlieue de Caen ; 4 638 hab. Industrie automobile. Électroménager.

CORMIER n. m. (de *corme*). Nom usuel du *sorbier domestique.*

◆ adj. m. Se dit d'un arbre qu'on laisse grandir dans une haie pour servir de point de repère.

CORMIQUE adj. (gr. *kormos,* morceau). *Indice cormique,* produit par 100 du quotient de la mesure de la taille de l'être humain assis par la mesure de la taille de ce même être humain debout. (L'indice cormique varie énormément selon les populations.)

CORMON (Fernand PIESTRE, dit), peintre français (Paris 1845 - *id.* 1924). Auteur de peintures murales et de tableaux d'histoire assez académiques (*l'Âge de pierre,* 1884, château de Saint-Germain-en-Laye), il dirigea à l'E. N. S. B. A. un atelier réputé.

CORMONTAIGNE (Louis DE), ingénieur militaire français (Strasbourg 1695 - Metz 1752). Maréchal de camp, il assista à la plupart des sièges de

1712 à 1745. Il dirigea ceux de Philippsburg et de Forbach et, élève de Vauban, fortifia Metz et Thionville.

CORMONTREUIL (51350), comm. de la Marne, sur la Vesle, banlieue sud de Reims ; 5 760 hab.

CORMOPHYTE n. m. (gr. *kormos,* tronc). Plante ayant à la fois feuilles, tiges et racines, telle que les fougères, gymnospermes, angiospermes. (Certains auteurs y font entrer, par extension, les mousses.) [S'oppose à THALLOPHYTE.]

CORMORAN n. m. (anc. fr. *corp,* corbeau, et *marenc,* marin). Oiseau aquatique piscivore très vorace, aux teintes sombres, au long bec crochu, aux pattes palmées, du monde entier. (Les cormorans sont employés en Chine pour la pêche, un anneau autour du cou les empêchant d'avaler le poisson. Au Pérou et au Chili, leur guano est recueilli comme engrais.)

CORMUS [kɔrmys] n. m. (gr. *kormos,* tronc). Organe souterrain, pérennant, massif, de certaines plantes. (Syn. BULBE SOLIDE.)

CORNAC n. m. (port. *cornaca,* du cinghalais). **1.** Celui qui soigne et conduit un éléphant. – **2.** *Fam.* et *vx.* Guide de voyageurs.

CORNACÉE n. f. Nom de famille du cornouiller et des plantes voisines.

CORNADE ou **CORNADA** n. f. (esp. *cornada,* coup de corne). Blessure grave subie par le torero, due à un coup de corne.

CORNADIS [-di] n. m. Dispositif installé devant une auge ou un râtelier et destiné à limiter les mouvements des animaux lorsqu'ils sont en train de manger.

1. CORNAGE n. m. (de *corner 1*). **1.** Bruit particulier, anormal, qui accompagne la respiration de certains animaux, notamment les bovins et les chevaux, atteints d'une affection du larynx ou des organes voisins. – **2.** Respiration sifflante et bruyante d'origine laryngée (rétrécissement).

2. CORNAGE n. m. (de *corne*). Disposition et forme des cornes d'un animal.

CORNALINE n. f. (de *corne*). Calcédoine rouge (ou rougie à l'aide de sels de fer) employée en bijouterie et en glyptique.

CORNAQUER v. t. (de *cornac*) [conj. 3]. *Fam.* Conduire qqn, lui servir de guide : *Cornaquer des touristes à travers Paris.*

1. CORNARD, E ou **CORNEUR, EUSE** adj. et n. (de *corner 1*). Se dit d'un animal atteint de cornage. (Syn. SIFFLEUR.)

2. CORNARD n. m. (de *corne*). **1.** Outil de fer servant, dans la fabrication du verre, à déplacer les creusets dans le four. – **2.** *Pop.* Mari trompé, cocu.

CORNARO ou **CORNER,** famille noble vénitienne dont sont issus quatre doges de Venise, des diplomates et CATHERINE **Cornaro** (Venise 1454 - *id.* 1510), qui devint reine de Chypre en 1472 par son mariage avec Jacques II de Lusignan, dont le royaume passa alors sous la protection de la République de Venise. Veuve en 1473, elle exerça la régence au nom de son fils Jacques III (1473-74) et dut abdiquer en 1489 en faveur de la République, qui lui offrit en échange le château d'Asolo, où elle tint une cour brillante.

CORNAS (07130), comm. de l'Ardèche, à 2 km au N. de Saint-Péray ; 2 115 hab. Vignobles.

CORN BELT, région agricole des États-Unis où la culture du maïs *(corn)* était autrefois prédominante, s'étendant de l'O. à l'E. depuis l'Ohio jusqu'à la partie orientale du Nebraska et du Kansas.

CORNE n. f. (lat. pop. *corna,* du lat. class. *cornua,* pl. de *cornu*). **1.** Excroissance dure, pointue et paire ornant la tête de certains mammifères et servant d'arme offensive ou défensive. (→ *encycl.* Zool.) – **2.** Toute excroissance paire ou impaire portée par la tête d'un animal : *Les cornes de l'escargot, du grand duc.* – **3.** Substance (kératine) constituant des zones superficielles (cals) ou des organes durs (sabot, ongle, griffe, corne) et employée dans l'industrie : *Peigne, tabatière de corne.* – **4.** Ce qui se termine en pointe comme une corne : *Les cornes de la lune.* – **5.** Extrémité relevée d'un chapeau. – **6.** Pli au coin d'une feuille de papier, d'une page de livre, pour servir de repère ou fait par négligence. – **7.** *Vx.* Trompe, appareil de métal actionné pneumatiquement et servant d'avertisseur. – **8.** Attribut que l'on prête au diable et à certaines divinités du paganisme. – **9.** *Fam.* Attribut que l'on prête aux maris trompés : *Porter des cornes.* – **10.** Callosité de la peau : *Avoir de la corne sous les pieds.* – **11.** *Fam.* Substance très coriace : *C'est de la corne que cette viande-là.* – **12.** Instrument sonore fait à l'origine d'une corne d'animal : *Corne de chasse, d'automobile.* – **13.** *À la corne d'un bois, d'un champ,* à sa pointe avancée. ‖ *Bête à corne,* ruminant domestique à cornes. ‖ *Corne d'abondance,* motif ornemental représentant une corne remplie de fruits et de fleurs ; nom commun à un champignon, la craterelle, et à divers mollusques à coquille grande et incurvée. ‖ *Corne de brume,* instrument nautique destiné à émettre des signaux phoniques réglementaires en cas de visibilité réduite. ‖ *Corne à chaussures,* syn. de CHAUSSE-PIED. ‖ *Cornes de gazelle,* gâteau oriental de pâte frite en forme de corne. ‖ *Coup de corne,* attaque vive, méchanceté. ‖ *Faire les cornes à qqn,* pointer deux doigts dans sa direction en signe de moquerie. ‖ *Faire une corne à une carte de visite,* en replier un coin pour marquer qu'on l'a déposée soi-même. • **Anat.** Nom donné à certaines portions d'organes en raison de leur forme (cornes de l'utérus, cornes de la vessie, de l'os hyoïde, du sacrum, des ventricules latéraux). – **Archit.** Se dit de l'angle de certains chapiteaux. – **Bât.** *Corne de vache,* délardement latéral d'un rouleau d'arc, d'une arche de pont. – **Électr.** *Corne polaire,* l'une des deux extrémités d'un épanouissement polaire d'une machine électrique tournante. – **Fortif.** *Ouvrage à cornes,* ouvrage avancé dans la fortification à tracé bastionné. – **Géogr.** Montagne terminée par un sommet anguleux. (Syn. PIC, DENT, AIGUILLE.) – **Mar.** Espar sur lequel est fixée la têtière d'une voile aurique. – **Méd.** *Corne cutanée,* production dure qui se forme sur la peau, dans les parties habituellement découvertes, surtout chez les vieillards. (Il s'agit le plus souvent d'un épithélioma spino-cellulaire à évolution lente.) – **Neurol.** *Cornes de la moelle épinière,* nom donné à trois renflements de substance grise. (→ *encycl.*) – **Vitic.** Syn. de BRAS* DE VIGNE.

ENCYCL. **Neurol.** Dans la moelle, la substance grise dessine sur la coupe transversale un H. On la divise en *cornes postérieures,* qui reçoivent les afférences sensitives, et en *cornes antérieures,* qui contiennent les corps cellulaires des motoneurones. Au niveau de la moelle dorsale, il existe une *corne latérale,* qui abrite des cellules végétatives.

– **Zool.** Les rhinocéros ont une ou deux cornes médianes sur l'arête du nez ; les ruminants ont généralement une paire de cornes sur le front. L'existence de cornes dépend de l'âge, de la race et du sexe (souvent le mâle seul en possède). Très variées par leurs dimensions, leur forme et leur structure, les cornes sont typiquement constituées d'un cornillon osseux, ou cheville, couvert de chair vivante, elle-même recouverte soit de peau, soit de kératine. Chez les cervidés, les cornes, caduques, sont appelées bois*.

CORNE DE L'AFRIQUE, extrémité orientale de l'Afrique, sur l'océan Indien, correspondant au sens strict à la moitié septentrionale de la Somalie, englobant parfois la République de Djibouti et même l'Éthiopie et l'Érythrée.

CORNE D'OR (la), baie turque du Bosphore, sur la rive d'Europe, divisant Istanbul en *Stanbul,* au S., et *Galata,* au N.

CORNÉ, E adj. **1.** Qui a les propriétés de la corne. – **2.** *Argent corné,* syn. de CÉRARGYRITE. ‖ *Albumen corné,* syn. de COROZO.

CORNED-BEEF [kɔrnbif] n. m. inv. (angl. *corned-beef,* de *corned,* conservé avec du sel, et *beef,* bœuf). Conserve de viande de bœuf salée.

CORNÉE n. f. (lat. *tunica cornea,* tunique cornée). Partie antérieure, transparente, du globe oculaire, en forme de calotte sphérique un peu saillante.

CORNÉEN, ENNE adj. **1.** Relatif à la cornée. – **2.** *Lentille cornéenne,* verre de contact dont la face postérieure s'appuie sur la cornée. ‖ *Réflexe cornéen,* occlusion bilatérale des paupières provoquée par l'attouchement de la cornée.

CORNÉENNE n. f. (de *corné*). Roche du métamorphisme de contact, généralement dure et d'aspect corné.

CORNEILLE n. f. (lat. *cornicula,* petite corneille). Passereau voisin du corbeau, mais plus petit et plus commun, omnivore et sédentaire. (On distingue la *corneille noire* et la *corneille mantelée,* partiellement grise, qui n'est en France que de passage.)

CORNEILLE ou **CORNÉLIEN** *(saint),* centurion romain qui fut le premier païen converti (Actes des Apôtres, X). Il fut baptisé par saint Pierre.

CORNEILLE *(saint)* [† 253], pape de 251 à 253. Il combattit le schisme de Novatien et régla les difficultés nées de l'affaire des *lapsi.* Il mourut exilé.

CORNEILLE de Lyon ou **de La Haye,** peintre néerlandais (La Haye v. 1500/ 1510 - Lyon v. 1574). Documenté à Lyon à partir de 1534, naturalisé français en 1547, nommé peintre ordinaire du roi en 1551, il est l'auteur de petits portraits à mi-buste sur fond bleu ou vert, d'un style minutieux et raffiné.

CORNEILLE, famille de peintres et de graveurs français du XVIIe s., comprenant : MICHEL Ier *le Père* (Orléans v. 1601-Paris 1664), élève de Vouet et l'un des douze fondateurs de l'Académie de peinture et de sculpture ; – son fils MICHEL II *l'Aîné* (Paris 1642 - *id.* 1708), élève de Le Brun et de Mignard, collabora aux grandes entreprises de décoration du règne de Louis XIV ; – JEAN-BAPTISTE (Paris 1649-*id.* 1695), frère du précédent, donna de nombreuses eaux-fortes d'après les Carrache ou d'après ses propres compositions.

CORNEILLE (Pierre), poète dramatique français (Rouen 1606 - Paris 1684). Reçu avocat au parlement de Rouen en 1624, il préfère pourtant la carrière poétique et dramatique. De 1629 jusqu'à *l'Illusion* comique,* en 1636, il semble se consacrer surtout à la comédie (*la Veuve,* 1631 ; *la Galerie du Palais,* 1631-32 ; *la Suivante,* 1632-33 ; *la Place Royale,* 1633-34), et fait partie des cinq auteurs qui travaillent sous la protection de Richelieu. C'est le succès de sa première tragédie, *Médée,* confirmé par le triomphe du *Cid** (1637), qui infléchit sa carrière. La querelle du « *Cid* », qui lui est suscitée par les « doctes », tandis que le public le suit, a raison de son indépendance et Corneille s'incline après trois ans : il fera des tragédies « régulières » (*Horace**, 1640 ; *Cinna**, 1641 ; *Polyeucte**, 1642 ; *Rodogune**, 1644 ; *Héraclius,* 1647 ; *Nicomède**, 1651), entrecoupées de comédies (*le Menteur**, 1643 ; *Don Sanche d'Aragon,* 1650). Élu à l'Académie en 1647, mais découragé par l'échec de *Pertharite**, en 1651, il reste improductif durant sept ans et ne s'occupe que d'une traduction en vers de l'*Imitation de Jésus-Christ* (1656). En 1659, il tente de reconquérir son public et donne *la Toison d'or* (1661), *Sertorius* (1662), *Othon* (1664), *Attila* (1667), mais les suffrages vont maintenant à Racine, dont la *Bérénice* (1670) connaît un succès bien plus vif que *Tite et Bérénice,* que Corneille fait jouer la même année. Après *Pulchérie* (1672) et *Suréna* (1674), mal accueillis, il cesse d'écrire pour se consacrer à l'édition complète de son théâtre (1682). Si la liberté, la volonté et la gloire forment le ressort des quatre plus grandes pièces de Corneille *(le Cid, Cinna, Horace, Polyeucte),* une extrême diversité, la liberté qu'il prit avec les « règles » de son temps, enfin la peinture des caractères de ses personnages, chez lesquels se mêlent l'excellence et la gloire, le moi et l'abnégation, l'héroïsme et le déchirement, et, dans une même émotion, le « héros de vice » et le « héros de vertu », caractérisent l'ensemble de son œuvre.

CORNEILLE (Thomas), poète dramatique français (Rouen 1625 - Les Andelys 1709). Frère de Pierre Corneille, auteur de comédies imitées du théâtre espagnol, il connut le succès avec des tragédies (*Timocrate,* 1656 ; *Bérénice,* 1657 ; *Ariane,* 1672). Il se consacra ensuite à des travaux lexicographiques (*Dictionnaire des termes d'art et de sciences,* 1694). [Acad. fr., 1685.]

CORNELIA, fille de Scipion l'Africain, mère des Gracques (v. 189 - v. 110 av. J.-C.). Symbole de la mère vertueuse et responsable, elle fit connaître à ses enfants la culture grecque et les prépara à la vie publique.

CORNÉLIEN, ENNE adj. 1. Relatif à l'œuvre de Pierre Corneille. — 2. Qui présente un conflit analogue à ceux des tragédies de Corneille. — 3. Qui manifeste de la grandeur d'âme, de l'héroïsme.

CORNELISZ (Cornelis), dit **Cornelisz Van Haarlem,** peintre néerlandais (Haarlem 1562 - *id.* 1638). L'un des fondateurs de l'académie de Haarlem, il pratiqua un art maniériste délicat et sensuel.

CORNELISZ. VAN OOSTZANEN (Jacob), peintre néerlandais (Oostzanen v. 1470 -Amsterdam 1533). Propagateur de la Renaissance à Amsterdam, influencé par Dürer dans ses gravures sur bois, il a peint des portraits réalistes et des compositions religieuses.

CORNELIUS (Peter VON), peintre allemand (Düsseldorf 1783 - Berlin 1867). Membre influent du groupe des Nazaréens à Rome, il a contribué, par son œuvre (peintures murales : *Jugement dernier* de la Ludwigskirche de Munich, 1830-1839) et par son enseignement (académies de Düsseldorf puis Munich), à l'essor d'un art monumental et idéaliste dans l'Allemagne du XIXe s.

CORNELIUS NEPOS, historien latin (Gaule Cisalpine v. 99 av. J.-C. - v. 24 av. J.-C. ?). Ses ouvrages d'histoire proposent des exemples édifiants au moyen de biographies anecdotiques.

CORNELL (Joseph), artiste américain (Nyack, New York, 1903 - New York 1972). Il a composé des sortes d'assemblages en boîtes vitrées, reliquaires poétiques d'esprit surréalisant.

CORNEMUSE n. f. (de *corner* et *muser,* jouer de la musette). Instrument de musique constitué d'une outre en peau, servant de réservoir d'air, à laquelle son fixés des tuyaux à anches.

CORNEMUSEUX ou **CORNEMUSEUR** n. m. Joueur de cornemuse.

1. CORNER v. t. (conj. 3). **1.** *Vx.* Appeler ou avertir qqn en sonnant de la corne, de la trompe, du Klaxon, etc. — **2.** Annoncer à grand bruit qqch, le répéter partout ; claironner : *Corner une nouvelle.* — **3.** Marquer une feuille, une page, etc., d'une corne, d'un pli fait à l'un des coins : *Corner une carte de visite.* — **4.** *Corner aux oreilles de qqn,* lui parler très fort ; lui répéter sans cesse qqch.
◆ v. i. **1.** Faire entendre un ronflement, un bourdonnement plus ou moins fort. — **2.** Sonner de la corne, du cornet, de la trompe. — **3.** Être atteint de cornage, en parlant d'un animal. — **4.** Fam. *Les oreilles ont dû lui corner,* se dit de qqn dont on a parlé en son absence.

2. CORNER [-nɛr] n. m. (angl. *corner kick,* coup de coin). Au football, coup franc tiré d'un coin du terrain, accordé à une équipe lorsqu'un adversaire a envoyé la balle derrière sa propre ligne de but.

3. CORNER [-nɛr] n. m. (de l'angl. *to drive into a corner,* acculer). **1.** Entente entre spéculateurs en vue d'acquérir le stock disponible d'une marchandise et de créer une hausse artificielle des cours. — **2.** Situation d'un opérateur sur le marché des valeurs mobilières quand il ne trouve pas à acquérir les titres qu'il a vendus à découvert et qu'il doit livrer.

CORNER BROOK, v. du Canada, sur la côte ouest de Terre-Neuve ; 24 000 hab. Industrie du papier.

CORNET n. m. (de *corne*). **1.** Autref., petite trompe rustique ou petit cor. — **2.** Feuille de papier roulée en cône, contenant de menus objets, des friandises, etc. ; son contenu : *Cornet* *de bonbons.* — **3.** En Suisse, sachet de papier. — **4.** Gaufrette conique que l'on garnit de glace. — **5.** *Cornet à dés,* gobelet dans lequel on place les dés à jouer avant de les lancer sur le tapis. ‖ Pop. *Se mettre qqch dans le cornet,* manger. • **Anat.** Nom donné à trois petites lames osseuses de la paroi externe des fosses nasales (le cornet supérieur, le cornet moyen, le cornet inférieur). — **Cuis.** Tranche de jambon, de viande roulée et fourrée. — **Mus.** Dans l'orgue, jeu de mutation composé. ‖ *Cornet à bouquin,* instrument au corps droit ou recourbé, en bois recouvert de cuir et muni d'une embouchure, très utilisé au XVIIe s. ‖ *Cornet à pistons,* instrument, de la catégorie des cuivres à embouchure, composé d'un tube conique court, enroulé sur lui-même et muni de pistons. — **Techn.** Antenne constituée par l'extrémité évasée d'un guide d'ondes dont la section droite s'accroît progressivement jusqu'à une ouverture rayonnante. — **Zootechn.** *Cornet dentaire,* dépression centrale des incisives du cheval, partiellement remplie de cément, qui s'use avec l'âge.

Cornet à dés *(le),* recueil de poèmes en prose et de récits autobiographiques de Max Jacob (1917). Prophétie et parodie s'y combinent en une réalité nouvelle.

CORNETTE n. f. (de *corne*). **1.** Coiffe de certaines religieuses. — **2.** Type de chicorée scarole. — **3.** Nom de divers outils servant à tailler le cuir, à lame courbe (cornette à chantourner, à couper, à tracer). — **4.** Sous l'Ancien Régime, étendard d'une compagnie de cavalerie ; cette compagnie elle-même ; pavillon d'un chef d'escadre. — **5.** *Cornette blanche* ou *cornette de France,* étendard du roi.

◆ n. m. Autref., officier portant l'étendard d'une compagnie de cavalerie ; sous-lieutenant de cavalerie.

◆ **cornettes** n. f. pl. En Suisse, variété de pâtes alimentaires.

CORNETTISTE n. Musicien qui joue du cornet, du cornet à pistons.

CORNÉULE n. f. Chacune des facettes des yeux composés, chez les insectes et les crustacés.

CORNEUR → CORNARD.

CORN FLAKES [kɔrnflɛks] n. m. pl. (amér. *cornflakes,* de *corn,* maïs, et *flake,* flocon). Flocons grillés, préparés à partir de semoules de maïs salées et additionnées de sirop de sucre. (Syn. PÉTALES DE MAÏS.)

CORNIAUD n. m. (de *corne*). **1.** Chien bâtard. — **2.** *Pop.* Homme stupide.

1. CORNICHE n. f. (ital. *cornice,* du lat. *cornix, -icis,* corbeille, ou du gr. *koronê,* extrémité recourbée). **1.** Ensemble de moulures en surplomb les unes sur les autres, servant de couronnement à un entablement, à une élévation, à un piédestal, à une boiserie, à un meuble. — **2.** Escarpement de roches dures, abrupt, surmontant une pente plus douce ou formant surplomb. — **3.** Formation de neige, due à l'effet du vent, qui ourle la plupart des arêtes effilées à partir d'une certaine altitude.

2. CORNICHE n. f. (de *cornichon*). *Arg.* Classe préparatoire à l'École spéciale militaire de Saint-Cyr.

Corniche *(route de la),* itinéraire routier touristique allant de Nice à Gênes, dominant le littoral méditerranéen.

Corniche sublime (la), route qui suit le grand cañon du Verdon, sur la rive sud (Var).

CORNICHON n. m. (de *corne*). **1.** Variété de petit concombre que l'on consomme, encore vert, confit dans du vinaigre. — **2.** *Pop.* Niais, imbécile. — **3.** *Arg.* Élève de la classe de corniche.

CORNIER, ÈRE adj. (de *corne*). Qui est à l'angle d'un bâtiment *(poteau cornier),* revêt un angle saillant *(pilastre cornier).*

◆ **cornier** n. m. Arbre qui marque le coin d'une coupe en forêt.

◆ **cornière** n. f. **1.** Barre profilée, généralement métallique, à section composée de deux branches, appelées ailes, égales ou non et, le plus souvent, perpendiculaires. — **2.** Portique, formant passage couvert au rez-de-chaussée des maisons, qui borde la place d'une bastide. (Syn. COUVERT.) — **3.** Rangée de tuiles placée à la jonction de deux pentes d'un toit et qui forme chéneau pour l'écoulement des eaux pluviales.

CORNILLON n. m. Cheville osseuse de la corne des ruminants.

CORNIMONT (88310), comm. des Vosges, sur la Moselotte ; 4 085 hab. *(Cornimontais).* Textile.

CORNING, v. des États-Unis (Pennsylvanie) ; 16 000 hab. Musée de la verrerie.

CORNIQUE adj. De la Cornouailles anglaise.

◆ n. m. Dialecte celtique, aujourd'hui disparu, du comté de Cornwall.

CORNISTE n. (de *cor,* d'apr. le lat. *cornu*). Musicien qui joue du cor.

Corn Laws (« lois sur le blé »), législation britannique qui protégeait la production céréalière du pays par la fixation de prix limites au-dessous desquels les importations de blé étaient interdites, tandis que les exportations bénéficiaient de prix garantis par des subventions. Mise sur pied principalement dans la seconde moitié du XVIIe s., cette législation fut aggravée par les lois de 1815, 1822, 1828. Attaquées par les libre-échangistes (Anti Corn

Law League, 1838), les lois sur le blé furent complètement abolies en 1849.

CORNO GRANDE, point culminant du massif italien du Grand Sasso, dans les Abruzzes, au N.-E. de L'Aquila ; 2 914 m. Sur les pentes méridionales, centre touristique du Campo Imperatore, d'où Mussolini fut libéré par les parachutistes allemands (12 sept. 1943).

CORNOUAILLE (la), région du sud-ouest de la Bretagne, s'étendant de la pointe du Raz à l'embouchure de la Laïta et jusqu'au S.-O. des Côtes-d'Armor. V. princ. *Quimper.* Pêche. Conserverie. Tourisme.

CORNOUAILLES, comté d'Angleterre → CORNWALL.

CORNOUILLE n. f. Fruit du cornouiller.

CORNOUILLER n. m. (anc. fr. *cornolle,* du lat. *cornum,* corne). Arbuste commun des haies et des lisières, aux feuilles à sève visqueuse, aux petites fleurs à quatre pétales disposés en groupes serrés.

CORN-PICKER [kɔrnpikœr] n. m. (pl. *corn-pickers*) [amér. *corn-picker,* de *corn,* maïs, et *picker,* cueilleur]. Machine à ramasser le maïs, cueillant les épis sur pied, les dépanouillant et les chargeant sur une remorque.

CORN-SHELLER [kɔrnʃɛlœr] n. m. (pl. *corn-shellers*) [amér. *corn-sheller,* de *corn,* maïs, et *sheller,* décortiqueur]. Machine à ramasser le maïs, cueillant les épis sur pied, les dépanouillant, les égrenant et chargeant le grain sur une remorque.

CORNU, E adj. (lat. *cornutus*). Qui a, qui porte des cornes : *Bête cornue.*

CORNU (Alfred), physicien français (Orléans 1841 - La Chansonnerie, près de Romorantin, 1902). Ses principaux travaux ont été consacrés à la minéralogie, puis à l'optique (détermination de la vitesse de la lumière, étude photographique des radiations ultraviolettes, interférométrie). [Acad. des sc., 1878.]

CORNU (Maxime), agronome français (Orléans 1843 - Paris 1901). Auteur de travaux sur les cryptogammes et les agents des maladies des plantes, notamment le phylloxéra, il contribua à l'introduction de nouvelles cultures dans les colonies françaises.

CORNUE n. f. (de *cornu*). Récipient à col étroit, long et courbé servant à la distillation.

CORNWALL, en fr. **Cornouailles,** région péninsulaire de Grande-Bretagne. Élevage. Cultures maraîchères et florales. Tourisme.

CORNWALL, v. du Canada (Ontario), sur le *canal de Cornwall ;* 46 000 hab.

CORNWALLIS (Charles CORNWALLIS, 1er *marquis*), général et administrateur britannique (Londres 1738 - Ghāzīpur, Uttar Pradesh, 1805). Il reçut en 1776 le commandement en second de l'armée d'Amérique aux prises avec les « insurgents » ; bloqué dans Yorktown, il dut capituler (1781). Gouverneur général et commandant en chef pour l'Inde (1786), il soumit Tippoo Sahib, sultan du Mysore. Vice-roi d'Irlande (1798-1801), il en réprima l'insurrection. Il participa aux négociations du traité d'Amiens (1802).

CORO, v. du nord-ouest du Venezuela, cap. de l'État de Falcón ; 68 700 hab.

COROGNE (La), en esp. **La Coruña,** port et centre touristique d'Espagne, en Galice, ch.-l. de prov., sur l'Atlantique ; 231 700 hab. Ensemble monumental de la vieille ville. Musée. Pêche. Aluminium. Raffinerie de pétrole. Chantiers navals.

COROLLAIRE n. m. (lat. *corollarium,* petite couronne). **1.** Proposition qui se déduit immédiatement d'une proposition déjà démontrée. — **2.** Fait résultant inévitablement d'un autre fait ; conséquence.

◆ adj. Qui constitue un corollaire.

COROLLAIREMENT adv. Comme conséquence nécessaire de ce qui a été dit.

COROLLE n. f. (lat. *corolla,* petite couronne). **1.** Ensemble des pétales d'une fleur. — **2.** Objet dont la forme circulaire rappelle l'ensemble des pétales d'une fleur ouverte : *Lampe 1900 à corolle de verre.*

ENCYCL. La corolle forme un verticille entourant les étamines et entouré, dans le bouton floral, par le calice, dont elle déborde largement dans la fleur épanouie. Elle est *dialypétale* lorsque les pétales sont entièrement séparés, *gamopétale* lorsqu'ils sont soudés. Une corolle à symétrie axiale est dite *actinomorphe* ou *régulière ;* elle est *zygomorphe* ou *irrégulière* lorsque sa symétrie est bilatérale. Les variétés cultivées de certaines plantes ont plusieurs verticilles de pétales et leur corolle est dite *double ;* c'est le cas de la rose.

COROMANDEL *(côte de),* partie de la côte orientale de la péninsule de l'Inde, sur le golfe du Bengale, entre le détroit de Palk et l'embouchure de la Godāvari. V. princ. *Madras.*

Coromandel *(laques de),* laques chinois exportés en quantité vers l'Europe durant la seconde moitié du XVIIe et au XVIIIe s. et qui transitaient par la côte du même nom. Ce sont en majorité de grands paravents (fonds noirs, bruns ou parfois rouges ; décor par incisions remplies de couleurs vives, souvent rehaussées d'or).

1. CORON n. m. (anc. fr. *cor,* extrémité). Déchets de matières textiles provenant de mèches ayant subi une certaine torsion.

2. CORON n. m. (picard *coron,* de *coron 1*). Groupe de maisons ouvrières dans les régions minières du Nord.

CORONADO (Francisco VÁZQUEZ DE), explorateur espagnol (Salamanque 1510 -Mexico v. 1554). Gouverneur de la Nouvelle-Galice (1538), il dirigea une expédition qui découvrit le grand canyon du Colorado et explora la Prairie jusqu'à l'actuel Kansas (1540-41).

1. CORONAIRE adj. (lat. *coronarius,* en forme de couronne). *Or coronaire,* à l'origine, couronne d'or que les alliés ou les vaincus offraient aux généraux romains vainqueurs. (Puis ce fut un don des villes ou des communautés lors de l'avènement d'un empereur. Il devint un impôt régulier auquel les décurions furent assujettis sous Constantin.)

2. CORONAIRE adj. (de *coronaire 1*). **1.** Se dit de certains organes disposés en couronne. – **2.** *Artère coronaire* ou *coronaire* (n. f.), chacune des deux artères (droite et gauche) qui naissent de l'aorte, immédiatement après son origine. (Elles fournissent la vascularisation artérielle du cœur.) ‖ *Artère coronaire stomachique,* branche du tronc cœliaque, gagnant la petite courbure de l'estomac, qu'elle vascularise. ‖ *Grande veine coronaire,* veine qui draine la plus grande partie du sang veineux du cœur.

CORONAL, E, AUX adj. (bas lat. *coronalis*). **1.** Qui concerne la couronne du Soleil ou d'une étoile quelconque. – **2.** Se dit d'une articulation dans laquelle seule la couronne de la langue entre en jeu (par oppos. à *laminal*).

CORONARIEN, ENNE adj. Relatif aux artères coronaires.
◆ n. Malade atteint de coronaropathie.

CORONARITE n. f. Maladie inflammatoire des coronaires.

CORONAROGRAPHIE n. f. Radiographie des artères coronaires et de leurs branches de division, grâce à l'injection, au niveau du sinus de Valsalva (origine de l'aorte), d'un produit de contraste iodé.
ENCYCL. La coronarographie met en évidence les athéroscléroses généralisées du réseau coronaire, les thromboses et les oblitérations étendues ou localisées, les sténoses, les anomalies, les anévrysmes, les troubles de circulation. Elle permet de préciser les indications chirurgicales. C'est dire toute son importance dans les syndromes angineux et les infarctus du myocarde.

CORONAROPATHIE n. f. Toute maladie des artères coronaires.

CORONÉE, en gr. **Korôneia,** anc. ville de Grèce, en Béotie, non loin du lac Kopaïs. Victoire des Béotiens sur les Athéniens (447 av. J.-C.). Agésilas, roi de Sparte, y vainquit aussi les Thébains et leurs alliés en 394 av. J.-C.

CORONEL, port du Chili, au S. de Concepción. Au large de Coronel, l'escadre de l'amiral von Spee détruisit presque entièrement, le 1er nov. 1914, celle de l'amiral Cradock.

CORONELLE n. f. (lat. *corona,* couronne, du gr. *korônê*). Petite couleuvre vivipare au corps massif, s'attaquant notamment aux serpents.

CORONER [kɔrɔnɛr] n. m. (angl. *coroner,* du lat. médiév. *coronarius*). Dans les pays anglo-saxons, officier de police judiciaire chargé d'enquêter sur les décès par mort violente ou par accident.

CORONILLE n. f. (esp. *coronilla,* du lat. *corona,* couronne). Papilionacée ornementale, herbacée ou arbustive.

CORONOGRAPHE n. m. (angl. *coronograph,* du lat. *corona,* couronne). Lunette astronomique spéciale qui permet la photographie et l'étude de la couronne solaire en dehors des éclipses.

CORONOÏDE adj. (gr. *korônê,* corneille). Se dit de certaines apophyses (à l'extrémité du cubitus, sur le maxillaire inférieur) rappelant le bec d'une corneille.

CORONULE n. f. (lat. *coronula*). **1.** Tube doublant intérieurement la corolle de certaines fleurs, telles que la jonquille. (Syn. COURONNE.) – **2.** Très gros crustacé voisin de la balane, se fixant ordinairement sur la peau des baleines.

COROPHIUM [-fjɔm] n. m. Petit crustacé amphipode, qui vit en foule dans des tubes de sables vaseux agglomérés.

COROPUNA, sommet des Andes du Pérou, au N.-O. d'Arequipa ; 6 425 m.

COROSSOL n. m. Fruit comestible, rafraîchissant, du corossolier, ovoïde et gros, à l'enveloppe hérissée de pointes molles, pouvant peser 1,5 kg.

COROSSOLIER n. m. (mot créole, p.-ê. de *Curaçao*). Arbre (anonacée) des régions tropicales aux feuilles persistantes, aux fleurs d'odeur agréable, se succédant toute l'année et produisant le corossol.

COROT (Jean-Baptiste Camille), peintre français (Paris 1796 - *id.* 1875). Préférant la peinture au commerce, il obtient en 1822 le soutien de ses parents, devient l'élève des paysagistes néoclassiques Michallon puis J.-V. Bertin. Il pratiquera toute sa vie le paysage d'après nature, en Italie (1825-1828, 1834, 1843) et en France (Ville-d'Avray, Mantes, forêt de Fontainebleau, Normandie, Arras et Douai, etc.). L'exemple des Hollandais du XVIIe s. et des pleinairistes anglais contemporains lui apprend à saisir les variations atmosphériques. L'Italie développe son acuité, son sens des valeurs et d'une harmonie sereine.

Ces différents aspects s'épanouissent dans les peintures d'après nature les plus audacieuses et « modernes » (*Rome, la Trinité des Monts* [1826-1828], les 2 vues de Volterra [1834], *le Beffroi de Douai* [1871], au Louvre), mais aussi dans les paysages composés à l'atelier (*le Pont de Narni,* Salon de 1827, Gal. nat., Ottawa) ou réinventés pour des compositions historiques ou religieuses (*Homère et les bergers,* 1845, musée de Saint-Lô) et dans les paysages lyriques (à partir de 1850), d'un romantisme poétique (*Souvenir de Mortefontaine,* 1864, Louvre) qui a fait sa célébrité, malgré le caractère parfois répétitif de la formule. Les portraits et figures offrent la même riche et subtile variété de facture (*Claire Sennegon,* 1837, Louvre ; *l'Odalisque romaine,* dite *Marietta,* 1843, Petit Palais ; série des *Jeunes Femmes* dans l'atelier). Son œuvre dessiné témoigne d'une recherche synthétique, toute de rigueur et de sensibilité.

COROZO n. m. (esp. d'Amérique *corozo*). Albumen corné, dur et blanc, de la graine de certains palmiers. (Utilisé naguère pour sa ressemblance avec l'ivoire, le corozo a été supplanté par les matières plastiques.) [Syn. IVOIRE VÉGÉTAL.]

CORPORAL n. m. (pl. *corporaux*) [lat. ecclés. *corporale,* de *corpus Christi,* corps du Christ]. Linge de lin bénit que le prêtre étend sur l'autel pour y déposer le calice et l'hostie pendant la messe.

CORPORATIF, IVE adj. (de *corporation*). Qui concerne les corporations, les corps de métiers : *Organisation corporative.*

CORPORATION n. f. (angl. *corporation,* du lat. médiév. *corporari,* se grouper en corps). **1.** Sous l'Ancien Régime, organisme social qui groupait tous les membres d'une profession, de la base au sommet ; corps de métiers. — **2.** Ensemble de personnes exerçant la même profession : *La corporation des médecins.* — **3.** *Portrait de corporation,* tableau représentant les membres d'une compagnie, d'une confrérie, d'un corps, etc. (Nombreux exemples de ces portraits collectifs, notamment dans la Hollande du XVIIe s. : Hals, Rembrandt, etc.).

CORPORATISME n. m. (de *corporation*). **1.** Doctrine qui, répudiant à la fois l'individualisme et le collectivisme, est fondée sur l'organisation des professions en organismes permanents et institutionnels qui élaborent des décisions sanctionnées par les pouvoirs publics et qui sont représentés auprès du gouvernement. — **2.** Défense exclusive des intérêts particuliers d'une catégorie de personnes.

ENCYCL. Le corporatisme est né notamment avec les socialistes chrétiens français comme Buchez. Le corporatisme d'association fut professé par les fractions les plus marquantes du catholicisme social (Albert de Mun, René de La Tour du Pin Chambly de la Charce). Après la Première Guerre mondiale, il déborda ce cadre et gagna les idéologies de droite fascisantes pour devenir une tendance du régime de Vichy, incarnée par la *Charte du travail.* À l'étranger, le fascisme italien avait entrepris de réaliser un corporatisme d'État, qui n'alla jamais très loin sur la voie des réalisations. Le Portugal de Salazar, l'Autriche de Dollfuss et Schuschnigg se voulurent également corporatistes.

CORPORATISTE adj. et n. Relatif au corporatisme ; partisan du corporatisme.

CORPORATIVEMENT adv. De manière corporative.

CORPORÉAL, E, AUX adj. (lat. *corporealis*). Qui a trait au corps d'un organe (en partic. de l'utérus).

CORPORÉITÉ n. f. (lat. médiév. *corporeitas*). Pour les phénoménologues, fait pour l'homme d'être dans le monde, d'être regardé par autrui comme une personne, un être humain.

CORPOREL, ELLE adj. (lat. *corporalis*). **1.** Qui a un corps, par oppos. à *spirituel : Dieu n'est pas corporel.* — **2.** Qui concerne le corps humain : *Exercices corporels.* • **Art contemp.** *Art corporel,* tendance dans laquelle l'artiste prend pour matériau son propre corps. (→ *encycl.*) — **Dr.** *Biens corporels,* choses susceptibles d'appropriation. — **Neurol.** *Schéma corporel,* représentation plus ou moins consciente de notre corps agissant ou immobile, de sa position dans l'espace, de la posture respective de ses différents segments ainsi que du revêtement cutané, par lequel il est en contact avec le monde. (Le schéma corporel se construit progressivement depuis la naissance jusqu'à 8-9 ans ; il résulte de la synthèse des impressions visuelles, tactiles, kinesthésiques et vestibulaires.

ENCYCL. L'*art corporel* (appelé *body art* aux États-Unis) se fonde sur le corps comme sujet d'expérimentation, appelé à révéler les potentialités physiques, sensorielles et spirituelles de l'être à travers des *actions,* ou *performances ;* il apparaît non seulement comme « structure physique », mais aussi comme « structure sociale ». La photographie et la vidéo s'intègrent à l'œuvre, la complètent et la prolongent. Cette pratique s'est développée à partir de 1969-70 avec les Américains V. Acconci, D. Oppenheim, Bruce Nauman, Chris Burden, la Française G. Pane, les Autrichiens Hermann Nitsch, Otto Muehl, Günter Brus, ainsi qu'Arnulf Rainer, l'Allemand Klaus Rinke, auxquels on peut ajouter d'une part les Anglais Gilbert et George, d'autre part les Suisses Urs Lüthi et Luciano Castelli, adeptes du travestissement.

CORPORELLEMENT adv. D'une façon qui touche, qui affecte le corps ; physiquement : *Punir corporellement.*

CORPS n. m. (lat. *corpus*). **1.** La partie matérielle d'un être animé considérée en partic. du point de vue de son anatomie, de son aspect extérieur : *Les victimes avaient le corps couvert de brûlures.* – **2.** La partie matérielle de qqn considérée en partic. du point de vue de son fonctionnement interne : *Avoir mal dans tout le corps.* – **3.** La partie matérielle de qqn après la mort ; cadavre : *Levée du corps.* – **4.** Le tronc, par oppos. aux membres et à la tête : *Il portait des tatouages sur les bras et le corps.* – **5.** Partie d'un vêtement recouvrant le buste, à l'exclusion des membres : *Le corps d'une robe.* – **6.** Tout objet, toute substance matériels : *La chute des corps. Le carbone est un corps simple.* – **7.** Partie principale d'un objet supportant les autres éléments : *Le corps d'un violon.* – **8.** Partie essentielle, fondamentale d'un écrit, d'un ouvrage : *Le corps d'une lettre.* – **9.** Ensemble organisé de règles, de principes ; recueil de textes : *Un corps de doctrine.* – **10.** Ensemble de personnes appartenant à une même catégorie professionnelle : *Le corps médical.* – **11.** *À corps perdu,* au mépris du danger ; impétueusement, sans précaution. ‖ *Avoir du corps,* en parlant d'un vin, donner une sensation de plénitude résultant d'un ensemble de qualités ; en parlant d'un tissu, avoir de l'épaisseur, de la solidité. ‖ *Corps à corps* [kɔrakɔr], au contact immédiat de l'adversaire ; en abordant directement, résolument qqn ou qqch. ‖ *Corps et âme* [kɔrzeam], tout entier, sans réserve. ‖ *Corps et biens* [kɔrzebjɛ̃], les personnes comme les biens matériels. ‖ *Corps étranger,* substance qui se trouve, contre nature, dans l'organisme, soit apportée du dehors (projectile, objet dégluti ou inhalé), soit formée sur place (calcul, fragment osseux ou cartilagineux) ; tout élément rapporté après coup dans un ensemble déjà constitué. ‖ *Corps sans âme,* corps privé de vie ; ce qui est dépourvu de l'élément moteur qui lui donne un sens. ‖ *Donner corps à,* donner une réalité à ce qui n'était qu'une idée, une possibilité, confirmer. ‖ *Esprit de corps,* sentiment de solidarité qui unit les membres d'un groupe. ‖ *Faire corps avec,* ne faire qu'un avec qqn d'autre ; adhérer à qqch. ‖ *N'avoir rien dans le corps,* être sans courage, sans force ; être à jeun. ‖ *Passer, marcher sur le corps de qqn,* le culbuter, le fouler aux pieds ; parvenir à ses fins sans ménager les personnes. ‖ *Prendre corps,* prendre consistance, avoir un début de réalisation. ‖ *Près du corps,* se dit d'un vêtement assez ajusté. ‖ *Tenir au corps,* être nourrissant, en parlant d'un aliment. ‖ Fam. *Travailler au corps,* frapper son adversaire à la poitrine et au buste (à la boxe) ; entreprendre qqn avec persévérance pour l'amener à accepter qqch. • **Algèbr.** Anneau unitaire non réduit à {0} et dont tout élément non nul est inversible. (→ *encycl.*) ‖ *Corps commutatif,* corps dont la loi multiplicative est commutative. – **Anat.** Nom de divers organes tels que le *corps caverneux*,* le *corps vitré*,* etc. – **Archit.** Partie d'un édifice (du sol à la couverture) présentant une certaine autonomie. ‖ *Corps central* ou *principal,* partie principale, par oppos. aux ailes, aux pavillons. ‖ *Corps de logis,* corps de bâtiment servant à l'habitation. – **Archit.** et – **Arts décor.** *Corps de moulures,* moulure à profil complexe, analysable comme la composition de plusieurs moulures élémentaires. – **Bât.** *Corps creux,* élément moulé alvéolaire, en brique, béton, etc., employé pour un mur porteur *(parpaing, brique creuse),* en enrobage d'une ossature métallique ou entre les poutrelles d'un plancher *(hourdis).* ‖ *Corps d'état* ou *corps de métier,* chacun des métiers du bâtiment. – **Ch. de f.** *Corps d'essieu,* partie de l'essieu monté sur laquelle sont calées les roues et qui comporte deux zones tournées et polies constituant les fusées. (Syn. ESSIEU NU.) – **Chorégr.** *Corps de ballet,* ensemble des danseurs d'un théâtre qui ne sont ni solistes ni étoiles ; à l'Opéra de Paris, ensemble de tous les danseurs. – **Cost.** Au Moyen Âge, corsage porté par les hommes et les femmes. (À partir du XVIe s., le corps, renforcé ou baleiné, est porté par les femmes. Il est, selon les époques, visible sur la robe ou porté comme sous-vêtement.) – **Dr.** *Assurance sur corps,* assurance maritime qui couvre le navire et ses accessoires à l'exclusion des marchandises transportées, en cas de perte ou d'avarie ou de dommages causés aux tiers. ‖ *Corps diplomatique,* ensemble des représentants des puissances étrangères auprès d'un gouvernement. ‖ *Corps de fonctionnaires,* ensemble de fonctionnaires soumis au même statut particulier et ayant vocation aux mêmes grades de la hiérarchie et aux mêmes emplois. ‖ *Corps de preuves,* ensembles de preuves. ‖ *Grands corps de l'État,* ensemble des fonctionnaires supérieurs n'appartenant pas aux administrations centrales et recrutés par la voie de l'E. N. A. ‖ *Ordonnance de prise de corps,* disposition par laquelle, dans l'arrêt de mise en accusation, la chambre d'accusation ordonne que l'accusé soit détenu et au besoin arrêté. – **Féod.** *Homme de corps,* personne soumise à la mainmorte. – **Hist.** *Corps législatif,* nom donné par diverses constitutions à la Chambre des députés. (→ *encycl.*) ‖ *Corps de ville* ou *corps municipal,* ensemble des administrateurs d'une ville. – **Impr.** *Corps d'un caractère,* espace vertical occupé par une ligne formée de caractères de ce type. (→ *encycl.*) – **Mécan.** Partie principale d'un appareil chaudronné, d'une vanne, d'une pompe, etc. – **Mil.** *Chef de corps,* officier (colonel, lieutenant-colonel, chef de bataillon) commandant une unité formant corps. ‖ *Corps aérien,* réunion, sous un même commandement, de plusieurs grandes unités aériennes ainsi que des éléments nécessaires à leur mise en œuvre. ‖ *Corps d'armée (C. A.),* grande unité militaire disposant à la fois de formations de combat, de services et de réserves lui permettant, sur le plan tactique, de mener une opération de bout en bout. (→ *encycl.*) ‖ *Corps de cavalerie, corps blindé,* groupement temporaire ou permanent de grandes unités, à base de cavalerie ou d'engins blindés. ‖ *Corps expéditionnaire,* corps constitué spécialement pour mener une expédition lointaine. ‖ *Corps franc,* formation ancienne de volontaires levée pendant une guerre dans des circonstances exceptionnelles ; auj., troupe de faible effectif, spécialisée dans des opérations de combat particulièrement délicates ; formations de volontaires allemands au lendemain de la Première Guerre mondiale. ‖ *Corps de garde,* troupe assurant la garde d'un bâtiment militaire ; local assigné à cette troupe. (Syn. POSTE.) ‖ *Corps techniques et administratifs des armées,* corps composés d'officiers assurant des fonctions techniques et administratives d'encadrement dans leurs différents corps de rattachement. ‖ *Corps de troupes,* unité organique d'une arme ou d'un service, constituée de façon permanente et dotée des moyens nécessaires pour s'administrer de façon indépendante. — **Min.** *Corps minéralisé,* partie de gisement dans laquelle la minéralisation est à peu près continue. — **Mobil.** *Meuble à deux* ou *plusieurs corps,* meuble composé de parties superposées (armoires du XVIe s., buffets, etc.). — **Mus.** Syn. de CAISSE DE RÉSONANCE. — **Pétr.** Syn. de CALANDRE. — **Philos.** *Corps propre,* pour la phénoménologie, ensemble des rapports vécus par le sujet avec son corps, aux termes desquels celui-ci peut être vécu comme objet par lui. — **Phys.** *Mouvement de* n *corps,* problème de mécanique céleste consistant à déterminer le mouvement de *n* objets s'attirant mutuellement par des forces de gravitation. — **Polit.** *Corps électoral,* l'ensemble des électeurs. ‖ *Corps poli tique,* ensemble des citoyens considérés dans l'exercice de leurs droits politiques. — **Psychan.** *Image du corps,* représentation inconsciente du corps liée au développement narcissique du sujet. — **Rel.** *Corps d'ouvrage,* résultat de l'ensemble des opérations effectuées après la couture des cahiers et avant la couvrure.

ENCYCL. **Algèbr.** Une structure de corps sur un ensemble K est définie par la donnée de deux lois de composition interne :
— l'addition, par laquelle K a une structure de groupe commutatif ;
— la multiplication, associative, distributive par rapport à l'addition, admettant l'élément 1 comme élément neutre et pour laquelle tout élément non nul est inversible. $\mathbb{Q}$, $\mathbb{R}$, $\mathbb{C}$ sont des corps commutatifs. Le premier exemple de corps non commutatif, corps des quaternions, a été fourni par Hamilton.

— **Hist.** Le *Corps législatif,* assemblée instituée par la Constitution de l'an VIII établissant le Consulat (1799), était composé de députés qui approuvaient ou rejetaient sans débats les projets de lois préparés par le Conseil d'État, d'où le surnom de « 300 muets » donné à ses membres, qui siégèrent jusqu'en 1804. La Constitution du 14 janv. 1852, instaurant le second Empire, créa de nouveau un Corps législatif, assemblée qui fut une simple chambre d'enregistrement sous l'Empire autoritaire (1852 -1860) mais qui, sous l'Empire libéral (1860 - 1870), partagea l'initiative des lois avec l'empereur en 1869 puis avec le Sénat en 1870, date à laquelle elle disparut.

— **Impr.** Le corps est l'espace séparant l'extrémité supérieure d'une lettre montante (l, b, d...) de l'extrémité inférieure d'une lettre descendante (p, q, g...). La force de corps est exprimée en mesures typographiques ; selon le système de composition, l'unité utilisée est le point Didot, le point Pica ou le 1/4 de mm.

— **Mil.** La création du *corps d'armée* est l'œuvre de Bonaparte ; élément de base de la Grande Armée, il constituait l'ossature du corps de bataille et la plus grande unité de l'ordre tactique. De nos jours, et depuis 1977, le corps d'armée est conçu comme un grand commandement organiquement capable de s'engager sur une direction stratégique. Il est l'échelon de mise en œuvre de l'armement nucléaire tactique et de la manœuvre aéroterrestre.

CORPS-À-CORPS [kɔrakɔr] n. m. inv. **1.** Mêlée violente, acharnée ; lutte de front. — **2.** En escrime, en boxe, situation où les adversaires se trouvent très près l'un de l'autre.

CORPSARD n. m. *Pop.* Haut fonctionnaire issu de l'École polytechnique ou de l'École des mines.

CORPS-MORT n. m. (pl. *corps-morts*). Groupe d'ancres de grandes dimensions réunies par des chaînes et servant à l'amarrage des navires.

CORPULENCE n. f. (lat. *corpulentia,* de *corpus,* corps). Grandeur et grosseur du corps humain ; en partic., grande taille et poids important.

CORPULENT, E adj. (lat. *corpulentus*). Qui est de forte corpulence.

1. CORPUS [-pys] n. m. (lat. *corpus,* corps). **1.** Recueil de documents relatifs à une discipline, réunis en vue de leur conservation : *Corpus des inscriptions grecques.* — **2.** Ensemble fini d'énoncés écrits ou enregistrés, constitué en vue de leur analyse linguistique.

2. CORPUS [-pys] n. m. (de *corpus 1*). Élément matériel de la possession qui désigne le pouvoir de fait exercé sur une chose. (S'oppose à ANIMUS.)

Corpus Christi (« Corps du Christ ») [*fête du Corpus ou du*], nom liturgique de la fête du Saint Sacrement, ou Fête-Dieu.

CORPUS CHRISTI, port des États-Unis (Texas), sur le golfe du Mexique et sur la baie homonyme ; 231 000 hab. Raffinage du pétrole et pétrochimie. Métallurgie. Université.

Corpus juris civilis, recueil de droit civil romain comprenant sept ouvrages, dont les principaux sont : le *Code, Codex Justinianus,* recueil des constitutions impériales (529) ; le *Digeste* ou *Pandectes* (533) ; les *Institutes* (533) ; les *Novelles* (565).

CORPUSCULAIRE adj. 1. Relatif aux corpuscules. – 2. *Théorie corpusculaire,* mode de description de la lumière en termes de grains d'énergie (les photons), qui maintiennent leurs caractéristiques au cours de leur interaction avec la matière.

CORPUSCULE n. m. (lat. *corpusculum,* atome). 1. En physique, syn. désuet de PARTICULE. – 2. Très petit élément, en partic. fragment de poussière, présent habituellement dans l'air et seulement dans certaines conditions. – 3. Organe anatomique globuleux et de taille réduite.

CORRAL n. m. (pl. *corrals*) [esp. *corral*]. 1. En Amérique, enclos destiné à parquer les bovins en vue du marquage, de la vaccination, etc.). – 2. Enclos pour les taureaux attenant aux arènes tauromachiques, surplombé d'une galerie pour les spectateurs.

CORRASION n. f. (lat. *corrasus,* de *corradere,* enlever en raclant). Attaque mécanique des roches.

CORRECT, E adj. (lat. *correctus,* de *corrigere,* redresser). 1. Qui est conforme aux règles, à la normale, qui ne contient pas de fautes ; exact : *Un calcul correct. Le déroulement correct d'une course.* – 2. Qui est d'une qualité, d'une valeur acceptable ; honnête : *Offrir une rémunération correcte.* – 3. Qui respecte les bienséances, la morale, les règles d'un milieu social ; convenable : *C'est un homme correct en affaires. Une tenue correcte.* – 4. *Politiquement correct,* se dit d'un discours, d'un comportement visant à bannir tout ce qui pourrait blesser les membres de catégories ou de groupes minoritaires en leur faisant sentir leur différence comme une infériorité ou un motif d'exclusion. (Calque de l'Amér. *politically correct.*)

CORRECTEMENT adv. 1. De façon correcte, conforme aux règles : *Parler correctement.* – 2. De façon suffisante au regard de la qualité, de la quantité, de la valeur, etc. : *Gagner correctement sa vie.*

CORRECTEUR, TRICE n. (lat. *corrector*). 1. Personne chargée de corriger et de noter des copies d'examen ou de concours. – 2. Personne chargée de signaler les erreurs survenues lors de la composition d'un texte.

◆ adj. 1. Qui est propre à corriger un défaut : *Verres correcteurs.* – 2. *Chirurgie correctrice,* correction des anomalies et imperfections de l'aspect extérieur du corps et surtout du visage.

◆ **correcteur** n. m. 1. Organe ayant pour rôle d'améliorer la stabilité ou la précision d'un système asservi. – 2. Dispositif d'un appareil horaire permettant de modifier des états ou des informations (correcteur d'heure, de fuseau horaire, de calendrier, etc.). – 3. *Correcteur d'assiette,* dispositif de suspension qui maintient à un niveau constant la hauteur du véhicule au-dessus du sol. ‖ *Correcteur orthographique,* logiciel d'aide à la vérification et à la correction d'un texte établi sur traitement de texte. (Syn. VÉRIFICATEUR ORTHOGRAPHIQUE.)

CORRECTIF, IVE adj. (bas lat. *correctivus*). 1. Qui vise à corriger, à redresser : *Exercices correctifs.* – 2. *Gymnastique corrective,* gymnastique pratiquée en vue de la rééducation motrice et de la correction de certaines attitudes vicieuses.

◆ **correctif** n. m. 1. Ce qui atténue, compense : *Apporter un correctif à des mesures trop rigoureuses.* – 2. Mise au point qui corrige un excès, une maladresse : *Un communiqué suivi d'un correctif.*

CORRECTION n. f. (lat. *correctio, -onis*). 1. Qualité de ce qui est correct, conforme aux règles : *La correction du langage.* – 2. Qualité de qqn, de son comportement qui est correct, respecte les bienséances, la morale : *Agir avec correction.* – 3. Action de rectifier une faute : *Correction d'une erreur.* – 4. Action de noter des copies d'examen ou de concours. – 5. Modification apportée à un texte, qui corrige une erreur : *Approuver une correction dans un acte.* – 6. Action de lire, de contrôler qqch pour en corriger les erreurs ; travail du correcteur d'imprimerie : *Correction d'un texte sur épreuves.* – 7. Action de corriger un déficit, un défaut, une défaillance ; modification, rectification ainsi apportée : *La correction des troubles de la vue.* – 8. Réprimande, punition destinée à corriger qqn ; en partic., châtiment corporel, coups : *Infliger une sévère correction à quelqu'un.* – 9. *Maison de correction,* établissement pénitentiaire où étaient détenus les mineurs délinquants ; prison qui était destinée à recevoir les condamnés à une peine correctionnelle inférieure à un an.

CORRECTIONNALISATION n. f. Action de correctionnaliser.

CORRECTIONNALISER v. t. (conj. 3). Convertir un crime en délit par voie légale ou judiciaire.

CORRECTIONNALITÉ n. f. Caractère d'une affaire qui ressortit aux attributions des tribunaux correctionnels.

CORRECTIONNEL, ELLE adj. **1.** Relatif aux délits : *Peine correctionnelle.* — **2.** *Tribunal correctionnel* ou *correctionnelle* (n. f.), tribunal qui juge les délits.

CORRÈGE (Antonio ALLEGRI, dit **il Correggio,** en fr. [**le**]), peintre italien (Correggio, près de Parme, v. 1489 - *id.* 1534). Son coloris précieux doit quelque chose aux peintres de Ferrare (Dosso Dossi), sa science des volumes et de la perspective à l'art de Mantegna, connu à Mantoue. Dès sa jeunesse, il adoucit les formes héritées du quattrocento par un clair-obscur emprunté à Léonard. En 1518, il connaît, à Rome, les œuvres de Michel-Ange et de Raphaël. Fixé à Parme, il donne sa mesure dans les fresques de l'église S. Giovanni Evangelista (1520-1523), notamment *la Vision de saint Jean* de la coupole, avec son effet nouveau d'un espace céleste infini où flotte le Christ. Selon le même principe, mais avec plus de virtuosité, il exécute de 1526 à 1530 son chef-d'œuvre, *l'Assomption* de la coupole de la cathédrale de Parme. D'une grâce exquise sont ses grands tableaux d'autel (*Madonna di san Girolamo,* Musée de Parme) et les toiles mythologiques des dernières années (*Io* et *Ganymède,* Kunsthistorisches Mus., Vienne). Son œuvre aura un retentissement considérable.

CORREGIDOR n. m. (esp. *corregidor*). Officier royal espagnol qui exerçait des fonctions judiciaires et administratives dans une ville ou dans un corregimiento.

CORREGIDOR, île des Philippines (prov. de Cavite), à l'entrée de la baie de Manille. Les troupes de MacArthur y résistèrent plusieurs mois aux Japonais avant de l'évacuer (mai 1942). Elle fut reconquise par les Américains du 17 au 23 févr. 1945. (→ *bataille des* PHILIPPINES.)

CORREGIMIENTO n. m. Circonscription territoriale placée sous l'autorité d'un corregidor.

CORRÉLAT n. m. Objet en corrélation avec un autre.

CORRÉLATEUR n. m. Système électronique permettant de calculer la fonction d'autocorrélation d'un signal ou la fonction d'intercorrélation de deux signaux.

CORRÉLATIF, IVE adj. (lat. médiév. *correlativus*). **1.** Se dit de choses ou de termes qui sont en corrélation, qui sont unis par une dépendance logique : *L'effet et la cause sont corrélatifs.* — **2.** Se dit de deux termes qui sont en relation de mutuelle dépendance et qui assurent une liaison entre deux membres de phrase (par ex. *autant ... que, trop ... pour,* etc.). — **3.** *Paire corrélative,* paire de phonèmes se trouvant dans un certain rapport d'opposition entre eux et par rapport aux autres phonèmes de la langue. (En français, /p/ et /b/, par ex., constituent une paire corrélative : ils sont les seuls à posséder en commun les traits distinctifs occlusif et bilabial ; le trait qui les oppose est le voisement.)

CORRÉLATION n. f. (lat. médiév. *correlatio*). **1.** Relation existant entre deux notions dont l'une ne peut être pensée sans l'autre, entre deux faits liés par une dépendance nécessaire : *Établir une corrélation entre la délinquance et le milieu social.* — **2.** *En corrélation avec qqch,* en rapport étroit avec. • **Biol.** Lien constant existant, chez un animal ou une plante, entre deux ou plusieurs caractères affectant des parties différentes de son corps. (Ces corrélations, sur lesquelles a beaucoup insisté Cuvier, peuvent concourir à adapter une espèce à un milieu ou à un régime précis, ou n'avoir aucune utilité en tant que telles.) — **Électron.** Technique utilisée dans les systèmes de détection pour extraire un signal d'un bruit de fond. — **Probab.** *Coefficient de corrélation de deux variables aléatoires,* covariance de leurs variables centrées réduites associées. — **Stat.** Liaison entre deux caractères *(corrélation simple)* ou plus *(corrélation multiple)* telle que les variations de leurs valeurs soient toujours de même sens *(corrélation positive)* ou de sens opposé *(corrélation négative).* ‖ *Coefficient de corrélation,* nombre mesurant la dépendance entre deux caractères quantitatifs. ‖ *Coefficient de corrélation (linéaire),* quotient de la covariance de deux variables par le produit de leurs écarts-types marginaux. (Ce coefficient est d'autant plus voisin de + 1 ou de − 1 que la liaison, positive ou négative, entre les deux variables est plus étroite.) [Syn. COEFFICIENT DE BRAVAIS-PEARSON.]

CORRÉLATIONNEL, ELLE adj. Qui concerne une corrélation, un corrélat.

CORRÉLATIVEMENT adv. De façon corrélative.

CORRÉLER v. t. (de *corrélation*) [conj. **18**]. Établir une corrélation entre deux phénomènes, deux variables statistiques.

CORRESPONDANCE n. f. (de *correspondant*). **1.** Rapport de ressemblance, de conformité, d'harmonie entre deux ou plusieurs choses ; point de ressemblance : *Il y a une correspondance certaine entre ces deux manuscrits.* — **2.** Coordination entre des services de transport permettant de passer commodément d'un service, d'un réseau à un autre en un point déterminé du parcours : *Une ligne d'autobus assure la correspon-*

dance entre la gare et l'aéroport. — **3.** Moyen de transport dont le service est établi en liaison avec celui d'un autre : *Rater la correspondance.* — **4.** Communication par échange de lettres, de messages : *Nous sommes en correspondance depuis longtemps.* — **5.** Ensemble de lettres écrites par qqn ou échangées entre des personnes : *La correspondance de Flaubert a été éditée.* — **6.** *Vx.* Communication entre deux lieux, deux choses : *La Méditerranée est en correspondance avec l'Atlantique par le détroit de Gibraltar.* — **7.** *Carnet de correspondance,* carnet où sont consignées les notes d'un élève. ‖ *Par correspondance,* par envoi de textes, de paquets : *Cours, vente par correspondance.* • **Math.** *Correspondance entre deux ensembles* M *et* N, triplet constitué par ces deux ensembles et par le graphe G d'une relation entre les éléments de M et ceux de N. (→ *encycl.*) — **Occult.** *Théorie des correspondances,* théorie suivant laquelle l'univers recèle de multiples et invisibles analogies entre ses divers éléments ou domaines. (Elle inspira notamment Goethe, Novalis, Balzac, Baudelaire.) — **Phys.** *Principe de correspondance,* règle épistémologique établissant un lien entre théorie quantique et théorie classique. — **Presse.** Article adressé au journal par ses correspondants. — **Stat.** *Analyse factorielle des correspondances,* méthode d'analyse des données visant à décrire au mieux les proximités entre des individus sur lesquels sont observées les modalités de deux caractères qualitatifs.

ENCYCL. **Math.** M est l'ensemble de départ et N l'ensemble d'arrivée. Le sous-ensemble X de M qui contient les éléments de M qui sont en correspondance avec au moins un y de N est l'ensemble de définition ; le sous-ensemble Y de N qui contient les éléments de N qui sont en correspondance avec au moins un x de M est l'ensemble des valeurs de la correspondance.

Correspondance littéraire, gazette clandestine adressée de Paris, de 1753 à 1790, à des souverains étrangers pour les renseigner sur la vie intellectuelle et artistique en France. Commencée par l'abbé Raynal, elle fut continuée par Grimm, Diderot et Meister.

CORRESPONDANCIER, ÈRE n. Employé chargé plus particulièrement de la correspondance avec la clientèle.

CORRESPONDANT, E adj. **1.** Qui correspond à qqch, à qqn d'autre : *Une commande et la facture correspondante.* — **2.** *Angles correspondants,* paires de demi-droites {A x, A y} et {B x, B z} telles que A appartient à [B x) ou B à [A x) et telles que [A y) et [B z) soient incluses dans le même demi-plan de frontière (AB).

◆ n. **1.** Personne avec qui l'on correspond par lettres, par téléphone, etc. — **2.** Commerçant, professionnel avec lequel on est en relation d'affaires. — **3.** Membre de certaines sociétés savantes en rapport épistolaire avec elles : *Correspondant de l'Académie des sciences.* — **4.** Personne responsable d'un élève interne hors de l'établissement d'enseignement. — **5.** *Correspondant (de presse),* collaborateur d'un journal ou d'une agence de presse, en province ou à l'étranger, qui transmet des informations ou des articles.

Correspondant *(le),* journal français, animé par Louis de Carné et Edmond de Cazalès, publié de 1829 à 1831 et qui reparut en 1843 sous la direction de Vogüé et du comte de Kergorlay. Il fut l'organe du catholicisme libéral sous le second Empire. Il cessa de paraître en 1933.

CORRESPONDRE v. t. ind. (lat. médiév. *correspondere,* de *cum,* avec, et *respondere,* répondre) [conj. **75**]. **1.** Être lié à qqch par un rapport nécessaire : *Les avantages qui correspondent à une fonction.* — **2.** En parlant d'un élément, d'un ensemble, être lié à un élément d'un autre ensemble par un rapport de similitude, d'équivalence, de symétrie, etc. : *La division 32 du thermomètre Fahrenheit correspond au 0 du thermomètre centésimal.* — **3.** Être lié à qqch par un rapport de conformité ; coïncider avec : *La politique menée correspond au programme de notre parti.* — **4.** Être lié à qqch par un rapport d'harmonie, de proportion : *Son visage ne correspondait pas au reste de sa personne.* — **5.** Être en accord avec qqn, avec sa personnalité : *Cela ne lui correspond pas du tout.* — **6.** En parlant d'un lieu, être relié, communiquer avec un autre : *Le cabinet de travail correspondait directement avec la chambre.* — **7.** Être en relation avec qqn par tel moyen de communication, et notamment par lettre : *Nous nous voyons rarement, mais nous correspondons régulièrement.*

◆ **se correspondre** v. pr. En parlant de plusieurs choses, être dans un rapport de correspondance : *Deux ensembles dont les éléments se correspondent un à un.*

CORRETTE (Michel), compositeur français (Rouen 1709 - Paris 1795). Il composa deux livres d'orgue (1737, 1750), des vaudevilles et des concertos pour instruments variés *(Concertos comiques).*

CORRÈZE, riv. du Limousin, affl. de la Vézère (r. g.), née sur le plateau de Millevaches, qui passe à Tulle et à Brive ; 85 km.

CORRÈZE (19800), ch.-l. de cant. de la Corrèze, dans le sud du Limousin, sur la Corrèze ; 1 183 hab. *(Corréziens).* Restes d'enceinte. Maisons des XVe et XVIe s.

CORRÈZE (19), dép. de la Région Limousin ; ch.-l. de dép. *Tulle ;* ch.-l. d'arrond. *Brive-la-Gaillarde, Ussel ;* 3 arrond. ; 37 cant. ;

286 comm. ; 5 857 km²; 237 908 hab. *(Corréziens)*. Le dép. appartient à l'académie et à la cours d'appel de Limoges, à la région militaire Atlantique. S'étendant sur la partie méridionale du Limousin, peu peuplé, le dép. se consacre surtout à l'élevage. Les cultures sont concentrées dans les vallées (Vézère, Corrèze, Dordogne), qui sont aussi les sites d'aménagements hydroélectriques (Dordogne surtout) et qui sont jalonnées par les principales villes (Brive-la-Gaillarde et Tulle). L'industrie, modeste, est représentée par les constructions mécaniques et électriques et l'agroalimentaire.

CORRIB *(lough),* lac de la République d'Irlande (prov. de Connacht), en bordure des monts de Connemara ; 176 km².

CORRIDA n. f. (esp. *corrida,* de *correre,* courir). **1.** Spectacle tauromachique intégral au cours duquel les taureaux sont mis à mort. (Syn. COURSE DE TAUREAUX.) — **2.** *Fam.* Bagarre, agitation tumultueuse : *La réunion s'est terminée en corrida.*

CORRIDOR n. m. (ital. *corridore*). **1.** Passage qui met en communication diverses pièces d'un appartement, d'un étage ; couloir. — **2.** Territoire resserré entre deux États, qui sert de débouché à un autre territoire.

Corridor nord-est des États-Unis, appelé aussi **Corridor urbain du Nord-Est** et **Mégalopolis atlantique,** nom parfois donné à l'ensemble urbanisé (35 millions d'hab. env.) de la côte est des États-Unis entre Boston et Washington.

CORRIENTES, port fluvial d'Argentine, ch.-l. de province, sur le Paraná ; 180 000 hab. Centre commercial.

Corriere della Sera, quotidien milanais, fondé en 1876 par Eugenio Torelli-Viollier, fidèle à la tradition de la droite libérale cavourienne. Luigi Albertini en fit le plus grand journal italien avant de le quitter, en 1925, en désaccord avec le gouvernement. Le journal fut un temps suspendu après la libération de l'Italie.

CORRIGAN (Mairead), pacifiste irlandaise (Belfast 1944). Catholique, elle a fondé en Irlande du Nord avec la protestante Betty Williams un mouvement pacifiste de femmes. Toutes deux ont partagé le prix Nobel de la paix en 1976.

Corrigan *(maladie de),* lésion des valvules aortiques d'origine endocarditique.

CORRIGÉ n. m. Modèle de devoir rédigé.

CORRIGER v. t. (lat. *corrigere,* redresser) [conj. 17]. **1.** Faire disparaître une erreur, un défaut, en rétablissant ce qui est exact, bon, correct : *Corriger une faute d'orthographe. Essayer de corriger une mauvaise habitude.* — **2.** Ramener à la règle ou à l'exactitude ce qui s'en écarte, rectifier ce qui est déficient : *Corriger un tir. Corriger des épreuves d'imprimerie.* — **3.** Atténuer, réparer qqch, le ramener à la mesure, à l'équilibre par un effet contraire : *Corriger la sévérité de ses propos par une conclusion optimiste.* — **4.** Lire attentivement un devoir, une épreuve d'examen pour les juger et les noter en fonction des erreurs relevées. — **5.** Débarrasser qqn d'un défaut : *Corriger quelqu'un de son habitude de fumer.* — **6.** Punir qqn, un enfant d'une faute en lui infligeant un châtiment, le plus souvent corporel. — **7.** Frapper qqn, lui donner des coups : *Se faire corriger par des voyous.*

◆ **être corrigé** v. pass. **1.** Avoir été soumis à révision : *Une édition revue et corrigée d'un ouvrage.* — **2.** *Données corrigées,* celles qui tiennent compte de certains facteurs susceptibles de fausser les indications que fournissent les données brutes.

◆ **se corriger** v. pr. Se défaire d'un défaut : *Se corriger du bégaiement.*

CORRIGEUR, EUSE n. Typographe qui effectue les corrections indiquées sur une épreuve par l'auteur ou par le correcteur.

CORRIGIBLE adj. Qui peut être corrigé.

CORROBORATION n. f. (bas lat. *corroboratio, -onis*). Action de corroborer ; confirmation, vérification.

CORROBORER v. t. (lat. *corroborare,* donner force) [conj. 3]. Appuyer, renforcer, confirmer une opinion, une hypothèse : *Le récit du témoin corrobore les déclarations de la victime.*

CORRODANT, E adj. Qui corrode, ronge.

CORRODER v. t. (lat. *corrodere,* de *rodere,* ronger) [conj. 3]. Ronger qqch, l'entamer progressivement par une action chimique : *Les acides corrodent les métaux.*

CORROIERIE n. f. **1.** Art, action de corroyer. — **2.** Atelier de corroyage.

CORROMPRE v. t. (lat. *corrumpere,* de *rumpere,* rompre) [conj. **78**]. *Litt.* **1.** Gâter une matière par décomposition, par putréfaction : *La chaleur corrompt la viande.* — **2.** Altérer ce qui est considéré comme juste, correct : *Corrompre la langue par des emprunts étrangers.* — **3.** Pervertir qqn, un groupe, altérer ce qu'il y a de sain et d'honnête en eux : *Une littérature accusée de corrompre la jeunesse.* — **4.** Séduire qqn par des présents ou des promesses, l'amener à agir contre sa conscience ou les devoirs de sa charge ; soudoyer, suborner : *Tenter de corrompre un fonctionnaire pour obtenir un marché.*

◆ **se corrompre** v. pr., **être corrompu** v. pass. *Litt.* **1.** S'altérer : *Aliment corrompu.* — **2.** Être perverti, dépravé, ou vénal, malhonnête : *Jeunesse corrompue. Administration corrompue.*

CORROMPU, E n. Personne dépravée.

CORROSIF, IVE adj. (lat. médiév. *corrosivus*). **1.** Qui a la propriété de corroder : *Liquide corrosif.* – **2.** *Litt.* Qui est mordant, caustique ; destructeur : *Une intelligence corrosive.*

CORROSION n. f. (bas lat. *corrosio, -onis,* action de ronger). **1.** Action de corroder ; fait d'être corrodé. – **2.** Dégradation d'un matériau sous l'action du milieu ambiant et par un processus autre que mécanique. (→ *encycl.*) – **3.** *Figures de corrosion,* figures qui apparaissent à la surface d'un cristal lorsqu'il est attaqué par un réactif ou un solvant approprié. (Elles révèlent l'anisotropie et les symétries du cristal et sont dues à la présence de défauts internes ou superficiels.) [Syn. PIQÛRES D'ATTAQUE.]

ENCYCL. **Techn.** La corrosion, sous ses diverses formes, détruit chaque année le quart de la production des aciers. La *corrosion chimique,* réaction hétérogène entre le métal et son environnement fluide, s'accompagne souvent de corrosion électrochimique (ou *galvanique*), due à des hétérogénéités du métal, qui entraînent la formation locale de piles ; les zones jouant le rôle d'anodes sont attaquées par le réactif. La *corrosion biochimique* fait intervenir en outre l'attaque bactérienne du métal. La *corrosion de contact* est l'oxydation à l'air de deux métaux en contact soumis à des vibrations. La *corrosion sous contrainte,* ou *corrosion sous tension (C. S. T.),* combine les actions néfastes de la corrosion et de la rupture et peut affecter presque tous les types de matériaux (métaux, céramiques, verres, polymères). Elle se manifeste par l'apparition de fissures de surface, qui se propagent de manière stable jusqu'à la rupture brutale.

L'application de revêtements, métalliques (galvanisation, chromage, étamage) ou non métalliques (peintures, vernis), permet de combattre la corrosion. La protection électrochimique *cathodique* consiste à relier le métal à un autre métal moins noble, jouant le rôle d'anode. La protection *anodique* s'applique aux métaux et alliages qui se passivent lorsqu'ils sont parcourus par un courant.

CORROYAGE [-rwajaʒ] n. m. (de *corroyer*). **1.** Série d'opérations par lesquelles le cuir tanné est amené à l'état de cuir fini ; activité, métier du corroyeur. – **2.** Usinage mécanique d'avivé en bois sec destiné à l'obtention d'un parement plan avec une rive à l'équerre (90°). [Le riflard et la varlope permettent manuellement d'atteindre le même résultat.] – **3.** Action de déformer un métal ou un alliage à chaud. – **4.** Action d'apprêter une étoffe par battage, étirage et foulage. – **5.** Action d'agglomérer la terre d'un talus, d'une digue à l'aide d'un rouleau compresseur afin de la rendre étanche.

CORROYER [-rwaje] v. t. (anc. fr. *conreer,* préparer, du lat. pop. **conredare*) [conj. **13**]. Soumettre les cuirs au corroyage ; pratiquer le corroyage.

CORROYÈRE [-rwajɛr] n. f. Nom usuel commun au redoul et au sumac, plantes autref. utilisées en peausserie.

CORROYEUR, EUSE [-rwa-] n. Ouvrier chargé du corroyage des cuirs.

CORRUPTEUR, TRICE adj. et n. (lat. *corruptor, -trix*). **1.** *Litt.* Qui pervertit, qui détruit ce qui est sain, honnête. – **2.** Qui cherche à détourner qqn de son devoir en lui offrant de l'argent.

◆ adj. *Litt.* Qui corrompt moralement : *Littérature corruptrice.*

CORRUPTIBLE adj. (lat. ecclés. *corruptibilis*). Qui est sujet à la corruption morale.

CORRUPTION n. f. (lat. *corruptio, -onis*). **1.** Action de corrompre, état de ce qui est altéré, gâté ; décomposition : *Un cadavre atteint par la corruption.* – **2.** *Litt.* Altération du goût, du jugement, du langage : *La corruption de la langue.* – **3.** Action de pervertir ; état de perversion : *La corruption des mœurs.* – **4.** Délit dont se rend coupable toute personne (fonctionnaire, salarié, etc.) qui a soit sollicité des offres ou promesses, soit sollicité ou reçu des dons ou présents pour faire ou s'abstenir de faire un acte dans son travail.

CORSAC n. m. (russe *korsak*). Renard d'Asie occidentale et centrale.

CORSAGE n. m. (anc. fr. *cors,* buste). **1.** Vêtement féminin qui habille le buste. – **2.** Haut d'une robe. – **3.** Corps, silhouette d'un cerf.

CORSAIRE n. m. (ital. *corsaro,* du lat. *cursus,* course). **1.** Navire rapide armé par un équipage habilité par son gouvernement à capturer des bâtiments de commerce ennemis (XVe-XIXe s.). – **2.** Capitaine ou marin de ce navire. – **3.** Pantalon moulant s'arrêtant à mi-mollet.

Corsaire, bateau de petite croisière habitable par deux ou trois adultes. C'est un dériveur lesté à bouchains vifs.

CORSE adj. et n. **1.** De Corse. – **2.** *Mouton corse,* race de petite taille, très rustique, exploitée pour son lait. ‖ *Porc corse,* race élevée en Corse de façon extensive, appréciée pour la charcuterie.

◆ n. m. Langue parlée en Corse, dont les formes septentrionales sont proches du toscan et les formes méridionales proches des dialectes du sud de l'Italie.

ENCYCL. Les différences dialectales entre le Nord et le Sud n'empêchent pas l'intercompréhension, le fonds lexical étant commun et la syntaxe identique. Devenu le support de l'identité (« nationale » pour certains, « régionale » pour d'autres), le corse, exclu de l'enseignement et de tout usage public, a été à partir de 1920 l'objet de revendications d'ordre politique et culturel. Depuis 1974, il est considéré en France comme une « langue régionale ».

CORSE, île française de la Méditerranée, formant une collectivité territoriale (8 680 km^2 ; 250 371 hab. [*Corses*]. Ch.-l. *Ajaccio*). Elle est divisée en deux départements, la *Corse-du-Sud* (2A) [ch.-l. *Ajaccio ;* 2 arrond. *(Ajaccio, Sartène),* 22 cant. et 124 comm. ; 4 014 km^2 ; 118 808 hab.] et la *Haute-Corse* (2B) [ch.-l. *Bastia ;* 3 arrond. *(Bastia, Calvi, Corte),* 30 cant. et 236 comm. ; 4 666 km^2 ; 131 563 hab.]. La Corse forme une académie (dont le siège est à Ajaccio), appartient à la circonscription judiciaire de Bastia, à la région militaire Méditerranée et à la province ecclésiastique d'Aix-en-Provence.

Géographie. Montagneuse (de nombreux sommets, dont le Cinto, dépassent 2 000 m), au climat méditerranéen (avec des étés chauds et secs) et influencé par l'altitude (pluviosité croissant avec la vigueur du relief, hivers rudes dans l'intérieur), l'« île de Beauté » est couverte en grande partie par le maquis, étendu par les incendies provoqués souvent par les bergers, soucieux d'accroître les pâturages.
L'élevage ovin et caprin (lait pour la fabrication du roquefort) a cependant décliné. La viticulture et l'agrumiculture (clémentines), développées avec la mise en valeur de la plaine orientale, sont, avec le tourisme estival et balnéaire, les fondements de l'économie. Celle-ci est caractérisée encore par la faiblesse de l'industrialisation (sinon l'agroalimentaire), liée à l'insularité et qui contribue à expliquer celle de la densité (moins du tiers de la moyenne nationale) et une longue émigration. La population (comportant aujourd'hui des minorités notables de rapatriés d'Afrique du Nord et de Maghrébins) a fui la montagne, se concentrant (ponctuellement) sur le littoral, notamment à Ajaccio et Bastia. Les deux agglomérations regroupent ensemble près de la moitié de la population de l'île. Corte et Sartène sont les seules villes de l'intérieur.

Histoire. Peuplée dès le VIIe millénaire probablement par des Ibères et des Ligures, la Corse accueille la civilisation mégalithique au début du IIIe millénaire. Du XIVe au XIIe s. av. J.-C., elle est envahie par un des peuples de la mer, appelé *Torréen* en raison des forteresses *(torre)* qu'il érige sur son sol. Occupée dans sa partie orientale par les Phocéens, qui fondent Alalia (auj. Aléria) [v. 565 av. J.-C.], l'île est conquise par les Romains (238-162 av. J.-C.), qui la dotent d'une deuxième ville, Mariana (94 av. J.-C.). Administrée par Byzance (V^e-VIIe s. apr. J.-C.) puis par le Saint-Siège (VIIIe-XIe s.), elle est alors sans cesse ravagée par les Sarrasins. Confiée par la papauté à Pise en 1077, elle se relève et développe la culture de la vigne et de l'olivier. Occupée par les Génois, qui s'installent à Bonifacio (1195) puis à Calvi (1268) et évincent les Pisans en 1284 (bataille de la Meloria), elle passe, en 1347, sous la souveraineté de la république de Gênes, qui fixe son administration et ses lois (*Statuti civili e criminali,* 1571) et la domine jusqu'au XVIIIe s. Mais, durant ces quatre siècles, l'autorité génoise est périodiquement contestée par des révoltes des insulaires, qui favorisent l'intervention des puissances étrangères, notamment celle de la France, qui gouverne l'île de 1401 à 1409. Reconquise par Henri II en 1553, la Corse est restituée à Gênes par les traités du Cateau-Cambrésis (1559). Les Génois favorisent alors son développement économique : blé, châtaigniers, oliviers, vigne alimentent un trafic qui enrichit surtout les notables *(principali).* Mais, en interdisant à ceux-ci l'accès au pouvoir politique, Gênes provoque une révolte indépendantiste (1729), étendue à toute l'île et conduite d'abord (1736) par Théodore de Neuhof, fondateur d'un éphémère royaume corse, puis (1755) par P. Paoli, qui organise un véritable gouvernement insulaire. Incapable de redresser la situation, Gênes cède ses droits sur l'île à la France (traité de Versailles, 1768), qui vainc les troupes corses à Ponte-Novo (8 mai 1769). Administrée par le comte de Marbeuf, gouverneur de 1770 à 1786, dotée d'états provinciaux (1775), la Corse est décrétée « partie intégrante de l'Empire français » par la Constituante (30 nov. 1789). Cependant, Paoli fomente avec l'aide de l'Angleterre une nouvelle tentative de sécession (1793), réduite par Bonaparte (1796). À partir du milieu du XIXe s., la Corse traverse une grave crise économique qui accélère l'émigration de la population vers la France et se double d'une crise d'identité culturelle : une réaction se manifeste en faveur de la sauvegarde de la langue corse et de l'enseignement de l'histoire locale dans les écoles. On assiste alors au développement d'un mouvement régionaliste qui resurgit v. 1920. Occupée massivement par les troupes italiennes à partir de nov. 1942, l'île se soulève dès l'annonce de la capitulation de l'Italie (sept. 1943) et, soutenus par des forces venues d'Alger, les patriotes corses libèrent l'île dès oct. 1943. Depuis les années 1960, les courants autonomistes et indépendantistes se développent de nouveau, ayant parfois recours à l'action violente. En 1982, la Corse est érigée en Région et élit sa première assemblée régionale au suffrage universel. En 1991, elle devient une collectivité territoriale à statut particulier. En 1995, les diverses tendances de la mouvance nationaliste s'affrontent avec une violence accrue.

CORSE *(cap),* péninsule de la Corse, formant l'extrémité septentrionale de l'île et culminant au monte Stello (1 307 m). – Côte formant l'extrémité septentrionale de la péninsule, entre le Capo Bianco et l'île de Finocchiarola.

Corse *(parc naturel régional de la),* parc créé en 1972, couvrant environ 150 000 ha, étendu du nord du golfe de Porto jusque vers Porto-Vecchio et englobant les principaux massifs et sommets de l'île.

CORSELET n. m. (anc. fr. *cors,* corps). **1.** Corps de cuirasse, composé d'un plastron et d'une dossière. – **2.** Vêtement de femme, porté sur la chemise ou le corsage, sans manches ou à manches courtes, parfois ouvert devant et souvent fermé par un laçage. – **3.** Large bande de tissu, surmontant souvent la taille d'une jupe et enserrant la partie inférieure du buste. – **4.** Partie rigide du thorax des insectes (prothorax seulement ou thorax entier).

CORSER v. t. (anc. fr. *cors,* corps) [conj. 3]. **1.** Rendre une histoire, une action, etc., plus intéressante, plus piquante ou plus scabreuse. – **2.** Additionner un vin d'alcool. – **3.** Rehausser le goût d'une préparation par l'adjonction d'ingrédients ou par réduction.
◆ **être corsé** v. pass. **1.** Avoir un goût relevé ; être épicé : *Une sauce corsée.* – **2.** En parlant d'un vin, être riche en alcool et avoir un goût prononcé. – **3.** Être excessif : *La note est corsée.* – **4.** Être scabreux, grivois : *Une histoire corsée.*
◆ **se corser** v. pr. Devenir plus complexe, plus délicat. *L'affaire se corse.*

CORSET n. m. (anc. fr. *cors,* vêtement). **1.** Sous-vêtement baleiné maintenant la taille et le ventre. – **2.** Contrainte forte destinée à empêcher la libre disposition de qqch : *Le corset du crédit.* – **3.** Dispositif entourant les jeunes arbres pour les défendre contre les déprédations des animaux domestiques ou le choc des instruments aratoires. – **4.** *Corset orthopédique,* appareil qui sert à redresser les déviations de la colonne vertébrale, à soulager les articulations intervertébrales (lombalgies) ou utilisé en cas de fractures du rachis.

CORSETER v. t. (conj. 28). **1.** Vêtir qqn d'un corset. – **2.** Soumettre qqch à une contrainte rigide : *Ces mesures dirigistes ont corseté l'économie.*

CORSETERIE n. f. **1.** Industrie, magasin du corsetier. – **2.** Ensemble des articles fabriqués ou vendus par le corsetier.

CORSETIER, ÈRE n. Personne qui fait ou vend des corsets.

CORSEUL (22130), comm. des Côtes-d'Armor, à l'O.-N.-O de Dinan ; 1 997 hab. On y a découvert une ville qui remonte à l'époque d'Auguste et dont les vestiges s'étendent sur plus de 100 ha. Le site fut abandonné au IVe s.

CORSINI, famille florentine remontant au milieu du XIIIe s. et qui s'établit à Rome au XVIe s. Ses membres les plus célèbres sont : saint ANDRÉ **Corsini** (1302 - 1373). – LORENZO, qui devint pape en 1730 sous le nom de Clément XII*. – NERI (Florence 1685 -Rome 1770), cardinal, qui gouverna l'Église au nom du pape Clément XII de 1731 à 1740 et fit construire à Rome le palais Corsini.

CORSITE n. f. Diorite orbiculaire de Corse. (Syn. NAPOLÉONITE.)

CORSITUDE n. f. Caractère de ce qui est propre à la Corse, à sa culture.

CORSO n. m. (ital. *corso,* cours, du lat. *cursus*). **1.** Cortège de chars de carnaval : *Un corso fleuri.* – **2.** En Italie, grande avenue, promenade publique.

Corso *(il),* artère principale de Rome, qui partage la ville en deux, de la piazza del Popolo à la piazza Venezia, sur le tracé de l'antique via Flaminia.

CORT (Cornelis), graveur et dessinateur néerlandais (Hoorn 1533 - Rome 1578). Il fonda à Rome un atelier de gravure où se formèrent, notamment, Augustin Carrache et Ph. Thomassin. Il renouvela la gravure de reproduction en imaginant des tailles spéciales pour la représentation de chaque matière.

CORT (Henry), maître de forges anglais (Ellen, près de Lancaster, 1740 - Londres 1800). Il fit breveter en 1784 le procédé de transformation de la fonte en fer par l'opération du puddlage, procédé qui connut une diffusion rapide en Angleterre. Cort introduisit dès 1783 l'emploi des laminoirs à rouleaux cannelés pour la fabrication des barres de fer profilé.

CORTAILLOD, village suisse (canton de Neuchâtel), au S.-O. de Neuchâtel, site éponyme d'un faciès culturel (IVe-IIIe millénaires) répandu dans de nombreux palafittes des lacs suisses et dans l'est de la France. Il semble devoir être rattaché au chasséen français et à la culture de Lagozza.

CORTÁZAR (Julio), écrivain argentin (Bruxelles 1914 - Paris 1984). Son œuvre tourne autour de trois grands axes : le fantastique de ses nouvelles où se mêlent le réel et l'imaginaire (*Octaèdre,* 1974) ; l'engagement politique (*le Livre de Manuel,* 1974) et la recherche formelle de ses romans (*les Gagnants,* 1949 ; *Marelle,* 1963) qui a contribué au renouveau de la prose en Amérique latine.

CORTE (20250), ch.-l. d'arrond. de la Haute-Corse, dans le centre de la Corse, au confluent de la Restonica et du Tavignano ; 6 065 hab. *(Cortenais).* Adossée à un rocher escarpé qui porte la citadelle (XVe s.), la ville haute, où subsiste le Palais national, siège du gouvernement de Paoli, a été la capitale de la Corse de 1755 à 1769. Centre touristique. Artisanat. Université.

CORTÈGE n. m. (ital. *corteggio,* de *corte,* cour). **1.** Groupe de personnes qui en accompagnent une autre pour lui faire honneur : *Cortège de mariage.* — **2.** Manifestation sur la voie publique quel qu'en soit l'objet (procession, défilé, etc.) : *Un cortège de manifestants.* — **3.** Groupe de personnes ou d'animaux qui suivent qqn ou qqch : *La voiture était suivie d'un cortège de chiens.* — **4.** *Litt.* Ensemble de choses qui accompagnent qqch d'autre : *La guerre et son cortège de malheurs.*

CORTE REAL (Jerónimo), poète portugais (Lisbonne 1535 - Vale de Palma 1588), célèbre pour sa vie aventureuse et ses poèmes : *l'Austriade* (1578) et *le Naufrage de Sepúlveda* (1594).

CORTES [-tɛs] ou **CORTÈS** n. f. pl. (esp. *Cortes*). **1.** Assemblée politique espagnole, dont l'origine remonte à 1188. — **2.** Dénomination du Parlement bicaméral institué par la Constitution espagnole du 6 déc. 1978.

CORTÉS (Hernán), en fr. Fernand **Cortez,** conquérant espagnol du Mexique (Medellín 1485 - Castilleja de la Cuesta, près de Séville, 1547). Arrivé en 1504 à l'île d'Hispaniola (Haïti), il participe en 1511 à la conquête de Cuba sous le commandement de Diego Velázquez. Malgré ce dernier, qui cherche à lui enlever au dernier moment la responsabilité de l'entreprise, il prend la tête d'une expédition vers le Mexique (févr. 1519). Après avoir fondé Veracruz (avr.), il conquiert le royaume de Tlaxcala, puis marche sur Tenochtitlán (auj. Mexico), capitale de l'Empire aztèque. Cortés impose la souveraineté espagnole à l'empereur Moctezuma, qu'il fait prisonnier (nov.). Mais il doit faire face à la révolte de Tenochtitlán. Après un premier échec (30 juin 1520), la cité aztèque est prise et détruite en août 1521. Cortés, nommé en 1522 gouverneur général de la Nouvelle-Espagne par Charles Quint, se consacre alors à l'établissement du pouvoir espagnol sur tout l'Empire aztèque. Mais il doit faire face à l'hostilité et aux intrigues des autres conquistadores. Convoqué en Espagne en 1527, il repart au Mexique avec de nouveaux honneurs, mais des pouvoirs diminués. Cortés explore alors la région du golfe de Californie (1536), mais se heurtant au vice-roi de Nouvelle-Espagne, Mendoza, il rentre en Espagne et participe à l'expédition d'Alger (1541). Il finit sa vie dans une semi-disgrâce.

CORTEX n. m. (lat. *cortex,* enveloppe). **1.** Partie externe de tous les organes animaux ou végétaux à structure plus ou moins concentrique. (Syn. CORTICALE, ÉCORCE.) — **2.** *Cortex (cérébral),* ruban de substance grise situé à la surface des hémisphères cérébraux et formé par les corps cellulaires des neurones. (Syn. ÉCORCE CÉRÉBRALE.) [→ *encycl.*] ‖ *Cortex cérébelleux,* ruban de substance grise à la surface des hémisphères cérébelleux. (Syn. ÉCORCE CÉRÉBELLEUSE.) ‖ *Cortex surrénal,* partie périphérique de la glande surrénale, qui sécrète les hormones corticosurrénales. (Syn. CORTICOSURRÉNALE.)

ENCYCL. L'agencement des corps cellulaires qui constituent le *cortex cérébral* permet d'y individualiser 6 couches dont la répartition et l'importance relative en fonction des différentes zones du cortex a permis de dresser une carte de celui-ci. Les différentes aires corticales ainsi délimitées correspondent à des fonctions bien précises. La cellule pyramidale est la cellule caractéristique du cortex cérébral.

Corti *(organe de),* organe récepteur de l'audition, constitué par un épaississement différencié de l'épithélium de la membrane basilaire du canal cochléaire.

Corti (*librairie* **José**), maison d'édition française, fondée en 1925 par José Corti.

CORTICAL, E, AUX adj. Relatif au cortex d'un organe animal ou végétal, en partic. au cortex cérébral.

◆ **corticale** n. f. Syn. de CORTEX.

CORTICIUM [-sjɔm] n. m. Champignon basidiomycète agent d'une maladie de la pomme de terre.

CORTICOÏDE adj. et n. m. Se dit des hormones sécrétées par le cortex des glandes surrénales, de leurs dérivés et de leurs succédanés synthétiques. (Syn. CORTICOSTÉROÏDE, CORTISONIQUE.)

ENCYCL. Les hormones des glandes surrénales ont une structure caractérisée par une fonction stéroïdienne. On réserve habituellement le terme de « corticoïdes » à deux groupes d'hormones du cortex surrénal : 1° les *minéralocorticoïdes,* qui agissent sur le métabolisme de l'eau et des électrolytes (parmi eux, la désoxycorticostérone et l'aldostérone, beaucoup plus active) ; 2° les *glucocorticoïdes,* qui permettent à l'organisme de réagir contre l'agression ou le stress. Leur grand intérêt en thérapeutique est leur importante action anti-inflammatoire. (Parmi eux, le cortisol ou hydrocortisone, la cortisone, la prednisone et la prednisolone.)

CORTICO-SPINAL, E, AUX adj. *Voie cortico-spinale,* ensemble des fibres nerveuses directes ou indirectes unissant la circonvolution frontale ascendante (cortex moteur) à la moelle épinière. (Syn. FAISCEAU PYRAMIDAL, VOIE MOTRICE.)

ENCYCL. La *voie cortico-spinale directe* part, chez l'homme, des circonvolutions frontale ascendante et pariétale ascendante, descend dans la capsule interne, croise la ligne médiane au niveau du bulbe, descend ensuite dans le cordon antéro-latéral de la moelle pour se terminer sur les motoneurones de la corne antérieure, à un niveau qui varie avec la zone corticale d'origine. Les *voies cortico-spinales indirectes* sont composées de fibres qui font relais dans le noyau rouge ou la formation réticulée. Les lésions de la voie cortico-spinale au-dessus du bulbe entraînent une hémiplégie de l'hémicorps controlatéral.

CORTICOSTÉROÏDE adj. et n. m. Syn. de CORTICOÏDE.

CORTICOSTÉRONE n. f. Hormone du groupe des glucocorticoïdes sécrétée par la corticosurrénale.

CORTICOSTIMULINE n. f. Syn. de A. C. T. H.

CORTICOSURRÉNAL, E, AUX adj. Relatif au cortex surrénal.

◆ **corticosurrénale** n. f. Syn. de CORTEX SURRÉNAL.

CORTICOSURRÉNALIEN, ENNE adj. Se dit d'une substance qui provient du cortex surrénal.

CORTICOSURRÉNALOME n. m. Tumeur du cortex surrénal. (Le corticosurrénalome bénin s'observe surtout chez la femme. Il provoque un syndrome de virilisation. Chez l'enfant, le corticosurrénalome malin est plus fréquent.)

CORTICOTHÉRAPIE n. f. Traitement par les corticoïdes ou l'A. C. T. H.

CORTICOTROPE adj. *Hormone corticotrope,* syn. de A. C. T. H.

CORTICOTROPHINE n. f. Syn. de A. C. T. H.

CORTILE [kɔrtile] n. m. (ital. *cortile,* du bas lat. *cohortile*). En Italie, cour intérieure, généralement à arcades.

CORTINA D'AMPEZZO, station de sports d'hiver d'Italie, en Vénétie, au N. de Belluno, dans les Dolomites ; 8 000 hab.

CORTINAIRE n. m. (lat. *cortina,* chaudron). Champignon caractérisé par l'existence d'un réseau de filaments (cortine) en haut du pied. (Le cortinaire couleur de rocou est mortellement toxique ; d'autres espèces sont comestibles.)

1. CORTINE n. f. (lat. *cortina,* chaudron). Ensemble de filaments réunissant le bord du chapeau de certains champignons à la partie supérieure du pied.

2. CORTINE n. f. (angl. *cortin,* de *cortex*). Ensemble des hormones corticoïdes naturelles. (Dans la plupart des cas, la cortine est supplantée, en thérapeutique, par la cortisone et ses dérivés synthétiques.)

CORTIQUEUX, EUSE adj. (lat. *corticosus*). Se dit des fruits possédant une enveloppe coriace, tels que l'arbouse, le citron, etc.

CORTISOL n. m. Principale hormone corticosurrénale. (Syn. HYDROCORTISONE.)

ENCYCL. Le cortisol est un stéroïde dérivé de la progestérone par oxydations successives. Il joue un rôle important dans la régulation des grandes fonctions métaboliques. En thérapeutique, c'est un anti-inflammatoire et un antiallergique, utilisé dans le traitement des inflammations, des maladies du collagène, des affections allergiques et de la maladie d'Addison.

CORTISONE n. f. (amér. *cortisone,* de *cortico sterone*). Hormone corticosurrénale ayant une activité anti-inflammatoire marquée.

ENCYCL. On emploie la cortisone à doses physiologiques dans l'insuffisance corticosurrénale primitive ou d'origine hypophysaire, et à des doses beaucoup plus élevées dans le traitement des affections inflammatoires, allergiques et de certaines maladies du sang. Ses dérivés peuvent également être utilisés.

CORTISONIQUE adj. et n. m. **1.** Relatif à la cortisone. — **2.** Dérivé de la cortisone. — **3.** Syn. de CORTICOÏDE.

CORTON n. m. Vin de Bourgogne très réputé, récolté dans la commune d'Aloxe-Corton, principalement du blanc.

CORTONA, v. d'Italie, en Toscane, au S. d'Arezzo, sur une colline au-dessus du Val di Chiana ; 22 000 hab. Anc. place forte étrusque. Églises du Moyen Âge et de la Renaissance. Musée étrusque et Musée diocésain (œuvres de Signorelli, etc.).

CORTONA (Pietro DA) ou **CORTONE** (Pierre DE) → PIERRE DE CORTONE.

CORTOT (Jean-Pierre), sculpteur français (Paris 1787 - *id.* 1843). Son talent froid et correct lui ouvrit une brillante carrière officielle (*Apothéose de 1810,* Arc de triomphe de l'Étoile, 1833 ; fronton du palais Bourbon).

CORTOT (Alfred), pianiste et chef d'orchestre français (Nyon, Suisse, 1877 - Lausanne 1962). En 1905, avec Thibaud et Casals, il fonda un trio qui connut une renommée internationale. Cofondateur, avec A. Mangeot, de l'École normale de musique, il fut professeur au Conservatoire de Paris de 1907 à 1920. Ses interprétations des œuvres de Chopin et de Schumann restent inoubliables.

CORUM, v. de Turquie, ch.-l. de prov., à l'E.-N.-E. d'Ankara ; 76 000 hab.

CORUSCANT, E adj. (lat. *coruscans,* de *coruscare,* briller). *Litt.* Brillant, étincelant.

CORVÉABLE adj. et n. (lat. médiév. *corveabilis*). Assujetti à la corvée.

CORVÉE n. f. (bas lat. *corrogata opera,* travail obligatoire dû à un seigneur). **1.** Travail collectif gratuit qui était dû au seigneur ou au roi par le paysan. (→ *encycl.*) – **2.** Travail effectué à tour de rôle par certains membres d'un groupe d'une communauté, d'un corps de troupe ; équipe chargée de ce travail : *La corvée de ravitaillement dans une équipe de randonneurs.* – **3.** Tâche, obligation pénible ou fastidieuse : *La corvée du ménage.* – **4.** *Être de corvée,* avoir à faire un travail pénible. ‖ *Homme de corvée,* chargé des gros travaux.

ENCYCL. **Hist.** Exigées des paysans (serfs et tenanciers) par leurs seigneurs, les *corvées seigneuriales* consistaient en des journées de travail gratuit au cours desquelles les paysans assuraient labour, fauchage, vendange, moisson, etc., aménagement des routes et des ponts et transport des produits de la récolte du seigneur. Très lourdes à l'époque carolingienne (180 jours par an), elles s'atténuèrent dès la fin du IXe s., se muant en redevances fixes. Réduites à environ 12 jours par an sous l'Ancien Régime, elles furent entièrement rachetées dans certaines provinces (ainsi en Provence au XVIe s.). Mais au XVIIe s. leur fut ajoutée la *corvée royale* par laquelle le roi obligeait les roturiers des campagnes à travailler gratuitement, pendant plusieurs jours (8 à 40) par an, à la construction et à l'entretien des routes et des chemins du royaume. Instaurée par Louis XIV dans certaines provinces, généralisée par Louis XV en 1738, elle fut remplacée par Louis XVI en 1787 par une taxe qui s'ajouta à la taille, et fut abolie, en même temps que les corvées seigneuriales, par la Constituante (1789-90).

CORVETTE n. f. (moyen néerl. *corver*). **1.** Anc. bâtiment de guerre de la marine à voile, intermédiaire entre la frégate et le brick. – **2.** Auj., bâtiment de moyen tonnage armé pour la lutte anti-sous-marine. – **3.** *Capitaine de corvette,* officier de marine de grade équivalent à celui de commandant (quatre galons). ‖ *Corvette de charge,* syn. de FLÛTE.

CORVETTO (Louis Emmanuel, *comte*), homme politique français d'origine italienne (Gênes 1756 - *id.* 1821). Rallié à la Révolution, président du Directoire exécutif de la République Ligurienne (1797), membre du Conseil d'État (1806), naturalisé en 1814, ministre des Finances (1815-1818) sous la Restauration, il rétablit la situation financière, restaura le crédit de l'État auprès des emprunteurs français et étrangers et contribua à accélérer la libération du territoire.

CORVIDÉ n. m. (lat. *corvus,* corbeau). Oiseau tel que corbeaux, corneilles, pies et geais. (Les *corvidés* forment une famille ; leur organisation sociale et leur développement psychique sont remarquables.)

CORVIN (Mathias) → MATHIAS Ier.

CORVISART (*baron* Jean Nicolas), médecin français (Dricourt, Ardennes, 1755 -Paris 1821). Clinicien remarquable, il fut nommé médecin de Napoléon, qui le fit baron en 1808. Il chercha à donner des bases scientifiques à la médecine clinique en la fondant sur l'anatomie pathologique.

CORYBANTE n. m. (gr. *korubantes*). Prêtre phrygien de Cybèle, pratiquant des danses extatiques.

CORYDALLIS [-lis] n. m. (bas lat. *corydallus,* du gr. *korudallis,* alouette huppée). Papavéracée ornementale des jardins de rocaille.

CORYDON, nom de berger, chez les poètes bucoliques grecs.

CORYDORAS [-ras] n. m. (gr. *korus,* casque, et *dora,* peau). Poisson d'Amérique du Sud, au corps recouvert de plaques osseuses hérissées de denticules cutanés.

CORYLLIS [-lis] n. m. Petit perroquet d'Asie du Sud-Est, frugivore, qui dort accroché dans les arbres, tête en bas.

CORYMBE n. m. (lat. *corymbus,* du gr. *korumbos,* grappe). Inflorescence dont les fleurs, toutes dans le même plan, s'insèrent cependant sur la tige à des niveaux différents, par oppos. à l'*ombelle.*

CORYMBITES [-tɛs] n. m. Grand taupin aux vives couleurs, très commun en France.

CORYNÉBACTÉRIUM [-rjɔm] n. m. Genre bactérien comprenant des bacilles et des coccobacilles Gram positif aérobies stricts ou anaérobies facultatifs. (*Corynebacterium diphteriæ* est l'agent de la diphtérie.)

CORYNÈTE n. m. Petit insecte coléoptère des maisons, qui se rend utile en dévorant les vrillettes.

CORYNEUM [-neɔm] n. m. Champignon nuisible aux arbres fruitiers de la famille des rosacées, dont il perce les feuilles (criblure) et dessèche les fruits.

CORYPHÉE n. m. (lat. *coryphaeus,* du gr. *koruphaios*). **1.** Chef du chœur, dans le théâtre grec. – **2.** Deuxième échelon dans la hiérarchie du corps de ballet de l'Opéra. – **3.** Danseur placé à la tête du quadrille. – **4.** Chef de pupitre qui donne l'attaque aux choristes.

CORYPHÈNE n. f. (gr. *koruphaina*). Poisson pélagique des mers chaudes, aux couleurs métalliques étincelantes, à la caudale en faucille, prédateur, notamment, de poissons volants.

CORYSTES [-tɛs] n. m. (gr. *korustês,* armé de casque). Crabe triangulaire, aux antennes formant un tube, et qui s'enfouit très rapidement dans le sable en cas de danger.

CORYZA n. m. (bas lat. *coryza,* du gr. *korudza*). Inflammation de la muqueuse des fosses nasales. (Le coryza aigu, d'origine vraisemblablement virale, est épidémique et saisonnier. Le coryza spasmodique, d'origine généralement allergique, survient périodiquement ou tout au long de l'année.) [N. usuel *rhume de cerveau ;* syn. RHINITE.] • **Vétér.** *Coryza gangréneux des bovins,* maladie aiguë due à un herpès virus. ‖ *Coryza des volailles,* affection respiratoire d'étiologie diverse, caractérisée par la présence d'un jetage abondant et d'une gêne respiratoire.

cos, symbole de *cosinus.*

C. O. S., abrév. de COEFFICIENT D'OCCUPATION* DES SOLS.

COS → KÓS.

COSA, colonie romaine en Étrurie, sur la côte tyrrhénienne, à 139 km au N. de Rome, fondée en 273 av. J.-C. et détruite vers 60 av. J.-C. Les fouilles ont découvert le centre de la ville avec l'acropole et le forum, et permis de reconstituer le plan de la ville et de situer le port.

COSA (Juan DE LA), cartographe et navigateur espagnol (Santoña, Biscaye, v. 1449 - dans l'actuelle Colombie 1510). Il participa aux deux premiers voyages de C. Colomb, puis à celui de Alonso de Ojeda (1499-1500) qui explora le littoral du Venezuela. À son retour (1500), il dressa une carte du monde où pour la première fois l'Amérique était représentée séparée de l'Afrique.

COSA NOSTRA n. f. (ital. *cosa nostra,* notre maison). Nom donné à la branche américaine de la Mafia.

COSAQUE n. m. (russe *kazak,* du turc *kazak,* vagabond). **1.** Membre de bandes armées habitant les confins méridionaux des États moscovite et polono-lituanien. — **2.** Paysan-soldat, membre de régiments spéciaux de la cavalerie russe. (→ *encycl.*) — **3.** *Fam.* et *vx.* Homme dur, brutal.
ENCYCL. Dès le XVe s., les cosaques, qui comportaient de nombreux éléments tatars, étaient en majorité slaves. Leurs bandes armées, grossies continuellement de paysans fuyant les contraintes du servage, couvraient les frontières des États moscovite ou polono-lituanien qui leur fournissaient en contrepartie du blé et des armes. Les communautés cosaques les plus importantes aux XVIe-XVIIe s. étaient celles du Dniepr, du Don, du Iaïk (Oural) et du Terek. Ces communautés étaient organisées en démocraties militaires dont les chefs (atamans) étaient élus. Les cosaques soutinrent au début du XVIIe s. la résistance des paysans ukrainiens à la colonisation polonaise et entreprirent plusieurs guerres (1625-1637) contre les Polonais. L'hetman Bogdan Khmelnitski dut, après des campagnes malheureuses, demander la protection de Moscou : en 1654, à Pereïaslav, il reconnut l'autorité du tsar qui s'engagea à maintenir les institutions cosaques de l'Ukraine orientale. Les hetmans d'Ukraine adoptèrent une politique fluctuante à l'égard de Moscou et des chefs cosaques, tels Stenka Razine et Pougatchev, encadrèrent les révoltes paysannes des XVIIe et XVIIIe s. Le gouvernement russe réduisit de plus en plus l'autonomie des cosaques, dont les communautés se transformèrent au XVIIIe s. en régiments *(voïska)* commandés par des chefs nommés par le gouvernement. À chaque régiment était alloué un territoire cultivé par les cosaques du rang qui formaient une catégorie de paysans libres, dotés de lots de terre supérieurs à la moyenne. Au XIXe s., les cosaques jouèrent un rôle important dans les campagnes militaires de l'Empire russe et dans son expansion en Sibérie, en Extrême-Orient, en Asie centrale et dans le Caucase du Nord. La majorité de la population cosaque, composée de 4 400 000 personnes en 1916, se rangea aux côtés des Blancs après la révolution d'Octobre.

COȘBUC (George), poète roumain (Hordou, auj. George Coșbuc, dép. de Bistrița-Năsăud, 1866 - Bucarest 1918), dont les vers (*Ballades et Idylles,* 1893) exaltent les traditions villageoises.

COSEIGNEUR n. m. Seigneur qui possédait un fief conjointement avec un ou plusieurs autres seigneurs. (Syn. SEIGNEUR PARIER.)

COSEIGNEURIE n. f. Fief indivis entre plusieurs coseigneurs. (La coseigneurie résultait soit d'une convention [pariage] entre deux seigneurs, soit, le plus souvent, d'une succession.

COSENZA, v. d'Italie, en Calabre, ch.-l. de province ; 107 000 hab. Archevêché. Cathédrale des XIIe-XIIIe s. et autres monuments. Mobilier. Laine.

COSGRAVE (William Thomas), homme politique irlandais (Dublin 1880 - *id.* 1965). Membre du Sinn Féin, il participa à la révolte de Pâques 1916. En 1921, il suivit la partie modérée du parti nationaliste, dont il devint le chef. Président du Conseil exécutif de l'État libre (1922-1932), il affermit la position internationale du nouvel État, et redressa les finances et l'économie. Il conserva jusqu'en 1944 la direction de son parti, rebaptisé Fine Gael et devenu principal parti d'opposition. — Son fils LIAM (Templeogue, comté de Dublin, 1920), député depuis 1943, leader du Fine Gael à partir de 1965, fut Premier ministre de la République d'Irlande de 1973 à 1977.

ĆOSIĆ (Dobrica), écrivain serbe (Velika Drenova 1921). Il décrit dans ses romans l'odyssée de familles paysannes à travers les guerres du XXᵉ s. (*Loin est le soleil,* 1951 ; *Partages,* 1961).

Cosi fan tutte, opéra bouffe en 2 actes de W. A. Mozart sur un livret de Lorenzo Da Ponte (Vienne, 1790).

COSIGNATAIRE n. Personne qui signe un document avec d'autres.

COSIGNER v. t. (conj. 3). Signer un texte, une œuvre, avec une ou plusieurs autres personnes.

COSIMO (Piero DI) → PIERO DI COSIMO.

COSINUS [-nys] n. m. (de *co-* et *sinus*). *Cosinus de l'angle de couple de demi droites* $(\widehat{d, d'})$, réel de l'intervalle [-1, 1] égal au rapport de projection orthogonale de l'axe Δ' sur l'axe Δ dans le plan euclidien, *d* et *d'* étant les parties « positives » de Δ et Δ'. [On le note cos $(\widehat{d, d'})$.] ‖ (*Cosinus hyperbolique d'un réel* x, réel noté ch *x* égal à $(e^{x} + e^{-x}) / 2$. ‖ *Fonction cosinus,* fonction définie sur ℝ, qui, au réel *x*, associe le cosinus de l'angle dont *x* est la mesure modulo 2 π. ‖ *Cosinus phi* (*cos* φ), expression mathématique du facteur de puissance d'un circuit parcouru par un courant alternatif sinusoïdal. ‖ *Fonction cosinus hyperbolique,* fonction définie sur ℝ : $x \mapsto$ ch *x*.

x	0	+∞
(ch x)'	0 +	
ch x	1 ↗	+∞

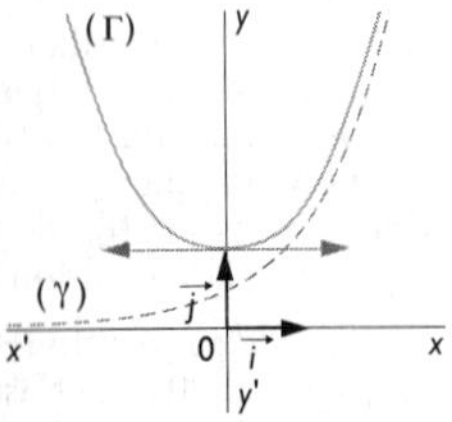

(γ) courbe représentative de $x \to \frac{e^{x}}{2}$

(Γ) courbe représentative de $x \to$ ch *x*

Cosinus hyperbolique : représentation graphique et tableau de variation de $x \longrightarrow$ ch *x*.

x	0	$\frac{\pi}{2}$
(cos x)'	0 –	–1
cos x	1 ↘	0

Cosinus : représentation graphique et tableau de variation de $x \longrightarrow \cos x$.

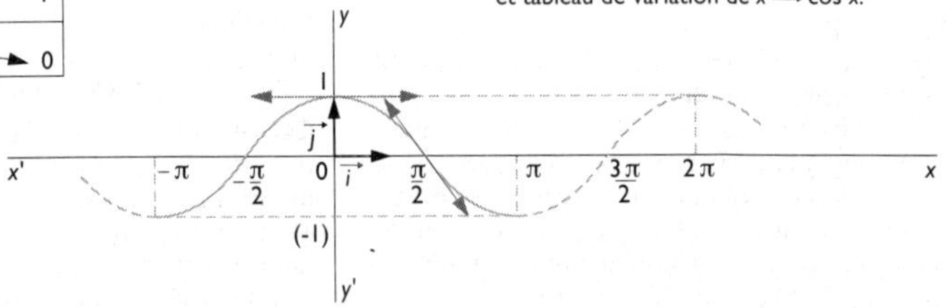

COSISMAL, E, AUX adj. Syn. de SÉISMAL.

COSISTE n. f. (du gr. *seistos,* secoué). Ligne réunissant tous les points où un séisme s'est fait sentir au même instant.

COSMAS, surnommé **Indikopleustés,** « Voyageur dans l'Inde », voyageur et géographe grec, originaire d'Alexandrie (VIᵉ s. apr. J.-C.), auteur d'une *Topographie chrétienne.*

COSMATESQUE adj. (ital. *cosmatesco*). Qui se rapporte à l'art des Cosmati.

COSMATI ou **COSMA** (les), nom générique de marbriers romains des XIIᵉ et XIIIᵉ s., qui exécutèrent des décors géométriques de marbres polychromes (pavements, mobilier religieux, portails) dans les églises de Rome et du Latium.

COSME et **DAMIEN** *(saints)* → CÔME ET DAMIEN.

COSMÉTIQUE adj. et n. m. Se dit d'une substance ou d'une préparation destinée à l'hygiène et à la beauté du corps.

COSMÉTOLOGIE n. f. Étude de tout ce qui se rapporte aux produits cosmétiques, à leur activité et à leur mode d'emploi, ainsi qu'aux produits de base servant à leur préparation.

COSMÉTOLOGIQUE adj. Qui a trait à la cosmétologie.

COSMÉTOLOGUE n. Spécialiste en cosmétologie.

COSMIQUE adj. (gr. *kosmikos*). **1.** Relatif au cosmos, à l'univers, à son ordre général : *Espaces cosmiques.* — **2.** Relatif aux espaces intersidéraux ; spatial : *Fusée cosmique.* — **3.** *Litt.* Infini, immense : *Désastre cosmique.* • **Astron.** *Rayons cosmiques* ou *rayonnement cosmique,* flux de particules chargées de haute énergie d'origine solaire, galactique et extragalactique. (→ *encycl.*) — **Astronaut.** *Deuxième vitesse cosmique,* vitesse de libération d'un corps quittant la Terre (environ 11,2 km/s). ‖ *Première vitesse cosmique,* vitesse minimale théorique à communiquer à un corps, au départ de la Terre, pour le satelliser autour d'elle (environ 7,9 km/s). ‖ *Troisième vitesse cosmique,* vitesse de libération d'un corps quittant le système solaire. (À partir de la Terre, elle est d'environ 16,6 km/s.)

ENCYCL. Les *rayons cosmiques* sont des noyaux d'atomes (surtout hydrogène et hélium) dont les électrons ont été arrachés, des électrons et des positrons ; leurs énergies vont de quelques millions d'électronvolts à 10^{20} eV. Dans l'espace, ces particules subissent de nombreuses collisions (milieu interstellaire) et sont sans cesse déviées par les champs magnétiques des régions qu'elles traversent. Les principales sources de rayons cosmiques sont les éruptions solaires, les explosions de supernovae, le noyau de notre Galaxie, les pulsars, les noyaux de galaxies actives et les quasars.

COSMOCHIMIE n. f. Science étudiant la genèse et la répartition des noyaux atomiques dans l'univers.

COSMODROME n. m. Base de lancement d'engins spaciaux, dans l'ex-U.R.S.S.

COSMOGONIE n. f. (gr. *kosmogonia*). **1.** Science de la formation des objets célestes (planètes, étoiles, galaxies, etc.). [→ *encycl.*] – **2.** Partie des mythologies qui racontent la naissance du monde et des hommes.

ENCYCL. • *Cosmogonie du système solaire.* Les théories admises actuellement sur l'origine du système solaire découlent des idées de Kant (1755) et de Laplace (1796) et se fondent sur les résultats de l'observation détaillée des planètes et de leurs satellites qu'a autorisée l'exploration spatiale, ainsi que sur l'analyse des météorites. Le système solaire paraît s'être formé il y a un peu plus de 4,5 milliards d'années, à partir d'une nébuleuse dont la partie centrale se serait effondrée pour former le Soleil tandis que ses parties périphériques, plus froides, donnaient naissance aux planètes et à leurs satellites. Deux mécanismes sont envisagés pour expliquer la formation des planètes : le développement très rapide de grandes protoplanètes, provoqué par des instabilités gravitationnelles dans la nébuleuse primitive, ou l'agrégation progressive d'objets solides de tailles de plus en plus importantes (planétoïdes) à partir des poussières présentes initialement dans la nébuleuse. Le phénomène qui déclencha l'effondrement de la nébuleuse et la phase finale de formation des planètes restent encore mal compris.

• *Cosmogonie stellaire.* Elle accorde un rôle essentiel à l'évolution des nuages de matières interstellaires, à leur condensation sous l'effet de la gravitation et à leur fragmentation. La formation d'une galaxie s'explique elle aussi dans le scénario général de la contraction gravitationnelle d'un immense nuage de gaz en rotation. Toutes les galaxies se seraient formées à peu près à la même époque dans l'histoire de l'Univers, il y a environ 15 milliards d'années. (→ UNIVERS.)

COSMOGONIQUE adj. Relatif à la cosmogonie.

COSMOGRAPHE n. Spécialiste de cosmographie.

COSMOGRAPHIE n. f. Astronomie purement descriptive.

COSMOGRAPHIQUE adj. Relatif à la cosmographie.

COSMOÏDE adj. *Écaille cosmoïde,* écaille à deux couches, de type placoïde, des poissons dipneustes et crossoptérygiens.

COSMOLOGIE n. f. **1.** Science qui étudie la structure, l'origine et l'évolution de l'Univers considéré dans son ensemble. – **2.** *Cosmologie rationnelle,* selon Kant, ensemble des problèmes métaphysiques concernant le monde et son origine.

COSMOLOGIQUE adj. **1.** Relatif à la cosmologie. – **2.** *Rayonnement cosmologique,* rayonnement électromagnétique provenant de toutes les directions de l'espace et analogue à celui d'un corps noir de température 3 kelvins. (Syn. RAYONNEMENT DU (OU DE) FOND DU CIEL.

COSMOLOGISTE ou **COSMOLOGUE** n. Spécialiste de cosmologie.

COSMONAUTE n. (de *cosmos* et *astronaute*). Pilote ou passager d'un engin spatial. (Syn. SPATIONAUTE.)

COSMOPOLITE n. et adj. (gr. *kosmopolitês*). **1.** *Vx.* Qui se considère comme citoyen du monde ; qui se tourne volontiers vers tout ce qui est étranger. – **2.** Qui vit tantôt dans un pays, tantôt dans un autre, en s'adaptant aux mœurs du lieu.

◆ adj. **1.** Propre à qqn qui s'accommode de particularités nationales diverses : *Goûts cosmopolites.* – **2.** Qui comprend des éléments de multiples nationalités : *Ville cosmopolite.* – **3.** Se dit d'une espèce animale ou végétale quand elle est présente dans toutes les parties du monde. (Syn. UBIQUISTE.)

COSMOPOLITISME n. m. **1.** Manière de penser, comportement de qqn qui vit en cosmopolite. – **2.** Caractère de ce qui comprend des éléments de multiples nationalités : *Le cosmopolitisme de Paris, de New York.* – **3.** Doctrine de ceux qui se considèrent comme « citoyens du monde ». (Le cosmopolitisme est une conception dont on trouve déjà des traces chez les stoïciens.)

1. COSMOS [kosmos] n. m. (gr. *kosmos,* monde). 1. L'Univers et ses lois, ou, plus généralement, tout univers, réel ou issu d'une conception scientifique ou fantastique. – 2. Espace intersidéral : *La fusée est allée se perdre dans le cosmos.*

2. COSMOS n. m. (gr. *kosmos,* ornement). Herbe composée radiée des jardins, aux fleurs diversement colorées.

Cosmos, nom générique d'une famille de satellites artificiels automatiques soviétiques lancés depuis 1962, qui accomplissent une grande variété de missions spatiales, souvent à caractère militaire. Plus de 1 600 Cosmos ont été lancés.

COSMOTRICHE n. f. Papillon d'été, commun en France sur les fleurs, et dont la chenille vit sur les graminées. (N. usuel *buveuse.*)

COSNE-COURS-SUR-LOIRE (58200), anc. **Cosne-sur-Loire,** ch.-l. d'arrond. de la Nièvre, sur la Loire, au confluent du Nohain ; 12 429 hab. *(Cosnois).* Ville gauloise puis romaine, sous le nom de *Condate.* Deux églises médiévales. Constructions mécaniques. Imprimerie. Textile.

COSPAR (sigle de *Committee On SPAce Research*), comité créé en 1958 au sein du Conseil international des unions scientifiques, en vue de promouvoir, à l'échelle mondiale, les recherches spatiales.

COSPHÉRIQUE adj. Se dit de points, de courbes situés sur une même sphère.

COSQUER *(grotte),* grotte sous-marine du cap Morgiou, à 12 km au S.-E. de Marseille. Inventée en 1991 par le scaphandrier Henri Cosquer, elle est située à 37 m sous le niveau de la mer et abrite des peintures pariétales paléolithiques (28 000 av. J.-C.).

COSSARD, E adj. et n. (de *cossu*). *Fam.* Paresseux.

1. COSSE n. f. (bas lat. **coccia,* altér. de *cochlea,* coquille). Syn. de GOUSSE.

2. COSSE n. f. (de *cossard*). *Fam.* Paresse, flemme : *Avoir la cosse.*

3. COSSE n. f. (néerl. *kous,* bas anneau métallique). 1. Pièce conductrice fixée à l'extrémité d'un conducteur et servant à effectuer sa connexion. – 2. Anneau métallique muni d'une gorge extérieure destinée à recevoir la patte d'une voile, un cordage, etc.

COSSÉ (Artus DE), seigneur **de Gonnor,** comte **de Secondigny,** maréchal de France (v. 1512 - Gonnor, auj. Gonnord, Maine-et-Loire, 1582). Surintendant des Finances (1564), maréchal de France (1564), puis gouverneur et lieutenant général de l'Orléanais et de la Touraine (1570), il fut impliqué dans un complot en faveur du duc d'Alençon et emprisonné en 1574-75.

COSSÉ DE BRISSAC (Charles Ier et Charles II DE) → BRISSAC.

COSSÉ-LE-VIVIEN (53230), ch.-l. de cant. de la Mayenne, à 18 km au S.-O. de Laval ; 2 823 hab. Musée Robert Tatin.

COSSER v. i. (ital. *cozzare*) [conj. 3]. Se heurter la tête, en parlant des béliers.

COSSETTE n. f. (de *cosse 1*). Morceau de betterave à sucre, de racine de chicorée, de manioc découpé en vue de leur transformation.

COSSIDÉ n. m. Gros papillon à tarière rétractile, pondant dans les fissures des écorces, et dont la chenille creuse les tissus des plantes, tel que le gâte-bois et la zeuzère. (Les *cossidés* forment une famille.)

COSSIGA (Francesco), homme politique italien (Sassari 1928). Député démocrate-chrétien de Cagliari (1958), ministre de l'Intérieur (mars-mai 1978), président du Conseil (août 1979-sept. 1980), il est élu président de la République en juin 1985. Il démissionne en 1992.

COSSON n. m. (bas lat. **cossone,* ver du bois). Nom usuel commun à un charançon du saule et du peuplier et à diverses bruches des légumineuses.

COSSON (le), riv. de Sologne, affl. du Beuvron (r. dr.) ; 100 km. Il passe devant le château de Chambord.

COSSU, E adj. (de *cosse 1*). 1. Qui vit dans l'aisance : *Rentiers cossus.* – 2. Qui témoigne d'une situation aisée : *Appartement cossu.*

COSSUS [-sys] n. m. (lat. sc. *cossus,* ver du bois). Nom générique du *gâte-bois.*

COSTA, ensemble des provinces occidentales de l'Équateur, qui regroupe environ la moitié de la population équatorienne.

COSTA (Lorenzo), peintre italien (Ferrare v. 1460 - Mantoue 1535). Disciple de Tura et de Ercole de 'Roberti, il œuvra à Bologne dans les années 1483-1506. Ses travaux pour les Gonzague, à Mantoue (*la Cour d'Isabelle d'Este* [v. 1506 ?], Louvre), s'orientent vers un style doux issu de l'art ombrien.

COSTA (Andrea), homme politique italien (Imola 1851 - *id.* 1910). Anarchiste d'abord rattaché à la première Internationale, il contribua à la formation du parti socialiste italien (1895).

COSTA BRAVA, littoral de la Catalogne, entre la frontière française et l'embouchure du rio Tordera. Stations balnéaires.

COSTA DEL SOL, littoral méditerranéen de l'Espagne méridionale (Andalousie) entre Tarifa et le cap de Gata, souvent restreint au rivage, de Málaga à Estepona. Tourisme.

COSTA-GAVRAS (Konstandinos GAVRAS, dit), cinéaste français d'origine grecque (Athènes 1933). Il a réalisé : *Compartiment tueurs* (1964), *Un homme de trop* (1966), *Z* (1968), *l'Aveu* (1969), *État de siège* (1972), *Section spéciale* (1975), *Porté disparu* (1981, Palme d'or à Cannes en 1982), *Conseil de famille* (1986), *Music Box* (1990), *la Petite Apocalypse* (1993). Il a présidé la Cinémathèque française de 1982 à 1987.

COSTA GOMES (Francisco DA) → GOMES (Francisco DA COSTA).

COSTAL, E, AUX adj. (bas lat. *costalis*). Qui appartient aux côtes ou qui est en rapport avec elles : *Cartilages costaux.*

COSTARD n. m. *Pop.* Costume d'homme.

COSTA RICA, État de l'Amérique centrale, entre le Panamá et le Nicaragua ; 51 000 km^2 ; 3 500 000 hab. *(Costaricains* ou *Costariciens).* CAP. *San José.* LANGUE : *espagnol.* MONNAIE : *colón.*

Géographie. Les hautes terres centrales, cordillères coupées de dépressions (Vallée centrale), sont le foyer de peuplement du pays. Elles séparent, sous un climat tropical, les plaines basses et pluvieuses de la mer des Antilles des plaines et plateaux du littoral pacifique, abrités (saison sèche de 4 à 5 mois). Pays agricole qui tente la mise en valeur des terres chaudes périphériques, le Costa Rica exporte surtout du café, des bananes et des ananas. Cependant, l'instauration du Marché commun centre-américain a favorisé l'essor de l'industrie (biens de consommation).

Histoire.
1502 : Colomb reconnaît la côte orientale du pays.
Intégrée à l'Empire espagnol, la colonie est dès l'origine un pays de population en majorité blanche.
1821 : Indépendance du Costa Rica.
1839 : Après avoir appartenu à la fédération des Provinces-Unies d'Amérique centrale (1823-1838), le Costa Rica devient un État souverain.
L'expansion de la culture du caféier apporte la prospérité économique et permet une vie démocratique durable.
1871 : L'introduction de la culture du bananier, sous l'impulsion de la société américaine United Fruit, place le pays sous la dépendance des États-Unis.
1949-1974 : La vie politique est dominée par la personnalité de José Figueres.
1986 : Oscar Arias succède à Alberto Monge. À son initiative, des accords (1987 ; 1989), visant à rétablir la paix en Amérique centrale, sont signés par le Costa Rica, le Guatemala, le Honduras, le Nicaragua et le Salvador.
1990 : Rafael Ángel Calderón est élu à la présidence de la République.
1994 : José María Figueres (fils du président du même nom) est élu à la présidence de la République.

COSTARICIEN, ENNE adj. et n. Du Costa Rica.

COSTAUD adj. et n. m. (de *côte,* avec l'infl. du provenç. *costo,* côte). *Fam.* Qui est d'une grande force physique ; robuste, solide : *Un gars costaud.* ◆ adj. *Fam.* **1.** Qui est solide, résistant : *Un tissu costaud.* — **2.** *Fam.* Se dit d'une boisson forte : *Un alcool costaud.*

COSTELEY (Guillaume), compositeur français (Pont-Audemer ? v. 1531 - Évreux 1606). Organiste de Charles IX et d'Henri III, il est célèbre par son recueil de chansons, certaines étant écrites sur des textes de Ronsard (*Musique,* 1570).

COSTELLO (John Aloysius), homme politique irlandais (Dublin 1891 - *id.* 1976), successeur de Cosgrave à la tête du Fine Gael (1944), Premier ministre de 1948 à 1951 et de 1954 à 1957.

COSTER (Laurens JANSZOON, dit), imprimeur hollandais (Haarlem v. 1405 - *id.* v. 1484). Selon certains, il aurait, dès 1423, avant Gutenberg, inventé l'impression en caractères mobiles.

COSTERMANSVILLE → BUKAVU.

COSTES (Dieudonné), aviateur français (Septfonds, Tarn-et-Garonne, 1892 - Paris 1973). Il effectua un tour du monde aérien avec Joseph Le Brix (1927-28) et réussit, avec Maurice Bellonte, la première liaison aérienne sans escale Paris-New York sur le Breguet XIX *Point-d'Interrogation* (1er-2 sept. 1930).

COSTIASE n. f. Maladie des alevins de truite, occasionnée par un protozoaire flagellé.

1. COSTIÈRE → CÔTIÈRE.

2. COSTIÈRE n. f. (anc. fr. *costiere,* côté). **1.** Bord relevé d'une ouverture ménagée dans une dalle ou dans une toiture pour la trémie d'un lanterneau. — **2.** Rainure garnie de fer, pratiquée dans le plancher de la scène, et à l'aide de laquelle se fait le jeu des portants.

COSTIÈRE (la), plateau peu élevé situé au S. de Nîmes (Gard). L'irrigation a entraîné une reconversion du vignoble en vergers.

COSTIFORME adj. Se dit des apophyses transverses des vertèbres lombaires.

COSTIN (Miron), chroniqueur moldave (1633-1691), auteur d'une chronique de la Moldavie relatant en roumain les événements de 1595 à 1661 et d'une histoire en polonais de la Moldavie et de la Valachie.

COSTOTOME n. m. Sorte de sécateur servant, en chirurgie, à couper les côtes.

COSTO-VERTÉBRAL, E, AUX adj. Se dit des articulations de la tête des côtes avec le corps des vertèbres.

COSTUME n. m. (ital. *costume,* coutume). **1.** Vêtement propre à un pays, à une époque, à une condition, etc. : *Un costume d'académicien.* – **2.** Ensemble des différentes pièces d'un même habillement : *Être en costume de cérémonie.* – **3.** Tenue d'homme constituée d'une veste et d'un pantalon assortis et éventuellement d'un gilet. – **4.** Déguisement, travesti : *Costume de Pierrot.* – **5.** *En costume d'Adam, d'Ève,* tout nu, toute nue.

ENCYCL. Le costume compte cinq archétypes : le costume drapé, fait d'une étoffe enveloppant le corps, le costume enfilé, fait d'une seule pièce percée pour le passage de la tête, le costume cousu et fermé, composé de plusieurs pièces assemblées, le costume cousu et ouvert, croisé devant et superposé à d'autres vêtements, le costume fourreau, ajusté au corps et aux membres.

• *Les origines.* Le tatouage représente la forme la plus ancienne du vêtement. Le pagne en lin des Égyptiens, le *kaunakês* en laine des Sumériens étaient des jupes retenues à la taille par un bourrelet. On a trouvé, dans des sépultures de l'âge du bronze, des épingles qui servaient à maintenir l'étoffe du vêtement. Le péplos apparaît dans le monde méditerranéen à l'époque des invasions doriennes.

• *Grèce.* Les costumes masculins et féminins comprennent les vêtements de dessous *(endymata),* dont le principal est le *chiton* (tunique) ; et les vêtements de dessus *(épiblêmata),* principalement le manteau *(himation).* À Athènes, du VIe au Ve s. av. J.-C., on trouve : la *chlaina,* gros manteau de laine pour l'hiver, le *chlanis* ou *chlanidion,* en étoffe légère, pour l'été, la *chlamyde,* d'origine thessalienne, manteau des cavaliers et des éphèbes. Les femmes portaient le *chiton* en lin ou le *péplos* en laine, et l'*himation.*

• *Les Romains.* Leur vêtement caractéristique était la *toge,* blanche pour les citoyens, bordée de pourpre pour les jeunes gens. La *paenula,* manteau de pluie ou de voyage, la *lacerna,* grande écharpe drapée, la *trabea,* manteau de guerre, étaient des vêtements de dessus. La *tunica,* sorte de chemise, que les femmes portaient double, était le vêtement de dessous, au-dessus duquel elles mettaient la *stola.* La soie fut introduite vers la fin de la République.

• *Les Gaulois.* Les *braies* sont leur vêtement essentiel, avec une tunique descendant à mi-cuisse, et la *saie,* petit manteau carré. Les femmes portaient une tunique large et plissée, une sorte de tablier et un manteau de couleur agrafé aux épaules.

• *Moyen Âge et Temps modernes.* Au XIIe s., sous l'influence de l'Orient et avec l'introduction des soieries, apparaissent en France des modes nouvelles qui se répandent en Europe. Le peuple garde des vêtements courts, mais, dans les classes élevées, et pour les deux sexes, les formes longues prévalent jusqu'au XIVe s., où les hommes prennent le vêtement court et ajusté. Pendant la Renaissance, les femmes adoptent la jupe élargie en cloche. Le XVIIe s. s'oriente peu à peu vers un peu plus de souplesse. Au début du XVIIIe s., le costume masculin prend les trois pièces essentielles du costume moderne : culotte, veste ou gilet, habit. Le costume féminin a varié à l'infini, du XVIIIe s. à nos jours, s'élargissant sur des paniers (XVIIIe s.), des jupons empesés (Louis-Philippe), des crinolines (second Empire), des tournures (1780-1794 et 1870-1889), ou tombant droit (Directoire, Empire).

• *Costume militaire* → UNIFORME.

Costume *(Musée de la Mode et du),* à Paris, musée municipal, installé au palais Galliera depuis 1977. Très importantes collections de costumes civils français, ne remontant pas, à l'exception de quelques rares pièces, au-delà de 1735. Riche bibliothèque (estampes, dessins, photographies de mode).

COSTUMER v. t. (conj. 3). Revêtir qqn d'un costume ou d'un déguisement.
◆ **se costumer** v. pr., **être costumé** v. pass. Revêtir un déguisement : *Se costumer en Pierrot.*

COSTUMIER, ÈRE n. **1.** Personne qui confectionne, loue ou vend des travestis. – **2.** Personne qui s'occupe des costumes d'un spectacle.

1. COSY [kozi] n. m. (pl. *cosys*) [angl. *cosy,* qui protège). Enveloppe dont on couvre la théière pour conserver le thé chaud. (Syn. CACHE-THÉIÈRE, COUVRE-THÉIÈRE.)

2. COSY ou **COSY-CORNER** [kozi ou kozikɔrnœr] n. m. (pl. *cosys* ou *cosy-corners*) [angl. *cosy,* confortable, et *corner,* coin]. Ensemble formé par un divan encastré dans un meuble d'angle avec étagères.

CÔT n. m. Syn. de MALBEC.

COT (Pierre), homme politique français (Grenoble 1895 - Coise-Saint-Jean-Pied-Gauthier, Savoie, 1977). Député radical de la Savoie (1928-1940), ministre de l'Air de 1933 à 1934 et de 1936 à 1938, il fut responsable de la création d'Air France et de la nationalisation des industries aéronautiques. Il joua un rôle actif pendant la Résistance.

COTABLE adj. Susceptible d'être coté à la Bourse des valeurs.

COTANGENTE n. f. (lat. sc. *cotangens, -entis*). *Fonction cotangente,* fonction $x \mapsto \cos x \,/\, \sin x$

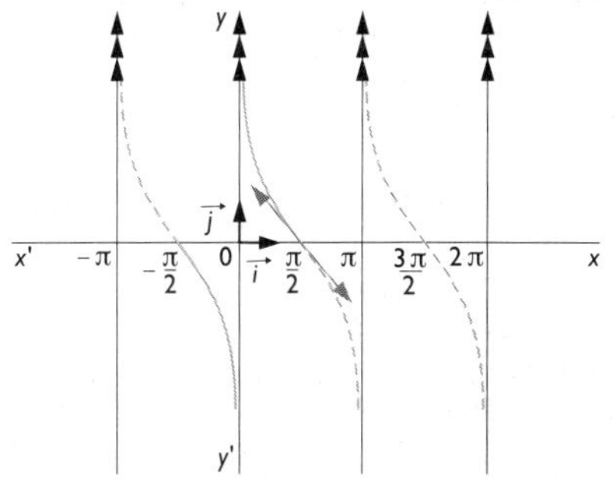

x	0	π/2
(cotg x)'	‖ –	−1
cotg x	‖ +∞ ↘	0

Cotangente : représentation graphique et tableau de variation de $x \longrightarrow$ cotg x.

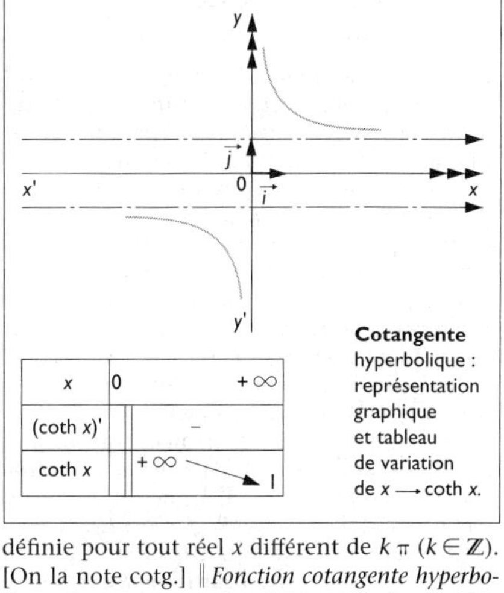

x	0	+∞
(coth x)'	‖ –	
coth x	‖ +∞ ↘	1

Cotangente hyperbolique : représentation graphique et tableau de variation de $x \longrightarrow$ coth x.

définie pour tout réel x différent de $k\pi$ ($k \in \mathbb{Z}$). [On la note cotg.] ‖ *Fonction cotangente hyperbolique,* fonction $x \mapsto$ ch x / sh x définie sur $\mathbb{R}^*$. (On la note coth.)

COTATION n. f. **1.** Action de coter qqch, de lui affecter une note : *La cotation des copies d'examen.* – **2.** Établissement du cours d'un titre ou du prix d'une marchandise en Bourse : *La cotation de l'or.* – **3.** Report, sur le plan représentant une pièce, des cotes qui la caractérisent. – **4.** *Cotation fonctionnelle,* méthode de fixation des cotes d'un dessin, faisant ressortir les cotes que la pièce doit avoir pour remplir sa fonction.

COTE n. f. (lat. médiév. *quota pars,* part qui revient à chacun). **1.** Montant de la cotisation imposée à chaque contribuable. – **2.** Constatation officielle ou officieuse des cours d'une marchandise, d'une monnaie ou d'une valeur mobilière négociée par un intermédiaire qualifié. – **3.** Publication périodique reproduisant ces cours. – **4.** Chiffre porté sur un dessin industriel ou d'architecture et donnant une dimension de l'objet représenté. – **5.** Appréciation portée sur la réputation, la valeur de qqn ; degré d'estime, de popularité : *Un homme politique dont la cote est en baisse.* – **6.** Estimation de la valeur de qqch permettant un classement : *La cote des films de l'année.* – **7.** Rapport entre les chances de perdre et celles de gagner qu'offre un cheval dans une course. (La cote d'un cheval est à 10 contre 1 quand il est présumé avoir dix chances de perdre contre une seule de gagner.) – **8.** Fam. *Avoir la cote, une grosse cote,* être très apprécié de qqn. ‖ *Cote d'alerte,* niveau d'un cours d'eau à partir duquel l'inondation est à craindre ; point critique. ‖ *Cote d'amour,* appréciation d'un candidat fondée sur sa valeur morale, sociale. ‖ *Cote mal taillée,* arrangement où chacun fait des concessions. • **Bours.** *Hors cote,* se dit du marché des valeurs mobilières qui ne sont pas négociées à la cote officielle des agents de change, ni au second marché. – **Docum.** Symbole servant à l'identification et au classement de documents dans une bibliothèque ; document portant ce symbole. – **Dr.** Premier symbole de classification donné à un navire par une société de classification et qui caractérise l'état du navire. ‖ *Certificat de maintien de cote,* syn. de CERTIFICAT DE NAVIGABILITÉ*. – **Géod.** Altitude d'un point par rapport à une surface de référence. – **Géom.** Troisième coordonnée d'un point de l'espace affine E_3, rapporté à un repère cartésien. ‖ Nombre réel qui situe un point M de l'espace par rapport au plan horizontal de projection, en géométrie descriptive et en géométrie cotée.

1. CÔTE n. f. (lat. *costa,* flanc). **1.** Chacun des os très allongés, en forme d'arc concave en dedans, qui, au nombre de 12 de chaque côté chez l'homme, constituent, avec les vertèbres dorsales et le sternum, la cage thoracique. (→ *encycl.*) – **2.** Fam. *Avoir les côtes en long,* être paresseux. ‖ Fam. *Caresser, chatouiller les côtes à qqn,* le battre. ‖ *Côte à côte,* l'un à côté de l'autre ; ensemble. ‖ Fam. *On lui voit les côtes,* il est très maigre. ‖ Fam. *Se tenir les côtes (de rire),* rire à se tordre. • **Archit.** Chacune des saillies qui peuvent diviser la surface concave d'une coupole, ou la surface convexe d'un dôme, dans le sens de la hauteur. ‖ Listel séparant les cannelures d'une colonne. – **Bonnet.** *Tricot à côtes,* tricot à mailles cueillies où les mailles sont alternativement abattues sur l'une, puis sur l'autre fonture d'aiguilles du métier. – **Bouch.** *Côte de bœuf,* partie supérieure de la côte et vertèbre dorsale qui la supporte, avec les muscles qui les recouvrent. ‖ *Côte de veau, de mouton, de porc,* syn. de CÔTELETTE. ‖ *Plat de côtes,* partie moyenne des côtes du bœuf avec les muscles qui les recouvrent. ‖ *Train de côtes,* morceau de bœuf formé des 10 premières côtes de bœuf. — **Cout.** Bande verticale en relief formée au tricot par le point de côtes. ‖ *Point de côtes,* point de tricot constitué par l'alternance régulière, sur un même rang, de points à l'endroit et de points à l'envers. — **Hist.** *Côtes de Fer,* surnom donné à l'armée de Cromwell, et qui aurait d'abord été donné par Rupert à Cromwell lui-même. — **Mus.** Une des lamelles de bois constituant la caisse d'un instrument à cordes. — **Text.** En tissage, saillie longue et étroite à la surface d'un tissu. ‖ *Côte de soie,* capiton ou fleuret.

ENCYCL. **Anat.** Chez l'homme, les côtes sont comptées de haut en bas. On distingue : les *vraies côtes* (de 1 à 7), unies au sternum par les cartilages costaux ; les *fausses côtes* (8, 9, 10), dont l'extrémité antérieure s'unit au cartilage costal susjacent ; les *côtes flottantes* (11, 12), dont le cartilage reste libre. Les côtes donnent insertion à de très nombreux muscles, en particulier au diaphragme.

2. CÔTE n. f. (de *côte 1*). **1.** Versant de colline ou d'un relief d'altitude modérée ; route, chemin qui suit une pente, montée : *Grimper une côte.* — **2.** Syn. de CUESTA. — **3.** Vins de côte, vins récoltés sur les coteaux.

3. CÔTE n. f. (de *côte 1*). **1.** Zone de contact entre la terre et la mer vers l'intérieur (dunes, embruns) et la ligne des plus basses mers ; littoral. (Certains auteurs distinguent la *côte,* bande de terre telle qu'elle est vue du large et qui présente un certain relief, et le *rivage,* zone soumise directement à l'action des vagues.) — **2.** Fam. *et* vx. *Être à la côte,* être sans argent, ruiné. ‖ *La Côte,* syn. de CÔTE D'AZUR. ‖ *Être au vent d'une côte,* y être poussé par le vent du large. ‖ *Être sous le vent d'une côte,* recevoir le vent de terre. ‖ *Faire côte, se jeter à la côte, aller à la côte,* s'échouer devant le rivage.

CÔTE D'ARGENT, littoral de l'Atlantique entre l'embouchure de la Gironde et la frontière espagnole.

CÔTE D'AZUR, nom donné à une partie des côtes françaises de la Méditerranée, entre la frontière italienne et Cassis. C'est la première région touristique française, grâce à un climat chaud et ensoleillé en été (tourisme balnéaire), doux en hiver, dans une situation d'abri (au S. des montagnes de Provence et des Alpes). L'urbanisation a conquis une grande partie de la frange littorale (notamment de part et d'autre de Nice, capitale de la Côte d'Azur) et progresse vers l'intérieur.

CÔTE D'ÉMERAUDE, partie du littoral français de la Manche, aux alentours de Dinard et de Saint-Malo.

CÔTE DES ESCLAVES, anc. nom du littoral du golfe du Bénin.

CÔTE DES GRAINES, anc. nom de la côte du Liberia.

CÔTE D'OPALE, partie du littoral français entre Dunkerque et Le Tréport.

CÔTE D'OR, escarpement calcaire, au-dessus de la plaine de la Saône, entre l'Ouche et la Dheune. C'est un talus vigoureux, qui peut atteindre 200 m de hauteur. Le vignoble célèbre (côte de Nuits au N., côte de Beaune au S.) qui se déploie sur ses premières pentes bénéficie d'étés secs et lumineux et de conditions pédologiques favorables.

CÔTE VERMEILLE, littoral de la Méditerranée, dans les Pyrénées-Orientales, de Collioure à la frontière espagnole (Cerbère).

COTÉ → COTER.

CÔTÉ n. m. (lat. pop. **costatum,* côté [du corps], du lat. class. *costa,* côte). **1.** Partie latérale extérieure de la poitrine, chez l'homme et les animaux. — **2.** Flanc, partie latérale du corps tout entier ; chacune des deux moitiés du corps : *Coucher un enfant sur le côté.* — **3.** Partie latérale de qqch, par oppos. au milieu : *Les deux côtés de la route.* — **4.** Face d'un objet opposée à une autre : *Les deux côtés d'une médaille.* — **5.** Partie d'une chose considérée du point de vue de son orientation : *Le côté espagnol des Pyrénées.* — **6.** Direction, partie de l'espace considérée par rapport aux autres : *De quel côté partez-vous ?* — **7.** Point de vue, aspect sous lequel on considère qqn, qqch : *Il a un côté sympathique. Il faut voir le côté pratique de l'opération.* — **8.** Ligne de parenté : *Le côté paternel, maternel.* — **9.** *À côté (de),* indique la proximité dans l'espace : *Il habite à côté ;* la comparaison : *Ton malheur n'est rien à côté du sien ;* l'extériorité, la divergence : *Être à côté de la vérité ;* l'addition, la simultanéité : *À côté de ces objets luxueux, il y a d'autres articles moins chers.* ‖ Fam. *À côté de ça,* par ailleurs, au reste. ‖ *Au(x) côté(s) de qqn,* auprès de lui. ‖ *De côté,* obliquement, en biais ; vers le bord, sur la partie latérale. ‖ *De côté et d'autre,* de plusieurs endroits. ‖ *De mon (ton, etc.) côté,* en ce qui me (te, etc.) concerne. ‖ *De tous côtés,* de toutes parts, de partout. ‖ *Du côté d'un lieu,* dans sa direction, ou à proximité. ‖ *Du côté de qqch, qqn,* ou (fam.) *côté qqch, qqn,* en ce qui concerne (qqch, qqn). ‖ *D'un côté..., d'un autre côté...,* d'une part..., d'autre part... ‖ *(Être) du côté de qqn,* être rangé à son parti, à sa cause. ‖ *Être aux côtés de qqn,* lui apporter son aide, son soutien. ‖ *Les bons côtés, les petits, les mauvais côtés de qqn,* ses qualités, ses petitesses, ses défauts. ‖ *Mettre, être de côté,* ranger à l'abri, être en réserve. ‖ *Mettre (de l'argent) de côté,* l'économiser. ‖ *Ne savoir de quel côté se tourner,* être embarrassé. ‖ *Point de côté,* douleur aiguë et spontanée, siégeant le plus souvent à la partie latérale et postérieure du thorax accompagnant une affection viscérale ou produite par une névralgie intercostale, ou encore survenant sans cause décelable chez les sujets anxieux. ‖ *Prendre qqch du bon côté,* n'en retenir que les avantages. ‖ *Voir le petit côté des choses,* ne voir que les mesquineries. • **Cout.** Une des deux moitiés du devant d'un vêtement ouvert. – **Fortif.** *Côté extérieur,* ligne qui joint les deux angles saillants des bastions d'un fort. – **Géom.** En géométrie plane, chacun des segments de droite composant un polygone, considéré comme ligne polygonale ; longueur, mesure de ce segment ; droite support de ce segment. (Le polygone peut être la face d'un polyèdre : ses côtés sont alors aussi les côtés du polyèdre.) ‖ Pour un secteur angulaire de sommet A, chacune des deux demi-droites d'origine A qui limitent le secteur. – **Impr.** *Côté de première,* syn. de RECTO. ‖ *Côté de seconde* ou *de deux,* syn. de VERSO.

COTEAU n. m. (anc. fr. *coste,* côte). **1.** Versant d'une colline, d'un plateau. – **2.** Petite colline. – **3.** Pente d'une colline occupée par un vignoble : *Coteaux mûris par le soleil.*

COTEAU (Le) [42120], comm. de la Loire, sur la Loire, en face de Roanne ; 7 600 hab. *(Costellois).* Centre industriel (sièges, textiles, constructions mécaniques).

CÔTE-DE-L'OR, anc. nom du littoral du Ghana.

CÔTE-D'IVOIRE, État de l'Afrique occidentale, sur la côte nord du golfe de Guinée ; 322 000 km² ; 14 700 000 hab. *(Ivoiriens).* CAP. *Yamoussoukro.* V. princ. *Abidjan.* LANGUE : *français.* MONNAIE : *franc C.F.A.*

Géographie. Pays chaud, de plaines au climat équatorial au S., de plateaux plus secs vers le N., la Côte-d'Ivoire, dans le contexte d'un certain libéralisme économique et de stabilité politique, a développé une agriculture de plantation, qui constitue encore sa ressource essentielle et la base de la seule grande branche industrielle, l'agroalimentaire. La Côte-d'Ivoire figure parmi les principaux producteurs de cacao, de café, d'huile de palme ; elle fournit encore de notables quantités de fruits tropicaux (agrumes, bananes), de coton, un peu de caoutchouc, de tabac et de sucre. Le manioc, le mil et le riz sont les grandes cultures vivrières. La sylviculture s'est développée, ainsi que la pêche. Le sous-sol est moins riche, malgré l'essor relatif de l'extraction pétrolière, et l'hydroélectricité (souffrant parfois, comme le modeste élevage, de la sécheresse) assure la majeure partie de la production d'électricité.
La population, ethniquement variée, jeune (fort accroissement naturel), se concentre dans le Sud-Est (vers Abidjan), malgré le développement de Yamoussoukro et de San Pedro. Elle demeure encore à majorité rurale, liée à l'agriculture, dont la prospérité dépend largement des cours variables des produits exportés (et importés), fragilisant une économie ouverte caractérisée encore par un notable endettement extérieur. Les échanges commerciaux, dirigés surtout vers l'Union européenne (vers la France d'abord, qui demeure aussi le premier fournisseur), sont en général à peu près équilibrés, et le tourisme international apporte des revenus complémentaires.

Histoire. Peuplé d'ethnies très différentes, le territoire est principalement dominé au XVIIIe s. par les Mandingues, peuples islamisés apparus dans le nord du pays au XVIe s. et fondateurs d'un puissant empire, et les Achantis, dont le royaume s'étend au sud-est du pays.
1889 : Présents sur la côte depuis la fin du XVIIe s., les Français imposent leur protectorat, sous l'autorité de Binger.
1893 : Création de la colonie de la Côte-d'Ivoire, bientôt rattachée à l'Afrique-Occidentale française. Les plantations de cacaoyers et de caféiers se développent rapidement.
1958 : La colonie devient une république, membre de la Communauté française.
1960 : La République de la Côte-d'Ivoire acquiert sa totale indépendance.
Elle est alors dirigée par le président Houphouët-Boigny, jusqu'à sa mort en 1993. Le président de l'Assemblée nationale, Henri Konan Bédié, lui succède.
1995 : Une élection présidentielle confirme H. K. Bédié à la tête de l'État.

CÔTE-D'OR (21), dép. de la Région Bourgogne ; ch.-l. de dép. *Dijon ;* ch.-l. d'arrond. *Beaune, Montbard ;* 3 arrond. ; 43 cant. ; 707 comm. ; 8 763 km² ; 493 866 hab. Le dép. appartient à l'académie et à la cour d'appel de Dijon, à la région militaire Nord-Est. Le dép. est formé de régions naturelles variées (Châtillonnais, plateau de Langres, Auxois, partie du Morvan, plaine de la Saône). Sa partie vitale correspond à la *Côte-d'Or,* couverte de vignobles aux vins réputés (Aloxe-Corton, Clos-Vougeot, Gevrey-Chambertin, Meursault, Nuits-Saint-Georges, Pommard, etc.). Les villes (grands carrefours de circulation) se sont établies au pied ou près de la Côte : Beaune, marché des vins, et Dijon. Dijon concentre dans son agglomération près de la moitié de la population du dép. et possède l'essentiel des industries (agroalimentaire, constructions mécaniques et électriques) et des services.

CÔTELÉ, E adj. Se dit d'un tissu qui présente dans le sens longitudinal des côtes plus ou moins larges.

CÔTELETTE n. f. (de *côte1*). **1.** Côte des petits animaux de boucherie. — **2.** Pièce de viande prélevée dans différents morceaux du veau et du mouton. (Syn. CÔTE.) — **3.** Partie désossée d'un gibier ou d'une volaille, et présentée en forme de côtelette. — **4.** *Fam.* Côte de l'homme.

CÔTELINE n. f. Tissu à côtes plus ou moins rapprochées, souvent en coton.

COTENTIN, région péninsulaire de Normandie (Manche), à l'O. du cours inférieur de la Vire. Fragment du Massif armoricain, humide, où l'élevage bovin domine largement. V. princ. *Cherbourg* et *Saint-Lô.* Industrie nucléaire au N.-O. (centrale de Flamanville et surtout retraitement des combustibles irradiés de la Hague).

Cotentin *(race du),* race de moutons de grande taille, exploitée principalement dans le département de la Manche.

COTER v. t. (de *cote*) [conj. 3]. **1.** Fixer le cours d'une monnaie, d'une valeur mobilière, d'une marchandise, etc. — **2.** Fixer la quote-part de la contribution d'un contribuable. — **3.** Noter un devoir, une copie, les affecter d'une note qui indique leur valeur par rapport à un barème. — **4.** Apprécier qqch selon une échelle de valeurs : *Coter un film, un vin.* — **5.** Reporter sur un plan les altitudes des différents points par rapport au plan de comparaison choisi. — **6.** Porter les cotes des éléments représentés. — **7.** Attribuer une cote à un document, à un point, à un navire, etc.

◆ v. i. En parlant d'une valeur, d'une marchandise, avoir telle cotation.

◆ **être coté** v. pass. **1.** Être apprécié, estimé : *Vin coté. Professeur très coté.* — **2.** *Géométrie cotée,* géométrie descriptive dans laquelle chaque point d'un corps est représenté par sa projection sur un plan horizontal et par sa distance *(cote)* à ce plan de projection. (→ *encycl.*)

ENCYCL. *Géométrie cotée.* Dans la méthode des projections cotées, les figures sont projetées orthogonalement sur un plan horizontal dit *plan de comparaison.* Un point est représenté par sa projection orthogonale sur ce plan, et par un nombre appelé *cote,* qui exprime sa distance au plan de comparaison. Une droite est représentée par sa projection et par celles des points de *cote ronde,* c'est-à-dire situés à 0, 1, 2... unités du plan de comparaison. Un plan est représenté par une ligne de plus grande pente ; perpendiculaire aux horizontales du plan considéré, elle suffit pour le déterminer. Pour représenter les surfaces, on représente soit les *lignes de niveau,* c'est-à-dire les lignes horizontales, de cote ronde, soit les *lignes de profil,* obtenues en coupant la surface par un plan perpendiculaire au plan de comparaison.

COTEREAUX n. m. pl. (anc. fr. *coterel*). Nom donné à des bandes de soldats mercenaires, connus par leurs brigandages en France au XIIe s.

COTERIE n. f. (anc. fr. *cotier,* de *cote,* cabane). *Péjor.* Groupe de personnes qui se soutiennent pour faire prévaloir leurs intérêts : *Une coterie littéraire.*

COTERON ou **COTTERON** n. m. (de *cotte 2*). Au Moyen Âge, veste des paysans, courte et sans manches.

CÔTE-RÔTIE n. m. (pl. *côtes-rôties*). Vin rouge des côtes du Rhône.

COTES (Roger), mathématicien et astronome anglais (Burbage, Leicestershire, 1682 - Cambridge 1716). Disciple de Newton et éditeur de la seconde édition des *Principia* (1713), il ramène la résolution de l'équation $x^n - 1 = 0$ à la division de la circonférence du cercle en n parties égales.

CÔTE-SAINT-ANDRÉ (La) [38260], ch.-l. de cant. de l'Isère, dans le bas Dauphiné ; 4 536 hab. *(Côtois).* Vaste halle en charpente du XVIe s. Anc. château du XVIIe s. Musée Berlioz.

CÔTES-D'ARMOR (22), jusqu'en 1990 **Côtes-du-Nord**, dép. de la Région Bretagne ; ch.-l. de dép. *Saint-Brieuc ;* ch.-l. d'arrond. *Dinan, Guingamp, Lannion ;* 4 arrond. ; 52 cant. ; 372 comm. ; 6 878 km² ; 538 395 hab. *(Costarmoricains).* Le dép. appartient à l'académie et à la cour d'appel de Rennes, à la région militaire Atlantique. C'est un pays de collines, plus élevées dans le sud (extrémité orientale des monts d'Arrée, landes du Mené), limitées au N. par une côte à rias, surtout rocheuse, où alternent saillants (Trégorrois) et rentrants (baie de Saint-Brieuc). L'agriculture demeure importante. Les cultures céréalières et fourragères, parfois légumières (Trégorrois), sont juxtaposées à l'élevage (bovins, porcins, volailles). La pêche, bien qu'en recul, anime le littoral, qui bénéficie surtout du tourisme estival. La faiblesse de l'industrialisation, malgré des réalisations spectaculaires (à Lannion), explique l'émigration, cependant ralentie.

CÔTES DE MEUSE ou, parfois, **HAUTS DE MEUSE,** escarpements calcaires de l'est du Bassin parisien, développés du S. au N. entre Neufchâteau et Dun-sur-Meuse.

CÔTES DE MOSELLE, escarpements calcaires de l'est du Bassin parisien qui dominent une dépression drainée par la Seille. Ce talus atteint jusqu'à 400 m de hauteur. Il recèle au N. du minerai de fer.

CÔTES-DU-NORD → CÔTES-D'ARMOR.

CÔTES-DU-RHÔNE n. m. inv. Vin des coteaux de la vallée du Rhône au sud de Lyon. (Les principaux crus sont, au nord, côte-rôtie, condrieu, l'hermitage, cornas et saint-péray, au sud châteauneuf-du-pape, tavel et lirac.)

COTEUR n. m. Intermédiaire qui établit les cotations sur une Bourse.

cotg, symbole de *fonction cotangente.*

coth, symbole de *fonction cotangente hyperbolique.*

COTHON, nom donné, dans l'Antiquité, au port de Carthage.

COTHURNE n. m. (lat. *cothurnus,* du gr. *kothornos*). **1.** Dans l'Antiquité, brodequin qui couvrait la moitié de la jambe et se laçait par-devant. — **2.** Chaussure à semelle épaisse dont usaient les acteurs tragiques, pour rehausser leur taille. — **3.** *Litt.* Symbole du genre tragique. — **4.** Type de chaussure à semelle épaisse s'inspirant du cothurne antique. — **5.** *Arg.* Orthographe plaisante de *coturne.*

COTICE n. f. (anc. fr. *coste,* côte). En héraldique, bande diminuée de largeur.

COTIDAL, E, AUX adj. (angl. *cotidal,* de *tide,* marée). *Ligne cotidale,* lieu des points d'une marée réduite à une onde unique où les pleines mers se produisent au même instant.

CÔTIER, ÈRE adj. (anc. fr. *coste,* côte). **1.** Relatif aux rivages de la mer ; qui se pratique, qui se trouve sur les côtes : *Pêche côtière.* — **2.** *Fleuve côtier,* fleuve peu important dont la source est peu éloignée de l'embouchure.

CÔTIÈRE ou **COSTIÈRE** n. f. (anc. fr. *coste,* côté, p.-ê. avec l'infl. du provenç. *coustiero,* côteau). **1.** Suite de coteaux viticoles. — **2.** Plate-bande de terre inclinée, située le long d'un mur exposé au midi.

CÔTIÈRE (la), bordure méridionale de la Dombes, dominant la plaine du Rhône en amont de Lyon.

COTIGNAC n. m. (anc. fr. *coudougnac,* du provenç. *codonat,* de *codonh,* coing). Confiserie faite de pâte de coings très sucrée. (Spécialité d'Orléans.)

COTIGNAC (83570), ch.-l. de cant. du Var, à 24 km au N.-N.-E. de Brignoles ; 1 799 hab. *(Cotignacéens).* Maisons des XVIe-XVIIIe s. — Aux environs, chapelle N.-D.-des-Grâces, fondée en 1519.

COTILLON n. m. (de *cotte 2*). **1.** Jupon, parfois en flanelle, qui était porté surtout par les paysannes. — **2.** Farandole exubérante marquant la fin d'une soirée dansante, accompagnée de lancers de confettis et de serpentins. — **3.** *Accessoires de cotillon* ou *cotillons,* objets divers (confettis, serpentins, etc.), utilisés au cours d'un bal, d'une fête. ‖ Fam. *Courir le cotillon,* rechercher les conquêtes féminines.

COTIN (Charles), écrivain français (Paris 1604 - *id.* 1682). Prédicateur, aumônier de Louis XIII, il est l'auteur d'œuvres de philosophie morale (*Jérusalem désolée,* 1634, *Traité de l'âme immortelle,* 1655), mais aussi amateur de poésie galante. Il servit de modèle au Trissotin des *Femmes savantes.* (Acad. fr., 1655.)

COTINGA n. m. (mot d'une langue indienne). Oiseau passereau frugivore des forêts tropicales américaines.

COTINGIDÉ n. m. Nom de famille attribué au cotinga, au rupicole, à l'araponga.

COTISANT, E n. Personne qui verse une cotisation.

COTISATION n. f. **1.** Action de cotiser, de se cotiser : *La cotisation à la mutuelle n'est pas obligatoire.* — **2.** Somme versée en vue de contribuer à une dépense commune ; quotepart : *Payer sa cotisation.* — **3.** Pourcentage du salaire prélevé par l'employeur et versé aux différents organismes qui assurent la protection sociale du salarié (la Sécurité sociale, l'assurance chômage, etc.).

COTISER v. t. ind. (de *cote*) [conj. 3]. Verser sa cotisation à un organisme, à une association, etc. : *Cotiser à la Sécurité sociale.*
◆ v. i. ou **se cotiser** v. pr. Organiser entre soi une collecte de fonds en vue d'une dépense commune ou pour un don : *Ses enfants ont cotisé pour lui offrir un cadeau.*

COTMAN (John Sell), peintre et graveur anglais (Norwich 1782 - Londres 1842). Un des meilleurs représentants de l'« école de Norwich », il a donné des paysages à l'aquarelle, mais aussi à l'huile, caractérisés par la pureté du dessin et la structure rigoureuse des formes.

CÔTOIEMENT n. m. Action de côtoyer, de se côtoyer.

COTON n. m. (ar. *quṭun,* avec l'infl. de l'ital. *cotone*). **1.** Fibre textile cellulosique naturelle constituant les poils séminaux qui poussent à la surface des graines du cotonnier. (→ *encycl.*). — **2.** Étoffe que l'on fabrique avec ces fibres. — **3.** Le cotonnier lui-même. — **4.** Morceau d'ouate, de coton hydrophile : *Se mettre du coton dans les oreilles.* — **5.** *Fam.* Brouillard épais. — **6.** *Avoir les jambes en coton,* avoir de la peine à se tenir debout, se sentir très faible. ‖ *Élever un enfant dans du coton,* l'élever d'une manière trop douillette. ‖ Fam. *Filer un mauvais coton,* être atteint d'une maladie grave ou être dans une situation critique. • **Corps gras.** *Huile de coton,* huile contenue dans les graines du cotonnier. (C'est l'une des huiles alimentaires les plus consommées dans le monde, surtout aux États-

Unis.) — **Pharm.** *Coton hydrophile,* nappe homogène, formée des poils de la graine de diverses espèces de gossypium débarrassés des substances grasses et résineuses qui les imprègnent, et douée d'un grand pouvoir absorbant. — **Text.** Fil de coton plat ou tordu, mat ou brillant, vendu en pelotes ou en écheveaux, pour exécuter des travaux de couture ou de broderie. ‖ *Coton mort,* fibre de coton qui n'est pas arrivée à maturité au moment de la cueillette. — **Verr.** *Coton de verre,* masse formée par des fils de verre très fins qui ont l'apparence de fils de coton.

◆ adj. **1.** Difficile, ardu : *Un problème coton.* — **2.** Fam. *C'est coton* ou *c'est pas coton,* c'est difficile.

ENCYCL. Chimiquement, le coton est constitué de cellulose pure, avec quelques traces de cire et de graisse. Traité dans certaines conditions à la soude caustique, il se gonfle et peut acquérir un brillant prononcé (coton mercerisé). Physiquement, le coton se présente, examiné au microscope, sous la forme d'une fibre rubanée et vrillée. On l'apprécie suivant sa longueur, sa finesse et sa propreté.

• *Production et industrie du coton.* La production mondiale de coton brut, à peu près stable depuis le milieu des années 70, est voisine de 18 Mt. Quatre pays (Chine, ex-U. R. S. S., États-Unis et Inde) assurent plus des deux tiers de la production mondiale (loin devant le Pākistān, le Brésil, l'Égypte, la Turquie). Près du tiers de la production est commercialisée. Des États d'Asie orientale (Japon, Corée du Sud, Taiwan) ont développé leurs importations et leur industrie cotonnière concurrence celle en déclin des producteurs et de l'Europe occidentale.

COTON (le *P.* Pierre), jésuite français (château de Chenevoux, près de Néronde, Loire, 1564 - Paris 1626). Confesseur d'Henri IV puis de Louis XIII, conseiller de la régente Marie de Médicis, il inspira à cette dernière sa politique catholique et pro-espagnole, mais fut écarté de la cour après l'assassinat de Concini (1617). Il publia en 1610 une *Lettre déclaratoire de la doctrine des Pères Jésuites* pour disculper ces derniers de toute complicité dans l'assassinat d'Henri IV.

COTON-COLLODION n. m. (pl. *cotons-collodions*). Nitrocellulose entièrement soluble dans le mélange d'alcool et d'éther.

COTON-CORDONNET n. m. (pl. *cotons-cordonnets*). Coton à coudre auquel le retors est donné en sens contraire du tors des fils simples.

COTONÉASTER [-tɛr] n. m. Nom générique d'un buisson-ardent.

COTON-GRAINE n. m. (pl. *cotons-graines*). Graine de coton recouverte de fibres, que l'on récolte après l'ouverture des capsules produites par le cotonnier.

COTONNADE n. f. (de *coton*). Étoffe tissée avec des fibres de coton pur ou en mélange avec des fibres différentes.

COTONNER v. t. (conj. 3). Garnir de coton ou d'une matière analogue.

◆ v. i. ou **se cotonner** v. pr. Se couvrir de peluche, de duvet en parlant de tissus.

COTONNERIE ou **COTONNERAIE** n. f. **1.** Culture du coton. — **2.** Terrain planté de cotonniers. — **3.** Lieu où se travaille le coton.

COTONNEUX, EUSE adj. **1.** Recouvert de duvet : *Une pêche à la peau cotonneuse.* — **2.** Qui rappelle le coton par sa consistance : *Un brouillard cotonneux.* — **3.** Se dit d'un fruit fade, sans suc, spongieux. — **4.** *Bruit cotonneux,* bruit sourd, étouffé. ‖ *Ciel cotonneux,* couvert de nuages blancs.

COTONNIER, ÈRE adj. Relatif au coton, à la fabrication des fils et tissus de coton.

◆ n. **1.** Ouvrier(ère) des filatures de coton. — **2.** Industriel du coton.

◆ **cotonnier** n. m. Plante (malvacée) tropicale herbacée ou ligneuse, cultivée pour ses graines oléagineuses et son fruit, couvert de poils cellulosiques, ou coton.

ENCYCL. La culture du cotonnier, développée sous climat tropical et subtropical aride, est annuelle. La floraison débute de 45 à 60 jours après les semis et se poursuit régulièrement jusqu'à l'arrivée de conditions adverses, saison sèche ou froide. Entre l'épanouissement de la fleur et l'ouverture de la capsule, il s'écoule en moyenne 60 jours. L'ouverture échelonnée des capsules demande plusieurs passages pour obtenir un coton très propre. La récolte est faite mécaniquement dans certains pays : États-Unis, ex-U. R. S. S., Israël et Australie. La séparation de la fibre et de la graine, ou égrenage, est réalisée mécaniquement et est suivie du pressage des fibres en balles pour le transport et la commercialisation. L'amande de la graine de coton contient 16 à 22 % d'huile comestible, très utilisée dans la consommation humaine. Le tourteau, résidu de l'extraction de l'huile, est utilisé dans l'alimentation du bétail.

COTONOU, principale ville et port du Bénin, ch.-l. de dép. ; 327 000 hab. Centre administratif (siège du gouvernement et du corps diplomatique) et industriel (alimentation, textile, mécanique, cimenterie, chaussures). Aéroport international.

COTON-POUDRE n. m. (pl. *cotons-poudres*). Coton nitré ayant des propriétés explosives. (Les cotons-poudres, utilisés dans la fabrication de poudres sans fumée et de dynamite-gomme, contiennent au moins 12 % d'azote. Nitrés après séchage, puis stabilisés, ce sont des explosifs de sûreté.)

COTON-TIGE n. m. (n. déposé) [pl. *Cotons-Tiges*]. Coton finement enroulé autour d'un bâtonnet pour nettoyer les oreilles et le nez.

COTOPAXI, volcan actif des Andes de l'Équateur ; 5 897 m. Première ascension par le géologue allemand W. Reiss et A. M. Escobar en 1872.

CÔTOYER v. t. (de *côte 1*) [conj. 13]. **1.** Marcher le long de qqch, à côté de qqch ; suivre, s'étendre le long de qqch ; longer : *Le chemin côtoie la rivière.* – **2.** Être en contact avec qqn, un milieu, vivre près d'eux ; être très proche, de qqch ; coudoyer : *Côtoyer toutes sortes de gens. Dans ces quartiers où la misère côtoie la richesse.*

COTRE n. m. (angl. *cutter,* qui coupe l'eau). Voilier de plaisance dont le gréement se compose d'un mât, d'une grand-voile et d'au moins un foc et une trinquette.

COTRET n. m. (anc. fr. *costerais,* petit morceau). *Vx.* Fagot de bûchettes à brûler.

COTRIADE n. f. **1.** Soupe de poissons. – **2.** Syn. de CHAUDRÉE.

COTSWOLDS ou **COTSWOLD HILLS,** ligne de collines calcaires d'Angleterre, au N.-E. de Bath. Élevage ovin.

COTTA (Johann Friedrich), libraire allemand (Stuttgart 1764 - *id.* 1832). Libraire à Tübingen, il édita Schiller et Goethe.

COTTAGE [kɔtɛdʒ ou kɔtaʒ] n. m. (angl. *cottage,* de l'anc. fr. *cote,* cabane). Petite maison de campagne simple et élégante.

COTTBUS, v. d'Allemagne (Brandebourg), ch.-l. de distr., sur la Spree ; 117 000 hab. Monuments du XIVe au XVIIIe s. Centre commercial et nœud de communications. Aéroport. Industrie alimentaire. Textile. Constructions mécaniques et électriques.

1. COTTE n. m. (gr. *kottos,* chabot). Poisson voisin des chabots, carnivore, vivant en eaux froides.

2. COTTE n. f. (frq. **kotta*). **1.** Autref., tunique portée par les hommes et par les femmes. – **2.** Salopette de travail en tissu bleu. – **3.** *Cotte à armer* ou *cotte d'armes,* vêtement ample qui se portait sur l'armure. ‖ *Cotte de fer,* syn. de BRIGANDINE. ‖ *Cotte de mailles,* syn. de HAUBERT.

COTTE (Robert DE), architecte et décorateur français (Paris 1656 - *id.* 1735). Élève de J. H.- Mansart, architecte du roi (1689), puis premier architecte (1708), il fut, en alliant une grâce nouvelle à la majesté du style « Louis XIV », un des créateurs du style « Régence ». Son influence fut grande, non seulement en France, mais aussi à l'étranger (Allemagne). Outre sa contribution aux entreprises du règne de Louis XIV (Versailles, etc.), il est l'auteur de nombreux hôtels parisiens (hôtel d'Estrée, 1713), de résidences épiscopales (Verdun, Strasbourg [château des Rohan, 1730-1742]), de palais et châteaux outre-Rhin, etc.

COTTE (le *P.* Louis), météorologiste français (Laon 1740 - Montmorency 1815). Un des créateurs de la météorologie, il a laissé un *Traité de météorologie* (1774).

COTTEREAU (Jean), dit **Jean Chouan** (Saint-Berthevin 1757 - près de Laval 1794). Faux saunier, il fut un des promoteurs de la chouannerie, dans le Maine.

COTTERON → COTERON.

COTTET (Charles), peintre et aquafortiste français (Le Puy 1863 - Paris 1925). Membre, avec Lucien Simon et André Dauchez, du groupe dit de la « bande noire » (en raison de leur style sombre et austère), il a consacré la plus grande partie de son œuvre, qui mêle réalisme et symbolisme, à la Bretagne et à la vie des gens de mer.

COTTIDÉ n. m. Nom de famille attribué aux chabots.

COTTIENNES *(Alpes)* → ALPES COTTIENNES.

COTTON n. m. (de W. *Cotton,* n. pr.). Métier rectiligne qui tricote simultanément plusieurs panneaux avec augmentations et diminutions.

COTTON (*sir* Robert BRUCE), collectionneur anglais (Denton, Huntingdonshire, 1571 - Londres 1631). Historien, membre de la *Antiquarian Society,* il constitua une remarquable collection de manuscrits, documents et pièces de monnaie, aujourd'hui propriété de la British Library.

COTTON (Aimé), physicien français (Bourg-en-Bresse 1869 - Sèvres 1951). Après ses travaux sur la dispersion rotatoire de la lumière, il découvrit le dichroïsme circulaire en 1896. En collaboration avec H. Mouton, il réalisa un ultramicroscope, et découvrit les phénomènes de la biréfringence magnétique. Il est aussi l'inventeur de la *balance de Cotton,* pour la mesure des champs magnétiques. (Acad. des sc., 1923.)

COTTON BELT, région agricole du sud-est des États-Unis, où la culture du coton a été prédominante, ou l'est encore aujourd'hui (plaines et bas plateaux bordant l'Atlantique et le golfe du Mexique, depuis le Caroline du Nord jusqu'à l'est du Texas et le sud de l'Oklahoma).

COTURNE n. (de *turne*). *Arg.* Dans une grande école, étudiant(e) qui partage une chambre avec un(e) autre.

COTURNICULTURE n. f. (lat. *coturnix, -icis,* caille). Élevage de la caille domestique.

COTY (François SPOTURNO, dit François), industriel français (Ajaccio 1874 - Louveciennes 1934). Il créa une maison de parfums, acquit *le Figaro* (1922), fonda *l'Ami du peuple* (1928), et, en 1933, créa le mouvement de droite « Solidarité Française ».

COTY (René), homme d'État français (Le Havre 1882 - *id.* 1962). Président à partir de 1946 du groupe des indépendants à l'Assemblée nationale, il fut élu président de la République en 1953, et succéda à Vincent Auriol en 1954. Il transmit ses fonctions présidentielles au général de Gaulle en 1959.

COTYLE n. m. (gr. *kotulê*). **1.** Cavité articulaire d'un os. — **2.** Cavité cotyloïde de l'os iliaque.

COTYLÉDON n. m. (gr. *kotulêdôn,* cavité). **1.** Organe embryonnaire commun à toutes les espèces de plantes à graines. (→ *encycl.*) — **2.** Chez les ongulés, zone de contact utéro-chorial du placenta. — **3.** *Cotylédon placentaire,* chacune des 15 à 30 unités fonctionnelles formant le placenta.
ENCYCL. **Bot.** Parmi les angiospermes, on distingue les monocotylédones (palmier, lis, blé), qui n'ont qu'un cotylédon et les dicotylédones, beaucoup plus nombreuses, qui en ont deux. Les gymnospermes ont souvent plus de deux cotylédons. La fonction principale du (ou des) cotylédon(s) est d'absorber et de digérer au profit de la plantule les réserves alimentaires constituant l'albumen. Si cette absorption a lieu pendant que la graine mûrit, les cotylédons deviennent charnus et gorgés de réserves, que la plante n'exploitera qu'après germination (graines sans albumen : haricot). Si elle n'a lieu qu'en cours de germination, les cotylédons restent foliacés. Deux cas peuvent alors se présenter : ou le cotylédon reste dans la graine et en absorbe l'albumen sans rien accumuler dans ses propres tissus, l'aliment étant aussitôt transmis à la plantule, ou les cotylédons sont soulevés hors de terre par la croissance d'un axe hypocotylé, verdissent et jouent passagèrement un rôle de feuilles, la plantule étant capable d'absorber l'albumen sans leur concours. Cependant, des cotylédons charnus peuvent être ainsi soulevés (germination épigée du haricot).

COTYLOÏDE adj. *Cavité cotyloïde de l'os iliaque,* syn. de ACETABULUM.

COTYLOÏDIEN, ENNE adj. Relatif à la cavité cotyloïde de l'os iliaque.

COTYLOSAURIEN n. m. (gr. *kotulê,* cavité, et *saurien*). Reptile fossile de l'ère primaire, aux caractères primitifs et synthétiques.

COTYS, nom commun à plusieurs rois des Thraces Odryses. — **Cotys Ier** fut l'allié, puis l'adversaire d'Athènes dans l'Hellespont (v. 363-362). — **Cotys II** fournit des troupes à Persée, roi de Macédoine, pour combattre les Romains ; ceux-ci s'en firent un allié en lui rendant son fils sans rançon.

COU n. m. (anc. fr. *col,* du lat. *collum*). **1.** Partie du corps de l'homme et de certains vertébrés qui joint la tête aux épaules. (→ *encycl.*) — **2.** Partie longue et étroite d'un récipient : *Le cou d'une bouteille.* — **3.** *Cou de taureau,* cou large et puissant. ‖ Fam. *Être jusqu'au cou dans,* être complètement dans un état pénible : *Être endetté jusqu'au cou.* ‖ *Se jeter, sauter, se pendre au cou de qqn,* l'embrasser avec effusion. ‖ *Poule à cou nu,* type de poule caractérisée par l'absence de plumes sur le cou et la région du jabot. ‖ *Se rompre le cou,* se tuer ou se blesser grièvement. ‖ *Tendre le cou,* s'offrir en victime, sans résistance. ‖ *Tordre le cou à qqn,* le tuer en l'étranglant. ‖ *Tordre le cou à qqch,* le faire cesser, le faire disparaître.
ENCYCL. Le cou est soutenu par les vertèbres cervicales, au nombre de sept au maximum chez les mammifères, girafe comprise, mais éventuellement beaucoup plus nombreuses chez les oiseaux et les reptiles ; ces vertèbres ne portent pas de côtes ; le cou est parcouru longitudinalement par des voies nerveuses (bulbe, moelle cervicale), sanguines (carotides, veines jugulaires), digestives (œsophage) et respiratoires (larynx, trachée) d'importance vitale, mais compte peu d'organes propres (thyroïde, parathyroïdes).

COUAC ! interj. (onomat.). Imite le cri du corbeau.
◆ n. m. *Fam.* Son faux ou discordant qu'émet accidentellement un chanteur ou un instrumentiste ; canard.

COUAGGA n. m. (onomat.). Zèbre d'Afrique australe, aujourd'hui disparu.

COUARD, E adj. et n. (anc. fr. *coe,* queue). *Litt.* Qui manque de courage ; poltron, lâche, capon.
◆ **couard** n. m. Tronçon de la queue du cheval.

COUARDISE n. f. (de *couard*). *Litt.* Caractère ou action de couard ; lâcheté.

COUBBA ou **KOUBBA** n. f. (ar. *qubba*). En pays islamique, édifice couvert en coupole, généralement mausolée, de dimensions modestes. (Le terme est surtout employé au Maghreb, où il désigne aussi les marabouts. En Turquie, cet édifice est nommé *türbe.*)

COUBERTIN (Pierre DE), éducateur français (Paris 1863 - Genève 1937), rénovateur, en 1894, des jeux Olympiques*, président du Comité international des jeux Olympiques de 1896 à 1925.

COUBRE *(pointe de la),* avancée du littoral de la Charente-Maritime, extrémité nord de l'estuaire de la Gironde, au S. de la *forêt de la Coubre,* étendue sur environ 8 000 ha. – Phare à l'extrémité de la pointe.

COUCAL n. m. (pl. *coucals*) [onomat.]. Coucou non parasite des régions tropicales de l'Ancien Monde.

COUCH → KOUSH.

COUCHAGE n. m. **1.** *Vx.* Action de coucher qqn pour le repos de la nuit : *Le couchage des troupes.* – **2.** Ce sur quoi on couche, ensemble des objets qui servent au coucher : *Un bon couchage assure un bon repos.* – **3.** *Sac de couchage,* sac de tissu matelassé garni de fibres synthétiques ou de duvet animal. (Syn. DUVET.) • **Hortic.** Marcottage pratiqué en couchant des rameaux dans une fosse peu profonde. ‖ Semis de grains en couche. – **Papet.** Dépôt sur une feuille de papier ou de carton d'un enduit liquide à base d'adhésif et de pigments blancs afin de lui conférer un meilleur aspect et une meilleure aptitude à l'impression. – **Text.** Action de coucher les poils d'une étoffe.

COUCHAILLER v. i. (conj. 3). *Fam.* Avoir des aventures sexuelles épisodiques.

COUCHANT, E adj. *Chien couchant,* chien qui, à la chasse, se couche lorsqu'il tombe en arrêt devant le gibier ; flatteur qui rampe pour plaire ou pour séduire. ‖ *Soleil couchant,* soleil près de disparaître à l'horizon ; moment de la journée où le soleil est dans cette position.

◆ **couchant** n. m. **1.** Soleil qui se couche ; aspect du ciel dans la région où le soleil se couche. – **2.** Point de l'horizon où le soleil se couche. – **3.** *Litt.* Vieillesse, déclin, terme : *Génie à son couchant.*

1. COUCHE n. f. (de *coucher*). **1.** *Litt.* Lit : *Elle partageait la couche royale.* – **2.** Ensemble d'individus présentant, en raison notamment de la similitude des conditions d'existence, une certaine homogénéité ; catégorie (souvent pl.) : *Les couches laborieuses.* – **3.** Disposition d'éléments superposés ; strate : *Couches de l'atmosphère.* – **4.** Étendue uniforme d'une substance appliquée ou déposée sur une surface ; épaisseur : *Étaler une couche de crème sur un gâteau. Passer deux couches de peinture sur le mur.* – **5.** Carré de tissu de coton ou rectangle d'ouate placé entre les jambes d'un nourrisson, qui sert à absorber l'urine. – **6.** Fam. *En tenir une couche,* être borné, stupide. • **Arm.** *Plaque de couche,* ferrure qui garnit et protège la base de la crosse d'un fusil. – **Bot.** Syn. de ASSISE. – **Charp.** Pièce de bois posée horizontalement à terre, et sur laquelle viennent s'appuyer des étais. – **Électron.** *Couche épaisse,* dépôt métallique par sérigraphie sur un substrat isolant (alumine ou céramique) pour constituer les composants passifs d'un circuit intégré. (→ *encycl.*) ‖ *Couche mince,* dépôt métallique de très faible épaisseur sur un substrat isolant (verre où céramique) pour constituer les composants passifs d'un circuit intégré. (→ *encycl.*) – **Géol.** Plus petite unité dans la hiérarchie lithostratigraphique. (On applique le plus souvent le terme à des lits homogènes, épais de quelques centimètres à quelques mètres.) ‖ *Couches 1, 2, 3, 4,* couches successives qui constituent la lithosphère océanique. (La *couche 1* [d'épaisseur variable] est constituée de sédiments ; la *couche 2* [d'épaisseur 0,9 à 2,5 km], de basaltes ; la *couche 3* [d'épaisseur 3 à 6 km], de gabbros et de serpentinites ; la *couche 4* correspond au manteau supérieur.) – **Hortic.** Amas de matières organiques d'origine animale ou végétale qu'on humecte d'eau pour y provoquer le départ d'une fermentation productrice de chaleur et qu'on utilise pour assurer aux semis, aux jeunes plantes une température plus élevée que la température ambiante. – **Métall.** Syn. de ENDUIT. – **Min.** Partie minéralisée d'un massif sédimentaire délimitée par deux strates stériles : le toit (au-dessus) et le mur (au-dessous). – **Neurol.** *Couches optiques,* syn. de THALAMUS. – **Opt.** *Couches minces,* pellicules de substances diverses (métaux ou substances transparentes) que l'on dépose, généralement par évaporation sous vide, à la surface du verre. (Les couches minces antireflets sont utilisées pour la protection des objectifs photographiques et des capteurs solaires.) – **Phys.** Ensemble des états électroniques d'un atome caractérisés par un même nombre quantique principal. – **Techn.** *Couche limite,* mince zone d'écoulement ralenti au voisinage immédiat de la surface d'un corps en mouvement relatif par rapport à un fluide. (→ *encycl.*) – **Trav. publ.** Épaisseur uniforme de matériaux constituant un des éléments de la construction d'une chaussée. (Syn. ASSISE.)

ENCYCL. **Électron.** Il existe plusieurs méthodes de dépôts des couches minces : évaporation sous vide, pulvérisation cathodique, dépôt par voie gazeuse, dépôt par électrolyse ou dépôt chimique. Sur un circuit « à couche épaisse », les dépôts ont une épaisseur de l'ordre de 25 μm tandis que sur un circuit « à couche mince » ils ont une épaisseur inférieure au micromètre.

– **Techn.** La *couche limite* est une sorte d'enveloppe pelliculaire due aux frottements engendrés par la viscosité du fluide. La vitesse relative du fluide y varie très rapidement d'une valeur nulle à la surface du corps jusqu'à une valeur finie, qui est celle du fluide libre. L'écoulement du fluide dans la couche limite, d'abord *laminaire,* devient *turbulent* au-delà d'un certain point, dit *point de transition.* Sur une aile d'avion, on peut faire disparaître la couche limite par *aspiration* ou par *soufflage,* de façon à améliorer l'écoulement aérodynamique.

2. COUCHE n. f. (moyen fr. *coucher,* accoucher). Fam. *Fausse couche,* avortement involontaire.

◆ **couches** n. f. pl. **1.** État d'une femme qui accouche ou qui vient d'accoucher : *Une femme en couches.* — **2.** *Retour de couches,* première menstruation après l'accouchement. (Il a lieu environ six semaines après l'accouchement chez la femme qui n'allaite pas.) ‖ *Suite de couches,* période qui s'étend de l'accouchement au retour de couches.

COUCHÉ n. m. Broderie composée de divers points, dont le point de Boulogne, le point de grille et le point d'Orient.

COUCHE-CULOTTE n. f. (*couches-culottes*). Culotte de bébé en tissu imperméable que l'on garnit d'une couche jetable.

COUCHE-POINT n. m. (pl. *couche-points*). Pièce de nivellement placée entre l'emboîtage et le talon d'une chaussure pour obtenir une surface plane apte à recevoir le talon.

1. COUCHER v. t. (lat. *collocare,* placer) [conj. 3]. **1.** Étendre qqch, qqn de tout son long, le placer horizontalement : *Coucher des bouteilles de vin. Coucher un blessé sur un banc.* — **2.** Mettre qqn au lit : *Il couche ses enfants vers 20 h 30.* — **3.** Offrir à qqn un lit pour dormir : *Reste, je peux te coucher.* — **4.** Incliner qqch vers l'horizontale, le courber ou le rabattre : *Le vent couchait les blés.* — **5.** *Coucher une idée sur le papier, par écrit, noir sur blanc,* l'inscrire, la noter. ‖ *Coucher qqn sur un testament, une liste,* le désigner par écrit comme un des héritiers, un des participants à une action, etc. • **Arbor.** *Coucher des branches,* syn. de MARCOTTER. — **Bât.** Étendre en couche un enduit, une peinture. — **Cuis.** Dresser un appareil pâteux ou semi-liquide en le poussant sur une plaque ou sur un plat à l'aide d'une poche. (Syn. POUSSER.) — **Jeux.** Mettre comme enjeu. — **Rel.** Appliquer l'or en feuilles sur la couverture ou sur les tranches d'un livre relié.

◆ v. i. **1.** Prendre le repos de la nuit, dormir qqpart : *Coucher à l'hôtel.* — **2.** Partager son lit ou sa chambre avec qqn ou, *fam.,* avoir des relations sexuelles avec qqn. — **3.** *Coucher dehors,* en parlant d'un véhicule, stationner dans la rue. ‖ Fam. *Nom, idée à coucher dehors,* nom difficile à prononcer ou à retenir ; idée saugrenue.

◆ **être couché** v. pass. **1.** Être penché : *Écriture couchée.* — **2.** *Papier couché,* papier ayant été soumis à un procédé de couchage sur une ou deux faces. ‖ *Pli couché,* pli géologique à fort déversement dont le plan axial est très voisin de l'horizontale.

◆ **se coucher** v. pr., **être couché** v. pass. **1.** S'étendre, s'allonger qqpart : *Se coucher sur le ventre.* — **2.** Se mettre au lit, aller dormir : *Je suis fatigué, je vais me coucher.* — **3.** En parlant du soleil, des astres, descendre sous l'horizon : *Le soleil est couché.* — **4.** S'incliner à l'horizontale : *Un arbre couché en travers de la route.* — **5.** Courber, incliner son buste sur qqch presque jusqu'à l'horizontale : *Ne te couche pas sur ta table pour écrire.*

◆ **se coucher** v. pr. *Pop.* Abandonner la partie, ne pas suivre dans un jeu, un sport ; renoncer de façon peu honorable.

2. COUCHER n. m. **1.** Action de se coucher ou de coucher qqn pour passer la nuit ; moment où se fait cette action ; fait de passer la nuit dans un lieu : *Prendre le médicament au coucher. Il ne paie rien pour son coucher.* — **2.** Action pour un astre de disparaître sous l'horizon ; moment où se fait cette action : *Le coucher du soleil.* — **3.** *Coucher du roi,* à partir de la seconde moitié du XVIe s., cérémonie réglée par une étiquette rigoureuse et à laquelle c'était un privilège d'être convié.

COUCHERIE n. f. *Fam.* et *péjor.* Relations sexuelles.

COUCHES (71490), ch.-l. de cant. de Saône-et-Loire, au N.-E. du Creusot ; 1 468 hab. *(Couchois).* Château de Marguerite de Bourgogne.

COUCHE-TARD adj. et n. inv. Qui se couche à une heure tardive.

COUCHE-TÔT adj. et n. inv. Qui se couche de bonne heure.

COUCHETTE n. f. (de *couche 1*). **1.** Lit employé sur les navires. — **2.** Banquette d'un compartiment de chemin de fer sur laquelle on s'allonge pour dormir.

COUCHEUR, EUSE n. **1.** *Mauvais coucheur,* homme d'un caractère difficile, jamais satisfait. — **2.** Ouvrier spécialisé dans la conduite de la presse coucheuse.

◆ **coucheuse** n. f. **1.** Syn. rare de PRESSE* COUCHEUSE. — **2.** Matériel utilisé pour le couchage du papier ou du carton.

COUCHIS [-ʃi] n. m. (de *coucher*). **1.** Ensemble des pièces de bois posées sur les fermes des cintres pour supporter une voûte en construction. — **2.** Lattis d'un plancher ; couche de sable, ou autre matériau, sur laquelle on établit un revêtement de sol.

COUCHITIQUE adj. et n. m. (de *Koush,* n. pr.). Se dit d'un groupe de langues de la famille chamito-sémitique parlées par environ 30 millions de locuteurs, principalement en Éthiopie et en Somalie.

ENCYCL. On a dénombré environ 80 langues couchitiques, dont beaucoup sont encore mal connues. Les plus importantes sont le bedja, l'agaw, l'afar (et le saho), le sidamo, le galla, enfin le somali, la seule de ces langues à avoir une expression écrite (en caractères arabes).

COUCHOIR n. m. Pinceau plat du doreur pour saisir et coucher les feuilles d'or.

COUCI-COUÇA adv. (ital. *così così,* à peu près). *Fam.* comme ci, comme ça, ni bien ni mal, à peu près : *Comment vous portez-vous ? – Couci-couça.*

COUCOU n. m. (lat. *cuculus,* onomat.). **1.** Gros oiseau passereau, insectivore et migrateur, connu pour son chant printanier caractéristique et ses mœurs parasites. (La femelle pond chacun de ses œufs dans un nid de passereaux d'une autre espèce, aux œufs de couleur voisine des siens ; les parents adoptifs couvent, puis nourrissent le jeune coucou, qui jette les œufs de l'espèce-hôte par-dessus bord.) – **2.** Nom usuel commun à une primevère aux pétales courts et jaunes et à la jonquille. – **3.** Horloge à poids dans laquelle apparaît à chaque heure ou demi-heure un oiseau mécanique imitant le chant du coucou. – **4.** *Fam.* Avion vétuste, de petite taille. – **5.** Race de poules et de pigeons dont le plumage rappelle celui du coucou. – **6.** *Coucou-geai,* coucou du midi de la France, parasite des nids de pies, et se nourrissant d'animaux variés. ◆ interj. *Fam.* Attire gaiement l'attention de qqn lorsqu'on se montre par surprise ou pour rappeler sa présence.

COUCOUMELLE n. f. (provenç. *coucoumélo*). Nom usuel de l'*amanite vaginée.*

COU-COUPÉ n. m. (pl. *cous-coupés*). Nom usuel de l'*amadine.*

COUCY (*famille* DE), famille française remontant au XIe s., date à laquelle elle possédait la seigneurie de Coucy (auj. Coucy-le-Château-Auffrique) où l'un de ses membres les plus illustres, ENGUERRAND III (1191-1242), sire **de Coucy,** fit édifier un château. Après la mort d'ENGUERRAND VII (v. 1340-1397), sire **de Coucy,** la seigneurie fut acquise par Louis Ier, duc d'Orléans (1400).

COUCY-LE-CHÂTEAU-AUFFRIQUE (02380), ch.-l. de cant. de l'Aisne, à 17 km au N. de Soissons ; 1 156 hab. Vestiges d'un des plus puissants châteaux forts du XIIIe s. (Il avait été démantelé par Mazarin ; les Allemands l'ont fait sauter en mars 1917. Le donjon était, en son temps, la plus grosse tour du monde [hauteur 60 m, diamètre 31 m].) – La *forêt de Coucy* occupe le plateau compris entre les vallées de l'Oise et de l'Ailette, à l'E. de Laon. On y distingue la *basse forêt de Coucy,* à l'O. (plus de 2 000 ha), et la *haute forêt de Coucy,* ou *forêt de Saint-Gobain.*

COUDE n. m. (lat. *cubitus*). **1.** Région du membre supérieur de l'homme correspondant à l'articulation du bras avec l'avant-bras. (→ *encycl.*) – **2.** Partie de la manche de vêtement qui recouvre le coude. – **3.** Angle saillant, changement brusque de direction ; courbure brusque d'un objet : *Le coude d'un tuyau. La rue faisait un coude.* – **4.** Pâte alimentaire de semoule de blé dur, moulée en gros tube court et coudé. – **5.** Pièce de cuir à coudre ou thermocollante qui sert à protéger extérieurement de l'usure le coude d'une manche. – **6.** Élément de tuyauterie en forme d'arc de cercle, directement réalisé par cintrage, ou rapporté. – **7.** *Coude à coude,* en étant très proche l'un de l'autre ; avec un vif sentiment de solidarité. ‖ *Coudes au corps,* les coudes serrés le long du corps. ‖ *Donner un coup de coude, faire du coude,* pousser légèrement qqn avec le coude pour attirer son attention discrètement. ‖ Fam. *Lever le coude,* boire copieusement. ‖ *Pli du coude,* région antérieure du coude, ainsi nommée en raison du pli de flexion de l'avant-bras sur le bras. ‖ *Se serrer, se tenir les coudes,* se soutenir mutuellement. ‖ *Sous le coude,* se dit d'un travail qu'on a mis de côté en le remettant à plus tard, de ce qui est en attente, en suspens.

ENCYCL. Le coude est composé de trois articulations : huméro-cubitale, huméro-radiale, radio-cubitale supérieure. La surface articulaire de l'humérus est formée en dedans par la trochlée, en forme de poulie, en dehors par le condyle ; l'épitrochlée et l'épicondyle bordent latéralement chacune de ces deux parties. La trochlée s'articule avec la grande cavité sigmoïde du cubitus, le condyle avec l'extrémité supérieure de la tête du radius, creusée en cupule. La tête du radius présente sur son pourtour une surface articulaire qui répond à la petite cavité sigmoïde du cubitus. Anatomiquement, ces trois articulations sont confondues en une seule ; il n'existe qu'une seule cavité articulaire, une seule synoviale, une seule capsule et un même appareil ligamenteux.
L'articulation du coude peut exécuter des mouvements de flexion et d'extension, qui se passent dans l'articulation huméro-antébrachiale, et des mouvements de pronation et de supination, qui se produisent dans les articulations huméro-radiale et radio-cubitale supérieures.

COUDE-À-COUDE n. m. inv. **1.** Coudoiement : *Deux coureurs au coude-à-coude.* – **2.** Appui mutuel, solidarité : *Le coude-à-coude de la lutte syndicale.*

COUDÉE n. f. (de *coude*). **1.** Ancienne mesure de longueur, définie comme la distance du coude à l'extrémité du grand doigt, lorsque le bras et l'avant-bras sont pliés en équerre et que la main est ouverte. (Dans l'Antiquité, la coudée valait un pied et demi, soit un peu plus de 0,443 m.) – 2. *Avoir les coudées franches,* avoir la possibilité d'agir librement. ‖ *De cent coudées,* d'une façon considérable, de beaucoup.

COUDEKERQUE-BRANCHE (59210), ch.-l. de cant. du Nord, banlieue sud de Dunkerque ; 23 820 hab. *(Coudekerquois).* Huilerie.

COUDENHOVE-KALERGI (*comte* Richard), écrivain et diplomate autrichien (Tōkyō 1894 - Schruns, Autriche, 1972). Fondateur de l'Union paneuropéenne (Vienne, 1923) qui prônait l'unité européenne, il dut se réfugier à Berne (1938) et vécut à New York de 1940 à 1946. Il créa l'Union parlementaire européenne (1947) et prépara la création du Conseil de l'Europe (1949).

COU-DE-PIED n. m. (pl. *cous-de-pied*). Segment du membre inférieur qui correspond à la cheville et à l'articulation tibio-tarsienne.

COUDER v. t. (conj. 3). Plier en forme de coude : *Couder une barre de fer.*

◆ **être coudé** v. pass. Présenter un angle, un coude : *Tuyau coudé.*

COUDER (André), astronome français (Alençon 1897 - Suresnes 1979), spécialiste réputé de l'optique astronomique.

COUDERC [-dɛr] n. m. (de *Couderc,* n. pr.). Nom générique de plusieurs cépages hybrides et porte-greffes.

COUDIÈRE n. f. Système de protection matelassé au niveau du coude pour l'exercice de certains sports.

COUDOIEMENT n. m. *Litt.* Action de se coudoyer ; fréquentation habituelle.

COUDOU ou **KOUDOU** n. m. Grande antilope africaine aux cornes spiralées chez le mâle, à la crinière courte, à la robe rayée verticalement de blanc.

COUDOYER v. t. (de *coude*) [conj. **13**]. *Litt.* **1.** Passer près de qqn : *On coudoie sans cesse des inconnus dans la rue.* – **2.** Être en fréquent contact avec qqn ; se trouver souvent avec lui : *Coudoyer des hommes politiques.* – **3.** Être voisin, très proche de : *Un pays où la richesse coudoie la misère.*

COUDRAIE n. f. Lieu planté de coudriers.

COUDRE v. t. (lat. pop. **cosere,* du lat. class. *consuere*) [conj. **86**]. **1.** Attacher qqch à qqch d'autre au moyen de points faits avec un fil passé dans une aiguille : *Coudre un bouton à une chemise. Coudre les cahiers d'un livre à relier.* – **2.** Assembler par des coutures les divers éléments d'un objet : *Coudre une robe à la machine.* – **3.** Enfermer qqch, en général pour le cacher à l'intérieur d'un objet, d'une partie d'objet cousu : *Il avait cousu des diamants dans l'ourlet de sa veste.*

◆ v. i. **1.** Effectuer des travaux de couture : *Savoir coudre.* – **2.** *Machine à coudre,* machine réalisant mécaniquement la formation de points de couture. (→ *encycl.*)

◆ **être cousu** v. pass. **1.** Être assemblé à l'aide d'une suite de points faits à l'aiguille : *Chaussures cousues à la main.* – **2.** *Garder la bouche cousue, rester bouche cousue,* garder le silence, se taire. ‖ *Être cousu de,* se dit d'un tissu, d'un vêtement sur lequel des ornements ont été cousus en grande quantité. ‖ *Être cousu de fil blanc,* en parlant d'un artifice, être grossier, sans finesse et facile à démasquer. ‖ *Être cousu main,* qui est habilement fait, qui est bien préparé. (On dit aussi C'EST DU COUSU MAIN.) ‖ *Être cousu d'or,* être très riche. ‖ *Cousu de mensonges,* qui n'est fait que de mensonges.

ENCYCL. Les *machines à coudre* les plus répandues sont à point de navette. Dans ce type de machine, le fil provenant de la canette est passé dans la boucle du fil entraîné par l'aiguille traversant l'étoffe. Il existe également des machines à point de chaînette, plus extensible que le premier, des surjeteuses, des machines à point invisible utilisé pour les ourlets, et des machines spéciales pour faire des boutonnières, des points d'arrêt ou poser des boutons.

COUDREUSE n. f. (lat. *colorare,* donner une couleur). Cuve semi-cylindrique utilisée pour le reverdissage, le pelage, le tannage des peaux.

COUDRIER n. m. (lat. pop. **colurus,* class. *corylus,* avec l'infl. du celt. **collo*). **1.** Nom usuel du *noisetier.* – **2.** *Baguette de coudrier,* baguette utilisée par les sourciers.

Coué *(méthode),* méthode d'autosuggestion inventée par Émile *Coué,* pharmacien français (Troyes 1857 - Nancy 1926) et dont il assurait qu'elle devait guérir toutes les maladies.

COUENNE [kwɛn ou kwan] n. f. (lat. pop. **cutina,* du lat. class. *cutis,* peau). **1.** Peau du porc rendue dure après échaudage et flambage. – **2.** *Pop.* Peau de l'homme.

COUENNEUX, EUSE [kwɛnø ou kwanø, -øz] adj. Se dit d'une lésion caractérisée par la formation d'exsudats desséchés ayant l'apparence d'une croûte.

COUËRON (44220), comm. de la Loire-Atlantique, sur l'estuaire de la Loire, en aval de Nantes ; 16 367 hab. Métallurgie.

COUESNON, fl. côtier des confins de la Normandie et de la Bretagne, tributaire de la Manche, qui passe à Pontorson et finit dans la baie du Mont-Saint-Michel ; 90 km.

1. COUETTE n. f. (anc. fr. *coue,* queue). *Fam.* Touffe de cheveux rassemblés sur la nuque ou de chaque côté des oreilles.

2. COUETTE n. f. (lat. *culcita,* matelas). **1.** *Vx.* Literie de plume. — **2.** Auj., grand édredon qui, habillé d'une housse, sert à la fois de couverture et de drap. — **3.** Chacune des glissières en bois utilisées pendant les opérations de lancement d'un navire. (Syn. COITTE.)

COUFFA → KOUFFA.

COUFFIN n. m. (anc. provenç. *coffin,* du lat. *cophinus*). **1.** Grand panier de vannerie souple, à anses. — **2.** Ce panier habillé intérieurement pour servir de berceau portatif.

ÇOUFI → SOUFI.

COUFIQUE ou **KŪFIQUE** adj. et n. m. (de *Kūfa,* n. pr.). Écriture arabe archaïque, tracée sur stricte ligne de base, rigide et angulaire, souvent utilisée en décoration épigraphique.

ÇOUFISME → SOUFISME.

COUGUAR ou **COUGOUAR** [kugwar] n. m. (tupi *susuarana*). Autre nom du *puma.*

COUHÉ (86700), ch.-l. de cant. du sud-ouest de la Vienne ; 1 861 hab. *(Couhéverassiens).* Halle du XVIIe s. Anc. château médiéval et classique.

COUÏAVIE → KUJAWY.

COUIC n. m. (onomat.). **1.** Désigne le cri d'un petit animal, ou, *fam.,* d'un animal ou d'un homme à qui on tord le cou. — **2.** Fam. *N'y comprendre que couic,* n'y rien comprendre.

COUILLE n. f. (lat. pop. **colea,* du lat. class. *coleus*). *Pop.* **1.** Testicule. — **2.** Échec, insuccès, erreur. — **3.** *Avoir des couilles (au cul),* manifester du courage, de la fermeté. ‖ *Avoir les couilles molles,* avoir peur ; être lâche. ‖ *Partir en couille,* décliner, être détruit ; échouer, se dégrader.

COUILLON, ONNE adj. et n. (lat. *coleo, -onis,* du lat. class. *coleus,* testicule). *Pop.* Imbécile.

COUILLONNADE n. f. *Pop.* Erreur, sottise, imbécillité ou tromperie, duperie.

COUILLONNER v. t. (conj. 3). *Pop.* Tromper qqn, le duper, le posséder.

COUILLONNERIE n.f. *Pop.* Couillonnade.

COUILLY-PONT-AUX-DAMES (77860), comm. de Seine-et-Marne, sur le Grand Morin, au S. de Meaux ; 1 649 hab. Église des XIIe-XVe s. Maison de retraite des vieux comédiens. Abattoir.

COUINEMENT n. m. (de *couiner*). **1.** Cri du lièvre, du lapin, quand ils succombent sous la dent du chien. — **2.** Cri strident d'autres animaux, tel le porc. — **3.** *Fam.* Petits cris aigus mêlés de pleurs. — **4.** Bruit de grincement aigu : *Le couinement d'une porte.*

COUINER v. i. (onomat.) [conj. 3]. **1.** Faire entendre un couinement. — **2.** *Fam.* Pleurer en poussant des petits cris aigus.

COUIZA (11190), ch.-l. de cant. de l'Aude, sur l'Aude, en amont de Limoux ; 1 301 hab. Château des ducs de Joyeuse.

COULABILITÉ n. f. (de *coulée*). Aptitude d'un métal ou d'un alliage à remplir un moule dans tous ses détails, lorsqu'on l'y verse à l'état liquide.

COULAGE n. m. **1.** Action de faire couler une matière en fusion, un liquide, ou action de couler, en parlant d'un liquide, d'une matière en fusion : *Le coulage d'un métal.* — **2.** Déperdition, perte par gaspillage, chapardage, etc. — **3.** *Fam.* Action de couler, de ruiner, d'amener à sa perte une entreprise, un produit, qqn. — **4.** Technique de façonnage consistant à verser une barbotine dans un moule en plâtre. — **5.** *Coulage de mailles,* démaillage sur une colonne de mailles, à la suite d'une rupture de fil.

COULAINES (72190), comm. de la Sarthe, banlieue nord du Mans ; 7 421 hab.

COULANGES (Philippe Emmanuel DE), chansonnier français (Paris 1633 - *id.* 1716). Cousin d'Anne de Sévigné, il écrivit des chansons à succès et des *Mémoires* (1820).

COULANGES-LA-VINEUSE (89580), ch.-l. de cant. de l'Yonne, au S. d'Auxerre ; 882 hab. *(Coulangeois).* Église du XVIIIe s. (clocher du XIVe). Vins rouges.

COULANT, E adj. **1.** Qui coule facilement, très fluide. — **2.** Se dit d'un style aisé, naturel : *Prose coulante.* — **3.** Très accommodant, conciliant, indulgent : *Homme coulant en affaires.* — **4.** *Nœud coulant,* nœud qui se serre et se desserre à volonté. ‖ *Vin coulant,* vin dépourvu d'âpreté.
◆ **coulant** n. m. **1.** Pièce de cuir ou de toute autre matière, coulissant le long d'une ceinture, d'une courroie, d'un bracelet, etc., et permettant, une fois ceux-ci fermés, d'y glisser le bout libre. (Syn. PASSANT.) — **2.** Anneau permettant de rendre solidaires le fil de la ligne de pêche et le flotteur. — **3.** Syn. de STOLON.

1. COULE n. f. (de *couler*). *Fam.* **1.** Menus gaspillages causés dans une maison, dans une entreprise par la négligence ou la malhonnêteté ; coulage. — **2.** *(Être) à la coule,* être averti, adroit, habile ; être au courant, bien connaître son affaire.

2. COULE n. f. (lat. ecclés. *cuculla*). Vêtement à capuchon de certains moines.

1. COULÉ → COULER.

2. COULÉ n. m. Au billard, coup qui consiste à faire accompagner par sa propre bille la bille sur laquelle on joue alors qu'elle masque la troisième.

COULÉE n. f. (de *couler*). **1.** Action de verser un métal en fusion dans un moule ou une lingotière. (→ *encycl.*) – **2.** Masse de métal provenant d'une même élaboration. – **3.** Orifice en forme de conduit, permettant au métal fondu d'atteindre l'empreinte du moule. – **4.** Fait de s'écouler en parlant d'un liquide, d'une masse qui glisse ; ce qui s'écoule : *Des coulées de neige.* – **5.** Couloir, petit sentier, chemin forestier tracés par les passages répétés du gibier. – **6.** Action de verser du verre en fusion sur une table en fonte ; sortie du verre du four. – **7.** *Coulée de blocs,* coulée de solifluxion périglaciaire particulièrement riche en blocs. ‖ *Coulée boueuse,* écoulement en masse, à l'état pâteux, de boue gorgée d'eau, sur des pentes raides (15° et plus). ‖ *Coulée de lave,* magma visqueux s'écoulant sur les pentes d'un volcan, lors d'une éruption. ‖ *Coulée polaire* ou *arctique,* invasion froide engendrée par l'extension vers les basses latitudes, du mouvement ondulatoire qui anime les vents d'ouest planétaires sur le plan horizontal.

ENCYCL. **Métall.** La *coulée en source,* pratiquée en versant le métal fondu dans un canal vertical qui débouche à la partie inférieure du moule, est un perfectionnement de la simple coulée « en chute », qui consiste à verser directement le métal dans le moule ou la lingotière. La *coulée en coquille,* dans des moules métalliques, permet une solidification plus rapide que la *coulée en sable,* dans des moules constitués de sable de fonderie.

L'injection de métal (ou d'alliage) fondu sous pression dans un moule métallique *(coulée sous pression)* permet la fabrication en grande série de pièces ne nécessitant pas d'usinage après solidification. La *coulée centrifuge,* effectuée dans un moule animé d'un mouvement de rotation, permet d'obtenir des pièces de révolution, tandis que la *coulée tranquille* (procédé Durville) permet d'isoler le bain des scories ou du laitier.

Pour la fabrication industrielle de produits semi-finis, on utilise les procédés de *coulée continue* économes en énergie et permettant de supprimer les installations de laminage à chaud dans les usines sidérurgiques.

La *coulée avec bande* ou *chaîne sans fin* donne des ébauches plates de section rectangulaire, à une vitesse de l'ordre de 8 m/min. Les barres, plats, profilés et tubes sont obtenus par *coulée horizontale,* mais les plus gros tonnages et la majeure partie de la production mondiale sont obtenus par *coulée verticale :* le métal en fusion passe de la poche dans un répartiteur, d'où il est coulé par la partie supérieure d'une lingotière en cuivre violemment refroidie et dont le fond est amovible. Le métal est ensuite tiré vers le bas par un jeu de rouleaux et découpé en continu en longueurs de plusieurs mètres. La *coulée continue rotative,* enfin, permet l'obtention des ronds à tube, qui constituent des ébauches pour la fabrication de tubes sans soudure, particulièrement économiques.

COULEMELLE [kulmɛl] n. f. (lat. *columella,* petite colonne). Nom usuel de la *lépiote élevée,* champignon comestible.

COULER v. i. (lat. *colare,* filtrer) [conj. 3]. **1.** En parlant d'un liquide, du sable, etc., se mouvoir, aller d'un lieu à un autre, d'un mouvement continu : *Le sang coule dans les veines.* – **2.** En parlant d'un cours d'eau, passer à tel endroit : *La Seine coule à Paris.* – **3.** En parlant d'un liquide, s'échapper de qqch, d'un mouvement continu ; s'écouler : *L'eau coule trop fort du robinet.* – **4.** Laisser un liquide s'échapper : *Le robinet coule.* – **5.** Se liquéfier ou devenir pâteux et se répandre en perdant sa forme initiale : *La bougie a coulé.* – **6.** Être naturel, aisé et agréable, en parlant d'un style. – **7.** Passer, s'écouler sans heurt en parlant d'une période de temps ; s'écouler, passer : *Sa vie a coulé, calme et heureuse.* – **8.** Avorter, ne pas venir à terme, en parlant d'une fleur. – **9.** En bonneterie, syn. de SE DÉFILER. – **10.** *Couler (à pic, bas, au fond de l'eau),* sombrer, s'abîmer au fond de l'eau ; se noyer dans une grande quantité d'eau. ‖ *Couler (à pic),* aller à sa ruine, à sa perte, faire faillite, être ruiné ou discrédité. ‖ *Couler de source,* venir sans effort ; résulter naturellement, d'une façon non douteuse. ‖ *Faire couler de l'encre,* faire beaucoup écrire ; avoir un grand retentissement. ‖ *Laisser couler,* laisser faire, ne pas intervenir.

◆ v. t. **1.** Faire passer un liquide, un métal en fusion, etc., d'un lieu à un autre d'un mouvement continu : *Couler du plomb dans un moule.* – **2.** Fabriquer un objet en métal fondu et versé dans un moule : *Couler une statue.* – **3.** *Litt.* Placer qqch dans qqch de manière à ce qu'il y ait adéquation, comme dans un moule : *Couler sa pensée dans des mots.* – **4.** *Litt.* Glisser qqch doucement et souvent furtivement qqpart : *Il coula discrètement le billet dans sa poche.* – **5.** Faire sombrer un bateau, une embarcation. – **6.** Mener une entreprise à la ruine, qqch ou qqn à l'échec ; discréditer, perdre : *Leur mauvaise gestion a coulé l'usine.* – **7.** *Couler des jours, une vie,* les passer sans secousse, accroc : *Couler des jours heureux.* – **8.** Litt. *Couler un mot à l'oreille de qqn,* dire furtivement qqch à qqn. ‖ *Couler un regard, des yeux,* regarder furtivement qqn ou qqch. – **9.** Faire glisser une maille sur l'aiguille sans la tricoter. – **10.** *Couler une bielle,* détériorer un moteur à piston par fusion du métal de la tête de bielle, causée par une interruption du graissage. ‖ *Couler des joints,* les remplir de coulis. ‖ *Couler la pierre,* la sceller avec un coulis.

◆ **être coulé** v. pass. **1.** En parlant d'un mouvement, être souple et continu. – **2.** En parlant d'un graphisme, d'un style, se faire sans heurt, aisément. – **3.** *Brasse coulée,* brasse où l'on profite de l'impulsion donnée par les bras et les jambes pour glisser en mettant la tête sous l'eau. *Carte coulée,* carte changée de place et substituée à une autre dans le paquet par un mouvement des doigts. ‖ *Verre coulé,* verre obtenu par coulée et laminage.

◆ **se couler** v. pr., **être coulé** v. pass. **1.** Se glisser qqpart, s'y introduire : *Se couler dans des draps bien chauds.* – **2.** Se conformer à qqch, adopter le comportement, l'attitude de celui ou de ce qui représente une norme : *Les élèves doivent se couler dans le même moule.* – **3.** Fam. *Se la couler douce,* mener une vie heureuse ou ne pas se fatiguer, ne pas faire d'efforts.

1. COULEUR n. f. (lat. *color, -oris*). **1.** Sensation résultant de l'impression produite sur l'œil par une lumière émise par une source et reçue directement (couleur d'une source : flammes, etc.) ou après avoir interagi avec un corps non lumineux (couleur d'un corps). [→ *encycl.*] – **2.** Dans le langage courant, ce qui s'oppose au noir, au gris et au blanc : *Le linge blanc et le linge de couleur.* – **3.** Substance, matière colorante : *Boîte de couleurs.* – **4.** Ton ou teinte utilisés par un peintre dans un tableau ; effet obtenu par leur combinaison dans un tableau, coloris : *La couleur romantique d'un tableau de Delacroix.* (→ encycl. *Bx-arts.*) – **5.** Éclat, brillant du style, de l'expression, d'une situation, d'un événement. – **6.** Aspect que prennent les choses dans des circonstances données, parfois trompeuses : *La situation apparaît sous de nouvelles couleurs.* – **7.** Teint, coloration du visage : *D'un seul coup, il a changé de couleur.* – **8.** *Vx.* Caractère propre de l'opinion d'un parti politique, de qqn : *Quelle est la couleur de ses idées ?* – **9.** En apposition suivi d'un nom avec ou sans article, indique la couleur, la teinte de qqch : *Ruban couleur rose.* – **10.** *Annoncer la couleur,* dévoiler ses intentions. ‖ *Avoir des couleurs,* avoir le teint rose, vif, sous l'effet d'une bonne santé ou après un effort. ‖ *Couleur locale,* aspect typique, caractéristique du lieu dont il s'agit ; pittoresque. ‖ *Couleur du temps,* bleu ciel. ‖ *La couleur du temps,* la situation actuelle. ‖ *En couleur(s),* qui présente des couleurs variées, par oppos. à noir et blanc. ‖ *En dire de toutes les couleurs sur qqn,* faire à son sujet toutes sortes de commérages peu flatteurs. ‖ *En (faire) voir de toutes les couleurs,* (faire) subir toutes sortes d'affronts, de désagréments. ‖ *Haut en couleur(s),* qui a le visage très coloré, très rouge ; coloré, savoureux par sa verdeur, truculent, en parlant d'un style. ‖ *Homme, femme, gens de couleur,* Noirs, mulâtres et, plus généralement, tous ceux qui n'ont pas la peau blanche. ‖ *Marchand de couleurs,* droguiste. ‖ Fam. *Ne pas voir la couleur de qqch,* en être totalement frustré alors qu'on comptait dessus, que cette chose était promise ou due. ‖ *Passer par toutes les couleurs,* rougir, pâlir sous l'effet de l'émotion. ‖ *Perdre ses couleurs,* devenir pâle sous l'effet d'une mauvaise santé, de la fatigue, etc. ‖ *Prendre des couleurs,* bronzer, devenir hâlé ; avoir bonne mine. ‖ *Sous couleur de,* sous prétexte de, en masquant ses intentions réelles sous l'apparence de qqch. ‖ Fam. *Voir la couleur de qqch,* en constater de soi-même l'existence. • **Cuis.** *Faire prendre couleur,* laisser une substance alimentaire se colorer sur le feu dans un corps gras. – **Hérald.** Terme désignant certains émaux : azur (bleu), gueules (rouge), sable (noir), sinople (vert), pourpre (rouge violacé). – **Jeux.** Chacun des quatre attributs (trèfle, carreau, cœur, pique) qui distinguent les cartes. ‖ *Jouer la couleur,* à la roulette, parier sur rouge ou noir. – **Liturg.** *Canon des couleurs,* chez les catholiques, ensemble des usages ou des règles pour l'emploi des couleurs des vêtements liturgiques. – **Phys.** Appellation imagée d'une charge physique portée par les hadrons et qui régit les interactions fortes. (Selon la « chromodynamique quantique », l'interaction entre quarks se fait par échange de gluons, quanta du « champ de couleur ».)

◆ **couleurs** n. f. pl. **1.** Marque distinctive de la nationalité, qui consiste dans la coloration des drapeaux, pavillons et enseignes ; drapeau national lui-même : *Amener les couleurs.* – **2.** Marque distinctive, insigne d'un club : *Porter les couleurs du Racing.* – **3.** Ruban porté par un compagnon, sur lequel figurent les emblèmes et symboles du métier auquel il appartient. (Ce ruban est porté au chapeau, à la ceinture ou à la boutonnière.) – **4.** *Hisser, montrer ses couleurs,* en parlant d'un bâtiment, déployer le pavillon national à sa place réglementaire. ‖ *Hisser, rentrer les couleurs,* hisser le drapeau au mât le matin, le descendre au coucher du soleil.

ENCYCL. **Bx-arts.** Matière, tributaire des moyens techniques et de la conception de l'image propres à l'artiste et à son temps, la couleur a connu des évolutions considérables : substances des peintures pariétales préhistoriques, pigments des peintures murales du Moyen Âge et de la Renaissance, peinture à l'huile plus nuancée à partir du XVe s., matériaux industriels très divers à partir du XIXe s. Fondement des jeux de valeur, de coloris, de lumière et des rapports spatiaux, elle a été au centre de multiples débats l'opposant au dessin et à la forme (les partisans des Vénitiens contre ceux de Raphaël, les admirateurs de Rubens et de Rembrandt contre l'Académie au XVIIe s., les partisans de Delacroix contre ceux de Ingres). Au XIXe s., contre l'académisme, l'étude (qui prolonge les travaux de théoriciens comme Chevreul) et l'exaltation de la couleur-lumière triomphent avec les impressionnistes. Dès lors, la couleur, construction, expression ou sujet autonome, assume une fonction picturale primordiale, de Cézanne ou Van Gogh à Matisse ou à l'abstraction.

Le travail de composition chromatique de l'artiste repose sur des notions de base : les *couleurs primaires* ou *fondamentales* (bleu, rouge, jaune), mélangées deux à deux, donnent les *couleurs secondaires* ou *binaires* (violet, vert, orangé, chacune étant la *complémentaire* de la couleur primaire qui n'entre pas dans sa composition), et toutes les combinaisons possibles définissent les *teintes* et les *tons*.

— **Opt.** Au sens physiologique du terme, la couleur n'existe qu'en fonction de trois éléments : le système visuel, la lumière émise par une source et le milieu qui les sépare. La rétine humaine comprend trois familles de cellules (cônes), spécialisées chacune dans la détection du vert, du rouge et du bleu (couleurs principales). À partir des signaux issus de ces récepteurs, le cerveau synthétise la perception de couleur. Des anomalies de la perception (contraste successif, temps d'« adaptation chromatique ») témoignent de la complexité du phénomène. Comme le montre l'expérience, réalisée par Newton, de la dispersion de la lumière solaire par le prisme, le domaine des longueurs d'onde lumineuses visibles s'étend de 390 nanomètres (violet) à 770 nanomètres (rouge). En deçà et au-delà de ces limites se trouvent les rayonnements ultraviolets et infrarouges.

Lorsqu'un corps est éclairé par la lumière solaire, il peut diffuser de la même manière toutes les radiations (sa surface apparaît « blanche »), en absorber certaines et diffuser les autres (sa surface est « colorée ») ou les absorber toutes (sa surface est « noire »). La couleur dépend donc de la manière dont la substance éclairée réagit sous la lumière. Elle naît pratiquement toujours de l'interaction des ondes lumineuses avec les électrons de la substance.

Outre la diffusion et l'absorption, on connaît d'autres mécanismes créateurs de couleurs : la fluorescence, les interférences, la diffraction, les décharges dans les gaz, l'effet du champ cristallin, etc. Grâce aux travaux de Chevreul, de Lacouture et de Munsell, le caractère tridimensionnel des couleurs a été mis en évidence. Il est utilisé dans les classifications des couleurs qui prennent en compte trois éléments : la clarté, la tonalité et la saturation. (→ COLORIMÉTRIE).

2. COULEUR, EUSE n. (de *couler*). **1.** Ouvrier, ouvrière qui effectue un coulage ou une coulée. — **2.** Fabricant de bougies.

COULEUVRE n. f. (lat. pop. *colobra,* du lat. class. *coluber*). **1.** Serpent (colubridé) non venimeux pour l'homme, à pupille ronde et à longue queue prolongeant insensiblement le tronc. — **2.** Lézarde dans une voûte ou un plancher. — **3.** Fam. *Avaler des couleuvres,* subir des affronts sans protester ; être crédule. ‖ *Faire avaler des couleuvres à qqn,* lui faire croire à des histoires énormes, incroyables.

ENCYCL. On distingue en France 7 espèces. Le Midi héberge la grande couleuvre de Montpellier, qui atteint 2,50 m et a des crochets venimeux, mais ceux-ci sont à l'arrière de la bouche et ne peuvent piquer que les proies déjà à demi avalées. Les six autres espèces n'ont pas de venin. Elles sont de mœurs volontiers aquatiques. La couleuvre d'Esculape et la couleuvre verte et jaune atteignent 2 m de long et dévorent des rongeurs. Deux espèces vivipares du S.-O. sont appelées coronelles ou couleuvres lisses. La petite couleuvre vipérine est souvent confondue avec une vipère. L'espèce plus commune est la couleuvre à collier, qui se rencontre dans une grande partie de l'Ancien Monde.

COULEUVREAU n. m. Petit de la couleuvre.

COULEUVRINE ou **COULEVRINE** n. f. (de *couleuvre*). **1.** Arme à feu individuelle que l'on appuyait, pour tirer, sur une fourchette plantée en terre ou fixée sur la selle. — **2.** Bouche à feu en usage du XVe au XVIIe s.

COULEUVRINIER ou **COULEVRINIER** n. m. Homme de guerre, à pied ou à cheval, armé d'une couleuvrine à main.

COULIBIAC → KOULIBIAC.

1. COULIS adj. m. (de *couler*). *Vent coulis,* vent qui se glisse par des fentes ou des clôtures mal jointes.

2. COULIS n. m. (de *couler*). **1.** Purée liquide obtenue par cuisson lente de crustacés, de légumes, etc. — **2.** Purée de fruits additionnée de sirop. — **3.** Mortier assez fluide pour couler librement dans les joints et les cavités d'un ouvrage de maçonnerie, afin de le rendre homogène.

COULISSAGE n. m. **1.** Syn. de COULISSEMENT. — **2.** Mouvement longitudinal dominant d'une faille à pendage subvertical.

COULISSANT, E adj. Qui glisse sur des coulisses : *Porte coulissante.*

1. COULISSE n. f. (de *coulis*). **1.** Pièce ou guide étroit et long, souvent rainé et destiné à la translation de portes, tiroirs, dessus de tables, etc. — **2.** Objet mobile qui glisse dans une coulisse (volet, cloison, etc.). – **3.** Ourlet, ou bande de tissu rapportée, qui sert à glisser un cordon destiné à resserrer le tissu ; ce cordon lui-même. – **4.** Fam. *Regard en coulisse,* regard oblique, furtif, de côté, en coin. • **Bât.** Sur un chantier, conduit d'évacuation de déblais. – **For.** Instrument intercalé dans les tiges de forage et permettant de leur imprimer des chocs violents en cas de coincement. – **Mus.** Segment coulissant sur la partie fixe du tube d'un trombone et qui permet de modifier la hauteur des sons. – **Serrur.** Commande directe d'un pêne dormant à l'aide d'un bouton.

2. COULISSE n. f. (de *coulisse 1*). **1.** Partie d'un théâtre située de chaque côté et en arrière de la scène, entre le décor et les murs de la cage de scène. – **2.** Marché boursier non officiel où (avant l'institution des courtiers en valeurs mobilières en 1942) se négociaient des valeurs non inscrites à la cote officielle du parquet. – **3.** *Être, rester dans la (les) coulisse(s),* rester caché tout en participant à une action, manœuvrer en secret. ‖ *Les coulisses de qqch,* ce qui se passe dans l'isolement, loin du public et à son insu ; côté secret, dessous des cartes.

COULISSEAU n. m. **1.** Partie mobile d'une coulisse. – **2.** Guide de tringle de pièces de quincaillerie. – **3.** Pièce métallique fixée par une de ses extrémités à l'intérieur du couvercle d'une malle, d'une valise, d'un coffret, etc., qui sert à retenir le couvercle en limitant son ouverture vers l'arrière. – **4.** Partie mobile d'un étau-limeur, sur laquelle est fixée la tête porte-outil.

COULISSEMENT ou **COULISSAGE** n. m. Action de coulisser, de glisser dans une coulisse : *Le coulissement d'une porte de placard.*

COULISSER v. t. (de *coulisse 1*) [conj. **3**]. Faire glisser un tissu sur un ou plusieurs fils de fronces ou sur un cordon de coulisse.

◆ v. i. **1.** Glisser sur coulisse : *Porte qui coulisse bien.* – **2.** En parlant d'un vêtement, être serré par une coulisse.

◆ **être coulissé** v. pass. **1.** Comporter une coulisse. – **2.** En parlant d'une série de points, être exécutés par un glissement régulier de l'aiguille dans le tissu sans la tirer pour froncer celui-ci.

COULISSIER n. m. (de *coulisse 2*). Intermédiaire de Bourse qui, avant 1942, opérait sur le marché de la coulisse.

COULMIERS (45130), comm. du Loiret, en Beauce, à l'O. d'Orléans ; 595 hab. – Victoire de l'armée de la Loire, commandée par Aurelle de Paladines, sur les Bavarois (9 nov. 1870).

COULOGNE (62100), comm. du Pas-de-Calais ; 5 959 hab. *(Coulonnois).*

COULOIR n. m. (de *couler*). **1.** Passage ou dégagement en longueur dans un lieu d'habitation, un lieu public, un moyen de transport collectif, etc. – **2.** *Couloir (de circulation),* portion de voirie urbaine réservée à la circulation exclusive de certains véhicules pour en améliorer le trafic. – **3.** Passage plus ou moins étroit, en général entre deux régions, deux pays : *Le couloir rhodanien.* – **4.** Chacune des zones d'une piste d'athlétisme dans laquelle chaque concurrent doit se tenir pendant la course. – **5.** Chacune des parties latérales du terrain de tennis, utilisée exclusivement pour les doubles. – **6.** *Couloir aérien,* itinéraire géographiquement défini, et doté de balises radioélectriques, que doivent suivre les avions. ‖ *Couloir (d'avalanche),* dépression plus ou moins profonde, large ou raide, entaillant le versant d'une montagne. (Les couloirs constituent souvent des voies naturelles d'ascension, mais canalisent aussi les avalanches et chutes de pierres.)

◆ **couloirs** n. m. pl. Lieux où se transmettent officieusement des informations, où s'opèrent des tractations secrètes, etc. : *Bruits de couloirs.*

COULOIRE n. f. (de *couler*). Récipient percé de trous utilisé autref., pour égoutter les aliments et filtrer les liquides.

COULOMB n. m. (de *Coulomb,* n. pr.). **1.** Unité SI de quantité d'électricité et de charge électrique (symb. C) équivalant à la quantité d'électricité transportée en 1 seconde par un courant de 1 ampère. – **2.** *Coulomb par kilogramme,* unité de mesure d'exposition (symb. C/kg) équivalant à l'exposition telle que la charge de tous les ions d'un même signe produits dans l'air, lorsque les électrons (négatifs et positifs) libérés par les photons de façon uniforme dans une masse d'air égale à 1 kilogramme sont complètement arrêtés dans l'air, est égale en valeur absolue à 1 coulomb.

COULOMB (Charles DE), physicien français (Angoulême 1736 - Paris 1806). Après des études sur le frottement et la torsion, il établit les bases expérimentales et théoriques du magnétisme et de l'électrostatique. Il développa la théorie de l'électrisation superficielle des conducteurs, énonça l'effet d'écran électrique produit par les conducteurs creux et introduisit en 1789 la notion de moment magnétique. (Acad. des sc., 1781.)

Coulomb *(loi de),* loi selon laquelle les forces exercées l'une sur l'autre par deux charges électriques ponctuelles q et q', situées dans un diélectrique homogène, sont égales et opposées, dirigées suivant la droite qui les joint, proportionnelles aux deux charges et inversement proportionnelles au carré de leur distance r : $F = \frac{1}{4\pi\varepsilon}\frac{qq'}{r^2}$, où ε est la permittivité du diélectrique. ‖ Loi analogue à la précédente, donnant la force d'attraction entre deux masses magnétiques égales et de signes contraires, situées dans un milieu aimanté.

COULOMB (Jean), géophysicien français (Blida 1904). Il a consacré d'importants travaux à la contraction thermique de la Terre, à l'électricité atmosphérique, au magnétisme terrestre, notamment à ses variations séculaires, et à l'ensemble des phénomènes de la sismologie. (Acad. des sc., 1960.)

COULOMBIEN, ENNE adj. Qui se rapporte aux forces électrostatiques s'exerçant entre deux charges électriques.

Coulomb-Lorentz *(loi de),* loi selon laquelle la force agissant sur une charge ponctuelle q, animée de la vitesse $\vec{v}$, et soumise, dans un milieu fluide homogène, à un champ électrique $\vec{E}$ et à une induction magnétique $\vec{B}$ est : $\vec{F} = q\,(\vec{E} + \vec{v} \wedge \vec{B})$.

COULOMBMÈTRE [kulɔ̃mɛtr] n. m. Appareil pour mesurer les quantités d'électricité qui passent dans un circuit électrique.

COULOMMIERS n. m. Variété de brie de petit diamètre, onctueux et doux.

COULOMMIERS (77120), ch.-l. de cant. de Seine-et-Marne, dans la Brie, sur le Grand Morin ; 13 405 hab. *(Columériens).* Anc. place forte médiévale. Dans le parc des Capucins, vestiges d'un château du XVIIe s. et chapelle abritant le Musée municipal. Restes d'une commanderie de Templiers (XIIIe-XVIe s.). Industries mécaniques et alimentaires (confitures, sucre). Coulommiers a donné son nom à un fromage.

COULON (le), affl. de la Durance (r. dr.) qui descend de la montagne de Lure, sous le nom de Calavon et passe à Apt ; 94 km.

COULON, famille de danseurs français de la fin du XVIIIe s. et du début du XIXe s. — ANNE JACQUELINE dansa à l'Opéra de Paris (1778-1802) et se fit remarquer par son talent comique aux côtés de Dauberval, Gardel et Vestris. — Son frère JEAN-FRANÇOIS (1764-1836) entra à l'Opéra en 1787 et y fut professeur de danse (1808-1830). — ANTOINE LOUIS (Paris 1796 - ? 1849), fils de Jean-François, fut un danseur de demi-caractère, très bon mime, au style léger et gracieux. Jean-François et Antoine Louis Coulon jouèrent un rôle important dans l'élaboration de la technique du ballet romantique (style aérien, mouvements allongés, travail des pointes).

COULONGES-SUR-L'AUTIZE (79160), ch.-l. de cant. des Deux-Sèvres, au N.-O. de Niort ; 2 045 hab. *(Coulongeois).* Mairie dans un château de 1544.

COULOTTE n. f. (de *couler*). Canal en planches dont les maçons font usage pour amener le mortier au fond d'une fouille.

COULOUNIEIX-CHAMIERS (24660), comm. de la Dordogne, banlieue sud-ouest de Périgueux ; 8 892 hab.

COULPE n. f. (lat. *culpa*). **1.** Faute, péché, erreur. — **2.** Dans plusieurs ordres religieux, aveu public des manquements commis contre la règle de l'ordre. — **3.** Litt. *Battre sa coulpe,* se frapper la poitrine en disant mea culpa ; témoigner son repentir.

COULURE n. f. **1.** Mouvement d'un liquide qui s'écoule ; le liquide lui-même : *Des coulures de boue.* — **2.** Trace laissée sur une surface par un corps liquide ou visqueux qui a coulé : *Des coulures de peinture.* — **3.** Défaut de la pâte d'un fromage qui coule par excès de fluidité dû au manque d'égouttage et à une température trop élevée. — **4.** Chute des fleurs ou des jeunes fruits causée par un accident au moment de la fécondation (forte pluie, parasites, stérilité) sur les arbres fruitiers et la vigne. — **5.** Traînée de glaçure ou de couverte amassée dans les parties déclives des céramiques. — **6.** Partie du métal qui s'échappe à travers les joints du moule lors de la coulée. — **7.** Corde d'une seine, garnie de plomb et destinée à maintenir l'engin dans une position verticale.

COUMANS, en gr. **Komanoi,** peuple turc qui occupa les steppes s'étendant entre le Dniepr et la Volga à partir du XIe s. Se nommant eux-mêmes *Kiptchaks,* ils sont appelés par les Russes *Polovtses.* Ils fondèrent un empire nomade, d'où ils firent leurs incursions dans les principautés russes (à partir de 1054). Ils pénétrèrent en Moldavie et en Valachie et lancèrent après 1070 plusieurs attaques contre la Hongrie et l'Empire byzantin, qui fit appel à eux pour écraser les Petchenègues (1091). Les Mongols se rendirent maîtres de leurs steppes (1236-1239), et les Kiptchaks constituèrent l'élément ethnique majoritaire de la Horde d'Or. Une partie d'entre eux gagna la Hongrie.

COUMARINE n. f. Médicament anticoagulant du groupe des antivitamines K.

ENCYCL. La coumarine inhibe dans le foie la synthèse de 4 protéines (prothrombine, facteurs VII - IX - X) indispensables à la coagulation du sang. Ce pouvoir antagoniste de la vitamine K a conféré à la coumarine et à ses dérivés une importance considérable dans le traitement de la maladie thrombo-embolique.

COUMARINIQUE adj. *Acide coumarinique,* acide dont la lactone est la coumarine.

COUMARIQUE adj. *Acide coumarique,* stéréo-isomère de l'acide coumarinique possédant une action antivitaminique K.

COUMARONE n. f. **1.** Syn. de BENZOFURANNE. – **2.** *Résine de coumarone,* résine obtenue par polymérisation des mélanges d'indène et de coumarone. (Utilisations : peintures, encres, vernis, collage, imperméabilisation.)

COUMAROUNA n. m. Arbre de la famille des papilionacées, dont on extrait la coumarine. (Syn. GAÏAC DE CAYENNE.)

COUNANI → CUNANI.

COUNAXA, village proche de Babylone, où Cyrus le Jeune affronta son frère Artaxerxès II (401 av. J.-C.). Cyrus fut tué, mais les mercenaires grecs de son armée entamèrent la retraite des Dix-Mille*.

COUNDOURIOTIS (Paul) → KOUNDOURIÓTIS (Pávlos).

COUNENE → CUNENE.

COUNOISE n. f. Syn. de AUBUN.

COUNTRY [kɔntri] n. m. ou f. et adj. inv. (angl. *country,* campagne). Style de musique populaire propre à la population blanche du sud-est des États-Unis, apparu au début des années 20.

COUP n. m. (bas lat. *colpus,* du lat. class. *colaphus,* du gr. *kolaphos,* soufflet). **1.** Choc rapide et brutal qui résulte du mouvement d'un corps qui vient en frapper un autre, et, en partic., choc donné avec une partie du corps ou avec un instrument : *Des coups de pied. Recevoir un coup de couteau.* – **2.** Le résultat du choc lui-même : *Il heurta sa tête contre la porte, le coup fut très douloureux.* – **3.** Marque laissée par un choc : *Avoir le corps noir de coups.* – **4.** Le mouvement rapide de l'objet ou de la partie du corps sans qu'il y ait obligatoirement choc : *La chatte nettoyait ses petits à grands coups de langue.* – **5.** Mouvement rapide donné à un objet ou à un instrument qu'on manie ; action de se servir d'un instrument rapidement, sans grand soin ni précision : *Se donner un coup de peigne. En quelques coups de crayon, il avait fait son portrait.* – **6.** Acte, événement, nouvelle, etc., qui frappe psychologiquement, moralement : *L'annonce de son licenciement fut pour lui un coup terrible.* – **7.** Son rendu par qqch qu'on frappe ou sur quoi qqn ou qqch frappe : *Entendre trois coups frappés à la porte.* – **8.** Décharge et détonation d'une arme à feu ; la munition elle-même : *Tirer un coup de feu. Revolver à six coups.* – **9.** *Fam.* Toute action considérée du point de vue de sa fréquence, de sa répétition ; cas, moment du temps où cette action se fait ; fois, tentative : *Ce coup-ci, vous avez gagné.* – **10.** *Fam.* Action de qqn jugée désagréable, ennuyeuse ou néfaste : *Encore un verre de cassé, ça c'est sûrement un coup des enfants.* – **11.** Action surtout préparée à l'avance, combinée, manigancée (souvent péjor.) ; combine, affaire : *Mettre un complice dans le coup.* – **12.** Façon d'attaquer, de manœuvrer dans une lutte, une compétition quelconque, au combat ou dans certains sports : *Tous les coups sont permis.* – **13.** Chacune des actions, des combinaisons que fait un joueur dans une partie : *Ce coup lui a fait gagner le match.* – **14.** *Fam.* Boisson, et, en partic., boisson alcoolisée : *Boire un coup.* – **15.** Accès brusque d'un sentiment, d'un état psychique : *Un coup de folie.* – **16.** Manifestation brutale d'un élément, d'un phénomène : *Coup de tonnerre.* – **17.** *Pop.* Partenaire sexuel occasionnel. – **18.** *À coups de qqch,* en l'utilisant comme arme principale ou comme unique instrument. ‖ *À coup sûr,* sûrement, infailliblement. ‖ *À petits coups, à grands coups,* en multipliant une série d'opérations identiques pour faire une action ou en en diminuant beaucoup le nombre : *Boire à petits coups, à grands coups.* ‖ *Après coup,* une fois la chose faite, l'événement s'étant déjà produit. ‖ *Au coup par coup,* sans plan précis, selon chaque circonstance qui se présente. ‖ Fam. *Aux cent coups,* dans un état de vive inquiétude, perturbé, fortement ému. ‖ Pop. *Avoir un coup dans le nez, dans l'aile,* être ivre. ‖ *Avoir, attraper le coup,* avoir, acquérir l'adresse nécessaire pour faire qqch. ‖ *Beau coup,* action particulièrement réussie. ‖ *Coup bas,* en boxe, coup porté au-dessous de la ceinture, interdit par le règlement ; manœuvre déloyale. ‖ *Coup de chance, de veine, de pot,* événement heureux attribué au sort. ‖ *Coup dur,* événement pénible, douloureux, ou situation difficile qui affecte qqn. ‖ *Coup de fil, de téléphone,* communication téléphonique. ‖ *Coup de langue, de dent,* critique acerbe. ‖ *Coup monté,* action malveillante préparée en secret ; piège. ‖ Fam. *Coup du père François,* manœuvre déloyale. ‖ Fam. *Coup de Trafalgar,* désastre complet. ‖ *Coup sur coup,* qui se produit de manière répétée, l'un après l'autre ; de suite. ‖ Fam. *Discuter le coup,* discuter, bavarder un moment sur un sujet. ‖ *D'un coup, d'un seul coup (d'un seul),* en une seule fois. ‖ Fam. *Donner un coup, se donner un coup,* nettoyer hâtivement un lieu, arranger vite sa toilette, sa coiffure, etc. ‖ Fam. *Du coup,* dans ces conditions, par ce fait même, en conséquence. ‖ *Du même coup,* en même temps, par la même occasion. ‖ *Du premier coup,* à la première tentative, dès la première fois. ‖ Fam. *En mettre, en donner, en fiche un (bon* ou *vieux) coup,* faire un grand effort pour avancer un travail, une étude, etc. ‖ *En prendre un coup,* être fortement affecté par qqch ; subir un dommage. ‖ *En venir aux coups,* finir par se battre, se bagarrer. ‖ Fam.

Être dans le coup, être au courant d'une affaire (surtout louche) ; être au courant de tout ce qui se passe, et, en partic., de ce qui est à la mode. ‖ *Être hors du coup,* ne pas être au courant d'une affaire ; ne pas y participer. ‖ *Être sur un coup,* participer à une affaire qui peut rapporter un profit. ‖ *Faire coup double, faire d'une pierre deux coups,* atteindre deux objectifs à la fois en n'utilisant qu'un seul moyen d'action. ‖ *Faire les quatre cents coups,* se livrer à toutes sortes d'excès, de frasques. ‖ *Frapper un grand coup,* employer des moyens exceptionnels pour mettre de l'ordre dans une situation. ‖ *Frapper les trois coups,* au théâtre, marquer le début de la représentation en frappant trois coups sur le plancher de la scène. ‖ *Manquer, rater, réussir son coup,* échouer ou réussir dans son entreprise. ‖ *Marquer le coup,* mettre en relief un incident ; célébrer un événement de manière spectaculaire. ‖ Fam. *Mettre qqn sur un coup,* l'associer à une entreprise profitable. ‖ Fam. *Monter le coup à qqn,* l'induire en erreur par des renseignements mensongers, le mener dans un piège. ‖ *Mourir sur le coup,* instantanément, dès que le coup a été reçu. ‖ *Porter un coup à qqn, à qqch,* leur nuire, les frapper, empêcher leur action, leur progrès, leur évolution. ‖ Fam. *Pour le coup,* relativement à cet événement. ‖ *Pour un coup,* pour une fois. ‖ Fam. *Prendre un coup de vieux,* vieillir subitement. ‖ *Rendre coup pour coup,* se venger pour chaque coup reçu. ‖ *Risquer, tenter le coup,* tenter sa chance, faire une tentative, essayer. ‖ Fam. *Sale coup,* événement qui atteint d'une manière particulièrement pénible. ‖ *Sous le coup de qqch,* sous l'effet de : *Rougir sous le coup de l'émotion.* ‖ *Sur le coup,* au moment où l'événement a eu lieu. ‖ *Sur le coup de 10 heures,* à cette heure. ‖ Fam. *Tenir le coup,* en parlant de qqn, résister ; en parlant de qqch, durer. ‖ Pop. *Tirer un coup, son coup,* avoir des relations sexuelles d'une manière expéditive et sans sentiment. ‖ *Tomber sous le coup de,* en être passible. ‖ *Tout à coup, tout d'un coup,* subitement, soudain. ‖ *Un coup, un bon coup, un grand coup,* s'emploie après un verbe pour insister sur l'action exprimée par ce verbe : *Pleure un bon coup, ça ira mieux après.* ‖ Fam. *Un coup pour rien,* se dit lorsqu'une action, un effort a été inutile. ‖ *Valoir le coup,* valoir la peine qu'on va se donner pour l'obtenir. • **Arm.** *Tir coup par coup,* tir exécuté avec une cartouche à la fois (par oppos. à *tir par rafales*). – **Mar.** *Coup de mer,* gros paquet d'eau de mer venant frapper un navire et embarquant à bord. – **Méd.** *Coup de chaleur,* ensemble des accidents déclenchés par une insolation ou une chaleur excessive. (Ces accidents sont particulièrement graves chez le nourrisson et nécessitent un traitement d'urgence dans un service de réanimation.) – **Pêch.** *Pêche au coup,* pêche sédentaire à l'aide d'une ligne dont l'hameçon et la plombée sont libres de reposer ou non sur le fond. – **Sports.** Cycle du mouvement de l'aviron ou de la pagaie. ‖ *Coup droit,* au tennis et au tennis de table, frappe de la balle du côté de la main qui tient la raquette. (Contr. REVERS.) ‖ *Coup franc,* au football, au rugby, au basket, sanction prise pour une irrégularité d'un joueur ; l'exécution de cette sanction. ‖ *Coup de pied de but,* au football, dégagement effectué par le gardien ou tout autre joueur de son camp, lorsque le ballon a été expédié en sortie de but par un adversaire.

coup de dés jamais n'abolira le hasard *(Un),* poème de Mallarmé, publié en 1897 dans la revue *Cosmopolis ;* usant d'artifices typographiques, à la fois idéogramme et symphonie, il apparaît comme un fragment du *Livre* absolu rêvé par son auteur et comme son testament poétique.

COUPABLE adj. (lat. *culpabilis,* de *culpa,* faute). **1.** Qui a commis un crime, un délit, qui en est jugé responsable devant la loi : *L'accusé a été reconnu coupable.* – **2.** Qui est responsable d'une faute, d'un mal, qui en est à l'origine, qui porte en soi l'entière responsabilité d'un mal : *Vous êtes coupable d'avoir oublié l'heure.* – **3.** Se dit d'un acte normalement condamnable ; blâmable, répréhensible : *De coupables pensées.* – **4.** *Plaider coupable,* se reconnaître devant ses accusateurs comme responsable d'un crime ou d'un mal. ‖ *Se sentir coupable,* éprouver un sentiment de culpabilité à l'égard de qqn.

◆ n. **1.** Personne responsable d'un crime, d'un délit ou d'un acte, d'une attitude moralement condamnables : *Les coupables seront punis.* – **2.** Chose responsable d'un effet néfaste, nuisible.

COUPABLEMENT adv. *Litt.* De façon coupable.

COUPAGE n. m. **1.** Action de couper, de trancher. – **2.** Mélange de divers vins pour unifier la récolte d'une cave ou pour obtenir, à partir de vins de qualités différentes, un mélange mieux constitué. – **3.** Mélange d'eaux-de-vie de forces alcooliques différentes. – **4.** *Coupage thermique,* sectionnement, par combustion ou fusion localisée, des métaux au moyen d'une flamme, de l'arc électrique, du plasma d'arc et, pour certaines applications délicates, du laser. (→ *encycl.*)

ENCYCL. **Métall.** Le *coupage à l'arc* utilise un arc électrique jaillissant entre une électrode spéciale et la pièce à couper. L'utilisation simultanée d'un jet d'air à grande vitesse pour chasser le métal fondu par l'arc sans provoquer la combustion du fer permet de couper la plupart des métaux usuels, y compris les fontes et les métaux non ferreux. En coupage à l'arc *avec électrode enrobée et oxygène,* l'arc sert principalement à préchauffer

le métal, qui brûle ensuite dans le jet d'oxygène. Il est très utilisé pour les travaux sous-marins, les démolitions, le gougeage et le dérivetage.
Le *coupage au laser* bénéficie d'une finesse de coupe exceptionnelle et d'un bas prix de revient. Ses applications sont cependant limitées par l'épaisseur : environ 6 mm pour le coupage et le perçage.
Le *coupage au plasma d'arc* utilise un plasma transféré qui produit une chaleur intense. Il est employé en particulier pour les aciers inoxydables et les alliages légers.

COUPAILLER v. t. (conj. 3). *Fam.* Couper maladroitement à petits coups.

COUPANT, E 1. Qui coupe ; affilé : *Des ciseaux coupants.* — 2. Qui est brutal, autoritaire, qui n'admet pas de réplique ; tranchant, cassant : *Parler d'un ton coupant.*
◆ **coupant** n. m. Tranchant : *Le coupant du rasoir.*

COUP-DE-POING n. m. (pl. *coups-de-poing*). 1. Garniture de fer pour frapper du poing. — 2. S'emploie en opposition pour justifier qqch de violent et de soudain : *Une politique coup-de-poing.* — 3. Syn. de BIFACE. — 4. *Coup-de-poing américain,* arme consistant en une masse de fer, munie ou non de pointes, et percée de trous dans lesquels on passe les doigts.

1. COUPE n. f. 1. Action ou manière de couper qqch, un matériau, un arbre, un vêtement, les cheveux, etc. — 2. Représentation, dessin de qqch qu'on suppose coupé par un plan : *La coupe d'un immeuble.* — 3. Action de séparer en deux un paquet de cartes en plaçant au-dessus la partie inférieure du jeu. — 4. Dans les jeux de cartes comportant un atout, absence de cartes dans une couleur qui n'est pas celle de l'atout. — 5. Fig. *Coupe claire,* action de retrancher une partie importante d'un ensemble : *Coupe claire dans un budget, un effectif.* ‖ Fig. *Coupe sombre* (souvent employé de manière fautive à la place de *coupe claire*), réduction importante. ‖ *Être, tomber sous la coupe de qqn,* être, passer sous sa totale dépendance. ‖ Litt. *Mettre en coupe réglée,* tirer un profit systématique et sans scrupule de qqch. • **Archit.** et **Bât.** Direction d'un joint oblique de voussoir à l'intrados d'une voûte. — **Biol.** Très fine tranche d'un organe animal ou végétal, placée sous le microscope entre lame et lamelle et observable par transparence. (→ *encycl.*) — **Ch. de f.** Dans le triage à la gravité, groupe de wagons demeurant attelés et dirigés sur une même voie. — **Charp.** et **Menuis.** Manière d'orienter le joint de deux pièces. ‖ *Coupe carrée* ou *droite,* coupe à 90°. ‖ *Coupe d'onglet,* coupe à 45°. ‖ *Coupe biaise* ou *fausse coupe,* toute coupe oblique, à l'exception de celle à 45°. — **Comm.** *À la coupe,* se dit des articles alimentaires débités par morceaux ou tranches. — **Cout.** Métrage déterminé d'un tissu quelconque. ‖ *Fausse coupe,* reste d'une pièce d'étoffe insuffisant pour faire un vêtement. ‖ *Table de coupe,* table utilisée pour la coupe dans la fabrication des vêtements en série. — **Grav.** Action, manière d'entamer la planche de bois. (À la coupe succède la recoupe.) — **Mécan.** Opération par laquelle un outil tranchant enlève, sous forme de copeaux, de la matière d'une pièce à usiner. (→ *encycl.*) ‖ *Angles de coupe d'un outil,* angles déterminés par l'arête de l'outil, sa position par rapport à la pièce à usiner et la direction de son déplacement. — **Métall.** *Coupe métallographique,* section d'une pièce métallique permettant l'observation de la structure du métal. — **Métriq.** Disposition des repos dans le vers, liée à la séparation des groupes toniques. — **Min.** Cassure dans les terrains. ‖ *Coupe de sondage,* figure représentant la coupe des terrains traversés par un sondage avec leurs différentes caractéristiques géologiques et parfois géotechniques. (Syn. LOG DE SONDAGE.) — **Mus.** Forme, plan d'une composition musicale. ‖ *Coupe binaire, ternaire,* division d'un morceau de musique en deux ou trois sections. — **Papet.** Mise en rames du papier ou du carton. — **Pétr.** Produit obtenu entre deux températures déterminées au cours d'une opération de fractionnement. (Syn. FRACTION.) — **Phon.** *Coupe syllabique,* frontière entre deux syllabes. ‖ *Coupe rythmique,* segmentation de l'énoncé en unités rythmiques. — **Sylvic.** Exploitation d'une forêt ou d'une partie de la forêt ; surface d'une exploitation. ‖ Ensemble des produits forestiers livrés à l'exploitation. ‖ *Coupe claire,* coupe suffisamment forte pour que le sol reçoive beaucoup de lumière. ‖ *Coupe d'ensemencement,* coupe dont le but est de provoquer la fructification et de donner suffisamment de lumière au sol pour permettre l'installation de semis. ‖ *Coupe rase* ou *coupe unique,* syn. de COUPE À BLANC*. ‖ *Coupe réglée,* coupe annuelle d'une portion de bois déterminée. ‖ *Coupe sombre,* coupe portant seulement sur un petit nombre d'arbres pour qu'après l'opération le couvert reste suffisant et assure au sol une ombre complète. ‖ *Coupe usée,* coupe dont l'exploitation et la vidange sont terminées. — **Text.** Atelier où l'on découpe les parties d'articles des pièces d'étoffes tricotées ou tissées. (La coupe est souvent réalisée sur plusieurs épaisseurs d'étoffes [coupe en matelas].) ‖ Opération qui consiste à couper les boucles ou brides émergeant de la surface de l'étoffe notamment pour obtenir le velours. (Syn. RASAGE.) ‖ Chacune des tontes subies par les étoffes lors du rasage. — **Topogr.** et **Géol.** Profil établi suivant un tracé linéaire, pour faire ressortir les traits principaux du relief et de la géologie d'une région.

ENCYCL. **Biol.** Les *coupes biologiques* sont réalisées sur des organes déshydratés et inclus dans un bloc de paraffine. Après coloration, la coupe est montée dans une résine (baume du Canada) pour une conservation indéfinie. En botanique, des coupes non conservables sont obtenues par inclusion dans la moelle de sureau, tranchage puis coloration.
– **Mécan.** Dans la *coupe des métaux,* la pointe de l'outil pénètre à l'intérieur du métal d'une quantité appelée *profondeur de passe.* L'outil et la pièce ont une vitesse relative, ou *vitesse de coupe ;* c'est la vitesse circonférentielle de la pièce dans un tour, de la fraise ou du foret dans une fraiseuse ou une perceuse, ou la vitesse linéaire de l'outil ou de la pièce dans un étau-limeur ou dans une raboteuse. L'outil a un mouvement de translation, dans le sens de l'épaisseur du copeau : c'est le *mouvement d'avance* (avance par tour, par minute ou par course, selon le type de machine). La pression de l'outil provoque dans le métal une série de cisaillements successifs, formant ainsi le copeau, et cause une importante élévation de la température nécessitant une lubrification appropriée.
Initialement réalisés en acier fondu, puis en « acier rapide », les outils de coupe sont actuellement en *carbures métalliques* (de tungstène, de cobalt, etc.). Ils se présentent sous forme de *plaquettes* frittées, brasées à l'extrémité d'un corps ou fixées sur un porte-plaquettes spécial et autorisent des vitesses de coupe élevées. Certains outils, à base de céramique ou en diamant, permettent de dépasser les 1 000 m/min.

2. COUPE n. f. (bas lat. *cuppa,* coupe). **1.** Verre à boire, en cristal, bronze, or, etc., porté sur un pied, et ordinairement plus large que profond. (C'est le vase à boire le plus courant de la Grèce antique.) – **2.** Partie d'un verre à boire, d'un récipient, dans laquelle on verse le liquide : *La coupe et le pied d'un calice.* – **3.** Récipient avec ou sans pied, large et peu profond, à usages divers : *Une coupe remplie de fleurs.* – **4.** Prix donné au vainqueur de certaines courses ou concours ; la compétition elle-même dont ce prix est l'enjeu. – **5.** *La coupe est pleine,* se dit lorsque l'on est indigné ou exaspéré à l'extrême ; la mesure est comble.

COUPE (en lat. *Crater, -eris*), petite constellation australe.

Coupe d'or *(la),* roman de Henry James (1904) ; reprise réfléchie des procédés techniques et des raffinements psychologiques mis en œuvre dans ses récits précédents.

COUPÉ n. m. (de *couper*). **1.** Ancienne forme de carrosserie comportant, à l'avant, le siège du chauffeur et, à l'arrière, une caisse fermée. – **2.** Caisse comportant deux grandes portes latérales et deux places principales, avec quelquefois deux petites places arrière. – **3.** Véhicule hippomobile fermé, à quatre roues et à deux places, avec deux portières vitrées et un siège à l'avant pour le cocher. – **4.** Partie antérieure d'une diligence. – **5.** Pas de dégagement qui permet l'enchaînement d'un autre pas. – **6.** Partition divisant le blason en deux parties égales par une ligne horizontale. – **7.** Au tennis et au tennis de table, coup donné de haut en bas, la balle étant frappée légèrement par-dessous, ce qui diminue sa vitesse et son rebond. (Syn. CHOP.)

COUPE-BANDE n. m. inv. *Filtre coupe-bande,* filtre électrique qui affaiblit fortement les oscillations de fréquences comprises entre deux fréquences de coupure.

COUPE-CHOU(X) n. m. (pl. *coupe-choux*). **1.** Sabre très court (0,50 m), porté par les fantassins de 1831 à 1866. – **2.** *Fam.* Rasoir à main.

COUPE-CIGARE(S) n. m. (pl. *coupe-cigares*). Instrument destiné à inciser la tête des cigares.

COUPE-CIRCUIT n. m. inv. **1.** Appareil qui coupe un circuit électrique. – **2.** *Coupe-circuit (à fusibles),* syn. de FUSIBLE.

COUPE-COUPE n. m. inv. **1.** Sorte de sabre assez court, à large lame, utilisé pour se frayer un chemin dans la brousse ou dans la forêt vierge et comme outil agricole en zone tropicale. – **2.** Autref., arme blanche réglementaire dans les troupes noires de l'infanterie de marine.

COUPÉ-COUSU adj. et n. m. (pl. *coupés-cousus*). Se dit des articles de bonneterie obtenus à partir de pièces de tricots où les différents éléments de l'article sont découpés puis assemblés en confection d'une manière semblable à celle qui est utilisée pour l'habillement avec des étoffes tissées.

COUPÉE n. f. (de *couper*). Ouverture ménagée dans le flanc d'un navire, permettant d'accéder au pont au moyen d'une échelle, dite *de coupée.*

COUPE-FAIM n. m. inv. *Fam.* Anorexigène, modérateur de l'appétit.

COUPE-FEU n. m. inv. **1.** Large bande de terrain que l'on maintient, dans une forêt, dépourvue de végétation pendant l'été pour arrêter la propagation des incendies. (Syn. [TRANCHÉE] PARE-FEU.) – **2.** Élément de construction, à l'intérieur d'un bâtiment ou entre deux bâtiments, servant à empêcher la propagation de l'incendie. (On dit aussi MUR COUPE-FEU.) – **3.** *Clapets, portes, rideaux, trappes coupe-feu,* dispositifs automatiques dont la fonction est d'obturer en cas d'incendie les baies et trémies des murs et planchers coupe-feu.

COUPE-FILE n. m. (pl. *coupe-files*). Laissez-passer délivré par les services de police, qui permet de franchir les barrages de police, les files de voitures.

COUPE-FOIN n. m. inv. Outil tranchant pour entamer les meules de foin pressé, au fur et à mesure de la consommation.

COUPE-GAZ n. m. inv. Appareil de sécurité interrompant le passage du gaz au brûleur en cas d'insuffisance de la pression.

COUPE-GORGE n. m. inv. **1.** Lieu écarté, endroit suspect où l'on court le risque d'être assassiné : *Cette ruelle est un coupe-gorge.* – **2.** Tripot où l'on dépouille les joueurs naïfs. – **3.** *Litt.* Situation semée d'embûches, milieu où il se commet des injustices, des escroqueries.

COUPE-JAMBON n. m. inv. Couteau mécanique ou électrique pour débiter en tranches le jambon désossé.

COUPE-JARRET n. m. (pl. *coupe-jarrets*). *Vx.* Brigand, assassin de profession.

COUPE-LÉGUMES n. m. inv. Appareil mécanique ou électrique permettant de couper des légumes en morceaux à travers des grilles de divers calibres.

COUPELLATION n. f. (de *coupeller*). Opération ayant pour objet de séparer par oxydation un ou plusieurs éléments à partir d'un mélange de métaux liquides, lorsque leur affinité pour l'oxygène est différente. (On sépare ainsi l'argent du plomb argentifère.)

COUPELLE n. f. (de *coupe*). **1.** Petit creuset de terre réfractaire, de porcelaine, de cristal, de grès, etc., utilisé dans les laboratoires. – **2.** Petite coupe sans pied. – **3.** Syn. de CALOTTE* DE BARBOTAGE. – **4.** Petit creuset en os calcinés pour la coupellation. (Syn. CASSE D'AFFINAGE.) – **5.** Partie d'un brûleur où s'effectue la gazéification.

COUPELLER v. t. (conj. **4**). Passer un métal à la coupelle, l'essayer par coupellation.

COUPELLIER n. m. Arbre de haut jet dans une haie.

COUPE-MOTTES n. m. inv. Syn. de BRISE-MOTTES.

COUPE-ŒUF n. m. inv. Ciseaux, à lames dentées, servant à couper le bout d'un œuf à la coque.

COUPE-ONGLES n. m. inv. Ciseaux en acier ou pinces servant à couper les ongles.

COUPE-PAPIER n. m. inv. Couteau en bois, en os, en ivoire, etc., pour couper le papier, séparer les feuilles d'un livre, etc.

COUPE-PÂTE n. m. inv. Large lame montée sur une poignée, utilisée pour prélever une portion de pâte dans la masse ou pour racler des débris de pâte. (Syn. AMASSETTE, RACLETTE.)

COUPE-QUEUE n. m. (pl. *coupe-queues*). Instrument servant à couper la queue des animaux.

COUPER v. t. (de *coup*) [conj. **3**]. **1.** Entamer la matière de qqch, sectionner avec un objet ou un instrument tranchant : *Couper la ficelle avec des ciseaux.* – **2.** Sans compl., trancher ou écorcher, blesser en faisant une coupure : *Couteau qui coupe.* – **3.** Séparer qqch de ce à quoi il tenait, avec un instrument tranchant : *Couper des fleurs avec un sécateur.* – **4.** Amputer qqn d'un membre, lui sectionner une main, un doigt, un bras, etc. – **5.** Enlever le bout, l'extrémité ou une partie, un morceau de qqch avec un instrument tranchant : *Couper les cheveux. Je vous coupe une tranche de viande.* – **6.** Diviser qqch, le partager avec un instrument tranchant : *Couper le gâteau en 6 parts.* – **7.** Entamer plus ou moins profondément les chairs, entamer la peau avec un objet tranchant, ou blesser avec qqch d'extrêmement serré : *Les liens serrés lui coupaient les poignets.* – **8.** Abîmer une étoffe, le cuir en les fendillant : *Mauvais cirage qui coupe le cuir.* – **9.** Causer une sensation analogue à celle provoquée par une coupure ; cingler : *Le froid lui coupait le visage.* – **10.** Diviser un texte en plusieurs parties : *Il a coupé son discours en trois parties.* – **11.** Enlever une partie dans un texte, un film, etc. : *Couper une scène interminable.* – **12.** Diviser un lieu, le séparer en deux parties : *Une cloison mobile permet de couper le living.* – **13.** Diviser profondément un groupe en deux parties antagonistes : *Les élections vont couper la France en deux.* – **14.** Séparer qqn, un groupe de qqch, d'un groupe, interdire toute communication entre eux ; isoler : *L'ennemi avait réussi à couper l'armée de ses bases.* – **15.** Passer au travers d'une masse fluide : *Le bateau coupait les vagues.* – **16.** Croiser une voie, une ligne en parlant d'une autre voie, d'une autre ligne : *Carrefour où la nationale coupe la départementale.* – **17.** Interdire l'accès à une voie de communication, en barrer le passage : *La neige avait coupé la route des cols.* – **18.** Se mettre, être en travers du chemin de qqn, et l'empêcher de passer, de progresser : *Le camion m'a coupé le passage.* – **19.** Marquer trop nettement une séparation, une division dans une forme, la silhouette de qqn, ce qui lui enlève de son unité, de son harmonie : *Les jupes coupent la silhouette.* – **20.** Interrompre la continuité d'une période, d'une activité par une ou plusieurs pauses : *Un café à trois heures coupait l'après-midi.* – **21.** Interrompre un circuit, une communication, faire cesser l'arrivée, la production de qqch : *Couper le gaz.* – **22.** Faire cesser une sensation, un phénomène physiologique, pathologique, les interrompre ou en perturber l'évolution : *Un produit qui coupe la faim. Chaussettes trop serrées qui coupent la circulation.* – **23.** Mélanger à une boisson, à un liquide un autre liquide, en partic. de l'eau : *Couper son vin.* – **24.** Fam. *À couper au couteau,* extrêmement épais, dense. ‖ Pop. *Ça vous la coupe !,* ça vous étonne ! ‖ Fam. *Couper un animal,* le châtrer. ‖ *Couper bras et jambes à qqn,* le frapper d'un telle stupeur qu'il est incapable de réagir. ‖ *Couper les bras, les jambes à qqn,* faire qu'il n'ait plus de force dans les bras, qu'il ne puisse plus marcher. ‖ *Couper les cheveux en quatre,* être trop pointilleux, aimer la difficulté, chicaner. ‖ *Couper le cou, la gorge à qqn,* l'égorger. ‖ *Couper les crédits, les vivres à qqn,* cesser de l'aider financièrement. ‖ *Couper ses effets à qqn,* l'empêcher d'obtenir l'effet de surprise ou d'admiration qu'il escomptait. ‖ *Couper le mal à (par) la racine,* le faire disparaître radicalement. ‖ *Couper la parole à qqn, couper qqn,* l'interrompre, l'empêcher de continuer à parler. ‖ *Couper le souffle à qqn,* le stupéfier. ‖ *Donner sa main, sa tête à couper,* être sûr, affirmer avec conviction. ‖ *Ne coupez pas !,* n'interrompez pas la communication téléphonique. • **Cout.** Tailler les différentes pièces d'un vêtement d'après un patron. – **Géom.** Pour un ensemble, avoir au moins un point d'intersection du premier ordre avec un autre ensemble. ‖ Réaliser une intersection. – **Jeux.** Séparer en deux paquets les cartes d'un jeu. ‖ *Couper (une carte), couper (à trèfle, cœur, pique, carreau),* prendre avec un atout une carte de son adversaire. – **Min.** Abattre du minerai ou du stérile à l'aide d'une machine. – **Sports.** Dépasser un concurrent en passant devant lui pour prendre la corde, l'empêcher de passer ou retarder son action. ‖ *Couper la balle,* au tennis et au tennis de table, faire un coupé. (Syn. CHOPER.)

◆ v. t. ind. *Fam.* Éviter adroitement une fatigue ou un travail ; échapper à : *Couper à toutes les corvée.*

◆ v. i. **1.** Prendre un chemin, passer à travers un lieu pour aller directement qqpart : *Couper par la forêt.* – **2.** En parlant d'une voie, mener directement qqpart en traversant un lieu. – **3.** Fam. *Couper dans un piège,* tomber dans un piège ; accepter, admettre, croire naïvement.

◆ **être coupé** v. pass. **1.** Être sectionné : *Il a eu une main coupée dans l'accident.* – **2.** Avoir fait l'objet d'une coupe : *tu es mieux avec les cheveux coupés court.* – **3.** Être interrompu : *La communication est coupée.* – **4.** Être interdit à la circulation : *Toutes les routes sont coupées.* – **5.** Contenir un autre liquide en mélange : *Vin coupé d'eau.* – **6.** *Avoir les jambes coupées,* être très fatigué. ‖ *En avoir le souffle coupé,* être très étonné, au point d'en perdre la respiration. ‖ *Fleur coupée,* fleur avec sa tige mais sans ses racines, vendue en botte ou à l'unité. ‖ *Poulie coupée,* poulie dont une joue est ouverte pour permettre l'introduction rapide d'une manœuvre sur le réa. ‖ *Vêtement bien, mal coupé,* qui a une bonne, une mauvaise coupe.

◆ **se couper** v. pr., **être coupé** v. pass. **1.** En parlant d'une étoffe, d'un cuir, de la peau, se fendiller. – **2.** Perdre le contact, la communication avec qqch, qqn, s'isoler, être isolé : *À la suite du séisme, la ville était coupée du monde.*

◆ **se couper** v. pr. **1.** S'écorcher la peau, s'entamer plus ou moins les chairs, se faire une blessure : *Se couper au doigt avec un couteau.* – **2.** *Fam.* Se contredire par inadvertance, se trahir dans son discours : *Elle n'a pas réussi à mentir jusqu'au bout, elle s'est coupée.* – **3.** En géométrie, avoir au moins un point en commun, du premier ordre.

COUPE-RACINE(S) n. m. (pl. *coupe-racines*). Appareil débitant les betteraves en lanières ou en cossettes.

COUPERET n. m. (de *couper*). **1.** Outil à fer tranchant et à large lame utilisé en boucherie pour fendre ou couper des os. – **2.** Couteau de la guillotine. – **3.** *Se mettre la tête sous le couperet,* agir imprudemment.

COUPERIE n. f. Atelier où l'on coupe les poils pour la fabrication du feutre.

COUPERIN, dynastie française d'organistes, clavecinistes et compositeurs originaires de la Brie. – LOUIS (Chaumes-en-Brie 1626 - Paris 1661) fut violiste, organiste de l'église St-Gervais (1653), ordinaire de la musique royale. On lui doit 70 pièces pour orgue (1650 - 1659) et une centaine pour clavecin. – FRANÇOIS, dit **Couperin le Grand** (Paris 1668 - *id.* 1733), neveu du précédent, organiste de St-Gervais (1685) puis de la Chapelle royale (1693), maître de clavecin de nombreux nobles et princes, claveciniste du roi (1717) ; il a écrit des motets (*Laudate pueri,* 1697), 3 leçons de ténèbres (publiées en 1715), 2 messes pour orgue, 240 pièces pour clavecin groupées en 27 ordres et formant 4 livres (1713, 1717, 1722, 1730). À cela il faut ajouter de la musique de chambre : sonates en trio (reprises et enrichies en 1726), 4 *Concerts royaux,* 10 concerts des *Goûts réunis,* l'*Apothéose de Corelli* (1724) et celle de *Lully* (1725). Il a écrit, en outre, en 1716, un traité, *l'Art de toucher le clavecin.* Après le règne de Lully et le nationalisme qui le caractérisait, Couperin, un des premiers, réussit une synthèse des deux esthétiques dominant l'Europe : la française et l'italienne. La dynastie des Couperins se continua après François, jusqu'au XIXe s., par des clavecinistes, des chanteuses, des organistes.

COUPEROSE n. f. (p.-ê. lat. médiév. *cuporesa,* du lat. class. *cuprum,* cuivre, et *rosa,* rose). Affection cutanée du visage, caractérisée par une coloration vive avec dilatation vasculaire. (Syn. ROSACÉE.)

ENCYCL. La couperose est généralement associée à des nappes rouges, congestives, diffuses des joues, des pommettes et du nez *(érythrose faciale).* Sur ces lésions, peuvent apparaître des veinules bleuâtres et des papulo-pustules *(acné rosacée).* La couperose est favorisée par l'exposition aux intempéries. Elle peut être provoquée par l'application sur le visage de crèmes à base de corticoïdes.

COUPEROSÉ, E adj. Atteint de couperose : *Visage couperosé.*

COUPERUS (Louis), écrivain hollandais (La Haye 1863 - De Steeg 1923). Symboliste décadent, il abandonna le roman naturaliste (*Eline Vere,* 1889) au profit de romans psychologiques (*Vieilles Gens,* 1906), historiques (*Iskander,* 1920) et mythologiques (*Héraclès,* 1903).

COUPE-TUBE(S) n. m. (pl. *coupe-tubes*). Instrument servant à sectionner les tubes, constitué par une fourche qu'on fait tourner autour du tube à découper et qui porte une molette dont la pénétration progressive assure la coupe lors de la rotation.

COUPEUR, EUSE n. **1.** Personne qualifiée chargée de couper les vêtements. — **2.** Syn. de DÉTELEUR. — **3.** Ouvrier qui coupe les arbres en forêt. — **4.** *Coupeur de cheveux en quatre,* personne qui aime à ergoter, à chicaner. ‖ *Coupeur de têtes,* personne qui coupe la tête de ses ennemis.

◆ **coupeuse** n. f. Machine à couper.

COUPE-VENT n. m. inv. Vêtement dont la texture s'oppose au passage de l'air.

COUPE-VERRE n. m. inv. Syn. de DIAMANT.

COUPLABLE adj. Se dit d'engins moteurs équipés pour pouvoir être conduits par un seul conducteur en unité multiple.

COUPLAGE n. m. **1.** Action de coupler. — **2.** Groupement des moteurs en série, série-parallèle ou parallèle, sur une locomotive électrique ; ensemble de deux ou de plusieurs véhicules moteurs conduits par le même conducteur. — **3.** Liaison de deux circuits électriques, séparés par ailleurs, permettant le transfert réciproque de leur énergie ; mode de connexion de conducteurs ou de dispositifs ; accouplement électrique. — **4.** Situation de deux ou plusieurs États dont les impératifs de défense sont assurés par intégration de leurs forces respectives dans le cadre d'une stratégie commune. — **5.** Ajustement des axes de deux dispositifs optiques. — **6.** En physique, syn. de INTERACTION. — **7.** Vente d'espace de deux ou plusieurs supports à un tarif commun unifié, sous condition que les insertions soient identiques ou concernent le même produit et passent aux mêmes dates.

1. COUPLE n. f. (lat. *copula,* lien). **1.** Ensemble de deux colliers pour réunir deux chiens de chasse ; réunion de ces deux chiens. — **2.** *Vx.* Un petit nombre de : *Passer une couple d'heures à attendre quelqu'un.*

2. COUPLE n. m. (de *couple 1*). **1.** Homme et femme unis par les liens de l'amour ou du mariage : *Un couple uni.* — **2.** Deux personnes réunies provisoirement au cours d'une danse, d'une promenade, etc. : *Des couples de danseurs.* — **3.** Deux personnes animées d'un même sentiment, d'une même volonté, ou que des intérêts, des affinités, des caractères rapprochent : *Un couple d'amis.* — **4.** Animaux réunis deux à deux, mâle et femelle, ou appariés pour un même travail : *Un couple de pigeons.* • **Aéron.** *Couple de renversement,* tendance que manifeste tout avion monomoteur à hélice à tourner autour du même axe que l'hélice, mais en sens inverse. — **Astron.** *Couple (stellaire),* syn. de ÉTOILE DOUBLE* VISUELLE. ‖ *Couple optique,* étoile double dont le rapprochement des composantes n'est dû qu'à l'effet de la perspective. ‖ *Couple physique,* étoile double dont les deux composantes sont réellement proches dans l'espace. — **Électr.** *Couple thermoélectrique,* système constitué par deux conducteurs différents, dont les extrémités sont en contact deux à deux, et dans lequel se développe une force électromotrice qui est fonction de la différence de température de ces contacts. ‖ *Couple voltaïque,* système de deux électrodes immergées dans un liquide, capable de développer une force électromotrice. — **Mar.** et **Navig.** *Couple (de construction),* chacune des pièces transversales courbes de la structure d'un navire en bois qui s'encastrent sur la quille et montent jusqu'au barrot de pont. (Syn. MEMBRURE, MEMBRE.) ‖ Sur un navire métallique, chacune des sections transversales de la carène au droit d'une membrure. ‖ *Maître couple,* couple situé à la plus grande largeur du navire. ‖ *Naviguer à couple,* pour deux bâtiments, naviguer côte à côte et amarrés entre eux. ‖ *S'amarrer à couple d'un navire,* s'amarrer à côté de ce navire. — **Math.** Élément (x,y) formé à partir d'un élément x d'un ensemble M et d'un élément y d'un ensemble N. (Les couples (x,y) constituent l'ensemble noté $M \times N$, produit cartésien de M et N.) — **Mécan.** *Couple conique,* ensemble constitué par les pignons portés par deux arbres concourants en vue de les rendre solidaires en rotation. ‖ *Couple moteur,* couple produisant la rotation de l'arbre vilebrequin d'un moteur. ‖ *Couple résistant,* pour une machine, couple que doit exercer un moteur d'entraînement pour la faire fonctionner. — **Pêch.** *Pêcher à couple,* pêcher sur une même base à l'aide de deux bateaux amarrés l'un à l'autre. (Syn. PÊCHER EN BŒUFS.) – **Phot.** *Couple stéréoscopique,* ensemble de deux vues destiné à être examiné au stéréoscope. – **Phys.** Système de deux forces de somme nulle, caractérisé par son moment.

COUPLÉ n. m. Pari couplé.

COUPLEMENT n. m. État de ce qui est couplé, de deux choses qui sont accouplées.

COUPLEMÈTRE n. m. Appareil de mesure des couples de forces.

COUPLER v. t. (lat. *copulare*) [conj. 3]. **1.** Assembler des choses, les réunir, les relier afin de constituer un seul élément : *Coupler des pièces, des machines.* – **2.** Relier, connecter entre eux deux ou plusieurs circuits ou dispositifs électriques. (Syn. ACCOUPLER.) – **3.** Faire un couplage de petites annonces. – **4.** Réunir deux pièces, deux appareils, deux voitures motrices, etc., pour rendre leur manœuvre ou leur commande solidaire et simultanée. – **5.** Réunir deux chiens au moyen d'une couple. – **6.** Couvrir la femelle, en parlant du renard, du loup.

◆ **être couplé** v. pass. *Annonces couplées,* annonces identiques ou concernant le même produit paraissant sur des supports différents aux mêmes dates. ‖ *Pari couplé,* mode de pari mutuel consistant à désigner les deux premiers d'une course de chevaux, dans l'ordre d'arrivée ou non.

COUPLET n. m. (anc. fr. *couple*). **1.** Chacune des strophes d'une chanson, séparée par un refrain. – **2.** Strophe unique d'une chanson gaie ou d'une chansonnette. – **3.** *Fam.* Ce que qqn répète volontiers à tout propos : *Chacun y est allé de son couplet sur les nouveaux impôts.*

◆ **couplets** n. m. pl. *Vx.* Chanson.

COUPLEUR n. m. **1.** Pièce femelle, fixée à l'extrémité d'une voiture de voyageurs, qui reçoit la fiche d'une ligne de train fixée à la voiture voisine. – **2.** Dispositif permettant l'accouplement de deux véhicules de chemin de fer, réunissant l'attelage automatique et les dispositifs réalisant la continuité des conduites de frein et des liaisons électriques. – **3.** Dispositif de connexion des circuits d'un dispositif ou d'un ensemble de dispositifs électriques. – **4.** Organe de connexion de deux constituants d'un système informatique. – **5.** Syn. de COPULANT. – **6.** *Coupleur centrifuge,* appareil qui, monté sur l'arbre d'un moteur, provoque le fonctionnement de l'embrayage au moyen de dispositifs à force centrifuge. ‖ *Coupleur hydraulique,* organe d'accouplement de deux arbres alignés, constitué par deux éléments semi-toriques creux comportant des ailettes radiales, tournant à l'intérieur d'un carter étanche rempli d'un fluide dont le mouvement assure la transmission du couple de l'un à l'autre.

COUPOIR n. m. Outil des typographes, servant à couper les interlignes, les filets, etc.

COUPOLE n. f. (ital. *cupola* ; du bas lat. *cupula,* cuve). **1.** Voûte en forme de vase retourné, de profil semi-circulaire, parabolique, etc., et de plan circulaire, elliptique ou polygonal (coupole *à pans*). [L'extrados d'une coupole est souvent surmonté d'un *dôme.*] (→ encycl.) – **2.** *La Coupole,* l'Académie française ; l'Institut de France. – **3.** Partie supérieure d'un blindage, dont le bombement facilite le ricochet des projectiles qui l'atteignent. – **4.** Dôme hémisphérique mobile, abritant un instrument astronomique.

ENCYCL. **Archit.** La coupole circulaire demande un support de même plan, cas assez rare (tholos, baptistère...). Sur un plan rectangle se pose le problème du *rachat du carré* par des éléments encorbellés dans les angles. Des blocs diagonaux, des arcs à un ou plusieurs rouleaux, rayonnant à la verticale (trompes), fournissent des solutions approchées. Si l'on superpose des assises rayonnant vers le centre du carré à couvrir, on obtient des triangles curvilignes (pendentifs) qui sont des portions d'une sphère de diamètre égal à la diagonale du carré et qui se rejoignent à leur partie supérieure pour dessiner un cercle inscrit dans ce carré. Diverses possibilités s'offrent alors : tracer la coupole et les pendentifs dans une même sphère, exinscrite au carré de base ; établir sur les pendentifs une coupole répondant à une sphère moins grande, par ex. inscrite dans le carré, ou d'un profil surhaussé quelconque ; enfin former un étage intermédiaire cylindrique (tambour) entre la coupole et son rachat.

L'utilisation de la coupole a permis, historiquement, les plus grandes performances avec un matériau non armé. Dans l'Orient byzantin et turc, la coupole a dépassé 30 m de diamètre à Constantinople ; en Italie, 40 m au Panthéon et à la cathédrale de Florence (Brunelleschi) comme à St-Pierre de Rome (Michel-Ange) [ces deux derniers édifices présentant des coupoles nervées à double enveloppe, solution structurelle très élaborée]. L'époque classique, à l'exemple de F. Mansart, a recherché des emboîtements de coupoles permettant un éclairement indirect, à Paris (Invalides, Panthéon) et à Londres (cathédrale St Paul de Wren). [→ Biblio.]

Coupole du Rocher (la) [*Qubbat al-Ṣakhra*], édifice de Jérusalem, souvent nommé fautivement *Mosquée d'ʿUmar* construit sur l'esplanade du Temple de Salomon en 691. L'un des plus précieux monuments de l'islām, il est érigé sur le rocher sacré que la tradition rattache au sacrifice d'Abraham et au voyage céleste de Mahomet. Des artistes byzantins ou syriens en furent responsables, et tout y relève encore de l'art chrétien : le plan octogonal, le dôme porté par 4 piles et 12 colonnes, le double déambulatoire, les mosaïques à fond or ; mais son importance culturelle fut considérable et son rôle religieux demeure.

COUPON n. m. (de *couper*). **1.** Petit métrage d'étoffe restant d'une pièce de tissu. – **2.** Papier imprimé de format réduit et, en général, détachable d'un registre d'un carnet à souches, etc. – **3.** Droit attaché à un titre (action ou obligation) permettant au titulaire d'encaisser un revenu (dividende, intérêt) ou d'exercer certains droits lors, notamment, des augmentations de capital. (Avant la dématérialisation des valeurs mobilières, le coupon revêtait la forme d'une partie du titre, dotée d'un numéro et détachable.) – **4.** Bulletin remis au guichet, attestant l'achat ou la location d'une place de théâtre. – **5.** En Belgique, billet de chemin de fer. – **6.** Rail de longueur inférieure à la longueur normale des barres, que l'on incorpore dans la voie ferrée pour établir un raccord sur appareil, un ouvrage d'art, etc. – **7.** Subdivision d'une coupe en forêt. – **8.** Lot de bûches liées ensemble dans un train de bois flotté. – **9.** *Coupon annuel, coupon mensuel,* titre de transport accompagnant une carte de circulation donnant le droit à son titulaire d'emprunter certains transports publics pendant un an, pendant un mois.

COUPONNAGE n. m. Technique de vente par correspondance utilisant le système du coupon-réponse.

COUPON-RÉPONSE n. m. (pl. *coupons-réponses*). **1.** Imprimé à valeur fiduciaire destiné à payer aux correspondants étrangers le port d'une lettre ordinaire. – **2.** Partie d'une annonce que le lecteur peut découper et retourner dûment complétée, afin de recevoir une documentation.

COUPURE n. f. (de *couper*). **1.** Incision, blessure produite par un instrument tranchant : *Se faire une coupure au doigt.* – **2.** Séparation marquée, rupture de continuité : *La coupure avec le régime précédent.* – **3.** Suppression faite dans un ouvrage, une pièce de théâtre, un film, etc. – **4.** Interruption de l'alimentation en gaz, eau, électricité : *Une coupure de courant.* – **5.** Billet de banque : *Payer en petites coupures.* – **6.** *Coupure de journal, de presse,* article de journal découpé (portant sur un sujet déterminé). • **Cartogr.** Chacune des parties, vendues séparément, d'un découpage cartographique. – **Électr.** *Fréquence de coupure,* limite de la bande passante d'un filtre, d'un transducteur, d'un guide d'ondes, etc., au voisinage de laquelle une caractéristique de transmission varie rapidement. **Fortif.** Fossé, ouvrage défensif pour barrer un passage. – **Géol.** Séparation ou interruption dans une série sédimentaire. – **Impr.** Pour la composition des textes, division des mots en fin de lignes. (Syn. DIVISION.) – **Math.** *Coupure dans l'ensemble* $\mathbb{Q}$ *des nombres rationnels,* couple des sous-ensembles A_1 et A_2 de $\mathbb{Q}$, non vides et disjoints, tels que tout nombre rationnel inférieur à un élément de A_1 appartient à A_1 et tout nombre rationnel supérieur à un élément de A_2 appartient à A_2. – **Mil.** Accident géographique s'opposant à la progression de troupes terrestres (fleuves, rivières, vallées profondes, etc.). – **Min.** *Teneur de coupure,* teneur en dessous de laquelle il n'est pas économique d'exploiter. – **Philos.** *Coupure épistémologique,* ensemble des limites à l'intérieur desquelles un domaine théorique se constitue comme science en élaborant son système de concepts et ses modalités techniques d'expérimentation. (La coupure épistémologique permet ainsi à une science de se démarquer de l'idéologie.) – **Trav. publ.** Interruption de l'écoulement des eaux d'une rivière. ‖ *Coupure étanche,* ouvrage souterrain prolongeant dans le sol l'écran d'étanchéité d'un barrage jusqu'aux terrains présentant une imperméabilité suffisante.

COUQUE n. f. (mot wallon, du néerl. *kœk,* gâteau). **1.** Dans le Nord et en Belgique, pain d'épice au miel. – **2.** Gâteau flamand en pâte briochée.

COUR n. f. (bas lat. *curtis,* du lat. class. *cohors, -ortis,* coin de ferme). **1.** Espace découvert, entouré de murs et/ou de bâtiments, faisant partie d'une habitation, d'un édifice administratif, scolaire, etc., qui souvent s'ordonne autour d'elle. – **2.** Résidence du souverain et de son entourage. (→ *encycl.* Hist.) – **3.** Entourage du souverain : *Molière divertit la cour de Louis XIV.* – **4.** Souverain et son conseil, et, en partic., parti du souverain (avec majusc.) : *Condé se rallia au Parlement, Turenne à la Cour.* – **5.** Gouvernement, cabinet du souverain dans ses relations avec les autres gouvernements. – **6.** Suite de personnes empressées à plaire à un homme puissant, à une personnalité. – **7.** Suite de personnes qui s'empressent autour d'une femme : *Cette femme a toute une cour auprès d'elle.* – **8.** En Belgique, toilettes, cabinets. – **9.** *Abbé de cour,* ecclésiastique mondain qui fréquentait la cour et en avait les manières. ‖ *Cour d'honneur,* cour principale d'un édifice. ‖ *Cour des Miracles,* autref., repaire de bandits, de truands et de mendiants (→ *encycl.*) ; lieu sordide et malfamé. ‖ *Cour (de récréation),* lieu où jouent les enfants à l'école. ‖ *Être bien, mal en cour,* être, ne pas être en faveur. ‖ *Faire la cour à qqn,* chercher à lui plaire, à gagner ses faveurs. ‖ Litt. *Faire sa cour,* se présenter à la cour du souverain ou devant les puissants du jour, pour leur témoigner son respect et son dévouement et gagner leur faveur. ‖ *Faire un doigt, un brin de cour,* manifester quelque empressement auprès d'une femme. • **Bât.** *Cour anglaise,* fossé maçonné sur lequel prennent jour les fenêtres d'un sous-sol. — **Dr.** Autref., tout tribunal. ‖ Auj., tribunal d'ordre supérieur. (Les décisions d'une cour portent le nom d'*arrêts.*) ‖ Membres d'un tribunal supérieur, siégeant en commun. ‖ Lieu où le tribunal siège. ‖ *Avocat à la cour,* avant la réforme de 1971, avocat inscrit au barreau d'une cour d'appel. ‖ *Cour d'appel,* juridiction chargée de juger en appel les affaires tranchées en premier ressort par un tribunal de rang inférieur. (→ *encycl.*) ‖ *Cour d'assises,* juridiction répressive chargée de juger définitivement et sans appel les crimes ainsi que les délits et contraventions connexes aux crimes. (→ *encycl.*) ‖ *Cour d'assises des mineurs,* juridiction spéciale créée en 1951, pour juger des crimes commis par des mineurs de 16 à 18 ans, à l'exception des crimes contre la sûreté de l'État. (Composée d'un conseiller à la cour d'appel, de 2 juges des enfants et d'un jury, elle peut juger également les majeurs coauteurs ou complices des mineurs.) ‖ *Cour de renvoi,* cour d'appel à laquelle est confiée une affaire par un arrêt de renvoi de la Cour de cassation. — **Hist.** *Cours de justice,* tribunaux d'exception institués par le gouvernement provisoire le 2 juin 1944, pour juger les faits de collaboration. (Elles cessèrent leurs activités en oct. 1948.) ‖ *Cour plénière,* assemblée d'apparat tenue par les rois dans des circonstances exceptionnelles. ‖ *Cour du roi,* syn. de CURIA REGIS. ‖ *Cours souveraines,* sous l'Ancien Régime, juridictions statuant en dernier ressort (parlements, chambres des comptes, Grand Conseil, cours des aides, Cour des monnaies). — **Littér.** *Cours d'amour,* réunions mondaines qui, du XIIe au XVe s., ont cultivé l'esprit chevaleresque et courtois. — **Relig.** *Cour romaine,* au sens étroit, les tribunaux pontificaux ; au sens large, la Curie. — **Théâtr.** *Côté cour,* partie droite de la scène, vue de la salle.

ENCYCL. **Dr.** Les sièges des *cours d'appel* métropolitaines sont Agen, Aix-en-Provence, Amiens, Angers, Bastia, Besançon, Bordeaux, Bourges, Caen, Chambéry, Colmar, Dijon, Douai, Grenoble, Limoges, Lyon, Metz, Montpellier, Nancy, Nîmes, Orléans, Paris, Pau, Poitiers, Reims, Rennes, Riom, Rouen, Toulouse et Versailles. Chaque cour d'appel est composée d'un nombre de conseillers variable suivant son importance et est présidée par un premier président ; elle est divisée en chambres dont le nombre est fixé par décret (chambres civiles, chambres des appels correctionnels). Une chambre spéciale de la cour d'appel, composée de 3 conseillers, connaît des appels interjetés contre les jugements du tribunal de police, du juge des enfants ou du tribunal pour enfants. En 1987 ont été créées des *cours administratives d'appel* pour statuer en appel de certaines décisions des tribunaux administratifs (d'autres continuant à relever de la compétence du Conseil d'État). Entrées en activité en 1989, elles sont implantées à Bordeaux, Lyon, Nancy, Nantes et Paris.

• Constituée périodiquement dans chaque département, en principe au chef-lieu, la *cour d'assises* tient normalement une session ordinaire (15 jours au maximum) tous les trois mois ; elle peut tenir des sessions extraordinaires (c'est la règle à Paris). Sa composition repose sur une règle fondamentale : l'association des magistrats (la *cour :* un président et deux assesseurs) et de citoyens (le *jury* : neuf jurés et dix suppléants, tirés au sort sur une liste de session comportant 35 noms et qui prêtent serment). Le ministère public et les accusés disposent du droit de récusation. Toute décision défavorable à l'accusé ne peut être acquise que par 8 voix contre 4. En cas de crimes terroristes, contre la sûreté de l'État et en matière militaire, la *cour d'assises* est composée de 7 magistrats, sans jury.

— **Hist.** • *Cour de France.* Au XVIe s., elle devint une institution politique essentielle. Principalement composée de nobles qui formaient la foule des courtisans, elle réunissait aussi autour du roi et de sa famille le personnel de la Maison du roi et les membres du gouvernement. Beaucoup plus nombreuse qu'au Moyen Âge, elle adopta, sous les derniers Valois, le faste et les préceptes de politesse des cours princières italiennes, et emprunta à l'Espagne une étiquette minutieuse et rigide réglant la vie du roi, auquel elle rendait un véritable culte. Suivant le roi dans ses déplacements, la cour résidait dans les châteaux du bord de la Loire (Blois, Chenonceaux, Amboise, Chambord) de l'Île-de-France (Vincennes, Saint-Germain, Fontainebleau), ou à Paris (Tournelles, Louvre, Tuileries). À partir de 1682, Louis XIV la fixa à Versailles où elle demeura jusqu'à la fin de l'Ancien Régime, sauf sous la Régence où elle séjourna à Paris. Le palais versaillais fut donc le centre de ralliement de la noblesse mais aussi sa prison dorée. La cour répondait en effet à une politique de domestication de la noblesse menée en particulier par Louis XIV qui, pour prévenir le retour de troubles comme ceux de la Fronde, immobilisa les gentilshommes dans une fonction cérémonielle quotidienne, et leur offrit, en échange de l'obéissance, des divertissements, des charges, des honneurs, des pensions. Rassemblant 16 000 personnes en 1788, elle coûtait environ 35 millions de livres (sur un budget de 629 millions). Centre de coteries et de cabales multiples, elle fut l'une des institutions les plus impopulaires de la monarchie.

• *Cour des Miracles.* Les cours des Miracles jouissaient du droit d'asile et étaient interdites à la police. La plus fréquentée à Paris, décrite par V. Hugo dans *Notre-Dame de Paris,* était située entre les actuelles rues des Petits-Carreaux, du Caire, Saint-Sauveur et Saint-Denis. Sur l'ordre de Louis XIV, elle fut détruite en 1667.

Cour de cassation, juridiction suprême française qui siège à Paris. La Cour de cassation comprend 5 chambres civiles et une chambre criminelle. Elle se compose du premier président, des présidents de chambre, des conseillers, des conseillers référendaires, du procureur général, du premier avocat général, des avocats généraux, du greffier en chambre, et des greffiers de chambre. La Cour statue sur les pourvois en cassation formés contre les jugements en dernier ressort rendus par les juridictions de l'ordre judiciaire. « Juge du droit et non du fait », elle ne connaît pas du fond des affaires, sauf disposition législative contraire. Les arrêts sont rendus soit par l'une des chambres, soit par une chambre mixte, soit par l'assemblée plénière. Lorsque la solution du pourvoi lui paraît s'imposer, le premier président ou le président de la chambre concernée peut décider de faire juger l'affaire par une formation restreinte de 3 magistrats. En cas de cassation, l'affaire est renvoyée en principe devant une juridiction de même nature que celle dont émane l'arrêt ou le jugement cassé. La Cour peut, dans certains cas, casser sans renvoi. Elle statue également sur les pourvois en révision.

Cour des comptes, juridiction administrative française chargée du contrôle de l'exécution des opérations financières de l'État et de l'usage qui est fait des deniers publics, et dont la création remonte à 1807. La Cour des comptes examine annuellement tous les comptes des comptables publics et statue sur chacun d'eux. Ses arrêts peuvent faire l'objet d'un pourvoi en cassation devant le Conseil d'État. Elle statue également par voie d'appel sur les arrêts des chambres régionales des comptes. Sur le plan non juridictionnel, son rôle est extrêmement étendu, car elle contrôle à la fois les comptes des comptables publics et ceux des ordonnateurs. Les 200 membres environ de la Cour (conseillers maîtres, conseillers référendaires et auditeurs) — qui est divisée en 7 chambres, ayant chacune à sa tête un président — sont des magistrats inamovibles, placés sous l'autorité du premier président de la Cour. Auprès de la Cour des comptes est constitué un parquet.

Cour de discipline budgétaire et financière, juridiction administrative française créée par la loi du 25 sept. 1948, chargée de sanctionner les ordonnateurs dont les comptes se sont avérés irréguliers.

Cour européenne des droits de l'homme, juridiction internationale créée par la convention européenne des droits de l'homme en 1959 pour être l'organe judiciaire du Conseil de l'Europe. Composée d'un nombre de juges égal au nombre des États membres du Conseil de l'Europe, elle peut être saisie par la Commission, les États membres, ou leurs nationaux par le biais de la Commission.

Cour internationale de justice (C. I. J.), organe juridictionnel des Nations unies, qui s'est substitué en 1945 à la Cour permanente de justice internationale instituée par la S. D. N. Elle comprend 15 juges élus pour 9 ans par l'Assemblée générale et le Conseil de sécurité. Elle tranche les différends entre États et donne des avis aux organes et aux institutions spécialisées de l'O. N. U. La Cour siège à La Haye.

Cour de justice *(Haute),* en France, organe de justice politique chargé de juger le chef de l'État en cas de haute trahison et les membres du gouvernement en cas de complot contre la sûreté de l'État et pour les crimes et les délits commis dans l'exercice de leurs fonctions.

Cour de justice de la République, organe composé de parlementaires (députés et sénateurs) et de magistrats de la Cour de cassation, chargé de juger les ministres pour les crimes et délits commis dans l'exercice de leurs fonctions.

Cour de justice des communautés européennes (C. J. C. E.) → COMMUNAUTÉS EUROPÉENNES.

Cour militaire de justice, juridiction d'exception créée en 1962 par le général de Gaulle pour remplacer le *haut tribunal militaire* et juger sans recours les crimes contre la sûreté de l'État en relation avec les événements d'Algérie. (Elle fut remplacée en 1963 par la Cour de sûreté de l'État, elle-même supprimée en 1981.)

Cour des monnaies, juridiction de la France au Moyen Âge et sous l'Ancien Régime, détachée de la Chambre* des comptes v. 1357 et qui fut érigée en cour souveraine en 1552. Établie à Paris, elle jugeait tous les procès relatifs aux monnaies et enregistrait les ordonnances monétaires.

Cour permanente d'arbitrage, juridiction internationale créée à La Haye en 1899 pour favoriser l'arbitrage des différends internationaux. Elle comprend des juristes de nationalités diverses, susceptibles d'être choisis comme arbitres (deux pour chaque partie au litige).

Cour supérieure d'arbitrage, juridiction française créée en 1938 et réorganisée par la loi du 11 févr. 1950. Elle est chargée d'examiner les sentences arbitrales qui lui sont déférées pour excès de pouvoir ou violation de la loi.

Cour suprême des États-Unis, juridiction fédérale américaine la plus élevée, dont le rôle est de contrôler la constitutionnalité des lois des États et des lois fédérales par rapport à la Constitution fédérale. Elle est composée d'un président *(chief justice)* et de 8 juges nommés à vie par le président des États-Unis, en accord avec le Sénat.

Cour de sûreté de l'État, juridiction d'exception instituée par une loi du 15 janv. 1963 au lendemain de la guerre d'Algérie, en vue de connaître en temps de paix des crimes et délits contre la sûreté de l'État. Elle a été supprimée par la loi du 4 août 1981.

COURABLE adj. Se dit d'un animal de chasse qui peut être couru, tel le daguet.

COURAGE n. m. (de *cœur*). **1.** Fermeté, force de caractère qui permet d'affronter le danger, la souffrance, les revers, les circonstances difficiles : *Avoir du courage.* — **2.** Ardeur mise à entreprendre une tâche : *Travailler avec courage.* — **3.** Force, énergie et envie de faire une action quelconque : *N'avoir pas le courage de se lever.* — **4.** *Bon courage !,* formule d'encouragement. ‖ *Courage !,* n'hésitez pas !, tenez bon ! ‖ *N'avoir pas le courage de,* être incapable, par sensibilité, de faire qqch. ‖ *Perdre courage,* désespérer. ‖ *Prendre son courage à deux mains,* vaincre sa timidité, ou sa mollesse, sa lassitude ; se décider à agir ; faire appel à toute son énergie.

COURAGEUSEMENT adv. Avec courage, avec ardeur, énergie.

COURAGEUX, EUSE adj. **1.** Qui a du courage, de la fermeté, de l'ardeur, de l'énergie au travail ; brave : *Une femme courageuse devant l'adversité.* — **2.** Qui manifeste ce sentiment : *Une courageuse intervention.*

COURAILLER v. i. (conj. 3). *Fam.* et *vx.* Courir d'une aventure galante à une autre.

COURAJOD (Louis), historien d'art français (Paris 1841-*id.* 1896). Conservateur au Louvre, il y organisa le département des sculptures. Ses *Leçons professées à l'École du Louvre* (1899) ont fait date pour l'histoire de la sculpture en France à la fin du Moyen Âge.

COURAMMENT adv. (de *courant,* adj.). **1.** D'une façon habituelle ; souvent, communément, ordinairement : *Opération couramment pratiquée.* — **2.** *Parler, écrire, lire couramment une langue,* la connaître suffisamment pour la parler, l'écrire, la lire sans hésitation ni effort.

1. COURANT, E adj. (de *courir*). **1.** Se dit d'une période qui est en cours, qui s'écoule actuellement et n'est pas terminée : *Le 10 du mois courant (ou le 10 courant).* — **2.** Qui est habituel, qui se fait ou a lieu d'ordinaire : *Les dépenses courantes de la maison.* — **3.** Qui est usuel, fréquent, banal, commun : *Mot courant.* — **4.** Qui est banal et facile en raison de son caractère habituel : *C'est un problème courant.* — **5.** Qui a un cours, un taux légal à un certain moment : *Acheter au prix courant.* — **6.** *Affaires courantes,* qui sont actuellement en cours. ‖ *C'est monnaie courante,* cela se produit fréquemment, c'est habituel. ‖ *Chien courant,* chien qui force le gibier à la course, par oppos. au *chien d'arrêt,* ou *chien couchant.* ‖ *Eau courante,* eau qui coule, s'écoule continûment, en parlant des eaux d'un fleuve, d'une rivière, etc. (par oppos. à *eau stagnante*) ; eau qui coule d'un robinet : *Rincer à l'eau courante ;* installation de distribution d'eau dans une habitation : *Eau courante à tous les étages.* ‖ *Franc courant, monnaie courante,* franc ou monnaie dans son usage habituel et quelle que soit la dépréciation. (S'oppose au *franc constant.*) ‖ *Langue courante,* celle de la conversation habituelle. ‖ *Manœuvre courante,* cordage mobile qui sert à tout moment à la manœuvre. *Ornement courant,* motif répété en suite linéaire. ‖ *Plan d'étage courant,* plan qui se répète sur plusieurs niveaux dans un immeuble (par oppos. au rez-de-chaussée, à l'entresol et aux étages supérieurs à usage technique ou de moindre gabarit). ‖ *Titre courant,* titre répété à la partie supérieure des pages d'un livre.

◆ **courant** prép. Pendant, durant, au cours de : *Courant novembre.*

◆ **courant** n. m. **1.** Les dépenses courantes : *Pour le courant, je prends un peu d'argent sur mon compte.* — **2.** Mois actuel : *Paiement à faire à fin du courant* ou *fin courant.* — **3.** Terme qui court, en parlant des intérêts. — **4.** *Dans le courant de,* à l'intérieur de la période en question. ‖ *Être au courant,* être informé, renseigné : *Étiez-vous au courant qu'il allait démissionner ?* ‖ *Le courant des affaires,* les affaires ordinaires habituelles. ‖ *Mettre, tenir au courant, se mettre, se tenir au courant,* renseigner, informer qqn, se tenir informé. ‖ *Courant du marché,* prix actuel des denrées.

◆ **courante** n. f. **1.** *Pop.* Diarrhée. — **2.** Basse danse de la Renaissance, qui prend place dans la suite instrumentale, généralement après l'allemande.

2. COURANT n. m. (de *courant 1*). **1.** Mouvement d'un liquide, d'un fluide dans tel ou tel sens ; masse d'eau en mouvement : *La barque est entraînée par le courant.* — **2.** Électricité : *Panne de courant.* — **3.** Mouvement orienté d'un ensemble de personnes ou de choses : *Le développement* *d'un courant d'immigration.* — **4.** Cours, mouvement des idées, des sentiments : *Il est l'objet d'un vaste courant de sympathie.* — **5.** Subdivision d'un parti politique basée sur des nuances idéologiques, mais qui n'en entame pas l'unité. — **6.** *Courant d'air,* souffle causé par la circulation de l'air dans une habitation, une rue, etc. ‖ *Le courant passe,* il y a sympathie, compréhension, communication entre des personnes. ‖ Fam. *Nom à courant d'air,* se dit, pour se moquer, d'un nom patronymique composé de plusieurs termes et de particules. ‖ Fam. *Se déguiser en courant d'air,* s'esquiver, partir furtivement. ‖ *Suivre le courant,* suivre le mouvement général, ne pas se singulariser. • **Astron.** Ensemble d'étoiles dispersées sur une grande région du ciel, dont les déplacements apparents convergent vers un point. — **Bât.** *Tuile de courant,* chacune des tuiles creuses d'une couverture posée face concave vers le haut, pour permettre l'évacuation de l'eau de pluie. (Elles sont chevauchées par les *tuiles de couvert.*) — **Électr.** *Courant (électrique),* déplacement de charges électriques dans un conducteur. (→ *encycl.*) ‖ *Courant de suite,* courant débité par le réseau de distribution, à travers l'arc amorcé dans un parafoudre par une surtension, lorsque l'onde de surtension a disparu. — **Hydrol.** *Courant fluvial,* déplacement linéaire et en masse de l'eau d'un fleuve ou d'une rivière. (→ *encycl.*) ‖ *Courant marin,* déplacement de l'eau de mer dans une direction et à une vitesse données. (Il en existe plusieurs catégories, distinguées selon leur origine ou leur comportement.) ‖ *Courant océanique* ou *général,* courant marin caractérisé par une extension régionale ou planétaire, une direction relativement stable, une vitesse modérée (ordinairement inférieure à 1 m/s) et un débit élevé. (→ *encycl.*) — **Météo.** *Courant aérien,* mouvement de l'air dans l'atmosphère. — **Neurol.** *Courant d'action,* courant électrique observable de part et d'autre de la membrane d'une fibre nerveuse ou musculaire lorsque le signal nerveux ou potentiel d'action est émis. (→ *encycl.*) ‖ *Courant local,* courant électrique, généré passivement par une stimulation électrique extérieure, appliqué à une fibre nerveuse ou musculaire et permettant la dépolarisation de proche en proche de la membrane cellulaire et la naissance des courants d'actions qui se propagent à distance. (→ *encycl.*) ‖ *Courant de repos,* courant électrique mesurable dans les fibres nerveuses ou musculaires en dehors du passage du courant d'action et dû à la diffusion passive des espèces ioniques (sodium et potassium) de part et d'autre de la membrane cellulaire. — **Phys.** Nom générique donné à des écoulements (fluide, charge électrique ou, plus généralement, toute grandeur continue).

ENCYCL. **Électr.** Dans un conducteur, où existent des charges électriques, le produit de la densité volumique des charges par leur vecteur vitesse moyenne est le vecteur densité de courant. Le courant i traversant une surface donnée est défini comme le flux de la densité de courant à travers cette surface, ou comme le quotient de la charge dq qui traverse la surface pendant un temps dt :

$$i = dq/dt.$$

Lorsqu'un conducteur est traversé par un courant électrique, on peut observer les trois phénomènes suivants : 1° le conducteur est le siège d'un dégagement de chaleur *(effet Joule) ;* 2° il y a création d'un champ magnétique dans l'espace environnant ; 3° si on coupe le conducteur et si on plonge les extrémités dans une solution saline, il se produit une décomposition chimique de la solution.

L'unité SI de courant électrique est l'ampère (A). — **Hydrol.** *Courants fluviaux.* Mesurée par le moulinet (petite hélice immergée tournant d'autant plus vite que le courant est rapide) ou par jaugeage chimique (versement d'une solution de bichromate de soude précédant des prélèvements en aval), parfois par des formules mathématiques prenant en compte la totalité de la section mouillée, la vitesse des courants fluviaux dépend de la pente superficielle, de la profondeur, de la rugosité du fond et des berges. Elle est de l'ordre de quelques dizaines de cm/s pour beaucoup de rivières et de fleuves, calmes et à débit moyen, atteint plusieurs m/s (parfois 8 à 9), lors de crues pour quelques cours d'eau (3 à 4 m pour le Rhône et le Rhin, le Danube autrichien).

• *Courants océaniques.* Ils jouent un rôle fondamental dans l'environnement en transportant la chaleur et les substances chimiques et nutritives sur des distances considérables, en influençant les migrations des espèces et les déplacements des hommes, en contribuant à la sédimentation et au modelé des fonds marins. Les courants océaniques dépendent essentiellement de deux sortes de forces :

— forces primaires, externes (comme la pression atmosphérique et surtout le vent) ou internes (combinant les influences de la température et de la salinité, donc de la densité) ;

— forces secondaires (comme la force de Coriolis, forces de frottement interne et externe) modifiant le mouvement des courants en vitesse et en direction, pouvant provoquer une division en branches ou (au contraire) une canalisation, une déviation.

La carte ci-contre montre que les courants de surface décrivent de grands circuits associant des mouvements zonaux et des mouvements méridiens.

— Les *courants zonaux* sont bien représentés dans l'océan Austral et aux basses latitudes.
— Les *courants méridiens* assurent des transferts thermiques contraires (suivant leur origine, polaire ou équatoriale), provoquant une très relative (et partielle) homothermie, liée aussi aux courants de fond.
En dessous de quelques centaines de mètres de profondeur, l'hydrosphère océanique est en effet affectée par une circulation, plus lente, alimentée par des plongées d'eau polaires, avec une diffusion ordinairement méridienne.
— **Neurol.** Le *courant d'action* est généré à partir de l'ouverture de « vannes » à travers la membrane, réalisant des chenaux où sodium et potassium peuvent diffuser librement. L'ouverture de ces vannes est commandée par les courants locaux et dépend en partie du calcium présent dans le milieu externe, qui aide à l'ouverture de ces vannes. La fermeture de ces vannes est sous la dépendance du champ électrique créé par le potentiel d'action lui-même, qui commande ainsi sa cessation et le retour à l'état de repos, où des pompes consommant de l'énergie font ressortir le sodium et entrer le potassium.
• *Courant local.* La stimulation électrique externe modifie le potentiel électrique local, et à partir des régions voisines, des courants électriques sont générés passivement. Ces courants locaux contribuent à modifier le potentiel électrique des régions voisines et la dépolarisation de proche en proche de la membrane cellulaire engendrée par eux donne naissance à des courants d'action et assure ainsi la propagation du signal nerveux. Dans les fibres myélinisées, les courants locaux ne peuvent passer qu'au niveau des nœuds de Ranvier : l'influx nerveux « saute » d'un nœud de Ranvier à l'autre, et sa vitesse de propagation est plus élevée que dans les fibres non myélinisées.

COURANTE → COURANT 1.

COURANT-JET [kurɑ̃dʒɛt] n. m. Syn. de JET-STREAM.

COURANTOGRAPHE n. m. Courantomètre enregistreur.

COURANTOLOGIE n. f. Étude des courants marins.

COURANTOMÈTRE n. m. Appareil destiné à mesurer la vitesse et la direction des courants marins dans le plan horizontal.

COURANTYNE, en néerl. **Corantijn,** fl. de l'Amérique du Sud, frontière entre le Surinam et la Guyana ; env. 700 km.

COURAU → COUREAU.

COURBAGE n. m. Action de courber.

COURBARIL n. m. Arbre d'Amérique tropicale, exploité pour son bois brun, dur et lourd et pour sa résine, qui est un *copal.*

COURBATU, E adj. (de *court* et *battu*). *Litt.* Qui ressent une lassitude douloureuse dans son corps ; courbaturé.

COURBATURE n. f. (de *courbatu*). Fatigue musculaire accompagnée de contractures et de douleurs d'origines diverses.
ENCYCL. La courbature peut être due à un effort musculaire trop violent ou à une mauvaise préparation à l'effort ainsi qu'à un effort intensif ou trop prolongé. Elle peut s'observer aussi au cours d'affections dues à des virus neurotropes (grippe, poliomyélite).

COURBATURER v. t. (conj. 3). Causer une courbature, provoquer dans les membres une fatigue douloureuse : *Cette longue marche l'avait courbaturé.*
◆ **être courbaturé** v. pass. Souffrir de courbatures ; être courbatu.

COURBE adj. (lat. pop. **curbus,* du lat. class. *curvus,* recourbé). **1.** Qui s'infléchit sans contenir aucune portion de ligne droite : *Ligne courbe.* — **2.** *Tir courbe,* tir exécuté avec un angle au niveau supérieur à 45°. (Syn. TIR VERTICAL.)
◆ n. f. **1.** Ligne ou forme courbe : *La courbe des sourcils.* — **2.** Virage d'une route, d'une voie de communication. — **3.** Représentation graphique de l'évolution d'un phénomène ; ce phénomène lui-même : *La courbe des ventes.* — **Balist.** *Courbe de sécurité,* courbe enveloppant toutes les trajectoires des projectiles tirés par une même arme avec la même vitesse initiale, l'angle au niveau variant seul de 0 à 90°. — **Géom.** Image dans un espace euclidien de dimension 2 ou 3 d'un intervalle de $\mathbb{R}$ par une application continue. (→ *encycl.*) ‖ *Courbe représentative d'une fonction,* représentation graphique cartésienne d'une fonction dont l'ensemble de départ est infini.
ENCYCL. Dans le plan rapporté à un repère orthonormé, les courbes algébriques admettent une équation $f(x, y) = 0$, où f est un polynôme de $\mathbb{R}[x, y]$ dont le degré est celui de la courbe ; les courbes non algébriques sont appelées transcendantes.

COURBEMENT n. m. *Litt.* Action de courber, fait de se courber.

COURBER v. t. (lat. pop. **curbare,* du lat. class. *curvare*) [conj. 3]. **1.** Rendre qqch courbe, l'infléchir ; plier, recourber : *Le vent courbait les arbres.* — **2.** Donner au corps une forme courbe en inclinant, en penchant le buste, la tête, les épaules : *Il était si grand qu'il marchait en courbant les épaules.* — **3.** *Courber le front, la tête, le dos, l'échine,* s'incliner en signe de soumission, d'humilité ; se soumettre.

◆ v. i. Litt. *Courber sous le poids, le faix,* avoir du mal à supporter une charge trop lourde ; plier, ployer.

◆ **se courber** v. pr., **être courbé** v. pass. **1.** Être courbe, prendre une forme courbée : *Les branches se courbent sous le poids des fruits.* — **2.** *Se courber en deux,* s'incliner profondément. — **3.** *Litt.* Se soumettre à une domination : *Un peuple courbé devant l'occupant.*

COURBET (Gustave), peintre français (Ornans 1819 - La Tour-de-Peilz, Suisse, 1877). Venu à Paris en 1839, il s'oriente définitivement vers la peinture ; il travaille dans divers ateliers, et surtout copie les maîtres au Louvre (Vénitiens, Espagnols, Hollandais). Sa première manière est marquée par ces travaux de formation, notamment dans ses autoportraits (*Courbet au chien noir,* 1844, Petit Palais, Paris), et ses toiles « romantiques » (*les Amants dans la campagne,* 1844, musée de Lyon). Mais, avec la monumentale scène villageoise — et « historique » — qu'est *Un enterrement* à Ornans* (1849-1850, musée d'Orsay), avec des paysages d'une réalité précise où s'intègrent des figures (*la Rencontre,* 1854, Montpellier), il aborde la recherche de la vérité des personnages et des situations qui fonde son réalisme (il préfère quant à lui parler d'« art vivant »). Ce réalisme, dont il propose une synthèse allégorique avec *l'Atelier* du peintre* (1854-55, musée d'Orsay), et sa liberté d'opinion (il admire Fourier, se lie avec Proudhon, etc.) déplaisent : ses grands tableaux-manifestes sont refusés à l'Exposition universelle de 1855 (il expose lui-même *l'Enterrement* et *l'Atelier* dans un baraquement qu'il installe à proximité de l'Exposition), ses nus féminins font scandale (*les Baigneuses,* 1853, Montpellier). Néanmoins, avec ses morceaux de nature, scènes de chasse (*la Remise de chevreuils,* 1866, musée d'Orsay) ou paysages (*la Falaise d'Étretat,* 1870, *ibid.*) d'une riche et grasse matière-couleur, avec les moins provocants de ses nus, il force le succès. Mais, à la Légion d'honneur, qu'il refuse en 1870, il préfère le combat avec les Communards et la présidence de la commission des Beaux-Arts que ceux-ci lui offrent. L'écrasement de la Commune le mène en prison, pour avoir poussé au renversement de la colonne Vendôme. Condamné à payer les frais de restauration du symbole impérial, privé de tous ses biens, Courbet s'exile et va mourir en Suisse.

COURBET (Amédée Anatole), amiral français (Abbeville 1827 - les Pescadores 1885). En 1883, commandant l'escadre des mers de Chine, il se distingua par son audace. Commandant des forces de terre et de mer, il signa un traité avec la cour de Huê et, après la prise de Son Tây, occupa le delta du Tonkin. Promu vice-amiral en 1884, il fut mis à la tête des forces navales d'Extrême-Orient. À la suite des difficultés survenues avec la Chine, il attaqua Fuzhou, et s'empara des Pescadores. Il mourut à bord du *Bayard* deux jours après la signature de la paix (9 juin 1885).

COURBETTE n. f. (de *courber*). *Fam.* **1.** Révérence obséquieuse, salut exagéré et répété. — **2.** *Faire des courbettes à, devant qqn,* l'accabler de politesses obséquieuses, manifester servilement sa soumission.

COURBEVOIE (92400), ch.-l. de cant. des Hauts-de-Seine, banlieue N.-O. de Paris, sur la Seine ; 65 649 hab. *(Courbevoisiens).* Église St-Pierre-St-Paul (1789). Centre industriel (constructions mécaniques, électroniques, chimie) et de services (bureaux, sièges d'entreprises) dans le quartier de la Défense.

COURBIN (Paul), archéologue français (Lyon 1922 - Paris 1994). Spécialiste de la céramique géométrique d'Argolide, il fut aussi le promoteur en France des méthodes de fouilles archéologiques anglo-saxonnes, en particulier de celles de Mortimer Wheeler. Il a écrit : *la Céramique géométrique de l'Argolide* (1966), *Tombes géométriques d'Argos* (1974), *Qu'est-ce que l'archéologie ?* (1982).

COURBINE n. f. Syn. de MAIGRE (poisson).

COURBURE n. f. **1.** Forme courbe d'un objet : *La courbure d'une jante de roue.* — **2.** Partie courbe de qqch : *La courbure des reins.* • **Agric.** Syn. anc. de ARCURE. — **Géom.** *Centre de courbure d'un arc au point* m = f (t), point *c* tel que $\overrightarrow{mc} = \rho \overrightarrow{N}$, ρ étant le rayon de courbure en *t* et N le vecteur unitaire de la demi-normale en *m*. ‖ *Courbure d'un arc au point* t ∈ I, nombre réel $\| f''(t) \|$, où (I, *f*) est une représentation normale de cet arc supposé régulier. ‖ *Rayon de courbure d'un arc en un point,* inverse de la courbure en ce point. — **Opt.** *Courbure de champ,* aberration d'un système optique centré, qui donne d'un objet plan, suffisamment étendu, une image non plane.

COURCAILLER ou **CARCAILLER** v. i. (conj. 3). Crier, en parlant de la caille.

COURCAILLET n. m. (de *cour,* onomat., et *caille*). **1.** Cri de la caille. — **2.** Appeau pour imiter ce cri.

COURCELLES, comm. de Belgique (Hainaut), banlieue N.-O. de Charleroi, sur le canal de Charleroi à Bruxelles ; 31 000 hab.

COURCELLES-LÈS-LENS (62970), comm. du Pas-de-Calais, à 4 km à l'E. d'Hénin-Beaumont ; 6 358 hab.

COURCHEVEL (73120), centre de sports d'hiver de la Savoie (comm. de Saint-Bon-Tarentaise), dans la Vanoise (alt. 1 500-3 500 m).

COUR-CHEVERNY (41700), comm. de Loir-et-Cher, en Sologne, au N. du *château de Cheverny** ; 2 386 hab. Vins.

COURCI (Jean DE), baron normand installé en Angleterre, puis en Irlande († v. 1219). Il conquit l'Ulster oriental en 1177 et fut nommé Justicier d'Irlande en 1185.

COURÇON (Robert DE) → ROBERT DE COURÇON.

COURCOURONNES (91080), comm. de l'Essonne, à 6 km à l'O. de Corbeil-Essonnes ; 13 284 hab.

COUREAU ou **COURAU** n. m. (de *courir*). **1.** Sinuosité entre des bas-fonds et des rochers que l'eau recouvre. – **2.** Allège employée pour naviguer dans les eaux très vaseuses.

COURÉE n. f. (mot dialect. du Nord, de *cour*). Dans les villes du Nord, petite cour sombre, commune à plusieurs habitations pauvres et insalubres.

COURETTE n. f. Petite cour.

COUREUR, EUSE n. **1.** Personne entraînée, rapide à la course : *Un coureur infatigable.* – **2.** Personne qui participe à une course sportive : *Coureur cycliste. Coureur de fond.* – **3.** *Coureur des bois,* chasseur, trafiquant européen qui pénétrait dans les régions occupées par les Indiens de la Nouvelle-France (Canada) pour se procurer des fourrures. ‖ *Coureur indien,* canard domestique originaire de Java, au port presque vertical, remarquable pour la ponte.

◆ adj. Se dit d'une plante dont les tiges s'allongent sur le sol.

◆ adj. et n. **1.** Qui recherche les aventures amoureuses, galantes : *Un coureur de jupons.* – **2.** Qui recherche assidûment qqch, qui fréquente habituellement un lieu : *Un coureur de dot.*

◆ **coureuse** n. f. Machine pour la fabrication des cordes et des câbles, se composant d'un chariot monté sur roues et pouvant se mouvoir sur rails.

◆ **coureurs** n. m. pl. Syn. anc. de RATITES.

COURGE n. f. (lat. *cucurbita*). **1.** Plante potagère et d'ornement (cucurbitacée), à longue tige grimpante et à grandes fleurs orangées, dont il existe de nombreuses formes cultivées (courgette, dont on consomme le fruit cueilli jeune ; potiron, au très gros fruit à chair jaune orangée utilisé dans les potages ; citrouille ; pâtisson). – **2.** Fruit de certaines espèces de cette plante, de forme, de dimension et de couleur variées. – **3.** *Pop.* Imbécile, idiot.

COURGÉE n. f. **1.** Taille longue de la vigne qui conserve un assez grand nombre d'yeux sur le sarment. – **2.** Ce sarment lui-même.

COURGETTE n. f. Variété de courge dont les fruits, le plus souvent de forme allongée, sont consommés à un stade très jeune.

COURIER (Paul-Louis), écrivain français (Paris 1772 - Véretz 1825). Militaire par profession, mais érudit et helléniste par goût, il marqua son opposition à la Restauration par de violents pamphlets (*Simple Discours,* 1821 ; *Pétition pour des villageois que l'on empêche de danser,* 1822 ; *Pamphlet des pamphlets,* 1824). Assassiné en forêt de Larçay, il a laissé ses séduisantes *Lettres écrites de France et d'Italie* (1828).

COURIR v. i. (lat. *currere*) [conj. **45**]. **1.** Se déplacer rapidement, en s'appuyant alternativement sur une jambe puis sur l'autre ou sur une patte puis sur l'autre : *Le chien courait plus vite que nous.* – **2.** Parcourir une distance en courant, au pas de course : *Il a couru trois kilomètres.* – **3.** Aller vite qqpart : *Tout Paris court voir ce spectacle.* – **4.** S'activer en se pressant ; se dépêcher : *J'ai couru toute la journée, je suis fatiguée.* – **5.** Participer à une course ; faire de la course : *Il court sur quelle voiture aux 24 Heures du Mans ?* – **6.** *Courir (encore, toujours),* en parlant de qqn qui s'est échappé ou qui est en fuite, recherché par qqn ou par la police, être toujours en fuite. – **7.** En parlant de qqch, se déplacer rapidement dans un lieu, parcourir ce lieu rapidement : *Ses doigts courent sur le clavier du piano.* – **8.** *Litt.* En parlant de lignes, de formes, s'étendre, être disposées dans un lieu, sur une surface de telle manière qu'une impression de mouvement est donnée ; parcourir, sillonner : *Routes qui courent dans la campagne.* – **9.** En parlant de l'imagination, de la pensée, se développer, fonctionner librement ; errer, vagabonder : *Il laissait son imagination courir.* – **10.** Se répandre, se propager dans le public : *Le bruit court qu'il va démissionner.* – **11.** En parlant d'un contrat, être en vigueur : *Le bail court à partir du 1er janvier.* – **12.** Aller tout droit à un état pénible, un échec, être proche de tomber dans cet état, de connaître cet échec : *Vous courez à la faillite. Il court à sa perte.* – **13.** *Courir à toutes jambes, ventre à terre, à fond de train, à perdre haleine, comme un dératé, comme un lièvre, comme un perdu,* courir très vite. ‖ Pop. *Courir (sur le système, sur le haricot) à qqn,* l'ennuyer, l'importuner, l'agacer fortement. ‖ *En courant,* à la hâte, superficiellement : *Lire un livre en courant.* ‖ Fam. *Laisser courir,* laisser qqch se poursuivre en ne s'en préoccupant pas, en n'y faisant pas attention ; laisser tomber. ‖ *L'année, le mois qui court,* qui est en cours, l'année, le mois dans lesquels on se situe. ‖ *Par le(s) temps qui cour(en)t,* dans les circonstances, la conjoncture actuelles, dans le temps présent. ‖ Fam. *Pouvoir (toujours) courir,* se dit lorsqu'on est persuadé que qqn n'aura pas ce qu'il recherche ou qu'il se heurtera à un refus catégorique. • **Mar.** En parlant d'un bâtiment, marcher, faire route. ‖ En parlant de la côte, s'infléchir.

◆ v. t. **1.** Disputer une course, y participer, en être un des coureurs : *Courir le 110 mètres haie.* – **2.** S'exposer à un danger, un risque : *Vous courez un grave danger en ne vous abritant pas.* – **3.** *Litt.* Parcourir, sillonner en tous sens : *Courir la campagne, le monde.* – **4.** Se rendre qqpart avec précipitation ou avec une activité voisine de l'agitation, y aller en s'affairant : *Courir tout Paris pour trouver un cadeau.* – **5.** *Courir un cerf, un sanglier, etc.,* chercher à le capturer à la chasse. ‖ *Courir les filles,* les courtiser. ‖ *Courir les rues,* être banal, fréquent, commun : *Un homme de sa valeur, ça ne court pas les rues.*

◆ v. t. ind. **1.** Chercher avec insistance à obtenir qqch, rechercher qqn, sa présence : *Courir après l'argent.* – **2.** Essayer de séduire qqn, d'avoir une aventure amoureuse : *Tous les hommes lui courent après.*

◆ **être couru** v. pass. **1.** Être fréquenté, être très recherché : *Spectacle couru.* – **2.** Fam. *C'est couru (d'avance),* c'est sûr, prévisible. ‖ *Pas couru* ou *couru* (n. m.), déplacement proche de la marche, mais où la progression en avant, en arrière ou sur le côté, sur pointe ou demi-pointe, s'effectue sans alternance des pieds.

◆ **se courir** v. pr., **être couru** v. pass. **1.** En parlant d'une course, avoir lieu : *Le tiercé se court dimanche à Longchamps.* – **2.** En parlant d'une distance, être franchie, en course, dans un temps déterminé : *Le 100 mètres a été couru en moins de 10 secondes.*

COURLAN n. m. (altér. de *courliri,* du galibi *kurliri*). Oiseau des marécages de l'Amérique tropicale, grand consommateur d'escargots.

COURLANDE, en letton **Kurzeme,** région de la Lettonie, entre la Baltique et la Dvina occidentale . V. princ. *Liepaïa.*

– **Hist.** La région fut conquise au XIIIe s. par les chevaliers Porte-Glaive qui soumirent les tribus lives et coures. Elle passa sous la suzeraineté du roi de Pologne en 1561, qui l'érigea en duché héréditaire en faveur de G. Kettler. Après l'extinction de la famille de ce dernier (1737), le duché fut donné par Anna Ivanovna à son favori E. Biron. Il fut annexé à l'Empire russe en 1795.

COURLIS [-li] n. m. (onomat.). Grand oiseau échassier à pattes hautes, à bec long et arqué, omnivore. (Deux espèces, le courlis cendré et le corlieu, sont communes en France.)

COURMAYEUR, station de ski et d'alpinisme d'Italie, dans le Val d'Aoste, sur la Doire Baltée, au pied du mont Blanc ; 3 000 hab. Un téléphérique relie le hameau voisin d'Entrèves au col du Géant, à 3 365 m d'alt., uni lui-même au versant français par le prolongement du téléphérique de l'aiguille du Midi.

COURMES (Alfred), peintre français (Bormes-les-Mimosas 1898 - Paris 1993). Disciple de La Fresnaye, puis proche du surréalisme, il a évolué vers une peinture originale, d'un fini méticuleux et pleine de fantasmes, de non-sens et d'humour.

COURNAND (André), médecin américain d'origine française (Paris 1895 - Great Barrington, Massachussetts, 1988). Ses recherches sur l'insuffisance ventriculaire droite et le cathétérisme cardiaque lui ont valu le prix Nobel en 1956.

COURNEUVE (La) [93120], ch.-l. de cant. de la Seine-Saint-Denis, à 3 km au N.-N.-E. de Paris ; 34 351 hab. Centre industriel (constructions mécaniques [aéronautiques] et électriques). Parc départemental.

COURNON-D'AUVERGNE (63800), ch.-l. de cant. du Puy-de-Dôme, dans la Limagne, au S.-E. de Clermont-Ferrand ; 19 280 hab. Église romane.

COURNOT (Antoine Augustin), économiste, mathématicien et philosophe français (Gray 1801 - Paris 1877). Son livre *Recherches sur les principes mathématiques de la théorie des richesses* (1838) en fit un précurseur de l'école mathématique. Ses théories sur la demande fonction du prix, du prix de monopole et du prix d'oligopole sont aujourd'hui classiques. En philosophie, Cournot chercha à appliquer les résultats de ses recherches sur le calcul des probabilités ; sa philosophie est un probabilisme fondé sur l'idée de hasard.

COURONNE n. f. (lat. *corona,* du gr. *korônê,* chose courbe). **1.** Cercle de fleurs ou de feuillage qui enserre la tête comme parure ou comme signe de distinction, de récompense, de prix : *Couronne de roses, de lauriers.* – **2.** Cercle de métal précieux, richement orné, qui enserre la tête comme un insigne de dignité, d'autorité, de puissance : *Couronne royale.* – **3.** Dynastie souveraine ; pouvoir d'un souverain ; domaines qui en dépendent (avec majusc.) : *Les joyaux de la Couronne.* – **4.** Objet, ornement en forme de couronne : *Couronne mortuaire.* – **5.** Toute forme circulaire, tout objet constituant un cercle, ensemble de choses disposées en cercle et, en général, surplombant qqch : *Une couronne de nuages entoure le sommet de la montagne.* – **6.** Pain de forme circulaire avec un vide au centre. – **7.** *La Couronne,* l'ensemble des banlieues qui entourent Paris. • **Anat.** Partie de la dent recouverte d'émail dentaire, qui émerge presque totalement du maxillaire. – **Assain.** Canalisation contournant intérieurement un immeuble, dans le sous-sol *(couronne basse),* ou dans les combles *(couronne haute).* – **Astron.** Région la plus externe de l'atmosphère d'une étoile, en partic. du Soleil. (→ *encycl.*) — **Bijout.** Ensemble des facettes d'un brillant entre la table et le rondis. — **Bot.** Syn. de CORONULE. ‖ *Couronne impériale,* syn. de FRITILLAIRE. — **Chorégr.** Position des bras, souplement arrondis à la verticale, correspondant à la cinquième position des pieds. — **Cuis.** *En couronne,* mode de dressage en forme de couronne. (Syn. EN TURBAN.) — **Électr.** *Couronne porte-balais,* organe sur lequel est monté le collier porte-balais d'une machine à collecteur. ‖ *Effet couronne,* ensemble des phénomènes liés à l'apparition d'une conductivité d'un gaz dans l'environnement d'un conducteur porté à une haute tension. (Le conducteur s'entoure d'une gaine lumineuse, d'où le nom du phénomène.) — **Fortif.** Ouvrage avancé convexe composé d'un bastion central, de deux courtines et de deux demi-bastions. — **Géom.** Surface plane limitée par deux cercles concentriques. (Syn. ANNEAU.) — **Hérald.** Timbre posé sur un casque ou surmontant directement l'écu. (→ *encycl.*) ‖ Meuble fréquemment représenté. — **Mar.** *Couronne à empreintes,* syn. de BARBOTIN. — **Mécan.** Pièce annulaire pourvue d'une denture intérieure dans laquelle engrènent un ou plusieurs pignons. ‖ Roue à denture conique, solidaire de la coquille d'un différentiel, et sur laquelle engrène le pignon d'attaque. — **Métall.** *Couronne de fil,* fil métallique enroulé et livré ainsi par l'usine de fabrication. — **Météo.** Anneau coloré qui entoure parfois le Soleil ou la Lune. (Son rayon est très inférieur à celui du halo* et la disposition des couleurs est inverse.) — **Min.** Plafond d'une galerie. — **Monn.** Unité monétaire principale du Danemark, du Groenland, de la Suède, de la Norvège, de l'Islande et de la Tchécoslovaquie. — **Numism.** Monnaie royale au type de la couronne frappée par Philippe VI de Valois en France, imitée par la suite en Espagne et en Angleterre. — **Odont.** Prothèse fixe (en métal, céramique, plastique) recouvrant la couronne anatomique en cas de lésion importante de celle-ci. — **Relig.** Syn. anc. de TONSURE CLÉRICALE et MONACALE. ‖ *Couronne d'épines,* cercle de joncs et de branches d'épines entrelacées que les soldats de Pilate mirent sur la tête de Jésus en signe de dérision. (→ *encycl.*) — **Sylvic.** Cime, houppier, tête d'un arbre. — **Vitic.** Branches à fruits et rameaux d'un cep de vigne. — **Zootechn.** Partie inférieure du paturon, qui surmonte le bord supérieur du sabot.

ENCYCL. **Astron.** La couronne apparaît comme une auréole brillante autour du Soleil lors des éclipses totales. Depuis l'invention du coronographe (1930), on peut l'observer en dehors des éclipses. C'est l'atmosphère externe du Soleil, composée d'un plasma très peu dense porté à une température supérieure à 10^6 K. Elle est observable sur tout le spectre électromagnétique depuis les rayons X jusqu'aux longueurs d'onde radioélectriques. Son aspect général varie avec le cycle de l'activité solaire : circulaire et régulière en période de maximum de taches, elle présente de nombreux jets équatoriaux en période de minimum.

On appelle *couronne interne* les régions comprises entre 15 000 et 200 000 km au-dessus de la photosphère, *couronne externe* les régions situées au-delà de 200 000 km. Les expériences spatiales ont étendu les observations jusqu'à plus de 10 rayons solaires.

La couronne est un milieu en perpétuelle évolution. Son équilibre est parfois brutalement rompu par le passage d'ondes de choc *(transitoire coronal)* provenant des instabilités des couches basses de l'atmosphère solaire *(éruptions).* Elle est le véhicule du vent solaire*.

— **Hérald.** Les couronnes primitives royales dérivent de la simple couronne héraldique du Moyen Âge. Au XVIIe et au XVIIIe s., les auteurs héraldiques codifièrent des couronnes nobiliaires, dont la hiérarchie et l'aspect diffèrent suivant les pays.

— **Relig.** La *couronne d'épines* est une des plus célèbres reliques chrétiennes. Mentionnée en 1100 parmi les reliques de la chapelle impériale de Constantinople, elle vint en 1239 en la possession de Saint Louis qui fit construire, pour l'abriter, la Sainte-Chapelle du Palais. Elle y resta jusqu'en 1791. Depuis 1804, elle est conservée au trésor de Notre-Dame de Paris.

Couronne *(ordre de la),* nom porté par de nombreux ordres destinés à récompenser les services exceptionnels, civils et militaires. Les plus connus sont les ordres de la Couronne : *de Belgique,* créé en 1897 pour le Congo, devenu ordre belge en 1908 ; *d'Italie,* créé en 1868 ; *du Luxembourg (ordre de la Couronne de chêne),* créé en 1841.

COURONNE AUSTRALE (en lat. *Corona Australis,* au génit. *Coronae Australis*), petite constellation australe en bordure de la Voie lactée, au sud du Sagittaire.

COURONNE BORÉALE (en lat. *Corona Borealis,* au génit. *Coronae Borealis*), petite constellation boréale entre Hercule* et le Bouvier*. L'étoile R Coronae Borealis est le prototype d'une classe d'étoiles variables irrégulières.

Couronne de fer, couronne des rois lombards, que ceignit notamment Charlemagne en 774 après s'être fait proclamer roi des Lombards à Pavie. À l'intérieur de cette couronne est incrusté un cercle de fer d'où le nom de cette œuvre byzantine, conservée en la cathédrale de Monza.

Couronne de saint Étienne ou **Sainte Couronne,** couronne des rois de Hongrie. Elle se compose principalement d'un diadème offert par le pape Sylvestre II à saint Étienne et d'un diadème byzantin offert par Michel VII Doukas à Géza Ier. Elle fut le symbole du royaume qui, outre la Hongrie, comprenait la Transylvanie et la Croatie. Elle est conservée au Musée national de Budapest.

COURONNE (La) [16400], ch.-l. de cant. de la Charente, banlieue S.-O. d'Angoulême ; 6 749 hab. Restes d'une abbaye d'augustins (XIIe-XVIIIe s.). Papeterie. Cimenterie.

COURONNE-JACKET n. f. (pl. *couronnes-jackets*). Syn. de JAQUETTE 1.

COURONNEMENT n. m. **1.** Action de placer une couronne sur la tête de qqn, fait d'être couronné : *Le couronnement de la Vierge.* — **2.** Cérémonie accompagnant le sacre d'un monarque ou l'investiture solennelle d'un pape. — **3.** Achèvement digne et complet d'une grande entreprise : *Le couronnement de ses efforts.* • **Archit.** et **Arts décor.** Élément décoratif plus long que haut placé au sommet d'une élévation, d'un objet. — **Fortif.** Phase de l'attaque méthodique d'une place, qui avait pour objet de se retrancher sur un emplacement enlevé à l'assiégé. — **Serrur.** Ornement qui décore l'écusson d'une serrure. — **Vétér.** Lésion du cheval et, en général, d'un quadrupède qui s'est couronné.

Couronnement de Poppée *(le),* opéra attribué à C. Monteverdi sur un livret de G. F. Busenello, d'après les *Annales* de Tacite (Venise, 1642).

Couronnement de la Vierge *(le),* peinture commandée en 1453 à E. Quarton par les chartreux de Villeneuve-lès-Avignon (bois, 1,83 × 2,2m, musée de Villeneuve-lès-Avignon). L'iconographie précise, didactique, de l'œuvre a été dictée au peintre, sur contrat, par le commanditaire. Chérubins, séraphins, archanges, saints et élus révèrent la Vierge, que couronne la Trinité (identité du Père et du Fils). Tout en bas, la résurrection des morts, le purgatoire et l'enfer. Au registre terrestre, le Christ en croix, à droite Jérusalem, à gauche Rome, la messe de saint Grégoire, Moïse et le Buisson ardent. Facture franche, nerveuse et délicate, hardiesse d'une composition qui harmonise des modes de figuration très dissemblables (hiératisme décoratif du groupe central, étagement conventionnel des adorateurs, mise en perspective du paysage).

COURONNER v t (de *couronne,* d'apr. lat. *coronare,* entourer) [conj. 3]. **1.** Mettre une couronne sur la tête de qqn : *Couronner la tête de lauriers.* — **2.** Poser solennellement une couronne sur la tête de qqn pour le faire roi, reine. — **3.** Récompenser qqn, son œuvre par un prix, une distinction : *Ouvrage que l'Académie a couronné d'un prix.* — **4.** *Litt.* Entourer la tête de qqn comme d'une couronne : *Des cheveux blancs couronnent son front.* — **5.** *Litt.* Dominer, se trouver au-dessus de qqch, d'un lieu ; être disposé autour, en surplomb : *Les remparts couronnaient la ville.* — **6.** Constituer l'achèvement parfait, la digne conclusion de qqch : *Cette nomination couronne sa carrière.* — **7.** Occuper une position militaire après en avoir chassé les défenseurs. — **8.** Placer une couronne sur une dent. — **9.** *Et pour couronner le tout,* indique que qqch de désagréable vient encore s'ajouter à une série de faits déjà désagréables : *Il est bête, laid, et, pour couronner le tout, il est menteur.* ‖ *Couronner un cheval,* laisser tomber un cheval de telle sorte qu'il se fait une plaie aux genoux.

◆ **être couronné** v. pass. **1.** Avoir reçu la couronne impériale ou royale. — **2.** Avoir reçu un titre, un prix : *Être couronné champion du monde.* — **3.** S'achever, se conclure d'une façon digne : *Entreprise couronnée de succès.* — **4.** En parlant d'un animal héraldique, être représenté avec une couronne sur la tête. — **5.** *Arbre couronné,* arbre qui sèche en cime. ‖ *Tête couronnée,* roi, souverain.

◆ **se couronner** v. pr., **être couronné** v. pass. **1.** En parlant d'un quadrupède, se blesser profondément au genou et en garder la trace. — **2.** *Fam.* Se faire une contusion au genou.

COUROS → KOUROS.

COUROUCOU n. m. (onomat., du tupi *curucui*). Oiseau (trogonidé) des forêts tropicales, aux vives couleurs, aux deux premiers doigts dirigés vers l'arrière, tel que le quetzal.

COURPIÈRE (63120), ch.-l. de cant. du Puy-de-Dôme, sur la Dore, au S. de Thiers ; 4 809 hab. Église de style roman auvergnat.

COURRE v. t. (lat. *currere,* courir) [seulem. inf. prés. ; aux autres temps **45**]. **1.** Poursuivre un animal avec des chiens courants : *Courre un cerf.* — **2.** *Chasse à courre,* chasse où l'on poursuit le gibier avec des chiens courants, pour forcer l'animal.

COURRÈGES (André), couturier français (Pau 1923). Formé chez Balenciaga, il a ouvert sa propre maison de couture en 1961. Sa collection de 1965 lui apporte la célébrité avec des robes très architecturées, coupées en trapèze dans des tissus secs, blancs ou pastels, s'arrêtant à mi-cuisses sur des bottes courtes. Il lance en France la minijupe.

COURRERIES [kurri] n. f. pl. (anc. fr. *courre,* courir). En Belgique, allées et venues, démarches, courses.

COURRIER n. m. (ital. *corriere,* du lat. *currere,* courir). **1.** Correspondance envoyée ou reçue par la poste ; lettres, paquets, imprimés reçus ou envoyés par qqn, une entreprise, etc. : *Expédier son courrier.* – **2.** Service des postes s'occupant de convoyer ou de trier les lettres, les envois, etc. – **3.** Voiture, bateau, avion, etc., qui assure le transport de dépêches, lettres, journaux. – **4.** Nom donné à un certain nombre de journaux. – **5.** Chronique d'un journal transmettant les nouvelles de la mode, du théâtre, des lettres, etc. : *Courrier littéraire.* – **6.** Homme qui précédait la poste à cheval pour faire préparer les relais. – **7.** Homme qui portait les lettres, les dépêches en malle-poste. – **8.** *Courrier de cabinet, courrier diplomatique,* ou *courrier d'ambassade,* agent du ministère des Affaires étrangères, qui porte les dépêches aux ambassadeurs. ‖ *Courrier électronique,* messagerie électronique. ‖ *Courrier des lecteurs,* chronique d'un journal où son publiées les lettres des lecteurs. ‖ *Courrier du cœur,* correspondance entre les lecteurs qui se posent des problèmes sentimentaux et le journaliste qui leur donne des conseils. ‖ *Machine à courrier,* machine destinée soit à ouvrir les enveloppes, soit à mettre les plis sous enveloppe, soit à fermer les enveloppes.

COURRIER (Robert), médecin français (Saxon-Sion, Meurthe-et-Moselle, 1895 -Paris 1986). Secrétaire perpétuel de l'Académie des sciences, il est l'auteur de travaux d'endocrinologie portant notamment sur la progestérone et l'œstradiol.

COURRIÈRES (62710), ch.-l. de cant. du Pas-de-Calais, au S. de Carvin, sur la Deûle ; 11 420 hab. Ancien centre houiller. En 1906, une catastrophe fit 1 200 victimes parmi les mineurs.

COURRIÉRISTE n. Journaliste chargé d'un courrier dans un journal.

COURROIE n. f. (lat. *corrigia*). **1.** Bande d'un matériau souple et résistant (cuir, toile, tissu enduit, tissu élastique, etc.) servant à lier, attacher, maintenir ou serrer qqch. – **2.** Organe de transmission constitué par une bande souple refermée sur elle-même, servant à transmettre, par l'intermédiaire de poulies, un mouvement de rotation d'un arbre à un autre. (Les courroies sont plates ou trapézoïdales ; elles peuvent être lisses, crantées transversalement ou striées longitudinalement afin d'augmenter leur adhérence aux poulies : elles sont généralement réalisées en élastomère.) – **3.** *Être une (simple) courroie de transmission,* être un (simple) employé, une structure intermédiaire entre un centre de décision et un personnel, un service, chargé de l'exécution.

COURROUCER v. t. (bas lat. **corruptiare,* du lat. class. *corrumpere*) [conj. **16**]. *Litt.* Irriter vivement qqn, le mettre en colère : *Cette remarque l'a courroucé.*

COURROUX n. m. (de *courroucer*). *Litt.* **1.** Vive colère ; emportement. – **2.** Vive agitation de la mer : *Les flots en courroux.*

1. COURS n. m. (lat. *cursus,* de *currere,* courir). **1.** Mouvement continu d'une masse liquide, en partic. d'un fleuve, d'une rivière, d'un torrent, etc. : *Le cours du Rhône est rapide.* – **2.** Parcours d'une masse liquide : *Dévier le cours d'une rivière.* – **3.** Mouvement réel et apparent des astres : *Le cours de la Lune, du Soleil.* – **4.** Suite, évolution de qqch, mouvement continu dans le temps, enchaînement : *Le cours des événements.* – **5.** Taux, prix auxquels se négocient les valeurs, les marchandises, les denrées : *Cours de la Bourse.* – **6.** Dénomination de certaines avenues longues et larges, servant de promenade. – **7.** *Cours d'eau,* nom très général donné à toutes les eaux courantes de quelque importance (rivières, fleuves). – **8.** *Au cours, dans le cours de qqch,* pendant son déroulement. ‖ *Avoir cours,* avoir une valeur légale, en parlant d'une monnaie ; être admis, reconnu, en parlant de qqch. ‖ *L'année, le mois en cours,* l'année, le mois dans lesquels on se trouve. ‖ *Le cours des choses,* ce qui se passe. ‖ *Donner, laisser (libre) cours à,* laisser qqch s'écouler librement ; laisser un sentiment s'exprimer sans restriction. ‖ *En cours de route,* pendant le trajet, le voyage. ‖ *(Être) en cours,* se dérouler, s'exécuter, être en train d'être réalisé au moment où on parle. ‖ *Suivre son cours,* se développer comme prévu. • **Banq.** et **Bours.** *Cours forcé,* régime monétaire dans lequel l'institut d'émission est dispensé de l'obligation d'échanger contre du métal les signes monétaires ayant cours légal. ‖ *Cours légal,* régime monétaire dans lequel, sur le territoire national, les signes monétaires, émis conformément à la loi, doivent être acceptés en paiement, pour leur valeur nominale. ‖ *Dernier cours,* ou *cours de clôture,* prix auquel une valeur est cotée en dernier lieu dans une séance de Bourse. ‖ *Premier cours,* ou *cours d'ouverture,* prix auquel une valeur est cotée à l'ouverture d'une séance de Bourse. – **Bât.** Suite de pièces identiques, jointes bout à bout sur une même ligne. (Ex. *cours d'assise* de pierres taillées, *cours de pannes, cours de plinthe.*) – **Mar.** *Capitaine au long cours,* titulaire d'un brevet de commandement des navires naviguant au-delà des limites du cabotage.

2. COURS n. m. (de *cours 1*). **1.** Ensemble de leçons, de conférences données par un professeur et formant un enseignement : *Le cours d'histoire, de dessin.* – **2.** Enseignement donné suivant un horaire déterminé à l'intérieur de l'institution scolaire ou universitaire ; contenu de cet enseignement : *Le cours de français porte sur* *le* XVIIe *s. et le* XVIIIe *siècle.* – **3.** Chacune des leçons, des conférences dont l'ensemble représente un enseignement : *Le cours avait lieu à dix heures.* – **4.** Enseignement donné dans un domaine d'activité quelconque ; leçon : *Cours de ski.* – **5.** Manuel traitant d'une matière déterminée : *Acheter un cours polycopié.* – **6.** Division correspondant à un degré déterminé d'enseignement. *Cours préparatoire. Cours élémentaire. Cours moyen.* – **7.** Appellation de certains établissements privés d'enseignement. – **8.** *Avoir cours,* devoir se rendre dans un établissement scolaire ou universitaire pour une séance de travail. ‖ *Cours du soir,* enseignement donné après leurs heures de travail aux salariés afin de leur donner une certaine formation. ‖ *Faire cours,* enseigner sa matière, en parlant d'un professeur. ‖ *Petit cours,* leçons particulières données à un groupe d'élèves par un professeur de la classe et moyennant rétribution.

Cours de linguistique générale, œuvre posthume de F. de Saussure, publiée en 1916 par C. Bally et A. Séchehaye à partir de notes d'élèves. Le *Cours* contient les principes fondamentaux de la linguistique structurale : primauté de l'étude synchronique (perspective du sujet parlant) par rapport à l'étude diachronique (perspective historique) ; conception de la langue comme une structure, un système de différences que les signes entretiennent entre eux, par opposition à la parole, qui en est la manifestation individuelle ; définition rigoureuse du signe linguistique, unité constituée d'un signifié (le concept) et d'un signifiant (l'image acoustique). Enfin, la langue, n'étant qu'un système de signes parmi d'autres, Saussure fondait le projet d'une science générale des signes, la sémiologie.

Cours de philosophie positive, par Auguste Comte (1830-1842), ouvrage consacré aux sciences positives, après une exposition de la loi des trois états et de la hiérarchie des sciences. L'accent porte sur le caractère historique de toute production scientifique et de sa relation à d'autres domaines que le sien propre ; chaque science est à la fois séparée et dépendante des autres.

COURSAN (11110), ch.-l. de cant. de l'Aude, sur l'Aude, au N.-E. de Narbonne ; 5 162 hab. *(Coursannais).* Église gothique.

COURSE n. f. (de *cours,* avec l'infl. de l'ital. *corsa,* course). **1.** Action de courir : *Sa course l'a épuisé.* – **2.** Lutte, compétition de vitesse : *On fait la course ? Le premier qui arrive au poteau a gagné.* – **3.** Action de lutter de vitesse avec d'autres concurrents ou rivaux pour accéder à qqch : *La course aux armements.* – **4.** *Fam.* Action, fait de se dépêcher : *C'est toujours la course ici.* – **5.** Déplacement, mouvement de qqch, d'un organe mécanique : *Course d'un piston.* – **6.** *Litt.* Mouvement du temps qui s'écoule : *La course de la vie.* – **7.** Trajet effectué par un véhicule de louage, un taxi : *Le prix de la course est inscrit au compteur.* – **8.** Toute démarche à faire à l'extérieur : *Avoir une course à faire à la poste.* – **9.** *Litt.* Mouvement d'un astre, des nuages, etc., marche rapide de qqch : *La course du Soleil dans le ciel.* – **10.** *À bout de course,* épuisé au point de ne plus pouvoir continuer ; usé au point de ne plus pouvoir servir. ‖ *Au pas de course,* rapidement, en courant ou en se dépêchant. ‖ *Course de taureaux,* corrida. ‖ *En fin de course,* se dit de qqn, de qqch qui arrive à la limite de son action, qui est sur son déclin. ‖ *Garçon de courses,* syn. de COURSIER. ‖ *Hors de course,* hors d'état de servir. ‖ Fam. *Ne pas être dans la course,* ne pas être à la hauteur, au courant d'une affaire et, en partic., être dépassé par son temps, par les événements. • **Alp.** Ensemble des actions réalisées par un alpiniste pour gravir une montagne et en redescendre. – **Hydrol.** Longueur de la zone marine où le vent soulève des vagues. (Syn. FETCH.) – **Mar.** Ensemble des opérations menées autrefois par les corsaires. ‖ Armement spécial d'un navire destiné à ces opérations. – **Sports.** *Course d'orientation,* compétition constituant à accomplir, le plus souvent à pied, un parcours jalonné de points de repère (balises), long de 2 à 16 km (à vol d'oiseau), à l'aide d'une carte détaillée et d'une boussole.

◆ **courses** n. f. pl. **1.** Action de faire des achats, en partic. d'acheter des choses nécessaires à la vie quotidienne ; achats faits, provisions, commissions : *Partir faire les courses.* – **2.** Compétitions où les chevaux courent et où, en général, on peut jouer de l'argent : *Jouer aux courses.*

ENCYCL. **Équit.** Créées en Angleterre au XVIIIe s., les courses se sont développées en France à partir du XIXe s., où leur organisation dépend du ministère de l'Agriculture. Toutes les courses sont réglementées : qualification des chevaux et des jockeys, régularité de leur déroulement (film), et de leur arrivée, contrôles antidopage. Elles font l'objet de paris. Les courses de galop se courent soit en plat, soit avec des obstacles. Pour les courses de trot, les chevaux sont attelés ou montés. Les handicaps sont des courses où les chances sont égalisées : au galop, les concurrents portent des poids différents et, au trot, les chevaux partent à des poteaux différents.

Course à la mer (la), pendant la Première Guerre mondiale, ensemble des opérations qui, du 18 sept. au 15 nov. 1914, firent suite à la bataille de la Marne et marquèrent l'échec du plan allemand qui visait à occuper les rivages du Pas-de-Calais. Grâce aux armées alliées, coordonnées par Foch, le front occidental fut stabilisé jusqu'à la mer.

Course de la Paix, course cycliste internationale par étapes, réservée aux amateurs. Créée en 1948, elle relie les villes de Prague, Varsovie et Berlin, d'où est donné à tour de rôle le départ.

COURSE-CROISIÈRE n. f. (pl. *courses-croisières*). Compétition de yachting qui consiste en une course à la voile sur un parcours en haute mer dépassant, en général, 100 milles.

ENCYCL. La transpacifique (reliant la Californie à Honolulu) date de 1906, la course des Bermudes (entre Newport et l'archipel), de 1924, Fastnet, de 1925, la course Sydney-Hobart, de 1945, mais les courses-croisières se sont multipliées plus récemment, surtout depuis la première transatlantique en solitaire (1960). L'Atlantique est traversé chaque année ou presque, en solitaire (avec aussi la Route du rhum, créée en 1978), en double ou par équipages. Les courses autour du monde, avec ou sans escale, se disputent en solitaire ou par équipages. Á côté de ces épreuves sur très longues distances demeurent les championnats du monde, par taille et par série, les Ton Cups.

COURSE-POURSUITE n. f. (pl. *courses-poursuites*). Poursuite rapide, souvent marquée de diverses péripéties.

COURSER v. t. (conj. 3). *Pop.* Poursuivre qqn à la course, pour s'en emparer ou le rattraper.

COURSEULLES-SUR-MER (14470), comm. du Calvados, sur la Manche ; 3 199 hab. *(Courseullais).* Station balnéaire et port de plaisance. Ostréiculture. La 3e division canadienne y débarqua le 6 juin 1944. (→ *débarquement de* NORMANDIE.)

COURSIE n. f. (ital. *corsia*). **1.** Passage aménagé sur une galère entre les bancs des forçats et allant de la poupe à la proue. – **2.** *Canon de coursie,* syn. de COURSIER.

1. COURSIER n. m. (de *course*). **1.** Employé chargé des diverses courses à faire en ville pour une administration, un commerçant, un atelier, etc. (Syn. GARÇON DE COURSES.) [Le fém. COURSIÈRE est rare.] 2. *Coursier international,* entreprise privée assurant l'acheminement vers l'étranger de documents et de petits colis dont le transport revêt un caractère d'urgence.

2. COURSIER n. m. (anc. fr. *cors,* allure rapide). *Litt.* Cheval de bataille ou de tournoi.

3. COURSIER n. m. (de *coursier 2*). Canon placé sur la coursie ou à son extrémité, à bord d'une galère. (Syn. CANON DE COURSIE.)

COURSIÈRE n. f. (de *cours 1*). **1.** Passage étroit pris dans l'épaisseur d'un mur, ou en encorbellement, ou porté par une file de supports. (Le triforium des églises gothiques est, en principe, une coursière.) – **2.** Chemin de ronde d'une forteresse. – **3.** Rigole amenant jusque dans les moules le métal en fusion sortant du haut fourneau.

COURSIVE n.f. (de *coursie*). **1.** Galerie de circulation (extérieure, en façade) ou couloir (intérieur) desservant plusieurs logements ou locaux. – **2.** Passage étroit à l'intérieur d'un navire.

Cours-la-Reine (le), avenue parisienne, entre la place de la Concorde et l'avenue Franklin-Roosevelt, le long de la Seine. Aménagée par Marie de Médicis en 1616, cette promenade fut l'un des rendez-vous favoris de l'aristocratie jusqu'à la fin du XVIIIe s.

COURS-LA-VILLE (69470), anc. **Cours,** comm. du Rhône, dans les monts du Beaujolais ; 4 659 hab. *(Coursiauds).* Travail de la laine. Machines textiles.

COURSON n. m. (anc. fr. *acorcier,* raccourcir, avec l'infl. de *court*). **1.** Rameau d'un arbre fruitier sur lequel se forment les fleurs et les fruits. (Syn. BRANCHE FRUITIÈRE, COURSONNE.) – **2.** Toute branche de faible longueur. – **3.** Partie du sarment de vigne qui reste après la taille et qui porte les yeux. – **4.** Pièce ou débit de bois de faible longueur.

COURSON-LES-CARRIÈRES (89560), ch.-l. de cant. de l'Yonne, à 23 km au S. d'Auxerre ; 721 hab. Église du XVIe s. Carrières.

COURSONNE n. f. Syn. de COURSON.

1. COURT, E adj. (lat. *curtus*). **1.** Qui a peu d'étendue en longueur ou en hauteur en soi ou de manière relative : *Une jupe courte. Des cheveux courts.* – **2.** Se dit d'un trajet qui dure peu de temps, ou d'une distance qui a peu d'étendue par rapport à une moyenne, à un autre trajet, à une autre distance : *Passer par la rue du Chemin-Vert, c'est plus court.* – **3.** Qui a peu de durée ; bref : *En hiver, les jours sont plus courts qu'en été.* – **4.** Qui a peu d'étendue, de longueur : *Un exposé court. Un film court.* – **5.** *Fam.* Insuffisant en quantité, en valeur : *Ses connaissances en histoire sont courtes.* – **6.** Qui est juste suffisant, qui est obtenu de justesse : *Une courte victoire.* – **7.** *À courte vue,* se dit d'un projet qui ne fait guère preuve de prévoyance. ‖ *Avoir la mémoire courte,* oublier vite des faits fâcheux ou des obligations. ‖ *Avoir le souffle court,* respirer de manière précipitée, sous l'effet d'un essoufflement, d'une émotion. ‖ *Avoir la vue courte,* avoir l'esprit borné, limité ; avoir peu de perspicacité. ‖ Fam. *Court sur pattes.* Qui a un tronc, un corps important par rapport à la taille des jambes. ‖ *Être court,* dire ce qu'on a à dire en peu de temps ; être bref. ‖ *Muscle court,* nom donné à certains muscles en raison de leur trajet (court extenseur, court fléchisseur, court péronier, court supinateur, etc.). ‖ *Os court,* os constitué d'une enveloppe mince de tissu compact, qui entoure du tissu spongieux et dont les trois dimensions (longueur, largeur, épaisseur) sont sensiblement égales (os du carpe, du tarse, vertèbres).

◆ **court** adv. *À court (de),* démuni (de), sans ressources (en) : *Il n'est jamais à court d'arguments.* ‖ *Couper, tailler court,* de telle sorte qu'il y ait peu de longueur entre les deux extrémités : *Couper des cheveux courts.* ‖ *Couper court à qqch,* le faire cesser brusquement : *Cette mise au point a coupé court aux rumeurs.* ‖ *(S')habiller, (se) coiffer court,* avec des vêtements (robes, jupes, manteaux) courts, avec des cheveux courts. ‖ *Prendre qqn de court,* le prendre au dépourvu, sans lui laisser le temps de réfléchir ou d'agir. ‖ *S'arrêter, se trouver court, demeurer, rester court,* se trouver soudain incapable de continuer ou de riposter, faute d'idées, de moyens. ‖ *Tourner court,* cesser brusquement sans aboutir au résultat espéré. ‖ *Tout court,* sans ajouter aucun titre ou aucun autre nom ; sans ajouter de précision : *On l'appelle Jacques tout court.*

◆ **court** n. m. 1. Style ou mode des vêtements (jupes, manteaux, robes) courts : *Préférer le court.* – 2. *Aller au plus court,* procéder de la façon la plus simple.

2. **COURT** n. m. (angl. *court,* de l'anc. fr. *court,* cour). Terrain de tennis.

COURT (les), famille d'émailleurs de Limoges, dont les plus connus sont JEAN II, dit **Vigier,** actif au milieu du XVIe s., et SUZANNE (1560-1627).

COURT (Antoine), pasteur français (Villeneuve-de-Berg, Vivarais, 1695 - Lausanne 1760). Restaurateur des Églises réformées, il organisa et présida la première assemblée du Désert (1715) et fonda à Lausanne un séminaire (1729) pour la formation des pasteurs. Il a relaté la guerre des Camisards dans son *Histoire des troubles des Cévennes* (1760).

COURTAGE n. m. 1. Profession de courtier ; exercice de cette profession. – 2. Commission en pourcentage que reçoivent les courtiers. – 3. Opération qui consiste, contre rémunération, à mettre en relation deux personnes qui désirent contracter.

COURTAUD, E adj. et n. 1. *Fam.* Qui est de petite taille et assez gros. – 2. Se dit d'un animal (chien, cheval) à qui l'on a raccourci la queue et les oreilles.

COURTAUDER v. t. (conj. 3). Rendre courtaud un cheval ou un chien.

Courtauld *(institut et galeries),* à Londres. Centre d'enseignement de l'histoire de l'art (rattaché à l'Université) et musée (primitifs italiens, impressionnistes français, etc.) à l'origine desquels se trouvent les collections et l'action de l'industriel Samuel Courtauld (1876-1947).

Courtaulds Ltd., société industrielle britannique fondée en 1816 à Bocking (Essex) par Samuel Courtauld (1793-1881). Elle entreprit, dès le début du XXe s., la fabrication des textiles artificiels, qu'elle fut la première à commercialiser. Elle est l'un des premiers producteurs mondiaux de fibre textiles.

COURT-BOUILLON n. m. (pl. *courts-bouillons*). Liquide aromatisé dans lequel on fait cuire poissons ou crustacés.

COURT-CIRCUIT n. m. (pl. *courts-circuits*). 1. Connexion accidentelle ou intentionnelle, par une résistance ou une impédance très faible, de deux ou plusieurs points d'un circuit électrique se trouvant normalement à des tensions différentes ; accident plus ou moins grave qui en résulte (interruption du courant, incendie, etc.). – 2. *Court-circuit magnétique,* pièce de haute perméance disposée entre les pôles d'un aimant permanent pour le protéger contre une désaimantation accidentelle ou pour réduire son champ extérieur. – 3. Communication pathologique, ou chirurgicale à visée thérapeutique, entre deux cavités ou deux vaisseaux.

COURT-CIRCUITAGE n. m. (pl. *courts-circuitages*). *Fam.* Action de court-circuiter.

COURT-CIRCUITER v. t. (conj. 3). 1. Mettre en court-circuit un circuit électrique. – 2. Sauter un intermédiaire, ne pas en tenir compte, en passant par une voie plus courte que la normale, plus directe pour atteindre son but : *Court-circuiter la voie hiérarchique.*

COURT-COURRIER n. m. (pl. *court-courriers*). Avion destiné à assurer des transports sur de courtes distances (inférieures à 1 000 km).

COURTELINE (Georges MOINAUX, dit **Georges**), écrivain français (Tours 1858 -Paris 1929). Modeste employé, citoyen sans histoire, mais observateur plein d'ironie, il a souligné, à travers ses récits (*le Train de 8 h 47,* 1888) et ses comédies (*Boubouroche,* 1893 ; *Messieurs les ronds-de-cuir,* 1893 ; *Le commissaire est bon enfant,* 1899), l'absurdité de la vie bourgeoise et administrative.

COURTELLE n. f. (n. déposé). Fibre chimique constituée de polyacrylonitrile, produite par Courtaulds Ltd.

COURTENAY (45320), ch.-l. de cant. de l'est du Loiret, dans le Gâtinais ; 3 349 hab. *(Curtiniens).* Château reconstruit au XVIIIe s.

COURTENAY (*maison* DE), famille française remontant au début du XIe s., et qui tirait son nom de la seigneurie de Courtenay (auj. dans le Loiret) qu'elle possédait. – JOCELIN Ier *le Grand* († Alep 1131) fut comte d'Édesse (1119 - 1131) ;

— Pierre Ier (1125 - 1182), fils de Louis VI, devint seigneur de Courtenay par son mariage avec Élisabeth de Courtenay ; — Pierre II*, Robert Ier* et Baudouin II* furent empereurs latins de Constantinople ; — Catherine Ire* fut impératrice latine d'Orient en titre. Cette maison s'est éteinte au XIVe s. L'une de ses branches s'était établie au XIIe s. en Angleterre, où elle donna naissance à la famille ducale de Devonshire.

COURTENAY (William), prélat anglais (Exeter v. 1342 - Maidstone 1396), archevêque de Canterbury (1381), adversaire acharné De Wycliffe.

COURTENAY (Henry), comte **de Devon** et marquis **d'Exeter,** courtisan et diplomate anglais (v. 1496 - Londres 1539), petit-fils d'Édouard IV par sa mère. Accusé par Cromwell d'aspirer au trône, il fut décapité. — Son fils Edward, comte *de Devonshire* (v. 1526 - Padoue 1556), conçut le projet d'épouser la princesse Élisabeth, afin de renverser Marie Tudor. Il dut s'exiler.

COURTEPOINTE n. f. (anc. fr. *coute,* lit de plumes, et part. passé de *poindre,* piquer, avec l'infl. de l'adj. *court*). Couverture de lit, ouatée et piquée.

COURTEYS (les), famille de peintres émailleurs limousins, dont le plus connu est Pierre Ier (Limoges v. 1520 - av. 1591). Il a surtout produit des vases et plats ornementaux. En 1559, il a appliqué l'émail à la décoration monumentale en exécutant neuf grandes plaques représentant des dieux et des héros de l'Antiquité ainsi que des Vertus (musée d'Écouen).

COURTHÉZON (84350), comm. de Vaucluse, à 9 km au S.-E. d'Orange ; 5 181 hab. Fortifications du XVIe s.

COURTIER, ÈRE n. (anc. provenç. *corratier,* de l'anc. fr. *corre,* courir). **1.** Personne qui sert d'intermédiaire dans des opérations commerciales ou autres, qui ne traite pas pour son client mais se contente de le rapprocher de son cocontractant. — **2.** *Courtier assermenté,* intermédiaire habilité à opérer sur certaines Bourses de commerce. ‖ *Courtier de banque,* intermédiaire qui contribue au fonctionnement du marché monétaire et met en relations prêteurs et emprunteurs. ‖ *Courtier en devises,* intermédiaire dont le rôle est de rapprocher les offreurs et demandeurs de devises. — **Dr.** *Courtier d'assurances maritimes,* officier ministériel chargé de rédiger les polices d'assurances maritimes. ‖ *Courtier de fret,* courtier chargé du courtage des transports par terre et par mer. ‖ *Courtier interprète et conducteur de navire* ou *courtier maritime,* officier ministériel chargé du courtage des affrètements, qui constate le cours du fret et qui détient le monopole de la traduction des actes et contrats maritimes devant les tribunaux. ‖ *Courtier de marchandises,* courtier assermenté qui s'occupe du courtage des marchandises. (La profession est libre depuis 1866.)

COURTIL [-ti] n. m. (bas lat. **cohortile,* class. *cohors,* cour). Parcelle enclose entourant la ferme ou proche des bâtiments.

COURTILIÈRE n. f. (de *courtil*). Insecte orthoptère fouisseur, aux ailes réduites, aux pattes de devant conformées pour fouir, aux mœurs voisines de celles des taupes, d'où son nom usuel de *taupe-grillon.*

COURTILLE n. f. (de *courtil*). Autref., enclos, jardin champêtre.

COURTINE n. f. (bas lat. *cortina,* rideau). **1.** Mur joignant les flancs de deux bastions voisins. — **2.** Autref., tenture, rideau, notamment de lit.

COURTINE (La), anc. **La Courtine-le-Trucq** (23100), ch.-l. de cant. de la Creuse, à 23 km au N. d'Ussel ; 1 398 hab. Camp militaire de 6 289 ha. La brigade russe qui avait combattu en Champagne s'y mutina en 1917 à l'annonce de la révolution.

COURTISAN n. m. (ital. *cortigiano,* de *corte,* cour). **1.** Celui qui fait partie de la cour d'un roi, d'un prince, etc. — **2.** Celui qui cherche à plaire par la flatterie, qui essaie de gagner la faveur de qqn de puissant en faisant sa cour.

◆ **courtisane** n. f. *Litt.* Femme qui vend ses faveurs ; femme de mœurs légères, qui est d'une élégance distinguée et a des manières mondaines.

◆ **courtisan, e** adj. *Litt.* Propre au courtisan : *Avoir l'âme courtisane.*

Courtisan *(le),* dialogue de B. Castiglione (1528). Au cours de quatre soirées, des personnes illustres de la cour d'Urbino esquissent le portrait du courtisan idéal.

COURTISANERIE n. f. *Litt.* Conduite, caractère, manières de courtisan ; attitude de complaisance servile.

COURTISER v. t. (ital. *corteggiare*) [conj. **3**]. **1.** Faire sa cour à qqn, à un groupe ; chercher à gagner leur faveur, les fréquenter en les flattant ; aduler : *Courtiser les puissants, le pouvoir.* — **2.** Faire la cour à une femme ; rechercher ses faveurs.

COURT-JOINTÉ, E adj. (pl. *court-jointés, -ées*). Se dit d'un cheval qui a les paturons trop courts.

COURT-JUS n. m. (pl. *courts-jus*). *Fam.* Court-circuit.

COURT(-)MÉTRAGE n. m. (pl. *courts*[-] *métrages*). Film de moins de 1 600 m et dont la durée excède rarement vingt minutes.

COURT-MOYEN-COURRIER n. m. (pl. *court-moyen-courriers*). Avion de transport destiné à voler sur des distances de l'ordre de 1 500 à 2 000 km.

COURT-NOUÉ n. m. (pl. *court-noués*). Maladie à virus de la vigne, caractérisée par une réduction des entre-nœuds, ainsi que par un jaunissement du limbe, qui entraîne la dégénérescence du cep.

COURTOIS, E adj. (anc. fr. *court,* cour princière). **1.** Qui parle, agit avec une politesse raffinée, avec un grand désir de ne pas déplaire à autrui ; affable. – **2.** Qui témoigne d'une politesse raffinée ; aimable, gracieux : *Un accueil courtois.* – **3.** *Armes courtoises,* armes de tournois, à la pointe et au tranchant émoussés. ‖ *Littérature courtoise,* littérature fondée sur la notion médiévale de courtoisie.

COURTOIS (Jacques), dit **il Borgognone,** peintre français (Saint-Hippolyte, Franche-Comté, 1621 - Rome 1675). Fixé à Rome vers 1640, il se fit une brillante réputation comme peintre de batailles, dont il savait saisir, de l'intérieur, les épisodes les plus fougueux. – Son frère GUILLAUME, dit **Guglielmo Cortese** (Saint-Hippolyte 1628 -Rome 1679), peintre religieux, fut un des meilleurs élèves de Pierre de Cortone.

COURTOIS (Bernard), pharmacien français (Dijon 1777 - Paris 1838). Il a découvert l'iode en 1811 à partir des cendres de varechs, et collabora avec Seguin pour isoler la morphine de l'opium.

COURTOISEMENT adv. De façon courtoise.

COURTOISIE n. f. (de *courtois*). **1.** Attitude de politesse raffinée, mêlée d'élégance et de générosité ; civilité. – **2.** Notion clé de la civilisation médiévale élaborée dans les cours seigneuriales et fondée sur une théorie et une pratique raffinées des rapports homme-femme. (→ *encycl.*) – **3.** *Courtoisie internationale* (ou *comitas gentium*), ensemble des règles qui, sans être juridiquement obligatoires, coopèrent au maintien des bonnes relations entre les États. ‖ *De courtoisie,* de pure convention sociale, de politesse : *Visite de courtoisie.*

ENCYCL. Au début du XIIe s. apparaît dans les petites cours seigneuriales du midi de la France un nouveau thème littéraire qui donne naissance à l'art élaboré de la « courtoisie ». Cette forme lyrique se développe à partir d'une situation dont seul le détail varie : la séparation de la dame, soucieuse de sa dignité, et du poète, devant qui s'élève un obstacle matériel, social ou psychique. Le poète chante son amour et son effort pour parvenir à la « joie » dans des vers, tissus d'expressions figées et hermétiques. Conception aristocratique et adultère de l'amour, le service de la dame, la *fine* amors,* est la marque distinctive du chevalier accompli. L'esprit courtois inspira la poésie des troubadours (Jaufré Rudel), puis des trouvères, les romans de Chrétien de Troyes, le lyrisme mystique de Dante.

COURTRAI, en néerl. **Kortrijk,** v. de Belgique (Flandre-Occidentale), ch.-l. d'arrond., sur la Lys ; 76 000 hab. Monuments du XIIIe au XVIe s. (pont fortifié, églises, hôtel de ville, etc.). Musée. Industries textiles et mécaniques.

Courtrai *(bataille de)* [11 juill. 1302], bataille qui eut lieu près de Courtrai et au cours de laquelle l'armée de Philippe IV le Bel, commandée par Robert II, comte d'Artois, fut vaincue par les milices des villes de Flandre.

COURT-VÊTU, E adj. (pl. *court-vêtus, -ues*). *Litt.* Qui porte un vêtement court.

1. COURU → COURIR.

2. COURU n. m. Pas couru.

COURVILLE-SUR-EURE (28190), ch.-l. de cant. d'Eure-et-Loir, aux confins de la Beauce et du Thymerais ; 2 394 hab. *(Courvillois).* Église du XVIe s. à belle voûte lambrissée ; retable du XVIIe s.

COURVITE n. m. Oiseau échassier des zones arides, au bec et au cou très courts mais aux pattes très longues, coureur rapide. (L'espèce la plus connue est le courvite isabelle d'Afrique du Nord.)

1. COUSCOUS [kuskus] n. m. Phalanger arboricole de Nouvelle-Guinée, aux mœurs de singe.

2. COUSCOUS [kuskus] n. m. (ar. *kuskus,* du berbère). **1.** Semoule de blé dur. – **2.** Plat traditionnel composé de cette semoule cuite à la vapeur, accompagnée de viande et de légumes, le tout étant ensuite servi avec bouillon, harissa, boulettes de viande, merguez, etc.

COUSCOUSSIER n. m. Marmite en terre ou en métal surmontée d'un récipient percé de trous dans lequel on fait cuire le couscous à la vapeur.

COUSERANS (le), région des Pyrénées centrales (Ariège), s'étendant sur le bassin supérieur du Salat, en amont de Saint-Girons.

COUSETTE n. f. (de *coudre*). **1.** *Fam.* Autref., jeune apprentie de la couture. – **2.** Petit étui contenant les objets de base pour un travail de couture.

COUSEUR, EUSE n. Ouvrier(ère) travaillant sur une couseuse.

◆ **couseuse** n. f. **1.** Machine à coudre faisant l'assemblage d'étoffes au moyen de fils de couture. – **2.** Machine à coudre les cahiers d'un livre.

1. COUSIN, E n. (lat. **consinus,* abrév. de *consobrinus*). **1.** *Cousin (germain), cousine (germaine),* fils ou fille de l'oncle ou de la tante. – **2.** Tout autre descendant de l'oncle ou de la tante ou son conjoint : *Un cousin éloigné.* – **3.** *Litt.* Personne ou chose qui a de grands rapports ou des affinités avec une autre, qui a une origine plus ou moins commune avec elle : *Nous sommes tous un peu cousins des Grecs.* — **4.** *Cousin à la mode de Bretagne,* cousin éloigné, dont la parenté est difficile à établir. ‖ *Mon cousin,* titre que le roi de France donnait aux princes du sang. ‖ *Petits-cousins, cousins au troisième, quatrième, etc., degré,* cousins descendants de cousins germains.

2. COUSIN n. m. (lat. pop. *culicinus,* du lat. class. *culex, -icis*). Moustique piqueur extrêmement commun, qui vole le soir dans les zones humides des régions froides et tempérées. (La femelle se nourrit du sang de l'homme et des mammifères. On détruit les larves par épandage ou drainage, ou élevage de gambusies, poissons mangeurs de larves.)

Cousin Pons *(le),* roman d'H. de Balzac (1847). Musicien sans fortune, mais grand amateur d'art, méprisé par sa riche famille, Pons sera dépouillé par celle-ci lorsqu'elle connaîtra la valeur de sa collection, et il en mourra.

Cousine Bette *(la),* roman d'H. de Balzac (1846). Bette, parente pauvre, se venge de sa riche famille, conduite à la ruine par le libertinage effréné de son chef, le baron Hulot.

COUSIN (Jean), dit **le Père,** peintre français (Sens v. 1490 - Paris ? v. 1560). Aujourd'hui mal connu, il a travaillé dans un style proche de l'école de Fontainebleau, mais personnel et monumental, qu'il mit au service de la peinture (*Eva Prima Pandora,* premier grand exemple de nu français [Louvre], décorations pour l'entrée d'Henri II à Paris en 1549), mais aussi de la tapisserie (*Vie de saint Mammès,* 1543, cathédrale de Langres et Louvre), du vitrail, etc. Il est l'auteur d'un *Livre de perspective* (publié en 1560). — Son fils Jean, dit **le Fils** (Sens v. 1522 - Paris v. 1594), révèle dans ses dessins, gravures et peintures (*Jugement dernier,* 1585, Louvre) un maniérisme plus affecté.

COUSIN (Victor), philosophe français (Paris 1792 - Cannes 1867). Il dirigea l'École normale sous la monarchie de Juillet et fut ministre de l'Instruction publique dans le cabinet Thiers (1840). Il est le représentant le plus important de l'école spiritualiste éclectique. Il a notamment écrit *Du vrai, du beau et du bien* (1853). [Acad. fr., 1830.]

COUSINAGE n. m. **1.** Parenté qui existe entre cousins ; liens créés par cette parenté. — **2.** Ensemble des cousins.

COUSINER v. t. ind. (de *cousin 1*) [conj. 3]. *Litt.* Avoir avec qqn des rapports familiers ; bien s'entendre avec lui.

COUSINET (Henri Nicolas), orfèvre français († av. 1768), maître à Paris en 1724. Il a exécuté (1729) les pièces en argent doré composant le nécessaire de la reine Marie Leszczyńska, auj. au Louvre. — Son frère Ambroise Nicolas († Paris 1788) accéda à la maîtrise en 1745. Son œuvre la plus célèbre, conservée au musée de Lisbonne, est un ensemble de seize statuettes d'argent doré commandées comme décor de table par le duc d'Aveiro (1757).

COUSIN-MONTAUBAN (Charles Guillaume), comte **de Palikao,** général français (Paris 1796 - Versailles 1878). Vainqueur en Chine à Palikao (1860), il succéda à Émile Ollivier comme chef du dernier gouvernement de Napoléon III (9 août-4 sept. 1870).

COUSOIR n. m. (de *coudre*). **1.** Étau qui sert aux gantiers pour la couture et le montage des gants. — **2.** Appareil employé pour la couture manuelle des livres.

COUSSER ou **KUSSER** (Johann), compositeur allemand (Presbourg 1660 - Dublin 1727). Élève de Lully, directeur de l'Opéra de Hambourg (1694), il est l'un des fondateurs de l'opéra allemand.

COUSSIN n. m. (bas lat. *coxinus*). **1.** Enveloppe de tissu ou de cuir rembourrée, utilisée comme élément de confort et de décor en ameublement. — **2.** En Belgique, oreiller. — **3.** Amas de choses relativement souples : *Être assis sur un coussin de feuillage.* — **4.** Ce qui apporte une sécurité matérielle ou une marge de manœuvre : *Un confortable coussin de réserves financières.* • **Autom.** Pièce de garnissage d'une voiture, constituée de la carcasse, de la matelassure et de la couverture sur laquelle on s'assied. — **Cirq.** Petit tremplin placé sur la piste et utilisé par des écuyers voltigeurs pour sauter à cheval. — **Dent.** Carreau de dentellière. — **Géol.** *Lave en coussins,* syn. de pillow-lava. — **Orfèvr.** Sac plein de sable fin, sur lequel le ciseleur fixe les pierres qu'il veut travailler. (Syn. coussinet.) — **Transp.** et **Manut.** *Coussin d'air,* système de suspension d'un véhicule, d'un navire, d'un équipement de manutention, dans lequel la fonction de portage est réalisée par de l'air en surpression insufflé sous l'appareil.

COUSSINET n. m. Petit coussin. • **Archit.** Corps de moulures du chapiteau ionique, entre échine et abaque, qui s'enroule latéralement pour former les volutes. — **Bât.** Sommier de voûte, d'arc, de plate-bande. — **Bot.** *Plante en coussinet,* forme en coussin prise dans les prairies sommitales des montagnes par de nombreuses plantes qui croissent étalées en couronne autour du point d'origine. — **Ch. de f.** Pièce de fonte ou d'acier fixée sur la traverse par des tire-fond, des chevilles ou des boulons, et destinée à recevoir soit le rail, soit les lames d'aiguilles. ‖ Pièce de bronze garnie de métal antifriction, transmettant le poids du véhicule de la boîte d'essieu à la fusée. – **Horlog.** Petit palier en rubis synthétique, laiton ou bronze destiné au pivotement des axes. – **Mécan.** Douille cylindrique, souvent composée de deux ou plusieurs pièces, généralement en bronze, qui permet, par un frottement doux, la rotation de l'axe qu'elle supporte. – **Orfèvr.** Syn. de COUSSIN. – **Zool.** Partie élastique, convexe et sans poils du bout de la patte des mammifères carnivores (chat, chien). [Syn. PELOTE PLANTAIRE ou PALMAIRE.]

COUSTEAU (Jacques-Yves), officier de marine, océanographe, explorateur et cinéaste français (Saint-André-de-Cubzac 1910), auteur de nombreuses campagnes scientifiques océanographiques et de films s'y rattachant (*le Monde du silence,* 1953 ; *le Monde sans soleil,* 1965), et qui a mis au point des équipements nouveaux (dont le scaphandre autonome, la soucoupe plongeante, un navire à propulsion partiellement éolienne). [Acad. fr. 1988.]

COUSTOU, famille de sculpteurs français. – Les frères NICOLAS (Lyon 1658 - Paris 1733) et GUILLAUME (Lyon 1677 - Paris 1746), neveux et élèves de Coyzevox, ont évolué du style Louis XIV vers une expression parmi les plus brillantes du style rocaille. Ils ont travaillé à Versailles, aux Invalides, à Marly (*la Seine et la Marne* [auj. aux Tuileries] par Nicolas, les célèbres *Chevaux de Marly* [1740-1745, moulages place de la Concorde, originaux au Louvre] par Guillaume). Le « vœu de Louis XIII » à N.-D. de Paris (*Pietà* [1712-1723] est de Nicolas et *Louis XIII* [1715] est de Guillaume). – GUILLAUME II (Paris 1716 - *id.* 1777), fils de Guillaume, annonce le néoclassicisme (monument funéraire du Dauphin, 1766-1777, cathédrale de Sens).

COUSTURIER (Lucie), peintre et écrivain français (Paris 1876 - *id.* 1925). Élève de Signac et de Cross, elle a pratiqué le divisionnisme.

COUSU → COUDRE.

COÛT n. m. (de *coûter*). **1.** Ensemble des frais entraînés par la production ou distribution de qqch : *Le coût d'une marchandise.* (→ encycl.) – **2.** Prix de qqch ; montant : *Le coût élevé d'un déménagement.* – **3.** Conséquence fâcheuse d'une action, d'un accident : *Le coût de ses imprudences est incalculable.* – **4.** *Analyse coût avantage,* méthode cherchant à apprécier la désirabilité de projets ou de programmes d'investissement dans une perspective d'analyse à long terme et tenant compte des effets secondaires multiples sur les personnes, les industries, les régions, etc. ‖ *Coût du capital,* coût des capitaux permanents d'une entreprise et de son endettement à long et à moyen terme. ‖ *Coût de remplacement,* détermination de la valeur d'un bien destiné à être remplacé par un nouveau bien, celui-ci devant procurer des services identiques. ‖ *Coût salarial,* ensemble représenté par le salaire direct du travailleur, les charges sociales et les autres charges. ‖ *Coût social,* ensemble des sommes en argent et des avantages en nature que supporte la collectivité du fait de l'activité économique des producteurs ou des consommateurs ; conséquences sociales et humaines de telle ou telle politique économique. ‖ *Coût d'usage du capital,* charge monétaire que représente pour un utilisateur la détention d'un actif physique. ‖ *Coût de la vie,* notion faisant ressortir, à une période donnée, le niveau des prix d'un certain nombre de biens et de services entrant dans un budget type et son évolution entre deux ou plusieurs périodes.

ENCYCL. **Comptab.** Les charges, classées par nature en comptabilité générale, sont reclassées par destination en comptabilité analytique pour former les coûts partiels du produit : coût d'achat, coût de production, coût de commercialisation, etc. ; le prix de revient est alors la somme cumulée de tous les coûts jusqu'au stade final de la distribution.

Le *coût fixe* (ou *coût de structure*) comprend les éléments de charges insensibles au niveau de production (du moins dans une certaine plage d'activité), alors que les *coûts variables* sont fonction, plus ou moins proportionnelle, des quantités produites. Un coût est *direct* s'il peut être affecté sans conteste à un produit ou une fonction déterminée, *indirect* s'il est commun à plusieurs produits ou fonctions. Par ailleurs, suivant la logique présidant au calcul des prix de revient, on peut retenir des *coûts historiques* (détermination a posteriori des coûts effectivement supportés par l'entreprise pour assurer telle ou telle production) ou des *coûts prévisionnels* qui serviront de base au contrôle de gestion.

COUTAINVILLE → AGON-COUTAINVILLE.

COUTANCES (50200), ch.-l. d'arrond. de la Manche, dans le Bocage normand ; 11 827 hab. *(Coutançais).* Cathédrale, surtout du XIIIe s., de style gothique normand très élancé (tour-lanterne). Église St-Pierre, des XVe-XVIe s. Musée.

COÛTANT adj. m. *Prix coûtant,* prix que cela a coûté, sans bénéfice pour le vendeur.

COUTE ou **COUTEL** n. m. Serpe à très long manche pour couper les roseaux.

COUTEAU n. m. (lat. *cultellus,* dimin. de *culter,* couteau). **1.** Instrument tranchant, composé d'un manche muni d'une (ou de plusieurs) lame(s) ; cette lame : *Aiguiser les couteaux.* (On distingue deux catégories de couteaux, généralement en acier inoxydable : les couteaux *non fermants,* de table et les couteaux *fermants,* de poche.) — **2.** Pièce tranchante d'un appareil : *Couteaux d'un mixer, d'un robot de cuisine.* — **3.** Fam. *En lame de couteau,* se dit d'un visage, d'un nez très mince et allongé. ‖ *Être à couteaux tirés avec qqn,* être en très mauvais termes avec lui. ‖ *Jouer du couteau, manier le couteau,* se battre à coups de couteau, à l'arme blanche. ‖ Fam. *Premier, second, etc., couteau,* personne qui joue un rôle important ou secondaire aux côtés d'une personnalité ; adjoint, acolyte. • **Arm.** *Couteau à armer,* épée courte du Moyen Âge, qu'on portait au côté ; toute arme de taille ou d'estoc. ‖ *Couteau de brèche,* sabre employé au XVIe s. pour la défense des remparts. ‖ *Couteau de tranchée,* couteau de chasse que pouvaient utiliser, pendant la Première Guerre mondiale, les combattants surpris au corps à corps. (Syn. COUTEAU-POIGNARD.) — **Bât.** Outil servant à enduire, araser, reboucher, mastiquer, etc. — **Bois.** Lame coupante d'une dérouleuse à placages ou d'une trancheuse. — **Cost.** Nom donné aux grandes plumes rigides et plates des oiseaux, utilisées dans la parure féminine. — **Équit.** *Couteau de chaleur,* lame souple servant à enlever la sueur d'un cheval en transpiration. — **Gant.** Outil servant à amincir les peaux du côté chair pour les gants glacés, du côté fleur pour les gants suédés. — **Mécan.** Outil de tournage à arête perpendiculaire à l'axe de la pièce, utilisé pour charioter. — **Ménag.** *Couteau électrique,* appareil constitué d'une double lame crantée amovible et permettant de couper rapidement et régulièrement. — **Métrol.** Arête du prisme triangulaire supportant le fléau ou les plateaux d'une balance. — **Peint.** *Couteau à palette,* petite truelle d'acier flexible dont les peintres se servent soit pour mélanger les couleurs sur la palette, soit pour peindre en pleine pâte. (Syn. SPATULE.) — **Zool.** Mollusque bivalve très commun dans le sable des plages de France, en forme de rectangle long, enfoncé verticalement à marée basse.

COUTEAU-POIGNARD n. m. (pl. *couteaux-poignards*). Syn. de COUTEAU* DE TRANCHÉE.

COUTEAU-SCIE n. m. (pl. *couteaux-scies*). Couteau à lame dentée ou dentelée servant à couper le pain, la viande, etc.

COUTEL → COUTE.

COUTELAS n. m. (moyen fr. *coutelasse,* de l'anc. fr. *coutel,* couteau). **1.** Grand couteau de cuisine. — **2.** Sabre court et large qui ne tranche que d'un côté.

COUTELIER, ÈRE n. (anc. fr. *coutel,* couteau). Personne qui fabrique ou vend des couteaux et autres instruments tranchants.
◆ adj. Relatif à la coutellerie : *Industrie coutelière.*
◆ **coutelière** n. f. Écrin à compartiments servant à ranger les couteaux de table.

COUTELLERIE n. f. **1.** Fabrication des couteaux et instruments tranchants ; lieu de vente et de fabrication de ces articles. — **2.** Ensemble des produits fabriqués par le coutelier.

COÛTER v. i. (lat. *coustare*) [conj. 3]. **1.** Valoir tel prix, nécessiter une certaine somme pour être acquis, en parlant d'un objet, d'un bien, d'une marchandise, etc. ; entraîner telles dépenses pour être utilisé, entretenu ou pour fonctionner : *Combien coûte cette robe ?* — **2.** Entraîner des dépenses notables : *Les enfants, ça coûte.* — **3.** Fam. *Ça ne coûte rien,* ça n'engage à rien, c'est gratuit. ‖ *Coûte que coûte,* quels que soient l'effort, le sacrifice à faire ; absolument, à tout prix. ‖ *Coûter cher à qqn,* lui attirer des ennuis : *Cette erreur va vous coûter cher.* ‖ Fam. *Coûter les yeux de la tête, la peau des fesses,* valoir très cher.
◆ v. t. **1.** Demander quelque effort de la part de qqn, lui causer une souffrance, des difficultés, etc. : *Les veilles que cet ouvrage lui a coûtées.* — **2.** Entraîner des efforts, être pénible, difficile : *Cette démarche m'a beaucoup coûté.* — **3.** Faire perdre à qqn qqch qu'il possédait : *Cette faute professionnelle lui a coûté sa situation.* — **4.** *Coûter la vie,* faire mourir, tuer : *Son imprudence finira par lui coûter la vie.*

COÛTEUSEMENT adv. De façon coûteuse.

COÛTEUX, EUSE adj. **1.** Qui coûte cher ; onéreux : *Voyages coûteux.* — **2.** Qui exige de grands sacrifices, qui a des conséquences fâcheuses : *La victoire a été coûteuse.*

COUTHON (Georges), homme politique français (Orcet, Puy-de-Dôme, 1755 - Paris 1794). Président du tribunal de Clermont-Ferrand en 1789, il fut élu à la Législative (1791), puis à la Convention (1792). Montagnard, membre du Comité de salut public (1793), il forma avec Robespierre et Saint-Just le « triumvirat », et dirigea le siège de Lyon révolté. Il fit voter la loi du 22 prairial (10 juin 1794), qui organisait la « Grande Terreur ». Arrêté en même temps que Robespierre, il fut guillotiné le 10 thermidor (28 juill. 1794).

COUTIL [-ti] n. m. (anc. fr. *coute,* matelas de plume). **1.** Tissu d'armure croisée, très serré, qui se fait généralement en uni ou à rayures de couleurs tissées, parfois aussi à dessin Jacquard, utilisé principalement pour la confection des matelas, des vêtements de travail et de chasse. — **2.** *Coutil de soie,* tissu à corset très solide, présentant un côté brillant et satiné.

COUTILIER n. m. (de *coutille*). Homme de pied des XIVe et XVe s., armé d'une lance et d'une dague.

COUTILLE n. f. (esp. *cuchilla,* grand poignard). Dague courte et large, ou arme d'hast longue et à large lame, dite *langue-de-bœuf.*

COUTISSE n. f. (autre forme de *cotice*). Sangle de toile forte garnissant les deux barres horizontales du métier appelées « mortaises » sur lesquelles on bâtit la pièce à broder.

COUTON n. m. (de *côte,* nervure, ou du germ. *skŏt,* tronc d'arbre). Rudiment de plume naissante chez une jeune volaille.

COUTRAS (33230), ch.-l. de cant. de la Gironde, sur la Dronne, près du confluent avec l'Isle ; 6 778 hab. *(Coutrasiens).* Vignobles. Chaussures. Dans la région, gisements d'uranium. – Le 20 oct. 1587, Henri de Navarre, futur Henri IV, y défit les catholiques du duc de Joyeuse.

COUTRE n. m. (lat. *culter, -tri,* couteau). Pièce travaillante de la charrue, qui découpe verticalement la bande de terre que retourne ensuite le versoir.

COUTUME n. f. (lat. *consuetudo, -inis,* habitude). **1.** Manière d'agir établie par l'usage chez un peuple, dans un groupe social ; tradition : *Une coutume ancestrale.* – **2.** L'une des sources du droit, issue d'un usage général et répété, et dont l'autorité est reconnue par tous, à condition de ne pas aller à l'encontre d'une loi. (→ *encycl.*) – **3.** Recueil des coutumes d'un pays. – **4.** Litt. *Avoir coutume de,* être accoutumé à, avoir l'habitude de. ‖ *Certificat de coutume,* document délivré par un juriste qualifié en vue de faire connaître à une autorité étrangère un point particulier du droit d'un pays donné. ‖ Litt. *Plus, moins, autant que, comme de coutume,* exprime une comparaison avec l'usage habituel. ‖ Litt. *Selon sa coutume,* selon son habitude.

ENCYCL. **Hist.** On distingue généralement, dans l'ancienne France, au nord, des *pays coutumiers* et, au sud, des *pays de droit écrit* ou de *droit romain.* C'est Charles VII qui prescrivit, par l'ordonnance de Montil-lès-Tours, en 1454, la rédaction des coutumes dans tout le royaume. Mais la plupart ne furent rédigées que sous Louis XII. Il fallut attendre le Code civil pour voir abroger toutes les anciennes coutumes ; de nombreux articles de celui-ci se réfèrent d'ailleurs aux anciens usages.

COUTUMIER, ÈRE adj. **1.** *Litt.* Qui a l'habitude de faire qqch : *C'est une chose dont il n'est pas coutumier.* – **2.** *Litt.* Qui est habituel, ordinaire : *Un paysage coutumier.* – **3.** Se dit de ce qui est établi par la coutume. – **4.** *Droit coutumier,* ensemble des règles juridiques établies par l'usage, la tradition, la coutume et ayant force de loi, par oppos. à *droit écrit.* ‖ *Être coutumier du fait,* avoir l'habitude de faire cela, d'accomplir cet acte.

◆ **coutumier** n. m. **1.** Recueil des règles fixées par le droit coutumier. – **2.** *Grand coutumier,* recueil général des coutumes particulières d'un pays.

Coutumier de France *(Grand)* ou **Coutumier de Charles VI,** compilation de Jacques d'Ableiges, comprenant des ordonnances, des règles de la coutume de Paris.

COUTURAGE n. m. Action de couturer.

COUTURAT (Louis), philosophe et mathématicien français (Paris 1868 - Ris-Orangis 1914). Il s'est notamment intéressé à la philosophie mathématique (*De l'infini mathématique,* 1896).

COUTURE n. f. (lat. pop. *consutura,* de *consuere,* coudre). **1.** Action, manière de coudre ; ensemble des procédés que l'on met en œuvre en cousant. – **2.** Ce qui est fait en cousant. – **3.** Métier qui consiste à exécuter des vêtements sur mesure : *Travailler dans la couture.* (→ encycl.) – **4.** Technique d'assemblage de deux morceaux de tissu par une suite de points qui les fixent sur leurs bords. – **5.** *Litt.* Cicatrice allongée, balafre. – **6.** *Battre qqn à plate(s) couture(s),* le vaincre, le surpasser complètement, totalement. ‖ *Examiner sur, sous toutes les coutures,* examiner dans tous les sens, très attentivement, méticuleusement. ‖ *Haute couture,* ensemble des maisons de couture parisiennes. • **Bât.** Assemblage de deux feuilles de métal, obtenu en pliant puis en rabattant les bords de chacune d'elles. ‖ *Acier de couture,* dans une construction en béton armé, armature destinée à empêcher les fissurations et les ruptures dans les joints de reprise. – **Bonnet.** Assemblage de tricots à l'aide d'une machine à coudre. – **Mar.** Intervalle bourré d'étoupe et recouvert de brai, compris entre deux bordages. – **Métall.** Sillon à bords arrondis en surface d'une pièce moulée. – **Rel.** Action de coudre un livre à brocher ou à relier. – **Sell.** et **Maroq.** *Couture sellier,* procédé d'assemblage des cuirs ou des peaux exécuté avec une alêne pour la perforation des trous et une aiguille à chaque extrémité du fil. – **Techn.** et – **Sculpt.** Trace en relief des joints du moule sur une pièce moulée en plâtre, cire, ciment, terre, matière plastique, etc. (En fonderie métallique, on dit *bavure.*)

ENCYCL. La couture englobe la couture artisanale et la haute couture. La première a été délaissée par la clientèle particulière, attirée par le prêt-à-porter. La seconde, dont l'initiateur fut Ch. F. Worth au milieu du XIXe s., a Paris pour capitale et a réuni ou réunit en son sein des noms aussi prestigieux que Lanvin, Chanel, Patou, Balenciaga, Dior, Cardin, Balmain, Courrèges,

Saint-Laurent, etc. Depuis 1945, l'appellation *haute couture* est accordée aux seules maisons homologuées comme « maison de couture création » par une commission de classement et de contrôle. Cela implique deux collections annuelles d'au moins 75 modèles originaux, réalisés dans les ateliers de la maison concernée, dont l'effectif de production ne peut être inférieur à 20 personnes.

Depuis les années 60, la haute couture a dû s'adapter à une nouvelle demande de la clientèle, qui souhaitait un renouvellement plus rapide des modèles et des vêtements dont le confort s'inspirait des tenues de loisir. À cette demande a répondu le prêt-à-porter griffé par les couturiers. Fabriqué dans leurs ateliers, il est dit « boutique », ou réalisé sous leur contrôle par des façonniers, il est dit « diffusion ».

Ce passage du stade artisanal au stade industriel a accentué la production polyvalente de la couture. Au parfum sont venus s'ajouter tous les accessoires de la toilette et même des articles sans rapport direct avec la couture (mobilier).

COUTURE (Thomas), peintre français (Senlis 1815 - Villiers-le-Bel 1879). Académiste éclectique, célèbre pour sa grande composition des *Romains de la décadence* (1847, musée d'Orsay), mais plus convaincant dans ses études et ses portraits, il a formé de nombreux élèves (Puvis de Chavannes, Manet, etc.).

COUTURE-BOUSSEY (La) [27750], comm. de l'Eure, dans la plaine de Saint-André ; 1 733 hab. Instruments de musique.

COUTURER v. t. (de *couture*) [conj. 3]. Assembler par une couture différents morceaux d'étoffe.

◆ **être couturé** v. pass. *Litt.* Être couvert de cicatrices : *Visage tout couturé.*

COUTURIER, ÈRE n. **1.** Personne qui confectionne des vêtements sur mesure. — **2.** Personne qui crée des modèles au sein de sa propre maison de couture.

◆ **couturier** n. m. Long muscle superficiel qui prend en écharpe toute la surface antérieure de la cuisse.

COUVADE n. f. (de *couver*). Coutume rencontrée dans certaines sociétés, selon laquelle, après l'accouchement, c'est le père qui joue le rôle social de la mère et est au centre des réjouissances.)

COUVAIN n. m. (de *couver*). Ensemble des œufs et des larves apodes chez les hyménoptères sociaux (chez les abeilles, par ex.).

COUVAISON n. f., **COUVAGE** n. m. ou **COUVERIE** n. f. **1.** Action de couver (pour un oiseau). — **2.** Temps où couvent les poules, etc.

ENCYCL. Généralement pratiquée dans un nid, la couvaison est assurée soit à tour de rôle par les deux parents (nombreux passereaux), soit par la femelle seule. Quelques oiseaux font chauffer leurs œufs au soleil (autruche) ou dans des végétaux en fermentation (mégapode), ou les font couver par d'autres oiseaux (ce sont par ex. les mœurs du coucou).

COUVE DE MURVILLE (Maurice), diplomate et homme politique français (Reims 1907). Commissaire aux Finances du Comité français de libération nationale en 1943, ambassadeur de France au Caire (1950-1954), à Washington (1955-56) et à Bonn (1956-1958), fidèle partisan du général de Gaulle, il fut ministre des Affaires étrangères (1958-1968), puis de l'Économie et des Finances (mai-juill. 1968). Premier ministre en 1968, il démissionna en juin 1969, après le départ du général de Gaulle.

COUVÉE n. f. **1.** Action de faire couver un oiseau de basse-cour. — **2.** Ensemble des œufs couvés en même temps. — **3.** Oiseaux nés d'une même couvée. — **4.** *Litt.* Enfants, en partic. dans une famille nombreuse. — **5.** Personnes qui sont de la même génération et de même formation : *La nouvelle couvée de jeunes cinéastes.*

COUVENT n. m. (anc. fr. *convent,* du lat. *conventus,* assemblée). **1.** Maison de religieux ou de religieuses, dont l'ordre ou la congrégation sont postérieurs au XIIIe s. ; ensemble, communauté des religieux ou des religieuses qui l'habitent. — **2.** Pensionnat de jeunes filles tenu par des religieuses.

Couvent Blanc, en ar. *Deir el-Abiad,* monastère copte fondé en 440 près de Sohag (Égypte). Construit sur plan rectangulaire avec de gros blocs calcaires provenant des ruines voisines de la ville d'Athribis, il est entouré d'un haut mur percé de trois portes surmontées d'une gorge qui n'est pas sans rappeler la célèbre gorge des édifices pharaoniques. De très nombreux manuscrits coptes, déposés dans diverses bibliothèques du monde, proviennent de ce couvent.

Couvent Rouge, en ar. *Deir el-Aḥmar,* monastère copte, élevé non loin du Couvent Blanc, dont il est contemporain. De plan très proche de ce dernier, il est construit en brique cuite, et les colonnes de sa basilique sont de beaux exemples de sculpture copte.

COUVENTINE n. f. **1.** Religieuse qui vit dans un couvent. — **2.** Jeune fille élevée dans un couvent.

COUVER v. t. (lat. *cubare,* être couché) [conj. 3]. **1.** En parlant des oiseaux, s'étendre sur les œufs pour leur assurer la chaleur nécessaire au développement normal de l'embryon : *Une poule qui couve dix œufs.* — **2.** Entourer qqn de soins

attentifs et excessifs de tendresse : *Sa mère l'a trop couvé.* – **3.** *Litt.* Entretenir secrètement et patiemment un sentiment : *Il couve sa vengeance.* – **4.** *Couver des yeux, du regard,* regarder qqn, qqch longuement, avec tendresse ou avec convoitise. ‖ *Couver une maladie,* en être atteint sans qu'elle se déclare encore nettement.
◆ v. i. *Couver (sous la cendre),* être sur le point de se déclarer, d'éclater, en parlant d'un mal, d'un effet violent, etc. : *La révolte couvait chez les cadres.*

COUVERCLE n. m. (bas lat. *cooperculum,* du lat. class. *cooperire,* couvrir). Pièce mobile qui sert à couvrir une ouverture quelconque, l'orifice d'un objet creux afin de le fermer.

COUVERIE → COUVRAISON.

1. COUVERT → COUVRIR.

2. COUVERT n. m. (de *couvert 1*). **1.** *Litt.* Abri, voûte de feuillage : *Se promener sous le couvert d'un bois.* – **2.** *À couvert,* à l'abri : *Être à couvert de la pluie. Il a mis sa fortune à couvert.* ‖ *Sous (le) couvert de,* sous l'apparence de. ‖ *Sous le couvert de qqn,* sous sa protection. • **Agric.** *Semis sous couvert,* syn. de SEMIS DE COUVERTURE*. – **Archit.** Syn. de CORNIÈRE. – **Bât.** *Tuile de couvert,* chacune des tuiles creuses d'une couverture posées à cheval sur les bords de deux tuiles de courant, face convexe vers le haut, pour assurer l'étanchéité à l'eau de pluie. – **Chass.** Cultures susceptibles de servir d'abri au gibier. ‖ *Couvert à gibier,* plante susceptible de fournir au gibier la pâture et l'abri. – **Cuis.** *À couvert,* se dit d'une cuisson effectuée en vase clos. – **Écon.** *Être à couvert,* avoir des garanties assurées pour le solde d'une créance à recouvrer. – **Fortif.** Ensemble des dispositions d'une fortification, permettant au défenseur de combattre à l'abri des coups de l'assaillant. – **Mil.** Protection naturelle ou artificielle dérobant une troupe à la vue de l'ennemi. (L'abri, au contraire, protège à la fois de la vue et des coups.) – **Sylvic.** Ensemble des houppiers d'un peuplement forestier dont l'ombrage couvre le sol et le protège contre les intempéries.

3. COUVERT n. m. (de *couvert 2*). **1.** Ensemble des accessoires de table de chaque convive (assiettes, verres, cuillers, fourchettes, couteaux, etc.) : *Ajouter un couvert pour un nouvel invité.* – **2.** Cuiller, fourchette et couteau. – **3.** *Avoir son couvert (mis) chez qqn,* y être habituellement reçu à déjeuner, à dîner. ‖ *Mettre le couvert,* disposer sur la table les objets nécessaires au repas. • **Hist.** *Grand couvert,* sous l'Ancien Régime, le dîner du roi en public. ‖ *Petit couvert,* le dîner du roi en particulier.

COUVERTE n. f. **1.** Enduit vitrifiable, transparent, incolore ou coloré, dont on recouvre (par immersion, aspersion ou soufflage) les porcelaines et les grès pour leur donner un aspect brillant. (Le décor peut être appliqué à cru *sous la couverte,* avec laquelle il cuit au grand feu ou *sur la couverte* déjà cuite, avec des couleurs vitrifiables, fixé par une ou plusieurs cuissons à plus petit feu.) – **2.** Enduit dont les lithographes recouvrent leurs pierres pour protéger l'image. – **3.** Cadre rectangulaire amovible pour empêcher la pâte de déborder de la forme utilisée dans la fabrication manuelle du papier.

COUVERTOIRADE (La) [12230], comm. de l'Aveyron, sur le causse du Larzac ; 151 hab. Enceinte du XIVe s. ; vieilles maisons. Tourisme.

COUVERTURE n. f. (bas lat. *coopertura*). **1.** Ouvrage tel que toit, toiture-terrasse, coupole, surmontant un bâtiment afin de la couvrir ; revêtement d'un toit : *Couverture de tuiles.* – **2.** Grande pièce de tissu qui sert à recouvrir, à protéger, à tenir chaud,en partic. pièce d'étoffe, de laine placée sur le lit, au-dessus des draps. – **3.** Feuille de papier ou de matière plastique dont on recouvre un livre, un cahier pour les protéger. – **4.** Pour un journaliste, un journal, fait de couvrir un événement : *Assurer la couverture (de presse) des jeux Olympiques.* – **5.** Personne, action, situation qui sert de protection, de masque, de prétexte, qui cache une réalité en général condamnable : *Cette société d'importation n'est qu'une couverture.* – **6.** Proportion dans laquelle un service est assuré : *La couverture de besoins en viande porcine est insuffisante.* – **7.** *Couverture chauffante,* couverture destinée à chauffer un lit grâce à un circuit électrique, sous gaine isolante, régulé par thermostat. ‖ *Couverture sociale,* ensemble des mesures sociales assurant des garanties et une protection aux assurés sociaux. ‖ *Couverture de survie,* film de polyester métallisé, réfléchissant les radiations infrarouges émises par le corps et constituant une protection efficace contre le froid et la chaleur. ‖ Fam. *Tirer, amener la couverture à soi,* prendre sans vergogne la meilleure part. • **Agric.** Couche de paille, de feuilles sèches, de fumier, de papier goudronné ou bien feuille mince de matière plastique, qu'on étend sur les semis ou au pied des arbres, pour maintenir dans le sol la chaleur ou l'humidité. ‖ *Engrais de couverture,* engrais minéral soluble (nitrates, sulfates) qu'il n'est pas nécessaire d'enfouir par un labour et qu'il suffit de répandre à la surface du sol. ‖ *Semis de couverture,* semis réalisé sur un terrain où est déjà cultivée une autre plante. (Syn. SEMIS SOUS COUVERT.) – **Bot.** *Couverture végétale,* ensemble des végétaux qui recouvrent naturellement un sol. (La couverture végétale est dite *ouverte* lorsqu'elle laisse par endroits le sol à nu, elle est dite *fermée* si le sol n'apparaît nulle part ; dans ce dernier cas, le sol est obscur, humide, riche en humus, résiste bien à l'érosion et sa composition chimique n'est que peu influencée par celle de la roche sous-jacente.) — **Bouch.** Graisse recouvrant le corps des animaux de boucherie. — **Bours.** Ensemble de valeurs ou de sommes déposées par un donneur d'ordres entre les mains d'un intermédiaire à titre de garantie pour les opérations à terme qu'il conclut. (Syn. DÉPOSIT.) — **Confis.** Chocolat dont la teneur en beurre de cacao assure la fluidité nécessaire à l'enrobage des articles de chocolaterie. — **Dr.** Somme remise en garantie de sa dette éventuelle par le client. ‖ Pourcentage de remboursement des frais d'accident ou de maladie. — **Écon.** *Taux de couverture,* rapport de la valeur des exportations sur celle des importations relatives au même produit ou ensemble de produits et pour un même pays. — **Géol.** Ensemble de terrains apte à se séparer d'un substratum au niveau d'une discontinuité d'ordre lithologique et mécanique. — **Mil.** Dispositif de protection d'une zone ou d'une opération. ‖ *Couverture aérienne,* action consistant à protéger une troupe ou un territoire des attaques aériennes (avions, engins air-sol). ‖ *Couverture photographique,* ampleur de la zone reconnue par photographie aérienne ; type de photographie réalisée. — **Min.** *Terrains de couverture,* terrains stériles qui sont au-dessus d'un gisement. (Syn. RECOUVREMENT.) — **Papet.** Papier ou carton destiné à recouvrir un autre papier ou carton avec lequel il fait corps. — **Pétr.** Roche imperméable qui arrête la migration du pétrole ou du gaz naturel vers la surface et sous laquelle ils s'accumulent dans une roche-réservoir pour former un gisement. — **Presse.** Partie extérieure d'un magazine où, avec son nom, figurent une illustration et les titres des articles dominants. — **Publ.** *Taux de couverture,* dans un groupe, proportion touchée par une combinaison de supports. — **Rel.** Partie extérieure du livre relié, formée de deux plats et d'un dos de carton recouvert de papier, de toile ou de peau. ‖ Partie extérieure, en papier ou en carte, du livre broché. — **Serrur.** Syn. de FONCET. — **Sylvic.** Couverture morte, syn. de LITIÈRE. — **Zool.** *Plumes de couverture* ou *couvertures,* plumes courtes qui recouvrent la base des ailes et de la queue des oiseaux.

COUVERTURIER, ÈRE n. Personne qui vend ou fabrique des couvertures en fibres textiles.

COUVEUSE n. f. **1.** Animal qui couve ou est apte à couver. — **2.** Appareil utilisé autrefois pour faire éclore les œufs sans l'intervention de la poule. (On se sert aujourd'hui d'incubateurs.) — **3.** Enceinte close à parois transparentes, destinée à maintenir les enfants prématurés ou fragiles dans un milieu aseptique dont la température, le degré d'oxygénation et l'humidification restent constants. (Le nourrisson évite ainsi les pertes de chaleur et est à l'abri des contaminations microbiennes extérieures.) [Syn. INCUBATEUR.]

COUVI adj. m. Se dit d'un œuf à demi couvé, gâté.

COUVOIR n. m. **1.** Nid, panier, boîte où l'on dispose des œufs pour une couveuse (poule, dinde). — **2.** Local où sont disposés les appareils destinés à l'incubation artificielle. — **3.** Entreprise pratiquant industriellement l'incubation en vue de la vente des poussins d'un jour.

COUVRAILLE n. f. Action de couvrir les semences à l'araire ou à la charrue ; saison correspondante.

COUVRANT, E adj. **1.** Se dit d'une peinture, d'un enduit qui ne laissent pas apparaître ce qu'ils recouvrent. (On parle également du *pouvoir couvrant* d'un tel produit.) — **2.** Se dit d'un récif qui disparaît sous l'eau à pleine mer.
◆ **couvrante** n. f. *Pop.* Couverture (pièce d'étoffe).

COUVRE-CHEF n. m. (pl. *couvre-chefs*). *Fam.* Chapeau, coiffure.

COUVRE-FACE n. m. (pl. *couvre-faces*). Syn. de CONTRE-GARDE.

COUVRE-FEU n. m. (pl. *couvre-feux*). **1.** Autref., signal qui indiquait le moment de rentrer chez soi et d'éteindre les lumières. — **2.** Mesure de police ou ordre militaire interdisant temporairement de sortir des maisons.

COUVRE-JOINT n. m. (pl. *couvre-joints*). **1.** Pièce de bois ou de métal, mince et étroite, servant à cacher le joint entre deux éléments. — **2.** Élément métallique ou autre dont on recouvre les joints d'une toiture métallique, le faîtage d'un toit en ardoise, les joints de dilatation d'une terrasse, etc.

COUVRE-LIT n. m. (pl. *couvre-lits*). Couverture qui recouvre un lit une fois fait. (Syn. DESSUS-DE-LIT.)

COUVRE-LIVRE n. m. (pl. *couvre-livres*). Protection souple servant à recouvrir un livre.

COUVREMENT n. m. Ouvrage qui limite par le haut un entrecolonnement, une baie, une pièce, un espace quelconque.

COUVRE-NUQUE n. m. (pl. *couvre-nuques*). **1.** Au Moyen Âge, partie du casque qui couvrait la nuque. — **2.** Partie d'une coiffure qui protège la nuque du soleil ou de la pluie.

COUVRE-OBJET n. m. (pl. *couvre-objets*). Mince lamelle de verre dont on recouvre les objets examinés au microscope.

COUVRE-PIED(S) n. m. (pl. *couvre-pieds*). Couverture de lit matelassée retombant de part et d'autre du lit.

COUVRE-PLAT n. m. (pl. *couvre-plats*). Cloche en métal que l'on place sur les plats dressés pour leur garder la chaleur.

COUVRE-SOL n. m. (pl. *couvre-sols*). Surface textile de toute nature (tapis, non-tissé, etc.) recouvrant le sol.

COUVRE-TERRE n. m. inv. Plante basse, de port étalé, utilisée pour masquer un sol nu ou le protéger de l'érosion (pervenches, millepertuis, certains cotonéasters).

COUVRE-THÉIÈRE n. m. (pl. *couvre-théières*). Syn. de COSY 1.

COUVREUR n. m. **1.** Entrepreneur spécialisé dans l'exécution et la réparation des toitures. – **2.** Ouvrier qui procède au revêtement des toitures en tuiles ou en ardoises, après avoir posé le lattis ou le voligeage. – **3.** *Couvreur plombier-zingueur,* ouvrier qui procède à la pose des toitures métalliques ainsi qu'à celle des gouttières et tuyaux de descente.

COUVRIR v. t. (lat. *cooperire,* de *operire,* couvrir) [conj. **34**]. **1.** Placer, disposer qqch sur qqch d'autre ou sur qqn, en partic. pour le protéger ou le cacher à la vue : *Couvrir un lit avec un dessus-de-lit. Couvrir le corps d'un blessé d'une couverture.* – **2.** Placer sur un récipient, un plat qqch (couvercle) qui permette d'en fermer l'ouverture supérieure : *Couvrir une casserole.* – **3.** Répandre qqch en grande quantité sur une surface : *Couvrir un mur d'inscriptions.* – **4.** Être placé, posé sur qqch de telle sorte qu'il le cache à la vue, ou être répandu en grande quantité sur la surface de qqch, sur le corps de qqn : *La jupe couvre juste le genou. Des cicatrices lui couvraient tout le corps.* – **5.** Avoir la propriété de bien pouvoir s'étendre, s'étaler sur une surface : *Peinture qui couvre bien.* – **6.** Mettre à qqn suffisamment de vêtements pour qu'il ait chaud : *Sa mère le couvre trop.* – **7.** Donner qqch à qqn à profusion, l'en combler : *Couvrir une femme de bijoux.* – **8.** Faire que qqn éprouve fortement un sentiment (surtout désagréable) ; accabler : *Couvrir quelqu'un de honte.* – **9.** Dominer un bruit, un son, faire qu'il soit mal perçu, entendu, en parlant d'autres bruits : *L'orchestre couvrait la voix de la chanteuse.* – **10.** Cacher qqch à la connaissance de qqn, le dissimuler : *Sa gaieté couvrait un profond désappointement.* – **11.** Comprendre qqch, des choses, les englober : *Le prix couvre à la fois la livraison et l'entretien.* – **12.** Embrasser une durée, une superficie : *Sa propriété couvre dix hectares.* – **13.** Parcourir une distance en tant de temps : *Il a couvert les cinq kilomètres en une heure.* – **14.** S'occuper d'un secteur d'activité, en être responsable : *Un représentant qui couvre le sud de la France.* – **15.** Assurer une information complète et directe sur un événement, en parlant d'un journaliste (d'après l'angl. *to cover*) : *Il est chargé de couvrir le procès.* – **16.** Assurer le paiement de frais, de dépenses en les compensant, en les équilibrant : *Ses recettes ne couvrent plus ses dépenses.* – **17.** Protéger qqn de l'ennemi, de l'adversaire, le plus souvent en détournant l'attention de ce dernier : *Couvrir ses arrières.* – **18.** Assurer la protection de qqn, prendre la responsabilité de ses actions, le mettre à l'abri de poursuites, d'accusations : *Le ministre a couvert l'erreur du préfet.* – **19.** Garantir, assurer les conséquences financières d'un risque, d'un dégât. – **20.** S'accoupler à une femelle, en parlant de l'animal mâle. – **21.** Fixer son regard sur qqn, qqch, embrasser qqch par la vue : *Elle nous couvrait d'un regard affectueux.* – **22.** En parlant d'un émetteur, desservir des récepteurs situés dans une zone déterminée. – **23.** *Couvrir un emprunt,* en assurer la souscription complète. • **Dr.** *Couvrir une enchère,* surenchérir. ‖ *Couvrir une prescription,* l'interrompre. – **Jeux.** Au jacquet, mettre une flèche. ‖ Mettre une carte sur celle qui est jouée par l'adversaire. ‖ *Couvrir l'échec,* le faire cesser en interposant une autre pièce entre la pièce attaquée et celle qui attaque. ‖ *Couvrir son jeu,* tenir son jeu caché. ‖ *Couvrir une carte,* mettre un enjeu sur cette carte. ‖ *Couvrir un enjeu,* tenir cet enjeu.

◆ **être couvert** v. pass. **1.** Être protégé, orné, etc., de qqch qui est étendu, disposé au-dessus : *Maison couverte d'ardoises.* – **2.** En parlant d'un lieu, ne pas être en plein air, être recouvert d'un toit : *Piscine couverte.* – **3.** Être protégé, garanti contre un risque. – **4.** *À mots couverts,* en s'exprimant par allusions. ‖ *Animal couvert,* animal possédant de la graisse de couverture. ‖ *Chemin couvert, allée couverte,* dont les arbres forment avec leurs branches une sorte de voûte.

◆ **se couvrir** v. pr., **être couvert** v. pass. **1.** Mettre, avoir un chapeau, une coiffure : *Rester couvert.* – **2.** Mettre un vêtement ; avoir suffisamment de vêtements pour avoir chaud : *Couvrez-vous, il fait froid dehors.* – **3.** Recevoir en grande quantité des choses, des personnes, en être plein : *La place se couvre de monde.* – **4.** Attirer sur soi, par son action, tel jugement, éprouver tel sentiment : *Se couvrir de ridicule.* – **5.** Pour un boxeur, placer ses bras de manière à empêcher son adversaire de le frapper. – **6.** Dans divers sports, renforcer la défense. – **7.** *Le ciel, l'horizon, le temps se couvre, est couvert,* le ciel est, devient nuageux ; des dangers, des menaces surgissent, sont là, en parlant surtout de la situation politique.

COUVROT (51300), comm. de la Marne, à 4 km au N.-N.-O. de Vitry-le-François ; 1 060 hab. Cimenterie.

COUVRURE n. f. **1.** Action d'appliquer sur les plats et le dos de la couverture du livre, après l'apprêture, la matière de recouvrement préalablement encollée. – 2. Dans la brochure, action de coller la couverture sur le dos du corps d'ouvrage.

COUZA → CUZA.

COUZEIX (87270), comm. de la Haute-Vienne, à 7 km au N.-N.-O. de Limoges ; 6 295 hab.

cov, abrév. de COVARIANCE.

Covadonga *(bataille de)* [718], victoire remportée par les Asturiens commandés par Pélage sur les Arabes au hameau de Covadonga (près de Cangas de Onís, prov. d'Oviedo). Cette première victoire chrétienne marque le début de la Reconquista.

COVALENCE n. f. **1.** Liaison chimique par mise en commun d'électrons des atomes constitutifs de la molécule. – **2.** *Rayon de covalence,* moitié de la distance des centres de deux atomes d'un élément formant un corps simple.

COVALENT, E adj. Relatif à la covalence.

COVARIANCE n. f. *Covariance d'une distribution à deux caractères,* moyenne arithmétique des produits des écarts à la moyenne pour tous les couples de valeurs. ‖ *Covariance de deux variables aléatoires* X *et* Y, espérance mathématique du produit des variables centrées associées.

COVARIATION n. f. Liaison entre les variations dans le temps de deux ou de plusieurs grandeurs ou séries statistiques, tout accroissement ou réduction de l'une se traduisant par un accroissement ou une réduction des autres.

COVARRUBIAS (Alonso DE), architecte espagnol (Torrijos, près de Tolède, 1488-Tolède 1570). Un des pionniers de la Renaissance en Espagne, il évolue du style plateresque (chapelle des Reyes Nuevos à la cathédrale de Tolède, 1534) vers un classicisme sévère (à Tolède, travaux de l'Alcazar, porte de Bisagra [1554], etc.).

COVECTEUR n. m. *Covecteur d'un espace vectoriel,* forme linéaire définie sur cet espace vectoriel.

COVELLINE ou **COVELLITE** n. f. (de *Covelli,* n. pr.). Sulfure naturel de cuivre CuS, que l'on trouve en lamelles cristallines d'un beau bleu indigo.

COVENANT n. m. (angl. *covenant,* alliance, de l'anc. fr. *convenant*). En Écosse, association formée en vue d'une action commune. (Le National Covenant de 1638 s'opposa à la tentative faite par Charles Ier pour imposer au pays l'anglicanisme.)

COVENANTAIRE n. (angl. *covenanter*). **1.** Membre d'un covenant. – **2.** Partisan du National Covenant de 1638.

COVENDEUR, EUSE n. Personne qui vend une même chose avec une autre.

Covent Garden, théâtre anglais ouvert à Londres en 1732. Il fut consacré à l'opéra à partir de 1847 en prenant le nom de *Royal Italian Opera,* puis converti en *Royal Opera* en 1892, administré par le Grand Opera Syndicate. Il devint théâtre national de l'opéra et de la danse, appelé *Royal Opera House, Covent Garden* en 1945.

COVENTRY, v. de Grande-Bretagne (West Midlands), au S.-E. de Birmingham ; 314 000 hab. Industries mécaniques, électriques et textiles. – Pendant la bataille d'Angleterre, Coventry servit de cible à l'aviation allemande (raid de la nuit du 14 au 15 nov. 1940).
– **Bx-arts.** Ruines de l'ancienne cathédrale (XIVe s.) et nouvelle cathédrale, œuvre de Basil Spence (1954-1962 ; vitraux, œuvres d'art).

COVER-COAT [kɔvœrkot] n. m. (pl. *cover-coats*) [angl. *cover-coat,* manteau servant de protection]. Étoffe anglaise de laine à petit grain, légère et solide.

COVER-CROP [kɔvœrkrɔp] n. m. (pl. *cover-crops*) [angl. *covercrop,* culture intercalaire]. Lourd pulvériseur à deux rangées de disques.

COVERDALE (Miles), prélat anglais (dans le Yorkshire v. 1488 - Londres 1568). Moine augustin, ami de Thomas Cromwell, il adhéra avec enthousiasme aux idées de la Réforme. En 1535, il publia la première traduction complète de la Bible en anglais, œuvre dont la valeur est surtout littéraire. Il fut évêque d'Exeter de 1551 à 1553.

COVER-GIRL [kɔvœrgœrl] n. f. (pl. *cover-girls*) [angl. *cover-girl,* de *cover,* couverture de magazine, et *girl,* fille]. Jeune femme posant pour les photographies de magazines, en partic. pour la page de couverture.

COVILHÃ, v. du Portugal, sur les contreforts de la serra da Estrela ; 22 000 hab.

COVILHÃ (Pêro DA), voyageur portugais (Covilhã - en Éthiopie apr. 1545). Chargé par Jean II, roi de Portugal, de trouver la route des Indes, il partit de Santarém en 1487, gagna Le Caire, atteignit Calicut puis revint à Sofala et s'établit en Éthiopie (1490).

COVOLUME n. m. **1.** Volume limite qu'occuperait une masse gazeuse sous une pression infiniment grande. – **2.** Paramètre caractéristique d'une substance explosive.

COW-BOY ou **COWBOY** [kobɔj ou kawbɔj] n. m. (pl. *cow-boys, cowboys*) [amér. *cowboy,* vacher). **1.** Gardien des troupeaux de bovins dans les ranches d'Amérique du Nord, personnage jouant un rôle de premier plan dans la légende de l'Ouest américain, popularisé par le cinéma (western). – **2.** *Fam.* Policier casse-cou, à la gachette facile.

COWES, port de Grande-Bretagne, sur la côte nord de l'île de Wight ; 18 900 hab. Régates annuelles célèbres.

COWLEY (Abraham), poète anglais (Londres 1618 - Chertsey 1667). Secrétaire d'Henriette de France en exil, auteur de poèmes anacréontiques *(l'Amant),* et d'essais (*Essai sur moi-même,* 1656), il introduisit l'ode pindarique dans la littérature anglaise.

COWLEY (Richard) → WELLESLEY.

COWPER [kopœr] n. m. (de *Cowper,* n. pr.). Appareil à inversion utilisé en sidérurgie pour la récupération de la chaleur latente des gaz sortant des hauts-fourneaux et pour le réchauffage de l'air envoyé aux tuyères. (Les cowpers sont de grandes tours d'environ 25 m de hauteur et 5 m de diamètre comportant une chambre de combustion et une chambre de récupération.)

COWPER (William COWPER, 1er *comte*), magistrat et homme politique anglais (1665 ? - Hertingfordbury, Hertfordshire, 1723). Membre influent du parti whig, il fut le premier lord chancelier de Grande-Bretagne (1707-1710, 1714-1718).

COWPER (William), poète britannique (Great Berkhampstead, Hertfordshire, 1731 - East Dereham, Norfolk, 1800). Auteur satirique (*l'Amusante Histoire de John Gilpin,* 1782), devenu le chantre de la nature et du foyer (*la Tâche,* 1785), il a donné à sa poésie de tonalité classique le sérieux du naturalisme romantique.

Cowper *(glandes de),* glandes situées de part et d'autre du bulbe de l'urètre, chez l'homme, et se déversant dans l'urètre par un canal excréteur.

COW-POX [kopɔks ou kawpɔks] n. m. inv. (angl. *cow-pox,* de *cow,* vache, et *pox,* variole). Infection virale des bovins caractérisée par la présence de vésicules sur les trayons et la mamelle. (Syn. VACCINE.)

COX n. f. (angl. *cox's orange*). Variété de pomme d'origine britannique, de taille moyenne, de couleur jaune saumon.

COX (Richard), prélat anglais (Whaddon, Buckinghamshire, 1500-1581). Sous Édouard VI, il participa à la rédaction des deux premiers livres de prières officiels et fut exilé (1554-1559) sous le règne de Marie Tudor. Élisabeth le fit élire évêque de Norwich (1559), puis d'Ely (1559-1580).

COX (*sir* Percy), diplomate britannique (Herongate, Essex, 1864 - Melchbourne, Bedfordshire, 1937). Dès 1893, il joua un rôle considérable dans le maintien de la présence britannique en Mésopotamie et dans les émirats arabes. Il fut nommé haut-commissaire à Bagdad en oct. 1920, et la formation de l'Iraq moderne fut en grande partie son œuvre.

COX (Harvey Gallagher), théologien protestant américain (Phœnix-ville, Pennsylvanie, 1929). Il marque un courant de pensée qui, affirmant que Dieu est absent de la science, de l'éthique et de la politique, est souvent appelé « théologie de la mort de Dieu ». Il a écrit notamment *la Cité séculière* (1965), *la Séduction de l'esprit* (1973), *l'Appel de l'Orient* (1977).

COXAL, E, AUX adj. Relatif à la hanche.

COXALGIE n. f. Tuberculose de l'articulation coxo-fémorale.

ENCYCL. Chez l'enfant, la coxalgie se manifeste d'abord par des douleurs de la hanche et un léger boitement. Chez l'adulte, le début est souvent trompeur, pouvant se manifester en particulier par des abcès.

COXALGIQUE adj. et n. Relatif à la coxalgie ; atteint de coxalgie.

COXA PLANA n. f. inv. Affection acquise de l'articulation coxo-fémorale, apparaissant chez l'enfant, caractérisée par l'aplatissement de l'épiphyse fémorale supérieure. (Syn. OSTÉOCHONDRITE DÉFORMANTE JUVÉNILE.)

COXARTHROSE n. f. Arthrose de l'articulation coxo-fémorale, qui se manifeste par des douleurs au niveau de la hanche, voire du genou, ainsi que par une gêne fonctionnelle de l'articulation.

COXA VALGA n. f. inv. (lat. *coxa,* hanche, et *valgus,* bancal). Atteinte de la hanche due à une ouverture excessive de l'angle formé par le col du fémur avec la diaphyse et entraînant une limitation de certains mouvements (rotation interne).

COXA VARA ou **COXA RETRORSA** n. f. inv. (lat. *coxa,* hanche, et *varus,* tourné en dehors). Atteinte de la hanche due à la fermeture de l'angle formé par le col du fémur avec la diaphyse. (Syn. HANCHE BOTE.)

COXCIE ou **COXIE** (Michiel), peintre flamand (Malines v. 1499 - *id.* 1592). Élève de Van Orley, influencé à Rome par Raphaël, il fut le peintre en titre de Philippe II, exécuta des compositions religieuses, des portraits, des cartons de tapisseries et de vitraux.

COXITE n. f. Inflammation de l'articulation coxo-fémorale. (La coxite peut être d'origine inflammatoire [polyarthrite rhumatoïde, spondylarthrite ankylosante] ou infectieuse [brucellose].)

COXO-FÉMORAL, E, AUX adj. Se dit de l'articulation de la hanche.

COXOPODITE n. m. Segment basal mobile de la patte chez les crustacés supérieurs.

Coxsackie *(virus)* [de *Coxsackie,* n. d'un village de l'État de New York], groupe de virus responsables d'infections humaines saisonnières fébriles de l'appareil respiratoire et de méningites souvent accompagnées d'éruptions. Les principales infections provoquées par les virus Coxsackie sont la maladie de Bornholm, des atteintes du système nerveux central (atteintes encéphaliques, paralytiques et surtout méningites), des atteintes cardiaques (péricardite et atteinte myocardique), l'angine (herpangine), le syndrome « main-pied-bouche », des infections respiratoires.

COYAU [kɔjo] n. m. (anc. fr. *coe,* queue). Chacune des pièces de charpente ajoutées aux chevrons, dans leur partie basse, pour adoucir la pente d'un versant de toit.

COYER [kɔje] n. m. Entrait d'une demi-ferme d'arêtier, dans l'enrayure d'une croupe.

COYNE (André), ingénieur français (Paris 1891 - *id.* 1960). Auteur de plus de 80 barrages, tant en France qu'à l'étranger, il a perfectionné la technique des barrages-voûtes.

COYOTE [kɔjɔt] n. m. (esp. *coyote,* du nahuatl *coyot*). **1.** Mammifère carnivore d'Amérique du Nord, voisin du chien, du chacal et du loup, à belle fourrure, peu nuisible. (C'est surtout un charognard.) — **2.** *Fam.* Personne malfaisante.

COYPEL, famille de peintres français. — NOËL (Paris 1628 - *id.* 1707), reçu à l'Académie en 1663, fut un des principaux artisans du grand décor classique des années 1660 (parlement de Rennes, château de Fontainebleau, palais des Tuileries...). — Son fils ANTOINE (Paris 1661 - *id.* 1722), influencé par les Carrache, mais aussi par le Corrège et Rubens dans ses tableaux de chevalet comme dans ses décorations, a travaillé pour Meudon, Trianon, le Palais-Royal (voûte [1703-1705], détruite, mais esquisse au musée d'Angers), Versailles (plafond de la chapelle, 1708). — NOËL NICOLAS (Paris 1690 - *id.* 1734), demi-frère du précédent, a peint des décorations d'églises et, surtout, des tableaux mythologiques qui annoncent l'art de Boucher et de Natoire. — CHARLES ANTOINE (Paris 1694 -*id.* 1752), fils d'Antoine, marqué par un goût littéraire et théâtral, a notamment donné 28 cartons (1716-1725) pour la tenture de *Don Quichotte* exécutée aux Gobelins.

COYPOU [kɔjpu] n. m. (mot amérindien). L'un des noms usuels du *ragondin.*

COYZEVOX ou **COYSEVOX** (Antoine), sculpteur français (Lyon 1640 - Paris 1720). Reçu à l'Académie en 1676, il y fut professeur puis en devint directeur (1702). Il a participé aux grandes entreprises royales, à Versailles (Grande Galerie, salon de la Guerre, etc.) et à Marly (les « Chevaux » de l'abreuvoir [*la Renommée* et *Mercure*], placés ensuite à l'entrée du jardin des Tuileries [originaux maintenant au Louvre]), a exécuté des monuments funéraires (Mazarin, 1693, Institut) et fait œuvre de portraitiste (bustes, tel celui du *Grand Condé,* v. 1668, Louvre ; portraits de Louis XIV, dont la statue agenouillée du « vœu de Louis XIII » à N.-D. de Paris). Par-delà l'art baroque de Puget et le classicisme de Girardon, il annonce la sculpture du XVIIIe s.

COZENS (Alexander), peintre et théoricien anglais (en Russie v. 1717 - Londres 1786). Formé en Italie, il s'imposa par ses paysages préromantiques, à l'aquarelle, au lavis monochrome, etc., dépourvus de toute tendance anecdotique et topographique, ainsi que par son enseignement. — Son fils JOHN ROBERT (Londres 1752 - *id.* 1797), marqué par les paysages des Alpes et d'Italie, donna des aquarelles d'une poésie sauvage et mélancolique qui influencèrent Constable, Girtin et Turner.

COZES (17120), ch.-l. de cant. du sud-ouest de la Charente-Maritime, près de la Gironde ; 1 742 hab. Église romane.

C. P., abrév. de COURS PRÉPARATOIRE*.

C. Q. F. D., abrév. pour CE QU'IL FALLAIT DÉMONTRER. (Sert de conclusion à une démonstration.)

Cr symbole chimique du *chrome.*

CRABBE (George), poète anglais (Aldeburgh, Suffolk, 1754 - Trowbridge 1832). Chapelain du duc de Rutland, il se fit le peintre réaliste de la vie des paysans et des pêcheurs (*le Village,* 1783 ; *le Registre paroissial,* 1807 ; *le Bourg,* 1810).

CRABE n. m. (mot norm., du moyen néerl. *crabbe*). **1.** Crustacé décapode dont l'abdomen est très réduit et replié sous l'avant du corps et dont les deux pattes antérieures sont conformées en pinces bien développées. (→ *encycl.*) — **2.** *Pop.* Individu têtu, borné, ridicule. — **3.** *Crabe chinois,* crabe fouisseur des cours d'eau, aux pinces garnies de manchons, répandu en Europe depuis le début du XXe s. et qui commet des dégâts importants. ‖ *Crabe enragé* ou *crabe vert,* crabe des plages d'Europe, qui court rapidement de côté à marée basse. ‖ *Crabe honteux,* nom usuel du *calappe.* ‖ *Crabe nageur,* nom usuel de l'*étrille.* ‖ *Crabe à sardines,* nom usuel du *polybius.* ‖ *Marcher en crabe,* marcher de côté. ‖ Fam. *Panier de crabes,* groupe d'individus qui cherchent à se nuire ; situation compliquée, inextricable. ‖ *Crabe violoniste,* nom usuel de l'*uca.* ‖ *En crabe,* se dit du vol ou de l'atterrissage d'un avion lorsque l'axe du fuselage n'est pas confondu avec la direction du déplacement.

ENCYCL. On distingue plus de 5 000 espèces de crabes, formant le sous-ordre des *brachyoures.*

Divers par leurs dimensions (de 0,5 cm à 1,70 m de longueur de pattes), par leur forme (ovale, triangle, trapèze), par leur locomotion (marche vers l'avant, marche de côté, nage), les crabes le sont aussi par leur habitat (profondeurs marines, terre ferme, rivages ou cours d'eau selon l'espèce), par leur mode de respiration (aquatique ou aérienne, souvent amphibie) et par leurs mœurs, sédentaires et fouisseuses pour les uns, nomades pour les autres. Les crabes sont en général carnassiers et mangeurs de cadavres. Les espèces de crabes les plus communes des côtes françaises sont le tourteau ou dormeur *(Cancer pagurus),* l'étrille ou « crabe nageur » *(Portunus puber),* le « crabe vert » ou « crabe enragé » *(Carcinus mænas)* et l'araignée de mer *(Maïa squinado),* sans parler des espèces de petite taille.

CRABE *(nébuleuse du),* nébulosité visible près de l'étoile ξ de la constellation du Taureau*. Son nom lui a été donné au XIXe s. par lord Rosse, en raison de son aspect. C'est un reste de supernova*.

CRABES *(île des)* → VIEQUES.

CRABETH, nom de deux frères, dessinateurs et peintres verriers néerlandais, nés à Gouda : DIRCK († av. 1577) et WOUTER († av. 1590). Ils ont pris une part essentielle au chef-d'œuvre du vitrail hollandais du XVIe s. : la nouvelle vitrerie de l'église St-Jean-Baptiste de Gouda, reconstruite après 1552 (vitraux datés de 1555 à 1571).

CRABIER adj. m. **1.** Se dit d'un animal qui se nourrit de crabes. — **2.** *Héron crabier,* petit héron qui niche en Camargue et hiverne en Afrique. ‖ *Phoque crabier,* phoque de l'Antarctique. ‖ *Pluvier crabier,* nom usuel du *drome.*

CRABOT n. m. (rad. germ. **krappa,* crampon). Dispositif permettant le crabotage de deux pièces mécaniques.

CRABOTAGE n. m. Accouplement de deux pièces, par l'engagement des dents ou saillies de l'une d'elles dans des logements correspondants ménagés dans l'autre pièce. (Le crabotage est notamment utilisé en automobile pour la prise directe.)

CRABOTER v. t. (conj. 3). Accoupler deux arbres par l'intermédiaire d'un crabot.

CRABRO n. m. (lat. *crabro, -onis,* frelon). Hyménoptère sphégien à tête carrée, ressemblant à un frelon, se nourrissant de mouches et autres insectes (16 espèces françaises, dont 7 très communes).

CRAC ! interj. (onomat.). Exprime le bruit de qqch qui craque ou la soudaineté d'un événement.

Crac *(Monsieur de),* type de hâbleur gascon, créé par Collin d'Harleville (1791), à l'imitation du baron von Münchhausen.

CRACHAT n. m. **1.** Substance faite physiologiquement de salive et de mucus et pathologiquement de mucus, de pus et/ou de sang que l'on rejette par la bouche et provenant des voies respiratoires. (Syn. EXPECTORATION.) — **2.** *Fam.* Décoration (plaque, rosette, etc.) des degrés supérieurs des ordres de chevalerie. — **3.** Défaut d'une glace souvent dû à des inclusions de fontes. — **4.** *Crachat de lune,* nom usuel du *nostoc.* ‖ *Crachat de coucou* ou *de crapaud,* ou *écume printanière,* exsudat mousseux des plantes piquées par une larve de cercope.

CRACHEMENT n. m. **1.** Rejet de crachats. — **2.** Projection d'étincelles, de vapeurs, de projectiles, etc., accompagnée d'un bruit semblable à celui d'un crachement : *Crachement de lave d'un volcan.* — **3.** Bruit parasite, crépitement : *Les crachements d'un haut-parleur.* • **Arm.** Projection de gaz par la culasse d'une arme à feu, soit par défaut d'obturation, soit par rupture du culot de l'étui métallique. — **Métall.** Éjection d'un métal coulé à travers un défaut du moule. — **Therm.** Fuite de vapeur qui se produit aux soupapes d'une chaudière, ou à un joint d'un récipient à vapeur.

CRACHER v. i. (lat. pop. **craccare,* d'orig. onomat.) [conj. 3]. **1.** Rejeter hors de la bouche des crachats : *Cracher par terre.* — **2.** Laisser échapper de la matière, un liquide par petits jets et en éclaboussant : *Stylo qui crache.* — **3.** Faire entendre des bruits parasites par suite d'un faux contact, d'un mauvais réglage, etc. : *La radio crache.* — **4.** Fam. *C'est comme si on crachait en l'air,* tout ce qu'on fait ou dit est parfaitement inutile. ‖ Fam. *Cracher dans la soupe,* dénigrer ce qu'on a ou ce qui est donné.

◆ v. t. **1.** Lancer qqch hors de la bouche par un mouvement particulier des joues, des lèvres et de la langue : *Cracher un noyau.* — **2.** Rejeter qqch à l'extérieur, le jeter, lancer : *Les canons crachaient des obus.* — **3.** *Fam.* Prononcer avec colère des paroles à l'adresse de qqn : *Cracher des injures à un chauffard.* — **4.** Fam. *Cracher (de l'argent),* le débourser, le payer. ‖ *Cracher le sang,* rejeter du sang par la bouche à cause de lésions pulmonaires. ‖ *Cracher ses poumons,* tousser et cracher beaucoup.

◆ v. t. ind. **1.** *Fam.* Dire du mal de qqn, lui montrer du mépris, l'outrager : *J'ai voulu lui rendre service, mais il m'a craché dessus.* — **2.** Fam. *Ne pas cracher sur qqch,* l'apprécier fort : *Tu ne craches pas sur le chocolat, je vois.*

◆ **être craché** v. pass. Fam. *Être qqn tout craché,* lui ressembler énormément.

CRACHE-SANG n. m. inv. Nom usuel de la *timarche.*

CRACHEUR, EUSE n. **1.** Personne qui crache fréquemment. – **2.** *Cracheur de feu,* saltimbanque qui lance des flammes par la bouche après avoir absorbé un liquide inflammable qu'il projette tout en soufflant sur une torche. ‖ *Serpent cracheur,* serpent capable de souffler un aérosol de venin dans les yeux de sa proie ou de son assaillant. (C'est le cas de certains cobras.)

CRACHIN n. m. (mot norm.). Pluie très fine, persistante et pénétrante.

CRACHINER v. i. (conj. **3** ; seulem. 3ᵉ pers. du sing.). *Il crachine,* il y a du crachin.

CRACHOIR n. m. **1.** Récipient souvent rempli de sciure de bois, dans lequel on peut cracher. – **2.** Fam. *Tenir le crachoir,* parler longtemps sans laisser les autres prendre la parole. ‖ Fam. *Tenir le crachoir à qqn,* rester auprès de lui à l'écouter sans pouvoir l'interrompre.

CRACHOTEMENT n. m. Action de crachoter ; bruit ainsi produit : *Le crachotement du robinet.*

CRACHOTER v. i. (conj. 3). **1.** Cracher souvent et peu à la fois. – **2.** Laisser échapper par intermittence de petites quantités de liquide, de vapeur, etc.

CRACHOUILLER v. i. (conj. 3). *Fam.* Syn. de CRACHOTER.

1. CRACK n. m. (angl. *crack,* fameux). **1.** Cheval de course exceptionnellement bon. – **2.** *Fam.* Personne qui se distingue par sa compétence dans une spécialité quelconque : *C'est un crack en anglais.*

2. CRACK n. m. (mot amér.). Cocaïne cristallisée, très purifiée, qui se fume, d'une très grande toxicité.

CRACKER [krakɛr ou krakœr] n. m. (angl. *to crack,* craquer). Petit biscuit salé.

CRACKING → CRAQUAGE.

CRACOVIE, en polon. **Kraków,** v. de Pologne, sur la haute Vistule, au S. de Varsovie, ch.-l. de voïévodie ; 731 000 hab. Métropole culturelle et commerciale du sud de la Pologne, nœud routier et ferroviaire, centre touristique et industriel (constructions mécaniques et électriques, alimentation, chimie ; sidérurgie à Nowa* Huta). – **Hist.** La ville, qui aurait été fondée au VIIᵉ s., devint vers l'an 1000 le siège d'un évêché que Boleslas Iᵉʳ le Vaillant dota d'un château fort et d'une cathédrale édifiés sur le Wawel. Elle fut la capitale de la Pologne sous le règne de Casimir Iᵉʳ le Rénovateur (v. 1034-1058). Détruite par les Mongols (1241, 1259, 1287), elle fut reconstruite avec l'aide de colons allemands, puis italiens et juifs. Redevenue la capitale de la Pologne (de 1320 à 1596), elle fut dotée d'une université en 1364. Attribuée à l'Autriche lors du troisième partage de la Pologne (1795), érigée en république libre de 1815 à 1846, elle fut restituée à la Pologne en 1919.
– **Bx-arts.** Vaste place (Rynek Główny) entourée d'édifices historiques : église Notre-Dame, haute construction en brique des XIIIᵉ-XVᵉ s. (retable de W. Stwosz), halles et beffroi. Bâtiments anciens (XVᵉ s.) de l'université. Wawel, château des rois, transformé en palais à l'italienne à partir de 1507 (riches décors), jouxtant la cathédrale, gothique pour l'essentiel (parties romanes ; chapelle Sigismond, mausolée royal du XVIᵉ s., de style Renaissance). Églises nombreuses, palais, musées.

CRACOVIENNE n. f. (polon. *krakowiak*). Danse populaire polonaise à 2/4, caractérisée, à l'origine, par des « temps d'éperons » dont le cliquetis rythmait l'exécution, puis par des martèlements de talons.

CRADINGUE adj., **CRADO** ou **CRA-CRA** adj. inv. *Pop.* Crasseux.

Crafoord *(prix)* [de Anna-Greta et Holger Crafoord], prix scientifique attribué tous les ans dans l'un des domaines suivants : mathématiques, sciences de la vie, astronomie, sciences de la Terre, par l'Académie royale des sciences de Suède. (V. tableau p. suivante)

CRAIE n. f. (lat. *creta*). **1.** Roche calcaire blanche ou très pâle, pulvérulente, traçante. (→ *encycl.*) – **2.** Petit bâton de cette substance, blanche ou colorée, servant notamment pour écrire au tableau noir ou sur une ardoise. – **3.** *Craie tailleur,* stéatite utilisée pour marquer sur tissu les contours des différentes pièces d'un vêtement, des points de repère ou de rectification, etc.
ENCYCL. La craie est une roche calcaire à grain fin, se désagrégeant facilement en laissant une trace blanche. Dépôt de faible profondeur, elle est essentiellement constituée d'algues microscopiques (coccolithophoridés), et peut contenir des impuretés (silex, argile, glauconie, phosphate, tuffeau). La craie, qui a donné son nom au système crétacé, occupe une grande partie du bassin de Paris. On l'emploie comme pierre à chaux et comme pierre à ciment.

CRAIG (*sir* James Henry), officier et administrateur britannique (Gibraltar 1748 -Londres 1812), gouverneur du Cap (1795-1797), puis gouverneur général du Canada (1807-1811).

CRAIG (James), 1ᵉʳ vicomte **Craigavon,** homme d'État britannique (Sydenham, près de Belfast, Ulster, 1871 - Glencraig, comté de Down, 1940). Unioniste, l'un des fondateurs, avec Carson, du corps des Volontaires de l'Ulster, il fut Premier ministre de l'Irlande du Nord (1921-1940).

Prix Crafoord		
année	*lauréats*	*discipline*
1982	Vladimir I. Arnold (Union soviétique) Louis Nirenberg (États-Unis)	mathématiques
1983	Edward N. Lorenz (États-Unis) Henry Stommel (États-Unis)	sciences de la Terre
1984	Daniel H. Janzen (États-Unis)	sciences de la vie
1985	Lyman Spitzer Jr. (États-Unis)	astronomie
1986	Claude Allègre (France) Gerald J. Wasserburg (États-Unis)	sciences de la Terre
1987	Eugene P. Odum (États-Unis) Howard T. Odum (États-Unis)	sciences de la vie
1988	Pierre Deligne (Belgique) Alexandre Grothendieck (France)	mathématiques
1989	James A. Van Allen (États-Unis)	astronomie
1990	Paul R. Ehrlich (États-Unis) Edward O. Wilson (États-Unis)	sciences de la vie
1991	Allan R. Sandage (États-Unis)	astronomie
1992	Adolf Seilacher (Allemagne)	paléoécologie
1993	Seymour Benzer (États-Unis) William D. Hamilton (G.-B.)	sciences de la vie
1994	Simon Donaldson (G.-B.) Shing-Tung Yau (États-Unis)	mathématiques
1995	Willi Dansgaard (Danemark) Nicholas Shackleton (G.-B.)	sciences de la Terre
1996	Robert M. May (Australie)	sciences de la vie

CRAIG (Edward Gordon), acteur, metteur en scène et écrivain anglais (Stevenage 1872 - Vence 1966). Acteur chevronné, il fonda à Florence (1913) une école de comédiens, s'efforçant, à travers ses mises en scène et son livre *Sur l'art théâtral* (1911), d'illustrer un théâtre « total », où l'acteur jouera un rôle plus modeste.

CRAIGAVON (James CRAIG, 1er *vicomte*) ⟶ CRAIG.

CRAIGNOS [krɛɲos] adj. inv. *Pop.* Qui pose problème par son caractère dangereux, bizarre, etc.

CRAILLEMENT n. m. Cri de la corneille.

CRAILLER v. i. (rad. onomat. *krakk-*) [conj. 3]. Crier, en parlant de la corneille.

CRAINDRE v. t. (lat. pop. **cremere,* du lat. class. *tremere,* trembler) [conj. **80**]. **1.** Éprouver une forte inquiétude devant ce que l'on considère comme dangereux, douloureux ou pénible ; appréhender, avoir peur de : *Craindre la mort. Craindre de prendre l'avion.* — **2.** Tenir pour possible ou probable l'existence ou la venue de qqch qui inquiète, qu'on considère comme dangereux, pénible ou regrettable ; redouter : *Je crains que Pierre ne vienne pas.* — **3.** Éprouver de l'inquiétude devant les réactions de qqn, ses jugements possibles, être intimidé par lui : *Craindre ses professeurs.* — **4.** Être sensible à qqch, risquer d'être endommagé ou risquer de voir sa santé altérée par qqch : *Fleurs qui craignent le froid.* — **5.** Redouter un danger pour qqn et, en partic., redouter qu'il ne perde un bien qu'il possède : *Je crains pour sa santé.* — **6.** *Avoir quelque chose, rien, tout, etc., à craindre,* voir dans qqch ou qqn un motif de s'inquiéter. ‖ *Être à craindre,* se dit d'un mal, d'une difficulté dont l'apparition est prévisible. ‖ *Ne craindre personne,* n'avoir aucun adversaire à redouter, s'estimer ou être très fort dans un domaine : *En mécanique, il ne craint personne.*

◆ v. i. *Pop.* **1.** Ne pas être à la hauteur de la situation, être nul, mauvais, détestable. — **2.** *Ça craint,* cela menace d'avoir des conséquences fâcheuses ; c'est très mauvais, très désagréable.

CRAINTE n. f. **1.** Fait de craindre qqch, qqn, état de qqn qui éprouve un sentiment de peur, de recul ; peur, appréhension : *La crainte de l'échec le paralysait.* — **2.** Appréhension d'un danger, d'une douleur, d'un mal à venir (souvent pl.) : *J'ai des craintes à son sujet.* — **3.** *Dans la crainte de, de crainte de, dans la crainte, de crainte que,* pour éviter qqch : *Il faut agir vite de crainte que la situation ne devienne sérieuse.* ‖ *N'ayez crainte, soyez sans crainte,* formules employées pour rassurer qqn sur un point quelconque.

CRAINTIF, IVE adj. et n. Qui est porté à la crainte, à la peur ; peureux, poltron : *Un enfant craintif.*

◆ adj. Qui manifeste ou exprime cette peur ; inquiet : *Un regard craintif.*

CRAINTIVEMENT adv. Avec crainte.

CRAIOVA, v. de Roumanie, ch.-l. de dép., sur le Jiu ; 253 000 hab. Principale ville d'Olténie, centre universitaire et surtout industriel (mécanique, électrotechnique, chimie).

CRAMANT (51530), comm. de la Marne, à 8 km au S.-S.-E. d'Épernay ; 958 hab. Vins de Champagne.

1. CRAMBE n. m. (gr. *krambos,* délicat). Papillon pyralidé de couleurs claires, voletant dans les prairies, commun partout.

2. CRAMBE n. m. (gr. *krambê,* chou). Crucifère des plages du nord de l'Europe, aux graines oléagineuses, aux jeunes pousses comestibles, parfois cultivée. (Syn. CHOU MARIN.)

CRAMCRAM n. m. Graminée d'Afrique, dont les graines épineuses s'accrochent aux vêtements ; ces graines.

CRAMÉ n. m. *Pop.* Partie brûlée de qqch ; odeur de qqch qui brûle : *Ça sent le cramé.*

CRAMER v. t. (anc. provenç. *cramar,* brûler, du lat. *cremare,* brûler) [conj. 3]. *Pop.* Brûler ou roussir : *Cramer du linge en le repassant.*
◆ v. i. ou **être cramé** v. pass. *Pop.* Se consumer, brûler : *Le rôti a cramé.*

CRAMER (Gabriel), mathématicien suisse (Genève 1704 - Bagnols-sur-Cèze 1752). Son *Introduction à l'analyse des lignes courbes algébriques* est l'œuvre la plus originale du XVIIIe s. sur les courbes planes. Il a étudié des systèmes d'équations linéaires à plusieurs inconnues.

Cramer *(système de),* système de n équations linéaires à n inconnues de rang n. Ce système a une solution unique.

CRAMER (Johann Baptist), pianiste et compositeur allemand (Mannheim 1771-Londres 1858). On le considère comme le chef de l'école de piano moderne. Auteur de compositions pour piano, dont 105 sonates et 7 concertos, il publia une *Grande École pratique de piano* (1815).

CRAMIQUE n. m. (moyen néerl. *cramicke*). Brioche aux raisins. (Pâtisserie belge.)

CRAMOISI, E adj. (ar. *qirmizī,* de *qirmiz,* cochenille, par l'intermédiaire de l'ital. *cremisi*). 1. Rouge foncé : *Velours cramoisi.* — 2. Qui est rouge d'émotion, de colère, de honte, de chaleur : *Avoir le visage cramoisi.*
◆ **cramoisi** n. m. Couleur rouge foncé, intense, que l'on donne aux étoffes.

CRAMOISY (les), famille d'imprimeurs et de libraires parisiens. — SÉBASTIEN II (Paris 1585 - *id.* 1669) dirigea, dès sa fondation en 1640, l'Imprimerie royale, où il publia la collection d'historiens grecs dite *Byzantine du Louvre.* — Ses deux frères GABRIEL († 1663) et CLAUDE († 1680) furent respectivement sous-directeur et chef des travaux de l'Imprimerie royale. — Son petit-fils, SÉBASTIEN **Mâbre** (1642-1689), lui succéda sous le nom de **Mâbre-Cramoisy.**

1. CRAMPE n. f. (frq. **krampa,* du néerl. *cramp*). 1. Contraction involontaire et douloureuse, survenant brusquement, mais de durée passagère, d'un ou de plusieurs muscles. — 2. *Fam.* Personne ou chose importune, ennuyeuse. — 3. *Crampe d'estomac,* contraction douloureuse de la musculature gastrique, affectant la forme de coliques. ‖ *Crampe des écrivains, des instrumentistes,* dystonie de fonction survenant à l'occasion du geste professionnel.

2. CRAMPE n. f. (de *crampon*). 1. Anneau dans lequel passent les lanières reliant les fontes à la selle. — 2. Pièce ou dispositif à serrage rapide, servant à bloquer deux parties d'un moule de fonderie ou d'une boîte à noyau.

CRAMPILLON n. m. En clouterie, syn. de CAVALIER.

CRAMPON n. m. (frq. **krampo,* crochet). 1. Pièce de métal recourbée, servant à attacher, à retenir ou à saisir fortement. (Les crampons sont à pointe ou à crochet, ou bien fixés dans un scellement.) — 2. Partie métallique en forme de pont, qui se fixe aux brancards d'une voiture pour recevoir les courroies de reculement. — 3. Clou à crochet, servant à assujettir le patin d'un rail de chemin de fer sur une traverse. — 4. Accessoire métallique assurant la jonction du couvercle à la cuvette d'une malle, d'une valise, d'un coffret, etc. — 5. Chacun des petits bourrelets fixés à la semelle des chaussures des joueurs de rugby et de football. — 6. Partie recourbée aux extrémités d'un fer de cheval. — 7. Chacune des petites pièces d'acier vissées sur les fers pour éviter au cheval de glisser. — 8. Organe de fixation des plantes, n'ayant aucune fonction d'absorption chez les algues, pouvant en acquérir une chez les plantes vasculaires dans certains cas.
◆ **crampons** n. m. pl. 1. Semelle métallique garnie de pointes effilées, fixées sous les chaussures de montagne pour se déplacer sur la neige dure ou sur la glace. — 2. *Pneu à crampons,* pneu à sculptures très protubérantes destinées à améliorer l'adhérence sur sol glissant.
◆ adj. et n. m. *Fam.* Dont on a peine à se défaire, importun : *Elle est crampon avec ses histoires personnelles.*

CRAMPON (Augustin), prêtre et érudit français (Franvillers, Somme, 1826 - Paris 1894). Il est surtout connu par sa traduction française de la Bible (1894-1904).

CRAMPONNAGE n. m. Pose des crampons à la semelle d'une chaussure.

CRAMPONNANT, E adj. *Fam.* Qui est importun, d'un attachement qui lasse.

CRAMPONNEMENT n. m. Action de cramponner, de se cramponner.

CRAMPONNER v. t. (de *crampon*) [conj. 3]. 1. *Fam.* Importuner qqn en s'obstinant auprès de lui : *Tu me cramponnes avec toutes tes questions.* – 2. Poser des crampons à la semelle d'une chaussure.
◆ **être cramponné** v. pass. *Pneu cramponné,* pneu à crampons.
◆ **se cramponner** v. pr., **être cramponné** v. pass. 1. Tenir fermement qqch, qqn, sans lâcher prise ; s'agripper, s'accrocher : *Se cramponner au bras de quelqu'un.* – 2. S'attacher à qqch, malgré les difficultés ou le peu de chance de pouvoir obtenir un résultat : *Il se cramponnait à la vie.*
◆ **se cramponner** v. pr. Ne pas se laisser aller dans un moment difficile ; résister, tenir opiniâtrement.

CRAMPTON (Thomas Russell), ingénieur britannique (Broadstairs 1816 - Londres 1888). On lui doit un type de locomotive à grande vitesse, qui eut une longue et brillante carrière en Europe continentale.

1. CRAN n. m. (de *créner,* du gaul. **crinare*). 1. Entaille faite dans un corps dur pour en accrocher un autre ou servir d'arrêt ; trou servant d'arrêt dans une ceinture, une courroie. – 2. Courbe dessinée par une mèche de cheveu. – 3. Entaille servant de point de repère faite en bordure des pièces d'un vêtement à assembler ou d'une chaussure en cours de fabrication. – 4. *Avancer, monter* ou *descendre, baisser d'un cran,* passer à quelque chose de supérieur ou d'inférieur ; gagner ou perdre en importance, en force, etc. ‖ *Couteau à cran d'arrêt,* couteau pliant que l'on ne peut fermer qu'en tirant en arrière le ressort qui le tient ouvert. (On dit aussi fam. un *cran d'arrêt* ou, pop., un *cran.*) ‖ *Cran de mire,* échancrure pratiquée sur la hausse, et qui avec le guidon détermine la ligne de mire. ‖ *Cran de sûreté,* cran qui a pour objet, en calant la gâchette d'une arme, d'empêcher le départ du coup. ‖ Fam. *Se serrer d'un cran, se mettre un cran (à la ceinture),* se priver, se modérer.

2. CRAN n. m. (de *cran 1*). *Fam.* 1. Sang-froid, maîtrise de soi, fermeté : *Montrer du cran.* – 2. *À cran, les nerfs à cran,* dans un état d'irritation qu'on a peine à maîtriser.

CRANACH (Lucas), dit **l'Ancien,** peintre et graveur allemand (Kronach, Franconie, 1472 - Weimar 1553). Ses premières œuvres connues, datées d'une période viennoise (1501-1504), témoignent d'un style expressif qui privilégie les rapports spatiaux entre le paysage et la scène (*Crucifixion,* 1503, Pinacothèque de Munich) ou le portrait (*Johann Stephan Reuss,* 1503, Nuremberg) et s'apparente à l'école dite « du Danube ». Peintre de la cour de Saxe, à Wittenberg, à partir de 1505, proche de Luther et des idées de la Réforme, bientôt à la tête d'un important atelier, il adopte un style plus linéaire et maniériste où le paysage devient décor, quand il ne cède pas la place à un simple fond sombre. Son abondante production comprend alors des nus élégants et sensuels, d'un type original souvent répété et copié (Vénus, Lucrèce, Ève, nymphes, etc.), des tableaux religieux (*le Retable de la Sainte Parenté,* 1509, Francfort), des scènes bibliques (*David et Bethsabée,* 1526, Berlin), des sujets mythologiques (versions du *Jugement de Pâris*), des portraits (*Luther,* 1529, Berne), etc. – Son fils LUCAS Le Jeune (Wittenberg 1515 -Weimar 1586) a travaillé dans son atelier avant d'en reprendre la direction.

CRANCHIA [-ʃja] n. m. (de *Cranch,* n. pr.). Céphalopode dibranchial capable de régler lui-même sa densité.

1. CRÂNE n. m. (lat. médiév. *cranium,* du gr. *kranion,* tête). 1. Cavité osseuse qui contient l'encéphale (cerveau, cervelet, tronc cérébral). [→ *encycl.*] – 2. *Fam.* Tête, cervelle, intelligence, esprit : *Mets-toi bien cette idée dans le crâne.* – 3. Pop. *Faire un crâne,* en parlant d'un policier, procéder à une arrestation.

ENCYCL. **Anat.** Chez l'homme, le crâne a une forme ovoïde. Il s'articule en bas et en arrière avec la colonne vertébrale, en avant il supporte les os de la face. Le crâne est constitué par l'assemblage de quatre os impairs et médians (frontal, sphénoïde, ethmoïde, occipital) et, latéralement, de deux paires d'os symétriques (pariétaux et temporaux) ; ces os sont unis par des sutures laissant entre elles, à la naissance, des espaces membraneux non ossifiés, les *fontanelles.* On distingue dans le crâne la *voûte crânienne,* bombée, dont le sommet est nommé *vertex,* et la *base du crâne,* creusée de trous livrant passage aux nerfs crâniens, à la moelle épinière, ainsi qu'aux artères et veines irriguant le cerveau.
– **Pathol.** *Fractures du crâne.* Les fractures de la voûte du crâne sont généralement bénignes. Les fractures de la *base du crâne* peuvent entraîner des lésions des nerfs crâniens, des sinus ou de l'oreille interne, qui se compliquent souvent d'infection méningée. Les lésions encéphaliques dominent la symptomatologie et le pronostic. L'existence d'un *intervalle libre* de quelques heures entre le traumatisme et l'apparition des

premiers signes neurologiques (asthénie, céphalées, vertiges, troubles de la mémoire et de l'attention) impose la surveillance stricte des traumatisés crâniens.
— **Zool.** et **Anthropobiol.** Propre aux mollusques céphalopodes et aux vertébrés, le crâne sert à protéger les centres nerveux supérieurs. L'étude de la face interne du crâne (moulage endocrânien) des fossiles humains ou animaux renseigne sur l'irrigation de l'encéphale, tandis que la mesure du volume intérieur (capacité crânienne) signale le degré de céphalisation.

2. CRÂNE adj. (de *crâne 1*). **1.** *Litt.* Qui affiche du courage, de la décision ; brave, décidé : *Très crâne, il fit face à ses adversaires.* — **2.** *Litt.* Vaniteux, prétentieux, qui affecte la bravoure : *Un air crâne.* — **3.** *Fam.* Gaillard, bien portant : *Il relève de maladie et n'est pas encore bien crâne.*

CRANE (Walter), peintre, dessinateur et décorateur anglais (Liverpool 1845 - Horsham, Sussex, 1915). Plus que comme peintre, influencé par les préraphaélites et de tendance symboliste, il est réputé comme illustrateur de livres d'enfants et pour avoir été, avec W. Morris, un des pionniers du renouveau des arts décoratifs.

CRANE (Stephen), journaliste et écrivain américain (Newark 1871 - Badenweiler, près de Baden, 1900). Il prit une part active dans l'évolution de la littérature américaine, créant l'impressionnisme littéraire (*Maggie, fille des rues,* 1892) et fondant le naturalisme sur les leçons du journalisme (*la Conquête du courage,* 1895). On le considère comme un des créateurs de la nouvelle contemporaine.

CRANE (Harold, dit **Hart**), poète américain (Garrettsville, Ohio, 1899 - golfe du Mexique 1932). Disciple de Blake, Whitman et Rimbaud, en même temps qu'attiré par le transcendantalisme d'Emerson, le panthéisme de Tagore et les théories dionysiaques de Nietzsche, il a tenté de réconcilier la poésie et la civilisation américaine (*le Pont,* 1930).

CRÂNEMENT adv. **1.** *Litt.* De façon crâne, brave, hardie : *Faire face crânement aux attaques de ses adversaires.* — **2.** *Litt.* D'une manière prétentieuse, fière : *Le chapeau crânement posé sur la tête.*

CRÂNER v. i. (de *crâne 2*) [conj. **3**]. *Fam.* **1.** Faire le brave, affecter la bravoure : *Il crânait devant le danger.* — **2.** Faire le fier, prendre des airs vaniteux ; faire le crâneur, la ramener.

CRÂNERIE n. f. *Litt.* **1.** Fierté, bravoure un peu provocante. — **2.** Attitude prétentieuse, fanfaronnade, vanité.

CRÂNEUR, EUSE adj. et n. (de *crâne 2*). *Fam.* Qui se montre prétentieux ou fanfaron.

CRAN-GEVRIER (74960), comm. de la Haute-Savoie, banlieue ouest d'Annecy ; 16 267 hab. *(Gévriens).* Métallurgie. Papeterie.

CRANGON n. m. (gr. *kraggôn, -onos,* squille). Crevette caride grise très commune sur les côtes de France.

CRANIA n. f. Brachiopode commun dans toutes les mers depuis le début de l'ère primaire jusqu'à nos jours. (Très primitive, la crania n'a ni charnière, ni pédoncule, ni squelette brachial.)

CRÂNIEN, ENNE adj. **1.** Relatif au crâne. — **2.** *Indice crânien,* quotient de la largeur maximale sur la longueur maximale du crâne, multiplié par 100. ‖ *Nerfs crâniens,* douze premières paires de nerfs émergeant du système nerveux central à l'intérieur du crâne.
ENCYCL. *Nerfs crâniens :* nerf olfactif ou I, nerf optique ou II, nerf moteur oculaire commun ou III, nerf pathétique ou IV, nerf trijumeau ou V, nerf moteur oculaire externe ou VI, nerf facial ou VII, nerf auditif ou VIII, nerf glosso-pharyngien ou IX, nerf pneumogastrique ou X, nerf spinal ou XI, nerf grand hypoglosse ou XII. On oppose les nerfs crâniens aux nerfs rachidiens, qui émergent du système nerveux central au niveau de la moelle épinière.

CRANIOLOGIE n. f. Secteur de l'anthropologie physique et de la paléontologie humaine basé sur l'étude de la variation des caractères du crâne humain.

CRANIOLOGIQUE adj. Qui a trait à la craniologie.

CRANIOLOGUE ou **CRANIOLOGISTE** n. Spécialiste de craniologie.

CRANIOMALACIE n. f. ou **CRANIOTABÈS** n. m. Ramollissement, chez l'enfant, de certaines zones des os crâniens en raison d'un retard dans l'ossification. (Après l'âge de 5 mois, c'est un signe de rachitisme.)

CRANIOMÉTRIE n. f. Ensemble des techniques de mesure du crâne humain.

CRANIOPHARYNGIOME n. m. Tumeur cérébrale se développant au-dessus de la selle turcique aux dépens de reliquats embryonnaires de la région hypophysaire. (Elle se manifeste par une atrophie optique, une hypertension intracrânienne et des signes d'insuffisance hypophysaire.)

CRANIOPHORE n. m. Appareil sur lequel on fixe, pour l'étudier, un crâne humain dans une orientation déterminée.

CRANIOSCOPIE n. f. Étude des caractères descriptifs du crâne humain.

CRANIOSTÉNOSE n. f. Soudure prématurée des sutures crâniennes qui peut gêner le développement cérébral et provoquer une hypertension intracrânienne.

CRANKO (John), danseur et chorégraphe britannique (Rustenburg, Transvaal, 1927 -en vol, au-dessus de Dublin, 1973). D'abord danseur au Sadler's Wells Theatre Ballet de Londres, il entama ensuite une carrière de chorégraphe et collabora avec de nombreuses compagnies. Il devint maître de ballet au Württembergisches Staatsballett en 1961 et éleva la compagnie au rang des meilleures troupes contemporaines. Il composa alors *Daphnis et Chloé* (1962), *Roméo et Juliette* (1962 ; 1967), *Onegin* (*Eugène* Onéguine,* 1965), *Concerts brandebourgeois nos 2 et 4 et Concerto pour flûte et harpe* (de Mozart) en 1966, *Die Befragung (l'Interrogatoire)* [1967], *la Mégère apprivoisée* (1969), *Brouillards* et *Ebony Concerto* (1970).

CRANMER (Thomas), premier archevêque réformé de Canterbury (Aslacton, Nottinghamshire, 1489 - Oxford 1556). Archevêque de Canterbury (1533), il présida la commission annulant le mariage d'Henri VIII et de Catherine d'Aragon (1533). Il fut le promoteur de réformes religieuses dès 1539, et du premier *Book of Common Prayer* (1549). Arrêté sous Marie Tudor, il fut brûlé comme hérétique.

CRANNON, en gr. **Krannon,** ville de Thessalie, dans la vallée de Tempé. Victoire d'Antipatros et de Cratère sur les Athéniens pendant la guerre lamiaque (322 av. J.-C.).

CRANSAC (12110), comm. de l'Aveyron, à l'E. d'Aubin ; 2 226 hab. *(Cransacois).* Constructions mécaniques. Station thermale (rhumatismes et séquelles de traumatismes ostéo-articulaires).

CRANSON n. m. Autre nom usuel du *raifort* et des petites crucifères voisines.

CRANS-SUR-SIERRE, station d'été et de sports d'hiver de Suisse (Valais), au-dessus du Rhône.

CRANTAGE n. m. Action de cranter ; fait d'être cranté.

CRANTER v. t. (conj. 3). **1.** Pratiquer des crans sur qqch. — **2.** *Ciseaux à cranter,* ciseaux à lames crantées utilisés sur le bord d'un tissu afin qu'il ne s'effiloche pas.

◆ **être cranté** v. pass. Avoir des crans : *Une roue crantée.*

CRAON [krɑ̃] (53400), ch.-l. de cant. du sud-ouest de la Mayenne ; 5 000 hab. *(Craonnais).* Élégant château du XVIIIe s. Hippodrome.

CRAONNE (02160), ch.-l. de cant. de l'Aisne ; 68 hab. Le *plateau de Craonne,* où Napolélon Ier battit Blücher (6-7 mars 1814), a été le théâtre de sanglants combats en 1917.

CRAPAHUTER v. i. (de *crapaud,* avec l'infl. de *chahuter*) [conj. **3**]. *Arg.* Effectuer une longue marche en terrain difficile.

CRAPAUD n. m. (germ. **krappa,* crochet). **1.** Vertébré amphibien anoure terrestre, au corps massif, à la peau pustuleuse, aux pattes postérieures courtes ne permettant pas de sauts importants. (Les crapauds sont de mœurs nocturnes, carnivores et hivernent longuement, enfouis dans le sol, sans manger ; la ponte, l'éclosion et la croissance des têtards jusqu'à la métamorphose ont lieu dans une mare.) — **2.** *Vx.* Personne laide. — **3.** *Fam.* Gamin. — **4.** *La bave du crapaud n'atteint pas (l'aile de) la blanche colombe,* la calomnie la plus vile ne peut ternir une réputation sans tache. • **Bât.** Dans un marbre ou une roche cristalline, rognon de structure différente, constituant un défaut. — **Bijout.** Dans un diamant, tache noire provenant d'une cristallisation du carbone différente. — **Ch. de f.** Pièce de métal interposée entre une traverse métallique ou en béton et le boulon de fixation du rail sur la traverse, destinée à maintenir le patin du rail à l'emplacement voulu. — **Mobil.** Fauteuil bas entièrement capitonné, à dossier en gondole (2e moitié du XIXe s.). — **Mus.** Le plus court des pianos à queue. — **Pyrotechn.** Artifice qui, après allumage, effectue une série de sauts bruyants de façon désordonnée. — **Topogr.** Support mobile d'une mire de nivellement. — **Vétér.** Maladie du pied des solipèdes (âne, cheval, mulet). [C'est une sorte d'eczéma qui évolue avec des lésions pratiquement impossibles à guérir.] (Syn. PODODERMATITE VÉGÉTANTE.) — **Zool.** *Crapaud accoucheur,* alyte. ‖ *Crapaud de mer,* baudroie, chabot ou rascasse, poissons à grosse tête.

CRAPAUDIÈRE n. f. **1.** *Vx.* Lieu plein de crapauds. — **2.** Lieu sale et humide.

CRAPAUDINE n. f. (de *crapaud*). **1.** Accessoire fixé, dans un chéneau ou une gouttière, au sommet du tuyau de descente, pour empêcher que des déchets s'y introduisent. — **2.** Soupape d'une baignoire. — **3.** Cuvette métallique scellée dans la maçonnerie pour recevoir le pivot d'une porte. — **4.** Palier de base d'un arbre vertical, servant de guide pour le mouvement de rotation, et de butée pour les efforts verticaux. — **5.** Affection particulière aux solipèdes (âne, cheval, mulet) siégeant à la partie antérieure de la couronne. (Syn. PSORIASIS DE LA COURONNE.) — **6.** *À la crapaudine,* mode de préparation des volailles (surtout du pigeon) qui consiste à les aplatir, ce qui leur donne l'aspect d'un crapaud.

CRAPETTE n. f. Jeu de cartes à deux joueurs consistant à réaliser une patience commune avec deux paquets de 52 cartes.

CRAPONNE (69290), comm. du Rhône, à l'O. de Lyon ; 7 071 hab. Constructions mécaniques.

Craponne *(canal de),* canal d'irrigation de Provence (Bouches-du-Rhône), construit vers 1558 par l'ingénieur Adam de *Craponne* (Salon 1527 - Nantes 1576), et servant à irriguer une partie de la Crau.

CRAPONNE-SUR-ARZON (43500), ch.-l. de cant. du nord de la Haute-Loire ; 3 045 hab. *(Craponnais).* Église du XVIe s.

CRAPOUILLOT n. m. (de *crapaud*). **1.** Petit mortier de tranchée (1915-1918). – **2.** Soldat servant ce mortier.

Crapouillot *(le),* revue fondée en 1915 par Jean Galtier-Boissière et dirigée par lui de 1915 à 1965. Créée dans un esprit de propagande patriotique, elle devint en 1919 une revue culturelle d'avant-garde puis en 1930 une revue satirique, publiée sous forme de numéros spéciaux.

CRAPS n. m. Jeu se jouant avec deux dés entre deux ou plusieurs joueurs qui à tour de rôle sont pontes ou banquier. (Syn. PASSE ANGLAISE.)

CRAPULE n. f. (lat. *crapula,* ivresse, du gr. *kraipalê*). **1.** Individu sans moralité, capable des pires bassesses ; canaille. – **2.** *Litt.* Ensemble des gens qui vivent dans la débauche et la malhonnêteté.

◆ adj. Qui est bas, vil ou malhonnête : *Des expressions un peu crapules.*

CRAPULERIE n. f. Caractère d'une crapule, de son comportement ; acte malhonnête et bas : *Commettre une crapulerie.*

CRAPULEUSEMENT adv. De façon crapuleuse.

CRAPULEUX, EUSE adj. (bas lat. *crapulosus,* de *crapula,* ivresse). **1.** *Litt.* Qui relève de la débauche la plus basse, la plus grossière : *Plaisirs crapuleux.* – **2.** Qui est d'une malhonnêteté profonde : *Personnage crapuleux.* – **3.** *Litt.* Qui est empreint d'une très grande vulgarité : *Voix crapuleuse.* – **4.** *Crime crapuleux,* commis pour des motifs d'intérêt.

CRAQUAGE ou **CRACKING** n. m. (angl. *cracking,* de *to crack,* briser). **1.** Ensemble des procédés de conversion qui transforment, sous l'action de la température *(craquage thermique)* et éventuellement d'un catalyseur *(craquage catalytique),* les hydrocarbures saturés contenus dans une coupe pétrolière en hydrocarbures plus légers utilisés comme carburants (raffinage) ou intermédiaires chimiques (pétrochimie). [→ *encycl.*] – **2.** Transformation de câbles sans torsion de filaments textiles chimiques, en un ruban de fibres discontinues par étirage entre des cylindres jusqu'à rupture des filaments individuels. – **3.** Séparation des différents constituants d'une matière première agricole (céréales, lait, etc.) pour les utiliser dans la fabrication de produits alimentaires.

ENCYCL. La réaction fondamentale qui gouverne le craquage consiste en la scission d'un hydrocarbure aliphatique saturé (paraffine) en une paraffine et une oléfine comportant un nombre d'atomes de carbone plus faible : c'est le craquage primaire. Les entités ainsi formées conduisent, par des réactions de craquage secondaire en divers points de leur chaîne carbonée, à des produits légers variés : gaz incondensables, gaz liquéfiés et surtout essences riches en oléfines. Simple dans son principe, la transformation chimique des paraffines selon cette voie s'avère en réalité plus complexe par le fait que des réactions parasites interfèrent avec les craquages primaire et secondaire. Elles conduisent notamment, en raison de la grande stabilité thermodynamique de ces composés, à des hydrocarbures polyaromatiques condensés, désignés, selon leur état pâteux ou solide, sous les vocables de goudron et de coke.

CRAQUANT, E adj. **1.** Qui craque, croquant : *Gâteau craquant.* – **2.** *Fam.* Qui fait craquer, sensationnel, formidable, irrésistible : *Une fille craquante, un disque craquant.*

CRAQUE n. f. (de *craquer*). *Pop.* Mensonge, vantardise : *Raconter des craques.*

CRAQUELAGE n. m. (de *craqueler*). **1.** Ensemble de fissures, fentes, stries que peuvent présenter certains films de vernis, de peinture, certains bétons ou des pains de savon. – **2.** Fabrication de la porcelaine craquelée.

CRAQUELÉ n. m. **1.** Procédé de décoration d'une céramique consistant à y provoquer volontairement des craquelures par refroidissement brusque à la cuisson ou en incorporant un ingrédient spécial dans la composition des revêtements. (Utilisé par les Chinois dès le Xe s., ce procédé fut repris à diverses époques par les Chinois et en Europe par les céramistes des XIXe et XXe s.) – **2.** Verre dont le décor consiste en un réseau de craquelures réelles ou simulées ; technique produisant ce décor.

CRAQUELER v. t. (de *craquer*) [conj. 24]. Fendiller, crevasser : *La cuisson a craquelé la porcelaine.*

◆ v. i. ou **se craqueler** v. pr., **être craquelé** v. pass. Présenter des craquelures : *Le vernis craquelle.*

1. CRAQUELIN n. m. (moyen néerl. *crakelinc,* de *craken,* craquer). Petit gâteau sec et croquant.

2. CRAQUELIN ou **CRAQUELOT** n. m. (de *craquer*). Syn. de HARENG BOUFFI*.

CRAQUELLEMENT ou **CRAQUÈLEMENT** n. m. État de ce qui est craquelé.

CRAQUELURE n. f. **1.** Fendillement, le plus souvent associé à d'autres sous forme de réseaux, à la surface d'un objet, en partic. d'un tableau, d'une peinture. (Les craquelures sont dues soit au vieillissement naturel des couches de peinture et de vernis, soit à une faute technique du peintre.) – **2.** Fendillement accidentel ou volontaire (craquelé) formant un réseau sur la couverte, l'émail ou la glaçure d'une céramique.

CRAQUEMENT n. m. **1.** Bruit sec que fait un corps qui craque : *L'arbre s'abattit avec un grand craquement.* – **2.** *Litt.* Signe avant-coureur d'une chute, d'une rupture : *Les craquements d'un régime dictatorial.*

1. CRAQUER v. i. (de *crac*) [conj. 3]. **1.** Se briser, céder, se déchirer en produisant un bruit sec : *Les coutures de sa veste ont craqué.* – **2.** Produire un bruit sec dû à un frottement, une pression, etc. : *Faire craquer une allumette.* – **3.** Produire un bruit particulier en claquant du bec (cigogne). – **4.** Échouer, rater, avorter : *Tous ces projets risquent de craquer faute d'argent.* – **5.** Céder soudain, avoir une grave défaillance physique ou psychologique ; s'effondrer : *Ses nerfs ont craqué.* – **6.** *Pop.* Tomber sous le charme de qqn, céder à l'attrait de qqch : *Craquer pour une vedette.* – **7.** Pop. *Craquer un cours,* en parlant d'un élève, ne pas y assister ; sécher. – **8.** Fam. *Plein à craquer,* qui comporte tant de choses ou de personnes qu'on a l'impression qu'il va éclater. ◆ v. t. **1.** Briser qqch, le déchirer, le faire céder : *Craquer son pantalon.* – **2.** *Fam.* Dépenser de l'argent, le dilapider. – **3.** *Craquer une allumette,* la frotter sur une surface adéquate pour l'allumer. ◆ **se craquer** v. pr., **être craqué** v. pass. Se déchirer : *Pull craqué à l'emmanchure.*

2. CRAQUER v. t. (de *cracking*) [conj. 3]. Modifier un produit pétrolier par craquage.

CRAQUETER v. i. (de *craquer*) [conj. 27]. **1.** Craquer souvent et à petit bruit : *Les brindilles craquettent dans le feu.* – **2.** Pousser un craquettement.

CRAQUETTEMENT ou **CRAQUÈTEMENT** n. m. **1.** Bruit produit par un objet qui craquette. – **2.** Cri de la grue ou de la cigogne. – **2.** Chant de la cigale.

CRAQUEUR n. m. (de *craquer 2*). **1.** Générateur d'atmosphère par réaction endothermique. – **2.** Unité de raffinage dans laquelle se produit la réaction de craquage des hydrocarbures.

CRASE n. f. (gr. *krasis,* mélange). **1.** Contraction de la voyelle ou de la diphtongue finale d'un mot avec celle du mot suivant. (Ce phénomène, courant en grec, est rare en français écrit mais fréquent dans la langue parlée.) – **2.** Dans la médecine hippocratique, constitution déterminée par le mélange des quatre humeurs de Galien (sang, pituite, atrabile et bile). – **3.** *Crase sanguine,* ensemble des propriétés du sang concernant l'hémostase et la coagulation.

CRASH [kraʃ] n. m. (pl. *crashes* ou *crashs*) [angl. *crash,* de *to crash,* s'écraser]. **1.** Pour un avion, action de s'écraser au sol. – **2.** Choc violent d'un véhicule contre un obstacle, un autre véhicule.

CRASHAW (Richard), poète anglais (Londres 1613 - Loreto, Italie, 1649). Fils de pasteur converti au catholicisme, influencé par le marinisme et les mystiques espagnols, il est un des meilleurs représentants de l'école métaphysique anglaise *(le Cœur de flamme).*

CRASHER (SE) v. pr. (conj. 3). *Fam.* S'écraser au sol, en parlant d'un avion ; subir un choc violent, en parlant d'un véhicule.

CRASPEC adj. inv. *Pop.* Crasseux.

CRASPÉDOTE adj. (gr. *kraspedon,* frange). Se dit des méduses munies d'un vélum sous-ombrellaire dont la contraction assure leur déplacement.

CRASSANE → PASSE-CRASSANE.

CRASSAT n. m. **1.** Gisement naturel d'huîtres. – **2.** À Arcachon, vase découverte à marée basse.

CRASSATELLIDÉ n. m. Mollusque bivalve marin, à coquille épaisse. (Les *crassatellidés* forment une famille très abondante.)

CRASSE n. f. (fém. de l'anc. fr. *cras,* du lat. *crassus,* gras). **1.** Couche de saleté, provenant en partie des glandes sébacées et progressivement amassée sur la peau, et de là sur le linge ou différents objets. – **2.** *Fam.* Brouillard, crachin. – **3.** *Litt.* État abject ou misérable ; médiocrité : *Essayer de sortir de la crasse dans laquelle on se trouve.* – **4.** *Crasse sénile,* syn. de KÉRATOSE SÉNILE. ‖ *Crasse des porcelets, affection cutanée due à des carences alimentaires.* ‖ Fam. *Faire une crasse à qqn,* lui jouer un mauvais tour.

◆ adj. *Fam.* Se dit d'un défaut qui atteint un très haut degré : *Ignorance crasse.*

◆ **crasses** n. f. pl. **1.** Matières terreuses de divers combustibles, qui restent dans les grilles du foyer, et qui constituent le mâchefer, les scories, etc. – **2.** Scories d'un métal en fusion.

CRASSEUX, EUSE adj. Couvert de crasse, d'une saleté répugnante : *Mains crasseuses.*

◆ **crasseux** n. m. *Pop.* Peigne.

CRASSIER n. m. (de *crasse*). **1.** Amoncellement des déchets, scories, etc., d'une usine métallurgique. – **2.** Syn. de TERRIL.

CRASSOSTREA n. f. (lat. *crassus,* épais, et *ostrea,* huître). Nom générique de trois espèces importantes d'huîtres d'élevage : l'huître portugaise, l'huître du Japon, l'huître américaine.

CRASSULACÉE n. f. Plante grasse des rocailles et des lieux arides, telle que la joubarbe et les sedums ou orpins. (Les *crassulacées* forment une famille.)

CRASSUS (Marcus Licinius), homme politique romain (Rome 115 - Carres 53 av. J.-C.). Préteur en 72, il battit les troupes de Spartacus. Consul avec Pompée en 70, censeur en 65, il fut membre du premier triumvirat avec Pompée et J. César. Consul en 55, il prit l'offensive en Syrie contre les Parthes, mais fut battu et tué à Carres.

CRATÆGUS n. m. (gr. *krataigos*). Nom scientifique de l'aubépine. (Les fleurs de cratægus ont une action antispasmodique et sont sédatives des palpitations cardiaques.)

1. CRATÈRE n. m. (lat. *crater, -eris,* du gr. *kratêr,* vase). Vase antique à large ouverture, et de grandes dimensions, qui servait à mélanger l'eau et le vin.

2. CRATÈRE n. m. (de *cratère 1*). **1.** Cavité de forme arrondie, relevant de dynamismes volcaniques variés (éruptions, affaissements), sur les flancs ou plus souvent au sommet d'un volcan. — **2.** Cavité qui se produit à l'extrémité du charbon positif d'un arc électrique. — **3.** Trou créé par la détonation d'une charge explosive dans la roche. — **4.** Excavation formée par l'exploitation à ciel ouvert d'un gisement fortement pentu. — **5.** *Cratère (météoritique),* dépression quasi circulaire creusée par l'impact d'une météorite à la surface d'un astre. (Syn. CIRQUE.) ‖ *Cratère de soudure,* cavité due au retrait du métal lors de la solidification. ‖ *Lac de cratère,* lac formé dans le cratère d'un volcan éteint.

CRATÈRE, un des lieutenants d'Alexandre le Grand († en Phrygie ? 321 av. J.-C.). Il participa à toutes les campagnes d'Alexandre et fut chargé en particulier de reconduire les vétérans de l'armée en Macédoine. Après la mort du conquérant, il ne put arbitrer entre les diadoques. Il fut tué dans un combat contre Eumenês.

CRATERELLE [kratrɛl] n. f. (bas lat. *craterella,* dimin. de *crater,* vase). Champignon comestible noir de forme évasée, commun en été dans les bois ombragés et frais. (N. usuels *trompette-de-la-mort, corne d'abondance.*)

CRATÉRIFORME adj. En forme de cratère, de coupe.

CRATÉRISÉ, E adj. Se dit d'une surface qui comporte des cratères.

CRATER LAKE, lac de l'ouest des États-Unis (Oregon), dans la chaîne des Cascades, au fond du cratère d'un immense volcan.

CRATICULAGE, CRATICULE, CRATICULER
→ GRATICULAGE, GRATICULE, GRATICULER.

CRATINOS, poète athénien (ve s. av. J.-C.). Il fut, avant Aristophane, le plus grand représentant de la « comédie ancienne ».

CRATO, v. du Portugal (Alentejo), à l'O. de Portalegre ; 4 000 hab. Centre commercial. Siège d'un grand prieuré de l'ordre de Malte depuis 1350.

CRATON n. m. Vaste portion de croûte continentale stable, en dehors des zones orogéniques.

CRATONIQUE adj. Relatif à un craton.

CRAU, région de Provence (Bouches-du-Rhône), entre le bras principal du Rhône et les Alpilles, plaine caillouteuse, partiellement mise en valeur par l'irrigation (prairies de fauche, fruits et légumes), atteinte par l'urbanisation et surtout l'industrialisation, en bordure du golfe de Fos.

CRAU (La) [83260], ch.-l. de cant. du Var, en bordure du massif des Maures ; 11 531 hab. *(Craurois).*

CRAVACHE n. f. (all. *Karbatsche,* du turc *kırbaç,* fouet, par l'intermédiaire du polon. *karabacz*). **1.** Badine courte et flexible, qui sert aux cavaliers pour stimuler ou corriger un cheval. — **2.** *À la cravache,* avec autorité et sévérité, brutalement.

CRAVACHER v. t. (conj. 3). **1.** Frapper un cheval avec une cravache, en général pour le faire accélérer. — **2.** Frapper qqn d'un coup de cravache ou de qqch d'analogue.
◆ v. i. *Fam.* Faire un maximum d'efforts pour arriver au résultat : *Cravacher avant l'examen.*

CRAVANT n. m. (p.-ê. gaul. **kraganno*). Oie marine du groupe des bernaches, qui hiverne sur les côtes de France. (Syn. BRANTE.)

CRAVATE n. f. (all. dialect. *krawat,* croate, en référence aux bandes de linge que les soldats croates portaient autour du cou). **1.** Bande d'étoffe, de cuir, longue et étroite qui se noue sous le col de la chemise. — **2.** Prolongement d'un col droit par deux bandes de tissu qui se nouent sur le devant. — **3.** Petite fourrure ou écharpe droite, que les femmes nouent autour du cou. — **4.** Cordage embrassant sans les serrer, mais en les soutenant, les pièces qu'on est en train de manœuvrer. — **5.** À la lutte, au rugby, etc., action dangereuse et interdite, qui consiste à entourer de son bras le cou de son adversaire. — **6.** Insigne de grades élevés de certains ordres : *Cravate de la Légion d'honneur.* — **7.** Ornement en étoffe, fixé au fer de lance d'un drapeau ou d'un étendard.

CRAVATER v. t. (conj. 3). **1.** Mettre une cravate à qqn. — **2.** *Litt.* Entourer d'une pièce d'étoffe, de rubans : *Cravater un bouquet de fleurs.* — **3.** *Pop.*

Voler qqch à qqn. — **4.** *Pop.* Étrangler qqn par-derrière ; procéder à son arrestation : *Se faire cravater dans la rue par la police.* — **5.** *Pop.* Abuser de la crédulité de qqn, d'un client.

◆ **être cravaté** v. pass. *Pigeon cravaté,* pigeon d'agrément caractérisé par des plumes ébouriffées, étalées sur la gorge.

◆ **se cravater** v. pr., **être cravaté** v. pass. *Litt.* Se mettre, porter qqch autour du cou, en partic. une cravate : *Habillés de sombre et cravatés, ils se ressemblent tous.*

CRAVATIER n. m. Fabricant de cravates.

CRAVE n. m. (gaul. *crago*). Corneille des Alpes et de Bretagne, à pattes et bec rouges, excellent voilier.

CRAW-CRAW [krokro] n. m. inv. (angl. *craw-craw*). Manifestation cutanée de l'onchocercose, liée à la présence de microfilaires d'*Onchocerca volvulus* dans le derme. (Syn. GALE FILARIENNE.)

CRAWFORD (Lucille LE SUEUR, dite **Joan**), actrice américaine (San Antonio, Texas, 1908 - New York 1977). D'abord danseuse, elle devint l'une des stars d'Hollywood (*Femmes,* 1939 ; *Johnny Guitare,* 1954 ; *Qu'est-il arrivé à Baby Jane ?,* 1962).

CRAWL [krol] n. m. (angl. *crawl,* de *to crawl,* ramper). Nage sur le ventre, à propulsion par mouvements alternatifs des bras et des jambes. (Caractérisé par une propulsion continue, le crawl est la nage la plus rapide. Tous les records du monde de nage libre actuels ont été réalisés en crawl.)

CRAWLER [krole] v. i. (conj. 3). Nager le crawl.

◆ **être crawlé** v. pass. *Dos crawlé,* nage en crawl sur le dos.

CRAWLEUR, EUSE [krolœr, -øz] n. Nageur, nageuse de crawl.

CRAWLEY, v. de Grande-Bretagne (West Sussex) ; 73 000 hab. « Ville nouvelle », développée après 1945, au S. de Londres.

CRAXI (Bettino), homme politique italien (Milan 1934), secrétaire général du parti socialiste italien (1976-1993), il a été président du Conseil de 1983 à 1987.

CRAYÈRE [krɛjɛr] n. f. Lieu d'où l'on extrait de la craie.

CRAYEUX, EUSE [krɛj, -z] adj. **1.** Qui est de la nature de la craie, constitué de craie : *Sol crayeux.* — **2.** Qui a l'aspect, la consistance de la craie : *Un camembert crayeux.*

CRAYON [krɛjɔ̃] n. m. (de *craie*). **1.** Instrument servant à écrire, à dessiner, généralement formé d'une mine de graphite ou de matière colorante enserrée dans une armature en bois tendre. — **2.** Dessin au crayon et, en partic., portrait. — **3.** Manière d'écrire, style d'un écrivain : *Il a le crayon vif et expressif.* — **4.** *Litt.* Ébauche, description à grands traits : *Un premier crayon d'un projet ambitieux.* — **5.** *Arg.* Cheveu ou jambe. — **6.** Bâton de forme effilée, à base de matières colorantes, utilisé pour le maquillage. — **7.** *Coup de crayon,* rature faite au crayon ; aptitude, habileté à dessiner : *Avoir un bon coup de crayon.* ‖ *Crayon combustible,* élément cylindrique et de petit diamètre contenant du combustible nucléaire. (Le cœur du réacteur d'une unité électronucléaire de 1 300 MW contient plus de 50 000 crayons de 9,5 mm de diamètre et d'environ 4,80 m de longueur.) ‖ *Crayon de couleur,* crayon dont la mine est d'une matière colorée naturellement ou artificiellement. ‖ *Crayon gras,* crayon à mine grasse, qui permet de travailler sur un support lisse et brillant (verre, plastique, etc.). ‖ *Crayon lithographique,* crayon utilisé pour dessiner sur la pierre lithographique, composé de savon, de cire, de suif et de noir de fumée. ‖ *Crayon (médicamenteux),* préparation solide se présentant sous forme d'un petit cylindre. (Le crayon au nitrate d'argent est utilisé pour cautériser les tissus.) ‖ *Crayon noir,* crayon dont la mine est de graphite naturel *mine de plomb* ou artificiel (crayon de type *Conté*). ‖ *Crayon optique* ou *lumineux,* syn. de PHOTOSTYLE. ‖ *Dessin aux trois crayons,* dessin exécuté avec un crayon noir, un bâton de sanguine et un autre de craie blanche, souvent sur papier teinté (XVIe-XVIIIe s. surtout).

CRAYON-FEUTRE n. m. (pl. *crayons-feutres*). Feutre utilisant une encre à l'eau servant essentiellement au coloriage et dont le capuchon ne porte pas d'agrafe.

CRAYON-LECTEUR n. m. (pl. *crayons-lecteurs*). Crayon optique relié à une caisse informatique, utilisé pour la lecture des codes-barres.

CRAYONNAGE [krɛ-] n. m. Action de crayonner ; dessin ou gribouillage rapide fait au crayon.

CRAYONNÉ n. m. Syn. de ROUGH.

CRAYONNER [krɛ-] v. t. (conj. 3). **1.** Tracer un dessin au crayon : *Crayonner un visage sur un carnet.* — **2.** Couvrir une surface de coups de crayon, de dessins et en partic. de gribouillages : *Crayonner une feuille, crayonner sur un mur.* — **3.** Écrire rapidement qqch : *Crayonner quelques lignes de réponse.*

◆ **être crayonné** v. pass. Être couvert de coups de crayon, de gribouillages : *Mur tout crayonné.*

CRAYONNEUR, EUSE [krɛ-] n. Personne qui crayonne, dessine des croquis.

C. R. D. S., abrév. de contribution* pour le remboursement de la dette sociale.

CRÉANCE n. f. (anc. fr. *creance,* de *creire,* croire). **1.** Dans les rapports qui dérivent d'une obligation, droit *(droit de créance)* de celui qui peut exiger la prestation de la part du débiteur (syn. DROIT PERSONNEL) ; titre qui établit ce droit. (→ *encycl.*) — 2. Lanière avec laquelle le fauconnier retient l'oiseau qui n'est pas encore bien apprivoisé. (Syn. FILIÈRE.) — 3. Litt. *Donner créance à qqch*, y ajouter foi ; le rendre croyable. ‖ Litt. *Hors de créance*, invraisemblable. ‖ *Lettres de créance*, lettres qu'un ministre ou un ambassadeur remet au chef de l'État auprès duquel il est accrédité, et qui attestent de la qualité de l'envoyé. (Syn. LETTRES DE CRÉDIT.) ‖ Litt. *Mériter créance, être digne de créance*, être digne d'être cru, mériter la confiance, le crédit d'autrui. ‖ Litt. *Perdre (sa) créance*, perdre la confiance, le crédit qu'autrui vous accordait. ‖ Litt. *Trouver créance*, être cru.

ENCYCL. La créance donne à son titulaire un droit de gage général sur les biens du débiteur, qui lui permet de pratiquer des saisies en cas de non-paiement, et d'invoquer, dans certains cas, l'action oblique ou l'action paulienne.

CRÉANCIER, ÈRE n. 1. Titulaire d'un droit de créance. — 2. Personne à qui qqn doit de l'argent. — 3. *Créancier privilégié*, celui auquel la loi accorde une préférence sur les autres créanciers dans l'ordre des paiements. ‖ *Créancier successoral*, créancier du défunt dont les biens de la succession constituent la garantie.

CREANGĂ (Ion), écrivain roumain (Humulești 1839 - Iași 1899). Alors que ses *Contes* allient humour et sagesse populaire, ses *Souvenirs d'enfance* (1881-1888) dépeignent un univers rural fruste et d'une grande authenticité.

CRÉATEUR, TRICE n. (lat. *creator*). 1. Premier auteur de qqch dans les domaines scientifique, technique, artistique ou littéraire ; inventeur : *Le créateur d'une mode nouvelle.* — 2. Artiste qui interprète pour la première fois un rôle au théâtre ou une chanson.

◆ adj. 1. Qui crée, tire du néant : *Une divinité créatrice.* — 2. Se dit d'un esprit inventif : *Une imagination créatrice.*

◆ **créateur** n. m. 1. Personne qui crée, qui tire du néant : *Le créateur de toutes choses.* — 2. *Le Créateur*, Dieu.

CRÉATIF, IVE adj. (lat. médiév. *creativus*). 1. Qui est capable d'inventer, d'imaginer, de réaliser qqch de nouveau ou d'original : *Avoir l'esprit créatif.* — 2. Qui favorise la création : *Atmosphère créative.*

◆ n. 1. Personne qui a une grande capacité de création, d'imagination. — 2. Personne chargée d'avoir des idées originales, de créer des produits dans la publicité industrielle ou commerciale.

CRÉATINE n. f. (gr. *kreas, -atos*, chair). Dérivé guanidinique du glycocolle, présent dans le sang, le cerveau et les muscles, qui joue un rôle capital dans la contraction musculaire par sa combinaison avec l'acide phosphorique.

CRÉATINE-PHOSPHOKINASE ou **CRÉATINE-KINASE** n. f. (pl. *créatines-phosphokinases*). Enzyme musculaire dont le taux sérique s'élève en cas d'infarctus du myocarde.

CRÉATININE n. f. Dérivé de l'imidazole, métabolite de la créatine.

ENCYCL. On trouve la créatinine dans le sang et dans l'urine. Son excrétion par 24 heures est constante chez un individu donné et sert de valeur de référence pour la mesure de la clearance glomérulaire.

CRÉATININÉMIE n. f. Teneur du sang en créatinine. (Normalement comprise entre 10 et 18 mg par litre, son taux augmente au cours des insuffisances rénales.)

CRÉATININURIE n. f. Présence physiologique de créatinine dans les urines. (L'excrétion normale est de 2g/24 h.)

CRÉATINURIE n. f. Présence de créatine dans les urines. (Physiologique pendant la croissance, la grossesse et les périodes de jeûne, elle est très élevée lors des affections musculaires.)

CRÉATION n. f. (lat. *creatio, -onis*). 1. Action de créer, de tirer du néant : *La Genèse raconte la création du monde.* — 2. Avec une majusc., la création du monde dans la Bible. — 3. Ensemble des êtres et des choses créés ; l'univers considéré comme l'œuvre d'un créateur : *Les poètes qui chantent les merveilles de la création.* — 4. Action d'établir, de fonder qqch qui n'existait pas encore : *La création de nouveaux emplois. La création d'une usine.* — 5. Action de créer une œuvre originale ; production originale, œuvre créée par une ou plusieurs personnes : *Les dernières créations de la haute couture.* — 6. Première interprétation d'un rôle de théâtre, d'une chanson ; première ou nouvelle mise en scène d'une œuvre.

Création *(la)*, oratorio pour solistes, chœur et orchestre, composé par J. Haydn (1798) sur un poème du baron Van Swieten d'après *le Paradis perdu* de Milton.

création industrielle *(Centre de)* **[C. C. I.]**, à Paris, département de design du Centre* national d'art et de culture G.-Pompidou.

Création du monde *(la)*, ballet en 1 acte ; argum. de Blaise Cendrars ; mus. de Darius Milhaud ; chorégr. de Jean Börlin. Création mondiale à Paris en 1923.

CRÉATIONNISME n. m. Théorie de l'origine des espèces animales et végétales selon laquelle chacune de celles-ci serait apparue brusquement sans avoir d'ancêtres.

ENCYCL. Le créationnisme, réfuté par la science moderne, a été défendu par G. Cuvier et A. d'Orbigny, ce dernier expliquant le renouvellement des faunes par des « révolutions du globe ». Les chrétiens de tendance fondamentaliste invoquent les récits bibliques (Genèse I, II et IX) pour justifier ce mode d'apparition des espèces.

CRÉATIONNISTE adj. Relatif au créationnisme ; partisan du créationnisme.

CRÉATIQUE n. f. Ensemble des techniques et méthodes soutenant et développant la créativité.

CRÉATIVITÉ n. f. **1.** Capacité, faculté d'invention, d'imagination ; pouvoir créateur. — **2.** Aspect de la compétence linguistique représentant l'aptitude de tout sujet parlant une langue à comprendre et à émettre un nombre indéfini de phrases qu'il n'a jamais entendues auparavant et dont les règles (en nombre fini) d'une grammaire générative sont censées rendre compte.

CRÉATURE n. f. (lat. ecclés. *creatura*). **1.** Être créé, par oppos. à Dieu qui l'a créé ; en partic. l'être humain. — **2.** *Fam.* Femme : *Une créature de rêve.* — **3.** *Vx.* Femme de mauvaise vie. — **4.** *Litt.* Personne dont la personnalité a été façonnée par qqn d'autre : *Elle est la créature d'une sorte de Pygmalion.* — **5.** *Péjor.* Personne qui ne doit sa situation qu'à la protection, à la faveur d'une autre, et qui lui est entièrement soumise ; protégé : *Les créatures d'un ministre.*

Créatures de Prométhée *(les),* ballet de Salvatore Vigano créé à Vienne en 1801 sur une partition demandée par le chorégraphe à Beethoven.

CRÉBILLON (Prosper JOLYOT DE CRAIS-BILLON, dit), auteur dramatique français (Dijon 1674 - Paris 1762). Il prétendit renouveler la tragédie classique en multipliant les effets pathétiques et les coups de théâtre (*Rhadamisthe et Zénobie,* 1711). Ses admirateurs l'opposèrent à Voltaire. (Acad. fr., 1731.) — Son fils CLAUDE, dit **Crébillon fils** (Paris 1707 - *id.* 1777), écrivit des romans de mœurs (*les Égarements du cœur et de l'esprit,* 1736-1738) et des contes licencieux (*le Sopha,* 1740).

CRÉCELLE n. f. (p.-ê. lat. pop. **crepicella,* du lat. class. *crepitare,* craquer ; ou rad. onomat. **krek*). **1.** Instrument dont se servaient les lépreux, au Moyen Âge, pour annoncer leur approche. — **2.** Instrument de musique dans lequel des lames, en bois ou en métal, sont mises en vibration par les dents d'une roue autour de laquelle elles tournent. — **3.** Jouet d'enfant, de même forme. — **4.** *Fam.* Personne qui étourdit les gens par son bavardage. — **5.** *Bruit, voix de crécelle,* criards et désagréables.

CRÉCERELLE n. f. Faucon à longue queue, très commun en France, et pouvant se rencontrer jusqu'au centre des villes. (N. usuel *émouchet.*)

CRÉCERELLETTE n. f. Petit faucon migrateur, du midi de la France.

CRÈCHE n. f. (frq. **krippia*). **1.** Mangeoire pour animaux, plus particulièrement pour les moutons. — **2.** Établissement destiné à recevoir les enfants de moins de trois ans dont les père et mère travaillent. (La *crèche collective* regroupe, sous la surveillance d'un personnel spécialisé, de 40 à 60 enfants ; la *crèche familiale* est un système de garde au domicile d'une assistante maternelle sous le contrôle d'un organisme spécialisé.) — **3.** *Pop.* Chambre, maison. — **4.** Reproduction figurative de la scène de la Nativité de Jésus selon les données des Évangiles de Matthieu (II) et de Luc (II), ainsi que des traditions populaires diverses selon les pays ou les régions.

CRÉCHER v. i. (de *crèche*) [conj. **18**]. *Pop.* Loger, habiter qqpart.

CRÉCHY (03150), comm. de l'Allier, sur l'Allier, au N. de Vichy ; 487 hab. Cimenterie.

CRÉCY-EN-PONTHIEU (80150), ch.-l. de cant. de la Somme, à 19 km au N. d'Abbeville ; 1 507 hab. *(Crécéens).* Église des XIVe-XVIe s. — La *forêt domaniale de Crécy* s'étend sur 4 300 ha, au S.-E.

Crécy *(bataille de)* [26 août 1346], bataille qui se déroula près de Crécy-en-Ponthieu pendant la guerre de Cent Ans. L'armée de Philippe VI de Valois fut vaincue par les troupes d'Édouard III, roi d'Angleterre, dont la victoire démontra la supériorité des archers sur la chevalerie française.

CRÉCY-LA-CHAPELLE (77580), ch.-l. de cant. de Seine-et-Marne, dans la Brie, sur le Grand Morin, au N. de la *forêt de Crécy ;* 3 233 hab. *(Créçois).* Vestiges de deux enceintes médiévales.

CRÉCY-SUR-SERRE (02270), ch.-l. de cant. de l'Aisne, à 14 km au N. de Laon ; 1 562 hab.

CRÉDENCE n. f. (ital. *credenza,* confiance, du lat. médiév. *credentia*). **1.** Meuble sur lequel on faisait l'épreuve des mets et des boissons destinés aux princes afin d'éviter leur empoisonnement. — **2.** Buffet remontant aux XVe-XVIe s., composé d'un corps de rangement à deux portes soutenu par des montants au-dessus d'un espace libre. — **3.** Nom parfois donné au dressoir. — **4.** Dans une église, petite console placée près de l'autel, sur laquelle on prépare ce qui est nécessaire à l'office (burettes, encensoir, etc.).

CRÉDENCIER n. m. (de *crédence*). Celui qui goûtait les mets à la table des princes.

CRÉDIBILISER v. t. (conj. 3). Rendre qqch crédible.

CRÉDIBILITÉ n. f. (lat. médiév. *credibilitas, -atis*). **1.** Caractère de qqch qui peut être cru : *La crédibilité d'un récit.* – **2.** Caractère de qqn qui est digne de confiance : *Il a perdu toute crédibilité par ses mensonges.*

CRÉDIBLE adj. (lat. *credibilis*). **1.** À qui on peut se fier : *Un informateur peu crédible.* – **2.** Qui peut être cru, en quoi on peut avoir confiance : *Un raisonnement crédible.*

CRÉDIRENTIER, ÈRE n. Personne à qui des rentes sont dues.

CRÉDIT n. m. (lat. *creditum*, de *credere*, croire). **1.** *Litt.* Confiance, estime, considération dont bénéficie qqn ou qqch ; autorité : *Cet astronome jouit d'un crédit certain auprès de ses collègues.* – **2.** Autorisation de dépenses accordée par les autorités qui établissent, votent ou règlent les budgets ; somme ainsi allouée : *La bibliothèque dispose d'un crédit de dix mille francs.* – **3.** Acte par lequel une banque ou un organisme financier effectue une avance de fonds ; délai accordé pour un remboursement ; montant de l'avance. – **4.** Nom donné à certaines banques (avec majusc.). – **5.** *À crédit,* avec paiement différé : *Acheter à crédit.* ‖ *Établissement de crédit,* banque ou organisme financier effectuant des avances de fonds. ‖ *Faire crédit à qqn,* lui accorder un délai de paiement ou, litt., lui faire confiance, se fier à lui. ‖ *Porter, mettre qqch (un acte) au crédit de qqn,* lui en reconnaître le mérite. • **Banq.** *Crédit d'accompagnement,* crédit par acceptation dans lequel des tirages nouveaux peuvent faire l'objet d'acceptation au fur et à mesure de la fourniture des justifications. ‖ *Crédit acheteur,* procédé de promotion des exportations qui permet à un exportateur de biens d'équipement d'être immédiatement payé par l'acheteur étranger qui reçoit à cette fin un prêt bancaire. ‖ *Crédit en blanc,* crédit qui, à titre exceptionnel, n'est pas assorti d'une garantie. ‖ *Crédit de campagne,* crédit à court terme consenti à une industrie ou à un commerce saisonniers qui doivent constituer des stocks à un moment donné, alors que leurs fabrications ou leurs ventes s'étalent sur toute l'année. ‖ *Crédit à la consommation,* crédit consenti à un particulier, pour le paiement de biens de consommation ou de services. ‖ *Crédit à court terme,* crédit accordé pour une période qui, en France, peut aller jusqu'à deux ans. ‖ *Crédit croisé,* échange de créances ou de dettes pratiqué entre banques ou entre entreprises ; échange de monnaie nationale contre une devise étrangère, avec engagement de procéder à l'échange inverse à une certaine échéance et à un taux de change déterminé. (Syn. SWAP.) ‖ *Crédit(-) fournisseur* ou *interentreprises,* celui dont bénéficient les entreprises, lorsque leurs fournisseurs acceptent d'être payés à une certaine échéance. ‖ *Crédit à long terme,* crédit accordé pour des investissements et d'une durée qui, en France, dépasse sept ans. ‖ *Crédit de mobilisation des créances commerciales (C. M. C. C.),* technique de crédit permettant la mobilisation des créances commerciales sans qu'il soit nécessaire de les incorporer dans des effets de commerce dont le traitement s'avère lourd et onéreux. ‖ *Crédit à moyen terme,* crédit accordé pour une période qui, en France, ne peut excéder sept ans et est utilisé, en principe, pour le financement d'investissements. ‖ *Crédit(-)relais,* avance destinée à faire le lien entre une sortie immédiate et une rentrée ultérieure de fonds. ‖ *Crédits de trésorerie,* ensemble des escomptes d'effets de commerce, des avances en compte et de différents crédits, mobilisables ou non. ‖ *Lettre de crédit,* document délivré par un banquier à son client, afin de lui permettre de toucher de l'argent chez un banquier d'une autre ville. – **Comptab.** Partie du compte d'un tiers où figurent ses créances, son avoir. (À l'inverse, les créances sur ce tiers figurent au *débit,* ou *doit,* de son compte.) – **Dr.** *Crédit municipal,* établissement public municipal dont la mission consiste à prêter sur gages, plus connu autref. sous le nom de *mont-de-piété.* ‖ *Lettres de crédit,* syn. de LETTRES DE CRÉANCE*. – **Fin.** *Crédit d'impôt,* créance sur le Trésor dont bénéficient les porteurs d'obligations ou de bons de caisse, qui ont subi une retenue à la source, et auxquels on accorde une réduction de l'impôt sur le revenu. (Pour les actions, on emploie de préférence le terme *avoir fiscal.*) ‖ *Crédit public,* actes et engagements qui naissent de la faculté qu'a l'État de contracter une dette publique par l'emprunt. – **Impr.** *Crédit photographique,* mention obligatoire du nom du propriétaire des droits de reproduction des photographies illustrant un ouvrage.

ENCYCL. **Banq.** *L'organisation générale du crédit* en France, qui fut longtemps caractérisée par la spécialisation bancaire (banques de dépôts, banques de crédit à long et moyen terme, banques d'affaires, crédit agricole, crédit populaire, etc.), l'est surtout, aujourd'hui, par l'importance du secteur public et semi-public (Caisse des dépôts et consignations, Banque française du commerce extérieur, Caisses d'épargne, Caisses de crédit municipal, Banque de France, Crédit national, Crédit foncier de France, etc.). La loi de nationalisation des banques françaises votée par le Parlement en 1982 a accru considérablement ce secteur public. Les lois du 2 juillet et du 6 août 1986 prévoyaient le retour au secteur privé de la quasi-totalité des établissements bancaires mais ce programme n'a connu qu'un début de réalisation (il a été suspendu en 1988). Toute cette organisation est placée sous le contrôle du

Conseil national du crédit, dont la Banque de France est non seulement l'agent, mais, en fait, l'élément de direction. La loi du 24 janv. 1984 a établi un cadre juridique unique pour l'ensemble des établissements de crédit. (→ BANQUE.)

• *Mécanisme du crédit.* Les dépôts effectués par les *prêteurs* concourent, par le canal des banques*, à l'octroi de crédits — à long, moyen et court terme — en faveur, pour l'essentiel, des entreprises et des particuliers. Ces *emprunteurs,* à leur tour, effectuent des dépôts à l'aide de ces crédits (« les crédits font les dépôts »), révélant le caractère entretenu de la création monétaire.

• *Politique du crédit.* L'objectif de toute politique du crédit est de favoriser l'expansion économique tout en assurant une efficace maîtrise de la masse monétaire, indispensable pour assurer l'intégrité de la monnaie nationale. Cette politique se réalise essentiellement par la fixation du loyer de l'argent, celui-ci devant à la fois fournir aux déposants des taux suffisamment attractifs et aux entreprises des moyens de financement obtenus à des coûts favorables. La surveillance de la liquidité générale de l'économie se réalise généralement par l'action sur le taux de l'escompte. Celui-ci a perdu néanmoins de son importance depuis 1971, la Banque de France exerçant son contrôle de façon indirecte en agissant sur le taux du marché monétaire. Depuis 1987, l'encadrement du crédit a été supprimé. Toutefois le taux de réserves obligatoires sur les dépôts demeure.

• *Crédit agricole.* La structure du crédit agricole comprend deux secteurs distincts :

1° *Le secteur du crédit agricole mutuel officiel.* Il comprend de nombreuses *caisses locales de crédit agricole mutuel,* constituées entre agriculteurs individuels et associations agricoles, et des *caisses régionales de crédit agricole mutuel,* qui coordonnent l'activité des caisses locales. La *Caisse nationale de crédit agricole* garantit la cohésion du réseau des caisses régionales.

Au sommet de la structure du Crédit agricole, la *Fédération nationale du crédit agricole (F. N. C. A.),* créée en 1945, regroupe les dirigeants des caisses régionales et a pour fonction de représenter les intérêts des sociétaires et de coordonner l'action des divers niveaux de l'institution.

Le Crédit agricole consent par ses caisses des prêts individuels aux exploitants agricoles et aux artisans ruraux, et des prêts collectifs aux groupements professionnels (coopératives agricoles, communes rurales, etc.). Mais, en réalité, il pratique une politique qui se rapproche progressivement de celle des établissements de crédit « classiques », dans la mesure où son champ d'activité s'étend désormais à l'ensemble du territoire et à toutes les catégories d'emprunteurs.

2° *Le secteur du crédit agricole mutuel libre.* Connu sous l'appellation de « Crédit mutuel agricole et rural », il fonctionne par les ressources de la mutualité et de son activité bancaire mais n'utilise pas le concours de l'État. Outre les services qu'elles rendent individuellement aux agriculteurs (trésorerie, crédits de campagne, etc.), les caisses de ce secteur apparaissent comme les banques par excellence des sociétés coopératives agricoles.

• *Crédit coopératif.* Créée en 1938, la *Caisse centrale de crédit coopératif* recouvre l'ensemble du secteur de crédit coopératif, articulé autour de deux pôles principaux : la *Banque française de crédit coopératif,* qui assure, depuis janv. 1977, la gestion de la totalité du réseau d'agences de crédit coopératif et qui n'a pas été englobée dans la nationalisation de 1982, et le *Crédit maritime mutuel,* qui finance l'armement maritime artisanal. La Caisse centrale de crédit coopératif octroie des prêts à moyen et à long terme aux coopératives et à leurs adhérents, émet des emprunts et répartit les dotations et concours du Fonds de développement économique et social.

• *Crédit mutuel.* C'est une organisation bancaire dont le statut actuel date d'une ordonnance de 1958. Elle est composée d'un réseau de 3 000 caisses locales réparties sur l'ensemble du territoire français. Les caisses locales constituent, entre elles, des caisses fédérales elles-mêmes sociétaires, à l'échelon national, de la Caisse centrale de crédit mutuel. Parallèlement, les caisses locales adhèrent à 20 fédérations régionales regroupées dans la *Confédération nationale du crédit mutuel* qui exerce une double fonction de contrôle interne et de représentation extérieure.

• *Crédit populaire.* Organisé par une loi du 13 mars 1917, le Crédit populaire conserve un rôle de collecteur et de distributeur d'épargne et réalise des opérations de crédit en faveur des petits commerçants, petits industriels et artisans. Aujourd'hui, le Crédit populaire est composé d'environ 50 banques populaires, banques de dépôts à vocation générale qui drainent une importante clientèle. Le *Crédit d'équipement des petites et moyennes entreprises,* créé en 1980, regroupe les activités de l'ancienne Caisse centrale de crédit hôtelier, commercial et industriel et de l'ancienne Caisse nationale des marchés de l'État.

crédit *(Conseil national du)* organisme créé par la loi du 2 déc. 1945 (qui a nationalisé la Banque* de France), formé de hauts fonctionnaires, de représentants du secteur bancaire, de parlementaires et d'élus régionaux. Il participe à l'élaboration de la politique du crédit. Ses réunions sont présidées par le gouverneur de la Banque de France.

crédit agricole *(Caisse nationale de)* **[C. N. C. A.],** organisme créé en 1920 et dont la dénomination actuelle date de 1926. Autrefois établissement public doté de l'autonomie financière, la C. N. C. A. a été transformée en 1988 en une société anonyme dont le capital est réparti entre les 94 caisses régionales pour 90 % et les salariés pour 10 %. Elle est l'organe central chargé de la cohésion du réseau des caisses et de son fonctionnement. Première banque française (et une des premières dans le monde), elle a étendu ses activités aux non-agriculteurs. Autour d'elle s'est constitué un grand groupe présent dans les domaines de la banque, des placements, de l'assurance, du crédit-bail et des prestations de services.

Crédit commercial de France [C. C. F.], établissement de crédit, fondé en 1894 à Paris, sous le nom de *Banque suisse et française* et qui a pris son nom actuel en 1917. Nationalisé en 1982, il est retourné au secteur privé en 1987.

Crédit foncier de France, institution semi-publique de crédit à moyen et à long terme, créée par un décret du 10 déc. 1852. Il accorde essentiellement des prêts orientés vers les opérations de promotion et de construction.

Crédit industriel et commercial (C. I. C.), établissement bancaire français, fondé en 1859 à Paris. Il s'est développé sur une base fédérative, en s'associant dès son origine un ensemble d'établissements bancaires qu'il a créés ou repris. Le C. I. C. a été nationalisé en 1982.

Crédit Lyonnais, établissement bancaire fondé en 1863, à Lyon, par Henri Germain (1824-1905). Il se lança, dès l'origine, dans une ambitieuse politique de prises de participations mais le krach de l'Union générale (1882) le fit se cantonner ultérieurement dans une stricte politique de banque de dépôts. Le Crédit Lyonnais a été nationalisé en 1945.

Crédit national, établissement financier semi-public, constitué en 1919 en vue de faciliter la réparation des dommages causés par la Première Guerre mondiale. Voué traditionnellement à aider la création ou le développement des entreprises en consentant des prêts à long terme et en mobilisant, sous sa responsabilité, des crédits à moyen terme, il a aujourd'hui diversifié ses activités tout en conservant sa spécialisation de financement des entreprises.

Crédit du Nord, banque française de dépôts créée à Lille, dont les origines remontent à 1848. Nationalisée en 1982, elle est retournée au secteur privé en 1988.

CRÉDIT-BAIL n. m. (pl. *crédits-bails*). Opération de location de biens d'équipement, ou de biens immobiliers à usage professionnel, lorsque cette opération donne au locataire la facilité d'acquérir tout ou partie des biens loués, moyennant un prix convenu tenant compte, au moins pour partie, des versements effectués à titre de loyer. (Cette technique permet aux industriels de ne pas immobiliser une partie importante de leurs fonds propres.) [Syn. LEASING.]

CRÉDITER v. t. (de *crédit*) [conj. 3]. **1.** Inscrire une certaine somme au crédit de qqn, l'en rendre créancier en l'inscrivant à son compte. — **2.** Attribuer qqch à qqn, le porter à son actif, en partic. en parlant d'une performance sportive : *On a crédité ce coureur d'un temps de 10 secondes sur 100 mètres.*

◆ **être crédité** v. pass. Se voir attribuer une valeur, une appréciation, qqch de positif.

CRÉDITEUR, TRICE adj. Relatif au crédit : *Compte créditeur.*

◆ n. Personne qui a des sommes marquées à son crédit sur des livres de commerce ou à son compte en banque.

CREDO [kredo] n. m. inv. (lat. *credo,* je crois). **1.** Symbole de la foi catholique désigné par le premier mot de sa forme latine (avec majusc.). [Le symbole des Apôtres et le symbole de Nicée le formulent.] — **2.** Principes sur lesquels on fonde sa conduite, ses opinions.

CRÉDULE adj. (lat. *credulus,* de *credere,* croire). Qui croit trop facilement, trop naïvement ce qu'on lui dit ; candide.

CRÉDULITÉ n. f. (lat. *credulitas*). Trop grande facilité à croire qqn ou qqch.

CREEKS, ancienne confédération d'Indiens de l'Amérique du Nord dont la langue appartient à la famille natchez-muskogee.

CREEP [krip] ou **CREEPING** [kripiŋ] n. m. (angl. *to creep,* ramper, ou *creeping,* reptation). Lente descente du sol, consistant en une infinité de petits déplacements des particules meubles, les unes par rapport aux autres, sous l'effet de la pesanteur et qui constitue l'un des principaux processus de façonnement des versants sous couverture végétale dense. (Syn. REPTATION.)

CREEPERS [kripɛrs] n. f. pl. Grosses chaussures basses avec une semelle en caoutchouc épaisse et débordante, à la mode chez les jeunes dans les années 80.

CRÉER v. t. (lat. *creare*) [conj. **15**]. **1.** Faire que qqch, un être existe, spécialement en parlant de Dieu : *Créer le monde.* — **2.** Réaliser ou concevoir qqch : *Créer un mot nouveau. Créer un personnage de bande dessinée.* — **3.** Fonder, établir qqch, être à l'origine de son existence : *Créer une association* *sportive. Créer des emplois.* — **4.** Faire naître, engendrer un sentiment, un état : *Elle sait créer le bonheur autour d'elle.* — **5.** Être la cause de qqch de pénible, le provoquer, le susciter ; engendrer : *Il ne nous crée que des ennuis.* — **6.** Réaliser des œuvres originales qui portent la marque de ses sentiments, de sa pensée, de sa personnalité : *Il se sentait incapable de créer.* — **7.** Être le premier à interpréter une chanson, un rôle, etc. — **8.** Faire représenter un spectacle pour la première fois.

◆ **se créer** v. pr. **1.** Susciter qqch pour soi : *Se créer des illusions.* — **2.** Être tiré du néant : *Rien ne se perd, rien ne se crée.*

CREES → CRIS.

CREIL (60100), ch.-l. de cant. de l'Oise, sur l'Oise ; 32 501 hab. *(Creillois).* Église des XIIIe-XVe s. Musée (mobilier, faïences, etc.). Centre d'une agglomération de plus de 80 000 hab., industrialisée (métallurgie, chimie).

Creil *(faïences fines de).* Une manufacture de faïence fine et grès fin à l'imitation de l'Angleterre fut fondée à Creil en 1797. Elle fusionna avec la fabrique de Montereau en 1840, puis ferma en 1895. On y fit essentiellement des décors imprimés en bistre, en bleu ou, plus rarement, en polychromie.

CREMA, v. d'Italie, en Lombardie, au N.-O. de Crémone ; 35 000 hab. Cathédrale des XIIIe-XIVe s., et autres monuments. Industries mécaniques et textiles.

CRÉMAGE n. m. **1.** Remontée spontanée de la crème à la surface du lait au repos. — **2.** Addition d'air à un produit alimentaire pour lui donner une consistance plus légère. — **3.** Séparation par gravité des particules d'une émulsion. — **4.** Opération que l'on fait subir aux fils, et aux tissus, de lin surtout, pour leur donner une teinte blanc jaunâtre.

CRÉMAILLÈRE n. f. (anc. fr. *cramail,* du bas lat. *cramaculus,* adaptation du gr. *kremastêr,* qui suspend). **1.** Pièce de métal, fixée au-dessus du foyer d'une cheminée et munie de crans au moyen desquels on suspend un récipient à la bonne hauteur. — **2.** Tige de métal munie de crans, servant à maintenir plus ou moins ouvert un châssis à tabatière. — **3.** Sur certaines voies ferrées à très forte déclivité, pièce métallique dentée solidement fixée entre les rails de roulement et sur laquelle s'engrène un pignon de l'engin moteur. — **4.** Faux-limon, entaillé pour recevoir, le long de la cage de l'escalier, l'extrémité des marches. — **5.** Organe rectiligne denté, engrenant avec une roue ou un pignon denté, afin de transformer un mouvement de rotation en un mouvement rectiligne, ou vice versa. (En construction automobile, on utilise la *direction à crémaillère,* dans laquelle le pignon d'attaque solidaire du volant agit sur une crémaillère attelée au train des roues avant.) — **6.** Chacune des pièces allongées de bois ou de métal, garnies de crans ou d'encoches, qui servent à soutenir des rayonnages. — **7.** *Fermeture à crémaillère,* dispositif adapté à une serrure, à un fermoir, permettant de régler la tension d'une tirette, d'un abat, selon le volume des objets contenus. ‖ *Limon à crémaillère* ou à *l'anglaise,* limon entaillé sur lequel repose, côté rampe, l'extrémité des marches (par oppos. au *limon à la française*). ‖ Fam. *Pendre la crémaillère,* donner un repas pour célébrer son installation dans un nouveau logement.

CRÉMAILLON n. m. Petite crémaillère attachée à la grande.

CRÉMANT adj. et n. m. (de *crème*). Se dit d'un vin de Champagne qui se couvre d'une mousse légère et peu abondante.

CRÉMASTER [-mastɛr] n. m. (gr. *kremastêr,* suspenseur). Muscle sustentateur du testicule.

CRÉMASTOGASTER [-tɛr] n. m. Fourmi des régions chaudes, à l'abdomen extrêmement mobile, qui lui permet de se défendre en enduisant ses ennemis de venin.

CRÉMATION n. f. (lat. *crematio, -onis,* de *cremare,* brûler). Incinération, destruction des cadavres par le feu.

CRÉMATISTE adj. et n. Partisan de la crémation des cadavres.

CRÉMATOIRE adj. **1.** Relatif à la crémation. — **2.** *Four crématoire,* four servant à incinérer.

◆ n. m. Four crématoire.

CRÉMATORIUM [-rjɔm] n. m. Bâtiment où l'on incinère les morts.

CRÉMAZIE (Claude Joseph Olivier, dit **Octave**), écrivain canadien de langue française (Québec 1827 - Le Havre 1879). Libraire à Québec, il écrivit des poèmes imités des romantiques français, d'inspiration patriotique et religieuse (*le Drapeau de Carillon,* 1858).

CRÈME n. f. (bas lat. *crama*). **1.** Produit de l'écrémage du lait constitué de lait très enrichi en matière grasse. — **2.** *Fam.* Ce qu'il y a de meilleur dans un groupe ; l'élite sociale : *Ces gens, ce n'est pas la crème.* — **3.** Émulsion cosmétique plus ou moins épaisse, parfumée, destinée aux soins de la peau. — **4.** Préparation à base d'œufs, de lait et de sucre, servie soit en accompagnement ou comme garniture. (→ *encycl.*) — **5.** Potage lié à la farine très fine (dite *crème*) additionné de crème et de beurre frais. (Syn. VELOUTÉ.) — **6.** Boisson obtenue par macération de substances diverses dans de l'eau-de-vie additionnée de sucre ou de glucose. — **7.** *À la crème,* se dit d'apprêts dont le

jus de cuisson est déglacé à la crème fraîche. ‖ Fam. *C'est la crème de la crème,* c'est ce qu'il y a de mieux, le dessus du panier. ‖ Fam. *C'est la crème des hommes,* c'est qqn de vraiment bon. ‖ *Crème dermique,* préparation de consistance molle, contenant de l'eau ou de l'huile, et des principes actifs divers, employée pour le traitement des dermatoses suintantes. ‖ *Crème glacée,* syn. de GLACE. ‖ *Crème de gruyère,* fromage fondu tartinable. ‖ *Crème médicinale,* aliment à base de lait et de sucre, destiné à faire absorber des médicaments sous une forme agréable au goût.
◆ adj. inv. De couleur blanche légèrement teintée de jaune.
◆ n. m. **1.** *Fam.* Café crème. — **2.** Couleur crème.
ENCYCL. **Cuis.** La *crème anglaise* constitue une crème de base : parfumée, elle donne lieu à la crème à la vanille, au chocolat, au café, etc. ; cuite au bain-marie, elle devient *crème moulée ;* incorporée à du beurre, elle se transforme en *crème au beurre ;* collée à la gélatine, elle est employée pour des entremets froids. La *crème pâtissière,* additionnée de beurre et de farine, est utilisée pour fourrer les gâteaux.

CRÉMER v. i. (conj. **18**). Se couvrir de crème, en parlant du lait.
◆ v. t. Opérer le crémage d'un tissu.

CRÉMERIE [krɛ-ou kre-] n. f. **1.** Magasin où l'on vend principalement du lait, des produits laitiers, du fromage et des œufs. — **2.** Autref., à Paris, petit établissement où l'on consommait surtout des œufs et du laitage, mais qui servait aussi des repas. — **3.** Autref., dans les fermes, lieu où l'on faisait crémer le lait. — **4.** *Pop.* Café, restaurant, établissement quelconque. — **5.** Fam. *Changer de crémerie,* quitter une maison, aller ailleurs.

CRÉMEUX, EUSE adj. **1.** Se dit d'un lait, d'un fromage riche en matière grasse. — **2.** Qui a l'apparence de la crème ; onctueux.

CRÉMIER, ÈRE n. Commerçant qui tient une crémerie.

CRÉMIEU (38460), ch.-l. de cant. du nord de l'Isère, au pied de l'*île Crémieu* (plateau calcaire, isolé dans un coude du Rhône) ; 2 888 hab. Restes de fortifications. Halle du XVᵉ s. Mairie dans un anc. prieuré.

CRÉMIEUX (Isaac Moïse, dit **Adolphe**), homme politique français (Nîmes 1796 -Paris 1880). Avocat, président du consistoire central des Israélites de France (1843), ministre de la Justice dans le gouvernement provisoire (1848) puis dans le gouvernement de la Défense nationale (1870-71), il fit prendre le décret conférant la qualité de citoyen français aux Juifs d'Algérie (24 oct. 1870).

CREMONA (Antonio Luigi), mathématicien italien (Pavie 1830 - Rome 1903), créateur de la statique graphique. Il a étudié les surfaces algébriques du 3ᵉ ordre et édifié une théorie générale des transformations algébriques birationnelles. Vice-président du Sénat en 1897, il devint ministre de l'Instruction publique en 1898.

CRÉMONE n. f. (de *Crémone,* n. pr.). Dispositif de verrouillage des portes, fenêtres, etc., par translation simultanée de deux tringles métalliques.

CRÉMONE, en ital. **Cremona,** v. d'Italie, en Lombardie, ch.-l. de prov., sur le Pô ; 81 000 hab. École internationale de lutherie.
— **Hist.** En 1702, lors de la guerre de la Succession d'Espagne, Villeroi y fut fait prisonnier par le prince Eugène.
— **Bx-arts.** Belle piazza del Comune, avec cathédrale reconstruite depuis l'époque romane (cycles de fresques du début du XVIᵉ s.), haut campanile (*Torrazzo,* fin XIIIᵉ s.) et baptistère. Églises. Palais à décors de terre cuite. Musées (peintures de l'école crémonaise des XVᵉ-XVIᵉ s.). La ville est la patrie de Monteverdi et des célèbres luthiers : les Amati, les Guarneri, Stradivarius.

CREMONINI (Leonardo), peintre italien (Bologne 1925). À Paris depuis 1951, il oriente sa démarche expressionniste vers un approfondissement des rapports entre la réalité et l'imaginaire, entre l'univers quotidien et le subconscient. Une tension accrue à partir des années 60, des couleurs acides, des motifs symboliques répétés caractérisent sa vision hallucinée du monde et de l'homme.

CRÉNAGE n. m. (du roman **crinare,* entailler). Partie de l'œil d'un caractère d'imprimerie qui déborde du corps principal de ce caractère.

CRÉNEAU n. m. (anc. fr. *cren,* du bas lat. *crena,* entaille). **1.** Ouverture, en général répétée, pratiquée dans un parapet pour observer ou tirer à l'abri des coups de l'adversaire. — **2.** Motif décoratif présentant cette disposition. — **3.** Temps disponible dans un emploi du temps. — **4.** Espace où l'on peut exercer au mieux son activité, réussir. — **5.** Temps d'antenne réservé à qqn, un groupe : *Créneau publicitaire.* — **6.** Espace disponible entre deux véhicules en stationnement ; action de ranger un véhicule dans cet espace : *Faire un créneau.* — **7.** Segment de marché où peut être exploitée une innovation ; occupation d'une position originale dans les circuits de distribution. — **8.** Fam. *Aller, monter au créneau,* se porter à l'endroit où se déroule l'action, la discussion.

CRÉNELER v. t. (anc. fr. *crenel,* créneau) [conj. **24**]. Entailler de découpures, de crans : *Créneler un écrou.*

◆ **être crénelé** v. pass. **1.** Présenter des créneaux, des découpures : *Tour crénelée.* – **2.** *Acier crénelé,* barre d'acier pour béton armé dont la forme dentelée améliore les qualités d'adhérence.

CRÉNELURE n. f. Découpure en forme de créneau ; dentelure en créneau.

CRENEY-PRÈS-TROYES (10150), comm. de l'Aube, banlieue nord-est de Troyes ; 1 564 hab. Centre d'interconnexion E. D. F.

CRÉNILABRE n. m. (bas lat. *crena,* entaille, et *labre*). Poisson marin voisin du labre, vorace, littoral, dont le mâle construit un nid d'algues.

CRENNE (Marguerite BRIET, dite **Hélisenne de**), femme de lettres française (Abbeville ? - apr. 1552). Ses *Angoysses douloureuses qui procèdent d'amours* (1538) constituent le premier exemple de roman personnel de la littérature française.

CRÉNOM ! interj. (de *sacré nom de Dieu*). Juron familier exprimant la surprise, l'impatience, etc.

CRÉNOTHÉRAPIE n. f. (gr. *krênê,* source). Application thérapeutique des eaux de source à leur point d'émergence.

CRÉODONTE n. m. Mammifère de l'ère tertiaire. (Les *créodontes,* qui forment un ordre, annoncent les carnivores actuels.)

CRÉOLE adj. et n. (esp. *criollo,* du port. *crioulo,* Noir né dans les colonies). Se dit d'une personne dont les ascendants sont originaires d'Europe et qui est née dans les anciennes colonies européennes.
◆ adj. **1.** Propre aux créoles : *Musique créole.* – **2.** Se dit d'un mode de cuisson du riz, cuit à l'eau, puis séché au four dans un plat beurré. – **3.** Se dit d'entremets au riz ou aux fruits exotiques. (On dit aussi À LA CRÉOLE.)
◆ n. f. Grand anneau d'oreille.
◆ n. m. Nom donné aux langues surgies à la faveur de la traite des esclaves noirs entre le XVIe et le début du XIXe s. et parlées encore aujourd'hui dans diverses régions du monde (Antilles, Guyanes, îles de l'océan Indien, etc.) par les descendants de ces esclaves. (→ *encycl.*)
ENCYCL. **Ling.** Les créoles français, anglais, portugais sont tous nés de la déportation et du mélange de populations dépourvues de langue commune au sein d'une communauté fermée (la plantation), devant donc recourir à la langue du maître. Ainsi se crée un pidgin qui aboutit à un créole, dès lors que les locuteurs de seconde et troisième générations n'ont plus que cela pour langue. Le lexique des créoles est, dans sa quasi-totalité, identique à celui des langues sources, compte tenu de changements phonétiques et sémantiques profonds ; mais, par-delà cette diversité lexicale, les créoles manifestent une surprenante similitude, tant syntaxique que sémantique : ils se ressemblent plus entre eux que chacun ne ressemble à sa langue source. Pour expliquer cette unité typologique, on considère qu'à l'origine de tous les créoles il y a un portugais systématiquement simplifié, peut-être sur le modèle de la lingua franca méditerranéenne qu'utilisaient les explorateurs-commerçants portugais du XVIe s. Chaque vague postérieure de commerçants aurait repris ces mêmes schèmes de simplification, en conservant le vocabulaire de sa propre langue.
– **Littér.** Langues orales, les créoles français ont produit une riche littérature folklorique (chansons, contes, devinettes). Ils font l'objet, en Haïti surtout, d'adaptations aux grands genres littéraires : théâtre (Morisseau-Leroy), poésie (Émile Roumer), roman (Franck Étienne).

CRÉOLISATION n. f. Processus par lequel un parler (pidgin, sabir) devient un créole.

CRÉOLISER (SE) v. pr. (conj. 3). Être affecté d'un processus de créolisation.

CRÉOLISME n. m. Idiotisme propre à tel ou tel créole.

CRÉOLISTIQUE n. f. Partie de la linguistique qui étudie les créoles.

CRÉOLOPHONE adj. et n. Qui parle un créole.

CRÉON (33670), ch.-l. de cant. de la Gironde, dans l'Entre-deux-Mers ; 2 552 hab. *(Créonnais).* Bastide fondée au XIIIe s. Vignobles. Aux environs, belles ruines de l'abbatiale romane de La Sauve.

CRÉON, roi légendaire de Thèbes. Frère de Jocaste, Créon, après qu'Œdipe eut quitté la ville, gouverna Thèbes, d'abord comme tuteur d'Étéocle et de Polynice, puis, après leur mort, comme roi. Il condamna à mort Antigone qui avait désobéi à ses ordres en ensevelissant son frère Polynice que Créon voulait laisser sans sépulture.

CRÉOSOTAGE n. m. Procédé de préservation du bois par de la créosote injectée sous pression ou par induction.

CRÉOSOTE n. f. (all. *Kreosot,* du gr. *kreas,* viande, et de *sôtêr,* qui protège). Mélange liquide de phénols obtenu à partir de divers goudrons.
ENCYCL. La créosote de bois, ou *créosote officinale,* provient du goudron de hêtre et contient divers phénols, notamment le gaïacol ; astringente et antiseptique, elle fut utilisée dans le traitement des affections pulmonaires.

CRÉOSOTER v. t. (conj. 3). Opérer le créosotage du bois.

CRÊPAGE n. m. **1.** Action de crêper une étoffe. – **2.** Action de crêper les cheveux. – **3.** Opération consistant à rider le papier en vue d'augmenter sa souplesse. – **4.** Syn. de CRÊPE. – **5.** Fam.

Crêpage de chignon, dispute, bataille de femmes qui se prennent aux cheveux.

1. CRÊPE n. m. (anc. fr. *cresp,* frisé, du lat. *crispus*). **1.** Tissu présentant un aspect ondulé caractéristique, obtenu par l'emploi de fils à forte torsion, dits « fils crêpe ». — **2.** Brassard, insigne ou bande de drap noir portés ou arborés en signe de deuil. — **3.** Apprêt donné à certaines étoffes. (Syn. CRÊPAGE.)

2. CRÊPE n. m. (de *crêpe 1*). Caoutchouc brut obtenu par coagulation du latex.

3. CRÊPE n. f. (fém. de l'anc. fr. *cresp,* frisé). **1.** Galette mince faite d'un mélange fluide de farine, d'œufs et de lait ou d'eau, cuit à la poêle ou sur une plaque. (En Bretagne, la crêpe de farine de blé est sucrée, celle de farine de sarrasin, ou *galette,* est salée. — **2.** *Crêpe dentelle,* petit biscuit roulé fabriqué à partir d'une pâte à crêpe, séchée au four. ‖ *Crêpe Suzette,* crêpe parfumée à l'orange et flambée à l'alcool. ‖ Fam. *Retourner qqn comme une crêpe,* l'amener très facilement à changer d'opinion.

CRÊPELÉ, E adj. (anc. fr. *cresper,* crêper). *Litt.* Frisé avec des ondulations serrées.

CRÊPELINE n. f. (de *crêpe 1*). Étoffe très mince et très légère en tissu de soie, employée pour les vêtements de femmes et la garniture des chapeaux.

CRÊPELURE n. f. *Litt.* Ondulation serrée des cheveux crêpelés ou crépus.

CRÊPER v. t. (anc. fr. *cresp,* frisé) [conj. **4**]. **1.** Donner du volume aux cheveux en rebroussant vers la racine l'envers de chaque mèche et en lissant le dessus. — **2.** Friser, apprêter le crêpe et autres étoffes, c'est-à-dire y faire apparaître le duvet et y produire des ondulations. — **3.** *Crêper le crin,* le faire bouillir dans l'eau pour le friser.

◆ **être crêpé** v. pass. *Papier crêpé,* papier ayant subi un crêpage.

◆ **se crêper** v. pr. Fam. *Se crêper le chignon,* se disputer, en venir aux mains (surtout en parlant des femmes).

CRÊPERIE n. f. (de *crêpe 3*). Restaurant où les plats sont à base de crêpes.

CRÊPEUSE n. f. (de *crêpe 1*). **1.** Machine utilisée pour le crêpage du papier. — **2.** Appareil dans lequel les blocs de crêpe sont déchiquetés et lavés à l'eau.

CRÉPI n. m. (de *crépir*). **1.** Enduit de mortier fouetté contre les parois d'un ouvrage soit à la truelle, soit au balai. — **2.** *Crépi tyrolien,* syn. de MOUCHETIS.

CRÉPIDE n. f. (lat. *crepida,* du gr. *krêpis, -idos*). Chaussure des anciens Grecs.

CRÉPIDULE n. f. (lat. *crepidula,* petite sandale). Mollusque gastropode à coquille non spiralée, des rivages marins chauds ou tempérés, qui vit fixé sur les rochers, dont il imite l'aspect. (La crépidule est nuisible à l'ostréiculture car elle concurrence les huîtres pour la nourriture.)

CRÊPIER, ÈRE n. Marchand(e) de crêpes.

CRÊPIÈRE n. f. Poêle très plate ou plaque électrique servant à faire les crêpes.

CRÉPIN n. m. (de saint *Crépin,* n. pr.). Commerçant fournisseur des cordonniers, vendant du cuir au détail, de la clouterie, du fil, du petit outillage, etc. (commerce dit de *cuirs et crépins*).

CRÉPIN et **CRÉPINIEN** *(saints),* martyrs (date indéterminée), patrons des cordonniers.

CRÉPINE n. f. (anc. fr. *cresp,* frisé). **1.** Pièce sphérique ou cylindrique, évidée et percée de trous, servant à arrêter les corps étrangers à l'ouverture d'un tuyau d'aspiration. — **2.** Membrane graisseuse, transparente, qui entoure les viscères du porc, du mouton, du veau. — **3.** Résille pour la chevelure féminine. (Syn. CRÉPINETTE.)

CRÉPINETTE n. f. **1.** Saucisse plate faite de chair à saucisse, entourée de crépine. — **2.** Syn. de CRÉPINE.

CRÉPIR v. t. (anc. fr. *cresp,* frisé) [conj. **32**]. Enduire de crépi.

1. CRÉPIS ou **KRÉPIS** [-pi] n. f. (gr. *krêpis, -idos,* fondement). Soubassement à degrés, le plus souvent trois, sur lequel repose un édifice (Grèce ancienne).

2. CRÉPIS [-pi] n. m. (bas lat. *crepis,* du gr. *krêpis, -idos*). Petite herbe composée aux fleurs jaunes toutes ligulées.

CRÉPISSAGE n. m. Action de crépir ; état d'une surface crépie.

CRÉPITANT, E adj. **1.** Qui crépite : *Un feu crépitant.* — **2.** Se dit de râles perceptibles à l'auscultation dans certaines maladies du poumon (pneumonie) et rappelant la crépitation du sel sur le feu.

CRÉPITATION n. f. (bas lat. *crepitatio, -onis*). Série de bruits vifs et secs ; série de petites explosions.

CRÉPITEMENT n. m. Succession de bruits secs : *Le crépitement de la fusillade.*

CRÉPITER v. i. (lat. *crepitare,* fréquentatif de *crepare,* craquer) [conj. **3**]. Faire entendre une succession rapide de bruits secs : *Les applaudissements crépitèrent.*

CRÉPON n. m. (de *crêpe 1*). Tissu ou papier présentant des ondulations irrégulières.

CRÉPU, E adj. (anc. fr. *cresp,* frisé). Qui est frisé en touffes serrées.

CRÊPURE n. f. **1.** État d'une chose crêpée. — **2.** Ensemble des ondulations qu'offre le crêpe après le crêpage.

CRÉPUSCULAIRE adj. *Litt.* **1.** Relatif au crépuscule : *Lueur crépusculaire.* — **2.** Qui est sur son déclin : *Beauté crépusculaire.* — **3.** Se dit d'un groupe de poètes italiens du début du XXe s. (G. Gozzano, S. Corazzini, C. Govoni) dont l'œuvre mélancolique n'est pas dénuée d'ironie. — **4.** Se dit des papillons qui volent surtout le soir ou le matin à l'aube. — **5.** *État crépusculaire,* trouble de la vigilance se manifestant par des actes automatiques, une amnésie lacunaire et une infiltration par l'imaginaire de la perception de la réalité. (On le rattache surtout à l'épilepsie et à l'hystérie.)

CRÉPUSCULE n. m. (lat. *crepusculum*). **1.** Lueur atmosphérique, due à la diffusion de la lumière solaire, lorsque le Soleil vient de se coucher *(crépuscule du soir)* ou va se lever *(crépuscule du matin).* — **2.** Tombée de la nuit. — **3.** *Litt.* Ce qui décline, ce qui est proche de disparaître ; déclin, fin : *Le crépuscule de la vie.*

Crépuscule des dieux *(le),* œuvre de R. Wagner → TÉTRALOGIE.

Crépy-en-Laonnois *(traité de)* [18 sept. 1544], traité signé entre François Ier et Charles Quint et par lequel le roi de France abandonnait la suzeraineté sur la Flandre et l'Artois tandis que l'empereur renonçait à la Bourgogne.

CRÉPY-EN-VALOIS (60800), ch.-l. de cant. de l'Oise, à l'E. de Senlis ; 13 320 hab. *(Crépynois).* Nombreux vestiges médiévaux. Musée du Valois et de l'Archerie dans l'anc. château. Constructions mécaniques. Matériel de bureau.

CRÉQUI (Charles Ier DE BLANCHEFORT, sire DE), prince de Poix et duc de Lesdiguières (v. 1578-Crema 1638). Lieutenant général du Dauphiné (1610), maréchal de France (1621), il prit Pignerol en 1630, devint ambassadeur à Rome (1633) puis à Venise (1634). — Son petit-fils CHARLES III **de Blanchefort,** sire puis duc **de Créqui** (1624 - Paris 1687), fut lieutenant général (1651) et ambassadeur à Rome (1662). — FRANÇOIS **de Blanchefort,** marquis **de Créqui** (1629 - Paris 1687), frère du précédent, fut maréchal de France (1668). Il occupa la Lorraine (1670), prit Fribourg-en-Brisgau (1677) et s'empara de Luxembourg (1684).

CRES, en ital. **Cherso,** île croate de l'Adriatique ; 404 km² ; 3 500 hab.

CRÈS (Le) [34920], comm. de l'Hérault, à 7 km au N.-E. de Montpellier ; 6 614 hab.

CRESCAS (Hasdaï), philosophe juif d'Espagne (Barcelone v. 1340 - Saragosse 1412 ?). Il s'opposa à Maimonide et à Levi ben Gerson (Gersonides) [1288 -1344]) dans son ouvrage *Or Adonaï* (« la Lumière de Dieu ») [1556] et écrivit en espagnol une *Réfutation des principes fondamentaux du christianisme.*

CRESCENDO [kreʃɛndo] adv. (ital. *crescendo,* de *crescere,* croître). **1.** Indication de nuance, exigeant l'augmentation progressive de la force des sons. — **2.** *Aller crescendo,* augmenter d'intensité, de quantité : *Les dépenses allaient crescendo.*
◆ n. m. (pl. *crescendos*). **1.** Suite de notes qu'on doit exécuter crescendo. — **2.** Augmentation progressive, gradation : *Un crescendo de voix, de violence.*

CRÉSÉIDE n. f. Monnaie d'or frappée par Crésus, roi de Lydie. (Ce roi substitua, aux monnaies d'électrum, le bimétallisme d'or et d'argent.)

CRÉSILAS, sculpteur grec du Ve s. av. J.-C. originaire de Kydonia (Crète). Il est l'auteur (v. 430 av. J.-C.) d'un portrait de *Périclès* (copies au Vatican et au British Museum).

CRÉSOL n. m. (de *créosote*). Dénomination courante des méthyl-phénols CH_3—C_6H_4—OH, utilisés comme désinfectants et pour la fabrication de résines, d'insecticides, de désherbants, etc.

CRESPEL-DELLISSE (Louis François-Xavier-Joseph), industriel français (Lille 1789 - Neuilly 1865). Il créa à Arras, en 1810, la première fabrique française de sucre de betterave.

CRESPI (Giovanni Battista), dit **il Cerano,** peintre italien (Cerano, Novare, v. 1575 -Milan 1632). Son art oscille entre le maniérisme, la sévérité des Bolonais, les vifs contrastes empruntés au Tintoret. (Toiles de la *Vie* et des *Miracles de saint Charles Borromée,* dôme de Milan, 1602-1610.)

CRESPI (Giuseppe Maria), dit **lo Spagnolo,** peintre et graveur italien (Bologne 1665 - *id.* 1747). Influencé par les Carrache, par le Corrège, par J. Bassano et par la peinture hollandaise, il rechercha les effets de lumière, mais tendit surtout au naturalisme (*la Foire de Poggio a Caiano,* 1709, Offices ; *la Confession de la reine de Bohême,* Turin).

CRESPIN (59154), comm. du Nord, au N.-E. de Valenciennes, près de la frontière belge ; 4 560 hab. Métallurgie.

CRESPIN (Jean), imprimeur et historien protestant (Arras v. 1520 - Genève 1572). Il composa plusieurs ouvrages, dont *le Livre des martyrs depuis Jean Huss jusqu'en 1554* (1554).

CRESPIN (Régine), soprano française (Marseille 1927), interprète d'exception de Wagner, de R. Strauss et de la mélodie.

CRESPO (Joaquín), homme d'État vénézuélien (État de Miranda ? 1841 - près d'Aconcagua

1898). Libéral, ministre de la Guerre et de la Marine (1870 - 1877), il fut président de la République de 1884 à 1886 et de 1892 à 1898.

CRESSENT (Charles), ébéniste français (Amiens 1685 - Paris 1768), l'un des plus renommés de son temps. D'abord sculpteur, il exécuta pour la famille d'Orléans et les amateurs parisiens de précieux meubles ornés de marqueterie et de bronzes, d'un style rocaille retenu.

CRESSICULTEUR, TRICE n. Personne qui cultive le cresson.

CRESSICULTURE n. f. Culture du cresson.

CRESSIDA neuvième satellite d'Uranus, découvert en 1986 par la sonde américaine Voyager 2. Demi-grand axe de son orbite : 61 800 km. Période de révolution sidérale : 11 h 08 min. Diamètre : 60 km.

CRESSIER, comm. de Suisse (cant. de Neuchâtel), près de Neuchâtel ; 1 500 hab. Raffinerie de pétrole.

CRESSON [krɛ- ou krə-] n. m. (frq. **kresso*). **1.** Herbe crucifère des lieux humides, aux feuilles à folioles rondes et inégales, comestibles crues ou cuites, riches en vitamine C, aux petites fleurs blanches à pétales ronds, que l'on cultive dans des cressonnières. (On dit aussi CRESSON D'EAU ou DE FONTAINE.) — **2.** *Pop.* Cheveux. — **3.** *Cresson alénois,* autre nom d'une passerage servant de condiment, le *nasitort.* ‖ *Cresson de jardin* ou *cresson de terre,* crucifère à saveur plus piquante que le cresson alénois. ‖ *Cresson des prés* ou *cressonnette,* cardamine. ‖ *Cresson du Pérou,* grande capucine.

CRESSON (Édith), femme politique française (Boulogne-Billancourt 1934). Socialiste, ministre de l'Agriculture (1981-1983), du Commerce extérieur (1983-1986), puis des Affaires européennes (1988-1990), elle est la première femme, en France, à accéder au poste de Premier ministre (1991-92).

CRESSONNETTE n. f. Nom usuel de la *cardamine.*

CRESSONNIÈRE n. f. Lieu où l'on cultive le cresson.
ENCYCL. Les cressonnières sont des fosses de 2 à 4 m de large et de 0,5 m de profondeur dans lesquelles peut circuler de l'eau. Le cresson est ensemencé sur fond boueux puis, après germination, une hauteur d'eau de 10 cm est maintenue dans la cressonnière. La première coupe a lieu six semaines après semis. Après chaque coupe, le cresson restant est tassé au fond de la fosse (schuélage).

CREST (26400), ch.-l. de cant. de la Drôme, sur la Drôme ; 7 875 hab. *(Crestois).* Donjon du XIIe s. Textile. Constructions mécaniques. Industrie alimentaire. Cartonnerie.

CREST-VOLAND (73590), comm. de la Savoie, dans le nord de la Combe de Savoie, au-dessus de l'Arly ; 395 hab. Station de sports d'hiver.

CRÉSUS [-zys] n. m. (de *Crésus,* n. pr.). *Litt.* Homme extrêmement riche.

CRÉSUS, dernier roi lydien qui régna de 561 à 546 av. J.-C. Il conquit les côtes de la mer Égée et soumit les cités helléniques d'Asie Mineure. Sa richesse légendaire était fondée sur les mines et les pépites d'or du fleuve Pactole, et sur le contrôle des routes commerciales aboutissant à la mer Égée. Il fut le premier à frapper des monnaies d'or et d'argent. Il fut vaincu et mis à mort par Cyrus II (546).

CRESWELLIEN ou **CRESWILLIEN** n. m. (n. pr. de *Creswell*). Faciès culturel de la fin du paléolithique supérieur en Grande-Bretagne au Xe millénaire avant notre ère. (L'industrie est caractérisée par des harpons en bois de renne, des aiguilles à chas, des pointes à dos de type azilien.)

CRÉSYL n. m. (n. déposé). Mélange de crésols, d'huiles lourdes et d'un savon émulsionnant, employé en émulsion aqueuse pour la désinfection.

CRÉSYLATE n. m. Nom technique donné aux sels du trinitrométacrésol.

CRÉSYLE n. m. Radical méthyl-phényle, CH_3—C_6H_4—, isomère du radical benzyle.

CRÉSYLOL n. m. Mélange de trois crésols isomères, extraits du goudron de houille par distillation. (Il est employé sous forme de soluté alcalin [crésylol sodique dissous] et sert à préparer des désinfectants.)

CRÊT [krɛ] n. m. (masc. de *crête*). Abrupt d'érosion à corniche correspondant à la superposition de deux couches sédimentaires de résistance contrastée affectées d'un pendage compris entre 10 et 45°. (Syn. HOGBACK.)

CRÉTACÉ, E adj. **1.** Relatif au crétacé. — **2.** Se dit d'une lésion qui a l'aspect de la craie.
◆ **crétacé** n. m. Dernière période de l'ère mésozoïque, dont la limite supérieure est marquée par d'importantes disparitions d'organismes (ammonites bélemnites, rudistes, etc.).
ENCYCL. Au crétacé, période tectoniquement calme, le monde était divisé en deux ensembles : l'un (hémisphère Nord) massif, en cours du rupture, séparé du second (hémisphère Sud, essentiellement le Gondwana) par un Proto-Atlantique et par la Téthys.
La faune du crétacé comprend des foraminifères (orbitolines ou formes voisines, coccolites), des rudistes (formant les faciès récifaux), des ammonites et bélemnites (achevant leur évolution). Les derniers dinosaures côtoient les premiers oiseaux, qui ont encore des dents. La flore

comprend déjà une majorité de formes actuelles, mais distribuées autrement, du fait des changements climatiques et des dérives continentales.

CRÊT D'EAU ou, parfois, **CREDO (Grand)** [cette orthogr. est peut-être une altération de *credoz,* crête], montagne du Jura oriental (Ain), dominant Bellegarde et le défilé de l'Écluse ; 1 621 m.

CRÊTE n. f. (lat. *crista*). **1.** Excroissance charnue ou non, qui orne la tête ou le dos de certains vertébrés (coq, triton). – **2.** Ornement en forme de crête sur un casque, une coiffure. – **3.** Partie étroite, saillante, qui constitue le faîte d'un toit, d'un mur, la cime d'une montagne, d'une vague, etc. : *Crête et creux d'une lame.* • **Anat.** Saillie osseuse étroite et allongée, telle que la *crête du tibia* ou la *crête iliaque.* – **Anthropobiol.** *Crête de la peau,* syn. de DERMATOGLYPHE. – **Archit.** Ornement en métal découpé ou en céramique décorant, au Moyen Âge et à la Renaissance, le faîte d'un toit. (Syn. FAÎTEAU.) – **Géogr.** *Crête de plage, d'avant-place* ou *prélittorale,* levée parallèle ou oblique par rapport à la direction générale du rivage, et construite par la houle. ‖ *Crête de vague,* niveau supérieur de la vague (ou de la houle). – **Passem.** Galon constitué de divers apprêts qui forment des entrelacs. – **Phys.** Valeur maximale que peut prendre une grandeur périodique, un signal électrique ou acoustique.

CRÈTE, en gr. **Kríti,** île grecque de la Méditerranée orientale, limitant au S. la mer Égée ; 8 336 km² ; 536 980 hab. *(Crétois).* V. princ. *Iráklion.*

– **Géogr.** Île montagneuse (près de 2 500 m dans les massifs de Psiloritis [ou Ida] et des Lefká Óri), étirée sur 265 km, la Crète possède un climat méditerranéen, plus humide au N. qu'au S. (en position d'abri), à l'O. qu'à l'E. (irrégulièrement atteint par les pluies). Le déclin de l'agriculture (céréales, olivier) et de l'élevage (ovins) traditionnels est lié au dépeuplement de la montagne. L'émigration se poursuit vers le continent ou le littoral, bordé de plaines parfois irriguées (primeurs, raisins, agrumes), à vocation aussi touristique et, au N., site des principales villes, La Canée (Khaniá) et surtout Iráklion.

– **Hist.** Des divers systèmes d'écriture retrouvés en Crète, on n'a encore déchiffré que le linéaire B, datant du XVe - XIIIe s. av. J.-C., qui note une langue grecque archaïque. Mis à part quelques allusions des textes égyptiens et orientaux, la Crète n'est connue que par l'archéologie, dont les fouilles ont été inaugurées par Evans en 1900 à Cnossos.

Peuplée à partir du VIIe millénaire, l'île connaît une brillante civilisation, dite « minoenne », au IIIe et au IIe millénaire. La prééminence appartient alors à la Crète centrale (Cnossos, Phaistos), aux terroirs plus riches. De grands palais sont édifiés au début du IIe millénaire, et des villes se développent. Des tremblements de terre ruinent, vers 1700 av. J.-C., ces constructions, mais sans arrêter l'épanouissement de l'île du XVIIe au début du XIVe s. av. J.-C., sous la probable prédominance de Cnossos. La mythologie grecque devait en garder la légende de Minos*, roi puissant et justicier sévère. La marine crétoise domine la Méditerranée et assure les échanges avec les pays d'Orient : Égypte, Syrie, Ougarit. Le commerce, sous l'étroite dépendance des princes, est alimenté par l'agriculture (vigne, olivier) et par l'artisanat (céramique, tissus peints en pourpre, objets de bronze et orfèvrerie). Les cultes, célébrés en plein air, sont ceux d'une religion de la fécondité, dont le personnage central est la Déesse-Mère, la force virile s'incarnant dans le taureau sacré ou se manifestant par la foudre. Beaucoup de ces éléments ont été repris par les premiers Grecs, les Achéens. Dès le XVe s. av. J.-C., ceux-ci dominent, partiellement au moins, la grande île. Ils y introduisent le cheval et le char de guerre. Un empire est organisé autour du palais de Cnossos. Mais celui-ci est détruit vers 1375 av. J.-C. par une nouvelle série de catastrophes. Le déclin est consommé par l'invasion dorienne (XIIe s. av. J.-C.). La Crète devient à l'époque classique le conservatoire d'une civilisation archaïque dont témoigne notamment la loi de Gortyne. Au IVe s. av. J.-C., puis à l'époque hellénistique, l'île, où les cités ne cessent de se combattre, devient un marché de mercenaires. Les Romains, luttant contre la piraterie, s'emparent de l'île en 67 av. J.-C. et l'associent administrativement à la Cyrénaïque.

La division de l'Empire, en 395 apr. J.-C., donne à l'île un rôle stratégique. Devenue l'un des principaux avant-postes byzantins, la Crète tombe, en 827-828, au pouvoir des musulmans, qui dominent ainsi la Méditerranée orientale. Ils fondent la forteresse de Khandaq (que les Vénitiens appelleront Candie). En 960-961, les Byzantins recouvrent à la fois l'île et la suprématie navale.

Lors de la création de l'Empire latin de Constantinople, la Crète est donnée à Boniface de Montferrat, qui la vend aux Vénitiens (1204). Ces derniers en font la clef de voûte de leurs possessions. En 1669, ils doivent la céder aux Ottomans qui ont commencé sa conquête en 1645 et assiègent Candie depuis 1647. La Crète constitue dès lors une province *(eyalet)* de l'Empire ottoman. Elle se soulève à maintes reprises après le déclenchement de la révolution grecque (1821) et obtient son autonomie en 1898. L'union avec la Grèce, proclamée en 1908, est ratifiée par le gouvernement grec en 1912 et le traité de Londres (1913) entérine la fin de la suzeraineté ottomane.

— **Archéol.** et **Bx.-arts.** Occupée dès le paléolithique et encore plus au néolithique, la Crète est, à l'âge du bronze, le siège de la florissante civilisation minoenne. (→ *art* MINOEN.) Après la période sombre qui suivit la chute des palais, l'art crétois connaît une renaissance brillante du VIIIe à la fin du VIIe s. av. J.-C. Les centres de création sont Cnossos, Praisos, Gortyne, Prinias. Dans l'île, plus rapidement perméable aux influences orientalisantes, on voit s'épanouir la sculpture dédalique de pierre (Dame d'Auxerre, déesse de Prinias). Les ateliers de bronziers utilisent des techniques nouvelles (fonte en creux, plaques découpées), et ils exportent des armes décorées dans tout le monde grec. Au VIe s. av. J.-C., l'art crétois entre en léthargie.

Crète *(bataille de)* [mai-juin 1941], nom donné aux opérations allemandes de Richthofen (12 - 19 mai 1941) et de Studen (20 mai - 1er juin) qui aboutirent à la prise de l'île, occupée depuis le 31 oct. 1940 par les Britanniques. La division allemande de la Crète capitula le 9 mai 1944.

CRÈTE *(mer de),* nom parfois donné à la partie méridionale de la mer Égée, entre la *Crète* et les Cyclades.

CRÊTE-DE-COQ n. f. (pl. *crêtes-de-coq*). **1.** Nom usuel commun à diverses plantes crêtées ou crénelées telles que le rhinanthe, la célosie, un sainfoin. — **2.** Syn. de CONDYLOME* ACUMINÉ.

CRÉTEIL (94000), ch.-l. du dép. du Val-de-Marne, au S.-E. de Paris, sur la Marne ; 82 390 hab. *(Cristoliens).* Important centre de services (administration, université, évêché, centre hospitalier, etc.). L'ensemble architectural (12 000 logements) du nouveau centre est appuyé sur la perspective d'un lac artificiel et d'un parc, avec base de plein air et de loisirs.

CRÉTELLE n. f. (de *crête*). Graminée fourragère croissant en touffes, en montagne.

CRÊTÉ, E adj. **1.** *Litt.* Garni d'une crête : *Casque crêté de plumes.* — **2.** Se dit d'un minéral dont l'assemblage des cristaux évoque des crêtes de coq.

CRETI (Donato), peintre italien (Crémone 1671 - Bologne 1749). Par ses tableaux élégiaques (*le Bal des nymphes,* Rome, palais de Venise), il peut être considéré comme une sorte de Watteau bolonais.

CRÉTIN, E adj. et n. (forme dialect. et péjor. du lat. *christianus,* chrétien). **1.** Sujet atteint de myxœdème endémique. — **2.** *Fam.* Stupide, idiot : *Quel crétin !*
◆ adj. Se dit d'un acte, d'une parole stupide.

CRÉTIN (Guillaume), poète et chroniqueur français (Paris v. 1460 - Vincennes 1525). Célèbre rhétoriqueur, baptisé « souverain poète français » par Marot, il mit en vers Grégoire de Tours dans les *Chroniques de France.*

CRÉTINERIE n. f. *Fam.* Comportement ou parole de crétin ; idiotie, stupidité.

CRÉTINISANT, E adj. Qui crétinise.

CRÉTINISATION n. f. *Fam.* Action de crétiniser ; fait de devenir stupide.

CRÉTINISER v. t. (conj. 3). *Fam.* Rendre qqn crétin ; abêtir, abrutir.

CRÉTINISME n. m. (de *crétin*). **1.** *Vx.* Myxœdème endémique. — **2.** *Fam.* Idiotie, profonde stupidité.

CRÉTOIS, E adj. et n. (lat. *creticus*). De Crète.
◆ adj. Se dit d'écritures utilisées en Crète dans l'Antiquité. (Vers 1700 av. J.-C., apparition du « linéaire A », non déchiffré, puis vers 1300 av. J.-C. du « linéaire B ».)

CRETONNE n. f. (p.-ê. de *Courtonne,* n. pr.). Tissu de coton réalisé suivant l'armure de la toile, avec une chaîne et une trame équilibrées, employé surtout en ameublement.

CREULLY (14480), ch.-l. de cant. du Calvados, au N.-O. de Caen ; 1 397 hab. Château des XIIe-XVIe s. — Aux environs, anc. prieuré médiéval de Saint-Gabriel, châteaux de Brécy et de Lantheuil, du XVIIe s.

CREUS *(cap de),* promontoire situé à l'extrémité nord-est de l'Espagne, en Catalogne (prov. de Gérone). Site touristique.

CREUSE (la), riv. du nord du Massif central (née sur le plateau de Millevaches) et du Berry, affl. de la Vienne (r. dr.) ; 255 km. Elle passe à Aubusson et reçoit la Gartempe.

CREUSE (23), dép. de la Région Limousin ; ch.-l. de dép. *Guéret ;* ch.-l. d'arrond. *Aubusson ;* 2 arrond. ; 27 cant. ; 260 comm. ; 5 565 km² ; 131 349 hab. *(Creusois).* Le dép. appartient à l'académie et à la cour d'appel de Limoges, à la région militaire Atlantique. S'étendant sur les plateaux de la Marche et de la Combrailles, s'élevant vers le sud-est, de part et d'autre de la vallée encaissée de la Creuse, le dép. est surtout rural (orienté principalement vers l'élevage bovin). La faiblesse de l'industrialisation et celle de l'urbanisation (Guéret est la seule ville dépassant 10 000 hab.) expliquent dans une large mesure l'importance du dépeuplement. Depuis le début du siècle, la Creuse a perdu la moitié de sa population.

CREUSEMENT ou **CREUSAGE** n. m. Action de creuser : *Le creusement d'un canal.*

CREUSER v. t. (conj. 3). **1.** Ôter de la matière à un objet, de telle sorte qu'un creux, une cavité se forme : *La mer a creusé les falaises.* — **2.** Obtenir, pratiquer une cavité dans qqch dont on ôte de la matière : *Creuser un puits.* — **3.** Rendre qqch concave ou plus concave : *La fatigue creusait ses yeux.* — **4.** Marquer un visage de qqch, y accentuer un sillon, une marque creuse : *Les rides lui creusaient le front.* — **5.** *Creuser la taille, les reins, le dos,* se cambrer. — **6.** *Fam.* Faire éprouver un grand appétit : *Le grand air, ça creuse !* — **7.** Reprendre un vêtement dans le dos pour mieux l'ajuster ; agrandir une emmanchure, un décolleté. — **8.** *Creuser les joues, le visage,* les amaigrir, leur faire perdre leur forme pleine, rebondie. — **9.** *Creuser un écart,* l'augmenter progressivement. — **10.** *Creuser une idée,* approfondir une idée, ses connaissances sur qqch : *Creuser un problème, une question.* — **11.** *Creuser un fossé,* désunir complètement deux personnes, deux groupes, accentuer très fortement les différences entre deux choses. ‖ *Creuser sa tombe,* être à l'origine de sa propre perte.

◆ **se creuser** v. pr., **être creusé** v. pass. **1.** Devenir creux, présenter une cavité : *Ses joues se creusent.* — **2.** Apparaître, se marquer, s'accentuer, en parlant d'un creux : *Une fossette se creusait sur sa joue quand il souriait.* — **3.** Se marquer de sillons, de creux : *Visage creusé de rides.* — **4.** Augmenter, s'agrandir, en parlant d'un écart : *La distance entre eux se creuse.*

◆ **se creuser** v. pr. *Fam.* Réfléchir beaucoup, faire travailler son esprit : *Vous ne vous êtes pas creusé pour trouver ça !*

CREUSET n. m. (anc. fr. *croisuel,* du lat. médiév. *crucibulum*). **1.** Petit récipient en métal, en matériau réfractaire, servant à fondre ou calciner certaines substances. (Les creusets de laboratoire et de verrerie sont en argiles réfractaires ; ceux qui sont employés pour l'analyse chimique sont en porcelaine ou en platine ; pour résister aux températures élevées, on utilise le corindon, le zircone, le graphite ou le quartz.) — **2.** Lieu où diverses choses se mêlent, se fondent : *La Méditerranée, creuset de civilisations.* — **3.** Partie inférieure d'un haut-fourneau, où se rassemble le métal fondu.

CREUSETIER ou **CREUSISTE** n. m. Spécialiste de la fabrication des creusets et des moules en matières réfractaires.

CREUSOT (Le) [71200], ch.-l. de cant. de Saône-et-Loire ; 29 230 hab. *(Creusotins).* D'abord ville houillère et de fonderie, la ville se développa sous l'impulsion des frères Schneider qui l'orientèrent, à la fin du XIXe s., vers la métallurgie fine et la production d'aciers spéciaux. Écomusée, centre de recherche sur la civilisation industrielle, installé en 1972 dans le château de la Verrerie. — L'agglomération (près de 50 000 hab.) est associée à celle de Montceau-les-Mines, au sein d'une communauté urbaine.

CREUSURE n. f. Cavité assez grande, mais peu profonde (rare).

CREUTZ (Gustaf Philip, *comte*), poète et diplomate suédois (Anjala, Finlande, 1731 - Stockholm 1785). Ambassadeur à Paris (1767 - 1783), où il joua un rôle important dans les relations culturelles entre la Suède et la France, il fut également poète (*Ode à l'été,* 1756) et auteur d'un roman en vers, *Atis et Camilla* (1761).

Creutzfeldt-Jakob *(maladie de),* encéphalopathie spongiforme humaine, due à un prion, dont il existe une forme à évolution lente survenant à l'âge moyen de la vie et une forme précoce, pouvant être transmise par certains animaux (bœuf, mouton), qui évolue rapidement vers la mort.

CREUTZWALD (57150), comm. de la Moselle, à la frontière de la Sarre ; 15 371 hab. Houille. Constructions électriques.

CREUX, EUSE adj. (lat. pop. **crosus,* d'orig. celt.). **1.** Dont l'intérieur est entièrement ou partiellement vide : *Vieux tronc d'arbre creux.* — **2.** Qui présente une concavité, une dépression : *On sert le potage dans des assiettes creuses.* — **3.** Se dit d'une partie du corps amaigrie : *Il a les joues creuses.* — **4.** Qui est inconsistant, peu substantiel, vide de sens : *Ce sont des phrases creuses.* — **5.** *Avoir le ventre creux,* être affamé. ‖ Fam. *Avoir les yeux creux,* avoir les yeux enfoncés dans les orbites. ‖ *Chemin creux,* chemin encaissé ou bordé de haies. ‖ *Classe creuse,* classe d'âge dont l'effectif est faible. ‖ *Dent creuse,* dent creusée intérieurement par une carie. ‖ *Heure creuse, période creuse,* où l'activité, la consommation d'énergie électrique est réduite. ‖ *Son creux,* son que fait un objet creux quand on le frappe. ‖ *Voix creuse,* voix grave et sonore. • **Bât.** *Tuile creuse,* syn. de TUILE CANAL. — **Cout.** *Pli creux,* pli formé par deux plis plats en vis-à-vis. — **Mar.** *Mer creuse,* mer où se forment des lames profondes. — **Text.** *Drap creux,* drap dont le tissu est trop lâche.

◆ **creux** adv. *Sonner creux,* rendre un son indiquant que l'objet sur lequel on frappe est vide.

◆ **creux** n. m. **1.** Cavité, endroit creux, partie vide ou concave d'une surface ; renfoncement, trou : *Le creux d'un rocher.* — **2.** Concavité présentée par une partie du corps : *Creux de l'aisselle.* — **3.** Distance verticale entre la crête d'une lame et sa base. — **4.** Période où l'activité est ralentie : *Le creux des ventes après la période des fêtes.* — **5.** *Avoir un creux (à l'estomac),* avoir faim. ‖ *Creux de l'estomac,* légère dépression du thorax, au-dessous du sternum. ‖ *Être au (dans le) creux de la vague,* être dans une période de fort ralentissement d'activité, être à un niveau très bas. • **Grav.** *Gravure en creux,* gravure dans laquelle ce sont les traits ou points creusés dans la planche de métal, emplis d'encre, qui, lors du tirage, formeront le dessin de l'estampe. (Syn. TAILLE-DOUCE.) – **Mar.** Profondeur intérieure d'un navire. – **Sculpt.** Syn. de MOULE. ‖ *Moulage à bon creux,* procédé de moulage qui recourt à un moule réutilisable. ‖ *Moulage à creux perdu,* procédé dans lequel le moule est détruit lors de l'extraction de l'épreuve obtenue grâce à lui.

CREUZER (Friedrich), érudit et philologue allemand (Marburg 1771 - Heidelberg 1858). Professeur d'histoire et de philologie à l'université de Heidelberg (1804 - 1845), il a écrit un ouvrage fondamental : *Symbolique et Mythologie des peuples de l'Antiquité et surtout des Grecs* (1810-1812).

CREVAISON n. f. Éclatement, déchirure de ce qui est gonflé et tendu : *Crevaison d'un pneu.*

CREVANT, E adj. *Fam.* **1.** Qui épuise de fatigue ; tuant : *Un travail crevant.* – **2.** Qui fait éclater de rire ; désopilant : *Une histoire crevante.*

CREVARD, E adj. et n. *Pop.* Qui est d'aspect maladif, famélique.

◆ **crevard** n. m. Veau abattu pour la boucherie à l'âge de quelques jours.

CREVASSE n. f. (de *crever*). **1.** Fente, déchirure, fissure à la surface d'un corps : *Crevasse dans le sol.* – **2.** Fente étroite et profonde à la surface d'un glacier, souvent liée à l'étirement de la glace sur une pente plus raide. – **3.** Fissure peu profonde qui survient dans l'épaisseur de la peau ou à la limite des membranes muqueuses. – **4.** Fissure de la peau du pli du paturon et du boulet (chevaux, bovidés), accompagnée d'inflammation.

CREVASSER v. t. (conj. **3**). Creuser qqch de crevasses, lézarder, fissurer : *La sécheresse a crevassé le sol. Lèvres crevassées.*

CREVAUX (Jules), explorateur français (Lorquin, Moselle, 1847 - dans le Chaco 1882). Médecin de la marine, il explora les fleuves de la Guyane française (1878) et effectua une liaison entre le bassin de l'Amazone et celui de l'Orénoque (1880-81).

CRÈVE n. f. Pop. *Attraper, avoir la crève,* prendre un coup de froid, avoir la grippe ; être malade.

1. CREVÉ n. m. *Pop.* et *vx.* Individu malingre.

2. CREVÉ n. m. Entaille longitudinale pratiquée dans un vêtement, une chaussure, etc., et laissant apparaître la chemise ou une doublure.

CRÈVE-CŒUR n. m. inv. *Litt.* Peine profonde mêlée de compassion : *C'est un crève-cœur de le voir si malheureux.*

CRÈVECŒUR (Jacques DE) [† 1439]. Chambellan de Philippe III le Bon, duc de Bourgogne, il négocia le traité d'Arras (1435). – Son fils PHILIPPE, seigneur d'Esquerdes (v. 1418 - L'Arbresle 1494), fut conseiller de Charles le Téméraire puis (1477) de Louis XI. Il négocia le traité d'Arras (1482), et devint sous Charles VIII maréchal de France (1483) et grand chambellan de France (1492).

CRÈVECŒUR-LE-GRAND (60360), ch.-l. de cant. de l'Oise, au N. de Beauvais ; 3 107 hab. Château du XVe s.

CREVEL (René), écrivain français (Paris 1900 - *id.* 1935). L'un des plus systématiques représentants du surréalisme, il fit du désespoir et de la révolte la base du récit surréaliste (*la Mort difficile,* 1926 ; *les Pieds dans le plat,* 1933), et développa ses attaques contre la bourgeoisie dans ses essais (*le Clavecin de Diderot,* 1932). Il se suicida.

CRÈVE-LA-FAIM n. m. inv. *Fam.* Individu vivant misérablement.

CREVER v. i. (lat. *crepare,* éclater) [conj. **19**]. **1.** Éclater, se rompre, en parlant de qqch qui est gonflé, rempli de gaz, de liquide : *Bulle de savon qui crève à la surface de l'eau.* – **2.** Céder sous l'effet d'une forte pression : *Le barrage a crevé sous la poussée des eaux.* – **3.** Avoir un pneu qui se perce accidentellement : *Nous avons crevé deux fois sur ces mauvaises routes.* – **4.** En parlant d'un abcès, s'ouvrir. – **5.** Se résoudre en eau, éclater, en parlant des nuages. – **6.** Mourir, en parlant des bêtes, des végétaux, et, *pop.,* en parlant des hommes : *Le chien est allé crever au fond du jardin.* – **7.** *Fam.* Éprouver un sentiment, une sensation au plus haut point, à un degré excessif : *Crever de joie, de chaleur, de soif.* – **8.** *Pop.* Avoir très envie de : *Il crève de la revoir.* – **9.** *Crever de faim,* être dans un état de misère extrême, au point de ne rien avoir à manger.

◆ v. t. **1.** Faire éclater qqch, le percer : *Crever un sac, un abcès.* – **2.** Faire une brèche, un trou dans qqch, le faire céder : *Les troupes ont crevé le front.* – **3.** *Fam.* Épuiser qqn, un animal, le tuer de fatigue : *La course, la chaleur m'a crevé.* – **4.** Pop. *Crever (la peau, la paillasse) à qqn,* le tuer à coups de couteau. ‖ *Crever le cœur,* faire éprouver une grande pitié, faire beaucoup de peine. ‖ *Crever l'écran,* en parlant d'un acteur, jouer de manière remarquable. ‖Vx. *Crever la faim,* mourir de faim. ‖ *Crever le plafond,* dépasser le maximum prévu ou fixé. ‖ *Crever le silence,* se produire brusquement alors que le plus grand silence régnait. ‖ *Crever les yeux,* être tout à fait visible ou absolument évident. ‖ Pop. *La crever,* mourir de soif, de faim.

◆ **être crevé** v. pass. **1.** Être déchiré par un éclatement, être percé : *Une poche crevée.* – **2.** Être mort : *Un chien crevé.*

◆ **se crever** v. pr., **être crevé** v. pass. **1.** Se percer accidentellement un œil, le tympan, etc. : *Avoir* *les deux tympans crevés.* – **2.** *Pop.* Se fatiguer extrêmement, être épuisé par la fatigue : *Il se crève à travailler toutes les nuits.*

CRÈVE-TONNEAU n. m. inv. Appareil imaginé par Pascal pour vérifier la loi relative à la pression des liquides sur les parois des vases qui les contiennent. (L'appareil comporte un tonneau plein d'eau surmonté d'un long tube vertical. Quand on verse de l'eau dans le tube, les douves du tonneau se disjoignent.)

CREVETTE n. f. (forme picarde de *chevrette*). **1.** Crustacé décapode marin nageur, de taille moyenne, tel que la caramote, le bouquet, le crangon. – **2.** *Crevette d'eau douce,* syn. de GAMMARE. (Les crevettes se partagent entre deux familles : les *pénéidés,* surtout répandus dans les régions chaudes, et les *carididés* ou *carides,* qui comprennent la plupart des espèces des côtes de France, les unes grises et les autres roses, ces dernières ayant des antennes très longues et un rostre dentelé pointant vers l'avant. Les crevettes sont l'objet d'une pêche importante.)

CREVETTIER n. m. **1.** Barque pour la pêche de la crevette, équipée d'un ou deux petits chaluts. – **2.** Filet à crevettes, en demi-lune ou triangulaire. (Syn. BOURRAQUE, CREVETTIÈRE, HAVENEAU, HAVENET, POUSSEUX.)

CREVETTIÈRE n. f. Syn. de CREVETTIER.

CREVETTINE n. f. Nom usuel des *gammares.*

CREWE, v. de Grande-Bretagne, au S.-O. de Liverpool ; 51 300 hab. Nœud ferroviaire.

Creys-Malville, centrale nucléaire du dép. de l'Isère, au N. du centre de la comm. de *Creys-et-Pusignieu,* à Malville, sur le Rhône. Première grande centrale électro-nucléaire française à neutrons rapides, d'une puissance de 1 200 MW (Superphénix). De nombreux incidents techniques ont conduit à l'arrêt de son exploitation en 1990 et à la décision du gouvernement, en 1994, de n'utiliser ce réacteur que comme instrument de recherche et comme prototype pour l'incinération de déchets radioactifs.

CRÉZANCY (02650), comm. de l'Aisne, à 9 km à l'E. de Château-Thierry ; 1 268 hab. Constructions mécaniques.

C. R. F., sigle de CROIX-ROUGE FRANÇAISE.

CRI n. m. **1.** Son ou suite de sons émis par un animal et caractéristiques de son espèce : *Imiter le cri de la chouette.* – **2.** Son inarticulé émis par qqn : *Le premier cri du nouveau-né.* – **3.** Parole, son émis par qqn sous l'effet d'une émotion, d'un sentiment, d'une sensation ; hurlement : *Pousser un cri de douleur.* – **4.** Opinion, sentiment manifestés avec vigueur et spontanéité : *Le cri de la conscience.* – **5.** Bruit produit par qqn qui s'exprime en criant ; paroles brèves émises avec force par qqn qui crie (surtout pl.) : *On entendait des cris dans la pièce à côté.* – **6.** *À grands cris,* en insistant avec force. ‖ *Jeter, pousser les (des) hauts cris,* protester, se récrier énergiquement. ‖ *Le cri du cœur,* l'expression spontanée d'un sentiment profond. ‖ *Le dernier cri de qqch, être du dernier cri,* se dit de ce qu'il y a de plus récent, de plus perfectionné, de plus à la mode (peut s'employer en appos. sans article) : *Il a acheté un téléviseur dernier cri.* • **Chass.** Cane utilisée comme appelant par les chasseurs de gibier d'eau. – **Dr.** *Cris* ou *chants séditieux,* cris ou chants qui portent atteinte à l'autorité publique et qui constituent une infraction. – **Hérald.** *Cri de guerre* ou *d'armes,* mot ou groupe de mots, inscrit sur une banderole placée en général au-dessus de l'écu, qui servait de signe de ralliement aux combattants d'une même bannière. – **Métall.** *Cri de l'étain,* petit craquement que ce métal fait entendre lorsqu'on le plie. (C'est un des premiers exemples découverts de l'émission acoustique.)

Cri du peuple *(le),* journal quotidien lancé par Jules Vallès en févr. 1871. Très lu sous la Commune, il cessa de paraître en mai 1871. Reparu en oct. 1883, il passa aux mains des guesdistes puis des blanquistes et disparut en 1889.

Cris et Chuchotements, film suédois d'Ingmar Bergman (1972). Portrait de femmes confrontées à la mort, c'est l'une des œuvres les plus achevées du réalisateur.

ÇRĪ → ŚRĪ.

CRIAILLEMENT n. m. **1.** Cri ou bruit répété et désagréable. – **2.** Discussion aigre (surtout pl.).

CRIAILLER v. i. (conj. 3). **1.** Crier souvent et d'une manière désagréable ; se plaindre, rouspéter. – **2.** Crier, en parlant du faisan, de l'oie, de la pintade ou du paon.

CRIAILLERIE n. f. *Fam.* Plaintes, récriminations, querelles fréquentes (surtout pl.).

CRIAILLEUR, EUSE adj. et n. *Fam.* Qui a l'habitude de criailler.

CRIANT, E adj. **1.** Qui fait crier d'indignation ; révoltant, scandaleux : *Une injustice criante.* – **2.** Qui s'impose fortement à l'esprit : *Une évidence criante.*

CRIARD, E adj. et n. Qui crie sans cesse et de manière déplaisante ; braillard : *Des enfants criards.*

◆ adj. **1.** Qui rend un son aigre, perçant, désagréable : *Voix criarde.* – **2.** Qui blesse la vue par son éclat violent, trop cru : *Couleurs criardes.* – **3.** *Dettes criardes,* qui sont réclamées avec insistance.

CRIARD ou **CRIAERDT,** famille d'ébénistes originaires de Bruxelles, dont les plus connus sont MATHIEU (1689 - Paris 1776), qui s'établit à Paris

CRIS DE CERTAINS ANIMAUX

l'agneau	*bêle*	**la grue**	*glapit, trompette, craque*
l'aigle	*trompette, glatit*	**le hibou**	*hue, bouboule*
l'alouette	*grisolle*	**l'hirondelle**	*gazouille*
l'âne	*brait*	**l'hyène**	*hurle*
la bécasse	*croule*	**le jars**	*jargonne*
le bœuf	*beugle, mugit, meugle*	**le lapin**	*clapit*
la brebis	*bêle*	**le lièvre**	*vagit*
la caille	*margotte, carcaille*	**le lion**	*rugit*
le canard	*cancane*	**le loup**	*hurle*
le cerf	*brame*	**le merle**	*siffle*
le chameau	*blatère*	**le moineau**	*pépie*
le chat	*miaule*	**l'oie**	*criaille, cacarde*
le cheval	*hennit*	**l'ours**	*grogne*
la chèvre	*bêle*	**le paon**	*braille, criaille*
le chien	*aboie, jappe, hurle*	**la perdrix**	*cacabe*
la chouette	*chuinte, hulule*	**la pie**	*jacasse, jase*
la cigale	*craquette*	**le pigeon**	*roucoule*
la cigogne	*craquette, glottore*	**le pinson**	*ramage*
le cochon	*grogne*	**la pintade**	*criaille*
le coq	*chante*	**la poule**	*glousse, caquette*
le corbeau	*croasse*	**le poussin**	*piaille, piaule*
la corneille	*craille*	**le renard**	*glapit*
le crapaud	*siffle*	**le rhinocéros**	*barète*
le cygne	*siffle*	**le rossignol**	*chante*
le dindon	*glougloute*	**le sanglier**	*grommelle*
l'éléphant	*barrit*	**le serpent**	*siffle*
le faisan	*criaille*	**le tigre**	*feule*
la grenouille	*coasse*		

en 1721 et fut reçu maître en 1738 (commode à décor de laque polychrome et de bronzes dorés, Louvre), et son fils ANTOINE MATHIEU († Paris 1787), maître en 1749.

CRIB n. m. (amér. *crib,* coffre). Cage grillagée haute, étroite et longue, où l'on entrepose les épis de maïs pour les laisser sécher.

CRIBELLATE adj. et n. m. Se dit d'une araignée pourvue d'un cribellum. (Les *cribellates* forment un ordre comprenant 12 familles principales.)

CRIBELLUM [-lɔm] n. m. (pl. *cribella*) [lat. *cribellum,* petit crible]. Plaque criblée des araignées cribellates, située en avant des filières, et par où sort une soie gommeuse, étirée par les calamistra en fils destinés à retenir les proies.

CRIBLAGE n. m. **1.** Action de passer au crible : *Le criblage des grains.* – **2.** Opération de triage des matériaux, en vue du classement granulométrique.

CRIBLE n. m. (bas lat. *criblum,* du lat. class. *cribrum,* tamis). **1.** Appareil à fond plan comportant des ouvertures calibrées, utilisé pour séparer, suivant leur grosseur, des fragments solides. – **2.** Syn. de CRIBLEUR. – **3.** Cloison perforée séparant les éléments conducteurs du liber (tubes criblés). – **4.** *Passer au crible,* examiner soigneusement qqch : *Passer au crible un témoignage.*

CRIBLÉ n. m. Procédé de gravure en relief sur métal (XVe et début du XVIe s.).

CRIBLER v. t. (bas lat. *criblare,* du lat class. *cribrare*) [conj. 3]. **1.** Passer une matière, des graines à travers un crible ; trier : *Cribler du sable.* – **2.** Atteindre qqch, le corps de qqn en de très nombreux endroits, en le perçant, le trouant : *Cribler un corps de flèches.* – **3.** Couvrir qqch de marques : *Cribler de taches un devoir.* – **4.** *Cribler qqn de coups,* le frapper d'une manière répétée. ‖ *Cribler qqn de questions,* lui en poser de façon répétée, harcelante.

◆ **être criblé** v. pass. 1. Être percé en de très nombreux endroits : *Corps criblé de balles.* – 2. Être marqué, atteint en de très nombreux endroits : *Visage criblé de taches de rousseur.* – 3. Se dit d'un charbon, d'un minerai, qui a été passé au crible pour éliminer les fines et les gros blocs. – 4. *Être criblé de dettes,* en avoir énormément. ‖ *Lame criblée,* lame horizontale de l'os ethmoïde, qui livre passage aux filets du nerf olfactif.

CRIBLEUR, EUSE n. Ouvrier (ère) préposé(e) au criblage et au triage.

◆ **cribleur** n. m. ou **cribleuse** n. f. Appareil de triage des grains servant à les séparer des substances étrangères. (Syn. CRIBLE.)

CRIBLURE n. f. 1. Reste du grain criblé. – 2. Lésion des feuilles des arbres fruitiers à noyau due à un champignon ou à des bactéries, caractérisée par de petites plages arrondies de tissu parasité, nécrosé, entouré par un anneau de liège réactionnel. – 3. *Criblures de pierres,* menues pierres provenant du triage de matériaux d'empierrement concassés.

CRIBWORK n. m. (angl. *crib-work,* de *crib,* coffre, et *work,* ouvrage). Élément de fondation d'un ouvrage d'accostage dans un terrain résistant mais sujet à l'affouillement.

1. CRIC [krik ou kri] n. m. (moyen haut all. *Kriec*). Appareil agissant directement sur un fardeau par poussée, pour le soulever ou le déplacer sur une faible distance. (C'est une crémaillère actionnée par une manivelle.)

2. CRIC ! interj. (onomat.). Exprime le bruit de qqch qu'on déchire (se joint souvent au mot *crac !*).

CRICÉTIDÉ n. m. Nom de famille donné à des rongeurs voisins des rats (hamster, campagnol, lemming, rat musqué, gerbille, etc.).

CRICK (Francis Harry COMPTON), biologiste anglais (Northampton 1916). Avec James D. Watson et M. H. F. Wilkins, il a découvert la structure en double hélice de l'A. D. N. (Prix Nobel de physiologie et de médecine 1962.)

CRICKET [-kɛt] n. m. (angl. *cricket*). Sport d'origine anglaise, opposant deux équipes de onze joueurs, et qui se joue avec des battes de bois, des balles et des guichets.

CRICO-ARYTÉNOÏDIEN adj. et n. m. (pl. *crico-aryténoïdiens*). Se dit de quatre muscles du larynx.

CRICOÏDE adj. et n. m. (gr. *krikos,* anneau). Se dit d'un cartilage du larynx en forme d'anneau occupant la partie inférieure du larynx et s'articulant en bas avec le premier anneau de la trachée, en haut avec le cartilage thyroïde.

CRICRI n. m. (onomat.). *Fam.* Grillon.

CRIÉE [krije] n. f. 1. Annonce verbale faite jadis par un huissier ou un agent de l'autorité sur l'ordre d'un magistrat. – 2. Bâtiment dans lequel on vend des marchandises à la criée. – 3. *Vente à la criée,* vente publique aux enchères de biens meubles ou immeubles ; dans certaines régions, vente aux enchères du poisson frais, des légumes, des fleurs, etc.

CRIEL-SUR-MER (76910), comm. de la Seine-Maritime, au S.-O. du Tréport ; 2 466 hab. *(Criellois).* Église en partie des XVe-XVIe s. Station balnéaire de *Criel-Plage,* à 3 km au N.

CRIER v. i. (lat. pop. **critare,* du lat class. *quiritare,* appeler) [conj. 10]. 1. Émettre le cri de son espèce, en parlant d'un animal, pousser un cri, un son inarticulé en parlant de qqn : *Les singes crient dans les arbres.* – 2. Pousser des cris sous l'effet d'un sentiment, d'une sensation intenses : *Crier de douleur, de plaisir.* – 3. Forcer sa voix, parler très fort sous l'effet de l'énervement, de la colère : *Discutez sans crier ! Crier à l'injustice.* – 4. Produire un son désagréable, aigre ou aigu ; crisser, grincer : *Faire crier la craie sur le tableau.* – 5. Être discordant, criard : *Un vert qui crie.* – 6. *Crier comme un sourd, comme un veau, comme un damné, comme un putois, etc.,* pousser de grands cris, de toutes ses forces.

◆ v. t. 1. Dire qqch d'une voix forte à qqn : *Crier des injures.* – 2. Demander, ordonner qqch d'une voix forte : *Il nous cria de partir.* – 3. Exprimer avec force un sentiment, une opinion par la parole, l'écriture : *Crier son innocence.* – 4. *Litt.* Manifester une opinion, un état avec vigueur : *Œuvre qui crie la solitude de son auteur.* – 5. *Vx.* Annoncer d'une voix forte une marchandise. – 6. *Crier sur les toits,* divulguer, répandre une nouvelle, l'annoncer à tout le monde. – 7. *Crier famine,* se plaindre de la faim ou dénoter la faim. ‖ *Crier grâce, miséricorde,* implorer la pitié. ‖ *Crier misère,* se plaindre de son manque de ressources. ‖ *Crier vengeance,* réclamer la vengeance. ‖ *Crier victoire,* affirmer qu'on est le vainqueur ou qu'on a réussi qqch.

CRIEUR, EUSE n. 1. *Litt.* Personne qui crie, qui gronde sans cesse. – 2. Personne qui vend des journaux sur la voie publique. – 3. Employé d'une criée chargé d'annoncer le prix des produits au cours des enchères. – 4. *Crieur (public),* officier public qui faisait les proclamations officielles d'édits royaux. ‖ *Juré crieur,* personne qui proclamait le prix des objets, dans une vente publique.

CRILLON (Louis DE BERTON DE), homme de guerre français (Murs, Vaucluse, 1541 ou 1543 - Avignon 1615). Colonel général des gardes-françaises (1584), il participa aux guerres de

Religion dans l'armée royale, fut blessé à Moncontour (1569) et à Tours (1589) en défendant Henri III contre les Ligueurs. Rallié à Henri IV, il combattit à Arques.

CRIME n. m. (lat. *crimen, -inis,* accusation). **1.** Infraction que la loi punit d'une peine afflictive et infamante (peine de mort jusqu'à son abolition en 1981, réclusion ou détention) ou simplement infamante (bannissement, dégradation civique). [→ *encycl.*] — **2.** Infraction très grave à la loi ou à la morale, aux lois humaines ; forfait, attentat : *Un crime contre notre civilisation.* — **3.** Homicide volontaire, meurtre : *Crime passionnel.* — **4.** Acte fâcheux, erreur, faute grave : *Son seul crime est d'avoir dit tout haut ce que chacun pensait.* — **5.** *Ce n'est pas un crime,* ce n'est pas une faute bien grave. ‖ *Crime contre nature,* crime opposé aux prescriptions de la loi naturelle (parricide, infanticide, etc.). ‖ Fam. *Faire à qqn un crime de qqch,* le lui reprocher comme une faute grave. ‖ *Le syndicat du crime,* nom donné à la Mafia. • **Dr.** *Crimes et délits contre la sûreté de l'État,* atteintes à la défense nationale, à la sûreté intérieure et extérieure de l'État ; attentats, complots, et autres infractions contre l'autorité de l'État et l'intégrité du territoire national ; crimes tendant à troubler l'État par le massacre ou la dévastation ; crimes commis par la participation à un mouvement insurrectionnel. (En temps de guerre, ils sont jugés par les juridictions militaires. En temps de paix, ils sont jugés par les juridictions de droit commun depuis la suppression de la Cour de sûreté de l'État le 4 août 1981.) ‖ *Crime de guerre,* violation des lois et coutumes de la guerre (pillage, assassinat, exécution des otages). ‖ *Crime contre l'humanité,* violation des règles de droit international commise par les gouvernements ou les citoyens des États (déportation, extermination, génocide). [Les crimes contre l'humanité sont imprescriptibles.] ‖ *Crime international,* crime de guerre, crime contre la paix ou l'humanité, définis en 1945 par l'Assemblée générale des Nations unies. (Les principaux criminels de guerre allemands coupables de ces crimes pendant la Seconde Guerre mondiale furent jugés par un tribunal militaire international siégeant à Nuremberg.) ‖ *Crime contre la paix,* violation des règles établissant la paix.

ENCYCL. **Dr.** Les crimes sont, sauf exceptions, de la compétence de la cour d'assises et donnent lieu, dans tous les cas, à instruction préparatoire. Ils sont punis alors même qu'ils seraient restés à l'état de simples tentatives. L'action publique est prescrite par dix ans après le crime ou l'enquête ; la peine, par vingt ans à partir de l'arrêt de la cour d'assises.

Crime et Châtiment, roman de Dostoïevski (1866). Un étudiant pauvre, Raskolnikov, assassine une vieille usurière. Il finit par avouer son crime à une fille des rues, Sonia, puis à la police. Sonia l'accompagne en Sibérie, où l'amour achève leur régénération. Le roman a fait l'objet de plusieurs adaptations cinématographiques dont celles de V. Gontcharov (1910), I. Vronski (1913), P. Chenal (1935), J. von Sternberg (1935), G. Lampin (1956), D. Sanders (1959), L. Koulidjanov (1969).

CRIMÉE, région de l' Ukraine, formée par une presqu'île qui s'avance dans la mer Noire qu'elle sépare de la mer d'Azov ; 27 000 km^2 ; 2 456 000 hab.

— **Géogr.** Une plaine steppique (traversée par un canal d'irrigation) occupe la majeure partie, tandis que les monts de Crimée (1 500 m env.) abritent le littoral méridional (stations climatiques et touristiques, dont Yalta). Simferopol est le centre administratif et Sébastopol un port militaire important.

— **Hist.** La région a été colonisée par les Grecs à partir du VIIe s. av. J.-C. et a fait partie de l'Empire romain. Du VIIIe au XIIIe siècle, des peuples d'origine turque occupent le pays. Au XIIIe siècle, les Mongols, ou Tatars, établissent leur domination. Mais au XVIe siècle, leurs princes (khans) reconnaissent la suzeraineté des Ottomans. En 1783, la Crimée est annexée par les Russes. Les bolcheviks y créent en 1921 une République autonome de Crimée (supprimée en 1945). En 1954, la région est rattachée à l'Ukraine. En 1991, l'accession de l'Ukraine à l'indépendance réactive les revendications des russophones de Crimée, partisans de la souveraineté ou du rattachement à la Russie. Le Parlement de Simferopol adopte finalement, en 1995, une Constitution reconnaissant que la république autonome fait partie intégrante de l'Ukraine.

Crimée *(guerres de).*

• *Guerre de 1854-1856.* Dès 1850, les visées de la Russie sur l'Empire ottoman alarment le gouvernement britannique. L'invasion des provinces moldo-valaques, la destruction de la flotte turque à Sinop (nov. 1853), conséquences du refus du sultan d'accorder au tsar le protectorat de tous les orthodoxes, décident l'Angleterre à intervenir. Napoléon III, désireux d'effacer la honte du congrès de Vienne de 1815, lui emboîte le pas. Les hostilités sont ouvertes le 27 mars 1854. Les Alliés portent leur action sur Sébastopol. Si Totleben résiste 11 mois durant, les contre-attaques russes sont repoussées à Balaklava (25 oct.) et à Inkerman (5 nov.). L'assaut victorieux de Mac-Mahon sur la tour Malakoff *(Malakhov),* le 8 sept. 1855, entraîne la chute de Sébastopol. La Russie est contrainte d'accepter les conditions des Alliés. (→ *congrès de* PARIS.)

• *Campagne de 1941 - 1944.* Conquise en oct. et nov. 1941 par les Allemands, à l'exception de Sébastopol que sa garnison n'évacue que le 30 juin 1942, la Crimée est libérée par la double offensive de Tolboukhine et de Ieremenko (avr.-mai 1944).

CRIMINALISATION n. f. Action de criminaliser.

CRIMINALISER v. t. (conj. 3). Faire passer de la juridiction correctionnelle ou civile à la juridiction criminelle.

CRIMINALISTE n. Juriste spécialisé en matière criminelle.

CRIMINALISTIQUE n. f. Ensemble des techniques mises en œuvre par la justice et la police pour établir la preuve du crime et identifier son auteur (anthropométrie, médecine légale, etc.).

CRIMINALITÉ n. f. Ensemble des actes criminels commis dans un groupe social donné au cours d'une certaine période.

CRIMINEL, ELLE adj. (bas lat. *criminalis*). **1.** Relatif au crime, ou qui constitue un crime : *Incendie criminel.* — **2.** Relatif à la répression, à la sanction du crime : *Brigade criminelle.* — **3.** Qui conçoit un crime, y participe : *Une organisation criminelle.* — **4.** Qui est à l'origine d'événements très graves, qui les laisse passivement se produire : *Un silence criminel.* — **5.** Qui est contraire aux lois morales ; condamnable : *Amour criminel.* — **6.** Fam. *C'est criminel de,* c'est une faute très grave : *C'est criminel de construire une tour dans ce vieux quartier.*

◆ n. **1.** Personne coupable d'un crime. — **2.** Assassin, meurtrier. — **3.** *Criminel de guerre,* celui qui a commis un acte contraire aux lois et coutumes de la guerre.

◆ **criminel** n. m. Matière criminelle.

CRIMINELLEMENT adv. **1.** De façon criminelle, coupable : *Abuser criminellement de sa force.* — **2.** Devant la juridiction criminelle.

CRIMINOGÈNE adj. Qui peut contribuer au développement de la criminalité.

CRIMINOLOGIE n. f. Étude scientifique de l'ensemble du phénomène criminel.

ENCYCL. La criminologie apparaît au XVIIIe s., mais c'est au XIXe s. qu'elle entreprend d'appliquer systématiquement les méthodes d'observation scientifique au crime, en vue de déterminer les causes de la criminalité. Alors que l'école italienne (Lombroso, Garofalo, Ferri) prétend trouver la cause profonde de la délinquance dans les anomalies corporelles et mentales des individus, l'école franco-belge (Durkheim, Guerry, Joly, Lacassagne, Quételet, Saleilles, Tarde) dénonce le rôle du milieu social. L'influence de la criminologie sur l'évolution du droit pénal a été considérable.

CRIMINOLOGIQUE adj. Relatif à la criminologie.

CRIMINOLOGISTE ou **CRIMINOLOGUE** n. Spécialiste de criminologie.

CRIN n. m. (lat. *crinis,* cheveu). **1.** Long poil, raide et relativement isolé, du pelage des mammifères (crinière et queue de cheval). — **2.** Ensemble des poils de ce type. — **3.** *Fam.* et *vx.* Cheveu ou poil raide. — **4.** *Crin végétal,* fibre textile raide fournie par l'agave, le phormium, le chamaerops et d'autres plantes, et qui a les usages du crin. — **5.** Fam. *À tous crins, à tout crin,* à toute épreuve, ardent, énergique ; dans toute la force du terme. ‖ Fam. *Être comme un crin,* de mauvaise humeur.

CRINCRIN n. m. (onomat., de *crin*). *Fam.* Mauvais violon.

CRINELLE n. f. Bas de ligne métallique en soie d'acier tordu ou tressé, utilisé pour la pêche des poissons aux dents tranchantes.

CRINIÈRE n. f. (de *crin*). **1.** Ensemble des crins qui ornent le cou de certains mammifères (cheval, lion, cerf), de la nuque au garrot. — **2.** Touffe de crins tombant du sommet du casque par-derrière et qui protégeait la nuque des coups de sabre. — **3.** *Fam.* Chevelure abondante.

CRINKLE [krinkɛl] n. m. (angl. *crinkle,* ondulation). Terme désignant certaines maladies à virus des plantes, caractérisées par un feuillage crispé, frisé.

CRINOÏDE n. m. (gr. *krinon,* lin). Nom de classe de quelques espèces actuelles d'échinodermes fixés au fond des mers, qui ont connu un grand développement au début de l'ère secondaire, et laissé de puissants sédiments (calcaires à entroques).

ENCYCL. Un crinoïde a les formes d'une plante : crampons évoquant des racines, longue tige flexueuse, calice terminal à dix bras rameux et souples entourant la bouche et les organes principaux. Il existe des formes libres, dépourvues de tige à l'état adulte (comatule).

CRINOLINE n. f. (ital. *crinolino,* de *crino,* crin, et *lino,* lin). **1.** Étoffe de crin employée à divers usages, particulièrement dans le costume féminin. — **2.** Vaste jupon dont l'ampleur est maintenue par des cercles d'acier ou de baleine. (Les crinolines furent utilisées de 1845 à 1869, puis firent place aux tournures.)

CRIOBOLE n. m. (gr. *kriobolos,* de *krios,* bélier, et *ballein,* frapper). Sacrifice d'un bélier, pratiqué en particulier dans le culte de Cybèle.

CRIOCÉPHALE n. m. Capricorne allongé brun, dont la larve est commune et nuisible en France dans les forêts de pins.

CRIOCÈRE n. m. Petite chrysomèle dont la larve est, selon l'espèce, nuisible à l'asperge ou à diverses liliacées (lis, oignon, muguet).

CRIOLLO n. m. (esp. *criollo,* créole). **1.** Nom donné en Amérique espagnole aux fils d'Espagnols nés dans le Nouveau Monde. – **2.** Race de bovins d'Amérique centrale et du Sud, provenant des animaux importés par les Espagnols au XVIe s.

CRIPPS (*sir* Stafford), homme politique britannique (Londres 1889 - Zurich 1952). Député travailliste (1931), il devint l'un des leaders de l'extrême gauche du parti. Ambassadeur à Moscou (1940-1942), il négocia le pacte anglo-soviétique du 12 juill. 1941, puis fut ministre de la Production aéronautique (1942-1945). Ministre du Commerce (1945-1947), de l'Économie, chancelier de l'Échiquier (1947-1950), il défendit une politique d'austérité.

CRIQUE n. f. (anc. nordique *kriki*). **1.** Petite échancrure d'une côte rocheuse. – **2.** Fente à la surface d'un métal, de profil irrégulier, résultant de la séparation entre grains sous l'effet de contraintes anormales.

CRIQUET n. m. (onomat. *krikk*). **1.** Insecte orthoptère acridien*, végétarien, sauteur et apte au vol. – **2.** Orthoptère sauteur aux antennes courtes et dépourvu de tarière.

CRIQUETOT-L'ESNEVAL (76280), ch.-l. de cant. de la Seine-Maritime, dans le pays de Caux ; 2 055 hab. Monuments anciens.

CRIS ou **CREES,** Indiens Algonquins d'Amérique du Nord et qui vivaient inégalement répartis dans la plaine et dans la forêt de la chasse (bison, élan).

CRIŞ, nom de trois rivières de Transylvanie occidentale, qui confluent en Hongrie sous le nom de *Körös,* affluent de la Tisza.

CRISE n. f. (lat. *crisis,* du gr. *krisis*). **1.** Brusque accès, forte manifestation d'un sentiment, d'un état d'esprit : *Une crise de larmes, de jalousie.* – **2.** *Fam.* Enthousiasme soudain pour une action, brusque mouvement d'ardeur : *Il est pris d'une crise de rangement.* – **3.** Moment très difficile dans la vie de qqn, d'un groupe, dans le déroulement d'une activité, etc. ; période, situation marquée par un trouble profond : *Crise de conscience.* – **4.** Rupture d'équilibre entre la production et la consommation, caractérisée par un affaiblissement de la demande, des faillites et le chômage. (→ *encycl.*) – **5.** Manifestation violente d'un état morbide, survenant en pleine santé apparente (crise d'appendicite, crise de goutte, crise d'épilepsie, crise de colique néphrétique, etc.). – **6.** Grave pénurie de qqch : *Crise du logement.* – **7.** *Fam.* Hilarité générale, fou rire : *Quelle crise on s'est payée !* – **8.** *Crise ministérielle,* période intermédiaire entre la démission et la formation d'un gouvernement ; démission du gouvernement. ‖ *Crise (de nerfs),* état d'agitation bref et soudain, ensemble de manifestations paroxystiques désordonnées (cris, larmes, rires, etc.). ‖ *Par crises,* par à-coups, par tocades. ‖ Fam. *Piquer une crise,* être saisi d'un brusque accès de colère.

ENCYCL. Les *crises économiques* apparaissent dans toute leur ampleur dès l'épanouissement de la révolution industrielle, et quelques-unes d'entre elles peuvent être rappelées : 1825, 1836, 1847 (celle-ci causée à l'origine par une crise agricole), 1857, 1866, etc. La crise de 1929, la plus profonde et la plus longue, ravagea l'économie des pays occidentaux ; elle fut suivie d'une longue période de dépression, ne s'achevant pratiquement qu'en 1937. Le 24 oct. 1929, un krach sans précédent secoue la Bourse de New York : un effondrement des cours des valeurs se produit, avec, pour conséquences, la ruine des banques et, de proche en proche, un marasme économique, monétaire et financier qui, affectant gravement les États-Unis, se répercute en Europe à partir de 1931. Les principaux pays connaissent un recul de la production, une forte augmentation du nombre des chômeurs, une rétraction des échanges internationaux, malaise que les politiques utilisées ne parviendront qu'incomplètement à juguler jusqu'à la survenance du second conflit mondial.

À partir de 1973, les États-Unis, l'Europe occidentale et le Japon sont confrontés à une crise économique durable et grave, et dont certaines caractéristiques sont inédites. Déclenchée par la forte augmentation du prix du pétrole brut, décidée à la fin de 1973 par les pays de l'Organisation des pays exportateurs de pétrole, la crise a vu coexister un certain nombre de phénomènes affectant toutes les économies mondiales : ralentissement (ou arrêt) du taux de croissance du produit intérieur ; arrêt des mécanismes de création d'emplois et apparition de sureffectifs, entraînant des licenciements et augmentant dramatiquement – dans certains pays – le nombre de demandeurs d'emploi ; endettement accru des entreprises, par suite de la baisse des capacités d'autofinancement, créant des charges financières insupportables aggravées par la hausse des taux d'intérêt ; baisse de la demande intérieure formulée à l'égard de nombreux secteurs de l'économie ; chute de l'investissement productif. Mais l'une des caractéristiques les plus nouvelles de la crise semble résider dans le phénomène (totalement inconnu auparavant) de la « stagflation », quand la dépression générale s'accompagne du prolongement de l'inflation, la rigidité des prix, des salaires et des taux d'intérêt empêchant tout retour aux équilibres antérieurs par le simple jeu des mécanismes « classiques » de la loi de l'offre et de la demande. En 1987, l'absence de parités fixes entre les monnaies, le déficit américain et la baisse du dollar, la hausse généralisée des taux d'intérêt dans les principaux pays du monde créent un malaise grave qui se traduit par une baisse très importante des cours sur les grands marchés financiers.

Crise des sciences européennes et la phénoménologie transcendantale *(la),* série de textes écrits par Husserl en 1935-36 et publiés intégralement en 1954 à La Haye. Husserl date la crise du moment, qu'on peut faire remonter à l'époque galiléenne, où a été conçue la science comme positive, ou science de pur fait. Cette crise consiste dans la perte de ce que Husserl appelle la signification vitale des sciences, sens originel de l'activité intellectuelle, et qu'il ramène à une crise de la culture.

CRISPANT, E adj. *Fam.* Qui agace vivement ; horripilant : *Une attente crispante.*

CRISPATION n. f. **1.** Contraction musculaire due à l'irritation, à la crainte, etc. : *La crispation du visage.* — **2.** Fait d'être crispé ; irritation, agacement vifs : *La crispation de nos adversaires.*

CRISPER v. t. (lat. *crispare,* rider) [conj. 3]. **1.** Contracter vivement les muscles sous l'effet d'une sensation, d'un sentiment, d'une émotion : *La douleur crispait son visage.* — **2.** Agacer, énerver vivement qqn et lui faire prendre une attitude hostile et défensive : *Sa lenteur me crispe.* — **3.** Pratiquer sur un matériau une contraction superficielle qui lui donne un aspect ridé.

◆ **se crisper** v. pr., **être crispé** v. pass. **1.** Se contracter vivement et se figer : *Rire crispé.* — **2.** Éprouver une vive irritation : *La majorité se crispe.*

CRISPI (Francesco), homme politique italien (Ribera, Sicile, 1818 - Naples 1901). Partisan de l'unité italienne, il adopte les idées de Mazzini qu'il rejoint à Londres (1858). Rentré en Sicile en 1859, il est l'un des principaux organisateurs de l'expédition des Mille de Garibaldi (1860). Élu député au Parlement (1861), où il siège à l'extrême gauche, il se rallie à la maison de Savoie (1865). Ministre de l'Intérieur (1877-78), il est président du Conseil de 1887 à 1891 et de 1893 à 1896. À l'intérieur, il lutte contre la poussée socialiste et réprime l'agitation ouvrière, notamment en Sicile en 1894. À l'extérieur, il s'oppose à la France et renouvelle la Triple-Alliance (1887). Poursuivant une politique d'expansion coloniale en Afrique orientale, il crée la colonie d'Érythrée (1890) et veut établir un protectorat sur l'Abyssinie. Mais les troupes italiennes ayant été écrasées à Adoua par l'armée de Ménélik (1896), il doit démissionner.

CRISPIN n. m. (de *Crispin,* n. pr.). Manchette de cuir qui s'ajoute aux gants (d'escrime, d'apparat, de motocycliste, etc.).

Crispin (ital. *Crispino,* du lat. *Crispinus*), nom d'un valet de comédie, probablement d'origine italienne.

CRISPUS (Flavius Julius), prince romain († Pola, auj. Pula, Yougoslavie, 326), fils de Constantin le Grand. César en 317, consul en 318, il détruisit la flotte de Licinius dans l'Hellespont.

CRISS → KRISS.

CRISSEMENT n. m. Grincement aigu : *Un crissement de pneus.*

CRISSER v. i. (frq. **kriskjan,* grincer) [conj. 3]. Produire un bruit aigu et désagréable sous l'effet d'un frottement ; grincer : *Le gravier crissait sous mes pas.*

CRISTAL n. m. (pl. *cristaux*) [lat. *crystallus,* du gr. *krustallos,* glace]. **1.** Solide dont la structure atomique est ordonnée et périodique dans les trois directions de l'espace. — **2.** Verre contenant une proportion importante d'oxyde de plomb, qui se distingue des autres verres par une plus grande densité, un indice de réfraction supérieur ainsi que par son éclat, sa limpidité et sa sonorité. (→ *encycl.* Verr.) — **3.** Objet de cristal ou assimilé, et, en partic. au pl., verrerie de table : *Des cristaux de Bohême.* — **4.** *Boule de cristal,* verre de forme sphérique, instrument de la cristallomancie. ‖ *Cristal liquide,* matériau à l'état mésomorphe. (→ *encycl.* Phys.) ‖ *Cristal de roche,* quartz hyalin, substance transparente, incolore et très dure. (→ *encycl.* Minér.) ‖ *Cristal unique,* syn. de MONOCRISTAL. ‖ Litt. De cristal, qui a la transparence ou la sonorité du cristal. ‖ *Papier cristal,* papier d'emballage translucide, à base de pâtes chimiques très raffinées, glacé et lustré sur les deux faces.

◆ **cristaux** n. m. pl. Nom commercial du carbonate de sodium cristallisé.

ENCYCL.

— **Minér.** Le *cristal de roche* présente, dans sa forme primitive, des prismes hexagonaux terminés par deux pyramides à six pans. Il a été travaillé par les Égyptiens, les Grecs, les Romains. Depuis le Moyen Âge, il est utilisé pour la fabrication d'objets très divers (orfèvrerie, luminaires, récipients...).

— **Phys.** À part les substances amorphes, dont la structure n'est pas ordonnée, toute la matière solide est cristallisée, sous forme d'agrégats de petits cristaux (glace, plastiques, métaux), de cristaux imparfaits (argiles, fibres de bois) ou de

cristaux uniques de dimensions variables. Les propriétés physiques des cristaux dépendent de leur structure atomique. Selon qu'il cristallise sous forme de graphite (à symétrie hexagonale) ou de diamant (à symétrie cubique), le carbone acquiert ainsi des propriétés optiques, électriques et mécaniques radicalement différentes.
L'état de *cristal liquide* peut être atteint soit par chauffage (cristaux thermotropes), soit par dissolution (cristaux lyotropes). Il existe deux types principaux de cristaux liquides thermotropes : les smectiques et les nématiques. Les cristaux liquides sont utilisés pour l'affichage électronique (calculatrices, montres, appareils de mesure, etc.). Dans le procédé le plus classique, deux lames de verre métallisées emprisonnent un film mince nématique. L'application d'une tension électrique à travers le film provoque une intense turbulence, qui entraîne une diffusion locale de la lumière, et la région sous tension devient opaque ; en l'absence d'excitation, elle retourne à l'état transparent.
— **Verr.** Avant la mise au point du cristal à l'oxyde de plomb, en Angleterre, au XVIIIe s. *(flint glass),* les verres les plus purs, rappelant le cristal de roche, furent le « cristallin » de Venise, à la soude (XVe s.), et le verre de Bohême, à la chaux et à la potasse (fin du XVIe s.). En France, la fabrication du cristal au plomb s'est développée rapidement à partir de la fin du XVIIIe s. (Saint-Louis, v. 1787 ; Baccarat, 1819). D'importantes manufactures se sont constituées en Allemagne, en Belgique (Val-Saint-Lambert), aux États-Unis, en Italie (Murano, Venise), en Suède, etc. Taillé à la roue ou à l'acide, utilisé pour la production de services de luxe, d'objets décoratifs et pour la lustrerie, le cristal, traditionnellement, est l'objet d'une fabrication manuelle, effectuée par une main-d'œuvre hautement qualifiée. Sa fabrication mécanique est apparue, cependant, à une époque récente, et s'est largement répandue.

CRISTAL *(monts de),* bordure montagneuse du socle précambrien d'Afrique centrale, qui domine, au N. de l'Ogooué, les bassins côtiers sédimentaires du Gabon et de Guinée-Équatoriale.

CRISTALLERIE n. f. **1.** Fabrication des objets en cristal. — **2.** Lieu où l'on fabrique ces objets. — **3.** Ensemble d'objets en cristal.

CRISTALLIER, ÈRE n. Graveur (euse) sur cristal.

1. CRISTALLIN, E adj. (bas lat. *crystallinus*). **1.** Qui appartient aux cristaux, est de la nature des cristaux. — **2.** *Litt.* Semblable au cristal par la transparence, la sonorité, la pureté : *Voix cristalline.* — **3.** *Massif cristallin,* ensemble de formations plutoniques et/ou métamorphiques, généralement opposé aux ensembles sédimentaires. ‖ *Roche cristalline,* roche formée de cristaux visibles à l'œil nu. (Ce terme s'applique aux roches plutoniques et métamorphiques.) ‖ *Théorie du champ cristallin,* théorie expliquant, à l'aide de modèles électrostatiques, la formation et l'équilibrage des charges dans les structures complexes.

2. CRISTALLIN n. m. (de *cristallin 1*). **1.** Lentille biconvexe transparente située à l'intérieur de l'œil, derrière l'iris et devant le vitré. (Les changements de courbure du cristallin permettent l'accommodation. Son opacification aboutit à la cataracte.) — **2.** Verre de qualité inférieure à celle du cristal, composé de silice, d'oxyde de plomb, de baryte, de chaux et de soude. (Syn. anc. SEMI-CRISTAL.)

CRISTALLINIEN, ENNE adj. Relatif au cristallin.

CRISTALLINITÉ n. f. Propriété d'un composé macromoléculaire correspondant à une disposition régulière des macromolécules les unes par rapport aux autres.
ENCYCL. Le degré de cristallinité d'un polymère caractérise la fraction de matière contenue dans les zones cristallines, par opposition à celle qui se trouve dans les zones amorphes. On distingue ainsi les polymères à cristallinité élevée (polyéthylène, polyamides) et ceux à cristallinité faible (polystyrène, certains polydiènes).

CRISTALLISABLE adj. Susceptible de cristalliser.

CRISTALLISATION n. f. **1.** Action de cristalliser : *La cristallisation du soufre.* — **2.** Action, fait de se cristalliser, de prendre corps : *Ce projet était la cristallisation de tous ses espoirs.* — **3.** Extraction du sucre (dissous dans le sirop) sous forme cristallisée et débarrassé de ses impuretés. — **4.** *Cristallisation fractionnée,* séparation d'un mélange de corps dissous, grâce à leur différence de solubilité. ‖ *Eau de cristallisation,* eau existant en proportion définie dans certaines substances cristallisées.

CRISTALLISER v. t. (conj. 3). **1.** Amener une substance à l'état de cristaux, lui donner la contexture régulière des cristaux : *Cristalliser du sucre.* — **2.** Faire que qqch qui était diffus, inorganisé, imprécis deviennent fort, cohérent, précis ; concrétiser : *Ces attaques ont cristallisé la résistance.* — **3.** Faire converger (en soi) des éléments épars : *Cristalliser des inquiétudes.*
◆ v. i. ou **se cristalliser** v. pr. **1.** Se solidifier sous forme cristalline. — **2.** Se fixer, se préciser sur qqn, qqch, en parlant d'un sentiment : *Son amour cristallisa autour de cette idée.*

CRISTALLITE n. f. Cristal micrométrique.

CRISTALLOCHIMIE n. f. Étude des propriétés chimiques des solides cristallins.

CRISTALLOCHIMIQUE adj. Relatif à la cristallochimie.

CRISTALLOGENÈSE n. f. Science qui étudie la croissance des cristaux, à partir du bain fondu par refroidissement progressif, par transport en phase vapeur (par sublimation et condensation ou par réaction chimique entre vapeurs), à partir de la solution (par décroissance lente de la solution saturée), par électrocristallisation (au cours d'un dépôt électrolytique).

CRISTALLOGRAPHE n. Spécialiste de cristallographie.

CRISTALLOGRAPHIE n. f. Science de la matière cristallisée, des lois qui président à sa formation, de sa structure, de ses propriétés géométriques, physiques et chimiques.

ENCYCL. C'est l'étude des propriétés d'anisotropie discontinue (faces, clivages, troncatures...) qui a permis de comprendre la structure réticulaire des milieux cristallins. Un cristal résulte de la répétition, par les translations d'un réseau, d'un motif (ou maille élémentaire définie par trois vecteurs non coplanaires) constitué par des ions, des atomes ou des molécules. Les points ou nœuds du réseau s'alignent en rangées et se regroupent dans des plans réticulaires équidistants.

Les cristaux présentent des éléments de symétrie qui sont des centres, des plans ou des axes d'ordre 2, 3, 4 ou 6. L'étude de ces symétries a montré qu'il existe 7 systèmes cristallins caractérisés par leur maille élémentaire : cubique (cube) ; quadratique (prisme droit à base carrée) ; orthorhombique (parallélépipède rectangle) ; hexagonal (prisme droit à base losange ayant un angle de 120°) ; rhomboédrique (rhomboèdre) ; monoclinique (prisme oblique à base losange) ; triclinique (parallélépipède à base losange). L'ensemble des faces limitant un cristal constitue une forme cristalline. les faces se déduisent les unes des autres par des opérations de symétrie qui permettent de déterminer le système cristallin. Les cristaux peuvent présenter des défauts chimiques (impuretés) ou réticulaires, ainsi que des dislocations. L'étude de la structure cristallographique peut se faire par différentes méthodes parmi lesquelles la plus importante est la diffraction des rayonnements.

CRISTALLOGRAPHIQUE adj. Qui se rapporte à la cristallographie.

CRISTALLOÏDAL, E, AUX adj. Qui se rapporte à un cristalloïde.

CRISTALLOÏDE adj. Qui peut prendre l'état cristallin.

◆ n. f. Capsule du cristallin.

◆ n. m. **1.** Substance pouvant traverser la membrane poreuse de l'osmomètre et des dialyseurs, par oppos. à un *colloïde.* — **2.** Soluté de remplacement utilisé pour le remplissage vasculaire et constitué uniquement d'eau et d'électrolytes.

CRISTALLOLUMINESCENCE n. f. Luminescence qui accompagne certaines cristallisations (la solidification de l'argent).

CRISTALLOMANCIE n. f. Art de deviner au moyen d'un cristal ou d'un verre.

CRISTALLOPHYLLIEN, ENNE adj. Se disait de roches métamorphiques foliées.

CRISTATELLE n. f. (lat. *crista,* touffe). Colonie rampante de bryozoaires des eaux douces, dont les individus font saillie côte à côte sur la face dorsale.

CRISTE-MARINE n. f. (pl. *cristes-marines*) [lat. sc. *cretanus marinus,* altér. du lat. *crista,* du gr. *krêthmon,* crête marine]. Ombellifère charnue des sables des côtes françaises, aux feuilles comestibles en salade ou confites.

CRISTEROS n. m. pl. (mot esp.) Paysans mexicains catholiques qui, dans les régions centrales du Mexique, se révoltèrent contre le gouvernement anticlérical du général Calles (1926 - 1929).

CRISTOBALITE n. f. (de *San Cristóbal,* n. pr.). Variété de silice SiO_2 de haute température, cristallisant dans le système quadratique, que l'on rencontre dans les laves.

CRISTOFORI (Bartolomeo), facteur de clavecins italien (Padoue 1655 - Florence 1731). Très apprécié pour ses clavecins, il est à l'origine de l'invention du pianoforte.

CRISTOPHINE n. f. Aux Antilles, nom donné à la chayote.

CRITÈRE n. m. (lat. *criterium,* du gr. *kritêrion,* de *krinein,* juger). **1.** Principe, élément de référence qui permet de juger, d'estimer, de définir qqch : *Critère moral, subjectif.* — **2.** Méthode pratique permettant de vérifier si un objet mathématique possède ou non une propriété déterminée. (Ex. critère de convergence de d'Alembert.)

CRITÉRIUM [-rjɔm] n. m. (pl. *critériums*). **1.** Syn. vieilli de CRITÈRE. — **2.** Nom donné dans certains sports à des épreuves qui ne sont pas des championnats. — **3.** *Grand critérium,* course pour chevaux de deux ans ayant pour objet de désigner le meilleur cheval de la génération.

CRITIAS, le plus connu des Trente (450-404 av. J.-C.), élève de Socrate et oncle de Platon. Exilé d'Athènes durant la guerre du Péloponnèse, il y revint après sa défaite (404), et se distingua par ses cruautés et ses rapines. Il fut tué en essayant de reprendre Le Pirée sur Thrasybule.

Critias ou **l'Atlantide,** un des derniers dialogues de Platon, resté inachevé. Critias y décrit un pays mystérieux, l'Atlantide*.

CRITICAILLER v. t. (conj. 3). *Fam.* Critiquer de façon mesquine.

CRITICISME n. m. (all. *Kritizismus*). Système de Kant, fondé sur la critique de la connaissance.

CRITICISTE adj. et n. Qui concerne ou qui soutient le criticisme.

CRITIQUABLE adj. Qui peut ou mérite d'être critiqué ; blâmable ; discutable : *Une décision critiquable.*

1. CRITIQUE adj. (bas lat. *criticus,* du gr. *kritikos*). **1.** Qui expose à un grave danger ; dangereux : *La situation est critique.* – **2.** Où le risque de bouleversements est présent, où une décision s'impose pour éviter des conséquences fâcheuses ; crucial : *Seuil critique.* – **3.** *Âge critique,* période de profondes modifications physiologiques, auxquelles viennent s'associer des modifications du comportement. • **Nucl.** Se dit d'un milieu ou d'un système siège d'une réaction nucléaire de fission en chaîne et tel que, dans un temps donné, le nombre de neutrons produits est égal au nombre des neutrons qui disparaissent. ‖ *Masse critique,* masse de matière fissile contenue dans un assemblage de matériaux ayant la taille critique. (→ *encycl.*) ‖ *Taille critique,* dimension minimale d'un assemblage de matériaux, par exemple le cœur d'un réacteur nucléaire, permettant de le rendre critique pour une composition et une disposition géométrique déterminées. – **Philos.** Selon Saint-Simon et Proudhon, se dit d'une période au cours de laquelle se produit une transformation sociale et économique (par oppos. à une *période organique,* bornée par deux périodes critiques). ‖ Relatif à la démarche philosophique pratiquée en partic. par Kant et Marx. – **Phys.** Se dit des grandeurs (masse, température, pression, etc.) pour lesquelles se produit un changement dans les propriétés d'un corps, dans l'allure d'un phénomène. ‖ *Amortissement critique,* amortissement correspondant à la limite entre un régime oscillatoire amorti et le régime apériodique. ‖ *Température critique,* température au-dessous de laquelle un matériau devient supraconducteur. – **Thermodyn.** *Point critique,* état d'un système dans lequel toutes les propriétés de deux de ses phases deviennent identiques. (Ex. : transition liquide-gaz.) ‖ *Température critique,* température d'un point critique.

ENCYCL. **Nucl.** La *masse critique* d'un matériau fissile correspond à un équilibre entre la production de neutrons (provenant surtout des fissions) et leur disparition (par absorption ou par fuite). Elle varie de quelques centaines de grammes pour l'isotope 235 de l'uranium ou l'isotope 239 du plutonium, lorsqu'ils se trouvent en solution, à quelques dizaines de tonnes pour certains réacteurs nucléaires.

2. CRITIQUE adj. (de *critique 3*). **1.** Qui a pour objet de discerner les qualités et les défauts d'une œuvre, la valeur, l'exactitude ou l'authenticité d'un texte, d'une déclaration, d'un fait, etc. : *Méthode critique.* – **2.** Qui émet des jugements sévères, négatifs : *Se montrer très critique à l'égard de la politique gouvernementale.* – **3.** *Édition critique,* édition établie après collation des textes originaux. ‖ *Esprit critique,* esprit de libre examen qui n'accepte aucune affirmation sans s'interroger sur sa valeur ; tendance à relever tous les défauts d'une œuvre, d'une personne ; promptitude à critiquer ; personne qui fait preuve de cette disposition d'esprit. ‖ *Regard critique,* manière d'appréhender qqch en exerçant son esprit critique. ‖ *Sens critique,* faculté de juger de la valeur de qqch après l'avoir soumis à un examen préalable.

3. CRITIQUE n. f. (gr. *kritikê technê,* art de juger, de *krinein,* juger). **1.** Art de juger les œuvres littéraires ou artistiques : *Critique théâtrale.* – **2.** Jugement porté sur une œuvre littéraire ou artistique : *Sa critique est partiale.* – **3.** *La critique,* l'ensemble de ceux qui, dans les médias, portent des jugements sur les œuvres. – **4.** Examen détaillé visant à établir la vérité, l'authenticité de qqch : *Critique historique.* – **5.** Action de critiquer qqn, qqch ; jugement hostile, défavorable : *La critique est facile.* • **Philol.** *Critique verbale,* examen auquel un philologue doit soumettre, dans les textes qu'il est en train d'établir, les termes dont il suspecte la forme et/ou le sens et qui appellent une correction. – **Philos.** Selon Kant, science du pouvoir de la connaissance rationnelle et de ses limites. ‖ Selon Marx, élément de la pensée révolutionnaire, qui doit permettre, par la dialectique, de transformer le monde.

4. CRITIQUE n. (de *critique 3*). Personne qui étudie les œuvres littéraires ou artistiques, pour les expliquer et les apprécier : *Critique littéraire, musical. Critique d'art.*

Critique de l'École des femmes *(la),* comédie de Molière (1663).

Critique de l'économie politique, ouvrage de Karl Marx publié en 1859 (trad. fr. 1899). Marx attaque le proudhonisme et montre, à travers son analyse de la marchandise sous le double aspect de la valeur d'usage et de la valeur d'échange, le caractère social et historique, non naturel, de la production capitaliste.

Critique du jugement ou, mieux, *Critique de la faculté de juger,* ouvrage de Kant, publié en 1790, où celui-ci traite du fondement et de la valeur des notions du beau et de la finalité. Le beau est ce qui cause une satisfaction libre de tout intérêt ; c'est une finalité sans fin. Par ailleurs, dans l'étude des êtres organisés, l'esprit, selon Kant, est contraint de supposer des fins, de manière à s'expliquer complètement l'existence de ces êtres. Le principe théologique est, en un sens, nécessaire ; mais sa nécessité est toute relative à la constitution de notre esprit.

Critique du programme de Gotha, ouvrage de Karl Marx écrit en 1875 et publié par Engels en 1891. Marx définit la collectivisation des moyens de production et la « période de transition politique » entre la société capitaliste et la société communiste. Il affirme surtout que, durant cette période, « l'État ne saurait être autre chose que la dictature révolutionnaire du prolétariat ».

Critique de la raison dialectique, précédé de *Questions de méthode* (1960), ouvrage de Jean-Paul Sartre, dans lequel il pose les termes d'un problème portant sur les actions des hommes et la signification de ces actions. Il y confronte marxisme et existentialisme.

Critique de la raison pratique, ouvrage publié par Kant en 1788, dans lequel il détermine la nature de la loi morale. L'obligation se présente à l'esprit comme une loi que la raison impose à la volonté. Tandis que les impératifs de la prudence, de l'hygiène sont en quelque sorte subordonnés à un objectif, et donc « hypothétiques » en ce sens, l'impératif de la moralité est catégorique ; de là la formule : « Agis de telle sorte que la maxime de ton action puisse être érigée par ta volonté en une loi universelle. » S'y ajoute la deuxième formule de l'impératif : « Agis de telle sorte que tu traites toujours l'humanité, en toi-même et en autrui, comme une fin et jamais comme un moyen. » La troisième maxime est : « Agis comme si tu étais législateur et sujet dans la république des volontés libres et raisonnables. »

Critique de la raison pure, le plus important des ouvrages de Kant, et celui qui a fondé la philosophie appelée *criticisme* (1re éd., 1781, 2e éd., 1787). Toutes nos connaissances présupposent l'expérience et commencent avec elle ; mais toutes n'en dérivent pas. Il y a des jugements qui sont à la fois synthétiques et a priori. Comment sont-ils possibles ? Kant montre, dans l'espace et le temps, les formes a priori de toutes les données empiriques. Pour travailler sur ces premières données, l'entendement se sert de concepts que Kant appelle catégories ; il montre comment se produit la synthèse des données des sens et des catégories ; puis il détermine les principes de l'entendement pur. Il soutient qu'il est impossible d'appliquer les principes de l'entendement pur au monde des noumènes ; ils ne sont valables que pour les phénomènes ; nous ne pouvons pas connaître les choses en soi.

CRITIQUER v. t. (conj. 3). **1.** Porter sur qqn, qqch un jugement défavorable en en faisant ressortir les défauts, les erreurs, etc. ; blâmer, désapprouver, censurer, condamner : *Se faire critiquer pour sa négligence.* — **2.** Porter sur une œuvre littéraire ou artistique un jugement, l'examiner en détail, en faire la critique.

CRITIQUEUR, EUSE adj. et n. Qui aime à critiquer, à blâmer, à censurer.

Criton, un des premiers dialogues de Platon, composé vers 395 av. J.-C. Criton, disciple de Socrate, est venu le visiter dans sa prison et lui propose de s'en évader. Socrate refuse, et montre qu'il faut obéir aux lois de la cité, même injustes.

CRIVELLI (Carlo), peintre italien (Venise v. 1430/1435 - Ascoli Piceno v. 1493/1500). Formé semble-t-il dans le milieu padouan, exilé dans les Marches à la suite d'une condamnation, il peignit des polyptyques d'autel souvent encore à fonds d'or, d'une qualité décorative précieuse : nervosité et relief des figures, émail éclatant des couleurs (retable de la cathédrale d'Ascoli Piceno, 1473).

CRNA GORA (« Montagne noire »), nom serbo-croate du Monténégro.

CRNJANSKI (Miloš), écrivain serbe (Csongrád, Hongrie, 1893 - Belgrade 1977). Ses poèmes, *Ithaque* (1919), furent salués comme un événement littéraire et son autobiographie, *le Roman de Londres* (1971), le confirma comme un des plus grands stylistes serbes contemporains.

CRNOJEVIĆ, dynastie princière qui régna sur le Monténégro de 1426 à 1499 et qui dirigea, notamment sous la conduite d'Ivan, dit **Ivan beg** (1465 - 1490), la résistance contre les Turcs.

CROASSEMENT n. m. Cri du corbeau ou de la corneille.

CROASSER v. i. (onomat.) [conj. 3]. Crier, en parlant du corbeau ou de la corneille.

CROATE adj. et n. **1.** De Croatie. — **2.** Se disait de troupes formées de Croates. (Sous le règne de Louis XIII fut constitué un régiment qui ne fut dissous qu'à la Révolution et auquel Louis XIV donna le nom de Royale-Cravate [1666].)

CROATIE, État d'Europe, dans la péninsule balkanique ; 56 500 km² ; 4 500 000 hab. *(Croates).* Cap. *Zagreb.* LANGUE : *croate,* MONNAIE : *kuna.*

Géographie. La Croatie, qui compte une notable minorité serbe (10 à 15 % de la population totale), possède une économie relativement diversifiée. L'industrie domine au centre, autour de Zagreb, l'agriculture à l'E., en Slavonie, entre les vallées de la Drave et de la Save. Le littoral, qui s'étend de l'Istrie aux bouches de Kotor, jalonné notamment par les villes de Rijeka, Split et Dubrovnik, et précédé des îles de l'archipel dalmate, juxtapose activités portuaire, industrielle et, jusqu'en 1991, touristique.

Histoire. Peuplée d'Illyriens, la région appartient à partir de 6-9 apr. J.-C. à l'Empire romain et est envahie par les Slaves au VIe s. Un royaume croate se contitue au Xe s.
1102 : Le roi de Hongrie est reconnu roi de la Croatie, où il est représenté par un ban.
1526-27 : Une partie du pays tombe sous la domination des Ottomans, le reste est rattaché aux possessions de la maison d'Autriche.
1918 : La Croatie adhère au royaume des Serbes, Croates et Slovènes.
Au sein de ce royaume, devenu la Yougoslavie en 1929, les Croates s'opposent au centralisme serbe.
1941-1945 : L'État indépendant croate est contrôlé par les Allemands et les Italiens.
1945 : La Croatie devient une des six républiques de la République populaire fédérative de Yougoslavie.
1991 : La Croatie déclare son indépendance. Les Serbes, majoritaires dans certaines régions (Krajina), ne reconnaissent pas le nouveau pouvoir. La guerre civile oppose les Croates aux milices serbes et à l'armée fédérale.
1992 : La Croatie est reconnue indépendante par la communauté internationale.
1995 : L'armée croate reconquiert la Krajina (août) et appuie la contre-offensive des forces croato-musulmanes en Bosnie. Le président Tudjman cosigne l'accord de paix sur la Bosnie-Herzégovine.

CROBAR ou **CROBARD** n. m. *Pop.* Croquis.

CROC [kro] n. m. (frq. *krok, crochet). **1.** Crochet servant à suspendre qqch : *Un croc de boucher.* — **2.** Perche armée d'une pointe et d'un crochet servant à manœuvrer les bateaux. — **3.** Canine pointue de certains mammifères, dépassant largement les dents voisines. — **4.** *Fam.* Dent de l'homme. — **5.** Crochet double, en usage jusqu'au XVIe s., qui servait à tendre l'arbalète. — **6.** Hameçon emmanché pour pêcher dans les rochers. — **7.** Fam. *Avoir les crocs,* avoir très faim. ‖ *En croc,* recourbé en forme de crochet : *Moustache en crocs.* ‖ *Montrer les crocs,* se montrer menaçant.

CROCE (Benedetto), philosophe, critique et historien italien (Pescasseroli, prov. de L'Aquila, 1866 - Naples 1952). Fondateur de la revue *La Critica* (1903), il fut ministre de l'Instruction publique (1920-21) mais il refusa de donner sa caution au fascisme, en rédigeant le manifeste des intellectuels antifascistes, sans en être d'ailleurs inquiété. Il fut président du parti libéral en 1947. Sa pensée, qui témoigne de l'influence de Hegel et de Vico, suppose l'identité de l'histoire et de la philosophie et ramène la logique traditionnelle à une doctrine de la connaissance historique (*l'Esthétique comme science de l'expression,* 1902 ; *la Logique comme science du concept pur,* 1909 ; *l'Histoire comme pensée et action,* 1938). Affirmant l'irréductibilité de l'art à toute finalité intellectuelle ou morale, Croce condamne toute forme d'irrationalisme et d'esthétisme, et cherche à séparer dans toute œuvre l'expression pure du contenu idéologique (*Bréviaire d'esthétique,* 1913 ; *Aristote, Shakespeare et Corneille,* 1920 ; *la Poésie de Dante,* 1921). Il a contribué à définir la notion de baroque (*Histoire du baroque en Italie,* 1929).

CROCÉINE n. f. (lat. *crocus,* safran, du gr. *krokos*). Nom de divers colorants servant à teindre directement la laine ou la soie.

CROC-EN-JAMBE [krɔkɑ̃-] n. m. (pl. *crocs-en-jambe* [krɔkɑ̃-]). **1.** Action de passer son pied en travers des jambes de qqn pour le faire tomber. — **2.** Manœuvre déloyale pour nuire à qqn : *En politique, les crocs-en-jambe sont fréquents.*

CROCHAGE n. m. En marine, accrochage.

CROCHE n. f. (moyen fr. *croche,* crochet). Figure de note dont la queue porte un crochet. (Sa valeur correspond à la huitième partie d'une ronde. Elle est divisible en deux [*double croche*], quatre [*triple croche*] ou huit [*quadruple croche*].)

CROCHE-PATTE ou **CROCHE-PIED** n. m. (pl. *croche-pattes, croche-pieds*). *Fam.* Croc-en-jambe.

CROCHER v. t. (de *croc*) [conj.3]. En marine, accrocher.

CROCHET n. m. (de *croc*). **1.** Attache mobile recourbée servant à fixer ou à suspendre qqch. — **2.** Pièce de métal d'extrémité recourbée : *Crochet de fourneau.* — **3.** Concours ouvert à des artistes amateurs se présentant pour la première fois devant un public chargé de les sélectionner : *Crochet radiophonique.* — **4.** Changement de direction, détour sur un itinéraire : *Faire un crochet pour visiter un monument.* — **5.** Coup de poing donné en décrivant une courbe avec le bras. — **6.** Dent des serpents venimeux. (→ *encycl.*) — **7.** Fer courbé utilisé pour ouvrir les portes dont on ne possède pas les clefs. (Syn. ROSSIGNOL.) — **8.** Instrument constitué d'une tige rigide dont la pointe recourbée permet de travailler un fil textile ; ouvrage effectué avec cet instrument. — **9.** Signe graphique [ ] utilisé pour remplacer les parenthèses ou en mathématiques. — **10.** *Vivre aux crochets de qqn,* à ses dépens. • **Archit.**

Ornement saillant dont l'extrémité se recourbe en forme de bourgeon de feuillage. (Les crochets sont un des éléments caractéristiques de l'ornementation gothique ; on les appelle parfois *crosses*.) — **Arm.** Petite attache d'un fourreau de sabre. — **Bât.** Tige métallique articulée à une de ses extrémités, recourbée à angle droit à l'autre et servant à fixer, par ex., un volet. ‖ *Clou à crochet,* clou dont la tige est courbée à angle droit. ‖ *Crochet d'adhérence,* crosse d'armature de béton armé. ‖ *Crochet (de fixation),* article de quincaillerie servant au soutien de tel ou tel élément de construction (ardoise, tuile, gouttière) ou à la fixation des conduits (eau, gaz). — **Ch. de f.** *Crochet d'attelage,* crochet fixé au châssis des véhicules et auquel on accroche la boucle du tendeur d'attelage. ‖ *Effort au crochet,* force capable d'être exercée par une locomotive pour remorquer un train. — **Chauss.** Accessoire métallique servant à la fermeture de la tige. ‖ *Crochet à bottes,* syn. de TIRE-BOTTES. ‖ *Crochet à boutons,* syn. de TIRE-BOUTONS. — **Manut.** Pièce de métal rappelant la forme d'un point d'interrogation renversé, fixée généralement aux câbles ou aux chaînes d'engins de levage. — **Menuis.** Système de fer denté et amovible servant à tenir en haut une pièce à raboter. ‖ *Denture à crochet,* type de denture fréquent sur les lames utilisées en scierie. — **Serrur.** Pêne demi-tour s'accrochant dans la gâche. — **Télécomm.** *Crochet commutateur,* syn. de SUPPORT COMMUTATEUR. — **Véner.** Syn. de LIME. — **Zool.** Canine du cheval mâle et du cerf. ‖ Nom donné à des organes pointus et recourbés (corne du chamois, ongle des oiseaux de proie, dispositif d'accrochage des ailes chez les insectes, etc.).

ENCYCL. **Zool.** Les serpents venimeux portent à la mâchoire supérieure une ou deux paires de crochets rabattus en arrière au repos mais pouvant d'un seul coup se déplier pour mordre. On distingue les serpents aglyphes, sans crochets (boa), opisthoglyphes, à crochets en arrière de la bouche, n'atteignant que les proies à demi avalées (couleuvres), protéroglyphes, à crochets situés à l'avant et creusés d'un sillon externe (cobra), et solénoglyphes, à crochets percés d'un canal interne (vipère).

CROCHETABLE adj. Que l'on peut crocheter.

CROCHETAGE n. m. **1.** Action de crocheter une serrure, une porte. — **2.** Culture superficielle du sol pour favoriser la régénération naturelle ou artificielle du peuplement forestier.

CROCHETER v. t. (conj. 28). **1.** Ouvrir une serrure, une porte à l'aide d'un crochet. — **2.** *Vx.* Piquer, attraper qqch avec un crochet : *Crocheter de vieux vêtements dans les poubelles.* — **3.** Éviter un joueur adverse en changeant brusquement de direction. — **4.** Faire un ouvrage de couture au crochet.

CROCHETEUR n. m. **1.** *Vx.* Portefaix. — **2.** Individu qui crochète les serrures.

CROCHON n. m. Partie pliée dissymétrique d'une couche de charbon.

CROCHU,E adj. (de *croc*). **1.** Recourbé en forme de crochet ; *Bec crochu.* — **2.** Fam. *Avoir les doigts crochus,* être avide, rapace ou avare ; avoir du penchant pour le vol. ‖ *Os crochu,* le plus interne des os de la deuxième rangée du carpe.

CROCIDOLITE n. f. (gr. *krokus, -udos,* duvet). Variété d'asbeste appartenant au groupe des amphiboles, très cancérogène. (Syn. AMIANTE BLEU.)

CROCIDURE n. f. (gr. *krokus, -udos,* duvet). Musaraigne insectivore de l'Ancien Monde, assez familière.

CROCKETT (David, dit **Davy**), pionnier américain (Rogersville, Tennessee, 1786 - Fort Alamo, Texas, 1836). Député du Tennessee et membre du Congrès, il est célèbre par sa participation héroïque à la résistance de Fort Alamo, face aux Mexicains (1836).

CROCO n. m. (abrév. de *crocodile*). *Fam.* Peau de crocodile tannée : *Un sac en croco.*

CROCODILAGE n. m. Défaut de surface d'une peinture, provoqué par l'application d'une couche à durcissement rapide sur une couche à durcissement lent.

CROCODILE n. m. (lat. *crocodilus,* du gr. *krokodeilos*). **1.** Nom donné à tous les reptiles actuels de l'ordre des *crocodiliens.* — **2.** Crocodilien au museau triangulaire (en vision de dessus), ayant une dent inférieure visible même lorsque la bouche est fermée, et muni d'une queue puissante, fortement comprimée et crêtée. (→ *encycl.*) — **3.** Cuir obtenu par tannage de la peau de crocodile. — **4.** Scie égoïne utilisée pour la pierre tendre. — **5.** Pièce métallique longiligne, placée entre les rails au niveau d'un signal et destinée à la répétition de ce signal par établissement d'un circuit électrique avec une brosse placée sous la locomotive. — **6.** *Larmes de crocodile,* larmes hypocrites.

ENCYCL. On distingue 13 espèces de crocodiles, réparties dans toutes les régions chaudes du globe, y compris dans les îles : Australie, Madagascar, qu'ils ont pu gagner à la nage, car toutes les espèces s'aventurent en mer. Mais ce sont surtout des animaux des fleuves et des lacs, aux pattes trop faibles pour les porter longtemps hors de l'eau. Ils se nourrissent de proies animales, vivantes ou mortes. Le crocodile du Nil, qui atteint 4 m de long, attaque parfois l'homme. Les crocodiles pondent à terre des œufs, que dévorent de nombreux prédateurs. Leur cuir est recherché par l'homme, qui les chasse ou, de nos jours, les élève dans des fermes.

CROCODILIEN n. m. Nom d'ordre donné aux crocodiles au sens large du terme.

ENCYCL. Les crocodiliens sont les plus évolués des reptiles actuels : choanes très reculées, dents implantées dans des alvéoles comme celles des mammifères, organes génitaux impairs, et surtout cœur à quatre compartiments entièrement séparés, limitant le mélange des sangs « rouge » et « noir ». On range parmi eux, outre les crocodiles au sens strict, les alligators, les caïmans et les gavials.

CROCODILOPOLIS, ville de l'Égypte ancienne, capitale de la province de Fayoum. C'est l'actuelle *Médinet el-Fayoum.*

CROCOSMIA n. m. (gr. *krokos,* safran, et *osmê,* odeur). Herbe bulbeuse à fleurs jaune et brun, du Cap, voisine des iris et plus connue sous le nom de *montbretia.*

CROCQ (23260), ch.-l. de cant. de la Creuse, à 25 km au S.-E. d'Aubusson ; 684 hab. *(Croquants).* Ruines d'un château du XIIe s. et de fortifications. Pelleterie. Mécanique de précision.

CROCUS [-kys] n. m. (lat. *crocus,* du gr. *krokos,* safran). Plante (iridacée) bulbeuse aux feuilles très grêles, et dont la fleur unique, aux pétales très redressés, de couleur jaune ou violette, paraît au printemps et parfois à l'automne. (Le stigmate du crocus fournit le safran.)

Crohn *(maladie de),* inflammation ulcéreuse et sténosante d'un segment de l'intestin, siégeant surtout à la partie terminale de l'iléon et pouvant se combiner avec une colite du même type. Elle prend souvent une allure chronique et cachectisante. (Syn. ILÉITE TERMINALE.)

CROIRE v. t. (lat. *credere*) [conj. **107**]. **1.** Tenir qqch pour vrai, l'admettre comme une certitude, en être persuadé, convaincu : *Comment peut-on croire une telle histoire ?* — **2.** Tenir qqn pour sincère ; se fier à lui : *Croire quelqu'un sur parole.* — **3.** Tenir qqch pour possible, l'envisager par la pensée ; penser, supposer : *Je crois bien qu'il va pleuvoir. Il croit pouvoir y arriver tout seul.* — **4.** Avoir telle opinion, tel jugement sur qqn ou qqch : *Je crois qu'il est intelligent.* — **5.** Imaginer qqch, en avoir l'impression : *C'était comme dans un rêve, je croyais marcher sur l'eau.* — **6.** *Croire combien, comme, comment, à quel point, etc.,* l'imaginer (surtout à l'impératif ou avec *pouvoir*) : *Vous ne pouvez croire combien je suis désolé.* — **7.** *À en croire qqn, qqch,* si l'on se fie à ce que dit qqn, si l'on s'en rapporte à qqch. ‖ *Croyez-m'en, si vous m'en croyez,* s'emploient pour inviter qqn à suivre les conseils qu'on lui donne. ‖ *Il faut croire que,* il est vraisemblable que. ‖ *Je vous crois, je crois bien,* soulignent une évidence, renforcent une affirmation ; cela ne m'étonne pas, c'est évident. ‖ *Ne pas en croire ses yeux, ses oreilles,* être très étonné. ‖ *On croirait qqch, qqn,* la ressemblance est très grande avec qqch, qqn : *À l'entendre parler, on croirait son père.* ‖ *Tu ne crois pas si bien dire,* tu as dit le mot juste, tu as raison.
◆ v. t. ind. **1.** Être certain de l'existence de qqn, de qqch, de la véracité de qqch : *Croire aux revenants.* — **2.** Tenir qqch pour véritable, vrai, vraisemblable ou possible : *Tout le monde a cru à un accident.* — **3.** *Croire (en Dieu),* avoir foi en l'existence de Dieu, avoir la foi religieuse. — **4.** Être persuadé de l'efficacité de qqch ; se fier à, s'en rapporter à : *Croire en la médecine.* — **5.** Avoir confiance en qqn, avoir foi en ses actions, son avenir, ses possibilités : *J'ai toujours cru en lui.* — **6.** Fam. *Croire au Père Noël,* être naïf. ‖ *Croire en soi,* avoir confiance en son mérite, en ses possibilités. ‖ *Veuillez croire à,* formule de politesse à la fin d'une lettre.
◆ **se croire** v. pr. **1.** Avoir telle ou telle impression : *Il se croit plus intelligent que les autres. On se croirait chez les fous ici !* — **2.** Avoir une trop bonne opinion de soi, une confiance excessive en soi.

CROISADE n. f. (anc. fr. *croisement,* avec l'infl. du provenç. *crozata*). **1.** Nom donné aux expéditions militaires entreprises du XIe au XIIIe s. par les chrétiens d'Occident à l'instigation de la papauté qui leur fixa pour but la délivrance des Lieux saints occupés par les musulmans. (→ *encycl.*) — **2.** Expédition militaire faite dans un dessein religieux. — **3.** Vive campagne menée pour créer un mouvement d'opinion : *Croisade contre le cancer.*

ENCYCL. Favorisées par les conditions sociales et économiques de l'Europe occidentale (hausse démographique, manque de terres exploitables, croissance de l'économie monétaire et des échanges), les croisades trouvent leur origine lointaine dans les prescriptions ecclésiastiques du IXe s. qui sanctifient la lutte contre les infidèles pour la défense des chrétiens opprimés, et leur cause immédiate dans l'invasion de l'Asie Mineure et de la Syrie par les Turcs Seldjoukides qui occupent Jérusalem en 1077. En 1095, au concile de Clermont, le pape Urbain II appelle la chrétienté occidentale à se porter au secours des chrétiens d'Orient opprimés par les Turcs et à libérer les Lieux saints, déclenchant ainsi la première croisade dont les participants bénéficieront d'une indulgence plénière. Mais, parmi les huit croisades, seules les trois premières seront des expéditions à caractère strictement religieux, car à la finalité spirituelle des cinq autres s'ajouteront des objectifs politiques ou économiques.

• *La première croisade (1096 - 1099).* La prédication d'Urbain II jette sur la route de Jérusalem des bandes de pèlerins qui, partis de Cologne (avr. 1096) sous la conduite de Pierre l'Ermite et de Gautier Sans Avoir, gagnent, par la vallée du Danube, l'Asie Mineure où elles se font massacrer par les Turcs à Civitot (oct. 1096). Indisciplinée, cette « croisade populaire » précède la « croisade des barons », organisée et structurée, comprenant quatre armées dirigées par le légat Adhémar de Monteil et des grands seigneurs d'Occident (Hugues de Vermandois, Godefroi de Bouillon, Bohémond de Sicile, Robert II, duc de Normandie, Raimond de Saint-Gilles, comte de Toulouse) qui quittent la France et l'Italie du Sud à l'été 1096, empruntent divers itinéraires terrestres et font leur jonction à Constantinople puis en Asie Mineure (1097). Après avoir vaincu les Turcs à Dorylée (1097), les croisés s'emparent d'Édesse, d'Antioche (1098) et de Jérusalem (1099) qui deviennent avec Tripoli (conquise en 1109) les capitales des quatre États latins* du Levant qu'ils fondent pour défendre la Terre sainte.

• *La deuxième croisade (1147-1149).* Provoquée par la prise d'Édesse (1144) par l'atabek de Mossoul, elle est prêchée par saint Bernard (Vézelay, 1146) à l'initiative du pape Eugène III. Conduites par Louis VII et l'empereur Conrad III, les deux armées de cette expédition descendent le Danube (1147), gagnent Antioche et Acre par mer (1148). Après avoir assiégé en vain Damas (1148), les deux souverains rentrent en Occident (1149) sans avoir tenté de délivrer Édesse.

• *La troisième croisade (1189/90 - 1192).* Elle est décidée par le pape Grégoire VIII à la suite de la prise de Jérusalem par Saladin (1187). À l'appel du pape, Frédéric Ier Barberousse quitte Ratisbonne (1189), emprunte l'itinéraire danubien, réussit la traversée de l'Asie Mineure, mais se noie en Cilicie en traversant le Sélef (auj. Göksu). Partis de Vézelay (1190), Philippe II Auguste et Richard Cœur de Lion prennent la route de mer et font capituler Acre (1191) après la conquête de Chypre par le roi d'Angleterre. Mais, ne pouvant reprendre Jérusalem, ce dernier conclut avec Saladin une trêve (1192) qui laisse aux Francs la côte, de Tyr à Jaffa, et assure aux chrétiens le libre accès aux Lieux saints.

• *La quatrième croisade (1202 - 1204).* Réunie à l'initiative du pape Innocent III, elle est conduite par Boniface de Montferrat. Dirigée contre l'Égypte (1202) pour contraindre le sultan à restituer Jérusalem, elle est détournée par les Vénitiens qui, pour étendre leur domaine commercial, amènent les croisés à s'emparer de Constantinople et à substituer à l'Empire byzantin l'Empire latin* de Constantinople.

• *La cinquième croisade (1217-1219).* La construction d'une forteresse musulmane sur le mont Thabor (1210) décide le pape Innocent III à prêcher cette croisade, qui est organisée par le quatrième concile de Latran (1215) et animée par André II, roi de Hongrie, puis (1217) par Jean de Brienne, roi de Jérusalem. N'ayant pu s'emparer du Thabor (1217), les croisés attaquent Damiette, qu'ils prennent en 1219. Mais, vaincus en marchant sur Le Caire, ils doivent restituer cette ville et évacuer l'Égypte.

• *La sixième croisade (1228 - 29).* Lancée par le pape Honorius III, elle est conduite par l'empereur Frédéric II, qui gagne Acre par mer (1228) et conclut le traité de Jaffa (1229) avec le sultan al-Malik al-Kāmil qui lui restitue Jérusalem, Bethléem et Nazareth.

• *La septième croisade (1248 - 1250).* Sa prédication par le pape Innocent IV au concile de Lyon (1245) est suscitée par la prise de Jérusalem (1244) par les Khārezmiens. Conduits par Louis IX, les croisés s'embarquent à Aigues-Mortes (1248) pour l'Égypte, prennent Damiette (1249) mais sont défaits à Mansourah où Louis IX est fait prisonnier (1250). Libéré moyennant la reddition de Damiette, le roi doit quitter l'Égypte avec les croisés.

• *La huitième croisade (1270).* Le sultan Baybars Ier s'étant emparé d'Antioche (1268), Louis IX organise cette croisade qui, sous l'influence de Charles Ier d'Anjou, se dirige vers Tunis (1270) où Louis IX trouve la mort. Après avoir conclu un traité avantageux pour son royaume de Sicile (paix de Tunis, 1270), Charles d'Anjou ramène les croisés en France sans porter secours aux Francs des États latins du Levant, qui, privés de l'aide de l'Occident, devront abandonner la Terre sainte retombée tout entière au pouvoir des musulmans en 1291 (prise d'Acre par les Mamelouks).

Le but essentiel des croisades, la délivrance des Lieux saints, ne fut donc pas atteint par ces grandes expéditions, qui ont profondément marqué la vie religieuse, politique, économique et culturelle de l'Occident et de l'Orient. Elles ont affermi le pouvoir de la papauté sur la chrétienté, et donné naissance à des ordres militaires (Hospitaliers, Templiers). Dans les États latins qu'elles fondèrent en Orient, elles ont introduit les structures féodales de l'Europe occidentale et marqué fortement leur empreinte dans l'architecture religieuse (Saint-Sépulcre de Jérusalem) et militaire (krak des Chevaliers). Elles ont aidé à la diffusion en Occident des thèmes littéraires et artistiques des Byzantins et des Arabes, et contribué à l'essor des villes maritimes italiennes

(Gênes, Pise, Venise) qui ont développé le commerce avec le Levant.

1. CROISÉ → CROISER.

2. CROISÉ n. m. (de *croisé 1*). **1.** Pas de danse latéral qui consiste à faire passer une jambe devant ou derrière l'autre. – **2.** Exercice exécuté par deux trapézistes volants qui changent de trapèze. – **3.** Armure caractérisée par un rapport d'armure carré, comprenant un nombre pair de fils de chaîne et de fils de trame. – **4.** Tissu réalisé à l'aide de cette armure et présentant toujours un effet de côte incliné d'une lisière à l'autre.

3. CROISÉ n. m. (de *croisade*). Celui qui se croisait pour combattre les musulmans. (Pèlerin en armes, le croisé portait une croix d'étoffe cousue sur ses vêtements. Il bénéficiait d'une indulgence plénière et du privilège de croix par lequel sa famille et ses biens étaient placés sous la protection de l'Église.)

CROISÉE n. f. **1.** *Litt.* Point où deux choses se croisent : *La croisée de deux routes.* – **2.** Fenêtre divisée par un ou plusieurs meneaux ou montants et un ou plusieurs croisillons. – **3.** *Vx.* Fenêtre quelconque. ‖ *À la croisée des chemins,* au moment d'un choix délicat, d'une décision importante. ‖ *Croisée d'ogives,* croisement d'arcs ou nervures appelés ogives, qui forme l'armature de la voûte gothique. ‖ *Croisée de* (ou *du*) *transept,* travée d'intersection du vaisseau central d'une église avec le transept. (Souvent surmontée d'une coupole ou d'une tour-lanterne.) [Syn. CARRÉ DU TRANSEPT.]

CROISEMENT n. m. **1.** Action de disposer en forme de croix, de faire se croiser : *Croisement de fils.* – **2.** Fait pour deux véhicules de se rencontrer en allant dans des directions opposées : *Croisement de deux péniches sur un canal.* – **3.** Rencontre de deux choses : *Croisement d'idées.* – **4.** Carrefour constitué par l'intersection de deux voies de circulation. – **5.** Union sexuelle naturelle ou expérimentale entre deux individus animaux ou végétaux présentant des caractères somatiques différents. (→ *encycl.*)
• **Autom.** *Feux de croisement,* feux utilisés en zone urbaine ou lors du croisement avec d'autres véhicules. (Syn. CODES.) – **Ch. de f.** Pièce d'un appareil de voie permettant aux roues de franchir à niveau un rail qui rencontre et croise le rail sur lequel elles roulent. – **Ling.** Action de deux mots agissant l'un sur l'autre par contamination pour former une nouvelle unité lexicale. – **Mus.** Passage momentané d'une voix au-dessus ou au-dessous de celle qui lui est normalement supérieure ou inférieure. – **Text.** Disposition des fils qui, par leur entrelacement, forment les armures.

ENCYCL. **Biol.** Deux variétés ou races de la même espèce donnent des métis, féconds entre eux et avec les deux variétés parentes ; deux espèces très voisines donnent des hybrides, généralement stériles, au moins entre eux et souvent avec les espèces parentes ; enfin deux espèces moins proches sont interstériles.
– **Zootechn.** Le croisement est utilisé pour créer ou améliorer des races, pour produire des animaux commerciaux (animaux de boucherie) ou les poules pondeuses.
Le *croisement continu* consiste à utiliser, à chaque génération, des reproducteurs mâles d'une race sur des femelles d'une autre race qui se trouve ainsi progressivement remplacée par la première.
Le *croisement industriel* est très répandu pour la production d'animaux de boucherie (bovins, ovins). La race paternelle apporte vitesse de croissance, conformation et qualités de carcasse, la race maternelle, rusticité, fécondité et qualités laitières.

CROISER v. t. (conj. 3). **1.** Disposer deux choses en forme de croix ou d'X : *Croiser les jambes, les bras.* – **2.** Couper, traverser une ligne, une route : *Des moutons croisèrent la route.* – **3.** Passer à côté de qqn, d'un véhicule en allant dans la direction opposée : *Je l'ai croisé dans la rue, il ne m'a pas vu.* – **4.** En parlant d'une lettre, être acheminée vers son destinataire au moment où la lettre de celui-ci est elle-même acheminée vers soi : *Ma lettre a dû croiser la vôtre.* – **5.** Rencontrer, côtoyer des personnes qqpart : *Un hôtel où on croise toutes sortes de gens originaux.* – **6.** Rencontrer le regard de qqn. – **7.** Effectuer un croisement d'animaux ou de végétaux. – **8.** *Croiser les doigts,* couvrir l'index avec le majeur pour conjurer le mauvais sort ou pour formuler un vœu. ‖ *Croiser le fer,* à l'escrime, mettre épée contre épée, fleuret contre fleuret, de manière à former une croix ; lutter avec qqn dans une discussion, un débat, s'opposer à qqn. ‖ *Croiser la passe,* passer le ballon à un partenaire qui court dans une direction différente.
◆ v. i. **1.** En parlant d'un vêtement à deux pans, avoir un côté qui passe sur l'autre. – **2.** En parlant d'un bateau, aller et venir dans les mêmes parages pour accomplir une mission de surveillance.
◆ **être croisé** v. pass. – **Anat.** *Ligaments croisés,* les deux ligaments situés à la partie postérieure de l'articulation du genou. – **Anthropol.** Dans une filiation patri- ou matrilinéaire, en parlant de certains parents (oncles, tantes, cousins, neveux, nièces), descendre d'un parent du sexe opposé à celui de l'ascendant immédiat du sujet de référence, ou ego. (Ainsi les enfants du frère du père et les enfants de la sœur de la mère appartiennent au même groupe que l'ego, et sont dits *parallèles,*

alors que les enfants de la sœur du père et les enfants du frère de la mère relèvent de l'autre groupe auquel appartient l'ego, et sont dits *croisés.*) – **Cout.** *Col croisé,* col dont les revers se croisent. ‖ *Vêtement croisé,* vêtement dont les devants se chevauchent. – **Géom.** *Polygone croisé,* polygone ayant au moins deux côtés non consécutifs sécants. – **Inform.** *Programme croisé,* programme exécuté sur un ordinateur en vue de fournir un résultat qui pourra être exécuté sur un autre ordinateur. – **Méd.** *Réaction croisée,* réaction d'un anticorps avec un antigène différent de celui qui lui a donné naissance, mais présentant avec celui-ci des déterminants antigéniques communs. (Il existe des réactions d'allergie croisée entre antibiotiques d'une même famille.) – **Métriq.** *Rimes croisées,* rimes féminines et masculines alternées. – **Mil.** *Feux croisés,* feux venant de divers côtés sur un seul objectif. – **Text.** *Étoffe croisée,* étoffe dont le mode d'entrelacement simple des fils donne un sens oblique au tissu. – **Zootechn.** En parlant d'un animal, être issu d'un croisement.

◆ **se croiser** v. pr., **être croisé** v. pass. **1.** Former des croix ou des X : *Lignes croisées.* – **2.** Disposer ses jambes, ses mains l'une sur l'autre en formant une sorte de croix. – **3.** *Se croiser les bras,* refuser de travailler.

◆ **se croiser** v. pr. **1.** Passer l'un près de l'autre en venant de directions opposées ou différentes : *Trains qui se croisent.* – **2.** S'échanger entre des interlocuteurs divers, en parlant de paroles : *Les injures se croisaient.* – **3.** En parlant de lettres, être acheminées en même temps mais en sens contraire. – **4.** S'accoupler. – **5.** En parlant d'un cheval, poser ses pieds antérieurs ou postérieurs l'un devant l'autre en marchant. – **6.** S'engager dans une croisade. – **7.** *Destinées, chemins qui se croisent,* situation qui fait que deux personnes se sont à un moment connues puis se sont séparées.

CROISETÉ ou **CROISETTÉ, E** adj. Se dit d'une pièce héraldique dont l'extrémité est terminée par une croix.

CROISETTE n. f. **1.** Nom usuel d'un *gaillet.* – **2.** Syn. de PIERRE DE CROIX*.

CROISETTE *(cap* ou *pointe de la),* cap des Alpes-Maritimes, en face des îles de Lérins et situé à une extrémité du boulevard (cannois) de la *Croisette.*

CROISEUR n. m. (de *croiser*). **1.** Grand bâtiment de guerre puissamment armé et employé pour le commandement, l'escorte, la lutte antiaérienne ou anti-sous-marine. – **2.** *Croiseur auxiliaire,* grand navire de commerce mobilisé comme croiseur.

ENCYCL. Les premiers croiseurs modernes datent de 1870. Au cours de la Seconde Guerre mondiale apparaissent les croiseurs antiaériens. Actuellement, le croiseur est un bâtiment de tonnage moyen (7 000 à 20 000 t) doté de missiles surface-air et surface-surface, d'armes anti-sous-marines, de systèmes de traitement automatique des informations tactiques et de plates-formes pour hélicoptères.

CROISIC (Le) [44490], ch.-l. de cant. de la Loire-Atlantique, dans la *pointe du Croisic* et en bordure de marais salants ; 4 448 hab. *(Croisicais).* Ce fut un port important aux XVIe et XVIIe s. Église de style flamboyant. Maisons des XVIIe et XVIIIe s. Petit port de pêche. Station balnéaire.

CROISIER n. m. Religieux qui avait la croix pour insigne et qui appartenait généralement à un ordre hospitalier ou militaire. (Subsiste auj. l'ordre de la Sainte-Croix ou Croisiers, chanoines réguliers, implantés en Hollande et en Belgique.)

CROISIÈRE n. f. **1.** *Vx.* Action de croiser, en parlant d'un navire de guerre. – **2.** *Vx.* Flotte de navires qui participent à la surveillance d'une zone ou au blocus d'un port. – **3.** Circuit maritime accompli par un navire ou un explorateur. – **4.** Voyage touristique à bord d'un paquebot ou d'un bateau de plaisance : *Une croisière aux Canaries.* – **5.** Partie de la bride qui va de la muserolle au frontal, en se croisant sur le devant de la tête du cheval. – **6.** *Missile de croisière,* missile dont la phase propulsée s'étend sur la plus grande partie de son vol. (→ *encycl.*) ‖ *Vitesse de croisière,* meilleure allure quant à la rapidité et à la consommation d'un véhicule, d'un bateau ; rythme normal d'activité après une période de mise en train.

ENCYCL. **Mil.** Si les *missiles de croisière* sont apparus en Allemagne pendant la Seconde Guerre mondiale (les célèbres V1 et V2), l'appellation ne date que de la fin des années 60. Le missile de croisière des années 80 est un véritable « avion sans pilote » à vocation stratégique (2 500 km de portée pour le Tomahawk américain). C'est un engin subsonique, aérobie, autoguidé, volant à basse altitude et doté d'une précision de guidage remarquable, grâce à un système de navigation constitué d'une centrale à inertie et d'un radar altimétrique avec processus de recalage par corrélation de terrain. Il peut être lancé d'un avion, d'un sous-marin, à partir d'un navire de surface ou depuis un véhicule terrestre.

Croisière jaune, traversée de l'Asie centrale en automobile, organisée par André Citroën. Elle quitta Beyrouth en 1931 et parvint à Pékin en 1932.

Croisière noire, première traversée de l'Afrique en automobile, organisée par André Citroën. Elle partit de Colomb-Béchar en 1924, gagna le Niger, le lac Tchad, le Congo belge, et arriva à Madagascar en 1925.

CROISIÉRISTE n. Personne qui fait une croisière touristique.

CROISILLON n. m. **1.** Traverse d'une croix. – **2.** Motif formé par des lignes qui s'entrecroisent en dessinant des losanges. – **3.** Syn. de BRAS* DE TRANSEPT. – **4.** Dans une fenêtre, traverse horizontale en pierre, bois, métal, croisant un ou plusieurs meneaux ou montants. – **5.** *Croisillons d'entrejambe,* traverses disposées en croix, qui réunissent les pieds d'un meuble.

CROISSANCE n. f. (lat. *crescentia*). **1.** Augmentation des dimensions de l'ensemble d'un corps organisé ou de l'une ou l'autre de ses parties ; période pendant laquelle se fait cette augmentation de taille : *Enfant en pleine croissance.* (→ encycl. Biol. et Physiol.) – **2.** Développement, extension, augmentation de qqch : *La croissance de la production industrielle.* – **3.** Développement de l'économie : *Le ralentissement de la croissance.* (→ encycl. Écon.) • **Bot.** *Substances de croissance,* substances de laboratoire servant à activer la croissance des très jeunes plantes. – **Cristallogr.** Phénomène de grossissement d'un germe ou d'un cristal. – **Math.** Propriété d'une fonction ou d'une suite croissante. – **Méd.** *Fièvre de croissance,* poussée fébrile accompagnée parfois de douleurs au niveau des épiphyses, coïncidant avec la croissance des jeunes gens.

ENCYCL. **Biol.** La croissance nécessite que l'assimilation* l'emporte sur la désassimilation ; elle exige aussi une harmonisation très complexe de la croissance de chaque organe, de chaque membre, de chaque organite cellulaire, etc., avec celle de l'organisme entier. Elle est incompatible avec un changement de forme et de structure trop rapide (métamorphose* des insectes, des oursins, etc.) ; elle n'est pas non plus un simple grandissement homothétique, certains organes croissant plus vite que les autres (allométrie). Les processus de croissance sont très variés : les cellules du foie d'un adulte, par exemple, sont de même taille que celles d'un nouveau-né, mais plus nombreuses (croissance par multiplication cellulaire) ; de même, tant pour les os longs des membres chez l'homme et les vertébrés en général que pour les axes (tiges et racines) des plantes, les processus de croissance en longueur et en diamètre n'ont aucun rapport.

– **Écon.** Le terme de « croissance » apparaît dans la théorie économique vers 1940 (se différenciant de celui de « développement » et de celui de « progrès »). L'économiste S. Kuznets attribue à la *croissance économique* moderne les caractéristiques suivantes : accroissement rapide de la population, accroissement de la production et de la productivité, changements structurel (exode rural) et social (urbanisation intensive), révolution dans les transports et dans les communications. Cette croissance est inégale selon les nations.

Une période de très forte croissance économique s'est manifestée de 1948 à 1973 pendant laquelle la production industrielle mondiale a été multipliée par 3,5, soit un taux moyen d'augmentation de 5 % par an (avec des fléchissements de ce taux en 1954, en 1958 et en 1970-71). À partir de 1974, les pays industrialisés ont connu une diminution importante et persistante de leur taux de croissance (→ CRISE).

On peut mettre en avant les causes suivantes de la prolongation, pendant un quart de siècle, de la croissance dans un grand nombre de pays :

– l'existence d'une phase ascendante d'un cycle de longue durée correspondant à la période 1945-1970 ;

– l'accroissement de la propension mondiale à l'investissement et le maintien d'une forte demande de consommation (reconstruction, société de bien-être) ;

– le perfectionnement intensif de nombreuses techniques de crédit (alors que leur évolution de 1860 à 1940 avait été très faible) et le bénéfice pour l'économie mondiale de liquidités en provenance des États-Unis (à l'origine d'ailleurs d'une lente et persistante inflation) ;

– des capitaux abondants, offerts par les marchés financiers et les institutions bancaires, les emprunteurs bénéficiant de taux d'intérêt faibles, voire négatifs ;

– les réserves potentielles de main-d'œuvre de certains secteurs de la production (mines et agriculture notamment) ;

– l'offre abondante de matières premières industrielles à prix stables ou même en baisse (accroissant d'ailleurs le fossé entre les pays producteurs et les nations consommatrices, fortement gagnantes à cet « échange inégal ») ;

– le développement important des échanges internationaux.

– **Physiol.** La croissance procède par des phases alternées de repos et de brusques poussées. Il existe trois périodes pendant lesquelles la croissance est particulièrement rapide : 1° pendant les deux premières années ; 2° vers six à sept ans ; 3° vers douze à treize ans, époque à laquelle apparaissent les premiers signes de la puberté. La croissance des os se fait en longueur à chaque extrémité, à la jonction de la diaphyse et de l'épiphyse, aux dépens du cartilage épiphysaire. Ce travail d'ossification dure jusqu'à ce que l'os ait atteint sa taille définitive. La croissance est conditionnée par les sécrétions des glandes endocrines, surtout de l'hypophyse (hormone de croissance). Elle dépend également de la nature de l'alimentation en qualité (acides aminés, vitamines) et en quantité (ration de croissance).

âge	*hauteur en cm*		*poids en kg*	
	garçons	*filles*	*garçons*	*filles*
Naissance	50	50	3,20	2,91
6 m.	66	65	7,60	7,10
1 an	75	73	9,80	9,3
2 ans	86	84	12,20	11,60
3 ans	94	93	14,21	13,60
4 ans	101	99	15,50	14,50
5 ans	107	106	17,10	16,10
6 ans	114	113	19,50	18,20
7 ans	120	121	22	20,50
8 ans	125	127	24,50	23,20
9 ans	131	133	27,09	26,50
10 ans	136	138	30	29
11 ans	141	146	33	33,50
12 ans	147	153	36,50	37,50
13 ans	154	158	41,20	43,60
14 ans	162	160	47,50	47,50
15 ans	168	162	54	51,30
16 ans	172	162,5	58,50	52,50
17 ans	174	163	61	52,80
18 ans	175	164,5	62	53,10
19 ans	175,5	165	64,50	53,10
20 ans	176	165,5	65	54,50
25 ans	176,5	166	69	55

1. CROISSANT, E adj. Qui augmente en quantité ou en importance, en intensité : *Le nombre croissant des chômeurs.* • **Math.** Se dit d'une fonction f d'un ensemble ordonné $(E, <)$ vers un ensemble ordonné $(F, <)$, telle que, quels que soient x et x' appartenant à E, $x < x'$ entraîne $f(x) < f(x')$. [Pour une suite, $E = \mathbb{N}$, et la propriété peut n'être vérifiée qu'à partir d'un certain rang.] ‖ *Fonction croissante au sens large,* fonction croissante, mais qui ne l'est pas strictement. ‖ *Fonction strictement croissante,* fonction croissante f, telle que si $x \neq x'$ alors $f(x) \neq f(x')$. [Si E est totalement ordonné, f est injective.] — **Phon.** Se dit d'une consonne, lorsqu'elle précède, dans la syllabe, le sommet syllabique que forme généralement la voyelle ; se dit d'une diphtongue quand son aperture augmente progressivement.

2. CROISSANT n. m. **1.** Aspect d'un astre du système solaire, dont la surface éclairée visible est inférieure à la moitié du disque. (La Lune est visible en croissant le soir entre la nouvelle lune et le premier quartier, et le matin entre le dernier quartier et la nouvelle lune.) — **2.** Forme analogue à celle du croissant de la lune : *Troupes disposées en croissant.* — **3.** Pâtisserie en pâte levée puis feuilletée et roulée en forme de croissant de lune. — **4.** Emblème de la nouvelle lune par lequel on désignait en Occident le monde musulman et qui fut adopté officiellement par les Ottomans au XIXe s. ; aujourd'hui accompagné de l'étoile, symbole de l'islām. • **Aéron.** *Aile en croissant,* aile dont le bord d'attaque dessine une courbe telle que la flèche soit grande à l'emplanture de l'aile et presque nulle aux bords marginaux. — **Arbor.** Instrument à fer recourbé et tranchant, placé au bout d'un long manche, et qui sert à élaguer les arbres. — **Bourrell.** Chacune des deux pièces métalliques qui se fixent sur les attelles et assurent la fermeture du collier. — **Géogr.** *Croissant de plage,* petite dépression ogivale ou triangulaire, ouverte vers la mer. — **Hérald.** Meuble représenté les cornes tournées vers le chef. — **Mobil.** Pièce métallique de cheminée servant à soutenir les pelles, les pincettes, etc.

CROISSANT FERTILE, région du Proche-Orient, qui s'étend de la mer Morte au golfe Persique en passant par le sud de la Turquie, le nord de l'Iraq et l'Iran occidental. (Les pays qu'elle regroupe, riches en plaines et en vallées bien arrosées, ont vu naître l'agriculture au néolithique.)

CROISSANTIER n. m. Fabricant de croissants, de brioches, etc.

Croissant-Rouge, nom donné à la Croix-Rouge dans les pays musulmans et qui, depuis 1986, fait partie du Mouvement international de la Croix-Rouge et du Croissant-Rouge.

CROISSET (Frantz WIENER, dit **Francis de**), écrivain français d'origine belge (Bruxelles 1877 -Neuilly-sur-Seine 1937). Auteur de comédies à succès (*Chérubin,* 1901), il fut le collaborateur de Robert de Flers (*les Vignes du seigneur,* 1923). Il publia aussi des récits de voyage (*la Féerie cinghalaise,* 1926).

CROISSY (Charles COLBERT, marquis DE), homme d'État et diplomate français (Reims 1629 - Versailles 1696), frère de Jean-Baptiste Colbert. Intendant d'Alsace (1655), ambassadeur à Londres (1668-1674), il négocia le traité de Douvres (1670) puis fut envoyé comme plénipotentiaire à Nimègue (1675). Secrétaire d'État aux Affaires étrangères (1679) et ministre d'État (1680), il fut à l'origine de la création des chambres de réunion et s'opposa à la politique extérieure de Louvois. — Son fils CHARLES JOACHIM **Colbert de Croissy** (Paris 1667 - Montpellier 1738), évêque de Montpellier (1696), fut l'un des évêques appelants en 1717.

CROISSY-SUR-SEINE (78290), comm. des Yvelines, à l'extrémité méridionale de la boucle d'Argenteuil ; 9 124 hab. *(Croissillons).*

CROISURE n. f. **1.** Longueur des vergues d'un navire. – **2.** Cercle d'acier placé dans un puits en fonçage pour maintenir les parois. – **3.** Séparation de la chaîne d'une tapisserie en deux nappes de fils (pairs et impairs), permettant le passage de la trame ; enlacement de deux trames de couleurs différentes pour éviter un relais. (Syn. LIURE.)

CROÎT n. m. (de *croître*). **1.** Accroissement d'un troupeau par la naissance des petits. – **2.** Gain de poids vif des animaux.

CROÎTRE v. i. (lat. *crescere,* naître) [conj. **93**]. **1.** Grandir, se développer jusqu'à maturité, en parlant des êtres organisés, et, en partic., pousser, en parlant des végétaux : *Les blés croissent et mûrissent.* – **2.** Grandir, se développer, s'intensifier, en parlant d'un sentiment, d'un état : *Je sentais la colère croître en moi.* – **3.** Augmenter en quantité, en volume, en intensité : *La production a crû de 10 % en un an.* – **4.** *Croître en,* gagner en : *Croître en sagesse.* – **5.** *Croître dans l'estime, la faveur de qqn,* gagner son estime, sa sympathie. – **6.** *Aller croissant,* augmenter en nombre, en quantité, en intensité. ‖ *Ne faire que croître et embellir,* gagner rapidement en taille et en beauté ; se développer, augmenter (souvent ironiq.).

CROIX n. f. (lat. *crux, crucis*). **1.** Gibet formé le plus souvent de deux pièces de bois placées en travers l'une de l'autre, où l'on attachait les condamnés à mort. – **2.** Gibet sur lequel fut supplicié Jésus-Christ (avec majusc.) : *La sainte Croix.* (→ encycl.) – **3.** Passion de Jésus-Christ ; ses souffrances sur la Croix (avec majusc.).

Différents types de **croix** : 1. Latine ; 2. Grecque ; 3. De Saint-Pierre ; 4. De Saint-Philippe ; 5. De Saint-André ; 6. En tau (ou de Saint-Antoine) ; 7. Pattée ; 8. Fourchée ; 9. De Malte ; 10. Patriarcale (ou de Lorraine) ; 11. Papale ; 12. Orthodoxe ; 13. Potencée ; 14. Tréflée ; 15. Gammée senestrogyre (svastika) ; 16. Ansée (ou égyptienne) ; 17. Recroisetée ; 18. En forme de roue (celte) ; 19. De Jérusalem ; 20. Copte ; 21. Gringolée ; 22. De Toulouse ; 23. Cantonnée ; 24. Ancrée ; 25. Enhendée ; 26. Retranchée et pommetée ; 27. Recercelée ; 28. Fleurdelisée ; 29. De Saint-Louis.

CROIX

— **4.** Ornement de bois, de métal figurant la croix, symbole du christianisme ; représentation de la croix chrétienne sur les édifices et monuments religieux. — **5.** Disposition de deux objets allongés qui se coupent soit à angle droit, soit en X : *Un couteau et une fourchette posés en croix sur l'assiette.* — **6.** Marque écrite ou imprimée figurant une croix ou un X : *Mettre une croix dans la case qui convient.* — **7.** Objet de parure, bijou en forme de croix. — **8.** Insigne, en forme de croix, d'un ordre de chevalerie, d'un ordre de mérite ou d'une décoration (par ex. croix de guerre). — **9.** *Litt.* Peines, afflictions, épreuves envoyées par le sort : *Chacun a, porte sa croix en ce monde.* — **10.** *À marquer d'une croix blanche,* se dit d'un événement extraordinaire, qui mérite qu'on s'en souvienne. ‖ *C'est la croix et la bannière,* il y a beaucoup de difficultés à vaincre. ‖ *Croix de bois croix de fer,* formule de serment familière. ‖ *Croix grecque,* croix dont les quatre branches sont d'égale longueur. ‖ *Croix latine,* croix dont une branche est plus longue que les trois autres. ‖ *Croix de Lorraine,* croix qui a deux croisillons. ‖ *Croix rouge,* insigne des services de santé, constitué par une croix rouge sur fond blanc, qui est reconnu et protégé par les conventions internationales. ‖ *Croix de Saint-André,* croix en forme d'X. ‖ *Croix de Saint-Antoine,* croix en forme de T. (Syn. TAU.) ‖ Arg. *Croix des vaches,* estafilades en forme de croix faites au visage de ceux qui ont manqué à la loi du milieu. ‖ *Les bras en croix,* les bras étendus à l'horizontale de part et d'autre du corps. ‖ *Mettre qqn en croix,* lui faire subir le supplice de la croix. ‖ *Tirer une croix sur,* devoir y renoncer définitivement. — **Bijout.** *Mise en croix,* première opération de la taille d'une pierre de bijouterie, consistant à tailler sur le dessus et le dessous quatre facettes égales disposées en croix, appelées *coins de table* et *coins de culasse.* — **Hérald.** Pièce résultant de la combinaison du pal et de la fasce. ‖ Ornement extérieur des armes ecclésiastiques catholiques romaines, placé en pal derrière l'écu. — **Mécan.** *Croix de Malte,* engrenage ayant l'aspect d'une croix de Malte et qui transforme un mouvement de rotation continu en un mouvement de rotation discontinu, à axes parallèles. — **Minér.** *Pierre de croix,* autre nom de la staurotide maclée. (Syn. CROISETTE.) — **Numism.** Côté d'une pièce de monnaie qui portait une croix. (Le côté de pile, à l'opposé, portait l'écusson du souverain. D'où le jeu ancien à *croix ou pile,* équivalent de notre *pile ou face.*) — **Relig.** *Adoration de la Croix,* vénération de la Croix le vendredi saint. ‖ *L'étendard de la Croix,* emblème, symbole de la foi chrétienne. ‖ *Le mystère, le sacrifice de la Croix,* le mystère de la rédemption des hommes par le sacrifice de Jésus-Christ sur la Croix. ‖ *Signe de la Croix, signe de croix,* geste religieux, usité dans l'Église catholique et l'Église orthodoxe, et qui consiste à figurer une croix par un mouvement de la main. (→ *encycl.*) — **Sports.** *Croix de fer,* en gymnastique, exercice aux anneaux, bras tendus à l'horizontale, perpendiculaires au reste du corps.

ENCYCL. **Relig.** La Croix sur laquelle Jésus fut mis à mort aurait été découverte vers 326 par sainte Hélène, et a donné lieu à plusieurs fêtes : l'*Exaltation de la sainte Croix,* l'*Invention de la sainte Croix.* Les Églises orientales célèbrent encore la Croix le 3e dimanche de carême.

• *Signe de la Croix.* Les Latins le font en portant la main droite du front à la poitrine, puis de l'épaule gauche à l'épaule droite, en disant : « Au nom du Père et du Fils et du Saint-Esprit. » Les orthodoxes et autres chrétiens orientaux portent la main de l'épaule droite à l'épaule gauche.

Croix *(ordres de la),* ordres de chevalerie qui ont pris la Croix pour insigne. Le terme général de « croix » désigne les décorations de divers pays (même s'il ne s'agit pas d'un ordre) : *Croix militaire* (belge, 1885), *Croix de fer** (prussienne, 1813), *Croix de Victoria* (anglaise, 1896), *de la Libération* (française, 1940), etc.

Croix *(la),* quotidien catholique français, fondé en 1883 par les Augustins de l'Assomption qui durent l'abandonner de 1899 à 1927. *La Croix,* devenue en 1956 *la Croix-l'Événement,* est passée de positions de défense religieuse à une large ouverture au monde contemporain.

Croix de bois *(les),* roman de Roland Dorgelès (1919), série de tableaux réalistes de la vie des poilus.

CROIX (59170), comm. du Nord, au N.-E. de Lille ; 20 308 hab. *(Croisiens).* Matériel agricole. Centre de vente par correspondance.

Croix-de-Feu, organisation française d'anciens combattants, fondée en nov. 1927 par l'écrivain Maurice Hanot. Les Croix-de-Feu prirent leur essor sous l'impulsion du lieutenant-colonel de La Rocque, vice-président en 1930, président en 1931. Leur idéologie, d'abord fondée sur la fraternité des tranchées, s'orienta vers un antiparlementarisme nationaliste, s'opposant au marxisme. Cette organisation participa à des manifestations de masse violentes, dont celle du 6 févr. 1934. Elle groupait environ 150 000 adhérents en 1934. Elle fut dissoute en 1936 et ses partisans se regroupèrent autour de La Rocque dans le parti social français (P. S. F.).

CROIX DU SUD (en lat. *Crux, -cis*), constellation australe, la plus brillante du ciel, dont les quatre étoiles les plus brillantes forment une croix dont la grande branche est orientée vers le pôle Sud. Son étoile principale est Acrux*.

Croix-Fléchées (les), parti fasciste hongrois, créé en 1937 par Ferenc Szálasi. Porté au pouvoir par le coup d'État d'oct. 1944, il lutta aux côtés des Allemands contre les troupes soviétiques jusqu'en avr. 1945.

CROIX-HAUTE *(col de la),* col routier des Alpes (Drôme), entre Grenoble et Sisteron ; 1 176 m.

Croix-Rouge, organisation internationale à vocation humanitaire, fondée pour venir en aide aux victimes de la guerre. Créée à la suite de la bataille de Solferino (1859) par Henri Dunant, elle a vu naître ses premières associations en 1863. En temps de paix, elle participe à un grand nombre d'actions humanitaires, d'entraide, de secours en cas de calamités ou d'accidents, d'interventions médico-sociales, etc. Elle a pour symbole une croix rouge sur fond blanc. En 1986, l'appellation de la Croix-Rouge internationale est devenue Mouvement international de la Croix-Rouge et du Croissant-Rouge (symbole : croix rouge et croissant rouge sur fond blanc).
• La *Croix-Rouge française* est une association reconnue d'utilité publique créée en 1940, dont l'action se situe dans les domaines de la formation paramédicale, l'aide sociale, les secours d'urgence et l'enseignement du secourisme. Elle possède des hôpitaux et des dispensaires.

CROLLE n. f. En Belgique et dans le nord de la France, boucle de cheveux.

CROLLÉ, E adj. En Belgique et dans le nord de la France, bouclé.

CROLLES (38190), comm. de l'Isère, dominée par la *dent de Crolles* (2 062 m), l'un des sommets de la Chartreuse ; 5 874 hab. Électronique.

Cro-Magnon *(homme de),* type humain préhistorique du paléolithique supérieur découvert en 1868 aux Eyzies-de-Tayac (Dordogne), et très peu différent de l'espèce humaine actuelle, dans laquelle on l'a classé. L'homme de Cro-Magnon était grand, avait un crâne très allongé vers l'arrière et une face large et plate ; ses vestiges se rencontrent surtout en Europe.

CROMALIN n. m. (n. déposé). Dans les arts graphiques, épreuve en couleurs réalisée à partir de films tramés et servant de bon à tirer.

CROME (John), peintre et graveur anglais (Norwich 1768 - *id.* 1821). Membre fondateur de la Norwich Society of Artists (1803), il a donné des paysages empreints, au-delà des influences de Gainsborough et des Hollandais, d'une sincérité souvent majestueuse ou lyrique.

CROMER (Evelyn BARING, 1er *comte)* → BARING.

CROMLECH [krɔmlɛk] n. m. (angl. *cromlech,* du gallois *crom,* rond, et *llech,* pierre). Groupe de pierres dressées ou de menhirs disposés en cercle. (L'un des plus importants est celui de Stonehenge, en Angleterre.)

CROMMELYNCK (Fernand), auteur dramatique belge de langue française (Paris 1886 - Saint-Germain-en-Laye 1970). Il renouvela le thème du mari trompé (*le Cocu magnifique,* 1921).

CROMOGLYCATE n. m. Substance de la série des chromones, employée dans le traitement de certains asthmes.

CROMORNE n. m. (all. *Krummhorn,* de *krumm,* courbe, et *Horn,* corne). **1.** Instrument à air, à anche battante double enfermée dans une capsule, dont le tuyau se recourbe à son extrémité. — **2.** Jeu d'orgue à anche battante émettant une sonorité nasillarde.

CROMPTON (Samuel), tisserand anglais (Firwood, près de Bolton, Lancashire, 1752 -Bolton 1827). On lui doit la construction de la *mule-jenny,* machine à filer le coton (1779), qu'il imagina en combinant certains éléments des machines antérieures.

CROMWELL (Thomas), comte **d'Essex,** homme politique anglais (Putney v. 1485-Londres 1540). Secrétaire du cardinal Wolsey, il sait, malgré la chute de son maître (1529), gagner la confiance d'Henri VIII. Entré au Parlement dès 1529, au Conseil privé en 1531, il devient chancelier de l'Échiquier (1533), puis secrétaire du roi (1534). Dévoué aux intérêts de l'État, il gouverne avec force et énergie et est l'artisan de la rupture avec Rome, lors du divorce du roi Henri VIII et de Catherine d'Aragon (1533). Il entreprend alors la réforme de l'Église anglaise en tenant compte des idées luthériennes. Désireux de rapprocher Henri VIII des princes protestants allemands, il lui fait épouser Anne de Clèves (1539). Mais, devenu impopulaire, il sera condamné à mort et exécuté peu après le divorce du roi.

CROMWELL (Oliver), lord-protecteur d'Angleterre, d'Écosse et d'Irlande (Huntingdon 1599 - Londres 1658). Élu au Court puis au Long Parlement en 1640, Cromwell appuie le parti puritain contre l'arbitraire monarchique et contre l'épiscopat anglican. La première guerre civile (1642 - 1646) révèle ses exceptionnelles compétences militaires et politiques. Avec ses « Côtes de fer », il remporte la victoire de Marston Moor (juill. 1644), puis, ayant mis sur pied « l'armée nouveau modèle », inspirée du modèle suédois, celle de Naseby (juin 1645), qui met pratiquement fin à la guerre civile. Charles Ier, jouant sur l'opposition entre le parlement et l'armée, croit possible une restauration de son pouvoir, mais ne réussit qu'à provoquer une seconde guerre civile (juill.-sept. 1648), dont Cromwell sort vainqueur. Décidé à couper court aux intrigues, ce dernier épure le Parlement, formant le Parlement croupion (1648), élimine la chambre des Lords, et fait condamner le roi à mort en janv. 1649. L'État anglais prend alors le nom de Commonwealth. Membre à la fois du Parlement et du Conseil de l'armée, Cromwell se trouve dès lors le véritable maître. Ayant brisé les niveleurs (1649), il veut étendre le nouveau régime à l'Irlande et à l'Écosse, mais se heurte à de vives résistances. Cromwell soumet l'Irlande après la bataille de Drogheda (1649), puis l'Écosse (1650 - 51). Ayant fait voter l'Acte de navigation (1651), il se trouve entraîné dans une guerre contre les Provinces-Unies (1652-1654), qui permet à l'Angleterre de devenir une grande puissance navale. Ayant éliminé le « Parlement Barebone » (1653), Cromwell devient lord-protecteur d'Angleterre, d'Irlande et d'Écosse ; il partage le pouvoir avec un conseil de 21 membres et un parlement de 460 députés élus à un suffrage censitaire rigoureux, chargé du pouvoir législatif, en particulier dans le domaine financier (Instrument of Government, 16 déc. 1653). En 1655, le régime vire à la dictature militaire, et seule la forte personnalité de Cromwell préserve l'unité du Commonwealth. Accomplissant une œuvre économique considérable, il porte la force militaire et navale anglaise à un point jamais encore atteint. Il remet de l'ordre dans le royaume, où il établit une large tolérance religieuse. Pratiquant une politique internationale ambitieuse, il attaque l'Espagne (occupation de la Jamaïque, 1655 ; capture de la flotte de Cadix, 1657) et s'engage en Europe aux côtés de la France (1657). La victoire des Dunes (14 juin 1658) lui permet d'annexer Dunkerque. Ayant provoqué une nouvelle expérience parlementaire (1656), les Communes lui proposent la couronne, qu'il refuse (1657). — Son fils RICHARD (Huntingdon 1626 - Cheshunt 1712) lui succède en sept. 1658. Incapable d'empêcher l'affrontement de l'armée et du Parlement, il démissionne en mai 1659.

Cromwell, premier drame de V. Hugo, en 5 actes et en vers (1827), dont la préface expose les principes du drame romantique.

CRONARTIUM [-sjɔm] n. m. Champignon de l'ordre des urédinales, agent d'une rouille du groseillier et du pin Weymouth.

CRONIN (Archibald Joseph), romancier anglais (Cardross, Dumbartonshire, 1896 -Montreux 1981). Médecin dans la marine, il dit la ténacité des hommes de bonne volonté (*les Clés du royaume,* 1941 ; *les Vertes Années,* 1944 ; *A Pocketful of Rye,* 1969).

CRONIN (James Watson), physicien américain (Chicago 1931). Il a partagé avec Fitch le prix Nobel de physique en 1980 pour la découverte de la violation du principe de symétrie dans la désintégration des mésons K neutres.

CRONOS, divinité grecque, fils d'Ouranos et de Gaia, frère des Titans. Il eut de Rhéa de nombreux enfants, qu'il dévorait. Un seul échappa, Zeus, qui détrôna et relégua son père. En Italie, Cronos fut de bonne heure assimilé à Saturne.

CRONQUIST (Arthur), botaniste américain (New York 1919). Ses travaux portent sur la taxinomie et l'évolution des végétaux. Il est l'auteur d'une classification des plantes à fleurs.

CRONSTADT → KRONCHTADT.

CRONSTEDT (Axel Fredrik), chimiste et minéralogiste suédois (Turinge, Södermanland, 1722 - Säter 1765). Il a découvert le nickel (1754) et proposé un système de classification minéralogique.

CROOKES (*sir* William), chimiste et physicien anglais (Londres 1832 - *id.* 1919). Grâce à l'analyse spectrale, il découvrit le thallium en 1861, imagina le *radiomètre* et inventa en 1872 le tube électronique à cathode froide servant à produire des rayons X. En déviant ces rayons cathodiques avec un aimant, il montra qu'ils sont formés de particules électrisées.

CROONER [krunœr] n. m. (amér. *crooner*). Chanteur de variétés, interprétant des chansons de charme.

1. CROQUANT, E adj. Qui croque sous la dent : *Salade croquante.*

◆ **croquant** n. m. **1.** Ce qui croque sous la dent : *Aimer le croquant dans un morceau de viande.* — **2.** Petit four sec fait d'amandes pilées avec des blancs d'œufs et du sucre, roulé dans de la cassonade. — **3.** Partie cartilagineuse de l'oreille.

2. CROQUANT, E n. (p.-ê. provenç. **croucant,* paysan, de *croc,* ou de *croquer*). **1.** Nom donné aux paysans révoltés à la fin du XVIe s. et dans la première moitié du XVIIe s., dans le sud-ouest de la France. — **2.** *Péjor.* et *vx.* Paysan, rustre.

CROQUE AU SEL (À LA) loc. adv. Sans autre assaisonnement que du sel.

CROQUE-MADAME n. m. inv. Croque-monsieur surmonté d'un œuf sur le plat.

CROQUEMBOUCHE n. m. Pièce montée faite d'articles sucrés glacés de sucre cuit.

CROQUE-MITAINE ou **CROQUEMITAINE** n. m. (pl. *croque-mitaines*). **1.** Être fantastique et méchant, dont on menace les enfants. — **2.** *Fam.* Personne très sévère.

CROQUE-MONSIEUR n. m. inv. Ensemble formé d'une tranche de jambon entre deux tranches de pain de mie frites au beurre ou grillées et saupoudrées de gruyère.

CROQUE-MORT n. m. (pl. *croque-morts*). *Fam.* 1. Agent des pompes funèbres. — 2. Personnage d'une humeur ou d'un aspect funèbre : *Figure de croque-mort.*

CROQUENOT n. m. *Pop.* Gros soulier.

1. **CROQUER** v. t. (rad. onomat. *krokk-*) [conj. 3]. 1. Broyer un aliment entre ses dents avec un bruit sec : *Croquer des pralines.* — 2. Dépenser de l'argent sans compter, gaspiller, dilapider : *Il a croqué tout l'héritage.* — 3. Au croquet, chasser une boule hors du jeu. — 4. Fam. *Que le (grand) cric me croque (si)...,* que le diable m'emporte (si). ‖ *Chocolat à croquer,* chocolat contenant de 38 à 57 g de pâte de cacao, dont 26 g au moins de beurre de cacao pour 100 g.
◆ v. t. ind. Enfoncer ses dents d'un coup sec dans qqch : *Croquer dans une pomme.*
◆ v. i. Faire un bruit sec sous la dent ; être croquant : *Une pomme qui croque.*

2. **CROQUER** v. t. (de *croquer 1*) [conj. 3]. 1. Dessiner qqn, qqch en quelques traits de crayon : *Croquer un geste.* — 2. *Litt.* Décrire rapidement et à grands traits ; esquisser, camper : *Un conteur qui excelle à croquer des scènes familières.* — 3. *(Joli) à croquer,* joli à donner envie d'en esquisser l'image.

1. **CROQUET** n. m. (angl. *croquet,* du moyen fr. *croquet,* coup sec). Jeu qui consiste à faire passer des boules de bois sous des arceaux, au moyen de maillets, en suivant un trajet spécial.

2. **CROQUET** n. m. (dér. picard de *croc*). Petit galon tressé, plat et curviligne. (Syn. SERPENTINE.)

3. **CROQUET** n. m. Sorte de biscuit sec aux amandes.

CROQUETTE n. f. (de *croquer 1*). 1. Préparation façonnée en boulette allongée, roulée dans la farine, la chapelure et frite. — 2. Aliment pour chien ou chat, se présentant sous forme de petites boulettes.

CROQUEUR, EUSE n. 1. Personne, animal qui croque qqch : *Le renard est un grand croqueur de poules.* — 2. Vx. *Croqueur de dot,* celui qui dilapide la dot de sa femme. ‖ *Croqueuse de diamants,* femme qui recherche l'argent des hommes.

CROQUIGNOLE n. f. (de *croquer 1*). Petit gâteau léger et croquant.

CROQUIGNOLESQUE adj. (de *Croquignol,* personnage de bande dessinée). *Fam.* Ridicule, risible.

CROQUIGNOLET, ETTE adj. (de *croquignole*). *Fam.* Charmant, mignon.

CROQUIS n. m. (de *croquer 2*). 1. Dessin rapide dégageant, à grands traits, l'essentiel du sujet, du motif. — 2. Exposé, description rapide, faits à grands traits : *Faire un rapide croquis de la situation actuelle.*

CROS (Henri), peintre, sculpteur et céramiste français (Narbonne 1840 - Sèvres 1907). Esprit curieux, épris de l'art antique, il sculpta les matières les plus diverses, marbre, bronze, terre cuite, cire ; mais il doit surtout sa notoriété à ses pâtes de verre (bustes, médaillons, reliefs).

CROS (Charles), savant et poète français (Fabrezan, Aude, 1842 - Paris 1888), frère du précédent. Il a découvert un procédé indirect de photographie des couleurs, et a donné la description d'un appareil qui s'est révélé l'ancêtre du phonographe. Il est également l'auteur de poèmes délicats (*le Coffret de santal,* 1873).

CROSBY (Harry LILLIS, dit **Bing**), chanteur et acteur de cinéma américain (Tacoma, Washington, 1904 - Madrid 1977). Il est surtout célèbre au cinéma pour la série *En route vers (The Road to...)* qui, de 1940 à 1961, l'unit épisodiquement à Dorothy Lamour et à Bob Hope dans une suite de petites comédies musicales.

CROSKILL n. m. (de *Croskill,* n. pr.). Rouleau formé de disques dentés de deux tailles différentes et alternés, montés sur un axe horizontal, et dont on se sert pour briser les mottes de terre.

CROSKILLAGE n. m. Roulage d'un terrain au moyen du croskill.

CROSKILLER v. t. (conj. 3). Effectuer le croskillage.

CROSKILLETTE n. f. Petit croskill dont les disques dentés sont tous de même diamètre.

CROSNE [kron] n. m. (de *Crosne,* n. pr.). Plante vivace cultivée pour ses rhizomes comestibles, à saveur délicate.

CROSNE (91560), comm. de l'Essonne, sur l'Yerres ; 7 983 hab. *(Crosnois).*

CROSS n. m. inv. *Fam.* Cross-country.

CROSS (Charles Frederick), chimiste anglais (Brentford, Middlesex, 1855 - Hove, Sussex, 1935). Fabricant de papier, ses études sur la cellulose le conduisirent à mettre au point avec E. V. Bevan et C. Beadle (1896 - 1898) le procédé de fabrication de la viscose ou rayonne.

CROSS (Henri Edmond DELACROIX, dit **Henri Edmond**), peintre français (Douai 1856 - Saint-Clair, Var, 1910). Membre fondateur du Salon des Indépendants (1884), ami de Seurat et de Signac, il adopta le divisionnisme à partir de 1891 (les *Cyprès à Cagnes,* 1908, musée d'Orsay).

CROSSASTER n. m. Syn. de SOLASTER.

CROSSBAR [krɔsbar] n. m. inv. (angl. *crossbar*). Autocommutateur téléphonique électromécanique à barres croisées.

CROSS-COUNTRY [krɔskuntri] ou, *fam.*, **CROSS** n. m. (pl. *cross-countries*) [angl. *cross-country running,* course à travers la campagne]. **1.** Course à pied dont le parcours variable, mais n'excédant pas 16 km, comporte des franchissements de haies, de buttes et de ruisseaux. — **2.** Parcours équestre du même type.

CROSSE n. f. (germ. **krukja*). **1.** Bâton pastoral dont la partie supérieure est recourbée en volute, insigne de l'autorité épiscopale ou abbatiale. — **2.** Bâton à bout généralement recourbé, avec lequel on pousse une balle, un palet dans certains jeux ou sports (hockey, crosse). — **3.** Partie recourbée d'un manche, d'un bâton : *Crosse de canne.* — **4.** Partie d'une arme à feu portative prolongeant le fût et servant à la tenir en main ou à l'épauler. — **5.** *Lever, mettre la crosse en l'air,* refuser de se battre, se rendre. • **Aéron.** *Crosse d'appontage,* crochet situé sous le fuselage d'un avion embarqué et qui est destiné, sur un porte-avions, à accrocher les câbles métalliques disposés en travers du pont, afin de freiner la course de l'appareil à l'atterrissage. — **Anat.** Nom de certaines portions d'organes en raison de leur trajet. ‖ *Crosse de l'aorte,* la première partie de l'aorte, dont la courbure concave vers le bas contourne le pédicule pulmonaire gauche. — **Archit.** Ornement fait d'une tige qui s'enroule en volute. (Des crosses s'enroulent notamment sous l'abaque du chapiteau corinthien.) — **Arm.** Partie de l'affût d'un canon qui repose sur le sol. — **Bât.** Dans un ouvrage en béton armé, extrémité recourbée en crochet d'une barre d'armature, pour en assurer l'ancrage. — **Bouch.** Parties du bœuf et du veau situées à l'extrémité supérieure de l'avant-bras et de la jambe. (Entièrement osseuse, cette partie n'est pas un morceau de boucherie.) — **Hérald.** Meuble figuré normalement tourné et placé en pal ou en bande. ‖ Ornement extérieur des armes ecclésiastiques catholiques romaines, placé en pal derrière l'écu. — **Mus.** Syn. de VOLUTE. — **Sports.** Sport pratiqué surtout au Canada, opposant deux équipes de dix ou douze joueurs et consistant à expédier dans les buts adverses une balle de caoutchouc à l'aide d'une crosse. (Syn. LACROSSE.)

CROSSÉ adj. m. Se dit d'un membre du clergé qui pouvait porter la crosse.

CROSSER v. t. (conj. 3). *Pop.* et *vx.* **1.** Battre à coups de crosse. — **2.** Traiter qqn durement.

CROSSES n. f. pl. (p.-ê. de *crosser* au sens arg. de *chicaner*). Pop. *Chercher des crosses à qqn,* lui chercher une mauvaise querelle.

CROSSETTE n. f. (de *crosse*). **1.** Jeune branche de vigne, de figuier, etc., avec un peu de vieux bois à sa base pour faire des boutures. — **2.** Ressaut décoratif ménagé à l'angle d'un chambranle. — **3.** *Appareil à crossettes,* joint à ressaut de certains claveaux, destiné à les empêcher de glisser sur les claveaux voisins.

CROSSING-OVER [krɔsiɲɔvɛr] n. m. inv. (angl. *crossing-over,* de *to cross over,* traverser). Syn. de ENJAMBEMENT.

CROSSITE n. f. (de W. *Cross,* n. pr.). Minéral du groupe des amphiboles, voisin du glaucophane.

CROSSMAN [krɔsman] n. m. (pl. *crossmen* [-mɛn]) [de *cross-country* et de l'angl. *man,* homme]. Homme qui pratique le cross-country.

CROSSOPTÉRYGIEN n. m. (gr. *krossos,* frange). Poisson tel que le cœlacanthe actuel (latimeria) et de nombreuses formes fossiles. (Les *crossoptérygiens,* caractérisés par leurs nageoires paires à structure de pattes, leur corde dorsale persistante, leurs écailles épaisses de type cosmoïde, forment une sous-classe hétérogène, les uns pouvant être les ancêtres de tous les vertébrés terrestres, les autres n'ayant fourni à la faune actuelle que le cœlacanthe.)

CROSS-ROLL [krɔsrɔl] n. m. (pl. *cross-rolls*) [angl. *cross,* croisé, et *roll,* rouleau]. Dispositif mécanique destiné principalement à épurer, par écrasement, le voile sortant de la carde.

CROSSWOMAN [krɔswuman] n. f. (pl. *crosswomen* [-mɛn]) [de *cross-country* et de l'angl. *woman,* femme]. Femme qui pratique le cross-country.

CROTALAIRE n. f. (gr. *krotalon,* castagnette). Nom générique usuel de 200 espèces de légumineuses du monde entier, améliorantes, utiles comme engrais vert. (La *crotalaire à feuilles de jonc* est cultivée comme fourragère et textile.)

CROTALE n. m. (lat. *crotalum,* du gr. *krotalon*). Vipère d'Amérique du Nord, caractérisée par son organe sonore caudal, ou cascabelle, constitué par les mues successives, d'où son nom usuel de *serpent à sonnette.* (Tous les crotales sont mortellement venimeux ; ils possèdent un organe détecteur d'ondes infrarouges, qui leur permet de localiser leurs proies à sang chaud même dans l'obscurité. Genres voisins : le bothrops, le lachésis et le mocassin.)

CROTON n. m. (bas lat. *croton, -onis,* du gr. *krotôn, -ônos,* ricin). Vaste genre d'euphorbiacées (1 000 espèces) des régions chaudes, au fruit formé de trois coques à deux valves contenant une graine.

ENCYCL. Trois produits utiles sont retirés de divers crotons : une gomme laque produite en réaction à la piqûre de l'arbre par une cochenille, une écorce fébrifuge d'Amérique dite « écorce de cascarille », et l'huile de croton, caustique, purgative et révulsive, dont l'emploi médicinal est abandonné, car elle est trop irritante.

CROTONALDÉHYDE n. m. Aldéhyde éthylénique CH_3–CH=CH–CH=O. (C'est un intermédiaire industriel important pour la fabrication du butanol et de la quinaldine.) [Syn. ALDÉHYDE CROTONIQUE.]

CROTONE, port d'Italie, en Calabre, sur le golfe de Tarente ; 58 000 hab. Métallurgie. Chimie. Station balnéaire.
– **Hist.** Fondée vers 710 av. J.-C., Crotone fut une des villes les plus importantes de la Grande-Grèce. Elle vainquit Sybaris en 510 av. J.-C. Son temple d'Héra Lacinia était le plus riche et le plus connu des sanctuaires de l'Italie du Sud. L'athlète Milon naquit à Crotone et Pythagore y fonda une école.

CROTONIQUE adj. **1.** *Acide crotonique,* acide buténoïque CH_3–CH=CH–CO_2H. – **2.** *Aldéhyde crotonique,* syn. de CROTONALDÉHYDE.

CROTONISATION n. f. **1.** Réaction de condensation de l'acétaldéhyde sur lui-même pour donner le crotonaldéhyde. – **2.** Réaction de condensation d'un aldéhyde ou d'une cétone avec un autre aldéhyde ou une autre cétone.

CROTOY (Le) [80550], comm. de la Somme, sur la baie de Somme, en face de Saint-Valery-sur-Somme ; 2 451 hab. *(Crotellois).* Station balnéaire. Port de plaisance. Pêche.

CROTTE n. f. (frq. **krotta,* boue). **1.** Fiente de certains animaux ; excrément solide animal ou humain. – **2.** *Fam.* et *vx.* Crasse, saleté, boue. – **3.** *Fam.* Terme d'affection : *Ma petite crotte.* – **4.** Fam. *Crotte de bique,* chose insignifiante. ‖ Fam. *Crotte (de bique !),* indique l'impatience, l'exaspération. ‖ Fam. *Crottes de nez,* poussières retenues et agglutinées dans le nez par les mucosités. ‖ *Crotte en chocolat,* petit bonbon de chocolat.

CROTTER v. t. (conj. 3). *Litt.* Salir qqch de boue : *Crotter ses souliers.*
◆ v. i. *Pop.* Faire des crottes.

CROTTIN n. m. (de *crotte*). **1.** Excrément des chevaux, des mulets, etc. – **2.** *Crottin de Chavignol,* petit fromage de chèvre à moisissures superficielles bleues, fabriqué dans le Sancerrois.

CROTYLIQUE adj. Se dit de l'alcool correspondant à l'acide crotonique.

CROUILLE ou **CROUILLAT** n. m. Terme pop. et raciste pour désigner un Nord-Africain.

CROULANT, E adj. **1.** Qui croule ou est prêt à crouler, qui menace ruine : *Un mur croulant.* – **2.** Qui s'effondre, qui est prêt de sa chute : *Un empire croulant.* – **3.** Qui est usé par l'âge : *Un vieillard croulant.*
◆ n. *Pop.* Personne qui n'est plus jeune et, en partic., au pl., les parents.

CROULE n. f. (de *crouler 2*). **1.** Cri des bécasses qui se poursuivent au crépuscule, à l'époque de l'accouplement. – **2.** Chasse aux bécasses, au passage du printemps.

1. CROULER v. i. (lat. pop. **crotalare,* secouer) [conj. 3]. **1.** S'affaisser, s'effondrer, s'écrouler, s'ébouler : *Un pan de mur qui croule.* – **2.** Aller à sa ruine, échouer : *Ce régime politique croulait de toutes parts.* – **3.** Porter un tel poids, une telle quantité qu'une impression d'affaissement est donnée : *L'arbre croule sous les fruits, croule de fruits.* – **4.** *Crouler sous les applaudissements,* être submergé par les applaudissements du public.

2. CROULER v. i. (orig. germ.) [conj. 3]. Crier, en parlant de la bécasse.

CROUP [krup] n. m. (angl. *croup,* de *to croup,* crier d'une voix rauque). **1.** Laryngite diphtérique, qui peut amener la mort par asphyxie. – **2.** *Faux croup,* spasme du larynx, en général bénin. (Syn. LARYNGITE STRIDULEUSE.)

CROUPADE n. f. (de *croupe*). Exercice dans lequel, à la demande du cavalier, le cheval exécute une ruade en étendant complètement les membres postérieurs et en gardant les pieds antérieurs au sol.

CROUPE n. f. (frq. **kruppa*). **1.** Partie du corps des quadrupèdes, en particulier des équidés, correspondant au bassin et au sacrum, ainsi qu'aux muscles qui s'y attachent. (Les dimensions, l'orientation et la musculature de cette région sont souvent prises en considération dans l'appréciation des animaux.) – **2.** *Fam.* Partie du corps d'une personne, en partic. d'une femme, comprenant les reins et les fesses. – **3.** Partie supérieure et arrondie d'une montagne ou d'une colline. – **4.** *En croupe,* à cheval derrière le cavalier ou sur la selle arrière d'une moto. • **Bât.** Versant de toiture, généralement triangulaire, réunissant à leur extrémité les longs-pans de certains toits allongés. (Ce pan triangulaire définit la *croupe droite* ; il existe des *croupes polygonales,* à plusieurs pans, et des *croupes arrondies.*) ‖ *Croupe d'église,* chevet. – **Hist.** Part d'intérêt accordée par les fermiers généraux à leurs prêteurs, sous l'Ancien Régime.

CROUPETONS (À) loc. adv. Dans la position d'une personne accroupie, le derrière sur les talons.

CROUPI → CROUPIR.

CROUPIAT n. m. (provenç. *croupias,* de *croupo,* croupe). Cordage servant à amarrer l'arrière d'un navire à un quai ou à un bâtiment voisin. (Syn. EMBOSSURE.)

CROUPIER n. m. (de *croupe*). **1.** Employé d'une maison de jeux, chargé de diriger les parties. – **2.** Personne qui acquiert d'un associé d'une société en nom collectif les avantages et les inconvénients qui découlent de la qualité d'associé (droit aux bénéfices et prise en charge des pertes) sans avoir cette qualité. – **3.** Bénéficiaire des croupes versées par les fermiers généraux.

CROUPIÈRE n. f. (de *croupe*). **1.** Pièce de harnachement passant sous la croupe du cheval. – **2.** Pièce d'armure qui défendait la croupe du cheval de guerre ou de tournoi. – **3.** Fam. et vx. *Tailler des croupières à qqn,* lui susciter des difficultés, l'attaquer.

CROUPION n. m. (de *croupe*). **1.** Arrière du corps des oiseaux, comprenant la glande uropygienne et supportant les plumes de la queue. – **2.** *Fam.* Le derrière, les fesses d'une personne. – **3.** En apposition, avec ou sans trait d'union, désigne un organisme qui dépend d'un autre, n'est pas représentatif : *Un parti croupion.*

croupion *(Parlement)* → PARLEMENT.

CROUPIONNER v. i. (de *croupion*) [conj. 3]. En parlant d'un cheval, lever la croupe sans ruer, en contractant les reins.

CROUPIR v. i. [conj. 32]. **1.** En parlant de l'eau, se corrompre en restant stagnante. – **2.** Être en train de pourrir dans un lieu humide : *Détritus qui croupissent dans le ruisseau.* – **3.** Être contraint à l'immobilité, à l'inactivité ; pourrir, moisir : *Croupir au fond d'un cachot.* – **4.** Rester dans un état pénible ou abject, méprisable, honteux : *Croupir dans l'ignorance.*
◆ **être croupi** v. pass. *Eau croupie,* eau corrompue par la stagnation ; fétide.

CROUPISSANT, E adj. Qui croupit, se corrompt : *Eaux croupissantes.*

CROUPISSEMENT n. m. *Litt.* Fait de croupir.

CROUPON n. m. (anc. fr. *crepon,* croupe d'un animal). Morceau d'un cuir de bovidé à l'emplacement de la croupe et du dos de l'animal.

CROUPONNAGE n. m. Séparation d'un cuir de bovidé en croupon, collet et flanc.

CROUSTADE n. f. (ital. *crostata,* de *crosta,* croûte). Apprêt de pâte cuit à blanc, puis garni de ragoût ou d'une autre préparation.

CROUSTILLANT, E adj. **1.** Qui croustille, craque sous la dent. – **2.** Qui suscite l'intérêt par son caractère grivois et amusant : *Récit croustillant.*

CROUSTILLER v. i. (provenç. *croustilla*) [conj. 3]. Croquer agréablement sous la dent, en parlant d'un gâteau, d'une croûte.

CROÛTAGE n. m. Dessiccation en surface du savon, conduisant à l'apparition d'une croûte superficielle très dure.

CROÛTE n. f. (lat. *crusta*). **1.** Partie extérieure du pain colorée et durcie lors de la cuisson : *Manger la mie et laisser la croûte.* – **2.** Couche extérieure durcie qui se forme à la surface d'un corps ou d'un sol : *Une croûte de rouille sur un vieux tuyau.* – **3.** Morceau ou tranche de pain rassis ; croûton. – **4.** Partie externe des fromages, plus ou moins durcie par déshydratation. – **5.** Plaque plus ou moins dure qui se forme sur la peau, à la suite d'une blessure ou par la dessiccation d'un liquide sécrété à la surface. – **6.** *Pop.* Repas : *Apporter sa croûte.* – **7.** *Fam.* Personne stupide, bornée ou encroûtée dans la routine. – **8.** *Fam.* Mauvais tableau : *Peintre qui expose ses dernières croûtes.* – **9.** Fam. *Casser la croûte, une croûte,* manger. ‖ Fam. *Gagner sa croûte,* gagner sa vie. • **Bouch.** Couche de graisse de couverture très épaisse. – **Cuis.** Tranche de pain dorée au beurre servant de support à diverses garnitures (au fromage). ‖ Appareil de pâte feuilletée garni intérieurement (pâté en croûte). – **Géol.** *Croûte terrestre,* partie superficielle de la Terre, limitée vers l'intérieur par le moho. (On y distingue la *croûte continentale,* épaisse de 30 à 40 km, située sous les continents et composée de sédiments et de roches plutoniques acides et métamorphiques, et la *croûte océanique,* épaisse de 8 à 10 km, constituée de roches basiques disposées en couches.) [Syn. ÉCORCE TERRESTRE.] – **Méd.** *Croûtes de lait,* plaques séborrhéiques qui couvrent souvent la tête des enfants pendant la période d'allaitement. – **Peauss.** Couche côté chair d'une peau sciée dans son épaisseur ; cuir tanné qui en provient. – **Pédol.** Concrétionnement formé par l'évaporation d'eaux chargées de sels minéraux à la limite supérieure de la nappe phréatique.
◆ **croûtes** n. f. pl. Déchets de sciage comportant encore de l'écorce. (Lors du délignage, on dit aussi DÉLIGNURES.)

CROÛTELLE n. f. Petite croûte de la peau.

CROÛTER v. i. (conj. 3). *Pop.* Manger.

CROÛTEUX, EUSE adj. **1.** Recouvert de croûtes. – **2.** Se dit d'un animal de boucherie dont le corps est recouvert d'une épaisse couche de graisse.

CROÛTON n. m. **1.** Extrémité d'un pain présentant plus de croûte que de mie. – **2.** *Pop.* Personne encroûtée dans la routine, bornée. – **3.** Petit morceau de pain doré au beurre ou frit.

CROUZILLE (la), hameau de la comm. de Saint-Sylvestre (Haute-Vienne), dans les monts d'Ambazac. Minerai d'uranium.

Crow *(système),* dans la parenté, système de terminologie dans lequel les cousins croisés des deux côtés sont désignés par des termes distincts, qui renvoient à des parents appartenant à une génération adjacente et où notamment le fils de la sœur du père est appelé « père » et le fils du frère de la mère est appelé « fils ».

CROWN [kraun] n. m. ou **CROWN-GLASS** [kraunglas] n. m. inv. (angl. *crown,* couronne, et *glass,* verre). Verre très transparent et relativement peu dispersif, très utilisé en optique.

CROWN-GALL [kraungal] n. m. (pl. *crown-galls*) [angl. *crown-gall,* de *crown,* couronne, et *gall,* gale]. Cancer végétal d'origine bactérienne, dont les tumeurs siègent au niveau du collet de la plante, atteignant surtout les jeunes arbres fruitiers.

CROWS, Indiens des plaines du Montana et du Wyoming, de langue sioux, cultivateurs de tabac et surtout chasseurs de bisons ; les Crows sont aujourd'hui parqués dans les réserves du Montana.

CROŸ (*maison* DE), famille picarde remontant au XIIe s. et qui tire son nom de la seigneurie de Crouy (auj. Crouy-Saint-Pierre [Somme]) qu'elle possédait. Parmi ses principaux membres figurent : GUILLAUME, seigneur **de Chièvres***. — PHILIPPE (Valenciennes 1526 - Venise 1595), duc **d'Aarschot,** prince **de Chimay,** qui fut gouverneur de la Flandre. Il s'opposa à Guillaume d'Orange (1564) et soutint don Juan d'Autriche nommé gouverneur des Pays-Bas en 1576. — CHARLES (1560 - 1612), duc **d'Aarschot,** prince **de Chimay** et **du Saint Empire,** qui fut créé duc **de Croÿ** par Henri IV (1598). — EMMANUEL (Condé-sur-l'Escaut 1718 - Paris 1783), duc **de Croÿ,** prince **de Solre,** qui prit part aux batailles de Fontenoy (1745) et de Lawfeld (1747) lors de la guerre de la Succession d'Autriche et devint maréchal de France en 1782.

CROYABLE adj. Qui peut ou doit être cru : *Aventure à peine croyable.*

CROYANCE n. f. (anc. fr. *creance,* du bas lat. **credentia,* du lat. class. *credere,* croire). **1.** Fait de croire à l'existence de qqn ou de qqch, à la vérité d'une doctrine, d'une thèse : *La croyance en Dieu, aux fantômes.* — **2.** Ce qu'on croit ; opinion professée en matière religieuse, philosophique, politique : *Respecter toutes les croyances.*

CROYANT, E adj. et n. **1.** Qui croit, a la foi religieuse. — **2.** Nom que se donnent les musulmans. — **3.** *Père des croyants,* Abraham.

CROYDON, borough surtout résidentiel du sud de Londres ; 316 500 hab. Ancien aéroport international.

CROZ (Michel), guide français (hameau du Tour, dans la haute vallée de l'Arve, 1830 -le Cervin 1865). Il réalisa un grand nombre de premières, notamment le Viso (1861), la barre des Écrins (1864), le sommet ouest des Grandes Jorasses (1865) et surtout (avec E. Whymper) le Cervin (14 juill. 1865), où il trouva la mort à la descente.

CROZAT (Antoine), financier français (Toulouse 1655 - Paris 1738). Receveur général des finances de la généralité de Bordeaux, puis secrétaire du roi (v. 1695), il eut le monopole du commerce en Louisiane de 1712 à 1717. Il soutint financièrement la construction du canal de Crozat (auj. canal de Saint-Quentin).

CROZAT (Pierre), dit **le Jeune,** collectionneur français (Toulouse 1661 ou 1665 -Paris 1740), frère du précédent. Nommé trésorier de France, il réunit à partir de 1700 dans son hôtel de la rue de Richelieu, à Paris, la plus belle collection artistique de son époque. Ses 19 000 dessins ont été catalogués par Mariette (1741).

CROZES-HERMITAGE (26600), comm. de la Drôme, à 4 km au N. de Tain-l'Hermitage ; 379 hab. Vins.

CROZET *(îles* ou *archipel),* archipel de l'océan Indien austral (46° de latitude S.), découvert par Marion-Dufresne en 1772, partie des terres Australes et Antarctiques françaises, formé de l'île aux Cochons, de l'île des Pingouins et des îles (ou îlots) des Apôtres à l'O., de l'île de la Possession et de l'île de l'Est à l'E. Réserve d'oiseaux de mer. Base scientifique (dite « Alfred-Faure ») dans l'île de la Possession.

CROZET (Julien Marie), navigateur français (Port-Louis, Morbihan, 1728 - apr. 1780), historien de l'expédition de Marion-Dufresne qui découvrit en 1772 l'archipel qui porte son nom.

CROZIER (Michel), sociologue français (Sainte-Menehould 1922). Ses recherches concernent les phénomènes de mobilité professionnelle, et surtout les facteurs structurels de la résistance au changement. Il a écrit : *le Phénomène bureaucratique* (1964), *la Société bloquée* (1970), *On ne change pas la société par décret* (1979), *le Mal américain* (1984), *État modeste, État moderne, Stratégies pour un autre changement* (1987).

CROZON (29160), ch.-l. de cant. du Finistère, dans la *presqu'île de Crozon ;* 8 060 hab. *(Crozonnais).* Dans l'église, retable de 1702 illustrant le *Martyre de la légion thébaine.* — Au S., station balnéaire de Morgat.

CROZON *(presqu'île de),* péninsule de la Bretagne occidentale (Finistère), entre la rade de Brest et la baie de Douarnenez.

C. R. S., abrév. de COMPAGNIE* RÉPUBLICAINE DE SÉCURITÉ.

C. R. S. [seɛrɛs] n. m. Membre d'une compagnie républicaine de sécurité.

1. CRU n. m. (de *crû,* part. passé de *croître*). **1.** Terroir considéré au point de vue de ses productions (se dit particulièrement des vignobles). — **2.** Le vin produit par ce terroir. — **3.** *De bon, de grand cru,* de bonne, d'excellente qualité.

‖ *De son cru,* de sa propre invention. ‖ *Du cru,* de la région où on se trouve.

2. CRU, E adj. (lat. *crudus*). **1.** Qui n'est pas cuit : *Légumes crus.* — **2.** Se dit d'une lumière, d'une couleur que rien n'atténue ; violent, brutal : *L'éclairage cru d'un projecteur.* — **3.** Se dit d'une manière de s'exprimer qui est directe, sans ménagement ; réaliste : *Répondre de façon crue.* — **4.** Se dit d'un propos qui choque les bienséances ; choquant : *Il l'a rabroué en termes très crus.* — **5.** En Belgique, se dit d'un temps humide et froid. — **6.** Se dit du lait entier, non pasteurisé et du beurre fabriqué avec ce lait. — **7.** Se dit d'une pièce de céramique simplement séchée à l'air et non passée au four. — **8.** Se dit d'un bois qui n'est ni peint, ni doré, ni verni. — **9.** *Soie crue,* syn. de SOIE ÉCRUE*.
◆ **cru** adv. **1.** Crûment, sans ménagement : *Je vous le dis tout cru.* — **2.** Fam. *Avaler, manger tout cru qqn,* ne pas lui laisser le moindre espoir de se défendre.
◆ **cru** n. m. **1.** Pâte ou poudre qui sert à la fabrication du ciment. — **2.** *À cru,* sans selle sur une monture ; se dit d'une construction élevée directement sur le sol, sans fondations.

CRUAS (07350), comm. de l'Ardèche, sur le Rhône, au S.-E. de Privas ; 2 213 hab. Église romane des XIe - XIIe s. (mosaïque de 1098). Fabriques de chaux et ciment. Centrale nucléaire.

CRUAUTÉ n. f. (lat. *crudelitas, -atis*). **1.** Penchant à faire souffrir, caractère de qqn de cruel, de ses actes ; férocité : *La cruauté d'un tortionnaire.* — **2.** *Litt.* Caractère de ce qui fait souffrir ; dureté, rigueur, rudesse : *La cruauté de l'hiver.* — **3.** Action cruelle : *Cet homme s'est rendu tristement célèbre par ses cruautés.* — **4.** *Acte de cruauté envers un animal,* acte accompli volontairement envers un animal pour le faire souffrir et qui constitue un délit.

CRUCHE n. f. (anc. fr. *cruie,* du frq. *krûkka*). Récipient pansu à bec verseur et à anse pour servir ou conserver les liquides ; son contenu.
◆ adj. et n. f. *Fam.* Niais, sot, stupide, maladroit : *Jamais je n'ai vu quelqu'un d'aussi cruche.*

CRUCHETTE n. f. Petite cruche ; son contenu.

CRUCHON n. m. Petite cruche à goulot court ; son contenu.

CRUCIAL, E, AUX adj. (angl. *crucial,* du lat. *crux, crucis,* croix). Important, décisif ; se dit d'un moment où une décision s'impose ; capital : *C'est une date cruciale.*

1. CRUCIFÈRE adj. (lat. ecclés. *crucifer*). **1.** Qui porte une croix : *Colonne crucifère.* — **2.** *Nimbe crucifère,* nimbe timbré d'une croix, distinguant le Christ des apôtres.

2. CRUCIFÈRE n. f. (de *crucifère 1*). Herbe dicotylédone caractérisée par sa fleur à quatre sépales, quatre pétales en croix, six étamines dont deux plus petites et par son fruit en silique, telle que le chou, le colza, le cresson, le radis, le navet et la giroflée. (La famille des *crucifères* compte plus de 4 000 espèces.)

CRUCIFIÉ, E n. **1.** Personne mise en croix. — **2.** *Le Crucifié,* Jésus-Christ.

CRUCIFIEMENT n. m. **1.** Syn. de CRUCIFIXION. — **2.** *Litt.* Mortification, torture morale.

CRUCIFIER v. t. (lat. *crucifigere*) [conj. **9**]. **1.** Faire subir à qqn le supplice de la croix. — **2.** *Litt.* Faire subir à qqn des tortures morales ; mortifier.

CRUCIFIX [-si] n. m. (lat. *crucifixus*). Croix sur laquelle Jésus-Christ est représenté crucifié, qu'il s'agisse d'un petit objet de piété, d'une sculpture monumentale ou d'une croix peinte. (Syn. CHRIST.)

CRUCIFIXION n. f. (lat. ecclés. *crucifixio, -onis*). **1.** Action de crucifier qqn. (Syn. CRUCIFIEMENT.) — **2.** Supplice du Christ sur la Croix. — **3.** Représentation du Christ mis en Croix, soit en peinture, dessin, gravure, soit en bas ou haut relief.

CRUCIFORME adj. **1.** Qui, en plan, affecte la forme d'une croix. — **2.** Se dit d'une vis dont la tête porte une empreinte en forme de croix ; se dit du tournevis correspondant.

CRUCIVERBISTE n. (du lat. *verbum,* mot). Amateur de mots croisés. (Syn. MOTS-CROISISTE.)

CRUDITÉ n. f. (lat. *cruditas, -atis*). **1.** État de ce qui est cru : *La crudité d'une viande.* — **2.** Caractère dur, choquant de ce qui n'est pas atténué ; brutalité : *La crudité d'une expression.*
◆ **crudités** n. f. pl. Légumes crus ou cuits (betterave, poireau) servis froids et assaisonnés de vinaigrette.

CRUE n. f. (part. passé de *croître*). Élévation du niveau d'un cours d'eau, résultant de la fonte des neiges ou des glaces ou de pluies abondantes.

CRUEL, ELLE adj. (lat. *crudelis*). **1.** Qui se plaît à faire souffrir, à tuer, à torturer ; féroce : *Être cruel envers les animaux.* — **2.** Qui manifeste de la cruauté, de la férocité ; inhumain, barbare : *Obéir à des ordres cruels.* — **3.** Qui est sans pitié, d'une extrême sévérité, qui ne se laisse pas toucher par la souffrance d'autrui, qui se plaît à torturer moralement : *Plaisanterie cruelle.* — **4.** Qui atteint de manière très douloureuse : *Perte cruelle.* — **5.** Qu'on a du mal à supporter, qui contrarie vivement : *Être dans une cruelle incertitude.*

CRUELLEMENT adv. **1.** De façon cruelle, avec une méchanceté perverse : *Agir cruellement.*

– 2. D'une façon douloureuse, pénible, sévère : *La crise économique frappe cruellement cette région.*

CRUENTÉ, E [kryɑ̃te] adj. (lat. *cruentus*). Se dit d'une plaie imprégnée de sang.

CRUIJFF (Johan) → CRUYFF (Johan).

CRUIKSHANK (George), caricaturiste et illustrateur britannique (Londres 1792 - *id.* 1878). Après des débuts dans la satire politique, cultivant le grotesque dans ses vigoureuses attaques contre Napoléon, il donna des chroniques de la vie populaire et illustra, notamment, Dickens.

CRUISER [kruzœr] n. m. (angl. *cruiser,* de l'anc. néerl. *kruiser,* croiseur). Yacht de croisière à moteur, de faible tonnage.

CRUMB (George), compositeur américain (Charleston, Virginie-Occidentale, 1929). Il écrit une musique marquée par l'influence de Debussy et celle des traditions orientales, mais très personnelle ; 4 livres de *Madrigals* (1965 - 1969) ; *Night Music I* (1963) ; *Makrokosmos I* pour piano, *II* pour piano amplifié et *III* pour piano et percussion (1972 -1974) ; *Star Child* (1977).

CRUMB (Robert), dessinateur américain (Philadelphie 1943). Ses bandes dessinées et ses personnages (*Fritz the Cat, Mister Natural,* etc.), volontiers truculents et scabreux, ont incarné dans les années 60-70 une critique de l'Amérique contemporaine caractéristique de l'*underground.*

CRÛMENT adv. De façon crue, sans atténuation ; brutalement : *Parler crûment.*

CRUOR n. m. (lat. *cruor,* sang). *Vx.* Partie solide du sang, par oppos. au sérum.

CRUOVER n. m. (nom déposé). Appareil qui permet de maintenir sous pression d'azote une bouteille de vin débouchée, ce qui lui évite de perdre son arôme.

CRURAL, E, AUX adj. (bas lat. *cruralis,* du lat. class. *crus, cruris,* cuisse). **1.** Qui appartient à la cuisse. – **2.** *Arcade crurale,* cordon fibreux, tendu de l'épine iliaque antérosupérieure à l'épine du pubis. (Syn. ARCADE FÉMORALE, LIGAMENT DE FALLOPE.) ‖ *Indice crural,* quotient de la longueur de la jambe sur la longueur de la cuisse multiplié par 100. ‖ *Nerf crural,* branche volumineuse du plexus lombaire, qui se divise en quatre branches principales. (Le nerf crural est le nerf de l'extension de la jambe.) ‖ *Névralgie crurale,* syn. de CRURALGIE.

CRURALGIE n. f. Névralgie liée à une souffrance du nerf crural consécutive à une lésion compressive de la racine médullaire L_3. (Syn. NÉVRALGIE CRURALE.)

CRUSEILLES (74350), ch.-l. de cant. de la Haute-Savoie, au pied sud du mont Salève ; 2 791 hab.

CRUSHER [kryʃɛr] n. m. (angl. *to crush,* écraser). Petite éprouvette cylindrique, en cuivre pur, dont on mesure l'écrasement pour déterminer la pression produite lors de l'explosion d'une poudre.

CRUSSOL (Antoine, *comte* DE), duc **d'Uzès,** homme de guerre français (Uzès 1528 - *id.* 1573). Lieutenant général du roi en Dauphiné, Languedoc et Provence (1561), il fut élu chef des protestants du Midi (1562) lors des guerres de Religion. – Son frère JACQUES, baron **d'Assier** puis (1573) duc **d'Uzès** (Uzès 1540 - *id.* 1586 ou 1594), fut gouverneur de Nîmes (1563) et lieutenant de Condé en Languedoc, Dauphiné et Provence (1567). Passé au parti catholique (1572), il devint gouverneur du Languedoc (1586).

CRUSTACÉ n. m. (lat. sc. *crustaceus,* de *crusta,* croûte). **1.** Invertébré arthropode, le plus souvent aquatique, ayant deux paires d'antennes, des yeux composés, un tégument chitineux plus ou moins imprégné de calcaire, une respiration branchiale, des anneaux (libres ou soudés) portant chacun une paire d'appendices dans la plupart des espèces. (Les *crustacés* forment une classe.) – **2.** Certains de ces animaux, d'eau douce ou d'eau de mer, comestibles (surtout pl.). ◆ **crustacé, e** adj. *Lichen crustacé,* lichen qui s'étale en croûte sur son support.

ENCYCL. On compte environ 35 000 espèces de crustacés actuels et ces animaux sont connus à l'état fossile dès le cambrien. Extrêmement divers dans leur aspect adulte, les crustacés se ressemblent tous par leur larve principale, le nauplius. On partage les crustacés en six sous-classes très inégales : les branchiopodes (daphnie), les ostracodes (cypris), les copépodes (cyclope), les branchioures, les cirripèdes (anatife, balane), enfin les malacostracés, groupant à eux seuls la majorité des espèces : cloportes, gammares, crevettes, écrevisses, bernard-l'ermite, crabes, etc.

CRUSTAL, E, AUX adj. Relatif à la croûte terrestre.

CRUTZEN (Paul), météorologue néerlandais (Amsterdam 1933). Par ses travaux de chimie atmosphérique, il a montré, le premier, que l'ozone stratosphérique, qui filtre le rayonnement ultraviolet, est détruit par les oxydes d'azote. (Prix Nobel de chimie 1995.)

CRUYFF ou **CRUIJFF** (Johan), footballeur néerlandais (Amsterdam 1947), le plus grand attaquant de la décennie 70-80, vainqueur de trois coupes d'Europe avec Ajax d'Amsterdam (1971, 1972, 1973) et finaliste de la Coupe du monde 1974 (avec l'équipe des Pays-Bas).

CRUZ (Juana Inés DE LA), poétesse mexicaine (San Miguel de Nepantla 1651 -Mexico 1695). Retirée au couvent à dix-huit ans après une vie de cour, elle composa des pièces de théâtre (*El divino Narciso,* 1689) et des poésies profanes et religieuses.

CRUZ (Ramón DE LA), auteur dramatique espagnol (Madrid 1731 - *id.* 1794). Outre des tragédies et des comédies, il a composé quelque 400 saynètes qui font parler avec esprit le petit peuple de Madrid.

CRUZEIRO [kruzejro] ou [kruzejru] n. m. Anc. unité monétaire principale du Brésil.

CRYERGIE n. f. Action du gel et du dégel dans les sols des domaines arctiques (cryosols), aboutissant à une ségrégation des éléments fins et des fractions plus grossières qui s'organisent pour former des stries et des polygones.

CRYLOR n. m. (n. déposé). Fibre chimique constituée de polyacrylonitrile, produite par Rhône-Poulenc textiles.

CRYOAIMANT n. m. Électroaimant dont les bobines sont cryoconductrices ou, plus souvent, supraconductrices.

CRYOALTERNATEUR n. m. Cryogénérateur de courant alternatif dont les bobinages inducteurs, maintenus à la température de l'hélium liquide, sont supraconducteurs.

CRYOBIOLOGIE n. f. **1.** Étude des effets des très basses températures sur les phénomènes biologiques. — **2.** Application des très basses températures pour la conservation des tissus et substances biologiques.

CRYOBOBINE n. f. Enroulement supraconducteur utilisé pour le stockage de quantités considérables d'énergie électrique sous forme d'énergie magnétique.

CRYOCÂBLE n. m. Câble comprenant des éléments supraconducteurs, des tubes pour assurer la circulation de l'hélium et des isolants thermiques.

CRYOCAUTÈRE n. m. Appareil utilisé pour la cryocautérisation au moyen de la neige carbonique.

CRYOCAUTÉRISATION n. f. Refroidissement localisé de la peau à très basse température, que l'on effectue pour y détruire des tumeurs, des cicatrices disgracieuses ou traiter des lésions inflammatoires. (La cryocautérisation utilise la vaporisation de la neige carbonique [- 79 °C] ou de l'azote liquide [- 195 °C].)

CRYOCHIMIE n. f. Domaine de la chimie faisant appel aux cryotempératures.

CRYOCHIRURGIE n. f. Partie de la chirurgie faisant appel à des techniques de congélation locale lors des opérations, utilisée surtout en ophtalmologie.

CRYOCLASTIE n. f. Syn. de GÉLIFRACTION.

CRYOCONDUCTEUR, TRICE adj. et n. m. Se dit d'un conducteur électrique que l'on place à température très basse (azote ou hydrogène liquide) pour diminuer sa résistivité. (Syn. CRYORÉSISTANT.)

CRYOCONSERVATION n. f. Conservation par le froid de cellules et de tissus vivants.

CRYODÉCAPAGE n. m. Technique moderne de cytologie, utilisée dans l'étude des membranes cellulaires, et fondée sur la lyophilisation à très basse température.

CRYODESSICCATION n. f. Syn. de LYOPHILISATION.

CRYOÉLECTRONIQUE n. f. Partie de l'électronique utilisant les cryotempératures et, plus particulièrement, les supraconducteurs. (Elle est surtout employée dans les télécommunications.)

CRYOÉLECTROTECHNIQUE n. f. Ensemble des applications de l'électricité faisant appel aux cryotempératures.

CRYOEXTRACTION n. f. Dans l'opération de la cataracte, extraction par le froid du cristallin.

CRYOFIBRINOGÈNE n. m. Fibrinogène anormal par sa capacité de précipiter au froid.

CRYOFIBRINOGÉNÉMIE n. f. État pathologique caractérisé par la présence de cryofibrinogène dans le plasma sanguin.

CRYOFLUORANE n. f. Anesthésique local agissant par réfrigération due à son évaporation rapide.

CRYOGÈNE n. m. Fluide actif dans un cryoréfrigérateur.

CRYOGÉNÉRATEUR n. m. *Cryogénérateur électrique,* générateur dont certains bobinages sont supraconducteurs.

CRYOGÉNIE n. f. **1.** Production des cryotempératures. — **2.** Syn. de CRYOLOGIE.

ENCYCL. La production des cryotempératures fait appel aux gaz liquéfiés commerciaux (azote, hydrogène et hélium liquides) dont les points d'ébullition respectifs sont 77, 20 et 4 K. Ces cryogènes sont évaporés sous pression dans un cryostat ou décrivent un cycle thermodynamique dans un cryoréfrigérateur. La cryogénie est employée pour la préparation et le transport de gaz industriels, l'électronique, les techniques spatiales, et dans les domaines alimentaires et biologiques.

CRYOGÉNIQUE adj. Relatif à la cryogénie.

CRYOGÉNISATION n. f. Action d'abaisser la température d'un organisme vivant à - 190 °C et de l'y maintenir dans un dessein de conservation.

CRYOGLOBULINE n. f. Globuline précipitable par le froid et responsable de manifestations diverses telles que sensibilisation au froid, syndrome de Raynaud, hémorragies, gangrène, etc.

CRYOHYDRATE n. m. Mélange eutectique dont l'un des composants est l'eau.

CRYOLITE ou **CRYOLITHE** n. f. Fluorure double naturel d'aluminium et de sodium, utilisé dans la métallurgie de l'aluminium.

CRYOLOGIE n. f. Ensemble des disciplines scientifiques et techniques s'intéressant aux cryotempératures. (Syn. CRYOGÉNIE.)

CRYOMACHINE n. f. Nom générique des cryogénérateurs, cryomoteurs ou cryotransformateurs.

CRYOMAGNÉTIQUE adj. Relatif au cryomagnétisme.

CRYOMAGNÉTISME n. m. Ensemble des propriétés magnétiques des corps aux cryotempératures.

CRYOMARQUAGE n. m. Marquage des bovins à robe colorée, consistant à appliquer un fer refroidi à l'azote liquide pour provoquer une chute des poils et la repousse de poils dépigmentés.

CRYOMÈTRE ou **CRYOSCOPE** n. m. Instrument servant à mesurer la température de congélation commençante d'une solution.

CRYOMÉTRIE n. f. Mesure des températures de congélation.

CRYOMÉTRIQUE adj. Relatif à la cryométrie, au cryomètre.

CRYOMOTEUR n. m. Moteur électrique dont certains bobinages sont supraconducteurs.

CRYO-OPHTALMOLOGIE n. f. Emploi du froid en ophtalmologie, surtout pratiqué dans la chirurgie de la cataracte et du décollement de rétine.

CRYOPHYSIQUE n. f. Partie de la physique s'intéressant aux cryotempératures.
ENCYCL. Les cryotempératures ont permis d'observer toute une série de phénomènes nouveaux : les transitions magnétiques, où les moments magnétiques s'orientent selon des structures directionnelles particulières ; les transitions supraconductrices, où les électrons se condensent en paires et la résistivité électrique disparaît ; la transition suprafluide de l'hélium-4 et celle de l'hélium-3.

CRYOPRÉCIPITÉ n. m. *Cryoprécipité congelé,* fraction coagulante des protéines plasmatiques à activité antihémophilique A (facteur VIII), restant insoluble lorsqu'on décongèle à 4 °C un plasma humain préalablement congelé. ‖ *Cryoprécipité lyophilisé,* fraction sèche du plasma contenant le facteur antihémophilique A (facteur VIII).

CRYOPROTECTEUR, TRICE adj. et n. m. Se dit d'une substance qui protège les cellules vivantes contre les très basses températures utilisées pour leur conservation.

CRYORÉFRIGÉRATEUR n. m. Appareil fonctionnant en circuit fermé et produisant du froid à très basse température.

CRYORÉSISTANT, E adj. Syn. de CRYOCONDUCTEUR.

CRYOSCOPE → CRYOMÈTRE.

CRYOSCOPIE n. f. Étude des lois de la congélation des solutions.
ENCYCL. La dissolution d'un corps dans un solvant abaisse en général la température de congélation du solvant. La différence de température ΔT étant liée à la concentration C du corps dissous par la loi de Raoult :
$\Delta T = - kC/M$, où k est la constante cryoscopique du solvant et M la masse molaire du soluté, la cryoscopie permet donc la détermination des masses molaires des corps solubles dans des solvants connus.

CRYOSCOPIQUE adj. Relatif à la cryoscopie.

CRYOSOL n. m. Sol du domaine arctique.

CRYOSONDE n. f. Sonde permettant le refroidissement des tissus ou la congélation rapide de zones très localisées, pour la destruction ou l'extraction des tissus normaux ou pathologiques.

CRYOSPHÈRE n. f. Ensemble constitué par les glaces qui sont à la surface du globe terrestre.

CRYOSTAT n. m. Appareil conçu pour réaliser des cryotempératures. (Ce sont des récipients thermiquement isolés où l'on vaporise, sous pression réglable, un gaz liquéfié.)

CRYOTECHNIQUE [-tɛk-] n. f. Ensemble des techniques de production et d'utilisation des cryotempératures.
◆ adj. Relatif à la cryotechnique.

CRYOTEMPÉRATURE n. f. Basse température, inférieure, par convention, à 120 K.

CRYOTHÉRAPIE n. f. Traitement par le froid.

CRYOTRANSFORMATEUR n. m. Transformateur utilisant, comme conducteurs de courant, soit des métaux de très haute pureté maintenus à basse température (hydrogène ou azote liquides), soit des supraconducteurs.

CRYOTREMPE n. f. Trempe d'un produit métallurgique à très basse température. (Elle augmente la résistance à l'usure des aciers de coupe.)

CRYOTRON n. m. Dispositif électronique fondé sur la supraconduction et pouvant jouer les mêmes rôles qu'une triode ou un transistor.

CRYOTURBATION n. f. Syn. de GÉLITURBATION.

CRYPTAGE n. m. **1.** Transformation d'un message en clair en un message codé compréhensible seulement par qui dispose du code : *Cryptage d'une dépêche.* — **2.** Transformation d'une suite de signaux électriques ou radioélectriques, telle que celle-ci ne peut être rendue intelligible que par l'intermédiaire d'un décodeur approprié : *Cryptage d'une émission de télévision.*

CRYPTAND n. m. (de *crypte*). Molécule bicyclique de synthèse présentant une cavité centrale capable d'accueillir un ion alcalin pour former un cryptate.

CRYPTATE n. m. Complexe de grande stabilité formé par l'inclusion d'un ion alcalin dans la cavité tridimensionnelle d'un cryptand.

CRYPTE n. f. (lat. *crypta,* du gr. *kruptê*). **1.** Espace construit, enterré ou non, ménagé sous une église, ou sous le chœur d'une église, pour y conserver des corps de martyrs, des reliques (Flavigny-sur-Ozerain [VIIIe et IXe s.], St-Germain d'Auxerre [IXe s.], Saintes, Chartres, etc.). — **2.** Partie souterraine d'un édifice abritant souvent un dépôt précieux. — **3.** Chez les Romains, galerie longue et étroite, construite au rez-de-chaussée et recevant le jour d'une suite de fenêtres étroites, pratiquées dans un des deux murs latéraux. — **4.** Cavité de certains organes (amygdale, intestin, etc.), des feuilles des plantes des régions arides, contenant des poils et/ou des stomates et ralentissant l'évaporation.

CRYPTÉ, E adj. Se dit d'une information, d'une émission de télévision, etc., protégée par un cryptage.

CRYPTER v. t. (conj. **4**). Réaliser le cryptage de qqch.

CRYPTESTHÉSIE n. f. Syn. de CLAIRVOYANCE.

CRYPTIE [-ti] n. f. (gr. *krupteia*). Épreuve d'initiation qui achevait l'éducation du jeune spartiate. (Les jeunes gens devaient pouvoir survivre par leurs seuls moyens.)

CRYPTOCALVINISME n. m. Doctrine de théologiens luthériens, disciples de Melanchthon, accusés, au XVIe s., d'être favorables en secret au calvinisme, en particulier à propos de l'eucharistie.

CRYPTOCALVINISTE adj. Relatif au cryptocalvinisme ; adepte du cryptocalvinisme.

CRYPTOCÉPHALE n. m. Petite chrysomèle dont la larve dévore les feuilles mortes et chemine dans un fourreau constitué de ses excréments.

CRYPTOCÉRATE n. m. Syn. de HYDROCORISE.

CRYPTOCOCCOSE n. f. Mycose profonde cosmopolite liée à l'infection par une levure, *Cryptococcus neoformans,* dont la fréquence s'accroît dans les pays très médicalisés et qui survient en général chez les sujets affaiblis ou immunodéprimés. (Elle peut donner lieu à des atteintes neuroméningées et à des septicémies graves fréquentes dans le sida.) [Syn. TORULOSE.]

CRYPTOCOMMUNISTE n. Personne qui partage secrètement les vues du parti communiste.

CRYPTODIRE n. m. Nom de sous-ordre donné aux tortues dont le cou se replie en S dans un plan vertical sous la carapace et dont le bassin est libre. (Ce groupe comprend 8 des 10 familles de tortues.) [S'oppose à *pleurodire.*]

CRYPTOGAME n. f. Végétal pluricellulaire ne formant pas de graines, par opposition aux phanérogames ou spermaphytes. (Les cryptogames comprennent donc des groupes aussi différents que les fougères, mousses, algues, champignons.)

CRYPTOGAMIE n. f. Étude scientifique des plantes sans graines ou cryptogames.

CRYPTOGAMIQUE adj. *Maladie cryptogamique,* maladie des plantes due à un champignon microscopique (mildiou, oïdium, rouilles, blancs, caries, charbons, piétin, ergots, etc.).

CRYPTOGAMISTE n. Chercheur spécialisé en cryptogamie.

CRYPTOGÉNÉTIQUE adj. Se dit d'une maladie dont la cause ou la nature est inconnue.

CRYPTOGRAMME n. m. **1.** Message écrit à l'aide d'un système chiffré ou codé. — **2.** Ensemble de choses difficiles à démêler, à déchiffrer.

CRYPTOGRAPHE n. **1.** Personne qui pratique la cryptographie. — **2.** Machine servant à la cryptographie.

CRYPTOGRAPHIE n. f. Ensemble des techniques relatives au chiffrement des textes.
ENCYCL. Les sytèmes alphabétiques procèdent par substitution d'une lettre ou d'un signe quelconque à une lettre du texte clair, ou par transposition, selon un ordre conventionnel, des lettres du texte clair. Les systèmes à codes font appel à une correspondance (par dictionnaire, grille, etc.) entre éléments du texte clair et éléments codés. Aujourd'hui, on utilise de plus en plus, dans les transmissions diplomatiques, militaires ou informatiques, des machines à chiffrer électroniques.

CRYPTOGRAPHIER v. t. (conj. **9**). Transformer un texte clair suivant les règles de la cryptographie.

CRYPTOGRAPHIQUE adj. Relatif à la cryptographie.

CRYPTOLOGIE n. f. Science des écritures secrètes, des documents chiffrés.

CRYPTOLOGIQUE adj. Qui a trait à la cryptologie.

CRYPTOLOGUE n. Spécialiste de la cryptologie.

CRYPTOMERIA [-merja] n. m. (lat. sc. *cryptomeria*). Conifère arborescent, utilisé en reboisement et dans les jardins.

CRYPTOMÈTRE n. m. Appareil de mesure du pouvoir couvrant d'une peinture.

CRYPTOMNÉSIE n. f. Mémorisation inconsciente d'un événement, qui ne réapparaît à la conscience qu'à l'occasion d'un état de conscience particulier (hypnose, rêve ou état crépusculaire hystérique).

CRYPTOPHONIE n. f. Ensemble des techniques relatives au chiffrement de la parole.

CRYPTOPHYCÉE n. f. Protiste, chlorophyllien ou non, des eaux souillées, de couleur brune, voisin des euglènes, parfois sécréteur d'un mucilage, nageant à l'aide de deux flagelles antérieurs.

CRYPTOPHYTE n. f. Plante, telle que les plantes à bulbe ou à rhizome, n'ayant aucun organe au-dessus de terre durant l'hiver.

CRYPTOPORTIQUE n. m. **1.** Chez les Romains, galerie voûtée, destinée à la promenade ou à la circulation, ou utilisée comme magasin, recevant le jour des deux côtés par de larges ouvertures ou du plafond vitré. (Beaux exemples à Bavay et Arles.) — **2.** Entrée de grotte ou de nymphée. — **3.** Narthex fermé sur les côtés, qui donne accès dans une église.

CRYPTOPROCTE n. m. Nom générique du carnivore malgache appelé *fossa*.

CRYPTOPSYCHIE n. f. Ensemble des phénomènes inconscients étudiés par la parapsychologie.

CRYPTOPSYCHIQUE adj. Qui relève de la cryptopsychie.

CRYPTORCHIDE [-kid] adj. et n. m. Se dit d'un individu, d'un animal dont les deux testicules demeurent dans l'abdomen et ne sont pas descendus dans le scrotum.

CRYPTORCHIDIE [-ki-] n. f. Malformation congénitale des cryptorchides.

CRYPTORHYNCHUS [-kys] ou **CRYPTORHYNQUE** n. m. Charançon écailleux des régions chaudes. (L'unique espèce européenne est très nuisible aux jeunes saules, aulnes et peupliers, dont la larve de cet insecte mine le bois.)

Crystal Palace, édifice construit en fer et en verre par sir Joseph Paxton pour la première Exposition universelle, à Londres (1851). Transféré (1854) à Sydenham, au sud de Londres, il fut détruit par un incendie en 1936.

Cs, symbole chimique du *césium*.

C. S. A., sigle de CONSEIL SUPÉRIEUR DE L'AUDIOVISUEL*.

CSARDAS [ksardas ou tsardaʃ] n. f. (hongrois *csárda*, auberge). Danse nationale populaire hongroise, née vers 1835, issue des pas de deux occidentaux dansés au cours du XVIe s.

C. S. C. E., sigle de CONFÉRENCE SUR LA SÉCURITÉ ET LA COOPÉRATION EN EUROPE. (→ ORGANISATION POUR LA SÉCURITÉ ET LA COOPÉRATION EN EUROPE [O.S.C.E.].)

CSEPEL *(île)*, grande île hongroise (275 km²) du Danube, qui s'étire sur 60 km au S. de Budapest et dont le Nord est industrialisé et urbanisé.

C. S. G., abrév. de CONTRIBUTION* SOCIALE GÉNÉRALISÉE.

CSIKY (Gergely), écrivain hongrois (Pankota, auj. Pîncota, Roumanie, 1842 - Budapest 1891). Auteur dramatique à succès (*les Prolétaires,* 1880), il s'inspira de la technique théâtrale française de l'époque (*Mukányi,* 1880 ; *Nora,* 1884).

CSOKONAI VITÉZ (Mihály), poète hongrois (Debrecen 1773 - *id.* 1805). Un des plus grands représentants de la poésie lyrique magyare, poète du rococo et préromantique, il laisse des poèmes d'amour (*les Chants de Lilla,* 1805), des pièces de théâtre, et surtout une épopée comique (*Dorothée ou le Triomphe des dames sur le Carnaval,* 1804).

CSOKOR (Franz Theodor), écrivain autrichien (Vienne 1885 - *id.* 1969). Il campe dans son théâtre, influencé par Strindberg, des héros et des événements symboliques (*Général de Dieu,* 1939 ; *le Fils perdu,* 1947 ; *le Signe au mur,* 1962).

CSU, sigle de CHRISTLICH-SOZIALE UNION (en fr. *Union chrétienne sociale*), aile bavaroise de la CDU*.

Cte et **Ctesse**, abrév. de *comte* et *comtesse*.

CTÉNAIRE ou **CTÉNOPHORE** n. m. Animal diploblastique marin, pélagique, transparent, à symétrie bilatérale et souvent dorsiventrale, se déplaçant par le mouvement de rangées méridiennes de palettes ciliées et capturant ses proies à l'aide de cellules spéciales, les colloblastes. (Les *cténaires* forment un petit embranchement.)

CTÉNIZE n. f. (gr. *ktenidzein,* peigner). Petite mygale de Corse et de la Riviera, qui creuse un terrier cylindrique fermé par un couvercle hermétique et invisible, muni d'une charnière. (L'araignée en sort la nuit pour chasser. N. usuel *mygale maçonne.*)

CTÉNOCÉPHALE n. m. Puce du chien et du chat, vecteur du typhus murin et du ténia du chien.

CTÉNOÏDE adj. Se dit de l'écaille des poissons perciformes, dont le bord postérieur libre est pectiné.

CTÉNOLABRE n. m. Poisson labridé, très commun sur toutes les côtes atlantiques.

CTÉNOMYIDÉ n. m. (du gr. *mus,* rat). Nom de famille attribué aux rats à peigne.

CTÉSIAS, historien grec né à Cnide. Médecin de Cyrus le Jeune, puis d'Artaxerxès II Mnémon (de 405 à 397), il utilisa les archives royales de Suse pour rédiger les *Persika* et les *Indika.*

CTÉSIBIOS, physicien grec (Alexandrie IIIe s. av. J.-C.). On lui attribue l'invention de l'orgue hydraulique.

CTÉSIPHON, en gr. **Ktésiphôn,** ville de Mésopotamie (auj. Iraq), sur le Tigre, bâtie près de la ville grecque de Séleucie par les Parthes Arsacides. Elle fut leur capitale, puis celle des rois sassanides. Arabe en 637, elle fournit les matériaux pour la construction de Bagdad en 762. Ruines du palais de Chahpuhr Ier avec une remarquable voûte en brique de plus de 30 m de haut.

Cu, symbole chimique du *cuivre.*

CUADRILLA [kwadrija] n. f. (esp. *cuadrilla*). Ensemble des toreros subalternes (picadors, banderilleros), placés sous les ordres du torero principal et l'assistant durant tout le combat.

CUADRO [kwadro] n. m. (esp. *cuadro*). Groupe d'artistes flamencos.

CUANGO → KWANGO.

CUANZA ou **KWANZA,** fl. de l'Angola central, qui rejoint l'Atlantique au S. de Luanda; 1 000 km env. Hydroélectricité.

CUAUHTÉMOC, dernier souverain aztèque (v. 1502 - Izancanac 1525). Au pouvoir à partir de 1520, il résista à l'envahisseur espagnol, fut fait prisonnier, jugé sur l'ordre de Cortés et condamné à mort.

CUBA, État de l'Amérique centrale, constitué par la plus grande des Antilles, situé au sud de la Floride ; 111 000 km^2 ; 11 millions d'hab. *(Cubains).* CAP. *La Havane.* LANGUE : *espagnol.* MONNAIE : *peso cubain.*

Géographie. À moins de 250 km de la Floride, Cuba est la plus étendue des Antilles. C'est un pays de plaines et de plateaux calcaires (la montagne apparaisssant au S.-E.). La situation en latitude explique un climat tropical, avec une température constante (voisine de 25 °C), des pluies relativement abondantes (1 200 mm), concentrées entre juin et déc. Les conditions naturelles sont favorables à l'agriculture. La prépondérance de la canne à sucre, héritage de la période coloniale, s'est maintenue depuis l'indépendance. Le castrisme a pourtant bouleversé, en les socialisant (notamm. par le biais d'une réforme agraire créant des fermes d'État et des coopératives), les structures économiques. La canne à sucre couvre environ la moitié des terres cultivées et assure encore la majeure partie des exportations, malgré des tentatives de diversification dans le domaine agricole (fruits tropicaux [agrumes et bananes], progrès de l'élevage, reprise de la culture du tabac), le domaine minier (nickel, début de l'extraction pétrolière), et quelques efforts pour développer le tourisme.
La disparition de l'U. R. S. S. a laissé le pays, bastion « occidental » du marxisme, très isolé politiquement et a contribué au délabrement de son économie.

Histoire.
1492 : Christophe Colomb découvre l'île, alors peuplée d'Indiens Arawaks.
Durant le XVIe s., la colonisation espagnole se développe grâce à l'exploitation du tabac dont l'Espagne se réserve le monopole. Les esclaves noirs remplacent les Indiens, exterminés. Au XVIIIe s., la culture de la canne à sucre progresse rapidement.
1818 : L'Espagne accorde la liberté générale du commerce aux créoles, restés fidèles à la métropole.
1868-1878 : Les abus de l'administration coloniale provoquent une insurrection générale.
L'île obtient une autonomie relative.
1880 : Abolition de l'esclavage.
1895 : Déclenchement d'une nouvelle insurrection.
1898 : Les États-Unis interviennent en faveur des insurgés. À l'issue de la guerre hispano-américaine, l'Espagne renonce à sa colonie. Cuba devient une république, étroitement contrôlée par les États-Unis.
1933-1944 : Le général Batista, protégé des États-Unis, exerce la réalité du pouvoir jusqu'en 1940, puis devient président.
1952 : De nouveau au pouvoir, Batista suspend la Constitution.
1959 : Le mouvement révolutionnaire, dirigé par Fidel Castro, renverse Batista.
Fidel Castro entreprend une importante réforme agraire, nationalise les entreprises américaines et met en œuvre un plan d'industrialisation de l'île.
1962 : L'installation de fusées soviétiques dans l'île provoque une grave crise internationale.
1975-1977 : Allié de l'U. R. S. S., Cuba intervient militairement en Afrique (Angola, Éthiopie).
Le régime cubain, qui a d'abord servi de référence à de nombreux mouvements révolutionnaires du tiers-monde, se durcit. Confronté à l'effondrement du communisme en Europe depuis 1989, Fidel Castro refuse de faire évoluer profondément le système. L'émigration cubaine vers les États-Unis est importante (afflux de boat people en 1980 et 1994).

Cuba *(Ballet national de),* troupe de ballet classique issue de la compagnie créée par Alicia Alonso en 1948 et qui prit son nom actuel en 1962. Fixé à La Havane, le ballet est dirigé par sa créatrice. Au répertoire classique traditionnel s'ajoutent des productions contemporaines.

Cuba *(crise de),* crise qui opposa en 1962 les États-Unis et l'U. R. S. S. à propos de l'installation de fusées soviétiques à Cuba. Le président Kennedy, ayant acquis dès septembre la preuve de l'implantation de fusées offensives, décida le blocus des armes livrées à Cuba par les cargos soviétiques. L'U. R. S. S. émit des protestations véhémentes, mais N. Khrouchtchev proposa finalement une solution à la crise, prévoyant que l'U. R. S. S. retirerait ses missiles sous le contrôle de l'O. N. U., que Cuba s'engagerait pour l'avenir à ne pas accepter d'armes offensives et les États-Unis à ne pas envahir Cuba. Le 28 oct., la crise se dénoua sur ces bases, et les sites furent démantelés dès le 12 nov. ; le blocus fut levé le 20.

CUBABLE adj. et n. m. Se dit d'une partie bornée B de l'espace euclidien $\mathbb{R}^3$, dont le volume inférieur est égal au volume supérieur. (Cette valeur commune est le volume de B.)

CUBAGE n. m. **1.** Action de cuber, d'évaluer le volume d'un corps. — **2.** Méthode pour cuber. — **3.** Volume ainsi évalué.
ENCYCL. **Sylvic.** *Cubage des arbres sur pied.* Pour déterminer le volume qu'aura la grume une fois l'arbre abattu, on mesure la hauteur du fût (découpe) à l'aide d'un dendromètre et la circonférence ou le diamètre à 1,30 m du sol. Le volume de l'arbre est donné dans des tableaux en fonction de ces deux mesures.
• *Cubage des bois abattus.* On mesure séparément le *bois de feu* (en stères), qui provient du houppier, et le *bois d'œuvre* (en m³), qui provient du fût. Le volume réel des bois est supérieur au volume des bois après débitage, appelé *volume utilisable* (ou *commercial*) et calculé à l'aide d'un coefficient de réfaction.

CUBAIN, E adj. et n. De Cuba.

CUBANGO ou **COUBANGO,** fl. d'Afrique, qui naît en Angola, sert de frontière entre l'Angola et la Namibie et se termine au Botswana dans une vaste zone marécageuse (delta de l'Okavango) ; 1 700 km env.

CUBANITE n. f. Sulfure double naturel de cuivre et de fer, de formule $CuFe_2S_3$.

CUBATÃO, localité du Brésil (São Paulo), 80 000 hab. Centre industriel.

CUBATURE n. f. Détermination du cube dont le volume est égal à celui du solide considéré.

CUBE n. m. (lat. *cubus*). **1.** Parallélépipède rectangle dont les 6 faces sont isométriques, ainsi que les 12 arêtes. (Il a 8 sommets.) — **2.** Objet ayant la forme d'un cube : *Couper de la viande en cubes réguliers.* — **3.** *Arg. scol.* Élève de troisième année dans les grandes écoles ou leurs classes préparatoires. — **4.** *Cube d'un nombre,* produit de trois facteurs égaux à ce nombre. (Le cube d'un réel x se note x^3.) ‖ *Cube parfait,* nombre qui est le cube d'un entier. ‖ Fam. *Gros cube,* moto de forte cylindrée (supérieure à 500 cm³). ‖ *Jeu de cubes,* jeu de construction visant à assembler des cubes de manière à reconstituer un dessin global dont un des éléments figure sur une de leurs faces.
◆ adj. *Mètre cube, centimètre cube, etc.,* volume égal à celui d'un cube dont le côté a un mètre, un centimètre, etc.

CUBÈBE n. m. (ar. *kubbāba,* var. de *kabāba*). Plante pipéracée grimpante originaire des îles de la Sonde.

CUBER v. t. (de *cube*) [conj. 3]. Évaluer qqch en unités de volume.
◆ v. i. **1.** Avoir une capacité de tant : *Ce récipient cube 50 litres.* — **2.** *Fam.* Représenter une grande quantité ; s'élever à un total important : *Tous les faux frais, cela finit par cuber.*

CUBICULUM [-lɔm] n. m. (lat. *cubiculum*). Chambre sépulcrale, dans les catacombes.

CUBILOT n. m. (angl. *cupilo,* déformation de *cupola-furnace,* fourneau à coupole). Four à cuve verticale cylindrique utilisé pour la fusion de la fonte. (Il comporte une enveloppe métallique, garnie intérieurement d'un revêtement réfractaire.)

CUBIQUE adj. Qui a la forme d'un cube : *Édifice cubique.* • **Archit.** *Chapiteau cubique,* chapiteau dont le corps est un cube arrondi à ses angles inférieurs. (C'est le plus simple des chapiteaux romans.) — **Math.** Se dit d'une courbe, d'une surface algébriques du troisième degré. ‖ *Racine cubique d'un nombre,* nombre dont le cube est égal à ce nombre. — **Minér.** et **Cristallogr.** *Système cubique,* système cristallin dans lequel la maille élémentaire forme un cube.
◆ n. f. Courbe ou surface cubique.

CUBISME n. m. (de *cube*). Courant artistique qui apparaît en France vers 1906-1907 et se développe dans les années 1910.
ENCYCL. Ce mouvement, en abandonnant à l'aube du XXᵉ s. la conception classique de l'espace et de la figuration, va bouleverser la peinture. La leçon de Cézanne et la découverte de l'art nègre et des arts primitifs ont ouvert la voie aux travaux de Picasso (*les Demoiselles* d'Avignon,* 1907) et de Braque (*Grand Nu,* 1908, coll. priv.). Devant leurs paysages « cézanniens » de 1908, un critique parle de « bizarreries cubiques ». Avec la période « analytique » (à partir de 1910), le cubisme pousse l'exploration plus avant : il adopte une multiplicité d'angles de vue pour atteindre une vision totale et créer un « objet esthétique extrêmement structuré ». Cette nouvelle conception de l'espace pictural et de la

forme favorise le monochromatisme et l'étude de la lumière (*Portrait de D. H. Kahnweiler,* de Picasso, 1910, Art Institute, Chicago ; *le Portugais,* de Braque, 1911, Kunstmuseum, Bâle ; *Hommage à Picasso,* de Juan Gris, 1911-12, Chicago). Accentuant l'ambiguïté entre l'apparence et l'essence du réel ainsi qu'entre l'image concrète et le concept abstrait, les cubistes introduisent des chiffres, des lettres, des objets peints en trompe l'œil, qui amènent les *collages* et *papiers collés,* véritables morceaux de réalité intégrés au tableau (*Nature morte à la chaise cannée,* de Picasso, 1912, musée Picasso, Paris ; *Compotier et verre,* de Braque, 1912, coll. priv.). Progressivement, la synthèse de l'image à partir d'éléments choisis remplace la démarche analytique ; la phase « synthétique » du cubisme (à partir de 1912-13) est celle de l'organisation du tableau en un tout cohérent avec quelques signes essentiels, géométriques, et des éléments tirés du réel : sable, fragments de journaux, de papiers peints, etc. (*Composition à l'as de trèfle,* de Braque, 1913, M. N. A. M., Paris ; *la Bouteille de banyuls,* de Gris, 1914, Berne). La couleur reprend de l'importance, particulièrement avec le « cubisme orphique » de Delaunay (*la Ville de Paris,* 1912, M. N. A. M.). Mais le développement des multiples recherches cubistes est interrompu par la guerre : les grands maîtres (Picasso, Braque, Gris, Léger, Delaunay) vont poursuivre une voie personnelle, tandis que Gleizes et Metzinger (théoriciens du mouvement avec *Du cubisme,* paru en 1912, et animateurs de la « Section d'or ») ainsi que L. Marcoussis, H. Le Fauconnier, A. Lhote tentent d'infléchir le cubisme vers une conception plus sensible du réel, non sans parfois succomber au décoratif. Enfin, dans la suite des découvertes picturales, la sculpture a su interpréter en trois dimensions les principes cubistes avec, après Picasso lui-même, Brancusi, Archipenko, Joseph Csáky (d'origine hongroise, 1888-1971), Duchamp-Villon, Laurens, Lipchitz, Zadkine, etc.

CUBISTE adj. et n. Qui appartient au cubisme ou s'y rattache.

CUBITAINER [kybitenɛr] n. m. (n. déposé ; de *cubique* et *container*). Récipient cubique, généralement en matière plastique, servant au stockage et au transport de liquides.

CUBITAL, E, AUX adj. (bas lat. *cubitalis,* haut d'une coudée). **1.** Relatif au coude. — **2.** Se dit du bord interne de l'avant-bras. — **3.** *Artère cubitale,* branche interne de bifurcation de l'artère humérale. ‖ *Griffe cubitale,* aspect en griffe de la main d'un sujet atteint de paralysie, de section ou de blessure du nerf cubital. ‖ *Nerf cubital,* nerf du membre supérieur qui assure l'innervation sensitive de la partie interne de la main et l'innervation motrice de nombreux muscles de la main. ‖ *Nervure cubitale,* nervure longitudinale de l'aile des insectes, qui s'étend en arrière de la nervure radiale.

CUBITIÈRE n. f. (lat. *cubitus,* coude). Pièce d'armure emboîtant le coude (XIVe-XVe s.).

CUBITUS [-tys] n. m. (lat. *cubitus,* coude). Os long formant la partie interne du squelette de l'avant-bras.

ENCYCL. L'extrémité supérieure du cubitus présente deux apophyses : l'une, antérieure et horizontale, dite *apophyse coronoïde ;* l'autre, postérieure et verticale, l'*olécrâne ;* entre les deux se trouve la grande cavité sigmoïde, qui s'articule avec l'humérus. Cette extrémité s'articule également en dehors avec le radius. L'extrémité inférieure présente un aspect renflé : la *tête du cubitus.* En arrière et en dedans, celle-ci donne attache à l'*apophyse styloïde.*

CUBO-FUTURISME n. m. Mouvement pictural russe qui fit, à partir de 1912, une synthèse des principes cubistes, futuristes et néoprimitivistes. (Ses principaux représentants sont Tatline, Malevitch, A. Exter.)

CUBOÏDE n. m. Un des os du tarse.

CUBZAC-LES-PONTS (33240), comm. de la Gironde, au N.-E. de Bordeaux, près de la Dordogne ; 1 705 hab. Trois ponts (deux routiers et un ferroviaire) y franchissent la vallée de la Dordogne.

CUCCI (Domenico), orfèvre, bronzier et ébéniste italien (Todi v. 1635 - Paris 1705). Appelé en 1664 par Mazarin à la manufacture royale des meubles de la Couronne (Gobelins), naturalisé français, il se rendit célèbre par ses travaux d'incrustations de pierres dures, ses ciselures, etc.

CÚCHULAÍN ou **CÚ CHULAINN,** héros mythique irlandais (le Cycle de l'Ulster, IXe - XIIIe s.), incarnation de la colère et de l'indépendance nationale, remis à l'honneur par W. B. Yeats.

CUCQ (62780), comm. du Pas-de-Calais, à 4 km au S. d'Étaples ; 4 331 hab. Électronique. — Sur la côte, station balnéaire de *Stella-Plage.*

CUCUJOÏDE n. m. Insecte aux antennes en massue, tel que les coccinelles, les atomarias, les rhizophages, les oryzaephilus. (Les cucujoïdes forment un groupe taxinomique appelé autref. *clavicorne.*)

CUCUL [kyky] adj. inv. *Pop.* Qui est niais, sot et naïf ou qui est démodé, un peu ridicule. (On dit aussi CUCUL LA PRALINE.)

CUCULIDÉ n. m. (lat. *cuculus,* coucou). Nom de famille attribué aux coucous.

CUCULIFORME n. m. (lat. *cuculus,* coucou). Nom d'ordre attribué aux coucous et aux musophages.

CUCULLE n. f. (lat. *cuculla,* capuchon). **1.** Scapulaire des chartreux. – **2.** Capuchon ou vêtement d'étoffe grossière qui couvrait la tête et le corps, encore porté par les membres de certains ordres religieux.

CUCULLIE n. f. (lat. *cuculla,* capuchon). Noctuelle à ailes supérieures étroites, dont les poils du thorax sont relevés en capuchon et dont la chenille dévore les fleurs.

CUCURBITACÉE n. f. (lat. *cucurbita,* courge). Plante telle que le melon, la courge, le potiron, la citrouille, la bryone. (Les *cucurbitacées,* qui forment une famille, ont une tige molle, toujours couchée ou grimpante, et des vrilles de halage à double enroulement inverse.)

CUCURBITAIN n. m. (lat. *cucurbita,* courge). Anneau plein d'œufs formé par un ténia et expulsé avec les excréments de son hôte.

CUCURBITE n. f. (lat. *cucurbita,* courge). Partie inférieure de la chaudière de l'alambic, où l'on met les matières à distiller.

CÚCUTA ou **SAN JOSÉ DE CÚCUTA,** v. de Colombie, au pied de la Cordillère orientale ; 358 000 hab. Centre commercial (café).

CUCUTENI, village de Roumanie (district de Iași), au N.-O. de Tîrgu Frumos. Site éponyme d'un faciès néolithique des Balkans, la *culture de Cucuteni,* qui, associée à la culture de Tripolie, forme un complexe plus vaste, la civilisation de Cucuteni-Tripolie (fin du IVe et IIIe millénaire). Elle appartient à une population qui passe rapidement de l'agriculture à l'élevage et dont l'habitat collectif devient familial ; elle se définit par sa céramique, incisée, puis polychrome à décor spiralé.

CUDDALORE, port de l'Inde (Tamil Nadu), sur la côte de Coromandel ; 128 000 hab.

CUDDAPAH, v. de l'Inde (Andhra Pradesh), au N.-O. de Madras ; 103 000 hab.

ÇŪDRA → ŚŪDRA.

CUEILLAGE n. m. **1.** Syn. de CUEILLETTE. – **2.** En bonneterie, prise d'un fil par le bec d'une aiguille. – **3.** Prélèvement de verre pâteux dans le creuset au moyen d'une canne ou d'une cuillère.

CUEILLAISON n. f. *Litt.* Cueillette.

CUEILLE-FRUITS n. m. inv. Cisaille montée sur un long manche où est accrochée une petite corbeille servant à cueillir le fruit. (Syn. CUEILLOIR.)

CUEILLETTE [kœjɛt] n. f. (lat. *collecta,* de *colligere,* rassembler). **1.** Action de cueillir des fruits, des légumes, des fleurs, etc. (Syn. CUEILLE, CUEILLAGE.) – **2.** Période où se fait cette récolte. (Syn. CUEILLAGE.) – **3.** Les produits ainsi récoltés. – **4.** Activité consistant à collecter des plantes sauvages, insectes, animaux lents, etc., qui constitue le mode de subsistance principal *(économie de cueillette)* de sociétés non industrielles qui ne pratiquent pas l'agriculture.

CUEILLEUR, EUSE adj. et n. Se dit des populations traditionnelles dont l'économie repose principalement sur la cueillette.
◆ n. **1.** Personne qui cueille. – **2.** Ouvrier chargé du cueillage du verre.

CUEILLIR v. t. (lat. *colligere,* rassembler) [conj. 41]. **1.** Détacher une fleur de sa tige, un fruit de sa branche ou un légume de ses racines ; récolter. – **2.** Détacher des coquillages des rochers : *Cueillir des moules.* – **3.** *Fam.* Accueillir qqn et l'emmener avec soi : *J'irai vous cueillir à la gare.* – **4.** *Fam.* Prendre qqn, l'arrêter : *Il va se faire cueillir.* – **5.** Procéder au cueillage du fil, du verre.

CUEILLOIR n. m. Syn. de CUEILLE-FRUITS.

CUENCA ou **SANTA ANA DE CUENCA,** v. de l'Équateur, dans un bassin andin, à 2 580 m d'alt. ; 105 000 hab. Université. Centre industriel.

CUENCA, v. d'Espagne, en Castille-La Manche, ch.-l. de prov., au confluent du Júcar et du Huécar ; 40 000 hab. Dans la vieille ville, en promontoire entre les deux rivières, cathédrale du XIIIe s. (riches décors postérieurs), nombreuses églises, hôtel de ville baroque, musée d'Art abstrait.

CUÉNOT (Lucien), biologiste français (Paris 1866 - Nancy 1951), auteur de travaux importants sur l'application des lois de Mendel aux animaux, l'existence de gènes létaux, la préadaptation et l'évolution. (Acad. des sc., 1931.)

CUERNAVACA, v. du Mexique, cap. de l'État de Morelos, au S. de Mexico ; 313 000 hab. Vestiges aztèques. Anc. palais de Cortés, remanié (musée ; fresque de D. Rivera) ; cathédrale du XVIe s. Université. Automobile. Chimie. Alimentation. Tourisme.

CUERS (83390), ch.-l. de cant. du Var, à 21 km au N.-E. de Toulon ; 7 067 hab. *(Cuersois).* Industrie du liège.

CUESTA [kwɛsta] n. f. (esp. *cuesta,* côte). Forme de relief dissymétrique dégagée dans une structure monoclinale de résistance contrastée, superposant une couche résistante à une couche tendre, l'abrupt constituant le *front de cuesta,* la partie en pente douce (couche résistante affleurant) le *revers.* (Syn. CÔTE.)

CUEVA [kweva] n. f. (esp. *cueva,* cave). Cabaret où se donnent des danses et des chants flamencos.

CUEVA (Beltrán DE LA), duc **d'Alburquerque** (Úbeda 1440 ? - Cuéllar ? 1492), gentilhomme espagnol. Ses ennemis lui attribuèrent la paternité de l'infante Jeanne, fille de Henri IV, roi de Castille, et dont le surnom *la Beltraneja* dérive de son prénom.

CUEVA (Juan DE LA), poète dramatique espagnol (Séville 1550 ? - *id.* 1610). Il fut un des précurseurs du théâtre de l'âge d'or avec *El infamador* (1581), qui serait la première manifestation dramatique du personnage de Don Juan, et *la Comédie de la mort du roi don Sancho* (v. 1600).

CUEVAS (George DE PIEDRABLANCA DE GUANA, *marquis* DE), mécène et directeur de ballet américain d'origine chilienne (Santiago du Chili 1885 - Cannes 1961). Après avoir fondé une école de danse et une compagnie (le Ballet international) à New York en 1944, il se fixe à Monte-Carlo, où sa troupe et le Nouveau Ballet de Monte-Carlo fusionnent sous le nom de Grand Ballet de Monte-Carlo. La troupe prend le nom de Grand Ballet du marquis de Cuevas en 1951, puis en 1958 celui de International Ballet of the marquis de Cuevas. Le répertoire de la troupe comportait un fonds d'œuvres classiques ainsi que des créations dont les plus marquantes furent *le Prisonnier du Caucase* (1951), *Annabel Lee* (1951) et *Idylle* (1954) de George Skibine, *Doña Inés de Castro* (1952) d'Ana Ricarda, *Piège de lumière* (1952) de John Taras, une grandiose production de *la Belle au bois dormant* (1960). La troupe fut dissoute en 1962.

CUFAT, CUFFAT ou **CUFFA** n. m. (p.-ê. altér. du wallon *cufart*). Robuste tonneau en acier, muni d'une anse ou d'anneaux pour l'accrocher à un câble, servant à la remontée des déblais et à la circulation du personnel dans un fonçage de puits.

CUFFIES (02880), comm. de l'Aisne, banlieue nord de Soissons ; 1 417 hab. Verrerie.

CUGNAUX (31270), comm. de la Haute-Garonne, à 10 km au S.-O. de Toulouse ; 12 159 hab. *(Cugnalais).* Parfums. — Au N.-E., base aérienne de Francazal.

CUGNOT (Joseph), ingénieur du génie militaire français (Void, Lorraine, 1725 - Paris 1804). Fixé à Paris depuis 1763 environ, il se proposa de mécaniser, en utilisant la vapeur, le fardier employé pour le transport des pièces d'artillerie. Un modèle fut mis en fonctionnement ; mais la machine définitive, conservée au Conservatoire national des Arts et métiers, paraît inachevée et n'a sans doute jamais été mise en pression.

CUI (César), compositeur russe (Vilnious, Lituanie, 1835 - Petrograd 1918). Il fut cofondateur du « groupe des Cinq ». Son œuvre comprend des pièces pour piano, 3 quatuors à cordes, 4 suites d'orchestre, environ 200 mélodies et 15 opéras *(le Prisonnier du Caucase).*

CUIABÁ, v. du Brésil, cap. du Mato Grosso, sur le *Cuiabá,* riv. du bassin supérieur du Paraguay ; 213 000 hab.

CUI-CUI n. m. inv. (onomat.). Cri des petits oiseaux.

CUILLER ou **CUILLÈRE** [kɥijɛr] n. f. (bas lat. *cochlearium,* de *cochlear,* instrument pointu pour manger les escargots). **1.** Ustensile de table ou de cuisine composé d'un manche et d'une partie creuse servant à prélever ou remuer des aliments liquides ou peu consistants. — **2.** Contenu d'une cuiller ; cuillerée. — **3.** *Cuiller de bois,* au rugby, trophée imaginaire attribué par dérision à l'équipe ayant perdu ses quatre matches dans le tournoi des Cinq Nations. ‖ *Cuiller à pot,* autref., cuiller à cuilleron ovoïde, a long manche, pour servir les aliments. ‖ Fam. *En deux, trois coups de cuiller à pot,* très vite, d'une façon expéditive. ‖ Fam. *Être à ramasser à la petite cuiller,* être privé de toute énergie ; être épuisé, en piteux état. ‖ Fam. *Ne pas y aller avec le dos de la cuiller,* parler, agir sans ménagement ; y aller fort, exagérer. ‖ *Petite cuiller,* cuiller à moka ou à café. ‖ Pop. *Serrer la cuiller à qqn,* lui serrer la main. • **Arm.** Pièce qui permet d'amorcer une grenade. — **Liturg.** Instrument en forme de cuiller qui sert à communier sous l'espèce du vin ou à prendre l'encens dans la navette. — **Outill.** Nom d'un grand nombre d'outils ayant une forme creuse et qui servent soit à puiser dans un récipient contenant des matières pâteuses ou liquides (*cuiller de fondeur, de plombier, cuiller de coulée,* etc.), soit à creuser le bois, le sol, etc. (*cuiller de sabotier, cuiller à moyeux,* etc.). — **Pêch.** Engin généralement métallique, comportant une palette montée sur une tige métallique de façon à tourner dans l'eau pour attirer les poissons carnassiers.

CUILLERÉE [kɥij(e)re] n. f. Contenu d'une cuiller (La cuiller à soupe contient 15 g d'eau, la cuiller à dessert 10 g d'eau et la cuiller à café 5 g d'eau.)

CUILLERON [kɥij(ə)rɔ̃] n. m. **1.** Partie creuse d'une cuiller. — **2.** Chez certains insectes diptères, petit volet latéral issu du thorax et recouvrant le balancier. (Les mouches à cuillerons sont dites calyptérées.)

CUINCY (59553), comm. du Nord, banlieue ouest-nord-ouest de Douai ; 7 234 hab.

CUIR n. m. (lat. *corium,* peau). **1.** Dépouille d'animal, en partic. de bovin, destinée au tannage ; peau tannée et corroyée, propre aux usages de l'industrie : *Commerce de cuirs et peaux.* — **2.** *Fam.* Objet, vêtement, article en cuir.

— **3.** *Fam.* Peau épaisse de certains animaux : *Le cuir de l'hippopotame.* — **4.** *Pop.* Peau humaine. — **5.** *Pop.* Blouson de cuir. — **6.** Faute de liaison (ex. : *Dis-moi-t-un peu*). — **7.** *Cuir chevelu,* peau du crâne sur laquelle naissent les cheveux. ‖ *Entre cuir et chair,* sous la peau. • **Arts décor.** Entourage d'un cartouche rappelant un morceau de cuir découpé et enroulé en volutes. (Renaissance maniériste, école de Fontainebleau.) — **Chapell.** Bande de cuir mince bordant intérieurement l'entrée de tête d'un chapeau d'homme. — **Text.** *Cuir de laine,* syn. de CUIR-LAINE.

◆ **cuirs** n. m. pl. Ensemble des pièces de cuir du harnachement d'un cheval.

ENCYCL. **Peauss.** Les « cuirs » désignent habituellement les dépouilles brutes des gros bovins, les « peaux » celles des bêtes de petite taille. Après l'abattage de l'animal, les peaux obtenues contiennent environ 60 % d'eau et se putréfient rapidement. Elles sont conservées par salage ou par séchage. Les propriétés des cuirs et peaux tannés sont très variables selon le travail de rivière, le tannage proprement dit et le corroyage* qu'ils ont subis.

CUIRASSE n. f. (anc. provenç. *coirassa,* du bas lat. *coriaceus,* du lat. class. *corium,* cuir, avec l'infl. de *cuir*). **1.** Pièce de l'armure qui protégeait le dos et la poitrine. — **2.** *Litt.* Ce qui protège, défend : *Une cuirasse d'indifférence.* — **3.** Revêtement métallique protecteur d'un char de combat, d'un navire de guerre. — **4.** En escrime, lamé métallique recouvrant le tronc du fleurettiste. — **5.** Tégument dur de certains animaux tels que les « poissons cuirassés » fossiles, les coléoptères, le tatou, etc. (Syn. CARAPACE.) — **6.** Formation superficielle fortement consolidée résultant de l'accumulation de sesquioxydes de fer, d'alumine, voire de manganèse, fréquente dans la zone tropicale, dont elle restreint le domaine agricole. — **7.** *Défaut de la cuirasse,* espace non protégé entre les deux plaques de devant et de derrière de la cuirasse ; point faible, côté vulnérable de qqn.

CUIRASSÉ n. m. (de *cuirasse*). Navire de haute mer, doté d'une puissante artillerie et de fort tonnage, dont les parties vitales sont protégées par d'épais blindages. (Remplacé par le porte-avions, il n'est plus employé auj. que comme bâtiment-école.)

Cuirassé Potemkine *(le),* film soviétique de S. M. Eisenstein (1925). L'utilisation des gros plans, le rythme du montage, la photographie proche du documentaire font de cette reconstitution fervente de la mutinerie du cuirassé *Potemkine* un des chefs-d'œuvre du cinéma mondial.

CUIRASSEMENT n. m. **1.** Action d'équiper d'une cuirasse. — **2.** Cuirasse, en partic., des navires de guerre et des engins blindés. — **3.** Construction métallique blindée protégeant des éléments actifs de la fortification en usage depuis 1875.

CUIRASSER v. t. (conj. 3). **1.** Équiper, revêtir d'une cuirasse. — **2.** Endurcir qqn, le rendre insensible devant les attaques, l'agression : *Une jeunesse difficile l'avait cuirassé contre l'adversité.*

◆ **être cuirassé** v. pass. **1.** Être protégé par un blindage : *Navire cuirassé.* — **2.** En parlant d'une machine électrique, avoir un circuit magnétique dont les retours extérieurs enveloppent les enroulements. — **3.** En parlant d'appareils de mesures, être munis d'écrans magnétiques. (Syn. BLINDÉ.) — **4.** *Division cuirassée (D. Cr.),* grande unité à base de chars, constituée en France en 1940.

◆ **se cuirasser** v. pr., **être cuirassé** v. pass. **1.** Être couvert d'une cuirasse. — **2.** S'endurcir, devenir insensible : *Je suis cuirassé contre les injustices.*

CUIRASSIER n. m. **1.** Soldat de cavalerie lourde qui portait la cuirasse. — **2.** Soldat appartenant à certaines unités blindées (régiments de cuirassiers).

ENCYCL. Héritiers des « cuirassiers du roi » de l'Ancien Régime, de la « grosse cavalerie » de 1791, de l'arme des cuirassiers (1803-1870) et des cuirassiers à pied (1914-1918), les régiments de cuirassiers forment aujourd'hui des unités blindées.

CUIRE v. t. (lat. pop. **cocere,* du lat. class. *coquere*) [conj. **98**]. **1.** Rendre un aliment propre à la consommation en le soumettant à l'action de la chaleur : *Cuire un rôti.* — **2.** Soumettre une matière, un objet à la chaleur pour les durcir, les fixer, leur faire subir det modifications, pour les rendre propres à un usage spécifique : *Cuire de la porcelaine au four.* — **3.** En parlant d'une source de chaleur, faire subir à qqch une modification (mûrissement, dessèchement, brûlure, etc.) : *Le soleil cuit les prés.*

◆ v. i. **1.** Être soumis à l'action de la chaleur pour être propre à la consommation, à l'usage précis qu'on veut en faire : *Les légumes doivent cuire à l'eau bouillante salée.* — **2.** *Fam.* Avoir très chaud, souffrir de la chaleur : *On cuit ici, ouvrez un peu la fenêtre.* — **3.** Être le lieu d'une sensation de brûlure ; brûler : *Les yeux lui cuisent.* — **4.** Fam. *Il vous en cuira,* vous risquez de graves ennuis, des représailles.

◆ **être cuit** v. pass. **1.** Avoir subi l'effet de la cuisson : *Jambon cuit.* — **2.** *Fam.* Être brûlé, hâlé par le soleil. — **3.** En parlant d'un tissu, être desséché, cassant. — **4.** *Fam.* Être surpris dans une action malhonnête ou malveillante ; échouer dans son projet ; être perdu : *Il n'en réchappera pas, il est cuit.* — **5.** *Fam.* Être terminé, achevé complètement : *Les choses lui arrivent toujours toutes cuites.* — **6.** *Pop.* Être ivre mort.

– 7. Fam. *C'est cuit, l'affaire est cuite,* c'est perdu. ‖ *Soie cuite,* soie qui a subi un traitement de décreusage poussé.

CUIR-LAINE n. m. (pl. *cuirs-laines*). Drap croisé, très consistant et très épais, qui doit son nom à sa solidité. (Syn. CUIR DE LAINE.)

CUIRY-LÈS-CHAUDARDES (02160), comm. de l'Aisne, sur la r. dr. de l'Aisne ; 35 hab. On y a découvert un ensemble d'habitat néolithique datant de 3800 à 2600 av. J.-C.

CUISANT, E adj. **1.** Qui fait éprouver une douleur brûlante, vive ; mordant : *Blessure cuisante.* – **2.** Douloureux, pénible, vexant : *Ils ont subi une défaite cuisante.*

CUISEAUX (71480), ch.-l. de cant. de Saône-et-Loire, au pied du Jura ; 1 793 hab. Dans l'église, statues et stalles du XVe s.

CUISE-LA-MOTTE (60350), comm. de l'Oise, en bordure de la forêt de Compiègne ; 2 534 hab. Église en partie romane. Industrie chimique.

CUISENIER (Jean), anthropologue français (Paris 1927). Il est, depuis 1968, conservateur en chef du musée national des Arts et Traditions populaires. Il a publié d'importants travaux sur les systèmes de parenté et sur l'art populaire (*Art populaire en France. Rayonnement, modèles et sources,* 1975).

CUISERY (71290), ch.-l. de cant. de Saône-et-Loire, dans la Bresse ; 1 529 hab. *(Cuiserotains).* Église des XIIIe - XVIe s. (œuvres d'art).

CUISEUR, EUSE n. Ouvrier(ère) qui dirige le feu d'une fabrique de poteries, de briques ou de ciment.

◆ **cuiseur** n. m. **1.** Appareil dans lequel les produits alimentaires subissent une cuisson partielle ou totale soit à l'air libre, soit dans la vapeur d'eau, dans l'eau ou dans une matière grasse. – **2.** Syn. de CUITE. – **3.** Dans la fabrication du coton-poudre, appareil dans lequel se fait la cuisson.

CUISIEN n. m. (de *Cuise-la-Motte,* n. pr.). Partie supérieure de l'yprésien, étage du paléogène.

CUISINE n. f. (bas lat. *cocina,* du lat. class. *coquina.*) **1.** Partie d'un logement, d'un restaurant, etc., destinée à la préparation des aliments pour le repas. – **2.** Personnel travaillant dans la cuisine d'un restaurant, d'un hôtel. – **3.** Ensemble des éléments, meubles et appareils qui s'intègrent dans cette pièce. – **4.** Action, art d'apprêter les aliments, d'élaborer des mets : *Apprendre la cuisine.* – **5.** Manière particulière de préparer les aliments : *Je n'aime pas sa cuisine.* – **6.** Mets, plats, aliments considérés du point de vue de la manière dont ils sont apprêtés : *Goûter la cuisine locale.* – **7.** Préparation bizarre, obscure, en vue d'obtenir un résultat dans un domaine quelconque ; manœuvres, intrigues : *Cuisine électorale.* – **8.** *De cuisine,* utilisé pour la cuisine, pour la préparation des aliments : *Livre de cuisine ;* qui est de médiocre qualité : *Latin de cuisine.* ‖ *Faire la cuisine,* préparer les aliments, les repas ; cuisiner.

◆ **cuisines** n. f. pl. Ensemble des locaux réservés à la préparation des repas dans un établissement public, un restaurant, etc.

ENCYCL. **Cuis.** Les différents types de cuisson sont connus dès l'Antiquité. Grecs et Romains préparent surtout des viandes. On trouve aussi, en Grèce, des poissons au court-bouillon et en matelote, des fritures, des sauces froides au vinaigre et au miel. Abondance outrancière et singularité caractérisent la cuisine romaine. Le Moyen Âge conserve cette prédilection pour les repas plantureux. Sa cuisine fait une large place aux épices et à l'association aigre-doux. À la Renaissance, l'art culinaire s'affine, sous l'influence des cuisiniers italiens introduits à la cour de France. Veau et volaille se substituent aux grosses pièces de venaison ; les légumes italiens, aux fèves et aux pois chiches. Cependant, épices et ail demeurent prépondérants jusqu'à la mort d'Henri IV. Catherine de Médicis instaure le goût des sucreries.

Tout en gardant à la cuisine son côté plantureux, le XVIIe s. choisit la simplification, par souci de préserver la saveur des aliments (moins de viande et d'épices, préparations spécifiques des légumes, rôtis servis séparément avec de la salade, etc.). Cette tendance se développera au siècle des Lumières, sous l'égide du Régent, gastronome éclairé. Les fonds apparaissent, éléments de base de toutes les grandes sauces. La cuisine devient une science et on étudie l'influence des aliments sur la santé.

Relégué dans l'ombre par la Révolution, l'art culinaire renaît véritablement sous le Consulat et l'Empire. Mais, si le faste continue à présider aux repas princiers, se dessine déjà une cuisine « bourgeoise », qui tend à des recettes plus simples et moins coûteuses. De nombreux livres de cuisine sont publiés à l'usage des familles. La seconde moitié du XXe s. voit se préciser un type de cuisine familiale rapide, conséquence du travail de la femme et d'un mode de vie plus tourné vers les loisirs. Néanmoins, la grande cuisine traditionnelle ne perd rien de sa faveur et, dans les années 70, la « nouvelle cuisine » voit le jour. Celle-ci privilégie la cuisson courte, au naturel (vapeur, bain-marie, etc.) et allège préparations et sauces. Tout en restant attachée aux acquis de la cuisine française, elle entend garder leurs qualités aux matières premières, prend en compte les règles de la diététique et adopte les techniques modernes (congélation, cuisson aux micro-ondes).

CUISINER v. t. (conj. 3). **1.** Préparer et accommoder les aliments de telle sorte qu'ils soient propres à la consommation et agréables au goût : *Cuisiner un poisson.* — **2.** Faire la cuisine : *Aimer cuisiner.* — **3.** *Fam.* Préparer qqch, une action avec soin, astucieusement, finement : *Cuisiner une élection.* — **4.** *Fam.* Interroger qqn sans relâche pour obtenir de lui des renseignements ou des aveux.
◆ **être cuisiné** v. pass. **1.** Être l'objet d'une préparation délicate, complexe et, en partic., être cuit en sauce. — **2.** *Plat cuisiné,* plat tout préparé, que l'on peut manger tel quel ou qu'il suffit de réchauffer.

CUISINETTE n. f. Syn. de KITCHENETTE.

CUISINIER, ÈRE n. **1.** Personne dont le métier est de faire la cuisine. — **2.** Personne qui sait faire la cuisine.
◆ **cuisinière** n. f. Appareil de cuisson alimentaire monobloc jumelant une table de cuisson et un four.

CUISINISTE n. m. Fabricant et installateur de mobilier de cuisine.

CUISSAGE n. m. (de *cuisse*). *Droit de cuissage,* droit légendaire attribué aux seigneurs de passer avec la femme d'un serf la nuit de noces. (Syn. DROIT DE CULAGE.)

CUISSARD n. m. **1.** Partie de l'armure qui défend la cuisse. (Syn. CUISSOT.) — **2.** Culotte de jersey, de laine ou de soie noire des coureurs cyclistes.

CUISSARDE n. f. Botte dont la tige monte jusqu'en haut des cuisses.

CUISSE n. f. (lat. *coxa,* hanche). **1.** Partie du membre inférieur qui s'étend de la hanche ou du bassin au genou. (→ *encycl.*) — **2.** L'un des premiers articles de la patte chez les arthropodes. (Syn. FÉMUR.) — **3.** Fam. *Avoir la cuisse légère, hospitalière,* être une femme de mœurs faciles. ‖ *Se croire sorti de la cuisse de Jupiter,* se faire une trop haute idée de ses origines ; être très orgueilleux.
ENCYCL. Le squelette de la cuisse est constitué par le *fémur,* qui donne insertion à de nombreux muscles qui peuvent être classés en trois groupes : un groupe antérieur (quadriceps), un groupe interne (les trois muscles adducteurs et le droit interne), un groupe postérieur (le demi-tendineux, le demi-membraneux et le biceps crural). À la partie antéro-interne de la cuisse se trouve la *gouttière fémorale,* où cheminent l'artère fémorale en dehors et la veine fémorale en dedans. Le nerf crural, qui se divise en ses quatre branches terminales dès son entrée à la face antérieure de la cuisse, innerve le quadriceps. Le nerf grand sciatique descend à la face postérieure de la cuisse pour gagner le creux poplité.

CUISSEAU n. m. Partie du veau comprenant la cuisse et la région du bassin et fournissant le quasi, la culotte, la noix, la noix pâtissière, la sous-noix et le jarret.

CUISSE-DE-NYMPHE adj. inv. D'un blanc teinté de rose.

CUISSETTES n. f. pl. En Suisse, short de sport.

CUISSON n. f. (lat. *coctio, -onis,* avec l'infl. de *cuire*). **1.** Action, manière de cuire un aliment. (Les principaux modes de cuisson sont la cuisson à l'eau directe [ébullition] ou indirecte [bain-marie], la cuisson dans un corps gras [friture, sauté], la cuisson à feu nu [grillade, rôti], la cuisson en vase clos [à l'étouffée ou à la vapeur].) — **2.** Temps pendant lequel cuit un aliment : *Une cuisson rapide.* — **3.** Sensation analogue à une brûlure, douleur cuisante. — **4.** Opération consistant à solidifier au four des céramiques façonnées et séchées. (Syn. CUITE.) — **5.** En papeterie, mode d'élaboration de la cellulose. — **6.** Durcissement d'une matière plastique à mouler sous l'influence de la chaleur. — **7.** Transformation d'un matériau de construction sous l'influence d'une élévation de température. (La cuisson des matériaux de construction peut provoquer une déshydratation [pierres à plâtre], une décarbonatation [pierres à chaux], le développement de combinaisons à températures élevées [céramiques, ciments] ou une vitrification [émaux, verres].)

CUISSOT n. m. **1.** Cuisse de gibier de forte taille (cerf, sanglier, chevreuil, etc.). — **2.** Syn. de CUISSARD.

CUISTANCE n. f. *Pop.* Cuisine : *Faire la cuistance.*

CUISTOT n. m. *Pop.* Cuisinier.

CUISTRE n. m. (bas lat. **coquistro,* valet de cuisine, du lat. class. *coquere,* cuire). **1.** Pédant qui étale avec vanité des connaissances souvent mal assimilées. — **2.** Homme qui manque de savoir-vivre, qui est grossier : *Le dernier des cuistres ne m'aurait pas fait cette injure.*

CUISTRERIE n. f. Manière d'être du cuistre, pédantisme ; propos de cuistre.

1. CUIT → CUIRE.

2. CUIT n. m. Fam. *C'est du tout cuit,* c'est facile, réussi d'avance.

1. CUITE n. f. (part. passé de *cuire*). **1.** Cuisson de certaines substances jusqu'à un degré déterminé. — **2.** Apparition de cavités anormales plus ou moins putréfiées dans les fromages à pâte cuite. — **3.** Cristallisation du sucre par concentration sous vide, à partir du sirop. — **4.** Appareil dans lequel s'effectue cette opération. (Syn.

CUISEUR.) — **5.** En céramique, syn. de CUISSON. — **6.** Dans les salines ignigènes, intervalle entre la mise à feu d'un appareil évaporatoire et son arrêt.

2. CUITE n. f. (de *cuit,* ivre). *Pop.* Accès d'ivresse : *Quelle cuite il tient !*

CUITER (SE) v. pr. (de *cuite 2*) [conj. 3]. *Pop.* Prendre une cuite, s'enivrer.

CUIVRAGE n. m. Opération de revêtement d'une surface par une couche de cuivre. (Le *cuivrage électrolytique* permet la protection du fer et de l'acier contre la corrosion atmosphérique ; il permet aussi la constitution d'une couche intermédiaire dans certains traitements électrolytiques [nickelage, chromage].)

CUIVRE n. m. (lat. pop. *coprium,* du lat. class. *aes cyprium,* bronze de Chypre). **1.** Métal de couleur rouge-brun. (Élément chimique de symbole Cu.) — **2.** Objet, ustensile en cuivre : *Nettoyer les cuivres.* — **3.** Planche de cuivre utilisée pour la gravure en taille-douce. — **4.** *Cuivre noir,* cuivre non purifié. ‖ *Cuivre de Rosette,* cuivre pur à l'état natif. ‖ *Cuivre rouge,* nom usuel du cuivre pur (par oppos. au laiton, ou *cuivre jaune*). ‖ *De cuivre,* qui a la couleur rouge du cuivre.

◆ **cuivres** n. m. pl. Groupe des instruments de musique à air, en métal, munis d'une embouchure et de pistons ou d'une coulisse (trompette, trombone, etc.).

ENCYCL. Le cuivre est, après l'argent, le meilleur conducteur de la chaleur et de l'électricité. Il présente une faible réactivité chimique, n'étant attaqué que par l'acide nitrique et l'acide sulfurique à chaud. À l'air, il se recouvre d'un couche toxique de carbonate basique, appelé vert-de-gris. L'ion *cuivreux* (I) est monovalent ; l'ion *cuivrique* (II), divalent. L'*oxyde cuivreux* Cu_2O sert à colorer les verres en rouge ; le *chlorure cuivreux* CuCl, poudre blanche insoluble dans l'eau, est, en solution dans l'ammoniaque, le réactif de l'acétylène. L'*oxyde cuivrique* CuO, noir, sert à colorer les verres en vert ; le *sulfate de cuivre* $CuSO_4$ est bleu à l'état hydraté, blanc à l'état anhydre. Il est employé en teinture, en électrométallurgie, en galvanoplastie et en agriculture (bouillies cupriques pour la vigne).

En médecine, le cuivre est utilisé comme antiseptique cutané. Le plus souvent, il est associé au sulfate de zinc dans la formule de Dalibour.

Numéro atomique : 29 Masse atomique : 63,54 Masse volumique (à 20 °C) : 8,9 g/cm^3 Température de fusion : 1 083,4 °C

• *Métallurgie du cuivre.* Les minerais oxydés (cuprite, azurite, malachite) sont moins répandus que les minerais sulfurés (chalcopyrite, chalcosine, bornite), qui se trouvent surtout aux États-Unis, en ex-U. R. S. S. et au Chili. Le traitement des minerais se fait essentiellement par *voie sèche,* au water-jacket ou au four à réverbère, après un grillage oxydant. L'addition de fondant permet d'éliminer la gangue sous forme de scories. Après la fusion, il reste une *matte,* enrichie à env. 40 % de cuivre ; un convertissage permet d'obtenir le cuivre brut (cuivre blister). L'affinage par voie sèche au four à réverbère donne un cuivre titrant au moins 99,5 % de métal pur. L'affinage électrolytique, par électrolyse d'anodes en cuivre brut dans une solution de sulfate de cuivre acide, donne sur la cathode un dépôt de cuivre dont la pureté dépasse 99,95 %.

• *Utilisation du cuivre et de ses alliages.*
Le cuivre pur est utilisé pour son excellente conductivité électrique (câbles, appareillage électrique), sa conductibilité thermique (chaudières, échangeurs) et sa bonne tenue à la corrosion atmosphérique (canalisations). L'addition du cuivre à d'autres éléments métalliques diminue les conductibilités thermique et électrique, mais améliore les caractéristiques mécaniques ou de résistance à la corrosion. Les principaux alliages sont les laitons*, les bronzes*, les cuproaluminiums*, les cupronickels* et les maillechorts*.

• *Production.* La production de minerai (en métal contenu) dépasse 9 Mt, avec trois principaux fournisseurs, le Chili, l'ex-U. R. S. S. et les États-Unis, devant le Canada et la Zambie. La production de blister est un peu supérieure (incorporant du cuivre de récupération), assurée essentiellement par les grands producteurs de minerai et le Japon (principal importateur).

— **Archéol.** Le cuivre natif a été martelé très anciennement pour la fabrication de perles, d'épingles et d'alènes (Ali Koch en Iran ou Çayönü tepesi en Anatolie). De petis objets apparaissent dans des contextes des IXe-VIIe millénaires avant notre ère. Cette période est dite chalcolithique. Les premiers indices de la fonte du cuivre sont les scories du site de Çatal Höyük en Anatolie, occupé entre 7000 et 6000 avant notre ère. Avec la fusion du cuivre, la métallurgie prend naissance. Au IVe millénaire, au Moyen-Orient, elle se développe et joue un rôle important dans la création des cités-États de Sumer (tombes royales d'Our). L'alliage avec l'étain (le bronze) est connu vers 3000 av. J.-C. Le cuivre est apparu au VIe millénaire en Turkménie, au Ve millénaire en Égypte et probablement sur les bords occidentaux de la mer Noire. Ce n'est qu'au IIIe millénaire que l'Europe occidentale le connaît. En Italie, dans le midi de la France et sur la côte orientale de la péninsule Ibérique, des lames de poignard et des perles en cuivre circu-

lent vers 2500 av. J.-C. dans des contextes archéologiques locaux (culture de Remedello en Italie, culture des Treilles en France, culture de Los Millares en Espagne). En Amérique du Nord, le cuivre natif est également travaillé dès le IIIe millénaire avant notre ère.
— **Écol.** Plantes et animaux ont absolument besoin d'un peu de cuivre dans leurs aliments, mais un excès de cuivre est toxique : il inhibe l'action de plusieurs enzymes.

CUIVRER v. t. (conj. 3). **1.** Revêtir de feuilles de cuivre ou d'un dépôt de cuivre. — **2.** *Litt.* Donner une teinte cuivrée à qqch.
◆ **être cuivré** v. pass. **1.** *Litt.* Prendre une teinte rougeâtre, avoir la teinte du cuivre : *Une figure cuivrée.* — **2.** Litt. *Voix cuivrée,* qui a une sonorité éclatante.

CUIVRERIE n. f. **1.** Usine où l'on extrait le cuivre du minerai. — **2.** Fabrique d'instruments, d'ustensiles de cuivre.

CUIVREUX, EUSE adj. **1.** Qui contient du cuivre : *Métaux cuivreux.* — **2.** *Litt.* Dont la couleur rappelle celle du cuivre : *Nuages cuivreux.* — **3.** Se dit des composés du cuivre monovalent.

CUIVRIQUE adj. Se dit des composés du cuivre divalent.

CUJAS (Jacques), jurisconsulte français, de son vrai nom **Cujaus** (Toulouse 1522 - Bourges 1590). Il a été le représentant le plus brillant de l'école historique du droit romain. Ses principaux ouvrages sont ses *Observationes, Paratitla, Recitationes, Tractatus ad Africanum* et ses commentaires sur le droit romain.

cujus regio, ejus religio, maxime latine signif. *telle la religion* [*du prince*], *telle celle du pays,* c'est-à-dire que les sujets d'un prince sont contraints d'embrasser la religion de celui-ci. Ce principe a été consacré par la paix d'Augsbourg (1555), qui reconnut la liberté religieuse des princes luthériens et de leurs États, ainsi que des villes luthériennes.

CUKOR (George), cinéaste américain (New York 1899 - Los Angeles 1983). Son talent s'épanouit dans des comédies à la fois caustiques et sentimentales. Il a réalisé *David Copperfield* (1935), *Indiscrétions* (1940), *Comment l'esprit vient aux femmes* (1950), *Une étoile est née* (1954), *les Girls* (1957), *le Milliardaire* (1960), *My Fair Lady* (1964), *Voyages avec ma tante* (1973).

CUL [ky] n. m. (lat. *culus*). **1.** *Pop.* Partie postérieure de l'homme et des animaux, comprenant les fesses et le fondement. — **2.** Partie inférieure ou postérieure, fond, bas de certaines choses ; la partie arrière d'un véhicule : *Le cul d'une lampe, d'une bouteille.* — **3.** *Pop.* L'amour physique et ce qui y a trait : *Histoire de cul.* — **4.** Partie postérieure du chalut, qui contient l'essentiel des captures. — **5.** Pop. *Avoir du cul,* avoir de la chance. ‖ Pop. *Cul béni,* bigot. ‖ Pop. *Cul de plomb,* personne à la démarche lourde ; paresseux. ‖ Pop. *Cul par-dessus tête,* à la renverse. ‖ Pop. *Être comme cul et chemise,* être inséparables ; s'entendre parfaitement. ‖ Pop. *Être sur le cul,* être fatigué, épuisé. ‖ Pop. *Faire cul sec, boire cul sec,* vider son verre d'un trait. ‖ *Faux cul,* syn. de TOURNURE. ‖ Pop. *Gros cul,* tabac de troupe ; camion. ‖ Pop. *L'avoir dans le cul,* être vaincu ; subir un échec. ‖ Pop. *Parle à mon cul, ma tête est malade,* tu m'ennuies, je refuse de t'écouter. ‖ *Sur cul,* se dit d'un navire dont le tirant d'eau est plus fort à l'arrière qu'à l'avant. (Contr. SUR NEZ.) ‖ Pop. *Tomber, en rester sur le cul,* être très étonné.
◆ adj. et n. *Pop.* Se dit de qqn de stupide.

CULAGE n. m. (lat. *culagium*). *Droit de culage,* syn. de DROIT DE CUISSAGE*.

CULARD adj. m. et n. m. Se dit des bovins ou porcins qui présentent le *caractère culard,* anomalie d'origine génétique qui se traduit par une très forte hypertrophie musculaire que l'on rencontre chez certaines races et qui confère aux animaux une valeur bouchère élevée.

CULASSE n. f. (de *cul*). **1.** Bloc d'acier qui sert à obturer l'ouverture postérieure du canon des armes à feu. — **2.** Autref., couvercle fermant la partie supérieure d'un cylindre, dans un moteur à explosion. — **3.** Partie supérieure amovible d'un moteur thermique. (La culasse d'un moteur à explosion sert de chambre de compression et de combustion et elle supporte les organes de distribution : soupapes, culbuteurs et parfois l'arbre à cames de commande. Elle est refroidie par eau ou par air.) — **4.** Partie inférieure du diamant taillé, entre le rondis et la pointe. — **5.** Pièce ferromagnétique sans enroulements, destinée à relier les noyaux d'un électroaimant ou d'un transformateur, ou les pôles d'une machine tournante. — **6.** *Culasse calée,* culasse qui reste solidaire du canon après le départ du coup. ‖ *Culasse mobile,* culasse d'une arme à feu portative solidaire du percuteur et dont le mouvement assure l'alimentation de l'arme, la fermeture et l'ouverture du canon et l'extraction de la cartouche. ‖ *Culasse semi-automatique,* culasse s'ouvrant lors du recul du canon et se refermant d'elle-même après le chargement.

CUL-BLANC n. m. (pl. *culs-blancs*). Nom usuel commun de plusieurs oiseaux à ventre blanc comme le traquet motteux ou l'hirondelle de fenêtre.

CUL-BRUN n. m. (pl. *culs-bruns*). Bombyx aux ailes luisantes, dont la chenille, très nuisible, pullule parfois sur les arbres fruitiers et forestiers feuillus.

CULBUTAGE n. m. Action de culbuter ou de faire culbuter.

1. CULBUTANT n. m. *Pop.* Pantalon.

2. CULBUTANT n. m. Pigeon d'agrément de petite taille, qui vole en faisant des culbutes.

CULBUTE n. f. (de *culbuter*). **1.** Saut que l'on exécute après avoir posé la tête et les mains à terre et en tournant sur soi-même cul par-dessus tête ; galipette. — **2.** Chute brusque à la renverse ou tête en avant : *Faire une terrible culbute dans l'escalier.* — **3.** Revers, ruine, chute : *La culbute du ministère.* — **4.** En natation, virage effectué en compétition, correspondant à une rotation du corps et à un appui des pieds contre le mur du bassin. — **5.** Fam. *Faire la culbute,* être ruiné, faire faillite ; revendre une marchandise à un prix double du prix d'achat.

CULBUTEMENT n. m. Mouvement non contrôlé d'un véhicule spatial autour de son centre de gravité.

CULBUTER v. t. (de *culer* et *buter*) [conj. 3]. **1.** Renverser violemment qqn, qqch, les faire tomber brusquement : *En courant, les enfants ont culbuté la vieille dame.* — **2.** *Pop.* Renverser une femme pour abuser d'elle. — **3.** Mettre une armée, des adversaires en déroute, en fuite ; vaincre. — **4.** Venir à bout d'une difficulté, renverser un obstacle.
◆ v. i. Tomber à la renverse ; faire la culbute : *Culbuter du haut d'un escalier.*

CULBUTEUR n. m. **1.** Jouet d'enfant constitué par un petit acrobate mécanique. — **2.** Appareil dans lequel on introduit les berlines, les wagons, les wagonnets d'une mine pour les vider par retournement sens dessus dessous. — **3.** Pièce renvoyant la commande du mouvement des soupapes par-dessus la culasse du cylindre, lorsque celles-ci sont en tête de culasse.

CUL-DE-BASSE-FOSSE n. m. (pl. *culs-de-basse-fosse*). *Vx.* Cachot profond et humide creusé dans une basse-fosse.

CUL-DE-BUS [kyd(ə)bys] n. m. (pl. *culs-de-bus*). *Fam.* Emplacement publicitaire à l'arrière d'un autobus.

CUL-DE-FOUR n. m. (pl. *culs-de-four*). Voûte en quart de sphère ou demi-coupole. (Syn. anc. CONQUE.)

CUL-DE-JATTE [kydʒat] n. (pl. *culs-de-jatte*). Personne privée de ses membres inférieurs.

CUL-DE-LAMPE n. m. (pl. *culs-de-lampe*). **1.** Élément s'évasant à la manière d'un chapiteau, établi en saillie sur un mur pour porter une charge. — **2.** Clef de voûte pendante. — **3.** Socle mural en forme de pendentif, destiné à supporter un objet, une statuette, une pendule. — **4.** Vignette décorative placée à la fin d'un chapitre et dont le contour s'inscrit généralement dans un triangle ayant la pointe en bas.

CUL-DE-PORC ou **CUL-DE-POT** n. m. (pl. *culs-de-porc* ou *culs-de-pot*). Nœud marin en forme de bouton, au bout d'un cordage.

CUL-DE-POULE n. m. *Bouche en cul-de-poule,* bouche dont les lèvres sont contractées, resserrées en rond.

CUL-DE-SAC n. m. (pl. *culs-de-sac*). **1.** Rue, chemin, passage, lieu sans issue ; impasse. — **2.** Situation, entreprise, carrière sans issue. — **3.** Repli anatomique, tels ceux du vagin, de la plèvre, du péritoine (cul-de-sac de Douglas).

CUL-DE-SINGE n. m. (pl. *culs-de-singe*). Gros nœud dans le bois, recouvert d'écorce fissurée dont le centre est resté lisse.

CUL-DORÉ n. m. (pl. *culs-dorés*). Bombyx à l'abdomen doré, nuisible aux arbres.

CULDOSCOPIE n. f. Cœlioscopie faite à travers le cul-de-sac postérieur du vagin.

CULEBRA (la), nom du col d'Amérique centrale, dans l'isthme de Panamá, où a été creusé le canal de Panamá.

CULÉE n. f. (de *cul*). **1.** Appui d'extrémité d'un pont. (Les culées comportent généralement un mur de front et des murs latéraux, dits en aile ou en retour suivant leur implantation.) — **2.** Partie d'un cuir de bovin ou de cheval la plus voisine de la queue. — **3.** Souche d'arbre après l'abattage. — **4.** *Culée d'arc-boutant,* pile, massif de maçonnerie qui reçoit la poussée transmise par un ou plusieurs arcs-boutants.

CULER v. i. (de *cul*) [conj. 3]. **1.** En parlant d'un bateau, reculer, aller en arrière. — **2.** En parlant du vent, syn. de ADONNER.

CULERON n. m. Partie du harnais passant sous la queue du cheval et reliée à la croupière par deux boucles.

CULIACÁN, v. du Mexique, cap. de l'État de Sinaloa, au pied de la Sierra Madre occidentale ; 324 000 hab. Centre commercial. Université.

CULICIDÉ n. m. (gr. *culex, culicis,* moustique). Moustique pourvu d'une forte trompe piqueuse et dont la larve vit dans les mares et les flaques, tel que le cousin et l'anophèle. (Les *culicidés* forment une famille. Le mâle se nourrit de la sève des plantes, la femelle du sang de l'homme et des animaux domestiques. Certains culicidés transmettent de graves maladies : paludisme, fièvre jaune.)

CULICOÏDE n. m. Moustique (cératopogonidé) à piqûre très douloureuse.

CULIÈRE n. f. (de *cul*). **1.** Sangle passant autour de la croupe du cheval pour empêcher le harnais de glisser. – 2. Pierre creusée dans son centre pour recevoir les eaux d'un tuyau de descente. (Syn. CUVETTE.)

CULILAWAN n. m. (malais *kulit lawang,* cannelle). Nom commercial de la *cannelle giroflée,* écorce d'un jaune rougeâtre, lisse extérieurement, très aromatique, à odeur de girofle.

CULINAIRE adj. (bas lat. *culinarius,* du lat. class. *culina,* cuisine). Relatif à la cuisine, à la préparation des aliments : *Art culinaire.*

CULLBERG (Birgit Ragnhild), danseuse et chorégraphe suédoise (Nyköping 1908). Chorégraphe au Ballet royal suédois de 1952 à 1957, elle poursuit une carrière indépendante dans les pays scandinaves, en Allemagne et aux États-Unis, où elle collabore avec l'American Ballet Theatre et le New York City Ballet. Ses ballets traduisent des drames psychologiques dont elle écrit souvent les sujets ou emprunte leurs schémas aux ouvrages littéraires *(Bellman)* ou aux légendes (*le Renne de la lune,* 1957 ; légende lapone). En 1967, elle a fondé le Ballet Cullberg (dont elle a cédé la direction, en 1987, à son fils Mats Ek*).

CULLEN (Paul), prélat catholique irlandais (Prospect, près de Ballitore, comté de Kildare, 1803-Dublin 1878). Archevêque d'Armagh et primat d'Irlande en 1849, il prit parti pour les nationalistes sur les questions d'éducation. Transféré au siège de Dublin (1852), il devint cardinal en 1866.

CULLEN (Countee), écrivain américain (New York 1903 - *id.* 1946), auteur de poèmes liés à la négritude (*Copper Sun,* 1927 ; *On these I stand,* 1947) et d'un roman (*One Way to Heaven,* 1932).

CULLINAN, localité d'Afrique du Sud, dans le Gauteng, au N.-E. de Pretoria. Mine de diamants (mine Premier) où l'on a trouvé, en 1905, le *Cullinan,* le plus gros diamant du monde, offert à Édouard VII.

CULLMANN (Oscar), théologien protestant français (Strasbourg 1902). Les recherches de Cullmann, à côté des grands thèmes christologiques, ont porté sur le rôle capital du culte et des sacrements dans l'Église naissante, l'autorité des apôtres et la place de la tradition.

Culloden *(bataille de)* [16 avr. 1746], bataille au cours de laquelle l'armée britannique du duc de Cumberland anéantit non loin d'Inverness (Écosse) l'armée jacobite du prétendant Charles-Édouard.

CULM ou **KULM** n. m. (angl. *culm,* poussière d'anthracite). Faciès schisto-gréseux d'origine pélagique, deltaïque, torrentielle ou lacustre à lits charbonneux, fréquent dans le carbonifère d'Allemagne.

CULM → CHEŁMNO.

CULMINANT, E adj. (de *culminer*). 1. Se dit du point où se trouve un astre dans le ciel lors de son passage supérieur au méridien d'un lieu, correspondant à la plus grande hauteur qu'il puisse atteindre sur l'horizon. – 2. *Point culminant,* point le plus élevé : *Le mont Blanc est le point culminant des Alpes ;* le plus haut degré, l'apogée ; comble, faîte, summum : *Il était au point culminant de sa célébrité.*

CULMINATIF, IVE adj. Se dit du rôle de l'accent quand il permet de noter, dans les langues à accent libre, la présence au sein de l'énoncé d'articulations importantes, facilitant ainsi l'analyse du message.

CULMINATION n. f. 1. Chacun des deux points du méridien d'un lieu en lesquels passe quotidiennement un astre, du fait du mouvement diurne. – 2. Instant où un astre passe par l'un ou l'autre de ces deux points.

CULMINER v. i. (bas lat. *culminare,* du lat. class. *culmen, -inis,* sommet) [conj. 3]. 1. Atteindre son point le plus haut en parlant d'un relief : *Le mont Blanc culmine à 4 807 mètres.* – 2. Être à son plus haut point, à son maximum : *Sa fureur culmina quand il vit le désastre.* – 3. Passer au méridien d'un lieu, en parlant d'un astre.

1. CULOT n. m. (de *cul*). 1. Partie arrière métallique d'un étui de cartouche ou d'une douille, comprenant le logement de l'amorce, un bourrelet et une gorge. – 2. Petit chapeau cylindrique en carton mince placé sur la poudre dans les cartouches de chasse. – 3. Partie d'une lampe électrique servant à la fixer dans une douille et à la relier au circuit d'alimentation. – 4. Résidu solide qui s'amasse sur les parois du fourneau d'une pipe. – 5. Ornement sculpté d'où partent des volutes ou des rinceaux de feuillage ; petit cul-de-lampe. – 6. Dépôt formé au fond d'un récipient par les éléments contenus dans un liquide (urine, sang) après sédimentation ou centrifugation. – 7. Lingot de métal qui tombe et reste au fond du creuset après la fusion. – 8. Fond d'un trou de mine qui subsiste après l'explosion. – 9. *Culot de câble* ou *d'ancrage,* pièce d'acier constituant l'extrémité d'un câble métallique, par laquelle ce câble est fixé ou prend appui sur une partie de l'ouvrage. ‖ *Culot de glace,* masse de glace relictuelle abandonnée par une langue glaciaire ou un inlandsis en cours de récession. ‖ *Culot volcanique,* forme de déchaussement à allure de piton escarpé, correspondant au dégagement, par érosion différentielle des terrains tendres encaissants, d'une masse de lave compacte solidifiée dans une cheminée volcanique.

2. CULOT n. m. (de *culot 1*). *Fam.* Aplomb excessif, effronterie, toupet ou hardiesse, audace : *Avoir du culot.*

CULOTTAGE n. m. **1.** Action de culotter une pipe. – **2.** État de ce qui est culotté, noirci par l'usage ; le dépôt ainsi formé.

CULOTTE n. f. (de *cul*). **1.** Vêtement à jambes habillant le corps de la taille aux genoux. – **2.** Sous-vêtement féminin habillant le corps, de la taille au haut des cuisses. – **3.** Sous-vêtement ou vêtement de bébé ou d'enfant de même forme. – **4.** *Pop.* Perte au jeu, revers : *Prendre une culotte à la roulette.* – **5.** S'emploie en apposition avec ou sans trait d'union : *Jupe-culotte.* – **6.** Morceau du bœuf et du veau dans la partie postérieure de la croupe. – **7.** Ensemble des deux gigots entiers du mouton. – **8.** Ensemble des poils et des franges de la partie postérieure de la cuisse du chien. – **9.** Partie postérieure de la cuisse des quadrupèdes, d'autant plus rebondie que l'animal est spécialisé dans la production de viande. – **10.** *Culotte de cheval,* culotte d'équitation, à oreilles plus ou moins grandes, très serrée au mollet, où elle s'arrête ; cellulite localisée aux cuisses et en haut des flancs. ‖ *Culotte de peau,* culotte de basane autrefois en usage chez les militaires ; militaire borné qui ne voit et ne sait rien en dehors de son métier. ‖ *En culotte(s) courte(s),* dans l'enfance. ‖ Fam. *Faire, trembler dans sa culotte,* avoir très peur. ‖ *Porter la culotte,* commander dans le ménage, en parlant d'une femme.

CULOTTÉ (ÊTRE) v. pass. *Fam.* Avoir du culot, être effronté ; manifester cet état d'esprit : *C'est plutôt culotté de venir sans être invité.*

1. CULOTTER v. t. (de *culotte*) [conj. 3]. Vêtir qqn d'une culotte.

2. CULOTTER v. t. (de *culot*) [conj. 3]. Laisser, par l'usage, l'intérieur du fourneau d'une pipe se recouvrir d'un dépôt brun.
◆ **se culotter** v. pr., **être culotté** v. pass. **1.** En parlant d'une pipe, se couvrir, à l'usage, d'un dépôt brun. – **2.** Prendre avec le temps une couleur noirâtre : *Les murs se sont culottés avec les années.*

CULOTTIER, ÈRE n. Personne qui fait des culottes, des pantalons, etc.

CULOZ (01350), comm. de l'Ain, sur le Rhône ; 2 662 hab. Nœud ferroviaire (lignes Paris-Turin et Lyon-Genève).

CULPABILISANT, E adj. Qui culpabilise.

CULPABILISATION n. f. Action de culpabiliser.

CULPABILISER v. t. (bas lat. *culpabilis,* coupable) [conj. 3]. Faire éprouver à qqn un sentiment de culpabilité : *Cet accident dont il se sent responsable le culpabilise.*
◆ v. i. ou **se culpabiliser** v. pr. Éprouver un sentiment de culpabilité, se considérer responsable de qqch de mauvais.

CULPABILITÉ n. f. (bas lat. *culpabilis,* coupable). **1.** État de qqn qui est coupable d'une infraction ou d'une faute : *Établir la culpabilité d'un accusé.* – **2.** *Sentiment de culpabilité,* sentiment éprouvé par qqn qui se juge responsable d'une faute, d'un manque, etc.

ENCYCL. **Psychan.** Le *sentiment de culpabilité* a d'abord été mis en évidence par Freud dans la névrose obsessionnelle. Il met au jour la révolte du moi contre la critique dont l'accable le moi idéal. Ce sentiment peut être qualifié d'« inconscient » dans la mesure où le sujet qui en perçoit les manifestations sous forme d'idées obsédantes ignore tout de la nature des désirs inconscients qui les sous-tendent.

CULTE n. m. (lat. *cultus,* de *colere,* honorer). **1.** Hommage, honneur rendu à Dieu, à des êtres divins ou jugés tels ou à certaines créatures particulièrement proches de Dieu. – **2.** Ensemble des cérémonies par lesquelles on rend cet hommage. – **3.** Religion considérée dans ses manifestations extérieures, dans sa pratique : *Culte catholique, protestant.* – **4.** Chez les protestants, office religieux. – **5.** Vénération, adoration pour qqn, qqch : *Avoir le culte de la justice.* – **6.** (en apposition, avec ou sans trait d'union). Qualifie qqn ou qqch qui suscite l'enthousiasme d'un public, généralement restreint : *Film-culte. Auteur-culte.* – **7.** *Culte de la personnalité,* attitude systématique d'admiration, souvent provoquée, à l'égard d'un dirigeant ou d'une personnalité charismatique. ‖ *Culte impérial,* à Rome, culte des empereurs défunts ou des membres de la famille impériale. (Le culte impérial naquit sous Auguste. Il fut particulièrement important sous les Antonins, les Sévères et au IIIe s. Le souverain, considéré comme un être divin, pouvait recevoir un culte public.)

ENCYCL. **Relig.** 1° Chez les catholiques, le culte est privé, quand chacun le pratique dans le secret, ou public, quand il prend une expression collective et officielle, au nom de l'Église. L'Église distingue le culte réservé à Dieu, *culte de latrie* (adoration), du culte adressé aux anges et aux saints, *culte de dulie* (vénération). 2° Chez les protestants, les deux pôles du culte sont la prédication et l'eucharistie.

CULTELLATION n. f. (lat. *cultellus,* couteau). Chaînage opéré sur un terrain très en pente à l'aide d'une fiche plombée qu'on laisse tomber de l'extrémité de la chaîne tendue horizontalement.

CUL-TERREUX n. m. (pl. *culs-terreux*). *Fam.* et *péjor.* Paysan.

CULTIPACKER [-kœr] n. m. Instrument agricole servant à rouler le sol, constitué de disques jointifs comportant une arête vive.

CULTISME ou **CULTÉRANISME** n. m. (esp. *culto,* savant, du lat. *cultus,* cultivé). Préciosité du style chez certains écrivains espagnols du XVIIe s. (Syn. GONGORISME.)

CULTIVABLE adj. Qui peut être cultivé.

CULTIVAR n. m. Type végétal résultant d'une sélection, d'une mutation ou d'une hybridation (naturelle ou provoquée) et cultivé pour ses qualités agricoles.

CULTIVATEUR, TRICE n. Personne qui cultive la terre ; chef d'exploitation agricole.
◆ **cultivateur** n. m. Instrument de travail du sol muni de dents et destiné aux façons superficielles.

CULTIVATEUR-HERSE n. m. (pl. *cultivateurs-herses*). Syn. de VIBROCULTEUR.

1. CULTIVER v. t. (anc. fr. *coutiver,* du lat. *cultus,* de *colere,* cultiver) [conj. 3]. **1.** Travailler la terre pour la faire produire. – **2.** Donner à des végétaux les soins nécessaires à l'obtention d'une récolte ; en assurer la production : *Cultiver des légumes, des fleurs.* – **3.** Mettre des microbes en culture sur des milieux appropriés.
◆ **se cultiver** v. pr., **être cultivé** v. pass. **1.** Être travaillé en vue de la production agricole. – **2.** Qu'on a fait pousser : *Plantes cultivées.*

2. CULTIVER v. t. (de *cultiver 1*) [conj. 3]. **1.** Développer, entretenir une qualité, un don ; former : *Cultiver sa mémoire.* – **2.** Développer une idée, un sentiment, les faire prospérer : *Journal qui cultive la curiosité morbide.* – **3.** *Litt.* S'intéresser à un art, une science, s'y adonner : *Cultiver la poésie.* – **4.** Se livrer avec plaisir à une manière d'être ou d'agir : *Il cultive le paradoxe.* – **5.** Entretenir des relations suivies avec qqn, en général dans un esprit intéressé : *C'est une relation à cultiver.*
◆ **se cultiver** v. pr., **être cultivé** v. pass. Enrichir son goût, son jugement par l'étude et les connaissances ; avoir une culture générale : *C'est un esprit fin et cultivé.*

CULTUEL, ELLE adj. **1.** Qui a pour objet l'exercice du culte. – **2.** Qui est consacré à la célébration du culte. – **3.** *Association cultuelle,* groupement formé, en France, à la suite de la séparation des Églises et de l'État pour subvenir aux frais, à l'entretien et à l'exercice public d'un culte.

CULTURAL, E, AUX adj. Qui a trait à la culture du sol, des plantes.

CULTURALISME n. m. Ensemble des idées de l'école anthropologique « Culture et personnalité », qui considère que chaque culture donnée modèle une personnalité individuelle typique, une structure psychologique, un comportement, des idées, une mentalité particuliers.

CULTURALISTE adj. et n. Relatif au culturalisme ; partisan du culturalisme.

1. CULTURE n. f. (lat. *cultura*). **1.** Action ou manière de cultiver la terre ou certaines plantes, d'exploiter certaines productions naturelles. – **2.** Terrain cultivé : *L'étendue des cultures.* – **3.** Espèce végétale (ou ensemble d'espèces) cultivée. – **4.** *Culture associée,* association en mélange ou sur une même parcelle de deux ou plusieurs espèces végétales. ‖ *Culture itinérante,* système de culture temporaire basé sur le défrichement périodique de parcelles en forêt. ‖ *Culture microbienne,* méthode consistant à placer une petite quantité de germes microbiens dans un milieu nutritif adéquat afin d'obtenir leur multiplication, de réaliser leur isolement et leur identification et d'étudier les produits de leurs métabolismes. ‖ *Culture de tissus,* mise en développement de fragments de tissus animaux ou végétaux en laboratoire sur un milieu nutritif, à des fins agronomiques, expérimentales ou médicales. (→ *encycl.*) ‖ *Système de culture,* ensemble constitué par l'association des espèces cultivées sur une parcelle, une exploitation agricole, dans une région et des techniques de cultures utilisées (rotations, travail du sol, fertilisation, lutte antiparasitaire, etc.).

ENCYCL. **Biol.** Alexis Carrel a, le premier (1912), réalisé une culture de tissus du cœur de poulet apte à être continuée indéfiniment, au prix de repiquages réguliers. De nombreux autres tissus animaux ont depuis fait l'objet d'une telle culture. La réussite exige la présence, outre les aliments, d'un sérum et d'un extrait embryonnaire. En 1934, des cellules végétales étaient, à leur tour, mises en culture efficacement (Gautheret), mais ce n'est qu'en 1954 que la technique a été parfaitement au point. Contrairement aux cellules animales, les cellules végétales en culture sont capables, sous certaines conditions, de se comporter comme des embryons *(embryoïdes)* et de se différencier en plantes entières, identiques lorsqu'elles proviennent de la même souche. L'agronomie tire un grand profit des embryoïdes : d'un seul palmier-dattier, on peut, en deux ans, obtenir 100 000 pousses ayant les qualités de la plante mère, au lieu de 30 à 40 rejets en un siècle par la voie naturelle. On a pu ainsi sauver des variétés botaniques menacées de disparition, multiplier les variétés résistantes à tel ou tel virus ou produire des hybrides irréalisables autrement (ex. amandier et pêcher). Actuellement, la culture de tissus végétaux se pratique à l'échelle industrielle.
En médecine la *culture de tissus* a permis d'étudier de nombreux problèmes de pathologie cellulaire, et notamment la transformation de cellules normales en cellules cancéreuses, et

d'obtenir des hybridomes qui produisent des anticorps monoclonaux. Elle a, d'autre part, une importance majeure en virologie, les cellules cultivées servant de milieu de culture aux virus, qui ne peuvent se reproduire que sur des tissus vivants.

2. CULTURE n. f. (de *culture 1*). **1.** Enrichissement de l'esprit par des exercices intellectuels. — **2.** *Culture (générale),* ensemble des connaissances qui enrichissent l'esprit, affinent le goût et l'esprit critique. — **3.** Connaissances dans un domaine particulier : *Elle a une vaste culture médicale.* — **4.** Ensemble des phénomènes matériels et idéologiques qui caractérisent un groupe ethnique ou une nation, une civilisation, par oppos. à un autre groupe ou à une autre nation : *La culture occidentale.* — **5.** Dans un groupe social, ensemble de signes caractéristiques du comportement de qqn (langage, gestes, vêtements, etc.) qui le différencient de qqn appartenant à une autre couche sociale que lui : *Culture bourgeoise, ouvrière.* — **6.** Ensemble de traditions technologiques et artistiques caractérisant tel ou tel stade de la préhistoire. — **7.** *Culture d'entreprise,* ensemble des traditions de structure et de savoir-faire qui assurent un code de comportement implicite et la cohésion à l'intérieur de l'entreprise. ‖ *Culture de masse,* ensemble des comportements, des mythes ou des représentations collectives qui sont produits et diffusés massivement par les médias. ‖ *Culture physique,* développement rationnel du corps par des exercices appropriés ; éducation physique. ‖ *Maison de la culture,* nom donné à des établissements, créés en 1961, sous le ministère d'A. Malraux, dans le but d'assurer la plus vaste audience à la culture et aux arts. ‖ *Maison des jeunes et de la culture (M. J. C.),* nom donné à des établissements rattachés au ministère chargé de la Jeunesse et des Sports, qui visent à offrir, notamment aux jeunes, un lieu de rencontre où sont proposées des activités et une animation socioculturelles.

Culture *(ministère de la),* département ministériel français créé en 1959 et confié initialement à A. Malraux sous l'appellation « ministère des Affaires culturelles ». Il a pour mission de « rendre accessibles les œuvres capitales de l'humanité, et d'abord de la France, au plus grand nombre possible de Français, d'assurer la plus vaste audience à notre patrimoine culturel et de favoriser la création des œuvres de l'art et de l'esprit qui l'enrichissent ».

Culture et personnalité, école anthropologique d'origine américaine, dont les idées ont été également présentées sous le nom de culturalisme. C'est Ruth Benedict qui, la première, a mis en avant un concept baptisé « culture et personnalité » (Culture and Personality) dans son livre *Patterns of Culture* (1934). Son idée centrale est que chaque culture est organisée autour d'une manière d'être centrale du groupe (amér. *ethos*). C'est par l'intériorisation du même ethos culturel que les gens se trouvent avoir les mêmes structures psychologiques de base. Margaret Mead, puis Ralph Linton ont continué la théorie dans le même sens.

CULTUREL, ELLE adj. **1.** Relatif à la culture intellectuelle, à la culture d'une collectivité : *L'originalité culturelle du peuple basque.* — **2.** Qui vise à développer la culture, à répandre certaines formes de culture : *Échanges culturels.* — **3.** Qui relève des acquisitions sociales, du milieu dans lequel on vit, par oppos. à ce qui est inné, héréditaire : *Facteurs culturels et facteurs naturels.* — **4.** *Conseiller, attaché culturel,* fonctionnaires chargés de tous les problèmes qui concernent les relations universitaires et les échanges intellectuels entre leur pays d'origine et celui où ils sont chargés de mission. ‖ *Industries culturelles,* ensemble des activités artistiques considérées sous l'angle de leur importance économique, de leur marché.

CULTURELLEMENT adv. Sur le plan culturel.

CULTUREUX, EUSE adj. et n. *Fam.* et *péjor.* Qui s'occupe d'activités culturelles, d'animation culturelle.

CULTURISME n. m. Culture physique destinée à développer la musculature. (Syn. BODY-BUILDING.)

CULTURISTE n. Personne qui pratique le culturisme.

CULTUROLOGIE n. f. Étude systématique des cultures, en particulier de celles qui sont antérieures ou de celles qui sont à l'écart de l'industrialisation.

C. U. M. A., sigle de COOPÉRATIVE D'UTILISATION DE MATÉRIEL* AGRICOLE.

CUMACÉ n. m. (lat. sc. *cumacea*). Petit crustacé ayant l'avant du corps renflé, l'abdomen long, grêle et mobile, vivant enfoui au fond des mers à toutes les profondeurs, rarement en eau douce. (Les *cumacés* forment un ordre.)

CUMANÁ, port de l'est du Venezuela, cap. de l'État de Sucre ; 119 800 hab.

CUMBERLAND, anc. comté de Grande-Bretagne, dans le nord de l'Angleterre, aujourd'hui partie du comté de Cumbria.

CUMBERLAND *(péninsule du),* péninsule canadienne formant l'extrémité orientale de la terre de Baffin (Territoires du Nord-Ouest).

CUMBERLAND *(plateau de),* partie méridionale du plateau appalachien (États-Unis), d'où sont issus le *Cumberland* (1 105 km) et le Kentucky.

CUMBERLAND (William Augustus, *duc* DE), prince et général britannique (Londres 1721 - *id.* 1765), 3e fils de George II. Commandant l'armée alliée pendant la guerre de la Succession d'Autriche, il fut vaincu à Fontenoy (1745) et à Lawfeld (1747). Entre-temps, il écrasa l'armée de Charles-Édouard à Culloden (1746). Commandant l'armée du Hanovre pendant la guerre de Sept Ans, il fut vaincu à Hastenbeck (1757) et dut signer la capitulation de Kloster Zeven.

CUMBERLAND (Ernest Auguste, *duc* DE) → ERNEST-AUGUSTE.

CUMBRE *(col de la)* ou **COL D'USPALLATA,** passage des Andes, entre l'Argentine et le Chili, dominé par l'Aconcagua et traversé par une route (à 3 842 m) et par une voie ferrée avec un tunnel (percé à 3 300 m).

CUMBRIA, comté du nord-ouest de l'Angleterre ; 6 809 km²; 483 000 hab. Ch.-l. *Cumbria.* Le *massif de Cumbria* porte le point culminant de l'Angleterre (978 m). Il domine le district des Lacs, zone touristique.

CUMÈNE n. m. Isopropylbenzène, $(CH_3)_2CH—C_6H_5$. (Liquide bouillant à 152 °C, le cumène est un intermédiaire essentiel de la fabrication du phénol.)

CUMES, en lat. **Cumae,** ville d'Italie méridionale, en Campanie, sur le golfe de Cumes. Fondée par Chalcis (725 av. J.-C.), elle prospéra par l'exploitation de la Campanie, lutta avec succès contre les Étrusques (ve s. av. J.-C.), puis entra en décadence et passa aux mains des Romains (v. 350). Vestiges archéologiques (« antre de la sibylle », ruines de l'acropole).

CUMIN n. m. (lat. *cuminum,* du gr. *kuminon*). **1.** Herbe ombellifère aromatique aux feuilles finement découpées, dont la graine est utilisée comme condiment sous le même nom. – **2.** Nom donné à d'autres plantes à graines aromatiques, telles que le carvi *(cumin de montagne, cumin des prés),* une papavéracée et une nigelle.

CUMINIQUE adj. Se dit d'un acide, d'un alcool et d'un aldéhyde dérivant du cumène. (*L'aldéhyde cuminique* est extrait des essences de cumin, de ciguë, de cannelle et de myrrhe.)

CUMMINGS (Edward Estlin), poète américain (Cambridge, Massachusetts, 1894 - North Conway, New Hampshire, 1962). Son œuvre dramatique, poétique (*XLI Poems,* 1925), picturale est parcourue d'un lyrisme où toute logique de rythme et de construction est bannie.

CUMMINGTONITE n. f. (de *Cummington,* n. pr.). Variété d'amphibole ferromagnésienne monoclinique.

CUMUL n. m. (de *cumuler).* **1.** Action de cumuler ; fait d'être cumulé : *Le cumul de nombreux inconvénients.* – **2.** Fait, pour une même personne, d'exercer simultanément plusieurs activités (professions, fonctions publiques, mandats électifs, etc.) et qui est réglementé. – **3.** Réunion, sur une même personne, de plusieurs avantages financiers (indemnités, traitements, pensions, etc.) qui, dans certains cas, est illicite. – **4.** *Cumul d'actions,* exercice simultané ou successif de plusieurs actions en justice à l'occasion d'un même fait juridique. ‖ *Cumul d'infractions,* série d'infractions pour lesquelles une personne est poursuivie mais dont aucune n'a encore fait l'objet d'une condamnation. (Le cumul d'infractions est sanctionné par le cumul des peines, le cumul juridique des peines ou la confusion des peines.) ‖ *Cumul juridique des peines,* peine prononcée pour l'ensemble des infractions, plus sévère que celle qui correspond à l'infraction la plus grave, mais également moins sévère que la somme des peines encourues pour toutes les infractions. ‖ *Cumul des peines,* somme des peines prononcées pour chaque infraction en cas de cumul d'infractions.

CUMULABLE adj. Qui peut être cumulé avec qqch d'autre : *Ces deux fonctions sont cumulables.*

CUMULARD, E n. *Fam.* et *péjor.* Personne qui cumule plusieurs fonctions rétribuées, plusieurs mandats électifs, etc.

CUMULAT n. m. Roche plutonique, résultant de l'accumulation et de la cimentation de cristaux dans une chambre magmatique lors de la cristallisation fractionnée.

CUMULATIF, IVE adj. **1.** Qui implique une accumulation, qui se cumule avec qqch d'autre. – **2.** *Courbe cumulative,* courbe représentant les fréquences statistiques cumulées. ‖ *Processus cumulatif,* mouvement déclenché à la suite de modifications de facteurs économiques ou monétaires, qui tend à s'amplifier de lui-même et provoque de ce fait une contraction ou une expansion en chaîne de l'activité économique (ex. la « spirale » prix-salaires dans un contexte inflationniste).

CUMULATIVEMENT adv. Par cumul : *Fonctions exercées cumulativement.*

CUMULER v. t. (lat. *cumulare,* entasser) [conj. 3]. **1.** Réunir sur sa personne plusieurs droits, qualités, titres : *Cumuler des diplômes.* – **2.** Exercer simultanément plusieurs emplois et percevoir plusieurs traitements. – **3.** Ajouter qqch à qqch d'autre en formant un ensemble excessif : *Il cumule les erreurs de gestion avec les imprudences financières.*

◆ **être cumulé** v. pass. *Effectif (fréquence) cumulé(e),* effectif (fréquence) des observations d'un caractère quantitatif ayant une valeur inférieure ou égale à une valeur donnée ou à la limite supérieure d'une classe donnée.

CUMULO-DÔME ou **CUMULO-VOLCAN** n. m. (pl. *cumulo-dômes, cumulo-volcans*). Dôme ou coupole d'extrusion, formé par accumulation d'une lave visqueuse au-dessus de la bouche éruptive d'un volcan.

CUMULO-NIMBUS [-bys] n. m. inv. Masse puissante de nuages sombres, bourgeonnants, à grand développement vertical (entre les niveaux de 400 et 10 000 m), qui déclenche les averses de grêle et les orages.

CUMULUS [-lys] n. m. (lat. *cumulus,* amas). Nuage de beau temps, blanc à contours très nets, dont la base est plate tandis que le sommet en dôme dessine des protubérances arrondies.

CUNANI *(rio),* en fr. **Counani,** fl. côtier du Brésil (territoire de l'Amapá) ; 280 km. La région du rio Cunani a été longtemps disputée entre la France et le Portugal, puis le Brésil, auquel elle fut attribuée par une décision arbitrale de la Suisse, en 1900.

CUNARD (*sir* Samuel), armateur anglais (Halifax, Nouvelle-Écosse, 1787 - Londres 1865). Il obtint en 1838 du gouvernement anglais le monopole du transport du courrier postal par navires à vapeur entre l'Angleterre et les États-Unis et créa la compagnie de navigation qui porte encore son nom.

CUNAS, Indiens de l'archipel de Las Mulatas et de la cordillère de San Blas (Panamá).

CU NÂU n. m. (mot viet.). Plante tinctoriale brune, objet d'un commerce important d'exportation dans le nord du Viêt-nam.

CUNAULT, écart de la comm. de Chênehutte-Trèves-Cunault (49350 Gennes), à 8 km au N.-O. de Saumur. Remarquable église romane d'un anc. prieuré de Tournus (chapiteaux). — À Trèves, église romane et donjon d'un ancien château.

CUNÉGONDE *(sainte),* impératrice germanique (v. 978 - abbaye de Kaufungen, Hesse, 1033 ou 1040), épouse d'Henri II le Saint, canonisée en 1200.

CUNÉIFORME adj. et n. m. (lat. *cuneus,* coin, et *forme*). **1.** Se dit d'une écriture dont les éléments ont la forme de clous. (→ *encycl.*) — **2.** Se dit de trois os du tarse : le *premier,* le *deuxième* et le *troisième cunéiforme.* — **3.** *Faisceau cunéiforme,* syn. de FAISCEAU DE BURDACH*.

ENCYCL. L'*écriture cunéiforme,* tracée dans l'argile fraîche avec un roseau taillé, est inventée v. 3500 av. J.-C. par les Sumériens. Au départ purement idéographique, elle commence, dès la fin du IVᵉ millénaire, à employer des idéogrammes comme signes phonétiques pour indiquer des formes grammaticales. Pendant un millénaire et demi, le cunéiforme est adopté par des peuples de l'Orient qui doivent l'adapter à la phonétique de leur langue : Éblaïtes, Akkadiens, Susiens, Élamites, Hittites, Ourartéens, etc. Au Iᵉʳ millénaire, devant les progrès de l'alphabet et de la langue des Araméens, l'akkadien devient une langue morte ; le cunéiforme ne se maintient que dans un petit nombre de villes saintes de basse Mésopotamie, où il est utilisé par des Chaldéens, prêtres et devins, jusqu'au Iᵉʳ s. apr. J.-C., avant de sombrer dans l'oubli.

CUNENE ou **COUNENE,** fl. de l'Angola, tributaire de l'Atlantique, dont le cours inférieur, coupé de nombreuses chutes, sert de frontière avec la Namibie ; 1 000 km env.

CUNEO, en fr. **Coni,** v. d'Italie, ch.-l. de prov., dans le Piémont, 55 900 hab. Églises surtout du XVIIIᵉ s. Industries alimentaires. Pneumatiques.

CUNETTE n. f. (ital. *cunetta*). Caniveau destiné à recueillir des eaux d'écoulement ou d'infiltration.

CUNHA (Tristão ou Tristan DA), navigateur portugais (Lisbonne 1460 - en mer 1540). Compagnon d'Albuquerque, il découvrit en 1506 dans l'océan Atlantique méridional l'archipel qui fut appelé *Tristan da Cunha* en son honneur. — Son fils NUNO, navigateur et administrateur portugais (1487 - en mer 1539), gouverneur des Indes (1528-1538), consolida l'implantation portugaise par la prise de Diu (1535).

CUNHA (Euclides Rodrigues PIMENTA DA), écrivain brésilien (Cantagalo, Rio de Janeiro, 1866 - assassiné à Rio de Janeiro 1909), célèbre pour son étude *Os Sertões (Terre de Canudos)* [1902] sur une rébellion dans l'État de Bahia.

CUNHAL (Álvaro), homme politique portugais (Coimbra 1913). Il est secrétaire général du parti communiste portugais depuis 1961. Après le coup d'État du 25 avr. 1974, il fut ministre (1974-75).

CUNICULICULTEUR, TRICE n. (lat. *cuniculus,* lapin, et *-culteur*). Personne qui élève des lapins domestiques.

CUNICULICULTURE n. f. (lat. *cuniculus,* lapin, et *-culture*). Élevage du lapin domestique.

CUNLHAT (63590), ch.-l. de cant. du Puy-de-Dôme, dans le nord du Livradois ; 1 422 hab. *(Cunlhatois).* Église des XIIᵉ et XVᵉ s.

CUNNILINCTUS [-lɛ̃ktys] ou **CUNNILINGUS** [-lɛ̃gys] n. m. (lat. *cunnus,* con, et *lingere,* lécher). Excitation buccale des organes génitaux féminins.

CUNNINGHAM (William), théologien écossais (Hamilton, Lanarkshire, 1805 - Édimbourg

1861). Il fut l'un des fondateurs, avec Chalmers, de l'Église libre d'Écosse (1843).

CUNNINGHAM (*sir* Alexander), officier et archéologue britannique (Londres 1814 - *id.* 1893). Venu aux Indes dès 1833, il y mena une carrière militaire jusqu'en 1861 avant de devenir le premier inspecteur, puis le premier directeur des services de l'Inspection archéologique, jusqu'en 1885. Il est l'auteur de travaux sur l'Inde ancienne.

CUNNINGHAM (Andrew Browne), 1er vicomte **Cunningham of Hyndhope,** amiral britannique (Dublin 1883 - Londres 1963). Il dirigea en 1939 les forces navales anglaises de la Méditerranée ; il conclut avec l'amiral français Godfroy l'accord qui permit, en juill. 1940, de sauver la flotte française d'Alexandrie. En 1942, il commanda les forces navales du débarquement allié en Afrique du Nord. De 1943 à 1946, il fut Premier lord de la mer et chef d'état-major naval.

CUNNINGHAM (Merce), danseur et chorégraphe américain (Centralia, Washington, 1919). Soliste dans la troupe de Martha Graham (1940-1945), il donne très tôt des récitals (1944) et collabore avec le compositeur John Cage. Il transpose le quotidien dans les gestes d'une danse simple et naturelle, sans cesse renouvelée, mais sans but narratif. Chaque danseur anime librement un espace déterminé. Il est considéré, depuis 1969, comme l'initiateur du mouvement de la « post modern dance ». Depuis *Totem Ancestor* (1942), son évolution est une quête du mouvement continu. Ses recherches sont jalonnées d'*Events* et, parmi ses compositions (une centaine), les plus marquantes sont *Septet* (1953), *Antic Meet* (1958), *Summerspace* (1958), *Winterbranch* (1964), *Second Hand* (1970), *Un jour ou deux* (1973), *Squaregame* (1976), *Travelogue* (1977), *Fractions* (1978), *Locale* (1979), *Pictures* (1984), *Points in Space* (1987), *Five Stone Wind* (1988), *Field and Figures* (1989), *August Pace* (1989), *Polarity* (1990), *Enter* (1992), *Windows* (1995).

CUNO (Wilhelm), homme politique allemand (Suhl, Thuringe, 1876 - Aumühle, près d'Hambourg, 1933). Chancelier (1922-23), hostile au traité de Versailles, il organisa la résistance passive à l'occupation française de la Ruhr (1923).

CUNY (Alain), comédien français (Saint-Malo 1908 - Paris 1994). La forte personnalité de ce grand tragédien a marqué les rôles qu'il interpréta, aussi bien au théâtre *(Tête d'or)* qu'au cinéma *(les Visiteurs du soir).*

CUON n. m. (gr. *kuôn,* chien). Syn. de DHOLE.

CUPHÆA n. m. (gr. *kuphos,* courbé). Herbe d'Amérique tropicale, très employée en horticulture pour ses fleurs tubulaires.

CUPIDE adj. (lat. *cupidus*). *Litt.* **1.** Avide d'argent ; rapace : *Administrateur cupide.* – **2.** Inspiré par la cupidité, qui la manifeste : *Regard cupide.*

CUPIDEMENT adv. *Litt.* De façon cupide.

CUPIDITÉ n. f. (lat. *cupiditas, -atis*). *Litt.* Désir immodéré de l'argent et des richesses.

CUPIDON n. m. (de *Cupidon,* n. pr.). **1.** Chacun des génies ailés qui voltigent autour de Vénus et de l'Amour. – **2.** Enfant ou adolescent d'une grande beauté. – **3.** Oiseau gallinacé des prairies d'Amérique du Nord, en forte régression, célèbre pour les parades nuptiales collectives des mâles.

CUPIDON, divinité romaine de l'Amour, identifiée avec Éros.

CUPIDONE n. f. Syn. de CATANANCHE.

CUPRATE n. m. Se dit des sels où l'oxyde cuivrique joue le rôle d'anhydride d'acide.

CUPRESSACÉE n. f. Conifère résineux tel que le cyprès, le thuya et le genévrier. (Les *cupressacées* constituent, selon les auteurs, une famille ou une tribu d'abiétacées, les cupressinées.)

CUPRIFÈRE adj. **1.** Qui contient du cuivre. – **2.** Relatif aux mines de cuivre.

CUPRIQUE adj. **1.** Qui contient un sel de cuivre. – **2.** Qui possède certaines propriétés du cuivre.

CUPRITE n. f. Oxyde de cuivre cubique, de couleur rouge, facilement altérable, fréquent aux affleurements des gîtes métallifères.

CUPROALLIAGE n. m. Nom générique des alliages de cuivre ayant une teneur supérieure à 1 % en élément soluté.

CUPROALUMINIUM n. m. Alliage de cuivre contenant au plus 14 % d'aluminium. (Les cuproaluminiums présentent généralement une résistance mécanique élevée et une bonne tenue à la corrosion. Selon qu'ils contiennent moins ou plus de 8,5 % d'aluminium, ils sont utilisés pour l'emboutissage [pièces de monnaie] ou le moulage.)

CUPROAMMONIAQUE n. f. Solution ammoniacale d'oxyde cuivrique, qui dissout la cellulose. (Les cuproammoniaques sont employées dans la fabrication du carton et des fibres textiles artificielles, ainsi que dans l'imperméabilisation du papier.)

CUPROBÉRYLLIUM [-ljɔm] n. m. Alliage de cuivre et de béryllium, le plus dur et le plus élastique des alliages cuivreux. (Ses remarquables caractéristiques électriques et mécaniques le font employer en électrotechnique : rupteurs, contacts, etc.)

CUPROCHROME n. m. Alliage de cuivre et de chrome. (Les cuprochromes sont utilisés pour la confection de pièces d'appareillage électrique, d'électrodes de soudage, etc.)

CUPRONICKEL n. m. Alliage de cuivre et de nickel, contenant de faibles additions de fer et de manganèse. (Ces alliages résistent d'autant mieux à la corrosion que la teneur en nickel est élevée. Ils sont utilisés comme résistances électriques ou pour mesurer des températures.)

CUPROPLOMB n. m. Alliage de cuivre et de plomb, souvent additionné d'étain, de nickel et d'antimoine, utilisé comme alliage antifriction.

CUPULE n. f. (bas lat. *cupula,* petite coupe). **1.** Godet écailleux enserrant la base du fruit chez le chêne, le châtaignier, le hêtre, le noisetier, etc. — **2.** Chacune des ventouses adhésives du dytique mâle.

CUPULIFÈRE n. f. Syn. anc. de FAGACÉE.

CURABILITÉ n. f. Caractère d'une maladie susceptible de guérison.

CURABLE adj. (lat. *curabilis*). Qui peut être guéri.

CURAÇAO [-so] n. m. (de *Curaçao,* n. pr.). Liqueur composée avec des écorces d'orange, du sucre et de l'eau-de-vie.

CURAÇAO, île néerlandaise de la mer des Antilles (îles Sous-le-Vent), au N. du Venezuela ; 444 km^2 ; 170 000 hab. Ch.-l. *Willemstad.* Raffinage du pétrole (importé), exportation de produits finis. Tourisme.

CURADE n. f. (de *curer*). Raie d'écoulement qui sépare deux billons consécutifs dans un champ labouré.

CURAGE n. m. **1.** Action de curer : *Le curage d'un égout.* — **2.** Intervention qui consiste à débarrasser avec le doigt la cavité utérine des débris placentaires (par oppos. au *curetage*). — **3.** *Curage ganglionnaire,* ablation chirurgicale d'un territoire lymphatique.

CURAILLON n. m. *Fam.* et *péjor.* Jeune prêtre, curé.

CURARE n. m. (esp. *curare,* du caraïbe *urari*). Nom commun à des substances plus ou moins complexes qui ont une action paralysante très puissante.
ENCYCL. Les curares, que certains Indiens d'Amérique du Sud utilisaient comme poisons de flèche, furent introduits en Europe par sir Walter Ralegh ; en 1857, Claude Bernard étudia leur action périphérique, et c'est en 1946 que Kern les utilisa en anesthésie. L'action physiologique des curares sur les muscles passe par plusieurs stades (hypotonie, atonie) et aboutit à une paralysie s'accompagnant d'une inexcitabilité électrique. Les curares sont utilisés en anesthésiologie pour obtenir un relâchement musculaire particulièrement utile en chirurgie abdominale. La curarisation fait également partie du traitement du tétanos.

CURARINE n. f. Nom de plusieurs alcaloïdes extraits du curare de calebasse et apparentés chimiquement à la strychnine.

CURARISANT, E adj. et n. m. Qui a une action similaire à celle du curare.

CURARISATION n. f. **1.** Action de soumettre un individu aux effets du curare ou de ses dérivés de synthèse dans le but d'assurer une diminution de la tonicité musculaire. — **2.** Ensemble des phénomènes physiologiques consécutifs à l'emploi de substances curarisantes.

CURARISER v. t. (conj. 3). Administrer une substance curarisante.

CURATELLE n. f. (lat. médiév. *curatella*). **1.** Mesure de protection des incapables majeurs, qui leur permet d'accomplir certains actes d'administration, mais ne les autorise à accomplir les actes de disposition qu'avec l'assistance du curateur. (Le mineur émancipé peut faire l'objet d'une curatelle.) — **2.** Fonction du curateur.

CURATEUR, TRICE n. (bas lat. *curator, -trix*). **1.** Personne chargée d'assister l'incapable majeur dans tous les actes que celui-ci ne peut accomplir seul. (Il est nommé en principe par le juge des tutelles.) — **2.** Personne qui assistait un débiteur dans la préparation du plan de redressement en cas de suspension provisoire des poursuites. — **3.** Fonctionnaire chargé d'une administration pour le compte de l'État romain. — **4.** *Curateur « ad hoc »,* celui qui est nommé pour une affaire particulière.

CURATIF, IVE adj. Propre à la guérison ou au traitement d'une maladie.

CURBANS (05110), comm. des Alpes-de-Haute-Provence, près de la Durance, en aval de Serre-Ponçon ; 242 hab. Centrale hydroélectrique.

CURCULIONIDÉ n. m. (lat. *curculio, -onis,* charançon). Nom de famille attribué aux charançons (près de 100 000 espèces).

CURCUMA n. m. (esp. *curcuma,* de l'ar. *kurkum*). Rhizome féculent d'une herbe zingibéracée des régions chaudes, dont on tire un arrow-root et une poudre à usage de condiment.

1. CURE n. f. (lat. *cura,* souci). Litt. *N'avoir cure de,* ne pas se soucier de : *Il n'a cure de mes remarques.*

2. CURE n. f. (de *cure 1*). **1.** Traitement médical d'une maladie ou d'une lésion. — **2.** Traitement particulier d'une affection par des soins spéciaux : *Cure d'amaigrissement.* — **3.** *Cure (thermale),* ensemble des traitements et des règles hygiéno-diététiques mis en œuvre lors d'un séjour en station thermale. — **4.** Traitement conduit selon les principes de la psychanalyse. — **5.** *Faire une cure de qqch,* en user, en consommer abondamment pendant un certain temps pour son plaisir, sa santé, etc. : *Faire une cure de cinéma.* ‖ *Cure du béton,* opération consistant à maintenir le béton dans l'état d'humidité nécessaire à un durcissement satisfaisant en le recouvrant de bâches humides ou de produits spécifiques dits *produits de cure.*

3. CURE n. f. (lat. médiév. *cura,* direction spirituelle). **1.** Fonction à laquelle sont attachées la direction et l'administration spirituelle d'une paroisse. — **2.** Circonscription territoriale, commune ou paroisse, administrée par un prêtre ayant le titre de « curé ». — **3.** Habitation du curé, presbytère.

CURE (la), riv. de Bourgogne, affl. de l'Yonne (r. dr.) ; 112 km. Réservoirs des Settons et du Crescent.

CURÉ n. m. (lat. médiév. *curatus,* de *cura,* direction spirituelle). **1.** Prêtre pourvu d'une cure. (→ *encycl.*) — **2.** Prêtre desservant. — **3.** *Fam.* Ecclésiastique, prêtre catholique (plus ou moins péjor.) : *Il a été élevé chez les curés.* — **4.** *Fromage de curé,* fromage fabriqué en Vendée à partir du lait de vache.

ENCYCL. La loi française, depuis la séparation (1905), ignore l'existence du curé, sauf à lui assurer le droit de police à l'intérieur de l'église. Depuis Vatican II, en France, le mot « curé » est remplacé de plus en plus par « responsable de secteur ».

CURE-DENTS n. m. inv. Petit instrument pointu qui sert à se curer les dents.

CURÉ-DOYEN n. m. (pl. *curés-doyens*). Syn. de DOYEN.

CURÉE n. f. (de *cuir*). **1.** Ensemble de certaines parties du cerf, du chevreuil ou du sanglier, et même du lièvre, qu'on donne aux chiens. — **2.** *Litt.* Ruée avide pour s'emparer des biens, des places, des honneurs laissés vacants. — **3.** *Curée chaude,* celle qui se fait sur le lieu même de la prise et aussitôt après. ‖ *Curée aux flambeaux,* curée froide, d'apparat, qui se fait dans une cour d'honneur à titre de spectacle, à la lueur des torches et au son des trompes. ‖ *Curée froide,* celle que l'on donne en rentrant au logis.

CUREL (François DE), auteur dramatique français (Metz 1854 - Paris 1928). Ses drames brossent un tableau des conflits d'idées et des problèmes sociaux de son époque (*le Repas du lion,* 1897). [Acad. fr., 1918.]

CURE-ONGLES n. m. inv. Petit instrument dur et pointu pour nettoyer les ongles.

CURE-OREILLE n. m. (pl. *cure-oreilles*). Instrument servant à enlever le cérumen de l'intérieur de l'oreille.

CURE-PIED n. m. (pl. *cure-pieds*). Instrument utilisé pour nettoyer le dedans du pied (sole et fourchette) des chevaux.

CURE-PIPE(S) n. m. (pl. *cure-pipes*). Instrument pour nettoyer les pipes.

CUREPIPE, v. de l'île Maurice ; 56 700 hab. Jardin botanique.

CURER v. t. (lat. *curare,* soigner) [conj. 3]. Nettoyer en grattant, en raclant : *Curer une pipe. Curer un canal.*

◆ **se curer** v. pr. Se nettoyer (les ongles, les dents) en les raclant, en les grattant.

CURETAGE n. m. **1.** Enlèvement avec une curette des corps étrangers ou des produits morbides de l'intérieur d'une cavité naturelle (utérus) ou pathologique (abcès osseux). — **2.** Opération de restauration d'un îlot urbain ancien, portant sur l'hygiène, le confort, l'authenticité esthétique.

CURETER v. t. (conj. 27). Faire un curetage.

CURETON n. m. *Fam.* et *péjor.* Prêtre catholique.

CURETTE n. f. Instrument en forme de cuiller à bords tranchants ou mousses et qui sert à pratiquer le curetage, ou à détruire des tumeurs cutanées (verrues).

CURE-TYPE n. f. (pl. *cures-types*). Traitement psychanalytique supposé satisfaire à certains standards de la doctrine psychanalytique, le plus communément admis étant la nécessité d'analyser le transfert.

CUREUSE n. f. Appareil destiné à curer les fossés, comportant une portion de vis d'Archimède munie de lames coupantes.

CURIACES, nom de trois guerriers albains, héros malheureux d'un combat légendaire contre les Horaces.

CURIAL, E, AUX adj. (lat. *curialis*). **1.** Qui concerne le curé ou la cure. — **2.** Qui concerne la curie romaine ou la curie diocésaine. — **3.** *Maison curiale,* presbytère.

Curia regis, mots lat. signif. *Cour du roi,* organe du gouvernement en France et en Angleterre au Moyen Âge.

• En France, sous les premiers Capétiens (Xe-XIIe s.), la Curia regis était une assemblée composée de grands (laïcs et ecclésiastiques) qui assistaient le roi uniquement dans sa tâche politique. À partir du XIIe s., elle rassemblait les vassaux du roi et avait une compétence politique, financière et judiciaire. À la fin du XIIIe s. et au début du XIVe s., elle se scinda en trois sections spécialisées : le Conseil* du roi, la Chambre* des comptes et le Parlement*.

• En Angleterre, on distinguait la Cour restreinte, ou Petit Conseil, formé d'hommes de confiance du roi, et la Cour plénière, grande assemblée féodale des barons et des prélats devant au roi le service de cour. L'évolution au XIIe et surtout au XIIIe s. fut considérable ; le Petit Conseil devenait le véritable conseil du roi (Conseil* privé), tandis que la Cour plénière, ou Grand Conseil, jouant par ailleurs le rôle de cour de justice, allait devenir le Parlement*.

CURIATE adj. (lat. *curiatus*). *Comices curiates,* assemblée du peuple romain.

ENCYCL. Les comices curiates sont la première assemblée à apparaître à l'époque royale. Formée par la réunion de 30 curies (10 par tribu), elle avait des activités essentiellement religieuses et conférait notamment l'imperium au roi. Sous la République, elle procédait à l'entrée en fonctions de certains prêtres importants, comme les flamines majeurs.

CURIDE n. m. Nom générique des éléments de numéro atomique compris entre 96 et 103.

1. CURIE n. f. (lat. *curia*). **1.** Subdivision de la tribu, chez les Romains. – **2.** Lieu de réunion des comices curiates et, plus tard, du sénat. – **3.** Le sénat lui-même. – **4.** Lieu de réunion des assemblées municipales des cités du monde romain.

ENCYCL. On attribuait à Tullus Hostilius la transformation d'un temple en salle destinée aux comices curiates, d'où le nom de *Curia Hostilia* qui lui fut donné. Cet édifice devint plus tard la salle des séances du sénat, et le terme de « curie » fut bientôt synonyme de « sénat ». Le mot finit par symboliser, avec le sénat, le gouvernement même de la ville et du monde.

2. CURIE n. f. (ital. *curia*). Organisme gouvernemental, administratif et judiciaire du Saint-Siège romain *(curie romaine)* ou des évêchés catholiques *(curie diocésaine* ou *épiscopale).*

ENCYCL. C'est Sixte Quint qui, en 1588, donna à l'ensemble des services administratifs du Saint-Siège sa contexture moderne, très centralisée, en créant des organismes spécialisés : les congrégations. Appliquant plusieurs souhaits des pères du concile Vatican II, Paul VI, de 1963 à 1967, entreprit une réforme profonde de la *curie romaine* : il lui ôta son caractère trop bureaucratique et trop italien en y associant des évêques résidentiels du monde entier et en y introduisant l'esprit de collégialité. Les congrégations furent réduites à dix, d'anachroniques institutions disparurent, le cumul des postes fut interdit, l'âge de 75 ans étant fixé comme limite à l'exercice des charges curiales.

3. CURIE n. m. (de P. et M. *Curie,* n. pr.). Ancienne unité de mesure d'activité (symb. Ci) équivalant à $3{,}7 \cdot 10^{10}$ becquerels.

CURIE (Pierre), physicien français (Paris 1859 - *id.* 1906). Effectuant des recherches sur les cristaux avec son frère PAUL JACQUES (1855-1941), il étudia en 1880 la piézoélectricité. Il montra par ses études sur le magnétisme que, au-dessus d'une certaine température *(point de Curie),* le ferromagnétisme se transforme en paramagnétisme. Il énonça en 1894 le « principe de symétrie » : les éléments de symétrie des causes doivent se retrouver dans les effets produits. Il se consacra avec sa femme, Marie Curie, à l'étude de la radioactivité ; tous deux parvinrent à isoler, en 1898, le polonium et le radium. (Prix Nobel de phys. 1903 ; Acad. des sc., 1905).

CURIE (Marie), née **Skłodowska,** physicienne française d'origine polonaise (Varsovie 1867 - Sancellemoz, près de Sallanches, 1934). Ayant épousé Pierre Curie en 1895, elle s'intéressa à la radioactivité dès sa découverte par H. Becquerel. Elle fut la première femme à enseigner à la Sorbonne et créa l'Institut du radium. Les cendres de P. et M. Curie ont été transférées au Panthéon en 1995. (Prix Nobel de phys. 1903, de chimie 1911.)

CURIEN (Hubert), physicien français (Cornimont, Vosges, 1924). Après des recherches orientées vers la minéralogie, il fut successivement directeur général du Centre national de la recherche scientifique, délégué général à la Recherche scientifique, président du Centre national d'études spatiales (1976-1984). Il a été ministre de la Recherche et de la Technologie de 1984 à 1986 et de 1988 à 1993. Il est président du conseil du Cern depuis 1994.

CURIEPUNCTURE [kyripɔ̃ktyr] n. f. (de *Curie,* n. pr., et lat. *punctura,* piqûre). Application de la curiethérapie à l'aide d'aiguilles radioactives implantées dans les tissus néoplasiques.

CURIETHÉRAPIE [kyriterapi] n. f. (de *Curie,* n. pr.). Utilisation thérapeutique du rayonnement émis par le radium (Syn. GAMMATHÉRAPIE, RADIUMTHÉRAPIE.)

ENCYCL. Le rayonnement utilisé provient du radium contenu soit dans des aiguilles implantées dans les tissus, soit dans des tubes introduits dans les cavités naturelles ou placés au voisinage de la région à traiter *(curiethérapie transcutanée).* La *curiethérapie à distance (télécuriethérapie)* utilise le rayonnement émis par une importante quantité de radium contenu dans une cuve de plomb fenêtrée.

CURIEUSEMENT adv. D'une manière rare, inattendue, surprenante : *Un appartement curieusement aménagé.*

CURIEUX, EUSE adj. et n. (lat. *curiosus*). **1.** Qui est avide de voir, de comprendre, de savoir : *Avoir un esprit curieux.* — **2.** Qui est toujours désireux de connaître ce qui ne le regarde pas ; indiscret : *Les curieux seront déçus, il n'y a rien qui soit secret.*

◆ adj. **1.** Qui est très désireux de voir ou d'apprendre qqch : *Je suis curieux de savoir ce qu'on pense de moi.* — **2.** Qui témoigne du désir de voir et de savoir : *Elle le regardait d'un œil curieux.* — **3.** Qui est propre à inspirer ce désir, qui est digne d'intérêt, remarquable : *C'est une curieuse petite ville.* — **4.** Qui est bizarre, étrange, étonnant, singulier : *Un curieux personnage qu'on ne peut définir.* — **5.** *Regarder qqn comme une bête curieuse,* le regarder avec étonnement et insistance.

◆ **curieux** n. m. **1.** *Vx.* Collectionneur. — **2.** *Arg.* Juge d'instruction ; commissaire de police.

CURIOSITÉ n. f. (lat. *curiositas, -atis*). **1.** Qualité de qqn qui a le désir de connaître, de savoir : *C'est la curiosité qui l'a poussé vers la recherche.* — **2.** Désir indiscret de savoir : *Ta curiosité te perdra.* — **3.** Besoin de savoir qqch : *Avoir des curiosités malsaines.* — **4.** Qualité de qqch d'étrange, d'original, de bizarre : *Ce vase a retenu mon attention par la curiosité de sa forme.* — **5.** Ce qui retient l'attention, l'intérêt (surtout pl.) : *Visiter les curiosités de la ville.*

Curiosités esthétiques, volume regroupant une partie des écrits de critique d'art de Baudelaire, notamment *les Salons* (1868).

CURISTE n. Personne qui fait une cure dans une station thermale.

CURITE n. f. (de *Curie,* n. pr.). Oxyde d'uranium et de plomb hydraté naturel, se présentant en petites aiguilles rouges.

CURITIBA, v. du Brésil, cap. de l'État du Paraná ; 1 290 142 hab. Université. Constructions mécaniques et électriques.

CURIUM [-rjɔm] n. m. (de *Curie,* n. pr.). Élément radioactif (symb. Cm), de numéro atomique 96, découvert en 1945 grâce au bombardement du plutonium.

CURIUS DENTATUS (Manius), consul romain († 270 av. J.-C.). Trois fois consul, il vainquit les Samnites, les Brutiens, les Lucaniens, les Sabins et enfin Pyrrhos à la bataille de Bénévent (275 av. J.-C.). Il est resté célèbre par sa frugalité et son désintéressement.

CURLEUR, EUSE [kœr-] n. Joueur(euse) de curling.

CURLING [kœrliŋ] n. m. (angl. *curling*). Sport d'hiver qui consiste à faire glisser sur la glace un lourd palet de pierre polie. (La partie se déroule entre deux équipes de quatre joueurs.)

CURNONSKY (Maurice Edmond SAILLAND, dit), journaliste et écrivain français (Angers 1872 - Paris 1956). Élu « prince des gastronomes » en 1927, il fonda en 1930 l'Académie des gastronomes. Ses ouvrages ont contribué au renom de la cuisine française.

CUROIR n. m. Sorte de cuillère ou de couteau utilisé pour débarrasser les instruments aratoires de la terre qui y reste collée.

CUROPALATE n. m. (lat. *curopalates,* maréchal du palais). Dignité byzantine, dont le titulaire commandait la garde palatine.

currency principle, mots angl. désignant le principe selon lequel l'émission des billets ne doit pas être laissée à la libre volonté de la banque d'émission, mais réglée en fonction du montant de l'encaisse métallique, en vue d'éviter l'inflation. Cette théorie s'oppose à celle du *banking* principle.*

CURRICULUM VITAE [kyrikylɔm vite] n. m. inv., ou **CURRICULUM** n. m. (pl. *curriculums*) [lat. *curriculum vitae,* carrière de la vie]. Ensemble des indications concernant l'état civil d'un candidat à un poste, ses diplômes, son expérience professionnelle, etc. ; dossier comportant ces indications. (Abrév. C.V.)

CURRY → CARI.

CURSEUR n. m. (lat. *cursor,* coureur). **1.** Pièce mobile comportant un index que l'on peut déplacer à volonté le long d'une glissière, généralement graduée. — **2.** Marque mobile qui indique, sur un écran de visualisation, la position de la prochaine écriture (ajout, effaçage, etc.).

CURSIF, IVE adj. (lat. médiév. *cursivus,* du lat. class. *currere,* courir). **1.** *Écriture cursive,* ou *cursive* (n. f.), écriture ayant un tracé rapide et assez libre, résultant de la simplification d'une écriture en capitales ou calligraphiée. — **2.** Qui est fait d'une manière rapide, d'une seule traite : *Style cursif.*

CURSIVEMENT adv. De façon cursive.

CURSUS [-sys] n. m. (lat. *cursus,* course). Cycle des études universitaires sanctionné par une série de diplômes.

CURSUS HONORUM, expression lat. signif. *suite des honneurs* et désignant, à Rome, l'ordre dans lequel devait s'effectuer la carrière publique et les conditions exigées pour en recevoir les magistratures. En 180 av. J.-C., le *cursus honorum* est codifié : 1° âge minimal pour entrer dans la carrière, 27 ans ; 2° hiérarchie et succession des magistratures curules : questure, édilité curule (non obligatoire), préture et consulat. La censure*, en dehors du *cursus,* n'est revêtue que par les anciens consuls ; 3° un intervalle légal de 2 ans doit séparer 2 magistratures successives. Le sénat contrôlait étroitement les carrières, mais les comices pouvaient prononcer des dérogations. À la fin du IIe s., avec Marius, les règles du *cursus* commencèrent à être transgressées systématiquement. Sulla repoussa l'éligibilité à la questure à 29 ans révolus, et à la préture à 40 ans ; on ne pouvait être consul avant 43 ans. Après la période des guerres civiles, Auguste réaménagea le *cursus honorum :* le premier échelon en était le vigintivirat, civil, à 17 ans, ou le tribunat militaire à 18, puis venaient la questure à 25 ans, l'édilité ou le tribunat à 27 ans, la préture à 30 ans, le consulat à 33 ans. Chaque magistrature accomplie permettait de remplir de hautes fonctions administratives. L'empereur introduisait qui il voulait, à l'échelon de son choix, dans l'échelle des magistratures. Pendant le Bas-Empire, le *cursus honorum* ne fut plus respecté et les magistratures furent des honneurs dont disposait le souverain.

CURTEA DE ARGEŞ, v. de Roumanie, en Munténie, à l'E. de Rîmnicu Vîlcea ; 18 000 hab. Cap. de la Valachie au XIVe s. Monuments de filiation byzantine : église princière du XIVe s. (peintures murales) et originale église épiscopale du XVIe s., très restaurée (décor externe sculpté des murs et des coupolettes).

CURTIS (Edward Sheriff), photographe et anthropologue américain (Whitewater, Wisconsin, 1868 - Los Angeles 1952). De 1896 à 1930, il prit plus de 40 000 photographies et recueillit 10 000 chants et descriptions de cérémonies rituelles de 80 tribus indiennes d'Amérique du Nord en voie de disparition. Il a publié, en 24 volumes, à partir de 1906, *The North American Indians.*

CURTIS (Louis LAFFITTE, dit **Jean-Louis**), écrivain français (Orthez 1917). Observateur des mœurs de notre société (*les Jeunes Hommes,* 1946 ; *la Quarantaine,* 1966), il évolue dans ses derniers romans vers une réflexion plus critique (*Une éducation d'écrivain,* 1985). [Acad. fr., 1986.]

CURTIUS (Ernst), archéologue allemand (Lübeck 1814 - Berlin 1896). Directeur du musée d'Antiquités de Berlin, il fut à l'origine des fouilles allemandes d'Olympie. Son œuvre principale est une *Histoire de la Grèce* (1857-1867).

CURTIUS (Georg), linguiste allemand (Lübeck 1820 - Hermsdorf, près de Warmbrunn, 1885), frère du précédent. Il est le premier à avoir, dès 1845, appliqué aux langues classiques (latin et grec) les méthodes de la grammaire comparée : *Grammaire grecque classique* (1853), *Principes d'étymologie grecque* (1858).

CURTIUS (Ernst Robert), critique allemand (Thann, Alsace, 1886 - Rome 1956). Il a défini les thèmes permanents de la littérature européenne (*la Littérature européenne et le Moyen Âge latin,* 1948).

CURTIZ (Mihály KERTÉSZ, dit **Michael**), metteur en scène de cinéma américain d'origine hongroise (Budapest 1888 - Hollywood 1962). Il a réalisé : *Capitaine Blood* (1935), *la Charge de la brigade légère* (1936), *les Anges aux figures sales* (1938), *Casablanca* (1943), *le Roman de Mildred Pierce* (1945).

CURULE adj. (lat. *curulis*). **1.** Se disait à Rome d'un siège pliant orné de plaques d'ivoire, sans dossier et les pieds disposés en X, dont bénéficiaient les hauts magistrats. — **2.** Se disait des fonctions et des magistrats qui jouissaient de ce privilège.

CURVILIGNE adj. **1.** Formé de lignes courbes. — **2.** *Intégrale curviligne le long d'un chemin* γ *continûment dérivable par morceaux,* nombre complexe égal à

$$\int_a^{b} f[\gamma(t)] \cdot \gamma'(t) \cdot dt$$

pour γ : [a,b] → $\mathbb{C}$ et *f,* fonction à valeurs complexes, définie et continue sur γ ([a, b]).

CURVIMÈTRE n. m. Instrument mesurant la longueur des lignes courbes sur le papier.

CURWOOD (James Oliver), romancier américain (Owosso, Michigan, 1878 - *id.* 1927). Il a situé son œuvre très populaire dans le Grand Nord (*les Chasseurs de loups,* 1909 ; *Nomades du Nord,* 1919).

CURZOLA → KORČULA.

CURZON OF KEDLESTON (George Nathaniel, 1er *marquis*), homme politique et administrateur britannique (Kedleston Hall, Derby, 1859-Londres 1925). Député conservateur en 1886, il fut vice-roi des Indes de 1898 à 1905, où il entreprit d'importantes réformes. Membre du ministère Asquith (1915) puis du cabinet de guerre de Lloyd George (1916), il fut secrétaire d'État aux Affaires étrangères de 1919 à 1924. Il prit une part importante aux négociations de paix et fut le principal artisan du traité de Lausanne (1923).

Curzon *(ligne),* ligne proposée par les Alliés sur la suggestion de lord Curzon, en déc. 1919, comme frontière orientale de la Pologne. Elle passait par Suwałki, Grodno, Brześć Litewski (Brest), le cours moyen du Boug et à l'E. de Przemyśl. Elle joua un rôle important dans les négociations entre Polonais, Anglais et Soviétiques pendant la Seconde Guerre mondiale. La frontière orientale polonaise de 1945 suit sensiblement la ligne Curzon.

CUSCUTE n. f. (lat. médiév. *cuscuta,* de l'ar. *kachūt*). Plante sans chlorophylle, à tige filiforme, qui vit en parasite des plantes vertes, dans les tissus desquelles elle enfonce des suçoirs (lin, vigne, houblon, luzerne, etc.).

CUSHING (Harvey Williams), neurochirurgien américain (Cleveland 1869 - New Haven 1939). Il joua un rôle de premier plan dans le développement de la neurochirurgie à ses débuts. Ses travaux les plus importants concernent les tumeurs intracrâniennes ; il a décrit le syndrome qui porte son nom.

Cushing *(maladie* ou *syndrome de),* maladie associant un adénome basophile de l'hypophyse à une hyperplasie bilatérale des glandes surrénales. Cette affection atteint les sujets jeunes et surtout les femmes.

CUSPIDE n. f. (lat. *cuspis, -idis,* pointe). **1.** Éminence pyramidale située sur les faces occlusales des prémolaires et des molaires. — **2.** En astrologie, endroit d'une maison où ses influences sont les plus patentes.

CUSSET (03300), ch.-l. de cant. de l'Allier, banlieue est de Vichy ; 14 072 hab. *(Cussétois).* Vieilles maisons. Station thermale. Constructions mécaniques.

CUSTER (George Armstrong), général nordiste américain (New Rumley, Ohio, 1839 - près de Hardin, Montana, 1876). Il se distingua dans la guerre de Sécession. Promu général, il fut, au cours d'une opération contre les Sioux, cerné et massacré avec plusieurs centaines de ses hommes. Le cinéma a fait de lui un héros de westerns.

CUSTINE (Adam Philippe, *comte* DE), général français (Metz 1740 - Paris 1793). Il fut maréchal de camp en 1780, député de la noblesse aux États généraux de 1789. En 1792, il occupa Spire, Worms, Mayence et Francfort. Général en chef de l'armée du Nord en 1793, il fut guillotiné pour avoir abandonné Mayence.

CUSTINE (Astolphe, *marquis* DE), écrivain français (Niederwiller, Meurthe, 1790 - Paris 1857), petit-fils du précédent. Mis au ban de la bonne société pour ses passions sentimentales homosexuelles, il publia des récits de ses voyages. Prototype du dandy écrivain selon Baudelaire, il apparaît comme un des ancêtres des angoisses modernes.

1. CUSTODE n. m. (lat. *custos, -odis,* gardien). Dans les ordres mendiants, religieux chargé de l'inspection d'une partie de la province.

2. CUSTODE n. f. (lat. *custodia,* garde). **1.** Partie d'une carrosserie automobile située latéralement, à l'aplomb des roues arrière, entre le toit et la ligne de ceinture. — **2.** Boîte à parois de verre dans laquelle on enferme l'hostie consacrée. (Syn. LUNULE.) — **3.** *Lunette de custode,* baie ou lunette arrière.

CUSTODE (les), famille de faïenciers de Nevers (XVIIe et XVIIIe s.), venant probablement d'Italie comme les Conrade, chez lesquels certains d'entre eux semblent avoir travaillé.

CUSTODIE n. f. Province religieuse, notamment chez les ordres mendiants.

CUSTOM [kœstɔm] n. m. (mot amér.). Automobile ou motocyclette, postérieure à 1948, dont on a modifié l'aspect extérieur pour la personnaliser.

CUSTOMISER v. t. (conj. 3). Modifier la carrosserie d'une voiture ou d'une moto pour en faire un custom.

CUSTOZA ou **CUSTOZZA,** hameau d'Italie, en Vénétie, à 20 km au S.-O. de Vérone, célèbre par les batailles du 25 juill. 1848 et du 24 juin 1866, où les Autrichiens défirent les Italiens.

CUTANÉ, E adj. (lat. *cutis,* peau). Qui appartient à la peau ou qui concerne la peau.

CUT-BACK [kœt-] n. m. (pl. *cut-backs*) [ang. *cutback,* réduction]. Bitume routier fluidifié par un diluant, qui s'évapore après mise en place.

CUTÉRÈBRE n. f. (lat. *cutis,* peau, et *terebra,* tarière). Grosse mouche d'Amérique, dont la larve vit en parasite sous la peau de divers mammifères (écureuil, lièvre, lapin, sarigue), qu'elle rend gravement malades.

CUTI n. f. **1.** Abrév. fam. de CUTI-RÉACTION. — **2.** Fam. *Virer sa cuti,* connaître une modification profonde dans son existence et, en partic., perdre sa virginité ; changer radicalement d'opinion.

CUTICOLE adj. Se dit des larves d'insectes qui vivent sous la peau des animaux.

CUTICULE n. f. (bas lat. *cuticula,* petite peau). **1.** Petite peau très mince : *Les cuticules de l'ongle.* — **2.** Membrane imperméable, souvent présente à la face supérieure des feuilles des dicotylédones, constituée de cutine. — **3.** Plateau ou bande réfringente, homogène, solide, dont sont recouvertes, à leur pôle apical, certaines cellules épithéliales. — **4.** Couche externe dure et imperméable du revêtement de divers animaux.

CUTIDURE n. f. (de *cuti-* et lat. *durus,* dur). Bourrelet du pied du cheval.

CUTINE n. f. Substance imperméable lipidique, voisine de la subérine, constituant la cuticule des feuilles et provenant de la modification de la cellulose.

CUTI-RÉACTION n. f. (pl. *cuti-réactions*). Réaction inflammatoire, plus ou moins vive, que présente la peau d'un sujet allergique quand on dépose sur cette peau, légèrement scarifiée, quelques gouttes d'un antigène responsable de la réaction d'hypersensibilité. (Abrév. fam. CUTI.)

ENCYCL. La cuti-réaction se fait à l'aide de la tuberculine pour la tuberculose. La réaction négative, c'est-à-dire l'absence de réaction inflammatoire au point d'inoculation, indique que le sujet ne présente pas de réponse immunitaire au bacille de la tuberculose. La réaction positive signifie que l'individu a été en contact avec le bacille tuberculeux et que son organisme y a réagi. Le moment où la cuti-réaction, de négative, devient positive, signe la primo-infection. La cuti-réation a vu son champ d'action s'étendre pour la recherche de l'allergie à une substance donnée (poussière, teinture, etc.).

CUTIS-LAXA n. f. (lat. *cutis,* peau, et *laxa,* détendue). Malformation caractérisée par une extension anormale, un relâchement passif et un manque d'élasticité de la peau.

CUTTACK, port de l'Inde (Orissa), sur le delta de la Mahānadi ; 439 273 hab. Université. Centre industriel.

CUTTER [kœtœr] n. m. (angl. *cutter,* de *to cut,* couper). Instrument servant à couper le papier, le carton, etc., constitué d'un manche dans lequel coulisse une lame prédécoupée en éléments qu'on élimine (en les cassant) quand ils sont émoussés.

CUVAGE n. m., ou **CUVAISON** n. f. **1.** Fermentation dans une cuve du raisin destiné au vin rouge. (Le raisin est foulé après la récolte puis introduit dans la cuve, où il reste de 1 à 10 jours. Pendant cette période, tout ou partie du sucre se transforme en alcool.) – **2.** En cidrerie, séjour dans la cuve de la pulpe de pomme râpée avant de la presser.

CUVE n. f. (lat. *cupa,* barrique). **1.** Grand récipient servant à différents usages dans l'industrie. – **2.** Petit réservoir pour produit pétrolier, généralement enterré. (Syn. CITERNE.) – **3.** Grand récipient servant au stockage des produits liquides, à la fabrication du vin, de la bière, du cidre, etc. • **Chim.** Récipient contenant de l'eau ou du mercure qui sert à recueillir et transvaser les gaz. – **Liturg.** *Cuve baptismale,* syn. de FONTS BAPTISMAUX. – **Mar.** Réservoir indépendant de la coque et destiné à recevoir de la cargaison liquide. ‖ Citerne dans un navire méthanier ou transportant du gaz liquéfié. – **Ménag.** Partie intérieure d'un appareil ménager (lave-vaisselle, réfrigérateur, etc.). – **Métall.** Partie principale de certains types de fours métallurgiques, comprise entre les tuyères et le gueulard et comprenant la zone de fusion. – **Œnol.** Cuve close, cuve métallique fermée, pouvant supporter une certaine pression, pour vins mousseux. – **Papet.** *Papier à la cuve,* papier fabriqué manuellement feuille par feuille. – **Phot.** Récipient servant au développement des émulsions photographiques.

CUVEAU n. m. Petite cuve.

CUVÉE n. f. (de *cuve*). **1.** Quantité de matière contenue dans un cuve. – **2.** Produit de toute une vigne, notamment en Bourgogne, où l'on fait cuver séparément les récoltes des différents crus, de manière à laisser à chacun ses qualités particulières. – **3.** Nombre de pièces de vin de même espèce ou que l'on a unifiées pour les rendre semblables. – **4.** *Fam.* Ensemble d'objets qui viennent d'être produits ; ensemble d'étudiants sortis la même année, promotion : *La cuvée 1980 de l'E. N. A.* – **5.** *De la dernière cuvée,* tout nouveau. ‖ *De première cuvée, de (très) bonne cuvée,* de première qualité.

CUVE-FILTRE n. f. (pl. *cuves-filtres*). Cuve dans laquelle on sépare le moût des drèches au cours de la fabrication de la bière.

CUVELAGE n. m. **1.** Revêtement étanche et capable de résister à la pression de l'eau, que l'on place dans un puits de mine sur la traversée des terrains aquifères ou dans les puits de pétrole pour en consolider les parois. (Syn. TUBAGE.) – **2.** Mise en place de ce revêtement. – **3.** Ensemble étanche continu protégeant une construction en sous-sol contre les eaux.

CUVELER v. t. (de *cuve*) [conj. **24**]. Revêtir d'un cuvelage.

CUVE-MATIÈRE n. f. (pl. *cuves-matières*). Cuve de brasserie dans laquelle on procède à l'empâtage du mélange malt et eau.

CUVER v. i. (de *cuve*) [conj. **3**]. Séjourner et fermenter dans une cuve.
◆ v. t. **1.** Fam. *Cuver (son vin),* laisser se dissiper l'ivresse par le sommeil ou le repos. – **2.** *Cuver sa colère,* s'apaiser.

CUVERIE n. f. **1.** Local où sont rangées les cuves. (Syn. CUVIER.) – **2.** Ensemble des cuves.

CUVETTE n. f. **1.** Récipient large, peu profond, portatif, à bord arrondi, évasé et servant principalement à la toilette. – **2.** Partie d'un lavabo qui reçoit l'eau. – **3.** Bassin en faïence ou en porcelaine d'un siège de W.-C. – **4.** Dépression de terrain sans écoulement vers l'extérieur. • **Arm.** Pièce qui garnit l'ouverture du fourreau du sabre pour empêcher la lame de sortir trop aisément. – **Bât.** Tête évasée d'un tuyau de descente de chéneau, de gouttière. ‖ Syn. de CULIÈRE. – **Géol.** Dépression des couches autour d'un axe vertical et dont la section par un plan horizontal est sensiblement circulaire. – **Grav.** Syn. de COUP DE PLANCHE*. – **Maroq.** Syn. de CABINE. – **Navig.** Lit d'un canal. – **Trav. publ.** Emplacement dans lequel on construit les réservoirs de stockage de produits dangereux.

CUVIER n. m. (de *cuve*). **1.** Cuve en bois qui servait principalement à rincer la vaisselle, à faire la lessive, les vendanges, à dessaler le poisson. — **2.** Syn. de CUVERIE. — **3.** Réservoir destiné à contenir les eaux blanches ou la pâte à papier.

CUVIER (Georges, *baron*), naturaliste français (Montbéliard 1769 - Paris 1832). Appelé à Paris par Étienne Geoffroy Saint-Hilaire, il enseigna au Collège de France, où il remplaça Daubenton (1799), puis au Muséum (1802). Secrétaire perpétuel de l'Académie des sciences (1803), directeur des « cultes dissidents » (il était luthérien) sous Louis XVIII, chancelier de l'Université, élu à l'Académie française (1818), il termina sa vie pair de France sous Louis-Philippe.
Son œuvre de zoologiste, immense, l'a conduit à énoncer d'importantes lois générales : corrélation et subordination des caractères anatomiques les uns aux autres, lien nécessaire entre plusieurs caractères, par exemple entre l'existence de cornes chez un mammifère et une denture d'herbivore. Cuvier est tenu pour le fondateur de l'anatomie comparée et de la paléontologie, mais il est toujours resté résolument fixiste. Œuvres principales : *Recherches sur les ossements fossiles* (1812-1825), *le Règne animal* (1817, 2e éd. 1829).

Cuvier *(canal de)*, grande veine transversale aboutissant au sinus veineux chez les poissons et, à l'état embryonnaire, chez les vertébrés terrestres. Les organes homologues des vertébrés adultes sont la veine cave supérieure et la veine coronaire.

CUVILLIER (Armand), philosophe et sociologue français (Paris 1887 - *id.* 1973). Il enseigna à la Sorbonne de 1945 à 1953. Son rôle a été déterminant pour la diffusion de la sociologie comme discipline autonome (*Manuel de sociologie,* 1953).

CUVILLIÉS (François DE), architecte et ornemaniste allemand, originaire du Hainaut (Soignies 1695 - Munich 1768). Nain à la cour de Bavière, il fut envoyé étudier l'architecture à Paris (1720-1724) et devint le maître du rococo bavarois : pavillon d'Amalienburg dans le parc de Nymphenburg (1734), aux stucs d'une exubérance raffinée, faits de motifs végétaux, de figures et de cartouches chantournés ; théâtre de la Résidence de Munich (1751). Il publia à partir de 1738 des recueils gravés d'ornements qui répandirent son style en Europe.

CUXHAVEN, v. d'Allemagne (Basse-Saxe), à l'embouchure de l'Elbe, avant-port de Hambourg ; 45 000 hab.

CUY n. m. (mot celte). Conduit muni d'une vanne, servant à l'entrée ou à la sortie de l'eau de mer dans les marais salants. (Syn. COEF.)

CUYP (Jacob Gerritsz.), peintre néerlandais (Dordrecht 1594 - *id.* 1652). Élève d'A. Bloemaert, il a laissé des portraits ainsi que des paysages animés de personnages et d'animaux. — Son fils ALBERT (Dordrecht 1620 - *id.* 1691) fut influencé par Van Goyen, puis par les paysagistes italianisants d'Utrecht (J. Both). Il est notamment l'auteur de paysages aux lointains lumineux, fortement étayés par les figures ou les animaux qui se détachent au premier plan.

CUYPERS (Petrus Josephus Hubertus), architecte néerlandais (Roermond 1827 - *id.* 1921). Disciple de Viollet-le-Duc, il a élevé des églises catholiques en style néogothique. Ses œuvres majeures sont le Rijksmuseum (1876-1885) et la gare centrale (1881-1889) d'Amsterdam.

CUZA ou **COUZA** (Alexandre-Jean Ier) [Galați 1820 - Heidelberg 1873], prince des principautés unies de Moldavie et de Valachie (1859-1866). Élu prince en 1859 par les Assemblées de Moldavie et de Valachie, il réalisa l'union des deux principautés, reconnue par la Porte en 1861 et proclamée définitive en 1862. Il accomplit de nombreuses réformes visant à moderniser le pays (réforme agraire de 1864) et fut contraint d'abdiquer en 1866 par une coalition de conservateurs et des libéraux radicaux.

CUZCO, v. du Pérou méridional, dans une vallée des Andes orientales, à 3 400 m d'altitude ; 181 600 hab. Archevêché. Université. Carrefour routier et ferroviaire (chemin de fer pour le Machu Picchu) et centre touristique.
— **Hist.** Cuzco, capitale de l'État inca, a été construite par Pachacútec et ses successeurs. En son centre se dressaient palais des souverains et édifices à fonction cérémonielle, en pierre taillée. Pillée (1533), puis érigée en ayuntamiento par Francisco Pizarro, Cuzco fut assiégée vainement par les Quechuas révoltés (1535). Elle devint un des grands centres de l'Amérique espagnole.
— **Bx-arts.** De l'époque coloniale datent de nombreux monuments édifiés sur les fondations de palais ou de temples incas, dont la cathédrale, construite de 1560 à 1654 (mobilier, œuvres d'art), et l'église de la Compañía, reconstruite après le séisme de 1650 (remarquable façade baroque). Le couvent de S. Domingo fut élevé sur le *Coricancha* (« enclos de l'or »), qui comprenait le temple du Soleil, dont plusieurs parties subsistent. Beau cloître de la Merced. Petits musées d'Archéologie et d'Art religieux (peintures de l'école de Cuzco, XVIe-XVIIIe s.).

CV, symbole de l'unité de puissance fiscale d'un moteur exprimée en chevaux fiscaux.

C. V. n. m. Abrév. de CURRICULUM VITAE.

CVIJIĆ (Jovan), géographe serbe (Loznica 1865 - Belgrade 1927). Élève de A. Penck et de Suess à

Vienne, il a étudié les problèmes de la morphologie du karst.

C_x n. m. inv. Coefficient sans dimensions, caractérisant la résistance à l'avancement (traînée) d'un mobile.

CYAMÉLIDE n. f. Trimère de l'acide isocyanique.

CYAMIDÉ n. m. (gr. *kuamos,* fève). **1.** Nom de famille de petits mollusques bivalves des mers du Sud. — **2.** Nom de famille de crustacés amphipodes vivants fixés sur la peau des baleines.

CYAN n. m. (angl. *cyan,* du gr. *kuanos*). Le bleu-vert, couleur d'une des quatre encres utilisées en quadrichromie.

Cyana, submersible de recherche, mis en service par le CNEXO en 1970. Il peut travailler jusqu'à des profondeurs d'env. 3 000 m.

CYANACÉTIQUE adj. *Acide cyanacétique,* acide $NC—CH_2—CO_2H$, dont l'ester éthylique est un agent de synthèse.

CYANAMIDE n. m. **1.** Amide de l'acide cyanique, $NC—NH_2$. (Sa trimérisation donne la mélamine, source de résines utiles.) — **2.** *Cyanamide calcique, sodique,* sel de calcium, de sodium, du cyanamide. (Le cyanamide calcique est employé comme engrais, l'eau le transformant lentement en chaux et en ammoniac.)

CYANATE n. m. Sel ou ester de l'acide cyanique.

CYANÉE n. f. Très grande méduse acalèphe dont les tentacules sont insérés en bouquets sur le bord de l'ombrelle, qui atteint 2 m de diamètre.

CYANHYDRINE n. f. Nom générique des cyanoalcools, R—CHOH—CN.

CYANHYDRIQUE adj. *Acide cyanhydrique,* dénomination courante du méthane nitrile $H—C{\equiv}N$, doué de propriétés acides marquées. (Syn. désuet ACIDE PRUSSIQUE.)

ENCYCL. La composition de l'acide cyanhydrique, obtenu pour la première fois par Scheele en 1782 à partir du bleu de Prusse, fut établie en 1815 par Gay-Lussac. Liquide incolore à odeur d'amande amère, soluble dans l'eau, il bout à 26 °C. C'est un poison extrêmement violent. L'acide et ses sels, les cyanures, peuvent former des complexes avec les composés du fer responsables du transport et de l'utilisation de l'oxygène dans les organismes vivants, provoquant ainsi l'asphyxie. Dans l'industrie, on prépare l'acide cyanhydrique par ammoxydation du méthane, ou à partir du cyanure de sodium.

CYANINE n. f. Matière colorante bleue utilisée comme sensibilisateur pour les émulsions photographiques.

CYANIQUE adj. *Acide cyanique,* acide CHNO, isomère de l'acide fulminique.

ENCYCL. L'acide cyanique, obtenu par chauffage de l'acide cyanurique, est très réactif et peut exister sous deux formes tautomères : l'acide cyanique $HO—C{\equiv}N$ et l'acide isocyanique $O{=}C{=}NH$; il n'y a pas lieu de distinguer les cyanates des isocyanates métalliques, mais le remplacement de l'atome d'hydrogène de l'acide par un radical organique conduit à 2 types de dérivés, les cyanates ROCN et les isocyanates OCNR. Ces derniers réagissent avec les alcools en donnant des carbamates substitués (uréthannes) et avec les amines en donnant des urées substituées.

CYANISATION n. f. Transformation industrielle de certains déchets en cyanure.

CYANO n. m. Radical monovalent $C{\equiv}N$.

CYANOACRYLATE n. m. Adhésif constitué par un ester (méthylique, éthylique, butylique) de l'acide cyanoacrylique $[CH_2{=}C(CN)COOH]$, dont la polymérisation permet d'obtenir, à température ambiante, un collage d'une très grande résistance.

CYANOBACTÉRIE n. f. Bactérie photosynthétique unicellulaire ou formant des filaments pluricellulaires, de couleur vert bleuâtre, dont les représentants (rivulaires, nostocs, spirulines, oscillaires, etc.) colonisent presque tous les milieux. (Syn. ALGUE BLEUE. V. CYANOPHYCÉE.)

CYANOCOBALAMINE n. f. Dénomination commune de la vitamine B12.

1. CYANOGÈNE adj. Qui provoque la cyanose (cardiopathie cyanogène).

2. CYANOGÈNE n. m. Se dit de l'éthane dinitrile NC—CN.

ENCYCL. Le cyanogène fut découvert en 1815 par Gay-Lussac, qui montra ses analogies avec les halogènes. C'est un gaz incolore très toxique, qui se liquéfie à - 21 °C. Il réagit avec les métaux et l'hydrogène en donnant des cyanures et l'acide cyanhydrique. Avec les alcalis, il donne un mélange de cyanure et de cyanate. Certains sels de cyanogène, très toxiques, ont été employés comme gaz de combat.

CYANOGENÈSE n. f. Réaction chimique qui, lors du broyage de certaines graines (amande amère, haricot de Java, vesce), produit de l'acide cyanhydrique.

CYANOPHYCÉE n. f. Végétal procaryote chlorophyllien pluricellulaire, aquatique ou des lieux humides, coloré par un pigment secondaire bleuâtre, la phycocyanine, et par le pigment des algues rouges, ou phycoérythrine. (Les *cyanophycées* forment une classe, rangée ordinairement parmi les algues, parfois parmi les bactéries, sous le nom de cyanobactéries, à cause de leur procaryotisme.) [Syn. ALGUE BLEUE.]

ENCYCL. Parmi les cyanophycées, on compte le nostoc des sols argileux humides, l'algue composante de certains lichens, les oscillaires des eaux douces et une algue marine perforante, *hyella.* Les cyanophycées sont capables d'assimiler l'azote atmosphérique (prototrophie), ce qui leur permet de coloniser les milieux neufs (laves volcaniques encore tièdes).

CYANOSE n. f. (gr. *kuanôsis,* teinte bleue). Coloration bleu violacé des téguments, généralisée ou plus souvent localisée aux ongles, aux lèvres, aux oreilles.
ENCYCL. La cyanose apparaît lorsqu'il y a plus de 5 g d'hémoglobine réduite par 100 ml de sang capillaire moyen. Elle peut être due à une vasoconstriction périphérique, à une insuffisance d'oxygénation au niveau des poumons (pneumopathies) ou à une cardiopathie congénitale. Au cours d'une anesthésie générale, la cyanose est un signe d'alarme traduisant une hypoxémie.

CYANOSER v. t. (conj. 3). Affecter de cyanose ; engendrer la cyanose.

CYANOTIQUE adj. Relatif à la cyanose.

CYANURATION n. f. **1.** Cémentation de l'acier par immersion dans un bain à base de cyanure alcalin fondu. (Elle permet d'enrichir superficiellement en carbone des petites pièces d'acier doux [vis, boulons, etc.].) — **2.** Traitement des minerais d'or et d'argent par des solutions très étendues de cyanures alcalins, en présence de l'oxygène de l'air.

CYANURE n. m. Sel de l'acide cyanhydrique.
ENCYCL. Les cyanures alcalins, stables à la chaleur, sont toxiques, contrairement aux cyanures complexes obtenus avec certains métaux (fer, cobalt, chrome, platine). Les cyanures de métaux lourds se décomposent à la chaleur en donnant un carbure ou du cyanogène.
Le cyanure et l'oxycyanure de mercure sont antiseptiques et désinfectants. Le cyanure de mercure est également utilisé comme antisyphilitique.

CYANURER v. t. (conj. 3). Effectuer la cyanuration.

CYANURIQUE adj. *Acide cyanurique,* acide obtenu par chauffage de l'urée. (Il est employé comme herbicide.)

CYATHE n. m. (lat. *cyathus,* coupe). Inflorescence condensée des euphorbes, qui diffère très peu d'une fleur unique.

CYATHÉACÉE n. f. Nom de famille des fougères arborescentes tropicales telles que *cyathea, alsophila, dicksonia.* (Certaines espèces ont un tubercule alimentaire.)

CYAXARE, premier roi connu des Mèdes (v. 625 - 585 av. J.-C.). Il défit les Assyriens, prenant Assour (614 av. J.-C.) et Ninive (612 av. J.-C.), et s'empara du royaume d'Ourartou. Après cinq ans de guerre (v. 590-585) contre le Lydien Alyatte, il accepta l'Halys comme frontière.

CYBÈLE, déesse de Phrygie, dite aussi *Grande Mère, Mère des dieux,* assimilée à l'Anatolienne *Kubaba.* C'était une divinité des cimes boisées qui avait pour parèdre le berger Attis. À Pessinonte, en Phrygie, elle était représentée par un bétyle, une pierre noire. Son culte se répandit en Grèce et fut adopté par les Romains en 204 av. J.-C. dans les épreuves de la seconde guerre punique. Ce fut la première religion orientale officiellement introduite à Rome. Les pratiques culturelles demeurèrent orgiastiques. Une grande fête annuelle, du 15 au 27 mars, rappelait l'histoire légendaire de Cybèle et d'Attis. Le sommet de la fête était le « jour du sang », jour de deuil achevé par le sacrifice d'un taureau, et son lendemain, jour de résurrection.

CYBERCAFÉ n.m. Café dans lequel sont mis à la disposition de la clientèle des ordinateurs permettant d'accéder au réseau Internet.

CYBERESPACE n.m. (anglo-amér. *cyberspace*). Environnement résultant de la mise en œuvre de systèmes de réalité virtuelle ou de l'utilisation de réseaux télématiques internationaux.

CYBERNAUTE n. Utilisateur d'un système de réalité virtuelle ou d'un réseau télématique international.

CYBERNÉTICIEN, ENNE n. Spécialiste de la cybernétique.

CYBERNÉTIQUE n. f. (gr. *kubernêtikê,* de *kubernân,* gouverner). Science de l'action orientée vers un but, fondée sur l'étude des processus de commande et de communications dans les systèmes technologiques, biologiques, sociologiques et économiques.
◆ adj. **1.** Relatif à la cybernétique. — **2.** Se dit d'une œuvre d'art ou d'un ensemble d'œuvres d'art dont les éléments, mobiles, sont condamnés par des dispositifs électroniques et informatiques. (N. Schöffer en a été le pionnier en France.)
ENCYCL. Platon, dans ses dialogues, utilisait déjà le terme « cybernétique », qu'il illustra de nombreux exemples, allant du pilotage d'un navire au gouvernement des hommes. Il avait saisi la structure de tous les processus d'action orientée vers un but, fondée sur la comparaison de l'évolution du système gouverné avec son évolution désirée dans une structure à rétroaction.
Au cours de la Seconde Guerre mondiale, des spécialistes américains du radar ont appliqué leurs connaissances des chaînes de réaction électroniques à la conception de servomécanis-

mes très performants, capables de suivre une cible et de la détruire sur ordre d'un calculateur de tir. Les échanges entre physiciens, électroniciens et mécaniciens, auxquels se joignirent biologistes, sociologues, économistes, se poursuivirent sous l'égide de Norbert Wiener, qui, dans son ouvrage *Cybernetics* (1948), mit en évidence l'unité structurelle de processus aussi différents que le guidage d'un missile et la régulation du taux de gaz carbonique dans le sang. L'influence du mouvement cybernétique sur la science moderne se manifeste par l'apparition dans les disciplines les plus diverses de schémas rappelant ceux de l'automatique et de l'informatique. Les analogies entre les systèmes matériels et les mécanismes de la vie sont cependant partielles. L'apport de la cybernétique réside plus dans la méthodologie que dans le transfert direct de connaissances d'une discipline à une autre.

CYBERNINE n. f. (gr. *kubernân,* gouverner). Peptide extrait de l'hypothalamus, contrôlant de nombreuses activités cellulaires et agissant sur le comportement.

CYBISTER [-tɛr] n. m. (gr. *kubistêtêr,* plongeur). Grand dytique des eaux stagnantes.

CYBOCÉPHALE n. m. (du gr. *kubos,* cube). Petit coléoptère au corps très convexe, qui peut se rouler en boule, utile prédateur d'une cochenille nuisible, *Diaspis.*

CYCADALE n. f. (lat. sc. *cycas,* sorte de palmier). Nom d'ordre donné à des gymnospermes à port de palmier, telles que *cycas, zamia, dioon,* etc., des régions chaudes du globe, que caractérise leur fécondation aquatique par des anthérozoïdes nageurs et ciliés.

CYCADOPHYTE n. f. Nom d'une classe de végétaux comprenant notamment les cycadales, actuelles, et les bennettitales, fossiles.

CYCAS [-kas] n. m. (lat. sc. *cycas,* du gr. *kuiks, kuikos,* palmier d'Égypte). Arbre gymnosperme du Sud-Est asiatique, à port de palmier, dioïque, à fécondation aquatique. (Sa moelle fournit un sagou.)

CYCLABLE adj. Aménagé pour les bicyclettes : *Piste cyclable.*

CYCLADE n. m. (gr. *kuklas, -ados,* circulaire). Mollusque bivalve à coquille ronde, qui abonde dans la vase.

CYCLADES, en gr. **Kuklades** ou **Kykládhes,** archipel grec de la mer Égée, qui forme un nome. Ch.-l. *Ermoúpolis.* Vigne, blé, olivier et agrumes. Tourisme.

CYCLADIQUE adj. Relatif aux Cyclades.

ENCYCL. À l'âge du bronze (3200 - 1450 av. J.-C.), les Cyclades connaissent une civilisation brillante et originale qui, au IIIe millénaire (cycladique ancien), rayonne sur toute la Méditerranée. Les habitants sont groupés dans de petits établissements fortifiés près de la côte. Partout, les tombes à ciste ont fourni un important matériel céramique (kernos au décor géométrique incisé puis peint) ainsi que des bijoux (diadème d'Amorgos) et des statuettes de marbre. Ces « idoles » cycladiques, parfois stylisées en violon, nues, debout, montrent un sens très précis des proportions et de la simplification des formes. La plupart sont féminines, mais certaines représentent des musiciens (flûtiste, harpiste assis). Le développement de la Crète minoenne entraîne d'abord un déclin de cette civilisation, puis, vers le XVIe s. av. J.-C., l'influence minoenne provoque un renouveau sensible dans l'art de la fresque (frise de Phylacopi, d'Akrotiri à Santorin [Théra]). L'éruption du Santorin (v. 1450 av. J.-C.) et l'expansion maritime mycénienne mirent fin à cet art.

CYCLAMATE n. m. Dénomination commune d'un édulcorant de synthèse.

ENCYCL. L'usage du cyclamate de sodium comme additif alimentaire est interdit en France. Il n'est employé que dans certains régimes hypocaloriques, notamment chez les diabétiques. Mais il peut avoir des effets cancérogènes et tératogènes.

CYCLAMEN [-mɛn] n. m. (bas lat. *cyclamen,* du gr. *kuklaminos*). **1.** Primulacée vivace à feuilles en cœur et dont les fleurs roses à pétales réfléchis semblent présenter une gorge, tournée vers le bas. (Les cyclamens sont utilisés comme plantes ornementales.) — **2.** Couleur mauve propre à cette fleur.

CYCLANE → CYCLOALCANE.

CYCLANIQUE adj. Qui a trait aux cycloalcanes.

CYCLANOL → CYCLOALCANOL.

CYCLANONE → CYCLOALCANONE.

1. CYCLE n. m. (bas lat. *cyclus,* du gr. *kuklos*). Suite de phénomènes se renouvelant dans un ordre immuable : *Le cycle des saisons.* • **Agric.** *Cycle cultural,* période de la vie d'une plante cultivée qui va depuis le semis jusqu'à la récolte du produit souhaité (feuille, tige, fleur, fruit). — **Astron.** *Cycle dominical* ou *solaire,* période de 28 ans au bout de laquelle les mêmes dates de chaque mois tombent aux mêmes jours de la semaine. ‖ *Cycle lunaire,* syn. de CYCLE DE MÉTON*. ‖ *Cycle solaire,* période de 11 ans qui sépare deux minimums d'activité solaire. — **Biochim.** Ensemble des transformations subies par un système le ramenant à son état initial. — **Biol.** Toute succession régulièrement répétitive de la même suite de phénomènes, à intervalles réguliers, dans l'existence d'un être vivant, d'une lignée ou de l'ensemble du monde vivant. (→ *encycl.*) — **Bot.** *Cycle foliaire,* nombre de feuilles rencontrées sur une tige ou un rameau, compté depuis l'une de ces feuilles jusqu'à celle qui la surmonte exactement, et divisé éventuellement par 2 s'il a fallu faire deux tours pour le parcourir. — **Chim.** Chaîne d'atomes fermée, fréquente surtout parmi les composés du carbone. (Syn. NOYAU.) — **Écon.** *Cycle économique,* fluctuation de l'activité économique, plus ou moins régulière et périodique, comprenant chaque fois une période de croissance et une période de dépression, les points de retournement correspondant à la crise et à la reprise. (→ *encycl.*) ‖ *Cycle de vie d'un produit,* évolution du comportement d'un produit sur son marché, caractérisée par des phases d'innovation, de croissance, de maturité et de déclin. — **Électr.** *Cycle de fonctionnement,* syn. de SERVICE. — **Enseign.** Dénomination officielle donnée aux divisions de certains programmes d'études. (Dans l'enseignement secondaire, le *premier cycle* va de la sixième à la troisième incluse, le *second cycle* de la seconde à la terminale. Dans l'enseignement supérieur, le *premier cycle* correspond au D. E. U. G., le *second cycle* à la licence et à la maîtrise, le *troisième cycle* à un doctorat de spécialité.) ‖ *Cycle court,* cycle d'études de l'enseignement secondaire qui ne conduit pas l'élève jusqu'au baccalauréat, par oppos. au *cycle long,* qui permet l'accès à l'enseignement supérieur. — **Géogr.** *Cycle d'érosion,* modèle d'évolution morphologique, proposé par W. M. Davis (1899), qui range les formes de relief observables dans le schéma simple d'une succession continue et irréversible de paysages dont l'aplanissement marque le terme nécessaire. (→ *encycl.*) — **Géol.** *Cycle géochimique,* ensemble des processus géodynamiques de dispersion, d'accumulation et de tri des éléments qui les conserve globalement et les recycle en permanence. ‖ *Cycle orogénique,* ensemble des événements s'étalant, en moyenne, sur 200 M années, au cours desquels s'édifie puis se détruit une chaîne de montagnes. — **Inform.** *Cycle de base,* intervalle de temps élémentaire sur lequel est fondé le fonctionnement d'un ordinateur. ‖ *Cycle mémoire,* temps minimal s'écoulant entre deux opérations successives sur le bloc mémoire d'un ordinateur. — **Littér.** Ensemble de poèmes, en général épiques, groupés autour d'un fait, d'un héros. (Ex. cycle d'Arthur.) ‖ *Cycle grec,* ensemble des épopées posthomériques aujourd'hui disparues. — **Liturg.** *Cycle liturgique,* suite des fêtes liturgiques réglées par le calendrier et se retrouvant chaque année dans un ordre constant. — **Math.** Permutation dans laquelle, un certain nombre d'éléments restant fixes, les autres éléments subissent une permutation circulaire. ‖ *Cycle d'un graphe,* chaîne finie dont le sommet terminal coïncide avec le sommet initial. — **Méca n.** Ensemble des opérations réalisées par une machine automatique entre deux passages successifs par un même état. ‖ Ensemble des opérations successives nécessaires au fonctionnement d'un moteur à explosion. (→ *encycl.*) — **Nucl.** *Cycle du combustible nucléaire,* suite des opérations d'élaboration, d'utilisation dans un réacteur et de traitement après irradiation d'un combustible* nucléaire. — **Pédol.** Flux de circulation des éléments minéraux entre le sol et la végétation. — **Phys.** Partie d'un phénomène périodique qui s'effectue durant une période. ‖ Succession de réactions thermonucléaires qui ont lieu dans la matière stellaire. (Ces réactions sont responsables de l'essentiel de l'énergie émise par les étoiles.) [→ *cycle de* BETHE.] — **Physiol.** *Cycle (menstruel),* intervalle de temps qui sépare deux menstruations normales. (Il débute le premier jour des règles, comporte une phase préovulatoire, puis l'ovulation au 14e jour et enfin une phase postovulatoire ; il dure habituellement 28 jours.) — **Thermodyn.** Succession de transformations qui ramènent un système dans son état initial. ‖ *Cycle frigorifique* ou *cryogénique,* succession de transformations au cours desquelles un fluide frigorigène transfère de la chaleur d'une source froide à une source chaude. (Un cycle comprend 4 étapes : compression ; refroidissement ou condensation ; détente ; échauffement ou évaporation.)

ENCYCL. **Biol.** Les principaux cycles intervenant dans la vie individuelle sont : le *cycle d'intermue* des arthropodes, le *cycle œstrien** de la femme et des mammifères femelles, le *cycle parasitaire** des animaux parasites, marqué par les stades de vie libre et d'infestation d'un ou plusieurs hôtes, accompagnés de changements importants de forme du parasite, le *cycle saisonnier* ou *annuel* qui, dans toutes les régions aux saisons nettement marquées, impose à de nombreuses espèces d'animaux et de plantes un cycle reproductif d'une durée d'un an, avec une période de vie ralentie à la mauvaise saison (plantes annuelles, animaux univoltins), ou des changements saisonniers adaptatifs très importants (pelage d'hiver des mammifères, disparition des parties aériennes des herbes, etc.).

À l'échelle d'une lignée, on définit un *cycle reproductif**, qui s'étend de l'œuf fécondé, ou zygote, d'une génération au zygote de la génération suivante.

À l'échelle planétaire, on appelle *cycles biosphériques* la suite cyclique des composés chimiques et des êtres vivants au sein desquels se trouvent successivement engagés certains élé-

ments simples : eau, carbone, azote, phosphore, calcium, oxygène, etc. Les transformations des composés de ces mêmes substances dans les cellules d'un animal ou d'une plante peuvent s'opérer, elles aussi, selon des *cycles biochimiques,* dont les plus importants sont le *cycle de Calvin** dans la photosynthèse végétale et le *cycle de Krebs** dans l'utilisation énergétique des aliments chez les animaux.
– **Écon.** La notion de cycle de période longue est associée au nom du Russe Kondratiev, celle de cycle de période moyenne (env. 10 ans) à celui de l'économiste français Juglar ; les cycles de période courte (env. 40 mois) sont dénommés « cycles Kitchin » par référence à l'économiste anglo-saxon qui les a mis en évidence.

Les cycles longs de Kondratiev impliquent des périodes favorables d'une durée de 20 à 30 ans et d'autres, d'une durée analogue, dont la « pente » générale est défavorable. Ainsi, on peut repérer dans l'histoire économique de l'Occident une dépression après 1825, jusqu'en 1848 ; une croissance de 1850 à 1873 ; une dépression de 1873 à 1895 ; une période de nouveau favorable de 1895 à 1914 ; la grande dépression de 1929 à 1936 ; une phase ascendante de 1945 à 1973. Dans les années 70, s'amorce une phase Kondratiev « à la baisse » (qui s'aggravera dans les années 80 et 90) après la phase (particulièrement longue) de hausse, qui a marqué, depuis 1945, la croissance de très nombreux pays.
– **Géogr.** *Cycle d'érosion.* L'aplanissement est le résultat de la seule action de l'érosion fluviale, entaillant d'abord vigoureusement les reliefs (stade de jeunesse), réduisant les interfluves (stade de maturité) pour aboutir à la pénéplaine (stade de sénilité, ou de vieillesse). Parce qu'elle ne tient pas compte de la permanence de l'évolution tectonique et des modalités de l'érosion hors du domaine tempéré humide, la notion de cycle d'érosion a un intérêt historique ou spatialement bien limité.
– **Mécan.** Dans un moteur à explosion, on distingue le *cycle à quatre temps,* étudié par Beau de Rochas en 1862 et utilisé sur la plupart des voitures et des avions, et le *cycle à deux temps,* surtout employé sur les motocycles. Le cycle à quatre temps commence par l'admission, ou aspiration, au cours de laquelle le mélange gazeux est aspiré dans le cylindre. Puis vient la compression du mélange gazeux par le piston et la combustion, ou explosion, créée par l'étincelle de la bougie. En brûlant, les gaz se détendent et chassent le piston vers le bas : c'est la phase moteur du cycle. Au cours de l'échappement, le piston remonte dans le cylindre et chasse les gaz brûlés. Un cycle complet est réalisé en deux tours du vilebrequin.
Dans un moteur deux temps, le rôle des soupapes d'admission et d'échappement est joué par des lumières (d'admission, de transfert et d'échappement), ouvertures que le piston obture et découvre tour à tour. Le mélange gazeux, ayant pénétré dans le carter par la lumière d'admission, parvient à la chambre de combustion en passant par la lumière de transfert. Il y est comprimé par le mouvement ascendant du piston. Après l'explosion, le piston obture la lumière d'admission, découvrant la lumière d'échappement, par où sont évacués les gaz brûlés. Ces opérations sont assurées en un seul tour de vilebrequin.

2. CYCLE n. m. (angl. *cycle,* abrév. fam. de *bicycle,* du bas lat. *cyclus,* cercle). Appareil de locomotion muni de roues et mû par l'action des pieds sur des pédales (bicyclette, tandem, tricycle, etc.).

CYCLÈNE → CYCLOALCÈNE.

CYCLINE n. f. Tout antibiotique appartenant à la famille des tétracyclines.

CYCLIQUE adj. (lat. *cyclicus*). Qui revient à intervalles réguliers, se reproduit selon un cycle : *Les crises cycliques de l'économie.* • **Algèbr.** *Groupe cyclique,* groupe monogène d'ordre fini. (→ *encycl.*) – **Bot.** *Fleur cyclique,* fleur dont les verticilles forment des couronnes concentriques portant le même nombre *n* de pièces, mais décalées de $1/2n$ tour, de sorte que par exemple une étamine s'insère en face de l'intervalle entre deux pétales, etc. – **Chim.** *Composé cyclique,* composé organique à chaîne fermée. (→ *encycl.*) – **Électr.** *Impédance cyclique,* impédance intervenant dans le schéma monophasé équivalant à un système polyphasé équilibré. – **Géom.** *Point cyclique,* chacun des deux points du plan projectif de coordonnées $(1, i, 0)$ et $(1, -i, 0)$. – **Méd.** Se dit d'une maladie qui, en l'absence de traitement, passe par des étapes successives régulières, que l'on peut prévoir dès l'apparition des premiers signes. – **Mus.** Se dit d'une forme musicale dont la construction est subordonnée à un thème qui apparaît dans chacun des épisodes constituant l'œuvre.

ENCYCL. **Algèbr.** Tout groupe cyclique est engendré par un seul élément et de cardinal fini. Un groupe cyclique d'ordre n est isomorphe au groupe cyclique $(\mathbb{Z}/n\mathbb{Z}', +)$. Tout groupe fini d'ordre p (p entier premier) est cyclique.
– **Chim.** Les *composés cycliques* peuvent contenir des cycles ne renfermant que du carbone (composés homocycliques ou carbocycliques) ou des cycles renfermant du carbone et d'autres atomes (composés hétérocycliques). Les composés aromatiques sont des composés cycliques (homo- ou hétérocycliques).

CYCLIQUEMENT adv. De façon cyclique.

CYCLISATION n. f. Fermeture d'une chaîne d'atomes ouverte.

CYCLISER v. t. (conj. 3). Procéder à la cyclisation.

CYCLISME n. m. (de *cycle 2*). Pratique et sport de la bicyclette.

ENCYCL. Le sport cycliste, né à la fin du XIXe s., très développé en Europe (et aussi au Japon, en Colombie), comprend deux genres de courses : sur route et sur piste. Parmi les épreuves sur route, on distingue les courses en ligne (Paris-Roubaix, Tour des Flandres, Milan-San Remo, Tour de Lombardie), les courses par étapes (Tour de France, Tour d'Italie, Tour d'Espagne notamment) et les courses contre la montre (Grand Prix des Nations). Parmi les épreuves sur piste, plus variées, il faut citer la vitesse, le demi-fond, les six-jours, la poursuite, le kilomètre (départ) arrêté.

Des records ont été établis dans toutes les spécialités, dont le plus populaire est le record du monde de l'heure, établi par Henri Desgrange en 1893 avec 35,325 km et détenu depuis 1994 par le Suisse Tony Rominger avec 55,291 km. Les coureurs cyclistes sont amateurs à leurs débuts. Ils peuvent ensuite devenir professionnels (du moins en Europe occidentale) et sont généralement au service d'une marque commerciale. Chaque année se disputent, dans chaque spécialité, des championnats nationaux et des championnats du monde (ceux-ci organisés par l'Union cycliste internationale, l'U. C. I., fondée dès 1900). Le cyclisme est également présent aux jeux Olympiques.

Le cyclisme a fait entrer plusieurs de ses champions, surtout les routiers, dans la légende du sport : les Français Antonin Magne, Jacques Anquetil, Louison Bobet et Bernard Hinault, les Italiens Alfredo Binda, Gino Bartali et Fausto Coppi, les Belges Philippe Thys, Rik Van Looy et surtout Eddy Merckx, le plus grand coureur de tous les temps (si l'on se rapporte au palmarès), l'Américain Greg LeMond, l'Espagnol Miguel Induráin.

CYCLISTE adj. Relatif au cyclisme.
◆ n. Personne qui pratique le sport du cyclisme ou qui se déplace à bicyclette.

CYCLOALCANE ou **CYCLANE** n. m. Hydrocarbure saturé, de formule générale C_nH_{2n}, qui renferme une chaîne fermée.

CYCLOALCANOL ou **CYCLANOL** n. m. Alcool dérivé d'un cycloalcane.

CYCLOALCANONE ou **CYCLANONE** n. f. Cétone dérivée d'un cycloalcane.

CYCLOALCÈNE ou **CYCLÈNE** n. m. Hydrocarbure de formule générale C_nH_{2n-2}, qui renferme simultanément un cycle et une double liaison.

CYCLOALCYNE n. m. Hydrocarbure de formule générale C_nH_{2n-4}, qui renferme simultanément un cycle et une triple liaison.

CYCLOCONVERTISSEUR n. m. Dispositif d'électronique de puissance permettant de changer la fréquence et le nombre de phases d'une source alternative.

CYCLOCOSMIE n. f. Araignée cténize de Chine et d'Amérique centrale, qui utilise son abdomen rond pour obturer son terrier.

CYCLO-CROSS n. m. inv. Sport hivernal dérivé du cross-country et du cyclisme, disputé sur un terrain accidenté.

CYCLOFÉNIL n. m. Médicament utilisé chez la femme comme inducteur de l'ovulation.

CYCLOGENÈSE n. f. Ensemble des processus qui déterminent un cyclone.

CYCLOGRAMME n. m. Graphique matérialisant les mouvements correspondant à l'exécution d'un travail manuel.

CYCLOHEPTANE n. m. Cycloalcane C_7H_{14}.

CYCLOHEXANE n. m. Cycloalcane C_6H_{12}.

ENCYCL. La reconnaissance de l'existence de deux conformations* pour la molécule de cyclohexane, baptisées *chaise* et *bateau,* a joué un rôle fondamental dans le développement de l'analyse conformationnelle. Le cyclohexane est un solvant et un intermédiaire industriel important, menant au Perlon et au Nylon.

CYCLOHEXANOL n. m. Alcool secondaire $(CH_2)_5CHOH$, dérivé du cyclohexane. (C'est un liquide bouillant vers 160 °C, dont les esters sont employés comme solvants et plastifiants des matières plastiques.)

CYCLOHEXANONE n. f. Cétone $(CH_2)_5C = 0$ dérivée du cyclohexane. (Liquide bouillant à 155 °C, la cyclohexanone est oxydée en acide adipique, source de polyamides.)

CYCLOHEXYLAMINE n. f. Amine $(CH_2)_5CHNH_2$, obtenue par hydrogénation de l'aniline, intermédiaire pour la fabrication de produits organiques (savons, insecticides, plastifiants).

CYCLOÏDAL, E, AUX adj. Qui a un rapport avec la cycloïde.

1. CYCLOÏDE n. f. (gr. *kukloeidês,* circulaire). Roulette engendrée par un point situé sur un cercle qui roule sur une droite. (Syn. TROCHOÏDE.)

ENCYCL. La cycloïde fut la courbe la plus étudiée dans la première moitié du XVIIe s. ; elle a permis aux mathématiciens de mettre au point les techniques anticipant la différentiation et l'intégration : Roberval en fit la quadrature et en construisit la tangente, pour laquelle Descartes, Fermat donnèrent d'autres solutions. Si R est le rayon du cercle qui roule, une équation paramétrique de la cycloïde est $f(t) : x(t) = R\ (t - \sin t)$ $y(t) = R\ (1 - \cos t)$.

2. CYCLOÏDE adj. *Écaille cycloïde,* écaille à bord libre lisse de certains poissons (hareng, carpe, etc.)

CYCLOMOTEUR n. m. Cycle pourvu d'un moteur d'une cylindrée n'excédant pas 50 cm^3 et dont la vitesse n'excède pas 45 km/h.

CYCLOMOTORISTE n. Personne qui se déplace à cyclomoteur.

CYCLONAGE n. m. Lavage ou décantation par cyclones.

CYCLONE n. m. (angl. *cyclone,* du gr. *kukloma,* de *kuklos,* cercle, mouvement circulaire). **1.** Masse atmosphérique animée d'un mouvement de rotation en sens inverse des aiguilles d'une montre dans l'hémisphère N. (rotation inverse dans l'hémisphère austral), accompagnée de vents forts, d'une baisse barométrique et de précipitations. (Syn. DÉPRESSION MOBILE.) [→ *encycl.*] — **2.** Dans la zone tropicale, vent dévastateur accompagné de pluies provoqué par une dépression très marquée. (Syn. OURAGAN, TYPHON.) — **3.** Bourrasque violente ; tourbillon de vent. — **4.** Appareil destiné à effectuer une récupération ou une classification de particules d'un produit entraîné dans un fluide. (→ *encycl.*) — **5.** *Foyer cyclone,* foyer constitué par une capacité cylindrique ou tronconique, à l'intérieur de laquelle les grains de combustible sont entraînés dans un mouvement giratoire très rapide avec l'air de combustion et brûlent à la surface du lit de scories en fusion qui tapissent la paroi.

ENCYCL. **Météo.** Le cyclone constitue un vaste tourbillon rencontré aux latitudes moyennes et tropicales. Dans la *zone tempérée,* né généralement de la rencontre de coulées polaires et d'air chaud d'origine subtropicale, le tourbillon cyclonique débute par l'ondulation d'un front préexistant (arctique, polaire ou méditerranéen). Ce tourbillon, animé d'un mouvement ascendant de l'air chaud, se dirige vers l'E. Le temps se couvre progressivement, les précipitations débutent avec la diminution de l'altitude du front chaud, s'arrêtent ou se ralentissent lors du contact de l'air chaud avec le sol, reprennent avec l'arrivée du front froid. Celui-ci finit par rejoindre le front chaud, rejetant l'air chaud en altitude. C'est l'occlusion du cyclone tempéré, dit parfois aussi *cyclone norvégien.* (→ NUAGE.)
Dans la *zone tropicale,* les cyclones, aux noms régionaux variés (hurricanes, ouragans, typhons, baguios, etc.), naissent au-dessus d'une masse océanique chaude, en liaison avec la rencontre d'air polaire et d'air très chaud ou instable, ou résultent de l'approfondissement d'une dépression préalable. Le cyclone comporte, en son centre, une chute brutale et massive de la pression. La remontée est également très rapide. La baisse affecte une aire à peu près circulaire de 50 à 200 km de rayon, la vitesse des vents en rotation pouvant aller jusqu'à 300 km/h. Au centre, l'œil du cyclone (zone de calme) atteint jusqu'à 40 km de diamètre.
Se déplaçant rapidement vers l'O. ou le N.-O., les cyclones atteignent et ravagent les archipels ou régions côtières des façades orientales des continents (Antilles et Amérique centrale continentale, Japon et Philippines, etc.).
— **Techn.** Le cyclone se compose d'un cylindre à axe vertical qui reçoit tangentiellement le courant à épurer, arrivant à grande vitesse. Sous l'influence de la force centrifuge, les divers éléments contenus dans le fluide se séparent suivant leur densité. Les cyclones sont employés pour l'épuration des fumées d'usines.

CYCLONIQUE ou **CYCLONAL, E, AUX** adj. Relatif aux cyclones.

CYCLOOCTANE n. m. Cycloalcane C_8H_{16}.

1. CYCLOPE n. m. (de *Cyclope,* n. pr.). *Litt.* **1.** Homme qui n'a qu'un œil ; borgne. — **2.** *Travail de cyclope,* œuvre colossale.

2. CYCLOPE n. m. (de *cyclope 1*). Minuscule crustacé copépode des eaux douces, à un seul œil, très commun.

CYCLOPE, géant de la mythologie grecque, généralement forgeron ou bâtisseur, qui n'avait qu'un gros œil au milieu du front.

Cyclope *(le),* drame satirique d'Euripide (seconde moitié du Ve s. av. J.-C.), le seul exemple restant de ce genre littéraire. Il évoque l'arrivée d'Ulysse chez Polyphème.

CYCLOPÉEN, ENNE adj. **1.** Se dit d'un appareil constitué d'énormes blocs irréguliers ; se dit des constructions réalisées jadis dans cet appareil. (Syn. PÉLASGIQUE.) — **2.** *Litt.* Gigantesque, colossal : *Travail cyclopéen.* — **3.** *Béton cyclopéen,* béton formé avec des granulats de grande dimension.

CYCLOPENTANE [-pɛ̃-] n. m. Cycloalcane C_5H_{10}.

CYCLOPHYLLIDIEN n. m. (du gr. *phullon,* feuille). Nom d'ordre donné aux ténias et aux vers parasites voisins.

CYCLOPIE n. f. Malformation congénitale caractérisée par une fusion des deux orbites pouvant aller jusqu'à l'existence d'un œil unique central.

CYCLOPLÉGIE n. f. Paralysie du muscle ciliaire de l'œil, se traduisant par une impossibilité d'accommoder.

CYCLO-POUSSE n. m. inv. Pousse-pousse tiré par un cycliste.

CYCLOPROPANE n. m. Cycloalcane C_3H_6, gazeux, dont l'usage comme anesthésique a été progressivement abandonné en raison de ses dangers (inflammabilité, risques d'explosion).

CYCLOPTÈRE n. m. Nom générique du *lump,* poisson des mers froides.

CYCLORAMEUR n. m. Tricycle d'enfant que l'on fait avancer avec les bras.

CYCLORAPHE adj. Se dit des insectes diptères (tous brachycères) dont la pupe éclôt en faisant sauter une sorte de couvercle rond sis près de l'extrémité du puparium. (C'est le cas de la plupart des mouches.)

CYCLOSE n. f. (gr. *kuklôsis,* action d'entourer). Mouvement circulaire des organites cellulaires, caractéristique de certaines cellules végétales vivantes.

CYCLOSILICATE n. m. Silicate constitué de tétraèdres SiO_4 disposés en anneaux.

CYCLOSPORINE → CICLOSPORINE.

CYCLOSTOME n. m. **1.** Nom d'ordre donné à certains bryozoaires marins. – **2.** Petit mollusque gastropode terrestre à opercule long. – **3.** Vertébré agnathe actuel à bouche ronde, sans mâchoires, tel que la lamproie et la myxine. (S'oppose à *ostracoderme,* qui désigne les formes fossiles, très différentes.)

CYCLOTHÈME n. m. Série de sédiments peu épais, lités et de composition différente, se succédant de manière régulière et liés à une sédimentation de caractère cyclique (flysch, sédiments houillers).

CYCLOTHÉRAPIE ou **CYCLORADIOTHÉRAPIE** n. f. Radiothérapie par champs d'irradiation tournants. (Le déplacement continu et circulaire de la source émettrice [rayons X ou radium] autour du malade permet une irradiation maximale au centre du cercle parcouru.) [Syn. RADIOTHÉRAPIE DE CONVERGENCE.]

CYCLOTHYMIE n. f. (all. *Zyklothymie,* du gr. *thumos,* humeur). **1.** Caractéristique du tempérament cyclothymique. – **2.** Syn. de PSYCHOSE MANIACO-DÉPRESSIVE.

CYCLOTHYMIQUE adj. et n. **1.** Qui relève de la cyclothymie ; atteint de cyclothymie. – **2.** Dans la biotypologie de E. Kretschmer, se dit d'un tempérament qui oscille entre deux pôles, la tristesse et la gaieté, qui se succèdent chez un même sujet. (Il correspond au biotype pycnique et peut évoluer vers la psychose maniaco-dépressive.)

CYCLOTOURISME n. m. Tourisme pratiqué à bicyclette ou en tandem.

CYCLOTOURISTE n. Adepte du cyclotourisme.

CYCLOTRON n. m. (de *cycle 1* et *électron*). Accélérateur circulaire de particules dans lequel le champ magnétique et la fréquence du champ électrique alternatif sont fixes.

CYCLURE n. m. Grand iguane herbivore des Antilles, creusant des terriers profonds, en voie de disparition à cause de l'excellence de sa chair. (L'une des espèces porte des protubérances cornées sur le museau.)

CYDIPPE n. m. (gr. *Kudippê,* n. pr.). Cténaire de la taille d'une cerise, capturant ses proies à l'aide de deux longs tentacules rétractiles gluants.

CYDNOS ou **CYDNUS,** fleuve de Cilicie (Asie Mineure), né dans le Taurus et arrosant Tarse. L'empereur Frédéric Barberousse s'y noya en 1190. Auj. *Tarsus Çayı.*

CYDONÈS (Démétrius), homme d'État et écrivain byzantin (Thessalonique v. 1324 -Crète 1397/98). Ministre de Jean Cantacuzène, de Jean V Paléologue, traducteur des écrits de saint Augustin, saint Anselme et surtout saint Thomas d'Aquin, rallié à l'Église romaine (v. 1360), il fut à Byzance le chef d'un mouvement latinophile actif et influent.

CYFFLÉ (Paul Louis), sculpteur et céramiste d'origine flamande (Bruges 1724 -Ixelles 1806). Il collabore avec Guibal (fonte de la statue de Louis XV pour Nancy, 1755) et lui succède comme sculpteur du roi Stanislas de Pologne en 1757 (fontaine de la place d'Alliance à Nancy). En 1768, il fonde à Lunéville son propre établissement, où seront exécutés, d'après ses modèles, des statuettes et des groupes en terre de Lorraine (variété de faïence fine dite « terre de pipe ») [*la Chamaille des raisins, Bélisaire*]. En 1780, il cède ses moules à la manufacture de Niederwiller.

CYGNE n. m. (bas lat. *cycnus,* du gr. *kuknos,* cygne). **1.** Grand oiseau très voisin des oies mais plus aquatique, au cri puissant, au plumage noir (cygne d'Australie) ou blanc (autres espèces), au long cou flexible, souvent élevé sur les pièces d'eau des parcs publics. (Le cygne protège ses jeunes pendant plus de 10 mois.) – **2.** *Blancheur de cygne,* blancheur éclatante. ‖ *Chant du cygne,* dernière œuvre d'un artiste, d'un écrivain, etc., considérée parfois comme une des plus belles. ‖ *Le Cygne de Cambrai,* Fénelon. ‖ *Le Cygne de Mantoue,* Virgile. ‖ *Cou (col) de cygne,* cou long, flexible.

CYGNE (en lat. *Cygnus, -i*), constellation boréale dont les étoiles principales dessinent dans la

Voie lactée une grande croix (parfois appelée *Croix du Nord*), regardée dans l'Antiquité comme la silhouette d'un cygne aux ailes déployées. Ses plus brillantes étoiles sont *Deneb** et *Albireo**. L'étoile *61 Cygni,* située à 11 al, est la première dont la distance ait été déterminée, en 1838.

Cygne *(le)* ou **la Mort du cygne,** solo chorégraphique composé par Michel Fokine pour Anna Pavlova, sur l'andante du *Carnaval des animaux* de Saint-Saëns, et créé à Saint-Pétersbourg (1905). Son interprétation consacra le triomphe de l'étoile dansant seule en scène.

CYLADE n. f. ou **CYLAS** [-las] n. m. Petit charançon des régions chaudes, un des principaux ennemis des patates douces.

CYLINDER STOCK [silindœrstɔk] n. m. (pl. *cylinder stocks*) [angl. *cylinder stock*]. Résidu sous vide du pétrole, utilisé pour le graissage des cylindres de machines à vapeur.

CYLINDRAGE n. m. **1.** Opération qui consiste à faire passer sous pression une étoffe entre deux cylindres. – **2.** Opération ayant pour objet d'obtenir la stabilité de la surface des chaussées en macadam.

CYLINDRAXE n. m. Syn. anc de AXONE.

CYLINDRE n. m. (lat. *cylindrus,* du gr. *kulindros*). **1.** Surface, réunion de toutes les droites ayant même direction et coupant une courbe donnée (Γ). [Le cylindre (C) est aussi appelé *surface cylindrique.* Les droites sont appelées *génératrices de* (C), et la courbe (Γ) est la *directrice* de (C).] (→ *encycl.*) – **2.** Solide limité par cette surface cylindrique et deux plans parallèles. – **3.** Rouleau dont on se sert pour broyer ou comprimer diverses matières. – **4.** Objet en forme de cylindre. • **Agroalim.** *Appareil à cylindre,* appareil pour la mouture industrielle des céréales, constitué de deux cylindres parallèles tournant en sens inverse et entre lesquels passe le grain. – **Arm.** Pièce principale de la culasse mobile, dans certaines armes à feu. – **Bot.** *Cylindre central,* partie centrale des axes végétaux, limitée extérieurement par le péricycle contenant les groupes de vaisseaux du bois et du liber, disposés en faisceaux à l'état jeune, ainsi que la moelle ou une cavité centrale.– **Géom.** *Cylindre de révolution,* surface engendrée par la rotation d'une droite parallèle à l'axe de rotation. – **Impr.** Organe mécanique d'une presse à imprimer. – **Mécan.** Chacune des capacités cylindriques alésées dans lesquelles se déplacent les pistons d'un moteur, d'un compresseur, d'une pompe, etc. (Elles constituent, lorsque le piston se déplace, un volume variable où le fluide moteur peut se détendre en fournissant du travail.) [→ *encycl.*] – **Méd.** *Cylindre urinaire,* élément microscopique, de nature mucoprotéique et d'aspect cylindrique, qu'on retrouve dans le dépôt des urines. (Les cylindres urinaires sont peu nombreux dans l'urine normale.) – **Métall.** Partie principale d'un laminoir, réalisée en fonte ou en acier. – **Mobil.** *Bureau à cylindre,* bureau dont le dessus (table et cases) se ferme à l'aide d'un volet en quart de cylindre, plein ou articulé. (Œben, v. 1760.) – **Mus.** Pièce principale du mécanisme des instruments de musique mécaniques (boîtes à musique, carillons, orgues, serinettes...), dont la surface est plantée de picots agissant sur des organes sonores. – **Serrur.** Syn. de BARILLET. – **Text.** Rouleau métallique de certaines machines textiles. – **Trav. publ.** Syn. de ROULEAU* COMPRESSEUR.

ENCYCL. **Géom.** Si (Γ) est l'arc paramétré (I, *f*) et d un vecteur directeur de la direction, les génératrices ont une équation vectorielle de la forme $m = f(t) + \lambda d$ $(t \in I)$. Lorsque (t, λ) décrit $I \times \mathbb{R}$, on a l'équation vectorielle de (C). Un cylindre est globalement invariant dans toute translation dont le vecteur directeur a même direction que celle des génératrices.
– **Mécan.** La dimension d'un cylindre est désignée par son alésage et par la course du piston, éléments caractéristiques de la cylindrée unitaire. La disposition des cylindres et leur structure sont très variables (en ligne, en V ou à plat). En construction automobile moderne, le groupe cylindres monobloc, en fonte spéciale ou en alliage léger, comporte des cylindres directement alésés dans le bloc de fonderie ou des chemises amovibles emmanchées.

CYLINDRÉE n. f. **1.** Volume engendré par la course du piston dans le cylindre d'un moteur, d'une pompe. – **2.** Total des cylindrées d'un moteur, exprimé en centimètres cubes ou en litres. – **3.** Voiture, motocyclette désignée selon la capacité de ses cylindres : *Une grosse cylindrée.*

CYLINDRE-ÉQUERRE n. m. (pl. *cylindres-équerres*). En métrologie, syn. de COLONNE.

CYLINDRER v. t. (conj. 3). Procéder au cylindrage.

CYLINDRE-SCEAU n. m. (pl. *cylindres-sceaux*). Pierre dure taillée en forme de cylindre et ornée de figures gravées, ayant servi d'amulette ou de cachet.

ENCYCL. La forme cylindrique des sceaux est l'un des traits caractéristiques de la civilisation sumérienne, puis assyro-babylonienne. On déroulait le cylindre gravé en creux sur l'argile encore molle afin de reproduire en relief le sujet permettant d'identifier son propriétaire. On authentifiait ainsi les contrats inscrits sur des tablettes, on marquait de même les scellements d'argile, etc.

CYLINDREUR, EUSE n. Ouvrier(ère) chargé(e) du cylindrage.

CYLINDRIQUE adj. **1.** Qui a la forme d'un cylindre : *Tuyau cylindrique.* – **2.** *Surface cylindrique,* syn. de CYLINDRE.

CYLINDRO-CONIQUE adj. (pl. *cylindro-coniques*). Formé de deux parties adjacentes de même axe, l'une cylindrique, l'autre conique.

CYLINDROME n. m. *Cylindrome bronchique, nasal, salivaire,* épithélioma glandulaire des bronches, des fosses nasales, des glandes salivaires. ‖ *Cylindrome cutané,* tumeur épithéliale bénigne, surtout localisée au cuir chevelu et à sa limite.

CYLINDRO-OGIVAL, E, AUX adj. Se dit de la forme des projectiles des armes rayées.

CYMAISE → CIMAISE.

CYMATOPHORE n. m. (gr. *kumas, -atos,* vague). Papillon voisin des noctuelles et dont la chenille se développe sur les peupliers et les bouleaux.

CYMBALAIRE n. f. (lat. médiév. *cymbalaria*). Nom scientifique de la *ruine-de-Rome.*

CYMBALE n. f. (lat. *cymbalum,* du gr. *kumbalon*). Chacun des deux plateaux circulaires en métal que l'on frappe l'un contre l'autre et dont l'ensemble constitue un instrument de musique à percussion.

CYMBALIER, ÈRE ou **CYMBALISTE** n. Personne qui joue des cymbales.

CYMBALUM [-lɔm] n. m. (hongr. *czimbalom,* du lat. *cymbalum*). Instrument de musique à cordes frappées par des maillets tenus par l'exécutant. (Il est surtout utilisé en Hongrie.) [Syn. TYMPANON.]

CYMBIUM [-bjɔm] n. m. (lat. *cymbium,* vase). Nom générique du *yet.*

CYME n. f. (lat. *cyma,* tendron de chou). Inflorescence dans laquelle chaque ramification se termine par une fleur, ce qui limite sa croissance en longueur.

ENCYCL. La cyme peut être faite de fleurs opposées deux à deux de part et d'autre de l'axe principal, puis des axes secondaires *(cyme bipare),* ou de fleurs toutes situées du même côté de l'axe, qui dans ce cas est souvent enroulé en spirale (*cyme scorpioïde* des borraginacées).

CYMODOCÉE n. f. (de *Cymodocée,* n. pr.). Plante angiosperme marine dont les feuilles peuvent atteindre 1 m de longueur, commune en Méditerranée.

CYMOPHANE n. f. Syn. de CHRYSOBÉRYL.

CYNARINE n. f. Dénomination courante du principe cholérétique de l'artichaut.

CYNÉGÉTIQUE adj. (gr. *kunêgetikos,* de *kuôn, kunos,* chien, et *agein,* conduire). Qui concerne la chasse.

◆ n. f. Art de la chasse.

CYNEWULF, poète anglo-saxon de la seconde moitié du VIIIe s., dont les poèmes *(Sainte Julienne)* sont des adaptations des légendes miraculeuses de l'Orient chrétien.

CYNIPIDÉ n. m. Nom d'une famille de petits insectes hyménoptères gallicoles, dont l'œuf est pondu parfois dans une galle provoquée par un autre insecte, parfois dans une feuille saine qui réagit en formant une galle. (Les *cynipidés* sont souvent migrateurs et/ou parthénogénétiques.)

CYNIPS [-nips] n. m. Insecte hyménoptère (cynipidé) parasite des chênes, produisant la galle du Levant, d'usage tinctorial.

CYNIQUE adj. et n. (lat. *cynicus,* du gr. *kunikos,* de *kuôn, kunos,* chien). **1.** Qui avoue avec insolence, et en la considérant comme naturelle, une conduite contraire aux conventions sociales, aux règles morales ; qui manifeste du cynisme : *Un être cynique et immoral.* – **2.** Qui appartient à l'école philosophique grecque d'Antisthène et de Diogène. (Les cyniques [Ve-IVe s. av. J.-C.] méprisaient les conventions sociales et affichaient leur indépendance d'esprit.)

CYNIQUEMENT adv. De façon cynique.

CYNISME n. m. (bas lat. *cynismus,* du gr. *kunismos*). **1.** Attitude cynique, mépris effronté des convenances et de l'opinion qui pousse à exprimer sans ménagements des principes contraires à la morale, à la norme sociale. – **2.** Doctrine des cyniques.

CYNOCÉPHALE n. m. **1.** Syn. anc. de BABOUIN. (En raison de leur importance mythologique, les cynocéphales furent fréquemment représentés dans l'art égyptien : ils participent à la naissance du jour ou évoquent le dieu Thot.) – **2.** Nom scientifique du *galéopithèque.*

CYNODONTE n. m. Reptile fossile du trias, dont de nombreux caractères annoncent déjà ceux des mammifères. (La denture du cynodonte évoque celle du chien.)

CYNODROME n. m. Piste aménagée pour les courses de lévriers.

CYNOGALE n. m. Civette d'Indo-Malaisie, à longues vibrisses, qui vit près des rivières et des marécages et se nourrit de proies aquatiques. (N. usuel *loutre-civette.*)

1. CYNOGLOSSE n. f. Herbe borraginacée des forêts humides des montagnes. (N. usuel *langue-de-chien.*)

2. CYNOGLOSSE n. m. Petite sole côtière à bouche étroite, assez rare.

CYNOLOGIE n. f. Étude et connaissance du chien.

CYNOLOGIQUE adj. Relatif à la cynologie.

CYNOMORPHE n. m. Singe catarhinien de l'Ancien Monde, arboricole, pourvu d'une queue, tel que les cercopithèques et les colobes. (Les *cynomorphes,* ou *cercopithécoïdes,* forment une superfamille opposée à celle des *anthropomorphes.*)

CYNOPHILE adj. et n. **1.** Personne aimant et connaissant les chiens. – **2.** Personne pratiquant l'élevage des chiens de race pure. ◆ adj. *Équipe cynophile,* équipe formée d'un maître-chien et de son chien.

CYNOPHILIE n. f. **1.** Élevage des chiens de race pure et activités liées à cet élevage (concours, expositions, etc.). – **2.** Gestion, dressage et emploi des chiens par l'armée.

CYNORHODON n. m. (du gr. *rhodon,* rose). Fruit charnu de l'églantier, rouge-orangé, issu du développement du réceptacle et contenant les akènes. (Riche en vitamine C, le cynorhodon est parfois mis en confiture.) [N. usuel *gratte-cul.*]

CYNOSCÉPHALES, en gr. **Kunokephaloi,** collines de Thessalie, entre Pharsale et Lárissa, dont les sommets calcaires ressemblent à des têtes de chien. Victoire du consul romain Quinctius Flamininus sur Philippe V de Macédoine (197 av. J.-C.), où la souplesse d'emploi de la légion triompha de la phalange macédonienne, combattant en masse compacte.

CYNURIE, en gr. **Kunouria,** région de hauteurs boisées située au N. de la Laconie, dans le Péloponnèse, et s'étendant le long du golfe Argolique. Sparte l'annexa dans le courant du VIe s. av. J.-C.

CYPÉRACÉE n. f. (lat. *cyperum,* souchet). Herbe monocotylédone des lieux humides, à tige de section triangulaire, telle que les carex, ou laiches, les cyperus, ou souchets, la linaigrette. (Les *cypéracées* forment une famille de 2 500 espèces ; ce sont des plantes vivaces et rhizomateuses.)

CYPHOMANDRA n. m. Solanacée arborescente d'Amérique du Sud, dont le fruit a les usages de la tomate. (N. usuel *tomate en arbre.*)

CYPHOSCOLIOSE n. f. Déviation de la colonne vertébrale, en particulier à son étage dorsal, consistant en l'association d'une cyphose et d'une scoliose.

CYPHOSE n. f. (gr. *kuphôsis,* bosse). Courbure normale à convexité postérieure au niveau du rachis dorsal de l'homme, mais qui devient pathologique lorsque son angle de courbure est augmenté par différents facteurs.

CYPHOTIQUE adj. et n. Relatif à la cyphose ; atteint de cyphose.

CYPRÉE n. f. (lat. sc. *cypræa*). Nom scientifique de la *porcelaine* (mollusque).

CYPRÈS [siprɛ] n. m. (lat. *cypressus,* du gr. *kuparissos*). **1.** Arbre conifère caractérisé par ses feuilles réduites à de petites écailles serrées sur les rameaux, par ses petits fruits sphériques (strobiles), par son port souvent fastigié. (Ornement des jardins, parcs et cimetières, le cyprès est planté en haie coupe-vent dans la vallée du Rhône.) – **2.** *Cyprès chauve,* nom usuel du *taxodium.* ‖ *Cyprès de Lawson,* nom usuel d'un *chamæcyparis.*
ENCYCL. On plante parfois dans les jardins le *cyprès de l'Arizona,* au feuillage bleu, et le *cyprès pleureur,* aux branches retombantes ; le *cyprès de Lambert* se développe bien au bord de la mer, le *cyprès de Leyland* pousse rapidement.

CYPRIEN *(saint),* en lat. **Thascius Caecilius Cyprianus,** évêque et martyr (Carthage début du IIIe s. - *id.* 258). Évêque de Carthage (249), chef de l'Église d'Afrique, il fut affronté au problème des *lapsi,* chrétiens qui, durant la persécution de Decius, avaient faibli dans l'affirmation de leur foi. Ayant tranché dans un sens modéré, il se montra plus sévère lorsqu'il s'agit de la validité du baptême conféré par les hérétiques. Cyprien a laissé plusieurs traités doctrinaux et pastoraux.

CYPRIÈRE n. f. Lieu planté de cyprès.

CYPRIN n. m. Nom générique francisé du carassin ou du poisson rouge.

CYPRINE n. f. Variété bleue d'idocrase.

CYPRINICULTURE n. f. Élevage des cyprinidés (carpes, gardons, tanches).
ENCYCL. L'élevage s'effectue essentiellement dans des étangs de pisciculture vidangeables et pêchables. La pêche se pratique normalement chaque année et est suivie d'une mise à sec avec parfois une culture de graminées pendant une année. Les principales régions françaises de production d'étangs sont la Dombes, la Sologne, l'Est, la Brenne et la Camargue.

CYPRINIDÉ n. m. Nom de famille de poissons des eaux douces, souvent appelés « poissons blancs », portant des barbillons à la mâchoire supérieure et des dents sur le pharynx. (Syn. ARCTICIDÉ.)
ENCYCL. Les cyprinidés font partie du sous-ordre des cyprinoïdes. Très proches parents entre eux, aptes à toutes les hybridations, ils sont difficiles à classer. On en pêche en France 21 espèces, dont les plus connues sont l'ablette, la brème, la carpe, le chevaine, le gardon, le goujon, le rotangle, la tanche, le vairon et la vandoise.

CYPRINIFORME n. m. Nom d'ordre de poissons d'eau douce à nageoires molles, nageoires pelviennes en arrière du corps, vessie natatoire reliée à l'œsophage et aux oreilles, écailles cycloïdes et autres caractères primitifs. (Cet ordre comprend les characidés, les gymnotes, les cyprinoïdes et les silures.)

CYPRINODONTIDÉ n. m. Nom de famille donné à de petits poissons à faible longévité, ressemblant aux cyprinidés mais ayant des dents sur les mâchoires, vivant en eau douce et dont plusieurs se rendent utiles en dévorant les larves de moustique.

CYPRINODONTIFORME n. m. Nom d'ordre donné à de petits poissons à pelviennes abdominales, bouche petite et protractile, écailles souvent cténoïdes, souvent vivipares et incubants, tels que la gambusie, l'anableps et divers poissons d'aquarium (guppy, platy, molly).

CYPRINOÏDE n. m. Nom de sous-ordre donné aux poissons des familles de cyprinidés, cobitidés (loche), catostomidés (catostome) et familles voisines.

CYPRIOTE → CHYPRIOTE.

CYPRIPEDIUM [-djɔm] n. m. Ancien nom générique commun aux diverses orchidées usuellement nommées *sabots-de-Vénus.*

CYPRIS [-pris] n. f. (lat. *Cypris,* surnom de Vénus). **1.** Très petit crustacé ostracode (1 à 2 mm), commun dans les eaux douces. — **2.** Larve des crustacés cirripèdes qui ressemble extérieurement à cet ostracode.

CYPROTÉRONE n. f. *Acétate de cyprotérone,* antiandrogène qui agit en diminuant la sécrétion de gonadostimuline. (La cyprotérone diminue la libido et réfrène les pulsions sexuelles, normales ou pathologiques. Elle est utilisée dans certains pays comme moyen de « castration chimique » chez les délinquants sexuels.)

CYPSÉLOS, tyran de Corinthe (657 - 627 av. J.-C.), qui mit fin au gouvernement des Bacchiades. Il mena une politique d'expansion en fondant des colonies (Leucade, Ambracie), fit frapper les premières monnaies de la cité et bâtit un système fiscal qui garantit à l'État des ressources régulières.

CYRANKIEWICZ (Józef), homme d'État polonais (Tarnów 1911 - Varsovie 1989). Socialiste, membre du bureau politique et du secrétariat du parti ouvrier unifié polonais (1948), il fut président du conseil (1947-1952, 1954-1970) et chef de l'État (1970-1972).

CYRANO DE BERGERAC (Savinien DE), écrivain français (Paris 1619 - *id.* 1655). Outre une comédie (*le Pédant joué,* 1654) et une tragédie (*la Mort d'Agrippine,* 1653), on lui doit deux romans utopiques et anticonformistes sur la nature et la politique (*Histoire comique des États et Empires de la Lune,* 1657 ; *Histoire comique des États et Empires du Soleil,* 1662).

Cyrano de Bergerac, comédie en 5 actes et en vers d'Edmond Rostand (1897). Défiguré par un nez grotesque, le héros se sauve du ridicule par sa bravoure, sa générosité et son humour.

CYRÉNAÏQUE adj. et n. Se dit d'une école philosophique grecque fondée par Aristippe de Cyrène et qui faisait du plaisir des sens l'objectif de la condition humaine.

CYRÉNAÏQUE, partie orientale de la Libye. Jusqu'à la réforme administrative de 1963, la Cyrénaïque comprenait la région côtière et tout son arrière-pays saharien. Le terme est maintenant réservé à la partie littorale, colonisée par les Grecs, dans l'Antiquité, autour de Cyrène.
— **Hist.** La Cyrénaïque tire son nom de la ville de *Cyrène**. Province romaine prospère jusqu'à la révolte juive de 45, elle tomba dans la mouvance arabo-musulmane en 642-643. Province ottomane de 1551 à 1912, elle passa sous la domination italienne (1912-1942). Elle devint en 1949 un émirat indépendant que les Britanniques confièrent à Idrīs al-Sanūsī. Elle fut réunie en 1951 à la Libye.

CYRÈNE, en gr. **Kurênê,** ville principale de la Cyrénaïque, non loin de la Méditerranée. Cyrène aurait été fondée en 631 av. J.-C. par des colons originaires de Théra (Santorin), conduits par Battos. Prospère, elle fonda à son tour des colonies, notamment Apollonia, le grand port du territoire. La monarchie des Battiades céda, vers le milieu du Vᵉ s., la place à un gouvernement aristocratique, puis Cyrène tomba sous l'autorité de Ptolémée Iᵉʳ et fit partie du royaume lagide. Mais elle recouvra son indépendance et, en 96 av. J.-C., fut léguée à Rome par Ptolémée Apion, son dernier souverain. Ruines antiques ; belles mosaïques paléochrétiennes ; importantes nécropoles.

CYRÉNÉEN, ENNE adj. et n. **1.** De la Cyrénaïque ou de Cyrène. — **2.** *Le Cyrénéen,* nom souvent donné à Simon de Cyrène, qui aida Jésus à porter sa croix sur le chemin du Calvaire.

CYRIAQUE, patriarche de Constantinople de fin 595 ou début de 596 à 606, connu par son conflit avec le pape Grégoire le Grand lorsqu'il prit le titre de patriarche œcuménique.

CYRILLE *(saint),* évêque de Jérusalem et docteur de l'Église (Jérusalem v. 315 - *id.* 386). Il combattit l'arianisme et joua un rôle prépondérant au premier concile de Constantinople (381). Il a laissé d'importantes *Catéchèses baptismales.*

CYRILLE *(saint),* patriarche d'Alexandrie et docteur de l'Église (Alexandrie entre 376 et 380 - *id.* 444). Il fit condamner le nestorianisme au concile d'Éphèse (431), contribuant ainsi à l'élaboration de la doctrine catholique de l'Incarnation.

CYRILLE *(saint),* dit **le Philosophe,** apôtre des Slaves (Thessalonique 827 ou 828 -Rome 869). Avec son frère Méthode, il évangélisa les Slaves, traduisant pour eux, en slavon, la Bible et la liturgie grecque et créant une écriture dite « glagolitique ».

CYRILLIQUE adj. et n. m. (de saint *Cyrille,* n. pr.). Se dit de l'alphabet créé au IXe s. et qui sert à transcrire le russe, le serbo-croate, le bulgare, l'ukrainien et un certain nombre de langues non slaves.

ENCYCL. Le cyrillique apparaît au IXe s. pour l'évangélisation des peuples slaves. La tradition en attribue la paternité à saint Cyrille, qui serait, en fait, l'inventeur de l'alphabet glagolitique. À l'origine, c'est un alphabet de 43 lettres (lettres grecques, signes empruntés à l'hébreu). Le cyrillique actuel, qui comprend une trentaine de lettres, est le résultat de simplifications successives dont la dernière en date est la réforme effectuée en 1918 par le gouvernement soviétique.

CYRUS, nom de plusieurs Achéménides. — **Cyrus II** *le Grand* (v. 556-530 av. J.-C.), fils et successeur de Cambyse Ier, a été le fondateur de l'Empire achéménide. Roi d'Anshan, il se révolta contre son seigneur, le Mède Astyage, devint roi des Mèdes et des Perses (550) et fit édifier sa résidence royale à Pasargades. Il conquit l'Asie Mineure jusqu'à la mer Égée après avoir défait Crésus (546) et l'État babylonien sur Nabonide (539). Il restitua aux villes de Mésopotamie leurs idoles et permit aux Juifs de rentrer à Jérusalem et de reconstruire le Temple (538). Cyrus périt dans un combat contre les Massagètes. — **Cyrus** *le Jeune* († Counaxa 401 av. J.-C.), fils cadet de Darios II. Satrape d'Asie Mineure (407), il permit aux Spartiates de l'emporter sur les Athéniens (404). Il se révolta contre son frère aîné, devenu le roi Artaxerxès II (404), et marcha contre lui avec ses troupes, renforcées de mercenaires grecs. Vainqueur à Counaxa (401), il fut tué dans la bataille.

CYSOING (59830), ch.-l. de cant. du Nord, à 15 km au S.-E. de Lille ; 3 711 hab. *(Cysoniens).*

CYSTADÉNOFIBROME n. m. *Cystadénofibrome phyllode,* tumeur bénigne du sein, dont le stroma est très cellulaire et la prolifération cellulaire active. (Syn. FIBROADÉNOME GÉANT, TUMEUR PHYLLODE.)

CYSTADÉNOME n. m. Tumeur bénigne développée aux dépens d'un parenchyme glandulaire et creusée de cavités kystiques.

ALPHABET CYRILLIQUE

alphabet russe et bulgare

majuscules	minuscules	valeur
А	а	a
Б	б	b
В	в	v
Г	г	g
Д	д	d
Е	е	ié, é
Ж	ж	j
З	з	z
И	и	i
Й	й	ï
К	к	k
Л	л	l
М	м	m
Н	н	n
О	о	o
П	п	p
Р	р	r
С	с	s
Т	т	t
У	у	ou
Ф	ф	f
Х	х	kh
Ц	ц	ts
Ч	ч	tch
Ш	ш	ch
Щ	щ	chtch, cht
Ъ	ъ	*(signe dur)*
Ы	ы	y *(i dur)*
Ь	ь	*signe de mouillure de consonne*
Э	э	e
Ю	ю	iou
Я	я	ia
І	і	i *(dev. voy.)*
Ѣ	ѣ	ié, é
Ѳ	ѳ	f
Ѵ	ѵ	i

lettres inusitées depuis la réforme de 1918 (І, Ѣ, Ѳ, Ѵ)

lettres particulières à l'alphabet serbe

majuscules	minuscules	valeur
Ђ	ђ	*(dj)* ou đ
J	j	*marque la mouillure de voyelle*
Љ	љ	lj
Њ	њ	nj
Ћ	ћ	c *(t mouillé)*
Џ	џ	dz dj

CYSTADÉNOSARCOME n. m. *Cystadénosarcome phyllode,* tumeur maligne du sein, analogue au cystadénofibrome, mais dont le stroma présente une transformation sarcomateuse.

CYSTALGIE n. f. Douleur de la vessie.

CYSTECTOMIE n. f. Intervention consistant à pratiquer l'exérèse de la vessie (surtout dans les cas de tumeurs).

CYSTÉINE n. f. Aminoacide constituant des protéines, qui donne par oxydation la cystine.

CYSTICERCOSE n. f. Infestation parasitaire de cysticerques des tissus et organes de certains mammifères. (C'est en consommant ces larves vivantes contenues dans les viandes que l'homme contracte le ténia.)

CYSTICERQUE n. m. Forme larvaire des ténias, qui vit enkystée dans les tissus d'un hôte intermédiaire tel que le porc.

CYSTIDÉ n. m. Échinoderme fossile du silurien, qui vivait fixé, sans bras. (Les *cystidés* forment une classe.)

CYSTINE n. f. Aminoacide soufré, constituant essentiel des protéines. (La cystine est employée en dermatologie [alopécies, séborrhée, acné, troubles des ongles, psoriasis] et en ophtalmologie.)

CYSTINOSE n. f. Maladie héréditaire à transmission autosomique récessive, caractérisée par un trouble du métabolisme de la cystine, qui se dépose au niveau de certains tissus (particulièrement œil et rein). [L'évolution est mortelle chez l'enfant par insuffisance rénale.]

CYSTINURIE n. f. Élimination de cystine par les urines, souvent sous forme de petits graviers, causant des coliques néphrétiques ou donnant naissance à des calculs.

CYSTIQUE adj. **1.** Relatif à la vésicule biliaire. – **2.** *Canal cystique* ou *cystique* (n. m.), canal qui fait communiquer la vésicule biliaire avec le canal hépatocholédoque.

CYSTITE n. f. Inflammation aiguë ou chronique de la vessie, se manifestant par des mictions fréquentes douloureuses et parfois par de la pyurie ou une hémorragie.

CYSTOCÈLE n. f. Hernie de la vessie à travers la paroi vaginale antérieure.

CYSTOGRAPHIE n. f. Radiographie de la vessie.

CYSTOPEXIE n. f. Intervention destinée à fixer la vessie.

CYSTOPHORE n. m. Phoque des mers arctiques, dont le nez est surmonté d'une sorte de capuchon.

CYSTOSCOPE n. m. Endoscope permettant d'examiner l'intérieur de la vessie.

CYSTOSCOPIE n. f. Examen de la vessie au moyen du cystoscope.

CYSTOSCOPIQUE adj. Relatif à la cystoscopie.

CYSTOSEIRE n. f. (du gr. *seira,* corde). Algue brune, voisine des fucus, commune en Méditerranée.

CYSTOSTOMIE n. f. Abouchement de la vessie à la peau pratiqué pour dériver les urines d'une façon transitoire ou définitive.

CYSTOTOMIE n. f. Incision de la vessie.

CYTAPHÉRÈSE n. f. Technique permettant de soustraire du sang d'un donneur une grande quantité de globules blancs ou de plaquettes en lui restituant les autres éléments de son sang (globules rouges et plasma). [La cytaphérèse nécessite l'emploi d'un séparateur de cellules.]

CYTE n. m. (gr. *kutos,* cellule). Cellule sexuelle immature, ayant encore $2n$ chromosomes.
ENCYCL. Dans les deux sexes, chaque cyte de premier ordre, respectivement *spermatocyte I* pour le mâle et *ovocyte I* pour la femelle, subit la méiose sans s'être multiplié préalablement, en donnant des cytes de second ordre : deux spermatocytes II ou un ovocyte II et un globule polaire, puis quatre spermatides ou une ovotide et trois globules polaires, tous à n chromosomes.

CYTHÈRE, en gr. **Kýthira,** île grecque entre le Péloponnèse et la Crète ; 262 km^2 ; 4 100 hab. V. princ. *Kýthira.* Sources thermales. Relais de l'expansion crétoise vers la Laconie, puis comptoir phénicien au Xe s. av. J.-C., elle fut conquise par Argos, puis par Sparte au milieu du VIIe s. Cythère produisait de la pourpre. Sa célébrité lui venait de son sanctuaire à Aphrodite Anadyomène. Dans le langage poétique, Cythère est la patrie allégorique des Amours.

Cythère *(Pèlerinage à l'île de),* ou *l'Embarquement pour Cythère,* chef-d'œuvre de Watteau, peint en 1717 (129 × 194 cm, Louvre). Morceau de réception de l'artiste à l'Académie, l'œuvre évoque, dans la poésie d'un automne blond et vaporeux, l'embarquement des couples vers un séjour idyllique selon certains historiens d'art, le départ mélancolique de l'île selon d'autres ; version différente, de 1718, à Berlin (château de Charlottenburg).

CYTIDINE n. f. Nucléoside résultant de la condensation de la cytosine et du ribose et constituant des acides nucléiques.

CYTINET n. m. (lat. *cytinus,* du gr. *kutinos,* calice de la fleur du grenadier). Plante parasite sans chlorophylle, aux feuilles réduites à des écailles et dont les racines forment des suçoirs qui absorbent la sève des cistes et d'autres plantes vertes.

CYTISE n. m. (lat. *cytisus,* du gr. *kutisos*). Arbuste papilionacé, ornemental, parfois épineux, à fleurs jaunes parfumées, en grappes pendantes.

CYTOBIOLOGIE n. f. Étude biologique des cellules.

CYTOCHROME [-krom] n. m. Substance protéique pigmentée des cellules vivantes, localisée dans les mitochondries et indispensable à la respiration cellulaire.

CYTODIAGNOSTIC n. m. Diagnostic fondé sur l'examen microscopique des cellules.

CYTODIÉRÈSE n. f. Séparation de deux cellules par une cloison qui se forme à la fin de la mitose. (Syn. PLASMODIÉRÈSE.)

CYTOFLUOROMÈTRE n. m. Appareil permettant l'analyse et la comparaison des cellules biologiques. (Il peut analyser et trier 100 000 cellules par minute et permet de sélectionner une cellule particulière parmi 10 millions d'autres.)

CYTOGAMIE n. f. Union des cytoplasmes mâle et femelle lors de la fécondation. (On emploie surtout ce terme lorsque la fusion des noyaux cellulaires est retardée par rapport à celle des cytoplasmes, comme chez les champignons supérieurs pendant la phase dicaryotique.)

CYTOGÉNÉTICIEN, ENNE n. Généticien spécialisé en cytogénétique.

CYTOGÉNÉTIQUE n. f. Branche de la génétique qui étudie les chromosomes à l'état normal et à l'état pathologique.
◆ adj. Relatif à la cytogénétique.

CYTOKINE n. f. Substance peptidique ou protéique (interféron, interleukine, lymphokine, etc.) synthétisée par une cellule de système immunitaire (lymphocyte, macrophage) et agissant sur d'autres cellules immunitaires pour en réguler l'activité.

CYTOKININE n. f. Puissante hormone végétale de croissance, naturelle ou synthétique. (La première cytokinine [zéatine des grains de maïs] a été découverte en 1964. Les cytokinines provoquent non seulement la croissance mais le bourgeonnement, la germination, la formation des ébauches florales et elles prolongent la vie des feuilles.)

CYTOLOGIE n. f. Étude scientifique des cellules vivantes, tant dans leurs structures que dans leur fonctionnement. (C'est le progrès de la microscopie et des micromanipulations qui a permis l'énorme développement récent de la cytologie.)

CYTOLOGIQUE adj. Qui concerne la cytologie.

CYTOLOGISTE n. Chercheur scientifique spécialisé en cytologie.

CYTOLYSE n. f. Dissolution ou destruction des éléments cellulaires sous l'influence d'un agent physique.

CYTOLYTIQUE adj. Qui a la propriété de détruire des cellules.

CYTOMÉGALOVIRUS [-rys] n. m. Virus responsable d'une infection atteignant surtout les jeunes enfants, appelée *maladie des inclusions cytomégaliques,* et de diverses infections des sujets adultes.
ENCYCL. Le cytomégalovirus est responsable, chez l'homme : de syndromes mononucléosiques ; d'atteinte hépatique ; d'infections généralisées, survenant chez des sujets présentant une tumeur maligne ou soumis à des thérapeutiques immunosuppressives ou atteints du sida ; de la *maladie des inclusions cytomégaliques,* due à l'infection du fœtus in utero et dont l'évolution est, en règle générale, mortelle.

CYTOPLASME n. m. Constituant fondamental de la cellule renfermant les organites cellulaires.

CYTOPLASMIQUE adj. Relatif au cytoplasme cellulaire ou contenu dans celui-ci.

CYTOSINE n. f. Composé basique dérivé de la pyrimidine et constituant essentiel des acides nucléiques. (Elle est complémentaire de la guanine. Abrév. C.)

CYTOSINE-ARABINOSIDE n. f. Antimétabolite de synthèse employé dans le traitement de la leucémie aiguë.

CYTOSPORIDIE n. f. Sous-embranchement de protistes sporozoaires, comprenant deux classes de parasites du tube digestif des animaux, les grégarines et les coccidies.

CYTOSTATIQUE adj. et n. m. Se dit d'une substance ayant la propriété de bloquer la multiplication cellulaire et employée dans le traitement des tumeurs.

CYTOTHÉRAPIE n. f. Méthode thérapeutique utilisant des émulsions de cellules et préconisée dans certains pays pour lutter contre le vieillissement.

CYTOTOXIQUE adj. et n. m. Se dit d'une substance capable de détruire les cellules de tumeur maligne.

CYZIQUE, en gr. **Kuzikos,** ville de l'Asie Mineure, en Phrygie, sur la Propontide. Colonie de Millet, qui la fonde en 675 av. J.-C., la ville fut un centre de pêche et une place commerciale très active.

Cz n. m. inv. Coefficient de portance*.

CZAR, CZARÉVITCH, CZARINE → TSAR, TSARÉVITCH, TSARINE.

CZARTORYSKI, famille princière de Pologne, descendant d'Olgierd, grand-duc de Lituanie, qui joua un rôle éminent dans la vie politique et culturelle polonaise des XVIIIe et XIXe s. Son représentant le plus illustre est ADAM JERZY (Varsovie 1770 -Montfermeil 1861). Ami d'Alexandre Ier et membre de son Comité intime, il fut ministre des Affaires étrangères de l'Empire russe de 1804 à 1806. Il travailla à la restauration d'une Pologne unie sous le sceptre d'Alexandre Ier, projet anéanti par le rapprochement de ce dernier avec Frédéric-Guillaume III de Prusse (1805), mais qu'il défendit de nouveau au congrès de Vienne (1815). Il rédigea un projet de constitution pour le royaume de Pologne (1815). Il présida en 1831 le gouvernement issu de la révolution polonaise de 1830, puis, condamné à mort par Nicolas Ier, se réfugia à Paris. Résidant à l'hôtel Lambert, il réunit autour de lui les modérés du « Parti du 3-mai » et déploya une grande activité diplomatique.

CZERNIN (Ottokar), comte **Czernin von und zu Chudenitz,** homme politique et diplomate austro-hongrois (Dimokur, Bohême, 1872 - Vienne 1932). Ministre plénipotentiaire de l'Autriche-Hongrie à Bucarest en 1913, il ne put obtenir que la Roumanie restât neutre pendant la Première Guerre mondiale. Ministre des Affaires étrangères (1916-1918), il rechercha la paix avec l'Entente et dut démissionner en avr. 1918 après l'échec des négociations secrètes avec la France, entreprises par Charles Ier.

CZERNY (Karl), pianiste autrichien d'origine tchèque (Vienne 1791 - *id.* 1857), auteur d'ouvrages pédagogiques tels que *l'Art de délier les doigts.*

CZĘSTOCHOWA, v. de Pologne, ch.-l. de voïévodie, sur la haute Warta ; 241 000 hab. Important pèlerinage depuis le XVe s. (Vierge noire de Jasna Góra). Métallurgie. Textile.
— **Hist.** Le monastère, centre du culte de la Vierge, fut fondé à la fin du XIVe s. Il constituait une place forte, qui fut assiégée à plusieurs reprises, notamment en 1655, lors de l'invasion suédoise.

CZIFFRA (György), pianiste hongrois naturalisé français (Budapest 1921 - Longpont-sur-Orge, Essonne, 1994). Sa virtuosité exceptionnelle lui a permis de s'imposer surtout comme grand interprète de l'œuvre de Liszt.

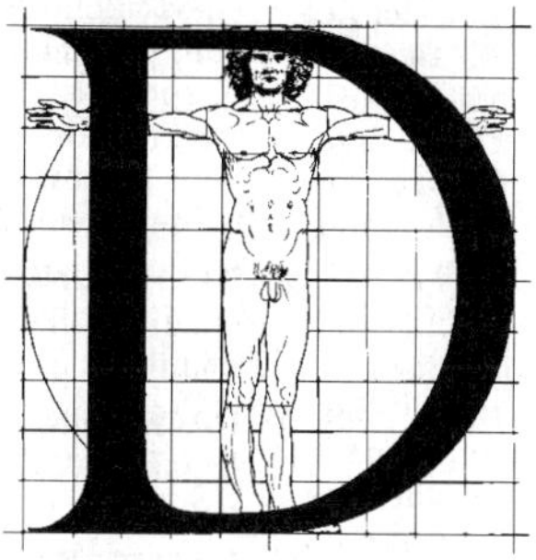

D n. m. **1.** Quatrième lettre de l'alphabet français. – **2.** Consonne occlusive apicodentoalvéolaire ou apicoalvéolaire, sonore. – **3.** Fam. *Système D,* art de se débrouiller, de sortir sans scrupule de toute difficulté.

D, symbole représentant 500 dans la numération romaine. • **Arm.** Désigne des projectiles, obus et balles, dont la forme fut étudiée par le général Desaleux au début du XXe s. – **Biochim.** Désigne un groupe de vitamines liposolubles. – **Chim.** Symbole du *deutérium.* – **Chronol.** Quatrième lettre dominicale. – **Diplom.** Abréviation de *don* et de *dom.* – **Géophys.** *Région* ou *couche D,* région de l'ionosphère terrestre située entre 50 et 85 à 90 km d'altitude. – **Méd.** Désigne le principal antigène du système Rhésus. (Une personne le possédant est dite Rhésus positif, une personne ne le possédant pas est dite Rhésus négatif.) – **Mus.** Chez les Anglo-Saxons et les Allemands, désigne le deuxième degré de la gamme d'*ut,* c'est-à-dire le *ré.*

d abrév. • **Math.** Désigne une distance. ‖ Désigne une différentielle. ‖ ∂, appelé *d rond,* désigne la dérivée partielle. ($\frac{\partial f}{\partial x}$, dérivée partielle de *f* par rapport à x.) – **Métrol.** Symbole de *jour* et du préfixe *déci.*

$\mathbb{D}$ Symbole représentant l'ensemble des nombres décimaux.

ENCYCL. $\mathbb{D}$ est l'ensemble des rationnels *r* tels qu'il existe un entier naturel *n* pour lequel $r \cdot 10^n$ est un entier. En numération décimale, les décimaux s'écrivent à l'aide d'une virgule qui sépare la partie dite « entière » de la partie décimale, celle-ci ne pouvant pas être « illimitée ». Dans la pratique, l'écriture à l'aide des puissances de 10 est préférable ; ainsi, $3{,}024 = 3024 \cdot 10^{-3}$. On a les inclusions $\mathbb{Z} \subset \mathbb{D}$ et $\mathbb{D} \subset \mathbb{Q}$. La multiplication et l'addition sont des opérations internes dans $\mathbb{D}$, qui, muni de l'addition, a une structure de groupe.

da, symbole du préfixe *déca.*

DAB n. m. (ital. *dabo,* du lat. *dabo,* je donnerai). *Arg.* Père.

◆ **dabs** n. m. pl. *Arg.* Parents.

DABA n. f. Houe à manche court utilisée en Afrique pour la préparation du sol et le sarclage des cultures.

DABA SHAN ou **TA-PA-CHAN,** chaîne de montagnes de Chine, de direction O.-E., qui domine, vers le N., le Bassin rouge du Sichuan et le sépare de la vallée de la Han (2 700 m).

DABÉMA n. m. Bois d'une mimosacée africaine, utilisé dans le bâtiment.

DABIT (Eugène), écrivain français (Mers, Somme, 1898 - Sébastopol 1936). D'abord peintre, il évoqua ensuite dans ses romans la vie de Parisiens pauvres (*Hôtel du Nord,* 1929).

DABO (57850), comm. de la Moselle, dans les Vosges *(forêt de Dabo),* au pied du *rocher de Dabo* (664 m) ; 2 810 hab. Centre estival. – La *forêt domaniale de Dabo,* qui couvre une superficie de 4 000 ha, est peuplée essentiellement de sapins.

D'ABORD → ABORD.

DĄBROWA GÓRNICZA, v. de Pologne, près de Katowice ; 152 000 hab. Charbon. Sidérurgie.

DĄBROWSKA ou **DOMBROWSKA** (Maria), romancière polonaise (Russów, près de Kalisz, 1889 - Varsovie 1965). Peintre réaliste de la vie paysanne et de la société polonaise traditionnelle (*Gens de là-bas,* 1925 ; *les Nuits et les Jours,* 1932-1934), elle manifesta sa sympathie pour l'évolution de la Pologne nouvelle.

DABROWSKI ou **DOMBROWSKI** (Jan Henryk), général polonais (Pierzchowice, près de Cracovie, 1755 - Winnogóra, Posnanie, 1818). Général-major dans le mouvement insurrectionnel de Kościuszko (1794), il passa en France, où il organisa une légion polonaise. Il participa aux campagnes d'Italie (1797-1801) et défendit le grand-duché de Varsovie. Il se distingua lors du passage de la Berezina et à Leipzig (1813).

DABROWSKI ou **DOMBROWSKI** (Jarosław), révolutionnaire polonais (Jitomir, Ukraine, 1836 - Paris 1871). Il participa à l'insurrection polonaise de 1863, gagna Paris, dont il organisa la défense contre les versaillais (1871). Il fut tué sur les barricades.

DAC (André Isaac, dit **Pierre**), chansonnier et écrivain français (Châlons-sur-Marne 1893 - Paris 1975). Il s'est imposé comme un humoriste loufoque, adepte du non-sens et de l'aphorisme incongru. Il fut rédacteur en chef de l'*Os à moelle* de 1938 à 1940. Le journal disparut en 1964.

DA CAPO loc. adv. (ital. *da capo,* derechef). Indique que l'interprète, parvenu à un point déterminé du morceau de musique, doit le réexécuter depuis le commencement jusqu'au mot *fin* (ou *fine*). [Abrév. D. C.]

DACCA ou **DHAKA,** cap. du Bangladesh, sur la lisière orientale du delta du Gange et du Brahmapoutre ; 3 460 000 hab. Centre administratif et commercial. Textile (jute).
— **Hist.** Capitale de la province du Bengale à l'époque moghole (de 1608 à 1704), elle devint en 1947 la capitale du Pākistān oriental, puis en 1971 celle de l'État indépendant du Bangladesh.

D'ACCORD → ACCORD.

DACE adj. et n. De Dacie.

DACHAU, v. d'Allemagne (Bavière), au N.-O. de Munich ; 33 300 hab. — **Hist.** Dès mars 1933, le IIIe Reich y ouvrit le premier camp de concentration, devenu, après 1939, camp de déportation. 80 000 déportés y auraient été immatriculés, 32 000 morts enregistrés, sans compter les milliers de disparus en cours de transit. Le 29 avr. 1945, 30 000 détenus furent libérés par les forces armées américaines.

DACHE n. m. (p.-ê. ital. *diachine,* diable). Pop. *À dache,* très loin, au diable.

DACHNAK adj. et n. (mot arménien). Relatif au Dachnaktsoutioun ; qui en est membre.

Dachnaktsoutioun, fédération révolutionnaire arménienne, de tendance socialiste, fondée à Tiflis en 1890 en vue de défendre et d'émanciper les Arméniens de l'Empire ottoman. Ce parti inclut dans son programme la lutte contre l'autocratie tsariste à partir de 1904. Les dachnaks dirigèrent la République indépendante d'Arménie (mai 1918 - déc. 1920). Après la bolchevisation du pays, ils furent chassés du pouvoir, puis du pays. Dans les communautés de la diaspora, le Dachnaktsoutioun a maintenu son organisation et sa presse et continue à militer pour la création d'une Arménie libre, indépendante et réunifiée.

DACHSHUND [daksund] n. m. (all. *Dachshund,* chien de blaireau). Autre nom du basset allemand, ou teckel.

DACHSTEIN, massif préalpin d'Autriche portant le point culminant du Salzkammergut (2 996 m). Grottes.

DACHT-E KAVIR, désert salé de l'Iran, au S.-E. de l'Elbourz.

DACHT-E LUT, désert très chaud et très aride de l'est de l'Iran.

DACIE, en lat. **Dacia,** ensemble des pays situés sur la rive gauche du Danube et correspondant à une grande partie de la Roumanie actuelle. Au Ier s. av. J.-C., les Daces, peuple apparenté aux Thraces, conquirent la région du Danube inférieur proche de la province romaine de Mésie. Soumise par Trajan, la Dacie devint une province romaine (106). Rome y établit de nombreux colons et exploita intensivement ses mines d'or, de fer et de sel. Région fréquemment attaquée par les Barbares, la Dacie fut abandonnée aux Goths par Aurélien (271), qui donna le nom de Dacie à deux provinces nouvelles, sur la rive droite du Danube.

DACIER (Anne Lefebvre, *Mme*), philologue française (Saumur 1647 - Paris 1720). Traductrice d'auteurs grecs et latins, elle prit le parti des Anciens* dans leur querelle contre les Modernes (*Causes de la corruption du goût,* 1714). — Son mari, André (Castres 1651 - Paris 1722), se consacra également à la traduction des Anciens. (Acad. fr., 1695.)

DACIQUE adj. Relatif à la Dacie.

DACITE n. f. (de *Dacie,* n. pr.). Roche volcanique, voisine des andésites, mais plus siliceuse. (Les laves dacitiques sont visqueuses et forment des extrusions, par exemple l'aiguille de la montagne Pelée.)

DACKO (David), homme d'État centrafricain (Bouchia, distr. de Lobaye, 1930). Président de la République centrafricaine (1960-1965), il fut renversé par son cousin, Bokassa, en 1965. Soutenu par la France, il revint au pouvoir de 1979 à 1981.

DACOÏT [-kɔit] n. m. En Inde, brigand de grand chemin.

DACQUOIS, E adj. et n. De Dax.

DACRON n. m. (n. déposé). Fibre chimique de polyester, produite par Dupont de Nemours.

DACRYOADÉNITE ou **DACRYADÉNITE** n. f. Inflammation de la glande lacrymale.

DACRYOCYSTITE n. f. Inflammation du sac lacrymal, aiguë ou chronique.

DACRYOCYTE n. m. Hématie qui, observée en lame mince, a la forme d'une larme.

1. DACTYLE n. m. (lat. sc. *dactylis,* du gr. *daktulos,* doigt). Graminée fourragère aux épis courts, massifs et rameux, résistant bien à la sécheresse.

2. DACTYLE n. m. (lat. *dactylus ;* du gr. *daktulos,* doigt). **1.** Pied formé d'une longue et de deux brèves, dans les vers grecs et latins. – **2.** Mesure de longueur des Grecs, qui valait le seizième du pied, ou 0,0185 m.

DACTYLIOLOGIE n. f. Partie de l'archéologie qui traite des pierres fines gravées.

DACTYLIQUE adj. (lat. *dactylicus*). Se dit d'un rythme où domine le dactyle.

DACTYLO n. (de *dactylographe*). Personne dont la profession est d'écrire ou de transcrire des textes à la machine à écrire.

DACTYLOCODAGE n. m. Saisie de données sur clavier, préalable à un traitement informatique.

DACTYLOCODEUR, EUSE n. Personne effectuant du dactylocodage.

DACTYLOGRAMME n. m. **1.** Texte dactylographié. – **2.** Document reproduisant les empreintes digitales de qqn.

DACTYLOGRAPHE n. Forme anc. de DACTYLO.

DACTYLOGRAPHIE n. f. **1.** Technique d'utilisation de la machine à écrire. – **2.** Texte dactylographié.

DACTYLOGRAPHIER v. t. (conj. 9). Écrire un texte en se servant d'une machine à écrire : *Dactylographier une lettre.*

DACTYLOGRAPHIQUE adj. Relatif à la dactylographie.

DACTYLOLOGIE n. f. Langage gestuel, développé par l'abbé de l'Épée, utilisé par les sourds-muets.

DACTYLOLOGIQUE adj. Relatif à la dactylologie.

DACTYLOPODITE n. m. Extrémité de la patte chez les crustacés. (Syn. TRANSTARSE.)

DACTYLOPTÈRE n. m. Poisson des mers tropicales, à forte tête osseuse, à grandes pectorales lui permettant des sauts planés de quelques mètres hors de l'eau.

DACTYLOSCOPIE n. f. Procédé d'identification des personnes par les empreintes digitales, ou dactylogramme.

DACTYLOTECHNIE [-tɛkni] n. f. Ensemble des méthodes employées par la criminalistique pour rechercher et relever les traces et empreintes laissées sur les lieux de l'infraction par son auteur.

DACTYLOZOÏDE n. m. Polype spécialisé des colonies de cnidaires, très mobile, armé de batteries de cnidoblastes. (Syn. ACANTHOZOÏDE.)

DACUS [-kys] n. m. Mouche parasite de l'olive.

1. DADA n. m. (calque de l'angl. *hobby-horse,* cheval de bois). *Fam.* Occupation, idée favorite, sujet de conversation préféré ; marotte, hobby.

2. DADA n. m. (onomat.). Terme enfantin ou plaisant pour désigner un cheval.

dada *(mouvement),* mouvement intellectuel et artistique qui apparut à New York et à Zurich (1916), se diffusa en Europe jusqu'en 1923 et exerça, par sa pratique subversive, une influence décisive sur les divers courants d'avant-garde. (On dit aussi DADAÏSME.)

Le refus des contraintes idéologiques et esthétiques (déjà à l'œuvre dans l'expressionnisme) et l'irrespect subversif (déjà prôné par le poète-boxeur Arthur Cravan et sa revue *Maintenant* [1912]) caractérisent, à New York dès 1915, les expériences de Duchamp (série des *ready-made* commencée à Paris en 1913-14), de Picabia et de Man Ray, regroupés autour de la revue *291* d'A. Stieglitz. Simultanément, au cabaret Voltaire à Zurich, en 1916, Hugo Ball (1886-1927), T. Tzara, Marcel Janco (1895-1984), Richard Huelsenbeck (1892-1974), Arp, H. Richter animent des manifestations qui mêlent divers modes d'expression et prennent, avec le nom de « dada » (choisi au hasard), un tour de plus en plus provocant. L'Allemagne révolutionnaire des années 18-20 connaît plusieurs foyers dadaïstes : Berlin (tracts, affiches, manifestations collectives de Huelsenbeck et Grosz, avec les trois créateurs du photomontage, Hausmann, Heartfield et Hannah Höch [1889-1978]), Cologne (avec notamment Ernst et Arp) puis Hanovre (avec Schwitters). C'est à Paris que dada, en tant que mouvement, connaît son apogée et sa fin. Dès 1920, les manifestations organisées avec les futurs surréalistes (Breton, Soupault, Aragon, groupés autour de la revue *Littérature*) révèlent des dissensions qui s'aggravent (« procès Barrès » en 1921, « Congrès de Paris » convoqué en 1922 par Breton mais désavoué par Tzara) jusqu'à la rupture (soirée du « Cœur à barbe », 1923) et à la victoire du surréalisme naissant. Par son travail de table rase, dada a ouvert la voie non seulement au surréalisme, mais aussi, malgré diverses altérations de sa signification initiale, au happening, au pop art, au Nouveau Réalisme, à l'art conceptuel, etc.

Dada, revue du mouvement dada, dirigée par T. Tzara (Zurich 1917 - Paris 1921), caractérisée par sa mise en pages et sa typographie.

DADAIS n. m. (onomat.). *Fam.* Jeune homme sot et gauche dans ses attitudes ; niais, nigaud.

DADAÏSME n. m. Le mouvement dada ; les attitudes qui s'y rapportent.

DADAÏSTE adj. et n. Qui relève du dadaïsme ; qui en est adepte.

DADANT (Charles), pionnier de l'apiculture moderne (Vaux-sous-Aubigny, Haute-Marne, 1817 - Hamilton, Illinois, 1902). Il créa le modèle de ruche « Dadant », toujours utilisé, et installa une importante usine de matériel agricole.

DADDAH (Moktar Mohamedoun Ould), homme d'État mauritanien (Boutilimit 1924), président de la République islamique de Mauritanie de 1961 à 1978.

DADDI (Bernardo), peintre italien (Florence v. 1300 - *id.* 1348). Disciple de Giotto, il n'a guère compris la recherche spatiale de celui-ci, mais a donné de nombreux retables d'une élégance décorative incontestable (*Madone* d'Orsammichele, 1347).

DADES *(oued),* riv. du Maroc méridional ; 220 km. Né dans le Haut Atlas oriental, il conflue avec le Draa à l'E. de Ouarzazate.

DADIÉ (Bernard Binlin), écrivain et homme politique ivoirien (Assinie 1916). Il s'est exercé dans la plupart des genres, du journalisme — il participe à la fondation de la revue *Présence africaine* — au théâtre, où il est un témoin ironique de l'Afrique contemporaine (*les Voix dans le vent,* 1970 ; *Îles de tempête,* 1973).

DADO (Miodrag Djuric, dit), peintre yougoslave (Cetinje, Monténégro, 1933). Développée à Paris depuis 1956, son œuvre, issue de l'expressionnisme et du surréalisme, donne une vision onirique d'un monde en décomposition.

DĀDRA, anc. enclave portugaise de l'Inde, formant avec Nagar Haveli le *Territoire de Dādra et Nagar Haveli,* entre le Gujerat et le Mahārāshtra ; 491 km^2 ; 138 542 hab. Ch.-l. *Silvassa.*

DAENDELS (Herman Willem), général hollandais (Hattem, Gueldre, 1762 - Elmina Ghana, 1818). Exilé en France (1787), il fut, pendant la Révolution, l'un des organisateurs de la Légion batave. Gouverneur des Indes orientales (1808-1810), il introduisit plusieurs réformes administratives et judiciaires. En 1815, il fut nommé gouverneur des possessions hollandaises sur le golfe de Guinée.

DAFF ou **DUFF** n. m. (ar. *daff*). Tambour dont la peau est tendue sur un cadre de bois circulaire ou carré (Afrique du Nord, Moyen-Orient, Inde).

DAFLAS, population tibéto-birmane de l'Inde du Nord-Est, vivant dans les montagnes de l'Arunachal Pradesh et estimée à env. 50 000 personnes.

DĀGABA ou **DĀGOBA** n. m. (pāli *dhātugabbha,* réceptacle pour reliques). Nom du stūpa au Sri Lanka.

DAGAN ou **DAGON,** divinité sémitique de la fertilité dont le culte fut diffusé par les Amossites. Connu en Syrie et dans les cités philistines, ce dieu a été adoré également en Babylonie.

Dagens Nyheter, quotidien suédois de tendance libérale, fondé en 1864 et publié à Stockholm.

DAGERMAN (Stig), écrivain suédois (Älvkarleby 1923 - Enebyberg, près de Stockholm, 1954). Représentant talentueux de la génération dite « des années 40 », il traduit dans ses romans (*le Serpent,* 1945 ; *l'Enfant brûlé,* 1948) l'angoisse de la jeunesse confrontée aux ruines matérielles et morales de l'après-guerre.

DAGHESTAN → Daguestan.

DAGINCOURT ou **D'AGINCOURT** (François), organiste français (Rouen 1684 - *id.* 1758). Organiste de la chapelle royale. Il publia un *Livre de pièces de clavecin* (1733), disposées en quatre « ordres ».

DAGO, en estonien **Hiiumaa,** île estonienne de la mer Baltique.

DAGOBERT n. m. Siège dont la forme rappelle celle du trône de Dagobert.

DAGOBERT Ier (v. 600 - Saint-Denis 638). Fils de Clotaire II, qui le fit roi d'Austrasie et le plaça sous la tutelle du maire du palais Pépin de Landen et d'Arnoul, évêque de Metz (623), il succéda à son père en 629 et régna dès lors sur l'ensemble du *regnum Francorum.* Assisté de bons conseillers (l'orfèvre Éloi, le référendaire Dadon [ou Ouen], le trésorier Didier), il affermit et fit respecter son autorité tout en donnant satisfaction aux particularismes régionaux : il transforma l'Aquitaine en une sorte d'apanage, sous l'autorité de son frère, Caribert II (629), puis d'un duc franc (632) ; il accorda à l'Austrasie un roi en la personne de son fils, Sigebert III (634), puis soumit les Gascons et les Bretons (638). À l'extérieur, il résista aux attaques des Slaves établis en Bohême et en Moravie, sous la direction de Samo, en confiant la défense de la frontière orientale du royaume aux Saxons (631) et au duc de Thuringe, Radulf (634). Dernier roi mérovingien à avoir effectivement gouverné, il fut enseveli à l'abbaye de Saint-Denis, qu'il avait enrichie de ses dons. — **Dagobert II** (v. 650 - près de Stenay 679), roi des Francs (676 - 679). Après la mort de son père, Sigebert III (656), il fut relégué dans un monastère en Irlande par Grimoald. Rappelé par les Austrasiens (676), il régna sous l'autorité du maire du palais Wulfoald et fut assassiné. — **Dagobert III** (v. 699 - 715), roi des Francs (711 -715), fils et successeur de Childebert III.

DAGOBERT → DAIMBERT.

Dagobert *(trône de),* fauteuil de bronze doré, en forme de chaise curule, parfois attribué à l'orfèvre de Dagobert Ier, saint Éloi (VIIe s.). Accoudoirs et dossier du XIe s. Provenant de l'abbaye de Saint-Denis, ce siège est conservé au cabinet des Médailles de la B. N. (Paris).

DAGOGNET (François), philosophe français (Langres 1924). Docteur en médecine, il est professeur de philosophie à l'université Jean-Moulin de Lyon puis à la Sorbonne. Sa réflexion a d'abord porté sur la spécificité des langages selon les domaines scientifiques dont ils rendent compte (*Tableaux et langages de la chimie,* 1969) ; puis elle s'est orientée vers l'épistémologie des formes (*Pour une théorie générale des formes,* 1975 ; *Faces, surfaces, interfaces,* 1982). Il s'oriente vers une nouvelle synthèse de sa réflexion sur forme et matière (*Rematérialiser. Matières et matérialismes,* 1985 ; *Corps réfléchis,* 1989).

DAGOTY (Pierre Louis), fabricant de porcelaine dure établi vers 1800 à Paris. La qualité de ses porcelaines et de ses dorures fit de lui un des premiers fournisseurs de Napoléon Ier. En 1816, il s'associa à F. M. Honoré et ses fils.

DAGRON (René), chimiste français (Beauvoir, Sarthe, 1819 - Paris 1900). Inventeur de la photographie microscopique, il organisa à Tours puis à Bordeaux, en 1870, le service des pigeons voyageurs et fit passer à Paris de longues dépêches microphotographiées.

DAGUE n. f. (p.-ê. ital. *daga*). **1.** Épée à lame large et courte (XIVe-XVIIe s.). — **2.** Grand couteau de vénerie. — **3.** Premier bois, simple, des jeunes cervidés.

DAGUER v. t. (conj. 3). En vénerie, servir l'animal à la dague.

DAGUERRE (Louis Jacques Mandé), inventeur français (Cormeilles-en-Parisis 1787 - Bry-sur-Marne 1851). Il imagina, en 1822, le *diorama,* où les combinaisons d'éclairage de la toile par l'avant et par l'arrière permettent d'obtenir des transformations telles que le passage d'un effet diurne à un effet nocturne. Il s'associa à Nicéphore Niepce, qui était parvenu, en 1826, à fixer les images. Mais Niepce mourut en 1833, et Daguerre travailla seul. Il définit alors le tout premier procédé photographique, dit *daguerréotype,* qui fut publié en 1839.

DAGUERRÉOTYPE n. m. (de *Daguerre,* n. pr.). **1.** Dispositif enregistrant une image sur une plaque d'argent iodurée. — **2.** Image ainsi obtenue.

DAGUERRÉOTYPIE n. f. Procédé d'obtention d'un daguerréotype.

DAGUESTAN ou **DAGHESTAN,** république de la Fédération de Russie, bordant la Caspienne et s'étendant sur l'est du Caucase et son avant-pays septentrional ; 50 300 km^2 ; 1 792 000 hab. Cap. *Makhatchkala.*

— **Hist.** Pays de hautes montagnes, séparant le monde des grands empires sédentaires, au sud, de celui des nomades des steppes, au nord, le Daguestan a pu pendant des siècles préserver son indépendance et garder son originalité. Le christianisme et le judaïsme y pénétrèrent au IVe s. L'islām fut apporté par les Arabes au VIIe s. L'islamisation du pays fut cependant très lente (à l'époque de Tīmūr Lang [début du XVe s.], des îlots chrétiens et animistes y subsistaient encore). En 1813, au traité de Gulistān, l'Iran renonça à ses prétentions sur le Daguestan. Mais la conquête du haut Daguestan demanda aux Russes 30 années d'efforts (1828-1859) avant de briser la résistance des montagnards de Chāmil. Le pouvoir soviétique y fut établi en nov. 1920.

— **Bx-arts.** Sous l'impulsion de Turcs musulmans, une remarquable école de sculpture figurative sur pierre s'exprima du XIe au XIVe s. Son centre semble avoir été la petite ville de Koubatchi. Les œuvres, apparentées à celles des Seldjoukides, suivent mal les canons de l'islām et, par leur souci du relief et du modèle, peuvent être comparées à celles de Géorgie et d'Arménie.

DAGUESTANAIS, E adj. et n. *Langues daguestanaises,* groupe de langues caucasiennes du Nord-Est. (On a dénombré 26 langues, parlées par env. 1 400 000 locuteurs : au nord, l'ensemble avar-andi-dido ; au centre, le lakh et le dargwa ; au sud, les langues lezguiennes.)

DAGUET n. m. (de *dague*). Cerf dont la tête porte de simples dagues, c'est-à-dire cerf de moins de deux ans.

DAGURS, population du groupe mongol du N.-E. de la Chine (Mandchourie et Mongolie Intérieure), évaluée à 50 000 personnes.

DAH n. m. Autre nom du *kenaf.*

DAHABIEH [daabje] n. f. (ar. égyptien *dhahabiyya,* la dorée). Ancienne barque du Nil pour le transport des voyageurs.

DAHCHOUR, site archéologique d'Égypte, proche de Saqqarah. La nécropole comprend cinq pyramides. Deux ont été construites par le roi

Snefrou (IVe dynastie) — dont la pyramide dite « rhomboïdale » —, les trois autres datent du Moyen Empire.

DAHIR n. m. (ar. *ẓahir*). Décret du roi du Maroc.

DAHL (Johan Christian CLAUSEN), peintre norvégien (Bergen 1788 - Dresde 1857). Formé à Copenhague et fixé à partir de 1818 à Dresde, ami de C. D. Friedrich, il fut le père de l'école norvégienne, le premier à exalter les paysages de son pays, où il retourna maintes fois pour faire moisson d'esquisses. (Musées d'Oslo, Berlin, etc.)

DAHL (Roald), écrivain britannique (Llandaff, Galles du Sud, 1916 - Oxford 1990). L'humour de ses récits pour enfants (*les Gremlins,* 1943) se teinte de macabre dans ses romans pour adultes (*Kiss, Kiss,* 1960).

DAHLAK *(îles),* archipel de l'Érythrée, dans la mer Rouge.

DAHLEM (Franz), homme politique allemand (Rohrbach, auj. Rohrbach-lès-Bitche, Moselle, 1892 - Berlin 1981). Membre du comité central du parti communiste allemand, député au Reichstag (1928-1933), il fut le représentant de l'Internationale communiste auprès des brigades internationales en Espagne. Livré par le gouvernement de Vichy aux Allemands, il fut interné dans un camp de concentration. En 1945, avec Pieck et Ulbricht, il fut l'un des dirigeants du parti communiste est-allemand.

DAHLIA n. m. (de A. *Dahl,* n. pr.). Genre de composées d'origine mexicaine ayant fourni, par de multiples hybridations, des formes horticoles très ornementales.

DAHLMANN (Friedrich Christoph), historien et homme d'État allemand (Wismar 1785-Bonn 1860). Éminent représentant de l'école historique allemande, il fut révoqué de sa chaire à Göttingen pour avoir protesté contre l'abrogation de la Constitution du Hanovre (1837). Il joua un rôle majeur à l'Assemblée de Francfort en 1848 comme partisan d'une monarchie constitutionnelle dans une Allemagne unifiée sous l'égide de la Prusse.

DAHOMÉEN, ENNE adj. et n. Du Dahomey.

DAHOMEY, ancien nom du Bénin.

DAHRA, massif d'Algérie, entre la vallée du Cheliff et la mer ; 1 157 m.

DAHRENDORF (Ralf), sociologue et homme politique allemand (Hambourg 1929). Il a cherché à reformuler les bases de l'analyse des conflits sociaux et du changement social par une mise en relation critique des théories marxistes et des théories fonctionnalistes de la sociologie américaine. Il a écrit, notamment, *Classe et conflit de classes dans la société industrielle* (1957), *Homo sociologicus* (1959), *The New Liberty : Survival and Justice in a Changing World* (1975).

DAHU ou **DARU** n. m. Animal fantastique et imaginaire qu'un jeune homme ou une jeune fille crédule est invité à chasser, en compagnie, durant l'hiver.

DAIGNER v. t. (lat. pop. *dignare,* du lat. class. *dignari,* juger digne) [conj. 4]. Avoir la bonté de faire qqch ; consentir, condescendre à : *Daignez accepter mes hommages.*

DAIGO, nom de deux empereurs du Japon : **Daigo Ier** (897-930), qui exila son ministre Sugawara no Michizane à Dazaifu en 901. — **Daigo II** ou **Go-Daigo** (1318-1339), qui mit fin au shōgunat de Kamakura (1333) avec l'appui d'Ashikaga Takauji.

DAIKOKU, divinité japonaise de la Fortune (→ SHICHIFUKUJIN).

DAIKON [dajkɔ̃] n. m. (mot jap.). Plante potagère et fourragère d'Extrême-Orient, appelée aussi *radis du Japon* ou *de Satsuma,* cultivée pour sa racine comestible et que l'on donne aussi au bétail.

Dáil Éireann (« Assemblée d'Irlande »), nom gaélique de la Chambre des députés de la République d'Irlande.

Daily Express, quotidien britannique fondé en 1900 par Arthur Pearson.

Daily Mail, quotidien britannique fondé en 1896 par les frères Alfred (lord Northcliffe) et Harold Harmsworth. Entre 1920 et 1930, le *Daily Mail* était par son tirage le premier quotidien du monde.

Daily Mirror, quotidien britannique illustré, fondé en 1903 par Alfred Harmsworth (lord Northcliffe), comme journal féminin, rédigé par des femmes.

Daily Telegraph (The), quotidien britannique de tendance conservatrice, publié à Londres et fondé en 1855, par Arthur B. Sleigh, sous le titre *Daily Telegraph and Courier.* En 1937, le *Daily Telegraph* absorba le *Morning Post.*

DAIM [dɛ̃] n. m. (bas lat. *damus,* du lat. class. *dama*). **1.** Mammifère ruminant cervidé à bois palmés et à robe tachetée de blanc, connu à l'état sauvage en Europe méditerranéenne et au Proche-Orient, et élevé pour l'agrément dans de nombreux parcs. (La femelle, dépourvue de cornes, est la *daine.*) — **2.** Peau chamoisée de cet animal.

DAIMBERT ou **DAGOBERT,** prélat italien (v. 1050 - Messine 1107). Archevêque de Pise, il participa à la première croisade aux côtés des

Pisans, devint patriarche de Jérusalem (1099) mais fut déposé par le roi Baudouin Ier (1102).

DAIMLER (Gottlieb), ingénieur allemand (Schorndorf, Wurtemberg, 1834 - Cannstatt, auj. Stuttgart-Bad Cannstatt, près de Stuttgart, 1900). Il travailla pendant quelques années, ainsi que Maybach, à l'usine de Deutz où furent produits, à partir de 1876, les premiers moteurs à quatre temps Otto et Langen. Daimler et Maybach fondèrent ensuite leur propre entreprise à Cannstatt en 1882 et étudièrent un moteur léger à grande vitesse. Ils furent ainsi amenés à construire une automobile qui effectua ses premiers voyages expérimentaux en avr. 1887. Le moteur Daimler fut construit en France par Panhard-Levassor et équipa les premières voitures Peugeot, puis les premières Panhard.

Daimler-Benz AG, entreprise allemande provenant du rapprochement, en 1926, des firmes Daimler, de Cannstatt, et Benz et Cie, de Mannheim. La gamme de ses *Mercedes* est universellement connue. La firme est au premier rang européen pour la production des véhicules utilitaires. Après diverses opérations de diversification, elle occupe aussi aujourd'hui une position de leader dans les domaines de l'électronique, de l'aéronautique et du matériel d'armement.

DAIMYAT [dajmja] n. m. (de *daimyō*). Fief d'un daimyō.

DAIMYŌ [dajmjo] n. m. inv. ou **DAIMYO** n. m. (jap. *daimyō*). Seigneur local japonais, qui gouvernait un fief ou un clan (han), et qui n'était que nominalement inféodé à l'empereur.

1. DAINE n. f. Daim femelle.

2. DAINE ou **DAISNE** n. m. **1.** Dans une mine, banc de terrain situé au-dessous de la veine exploitée. — **2.** Partie inférieure d'une galerie de mine. (Syn. SOLE.)

Dai-Nihon-shi (« Histoire du Grand Japon »), vaste compilation historique en 243 volumes, entreprise sur l'ordre du prince de Mito, Tokugawa Mitsukuni (1622-1700), et achevée en 1906.

DAINVILLE (62000), ch.-l. de cant. du Pas-de-Calais ; 5 716 hab. *(Dainvillois).*

DAIQUIRI [dajkiri] n. m. (mot amér.). Punch au rhum blanc.

DAÏRA n. f. (mot ar.). En Algérie, subdivision de la wilaya.

DAIREN → DALIAN.

DAIRY BELT, nom donné parfois à la région des États-Unis la plus favorable à l'économie laitière : pourtour des Grands Lacs, nord des Appalaches et Nouvelle-Angleterre.

DAIS n. m. (lat. *discus,* disque). **1.** Couronnement de trône, de stalle, de chaire, de lit. (Marque d'honneur, le dais est une sorte de pavillon, généralement d'étoffe, suspendu ou soutenu. Il peut être en bois sculpté, notamm. au XVe s. Lorsqu'il repose sur des colonnes, il prend le nom de *baldaquin.*) — **2.** Petite voûte en surplomb, ornementée, couvrant l'emplacement réservé à un siège, à une statue, etc. — **3.** Baldaquin mobile, à quatre hampes et en soie blanche que l'on porte au-dessus du saint sacrement dans les processions.

DAISNE (Herman THIERY, dit **Johan**), écrivain belge d'expression néerlandaise (Gand 1912 - *id.* 1978). Poète, auteur dramatique et romancier (*l'Homme au crâne rasé,* 1948), il est avec Lampo le promoteur du « réalisme magique » dans son pays.

DAI VIÊT, nom signifiant en vietnamien le grand pays de Viêt, qui a désigné le Viêt-nam de 1054 à 1802.

DAKAR, cap. du Sénégal et ch.-l. de la région du Cap-Vert ; 980 000 hab. Musée. Ancienne escale maritime (puis aussi aérienne) entre l'Europe et l'Amérique du Sud, principale métropole (avec Abidjan) de l'Afrique occidentale, centre administratif (abritant aussi quelques organismes internationaux) et commercial, débouché maritime presque unique et aérien (aéroport de Yoff), Dakar est le seul foyer industriel (agroalimentaire et constructions mécaniques surtout) du pays.
— **Hist.** L'îlot de Gorée fut conquis par la France sur les Hollandais en 1677 et le site de Dakar, sur le continent, fut occupé en 1857. La ville devint la capitale administrative de l'A.-O. F. en 1902, puis la capitale du Sénégal en 1958.

DAKHLA, anc. **Villa Cisneros,** port du Sahara occidental.

DAKHLA *(oasis de)* ou **AL-DĀKHILA,** dite aussi **Oasis intérieure,** oasis d'Égypte, dans le désert occidental égyptien.

DAKHMA n. m. Tour funéraire où les Pārsis exposent leurs morts pour qu'ils soient dévorés par les vautours.

DAKIN n. m. (de H. D. *Dakin,* n. pr.). Liquide de couleur rose violacé, employé comme antiseptique pour le lavage et l'irrigation des plaies. (Il contient du chlore et du permanganate de potassium.)

DAKOTA, ancien territoire des États-Unis, occupé par les Indiens *Dakotas,* dont se détachèrent, de 1858 à 1868, les États du Minnesota, du Montana et du Wyoming, et qui fut divisé en 1889 en deux États, Dakota du Nord et Dakota du Sud.

DAKOTA DU NORD, en angl. **North Dakota,** État du centre-nord des États-Unis, limitrophe du

Canada, traversé par le Missouri ; 183 022 km² ; 638 000 hab. Cap. *Bismarck*. Encore largement rural, il associe cultures (céréales, betterave, tournesol) et élevage. Ressources énergétiques notables (hydrocarbures, lignite).

DAKOTA DU SUD, en angl. **South Dakota,** État du centre-nord des États-Unis ; 199 551 km² ; 696 004 hab. Cap. *Pierre*. Traversé par le Missouri (coupé de retenues), il est encore largement rural (céréales, élevage bovin et porcin approvisionnant l'agroalimentaire). Extraction de l'or et de l'uranium.

DAKOTAS, Indiens des États-Unis, qui occupaient le pays situé sur le haut Mississippi et qui furent dispersés, sous la pression des Ojibwas, dans les grandes plaines de l'Ouest.

DALADIER (Édouard), homme politique français (Carpentras 1884 - Paris 1970). Agrégé d'histoire, maire de Carpentras (1911), député radical-socialiste du Vaucluse, ministre à divers postes à partir de 1924, président du parti radical (1927), il fut président du Conseil de janv. à oct. 1933. Ministre de la Guerre (1933-34), il fut appelé à former un deuxième cabinet (30 janv. 1934), qui tomba au lendemain de l'émeute du 6 févr. 1934. Ministre de la Défense nationale et de la Guerre dans le ministère Blum (juin 1936-juin 1937), il fut chargé par A. Lebrun de former un nouveau cabinet (avr. 1938) qui signa les accords de Munich (29-30 sept.), redressa la situation financière (gestion de P. Reynaud) et déclara la guerre à l'Allemagne (3 sept. 1939). Renversé en mars 1940 au profit de P. Reynaud, il conserva le ministère de la Défense nationale et de la Guerre, puis passa aux Affaires étrangères (mai-juin 1940). Incarcéré après l'armistice sur l'ordre du gouvernement de Vichy jusqu'au procès de Riom (févr. 1942), puis déporté en Allemagne (1943-1945), il redevint député du Vaucluse (1946-1958).

DALAÏ-LAMA [dalai-] n. m. (pl. *dalaï-lamas*). Titre conféré au XVIe s. par le souverain mongol Altan Khān au chef tibétain d'un ordre monastique bouddhique, porté depuis lors par le chef du bouddhisme tibétain.

ENCYCL. Le dalaï-lama passe pour être l'incarnation perpétuelle de l'esprit du bodhisattva Avalokiteśvara, patron du Tibet. Lorsqu'il meurt, l'esprit divin qui réside en lui descend de nouveau, après un intervalle d'au moins 49 jours, dans un enfant qui donne généralement, dès sa naissance, des marques de son origine surnaturelle. Le dalaï-lama actuel, Tenzin Gyatso, est né à Taktser, dans le Qinghai (Chine) en 1935. Considéré comme la quatorzième incarnation du bodhisattva Avalokiteśvara, il a été proclamé en 1940 souverain du Tibet, devenant dès lors le chef suprême de toutes les sectes bouddhiques de son pays. Les heurts avec les Chinois, qui contrôlent le Tibet depuis 1950, l'ont contraint à s'exiler en 1959. Il a reçu en 1989 le prix Nobel de la paix.

DALAI NOR → HULUN NUR.

DALÄLVEN, fl. de Suède centrale, tributaire du golfe de Botnie ; 520 km. Aménagements hydroélectriques.

DALASI n. m. Unité monétaire de la Gambie.

DALAT ou **DA LAT,** v. du Viêt-nam, dans le sud de l'Annam ; 105 000 hab. Station climatique à environ 1 000 m d'alt.

DALAYRAC ou **D'ALAYRAC** (Nicolas Marie), compositeur français (Muret, Haute-Garonne, 1753 - Paris 1809). Il quitta l'armée pour se consacrer à la composition, exploitant un réel talent pour l'opéra-comique (*Nina ou la Folle par amour,* 1786 ; *Gulistan,* 1805).

DALBERG (Karl Theodor, *baron* VON), prélat et homme politique allemand (Herrnsheim 1744 - Ratisbonne 1817). Dernier archevêque-électeur de Mayence (1802), il se lia à Napoléon Ier dès 1803. Celui-ci transféra son archevêché à Ratisbonne (1803) et le nomma prince primat de Germanie et archichancelier de la Confédération du Rhin (1806). Grand-duc de Francfort (1810-1813), il abolit le servage dans ses domaines, introduisit le Code civil (1810) et le Code pénal (1812). Prince éclairé, il fut l'ami de Goethe et de Schiller.

DALBERG (John), 1er baron **Acton** → ACTON.

DALBERGIA n. m. (de K. *Dalberg,* n. pr.) Genre de papilionacées arborescentes dont de nombreuses espèces fournissent des bois utiles (palissandres, bois de rose, cocobolo, grenadille, etc.).

DALCROZE (Émile JAQUES-) → JAQUES-DALCROZE (Émile).

DALE (*sir* Henry HALLETT), physiologiste et pharmacologue britannique (Londres 1875 - Cambridge 1968). Ses travaux sur la chimie du tissu nerveux lui valurent en 1936 le prix Nobel de médecine.

DALÉCARLIE, en suéd. **Dalarna,** anc. prov. de la Suède centrale. V. princ. *Falun*.

DALHOUSIE (James RAMSAY, 1er *marquis* DE), administrateur britannique (Dalhousie Castle, Écosse, 1812 - *id.* 1860). Gouverneur général de l'Inde (1848-1856), il coordonna et modernisa l'administration des territoires britanniques en Inde. Il annexa le Pendjab (1849), la Birmanie (1852) et plaça le Baloutchistan sous le protectorat britannique (1854). Son mépris des coutumes indiennes fut une des causes de la révolte des cipayes (1857).

DALÍ (Salvador), peintre, graveur et écrivain espagnol (Figueras 1904 - *id.* 1989). Il devient, en 1929, à Paris, un des plus fougueux animateurs du groupe surréaliste, dont il sera écarté cinq ans plus tard en raison du goût affiché par lui pour les régimes conservateurs et pour l'argent. Il collabore avec Buñuel *(Un chien andalou, l'Âge d'or),* élabore sa « méthode paranoïaque critique » (« libre interprétation des associations délirantes ») et transcrit ses hantises et ses visions (« images doubles ») dans une peinture dont l'académisme du faire recouvrira par la suite la stupéfiante invention onirique (*Six Apparitions de Lénine sur un piano,* 1933, M. N. A. M., Paris ; *Cannibalisme d'automne,* 1936-37, Tate Gallery). Dans les rodomontades clownesques et l'autocélébration de l'artiste semblent s'être résolues la contradiction entre son apport aux vertus subversives du surréalisme et ses protestations en faveur de l'« ordre » moral et politique.

DALIAN ou **TA-LIEN,** anc. **Dairen** et, en russe, **Dalni,** port et centre industriel (matériel ferroviaire et pétrolier) de la Chine du Nord-Est (Liaoning), partie de la conurbation de Lüda.

Dalibour *(eau, pommade de)* [du n. du chirurgien Jacques *Dalibour* († 1735)], préparations antiseptiques à base de sulfate de cuivre et de sulfate de zinc, employées en dermatologie. (Souvent appelées *eau* et *pommade d'Alibour.*)

DALILA, femme judéenne dont Samson s'était épris. Soudoyée par les Philistins, elle coupa la chevelure de Samson, dans laquelle résidait la force de celui-ci.

DALIN (Olof VON), poète et historien suédois (Vinberg 1708 - Drottningholm 1763). Admirateur de Voltaire, il introduisit en Suède le goût français. Considéré comme le créateur de la prose suédoise, il a laissé, entre autres, une *Histoire du royaume de Suède* (1747-1762), une tragédie (*Brunehilde,* 1738) et un poème (*la Liberté suédoise,* 1742).

DALIO (Marcel), acteur de cinéma et de théâtre français (Paris 1899 - *id.* 1983). Il a imposé son personnage pittoresque dans de nombreux films français et américains.

DALLAGE n. m. Action de paver avec des dalles ; sol fait de dalles.

DALLAPICCOLA (Luigi), compositeur italien (Pisino d'Istria 1904 - Florence 1975). Il doit sa réputation internationale à l'opéra *Vol de nuit* (1940), d'après Saint-Exupéry. Il fut un des premiers, à la suite de l'école viennoise, à adopter le sérialisme (*le Prisonnier,* 1950, d'après Villiers de L'Isle-Adam).

DALLAS, v. des États-Unis, au Texas ; 904 000 hab. (2 975 000 hab. dans la conurbation formée avec Fort Worth). Métropole du Texas intérieur, centre de services variés, fortement industrialisé (construction mécaniques et électriques, agroalimentaire), nœud de communications routières, ferroviaires et aériennes. Musée d'Art. – Le 22 nov. 1963, le président Kennedy y fut assassiné.

1. DALLE n. f. (d'un mot lorrain *dailler,* se moquer de, de l'all. *dahlen*). Pop. *N'y comprendre que dalle,* ne rien y comprendre, ne rien y voir. ‖ Pop. *Que dalle,* non, rien ; pas question.

2. DALLE n. f. (norm. *dalle,* de l'anc. nordique *daela,* rigole). **1.** Plaque dimensionnée de marbre, pierre, céramique, verre, métal, béton, etc., plus grande qu'un carreau, employée en nombre pour le revêtement de sols ou de murs. – **2.** *Dalle (funéraire),* pierre recouvrant la tombe. (Syn. PLATE-TOMBE.) – **3.** Grand espace ouvert constitué par un sol artificiel réunissant des immeubles modernes à un niveau dit *rez-de-dalle.* – **4.** *Pop.* Gorge, gosier. – **5.** Pop. *Avoir, crever la dalle,* avoir très faim. ‖ Pop. *Avoir la dalle en pente,* avoir (toujours) soif. ‖ Pop. *Se rincer la dalle,* boire. • **Alp.** Paroi rocheuse, plus ou moins redressée, lisse et sans fissure. – **Archéol.** *Dalle tumulaire* ou *funéraire,* plaque, le plus souvent de pierre, posée au-dessus d'une sépulture, notamment dans le dallage d'une église, et portant en général une épitaphe et/ou une effigie gravée. (Syn. PLATE-TOMBE.) – **Bât.** Plancher monobloc en béton armé, solidaire de ses appuis, allégé ou non par des corps creux et raidi ou non par des nervures. (Syn. PLANCHER-DALLE.) ‖ *Dalle flottante,* plaque de ciment armé, établie à dilatation libre sur un plancher-dalle pour fournir un sol sans transmission des bruits d'impact, ou pour soutenir l'étanchéité d'une terrasse. ‖ *Dalle de répartition,* sorte de radier en béton. – **Géol.** Plaque de roche limitée en épaisseur par deux surfaces parallèles provenant d'un débit naturel ou d'un sciage. ‖ *Roche en dalles,* roche qui se débite en dalles parallèlement au litage ou à la schistosité (calcaire, phonolite, schistes).

DALLER v. t. (conj. 3). Paver de dalles une surface, un sol, les recouvrir d'un dallage.

DALLEUR n. m. Ouvrier employé au dallage.

DALLIA n. m. Brochet des marais d'Alaska et de Sibérie qui contribue à l'alimentation des Esquimaux et de leurs chiens.

DALLOZ (Désiré), jurisconsulte et homme politique français (Septmoncel, Jura, 1795 - Paris 1869). Avocat à la Cour de cassation, député de Saint-Claude de 1837 à 1848, il publia le *Répertoire de législation, de doctrine et de jurisprudence.* – Son frère ARMAND, dit **Dalloz Jeune,** avocat français (1797-1867), participa à ses ouvrages et publia un *Dictionnaire général et raisonné de jurisprudence.*

Dalloz, maison d'édition française, fondée à Paris, en 1824, par les avocats Désiré et Armand Dalloz, spécialisée dans les ouvrages de droit et de sciences économiques. Elle fait aujourd'hui partie de C. E. P. Communication.

DALMATE adj. et n. (lat. *Dalmatae*). De Dalmatie.

DALMATE *(archipel),* groupe d'îles croates de l'Adriatique, allongées parallèlement à la côte, de l'Istrie à Dubrovnik. Une soixantaine d'îles sont peuplées. Pêche. Agriculture. Tourisme.

DALMATIE, en serbo-croate **Dalmacija,** région de la Croatie, sur la côte de l'Adriatique, bordée par de nombreuses îles *(archipel Dalmate).* Le tourisme et l'industrie concentrent la population sur le littoral, jalonné de villes (Zadar, Šibenik, Split, Dubrovnik).

— **Hist.** Peuplée d'Illyriens, la Dalmatie vit s'implanter des colonies grecques à partir du IVe s. av. J.-C. et fut conquise par Rome en 33 av. J.-C. Elle fut envahie au VIe s. par les Slaves qui ne purent s'établir sur le littoral, constitué en thème byzantin. Celui-ci fut incorporé aux Xe-XIe s. dans le royaume des Croates qui devint vassal de la Couronne de Hongrie en 1102. Puis les îles et les villes côtières, à l'exception de Dubrovnik, dépendirent de Venise de 1420 à 1797. Annexée par l'Autriche en 1797, la Dalmatie fut revendiquée au lendemain de la Première Guerre mondiale par l'Italie et la Yougoslavie. Celle-ci l'obtint par le traité de Rapallo (1920), sauf le port de Zadar (Zara) qui lui fut réuni en 1947.

DALMATIEN n. m. Chien d'agrément à poil court et robe blanche parsemée de taches noires, d'une taille d'environ 0,50 m.

DALMATIQUE n. f. (lat. ecclés. *dalmatica vestis,* tunique de Dalmatie). **1.** Vêtement romain en forme de tunique, bordé de pourpre. — **2.** Pièce du costume de sacre des rois de France. (Elle était en satin bleu brodé d'or.) — **3.** Vêtement à manches courtes, porté par les diacres.

DALMATIUS ou **DELMACE** († 337), fils de Constance Chlore et frère de Constantin, consul en 333, mort dans le massacre de la famille impériale. — FLAVIUS JULIUS **Dalmatius** († 337), fils du précédent ; césar en 335, il fut égorgé en même temps que son père.

DAL MONTE (Antonietta MENEGHEL, dite **Toti**), cantatrice italienne (Mogliano Veneto 1893 - Pieve di Soligo, Trévise, 1975). Guidée par Toscanini, elle s'affirma dès 1922 comme la première cantatrice italienne de son temps.

DALOA, v. de l'ouest de la Côte-d'Ivoire ; 60 000 hab. Agroalimentaire.

DALOT n. m. (rad. *dalle*). **1.** Trou percé dans le pont ou le pavois d'un navire pour l'évacuation de l'eau. — **2.** Petit canal dallé, servant à l'écoulement des eaux.

DALOU (Jules), sculpteur français (Paris 1838 - *id.* 1902). Formé à l'École des beaux-arts, éclectique, mais magnifique praticien, il a préservé dans son œuvre une sève populaire qu'il devait à son origine ouvrière. On voit de lui, à Paris, *le Triomphe de la République,* place de la Nation (bronze, 1879-1899), le tombeau de Victor Noir (au Père-Lachaise), le monument à Eugène Delacroix (au Luxembourg). Il a modelé de nombreuses figurines d'après sa femme, ainsi que plus de cent esquisses (Petit Palais, Paris) pour un *Monument aux travailleurs* qu'il ne put réaliser.

DALPAYRAT (Pierre Adrien), céramiste français (Limoges 1844 - *id.* 1910). Il réalisa surtout des grès aux formes parfois tourmentées et décorées de reliefs (animaux, personnages, etc.). Il mit au point un fond rouge à base de cuivre, dit « rouge Dalpayrat », et l'orna de jaspures et de coulures de teintes différentes.

DALRIADA, royaume scot fondé au VIe s. sur la côte occidentale d'Écosse (comté d'Argyll). Un de ses rois, Kenneth MacAlpin, réalisa à son profit, en 843, l'union définitive des Pictes et des Scots, préfiguration de l'Écosse.

DALRYMPLE (James), 1er vicomte **Stair,** homme politique et magistrat écossais (Drummurchie, Ayrshire, 1619 - Édimbourg 1695). Covenantaire et royaliste, il fut nommé en 1671 président de la Cour de session, et joua un rôle important en Écosse après la Restauration. Il s'opposa bientôt à Jacques d'York, véritable maître de l'Écosse dès 1680, et dut s'exiler auprès de Guillaume d'Orange (1684), qui le rétablit dans ses fonctions après la Révolution de 1688. Ses *Institutions of the Law of Scotland* (1681) sont l'un des plus importants codes juridiques écossais. — Son fils JOHN, 1er comte **de Stair** (1648 - Londres 1707), fut l'un des principaux conseillers de Guillaume III d'Orange, qui lui remit en 1691 la charge des affaires écossaises. Il joua un rôle de premier plan dans la conclusion de l'Union de l'Écosse à l'Angleterre (1707).

DALRYMPLE (Alexander), hydrographe et navigateur britannique (New Hailes, Écosse, 1737 - Londres 1808). Entré au service de la Compagnie des Indes orientales, il dressa de remarquables cartes des archipels visités, et devint hydrographe de l'Amirauté (1795).

DALTON (John), physicien et chimiste britannique (Eaglesfield, Cumberland, 1766 - Manchester 1844). Il fut le véritable créateur de la théorie atomique. Supposant que chaque corps pur est formé d'atomes tous identiques, il expliqua les lois pondérales des combinaisons chimiques, puis étudia la compressibilité des mélanges gazeux et énonça, en 1801, la loi d'addition des pressions partielles. Dalton étudia sur lui-même la maladie connue aujourd'hui sous le nom de *dyschromatopsie,* ou *daltonisme.*

Dalton *(loi de),* loi selon laquelle la pression d'un mélange gazeux est la somme des pressions partielles qu'aurait chacun des gaz s'il occupait seul, à une même température, le volume du mélange. (Syn. LOI DU MÉLANGE DES GAZ.) ‖ Syn. de LOI DES PROPORTIONS* MULTIPLES.

DALTON (Hugh), homme politique et économiste britannique (Neath, Glamorganshire, 1887 - Londres 1962). Député travailliste à partir de 1924, il fut ministre de la Guerre économique (1940-1942), puis du Commerce (1942-1945) dans le gouvernement de W. Churchill, et devint chancelier de l'Échiquier (1945-1947) après la victoire électorale des travaillistes. Démissionnaire, il dirigea ensuite (1950-51) le ministère de l'Urbanisme et de la Reconstruction régionale.

DALTONIEN, ENNE adj. et n. Atteint de daltonisme.

DALTONISME n. m. (de J. *Dalton,* n. pr.). Trouble de la vue, qui empêche de distinguer soit toutes les couleurs *(achromatopsie),* soit plusieurs couleurs l'une de l'autre, et notamment le rouge et le vert (*daltonisme* proprement dit).
ENCYCL. Le daltonisme est le plus souvent héréditaire (hérédité récessive liée au sexe). Cette anomalie est de ce fait beaucoup plus fréquente dans le sexe masculin (où elle atteint 2 à 8 % de la population). Le daltonisme ne présente aucune gravité, mais il interdit à ceux qui en sont atteints l'exercice de certaines professions (chemins de fer, navigation), où l'on fait usage de signaux rouges ou verts.

DALUIS (06470), comm. des Alpes-Maritimes, sur le haut Var, en aval de gorges pittoresques ; 111 hab.

DAM [dam ou anc. dɑ̃] n. m. (lat. *damnum,* préjudice). **1.** Châtiment des damnés, qui consiste dans la privation éternelle de la vision béatifique de Dieu. (On dit aussi PEINE DU DAM.) — **2.** *Au grand dam de qqn,* à son préjudice, à son détriment.

DAM (Henrik), biochimiste danois (Copenhague 1895 - *id.* 1976). Il a découvert la vitamine K et a reçu en 1943 le prix Nobel de physiologie et de médecine avec l'Américain Doisy, qui a réalisé la synthèse de cette vitamine.

DAMAGE n. m. Action de damer.

DAMALISQUE n. m. (gr. *damalis,* génisse). Antilope africaine voisine du bubale, mais à cornes sinuées, et dont une espèce est domestiquée en Afrique du Sud sous deux variétés (le blesbock et le bontebock).

DAMAN n. m. (ar. *damān 'isrā'il,* agneau d'Israël). Mammifère (hyracoïde) à sabots, de la taille d'un lapin, commun en Afrique noire et au Proche-Orient, herbivore, vivant en sociétés organisées dans les rochers ou dans les arbres. (La denture du daman est celle des rongeurs, les organes internes évoquent ceux des éléphants, l'orteil interne porte une griffe, les autres doigts un sabot.)

DAMĀN, anc. **Damão,** port de l'Inde, dans le sud du Gujerat ; 17 300 hab. Ancien comptoir portugais (1558-1961), il forme avec Diu un territoire de l'Union indienne (*territoire de Damān et Diu,* 112 km², 101 439 hab. ; auquel fut associé, jusqu'en 1987, Goa [*territoire de Goa, Damān et Diu*]).

DAMANHOUR ou **DAMANHŪR,** v. d'Égypte, en Basse-Égypte, dans l'ouest du delta du Nil ; 189 000 hab. Textile. Chimie.

DAMARALAND, région du centre de la Namibie.

DAMAS [-ma ou -mas] n. m. (de *Damas,* n. pr.). **1.** Tissu d'ameublement de soie monochrome, ou parfois mélangé (fil, laine, coton), se composant d'un effet de fond et de dessin formé par la face chaîne et la face trame d'une même armure. — **2.** Hybride d'un prunier domestique avec le prunelier servant de porte-greffe pour les pêchers, pruniers, abricotiers. — **3.** Sorte d'acier très fin. (On l'appelle aussi *acier damassé, acier indien, acier Wootz ;* sa surface offre un aspect moiré.)

DAMAS, en ar. **Dimachq al-Chām,** cap. de la Syrie, sur le Baradā, au pied de l'Anti-Liban oriental ; 1 251 000 hab. *(Damascènes* ou *Damasquins).*
— **Géogr.** Centre commercial ancien, aux confins de la montagne et du désert, nœud routier (atteint par la voie ferrée), desservie par un aéroport international, Damas, au centre d'une oasis (vergers, céréales), connaît une grande extension, aggravant le problème d'alimentation en eau. Artisanat varié à côté d'industries modernes. Université.
— **Hist.** Cette riche oasis, étape des caravanes, est mentionnée pour la première fois par Thoutmès III, qui la prit v. 1482 av. J.-C. Elle fut occupée par les Araméens, qui y fondèrent un petit royaume (fin du XIe s. av. J.-C.), bientôt soumis par David. Libéré de la domination d'Israël par l'Araméen Hezion, l'État de Damas devint le plus puissant de la Syrie. Son roi Bar-Habad II participa à la bataille de Qarqar (853 av. J.-C.) qui arrêta Salmanasar III. Teglath-Phalasar III prit la cité et tua son dernier roi (732 av. J.-C.). Damas demeura la ville sainte de Hadad, qui y possédait un temple célèbre. Prise

par Pompée en 64 av. J.-C., Damas fut une principauté vassale des Romains, rattachée à la province de Syrie. Elle fut évangélisée par saint Paul. Conquise en 635 par les Arabes, elle fut la capitale de l'Empire omeyyade (661-750) puis le centre de provinces ou de principautés plus ou moins autonomes de l'Empire 'abbāsside. Elle devint ensuite la capitale d'un des trois pachaliks de la Syrie ottomane (1516-1918). Elle est depuis 1919-20 le foyer du nationalisme arabe qui s'affirme dans l'opposition à la puissance mandataire française (1920-1946) puis dans la lutte contre l'État d'Israël.
— **Archéol.** La Grande Mosquée des Omeyyades, construite en 705 sur l'emplacement de sanctuaires anciens fut la première grande réalisation architecturale de l'islām, à l'influence immense. Nombreux édifices médiévaux (hôpital Māristān de Nūr al-Dīn, tombeau de Saladin, plusieurs madrasa). Remarquables caravansérails ottomans et palais Aẓm. Les remparts et la citadelle ont été restaurés par les Mamelouks. Riches musées, dont celui d'art islamique.

Damas, entre dans la locution *trouver son chemin de Damas,* se convertir ; s'amender. (Par allus. à la conversion de saint Paul au christianisme.)

DAMASCÈNE ou **DE DAMAS** (*saint* **Jean**) → JEAN.

DAMASE Ier *(saint)* [† 384], pape de 366 à 384. Il condamna les apollinaristes et les macédoniens et chargea saint Jérôme de la traduction latine du Nouveau Testament.

DAMASE II († Palestrina 1048), pape du 17 juill. au 9 août 1048.

DAMASE (Jean-Michel), compositeur français (Bordeaux 1928). Il a poursuivi une carrière d'abord de pianiste, puis de chef d'orchestre. Pour Roland Petit, il a écrit, notamment, *la Croqueuse de diamants* (1950). Il a composé des œuvres vocales, de la musique de chambre et des ouvrages symphoniques, tout en attirant l'attention par sa production lyrique : *l'Héritière,* d'après H. James (Nancy, 1974).

DAMASKINOS, en gr. Dhimítrios Papandhréou **Dhamaskinós,** prélat et homme politique grec (Dhorvitsa, Thessalie, 1890 - près d'Athènes 1949). Élu archevêque d'Athènes en 1938, il fut exilé par Metaxás, et rappelé en Grèce en 1941. Il s'opposa à l'occupation allemande et exerça la régence de 1944 à 1946.

DAMASKIOS, philosophe grec (Damas v. 480 apr. J.-C.-première moitié du VIe s.), dernier chef de l'école d'Athènes.

DAMASQUINAGE n. m. **1.** Art et action d'incruster, au marteau, dans les entailles préalablement pratiquées sur un objet de fer, d'acier ou de cuivre, de petits filets d'or, d'argent ou de cuivre formant décor. (Cette technique remonte aux grandes civilisations antiques de la Méditerranée.) — **2.** État de ce qui est damasquiné. (Syn. DAMASQUINURE.)

DAMASQUINE n. f. (de l'ital. *Damasco,* Damas). Mode de décoration du cuir ou du métal, consistant à abaisser le fond autour d'ornements qui doivent s'y détacher en relief.

DAMASQUINER v. t. (de *damasquin*) [conj. 3]. Effectuer le damasquinage.

DAMASQUINEUR, EUSE n. Ouvrier, ouvrière qui damasquine.

DAMASQUINURE n. f. Syn. de DAMASQUINAGE.

DAMASSÉ, E adj. et n. m. Se dit d'un tissu ayant une surface où l'on fait apparaître des dessins uniquement par opposition d'armures à effet de chaîne et d'armures à effet de trame, les armures de base les plus utilisées étant le sergé et le satin.

DAMASSER v. t. (de *damas*) [conj. 3]. **1.** Donner au fer, à l'acier la façon du damas. — **2.** Façonner des ornements de vannerie semblables à ceux du linge damassé.

DAMASSERIE n. f. **1.** Fabrique de linge damassé. — **2.** Syn. de DAMASSURE.

DAMASSEUR, EUSE n. Personne qui travaille à la fabrication du damas.

DAMASSURE n. f. Aspect d'un tissu damassé.

DAMAZAN (47160), ch.-l. de cant. de Lot-et-Garonne, au N.-N.-O. de Nérac ; 1 252 hab. *(Damazanais).* Bastide du XIIIe s.

DAMBULLA, centre religieux de Sri Lanka, à 72 km au N. de Kandy. Au flanc d'une haute colline rocheuse, ses cinq grottes naturelles auraient été occupées par des moines bouddhistes dès le IIe s. avant notre ère. Ces sanctuaires rupestres abritent de nombreuses statues. Peintures rupestres, en grande partie du XVIIIe s.

1. DAME n. f. (lat. *domina,* maîtresse). **1.** Titre donné à diverses époques aux femmes de haut rang. — **2.** Femme à laquelle on attribue une certaine noblesse : *C'est une vraie dame.* — **3.** Toute personne adulte de sexe féminin : *Une dame est venue.* — **4.** Dans les expressions commerciales, administratives, etc., syn. de FEMME : *Coiffeur pour dames.* — **5.** Dans certaines expressions, femme accomplissant une fonction : *Dame de compagnie. Dame de charité.* — **6.** *Fam.* Avec un possessif, épouse : *Votre dame a téléphoné.* — **7.** *Faire la dame, la grande dame,* affecter des manières hautaines. ‖ *La première dame de France,* la femme du président de la République. ‖ *Ma petite dame, ma bonne dame,* s'emploient fam. avec souvent une nuance de condescendance pour s'adresser à une femme.
• **Chorégr.** *Dame étoile,* au Canada, danseuse

étoile. – **Hist.** Titre qui se donnait aux religieuses professes d'une abbaye et aux chanoinesses, et que portent encore certaines communautés religieuses, telles que les Dames de Saint-Maur. ‖ *Dames de France,* filles du roi de France. ‖ *Pauvre dame,* clarisse. – **Jeux.** Deuxième figure d'un jeu de cartes, qui représente une femme. (Syn. REINE.) ‖ Aux échecs, deuxième grande pièce du jeu, appelée aussi REINE. ‖ Au jacquet, nom donné aux pions dont on se sert pour jouer. ‖ Au jeu de dames, pion recouvert d'un autre pion de même couleur, pouvant se déplacer en diagonale sur tout le damier. ‖ *Jeu de dames,* jeu pratiqué à deux sur un damier, avec 20 pions pour chaque joueur. ‖ *Mener un pion à dame, aller à la dame,* au jeu de dames, conduire un de ses pions sur une des cases de la première ligne, dans le jeu de son adversaire. (Le pion devient alors dame.) ‖ *Sortir les dames,* au jeu de jacquet, au retour, retirer les dames de la table de droite de son adversaire. – **Relig.** *Notre(-)Dame,* titre donné à la Vierge Marie depuis le XIIe s. ; nom des églises qui lui sont dédiées. – **Trad. pop.** *Dame blanche,* fée bienveillante.

2. DAME n. f. (moyen néerl. *dam,* digue). **1.** Outil constitué par une lourde masse munie d'un manche, destiné au compactage du sol ou à la pose de pavés. (Syn. DEMOISELLE, HIE.) – **2.** Massif en maçonnerie tronconique, construit sur la crête des digues, dans les fossés d'un ouvrage. – **3.** Élément de soutènement constitué par un empilage de bois équarris ou un mur de pierres sèches. – **4.** *Dame en tour ronde,* fortification en forme de tourelle. (Syn. DAME-RONDE.) ‖ *Dame (de nage),* sur une embarcation, structure servant de point d'appui aux avirons pendant la nage.

3. DAME ! interj. (de *Notre-Dame*). *Fam.* Marque une conclusion ou sert de liaison logique ; parbleu.

Dame aux camélias *(la),* roman (1848) et drame en 5 actes (1852) d'Alexandre Dumas fils : l'amour d'un jeune homme de bonne famille, Armand Duval, pour une courtisane, Marguerite Gautier. Verdi s'inspira du drame pour *la Traviata.*

Dame du Lac *(la),* surnom donné à la fée qui éleva Lancelot du Lac.

Dame à la licorne *(la),* ensemble de 6 tapisseries exécutées probablement entre 1484 et 1500, pour un magistrat parisien, et conservées au musée de Cluny. Chaque pièce, à fond rouge semé de fleurs, comporte une île de verdure sur laquelle évoluent une jeune femme, aidée parfois d'une servante, un lion ou une licorne. Les 5 premiers panneaux symbolisent les cinq sens. Le 6e est plus mystérieux. Lieu de tissage inconnu.

Dame à la licorne *(le Roman de la),* roman d'aventures du début du XIVe s., qui reprend le personnage du Chevalier au lion.

Dame de pique *(la),* nouvelle de Pouchkine (1834) qui mêle éléments issus du romantisme et réalisme psychologique pour composer une allégorie de la destinée humaine : le secret de la fortune et de la création est dans la mort. – Le sujet a inspiré à Tchaïkovski un opéra (1890) écrit sur un livret de son frère Modeste.

Dames *(paix des)* → CAMBRAI *(paix* ou *traité de).*

Dames du bois de Boulogne *(les),* film français de Robert Bresson (1945). Un épisode de *Jacques le Fataliste* de Diderot, librement exposé au XXe s., avec des dialogues de Jean Cocteau, servit de prétexte au réalisateur pour brosser une étude acerbe et stylisée de la mésalliance.

DAME-BLANCHE n. f. (pl. *dames-blanches*). Diligence à deux compartiments, de couleur blanchâtre, en usage vers 1830.

DAME-D'ONZE-HEURES n. f. (pl. *dames-d'onze-heures*). Liliacée bulbeuse ornementale dont les fleurs, à 6 pétales, ne s'ouvrent qu'en fin de matinée (genre *ornithogale*).

DAME-JEANNE n. f. (pl. *dames-jeannes*) [du prénom *Jeanne,* par allus. à la forme rebondie de cette bouteille]. Grosse bouteille de grès ou de verre, d'une contenance de 20 à 50 litres dont on se sert pour transporter les liquides.

1. DAMER v. t. (de *dame 1*) [conj. 3]. Fam. *Damer le pion à qqn,* l'emporter sur lui, le surpasser. ‖ *Damer un pion,* au jeu de dames, le transformer en dame.

2. DAMER v. t. (de *dame 2*) [conj. 3]. **1.** Tasser la neige avec les skis, les pieds ou une chenillette. – **2.** Battre, compacter, enfoncer uniformément avec une dame ou une machine.

DAME-RONDE n. f. (pl. *dames-rondes*). Syn. de DAME EN TOUR RONDE (→ DAME 2).

DAMET n. m. Outil servant à couder les tuyaux de plomb.

DAMEUR, EUSE n. Personne chargée de damer la neige sur une piste de ski.
◆ **dameuse** n. f. Machine à damer.

DĀMGHĀN → DĀMRHĀN.

DAMIA (Louise Marie DAMIEN, dite), chanteuse française (Paris 1889 - La Celle-Saint-Cloud 1978). Grande vedette de music-hall entre les deux guerres, elle fut surnommée « la tragédienne de la chanson ».

DAMIEN *(saint)* → CÔME.

DAMIEN (*saint* Pierre) → PIERRE DAMIEN.

DAMIEN (Jozef DE VEUSTER, en religion le *Père*), missionnaire belge (Tremelo 1840 - Molokai,

Hawaii, 1889). Apôtre des lépreux aux îles Hawaii, il mourut de leur maladie. Béatifié en 1995.

DAMIENS (Robert François) [La Thieuloye, Pas-de-Calais, 1715 - Paris 1757]. Soldat devenu valet, il blessa Louis XV d'un coup de canif au château de Versailles le 5 janv. 1757. Aussitôt arrêté, il fut torturé et écartelé comme régicide.

DAMIER n. m. (de *dame 1*). **1.** Plateau divisé en cent cases, alternativement blanches et noires, sur lequel on joue aux dames. — **2.** Surface présentant une alternance semblable de carreaux de deux couleurs. — **3.** Ornement architectural composé de plusieurs bandes de carrés ou de rectangles alternativement saillants et creux. — **4.** Plan de ville orthogonal à mailles carrées. (Syn. ÉCHIQUIER, QUADRILLAGE.) — **5.** Nom usuel d'*un pétrel du Cap,* au plumage noir et blanc, ne venant à terre que pour se reproduire et se nourrissant de krill. (Syn. PIGEON DE MER ou PIGEON DU CAP.) — **6.** Papillon nymphalidé fauve, taché de noir en damier.

DAMIETTE, en ar. **Dimyāṭ** ou **Dumyāṭ,** port d'Égypte, en Basse-Égypte, près de la Méditerranée ; 101 600 hab.
— **Hist.** Lors de la septième croisade, Louis IX s'en empara (1249) mais la restitua (1250) pour recouvrer sa liberté. Les Français la prirent en 1798, et Kléber y battit les Turc (1er nov. 1799).

DAMMAM, port d'Arabie Saoudite, sur le golfe Persique, ch.-l. du Ḥasā, reliée à Riyāḍ par voie ferrée ; 128 000 hab. Gisement pétrolier.

DAMMAR n. m. (mot malais). Oléorésine extractive, ou plus souvent fossile, exploitée autour de l'océan Indien, de l'Inde à la Nouvelle-Zélande, et provenant soit de conifères *(agathis),* soit d'arbres angiospermes tels que *shorea* et genres voisins. (Le dammar, ou *résine de dammar,* est utilisé dans les vernis, peintures et linoléums.)

DAMMARA n. m. Syn. de AGATHIS.

DAMMARIE-LES-LYS (77190), comm. de Seine-et-Marne, banlieue sud-ouest de Melun ; 21 228 hab. Ruines de l'abbaye du Lys (XIIIe s.). Amiante-ciment.

DAMMARTIN → CHABANNES (*maison* DE).

DAMMARTIN (DE), famille d'architectes et de sculpteurs français. — DROUET († Jargeau 1413) collabora avec Raimond du Temple à la construction du Louvre de Charles V, travailla pour Jean de Berry, pour les ducs de Bourgogne (chartreuse de Champmol), puis à nouveau pour le duc de Berry à partir de 1396 (châteaux de Mehun-sur-Yèvre, Poitiers, Bourges, etc.). Il est un des premiers architectes du gothique flamboyant. — Son fils JEAN fut un temps maître d'œuvre des cathédrales de Tours et du Mans. — GUI († v. 1383), frère de Drouet, travailla avec celui-ci au Louvre, à Bourges, à Concressault, à Poitiers.

DAMMARTIN-EN-GOËLE (77230), ch.-l. de cant. de Seine-et-Marne, à 21 km au N.-O. de Meaux ; 6 637 hab. *(Dammartinois).* Église Notre-Dame, des XIIIe et XVe s. (tombeau d'Antoine de Chabannes, XVe s.).

DAMME, comm. de Belgique (Flandre-Occidentale), au N.-E. de Bruges ; 10 000 hab. Monuments anciens ; musées.
— **Hist.** Avant-port de Bruges, Damme a joué un rôle commercial important du XIIe à la fin du XIVe s. La flotte française y fut anéantie par surprise en 1213 par les Anglais.

DAMNABLE [danabl] adj. (lat. ecclés. *damnabilis,* condamnable). **1.** Qui peut causer la damnation éternelle. — **2.** *Litt.* Qui mérite d'être damné : *Un homme damnable.* — **3.** *Vx.* Qui mérite réprobation ; condamnable, détestable : *Invention damnable.*

DAMNATION [dana-] n. f. (lat. ecclés. *damnatio, -onis,* condamnation). **1.** Pour les chrétiens, exclusion définitive du salut éternel et condamnation à l'enfer. — **2.** *Damnation !, Enfer et damnation !,* jurons exprimant la colère, la douleur, l'impatience, la surprise, etc.

Damnation de Faust *(la),* légende dramatique en 4 parties, poèmes et musique d'Hector Berlioz (Paris, 1846). Berlioz y élargit ses *Huit Scènes de Faust* (1829) et, au travers d'une orchestration particulièrement riche et audacieuse, paraphrase librement le texte de Goethe.

DAMNÉ, E [dane] adj. **1.** Maudit, détestable ; très malencontreux : *Cette damnée intrigante. Une damnée malchance.* — **2.** *Être l'âme damnée de qqn,* lui être aveuglément dévoué ; inspirer ses mauvaises actions.
◆ n. **1.** Personne condamnée aux supplices de l'enfer. — **2.** *Litt.* Personne réprouvée, rejetée : *Les damnés de la terre.* — **3.** *Souffrir, crier comme un damné,* souffrir affreusement, pousser de grands cris.

DAMNER [dane] v. t. (lat. ecclés. *damnare,* condamner) [conj. 3]. **1.** En parlant de Dieu, condamner qqn aux peines éternelles. — **2.** *Faire damner qqn,* l'exaspérer.
◆ **se damner** v. pr. Attirer sur soi le châtiment de la damnation.

DAMOCLÈS, courtisan familier de Denys l'Ancien, tyran de Syracuse (début du IVe s. av. J.-C.). Pour le faire juge de la fragilité du pouvoir des Syriens, Denys lui céda sa place pendant un jour. Au milieu du banquet qu'il présidait, Damoclès aperçut, suspendue au-dessus de sa tête, une épée que retenait seulement un crin de cheval. On emploie l'image de « l'épée de Damoclès » pour désigner un danger permanent.

DĀMODAR, riv. de l'Inde (Bihār et Bengale-Occidental) ; 545 km. Issue du Chotā Nāgpur, elle coule vers l'E., en traversant la principale région houillère de l'Inde et rejoint l'Hooghly. L'aménagement de son bassin comprend des dizaines de barrages (hydroélectricité et irrigation). L'exploitation de la houille de Jharia et de Raniganj a fondé les bases de la métallurgie indienne (Bokaro, Asansol, Durgapur).

DAMOISEAU n. m. (lat. pop. **domnicellus*). **1.** Titre donné, au Moyen Âge, au fils d'un seigneur, à l'aspirant chevalier et au noble non armé chevalier. — **2.** *Ironiq.* Jeune homme qui fait le galant auprès des dames.

DAMOISEAU (Marie Charles Théodore, *baron* DE), astronome français (Besançon 1768 - Issy-les-Moulineaux 1846), connu en particulier pour sa théorie et ses tables du mouvement de la Lune.

DAMOISELLE n. f. (lat. pop. **domnicella*). **1.** Titre donné, au Moyen Âge, à une fille noble avant son mariage et à la femme d'un damoiseau. — **2.** *Ironiq.* Demoiselle.

DAMOPHÔN DE MESSÈNE, sculpteur grec (IIe s. av. J.-C.). Le musée d'Athènes conserve des fragments importants du groupe monumental de marbre qu'il exécuta pour le sanctuaire de Despoina à Lycosoura (tête de Déméter, d'Artémis, du titan Anytos, etc.).

DAMOURITE n. f. (de A. *Damour,* n. pr.). Mica blanc appartenant au genre muscovite.

DAMOURITISATION n. f. Transformation des feldspaths en damourite. (Syn. SÉRICITISATION.)

DAMPER [dampœr] n. m. (angl. *damper,* amortisseur). Dispositif placé au bout du vilebrequin d'un moteur thermique pour en amortir les vibrations.

DAMPIER (William), navigateur anglais (East Coker, Somerset, 1652 - Londres 1715). Entre 1678 et 1691, capitaine de la flibuste, il pilla les établissements espagnols de la côte ouest de l'Amérique du Sud et du Pacifique. En 1699, il reçut mission de l'Amirauté d'explorer l'Australie. Ayant passé le cap de Bonne-Espérance, il atteignit la côte ouest de l'Australie, découvrit le détroit et l'archipel qui portent son nom, visita la Nouvelle-Guinée, puis la Mélanésie. Il est l'auteur de traités hydrographiques et d'un *Voyage autour du monde.*

DAMPIERRE (Gui DE) → GUI DE DAMPIERRE.

DAMPIERRE (Marc Antoine, *marquis* DE), gentilhomme français (1676 - 1756), créateur ou rénovateur des fanfares de chasse à courre.

DAMPIERRE (Auguste Henri Marie PICOT, *marquis* DE), général français (Paris 1756 - Valenciennes 1793). Il commanda l'armée de Belgique après la désertion de Dumouriez et fut mortellement blessé en tentant de dégager Condé (8 mai).

DAMPIERRE-EN-BURLY (45570), comm. du Loiret, à 13 km au N.-O. de Gien ; 925 hab. Centrale nucléaire sur la Loire.

DAMPIERRE-EN-YVELINES (78720), comm. des Yvelines, à 4 km à l'O. de Chevreuse ; 1 034 hab. Château reconstruit v. 1680 par J. H.-Mansart pour la famille de Luynes. Parc de Le Nôtre.

DAMPIERRE-SUR-SALON (70180), ch.-l. de cant. de la Haute-Saône, à 15 km au N.-N.-E. de Gray ; 1 237 hab. *(Dampierrois).* Église du XVIIIe s.

DAMPT (Jean), sculpteur et décorateur français (Venarey-lès-Laumes 1854 - Dijon 1945). Il a pratiqué la taille directe (marbre) comme l'assemblage de matériaux précieux (*le Baiser au chevalier,* argent et ivoire, coll. priv.), a dessiné meubles, bijoux et luminaires d'esprit Art nouveau.

DAMRÉMONT ou **DANRÉMONT** (Charles DENYS, *comte* DE), général français (Chaumont 1783 - Constantine 1837). Il participa à l'expédition d'Espagne (1823), se signala au siège d'Alger et de Bône (1830), fut fait pair de France (1835). Successeur de Clausel à la tête de l'armée d'Algérie en 1837, il dirigea l'expédition de Constantine, au cours de laquelle il fut tué.

DĀMRHĀN ou **DĀMGHĀN,** v. d'Iran au pied sud de l'Elbourz. La mosquée Tāri Khāne est la plus ancienne d'Iran (IXe s. ?). La ville possède plusieurs tours funéraires, dont le célèbre tombeau dit Pir 'Alamdār (v. 1026) et celui des Quarante Filles.

DAMVILLE (27240), ch.-l. de cant. de l'Eure, sur l'Iton ; 1 919 hab. *(Damvillais).* Église des XVe-XVIe s.

DAMVILLE (Henri Ier, *comte* DE), duc **de Montmorency** → MONTMORENCY.

DAN [dan] n. m. inv. (jap. *dan,* rang). **1.** Au judo et dans d'autres arts martiaux, degré progressif de qualification dans la ceinture noire, allant de un à dix. — **2.** *Premier, deuxième, etc., dan,* judoka titulaire de ce grade.

DAN, ville de Palestine qui était dans le territoire de la tribu de Dan, près des sources du Jourdain.

DAN, fils de Jacob et de Bala, servante de Rachel, éponyme de l'une des douze tribus israélites.

DAN *(tribu de),* l'une des douze tribus d'Israël. Elle disparut au temps de David.

DANA (James Dwight), naturaliste et géologue américain (Utica 1813 - New Haven, Connecticut, 1895), auteur d'un traité de minéralogie (1837).

DANA (Richard Henry), juriste et écrivain américain (Cambridge, Massachusetts, 1815 - Rome 1882). Son récit de voyage, *Two Years before the Mast* (1840), est un des premiers exemples de réalisme dans la littérature américaine.

DANAÉ, fille d'Acrisios, roi d'Argos, qui l'enferma dans une tour. Zeus l'y rejoignit sous la forme d'une pluie d'or ; et elle accoucha d'un fils, Persée.

DANAÏDE n. f. (de *Danaïde,* n. myth.). Grand papillon nymphalidé des régions chaudes de l'Ancien Monde, aux ailes jaune vif à bordure noire et taches blanches.

DANAÏDES, filles de Danaos, au nombre de cinquante, qui, la nuit de leurs noces, tuèrent toutes leurs époux, à l'exception d'une seule, Hypermnestre. Elles furent condamnées, dans les Enfers, à remplir d'eau un tonneau sans fond.

DANAKIL *(dépression),* dépression de l'Afrique orientale, aux confins de l'Érythrée, de l'Éthiopie et de Djibouti, parsemée de lacs saumâtres ; elle atteint 116 m au-dessous du niveau de la mer. Sel.

DANAKIL → AFARS.

DANALITE n. f. (de J. F. *Dana,* n. pr.). Silicate sulfurifère naturel de fer, de zinc, de béryllium et de manganèse.

DA NANG, anc. **Tourane,** port du Viêt-nam, sur la côte de l'Annam ; 492 200 hab. Centre commercial. Textile. Musée de l'art du Champa.
— **Hist.** Le port, fréquenté par les Européens dès le XVIe s., fut plusieurs fois bombardé par les Français au XIXe s. (1847, 1852, 1858). Les Américains y développèrent une grande base aéronavale de 1965 à 1973.

DANAOS, petit-fils de Poséidon et père des Danaïdes.

DANBURITE n. f. (de *Danbury,* n. pr.). Borosilicate naturel de calcium ($CaB_2Si_2O_8$).

DANBY (Thomas OSBORNE, *comte* DE) → OSBORNE (Thomas).

DANCE (George), dit **le Jeune,** architecte anglais (Londres 1741 - *id.* 1825). Formé en Italie, il succéda en 1768 à son père, GEORGE l'Aîné, dans sa charge d'inspecteur des bâtiments de la Cité de Londres. Néoclassique, doué d'une brillante imagination, il préfigure le style de son élève Soane, (prison de Newgate, v. 1770, détruite).

Dance Notation Bureau, institut fondé à New York en 1940 pour enseigner et divulguer la *labanotation.*

DANCERIE n. f. Recueil d'airs à danser et de danses du XVIe s.

DANCING [dɑ̃siŋ] n. m. (angl. *dancing-house,* de *dancing,* part. prés. de *to dance,* danser). Établissement public où l'on danse.

DANCOURT (Florent CARTON, *sieur* **d'Ancourt,** dit), acteur et auteur dramatique français (Fontainebleau 1661 - Courcelles-le-Roi, Gâtinais, 1725), auteur de comédies de mœurs (*le Chevalier à la mode,* 1687).

DANDIN n. m. (de *dandiner*). *Fam.* et *vx.* Homme niais, aux manières gauches.

DANDINEMENT n. m. **1.** Action de se dandiner ; mouvement qui en résulte. — **2.** Oscillation périodique des roues avant de voitures automobiles autour de leur position moyenne. (Syn. SHIMMY.)

DANDINER (SE) v. pr. (anc. fr. *dandin,* clochette) [conj. 3]. Donner à son corps un mouvement gauche et nonchalant ; se balancer d'une manière rythmée : *Se dandiner sur sa chaise.*

DANDINETTE n. f. (de *dandiner*). **1.** Pêche à la ligne à l'aide d'un poisson d'étain garni d'hameçons, d'un leurre, d'un poisson mort, ou d'une esche, qu'on fait se dandiner dans l'eau pour attirer le poisson. — **2.** Le poisson d'étain lui-même.

DANDOLO, famille de Venise qui fournit à Venise plusieurs doges dont : ENRICO (Venise v. 1108 - Constantinople 1205), doge de 1192 à 1205. Il participa à la quatrième croisade qu'il fit détourner vers Constantinople après avoir fait occuper Zara (auj. Zadar) par les croisés (1202) pour le compte de la République. Lors de la fondation de l'Empire latin de Constantinople, il obtint pour la République de nombreux territoires (notamment les îles Ioniennes, la majeure partie du Péloponnèse, les Cyclades) puis reçut de Boniface de Montferrat la Crète (août 1204) ; — GIOVANNI († Venise 1289), doge de 1280 à 1289 ; — ANDREA (Venise v. 1307 - *id.* 1354), doge de 1343 à 1354. Il signa un traité avantageux avec les Turcs en 1346 et reconquit Zara, puis mena une guerre implacable contre Gênes (1351-1355). Juriste et historien, il a laissé un recueil des traités conclus par Venise et une chronique latine sur la République.

DANDRÉ-BARDON (Michel François), peintre et écrivain français (Aix-en-Provence 1700 - Paris 1783). Formé à Paris, Rome et Venise, il est un des rares peintres d'esprit baroque dans l'art français du XVIIIe s. (musées d'Aix et de Marseille).

DANDRIEU ou **D'ANDRIEU** (Pierre), ecclésiastique, organiste et compositeur français (Angers 1664 - Paris 1733). Organiste de l'église St-Barthélemy de Paris, il est l'auteur de variations sur des thèmes de *Noëls,* pour orgue ou clavecin. — JEAN-FRANÇOIS, neveu du précédent (Paris

1682 - *id.* 1738), claveciniste, organiste et compositeur, fut nommé à la chapelle royale (1721). Il a écrit des œuvres pour clavecin, des pièces pour orgue, des sonates pour violon.

DANDY n. m. (pl. *dandys*) [angl. *dandy*]. Homme qui affecte une suprême élégance dans sa toilette, ses manières, ses goûts.

DANDYSME n. m. Manières du dandy ; prétention à l'élégance, au bon ton.

Danebrog *(ordre du),* ordre danois fondé par Valdemar II en souvenir de la bataille de Reval (auj. Tallinn), où le courage de l'armée danoise fut ranimé à la vue d'un étendard rouge à croix blanche, le Danebrog, qui fut adopté vers 1300 par le royaume.

DANEGELD n. m. Impôt institué par les rois anglo-saxons au Xe s. pour payer le tribut aux Danois établis en Angleterre.

DANELAW [-lo] ou **DANELAGH** n. m. **1.** Autonomie juridique accordée aux Danois établis en Angleterre aux IXe-XIe s. — **2.** Territoire habité par les envahisseurs danois et régi par leurs lois et coutumes.

DANEMARK, en danois **Danmark,** État d'Europe du Nord ; 43 000 km^2 ; 5 200 000 hab. *(Danois).* CAP. *Copenhague.* LANGUE : *danois.* MONNAIE : *couronne danoise.*

Géographie. À la fois continental (péninsule du Jylland qui couvre les deux tiers du territoire, mais compte seulement 45 % de la population) et insulaire (plus de 500 îles), le Danemark est un pays de plaines et de bas plateaux, au climat océanique (hivers relativement doux, pluies assez abondantes et régulièrement réparties dans l'année).
Les conditions naturelles favorisent l'élevage. L'agriculture, moderne, aux rendements élevés, n'emploie plus que 6 % de la population active, mais assure une part bien supérieure des exportations par le biais, souvent, de l'agroalimentaire (qui bénéficie aussi d'une pêche active). L'agroalimentaire (incluant la traditionnelle brasserie) est la principale branche industrielle, après les constructions mécaniques et électriques diversifiées (matériel frigorifique et navires notamm.). L'industrie est présente surtout dans l'agglomération de Copenhague, seule véritable grande ville, regroupant le quart d'une population urbanisée à 80 % (Århus, Ålborg et Odense sont les autres villes de plus de 100 000 hab.).
Petit pays au marché intérieur étroit, au sous-sol pauvre (l'extraction pétrolière, en mer du Nord, s'est toutefois récemment développée), mais à la production agricole et industrielle abondante, le Danemark a une vocation commerciale ancienne. Les exportations (dirigées surtout vers les partenaires de l'U. E.), comme les importations (les échanges tendent à s'équilibrer) représentent plus du tiers d'un P. I. B. élevé, assurant un haut niveau de vie à une population vieillissante.

Histoire.

• *La formation du royaume.* Peuplé dès le néolithique, le pays connaît à l'âge du bronze une culture très élaborée. Au IXe s., les Danois participent aux expéditions vikings, qui ravagent les côtes de l'Europe occidentale. Au Xe s., le royaume se constitue. Au XIe s., Knud Ier le Grand règne sur l'Angleterre, le Danemark et une partie de la Scandinavie.

1042 : L'Angleterre s'affranchit du Danemark.

• *Le Moyen Âge.* Au XIIe s., le régime féodal s'implante, tandis que se renforce l'influence de l'Église romaine, qui multiplie églises et monastères.

1157-1241 : « L'ère des Valdemar » marque l'apogée de la civilisation médiévale du Danemark.

1397 : Marguerite Valdemarsdotter, reine de Danemark, réalise l'union des trois royaumes scandinaves sous la domination danoise (union de Kalmar).

• *L'époque de la Réforme.*

1523 : L'union de Kalmar est définitivement rompue avec l'élection de Gustave Vasa au trône de Suède.

1536 : Le luthéranisme devient religion d'État.
À la fin du XVIe s., le commerce danois domine toute la Baltique.

• *La lutte avec la Suède.*

1625-1629 : Le Danemark participe à la guerre de Trente Ans ; c'est un échec.

1658 : La paix de Roskilde attribue la Scanie à la Suède.
Au XVIIIe s., le Danemark connaît une période d'expansion économique et commerciale ; Christian VII (particulièrement sous le ministère de Struensee, 1770-1772) gouverne en despote éclairé.

• *Le XIXe et le début du XXe s.*

1814 : À la paix de Kiel, le Danemark, allié de Napoléon, perd la Norvège au profit de la Suède.

1864 : À la suite de la guerre des Duchés, le Danemark doit céder le Slesvig, le Holstein et le Lauenburg à la Prusse et à l'Autriche.
Au début du XXe s., la gauche s'impose progressivement. Un régime de démocratie parlementaire s'établit.

1918 : L'Islande devient indépendante, mais reste unie au royaume par la personne du roi.

1920 : Un plébiscite restitue le nord du Slesvig au Danemark.
Entre 1924 et 1940, le pouvoir est presque constamment aux mains des sociaux-démocrates, qui introduisent d'importantes réformes sociales.

1940-1945 : Le Danemark est occupé par les Allemands.

1944 : L'Islande se détache complètement du Danemark.

• *Le Danemark depuis 1945.* De 1945 à 1970, le parti social-démocrate domine la scène politique et restitue sa prospérité au pays.

1973 : Le Danemark entre dans le Marché commun.

1982 : Les conservateurs arrivent au pouvoir.

1993 : Le parti social-démocrate revient au pouvoir. Après avoir refusé, en 1992, la ratification du traité de Maastricht, les Danois l'approuvent lors d'un second référendum.

DANEMARK *(détroit du),* passage de l'Atlantique nord, entre le Groenland et l'Islande, large d'environ 250 km.

DANER, peuple scandinave, qui occupait au VIe s. le sud de la Suède, les îles environnantes, et qui donna son nom aux Danois.

Danevirke ou **Dannevirke** ou **Danewerk,** rempart barrant l'isthme du Jylland, construit du VIIIe au XIIe s. pour protéger la frontière sud du Danemark. Il fut reconstitué en hâte en 1848, puis en 1864, à la suite de la menace germanique.

DANGEARDIEN, ENNE adj. (de P. *Dangeard,* n. pr.). *Fusion dangeardienne,* cytogamie des champignons supérieurs, qui est à l'origine du mycélium secondaire à deux noyaux par cellule (phase dicaryotique).

DANGEAU (Philippe de COURCILLON, *marquis* DE), mémorialiste français (Chartres 1638 - Paris 1720). Courtisan accompli et aide de camp de Louis XIV (1672), il tint un *Journal* allant de 1684 à 1720 et qui fut publié en 1854 - 1860. (Acad. fr. 1688). — Son frère, LOUIS **de Courcillon,** abbé **de Dangeau** (Paris 1643 - *id.* 1723), lecteur de Louis XIV (1671-1685), prieur de Gournay (1683), écrivit des ouvrages religieux et grammaticaux et réunit des manuscrits qui constituent le *fonds Dangeau* à la B. N. (Acad. fr., 1682.)

DANGER n. m. (bas lat. **dominiarium,* domination, péril, du lat. class. *dominus,* seigneur). **1.** Situation où l'on est exposé à qqch qui légitime une inquiétude ; ce qui constitue une menace, un risque, qui compromet l'existence ou le bon état de qqch, de qqn ; péril, risque : *Aimer le danger. Les dangers de la route.* — **2.** Fam. *Danger public,* personne qui, par son imprudence, met les autres en danger. ‖ *Être en danger,* courir un risque, être dans une situation difficile, périlleuse. ‖ *Être hors de danger,* être tiré d'affaire. ‖ Fam. *Il n'y a pas de danger,* cela n'a aucune chance de se produire. ‖ *Sans danger,* sans risque de conséquence fâcheuse.

DANGEREUSEMENT adv. De façon dangereuse : *Conduire dangereusement.*

DANGEREUX, EUSE adj. **1.** Qui peut nuire ; redoutable : *Un dangereux malfaiteur.* — **2.** Qui constitue un danger, qui expose à un risque, à un mal : *Une escalade dangereuse. Route dangereuse.* — **3.** Se dit d'un animal qui s'attaque à l'homme et qui constitue pour lui un danger : *Le renard enragé est dangereux.* — **4.** Qui est susceptible d'entraîner vers qqch de mal, de nuisible, de fâcheux ; pernicieux : *Un dangereux politicien.* — **5.** *État dangereux,* syn. de DANGEROSITÉ.

DANGEROSITÉ n. f. **1.** Caractère dangereux de qqch, de qqn. — **2.** Probabilité de passage à l'acte délictueux ou criminel. (Syn. ÉTAT DANGEREUX.)

DANGÉ-SAINT-ROMAIN (86220), ch.-l. de cant. du nord de la Vienne ; 3 188 hab. Laiterie.

DANGHI n. m. Navire indien du type *baggala,* mais plus petit, gréé de deux mâts, à antennes ou pourvus de voiles auriques.

DANGLEBERT ou **D'ANGLEBERT** (Jean Henri), compositeur, organiste et claveciniste français (Paris 1628 - *id.* 1691). Claveciniste de la chambre du roi (1662), il a composé un livre de *Pièces de clavecin.*

DANGRÊK ou **DANG REK** *(monts),* massif boisé du sud-est de la Thaïlande, sur la frontière avec le Cambodge, à l'O. de la vallée du Mékong.

DANICAN, dit **Philidor,** famille de musiciens français → PHILIDOR.

DANIEL, personnage principal du livre biblique du même nom. Il est présenté comme un jeune Judéen déporté à Babylone en 587 et qui, par sa sagesse et sa science des songes, accéda à un rang élevé à la cour.

Daniel *(livre de),* livre biblique composé v. 165 av. J.-C. Les récits et les visions qui le composent ont un sens caché, mais le livre se présente comme un message d'espoir à l'adresse des Juifs persécutés.

DANIEL (Samuel), poète anglais (Taunton, Somerset, 1562 - Beckington, Wiltshire, 1619). Ami de Shakespeare et Marlowe et rival de Ben Jonson, il connut la célébrité avec son poème en huit chants *l'Histoire des guerres civiles d'York et de Lancastre* (1604).

DANIEL (Jean), journaliste français (Blida 1920), rédacteur en chef (1964), directeur de la rédaction (1965) puis directeur (1978) du *Nouvel* Observateur.*

DANIEL NEVSKI, prince russe (1261-1303). Troisième fils d'Alexandre Nevski, il reçut en apanage la région de Moscou (1276) et fut le premier de la lignée des princes et des tsars qui régnèrent à Moscou jusqu'en 1598.

DANIEL ROMANOVITCH GALITSKI ou **DANIEL de Halicz** (1201-1264), prince, puis roi (1254-

1264) de Galicie-Volhynie. Il rétablit son autorité sur toute la Volhynie (1229), sur la Galicie (1238) et sur Kiev (1239) et infligea une défaite au roi de Hongrie (1245). Afin de lutter contre les Mongols, il entra en relation avec le pape Innocent IV, qui lui conféra le titre de roi (1254).

DANIELE da Volterra → RICCIARELLI.

DANIELL (John Frederic), physicien et chimiste anglais (Londres 1790 - *id.* 1845). Il inventa la pile électrique à deux liquides qui porte son nom (1836).

DANIÉLOU (Jean), jésuite et théologien français (Neuilly-sur-Seine 1905 - Paris 1974). Il fut promu cardinal en 1969. Il s'est attaché au renouvellement de la théologie patristique, tout en étant attentif aux problèmes d'actualité religieuse, notamment à l'œcuménisme.

DANIÉLOU (Alain), dit **Shiva Sharan,** musicologue français (Neuilly-sur-Seine 1907), frère du précédent. En 1956, il est nommé à l'Institut français d'indologie de Pondichéry, puis il fonde (1963) et dirige l'Institut international d'études comparatives de la musique à Berlin et à Venise. Ses ouvrages principaux sont *Situation de la musique et des musiciens dans les pays d'Orient* (1971), *Histoire de l'Inde* (1971).

DANIEL-ROPS (Henri PETIOT, dit), écrivain et historien français (Épinal 1901 - Chambéry 1965). Professeur agrégé d'histoire, auteur d'essais et de romans, il s'est consacré, à partir de 1943, à l'histoire religieuse (*Jésus en son temps,* 1945 ; *Histoire de l'Église du Christ,* 1948-1960). [Acad. fr., 1955.]

DANIELSON-KALMARI (Johan Richard), historien et homme politique finlandais (Hauho 1853 - Helsinki 1933). Professeur d'histoire, il publia une œuvre considérable : *Die Nordische Frage in den Jahren 1746 - 1751.* Membre de la Diète, il fut l'un des plus fermes défenseurs des droits de la Finlande.

DANIELSSON (Axel Ferdinand), journaliste et homme politique suédois (1863 -Esternberg, Autriche, 1899). Il fut l'auteur du premier programme politique du parti social-démocrate en Suède (1897).

DANIEN n. m. (de *Danemark*). Premier étage du système paléogène.

DANILEVSKI (Nikolaï Iakovlevitch), écrivain politique russe (Oberez, Orel, 1822 -Tiflis 1885). Théoricien panslaviste, il publia en 1869 *la Russie et l'Europe,* y opposant la Russie à l'Occident en appliquant aux civilisations le schéma biologique de la lutte entre les organismes vivants.

DANILOVA (Alexandra Dionisevna), danseuse et pédagogue d'origine russe (Peterhof, auj. Petrodvorets, 1904). Membre du corps de ballet d'État soviétique, elle quitte l'U. R. S. S. (1924) avec le petit groupe formé par Balanchine. Elle danse alors avec les Ballets russes, le Ballet de l'Opéra de Monte-Carlo, puis avec le Ballet russe du colonel de Basil et le Ballet russe de Monte-Carlo. Elle est l'un des derniers maillons qui relient, aux États-Unis, la danse classique à la tradition de l'école russe. Elle a remonté en 1961 *Coppélia* (pour la Scala de Milan) et *Casse-Noisette* (pour le Washington Ballet) dans leur version originale.

DANINOS (Pierre), écrivain français (Paris 1913). Humoriste, célèbre pour ses *Carnets du major Thompson* (1954), suivis du *Secret du major Thompson* (1956), il souligne avec justesse les partis pris de ses concitoyens (*le Jacassin* 1962 ; *Made in France,* 1977).

DANIO n. m. Petit poisson carnivore d'aquarium.

DANIS, ethnie de quelque 50 000 individus habitant la vallée de la Baliem, partie centrale de la Nouvelle-Guinée occidentale (Irian Jaya).

DANJON (André), astronome français (Caen 1890 - Suresnes 1967). Directeur de l'Observatoire de Paris de 1945 à 1963, il a été le principal artisan du renouveau de l'astronomie en France après la Seconde Guerre mondiale. Auteur de travaux intéressant la photométrie, l'astrométrie, les étoiles doubles, il a perfectionné l'astrolabe, en le rendant insensible aux erreurs de mesure introduites par l'observateur.

DANJOU (Félix), organiste français (Paris 1812 - Montpellier 1866). Organiste de Notre-Dame, il a laissé un *Répertoire de musique religieuse* (3 vol., 1835).

DANJOUTIN (90400), ch.-l. de cant. du Territoire de Belfort, banlieue sud de Belfort ; 3 118 hab. Textile.

DANNEMARIE (68210), ch.-l. de cant. du Haut-Rhin, dans le Sundgau, à l'O. d'Altkirch ; 1 826 hab. *(Dannemariens).*

Dannevirke → DANEVIRKE.

Dan-no-ura *(bataille de)* [1185], victoire du clan japonais des Minamoto* sur les Taira.

D'ANNUNZIO (Gabriele), écrivain italien (Pescara 1863 - Gardone Riviera 1938). Unissant le culte de la beauté hérité de Carducci au raffinement symboliste, il conçoit sa vie comme une œuvre d'art. Adultères, duels et performances sportives ponctuent les lignes de force de son œuvre : raffinement du lyrisme, célébration du mythe du surhomme illustré par sa vie mondaine (passion pour la Duse) et par son œuvre poétique (*Laudes du ciel, de la mer, de la terre et des héros,* 1903-1912), romanesque (*l'Enfant de volupté,* 1889 ; *le Feu,* 1900), dramatique (*la Fille de Jorio,* 1904 ; *le Martyre de saint Sébastien,* 1911).

Le héros national, qui occupa Fiume en 1919, s'éteindra pourtant dans la solitude (*Cent et Cent Pages du livre secret de Gabriele d'Annunzio, tenté de mourir,* 1935).

DANOIS, E adj. et n. (frq. *danisk*). **1.** Du Danemark. — **2.** *Porc danois,* race de porcs sélectionnée au Danemark, appelée aussi landrace.

◆ **danois** n. m. **1.** Langue germanique du groupe nordique oriental, parlée principalement au Danemark. (→ *encycl.*) — **2.** *(Grand) danois,* chien au poil court, aux formes élancées et robuste, dont la taille en fait le plus haut des chiens (80 cm au garrot). [Syn. DOGUE ALLEMAND.]

ENCYCL. Langue nationale du Danemark, le danois est très proche du suédois et du norvégien. Du fait du pouvoir politique du Danemark à l'époque moderne, le danois a influencé le suédois et l'islandais et est resté la langue officielle de la Norvège entre la Réforme et le XIXe s.

danois *(Ballet royal),* troupe de ballet attachée au Théâtre royal de Copenhague et créée en 1748. Son premier maître de ballet fut un Français, Des Larches (ou de Larches), qui dirigea les danseurs de 1748 à 1775 ; il fut remplacé par Vincenzo Galeotti de 1775 à 1816. Antoine Bournonville fut à la tête du ballet de 1816 à 1829 ; son fils August lui succéda (1829-1877) et donna un étonnant essor à la troupe danoise. Ses œuvres ont constitué un riche répertoire qui est encore dansé de nos jours.

Danone (groupe), nom pris en 1994 par B. S. N. (Boussois-Souchon-Neuvesel), société française procédant du rapprochement de diverses entreprises. Premier groupe agroalimentaire (produits laitiers, eaux minérales, boissons) en France, il occupe également une place de leader sur le plan mondial.

DANO-NORVÉGIEN n. m. Syn. de BOKMÅL.

DANRÉMONT → DAMRÉMONT.

DANS prép. (lat. pop. *deintus,* au-dedans). Indique : **1.** l'intérieur d'un lieu : *Les ciseaux sont dans le tiroir.* — **2.** l'intérieur, le contenu, la matière de qqch : *Dans ce parfum, il y a de l'essence de rose.* — **3.** le contenu de l'œuvre d'un écrivain, d'un artiste : *Étudier la question sociale dans Zola.* — **4.** l'appartenance à un ensemble ; parmi, au nombre de, au sein de : *Il a des personnes influentes dans ses relations.* — **5.** la conformité à qqch ; selon : *Agir dans les règles.* — **6.** l'état, la situation où on se trouve, la manière d'être, de faire : *Il s'est mis dans une sale affaire.* — **7.** le cours d'une durée ; au cours de : *Je ferai cela dans la journée.* — **8.** le terme d'une durée dans l'avenir ; au bout de, d'ici : *Nous partons en vacances dans huit jours.* — **9.** l'objet, le but de l'action : *Croire dans l'avenir.* — **10.** *Fam.* une approximation ; environ : *Ce sac pèse dans les trente kilos.*

DANS ou **YACOUBAS,** population mandé vivant en Côte-d'Ivoire et à l'est du Liberia.

DANSABLE adj. Qui peut être dansé : *Air dansable.*

DANSANT, E adj. **1.** *Litt.* Se dit de personnes qui dansent : *Un chœur dansant de jeunes filles.* — **2.** Se dit d'une musique qui invite à la danse. — **3.** Qui est animé de mouvements rythmés et vifs : *Les reflets dansants des lampadaires dans la Seine.* — **4.** Se dit d'une marche d'escalier dont les extrémités sont de largeur inégale. — **5.** *Soirée dansante, dîner dansant,* où l'on danse.

DANSE n. f. **1.** Art de s'exprimer en interprétant des compositions chorégraphiques ; activité qui s'y rapporte : *Cours de danse classique.* — **2.** Suite rythmée et harmonieuse de gestes et de pas : *Elle exécuta quelques pas de danse.* — **3.** Cette suite de gestes et de pas définie par le rythme du support musical sur lequel on l'exécute, plus ou moins codifiée, et qui se pratique en couple ou en groupe : *La valse, le tango, le rock sont des danses.* — **4.** Composition musicale écrite pour la danse. — **5.** Mouvement incessant de qqch : *La danse des flammes dans la cheminée.* — **6.** Succession incessante de variations, de modifications ; valse : *La danse des valeurs à la Bourse.* — **7.** *Pop.* et *vx.* Volée de coups ; correction. — **8.** Fam. *Entrer dans la danse,* commencer à agir, participer à une action en cours. ‖ Fam. *Mener la danse,* diriger une action collective. • **Bx-arts.** *Danse macabre,* thème fréquent à la fin du Moyen Âge, qui montre des gens de tout âge et de toute condition entraînés par des squelettes dans une ronde fatale. — **Éthol.** Exécution codifiée d'actes moteurs jouant un rôle dans la transmission d'informations permettant le déroulement d'une activité particulière. (→ *encycl.*) — **Mus.** Mouvement de suite, de sonate ou de symphonie écrit sur le rythme d'une danse. — **Neurol.** *Danse de Saint-Guy,* syn. de CHORÉE DE SYDENHAM. — **Sports.** *Danse sur glace,* discipline de patinage artistique par couple, comportant une épreuve imposée, une épreuve dite de création (sur un thème musical imposé) et une épreuve libre. (C'est une discipline olympique depuis 1976.)

ENCYCL. **Bx-arts.** Ce thème se répandit au XVe s. en France (cimetière des Innocents à Paris, 1424), puis en Suisse et en Allemagne ; il apparaît en illustration de livres, en peinture murale et en sculpture. Le thème de la danse macabre inspira aussi des textes poétiques à partir du *Dit* des trois morts et des trois vifs.* Le même thème a inspiré des pièces musicales (*Danse macabre,* variations pour piano et orchestre de Liszt ; *Danse macabre* poème symphonique de C. Saint-Saëns).

— **Chorégr.** *Historique.* Apparentée aux gestes les plus élémentaires de la vie, la danse primitive s'est vite forgé ses rites et ses rythmes. Danser était tout à la fois vivre, transcender le quotidien, s'initier aux mystères de la vie, de la mort, de la fertilité. Leitmotiv incantatoire, puis phrase dont l'éloquence peu à peu se diversifie, la danse s'enrichit de formules, de constructions qui s'enchaînent et traduisent des situations, des états d'âme. Utilisant battements de mains et frappements de pieds comme accompagnement, la danse s'est ensuite emparée de la musique.

Danse de société ou de salon* et danse théâtrale vont rapidement se distinguer. Les danses de société, populaires et nobles, connaîtront des vogues plus ou moins longues. La danse théâtrale — d'abord danse de cour exécutée sur une scène dans le but de divertir —, pour vivre et s'enrichir, se plia à des règles sévères. Les premiers maîtres à danser imposèrent des normes dès le XIVe s. Mais les véritables règles n'apparaissent qu'au XVIIe s. (Beauchamp codifie le premier les positions fondamentales des pieds). Plus tard (1700), Feuillet fera siennes les premières définitions de Beauchamp. Carlo Blasis donne à la danse (1820 et 1830) ses véritables fondements. Avant lui, Jean Georges Noverre a étudié les multiples problèmes posés par la danse et le ballet dans ses fameuses *Lettres* (1760). Expressivité ou virtuosité, narration ou abstraction, la danse peut-elle être à elle seule expression théâtrale et manifestation de « l'art pour l'art » ? Héritage du romantisme, *la Sylphide* et *Giselle,* ballets blancs aux arguments sans doute naïfs, touchent encore le cœur du public. Les ballets abstraits de Balanchine, architecture de corps et de lignes, séduisent le regard et l'esprit... Refusant les conventions arbitraires de la danse d'école, Isadora Duncan, avec ses improvisations de « danse libre », eut une influence sensible sur Michel Fokine, qui exposa ses grands principes sur la danse dans sa lettre adressée au *Times* en 1914. La grande vague expressionniste émigra vers les États-Unis à peu près au moment même où les Ballets russes de Serge de Diaghilev, après le dangereux assoupissement d'une fin de siècle décadente, redonnaient à la danse une place primordiale dans le spectacle européen. Entre les deux guerres mondiales les grands Russes firent école dans le monde. De nombreux cours s'ouvrent un peu partout, tandis qu'aux États-Unis se précise le nouveau courant qui va avoir pour initiatrices Martha Graham, Ruth Saint Denis, Doris Humphrey. Agnès De Mille contribuera pour sa part à donner un style au ballet américain. (→ BALLET, MODERN DANCE.)

• *Technique.* Séance de travail et d'entraînement du danseur, la « classe de danse » comporte une barre et des exercices au milieu (adage, batterie, tours, pointes...). Il existe un nombre considérable de poses, de positions et de combinaisons possibles, très souvent complexes. Une des cinq positions fondamentales est toujours à l'origine de tout pas ou mouvement (assemblé, attitude, arabesque, battement, dégagé, développé, glissade, relevé, rond de jambe, tous les pas de bourrée, de basque...). Les pas à terre s'exécutent avec ou sans parcours ; les temps sautés comportent les temps simples (soubresaut, petits et grands jetés...) et la batterie. Un certain nombre de pas (piqués, déboulés, tours) peuvent être exécutés en diagonale ou en manège (autour de la salle ou de la scène). Les emplois occupés par les danseurs, qui étaient, jusqu'au XVIIIe s., ceux de danseur *noble* (en raison de son allure), de *caractère* (danses du — ou inspirées du — folklore), de *demi-caractère* (danses classique et de caractère), comportent des genres nouveaux déterminés par la nature même des œuvres interprétées (burlesque, grave ou sérieux, humoristique, romantique, comique, tragique...).

• *Enseignement.* L'enseignement de la danse, en France, est donné à l'école de danse de l'Opéra de Paris (transférée à Nanterre en 1987), au Conservatoire national supérieur de musique et de danse (Paris et Lyon), où plusieurs classes sont ouvertes aux filles et aux garçons. Plusieurs universités abritent des unités de formation et de recherche (histoire de la danse, chorégraphie...). Un certain nombre d'écoles privées préparent au métier de danseur ou à celui de professeur de danse (réglementé par la loi du 10 juillet 1989).

• *Musique de danse.* L'association entre la danse et la musique est fondée sur le rythme. On peut discerner deux grandes catégories : les musiques à rythmes d'origine littéraire (rythmiques grecque, hindoue, arabe savante), et les musiques à rythmes purement chorégraphiques et musicaux (la plupart des folklores). Les premiers textes médiévaux concernent des chansons dansées ou des airs à danser. Au XIIIe s., on constate l'abondance des rondeaux à danser. On danse également la ductia, l'estampie. Dès le XVe s. apparaît le couple binaire lent-ternaire vif, avec la basse-danse et le tourdion. Au XVIe s. les premiers recueils sont imprimés. Le couple type est alors pavane-gaillarde. Au XVIIe s., le couple type est allemande-courante, complété surtout par sarabande et gigue. Les danses, aux XVIIe et XVIIIe s., passent du bal à la musique instrumentale (suite, sonate, symphonie) et à l'orchestre de ballet (chaconne, passacaille, tambourin, gavotte). Au XVIIIe s. brillent le menuet, le hornpipe, la valse et l'écossaise. Au XIXe s., on observe un nouvel apport de danses nationales : polka, mazurka, boléro, tarentelle, barcarolle, quadrilles, fandango, csardas, et de danses folkloriques : aragonaise, havanaise, etc. Au XXᵉ s., la valse est le seul rythme « classique » à survivre dans les bals aux côtés des danses issues du folklore hispano-américain (tango, samba, séguedille, paso-doble) ou négro-américain (blues, ragtime, charleston, fox-trot).

— **Éthol.** La « danse » caractérise, dans le déroulement du comportement sexuel, différents stades de la parade où la même séquence motrice est répétée un nombre important de fois, jusqu'à synchronisation des états psychophysiologiques des partenaires. La danse en 8 des abeilles, étudiée par K. von Frisch, permet à une abeille exploratrice d'indiquer aux autres butineuses l'emplacement d'une zone mellifère qu'elle vient de découvrir.

Danse *(la),* groupe sculpté en pierre, exécuté par Carpeaux pour la façade de l'Opéra de Paris. Mis en place en 1869, ce groupe a été remplacé en 1964 par une copie ; il est déposé au musée d'Orsay.

Danse *(la),* toile peinte par Matisse en 1910 (2,60 × 3,91 m, Ermitage, Saint-Pétersbourg). Ce panneau décoratif, commandé par le collectionneur russe Chtchoukine, marque une étape par son style épuré, sa densité chromatique et son unité rythmique (qui répond à la concentration de son pendant, *la Musique*). Sur le même thème, Matisse a exécuté en 1932 une décoration en trois panneaux pour le Dʳ Barnes (Fondation Barnes, Merion ; autre version à Paris).

danse *(Archives internationales de la)* **[A. I. D.],** collection fondée à Paris, en 1931, par Rolf de Maré, et qui comprenait une bibliothèque d'ouvrages sur la danse et le ballet et une belle collection de gravures et d'estampes. En 1945, Rolf de Maré fit don des livres et des estampes des A. I. D. à la bibliothèque de l'Opéra. Après la dissolution des Archives internationales de la danse, le musée de la Danse fut transféré à Stockholm (1950). Aux États-Unis, la *Dance Collection* de la Public Library au Museum of Modern Art constitue une riche collection de livres, estampes, gravures et photographies, documents et partitions.

Danse de mort *(la),* drame de Strindberg (composé en 1900) : dialogue allégorique de la haine et de l'amour.

Danses polovtsiennes ⟶ PRINCE IGOR (le).

DANSER v. i. (frq. **dintjan,* se mouvoir de-ci, de-là) [conj. 3]. **1.** Pratiquer l'art de la danse : *Apprendre à danser.* — **2.** Interpréter une composition chorégraphique : *Elle danse dans « Casse-Noisette ».* — **3.** Mouvoir le corps en cadence : *Danser sur l'air d'une trompette.* — **4.** Exécuter une (des) danse(s) : *Aller danser à un bal.* — **5.** Faire une série de mouvements évoquant une danse : *Danser de joie.* — **6.** Être animé d'une série de mouvements, ou donner cette impression : *Les lignes dansent devant mes yeux, je ne peux plus lire.* — **7.** Se succéder rapidement et sans ordre précis dans l'esprit : *Pensées qui dansent dans la tête.* — **8.** Subir des modifications incessantes : *Les valeurs dansent à la Bourse.* — **9.** *Faire danser qqn,* être son partenaire dans une danse ou, *fam.,* le malmener. ‖ *Ne pas savoir sur quel pied danser,* ne pas savoir que faire ; hésiter.

◆ v. t. **1.** Exécuter une danse : *Danser une valse.* — **2.** Avoir un rôle dans un ballet, exécuter une variation, un rôle, en parlant d'un artiste : *Danser Giselle.*

DANSETTE (Adrien), historien français (Armentières 1901 - Paris 1976), auteur de nombreux ouvrages sur la France aux XIXᵉ et XXᵉ s., notamment d'une *Histoire religieuse de la France contemporaine* (1948-1951) et d'une *Histoire du second Empire,* inachevée (1961-1976).

DANSEUR, EUSE n. **1.** Personne qui danse, et, en partic., partenaire dans un couple qui danse ; cavalier (ère). — **2.** Artiste qui interprète des compositions chorégraphiques : *Danseuse de l'Opéra.* — **3.** *Danseur(euse) de corde,* acrobate évoluant sur une corde, sur un fil ou un câble ; funambule, équilibriste. (Lorsque son agrès est tendu à environ 2 m du sol, il est qualifié de *fildeferiste,* et de *funambule* quand il travaille à grande hauteur.) ‖ *Danseur mondain,* dans un cabaret, homme qui joue le même rôle que l'entraîneuse.

◆ **danseuse** n. f. **1.** *Fam.* et *vx.* Maîtresse dépensière, entretenue par un homme riche. — **2.** *Fam.* Secteur non rentable que qqn, un groupe entretient par plaisir ou dans un but de mécénat. — **3.** *En danseuse,* manière de pédaler du coureur cycliste qui, se levant de la selle, porte alternativement tout le poids du corps sur chaque pédale. ‖ *Premier(ère) danseur(euse),* échelon supérieur de la hiérarchie du corps de ballet de l'Opéra de Paris, précédant celui d'étoile.

◆ adj. f. *Traverse danseuse,* traverse de voie ferrée qui ne repose pas sur son moule de ballast, mais reste suspendue au rail.

DANSOTER ou **DANSOTTER** v. i. (conj. 3). *Fam.* Danser médiocrement.

DANTAN (Jean-Pierre), dit **Dantan le Jeune,** sculpteur français (Paris 1800 -Bade 1869), frère du sculpteur Antoine Laurent, dit *Dantan l'Aîné* (1798-1878). Il est surtout connu pour ses statuettes caricaturales des célébrités contemporaines (*Balzac* [1835], *Liszt à son piano* [1836], etc., musée Carnavalet).

DANTE ALIGHIERI, écrivain italien (Florence 1265-Ravenne 1321). Issu d'une famille de la petite noblesse guelfe, élève de Brunetto Latini, il est marqué dans sa jeunesse par deux expériences essentielles : l'amitié qui le lie aux poètes Guido Cavalcanti, Lapo Gianni, Cino da Pistoïa, avec lesquels il forme l'avant-garde poétique du « dolce stil nuovo », et l'amour pour Béatrice Portinari, passion idéale qu'il transforme en expérience littéraire et philosophique dans la *Vita* nuova.* Après la mort de celle-ci (1290), il se consacre à la philosophie avant de prendre, en 1295, une part active à la politique. Chargé de missions diplomatiques, nommé au Conseil des prieurs (1300), il est contraint à l'exil, lorsque l'entrée à Florence de Charles de Valois assure le triomphe de ses adversaires, les guelfes « noirs ». Il mène une vie errante en Vénétie, à Bologne et à Lucques, tout en poursuivant son itinéraire philosophique et poétique : il compose un traité philosophique, *le Banquet* (1304-1307) ; un essai linguistique, *De vulgari eloquentia ;* des *Épîtres* et un traité politique *De monarchia* (1310-1313) où il prône l'autonomie du pouvoir temporel par rapport au pouvoir spirituel. Cependant, les épreuves du poète nourrissent avant tout l'inspiration de *la Divine* Comédie* (écrite à partir de 1306), qui transfigure sur le plan poétique non seulement sa propre vie, mais tout l'univers contemporain.

DANTESQUE adj. **1.** Particulier à Dante, à sa poésie. — **2.** Sublime, grandiose et assez terrifiant : *Vision dantesque de l'avenir.*

DANTI, famille d'artistes et de savants italiens (XVIe s.), dont l'un des plus connus est VINCENZO (Pérouse 1530 - *id.* 1576), sculpteur, architecte et théoricien. Admirateur de Michel-Ange, il a sculpté, notamment, une *Allégorie de l'Honneur* (Bargello, Florence) et la *Décollation de saint Jean-Baptiste* du baptistère de Florence.

DANTINE (François), en relig. **dom Maur,** mauriste français (Gonrieux, près de Liège, 1688 - Paris 1746). Il a préparé l'*Art de vérifier les dates**, publié après sa mort.

DANTON (Georges Jacques), homme politique français (Arcis-sur-Aube 1759 - Paris 1794). Avocat à Paris (1787), il adopte avec enthousiasme les idées révolutionnaires. Tribun au langage rude et entraînant, il déploie ses talents oratoires aux clubs des Cordeliers et des Jacobins. Élu substitut du procureur de la Commune de Paris (déc. 1791), il participe à la préparation de la journée du 10 août 1792 et est nommé ministre de la Justice du Conseil exécutif provisoire. Dirigeant dès lors « la Révolution en marche », il ranime le patriotisme lors de l'invasion prussienne, suscite l'envoi de volontaires aux frontières, tolère les massacres de Septembre. Triomphateur après Valmy, élu député de Paris à la Convention nationale (sept. 1792) où il siège avec les Montagnards, il vote la mort de Louis XVI et lance « la croisade de la liberté » contre les « tyrans ». Sous son influence, la Convention ordonne la levée de 300 000 hommes, crée le Tribunal révolutionnaire et le Comité de salut public dont il est membre (6 avr. 1793). Mais sa position s'affaiblit avec la défection de Dumouriez et les défaites vendéennes de son ami Westermann. Jugé trop modéré par les robespierristes, il est écarté du Comité de salut public (10 juill.). Désapprouvant les excès de la deuxième Terreur, il prend la tête des indulgents avec Desmoulins, prône la clémence, travaille à la chute des hébertistes (mars 1794). Mais lié à des affairistes douteux (en particulier Fabre d'Églantine), il est attaqué par Robespierre. Accusé de malversations et de trahison, il est arrêté comme ennemi de la République (30 mars 1794), jugé par le Tribunal révolutionnaire et guillotiné (5 avr.).

DANTONISME n. m. Ensemble des idées et attitudes politiques de Danton.

DANTZIG ou **DANZIG,** anc. nom de Gdańsk*.

DANTZIG (Rudi VAN) → VAN DANTZIG (Rudi).

DANUBE, en all. **Donau,** fl. d'Europe centrale, tributaire de la mer Noire (rejointe par un delta), le deuxième d'Europe (après la Volga), par sa longueur (2 850 km), la superficie de son bassin (plus de 800 000 km²), l'importance de son débit moyen à l'embouchure (6 500 m³/s).
Le Danube traverse ou longe neuf États ; d'amont en aval : l'Allemagne, l'Autriche, la Slovaquie, la Hongrie, la Croatie, la Yougoslavie, la Roumanie, la Bulgarie et l'Ukraine. Né dans la Forêt-Noire, à seulement 678 m d'alt., de direction générale O.-E., alimenté par des affluents issus des Alpes (Inn, Drave, Save), des Carpates (Tisza, Siret, Prout) et des Balkans (Morava), le Danube a un régime d'ensemble nivoglaciaire (maximums de printemps et de début d'été). Les principales villes traversées sont trois capitales, Vienne (débit moyen proche de 2 000 m³/s), Budapest, Belgrade (débit moyen d'environ 5 000 m³/s). Relié au Rhin (par le Main), le Danube est, au moins partiellement, aménagé pour la navigation (trafic total de l'ordre de 80 Mt) et la production d'hydroélectricité (en Autriche et aux Portes de Fer).

Danube *(armée française du),* armée constituée en oct. 1918, sous les ordres du général Berthelot, pour couvrir les opérations alliées en direction de Belgrade et vers Constantinople.

Danube *(école* ou *style du),* nom donné à la dernière phase de la peinture gothique (de 1500 à 1530 env.) dans la région austro-bavaroise. Un sens nouveau y est donné à la nature et au paysage, conçu comme une évocation de l'état d'âme des personnages. (Débuts de Cranach l'Ancien ; Altdorfer [à Ratisbonne] W. Huber [à Passau] ; etc.).

Danube-mer Noire *(canal),* canal de Roumanie, dans la Dobroudja ; 64 km.

DANUBIEN, ENNE adj. **1.** Du Danube, des pays du Danube. — **2.** Se dit d'un faciès culturel du néolithique de l'Europe centrale qui se répand le long du Danube à partir du Ve millénaire.
ENCYCL. Le danubien est défini par le décor de sa céramique d'abord rubanée, puis poinçonnée, et comportant de nombreuses variantes locales : Rössen, Tisza, Lengyel, etc. La phase III correspond à la transition chalcolithique vers 2000 av. J.-C. ; la phase ultime (danubien IV) marque l'apparition du bronze en Europe centrale.

DANYCAN (Noël), seigneur **de l'Épine,** armateur français (Saint-Malo v. 1651 - *id.* 1731). Pendant la guerre de la ligue d'Augsbourg, il arma de nombreux navires pour la course. Fondateur de la Compagnie royale de la mer du Sud (1698), il attaqua Rio de Janeiro avec Duguay-Trouin (1711).

DAO → TAO.

DAO (Nguyên Thien Dao, dit), compositeur vietnamien (Hanoi 1940). Héritier de deux civilisations, il pousse ses recherches dans la triple direction du rythme, du non-tempérament et de la méditation. On lui doit *Koskom* pour grand orchestre (1970-71), *Giai Phong* pour grand orchestre et dispositif électroacoustique (1974-1976), et l'opéra *Écouter-Mourir* (Avignon, 1980).

DAOÍZ (Luis), militaire espagnol (Séville 1767 - Madrid 1808). Capitaine d'artillerie (1808), il dirigea le soulèvement de Madrid du 2 mai 1808 qui marqua le début de la guerre d'indépendance et fut mortellement blessé au cours de cette révolte dont il est le symbole.

DAO JI → SHI TAO.

DAOUGAVPILS ou **DAUGAVPILS,** anc. **Dvinsk** ou **Dünaburg,** v. de Lettonie, sur la Daougava, ou Dvina occidentale ; 116 000 hab.

DAOULAS (29460), ch.-l. de cant. du Finistère, sur la *rivière de Daoulas,* qui rejoint la rade de Brest ; 1 650 hab. *(Daoulasiens).* Église et cloître romans.

DAPHNAE, ville de l'Égypte ancienne située près de Péluse, sur l'ancienne route des caravanes et des armées, entre la Syrie et l'Égypte. Auj. *Tell al-Daffā-nah.*

DAPHNÉ n. m. (gr. *daphnê,* laurier). Petit arbrisseau d'Europe et d'Asie aux fleurs agréablement parfumées, aux feuilles vésicantes et aux graines toxiques. (N. usuels *garou, sainbois, bois-gentil.*)

DAPHNÉ, faubourg d'Antioche sur l'Oronte, capitale du royaume séleucide et séjour favori des souverains. On y célébrait tous les ans, dans un bois de lauriers, les fêtes d'Apollon daphnéen.

DAPHNÉ, nymphe du Parnasse, aimée d'Apollon et métamorphosée en laurier pour lui échapper.

Daphni *(église de)* → DHÁFNI.

DAPHNIE n. f. (lat. sc. *daphnia,* du gr. *daphnê,* laurier). Minuscule crustacé cladocère des étangs et des mares, très commun en été, saison où il se reproduit par parthénogenèse. (On vend des daphnies séchées pour nourrir les poissons d'aquarium.) [Syn. PUCE D'EAU.]

DAPHNIS, berger sicilien, fils d'Hermès et d'une nymphe, inventeur de la poésie bucolique.

Daphnis et Chloé *(les Amours pastorales de),* roman grec de Longus (IIIe s. apr. J.-C.), popularisé en France par les traductions d'Amyot (1559) et de P.-L. Courier (1810). Abandonnés, puis recueillis et élevés par des bergers, Daphnis et Chloé tombent amoureux l'un de l'autre.

Daphnis et Chloé, ballet en 3 scènes ; chorégr. de Michel Fokine ; mus. de Ravel ; déc. et cost. de Léon Bakst. Création mondiale à Paris, Théâtre du Châtelet (1912), par les Ballets russes.

DAPIFER [-fɛr] n. m. (lat. *dapifer,* de *daps, dapis,* repas, et *ferre,* porter). Au haut Moyen Âge, autre nom du sénéchal.

DAPIFÉRAT n. m. Office de dapifer.

DA PONTE (Emanuele CONEGLIANO, dit **Lorenzo**), librettiste italien (Ceneda, auj. Vittorio Veneto, 1749 - New York 1838). Il écrivit 36 livrets d'opéras, entre autres pour Mozart *(les Noces de Figaro, Don Giovanni, Cosi fan tutte).*

DA PONTE (Jacopo) → BASSANO.

DAPSANG → K2.

DAQING, TACHING ou **TA-K'ING,** v. de Chine (Heilongjiang), au N.-O. de Harbin. Important gisement de pétrole.

DAQIQI, poète persan (Xe s.). Ses poèmes lyriques ont servi de modèles à toute la littérature persane.

DAQUIN ou **D'AQUIN** (Louis Claude), organiste et compositeur français (Paris 1694 - *id.* 1772). À six ans il jouait du clavecin devant Louis XIV. Brillant virtuose et improvisateur, il fut organiste à St-Paul, à la Chapelle royale, à Notre-Dame. Il est l'auteur de pièces de clavecin (*Premier Livre de pièces de clavecin,* 1735), de noëls pour orgue, messes, motets, cantates, divertissements.

DAQUIN (Louis), cinéaste français (Calais 1908 - Paris 1980), auteur de *Nous les gosses* (1941), *le Voyageur de la Toussaint* (1943), *Premier de cordée*

(1944), *les Frères Bouquinquant* (1947), *le Point du jour* (1949).

DĀRĀ CHUKOH, prince indien (près d'Ajmer 1615 - Delhi 1659), fils aîné de Chāh Djahān. Partisan d'une conciliation entre l'hindouisme et l'islām, il fut exécuté sous prétexte d'hérésie par son frère Aurangzeb qui s'assura ainsi le trône de Delhi. C'est par l'intermédiaire de sa traduction persane des *Upaniṣad* que la philosophie indienne fut connue en Occident.

DARAGNÈS (Jean Gabriel), peintre, graveur et imprimeur français (Guéthary 1886 - Paris 1950). Il a illustré, puis conçu entièrement et édité des livres de bibliophiles qui ont marqué son époque.

DARAISE n. f. Déversoir d'un étang.

DĀR AL-BAYḌĀ' → DAR EL-BEIDA.

DARBHANGA, v. de l'Inde (Bihār), au N.-E. de Paṭnā ; 176 000 hab.

DARBISME, DARBISTE → DARBYSME, DARBYSTE.

DARBOUKA n. f. (ar. *darabukka*). Tambour en poterie, tendu d'une peau que l'on frappe avec les mains. (Il est utilisé au Maghreb et au Moyen-Orient.)

DARBOUX (Gaston), mathématicien français (Nîmes 1842 - Paris 1917). Il combina méthodes analytiques et synthétiques pour donner sa forme actuelle à la théorie des solutions singulières des équations aux dérivées partielles. Ses *Leçons sur la théorie générale des surfaces* font la synthèse de l'apport du XIXe s. à la géométrie infinitésimale et contiennent en germe les lignes directrices de son évolution au XXe s. (Acad. des sc., 1884.)

DARBOY (Georges), prélat français (Fayl-Billot, Haute-Marne, 1813 - Paris 1871). Archevêque de Paris (1863), il fut, lors du premier concile du Vatican (1869-70), l'un des chefs des anti-infaillibilistes. Otage de la Commune, il fut fusillé le 24 mai 1871.

DARBY (Abraham), métallurgiste anglais (Coalbrookdale, Shropshire, v. 1678 - *id.* 1717). Il fut le premier à employer le coke dans un haut fourneau (1709). — Son petit-fils, ABRAHAM (1750-1791), éleva, en 1779, le premier pont métallique du monde, sur la Severn, près de Coalbrookdale.

DARBY (John Nelson), théologien britannique (Londres 1800 - Bournemouth 1882). Pasteur anglican, il entra en contact avec des dissidents de Dublin et de Plymouth, et fonda, v. 1828, le darbysme.

DARBY (Henry Clifford), géographe britannique (Resolven, pays de Galles, 1909), spécialiste de géographie historique, auteur d'une géographie (7 vol. entre 1952 et 1977) de l'Angleterre de Guillaume le Conquérant par une exploitation du *Domesday Book.*

DARBYSME ou **DARBISME** n. m. Doctrine religieuse et système ecclésiastique de John Darby et de ses partisans. (Le darbysme est un calvinisme strict, insistant sur la prédestination. Il rejette toute organisation d'Église ou de ministère.)

DARBYSTE ou **DARBISTE** adj. et n. Relatif au darbysme ; partisan du darbysme.

DARCE → DARSE.

DARCET ou **D'ARCET** (Jean), médecin et chimiste français (Doazit, près de Saint-Sever, Landes, 1725 - Paris 1801). Il découvrit l'alliage qui porte son nom.

Darcet *(alliage de),* alliage à bas point de fusion (95 °C), constitué par 50 % de bismuth, 25 % de plomb et 25 % d'étain, et utilisé pour fabriquer des éléments fusibles de sécurité ou couler des moulages permettant des réglages mécaniques (matrices, poinçons).

DARCY n. m. (de W. K. *D'Arcy,* n. pr.). Unité de perméabilité équivalant à 0,987 μm^2.

DARD [dar] n. m. (frq. **daroth,* javelot). **1.** Arme de jet ancienne formée d'une pointe de fer fixée à une hampe de bois. — **2.** Organe vulnérant impair, creux, parfois venimeux, porté à l'avant ou à l'arrière du corps par divers animaux invertébrés. (Le dard des insectes hyménoptères [abeille, guêpe] est caudal et venimeux, de même que celui des scorpions ; la trompe piqueuse des moustiques ou des punaises, portée par la tête, n'est pas venimeuse.) — **3.** *Litt.* Langue du serpent dans laquelle l'imagination des poètes anciens avait vu un organe fort redoutable. • **Arbor.** Rameau des arbres fruitiers à pépins respecté lors de la taille et qui portera des fruits l'année suivante. — **Archit.** et **Arts décor.** Motif en forme de flèche, utilisé en alternance avec l'ove pour former l'ornement courant dit *oves et dards.* — **Arm.** Pièce de métal renforçant l'extrémité d'un fourreau de sabre. — **Pêch.** Petit harpon.

DARD (Frédéric), écrivain français (Jallieu, Isère, 1921), auteur de romans policiers au style humoristique, remplis de créations verbales, animés par le célèbre commissaire San-Antonio (créé en 1949).

DARDANELLES *(détroit des),* en turc **Çanakkale Boğazī,** détroit reliant la mer Égée à la mer de Marmara, long d'une soixantaine de kilomètres et large de 7 km à 1 270 m (devant Çanakkale). L'ensemble formé par le Bosphore et les Dardanelles a été appelé *les Détroits.*

Dardanelles *(expédition des)* [1915], expédition franco-britannique entreprise, en avr. 1915, dans le dessein de remonter les Détroits jusqu'à Constantinople pour forcer la Turquie à sortir de la guerre et pour communiquer avec la Russie. L'expédition débarqua dans la presqu'île de Gallipoli (avr.-août) mais ne put forcer les défenses des Turcs malgré trois batailles acharnées devant Kritiya (6 mai, 28 juin, 12 juill.). De nouvelles opérations navales se soldant par des échecs, l'évacuation fut décidée, et le repli des troupes sur Thessalonique s'acheva en janv. 1916.

Dardanelles *(médaille commémorative d'Orient et des)* → ORIENT *(médaille commémorative d')*.

DARDANIE, en lat. **Dardania,** contrée des Balkans, au nord de la Macédoine. Ville princ. *Naissus* (Niš).

DARDANOS, héros éponyme des Dardaniens, fils de Zeus et d'Électre, fondateur mythique de Troie.

DARDE n. m. Groupe de langues indo-aryennes parlées au Pākistān, au Cachemire et en Afghānistān. (La principale est le kāśmīrī.)

DARDER v. t. (de *dard*) [conj. 3]. *Litt.* **1.** Lancer une flèche, une arme pointue sur qqn, un animal. — **2.** Percer, blesser un animal avec une flèche, un épieu, etc. — **3.** *Darder (ses rayons),* en parlant du soleil, briller, lancer ses rayons. — **4.** Dresser qqch de pointu : *Rose qui darde ses épines.* — **5.** *Darder un regard sur qqn,* lui jeter un regard (en général furieux).

DARDILLY (69570), comm. du Rhône, au N.-O. de Lyon ; 7 215 hab. Outillage.

DARE-DARE loc. adv. (p.-ê. du mot dialect. *se darer,* s'élancer, var. de *darder*). *Fam.* En toute hâte, très rapidement : *S'en aller dare-dare.*

DAR EL-BEIDA, v. d'Algérie ; 12 300 hab. Aéroport d'Alger (anc. *Maison-Blanche*).

DAR EL-BEIDA ou **DĀR AL-BAYḌĀ',** noms arabes de Casablanca.

DAREMBERG (Charles Victor), médecin et érudit français (Dijon 1817 - Le Mesnil-le-Roi, Yvelines, 1872), auteur, avec Saglio, d'un *Dictionnaire des antiquités grecques et romaines* (1877-1906).

DAR ES-SALAAM, cap. de la Tanzanie (le transfert des fonctions de capitale est prévu à Dodoma) ; 750 000 hab. Terminus du chemin de fer de Kigoma et du Tanzam, principal port et centre industriel du pays. Université.

DARET (Jacques), peintre des anciens Pays-Bas du Sud (Tournai v. 1404 - ? apr. 1468). Sa *Présentation au Temple* (Petit Palais, Paris) est l'un des volets d'un retable peint en 1434 pour St-Vaast d'Arras.

DARET (Jean), peintre et graveur français originaire des Pays-Bas du Sud (Bruxelles v. 1613 - Aix-en-Provence 1668). Formé en Italie, fixé à Aix à partir de 1637, il a exécuté de nombreux tableaux religieux (cathédrales de Cavaillon et d'Aix, etc.) ainsi que des portraits.

DARFOUR ou **DĀR FŪR** (« pays des Fūr » ou « des Fours »), région de l'ouest du Soudan, formée de plateaux surmontés de volcans (3 070 m au djebel Marra).
— **Hist.** Traversée par une route commerciale ancienne, la région fut érigée en sultanat v. 1640 par Sulayman Solong. Annexée au Soudan turco-égyptien en 1874, elle connut dans les années 1880 les troubles mahdistes, puis fut intégrée en 1916 au Soudan anglo-égyptien qui devint indépendant en 1956.

Dargaud, maison d'édition française fondée en 1943 à Paris par Georges Dargaud (1911-1990), spécialisée dans la bande dessinée.

DARGOMYJSKI (Aleksandr Sergueïevitch), compositeur russe (Troitskoie, auj. région de Toula, 1813 - Saint-Pétersbourg 1869). Il composa des opéras, dont *le Convive de pierre* d'après le *Don Juan* de Pouchkine (1860), qui ouvrirent la voie à Moussorgski par l'utilisation du folklore.

DARGUINES, peuple musulman du Caucase oriental, habitant la partie centrale du Daguestan (287 000 individus en 1979).

DARI n. m. Forme du persan parlée en Afghānistān. (C'est une des deux langues officielles de ce pays.)

DARIAL *(défilé de),* col du Caucase, faisant communiquer Vladikavkaz avec Tbilissi ; alt. 1250 m. Ce sont les *Portes caucasiques* des Anciens.

DARIÉN *(golfe de),* golfe des côtes panaméenne et colombienne de la mer des Antilles.

DARIEN (Georges ADRIEN, dit **Georges**), journaliste et écrivain français (Paris 1862 - *id.* 1921). Il fit scandale par son anarchisme et son antimilitarisme (*Biribi,* 1890 ; *le Voleur,* 1897).

Darier *(maladie de),* affection cutanée chronique bénigne, héréditaire, et caractérisée par des papules folliculaires de la taille d'une petite lentille, recouvertes d'une croûte, qui donnent à la peau un aspect sale et rugueux.

DARIGANGAS, population mongoloïde de l'E. de la Mongolie estimée à 2 % de la population totale (17 000 en 1968).

DĀRIMĪ (al-), exégète musulman (Samarkand 797 - *id.* 869). Il publia un célèbre recueil de ḥadīth *(al-Musnad).*

DARIMON (Louis Alfred), homme politique et journaliste français (Lille 1819 - Paris 1902). Secrétaire de Proudhon, il dirigea la chronique économique au journal *la Presse* (1854). Élu député républicain de Paris en 1857 (réélu en 1863), il a laissé des études sur le second Empire.

DARÍO (Félix Rubén García Sarmiento, dit **Rubén**), poète nicaraguayen (Metapa, auj. Ciudad-Darío, 1867 - León 1916). Sous l'influence du Parnasse et des symbolistes français, il a rajeuni les formes d'expression de la poésie de langue espagnole, s'affirmant, dès la parution de son recueil *Azul* (1888), le chef incontesté du mouvement moderniste. Outre ses portraits d'écrivains contemporains (*Los Raros,* 1896), il a publié ses *Chants de vie et d'espérance* (1905), véritable profession de foi dans le destin de l'Amérique latine face aux États-Unis.

DARIOLE n. f. (mot picard, p.-ê. altér. de *doriole,* de *doré*). **1.** Petit moule de forme cylindrique. — **2.** Pâtisserie faite d'un feuilletage foncé dans ce moule et fourré de frangipane.

DARIOS ou **DARIUS Ier,** roi de Perse (522-486 av. J.-C.). Maître du trône après un complot qui fit de lui le successeur de Cambyse II, Darios Ier fut, après Cyrus II, le second fondateur de l'Empire perse. Il repoussa ses frontières jusqu'au Turkestan et à l'Indus. En Europe, il soumit Thraces et Macédoniens et fit un raid chez les Scythes de la steppe Pontique. Réprimant la révolte des Grecs d'Asie, il se trouva engagé dans les affaires des cités grecques. Pour se venger de la participation des Athéniens et Érétriens à cette révolte, il entreprit des expéditions punitives qui s'achevèrent par la défaite de Marathon (490). Darios Ier fut un grand organisateur. Il créa ou réorganisa le système des satrapies. Il créa la route royale de Sardes à Suse, parcourue par les courriers impériaux, fit creuser le canal du Nil à la mer Rouge, explorer l'océan Indien, frapper les premières monnaies perses, les *dariques.* Il fonda la nouvelle ville royale de Persépolis. — **Darios II Okhos,** roi de Perse (423-404 av. J.-C.), fils et successeur d'Artaxerxès Ier. — **Darios III Codoman,** roi de Perse (336-330 av. J.-C.), dernier roi achéménide. Alexandre le battit à Issos (333) et à Gaugamèles (331). Fuyant devant son vainqueur, il fut assassiné par ses satrapes.

DARIQUE n. f. (gr. *dareikos*). Monnaie d'or royale des Achéménides, frappée à partir du règne de Darios Ier.

DARJEELING ou **DARJĪLING,** station d'altitude (2 185 m) de l'Inde (Bengale-Occidental), sur les flancs de l'Himālaya, dominée par le Kangchenjunga ; 42 900 hab.

DARKHAN, v. de Mongolie, au N. d'Oulan-Bator ; 56 000 hab. Centre industriel.

DARLAN (François), amiral et homme politique français (Nérac 1881 - Alger 1942). Il commanda en chef les forces navales françaises en 1939-40 et devint ministre des Marines marchande et militaire dans le gouvernement Pétain du 16 juin 1940. Après le renvoi de Laval en déc. 1940, il devint vice-président du Conseil du gouvernement de Vichy. Successeur désigné de Pétain, il eut avec Hitler deux entrevues (25 déc. 1940, 12 mai 1941). Lors du retour de Laval au gouvernement, le 17 avr. 1942, Darlan démissionna de ses fonctions gouvernementales, mais resta commandant en chef des armées. À la suite du débarquement allié en Afrique du Nord (8 nov. 1942), il conclut un armistice avec les Américains, se proclama haut-commissaire, dépositaire de la souveraineté française en Afrique du Nord, et signa avec Clark les accords du 22 nov. 1942. Il fut assassiné à Alger le 24 déc. par Bonnier de La Chapelle.

DARLING, riv. d'Australie, principal affluent du Murray (r. dr.), utilisé pour l'irrigation et drainant un bassin d'environ 650 000 km^2 ; 2 700 km.

DARLINGTON n. m. (n. déposé). Circuit électronique dans lequel deux transistors couplés sont montés de telle sorte que le courant d'émetteur du transistor d'entrée puisse servir de courant de base au transistor de sortie.

DARLINGTON, v. de Grande-Bretagne (Durham), à l'O. de Middlesbrough ; 85 000 hab. Église des XIIe-XIIIe s. Moteurs automobiles. Matériel ferroviaire. — C'est entre Stockton et Darlington que fonctionna le premier chemin de fer utilisé par des voyageurs (1825).

DARMESTETER (Arsène), linguiste français (Château-Salins 1846 - Paris 1888). Spécialiste de l'histoire du français, il est l'auteur, en collaboration avec A. Hatzfeld, d'un important dictionnaire de langue en 2 volumes : *Dictionnaire général de la langue française depuis le commencement du XVIIe s. jusqu'à nos jours* (1890-1900).

DARMOIS (Georges), mathématicien français (Éply, Meurthe-et-Moselle, 1888 - Paris 1960). Il fit partie de l'école probabiliste française et joua un rôle important dans le domaine des applications statistiques, économiques et biologiques du calcul des probabilités. Il présida l'Institut international de statistiques (1953-1960).

DARMOUS [-mus] n. m. (mot indigène de l'Afrique du Nord). Intoxication chronique par des dérivés du fluor contenus dans les phosphates naturels des sols et provoquant surtout des lésions dentaires.

DARMSTADT, v. d'Allemagne (Hesse), en bordure de l'Odenwald ; 138 000 hab. Important Musée régional de la Hesse. Électronique. Université technique.

— **Hist.** Résidence des landgraves de Hesse-Darmstadt à partir de 1567, elle fut un important centre intellectuel aux XVIIIe et XIXe s.

DARNAND (Joseph), homme politique français (Coligny, Ain, 1897 - Châtillon-sur-Seine 1945). Chef de la Milice (janv. 1943), destinée à lutter contre le maquis et les résistants, secrétaire général au Maintien de l'ordre dans le gouvernement de Vichy (déc. 1943), il fut nommé secrétaire d'État à l'Intérieur en févr. 1944. Arrêté par les Alliés, il fut condamné à mort et fusillé.

DARNE n. f. (breton *darn,* morceau). Tranche épaisse de gros poisson rond.

DARNÉTAL (76160), ch.-l. de cant. de la Seine-Maritime, banlieue est de Rouen ; 9 839 hab. Église de Long-Paon, du XVIe s. Textile.

DARNEY (88260), ch.-l. de cant. des Vosges, dans la Vôge, sur la Saône ; 1 639 hab. *(Darnéens).* Église du XVIIIe s. — Forêt domaniale, de 8 100 ha (chêne, hêtre, douglas, résineux divers).

DARNLEY (Henry STUART ou STEWART, *baron*), comte **de Ross** et duc **d'Albany,** prince écossais catholique et second mari de la reine Marie Stuart (Temple Newsam, Yorkshire, 1545 - Édimbourg 1567). Il épousa en 1565 sa cousine Marie, reine d'Écosse, dont il eut un fils, le futur Jacques Ier d'Angleterre. Il mourut assassiné avec la complicité de Bothwell, amant de la reine.

DARON, ONNE n. (p.-ê. de *baron,* croisé avec l'anc. fr. *dam,* seigneur). *Arg.* Père, mère.

DARRA, village du Pākistān, au S. de Peshāwar. Armes. Haschisch.

DARRACQ (Alexandre), industriel français (Bordeaux 1855 - Monaco 1931). L'un des pionniers de l'industrie automobile, il eut le premier l'idée de la construction en série et fut le premier à fonder une école de pilotes pour ses voitures de course.

DARRÉ (Richard Walther), homme politique allemand (Belgrano, près de Buenos Aires, 1895 - Munich 1953). Idéologue de la politique agraire du national-socialisme, il développa dès 1930 le thème du *Blut und Boden* (« sang et sol ») identifiant le sang nordique et le sol allemand. Il fut ministre du Reich pour l'Alimentation et l'Agriculture de 1933 à 1942. Il fut condamné à sept ans de prison par le tribunal de Nuremberg et libéré en 1950.

DARRIEUX (Danielle), actrice de cinéma et de théâtre française (Bordeaux 1917). Son talent lui a permis de jouer des comédies légères et des drames. Elle a été l'interprète de plusieurs films à Hollywood, s'imposa au théâtre et s'essaya dans la chanson.

DARŚANA ou **DARSHAN** n. m. (sanskr. *darśana*). Dans la religion hindoue, vision par le fidèle d'une divinité, d'une personne ou d'un objet auspicieux (représentation divine, idole, guru, etc.).

DARSE ou **DARCE** n. f. (ital. *darsena,* de l'ar. *dar al-ṣinā'a,* maison de travail). Bassin dans certains ports, surtout de la Méditerranée.

DARSONVAL (Alice PERRON, dite **Lycette**), danseuse française (Coutances 1912 - Saint-Lô 1996). Lauréate au concours international de danse de Varsovie (1933), elle fut danseuse étoile à l'Opéra de Paris (1940) et une des grandes interprètes du ballet français *(Giselle, Joan de Zarissa, la Tragédie de Salomé).* Elle a été directrice de l'école de danse de l'Opéra (1957-1959).

DARSONVALISATION ou **D'ARSONVALISATION** n. f. (de *d'Arsonval,* n. pr.). *Vx.* Emploi thérapeutique des courants de haute fréquence.

DARTE (les), famille de céramistes qui exploitèrent deux manufactures de porcelaine dure, à Paris, au XIXe s. La première, fondée par les frères LOUIS JOSEPH et JEAN-FRANÇOIS **Darte** en 1795, fut vers 1824 sous la protection du duc de Bordeaux. La deuxième fut établie en 1828 par AUGUSTE **Darte,** fils de Louis Joseph et associé à Lemaire. En 1844, Auguste gagna la Russie, où il travailla à la manufacture impériale de Saint-Pétersbourg.

DARTHÉ (Augustin Alexandre), révolutionnaire français (Saint-Pol-sur-Ternoise, Pas-de-Calais, 1769 - Vendôme 1797). Robespierriste, il fut emprisonné après le 9-Thermidor. Libéré (26 oct. 1794), il participa à la conjuration des Égaux et fut guillotiné avec Babeuf (27 mai 1797).

DARTMOOR [-mur] n. m. et adj. (de *Dartmoor,* n. pr.). Race de poneys de petite taille, très résistante, renommée en France.

DARTMOOR, massif de Grande-Bretagne, dans le sud du Devon ; 618 m au *Yes Tor.*

DARTMOUTH, port du Canada (Nouvelle-Écosse), relié à Halifax par un pont suspendu ; 65 300 hab. Centre industriel.

DARTMOUTH *(baron, comte)* → LEGGE.

DARTOIS n. m. (p.-ê. de *d'Artois,* n. pr.). Double abaisse de feuilletage fourrée de crème d'amandes ou d'un appareil salé.

DARTOS [-tɔs] n. m. (gr. *dartos,* écorché). Membrane immédiatement sous-jacente à la peau du scrotum, constituée de fibres élastiques et de fibres musculaires lisses.

DARTRE n. f. (bas lat. *derbita,* probablement d'orig. celt.). **1.** Nom donné à des affections cutanées très diverses. (Le mot désigne surtout sur le visage des enfants des *eczématides pityriasiformes.* Elles guérissent facilement, mais les récidives sont fréquentes [*dartres volantes*].) — **2.** Rugosité qui affecte la surface d'une pièce métallique fondue. — **3.** Lésion de la teigne chez les bovins ; la maladie elle-même.

DARTREUX, EUSE adj. De la nature des dartres.

DARTROSE n. f. Maladie de la pomme de terre, causée par le champignon *Colletotrichum atramentarium,* caractérisée par une altération des fanes et par des lésions sur les tubercules.

DARU → DAHU.

DARU (Pierre BRUNO, *comte*), homme politique français (Montpellier 1767 - Bécheville, près de Meulan, 1829). Secrétaire général à la Guerre (1800), membre du Tribunat (1802), intendant général de la Grande Armée (1806), ministre secrétaire d'État (1811), il rallia les Bourbons et entra à la Chambre des pairs (1819). Il a laissé des poésies et des ouvrages d'histoire. (Acad. fr., 1806.)

DARWĪCH (Maḥmūd), poète palestinien (al-Birwa, haute Galilée, 1941). Poète de la résistance palestinienne, il a été emprisonné, puis exilé à partir de 1970 (*Oiseaux sans ailes,* 1961 ; *Noces,* 1977).

DARWIN, port d'Australie, centre administratif du Territoire du Nord ; 51 000 hab. Abattoirs. Conserveries. Tourisme.

DARWIN (Erasmus), botaniste et poète britannique (Elston, Nottinghamshire, 1731-Derby 1802). Sous une forme poétique qui en masque la pertinence, cet auteur, passionné de botanique, a pressenti l'évolutionnisme, qui fera la gloire de son petit-fils Charles.

DARWIN (Charles), naturaliste britannique (Shrewsbury, Shropshire, 1809 - Down, Kent, 1882), petit-fils du précédent. Embarqué comme naturaliste à bord du *Beagle* pour un voyage exploratoire de cinq ans (1831-1836), il en rapporte une immense somme de documents, d'où est issu, entre autres, son ouvrage capital : *De l'origine des espèces par voie de sélection naturelle* (24 nov. 1859), qui contient la première théorie explicative vraiment scientifique de l'évolution (ou plus exactement de la victoire des formes vivantes nouvelles sur les formes ancestrales), appelée maintenant *darwinisme.* En raison de son immense succès et des violentes controverses qu'elle a suscitées (jusqu'à nos jours aux États-Unis), cette théorie a fait oublier les travaux de haute valeur de Charles Darwin dans d'autres domaines des sciences de la nature. La dépouille de Darwin repose à Westminster.

DARWINIEN, ENNE ou **DARWINISTE** adj. et n. Relatif à la doctrine de Ch. Darwin ; qui en est partisan.

DARWINISME [-wi-] n. m. Doctrine scientifique exposée pour la première fois (1er juill. 1858) par Charles Darwin, et qui constitue une démonstration du fait de l'évolution biologique et une explication du renouvellement des faunes et des flores. (Darwin a surtout puisé ses exemples dans le règne animal.)

ENCYCL. De ses innombrables observations, recueillies au cours de son voyage sur le *Beagle,* en particulier aux îles Galápagos et en Amérique du Sud, Darwin tire les conclusions suivantes :
1° Toute espèce animale présente des variations, des différences entre individus.
2° Certaines de ces particularités, affectant une population entière, semblent l'effet des conditions du milieu et ne sont pas transmissibles par hérédité ; d'autres n'affectent que quelques individus, mais elles sont héréditaires.
3° Du fait de leur fécondité, les espèces animales sont menacées en permanence de manquer de nourriture ; cette situation place les animaux en situation de concurrence vitale, d'où résulte la lutte pour la vie.
4° Telle ou telle variation héréditaire peut, dans une situation donnée, conférer à ses porteurs un avantage qui augmentera soit leur chance personnelle de survivre (survivance du plus apte), soit le nombre de leurs descendants qui, peu à peu, remplaceront les lignées non variantes : c'est l'évolution des populations par voie de sélection naturelle.
5° Cette évolution peut aboutir à la création d'espèces nouvelles : l'espèce n'est pas une entité close et fixe.
6° Une espèce dont les variations sont nombreuses et diverses peut occuper des milieux variés ou adopter des régimes alimentaires différents, ce qui favorise son expansion numérique et géographique et accélère son évolution.

Par la suite, Darwin a ajouté une septième notion, celle de sélection sexuelle : ce sont les mâles les mieux armés pour la vie qui laissent le plus de descendants.

Le darwinisme, qui rallie maintenant la quasi-totalité des biologistes, explique bien les lois de l'évolution des populations animales ou végétales du globe et celles qui président à la réussite ou à l'échec des formes nouvelles apparues dans une population. Mais n'expliquant pas par quel mécanisme apparaît le premier couple d'individus « nouveaux », ce n'est pas une théorie complète de l'évolution. Hugo De Vries la complétera en 1901, avec la *Théorie de la mutation,* qui situe dans les chromosomes la source des changements, ce que confirmera toute la génétique moderne.

De son vivant, Charles Darwin s'est vu critiqué passionnément par les classificateurs, disciples

de Linné, qui lui en voulaient de contester la fixité des espèces dont ils venaient de dresser le catalogue ; les esprits religieux ont vu une contradiction entre la genèse des espèces par évolution et leur création par Dieu telle que la Bible la décrit.
Les critiques actuelles du darwinisme sont plus sérieuses. Ainsi lorsqu'une espèce pond des œufs par millions, elle peut subsister en étant très mal armée pour la concurrence vitale. La mort, d'ailleurs, frappe préférentiellement les minorités, qu'elles soient meilleures ou pires que la moyenne de l'espèce ; elle est donc conservatrice et non créatrice, sauf exceptions. Mais précisément ces exceptions sont assez décisives pour sauver le darwinisme, sous une forme quelque peu rénovée, le néodarwinisme.

DĀS *(île de),* île du golfe Persique (Abū Ẓabī) ; 215 km². Terminal pétrolier. Liquéfaction du gaz.

Daśaharā ou **Dassra,** fête hindoue marquant la fin de la mousson, encore appelée *Durgāpūjā,* offrande à la déesse Durgā.

DAŚARATHA, un des héros de l'épopée indienne du Rāmāyaṇa, père de Rāma.

DASAS ou **DAZAS,** population de la bordure sahélienne (Tibesti), dont la langue appartient au groupe saharien.

DASCILLE [dasil] n. m. (gr. *daskillos,* n. d'un poisson). Insecte coléoptère des montagnes humides, dont les larves rongent les racines de diverses graminées.

DASEIN [dazajn] n. m. (mot all. signif. *existence*). Existence humaine conçue comme présence au monde. (Le terme est issu de la philosophie de Heidegger.)

DASS (Petter), poète et pasteur norvégien (Alstahaug, Nordland, 1647 - *id.* 1707), auteur de psaumes en vers et de poèmes, parmi lesquels *la Trompette du Nordland* (1739), écrit dans une langue savoureuse mêlée de dialecte, révèle l'art du conteur.

DASSAULT (Paul), général français (Paris 1882 - *id.* 1969). Spécialiste de l'armement et de la balistique, il commanda un corps d'armée pendant la campagne de France (1939-40), puis rejoignit la Résistance. Grand chancelier de la Légion d'honneur de 1945 à 1955, il fut membre de l'Académie des sciences (1953).

DASSAULT (Marcel), industriel français (Paris 1892 - Neuilly-sur-Seine 1986), frère du précédent. Il a fondé un ensemble industriel très important dont, notamment, la société Avions Marcel Dassault-Breguet-Aviation, devenue en 1990 Dassault Aviation.

Dassault Aviation, société dont les origines remontent à la fondation par Louis Breguet, en 1911, des « Ateliers d'aviation L. Breguet », rachetés en 1967 par le groupe Marcel Dassault. Depuis la nationalisation partielle intervenue en 1981, les capitaux publics y sont majoritaires. Si la société a développé une gamme d'appareils civils (Mystère-Falcon, Mercure), l'étude et la fabrication d'avions militaires demeurent prépondérantes (Mirage, Jaguar, Super-Étendard, Alphajet, Rafale).

DASSIN (Jules), cinéaste américain (Middletown, Connecticut, 1911). Il a réalisé : *les Démons de la liberté* (1947), *la Cité sans voiles* (1948), *les Bas-Fonds de Frisco* (1949), *les Forbans de la nuit* (1950), *Du rififi chez les hommes* (1955), *Celui qui doit mourir* (1956), *la Loi* (1959), *Jamais le dimanche* (1960), *Phaedra* (1962), *Topkapi* (1964), *Dix Heures et demie du soir en été* (1966).

D'ASSOUCY (Charles Coypeau) → Assoucy (Charles Coypeau D').

DASTÉ (Jean), acteur et metteur en scène français (Paris 1904 - Saint-Étienne 1994). Disciple et gendre de Copeau, ayant vécu l'aventure des Copiaux, en Bourgogne, jusqu'en 1929, il dirige une compagnie itinérante qui interprète les classiques. Il s'installe à Grenoble (1945), puis à Saint-Étienne (1947) où il initie un public populaire à Claudel, Brecht, Shakespeare, Armand Gatti, ainsi qu'au nō japonais et à la tragédie grecque, avant de revenir à sa vocation première : le théâtre itinérant.

DASTROS ou **D'ASTROS** (Jean Géraud), poète gascon (Saint-Clar 1594 - *id.* 1648). Il contribua à la renaissance de la langue d'oc sous sa forme gasconne.

DASYATIDÉ n. m. Nom de famille attribué aux pastenagues.

DASYCHIRA [-ki-] n. f. Papillon lymantriidé dont les chenilles, fortement poilues, dévastent parfois à l'automne les forêts de chênes, hêtres et châtaigniers.

DASYPELTIS n. m. Petit serpent d'Afrique se nourrissant exclusivement d'œufs d'oiseaux, souvent très gros, dont il brise la coquille à l'aide d'une pointe vertébrale située dans le pharynx.

DASYPODIDÉ n. m. Nom de famille attribué aux tatous.

DASYPODIUS (Konrad), mathématicien et astronome suisse (Hasenfratz, auj. Frauenfeld, v. 1530 - Strasbourg 1600). Sur ses plans fut construite (v. 1570) l'horloge astronomique de Strasbourg ; en 1838, elle fut remplacée par celle de Schwilgué.

DASYPROCTIDÉ n. m. Nom de famille attribué aux agoutis et aux pacas.

DASYURE n. m. Mammifère marsupial carnassier de Tasmanie ayant les mœurs et la taille du chat sauvage, mais le pelage et les proportions d'une civette.

DASYURIDÉ n. m. Mammifère marsupial carnassier d'Australie et de Tasmanie tel que les dasyures, les phascogales, le thylacine, le sarcophile et le numbat. (Les *dasyuridés* forment une famille.)

DASZYŃSKI (Ignacy), homme politique polonais (Zbaraz, Galicie, 1866 - Bystra, Silésie, 1936). Il organisa en Galicie le parti social-démocrate polonais, créé en 1892. Premier ministre du gouvernement provisoire de nov. 1918, il soutint la politique de Piłsudski jusqu'au coup d'État de mai 1926, puis, président du Parlement (1928-1930), il tenta de s'opposer au régime autoritaire.

DAT [deate] n.m. (sigle de l'angl. *Digital Audio Tape*). **1.** Bande magnétique servant de support d'enregistrement numérique du son. — **2.** *Cassette DAT,* cassette d'enregistrement utilisant ce type de bande.

DATABLE adj. Qu'on peut dater.

DATAGE n. m. **1.** Syn. rare de DATATION. — **2.** Action de porter automatiquement sur l'emballage, la boîte de conserve, l'étiquette d'une bouteille, des repères relatifs à la date de sortie de l'usine du produit ou à sa date limite d'utilisation.

DATAIRE n. m. (lat. ecclés. *datarius*). Officier pontifical qui présidait la daterie.

D. A. T. A. R., sigle de DÉLÉGATION À L'AMÉNAGEMENT* DU TERRITOIRE ET À L'ACTION RÉGIONALE.

DATATION n. f. (de *dater*). **1.** Action de déterminer la date ou l'âge d'un objet, d'un événement, d'une formation géologique, d'un sol, etc. (La *datation absolue* donne l'âge réel, précis, la *datation relative,* l'âge par rapport à une chronologie bien établie ; toutes deux utilisent les méthodes de la géochronologie.) [Syn. DATAGE.] — **2.** Action de donner une date à un écrit ; indication de cette date. — **3.** Première attestation écrite de l'apparition d'un mot dans la langue.

DATCHA n. f. (russe *datcha*). En Russie, maison de campagne, aux abords d'une grande ville.

DATE n. f. (lat. médiév. *data littera,* lettre donnée ; premier mot de la formule indiquant la date sur les actes). **1.** Indication précise du jour, du mois, de l'année où un fait s'est passé, se passera, où une lettre, un contrat sont rédigés, et qui permet de les situer dans le temps : *Date de naissance, de mariage.* — **2.** Nombre, formule qui indique la date : *La date est illisible.* — **3.** Événement marquant qui se passe à un moment précis : *La prise de la Bastille est une grande date de la Révolution.* — **4.** *À cette date,* à cette époque, à ce moment-là. ‖ *À date fixe,* régulièrement, à la même date. ‖ *Date de valeur,* sur un compte bancaire, date à laquelle est porté au crédit dudit compte le montant d'un versement ou d'un chèque remis à l'encaissement, ou, inversement, au débit, le montant d'une « sortie » imputée sur ce compte. ‖ *Date certaine,* date à partir de laquelle l'existence d'un acte juridique ne peut légalement plus être contestée. ‖ *De longue date, de vieille date,* depuis longtemps, ancien. ‖ *En date du,* formule précédant l'expression d'une date. ‖ *Faire date,* être un événement important : *Film qui fera date dans l'histoire du cinéma.* ‖ *Le premier en date, le dernier en date,* personne ou événement qui s'est présenté le premier et qui est le plus ancien ou le dernier et qui est le plus récent. ‖ *Prendre date,* convenir d'un jour pour une réunion, une action, etc.

dates *(Art de vérifier les),* ouvrage conçu par dom Maur Dantine et rédigé par les bénédictins de la congrégation de Saint-Maur (1re éd. 1750 ; 2e éd. 1770 ; 3e éd. 1783-1787 ; 4e éd. 1818-1844) et qui comporte des chronologies allant de la préhistoire jusqu'en 1844.

DATER v. i. (conj. 3). **1.** Marquer un moment important, faire date dans une histoire : *Cet événement a daté dans sa vie.* — **2.** Remonter à ce moment, commencer à cette date : *Notre amitié ne date pas d'hier.* — **3.** Accuser fâcheusement son ancienneté, son caractère vieilli et démodé : *Cette robe date un peu.* — **4.** *À dater de tel moment,* à partir de ce moment.
◆ v. t. **1.** Inscrire la date sur un écrit : *Dater une lettre.* — **2.** Déterminer la date d'un événement, d'une œuvre : *Je date cette aile du château du XVIe siècle.*

DATERIE n. f. (lat. ecclés. *dataria*). Ancien office de la curie romaine qui accordait au nom du pape les faveurs sollicitées, à la suite d'une enquête concluant à l'opportunité des demandes. (Elle fut supprimée par Paul VI en 1973.)

DATEUR adj. m. **1.** Qui indique ou imprime une date : *Timbre dateur.* — **2.** *Dispositif dateur,* syn. de DATOGRAPHE.
◆ n. m. **1.** Appareil permettant d'imprimer une date. — **2.** Argument paléontologique, sédimentologique, lithologique, tectonique, magnétique permettant de fixer un âge ou une date à une série ou à un événement géologiques, à un sol.

1. DATIF, IVE adj. (bas lat. jurid. *dativus,* qui est donné). **1.** Se dit d'une liaison chimique semi-polaire. — **2.** *Tutelle dative,* tutelle dévolue par le conseil de famille.

2. DATIF n. m. (bas lat. des grammairiens *dativus casus,* de *dare,* donner). Cas, utilisé en latin, en grec, etc., exprimant généralement la fonction de complément d'objet secondaire (ou complément d'attribution).

DATION [-sjɔ̃] n. f. (lat. *datio, -onis,* action de donner). **1.** Action d'attribuer. – **2.** *Dation (en paiement),* opération par laquelle le débiteur se libère de son obligation, avec l'accord du créancier, en donnant en paiement une chose autre que la chose due. (En matière de succession, le débiteur peut, dans certains cas, remettre au fisc des œuvres d'art pour acquitter ses droits.)

DATIS, général mède de Darios Ier. Chef de l'expédition contre les Athéniens et Érétriens, il fut battu à Marathon (490 av. J.-C.).

DATISQUE n. m. Plante tinctoriale et textile de Crète. (N. usuel *chanvre de Crète.*)

DATO (Eduardo), homme politique espagnol (La Corogne 1856 - Madrid 1921). Conservateur, il fut à diverses reprises ministre (notamment de la Justice en 1902) et président du Conseil (1913-1915, 1918, 1920-21). Il élabora plusieurs lois sociales sur les accidents du travail (1900), et sur les enfants abandonnés (1904).

DATOGRAPHE n. m. Dispositif indiquant la date sur un appareil horaire. (Abrév. fam. DATO ; syn. DISPOSITIF DATEUR.)

DATOLITE n. f. (gr. *dateisthai,* diviser). Borosilicate hydraté naturel de calcium.

DATONG ou **TA-T'ONG,** v. de Chine (Shanxi), à l'O. de Pékin ; 250 000 hab. Centre industriel. Anc. cap. (386-494) des Wei du Nord, célèbre par les grottes voisines de Yungang et par son grand temple du puissant Trésor, le plus vaste ensemble des XIe-XIIe s. encore debout.

DATTE n. f. (anc. provenç. *datil,* du lat. *dactylus*). **1.** Fruit du dattier, baie de forme souvent allongée, d'une grande valeur nutritive et diététique. – **2.** *Datte de mer,* nom donné sur les marchés au *lithophage.*
ENCYCL. La datte est constituée d'un mésocarpe charnu, sucré, protégé par un fin péricarpe. Elle possède une seule graine, noyau oblong entouré d'un endocarpe membraneux. Il en existe de très nombreuses variétés. La datte peut donner divers produits de transformation à usage alimentaire : farine, sucre, boisson (vin de datte). La production mondiale est estimée à près de 4 Mt. Les principaux pays producteurs sont l'Égypte, l'Iraq, l'Iran, l'Arabie Saoudite et l'Algérie.

DATTIER n. m. **1.** Palmier de grande culture, dont on récolte le fruit comestible ou datte. – **2.** *Dattier de Beyrouth,* un des plus importants cépages producteurs de raisins de table du monde, donnant de grandes grappes à grosses baies blanc doré.
ENCYCL. L'aire principale de culture du dattier est répartie entre le 15e et le 30e degré de latitude Nord, mais on le trouve aussi dans le sud de l'Espagne (Elche), l'Afrique du Sud, l'Australie et le sud de la Californie. Le dattier est une monocotylédone dont le tronc est un stipe pouvant atteindre 20 m. À l'aisselle de chaque feuille ou palme se trouve un bourgeon qui peut donner lieu à une inflorescence. Les fleurs femelles sont fécondées en secouant au-dessus d'elles le pollen des fleurs d'une inflorescence mâle coupée sur un autre pied. Le palmier-dattier, espèce fruitière la mieux adaptée aux températures et insolations très élevées, constitue le peuplement arbustif de base de l'oasis (palmeraie).

DATURA [datyra] n. m. (sanskr. *dhattūra,* par l'intermédiaire du port.). Herbe solanacée ornementale et toxique, aux fleurs blanches ou violettes en entonnoir, d'usage pharmaceutique.

DAUBE n. f. (ital. *dobba,* marinade). Préparation de certaines viandes (bœuf, principalement), cuites à couvert dans un fond de braisage avec un mouillement de vin rouge.

DAUBENTON (Louis Jean-Marie D'AUBENTON, dit), naturaliste français (Montbard 1716 - Paris 1800). Professeur au Collège de France (1778), à l'École vétérinaire d'Alfort (1783), au Muséum (1793), à l'École normale supérieure (1795), il a collaboré à l'*Histoire naturelle* de Buffon et on lui doit l'acclimatation du mouton mérinos en France. (Acad. des sc., 1760.)

DAUBER v. t. ind. et v. t. (p.-ê. anc. fr. *dauber,* frapper, du lat. *dealbare,* blanchir) [conj. 3]. *Litt.* Dénigrer qqn, qqch en raillant : *Dauber sur ses collaborateurs.*

DAUBERVAL (Jean BERCHER, dit **Jean**), danseur et chorégraphe français (Montpellier 1742 - Tours 1806). Il fut nommé danseur noble (1770) avant d'être assistant de Noverre, puis de Maximilien Gardel. De 1785 à 1791, il fut maître de ballet à l'Opéra de Bordeaux. Auteur de nombreux ballets dont *la Fille mal gardée* (1789), Dauberval, un des maîtres du ballet-pantomime, fit beaucoup pour la diffusion des théories de Noverre.

DAUBIÈRE n. f. Braisière pour cuire les viandes en daube.

DAUBIGNY (Charles François), peintre et graveur français (Paris 1817 - *id.* 1878), le plus connu d'une famille de peintres. Paysagiste, ami de Corot, il peint avec une touche plus légère que la plupart des peintres de Barbizon, préférant des motifs où l'eau joue le rôle principal. Le manque de « fini » de ses toiles, certaines audaces de coloris lui valurent des critiques aux Salons (sans l'exclure des honneurs officiels), mais aussi l'admiration des impressionnistes, qu'il aida.

(*Coucher de soleil sur la mer à Villerville,* musée Mesdag, La Haye.)

DAUBRÉE (Auguste), géologue français (Metz 1814 - Paris 1896), auteur des *Études synthétiques de géologie expérimentale* (1879).

DAUBRÉÉLITE n. f. (de *Daubrée,* n. pr.). Sulfure de fer et de chrome trouvé dans le fer météorique.

DĀ'ŪD ou **DĀWŪD,** nom donné par les musulmans au roi David. Les ḥadīth le désignent comme l'un des prophètes.

DĀ'UD (Moḥammad), prince et homme d'État afghan (Kaboul 1909 - *id.* 1978). Beau-frère et cousin de Ẓāher Chāh, Premier ministre (1953-1963), il fit adopter le premier plan quinquennal (1956-1961). Il renversa Ẓāher Chāh et proclama la république, dont il devint président. Il fut assassiné lors du coup d'État du parti démocratique et populaire d'Afghānistān.

DAUDET (Alphonse), écrivain français (Nîmes 1840 - Paris 1897). Bien que son œuvre s'apparente au naturalisme, Daudet a mêlé la fantaisie et la tendresse à la peinture réaliste de la vie quotidienne, dans ses contes (*Lettres* de mon moulin,* 1866 ; *Contes* du lundi,* 1873) et dans ses romans (*le Petit* Chose,* 1868 ; *Tartarin* de Tarascon,* 1872 ; *Fromont jeune et Risler aîné,* 1874 ; *Sapho,* 1884). Son *Arlésienne* (1872) inspira à Bizet une musique de scène. — Sa femme, JULIA **Allard** (Paris 1844 - Chargé, Indre-et-Loire, 1940), fut sa collaboratrice. — Son fils, LÉON **Daudet** (Paris 1867 - Saint-Rémy-de-Provence 1942), fut journaliste et écrivain. Après des études médicales, il collabora à *la Libre Parole* de Drumont, et se rallia aux doctrines monarchistes, nationalistes et antisémites de Maurras. Rédacteur en chef de *l'Action française* (1908-1917), puis codirecteur avec Maurras (1917-1942), il y exerça une verve truculente, souvent outrancière. Il fut député de Paris de 1919 à 1924. Menant parallèlement une carrière d'écrivain, il publia plusieurs romans ainsi que des essais et des souvenirs. Il fut membre de l'Académie Goncourt (1897).

DAUGAVPILS → DAOUGAVPILS.

Daum, entreprise française de verrerie et de cristallerie d'art. JEAN **Daum** (Bischwiller 1825 - Nancy 1885), expatrié d'Alsace après 1870, acquit à Nancy en 1875 une usine de flaconnage. La production artistique, suivant la voie ouverte par É. Gallé, débuta en 1890 avec les frères AUGUSTE (Bitche 1853 - Nancy 1909) et ANTONIN (Bitche 1864 - Nancy 1930). Le cristal est apparu en 1935, à l'époque de PAUL **Daum** (Nancy 1888 - Sarrebruck 1944).

DAUMAL (René), écrivain français (Boulzicourt, Ardennes, 1908 - Paris 1944). L'un des animateurs du groupe « le Grand Jeu », proche du surréalisme, il se tourna vers les religions orientales, puis vers un ésotérisme inspiré de Gurdjieff (*Grande Beuverie,* 1938 ; *Poésie noire, poésie blanche,* 1954 ; *Tu t'es toujours trompé,* 1970).

DAUMESNIL (Pierre, *baron*), général français (Périgueux 1776 - Vincennes 1832). Il fit les campagnes d'Italie et d'Égypte et perdit une jambe à Wagram (1809). Il est resté célèbre pour la réponse qu'il fit, en 1814, aux coalisés lui demandant de livrer Vincennes : « Je rendrai Vincennes quand on me rendra ma jambe. »

DAUMIER (Honoré), peintre, lithographe, graveur, dessinateur et sculpteur français (Marseille 1808 - Valmondois 1879). Très tôt, à Paris, il s'adonne au dessin : croquis vivants dans la rue, études dans les salles du Louvre. Avec la lithographie, il trouve son moyen d'expression (dans les limites de la censure) et de subsistance : quatre mille caricatures, parues pour la plupart dans *la Caricature* et *le Charivari* (par ex., séries des *Types parisiens* [1840], des *Gens de justice* [1845-1848]), témoignent de son génie satirique appliqué à l'actualité, de son « sens du caractère humain » et de son aptitude exceptionnelle à « saisir le trait durable sous l'attitude quotidienne de chacun » (J. Adhémar). Pour stigmatiser la société bourgeoise, Daumier révèle le réel en le déformant, sous un éclairage fortement contrasté. Souvent, avant de réaliser ses lithographies, il modèle en terre cuite ses personnages (ainsi la série de petits bustes d'hommes politiques de 1832), et l'on peut reconnaître à ses dessins et à ses tableaux un caractère sculptural. Son art culmine avec telle lithographie isolée comme la *Rue Transnonain* (1834), avec le bronze de *Ratapoil* (1851) et dans ses peintures, indifférentes au ton local et faites de masses hardiment simplifiées (*Un wagon de troisième classe,* Metropolitan Museum, New York ; *Crispin et Scapin,* musée d'Orsay ; série des *Don Quichotte*).

DAUNORUBICINE ou **DAUNOMYCINE** n. f. Antibiotique antimitotique de la famille des tétracyclines, obtenu à partir de cultures de *Streptomyces peucetius* ou *S. coeruleorubidus.* (Syn. RUBIDOMYCINE.)

DAUNOU (Pierre Claude François), homme politique et érudit français (Boulogne-sur-Mer 1761 - Paris 1840). Évêque constitutionnel de la Seine (1790), député à la Convention (1792), il s'opposa à la proscription des Girondins et fut emprisonné (1793-94). Membre du Conseil des Cinq-Cents (1795-1799), puis du Tribunat (1800-1802), il travailla à l'organisation de l'Instruction publique et de l'Institut et à l'élaboration des

Constitutions de l'an III et de l'an VIII. Conservateur des Archives (1807-1815), professeur d'histoire au Collège de France (1819), il a laissé des ouvrages historiques et collabora à l'*Histoire littéraire de la France.*

1. DAUPHIN n. m. (lat. pop. *dalphinus,* du lat. class. *delphinus,* du gr. *delphis, -inos*). **1.** Mammifère cétacé marin carnassier, excellent nageur, remarquable par ses facultés psychiques. (→ *encycl.*) — **2.** Variété de maroilles, aromatisé aux fines herbes, fabriqué dans les environs d'Avesnes. — **3.** Partie inférieure, recourbée, d'un tuyau de descente, qui sert à rejeter les eaux dans un caniveau.

ENCYCL. **Zool.** On appelle usuellement « dauphin » des cétacés de deux familles, les delphinidés, marins, et les platanistidés, qui vivent en eau douce. Une douzaine d'espèces sont très communes, mais la mieux connue est le dauphin commun. Cet animal peut nager à 63 km/h sans provoquer de tourbillon, sauter 7 m en hauteur hors de l'eau, plonger vite et longtemps, et dispose, seul parmi les animaux, d'un véritable langage sonore et ultrasonore de 400 « mots » ; doué d'un cerveau comparativement aussi développé que le nôtre, il manifeste une grande aptitude au plaisir et à la souffrance, voire à l'entraide et même à l'amitié pour l'homme. Une science particulière, la *delphinologie,* lui est consacrée.

2. DAUPHIN n. m. (lat. *Dalphinus,* n. pr.). **1.** Titre porté par les souverains du Dauphiné du XIIe au XIVe s., puis, après la vente du Dauphiné à la France (1349), par l'héritier présomptif de la Couronne qui recevait la province en apanage. (Prend généralement une majusc. en ce sens.) — **2.** Successeur présumé de qqn dans le poste, relativement important, qu'il occupe et, en partic., celui qu'il s'est choisi.

◆ **dauphine** n. f. **1.** Femme du Dauphin de France. (Prend généralement une majusc. en ce sens.) — **2.** *Pomme dauphine,* mélange de pulpe de pomme de terre bouillie et de pâte à chou dressé en beignet et frit.

DAUPHIN (en lat. *Delphinus, -i*), petite constellation boréale, au sud du Cygne.

Dauphine *(place),* à Paris, place triangulaire à l'ouest de l'île de la Cité. Auj. dénaturée, elle avait été bâtie selon une ordonnance régulière, à partir de 1607, en l'honneur du futur Louis XIII.

DAUPHINÉ, anc. **Dauphiné de Viennois,** prov. de France qui s'étendait sur une partie des Alpes et jusqu'au Rhône, entre la Savoie au N., la Provence et le Comtat Venaissin au S. Elle se divisait en Bas-Dauphiné (basses vallées : Royans, Grésivaudan ; et bords du Rhône : Viennois, Valentinois, Tricastin et Baronnies) et en Haut-Dauphiné, plus montagneux (Champsaur, Embrunais, Oisans, Briançonnais, etc.). Cap. *Grenoble.*

— **Hist.** Le Dauphiné est né v. 1029-30 de l'inféodation de la partie méridionale du comté de Vienne (ou de Viennois) par l'archevêque de Vienne, Brochard, à Guigues Ier, comte d'Albon. Cette partie du Viennois est gouvernée par les maisons d'Albon (v. 1029/30-1162), de Bourgogne (1162-1282) et de La Tour du Pin (1282-1349) qui lui annexent le Briançonnais (1039), le Grésivaudan (v. 1050), l'Embrunais et le Gapençais (1202) puis le Faucigny (1241), et réunissent ainsi les territoires essentiels du Dauphiné dont les souverains prennent le titre de Dauphin au XIIe s. Divisée en sept bailliages au XIIIe s., la province est dotée d'un gouvernement central (gouverneur [1310], Conseil delphinal [1336], Chambre des comptes [1340]), siégeant à Grenoble, sa capitale, qui reçoit une université en 1339. Par le traité de Romans (30 mars 1349), le Dauphiné est vendu par le Dauphin Humbert II à Philippe VI de Valois. Désormais réuni à la France, il devient l'apanage de l'héritier présomptif de la Couronne. Pourvu d'états provinciaux (1357), il est amputé du Faucigny, cédé par le Dauphin Charles (futur Charles V) au comte de Savoie par le traité de Paris (5 janv. 1355), mais s'agrandit, par ce même traité, des territoires situés à l'O. du Guiers, puis, en 1419, du Valentinois et du Diois. Il forme un État puissant et semi-indépendant sous le gouvernement du Dauphin Louis II (futur Louis XI) qui renforce son organisation intérieure (création d'une chancellerie [1447] et d'un parlement [1453] issu de l'anc. Conseil delphinal), lui annexe Montélimar (1447) et Vienne (1450) et fonde une université à Valence (1452). Mais il retombe sous le contrôle étroit du roi de France (1560) qui le prive de ses états provinciaux (1628) et le dote d'un intendant (1630). Gagné très tôt (1523) au protestantisme, le Dauphiné est très éprouvé par les guerres de Religion. Au XVIIIe s. il connaît une certaine prospérité grâce à ses activités manufacturières (textile, métallurgie). Entraîné dans la Révolution par son parlement qui, le premier, réclame la convocation des États généraux (21 août 1787), il est le théâtre de la journée des Tuiles (Grenoble, 7 juin 1788) puis de l'assemblée de Vizille (21 juill. 1788) qui obtient la convocation de ses états provinciaux et celle des États généraux. En 1790, la Constituante le partage en trois départements : l'Isère, la Drôme et les Hautes-Alpes.

DAUPHINÉ D'AUVERGNE → AUVERGNE.

DAUPHINELLE n. f. (lat. bot. *delphinium,* du gr. *delphinion*). Autre nom du *pied-d'alouette.*

DAUPHINOIS, E adj. et n. **1.** Du Dauphiné. — **2.** Se dit des séries externes des Alpes occidentales correspondant à la sédimentation sur le plateau continental de la marge stable européenne. — **3.** *Gratin dauphinois,* préparation de pommes de terre émincées, mouillées de lait et de crème fraîche, cuites au four.

DAURADE → DORADE.

DAURAT (Didier), aviateur français (Montreuil-sous-Bois 1891 - Toulouse 1969). Pilote, puis directeur de l'exploitation des lignes Latécoère, il anima l'Aéropostale.

DAUSSET (Jean), médecin français (Toulouse 1916). Ses travaux sur l'immuno-hématologie l'ont amené à la découverte des groupes tissulaires et du système H. L. A. Cette découverte a fait faire un progrès considérable aux greffes d'organes, dont la réussite nécessite une compatibilité tissulaire entre donneur et receveur. Elle a valu à Jean Dausset le prix Nobel en 1980. (Acad. des sc., 1977.)

DAUTRY (Raoul), administrateur et homme politique français (Montluçon 1880 - Lourmarin 1951). Président de la Conférence des directeurs des grands réseaux, il joua un grand rôle dans l'organisation des chemins de fer français. Ministre de l'Armement (1939-40), de la Reconstruction et de l'Urbanisme (1944-45), il devint administrateur général du Commissariat à l'énergie atomique en 1946.

DAUVERGNE ou **D'AUVERGNE** (Antoine), violoniste et compositeur français (Moulins 1713 - Lyon 1797). Directeur du Concert spirituel (1762), surintendant de la Musique du roi (1764) et directeur de l'Opéra (1769), il a été l'un des premiers à écrire un opéra-comique français, *les Troqueurs* (1753), où il allie les styles français et italien.

DAUW n. m. Zèbre d'Afrique du Sud et du Sahara, appelé aussi *zèbre de Burchell.*

DAUX (Georges), archéologue français (Bastia 1899 - Paris 1988). Membre, puis directeur de l'École française d'Athènes (1950-1969), il se spécialisa dans l'étude du sanctuaire de Delphes. On lui doit, entre autres : *Delphes au IIe et au Ier siècle av. J.-C.* (1937), *Chronologie delphique* (1943).

DAUZATS (Adrien), peintre et dessinateur français (Bordeaux 1804 - Paris 1868). L'œuvre de ce grand voyageur est celle d'un romantique orientaliste.

DAVAINE (Casimir Joseph), médecin français (Saint-Amand-les-Eaux 1812 - Garches 1882). Il a démontré en 1863-64 la nature microbienne de l'agent du charbon (qui avait été découvert au microscope en 1850 par Rayer) et identifié la bactéridie charbonneuse.

DAVANGERE, v. de l'Inde (Karnātaka) ; 196 000 hab. Carrefour ferroviaire et routier.

DAVANTAGE adv. (de *d'avantage*). **1.** Indique une plus grande quantité, un plus haut degré, un temps plus long, etc. : *Il doit travailler davantage.* — **2.** *Davantage de,* plus de : *Nos arbres ont donné davantage de fruits cette année.*

DAVAO, port des Philippines, dans l'île de Mindanao, sur le *golfe de Davao,* au pied du mont Apo ; 611 000 hab. Exportation de l'abaca et du coprah.

DAVEL (Jean Daniel Abraham), patriote vaudois (Morrens, près de Lausanne, 1670-Vidy, près de Lausanne, 1723). Désireux d'affranchir le canton de Vaud de la domination de Berne, il chercha à déclencher une insurrection à Lausanne, et fut exécuté.

DAVENANT ou **D'AVENANT** (*sir* William), auteur dramatique anglais (Oxford 1606 - Londres 1668). Poète lauréat, auteur de comédies, directeur de Drury Lane, il fit jouer les femmes et inventa le décor mobile. Il fut aussi à l'origine de l'opéra.

DAVENPORT, v. des États-Unis, dans l'est de l'Iowa ; 103 000 hab. Métallurgie de l'aluminium. Matériel agricole.

DAVIČO (Oskar), écrivain serbe (Šabac 1909 - Belgrade 1989). Poète surréaliste (*Poésies,* 1938), il développa à travers son œuvre une conception humaniste des transformations politiques et sociales de son pays.

DAVID, v. de l'ouest du Panamá, près du Pacifique ; 51 000 hab.

DAVID, 2e roi hébreu (v. 1010 - v. 970 av. J.-C.). Fils de Jessé, propriétaire de Bethléem, il vint à la cour du roi Saül. Proclamé roi après la mort de Saül par les tribus du Sud, il régna bientôt sur toutes les tribus d'Israël, libérant leur territoire de la menace permanente des Philistins. Il fit de l'ancienne ville cananéenne de Jérusalem sa capitale (v. 1000) et se tailla un petit empire en soumettant successivement les Ammonites, les Araméens, les Édomites. La tradition juive et chrétienne le considère comme un grand poète et lui attribue la composition de psaumes.
— **Bx-arts.** David triomphant est évoqué par les trois statues fameuses de Donatello (bronze, v. 1430, Bargello), Verrocchio (bronze, 1476, *ibid.*) et Michel-Ange (marbre, 1501-1504, Académie de Florence).

David *(bouclier de)* [hébr. *Magen David*], étoile à 6 branches, composée de deux triangles entrelacés, qui est devenue, pour les Juifs, un emblème et un signe de reconnaissance ; elle figure sur le drapeau de l'État d'Israël. Il a longtemps été appelé « sceau de Salomon ».

DAVID *(saint),* évêque de Menevia, au pays de Galles (comté de Pembroke 520 - Menevia 600). Il fonda de nombreux monastères et créa la liturgie celtique.

ÉCOSSE

DAVID Ier (1084 - Carlisle 1153), roi d'Écosse (1124-1153), frère et successeur d'Alexandre Ier. Il consolida l'unité de son royaume, introduisant le système féodal anglo-normand en Écosse, et le fit sortir de son isolement en resserrant les liens avec la papauté et l'Occident. — **David II** ou **David Bruce** (Dunfermline 1324 - Édimbourg 1371), fils et successeur de Robert Ier Bruce (1329). Vaincu et fait prisonnier par les Anglais à la bataille de Neville's Cross (1346), il fut libéré par le traité de Berwick (1357), mais ne put empêcher l'Angleterre d'établir sa tutelle sur l'Écosse.

GÉORGIE

DAVID III le Constructeur, roi de Géorgie (1089-1125). Bénéficiant du déclin de l'Empire seldjoukide, il étendit les limites de son royaume de la mer Noire à la Caspienne, du Caucase aux confins méridionaux de l'Arménie. Il conquit Tiflis en 1122 et Ani en 1124. Il construisit des routes, des églises et des monastères.

TRÉBIZONDE

DAVID Ier COMNÈNE († Sinope 1214), coempereur byzantin de Trébizonde, petit-fils d'Andronic Ier, empereur d'Orient. Avec son frère aîné, Alexis Ier le Grand, il fonda l'Empire de Trébizonde (1204). Il entra en conflit avec Théodore Ier Lascaris, empereur byzantin de Nicée, qui conquit la plus grande partie de son territoire. — **David II Comnène** († Constantinople 1463), empereur de Trébizonde (1458-1461), troisième fils de l'empereur Alexis IV. Il essaya vainement de susciter une croisade contre les Turcs. Mehmet II l'attaqua dans Trébizonde et il capitula en 1461. Il fut emprisonné à Andrinople, puis exécuté avec ses sept fils. Avec lui disparut la famille impériale des Comnènes de Trébizonde.

DAVID (Gerard), peintre flamand d'origine hollandaise (Oudewater v. 1460 - Bruges 1523). Dernier grand peintre de l'école de Bruges (il est inscrit à la gilde de cette ville dès 1484), il se signale par une monumentalité tranquille, l'alliance de la spiritualité et du réalisme, la beauté de son modelé et de son coloris saturé (*les Noces de Cana,* Louvre ; *le Baptême du Christ,* Bruges ; *la Vierge entre les vierges,* Rouen).

DAVID (Louis), peintre français (Paris 1748 - Bruxelles 1825). Représentant le plus illustre du néoclassicisme pictural, parti du classicisme du XVIIe s., il a établi une esthétique par rapport à laquelle les courants postérieurs de la peinture française devront se déterminer — par adhésion ou par rejet. Élève de J.-M. Vien, il n'obtient le prix de Rome qu'à sa quatrième tentative, en 1774. Son séjour en Italie (1775-1780) lui révèle la dignité et la rigueur de l'Antiquité romaine (*Bélisaire,* 1781, musée de Lille). Dès son retour, son atelier commence à être un pôle d'attraction pour les jeunes artistes (s'y formeront entre autres Girodet, Gros et, plus tard, Ingres). En 1784, David entre à l'Académie royale de peinture et entreprend, au cours d'un nouveau séjour romain, *le Serment des Horaces**, œuvre monumentale qui affirme la primauté de la ligne sur la couleur et le mouvement, et qui sera saluée au Salon de 1785 comme le manifeste de la nouvelle école. Militant révolutionnaire, Conventionnel, il entreprend *le Serment du Jeu de paume* (inachevé, château de Versailles) et *la Mort de Marat* (Musées royaux de Bruxelles). Ses portraits le montrent magnifique observateur et peintre. Rallié à Bonaparte, qu'il admire (*le Passage du Grand-Saint-Bernard,* 1801, plusieurs versions), David commémore les fastes de l'Empire (*le Sacre de Napoléon,* 1806-1807, Louvre), sans renoncer à l'Antiquité (*Léonidas aux Thermopyles,* ibid.). Au retour des Bourbons, il s'exile en Belgique, donnant des toiles mythologiques, comme *l'Amour et Psyché* (1817, Cleveland), au coloris audacieux, et des portraits dont la qualité ne se dément pas.

DAVID d'Angers (Pierre-Jean), sculpteur français (Angers 1788 - Paris 1856). Sa carrière fut particulièrement féconde de 1830 à 1848. Il pratiqua la statuaire, le relief, le buste, mais on retient par excellence les 500 médaillons qu'il modela d'après les personnalités (écrivains, artistes, etc.) de son époque (musée à Angers).

DAVID (Félicien), compositeur français (Cadenet 1810 - Saint-Germain-en-Laye 1876), auteur de symphonies, d'opéras, d'oratorios (*le Désert,* 1844), etc.

DAVID (Eduard), théoricien et homme politique allemand (Ediger an der Mosel 1863 - Berlin 1930). Social-démocrate, il devint l'un des principaux théoriciens du révisionnisme en Allemagne. Député au Reichstag à partir de 1903, il fut le premier président de l'Assemblée nationale de Weimar (févr. 1919) et ministre dans divers cabinets sociaux-démocrates (1919-20).

David Copperfield, roman d'inspiration autobiographique de Ch. Dickens (1849). Maltraité par son beau-père, David connaîtra le bonheur auprès de la douce Agnès.

David de Sassoun, poème épique arménien du Xe s., il fut mis par écrit au XIXe s. par G. Srvandztian.

David Garedja, groupe de couvents troglodytes à 60 km au S.-E. de Tbilissi (Géorgie), comprenant plusieurs centaines de salles rupestres (VIe-XIIe s.) avec des fresques s'échelonnant du VIIIe au XIVe s.

DAVIDIEN, ENNE adj. et n. Qui se rattache à Louis David, à son école, à son style.

DAVID-NEEL (Alexandra), exploratrice française (Saint-Mandé 1868 - Digne 1969). Première Européenne à pénétrer à Lhassa (1924), elle publia, seule ou en collaboration avec le lama Yongden, des ouvrages sur le bouddhisme et des récits de voyage, en Inde, en Chine et au Tibet.

DAVIDOVIĆ (Dimitrije), journaliste et homme politique serbe (Zemun 1789 - Smederevo 1838). Il publia à Vienne, de 1817 à 1822, le premier journal rédigé en serbe *(Novine Srpske).*

DAVIDSON OF LAMBETH (Randall Thomas DAVIDSON, 1er *baron*), prélat britannique (Muirhouse, près d'Édimbourg, 1848 -Chelsea 1930). Conseiller religieux de la reine Victoria, il fut archevêque de Canterbury de 1903 à 1928.

DAVID-WEILL (David), banquier, collectionneur et mécène français (San Francisco 1871 - Neuilly-sur-Seine 1952). Président du conseil des Musées nationaux de 1931 à 1952, il y a mené une action précieuse grâce à sa compétence et à sa générosité.

DAVIEL (Jacques), ophtalmologiste français (La Barre, près d'Évreux, 1696 - Genève 1762). Oculiste du roi (1749), il tenta, le premier, l'opération de la cataracte par extraction.

DAVIER n. m. (de *daviet,* instrument de menuisier, avec l'infl. de *levier*). **1.** Pince, à longs bras de levier, épousant la morphologie des dents et servant à leur extraction. — **2.** Rouleau mobile placé à l'avant et à l'arrière d'un câblier pour filer ou relever un câble.

DAVIGNON (Henri, *vicomte*), écrivain belge de langue française (Saint-Josse-ten-Noode, Bruxelles, 1879-Woluwe-Saint-Pierre, Bruxelles, 1964). Observateur ironique des milieux bourgeois (*Croquis de jeunes filles,* 1907), il étudia aussi la dualité flamande et wallonne.

DAVILER ou **D'AVILER** (Augustin Charles), architecte et hydraulicien français (Paris 1653 - Montpellier 1701). Il étudia à Rome, collabora avec J. H.-Mansart et devint architecte de la province du Languedoc (arc de triomphe du Peyrou à Montpellier, 1691). Il a publié un *Cours d'architecture,* avec dictionnaire des termes.

DAVIOUD (Gabriel), architecte français (Paris 1823 - *id.* 1881). Il a largement contribué aux transformations de Paris sous Napoléon III : place du Châtelet et ses deux théâtres, fontaines, boulevards, squares et parcs. Il éleva en outre le palais du Trocadéro pour l'Exposition de 1878.

DAVIS *(détroit de),* passage de l'Atlantique du Nord-Ouest entre le Groenland et la terre de Baffin (Canada), séparant les mers de Baffin et du Labrador.

DAVIS (John), navigateur anglais (Sandridge, Devon, v. 1550 - dans le détroit de Malacca 1605). Au cours de plusieurs voyages, il découvrit les côtes occidentales du Groenland et le détroit qui porte aujourd'hui son nom (1585), puis les îles Malouines (1592).

DAVIS (Jefferson), officier et homme d'État américain (Todd County, auj. Fairview, Kentucky, 1808 - La Nouvelle-Orléans 1889). Officier, il entra à la Chambre des représentants en 1845 et devint sénateur en 1847. Secrétaire à la Guerre en 1853, réélu sénateur en 1856, il poussa à la sécession et fut élu président de la Confédération des États du Sud (1861). Il anima le combat de ceux-ci pendant la guerre de Sécession, mais fut capturé après la chute de Richmond (1865).

DAVIS (William Morris), géologue et géographe américain (Philadelphie 1850 - Pasadena 1934). Un des pionniers de la géographie physique, il a analysé le modelé d'*érosion normale* (ou fluviale), défini les notions de *pénéplaine* et de *cycle d'érosion.*

DAVIS (Richard Harding), écrivain américain (Philadelphie 1864 - Mount Kisco, New York, 1916), auteur à succès de pièces de théâtre (*la Folie de Ranson,* 1904), de récits de voyages et de romans.

DAVIS (Stuart), peintre américain (Philadelphie 1894 - New York 1964). Il a, dès les années 20, mené la rigueur plastique jusqu'à l'abstraction, mais aussi développé une thématique qui annonce le pop art.

DAVIS (Ruth Elizabeth DAVIS, dite **Bette**), actrice de cinéma américaine (Lowell, Massachusetts, 1908 - Paris 1989). Elle débuta au théâtre et devint, à partir des années 30, l'une des grandes comédiennes d'Hollywood (*l'Insoumise,* 1938 ; *la Vipère,* 1941 ; *Qu'est-il arrivé à Baby Jane ?,* 1962 ; *l'Argent de la vieille,* 1972 ; *les Baleines du mois d'août,* 1987).

DAVIS (Miles Dewey), trompettiste de jazz américain (Alton, Illinois, 1926 - Santa Monica 1991). Remarqué par Charlie Parker, il s'impose dans les années 50 comme l'un des fondateurs du style « cool ». À la fin des années 60, il s'intéresse à la musique électrique et pose les bases du jazz-rock. Sa virtuosité, ses recherches sonores, son inspiration mélodique lui ont donné une place primordiale dans le jazz contemporain.

DAVIS (Colin Rex), chef d'orchestre britannique (Weybridge, Surrey, 1927). Directeur artistique de Covent Garden (1971-1986), il a largement contribué à la diffusion de l'œuvre de Berlioz.

Davis *(coupe),* épreuve internationale annuelle de tennis par équipes nationales, créée en 1900 par l'Américain Dwight Filley Davis, matérialisée par une coupe en argent. Elle se dispute en 5 matches (quatre simples et un double), joués par au plus quatre représentants de chaque pays. En 1995, les États-Unis comptent 31 victoires (1900, 1902, 1913, 1920 à 1926, 1937, 1938, 1946 à 1949, 1954, 1958, 1963, 1968 à 1972, 1978, 1979, 1981, 1982, 1990, 1992 et 1995) ; l'Australie, 26 victoires (1907 à 1909, 1911, 1914, 1919, 1939, 1950 à 1953, 1955 à 1957, 1959 à 1962, 1964 à 1967, 1973, 1977, 1983 et 1986) ; la Grande-Bretagne, 9 victoires (1903 à 1906, 1912, 1933 à 1936) ; la France, 6 victoires (1927 à 1932) ; la Suède, 5 victoires (1975, 1984, 1985, 1987 et 1994) ; l'Allemagne, 3 victoires (1988, 1989 et 1993) ; l'Italie, 1 victoire (1976) ; la Tchécoslovaquie, 1 victoire (1980).

DAVISSON (Clinton Joseph), physicien américain (Bloomington, Illinois, 1881-Charlottesville, Virginie, 1958). Il a découvert en 1927, avec L. H. Germer, la diffraction des électrons par les cristaux, donnant ainsi une éclatante confirmation à la mécanique ondulatoire de L. de Broglie. (Prix Nobel de phys. 1937, avec G. P. Thomson.)

DAVITT (Michael), homme politique irlandais (Straide, comté de Mayo, 1846 - Dublin 1906). Entré en 1865 dans le mouvement fenian, il fut emprisonné de 1870 à 1877. Après un voyage aux États-Unis, où il avait visité les communautés irlandaises, il fonda en 1879 la Ligue agraire avec Parnell. Mais son orientation résolument socialiste le fit rompre avec celui-ci en 1890.

DAVOS, station estivale et de sports d'hiver (alt. 1560-2844 m) de Suisse (Grisons), à l'E. de Coire ; 11 000 hab.

DAVOUT ou **d'AVOUT** (Louis Nicolas), duc **d'Auerstaedt** et prince **d'Eckmühl,** maréchal et pair de France (Annoux 1770 -Paris 1823). Il s'illustra en Égypte (1798-99) et en Italie (1800-01). Maréchal d'Empire (1804), présent à Austerlitz, vainqueur des Prussiens à Auerstaedt (1806), la rigueur de son commandement à Wagram et lors de la campagne de Russie (1812) le fit considérer comme le meilleur lieutenant de Napoléon.

DAVY (*sir* Humphry), chimiste et physicien britannique (Penzance, Cornouailles, 1778 - Genève 1829). Grâce à l'électrolyse, il isola le sodium et le potassium en 1807, puis le baryum, le strontium et le calcium en 1808. Il a découvert l'arc électrique et les propriétés catalytiques du platine divisé, et inventé la lampe de sûreté à toile métallique pour les mineurs. (Acad. des sc., 1813.)

DAWES (Charles Gates), homme politique et financier américain (Marietta, Ohio, 1865 - Evanston, Illinois, 1951). Contrôleur du Trésor (1897-1902), intendant général de l'armée américaine en France (1917-18), il fut désigné en 1923 comme expert de la commission des réparations puis fut vice-président des États-Unis sous Coolidge (1925-1929). [Prix Nobel de la paix 1925.]

Dawes *(plan),* plan destiné à résoudre le problème des réparations dues par l'Allemagne à ses anciens adversaires de la Première Guerre mondiale, en préservant l'équilibre économique de ce pays. Élaboré par une commission d'experts financiers constituée le 30 nov. 1923 et présidée par Charles Dawes, ce plan obligeait l'Allemagne à verser des annuités, dont le nombre n'était pas fixé, de 1 à 2 milliards et demi de marks-or. Entré en application en 1924, il entraîna l'évacuation de la Ruhr par les troupes franco-belges. Il fut relayé par le plan Young en 1930.

DAWḤA (al-) ou **DOHA (al-),** cap. et port du Qaṭar, sur le golfe Persique ; 190 000 hab. Aéroport.

DAWSON, anc. **Dawson City,** village du Canada, anc. cap. du Yukon ; 700 hab. Anc. ville aurifère (27 000 hab. en 1901). Tourisme.

DĀWŪD → DĀ'ŪD.

DAX (40100), ch.-l. d'arrond. des Landes, sur l'Adour, au contact de la Chalosse et de la forêt landaise ; 20 119 hab. *(Dacquois)* [env. 35 000 dans l'agglomération]. Vestiges d'enceinte gallo-romaine. Cathédrale des XVIIe-XIXe s. Musée de Borda. Station thermale (traitement des rhumatismes et des séquelles de traumatismes ostéo-articulaires). Centre commercial.

DAXUE SHAN ou **TASIUE CHAN,** anc. **Alpes du Sichuan,** chaîne de montagnes de Chine (Sichuan), à l'O. du Bassin Rouge. Elle culmine au Gongga Shan (7 556 m).

DAYAKS, ensemble de tribus de Bornéo qui totalisent 270 000 individus parlant des dialectes du groupe indonésien.

DAYAN (Moshé), militaire et homme politique israélien (Deganya 1915 - Ramat-Gan 1981). Chef d'état-major de l'armée (1953 -1958), il dirigea la campagne du Sinaï contre l'Égypte (1956). Plusieurs fois ministre de la Défense (1967 ; 1969 - 1974), il fut l'un des principaux artisans de la victoire israélienne dans la guerre des « six jours » (1967) et dut abandonner ses fonctions lors de la démission de G. Meir (avr. 1974). De 1977 à 1979, il fut ministre des Affaires étrangères.

DAYĀNANDA SARASVATĪ → SARASVATĪ (Dayānanda).

DAYDÉ (Bernard), scénographe français (Paris 1931 - Neuilly-sur-Seine 1986). Décorateur pour de nombreuses compagnies de ballet, il a innové en utilisant des matériaux comme les matières plastiques et les tubulures d'acier.

DAYDÉ (Liane), danseuse française (Paris 1932), sœur du précédent. Étoile à l'Opéra de Paris (1950-1959), elle passe en 1960 à l'International Ballet du marquis de Cuevas, où elle crée *la Belle au bois dormant.* À partir de 1963, elle anime, avec Claude Giraud, le Grand Ballet classique de France.

DAYR AL-QAMAR ou **DEÏR EL-KAMAR,** localité du Liban, sur le flanc oriental du massif du Liban. Ancienne capitale de la province du Liban du XVIe au XVIIIe s.

DAYR AL-ZŪR → DEIR EZ-ZOR.

DAYTON, v. des États-Unis (Ohio), au N.-N.-E. de Cincinnati ; 204 000 hab. Centre commercial. Laboratoire de recherches atomiques. Mécanique et électronique. Édition. Université. Musées.

DAYTONA BEACH, station balnéaire des États-Unis, dans le nord-est de la Floride, sur l'Atlantique ; 54 000 hab. Courses automobiles.

DAZAIFU, localité de Kyūshū (préfecture de Fukuoka) où était établi l'ancien gouvernement militaire de Kyūshū.

DAZIBAO n. m. (mot chin.) En Chine, grand journal mural écrit à la main, soit par les propagandistes du pouvoir, soit par des contestataires. (Depuis 1980, la loi interdit d'en apposer.)

DAZU ou **TA-TSOU,** ville de Chine (Sichuan) à l'ouest de Chongqing, possédant des sculptures bouddhiques rupestres dont l'origine, Song ou Ming, est discutée.

dB, symbole du *décibel.*

D. B. n. f. Abrév. de DIVISION BLINDÉE.

D. B. O. n. f. Abrév. de DEMANDE* BIOLOGIQUE EN OXYGÈNE.

D. C. A. n. f. Abrév. de DÉFENSE* CONTRE LES AÉRONEFS.

D. C. O. n. f. Abrév. de DEMANDE* CHIMIQUE EN OXYGÈNE.

D. D. A. S. S., sigle de DIRECTION DÉPARTEMENTALE DE L'ACTION* SANITAIRE ET SOCIALE.

d. d. p. n. f. Abrév. courante de DIFFÉRENCE DE POTENTIEL.

DDR, sigle de DEUTSCHE DEMOKRATISCHE REPUBLIK (République démocratique allemande).

D. D. T. [dedete] n. m. Dénomination abrégée du D(ichloro) D(iphényl) T(richloréthane), de formule $(Cl-C_6H_4)_2CH-CCl_3$, insecticide puissant. ENCYCL. Depuis 1945, plus de 2,5 Mt de D. D. T. ont été répandues dans le monde entier. La biodégradation demande 20 ans et le produit, toxique pour l'homme, s'accumule le long des chaînes alimentaires. Le D. D. T. est en pratique interdit à la vente en France depuis 1971.

DE prép. (lat. *de,* venant de). [*De* se contracte avec *le* en *du,* avec *les* en *des,* s'élide en *d'* devant une voyelle ou un *h* muet.]
I. Indique dans le groupe du verbe : **1.** l'origine dans l'espace ou le point de départ dans le temps : *J'arrive de Bruxelles. Louis XIV régna de 1643 à 1715.* — **2.** la cause : *Il pleure de joie.* — **3.** le moyen, l'instrument : *Pousser la porte du pied.* — **4.** l'agent, compl. du verbe passif : *Il est respecté de tous.* — **5.** la manière : *De belle façon.* — **6.** la durée : *Travailler de nuit.* — **7.** *De... en...* indique une progression : *Aller de ville en ville.* ‖ *D'un jour à l'autre, d'une heure à l'autre, etc.,* incessamment, au cours des jours, des heures, etc., qui viennent.
II. Introduit dans le groupe du verbe ou dans la phrase le compl. d'objet ou le sujet : **1.** lorsque ceux-ci sont des infinitifs : *Cessez de m'importuner.* — **2.** lorsque ceux-ci indiquent une quantité dont on considère une partie : *J'ai goûté de ce vin.*
III. Introduit dans le groupe du verbe ou dans la phrase : **1.** le compl. des verbes transitifs indirects : *Je doute de sa sincérité.* — **2.** le deuxième compl. de certains verbes : *Instruire quelqu'un de ses intentions.* — **3.** l'attribut du sujet ou du compl. de certains verbes : *Il traite les autres de menteurs.* — **4.** l'infinitif de narration en langue litt. : *Et tous de rire.* — **5.** Fam. *Si j'étais (que) de vous,* à votre place.
IV. Indique pour le compl. du nom : **1.** les fonctions correspondant au sujet ou à l'objet des phrases verbales : *La condamnation de l'accusé* (l'accusé est condamné). *La maison de mes parents* (mes parents ont une maison). — **2.** les fonctions correspondant dans le groupe du nom aux compl. circonstanciels introduits par *de* dans le groupe du verbe (origine, moyen, instrument, agent, cause) : *Un garçon natif de Lyon.* — **3.** les fonctions d'apposition pour un nom, d'épithète d'un pronom pour un adj. : *Le mois de janvier. Voilà quelque chose de nouveau.*
V. Introduit certains compl. de l'adj. : *Il est fier de son succès.*
VI. Remplace l'article indéfini suivi d'un adjectif : *J'ai de belles fraises.*
VII. Sert de particule nobiliaire, suivie d'un nom propre : *Madame de Sévigné.*

1. DÉ n. m. (bas lat. *digitale,* ce qui couvre le doigt). **1.** Petit cône de métal tronqué qui, enfilé à l'extrémité du médius, permet de pousser l'aiguille sans se blesser. — **2.** Fam. *Dé à coudre,* très petit verre à boire.

2. DÉ n. m. (p.-ê. lat. *datum,* ce qui est donné par le sort). **1.** Petit cube utilisé dans divers jeux et portant sur chacune de ses six faces soit des points depuis un jusqu'à six, soit des lettres ou des figures. — **2.** Petit cube d'une matière quelconque et, en partic., d'un aliment : *Couper le fromage en dés.* — **3.** *Coup de dé(s),* nombre des points amenés en jetant les dés ; opération hasardeuse. ‖ *Les dés sont jetés,* la décision est prise, on ne peut rien changer. • **Archit.** Volume de forme plus ou moins cubique formant la partie principale d'un piédestal, renforçant une balustrade (syn. ACROTÈRE dans ce cas), surmontant un chapiteau (et servant d'imposte), etc. — **Bât.** Pierre supportant la partie inférieure d'un poteau. — **Bijout.** Cube en acier comportant des creux de tailles échelonnnées où l'on forme le métal à l'aide de bouterolles.

◆ **dés** n. m. pl. Jeu consistant à réaliser des points ou des combinaisons avec des dés ; les dés eux-mêmes et les cornets.

DÉ-, DES-, DÉS-, préfixes (du préf. lat. *dis-*) entrant dans la composition de nombreux mots pour exprimer la cessation d'un état ou d'une action, ou l'état, l'action inverses : *défaire, dessouder, désintéresser.*

D. E. A., n. m. Abrév. de DIPLÔME* D'ÉTUDES APPROFONDIES.

DEACON (Henry), chimiste anglais (Londres 1822 - Widnes, Lancashire, 1876). Il a inventé en 1861 un procédé de préparation industrielle du chlore.

DEAD-HEAT [dɛdit] n. m. (pl. *dead-heats*) [angl. *dead heat,* de *dead,* mort, nul, et *heat,* course]. Dans une course hippique, arrivée ensemble, sur la même ligne, de deux ou plusieurs chevaux qui ne peuvent être départagés par la photographie.

DÉAFFÉRENTATION ou **DÉSAFFÉRENTATION** n. f. Suppression des afférences, c'est-à-dire des fibres nerveuses établissant normalement une connexion entre deux structures nerveuses.

DEÁK (Ferenc), homme d'État hongrois (Söjtör 1803 - Pest 1876). Noble libéral, élu à la Diète de 1833, il fut ministre de la Justice en mars 1848. Il devint en 1860-61 le chef de la tendance libérale modérée du Parlement. Tout en réclamant la restauration d'un État hongrois autonome, il se montra dès 1864-65 prêt à des concessions envers le gouvernement autrichien et fut l'instigateur du compromis austro-hongrois de 1867.

DEAKIN (Alfred), homme politique australien (Melbourne 1856 - *id.* 1919). Avocat (1877), ministre de la Justice, Premier ministre fédéral (1903-04, 1905-1908, 1909-10), chef du parti libéral, il a façonné la politique de l'Australie : immigration blanche, bien-être social, protectionnisme, liens avec la Grande-Bretagne.

DEAL [dil] n. m. (angl. *deal,* marché). *Pop.* **1.** Trafic illégal de drogue des petits revendeurs. — **2.** Marché, arrangement, échange : *Proposer un deal à quelqu'un.*

1. DEALER [dilœr] n. m. (angl. *dealer,* négociant). **1.** *Pop.* Personne se livrant à un petit trafic de revente de drogue. — **2.** Grande firme de commerce international.

2. DEALER [dile] v. t. (conj. 3). *Pop.* **1.** Faire le trafic de drogue pour se procurer l'argent nécessaire à sa propre consommation. — **2.** Faire des affaires.

DÉAMBULATION n. f. (lat. *deambulatio, -onis,* promenade). *Litt.* Marche, promenade, au hasard, en divers sens.

DÉAMBULATOIRE n. m. (bas lat. *deambulatorium*). Galerie permettant de circuler autour du chœur d'une église. (Création du Moyen Âge, dans les églises de pèlerinage.) [Syn. POURTOUR DU CHŒUR, CAROLE.]

DÉAMBULER v. i. (lat. *deambulare,* se promener) [conj. 3]. Aller au hasard, se promener sans but précis.

DE AMICIS (Edmondo), écrivain italien (Oneglia 1846 - Bordighera 1908), romancier d'un sentimentalisme didactique (*Cuore,* 1886).

DEAN (James BYRON, dit **James**), acteur américain (Marion, Indiana, 1931 - Paso Robles, Californie, 1955). *À l'est d'Eden* (1955) lui valut un succès cinématographique foudroyant, que confirmèrent *la Fureur de vivre* (1955) et *Géant* (1956). Sa mort précoce et les circonstances de celle-ci (dans un accident de voiture) contribuèrent à faire de lui un véritable mythe sociologique et cinématographique.

DEARBORN, v. des États-Unis (Michigan), banlieue de Detroit ; 91 000 hab. Construction automobile. Musée Henry Ford (histoire de l'artisanat et de l'industrie en Amérique) et musée en plein air de Greenfield Village.

DÉAT (Marcel), homme politique français (Guérigny 1894 - San Vito, près de Turin, 1955). Il fut l'un des dissidents néo-socialistes qui fondèrent le parti socialiste de France en 1933. Après juin 1940, il dirigea le journal *l'Œuvre* et fonda le Rassemblement nationaliste populaire (R. N. P.) en 1941. Secrétaire d'État au Travail et aux Affaires sociales dans le gouvernement de Vichy

(1944), il fut condamné à mort par contumace à la Libération.

DEATH VALLEY → Mort *(Vallée de la).*

DEAUVILLE (14800), comm. du Calvados, à l'embouchure de la Touques ; 4 380 hab. *(Deauvillais).* Station balnéaire. Port de plaisance. Casino. Hippodrome. Siège de congrès.

DEB n. f. *Fam.* Débutante.

DÉBÂCHER v. t. (conj. 3). Enlever la bâche qui recouvre un véhicule, un toit, etc.

DÉBÂCLE n. f. (de *bâcler*). **1.** Rupture des glaces d'un cours d'eau, entraînées alors par le courant, provoquant une augmentation rapide du débit, souvent génératrice d'inondations. – **2.** Déroute d'une armée ; débandade : *La retraite s'acheva en débâcle.* – **3.** Ruine, chute d'une entreprise, d'une affaire, etc. ; faillite : *La débâcle d'une affaire immobilière.*

Débâcle *(la),* roman d'Émile Zola (1892), avant-dernier de la série des *Rougon-Macquart.* C'est un document solide et vivant sur l'effondrement de l'Empire et les ambiguïtés d'une république naissante.

DÉBAGOULER v. t. (anc. fr. *bagouler,* parler inconsidérément) [conj. 3]. *Pop.* et *vx.* Proférer une suite ininterrompue de paroles : *Débagouler des sottises.*

DÉBÂILLONNER v. t. (conj. 3). **1.** Débarrasser qqn d'un bâillon. – **2.** Rendre la liberté d'expression à qqn, à la presse.

DE BAKEY (Michael Ellis), chirurgien américain (Lake Charles, Louisiane, 1908). Ses travaux ont surtout porté sur la mise au point d'un cœur artificiel.

DÉBALLAGE n. m. **1.** Action de déballer une marchandise, d'extraire l'objet de son emballage. – **2.** Accumulation de choses déballées : *Quel déballage dans cette chambre !* – **3.** *Fam.* Action de dévoiler, de reconnaître, d'avouer sans retenue ; confession, confidence. – **4.** *Vente au déballage,* vente au détail occasionnelle, effectuée par un commerçant installé sur un lieu non affecté à cette destination.

DÉBALLASTAGE n. m. **1.** Vidange de l'eau (ou du liquide) prise comme lest par un navire, dans ses ballasts (transporteur de produits secs) ou dans ses cuves à cargaison (transporteur de vrac liquide). – **2.** *Station de déballastage,* installation portuaire dans laquelle les émulsions (eau/hydrocarbures/détergent/boue) surnageant à la surface des citernes d'un pétrolier sont séparées par chauffage, décantation, traitement chimique.

DÉBALLASTER v. t. (conj. 3). Pour un navire, effectuer le déballastage.

DÉBALLER v. t. (de *balle 2*) [conj. 3]. **1.** Extraire un objet de son emballage. – **2.** *Fam.* Exposer des marchandises à la vente en faisant un étalage sommaire. – **3.** *Fam.* Exposer, dévoiler sans retenue ce qu'on sait, ce qu'on ressent : *Elle a déballé tout ce qu'elle avait sur le cœur.*

DÉBALLEUR, EUSE n. Employé(e) qui déballe les marchandises.

DÉBALLONNER (SE) v. pr. (de *ballon*) [conj. 3]. *Pop.* Manquer d'audace ; renoncer ; se dégonfler.

DÉBANALISATION n. f. Action, pour une entreprise, de déposer le nom d'une marque commerciale passé dans le langage courant afin de protéger cette marque.

DÉBANALISER v. t. (conj. 3). Procéder à la débanalisation d'une marque.

DÉBANDADE n. f. **1.** Action de se débander, de s'enfuir en désordre ; déroute : *La débandade d'une armée.* – **2.** Dispersion désordonnée ; panique : *C'est la débandade générale.*

DÉBANDER v. t. (conj. 3). **1.** Enlever une bande ou un bandage d'une partie du corps, d'une plaie : *Débander un poignet blessé.* – **2.** Détendre ce qui était tendu avec effort : *Débander un arc.* ◆ v. i. *Pop.* **1.** Cesser d'être en érection. – **2.** *Ne pas débander,* ne pas cesser d'être actif, de faire des efforts.

DÉBANDER (SE) v. pr. (de *bande 3*) [conj. 3]. Se disperser en rompant les rangs.

DÉBAPTISER [-bati-] v. t. (conj. 3). Changer le nom d'une rue, d'un navire, etc.

DÉBARBOUILLAGE n. m. Action de débarbouiller, de se débarbouiller.

DÉBARBOUILLER v. t. (conj. 3). Laver qqn, en partic. son visage.

DÉBARBOUILLETTE n. f. Au Canada, carré de tissu-éponge utilisé pour se laver le visage (équivalant au *gant de toilette*).

DÉBARCADÈRE n. m. (de *débarquer,* d'apr. *embarcadère*). Tout emplacement d'un port ou d'une côte permettant l'embarquement ou le débarquement des passagers et des marchandises.

DÉBARDAGE n. m. **1.** Activité du débardeur. – **2.** Transport des bois après abattage et façonnage depuis le lieu où ils ont été abattus jusqu'en bordure d'une voie carrossable. – **3.** Transport des betteraves jusqu'à une aire de stockage.

DÉBARDER v. t. (anc. fr. *bard,* chariot) [conj. 3]. Effectuer le débardage.

DÉBARDEUR n. m. **1.** Ouvrier qui charge ou décharge un véhicule. – **2.** Personne qui travaille au débardage. – **3.** Tricot collant sans manches, largement échancré, porté à même la peau.

DÉBARQUÉ, E n. Personne qui vient de débarquer d'un navire, d'un avion.

DÉBARQUEMENT n. m. **1.** Action de débarquer qqn, qqch : *Débarquement de marchandises.* – **2.** Action de descendre à terre, de quitter un navire, un avion. – **3.** Opération militaire ayant pour but de créer une tête de pont sur un rivage occupé par l'ennemi. – **4.** *Chaland, péniche de débarquement,* bâtiment de guerre organisé pour le débarquement de troupes et de matériel.

ENCYCL. **Mil.** Les *opérations de débarquement* ont pris, au cours de la Seconde Guerre mondiale, une ampleur considérable. Après l'expérience de la guerre de Chine, les Japonais sont les premiers à inaugurer un nouveau style d'opération amphibie dans le Sud-Est asiatique. Au cours des opérations réalisées en Méditerranée, dans la Manche et le Pacifique, les Alliés mettent au point une doctrine et un matériel spécialisés. De nos jours, l'emploi éventuel de l'arme nucléaire tactique rendrait caduque ce style de débarquement.

DÉBARQUER v. i. (de *barque*) [conj. 3]. **1.** Quitter un bateau, un avion, descendre à terre : *Voyageur qui débarque à Marseille.* – **2.** Toucher terre au cours d'une opération de débarquement : *Les Alliés ont débarqué sur les côtes normandes.* – **3.** Arriver en un lieu en descendant d'un véhicule : *Les touristes débarquent sur la place de la mairie.* – **4.** Arriver en nombre en un lieu quelconque : *Les citadins commencent à débarquer dans les stations de sports d'hiver.* – **5.** *Fam.* Arriver, venir chez qqn à l'improviste. – **6.** *Fam.* Ignorer des faits récents connus de tout le monde : *Tu débarques ? Paul s'est marié il y a trois jours.*

◆ v. t. **1.** Retirer des marchandises ou faire descendre des passagers d'un moyen de transport ; les déposer à terre. – **2.** Déposer qqpart des troupes embarquées, en vue d'une action militaire. – **3.** *Fam.* Écarter d'un poste une personne jugée incapable ou indésirable : *Débarquer un ministre.*

DÉBARRAS n. m. **1.** Action de débarrasser un lieu des objets encombrants (surtout pour désigner l'activité des brocanteurs) : *Débarras des greniers.* – **2.** Lieu où l'on met les objets encombrants ou peu utilisés : *Cabinet qui sert de débarras.* – **3.** Fam. *Bon débarras !,* se dit de qqch ou à qqn dont on est content d'être débarrassé.

DÉBARRASSER v. t. (de *désembarrasser,* de l'esp. *desembarazar*) [conj. 3]. **1.** Enlever ce qui embarrasse, encombre un lieu, qqn : *Débarrasser la cave des vieux objets inutiles.* – **2.** Retirer des objets d'un lieu : *Débarrasser les verres.* – **3.** Prendre à l'arrivée de qqn dans un lieu un vêtement et un objet qu'il portait pour l'extérieur : *Débarrasser un visiteur de son manteau.* – **4.** Délivrer qqn de qqn, d'un groupe importun, indésirable : *Je vais vous débarrasser de cet énergumène.* – **5.** Soulager qqn, le libérer de qqch de pénible, de nuisible : *Son séjour à l'hôpital l'a débarrassé de son habitude de fumer.* – **6.** *Débarrasser (la table),* enlever, après le repas, les couverts, les restes des plats, etc.

◆ **se débarrasser** v. pr., **être débarrassé** v. pass. **1.** Se défaire, se séparer de qqch qui pèse, qui est inutile, qui nuit, qui entrave : *Se débarrasser d'une vieille voiture.* – **2.** Ne plus avoir à faire qqch qui gêne, ne plus avoir à subir qqch de pénible, de néfaste ; s'en libérer : *Être débarrassé d'une corvée.* – **3.** Écarter, repousser, éloigner un importun, ou, *pop.,* le tuer : *Il s'est facilement débarrassé de ses rivaux.*

◆ **se débarrasser** v. pr. Ôter les vêtements, poser les objets qu'on portait à l'extérieur.

DÉBAT n. m. **1.** Discussion, souvent organisée, autour d'un thème : *Débat télévisé.* – **2.** S'emploie comme apposition après un nom (avec ou sans trait d'union) pour indiquer l'événement au cours duquel une discussion aura lieu : *Déjeuner-débat.* – **3.** Conflit intérieur entre des choix contradictoires : *Débat de conscience.* – **4.** Genre littéraire médiéval fondé sur un dialogue entre des personnages allégoriques.

◆ **débats** n. m. pl. **1.** Examen d'une question au sein d'une assemblée parlementaire, d'un groupe important de personnes. – **2.** Procès engagé devant un tribunal ; discussion contradictoire, plaidoiries qui ont lieu à l'audience et précèdent le jugement. – **3.** *Débats parlementaires,* édition du *Journal officiel* qui publie le compte rendu intégral des discussions parlementaires.

DEBATER [-tœr] n. m. (angl. *debater,* de *to debate,* débattre) ou **DÉBATTEUR** n. m. **1.** Orateur qui, au cours d'un débat, présente et soutient sa thèse avec une grande habileté. – **2.** Personne qui prend part à un débat télévisé.

DÉBÂTER v. t. (conj. 3). Débarrasser une bête de somme de son bât.

DÉBÂTIR v. t. (conj. 32). **1.** Séparer les parties d'un vêtement assemblées au point de bâti pour l'essayage. – **2.** Enlever les fils de bâti d'un vêtement terminé.

DÉBÂTISSAGE n. m. Action de débâtir.

DÉBATTEMENT n. m. (de *battement*). **1.** Mouvement vertical d'un essieu de part et d'autre de sa position moyenne de repos par rapport au châssis, dû à la flexibilité de la suspension. – **2.** Valeur maximale du déplacement correspondant.

DÉBATTRE v. t. ind. (de *battre*) [conj. **83**]. Discuter une question, un problème, en examinant tous les aspects contradictoires : *Débattre de la peine de mort.*

◆ v. t. **1.** Discuter un prix pour le faire baisser ; marchander. — **2.** Discuter une question quelconque : *Débattre les conditions d'un accord.*

◆ **se débattre** v. pr. **1.** Lutter avec vigueur, faire de gros efforts pour essayer de se dégager de ce qui tient, maintient, enserre : *Le poisson se débattait au bout de la ligne.* — **2.** Se démener, s'agiter pour sortir d'une situation difficile, pour échapper à qqch : *Se débattre dans des problèmes financiers. Se débattre contre l'angoisse.*

DÉBAUCHAGE n. m. Action de débaucher qqn, de lui faire quitter son travail.

DÉBAUCHE n. f. **1.** Usage excessif, déréglé des plaisirs de l'amour, de la table ; libertinage, dévergondage : *Se livrer à la débauche.* — **2.** *Une débauche de,* une abondance, une profusion de : *Une débauche de mots d'esprit.* — **3.** *Excitation de mineurs à la débauche,* délit commis par la personne qui favorise la débauche ou la corruption des mineurs. ‖ *Provocation à la débauche,* tentative d'excitation des mineurs à la débauche ou incitation au racolage public.

DEBAUCHE (Pierre), acteur et metteur en scène belge (Namur 1930). Fondateur (1965) du théâtre des Amandiers, à Nanterre, il se consacre ensuite à la mise en scène, crée un festival annuel d'art et de culture, favorise les représentations en langues étrangères. On lui doit aussi un livret d'opéra : *Quelle heure peut-il être à Valparaiso ?* (1975).

DÉBAUCHÉ, E adj. et n. Qui se livre à la débauche ; noceur, viveur, libertin.

DÉBAUCHER v. t. (anc. fr. *débaucher,* dégrossir du bois, puis détourner, de *bauc,* poutre) [conj. **3**]. **1.** Détourner qqn de son travail, l'entraîner à abandonner son poste : *Débaucher des soldats, des ouvriers.* — **2.** Mettre à pied, licencier du personnel par manque de travail. — **3.** Pousser qqn à la débauche. — **4.** *Fam.* Détourner qqn pour un temps de son travail en lui proposant une distraction : *Je vous débauche, on va au cinéma.*

◆ v. i. *Fam.* Quitter le travail ; cesser la journée de travail : *On débauche à cinq heures.*

DÉBÊCHAGE n. m. Action de sortir du sol la bêche d'un canon ancré, en vue de changer la direction de tir.

DÉBECQUAGE n. m. Action de brûler l'extrémité du bec des poussins devant être élevés pour la production de poulets de chair, afin de limiter les risques de piquage.

DÉBECTANT, E adj. *Pop.* Qui répugne ; dégoûtant.

DÉBECTER v. t. (de *becqueter,* manger) [conj. **4**]. *Pop.* Dégoûter qqn, lui répugner : *Ça me débecte toutes ces compromissions.*

De Beers, groupe minier sud-africain fondé en 1888. Il assure une très grande part de la diffusion mondiale des diamants et a d'importants intérêts dans les industries chimiques, les mines d'or, de charbon, de cuivre, etc., en Afrique australe.

DEBELJANOV (Dimčo), poète bulgare (Koprivštica 1887 - tué sur le front de Macédoine 1916). Sa poésie, de facture symboliste, inspirée de Verlaine, de Rimbaud et de Blok, exprime sa quête spirituelle.

DEBELLATIO n. f. (lat. *debellatio, -onis*). Conquête territoriale ayant pour seul résultat l'anéantissement de l'État autrefois souverain sur un territoire et l'incorporation de ce territoire dans l'État vainqueur.

DEBEN n. m. Unité de masse de l'Égypte ancienne (91 g).

DEBENEY (Marie Eugène), général français (Bourg-en-Bresse 1864 - *id.* 1943). Commandant de la Ire armée au printemps de 1918, il brisa à Montdidier l'offensive allemande et rompit en été le front de Ludendorff dans la Somme. Membre du Conseil supérieur de la guerre, il fut chef d'état-major de l'armée de 1924 à 1930.

DÉBENZOYLATION [-bɛ̃-] n. f. Action de débenzoyler.

DÉBENZOYLER [-bɛ̃zɔile] v. t. (conj. 3). Substituer, dans une molécule, un atome d'hydrogène à un radical benzoyle.

DÉBET [debɛ] n. m. (lat. *debet,* il doit). **1.** Somme dont un comptable public ou un particulier est déclaré débiteur envers le Trésor. — **2.** *Arrêt* ou *arrêté de débet,* décision qui rend exécutoire un débet d'un comptable public.

DEBIERNE (André Louis), chimiste français (Paris 1874 - *id.* 1949). Spécialiste de la radioactivité, il a isolé, avec Marie Curie, le radium pur et découvert l'actinium en 1899.

DÉBILE adj. (lat. *debilis*). **1.** Qui est faible de constitution, qui manque de force ; fragile : *Enfant débile.* — **2.** Qui manque de vigueur intellectuelle, de puissance, d'efficacité : *Une intelligence débile.* — **3.** *Fam.* Bête, stupide, idiot : *Un roman débile.*

◆ n. Sujet atteint de débilité mentale. (Le *débile léger* a un quotient intellectuel situé entre 65 et 80 ; celui du *débile moyen* est compris entre 50 et 65 ; celui du *débile profond* ne dépasse pas 50.)

DÉBILEMENT adv. De façon débile, stupidement.

DÉBILISATION n. f. Évolution de certains processus psychopathologiques vers un déficit intellectuel.

DÉBILITANT, E adj. **1.** Qui ôte toute force : *Un climat débilitant.* — **2.** *Fam.* Qui rend bête, stupide : *Un film débilitant.* — **3.** Qui démoralise : *Une oisiveté débilitante.*

DÉBILITÉ n. f. (lat. *debilitas, -atis*). **1.** Extrême faiblesse. (La débilité congénitale s'observe chez des nouveau-nés, souvent prématurés, qui présentent à la naissance un poids inférieur à 2 500 g, la limite de la viabilité se situant autour de 1 000 g.) — **2.** Déficience mentale en général. (→ *encycl.*) — **3.** *Fam.* Caractère de ce qui est d'une grande stupidité : *La débilité d'un ouvrage.*
ENCYCL. **Psychiatr.** Si la pensée des sujets débiles n'atteint jamais le stade des opérations formelles, leurs acquisitions et leurs possibilités d'intégration sociale dépendent du contexte affectif et relationnel, de l'organisation de la personnalité et des mesures médico-pédagogiques et/ou psychothérapiques mises en œuvre.

DÉBILITER v. t. (lat. *débilitare,* réduire à l'impuissance) [conj. 3]. **1.** Rendre qqn débile, l'affaiblir physiquement, intellectuellement ou moralement : *Ce climat chaud et humide me débilite.* — **2.** *Fam.* Donner le cafard à qqn, le déprimer : *Cette oisiveté forcée me débilite.*

DÉBILLARDEMENT n. m. Action de débillarder.

DÉBILLARDER v. t. (de *billard,* pièce de bois) [conj. 3]. Tailler une pièce de bois ou une pierre pour lui donner une forme courbe.

DÉBINAGE n. m. *Fam.* Action de dénigrer.

DÉBINE n. f. (de *débiner 2*). *Pop.* État de dénuement, de manque complet d'argent ; dèche : *Être dans la débine.*

1. DÉBINER v. t. (p.-ê. de *biner,* bêcher) [conj. 3]. *Fam.* Dénigrer par des médisances ou des calomnies : *Débiner son mari.*

2. DÉBINER (SE) v. pr. (p.-ê. du rouchi *biner,* fuir) [conj. 3]. *Pop.* **1.** Se sauver, s'enfuir : *Il s'est débiné tellement il avait peur.* — **2.** S'en aller, ne plus tenir, céder : *Tout se débine dans cette installation.*

DÉBINEUR, EUSE n. *Fam.* Personne qui dénigre ; médisant.

DÉBIRENTIER, ÈRE n. (de *débit* et *rentier*). Personne qui doit une rente. (Contr. CRÉDIRENTIER.)

1. DÉBIT n. m. (de *débiter*). **1.** Écoulement de marchandises, et, plus souvent, vente active et rapide : *Article qui a un bon débit.* — **2.** *Fam.* Clientèle traitée en un temps donné : *Un cabinet d'avocat qui a un gros débit.* — **3.** Nombre de personnes, de voitures, ou volume de marchandises qu'un moyen de communication peut transporter : *Un téléski qui a du débit.* — **4.** Manière de lire, de réciter, de prononcer : *Le débit d'un acteur.* — **5.** Quantité de liquide ou de gaz fournie par un appareil dans l'unité de temps. — **6.** Nombre moyen de signes transmis par un appareil de télécommunication ; quantité d'information traitée par un ordinateur par unité de temps. — **7.** Nombre de coups qu'une arme tire par minute. — **8.** Quantité d'eau s'écoulant en une seconde en un point donné d'un cours d'eau, mesurée par le produit de la vitesse moyenne du courant (en m/s) par la section mouillée (en m^2). • **Bois.** Ensemble des opérations consistant à diviser longitudinalement une grume pour aboutir à des pièces de dimensions déterminées. ‖ Pièce de bois débité. — **Dr.** *Débit de boisson(s),* établissement ouvert au public où sont vendues des boissons à consommer sur place. ‖ *Débit de tabac,* syn. de BUREAU DE TABAC. — **Géol.** Manière dont une roche se fragmente. (Le débit peut être massif, en dalles, en lauzes, en prismes, en boules.) — **Méd.** *Débit cardiaque,* quantité de sang expulsée par chaque ventricule du cœur dans la circulation en une minute. (Il est en moyenne de 5,5 l.) ‖ *Débit urinaire,* quantité d'urine évacuée pendant la miction, par seconde. (Il est normalement supérieur à 40 ml/s.)

2. DÉBIT [debi] n. m. (lat. *debitum,* dette). **1.** Compte de toutes les sommes dues par une personne à une autre. (→ *encycl.*) — **2.** Partie d'un compte où l'on inscrit ce qui a été remis à qqn ou ce qu'il doit. — **3.** Enregistrement immédiat d'une vente : *Faire un débit à un client.*
ENCYCL. Dans la comptabilité à partie double, tout compte est ouvert par débit et crédit, l'un et l'autre de ces éléments devant toujours avoir sa contrepartie dans un autre compte. Le total des débits et celui des crédits forment la balance, ces deux totaux devant aboutir à la même somme.

1. DÉBITABLE adj. Qui peut être débité, réduit en planches : *Bois débitable.*

2. DÉBITABLE adj. Qui peut être rendu débiteur : *Compte débitable.*

DÉBITAGE n. m. Action de débiter du bois, de la pierre ou une autre matière.

DÉBITANT, E n. Personne qui tient un débit de boissons, de tabac.

DÉBITE n. f. (de *débit*). Quantité de papiers timbrés, de timbres-poste, etc., vendue par un bureau habilité à cet effet.

1. DÉBITER v. t. (anc. scand. *bitte,* poutre) [conj. 3]. **1.** Réduire du bois en planches ou en bûches, de la pierre en blocs ou en plaques, prêts à être utilisés : *Débiter un chêne. Débiter un bloc d'ardoise.* — **2.** Détailler une matière, un produit, les découper en morceaux prêts à être employés : *Débiter du drap, un bœuf.* — **3.** Vendre un article au détail d'une manière continue : *Débiter du tabac, du vin.* — **4.** En parlant d'une machine, d'une usine, produire qqch : *Machine qui débite des glaçons.* — **5.** Produire un fluide, le distribuer, avoir tel débit : *À son embouchure, le Mississippi débite environ 20 000 mètres cubes par seconde.* — **6.** *Fam.* S'occuper de la clientèle, la traiter, l'avoir en un temps donné : *Cabinet médical qui débite 100 clients à la journée.* — **7.** Donner passage à tant de personnes, de véhicules, dans un temps donné : *Téléski qui débite 500 personnes à l'heure.* — **8.** Énoncer un texte en public avec monotonie : *Débiter des vers.* — **9.** Dire, exprimer qqch de manière continue et lassante : *Débiter des mensonges.*

◆ **être débité** v. pass. *Bois débité,* produit obtenu par tranchage, déroulage (placage), sciage ou fendage (merrain, feuillard, quartier de bois de chauffage).

2. **DÉBITER** v. t. (de *débit 2*) [conj. 3]. Porter une somme au débit d'un compte.

1. **DÉBITEUR, EUSE** n. (de *débiter 1*). Personne qui procède au débitage des bois.

◆ **débiteuse** n. f. Appareil pour le débitage mécanique de la pierre.

2. **DÉBITEUR, TRICE** n. (lat. *debitor,* de *debere,* devoir). **1.** Personne tenue d'exécuter un paiement, une prestation à l'égard d'une autre, le créancier. — **2.** Personne qui doit de l'argent à qqn. — **3.** Personne dont le compte a été plus débité qu'il n'a été crédité. — **4.** Personne qui est l'obligée de qqn, qui a, à son égard, une dette morale.

◆ adj. **1.** Qui doit une somme d'argent à un tiers. — **2.** Se dit d'un compte qui présente un excédent des débits sur les crédits.

DÉBITMÈTRE [debimɛtr] n. m. Appareil de contrôle, de mesure ou de réglage du débit, en volume ou en masse, d'un fluide, d'un liquide ou d'un gaz s'écoulant à l'air libre ou dans une canalisation.

ENCYCL. Les principaux débitmètres utilisés sont constitués par des déversoirs dans le cas de canaux ou de rivières, par des tubes de Venturi, par des orifices calibrés (diaphragmes, tuyères), ou par des compteurs volumétriques pour un fluide s'écoulant dans une conduite. D'autres débitmètres spéciaux mesurent, en fait, la vitesse d'écoulement du fluide : débitmètres thermiques, débitmètres Doppler à ultrasons ou à laser, débitmètres électromagnétiques.

DÉBLAI n. m. **1.** Action de déblayer, d'enlever les décombres pour niveler ou abaisser le sol. — **2.** *En déblai,* se dit d'une voie établie dans une tranchée aménagée par déblaiement du terrain.

◆ **déblais** n. m. pl. Décombres enlevés ou matériaux extraits en déblayant.

DÉBLAIEMENT n. m. Action de déblayer un lieu des matériaux qui l'encombrent.

DÉBLATÉRER v. t. ind. (lat. *deblaterare,* commérer) [conj. **18**]. *Fam.* Parler longuement et avec hostilité contre qqn, qqch : *Déblatérer contre ses voisins.*

DÉBLAYAGE [-blɛjaʒ] n. m. Action de déblayer un lieu, d'écarter les objets gênants.

DÉBLAYER [-bleje] v. t. (de *blé*) [conj. **11**]. **1.** Débarrasser un lieu de la terre, de la neige, etc., qui l'encombrent ; dégager : *Déblayer un terrain des gravats.* — **2.** Enlever qqch d'un lieu : *Déblayer la neige de la route.* — **3.** Faire un premier travail de mise en ordre, d'élimination : *Déblayer une question.* — **4.** Fam. *Déblayer le terrain,* aplanir au préalable les difficultés, se débarrasser des détails inutiles pour laisser place à la question principale. ‖ Pop. *Déblayer (le terrain, le plancher),* partir, dégager.

DÉBLOCAGE n. m. **1.** Action de débloquer : *Le déblocage d'un compte.* — **2.** Ensemble des opérations de chargement et de transport des produits abattus dans un chantier de mine. (Syn. MARINAGE.)

DÉBLOQUER v. t. (conj. 3). **1.** Dégager, desserrer qqch, lui donner du jeu : *Débloquer un écrou.* — **2.** Permettre à un appareil, à un mécanisme de fonctionner à nouveau : *Débloquer des freins.* — **3.** Dégager un lieu de ce qui l'obstruait : *Débloquer une rue encombrée.* — **4.** Faire en sorte qu'une situation évolue à nouveau en levant les obstacles qui la bloquaient. — **5.** Libérer les prix, les salaires, leur permettre de varier à nouveau ; lever l'interdiction de transporter ou de vendre des denrées, de disposer librement de crédits ou de comptes en banque, etc. — **6.** *Fam.* Débarrasser qqn de ce qui le bloquait psychologiquement.

◆ v. i. *Pop.* Dire des inepties, être un peu fou ; divaguer.

DÉBOBINAGE n. m. Action de débobiner.

DÉBOBINER v. t. (conj. 3). **1.** Dérouler ce qui était bobiné. — **2.** Démonter les enroulements d'un dispositif électrique.

DÉBOBINOIR n. m. Organe d'une bobineuse assurant le déroulage d'une bobine de papier. (Syn. DÉVIDOIR.)

DE BOER (Lodewijk), auteur dramatique néerlandais (La Haye 1937). Il pratique un théâtre « total », à la manière d'Arrabal (*Darts,* 1968 ; *Sept Manières de traverser une rivière,* 1971).

DÉBOGUER v. t. (conj. 3). Supprimer les bogues d'un programme informatique.

DÉBOIRE n. m. (de *boire*). Échec, revers causant une amère déception (surtout pl.) : *Vie pleine de déboires.*

DÉBOISAGE n. m. Action de déboiser une galerie de mine.

DÉBOISEMENT n. m. Action de déboiser (défrichement, exploitation abusive, incendie, surpâturage). [Syn. DÉFORESTAGE, DÉFORESTATION.]

DÉBOISER v. t. (conj. 3). **1.** Dégarnir un terrain, une région de ses bois, de ses forêts. — **2.** Enlever le soutènement en bois ou en métal d'une faille ou d'une galerie, soit pour le récupérer, soit pour effectuer le foudroyage.

DÉBOÎTAGE n. m. Action de déboîter qqch.

DÉBOÎTÉ n. m. Dans la danse de salon, pas effectué à droite ou à gauche du partenaire, et de face.

DÉBOÎTEMENT n. m. **1.** Action de déboîter, de sortir de sa place, de sa file : *Le déboîtement d'une voiture a provoqué un accident.* — **2.** Déplacement d'un os hors de son articulation ; luxation. — **3.** *Vx.* Évolution d'ordre serré permettant à une troupe de sortir de l'alignement d'une colonne pour se porter sur le flanc de celle-ci.

DÉBOÎTER v. t. (conj. 3). **1.** Enlever de sa place un objet encastré dans un autre : *Déboîter une montre, un tuyau.* — **2.** Faire sortir un os de son articulation : *Le choc lui a déboîté le genou.*

◆ v. i. **1.** En parlant d'une troupe, sortir de son alignement. — **2.** En parlant d'un véhicule, quitter la file où il était engagé, se déporter sur la gauche, sur la droite.

DÉBONDER v. t. (conj. 3). Ôter la bonde d'un tonneau, d'un réservoir, etc.

◆ **se débonder** v. pr. *Pop.* S'épancher.

DÉBONNAIRE adj. (anc. fr. *de bonne aire,* de bonne souche). *Litt.* Qui est bon jusqu'à la faiblesse : *Parents débonnaires. Une attitude débonnaire.*

DÉBONNAIREMENT adv. *Litt.* De façon débonnaire.

DÉBONNAIRETÉ n. f. *Litt.* Caractère d'une personne, d'une attitude débonnaire.

DÉBORA (mot hébr. signif. *l'abeille*), prophétesse et juge d'Israël. *Le cantique de Débora* (Juges, v) célèbre la victoire d'Israël sur un roi cananéen.

DÉBORDAGE n. m. Meulage du contour d'une lentille optique.

DÉBORDANT, E adj. **1.** Qui se manifeste avec force et profusion : *Un enthousiasme débordant.* — **2.** Qui est rempli d'un sentiment, comme exalté : *Être débordant d'espoir.* — **3.** *Être débordant d'éloges, de prévenances, etc.,* en être prodigue. — **4.** Se dit d'une manœuvre qui déborde l'ennemi.

DÉBORDEMENT n. m. **1.** Sortie d'un cours d'eau qui dépasse ses berges, qui se répand au-delà de son lit ordinaire (dit *lit mineur*). — **2.** Action de déborder, de se répandre hors de son contenant, en parlant d'un liquide : *Le débordement du lait qui bout.* — **3.** Grande abondance, profusion : *Un débordement de joie.* — **4.** Action de franchir la défense adverse en la contournant : *Manœuvre de débordement.* — **5.** Fait pour qqn d'être dépassé dans son action, au point d'être empêché d'agir, d'être poussé plus loin qu'on ne voudrait : *Le débordement de la direction du syndicat par la base.* — **6.** Dépassement de la capacité d'un registre d'ordinateur au cours de l'exécution d'une opération.

◆ **débordements** n. m. pl. *Litt.* Désordres entraînés par le dérèglement des mœurs.

DÉBORDER v. i. (conj. 3). **1.** Se répandre hors des bords de son contenant : *Rivière qui déborde de son lit.* — **2.** Être trop plein et ne plus pouvoir contenir qqch : *La casserole déborde.* — **3.** Se manifester avec une extrême intensité : *Sa joie déborde.* — **4.** Dépasser un bord, une limite (de tant), s'étendre au-delà : *La pierre déborde de quelques centimètres.* — **5.** *Cœur qui déborde,* qui a besoin de s'épancher, qui est plein d'un sentiment très vif. — **6.** Supprimer, pendant la coupe d'un gant, les plis qui se forment au fur et à mesure qu'une tranche de peau est travaillée. — **7.** En parlant d'un navire, s'en aller, s'éloigner.

◆ v. t. **1.** Dépasser qqch (de tant), aller au-delà : *La pierre déborde le mur de quelques centimètres.* — **2.** S'étendre au-delà d'une limite, d'un cadre : *Votre développement déborde le sujet.* — **3.** Submerger qqn, le dépasser au point de le rendre incapable de redresser la situation : *La base syndicale a débordé la direction.* — **4.** Effectuer le débordement d'une troupe ennemie, d'une équipe adverse. — **5.** Tirer les draps et les couvertures engagés sous les bords du matelas : *Déborder un enfant, un lit.* — **6.** Écarter qqch du bord d'un navire.

◆ v. t. ind. **1.** Avoir qqch en surabondance : *Ses tiroirs débordent d'affaires.* — **2.** Avoir un sentiment, une qualité, etc., à un très haut degré, les manifester avec force : *Déborder de joie.*

◆ **être débordé** v. pass. **1.** Être dépassé par qqch qui rend incapable de redresser la situation : *Être débordé par les événements.* — **2.** Dans certains sports, être très nettement dominé. — **3.** Être submergé par le travail, les occupations : *Je suis débordé, je n'ai plus une minute à moi.*

DÉBOSSELER v. t. (conj. 24). Faire disparaître les bosses d'un objet métallique.

DÉBOTTÉ ou **DÉBOTTER** n. m. Litt. *Au débotté,* à l'improviste : *Prendre quelqu'un au débotté.*

DÉBOTTER v. t. (conj. 3). Retirer les bottes de qqn.

DÉBOUCHAGE n. m. Action de déboucher, de dégager ce qui est obstrué : *Le débouchage d'un tuyau.*

DÉBOUCHÉ n. m. (de *déboucher 2*). **1.** Endroit où l'on passe d'un lieu resserré dans un lieu plus ouvert : *Lyon est au débouché des principales routes des Alpes.* – **2.** Marché économique considéré comme objectif de vente pour des produits. – **3.** Carrière ouverte à qqn, perspective d'avenir professionnel : *Un diplôme d'ingénieur qui offre des débouchés variés.* – **4.** Contour transversal réel de l'espace intérieur d'un pont, d'un tunnel. – **5.** *Loi des débouchés,* loi économique formulée par J.-B. Say et selon laquelle les produits s'échangent contre des produits et les services contre des services. (→ *encycl.*)

ENCYCL. **Écon.** *Loi des débouchés.* Pour J.-B. Say, du fait de la division du travail, chaque agent économique ne produit pas toutes les marchandises et tous les services qui lui sont nécessaires ; mais le type de bien ou de service qu'il produit dépasse en quantité ses besoins ; il échange le surplus contre des marchandises et des services produits par d'autres. J.-B. Say en déduit que plus l'homme produit en excédent de ses besoins, plus il peut acquérir les marchandises qu'il ne produit pas et dont il éprouve le besoin. L'offre crée ainsi sa propre demande. Pour J.-B. Say, une crise générale de surproduction est exclue, puisque la grande masse de la population manque des produits nécessaires ; seules des crises partielles de surproduction risquent de survenir si l'on produit ce qui ne convient pas aux consommateurs. La loi des débouchés justifie la non-intervention de l'État dans l'activité économique.

1. DÉBOUCHER v. t. (de *boucher 1*) [conj. 3]. **1.** Enlever le bouchon, la capsule, etc., qui ferme une bouteille, un tube ; ouvrir. – **2.** Faire disparaître d'un conduit ce qui empêche un écoulement, un fonctionnement normal ; désobstruer : *Déboucher un lavabo.* – **3.** Faire cesser une obstruction du nez ou de l'oreille, dégager les voies respiratoires : *Gouttes pour déboucher le nez.* – **4.** Fam. *Déboucher les oreilles à qqn,* lui faire comprendre ce qu'il ne voulait pas entendre.

2. DÉBOUCHER v. t. ind. (de *bouche*) [conj. 3]. **1.** Sortir d'un endroit plus étroit sur un endroit plus large : *Le cortège va déboucher sur la place de la Concorde.* – **2.** Aboutir dans un lieu, y avoir son issue : *La rue débouche sur l'avenue.* – **3.** Conduire à un état, une action, y mener, y aboutir : *Études qui ne débouchent sur rien.* – **4.** En parlant d'un trou, communiquer avec la face opposée de la pièce dans laquelle il est percé.

DÉBOUCHEUR n. m. Appareil ou produit servant à déboucher une canalisation.

DÉBOUCLER v. t. (conj. 3). **1.** Dégager l'ardillon d'une boucle, défaire la boucle ou l'attache de qqch : *Déboucler son ceinturon.* – **2.** Défaire les boucles de qqn : *La pluie avait débouclé ses cheveux.*

DÉBOUILLIR v. t. (conj. **48**). Pratiquer le débouillissage.

DÉBOUILLISSAGE n. m. Traitement des fils ou des tissus de coton dans un bain alcalin porté à ébullition ou en autoclave sous pression pour les débarrasser des cires et des impuretés naturelles et les rendre hydrophiles.

DÉBOULÉ n. m. **1.** Départ à l'improviste, sans arrêt du chien, d'un lièvre, d'un lapin devant le chasseur. – **2.** Pas composé de deux demi-tours suivis effectués en pivotant très rapidement sur les demi-pointes ou les pointes. – **3.** Allure du joueur de football ou de rugby en pleine vitesse. – **4.** *Tirer au déboulé,* tirer au moment où l'animal sort de son gîte ou de son terrier.

DÉBOULER v. i. (de *bouler*) [conj. 3]. **1.** Venir ou descendre rapidement de qqpart : *Débouler du haut de la rue sur la place.* – **2.** En parlant d'un lièvre, d'un lapin, partir à l'improviste devant le chasseur. – **3.** Tomber en roulant : *Elle a déboulé jusqu'en bas de l'escalier.*
◆ v. t. *Fam.* Descendre rapidement un escalier, une pente.

DÉBOULONNAGE ou **DÉBOULONNEMENT** n. m. Action de déboulonner ; fait d'être déboulonné.

DÉBOULONNER v. t. (conj. 3). **1.** Dévisser un boulon. – **2.** Séparer une pièce de son support en enlevant les boulons qui l'y fixaient. – **3.** *Fam.* Déposséder qqn de son prestige, de sa place : *Se faire déboulonner par de plus jeunes.*

DÉBOUQUEMENT n. m. Fait de débouquer.

DÉBOUQUER v. t. (de *bouque,* anc. forme de *bouche*) [conj. 3]. Sortir d'une passe, d'un chenal.

DÉBOURBAGE n. m. **1.** Lavage d'un minerai, d'un charbon, etc., argileux ou boueux, dans un courant d'eau. – **2.** Décantation préliminaire des eaux usées. – **3.** Opération de la vinification des vins blancs qui consiste à débarrasser, avant la fermentation, le moût de ses grosses impuretés. – **4.** Opération qui consiste à laisser quelque temps le poisson vivre dans l'eau claire pour lui faire perdre le goût de la bourbe.

DÉBOURBER v. t. (conj. 3). **1.** Enlever la boue, la vase d'un lieu : *Débourber un étang.* – **2.** Tirer un véhicule d'un endroit boueux. – **3.** Pratiquer le débourbage.

DÉBOURBEUR n. m. Appareil destiné à débourber un minerai, un matériau de carrière, un moût, etc.

DÉBOURRAGE n. m. Action de débourrer.

DÉBOURREMENT n. m. Épanouissement des bourgeons des arbres, de la vigne.

DÉBOURRER v. t. (conj. 3). **1.** Vider une pipe de son tabac. — **2.** Donner à un jeune cheval le premier dressage à la selle et aux aides. — **3.** Faire momentanément ressortir d'une pièce le foret qui y effectue un perçage afin qu'il entraîne vers l'extérieur les copeaux qu'il a formés. — **4.** Enlever le bourrage et l'explosif d'un trou de mine qui est déjà chargé. — **5.** Enlever la bourre qui encrasse les garnitures de carde.
◆ v. i. **1.** En parlant d'un bourgeon, s'ouvrir en libérant sa bourre. — **2.** Perdre son duvet de naissance, en parlant d'un oiseau ou d'un mammifère.

DÉBOURREUR, EUSE n. Personne ou appareil utilisé pour débourrer les cardes.
◆ **débourreur** n. m. Chacun des cylindres agissant en liaison avec le grand tambour et les cylindres travailleurs, dans les cardes à hérissons.

DÉBOURROIR n. m. Outil crochu qui sert à enlever de la bourre ou du crin dans les renfonçures des objets fabriqués en bourrellerie. (Syn. TIRE-BOURRE.)

DÉBOURRURE n. f. Déchet provenant du débourrage des cardes, utilisé à nouveau, après nettoyage, en filature pour la production de fils cardés.

DÉBOURS [debur] n. m. (de *débourser*). Argent avancé pour le compte de qqn (surtout au pl.) : *Avoir des débours importants.*

DÉBOURSEMENT n. m. Action de débourser ; somme déboursée.

DÉBOURSER v. t. (conj. 3). Tirer une somme d'argent de sa caisse, de son portefeuille pour payer ; dépenser : *Voyager sans rien débourser.*

DÉBOUSSOLER v. t. (conj. 3). Désorienter qqn, lui faire perdre la tête : *Se laisser déboussoler par des événements imprévus.*

DEBOUT adv. (de *de* et *bout*). **1.** Qui est en station verticale, sur ses pieds (par oppos. à couché, assis, agenouillé, accroupi, etc.) : *Manger debout au comptoir. Place debout.* — **2.** Qui est levé, éveillé, par oppos. à qqn qui est au lit, couché : *Il est debout tous les matins à six heures.* — **3.** Qui est posé verticalement : *Des livres rangés debout sur une étagère.* — **4.** Qui est encore en état, qui tient encore, qui subsiste : *Le toit s'est effondré, mais les murs sont encore debout.* — **5.** *Debout !,* ordre par lequel on invite qqn à sortir du lit ou à se lever pour partir. ‖ *Être debout,* être rétabli après une maladie. ‖ *Mettre debout un projet,* le mener à bien. ‖ *Mourir debout,* montrer de l'activité jusqu'à sa mort ; mourir en pleine activité. ‖ *Ne pas tenir debout,* être très fatigué. ‖ *Tenir debout,* être à peu près solide, complet, sans grande détérioration ; avoir de la valeur, être cohérent, vraisemblable, etc. : *Ce raisonnement ne tient pas debout.* • **Bois.** et **Grav.** *Bois debout,* syn. de BOIS DE BOUT*. — **Dr.** *Magistrature debout,* syn. de MINISTÈRE* PUBLIC (par oppos. à *magistrature assise*). — **Mar.** *Se tenir debout à la lame,* lui présenter l'avant. ‖ *Vent debout,* vent contraire à la direction du navire. — **Sylvic.** *Vente du bois debout et sur pied,* vente des arbres vifs, à charge par l'acheteur de les abattre et de les enlever, par oppos. à la *vente du bois façonné.*

DÉBOUTÉ, E n. Plaideur dont la demande en justice est rejetée.
◆ **débouté** n. m. Jugement rejetant une demande en justice.

DÉBOUTEMENT n. m. Action de débouter.

DÉBOUTER v. t. (de *bouter*) [conj. 3]. Rejeter une demande en justice.

DÉBOUTONNAGE n. m. Action de déboutonner, de se déboutonner.

DÉBOUTONNER v. t. (conj. 3). **1.** Faire sortir de sa boutonnière un bouton. — **2.** Défaire un vêtement en faisant sortir les boutons de leur boutonnière.
◆ **être déboutonné** v. pass. Fam. *Rire à ventre déboutonné,* sans aucune retenue.
◆ **se déboutonner** v. pr. **1.** Déboutonner ses vêtements. — **2.** *Fam.* Parler en toute franchise. — **3.** *Pop.* Avouer, en parlant de qqn qui est interrogé par la police.

DÉBRAGUETTER v. t. (conj. 4). *Fam.* Défaire la braguette.

DÉBRAILLÉ n. m. Tenue négligée : *Sortir en débraillé.*

DÉBRAILLER (SE) v. pr., **ÊTRE DÉBRAILLÉ** v. pass. (anc. fr. *braiel,* ceinture) [conj. 3]. Se découvrir de façon indécente ou porter ses vêtements en désordre ; avoir une mise négligée.
◆ **être débraillé** v. pass. **1.** Manifester un désordre, une négligence allant jusqu'à l'indécence, en parlant de vêtements : *Une mise débraillée.* — **2.** Manifester une liberté excessive, choquante, en parlant d'un comportement : *Des manières débraillées.*

DEBRA MARQOS ou **DEBRE MARKOS,** v. d'Éthiopie, au N.-O. d'Addis-Abeba ; 41 000 hab.

DÉBRANCHEMENT n. m. **1.** Action de débrancher, de déconnecter un appareil électrique, une tuyauterie, etc. — **2.** Opération consistant à séparer en coupes les wagons d'un train pour les diriger sur les différentes voies de classement.

— 3. *Faisceau de débranchement,* groupe de voies d'un triage sur lequel s'effectue cette opération.

DÉBRANCHER v. t. (conj. 3). Effectuer le débranchement d'un appareil, d'un train, etc.

DÉBRASAGE n. m. Action de séparer, en faisant fondre la brasure, deux pièces préalablement jointes par brasage. (Syn. DESSOUDURE.)

DÉBRASER v. t. (conj. 3). Procéder au débrasage. (Syn. DESSOUDER.)

DE BRAY (Jan), peintre hollandais (Haarlem 1627 - *id.* 1697). Élève de son père, le peintre et architecte Salomon De Bray (1597-1664), il a peint des tableaux d'histoire qui dérivent de l'art de ce dernier et surtout des portraits, isolés ou collectifs, d'un style noble et délicat (*Régents* et *Régentes* de l'orphelinat et de la léproserie de Haarlem, de 1663 à 1667 [Haarlem]).

DEBRAY (Henri), chimiste français (Amiens 1827 - Paris 1888). Il a effectué des travaux sur divers métaux et sur la dissociation. (Acad. des sc., 1877.)

DÉBRAYABLE adj. Qui peut être débrayé.

DÉBRAYAGE [-brɛjaʒ] n. m. **1.** Opération consistant à séparer deux arbres solidarisés par l'embrayage, de façon à les rendre indépendants et à obtenir l'arrêt de l'arbre conduit, tout en laissant l'arbre conducteur en mouvement (surtout en matière de conduite automobile). — **2.** Action de se mettre en grève ; grève de courte durée : *Les syndicats ont décidé un débrayage de deux heures.* — **3.** *Butée de débrayage,* roulement supportant la poussée axiale du (ou des) ressort(s) de l'embrayage pendant la phase de débrayage.

DÉBRAYER [-ɛje] v. t. (de *embrayer*) [conj. **11**]. **1.** Manœuvrer dans une voiture la pédale de débrayage pour supprimer la liaison existant entre l'arbre moteur et l'arbre entraîné. — **2.** Supprimer la liaison qui existait entre une pièce motrice et une pièce entraînée.
◆ v. i. Cesser volontairement le travail, en partic. pendant une durée limitée, pour appuyer une revendication.

DEBRÉ (Robert), médecin français (Sedan 1882 - Kremlin-Bicêtre, Val-de-Marne, 1978). Ses travaux ont surtout porté sur les maladies des enfants. Il a contribué à faire du service de clinique des Enfants-Malades un centre de grande réputation. (Acad. des sc., 1961.)

DEBRÉ (Michel), homme politique français (Paris 1912 - Montlouis-sur-Loire 1996), fils du précédent. Il participe activement à la Résistance et devient commissaire de la République après la Libération (1944-45). Chargé de mission auprès du général de Gaulle, il joue un rôle prépondérant dans la réalisation de la réforme administrative (création de l'E. N. A.). Sénateur de l'Indre-et-Loire (1948-1958), membre du conseil de la République (1955-1958), il contribue au retour au pouvoir du général de Gaulle, qui lui confie alors la charge de garde des Sceaux (1958) et, à ce titre, la préparation de la nouvelle Constitution, puis le nomme Premier ministre (1959-1962). Député de la Réunion à partir de 1963, il est ministre de l'Économie et des Finances (1966-1968), puis ministre des Affaires étrangères (1968-69) et ministre des Armées (1969-1973). Réélu député, U. D. R. (1973-1978) puis R. P. R. (1978-1988), M. Debré était considéré comme le principal gardien de l'orthodoxie gaulliste. (Acad. fr., 1988.)

DEBRÉ (Olivier), peintre français (Paris 1920), frère du précédent. Abstraite et solidement construite dans les années 40-50, sa peinture a évolué à partir des années 60 vers une spatialité qui renvoie au spectacle décanté de la nature.

DEBRECEN, v. de la Hongrie orientale, district urbain et ch.-l. de dép. ; 198 000 hab. Université. Église catholique Ste-Anne et petit temple baroques. Grand temple, collège et hôtel de ville néoclassiques. Musée. Industries alimentaires, chimiques et mécaniques. Ancien marché du bétail.
— **Hist.** Le synode qui s'y tint en 1567 adopta la deuxième confession helvétique. Debrecen fut de janv. à mai 1849 le siège du gouvernement révolutionnaire de Kossuth.

DEBRE MARKOS → DEBRA MARQOS.

DEBREU (Gérard), économiste américain d'origine française (Calais 1921), spécialiste de l'économie mathématique et de l'économétrie. (Prix Nobel de sc. écon. 1983.)

DÉBRIDEMENT n. m. **1.** Sectionnement chirurgical d'une bride en vue de libérer un organe comprimé ; large incision pratiquée dans des foyers purulents afin d'en permettre l'évacuation. — **2.** *Litt.* Action de libérer un sentiment ; déchaînement : *Le débridement des passions.*

DÉBRIDER v. t. (conj. 3). **1.** Ôter la bride d'un cheval. — **2.** En chirurgie, pratiquer un débridement. — **3.** Assainir une situation trouble, douloureuse. — **4.** Retirer après cuisson les ficelles entourant une volaille ou un gibier. — **5.** *Sans débrider,* sans interruption : *Travailler dix heures sans débrider.*
◆ **être débridé** v. pass. Être libéré de toute contrainte ; être excessif ; effréné, déchaîné : *Appétits débridés.*

DEBRIE (André), inventeur et industriel français (Paris 1891 - *id.* 1967). Le cinéma lui doit de nombreuses inventions (caméra silencieuse, machine à réaliser les effets spéciaux, triple écran [avec A. Gance], etc.).

DEBRIEFING [debrifiŋ] n. m. (angl. *debriefing,* rapport). Réunion d'un groupe de militaires à la fin d'une mission pour faire le bilan de celle-ci.

DÉBRIS n. m. (anc. fr. *debrisier,* mettre en pièces). **1.** Reste, morceau, fragment inutilisable d'une chose brisée, écroulée ou mise en morceaux (surtout pl.) : *Ramasser des débris de verre.* — **2.** Ce qui reste après la destruction de qqch (surtout pl.) : *Les débris d'une fortune.* — **3.** Ce qui reste d'un animal, d'un homme mort : *Des débris fossiles.* — **4.** Pop. *Vieux débris,* vieillard décrépit.

DÉBROCHAGE n. m. Action de débrocher.

1. DÉBROCHER v. t. (de *broche*) [conj. 3]. Retirer de la broche une pièce de boucherie.

2. DÉBROCHER v. t. (de *brocher*) [conj. 3]. Enlever la couverture et découdre les cahiers d'un livre broché avant d'effectuer la reliure manuelle.

DÉBRONZER v. t. (conj. 3). Faire perdre son bronzage à qqn.
◆ v. i. ou **être débronzé** v. pass. Avoir perdu son bronzage.

DÉBROUILLAGE ou **DÉBROUILLEMENT** n. m. **1.** *Fam.* Action de se débrouiller. — **2.** Action de débrouiller une chose emmêlée, une situation compliquée.

DÉBROUILLARD, E adj. et n. *Fam.* Qui sait se débrouiller, se tirer d'embarras, qui obtient tout ce qu'il veut.

DÉBROUILLARDISE n. f. *Fam.* Aptitude à se débrouiller.

DÉBROUILLE n. f. *Fam.* Art de se débrouiller.

DÉBROUILLER (de *brouiller*) [conj. 3]. **1.** Démêler ce qui est embrouillé, emmêlé : *Débrouiller du fil.* — **2.** Remettre des choses en ordre : *Débrouiller des papiers.* — **3.** Rendre un problème intelligible, démêler ce qui était obscur ; éclaircir : *Débrouiller une énigme.* — **4.** Dégrossir qqn, lui enseigner les premiers rudiments de qqch : *Débrouiller un élève en maths.*
◆ **se débrouiller** v. pr. **1.** S'éclaircir : *Affaires qui se débrouillent.* — **2.** *Fam.* Trouver un moyen quelconque, s'arranger pour : *Débrouille-toi pour être à l'heure.* — **3.** *Fam.* Se tirer d'affaire par ses propres moyens : *Dans la vie, il faut savoir se débrouiller.* — **4.** Se contenter de qqch, s'en satisfaire : *Débrouillez-vous avec ça, c'est tout ce que j'ai.* — **5.** Régler un problème avec qqn, s'arranger avec lui : *Débrouille-toi avec ton père, moi je ne veux plus en entendre parler.* — **6.** *Fam.* Avoir des moyens d'existence plus ou moins réguliers.

DÉBROUSSAILLAGE ou **DÉBROUSSAILLEMENT** n. m. Action d'enlever les broussailles en forêt.

DÉBROUSSAILLER v. t. (conj. 3). **1.** Enlever les broussailles d'un terrain. — **2.** Éliminer les détails annexes d'une question pour aller à l'essentiel ; débrouiller.

DÉBROUSSAILLEUR n. m. Engin forestier tiré par un tracteur et destiné à écraser et couper les broussailles. (Syn. GYROBROYEUR, ROULEAU LANDAIS.)

DÉBROUSSAILLEUSE n. f. Machine à barre de coupe ou à coupe rotative, utilisée pour le défrichement.

DÉBRUTAGE n. m. Syn. de BRUTAGE.

DÉBRUTIR v. t. (de *brut*) [conj. 32]. Dégrossir un diamant en vue de sa taille. (Syn. ÉBRUTER.)

DEBS (Eugene Victor), leader syndicaliste et socialiste américain (Terre-Haute, Indiana, 1855 - Elmhurst, Illinois, 1926). Créateur du syndicat américain des chemins de fer (1893), il fonda un parti social-démocrate. Pacifiste, il refusa de porter les armes et fut condamné à dix ans de prison en 1918.

1. DÉBUCHER ou **DÉBUCHÉ** n. m. Moment où l'animal de chasse débuche.

2. DÉBUCHER v. i. (de *bûche*) [conj. 3]. Sortir d'un bois pour rentrer dans un autre, en parlant du gibier.
◆ v. t. Faire sortir une bête du bois.

DEBUCOURT (Philibert Louis), peintre et graveur français (Paris 1755 - Belleville 1832). Il se consacra à partir de 1785 à l'aquatinte en couleurs, donnant des mœurs du temps un tableau plein de verve satirique (*le Menuet de la mariée,* 1786 ; *la Croisée,* 1791 ; *la Promenade publique,* 1792).

DÉBUDGÉTISATION n. f. Action de débudgétiser.

DÉBUDGÉTISER v. t. (conj. 3). **1.** Exclure du budget de l'État une dépense publique, dont le financement est transféré à la charge d'institutions financières de l'État. — **2.** Supprimer le budget de qqch : *Débudgétiser une campagne publicitaire.*

DÉBULLEUR n. m. Dispositif éliminant les bulles d'air d'un liquide destiné à être injecté ou réinjecté dans l'organisme.

DEBURAU (Jean Gaspard), mime français (Kolín, Bohême, 1796 - Paris 1846). Il joua la pantomime au théâtre des Funambules et donna une grande humanité mélancolique au personnage de Pierrot. — Son fils JEAN CHARLES (Paris 1829 - Bordeaux 1873) reprit avec succès les rôles de son père.

DÉBUREAUCRATISATION n. f. Action de débureaucratiser.

DÉBUREAUCRATISER v. t. (conj. 3). Enlever son caractère bureaucratique à un organisme, à un type de société.

DÉBUSQUEMENT n. m. Action de débusquer.

DÉBUSQUER v. t. (doublet de *débucher,* refait sur *embusquer*) [conj. 3]. **1.** Faire sortir le gibier de l'endroit où il s'est réfugié. — **2.** *Fam.* Chasser d'une position avantageuse, abritée, qqn qui s'y cache, dissimule ; déloger.

DEBUSSY ([Achille-]Claude), compositeur français (Saint-Germain-en-Laye 1862 - Paris 1918). Élève au Conservatoire de Paris, pianiste chez Mme Nadejda von Meck, mécène de Tchaïkovski, il voyage dans l'Europe entière. En 1884, il obtient le prix de Rome avec la cantate *l'Enfant prodigue.* Ayant rencontré Mallarmé, il fréquente ses célèbres soirées du mardi, ainsi que de nombreuses réunions littéraires. Il se rend à Bayreuth en 1888 et 1889, année où il entend *Boris Godounov,* de Moussorgski, et les gamelans lors de l'Exposition universelle. En 1891, au cabaret du *Chat noir,* il rencontre Erik Satie, dont il orchestrera les *Gymnopédies I* et *III.* Il compose son *Quatuor,* dédié au violoniste Ysaye, en 1893 ; en même temps, il esquisse ses *Nocturnes* pour orchestre, qu'il mettra au point en 1899. Son *Prélude à l'après-midi d'un faune* est accueilli chaleureusement à la Société nationale (1894), de même que ses *Chansons de Bilitis,* inspirées par Pierre Louÿs (1897). En 1902 est créé *Pelléas et Mélisande.* Refusant les formes traditionnelles, friand de sonorités inouïes, Debussy a constamment innové dans le domaine pianistique : *Estampes,* 1903 ; *D'un cahier d'esquisses,* 1903 ; deux recueils de douze *Préludes* (1910-1913), deux recueils de douze *Études* (1915), compositions pour quatre mains (*Six Épigraphes antiques,* 1914) ou pour deux pianos (*En blanc et noir,* 1915). Le triptyque symphonique *la Mer* (1905) atteste une conception toute nouvelle de l'exploitation de sonorités orchestrales. Les trois *Images* pour orchestre (1906-1911) offrent une subtilité dans l'évocation qui atteindra une finesse extrême dans le ballet *Jeux* (1913).
Atteint par la maladie, Debussy compose cependant une musique de scène pour *le Martyre de saint Sébastien* (1911) de Gabriele D'Annunzio. Pour piano à quatre mains, il compose encore *la Boîte à joujoux.*
Debussy a enrichi le répertoire de la mélodie de pages essentielles inspirées par Verlaine (deux séries de *Fêtes galantes,* 1882-1904 ; *Ariettes oubliées,* 1903), Baudelaire (*Cinq Poèmes,* 1890), Mallarmé (*Trois Poèmes,* 1913), François Villon (*Trois Ballades,* 1910)... À diverses reprises, il accepta la tâche de critique. Certaines de ces chroniques ont été recueillies dans *Monsieur Croche, antidilettante* (1921). Ses dernières années virent naître le *Noël des enfants qui n'ont plus de maison* (1915). Ses dernières compositions ont été trois sonates : pour violoncelle et piano ; pour flûte, alto et harpe ; pour violon et piano (1915-1917).

DÉBUT n. m. **1.** Fait de commencer, en parlant d'une action ; commencement d'un état, d'une situation, etc., qui évolue ; moment où ils commencent : *Le début d'une maladie.* — **2.** Première phase de qqch, ce qui commence qqch : *Ressentir un début de fatigue.* — **3.** Action de débuter, en parlant de qqn : *Un début dans la vie.* — **4.** *Début + n.,* au commencement d'un mois, d'une année, etc. : *On se revoit début janvier.* — **5.** *Au (tout) début, tout au début,* au commencement, dans les premiers moments. ‖ *Il y a un début à tout,* il faut bien commencer par qqch même si ce n'est pas très satisfaisant.
◆ **débuts** n. m. pl. **1.** Premiers pas dans une carrière, en partic. pour un acteur, un chanteur, un artiste de music-hall, etc. ; fait de jouer pour la première fois en public. — **2.** Premiers pas dans la vie mondaine : *Faire ses débuts dans le monde.* — **3.** Premières réalisations d'une science, d'un art, etc. : *Les débuts de l'aviation.*

DÉBUTANISATION n. f. Action de débutaniser.

DÉBUTANISER v. t. (conj. 3). Séparer les butanes contenus dans des coupes pétrolières.

DÉBUTANISEUR n. m. Appareil servant à débutaniser.

DÉBUTANT, E adj. et n. Qui débute dans un apprentissage, une carrière, etc. : *Pianiste débutant.*
◆ **débutante** ou, fam., **deb** n. f. Jeune fille de la haute société faisant son entrée dans le monde.

DÉBUTER v. i. (de *but*) [conj. 3]. **1.** Faire ses premiers pas dans un métier en manifestant une certaine inexpérience. — **2.** Faire ses premiers pas dans la vie professionnelle en exerçant tel ou tel métier ; commencer : *Il a débuté comme serveur dans un restaurant.* — **3.** Faire ses débuts au théâtre, au cinéma, au music-hall dans un rôle, un emploi déterminé : *Il a débuté au théâtre dans un rôle de jeune premier.* — **4.** Avoir son commencement de telle ou telle manière : *L'affaire débuta mal.*
◆ v. t. ind. Commencer à parler en disant cela : *Il débuta par des remerciements.*
◆ v. t. *Fam.* Commencer qqch : *Le quatrième concerto a débuté le concert.*

DÉBUTTAGE n. m. Syn. de DÉCHAUSSAGE.

DEBYE [dəbaj] n. m. (de *Debye,* n. pr.). Unité de moment électrique. (Surtout utilisé pour les molécules polaires, il vaut env. $3{,}33 \cdot 10^{-24}$ coulomb × mètre.)

DEBYE (Petrus Josephus Wilhelmus), physicien américain d'origine néerlandaise (Maastricht 1884 - Ithaca, État de New York, 1966). Ses recherches ont porté sur les applications chimiques de la théorie des quanta, l'étude des poudres cristallines par diffraction des rayons X et la matière aux basses températures. Il a déterminé les dimensions des molécules gazeuses. (Prix Nobel de chimie 1936.)

DÉCA-, du gr. *deka,* dix, préfixe SI (symb. da) qui multiplie par 10 l'unité devant laquelle il est placé.

DÉCA n. m. *Fam.* Café décaféiné.

DEÇÀ adv. (de *de* et *ça*). **1.** Vx. *Deçà delà,* de côté et d'autre, de divers côtés : *Déambuler deçà delà par les rues.* – **2.** *En deçà (de),* de ce côté-ci (d'un lieu), moins loin que : *Les troupes restaient en deçà de la frontière ;* en dessous de, moins bien qu'une moyenne, que ce qu'on attendait : *Il reste en deçà de ses possibilités.*

DÉCABOSSER v. t. (conj. 3). Rendre sa forme à un objet cabossé : *Décabosser l'aile d'une voiture.*

DÉCABRISTE ou **DÉCEMBRISTE** n. (russe *dekabr,* décembre). Nom donné aux révolutionnaires russes qui prirent part à l'insurrection du 26 (14 anc. style) décembre 1825 à Saint-Pétersbourg, lors de l'accession au trône de Nicolas Ier.

ENCYCL. Des sociétés secrètes regroupant des nobles, généralement des officiers, qui voulaient abattre l'autocratie et abolir le servage se formèrent en Russie à partir de 1816. À la mort d'Alexandre Ier, des officiers de Saint-Pétersbourg appelèrent les soldats qui avaient déjà prêté serment à Constantin Pavlovitch (dont la renonciation au trône avait été tenue secrète) à refuser de prêter serment à son frère Nicolas Ier et à obliger le Sénat à instituer une assemblée législative. Le 26 (14) déc. 1825, les soldats insurgés se regroupèrent sur la place du Sénat et furent dispersés par les troupes fidèles à Nicolas Ier. En Ukraine, le régiment de Tchernigov se mutina. Parmi les organisateurs de l'insurrection, Pestel, Ryleïev, Bestoujev-Rioumine, S. I. Mouraviev-Apostol et P. G. Kakhovski furent exécutés et une centaine furent déportés en Sibérie.

DÉCACHETABLE adj. Qui peut être décacheté : *Lettre décachetable.*

DÉCACHETAGE n. m. Action de décacheter.

DÉCACHETER v. t. (conj. 27). **1.** Ouvrir une boîte, une enveloppe en rompant le cachet. – **2.** Ouvrir une lettre, un paquet, un journal en déchirant l'enveloppe ou la bande qui les tiennent fermés.

DÉCADAIRE adj. Relatif aux décades du calendrier républicain.

DÉCADE n. f. (bas lat. *decas, -adis,* du gr. *dekas, -ados,* dizaine). **1.** Période de dix jours. – **2.** *Fam.* Décennie. – **3.** Groupe, réunion de dix livres, dix chapitres, etc. – **4.** Période de dix jours remplaçant la semaine dans le calendrier républicain.

Décades *(les),* titre donné parfois à l'histoire romaine de Tite-Live. On ne possède que 35 livres complets, le reste de l'œuvre est connu par des extraits et des résumés.

DÉCADENASSER v. t. (conj. 3). Enlever le cadenas (d'une porte, d'une malle).

DÉCADENCE n. f. (lat. médiév. *decadentia*). **1.** État d'une civilisation, d'une culture, d'une entreprise, etc., qui perd progressivement de sa force et de sa qualité ; commencement de la chute, de la dégradation : *Entrer en décadence.* – **2.** Période historique correspondant au déclin politique d'une civilisation.

DÉCADENT, E adj. Qui est en décadence, qui traduit une décadence sur le plan artistique, culturel : *Civilisation décadente.*

◆ adj. et n. Se dit d'écrivains de la fin du XIXe s. qui ont eu en commun le refus du conformisme et la recherche d'une esthétique raffinée résolument marginale.

ENCYCL. **Littér.** Héritiers des naturalistes, marqués par Schopenhauer et précurseurs des symbolistes, avec lesquels ils se fondront plus ou moins, les décadents préfèrent l'artificiel au réel et le mot, de préférence nouveau, à l'idée. Outre Huysmans, dont le roman *À rebours* fut considéré comme leur Bible, et Anatole Baju, fondateur de la revue *le Décadent* (1886 - 1889), Tailhade, Jarry, Laforgue comptent parmi les principaux décadents.

DÉCADENTISME n. m. (ital. *decadentismo*). **1.** Doctrine des écrivains décadents. – **2.** Caractère de ce qui est décadent.

DÉCADI n. m. (de *déca-* et de *di,* du lat. *dies,* jour). Dixième et dernier jour de la décade républicaine. (Il devait être chômé.)

DÉCADRACHME [-drakm] n. m. (gr. *dekadrakhmos*). Monnaie grecque ancienne valant dix drachmes.

DÉCADRAGE n. m. Incident de projection où l'image vue sur l'écran est décalée dans le sens de la hauteur.

DÉCADRER v. t. (conj. 3). **1.** Syn. de DÉSENCADRER. – **2.** Enlever les cadres d'une galerie de mine.

DÉCAÈDRE adj. et n. m. Se dit d'un solide qui a 10 faces.

DÉCAFÉINATION ou **DÉCAFÉINISATION** n. f. Action de priver un café partiellement de sa caféine (moins de 0,1 %).

DÉCAFÉINÉ n. m. Café décaféiné.

DÉCAFÉINER v. t. (conj. 3). Réaliser la décaféination du café.

DÉCAGONAL, E, AUX adj. Qui a 10 angles ou qui a pour base un décagone.

DÉCAGONE n. m. (bas lat. *decagonus,* du gr. *dekagônon*). **1.** Polygone qui a 10 angles et, par conséquent, 10 côtés. – **2.** Ouvrage fortifié composé de dix bastions.

DÉCAISSEMENT n. m. Action de décaisser une plante, des fonds.

DÉCAISSER v. t. (conj. **4**). **1.** Sortir une plante de sa caisse afin de la transplanter en pleine terre. – **2.** Tirer de l'argent de la caisse, de son compte afin de payer autrui : *Décaisser une grosse somme.*

DÉCALAGE n. m. **1.** Déplacement dans l'espace ou le temps ; écart qui en résulte : *Un décalage de 10 cm entre les deux objets.* – **2.** Manque de concordance entre deux choses, deux personnes, deux situations ; différence, écart : *Décalage entre la théorie et la pratique.* • **Astron.** *Décalage spectral,* écart entre la position en longueur d'onde des raies d'un élément dans le spectre d'un astre et leur position dans un spectre de référence obtenu sur la Terre. (On parle de *décalage vers le rouge* ou *vers le bleu* suivant que les raies observées sont déplacées vers les longueurs d'onde plus grandes ou plus courtes.) – **Électr.** Syn. de DÉPHASAGE. – **Inform.** Déplacement simultané d'un même nombre de positions, vers la droite ou vers la gauche, de bits ou de caractères dans un registre ou une cellule mémoire d'ordinateur. ‖ *Registre à décalage,* registre sur lequel on peut effectuer des opérations de décalage.

DÉCALAMINAGE n. m. Action de décalaminer.

DÉCALAMINER v. t. (de *calamine*) [conj. **3**]. Enlever la couche superficielle d'oxydes qui recouvre une surface métallique.

DÉCALCIFIANT, E adj. Qui produit la décalcification.

DÉCALCIFICATION n. f. **1.** Perte du calcium contenu dans l'organisme et nécessaire à son fonctionnement. (→ *encycl.*) – **2.** Dissolution de la fraction calcaire d'une roche ou d'un sol sous l'action des eaux de ruissellement et/ou d'infiltration. (Liée à une transformation du carbonate de calcium insoluble en bicarbonate de calcium soluble et entraîné par les eaux, la décalcification correspond à un appauvrissement du sol en ions calcium). – **3.** *Argile de décalcification,* argile résiduelle restant sur place après lessivage du calcaire.

ENCYCL. **Pathol.** Lorsque le taux de l'élimination calcique dépasse celui de l'absorption alimentaire, divers troubles de l'appareil osseux apparaissent. Les principaux facteurs de la décalcification sont les troubles des parathyroïdes, les carences en vitamines D et la corticothérapie.

DÉCALCIFIER v. t. (conj. **9**). Faire subir à un organisme la décalcification.

◆ **se décalcifier** v. pr., **être décalcifié** v. pass. Être atteint de décalcification.

DÉCALCOMANIE n. f. **1.** Procédé qui permet de transporter des images coloriées sur la porcelaine, le verre, le papier, etc. – **2.** Image ainsi obtenue. – **3.** *Décalcomanie sans objet préconçu* ou *décalcomanie du désir,* exploitation poétique de la tache d'encre ou de peinture écrasée par les peintres surréalistes Óscar Domínguez (1936) puis Max Ernst.

ENCYCL. En céramique, le décor imprimé par décalcomanie débute en Angleterre, à Liverpool, Bow et Worcester, vers 1756, et se répand ensuite dans les manufactures du Staffordshire. On en attribue la diffusion à Robert Hancock (1730-1817). On le trouve en Suède, v. 1760, à Marieberg ; en France, il est introduit en 1789 par l'Anglais Christopher Potter et prend une réelle extension à partir de 1808.

DÉCALER v. t. (de *caler 1*) [conj. **3**]. **1.** Enlever les cales d'un meuble qui le rendaient stable. – **2.** Déplacer qqch (de tant) dans l'espace ou dans le temps : *Décaler d'une heure le départ du car.*

◆ **être décalé** v. pass. **1.** Avoir subi un déplacement dans l'espace, par rapport à un alignement, ou dans le temps, par rapport à un rythme régulier ou à une date déterminée à l'avance : *Une chaise était décalée.* – **2.** Être sans conformité, sans rapport direct avec qqch ou qqn : *Être décalé par rapport à la réalité.*

DÉCALINE n. f. Hydrocarbure $C_{10}H_{18}$, obtenu par hydrogénation du naphtalène, utilisé comme solvant et comme additif pour les carburants.

DÉCALITRE n. m. Récipient d'une capacité de 10 litres servant à la mesure des grains ; son contenu.

DÉCALOGUE n. m. (lat. ecclés. *decalogus,* du gr. *dekalogos*). Les dix commandements de Dieu donnés à Moïse sur le Sinaï : « Tu n'auras pas d'autres dieux devant moi. Tu ne feras aucune image sculptée qui ressemble à ce qui est dans les cieux [...]. Tu ne prononceras pas le nom de Yahvé ton Dieu à faux [...]. Observe le sabbat pour le sanctifier [...]. Honore ton père et ta mère [...]. Tu ne tueras pas. Tu ne commettras pas l'adultère. Tu ne voleras pas. Tu ne porteras pas de faux témoignage contre ton prochain. Tu ne convoiteras pas la femme de ton prochain... » (Deutéronome).

DÉCALOTTER v. t. et v. i. (de *calotte*) [conj. **3**]. Dégager le gland en tirant le prépuce vers la base de la verge.

DÉCALQUE ou **DÉCALQUAGE** n. m. **1.** Action de décalquer ; reproduction ainsi obtenue.

– 2. *Faux décalques,* reports sur pierres ou plaques lithographiques.

DÉCALQUER v. t. (conj. 3). Reproduire un dessin en suivant les contours soit à travers un papier transparent, soit sur le dessin lui-même par l'intermédiaire d'un papier carbone.

DÉCALVANT, E adj. (lat. *decalvare,* tondre). Qui rend chauve.
◆ **décalvante** n. f. Pelade décalvante.

Décaméron *(le),* recueil de nouvelles de Boccace (1348 - 1353). Fuyant la peste de 1348, sept femmes et trois hommes se retirent à la campagne, près de Florence, où dix jours durant chacun conte une histoire. Ces nouvelles sentimentales, tragiques ou licencieuses peignent la vie du XIVe s. en un style qui devint le modèle de la prose italienne.

DÉCAMÈTRE n. m. Ruban ou chaîne de 10 mètres de longueur.

DÉCAMÉTRIQUE adj. Se dit d'ondes radio dont la longueur d'onde est comprise entre dix et cent mètres.

DÉCAMPER v. i. (de *camper*) [conj. 3]. *Fam.* Quitter précipitamment un endroit ; déguerpir, se sauver, s'enfuir.

DECAMPS (Alexandre), peintre français (Paris 1803 - Fontainebleau 1860). Un voyage au Moyen-Orient (1828) le révéla à lui-même et ses tableaux de mœurs exotiques connurent un immense succès. Un romantisme sincère, une richesse de lumière et de matière s'allient dans ses toiles à la qualité de l'observation (*Enfants turcs près d'une fontaine,* Chantilly).

DÉCAN n. m. (bas lat. *decanus,* étoile principale qui occupe dix degrés d'un signe du zodiaque). Chacune des trois zones de dix degrés de longitude en lesquelles on peut diviser un signe du zodiaque.

DÉCANAL, E, AUX adj. (bas lat. *decanus,* dizenier). Relatif à la fonction de doyen.

DÉCANAT n. m. (lat. ecclés. *decanatus,* charge de doyen). Dignité, fonction de doyen ; exercice, durée de cette fonction.

DÉCANE n. m. Hydrocarbure saturé $C_{10}H_{22}$.

DÉCANILLER v. i. (lyonnais *se décanilli,* se hâter de fuir, de *canille,* jambe) [conj. 3]. *Pop.* Partir sans demander son reste ; décamper, déguerpir.

DÉCANOL n. m. Alcool dérivé du décane, utilisé pour la préparation de produits chimiques. (Syn. ALCOOL DÉCYLIQUE.)

DÉCANTAGE n. m. Syn. de DÉCANTATION.

DÉCANTATION n. f. (lat. des alchimistes *decanthatio, -onis*). **1.** Action de décanter un liquide. – **2.** Action de clarifier qqch ; fait de se décanter : *La décantation d'une situation.* – **3.** Séparation, par différence de gravité, de produits non miscibles, dont l'un au moins est liquide. (Syn. DÉCANTAGE.) – **4.** Séparation de la partie limpide d'un vin des dépôts formés au fond des bouteilles. (Syn. DÉCANTAGE.) – **5.** *Bassin de décantation,* installation de traitement, avant rejet, des eaux résiduaires d'une raffinerie de pétrole.

DÉCANTER v. t. (lat. des alchimistes *decanthare,* de *canthus,* bec d'une cruche) [conj. 3]. **1.** Transvaser un liquide d'un récipient dans un autre afin de le séparer de son dépôt : *Décanter du vin.* – **2.** Clarifier qqch, y mettre de l'ordre : *Décanter ses souvenirs.* – **3.** Opérer la décantation de produits non miscibles.
◆ v. i. ou **se décanter** v. pr., **être décanté** v. pass. **1.** Devenir plus limpide en laissant se déposer les impuretés : *Mettre du vin à décanter.* – **2.** Devenir plus clair par l'élimination de certains éléments : *Peu à peu la situation se décante.*

DÉCANTEUR, EUSE adj. Qui décante.
◆ **décanteur** n. m. **1.** Appareil qui sert à opérer la décantation. – **2.** *Décanteur secondaire,* syn. de CLARIFICATEUR.

DÉCANTRER v. t. (conj. 3). Dégarnir de ses bobines le cantre d'un ourdissoir.

DÉCAPAGE n. m. **1.** Opération ayant pour objet de nettoyer une surface métallique en la débarrassant des oxydes qui la recouvrent. (→ *encycl.*) – **2.** Action de débarrasser de ce qui est nuisible, inutile. – **3.** Éclaircissement de la teinte des cheveux, consécutive à une coloration. – **4.** Action de décaper un gisement. (Syn. DÉCOUVERTURE.) – **5.** Utilisation d'un décapant pour préparer un subjectile à recevoir un enduit, une peinture ou un vernis.
ENCYCL. **Métall.** Le décapage des métaux est une opération préliminaire obligatoire avant le soudage, le revêtement électrolytique, l'étamage ou la métallisation. Il s'effectue par des moyens chimiques (bain acide ou alcalin, électrolyse) ou mécaniques (sablage, grenaillage).

DÉCAPANT, E adj. **1.** Qui décape : *Produit décapant.* – **2.** *Fam.* Qui éveille l'intérêt par son caractère original ; stimulant : *Un discours décapant.*
◆ **décapant** n. m. Corps utilisé pour enlever les produits recouvrant un métal, le bois, le parquet, etc. (On utilise surtout des solvants ou des composés alcalins.)

DÉCAPELER v. t. (conj. 24). Ôter le capelage.

DÉCAPER v. t. (de *cape*) [conj. 3]. **1.** Nettoyer une surface en enlevant la couche des impuretés et oxydes qui la recouvrent, mettre à nu un objet en ôtant, par action physique ou chimique d'un décapant, les couches de vernis, cire, peinture, etc. – 2. *Fam.* Nettoyer qqch trop en profondeur, lui faire perdre les éléments naturels qui le protègent : *Shampooing qui décape le cuir chevelu.* – 3. *Fam.* Débarrasser qqn, qqch de ce qui est inutile ou nuisible. – 4. Enlever les terrains qui recouvrent un affleurement ou une partie d'un gisement situé à faible profondeur pour le mettre au jour en vue de son exploitation à ciel ouvert. – 5. Enlever ou piocher la partie superficielle d'une chaussée.

DÉCAPEUR, EUSE n. Ouvrier (ère), qui effectue le décapage de pièces métalliques.
◆ **décapeuse** n. f. Engin de terrassement automoteur constitué par une benne surbaissée permettant d'araser le sol par raclage. (Syn. SCRAPER.)

DÉCAPITALISATION n. f. Diminution de la valeur d'un capital.

1. DÉCAPITALISER v. t. (de *capitale*) [conj. 3]. Priver une ville de son rôle de capitale.

2. DÉCAPITALISER v. i. (de *capital*) [conj. 3]. En parlant d'une entreprise, diminuer la valeur de son capital.

DÉCAPITATION n. f. (bas lat. *decapitatio, -onis*). Action de décapiter.

DÉCAPITÉ, E n. Personne qui a subi la décapitation.

DÉCAPITER v. t. (bas lat. *decapitare,* du lat. class. *caput, capitis,* tête) [conj. 3]. 1. Trancher la tête de qqn : *Décapiter un criminel.* – 2. Ôter l'extrémité supérieure de qqch : *Décapiter un arbre.* – 3. Priver un groupe de ses principaux éléments, de ses chefs : *Décapiter un parti.*

DÉCAPODE n. m. 1. Crustacé supérieur ayant cinq paires de grandes pattes thoraciques tel que les écrevisses, les crevettes, les crabes et les bernard-l'ermite. (Les *décapodes* forment un ordre.) [→ *encycl.*] – 2. Mollusque céphalopode possédant cinq paires de tentacules, dont une paire plus longue, tel que les seiches, les calmars, les bélemnites fossiles. (Les *décapodes* forment un ordre.)
ENCYCL. Les *crustacés décapodes* comprennent presque toutes les grandes espèces comestibles marines pêchées et commercialisées : homard, langouste, langoustine, crabes divers, crevettes, les écrevisses d'eau douce et de nombreuses autres espèces telles que les bernard-l'ermite, les « cigales de mer », les galathées. Ils possèdent une carapace céphalothoracique d'une seule pièce, dont les volets latéraux abritent les branchies, dont l'antérieure porte, chez de nombreuses espèces, des pinces puissantes. Leur première larve est la zoé. La forme de l'abdomen définit deux grands sous-ordres : les brachyoures, ou crabes, chez lesquels il est réduit et replié sous le thorax, les anomoures, ou pagures, chez lesquels il est mou et abrité dans une coquille d'emprunt. Les autres décapodes, à l'abdomen long terminé par des palettes natatoires, sont partagés en plusieurs sous-ordres.

DÉCAPOLE, à l'époque gréco-romaine, territoire de Palestine qui groupait, autour du lac de Tibériade et sur les rives du Jourdain, dix villes parmi lesquelles Philadelphie, Gerasa et Damas. – Ligue de dix villes d'Alsace placées sous la protection immédiate de l'empereur Charles IV en 1353-54 et qui unissait Mulhouse, Colmar, Munster, Turckheim, Kaysersberg, Sélestat, Obernai, Rosheim, Haguenau, Wissembourg (remplacée par Landau au XVIe s.). Passée par le traité de Münster (1648) sous la protection du roi de France tout en demeurant dans l'immédiateté de l'Empire, la Décapole prêta serment de fidélité à Louis XIV (1679), qui acheva de l'intégrer à la France.

DÉCAPOTABLE adj. et n. f. Se dit d'une voiture dont la capote peut se replier.

DÉCAPOTER v. t. (conj. 3). Replier la capote d'une voiture, d'un landau.

DÉCAPSULAGE n. m. Action de décapsuler.

DÉCAPSULATION n. f. Syn. de DÉCORTICATION.

DÉCAPSULER v. t. (conj. 3). Ôter la capsule d'une bouteille.

DÉCAPSULEUR n. m. Instrument permettant de décapsuler les bouteilles.

DÉCAPUCHONNER v. t. (conj. 3). Ôter le capuchon d'un stylo, d'un tube, etc.

DÉCARBONATATION n. f. 1. Action d'enlever à une substance le dioxyde de carbone qu'elle contient. – 2. Action de précipiter les carbonates acides de calcium et de magnésium par addition de chaux.

DÉCARBONATER v. t. (conj. 3). Pratiquer la décarbonatation.

DÉCARBOXYLASE n. f. Enzyme qui catalyse une réaction de décarboxylation.

DÉCARBOXYLATION n. f. Réaction au cours de laquelle une molécule d'anhydride carbonique est enlevée d'une molécule contenant un groupe carboxyle. (La décarboxylation a une grande importance au cours du cycle de Krebs.)

DÉCARBOXYLER v. t. (conj. 3). Procéder à la décarboxylation.

DÉCARBURANT, E adj. et n. m. Qui a la propriété d'enlever le carbone uni dans un corps à d'autres substances.

DÉCARBURATION n. f. Élimination du carbone dans un produit métallurgique. (L'affinage de la fonte pour obtention d'acier commence généralement par une décarburation. Elle se fait à l'état liquide ou à l'état solide.)

DÉCARBURER v. t. (conj. 3). Effectuer la décarburation.

DÉCARCASSER v. t. (conj. 3). Briser, ôter la carcasse d'un animal, l'armature d'un objet : *Décarcasser un abat-jour.*
◆ **se décarcasser** v. pr. *Fam.* Se donner beaucoup de peine, se démener pour arriver à un résultat.

DECARIS (Albert), buriniste français (Sotteville-lès-Rouen 1901 - Paris 1988). Prix de Rome en 1919, il est l'auteur de nombreuses illustrations de livres et de quelque 600 timbres-poste gravés pour la France et l'étranger.

DÉCARNISATION n. f. (du lat. *caro, carnis,* chair). Coutume funéraire consistant à décharner un squelette, pratiquée dès le néolithique.

DÉCARRELER v. t. (conj. 24). Dégarnir une surface de ses carreaux, de son carrelage.

DÉCARRER v. i. (de *carrée,* logis) [conj. 3]. *Pop.* S'enfuir, s'évader ; sortir de prison.

DÉCARTELLISATION n. f. Dissolution légale d'un cartel de producteurs.

DÉCARTONNER v. t. (conj. 3). Ôter le carton d'un livre, l'emballage en carton d'un objet.

DÉCASTYLE adj. et n. m. (lat. *decastylos,* du gr. *dekastulos*). Se dit d'un édifice qui présente dix colonnes de front.

DÉCASYLLABE ou **DÉCASYLLABIQUE** adj. Se dit d'un vers qui a dix syllabes.
◆ **décasyllabe** n. m. Vers décasyllabe.

DÉCATHLON n. m. (de *pentathlon*). Discipline d'athlétisme masculin comportant dix épreuves qui se déroulent en deux journées consécutives, dans l'ordre suivant : 100 m, longueur, poids, hauteur, 400 m (première journée) ; 110 m haies, disque, perche, javelot, 1 500 m (seconde journée).

DÉCATHLONIEN n. m. Athlète spécialiste du décathlon.

DÉCATIR v. t. (conj. 32). **1.** Ôter l'aspect lustré que les opérations d'ennoblissement ont laissé sur une étoffe de laine. — **2.** Provoquer le rétrécissement d'un tissu par repassage à la vapeur.
◆ **se décatir** v. pr., **être décati** v. pass. Avoir perdu sa fraîcheur, sa jeunesse : *Un vieillard décati.*

DÉCATISSAGE n. m. Opération consistant à soumettre les tissus de laine à l'action de la chaleur humide afin de faire disparaître les effets de lustrage et qui provoque, en outre, la stabilisation de l'étoffe.

DÉCATISSEUR, EUSE n. Ouvrier(ère) qui fait le décatissage chez les apprêteurs.

DÉCAUSER v. t. ind. (conj. 3). En Belgique, dénigrer.

Decauville *(chemin de fer),* chemin de fer imaginé par l'industriel français Paul *Decauville* (1846-1922) et constitué par une voie portative de faible écartement (0,40 à 0,60 m). Cette voie, transportable par tronçons, est utilisée dans les carrières, les entreprises de travaux publics, etc.

DECAUX (Alain), historien français (Lille 1925). Auteur de nombreux ouvrages historiques dont *les Grands Mystères du passé* (1964), *Histoire de la France et des Français* (en collab. avec A. Castelot), il participe à plusieurs émissions de radio et de télévision consacrées à l'histoire. Il a été de 1988 à 1991 ministre délégué chargé de la Francophonie. (Acad. fr., 1980.)

DÉCAVAILLONNAGE n. m. Action de décavaillonner.

DÉCAVAILLONNER v. t. (conj. 3). Dans les vignes, labourer de façon à refendre le billon (ou cavaillon) formé par un labour précédent entre les pieds de vigne.

DÉCAVAILLONNEUSE n. f. Charrue conçue pour décavaillonner.

1. DÉCAVÉ, E n. (de *caver,* terme de jeu). *Fam.* et *vx.* Personne qui a tout perdu au jeu ; qui a perdu toute sa fortune, ruiné.

2. DÉCAVÉ (ÊTRE) v. pass. (de *caver,* creuser). *Pop.* Être amaigri, très fatigué (surtout en parlant du visage).

DÉCAVER v. t. (de *cave,* terme de jeu) [conj. 3]. Gagner toute la cave d'un joueur, tout l'argent qu'il a devant lui.

DECAZES (Élie, *duc*), duc **de Glücksberg,** homme politique français (Saint-Martin-de-Laye 1780 - Decazeville 1860). Conseiller à la cour d'appel de Paris (1811), il se rallie aux Bourbons lors des Cent-Jours. Nommé par Louis XVIII préfet puis ministre de la Police (1815) et ministre de l'Intérieur (1818), il devient le véritable chef du gouvernement à partir de 1816. Admirateur du régime anglais, il veut enraciner en France la monarchie constitutionnelle et conduit une politique libérale tout en brisant l'opposition des ultras (dissolution de la Chambre introuvable, 1816). Premier ministre (1819), il est rendu responsable de l'assassinat du duc de Berry et doit démissionner (1820). En 1826, il crée la Compagnie des forges houillères de Decazeville. — Son fils LOUIS, duc **Decazes** et **de Glücksberg** (Paris 1819 - château de la Grave, Gironde, 1886), député orléaniste de la Gironde (1871) et l'un des chefs du centre droit à l'Assemblée nationale, contribua à la chute de Thiers (1873). Ministre des Affaires étrangères (1873 - 1877), il dénoua la crise franco-allemande de 1875.

DECAZEVILLE (12300), ch.-l. de cant. du nord-ouest de l'Aveyron ; 8 182 hab. *(Decazevillois).* Gisement houiller. Métallurgie.

DECCA n. m. (du n. de la firme britannique qui a construit la première ce dispositif). Système de radionavigation permettant au pilote d'un avion ou d'un navire de déterminer sa position grâce aux décalages mesurés automatiquement dans la réception de signaux émis en synchronisme par des stations fixes.

DECCAN ou **DEKKAN,** région méridionale de l'Inde, au S. de la plaine indo-gangétique.
De forme triangulaire, constitué pour l'essentiel de roches précambriennes, le Deccan se présente comme un ensemble de grands plateaux (600-1 000 m d'alt.) avec des reliefs périphériques, surtout au nord (monts Vindhya) et à l'ouest (Ghāts occidentaux). Le littoral est bordé de plaines. La mousson apporte des pluies d'été, abondantes sur la côte ouest, qui porte des forêts ; ailleurs, la végétation naturelle est dégradée (forêts claires, épineux). La population a subi l'influence indo-aryenne dans le Nord ; elle est dravidienne dans le Sud.

DÈCE → DECIUS.

DÉCÉBALE, nom donné au roi des Daces. Le Décébale le plus connu, Diuppaneus (87 - 106 apr. J.-C.), unifia les Daces, envahit la province romaine de Mésie, au sud du Danube (84), et anéantit une armée romaine (87). Vaincu par Trajan au cours des deux guerres daciques*, il se tua en 106.

DÉCÉDÉ, E n. Personne qui est décédée.

DÉCÉDER v. i. (lat. *decedere*) [conj. **18** ; auxil. *être*]. Mourir : *Il est décédé dans la nuit du 20 mars.*

DÉCELABLE adj. Qui peut être decelé.

DÉCÈLEMENT n. m. *Litt.* Action de déceler.

DÉCELER v. t. (de *celer*) [conj. **25**]. **1.** *Litt.* Découvrir, dévoiler ce qui était caché : *Déceler un secret.* — **2.** Parvenir à distinguer, à repérer qqch : *Déceler une fuite de gaz.* — **3.** Détecter, repérer chez qqn qqch qui n'y était pas apparent : *On a vite decelé chez lui un don pour le piano.* — **4.** Révéler l'existence de qqch, en être l'indice ; indiquer, signaler : *La voix décelait l'émotion.*

DÉCÉLÉRATION n. f. **1.** Accélération négative ou réduction de la vitesse d'un mobile. — **2.** Capacité d'un véhicule de réduire sa vitesse lors d'un freinage. — **3.** Abaissement d'un rythme de croissance, passage d'un taux de croissance à un autre moins élevé ; ralentissement d'une évolution : *Décélération de la hausse des prix.*

DÉCÉLÉRER v. i. (de *accélérer*) [conj. **18**]. **1.** Ralentir, en parlant d'un véhicule ; cesser d'accélérer, en parlant du conducteur. — **2.** Diminuer d'intensité ; cesser de s'accroître : *Les prix ont décéléré.*

DÉCELEUR n. m. *Déceleur de tension,* appareil permettant de reconnaître si un conducteur est sous tension. (Syn. DÉTECTEUR DE TENSION.)

DÉCEMBRE n. m. (lat. *december,* de *decem,* dix). Douzième mois de l'année.

décembre 1851 *(coup d'État du 2),* coup d'État par lequel Louis Napoléon Bonaparte renversa la République parlementaire et prépara la restauration de l'Empire. L'Assemblée législative, à majorité monarchiste, ayant refusé la révision constitutionnelle qui aurait permis la réélection de Louis Napoléon, président de la République, ce dernier met sur pied un coup d'État avec l'aide de ses fidèles (Morny et Persigny), des chefs de l'armée (Saint-Arnaud) et de la police (Maupas). Dans la nuit du 1er au 2 déc. (date symbolique de l'anniversaire de la victoire d'Austerlitz), les chefs royalistes et républicains sont arrêtés, et un décret dissout l'Assemblée et rétablit le suffrage universel. Les résistances sont brisées et la répression est rigoureuse. Ce coup d'État est légalisé par un plébiscite (21-22 déc.) qui accorde à Louis Napoléon les pleins pouvoirs pour établir une constitution. Promulguée le 14 janv. 1852, celle-ci instaure le second Empire*.

DÉCEMBRISTE → DÉCABRISTE.

DÉCEMMENT [-sa-] adv. **1.** De façon décente, avec pudeur ; convenablement, correctement : *Être décemment vêtu.* — **2.** Raisonnablement : *Décemment, il pleut trop pour sortir.*

DÉCEMVIR [-sɛmvir] n. m. (lat. *decemvir,* de *decem,* dix, et *vir,* homme). À Rome, membre d'une commission de dix personnes. (Les *decemviri legibus scribundis,* magistrats constitutionnels, furent chargés, en 451 et 450 av. J.-C., d'établir un code de lois écrites. La loi des Douze Tables est leur œuvre.)

DÉCEMVIRAL, E, AUX [-sɛm-] adj. (lat. *decemviralis*). Qui relève des décemvirs.

DÉCEMVIRAT [-sɛm-] n. m. Dignité de décemvir ; temps pendant lequel s'exerçait leur pouvoir.

DÉCENCE n. f. (lat. *decentia*). **1.** Respect des convenances, surtout en matière sexuelle, pudeur : *Ne pas choquer la décence.* — **2.** Dignité dans l'expression, les manières ; réserve, discrétion, tact : *Ayez la décence de vous taire.*

DÉCENNAL, E, AUX adj. (bas lat. *decennalis,* du lat. class. *decem,* dix, et *annus,* année). **1.** Qui dure dix ans : *Magistrature décennale.* — **2.** Qui revient tous les dix ans : *Fêtes décennales.*

DÉCENNAT n. m. Période de dix ans pendant laquelle qqn détient un pouvoir.

DÉCENNIE n. f. (de *décennal*). Période de dix ans.

DÉCENT, E adj. (lat. *decens, -entis,* de *decere,* convenir). **1.** Conforme à la décence, aux bonnes mœurs, à la pudeur, aux convenances ; discret : *Tenue décente.* — **2.** Convenable au regard de ce qu'il est normal d'attendre, de ce qu'on considère comme juste ; acceptable, correct : *Une rémunération décente.*

DÉCENTRAGE n. m. ou **DÉCENTRATION** n. f. **1.** Action de décentrer. — **2.** Syn. de DÉCENTREMENT.

DÉCENTRALISATEUR, TRICE adj. et n. Partisan de la décentralisation.

◆ adj. Qui relève de la décentralisation : *Une politique décentralisatrice.*

DÉCENTRALISATION n. f. **1.** Système d'organisation des structures administratives de l'État dans lequel l'autorité publique est fractionnée et le pouvoir de décision remis à des organes autonomes régionaux ou locaux. — **2.** Politique d'aménagement du territoire visant à rétablir l'équilibre entre Paris et la province en incitant les entreprises industrielles et commerciales à transférer leurs usines et leurs bureaux en province.

ENCYCL. **Dr.** En France, les collectivités décentralisées sont les communes, les départements, les Régions — dont le statut a été modifié par la loi du 2 mars 1982 sur la décentralisation — ainsi que les établissements publics.

DÉCENTRALISER v. t. (conj. 3). Mettre en œuvre une décentralisation.

◆ **être décentralisé** v. pass. *Économie décentralisée,* type d'économie dans lequel aucun centre de décision unique n'impose ses objectifs aux agents de l'activité économique. (L'État se contente d'influencer l'évolution économique par sa politique monétaire, financière et sociale ; il laisse subsister le rôle du marché dans la formation des prix.)

DÉCENTREMENT n. m. **1.** Défaut d'alignement des centres des lentilles. (Syn. DÉCENTRAGE.) — **2.** Dispositif d'un objectif photographique qui permet de déplacer l'axe optique parallèlement à lui-même afin de modifier la position de l'image.

DÉCENTRER v. t. (conj. 3). **1.** Déplacer le centre de qqch, ou déplacer qqch par rapport à un centre, à un axe. — **2.** Effectuer le décentrement.

DÉCEPTION n. f. (lat. *deceptio, -onis,* de *decipere,* tromper). **1.** État ou sentiment d'une personne déçue, trompée dans son attente ; désappointement, déconvenue : *Son échec lui a causé une cruelle déception.* — **2.** Personne ou chose qui est la cause de ce sentiment : *Georges a été la grande déception de ma vie.*

DÉCERCLER v. t. (conj. 3). Ôter les cercles (d'un tonneau, d'une cuve).

DÉCÉRÉBRATION n. f. Destruction du cerveau d'un être vivant, obtenue en sectionnant le tronc cérébral dans sa partie haute entre les tubercules quadrijumeaux antérieurs et postérieurs. (Le cerveau ainsi isolé est en état de sommeil permanent et les membres sont en extension.)

DÉCÉRÉBRER v. t. (du lat. *cerebrum,* cerveau) [conj. **18**]. Détruire le cerveau d'un être vivant.

DÉCERNEMENT n. m. *Litt.* Action de décerner : *Le décernement des récompenses.*

DÉCERNER v. t. (lat. *decernere,* décréter) [conj. **3**]. **1.** Ordonner qqch juridiquement : *Décerner un mandat d'arrêt contre quelqu'un.* — **2.** Attribuer, accorder solennellement qqch à qqn, à son œuvre : *Décerner un prix à un cinéaste.*

DÉCERVELAGE n. m. **1.** Action de faire jaillir la cervelle. — **2.** Action d'enlever à qqn toute capacité de raisonner juste.

DÉCERVELER v. t. (conj. **24**). Opérer le décervelage.

DÉCÈS n. m. (lat. *decessus,* perte). Mort d'une personne : *Constater un décès.* (L'*acte de décès* est un acte officiel rédigé à la mairie du lieu où le décès s'est produit, sur les registres de l'état civil.)

DÉCEVANT, E adj. **1.** Qui déçoit, cause une désillusion, ne répond pas aux espoirs de qqn : *Élève décevant.* — **2.** Se dit, chez les insectes, d'une distribution des couleurs du tégument susceptible de tromper les prédateurs, par homochromie, homomorphie ou mimétisme.

DÉCEVOIR v. t. (lat. *decipere,* tromper) [conj. **52**]. **1.** Ne pas répondre aux espoirs, à l'attente de qqn ; désappointer, dépiter : *Tu me déçois, je ne te croyais pas si menteur.* — **2.** *Décevoir l'espoir, l'attente, etc., de qqn,* ne pas y répondre ; tromper.

◆ **être déçu** v. pass. **1.** Être désappointé, dépité de qqch : *Je suis déçu de son indifférence.* — **2.** En parlant d'un sentiment, ne pas se voir satisfait : *Amour déçu.*

DÉCHAÎNEMENT n. m. **1.** Action de se déchaîner, violence extrême : *Le déchaînement des vents.* — **2.** Fureur de ce qui n'est plus contenu : *Un déchaînement de haine.*

DÉCHAÎNER v. t. (conj. **4**). **1.** Délivrer qqn, un animal, les détacher de leurs chaînes. — **2.** Déclencher qqch, l'amener à se manifester avec violence ; soulever : *Ces mesures ont déchaîné des grèves. Déchaîner l'enthousiasme de l'assistance.*

◆ **se déchaîner** v. pr., **être déchaîné** v. pass. **1.** Faire rage, se manifester avec violence : *Tempête qui se déchaîne. Instincts déchaînés.* — **2.** Être emporté par un mouvement d'enthousiasme, de colère ou d'excitation extrêmement violent : *Le public était déchaîné.* – **3.** S'emporter avec violence contre qqn, qqch, leur adresser des critiques, des injures, etc. : *Je vous préviens qu'il est déchaîné contre vous.*

DÉCHALASSER ou **DÉSÉCHALASSER** v. t. (conj. 3). Enlever les échalas d'une vigne. (Syn. DÉFICHER.)

DECHAMPS (Adolphe), homme politique belge (Melle, près de Gand, 1807 - Manage 1875). L'un des chefs du parti catholique belge, député en 1834, il fut, en 1843, ministre des Travaux publics et, en 1845, ministre des Affaires étrangères.

DECHAMPS (Victor), rédemptoriste et prélat belge (Melle, près de Gand, 1810 - Malines 1883), frère du précédent. Archevêque de Malines (1867), il fut, au premier concile du Vatican (1869-70), l'un des chefs de la majorité infaillibiliste. Cardinal en 1875.

DÉCHANTER v. i. (de *chanter*) [conj. 3]. Rabattre de ses espérances, perdre ses illusions, changer de sentiment : *Il rêvait d'une vie facile ; il a vite déchanté.*

DÉCHAPAGE n. m. Action de déchaper.

DÉCHAPER v. t. (conj. 3). **1.** Arracher une partie de la chape d'un pneu. – **2.** Retirer la chape d'un moule de fonderie.

DÉCHAPERONNER v. t. (conj. 3). Enlever le chaperon d'un oiseau de proie.

DÉCHARGE n. f. (de *décharger*). **1.** Action de tirer avec une arme ou simultanément avec plusieurs armes à feu. – **2.** Projectile tiré : *Recevoir une décharge en pleine poitrine.* – **3.** Phénomène qui se produit quand un corps électrisé perd sa charge : *Recevoir une décharge dans les doigts.* – **4.** Allégement d'une charge financière : *Obtenir une décharge sur ses contributions.* – **5.** Allégement moral, soulagement : *Je fais cet aveu pour la décharge de ma conscience.* – **6.** Libération d'un engagement, d'une obligation, d'une dette ou d'une gestion ; acte constatant cette libération. – **7.** Emplacement où sont déposés les décombres et les immondices. – **8.** *À la décharge de qqn,* pour lui servir d'excuse, pour atténuer sa responsabilité. • **Bât.** *Arc de décharge,* arc bandé dans un mur plein à une certaine hauteur au-dessus d'un vide (baie) ou d'une partie faible, pour reporter les charges latéralement sur des points d'appui solides. – **Ch. de f.** *Voie de décharge,* voie de terrassement où sont amenés les wagons destinés à être déchargés des matériaux utilisés pour le remblai. – **Charp.** Pièce d'un pan de bois posée obliquement pour en assurer la triangulation. (Syn. ÉCHARPE.) – **Comm.** Attestation de la remise de la marchandise par le dépositaire ou le transporteur au destinataire. – **Dr.** Acte par lequel on dispense un contribuable d'acquitter des droits, ou un comptable, mis en débet, de la responsabilité pécuniaire qui pèse sur lui. ‖ Poinçon appliqué sur des pièces d'orfèvrerie qui indique l'acquittement des droits fiscaux. ‖ Circonstance ou déclaration favorable à l'accusé, atténuant ou éliminant sa responsabilité. – **Électr.** *Décharge électrique,* syn. usuel de CONDUCTION* GAZEUSE. – **Hydrol.** *Courant de décharge,* courant marin sortant d'un bassin à bilan hydrologique excédentaire. – **Impr.** Feuille de papier engagée dans une presse afin d'éliminer un excès d'encre sur la forme imprimante. – **Météo.** Invasion méridienne de l'air froid polaire ou arctique à l'arrière d'une famille de cyclones. ‖ *Décharge atmosphérique,* décharge qui se produit entre deux régions de l'atmosphère de potentiels électriques différents (deux nuages, ou bien un nuage et le sol) et dont la foudre constitue un exemple. – **Min.** Syn. de VERSE. – **Physiol.** Brusque libération d'une substance dans l'organisme (par ex. l'adrénaline). – **Psychan.** Pour S. Freud, principe fondamental qui règle le fonctionnement de l'appareil psychique et qui consiste en l'évacuation vers l'extérieur des quantités d'excitation aussi bien internes qu'externes, afin d'y maintenir un état de moindre tension. – **Trav. publ.** Dispositif servant à faire écouler les eaux qui se sont accumulées dans un bassin. ‖ *Ouvrage de décharge,* syn. de DÉCHARGEUR. – **Turf.** Avantage de poids accordé aux apprentis n'ayant pas gagné un certain nombre de courses.

DÉCHARGEMENT n. m. **1.** Action de décharger un véhicule. – **2.** Action de décharger une arme à feu, un projectile.

DÉCHARGER v. t. (conj. 17). **1.** Débarrasser un véhicule, un appareil, qqn, un animal de son chargement : *Décharger un navire. Décharger quelqu'un des paquets qui l'embarrassaient.* – **2.** En parlant d'un véhicule, déposer qqpart les choses ou personnes transportées : *Navire qui décharge ses passagers.* – **3.** Retirer ce qui constitue le chargement de qqch, l'enlever d'un véhicule, d'un appareil : *Décharger la cargaison d'un navire.* – **4.** Faire en sorte que qqn n'ait plus à charge qqch, une fonction ; l'en soulager, l'en délivrer : *Décharger une secrétaire de la comptabilité.* – **5.** Disculper qqn, le blanchir d'une charge qui pèse sur lui : *Témoignage qui décharge l'inculpé.* – **6.** Tirer sur qqn, vider le chargeur de son arme sur lui : *Le bandit déchargea son fusil sur ses poursuivants.* – **7.** Retirer la cartouche d'une arme à feu, la charge d'explosif d'une mine ou d'un projectile. – **8.** Annuler une charge électrique. – **9.** Extraire tout ou partie de l'énergie électrique emmagasinée dans un dispositif. – **10.** Perdre sa couleur, déteindre : *Tissu qui*

décharge au lavage. — **11.** *Pop.* Éjaculer. — **12.** Fam. *Décharger sa bile, sa rate, sa mauvaise humeur, sa colère, etc.,* donner libre cours à sa mauvaise humeur, à sa rage, etc., faire passer sa colère sur qqn. ‖ Litt. *Décharger son cœur,* dire ce qu'on a sur le cœur ; s'épancher. ‖ *Décharger sa conscience,* se soulager d'un secret lourd à porter, avouer une faute ; libérer sa conscience.
◆ **se décharger** v. pr., **être déchargé** v. pass. **1.** Se vider de son chargement. — **2.** Être vidé de sa charge (arme, accumulateur). — **3.** Se libérer de qqch sur qqn ou confier à qqn le soin de ce qu'on devrait en principe accomplir : *Être déchargé de ses fonctions.*

DÉCHARGEUR n. m. **1.** *Vx.* Personne qui décharge des véhicules, des marchandises ; débardeur, docker. — **2.** Appareil destiné à assurer le déchargement d'un véhicule. (Les déchargeurs sont le plus souvent hydrauliques ou à bascule.) Appareil qui annule les coups de bélier lors de l'arrêt brusque des turbines d'une centrale hydroélectrique. (Syn. OUVRAGE DE DÉCHARGE.)

DÉCHARNEMENT n. m. *Litt.* État de qqn qui est décharné ; maigreur extrême.

DÉCHARNER v. t. (anc. fr. *charn,* chair) [conj. 3]. Rendre qqn extrêmement maigre : *Cette longue maladie l'a décharné.*
◆ **se décharner** v. pr., **être décharné** v. pass. Être très maigre, squelettique : *Prisonniers décharnés.*

DÉCHAULAGE n. m. Opération consistant à débarrasser les peaux de la chaux et des substances alcalines qui leur ont été appliquées au pelanage.

DÉCHAULER v. t. (de *chauler*) [conj. 3]. Pratiquer le déchaulage.

DÉCHAUMAGE n. m. Travail superficiel du sol réalisé aussitôt après la moisson pour le nettoyer, faire germer les graines des plantes adventices et enterrer partiellement les chaumes.

DÉCHAUMER v. t. (de *chaume*) [conj. 3]. Réaliser le déchaumage.

DÉCHAUMEUSE n. f. Instrument de labour à socs, à dents ou à disques, servant à effectuer le déchaumage.

DÉCHAUSSAGE n. m. **1.** Opération consistant à écarter la terre qui touche le pied des arbres fruitiers ou de la vigne afin d'éviter la permanence de l'humidité au niveau du collet et de supprimer les mauvaises herbes. (Syn. DÉBUTTAGE, DÉCHAUSSEMENT.) — **2.** Mise à nu de la base des plantes (collet et départ des racines) par l'action alternée du gel et du dégel chez les céréales d'hiver, ou lors d'érosion du sol.

DÉCHAUSSEMENT n. m. **1.** Action de déchausser, fait de se déchausser. — **2.** Syn. de DÉCHAUSSAGE. — **3.** État d'une construction déchaussée ; action de la déchausser. — **4.** Rétraction de la gencive au niveau du collet de la dent, mettant à nu le cément recouvrant la racine.

DÉCHAUSSER v. t. (conj. 3). **1.** Enlever les chaussures de qqn : *Déchausser un enfant.* — **2.** Défaire la fixation qui maintient la chaussure au ski. — **3.** Pratiquer le déchaussage d'une plante. — **4.** Mettre à nu ou dégrader la base d'une construction.
◆ **se déchausser** v. pr., **être déchaussé** v. pass. **1.** Quitter ses chaussures. — **2.** En parlant d'une dent, avoir du jeu dans son alvéole. — **3.** Se dégrader par la base : *Mur déchaussé.* — **4.** *Moines, carmes déchaussés,* religieux qui, pour signifier qu'ils sont revenus à l'ancienne observance, marchent pieds nus dans des sandales. (Syn. CARMES DÉCHAUX.)

DÉCHAUSSEUSE n. f. Charrue servant à déchausser la vigne.

DÉCHAUX [-ʃo] adj. m. (lat. pop. **discalceus*). *Carmes déchaux,* syn. de CARMES DÉCHAUSSÉS.

DÈCHE n. f. (de *déchoir*). *Pop.* Manque d'argent ; misère : *Être dans la dèche.*

DÉCHÉANCE n. f. **1.** Action de déchoir moralement ; état de qqn qui est déchu, avili ; dégradation, abaissement : *Le désespoir l'a mené à la déchéance.* — **2.** État de dégradation physique ; décrépitude. — **3.** Perte d'un droit juridique, d'une qualité. — **4.** Sanction à l'encontre d'un chef d'État ou du titulaire d'un mandat électif, qui consiste en une privation de fonction. (À présent, la déchéance est le plus souvent la sanction d'une inéligibilité.) — **5.** Situation des créances et des dettes publiques dont le paiement n'a pas été demandé dans le délai voulu. — **6.** *Déchéance quadriennale,* délai de prescription (4 exercices budgétaires) au-delà duquel les créanciers de l'État ne peuvent plus faire valoir leurs droits.

DÉCHELETTE (Joseph), archéologue français (Roanne 1862 - au champ d'honneur, à Nouvron-Vingré, Aisne, 1914), auteur d'un *Manuel d'archéologie préhistorique, celtique et gallo-romaine* (1908 - 1913).

DÉCHET n. m. (de *déchoir,* par la 3e pers. de l'ind. prés. *il déchiet*). **1.** Ce qui tombe d'une matière qu'on travaille : *Déchet de laine.* — **2.** Perte, partie irrécupérable de qqch : *Cageot de fruits où il y a du déchet.* — **3.** Personne avilie moralement et physiquement dégradée : *Un déchet de l'humanité.* — **4.** Fam. *Il y a du déchet,* beaucoup de candidats à un examen, à un poste qui ne sont pas reçus. ‖ *Déchet de route,* syn. de FREINTE.
◆ **déchets** n. m. pl. **1.** Débris, restes d'aliments qui sont impropres à la consommation ou à l'usage : *Jeter les déchets à la poubelle.* — **2.** Ma-

tériaux rejetés comme n'ayant pas une valeur immédiate ou laissés comme résidus d'un processus ou d'une opération. (On nomme *déchets industriels* ceux qui ne peuvent ni être admis en décharge ni être ramassés avec les ordures ménagères en raison de leur quantité ou de leur toxicité.) — **3.** Produits incombustibles et inutiles du métabolisme des cellules vivantes, destinés soit à être rejetés (gaz carbonique, excreta, urine, sueur, urée, acide urique), soit, chez les végétaux surtout, à être accumulés à l'écart de la circulation générale (latex, oléorésines, alcaloïdes, etc.). — **4.** *Déchets radioactifs,* matières radioactives inutilisables obtenues lors de la manipulation ou du traitement de matériaux ou d'objets radioactifs. (→ *encycl.*)

ENCYCL. L'utilisation de l'énergie nucléaire et des radioéléments s'accompagne de la production de *déchets radioactifs.* La gestion de ces déchets englobe l'ensemble des opérations nécessaires pour qu'en toutes circonstances les règles de la protection radiologique des personnes et de l'environnement soient respectées. Les techniques mises en œuvre consistent :
— pour les déchets liquides et gazeux de faible activité, à les disperser (atmosphère, cours d'eau, mer) après traitement physique et chimique et contrôle du respect des normes de radioprotection ;
— pour les autres déchets, à les isoler par un conditionnement adapté à leur nature, à leur radioactivité spécifique et à leur durée de vie et à les entreposer dans des centres de stockage d'attente, puis définitif (de surface ou profonds).

DÉCHETTERIE n. f. (n. déposé). Endroit où l'on peut déposer les déchets ménagers encombrants ou susceptibles d'être recyclés.

DÉCHIFFONNER v. t. (conj. 3). Défroisser un tissu chiffonné.

DÉCHIFFRABLE adj. Qui peut être déchiffré, lu ou compris : *Écriture difficilement déchiffrable.*

DÉCHIFFRAGE n. m. Action de déchiffrer, en partic. de la musique.

DÉCHIFFREMENT n. m. Action de déchiffrer un texte, une écriture, un message codé, etc. ; fait d'être déchiffré : *Déchiffrement d'un manuscrit.*

DÉCHIFFRER v. t. (conj. 3). **1.** Parvenir à découvrir le sens d'une écriture, à comprendre par la lecture ; décoder : *Déchiffrer des hiéroglyphes.* — **2.** Parvenir à lire en distinguant lettre à lettre : *Enfant qui commence à déchiffrer.* — **3.** Comprendre, deviner ce qui est caché, mystérieux, obscur : *Déchiffrer une énigme.* — **4.** Rétablir dans sa forme primitive un texte chiffré en utilisant en sens inverse le procédé de transformation adopté par le chiffreur et connu du déchiffreur. (Syn. DÉCODER.) — **5.** Lire et exécuter simultanément et à première vue un morceau de musique.

DÉCHIFFREUR, EUSE n. Personne qui déchiffre, qui découvre le sens d'une écriture : *Déchiffreur de manuscrits.*

DÉCHIQUETAGE n. m. Action de déchiqueter.

DÉCHIQUETER v. t. (anc. fr. *eschiqueté,* orné de pièces de différentes teintes) [conj. 27]. **1.** Mettre en pièces, en petits morceaux du papier, du tissu, etc. ; taillader : *Le chien a complètement déchiqueté tes pantoufles.* — **2.** Couper, taillader, arracher une partie du corps par lambeaux : *La grenade lui a déchiqueté la jambe.* — **3.** Tuer qqn, un animal en le mettant en pièces, en morceaux : *L'explosion l'a littéralement déchiqueté.*

DÉCHIQUETEUR n. m. Appareil de fragmentation utilisé pour des matières hétérogènes.

DÉCHIQUETURE n. f. Découpure ou partie déchiquetée d'un objet.

DÉCHIRANT, E adj. Qui émeut profondément : *Une plainte déchirante.*

DÉCHIREMENT n. m. **1.** Déchirure involontaire : *Le déchirement d'un vêtement.* — **2.** Grande souffrance morale, affective. *Le déchirement des adieux.* — **3.** Désunion, division profonde provoquant des troubles : *Pays en proie à des déchirements.*

DÉCHIRER v. t. (anc. fr. *escirer ;* du frq. **skerjan,* partager) [conj. 3]. **1.** Diviser du papier, du tissu, etc., en morceaux, les mettre en pièces, en lambeaux, en tirant dessus : *Déchirer une vieille facture.* — **2.** Faire un accroc à un vêtement, une pièce de tissu. — **3.** Blesser superficiellement une partie du corps en arrachant un peu de peau ; écorcher : *Les épines lui ont déchiré les jambes.* — **4.** En parlant d'un bruit, briser brusquement le silence, ou, en parlant d'une lumière, apparaître brusquement dans un endroit sombre : *Un cri déchira la nuit.* — **5.** Causer une grande peine ou un grave problème de conscience ; meurtrir, tourmenter : *Ça le déchire, d'avoir à renoncer à elle.* — **6.** Diviser tragiquement un groupe, en troubler douloureusement l'unité : *Guerre civile qui déchire le pays.* — **7.** *Litt.* Dire du mal de qqn, le critiquer férocement : *Il s'est fait déchirer par tous les critiques.* — **8.** *Déchirer la poitrine, le tympan, l'estomac, etc.,* leur causer une vive douleur.

◆ **se déchirer** v. pr., **être déchiré** v. pass. **1.** Avoir un accroc, une déchirure : *Sa robe s'est déchirée à l'épaule.* — **2.** S'écorcher profondément : *Il s'est déchiré la main en passant sous les barbelés.* — **3.** Se faire une distension à un muscle, à un ligament. — **4.** Se diviser profondément ; perdre sa cohésion : *Famille déchirée.*

◆ **se déchirer** v. pr. Se critiquer violemment, se faire souffrir : *Un couple qui se déchire.*

DE CHIRICO (Giorgio), peintre italien (Vólos, Grèce, 1888 - Rome 1978). Marqué par la culture allemande, il oriente sa peinture, dès le début des années 10, vers la représentation d'un monde théâtral, énigmatiquement désert et mélancolique (*Mystère et mélancolie d'une rue,* 1914), avec ses « places d'Italie » et ses vastes perspectives où se dressent bientôt statues de plâtre ou « mannequins » sans visage (*les Muses inquiétantes,* 1916-17). Reconnue dès 1911 par Apollinaire, puis par les surréalistes, sa *peinture métaphysique* apparaît comme une transposition métaphorique de la réalité (série des « intérieurs métaphysiques », encombrés d'objets hétéroclites). Mais, à partir de 1919, sans renoncer totalement à son inspiration première, il évolue vers un style classicisant, voire académique, chargé de références littéraires, antiques, etc., en accord avec les positions du mouvement Novecento. Il a fait paraître en 1929 un ouvrage autobiographique, *Hebdomeros.*

DÉCHIRURE n. f. **1.** Rupture faite en déchirant ; accroc. — **2.** *Litt.* Grande douleur morale causée par une séparation ; déchirement. — **3.** Nom donné à certaines plaies à bords irréguliers, le plus souvent contus. (Ce terme est surtout réservé aux plaies du périnée, survenant au moment de l'accouchement.) — **4.** *Déchirure (musculaire),* rupture de fibres musculaires, se manifestant par une douleur brutale et intense associée à une impotence fonctionnelle complète. (Lorsque la rupture n'intéresse que quelques fibres musculaires, il s'agit d'un *claquage.*) — **5.** *Panneau de déchirure,* morceau de l'enveloppe d'un aérostat préparé en vue de sa déchirure par le pilote afin de provoquer un dégonflage rapide facilitant l'atterrissage.

DÉCHLORAGE [-klɔ-] n. m. Traitement destiné à éliminer les traces de chlore que peuvent retenir les textiles, le papier après blanchiment à l'hypochlorite.

DÉCHLORURER [-klɔ-] v. t. (conj. **3**). Débarrasser de son chlorure (de sodium).
◆ **être déchloruré** v. pass. *Régime déchloruré,* syn. de RÉGIME DÉSODÉ.

DÉCHOCAGE n. m. Traitement d'urgence de l'état de choc.

DÉCHOIR v. i. (bas lat. *decadere,* du lat. class. *cadere,* tomber) [conj. **71**]. *Litt.* **1.** (auxil. *être*). Tomber d'une situation supérieure : *Il est déchu de son rang.* — **2.** (auxil. *avoir*). Perdre de sa valeur ; s'affaiblir, décliner : *Autorité qui déchoit.*
◆ v. t. Priver qqn d'un droit, d'un privilège, l'en déposséder : *Le tribunal a déchu les parents de l'autorité parentale.*
◆ **être déchu** v. pass. Avoir perdu sa force, son crédit, sa réputation : *Un vieillard déchu.*

DÉCHRISTIANISATION [-kris-] n. f. Action de déchristianiser, de se déchristianiser ; fait d'être déchristianisé.

DÉCHRISTIANISER [-kris-] v. t. (conj. **3**). Faire cesser d'être chrétien ; faire renoncer à la foi chrétienne.

DÉCHROMAGE [-kro-] n. m. Opération d'enlèvement d'un revêtement de chrome.

DÉCHROMATEUR [-kro-] n. m. Vase poreux en céramique dans lequel on place la cathode durant la régénération par oxydation d'un bain de chromage électrolytique.

DÉCHROMER [-kro-] v. t. (conj. **3**). **1.** Enlever le chromage. — **2.** Appauvrir en chrome.

DÉCHU → DÉCHOIR.

DECHY (59187), comm. du Nord, banlieue sud-est de Douai ; 5 522 hab. *(Dechynois).*

DÉCI-, préfixe SI (symb. d) qui divise par 10 l'unité devant laquelle il est placé.

DÉCI n. m. En Suisse, mesure de capacité d'un dixième de litre, utilisée dans les cafés ou les restaurants.

DÉCIATINE → DESSIATINE.

DÉCIBEL n. m. (amér. *decibel*). **1.** Unité, de symbole dB, qui sert à exprimer le rapport y de deux grandeurs de même nature, X_1 et X_0, dans une échelle logarithmique : y (en décibels) = 10 lg (X_1/X_0). [On l'utilise notamment pour exprimer des niveaux d'intensité acoustique.] — **2.** (au pl.) *Fam.* Bruit intense.

DÉCIDABILITÉ n. f. Propriété d'une formule décidable.

DÉCIDABLE adj. Se dit d'une formule qui est démontrable ou falsifiable dans une théorie déductive. (Contr. INDÉCIDABLE.)

DÉCIDÉMENT adv. (de *décidé*). Souligne une conclusion, une constatation ; finalement, tout compte fait, en définitive : *Décidément, il n'a pas de chance !*

DÉCIDER v. t. (lat. *decidere*) [conj. **3**]. **1.** Prendre le parti de faire qqch, se déterminer à entreprendre qqch, prendre la résolution qu'un événement ait lieu ; résoudre : *Ne décide rien sans me consulter. On a décidé de procéder à un vote.* — **2.** Choisir entre des personnes, des éventualités, opter pour une conclusion définitive qui tranche un débat, une difficulté : *Je n'ai pas encore décidé si les enfants iraient en colonie.* — **3.** Prendre les décisions : *C'est moi qui décide ici !* — **4.** Porter un jugement définitif sur qqn, qqch : *Il a décidé une fois pour toutes que j'étais un imbécile.* — **5.** Être décisif : *En cas de guerre, c'est la force de la bombe qui décidera !* — **6.** Inciter qqn à qqch, l'amener à prendre telle décision, à adopter telle conclusion, tel comportement : *Il a réussi à la décider au divorce.*

◆ v. t. ind. **1.** Se déterminer sur telle action à mener, telle date à choisir, tel choix à faire : *Décidons d'une date.* — **2.** Être l'élément décisif qui entraînera telle action, tel choix : *C'est l'âge qui décidera du choix.*

◆ **être décidé** v. pass. Faire preuve de volonté, d'esprit de décision, d'assurance, être déterminé, résolu : *Un homme décidé.*

◆ **se décider** v. pr., **être décidé** v. pass. **1.** Être choisi, déterminé, en parlant d'une date, d'un événement, d'une action : *C'est décidé, nous irons en Bretagne.* — **2.** Prendre un parti, une résolution, choisir, se prononcer : *Elle s'est décidée pour une paire de mocassins bleus.* — **3.** Être déterminé, avoir choisi telle attitude, avoir la ferme volonté de faire qqch : *Se décider à divorcer.* — **4.** *Fam.* En parlant d'un appareil, se mettre à fonctionner : *La voiture s'était enfin décidée à démarrer.*

DÉCIDEUR, EUSE n. Personne physique ou morale habilitée par ses fonctions ou sa position à décider, à orienter ou bien à faire prévaloir une décision.

DÉCIDU, E adj. (lat. *deciduus,* qui tombe). Relatif aux plantes dont les feuilles tombent selon un rythme saisonnier.

DÉCIDUAL, E, AUX adj. (lat. *deciduus,* qui tombe). *Membrane déciduale* ou *déciduale* (n. f.), syn. de CADUQUE.

DÉCIDUÉ, E adj. (lat. *deciduus,* qui tombe). Se dit des mammifères chez lesquels, lors de la parturition, l'endomètre utérin, ou caduque, est expulsé en même temps que le fœtus (édentés, rongeurs, insectivores, chiroptères et primates).

DÉCIDUOME n. m. (de *décidual*). Tumeur de la caduque utérine, le plus souvent bénigne.

DÉCILAGE n. m. Division d'une distribution statistique en dix classes d'effectif égal.

DÉCILE n. m. (lat. *decem,* dix). En statistique, chacune des valeurs d'un caractère quantitatif qui partagent l'étendue des valeurs en dix sous-ensembles d'effectifs égaux.

DÉCIMAL, E, AUX adj. (dér. savant du lat. *decimus,* dixième, de *decem,* dix). *Développement décimal illimité* ou *suite décimale illimitée,* écriture d'un réel sous la forme $A,a_1a_2 \ldots a_n \ldots$, où la partie décimale $a_1a_2 \ldots a_n \ldots$ est infinie. (Le réel 1/3 a pour développement décimal illimité 0,33...3...) ‖ *Fraction décimale,* fraction dont le dénominateur est une puissance de 10. ‖ *Logarithme décimal,* logarithme à base 10. ‖ *Nombre décimal,* élément de l'ensemble $\mathbb{D}$. (→ $\mathbb{D}$.) ‖ *Numération décimale,* numération relative à la base 10. ‖ *Système décimal,* système qui procède par puissance de 10.

◆ **décimale** n. f. Chiffre écrit à droite de la virgule (ou du point dans la notation anglo-saxonne) dans une représentation décimale d'un nombre.

DÉCIMALISATION n. f. Action de décimaliser.

DÉCIMALISER v. t. (conj. 3). Appliquer le système décimal à des mesures, dans un pays où il n'est pas couramment utilisé.

DÉCIMATEUR n. m. (bas lat. *decimator,* celui qui perçoit la dîme). Celui qui avait le droit de lever la dîme ecclésiastique dans une paroisse. (La plupart des dîmes étaient levées par des évêques, des abbés, des chanoines ou encore par des laïcs. Le curé, décimateur de droit, ne recevait qu'une partie des grosses dîmes [*portion congrue*].)

DÉCIMATION n. f. (bas lat. *decimatio, -onis*). Châtiment qui consistait à faire périr un soldat sur dix après un tirage au sort.

DÉCIME n. f. (lat. *decima pars,* dixième partie). **1.** Sous l'Ancien Régime, impôt perçu par le roi de France sur le clergé. (→ *encycl.*) — **2.** Impôt supplémentaire d'un dixième par franc, ou principal de certains droits. — **3.** Autref., dixième partie du franc.

ENCYCL. Apparue en France en 1188 sous le nom de dîme saladine, créée par Philipe II Auguste pour financer la troisième croisade, la décime était, à l'origine, levée par le roi avec l'autorisation du pape et était, en principe, égale au dixième des revenus des biens ecclésiastiques. Sous Henri II, elle devint un impôt royal permanent levé avec le consentement de l'Église de France, mais sans l'approbation du pape. Le clergé payait au roi une *décime ordinaire* (fixée par le contrat de Poissy, 1561) et des *décimes extraordinaires* (tel le don* gratuit), dont le montant était voté par les assemblées* du clergé de France. Il procédait lui-même à la répartition de ces impôts entre ses membres et à leur recouvrement, et institua (1580, 1586) huit *chambres des décimes* qui jugeaient en appel tous les différends relatifs à ces contributions.

DÉCIMER v. t. (lat. *decimare,* punir de mort un homme sur dix) [conj. 3]. Faire périr des êtres vivants en grand nombre ; exterminer : *L'épidémie avait décimé des régions entières.*

DÉCIMÈTRE n. m. **1.** Mesure de longueur qui vaut la dixième partie du mètre (symb. dm). — **2.** *Décimètre carré,* mesure de superficie équivalant à un carré ayant 1 dm de côté (symb. dm^2). ‖ *Double décimètre,* règle divisée en centimètres et millimètres et ayant pour longueur 20 cm.

DÉCIMÉTRIQUE adj. Se dit d'ondes radio dont la longueur d'onde est comprise entre dix centimètres et un mètre.

DECIMO [de-] adv. (lat. *decimo*). Dixièmement.

DĚČÍN, v. de la République tchèque (Bohême), sur l'Elbe (Labe) ; 55 000 hab. Industries métallurgiques et chimiques.

DÉCINES-CHARPIEU (69150), ch.-l. de cant. du Rhône, banlieue est de Lyon ; 24 608 hab. *(Décinois).* Constructions électriques. Chimie.

DÉCINORMAL, E, AUX adj. Se dit de liqueurs titrées dix fois moins concentrées que les liqueurs normales.

DÉCINTRAGE ou **DÉCINTREMENT** n. m. Action de décintrer qqch.

DÉCINTRER v. t. (conj. 3). **1.** Rendre un vêtement plus ample en défaisant les pinces ou les coutures. – **2.** Ôter les cintres qu'on avait établis pour construire une voûte, une arcade.

DÉCINTROIR n. m. Sorte de marteau ou pioche de maçon à deux taillants situés dans des plans perpendiculaires.

DÉCISIF, IVE adj. (lat. médiév. *decisivus,* du lat. class. *decidere,* décider). **1.** Qui résout une difficulté en obligeant à opter pour une conclusion ; déterminant, concluant : *Argument décisif.* – **2.** Propre à amener une solution définitive : *Une bataille décisive.* – **3.** Se dit d'un moment, de l'instant où des événements importants se décident.

DÉCISION n. f. (lat. *decisio, -onis*). **1.** Action de décider après délibération ; acte par lequel une autorité prend parti après examen : *Décision judiciaire.* – **2.** Acte par lequel qqn opte pour une solution, décide qqch ; résolution, choix : *C'est une sage décision.* – **3.** Choix des orientations d'une entreprise, d'une politique, etc. ; mesure, ordre, prix en conformité avec cette orientation : *Avoir le pouvoir de décision.* – **4.** Qualité de qqn qui n'hésite pas à prendre ses résolutions ; détermination, fermeté : *Montrer de la décision dans une affaire.* – **5.** *Faire, créer la décision,* décider par son choix, par ses actes, de la suite des événements ; être l'élément déterminant de l'issue de qqch. ‖ *Organe, centre de décision,* organisme dirigeant, d'où partent les ordres, les directives. ‖ *Pouvoir de décision,* pouvoir de décider, par oppos. au pouvoir consultatif. • **Cybern.** *Décision binaire,* décision consistant à choisir entre deux possibilités et deux seulement. – **Dr.** Mesure prise par le président de la République dans le cadre des circonstances particulières prévues par l'article 16. ‖ Sentence du Conseil constitutionnel. ‖ *Décision exécutoire,* acte unilatéral de l'Administration. ‖ *Décision implicite,* décision résultant du silence gardé par l'Administration pendant 4 mois à une demande d'un administré. (En principe, c'est une décision de rejet de la demande.) ‖ *Décision préalable,* sauf en matière de travaux publics, décision de rejet qui est seule de nature à permettre à un administré de saisir le juge administratif. – **Mil.** Document transmettant aux échelons subordonnés les ordres d'une autorité militaire. – **Psychol.** Choix entre deux comportements ou deux activités internes incompatibles. ‖ *Théorie de la décision,* théorie fondée sur la prise en considération conjointe des probabilités et des utilités des diverses éventualités en vue de la prise de décision.

DÉCISIONNAIRE adj. Qui relève d'une décision : *Pouvoir décisionnaire.*

◆ n. Toute personne exerçant un pouvoir de décision.

DÉCISIONNEL adj. Relatif à une décision.

DÉCISOIRE adj. (lat. médiév. *decisorius*). *Serment décisoire,* serment judiciaire imposé par une partie à son adversaire au cours d'une procès civil et dont dépend la solution du litige.

DÉCITEX n. m. Unité de titrage des fibres et filaments textiles, qui correspond à la masse en grammes d'une longueur de 10 000 mètres de produit. (Le décitex a remplacé le denier.)

DECIUS (Caius Messius Quintus Valerianus Trajanus), en fr. **Dèce** (Bubalia, près de Sirmium, Pannonie, 201 - Abryttos, Mésie, 251), empereur romain (249-251). Vainqueur des Goths, il fut proclamé empereur par ses soldats (249). Pour réaliser l'unité morale de l'Empire, il déclencha la première persécution systématique des chrétiens (250). En 251, il dut se porter contre les Goths, qui avaient envahi la Mésie ; il fut vaincu et tué (juin 251).

DECIUS MUS, nom de trois Romains qui se dévouèrent aux dieux infernaux pour assurer la victoire aux armées romaines (en 340, 295 et 279 av. J.-C.).

DECIZE (58300), ch.-l. de cant. de la Nièvre, sur la Loire ; 7 059 hab. *(Decizois).* Église St-Aré, avec chœur roman et crypte plus ancienne. Industries du caoutchouc et de la céramique.

DECK (Théodore), céramiste français (Guebwiller 1823 - Sèvres 1891). Retrouvant les procédés des anciens céramistes, il en a fait des interprétations originales et variées. La partie la plus personnelle de son œuvre est influencée par le japonisme. En 1887, il fut nommé administrateur de la manufacture de Sèvres et publia *la Faïence.*

DÉCLAMATEUR, TRICE n. (lat. *declamator, -oris*). Écrivain ou orateur qui parle ou écrit dans un style emphatique, ampoulé.

DÉCLAMATION n. f. (lat. *declamatio, -onis*). **1.** Art de réciter devant un public un texte de manière expressive : *Ce sont des textes qui se prêtent peu à la déclamation.* – **2.** Emphase, affectation, enflure dans l'expression orale ou écrite ; discours pompeux ; emphatique : *Tomber dans la déclamation.* – **3.** Art de la diction expressive pour l'interprétation d'un texte chanté. (Il repose à la fois sur les accents des paroles et les valeurs mélodiques et rythmiques de la musique.)

DÉCLAMATOIRE adj. (lat. *declamatorius*). **1.** Qui concerne la déclamation : *Art déclamatoire.* – **2.** Pompeux, emphatique : *Style déclamatoire.*

DÉCLAMER v. t. (lat. *declamare*) [conj. 3]. **1.** Réciter un texte à haute voix, avec le ton et les gestes convenables : *Déclamer une tirade.* – **2.** Prononcer, dire une phrase, un texte avec emphase : *Déclamer pompeusement des banalités.*
◆ v. t. ind. *Litt.* Parler avec violence contre qqn, qqch : *Déclamer contre la décadence des mœurs.*

DÉCLARABLE adj. Qui peut être déclaré.

DÉCLARANT, E n. Personne qui fait une déclaration, notamment à un officier de l'état civil.

DÉCLARATIF, IVE adj. (bas lat. *declarativus*). **1.** Se dit d'un acte qui constate l'existence d'un droit préexistant. – **2.** Se dit d'un verbe exprimant une assertion et pouvant introduire le discours direct ou indirect (par ex. *dire, déclarer, raconter, expliquer,* etc.). – **3.** Syn. de ASSERTIF.

DÉCLARATION n. f. (lat. *declaratio, -onis*). **1.** Action de déclarer, de porter à la connaissance du public ; acte, écrit, discours par lequel on fait publiquement une communication : *Faire une déclaration à la presse.* – **2.** Action de déclarer, de dire à qqn avec une certaine assurance ou dans des circonstances officielles ; paroles ainsi prononcées : *Déclaration d'amour.* – **3.** Affirmation de l'existence d'une situation juridique ou d'un fait : *Déclaration d'adoption.* – **4.** Témoignage porté devant un officier de police ou un juge d'instruction. – **5.** Acte par lequel le contribuable fait connaître au fisc les bases d'impositions auxquelles il est assujetti. – **6.** *Déclaration de guerre,* action de déclarer la guerre ; commencement des hostilités à l'initiative d'un pays. • **Dr.** Acte unilatéral d'un État, destiné à produire des effets de droit dans les relations internationales (déclaration de reconnaissance, de guerre, de neutralité, etc.). ‖ Nom donné aux textes les plus solennels adoptés par les Nations unies, mais qui n'ont qu'une valeur de recommandation (Déclaration universelle des droits de l'homme de 1948...). ‖ Désignation solennelle de l'Acte final adopté à l'issue de certaines conférences internationales. ‖ Partie annexée à certains traités. ‖ *Déclaration de l'état civil,* celle par laquelle on fait connaître à l'officier de l'état civil une naissance ou un décès. ‖ *Déclaration du gouvernement,* communication faite par le gouvernement et transmise par son porte-parole aux organes d'information ; intervention du gouvernement non suivie de vote, au cours des débats de l'Assemblée nationale. ‖ *Déclaration d'hypothèque,* celle qui fait connaître l'affectation hypothécaire d'un bien à la sûreté d'une créance. ‖ *Déclaration de naturalité,* acte délivré à un étranger pour lui conférer le titre de citoyen français. ‖ *Déclaration de politique générale,* l'une des procédures de mise en jeu de la responsabilité du gouvernement par le Premier ministre, après délibération du Conseil des ministres, devant l'Assemblée nationale ou le Sénat. (La désapprobation de l'Assemblée nationale oblige le Premier ministre à remettre la démission du gouvernement au président de la République.) ‖ *Déclaration d'utilité publique,* en cas d'expropriation, acte qui, au terme de l'enquête préalable, constate que l'expropriation est justifiée et ouvre le droit au préfet d'identifier, par arrêté de cessibilité, les propriétés dont l'expropriation sera poursuivie. – **Hist.** *Déclaration royale,* sous l'Ancien Régime, acte législatif rendu par le roi, qui interprète, modifie ou complète une ordonnance ou un édit promulgué antérieurement. – **Inform.** Définition du type d'une variable dans un langage de programmation. – **Mar.** Pièce établie par les autorités d'un navire à l'appui d'une opération (entrée, sortie d'un port) ou d'un événement de mer (avarie). – **Méd.** *Déclaration des causes de décès,* déclaration faite par le médecin de l'état civil chargé de constater le décès et dont l'enregistrement est effectué, dans un dessein statistique, à la direction départementale de la santé. ‖ *Déclaration de grossesse,* déclaration que doit faire la femme enceinte avant la fin du troisième mois de la grossesse auprès de la caisse de sécurité sociale ou de la caisse d'allocations familiales afin de bénéficier des allocations prénatales. ‖ *Déclaration de maladie,* avis donné par le médecin aux autorités compétentes constatant chez un sujet l'existence d'une maladie (maladies contagieuses, professionnelles, vénériennes) figurant sur des listes limitatives. – **Presse.** *Déclaration préalable,* obligation pour tout fondateur d'une publication périodique, avant le premier numéro, de déclarer au parquet le titre et la périodicité de la publication, le nom et l'adresse du directeur de la publication et de l'imprimeur.

Déclaration du clergé de France ou **Déclaration des Quatre Articles,** déclaration des libertés de l'Église gallicane, adoptée le 19 mars 1682 par une assemblée extraordinaire du clergé de France réunie du 30 oct. 1681 au 1er juill. 1682 sur l'ordre de Louis XIV, pendant le conflit de la régale*. Préparée par Bossuet, cette déclaration, qui comportait quatre articles, proclamait, en particulier, l'indépendance absolue du roi de France envers la papauté en matière temporelle, la supériorité du concile œcuménique sur le pape, l'existence et le respect des libertés de l'Église gallicane. Érigée en loi d'État par Louis XIV (20 mars 1682), elle fut enseignée dans les séminaires et les collèges. Mais le pape Alexandre VIII l'ayant condamnée (1691), Louis XIV renonça à prescrire son enseignement en 1693.

Déclaration des droits de l'homme et du citoyen → DROITS DE L'HOMME ET DU CITOYEN (*Déclaration des*).

DÉCLARATOIRE adj. Qui déclare juridiquement.

DÉCLARER v. t. (lat. *declarare,* de *clarare,* rendre clair) [conj. 3]. **1.** Porter publiquement qqch à la connaissance d'un groupe, d'une institution, du public, ou affirmer qqch avec assurance, solennité à qqn : *Déclarer la séance ouverte.* – **2.** Faire connaître ouvertement à qqn ses intentions, ses sentiments, les lui annoncer : *Déclarer son amour à qqn.* – **3.** Faire connaître à une administration la quantité, la nature des marchandises ou le montant des revenus en vue des droits auxquels ils peuvent être soumis : *Déclarer ses revenus.* – **4.** Faire connaître une naissance, un décès, une perte, etc., officiellement et conformément à la loi, à l'administration concernée : *Il est allé déclarer son fils à la mairie.* – **5.** Litt. *Déclarer sa flamme,* avouer son amour. ‖ *Déclarer la guerre à un pays, une nation, etc.,* leur faire savoir officiellement que l'on déclenche les hostilités contre eux. ‖ *Déclarer la guerre à qqn, à qqch,* décider qu'on mettra tout en œuvre pour lutter contre eux.
◆ **être déclaré** v. pass. **1.** Avoir pris position fermement et ouvertement : *Il est l'ennemi déclaré de toute compromission.* – **2.** Être clair, manifeste : *Une animosité déclarée entre deux personnes.*
◆ **se déclarer** v. pr. **1.** Commencer à se manifester : *Le feu s'est déclaré dans les entrepôts.* – **2.** Indiquer son opinion sur une question : *Se déclarer sur la peine de mort.* – **3.** Se prononcer en faveur de qqn ou de qqch ou contre eux : *Ce parti s'est déclaré pour ce candidat.* – **4.** Dire ouvertement qu'on est tel : *Se déclarer satisfait.* – **5.** Faire connaître son amour à qqn.

DÉCLASSÉ, E n. Personne qui n'est plus au rang social qui conviendrait, qui est déchue de sa position sociale.

DÉCLASSEMENT n. m. **1.** Action de déclasser qqn, qqch, de le faire sortir de sa catégorie, de son rang initial : *Subir avec amertume son déclassement.* – **2.** Action de déranger des papiers, des documents : *Déclassement des dossiers anciens.* – **3.** État de qqch qui est déclassé par rapport à d'autres choses ; dévalorisation : *Le déclassement de la fonction publique.* • **Ch. de f.** Affectation d'un compartiment, d'une voiture à une classe inférieure. ‖ Annulation par décision légale du classement ou de la déclaration d'utilité publique d'une ligne. – **Dr.** Décision administrative faisant quitter une catégorie juridique soumise à une réglementation particulière et la faisant retomber dans le régime de droit commun (déclassement d'un monument historique, par ex.). ‖ Radiation définitive des rôles de l'Administration des affaires maritimes d'un matelot ou inscrit cessant d'exercer la profession de marin. ‖ Suppression d'un navire de la liste de la flotte. – **Écon.** Situation d'un équipement qui a épuisé sa durée de vie et qui réalise, de ce fait, une sortie d'actif. – **Mil.** *Déclassement d'un matériel,* opération qui consiste à maintenir à d'autres fins de service un matériel périmé. ‖ *Déclassement d'une place forte,* décision de lever les servitudes imposées par la fortification d'une place forte devenue inutile à la défense. – **Navig.** Acte par lequel un cours d'eau, un lac ou un canal est déclaré ne plus faire partie du domaine public fluvial.

DÉCLASSER v. t. (conj. 3). **1.** Déranger le classement d'un ensemble, de ses éléments : *On a déclassé mes fiches.* – **2.** Retirer qqn, qqch d'une catégorie où ils avaient été mis pour les placer dans une situation inférieure : *Déclasser un sportif.* – **3.** Déprécier, discréditer : *Il estimait que cette situation le déclassait.* – **4.** Effectuer le déclassement d'un monument, d'un navire, d'un matelot, d'un matériel, etc.
◆ **se déclasser** v. pr., **être déclassé** v. pass. **1.** Ne pas être classé où il convient : *Fiche déclassée.* – **2.** Occuper un rang inférieur à son rang initial ou à celui que sa valeur aurait pu lui valoir : *Par son mariage, il s'est déclassé.*

DÉCLAVETER v. t. (conj. 27). Enlever la clavette qui fixe une pièce à une autre.

DÉCLENCHANT, E adj. Se dit du facteur qui va déclencher un processus morbide (réaction allergique, maladie).

DÉCLENCHEMENT n. m. **1.** Action de déclencher ; fait d'être déclenché : *Le déclenchement d'un ressort.* – **2.** Ouverture des contacts d'un disjoncteur. – **3.** Mécanisme qui produit l'effet contraire de l'enclenchement.

DÉCLENCHER v. t. (de *clenche*) [conj. 3]. **1.** Provoquer par l'intermédiaire d'un mécanisme la mise en marche d'un appareil, d'un mécanisme : *Déclencher une sonnerie.* – **2.** Provoquer brusquement une action, l'apparition d'un phénomène ; entraîner, déterminer : *Déclencher un conflit.*
◆ **se déclencher** v. pr. Se mettre en mouvement, se produire : *Dès qu'il lit trop, la migraine se déclenche.*

DÉCLENCHEUR n. m. **1.** Dispositif provoquant l'ouverture d'un disjoncteur. – **2.** Dispositif

commandant le fonctionnement de l'obturateur d'un appareil photo.
◆ adj. m. *Stimulus déclencheur,* stimulus dont la perception provoque l'effection d'un schéma moteur caractéristique du groupe zoologique considéré. (Syn. STIMULUS SIGNAL.)

DÉCLÉRICALISER v. t. (conj. 3). Ôter le caractère clérical de qqch, obtenir que certaines fonctions sacerdotales soient assumées par des laïcs.

DÉCLIC n. m. (anc. fr. *clique,* loquet). **1.** Mécanisme disposé pour faire cesser, à un moment donné, la solidarité qui existe entre deux pièces d'une même machine. – **2.** Bruit provoqué par le fonctionnement de ce mécanisme : *Le déclic d'un appareil photographique.* – **3.** Ce qui provoque une réaction intellectuelle, psychologique ; moment où elle se fait : *Il s'est produit un déclic, il a trouvé la solution du problème.*

DÉCLIN n. m. **1.** Fait pour un astre de finir sa course : *Au déclin du soleil.* – **2.** Fait de se terminer, de décliner, état de ce qui diminue de valeur, de grandeur, d'éclat, de puissance : *Écrivain sur son déclin.* – **3.** Litt. *Le déclin du jour,* le crépuscule.

déclin et de la chute de l'Empire romain *(Histoire du),* ouvrage historique (1776-1778) de Gibbon, qui étudie la décadence de l'Empire romain en en attribuant la responsabilité à l'Église chrétienne.

DÉCLINABLE adj. Se dit d'une forme grammaticale qui peut se décliner.

1. DÉCLINAISON n. f. (lat. *declinatio, -onis*). **1.** Action de décliner qqch : *Déclinaison d'une nouvelle politique économique.* – **2.** Ensemble des formes pourvues d'affixes que présentent, dans les langues flexionnelles, un nom, un pronom ou un adjectif, pour exprimer les fonctions grammaticales du syntagme nominal ; ensemble des noms, des pronoms, des adjectifs ayant des formes communes. (Ces diverses formes, appelées cas, sont constituées d'un radical et d'une désinence marquant à la fois le genre, le nombre et la fonction.) [Syn. FLEXION CASUELLE.]

2. DÉCLINAISON n. f. (de *déclinaison 1*). **1.** Distance angulaire d'un point de la sphère céleste au plan équatorial, comptée à partir de ce plan, de 0 à 90°, positivement vers le N., négativement vers le S. (Déclinaison et ascension droite constituent les coordonnées équatoriales.) – **2.** *Déclinaison magnétique,* angle formé par le méridien magnétique et le méridien géographique en un point de la surface terrestre.

ENCYCL. La *déclinaison magnétique* se mesure à l'aide des boussoles de déclinaison ou des théodolites magnétiques. Les lignes joignant les points de la Terre ayant la même déclinaison

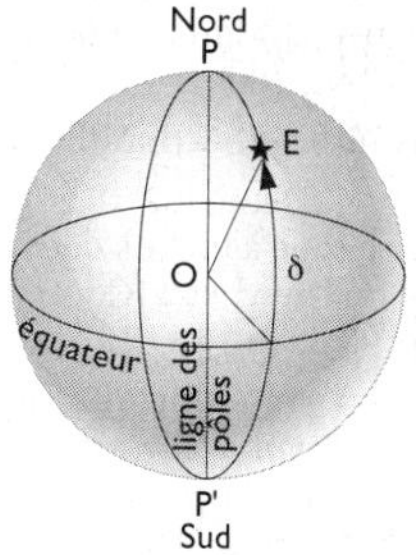

PEP' : cercle de déclinaison
δ : déclinaison de l'astre E
déclinaison d'un astre.

sont des lignes isogones. Elles aboutissent à deux points appelés pôles magnétiques. La déclinaison présente des variations, tantôt périodiques, tantôt irrégulières.

DÉCLINANT, E adj. Qui perd progressivement sa force : *Une société déclinante.*

DÉCLINATOIRE adj. Qui vise à décliner une juridiction.
◆ n. m. **1.** Aiguille aimantée à pivot, fixée dans un boîtier muni de traits de repère diamétralement opposés et solidaire d'une planchette ou d'un tachéomètre qu'elle permet d'orienter vers le nord. – **2.** *Déclinatoire de compétence,* acte par lequel le préfet signifie à un tribunal judiciaire qu'une affaire dont il est saisi relève de la compétence d'un tribunal administratif ; exception qui permet de contester la compétence d'un tribunal judiciaire.

1. DÉCLINER v. t. (lat. *declinare,* détourner) [conj. 3]. **1.** Énoncer son identité, ses titres, etc. : *Déclinez vos titres, prénoms, nom, qualités.* – **2.** Énoncer, en les énumérant, les composantes de qqch : *Décliner un thème publicitaire, une campagne de presse.* – **3.** Présenter un produit ou un ensemble de produits sous plusieurs formes, ou en exploiter les différents sous-produits. – **4.** Énoncer le paradigme de la déclinaison d'un nom, d'un pronom, d'un adjectif.

2. DÉCLINER v. i. (de *décliner 1*) [conj. 3]. **1.** S'approcher de l'horizon après avoir dépassé le méridien : *Le soleil décline.* – **2.** S'affaiblir, perdre de ses forces, de ses qualités : *Vieillard qui décline.* – **3.** En parlant du jour, tomber, laisser place à la nuit. – **4.** En parlant d'un cadran solaire vertical, s'écarter du plan perpendiculaire au méridien.
◆ v. t. **1.** Ne pas reconnaître la responsabilité de qqch : *Décliner toute responsabilité dans un accident.* – **2.** Refuser qqch avec politesse : *Décliner une invitation.*

DÉCLINOMÈTRE n. m. Boussole inventée par Gauss et destinée à la mesure de la déclinaison magnétique.

DÉCLIQUETAGE n. m. Action de décliqueter.

DÉCLIQUETER v. t. (conj. 27). Dégager le cliquet des dents d'une roue à rochet, dans une montre, une pendule, un treuil, etc. (Contr. ENCLIQUETER.)

DÉCLIVE adj. (lat. *declivis,* de *clivus,* pente). **1.** *Litt.* Qui va en pente ; incliné : *La partie déclive de la côte.* — **2.** *Point déclive,* point le plus bas d'une cavité, d'une plaie, d'un épanchement. ◆ n. f. *En déclive,* en pente.

DÉCLIVITÉ n. f. (lat. *declivitas, -atis,* pente). **1.** État de ce qui est en pente : *La déclivité d'un terrain.* — **2.** Terrain en pente : *Les déclivités successives rendaient la course très pénible.* — **3.** Inclinaison que présente le profil en long d'une route, d'une ligne de chemin de fer.

DÉCLOISONNEMENT n. m. Action de décloisonner.

DÉCLOISONNER v. t. (conj. 3). Enlever les cloisons qui empêchent les relations entre les disciplines, les administrations, etc.

DÉCLOUAGE n. m. Action de déclouer.

DÉCLOUER v. t. (conj. 3). **1.** Enlever les clous de qqch : *Déclouer une planche.* — **2.** Détacher, décrocher qqch qui était cloué : *Déclouer un tableau du mur.*

DÉCOCHAGE n. m. **1.** Syn. de DÉCOCHEMENT. — **2.** Opération qui consiste à sortir du moule une pièce de fonderie.

DÉCOCHEMENT n. m. **1.** Action de décocher : *Le décochement d'un trait satirique.* (Syn. DÉCOCHAGE.) — **2.** Décalage des points de liage dans le rapport d'armure d'un tissu.

DÉCOCHER v. t. (de *coche 3*) [conj. 3]. **1.** Lancer un projectile avec un arc ou un engin analogue : *Décocher une flèche.* — **2.** Donner un coup avec force et d'une manière soudaine : *Il lui décocha un coup de pied.* — **3.** Adresser vivement et de façon inattendue un regard, un sourire, etc., à qqn. — **4.** Réaliser le décochage ou le décochement.

DÉCOCHEUR n. m. Ouvrier chargé du décochage dans une fonderie.

DÉCOCONNAGE n. m. Action de décoconner. (Syn. DÉRAMAGE.)

DÉCOCONNER v. t. (conj. 3). Détacher de leurs supports les cocons de ver à soie. (Syn. DÉRAMER.)

DÉCOCTÉ n. m. (lat. *decoctus,* cuit). Produit obtenu par décoction.

DÉCOCTION n. f. (lat. *decoctio, -onis,* de *decoquere,* faire cuire). **1.** Opération qui consiste à extraire les principes actifs d'une substance par action d'un liquide porté à ébullition. — **2.** Le produit ainsi obtenu.

DÉCODAGE n. m. **1.** Action de décoder un texte, un message, un énoncé. — **2.** Restitution d'informations codées sous leur forme originale. (En télévision en couleurs, le décodage consiste à obtenir les trois signaux représentant les couleurs primaires à partir d'un signal d'image composite en couleurs.) — **3.** Syn. de DÉCHIFFREMENT.

DÉCODER v. t. (conj. 3). Effectuer un décodage ; déchiffrer.

DÉCODEUR n. m. **1.** Récepteur du message linguistique. — **2.** Dispositif réalisant automatiquement un décodage. — **3.** Dispositif destiné à restituer en clair des signaux de télévision cryptés à l'émission.

DECŒUR (Émile), céramiste français (Paris 1876 - Fontenay-aux-Roses 1953). Il produisit des grès et des porcelaines aux formes simples, recouverts d'émaux monochromes aux nuances subtiles (blanc, ivoire, gris, etc.). En 1942, il fut nommé directeur artistique de la manufacture de Sèvres. Importante partie de son œuvre au musée de Sèvres.

DÉCOFFRAGE n. m. Action de décoffrer.

DÉCOFFRER v. t. (conj. 3). Enlever les coffrages d'un ouvrage de béton.

DÉCOHABITATION n. f. Cessation de la cohabitation entre les parents et les enfants devenus majeurs.

DÉCOIFFEMENT n. m. Action de décoiffer.

DÉCOIFFER v. t. (conj. 3). **1.** Ôter la coiffe, le chapeau de qqn : *Décoiffer une mariée.* — **2.** Déranger les cheveux de qqn, leur ordonnance : *La pluie et le vent l'avaient décoiffée.* — **3.** Ôter ce qui recouvre, surmonte ou bouche un objet : *Décoiffer un pot.* — **4.** Pop. *Ça décoiffe,* cela produit une impression très forte, un effet ébouriffant.

DECOIN (Henri), metteur en scène de cinéma français (Paris 1896 - *id.* 1969). Il a réalisé : *Retour à l'aube* (1938), *Premier Rendez-vous* (1941), *les Inconnus dans la maison* (1942), *l'Homme de Londres* (1943), *Non coupable* (1947), *Entre onze heures et minuit* (1949), *la Vérité sur Bébé Donge* (1952), *Maléfices* (1961), *le Masque de fer* (1962).

DECOIN (Didier), romancier français (Boulogne-Billancourt 1945), fils du précédent. Outre *John l'Enfer* (1977), qui offre une vision très européenne de la prétendue décadence new-yorkaise, il a publié notamment *la Nuit de l'été* (1979), *les Trois Vies de Babe Ozouf* (1983).

DÉCOINCEMENT ou **DÉCOINÇAGE** n. m. Action de décoincer ou de se décoincer.

DÉCOINCER v. t. (conj. **16**). **1.** Dégager ce qui était bloqué : *Décoincer un tiroir.* – **2.** Débloquer une articulation, une vertèbre, etc., qui était coincée. – **3.** *Fam.* Mettre qqn à l'aise, faire en sorte qu'il ne se sente plus intimidé, complexé.

DÉCOLÉRER v. i. (conj. **18**). *Ne pas décolérer,* ne pas cesser d'être en colère.

DÉCOLLAGE n. m. **1.** Action, fait de décoller, de se décoller : *Le décollage d'une enveloppe.* – **2.** Action de sortir de la stagnation, de se développer ; démarrage : *Le décollage des exportations.* – **3.** Action de décoller, de quitter le sol, en parlant d'un avion, d'un hélicoptère, d'une fusée. (→ *encycl.*) – **4.** Phase du développement à partir de laquelle on cesse de considérer qu'un pays appartient au monde sous-développé. (Syn. TAKE-OFF.) – **5.** Instant où le rotor d'une machine électrique tournante quitte l'état de repos pour entrer en rotation. – **6.** *Décollage assisté,* décollage d'un avion au moyen de fusées d'assistance. ‖ *Fusée de décollage,* syn. de FUSÉE JATO.

ENCYCL. Le décollage d'un avion à hélice doté d'un train d'atterrissage classique (roues principales situées en avant du centre de gravité) s'effectue en ouvrant progressivement les gaz et en maintenant l'appareil horizontal par action sur la gouverne de profondeur. Cette opération, délicate, est bien plus facile avec un train tricycle, dont sont dotés tous les avions à réaction (roues principales situées en arrière du centre de gravité et roues auxiliaires situées à l'avant).

Après la Seconde Guerre mondiale, les performances accrues des avions en terme de vitesse et de charge alaire imposaient des pistes longues et parfaitement lisses qui allaient devenir peu à peu incompatibles avec les nouvelles formes de combat aérien. La nécessité tactique de revenir à des pistes courtes est à l'origine des avions à décollage court ou vertical (A. D. A. C. ou A. D. A. V.). Différentes solutions mettant en œuvre des catapultes ou des fusées d'appoint ont dû être abandonnées en raison de coûts excessifs. Dans les années 80, l'utilisation de matériaux composites (fibre de carbone ou de bore), les perfectionnements aérodynamiques permettent au chasseur un gain de 15 à 40 % sur la distance de décollage.

DÉCOLLATION n. f. (bas lat. *decollatio, -onis*). **1.** *Vx.* Action de trancher le cou, de couper la tête. – **2.** *Décollation de saint Jean-Baptiste,* nom donné autrefois à la fête du martyre de ce saint, le 29 août.

DÉCOLLECTIVISER v. t. (conj. **4**). Transférer les moyens de production et d'échange du domaine collectif à celui de l'initiative privée.

DÉCOLLEMENT n. m. Action de décoller, de se décoller, fait d'être décollé : *Le décollement des oreilles.* • **Méd.** *Décollement de la rétine,* dédoublement de la rétine, qui se produit entre la rétine visuelle et l'épithélium pigmentaire. (Le décollement de la rétine survient plus fréquemment chez les sujets myopes. Le traitement chirurgical ou par le laser doit être pratiqué dans les jours qui suivent pour éviter une cécité progressive.) – **Pathol.** *Décollement épiphysaire,* arrachement traumatique de l'épiphyse chez les enfants. (Il peut être cause de troubles graves de la croissance de l'os touché.) – **Phys.** Modification de l'écoulement d'un fluide autour d'un obstacle, due à la création d'une zone où le fluide se sépare de la surface de l'obstacle. (Il est dû au ralentissement du fluide sous l'action des forces de viscosité et de pression, menant à des mouvements tourbillonnaires.)

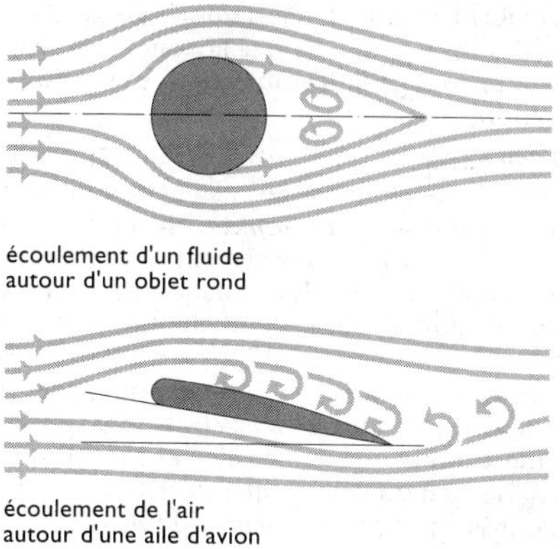

Phénomènes de **décollement.**

1. DÉCOLLER v. t. (conj. **3**). **1.** Détacher de son support ce qui était collé : *Décoller un timbre d'une enveloppe.* – **2.** *Fam.* Séparer qqn, qqch de qqn, de qqch d'autre : *On n'arrive pas à le décoller de la télévision.* – **3.** Au billard, écarter de la bande une bille qui la touchait.

◆ v. i. **1.** Quitter le sol, la surface, en parlant d'un avion, d'une fusée, de qqn, etc. : *Skieur qui décolle d'un tremplin.* – **2.** S'élever socialement, intellectuellement ou sortir de la stagnation : *La production des vidéodisques a décollé.* – **3.** Ne plus pouvoir suivre : *Cet élève paresseux a décollé du reste de la classe.* – **4.** Fam. *Ne pas décoller,* rester, s'incruster qqpart, ne pas se détacher de qqch : *Il ne décolle pas du bureau.* – **5.** *Décoller (de la réalité, du réel),* quitter le domaine de la réalité pour celui du rêve, de l'imaginaire. – **6.** *Pop.* Maigrir beaucoup ; dépérir. – **7.** Sortir du sous-développement. – **8.** En parlant d'un coureur, se faire distancer par ses rivaux ou ne plus pouvoir suivre son entraîneur.

◆ **être décollé** v. pass. *Oreilles décollées,* très écartées du crâne.

2. DÉCOLLER v. t. (lat. *decollare,* de *collum,* cou) [conj. 3]. *Vx.* Décapiter qqn.

DÉCOLLETAGE n. m. **1.** Action de décolleter une robe, un chemisier, de mettre à nu le cou, la gorge, etc. — **2.** Action de couper le collet et les feuilles de certaines racines cultivées (betterave, carotte, etc.). — **3.** Fabrication de pièces diverses (boulons, cuvettes, bouchons, axes, pièces de révolution, etc.), de faible diamètre, obtenues sur un tour parallèle, semi-automatique ou automatique, en les usinant directement les unes à la suite des autres dans une barre de métal. — **4.** Travail de détourage extérieur de pièces de révolution obtenues préalablement par fonderie ou estampage.

DÉCOLLETÉ n. m. **1.** Partie de la gorge et des épaules mise à nu. — **2.** Échancrure d'une robe ou d'un corsage dégageant le cou et parfois les épaules.

DÉCOLLETER v. t. (de *collet*) [conj. 27]. **1.** Découvrir le cou, la gorge, les épaules de qqn : *Cette robe très échancrée la décolletait beaucoup.* — **2.** Couper l'encolure d'un vêtement. — **3.** Procéder au décolletage. — **4.** *Tour à décolleter,* machine-outil employée pour le décolletage. (Syn. DÉCOLLETEUSE.)

◆ **être décolleté** v. pass. **1.** Laisser à nu le cou, les épaules, le dos : *Corsage décolleté.* — **2.** En parlant d'une femme, porter un vêtement de ce type. — **3.** Se dit d'un type de chaussure basse dont la tige, avec ou sans bride, laisse dégagé le cou-de-pied.

DÉCOLLETEUR, EUSE n. Ouvrier(ère) travaillant au décolletage.

◆ **décolleteuse** n. f. **1.** Machine servant au décolletage des betteraves. — **2.** Syn. de TOUR À DÉCOLLETER.

DÉCOLLEUR n. m. Organe mécanique adjoint aux outils de presses pour séparer lors de la remontée l'embouti, ou le déchet, du poinçon ou de la matrice.

DÉCOLONISATEUR, TRICE adj. et n. Qui décolonise, vise à décoloniser.

DÉCOLONISATION n. f. Action de décoloniser.

DÉCOLONISER v. t. (conj. 3). **1.** Donner l'indépendance à un pays jusque-là soumis au régime colonial. — **2.** Libérer qqn, un groupe, une région, leur donner une certaine autonomie, leur faire quitter un état de subordination : *Décoloniser les provinces.*

DÉCOLORANT, E adj. et n. m. Se dit de substances permettant de faire disparaître les colorations de certains corps.

DÉCOLORATION n. f. (lat. *decoloratio, -onis*). **1.** Action de décolorer, de se décolorer ; destruction, perte ou affaiblissement de la couleur naturelle : *Décoloration des végétaux dans l'obscurité.* — **2.** Élimination des pigments naturels et des produits colorés de décomposition d'un produit, pour en améliorer la couleur à l'état fini. (La décoloration peut résulter d'une absorption de colorant [noir animal] ou d'une action chimique d'oxydoréduction [chlorure décolorant].)

DÉCOLORER v. t. (lat. *decolorare*) [conj. 3]. **1.** Effacer, affaiblir la couleur originelle de qqch : *Le soleil a décoloré les rideaux.* — **2.** Faire subir aux cheveux une décoloration, éclaircir leur nuance naturelle.

DÉCOMBRES n. m. pl. (anc. fr. *décombrer,* débarrasser, du gaul.). **1.** Débris d'un édifice écroulé : *Être enseveli sous les décombres.* — **2.** *Litt.* Restes, ruines de ce qui a existé dans sa plénitude : *Les décombres d'une civilisation.*

DÉCOMMANDER v. t. (conj. 3). **1.** Annuler la commande de qqch : *Décommander une voiture.* — **2.** Annuler un rendez-vous, une réunion, etc. — **3.** Avertir qqn de l'annulation d'une commande, d'une invitation, d'un rendez-vous : *Décommander des déménageurs.*

DÉCOMMETTRE v. t. (conj. 84). Détordre un cordage en séparant ses éléments.

DE COMMODO ET INCOMMODO loc. adj. (mots lat. signif. *de l'avantage et de l'inconvénient*). *Enquête de commodo et incommodo,* enquête préalable effectuée par l'Administration, avant la prise de certaines décisions (déclaration d'utilité publique en matière d'expropriation, etc.).

DÉCOMPENSATION n. f. **1.** Action qui détruit celle de la compensation dans la régulation des groupes électrogènes. — **2.** Rupture de l'équilibre des mécanismes régulateurs qui empêchaient une affection de provoquer des troubles fonctionnels, métaboliques ou psychiques.

DÉCOMPENSER v. i. ou **SE DÉCOMPENSER** v. pr., **ÊTRE DÉCOMPENSÉ** v. pass. (conj. 3). En parlant d'une maladie ou d'un malade, être en état de décompensation.

DÉCOMPLEXER v. t. (conj. 4). Libérer qqn de ses complexes, de ses inhibitions, le décontracter : *Cette réussite l'a décomplexé.*

DÉCOMPOSABLE adj. Qui peut être décomposé.

DÉCOMPOSER v. t. (conj. 3). **1.** Réduire une substance en éléments plus simples ; faire apparaître, par analyse, les composantes d'un phénomène : *Le prisme décompose la lumière.* — **2.** Diviser un tout en ses éléments simples, en extraire les parties constitutives pour l'expliquer, en analyser la structure : *Décomposer un raisonnement.* — **3.** Faire un mouvement complexe très lentement pour faire ressortir chacune de ses étapes : *Décomposer un pas de danse.* — **4.** Altérer profondément une matière et, en partic., la putréfier : *La chaleur décompose la viande.* — **5.** Rompre l'unité, l'organisation de qqch, corrompre, détruire : *Selon lui, le relâchement moral décomposera cette société.* — **6.** En parlant d'une émotion forte, modifier profondément qqn, l'expression de son visage ; altérer : *La peur décomposa ses traits.* — **7.** *Décomposer un entier en facteurs premiers,* l'écrire sous forme de produit où tous les facteurs sont des nombres premiers. (Cette décomposition est unique à l'ordre près des facteurs.) ‖ *Décomposer une forme quadratique,* l'écrire comme somme de termes qui sont tous des carrés. ‖ *Décomposer un polynôme,* l'écrire sous forme de produits de facteurs qui sont tous des polynômes irréductibles.

◆ **se décomposer** v. pr., **être décomposé** v. pass. **1.** Pourrir, se putréfier : *Matière décomposée.* — **2.** En parlant du visage, se modifier profondément, se déformer, être bouleversé : *Il était décomposé.* — **3.** Pour une courbe ou une surface algébrique, avoir une de ses équations définie par un polynôme réductible.

◆ **se décomposer** v. pr. Pouvoir être décomposé en des éléments plus simples : *Ce texte se décompose en deux parties.*

DÉCOMPOSEUR n. m. Espèce vivante (bactérie, champignon, protiste, etc.) qui se nourrit d'excréments (coprophages), de cadavres d'animaux et végétaux (nécrophages) ou de boues organiques (saprophages), contribuant à leur minéralisation et à la constitution de l'humus. (Les décomposeurs, en rendant les débris organiques utilisables par les plantes, bouclent les circuits alimentaires.) [Syn. DÉTRITIVORE, MINÉRALISATEUR.]

DÉCOMPOSITION n. f. **1.** Action de décomposer un corps, un phénomène ; fait d'être décomposé. — **2.** Division d'une unité en ses éléments constituants : *La décomposition d'une phrase en ses divers groupes.* — **3.** Altération d'une substance organique, désagrégation, putréfaction : *Viande en état de décomposition.* — **4.** Altération des traits sous l'effet d'une violente émotion. — **5.** Profonde désorganisation ; destruction : *Décomposition de la société.* — **6.** Opération consistant à décomposer une forme quadratique en carrés, un polynôme, un entier naturel en facteurs premiers ; résultat de cette opération. (Syn. RÉDUCTION.) — **7.** Évolution physico-chimique et biologique des minéraux des roches qui donne naissance aux sols. (Les débris végétaux soumis aux actions mécaniques de la faune du sol et à la décomposition microbienne et/ou enzymatique se transforment en humus.)

DÉCOMPRESSER v. i. (conj. 4). **1.** Pour un organisme, être le siège d'une décompression. — **2.** *Fam.* Relâcher sa tension nerveuse, se détendre, après une période d'anxiété ou de fatigue ; ne plus être soumis à un rythme intensif de travail.

DÉCOMPRESSEUR n. m. **1.** Appareil qui sert à ramener progressivement à la pression normale l'air comprimé, le gaz ou la vapeur que contient une enceinte fermée. — **2.** Soupape placée sur la culasse d'un moteur, permettant de diminuer la compression pour faciliter le démarrage ou l'arrêt.

DÉCOMPRESSION n. f. **1.** Modification produite dans un organisme par son passage d'une forte pression à une pression plus basse. — **2.** *Fam.* Relâchement, détente après une tension nerveuse, un travail intensif. — **3.** Opération qui supprime, momentanément, la compression dans le cylindre d'un moteur. — **4.** Diminution de pression à l'intérieur d'un caisson immergé, dans les travaux hydrauliques.

DÉCOMPRIMER v. t. (conj. 3). Faire cesser ou diminuer la compression.

DÉCOMPTE n. m. (de *décompter*). **1.** Décomposition d'une somme, reçue ou payée, en ses éléments de détail. — **2.** Déduction à faire sur un compte que l'on solde ; réduction. — **3.** Ce qui est à payer par le débiteur, à recevoir par le créancier, toutes déductions faites. — **4.** Dénombrement des éléments constitutifs d'un ensemble ; compte : *Faire le décompte des votes.*

DÉCOMPTER v. t. (conj. 3). **1.** Déduire qqch d'un compte en vue d'obtenir un solde net : *Décompter les sommes avancées du total à rembourser.* — **2.** Faire le décompte des éléments d'un ensemble ; compter, dénombrer : *Décompter les voix.*

◆ v.i. En parlant d'une horloge, sonner en désaccord avec l'heure indiquée.

DÉCONCENTRATION n. f. **1.** Action de déconcentrer qqch. — **2.** État de qqn qui a perdu la capacité de se concentrer sur qqch. — **3.** Action de donner davantage de pouvoirs de décision aux agents du pouvoir central répartis sur le territoire. — **4.** *Déconcentration industrielle,* transfert ou création d'établissements industriels dans une région sous-industrialisée, à partir d'une région industrialisée.

DÉCONCENTRER v. t. (conj. 3). **1.** Disséminer les éléments d'un ensemble : *Déconcentrer une université, une zone urbaine surchargée.* — **2.** Enlever à qqn tout pouvoir de fixer son attention sur qqch. — **3.** Transférer à certains agents du pouvoir central certains pouvoirs de décision.

DÉCONCERTANT, E adj. Qui déconcerte, surprend par son caractère insolite ; déroutant : *Un garçon déconcertant.*

DÉCONCERTER v. t. (conj. 3). Jeter qqn dans l'embarras, l'incertitude, le décontenancer par une action inattendue ; surprendre, désorienter, troubler, embarrasser : *Le résultat des élections a déconcerté le monde politique.*

DÉCONDITIONNEMENT n. m. Action de déconditionner qqn.

DÉCONDITIONNER v. t. (conj. 3). Faire sortir qqn d'une mise en condition psychologique.

DÉCONFESSIONNALISATION n. f. Au Liban, élimination du confessionnalisme.

DÉCONFIT, E adj. Qui est à la fois déconcerté et confus, dépité : *Une mine déconfite.*

DÉCONFITURE n. f. (anc. fr. *déconfire,* détruire). **1.** *Vx.* Déroute complète : *Déconfiture de l'ennemi.* – **2.** Délabrement d'une situation ; faillite, ruine, échec : *La déconfiture d'un parti politique.* – **3.** État d'un débiteur civil dont l'actif est inférieur au passif.

DÉCONGÉLATION n. f. Action de ramener un produit congelé ou surgelé à la température ambiante.

DÉCONGELER v. t. (conj. 25). Réaliser la décongélation.

DÉCONGESTION n. f. Disparition de la congestion.

DÉCONGESTIONNEMENT n. m. Action de faire cesser l'encombrement, l'obstruction.

DÉCONGESTIONNER v. t. (conj. 3). **1.** Faire cesser la congestion d'un organe, du visage. – **2.** Dégager un lieu de ce qui l'encombre, le congestionne : *Décongestionner une rue encombrée.*

DÉCONNAGE n. m. *Pop.* Action de déconner ; stupidité, idiotie.

DÉCONNANT, E adj. *Pop.* Qui ne convient pas du tout, idiot, absurde, fou : *C'est déconnant ton histoire de billets.*

DÉCONNECTAGE n. m. Action de déconnecter ; fait de se déconnecter.

DÉCONNECTER v. t. (conj. 4). **1.** Démonter un raccord fixe ou flexible branché sur un appareil, une tuyauterie, défaire une connexion électrique ; débrancher. – **2.** Rompre le rapport qui existait entre des personnes, des choses, les séparer : *Longues habitudes qui avaient déconnecté les enseignants de la vie réelle.*

DÉCONNER v. i. (conj. 3). *Pop.* **1.** Faire ou dire des sottises, des absurdités ; débloquer : *Il était ivre et il s'est mis à déconner.* – **2.** S'amuser, faire la fête en ne se préoccupant plus des convenances. – **3.** Ne pas fonctionner, ne pas concorder : *La télé déconne.*

DÉCONNEUR, EUSE n. *Pop.* Personne qui déconne.

DÉCONNEXION n. f. **1.** Action de déconnecter ; état de ce qui est déconnecté. – **2.** Séparation, hiatus, manque de lien entre des choses abstraites : *Déconnexion entre la théorie et la pratique.* – **3.** Utilisation de neuroleptiques et d'analgésiques pour obtenir une anesthésie générale avec une toxicité moindre qu'en utilisant un anesthésique.

DÉCONSEILLER v. t. (conj. 4). Conseiller à qqn de ne pas faire qqch, de ne pas user d'un produit, de ne pas choisir un objet, de ne pas avoir recours à qqn, etc. : *Je lui ai déconseillé d'acheter cet appareil. Je vous déconseille l'alcool.*

DÉCONSIDÉRATION n. f. *Litt.* Perte de considération ; discrédit : *Théorie tombée en déconsidération.*

DÉCONSIDÉRER v. t. (conj. 18). Faire perdre à qqn la considération, l'estime dont il jouissait précédemment ; discréditer : *De tels débats déconsidèrent l'Assemblée.*

◆ **se déconsidérer** v. pr., **être déconsidéré** v. pass. Perdre la considération, l'estime des autres, être discrédité.

DÉCONSIGNATION n. f. Action de déconsigner un levier, un appareil.

DÉCONSIGNER v. t. (conj. 3). **1.** Affranchir un soldat, une troupe de la consigne. – **2.** Retirer un objet de la consigne (d'une gare). – **3.** Rembourser le prix de la consigne d'une bouteille, d'un emballage. • **Ch. de f.** Annuler l'interdiction d'utiliser un levier, un appareil.

DÉCONSTIPER v. t. (conj. 3). Faire cesser la constipation.

DÉCONSTITUTIONNALISATION n. f. Action de déconstitutionnaliser.

DÉCONSTITUTIONNALISER v. t. (conj. 3). Enlever son caractère constitutionnel à une disposition ou à une institution.

DÉCONSTRUCTION n. f. **1.** Fait de déconstruire qqch ; déstructuration. – **2.** En philosophie, analyse critique d'une structure.

DÉCONSTRUIRE v. t. (conj. 98). Défaire la construction, la structure, l'organisation de qqch : *Déconstruire un plan mal fait.*

DÉCONTAMINANT, E adj. et n. m. Qui combat la contamination, et, en partic., la contamination radioactive.

DÉCONTAMINATION n. f. **1.** Action tendant à éliminer ou à réduire les agents et les effets d'une contamination quelconque. – **2.** *Décontamination radioactive,* réduction ou élimination des substances radioactives qui ont souillé un milieu ou une surface ou qui ont contaminé un être vivant. (→ *encycl.*)

ENCYCL. Un sujet ayant séjourné dans une zone de retombées radioactives est porteur sur ses vêtements et ses téguments de poussières ou de gouttelettes radioactives. La *décontamination externe* a pour objet de soumettre ce sujet à un lavage intensif destiné à éliminer mécaniquement cette radioactivité. Elle est réalisée par des équipes d'infirmiers spécialisés dans des stations mobiles ou statiques. La *décontamination interne* (lorsque la radioactivité a pénétré dans l'organisme) est plus délicate à réaliser. On utilise notamment les isotopes stables non radioactifs et les chélateurs, qui ont pour objet de faire sortir les métaux radioactifs de l'organisme.

DÉCONTAMINER v. t. (conj. 3). Effectuer la décontamination de qqch, de qqn.

DÉCONTENANCER v. t. (conj. 16). Faire perdre contenance à qqn ; déconcerter, démonter : *Ma question le décontenança.*

◆ **se décontenancer** v. pr., **être décontenancé** v. pass. Perdre son assurance.

DÉCONTRACTANT, E adj. Qui décontracte, fait cesser toute tension : *Une atmosphère décontractante.*

DÉCONTRACTER v. t. (conj. 3). **1.** Supprimer la contraction d'un muscle. – **2.** Faire cesser la tension psychique, l'anxiété : *Ce bain m'a décontracté.*

◆ **être décontracté** v. pass. **1.** Manifester une confiance en soi souvent excessive : *Une allure décontractée.* – **2.** Être dépourvu de tout formalisme ; ne pas être guindé : *Une tenue décontractée.*

◆ **se décontracter** v. pr., **être décontracté** v. pass. **1.** Être détendu physiquement : *Le corps se décontracte.* – **2.** Être calme, sans appréhension ni tension nerveuse : *Aborder un examen parfaitement décontracté.*

DÉCONTRACTION n. f. **1.** Relâchement d'un muscle après sa contraction. – **2.** Relâchement musculaire général et détente psychologique recherchés volontairement ; relaxation. – **3.** Aisance, désinvolture ; grande confiance en soi, parfois excessive : *Aborder une situation pénible avec décontraction.*

DÉCONVENTIONNEMENT n. m. Action de déconventionner un médecin, une clinique.

DÉCONVENTIONNER v. t. (conj. 3). Mettre fin aux effets de la convention qui liait un médecin, une clinique, etc., à un organisme, à l'État.

DÉCONVENUE n. f. (anc. fr. *convenue,* situation, de *convenir*). Désappointement causé par un insuccès, une erreur, une mésaventure ; désillusion.

DÉCOR n. m. **1.** Ensemble des éléments qui décorent un lieu, qui contribuent à l'aménagement esthétique d'une habitation : *Un décor luxueux.* – **2.** Dessins, ornements, objets qui contribuent à enjoliver qqch : *Le décor chinois d'une assiette.* – **3.** Milieu, lieu dans lequel vit qqn, se situe une action, se produit un phénomène, etc. ; cadre, paysage : *Le film se passe dans un décor de gare.* – **4.** Apparence qui, en général, cache une réalité différente : *Tout ceci n'est qu'un décor.* – **5.** Ensemble des toiles peintes, des portants, des praticables et des éléments divers qui entourent et situent la représentation d'une œuvre théâtrale, cinématographique ou télévisée. (→ *encycl.*) – **6.** Fam. *Changer de décor,* changer d'endroit, quitter un lieu pour un autre. ‖ Fam. *Aller, valser dans le(s) décor(s),* en parlant d'un véhicule, quitter la route accidentellement.

ENCYCL. Chez les Grecs, le décor de théâtre était fixe, avec quelques parties tournantes latérales (périactes). Les Romains développèrent la décoration mobile et l'emploi de machines. En France, le décor fut *simultané* (mansions), *unique* (époque classique), *successif* (XVIIIe s.). L'éclairage scénique (chandelles, etc., v. 1785 ; gaz v. 1845 ; électricité v. 1895) fut déterminant dans la conception de la peinture du décor. Encore *figuratif* « à l'italienne » de nos jours, composé de châssis, fermes, frises, plafonds, praticables, rideaux, il fut *naturaliste* vers la fin du XIXe s., puis il devint *abstrait* sous l'influence étrangère d'E. G. Craig et d'A. Appia, et de moins en moins décoratif avec B. Brecht, qui lui préféra une « création d'atmosphère ». Devenu « espace scénique » après la Seconde Guerre mondiale, puis « lieu scénique » (T. N. P. de Chaillot, avec J. Vilar), il fait aujourd'hui l'objet d'un retour aux raffinements du décor illusionniste de la scène à l'italienne, en même temps qu'il est devenu « décor naturel » que transforment de savants éclairages lorsque la notion d'espace scénique a été bouleversée par la sortie du théâtre des salles conventionnelles de spectacle au profit de lieux insolites (entrepôts, usines, etc.).

DÉCORATEUR, TRICE n. **1.** Artiste qui fait des décors pour des spectacles (théâtre, cinéma). – **2.** Personne dont le métier consiste à agencer des locaux pour en tirer le meilleur parti esthétique et fonctionnel. (Syn. ENSEMBLIER, ARCHITECTE DÉCORATEUR.) – **3.** Artiste qui donne des projets d'art décoratifs (objets mobiliers, ensembles). – **4.** *Peintre décorateur,* praticien ou artiste qui peint des ornements, voire de grandes compositions murales décoratives.

DÉCORATIF, IVE adj. **1.** Qui relève de la décoration de théâtre ou de cinéma, de la décoration intérieure ou architecturale. – **2.** Qui, par son aspect, se prête à être utilisé comme élément de décoration : *Ces plantes sont très décoratives.* – **3.** *Fam.* Qui a une belle prestance et relève ainsi l'éclat d'une réunion : *Un convive très décoratif.* – **4.** *Arts décoratifs,* ensemble de disciplines visant à la production d'éléments propres à décorer, d'objets, d'usage pratique ou non, ayant une valeur esthétique (tapisserie, ébénisterie, céramique d'art, orfèvrerie, etc.). [Syn. ARTS APPLIQUÉS.] ‖ Fam. *Avoir un rôle décoratif,* avoir un rôle accessoire, servant à rehausser l'éclat d'une assemblée, mais sans importance réelle.

ENCYCL. *Arts décoratifs.* Rendre attractives, par un travail ornemental, les choses utiles dont il s'entoure semble avoir été de tout temps une aspiration de l'homme, même si magie et symbolique ont une part très grande dans la manière dont sont travaillés les objets dans les cultures primitives. Très tôt apparaissent la céramique, le travail des métaux, la bijouterie, les tissus. L'Égypte, puis la Grèce archaïque élaborent un vocabulaire d'ornements qu'elles intègrent à l'architecture, à la peinture décorative, au meuble... Émaillerie, mosaïque, tapisserie ont des origines non moins anciennes. Le haut Moyen Âge européen combine l'héritage des Celtes et des Barbares nomades venus de l'est, admirablement doués pour la stylisation des formes, voire l'abstraction (décor des bijoux, des armes), avec la tendance naturaliste de la civilisation gréco-romaine classique. Le Moyen Âge rétablit un primat de l'architecture qui a pour corollaire la floraison du vitrail, de la tapisserie, de la ferronnerie. L'immense essor de la production et du commerce en Occident, du XVe au XIXe s., conduit à la diversification dans tous les domaines, par exemple ceux du mobilier et de la céramique (faïence, vieille technique vivifiée par l'islām, et plus tard porcelaine, imitée de la Chine). Le XVIe et le XVIIe s., avec la progressive sédentarisation des princes, voient se codifier de riches formules de décoration des appartements (sculpture et peinture ornementales, lambris ; diversification du mobilier, qui culminera au XVIIIe s.).

Mieux que les arts avant tout d'expression (peinture, sculpture), les arts décoratifs – comme l'architecture – se prêtent à la constitution de *styles,* synthèses de formules heureuses qui satisfont l'usager pendant une période donnée et ne pâtissent pas d'être copiées de façon plus ou moins étroite (d'où la circulation d'innombrables recueils de *modèles* servant aux praticiens). Le XIXe s., pourtant, voit se modifier les données. L'industrie ne semble pas avoir, comme les vieux métiers, la vertu de revivifier à chaque époque les formules empruntées au passé. L'artisanat lui-même s'enlise dans l'éclectisme. Il faut attendre l'Art nouveau pour voir naître, fugitivement, des formules originales. Quant au XXe s., il se partage entre une certaine médiocrité de la production industrielle de masse et la lente montée d'un *design** soit essentiellement fonctionnel, soit, ici et là, d'une inventivité plus gratifiante.

décoratifs *(École nationale supérieure des arts)* **[E. N. S. A. D.],** établissement d'enseignement public (fondé sous sa première forme en 1766) installé à Paris, rue d'Ulm. Sa mission est la formation artistique, scientifique et technique de créateurs aptes à intervenir dans la conception et la réalisation du cadre de vie (9 sections : architecture intérieure, cinéma-animationvidéo, communication visuelle, communication photographique, design industriel, design vêtement, textile, scénographie, arts plastiques). Les élèves sont recrutés par voie de concours, et les études, sanctionnées par un diplôme d'État, durent en principe 4 ans.

décoratifs *(musée des Arts),* à Paris, musée fondé par l'Union centrale des arts décoratifs en 1882, installé au pavillon de Marsan en 1905. Ses collections, très riches et diverses, concernent tout ce qui a trait au décor de la demeure, du Moyen Âge à nos jours. Un *musée des Arts de la mode* et un *musée de la Publicité* (collections d'affiches, etc.) lui sont annexés.

décoratifs *(Union des arts),* anc. *Union centrale des arts décoratifs,* société reconnue d'utilité publique en 1882, installée en 1905 dans le pavillon de Marsan et l'aile attenante du Louvre. Là sont le *musée* (v. art. précéd.) et la *bibliothèque des Arts décoratifs* (ouvrages relatifs aux arts plastiques et surtout aux arts appliqués, immense fonds de gravures et de photographies), qui sont propriété de l'État, mais qui sont gérés par l'Union. Celle-ci gère en outre, à Paris, le *musée Camondo**.

décoratifs et industriels modernes *(Exposition internationale des arts)* [Paris, 1925]. Prévue dès 1906 par des décorateurs soucieux de réagir contre le style 1900 (l'Art nouveau), retardée par la guerre, cette exposition vit deux courants s'affronter, tous deux influencés plus ou moins par le fauvisme, les Ballets russes, l'art nègre, le cubisme, etc. Le premier courant, majoritaire, était plutôt traditionaliste ; il représente ce que l'on a appelé par la suite le style « Arts déco » (ou « Art déco »). Goût de la ligne droite, interprétation moderniste des formes de la nature, simplicité, mais aussi fidélité à une tradition française élégante en sont les caractères principaux. Les grands décorateurs Ruhlmann, Dufrène, Iribe, Paul Follot, André Mare et Louis Süe, etc., créent ou dessinent, surtout pour une clientèle privilégiée, des meubles aux lignes franches et aux matières contrastées précieuses. L'opposition des surfaces et des couleurs, le goût des motifs géométriques font l'originalité de la

production des céramistes, verriers, orfèvres, qui travaillent de façon soit artisanale (Decœur, Décorchemont...), soit semi-industrielle (Haviland, manufacture de Sèvres, Baccarat, Daum, Lalique, Christofle...).
Le second courant, au sein de l'exposition de 1925, était plus soucieux des réalités sociales et techniques et visait à une symbiose avec l'industrie (pavillon de l'Esprit nouveau de Le Corbusier, qui voit la maison comme une « machine à habiter »), se rapprochant ainsi du Stijl hollandais et du Bauhaus allemand. Parmi les représentants de cette tendance, la plupart allaient se retrouver en 1930 pour fonder l'Union des artistes modernes (Francis Jourdain, Chareau, Herbst, Eileen Gray).

DÉCORATION n. f. (bas lat. *decoratio, -onis*). **1.** Action de décorer, manière dont qqch est décoré ; ensemble de ce qui sert à décorer : *La décoration d'une salle pour une fête.* — **2.** Art du décorateur : *Travailler dans la décoration.* — **3.** Chacun des éléments qui décore qqch, un lieu ; ornements (surtout pl.) : *Mettre des décorations sur l'arbre de Noël.* — **4.** Insigne d'une distinction honorifique ou d'un ordre de chevalerie. (→ *encycl.*) — **5.** Mobilier, accessoires de théâtre, par oppos. au décor proprement dit.

ENCYCL. Tous les ordres et décorations furent abolis en France en 1791. L'Empire rétablit les décorations (Légion d'honneur, couronne de fer, ordre de la Réunion). La Restauration reprit celles de l'Ancien Régime et adopta la Légion d'honneur. Napoléon III créa la médaille militaire (1852), puis des médailles commémoratives (Crimée, Italie, Mexique). La IIIe République continua cette tradition à l'occasion des campagnes effectuées outre-mer ou des opérations de la Première Guerre mondiale. La IVe République institua de nombreuses décorations à l'occasion de la Seconde Guerre mondiale. Certaines décorations reconnaissent des services particuliers : palmes académiques, Mérite agricole, ordres de la France d'outre-mer. La Ve République a réorganisé le domaine des décorations par l'institution d'un code de la Légion d'honneur et de la médaille militaire (décrets du 28 nov. 1962) et par la création d'un ordre national du Mérite (décret du 3 déc. 1963).

Décorations *(affaire des)* [nov. 1887], scandale qui révéla un trafic de décorations et dans lequel fut impliqué D. Wilson, gendre du président de la République J. Grévy. Ce dernier dut démissionner (2 déc.).

DÉCORCHEMONT (François Émile), verrier français (Conches 1880 - *id.* 1971). Spécialiste des pâtes de verre colorées, il a créé des objets d'abord influencés par l'Art nouveau, puis, après 1920, de style géométrique. À partir de 1933, il a également produit des vitraux.

DÉCORDER v. t. (conj. 3). **1.** Détortiller, séparer les brins d'une corde. — **2.** Débarrasser d'une corde, détacher : *Décorder un colis.*
◆ **se décorder** v. pr. En parlant d'un alpiniste, se détacher de la cordée.

DÉCORÉ, E n. Personne qui a reçu, qui porte une décoration.

DÉCORER v. t. (lat. *decorare*) [conj. 3]. **1.** Pourvoir un lieu d'éléments (meubles, objets, tentures, etc.) qui l'embellissent : *Elle a joliment décoré sa maison.* — **2.** Placer dans un lieu des accessoires qui lui donneront un air de fête : *Décorer une table de bouquets, de guirlandes de fleurs.* — **3.** Orner un objet de motifs, de dessins, de couleurs, etc. : *Décorer une assiette de porcelaine.* — **4.** Orner qqch, un lieu, le rendre agréable à l'œil : *Deux dessins décoraient le mur.* — **5.** Remettre une décoration honorifique à qqn, en hommage à ses mérites : *On l'a décoré de la Légion d'honneur.* — **6.** Décerner à qqn, qqch un titre, une qualité immérités : *On l'a pompeusement décoré du titre de président.*

DÉCORNAGE n. m. Action de décorner un animal. (Syn. ÉCORNAGE.)

DÉCORNER v. t. (conj. 3). **1.** Empêcher les cornes d'un animal de pousser en en détruisant les bourgeons ou en pratiquant l'ablation. (Syn. ÉCORNER). — **2.** Faire disparaître les cornes, les plis aux angles de qqch : *Décorner un livre.* — **3.** *Vent, tempête à décorner les bœufs,* très violents.

DÉCORTICAGE n. m. **1.** Action de débarrasser qqch de son enveloppe, de sa coquille, de sa carapace, etc. : *Le décorticage des langoustines.* — **2.** Action de décortiquer un texte, de l'analyser minutieusement. — **3.** Action d'enlever les téguments de certaines graines, notamment du riz. — **4.** Syn. de ÉCORÇAGE. — **5.** Action d'ôter les déchets de carton après une opération de découpe, en papeterie.

DÉCORTICATION n. f. (bas lat. *decorticatio, -onis*). **1.** Action de gratter l'écorce des arbres pour détruire les parasites. — **2.** Libération d'un organe (le rein, en partic.) de son enveloppe fibreuse, que celle-ci soit normale ou pathologique. (Syn. DÉCAPSULATION.) — **3.** Ablation chirurgicale du cortex cérébral.

DÉCORTIQUER v. t. (bas lat. *decorticare,* écorcer) [conj. 3]. **1.** Effectuer le décorticage ou la décortication. — **2.** Syn. de ÉCORCER et de MONDER. — **3.** Analyser un texte avec minutie ; éplucher : *Décortiquer un poème.*

DÉCORTIQUEUR n. m. Machine à cylindres destinée à séparer certaines graines (radis, riz, trèfle...) de leur enveloppe.

DÉCORTIQUEUSE n. f. Machine servant à l'écorçage du bois. (Syn. ÉCORCEUSE.)

DÉCORUM [-rɔm] n. m. (seulem. sing.) [lat. *decorum,* convenance, de *decorus,* qui convient]. **1.** Ensemble des règles de bienséance qui sont d'usage dans une société soucieuse de garder son rang : *Observer le décorum.* — **2.** Étiquette officielle, protocole : *Décorum royal.* — **3.** Aspect extérieur pompeux ; faste : *Le décorum d'un hall d'entrée.*

DE COSTER (Charles), écrivain belge de langue française (Munich 1827 - Ixelles 1879). Attiré par le passé et les traditions de son pays (*Légendes flamandes,* 1858 ; *Contes brabançons,* 1861), il a évoqué, en une langue truculente et archaïsante, la vie des Pays-Bas du XVIe s. dans une sorte de poème en prose qui fait figure d'épopée nationale, *la Légende et les aventures d'Ulenspiegel et de Lamme Goedzak* (1867).

DÉCOTE n. f. **1.** Minoration d'une valeur d'actif apparaissant dans un inventaire. — **2.** Évaluation sur sa valeur intrinsèque et inférieure à un cours de référence d'une monnaie, d'une action en Bourse, etc. : *La décote d'une voiture par rapport à l'Argus.* — **3.** Abattement prévu en matière d'impôt sur les revenus, entraînant une exonération totale ou partielle.

DÉCOUCHER v. i. (conj. **3**). Coucher hors de chez soi ; rester absent toute une nuit.

DÉCOUDRE v. t. (conj. **86**). Défaire un vêtement, qqch qui était cousu : *Découdre une robe, un bouton.*

◆ v. i. *En découdre avec qqn,* en venir aux mains, entrer en contestation, s'affronter.

◆ **être décousu** v. pass. **1.** Être défait en parlant d'une couture. — **2.** Être sans suite, sans lien, manquer de logique, en parlant des idées, du travail, du discours de qqn : *Conversation totalement décousue.* — **3.** Manquer d'organisation, être chaotique : *La journée a été très décousue.*

◆ **se découdre** v. pr., **être décousu** v. pass. En parlant de l'allure du cheval, être irrégulière.

DÉCOUFLÉ (Anatole), industriel français (1835-1908), inventeur de machines à fabriquer les cigarettes. Les usines Découflé ont conçu dans les années 1950 des mécanismes d'écrêtage et d'aspiration qui équipent la plupart des machines du monde.

DÉCOUFLÉ (Philippe), danseur et chorégraphe français (Paris 1961). Formé au Centre national de danse contemporaine d'Angers, primé en 1983 au concours chorégraphique de Bagnolet, il s'impose dans un style insolite, ludique, burlesque et dynamique (*Codex,* 1986 ; cérémonies d'ouverture et de clôture des jeux Olympiques d'Albertville, 1992 ; *Petites Pièces montées,* 1993).

DÉCOULER v. i. (conj. **3**). *Litt.* Couler peu à peu de qqpart ; dégoutter : *Visage dont la sueur découle.*

◆ v. t. ind. Dériver naturellement de qqch, en résulter, en procéder : *Tout découle de cette première affirmation.*

DÉCOUPAGE n. m. **1.** Action de découper en morceaux : *Le découpage d'une volaille.* — **2.** Feuille de papier découpée dans une intention quelconque (documentaire, jeu, etc.) : *Faire des découpages.* — **3.** Image destinée à être découpée : *Acheter des découpages pour les enfants.* • **Cin.** Document écrit issu du scénario dans lequel le récit est fragmenté en plans et qui donne les repères dramatiques et visuels du film ou de l'émission à réaliser. — **Min.** Creusement des principaux ouvrages (galeries, montages, cheminées) qui partagent le gisement en panneaux en vue de son exploitation. — **Polit.** *Découpage électoral,* pour une élection donnée, fixation des limites des circonscriptions électorales et des sièges qui y seront pourvus. — **Techn.** Opération consistant à diviser une pièce en plusieurs parties ou à prélever dans une tôle des ébauches, ou flans, de formes déterminées pour obtenir ultérieurement des pièces finies grâce à des déformations mécaniques appropriées. (Dans l'industrie, le découpage s'effectue le plus souvent à la cisaille, à la presse à découper ou par oxycoupage au chalumeau.) — **Télév.** *Découpage électronique,* procédé électronique de truquage permettant de substituer un signal d'image à une partie d'un autre.

DÉCOUPE n. f. **1.** Morceau d'étoffe découpé et rapporté suivant une ligne jouant un rôle décoratif. — **2.** Coupe d'une pièce de boucherie. — **3.** Tronçonnage d'une grume en parties de qualité et de valeur différentes. — **4.** Coupe d'une feuille de papier, de carton, à la presse. — **5.** *Découpe des joints,* disposition de pavage dans laquelle deux pavés appartenant à deux rangées successives sont placés de manière que leurs côtés ne se trouvent pas en prolongement l'un de l'autre.

DÉCOUPER v. t. (conj. **3**). **1.** Extraire qqch, le détacher d'un support en le coupant suivant un contour déterminé : *Découper un article dans le journal.* — **2.** Diviser qqch en morceaux en le coupant à l'aide d'un instrument tranchant : *Découper la tarte en quatre parts égales.* — **3.** Diviser en cloisonnant, en séparant : *Découper les circonscriptions électorales.* — **4.** Entailler, échancrer qqch : *L'érosion a découpé la côte.* — **5.** En parlant d'une lumière, mettre en valeur, dessiner nettement les contours de qqch, ou, en parlant d'une forme, avoir les contours nettement dessinés, marqués sur un fond : *Les montagnes découpent leurs crêtes à l'horizon.* — **6.** *Scie à découper,* scie d'atelier permettant de découper une plaque ou une feuille de bois selon un contour non rectiligne. (Syn. SCIE SAUTEUSE.)

◆ **être découpé** v. pass. Avoir des contours présentant une succession serrée de creux et de saillies, présenter des découpures : *La côte bretonne est très découpée.*

◆ **se découper** v. pr. **1.** Pouvoir être coupé : *Je vais vous montrer comment se découpe un poulet.* — **2.** Avoir ses contours nettement dessinés sur un fond ; se détacher : *Son profil se découpait sur la vitre.*

DÉCOUPEUR, EUSE n. Ouvrier(ère) ébéniste qui chantourne les profils.

◆ **découpeur** n. m. ou **découpeuse** n. f. Machine à découper la laine, les tissus brochés, etc.

DÉCOUPLAGE n. m. **1.** Suppression du couplage de deux circuits. — **2.** Dans le langage de la confrontation Est-Ouest, action de séparer les intérêts stratégiques des États-Unis de ceux de l'Europe.

DÉCOUPLÉ, E adj. *Bien découplé,* qui a un corps harmonieusement proportionné, bien bâti.

DÉCOUPLEMENT n. m. Action de découpler deux véhicules ferroviaires.

DÉCOUPLER v. t. (conj. 3). **1.** Détacher des chiens courants lorsqu'ils sont couplés. — **2.** Séparer deux véhicules ferroviaires accouplés. (S'emploie surtout pour les véhicules équipés d'attelages automatiques.) — **3.** Réaliser le découplage.

DÉCOUPOIR n. m. **1.** Instrument qui sert à faire des découpures (dans le métal, le cuir, le papier, etc.). — **2.** Instrument de cuisine servant à découper les pâtes sèches. (Syn. EMPORTE-PIÈCE.) — **3.** Appareil utilisé pour le découpage des flancs monétaires.

DÉCOUPURE n. f. **1.** Découpage du bois, d'une étoffe, d'un métal, etc. — **2.** Entaille, échancrure faite dans le contour d'une chose. — **3.** Morceau découpé dans un tout : *Découpures de papier.* — **4.** Sinuosité d'un contour : *Les découpures d'une côte.*

DECOUR (Daniel DECOURDEMANCHE, dit **Jacques**), écrivain français (Paris 1910 - Mont-Valérien 1942). Résistant, fondateur, en 1941, de la revue clandestine *les Lettres* françaises,* il fut fusillé en 1942 par les Allemands.

DÉCOURAGEANT, E adj. Qui décourage ; démoralisant : *Nouvelles décourageantes.*

DÉCOURAGEMENT n. m. Perte de courage, d'énergie ; abattement ; démoralisation : *Renoncer par découragement.*

DÉCOURAGER v. t. (conj. **17**). **1.** Abattre qqn, son courage, son énergie ; accabler, démoraliser : *L'indifférence des autres a fini par le décourager.* — **2.** Détourner de leur projet ceux qui seraient tentés de commettre une action, les en dissuader : *Ces mesures ont découragé la fraude fiscale.*

◆ **se décourager** v. pr., **être découragé** v. pass. Perdre courage ; se démoraliser : *Il se décourage à la première difficulté.*

DÉCOURBER v. t. (conj. 3). Redresser un objet courbe.

DÉCOURONNEMENT n. m. Action de découronner.

DÉCOURONNER v. t. (conj. 3). **1.** Dépouiller un roi de sa couronne. — **2.** *Litt.* Enlever la partie supérieure, le sommet de qqch : *La tempête a découronné les arbres.* — **3.** Couper, à l'aide du plioir et après pliure, le ou les plis d'un cahier à relier.

DÉCOURS n. m. (lat. *decursus,* chute). **1.** Période décroissante d'une maladie, d'un mal, d'un état anormal : *Fièvre à son décours.* — **2.** Période comprise entre la pleine lune et la nouvelle lune, durant laquelle la fraction éclairée du disque lunaire vue de la Terre décroît. (Syn. LUNE DESCENDANTE.)

DECOURTRAY (Albert), prélat français (Wattignies 1923 - Lyon 1994). Après diverses fonctions dans le diocèse de Lille, il est nommé évêque de Dijon en 1974, puis archevêque de Lyon et primat des Gaules en 1981. Prélat de la Mission de France de 1982 à 1988 et créé cardinal en 1985, il a été de 1987 à 1990 président de la Conférence des évêques de France. (Acad. fr., 1993.)

DÉCOUSEUR n. m. Petit crochet tranchant utilisé pour découdre.

1. DÉCOUSU → DÉCOUDRE.

2. DÉCOUSU n. m. Manque d'organisation, de structure ; incohérence : *Le décousu d'un discours.*

DÉCOUSURE n. f. (de *décousu*). Blessure faite à un chien par un cerf ou un sanglier.

1. DÉCOUVERT → DÉCOUVRIR.

2. DÉCOUVERT n. m. **1.** Terrain protégeant peu ou ne protégeant pas des vues de l'ennemi. — **2.** Avance de fonds ou crédit que fait un banquier à un client, généralement pour une courte durée. — **3.** *À découvert,* sans être couvert, protégé ; sans rien dissimuler : *Agir à découvert.* ‖ *Cuire à découvert,* sans couvercle sur le récipient. ‖ *Être à découvert,* avoir un découvert sur son compte. • **Bois.** Section longitudinale d'une grume, obtenue par l'enlèvement d'une dosse à l'aide d'un premier trait de scie. ‖ Largeur d'une telle section ou de la section analogue d'un plateau, mesurée entre les flaches. — **Bours.** *Vente à découvert,* vente à terme de valeurs mobilières que l'on ne possède pas, mais qu'on espère pouvoir racheter à un cours inférieur à celui de la vente. ‖ Dépenses soldées à l'aide de ressources autres que les revenus votés et perçus. ‖ *Découverts du Trésor,* avances de la Trésorerie, pour solder les déficits budgétaires de l'État.

DÉCOUVERTE n. f. **1.** Action de découvrir ce qui était caché, dissimulé ou ignoré ; la chose découverte : *Découverte d'un trésor, d'un complot.* — **2.** Action de trouver, d'inventer un produit, un matériau, un système nouveau ; invention : *Découverte de la pénicilline.* — **3.** Fait de prendre conscience d'une réalité jusque-là ignorée ou à laquelle on n'attachait aucun intérêt ; révélation : *La découverte du monde extérieur par le petit enfant.* — **4.** Personne, artiste révélé récemment au public : *Une des dernières découvertes de la chanson.* — **5.** *À la découverte,* dans l'intention de découvrir, d'explorer des choses, des lieux inconnus. • **Mil.** Mission qui consiste à aller chercher au plus loin le renseignement et qui concourt ainsi à la sûreté éloignée de la manœuvre. — **Min.** Exploitation à ciel ouvert dans laquelle le gisement se développe horizontalement sous une épaisseur à peu près régulière de stériles. — **Théâtr.** Espace entre deux parties de décor, qui laisse voir les coulisses.

Découverte *(palais de la),* établissement public à caractère scientifique, culturel et professionnel, situé à Paris, créé par Jean Perrin en 1937. Son planétarium permet une initiation à l'astronomie et les nombreux films et expériences qui y sont proposés font le point sur les progrès de la science.

DÉCOUVERTURE n. f. **1.** Action d'enlever la couverture d'un bâtiment. — **2.** Syn. de DÉCAPAGE. — **3.** *Taux de découverture,* volume ou poids de stérile qu'il faut enlever pour une tonne de minerai ou de charbon à exploiter.

DÉCOUVREUR, EUSE n. Personne qui découvre : *Jacques Cartier, découvreur du Canada.*

DÉCOUVRIR v. t. (bas lat. *discooperire*) [conj. **34**]. **1.** Enlever tout ou partie de ce qui couvre qqn ou qqch, soulever ou retirer ce qui est sur qqn ou qqch : *Découvrir une casserole.* — **2.** Dans le cadre d'une stratégie militaire, dans un sport, enlever ce qui protège qqch, le rendre vulnérable ; exposer, dégarnir : *Le boxeur prenait garde à ne pas découvrir son côté droit.* — **3.** Laisser voir qqch, le montrer : *Robe qui découvre le dos.* — **4.** Dévoiler qqch à qqn ; révéler, divulguer : *Va-t-il nous découvrir ses plans ?* — **5.** Apercevoir, voir qqn, qqch ; trouver la chose, la personne qu'on cherche ou qui convient : *Il découvrit enfin son ami au fond de la salle. J'ai découvert l'homme qu'il nous faut.* — **6.** Commencer à voir, apercevoir qqch (qu'on ne voyait pas auparavant) à partir d'un endroit : *Du plateau, on découvre toute la vallée.* — **7.** Être le premier à trouver et à faire connaître qqch jusqu'alors inconnu, ignoré, et, en partic., faire une découverte scientifique : *Découvrir un trésor, un nouveau vaccin.* — **8.** Apprendre, en général fortuitement, qqch qui était caché : *Il a découvert que sa femme le trompait.* — **9.** Apprendre qqch qui était jusque-là ignoré : *La police a découvert qui était l'assassin.* — **10.** Apprendre à connaître qqn, une œuvre et, en partic., à les apprécier : *J'ai découvert Shakespeare.* — **11.** Être le premier à révéler au public un artiste, un auteur. — **12.** *Découvrir son jeu,* aux cartes, le laisser voir ou le faire connaître à son adversaire ; montrer volontairement ou non ses intentions cachées. ‖ *Découvrir la planche à graver,* la dépouiller du vernis, après que l'eau-forte a mordu.

◆ **être découvert** v. pass. **1.** Être nu : *Avoir les épaules découvertes.* — **2.** En parlant de certaines parties de la carcasse, être cachées par un membre ou une masse musculaire et apparaître lors de la découpe (par ex., les *côtes découvertes* de la carcasse de mouton). — **3.** *À visage découvert,* sans masque ni voile ; sans déguisement, sans détour. ‖ *Pays, terrain découvert,* peu boisé.

◆ **se découvrir** v. pr. **1.** Ôter son chapeau : *Se découvrir pour saluer une dame.* — **2.** S'habiller moins chaudement : *En avril ne te découvre pas d'un fil.* — **3.** Repousser ses couvertures, ses draps au cours du sommeil. — **4.** S'exposer et ainsi se rendre vulnérable, dégarnir sa défense : *L'aile gauche de l'armée s'est découverte.* — **5.** Être trouvé, révélé : *Des génies, il s'en découvre tous les jours !* — **6.** Trouver en soi qqch qu'on ignorait posséder, ou prendre conscience que l'on est dans telle ou telle relation avec qqn : *Se découvrir de vrais amis dans des circonstances difficiles.* — **7.** S'éclaircir, en parlant du temps, du ciel.

DECOUX (Jean), amiral français (Bordeaux 1884 - Paris 1963). Gouverneur général de l'Indochine en 1940 et haut-commissaire dans le Pacifique (1944), Decoux résista aux Japonais jusqu'à leur coup de force en Indochine, le 9 mars 1945.

DÉCRAMPONNER v. t. (conj. 3). **1.** Enlever les crampons de qqch. — **2.** Distancer un concurrent.

DÉCRASSAGE ou **DÉCRASSEMENT** n. m. **1.** Action de décrasser, de nettoyer : *Le décrassage d'un fusil.* — **2.** Action de décrasser (le corps, l'esprit) : *Le décrassement de l'intelligence.*

DÉCOUVERTES ET EXPLORATIONS

L'histoire des découvertes ne peut guère être envisagée avant les premières relations de voyage qui marquent la naissance de la géographie. Elle recouvre l'ensemble des voyages et des explorations qui ont permis la connaissance du monde.

Dès le IIIe millénaire, les Égyptiens entreprennent des expéditions à la recherche de mondes nouveaux, relayés par les Phéniciens puis par les Grecs.

La fin du Moyen Âge marque un effort sans précédent vers la connaissance de la Terre, qui sera incontestablement le fait des Européens et le sous-produit de leur domination mondiale. Les grandes découvertes ont des causes multiples : la recherche de l'or, le contrôle de son commerce et la recherche de voies commerciales vers les épices asiatiques.

À la fin du XVIIIe s., avec les voyages de Cook, la carte du monde est désormais exacte dans ses grandes lignes ; les grandes explorations entrent dans le cadre de la description scientifique du globe. Aux XIXe et XXe s., croisières océanographiques et grands voyages d'exploration permettent de tracer l'image d'un monde enfin « fini ».

C'est désormais vers l'Univers que se tourne l'esprit de recherche et de découverte de l'homme.

I. Afrique

Le littoral atlantique de l'Afrique.

Ve s. av. J.-C.	Voyage hypothétique du Cartaginois Hannon jusqu'au golfe de Guinée.
1402 apr. J.-C.	Conquête des Canaries par le Normand Jean de Béthencourt.
1441	Nuno Tristão (Portugal) atteint le cap Blanc.
1445	Dinis Dias (Portugal) pénètre dans l'estuaire du Sénégal et double le cap Vert.
1455-56	Au service d'Henri le Navigateur, le Vénitien Alvise Ca' da Mosto visite les côtes du Sénégal et de Gambie.
1483	Diogo Cão (Portugal) atteint l'estuaire du Congo.
1487	Bartolomeu Dias (Portugal) double le cap de Bonne-Espérance.

Le littoral oriental de l'Afrique.

v. 600 av. J.-C.	Périple hypothétique autour de l'Afrique de Phéniciens, à l'initiative de Néchao II.
v. 1490	Pêro de Covilhã (Portugal) arrive en Abyssinie.
1497-98	Vasco de Gama longe la côte africaine, du cap de Bonne-Espérance au nord de Zanzibar.
1506	Tristão de Cunha (Portugal) arrive à Madagascar (île Saint-Laurent).

Le Maghreb et le Sahara.

19 av. J.-C.	Le romain Cornelius Balbus Minor parvient au Fezzan.
1352-53	Voyage d'Ibn Baṭṭūṭa au Sahara et dans l'empire du Mali.
début du XVIe s.	Voyage à Tombouctou de Léon l'Africain.
1798-1801	Friedrich Konrad Hornemann (Allemagne) visite la Tripolitaine et le Fezzan.
1821-1823	L'Écossais Hugh Clapperton traverse le Sahara, de Tripoli au Tchad.
1828	Visite de Tombouctou par René Caillié.
1850	Les Allemands Heinrich Barth et Overweg traversent le Sahara avec l'Anglais James Richardson.
1859-1861	Voyage de Henry Duveyrier (France) au Sahara.
1881	Massacre de la mission de Paul Flatters (France) au sud de Ouargla.
1883	Voyage de Charles de Foucauld (France) dans le Sud marocain.
1898-1900	Mission des Français Fernand Foureau et François Lamy de l'Algérie aux régions tchadiennes. Mission du géologue Georges Flamand au Tademaït et au Tidikelt.

L'Afrique du Nord-Est *(de l'Égypte à l'Éthiopie et à la source du Nil).*

v. 450 av. J.-C.	Hérodote remonte le Nil jusqu'à la première cataracte.
1769-1772	L'Écossais James Bruce atteint les sources du Nil Bleu.
1798-1801	Étude scientifique de l'Égypte par l'expédition de Bonaparte et Kléber.
1810	Johann Ludwig Burckhardt (Suisse) voyage en Nubie.
1820	Frédéric Cailliaud (France) remonte le Nil Bleu jusqu'à l'Éthiopie.
1838-1848	Antoine et Arnaud d'Abbadie (France) cartographient une partie de l'Éthiopie.
1858	John Hanning Speke (Angleterre) découvre le lac Victoria.
1860	Speke démontre que le Nil sort du lac Victoria.
1864	Samuel White Baker (Angleterre) découvre le lac Albert.
1875-1877	Stanley confirme les découvertes de Speke.
1888	Stanley achève de résoudre le problème de la source du Nil.
1891-92	Schweinfurth explore l'Érythrée.

L'Afrique noire occidentale et équatoriale *(avec le bassin du Congo).*

1697-98	André Brüe, négociant marseillais, remonte le Sénégal.
1795	L'Écossais Mungo Park parcourt les régions entre la Gambie et le Niger, observant l'écoulement de ce dernier fleuve vers l'est.
1856-57	L'Américain Paul Du Chaillu explore l'estuaire du Gabon.
1876-77	Descente du Congo par Stanley.
1879-80	Mission de Gallieni du Sénégal au Niger.
1880	Brazza remonte l'Ogooué et atteint le Congo.
1887-1889	Louis Gustave Binger (France) étudie les régions de la boucle du Niger. Le Belge A. Delcommune reconnaît les principaux affluents du Congo.
1896-1898	Mission du capitaine Marchand (France) du Congo au Nil (Fachoda). Émile Gentil (France) descend le Chari et navigue sur le lac Tchad.

L'Afrique australe et orientale.

1849-1859	Principales découvertes de Livingstone.
1873-1875	Verney Lovett Cameron (Angleterre) traverse l'Afrique d'est en ouest à la latitude du lac Tanganyika.
1877-1879	Alexandre Serpa Pinto (Portugal), parti de l'Angola, gagne le Natal.

II. Asie

L'Inde, l'Insulinde, l'Asie orientale.

326 av. J.-C.	Alexandre le Grand parvient à l'Indus.
Ier s. apr. J.-C.	Les Chinois reconnaissent les côtes de l'Asie du Sud-Est et du Sud.
399-414	Le pèlerin chinois Fa Xian visite l'Inde.
Xe s.	L'Arabe Mas'ūdī parcourt la Perse, l'Inde, Ceylan et les côtes de la mer de Chine.
1291-1295	Retour de Marco Polo par le littoral asiatique.
1314-1330	Le franciscain Odoric da Pordenone voyage dans l'Inde, l'Insulinde et la Chine.
1333-1347	Voyages et séjours d'Ibn Baṭṭūṭa en Inde, à Ceylan, dans l'Insulinde et en Chine.
1488	Depuis l'Éthiopie, le Portugais Pêro da Covilhã se rend en Inde.

1497-98	Vasco de Gama atteint la région de Calicut.
1500-01	Expédition en Inde de Pedro Álvares Cabral (Portugal).
1521-22	Juan Sebastián Elcano, successeur de Magellan, parcourt les Moluques et achève le premier voyage autour du monde.
1549-1551	Saint François Xavier au Japon.
1763-1782	James Rennell cartographie le Bengale.
1866	Remontée du Mékong par les Français E. Doudart de Lagrée et Francis Garnier.
1886-1891	Explorations d'Auguste Pavie (France) dans le nord du Laos et du Tonkin.

La Chine et l'Asie centrale.

635	Les missionnaires nestoriens se rendent en Asie centrale et en Chine.
1245-46	Légat du pape auprès du khan de Tatarie, Jean du Plan Carpin (Italie) atteint la région de Karakorum.
1271-1295	Périple de Marco Polo.
1601	Le jésuite Matteo Ricci est reçu à Pékin par l'empereur ; début de l'étude de la Chine par la Compagnie.
1624	Venant de l'Inde, le P. António de Andrade (Portugal) pénètre au Tibet.
1793	Visite en Tatarie de l'ambassadeur britannique George Macartney à l'empereur de Chine.
1844-1846	Voyage du P. Évariste Huc en Chine et au Tibet.
1871-1873	Exploration de N. M. Prjevalski (Russie) en Mongolie et sur les confins tibétains.
1883-1885	Découvertes des sources du Huang He par Prjevalski.
1889-90	Gabriel Bonvalot (France) traverse l'Asie, de la Sibérie au Tonkin, par le Tibet.
1893-1897	Expédition de Sven Hedin (Suède) au Pamir et dans le Turkestan chinois.

La Sibérie et l'Extrême-Orient russe.

1581-1585	Le cosaque Iermak étend les possessions russes jusqu'à l'Irtych.
1643	Les cosaques atteignent le lac Baïkal.
1729	Vitus Bering longe les côtes du Kamtchatka et pénètre dans le détroit qui portera son nom.
1768-1774	Peter Simon Pallas (Allemagne) étudie la Sibérie jusqu'au lac Baïkal.
1843-44	Aleksandr Fedorovitch Middendorf (Russie) explore la péninsule de Taïmyr.

III. Amérique

Les côtes de l'Arctique et de l'Atlantique jusqu'à la Floride.

v. 985	Erik le Rouge atteint le sud du Groenland.
1477	Voyage de Christophe Colomb « au-delà de Thulé » : il atteint peut-être le Groenland.
1497	Pour le compte des armateurs de Bristol, Jean Cabot longe une partie des côtes de l'Amérique du Nord.
1501	Envoyé par Manuel de Portugal, Gaspar Corte Real atteint le Groenland.
1513	Juan Ponce de León (Espagne) atteint la Floride.
1523	Au service de François Ier, Giovanni da Verrazano (Italie) explore une partie du littoral de l'Amérique du Nord.
1534	Premier voyage de Jacques Cartier.
1576	Martin Frobisher (Angleterre) longe le Labrador.
1583	John Davis (Angleterre) franchit le détroit compris entre le Groenland et la terre de Baffin.

1610	Henry Hudson (Angleterre) découvre la baie qui portera son nom.
1819	William Edward Parry (Angleterre) franchit le détroit de Lancaster.
1820-1822 et 1825-1827	Exploration d'une partie du littoral arctique par John Franklin (Angleterre).
1829	John Ross (Angleterre) atteint, par la mer, l'extrémité du continent américain (péninsule de Boothia).
1851-1853	Robert McClure (Angleterre) reconnaît en partie le passage du Nord-Ouest.
1903-1906	Le passage du Nord-Ouest est ouvert par Amundsen.

Les côtes de l'Atlantique, du golfe du Mexique au cap Horn.

1492-93	Colomb aborde à l'une des Bahamas (12 oct.), découvre Cuba (28 oct.) et Haïti (8 déc.).
1493-1496	Au cours de son deuxième voyage, Colomb découvre les Petites Antilles.
1498	Au cours de son troisième voyage, Colomb atteint, sans le savoir, le continent dans la région du golfe de Paria.
1499	Juan Díaz de Solís (Espagne) sur les côtes du Honduras. Alonso de Ojeda (Espagne) et Juan de la Cosa sur celles du Venezuela. Amerigo Vespucci longe les côtes du Surinam.
1500-01	Pedro Álvares Cabral (Portugal) prend possession de la terre de la Vraie-Croix (au Brésil) au nom du roi de Portugal.
1501-02	Amerigo Vespucci longe la côte du Brésil vers le sud, à partir de 4° de latitude S.
1502-1504	Colomb explore le littoral de l'isthme de Panamá.
1503	Rodrigo de Bastidas (Espagne) reconnaît la côte du golfe de Darien.
1508	Díaz de Solís et Vicente Yáñez Pinzón découvrent le Yucatán.
1515	Díaz de Solís pénètre dans le Río de la Plata.
1517	Francisco Fernández de Córdoba (Espagne) contourne le Yucatán.
1519	Débarquement de Cortès au Mexique.
1520	Magellan longe la côte de Patagonie.
1527	Sébastien Cabot (Italie) explore le Río de la Plata.
1536	Fondation de Buenos Aires par Pedro de Mendoza (Espagne).
v. 1640	Les Hollandais commencent l'étude du littoral brésilien.
1698	Pierre Le Moyne d'Iberville (France) définit l'embouchure du Mississippi.

L'intérieur de l'Amérique centrale et méridionale.

1519	Arrivée de Cortés à Tenochtitlán, la capitale de l'Empire aztèque.
1523	Conquête du Guatemala par Pedro de Alvarado (Espagne).
1524-1526	Expédition de Cortés vers le Honduras.
1531	Début de la conquête du Pérou par Pizarro.
1531-32	Diego de Ordás (Espagne) remonte l'Orénoque.
1533	Les Espagnols à Cuzco.
1534	Début de la conquête de l'Équateur par Sebastián de Belalcázar.
1535	Diego de Almagro (Espagne) commence la conquête du Chili par l'intérieur.
1536	Gonzalo Jiménez de Quesada (Espagne) explore la région qui formera la Colombie.
1537	Juan de Ayolas atteint le site d'Asunción.
1539	Quesada, Belalcázar et l'Allemand Nikolaus Federmann, venu du Venezuela, se rencontrent près du site de Bogotá.
1539-40	Gonzalo Pizarro et Francisco de Orellana (Espagne), partis de Quito, franchissent les Andes.
1542	Descente de l'Amazone par Orellana.

v. 1550	Domingo Martínez de Irala (Espagne) réalise la jonction entre les possessions andines de l'Espagne et celles du Río de la Plata.
1743-44	Traversée de l'Amérique du Sud par Charles Marie de La Condamine (France) : descente de l'Amazone.
1799-1800	Exploration du Venezuela et du bassin de l'Orénoque par Alexander von Humboldt et le Français Aimé Bonpland.
1801-02	Humboldt et Bonpland étudient le nord des Andes : ascension du Chimborazo.
1878-1881	Explorations de Jules Crevaux (France) en Guyane, sur le haut Orénoque et dans les Andes.

Les côtes du Pacifique.

1513	Vasco Núñez de Balboa (Espagne) franchit l'isthme de Panamá et atteint la « mer du Sud », le Pacifique.
1520	Magellan entre dans le Pacifique par le sud.
1524	Première expédition de Pizarro vers le sud (4° de latitude N.).
1532	Première expédition envoyée par Cortés vers la Californie.
1541	Pedro de Valdivia (Espagne) fonde Santiago.
1579	L'Anglais Francis Drake remonte jusqu'à 42° de latitude N.
1741-42	D'abord avec Vitus Bering (mort en déc. 1741), l'Allemand Georg Wilhelm Steller étudie les Aléoutiennes et l'Alaska.
1831-1836	Robert Fitzroy (Angleterre) cartographie les côtes du Chili et du Pérou.

L'intérieur de l'Amérique du Nord.

1528-1535	Périple de l'Espagnol Alvar Núñez Cabeza de Vaca de la Floride à l'actuel Nouveau-Mexique.
1535	Jacques Cartier remonte le Saint-Laurent.
1539-1542	Hernando de Soto (Espagne) va de la Floride au Mississippi.
1540-41	Francisco Vásquez de Coronado (Espagne) parcourt les régions correspondant au sud-ouest des États-Unis.
1609	Champlain atteint le lac auquel il a donné son nom.
1673	Le P. Jacques Marquette et Louis Jolliet descendent le Mississippi jusqu'à 34° de latitude N.
1682	Cavelier de La Salle parvient au delta du Mississippi.
1789	L'Écossais Alexander Mackenzie descend le fleuve qui portera son nom.
1792-93	Mackenzie franchit les Rocheuses.
1804-1806	L'Américain William Clark remonte le Missouri et explore les Rocheuses.
1843-44	Explorations de la Sierra Nevada par l'Américain John Charles Frémont.

IV. Océanie et le Pacifique

L'océan Pacifique.

1520-21	Magellan traverse l'océan, de la Terre de Feu aux Philippines.
1565	Andrés de Urdaneta (Espagne) traverse le Pacifique d'est en ouest et revient au Mexique par les latitudes moyennes, inaugurant le circuit des galions espagnols.
1568	Parti du Pérou, Álvaro de Mendaña de Neira (Espagne) découvre les îles Salomon.
1595	Découverte des Marquises par Mendaña.
1606	Le Portugais Pedro Fernandes de Queirós, au service de l'Espagne, venu du Pérou, atteint Tahiti puis les Nouvelles-Hébrides.

1616	Les Néerlandais Jakob Le Maire et Willem C. Schouten doublent le cap Horn et découvrent les Tuamotu et les Tonga.	1822-1825	Travaux hydrographiques de Louis Isidore Duperrey (France).
1722	Le Néerlandais Jacob Roggeveen découvre l'île de Pâques.	1828	Dumont d'Urville découvre les restes de l'expédition de La Pérouse aux Nouvelles-Hébrides.
1728	Vitus Bering, Danois au service du tsar, découvre le détroit auquel son nom sera donné.	1837-1839	Abel Aubert Dupetit-Thouars (France) à l'île de Pâques, aux Galápagos et à Tahiti.
1741	Bering navigue le long des côtes des Aléoutiennes et du littoral de l'Alaska.	*L'Australie.*	
1767	Samuel Wallis (Angleterre) redécouvre Tahiti et visite les îles qui porteront son nom. Philip Carteret (Angleterre) découvre la Nouvelle-Bretagne.	1642	Le Néerlandais Abel Janszoon Tasman fait le périple de l'Australie et découvre la « terre de Van Diemen », la Tasmanie.
1768	Voyage de Bougainville.	1770	Cook longe la côte est, du cap Howe au cap York.
1772	Voyage de Nicolas Thomas Marion-Dufresne (France) en Tasmanie et en Nouvelle-Zélande, où il trouve la mort.	1801-1803	Nicolas Baudin (France) explore les côtes sud et ouest. Matthew Flinders (Angleterre) longe le littoral sud puis le golfe de Carpentarie.
1768-1779	Voyages de Cook.		
1786-1788	Voyage de La Pérouse ; disparition de cette expédition.	1844-45	Ludwig Leichhardt (Allemagne) va de Brisbane à la région de Port Darwin et explore les régions orientales et septentrionales de l'Australie.
1791-1793	Joseph Antoine de Bruni d'Entrecasteaux à la recherche de La Pérouse.		
1816-17	Otto von Kotzbue (Russie) étudie la mer de Béring.	1870	John Forrest va de Perth à Adélaïde.

V. L'Arctique et l'Antarctique

L'Arctique.		1827	L'Anglais William Edward Parry atteint la latitude 82°, au N. du Spitzberg.
1553	L'Anglais Richard Chancellor atteint la mer Blanche.	1875-1879	Le Suédois Adolf Erik Nordenskjöld ouvre le passage du Nord-Est.
1556	L'Anglais Stephen Borough touche la Nouvelle-Zemble.	1895	Le Norvégien Fridtjof Nansen dépasse la latitude de 86°.
1594-1597	Le Hollandais Willem Barents relève les côtes de la Nouvelle-Zemble. Premier hivernage effectué par des Européens dans l'Arctique.	1897	Échec de l'aéronaute suédois Salomon August Andrée, qui atterrit à 800 km du pôle.
1728	Au service du tsar Pierre le Grand, le Danois Vitus Jonassen Bering découvre le détroit qui porte son nom.	1903-1906	Le Norvégien Roald Amundsen ouvre le passage du Nord-Ouest.
		1909	L'Américain Robert Edwin Peary atteint le pôle Nord.
1741	Bering atteint les îles Aléoutiennes.	1926	L'Américain Richard Evelyn Byrd survole le pôle Nord.

L'Antarctique.

1774	L'Anglais James Cook atteint la banquise au-delà de 71° de latitude.
1821	Le continent est aperçu par l'Américain Nathaniel Palmer. Au service du tsar Alexandre Ier, le Balte Fabian Gottlieb von Bellingshausen reconnaît les îles Alexandre-Ier et Pierre-Ier.
1840	Le Français Dumont d'Urville prend possession de la terre Adélie.
1841	L'Anglais James Clark Ross découvre la terre Victoria et les volcans Erebus et Terror.
1894	Le Norvégien Carsten Egeberg Borchgrevink effectue le premier débarquement sur le continent même.
1897-1899	Premier hivernage accompli par le Belge Adrien de Gerlache, avec le Norvégien Roald Amundsen.
1901-1903	Expédition du Suédois Otto Nordenskjöld. Expédition de l'Allemand Erich von Drygalski.
1901-1904	Expédition de l'Anglais Robert Falcon Scott.
1908-09	L'Irlandais Ernest Henry Shackleton parvient à 150 km du pôle.
1908-1910	Exploration de la péninsule antarctique par le Français Jean Charcot.
1911	Amundsen atteint le pôle Sud.
1929	Survol du pôle Sud par l'Américain Richard Evelyn Byrd.
1957-58	Première traversée terrestre de l'Antarctique (en passant par le pôle), réalisée par Vivian Ernest Fuchs et Edmund Hillary.

DÉCRASSER v. t. (conj. 3). **1.** Ôter la couche de crasse qui salit qqn, qqch, le nettoyer : *Décrasser un peigne.* — **2.** Tirer qqn, son esprit de l'ignorance ; l'instruire, le dégrossir. — **3.** *Fam.* Rendre à ses muscles leur souplesse : *La culture physique vous décrassera un peu.* — **4.** Agiter un métal en fusion afin de séparer de sa masse les crasses qui s'y trouvent. — **5.** Ôter de la grille d'un foyer ou des tubes à fumée d'une chaudière les scories et les cendres.

DÉCRASSEUR n. m. Dispositif servant au décrassage mécanique d'un foyer.

DE CRAYER (Gaspar), peintre flamand (Anvers 1582 - Gand 1669). Disciple de Rubens, il travailla surtout à Bruxelles et fut un auteur prolifique de tableaux d'autel.

DÉCRÉDIBILISER v. t. (conj. 3). Cesser de rendre crédible qqn ou qqch, déconsidérer : *Décrédibiliser un homme politique.*

DÉCRÉMENT n. m. (angl. *decrement,* du lat. *decrementum,* de *decrescere,* décroître). **1.** Quantité dont une grandeur ou une variable diminue cycliquement, à chaque passage dans une boucle de programme par exemple. — **2.** Rapport de deux amplitudes maximales successives d'un système oscillatoire amorti. — **3.** *Décrément logarithmique,* logarithme népérien du rapport précédent.

DÉCRÉMENTATION n. f. Opération consistant à décrémenter.

DÉCRÉMENTER v. t. (conj. 3). Diminuer une grandeur de la valeur d'un décrément à chaque cycle d'opérations.

DÉCRÊPAGE n. m. Action de décrêper les cheveux.

DÉCRÊPER v. t. (conj. 4). Défaire le crêpage des cheveux.

DÉCRÉPIR v. t. (conj. 32). Enlever le crépi, l'enduit d'un mur : *Façade décrépie.*

DÉCRÉPISSAGE n. m. Action de décrépir.

DÉCRÉPIT, E adj. (lat. *decrepitus*). **1.** Qui est arrivé avec l'âge à un état complet de déchéance physique ; sénile, usé : *Un vieillard décrépit.* — **2.** Qui, avec le temps, a pris un aspect misérable, délabré : *Une bâtisse décrépite.*

DÉCRÉPITATION n. f. Action de décrépiter.

DÉCRÉPITER v. t. (conj. 3). Calciner le sel jusqu'à ce qu'il ne crépite plus dans le feu.

◆ v. i. Pour certains sels contenant une eau de cristallisation, produire sous l'action de la chaleur des bruits secs dus à une déshydratation discontinue.

DÉCRÉPITUDE n. f. **1.** Dégradation, délabrement physique et intellectuel dû à une extrême vieillesse. — **2.** *Litt.* Décadence d'une société, d'une civilisation.

DECRESCENDO [dekreʃɛndo] adv. (ital. *decrescendo*). **1.** En musique, indique un affaiblisse-

ment progressif du son. (Syn. DIMINUENDO.) — 2. *Fam.* En décroissant : *Son enthousiasme va decrescendo.*
◆ n. m. (pl. *decrescendos*). Suite de notes qu'on doit exécuter decrescendo.

DÉCRET n. m. (lat. *decretum*). **1.** Acte réglementaire ou individuel pris par le président de la République, par le Premier ministre, ou conjointement par ces deux autorités, en vertu de leur pouvoir réglementaire. — **2.** *Litt.* Décision sans appel : *Les décrets de la Providence.* — **3.** Décision de l'autorité ecclésiastique en matière administrative, législative et judiciaire. — **4.** Recueil ou compilation de textes canoniques (ex. décret de Gratien). — **5.** *Décret d'application,* décret qui fixe les modalités d'application de certaines lois.

DÉCRÉTALE n. f. (lat. ecclés. *decretale,* du bas lat. *decretalis epistola,* lettre ordonnée par décret). Décision papale sur une consultation, donnée sous forme de lettre et qui est considérée comme source de droit.
◆ **décrétales** n. f. pl. Recueil de ces lettres.

DÉCRÉTER v. t. (conj. **18**). **1.** Décider, ordonner qqch par décret ou par voie d'autorité : *Décréter la mobilisation générale.* — **2.** Déclarer, affirmer qqch avec autorité : *Il a décrété que tu étais un imbécile.*

DÉCRET-LOI n. m. (pl. *décrets-lois*). Acte unilatéral de l'exécutif qui, sous la IIIe République, l'habilitait en vertu d'une délégation de pouvoirs du Parlement, pour une période déterminée, à prendre des mesures relevant normalement de la compétence de ce dernier. (Dans la Constitution de 1958, ces mesures sont prises par ordonnance.)

DÉCREUSAGE n. m. Opération qui a pour but d'éliminer le grès des fils et des tissus de soie grège.

DÉCREUSER v. t. (conj. **3**). Procéder au décreusage.

DÉCRI n. m. (de *décrier*). Acte public par lequel on annonçait la dépréciation de qqch, particulièrement d'une monnaie, ou par lequel on intimait une défense.

DÉCRIER v. t. (de *crier*) [conj. **10**]. **1.** Dénoncer qqn, son attitude, un ouvrage comme mauvais, méprisables ; critiquer, dénigrer : *Décrier ses collègues. Un livre très décrié.* — **2.** Autref., notifier par décri.

DÉCRIMINALISATION n. f. Action de décriminaliser.

DÉCRIMINALISER v. t. (conj. **3**). Enlever son caractère criminel à un acte.

DÉCRIRE v. t. (lat. *describere,* représenter) [conj. **99**]. **1.** Exposer qqch, dépeindre qqn par l'écriture ou par la parole : *Décrire les personnes que l'on a rencontrées. Votre exposé décrit bien la situation.* — **2.** Se déplacer dans un mouvement qui définit une ligne, une trajectoire ; tracer : *L'oiseau décrivait des cercles au-dessus de nos têtes.*

DÉCRISPATION n. f. Action de décrisper qqn ou une situation, instauration d'un climat moins tendu entre des forces politiques en concurrence.

DÉCRISPER v. t. (conj. **3**). **1.** Décontracter les muscles d'une partie du corps : *Décrisper la face.* — **2.** Rendre moins tendu, moins crispé qqn ou une relation : *Une ambiance décrispée.*

DÉCROCHAGE n. m. **1.** Action de décrocher qqch ; fait d'être décroché : *Le décrochage des rideaux.* — **2.** Mouvement de repli d'une armée qui rompt le contact avec l'ennemi ou qui abandonne une position. — **3.** *Fam.* Fin de la dépendance à l'égard d'une drogue. — **4.** Action de décrocher de qqch : *Le décrochage de la réalité.* • **Aéron.** Diminution brusque de la portance d'un avion, provoquant une perte brutale d'altitude. — **Astronaut.** Syn. de DÉSATELLISATION. — **Électr.** Arrêt d'un moteur synchrone, par suite de surcharge excessive. ‖ Rupture du synchronisme entre deux alternateurs accouplés électriquement. — **Techn.** Arrêt du fonctionnement normal d'un générateur d'oscillations périodiques. ‖ Arrêt d'oscillations parasites dans une chaîne d'amplification ou une chaîne électroacoustique.

DÉCROCHE n. f. *Pop.* Dans le vocabulaire des toxicomanes, fait de décrocher.

DÉCROCHEMENT n. m. **1.** Action de décrocher ; fait de se décrocher : *Le décrochement de la corde de rappel.* — **2.** Partie en retrait d'une ligne, d'une façade, d'une surface : *Un décrochement de la muraille.* • **Aéron.** Décrochage dû à une perte de vitesse dans un virage serré. — **Bât.** Décalage de la surface d'un parement de maçonnerie. — **Géol.** Type de faille, généralement subverticale, caractérisée par un rejet horizontal longitudinal dominant. — **Méd.** *Décrochement de la mâchoire,* luxation du maxillaire inférieur.

DÉCROCHER v. t. (de *croc*) [conj. **3**]. **1.** Détacher, enlever qqch de l'endroit où il était accroché : *Décrocher un tableau.* — **2.** Enlever de son support le combiné du téléphone. — **3.** *Fam.* Obtenir qqch, atteindre un but : *Décrocher une commande.* — **4.** Détacher, dissocier une valeur d'une autre : *Décrocher le dollar de l'or.* — **5.** Fam. *Décrocher la lune,* obtenir l'impossible. ‖ Fam.

Décrocher la timbale, le coquetier, atteindre l'objet suspendu ; obtenir le résultat souhaité.
◆ v. i. **1.** Abandonner une activité, ne plus s'intéresser à qqch, ne plus suivre, ou ne plus se sentir concerné par qqch : *Il a décroché du syndicat.* — **2.** En parlant d'un produit, d'une valeur, reculer, être en baisse par rapport à qqch : *Le franc a décroché du mark.* — **3.** Rompre le contact avec l'ennemi. — **4.** *Fam.* Cesser d'être dépendant d'une drogue. — **5.** En parlant d'un avion, ne plus disposer d'une sustentation suffisante pour continuer à voler, être en perte de vitesse. — **6.** Pour un moteur synchrone ou deux alternateurs accouplés, effectuer un décrochage.

DÉCROCHEUR, EUSE n. Au Québec, élève qui quitte l'école avant la fin de la scolarité obligatoire.

DÉCROCHEZ-MOI-ÇA n. m. inv. **1.** *Pop.* et *vx.* Vêtements d'occasion. — **2.** *Fam.* Boutique de fripier.

DÉCROISEMENT n. m. Action de décroiser : *Le décroisement des fils.*

DÉCROISER v. t. (conj. 3). Déplacer ce qui était croisé de manière à séparer : *Décroiser les jambes.*

DÉCROISSANCE n. f. **1.** Action de décroître ; diminution en hauteur, en volume, etc. : *La décroissance de la population.* — **2.** *Décroissance radioactive,* évolution au cours du temps d'une substance radioactive, régie par une loi exponentielle. (Cette loi traduit le fait que le nombre d'atomes détruits à chaque instant est proportionnel au nombre d'atomes présents.)

DÉCROISSANT, E adj. Qui décroît, diminue : *Par ordre décroissant.* • **Math.** Se dit d'une fonction f d'un ensemble ordonné (E, <) dans un ensemble ordonné (F, <) telle que $\forall (x, x') \in E^2$, $x < x' \Rightarrow f(x') < f(x)$. [Pour une suite, E = $\mathbb{N}$.] ‖ *Fonction décroissante au sens large,* fonction décroissante mais qui ne l'est pas strictement. ‖ *Fonction strictement décroissante,* fonction décroissante f telle que $x \neq x' \Rightarrow f(x) \neq f(x')$. — **Phon.** Se dit d'une consonne qui se situe, dans la syllabe, après le sommet syllabique que forme généralement la voyelle (par ex. [p] dans *cape*) ; se dit d'une diphtongue dont l'aperture diminue progressivement. (Syn. DESCENDANT.)

DÉCROISSEMENT n. m. *Litt.* Mouvement continu de ce qui décroît.

DÉCROÎTRE v. i. (conj. 94). Diminuer progressivement en intensité, en quantité, etc. : *En automne, les jours décroissent.*

DECROLY (Ovide), pédagogue belge (Renaix 1871 - Uccle 1932). La pédagogie de Decroly est fondée sur la notion de centre d'intérêt, système de connaissances regroupées autour des intérêts et des besoins essentiels de l'enfant et donnant lieu à des études thématiques. Elle se caractérise également par une approche globale de la réalité concrète et de la vie, ce qui poussera Decroly à proposer une nouvelle méthode de lecture « globale ». Par ailleurs, il attribue une grande importance aux jeux éducatifs et aux activités « naturelles » (manipulations, jardinage...).

DÉCROTTAGE n. m. Action de décrotter.

DÉCROTTER v. t. (de *crotte*) [conj. 3]. **1.** Nettoyer de la boue, des saletés des chaussures. — **2.** *Fam.* Enlever à qqn ses manières rustres, son ignorance ; dégrossir.

DÉCROTTEUR n. m. Machine utilisée pour éliminer la terre adhérant aux betteraves.

DÉCROTTOIR n. m. **1.** Lame de fer horizontale, fixée à l'extérieur d'une maison, pour permettre de gratter la boue des semelles. — **2.** Pièce de la charrue à disques destinée à détacher la terre de la face concave du disque.

DÉCRUE n. f. (de *décroître*). Baisse du niveau des eaux après une crue ; mesure de cette baisse. (Syn. RABAIS.)

DÉCRYPTABLE adj. Qui peut être décrypté.

DÉCRYPTEMENT ou **DÉCRYPTAGE** n. m. **1.** Traduction en un texte clair d'un texte rendu inintelligible par un codage dont on n'a pas la clef. — **2.** Restitution du sens d'un message, d'un texte obscur.

DÉCRYPTER v. t. (conj. 3). **1.** Retrouver le sens clair d'un message chiffré en écriture secrète, sans connaître la clef ayant servi à le transcrire. — **2.** Rendre intelligible un texte obscur, l'élucider.

DÉCRYPTEUR, EUSE n. Personne qui est chargée de décrypter.

DECTIQUE n. m. Sauterelle robuste, à ailes bien développées, commune dans les prés et les champs, parfois nuisible.

DÉÇU → DÉCEVOIR.

DÉCUBITUS [-tys] n. m. (lat. *decubitus,* de *decumbere,* se coucher). Attitude du corps couché sur un plan horizontal.

DÉCUIVRAGE n. m. Action de décuivrer une pièce métallique, souvent par dissolution chimique ou électrolytique.

DÉCUIVRER v. t. (conj. 3). Enlever le cuivrage.

DE CUJUS [dekyʒys] n. (de la loc. lat. *de cujus bonis agitur,* celui des biens de qui il s'agit). Défunt auteur de la succession.

DÉCULASSEMENT n. m. 1. Action de déculasser. — 2. Arrachage accidentel de la culasse d'un canon, au cour du tir.

DÉCULASSER v. t. (conj. 3). Ôter la culasse d'une arme à feu.

DÉCULOTTÉE n. f. *Pop.* Défaite totale et humiliante.

1. DÉCULOTTER v. t. (de *culotte*) [conj. 3]. Ôter à qqn sa culotte ou son pantalon.
◆ **se déculotter** v. pr. *Fam.* 1. Avouer. — 2. Renoncer à une action par lâcheté ou par manque d'assurance ; se dégonfler.

2. DÉCULOTTER v. t. (de *culotter 2*) [conj. 3]. Retirer le dépôt formé dans le foyer d'une pipe.

DÉCULPABILISATION n. f. Action de déculpabiliser ; fait d'être déculpabilisé.

DÉCULPABILISER v. t. (conj. 3). Supprimer chez qqn tout sentiment de culpabilité.

DÉCULTURATION n. f. (de *culture,* d'apr. *acculturation*). Perte de tout ou partie de la culture traditionnelle au profit d'une culture nouvelle.

DÉCULTURER v. t. (conj. 3). Faire subir à qqn, à un groupe une déculturation.

DECUMANUS, mot lat. désignant la voie ouest-est tracée dans les camps militaires et les villes romaines et se croisant au forum avec le cardo.

DÉCUMATES *(champs),* territoire situé entre la rive droite du Rhin et le cours supérieur du Danube et annexé à l'Empire romain au Ier s. apr. J.-C., sous les Flaviens.

DÉCUPLE adj. (lat. *decuplus,* de *decem,* dix). Qui contient dix fois une grandeur, une valeur déterminée : *Cent est décuple de dix.*
◆ n. m. Quantité dix fois plus grande.

DÉCUPLEMENT n. m. Action de décupler : *Le décuplement des forces.*

DÉCUPLER v. t. (conj. 3). 1. Porter au décuple une valeur déterminée : *Il a décuplé son bien.* — 2. Augmenter considérablement qqch : *La colère décuplait ses forces.*
◆ v. i. 1. Devenir dix fois plus grand : *Les dépenses militaires ont décuplé.* — 2. Devenir plus important, s'accroître considérablement : *Les exportations ont décuplé.*

DÉCURIE n. f. (lat. *decuria,* dizaine). 1. Dans l'armée romaine, troupe de dix soldats, division de la centurie. — 2. Tout groupement civil ou politique de 10 personnes, chez les Romains.

DÉCURION n. m. (lat. *decurio, -onis*). Chef d'une décurie civile ou militaire ; en particulier, membre d'un sénat de municipe ou de colonie en Occident.

DÉCURIONAL, E, AUX adj. Relatif au décurion ou au décurionat.

DÉCURIONAT n. m. Fonctions du décurion.

DÉCURRENT, E adj. (lat. *decurrens,* de *decurrere,* se prolonger). Se dit d'un organe végétal dont le relief se prolonge au-dessous du point d'insertion (par ex. champignon à lamelles décurrentes).

DÉCUSCUTAGE n. m. Action de décuscuter.

DÉCUSCUTER v. t. (conj. 3). Éliminer la cuscute d'un champ ou d'un lot de semences.

DÉCUSCUTEUSE n. f. Appareil servant au décuscutage.

DÉCUSSATION n. f. (lat. *decussatio, -onis*). *Décussation des pyramides,* croisement, à la partie inférieure du bulbe rachidien, des cordons moteurs latéraux de la moelle (faisceaux pyramidaux croisés). [Il résulte de la décussation que les fibres nerveuses d'un côté du corps viennent de l'hémisphère cérébral opposé.]

DÉCUSSÉ, E adj. (lat. *decussatus,* croisé). Se dit des feuilles opposées dont les paires successives se croisent à angle droit, comme chez les labiées.

1. DÉCUVAGE n. m. ou **DÉCUVAISON** n. f. Action de retirer le vin de la cuve après fermentation pour le séparer du marc.

2. DÉCUVAGE n. m. Opération qui consiste à sortir de la cuve d'un transformateur l'ensemble des bobinages et des noyaux magnétiques.

DÉCUVER v. t. (conj. 3). Pratiquer le décuvage.

DÉCYLE n. m. Radical $C_{10}H_{21}$, dérivé du décane.

DÉCYLIQUE adj. 1. Qui contient le radical décyle. — 2. *Alcool décylique,* syn. de DÉCANOL.

DÉDAIGNABLE adj. Qui mérite d'être dédaigné, rejeté.

DÉDAIGNER v. t. (de *daigner*) [conj. 4]. 1. Considérer, traiter qqn, qqch avec dédain, les mépriser : *Dédaigner les injures.* — 2. Refuser qqch avec mépris, le rejeter comme indigne de soi : *Dédaigner de répondre à une lettre d'insulte.* — 3. *Ne pas dédaigner,* bien aimer : *Il ne dédaigne pas d'assister à ce spectacle populaire.*

DÉDAIGNEUSEMENT adv. De façon dédaigneuse : *Hausser dédaigneusement les épaules.*

DÉDAIGNEUX, EUSE adj. 1. Qui a du dédain pour qqch : *Dédaigneux des honneurs.* — 2. Qui manifeste du dédain ; méprisant, hautain : *Une moue dédaigneuse.*

DÉDAIN n. m. (de *dédaigner*). Mépris orgueilleux, exprimé par l'attitude, le ton, les manières : *Regarder quelqu'un avec dédain.*

DÉDALE n. m. (de *Dédale,* n. pr.). 1. Lieu où l'on peut s'égarer ; labyrinthe : *Le dédale des rues de la Casbah.* – 2. Ensemble compliqué, inextricable : *Le dédale des lois.*

DÉDALE, héros de la mythologie grecque, architecte et sculpteur. Enfermé, par le prince de Cnossos, dans le Labyrinthe, qu'il avait construit lui-même, il s'en échappa avec son fils Icare au moyen d'ailes de plume et de cire.

DÉDALIQUE adj. Se dit de l'art de la Grèce archaïque dans ses manifestations les plus anciennes, rapportées à Dédale et à une école de sculpteurs « dédalides », encore attestée vers la fin du VIe s.

DEDANS adv. 1. À l'intérieur : *La boîte est vide ; il n'y a rien dedans.* – 2. *Avoir, marcher les pieds en dedans,* les pointes des pieds dirigées l'une vers l'autre. ‖ *En dedans,* à l'intérieur d'un lieu : *La porte s'est refermée et la clef est en dedans.* ‖ Fam. *Mettre, fiche, foutre qqn dedans,* le tromper. ‖ Pop. *Rentrer dedans qqn,* s'élancer sur lui pour le frapper. • **Chorégr.** *Être en dedans,* pour un danseur classique, avoir les genoux et les pieds insuffisamment ouverts, ce qui constitue un handicap. – **Jeux.** *Être dedans,* à la belote, en parlant du joueur qui a fixé l'atout, totaliser moins de points que son adversaire. ‖ *Mettre dedans,* au jacquet, placer une dame sur une flèche inoccupée. – **Mar.** *Avoir vent dedans,* en parlant d'une voile, recevoir le vent convenablement pour faire avancer le bateau.
◆ n. m. Partie intérieure ou située du côté intérieur : *Le dedans du pied.*

DEDEKIND (Friedrich), poète et pasteur allemand (Neustadt am Rübenberge 1525 - Lüneburg 1598). Auteur d'une satire en vers latins (*Grobianus,* 1549), il a publié des ouvrages qui combattent la Contre-Réforme (*Papista conversus,* 1596).

DEDEKIND (Richard), mathématicien allemand (Brunswick 1831 - *id.* 1916). Il conçut une théorie des nombres irrationnels définis comme coupures associées à un rapport irrationnel p/q, une coupure étant un partage de l'ensemble des nombres rationnels a/b en deux classes telles que ceux de la 1re classe vérifient $aq < bp$ et ceux de la seconde $aq > bp$. Créateur de la théorie des idéaux, il fournit les concepts nécessaires à l'étude de la divisibilité dans les corps de nombres algébriques. Sa correspondance avec G. Cantor montre que sa compréhension des idées cantoriennes a été immédiate.

DÉDENSIFIER v. t. (conj. 3). Atténuer la densité trop importante d'un habitat urbain.

DÉDICACE n. f. (lat. *dedicatio, -onis,* consécration). 1. Hommage qu'un auteur fait de son œuvre à qqn en la lui dédiant par une mention imprimée en tête du livre. – 2. Formule qu'une personnalité (en partic. un artiste, un auteur) écrit sur une photo, un ouvrage qu'elle offre à des admirateurs. – 3. Consécration d'un édifice destiné au culte ; fête annuelle en mémoire de la consécration d'une église.

DÉDICACER v. t. (lat. *dedicare,* dédier) [conj. 16]. Faire hommage de qqch (livre, photo, etc.) à qqn par une dédicace ; le lui adresser avec une dédicace : *Collectionner les livres dédicacés.*

DÉDICANT, E n. Personne qui dédie un ouvrage.

DÉDICATAIRE n. Personne à qui un ouvrage est dédié.

DÉDICATOIRE adj. Qui contient la dédicace ; qui sert de dédicace : *Inscription dédicatoire.*

DÉDIER v. t. (lat. *dedicare,* consacrer) [conj. 9]. 1. Consacrer un objet au culte sous une invocation spéciale : *Dédier un autel à la Vierge.* – 2. Mettre un livre, une œuvre d'art sous le patronage de qqn, le lui offrir en hommage : *Dédier sa thèse à sa femme.* – 3. Faire hommage de qqch à qqn, le lui destiner ; offrir : *Dédier une pensée à quelqu'un.*
◆ **être dédié** v. pass. En parlant d'un système informatique, être confiné à un ensemble de tâches fixé à l'avance.

DÉDIFFÉRENCIATION n. f. 1. Évolution d'un processus qui tend à aller du plus complexe au plus simple ou du différent au semblable. – 2. Retour des cellules ou des tissus à un état moins différencié, plus proche de l'état embryonnaire. (→ *encycl.*) – 3. Perte partielle des caractères morphologiques et fonctionnels d'une cellule ou d'un tissu.

ENCYCL. **Biol.** La dédifférenciation s'observe dans la cicatrisation des plaies, la régénération d'un organe amputé, la formation de boutures ou de racines adventives, le bourgeonnement des animaux marins coloniaux, la nymphose des insectes. Elle peut aussi assurer la résistance aux conditions défavorables (anhydrobiose des animaux vivant sur les mousses) et on peut l'obtenir expérimentalement.

DÉDIFFÉRENCIER (SE) v. pr., **ÊTRE DÉDIFFÉRENCIÉ** v. pass. (conj. 9). Évoluer du plus complexe au plus simple ; retourner à un état plus simple ; être affecté par un processus de dédifférenciation.

DÉDIRE (SE) v. pr. (de *dire*) [conj. 103]. 1. Désavouer ce qu'on avait dit, revenir sur une affirmation ou sur un accord ; se rétracter : *Le témoin s'est dédit.* – 2. *Litt.* Ne pas tenir qqch, y manquer : *Se dédire d'un engagement.* – 3. Fam.

Cochon qui s'en dédit, maudit celui qui ne tient pas sa promesse.

DÉDIT n. m. **1.** Action de se dédire, de revenir sur ce qui a été dit, promis. — **2.** Possibilité pour le contractant de ne pas exécuter son obligation ; acte dans lequel le dédit est stipulé ; somme à payer par le débiteur en cas d'inexécution de l'obligation.

DÉDOMMAGEMENT n. m. Avantage matériel ou moral accordé à qqn en réparation d'un dommage ; indemnité, compensation, consolation : *Ce succès est un dédommagement de ses efforts.*

DÉDOMMAGER v. t. (conj. **17**). **1.** Donner à qqn une compensation matérielle en réparation d'une perte ou d'un dommage subi : *Le gouvernement a dédommagé les victimes des inondations.* — **2.** Donner à qqn une compensation pour la peine, les dangers encourus, etc. : *Je vous dédommagerai pour les ennuis que je vous ai causés.* — **3.** Être pour qqn une compensation matérielle ou morale, compenser, récompenser qqch : *Le succès dédommagera vos efforts.*

DÉDORAGE n. m. Action de dédorer ; fait d'être dédoré.

DÉDORER v. t. (conj. 3). Ôter la dorure d'un objet : *Dédorer un cadre.*

◆ **être dédoré** v. pass. **1.** Avoir perdu sa dorure. — **2.** *Litt.* Avoir perdu de sa grandeur : *Une aristocratie dédorée.*

DÉDOSSEUSE n. f. Syn. de CANTER.

DÉDOUANAGE n. m. Action de dédouaner un bagage, une marchandise ; fait d'être dédouané. (Syn. DÉDOUANEMENT.)

DÉDOUANEMENT n. m. **1.** Syn. de DÉDOUANAGE. — **2.** Justification de qqn, de sa conduite auprès des autres.

DÉDOUANER v. t. (conj. 3). **1.** Faire sortir qqch de l'entrepôt de la douane, en acquittant les droits. — **2.** Enlever le plomb dont l'administration des douanes a marqué un ballot. — **3.** Relever qqn du discrédit dans lequel il était tombé ; réhabiliter, blanchir : *Cet acte de générosité l'a dédouané.*

◆ **se dédouaner** v. pr. Agir de manière à faire oublier un passé répréhensible.

DÉDOUBLABLE adj. Qui peut être dédoublé : *Classes dédoublables.*

DÉDOUBLANTE n. f. Syn. de RATTRAPANTE.

DÉDOUBLEMENT n. m. **1.** Action de dédoubler, de se dédoubler, de partager ou d'être partagé en deux ; résultat de ce partage : *Le dédoublement d'une classe.* — **2.** *Dédoublement de personnalité,* coexistence chez un même sujet de deux types de conduites, les unes socialement adaptées, correspondant aux motivations conscientes, les autres pathologiques, automatiques et incoercibles, liées aux motivations inconscientes. ‖ *Dédoublement d'un train* (pour *doublement d'un train*), mise en marche d'un train supplémentaire.

1. DÉDOUBLER v. t. (de *double*) [conj. 3]. **1.** Partager qqch, un ensemble en deux groupes distincts : *Dédoubler des classes.* — **2.** *Vx.* Déplier ce qui était plié en double : *Dédoubler une feuille.* — **3.** Répartir les huîtres d'une claire de manière à diminuer la densité d'élevage. — **4.** Séparer les couches distinctes d'une gemme. — **5.** Procéder au dédoublement d'un train. — **6.** Distinguer, à l'aide d'un instrument, les parties d'un objet qui paraît ponctuel à l'œil nu.

◆ **se dédoubler** v. pr. **1.** Se diviser, se partager en deux : *Ongles qui se dédoublent.* — **2.** Être en proie à un dédoublement de la personnalité. — **3.** *Fam.* Être à deux endroits à la fois, avoir le don d'ubiquité.

2. DÉDOUBLER v. t. (de *doublure*) [conj. 3]. Dégarnir un vêtement de sa doublure.

DÉDOUBLEUR n. m. Scie à ruban permettant de dédoubler des avivés ou des plateaux.

DÉDOUBLURE n. f. Syn. de DOUBLURE.

DÉDRAMATISATION n. f. Action de dédramatiser ; fait d'être dédramatisé.

DÉDRAMATISER v. t. (conj. 3). Retirer à une situation, un événement son caractère dramatique ; dépassionner : *Dédramatiser un débat.*

DEDREUX (Alfred), dit **de Dreux,** peintre et lithographe français (Paris 1810 - *id.* 1860), un des spécialistes de la peinture de chevaux à l'époque romantique (courses, chasses, attelages, portraits équestres, etc.).

DÉDUCTIBILITÉ n. f. **1.** Qualité de ce qui peut être déduit. — **2.** Propriété d'une formule dont il existe une déduction dans un système formel.

DÉDUCTIBLE adj. (lat. *deductum,* de *deducere,* déduire). Qui peut être déduit : *Frais professionnels déductibles des revenus.*

DÉDUCTIF, IVE adj. Qui concerne la déduction, qui procède par déduction.

DÉDUCTION n. f. (lat. *deductio, -onis*). **1.** Action de retrancher une somme d'un total à payer : *Déduction faite des frais.* — **2.** Action de déduire qqch de qqch d'autre par un raisonnement ; conclusion, conséquence : *Tirer des déductions des données actuelles.* — **3.** Enchaînement de propositions suivant des règles définies, constituées par des axiomes et des règles d'inférence.

DÉDUIRE v. t. (lat. *deducere,* extraire) [conj. **98**]. **1.** Soustraire, retrancher une somme d'un total à payer ; défalquer : *Déduire d'une dette les acomptes payés.* – **2.** Tirer comme conséquence logique ; conclure : *J'en déduis que vous avez raison.*

DEEP TANK [diptɑ̃k] n. m. (pl. *deep tanks*) [angl. *deep tank,* de *deep,* profond, et *tank,* réservoir]. Cale d'un navire utilisée pour le lestage par remplissage d'eau de mer.

DEERE (John), constructeur mécanicien américain (Rutland, Vermont, 1804 - Moline, Illinois, 1886). Il réalisa en 1838 une charrue à soc et versoir d'acier d'une seule pièce, qui facilita la pénétration des États-Unis vers l'ouest tout en contribuant au développement des aciéries de Pittsburgh. La firme portant son nom est aujourd'hui le premier constructeur mondial de machines agricoles.

DEERHOUND [diraund] n. m. (angl. *deerhound*). Lévrier d'Écosse, de grande taille, au poil long et hérissé.

DÉESSE n. f. (lat. *dea,* fém. de *deus,* dieu). **1.** Divinité du sexe féminin. – **2.** Être abstrait (dont le nom est féminin), que l'on personnifie à la manière des divinités du paganisme : *La déesse de la Vérité.* – **3.** Femme d'une grande beauté. – **4.** *La Bonne Déesse,* autre nom de Cybèle. ‖ *Déesse mère,* dans les mythologies antiques, divinité qui présidait à la génération et à la fécondité.

DE FACTO [defakto] adv. (lat. *de facto,* selon le fait). Formule permettant d'opposer une situation de fait à une situation juridique (par oppos. à *de jure*).

DÉFAILLANCE n. f. (de *défaillir*). **1.** Fait pour qqn, un groupe, de ne pas assurer pleinement son rôle, sa fonction ; absence, faiblesse ou incapacité : *À la moindre défaillance, vous perdrez votre poste.* – **2.** Fait pour un mécanisme, un appareil, de cesser brusquement de fonctionner correctement : *Défaillance d'un système de sécurité.* – **3.** Perte momentanée et brusque d'une faculté, du contrôle de soi, de l'usage d'une fonction : *Une défaillance de mémoire.* – **4.** Perte brusque et momentanée des forces physiques : *Avoir une défaillance.* • **Dr.** Non-exécution, au terme fixé, d'une clause, d'une condition, d'un engagement ou d'un contrat. – **Méd.** Premier degré de la syncope. – **Techn.** *Arbre de défaillance,* représentation schématique sous forme arborescente des causes de défaillance affectant un système ou un assemblage technique.

DÉFAILLANT, E adj. **1.** Qui fait défaut, qui manque, qui est absent : *Témoin défaillant au tribunal.* – **2.** Qui ne remplit pas avec l'efficacité voulue sa fonction, son rôle ; chancelant : *Pouvoir défaillant.* – **3.** Qui manque de force, qui s'affaiblit : *Voix défaillante.* – **4.** Qui est près de défaillir, qui s'évanouit : *On l'a sortie défaillante de la voiture accidentée.*

DÉFAILLIR v. i. (de *faillir*) [conj. **47**]. **1.** *Litt.* Perdre momentanément ses forces physiques, s'évanouir : *À la nouvelle de la mort de son fils, elle fut sur le point de défaillir.* – **2.** Perdre momentanément son contrôle, sa maîtrise, sa force morale sous le coup d'une émotion : *Défaillir de joie.* – **3.** *Litt.* Venir à manquer, en parlant des forces, de la mémoire, etc.

DÉFAIRE v. t. (conj. **109**). **1.** Remettre qqch à l'état premier, réaliser à l'inverse les opérations précédentes : *Défaire une couture.* – **2.** Mettre qqch en désordre, le démolir, désorganiser ses éléments, déranger son agencement, etc. : *Les enfants ont défait le lit.* – **3.** Sortir qqch d'un emballage, en enlever le contenu : *Défaire ses bagages.* – **4.** Faire que qqch n'existe plus, qu'il soit rompu : *Défaire un mariage.* – **5.** Desserrer les fermetures d'un vêtement, en détacher, en dénouer les pièces : *Défaire sa cravate.* – **6.** Mettre un groupe en déroute, le vaincre : *Nos troupes auraient défait l'armée ennemie.* – **7.** Faire perdre l'habitude de qqch à qqn : *Sa maladie l'a défait de son envie de fumer.*

◆ **être défait** v. pass. **1.** Être en désordre : *Les lits sont défaits.* – **2.** Être vaincu : *Une équipe défaite.*

◆ **se défaire** v. pr., **être défait** v. pass. **1.** Cesser d'être (construit, organisé, rangé, établi, etc.) : *Sa coiffure est défaite.* – **2.** Se détacher : *Ma broche se défait sans cesse.* – **3.** Se troubler profondément, s'altérer, se décomposer : *Un visage défait.*

◆ **se défaire** v. pr. **1.** Renvoyer, congédier qqn : *Elle cherche à se défaire de sa femme de ménage.* – **2.** Se débarrasser de qqch : *Pour payer leurs dettes, ils se sont défaits de leurs meubles.* – **3.** *Se défaire d'une habitude,* ne plus l'avoir, la perdre.

DÉFAITE n. f. (de *défaire*). **1.** Grave revers subi par une armée ; perte d'une bataille, d'un combat, d'une guerre. – **2.** Revers, échec subi par qqn dans une entreprise et, en partic., échec politique ou social ; déconfiture : *La défaite électorale d'un parti.*

DÉFAITISME n. m. **1.** État d'esprit de ceux qui ne croient pas à la victoire et qui préconisent l'abandon du combat. – **2.** Manque de confiance en soi ; pessimisme systématique.

DÉFAITISTE adj. et n. Se dit de qqn (de son comportement) qui ne croit pas à la victoire, au succès d'une entreprise et qui affaiblit le moral des autres par ses déclarations : *Propagande défaitiste.*

DÉFALCATION n. f. (lat. médiév. *defalcatio, -onis*). Action de défalquer ; déduction : *Défalcation faite des frais.*

DÉFALQUER v. t. (lat. médiév. *defalcare,* trancher avec la faux) [conj. 3]. Retrancher, déduire qqch d'un total : *Défalquer les acomptes de la somme à payer.*

DÉFANAGE n. m. Destruction des fanes de pommes de terre.

DÉFANANT n. m. Produit chimique utilisé pour le défanage.

DEFASSA n. m. *Kob defassa,* antilope d'Afrique centrale, portant une large tache blanche sur la croupe.

DÉFATIGANT n. m. Produit appliqué par massage pour décontracter les muscles.

DÉFATIGUER v. t. (conj. 3). Dissiper la fatigue, détendre, reposer.

DÉFAUFILAGE n. m. Action de défaufiler.

DÉFAUFILER v. t. (conj. 3). Défaire le faufil d'un ouvrage faufilé.

DÉFAUSSE n. f. Aux cartes, action de se défausser.

1. DÉFAUSSER v. t. (de *fausser,* gauchir) [conj. 3]. Redresser qqch qui a été faussé : *Défausser une tringle.*

2. DÉFAUSSER v. t. (de *fausser,* faire défaut) [conj. 3]. *Défausser une carte,* se défausser.

◆ **se défausser** v. pr. Se débarrasser au cours du jeu d'une carte jugée inutile.

DÉFAUT n. m. (anc. fr. *défaute,* de *défaillir* avec infl. de *faute*). **1.** Absence, manque ou insuffisance de ce qui serait nécessaire : *Défaut de mémoire, d'attention.* — **2.** Imperfection matérielle de qqch : *Diamant qui a un défaut.* — **3.** Imperfection physique de qqn, d'un animal : *Il a un léger défaut de prononciation.* — **4.** Imperfection morale ; travers : *Le mensonge est un vilain défaut.* — **5.** Manquement aux règles de l'art, du goût : *Les défauts d'un film.* — **6.** *À défaut de,* à la place de qqn, de qqch ; faute de qqch : *À défaut d'un deux-pièces, je louerai un studio.* ‖ *En défaut,* dans une situation où on enfreint une règle, un ordre, où on commet une erreur. ‖ *Faire défaut,* manquer : *Ce n'est pas l'intelligence qui lui fait défaut.* ‖ *Il y a comme un défaut !,* se dit ironiq. et fam. pour déplorer le mauvais fonctionnement de qqch. • **Cristallogr.** et **Phys.** Différence entre la structure idéale triplement périodique du cristal, obtenue au zéro absolu, et la structure du solide réel. (→ *encycl.*) — **Dr.** *Défaut faute de conclure,* jugement, faute par l'avocat d'avoir déposé les conclusions de sa partie. ‖ *Donner défaut,* donner acte de non-comparution. ‖ *Jugement par défaut* ou *défaut faute de comparaître,* jugement, faute de comparution du défendeur qui a été valablement cité mais n'a pu être touché. ‖ *Par défaut,* quoique n'ayant pas comparu. — **Électr.** Modification accidentelle du fonctionnement normal d'un dispositif. — **Math.** *Valeur approchée par défaut du réel* x, réel strictement inférieur à *x.* — **Métall.** Défectuosité produite dans les pièces au cours de leur élaboration, de leur transformation ou de leur utilisation. — **Phys.** *Défaut de masse,* différence entre la somme des masses des particules constitutives d'un atome et la masse de cet atome. (Cette différence représente l'énergie de formation de l'atome.) — **Véner.** *En défaut,* se dit des chiens quand ils ont perdu la voie. ‖ *Relever un défaut,* retrouver la voie, relancer l'animal.

ENCYCL. **Cristallogr.** et **Phys.** Le cristal parfait, c'est-à-dire sans défauts, n'existe qu'au zéro absolu et n'a pas de propriétés remarquables. À toute autre température, l'existence de défauts thermiques, électroniques ou atomiques détermine un grand nombre de propriétés du solide cristallin.

— *Les défauts thermiques.* Les phonons caractérisent les vibrations des atomes et permettent d'expliquer la dilatation thermique des cristaux et leur résistivité.

— *Les défauts électroniques.* Ils sont de trois types : électron, trou, exciton. Ils permettent l'interprétation des propriétés semi-conductrices de certains corps.

— *Les défauts atomiques.* Les cristaux présentent toujours des défauts *chimiques* (impuretés ou non-stœchiométrie) ou *réticulaires.* Ces derniers peuvent être *ponctuels* (lacunes, ou sites non occupés ; interstitiels, ou atomes en dehors des positions normalement occupées), *linéaires* (dislocations) ou *à deux dimensions* (fautes d'empilement dans le réseau, joints de grains juxtaposés et d'orientation différente). Les défauts cristallins influent sur les propriétés des cristaux. Les défauts chimiques ou ponctuels sont souvent responsables des couleurs. Les défauts ponctuels jouent un rôle dans la résistivité des métaux et la conductibilité des cristaux ioniques. Les défauts linéaires expliquent les propriétés mécaniques des alliages.

DÉFAUT-CONGÉ n. m. (pl. *défauts-congés*). Non-comparution du demandeur.

DÉFAVEUR n. f. Perte de la faveur ou de l'estime dont on jouissait ; discrédit : *Un auteur tombé en défaveur.*

DÉFAVORABLE adj. **1.** Qui est mal disposé à l'égard de qqn, qui est hostile, opposé à qqch :

Un jury défavorable à l'accusé. — **2.** Qui est nuisible à qqn, à qqch, qui a des effets fâcheux sur eux : *Climat défavorable à la santé.*

DÉFAVORABLEMENT adv. De façon défavorable : *Je suis défavorablement surpris par votre façon de faire.*

DÉFAVORISER v. t. (conj. 3). **1.** Priver qqn d'un avantage ou d'une condition juste, satisfaisante qu'un autre a ou qu'il aurait pu avoir ; désavantager : *On l'a défavorisé dans le partage.* — **2.** Porter atteinte à qqn, à sa situation économique : *L'inflation défavorise les retraités. Catégorie sociale très défavorisée.* — **3.** Porter atteinte au développement de qqch ; handicaper : *Ces mesures défavorisent l'agriculture.*

DÉFÉCATEUR n. m. Appareil pour opérer la défécation d'une substance.

DÉFÉCATION n. f. (bas lat. *defaecatio, -onis*). **1.** Expulsion des matières fécales. — **2.** Opération qui a pour but d'éliminer les impuretés d'une solution (par précipitation par exemple). [On utilise les sels de plomb, de mercure, l'acide trichloracétique, l'acide tungstique, etc.] — **3.** Séparation du sédiment en suspension dans un liquide par le simple effet du repos.

DÉFECTIF, IVE adj. et n. m. (bas lat. *defectivus,* de *deficere,* manquer). Se dit d'un verbe qui ne possède pas certaines formes contenues dans le paradigme complet des verbes du même type. (Par ex. *gésir,* qui n'existe qu'au présent, à l'imparfait et dans *gisant,* ou *extraire,* qui n'a pas de passé simple.)

DÉFECTION n. f. (lat. *defectio, -onis*). **1.** Action d'abandonner un parti, une cause : *La défection d'un allié.* — **2.** Fait de ne pas se trouver là où on était attendu : *Les défections étaient nombreuses et la soirée a été peu animée.* — **3.** *Faire défection,* déserter, abandonner ; ne pas venir à une invitation.

DÉFECTOLOGIE n. f. Branche de la médecine concernée par les malades considérés comme irrécupérables pour une vie normale.

DÉFECTUEUSEMENT adv. De façon défectueuse.

DÉFECTUEUX, EUSE adj. (lat. médiév. *defectuosus,* de *deficere,* faire défaut). Qui manque des qualités requises, qui a certains défauts ; imparfait : *Loi défectueuse.*

DÉFECTUOSITÉ n. f. (lat. médiév. *defectuositas, -atis*). État défectueux ; imperfection, malfaçon : *La défectuosité d'un plan.*

DÉFÉMINISATION n. f. Action de déféminiser ; fait de se déféminiser.

DÉFÉMINISER v. t. (conj. 3). **1.** Dépouiller une femme des allures, des habitudes féminines : *Mode qui déféminise les jeunes filles.* — **2.** Diminuer dans une administration, une institution le nombre de femmes qui y occupent des postes : *Déféminiser l'enseignement.*

DÉFENDABLE adj. Qui peut être défendu, soutenu : *Thèse peu défendable.*

DÉFENDEUR, ERESSE n. Personne contre laquelle est intentée une action en justice. (En appel, le défendeur prend le nom d'*intimé.*)

DÉFENDRE v. t. (lat. *defendere,* repousser) [conj. 73]. **1.** Protéger qqn, qqch par la lutte ou la vigilance contre toute attaque réelle ou éventuelle, lutter pour conserver un bien : *Animal qui défend son territoire.* — **2.** Préserver qqn, qqch de l'effet nuisible de qqch, les protéger d'une attaque quelconque, en parlant de qqch : *Ce manteau vous défendra du froid.* — **3.** Soutenir qqn, qqch, plaider en leur faveur devant toute accusation, toute critique : *Elle défend toujours son père.* — **4.** Interdire à qqn de faire qqch, d'user de qqch, d'accéder à un lieu : *Son médecin lui a défendu de boire de l'alcool.* — **5.** Pour un avocat, assister, plaider et (au civil) représenter. — **6.** *À son corps défendant,* à contrecœur. ‖ *Défendre son honneur,* le soutenir contre toutes les attaques, toutes les critiques. ‖ *Défendre (chèrement) sa vie,* lutter opiniâtrement pour préserver son existence. ‖ *Défendre ses couleurs, son titre,* lutter en compétition pour faire triompher son équipe, conserver son titre.

◆ **être défendu** v. pass. **1.** Faire l'objet d'une interdiction : *Aliment défendu dans le cas de diabète.* — **2.** *C'est défendu, il est défendu de,* les règlements, les lois ou la morale, la bienséance l'interdisent.

◆ **se défendre** v. pr. **1.** Résister à une agression, repousser une attaque, une critique ; se battre : *Se défendre les armes à la main.* — **2.** S'abriter, se protéger contre qqch : *Se défendre contre le froid en mettant un double vitrage.* — **3.** *Fam.* Montrer une certaine habileté dans un domaine précis : *Il se défend en maths, aux échecs.* — **4.** *Fam.* Savoir se tirer des difficultés, se tirer d'affaire : *Voilà une enfant qui promet, elle saura se défendre !* — **5.** *Fam.* Résister aux effets de l'âge : *Pour une femme de cinquante ans, elle ne se défend pas mal !* — **6.** Être plausible, acceptable, tenir debout : *Évidemment, son raisonnement se défend.* — **7.** Refuser l'idée de qqch, s'empêcher de le faire : *Il se défend de toute compromission.* — **8.** *Ne pas pouvoir se défendre de,* ne pas pouvoir s'en empêcher : *Il ne put se défendre de sourire.* — **9.** En parlant d'un cheval, se refuser à exécuter un mouvement demandé par son cavalier.

DÉFENESTRATION n. f. Action de jeter qqn ou de se jeter par la fenêtre.

Défenestration de Prague (23 mai 1618), incident au cours duquel J. B. z Martinic et V. Slavata, membres du Conseil de lieutenance, furent précipités d'une fenêtre du palais royal par des protestants. (Cet incident marqua le début de la rébellion contre l'autorité de Ferdinand II en Bohême et entraîna le déclenchement de la guerre de Trente Ans.)

DÉFENESTRER v. t. (anc. fr. *fenestre,* fenêtre) [conj. 3]. Jeter qqn par une fenêtre.

DÉFENS ou **DÉFENDS** [-fɑ̃] n. m. (lat. *defensum*). *En défens,* se dit d'un bois, d'une parcelle interdits au pâturage.

DÉFENSABLE adj. Se dit d'une parcelle de forêt dont les arbres sont assez grands pour que le bétail puisse y pâturer sans compromettre leur croissance.

1. DÉFENSE n. f. (bas lat. *defensa*). **1.** Fait de lutter pour la protection de qqn ou de qqch, action de défendre qqn ou qqch ou de se défendre : *La police est d'abord chargée de la défense de la population. Certains animaux n'ont aucun moyen de défense.* – **2.** Ce qui permet de protéger qqn ou qqch, possibilité de défendre qqn ou qqch ou de se défendre : *Ma seule défense sera la fuite !* – **3.** Fait d'interdire qqch à qqn ; interdiction : *Il était sorti malgré la défense de sa mère.* – **4.** *Avoir de la défense,* être capable de résister à autrui, à ses railleries. ‖ *Défense de,* il est interdit de : *Défense d'afficher.* ‖ *Être en état, en position de défense,* se méfier, être sur la défensive. ‖ *Être sans défense,* ne pas avoir les possibilités physiques ou morales de résister à autrui. ‖ *Pour ma défense,* pour répondre aux critiques, aux accusations portées contre moi. ‖ *Prendre la défense de qqn,* prendre son parti, lui apporter son soutien. • **Bât.** Corde de sûreté à laquelle s'attache le couvreur. – **Déf.** Ensemble des actions ayant pour objet d'assurer la sécurité et l'intégrité du territoire, ainsi que la vie des populations ; les organismes civils et militaires chargés de cette mission. (On dit aussi DÉFENSE NATIONALE.) [→ *encycl.*] ‖ *Corps de défense,* formation organisée au sein d'organismes civils en vue d'assurer, en cas de menaces, des missions de défense. (→ *encycl.*) ‖ *Défense civile,* forme de défense dont la responsabilité incombe au ministre de l'Intérieur. (Organisée en 1965, elle assure la sécurité des pouvoirs publics, la sécurité générale du territoire et la protection des populations.) ‖ *Défense contre les aéronefs (D. C. A.),* ancienne appellation des organismes et moyens de défense antiaériens. ‖ *Défense économique,* forme de défense ayant pour objet l'orientation des diverses ressources aux fins de défense nationale. ‖ *Défense opérationnelle du territoire (D. O. T.),* forme de défense ayant pour mission de protéger les installations de la force nucléaire stratégique et, en cas d'invasion, d'organiser la résistance. (→ *encycl.*) ‖ *Défense passive,* ancienne appellation du service chargé en temps de guerre de la protection des populations contre le danger aérien. (Elle est devenue, en 1975, sécurité civile.) ‖ *Secrétaire général de la défense nationale,* haut fonctionnaire qui assiste le Premier ministre dans l'exercice de ses responsabilités en matière de direction générale de la défense. (→ *encycl.*) – **Dr.** La partie qui se défend. ‖ Procédé qui permet au défendeur de réagir contre l'attaque dont il est l'objet (défense au fond ; exception ; fin de non-recevoir ; demande reconventionnelle). [On dit aussi MOYEN DE DÉFENSE.] ‖ *Défense au fond,* tout moyen qui tend à faire rejeter comme non fondée la prétention de l'adversaire. ‖ *Défense sociale,* doctrine qui préconise des mesures de réinsertion sociale adaptées à la personnalité du délinquant. ‖ *Légitime défense,* droit de riposter par la violence [homicide, blessures, coups], en cas de nécessité actuelle, à une agression dirigée contre soi-même ou autrui ; droit naturel pour un État de se défendre contre une agression d'un autre État. – **Équit.** Action du cheval qui résiste ou se soustrait à une demande de son cavalier. – **Mar.** Morceau de bois, ballon en liège ou en caoutchouc, etc., placé le long du bord d'un navire pour amortir un choc ou empêcher le frottement de la coque contre un quai ou un autre navire. – **Méd.** *Défense musculaire,* contraction et dureté musculaires se manifestant dans certaines affections inflammatoires localisées. (Par ex., défense abdominale dans l'appendicite.) – **Mil.** *Défense mobile,* forme de combat visant à abandonner du terrain pour gagner des délais. – **Neurol.** *Réflexe de défense,* réflexe consécutif à une exaltation de la réflectivité cutanée et articulaire qui s'observe chez les malades paraplégiques ou quadriplégiques. – **Psychan.** Acte par lequel un sujet confronté à une représentation insupportable la refoule, faute de se sentir les moyens de la lier, par un travail de pensée, aux autres pensées. (→ *encycl.*) – **Sports.** Action de s'opposer aux offensives de l'adversaire. ‖ Ensemble des joueurs qui participent à cette action. ‖ *Jouer la défense,* s'en tenir à des actions défensives. – **Trav. publ.** Dispositif constitué par des pieux et destiné à protéger un pont ou un ouvrage à la mer contre les chocs des bateaux.

◆ **défenses** n. f. pl. **1.** Ensemble des organisations défensives assurant la protection d'une place, d'un point sensible. – **2.** Ensemble des dispositifs protégeant une serrure contre l'utilisation d'une clef autre que la sienne ou d'outils de crochetage. (Syn. GARDES.) — **3.** *Défenses accessoires,* obstacles artificiels (réseaux de fil de fer, etc.) battus par le feu des défenseurs.

ENCYCL. **Déf.** Durant des siècles, le phénomène de la guerre s'est confondu avec la faculté de disposer de forces armées en nombre et en valeur suffisants pour dominer l'adversaire. Depuis la fin du XVIIIe s., deux mutations importantes ont bouleversé les données en matière de défense.

La première a pour origine l'apparition de la « guerre des peuples », liée à celle de véritables « guerres de libération » (Espagne 1812, Prusse 1813). De plus en plus, la défense va s'appuyer sur la mobilisation totale des ressources morales, humaines et économiques. La seconde mutation est scellée avec l'avènement de l'arme atomique, en 1945. La défense devient alors l'enjeu d'une compétition scientifique, technologique et financière qui met en œuvre les moyens de la dissuasion. Cependant, même les puissances nucléaires ne peuvent négliger les moyens conventionnels pour répondre à toute menace non atomique, permettre des interventions extérieures et assurer la sécurité intérieure.

Les objectifs de la défense de la France, pour la période récente, sont les suivants : défendre l'indépendance nationale, faire face aux engagements en Europe et hors d'Europe, agir dans le monde au service de la coopération et de la paix. Sa stratégie militaire est fondée sur les capacités de dissuasion et de combat de forces nucléaires et classiques qui se valorisent mutuellement. Le président de la République, chef des armées, doit, le cas échéant, prendre la décision d'employer les armes nucléaires.

• *Corps de défense.* Prévus par une ordonnance de 1959, les corps de défense sont composés d'assujettis au service national qui reçoivent une affectation individuelle de défense. Le seul corps de défense mis sur pied est celui de la sécurité* civile.

• *Défense opérationnelle du territoire (D. O. T.).* Elle est l'héritière des acquis de l'après-guerre *(défense de surface)* et des guerres d'Indochine et d'Algérie *(défense intérieure du territoire).* L'appellation de *défense opérationnelle du territoire* apparaît avec le décret du 24 févr. 1962. La défense de points sensibles en est le fondement. Des « zones de résistance militaire prolongée » sont organisées dès le temps de paix, en cas d'invasion du territoire.

— **Psychan.** Freud a dégagé des mécanismes de défense typiques pour chaque affection psychogène : la conversion pour l'hystérie ; l'isolation, l'annulation rétroactive, les formations réactionnelles pour la névrose obsessionnelle ; la transposition de l'affect pour la phobie ; la projection pour la paranoïa. Le refoulement a un statut particulier dans l'œuvre de Freud, car, d'une part, il institue l'inconscient et, d'autre part, il est le mécanisme de défense par excellence, sur lequel les autres se modèlent. À ces destins pulsionnels considérés comme processus défensifs s'ajoutent le retournement sur la personne propre, le renversement en son contraire et la sublimation. Dans leur ensemble, les mécanismes de défense sont mis en jeu pour éviter les agressions internes des pulsions sexuelles dont la satisfaction s'avère conflictuelle pour le sujet, et pour neutraliser l'angoisse qui en dérive. Le moi est l'agent de ces opérations défensives.

2. DÉFENSE n. f. (de *défense 1*). Dent largement dépassante, pointue, de certains mammifères (éléphants, morses, sangliers, etc.).

défense *(Comité de),* la plus haute instance où sont prises les décisions d'ensemble intéressant la politique générale de défense nationale. Il comprend organiquement, sous la présidence du président de la République, le Premier ministre, les ministres des Affaires étrangères, de l'Intérieur, de la Défense, de l'Économie et des Finances, auxquels peut être adjointe toute personnalité en raison de sa compétence.

Défense *(ministère de la),* ministère responsable de l'exécution de la politique militaire et qui assume les missions portant organisation générale de la défense.

Défense *(quartier de la),* quartier principalement d'affaires de la banlieue ouest de Paris, sur les communes de Nanterre, Puteaux et Courbevoie. Édifié pour l'essentiel de 1958 à 1989, il comprend, sur une dalle piétonnière recouvrant les circulations diverses, de nombreuses tours de bureaux, le C.N.I.T. (Centre des Nouvelles Industries et Technologies, œuvre, sous sa première forme [1958], de Camelot, Esquillan, de Mailly et Zehrfuss) et, à l'ouest, clôturant la perspective historique qui part du palais du Louvre et suit les Champs-Élysées, la « Grande Arche » conçue par l'architecte danois Otto von Spreckelsen (1983-1989 ; siège de l'Arche de la Fraternité [fondation pour les droits de l'homme], d'un ministère et de sociétés privées). 650 entreprises sont installées à la Défense, dont la moitié des vingt premières sociétés françaises ; plus de 100 000 personnes y travaillent.

Défense et illustration de la langue française, ouvrage de Joachim du Bellay (1549). Ce manifeste de l'école de Ronsard condamne les créations poétiques du Moyen Âge, tout en recommandant l'imitation des Anciens, la défense et l'enrichissement de la langue française.

Défense nationale *(gouvernement de la),* gouvernement qui dirigea la France de sept. 1870 à févr. 1871. La défaite de Sedan provoque la révolution parisienne du 4 sept. 1870 et entraîne la formation d'un gouvernement républicain modéré après la proclamation de la déchéance impériale par Gambetta. Présidé par le général Trochu, le nouveau gouvernement a pour principaux membres J. Favre, L. Gambetta, J. Ferry, A. Crémieux, J. Simon. Il abolit le Sénat, dissout le Corps législatif. Refusant toute cession territoriale, après l'échec des négociations de Ferrières entre Bismarck et J. Favre (19-20 sept.), le gouvernement de la Défense nationale se résout à l'intensification de la guerre et se prépare à soutenir le siège de Paris. Gambetta quitte Paris en ballon le 7 oct. et rejoint la délégation gouvernementale installée à Tours dès le 9 sept. afin d'assurer la direction du pays, dont le gouvernement de Paris est désormais coupé. Aidé de Freycinet, il développe l'effort de guerre, conclut des emprunts à l'étranger et lève de nouvelles troupes, qu'il dirige vers Paris. Mais la capitulation de Metz (27 oct.) et l'échec de l'entrevue de Thiers et de Bismarck à Versailles (1er-4 nov.) obligent la délégation à se replier sur Bordeaux, tandis que les armées de Gambetta sont battues successivement. L'échec de Buzenval (19 janv. 1871) et l'annonce des négociations avec l'ennemi provoquent la révolte des Parisiens (22 janv.), qui accusent le gouvernement de trahison. J. Favre signe l'armistice le 28 janv. Gambetta veut continuer la lutte, mais doit démissionner (6 févr.). Le 12 févr., le gouvernement de la Défense nationale remet ses pouvoirs à l'Assemblée nationale, élue le 8 févr. à Bordeaux.

Défense nationale *(médaille de la),* médaille créée en 1982 et récompensant les militaires pour leurs activités opérationnelles ou de préparation opérationnelle.

DÉFENSEUR n. m. (lat. *defensor*). **1.** Celui, celle qui défend qqch, un groupe : *Défenseur des libertés, des pauvres.* — **2.** Avocat qui assure la défense en justice d'un accusé, d'une partie en cause. — **3.** En sports, joueur qui s'oppose à l'attaque de l'adversaire ; plus particulièrement, joueur dont les qualités propres ou la fonction favorisent cette opposition. — **4.** *Défenseurs de la cité* ou *de la plèbe,* magistrats créés en 368 par Valentinien et nommés par le préfet du prétoire pour protéger les habitants des cités contre les exactions des gouverneurs, des notables et des percepteurs d'impôts. ‖ *Défenseur du lien,* avocat chargé, dans un procès ou une enquête canonique, de défendre la validité d'un mariage ou d'une ordination.

DÉFENSIF, IVE adj. (lat. médiév. *defensivus*). **1.** Destiné à se défendre contre une attaque, propre à la défense : *Mesures défensives.* — **2.** Qui est uniquement consacré à la défense et exclut toute attaque : *Armement défensif.*

◆ **défensive** n. f. **1.** Ensemble de mesures permettant d'éviter ou de réduire l'effet d'une agression. — **2.** Attitude adoptée par le commandement et qui, se limitant à parer les entreprises de l'adversaire, lui abandonne provisoirement l'initiative des opérations. — **3.** En sports, attitude d'une équipe, d'un joueur se limitant à contenir les attaques des adversaires. — **4.** *Sur la défensive,* dans une attitude où l'on craint une attaque et où on se tient prêt à se défendre ; sur ses gardes.

DÉFENSIVEMENT adv. De façon défensive, dans un but défensif.

DÉFÉQUER v. i. (lat. *defaecare,* purifier, de *faex,* lie) [conj. **18**]. Expulser les matières fécales.
◆ v. t. Procéder à la défécation.

DÉFÉRENCE n. f. (de *déférer 1*). Considération respectueuse qu'on témoigne à qqn, marque de respect ; égard : *Donner des marques de déférence.*

1. DÉFÉRENT, E adj. et n. m. (lat. *deferens, -entis,* qui porte de haut en bas). **1.** *Canal déférent* ou *déférent* (n. m.), conduit cylindrique de 2 mm de diamètre sur 40 cm de long environ qui relie

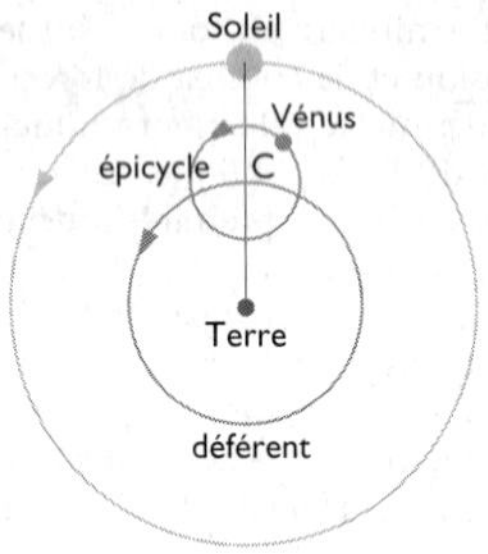

planète située entre la Terre et le Soleil

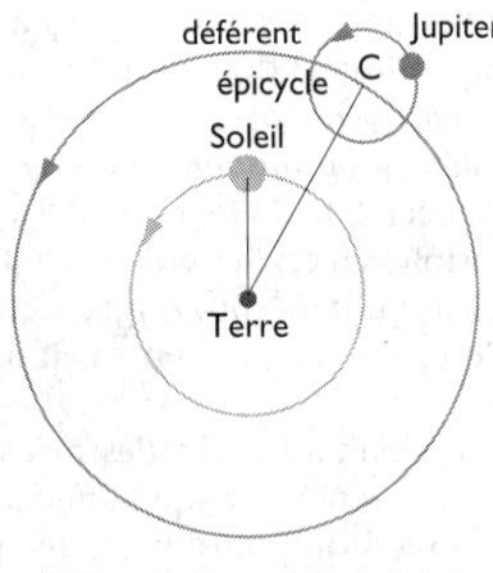

planète située au-delà du Soleil

Cercle **déférent.**

l'épididyme à l'urètre postérieur et qui constitue la voie d'excrétion du sperme. — 2. *Cercle déférent* ou *déférent* (n. m.), cercle imaginé dans l'Antiquité pour tenter de rendre compte du mouvement apparent des planètes.

2. DÉFÉRENT, E adj. (de *déférent 1,* avec l'infl. de *déférence*). Qui a, qui marque de la déférence : *Avoir une attitude déférente à l'égard des personnes âgées.*

1. DÉFÉRER v. t. ind. (lat. *deferre,* porter de haut en bas) [conj. 18]. *Litt.* Se conformer au désir de qqn par respect pour lui, par égard pour son âge : *Déférer au mérite. Déférer à l'avis de son père.*

2. DÉFÉRER v. t. (lat. *deferre,* dénoncer) [conj. 18]. 1. Attribuer une affaire à une juridiction. — 2. Traduire un accusé devant la juridiction compétente : *Déférer un officier en conseil de guerre.* — 3. Imposer un serment judiciaire à qqn.

DÉFERLAGE n. m. Action de déferler.

DÉFERLANT, E adj. Qui déferle.
◆ **déferlante** n. f. 1. Onde océanique soumise au déferlement. — 2. Phénomène brutal et massif ; raz de marée.

DÉFERLEMENT n. m. 1. Action de déferler : *Le déferlement des vagues.* — 2. Action de se répandre avec violence et en masse : *Le déferlement des manifestants.* — 3. Action de se manifester avec force : *Un déferlement de haine.* — 4. Écroulement de la crête d'une onde océanique produit par basculement ou cisaillement dû au vent et accompagné d'écume.

DÉFERLER v. t. (de *ferler*) [conj. 3]. Déployer une voile, un pavillon.
◆ v. i. 1. Venir se briser en roulant, en écumant, en parlant des vagues : *Surfeur qui prend la vague au moment où elle déferle.* — 2. Se répandre avec impétuosité, en parlant d'une foule, d'un phénomène : *Les applaudissements déferlèrent.*

DÉFERRAGE n. m. 1. Syn. de DÉFERREMENT. — 2. Élimination totale ou partielle du fer dans un minerai ou un semi-produit.

DE FERRARI (Gregorio), peintre décorateur italien (Porto Maurizio, auj. Imperia, 1644 - Gênes 1726). Il s'est exprimé dans un style lumineux et fleuri qui annonce le rococo (fresques dans les palais génois).

DÉFERREMENT n. m. Action de déferrer un cheval, un prisonnier, etc., d'enlever les ferrures d'une malle, d'une roue, etc. (Syn. DÉFERRAGE.)

DÉFERRER v. t. (conj. 4). 1. Ôter le fer fixé à qqch : *Déferrer une roue.* — 2. Ôter le fer du sabot d'un animal, les fers qui tiennent qqn enchaîné. — 3. Syn. de DÉPOSER.

DÉFERVESCENCE n. f. (lat. *defervescere,* cesser de bouillonner). Décroissance de la fièvre au cours des maladies aiguës.

DÉFET n. m. (lat. *defectus,* défaut). Feuille d'impression ou cahier superflu ou dépareillé d'un ouvrage imprimé.

DÉFEUILLAGE n. m. Action de défeuiller.

DÉFEUILLAISON n. f. Chute des feuilles, époque où elle a lieu ; défoliation.

DÉFEUILLER v. t. (conj. 5). *Litt.* Enlever les feuilles d'un arbre, d'une plante.
◆ **se défeuiller** v. pr. Perdre ses feuilles.

DÉFEUTRAGE n. m. Opération qui consiste à redresser les fibres de laine constituant un ruban, après cardage ou après teinture.

DÉFEUTRER v. t. (conj. 3). Procéder à l'opération du défeutrage.

DÉFEUTREUR n. m. ou **DÉFEUTREUSE** n. f. Machine du cycle du peignage de la laine, sur laquelle se pratique le défeutrage.

DEFFAND (Marie DE VICHY-CHAMROND, *marquise* DU), femme de lettres française (château de Chamrond, près de Charolles, Bourgogne, 1697 - Paris 1780), célèbre pour son salon fréquenté par les écrivains et les philosophes. Sa *Correspondance,* au style pittoresque, révèle son sens du portrait et de l'analyse.

DEFFERRE (Gaston), homme politique français (Marsillargues, Hérault, 1910 - Marseille 1986). Membre de la S. F. I. O. dès 1933, résistant, il est maire de Marseille à la Libération (1944-45) et de 1953 à 1986. Député (1946-1958), sénateur (1959-1962), puis constamment réélu député des Bouches-du-Rhône à partir de 1962, il exerce diverses fonctions gouvernementales sous la IVe République. Ministre de la France d'outre-mer (1956-57), il élabore la loi-cadre sur le statut des territoires de l'Union française. Candidat à la présidence de la République en 1969, il soutient à partir de 1971 F. Mitterrand à la tête du nouveau parti socialiste et devient ministre de l'Intérieur et de la Décentralisation en 1981. De juill. 1984 à mars 1986, il a été ministre du Plan et de l'Aménagement du territoire.

DÉFI n. m. 1. Action de provoquer qqn en combat singulier, à une compétition : *Lancer un défi à quelqu'un.* — 2. Action de défier qqn, de le provoquer : *Cette lettre est un défi.* — 3. Refus de s'incliner devant l'autorité de qqn, de qqch : *Cette attitude est un défi à mon autorité.* — 4. État d'un groupe qui, dans une situation de concurrence, oblige les autres à atteindre au moins le même niveau que lui : *Le défi japonais.* — 5. *(Être)* *un défi à,* ce qui résiste à qqch, l'affronte victorieusement : *Un défi au bon sens.*

DÉFIANCE n. f. (de *se défier*). **1.** Manque de confiance, crainte d'être trompé ; méfiance : *Un regard plein de défiance.* — **2.** Désapprobation de l'action de qqn : *L'assemblée émet un vote de défiance.*

DÉFIANT, E adj. (de *se défier*). Qui craint continuellement d'être trompé ; qui exprime la défiance ; méfiant, soupçonneux : *Regards défiants.*

DÉFIBRAGE n. m. **1.** Action de briser l'écorce de la canne à sucre, afin de faciliter la sortie du jus lors du broyage. — **2.** Opération qui a pour objet d'obtenir de longs et minces copeaux (fibres ou laine de bois) destinés à l'emballage ou à la fabrication de panneaux de fibres ou de laine de bois aggloméré aux liants hydrauliques. — **3.** Séparation mécanique des fibres élémentaires du bois en vue de la fabrication de la pâte à papier.

DÉFIBRER v. t. (conj. 3). Effectuer l'opération du défibrage.

DÉFIBREUR, EUSE n. Ouvrier (ère) conduisant une machine à défibrer.

◆ **défibreur** n. m. Machine servant au défibrage.

DÉFIBRILLATEUR, TRICE adj. Qui supprime la fibrillation cardiaque.

◆ **défibrillateur** n. m. Appareil utilisé pour interrompre la fibrillation cardiaque ou traiter certains troubles du rythme cardiaque au moyen d'un choc électrique.

DÉFIBRILLATION n. f. Traitement de la fibrillation ventriculaire ou de la fibrillation auriculaire au moyen d'un défibrillateur.

DÉFIBRINER v. t. (conj. 3). Priver le plasma sanguin du fibrinogène qu'il contient.

DÉFICELER v. t. (conj. **24**). Enlever la ficelle qui attache, entoure un paquet.

DÉFICHER v. t. (conj. 3). Syn. de DÉCHALASSER.

DÉFICIENCE n. f. (bas lat. *deficientia,* affaiblissement). **1.** Insuffisance physique ou intellectuelle ; faiblesse : *Déficience musculaire.* — **2.** *Déficience mentale,* symptôme caractérisé par l'insuffisance de l'efficience intellectuelle, sans que le déficit intellectuel en résume l'aspect clinique. (Syn. INSUFFISANCE MENTALE.) [→ *encycl.*]

ENCYCL. **Psychiatr.** On s'en est longtemps tenu à la profondeur du déficit intellectuel pour caractériser les déficiences mentales. C'est ainsi que de façon purement descriptive on peut distinguer : 1° des déficits très profonds (les sujets ne dépassent pas le stade sensorimoteur : impossibilité de s'alimenter seul, absence de contrôle sphinctérien, quasi-absence de langage), qui correspondent à l'ancienne dénomination d'*idiotie ;* 2° des déficits profonds (les sujets sont autonomes dans les tâches courantes de la vie quotidienne, et leur langage, bien qu'assez pauvre, leur permet de communiquer, mais ils sont incapables d'une scolarisation normale et n'acquièrent jamais la maîtrise de la langue écrite ; à l'âge adulte, leur âge mental demeure inférieur à 6 ans), qui correspondent à l'ancienne dénomination d'*imbécillité ;* 3° les déficits moyens et légers (c'est la débilité* au sens strict).

On distingue les *déficiences exogènes,* que l'on impute à une atteinte cérébrale organique (maladies génétiques, aberrations chromosomiques, embryopathies, fœtopathies, accidents obstétricaux, encéphalopathies), et les *déficiences endogènes,* pour lesquelles il n'est pas possible de mettre en évidence une telle atteinte. Celles-ci représentent la grande majorité des cas de débilité légère ou moyenne.

Pour certains auteurs, cela tiendrait simplement au fait que l'intelligence serait un caractère héréditaire. En fait, comme les autres enfants, l'enfant déficient se construit à partir de facteurs biologiques, psychologiques et sociaux. Il n'y a pas parallélisme entre l'atteinte neurologique et les conséquences qui lui sont attribuées. L'intelligence, ainsi que l'ont montré les travaux des psychanalystes, subit les avatars de la vie pulsionnelle. D'autre part, l'efficience intellectuelle (mesurée par le Q. I.) est d'autant plus élevée que les enfants appartiennent à un milieu plus favorisé sur le plan socioculturel et économique. Les perturbations affectives sévères liées à une distorsion relationnelle précoce retentissent grandement sur le développement cognitif, et c'est ce type de déficience que l'on désigne sous le terme de *dysharmonie évolutive.* Actuellement, même dans les cas où un facteur organique est en jeu, un travail de type psychothérapique peut être préconisé.

DÉFICIENT, E adj. (lat. *deficiens*). **1.** Qui présente une insuffisance dans le développement physique ou intellectuel : *Une intelligence déficiente.* — **2.** Qui présente une insuffisance : *Une théorie déficiente.*

◆ n. Personne présentant une déficience physique ou mentale.

DÉFICIT [-sit] n. m. (lat. *deficit,* il manque). **1.** Ce qui manque pour que les recettes soient en balance avec les dépenses : *Le déficit d'un compte d'exploitation.* (→ *encycl.* Écon. et Fin.) — **2.** Situation financière résultant de ce manque : *La Sécurité sociale est en déficit.* — **3.** *Déficit budgétaire,* excédent des charges à caractère définitif de la loi de finances. ‖ *Déficit immunitaire,* diminution ou disparition des moyens naturels de défense de l'organisme contre les infections. (→ *encycl.* Méd.) ‖ *Déficit intellectuel,* insuffisance d'efficience intellectuelle ne permettant pas à un sujet de répondre de façon adaptée aux exigences de son milieu de vie et qui constitue un des aspects cliniques de la déficience mentale.

ENCYCL. **Écon.** et **Fin.** Selon certains auteurs anglo-saxons (Keynes, Beveridge), le déficit budgétaire est de nature à accroître la demande globale et à rétablir, en période de dépression, l'équilibre entre l'offre et la demande, portant la production à son niveau le plus élevé possible et réalisant le plein emploi des facteurs de la production.

– **Méd.** Les *déficits immunitaires primitifs,* liés au patrimoine génétique, se manifestent souvent dès l'enfance. Ils concernent l'immunité humorale, l'immunité cellulaire ou les deux à la fois. Les *déficits immunitaires secondaires* qui surviennent chez des sujets au système immunitaire antérieurement normal ont des causes multiples (maladies malignes du sang et des ganglions, cancers viscéraux ; traitements immunosuppresseurs [notamment en cas de greffes d'organes] ; sida). Dans toutes les formes, on note la fréquence d'infections graves par des germes opportunistes habituellement peu pathogènes, qu'il s'agisse de bactéries, de virus, de champignons ou de parasites.

DÉFICITAIRE adj. **1.** Qui se solde par un déficit : *Budget déficitaire. Récolte déficitaire.* – **2.** Se dit d'un sujet marqué par la déficience mentale.

1. DÉFIER v. t. (de *fier*) [conj. 9]. **1.** Provoquer qqn en duel. – **2.** Inviter qqn à se mesurer à soi dans un jeu, une compétition : *Défier un ami aux échecs.* – **3.** Inciter qqn, par la provocation, à faire qqch, en prétendant qu'il en est incapable ; le mettre au défi de : *Je vous défie de lui parler.* – **4.** Refuser de se soumettre à la force de qqn, à l'action de qqch, les braver, les affronter : *Défier le danger.* – **5.** Résister avec force, faire face à qqch, à un phénomène, ne pas être atteint par lui : *Prix qui défient toute concurrence.*

2. DÉFIER (SE) v. pr. (de *défier 1,* avec infl. du lat. *diffidere,* ne pas se fier à) [conj. 9]. *Litt.* **1.** Ne pas avoir confiance en qqn, qqch, s'en méfier, être ou se mettre en garde contre eux : *Elle s'est toujours défiée des hommes.* – **2.** *Se défier de soi-même,* ne pas avoir confiance dans ses capacités, dans ses possibilités ; douter de soi.

DÉFIGUREMENT n. m. *Litt.* **1.** Action de défigurer qqch : *Le défigurement d'un texte par la traduction.* – **2.** État d'une personne défigurée.

DÉFIGURER v. t. (de *figure*) [conj. 3]. **1.** Enlaidir le visage de qqn au point de le rendre méconnaissable. – **2.** Donner une idée fausse de qqch ; déformer, dénaturer, caricaturer : *Défigurer la pensée d'un auteur.* – **3.** Transformer un lieu au point de le rendre méconnaissable, en partic., en l'enlaidissant ; abîmer : *Défigurer un quartier en y construisant des tours.*

DÉFILADE n. f. (de *défiler 2*). **1.** Action de défiler. – **2.** *Feu de défilade,* tir successif de navires défilant devant l'objectif.

DÉFILAGE n. m. (de *défiler 1*). **1.** Opération qui consiste à tirer le fil des dernières rangées de mailles d'un tricot ou des couches extérieures d'un cône ou d'une bobine de fil. – **2.** Mise du chiffon en charpie, dans la fabrication du papier.

1. DÉFILÉ n. m. (de *fil*). Passage étroit ou encaissé entre deux hauteurs : *Les défilés sont propices aux embuscades.*

2. DÉFILÉ n. m. (de *défiler 2*). **1.** Marche d'unités militaires en formation de parade : *Le défilé du 14-Juillet.* – **2.** Action, pour des personnes, de passer en file ou en rang les unes derrière les autres, dans un but de démonstration, de manifestation, etc. ; cortège : *Défilé de mode.* – **3.** Succession continue de gens, de véhicules, etc. : *Un défilé de visiteurs. Un défilé d'images dans l'esprit.* – **4.** Présentation spectaculaire de l'ensemble du corps de ballet, respectant l'ordre de la hiérarchie.

1. DÉFILEMENT n. m. (de *défiler 1*). **1.** Art d'utiliser des accidents de terrain ou des masques artificiels (fumées, etc.) pour se soustraire aux vues et, si possible, aux coups de l'ennemi. – **2.** Diminution du diamètre d'un arbre depuis la base du tronc jusqu'à la cime. – **3.** *Défilement aux lueurs,* hauteur de défilement nécessaire à l'artillerie pour éviter son repérage par les lueurs de départ des coups.

2. DÉFILEMENT n. m. (de *défiler 2*). Déroulement régulier d'un film ou d'une bande magnétique qui défile à l'intérieur de l'appareil.

1. DÉFILER v. t. (de *fil*) [conj. 3]. **1.** Défaire, séparer en ôtant le fil qui enfile : *Défiler un collier.* – **2.** *Défiler son chapelet,* en faire glisser les grains entre ses doigts, en récitant des prières ; parler sans s'arrêter (fam.). – **3.** Pratiquer le défilage. – **4.** En termes militaires, utiliser un défilement.

◆ **se défiler** v. pr. *Fam.* S'esquiver, se dérober à ses responsabilités : *Il m'avait fait des promesses mais maintenant il se défile.*

2. DÉFILER v. i. (de *file*) [conj. 3]. **1.** En parlant d'une troupe, marcher en colonnes, par files ; se présenter en formation de parade. – **2.** Dans la marine, passer une ligne de file, à proximité du bâtiment amiral ou de l'autorité à laquelle on rend honneur. — **3.** Passer les uns derrière les autres, en file ou en rang, dans un but de démonstration ou de manifestation : *Défiler de la Bastille à République.* — **4.** Passer, se dérouler, se succéder régulièrement, d'une manière continue : *Faire défiler la bande du magnétoscope. Les souvenirs défilent dans l'esprit.*

DÉFILEUR, EUSE n. (de *défiler 1*). Personne chargée du défilage.

◆ **défileuse** n. f. Machine effectuant le défilage. (Syn. PILE DÉFILEUSE.)

DE FILIPPO (Eduardo), écrivain italien (Naples 1900 - Rome 1984), auteur et interprète de comédies populaires, où il a renouvelé le personnage de Polichinelle (*Questi fantasmi,* 1946).

DÉFINI n. m. Concept, représenté par le mot qui fait l'objet d'une définition.

DÉFINIR v. t. (lat. *definire*) [conj. **32**]. **1.** Énoncer la nature, les qualités, les propriétés essentielles de l'être ou de la chose que le mot désigne ; donner sa définition : *Définir le mot « table ».* — **2.** Caractériser qqn, qqch, pouvoir les cerner, les expliquer, pouvoir communiquer à autrui ce qu'on sait d'eux : *Voilà une personne que je ne saurais définir.* — **3.** Dire de qqn ou de qqch qu'ils sont ceci ou cela : *Il a défini son adversaire comme un être lâche et incompétent.* — **4.** Déterminer précisément, donner la teneur de qqch, des précisions concernant la nature de qqn, de qqch, indiquer leurs caractéristiques : *Définir sa politique, son objectif.* — **5.** Caractériser qqn, qqch, marquer sa nature, son contenu, ses limites : *Critères qui définissent un public.*

◆ **être défini** v. pass. **1.** Avoir des caractères, un aspect, une forme, etc., bien marqués, nets, repérables ; être déterminé, précis : *Un meuble de style mal défini. Avoir un avis bien défini sur une question.* — **2.** *Article défini,* article se rapportant à un être ou à un objet déterminé (*le, la, les*). ‖ *Composé défini,* composé dont la constitution atomique est parfaitement établie. ‖ *Ensemble bien défini,* selon Cantor, ensemble qui « doit être considéré comme intrinsèquement déterminé sur la base de sa définition et en vertu du principe logique du tiers exclu ». ‖ *Fonction définie sur un ensemble* A, fonction dont A est une partie de l'ensemble de définition. ‖ *Inflorescence définie,* inflorescence dans laquelle chaque rameau se termine par une fleur, telle que la cyme. ‖ *Passé défini,* syn. anc. de PASSÉ SIMPLE.

DÉFINISSABILITÉ n. f. Propriété d'une constante ou d'un terme dont il existe une définition dans une théorie.

DÉFINISSABLE adj. Qui peut être défini.

DÉFINISSANT n. m. Chacun des éléments de l'énoncé qui constitue une définition.

DÉFINITEUR n. m. (bas lat. *definitor*). Religieux délégué au chapitre de son ordre pour y traiter des questions intéressant la vie de l'ordre.

DÉFINITIF, IVE adj. (lat. *definitivus*). **1.** Qui termine une affaire, qu'on ne doit plus modifier, qui est fixé une fois pour toutes ; irrévocable : *Un refus définitif.* — **2.** Qui donne une solution décisive, qui met un point final à qqch : *Un ouvrage définitif sur une question.*

◆ **définitif** n. m. Ce qui est définitif : *Sortir du provisoire pour faire du définitif.*

◆ **définitive** n. f. *En définitive,* tout bien considéré ; après tout, en fin de compte : *En définitive, où voulez-vous en venir ?*

DÉFINITION n. f. (lat. *definitio, -onis*). **1.** Fait de déterminer les caractéristiques d'un concept, d'un mot, d'un objet, etc., ensemble des propriétés essentielles de qqch : *La définition de ce mot n'est pas facile. La définition de produits nouveaux, du public à atteindre.* — **2.** *Par définition,* se dit d'une caractéristique contenue dans la définition de ce dont on parle, ou qui en est directement déductible. • **Log.** Énoncé ou déclaration aux termes desquels un symbole ou une combinaison de symboles nouvellement introduits *(definiendum)* signifie ou dénote la même chose qu'un symbole dont le sens est déjà connu *(definiens).* ‖ *Définition génétique,* définition réelle qui montre comment la chose définie peut exister, en indiquant son mode de production ou d'engendrement. ‖ *Définition implicite,* définition d'un système d'objets, dans l'axiomatique moderne. (Par exemple, les axiomes de la théorie des groupes sont des définitions implicites de la structure de groupe.) ‖ *Définition nominale,* traditionnellement, définition qui stipule une convention relative au sens d'un mot, opposée à la *définition réelle,* qui énonce les propriétés essentielles de la chose désignée par le mot. (Une définition nominale n'est donc pas susceptible d'être vraie ou fausse, contrairement à la définition réelle, qui doit satisfaire à certaines exigences d'adéquation : convenir à tout le défini et à lui seul ; selon Aristote, elle doit même être démontrée.) — **Math.** *Ensemble* ou *domaine de définition,* pour une correspondance entre deux ensembles E et F, sous-ensemble A de E dont les éléments admettent des correspondants dans F. — **Phot.** Impression subjective que donne un phototype et qui correspond à sa limite de résolution. — **Télécomm.** Grandeur qui caractérise la finesse des détails d'une image de télévision ou de télécopie. – **Théol.** Acte du magistère de l'Église proposant aux fidèles, comme étant divinement révélée, une vérité de foi ; la proposition elle-même.

DÉFINITIONNEL, ELLE ou **DÉFINITOIRE** adj. **1.** Relatif à une définition. – **2.** Qui constitue la définition de qqch.

DÉFINITIVE ⟶ DÉFINITIF.

DÉFINITIVEMENT adv. De façon définitive, irrévocablement ; pour toujours.

DÉFINITUDE n. f. Propriété d'un ensemble bien défini.

DÉFISCALISATION n. f. Action de défiscaliser.

DÉFISCALISER v. t. (conj. 3). Ne plus soumettre à l'impôt certains produits ou services, certaines cotisations, etc.

DÉFLAGRANT, E adj. Qui a la propriété de déflagrer.

DÉFLAGRATION n. f. (lat. *deflagratio, -onis*). **1.** Combustion très vive qui se propage dans une substance explosive principalement par conductibilité thermique. – **2.** Violente explosion accompagnée d'un bruit soudain. – **3.** *Déflagration mondiale,* conflit généralisé.

DÉFLAGRER v. i. (lat. *deflagrare,* brûler) [conj. 3]. Se décomposer vivement en produisant une déflagration.

DEFLANDRE (Georges), naturaliste français (Dizy-Magenta, auj. Magenta, Marne, 1897 - Paris 1973). Véritable fondateur de la micropaléontologie, il en a créé les méthodes et a décrit de nombreuses espèces fossiles microscopiques.

DÉFLATÉ, E adj. Se dit d'une grandeur corrigée de l'inflation existante.

1. DÉFLATION n. f. (angl. *deflation,* dégonflement). Réduction de la masse monétaire, dans le cadre d'une lutte contre l'inflation et d'une baisse volontaire des prix.

ENCYCL. La déflation repose sur la conception selon laquelle l'inflation résulte d'un excès de monnaie en circulation ou de trop larges facilités de crédit accordées aux entreprises ou aux particuliers. La *déflation monétaire* consiste en un retrait des billets en circulation, en un blocage des comptes en banque ou encore en une annulation des moyens de paiement. Dans la *déflation financière,* l'État réduit les dépenses publiques ou accroît les impôts, les excédents étant inemployés ou servant à rembourser la dette publique. La *déflation de crédit* est réalisée par un strict contrôle du crédit et de sa répartition.

2. DÉFLATION n. f. (all. *Deflation,* du lat. *deflare,* enlever en soufflant). Entraînement par le vent des matériaux les plus fins d'un sédiment meuble. (Syn. VANNAGE.)

DÉFLATIONNISTE adj. (de *déflation 1*). Relatif à la déflation ou propre à y conduire.

DÉFLÉCHIR v. t. (conj. 32). Modifier la direction d'un faisceau de particules.

DÉFLECTEUR, TRICE adj. (lat. *deflectere,* défléchir). **1.** Qui produit une déflexion. – **2.** *Bobines déflectrices,* paire de bobines créant une déviation par l'action d'un champ magnétique. ‖ *Plaques déflectrices,* paire de plaques horizontales ou verticales créant une déviation d'un faisceau de particules chargées par l'action d'un champ électrostatique.

◆ **déflecteur** n. m. **1.** Petit volet mobile fixé à l'encadrement de la glace des portières avant d'automobiles et servant à orienter un courant d'air frais. – **2.** Organe servant à modifier la direction d'un écoulement.

DÉFLEURIR v. t. (conj. 32). Détruire les fleurs d'un arbre, d'une plante, etc.

◆ v. i. ou **se défleurir** v. pr., **être défleuri** v. pass. Perdre ses fleurs par fanaison.

DÉFLEXION n. f. (bas lat. *deflexio, -onis,* déclinaison). **1.** Modification de la direction de l'écoulement des filets d'air. – **2.** Déviation d'un faisceau de particules chargées par action d'un champ électrique ou magnétique. – **3.** État d'un membre ou d'une autre partie du corps qui n'est pas fléchi. – **4.** Déformation verticale d'un point de la chaussée sous l'effet d'une charge appliquée en ce point.

DÉFLOCULANT, E adj. et n. m. Qui produit la défloculation.

DÉFLOCULATION n. f. Séparation des grains d'un colloïde qui étaient précédemment associés (flocules).

DÉFLORAISON n. f. (de *floraison*). Fanaison et chute des parties d'une fleur qui ne participent pas à la formation du fruit, après la fécondation. (En général, l'ovaire seul forme le fruit.)

DÉFLORATION n. f. (bas lat. *defloratio, -onis*). Action de déflorer qqn, qqch.

DÉFLORER v. t. (bas lat. *deflorare,* flétrir) [conj. 3]. **1.** Faire perdre sa virginité à une jeune fille. – **2.** *Litt.* Dépouiller l'esprit, le cœur, l'imagination de qqn de leur fraîcheur. – **3.** Enlever à un sujet, à une idée, etc., de sa nouveauté, de son originalité en le traitant partiellement.

DÉFLUENT n. m. (lat. *defluere,* couler vers le bas, d'apr. *confluent*). Bras formé par la division des eaux d'une rivière (fréquent dans les deltas).

DÉFLUVIATION n. f. (lat. *fluvius,* fleuve). Changement total de lit d'un cours d'eau.

DEFOE ou **DE FOE** (Daniel), écrivain anglais (Londres v. 1660 - *id.* 1731). Voyageur, commerçant, armateur, il favorise l'accession au trône de Guillaume III d'Orange, qui bénéficie de ses pamphlets. Arrêté, exposé au pilori, il se lance dans le journalisme, où il introduit la réalité du quotidien. Il entre en 1706 au service de la reine Anne mais, déçu par la politique, il se tourne vers la littérature. Il devient célèbre avec *Robinson* Crusoé* (1719), auquel succèdent des récits réalistes (*Moll Flanders,* 1722 ; *Journal de l'année de la peste,* 1722 ; *Lady Roxana ou l'Heureuse Catin,* 1724) et des essais sur l'économie et l'occultisme (*Histoire politique du diable,* 1726).

DÉFOLIANT, E adj. et n. m. (amér. *défoliant,* de *to defoliate,* faire perdre ses feuilles). Se dit d'un produit chimique provoquant la défoliation. (Après application de défoliants, les feuilles vertes tombent en trois jours. Si la mort des arbres et des herbes n'est pas, dans certains cas, générale, il faut cependant des années pour que le tapis végétal se rétablisse.)

DÉFOLIATION n. f. (amér. *defoliation*). **1.** Chute annuelle normale des feuilles chez les arbres dits caducifoliés. – **2.** Action entreprise pour détruire certaines zones de végétation dense afin de repérer plus facilement les forces adverses grâce à l'aviation.

DÉFOLIER v. t. (amér. *to defoliate*) [conj. **9**]. Provoquer la défoliation.

DÉFONÇAGE ou **DÉFONCEMENT** n. m. **1.** Action de défoncer un terrain, une route. – **2.** Labour profond donné à un sol, destiné à éliminer les couches durcies en profondeur avant la plantation de végétaux à racines profondes (vigne, arbres fruitiers). – **3.** Action de percer, avec une alêne, des trous sur la partie superficielle d'un cuir, pour ressortir sur le chant et permettre un assemblage. – **4.** Action de défoncer un tonneau, une caisse, etc.

DÉFONCE n. f. *Pop.* État dans lequel se trouve plongé l'usager de drogues qui entraînent une dépendance physique.

1. DÉFONCÉ, E n. *Pop.* Toxicomane.

2. DÉFONCÉ n. m. En orfèvrerie, technique de ciselure qui consiste à travailler le métal sur celle de ses faces qui doit être visible. (Inverse du *repoussé.*)

DÉFONCER v. t. (conj. **16**). **1.** Enlever le fond d'une caisse, d'un tonneau, etc. – **2.** Briser qqch en enfonçant, en éventrant : *Le choc lui a défoncé trois côtes.* – **3.** *Pop.* En parlant d'une drogue, mettre qqn dans un état hallucinatoire. – **4.** Pratiquer le défonçage d'un sol, d'un cuir.

◆ **se défoncer** v. pr., **être défoncé** v. pass. **1.** Se briser sous l'action de qqn, de qqch ; être éventré, enfoncé : *Une route défoncée.* – **2.** *Pop.* Se droguer. – **3.** *Fam.* Donner toute son énergie ; aller jusqu'au bout de ses forces : *Le chanteur s'est défoncé sur scène.*

DÉFONCEUSE n. f. **1.** Lourde charrue employée pour le défonçage. – **2.** Machine à travailler le bois à l'aide d'une mèche à coupe latérale ou d'une fraise. – **3.** Équipement tracté constitué par un cadre muni de dents massives servant à défoncer le sol. (Syn. RIPPER, ROOTER.)

DÉFORCER v. t. (conj. **16**). En Belgique, affaiblir, diminuer le pouvoir de qqn.

DE FOREST (Lee), inventeur américain (Council Bluffs, Iowa, 1873 - Hollywood 1961). Ingénieur radioélectricien au Laboratoire de la Western Electric Co., à Chicago, il ajouta, en 1906, à la lampe diode de Fleming une troisième électrode, la *grille,* et créa ainsi la lampe *triode.*

DÉFORESTAGE n. m. ou **DÉFORESTATION** n. f. (du bas lat. *forestis,* forêt). Syn. de DÉBOISEMENT.

DÉFORMABILITÉ n. f. **1.** Possibilité de subir des déformations. – **2.** Possibilité de mise en forme d'un métal par déformation.

DÉFORMABLE adj. Qui peut être déformé.

DÉFORMANT, E adj. **1.** Qui altère la forme, modifie l'aspect de qqn, de qqch : *Rhumatisme déformant. Un miroir déformant.* – **2.** Qui altère le sens de qqch : *Une interprétation déformante.*

DÉFORMATION n. f. (lat. *deformatio, -onis*). **1.** Action de déformer, de se déformer ; altération de la forme normale : *Déformation du corps.* – **2.** Fait d'altérer qqch en lui faisant perdre sa justesse, sa nature réelle, son sens : *Déformation de la réalité.* – **3.** *Déformation professionnelle,* manière d'agir ou de penser prise dans l'exercice professionnel et appliquée machinalement à une situation autre. • **Anthropobiol.** Résultat des pratiques de certaines sociétés à l'égard de ses jeunes, visant à modeler une partie du corps (par ex. le crâne chez les Aztèques ou le pied en Chine). – **Géol.** Changement de forme d'une roche sous l'effet d'une contrainte d'origine tectonique. – **Matér.** Ensemble des variations dimensionnelles et des distorsions qui affectent un solide autour d'un point. (Un matériau *élastique* retrouve sa géométrie d'origine après une déformation ; un matériau *plastique* garde une déformation résiduelle.)

DÉFORMER v. t. (lat. *deformare*) [conj. **3**]. **1.** Altérer la forme, l'aspect de qqch, de qqn : *Déformer son écriture, sa voix.* – **2.** Faire perdre à qqch sa justesse, son sens, sa vraie nature ; dénaturer, défigurer : *Ce journaliste déforme la vérité.* — **3.** Faire prendre à qqn certaines habitudes, certaines manies, certains réflexes qui ne lui sont pas naturels : *Le métier l'a complètement déformé.* — **4.** Lisser, imperméabiliser et lustrer les lisses, les surfaces latérales des talons d'une chaussure, ainsi que les surfaces des semelles et des bonbouts.

◆ **se déformer** v. pr., **être déformé** v. pass. Perdre sa forme normale : *Pull qui s'est déformé au lavage.*

DÉFOULEMENT n. m. Fait de se défouler.

DÉFOULER v. t. (de *refouler*) [conj. 3]. Donner à qqn l'occasion de libérer son agressivité ou de se libérer des contraintes de la vie quotidienne : *Cette promenade vous défoulera un peu.*

◆ **se défouler** v. pr. Se libérer dans son comportement, ses activités, des contraintes, des tensions diverses : *Se défouler au volant.*

DÉFOULOIR n. m. *Fam.* Ce qui permet de se défouler.

DÉFOURAILLER v. t. (conj. 3). *Pop.* Dégainer, sortir une arme à feu.

DÉFOURNAGE ou **DÉFOURNEMENT** n. m. **1.** Action de défourner. — **2.** Ouverture du four et extraction des pièces céramiques refroidies.

DÉFOURNER v. t. (conj. 3). Tirer du four ce qui y a été mis à cuire : *Défourner du pain, des porcelaines.*

DÉFOURNEUSE n. f. Machine utilisée au défournement du coke, dont l'élément essentiel est un poussoir.

DÉFOURRER v. t. (conj. 3). Ôter la fourrure, le fourrage d'un vêtement.

DÉFOXAGE n. m. Action de défoxer.

DÉFOXER v. t. (conj. 3). Faire disparaître le goût sui generis (goût foxé) que possèdent certains vins.

DÉFRAÎCHIR v. t. (conj. 32). Faire perdre à qqch son aspect neuf, sa fraîcheur ; ternir : *Le temps a défraîchi les tentures.*

DEFRANCE (Jean Marie Antoine, *comte*), général français (Wassy 1771 - Épinay-sur-Seine 1835). Général en 1805, il s'illustra à Wagram (1809) et lors de la campagne de Russie (1812). Son nom reste attaché à la victoire de Montmirail (1814).

DÉFRANCHI, E adj. En Belgique, se dit de qqn qui a perdu sa hardiesse, son assurance.

DÉFRAYER [-freje] v. t. (anc. fr. *frayer,* dépenser) [conj. **11**]. **1.** Payer à qqn la dépense de qqch : *On l'a défrayé de ses frais de voyage.* — **2.** *Défrayer la chronique, la conversation,* en être le sujet essentiel ; faire abondamment parler de soi.

DEFRECHEUX (Nicolas), poète belge de langue wallonne (Liège 1825 - Herstal 1875). Il a ouvert les voies à la littérature dialectale en composant des chansons, demeurées populaires (*Lèyîz-m' plorer,* 1854 ; *L'avez-v' véyou passer ?,* 1856).

DÉFRICHABLE adj. Se dit d'un sol qui peut être défriché.

DÉFRICHE n. f. Terrain défriché et mis en culture.

DÉFRICHEMENT ou, rare, **DÉFRICHAGE** n. m. **1.** Action de défricher un terrain : *Le défrichement des landes.* — **2.** Premier travail, première mise en ordre : *Le défrichement des premiers résultats de l'enquête.* — **3.** *Grands défrichements,* transformation en terres cultivables de vastes zones marécageuses, forestières ou en friche de l'Europe occidentale, entre le XIe et le XIIIe s.

ENCYCL. **Hist.** Déterminés par l'expansion démographique et facilités par le perfec tionnement des techniques agricoles, les *grands défrichements* furent réalisés d'abord individuellement par des paysans soucieux d'étendre leurs terres cultivables, puis (fin du XIe s.) organisés sur une grande échelle par les seigneurs laïques et ecclésiastiques. Cette extension du sol cultivable contribua puissamment à l'expansion économique de l'Occident.

DÉFRICHER v. t. (de *friche*) [conj. 3]. **1.** Mettre en culture un terrain boisé ou resté en friche, ou rendre propre à la culture un terrain inculte. — **2.** Déblayer une question, un domaine, les mettre en ordre pour la première fois avant de les étudier à fond ; dégrossir.

DÉFRICHEUR, EUSE n. Personne qui défriche ; pionnier.

DÉFRIPER v. t. (conj. 3). Faire qu'une étoffe, un vêtement, etc., ne soit plus fripé.

DÉFRISAGE n. m. Opération qui a pour but de défriser les cheveux.

DÉFRISANT, E adj. et n. m. Se dit d'un produit qui permet de défriser les cheveux.

DÉFRISER v. t. (conj. 3). **1.** Défaire la frisure des cheveux, de la moustache. — **2.** *Fam.* Désappointer qqn, le contrarier, le décevoir : *Ça te défrise, ce que je te dis ?*

DÉFROISSABLE adj. Se dit d'une étoffe qui se défroisse facilement.

DÉFROISSER v. t. (conj. 3). Remettre en état ce qui était froissé.

DÉFRONÇAGE n. m. Action de défroncer un vêtement.

DÉFRONCER v. t. (conj. **16**). **1.** Défaire les fronces d'un vêtement, d'un tissu. — **2.** *Défroncer les sourcils,* cesser de les tenir froncés, reprendre un air serein.

DÉFROQUE n. f. (de *défroquer*). **1.** Vêtement de peu de valeur qu'on ne porte plus. – **2.** Vêtement démodé et ridicule.

DÉFROQUÉ, E n. Religieux, religieuse ou ecclésiastique qui a renoncé à son état.

DÉFROQUER (SE) v. pr., **DÉFROQUER** v. i., **ÊTRE DÉFROQUÉ** v. pass. (de *froc*) [conj. 3]. Quitter, avoir quitté l'état monastique, ecclésiastique.

DÉFRUITEMENT n. m. *Taux de défruitement,* proportion de minerai exploité dans une couche minéralisée. (Syn. TAUX DE RÉCUPÉRATION EN SURFACE.)

DÉFRUITER v. t. (conj. 3). Syn. de DÉPILER.

DÉFUNT, E adj. (lat. *de vita defunctus,* qui a accompli sa vie). **1.** Mort, décédé : *Leurs compagnons défunts.* – **2.** *Litt.* Qui a cessé d'être, révolu, disparu : *Royauté défunte.*

◆ n. **1.** Personne décédée : *Les dernières volontés du défunt.* – **2.** *Commémoration des défunts,* le 2 novembre, jour consacré à la prière pour tous les défunts.

1. DÉGAGÉ → DÉGAGER.

2. DÉGAGÉ n. m. En chorégraphie, mouvement sans déplacement qui fait passer la jambe libre d'une position fermée (première, troisième, cinquième) à une position ouverte à terre (deuxième, quatrième).

DÉGAGEMENT n. m. **1.** Action de retirer d'un organisme, d'une institution ce qui y a été engagé, action de le dégager : *Le dégagement d'une montre au mont-de-piété.* – **2.** Action de déblayer un lieu, d'en enlever ce qui l'encombre, l'embarrasse : *Le dégagement d'une voie.* – **3.** Fait de libérer qqn ou qqch qui est couvert, bloqué, écrasé par qqch ; action de l'enlever du lieu où il se trouve : *Le dégagement de vestiges préhistoriques par des archéologues.* – **4.** Fait de se dégager, en parlant d'un gaz, d'une odeur, etc. : *Un dégagement de vapeur.* – **5.** Action de se dégager de qqch, d'une promesse, d'un engagement militaire : *Politique du dégagement en Afrique.* – **6.** Dans une habitation, communication établie d'une pièce à une autre ou entre l'intérieur et l'extérieur ; espace libre permettant d'aller et venir librement. – **7.** Action d'envoyer le ballon loin de son but ou de sa ligne de but, notamment au football ou au rugby. – **8.** *Couloir de dégagement,* couloir de circulation réservé dans certaines rues des villes à certains véhicules. ‖ *Voie, itinéraire de dégagement,* route, itinéraire prévu pour alléger le trafic, débloquer les embouteillages. • **Aéron.** Séparation d'un avion du groupe avec lequel il volait en formation. – **Bât.** *Dégagements de secours,* ensemble des moyens mis à la disposition des personnes pour leur permettre de gagner rapidement l'extérieur d'un local en cas de sinistre. – **Dr.** *Dégagement des cadres,* réduction délibérée de l'effectif des cadres dans la fonction publique. – **Méd.** Temps terminal de l'accouchement, au cours duquel le fœtus franchit le détroit inférieur du bassin et l'orifice vulvaire. – **Min.** *Dégagement instantané,* violent dégagement de gaz (grisou ou gaz carbonique), qui se fait de façon presque explosive dans un avancement de galerie ou dans un chantier au charbon.

DÉGAGER v. t. (conj. 17). **1.** Retirer ce qui a été mis en gage dans un endroit, reprendre ce qui a été engagé : *Dégager des bijoux du mont-de-piété.* – **2.** Rendre une somme disponible pour l'affecter à tel usage : *Dégager des crédits pour la construction d'un nouveau local.* – **3.** Retirer qqn, qqch de ce qui le coince, le bloque ; délivrer, libérer : *Il a fallu dégager les victimes au chalumeau.* – **4.** Libérer qqn de ce qui constitue pour lui une gêne, une entrave ou une contrainte ; décharger : *Dégager quelqu'un de ses soucis.* – **5.** Rendre qqn libre à l'égard de sa promesse ; faire cesser l'obligation de la promesse, du serment. – **6.** Laisser une partie du corps libre ou visible : *Coupe de cheveux qui dégage les oreilles.* – **7.** Débarrasser un lieu de ce qui l'encombre, le rendre ou le laisser libre ; désencombrer : *Dégagez le passage !* – **8.** Libérer le nez, la gorge, etc., des matières qui les encombrent. – **9.** Faire ressortir qqch d'un ensemble, tirer : *Dégager les idées-forces d'un raisonnement, la conclusion d'un débat.* – **10.** Produire, émettre, exhaler, répandre une émanation, de la chaleur : *Des fleurs qui dégagent un parfum subtil.* – **11.** Produire un bénéfice, un profit : *Opération qui dégage une plus-value importante.* – **12.** *Dégager le ballon, la balle,* faire un dégagement. ‖ *Dégager sa responsabilité,* déclarer qu'on ne sera pas responsable de ce qui risque de se produire et qu'on désapprouve l'action entreprise. • **Ch. de f.** *Dégager le gabarit,* ôter du voisinage de la voie toute pièce susceptible d'être heurtée par un véhicule ; s'éloigner de la voie. – **Chim.** Séparer un produit volatil du milieu où il est retenu. – **Chorégr.** Effectuer un dégagé ; amener une jambe, tendue, à hauteur ou à demi-hauteur.

◆ v. i. *Pop.* Vider les lieux, débarrasser le terrain : *Dégage, tu vois bien que tu gênes.*

◆ **être dégagé** v. pass. **1.** Ne présenter rien qui arrête le regard ou la progression, être assez libre, nu, vide : *Une allée dégagée menait au château.* – **2.** Avoir de l'aisance, du naturel dans son allure, sa démarche ; être décontracté, désinvolte : *Ton dégagé.*

◆ **se dégager** v. pr., **être dégagé** v. pass. **1.** Être sans nuages, s'éclaircir, se lever, se découvrir : *Un temps dégagé.* – **2.** Cesser d'être encombré : *L'autoroute se dégage.* – **3.** Se coiffer de telle sorte que le front, la nuque soient totalement visibles.

◆ **se dégager** v. pr. **1.** Se libérer, se délivrer de ce qui tient, enserre, retient : *Le prisonnier se dégagea de ses liens.* — **2.** Se libérer, s'extirper d'un groupe : *Ce coureur réussit à se dégager du peloton.* — **3.** Se libérer d'une contrainte, d'une obligation morale : *Se dégager d'une promesse.* — **4.** En parlant d'une odeur, d'un parfum, etc., émaner : *Une odeur bizarre se dégageait de la malle.* — **5.** Ressortir de qqch, être mis en évidence : *Il se dégage de ce roman une grande joie de vivre.*

DÉGAINAGE n. m. *Dégainage d'un combustible nucléaire,* ensemble des opérations par lesquelles un combustible nucléaire est séparé de sa gaine.

DÉGAINE n. f. (de *dégainer*). *Fam.* Allure, façon de marcher, de se tenir, assez gauche ou étrange.

DÉGAINEMENT n. m. Action de dégainer.

DÉGAINER v. t. (de *gaine*) [conj. 4]. **1.** Tirer une épée du fourreau, un revolver de son étui pour se battre, pour tirer. — **2.** Enlever la gaine d'un câble électrique.

DÉGANTER v. t. (conj. 3). Retirer le gant de.
◆ **se déganter** v. pr. Retirer ses gants.

DEGANYA ou **DEGANIYA,** localité d'Israël, sur le lac Tibériade. Premier kibboutz de Palestine (établi en 1909).

DÉGARNIR v. t. (conj. 32). **1.** Dépouiller, vider qqch, un lieu de ce qui le garnit, l'orne, le protège ou le remplit : *Dégarnir une pièce de ses meubles.* — **2.** Vider qqch de son contenu : *De lourdes dépenses ont dégarni son compte en banque.* — **3.** Enlever le ballast autour et sous les traverses d'une voie ferrée. — **4.** Enlever tout le gréement d'un mât.
◆ **se dégarnir** v. pr., **être dégarni** v. pass. **1.** Devenir moins touffu, moins dense : *Des arbres dégarnis de leurs feuilles.* — **2.** Se vider de son contenu : *La salle se dégarnit de ses spectateurs.* — **3.** Perdre ses cheveux, devenir chauve : *Avoir le front dégarni.* — **4.** Être sans argent : *Un porte-monnaie dégarni.*

DÉGARNISSAGE n. m. **1.** Action de dégarnir. — **2.** Action de défaire, de creuser les joints d'une maçonnerie sur une certaine profondeur.

DÉGARNISSEUSE n. f. Véhicule équipé d'appareils permettant de soulever la voie et de chaînes munies de pioches horizontales pour dégarnir une voie ferrée.

DÉGARROTTÉ, E adj. Se dit d'une selle évidée vers l'avant afin d'éviter tout frottement ou compression du garrot du cheval.

DEGAS (Edgar DE GAS, dit), peintre français (Paris 1834 - *id.* 1917). Issu d'un milieu bourgeois cultivé, il s'initie à la peinture dans l'atelier d'un élève d'Ingres, étudie au cabinet des Estampes Mantegna, Véronèse, Dürer et Rembrandt et va copier les maîtres de la Renaissance en Italie. Fortement impressionné par Ingres, mais aussi par Delacroix, il découvre avec l'estampe japonaise de nouvelles possibilités (composition décentrée, raccourcis elliptiques, gros plans, contre-jour). Lié aux impressionnistes et exposant avec eux, mais leur ressemblant peu par la technique picturale, il est aussi influencé par l'esthétique naturaliste (*Repasseuse à contre-jour,* v. 1874, Metropolitan Museum, New York). Toujours en quête du mouvement, il développe les thèmes des courses (*Chevaux de course devant les tribunes,* 1869-1872, musée d'Orsay), de la danse (*la Classe de danse,* 1874, *ibid.*), puis du nu féminin (femmes à leur toilette) dans ses peintures, mais aussi dans plusieurs séries de petites sculptures (*Danseuse de quatorze ans,* 1881, musée d'Orsay), dans ses gravures, ses monotypes et dans d'âpres et lumineux pastels, technique mieux adaptée à sa vue déclinante (*Après le bain,* 1898).

DÉGASOLINAGE, DÉGASOLINER → DÉGAZOLINAGE, DÉGAZOLINER.

DE GASPERI (Alcide), homme politique italien (Pieve Tesino, Trentin, 1881 - Sella di Valsugana 1954). Député de Trente (1921), secrétaire général du parti populaire italien (PPI), il s'oppose au fascisme et est emprisonné (1926 - 1928). Fondateur du parti démocrate-chrétien (PDC) [1944], il est président du Conseil de 1945 à 1953. Gouvernant avec les petits partis du centre après avoir renvoyé les communistes et les socialistes (1947), il conclut les traités de Paris (1947), fait voter la nouvelle constitution (1948) et travaille au relèvement économique du pays (réforme agraire, création de la Caisse du Midi [1950] pour le développement du Mezzogiorno, etc.). Président de la C. E. C. A. (1954), il est l'un des artisans de l'unité européenne.

DÉGÂT n. m. (anc. fr. *degaster,* dévaster). **1.** Destruction, dommages, ravages dus à un cataclysme, à un accident, à une émeute, etc. (surtout pl.) : *Dégâts causés par la grêle, par un cyclone, par une fuite d'eau.* — **2.** Désordre profond, dommage important causé par qqn ou par qqch : *Le tabac fait des dégâts dans l'organisme.* — **3.** Fam. *Limiter les dégâts,* éviter le pire. 4. *Dégât de surface,* dommage causé à la surface du sol par l'affaissement consécutif à l'exploitation souterraine d'une mine.

DÉGAUCHIR v. t. (conj. 32). **1.** Redresser une pièce qu'un traitement mécanique ou thermique a déformée. — **2.** Mettre en place une pièce sur une machine-outil, avant de l'y fixer pour l'usiner, en respectant des conditions géométriques définies (parallélisme, perpendicularité, etc.).

— **3.** Dresser une face ou une face et une rive d'une pièce de bois.

DÉGAUCHISSAGE n. m. Action de dégauchir. (En menuiserie, le dégauchissage constitue la première phase du corroyage.)

DÉGAUCHISSEUSE n. f. Machine servant au dégauchissage du bois.

DÉGAZAGE n. m. **1.** Extraction des gaz dissous dans un liquide, absorbés par un solide ou adsorbés par une surface. (→ *encycl.*) — **2.** Opération ayant pour but de débarrasser les citernes d'un pétrolier des gaz qui y subsistent après le déchargement de sa cargaison. — **3.** Syn. de CAPTAGE DU GRISOU. — **4.** Extraction d'hydrocarbures gazeux ou volatils contenus dans le pétrole brut, l'essence, etc., afin d'en abaisser la tension de vapeur. (Syn. STABILISATION.)
ENCYCL. **Métall.** Les gaz présents dans les métaux, à l'état d'occlusions ou d'inclusions, sont responsables de défauts et entraînent une certaine fragilité. Le dégazage se fait par addition de produits chimiques, barbotage d'un gaz inerte dans le bain de métal en fusion, ou en opérant sous vide. Pour les métaux à l'état solide, il se fait par chauffage prolongé sous pression réduite.

DÉGAZER v. t. (conj. 3). Effectuer le dégazage.
◆ v. i. En parlant d'un navire pétrolier, effectuer le dégazage.

DÉGAZEUR n. m. **1.** Substance destinée à accentuer le vide dans un tube électronique. (Syn. GETTER.) — **2.** Appareil indicateur permettant de déceler des traces d'hydrocarbures gazeux dans la boue ou dans les déblais d'un forage pétrolier. — **3.** Appareil destiné à extraire les gaz dissous dans un liquide, en particulier dans l'eau d'alimentation d'une chaudière. (Dans un dégazeur, l'oxygène dissous dans l'eau, responsable de la corrosion, est en grande partie éliminé par chauffage de l'eau sous vide.)

DÉGAZOLINAGE ou **DÉGASOLINAGE** n. m. (de *gasoline*). Récupération des hydrocarbures liquides contenus dans un gaz naturel, dit « gaz humide ». (Syn. DÉSESSENCIEMENT.)

DÉGAZOLINER ou **DÉGASOLINER** v. t. (conj. 3). Procéder au dégazolinage. (Syn. DÉSESSENCIER.)

DÉGAZONNAGE ou **DÉGAZONNEMENT** n. m. Action d'enlever le gazon.

DÉGAZONNER v. t. (conj. 3). Enlever le gazon d'un terrain.

DE GEER (Gerard), géologue suédois (Stockholm 1858 - *id.* 1943). Il a fondé la géochronologie à partir de ses observations sur les argiles glaciaires.

DÉGEL n. m. (de *dégeler*). **1.** Fonte des neiges, des glaces, par suite de l'élévation de la température. — **2.** Reprise des relations après une période de tension ; reprise de l'activité, des affaires après une période de blocage.

DE GELDER (Aert), peintre néerlandais (Dordrecht 1645 - *id.* 1727), un des derniers élèves de Rembrandt (v. 1661), dont il prolongea la tradition jusqu'au XVIIIe s.

DÉGELÉE n. f. *Pop.* **1.** Volée de coups. — **2.** Défaite cuisante.

DÉGELER v. t. (conj. **25**). **1.** Faire cesser la congélation d'un liquide, d'un aliment, etc. : *Dégeler de l'huile.* — **2.** Réchauffer une partie du corps, faire cesser son engourdissement dû au froid. — **3.** Mettre qqn à l'aise, lui faire perdre sa timidité, son attitude réservée, contrainte, mettre de l'animation dans une réunion. — **4.** Rendre une situation moins tendue en permettant de progresser ; débloquer, détendre : *Les négociations ont dégelé les relations internationales.* — **5.** Libérer des crédits qui étaient gelés, bloqués.
◆ v. i. Cesser d'être gelé, de geler : *Rivière qui dégèle.*

DÉGÉNÉRATIF, IVE adj. Relatif à la dégénérescence. (Se dit en partic. des *rhumatismes dégénératifs,* ou arthroses.)

DÉGÉNÉRÉ, E n. Sujet porteur des stigmates physiques et/ou psychiques de dégénérescence.

DÉGÉNÉRER v. i. (lat. *degenerare*) [conj. **18**]. **1.** Perdre ses qualités premières, s'abâtardir, se dévaluer : *Une race qui dégénère.* — **2.** Se changer en qqch de (plus) mauvais, évoluer, tourner mal : *Une bronchite qui dégénère en pneumonie.* — **3.** En parlant d'une maladie, de bénigne devenir grave ; en parlant d'une tumeur, de bénigne devenir cancéreuse.
◆ **être dégénéré** v. pass. Être abâtardi, avoir perdu ses qualités ; être dégradé : *Une race dégénérée.* • **Math.** En parlant d'une courbe ou d'une surface, être décomposée. ‖ *Forme bilinéaire symétrique dégénérée* f *définie sur* $E \times E$, forme bilinéaire pour laquelle il existe un vecteur x non nul de E tel que, quel que soit y, vecteur de E, $f(x,y) = 0$. ‖ *Quadrique dégénérée,* quadrique dont l'équation réduite a certains coefficients nuls. — **Phys.** *Matière dégénérée,* matière de très haute densité où les phénomènes quantiques sont prépondérants.

DÉGÉNÉRESCENCE n. f. **1.** Fait de dégénérer, de perdre les qualités naturelles de sa race, de son espèce. — **2.** *Litt.* Diminution des qualités, de la valeur, de la force ; dégradation : *Dégénérescence morale.* • **Bot.** *Maladies de dégénérescence,* dépérissement et dérèglements de végétation provoqués par un virus, les viroïdes et les mycoplasmes. — **Pathol.** Altération d'une cellule ou d'un tissu qui leur fait perdre leurs caractéristiques fonctionnelles normales et peut aboutir à leur disparition. (→ *encycl.*) ‖ Syn. de CANCÉRISATION. ‖ *Dégénérescence hépato-lenticulaire,* syn. de MALADIE DE WILSON. — **Phys.** *Dégénérescence d'un niveau énergétique,* coïncidence des valeurs propres de l'énergie de plusieurs états stationnaires du même système (électron, atome, etc.). — **Psychiatr.** *Théorie des dégénérescences,* théorie selon laquelle l'homme, né parfait, verrait sa perfection originelle se dégrader sous l'effet des influences nocives du milieu. (Certains êtres humains deviendraient des dégénérés, caractère se transmettant en s'aggravant de génération en génération jusqu'à la déchéance.)

ENCYCL. **Pathol.** Deux types de *dégénérescence du tissu nerveux* peuvent être individualisés : 1° La *démyélinisation,* perte de la gaine myélinique qui entoure chaque fibre nerveuse, cette dernière étant en principe préservée. Cette lésion est le plus souvent réversible ; 2° l'atteinte axonale, qui revêt deux formes : la *dégénérescence wallerienne,* lorsque les axones sont gravement atteints sur leur trajet (le segment distal se fragmente et disparaît, tandis que la myéline disparaît secondairement) ; la *dégénérescence lente* des axones, due à un trouble de transport des matières nutritives vers les terminaisons, qui disparaissent en premier, la fibre nerveuse dégénérant de l'extrémité vers le centre. Lorsqu'une fibre nerveuse est lésée, le corps cellulaire peut être atteint par la dégénérescence si la longueur restante de fibre est insuffisante : c'est la *dégénérescence rétrograde.*

DÉGÉNÉRESCENT, E adj. Se dit de ce qui dégénère : *Cellules dégénérescentes.*

DÉGERMAGE n. m. Action de dégermer.

DÉGERMER v. t. (conj. 3). Enlever les germes des pommes de terre, les radicelles du germe de l'orge.

DÉGERMEUR n. m. ou **DÉGERMEUSE** n. f. Appareil utilisé en brasserie pour enlever les radicelles du malt touraillé.

DEGEYTER (Pierre), ouvrier tourneur belge (Gand 1848 - Saint-Denis 1932). Musicien amateur, il composa à Lille en 1888 la musique de *l'Internationale,* sur le poème d'Eugène Pottier (1871).

DE GHELDERODE (Michel) → GHELDERODE.

DE GHEYN (Jacob II), peintre et graveur néerlandais (Anvers 1565 - La Haye 1629). Élève de son père Jacob Ier *le Vieux* (v. 1530-1582), puis de Goltzius, il peignit peu, dessina beaucoup et grava d'après ses œuvres et celles de Goltzius, Bloemaert, Cornelisz Van Haarlem, J. Bruegel, en utilisant pour les ombres un procédé de fines hachures. Il allie à l'imagination maniériste une technique de qualité.

DÉGINGANDÉ, E [deʒɛ̃- ou degɛ̃-] adj. Qui a une démarche irrégulière et sautillante, une allure gauche en raison de son corps ou de ses membres trop longs.

DÉGIVRAGE n. m. Action de dégivrer.

DÉGIVRER v. t. (conj. 3). Enlever d'un corps, d'une surface, le givre qui se forme dans certaines conditions d'humidité et de température.

DÉGIVREUR n. m. Dispositif utilisé pour le dégivrage.

DÉGLABRATION n. f. (de *glabre*). Chute des cheveux.

DÉGLAÇAGE n. m. Action de déglacer.

DÉGLACEMENT n. m. Disparition d'une couverture glacielle sous l'influence de facteurs climatiques (température, vent) et hydrologiques (vagues, marée, courants).

DÉGLACER v. t. (conj. 16). **1.** Faire fondre la glace d'un lieu : *Déglacer un bassin.* — **2.** Dissoudre à l'aide d'un liquide les sucs de cuisson épaissis au fond du récipient, afin d'obtenir un jus ou une sauce d'accompagnement. — **3.** Enlever le lustre du papier.

DÉGLACIATION n. f. Recul des glaciers. (Syn. RÉCESSION GLACIAIRE.)

DÉGLAISAGE n. m. Remplacement de la couche de glaise gélive d'un terrain par une couche de sable, de gravier ou de mâchefer.

DÉGLINGUER v. t. (p.-ê. de *déclinquer,* de *clin,* bordage d'une embarcation) [conj. 3]. *Fam.* Disloquer, détériorer qqch, le démolir : *Il a déglingué l'appareil en voulant le réparer.*

DÉGLUER v. t. (conj. 3). Débarrasser qqch de sa glu, d'une substance poisseuse.

DÉGLUTINATION n. f. (de *agglutination*). Changement lexical résultant d'une coupure non étymologique. (Par ex., en français, *la griotte* < *l'agriotte.*)

DÉGLUTINÉ, E adj. Se dit d'un mot formé par déglutination.

DÉGLUTIR v. t. (bas lat. *deglutire*) [conj. **32**]. **1.** Faire passer de la bouche à l'estomac ; avaler, ingurgiter. — **2.** Avaler sa salive.

DÉGLUTITION n. f. (bas lat. *deglutire,* avaler). Opération par laquelle les aliments passent de la bouche dans l'estomac.

ENCYCL. Le bol alimentaire est poussé par la langue vers le pharynx puis, les voies respiratoires étant fermées, vers l'œsophage où le péristaltisme le fait progresser jusqu'au cardia qui s'ouvre pour le laisser passer dans l'estomac.

DÉGOBILLAGE n. m. *Pop.* Action de dégobiller, de vomir.

DÉGOBILLER v. t. (de *gober*) [conj. 3]. *Pop.* Vomir des aliments.

DÉGOISEMENT n. m. *Pop.* Action de dégoiser, de parler avec volubilité.

DÉGOISER v. t. (de *gosier*) [conj. 3]. *Pop.* et *péjor.* Débiter des propos avec volubilité : *Dégoiser des injures.*

◆ v. i. *Pop.* et *péjor.* Parler avec volubilité.

DÉGOMMAGE n. m. **1.** Action de décoller en enlevant la gomme : *Dégommage d'une vignette.* – **2.** *Fam.* Mise en congé, renvoi, destitution de qqn. – **3.** *Fam.* Action de dégommer, de faire tomber qqch en l'atteignant d'un tir : *Dégommage d'un avion.* – **4.** Dans le cas des fibres textiles libériennes ou corticales, opération consistant à dégrader les ciments interstitiels des faisceaux fibreux, afin de libérer les fibres.

DÉGOMMER v. t. (conj. 3). **1.** Décoller qqch en en enlevant la gomme : *Dégommer un timbre.* – **2.** *Fam.* Destituer qqn de ses fonctions, le supplanter dans un poste, un emploi, un titre, ou lui faire perdre son poste, son emploi, sa situation avantageuse : *On l'a dégommé en raison de ses opinions politiques.* – **3.** *Fam.* Faire tomber qqch, qqn en l'atteignant d'un tir, d'un coup, etc. : *Dégommer un avion.* – **4.** Procéder au dégommage des fibres textiles.

DÉGONDER v. t. (conj. 3). Faire sortir une fenêtre, une porte de ses gonds.

DÉGONFLAGE n. m. **1.** Action de dégonfler, de se dégonfler. – **2.** *Pop.* Manque de courage au moment d'agir.

DÉGONFLARD, E n. *Pop.* Dégonflé.

DÉGONFLE n. f. *Pop.* Action de se dégonfler, attitude de celui qui se dégonfle : *Le roi de la dégonfle, c'est lui.*

DÉGONFLÉ, E n. *Pop.* Personne qui se dégonfle ; lâche, froussard.

DÉGONFLEMENT n. m. Action de dégonfler, fait de se dégonfler : *Dégonflement des pneus.*

DÉGONFLER v. t. (conj. 3). **1.** Vider qqch de l'air ou du gaz qu'il contient : *Dégonfler un pneu.* – **2.** Faire cesser l'enflure d'une partie du corps : *Dégonfler un doigt avec des bains d'eau chaude.* – **3.** Diminuer l'importance excessive de qqch : *Dégonfler des effectifs pléthoriques.* – **4.** *Fam.* Réduire à rien des apparences trompeuses : *Dégonfler les mythes de la société contemporaine.*

◆ v. i. ou **se dégonfler** v. pr. Reprendre son volume normal, désenfler : *Le médicament agit, son pied dégonfle.*

◆ **se dégonfler** v. pr., **être dégonflé** v. pass. Perdre de son volume, se vider de l'air ou du gaz qui remplit : *Le ballon se dégonfle.*

◆ **se dégonfler** v. pr. *Fam.* Perdre son assurance ; flancher au moment d'agir.

DÉGORGEMENT ou **DÉGORGEAGE** n. m. **1.** Action de dégorger ; écoulement d'un liquide. – **2.** Tuyau servant de décharge à un réservoir. – **3.** Écoulement d'eau chargée d'immondices ; endroit où se produit cet écoulement. – **4.** Élimination du dépôt rassemblé dans le goulot, lors de la prise de mousse des vins champagnisés en bouteilles.

DÉGORGEOIR n. m. **1.** Outil de forge servant à ébaucher des bossages ou à finir des congés. – **2.** Bassin en ciment dans lequel les huîtres sont mises à dégorger. – **3.** Extrémité d'un tuyau par lequel se déverse au-dehors l'eau d'un réservoir ou d'une pompe. – **4.** Couteau à lame recourbée utilisé pour dégager, après la fente des gants, les morceaux de peau restés entre les lames du calibre. – **5.** Ciseau à bois servant à extraire les copeaux d'une mortaise. – **6.** Tringlette de métal en forme de fourche pour sortir l'hameçon de la gorge du poisson. – **7.** Appareil servant à dégorger les tissus de laine.

DÉGORGER v. t. (de *engorger*) [conj. 17]. **1.** Déverser son propre contenu : *L'égout dégorgeait un flot fangeux.* – **2.** Débarrasser un conduit, un évier, etc., de ce qui les obstrue, les engorge. – **3.** Rejeter par la gorge, vomir. – **4.** Pratiquer, à l'aide du dégorgeoir, des congés sur des pièces forgées. – **5.** Pratiquer le dégorgement d'un vin. – **6.** Retirer un hameçon de la bouche d'un poisson. – **7.** Nettoyer la laine et la laver en la débarrassant des matières étrangères qu'elle contient. ‖ *Dégorger le fer,* couper le métal à chaud. ‖ *Dégorger une mortaise,* y enlever des copeaux.

◆ v. i. **1.** Rendre les matières absorbées ; se débarrasser de ses impuretés ; rendre de sa teinture, en parlant d'un tissu. – **2.** Pour un coquillage, rejeter la vase contenue entre ses valves. – **3.** En parlant d'aliments (ris de veau, tête de veau), rejeter certaines impuretés sous l'action d'un bain d'eau froide ; en parlant de certains légumes crus, perdre une partie de leur eau sous l'action du sel ; en parlant d'escargots, perdre leurs impuretés sous l'action d'un jeûne prolongé avant cuisson.

◆ v. i. ou **se dégorger** v. pr. Se déverser : *Égout qui se dégorge dans une rivière.*

DÉGOTER ou **DÉGOTTER** v. t. (p.-ê. angevin *got,* trou pour la balle dans un jeu, ou anc. fr. *cote,* niche) [conj. 3]. *Fam.* Trouver, apercevoir qqch, qqn par chance, après quelque difficulté ; dénicher : *Dégoter un objet rare.*

DEGOTTEX (Jean), peintre français (Sathonay 1918 - Paris 1988). Gestuelle, mais bientôt réduite à l'essentiel sous l'influence zen, son abstraction, à partir des années 60, explore avec rigueur l'espace et le vide dans de multiples séries, approfondissant les possibilités des matériaux (toile, papier, acrylique, encre de Chine) et des procédés (grattage, décollage, pliage, etc.).

DÉGOU n. m. Rongeur fouisseur d'Amérique du Sud.

DÉGOULINADE n. f. *Fam.* Coulée, trace laissée par un corps visqueux ou liquide qui s'est écoulé : *Une dégoulinade de peinture.*

DÉGOULINANT, E adj. *Fam.* Où un liquide dégouline : *Parapluies dégoulinants de pluie.*

DÉGOULINEMENT n. m. *Fam.* Écoulement continu ; action de dégouliner.

DÉGOULINER v. i. (de *dégouler,* s'épancher, de *goule,* gueule) [conj. 3]. *Fam.* Couler, tomber en filet, en traînée : *La pluie dégoulinait sur son manteau.*

DÉGOUPILLER v. t. (conj. 3). **1.** Retirer la goupille qui bloque qqch. — **2.** Retirer la goupille d'une grenade de façon à libérer un levier qui provoque l'amorçage de l'explosif.

DÉGOURDI, E n. (de *dégourdir*). *Fam.* Personne adroite, avisée, maligne, qui n'est ni gauche, ni timide.

◆ **dégourdi** n. m. Première cuisson d'une céramique avant l'émaillage et la pose du décor ; céramique ainsi traitée.

DÉGOURDIR v. t. (conj. 32). **1.** Rendre le mouvement à un membre engourdi : *Dégourdir ses mains engourdies par le froid.* — **2.** *Vx.* Faire chauffer légèrement de l'eau, un liquide, les faire tiédir. — **3.** Faire perdre à qqn sa gaucherie, la timidité qui le paralyse : *Les vacances à l'étranger l'ont dégourdi.* — **4.** Opérer le dégourdi.

◆ **être dégourdi** v. pass. *Fam.* Être avisé, prêt à faire face avec adresse à toutes les situations ; avoir l'esprit éveillé.

◆ **se dégourdir** v. pr. **1.** Se défaire de ses maladresses, prendre de l'assurance. — **2.** *Se dégourdir les jambes, les doigts,* les remuer, après être resté inactif.

DÉGOURDISSEMENT n. m. Action de dégourdir, de se dégourdir.

DÉGOÛT n. m. **1.** Sensation d'écœurement, haut-le-cœur provoqué par qqch qui dégoûte : *À la vue de cette surabondance de crème, elle fut prise de dégoût.* — **2.** Sentiment d'aversion, de répulsion, provoqué par qqn, qqch ; fait d'être dégoûté, de ne plus avoir de goût pour qqch, d'intérêt, d'attachement ou d'estime pour qqn : *Son dégoût de la lecture date de l'école primaire.* — **3.** *Prendre qqch en dégoût,* ressentir de la répugnance pour qqch.

DÉGOÛTAMMENT adv. *Vx.* D'une manière dégoûtante.

DÉGOÛTANT, E adj. **1.** Qui provoque le dégoût physique, la répugnance ; écœurant : *Un remède dégoûtant.* — **2.** Très sale ; infect : *Tu es dégoûtant, où t'es-tu sali comme ça ?* — **3.** Qui provoque la répulsion morale ; infâme, ignoble, révoltant : *Une conduite dégoûtante.* — **4.** *Fam.* Obscène, grossier : *Une histoire dégoûtante.* — **5.** *Fam.* Qui décourage, démoralise : *C'est dégoûtant, c'est toujours lui qui gagne.*

◆ adj. et n. Qui choque par sa grossièreté ; abject, ignoble : *Vieux dégoûtant.*

DÉGOÛTATION n. f. *Pop.* Chose ou personne répugnante.

DÉGOÛTÉ, E n. *Faire le dégoûté,* être trop exigeant, faire le difficile.

DÉGOÛTER v. t. (conj. 3). **1.** Provoquer qqn par son aspect, son goût, une sensation d'écœurement, de répugnance, un haut-le-cœur ; répugner : *Ce plat verdâtre me dégoûte.* — **2.** Provoquer par son caractère immoral, immonde, un sentiment d'aversion, de répulsion, d'hostilité profonde ; révolter : *Tu me dégoûtes avec ton cynisme.* — **3.** Provoquer, faire naître une sensation ou un sentiment de dégoût, lui ôter toute envie, tout désir de qqch, toute estime pour qqn ou pour qqch : *Si vous n'aimez pas ça, n'en dégoûtez pas les autres. Échec qui l'a dégoûté de la vie.*

◆ **être dégoûté** v. pass. **1.** Éprouver du dégoût, de la répulsion à faire qqch : *Tu n'es pas dégoûté de t'occuper de choses si sales ?* — **2.** Manifester du dégoût, de la répulsion : *Prendre des airs dégoûtés.* — **3.** *N'être pas dégoûté,* ne pas être difficile, délicat, accepter (de faire) un peu n'importe quoi.

DÉGOUTTANT, E adj. D'où dégoutte un liquide : *Les mains dégouttantes de sang.*

DEGOUTTE (Jean Marie Joseph), général français (Charnay, Rhône, 1866 - *id.* 1938), il commanda en 1916 la division marocaine en Champagne et à Verdun. Major général auprès du roi des Belges en 1918, il libéra le sud de la Belgique. Il commanda en chef les forces alliées d'occupation en Rhénanie jusqu'en 1925.

DÉGOUTTER v. i. (conj. 3). Couler goutte à goutte : *L'eau qui dégoutte d'un parapluie.*

◆ v. t. ind. Laisser couler un liquide goutte à goutte : *Son front dégoutte de sueur.*

DE GRAAF (Reinier), médecin et physiologiste hollandais (Schoonhoven, près d'Utrecht, 1641 - Delft 1673). On lui doit les premiers travaux scientifiques sur le suc pancréatique. Il a donné son nom aux *follicules* de De Graaf,* découverts par lui dans l'ovaire.

DÉGRADANT, E adj. Qui dégrade, avilit : *Sentiment dégradant.*

1. DÉGRADATION n. f. (bas lat. *degradatio, -onis,* destitution). **1.** Action de dégrader qqn, de le destituer, de le priver de son grade. – **2.** Ancienne peine militaire accessoire des peines criminelles plus graves qui entraînait l'exclusion de l'armée, la privation du grade et du droit d'en porter les insignes et l'uniforme. – **3.** *Dégradation civique,* peine infamante qui prive un citoyen de ses droits civiques et politiques et de certains de ses droits familiaux.

2. DÉGRADATION n. f. (de *dégradation 1*). **1.** Action d'endommager qqch, fait d'être abîmé, altéré ; détérioration : *La dégradation de l'environnement.* – **2.** Détérioration progressive d'une relation, d'une situation : *Dégradation des relations internationales.* – **3.** Déchéance, avilissement, abjection : *Dégradation morale.* • **Agric.** Acidification et baisse de fertilité du sol, de l'humus, suivant la destruction de la végétation naturelle et souvent imputables aux mauvaises pratiques culturales. – **Chim.** Réaction consistant à rompre une ou plusieurs liaisons à l'intérieur d'une molécule, ce qui brise souvent cette molécule en plusieurs molécules plus petites. – **Dr.** *Dégradation des monuments,* délit qui consiste à détériorer ou à détruire les édifices, statues ou objets élevés par l'autorité publique. – **Écol.** Évolution d'une formation végétale qui l'éloigne du climax, le plus souvent sous l'action de l'homme. – **Polym.** Destruction ou altération des propriétés d'un matériau macromoléculaire. (D'origine thermique, photochimique, oxydante ou biologique, la dégradation se fait généralement par rupture de la chaîne moléculaire et dépolymérisation. Elle peut être évitée grâce à l'emploi d'antioxydants.) – **Text.** Altération subie par les teintures sous l'action de différents agents (air, lumière, lessive, produits chimiques, etc.). – **Thermodyn.** *Dégradation de l'énergie,* transformation irréversible d'une forme d'énergie en chaleur, qui ne peut que partiellement être transformée en travail.

3. DÉGRADATION n. f. (ital. *digradazione*). Changement insensible et continu d'un ton, d'une couleur.

DÉGRADÉ n. m. **1.** Diminution progressive et méthodique de l'intensité d'une couleur, d'une lumière : *Des tons en dégradé.* – **2.** Résultat obtenu en dégradant une couleur ; ensemble de tons d'une même couleur, allant du plus foncé au plus clair : *Un dégradé de bleus.* – **3.** Technique de coupe consistant à ménager des épaisseurs échelonnées dans la chevelure.

1. DÉGRADER v. t. (lat. ecclés. *degradare,* de *gradus,* rang) [conj. 3]. Destituer un militaire de son grade.

2. DÉGRADER v. t. (de *dégrader 1*) [conj. 3]. **1.** Endommager, détériorer qqch : *Dégrader un monument historique.* – **2.** Rendre progressivement qqch mauvais, lui faire perdre de sa valeur, de sa qualité : *Ses soupçons ont fini par dégrader nos relations.* – **3.** Avilir qqn, le faire tomber dans un état de déchéance, de dégradation morale ou intellectuelle : *L'alcool l'a dégradé.*

◆ **se dégrader** v. pr., **être dégradé** v. pass. **1.** Se détériorer progressivement : *Le mur se dégrade.* – **2.** S'affaiblir, voir ses forces et ses facultés diminuer : *Malade qui se dégrade.* – **3.** Évoluer dans un sens défavorable : *La situation se dégrade.* – **4.** S'avilir, s'abaisser : *Tu te dégraderais en agissant ainsi.* – **5.** Subir une dégradation, en parlant d'une formation végétale, d'un sol, d'un polymère, etc. – **6.** *Le temps se dégrade,* le temps commence à se gâter, il va faire mauvais.

3. DÉGRADER v. t. (ital. *digradare,* de *grado,* degré) [conj. 3]. **1.** Affaiblir par degrés l'intensité chromatique ou lumineuse d'un ton. – **2.** Diminuer la saturation d'une préparation de couleur. (Syn. ÉCLAIRCIR.) – **3.** Couper les cheveux en dégradé.

DÉGRAFAGE n. m. Action de dégrafer.

DÉGRAFER v. t. (de *agrafer*) [conj. 3]. Ouvrir un vêtement, un bijou, le détacher en défaisant les agrafes : *Dégrafer sa robe.*

DÉGRAISSAGE n. m. **1.** Action de dégraisser, d'enlever la graisse, les taches d'une étoffe, les impuretés d'une matière textile, etc. – **2.** *Fam.* Diminution du personnel par licenciement. – **3.** Opération ayant pour objet de débarrasser l'effluent urbain des huiles et graisses. (Syn. DÉSHUILAGE, ÉCUMAGE.) – **4.** Élimination de l'excédent de graisse à la surface d'un fond, d'une sauce ou d'un bouillon. – **5.** Élimination de la graisse superflue d'une viande. – **6.** Élimination des produits gras de la surface d'une pièce métallurgique au moyen de solvants organiques ou de lessives alcalines, par électrolyse ou par ultrasons. – **7.** Addition de dégraissants à une argile ou une pâte céramique pour la rendre moins plastique. – **8.** Rabotage d'une pièce de bois afin d'avoir en surface un contact parfait.

DÉGRAISSANT, E adj. et n. m. **1.** Se dit d'un produit qui a la propriété de dégraisser. – **2.** Substance qui modifie la plasticité d'une pâte céramique à base d'argile et permet son séchage et sa cuisson sans déformation ni fendillage. (Syn. ANTIPLASTIQUE.)

DÉGRAISSEMENT n. m. Action de dégraisser une pâte céramique.

DÉGRAISSER v. t. (conj. **4**). **1.** Ôter la graisse qui salit, qui tache : *Dégraisser une robe.* — **2.** *Fam.* Diminuer le nombre de salariés d'une entreprise, d'un service. — **3.** Procéder au dégraissage d'une pièce de métal, d'une céramique, etc.

DÉGRAISSEUR, EUSE n. Personne qui dégraisse les étoffes.

DÉGRAS n. m. (de *dégraisser,* avec l'infl. de *gras*). Composition grasse utilisée par le corroyeur pour le graissage des cuirs.

DE' GRASSI (Giovannino), peintre, miniaturiste, sculpteur et architecte italien, actif à Milan dans la seconde moitié du XIVe s. († av. 1398). Comme miniaturiste et dessinateur, il est le grand représentant du style gothique international en Lombardie.

DÉGRAVOIEMENT n. m. (de *dégravoyer*). Effet d'une eau courante qui dégrade un mur ou enlève le gravier de son lit.

DÉGRAVOYER v. t. (de *gravois*) [conj. **13**]. Produire le dégravoiement.

DEGRÉ n. m. (lat. *gradus,* degré). **1.** *Litt.* Marche d'un escalier (surtout pl. et pour un édifice monumental). — **2.** Chacune des positions intermédiaires dans un ensemble hiérarchisé ; niveau, grade, échelon : *Les degrés de la hiérarchie.* — **3.** Intensité relative d'un état, d'une qualité, point atteint par qqch : *Quel est le degré de la brûlure ?* — **4.** *Au premier degré,* qui se perçoit de façon évidente, qui doit être compris à la lettre. ‖ *Au second degré,* qui doit être compris en réinterprétant le contenu du message pour y découvrir un sens dérisoire ou les intentions cachées de son auteur : *Une plaisanterie au second degré.* ‖ *Le dernier degré,* le point le plus intense, le plus fort de qqch (de mauvais). ‖ *Par degrés,* graduellement, progressivement, peu à peu. • **Archit.** Escalier peu élevé (rachetant par ex. la hauteur d'un soubassement, d'une terrasse). — **Astrol.** Division des signes du zodiaque. (Chaque signe couvre 30°.) — **Bijout.** Facette allongée en biseau, dans une gemme. — **Dr.** Distance qui sépare des parents consanguins ou par alliance. (En ligne collatérale, les degrés se comptent en remontant d'un parent à l'ancêtre commun et en redescendant de celui-ci à l'autre parent : deux frères sont parents au deuxième degré, l'oncle et le neveu au troisième, etc.) ‖ *Degré de juridiction,* chacun des tribunaux devant lesquels une affaire peut être successivement appelée. — **Enseign.** Division administrative de l'enseignement. (On distingue l'*enseignement du premier degré,* ou primaire, et *du second degré,* ou secondaire.) — **Géom.** *Degré d'une courbe* ou *d'une surface algébrique,* degré du polynôme qui permet de définir une de ses équations. (Syn. ORDRE D'UNE COURBE.) — **Gramm.** Niveau d'intensité variable (égalité, infériorité ou supériorité) auquel peut être porté le concept exprimé par un adjectif ou un adverbe. — **Hist.** *Degré de noblesse,* degré qui se mesurait par les quartiers ou générations nobles tant dans la ligne maternelle que paternelle. — **Math.** *Degré d'une équation algébrique,* degré du monôme non nul de plus haut degré. ‖ *Degré d'un monôme à plusieurs indéterminées,* entier égal à la somme des exposants de chacune des variables. ‖ *Degré d'un monôme à une indéterminée,* entier égal à l'exposant de la variable. ‖ *Degré d'un polynôme à une indéterminée,* degré du monôme composant le plus haut degré. — **Métrol.** Nom donné à l'unité dans des échelles de mesure empiriques diverses : *degré Fahrenheit, degré Celsius* (température), *degré alcoolique* (teneur en alcool), *degré Baumé* (densité). ‖ Unité d'arc de cercle égale à 1/360 de circonférence. ‖ Unité d'angle (symb. °) équivalant à l'angle au centre qui intercepte un arc de 1 degré sur la circonférence. — **Mus.** Chacun des sons de l'échelle musicale. — **Œnol.** *Degré alcoolique,* nombre de litres d'alcool éthylique contenus dans cent litres de vin. — **Polym.** *Degré de polymérisation,* nombre de motifs ou unités monomères contenus dans une molécule d'un polymère.

DÉGRÉAGE ou **DÉGRÉEMENT** n. m. Action de dégréer un navire ; son résultat.

DÉGRÉER v. t. (de *gréer*) [conj. **15**]. Ôter ses agrès à un navire.

DEGRÉ-JOUR n. m. (pl. *degrés-jours*). Pour un jour, différence entre la température des locaux chauffés et la température extérieure moyenne permettant de prévoir les consommations de chauffage.

DEGRELLE (Léon), homme politique belge (Bouillon 1906 - Malaga 1994). Fondateur du rexisme, il prôna la collaboration après la défaite de la Belgique en 1940 et créa la légion « Wallonie » qui combattit aux côtés des Allemands en U. R. S. S. Il fut condamné à mort par contumace à la Libération.

DÉGRESSIF, IVE adj. (lat. *degressus,* de *degredi,* descendre de). 1. Se dit d'une somme à payer qui va en diminuant selon certains critères (quantité, durée, etc.) : *Tarif dégressif.* 2. Dr. *Impôt dégressif,* impôt soumis à la dégressivité. (Syn. IMPÔT RÉGRESSIF.)

DÉGRESSIVITÉ n. f. **1.** Caractère de ce qui est dégressif. — **2.** *Dégressivité de l'impôt,* système dans lequel on part d'un taux maximal applicable aux revenus élevés et qui diminue à mesure que l'on descend dans l'échelle des revenus.

DÉGRÈVEMENT n. m. (de *dégrever*). **1.** Diminution d'impôt ou de taxe. — **2.** *Dégrèvement* *d'office,* procédure par laquelle l'Administration revient spontanément sur les impositions qu'elle a établies.

DÉGREVER v. t. (de *grever*) [conj. **19**]. **1.** Décharger d'impôt, d'une partie d'impôt, de taxe ; exonérer : *Dégrever un contribuable.* – **2.** Décharger une propriété des hypothèques : *Dégrever un immeuble.*

DÉGRIFFE n. f. Action de dégriffer.

DÉGRIFFÉ n. m. Vêtement dégriffé vendu à prix réduit.

DÉGRIFFER v. t. (conj. 3). Enlever la marque du fabricant, la griffe, pour vendre un vêtement à prix réduit.

DÉGRIFFEUR n. m. Commerçant spécialisé dans la vente au rabais d'articles dégriffés.

DÉGRILLAGE n. m. Phase initiale de l'épuration d'une eau usée, destinée à la débarrasser des matières entraînées les plus volumineuses, par passage à travers une grille.

DÉGRILLEUR n. m. Dans une prise d'eau, appareil de manutention permettant d'ôter les détritus qui s'accumulent sur les grilles.

DÉGRINGOLADE n. f. *Fam.* **1.** Action de dégringoler ; descente précipitée, chute brutale. – **2.** Baisse rapide et brusque ; chute : *Dégringolade des cours en Bourse.* – **3.** Déchéance accélérée ; dégradation : *Une entreprise en pleine dégringolade.*

DÉGRINGOLER v. i. (néerl. *crinkelen,* friser, de *crinc*) [conj. 3]. *Fam.* **1.** Tomber soudainement : *Dégringoler de l'échelle.* – **2.** Perdre de sa valeur, baisser ou déchoir rapidement : *Cette monnaie a dégringolé en quelques années.*
◆ v. t. *Fam.* Descendre rapidement ; dévaler : *Dégringoler les escaliers.*

DÉGRIPPANT n. m. Produit dont l'action permet de débloquer deux pièces grippées.

DÉGRIPPER v. t. (conj. 3). Débloquer deux pièces grippées.

DÉGRISEMENT n. m. Action de dégriser, de se dégriser.

DÉGRISER v. t. (conj. 3). **1.** Faire cesser l'ivresse : *La pluie l'a dégrisé.* – **2.** Faire perdre ses illusions à qqn, son enthousiasme, au contact des réalités : *Son échec l'a dégrisé.*

DÉGROSSIR v. t. (conj. 32). **1.** Enlever des parties d'une matière pour se rapprocher de la forme voulue : *Dégrossir un bloc de marbre.* – **2.** Commencer à débrouiller un travail, une question, à les éclaircir : *Dégrossir une affaire.* – **3.** Donner à qqn les premiers éléments d'instruction, d'éducation, de savoir-vivre : *Dégrossir un élève en mathématiques.* – **4.** Usiner un matériau de manière à donner une forme approchée à une pièce en début d'usinage.
◆ **être dégrossi** v. pass. *Être mal dégrossi,* être grossier, mal élevé.

DÉGROSSISSAGE n. m. **1.** Action de dégrossir. (En sculpture, vient après l'*épannelage.*) – **2.** Passage d'un lingot sur un slabbing ou un blooming, ou laminage d'un demi-produit.

DÉGROSSISSEMENT n. m. Action de dégrossir ; fait d'être dégrossi.

DÉGROSSISSEUR n. m. Laminoir ou appareil destiné à commencer le travail mécanique de pièces brutes.

DÉGROUILLER (SE) v. pr. (conj. 3). *Pop.* Se hâter, se grouiller : *Allez, dégrouille !*

DÉGROUPEMENT n. m. Action de dégrouper.

DÉGROUPER v. t. (conj. 3). Séparer des personnes ou des choses qui étaient réunies pour en faire des entités distinctes.

DE GROUX (Charles DEGROUX, dit **Charles**), peintre belge (Comines 1825 -Bruxelles 1870). Élève de Navez, il est passé du romantisme au réalisme social après 1850. – Son fils HENRY (Bruxelles 1867 -Marseille 1930), ami de Verlaine et de Léon Bloy, bohème impénitent, allie romantisme et symbolisme.

DÉGUENILLÉ, E adj. et n. Vêtu de guenilles.
◆ adj. Se dit de vêtements en haillons.

DÉGUERPIR v. i. (anc. fr. *guerpir,* du frq. **werpjan,* jeter) [conj. 32]. Se retirer précipitamment par crainte ; s'enfuir, décamper.

DÉGUERPISSEMENT n. m. **1.** *Litt.* Action de déguerpir. – **2.** Renonciation d'un vassal à son fief, d'un serf à sa tenure.

DÉGUEULASSE adj. (de *dégueuler*). *Pop.* **1.** D'une malpropreté dégoûtante ; repoussant, sale : *Chaussures dégueulasses.* – **2.** Répugnant moralement ; ignoble, révoltant : *Ce que tu lui as fait est dégueulasse.* – **3.** Très mauvais : *Travail dégueulasse.*

DÉGUEULASSER v. t. (conj. 3). *Pop.* Salir énormément : *Tu as dégueulassé ma robe.*

DÉGUEULASSERIE n. f. *Pop.* Chose, action dégueulasse.

DÉGUEULER v. t. (de *gueule*) [conj. 5]. *Pop.* **1.** Vomir (souvent sans compl.) : *Dégueuler son dîner.* – **2.** *Vx.* Répandre un flot de paroles : *Dégueuler des injures.* – **3.** *À dégueuler,* qui est très laid, très mauvais ou tout à fait ignoble.

DÉGUEULIS [-li] n. m. *Pop.* Ce qui est vomi, vomissure.

DÉGUISÉ, E n. Personne revêtue d'un déguisement.

DÉGUISEMENT n. m. **1.** Action de déguiser qqn ou de se déguiser ; fait d'être déguisé. – **2.** Action de déguiser qqch ; dissimulation, travestissement : *Déguisement de la réalité.* – **3.** Costume et accessoires qui permettent de se déguiser : *Acheter un déguisement de cow-boy.*

DÉGUISER v. t. (de *guise*) [conj. 3]. **1.** Habiller qqn de façon à le rendre méconnaissable et à le faire ressembler à qqn d'autre : *Déguiser un enfant en Arlequin.* – **2.** Modifier qqch dans sa personne pour tromper, dissimuler ; maquiller : *Déguiser sa voix.* – **3.** *Litt.* Cacher un sentiment, un état, travestir : *Il déguise ses intentions.*

◆ **être déguisé** v. pass. *Fruit déguisé,* imitation d'un fruit en sucre cuit et pâte d'amande ; fruit confit à l'alcool et enrobé de fondant. ‖ *Donation déguisée,* donation revêtant l'aspect d'un contrat d'une autre nature et, notamment, d'un contrat à titre onéreux.

◆ **se déguiser** v. pr., **être déguisé** v. pass. **1.** Se vêtir de manière à ressembler à qqn d'autre : *Se déguiser en Bécassine.* – **2.** *Péjor.* S'habiller de manière très ou trop originale, inhabituelle.

DÉGURGITER v. t. (de *ingurgiter*) [conj. 3]. *Fam.* **1.** Restituer un aliment, le vomir presque intact ; régurgiter. – **2.** Rendre, restituer qqch sans modification : *Dégurgiter un savoir appris par cœur.*

DÉGUSTATEUR, TRICE n. Personne chargée de déguster un vin, un mets, etc.

DÉGUSTATION n. f. (bas lat. *degustatio, -onis*). **1.** Action de déguster un aliment, une boisson. – **2.** Opération consistant à juger de la qualité d'un vin à partir des impressions qu'il provoque à l'odorat et au goût.

DÉGUSTER v. t. (lat. *degustare,* goûter) [conj. 3]. **1.** Goûter un aliment, une boisson pour en apprécier la saveur, les qualités. – **2.** Manger ou boire qqch avec plaisir, en savourant, en appréciant. – **3.** *Litt.* Apprécier une œuvre avec intensité : *Déguster un livre.* – **4.** *Pop.* Souffrir beaucoup ; être accablé de coups, de critiques, d'injures ; subir, endurer : *Qu'est-ce que j'ai dégusté chez le dentiste !*

DEGUY (Michel), poète français (Paris 1930). Agrégé de philosophie, fondateur de la *Revue de poésie* (1964), et de *Poésie* (1976), il est l'auteur de recueils de poèmes (*Jumelages* suivi de *Made in U. S. A.,* 1978).

DE HAAS (Wander Johannes), physicien néerlandais (Lisse 1878 - Bilthoven 1960). Il effectua des expériences à très basses températures sur la supraconductivité et le magnétisme ; il a atteint la température de 0,002 K, grâce à la désaimantation de sels paramagnétiques.

DEHAENE (Jean-Luc), homme politique belge (Montpellier 1940). Social-chrétien flamand, il est Premier ministre depuis 1992.

DÉHALER v. t. (conj. 3). Haler un navire le long d'un quai, au moyen d'amarres, de câbles ou de cordages.

◆ **se déhaler** v. pr. En parlant d'un navire, quitter une position dangereuse au moyen d'amarres, de câbles, etc.

DÉHANCHÉ, E adj. Qui se déhanche, est caractérisé par un déhanchement.

DÉHANCHEMENT n. m. **1.** Posture de qqn qui est déhanché. – **2.** Manière de marcher ou de danser en se déhanchant.

DÉHANCHER (SE) v. pr., (conj. 3). **1.** Faire porter sur l'une ou l'autre jambe le poids de son corps en accentuant la saillie de la hanche opposée ; avoir cette posture. – **2.** Se déplacer en balançant les hanches avec souplesse ou avec noblesse ; se dandiner.

DÉHARNACHER v. t. (conj. 3). Ôter le harnais.

◆ **se déharnacher** v. pr. *Fam.* et *vx.* Se débarrasser d'un vêtement lourd et encombrant, d'un accessoire gênant.

DE HAVILLAND (*sir* Geoffrey), industriel britannique (Haslemere, Surrey, 1882 - Londres 1965), constructeur du premier avion à réaction commercial du monde, le *Comet* (1952).

DE HEEM, famille de peintres néerlandais de natures mortes, dont le plus connu est JAN DAVIDSZ. (Utrecht 1606 - Anvers 1683/84), auteur de grandes compositions opulentes dans l'esprit du baroque flamand (il s'est établi à Anvers v. 1635).

DÉHISCENCE n. f. (de *déhiscent*). Brusque ouverture, à maturité, d'un organe végétal (sporange, étamine, fruit sec), selon une ligne déterminée.
ENCYCL. La déhiscence est généralement l'effet de la sécheresse, agissant sur une assise cellulaire superficielle dont la face externe, seule, se raccourcit, ce qui applique une forte tension aux parois de la fente de déhiscence (sporange de fougères, gousses de genêt). Une torsion en spirale accompagne parfois l'écartement des deux valves résultant de la déhiscence. La force mécanique libérée projette parfois au loin spores ou graines.

DÉHISCENT, E adj. (lat. *dehiscens,* de *dehiscere,* s'ouvrir). Qui s'ouvre normalement par déhiscence.

DEH LURĀN, vallée du nord de la Susiane (Khuzestān, au S.-O. de l'Iran), abritant deux sites archéologiques : Ali Koch et Tepe Sabz. Ali Koch (7500 - 5500 av. J.-C.) témoigne du passage d'une installation saisonnière (avec agriculture et élevage) au village de maisons, avec en 5500 l'apparition de la céramique. Tepe Sabz évolue vers une économie de type urbain et centralisé, effective vers 3500 av. J.-C.

DEHMEL (Richard), écrivain allemand (Wendish-Hermsdorf 1863 - Blankenese, près de Hambourg, 1920). Ses recueils lyriques et ses poésies d'inspiration sociale (*Deux Êtres,* 1903) sont marqués par l'influence de Nietzsche.

DE HOOCH, HOOGHE ou **HOOGH** (Pieter), peintre néerlandais (Rotterdam 1629 - Amsterdam v. 1684). Travaillant à Delft, puis, vers 1662, à Amsterdam, influencé par Vermeer et par Rembrandt, il a dépeint les intérieurs et la vie familière de la bourgeoisie aisée. Accents colorés et jeux de lumière poétisent son réalisme minutieux. Ses œuvres deviennent d'un goût plus pompeux à partir de 1665-1670.

DEHORS adv. (bas lat. *deforis*). **1.** Hors du lieu dont il s'agit, à l'extérieur du domicile : *Ne restez pas dehors : entrez.* – **2.** *Avoir, marcher les pieds en dehors,* les pointes des pieds nettement tournées vers l'extérieur. ‖ *En dehors (d'un lieu),* à l'extérieur, vers l'extérieur (de). ‖ *En dehors de qqch,* hors du domaine, en en sortant. ‖ *En dehors de qqn,* à l'exception de, hormis : *En dehors de toi, personne n'est au courant.* ‖ *Être en dehors,* pour un danseur, avoir les genoux et les pieds naturellement ouverts. (Cette disposition est indispensable à l'étude de la danse classique.) ‖ *Mettre, jeter, foutre, fiche, flanquer qqn dehors,* le chasser, lui donner congé, le mettre à la porte.
◆ n. m. **1.** Partie extérieure d'une chose : *Le dedans et le dehors d'une maison.* – **2.** *Litt.* Aspect extérieur de qqn : *Un dehors agréable.* – **3.** L'extérieur, le milieu environnant : *Les bruits du dehors.* – **4.** Pays étrangers : *Travailleurs venus du dehors.* – **5.** Côté opposé à celui sur lequel le cheval tourne.
◆ n. m. pl. **1.** Apparences de qqch, de qqn : *Sous des dehors rudes, il est très sensible.* – **2.** Ouvrages situés en avant du corps de la place (XVIIe au XIXe s.), telles les demi-lunes, tenailles, lunettes, etc.

DÉHOUILLEMENT n. m. Action d'extraire le charbon d'une couche de houille.

DÉHOUILLER v. t. (conj. 3). Pratiquer le déhouillement.

DÉHOUSSABLE adj. Se dit d'un siège garni d'une housse amovible.

DEHRA DŪN, v. de l'Inde (Uttar Pradesh) ; 294 000 hab. Centre de recherches agricoles et forestières.

DÉHYDRASE → DÉSHYDRASE.

DÉHYDROCHOLIQUE adj. *Acide déhydrocholique,* substance cholérétique utilisée dans les affections s'accompagnant de stase biliaire. (On utilise aussi le *déhydrocholate de sodium.*)

DÉHYDROMORPHINE n. f. Syn. de APOMORPHINE.

DÉICIDE adj. et n. (lat. ecclés. *deicida*). Meurtrier de Dieu, en la personne de Jésus. (Cette appellation injurieuse, longtemps appliquée aux juifs, a été formellement rejetée par le IIe concile du Vatican en 1965.)
◆ n. m. Meurtre de Dieu.

DÉICTIQUE adj. et n. m. (gr. *deiktikos*). Se dit de tout élément linguistique dont la fonction consiste à articuler l'énoncé sur la situation particulière dans laquelle il est produit ou à l'inscrire dans un discours.
ENCYCL. Les principaux déictiques sont les adverbes de temps *(maintenant, hier, demain),* les adverbes de lieu *(ici, là)* qui situent l'énoncé par rapport aux coordonnées spatio-temporelles, les pronoms personnels *je* et *tu* qui réfèrent aux participants de la communication, les démonstratifs qui réfèrent aux objets ou individus présents ou évoqués antérieurement.

DÉIFICATION n. f. (lat. *deificatio, -onis*). Action de déifier qqn, qqch.

DÉIFIER v. t. (lat. ecclés. *deificare*) [conj. 9]. **1.** Élever qqn au rang d'un dieu ; diviniser : *Les Romains déifièrent la plupart de leurs empereurs.* – **2.** *Litt.* Donner un caractère sacré à qqch, qqn ; le vénérer, l'exalter : *Déifier le progrès.*

DEIMOS, satellite de Mars, découvert en 1877. Demi-grand axe de l'orbite : 23 520 km. Période de révolution sidérale : 1,262 j, soit 30 h 18 min. C'est un bloc rocheux ellipsoïdal de 15 × 12 × 11 km, dont la surface est saturée de cratères.

DEINZE, v. de Belgique (Flandre-Orientale), sur la Lys ; 25 000 hab. Marché agricole. Textile. Église des XIIIe et XIVe s. Musée de Laethem et de la Lys.

DÉIONISATION [dejo-] n. f. Élimination des ions produits entre les deux électrodes d'un interrupteur.

DEIR EL-BAHARI, site de la région thébaine, sur la rive occidentale du Nil, en face de Karnak. Dû au maître d'œuvre Senmout, le temple funéraire de la reine Hatshepsout, en partie rupestre comporte des terrasses successives, reliées par une rampe et bordées par des portiques ; elles forment une ligne ascendante soulignée par la verticale de la falaise. Les thèmes les plus célèbres de la décoration sont la représentation du mystère de la naissance divine et l'évocation d'une expédition au pays de Pount. Vestiges d'un sanctuaire de Thoutmosis III et ensemble funéraire de Montouhotep Ier. Dans une vallée proche de ce site fut découverte, en 1881, la cachette des momies royales.

DEIR EL-KAMAR → DAYR AL-QAMAR.

DEIR EL-MEDINEH, site archéologique de la rive occidentale du Nil, au S.-O. de Cheikh Abd el-Gournah On y trouve les tombes (XIXe et XXe dynasties) des artisans chargés de creuser et de décorer les sépultures de la Vallée des Rois et de la Vallée des Reines. Une très riche documentation sur la vie quotidienne a aussi été fournie par les nombreux ostracas (éclats de calcaire écrits ou figurés). Au fond de la vallée, petit temple ptolémaïque, exemple unique d'un sanctuaire ayant conservé la totalité de ses dépendances, magasins et mur d'enceinte.

DEIR EZ-ZOR ou **DAYR AL-ZŪR,** v. de Syrie, sur l'Euphrate ; 92 000 hab. Centre commercial. Traitement du sel gemme et du coton ; papier. À proximité, gisements de pétrole.

DÉISME n. m. (lat. *Deus,* Dieu). Doctrine religieuse qui rejette toute révélation et ne croit qu'à l'existence d'un Dieu comme cause du monde et à la religion naturelle.

DÉISTE adj. et n. Qui professe le déisme.

DÉITÉ n. f. (lat. ecclés. *deitas, -atis*). Divinité, personne ou chose divinisée ; caractère divin.

DÉJÀ adv. (de *dès* et anc. fr. *ja,* du lat. *jam,* maintenant). **1.** Dès maintenant, dès ce moment-là : *Quand je suis arrivé, il était déjà parti.* – **2.** Précédemment, auparavant (avec un passé) : *Je te l'ai déjà dit plusieurs fois.* – **3.** Marque un certain degré non négligeable en renforçant une constatation : *Arriver cinquième, ce n'est déjà pas si mal.* – **4.** *Fam.* S'ajoute en fin de phrase à une question demandant de rappeler ce qu'on a plus ou moins oublié : *Où est-ce qu'il habite, déjà ?*

DÉJANIRE, héroïne guerrière de la mythologie grecque qui se donna à Héraclès. Délaissée par celui-ci, elle causa sa mort en lui offrant la tunique empoisonnée que lui avait remise le centaure Nessos. Désespérée, elle se tua.

DÉJANTAGE n. m. Action de déjanter.

DÉJANTER v. t. (conj. 3). Faire sortir (un pneumatique) de la jante d'une roue.
◆ v.i. *Fam.* Devenir fou.

DÉJAUGEAGE n. m. Action de déjauger. (Syn. PLANING.)

DÉJAUGER v. i. (de *jauge*) [conj. **17**]. **1.** En parlant de la coque d'un navire, des flotteurs d'un hydravion, s'élever sur l'eau, sous l'effet de la vitesse, au-dessus de la ligne de flottaison à l'arrêt. – **2.** En parlant d'un voilier, dépasser la vitesse critique et atteindre des vitesses élevées, grâce à une diminution du tirant d'eau, par vent fort. (Syn. PLANER.)

DÉJAUNIR v. t. (conj. 32). Enlever la couleur jaune de qqch (linge, cheveux).

DÉJÀ-VU n. m. inv. **1.** *Fam.* Ce qui n'est pas nouveau, ce qui est banal, sans originalité : *Ce n'est que du déjà-vu.* – **2.** Impression intense et instantanée d'avoir vécu dans le passé, avec la même tonalité affective, la situation actuelle.

Déjazet *(théâtre),* théâtre situé boulevard du Temple, à Paris, du nom de la comédienne Virginie Déjazet (1798-1875) qui s'y installa en 1859. En 1939, il devint un cinéma. Il est redevenu théâtre en 1982, puis music-hall en 1986.

DÉJECTEUR n. m. Organe de certaines chaudières, destiné à favoriser l'évacuation des corps en suspension dans l'eau.

DÉJECTION n. f. (lat. *dejectio*). **1.** Évacuation des excréments, des sécrétions externes. – **2.** *Litt.* Rebut, lie : *De tels êtres sont la déjection de l'humanité.*
◆ **déjections** n. f. pl. Matières fécales évacuées.

DÉJERINE (Jules), neurologue français (Genève 1849 - Paris 1917). Professeur de clinique des maladies du système nerveux à la Salpêtrière, il a décrit avec Landouzy la myopathie facio-scapulo-humérale, avec Sottas la névrite interstitielle hypertrophique et avec Roussy le syndrome thalamique.

DÉJETER v. t. (de *jeter*) [conj. **27**]. *Litt.* Déformer le corps de qqn en lui faisant subir une déviation.
◆ **être déjeté** v. pass. **1.** Être dévié par rapport à sa position normale ; avoir la colonne vertébrale déviée. – **2.** *Fam.* Qui est diminué par les soucis, l'âge, la maladie, les abus. – **3.** En Belgique, être en désordre, négligé, mal entretenu. – **4.** *Pli déjeté,* pli dont le plan axial est incliné, mais dont les deux flancs ont un pendage opposé.

1. DÉJEUNER v. t. ind. (bas lat. *disjunare,* rompre le jeûne) [conj. **5**]. Manger (de qqch) à son déjeuner : *Déjeuner d'une salade.*
◆ v. i. **1.** Prendre le repas du matin ou de midi. – **2.** En Belgique et en Suisse, prendre le petit-déjeuner.

2. DÉJEUNER n. m. **1.** Repas de midi. – **2.** En Belgique et en Suisse, petit-déjeuner. – **3.** Les mets eux-mêmes : *Un déjeuner froid.* – **4.** Ensemble formé de la tasse et de la soucoupe assorties pour le petit-déjeuner. – **5.** Suivi d'un nom apposé (avec ou sans trait d'union) désigne un repas durant lequel se déroule une activité : *Déjeuner-débat.* – **6.** Représentation picturale d'un repas, ou d'aliments et d'accessoires pour le repas. – **7.** *Déjeuner de soleil,* étoffe dont le soleil fanera la couleur en très peu de temps ; sentiment, chose, résolution éphémère.

Déjeuner sur l'herbe *(le),* tableau de Manet (2,08 × 2,65 m ; 1863), au musée d'Orsay (anc. coll. Moreau-Nélaton). Par sa modernité et son sujet (pourtant issu de Raphaël et de Titien), cette œuvre causa un scandale au Salon des refusés. Elle focalisa sur son auteur l'intérêt de jeunes peintres, les futurs impressionnistes.

DEJIMA → DESHIMA.

DEJNEV *(cap),* cap de la Russie, à l'extrémité de la Sibérie, sur le détroit de Béring.

DEJNEV (Semen Ivanovitch), cosaque et explorateur russe (v. 1605 - Moscou 1673). Il mena en 1643 une expédition maritime qui, partie de la Kolyma, atteignit l'océan Pacifique.

DEJOTARUS, roi de Galatie (v. 115 - v. 40 av. J.-C.). Il reçut du sénat le titre de roi pour l'aide qu'il apporta aux Romains contre Mithridate. Il soutint Pompée dans la guerre civile.

DÉJOUER v. t. (conj. **6**). Faire échouer qqch, l'empêcher de se réaliser ; contrecarrer : *Déjouer une machination.*

DÉJOUR n. m. Vide existant entre les jantes d'une roue de voiture ancienne.

DÉJOUTEMENT n. m. (de *ajouter*). Sorte de désaboutement, où les pièces de charpente obliques sont logées dans une même mortaise.

DÉJUC [-ʒyk] n. m. (de *desjuquer,* var. picarde de *déjucher*). Heure matinale à laquelle les poules quittent les juchoirs.

DÉJUCHER v. i. (de *jucher*) [conj. **3**]. En parlant des poules, quitter le juchoir.
◆ v. t. Faire quitter le juchoir à une poule.

DÉJUDAÏSATION n. f. Abandon progressif, par certains juifs, des pratiques juives de la religion juive.

DÉJUGER (SE) v. pr. (conj. **17**). **1.** Revenir sur son jugement, sur sa décision pour prendre un parti différent : *Le tribunal s'est déjugé.* — **2.** Pour un cheval, poser les postérieurs en retrait des empreintes antérieurs, au pas ou au trot.

DE JURE [deʒyre] adv. (lat. *de jure,* selon le droit). Formule permettant d'opposer une situation, une reconnaissance juridique à une situation, à une reconnaissance de fait. (S'oppose à *de facto.*)

DEKEN (Aagje ou Agatha), femme de lettres hollandaise (Amstelveen 1741 - La Haye 1804), auteur, avec Elizabeth Wolff, de romans réalistes, les premiers du genre en Hollande (*Sara Burgerhart,* 1782).

DE KEY (Lieven), architecte néerlandais (Gand v. 1560 - Haarlem 1627), représentant du style exubérant de la Renaissance hollandaise (façade de l'hôtel de ville de Leyde [1597], travaux à Haarlem, dont la halle aux viandes [1602]).

DE KEYSER, famille d'artistes néerlandais originaire d'Utrecht, dont le principal est HENDRICK, architecte et sculpteur (Utrecht 1565 -Amsterdam 1621). Il construisit à Amsterdam de nombreux bâtiments (églises, maisons...) d'une simplicité et d'un goût qui font de lui un précurseur du classicisme hollandais. Le tombeau de Guillaume le Taciturne à Delft, d'une éloquence plus baroque, est sa principale œuvre de sculpteur. — Un de ses fils, THOMAS, peintre et architecte (Amsterdam v. 1596 - *id.* 1667), mit au point, non sans influence de F. Hals, la formule du portrait d'apparat hollandais, à la fois éloquent et austère, animé par le jeu du noir brillant et du blanc dans le clair-obscur (*Homme assis,* Louvre).

DEKKAN → DECCAN.

DEKKER (Thomas), écrivain anglais (Londres v. 1572 - *id.* v. 1632). Il est l'auteur (seul ou en collaboration avec Massinger et Webster) de comédies (*la Fête du cordonnier,* 1599 ; *le Vieux Fortunatus,* 1600), de drames et de récits qui décrivent les bas-fonds de Londres (*les Sept Péchés capitaux de Londres,* 1606).

DE KLERK (Frederik Willem), homme d'État sud-africain (Johannesburg 1936). Président de la République (1989-1994), il est l'initiateur de l'abolition de l'apartheid et du processus de démocratisation en Afrique du Sud. À l'issue des premières élections multiraciales, il est nommé deuxième vice-président (1994-1996). [Prix Nobel de la paix 1993.]

DE KOONING (Willem), peintre néerlandais naturalisé américain (Rotterdam 1904). Arrivé aux États-Unis en 1926 avec une connaissance approfondie de l'art européen (néoplasticisme, Picasso, etc.), il évolue dans les années 40 vers une peinture expressive et colorée, où la violence gestuelle, caractéristique de l'expressionnisme abstrait, déstructure la figure féminine (série « Women », 1950 et suiv.) et atteint à l'abstraction (*Excavation,* 1950, Art Institute, Chicago). L'ambiguïté spatiale et la tension de ces œuvres se retrouvent dans les grandes abstractions aux formes plus simples d'après 1955, ou, depuis 1963, dans des « paysages » que la figure de la femme investit souvent, ou encore dans les sculptures entreprises à partir de 1969.

del., abrév. de *delineavit.*

DELÀ adv. (de *de* et *là*). *Au-delà,* v. à son ordre. ‖ *De-ci, de-là* → CI. ‖ *Deçà delà* → DEÇÀ. ‖ *Par-delà,* v. à son ordre.

DÉLABIALISATION n. f. Suppression ou réduction de l'arrondissement labial dans la réalisation d'un phonème labialisé (par ex. la prononciation du [u] français par des anglophones). [Syn. DÉSARRONDISSEMENT.]

DÉLABIALISER v. t. (conj. **3**). Réaliser une délabialisation. (Syn. DÉSARRONDIR.)

DELABORDE (Henri François, *comte*), historien français (Versailles 1854 - Lausanne 1927). Il a travaillé sur l'historiographie française des XIIIe et XIVe s. et édité, entre autres œuvres, celles de Rigord et de Guillaume le Breton (1882 - 1886).

DÉLABRANT, E adj. Qui produit le délabrement d'un tissu, d'un organe.

DÉLABREMENT n. m. **1.** État de qqch qui est délabré, faute d'entretien : *Délabrement d'une maison.* — **2.** Affaiblissement, détérioration, dégradation de qqch, de qqn : *Le délabrement de sa fortune.*

DÉLABRER v. t. (anc. fr. *label,* ruban, du frq. **labba,* lambeau) [conj. **3**]. **1.** Mettre qqch en mauvais état par usure, manque d'entretien ; détériorer : *Cette longue absence a délabré la maison.* — **2.** Altérer profondément la santé, l'affaiblir : *L'alcool lui a délabré l'estomac.* — **3.** Ruiner qqch, le détruire : *Cette politique avait réussi à délabrer les finances publiques.*

◆ **se délabrer** v. pr., **être délabré** v. pass. **1.** S'abîmer, être en très mauvais état : *Avec l'humidité le plafond se délabre.* — **2.** S'altérer profondément, se dégrader : *Sa santé se délabre.*

DÉLACER v. t. (conj. **16**). Desserrer ou dénouer des lacets : *Délacer ses chaussures.*

DELACHENAL (Roland), historien français (Lyon 1854 - Paris 1923), auteur d'une *Histoire de Charles V* (1909 - 1931).

DELACROIX (Eugène), peintre français (Saint-Maurice, Val-de-Marne, 1798 - Paris 1863). Représentant majeur du romantisme pictural, bien que refusant d'en être le chef d'école, précurseur de la peinture moderne, il s'opposa à Ingres et fut très discuté de son vivant (il n'entra à l'Académie qu'en 1857). Issu de la grande bourgeoisie parisienne, il fait de solides études classiques, puis se forme, comme son ami Géricault, dans l'atelier de P. Guérin ainsi qu'au Louvre, devant les maîtres. *Dante et Virgile aux Enfers* (Salon de 1822, Louvre), puis les *Scènes des massacres de Scio* (Salon de 1824, *ibid.*) révèlent son génie de créateur visuel et de coloriste. Plutôt que l'Italie, il visite l'Angleterre, prenant un contact plus intime avec sa littérature (Shakespeare, Byron...) et ses peintres (Bonington...). Il expose *la Mort* de Sardanapale* en 1828, *la Liberté* guidant le peuple* en 1831. Un voyage en Afrique du Nord (1832) lui inspire *les Femmes* d'Alger,* où il atteint à un raffinement extrême dans les accords chromatiques, la fragmentation de la touche et les jeux de lumière. À partir de 1833 et jusqu'à la fin de sa vie, l'artiste reçoit des commandes officielles, notamment pour des décors pariétaux d'édifices parisiens (Palais-Bourbon, Sénat, Louvre, église Saint-Sulpice). Il triomphe à l'Exposition universelle de 1855. Dessinateur, lithographe (pour le *Faust* de Goethe), aquarelliste, Delacroix a pratiqué tous les genres. Sa correspondance et son *Journal* montrent la clarté de sa pensée, aspect classique d'un esprit qui fut romantique par l'imagination et par « cette nécessité d'avoir la fièvre ». Son atelier de la rue Furstenberg, à Paris, est auj. un musée.

DÉLACTOSAGE n. m. En fromagerie, opération qui consiste à remplacer une partie du sérum par de l'eau pour abaisser la richesse du caillé en lactose. (Syn. LAVAGE DU CAILLÉ.)

DELAFOSSE (Jean Charles), sculpteur ornemaniste français (Paris 1734 - *id.* 1791). Il a contribué à la formation du style « Louis XVI » par la publication de recueils gravés comme sa *Nouvelle Iconologie historique* (1768), répertoire d'ornements à l'usage des architectes, sculpteurs, ébénistes et orfèvres.

DELAFOSSITE n. f. (de G. *Delafosse,* n. pr.). Oxyde naturel de fer et de cuivre, de formule $CuFeO_2$.

DELAGE (Yves), zoologiste et biologiste français (Avignon 1854 - Sceaux 1920). Directeur du laboratoire de biologie marine de Roscoff, il en fit un instrument de recherche de haute valeur. Il a fait progresser la connaissance de nombreux groupes animaux et celle de la parthénogenèse naturelle et expérimentale.

DELAGE (Louis), ingénieur et industriel français (Cognac 1874 - Le Pecq 1947). Après avoir créé en 1905 la première Compagnie Delage, il se spécialisa dans la voiture de grand luxe. Après la Première Guerre mondiale, ses voitures de course remportèrent de nombreuses victoires jusqu'en 1925.

DELAGOA, baie de l'océan Indien, sur laquelle est situé le port de Maputo (Mozambique).

Delagrave, maison d'édition française fondée à Paris en 1829 mais achetée par Charles Delagrave en 1865.

DELAHERCHE (Auguste), céramiste français (Beauvais 1857 - Paris 1940). Il mit au point de nombreux procédés de cuisson et de décors à coulées d'émail, tons dégradés, reliefs, gravures, etc. Puis, à partir de 1894, il façonna des grès aux formes pures sans autre décor que les fonds de couleurs.

DÉLAI n. m. (anc. fr. *délaier,* p.-ê. du frq. **laibjan,* faire rester). **1.** Temps laissé pour faire qqch, pour l'obtenir : *Exécuter un travail dans le délai fixé.* — **2.** Prolongation d'un temps accordé pour l'accomplissement de qqch ; sursis, répit : *Accorder un délai supplémentaire.* — **3.** *Dans les délais,* dans les limites du temps qui étaient prévues, fixées. ‖ *Sans délai,* sans retard, immédiatement. • **Ch. de f.** *Délai d'attente,* temps déterminé dont peut être retardé un train en correspondance avec un autre, lorsque ce dernier est en retard. — **Comm.** *Délai de livraison,* délai écoulé entre le moment où l'engagement de livrer une marchandise est contracté et la date de livraison correspondant à cet engagement. — **Dr.** Temps reconnu nécessaire et accordé soit par la loi, soit par le juge, soit par les cocontractants pour accomplir une obligation, produire un acte, comparaître en justice. ‖ *Délai de congé,* syn. de PRÉAVIS. ‖ *Délai de faveur,* syn. de INDULT. ‖ *Délai de grâce,* délai généralement assez bref que le juge peut accorder, pour lui permettre d'exécuter son obligation, à un débiteur ou à un locataire menacé d'expulsion.

DÉLAI-CONGÉ n. m. (pl. *délais-congés*). Syn. de PRÉAVIS.

DÉLAINAGE n. m. Séparation de la laine et de la peau brute du mouton, afin de les utiliser séparément.

DÉLAINER v. t. (conj. 4). Séparer la laine d'une peau de mouton.

DÉLAINEUSE n. f. Machine à délainer.

DE LAIRESSE (Gerard), peintre néerlandais (Liège 1640 - Amsterdam 1711). Élève de B. Flémalle, peintre d'histoire actif à Liège, puis à La Haye, il a publié en 1707 son *Grand Livre des peintres,* traité qui exalte Poussin et l'art classique.

DÉLAISSEMENT n. m. **1.** *Litt.* Action de délaisser qqn, état de celui qui est délaissé, laissé sans secours ; abandon. — **2.** Abandon que l'on fait d'un bien ou d'un droit. — **3.** Abandon par l'assuré à l'assureur de la propriété de la chose assurée (navire ou marchandises), lui permettant de percevoir en échange l'intégralité de la somme assurée. — **4.** *Délaissement d'enfant,* délit commis par la personne qui aura laissé en un lieu solitaire un enfant ou un incapable, hors d'état de se protéger.

DÉLAISSER v. t. (conj. 4). **1.** Ne plus avoir d'intérêt pour qqch, ne plus s'en occuper ; abandonner : *Délaisser les tâches ménagères.* — **2.** Abandonner un lieu, une activité, les laisser de côté, déserter : *Les étudiants délaissent les lettres pour les sciences.* — **3.** Ne plus se préoccuper de qqch, le négliger : *Délaisser ses amis.* — **4.** Renoncer à une action en justice ; effectuer un délaissement.

◆ **être délaissé** v. pass. **1.** Être laissé à l'abandon, sans soin : *Terres délaissées.* — **2.** Être laissé sans affection, être seul, abandonné ou négligé, en parlant de qqn : *Épouse délaissée.*

DÉLAITAGE ou **DÉLAITEMENT** n. m. Action de délaiter.

DÉLAITER v. t. (de *lait*) [conj. 4]. Soutirer le babeurre de la baratte.

DELALANDE (Michel Richard), compositeur français (Paris 1657 - Versailles 1726). Organiste et claveciniste, il obtint en 1683 l'un des quatre postes de sous-maîtres de la chapelle royale. Puis il recueillit toutes les charges de la Chambre : surintendant, compositeur et maître de la musique. Son œuvre religieuse comporte *Trois Leçons de ténèbres,* 71 grands motets, parmi lesquels : *De profundis* (1689), *Beati omnes* (1698), *Regina coeli* (1698), *Quare fremuerunt gentes* (1706). Delalande a su porter le motet concertant à son apogée. Il écrivit également des divertissements ou des spectacles pour la cour, ainsi que quelques pièces symphoniques *(Symphonies pour les soupers du Roy).*

DE LA MADRID HURTADO (Miguel), homme d'État mexicain (Colima 1934). Candidat du parti gouvernemental, le parti révolutionnaire institutionnel (P. R. I.), il a été président de la République de 1982 à 1988.

DELAMAIR (Pierre Alexis), architecte français (Châtenay, près de Paris, 1675 - *id.* 1745), un des créateurs, avec son maître R. de Cotte, du style « Régence » (à Paris : hôtels de Soubise et de Rohan dans le Marais [1704-1709], hôtel de Chanac-Pompadour rue de Grenelle).

DE LA MARE (Walter), écrivain anglais (Charlton, Kent, 1873 - Twickenham, Middlesex, 1956). Conteur de l'enfance (*Song of Childhood,* 1902), il a entretenu dans ses poésies (*The Burning Glass,* 1945) un dialogue avec l'au-delà et les forces intérieures.

DELAMARE-DEBOUTTEVILLE (Édouard), industriel et inventeur français (Rouen 1856 - Montgrimont, près de Fontaine-le-Bourg, Seine-Maritime, 1901). Filateur, il réalisa avec l'aide de son chef mécanicien, Léon Malandin, la première voiture automobile qui, actionnée par un moteur à explosion, ait réellement roulé sur une route (1883 ; brevet en 1884).

DELAMBRE (le *chevalier* Jean-Baptiste Joseph), astronome français (Amiens 1749 -Paris 1822). Avec Méchain, il mesura l'arc du méridien compris entre Dunkerque et Barcelone. Il est l'auteur d'une *Histoire de l'astronomie* (1817-1827).

DÉLAMINAGE n. m. Départ, sous forme de lamelles, de la matière d'un matériau macromoléculaire.

DÉLAMINATION n. f. Séparation des feuillets d'un ensemble à structure feuilletée, par exemple chez un embryon animal.

DELANNOY (Jean), cinéaste français (Noisy-le-Sec 1908). Il a réalisé : *Macao, l'enfer du jeu* (1939), *Pontcarral* (1942), *l'Éternel Retour* (1943), *la Symphonie pastorale,* d'après André Gide

(1946), *Les jeux sont faits* (1947), *Dieu a besoin des hommes* (1950), *la Minute de vérité* (1952), *Chiens perdus sans collier* (1955), *Notre-Dame de Paris* (1956), *Maigret tend un piège* (1958), *la Princesse de Clèves* (1961), *les Amitiés particulières* (1964), *Bernadette* (1988).

DELANOIS (Louis), menuisier en sièges français (Paris 1731 - *id.* 1792). Reçu maître en 1761, il pratiqua le style « Louis XVI » dès 1768, tout en continuant a produire des sièges « Louis XV » et « transition ».

DELANY (Samuel Ray), écrivain américain de science-fiction (New York 1942). D'inspiration mythologique et poétique, il est un des rares écrivains noirs du genre (*Babel 17,* 1966 ; *l'Intersection Einstein,* 1967).

DELAPORTE (Louis Marie Joseph), architecte et explorateur français (Loches 1842 -Paris 1925). Il a étudié les monuments khmers (1872). Il fonda le Musée indochinois, dont les collections ont fourni l'essentiel de celles du musée Guimet. Il a publié *Voyage au Cambodge* (1880) et *Monuments du Cambodge* (1915-1925).

1. DÉLARDEMENT n.m. Action de délarder, d'ôter le lard.

2. DÉLARDEMENT n. m. **1.** Coupe en chanfrein pratiquée au long de l'arête d'une pièce de bois ou de pierre. – **2.** Amincissement grossier d'une dalle, d'une assise, d'une pièce quelconque.

1. DÉLARDER v. t. (de *larder*) [conj. **3**]. Ôter le lard, les lardons de.

2. DÉLARDER v. t. (de *lard* [*du bois*], aubier) [conj. 3]. Opérer un délardement.

DE LA RIVE (Gaspard), physicien et chimiste suisse (Genève 1770 - *id.* 1834). Il exerça, grâce à ses relations avec les savants de divers pays, une grande influence sur le mouvement scientifique de son époque.

DELAROCHE (Hippolyte, dit **Paul**), peintre français (Paris 1797 - *id.* 1856). Éclectique, il devint un artiste officiel (professeur, membre de l'Institut en 1834) en tentant de concilier classicisme et romantisme dans des sujets d'histoire au caractère théâtral (*les Enfants d'Édouard,* 1830, Louvre).

DE LA ROCHE (Mazo), romancière canadienne de langue anglaise (New Market, Ontario, 1885 - Toronto 1961), auteur à succès de la série des *Jalna,* chronique de la famille Whiteoak.

DELARUE-MARDRUS (Lucie), femme de lettres française (Honfleur 1880 - Château-Gontier 1945). Épouse du Dr Mardrus, traducteur des *Mille et Une Nuits,* elle est l'auteur de romans mi-réalistes, mi-romantiques (*Marie, fille mère,* 1908).

DÉLASSANT, E adj. Qui délasse physiquement ou intellectuellement ; reposant, détendant : *Une lecture délassante.*

DÉLASSEMENT n. m. **1.** Action de délasser, de se délasser : *Avoir besoin d'un moment de délassement.* – **2.** Occupation qui délasse ; repos, loisir : *Le sport est pour moi un délassement.*

DÉLASSER v. t. (conj. 3). Faire cesser la fatigue : *Prends un bain, ça te délassera.*
◆ **se délasser** v. pr. Faire cesser sa lassitude physique ou morale ; se détendre, se reposer, se relaxer.

DÉLATEUR, TRICE n. (lat. *delator*). Personne qui dénonce pour des intérêts méprisables ; dénonciateur servile.

1. DÉLATION n. f. (lat. *delatio, -onis*). Dénonciation intéressée, méprisable, inspirée par la vengeance, la jalousie ou la cupidité.

2. DÉLATION n. f. (lat. *delatum,* livré). *Délation de serment,* action de déférer un serment décisoire ou supplétoire.

DELATTRE (le *P.* Alfred Louis), archéologue français (Deville-lès-Rouen 1850 - Carthage 1932). Conservateur du musée Lavigerie, qu'il a fondé, ses fouilles à Carthage ont été fondamentales pour l'archéologie punique et chrétienne.

DELAUNAY (Nicolas), orfèvre français (Paris 1646 - *id.* 1727). Fils de Louis Delaunay, maître orfèvre à Paris, il eut une brillante carrière de fournisseur de la Couronne à dater de la mort de Claude Ier Ballin (1678), dont il avait épousé la nièce.

DELAUNAY (Louis), ingénieur et industriel français (Corbeil 1843 - Cannes 1912). Il s'associa avec Belleville, fabricant de machines à vapeur et de chaudières, pour construire des automobiles à moteur à essence, dont il réalisa de nombreux modèles de luxe.

DELAUNAY (Robert), peintre français (Paris 1885 - Montpellier 1941). Marqué par l'impressionnisme, Cézanne et le fauvisme, il développe dès 1909 les ressources du *contraste simultané* des couleurs et les possibilités de l'espace cubiste (série des « Villes » et des « Tours » Eiffel ; *la Ville de Paris,* 1912, M. N. A. M.). « Forme et sujet », la couleur triomphe (en même temps que chez Sonia Delaunay) avec la série des « Fenêtres » (1912) et les séries abstraites et rythmiques de « Disques » et de « Formes circulaires » (1912-13). Ce dynamisme chromatique (baptisé *orphisme* par Apollinaire), nourri d'images du monde moderne (*l'Équipe de Cardiff,* 1912-13, M. N. A. M.) et de la nature (*Nature morte portugaise* ou *Symphonie colorée,* 1915-16, *ibid.*), trouve son aboutissement radical dans les années 30 avec la série des « Rythmes » et les décorations monumentales pour l'Exposition universelle de 1937.

DELAUNAY (Sofia Ilinitchna TERK, dite **Sonia**), peintre d'origine russe (Odessa 1885 - Paris 1979), mariée à Robert Delaunay en 1910. D'abord fauve et expressionniste, son œuvre s'oriente au début des années 10 vers un langage plastique fondé sur la couleur (*le Bal Bullier*, 1913, M. N. A. M., Paris) et débouche sur une abstraction (série des « Prismes électriques » de 1913-14, série des « Rythmes couleurs » ou « colorés » à partir de 1938) qu'elle va appliquer à de nombreux objets « simultanés » (livre-objet de *la Prose du Transsibérien* de Cendrars [1913, musée national d'Art moderne, Paris], reliures, broderies, tissus, costumes, etc.) dont l'influence sera grande.

DELAUNE (Étienne), orfèvre, médailleur, dessinateur et graveur français (Orléans ? v. 1518 - ? 1583). Henri II le chargea, en 1552-53, de graver les coins de la Monnaie royale de Paris. La Saint-Barthélemy le força à s'enfuir, à Strasbourg puis à Augsbourg. Comme graveur d'estampes, il a interprété les œuvres des artistes italiens de l'école de Fontainebleau et de J. Cousin et a donné de nombreux modèles de décoration qu'ont utilisés les orfèvres et autres praticiens de l'époque.

DÉLAVAGE n. m. **1.** Action de délaver. – **2.** Délayage par l'eau d'un mortier ou d'un béton encore frais.

DE LAVAL (Gustaf), ingénieur suédois (Orsa, Dalécarlie, 1845 - Stockholm 1913). Il inventa, en 1883, la turbine à vapeur à action qui porte son nom. On lui doit aussi la tuyère convergente-divergente pour l'expansion des gaz et de la vapeur sous des pressions supérieures à la pression critique.

DE LAVALLADE (Carmen), danseuse américaine (Los Angeles 1933). Artiste aux talents multiples (ballet, cinéma, comédie musicale), elle est, en 1961, codirectrice artistique de l'Alvin Ailey Dance Theatre. Sa beauté plastique a inspiré de nombreux chorégraphes : John Butler (*Portrait of Billie*, 1961 ; *Aphrodite*, 1967), Alvin Ailey (*Roots of the Blues*, 1961), Geoffroy Holder, son mari (*Three Songs for One*, 1963).

DÉLAVER v. t. (conj. 3). **1.** Enlever ou atténuer avec de l'eau une couleur étendue sur du papier, du tissu : *Délaver une aquarelle.* – **2.** Imprégner d'eau, mouiller, détremper : *Les pluies ont délavé les terres.*

◆ **être délavé** v. pass. **1.** Être d'une couleur affaiblie, fade, pâle, comme déteinte par de nombreux lavages : *Un jean délavé.* – **2.** Être imbibé, trempé d'eau : *Un sol délavé.*

DELAVIGNE (Germain), auteur dramatique français (Giverny, Eure, 1790 - Montmorency 1868). Il a composé les livrets de *la Muette de Portici* (1828), de *Robert le Diable* (1831), de *la Nonne sanglante* (1854).

DELAVIGNE (Jean-François *Casimir*), écrivain français (Le Havre 1793 - Lyon 1843). Auteur d'élégies patriotiques (*les Messéniennes*, 1818-1822), il a incarné au théâtre le goût pour une novation modérée, alliant des normes classiques à des sujets romantiques (*les Vêpres siciliennes*, 1819). [Acad. fr., 1825.]

DELAVIGNETTE (Robert), administrateur et historien français (Sainte-Colombe-sur-Seine 1897 - Paris 1976). Directeur de l'École coloniale (1937-1946), directeur des Affaires politiques au ministère de la France d'outre-mer (1947-1951), il publia *Christianisme et Colonialisme* (1960), *Du bon usage de la décolonisation* (1968).

DELAWARE, fl. de l'est des États-Unis, qui traverse Philadelphie ; env. 400 km. L'embouchure du fleuve, ennoyée, forme la vaste *baie de la Delaware* sur l'Atlantique.

DELAWARE, État de la plaine côtière des États-Unis ; 5 295 km^2 ; 666 168 hab. (le plus petit État de l'Union après le Rhode Island). Cap. *Dover.* V. princ. *Wilmington.*

– **Hist.** Région colonisée par les Hollandais (1631) et les Suédois (1638), concédée à William Penn en 1682, elle se rendit indépendante en 1704. Ce fut le premier État à ratifier la Constitution de 1787.

DELAWARES, Indiens algonquins qui vivaient autrefois sur la côte de l'Atlantique entre l'Hudson et Baltimore. Ils furent déportés dans une réserve de l'Oklahoma à la fin du XIXe s.

DELAY (Jean), psychiatre français (Bayonne 1907 - Paris 1987). Il s'est consacré à l'enseignement de la psychiatrie et a écrit des ouvrages concernant principalement les méthodes biologiques en psychiatrie de la mémoire, ainsi qu'un ouvrage sur André Gide et un cycle autobiographique romancé (*Avant-mémoire*, 4 vol., 1979-1986). [Acad. fr., 1959.]

DÉLAYABLE [-lɛjabl] adj. Qui peut être délayé.

DÉLAYAGE [-lɛjaʒ] n. m. **1.** Action de délayer : *Le délayage de la farine dans l'eau.* – **2.** *Fam.* Action de s'exprimer d'une manière diffuse, en noyant ses idées dans un flot de paroles ; verbiage, remplissage ; longueurs : *Il y a du délayage dans votre exposé.* – **3.** Opération consistant à mettre l'argile et le calcaire en suspension dans l'eau, dans la fabrication du ciment.

DÉLAYER [-leje] v. t. (lat. *deliquare*, rendre liquide) [conj. **11**]. **1.** Détremper une matière, l'étendre avec un liquide, ou l'incorporer à un liquide en en faisant un mélange homogène : *Délayer un peu de farine dans l'eau.* — 2. *Fam.* Exprimer qqch de manière prolixe, diffuse, verbeuse ; paraphraser : *Délayer la pensée d'un auteur.*

DÉLAYEUR, EUSE [-lɛjœr, -øz] n. 1. Ouvrier(ère) chargé(e) du délayage. — 2. *Fam.* Personne qui délaye un texte.

◆ **délayeur** n. m. Appareil dans lequel se fait le délayage du ciment.

DEL BARBIERE (Domenico), dit **Dominique Florentin,** sculpteur et graveur italien (Florence v. 1506 - en France apr. 1565). Il accompagna le Rosso en France, exécuta des décorations de stuc à Fontainebleau, puis alla travailler vers 1541 à Troyes, où il pratiqua tous les genres (stuc, mosaïque, décor de fêtes, architecture, gravure) et particulièrement la sculpture. (Tombeau de Claude de Lorraine, duc de Guise [autref. à Joinville : fragments au Louvre et au musée de Chaumont].)

DELBLANC (Sven), écrivain suédois (Swan River, Manitoba, Canada, 1931). Romancier de premier plan (*les Castrats*, 1975 ; *Speranza*, 1980 ; *la Nuit de Jérusalem*, 1983), ses *Récits du Sörmland* (1970-1976) le rattachent à la tradition orale.

Delbœuf *(illusion de),* illusion optico-géométrique dans laquelle deux cercles égaux, dont l'un est placé à l'intérieur d'un autre cercle légèrement plus grand, apparaissent comme inégaux.

DELBRÜCK (Rudolf VON), homme politique allemand (Berlin 1817 - *id.* 1903). Il fut le véritable réalisateur de l'Union douanière *(Zollverein).* Il présida la chancellerie de la Confédération de l'Allemagne du Nord (à partir de 1867), puis celle du Reich (à partir de 1871). Hostile à la politique protectionniste de Bismarck, il démissionna en 1876.

DELBRÜCK (Berthold), linguiste allemand (Putbus, Rügen, 1842 - Iéna 1922). Il a posé les bases de la syntaxe comparée des langues indo-européennes (*Principes de grammaire comparée des langues indo-germaniques,* 1893-1900).

DELBRÜCK (Hans), historien et homme politique allemand (Bergen, Rügen, 1848 -Berlin 1929). Député au Landtag prussien (1882-1885) et au Reichstag (1884-1890), il enseigna l'histoire moderne à l'université de Berlin (1895-1921). Il a laissé d'importants ouvrages historiques, en particulier *Frédéric, Napoléon, Moltke, ancienne et nouvelle stratégie* (1892), *Guerre et Politique 1914-1917* (2 vol., 1918-19).

DELBRÜCK (Max), biophysicien américain d'origine allemande (Berlin 1906 - Pasadena 1981). Il a reçu en 1969 le prix Nobel de médecine et de physiologie, avec A. D. Hershey et S. E. Luria, pour leurs travaux sur la fonction de l'A. D. N. et son rôle génétique.

DELCASSÉ (Théophile), homme politique français (Pamiers 1852 - Nice 1923). Député radical de l'Ariège (1889), ministre des Colonies (1894-95), puis des Affaires étrangères (1898-1905), il brise l'isolement diplomatique de la France dont il renforce la position européenne dans la perspective d'une guerre avec l'Allemagne. Il resserre l'alliance franco-russe (1900) et est l'artisan de l'Entente cordiale entre la France et la Grande-Bretagne (accords d'avr. 1904). Il oppose ainsi une Triple-Entente à la Triple-Alliance dont il détache partiellement l'Italie (accord franco-italien en juill. 1902). Opposé à la réunion d'une conférence à Algésiras demandée par Guillaume II (Tanger, mars 1905) pour régler la question marocaine, il est désavoué par le président du Conseil M. Rouvier et doit démissionner (juin 1905). Ministre de la Marine (1911-1913) puis ambassadeur à Saint-Pétersbourg (1913-14), il est à nouveau ministre des Affaires étrangères en 1914-1915.

DELCO n. m. (de *Dayton Engineering Laboratories CO.,* dans l'Ohio) [n. déposé]. Nom d'une marque d'un dispositif d'allumage pour moteurs à explosion.

DEL COSSA (Francesco), peintre italien (Ferrare v. 1436 - Bologne 1478). La personnalité de ce maître de l'école ferraraise s'exprime de façon saisissante dans les fresques du palais Schifanoia, qui représentent la succession des mois (*Mars, Avril, Mai,* 1469-70) et évoquent la vie de la cour des Este. Il se fixa à Bologne en 1470.

DELCOUR ou **DEL COUR** (Jean), sculpteur des Pays-Bas du Sud (Hamoir 1627 - Liège 1707). Après un long séjour à Rome, où il fut élève de Bernin, il exécuta de nombreux travaux à Liège (fontaines *de Saint Jean-Baptiste* [1658], *de la Vierge* [1696] ; *Christ au tombeau* de la cathédrale).

DEL DUCA (Cino), éditeur français d'origine italienne (Montedinove, prov. d'Ascoli Piceno, 1899 - Milan 1967). Fondateur d'un important groupe de presse et d'édition, il se spécialisa dans la « presse du cœur » et le roman-photo *(Intimité, Nous deux).*

DELÉAGE (André), historien français (Mâcon 1903 - Nancy 1944), auteur d'ouvrages d'histoire ancienne *(la Capitation du Bas-Empire,* 1945) et médiévale *(la Vie économique et sociale de la Bourgogne dans le haut Moyen Âge,* 1941).

DELEATUR [deleatyr] n. m. inv. (lat. *deleatur,* qu'il soit effacé). Signe conventionnel de correction typographique, indiquant une suppression à effectuer.

DELÉCLUZE (Étienne Jean), peintre, écrivain et critique d'art français (Paris 1781 -Versailles 1863). Ancien élève de David, il choisit en 1816 de se consacrer à la critique (collab. au *Journal des débats* de 1822 à sa mort). Opposé aux mouvements romantique et réaliste, il s'est montré un défenseur intelligent du néoclassicisme (*Louis David, son école et son temps,* 1855).

DÉLECTABLE adj. (lat. *delectabilis*). *Litt.* Dont on se délecte ; délicieux, exquis : *Des fruits mûrs absolument délectables.*

DÉLECTATION n. f. (lat. *delectatio, -onis*). *Litt.* Plaisir que l'on savoure ; délice : *Lire avec délectation.*

DÉLECTER (SE) v. pr. (lat. *delectare*) [conj. **4**]. *Litt.* Prendre un plaisir extrême, se régaler de qqch : *Je me délecte de ces poires juteuses.*

DELEDDA (Grazia), romancière italienne (Nuoro 1871 - Rome 1936). Dans ses romans, essentiellement inspirés de sa Sardaigne natale (*Elias Portolu,* 1900), elle s'intéressa à l'analyse psychologique, aux thèmes de la faute et de la culpabilité (*Annalena Bilsini,* 1927). [Prix Nobel de littérature 1926.]

DÉLÉGANT, E n. Personne qui désigne un délégué.

DÉLÉGATAIRE n. (de *déléguer,* avec l'infl. de *légataire*). Personne au profit de qui est faite une délégation.

DÉLÉGATEUR, TRICE n. Personne qui fait une délégation.

DÉLÉGATION n. f. (lat. *delegatio, -onis,* procuration). **1.** Action de déléguer qqn, qqch : *La délégation d'un mandat électif. Délégation de pouvoirs.* — **2.** Groupe de personnes chargées de représenter une collectivité dans une circonstance donnée. — **3.** Nom donné à certains organismes publics. — **4.** Décision par laquelle une autorité administrative charge une autre autorité d'exercer ses pouvoirs à sa place (délégation de compétence, de signature). — **5.** Opération par laquelle une personne (le délégant) ordonne à une autre (le délégué) de faire ou de s'engager à faire une prestation à une troisième (le délégataire). — **6.** *Délégation apostolique,* fonction, charge, territoire d'un délégué apostolique. ‖ *Délégation de justice,* mission confiée par la justice à la police judiciaire. ‖ *Délégation législative,* habilitation consentie par le Parlement au gouvernement, afin de prendre, dans certaines conditions, des mesures qui relèveraient, en droit, de la compétence législative. (Ces mesures portent le nom *d'ordonnances ;* en outre, l'article 16 permet une délégation temporaire du pouvoir législatif au président de la République, dont les actes sont alors des *décisions.*) ‖ *Délégation parlementaire,* organe commun aux deux assemblées du Parlement, exerçant une fonction de consultation et de contrôle sur un objet précis. ‖ *Délégation spéciale,* commission qui administre provisoirement une commune lorsqu'un conseil municipal est démissionnaire ou dissous. ‖ *Délégation de vote,* autorisation donnée par un parlementaire à un autre de voter à sa place.

DÉLÉGUÉ, E n. **1.** Personne qui reçoit une mission avec tout pouvoir pour la remplir ; mandataire, représentant : *Les délégués d'un comité.* — **2.** Personne qui, dans une délégation, s'engage, sur l'ordre du délégant, envers le délégataire. — **3.** Élève élu qui représente les autres élèves au conseil de classe ou au conseil d'établissement (collège, lycée). — **4.** *Délégué apostolique,* représentant du Saint-Siège auprès du clergé et des fidèles des lieux où il est envoyé. ‖ *Délégué consulaire,* personne chargée d'élire les juges consulaires. ‖ *Délégué du personnel,* salarié élu (pour 1 an renouvelable) par l'ensemble du personnel d'une entreprise pour le représenter auprès du chef d'entreprise. ‖ *Délégué syndical,* salarié désigné par chacune des sections syndicales représentatives dans l'entreprise et nommé par sa centrale pour représenter son syndicat auprès du chef d'entreprise et défendre les intérêts des travailleurs. ‖ *Délégué des parents,* parent d'élève élu au conseil de classe, au conseil d'école ou au conseil d'établissement. ‖ *Délégué mineur,* ouvrier élu par l'ensemble du personnel ouvrier d'une mine pour vérifier les conditions d'hygiène et de sécurité ainsi que les conditions de travail. (Le délégué mineur est rattaché à l'Administration des Mines.)

DÉLÉGUER v. t. (lat. *delegare*) [conj. **18**]. **1.** Envoyer qqn au nom d'un groupe, de qqn d'autre, dans un but déterminé, avec une mission définie : *Déléguer des représentants.* — **2.** Confier un pouvoir à qqn, le lui transmettre : Déléguer son autorité.

DELEHAYE (Hippolyte), jésuite et bollandiste belge (Anvers 1859 - Bruxelles 1941). Il a écrit, notamment : *les Légendes hagiographiques* (1905), *les Origines du culte des martyrs* (1912).

DELÉMONT, v. de Suisse, ch.-l. du cant. du Jura ; 11 700 hab. Église du XVIIIe s. (trésor). Musée jurassien. Centre industriel.

DE LEON (Daniel), socialiste et syndicaliste américain (Curaçao 1852 - New York 1914). Il adhéra au Socialist Labor Party en 1890. Partisan d'un marxisme rigoureux, il essaya de pratiquer un entrisme actif dans la puissante American Federation of Labor, mais fut peu suivi. Il fonda ensuite Industrial Workers of the World : mais il en fut expulsé par les anarcho-syndicalistes.

DELERUE (Georges), compositeur français (Roubaix 1925 - Los Angeles 1992). C'est surtout par ses très nombreuses musiques de scène, radiophoniques et de film qu'il a acquis la célébrité. Citons : *Hiroshima mon amour* (1959), *la Peau douce* (1963), *le Conformiste* (1970), *le Chacal* (1974), *la Gifle* (1978), *Diên Biên Phu* (1991).

DELESCLUZE (Louis Charles), homme politique français (Dreux 1809 - Paris 1871). Député de Paris à l'Assemblée nationale (févr. 1871), il fut élu membre de la Commune (mars), devint délégué à la Guerre et membre du Comité de salut public (mai) où il représentait la tendance jacobine. Il mourut sur les barricades (25 mai).

DELESSERT, famille de financiers et d'hommes d'affaires français. — ÉTIENNE (Lyon 1735 - Paris 1816) fonda, en 1782, la première compagnie française d'assurance contre l'incendie, et créa la première banque d'escompte. — Son fils, BENJAMIN (Lyon 1773 - Paris 1847), fonda à Passy une filature de coton (1801) et créa une usine pour la fabrication du sucre de betterave. En 1818, il fonda la première caisse d'épargne.

DÉLESTAGE n. m. **1.** Déchargement du lest d'un bâtiment, d'un aéronef. — **2.** Détournement de la circulation routière par des voies secondaires pour éviter la congestion d'un axe principal. — **3.** Suppression momentanée du courant électrique pour une tranche de clientèle non préférentielle.

DÉLESTER v. t. (conj. 3). **1.** Réduire la charge de qqch : *On a délesté la voiture de deux valises.* — **2.** *Fam.* Dévaliser qqn, le voler : *Un filou l'a délestée de son sac au cinéma.* — **3.** Effectuer un délestage.

DELESTRAINT (Charles Antoine), général français (Biache-Saint-Waast 1879 - Dachau 1945). Après l'armistice de 1940, il organisa la résistance dans la région de Lyon et fut nommé par de Gaulle chef de l'armée secrète à la fin de 1942. Il fut déporté et fusillé à Dachau.

DÉLÉTÈRE adj. (gr. *dêlêtêrios,* nuisible). **1.** Qui attaque la santé, met la vie en danger, en partic. en parlant d'un gaz nocif. — **2.** *Litt.* Qui corrompt l'esprit ; nuisible, corrupteur, néfaste.

DÉLÉTION n. f. (lat. *deletio, -onis,* destruction). Rupture d'un chromosome et perte du fragment détaché. (Les délétions déterminent des syndromes malformatifs graves avec arriération mentale.)

DELEU (Alain), syndicaliste français (La Madeleine, Nord, 1946). Ayant adhéré à la C. F. T. C. en 1968, il en devient secrétaire général adjoint en 1981, secrétaire général en 1990 et président en 1993.

DELEUZE (Gilles), philosophe français (Paris 1925 - *id.* 1995). Marqué par Nietzsche, Deleuze tente de développer le concept de différence comme « vrai commencement de la philosophie ». Dans *l'Anti-Œdipe* (1972), écrit en collaboration avec Félix Guattari, il essaie de restaurer contre l'institution psychanalytique la puissance révolutionnaire du désir et de la production inconsciente. Il continue la même analyse dans *Mille Plateaux* (1980). Il a écrit *Empirisme et subjectivité* (1953), *Nietzsche et la philosophie* (1962), *la Philosophie critique de Kant* (1963), *le Bergsonisme* (1966), *Spinoza et le problème de l'expression* (1968), *Différence et répétition* (1968), *Logique du sens* (1969), *Présentation de Sacher-Masoch* (1971), *Francis Bacon, logique de la sensation* (1981), *Foucault* (1986). Il s'intéresse également aux problèmes du cinéma : *l'Image en mouvement* (1983), *l'Image-temps* (1985). Plusieurs de ses textes publiés entre 1972 et 1990 ont été réunis dans *Pourparlers* (1990).

DELFINO ou **DOLFIN** (Giovanni) [Venise 1280-1361]. Doge de Venise (1356-1361), il conclut la paix avec la Hongrie, à laquelle il dut céder des territoires de Dalmatie et de Croatie (traité de Zara, 1358).

DELFT, v. des Pays-Bas (Hollande-Méridionale), au S.-E. de La Haye ; 86 000 hab. Ville pittoresque sillonnée de canaux, Delft garde de nombreux édifices intéressants : des maisons du XVIe s., l'hôtel de ville du XVIIe s. (beffroi gothique), la Nouvelle Église du XVe s. (mausolée de Guillaume le Taciturne), la Vieille Église (XIIIe s.), le Prinsenhof, résidence du Taciturne. Célèbre centre faïencier (belle collection au musée Lambert Van Meerten). Université technique, centre de recherches nucléaires. Constructions mécaniques et électriques, produits pharmaceutiques.

Delft *(faïences de).* Delft, principal centre faïencier de la Hollande, prospéra dans la seconde moitié du XVIIe s. Les faïences, très légères, à la pâte beige clair, d'un grain serré, sont recouvertes d'un émail blanc rendu brillant par adjonction de vernis. Formes et décors obéissent à deux tendances stylistiques : imitation des porcelaines chinoises et de leurs décors en bleu et blanc ou polychromes (fabriques de Adriaen Koocks et Samuel Van Eenhoorn), et style européen issu de la gravure, privilégiant paysages, vases fleuris et scènes de genre (fabriques de Frederik Van Frijtom ou Gijsbert Verhaast).

DELGADO *(cap),* en port. **Cabo Delgado,** cap du Mozambique, à l'entrée nord du canal de Mozambique (probablement le *Prasum promontorium* des Anciens).

DELHI, v. de l'Inde, sur la Yamunā, englobant la capitale fédérale *(New Delhi)* ; 8 375 188 hab.

— **Géogr.** Carrefour routier (à l'intérêt stratégique) et ferroviaire, centre urbain très ancien, aujourd'hui à prépondérance tertiaire, l'agglomération se compose du Vieux Delhi, densément peuplé (commerce et artisanat), et de *New Delhi,* plus aéré, à vocation administrative, politique, universitaire.
— **Hist.** Ancienne ville hindoue, Delhi devint la capitale des États musulmans de l'Inde du Nord du XIIIe au XIXe s. avec quelques éclipses durant lesquelles Āgrā ou Lahore lui furent préférées. Les musulmans y construisirent successivement sept villes, dont la dernière, Chāhjahānābād, fondée en 1648, est l'actuelle Vieille Delhi. Les Britanniques y ajoutèrent au début du XXe s. la Nouvelle Delhi, New Delhi, qui devint la capitale de l'Inde indépendante en 1947.
— **Bx-arts.** La ville offre, dans ses sept sites successifs, un ensemble unique d'édifices construits entre la fin du XIIe et le milieu du XVIIIe s. L'aire du Quṭb Mīnār (commencé en 1199, achevé au XIIIe s. et plusieurs fois restauré ensuite), minaret de pierres rouges, groupe les plus anciens : la mosquée Quwwat al-Islām (1192) et l'‘,Alā'ī darwāza (1311). À 8 km, la tombe d'Īltutmich (1231) est le premier mausolée de l'Inde. L'époque moghole présente le plus prestigieux ensemble : fort Rouge (1639-1647), Grande Mosquée (1644-1658) ; tombeau d'Humāyūn (v. 1564), mosquée de la Perle (v. 1660) ; observatoire Djantar Mantar (v. 1754). Musée national.

DÉLIBÉRANT, E adj. Qui délibère : *Une assemblée délibérante.*

DÉLIBÉRATIF, IVE adj. (lat. *deliberativus*). **1.** Qui a pour objet la délibération. — **2.** *Voix délibérative,* droit de suffrage dans les délibérations d'une assemblée, d'un tribunal (par oppos. à *voix consultative*).

DÉLIBÉRATION n. f. (lat. *deliberatio, -onis*). **1.** Action de réfléchir, d'examiner une question ; discussion : *Le projet va être mis en délibération.* — **2.** Décision prise au cours de cet examen (surtout pl.) : *Donner lecture des délibérations.* — **3.** *Litt.* Examen réfléchi précédant une décision : *Après mûre délibération.* — **4.** Concertation obligatoire avant toute décision que doit rendre une juridiction de jugement.

DÉLIBÉRATOIRE adj. Relatif à la délibération.

DÉLIBÉRÉ n. m. **1.** Phase de l'instance au cours de laquelle les juges doivent délibérer avant de rendre leur décision. — **2.** *Mettre en délibéré,* remettre le prononcé du jugement à une audience ultérieure.

DÉLIBÉRÉMENT adv. Après avoir réfléchi ; volontairement, intentionnellement.

DÉLIBÉRER v. t. ind. (lat. *deliberare,* réfléchir mûrement) [conj. **18**]. Examiner les différents aspects d'une question, en débattre, y réfléchir afin de prendre une décision, de choisir une solution : *Délibérer du sort d'un accusé.*
◆ v. i. **1.** Discuter à l'intérieur d'un groupe, d'un jury, d'une commission, etc., en vue d'une décision : *Les jurés n'ont pas fini de délibérer.* — **2.** *Litt.* Réfléchir avant de prendre une décision.
◆ **être délibéré** v. pass. **1.** Être résolu, décidé, déterminé, en parlant d'une action, d'une attitude : *Son refus est délibéré.* — **2.** *De propos délibéré,* à dessein, volontairement.

DELIBES (Léo), compositeur français (Saint-Germain-du-Val 1836 - Paris 1891). Professeur de composition au Conservatoire (1881), on lui doit des opéras bouffes et des opérettes, des opéras-comiques, dont *Le roi l'a dit* (1873) et *Lakmé* (1883) demeurent les plus célèbres, ainsi que des ballets (*Coppélia,* 1870 ; *Sylvia,* 1876).

DELIBES (Miguel), écrivain espagnol (Valladolid 1920). Romancier réaliste de la vie des petites gens, il a évolué vers une critique globale de la société espagnole d'aujourd'hui (*La mortaja,* 1970).

DÉLICAT, E adj. (lat. *delicatus,* choisi, de *deliciae,* délices). **1.** D'une finesse propre à satisfaire qqn dont le goût est exigeant, raffiné, recherché, sensible aux nuances : *Des mets délicats.* — **2.** Qui est exécuté avec une grande finesse ; élégant : *Dentelle délicate.* — **3.** Qui est sensible aux agents physiques, aux moindres agressions extérieures ; fragile, frêle : *Une peau délicate. Un tissu délicat. Avoir une santé délicate.* — **4.** Dont la finesse évoque la grâce : *Les traits délicats de son visage.* — **5.** Qui présente des aspects difficiles à apprécier, embarrassants à exécuter ; complexe, malaisé, dangereux : *Une situation délicate.* — **6.** Qui est très difficile à contenter ; exigeant : *Les enfants sont très délicats sur la nourriture.* — **7.** Qui manifeste du tact, le désir d'être agréable et qui témoigne d'une grande sensibilité, d'une grande finesse de sentiments ; scrupuleux : *Un procédé délicat.* — **8.** Qui est scrupuleux sur le plan moral : *Être délicat sur le plan de l'honnêteté.*
◆ n. Personne très difficile à contenter : *Faire le délicat.*

DÉLICATEMENT adv. **1.** Avec délicatesse, avec finesse : *Un bijou délicatement ciselé.* — **2.** Avec précaution, avec soin : *Range délicatement ces verres.* — **3.** Avec scrupule, avec sensibilité et retenue : *Traiter délicatement d'un sujet scabreux.*

DÉLICATESSE n. f. (de *délicat,* avec l'infl. de l'ital. *delicatezza*). **1.** Qualité de qqn ou de qqch de délicat : *La délicatesse d'un coloris. Parler avec délicatesse.* — **2.** *Litt.* Attention délicate envers qqn (au pl.). – 3. *Être en délicatesse avec qqn,* être en mauvais termes avec lui.

DÉLICE n. m. (lat. *deliciae*). 1. Très vif plaisir, ce qui produit ce plaisir ; délectation, enchantement : *Respirer avec délice le parfum d'une fleur.* – 2. Chose qui fait un extrême plaisir : *Cette poire est un délice.*

◆ **délices** n. f. pl. 1. *Litt.* Plaisir, bonheur extrême, jouissance : *S'abandonner aux délices de la paresse.* – 2. *Délices de brebis,* autre nom des animelles. ‖ *Faire les délices de qqn,* en être très aimé. ‖ *Faire ses délices de qqch,* y prendre un extrême plaisir. ‖ *Lieu de délices,* où l'on se plaît infiniment.

DÉLICIEUSEMENT adv. 1. Avec délice : *Il s'abandonna délicieusement au sommeil.* – 2. D'une manière délicieuse : *Une glace délicieusement parfumée.*

DÉLICIEUX, EUSE adj. (bas lat. *deliciosus*). 1. Extrêmement agréable, qui procure un plaisir vif et délicat : *Lieu délicieux.* – 2. Qui excite agréablement le goût et l'odorat ; exquis : *Un gâteau délicieux.* – 3. Qui flatte l'esprit ou le cœur : *Un moment délicieux.* – 4. Qui est très agréable par ses manières, son esprit ; charmant : *Quel homme délicieux !*

DÉLICTUEUX, EUSE ou **DÉLICTUEL, ELLE** adj. (lat. *delictum,* délit). 1. Qui est constitutif d'un délit ; qui a le caractère d'un délit. – 2. *Faute délictuelle,* faute commise intentionnellement et qui engage la responsabilité de son auteur. ‖ *Responsabilité délictuelle,* obligation de réparation encourue par l'auteur d'un délit civil.

Délie, objet de plus haute vertu, œuvre poétique de Maurice Scève (1544). Anagramme de *l'Idée* platonicienne, Délie incarne aussi Pernette du Guillet, pour qui le poète brûle d'un amour impossible.

1. DÉLIÉ → DÉLIER.

2. DÉLIÉ, E adj. (lat. *delicatus*). *Litt.* 1. Qui est d'une grande finesse et minceur ; menu, grêle : *Trait de plume fort délié.* – 2. Mince, svelte, élancé : *La taille déliée.* – 3. Se dit d'un esprit fin, subtil, pénétrant.

◆ **délié** n. m. 1. Partie fine et déliée d'une lettre calligraphiée (par oppos. au *plein*). – 2. *Jouer en délié,* utiliser la meilleure indépendance possible de ses doigts.

DÉLIER v. t. (bas lat. *disligare,* de *ligare,* lier) [conj. 9]. 1. Défaire un lien, le détacher, le dénouer : *Délier ses lacets.* – 2. Dégager qqch, qqn de son lien en le défaisant : *Délier un bouquet, un prisonnier.* – 3. Libérer qqn de ce qui le lie à qqch, l'en dégager, l'en relever : *Délier quelqu'un de ses obligations.* – 4. Absoudre qqn en vertu du pouvoir remis par le Christ à saint Pierre et, par son intermédiaire, aux apôtres et à leurs successeurs, les évêques. – 5. *Délier les doigts, les jambes,* leur donner une plus grande agilité. ‖ Fam. *Délier la langue à qqn,* lui permettre de parler, le faire parler.

◆ **se délier** v. pr., **être délié** v. pass. 1. *Litt.* Se défaire, en parlant d'un lien ou de ce qui est retenu par un lien : *Ses lacets se sont déliés. Cheveux déliés dans le dos.* – 2. Se libérer d'une obligation. – 3. *Avoir les doigts déliés,* avoir une grande agilité dans les doigts. ‖ *Les langues se délient,* on se met à parler.

DÉLIES n. f. pl. (gr. *dêlia*). Fêtes célébrées à Délos et à Dêlion (Béotie) en l'honneur d'Apollon, d'Artémis et de Léto.

DÉLIGNAGE n. m. Élimination en scierie des rives flacheuses sur un débit.

DELIGNE (Pierre), mathématicien belge (Bruxelles 1944). Il a reçu, en 1978, la médaille Fields pour ses travaux de géométrie algébrique.

DÉLIGNER v. t. (conj. 3). Pratiquer le délignage d'une pièce de bois.

◆ **être déligné** v. pass. *Bois déligné,* bois brut de sciage à quatre côtés, dont les faces ou les rives ne sont pas nécessairement parallèles.

DÉLIGNEUSE n. f. Machine de débit équipée de plusieurs scies circulaires portées par un même arbre, permettant de déligner d'un seul coup une ou plusieurs pièces.

DÉLIGNIFICATION n. f. Action d'éliminer la lignine qui unit entre elles les fibres et les diverses cellules des végétaux.

DÉLIGNIFIER v. t. (conj. 9). Opérer la délignification.

DÉLIGNURE n. f. Déchet de délignage à une flache.

◆ **délignures** n. f. pl. Syn. de CROÛTES.

DELIGNY (Fernand), pédagogue français (Bergues 1913 - Monoblet 1996). D'abord instituteur, il se consacra ensuite à la rééducation des délinquants et caractériels, puis il s'engagea dans une tentative de vie avec des enfants autistes en relation avec le mouvement de psychothérapie institutionnelle. Il a écrit *les Vagabonds efficaces* (1947), *le Croire et le Craindre* (1978).

DELILLE (*abbé* Jacques), poète français (Clermont-Ferrand 1738 - Paris 1813). Traducteur des *Géorgiques* de Virgile (1769), il se tourna ensuite vers la poésie descriptive (*les Jardins,* 1782) et philosophique (*l'Imagination,* 1806). Il fut célébré de son temps comme un poète de génie. (Acad. fr., 1774.)

DÉLIMITATION n. f. (bas lat. *delimitatio, -onis*). Action de délimiter ; fait d'être limité.

DÉLIMITER v. t. (bas lat. *delimitare*) [conj. 3]. 1. Fixer, tracer les limites d'une étendue ; en constituer la limite : *Délimiter les frontières. Le mur délimite la cour.* — 2. Déterminer précisément les limites de qqch ; circonscrire : *Délimiter un sujet de thèse.*

DÉLIMITEUR n. m. Symbole utilisé pour séparer des suites adjacentes de bits ou de caractères au sein d'un ensemble de données. (Syn. SÉPARATEUR.)

DÉLINÉAMENT n. m. (bas lat. *delineare,* délinéer, d'apr. *linéament*). Trait qui indique le contour, la forme de qqch.

DÉLINÉATEUR n. m. Balise munie de catadioptres et placée le long des accotements d'une route, dont elle matérialise le tracé.

DÉLINÉATION n. f. (bas lat. *delineatio, -onis,* tracé, ébauche). Action de tracer le contour d'un objet au simple trait ; figure de ce tracé.

DELINEAVIT, mot lat. signif. *a dessiné,* qui se lit surtout sur les gravures de reproduction, où il désigne l'auteur de la composition originale (Forme abrégée *del.*)

DÉLINÉER v. t. (bas lat. *delineare,* esquisser) [conj. 15]. Effectuer une délinéation.

DÉLINQUANCE n. f. (de *délinquant*). 1. Ensemble des infractions commises en un temps et en un lieu donnés. — 2. *Délinquance juvénile,* ensemble des infractions commises, en un temps et en un lieu donnés, par des mineurs.

DÉLINQUANT, E n. (moyen fr. *délinquer,* du lat. *delinquere,* commettre une faute). 1. Personne qui a commis un délit. — 2. *Délinquant primaire,* personne qui commet un délit pour la première fois.

◆ adj. Qui commet des délits : *La jeunesse délinquante.*

DÉLIQUESCENCE [-kɛsɑ̃s] n. f. (de *déliquescent*). 1. Propriété qu'ont certains corps de se désagréger et de devenir liquides en absorbant l'humidité de l'air. — 2. Décadence, décomposition résultant de la violation des règles morales ; dégénérescence : *Société en déliquescence.* — 3. État de qqn dont les qualités intellectuelles sont très affaiblies ; déchéance, décrépitude.

DÉLIQUESCENT, E [-kɛsɑ̃, -ɑ̃t] adj. (lat. *deliquescens,* de *deliquescere,* se liquéfier). 1. Qui présente la propriété de déliquescence. — 2. Qui est en pleine décadence, qui va en s'affaiblissant moralement : *Société déliquescente.* — 3. Dont les facultés intellectuelles sont très affaiblies : *Un vieillard déliquescent.*

DÉLIRANT, E adj. 1. Accompagné de délire, caractéristique du délire : *Un épisode délirant.* — 2. Qui manifeste une grande excitation : *Foule délirante.* — 3. *Fam.* Qui dépasse les limites raisonnables ; extravagant, insensé, fou : *Prix délirants.*

◆ adj. et n. Se dit d'un malade mental qui présente un délire.

DÉLIRE n. m. (lat. *delirium*)1. Organisation pathologique plus ou moins durable de la personnalité et des rapports au monde sous-tendue par la production d'idées délirantes. (→ *encycl.*) — 2. Agitation mêlée de paroles incohérentes due à une forte élévation de température. — 3. Agitation extrême, frénésie, exaltation causées par des passions violentes, enthousiasme exubérant, dépassant la mesure : *La foule est en délire.* — 4. Fam. *C'est du délire,* cela dépasse tout ce qu'on peut imaginer.

ENCYCL. **Psychiatr.** Il existe de multiples formes de délire, tenant à ses modalités évolutives (délire épisodique, délire chronique), à ses mécanismes d'édification (hallucination, intuition, interprétation, imagination), au contenu des idées délirantes, à la structure des thèmes délirants (systématisée, mal systématisée), à l'organisation de la personnalité et à l'histoire du sujet. Les bouffées délirantes et les états confuso-oniriques débutent brutalement et disparaissent sans laisser de trace. Par contre, dans les délires chroniques, le délire est partie intégrante de la personnalité du délirant (ce qui permet de les ranger dans les psychoses), qui pense et organise sa vie en fonction de lui. Pour S. Freud, le délire représente une tentative de réparation, de refonte de la réalité. Tout comme le rêve, c'est une satisfaction imaginaire du désir, exprimant directement les contenus inconscients.

DÉLIRER v. i. (lat. *delirare,* extravaguer) [conj. 3]. 1. Avoir le délire, déraisonner : *Malade qui commence à délirer.* — 2. Être en proie à quelque sentiment exalté : *Délirer de joie.* — 3. *Fam.* Parler ou agir de façon déraisonnable, croire en l'impossible : *Non, mais tu délires !*

DELIRIUM TREMENS [delirjɔmtremɛ̃s] n. m. inv. (mots lat. signif. *délire tremblant*). État confuso-onirique caractérisé par des hallucinations terrifiantes et de graves troubles neurovégétatifs apparaissant chez un alcoolique chronique à l'occasion d'un sevrage brutal ou d'une infection intercurrente.

DELISLE (Léopold), érudit français (Valognes 1826 - Chantilly 1910). Administrateur de la Bibliothèque nationale (1874-1905), il entreprit en 1897 la publication du *Catalogue général.*

1. DÉLIT n. m. (lat. *delictum,* de *delinquere,* délaisser). 1. Infraction punie de peine correctionnelle (par oppos. à la *contravention* et au *crime*). — 2. *Corps du délit,* élément matériel de l'infraction et qui sert à la constater. ‖ *Délit civil,* tout fait illicite et dommageable commis envers autrui avec intention de nuire et qui entraîne une obligation de réparation. ‖ *Délit continu* ou *successif,* situation prohibée par la loi pénale, dans laquelle un individu s'est placé et qu'il prolonge volontairement (par ex., port illégal de décoration). ‖ *Délit continué,* délit instantané réalisé par une série d'actes successifs (vol d'eau par branchement direct sur les canalisations). ‖ *Délit politique,* celui qui porte atteinte à l'organisation et au fonctionnement des pouvoirs publics. ‖ *Délit de presse,* infraction commise par voie de presse. ‖ *Flagrant délit,* délit qui est en train de se commettre ou qui vient de se commettre ; procédure d'instruction particulière aux crimes et aux délits flagrants, remplacée en 1983 par la comparution* immédiate. ‖ *Prendre qqn en flagrant délit,* le surprendre au moment où il commet une faute.

2. DÉLIT n. m. (de *déliter,* séparer une pierre). **1.** Plan selon lequel une roche se délite. — **2.** Cassure plus ou moins large d'une veine schisteuse, souvent remplie de quartz. — **3.** *En délit,* se dit d'un bloc ou élément de pierre appareillé de façon à placer son lit de carrière à la verticale. (Dans l'architecture gothique, les colonnettes sont souvent en délit.)

délits et des peines *(Des),* ouvrage publié en 1764 par Beccaria, dénonçant les vices du droit pénal de l'Ancien Régime et qui est à la base des législations modernes.

1. DÉLITAGE n. m. (de *déliter 2*). **1.** Fait, pour une roche, de se déliter. — **2.** Mise en suspension d'agrégats dans une phase liquide.

2. DÉLITAGE ou **DÉLITEMENT** n. m. (de *déliter 1*). Action de déliter.

1. DÉLITER v. t. (de *lit*) [conj. 3]. Couper une pierre de taille suivant son lit de carrière.
◆ **se déliter** v. pr., **être délité** v. pass. **1.** En parlant d'une roche, se fragmenter selon des plans privilégiés (plan de stratification, plan de schistosité). — **2.** Pour une substance, s'écailler, tomber en poussière.

2. DÉLITER v. t. (de *litière*) [conj. 3]. Enlever la litière des vers à soie.

DÉLITESCENCE n. f. (lat. sc. *delitescentia,* du lat. class. *delitescere,* se cacher). Syn. de EFFLORESCENCE 2.

DÉLITESCENT, E adj. Qui subit la délitescence.

DELIUS (Fritz T. A., dit **Frederick**), compositeur allemand naturalisé britannique (Bradford, Yorkshire, 1862 - Grez-sur-Loing 1934). Son art, parti du vérisme italien, s'est rapproché de Debussy. Il est l'auteur d'opéras (*A Village Romeo and Juliett,* 1901) et de musique de chambre.

DELIVERY-ORDER [delivəriɔrdœr] n. m. (pl. *delivery-orders*) [angl. *delivery-order,* ordre de livraison]. Lettre émanant du porteur du connaissement, adressée généralement au capitaine du navire et l'invitant à délivrer à l'ordre d'une personne désignée une partie de la marchandise.

DÉLIVRAISON n. f. Restitution du navire par l'affréteur, qui le remet à la disposition de l'armateur.

1. DÉLIVRANCE n. f. (de *délivrer 1*). **1.** *Litt.* Action de délivrer qqn, un pays, de lui rendre la liberté ; libération : *Les prisonniers attendaient leur délivrance.* — **2.** Action de délivrer qqn d'une contrainte ou d'une grande inquiétude, fin de cette situation pénible ; impression de soulagement qui en résulte : *Sa guérison fut pour nous une véritable délivrance !* — **3.** Décollement et expulsion du placenta et des membranes après l'expulsion de l'enfant ou de l'animal. (C'est le dernier temps de l'accouchement. Il survient normalement dans la demi-heure suivant la sortie de l'enfant.)

2. DÉLIVRANCE n. f. (de *délivrer 2*). **1.** Action par laquelle on remet un paquet, un document, une pièce administrative à qqn : *Délivrance d'une lettre recommandée.* — **2.** Obligation qui pèse sur le vendeur de mettre la chose vendue à la disposition de l'acheteur.

DÉLIVRE n. m. (de *délivrer 1*). **1.** Syn. de ARRIÈRE-FAIX. — **2.** Canal d'alimentation des tables salantes.

1. DÉLIVRER v. t. (lat. ecclés. *deliberare,* de *liberare,* libérer) [conj. 3]. **1.** Débarrasser qqn de ce qui le retient prisonnier : *Délivrer un pays de ses occupants.* — **2.** Mettre qqn en liberté, libérer un pays : *Délivrer les internés d'un camp de travail.* — **3.** Débarrasser qqn de qqn d'autre qui gêne : *Délivre-moi de ce raseur !* — **4.** Débarrasser qqn d'une contrainte, le soulager d'une inquiétude : *Tu m'as délivré d'un gros souci.*
◆ v. i. En parlant des femelles de mammifères, expulser normalement les enveloppes fœtales après la mise bas.

2. DÉLIVRER v. t. (de *délivrer 1*) [conj. 3]. **1.** Remettre qqch à qqn, le lui donner (dans un contexte administratif, officiel, etc.) : *Le médecin lui a délivré une ordonnance.* — **2.** Donner qqch à qqn, le fournir : *Délivrer un congé à un employé.* — **3.** Émettre qqch : *Délivrer un signal.* — **4.** *Délivrer un acte,* le faire signifier par huissier. ‖ *Délivrer des ouvrages,* donner des travaux à faire à un entrepreneur.

DÉLIVREUR n. m. **1.** Chacun des deux cylindres placés à la sortie de tout dispositif d'étirage. (Syn. CYLINDRE ÉTIREUR.)

DELL'ABATE (Nicolo), peintre italien (Modène v. 1509 - Fontainebleau ? 1571 ?). Influencé par le Parmesan, ce fresquiste virtuose réalisa de brillantes décorations de palais à Bologne (1547-1552) avant de venir travailler à Fontainebleau auprès de Primatice (fresques de la galerie d'Ulysse [détruites], de la salle de bal, etc.). Ses dessins vibrent de toute la grâce bellifontaine.

DELLA CASA (Giovanni), écrivain italien (Mugello 1503 - Montepulciano 1556), auteur de poèmes pétrarquesques *(Rime)* et d'un traité pédagogique sur les bienséances (*Galateo,* 1558).

DELLA FRANCESCA → PIERO DELLA FRANCESCA.

DELLA PORTA (Giambattista), physicien italien (Naples 1535 - *id.* 1615). Il a découvert la chambre noire, la lanterne magique et travaillé sur la lunette astronomique et le thermomètre.

DELLA PORTA (Giacomo), architecte et sculpteur italien (en Lombardie ? v. 1540 -Rome 1602). Il termina, à Rome, la plupart des édifices laissés inachevés par Michel-Ange (coupole de St-Pierre, v. 1585-1590), donna au Gesù de Vignole une façade (1573-1584) caractéristique du style de la Contre-Réforme, construisit d'autres églises, des palais, la villa Aldobrandini à Frascati (1598).

DELLA QUERCIA → JACOPO DELLA QUERCIA.

DELLA ROBBIA (Luca), sculpteur et céramiste italien (Florence 1400 - *id.* 1482). À partir de 1431, il exécuta en marbre une des tribunes de choristes *(cantoria)* de la cathédrale de Florence (reliefs de jeunes chanteurs, alliant réalisme et harmonie classique). Il est le créateur de la sculpture en terre cuite émaillée polychrome (médaillons, panneaux à sujets religieux), dont son neveu ANDREA (Florence 1435 - *id.* 1525) ainsi que les fils de celui-ci, GIOVANNI (Florence 1469 - *id.* apr. 1529) et GIROLAMO (Florence 1488 -Paris 1566), continuèrent le genre.

DELLA ROVERE, famille italienne originaire de Savone et qui posséda le duché d'Urbino de 1508 à 1631. — FRANCESCO devint pape sous le nom de Sixte IV*. — GIULIANO devint pape sous le nom de Jules II*. — FRANCESCO MARIA Ier (1490-1538) hérita de son oncle Guidobaldo di Montefeltro la seigneurie d'Urbino (1508), dont il fut dépouillé par le pape Léon X de 1516 à 1521. Capitaine général de l'Église (1508), il devint capitaine général des troupes vénitiennes en 1523. — Son fils, GUIDOBALDO II (1514-1574), fut capitaine général des troupes vénitiennes (1540-1552), capitaine général de l'Église (1553) puis préfet de Rome (1555). À la mort (1631) de son fils, Francesco Maria II, le duché d'Urbino fut rattaché aux États de l'Église.

DELLA SCALA ou **SCALIGERI,** famille italienne originaire de Vérone et dont plusieurs membres gouvernèrent cette ville de 1259 à 1387. — MASTINO Ier († Vérone 1277) fut podestat (1259) puis capitaine général des Véronais (1262). — CANGRANDE Ier (Vérone 1291 - Trévise 1329), seigneur de Vérone (1311-1329), conquit Vicence, Padoue (1328) et Trévise (1329). Mécène, il accueillit Dante exilé. — ANTONIO (1362 - Venise 1388), seigneur de Vérone (1375-1384), fut vaincu par Jean-Galéas Visconti, qui occupa Vérone (1387).

DELLA TORRE ou **TORRIANI,** famille italienne, originaire de Valsassina. Plusieurs de ses membres gouvernèrent Milan à partir de 1237 et en firent le centre d'une principauté territoriale. Son dernier représentant, GUIDO († Crémone 1312), capitaine du peuple (1307), fut chassé de Milan par Mathieu Ier Visconti en 1311.

DELLA VALLE (Federico), écrivain italien (prov. d'Asti v. 1560 - Milan 1628). Sa *Reina di Scozia* (1628), inspirée par le personnage de Marie Stuart, est un chef-d'œuvre du théâtre de la Contre-Réforme.

DELLA VIGNA (Pietro), juriste et poète italien (Capoue v. 1190 - près de Pise 1249). Conseiller de l'empereur Frédéric II, il réorganisa la législation de la Sicile (1231). Disgracié et emprisonné (1247), il se suicida. Dante fit de lui le protagoniste d'un épisode de la *Divine Comédie* (*Enfer,* chap. XIII).

DELLE (90100), ch.-l. de cant. du Territoire de Belfort, à la frontière suisse ; 7 026 hab. *(Dellois).* Église avec parties du XVIe s. Constructions mécaniques.

DELLER (Alfred George), chanteur britannique (Margate 1912 - Bologne 1979). Il fonda en 1948 le Deller Consort et remit à l'honneur l'art des falsettistes.

DELLUC (Louis), cinéaste français (Cadouin 1890 - Paris 1924). Théoricien du cinéma, écrivain, journaliste, il est l'un des pionniers de la critique cinématographique et l'un des fondateurs des ciné-clubs. Il réalisa *Fumée noire* (1920), *le Silence* (1920), *Fièvre* (1921), *la Femme de nulle part* (1922) et *l'Inondation* (1924). Il a publié plusieurs ouvrages consacrés au 7e art. Un prix de cinéma fondé en 1936 porte son nom.

DELLY, pseudonyme adopté par MARIE **Petitjean de La Rosière** (Avignon 1875 -Versailles 1947) et son frère FRÉDÉRIC (Vannes 1876 - Versailles 1949) pour signer d'innombrables romans populaires moralisants (*Esclave ou Reine,* 1909 ; *Magali,* 1910).

DELMARVA, péninsule de la côte est des États-Unis entre les baies de la Delaware et Chesapeake. Grande région avicole.

Delmas-Vieljeux *(Société navale et commerciale),* groupe dont les origines remontent à une société française d'armement maritime créée à La Rochelle en 1867. La S. N. C. D. V. est la première en Europe pour le trafic des lignes régulières entre l'Europe et l'Afrique occidentale.

DELMENHORST, v. d'Allemagne (Basse-Saxe), à l'O. de Brême ; 71 600 hab. Textile. Chimie. Mécanique.

DEL MONACO (Mario), chanteur italien (Florence 1915 - Mestre 1982). L'un des ténors les plus célèbres de l'opéra italien, il fut notablement influencé dans son jeu par l'art du cinéma.

DÉLOCALISATION n. f. **1.** Action de délocaliser qqch. – **2.** État d'un électron qui dépend, dans une molécule ou dans un ion, de plus de deux atomes ; action de mettre un électron dans cet état. (Lorsque la structure moléculaire s'y prête [ex., benzène], les deux électrons d'une liaison covalente ne restent pas dans le voisinage de deux atomes particuliers, mais ont une répartition plus diffuse. La délocalisation augmente la stabilité de la molécule ou de l'ion.) [→ MÉSOMÉRIE.]

DÉLOCALISER v. t. (conj. 3). Changer un emplacement, notamment pour une administration, une implantation industrielle ou commerciale, en partic. dans le cadre d'une politique de décentralisation.
◆ **être délocalisé** v. pass. *Liaison délocalisée,* liaison dans laquelle les électrons de liaison présentent une délocalisation.

DÉLOGEMENT n. m. Action de déloger qqn, qqch du lieu où ils se trouvent.

DÉLOGER v. i. (conj. 17). **1.** Sortir du lieu où on est installé ; décamper. – **2.** En Belgique, découcher.
◆ v. t. **1.** Faire quitter son logement, sa place : *Déloger un locataire.* – **2.** Faire sortir, extraire un objet de sa place : *On a eu du mal à déloger la balle qu'il a reçue dans le bras.* – **3.** Faire évacuer de force une position à l'ennemi.

DELON (Alain), acteur français (Sceaux 1935). C'est l'une des stars du cinéma contemporain. Il a notamment joué dans *Plein soleil* (1960), *Rocco et ses frères* (1960), *l'Éclipse* (1962), *le Guépard* (1963), *Mélodie en sous-sol* (1963), *le Samouraï* (1967), *la Veuve Couderc* (1971), *M. Klein* (1976), *Notre histoire* (1984), *le Passage* (1986), *Nouvelle Vague* (1990), *le Retour de Casanova* (1992).

DELONCLE (Eugène), homme politique français (Brest 1890 - Paris 1944). Il fut en 1936 l'un des fondateurs de la Cagoule. Après s'être engagé dans une collaboration étroite avec l'Allemagne, il fut abattu en 1944 dans des circonstances non élucidées.

DELONEY (Thomas), chansonnier et conteur anglais (Londres v. 1563 - Norwich v. 1600). Ses complaintes (*Ballade sur la disette du blé,* 1596), ses romans (*le Noble Métier,* 1597-98) et ses récits évoquent la vie des ouvriers anglais du XVIᵉ s.

DE LONG (George Washington), explorateur américain (New York 1844 - delta de la Lena 1881). Parti du détroit de Béring pour ouvrir le passage du Nord-Est, il dut abandonner son navire pris par les glaces (1879), et périt sur la côte sibérienne. La dérive des débris de son navire jusqu'au Groenland (1881-1884) donna l'idée à Nansen d'utiliser les courants pour parvenir au pôle.

DÉLOQUER v. t. (conj. 3). *Pop.* Déshabiller.

DELORME ou **DE L'ORME** (Philibert), architecte français (Lyon 1514 - Paris 1570). Constructeur et théoricien, il fut, par sa personnalité et son influence, le plus grand des architectes de la seconde Renaissance en France. Il connut les « antiques » dans le midi de la France et à Rome (1533-1536), se fixa à Paris vers 1540, construisit à partir de 1547 le château d'Anet, régit l'architecture officielle sous le règne d'Henri II (nombreuses œuvres perdues). En 1564, il éleva le corps principal des Tuileries pour Catherine de Médicis. Fier de ses compétences, il les a exaltées dans ses traités : *Nouvelles Inventions pour bien bâtir et à petits frais* (1561), *Premier Tome de l'Architecture* (1567).

DELORME (Danièle GIRARD, dite **Danièle**), actrice française (Levallois-Perret 1926). Elle s'est imposée au théâtre et au cinéma, où elle fut découverte par Marc Allégret. Elle obtint un premier grand rôle dans *Gigi* (1949), puis tourna notamment *Miquette et sa mère* (1950), *la Jeune Folle* (1952), *Voici le temps des assassins* (1956), *Marie-Soleil* (1964), *Belle* (1973), *la Naissance du jour* (1980). Elle a fondé avec son mari, Yves Robert, une société de production (« La Guéville »).

DELORS (Jacques), homme politique français (Paris 1925). Conseiller pour les affaires sociales et culturelles du cabinet Chaban-Delmas (1969), il adhère au parti socialiste en 1974 et est élu en juin 1979 député du Parlement européen, dont il préside la commission économique et monétaire. Ministre de l'Économie et des Finances en 1981, il quitte le gouvernement en juill. 1984 pour devenir président de la Commission européenne (de 1985 à 1995).

DÉLOS, en gr. **Dêlos** ou **Dhílos,** îlot de Grèce dans les Cyclades. Tourisme.

– **Hist.** Dès le VIIe s. av. J.-C., elle était célèbre par ses sanctuaires, autour desquels les cités ioniennes ont établi un culte commun. Au VIe s., Athènes assura sa mainmise et établit sur l'île, au siècle suivant, le siège de sa confédération maritime. Délos échappa à Athènes après 314, et commença alors une carrière de grand centre commercial, confirmé par le statut de port franc que les Romains lui accordèrent en 166 ; en particulier, son marché d'esclaves fut le plus grand du monde antique. Délos ne se remit pas du pillage de Mithridate en 88 av. J.-C. et elle fut définitivement ruinée par les ravages de la piraterie.
– **Archéol.** Terre sacrée dès les temps mycéniens, son sanctuaire d'Apollon est organisé à partir du VIIe s. av. J.-C. Il était relié au port par une voie bordée de portiques et comportait de nombreux édifices religieux. Au nord du *hieron* s'étend le quartier autour du lac sacré (temple du VIe s. av. J.-C., terrasse des Lions dédiés par les Naxiens au VIIe s. av. J.-C.). À partir du milieu du IIe s. av. J.-C., une véritable ville-champignon se développa. De nombreux marchands venus de tout le monde hellénistique véhiculent le culte de divinités étrangères, qui sont installées dans des sanctuaires de type non grec : trois serapeums, sanctuaire des dieux syriens. Dans le quartier du théâtre le long de rues étroites, les maisons, à cour centrale et péristyle, comportent des pièces confortables souvent décorées de peintures murales ou de riches mosaïques (maisons de Dionysos, du Trident, des Masques, des Dauphins). Elles possédaient un ou plusieurs étages et constituent le plus bel exemple connu de ville hellénistique. Riche musée.

Délos *(ligue de)* → CONFÉDÉRATION ATHÉNIENNE.

DÉLOT n. m. (anc. fr. *deel,* dé). Doigtier de cuir du calfat, de la dentellière et de certaines couturières.

DELOU ou **DÉLOU** n. m. Au Sénégal, récipient en peau de chèvre, relié à un câble tiré par un animal pour élever l'eau d'un puits.

DÉLOVER v. t. (de *lover*) [conj. 3]. Dérouler un câble lové ou enroulé en cercle.

DÉLOYAL, E, AUX adj. Qui manque de loyauté, qui trahit la confiance ou utilise des procédés perfides, malhonnêtes : *Un adversaire déloyal. Méthodes déloyales.*

DÉLOYALEMENT adv. *Litt.* Avec déloyauté.

DÉLOYAUTÉ n. f. **1.** Caractère de qqn, de qqch de déloyal, malhonnêteté, manque de bonne foi ; perfidie, traîtrise. – **2.** Acte déloyal par lequel on trahit la confiance reçue : *Commettre une déloyauté.*

DELPHES, en gr. **Delphoi** ou **Dhelfí,** ville de la Grèce ancienne, en Phocide, sur le versant sud-ouest du Parnasse.
– **Hist.** Très tôt se développa en ce lieu un culte à des divinités chthoniennes assistées par le serpent Python. Selon les légendes, Apollon tua le serpent et se purifia en créant des jeux Pythiques, que les Grecs célébraient tous les quatre ans ; dans son sanctuaire, le plus grand du monde grec classique, une prêtresse, la Pythie, rendait les oracles d'Apollon, assise sur le trépied que le dieu lui-même avait consacré. Une amphictyonie des peuples de la Grèce se chargea de la protection du sanctuaire. Les rivalités qui opposaient les cités pour le contrôle de ses richesses entraînèrent plusieurs guerres sacrées. Jusqu'à la fin de l'époque hellénistique, l'oracle demeura consulté, et les cités et les souverains étrangers entassèrent autour du temple des offrandes souvent abritées dans de petits édifices dits *trésors.* En 279 av. J.-C., les Celtes lancèrent un raid jusqu'à Delphes. À partir de l'époque romaine, le sanctuaire fut progressivement abandonné.
– **Archéol.** La Voie sacrée monte en lacets, en passant devant le grand autel de Chio, jusqu'à l'esplanade du temple d'Apollon (IVe s. av. J.-C.), qui est soutenue par le grand mur polygonal recouvert de multiples inscriptions. Une foule d'offrandes de toutes époques (du VIIe s. av. J.-C. au IVe s. apr. J.-C.) peuplent les moindres recoins du sanctuaire (trésors de Sicyone, de Siphnos, des Athéniens, statues en groupes ou isolées, niches colonnes, piliers votifs, etc.). Le déroulement des concours pythiques entraîna la construction du théâtre, du stade (à l'époque romaine) – l'hippodrome se trouve dans la plaine –, et du gymnase près de la source Castalie. En contrebas de celle-ci : sanctuaire d'Athéna Pronaïa, temple du VIe s. av. J.-C., deux trésors archaïques, deux édifices du IVe s. av. J.-C., la tholos et le temple en calcaire. Le musée, qui contient l'essentiel des trouvailles, est l'un des plus riches de Grèce (sphinx des Naxiens, décoration sculptée du trésor de Siphnos, du trésor des Athéniens, l'Aurige*, etc.).

DELPHINAL, E, AUX adj. Relatif au Dauphin et au Dauphiné.

DELPHINARIUM [-rjɔm] n. m. Aquarium marin dans lequel on élève et on présente des dauphins.

Delphine, roman épistolaire et à thèse de Mme de Staël, publié à Genève (1802), puis à Paris (1803) : revendication féministe du bonheur, contre les contraintes sociales.

DELPHINIDÉ n. m. Cétacé à dents, à évent unique en croissant, tel que les dauphins, marsouins, bélougas, narvals, orques et épaulards. (Les *delphinidés* forment une famille.)

DELPHINIUM [-njɔm] n. m. (pl. *delphiniums*) [gr. *delphinion,* pied d'alouette]. Nom générique du *pied-d'alouette.*

DELPHINOLOGIE n. f. Étude scientifique des dauphins, en particulier du point de vue de leurs facultés psychiques et de leur système de communication acoustique.

DEL PIERRE (Francine), céramiste française (Paris 1913 - *id.* 1968). Elle rencontra Bernard Leach, avec qui elle exposa. Elle utilise le colombin pour façonner des faïences et des grès d'une sobre élégance, ornés parfois d'herbes ou de fleurs gravées sous une glaçure aux tons assourdis.

DEL PIOMBO → SEBASTIANO DEL PIOMBO.

DELRÍO ou **DEL RÍO** (Martín Antonio), savant espagnol (Anvers 1551 - Louvain 1608). Vice-chancelier des Pays-Bas (1578), il entra dans la Compagnie de Jésus (1580). Il a laissé, entre autres ouvrages, un livre de démonologie (*Disquisitionum magicarum libri VI,* 1599).

DELSARTE (François), pédagogue français (Solesmes, Nord, 1811 - Paris 1870). Ses recherches, à l'origine des déductions « eurythmiques » d'Émile Jaques-Dalcroze (qui fut l'un de ses élèves), influencèrent les théories de Rudolf von Laban, les conceptions de Ted Shawn et le style de Kurt Jooss. Le système de F. Delsarte a fait de celui-ci le précurseur de la « modern dance ».

DEL SARTO → ANDREA DEL SARTO.

DELTA n. m. **1.** Quatrième lettre de l'alphabet grec (δ, Δ). — **2.** *Delta (littoral),* construction sédimentaire marine, de forme souvent triangulaire, plus ou moins saillante, créée par les alluvions transportées par un fleuve. (→ *encycl.*) — **3.** *En delta,* se dit d'un objet quelconque ayant la forme d'un delta majuscule : *Ailes en delta.* • **Hydrol.** *Delta sous-marin* ou *abyssal,* syn. de CÔNE* SOUS-MARIN OU ABYSSAL. ‖ *Delta de marée,* cône alluvial construit par la marée au débouché d'un goulet de marée ouvert dans un cordon littoral isolant une lagune. — **Iconogr.** *Delta mystique,* triangle, parfois entouré de rayons, dans lequel sont dessinés un œil ou les quatre lettres hébraïques qui composent le nom de Dieu. — **Math.** δ désigne la fonction de Dirac. ‖ δ_{ij} est le symbole de Kronecker. ‖ Δ représente le discriminant de l'équation du second degré ou le laplacien.

ENCYCL. **Hydrol.** L'existence, la configuration, l'extension d'un *delta littoral* résultent du jeu antagoniste des courants et des matériaux d'origine fluviale ou marine. On s'explique ainsi la présence et l'importance des deltas dans les mers presque fermées (deltas du Nil, du Rhône, du Pô en Méditerranée, du Danube sur la mer Noire), sur les grands lacs (delta de la Volga sur la Caspienne) ou les golfes abrités (deltas du Mississippi sur le golfe du Mexique, du Gange-Brahmapoutre sur le golfe du Bengale), là où les marées sont nulles ou très modérées.

Delta, famille de lanceurs spatiaux américains. Mise en service en 1960, la fusée Delta a été construite en 12 versions successives et sa capacité de lancement est passée de 45 kg à 1 310 kg.

Delta *(plan),* ensemble des travaux réalisés entre 1958 et 1986 (consécutifs au raz de marée de 1953) pour relier par des digues les îles de la Hollande-Méridionale (Voorne, Overflakkee) et de la Zélande (Schouwen, Noord-Beveland, Walcheren).

DELTACORTISONE n. f. Syn. de PREDNISONE.

DELTAÈDRE n. m. Polyèdre dont toutes les surfaces sont des triangles équilatéraux.

DELTAHYDROCORTISONE n. f. Syn. de PREDNISOLONE.

DELTAÏQUE adj. Relatif à un delta.

DELTAPLANE n. m. Type de planeur ultra-léger utilisé pour le vol libre.

DELTEIL (Loys), graveur et écrivain d'art français (Paris 1869 - *id.* 1927). Il a publié à partir de 1906 les 31 volumes de son *Peintre-graveur illustré,* abondamment documentés sur les artistes graveurs français du XIXe s.

DELTEIL (Joseph), écrivain français (Villar-en-Val, Aude, 1894 - Grabels, Hérault, 1978). Un temps proche des surréalistes, il donne des récits qui, dans un mélange d'outrance et de candeur, font un traitement iconoclaste de l'histoire (*Sur le fleuve Amour,* 1923 ; *Jeanne d'Arc,* 1925 ; *Jésus II,* 1947 ; *la Deltheillerie,* 1968).

DELTOÏDE adj. et n. m. (gr. *deltoeidôs,* en forme de delta). Se dit du muscle épais qui forme le moignon de l'épaule. (C'est le principal muscle abducteur du bras.)

DELTOÏDIEN, ENNE adj. Relatif au deltoïde.

DÉLUGE n. m. (lat. *diluvium*). **1.** Inondation universelle, d'après la Bible et les diverses traditions du Proche-Orient ancien. (Prend une majusc. en ce sens.) [→ *encycl.*] — **2.** Pluie torrentielle : *Il est tombé un véritable déluge sur la région.* — **3.** Grande abondance, grande quantité de qqch : *Un déluge de paroles.* — **4.** *Après moi le déluge !,* se dit lorsqu'on profite du moment présent sans se soucier de l'avenir, en partic. des générations qui suivent. ‖ Fam. *Remonter au déluge,* dater d'une époque très reculée ; reprendre de très loin le récit d'un événement.

ENCYCL. L'histoire biblique du Déluge (Genèse, VI, 5 - VIII, 22) est la compilation de deux récits assyro-babyloniens traditionnels, que le rédacteur a harmonisés. Le héros (Noé), averti par la divinité d'un cataclysme imminent, reçoit l'ordre de construire un vaisseau ; le déluge dure le temps symbolique de sept jours et sept nuits ou de quarante jours, selon les traditions. Tous les êtres vivants périssent, sauf ceux qui ont trouvé refuge dans le vaisseau. En fait, il faut, au-delà des textes, remonter à des traditions populaires répandues dans l'Ancien Orient, réinterprétées suivant une théologie monothéiste qui s'inscrit dans l'histoire du salut de l'humanité. La tradition chrétienne fera du Christ un nouveau Noé et du Déluge une préfiguration du baptême.

DELUMEAU (Jean), historien français (Nantes 1923). Il s'est attaché à l'étude des mentalités (*la Peur en Occident* XIVe-XVIIIe *siècles, une cité assiégée,* 1978 ; *le Péché et la peur,* 1983 ; *Rassurer et protéger, le sentiment de sécurité dans l'Occident d'autrefois,* 1989 ; *Histoire du paradis,* 1992-1995).

DÉLURER v. t. (anc. fr. *déleurrer,* détromper) [conj. 3]. *Litt.* Rendre dégourdi, éveillé jusqu'à l'effronterie.

◆ **être déluré** v. pass. **1.** Avoir l'esprit vif, être dégourdi : *Un enfant déluré.* — **2.** Avoir des manières trop libres, être effronté : *Une fille délurée.*

DÉLUSTRAGE n. m. Action de délustrer.

DÉLUSTRER v. t. (conj. 3). Repasser un vêtement à la vapeur pour en éliminer l'aspect brillant.

DÉLUTAGE n. m. Action de déluter.

DÉLUTER v. t. (conj. 3). Enlever le lut d'un joint.

DELVAUX (Laurent), sculpteur flamand (Gand 1696 - Nivelles 1778). Il travailla en Angleterre, en Italie, puis devint sculpteur à la cour de Bruxelles (1734). Son style évolue d'une profusion rocaille (chaire de St-Bavon de Gand, 1741) au classicisme.

DELVAUX (Paul), peintre belge (Antheit, prov. de Liège, 1897 - Veurne 1994). Il n'a trouvé sa voie surréalisante qu'avec la découverte de De Chirico et de Magritte, en 1934. D'une technique impersonnelle, ses tableaux installent des personnages hiératiques — songeuses femmes nues, hommes distraits, étriqués ou vieux savants en redingote, voire squelettes — dans un cadre — ville à l'antique, quai de gare désuet — qui semble le miroir glacé de leurs inhibitions.

DELVAUX (André), cinéaste belge (Louvain 1926), auteur de films aux confins de l'imaginaire et du réel : *Un soir, un train* (1968), *Rendez-vous à Bray* (1971), *Belle* (1973), *Benvenuta* (1983), *Babel Opera* (1985), *l'Œuvre au noir* (1988).

DEMACHY (Pierre Antoine), peintre et graveur français (Paris 1723 - *id.* 1807). Élève de Servandoni, il se spécialisa dans les tableaux d'architecture (vues de Paris, musée Carnavalet).

DEMACHY (Robert), banquier et photographe amateur français (Saint-Germain-en-Laye 1859 - Trouville-sur-Mer 1936), l'un des principaux adeptes et théoriciens du mouvement pictorialiste en France. Il retravaillait à l'extrême ses clichés à la gomme bichromatée, à l'huile, au grattoir, etc., et a témoigné ainsi des engouements picturaux et graphiques de son époque.

DÉMADE, orateur et homme politique athénien (v. 384 - v. 320 av. J.-C.). Après la défaite de Chéronée (338 av. J.-C.), il négocia la paix avec la Macédoine et devint chef du parti macédonien. Après la mort d'Alexandre, il fut convaincu de trahison par les Macédoniens et mis à mort.

DÉMAGNÉTISANT, E adj. **1.** Qui tend à supprimer l'aimantation. — **2.** *Champ démagnétisant,* valeur qu'il faut retrancher d'un champ magnétique d'origine extérieure pour obtenir le champ réel en un point déterminé d'une substance aimantée.

DÉMAGNÉTISATION n. f. **1.** Action de démagnétiser ; fait d'être démagnétisé. (Syn. DÉSAIMANTATION.) — **2.** Dispositif de protection des navires contre les mines magnétiques par création d'un champ magnétique contraire à celui du navire.

DÉMAGNÉTISER v. t. (conj. 3). Ramener à l'état neutre un corps ferromagnétique aimanté. (Syn. DÉSAIMANTER.)

DÉMAGOGIE n. f. (gr. *dêmagôgia*). Action de flatter les aspirations à la facilité et les passions des masses populaires pour obtenir ou conserver le pouvoir ou pour accroître sa popularité.

DÉMAGOGIQUE adj. (gr. *dêmagôgikos*). Qui a des caractères de la démagogie : *Politique démagogique.*

DÉMAGOGIQUEMENT adv. De façon démagogique.

DÉMAGOGUE n. (gr. *dêmagôgos*). **1.** Personne qui fait preuve de démagogie. — **2.** Chef du parti populaire en Grèce.

DÉMAIGRIR v. t. (de *maigrir*) [conj. 32]. **1.** Retirer une petite épaisseur de matière à la surface d'un matériau de construction. — **2.** Diminuer l'épaisseur d'un tenon, trop fort pour entrer dans la mortaise.

DÉMAIGRISSEMENT n. m. Abaissement du niveau d'une plage ou d'un cordon littoral par ablation de son matériel sédimentaire.

DÉMAILLAGE n. m. **1.** Action de démailler ; fait de se démailler. — **2.** Défaut dans un tricot qui se produit lorsque le fil est rompu et que plusieurs mailles sont lâchées par les aiguilles du métier à tricoter. (Syn. BARBE.)

DÉMAILLER v. t. (conj. 3). **1.** Défaire les mailles d'un tricot. — **2.** Provoquer la tombée du tricot par décrochage de la dernière rangée de mailles des aiguilles du métier à tricoter. — **3.** Enlever le poisson pris dans les mailles du filet.

DÉMAILLOTER v. t. (conj. 3). **1.** Débarrasser un bébé de ses langes, de ses couches, de son maillot. — **2.** Mettre qqch à nu, enlever un bandage : *Démailloter une momie, un doigt blessé.*

DEMAIN adv. (lat. pop. *demane,* du lat. class. *de mane,* au matin). **1.** Le jour qui suit immédiatement celui où l'on est : *Nous sommes samedi : demain, c'est dimanche.* — **2.** Dans un avenir plus ou moins proche : *Le monde de demain.* — **3.** *À demain,* formule par laquelle on prend congé jusqu'au lendemain. ‖ Fam. *Ce n'est pas pour demain, ce n'est pas demain la veille,* cela n'est pas près d'arriver. ‖ Fam. *Jusqu'à demain,* pendant très longtemps.

DE MAN (Henri ou Hendrick), homme politique belge (Anvers 1885 - Morat, Suisse, 1953). Partisan du socialisme, il estimait que le marxisme était incapable de résoudre les crises comme celle qui se produisit en 1929 (*Au-delà du marxisme,* 1929). En 1934, il fit adopter par le parti ouvrier belge un plan de coalition de classe entre la petite bourgeoisie et les travailleurs. Favorable à la collaboration avec l'occupant allemand (1940), il abandonna toute activité politique en 1942. Condamné par contumace en 1946, il mourut en exil.

DÉMANCHÉ n. m. Sur les instruments à cordes et à archet, déplacement de la main gauche.

DÉMANCHEMENT n. m. Action de démancher qqch ; fait de se démancher.

DÉMANCHER v. t. (conj. 3). **1.** Ôter son manche à un objet : *Démancher un balai.* — **2.** *Démancher l'épaule, la mâchoire, etc.,* la désarticuler.
◆ v. i. Faire un démanché.
◆ **se démancher** v. pr., **être démanché** v. pass. **1.** Se défaire de son manche : *Couteau qui est démanché.* — **2.** Se désarticuler (l'épaule, la mâchoire).
◆ **se démancher** v. pr. *Pop.* Se démener, se décarcasser.

DEMANDE n. f. **1.** Action de faire savoir que l'on désire obtenir qqch ; fait de demander ; écrit qui l'exprime : *C'est sur ma demande qu'il est venu.* — **2.** Fait de faire savoir qu'on désire acheter qqch, avoir recours à un service : *Satisfaire la demande du public.* — **3.** Besoin plus ou moins conscient exprimé par un patient : *Psychiatre qui cherche à cerner la demande d'un malade.* — **4.** Question : *Exercice qui procède par demandes et par réponses.* — **5.** Attitude, état de qqn qui a besoin de l'attention, des soins de qqn d'autre : *Cet enfant a une très forte demande en affection à l'égard de son père.* — **6.** *À la demande,* que l'on fournit selon les désirs exprimés et non en fonction d'un planning bien établi. ‖ *Demande (en mariage),* action de faire savoir à une jeune fille qu'on désire l'épouser, ou à des parents qu'on désire épouser leur fille. • **Dr.** *Demande en intervention forcée,* celle qui est dirigée par l'une des parties contre un tiers. (Syn. MISE EN CAUSE.) ‖ *Demande en intervention volontaire,* celle qui est spontanément formée par un tiers. ‖ *Demande en justice,* acte par lequel une personne soumet au juge une prétention. — **Écol.** *Demande biologique en oxygène (D. B. O.),* fourniture d'oxygène nécessaire à la dégradation biologique des débris et résidus organiques contenus dans une eau donnée. ‖ *Demande chimique en oxygène (D. C. O.),* fourniture d'oxygène nécessaire à une dégradation purement chimique de ces mêmes débris, sans intervention des micro-organismes. — **Écon.** Quantité d'un bien que, à un moment donné, un consommateur est disposé à acquérir en fonction du prix de ce bien. (→ *encycl.*) — **Psychan.** Notion introduite par Jacques Lacan, qui la situe entre les deux pôles du besoin et du désir. (→ *encycl.*)

ENCYCL. **Écon.** La demande de produits ou de services dépend en premier lieu du pouvoir d'achat disponible dans l'économie et de sa répartition entre les consommateurs, la demande solvable étant seule prise en considération.

La demande dépend aussi du désir d'achat du consommateur, dont la volonté est influencée par de nombreux facteurs : intensité des besoins, anticipations quant à l'évolution future de son revenu ou des prix, désir d'imitation sociale, désir d'obtenir un genre de vie jugé meilleur, etc. On admet que la quantité demandée d'un bien ou d'un service diminue, en principe, lorsque son prix s'élève ; elle augmente lorsque son prix s'abaisse.

Un autre élément vient influencer la demande : l'élasticité de la demande des produits ou services par rapport au prix. Celle-ci est forte si la quantité demandée s'accroît sensiblement pour une baisse donnée du prix ; elle est faible dans le cas inverse. Elle varie de produit à produit. En général, les produits de première nécessité ont une élasticité faible ; les dépenses de logement et d'habillement une élasticité moyenne ; les dépenses de culture, loisirs, etc., une élasticité forte. — **Psychan.** La demande à l'Autre constitue le passage nécessaire des besoins du sujet, cela dans la mesure où l'être humain est soumis à la loi de la parole. Dans l'écart entre la demande articulée (dite) et le besoin demeure un reste inassimilable à toute articulation : le désir.

DEMANDÉ n. m. Abonné au téléphone appelé par un correspondant.

DEMANDER v. t. (bas lat. *demandare,* confier) [conj. 3]. **1.** Interroger, questionner qqn à propos de qqch, solliciter de sa part une réponse : *Demande-lui son nom, comment il s'appelle.* — **2.** Faire savoir à qqn ce que l'on veut obtenir (de lui) : *Il a demandé une augmentation.* — **3.** Exprimer un souhait, désirer, souhaiter : *Élève qui demande à sortir.* — **4.** Réclamer la présence de qqn ou exprimer le désir d'avoir un entretien avec lui : *Il demande sans arrêt sa mère. Allô ! Qui demandez-vous ?* — **5.** Faire savoir qu'on a besoin de qqch, le rechercher, et, en partic., être disposé à acheter qqch : *On demande beaucoup cet article en ce moment.* — **6.** Rechercher qqn pour remplir un poste, une fonction : *On demande un ajusteur.* — **7.** Attendre ou exiger qqch de qqch ou de qqn : *Que demandez-vous d'une secrétaire ? — Qu'elle connaisse l'orthographe.* — **8.** Exiger, réclamer tel prix, tel salaire pour qqch : *Vous en demandez combien ?* — **9.** Requérir telles conditions pour assurer au mieux l'existence de qqch, son développement, son fonctionnement, etc. : *Cette plante demande du soleil, à être arrosée journellement.* — **10.** Requérir tel comportement de la part de qqn : *Travail qui demande de la précision.* — **11.** *Demander qqn (en mariage), demander la main d'une jeune fille,* exprimer le désir de l'épouser. — **12.** *Ne demander que,* avoir fort envie de, être prêt à. ‖ *Ne pas demander mieux,* consentir volontiers (à) : *Je ne demande pas mieux que de vous aider.* ‖ Fam. *Que demande le peuple ?,* se dit lorsqu'on estime qu'on devrait se satisfaire de ce qu'on a.

◆ v. t. ind. Fam. *Demander après qqn,* réclamer sa présence ou exprimer le désir d'avoir un entretien avec lui.

◆ **être demandé** v. pass. *(Être) très demandé,* être désiré, réclamé par de nombreux consommateurs, être très sollicité : *Article très demandé.*

◆ **se demander** v. pr. Se poser une question ou s'interroger, réfléchir sur la conduite à tenir : *Je me demande ce que je dois faire.*

1. DEMANDEUR, ERESSE n. Partie qui formule une demande en justice (par oppos. à *défendeur*).

2. DEMANDEUR, EUSE adj. et n. **1.** Qui demande, sollicite, qui essaie d'obtenir qqch : *Pays demandeur de pétrole.* — **2.** Acheteur (par oppos. à *vendeur*). — **3.** Personne qui tente d'obtenir une communication téléphonique. — **4.** *Demandeur d'emploi,* personne au chômage ou sans emploi et inscrite à l'Agence nationale pour l'emploi. (Syn. CHÔMEUR.)

DÉMANGEAISON n. f. **1.** Sensation de picotement de la peau, qui provoque le besoin de se gratter. — **2.** Désir pressant difficile à réprimer ; envie irrépressible : *J'ai parfois des démangeaisons de lui écrire ce que je pense.*

DEMANGEON (Albert), géographe français (Cormeilles, Eure, 1872 - Paris 1940), initiateur des études régionales (avec une thèse sur la plaine picarde [1905]) et l'un des principaux collaborateurs de la *Géographie universelle,* spécialiste de la classique géographie humaine.

DÉMANGER v. t. (conj. **17**). **1.** Causer à qqn un picotement qui donne envie de se gratter : *La cicatrice me démange.* — **2.** Être pour qqn un besoin pressant, une envie irrépressible : *L'envie de la battre les démangeait parfois.* — **3.** Fam. *La langue lui démange,* il a envie de parler. ‖ Fam. *La main, les doigts me démangent,* j'ai envie de frapper, de gifler.

DEMÄNOVÁ *(vallée),* en tchèque **Demänovská dolina,** vallée de Slovaquie, dans les basses Tatras. Parc national (grottes).

DÉMANTÈLEMENT n. m. **1.** Action de démanteler, de détruire les fortifications : *Le démantèlement d'une forteresse.* — **2.** Action de détruire la structure : *Le démantèlement d'une entreprise.*

DÉMANTELER v. t. (de l'anc. fr. *enmanteler,* entourer d'une muraille) [conj. **25**]. **1.** Démolir les murailles d'une ville, les fortifications d'une place. — **2.** Détruire ce qui est organisé, ce qui forme un ensemble structuré : *Démanteler un réseau d'espionnage.*

DÉMANTIBULER v. t. (de *mandibule,* avec l'infl. de *démanteler*) [conj. 3]. **1.** Démettre la mâchoire. — **2.** *Fam.* Mettre un objet en pièces, le démolir : *Vous allez démantibuler l'armoire.*

DÉMAOÏSATION n. f. Mise en cause de la pensée et de la politique maoïstes.

DÉMAOÏSER v. t. (conj. 3). Effectuer la démaoïsation.

DÉMAQUILLAGE n. m. Action de démaquiller, de se démaquiller.

DÉMAQUILLANT, E adj. et n. m. Se dit d'un produit servant à éliminer le maquillage.

DÉMAQUILLER v. t. (conj. 3). Enlever le maquillage.

DÉMARATE, roi de Sparte (début du Ve s. av. J.-C.). En lutte avec son collègue Cléomène, il fut finalement déposé. Il se retira en Asie Mineure et accompagna Xerxès dans la deuxième guerre médique.

DÉMARCAGE n. m. Élimination du marc de la cuve, après soutirage du vin.

DÉMARCATIF, IVE adj. **1.** Qui trace une démarcation : *Ligne démarcative.* — **2.** Se dit des éléments phoniques et prosodiques qui servent à indiquer les limites (début ou fin) d'une unité significative comme le mot ou le morphème. (Dans les langues à accent fixe, l'accent a une fonction démarcative.)

DÉMARCATION n. f. (esp. *demarcación*). **1.** Action de démarquer, de tracer les limites qui séparent : *La démarcation des frontières de deux États.* — **2.** Nette séparation entre deux domaines ; délimitation, frontière : *La démarcation entre le législatif et l'exécutif.* — **3.** *Ligne de démarcation,* ligne naturelle ou conventionnelle qui sert de limite commune ; ligne qui sépara du 22 juin 1940 au 11 nov. 1942 la zone libre, sous l'autorité de Vichy, de la zone occupée par les Allemands. (Elle s'étirait de Bayonne à la Suisse.)

DÉMARCHAGE n. m. (de *démarche*). Mode de vente qui consiste à contacter le client à son domicile. (Syn. fam. PORTE-À-PORTE.)

DÉMARCHE n. f. (anc. fr. *démarcher,* fouler aux pieds). **1.** Allure, manière de marcher de qqn : *Une démarche légère.* — **2.** Manière de conduire un raisonnement, de progresser vers un but par le cheminement de la pensée ; méthode, manière d'agir : *Quelle est sa démarche intellectuelle ?* — **3.** Tentative faite auprès de qqn pour mener à bien une entreprise, en partic. intervention faite auprès d'une autorité : *Faire des démarches pour obtenir une subvention.* — **4.** Fait de se rendre qqpart, en partic. auprès des services administratifs, pour solliciter qqch ou se procurer une pièce d'identité, un permis de séjour, etc.

DÉMARCHER v. t. (conj. 3). Conduire une prospection commerciale ou financière en sollicitant directement la clientèle potentielle à son domicile : *Démarcher un client, un produit.*

DÉMARCHEUR, EUSE adj. et n. Se dit de qqn, d'une entreprise qui fait du démarchage.

DÉMARGARINATION n. f. Opération qui consiste à débarrasser les huiles de leurs glycérides concrets, lesquels se séparent sous l'action du froid. (Syn. WINTÉRISATION.)

DÉMARGARINER v. t. (conj. 3). Opérer la démargarination.

DÉMARGINATION n. f. Phénomène au cours duquel les polynucléaires neutrophiles adhérant aux parois vasculaires s'en détachent et se retrouvent dans le sang circulant.

DEMARGNE (Pierre), archéologue français (Aix-en-Provence 1903). Il prit part aux fouilles de Malia (à partir de 1927) et à celles de Xanthos (1950 - 1968). Spécialiste de l'Égée préhellénique, de la Grèce archaïque et de la Lycie hellénisée, il a publié *la Crète dédalique* (1947), *Fouilles de Xanthos* (t. I et III, 1958-1969), *la Naissance de l'art grec* (1964).

DÉMARIAGE n. m. Opération qui consistait, avant que n'existent des semences monogermes, à éliminer manuellement une partie des jeunes plantes dans une culture, notamment dans celle des betteraves sucrières.

DÉMARIER v. t. (de *marier*) [conj. 9]. Opérer le démariage d'une culture.

DÉMARQUAGE n. m. **1.** Action de démarquer, d'enlever une marque : *Le démarquage du linge.* — **2.** Altération superficielle faite à un écrit en vue de masquer l'emprunt et de le faire passer pour original : *Le récit n'était qu'un démarquage grossier d'un conte de Maupassant.* — **3.** Fait de se démarquer de qqch, de qqn : *Un habile démarquage.* — **4.** Syn. de DÉMARQUE. — **5.** Opération tactique qui permet à un joueur de se libérer de la surveillance de l'adversaire.

1. DÉMARQUE n. m. (gr. *dêmarkhos,* de *dêmos,* dème, et *arkhein,* commander). **1.** Chef élu d'un dème dans la Grèce ancienne.

2. DÉMARQUE n. f. (de *démarquer*). **1.** Changement du prix d'un produit affiché dans un magasin dans le but de favoriser la vente rapide de ce produit. (Syn. DÉMARQUAGE.) — **2.** Partie dans laquelle un des joueurs diminue le nombre de ses points d'une quantité égale à celle des points pris par l'autre joueur. — **3.** *Démarque inconnue,* différence, provenant des vols, qui apparaît au moment de l'inventaire entre les produits existant en réserve et en magasin et le stock théorique résultant des achats et des ventes enregistrées.

DÉMARQUER v. t. (conj. 3). **1.** Ôter la marque qui permet d'identifier le propriétaire ou le fabricant : *Démarquer du linge.* — **2.** Baisser le prix d'un article afin d'en faciliter la vente ; enlever la marque du fabricant, du créateur sur un article afin de le vendre moins cher. — **3.** Copier une œuvre en l'altérant de façon à dissimuler l'emprunt. — **4.** Libérer un partenaire de la surveillance de l'adversaire.

◆ v. i. *Cheval qui démarque,* cheval dont les dents sont trop usées pour qu'on puisse connaître son âge.

◆ **se démarquer** v. pr., **être démarqué** v. pass. Se libérer de la surveillance de l'adversaire.

◆ **se démarquer** v. pr. Prendre ses distances par rapport à qqch, qqn, se différencier d'eux : *Chercher à se démarquer de ses concurrents.*

DÉMARQUEUR, EUSE n. **1.** Personne qui copie ou plagie l'œuvre d'autrui. — **2.** Personne qui vend des marchandises démarquées.

DÉMARRAGE n. m. **1.** Action de démarrer, de commencer à rouler, en parlant d'un véhicule ; départ : *Un démarrage en trombe.* — **2.** Action de commencer à fonctionner, à tourner, en parlant d'un moteur : *Le moteur a des ratés au démarrage.* — **3.** Action de faire démarrer un véhicule ou un moteur : *Démarrage à la manivelle.* – **4.** Action de commencer une progression ; départ : *Le démarrage de la campagne électorale.* – **5.** Action d'accélérer brusquement sa course afin de se détacher des autres concurrents : *Le démarrage foudroyant de ce coureur creusa l'écart.* – **6.** *Démarrage étoile-triangle,* mode de démarrage applicable aux moteurs électriques dont les trois phases sont normalement reliées en triangle, consistant à les relier momentanément en étoile.

DÉMARRER v. i. (de *amarrer*) [conj. 3]. **1.** Commencer à rouler, se mettre en marche : *Le moteur démarre au quart de tour.* – **2.** Commencer sa progression : *Il a bien démarré en maths.* – **3.** Accélérer soudainement au cours d'une course, pour distancer un ou plusieurs adversaires. – **4.** Fam. *Ne pas démarrer de qqpart,* ne pas quitter l'endroit où l'on se trouve.

◆ v. t. **1.** Commencer à faire rouler un véhicule ou à faire fonctionner un moteur ; faire partir. – **2.** *Fam.* Mettre en train qqch, le lancer, le commencer, l'entreprendre : *Démarrer une affaire.*

DÉMARREUR n. m. (de *démarrer*). Dispositif permettant la mise en fonctionnement d'un moteur thermique ou la mise sous tension d'une machine électrique.

ENCYCL. Le démarreur d'un moteur thermique est un moteur électrique à excitation en série. L'arbre de l'induit se prolonge par une vis à filets très inclinés, sur laquelle peut coulisser un petit pignon denté, appelé bendix. En mettant le contact d'allumage, l'arbre d'induit se met à tourner et le pignon, entraîné par inertie, suit les filets de la vis, puis vient engrener sur la couronne dentée du volant du moteur. Une fois le moteur lancé, le bendix se retire automatiquement. On emploie également des *démarreurs à inertie* pour les gros moteurs à explosion et des *démarreurs à poudre* pour les turboréacteurs.

DEMARTEAU (Gilles), graveur liégeois (Liège 1722 - Paris 1776). Naturalisé français, reçu maître à Paris en 1746, il porta à la perfection le procédé de la gravure en manière de crayon. (Plus de 700 estampes d'après Boucher, J.-B. Huet, Watteau, Cochin, etc. ; nombreux recueils [B. N., Paris].)

DÉMARXISATION n. f. Action de démarxiser ; fait d'être démarxisé.

DÉMARXISER v. t. (conj. 3). Ôter son caractère marxiste à qqch.

DÉMASCLAGE n. m. Action d'enlever la première écorce du chêne-liège.

DÉMASCLER v. t. (provenç. *desmascla,* émasculer) [conj. 3]. Pratiquer le démasclage.

DÉMASQUAGE n. m. Action de démasquer qqn, qqch.

DÉMASQUER v. t. (conj. 3). **1.** Enlever son masque à qqn : *Démasquer une femme au bal.* – **2.** Découvrir qqch, le rendre visible : *Démasquer une porte secrète.* – **3.** Montrer qqn sous son jour véritable : *Démasquer un traître.* – **4.** Dévoiler qqch en dissipant les apparences trompeuses : *Démasquer l'hypocrisie.* – **5.** Déceler l'emplacement d'une batterie ennemie.

◆ **se démasquer** v. pr. Révéler sa véritable nature ou ses véritables intentions.

DÉMASSIFICATION n. f. Processus à la faveur duquel la sociabilité d'un groupe social, après avoir été caractérisée par l'isolement des individus les uns des autres, se caractérise par l'attention plus grande portée à la personnalité de chacun d'eux.

DÉMASSIFIER v. t. (conj. 9). Atteindre par un processus de démassification.

DÉMASTIQUAGE ou **DÉMASTICAGE** n. m. Action de démastiquer.

DÉMASTIQUER v. t. (conj. 3). Enlever le mastic.

DÉMÂTAGE n. m. Action de démâter.

DÉMÂTER v. t. (de *mâter*) [conj. 3]. Enlever la mâture d'un navire.

◆ v. i. Perdre son ou ses mâts.

DÉMATÉRIALISATION n. f. **1.** Action de dématérialiser ; fait d'être dématérialisé. – **2.** Suppression des formules imprimées représentant les valeurs mobilières (titres, coupons, etc.), au profit d'une inscription en compte. (La dématérialisation est entrée en vigueur en France en 1984.) – **3.** Disparition prétendument paranormale d'un objet matériel. – **4.** Transformation de particules matérielles en photons.

DÉMATÉRIALISER v. t. (conj. 3). **1.** Rendre immatériel qqn ou qqch, le dépouiller de sa matière concrète. – **2.** Procéder à la dématérialisation.

DEMĀVEND, volcan, au N.-E. de Téhéran, point culminant de l'Elbourz et de l'Iran ; 5 671 m. Première ascension par le Britannique W. T. Thompson (1837).

DEMAY (Jean Germain), archiviste français (Aiguillon, Lot-et-Garonne, 1819 - Paris 1886). Sculpteur de formation, il travailla à la collection des moulages des sceaux des Archives nationales, où il fut mouleur (1853) puis archiviste (1878).

DÉMAZOUTAGE n. m. Opération consistant à enlever le mazout des citernes d'un navire ou à nettoyer un animal ou un objet victime d'un mazoutage.

DÉMAZOUTER v. t. (conj. 3). Procéder au démazoutage.

D'EMBLÉE → EMBLÉE (D').

DÈME n. m. (gr. *dêmos,* peuple). **1.** Division administrative des cités de l'ancienne Grèce, spécialement à Athènes. – **2.** Dans l'Empire byzantin, chacun des partis (les Bleus et les Verts) entre lesquels se divisait le peuple de Constantinople et des grandes villes. – **3.** Division administrative de la Grèce moderne.

ENCYCL. **Hist.** À Athènes, à la fin du VIe s. av. J.-C., Clisthène divisa le territoire en une centaine de dèmes, chacun représentant une circonscription administrative, une association religieuse et un foyer de vie municipale. L'assemblée du dème procédait annuellement à l'inscription des nouveaux citoyens devenus majeurs et des étrangers admis à la cité. Le *démarque,* élu pour un an, représentait le dème et l'administrait avec quelques magistrats. C'est par dèmes qu'on levait les impôts, qu'on dressait les listes de soldats ou de marins, qu'on tirait au sort les membres de la boulê.

DÉMÉDICALISATION n. f. Action de démédicaliser ; fait de se démédicaliser.

DÉMÉDICALISER v. t. (conj. 3). **1.** Cesser de considérer que qqch relève du domaine médical : *Démédicaliser l'échec scolaire.* – **2.** Diminuer le nombre de médecins d'une région : *L'attrait des villes a démédicalisé les régions agricoles.*

DÉMÊLAGE n. m. **1.** Action de démêler, de séparer ce qui est mêlé. (Syn. DÉMÊLEMENT.) – **2.** Action d'orienter les fibres et filaments d'une masse fibreuse textile en les redressant et en les rendant parallèles.

DÉMÊLANT, E adj. et n. m. Se dit d'un produit qui facilite le démêlage des cheveux.

DÉMÊLÉ n. m. **1.** Querelle née d'une opposition d'intérêts ou d'idées ; différend, litige (surtout pl.) : *Avoir des démêlés avec le fisc.*

DÉMÊLEMENT n. m. **1.** Syn. de DÉMÊLAGE. – **2.** Action d'élucider, de comprendre : *Le démêlement d'une énigme policière.*

DÉMÊLER v. t. (conj. 4). **1.** Débrouiller, séparer, défaire, mettre en ordre ce qui était emmêlé, enchevêtré : *Démêler ses cheveux avec une brosse.* – **2.** Éclaircir qqch, le rendre clair, intelligible en donnant une solution à une situation compliquée ; élucider : *Démêler une intrigue policière.* – **3.** Litt. *Avoir à démêler qqch avec qqn,* avoir un différend avec lui. ‖ *Démêler le vrai du faux,* dégager, dans un récit, une histoire, ce qui est vrai.

◆ **se démêler** v. pr. *Litt.* Se tirer d'affaire : *Il n'a pas su se démêler de ce mauvais pas.*

DÉMÊLEUR, EUSE n. Ouvrier, briquetier ou potier qui corroie la terre.

DÉMÊLOIR n. m. Peigne à dents espacées destiné à démêler les cheveux.

DÉMEMBREMENT n. m. **1.** Action de démembrer, de morceler, de partager en plusieurs parties ce qui formait un tout ; fait d'être démembré, morcellement : *Le démembrement de l'empire de Charlemagne.* – **2.** *Démembrement de la propriété,* action de conférer à quelqu'un certains attributs du droit de propriété sur une chose.

DÉMEMBRER v. t. (conj. 3). Partager, diviser un tout en parties ; morceler : *Démembrer une organisation.*

DÉMÉNAGEMENT n. m. **1.** Action de transporter des meubles, des objets à une autre place. – **2.** Action de changer de domicile. – **3.** Mobilier ainsi déménagé : *Le déménagement est arrivé.* – **4.** *Prime de déménagement,* somme à laquelle peut prétendre le bénéficiaire d'une allocation de logement, ou d'une aide personnalisée au logement, pour déménager.

DÉMÉNAGER v. t. (conj. 17). **1.** Transporter des meubles d'un logement que l'on quitte dans un autre où on s'installe. – **2.** Transporter des meubles, des objets, d'une pièce, d'un local dans un autre : *Déménager ses affaires.*

◆ v. i. **1.** Changer de domicile, de local d'habitation. – **2.** Quitter un lieu quelconque pour aller dans un autre en emportant ses affaires. – **3.** *Fam.* Déraisonner, devenir fou : *Il a dit cela ? Il déménage.* – **4.** Fam. *Faire déménager qqn,* le faire partir de l'endroit où il est.

DÉMÉNAGEUR n. m. Professionnel qui se charge du déménagement des autres.

DÉMENCE n. f. (lat. *dementia,* de *mens,* esprit). **1.** Aliénation mentale, folie. (L'*état de démence,* qui enlève à l'individu le contrôle de ses actes au moment où il les commet, est une cause de nullité des actes juridiques et une cause de non-imputabilité en cas de crime ou de délit. La démence entraîne l'irresponsabilité pénale, mais non civile.) – **2.** *Fam.* Conduite peu raisonnable, insensée, extravagante : *Sortir en bateau avec ce vent, c'est de la démence !* – **3.** Affaiblissement psychique profond, acquis et spontanément irréversible, qui se manifeste par une diminution des fonctions intellectuelles avec troubles de la mémoire, de l'attention et du jugement, un appauvrissement des fonctions symboliques (langage, praxies, calcul) et une perte des critères de référence logiques, éthiques et sociaux. (Une désorientation temporo-spatiale est fréquente. La démence a pour conséquence de graves troubles du comportement.) [→ *encycl.*] – **4.** *Démence précoce,* syn. vx de SCHIZOPHRÉNIE.

ENCYCL. Entrent dans le cadre des démences la démence sénile*, la démence artériopathique*, les démences préséniles (maladie d'Alzheimer*, maladie de Pick*), la chorée* de Huntington et la maladie de Creutzfeldt-Jakob*.

DÉMENER (SE) v. pr. (conj. 19). **1.** S'agiter vivement : *Un écureuil qui se démène dans sa cage.* – **2.** Se donner beaucoup de peine, faire beaucoup d'efforts dans un certain but : *Paul se démène pour trouver un emploi.*

DÉMENT, E adj. et n. (lat. *demens, -entis*). Atteint de démence.
◆ adj. *Fam.* **1.** Extravagant, déraisonnable, fou : *Des prix déments.* – **2.** Formidable, extraordinaire : *Un film dément.*

DÉMENTI n. m. Action de démentir ; ce qui dément, contredit qqch qui a été dit, admis ou qui est attendu : *Publier un démenti.*

DÉMENTIEL, ELLE [-sjɛl] adj. **1.** Qui relève de la démence : *État démentiel.* – **2.** Déraisonnable, d'une extravagance exagérée ; excessif : *Programme démentiel.*

DÉMENTIR v. t. (conj. 37). **1.** Dire que qqn a menti, affirmer qu'il n'a pas dit la vérité : contredire : *Démentir un témoin.* – **2.** Nier l'exactitude d'une information, d'un fait : *Les autorités démentent qu'elles aient envoyé des troupes.* – **3.** Être en contradiction avec une affirmation, un fait ; contredire, infirmer : *Ce que vous dites dément vos précédentes déclarations.*
◆ **se démentir** v. pr. *Ne pas se démentir,* ne pas cesser de se manifester : *Son amitié pour moi ne s'est jamais démentie.*

DÉMERDARD, E ou **DÉMERDEUR, EUSE** adj. et n. *Pop.* Qui sait se tirer d'affaire, d'embarras, débrouillard.

DÉMERDE n. f. *Pop.* Débrouillardise.

DÉMERDER (SE) v. pr. (conj. 3). *Pop.* **1.** Se débrouiller ; se tirer d'embarras. – **2.** Faire vite, se hâter : *Démerde-toi, on est en retard.*

DÉMÉRITE n. m. *Litt.* Ce qui peut attirer la réprobation ; faute.

DÉMÉRITER v. t. ind. (conj. 3). Agir de manière à se rendre indigne de qqch, à perdre l'estime, la confiance de qqn, encourir la réprobation ou le blâme : *En quoi ai-je démérité à vos yeux ?*

DÉMERSAL, E, AUX adj. (angl. *demersal,* du lat. *demersus,* de *demergere,* plonger). Se dit des œufs de poisson que leur densité fait tomber vers le fond.

DÉMESURE n. f. Manque de mesure qui se traduit par l'exagération ou l'outrance dans les propos, les sentiments ou l'attitude ; outrance.

DÉMESURÉ, E adj. **1.** Qui dépasse de beaucoup la mesure habituelle, la norme ; énorme : *Une pièce de longueur démesurée.* – **2.** Qui passe les bornes du bon sens, excessif, exagéré : *Un appétit démesuré.*

DÉMESURÉMENT adv. De façon démesurée, excessivement.

DÉMÉTALLISATION n. f. Action d'éliminer le revêtement métallique recouvrant une surface.

DÉMÉTALLISER v. t. (conj. 3). Procéder à la démétallisation.

DÉMÉTER, déesse grecque de la terre cultivée, fille de Cronos et de Rhéa. Ses attributs sont l'épi, le narcisse, le pavot. On l'a identifiée avec la *Cérès* romaine.

DÉMÉTHANISATION n. f. Action de déméthaniser.

DÉMÉTHANISER v. t. (conj. 3). Extraire le méthane d'un mélange d'hydrocarbures.

DÉMÉTHANISEUR n. m. Colonne de fractionnement pour déméthaniser un mélange d'hydrocarbures.

DÉMÉTRIADE, en gr. **Dêmêtrias,** ville de la Grèce antique (Thessalie), sur le golfe de Pagases, fondée en 290 av. J.-C. par Démétrios Poliorcète. Elle constituait une des 4 places fortes par lesquelles Démétrios assurait son autorité sur les cités grecques.

DÉMÉTRIOS d'Éphèse, architecte grec (seconde moitié du Vᵉ s. av. J.-C.). Il acheva, avec son compatriote Paiônos, le premier temple d'Artémis à Éphèse, réputé comme l'une des Sept Merveilles du monde.

DÉMÉTRIOS de Phalère, homme d'État et orateur athénien (Phalère v. 350 av. J.-C. -Haute-Égypte v. 283). Appartenant au parti macédonien, il dut à Cassandre son pouvoir sur Athènes, qu'il gouverna avec modération (317-307). Chassé par Démétrios Poliorcète, il se réfugia auprès de Ptolémée Iᵉʳ Sôtêr. Ptolémée II Philadelphe l'exila en Haute-Égypte, où il mourut peu après.

DÉMÉTRIOS Iᵉʳ Poliorcète (336-282 av. J.-C.), roi de Macédoine (294 - 287). Fils d'Antigonos Monophthalmos, il participa aux côtés de son père aux guerres des Diadoques. Il fut vaincu par Ptolémée Iᵉʳ à Gaza (312), reprit Athènes à Cassandre (307), écrasa la flotte de Ptolémée Iᵉʳ à Chypre (306), mais ne réussit pas à prendre Rhodes au terme d'un siège célèbre (305). Maître de la Grèce, il rétablit la Ligue de Corinthe (302). Cependant, la puissance de Démétrios et d'Antigonos effraya et unit les autres diadoques, qui triomphèrent à la bataille d'Ipsos (été 301). À la mort de Cassandre (297), Démétrios prit Athènes (294), occupa la Grèce du Centre et du Nord et la Macédoine, où il régna jusqu'à la victoire de Pyrrhos d'Épire. Il voulut reconquérir l'Asie, mais fut vaincu par Séleucos (285).

DÉMÉTRIOS, nom de plusieurs souverains séleucides qui ont régné sur la Syrie. **Démétrios Iᵉʳ** *Sôtêr* (le « Sauveur »), fils de Séleucos IV, régna de 162 à 150 av. J.-C. Il écrasa en Judée la révolte des Maccabées. – Son fils, **Démétrios II** *Nikatôr,* régna de 145 à 138, puis de 129 à 125 av. J.-C. après dix ans de captivité chez les Parthes.

DÉMETTRE v. t. (conj. **84**). **1.** Faire sortir un os de son articulation, le mettre hors de sa position naturelle. – **2.** Obliger qqn à quitter sa fonction, son emploi, le destituer.

◆ **se démettre** v. pr., **être démis** v. pass. *Se démettre le bras, l'épaule, etc.*, subir, après un choc ou un faux mouvement, un déplacement de cette partie du corps hors de sa position normale.

◆ **se démettre** v. pr. Démissionner de ses fonctions, s'en défaire.

DÉMEUBLER v. t. (conj. **5**). Dégarnir, vider un local de ses meubles.

DEMEURANT (AU) adv. *Litt.* Tout bien considéré et pour ce qui reste à dire ; du reste, par ailleurs.

1. DEMEURE n. f. (de *demeurer,* s'attarder). **1.** Retard apporté par le débiteur dans l'exécution de son obligation, constaté par une interpellation du créancier effectuée par sommation. – **2.** *Il n'y a pas péril en la demeure,* on ne risque rien à attendre. ‖ *Mettre en demeure,* ordonner qqch à qqn d'une manière impérative, le lui enjoindre ; pour un créancier, sommer le débiteur de remplir une obligation.

2. DEMEURE n. f. (de *demeurer,* habiter). **1.** *Litt.* Domicile, lieu où l'on habite. – **2.** Maison d'une certaine importance : *Une belle demeure du XVIIIe siècle.* – **3.** Chambre du cerf, du chevreuil. – **4.** *À demeure,* de façon permanente, de manière fixe. ‖ Litt. *Dernière demeure,* cimetière, tombeau.

DEMEURÉ, E adj. et n. Dont l'intelligence n'est pas développée ; imbécile, débile.

DEMEURER v. i. (lat. *demorari,* séjourner) [conj. **5** ; auxil. *être,* sauf au sens 2]. **1.** *Litt.* Rester qqpart, y être pendant longtemps : *La voiture est demeurée au garage.* – **2.** Avoir son domicile qqpart, y habiter, y loger : *Il a demeuré à l'hôtel.* – **3.** Rester comme souvenir dans l'esprit : *Notre rencontre est demeurée dans ma mémoire.* – **4.** Continuer d'être dans un certain état, persister à être ; rester : *Demeurer silencieux toute la soirée.* – **5.** *Litt.* Rester la propriété de qqn : *La ferme lui est demeurée après le partage.* – **6.** *En demeurer là,* ne pas poursuivre plus avant, ne pas donner suite à qqch.

DEMI, E adj. (lat. pop. **dimedius,* du lat. class. *dimidius,* avec infl. de *medius*). **1.** *Et demi(e),* augmenté de la moitié de l'unité indiquée : *Le film dure deux heures et demie.* – **2.** Sans l'unité exprimée, la moitié de l'unité dont il est question : *On prend une bouteille de bordeaux ou une demie ?* – **3.** *À demi,* à moitié, partiellement ou imparfaitement.

◆ adj. et n. En Nouvelle-Calédonie et en Polynésie, métis d'Européen et de Mélanésien ou de Polynésien.

◆ **demi,** n. m. **1.** Grand verre de bière, équivalant primitivement à un demi-litre. – **2.** Joueur chargé d'assurer la liaison entre les avants et les arrières dans certains sports d'équipe. – **3.** *Demi de mêlée,* au rugby, joueur qui introduit le ballon dans la mêlée et tente de le récupérer à la sortie de celle-ci. ‖ *Demi d'ouverture,* au rugby, joueur qui reçoit la balle du demi de mêlée et « ouvre » en servant à la main ou lançant au pied les trois-quarts.

◆ **demie** n. f. *La demie (de telle heure),* cette heure passée d'une demi-heure : *Il est deux heures dix, on se retrouve à la demie.*

DEMI-, préfixe fr., de l'adj. *demi,* exprimant la moitié d'un tout (*demi-litre, demi-heure*), une qualité ou un état intermédiaires ou inférieurs (*demi-fin, demi-mort*), ou une faible intensité (*demi-jour*).

DEMI-AILE n. f. (pl. *demi-ailes*). Portion d'aile comprise entre le fuselage et l'extrémité de l'aile.

DEMIARD n. m. Au Canada, mesure de capacité pour les liquides, contenant le quart d'une pinte (0,284 l).

DEMI-BAS n. m. inv. Syn. de MI-BAS.

DEMI-BASTION n. m. (pl. *demi-bastions*). Ouvrage de fortification qui se compose d'un seul flanc et d'une seule face.

DEMI-BEC n. m. (pl. *demi-becs*). Poisson de mer voisin de l'orphie, mais dont seule la mâchoire inférieure est allongée. (Les demi-becs sont capables de sauter hors de l'eau et d'effectuer des vols planés.)

DEMI-BOTTE n. f. (pl. *demi-bottes*). Botte qui s'arrête à mi-jambe.

DEMI-BOUTEILLE n. f. (pl. *demi-bouteilles*). Bouteille d'env. 37 cl.

DEMI-BRIGADE n. f. (pl. *demi-brigades*). **1.** Groupement de plusieurs bataillons formant corps et commandé par un colonel. – **2.** Groupement motorisé créé en 1979.

DEMI-CANTON n. m. (pl. *demi-cantons*). En Suisse, État de la Confédération né de la partition d'un canton.

DEMI-CARACTÈRE n. m. (pl. *demicaractères*). **1.** En chorégraphie, emploi qui comporte des rôles dans des œuvres non classiques et dans des danses folkloriques. – **2.** Genre musical qui se situe entre l'opera seria et l'opera buffa et ne présente aucune outrance d'expression.

DEMI-CASE n. f. (pl. *demi-cases*). Au jacquet, flèche sur laquelle il n'y a qu'une seule dame.

DEMI-CEINT n. m. (pl. *demi-ceints*). Ceinture en usage depuis le haut Moyen Âge jusqu'au XVIIe s.

DEMI-CERCLE n. m. (pl. *demi-cercles*). Intersection d'un demi-plan avec un cercle centré sur la frontière de ce demi-plan.

DEMI-CHAÎNE n. f. (pl. *demi-chaînes*). Degré de torsion intermédiaire entre la torsion des fils de trame et celle des fils de chaîne.

DEMI-CIRCULAIRE ou **SEMI-CIRCULAIRE** adj. (pl. *demi- ou semi-circulaires*). *Canaux demi-circulaires,* nom donné à trois conduits membraneux de l'oreille interne, creusés dans l'épaisseur du rocher (canaux demi-circulaires osseux). [Les canaux demi-circulaires constituent l'organe du sens de l'équilibration.]

DEMI-CLEF n. f. (pl. *demi-clefs*). Nœud marin qui consiste, après avoir fait un tour sur un objet quelconque, à faire passer le brin de cordage libre sous le brin tendu.

DEMI-COLONNE n. f. (pl. *demi-colonnes*). Colonne engagée de la moitié de son diamètre dans un pilier ou un mur.

DEMI-COURSE n. m. inv. Bicyclette de tourisme munie d'un guidon de course et de roues à boyaux épais protégées par des garde-boue.

DEMI-CUIRASSE n. f. (pl. *demi-cuirasses*). Cuirasse ne comportant qu'un plastron.

DEMI-DEUIL n. m. (pl. *demi-deuils*). **1.** Vêtement de teintes discrètes porté dans la dernière moitié du deuil. — **2.** Papillon satyridé noir et blanc, commun en France.

DEMI-DIEU n. m. (pl. *demi-dieux*). **1.** Être immortel de la mythologie grecque, participant de la nature des dieux, tel que les faunes, les nymphes, les satyres, etc. — **2.** Héros fils d'un dieu et d'une mortelle, ou d'un mortel et d'une déesse.

DEMI-DOUZAINE n. f. (pl. *demi-douzaines*). **1.** La moitié d'une douzaine, soit six unités. — **2.** Nombre indéterminé mais important : *Je l'ai bien vu une demi-douzaine de fois cette semaine.*

DEMIDOV, famille d'industriels russes qui créèrent au XVIIIe s. plus de 50 usines métallurgiques (dont 40 en Oural). Anoblie en 1720, elle appartenait au XIXe s. au milieu proche de la Cour. Ses membres les plus connus sont : NIKITA DEMIDOVITCH ANTOUFIEV, dit **Nikita Demidov** (Toula 1656 - *id.* 1725), maître de forge à Toula, qui transplanta ses activités dans l'Oural. — ANATOLI NIKOLAÏEVITCH, prince de San Donato (Florence 1812 - Paris 1870), qui épousa la princesse Mathilde, fille de Jérôme Bonaparte.

DEMI-DROIT n. m. (pl. *demi-droits*). Amende fiscale fixée à la moitié du droit non déclaré dans les délais.

DEMI-DROITE n. f. (pl. *demi-droites*). *Demi-droite affine d'origine* A, ensemble des points M tels que $\overrightarrow{AM}$ est élément d'une même demi-droite vectorielle. ‖ *Demi-droite vectorielle d'un* $\mathbb{R}$*-espace vectoriel* E, partie de E formée par les vecteurs de la forme λx, où λ est un réel positif et x un vecteur non nul de E.

DEMIE → DEMI.

DEMI-ÉLEVAGE n. m. (pl. *demi-élevages*). Phase de l'élevage des huîtres entre la récupération dans les collecteurs et le détroquage.

DÉMIELLER v. t. (conj. 4). Enlever le miel de la cire.

DEMI-ESPACE n. m. (pl. *demi-espaces*). *Demi-espace affine fermé* (resp. *ouvert*), image réciproque de $\mathbb{R}^+$ ou de $\mathbb{R}^-$ (resp. $\mathbb{R}^{+*}$ ou $\mathbb{R}^{-*}$) par une fonction affine f définie sur E, espace affine réel, telle que H = $(f^{-1}(\{0\})$ est un hyperplan de E. (H est la *frontière* des demi-espaces.)

DEMIÉVILLE (Paul), sinologue français (Lausanne 1894 - Paris 1979). Membre de l'École française d'Extrême-Orient, professeur au Collège de France, il est l'auteur d'ouvrages sur le bouddhisme, la littérature et l'archéologie chinoises, parmi lesquels on peut citer *le Concile de Lhassa* (1952), *Anthologie de la poésie chinoise classique* (1962), *Choix d'études sinologiques 1921-1971* (1973).

1. DEMI-FERME n. f. (pl. *demi-fermes*). Élément de charpente équivalent à la moitié d'une ferme, employé dans une couverture en appentis, dans une croupe et au niveau d'un arêtier.

2. DEMI-FERME adj. (pl. *demi-fermes*). *Pierre demi-ferme,* pierre dont la résistance à l'écrasement se situe entre 12 et 27 MPa.

DEMI-FIGURE n. f. (pl. *demi-figures*). Portrait s'arrêtant à mi-corps.

DEMI-FIGURES *(le Maître des),* peintre flamand du premier tiers du XVIe s., connu pour ses nombreux tableaux de femmes vues à mi-corps en train de jouer de la musique, d'écrire ou de lire.

DEMI-FIN, E adj. (pl. *demi-fins, es*). Intermédiaire entre fin et gros : *Petits pois demi-fins.*

DEMI-FINALE n. f. (pl. *demi-finales*). Épreuve opposant des concurrents ou des équipes et dont le vainqueur ou les mieux classés accèdent à la finale.

DEMI-FINALISTE n. (pl. *demi-finalistes*). Personne, équipe qui participe à une demi-finale.

DEMI-FLEURON n. m. (pl. *demi-fleurons*). Ligule des capitules de composées.

DEMI-FOND n. m. (pl. *demi-fonds*). **1.** Course à pied de moyenne distance. — **2.** Course cycliste sur piste derrière un entraîneur motorisé.

DEMI-FRÈRE n. m. (pl. *demi-frères*). Frère par le père ou la mère seulement.

DEMI-GLACE n. f. (pl. *demi-glaces*). Petite sauce brune résultant de la réduction de la sauce espagnole.

DEMI-GROS n. m. inv. Commerce intermédiaire entre le gros et le détail.

DEMI-GROSSISTE n. m. (pl. *demi-grossistes*). Commerçant qui pratique des opérations de demi-gros. (Syn. SEMI-GROSSISTE.)

DEMI-GROUPE n. m. (pl. *demi-groupes*). Ensemble muni d'une opération interne associative. (Syn. MONOÏDE.)

DEMI-HEURE n. f. (pl. *demi-heures*). Moitié d'une heure.

DEMI-JOUR n. m. (pl. *demi-jour[s]*). Faible clarté que donne le jour à l'aube ou au crépuscule, ou lorsqu'il est tamisé par des rideaux, un écran, etc. ; pénombre.

DEMI-JOURNÉE n. f. (pl. *demi-journées*). Moitié d'une journée, en partic. d'une journée de travail.

DÉMILITARISATION n. f. Mesure de sûreté, prévue par un traité, qui interdit toute présence ou activité militaire dans une zone déterminée.

DÉMILITARISER v. t. (conj. 3). Procéder à la démilitarisation d'une région.

DEMI-LITRE n. m. (pl. *demi-litres*). Moitié d'un litre.

DE MILLE (Cecil Blount), cinéaste américain (Ashfield, Massachusetts, 1881 - Hollywood 1959). Spécialiste des reconstitutions historiques à grand spectacle, il a réalisé *Forfaiture* (1915), *les Dix Commandements* (1923), *le Roi des rois* (1927), *le Signe de la croix* (1932), *Cléopâtre* (1934), *les Croisades* (1935), *les Flibustiers* (1938), *Pacific-Express* (1939), *l'Odyssée du Dr Wassell* (1944), *les Conquérants d'un nouveau monde* (1947), *Sous le plus grand chapiteau du monde* (1952), *les Dix Commandements* (nouvelle version, 1956).

DE MILLE (Agnes), danseuse et chorégraphe américaine (New York 1909 - *id.* 1993), nièce du précédent. Chorégraphe au style libéré de la tradition du ballet classique, elle donne à ses œuvres des accents populaires (*Rodeo*, 1942 ; *Fall River Legend*, 1948 ; *Harvest According*, 1952 ; *The Four Mary*, 1965 ; *Golden Age*, 1967 ; *A Rose for Miss Emily*, 1971 ; *Summer*, 1975). Participant à l'essor de la comédie musicale (*Oklahoma*, 1943 ; *Gentlemen Prefer Blondes*, 1949 ; *Paint Your Wagon*, 1951), elle s'est également attachée à faire revivre la tradition folklorique américaine. Elle a publié *l'Âme de la danse* (1963), *Speak to me. Dance with me* (1973).

DEMI-LONGUEUR n. f. (pl. *demi-longueurs*). Moitié d'une longueur.

DEMI-LUNE n. f. (pl. *demi-lunes*). **1.** Fortification avancée et couvrant la courtine. — **2.** Renfoncement concave d'une façade ou d'un mur de clôture sur rue, percé d'une porte cochère ou charretière. — **3.** Dans une ville, place semi-circulaire. — **4.** Outil de maçon, sorte de truelle à plaque arrondie. — **5.** *Commode* ou *table en demi-lune,* de forme semi-circulaire (style Louis XVI).

DEMI-MAL n. m. (pl. *demi-maux*). Inconvénient moins grave que celui qu'on redoutait.

DEMI-MEMBRANEUX adj. m. et n. m. inv. Se dit d'un muscle de la face postérieure de la cuisse, qui fléchit la jambe sur la cuisse.

DEMI-MESURE n. f. (pl. *demi-mesures*). Mesure, disposition insuffisante, incomplète et peu efficace.

DEMI-MONDAINE n. f. (pl. *demi-mondaines*). *Vx.* Femme du demi-monde.

DEMI-MONDE n. m. (pl. *demi-mondes*). *Vx.* Ensemble des femmes entretenues qui participaient à la vie mondaine et des personnes qui les fréquentaient.

DEMI-MORT, E adj. (pl. *demi-morts, es*). *Litt.* Presque mort : *Des hommes demi-morts de faim.*

DEMI-MOT (À) adv. Sans qu'il soit nécessaire de tout dire.

DÉMINAGE n. m. Opération consistant à débarrasser le sol, les eaux fluviales ou maritimes des engins explosifs qui y sont dissimulés. (Le *service du déminage* est rattaché au ministère de l'Intérieur.)

DEMI-NATURE adj. inv. et n. f. Se dit d'une figure humaine sculptée dont la hauteur va de 80 à 90 cm.

DÉMINER v. t. (de *miner*) [conj. 3]. Opérer le déminage d'un lieu.

DÉMINÉRALISATEUR n. m. Appareil assurant la déminéralisation d'une eau, souvent par la technique des échanges d'ions.

DÉMINÉRALISATION n. f. **1.** Élimination par les excreta d'un quantité de matières minérales, constitutives des tissus, supérieure à celle qu'apporte l'alimentation normale. (Elle peut s'observer chez les personnes âgées, dans les états de cachexie et au cours de diverses affections. Elle concerne surtout le phosphore, le magnésium et le calcium.) — **2.** Élimination des matières minérales dissoutes dans une eau.

DÉMINÉRALISER v. t. (conj. 3). **1.** Faire perdre ses sels minéraux à l'organisme. — **2.** Effectuer la déminéralisation d'une eau.

DÉMINEUR n. m. Personne qui travaille au déminage.
◆ adj. m. Utilisé pour le déminage.

DEMI-ONDE adj. (pl. *demi-ondes*). *Antenne demi-onde,* antenne rectiligne de longueur égale approximativement à une demi-longueur d'onde. ‖ *Lame demi-onde,* lame mince à faces parallèles qui a la propriété d'introduire un écart d'une demi-longueur d'onde entre les deux rayons réfractés issus d'un même rayon incident.

DEMI-PAUSE n. f. (pl. *demi-pauses*). Signe qui indique un silence d'une durée correspondant à la valeur d'une blanche.

DEMI-PENSION n. f. (pl. *demi-pensions*). **1.** Tarif hôtelier qui comprend la nuitée, le petit déjeuner et l'un des deux principaux repas. – **2.** Régime des élèves qui prennent le repas de midi dans l'établissement scolaire.

DEMI-PENSIONNAIRE n. (pl. *demi-pensionnaires*). Élève en demi-pension.

DEMI-PIÈCE n. f. (pl. *demi-pièces*). Tonneau de vin de 110 litres environ.

DEMI-PILE n. f. (pl. *demi-piles*). Ensemble formé d'une électrode et de l'électrolyte l'entourant.

DEMI-PIQUE n. f. (pl. *demi-piques*). Pique à manche court.

DEMI-PLACE n. f. (pl. *demi-places*). Place de spectacle, de transport en commun payée à moitié prix grâce à une réduction.

DEMI-PLAN n. m. (pl. *demi-plans*). Demi-espace affine dans le cas où l'espace affine E est un plan affine. (La frontière H est alors une droite.)

DEMI-POINTE n. f. (pl. *demi-pointes*). **1.** Position intermédiaire entre la pointe et l'assiette du pied. – **2.** Attitude et manière de danser dues à cette position.

DEMI-PORTION n. f. (pl. *demi-portions*). **1.** Moitié d'une portion. – **2.** *Fam.* et *péjor.* Personne physiquement mal développée, malingre ; avorton sans courage.

DEMI-POSITION n. f. (pl. *demi-positions*). En chorégraphie, position dérivée d'une des cinq positions fondamentales et dans laquelle le pied libre touche le sol.

DEMI-PRODUIT ou **SEMI-PRODUIT** n. m. (pl. *demi- ou semi-produits*). Produit, partiellement élaboré à partir de la matière première, qui sera reconditionné ultérieurement.

DEMI-QUART n. m. (pl. *demi-quarts*). Moitié du quart d'une livre.

DEMI-QUEUE n. m. (pl. *demi-queues*). Piano à queue de dimensions intermédiaires (de 190 à 205 cm environ).

DEMIREL (Süleyman), homme d'État turc (Islamköy, près d'Isparta, 1924). Plusieurs fois Premier ministre (1965-1971 ; 1975-1978 ; 1979-80), il est emprisonné à deux reprises après le coup d'État militaire de 1980. Redevenu chef du gouvernement en 1991, il est ensuite président de la République (depuis 1993).

DEMI-RELIEF n. m. (pl. *demi-reliefs*). Relief dans lequel les figures ou objets sculptés ont une saillie proportionnelle à la moitié de leur volume réel.

DEMI-RELIURE n. f. (pl. *demi-reliures*). Reliure dans laquelle les plats ne sont pas recouverts de la même matière que le dos.

DEMI-RONDE adj. et n. f. (pl. *demi-rondes*). *Lime demi-ronde,* lime plate d'un côté et en arc de cercle de l'autre.

DÉMIS → DÉMETTRE.

DEMI-SAISON n. f. (pl. *demi-saisons*). Le printemps et l'automne : *Vêtements de demi-saison.*

DEMI-SANG n. m. inv. Anc. race de chevaux regroupée avec d'autres dans la race *selle français* (arrêté du 23 juill. 1976).

DEMI-SEL n. m. inv. **1.** Fromage frais, de forme carrée, salé à 2 %. – **2.** Beurre légèrement salé. – **3.** *Pop.* Souteneur qui n'appartient pas au milieu ; individu qui affecte d'être affranchi.
◆ adj. inv. Se dit d'un produit légèrement salé : *Beurre demi-sel.*

DEMI-SIÈCLE n. m. (pl. *demi-siècles*). Période de cinquante ans.

DEMI-SŒUR n. f. (pl. *demi-sœurs*). Sœur par le père ou la mère seulement.

DEMI-SOLDE n. f. (pl. *demi-soldes*). Solde réduite d'un militaire en non-activité.
◆ n. m. inv. Officier du premier Empire mis en non-activité par la Restauration.

DEMI-SOMMEIL n. m. (pl. *demi-sommeils*). **1.** État intermédiaire entre la veille et le sommeil ; somnolence. – **2.** Ralentissement d'une activité : *Entreprise en demi-sommeil.*

DEMI-SOUPIR n. m. (pl. *demi-soupirs*). Signe qui indique un silence correspondant à la valeur d'une croche. (Il est divisible en quart et en huitième de soupir.)

DÉMISSION n. f. (lat. *demissio -onis,* abaissement). **1.** Action de se démettre d'une charge, d'une fonction ; acte par lequel on signifie sa volonté de se démettre : *Une lettre de démission.* – **2.** Incapacité de remplir sa mission, renonciation devant celle-ci ; abdication : *La démission des parents.* – **3.** *Démission d'office,* sanction disciplinaire contre un fonctionnaire ou sanction du contrôle de tutelle contre une autorité décentralisée dans les cas prévus par la loi. — **4.** Rupture du contrat de travail à l'initiative du salarié.

DÉMISSIONNAIRE adj. et n. Qui donne sa démission, qui se démet de ses fonctions : *Ministre démissionnaire.*

DÉMISSIONNER v. t. ind. (conj. 3). **1.** Renoncer officiellement à un emploi, une fonction : *Démissionner de son poste de directeur.* — **2.** Renoncer à assurer son rôle ; abdiquer : *Parents qui démissionnent.* — **3.** S'avouer vaincu devant une difficulté ; capituler : *Il a démissionné devant leurs exigences.*
◆ v. t. *Fam.* Obliger qqn à donner sa démission pour masquer son renvoi.

DEMI-TARIF adj. (pl. *demi-tarifs*). Dont le tarif est réduit de moitié : *Carte demi-tarif.*
◆ n. m. Carte, billet, etc., demi-tarif.

DEMI-TEINTE n. f. (pl. *demi-teintes*). **1.** En peinture et en gravure, valeur moyenne entre l'ombre et la pleine lumière. — **2.** *Photographie en demi-teinte,* phototype ne comportant que des lumières douces et des ombres claires.

DEMI-TENDINEUX adj. m. et n. m. inv. Se dit d'un muscle situé à la face postérieure de la cuisse, qui fléchit la jambe sur la cuisse.

DEMI-TIGE n. f. (pl. *demi-tiges*). Arbre fruitier intermédiaire entre la haute tige et la basse tige.

DEMI-TON n. m. (pl. *demi-tons*). Plus petit intervalle entre deux degrés conjoints dans la gamme tempérée. (Le demi-ton est diatonique s'il est placé entre deux notes de noms différents, chromatique s'il est placé entre deux notes de même nom, dont l'une est altérée.)

DEMI-TONNEAU n. m. (pl. *demi-tonneaux*). Figure de voltige aérienne dans laquelle l'avion exécute autour de l'axe du fuselage une rotation de 180°.

DEMI-TOUR n. m. (pl. *demi-tours*). **1.** Moitié d'un tour que qqn ou qqch fait en pivotant sur lui-même. — **2.** *Faire demi-tour,* revenir sur ses pas. • **Math.** Symétrie orthogonale par rapport à une droite vectorielle dans un espace vectoriel de dimension 3. (Un demi-tour est une rotation d'angle π.) [On dit aussi RETOURNEMENT.] — **Mil.** Mouvement d'ordre serré exécuté par une troupe, soit de pied ferme *(Demi-tour, droite !),* soit en marchant *(Demitour à droite, marche !),* pour se placer ou se diriger face à une direction opposée. — **Serrur.** Pêne en biseau, maintenu en place par un ressort et actionné par les bras du fouillot. (Syn. PÊNE DEMI-TOUR.)

DÉMIURGE n. m. (gr. *dêmiourgos,* artisan). **1.** Nom donné par les platoniciens au dieu qui crée le monde, constitue les êtres. (C'est un être identique et/ou complémentaire à l'être que les platoniciens appellent l'esprit.) — **2.** *Litt.* Personne qui crée qqch d'important.

DÉMIURGIQUE adj. Relatif au démiurge.

DEMI-VÉRITÉ n. f. (pl. *demi-vérités*). Affirmation, propos qui n'est ni tout à fait une vérité ni tout à fait un mensonge.

DEMI-VIE n. f. (pl. *demi-vies*). **1.** Durée moyenne au bout de laquelle la moitié des animaux d'une espèce donnée, nés à une date donnée, sont morts. — **2.** En physique, syn. de PÉRIODE.

DEMI-VIERGE n. f. (pl. *demi-vierges*). *Vx.* Jeune fille aux mœurs très libres, mais qui n'a jamais eu de réelles relations sexuelles.

DEMI-VOIX (À) adv. À voix basse.

DEMI-VOLÉE n. f. (pl. *demi-volées*). Frappe de la balle ou du ballon juste au moment où ils quittent le sol après le rebond.

DEMI-VOLTE n. f. (pl. *demi-voltes*). Figure de manège qui s'exécute en faisant faire au cheval un demi-cercle suivi d'une oblique le ramenant sur la piste à la main opposée.

DÉMIXTION n. f. (de *mixtion*). Séparation spontanée d'un mélange homogène de liquides en plusieurs phases liquides non miscibles (verres fondus en particulier).

DÉMOBILISABLE adj. et n. Qui peut être démobilisé.

DÉMOBILISATEUR, TRICE adj. Qui démobilise, diminue la combativité de qqn, d'un groupe : *Un mot d'ordre démobilisateur.*

DÉMOBILISATION n. f. **1.** Acte par lequel l'autorité militaire libère du service et renvoie dans leurs foyers les réservistes qui ont été mobilisés. — **2.** Relâchement de l'énergie, de la combativité, du militantisme : *Démobilisation des militants.*

DÉMOBILISÉ, E n. Personne qui avait été précédemment mobilisée et qui est renvoyée à la vie civile.

DÉMOBILISER v. t. (conj. 3). **1.** Procéder à une démobilisation militaire. — **2.** Enlever toute combativité dans la défense d'une cause, d'un parti, d'une revendication : *Les vacances ont démobilisé les militants.*

DÉMOCRATE adj. et n. **1.** Qui est partisan de la démocratie, des idées démocratiques, qui est politiquement et socialement du côté du peuple. — **2.** Membre du parti démocrate, aux États-Unis.
◆ adj. Conforme, propre à la démocratie, à ce qui caractérise ses options : *Pays démocrate.*

démocrate *(parti),* le plus ancien des deux grands partis qui dominent la vie politique des États-

Unis. Il consiste d'abord, sous le nom de « républicain-démocrate » (1792), en un groupement de soutien à Jefferson, secrétaire d'État de George Washington, partisan d'une politique en faveur des agriculteurs et d'un gouvernement décentralisé, face aux « fédéralistes » de Hamilton, plus centralistes. Après Jefferson, président en 1800, d'autres « républicains-démocrates » sont élus, le parti devenant une machine électorale mais ne se différenciant guère, par les idées, de son adversaire. Sous la présidence de Jackson (1828-1836), le parti prend le nom de « démocrate » ; les conventions nationales sont instituées, destinées à désigner les candidats du parti. Le programme, mieux défini, est résolument hostile au centralisme et à l'intervention de l'État dans la vie économique et favorable aux intérêts des planteurs du Sud (maintien du libre-échange et de l'esclavage). Avec la naissance du parti républicain (1854), antiesclavagiste, et l'élection du républicain Lincoln à la présidence (1860), le parti démocrate devient le parti des « sudistes » et sort déconsidéré de la guerre de Sécession. Jusqu'en 1932, les États-Unis n'auront que deux présidents démocrates (Cleveland, 1885-1889 et 1893-1897, et Wilson, 1913-1921). La grande crise de 1929 renouvelle le parti démocrate. Avec l'élection de son candidat Franklin D. Roosevelt (1932) et le *New Deal,* il prend l'aspect d'une formation progressiste, prônant le renforcement du gouvernement fédéral et l'intervention des pouvoirs publics dans la vie économique et sociale, attentive aux déshérités et aux droits des Noirs, tout en restant un rassemblement hétéroclite où les conservateurs sudistes, électeurs démocrates par tradition, conservent la spécificité de leurs orientations. Le parti démocrate, depuis Roosevelt (1933-1945), a dominé la vie politique américaine (Truman 1945-1953, Kennedy 1961-1963, Johnson 1963-1969), mais la présidence de Carter (1977-1981) a marqué un tournant pour le parti, impuissant face à la poussée de conservatisme qui a amené les victoires successives des républicains Reagan (1980 et 1984) et Bush (1988). En 1992, c'est à nouveau un démocrate, Clinton, qui est élu à la présidence. Mais en 1994, aux élections de mi-mandat, les démocrates subissent une grave défaite en perdant la majorité à la Chambre des représentants et au Sénat.

DÉMOCRATE-CHRÉTIEN, ENNE adj. et n. (pl. *démocrates-chrétiens, ennes*). Qui appartient à la démocratie chrétienne.

démocrate-populaire *(parti)* **[P. D. P.],** parti français se réclamant des principes de la démocratie chrétienne fondé en 1924 par Auguste Champetier de Ribes. À la Libération, le P. D. P. donna naissance au Mouvement* républicain populaire (M. R. P.).

DÉMOCRATIE [-si] n. f. (gr. *dêmokratia*). **1.** Système politique, forme de gouvernement dans lequel la souveraineté émane du peuple. — **2.** État ayant ce type de gouvernement. (→ *encycl.*) — **3.** Système de rapports établis à l'intérieur d'une institution, d'un groupe, etc., où il est tenu compte, aux divers niveaux hiérarchiques, des avis de ceux qui ont à exécuter les tâches commandées. — **4.** *Démocratie chrétienne,* doctrine politique, économique et sociale qui concilie les principes démocratiques et les principes du christianisme et vise essentiellement à améliorer le sort des milieux populaires. (→ *encycl.*) ‖ *Démocratie directe,* système politique dans lequel le peuple exerce sa souveraineté sans l'intermédiaire d'un organe représentatif. ‖ *Démocratie populaire,* régime inspiré du marxisme-léninisme, fondé sur la toute-puissance d'un parti et sur l'économie d'État. (Ce terme désignait plus particulièrement les pays d'Europe de l'Est.) ‖ *Démocratie représentative,* système politique dans lequel le peuple exerce sa souveraineté par l'intermédiaire d'organes représentatifs. ‖ *Démocratie sociale,* système politique dans lequel le peuple exerce sa souveraineté dans le domaine économique et social comme dans le domaine politique.

ENCYCL. Les Grecs ont inventé la *démocratie politique directe,* dans laquelle les citoyens prennent eux-mêmes les décisions concernant la cité *(polis) ;* mais les esclaves et les métèques n'étaient pas considérés comme citoyens. C'est cette démocratie directe que pratiquent encore les trois cantons suisses connaissant les *Landsgemeinden* (assemblées du peuple). J.-J. Rousseau donnera à la démocratie directe sa théorie, connue sous le nom de *théorie de la souveraineté populaire.*

En opposition avec cette théorie, les révolutionnaires modérés développent la théorie dite « de la *souveraineté nationale* », conduisant à la *démocratie représentative :* le pouvoir est détenu par la nation en tant qu'entité collective abstraite et indivisible. Dès lors, seul un corps de représentants élus de la nation dans son ensemble incarnera véritablement la volonté nationale. La *démocratie libérale* classique est ainsi essentiellement représentative, même si elle fait parfois des emprunts à la démocratie directe (référendum) ; on parle alors de *démocratie semi-directe.*

• Pour les marxistes, l'abolition des classes et la disparition de l'État conduisent à la *démocratie totale,* en particulier à la *démocratie sociale ;* la notion même de compétition pour le pouvoir est éliminée. L'application de ce principe s'est traduite par la pratique du parti unique dans les démocraties populaires.

• La démocratie libérale classique connaît aujourd'hui un processus de socialisation, le pouvoir intervenant de plus en plus dans la vie des individus, et ce avec une technicité et une concentration croissante *(technodémocratie)*.

• *Démocratie chrétienne.* Elle naît en France dans la première moitié du XIXe s. alors que se développent le catholicisme social et le libéralisme catholique, dont elle se différencie par le fait qu'elle vise à exercer le pouvoir politique dans l'État. Elle prend son essor à la fin du XIXe s. à la faveur de la politique du pape Léon XIII (encyclique *Rerum novarum,* 1891). Alors se développent l'action des « abbés démocrates » (tels J. Lemire, P. Naudet, Th. Garnier, P. Six) au Parlement et dans la presse pour donner une portée plus décisive à la promotion de la classe ouvrière et favoriser en même temps l'adhésion à la forme républicaine du gouvernement, ainsi que le mouvement du Sillon, lancé en 1894 par M. Sangnier, qui tente de pénétrer d'esprit chrétien une république jugée « persécutrice » par les autorités catholiques. Mais, devant l'opposition des catholiques conservateurs, Léon XIII, tout en autorisant le terme de *démocratie chrétienne,* en donne le sens restrictif d'« action chrétienne bienfaisante en faveur du peuple », en dehors de toute interprétation politique (encyclique *Graves de communi re,* 1901), et Pie X désavoue le Sillon (1910). Entre les deux guerres mondiales, la démocratie chrétienne s'affirme avec la jeune République (J. R.) [créée en 1912] et le parti démocrate* populaire (P. D. P.) [né en 1924], bien que ces partis n'aient qu'une vingtaine de représentants à la Chambre. Tout autre est le succès, après la Seconde Guerre mondiale, du mouvement* républicain populaire (M. R. P.), fort de 150 députés dès 1945. Toutefois, le M. R. P. joue en France un rôle moins important que le parti social-chrétien* (P. S. C.) en Belgique et surtout que la Christlich-Demokratische* Union (CDU) en Allemagne fédérale et le parti de la Démocratie* chrétienne (PDC) en Italie : majoritaires au sein du Bundestag et du Parlement italien, la CDU et le PDC réaliseront (au moins dans les structures) le type d'un gouvernement chrétien sincèrement démocratique et indépendant, en principe, de la hiérarchie ecclésiastique. D'autres puissants partis politiques se réclamant de la démocratie chrétienne se constitueront en Europe (en particulier aux Pays-Bas et en Autriche) et en Amérique latine (notamment au Chili, au Brésil et au Venezuela).

Démocratie *(la),* journal fondé par Marc Sangnier, en août 1910, pour propager les idées de la démocratie chrétienne et du *Sillon.* Il cessa de paraître en 1933.

Démocratie chrétienne *(parti de la)* **[PDC],** parti politique italien se réclamant des principes de la démocratie chrétienne. Apparu en 1919 sous le nom de parti populaire italien (PPI), parti créé par don Luigi Sturzo, accepté par le pape Benoît XV mais indépendant du Saint-Siège, il remporte d'emblée un grand succès, comptant 100 représentants au Parlement de 1919. Ce parti, dont le programme s'inspire du catholicisme social, se disloque sous les coups du fascisme (1926), auquel il s'oppose. Après la chute du régime fasciste, il est reconstitué sous le nom de parti de la Démocratie chrétienne (PDC) par Alcide De Gasperi (1944), qui le conduit à la parité avec les deux partis de gauche en 1946 et à la majorité absolue à la Chambre en 1948 avec 48,4 % des voix. Devenue le premier parti italien, la Démocratie chrétienne assume dès lors la direction des affaires politiques et préside au « boom économique italien ». Favorable à l'« ouverture à gauche » (congrès de Naples, 1962), que réalise en 1963 Aldo Moro en faisant entrer dans son gouvernement des socialistes, elle connaît un certain déclin dans les années 70 : elle recule aux élections de 1972 (38,8 % des voix) et subit un grave échec lors du référendum de 1974 sur le divorce, avec le succès des partisans du maintien de celui-ci dans la législation. Elle reste cependant le parti majoritaire à la Chambre et se maintient à la présidence du Conseil de manière quasi permanente de 1945 à 1992 (sauf entre 1983 et 1987). Après avoir dominé la vie politique italienne pendant près de quarante-cinq ans, la Démocratie chrétienne amorce son déclin en 1992 : lors des élections législatives, elle subit un grave revers, n'obtenant que 29,5 % des voix. Ce déclin se confirme en 1994 lorsque, ayant repris son ancien nom de parti populaire italien (PPI), elle ne recueille que 11,1 % des voix. Des divergences au sein même du PPI entre aile gauche et aile droite aboutissent à une scission en 1995, affaiblissant encore le parti.

démocratie en Amérique *(De la)* [1835-1840], œuvre d'Alexis de Tocqueville. Il considère que la société américaine (dans laquelle il a vécu) privilégie la réalisation de l'égalité, facteur dominant dans la vie du nouvel État, et de la liberté individuelle et constate un certain isolement de l'individu et un renforcement de la puissance centralisée de l'État.

DÉMOCRATIQUE adj. (gr. *dêmokratikos*). Qui relève de la démocratie, conforme à la démocratie : *Esprit démocratique.*

DÉMOCRATIQUEMENT adv. De façon démocratique.

DÉMOCRATISATION n. f. **1.** Action de démocratiser qqch : *La démocratisation du sport équestre.* – **2.** Processus par lequel un régime politique ou une institution s'efforcent de mettre en pratique les principes démocratiques.

DÉMOCRATISER v. t. (conj. 3). **1.** Rendre qqch accessible à toutes les classes sociales, le mettre à la portée de tous : *Démocratiser le transport aérien en abaissant les tarifs.* – **2.** Organiser selon les principes démocratiques.

DÉMOCRITE, philosophe grec (Abdère, Thrace, v. 460 av. J.-C. - v. 370). La philosophie de Démocrite réside dans un matérialisme mécaniste atomiste, qui sera repris plus tard par Épicure et Lucrèce. Pour Démocrite, la nature est composée de vide et d'atomes, particules matérielles indivisibles, éternelles et invariables. « Rien ne naît de rien », écrit Démocrite, et tout s'enchaîne nécessairement ; les corps naissent des combinaisons d'atomes et disparaissent par la séparation des atomes. L'âme est faite d'atomes, et la connaissance sensorielle est due à l'émission par les objets de substances très fines qui agissent sur les sens.

DÉMODÉCIE ou **DÉMODEXOSE** n. f. (de *demodex*). Maladie parasitaire cutanée, fréquente chez le jeune chien, due à un acarien qui vit dans les follicules et les glandes sébacées. (Syn. GALE FOLLICULAIRE.)

DÉMODER v. t. (conj. 3). Faire que qqch ne soit plus à la mode.

◆ **se démoder** v. pr., **être démodé** v. pass. **1.** Cesser d'être à la mode : *Porter un chapeau est démodé.* – **2.** Être désuet, ne plus correspondre aux idées d'une époque ; être dépassé, périmé : *Théorie démodée.* – **3.** Ne plus être dans le courant dominant d'une époque, avoir des comportements d'un autre âge : *Tu es démodé avec ta morale.*

DEMODEX [-dɛks] n. m. (lat. sc. *demodex,* du gr. *dêmos,* graisse, et *dêks,* ver). Acarien microscopique, vermiforme, vivant dans les follicules sébacés des mammifères, notamment de l'homme (« points noirs »).

DÉMODULATEUR n. m. Dispositif permettant d'effectuer une démodulation. (Accompagné d'un modulateur, il constitue un *modem.*)

DÉMODULATION n. f. Opération par laquelle on sépare deux grandeurs préalablement combinées par une modulation de manière à obtenir, après filtrage, le signal modulant et parfois l'oscillation porteuse.

DÉMODULER v. t. (conj. 3). Effectuer une démodulation.

DÉMOGRAPHE n. Spécialiste de la démographie.

DÉMOGRAPHIE n. f. **1.** Étude des populations humaines, de leur état, de leur mouvement ainsi que des facteurs (biologiques, socioculturels, etc.) agissant sur ces caractéristiques. – **2.** État quantitatif de la population humaine dans une région ou un pays déterminés : *La démographie du Japon.*
ENCYCL. Le mot « démographie » a été introduit en 1855 par Achille Guillard, mais on trouve la trace de travaux de statistique démographique dans un passé beaucoup plus lointain. La démographie moderne, dans son aspect quantitatif, analyse l'état d'une population (effectif et composition selon l'âge, le sexe, le statut matrimonial, l'habitat, l'activité professionnelle, etc.) et son mouvement (naissances, mariages, divorces, décès, migrations). L'étude des relations formelles existant entre les diverses grandeurs est l'objet de la *démographie mathématique,* ou *démographie pure.* La *démographie historique* étudie les populations du passé en s'appuyant sur les registres paroissiaux, sur les généalogies de familles, etc.

DÉMOGRAPHIQUE adj. Relatif à la démographie.

démographiques *(Institut national d'études)* **[I. N. E. D.],** organisme public français fondé en 1945 et chargé d'étudier les problèmes de population.

1. DEMOISELLE n. f. (lat. pop. **domnicella,* dimin. de *domina,* dame). **1.** Jeune fille : *Comme elle a grandi, c'est une vraie demoiselle !* – **2.** Personne du sexe féminin qui n'est pas mariée : *Il y a une vieille demoiselle au 6e étage.* – **3.** *Vx.* Jeune fille de la bourgeoisie de bonne famille : *Habillée en demoiselle.* – **4.** *Vx.* Employée d'une administration, d'un commerce, etc. : *Demoiselle du téléphone.* – **5.** Nom usuel commun à la libellule, à deux poissons (la girelle et la cépole) et à une grue de Numidie.

2. DEMOISELLE n. f. (de *demoiselle 1*). **1.** Syn. de DAME 2. – **2.** *Demoiselle (coiffée),* syn. de CHEMINÉE* DES FÉES.

Demoiselles d'Avignon *(les),* toile exécutée en 1906-07, à Paris, par Picasso (2,44 × 2,33 m, musée d'Art mod., New York). Prenant pour prétexte le souvenir d'une maison close de la rue d'Avignon à Barcelone, l'œuvre, précédée par de nombreuses études, marque le départ du cubisme. On y décèle l'influence de Cézanne et du Greco, de la sculpture ibérique primitive dans les figures de gauche, de la sculpture nègre, découverte en 1907, dans les figures de droite, peintes en dernier.

DEMOISELLES *(grotte des),* grotte du Languedoc (Hérault), en bordure du Massif central, et qui domine les gorges de l'Hérault.

DEMOLDER (Eugène), écrivain belge de langue française (Bruxelles 1862 - Essonnes 1919). Ses récits et ses romans sont imprégnés de l'inspiration pittoresque des peintres anciens (*la Route d'Émeraude,* 1899).

DÉMOLIR v. t. (lat. *demoliri*) [conj. 32]. **1.** Abattre une construction, la détruire : *Démolir une maison avec un bulldozer.* — **2.** Mettre qqch en pièces, le rendre inutilisable : *Les enfants ont démoli leurs jouets.* — **3.** Ruiner l'ordonnance, la construction de qqch, le défaire : *Il ne faut pas supprimer ce passage, cela démolit la cohérence du texte.* — **4.** Ruiner, saper, anéantir : *Tu vas démolir ta santé en buvant ainsi.* — **5.** *Fam.* Fatiguer qqn à l'extrême, l'atteindre dans son corps ou l'épuiser moralement, l'atteindre dans ses forces morales, esquinter : *Ce double échec l'a complètement démoli.* — **6.** *Pop.* Accabler qqn de coups ; lui casser la figure : *Le boxeur a démoli son adversaire.* — **7.** *Fam.* Ruiner la réputation de qqn, son crédit : *Il a réussi à démolir cet homme politique par une série d'articles.*

DÉMOLISSAGE n. m. Action de démolir, de critiquer vigoureusement, de ruiner l'influence morale, la position sociale de quelqu'un.

DÉMOLISSEUR, EUSE n. **1.** Ouvrier, entreprise chargés de démolir une construction. — **2.** Personne qui démolit un État, une idée, etc. ; destructeur.

DÉMOLITION n. f. (lat. *demolitio, -onis*). Action de démolir, d'abattre une construction, de ruiner, de mettre en pièces.
◆ **démolitions** n. f. pl. Matériaux, décombres de bâtiments démolis.

DÉMOLOMBE (Jean Charles Florent), jurisconsulte français (La Fère, Aisne, 1804 - Caen 1887), auteur d'un remarquable commentaire de législation civile en France : *Cours de Code Napoléon* (1845-1882).

DEMOLON (Albert), agronome et biologiste français (Lille 1881 - Paris 1954), auteur de travaux sur les végétaux, la pédologie ainsi que sur l'action du soufre et des colloïdes en botanique. (Acad. des sc., 1946.)

DE MOMPER (Joos II), peintre flamand (Anvers 1564 - *id.* 1635), le plus célèbre d'une famille de peintres brugeois et anversois. Il a laissé de nombreux paysages montagneux, aux vastes panoramas pittoresques.

DÉMON n. m. (lat. *daemon,* du gr. *daimôn, -onos,* dieu, génie). **1.** Chez les Anciens, esprit, bon ou mauvais, que l'on supposait attaché à la destinée de l'individu, de la communauté. — **2.** Diable, ange déchu qui habite l'enfer et tente les hommes ; Satan. — **3.** *Litt.* Génie familier qui semble nous guider : *Un démon intérieur lui suggérait toujours cent sottises à faire.* — **4.** Personnification des tentations, des vices, des instincts : *Le démon de la curiosité.* — **5.** Personne dangereuse : *Cette femme est un démon.* — **6.** Enfant turbulent, espiègle : *Oh ! le petit démon.* — **7.** *Le démon de midi,* désir sexuel qui s'empare des êtres humains vers le milieu de leur vie. — **8.** *Les vieux démons,* tendances négatives sous-jacentes et susceptibles de se manifester à nouveau : *Le réveil des vieux démons xénophobes.*

Démons *(les),* ou **les Possédés,** roman de Dostoïevski (1871-72). À travers l'histoire de veules conspirateurs de province, Dostoïevski dénonce le nihilisme, l'athéisme et l'influence de l'intellectualisme occidental sur les révolutionnaires russes. Cet apparent reniement des idées pour lesquelles Dostoïevski avait combattu et souffert fut éclairé plus tard par la publication de la *Confession de Stavroguine.*

DÉMONÉTISATION n. f. **1.** Suppression du rôle joué par un étalon métallique (argent ou or) dans les relations monétaires internationales. — **2.** Opération consistant à retirer une monnaie de la circulation. — **3.** Action de discréditer, de détruire le crédit : *Démonétisation d'une théorie.*

DÉMONÉTISER v. t. (lat. *moneta,* monnaie) [conj. 3]. **1.** Ôter sa valeur légale à une monnaie. — **2.** Déprécier qqch, détruire le crédit de qqn ; discréditer : *Doctrine politique démonétisée.*

DÉMONIAQUE adj. (lat. ecclés. *daemoniacus,* du gr. *daimonikos*). **1.** Propre au démon, qui évoque un démon : *Superstition démoniaque.* — **2.** D'une perversité diabolique ; infernal, satanique : *Une ruse démoniaque.*
◆ adj. et n. *Litt.* Possédé du démon, qui incarne le démon.

DÉMONISME n. m. Croyance aux démons, à leur influence.

DÉMONOLOGIE n. f. Étude des démons, de leur nature, de leurs variétés et de leur comportement, notamment à l'égard des humains.

DÉMONOLOGIQUE adj. Relatif à la démonologie.

DÉMONOLOGUE n. Personne qui s'occupe de démonologie.

DÉMONOMANIE ou **DÉMONOPATHIE** n. f. Ensemble des thèmes délirants de possession dans lesquels le malade se croit habité par un ou des démons.

DÉMONSTRATEUR, TRICE n. (lat. *demonstrator*). Personne qui fait de la démonstration pour une marque de produits, d'appareils, etc.

DÉMONSTRATIF, IVE adj. (lat. *demonstrativus*). **1.** Qui démontre ; convaincant : *Argument démonstratif.* — **2.** Qui manifeste ouvertement ses sentiments ; qui se manifeste sans retenue : *C'est un homme froid, peu démonstratif.* – **3.** Se dit des adjectifs ou des pronoms qui présentent un individu ou un objet déterminé par la situation ou le contexte linguistique. (→ *encycl.*)

◆ **démonstratif** n. m. **1.** Pronom ou adjectif démonstratif.

ENCYCL. **Ling.** *Adjectif démonstratif.* Formes : masc. *ce, cet* devant voyelle ou *h* muet ; fém. *cette ;* plur. *ces.* Déterminant du nom, il indique que l'individu ou l'objet désigné est localisable dans l'environnement spatial (emploi déictique) : *Prenez cette chaise,* ou qu'il s'agit d'une entité qui a déjà été identifiée dans le discours antérieur (emploi anaphorique).

• *Pronom démonstratif.* Formes simples : masc. *celui,* plur. *ceux ;* fém. *celle,* plur. *celles ;* neutre *ce.* Formes composées : *ci* et *là* sont joints par un trait d'union aux formes simples du masc. et du fém. : *celui-ci, celle-là, ceux-là,* et sans trait d'union à la forme du neutre : *ceci, cela.*

DÉMONSTRATION n. f. (lat. *demonstratio, -onis*). **1.** Action de démontrer, de rendre évidente la vérité d'une loi scientifique, d'un raisonnement, d'une donnée objective : *Démonstration d'une théorie.* – **2.** Action de montrer à qqn ou au public en quoi consiste un sport, un art, une technique, et en partic. action de montrer son savoir-faire dans ces domaines : *Faire une démonstration de karaté.* – **3.** Action de montrer à la clientèle le fonctionnement d'un appareil, l'usage d'un produit afin de le faire acheter : *Démonstration d'un aspirateur.* – **4.** Déplacement des forces armées en vue d'intimider l'adversaire ou de l'induire en erreur. – **5.** Manifestation de joie, d'amitié, etc. (surtout pl.). – **6.** Ensemble de formules qui s'enchaînent à l'intérieur d'une théorie *(théorie de la démonstration)* et dont la dernière constitue un théorème, appelé également *thèse.* (→ *encycl.*) – **7.** Chez Descartes, raisonnement mathématique qui, procédant du plus simple au plus complexe, parvient à montrer la vérité de propositions déduites d'autres propositions déjà admises comme vraies.

ENCYCL. **Log.** La démonstration d'une formule est constituée par une liste de formules dont chacune, soit est l'un des axiomes de la théorie dans laquelle s'effectue la démonstration, soit résulte d'une ou de plusieurs formules, de rang inférieur dans la liste, en vertu d'une règle d'inférence admise dans la théorie. La formule est dite démontrable dans la théorie considérée.

DÉMONSTRATIVEMENT adv. D'une manière démonstrative.

DÉMONTABLE adj. Qui peut être démonté : *Meuble démontable.*

DÉMONTAGE n. m. **1.** Action de démonter ; séparation des divers composants d'un assemblage, d'une machine, d'un appareil. – **2.** Élimination partielle ou totale du colorant d'un tissu teint.

DÉMONTANT, E adj. *Fam.* Qui déconcerte, déroute par son caractère imprévu, insolite.

DÉMONTE-PNEU n. m. (pl. *démonte-pneus*). Levier permettant de retirer l'enveloppe d'un pneu de la jante où elle adhère.

DÉMONTER v. t. (conj. 3). **1.** Jeter un cavalier à bas de sa monture ; désarçonner. – **2.** Priver qqn de sa monture ; mettre à pied : *Démonter un escadron.* – **3.** Défaire une à une les pièces d'un appareil : *Démonter un fusil.* – **4.** Enlever un élément d'un ensemble, retirer un objet de l'endroit où il est fixé ; le défaire : *Démonter une roue de la voiture.* – **5.** Jeter qqn dans l'embarras, la confusion ; déconcerter, troubler ; interloquer, désorienter : *Ses objections ont démonté l'orateur.* – **6.** Découdre une ou plusieurs pièces d'un vêtement.

◆ **se démonter** v. pr., **être démonté** v. pass. **1.** Pouvoir être défait en ses éléments constituants ou pouvoir être séparé de ce à quoi il est fixé : *Meuble qui se démonte facilement.* – **2.** Se décontenancer, être profondément troublé, désorienté : *Candidat qui s'est démonté à l'oral.* – **3.** En parlant de la mer, être très agitée, houleuse.

DÉMONTRABILITÉ n. f. Qualité de ce qui est démontrable.

DÉMONTRABLE adj. Qui peut être démontré.

DÉMONTRER v. t. (lat. *demonstrare*) [conj. 3]. **1.** Faire une démonstration, prouver qqch, l'établir par un raisonnement de type déductif : *Démontrer un théorème.* – **2.** Prouver par un raisonnement rigoureux, d'une manière qui paraît évidente : *J'ai essayé de lui démontrer son erreur, qu'il avait tort.* – **3.** Prouver qqch par des marques extérieures visibles ; révéler, indiquer : *Son émotion démontre son mensonge.*

DÉMORALISANT, E adj. Qui démoralise ; déprimant : *Nouvelle démoralisante.*

DÉMORALISATEUR, TRICE adj. Qui tend, qui vise à démoraliser ; défaitiste : *Influence démoralisatrice.*

DÉMORALISATION n. f. Action de démoraliser ; état de qqn qui est démoralisé.

DÉMORALISER v. t. (conj. 3). Faire perdre courage à qqn, le priver de sa confiance en soi ; abattre, décourager : *Ses échecs successifs l'avaient démoralisé.*

DÉMORDRE v. t. ind. (conj. 76). *Ne pas démordre de son idée, ne pas en démordre,* s'entêter, s'obstiner dans son opinion.

DE MORGAN (Augustus), mathématicien et logicien britannique (Madura, auj. Madurai, 1806 - Londres 1871). Il a contribué, comme son contemporain Boole, à la renaissance de la logique au XIXe s. ; il est surtout connu pour son ouvrage *Formal Logic or the Calculus of Inference* (1847), où il considère la logique d'un point de vue algébrique.

DÉMOSPONGE n. m. Éponge à squelette siliceux, ou siliceux et corné, sans élément calcaire, telle que l'éponge de toilette. (Les *démosponges* forment une classe.)

DÉMOSTHÈNE, général athénien († Syracuse 413 av. J.-C.). Plusieurs fois vainqueur pendant la guerre du Péloponnèse, il fut envoyé en 413 au secours de Nicias en Sicile ; après la défaite de l'armée athénienne, il fut exécuté par les Syracusains.

DÉMOSTHÈNE, orateur et homme d'État athénien (Athènes 384 av. J.-C. - Calaurie 322). Fils d'un riche fabricant d'armes, orphelin de bonne heure, il est l'élève du rhéteur Isée et commence une carrière de logographe*. Après 354, il aborde les affaires publiques et énonce déjà les thèmes constants de sa politique : fermeté à l'extérieur, renforcement naval et saine gestion financière. Il est parmi les premiers à soupçonner l'ambition de Philippe de Macédoine et il dénonce ses projets dans la *Première Philippique** (351), puis vainement dans ses trois *Olynthiennes** (349-348). Après la chute d'Olynthe, il prend part à l'ambassade qui conclut la paix de Philocratès (346). Démosthène encourage Athènes à utiliser cette paix pour se préparer au conflit décisif et, de 344 à 340, prononce les trois dernières *Philippiques ;* en même temps, il doit lutter contre Eschine, son adversaire politique, qu'il accuse de trahison dans son discours *Sur l'ambassade infidèle.* Jusque-là orateur d'opposition, Démosthène est devenu chef de parti. De 340 à 338, il dirige la politique athénienne, négocie une alliance avec Thèbes contre Philippe, mais ce dernier écrase les coalisés à Chéronée (338). En 330, Démosthène prononce son discours *Sur la couronne,* qui justifie les actes et les principes de sa politique et aboutit à l'exil d'Eschine. À la mort d'Alexandre, il anime la révolte des cités grecques contre Antipatros. Athènes vaincue, Démosthène s'empoisonne. Son œuvre d'orateur, riche de soixante discours, plaidoyers civils et harangues politiques, demeure un modèle.

DÉMOTIQUE adj. et n. m. (gr. *dêmotikos,* populaire). **1.** Se dit du système d'écriture égyptien utilisé dans les manuscrits du VIIe s. av. J.-C. au Ve s. apr. J.-C. pour les usages littéraires, administratifs et commerciaux. — **2.** Se dit d'un des états de langue du grec moderne. (C'est la langue parlée standard.)

DÉMOTIVANT, E adj. Qui démotive : *Refus démotivant.*

DÉMOTIVATION n. f. Action de démotiver, fait d'être démotivé.

DÉMOTIVER v. t. (conj. 3). Faire perdre à qqn toute motivation, toute raison de poursuivre un travail, une revendication, etc.

DÉMOUCHETAGE n. m. Action de démoucheter.

DÉMOUCHETER v. t. (de *moucheter*) [conj. 27]. Enlever la mouche qui garnit la pointe d'un fleuret, d'une épée.

DÉMOULAGE n. m. Action de démouler : *Démoulage d'un gâteau.*

DÉMOULANT n. m. Produit passé sur les moules ou les coffrages afin de faciliter le démoulage des pièces en béton.

DÉMOULER v. t. (conj. 3). **1.** Retirer qqch du moule où il avait été mis pour prendre forme. — **2.** Enlever d'un moule une préparation culinaire ou de pâtisserie.

DÉMOUSTICATION n. f. Destruction des moustiques dans une région, à des fins sanitaires (lutte contre le paludisme, le plus souvent réalisée au moyen d'épandages massifs d'insecticides (D. D. T. ou organophosphorés).

DÉMOUSTIQUER v. t. (conj. 3). Détruire les moustiques d'une région.

DEMPSEY (William HARRISON, dit **Jack**), boxeur américain (Manassa, Colorado, 1895 - New York 1983). Champion du monde des poids lourds en 1919 et vainqueur de Georges Carpentier en 1921.

DEMPSEY (*sir* Miles Christopher), général britannique (Hoylake, Cheshire, 1896 - Yattendon, Berkshire, 1969). En 1944, il débarqua en Normandie à la tête de la IIe armée britannique, dirigea la bataille de Caen, libéra Bruxelles. Il opéra à Wismar, le 3 mai 1945, sa jonction avec les forces soviétiques. Présent sur les théâtres d'opérations d'Extrême-Orient et du Moyen-Orient (1945-46), il fut chef des forces terrestres dans le Royaume-Uni (1951).

DÉMUCILAGINATION n. f. Élimination des mucilages d'une huile brute.

DÉMULTIPLEXAGE n. m. Opération qui consiste à séparer des signaux distincts, préalablement combinés par multiplexage, et à les répartir sur les voies auxquelles ils sont destinés.

DÉMULTIPLEXER v. t. (conj. 4). Effectuer un démultiplexage.

DÉMULTIPLEXEUR n. m. Dispositif ou programme effectuant un démultiplexage.

DÉMULTIPLICATEUR, TRICE adj. Se dit d'un système de transmission (par chaîne, roues dentées, etc.) qui assure une réduction de vitesse.

DÉMULTIPLICATION n. f. 1. Rapport dans lequel la vitesse est réduite dans la transmission d'un mouvement. (On dit aussi RAPPORT DE DÉMULTIPLICATION.) — 2. Action d'augmenter la puissance par la multiplication des moyens utilisés.

DÉMULTIPLIER v. t. (conj. 10). 1. Assurer une démultiplication dans une transmission mécanique. – 2. Augmenter la puissance de qqch par une multiplication des moyens utilisés : *Démultiplier les pouvoirs de décision.*

DÉMUNIR v. t. (conj. 32). Priver qqn de ce qu'il possédait, le lui enlever.

◆ **être démuni** v. pass. 1. Être privé de qqch qu'on a un moment possédé ou qu'on est supposé avoir : *Film démuni d'intérêt.* – 2. Être sans ressources financières ou sans moyens de défense psychologiques : *Je suis démuni actuellement.*

◆ **se démunir** v. pr. Se dessaisir de qqch, s'en séparer : *Ne te démunis pas de ce livre.*

DÉMUSELER v. t. (conj. 24). 1. Enlever la muselière. – 2. Rendre la liberté d'expression à qqn, à un groupe.

DÉMUTISATION n. f. Ensemble des méthodes propres à sortir de leur mutisme certains malades privés de langage en raison d'atteintes organiques.

ENCYCL. Pour les sourds-muets, la première phase de la démutisation consiste à rendre l'enfant conscient de ses émissions sonores et capable de les produire à volonté. Elle est suivie par l'apprentissage différencié de voyelles, de consonnes et de la combinaison des deux.

DÉMUTISER v. t. (conj. 3). Entreprendre la démutisation de qqn.

DEMY (Jacques), cinéaste français (Pontchâteau 1931 - Paris 1990). Il a réalisé *les Parapluies de Cherbourg* (1964), *les Demoiselles de Rochefort* (1967), *Model Shop* (1969), *Peau-d'Âne* (1970), *le Joueur de flûte* (1972), *Une chambre en ville* (1982), *Parking* (1985), *Trois Places pour le 26* (1988).

DÉMYÉLINISANT, E adj. Qui provoque la démyélinisation.

DÉMYÉLINISATION n. f. Altération de la myéline des fibres nerveuses avec respect du cylindraxe.

DÉMYSTIFIANT, E adj. Qui démystifie.

DÉMYSTIFICATEUR, TRICE adj. et n. Se dit de qqn qui démystifie.

DÉMYSTIFICATION n. f. Action de démystifier, de détromper.

DÉMYSTIFIER v. t. (conj. 9). 1. Détromper qqn alors qu'il est l'objet d'une mystification. – 2. Enlever à qqch son caractère mystérieux qui lui donnait un certain pouvoir, une certaine force.

DÉMYTHIFICATION n. f. Action de démythifier.

DÉMYTHIFIER v. t. (conj. 9). Enlever à qqn, à qqch leur caractère mythique : *Démythifier le personnage de Don Juan.*

DENAIN (59220), ch.-l. de cant. du Nord, sur l'Escaut, dans l'agglomération de Valenciennes ; 19 685 hab. Métallurgie. Verrerie.

Denain *(bataille de)* [24 juill. 1712], bataille qui se déroula à Denain pendant la guerre de la Succession d'Espagne et au cours de laquelle le maréchal de Villars vainquit le Prince Eugène, commandant les troupes impériales et hollandaises. Cette victoire française hâta la conclusion des traités d'Utrecht et de Rastatt.

DÉNANTIR v. t. (conj. 32). Enlever son nantissement à qqn.

DENARD (Michael), danseur français (Dresde 1944). Nommé danseur étoile (1971), il s'était fait remarquer dès 1970 dans des créations d'œuvres de Maurice Béjart *(Comme la princesse Salomé est belle ce soir* et *l'Oiseau de feu)* et dans *Visage* de Michel Descombey. Il interprète également le répertoire classique, ainsi que la *Symphonie inachevée* (de Peter Van Dijk), *Webern, opus 5* (de Béjart), *Agon* (de Balanchine), *Afternoon of a Faun* (de Jerome Robbins), *le Martyr de saint Sébastien* (de Bob Wilson).

DÉNASALISATION n. f. Transformation totale ou partielle d'un son nasal en un son oral (par ex. la dénasalisation de [ɔ̃] dans « mon ami »).

DÉNASALISER v. t. (conj. 3). Opérer une dénasalisation.

DÉNATALITÉ n. f. Baisse de la natalité, pouvant entraîner la dépopulation.

DÉNATIONALISATEUR, TRICE adj. et n. Qui dénationalise, veut dénationaliser.

DÉNATIONALISATION n. f. Action de dénationaliser ; fait d'être dénationalisé.

DÉNATIONALISER v. t. (conj. 3). Rendre au secteur privé une entreprise qui était nationalisée.

DÉNATTER v. t. (conj. 3). Défaire ce qui est natté.

DÉNATURALISATION n. f. Action de dénaturaliser.

DÉNATURALISER v. t. (conj. 3). Priver qqn des droits acquis par la naturalisation.

DÉNATURANT, E adj. Qui dénature.

◆ **dénaturant** n. m. Agent traceur incorporé en faible quantité à un produit détaxé pour en faciliter l'identification en cas de fraude.

DÉNATURATEUR n. m. **1.** Employé de la Régie des contributions indirectes chargé de la dénaturation. – **2.** Personne qui, sous le contrôle du fisc, livre au commerce des produits (notamment l'alcool) dénaturés.

DÉNATURATION n. f. Ajout fait à certains produits (notamment l'alcool), devant être employés à des usages industriels ou agricoles particuliers, d'une substance qui les rend impropres à toute autre destination. (Les alcools dénaturés sont exonérés du droit de consommation.)

DÉNATURER v. t. (conj. 3). **1.** Altérer un goût, une saveur : *Un médicament qui dénature le goût du vin.* – **2.** Fausser le sens de qqch, en altérer la nature ; déformer : *Le compte-rendu dénaturait son discours.* – **3.** Modifier la nature ou le sens d'un acte juridique, avec l'intention de l'interpréter. – **4.** Pratiquer la dénaturation de certaines substances.
◆ **être dénaturé** v. pass. **1.** Avoir subi la dénaturation : *Alcool dénaturé.* – **2.** Manquer aux sentiments les plus naturels ; être contraire à la morale, dépravé : *Père dénaturé. Acte dénaturé.*

DÉNAZIFICATION n. f. Ensemble des mesures prises en Allemagne, après la Seconde Guerre mondiale, pour faire disparaître les traces du national-socialisme et châtier ses dirigeants.

DÉNAZIFIER v. t. (conj. 9). Effectuer la dénazification.

DENBIGH *(cap),* cap de l'Alaska occidental, au fond du Norton Sound. Il donne son nom à une culture préhistorique qui s'est manifestée du détroit de Béring jusqu'au Groenland, entre 4000 et 1500 av. J.-C.

DENDÉRAH, village de Haute-Égypte, à env. 70 km au N. de Louqsor, sur la rive gauche du Nil. Dendérah était la capitale du 6e nome de Haute-Égypte et l'une des plus anciennes cités du pays (nécropole de l'Ancien Empire). Le grand temple ptolémaïque dédié à Hathor, très bien conservé, est caractérisé par sa salle hypostyle aux 24 colonnes, ses douze cryptes décorées, sa chapelle à ciel ouvert installée sur une terrasse, son célèbre zodiaque (original au Louvre). Citons aussi : le mammisi de Nectanebo, le plus ancien (époque de Néron à Antonin) édifice de ce type conservé ; le mammisi romain (IIe s. apr. J.-C.) périptère ; le lac sacré, une église copte (Ve s. env.).

DENDERMONDE, en fr. **Termonde,** v. de Belgique, ch.-l. d'arrond. de la Flandre-Orientale, au confluent de l'Escaut et de la Dendre ; 42 300 hab. Monuments gothiques, dont l'église Notre-Dame (œuvres d'art). Musée. Mécanique. Textile.

DENDRITE [dɑ̃- ou dɛ̃-] n. m. (gr. *dendritês,* qui concerne les arbres). **1.** À la surface d'une roche (plus rarement dans la roche elle-même), figure arborescente ramifiée, formée de petits cristaux, rappelant des branches ou du feuillage. – **2.** Cristal qui se développe sous forme de ramifications dans les trois directions de l'espace. (C'est une des formes de croissance des cristaux, qui apparaît pendant la solidification dès que le métal contient des éléments en solution.) – **3.** Prolongement du corps cellulaire du neurone. (→ *encycl.*)

ENCYCL. **Neurol.** Le neurone s'oppose à l'axone car il est couvert d'épines dendritiques et, très fortement ramifié, il forme des arbres dendritiques. La structure de ceux-ci permet de définir différents types de neurones. Les dendrites envoient des messages vers le neurone. Ils reçoivent en effet sur une grande partie de leur surface des contacts synaptiques dont certains sont excitateurs ou inhibiteurs. Ces messages sont véhiculés sur toute la membrane des dendrites jusqu'au corps cellulaire qui réalise l'intégration de ceux-ci.

DENDRITIQUE [dɑ̃- ou dɛ̃-] adj. **1.** Qui se rapporte à la dendrite ou qui en a la forme. – **2.** Se dit d'un réseau fluvial très densément et régulièrement ramifié.

DENDROBATE [dɑ̃- ou dɛ̃-] n. m. (gr. *dendrobateîn,* monter aux arbres). Grenouille arboricole d'Amérique du Sud vivement colorée, aux doigts pourvus de ventouses, qui sécrète un venin, utilisé par les Indiens comme poison de flèches et d'usage médical.

DENDROBIUM [dɑ̃- ou dɛ̃drobjɔm] n. m. Très belle orchidée épiphyte du Sud-Est asiatique (300 espèces).

DENDROCHRONOLOGIE [dɑ̃- ou dɛ̃-] n. f. Méthode de datation absolue des bois et des climats par l'étude des variations d'épaisseur des cernes concentriques annuels qui apparaissent sur la section transversale des troncs d'arbres.

ENCYCL. Utilisable seulement dans les régions aux saisons bien marquées, la dendrochronologie repose sur le fait que les arbres croissent plus en diamètre les années où le printemps est humide : en remontant du présent au passé, d'une séquence de cernes à une autre, on a ainsi établi une véritable histoire annuelle des cernes, qui permet de remonter jusqu'au néolithique. La dendrochronologie sert à l'étude des climats anciens.

DENDROCLIMATOLOGIE [dɑ̃- ou dɛ̃-] n. f. Étude des paléoclimats par la dendrochronologie.

DENDROCOLAPTE [dɑ̃- ou dɛ̃-] n. m. (gr. *kolaptein,* becqueter). Oiseau arboricole d'Amérique du Sud, insectivore, nidifiant et accumulant des provisions dans le creux des arbres, ou dans un nid. (N. usuel *fournier, picucule.*)

DENDROCTONE [dɑ̃- ou dɛ̃-] n. m. (gr. *ktonos,* qui tue). Scolyte qui ravage les forêts d'épicéas en Allemagne.

DENDROCYGNE [dɑ̃- ou dɛ̃-] n. m. Canard haut sur pattes, souvent arboricole, des régions chaudes, encore appelé « canard siffleur » pour son chant.

DENDROÏDE [dɑ̃- ou dɛ̃-] adj. Se dit d'un organisme divisé en multiples branches.

DENDROLAGUE [dɑ̃- ou dɛ̃-] n. m. Kangourou arboricole de Nouvelle-Guinée et d'Australie.

DENDROMÈTRE [dɑ̃- ou dɛ̃-] n. m. Instrument servant à mesurer les dimensions d'un arbre et spécialement sa hauteur.

DENDROMÉTRIE [dɑ̃- ou dɛ̃-] n. f. Technique d'évaluation du volume et de la croissance des arbres.

DENDROMÉTRIQUE [dɑ̃- ou dɛ̃-] adj. Qui concerne la dendrométrie.

DENDROPHYLLIE [dɑ̃- ou dɛ̃-] n. f. Madrépore arborescent des récifs, dont une espèce se rencontre en Méditerranée au-delà de 200 m de profondeur.

DENEB, nom d'origine arabe signif. *la Queue,* donné à l'étoile α du Cygne*. Magnit. visuelle 1,3.

DÉNÉBULATION ou **DÉNÉBULISATION** n. f. Ensemble des procédés et des méthodes ayant pour but de dissiper le brouillard, en particulier sur les aérodromes.

DÉNÉBULER ou **DÉNÉBULISER** v. t. (conj. 3). Dissiper artificiellement le brouillard.

DÉNÉGATEUR, TRICE n. (lat. *denegator, -trix*). *Litt.* Personne qui fait une dénégation.

DÉNÉGATION n. f. (lat. ecclés. *denegatio, -onis*). 1. Action de nier, de dénier, de contester, de refuser de reconnaître comme vrai ; paroles de démenti, de négation : *Geste de dénégation.* – 2. Fait d'énoncer une pensée, un désir en niant son contenu ou en ne le reconnaissant pas pour sien. (Il s'agit pour le moi de prendre conscience intellectuellement d'une partie du refoulé [représentation] tout en maintenant dans l'inconscient l'affect qui lui est lié.)

DÉNEIGEMENT n. m. Action de déneiger une surface, une voie de communication.

DÉNEIGER ou **DÉSENNEIGER** v. t. (conj. 23). Débarrasser une surface de la neige qui la recouvre : *Déneiger une route.*

DÉNÉRAL n. m. (pl. *dénéraux*) [de *denier*]. Autref., poids monétaire, qui servait à contrôler le poids des espèces frappées, surtout des pièces d'or.

DÉNERVATION n. f. Disparition de l'innervation normale d'un nerf, d'un muscle ou d'un viscère.

DENEUVE (Catherine DORLÉAC, dite **Catherine**), actrice de cinéma française (Paris 1943). Elle mène une carrière française et internationale brillante, dont le point de départ a été *les Parapluies de Cherbourg* (1964). *Belle de jour* (1967), *Tristana* (1970), *le Dernier Métro* (1980), *Indochine* (1992), *Ma saison préférée* (1993), notamment, ont été marqués par son interprétation.

DENFERT-ROCHEREAU (Pierre Philippe), officier français (Saint-Maixent 1823 - Versailles 1878). Colonel du génie en 1870, gouverneur de Belfort, il participa à la défense héroïque de la place, qui resta française à la paix de 1871.

DENGUE [dɑ̃g ou dɛ̃g] n. f. (amér. *dengue,* du swahili *denga*). Arbovirose, due à un arbovirus du groupe B, sévissant sous forme endémo-épidémique en Asie, observée aussi en Amérique tropicale et dans le Pacifique, parfois en Afrique.
ENCYCL. La dengue est transmise à l'homme par des moustiques du genre *ædes.* La maladie débute brutalement avec un tableau de type grippal et s'accompagne d'un exanthème. L'évolution se fait sur 5 à 7 jours. Le pronostic est favorable, en dehors de la forme hémorragique, de plus en plus fréquente en Extrême-Orient et dont l'évolution est souvent fatale.

DENG XIAOPING ou **TENG SIAO-P'ING,** homme d'État chinois (Guangan, prov. de Sichuan, 1904). Il adhère au parti communiste chinois en 1924 alors qu'il est en France. De retour en Chine, il participe à toutes les luttes du parti, dont il organise une des principales armées rouges. En 1956, il devient secrétaire général du Comité central du P. C. C. mais, à partir de l'échec du Grand Bond en avant (1958), il s'oppose à la politique de Mao Zedong. Devenu l'une des plus illustres victimes de la Révolution culturelle (1966), réapparu sur la scène politique en 1973 grâce à la protection de Zhou Enlai, il est de nouveau limogé en 1976, avant de revenir au pouvoir en 1977. Responsable des orientations nouvelles de la politique chinoise, il se retire officiellement de la vie politique en 1987 tout en restant une personnalité très influente.

DENGYŌ DAISHI, nom posthume du moine bouddhiste japonais **Saichō** (prov. d'Ōmi 767 - mont Hiei 822). Il rapporta d'un voyage en Chine (804) des textes, en particulier le *Sūtra du lotus,* sur lesquels s'appuya l'école Tendai. Il fit bâtir la métropole religieuse de sa nouvelle Église sur le mont Hiei qui demeura jusqu'au XIIIe s. le grand centre du bouddhisme japonais.

DEN HAAG, nom néerl. de La Haye.

DENHAM (*sir* John), poète irlandais (Dublin 1615 - Londres 1669). Pionnier de la versification nouvelle, il lança la mode de la description architecturale en poésie (*la Colline de Cooper,* 1642 ; *Élégie sur le poète Abraham Cowley,* 1667).

DENHAM (Dixon), officier et explorateur britannique (Londres 1786 - Freetown, Sierra Leone, 1828). Il explora le lac Tchad (1823) et les cours inférieurs du Chari et du Logone.

DÉNI n. m. (de *dénier*). **1.** Refus d'un droit, d'une chose légalement due. — **2.** *Déni de justice,* refus illégal (sauf dans le cas où il se déclare incompétent) de la part d'un juge ou d'un tribunal d'examiner une affaire en état ou de rendre un jugement ; attitude injuste envers qqn, refus de lui reconnaître ou de lui accorder ce à quoi il a droit : *La note attribuée à cet élève est un véritable déni de justice.* ‖ *Déni de la réalité,* mécanisme de défense du moi qui consiste à nier une perception traumatisante de la réalité extérieure.

DÉNIAISEMENT n. m. Action de déniaiser, de se déniaiser.

DÉNIAISER v. t. (conj. 4). Faire perdre sa naïveté, sa gaucherie à qqn ; lui faire perdre son innocence en matière sexuelle.

DÉNICHAGE n. m. Action de dénicher.

DÉNICHER v. t. (de *nid,* avec infl. de *nicher*) [conj. 3]. **1.** Enlever du nid des oiseaux, des œufs. — **2.** Faire sortir par la force qqn du lieu où il se tient ; retirer qqch du lieu qu'il occupe : *Dénicher les ennemis de leur position.* — **3.** Trouver qqch, qqn, le découvrir à force d'adresse, de recherche : *Dénicher une situation.*
◆ v. i. Quitter son nid : *Les oiseaux ont déniché.*

DÉNICHEUR, EUSE n. **1.** Personne qui déniche les oiseaux. — **2.** Personne qui est habile à trouver, à découvrir qqch : *Dénicheur de talents.*

DÉNICKELAGE n. m. Opération d'enlèvement d'un revêtement de nickel par dissolution chimique ou électrolytique.

DÉNICKELER v. t. (conj. 24). Enlever le nickelage.

DÉNICOTINISATION n. f. Action de dénicotiniser.

DÉNICOTINISER v. t. (conj. 3). Diminuer la teneur en nicotine du tabac ou l'en priver entièrement.

DÉNICOTINISEUR n. m. Filtre qui retient une partie de la nicotine du tabac.

DENIER n. m. (lat. *denarius*). **1.** Monnaie romaine d'argent valant 10 as. — **2.** Monnaie française d'argent, créée à l'époque carolingienne et valant 1/12 de sous ou 1/240 de livre. — **3.** Unité ancienne de titrage (masse en grammes d'une longueur de 9 000 m) des fils et des fibres textiles, remplacée par le décitex. — **4.** *Allocations en deniers,* celles qui sont versées en numéraire (par opposition à celles qui sont versées en nature). ‖ *Denier du culte* ou *de l'Église,* offrande des catholiques instituée en France après la séparation de l'Église et de l'État, pour l'entretien de leur clergé. ‖ *Denier de saint Pierre,* offrande volontaire faite au pape par les fidèles.
◆ **deniers** n. m. pl. *Litt.* **1.** Ressources financières : *Payer une facture sur ses deniers.* — **2.** *Les deniers de l'État* ou *les deniers publics,* l'argent de l'État.

DÉNIER v. t. (lat. *denegare*) [conj. 9]. **1.** Refuser de reconnaître qqch comme sien, le nier : *Dénier toute responsabilité.* — **2.** Refuser qqch à qqn alors que le bon droit l'accorde : *Dénier aux journalistes le droit de s'exprimer librement.*

DENIFLE (Joseph), en religion le **P. Heinrich Suso,** dominicain et érudit autrichien (Imst, Tyrol, 1844 - Munich 1905). Ses travaux les plus importants ont trait aux mystiques allemands, à Luther et à l'histoire des universités.

DÉNIGRANT, E adj. Qui vise à dénigrer.

DÉNIGREMENT n. m. Action de dénigrer ; médisance.

DÉNIGRER v. t. (lat. *denigrare,* noircir) [conj. 3]. Attaquer la réputation de qqn, le noircir, chercher à le rabaisser ; discréditer, décrier qqch, parler avec malveillance de qqch ou de qqn ; calomnier : *Dénigrer ses concurrents.*

DÉNIGREUR, EUSE adj. et n. Qui dénigre, qui se plaît à dénigrer.

DENIM n. m. (de *toile de Nîmes*). Tissu de coton en armure sergé, utilisé notamment pour la confection de jeans. (Syn. JEAN.)

DENIKINE (Anton Ivanovitch), général russe (près de Varsovie 1872 - Ann Arbor, Michigan, 1947). Il forma en 1917 une armée de volontaires russes pour lutter, avec l'aide de l'Angleterre, contre les bolcheviks. Il s'empara de Kharkov, de Kiev, et menaça Moscou (1919). Abandonné par ses troupes cosaques, il se retira en Angleterre, puis en France et enfin aux États-Unis.

DE NIRO (Robert), acteur américain (New York 1943). Il s'est imposé comme l'une des vedettes américaines à partir des années 70 : *le Parrain II* (1974), *Taxi Driver* (1976), *le Dernier Nabab* (1976), *New York New York* (1977), *Voyage au bout de l'enfer* (1978), *Il était une fois l'Amérique* (1984), *Angel Heart* (1987), *les Incorruptibles* (1987), *Stanley et Iris* (1990), *les Affranchis* (1990), *Heat* (1995), *Casino* (1995).

DENIS → DENYS.

DENIS ou **DENYS** *(saint)* [du gr. *Dionusos*], premier évêque de Paris (IIIe s.), longtemps confondu avec Denys l'Aréopagite. Dagobert lui dédia une abbaye à l'emplacement de l'actuelle basilique Saint-Denis.

DENIS le Libéral (Lisbonne 1261 - Odivelas 1325), roi de Portugal (1279-1325). Fils d'Alphonse III, il favorisa la mise en valeur du pays (défrichements), d'où son surnom de « roi laboureur », et développa les relations commerciales du Portugal avec la Flandre et l'Angleterre. Par le traité d'Alcanizes (1297), il fit reconnaître les frontières du Portugal par la Castille. Il fonda en 1290 l'université de Lisbonne qui fut transférée à Coimbra en 1308.

DENIS (Maurice), peintre français (Granville 1870 - Paris 1943). Il appartint au groupe des nabis et fonda en 1919 les Ateliers d'art sacré. Séduit par les primitifs florentins, influencé par le symbolisme et par Cézanne, il a peint des scènes intimistes et religieuses aux couleurs douces, organisées dans les deux dimensions de la toile, ainsi que de grandes décorations. Souhaitant concilier art moderne et tradition classique, il a notamment publié un recueil de *Théories* (1912). Sa maison de Saint-Germain-en-Laye, « le Prieuré », est un musée depuis 1980.

Denishawn School, première école de danse américaine (1915-1931), fondée par Ruth Saint Denis* et Ted Shawn*, où furent formés les plus grands danseurs modernes américains (Doris Humphrey, Martha Graham, Charles Weidman).

DÉNITRANT, E adj. **1.** Qui enlève un dérivé oxygéné de l'azote. — **2.** *Colonne* ou *tour dénitrante,* colonne creuse servant à dénitrer un mélange acide.

DÉNITRATION n. f. **1.** Substitution, dans une molécule, d'un atome d'hydrogène à un radical nitryle. — **2.** Élimination des dérivés oxygénés de l'azote contenus dans un mélange. — **3.** Élimination du sol ou des eaux des composés nitrés qu'ils renferment.

DÉNITRER v. t. (conj. **3**). Procéder à la dénitration.

DÉNITRIFICATION n. f. Action des bactéries du sol qui appauvrissent celui-ci en nitrates et libèrent de l'azote moléculaire. (La dénitrification est nuisible à la fertilité agronomique des sols.)

DÉNITRIFIER v. t. (conj. **9**). Opérer la dénitrification d'un milieu.

DÉNITROGÉNATION n. f. (de *nitrogène*). Extraction partielle de l'azote présent dans le gaz naturel.

DÉNIVELÉ n. m. ou **DÉNIVELÉE** n. f. (de *niveau*). Différence d'altitude, de niveau entre deux points.

DÉNIVELER v. t. (conj. **24**). Détruire le nivellement d'une surface ; provoquer une différence de niveau.

DÉNIVELLATION n. f. ou **DÉNIVELLEMENT** n. m. **1.** Action de déniveler ; fait d'être dénivelé : *Les dénivellations de la route.* — **2.** Différence de niveau : *Les dénivellations d'une zone accidentée.* — **3.** Différence de degré à l'intérieur d'un groupe hiérarchisé : *Les dénivellations sociales.* — **4.** Différence de niveau entre deux points rapprochés d'un même ensemble (rails, côtés d'une route, etc.).

DENIZLI, v. de Turquie, ch.-l. de prov., près du site de Laodicée ; 135 000 hab. Textile. Métallurgie.

DENJOY (Arnaud), mathématicien français (Auch 1884 - Paris 1974). Spécialiste des nombres transfinis, Denjoy a surtout contribué au développement de la théorie de l'intégration en y introduisant la totalisation, opération nouvelle qui a permis de résoudre des problèmes devant lesquels l'intégrale de Lebesgue se révélait impuissante. (Acad. des sc., 1942.)

DENKTAŞ (Rauf), homme politique chypriote (Paphos 1924). Chef de la communauté turque de Chypre, il est élu vice-président de la République en 1973. En févr. 1975, il proclame unilatéralement l'État fédéré turc de Chypre, dont il devient le président, et qu'il déclare indépendant sous le nom de République turque de Chypre du Nord en nov. 1983.

DENNER (Johann Christoph), facteur d'instruments à vent allemand (Leipzig 1655 - Nuremberg 1707). Spécialisé dans les instruments à anches, il mit au point la clarinette (v. 1690), en améliorant l'ancien chalumeau.

DENNERY, puis **D'ENNERY** (Adolphe PHILIPPE, dit), auteur dramatique français (Paris 1811 - *id.* 1899). Il a composé de nombreux mélodrames (*Don César de Bazan,* 1844 ; *les Deux Orphelines,* 1874) et des adaptations de J. Verne (*le Tour du monde en 80 jours,* 1875 ; *Michel Strogoff,* 1880). On lui doit aussi des livrets d'opéras (*le Cid,* mus. de Massenet, 1885).

d'Ennery *(musée),* à Paris (avenue Foch), musée national résultant d'un legs (1903) de l'auteur dramatique A. d'Ennery (objets d'art et meubles d'Extrême-Orient, 2 000 netsuke).

DÉNODER v. t. (lat. *nodare,* nouer) [conj. 3]. Enlever avec une perceuse spéciale les nœuds d'une planche.

Denoël, maison d'édition française fondée en 1930, à Paris, par Robert Denoël (1902-1945).

DÉNOMBRABLE adj. **1.** Qui peut être dénombré. – **2.** Syn. de COMPTABLE. – **3.** Se dit d'un ensemble qui peut être mis en bijection avec l'ensemble ℕ des entiers naturels.

DÉNOMBREMENT n. m. **1.** Action de dénombrer, de compter ; inventaire, recensement : *Dénombrement des fortunes dans un pays.* – **2.** Description écrite et détaillée des biens que le vassal tenait de son seigneur et qui accompagnait l'aveu. – **3.** *Dénombrement de la population,* partie d'un recensement qui indique le chiffre de la population des diverses unités administratives (communes, cantons, etc.)

DÉNOMBRER v. t. (lat. *dinumerare,* avec l'infl. de *nombre*) [conj. 3]. Faire le compte des unités composant un ensemble : *Dénombrer les habitants d'une région.*

DÉNOMINATEUR n. m. (bas lat. *denominator,* celui qui nomme). **1.** *Dénominateur d'une fraction de la forme* a/b (b ≠ 0), nom donné à *b.* – **2.** *Dénominateur commun,* caractère commun à plusieurs phénomènes, à plusieurs personnes qui en font l'unité fondamentale ; terrain d'entente.

DÉNOMINATIF, IVE adj. et n. m. (bas lat. *denominativus,* dérivé). Se dit d'un mot formé à partir d'un nom (par ex. *numéroter,* de « numéro »).

DÉNOMINATION n. f. (bas lat. *denominatio, -onis,* désignation). **1.** Action de nommer, de donner un nom à qqch. (La dénomination est l'opération inverse de la définition : partant du réel ou d'une suite de signifiés, elle consiste à les traduire en un seul signifiant : « bovin, femelle, jeune » → *génisse.*) – **2.** Appellation de qqch ; nom qui lui est donné. – **3.** *Dénomination commune,* appellation simplifiée de médicaments inscrits à la pharmacopée, et destinée à remplacer les dénominations scientifiques de lecture difficile. ‖ *Dénomination sociale,* nom adopté librement par les associés d'une S. A. R. L., d'une société par actions ou d'une société en nom collectif, et figurant dans ses statuts.

DÉNOMMER v. t. (lat. *denominare*) [conj. 3]. **1.** Désigner qqn, le citer par son nom ; nommer : *Dénommer une personne dans un acte.* – **2.** Attribuer, assigner un nom à qqch, qqn ; appeler : *On l'a dénommé Pierre.*

◆ **être dénommé** v. pass. *Le (la) dénommé(e) + n. pr.,* la personne qui s'appelle ainsi (admin.) : *Le dénommé Dupont.*

DENON (Dominique Vivant, *baron*), graveur et administrateur français (Givry, 1747 - Paris 1825). Graveur à l'eau-forte, il entra dans la diplomatie, fut attaché d'ambassade à Naples (1776), académicien des Beaux-Arts (1787), et accompagna Bonaparte en Égypte. Nommé directeur général des Musées en 1802, il fut le premier organisateur du Louvre.

DÉNONCER v. t. (lat. *denuntiare,* notifier) [conj. 16]. **1.** Signaler qqn, qqch à la justice, à une autorité en vue de les faire condamner ou punir : *Dénoncer un criminel à la police.* – **2.** Révéler qqch, le faire connaître publiquement comme néfaste : *Dénoncer les dangers de la crise.* – **3.** *Litt.* Faire connaître, révéler une attitude ; dénoter : *Visage qui dénonce la franchise.* – **4.** Annoncer la rupture d'un traité, d'un accord. Signifier par voie extrajudiciaire.

DÉNONCIATEUR, TRICE n. (bas lat. *denuntiator*). Personne qui dénonce qqn, une action, à une autorité, à la justice.

◆ adj. Qui constitue ou contient une dénonciation : *Lettre dénonciatrice.*

DÉNONCIATION n. f. (lat. *denuntiatio, -onis*). **1.** Action de dénoncer qqn, qqch, à la justice, à une autorité, etc. ; délation ; document, information qui dénonce. (La loi oblige dans certains cas à se porter dénonciateur, sous peine de sanction.) – **2.** Annonce de la rupture d'un accord, d'un contrat, etc. – **3.** Signification extrajudiciaire d'un acte aux personnes concernées. – **4.** *Dénonciation calomnieuse,* dénonciation intentionnellement mensongère d'un fait précis allégué à un ou plusieurs individus, faite aux officiers de justice ou de police ou aux supérieurs hiérarchiques ou employeurs du dénoncé, punie par la loi. ‖ *Dénonciation de nouvel œuvre,* action possessoire exercée contre le propriétaire d'un fonds voisin qui effectue des travaux dangereux ou dont l'achèvement créera un trouble pour le demandeur.

DÉNOTATIF, IVE ou **DÉNOTATIONNEL, ELLE** adj. **1.** Relatif à la dénotation. – **2.** *Fonction dénotative,* syn. de FONCTION RÉFÉRENTIELLE.

DÉNOTATION n. f. (lat. *denotatio, -onis,* indication). **1.** Sens fondamental et stable d'une unité lexicale, susceptible d'être utilisé en dehors du discours (par oppos. à sa *connotation*). – **2.** Ensemble des caractéristiques d'un objet matériel ou idéel, qui ne sont pas nécessairement énoncées dans une langue naturelle, mais qui sont constitutives de l'objet comme objet de pensée dans toute son extension. (Syn. RÉFÉRENCE.) [→ *encycl.*]

ENCYCL. **Log.** L'un des arguments essentiels avancés par Frege en faveur de la distinction entre sens et dénotation réside dans la valeur informative des énoncés d'identité du genre « l'étoile du matin est l'étoile du soir » : les deux expressions figurant dans cet énoncé ont la même dénotation (l'astre Vénus), mais elles ont un sens différent.

DÉNOTER v. t. (lat. *denotare*) [conj. 3]. **1.** Être le signe de qqch ou l'indiquer, le marquer par des signes extérieurs ; annoncer : *Un geste qui dénote la générosité.* – **2.** Signifier par dénotation.

DÉNOUEMENT n. m. **1.** Manière dont se dénoue, se termine une action, une œuvre littéraire, un film, etc. ; événement qui marque la conclusion, la fin : *Un dénouement imprévu.* – **2.** Solution d'une affaire compliquée ou difficile : *Le dénouement d'une crise politique.*

DÉNOUER v. t. (conj. 6). **1.** Défaire ce qui était noué ou attaché, étroitement serré : *Dénouer sa cravate.* – **2.** Éclaircir, résoudre une affaire compliquée, la mener à sa fin, à sa conclusion, démêler : *Dénouer une intrigue policière.* – **3.** *Dénouer la langue de qqn,* le faire parler.

DÉNOYAGE n. m. Action de dénoyer.

DÉNOYAUTAGE n. m. Action de dénoyauter.

DÉNOYAUTER v. t. (conj. 3). Enlever le noyau d'un fruit.

DÉNOYAUTEUR n. m. ou **DÉNOYAUTEUSE** n. f. Appareil servant à ôter le noyau de certains fruits.

DÉNOYER v. t. (conj. 13). Assécher des travaux miniers envahis par l'eau.

DENPASAR ou **DEN PASAR,** v. d'Indonésie, ch.-l. de l'île de Bali ; 88 000 hab. Aéroport.

DENRÉE n. f. (anc. fr. *denerée,* de *denier,* marchandise valant un denier). **1.** Marchandise destinée à la consommation, surtout alimentaire ; produit comestible : *Denrées de première nécessité.* – **2.** *Une denrée rare,* une chose, une qualité précieuse que l'on trouve difficilement.

DENSE adj. (lat. *densus*). **1.** Compact, épais, fait d'éléments serrés : *Brouillard dense.* – **2.** Qui comporte des éléments nombreux et serrés : *Circulation dense sur l'autoroute.* – **3.** Qui exprime en peu de mots de nombreuses idées ; concis : *Style dense.* – **4.** Qui est riche d'événements : *Une vie dense et variée.* – **5.** *Litt.* Caractérisé par une certaine plénitude, force, intensité : *Joie dense.* • **Bot.** Se dit des formations végétales fermées, en particulier des forêts où toutes les frondaisons se touchent par les bords, telle la forêt équatoriale. – **Math.** Se dit d'un ensemble M ordonné, contenant au moins deux éléments et tel que pour tout couple d'éléments x et y de M il existe un autre élément z de M tel que l'on ait $x<z<y$. ‖ Se dit d'un ensemble A, partie d'un ensemble E, tel que la fermeture $\bar{A}$ de A est égale à E. (Ainsi $\mathbb{Q}$ est dense dans $\mathbb{R}$.) – **Phys.** Se dit d'une substance dont la masse volumique est grande par rapport à celle d'une substance de référence (l'air pour les gaz, l'eau pour les liquides et les solides).

DENSÉMENT adv. De façon dense.

DENSIFICATION n. f. **1.** Action de densifier ; fait de se densifier. – **2.** Procédé d'amélioration des bois par compression en flanc. (Les propriétés du bois sont en rapport avec sa densité, qui varie suivant les essences.)

DENSIFIER v. t. (conj. 9). **1.** Rendre plus dense, augmenter la densité de qqch. – **2.** Pratiquer la densification d'un bois.

DENSIMÈTRE n. m. Aréomètre indiquant la densité d'un liquide.

DENSIMÉTRIE n. f. Mesure de la densité.

DENSIMÉTRIQUE adj. Relatif à la densimétrie.

DENSITÉ n. f. (lat. *densitas, -atis,* épaisseur). Qualité de ce qui est dense. • **Astron.** *Théorie des ondes de densité,* théorie qui explique la structure spirale des galaxies à partir de la propagation d'une perturbation gravitationnelle à travers leur disque. – **Balist.** *Densité balistique de l'air,* élément d'un sondage aérologique, destiné à l'artillerie, calculé après pondération de plusieurs mesures effectuées à différentes altitudes et pour une couche d'atmosphère contenant une trajectoire déterminée. – **Démogr.** *Densité de population,* nombre d'habitants par unité de surface, en général le kilomètre carré. (Ce concept est souvent utilisé, surtout dans le cadre national, pour pondérer les chiffres de populations en fonction de critères naturels [relief et climat] et humains [structure et niveau de développement de l'économie, dynamisme démographique].) – **Dr.** *Densité de construction,* rapport entre la somme des surfaces de plancher habitables d'une ou plusieurs constructions et la surface totale du terrain d'implantation. – **Électr.** *Densité de charge,* limite, en un point, du quotient de la charge par l'élément (de surface ou de volume) qui la contient. ‖ *Densité de courant,* grandeur vectorielle $\vec{j}$ égale, dans un conducteur, au produit de la densité de charge volumique δ par la vitesse moyenne $\vec{v}$ des charges électriques : $\vec{j} = \delta\,\vec{v}$. – **Hydrol.** *Courant de densité,* composante d'un courant marin produit par la pente des surfaces isopycnes. – **Inform.** *Densité d'enregistrement,* nombre d'éléments binaires enregistrés par unité de dimension sur un support de mémorisation d'information. – **Math.** *Densité de probabilité d'une variable aléatoire continue,* dérivée, lorsqu'elle existe, de la fonction de répartition de cette variable aléatoire. – **Pédol.** Rapport de la masse d'un sol au volume occupé par la matière solide (densité réelle, généralement de l'ordre de 2,6) ou au volume occupé par la matière solide et par les pores du sol (densité apparente, variant de moins de 1 à 1,4). – **Pétr.** *Densité API* (American Petroleum Institute), expression de la densité des produits pétroliers à l'aide de degrés définis par la formule :

densité API = $\frac{141,5}{\text{densité à } 15^{\circ}\text{c}} - 131,5.$

— **Phot.** Valeur de gris d'un phototype. — **Phys.** Rapport de la masse d'un gaz à la masse d'air qui occupe le même volume à même température et même pression. ‖ Rapport de la masse d'un liquide ou d'un solide à la masse d'eau occupant le même volume à la température de 4 °C. (→ *encycl.*) — **Pyrotechn.** *Densité de chargement,* rapport de la masse d'explosif à la longueur du trou de mine. ‖ *Densité gravimétrique,* rapport de la masse au volume d'une substance pulvérulente ou granulaire non tassée. — **Transp.** *Densité de trafic,* pour une section d'infrastructure de transport, rapport du nombre de tonnes-kilomètres, de voyageurs-kilomètres, etc., réalisés sur la section à la longueur de celle-ci. (Syn. DÉBIT.)

ENCYCL. **Phys.** La mesure de la *densité d'un solide* se fait en évaluant la masse du corps, celle du même volume d'eau, et en faisant le rapport de ces deux grandeurs. La balance hydrostatique, utilisant le principe d'Archimède, et le procédé du flacon donnent ces grandeurs par simple ou double pesée.

La *densité d'un liquide* se mesure avec un aréomètre, flotteur lesté plongé dans le liquide, ou avec une balance de Mohr : un cylindre de verre accroché au fléau d'une balance est équilibré par un contrepoids ; quand il est plongé dans le liquide, l'équilibre est rompu. Un cavalier solidaire du fléau permet de ramener la balance à sa position initiale, son poids donnant la densité du liquide avec trois décimales.

On peut mesurer la *densité d'un gaz* en mesurant sa masse (méthode de Regnault), mais la mesure de son volume est plus précise : la méthode de Meyer consiste à introduire dans une enceinte à température élevée une ampoule de verre contenant le liquide à vaporiser. La vapeur chasse de l'appareil un volume d'air égal au sien, et dont la mesure permet de déterminer la densité.

DENSITOMÈTRE n. m. Appareil permettant de mesurer la densité des plages d'un phototype.

DENT [dɑ̃] n. f. (lat. *dens, dentis*). **1.** Organe dur et blanchâtre, implanté, chez l'homme, sur le bord des maxillaires et destiné à la mastication. — **2.** Chacun des organes durs et saillants situés dans la bouche des vertébrés et contribuant à préparer la déglutition des proies. (→ *encycl.*) — **3.** Chacune des tiges pointues ou des pointes triangulaires tranchantes de certains outils ou instruments : *Les dents d'une fourchette. Les dents d'une scie.* — **4.** Sommet montagneux limité par des versants abrupts. (Syn. CORNE.) — **5.** *À belles dents,* pleinement, de bon cœur, violemment. ‖ Pop. *Avoir la dent,* avoir faim. ‖ *Avoir la dent dure,* être cinglant dans ses reparties. ‖ Fam. *Avoir les dents longues,* être très avide d'argent ou très ambitieux. ‖ *Avoir une dent contre qqn,* lui en vouloir, lui garder rancune. ‖ *Coup de dent,* morsure ; critique mordante. ‖ *Du bout des dents,* avec réticence, sans plaisir ou d'une manière forcée. ‖ *En dents de scie,* qui est irrégulier, qui présente une succession de pointes et de creux ou une succession de moments de progrès et de recul. ‖ Fam. *Être sur les dents,* être dans un état de grande tension nerveuse, de vive appréhension, ou être très occupé. ‖ *Faire, percer ses dents,* avoir ses premières dents qui poussent. ‖ *Jusqu'aux dents,* indique l'intensité ; très : *Armé jusqu'aux dents.* ‖ *Montrer les dents,* être prêt à mordre, en parlant d'un animal ; menacer qqn ou lui résister. ‖ Fam. *N'avoir rien à se mettre sous la dent,* n'avoir rien à manger. ‖ *Parler, murmurer entre ses dents,* en ouvrant à peine la bouche ou à voix basse. ‖ Fam. *Quand les poules auront des dents,* jamais. ‖ *Se casser les dents (sur),* ne pas venir à bout d'une difficulté ; échouer devant la résistance de qqn. ‖ *Se faire les dents,* aiguiser le tranchant de ses dents, en parlant des rongeurs ; s'entraîner, s'endurcir. ‖ *Toutes dents dehors,* en riant ou en souriant très largement. • **Bot.** Découpure petite et aiguë d'un organe végétal. — **Dent.** Découpure pointue ou arrondie formant le bord de certaines dentelles ou broderies. — **Électr.** Partie ferromagnétique comprise entre deux encoches consécutives d'une armature de machine électrique. — **Électron.** *Dent de scie,* courant ou tension qui, périodiquement, croît et décroît linéairement en fonction du temps. (On l'emploie en télévision, pour assurer l'analyse des points de l'image, et dans les oscilloscopes, pour assurer le balayage horizontal.) — **Mécan.** Chacune des aspérités de formes variées que l'on ménage sur un outil (scie, fraise, etc.) et qui portent l'arête tranchante. ‖ Chacune des aspérités situées sur une roue d'engrenage, pour transmettre le mouvement. — **Rel.** *Dent à brunir.* Syn. de BRUNISSOIR. — **Zool.** Organe dur de certains animaux, tel que les saillies de la radula des mollusques, les dents des oursins, etc. ‖ *Dent de l'œuf,* syn. de DIAMANT.

ENCYCL. On peut classer les dents d'après leur mode d'implantation (dents alvéolées des mammifères et des crocodiles, dents dermiques des autres vertébrés), leur position (dents maxillaires, palatines, linguales, pharyngiennes), leur forme, souvent liée à leur fonction (incisives tranchantes, canines et défenses servant au combat, prémolaires et molaires broyeuses, crochets des serpents venimeux, dents en pavé des poissons mangeurs de coquillages, pointes

retenant seulement les proies), enfin leur évolution au cours de la vie de l'animal : dents à croissance continue (incisives des rongeurs), à croissance prolongée (molaires des chevaux), à croissance brève (cas général), à remplacement oblique (molaire des éléphants). Les dents dermiques, notamment chez les requins, sont disposées sur plusieurs rangées, dont une seule en usage à une période donnée ; les dents du second rang se redressent pour remplacer les dents usées du premier rang, etc. Lorsque le nombre et la nature des dents sont constants dans une espèce (mammifères en général), on peut les exprimer par une formule dentaire*.
Chez l'homme, de 6 mois à 6 ans environ, les dents sont au nombre de 20 (dents de lait). Entre 6 et 12 ans environ, elles tombent pour être remplacées par 28 dents permanentes, auxquelles viennent s'ajouter (de façon non constante) à partir de 18 ans les 4 dents de sagesse. Les dents se divisent, d'après leur situation et leur forme, en 8 incisives, 4 canines, 8 prémolaires et 12 molaires. Chacune d'elles comprend une partie visible, la *couronne,* et une partie intraosseuse, la ou les *racines,* séparées par le *collet.* Les dents peuvent en effet avoir une ou plusieurs racines.
— **Vétér.** et **Zootechn.** Les dents, surtout les incisives, fournissent des caractères précieux pour déterminer l'âge des animaux. Chez le cheval, par exemple, l'usure des dents à leur partie supérieure est compensée par une croissance continue de la dent en longueur et, par suite, quel que soit leur degré d'usure, les dents paraissent avoir toujours la même longueur hors de la gencive. L'usure se traduit par une modification de la forme de la surface supérieure de la dent qui permet, selon qu'elle est ovalaire, ronde, triangulaire, biangulaire, de déterminer avec assez de précision l'âge de l'animal.

1. DENTAIRE adj. (bas lat. *dentarius*). **1.** Relatif aux dents. — **2.** *Formule dentaire,* formule exprimant le nombre et la nature des dents portées par chaque demi-mâchoire supérieure et inférieure chez les mammifères hétérodontes (à dents de plusieurs sortes). [→ *encycl.*] ‖ *Os dentaire,* os de la mâchoire inférieure de tous les vertébrés osseux, portant souvent des dents.

ENCYCL. *Formule dentaire.* Le nombre et la nature des dents par demi-mâchoire sont représentés sous forme de fraction, les dents du haut en numérateur, les dents du bas en dénominateur (I = incisive, C = canine, PM = prémolaire, M = molaire). L'ordre des types dentaires étant toujours le même sur une demi-mâchoire, on note la formule dentaire du blaireau, par exemple :

$$\frac{1}{1}\mathrm{I} + \frac{1}{1}\mathrm{C} + \frac{4}{4}\mathrm{PM} + \frac{1}{2}\mathrm{M},$$
$$\text{ou}\quad \frac{1\mathrm{I} + 1\mathrm{C} + 4\mathrm{PM} + 1\mathrm{M}}{1\mathrm{I} + 1\mathrm{C} + 4\mathrm{PM} + 2\mathrm{M}},$$
$$\text{ou}\quad \frac{1+1+4+1}{1+1+4+2}.$$

L'absence de telle ou telle catégorie de dents se note par un 0 à la place correspondante. Pour la vache, par exemple,

$$\frac{0+0+3+3}{4+0+3+3}.$$

2. DENTAIRE n. f. (de *dent*). Crucifère des régions tempérées, très voisine des cardamines, dont elle diffère par la présence de rhizomes écailleux. (On la rencontre souvent sous les hêtraies.)

DENTAL, E, AUX adj. et n. f. Se dit d'une consonne dont l'articulation implique une participation des incisives supérieures, comme les interdentales, les labiodentales et les apicodentales.

DENTALE n. m. (lat. sc. *dentale,* class. *dens, dentis,* dent). Mollusque marin des sables littoraux, à coquille en forme de long cornet, de type très aberrant. (Les dentales forment la minuscule classe des *scaphopodes.*)

DENTALISATION n. f. Modification du lieu d'articulation d'une consonne normalement non dentale qui tend à être réalisée comme une dentale.

DENTALISER v. t. (conj. 3). Réaliser une consonne non dentale comme une dentale.

DENT-DE-LION n. f. (pl. *dents-de-lion*). Autre nom du *pissenlit.*

DENT-DE-LOUP n. f. (pl. *dents-de-loup*). **1.** En passementerie, syn. de DUCHESSE. — **2.** Bordure dentelée réalisée à l'or, caractéristique des porcelaines de Sèvres au XVIIIe s.
◆ **dents-de-loup** n. f. pl. Syn. de DENTS-DE-SCIE.

DENTÉ, E adj. **1.** Qui a des saillies en forme de dents : *Roue dentée.* — **2.** Bordé de petites échancrures triangulaires, égales ou inégales : *Feuilles dentées.*
◆ **denté** n. m. Poisson sparidé carnassier comestible des côtes rocheuses, mangeur de seiches.

DENTELAIRE n. f. Plante (plombaginacée) des rocailles du Midi, à fleurs violettes et dont la racine, mâchée, passait pour guérir les maux de dents.

DENTELÉ adj. m. et n. m. Se dit de trois muscles pairs du thorax. (Le *grand dentelé* et les *petits dentelés* postérieurs, l'un supérieur, l'autre inférieur.)

DENTELER v. t. (anc. fr. *dentele,* petite dent) [conj. **24**]. *Litt.* Découper, entailler en formant des dents.

◆ **être dentelé** v. pass. Être découpé en pointes en forme de dents ou de petites échancrures.

DENTELLE n. f. (de *dent*). **1.** Tissu ajouré constitué par l'entrelacement de fils formant un fond de réseau sur lequel se détachent des motifs décoratifs. (→ *encycl.*) – **2.** *Litt.* Ce qui rappelle la délicatesse, la finesse, les dentelures de la dentelle : *Dentelle de papier.* – **3.** Fam. *Faire dans la dentelle,* avoir le sens des nuances, faire des distinguos subtils. ‖ *Guerre en dentelles,* combat poli (par allusion à la guerre telle qu'on la faisait aux XVIIe et XVIIIe s.). • **Bijout.** Ensemble des petites facettes triangulaires autour de la table d'une pierre taillée. – **Rel.** Décor doré, au petit fer ou à la plaque, comportant un encadrement bordé de motifs ornementaux légers (XVIIIe s.).

ENCYCL. La dentelle est réalisée à l'aide d'aiguilles, de fuseaux, de crochets, de navettes ou de métiers à partir de fil de lin, coton, laine, soie, or, argent, fibres synthétiques. La broderie donne naissance à la dentelle à l'aiguille et, plus tard, la passementerie à la dentelle aux fuseaux.

• *Dentelle à l'aiguille.* Venise revendique la primeur de cet art qui se répand ensuite dans le Bassin méditerranéen. En France, sous le règne de François Ier, paraît le premier recueil de modèles. Colbert fait venir trente dentellières de Venise, fonde une école à Auxerre et choisit Aurillac, Sedan, Reims, Le Quesnoy, Alençon, Arras et Loudun pour y établir des manufactures royales avec privilèges et monopoles. La Manufacture générale est installée à Alençon (1665). Les dentelles fabriquées en France durent porter le nom de point de France. Parmi les points célèbres, citons : ceux d'Alençon, d'Argentan, de Paris ; aux XVIIIe et XIXe s. Bayeux est un centre actif.

• *Dentelle aux fuseaux.* Elle eut pour centres très actifs Milan, Gênes, Raguse et Venise, ainsi que, dès la seconde moitié du XVIe s., Bruxelles, qui introduisit l'emploi de personnages dans la décoration. Le point d'Angleterre n'est autre que le point de Bruxelles. Des centres actifs furent créés : Le Puy dès le XVIIe s., Valenciennes, Malines, puis Chantilly qui au XVIIIe s. produisit des dentelles noires. D'autres centres de fabrication s'établirent à Mirecourt et à Saint-Mihiel. Au cours du XIXe s., la fabrication se transporta de l'Île-de-France en Normandie, près de Caen et de Bayeux. D'autres dentelles aux fuseaux tirent leurs noms de la matière dont elles sont faites plutôt que de leur pays d'origine : la *blonde,* par exemple, dont il existe plusieurs variétés ; la *guipure des Flandres* est une dentelle d'application ; ce travail se pratiqua à Honiton, en Angleterre, et surtout en Belgique.

• *Dentelles mécaniques.* Les premiers essais sont faits à Nottingham en 1768 : un tulle uni est obtenu sur un métier à bas perfectionné. En 1824, à Lyon, la reproduction de motifs est réalisée en utilisant le système Jacquard, et en 1836, Ferguson associe ces deux méthodes et crée une imitation de la dentelle de Chantilly, qui prend le nom de *dentelle de Cambrai.*

• *Période contemporaine.* La dentelle à la main a disparu du costume moderne et s'est réfugiée au début du siècle dans la lingerie et le linge de maison. Des ateliers nationaux créés en 1976 redonnent aujourd'hui une impulsion aux techniques de la dentelle à l'aiguille (Alençon) et de la dentelle aux fuseaux (Le Puy-en-Velay).

Le musée des Arts décoratifs est, à Paris, la meilleure source de documentation pour les dentelles anciennes. Le musée Crozatier, au Puy-en-Velay, ainsi que le musée de Bayeux présentent de riches collections de dentelles aux fuseaux ; le musée d'Ozé, à Alençon, de dentelles à l'aiguille.

DENTELLERIE n. f. Fabrication, commerce des dentelles.

DENTELLIER, ÈRE n. **1.** Fabricant de dentelles. – **2.** Personne qui exécute la dentelle à la main.

◆ adj. Qui a rapport à la dentelle.

DENTELURE n. f. (anc. fr. *dentele,* petite dent). **1.** Découpure en forme de dents de scie. **2.** Ensemble des marques de perforation sur le pourtour d'un timbre-poste. (On les mesure à l'aide d'un odontomètre.) – **3.** Motif architectural dentelé.

DENTICÈTE n. m. Syn. de ODONTOCÈTE.

DENTICULE n. m. *Denticule cutané,* écaille rugueuse des sélaciens (boucles des raies). [Syn. ÉCAILLE PLACOÏDE.]

◆ **denticules** n. m. pl. Ornement de corniche constitué d'une suite de saillies rectangulaires espacées.

DENTICULÉ, E adj. Garni de denticules.

DENTIER n. m. Prothèse dentaire amovible, partielle ou totale.

DENTIFRICE n. m. (bas lat. *dentifricum,* du lat. class. *dens, dentis,* dent, et *fricare,* frotter). Substance destinée au nettoyage des dents, à l'entretien des gencives et à l'antisepsie de la bouche. (Les dentifrices peuvent être liquides, mous [pâtes] ou solides [poudres].)

◆ adj. Se dit d'un produit destiné au nettoyage des dents : *Pâte, eau dentifrice.*

DENTINAIRE adj. *Canalicules dentinaires,* canaux microscopiques de 2 à 3 µm de diamètre, traversant la dentine et contenant les prolongements de la pulpe ou *fibres de Tomes.*

DENTINE n. f. (angl. *dentine*). Ivoire des dents.

DENTISTE n. Syn. de CHIRURGIEN-DENTISTE.

DENTISTERIE n. f. Partie de l'odontostomatologie qui concerne les soins et interventions appliqués aux dents.

DENTITION n. f. (bas lat. *dentitio, -onis*). **1.** Poussée évolutive des dents qui, à partir des germes dentaires au sein des maxillaires, font issue dans la cavité buccale après avoir traversé la gencive. (Syn. ÉRUPTION DENTAIRE.) — **2.** Syn. courant de DENTURE.

ENCYCL. **Zool.** La plupart des mammifères ont deux dentitions, la première, dite *dentition de lait* ou *dentition lactéale,* engendrant un moins grand nombre de dents que la *dentition adulte* ou *définitive,* qui s'accompagne de la chute des dents de lait par phagocytose de leur racine.

DENTS-DE-SCIE ou **DENTS-DE-LOUP** n. f. pl. Ornement courant semblable à la denture d'une scie. (Architecture romane notamm.)

Dentsu, société japonaise dont les origines remontent à 1901, première entreprise mondiale de publicité.

DENTURE n. f. **1.** Ensemble des dents normalement portées, à un âge donné, par un mammifère. (Syn. usuel DENTITION.) — **2.** Ensemble des dents d'une roue dentée, d'une crémaillère, d'une scie, etc.

DENTZ (Henri Fernand), général français (Roanne 1881 - Fresnes 1945). Gouverneur militaire de Paris, il dut remettre la capitale à l'ennemi le 14 juin 1940. Haut-commissaire en Syrie (déc. 1940), il appliqua strictement les instructions de Vichy. Condamné à mort en 1945, il vit sa peine commuée en celle de travaux forcés à perpétuité et mourut en prison.

DÉNUCLÉARISATION n. f. Action de dénucléariser.

DÉNUCLÉARISER v. t. (conj. 3). Interdire dans une région, un pays, la possession et la fabrication d'armes nucléaires.

DÉNUDATION n. f. (bas lat. *denudatio, -onis*). **1.** *Litt.* Action de se dénuder le corps. — **2.** Mise à nu d'une veine superficielle pour y introduire à demeure une aiguille ou un cathéter.

DÉNUDER v. t. (lat. *denudare*) [conj. 3]. **1.** Laisser à nu, visible, une partie du corps : *Robe qui dénude le dos.* — **2.** Mettre un os, un nerf, une veine à nu en enlevant les chairs qui les recouvrent. — **3.** Dépouiller un arbre de son écorce ou de son feuillage. — **4.** Enlever l'isolant d'un conducteur électrique.

◆ **se dénuder** v. pr., **être dénudé** v. pass. **1.** Se mettre partiellement ou totalement nu : *Avoir la poitrine dénudée.* — **2.** Avoir perdu toute végétation, tout feuillage : *Terrain dénudé.* — **3.** Être privé de tout ornement jugé inutile, en parlant d'un style, d'une œuvre. — **4.** Perdre ses cheveux, devenir chauve : *Crâne dénudé.*

DÉNUEMENT n. m. État de qqn qui manque complètement des choses nécessaires à la vie normale ; misère, indigence.

DÉNUER v. t. (lat. *denudare,* mettre à nu) [conj. 7]. *Litt.* Dépouiller qqn de qqch, l'en priver : *Une faillite l'a dénué de tout.*

◆ **être dénué** v. pass. Être dépourvu, privé de qqch, en manquer : *Être dénué de bon sens.*

DÉNUTRI, E adj. et n. Qui souffre de dénutrition.

DÉNUTRITION n. f. (de *nutrition*). État d'une cellule, d'un tissu, d'un organisme dans lequel la désassimilation l'emporte sur l'assimilation. (La dénutrition est habituelle à la vieillesse ; elle est anormale pendant la jeunesse ou l'âge adulte. Toutes les maladies ou infections sont causes de dénutrition.)

DEN UYL (Johannes Marten, dit **Joop**), homme politique néerlandais (Hilversum 1919 - Amsterdam 1987). Principal dirigeant du parti du Travail de 1967 à 1986, il est Premier ministre de 1973 à 1977, puis vice-Premier ministre et ministre des Affaires sociales (sept. 1981-nov. 1982).

DENVER, v. des États-Unis, cap. du Colorado ; 492 000 hab. (1 621 000 hab. avec les banlieues). Au contact des Grandes Plaines et des Rocheuses, à 1 609 m d'alt., c'est un nœud ferroviaire, routier et aérien, un centre tertiaire (administration, sièges d'entreprises, commerce) et industriel (agroalimentaire et aéronautique notamment). Important musée d'Art.

DENYS l'Aréopagite *(saint),* évêque et martyr athénien du Ier s. apr. J.-C. Membre de l'Aréopage, mais converti par saint Paul, il devint, selon la Tradition, le premier évêque d'Athènes.

DENYS le Grand *(saint),* évêque d'Alexandrie († v. 265). Disciple d'Origène, il fut maître, après lui, à l'école d'Alexandrie.

DENYS *(saint)* [† Rome 268], pape de 259 à 268. Il réunit à Rome (262) un concile où fut condamné le subordinatianisme, ancêtre de l'arianisme.

DENYS *(saint),* premier évêque de Paris → DENIS (saint).

DENYS Ier l'Ancien (Syracuse v. 430 - *id.* 367 av. J.-C.), tyran de Syracuse (405-367). Fondant son pouvoir sur une armée bien entraînée, où les mercenaires nombreux recevaient une solde régulière, cet aventurier a porté la puissance de Syracuse à son sommet. Vainqueur des Carthaginois après des campagnes difficiles, il ne leur laissa finalement que l'extrémité ouest de la Sicile (368) ; il détruisit ou soumit à son autorité toutes les villes grecques de l'île et prit pied en Italie du Sud. Dans Syracuse qu'il avait rendue inexpugnable par des fortifications terrestres, il entretint une cour brillante où se pressaient artistes et hommes de lettres. – Le règne de **Denys II** *le Jeune* (v. 397-344 av. J.-C.), tyran de Syracuse (367 - 344 av. J.-C.), fils et successeur du précédent, fut marqué par d'incessantes luttes civiles avec son oncle Dion ; à la mort de ce dernier (354), Denys régna jusqu'à ce que l'insurrection des cités grecques de Sicile obligeât Corinthe à envoyer Timoléon comme pacificateur (344). Denys le Jeune se retira à Corinthe en conservant ses immenses richesses.

DENYS d'Halicarnasse, historien et critique grec (Ier s. av. J.-C.). Il joua un rôle important, à Rome, dans la formation d'un goût conforme à la tradition classique de l'atticisme. Il a composé en grec *les Antiquités romaines,* histoire de Rome des origines à la deuxième guerre punique.

DENYS le Périégète, poète grec (IIe s. apr. J.-C.). Il composa un *Tour du monde* en vers, où il a évoqué avec de nombreuses erreurs les différentes parties du monde connu.

DENYS le Petit, moine scythe (en Scythie ou en Arménie fin du Ve s. - v. 540). Ses travaux pour tenter de fixer la date de naissance de Jésus sont à l'origine de notre calendrier.

DENYS le Chartreux ou **de Ryckel,** théologien mystique (Rijkel, près de Sint-Truiden, Limbourg, 1402 - Roemond 1471). Auteur d'ouvrages de théologie mystique, il fut surnommé *le Docteur extatique.*

DEODAR n. m. (hindī *dēwdār,* du sanskr. *devadāra,* arbre divin). Très beau cèdre de l'Himālaya, parfois planté en France dans les parcs.

DÉODAT *(saint)* → DIÉ (saint).

DÉODORANT, E adj. et n. m. (angl. *deodorant,* du lat. *odor, -oris,* odeur). Se dit d'un produit cosmétique qui réduit ou élimine les odeurs corporelles.

Deo gratias, formule latine liturgique, signif. *Grâces soient rendues à Dieu.*

DÉOLS (36130), comm. de l'Indre, banlieue nord de Châteauroux ; 10 219 hab. Vestiges (clocher roman) d'une importante abbaye fondée en 917. Église paroissiale des XIIe et XVe s. avec deux cryptes plus anciennes (sarcophage en marbre blanc de saint Ludre). Aéroport.

DÉON (Michel), romancier français (Paris 1919). Auteur de romans à succès dont l'atmosphère et le style coloré reflètent son goût des voyages (*le Balcon de Spetsaï,* 1961 ; *le Rendez-vous de Patmos,* 1965 ; *Un taxi mauve,* 1973 ; *le Jeune Homme vert,* 1975 ; *Un déjeuner de soleil,* 1981 ; *la Montée du soir,* 1987 ; *Un souvenir,* 1990). [Acad. fr., 1978.]

DEONNA (Waldemar), archéologue suisse (Cannes 1880 - Genève 1959). Directeur du musée d'Art et d'Histoire de Genève (1921-1951), professeur d'archéologie (1920-1955), il a écrit : *Dédale ou la Statue de la Grèce archaïque* (2 vol., 1930-31).

DÉONTIQUE adj. (gr. *deon, -ontos,* ce qu'il faut faire). *Logique déontique,* étude systématique des propriétés formelles vérifiées par des notions juridiques comme celles de droit et d'obligation.

DÉONTOLOGIE n. f. (angl. *deontology,* du gr. *deon, -ontos,* ce qu'il faut faire, et *-logie*). Ensemble des règles et des devoirs qui régissent une profession, la conduite de ceux qui l'exercent, les rapports entre ceux-ci et leurs clients et le public.

DÉONTOLOGIQUE adj. Relatif à la déontologie.

DE PAEPE (Cesar), militant ouvrier belge (Ostende 1842 - Cannes 1890). Il participa à la fondation de la Ier Internationale, puis en 1885 à celle du parti ouvrier belge qui deviendra le parti socialiste belge.

DÉPAILLAGE n. m. Action de dépailler.

DÉPAILLER v. t. (conj. 3). Dégarnir un siège de sa paille, totalement ou partiellement.

DÉPAISSELAGE n. m. Action de dépaisseler.

DÉPAISSELER v. t. (conj. **24**). Enlever les paisseaux qui soutiennent la vigne.

DÉPALETTISEUR n. m. Appareil assurant la décomposition progressive d'une charge unitaire comportant des colis de dimensions identiques, tels des cartons ou des casiers parallélépipédiques.

DÉPALISSAGE n. m. Action de dépalisser.

DÉPALISSER v. t. (de *palisser*) [conj. 3]. Détacher les branches d'un arbre des supports auxquels elles étaient fixées.

DÉPANNAGE n. m. Action de dépanner : *Atelier de dépannage.*

DE PANNE → PANNE (La).

DÉPANNER v. t. (conj. 3). **1.** Remettre un appareil, un véhicule en état de fonctionner. – **2.** Remorquer un véhicule en panne : *Un garagiste est venu me dépanner sur l'autoroute.* – **3.** *Fam.* Tirer qqn d'embarras en lui rendant service : *Il m'a dépanné avec cent francs.*

DÉPANNEUR, EUSE n. Personne dont le métier est de dépanner des véhicules, des appareils ; réparateur.

◆ **dépanneur** n. m. Au Québec, petite épicerie ouverte au-delà des heures et jours habituels des autres commerces.
◆ **dépanneuse** n. f. Véhicule muni d'un système de levage et de remorquage, qui ramène à l'atelier de dépannage un véhicule immobilisé sur la route.

DÉPANOUILLAGE n. m. Action de débarrasser les épis de maïs des spathes qui les entourent. (Syn. ÉPANOUILLAGE.)

DÉPANOUILLER v. t. (conj. 3). Pratiquer le dépanouillage. (Syn. ÉPANOUILLER.)

DÉPANOUILLEUR n. m. ou **DÉPANOUILLEUSE** n. f. Machine servant au dépanouillage. (Syn. ÉPANOUILLEUR ou ÉPANOUILLEUSE.)

DÉPAPILLATION n. f. État d'un tissu dépapillé, signe fréquent des glossites.

DÉPAPILLÉ, E adj. Se dit d'un tissu, d'un organe (la langue) qui a perdu les papilles dont il est normalement pourvu.

DÉPAQUETAGE n. m. Action de dépaqueter.

DÉPAQUETER v. t. (conj. 27). Défaire un objet, une marchandise, les sortir de leur emballage.

DÉPARAFFINAGE n. m. Séparation de la paraffine contenue dans une huile.

DÉPARAFFINER v. t. (conj. 3). Effectuer le déparaffinage.

DÉPARASITAGE n. m. Action de déparasiter.

DÉPARASITER v. t. (conj. 3). Faire en sorte que le fonctionnement d'un appareil ne soit pas perturbé par des parasites.

DEPARDIEU (Gérard), acteur français (Châteauroux 1948). Révélé au cinéma dans les *Valseuses* (1974), il s'impose bientôt comme un des acteurs les plus doués de sa génération. Il tourne ensuite avec de nombreux réalisateurs, dans des registres très différents : *la Dernière Femme* (1976), *Mon oncle d'Amérique* (1980), *le Dernier Métro* (1980), *Danton* (1983), *Police* (1985), *Sous le soleil de Satan* (1987), *Camille Claudel* (1988), *Trop belle pour toi* (1989), *Cyrano de Bergerac* (1990), *1492 Christophe Colomb* (1992), *Hélas pour moi* (1993), *le Colonel Chabert* (1994).

DÉPAREILLER v. t. (conj. 4). Altérer l'ordonnance, la composition d'un ensemble d'objets semblables ou assortis en supprimant un ou plusieurs éléments, ou en les remplaçant par d'autres, différents ; désassortir : *Dépareiller un service à café.*
◆ **être dépareillé** v. pass. **1.** Ne pas être complet, en parlant d'un ensemble, ou comporter des éléments qui ne sont pas assortis aux autres : *Service de table dépareillé.* — **2.** Ne pas être identiques, assortis, en parlant des deux éléments d'une paire : *Une paire de gants dépareillés.* — **3.** Être isolé d'un ensemble auquel il appartenait : *Un volume dépareillé d'une collection.*

DÉPARER v. t. (conj. 3). **1.** Altérer le bel aspect de qqch ; enlaidir : *Cette fenêtre dépare la façade.* — **2.** Rompre l'harmonie d'un ensemble en s'y intégrant mal ou en étant différent des autres éléments de l'ensemble : *Plat banal qui dépare un service luxueux.* — **3.** *Ne pas déparer,* s'intégrer qqpart de façon convenable : *Ce meuble ne dépare pas dans le coin de la pièce.*

DÉPARIER v. t. (conj. 9). Syn. de DÉSAPPARIER.

DÉPARLER v. i. (conj. 3). *Vx* ou *région.* Parler à tort et à travers, surtout pour critiquer ou dénigrer.

DÉPARQUEMENT n. m. Enlèvement des huîtres parquées, pour les livrer à la consommation.

1. DÉPART n. m. (anc. fr. *departir,* s'en aller). **1.** Action de partir, moment où l'on part : *Le départ du train est à huit heures.* — **2.** Ensemble des installations affectées, dans une gare, au service des voyageurs, des bagages, etc., prêts à partir. — **3.** Action de quitter un emploi, une fonction ; démission, renvoi, congé : *Le départ du ministre a été mal accueilli.* — **4.** Commencement d'une réalisation envisagée, d'une action, d'une activité ; début : *Salaire de départ.* — **5.** Moment, lieu du début d'une course ; action de s'élancer dans une course. — **6.** Fam. *Au départ,* au commencement, au début, à l'origine. ‖ *Être sur le départ,* près de partir. ‖ *Point de départ,* lieu, situation d'où l'on part pour faire qqch ; date à partir de laquelle on commence à compter qqch ; origine de qqch. ‖ *Prendre le départ,* partir, en partic. dans une course. ‖ *Prendre un bon, un mauvais départ,* bien, mal commencer qqch. • **Comptab.** Date d'ouverture d'un compte. (Dans un compte courant, le départ du compte est la date à partir de laquelle se calculent les intérêts sur le solde à nouveau ou sur chacune des opérations : cette date de départ est appelée *époque.*) — **Dr.** *Départ volontaire,* dans le cadre d'une procédure de licenciement collectif pour motif économique, action d'un salarié qui propose son licenciement à la place d'un autre. — **Pêch.** Touche d'un poisson sur une ligne posée sur le fond. — **Sports.** *Faux départ,* celui où un ou plusieurs concurrents partent avant le signal. ‖ *Juge au départ,* personne chargée de donner le signal du départ et de s'assurer de la régularité de celui-ci. (Syn. STARTER.)

2. DÉPART n. m. (anc. fr. *departir,* partager). Litt. *Faire le départ (entre),* bien séparer, distinguer nettement deux choses abstraites : *Faire le départ entre l'instruction et l'intelligence.*

DÉPARTAGE n. m. (de *partage*). Opération de tonnellerie qui consiste à fendre un merrain avec un départoir, pour obtenir une douelle brute.

DÉPARTAGER v. t. (conj. 17). **1.** Dans une délibération, faire cesser le partage en nombre égal des voix en ajoutant un nouveau suffrage et en permettant ainsi à une majorité de se dégager. — **2.** Trouver en arbitrant un moyen de classer des concurrents alors qu'ils sont arrivés à égalité ou qu'ils présentent les mêmes qualités : *Départager des ex aequo par une question subsidiaire.*

DÉPARTEMENT n. m. (de *départir*). **1.** En France, collectivité territoriale administrée par le conseil général et dont les délibérations sont exécutées par son président (organe exécutif du département depuis la loi de 1982 sur la décentralisation) ; circonscription administrative dirigée par le représentant de l'État sur le territoire, le préfet. (→ *encycl.*) — **2.** Division administrative dans certains pays. — **3.** Chacune des administrations du gouvernement de l'État, des branches spécialisées d'une administration, d'un organisme : *Le département des Affaires étrangères. Le département du contentieux.* — **4.** *Litt.* Ensemble des attributions ou des compétences de qqn ; domaine : *Cela ne relève pas de mon département.* — **5.** *Département d'État,* aux États-Unis, nom donné au ministère des Affaires étrangères ; au Canada, ministère provisoire créé pour un besoin particulier. ‖ *Département d'outre-mer (D. O. M.),* collectivité territoriale de la République française créée par la loi de départementalisation de 1946 qui a transformé le statut des quatre « vieilles colonies », Guadeloupe, Guyane, Martinique et Réunion. (→ *encycl.*) ‖ *Hôtel du département,* en France, dénomination des bâtiments de la préfecture.

ENCYCL. **Dr.** La création des départements remonte à 1790. Ce n'est qu'avec la loi du 10 août 1871, toujours en vigueur, que le département a pris sa physionomie définitive. Cette loi fait d'abord du département une collectivité locale décentralisée. Administrée par le conseil général, élu au suffrage universel à raison d'un conseiller par canton, cette collectivité a plénitude d'attribution sur les affaires départementales. Le département est géré de manière autonome, et ses organes sont soumis à un contrôle de tutelle. La loi sur la décentralisation de 1982 a étendu les compétences du conseil général. Par ailleurs, elle a accru l'indépendance du département, en tant que collectivité territoriale, vis-à-vis de l'État en confiant le soin de préparer et d'exécuter les délibérations du conseil général à son président.

Le département est la circonscription essentielle de l'administration de l'État ; en 1986, il a constitué une circonscription électorale pour les élections législatives et régionales. Il regroupe l'ensemble des services territoriaux de l'administration centrale et les place sous l'autorité directe du préfet. Ce dernier est donc l'unique dépositaire de l'autorité de l'État dans le département. Certains services répartis sur le territoire échappent à son autorité : service judiciaire, universités, service des armées.

En dehors des départements d'outre-mer, la France est divisée en 96 départements.

• *Départements d'outre-mer.* Ils sont soumis au même régime que les départements métropolitains sous réserve de quelques aménagements dont les deux principaux sont, d'une part, que les lois françaises peuvent faire l'objet d'adaptations pour tenir compte des circonstances locales et, d'autre part, que, depuis la loi du 31 déc. 1982, les départements de Guadeloupe, Guyane, Martinique et Réunion représentent également chacun une Région et possèdent de ce fait à la fois un conseil général et un conseil régional.

DÉPARTEMENTAL, E, AUX adj. Relatif au département : *Budget départemental.*

◆ **départementale** n. f. Route départementale.

DÉPARTEMENTALISATION n. f. Action de départementaliser.

DÉPARTEMENTALISER v. t. (conj. 3). **1.** Donner le statut de département à un territoire d'outre-mer. — **2.** Attribuer aux départements une compétence qui relevait antérieurement de l'État ou d'une autre collectivité publique.

DÉPARTIR v. t. (anc. fr. *departir,* partager) [conj. **43** selon l'Académie, **32** selon l'usage]. *Litt.* Donner qqch en partage ; accorder, attribuer : *Il a rempli la tâche qui lui était départie.*

◆ **se départir** v. pr. Se séparer de qqch, y renoncer, l'abandonner : *Il ne se départait pas de son calme.*

DÉPARTITEUR adj. m. *Juge départiteur,* en matière prud'homale, magistrat appelé à statuer lorsque le bureau de jugement n'a pas pu se départager.

DÉPARTOIR n. m. Outil de tonnelier pour réaliser le départage.

DÉPASSANT, E adj. *Canine dépassante,* canine dont la pointe dépasse largement la rangée des autres dents. (Le chimpanzé a des canines dépassantes.)

DÉPASSEMENT n. m. **1.** Action de dépasser qqn, un véhicule : *Le dépassement d'un concurrent dans une courbe.* — **2.** Action de se dépasser, d'aller au-delà de ses limites, de ses possibilités : *Morale du dépassement.* — **3.** Fait pour l'État ou une personne morale, publique ou privée, d'effectuer des dépenses allant au-delà des autorisations accordées. — **4.** Fait pour un praticien de demander à un assuré social des honoraires plus élevés que ceux qui résultent du tarif conventionnel. (Le dépassement est strictement réglementé.)

DÉPASSER v. t. (conj. 3). **1.** Être plus haut, plus grand, plus large que qqn, avec qqch (de tant) : *Son fils la dépasse de vingt centimètres.* – **2.** Passer devant qqn, un véhicule alors qu'on se trouvait derrière ; doubler : *Dépasser un camion sur la route.* – **3.** Aller au-delà d'un point considéré comme repère, limite fixe ; passer, franchir : *Nous avons dépassé l'auberge. Elle a dépassé la quarantaine.* – **4.** Excéder une quantité, une durée (de tant) : *La consultation ne dépasse pas vingt minutes.* – **5.** Aller au-delà de qqch, faire plus : *Dépasser le 60 km/h. Cela dépasse mes espérances.* – **6.** Surpasser qqn, qqch, faire ou être mieux qu'eux, l'emporter sur eux en un domaine : *Ce texte dépasse en absurdité tout ce que j'ai lu.* – **7.** Se situer au-delà de certaines qualités, facultés ou limites ; outrepasser ; excéder : *Les mots ont dépassé ma pensée. Ceci dépasse la mesure.* – **8.** Ne pas être compris par qqn, le mettre dans l'incapacité de faire face à la situation, de dominer les événements ; le dérouter, l'étonner : *Ça me dépasse, je n'y comprends rien.* – **9.** Ne plus se sentir concerné par un problème, une difficulté ou toutes questions relatives à un stade, un état ; surmonter : *Les drames sentimentaux, il a dépassé ça !*

◆ v. i. **1.** Être plus long que qqch et se laisser voir : *Son jupon dépasse un peu.* – **2.** Faire saillie, s'avancer au-delà d'un alignement : *Un clou dépasse du meuble.*

◆ **être dépassé** v. pass. **1.** Être en retard par rapport à la société actuelle, être périmé, n'avoir plus cours, être devenu caduc : *Technique dépassée.* – **2.** Ne plus dominer la situation. – **3.** *Coma dépassé,* état irréversible caractérisé par la mort cérébrale et dans lequel la survie artificielle de certains organes n'est obtenue que par l'utilisation permanente d'un appareil respirateur et la perfusion de diverses drogues.

◆ **se dépasser** v. pr. **1.** Faire une performance à laquelle on n'était jamais arrivé auparavant ; se surpasser. – **2.** Passer l'un devant l'autre et réciproquement : *Les concurrents cherchent à se dépasser au cours du sprint.*

DÉPASSIONNER v. t. (conj. 3). Enlever leur caractère passionnel à une discussion, un débat, les calmer.

DÉPATOUILLER (SE) v. pr. (conj. 3). *Fam.* Se tirer d'une situation embarrassante ; se débrouiller.

DÉPAVAGE n. m. Action de dépaver.

DÉPAVER v. t. (conj. 3). Enlever les pavés d'une rue.

DÉPAYSANT, E adj. Qui dépayse.

DÉPAYSEMENT n. m. État de celui qui est dépaysé ; fait de se dépayser, d'être dépaysé : *Rechercher le dépaysement.*

DÉPAYSER v. t. (conj. 3). **1.** Faire rompre ses habitudes à qqn en le mettant dans un pays, une région très différents de ceux où il habite par le décor, le climat, les habitudes : *Aimer les pays lointains qui dépaysent.* – **2.** Troubler qqn, le désorienter en le changeant de milieu et en le mettant dans une situation qui lui donne un sentiment d'étrangeté : *Ce changement de bureau l'a complètement dépaysé.*

DÉPEÇAGE ou **DÉPÈCEMENT** n. m. 1. Action de dépecer un être vivant. – **2.** *Litt.* Démembrement d'un pays, d'un bien.

DÉPECER v. t. (de *pièce*) [conj. **29**]. **1.** Découper en morceaux un gibier, une volaille. – **2.** Mettre en pièces qqn, un animal : *Les lions ont dépecé la gazelle.* – **3.** Démembrer, morceler qqch : *Dépecer une propriété.* – **4.** *Litt.* Analyser un ouvrage en détail, en général dans un but critique. – **5.** Étirer une peau en large et en long, pour lui donner les dimensions voulues, puis couper aux ciseaux les pièces rectangulaires dans lesquelles les gants seront découpés à l'emporte-pièce.

DÉPECEUR, EUSE n. Personne qui dépèce.

DÉPÊCHE n. f. **1.** Correspondance officielle concernant les affaires publiques : *Dépêche diplomatique.* – **2.** Communication transmise par des moyens techniques rapides ; syn. fréquent de TÉLÉGRAMME. – **3.** Information brève émanant d'une agence de presse ou d'un correspondant, transmise aux organes de presse. – **4.** Sacs postaux scellés, que les bureaux échangent entre eux, contenant les envois urgents.

DÉPÊCHER v. t. (de *empêcher*) [conj. **4**]. *Litt.* Envoyer en toute hâte : *Dépêcher un ambassadeur dans les pays arabes.*

◆ **se dépêcher** v. pr. Se presser, se hâter de faire qqch, le faire vite : *Dépêche-toi de finir tes devoirs.*

DÉPEIGNER v. t. (conj. 4). Déranger la coiffure de qqn ; décoiffer : *Une femme que le vent a dépeignée.*

DÉPEINDRE v. t. (conj. 81). **1.** Décrire qqch, qqn en détail, en rendre compte tel qu'il est ou selon une certaine interprétation : *On l'a dépeint comme un être cruel.* – **2.** Donner une certaine image de qqch, qqn, le représenter : *Le bilan dépeint bien la situation de l'entreprise.*

DÉPELOTONNER v. t. (conj. 3). Dévider ce qui est en peloton.

DÉPENAILLÉ, E adj. (moyen fr. *penaille,* tas de loques). *Fam.* **1.** Dont la mise est très négligée, vêtu de loques ; débraillé. – **2.** Déchiré en plusieurs endroits, mis en lambeaux : *Vêtement dépenaillé.*

DÉPÉNALISATION n. f. Action de dépénaliser.

DÉPÉNALISER v. t. (conj. 3). Supprimer légalement une infraction.

DÉPENDANCE n. f. **1.** Rapport de liaison étroite entre qqch et ce qui le conditionne, le régit : *La dépendance du déficit commercial à l'égard du taux du dollar.* – **2.** État de qqn qui est soumis à l'autorité d'autrui ; sujétion, subordination : *Il a choisi d'être artisan pour éviter la dépendance du salarié.* – **3.** État, situation de qqn, d'un groupe, qui n'a pas son autonomie par rapport à un autre, qui n'est pas libre d'agir à sa guise : *Dépendance financière.* – **4.** Assujettissement à une drogue, à une substance toxicomanogène, se manifestant lors de la suppression de cette dernière par un ensemble de troubles physiques et/ou psychiques. (Syn. ASSUÉTUDE.) – **5.** Bâtiment ou terre se rattachant accessoirement à un autre bâtiment ou à un autre domaine ; annexe, attenance : *Restaurer un château et ses dépendances.* – **6.** *Dépendance linéaire,* caractère d'un système de vecteurs linéairement dépendants ou liés.

DÉPENDANT, E adj. **1.** Qui dépend de qqch, qui y est lié, subordonné : *Ses décisions sont souvent dépendantes de son humeur.* – **2.** Qui est dans un état de dépendance matérielle ou psychologique, qui n'a pas son autonomie ; soumis : *Il est resté très dépendant de sa mère.* – **3.** Qui est sous la dépendance d'une substance toxicomanogène (tabac, alcool, drogue). – **4.** Se dit de qqn, notamm. d'un malade ou d'une personne âgée, qui ne peut plus assurer seul les conditions élémentaires de son existence.

DÉPENDEUR n. m. Fam. et vx. *Grand dépendeur d'andouilles,* homme de haute taille et paresseux ; incapable.

1. DÉPENDRE v. t. (de *pendre*) [conj. 73). Détacher ce qui était suspendu : *Dépendre un tableau.*

2. DÉPENDRE v. t. ind. (lat. *dependere*) [conj. 73]. **1.** Être placé sous l'autorité, le contrôle de qqn, relever de son administration, de sa gestion, de ses décisions : *Il dépend directement du directeur.* – **2.** Être dans une relation de dépendance matérielle ou psychologique à l'égard de qqn ; n'avoir pas son autonomie, sa liberté d'action : *Elle dépend financièrement de son mari.* – **3.** Être lié à qqch, en faire partie : *Une situation honorable avec les avantages qui en dépendent.* – **4.** Être lié à qqch ou à qqn (à sa présence, à ses décisions, etc.) comme à une cause nécessaire, en être fonction, en parlant de qqch : *La réussite ne dépend pas uniquement du travail.* – **5.** *Ça dépend,* se dit lorsqu'on ne peut fournir une réponse précise, celle-ci étant fonction de diverses conditions ; peut-être.

DÉPENS [depɑ̃] n. m. pl. (lat. *dispensum,* de *dispendere,* distribuer). **1.** Frais taxables d'un procès (émoluments dus aux officiers publics ou ministériels, aux experts nommés par le tribunal, débours tarifés et droits perçus par le Trésor, à l'exclusion des frais et des honoraires des avocats et des avoués). – **2.** *À ses dépens,* par une expérience coûteuse ou fâcheuse : *J'ai appris à mes dépens à me méfier du verglas.* ‖ *Aux dépens de,* au détriment de qqn, sur son dos : *S'enrichir aux dépens d'autrui ;* en sacrifiant qqch, au prix de qqch : *S'amuser aux dépens de sa santé.* ‖ *État des dépens,* syn. de ÉTAT DE FRAIS*.

DÉPENSE n. f. (lat. *dispensa,* de *dispendere,* distribuer). **1.** Action de dépenser de l'argent, de l'employer : *Faire des dépenses inconsidérées.* – **2.** Somme dépensée ; frais : *Se faire rembourser la dépense du voyage.* – **3.** Action d'utiliser qqch, de l'employer : *Une grande dépense d'énergie, de temps.* – **4.** Action de consommer qqch pour une utilisation définie, en parlant d'un appareil, d'un véhicule ; consommation : *La dépense en essence d'une voiture.* – **5.** *Dépense engagée,* celle qui a été décidée par l'autorité compétente pour rendre débiteur un patrimoine administratif. ‖ *Dépense nationale,* ensemble des dépenses de consommation des particuliers et du secteur public ainsi que des investissements productifs au cours d'une année. ‖ *Dépense obligatoire,* celle à laquelle une collectivité décentralisée ne peut se soustraire. ‖ *Dépense (publique),* celle qui est effectuée pour le compte d'un patrimoine administratif. (→ *encycl.*) ‖ *Dépenses sociales,* dépenses qui concernent les divers aspects de l'action sociale (santé, vieillesse, famille, logement, etc.). ‖ *Ne pas regarder à la dépense,* dépenser sans compter. ‖ *Pièce de dépense,* document établi par le caissier pour certifier une sortie de caisse.

ENCYCL. **Fin.** La *dépense publique* a pour but la satisfaction des besoins collectifs de la nation que la seule activité privée ne saurait couvrir efficacement : besoins de sécurité, d'ordre, d'hygiène, d'éducation. Économiquement, les dépenses publiques peuvent être soit des dépenses de production, soit des dépenses de répartition ou de transfert (dépenses d'aide sociale, pensions ou allocations, service de la dette), ou bien encore des dépenses de consommation.

DÉPENSER v. t. (conj. 3). **1.** Employer de l'argent pour un achat, pour payer un service, etc. : *Dépenser tout son salaire.* – **2.** Employer qqch à faire qqch ; déployer, prodiguer : *Dépenser toute son énergie à critiquer les autres.* – **3.** Utiliser qqch pour confectionner, produire qqch, pour faire fonctionner un appareil, un véhicule ; consommer : *Chaudière qui dépense beaucoup de mazout.* ◆ **se dépenser** v. pr. **1.** Déployer une grande activité pour obtenir un résultat ; se donner du mal : *Se dépenser pour redresser une situation.* – **2.** Faire du sport, courir, jouer, bouger, etc. ; se donner du mouvement : *Enfant qui a besoin de se dépenser.*

DÉPENSIER, ÈRE adj. et n. **1.** Qui aime la dépense, qui dépense au-delà du nécessaire : *Jeune homme dépensier.* – **2.** Se dit dans certains établissements, de la personne, du service chargé de la dépense.

DÉPERDITION n. f. (lat. *deperdere,* perdre, avec l'infl. de *perdition*). **1.** Perte, diminution de matière, d'énergie. – **2.** *Litt.* Affaiblissement des forces physiques et morales de qqn : *Déperdition de volonté.* – **3.** Perte de chaleur d'un local ou d'un bâtiment vers l'extérieur ou d'un local vers des locaux non chauffés.

DÉPÉRIR v. i. (lat. *deperire*) [conj. 32]. **1.** S'affaiblir progressivement, perdre de sa vigueur, de ses forces : *Le malade dépérissait de jour en jour.* – **2.** En parlant d'une plante, se dessécher, s'étioler, mourir peu à peu. – **3.** Se détériorer, s'acheminer vers sa fin : *Industrie qui dépérit.* – **4.** En parlant d'une créance, devenir de plus en plus difficile à recouvrer.

DÉPÉRISSEMENT n. m. **1.** État d'un être vivant qui dépérit ; affaiblissement. – **2.** État de ce qui périclite, s'affaiblit peu à peu : *Le dépérissement d'une entreprise.* – **3.** *Dépérissement de l'État,* selon les marxistes, phénomène représentatif de la phase ultime de l'évolution historique, postérieur à la dictature du prolétariat. ‖ *Dépérissement de preuves,* altération ou perte de ce qui permet de constater un fait juridique.

DÉPERSONNALISANT, E adj. Qui dépersonnalise : *Habitat dépersonnalisant.*

DÉPERSONNALISATION n. f. **1.** Action de dépersonnaliser ; fait d'être dépersonnalisé. – **2.** État dans lequel l'individu a le sentiment de ne plus se reconnaître lui-même comme sujet tant au niveau de son vécu corporel que dans son moi psychique.

DÉPERSONNALISER v. t. (de *personnel*) [conj. 3]. **1.** Faire perdre à qqn les caractères déterminants et positifs de sa personnalité. – **2.** Faire perdre à qqch ce qui fait son originalité ou son caractère subjectif.

DEPESTRE (René), écrivain haïtien (Jacmel, Haïti, 1926). Communiste, disciple de Jacques Roumain, il vit en exil depuis 1946. Après *Étincelles* (1945), son œuvre précise sa doctrine révolutionnaire, marquée par son long séjour à Cuba (*Poète à Cuba,* 1976). *Alleluia pour une femme-jardin* (1973) est un « récit d'amour solaire ». Il a abordé le roman avec *le Mât de cocagne* (1979) et *Hadriana dans tous mes rêves* (1988).

DÉPÊTRER v. t. (de *empêtrer*) [conj. 4]. **1.** Dégager qqn, un animal de ce qui le gênait, l'embarrassait dans ses mouvements ; débarrasser : *On a réussi à le dépêtrer de ses liens.* – **2.** Tirer qqn d'embarras : *Je vais essayer de te dépêtrer de cette situation.*
◆ **se dépêtrer** v. pr. Se dégager d'une situation difficile, gênante ; se dégager de qqn : *Ne pas se dépêtrer de ses soucis d'argent.*

DÉPEUPLEMENT n. m. Action de dépeupler ; fait de se dépeupler, en partic. par excédent de l'émigration sur l'accroissement naturel.

DÉPEUPLER v. t. (lat. *depopulari,* ravager, avec l'infl. de *peuple*) [conj. 5]. **1.** Faire partir, totalement ou en partie, les habitants d'un pays, d'une région ; dégarnir : *L'industrialisation a dépeuplé les campagnes.* – **2.** Faire disparaître les animaux qui vivent dans un lieu naturel ou en diminuer le nombre : *La pollution a dépeuplé les rivières.* – **3.** Dégarnir une forêt de ses arbres.

DÉPHASAGE n. m. **1.** Différence de phase entre deux phénomènes alternatifs de même fréquence. (Syn. DÉCALAGE.) – **2.** Perte de contact avec la réalité, décalage par rapport à la situation actuelle. – **3.** *Angle de déphasage,* angle des deux vecteurs représentatifs de deux fonctions sinusoïdales de même fréquence.

DÉPHASER v. t. (de *phase*) [conj. 3]. **1.** Produire un déphasage. – **2.** Faire perdre à qqn le contact avec la réalité, provoquer chez lui un décalage par rapport à sa situation réelle ; désorienter, dérouter : *Son isolement l'a déphasé.*
◆ **être déphasé** v. pass. **1.** Avoir perdu tout contact avec la réalité ; être désorienté par rapport à la situation actuelle. – **2.** En parlant d'une grandeur alternative, n'être pas en phase avec une autre grandeur de même période.

DÉPHASEUR n. m. Convertisseur d'énergie ou transducteur qui produit un déphasage entre ses grandeurs d'entrée et de sortie.

DÉPHONOLOGISATION n. f. Mutation dans le système phonologique d'une langue, qui entraîne la disparition progressive d'une opposition distinctive.

DÉPHONOLOGISER v. t. (conj. 3). Faire subir une déphonologisation.

DÉPHOSPHATER v. t. (conj. 3). Éliminer les phosphates en excès dans le sol ou dans l'eau destinée à la consommation.

DÉPHOSPHORATION n. f. Élimination du phosphore de la fonte ou de l'acier destinée à améliorer leurs propriétés mécaniques. (Elle se fait en utilisant un convertisseur [procédé Thomas], ou par affinage au four Martin.)

DÉPHOSPHORER v. t. (conj. 3). Enlever le phosphore présent dans un corps.

DÉPIAUTAGE ou **DÉPIAUTEMENT** n. m. *Fam.* Action de dépiauter.

DÉPIAUTER v. t. (de *piau,* forme dialect. de *peau*) [conj. 3]. *Fam.* **1.** Dépouiller un animal de sa peau ; écorcher : *Dépiauter un lapin.* – **2.** Enlever ce qui recouvre qqch, défaire ce qui le maintient : *Dépiauter un paquet.* – **3.** Éplucher un aliment ou le découper en petits bouts en enlevant certaines parties : *Dépiauter un morceau de viande pour un enfant.* – **4.** Éplucher, analyser minutieusement un texte.

DÉPIGEONNAGE n. m. Action de lutter contre la présence de pigeons trop nombreux dans les grandes villes.

DÉPIGMENTATION n. f. **1.** Décoloration de la peau provoquée par une dermatose ou en rapport avec une maladie générale. – **2.** Absence pathologique, chez un animal ou une plante, du pigment qui colore habituellement ses téguments. (Chez les plantes vertes la dépigmentation totale est mortelle ; chez l'homme et les animaux, l'absence totale de mélanine est l'albinisme.)

DÉPIGMENTER v. t. (conj. 3). Provoquer la disparition du pigment de la peau.

DÉPILAGE n. m. (de *pile*). **1.** Opération principale de l'exploitation minière, qui comporte l'abattage et l'évacuation (déblocage) du minerai. – **2.** Démontage d'une pile de bois, de produits céramiques (briques, tuiles), métallurgiques (tôles), etc. (Syn. DÉSEMPILAGE.) – **3.** *Chantier* ou *chambre de dépilage,* lieu où s'effectue l'essentiel de la production d'une mine.

DÉPILATION n. f. **1.** Syn. de ÉPILATION. – **2.** Chute des poils.

DÉPILATOIRE adj. et n. m. Se dit d'un produit cosmétique permettant d'éliminer les poils. (Syn. ÉPILATOIRE.)

1. DÉPILER v. t. (bas lat. *depilare,* du lat. class. *pilus,* poil) [conj. 3]. Syn. de ÉPILER.

2. DÉPILER v. t. (de *pile*) [conj. 3]. **1.** Supprimer les piles de soutènement d'une mine ; récupérer les piliers abandonnés dans une première phase. – **2.** Exploiter un gisement. (Syn. DÉFRUITER.) – **3.** Pratiquer un dépilage. (Syn. DÉSEMPILER.)

DÉPIQUAGE n. m. **1.** Séparation des grains de la paille des céréales par foulage ou par foulage et roulage des épis sur une aire. – **2.** Dans le Midi, battage mécanique des céréales.

DÉPIQUER v. t. (conj. 3). **1.** Réaliser le dépiquage. – **2.** Défaire les piqûres d'une étoffe.

DÉPISTABLE adj. Qu'on peut dépister.

DÉPISTAGE n. m. **1.** Action de dépister qqn, qqch, d'en trouver la trace : *Dépistage d'un escroc.* – **2.** Recherche systématique, dans la population, des signes de certaines maladies ou des anomalies biologiques qui les caractérisent.

DÉPISTER v. t. (de *piste*) [conj. 3]. **1.** Découvrir, suivre la trace d'un gibier : *Dépister un lièvre.* – **2.** Faire perdre à un chien la piste du gibier. – **3.** Mettre qqn sur une fausse piste ; lui faire perdre sa trace ; semer : *Les malfaiteurs ont réussi à dépister les policiers.* – **4.** Découvrir qqn au terme d'une enquête, d'une recherche systématique ; trouver : *Dépister de nouvelles vedettes de la chanson.* – **5.** Découvrir la trace de qqch, déceler qqch de peu visible : *Dépister les intentions hypocrites de quelqu'un.* – **6.** Découvrir, déceler une maladie, un handicap chez qqn, un groupe par une recherche systématique.

DÉPISTEUR, EUSE n. Personne qui s'attache à découvrir qqch ou qqn par ses recherches systématiques : *Dépisteur de talents.*

DÉPIT n. m. (lat. *despectus,* mépris, de *despicere,* mépriser). **1.** Irritation légère causée par une déception, une blessure d'amour-propre, amertume, rancœur passagère ; désappointement : *Éprouver du dépit d'être refusé à un poste.* – **2.** *Dépit amoureux,* déception provoquée par un amour non payé de retour. – **3.** *En dépit de qqch,* malgré cela, sans en tenir compte. ‖ *En dépit du bon sens,* d'une façon déplorable, incohérente.

Dépit amoureux *(le),* comédie en 5 actes et en vers de Molière (1656).

DÉPITER v. t. (conj. 3). Causer à qqn du dépit, de l'amertume, de la rancœur ; vexer : *Cet échec m'a profondément dépité.*
◆ **se dépiter** v. pr., **être dépité** v. pass. Concevoir, manifester du dépit, de la rancœur : *Avoir un air dépité.*

DÉPLACEMENT n. m. **1.** Action de déplacer qqch, fait d'être déplacé : *On suivait des yeux le déplacement de l'aiguille.* – **2.** Action de se déplacer, d'aller d'un lieu à un autre. – **3.** Action de faire changer qqn de poste : *Déplacement d'office d'un fonctionnaire.* – **4.** Fait de changer de position : *On constate un déplacement à gauche de l'électorat.* – **5.** Fait de se déplacer, le plus souvent dans un cadre professionnel : *Frais de déplacement.* – **6.** Action de faire porter qqch sur un autre point : *Le déplacement d'un problème.* – **7.** Fam. *Ça vaut le déplacement,* ça vaut le coup d'œil, c'est très intéressant. • **Chim.** Méthode utilisée pour recueillir les gaz dans les laboratoires. (Elle consiste à faire déboucher le tube abducteur dans un flacon plein d'air, qui est chassé par le gaz.) ‖ Réaction au cours de laquelle un corps se substitue à un autre dans un composé. ‖ *Déplacement de l'équilibre,* modification de la composition d'un système de corps chimiques en équilibre. – **Dr.** *Déplacement d'office,* sanction disciplinaire consistant à changer un fonctionnaire d'affectation par voie d'autorité. — **Électr.** Syn. de INDUCTION* ÉLECTRIQUE. — **Éthol.** *Activité de déplacement,* ensemble d'actes moteurs à finalité déterminée effectués par un individu dans des situations de conflit, sans rapport direct avec la situation et le comportement en cours. (Syn. ACTIVITÉ DE DÉRIVATION OU DE SUBSTITUTION.) — **Géom.** Isométrie affine directe. — **Mar.** Volume d'eau déplacé par la carène d'un navire, dont la masse est égale à la masse totale du bâtiment. (Il s'exprime, en France, en tonnes de 1 000 kg et, dans les pays anglo-saxons, en tonnes de 1 016 kg.) — **Psychan.** Opération caractéristique des processus primaires par laquelle une quantité d'affects se détache de la représentation inconsciente à laquelle elle est liée et va se lier à une autre qui n'a avec la précédente que des liens d'association peu intenses ou même contingents.

DÉPLACER v. t. (conj. **16**). **1.** Changer qqch de place, ou le mettre ailleurs : *Déplacer un vase pour qu'il ne risque pas de tomber.* — **2.** Demander à qqn de changer de place, le faire changer de place pour qu'il se mette ailleurs : *L'ouvreuse déplace un spectateur.* — **3.** Mouvoir, bouger un membre : *Depuis son opération, il a du mal à déplacer sa jambe.* — **4.** Changer la date, l'heure de qqch : *Déplacer un rendez-vous.* — **5.** Faire venir qqn : *Pour le moindre rhume, elle déplace le médecin.* — **6.** Nommer ailleurs un fonctionnaire, généralement par mesure disciplinaire ; le muter. — **7.** Faire porter un sujet, un problème sur un autre point, lui donner une orientation qui ne convient pas, essayer d'éluder un problème : *Tu as tort, ne cherche pas à déplacer la discussion !* — **8.** Attirer massivement des personnes, surtout en parlant d'un spectacle, d'un événement : *Opéra qui va déplacer le Tout-Paris.* — **9.** Pour un navire, avoir un déplacement de volume d'eau égal à une certaine masse. — **10.** Fam. *Déplacer de l'air,* se donner de l'importance, se faire remarquer, se mettre en avant. ‖ *Déplacer des voix,* les faire porter sur un autre candidat, un autre parti politique que ceux sur lesquels elles devaient normalement se porter.

◆ **être déplacé** v. pass. **1.** Ne pas être conforme aux usages sociaux, aux règles de la bienséance, de la politesse, ou ne pas être conforme à la situation ; être inconvenant, choquant, incorrect, incongru : *Remarque déplacée.* — **2.** Ne pas appartenir psychologiquement, socialement au même milieu que d'autres personnes : *Se sentir déplacé au milieu d'intellectuels bourgeois.* — **3.** Être contraint, pour des motifs économiques ou politiques, à quitter son pays : *Personnes déplacées.* — **4.** *Papier déplacé* (ou *déplacé* n. m.), effet de commerce payable dans d'autres villes que celles où la Banque de France a des succursales, et, surtout, effet payable dans une petite localité, où le recouvrement est difficile et coûteux. (Syn. PAPIER DÉTOURNÉ.)

◆ **se déplacer** v. pr. **1.** Changer de place, quitter sa place, bouger, se mouvoir, avancer : *Un spectateur se déplaça pour la laisser passer.* — **2.** Aller d'un lieu à un autre ; se déranger : *Peu de gens se déplaceraient pour voir ce film.* — **3.** Voyager : *Comment se déplaçait-on du temps des Romains ?* — **4.** Se rendre chez un client : *Médecin qui se déplace en cas d'urgence.*

DÉPLAFONNEMENT n. m. Suppression de la limite supérieure d'un crédit, de l'assiette d'une cotisation : *Le déplafonnement des cotisations de la Sécurité sociale.*

DÉPLAFONNER v. t. (de *plafond*) [conj. 3]. Opérer le déplafonnement.

DÉPLAIRE v. t. ind. (lat. *displicere,* déplaire, avec l'infl. de *plaire*) [conj. **110**]. **1.** Être désagréable à qqn, ne pas lui plaire : *Ce garçon me déplaît.* — **2.** Causer à qqn une irritation légère, le choquer : *Il me déplaît que vous partiez sans nous avertir.* — **3.** *Ne pas déplaire à qqn,* répondre à son goût, le tenter : *Un petit voyage à la campagne ne me déplairait pas.* ‖ *Ne vous (en) déplaise,* je souhaite que cela ne vous déplaise pas ; quoi que vous pensiez : *Je fais ce que je veux, ne vous en déplaise.*

◆ **se déplaire** v. pr. S'ennuyer qqpart ; n'y être pas à son aise, n'être pas dans son élément : *Elle s'est déplu à la campagne.*

DÉPLAISAMMENT adv. *Litt.* D'une façon déplaisante.

DÉPLAISANT, E adj. **1.** Qui déplaît, qui est antipathique, désagréable : *Un garçon déplaisant.* — **2.** Qui fâche ou choque, qui agace ; ennuyeux, irritant : *Une remarque déplaisante.*

DÉPLAISIR n. m. Impression désagréable ; mécontentement ; contrariété : *Je l'ai écouté sans déplaisir.*

DÉPLANTATION n. f. ou **DÉPLANTAGE** n. m. Action de déplanter des végétaux.

DÉPLANTER v. t. (conj. 3). **1.** Enlever de terre un végétal pour le planter ailleurs : *Déplanter un arbre.* — **2.** Arracher les arbres, les plantes d'un lieu : *Déplanter un jardin.* — **3.** Retirer qqch de terre : *Déplanter des piquets.*

DÉPLANTOIR n. m. Instrument servant à déplanter les végétaux de petite taille.

DÉPLAQUETTÉ, E adj. Se dit d'un produit sanguin dépourvu de plaquettes.

DÉPLATINER v. t. (conj. 3). Rétablir la libre circulation dans une tuyauterie en enlevant l'obturateur provisoire (platine).

DÉPLÂTRAGE n. m. Action de déplâtrer.

DÉPLÂTRER v. t. (conj. 3). **1.** Enlever le plâtre d'un mur, d'une façade, etc. – **2.** Enlever le plâtre chirurgical qui immobilisait une partie du corps.

DÉPLÉTION n. f. (lat. *depletio, -onis,* de *deplere,* vider). **1.** Diminution de la quantité de liquide, et en particulier de sang, contenu normalement dans un organisme ou un organe. – **2.** Diminution ou perte d'un électrolyte contenu normalement dans un liquide de l'organisme (par ex. déplétion potassique). – **3.** Hétérogénéité d'un astre, qui se traduit par une diminution locale de son champ de gravitation. (Contr. RÉPLÉTION.)

DÉPLIAGE n. m. Action de déplier.

DÉPLIANT, E adj. Qui peut être déplié : *Mètre dépliant.*

◆ **dépliant** n. m. Imprimé (publicitaire, commercial, administratif...) dont la forme définitive est obtenue à la suite d'un pliage approprié.

DÉPLIER v. t. (de *déployer,* refait sur *plier*) [conj. 10]. **1.** Étendre qqch, l'ouvrir, le mettre à plat alors qu'il était plié : *Déplier sa serviette.* – **2.** Étendre, allonger un membre, mettre son corps droit : *On ne peut pas déplier ses jambes à l'arrière de cette voiture.* – **3.** Mettre un meuble pliant dans sa position la plus longue (ou la plus large) : *Déplier un canapé-lit.* – **4.** Sortir de la marchandise de son emballage pour l'exposer à la clientèle ; déballer.

DÉPLISSAGE n. m. Action de déplisser.

DÉPLISSER v. t. (conj. 3). Défaire les plis, les faux plis d'une étoffe ; étirer, tendre ce qui forme des plis ; défroisser.

DÉPLOIEMENT n. m. **1.** Action de déployer, de se déployer ; état de ce qui est déployé : *Le déploiement d'un drapeau. Déploiement d'érudition.* – **2.** Action de déployer des troupes, des missiles.

DÉPLOMBAGE n. m. Action de déplomber : *Le déplombage d'un wagon.*

DÉPLOMBER v. t. (conj. 3). **1.** Enlever le plomb qui scelle la fermeture. – **2.** *Fam.* Ôter l'amalgame qui obture une dent. – **3.** *Fam.* Parvenir à pénétrer le cryptage qui protège un logiciel afin de le recopier.

DÉPLORABLE adj. **1.** Qui afflige, qui mérite d'être déploré ; regrettable, attristant : *Un déplorable oubli.* – **2.** Qui suscite la réprobation ; détestable, scandaleux : *Une déplorable affaire.* – **3.** *Fam.* Très médiocre, désastreux, lamentable : *Temps déplorable. Un élève déplorable.*

DÉPLORABLEMENT adv. De façon déplorable.

DÉPLORATION n. f. (lat. *deploratio, -onis*). **1.** Genre musical destiné à célébrer la mort d'un musicien. (Inspiré du thrène antique, le genre s'exprime au travers de la polyphonie vocale pendant la Renaissance et engendre, aux XVIIe-XVIIIe s., le lamento et le tombeau.) – **2.** *Déploration du Christ,* scène de la Passion où le corps du Christ mort gît sur la pierre de l'onction ou sur les genoux de sa mère, pendant que Marie, sainte Madeleine, saint Jean s'abandonnent à leur douleur.

DÉPLORER v. t. (lat. *deplorare*) [conj. 3]. **1.** *Litt.* Manifester de la douleur à l'occasion d'un événement : *Déplorer la mort d'un ami.* – **2.** Regretter vivement qqch, trouver cela fâcheux : *Je déplorer son incapacité.* – **3.** Avoir à constater une perte, un manque, à les enregistrer : *Nous n'avons eu que très peu de pertes à déplorer dans le stock.*

DÉPLOYER v. t. (conj. 13). **1.** Étendre, développer, ouvrir ce qui était plié, roulé : *Déployer ses ailes.* – **2.** Manifester qqch, l'étaler dans toute son intensité ; montrer, manifester : *Déployer une activité fébrile.* – **3.** Faire passer des troupes d'une formation de marche ou de transport à une formation de combat. – **4.** Installer au sol des missiles tactiques ou stratégiques en position opérationnelle.

◆ **être déployé** v. pass. *Métal déployé,* tôle percée de fentes de petite longueur disposées en quinconce, puis étirée perpendiculairement à ces fentes, constituant ainsi un type de grillage.

DÉPLUMER v. t. (conj. 3). **1.** Enlever les plumes : *Déplumer un poulet.* – **2.** *Fam.* Dépouiller qqn de son argent.

◆ **se déplumer** v. pr., **être déplumé** v. pass. **1.** Perdre ses plumes. – **2.** *Fam.* Perdre ses cheveux : *Crâne déplumé.* – **3.** *Fam.* Perdre son argent, sa fortune.

DÉPOÉTISATION n. f. Action de dépoétiser.

DÉPOÉTISER v. t. (conj. 3). Enlever tout caractère poétique à qqch.

DÉPOINTAGE n. m. Action de dépointer une arme à feu, une antenne.

DÉPOINTER v. t. (de *pointer*) [conj. 3]. Déplacer une arme de sa position de pointage, une antenne de sa direction.

DÉPOITRAILLÉ, E adj. Dont la tenue est très négligée ; dont la chemise, largement ouverte, laisse apparaître la poitrine.

DÉPOLARISANT, E adj. **1.** Se dit d'une substance employée pour réduire ou empêcher la polarisation d'une pile. – **2.** *Champ dépolarisant,* champ électrique créé par les charges de polarisation d'un diélectrique et qui s'oppose au champ extérieur responsable de la polarisation.

◆ **dépolarisant** n. m. Corps ou moyen dépolarisant.

DÉPOLARISATION n. f. **1.** Suppression ou diminution de la polarisation. – **2.** Modification du potentiel électrique mesurable de part et d'autre d'une membrane biologique, dans le sens d'une diminution ou d'une inversion de potentiel. (À partir d'un certain seuil de dépolarisation, un potentiel d'action est généré dans les fibres nerveuses.)

DÉPOLARISER v. t. (conj. 3). Détruire la polarisation.

DÉPOLIR v. t. (conj. 32). Enlever son poli, son éclat à qqch : *Dépolir une glace.*

◆ **être dépoli** v. pass. *Verre dépoli,* verre dont la surface diffuse la lumière.

DÉPOLISSAGE ou **DÉPOLISSEMENT** n. m. **1.** Action de dépolir. — **2.** Procédé de préparation de surface destiné à améliorer l'accrochage d'une couche de peinture.

DÉPOLITISATION n. f. **1.** Action de dépolitiser qqch, qqn. — **2.** Désintérêt des citoyens pour la vie politique.

DÉPOLITISER v. t. (conj. 3). **1.** Retirer tout caractère politique à qqch : *Dépolitiser un débat.* — **2.** Soustraire qqn, un groupe à l'influence d'un parti ou d'une idéologie politique ; faire qu'il ne se sente plus concerné par la politique : *Dépolitiser les syndicats.*

DÉPOLLUANT, E adj. et n. m. Se dit d'un produit utilisable pour dépolluer.

DÉPOLLUER v. t. (conj. 7). Opérer la dépollution d'un lieu, de qqch : *Dépolluer une plage.*

DÉPOLLUTION n. f. Action permettant de réduire une pollution en agissant sur la source de celle-ci ou en traitant le milieu contaminé.

DÉPOLYMÉRISATION n. f. Dégradation d'un polymère avec production de monomères ou de structures plus complexes.

DÉPOLYMÉRISER v. t. (conj. 3). Effectuer une dépolymérisation.

DÉPONENT, E adj. (bas lat. *deponens, -entis,* qui dépose). En grammaire latine, se dit de verbes dont la flexion est passive et le sens actif.

DÉPONTILLAGE n. m. Action de dépontiller. (Syn. FLETTAGE.)

DÉPONTILLER v. t. (conj. 3). Détacher une pièce de verrerie du pontil auquel elle a été fixée. (Syn. FLETTER.)

DÉPOPULATION n. f. Processus de diminution de la population d'un pays où les décès excèdent les naissances sans compensation migratoire.

DÉPORT n. m. (de *report*). Loyer d'un titre, mis à la disposition d'un vendeur à découvert qui, ne livrant pas le titre à l'échéance, le loue à un autre opérateur jusqu'à l'échéance suivante, soldant ainsi son engagement vis-à-vis du marché.

DEPORT (Albert), officier français (Saint-Loup-sur-Semouse, Haute-Saône, 1846 - Houlgate 1926). Il est l'inventeur du canon de 75 dont la mise au point fut achevée en 1897 par Sainte-Claire Deville et Rimailho.

DÉPORTANCE n. f. Portance dirigée vers le bas.

DÉPORTATION n. f. (bas lat. *deportatio, -onis*). **1.** Transfert et internement dans un camp de concentration situé dans une région éloignée. — **2.** Peine politique perpétuelle, afflictive et infamante, qui consistait à exiler le condamné dans un lieu déterminé, et qui fut remplacée en 1960 par la *détention criminelle.*

Déportation et de l'Internement *(médailles de la),* médailles commémoratives françaises créées en 1948 pour les personnes justifiant de leur déportation ou de leur internement pour faits de résistance ou pour activités politiques, pendant les deux guerres mondiales.

DÉPORTÉ, E n. **1.** Personne internée dans un camp de concentration. (Syn. CONCENTRATIONNAIRE.) — **2.** Personne qui était condamnée à la peine de déportation.

DÉPORTEMENT n. m. **1.** Fait pour un véhicule, un objet en mouvement de se déporter, d'être déporté ; embardée. — **2.** (au pl.) *Litt.* Mauvaise conduite ; dérèglements.

DÉPORTER v. t. (lat. *deportare,* emporter) [conj. 3]. **1.** Envoyer qqn, un groupe dans un camp de concentration ; l'exiler en un lieu déterminé. — **2.** Faire dévier qqch, qqn de sa ligne normale de marche, de sa trajectoire : *Le vent a déporté la voiture vers la gauche.*

DÉPOSANT, E n. **1.** Personne qui fait un dépôt d'argent dans une banque, une caisse d'épargne. — **2.** Personne qui fait enregistrer une marque, un brevet auprès de l'Administration. — **3.** Personne qui confie un bien meuble au dépositaire. — **4.** Personne qui fait une déposition en justice.

DÉPOSE n. f. (de *déposer 1*). Action d'enlever ce qui était posé, fixé en vue d'un nettoyage ou d'une réparation : *Dépose d'un moteur.*

1. DÉPOSER v. t. (de *poser*) [conj. 3]. **1.** Enlever qqch de l'endroit où il était posé, installé, fixé : *Déposer les rideaux.* — **2.** Démonter la voie d'une ligne inutilisée. (Syn. DÉFERRER.)

2. DÉPOSER v. t. (lat. *deponere,* mettre à terre, avec l'infl. de *poser*) [conj. 3]. **1.** Mettre, placer, poser qqpart qqch que l'on portait : *Déposer un paquet chez la concierge.* — **2.** Mettre, laisser qqn qqpart après l'y avoir conduit : *Le taxi nous déposa place de la Madeleine.* — **3.** Mettre de l'argent, des valeurs en dépôt, en lieu sûr ; verser : *Déposer de l'argent sur un livret de caisse d'épargne.* — **4.** Faire enregistrer une marque, un brevet auprès d'une administration afin de les protéger des imitations, des contrefaçons, afin d'en garder la possession juridique. — **5.** En parlant d'un liquide, laisser comme dépôt : *Le fleuve dépose des sédiments.* — **6.** Destituer qqn, le dépouiller de son autorité, le démettre de sa fonction, le dégrader : *Déposer un roi.* — **7.** Litt. *Déposer un baiser, une caresse,* les donner avec délicatesse. ‖ *Déposer son bilan,* pour un commerçant, une entreprise, se déclarer en cessation de paiements. ‖ *Déposer une caution,* verser une garantie. ‖ *Déposer (une) plainte,* porter plainte en justice.

◆ v. i. En parlant d'un liquide au repos, laisser des particules solides sur les parois, le fond d'un récipient ; se décanter : *Vin qui dépose.*

◆ **être déposé** v. pass. *Marque, nom déposé,* marque, nom qui a fait l'objet d'un dépôt auprès de l'Administration.

◆ **se déposer** v. pr., En parlant d'une substance contenue dans un liquide, se dissocier de ce liquide et venir se poser au fond du lieu ou du récipient où se trouve ce liquide ; former un dépôt, se décanter.

3. DÉPOSER v. t. (de *déposer 2*). Affirmer qqch comme témoignage, dire en faisant une déposition : *Le témoin a déposé sous serment qu'il avait vu l'assassin.*

◆ v. i. Dire ce que l'on sait d'une affaire devant un tribunal, témoigner, faire une déposition : *Déposer contre un accusé.*

DÉPOSIT [-zit] n. m. (angl. *deposit,* dépôt). En bourse, syn. de COUVERTURE.

DÉPOSITAIRE n. (bas lat. jurid. *depositarius*). **1.** Personne à qui a été remis qqch et qui s'oblige à le garder jusqu'au jour où elle le restituera à première réquisition : *Le dépositaire d'une lettre.* — **2.** Personne à qui on a confié qqch d'important qu'on ne doit pas livrer ; gardien : *Être le dépositaire d'un secret.* — **3.** Revendeur de périodiques lié par un contrat d'exclusivité à une entreprise éditrice ou aux messageries pour une ville ou une région donnée. — **4.** Personne à qui le déposant confie un bien meuble pour une période déterminée. — **5.** Intermédiaire à qui des marchandises sont confiées, pour les conserver, pour les vendre au nom et pour le compte de leur propriétaire ou en son propre nom pour le compte du propriétaire. — **6.** *Dépositaire de l'autorité publique,* agent qui détient des pouvoirs et les exerce au nom de la puissance publique. ‖ *Dépositaire de deniers publics,* fonctionnaire ou officier ministériel chargé de la gestion d'un dépôt public ou du maniement de deniers, de valeurs mobilières.

1. DÉPOSITION n. f. (bas lat. *depositio, -onis*) (de *déposer 1*). *Déposition (de Croix),* scène figurant le corps du Christ après la *Descente de Croix,* et déposé sur la pierre de l'onction avant la *Déploration.*

2. DÉPOSITION n. f. (de *déposition 1*). **1.** Acte par lequel on retire une dignité ou une fonction à qqn ; destitution, déchéance. — **2.** Peine vindicative ecclésiastique, qui prive le clerc coupable de ses offices et revenus d'Église.

3. DÉPOSITION n. f. (de *déposition 1*). Témoignage fourni en justice.

DÉPOSSÉDER v. t. (conj. **18**). Enlever à qqn la possession de qqch ; l'en priver, l'en dépouiller : *On l'a dépossédé de sa place.*

DÉPOSSESSION n. f. Action de déposséder qqn ; spoliation.

DÉPÔT n. m. (lat. *depositum,* consignation). **1.** Action de déposer, de laisser qqch qqpart : *Le dépôt des lettres dans les boîtes.* — **2.** Action de laisser, de confier qqch à qqn qui s'en porte garant : *Le dépôt d'un testament chez le notaire.* — **3.** Action de déposer de l'argent, des valeurs à un organisme qui les garantit : *Dépôts bancaires. Dépôt à la caisse d'épargne.* (→ encycl.) — **4.** Objet, argent déposé : *S'approprier indûment un dépôt.* — **5.** Lieu (magasin, arrière-boutique, entrepôt, etc.) où un commerçant entrepose ses stocks. — **6.** Lieu de vente de produits frais de consommation courante préparés ailleurs : *Il y a un dépôt de pain à l'épicerie.* — **7.** Lieu quelconque où on entrepose, dépose des choses ; magasin, entrepôt : *Un dépôt de carburants.* — **8.** Accumulation de matières solides qu'abandonne un liquide au repos ; ces matières elles-mêmes : *Il y a un dépôt au fond de la bouteille. Dépôts de sels minéraux sur les parois d'une chaudière.* — **9.** Lieu de détention de la Préfecture de police, à Paris. — **10.** Déclaration à un organisme officiellement qualifié du nom d'une marque, d'un modèle, etc., afin d'en avoir légalement l'usage exclusif.
• **Archéol.** *Dépôt de fondation,* en Égypte ancienne et en Mésopotamie, coutume qui, lors de la construction d'un temple, consistait à déposer, dans la tranchée de fondation, quelques objets (échantillonnage des matériaux, outils en taille réduite, plaque portant le nom du souverain bâtisseur, etc.). — **Comptab.** *Dépôts et cautionnements,* titre d'un compte figurant à l'actif du bilan et sur lequel l'entreprise porte des sommes versées à des tiers à titre de garantie ou de cautionnement. — **Dr.** Contrat par lequel une personne (le déposant) confie à une autre (le dépositaire) un bien meuble, à charge pour ce dernier de le garder et de le rendre fidèlement. ‖ *Dépôt administratif,* dépôt obligatoire, sous peine d'amende, lors de la publication de tout journal ou écrit périodique, de 10 exemplaires signés par le directeur de la publication au ministère chargé de la Communication pour

Paris, ou à la préfecture ou à la mairie du lieu d'édition pour les autres villes. (Pour les publications destinées à la jeunesse, un dépôt supplémentaire de 5 exemplaires est prévu au ministère de la Justice.) ‖ *Dépôt de bilan,* pour un commerçant, une entreprise, déclaration de cessation de paiements. ‖ *Dépôt judiciaire,* dépôt obligatoire, sous peine d'amende, au moment de la publication de tout journal ou écrit périodique, de 2 exemplaires signés du directeur de la publication au parquet du lieu de publication ou, à défaut, à la mairie. ‖ *Dépôt légal,* dépôt obligatoire, sous peine d'amende, des œuvres imprimées et audiovisuelles, ayant pour but de constituer et d'enrichir gratuitement les collections nationales, et qui permet également le contrôle des publications. ‖ *Dépôt de mémoires, de conclusions,* acte consistant à présenter à un tribunal des mémoires ou des conclusions écrites. ‖ *Mandat de dépôt,* ordre donné par le juge d'instruction ou le tribunal correctionnel de faire incarcérer un inculpé. — **Géol.** Tout matériel minéral apporté à la surface de la Terre par un agent quelconque. (Les roches sédimentaires sont d'anciens dépôts, modifiés ou non postérieurement à leur accumulation.) ‖ *Dépôt marin,* toute formation sédimentaire marine récente (boue, contourite, pélagite, turbidite, vase). — **Mil.** Partie d'une unité restant en garnison quand cette unité fait campagne ; lieu où cette fraction reste stationnée. ‖ Organisme ou établissement militaire qui peut être chargé de missions très diverses (dépôt des équipages de la flotte, etc.). ‖ *Dépôt de la guerre,* organisme chargé autrefois de conserver les archives du ministère de la Guerre et de réaliser des travaux historiques et topographiques. — **Pathol.** Accumulation de pus ou d'autres excrétions morbides dans les tissus. — **Théol.** *Dépôt de la Foi* ou *de la Révélation,* l'ensemble des vérités révélées, qu'il appartient à l'Église de transmettre. — **Transp.** Établissement gérant des agents de conduite (mécaniciens de locomotives, conducteurs d'autobus ou de tramways, etc.) et des engins moteurs (locomotives, automotrices, autorails, tramways, trolleybus, autobus). ‖ Ensemble des installations (remises, ateliers, voies, etc.) affectées au stationnement des engins moteurs pendant leur période d'inutilisation ou d'entretien.

ENCYCL. **Banq.** On distingue : les *dépôts à vue,* remboursables immédiatement (ou sous un délai très court, de quelques jours seulement, dit « de préavis ») sur simple demande, et les *dépôts à terme.* Les dépôts à terme bénéficient d'un intérêt en principe d'autant plus élevé que l'échéance du remboursement est plus éloignée.

dépôts et consignations *(Caisse des),* établissement public doté de la personnalité morale et de l'autonomie financière, créé par la loi du 28 avril 1816. Prévu initialement pour recevoir en dépôt divers fonds, notamment les consignations judiciaires, et les dépôts volontaires que voudraient y effectuer les particuliers, la Caisse des dépôts a vu son rôle rapidement s'élargir.
Les ressources de la Caisse des dépôts sont représentées aujourd'hui dans leur grande majorité par les fonds collectés par les caisses d'épargne et la Caisse nationale d'épargne. Les emplois ont sensiblement évolué depuis l'origine de l'institution. Les placements en valeurs mobilières du secteur privé occupent une part croissante du total de l'actif. La Caisse continue cependant de consacrer une part importante des fonds qu'elle gère au financement de la construction de logements sociaux.

DÉPOTAGE n. m. Action de dépoter une plante, un conteneur, un réservoir.

DÉPOTEMENT n. m. **1.** Syn. de DÉPOTAGE. — **2.** *Tables de dépotement,* tables dont se sert l'administration des Contributions indirectes pour évaluer la quantité de liquide tiré d'une futaille. (Syn. ÉCHELLE PITHOMÉTRIQUE.)

DÉPOTER v. t. (conj. 3). **1.** Retirer une plante de son pot pour la placer dans un autre ou la mettre en pleine terre. — **2.** Décharger un conteneur maritime des lots de marchandises qu'il contient. — **3.** Vider ou transférer le contenu d'un réservoir, et notamment d'un wagon ou d'un camion-citerne.

DÉPOTOIR n. m. **1.** Endroit où sont accumulées des choses hétéroclites et généralement malpropres, où l'on jette les objets de rebut, les déchets en dehors de toute règle particulière. — **2.** *Fam.* Ce qui sert à recueillir des gens ou des choses de qualité médiocre.

DÉPÔT-VENTE n. m. (pl. *dépôts-ventes*). Vente dans laquelle le vendeur laisse l'objet dont il souhaite se dessaisir en dépôt dans un magasin qui ne lui rétrocède le prix de la vente, moins un pourcentage convenu, qu'après que l'objet a trouvé acheteur.

DÉPOUILLAGE n. m. Action de retirer la peau d'une bête tuée. (Syn. DÉPOUILLEMENT.)

DÉPOUILLE n. f. (de *dépouiller*). **1.** Peau entière et brute d'un animal. — **2.** Exuvie laissée par certains animaux au moment de la mue. — **3.** Litt. *Dépouille (mortelle),* corps d'une personne morte. • **Bouch.** Opération de séparation de la peau de la carcasse d'un animal mort. (Syn. HABILLAGE.) — **Bx-arts.** Motif figurant une peau d'animal (félins surtout) utilisé en sculpture à la Renaissance et à l'époque classique. (Elle tire son origine de la peau du lion de Némée, attribut d'Héraclès, et entre souvent dans la composition des trophées.) — **Mécan.** *Angle de dépouille,* ou *dépouille,* angle aigu que forme avec la surface usinée la face de l'outil qui lui est le plus proche. — **Métall.** Pente donnée aux flancs d'une pièce, pour faciliter le démoulage. — **Relig.** *Droit de dépouille,* droit sur certains objets mobiliers ayant appartenu à un ecclésiastique décédé. — **Sculpt.** Obliquité que présentent certaines parties d'un moulage, et qui facilite le démoulage. ‖ *De dépouille,* se dit d'un modèle que l'on peut mouler à bon creux, d'un seul bloc.

◆ **dépouilles** n. f. pl. **1.** *Litt.* Ce qu'on prend à l'ennemi, à l'adversaire vaincu ; butins de guerre, saisis par la force. — **2.** *Système des dépouilles* (en angl. *spoil-system*), aux États-Unis pratique du parti vainqueur d'une élection, qui se partage les principaux postes administratifs aux dépens du parti vaincu. (Le système des dépouilles a pratiquement disparu aujourd'hui, remplacé par un régime statutaire [*merit-system*].)

DÉPOUILLEMENT n. m. **1.** Syn. de DÉPOUILLAGE. — **2.** *Litt.* Action de dépouiller qqn, un groupe de ce qu'ils possèdent ; état qui en résulte, pauvreté. — **3.** *Litt.* Fait d'être dépouillé de ses feuilles : *Le dépouillement des arbres.* — **4.** État d'un lieu dépourvu de tout ornement, de tout ce qui est superflu, accessoire : *Le dépouillement d'un appartement moderne.* — **5.** Qualité d'une œuvre littéraire, artistique dont on a retranché tout ce qui est accessoire : *Des tableaux d'un extraordinaire dépouillement.* — **6.** Action d'étudier et d'analyser de façon approfondie un texte, un ensemble de documents, etc., pour en extraire qqch : *Le dépouillement d'un questionnaire.* — **7.** Ensemble des opérations qui permettent de connaître le résultat d'un scrutin et qui comprend l'ouverture des urnes, le décompte des bulletins, la totalisation des suffrages. • **Arm.** *Dépouillement d'un tir,* opération qui a pour but de déterminer des corrections expérimentales utilisables pour améliorer la préparation des tirs ultérieurs. — **Impr.** Opération qui a pour but, dans les procédés photomécaniques, d'éliminer les parties de couche insolée. — **Phot.** Traitement faisant apparaître une image par élimination des parties exposées (ou non exposées) d'un phototype. — **Stat.** Répartition en classes des unités statistiques suivant leurs caractères distinctifs, ou l'intensité de ces caractères, et décompte des unités de chaque classe.

DÉPOUILLER v. t. (lat. *despoliare*) [conj. 3]. **1.** Enlever la peau d'un animal, les écailles d'un poisson, l'écorcher, le dépiauter. — **2.** En parlant d'un animal, au moment de la mue, faire tomber soi-même sa peau. — **3.** *Litt.* Dégarnir les végétaux de leurs feuilles, en récolter les fruits : *Le vent d'automne a dépouillé les arbres de leurs feuilles.* — **4.** *Litt.* Ôter ses vêtements à qqn, le déshabiller. — **5.** Prendre qqch à qqn malgré lui, le lui soustraire, l'en priver, le déposséder : *Dépouiller ses héritiers par un testament.* — **6.** Dégarnir qqch d'une autre chose ou l'en priver : *Il avait dépouillé son ouvrage de tous les détails inutiles.* — **7.** Lire qqch pour l'analyser, l'étudier minutieusement, en extraire l'essentiel, les éléments important pour soi : *Dépouiller les journaux, le courrier.* — **8.** Faire le décompte des suffrages d'un vote. — **9.** *Litt.* Se défaire, se débarrasser de qqch : *Dépouiller tout amour-propre.* • **Cuis.** Syn. de ÉCUMER. — **Œnol.** Débarrasser un vin des particules solides qui le troublent. — **Sculpt.** *Dépouiller le moule,* en parlant de la pièce qu'on y a coulée, ou sur laquelle le moule a été pris, s'en détacher complètement, sans être retenue pour certains de ses creux ou de ses reliefs.

◆ **se dépouiller** v. pr., **être dépouillé** v. pass. **1.** En parlant d'un animal qui mue, perdre sa peau ; en parlant d'un arbre, perdre ses feuilles ; en parlant d'un vin, perdre les particules qui le troublaient. — **2.** Perdre qqch d'accessoire, des ornements superflus : *Un style très dépouillé.*

◆ **se dépouiller** v. pr. Renoncer à qqch, s'en priver volontairement : *Se dépouiller de ses biens en faveur de ses enfants.*

1. DÉPOURVU (ÊTRE) v. pass. (de *pourvoir*). Ne pas posséder qqch, en être privé, démuni, dénué : *Œuvre dépourvue d'intérêt.*

2. DÉPOURVU n. m. *Prendre, saisir qqn au dépourvu,* le mettre dans l'embarras à un moment où il n'est pas prêt à répondre à une demande ; à l'improviste.

DÉPOUSSIÉRAGE n. m. Action de dépoussiérer.

DÉPOUSSIÉRANT n. m. Produit qui facilite le dépoussiérage en empêchant la poussière de voler et qui évite une redéposition trop rapide de la poussière.

DÉPOUSSIÉRER v. t. (conj. 18). **1.** Enlever la poussière par balayage, aspiration, époussetage, filtration, etc. : *Dépoussiérer un atelier.* — **2.** Débarrasser qqch de ce qui est périmé, le moderniser, le renouveler ou le rajeunir : *Dépoussiérer une loi du siècle dernier.*

DÉPOUSSIÉREUR, EUSE adj. Se dit d'un dispositif qui dépoussière.

◆ **dépoussiéreur** n. m. **1.** Appareil au moyen duquel on effectue le dépoussiérage d'un sol, d'un local. — **2.** Appareil assurant le dépoussiérage des fumées.

DÉPRAVANT, E adj. *Litt.* Qui déprave : *Un milieu dépravant.*

DÉPRAVATION n. f. (lat. *depravatio, -onis,* torsion). Comportement dénaturé, manière de se conduire immorale, en partic. sur le plan sexuel : *La dépravation des mœurs.*

DÉPRAVÉ, E n. Personne pervertie, détournée du bien, des dispositions morales considérées comme normales.

DÉPRAVER v. t. (lat. *depravare,* corrompre) [conj. 3]. **1.** Pervertir qqn, le corrompre en faussant son sens moral ; pousser qqn à commettre des actes immoraux : *Dépraver un adolescent.* – **2.** Altérer gravement le goût, les sentiments en leur faisant perdre leur nature ; gâter, corrompre.

DÉPRÉCATION n. f. (lat. *deprecatio*). Prière instante adressée à une divinité, à une personne afin d'obtenir une protection, une faveur spéciale.

DÉPRÉCIATEUR, TRICE ou **DÉPRÉCIATIF, IVE** adj. Qui déprécie, a tendance à déprécier ; péjoratif.

DÉPRÉCIATION n. f. Action de déprécier, fait de se déprécier ; perte de valeur, dévalorisation : *Dépréciation d'une maison.*

DÉPRÉCIER v. t. (bas lat. *depretiare,* de *pretium,* prix) [conj. 9]. **1.** Diminuer la valeur de qqch ; abaisser, avilir : *L'inflation a déprécié la monnaie.* – **2.** Rabaisser la valeur de qqch, le mérite de qqn, porter sur eux un jugement défavorable ; rabaisser, ravaler, dénigrer : *Déprécier l'ouvrage d'un rival.*

◆ **se déprécier** v. pr., **être déprécié** v. pass. Perdre de sa valeur, baisser : *Cette monnaie s'est fortement dépréciée.*

◆ **se déprécier** v. pr. Abaisser soi-même sa propre valeur.

DÉPRÉDATEUR, TRICE adj. et n. (bas lat. *depraedator*). Qui commet des déprédations, qui occasionne des dégâts.

DÉPRÉDATION n. f. (bas lat. *depraedatio, -onis*). **1.** Dégâts causés à des propriétés, des biens, par qqn, par des animaux (surtout pl.) : *Les déprédations des sangliers.* – **2.** *Vx.* Vol ou pillage ; malversation dans une administration (surtout pl.) : *Commettre des déprédations.*

DÉPRENDRE (SE) v. pr. (conj. **79**). *Litt.* Se détacher de qqn, de qqch, se dégager de leur emprise : *Se déprendre d'une habitude.*

DÉPRESSAGE n. m. Action d'enlever un certain nombre de tiges dans un semis ou dans un gaulis pour favoriser le développement des arbres conservés.

DEPRESSARIA n. f. (lat. *depressus,* qui s'enfonce). Petite teigne dont la chenille est nuisible aux carottes et aux artichauts.

DÉPRESSEUR adj. m. et n. m. (lat. *depressus,* abaissé). Se dit d'un agent physique ou chimique diminuant l'activité d'un neurone ou du cerveau entier.

DÉPRESSIF, IVE adj. **1.** Qui souffre de dépression nerveuse. – **2.** Qui a les caractères d'une dépression psychique : *Phase dépressive. État dépressif.* – **3.** Qui a les caractères d'une dépression économique : *Une conjoncture internationale dépressive.* – **4.** *Position dépressive,* phase de développement décrite par Melanie Klein dans laquelle le nourrisson, vers 6 mois, reconnaît un objet total (sa mère) et se situe par rapport à lui.

◆ adj. et n. Qui a tendance à avoir des dépressions nerveuses.

DÉPRESSION n. f. (bas lat. *depressio, -onis,* enfoncement). **1.** Abaissement d'une surface ; enfoncement, creux : *Dépression du sol.* – **2.** Diminution de l'activité économique pouvant déboucher sur une crise ; chute des cours. – **3.** *Dépression (nerveuse),* augmentation en intensité ou en durée de la tristesse, un des états de l'humeur par ailleurs normal chez l'individu. (Syn. BREAK-DOWN.) [→ *encycl.*] • **Géod.** *Dépression de l'horizon,* angle du plan horizontal passant par l'observateur avec la direction d'un point de l'horizon, dû à l'altitude du point d'observation. – **Mécan.** Vide partiel provoqué dans la tubulure d'admission et le cylindre d'un moteur à explosion par le mouvement descendant du piston. – **Météo.** *Dépression (barométrique* ou *atmosphérique),* masse atmosphérique sous basse pression (inférieure à 1 015 hectopascals et décroissant de l'extérieur vers le centre), qui est le siège de mouvements ascendants et où les vents (déviés vers la droite, par la rotation de la Terre, dans l'hémisphère Nord) sont dirigés dans le sens contrahoraire. (Les cyclones sont des dépressions mobiles.) ‖ *Dépression mobile,* syn. de CYCLONE. – **Phys.** Pression inférieure à la pression du milieu environnant.

ENCYCL. **Psychiatr.** La *dépression endogène* ou *mélancolique* se caractérise par son intensité : douleur morale, perte de l'estime de soi, désir de mort, dont la réalisation n'est tempérée que par l'importance de l'inhibition, signes somatiques (anorexie, insomnie). Cependant, des états dépressifs peuvent se rencontrer au cours d'autres troubles psychotiques (délires chroniques par ex.).

Les *dépressions psychogènes,* dans lesquelles on range habituellement les dépressions névrotiques et les dépressions réactionnelles, ont un aspect plus varié. L'intensité de la dépression est moins grande : la personne est anxieuse, fatiguée, triste, dégoûtée de la vie, se sentant en état d'échec et d'abandon. Les idées de suicide, qui apparaissent souvent comme une quête affective, doivent toujours être considérées avec sérieux.

Le problème de l'étiologie de la dépression s'oriente, selon les auteurs, vers la recherche d'une cause organique étayée par la découverte du rôle de régulateur thymique des monoamines cérébrales (dont le déficit chez les déprimés

pourrait être génétique), ou vers la recherche d'une cause psychologique. Celle-ci est tenue notamment par les auteurs du courant psychanalytique : dans la dépression, le sujet devrait affronter une perte réelle ou imaginaire, les reproches adressés à l'objet perdu seraient retournés sur le sujet, dévalorisé à ses yeux de ce fait.
La thérapeutique fait appel aux antidépresseurs, parfois à la sismothérapie, et s'accompagne d'une psychothérapie.

DÉPRESSIONNAIRE adj. Relatif à une dépression atmosphérique.

DÉPRESSURISATION n. f. Chute de la pression interne d'une cabine d'avion ou de l'habitacle d'un vaisseau spatial.

DÉPRESSURISER v. t. (conj. 3). Opérer une dépressurisation.

DEPRETIS (Agostino), homme politique italien (Mezzana Corti, près de Pavie, 1813-Stradella 1887). Lié aux mazziniens, élu au Parlement de Turin en 1848, il y fut l'un des chefs de la gauche anticléricale. Président du Conseil (1876), il pratiqua le *trasformismo.* En 1882, il abaissa le cens électoral. À l'extérieur, il conclut la Triple-Alliance (1882) et amorça l'expansion coloniale italienne en Afrique orientale. Mais la défaite de Dogali (janv. 1887) provoque sa chute.

DEPREZ (Marcel), physicien et électricien français (Aillant-sur-Milleron, Loiret, 1843 -Vincennes 1918). Il créa en 1882, avec la collaboration de d'Arsonval, le galvanomètre classique à cadre mobile. En 1883, il transporta de Vizille à Grenoble, sur une distance de 14 km, une puissance de 7 ch, donnant ainsi une première solution au problème du transport de l'énergie.

DÉPRIMAGE n. m. Action de déprimer le bétail.

DÉPRIMANT, E adj. **1.** Qui déprime, affaiblit, abat, qui ôte toute énergie ; débilitant : *Climat déprimant.* — **2.** Qui rend triste, morne ; démoralisant : *L'atmosphère déprimante du bureau.*
◆ **déprimant** n. m. Réactif de flottation, qui augmente beaucoup l'aptitude de certains corps à se laisser mouiller par l'eau.

DÉPRIME n. f. *Fam.* État dépressif ; cafard.

DÉPRIMÉ, E n. Personne qui souffre de dépression nerveuse.

DÉPRIMER v. t. (lat. *deprimere,* abaisser) [conj. 3]. **1.** Affaisser, enfoncer une surface : *Les pluies ont déprimé la chaussée.* — **2.** Décourager qqn, l'abattre, le rendre triste et morose, l'amener à un état de dépression nerveuse, lui ôter toute énergie; démoraliser : *Ce travail me déprime.* — **3.** Amener qqch à un état d'affaiblissement; diminuer son activité, faire baisser : *Les nouvelles ont déprimé les cours de la Bourse.* — **4.** Mettre le bétail au pâturage dans une prairie de fauche à la sortie de l'hiver, avant le démarrage de la croissance de l'herbe. (Syn. PRIMHERBER.) — **5.** Détruire ou atténuer à l'aide d'un réactif approprié la flottabilité d'un minerai.
◆ v. i. (fam.) ou **se déprimer** v. pr., **être déprimé** v. pass. Tomber dans un état dépressif, être abattu, découragé, sans énergie : *Elle déprime depuis son échec.*
◆ **être déprimé** v. pass. **1.** Être aplati dans un plan horizontal, comme la raie ou certaines punaises, ou comme les feuilles de la plupart des dicotylédones. (S'oppose à *être comprimé.*) — **2.** *Arc déprimé,* arc surbaissé, qui diffère de l'anse de panier par l'horizontalité de sa partie centrale, égale ou inférieure aux 3/5 de la portée.

DÉPRIMOGÈNE adj. Se dit d'un dispositif qui crée une dépression.

DÉPRIMOMÈTRE n. m. Instrument destiné à mesurer les différences de pression.

DÉPRIVATION n. f. *Déprivation sensorielle,* syn. de DÉSAFFÉRENTATION SOCIALE.

DE PROFUNDIS [deprɔfɔ̃dis] n. m. (lat. *de profundis,* des profondeurs [premiers mots du psaume]). Le sixième des sept psaumes de la pénitence (Ps. CXXIX), que l'on récite dans les prières pour les morts.

DÉPROGRAMMATION n. f. (amér. *deprogramming*). Action de déprogrammer.

DÉPROGRAMMER v. t. (conj. 3). **1.** Enlever du programme prévu un spectacle, une émission ou supprimer une action prévue. — **2.** Déconditionner qqn qui est sous l'emprise d'une secte.

DÉPROPANISATION n. f. Action de dépropaniser.

DÉPROPANISER v. t. (conj. 3). Séparer le propane d'un mélange d'hydrocarbures pour le rendre moins volatil.

DÉPROPANISEUR n. m. Appareil pour la séparation du propane d'un mélange d'hydrocarbures.

DÉPSYCHIATRISATION n. f. Action de dépsychiatriser.

DÉPSYCHIATRISER [-kja-] v. t. (conj. 3). Cesser de considérer, d'interpréter un phénomène comme relevant de la psychiatrie, d'une pathologie mentale.

DÉPUCELAGE n. m. *Fam.* Perte du pucelage.

DÉPUCELER v. t. (de *pucelle*) [conj. 24]. *Fam.* Faire perdre son pucelage à qqn ; déflorer (quand il s'agit d'une jeune fille).

DEPUIS prép. **1.** Indique le début, le point de départ dans le temps d'une action, d'un état qui dure jusqu'au moment où l'on parle : *Depuis son accident, il boite.* — **2.** Indique le point de départ dans l'espace ; de : *On vous téléphone depuis Lyon.* — **3.** Indique le point à partir duquel on considère une série (souvent en corrélation avec JUSQU'À) : *On trouve de tout, depuis la mercerie jusqu'au mobilier.* — **4.** *Depuis lors,* depuis ce temps-là. ‖ *Depuis peu,* il y a peu de temps. ‖ *Depuis quand ?,* à partir de quand dans le passé ? ‖ *Depuis que,* à partir du moment où un fait s'est produit, où un état a commencé : *Depuis qu'il l'a rencontrée, sa vie a changé.* ‖ *Depuis toujours,* toujours dans le passé, de tout temps.

◆ adv. À partir de ce moment passé : *Il est parti il y a trois ans, et je ne l'ai pas revu depuis.*

DÉPULPER v. t. (conj. 3). **1.** Enlever la pulpe d'un fruit.

DÉPULPEUR n. m. Instrument pour réduire en pulpe certaines matières végétales ou animales.

DÉPURATIF, IVE adj. et n. m. Se disait de tisanes et de médications auxquelles on attribuait la propriété de débarrasser l'organisme de ses toxines et de ses déchets.

DÉPURATION n. f. *Vx.* Action de dépurer.

DÉPURER v. t. (bas lat. *depurare*) [conj. 3]. *Vx.* Rendre qqch pur ou plus pur ; épurer : *Dépurer un métal.*

DÉPUTATION n. f. (bas lat. *deputatio, -onis*). **1.** Envoi de personnes chargées d'une mission ; ces personnes elles-mêmes ; délégation, ambassade. — **2.** Fonction de député. — **3.** Ensemble des députés d'un département.

DÉPUTÉ n. m. (bas lat. *deputatus,* délégué). **1.** Membre d'une assemblée élective, et, plus partic., d'une assemblée législative élue au suffrage universel. (→ *encycl.*) — **2.** *Litt.* Personne envoyée en mission auprès de qqn ; ambassadeur.

ENCYCL. Sous la Vᵉ République, les députés sont élus, en France, au suffrage universel direct et au scrutin nominal majoritaire à deux tours. En mars 1986, les députés, au nombre de 577, furent élus dans le cadre départemental, à la représentation proportionnelle à un tour avec application de la règle de la plus forte moyenne (loi du 10 juill. 1985). Ils sont porteurs d'un mandat représentatif qui leur confère certains privilèges (immunités) et leur impose certaines obligations (incompatibilités). Sont éligibles les Français et les Françaises ayant 23 ans révolus. Sont inéligibles les individus qui, à la suite d'une condamnation, ont perdu leurs droits politiques, les individus privés par une décision judiciaire de leur droit d'éligibilité, ainsi que les personnes pourvues d'un curateur. Il est interdit d'être simultanément candidat dans plusieurs circonscriptions.

DÉPUTER v. t. (bas lat. *deputare,* assigner, de *putare,* estimer) [conj. 3]. *Vx.* Envoyer qqn en députation ; déléguer, élire : *Députer des représentants du peuple.*

DÉQUALIFICATION n. f. **1.** Abaissement du niveau de compétence, de formation professionnelle ou d'habileté technique acquise pour l'exercice d'un poste de travail. — **2.** Déclassement que subit un travailleur dans la hiérarchie des classifications professionnelles.

DÉQUALIFIER v. t. (conj. 9). Donner à qqn un poste, des fonctions au-dessous de sa qualification professionnelle ; déclasser.

DÉQUILLER [-kije] v. t. (conj. 3). *Pop.* Tuer qqn avec une arme à feu ; descendre.

DE QUINCEY (Thomas QUINCEY, dit), écrivain anglais (Manchester 1785 - Édimbourg 1859). Il découvre l'opium à Oxford en 1804, et ne s'en déshabituera plus. Lié aux poètes lakistes (Wordsworth, Coleridge), il crée à Londres l'opiomanie et publie les *Confessions* d'un Anglais mangeur d'opium* (1821, remanié 1856), qui seront suivies de *De l'assassinat comme un des beaux-arts* (1827-1839), *Suspiria de profundis* (1845), *la Diligence anglaise* (1849). Toute l'œuvre de De Quincey est marquée de la même fantaisie romantique, qui séduisit Nerval et Baudelaire, mélange de dilettantisme et de lucidité qui pousse l'analyse intérieure jusqu'aux limites du subconscient.

DER [dɛr] adj. et n. inv. (abrév. de *dernier*). *Pop.* **1.** Qui est après tous les autres en classement, en date. — **2.** *Le (la) der des der,* le tout dernier, la toute dernière (la dernière tournée, la toute dernière guerre, etc.). — **3.** *Dix de der,* au piquet et à la belote, gratification de dix points que l'on obtient en faisant la dernière levée.

DER *(pays du),* région de l'est de la Champagne, s'étendant principalement dans la Haute-Marne, au S.-O. de Saint-Dizier, et comprenant la vaste *forêt du Der* (environ 12 000 ha) et le *lac du Der-Chantecoq* (débordant sur le territoire du dép. de la Marne), appelé aussi *réservoir Marne,* plan d'eau de 4 800 ha (site touristique), contribuant à la régularisation du bassin de la Seine.

DERAA, v. de Syrie, à proximité de la frontière jordanienne ; 49 000 hab.

DÉRACINABLE adj. Qui peut être déraciné.

DÉRACINÉ, E n. Personne qui a rompu les liens qui la rattachaient à son pays.

DÉRACINEMENT n. m. **1.** Action de déraciner ; fait d'être déraciné, arraché : *Le déracinement d'un hêtre.* — **2.** Fait d'être arraché à son milieu, à son pays : *Émigré qui souffre de déracinement.*

DÉRACINER v. t. (conj. 3). 1. Arracher de terre un arbre, une plante avec ses racines : *L'orage a déraciné l'arbre.* – 2. Extirper, supprimer radicalement qqch : *Déraciner un préjugé.* – 3. Arracher qqn à son milieu d'origine, à sa terre natale, le faire vivre ailleurs : *La crise économique avait déraciné toute une population.*

Déracinés *(les),* roman de Maurice Barrès (1897), qui ouvre la trilogie du *Roman de l'énergie nationale,* suivi de *l'Appel au soldat* et de *Leurs figures.* C'est l'histoire de sept jeunes Lorrains, victimes d'une même formation intellectuelle et philosophique qui les mène à Paris, où ils sont perturbés par l'arrachement au sol natal.

DE RADA (Girolamo, en albanais **Jeronim**), écrivain italien d'expression italienne et albanaise (Macchia, près de San Demetrio Corone, Cosenza, 1814 - *id.* 1903). Il est l'un des auteurs les plus importants de la « Renaissance albanaise » avec ses publications folkloriques (*Rhapsodies,* 1866) et ses poèmes (*les Chants de Milosao,* 1836 ; *Skanderbeg le malchanceux,* 1872-1884).

DÉRADER v. i. (conj. 3). Quitter une rade ou un mouillage lorsque le navire, malmené par la tempête, ne peut plus tenir à l'ancre.

DÉRAGER v. i. (conj. 17). *Ne pas dérager,* ne pas cesser d'être en colère.

DÉRAIDIR v. t. (conj. 32). *Litt.* Faire perdre de sa raideur à qqch, à un membre, à une partie du corps.

DÉRAILLAGE n. m. Dans le cycle des opérations d'apprêt des tissus, opération ayant pour objet de remettre les fils de trame à leur place normale.

DÉRAILLEMENT n. m. 1. Accident qui se produit sur une voie ferrée lorsqu'une ou plusieurs roues d'un véhicule quittent le rail. – 2. *Litt.* Fait de s'écarter du bon sens, de la voie choisie.

DÉRAILLER v. i. (conj. 3). 1. Sortir des rails, en parlant d'un train, des wagons. – 2. *Fam.* Fonctionner mal : *La pendule déraille.* – 3. *Fam.* S'écarter de son but, aller de travers, s'écarter du bon sens ; déraisonner, divaguer : *Elle prend de l'âge et déraille un peu.*

DÉRAILLEUR n. m. Mécanisme qui permet de faire passer la chaîne d'un vélo d'un pignon ou d'un plateau à un autre, pour changer de développement.
◆ adj. m. *Bloc dérailleur, taquet dérailleur,* appareil mobile qui provoquerait le déraillement d'un véhicule ferroviaire qui l'atteindrait accidentellement. (Cet appareil est destiné à assurer la protection des installations en aval.)

DERAIN (André), peintre français (Chatou 1880 - Garches 1954). Une exposition Van Gogh l'impressionne, en 1901, en même temps que son ami Vlaminck ; ensemble ils commencent à peindre, à Chatou, à l'aide de couleurs pures — avec, chez Derain, plus de circonspection et de raffinement —, et ils sont bientôt, aux côtés de Matisse, les initiateurs du fauvisme. Puis Derain, esprit inquiet, misanthrope, s'en éloigne rapidement, sous l'influence de Cézanne, de l'art nègre et de Picasso, pour pratiquer un art plus construit, aux tons austères, voire d'un anguleux hiératisme (époque « gothique », 1911). Après la guerre, il se retourne vers les valeurs classiques, peint portraits, paysages et natures mortes dans une gamme retenue où s'affirment les bruns-rouges. Il a donné des bois gravés en couleurs (pour *Pantagruel*), des décors et costumes de théâtre, des modelages, des céramiques.

DÉRAISON n. f. *Litt.* Manque de raison, de jugement ; folie.

DÉRAISONNABLE adj. Qui manifeste un manque de jugement ; absurde, irréfléchi, insensé : *Conduite déraisonnable.*

DÉRAISONNABLEMENT adv. De façon déraisonnable.

DÉRAISONNER v. i. (conj. 3). Dire des choses dénuées de raison, incohérentes ; divaguer ; radoter.

DÉRAMAGE n. m. 1. Syn. de DÉCOCONNAGE. – 2. *Déramage des draps,* action de retirer les draps apprêtés des rames sur lesquelles on les fait sécher.

DÉRAMER v. t. (conj. 3). Effectuer le déramage.

DERAND (le *R. P.* François), architecte français (Vic-sur-Seille, Moselle, 1588-Agde 1644). Jésuite en 1611, il professa les mathématiques et écrivit un traité sur *l'Architecture des voûtes ou l'Art des traits et coupe des pierres* (1643). On lui doit, à Paris, la façade de l'église St-Paul-St-Louis et les bâtiments contigus de l'actuel lycée Charlemagne.

DÉRANGEANT, E adj. 1. Qui dérange, gêne ou perturbe qqch ; gênant : *Ce bruit est très dérangeant pour moi.* – 2. Qui n'est pas conforme aux idées reçues ou aux opinions admises par la société et qui gêne : *Des théories dérangeantes.*

DÉRANGEMENT n. m. 1. Action de se déplacer d'un lieu à un autre : *Le spectacle valait le dérangement !* – 2. Action d'importuner qqn ; gêne : *Je m'excuse de vous causer tout ce dérangement.* – 3. Trouble de l'esprit, de la raison. – 4. *Dérangement intestinal, gastrique,* trouble de la digestion. ‖ *En dérangement,* qui n'est pas en état de fonctionner.

DÉRANGER v. t. (conj. 17). 1. Changer qqch de place, en embrouiller l'ordre ; bouleverser : *Ne dérangez pas mes papiers.* – 2. Mettre un lieu en désordre, faire en sorte que les objets qui s'y trouvent ne soient plus à leur place : *Il a encore* *dérangé sa chambre.* – **3.** Troubler la santé mentale : *Le chagrin lui a un peu dérangé l'esprit.* – **4.** Gêner le cours normal de qqch, contrecarrer un ordre établi : *Cet événement dérange nos plans.* – **5.** Ne pas être conforme aux idées courantes, bouleverser les idées reçues : *Le théâtre de Molière dérangeait les dévots.* – **6.** Obliger qqn à se déplacer, à interrompre ses occupations, son travail ou son repos ; importuner, gêner, ennuyer : *L'arrivée du gardien a dérangé les cambrioleurs.*

◆ **être dérangé** v. pass. **1.** Être un peu fou. – **2.** Avoir un embarras gastrique, la colique. – **3.** Fam. *Le temps est dérangé,* il fait mauvais.

◆ **se déranger** v. pr. **1.** Changer de place, se déplacer : *Tu crois qu'elle se dérangerait pour nous laisser passer ?* – **2.** Sortir de chez soi pour remplir une tâche, faire qqch : *Le médecin ne se dérange pas après dix heures.* – **3.** *Ne pas se déranger pour,* ne pas interrompre ses occupations pour qqn, qqch : *Ne vous dérangez pas pour moi, je peux me débrouiller seul.*

DÉRANGEUR, EUSE n. *Litt.* Personne qui dérange, qui trouble.

DÉRAPAGE n. m. **1.** Action de déraper, en parlant d'un véhicule, de qqn : *Dérapage contrôlé.* – **2.** Action de déraper, de s'écarter de ce qui est normal, attendu, contrôlable : *Le dérapage des prix.* – **3.** En avion, virage exécuté avec une inclinaison insuffisante ; vol rectiligne au cours duquel le plan de symétrie de l'avion fait un angle par rapport à la trajectoire (cas d'un avion volant avec un moteur latéral arrêté). – **4.** Progression du skieur, latérale ou oblique par rapport à l'axe des skis.

DÉRAPER v. i. (provenç. *derapa,* de *rapar,* saisir, du germ. **rapôn,* arracher) [conj. 3]. **1.** Glisser dans une direction oblique : *La voiture a dérapé sur le verglas.* – **2.** Prendre un caractère ambigu, dangereux, grossier, etc. : *La conversation a dérapé.* – **3.** S'écarter de ce qui est normal, attendu, prévu et contrôlé : *Les prix des matières premières ont dérapé et sont en forte hausse.* – **4.** En parlant d'un avion, exécuter un virage en dérapage. – **5.** Détacher ou se détacher du fond, en parlant d'une ancre. – **6.** En parlant d'un skieur, effectuer un dérapage.

DÉRASEMENT n. m. **1.** Action de déraser une construction ; fait d'être dérasé. – **2.** Amaigrissement de certaines pièces en bois, d'un bâti ou d'un dormant.

DÉRASER v. t. (de *raser*) [conj. 3]. Abaisser le niveau, enlever le sommet d'une construction.

DÉRATÉ, E n. (de *dérater,* ôter la rate). *Courir comme un(e) dératé(e),* très vite.

DÉRATISATION n. f. **1.** Destruction des rats (et des autres rongeurs) qui se trouvent dans un local. – **2.** Extermination des rats à bord des bâtiments provenant des pays contaminés par la peste.

DÉRATISER v. t. (conj. 3). Débarrasser un lieu de ses rats, par extermination.

DÉRAYAGE ou, vx, **DRAYAGE** [-rɛjaʒ] n. m. Opération d'égalisation d'épaisseur du cuir par élimination de fins copeaux du côté chair.

1. DÉRAYER [-rɛje] v. t. (de *rayer,* tracer un sillon) [conj. **11**]. Faire la dérayure.

2. DÉRAYER ou, vx, **DRAYER** [-rɛje] v. t. (altér. de *drayer,* du néerl. *draaien,* tordre) [conj. **11**]. Pratiquer le dérayage des cuirs.

DÉRAYEUSE [-rɛjøz] n. f. Machine à dérayer les peaux tannées.

DÉRAYURE [-rɛjyr] n. f. Double raie, laissée ouverte, séparant deux planches de labour contiguës.

1. DERBY [dɛrbi] n. m. inv. (du n. du 12ᵉ comte de *Derby*). **1.** Course disputée à Epsom par les chevaux de trois ans, à la fin de mai ou au début de juin, sur la distance classique de 2 400 m et destinée à désigner le meilleur cheval de sa génération. – **2.** Dans les sports d'équipe, match qui oppose deux clubs voisins.

2. DERBY [dɛrbi] n. m. (pl. *derbys* ou *derbies*) [de *derby1*]. **1.** Chaussure basse ou montante dont les quartiers sont assemblés par-dessus la claque. – **2.** Véhicule hippomobile léger, à quatre roues, avec une caisse à claire-voie.

DERBY, v. de Grande-Bretagne (Derbyshire), sur la Derwent ; 215 700 hab. Cathédrale reconstruite au XVIIIᵉ s. Musées. Porcelaine. Matériel ferroviaire. Aéronautique.

DERBY (Edward STANLEY, 14ᵉ *comte* de), homme politique britannique (Knowsley, Lancashire, 1799 - *id.* 1869). Premier secrétaire pour l'Irlande (1830-1833), transféré au secrétariat des Colonies (1833-34), il fit passer la loi d'émancipation des esclaves (1833). L'un des chefs du parti conservateur, partisan du protectionnisme, il rompit avec Peel lors de l'abrogation des *corn laws* (1846). Premier ministre en 1852, puis en 1858, il transféra alors les droits de possession de la Compagnie des Indes à la Couronne. Disraeli fit partie de son troisième ministère (1867-68). – Son fils EDWARD **Stanley,** 15ᵉ comte **de Derby** (Knowsley, Lancashire, 1826 - id. 1893), fut secrétaire d'État à l'Inde (1858-59), ministre des Affaires étrangères (1866-1868, 1874-1878), puis ministre des Colonies (1882-1885). Il fut leader des unionistes à la Chambre des lords de 1886 à 1891. – EDWARD **Stanley,** 17ᵉ comte **de Derby** (Londres 1865 - Knowsley, Lancashire, 1948), neveu du précédent, fut ministre de la Guerre de 1916 à 1918 et de 1922 à 1924.

DERBYLITE n. f. (de O. A. *Derby*, n. pr.). Oxyde naturel d'antimoine, de titane et de fer.

DERBYSHIRE, comté de Grande-Bretagne ; 2 631 km^2 ; 906 900 hab. Ch.-l. *Matlock.*

DERCHE n. m. (de *derrière*). *Pop.* **1.** Derrière, postérieur. — **2.** *Faux derche,* traître, faux jeton.

Dercum *(maladie de),* adiposité due à des troubles endocriniens, qui se caractérise par une obésité générale, avec crises douloureuses au niveau des masses graisseuses.

DÉRÉALISATION n. f. *Sentiment de déréalisation,* sentiment d'étrangeté du monde extérieur. (Il entre dans le cadre du syndrome de dépersonnalisation.)

DÉRÉALISER v. t. (conj. 3). Faire éprouver un sentiment de déréalisation.

DERECHEF adv. (de *de, re-* et *chef,* bout). *Litt.* De nouveau.

DÉRÉEL, ELLE adj. *Pensée déréelle,* pensée détournée du réel et des nécessités logiques.

DÉRÈGLEMENT n. m. **1.** État de ce qui est déréglé, irrégulier, désordonné, qui ne fonctionne plus régulièrement ; détraquement : *Dérèglement du pouls.* — **2.** Action de s'écarter des règles de la morale ; désordres dans la manière de se conduire : *Le dérèglement des mœurs.*
◆ **dérèglements** n. m. pl. *Litt.* Écarts de conduite.

DÉRÉGLEMENTATION n. f. Action de déréglementer.

DÉRÉGLEMENTER v. t. (conj. 3). Alléger ou supprimer une réglementation.

DÉRÉGLER v. t. (conj. 18). **1.** Altérer la marche normale d'un mécanisme, en faire cesser l'exactitude, détraquer : *Dérégler une balance en la manipulant.* — **2.** Perturber le bon fonctionnement de son organisme, le détraquer : *Le décalage horaire l'a complètement déréglé dans son sommeil.* — **3.** Troubler la moralité de qqn : *Propagande qui dérègle les mœurs.*
◆ **se dérégler** v. pr., **être déréglé** v. pass. **1.** Cesser de fonctionner normalement : *Ma montre est déréglée.* — **2.** Cesser d'être dans un état moralement normal, satisfaisant, être désordonné : *Mener une vie déréglée.*

DÉRÉGULATION n. f. Action de soustraire une activité à certaines règles qui en encadrent normalement l'exercice.

DÉRÉGULER v. t. (conj. 3). Opérer une dérégulation.

DÉRÉLICTION n. f. (lat. *derelictio, -onis,* abandon). *Litt.* Sentiment d'abandon et de solitude morale.

DERÈME (Philippe Huc, dit **Tristan**), poète français (Marmande 1889 - Oloron-Sainte-Marie 1941). Animateur des poètes fantaisistes, il publie en 1905 ses premiers poèmes *(le Renard et le Corbeau, le Tiroir secret).* Sa doctrine, classique, se développe tout au long de son œuvre (*le Poisson rouge,* 1934 ; *la Tortue indigo,* 1937).

DÉRESPONSABILISATION n. f. Action de déresponsabiliser.

DÉRESPONSABILISER v. t. (conj. 3). Ôter à qqn la responsabilité qu'il avait dans un domaine, le rendre irresponsable.

DÉRESTAURATION n. f. Action de dérestaurer une œuvre d'art ; œuvre dérestaurée.

DÉRESTAURER v. t. Rétablir une œuvre ou un objet d'art, un monument, dans la forme qui était la sienne avant restauration, en supprimant des restitutions ou additions jugées infidèles ou hasardeuses.

DÉRIDER v. t. (conj. 3). **1.** Faire disparaître les rides. — **2.** Égayer qqn, le faire rire, le réjouir : *Le spectacle avait réussi à le dérider un moment.* — **3.** *Dérider le front de qqn,* faire disparaître de son visage la tristesse ou la colère.
◆ **se dérider** v. pr., **être déridé** v. pass. Cesser d'être triste, en colère, ou trop sérieux : *Il ne se déride pas facilement.*

DÉRISION n. f. (bas lat. *derisio, -onis*). **1.** Moquerie dédaigneuse, raillerie mêlée de mépris, sarcasme : *Ses avances furent accueillies avec dérision.* — **2.** Ce qui est dérisoire, insignifiant : *C'est une dérision que de vouloir faire cela avec si peu de moyens.* — **3.** *Dérision du Christ,* nom donné à certaines scènes de la Passion. (*Flagellation, Couronnement d'épines, Ecce Homo.*). ‖ *Tourner qqch, qqn en dérision,* s'en moquer.

DÉRISOIRE adj. (bas lat. *derisorius*). **1.** Qui est insignifiant, minime, au point négligeable : *Prix dérisoire.* — **2.** Qui paraît ridicule par son caractère médiocre : *Les mesures pour faire face à cette crise sont dérisoires.*

DÉRISOIREMENT adv. *Litt.* De façon dérisoire.

DÉRIVABLE adj. Se dit d'une fonction qui a une dérivée. (On distingue, selon les cas, les fonctions dérivables à droite ou à gauche, dérivables sur un intervalle ouvert ou fermé, dérivables *n* fois ou indéfiniment dérivables.)

1. DÉRIVATIF, IVE adj. (bas lat. *derivativus*). Se dit d'un affixe ou d'un procédé servant à la formation de dérivés.

2. DÉRIVATIF n. m. Ce qui permet de détourner l'esprit de ses préoccupations : *Le travail servit de dérivatif à son chagrin.*

1. DÉRIVATION n. f. (lat. *derivatio, -onis,* de *rivus,* ruisseau). **1.** Détournement d'un cours d'eau pour lui créer un lit artificiel. — **2.** Ouvrage résultant de ce détournement. — **3.** Intervention qui consiste à dévier de leur trajet normal les urines, le contenu intestinal, etc. (Les dérivations peuvent être *externes* [mise à la peau, tels l'anus artificiel, la cystostomie] ou *internes* [entre deux viscères, par anastomose].) — **4.** Connexion entre deux points d'un circuit électrique. — **5.** Recherche de la (ou des) dérivée(s) d'une fonction. — **6.** Embranchement d'un circuit hydraulique secondaire sur un circuit principal. — **7.** Opération exécutée à la mobilisation, par laquelle une division d'infanterie de temps de paix en forme une nouvelle avec l'apport des réserves, mais sans l'aide des centres mobilisateurs. — **8.** *Activité de dérivation,* syn. de ACTIVITÉ DE DÉPLACEMENT*. ‖ *Circuits en dérivation,* circuits électriques ou magnétiques disposés de façon que les courants ou les flux magnétiques se partagent entre eux. (Syn. CIRCUITS EN PARALLÈLE.)

2. DÉRIVATION n. f. (de *dérivation 1*). Opération consistant à créer une nouvelle unité lexicale (le dérivé) à partir d'une base grâce à des procédés divers.

ENCYCL. La dérivation est (avec la composition) un des principaux procédés de création lexicale. Les procédés de dérivation sont très divers selon les langues : addition d'un affixe (suffixe, préfixe, infixe) à une base, variation interne de la base (changement vocalique ou consonantique, redoublement, changement de ton ou d'accent dans les langues où ces catégories sont pertinentes. En français, la préfixation et la suffixation sont les seuls procédés notables de dérivation. Il faut noter que la préfixation ne change pas la catégorie grammaticale de l'unité dérivée *(faire → refaire, défaire ; goût → dégoût, arrière-goût ; utile → inutile),* alors que la suffixation peut entraîner ce changement *(code → codifier ; utile → utiliser ; rêver → rêvasser ; absoudre → absolution).* On parle de *dérivation impropre* (ou *hypostase*) quand une unité lexicale change de catégorie grammaticale sans modification formelle *(le boire, l'aigre, un tartufe).*

3. DÉRIVATION n. f. (de *dériver 3*). **1.** Mouvementpar lequel un bateau, un avion s'écarte de sa direction normale, sous l'action du vent ou des courants. — **2.** Écart entre le point de chute d'un projectile, donné par les tables de tir, et le plan de tir.

DÉRIVATIONNEL, ELLE adj. **1.** Relatif à la dérivation d'un mot. — **2.** *Champ dérivationnel,* ensemble de mots constitués par un terme de la langue et par tous les dérivés qu'il permet de former.

DÉRIVE n. f. (de *dériver 3*). **1.** Déviation par rapport au cours normal : *La dérive des monnaies par rapport au mark.* — **2.** Fait de s'écarter de la voie normale, d'aller à l'aventure, de déraper : *La dérive de l'économie.* — **3.** Déviation d'un navire ou d'un avion hors de sa route, par l'effet du vent, des courants et de la mer. — **4.** *Fam.* Fait de se laisser aller sans réagir : *Une dérive dans l'alcoolisme.* — **5.** Aileron mobile placé dans l'axe de la coque, pour améliorer la résistance latérale d'un voilier et l'empêcher de dériver sous l'action du vent. — **6.** Partie fixe de l'empennage vertical d'un avion. — **7.** Variation indésirable, lente et continue, d'une grandeur physique ou d'une caractéristique d'un instrument de mesure. — **8.** *Aller à la dérive,* être le jouet des flots, avancer sans direction précise sous l'effet des vents et des courants, s'écarter de sa direction normale ; être sans énergie, sans volonté, ne pas réussir. • **Arm.** Déplacement latéral qu'il faut faire subir à un appareil de pointage pour corriger la dérivation. — **Ch. de f.** Mise en mouvement spontanée de wagons sous l'action de la déclivité, d'un lancement, du vent, etc. — **Génét.** *Dérive génétique,* évolution de la structure génétique d'une population, intervenant au cours de plusieurs générations successives. — **Géol.** *Dérive des continents,* théorie formulée par Alfred Wegener, selon laquelle les continents formés de sial léger, initialement rassemblés en un continent unique appelé Pangée, se sont fragmentés, puis se sont déplacés les uns par rapport aux autres en glissant sur le sima visqueux formant le fond des océans. (La théorie de la tectonique des plaques a réactualisé la théorie de Wegener.) — **Hydrol.** Tout déplacement incontrôlé d'un objet flottant ou immergé dû à l'action du vent et des courants (dérive des icebergs, d'un flotteur). ‖ *Courant de dérive,* courant marin superficiel produit par l'action continue du vent. (Syn. COURANT DE VENT.) ‖ *Dérive littorale,* courant parallèle au rivage et formé par tous les mouvements qui y parviennent, courants ou ondes océaniques. ‖ *Dérive nord-atlantique,* dans l'Atlantique boréal, courant zonal portant vers le nord-est, entre 40 et 60° de latitude N., prolongement du Gulf Stream, adoucissant le climat du littoral du nord-ouest de l'Europe. ‖ *Dérive nord-pacifique,* dans le Pacifique boréal, courant zonal portant vers l'est, entre 35 et 50° de latitude N., prolongement du Kuroshio.

1. DÉRIVÉ n. m. Composé chimique provenant d'un autre composé, à la suite de transformations opérées sur ce dernier.

2. DÉRIVÉ n. m. Mot dérivé.

DÉRIVÉE n. f. **1.** Fonction dérivée d'une fonction. — **2.** *Dérivée à droite (resp. à gauche) d'une fonction* f *en* x_0, limite à droite (resp. à gau che), quand elle existe, en x_0, de l'expression $[f(x) - f(x_0)]/(x - x_0)$, f étant définie sur

$[x_0,a[$(resp.$]a,x_0]$). ‖ *Dérivée d'une fonction* f *au point* x_0, limite, quand elle existe, de l'expression $[f(x_0 + h) - f(x_0)]/h$ quand h tend vers 0. [On la note $f'(x_0)$.] ‖ *Dérivée logarithmique d'une fonction* f' *en* x_0, réel $f'(x_0)/f(x_0)$ $[f(x_0) \neq 0]$. ‖ *Dérivée partielle d'une fonction de plusieurs variables,* chacune des dérivées des fonctions à une variable obtenues en considérant les autres variables de la fonction comme constantes. (La dérivée de $f(x,y,z)$ par rapport à x se note f'_x, ou $\partial f/\partial f$. Les dérivées partielles de f'_x, si elles existent, sont appelées dérivées partielles d'ordre 2 et se notent $\partial^2 f/\partial x \partial y$, etc., ou $f''_{x,y}$. On a : $f''_{x,y} = f''_{y,x}$.)

DÉRIVÉES DES FONCTIONS USUELLES

fonction	dérivée
fonction constante	fonction nulle
$x \mapsto ax + b$	$x \mapsto a$
$x \mapsto ax^2 + bx + c$	$x \mapsto 2ax + b$
$x \mapsto a/x$	$x \mapsto - a/x^2$
$x \mapsto x^r$	$x \mapsto r \cdot x^{r-1}$
$(\forall x \in \mathbb{R}^{+*}, \forall r \in \mathbb{Q})$	
$x \mapsto \sqrt{x}$ $(\forall x \in \mathbb{R}^{+*})$	$x \mapsto 1/2\sqrt{x}$
$x \mapsto e^x$	$x \mapsto e^x$
$x \mapsto a^x$	$x \mapsto a^x \cdot \ln a$
$x \mapsto \ln x$	$x \mapsto 1/x$
$x \mapsto \log_a x$	$x \mapsto 1/(x \cdot \log_a)$
$x \mapsto \sin x$	$x \mapsto \cos x$
$x \mapsto \cos x$	$x \mapsto - \sin x$
$x \mapsto \tan x$	$x \mapsto 1 + \tan^2 x$
$x \mapsto \text{cotan}\, x$	$x \mapsto - (1 + \text{cotan}^2\, x)$
$x \mapsto \text{sh}\, x$	$x \mapsto \text{ch}\, x$
$x \mapsto \text{ch}\, x$	$x \mapsto \text{sh}\, x$
$x \mapsto \text{th}\, x$	$x \mapsto 1 - \text{th}^2\, x$
$x \mapsto \text{coth}\, x$	$x \mapsto 1 - \text{coth}^2\, x$

ENCYCL. La somme de deux fonctions dérivables f et g, le produit d'une fonction dérivable f par une constante λ, le produit de deux fonctions f et g dérivables sont des fonctions dérivables. On a :

$$(f + g)' = f' + g' \,;\; (\lambda f)' = \lambda \,.\, f' \,;$$
$$(f \,.\, g)' = f' \,.\, g + f \,.\, g'.$$

L'inverse d'une fonction dérivable est une fonction dérivable ; sa dérivée est

$$(1/f)' = - f'/f^2.$$

1. DÉRIVER v. t. (lat. *derivare,* détourner un cours d'eau, de *rivus,* ruisseau) [conj. 3]. **1.** Détourner un cours d'eau. — **2.** Établir une communication électrique au moyen d'un circuit dérivé. — **3.** *Dériver une fonction,* en déterminer la dérivée. ◆ v. t. ind. Tirer son origine de qqch ; procéder, provenir, émaner : *Le théâtre profane dérive du théâtre religieux.*

◆ **être dérivé** v. pass. **Chorégr.** *Position dérivée,* position dans laquelle un seul pied est à plat, la jambe libre pouvant être levée, tendue ou pliée. — **Écon.** *Droits dérivés,* droits perçus par une firme sur l'exploitation de son logo ou sur des produits annexes à son activité principale. — **Électr.** *Circuit dérivé,* conducteur qui constitue une dérivation. ‖ *Courant dérivé,* courant qui circule dans une dérivation. — **Math.** *Ensemble dérivé,* ensemble des points d'accumulation d'un espace topologique donné. ‖ *Fonction dérivée d'une fonction* f (ou *fonction dérivée première*), fonction qui à x_0 associe la dérivée $f'(x_0)$ au point x_0, quand elle existe. (On dit plus simplement DÉRIVÉE.) ‖ *Fonction dérivée* n^ième^ *ou d'ordre* n, fonction dérivée de $f^{(n-1)}$. *(On la note* $f^{(n)}$.) ‖ *Fonctions dérivées successives,* fonctions dérivées d'ordres successifs. — **Métrol.** *Unité dérivée,* unité SI qui s'exprime comme produit de puissances des unités de base. — **Mil.** En parlant d'une unité de réserve, être mobilisée par une unité identique d'active.

2. DÉRIVER v. t. (de *dériver 1*). Faire venir par dérivation un mot d'un autre mot.

3. DÉRIVER v. i. (angl. *to drive,* pousser, croisé avec le précéd.) [conj. 3]. **1.** S'écarter de sa direction ; aller à la dérive sous l'effet du vent, d'un courant : *Le bateau s'est détaché et dérive.* — **2.** S'abandonner, se laisser aller ; aller à la dérive. • **Arm.** En parlant d'un projectile, s'écarter du plan de tir.

4. DÉRIVER v. t. (conj. 3). Défaire ce qui est rivé.

DÉRIVETAGE n. m. Action de dériveter.

DÉRIVETER v. t. (conj. 27). Enlever les rivets de qqch.

DÉRIVEUR n. m. **1.** Voilier dépourvu de lest fixe et muni d'une dérive. (Ce terme désigne généralement des embarcations légères et sportives, destinées à la plaisance ou à l'enseignement de la voile.) — **2.** Voile de mauvais temps.

DÉRIVOIRE n. m. Outil pour retirer le clou du sabot d'un animal.

DERJAVINE (Gavrila Romanovitch), poète russe (gouv. de Kazan 1743 - Zvanka, gouv. de Novgorod, 1816). Célèbre dès son ode *Felitsa* (1783), dédiée à Catherine II, que suivirent les odes triomphales (*Sur la prise d'Ismaïl,* 1791), morales et religieuses (*Sur la mort du prince Mechtcherski,* 1779 ; *la Cascade,* 1791). Il est considéré comme le représentant du classicisme russe et le plus grand poète avant Pouchkine.

DERMABRASION n. f. Syn. de ABRASION.

DERMANYSSUS [-sys] n. m. Acarien parasite des oiseaux domestiques qui peut s'attaquer à l'homme.

DERMAPTÈRE n. m. Insecte broyeur aux ailes réduites, aux pattes courtes, à l'abdomen terminé par une paire de cerques, tel que la forficule. (Peu nombreux, les *dermaptères* forment un ordre.)

DERMATITE n. f. **1.** Syn. de DERMITE. — **2.** *Dermatite exfoliative des nouveau-nés,* érythrodermie grave débutant dans les premières semaines de la vie, due à une infection massive par le staphylocoque doré. (Syn. MALADIE DE RITTER VON RITTERSHEIM.) ‖ *Dermatite exfoliative de Wilson-Brocq,* érythrodermie subaiguë de l'adulte, d'origine streptococcique ou due à une intolérance médicamenteuse (sels d'or, par ex.). ‖ *Dermatite polymorphe et douloureuse,* syn. de MALADIE DE DUHRING.

DERMATOBIE n. f. Mouche d'Amérique tropicale, dont la larve (ver macaque), transmise par un moustique, vit sous la peau de l'homme et des mammifères, occasionnant un phlegmon qui peut s'infecter et causer la mort.

DERMATOGLYPHE n. m. Dessin formé par la peau aux extrémités de certains membres, notamment par la pulpe des doigts *(dermatoglyphes digitaux),* par les lignes de la paume de la main *(dermatoglyphes palmaires),* et par celles de la plante des pieds *(dermatoglyphes plantaires).* [Syn. CRÊTE DE LA PEAU.]

DERMATOLOGIE n. f. Partie de la médecine qui étudie et soigne les maladies de la peau.

ENCYCL. La dermatologie étudie et traite au niveau de la peau presque toutes les maladies qui peuvent atteindre l'organisme humain à tous les autres niveaux. Elle a recours aux techniques les plus fines de la biochimie, de la bactériologie, de la cytologie et de l'immunologie.

DERMATOLOGIQUE adj. Relatif à la dermatologie.

DERMATOLOGISTE ou **DERMATOLOGUE** n. Spécialiste en dermatologie.

DERMATOME n. m. **1.** Appareil destiné à découper de fines lamelles de peau utilisées pour les greffes. — **2.** Bande cutanée innervée par les fibres sensitives d'un nerf rachidien. (Le déficit sensitif d'un dermatome évoque le niveau précis de la lésion médullaire.)

DERMATOMYCOSE n. f. Syn. de MYCOSE CUTANÉE.

DERMATOMYOSITE n. f. Maladie touchant à la fois la peau et les muscles, associant une polymyosite à des manifestations cutanées érythémateuses rappelant le lupus érythémateux. (La dermatomyosite est une collagénose. Elle coexiste souvent avec un cancer viscéral qu'elle permet de découvrir.)

DERMATOPHYTE n. m. Champignon filamenteux microscopique pathogène responsable d'affections de la peau, des ongles, des poils et des cheveux.

DERMATOPHYTIE ou **DERMATOPHYTOSE** n. f. Syn. de ÉPIDERMOPHYTIE.

DERMATOPTÈRE ou **DERMOPTÈRE** n. m. Mammifère arboricole tel que le galéopithèque. (Les *dermatoptères* constituent un ordre.)

DERMATOPTIQUE adj. Se dit de la réaction à la lumière des êtres vivants dépourvus d'organes visuels apparents.

DERMATOSE n. f. **1.** Maladie de peau en général. — **2.** *Dermatose professionnelle,* affection cutanée provoquée par une réaction allergique ou toxique à l'égard de produits auxquels le sujet est exposé du fait de sa profession ou par une infection contractée dans l'exercice de cette profession.

DERMATO-VÉNÉRÉOLOGIE n. f. Branche de la médecine qui étudie les maladies de la peau et les maladies vénériennes.

DERMATO-VÉNÉRÉOLOGUE n. (pl. *dermato-vénéréologues*). Médecin spécialiste en dermato-vénéréologie.

DERME n. m. (gr. *derma,* peau). Tissu conjonctif sous-jacent à l'épiderme et formant avec lui la peau. (Le derme superficiel ou papillaire contient les anses capillaires terminales et les terminaisons nerveuses. Le derme réticulaire est le véritable tissu de soutien.)

DERMESTE n. m. (lat. sc. *dermestes,* du gr. *dermêstês,* ver qui ronge la peau). Petit coléoptère noir à poils gris jaunâtre, dont les larves dévorent le lard, les peaux, les collections d'insectes et autres résidus animaux.

DERMESTIDÉ n. m. Nom de famille attribué aux dermestes, attagènes, anthrènes et insectes voisins.

DERMIQUE adj. Qui concerne le derme.

DERMITE n. f. **1.** Toute affection inflammatoire de la peau. (Ce nom est aussi donné par l'usage à des dermatoses qui ne sont pas nécessairement inflammatoires.) [Syn. DERMATITE.] — **2.** *Dermite de contact,* inflammation de la peau due à une réaction allergique au contact de corps chimiques, de végétaux, voire d'animaux. ‖ *Dermite ocre,* pig-

mentation en placards plus ou moins étendus de la face interne des membres inférieurs due à des lésions de capillarité et des extravasations sanguines. (Cette affection s'accompagne souvent d'ulcère.) ‖ *Dermite des prés,* éruption érythématobulleuse apparaissant 24 heures environ après un bain de rivière chez un sujet qui s'est ensuite exposé au soleil en se couchant dans l'herbe. (Syn. MALADIE D'OPPENHEIM.)
Dermite fistuleuse, maladie du chien et du chat, qui est une inflammation de la peau compliquée d'abcès du tissu conjonctif sous-cutané et de fistules persistantes. ‖ *Dermite staphylococcique,* dermite du chien due au staphylocoque blanc. ‖ *Dermite estivale des joues du cheval,* myase cutanée due aux larves du premier âge de *Gastrophilus inermis.* ‖ *Dermite pustuleuse,* maladie contagieuse du cheval caractérisée par le développement de vésicules et de pustules, et transmise par les couvertures, les harnais, les instruments de pansage. ‖ *Dermite exsudative du porcelet,* maladie qui provoque l'apparition de croûtes qui couvrent progressivement tout le corps de l'animal.

DERMOCORTICOÏDE n. m. Corticoïde actif par voie cutanée utilisé en pommade, crème ou lotion.

DERMOÉPIDERMITE n. f. Inflammation de la peau intéressant à la fois le derme et l'épiderme.

DERMOGRAPHISME n. m. Réaction cutanée de certains sujets à une irritation mécanique de la peau. (L'irritation cutanée produite par une pointe mousse provoque l'apparition d'un dessin en relief. Le dermographisme s'accompagne souvent d'urticaire.)

DERMOHYPODERMITE n. f. Lésion inflammatoire sous-cutanée atteignant simultanément le derme et l'hypoderme.

DERMOÏDE adj. **1.** Se dit d'une néoformation dont la structure rappelle celle de la peau. – **2.** *Kyste dermoïde,* kyste épidermique rempli de lamelles de kératine mais qui peut comporter des ébauches d'annexes et plus exceptionnellement des tissus osseux et cartilagineux. (Les kystes dermoïdes se rencontrent surtout à la face et au cou et au niveau de l'ovaire.)

DERMOPHARMACIE n. f. Ensemble des préparations galéniques destinées aux soins des téguments et de leurs annexes.

DERMOPTÈRE → DERMATOPTÈRE.

DERMOT MACMURROUGH, dernier roi de Leinster († 1171). Chassé par ses sujets en 1166, il fut autorisé par Henri II à lever des troupes en Angleterre et obtint l'aide de Richard de Clare, dit « Strongbow ». L'expédition de Strongbow (1170) fut à l'origine de la conquête de l'Irlande par l'Angleterre.

DERMOTROPE adj. Se dit de substances, de germes présentant un dermotropisme.

DERMOTROPISME n. m. Aptitude de certaines substances ou de certains microbes à se fixer électivement sur les tissus cutanés.

DERNIER, ÈRE adj. (anc. fr. *derrenier,* de *derrain,* avec l'infl. de *premier,* du lat. pop. **deretranus,* class. *deretro,* derrière). **1.** Qui vient après les autres par le rang ou le mérite ; après lequel il n'y a plus personne, plus rien (considéré traditionnellement comme un nom quand il est employé avec l'article mais sans substantif) : *Z est la dernière lettre de notre alphabet. Ce coureur est arrivé le dernier.* – **2.** Qui précède immédiatement ou qui est le plus proche de nous dans un temps révolu : *Nouvelle de dernière heure.* – **3.** Se dit de ce qu'il y a de plus nouveau : *Être habillé à la dernière mode.* – **4.** S'emploie après certains noms de temps pour désigner la date ou la période qui vient d'être passée, de s'écouler, d'avoir lieu : *La nuit dernière. Lundi dernier.* – **5.** Indique un degré extrême ; le plus haut, le plus grand : *C'est de la dernière importance.* – **6.** *À la dernière minute, au dernier moment,* à la limite du moment où il sera ou où il eût été trop tard. ‖ *Ce dernier,* dont il a été le plus récemment fait mention ; celui-ci : *Il était accompagné de sa femme, cette dernière semblait inquiète.* ‖ *En dernier (lieu),* après tout le reste. ‖ *En dernière minute,* à l'instant même où nous parlons. ‖ *Être du dernier bien avec qqn,* être en excellents termes avec lui. ‖ Fam. *La dernière,* l'histoire drôle la plus récente ou la nouvelle que personne n'est censé connaître encore. ‖ Fam. *Le dernier, le petit dernier,* le plus jeune des enfants d'une famille nombreuse. ‖ Fam. *Le dernier des,* le plus mauvais des : *Le dernier des ignorants sait cela.* ‖ Fam. *Le dernier des derniers,* la personne la plus vile, la plus abjecte. ‖ *Le dernier qui, le dernier à,* celui qui est moins qualifié que tout autre : *Il est le dernier qui puisse se plaindre dans cette affaire.* ‖ *Mon dernier,* dernière syllabe ou dernière partie d'un mot qu'il faut deviner dans une charade.

Dernier des Mohicans *(le),* roman de Fenimore Cooper (1826). Amours tragiques au milieu des combats de la dernière guerre franco-anglaise contre les Indiens.

DERNIÈREMENT adv. Depuis peu ; récemment.

DERNIER-NÉ, DERNIÈRE-NÉE n. (pl. *derniers-nés, dernières-nées*). **1.** Le dernier enfant d'une famille. – **2.** L'objet le plus récemment produit, sorti : *Voici la dernière-née des voitures de sport.*

DER NISTER ou **DERNISTOR** (Pinkhes **Kahanovitch,** dit), écrivain soviétique d'expression yiddish (Berditchev, Ukraine, 1884-1950). Un des fondateurs de la littérature yiddish soviétique, il publia des contes fantastiques et visionnaires

(*Gedakt,* 1922-23), ainsi que l'histoire de sa famille (*la Famille Machber,* 1939-1948), en contraste avec les exigences réalistes d'alors. Accusé d'antisoviétisme, il fut arrêté et mourut dans un hôpital-prison.

DERNY n. m. (de *Derny,* n. pr.). Cyclomoteur utilisé autrefois pour entraîner les coureurs dans certaines épreuves (Bordeaux-Paris).

DÉROBADE n. f. **1.** Action de dérober, en parlant d'un cheval. – **2.** Action d'esquiver une difficulté, de se soustraire à une obligation, à un devoir ; reculade : *Son refus de venir s'expliquer est une dérobade.*

DÉROBÉE (À LA) loc. adv. Furtivement, en cachette : *Un clin d'œil à la dérobée.*

DÉROBEMENT n. m. **1.** Sentiment que les membres inférieurs ne portent plus le corps. – **2.** *Taille par dérobement,* syn. de ÉQUARRISSEMENT.

DÉROBER v. t. (anc. fr. *rober,* piller, du germ. **raubôn*) [conj. 3]. *Litt.* **1.** S'emparer furtivement de qqch, le voler : *On lui a dérobé son portefeuille.* – **2.** Soustraire habilement qqn à ce qui le menace : *Dérober un coupable à la justice.* – **3.** Empêcher de voir qqch, qqn, le cacher, le dissimuler, le masquer : *Les arbres nous dérobent la vue de la mer.* – **4.** *Dérober un baiser,* le prendre par surprise et avec adresse. ‖ *Dérober un secret,* le surprendre.

◆ v. i. ou **se dérober** v. pr. En parlant du cheval, échapper à la main de son cavalier par un mouvement brusque, en particulier pour éviter de sauter un obstacle.

◆ **être dérobé** v. pass. *Culture dérobée,* culture pratiquée dans l'intervalle de deux cultures principales, généralement pendant l'été, et pour laquelle on utilise des plantes à court cycle de végétation (fourrages, légumes, etc.). ‖ *Porte, escalier dérobés,* par où on peut passer sans être vu ; secret, caché.

◆ **se dérober** v. pr. **1.** Se soustraire à qqch qui pèse, menace ; éviter : *Se dérober à une question délicate.* – **2.** Éviter de répondre. – **3.** Faire défaut à qqn, lui manquer : *Ses jambes se dérobaient sous lui.* – **4.** En parlant d'un animal de chasse, fuir par où il est venu.

DÉROCHAGE n. m. **1.** Décapage d'une surface métallurgique au moyen d'acides concentrés. – **2.** Syn. de DÉROCTAGE.

DÉROCHEMENT n. m. Enlèvement des roches d'un chenal qu'on approfondit ou d'une terre qu'on veut cultiver.

1. DÉROCHER v. t. (de *rocher 1*) [conj. 3]. Effectuer le dérochage.

2. DÉROCHER v. t. (de *roche*) [conj. 3]. Pratiquer le dérochement.

◆ v. i. Tomber d'une paroi rocheuse au cours d'une escalade ; dévisser.

DÉROCHEUSE n. f. Drague employée au dérochement.

DÉROCTAGE n. m. **1.** Action de briser de gros blocs de pierre. – **2.** Fouille exécutée en terrain rocheux. (Syn. DÉROCHAGE.)

DÉROCTER v. t. (conj. 3). Pratiquer le déroctage.

DÉROGATION n. f. (lat. *derogatio, -onis*). Action de déroger à une loi, à une convention, à une règle : *Accorder une dérogation.*

DÉROGATOIRE adj. (bas lat. *derogatorius*). Qui contient une dérogation, qui en a le caractère.

DÉROGEANCE n. f. (de *déroger*). Acte ou activité qui faisait perdre à qqn sa qualité de noble.

ENCYCL. Sous l'Ancien Régime, un noble dérogeait s'il commettait un crime ou s'il exerçait une activité roturière (« ignoble ») : métier manuel à l'exception du travail dans les forges, les mines et les verreries, exploitation à ferme d'une terre, commerce de détail ; il pouvait pratiquer le commerce maritime (à partir de 1629) et le commerce en gros (à partir de 1701).

DÉROGER v. t. ind. (lat. *derogare*) [conj. **17**]. **1.** Porter atteinte aux stipulations d'une loi, d'une convention ; enfreindre : *Les privilèges dérogent au droit commun.* – **2.** Pour un noble, perdre les privilèges de son rang pour s'être abaissé à la dérogeance. – **3.** *Litt.* Faire une chose indigne de ses principes, de son rang.

DERÔME, famille de relieurs français des XVIIe et XVIIIe s., dont les plus illustres sont JACQUES ANTOINE (Paris 1698 - *id.* v. 1760) et son fils NICOLAS DENIS, dit **Derôme le Jeune** (Paris 1731 - *id.* 1788). Le premier a laissé des reliures mosaïquées, tandis que le second est surtout connu pour ses reliures à la dentelle exécutées avec des fers légers, en particulier le fer « à l'oiseau ».

DÉROMPEUSE n. f. Machine destinée à enlever l'excès d'apprêt que l'on donne aux étoffes et tissus, afin de les assouplir.

DÉROMPRE v. t. (conj. **78**). Enlever l'excès d'apprêt d'une étoffe, en la passant à la dérompeuse.

DE ROSSI (Giovanni Battista), archéologue et épigraphiste italien (Rome 1822 - Castel Gandolfo 1894). Il renouvela l'archéologie chrétienne et créa l'épigraphie chrétienne. Il a dirigé le *Bolletino di archeologia sacra* (1863-1894). Son ouvrage principal est *La Roma sotterranea cristiana* (1864-1867).

DÉROUILLAGE n. m. **1.** Élimination de la rouille de la surface d'un alliage ferreux. – **2.** *Fam.* Exercice physique de mise en train.

DÉROUILLÉE n. f. *Pop.* Volée de coups ; dégelée.

DÉROUILLER v. t. (conj. 3). **1.** Enlever la rouille d'un objet. – **2.** Dégourdir les membres en leur donnant de l'exercice : *Cette marche m'a dérouillé les jambes.* – **3.** Redonner de la vigueur à son esprit, à sa mémoire, rafraîchir, remettre en train. – **4.** *Pop.* Donner des coups à qqn.

◆ v. i. *Pop.* **1.** Recevoir une volée de coups. – **2.** Souffrir : *Il a dérouillé dans sa jeunesse !*

DÉROULAGE n. m. **1.** Syn. de DÉROULEMENT. – **2.** Mode de débit d'une bille de bois en une feuille mince continue, à l'aide d'une dérouleuse. (Le bois déroulé sert à fabriquer le contreplaqué, des emballages légers et des tiges d'allumettes.) – **3.** Industrie débitant le bois par cette méthode.

DÉROULANT, E adj. *Menu déroulant,* en informatique, menu s'affichant sur l'écran de façon interactive, chaque commande d'un premier menu faisant apparaître un nouveau menu et ainsi de suite.

DÉROULÈDE (Paul), écrivain et homme politique français (Paris 1846 - Nice 1914). Après avoir participé à la guerre franco-allemande, il publia des poèmes (*Chants du soldat,* 1872) pour cultiver l'idée de revanche. Fondateur de la Ligue des patriotes (1882), il en fit un instrument électoral au service du boulangisme. Député de la Charente (1889-1893 et 1898-1901), il se posa en chef du parti nationaliste à la Chambre et tenta un coup d'État pour renverser la république parlementaire (23 févr. 1899). Arrêté, acquitté puis condamné à dix ans de bannissement (1900), déchu de son mandat de député (1901), il fut amnistié en 1905.

DÉROULEMENT n. m. **1.** Action de dérouler, de se dérouler : *Le déroulement d'un papyrus.* (Syn. DÉROULAGE.) – **2.** Développement d'une action : *Suivre le déroulement d'une attaque.* – **3.** Succession des étapes d'un processus ; enchaînement : *Le déroulement d'un discours.*

DÉROULER v. t. (conj. 3). **1.** Défaire ce qui était roulé, l'étendre à plat, en longueur ; développer : *Dérouler un tapis, un câble.* – **2.** Montrer, passer en revue les étapes de l'évolution de qqch : *Le film déroulait son intrigue sous nos yeux fatigués.* – **3.** Transformer une bille de bois en une feuille de placage par déroulage.

◆ **se dérouler** v. pr., **être déroulé** v. pass. **1.** En parlant de qqch qui est roulé ou enroulé, se défaire ; en parlant de qqn, d'un animal dont le corps est enroulé sur lui-même, se détendre. – **2.** *Bois déroulé,* bois qui a subi l'opération du déroulage.

◆ **se dérouler** v. pr. **1.** Avoir lieu, se passer, s'écouler : *Sa vie se déroula sans histoires.* – **2.** Se succéder, s'enchaîner : *Des images qui se déroulent dans sa tête.*

DÉROULEUR n. m. **1.** Appareil permettant de dérouler à la demande certains produits (câbles, papier, carton) livrés en rouleaux. – **2.** Support pour feuille d'aluminium et papiers ménagers présentés en rouleaux. – **3.** Dispositif pour enrouler et dérouler d'un seul tenant la totalité du programme d'une séance cinématographique, permettant ainsi de n'employer qu'un seul projecteur. – **4.** *Dérouleur de bande (magnétique),* périphérique d'ordinateur assurant le déroulement, l'enregistrement et la lecture d'informations sur une bande magnétique.

◆ **dérouleuse** n. f. Machine servant au déroulage du bois.

DÉROUTAGE n. m. Syn. de DÉROUTEMENT.

DÉROUTANT, E adj. Qui déroute, déconcerte : *Un caractère déroutant.*

DÉROUTE n. f. (anc. fr. *desrouter,* disperser, de *route*). **1.** Défaite sévère d'une armée qui se débande et fuit ; débâcle. – **2.** Désastre financier, social, politique ; échec complet : *La déroute de la majorité aux élections.* – **3.** *Mettre qqn en déroute,* lui faire perdre contenance.

DÉROUTE *(passage de la),* chenal de la Manche, entre Jersey et le Cotentin, long de 13 km environ et large de 25 km. Site du combat naval de la Hougue (1692).

DÉROUTEMENT n. m. **1.** Action de changer en cours de route l'itinéraire d'un véhicule, d'un navire, et en partic. d'un avion pour le faire atterrir sur un autre aérodrome que celui qui était prévu. (Syn. DÉROUTAGE.) – **2.** *Litt.* État de qqn qui est déconcerté, désorienté. – **3.** Dans un ordinateur, abandon d'un programme en cours d'exécution au profit d'un autre traitement, à la suite d'une instruction particulière ou d'un événement anormal.

DÉROUTER v. t. (conj. 3). **1.** Modifier en cours de route l'itinéraire prévu ou normal d'un véhicule : *Dérouter un avion sur un autre aérodrome.* – **2.** Faire perdre ses traces à un chasseur, à un chien. – **3.** Mettre qqn dans l'embarras, le déconcerter ; désarçonner, confondre : *Il m'a dérouté par ses questions.* – **4.** Empêcher qqn, qqch d'aboutir en les mettant sur une mauvaise voie : *Le criminel en fuite a dérouté les recherches, la police.*

DERP (Clotilde VON) → SAKHAROFF (les).

DERRICK n. m. (angl. *derrick,* potence, de *Derrick,* n. d'un bourreau célèbre). **1.** Tour en charpente métallique, montée au-dessus d'une installation de forage, en partic. pétrolier. – **2.** Engin de levage constitué d'un mât vertical au pied duquel s'articule une flèche à inclinaison et orientation variables.

DERRIDA (Jacques), philosophe français (El-Biar, Algérie, 1930). Il s'est efforcé de définir la parole comme incluant en elle l'écriture, c'est-à-dire le désir de l'autre comme être susceptible de donner de la valeur : ce qui confère à l'écriture la spécificité humaine suprême. En même temps, l'écriture est ce par quoi l'homme se « dupe » lui-même, s'aliène dans le désir. Il a écrit *De la grammatologie* (1967), *Glas* (1974), *Otobiographies ; l'enseignement de Nietzsche et la politique du nom propre* (1984).

DERRIÈRE prép. ou adv. (bas lat. *deretro,* du lat. class. *retro,* en arrière, avec l'infl. de l'anc. fr. *derrain,* dernier). **1.** En arrière, au dos (de qqch, de qqn) : *Il se cache derrière un paravent.* – **2.** Après, dans l'espace ou dans un classement : *Pierre arrive et Jacques vient derrière.* – **3.** *Fam.* Après qqch dans le temps : *Boire un vin rouge derrière un vin blanc.* – **4.** Au-delà de, caché par : *Qu'y a-t-il derrière cette apparente gaieté ?* – **5.** *Avoir qqn derrière soi,* bénéficier de son soutien ou, fam., être sans cesse sous sa surveillance. ‖ *De derrière,* situé à l'arrière de qqch, du corps, etc. : *Le chien se dresse sur ses pattes de derrière.* ‖ *De derrière (qqch),* du côté arrière (de) : *La souris est sortie de derrière la commode.* ‖ *Être derrière qqn,* être l'instigateur de ses actes ; l'aider, lui accorder son soutien ou, fam., le surveiller à l'excès. ‖ Fam. *Idée de derrière la tête,* arrière-pensée. ‖ *Loin derrière,* largement distancé (dans l'espace ou dans un classement). ‖ *Se retrancher, s'abriter derrière qqn, qqch,* les invoquer comme protection.
◆ n. m. **1.** Partie postérieure, opposée à la partie antérieure ou à la façade : *Le derrière de l'immeuble.* – **2.** *Fam.* Partie de l'homme ou d'un animal, comprenant les fesses ; postérieur : *Tomber sur le derrière.* – **3.** Quartier postérieur des bovins de boucherie. – **4.** Fam. *Avoir qqn au derrière,* être poursuivi par lui. ‖ *Derrière de reculement,* pièce de harnais faisant le tour des fesses du cheval. ‖ Fam. *Se taper le derrière par terre,* se moquer, rire ouvertement et bruyamment. ‖ Fam. *Tomber sur le derrière,* être saisi de surprise.

DERRY → LONDONDERRY.

DERTINGER (Georg), homme politique allemand (Berlin 1902 - Leipzig 1968). Secrétaire général de la Christlich-Demokratische Union en zone soviétique (1946-1949), puis ministre des Affaires étrangères de la République démocratique allemande (1949-1953), il fut accusé d'espionnage au profit de l'Ouest, condamné et interné en 1954. Il fut gracié en 1964.

DERUELLE (Pierre), céramiste français (actif de 1771 à 1789). Il fonda, vers 1771, la manufacture de porcelaine dure de Clignancourt. (Marques : moulin à vent, chiffre du comte de Provence.)

DERUET ou **DES RUETS** (Claude), peintre et dessinateur lorrain (Nancy 1588 - *id.* 1660), maniériste archaïsant, mais non dépourvu de charme (*les Trois Déesses, Saint-Michel,* etc., Musée lorrain, Nancy).

DÉRUSSIFICATION n. f. Action de dérussifier.

DÉRUSSIFIER v. t. (conj. 9). Diminuer ou supprimer l'influence russe dans une institution, un pays.

DERUTA, village d'Italie, en Ombrie, au S. de Pérouse ; 7 000 hab. Centre agricole. Important centre de majolique d'Ombrie, dont l'activité principale se situe au début du XVIe s. (céramiques lustrées à l'instar des faïences hispano-mauresques).

DERVAL (44590), ch.-l. de cant. du nord de la Loire-Atlantique ; 3 003 hab. *(Dervalais).* Industrie alimentaire.

DERVAL (Alexis PITRON DE FERRIÈRES, dit **Paul**), acteur et directeur de théâtre français (Paris 1880 - *id.* 1966). Il dirigea le théâtre des Folies-Bergère à partir de 1918.

DERVICHE n. m. (pers. *darwich,* mendiant). Membre d'une confrérie religieuse musulmane.
ENCYCL. Le derviche est initié par son maître (cheikh, murchid, ustādh, pīr) à la pratique du soufisme et prend part au rituel de la confrérie, qui consiste le plus souvent en la récitation d'un dhikr. Les principales confréries musulmanes sont la mawlawiyya des derviches tourneurs ou danseurs, la qādiriyya des disciples de Abd al-Qādir al-Djīlānī, la naqchbandiyya des disciples de Naqchband.

DERVICHES, nom donné par les Occidentaux aux mahdistes* du Soudan.

DÉRY (Tibor), écrivain hongrois (Budapest 1894 - *id.* 1977). Exilé à cause de ses activités révolutionnaires de 1918 et de 1919, devenu, à son retour en Hongrie, un des chefs du mouvement des écrivains qui aboutit à l'insurrection de 1956, il fut emprisonné puis libéré en 1960. Hormis son roman *la Phrase inachevée* (1947), vaste fresque de la société hongroise de l'époque, son œuvre évoque les déceptions liées à l'action politique (*l'Excommunicateur,* 1966) et la solitude humaine (*Reportage imaginaire sur un festival pop américain,* 1972). Outre des nouvelles, des pièces de théâtre et des poèmes de facture surréaliste, il a donné *Cher Beau-Père* (1974).

1. DES art. contracté, résultant de la combinaison de l'art. déf. pl. *les* avec la prép. *de : Les cris des enfants.*

2. DES art. indéf., pl. de *un, une.* Désigne un nombre indéterminé : *Acheter des livres.*

DÈS prép. (lat. pop. *de ex,* hors de). **1.** Marque le point de départ dans le temps ; depuis, à partir de : *Vous partirez dès demain.* – **2.** Marque le point de départ dans l'espace : *Fleuve navigable dès sa source.* – **3.** *Dès l'instant, le moment, la minute où,* à partir de ce moment ou à partir de ce fait. ‖ *Dès lors,* à partir de ce moment-là ; en conséquence, de ce fait. ‖ *Dès lors que,* indique la cause ; du fait que, du moment que. ‖ *Dès que,* indique la postériorité immédiate ; aussitôt que : *Je viendrai dès que j'aurai fini.*

DES-, DÉS- → DÉ-.

Des souris et des hommes, roman de Steinbeck (1937), évocation de la misère matérielle et psychologique de deux journaliers agricoles.

DÉSABONNEMENT n. m. Action de désabonner, de se désabonner.

DÉSABONNER v. t. (conj. 3). Faire cesser un abonnement : *Mécontent, il s'est désabonné.*

DÉSABOUTEMENT n. m. Joint d'assemblage, dans une pièce de charpente, de pièces obliques, plus spécialement quand celles-ci sont séparées.

DÉSABUSEMENT n. m. *Litt.* Action de désabuser, fait d'être désabusé ; amertume, dégoût.

DÉSABUSER v. t. (conj. 3). *Litt.* Détromper qqn, l'arracher à ses illusions, le tirer d'erreur ; désenchanter.

◆ **être désabusé** v. pass. Avoir perdu ses illusions ; déçu, dégoûté : *Un ton désabusé.*

DÉSACCLIMATER v. t. (conj. 3). Changer un être vivant de climat : *Désacclimater une plante.*

DÉSACCORD n. m. **1.** Manque d'accord, de concordance, d'harmonie entre des choses ; contraste : *Désaccord entre les actes et les paroles.* – **2.** Manque d'entente entre des personnes ; différend : *Famille en désaccord.* – **3.** Fait de ne pas approuver qqch, de ne pas lui donner son accord ; opposition : *Je suis en désaccord avec cette proposition.* – **4.** En radio, écart entre une fréquence d'accord réelle et sa valeur correcte.

DÉSACCORDER v. t. (conj. 3). **1.** Détruire l'accord d'un instrument de musique. – **2.** Détruire l'harmonie, l'équilibre d'un ensemble : *Draperie voyante qui désaccorde l'ameublement d'une pièce.* – **3.** Provoquer un désaccord en fréquence.

DÉSACCOUPLEMENT n. m. Action de désaccoupler ; fait d'être désaccouplé.

DÉSACCOUPLER v. t. (conj. 3). **1.** Séparer ce qui était accouplé, mis par paire : *Désaccoupler des bœufs.* – **2.** Séparer les organes d'attelage, les conduites de frein, etc., de deux véhicules ferroviaires. (Syn. DÉTELER.)

DÉSACCOUTUMANCE n. f. Action de se désaccoutumer ; fait de se désaccoutumer.

DÉSACCOUTUMER v. t. (conj. 3). *Litt.* Faire perdre à qqn une habitude ; déshabituer : *Cette vie à la campagne l'a désaccoutumé de fumer.*

DÉSACIDIFICATION n. f. Action de désacidifier, en partic. un moût ou un vin.

DÉSACIDIFIER v. t. (conj. 9). Détruire l'acidité de qqch.

DÉSACIÉRATION n. f. Action de désaciérer ; fait d'être désaciéré.

DÉSACIÉRER v. t. (conj. 18). Supprimer le caractère aciéré d'un produit par chauffage, et lui donner les propriétés du fer pur.

DÉSACRALISATION [-sa-] n. f. Action de désacraliser ; fait d'être désacralisé.

DÉSACRALISER [-sa-] v. t. (conj. 3). Dépouiller qqch de son caractère sacré.

DÉSACTIVATION n. f. **1.** Diminution de l'activité d'une substance radioactive. – **2.** Neutralisation des propriétés agressives ou corrosives d'un produit fini en y incorporant un inhibiteur. – **3.** Baisse de l'activité d'un catalyseur, liée à l'altération progressive des centres actifs.

DÉSACTIVER v. t. (conj. 3). Produire une désactivation.

DÉSADAPTATION n. f. Action de se désadapter ; fait d'être désadapté.

DÉSADAPTÉ, E n. Personne qui n'est pas ou n'est plus adaptée à la situation.

DÉSADAPTER v. t. (conj. 3). Faire que qqn, qqch ne soit plus adapté à sa fonction, aux conditions dans lesquelles il se trouve : *Les bouleversements techniques ont désadapté les études par rapport au marché du travail. Élève désadapté.*

DÉSAÉRAGE n. m. Action de désaérer.

DÉSAÉRATEUR n. m. Appareil servant à désaérer un circuit de chauffage ou un circuit frigorifique à compression.

DÉSAÉRATION n. f. Évacuation forcée de l'air d'un liquide ou d'un mélange pâteux.

DÉSAÉRER v. t. (conj. 18). Ôter l'air ou d'autres gaz de qqpart, de qqch.

DÉSAÉREUSE n. f. Machine utilisée pour le battage de la pâte céramique.

DÉSAFFECTATION n. f. **1.** Action de désaffecter ; fait d'être désaffecté. – **2.** Décision par laquelle l'Administration retire un bien public de l'usage du public ou du service public auquel il était destiné.

DÉSAFFECTER v. t. (conj. 4). Retirer l'affectation, la destination première d'un lieu, d'un service.

◆ **être désaffecté** v. pass. Ne plus comporter les équipements correspondant à sa fonction première, à sa destination : *Église désaffectée.*

DÉSAFFECTION n. f. Perte de l'affection, de l'attachement, de l'intérêt, du goût que l'on portait à qqn ou à qqch : *Une désaffection à l'égard du régime.*

DÉSAFFÉRENTATION n. f. (de *afférent*). **1.** Syn. de DÉAFFÉRENTATION. — **2.** *Désafférentation sociale,* état d'un individu privé de stimulations émanant de son environnement social. (Syn. DÉPRIVATION SENSORIELLE.)

DÉSAFFÉRENTÉ, E adj. En état de désafférentation.

DÉSAFFILIATION n. f. Action de faire cesser l'affiliation : *La désaffiliation d'un syndicat à une confédération.*

DÉSAFFILIER v. t. (conj. **9**). Faire cesser l'affiliation de qqn à une organisation.

DÉSAGENCER v. t. (conj. **16**). Détruire l'agencement de qqch.

DÉSAGRÉABLE adj. **1.** Qui cause une sensation pénible déplaisante : *Couleur, odeur, sensation désagréable.* — **2.** Qui cause un sentiment pénible, qui déplaît ou qui contrarie : *Il m'est très désagréable de manger seul.* — **3.** Qui ne manifeste aucune bienveillance à l'égard de qqn d'autre, qui le contrarie ; désobligeant : *Il m'a à peine écouté et il a été très désagréable avec moi.* — **4.** Qui est difficile à supporter : *Parler sur un ton désagréable.*

DÉSAGRÉABLEMENT adv. De façon désagréable.

DÉSAGRÉGATION n. f. **1.** Séparation des parties qui composent un tout : *La désagrégation d'un béton.* — **2.** Décomposition, morcellement, désintégration de qqch, d'un groupe : *La désagrégation d'un parti.* (Syn. DÉSAGRÈGEMENT.) — **3.** Dissociation de grandeurs économiques auparavant agrégées. — **4.** Séparation des grains d'une roche cohérente par l'action de phénomènes physiques (alternance gel/dégel) ou par altération chimique de certains constituants (feldspaths transformés en argiles). — **5.** Opération tendant à faciliter les réactions métallurgiques qui doivent être imposées à un minerai.

DÉSAGRÈGEMENT n. m. Syn. de DÉSAGRÉGATION : *Le désagrègement d'un empire.*

DÉSAGRÉGER v. t. (conj. **22**). **1.** Décomposer un corps en ses parties constituantes : *Le gel a désagrégé la roche.* — **2.** Faire perdre son unité à un ensemble ; désunir, disloquer : *Désagréger une équipe.*

◆ **se désagréger** v. pr., **être désagrégé** v. pass. **1.** S'effriter, être effrité : *Roche désagrégée.* — **2.** Se désunir, se disloquer, se morceler : *Le groupe s'est désagrégé.*

DÉSAGRÉMENT n. m. (anc. fr. *desagreer,* déplaire). **1.** Sentiment désagréable causé par qqch de fâcheux ; ennui : *Éprouver un vif désagrément.* — **2.** Chose qui déplaît ; sujet de déplaisir : *Son étourderie lui cause bien des désagréments.*

DESAGUADERO, fl. de Bolivie, reliant le lac Titicaca au lac Poopó ; 300 km.

DESAI (Morarjī Ranchhodji), homme politique indien (Bhadeli, Gujerat, 1896 - Bombay 1995). Leader nationaliste, il entra au gouvernement fédéral en 1956 et devint vice-Premier ministre en 1967. Il fut écarté du pouvoir par I. Gāndhī en 1969. Devenu l'un des dirigeants du parti Janata, opposé à I. Gāndhī, il fut Premier ministre de 1977 à 1979.

DÉSAIMANTATION n. f. Action de désaimanter ; état d'un corps désaimanté. (Syn. DÉMAGNÉTISATION.)

DÉSAIMANTER v. t. (conj. **3**). Détruire l'aimantation. (Syn. DÉMAGNÉTISER, NEUTRALISER.)

DÉSAISONNALISATION n. f. Traitement statistique éliminant l'influence des variations saisonnières dans l'observation des phénomènes économiques.

DÉSAISONNALISER v. t. (conj. 3). Effectuer une désaisonnalisation.

DÉSAISONNEMENT n. m. Action de désaisonner.

DÉSAISONNER ou **DESSAISONNER** v. t. (conj. 3). **1.** Changer l'ordre normal de succession des cultures sur une parcelle. (Syn. DESSOLER.) — **2.** Faire reproduire une femelle de mammifère, et notamment la brebis, en dehors de la saison sexuelle normale.

DESAIX (Louis Charles Antoine DES AIX, dit), chevalier **de Veygoux,** général français (château d'Ayat, près de Riom, 1768 - Marengo 1800). Général à 25 ans, il se distingua à l'armée du Rhin (1792 - 1797), en Égypte (1798) et fut chargé de l'administration du Fayoum. Son intervention à Marengo (14 juin 1800) décida de la victoire.

DÉSAJUSTEMENT n. m. Action de désajuster ; état de ce qui est désajusté.

DÉSAJUSTER v. t. (conj. 3). Défaire ce qui était ajusté.

DÉSALIÉNANT, E adj. Qui désaliène.

DÉSALIÉNATION n. f. Action de se désaliéner ; fait d'être désaliéné.

DÉSALIÉNER v. t. (conj. **18**). Libérer qqn de l'aliénation, le rendre libre ou indépendant par rapport aux contraintes qui tendent à l'asservir.

DÉSALIÉNISME n. m. Pratique visant à lutter contre l'aliénation sociale des malades mentaux, notamment contre leur enfermement dans les hôpitaux psychiatriques.

DÉSALIGNEMENT n. m. Action de désaligner, fait de n'être plus aligné : *Le désalignement d'une rue.*

DÉSALIGNER v. t. (conj. 3). Détruire l'alignement : *Maisons désalignées.*

DÉSALKYLATION n. f. Substitution, dans une molécule, d'un atome d'hydrogène à un radical alkyle.

DÉSALKYLER v. t. (conj. 3). Procéder à la désalkylation.

DÉSALTÉRANT, E adj. Qui est propre à étancher la soif : *Le thé est désaltérant.*

DÉSALTÉRER v. t. (de *altérer*) [conj. 18]. Apaiser la soif, la calmer en parlant d'une boisson : *L'eau fraîche désaltère.*

◆ **se désaltérer** v. pr. Faire cesser sa soif en buvant.

DÉSAMBIGUÏSER v. t. (conj. 3). Faire disparaître l'ambiguïté d'un mot, d'une phrase en ne retenant qu'un seul sens.

DÉSAMIDONNAGE n. m. Action de désamidonner.

DÉSAMIDONNER v. t. (conj. 3). Dépouiller un tissu de son amidon.

DÉSAMINASE n. f. Enzyme qui catalyse une réaction de désamination.

DÉSAMINATION n. f. Substitution, dans une molécule, d'un radical hydroxyle OH à un radical amine NH_2. (La désamination est importante pour le métabolisme des acides aminés et des amines biogènes [noradrénaline, histamine, sérotonine] : elle est alors oxydative. Elle peut également être hydrolytique : c'est le cas pour les bases puriques et pyrimidiques.)

DÉSAMORÇAGE n. m. **1.** Action de désamorcer, de se désamorcer : *Le désarmorçage d'une bombe.* — **2.** Cessation du courant d'excitation dans une génératrice à courant continu. — **3.** Dans une pompe, ou dans un siphon, remplacement du liquide à aspirer par de l'air.

DÉSAMORCER v. t. (conj. 16). **1.** Rendre une munition inoffensive en retirant son dispositif de mise à feu (amorce, détonateur). — **2.** Empêcher une action de se produire et, en partic., d'évoluer vers une situation dangereuse ; neutraliser : *Désamorcer un conflit.*

◆ **être désamorcé** v. pass. En parlant d'une ligne de pêche, ne plus avoir d'esches fixées sur les hameçons.

DÉSAMORTIR v. t. (conj. 32). Soumettre des biens de mainmorte aux droits de mutation.

DÉSAMORTISSEMENT n. m. Action de désamortir.

DÉSAMOUR n. m. *Litt.* Cessation de l'amour, de l'intérêt pour qqn ou qqch.

DE SANCTIS (Francesco), écrivain italien (Morra Irpino, Avellino, 1817 - Naples 1883). Fondateur de la critique littéraire moderne en Italie, son *Histoire de la littérature italienne* (1870-71), d'inspiration hégélienne, s'articule autour de grandes oppositions exemplaires, du type Dante/ Pétrarque, et vise à saisir le surgissement, dans la littérature italienne, de la conscience et de la liberté nationales.

DE SANCTIS (Gaetano), historien italien (Rome 1870 - *id.* 1957). Professeur d'histoire grecque à l'université de Rome (1929-1931 et 1944-1957), président de l'Institut de l'encyclopédie italienne (1947-1954), il renouvela profondément l'historiographie du monde antique par ses œuvres, notamment : *Storia dei Greci* (1939) et *Storia dei Romani* (1907-1953).

DÉSANNEXER v. t. (conj. 4). Restituer un territoire annexé à l'État auquel il était rattaché avant l'annexion.

DÉSANNEXION n. f. Action de désannexer ; son résultat.

DESANTI (Jean Toussaint), philosophe français (Ajaccio 1914). Il a apporté une contribution décisive à l'épistémologie mathématique (*les Idéalités mathématiques,* 1968), montrant notamment la relative stabilité qui caractérise les mathématiques. Il a écrit également *la Philosophie silencieuse* (1975).

DE SANTIS (Giuseppe), cinéaste italien (Fondi 1917). L'un des fondateurs du néoréalisme, il a réalisé : *Chasse tragique* (1948), *Riz amer* (1949), *Pâques sanglantes* (1950), *Onze Heures sonnaient* (1952).

DÉSAPPARIER v. t. (conj. 9). **1.** Ôter l'un des deux objets qui font la paire. — **2.** Séparer des animaux en couple. (Syn. DÉPARIER.)

DÉSAPPOINTEMENT n. m. État de qqn de désappointé ; déception, déconvenue.

DÉSAPPOINTER v. t. (angl. *to disappoint,* de l'anc. fr. *désappointer,* destituer) [conj. 3]. Tromper qqn dans son attente, dans ses espérances ; dépiter, décevoir : *Son refus m'a désappointé, j'attendais autre chose.*

◆ **être désappointé** v. pass. **1.** Être déçu dans ses espérances : *Il est désappointé de ne pas avoir été invité.* — **2.** Manifester de la déception, du dépit : *Un air désappointé.*

DÉSAPPRENDRE v. t. (conj. 79). Oublier ce qu'on avait appris ; perdre l'habitude de qqch : *Désapprendre à travailler.*

DÉSAPPROBATEUR, TRICE adj. Qui désapprouve, qui marque la désapprobation : *Ton désapprobateur.*

DÉSAPPROBATION n. f. Action de désapprouver ; réprobation.

DÉSAPPROUVER v. t. (conj. **3**). Ne pas approuver qqch, qqn ; blâmer, condamner : *Je désapprouve que tu ne voies plus tes parents.*

DÉSAPPROVISIONNEMENT n. m. Action de désapprovisionner.

DÉSAPPROVISIONNER v. t. (conj. 3). **1.** Priver ou enlever son approvisionnement à un magasin, à un commerce. — **2.** Vider une arme à feu de ses cartouches.

DÉSARÇONNANT, E adj. Qui confond, déconcerte : *Une réflexion désarçonnante.*

DÉSARÇONNEMENT n. m. Action de désarçonner ; fait d'être désarçonné.

DÉSARÇONNER v. t. (conj. **3**). **1.** Mettre hors des arçons ; jeter bas, démonter : *Cheval qui a désarçonné son cavalier.* — **2.** Déconcerter qqn, lui faire perdre son assurance : *Ce discours le désarçonna.*

DÉSARGENTAGE n. m. ou **DÉSARGENTATION** n. f. Action de désargenter.

DÉSARGENTER v. t. (conj. **3**). **1.** Dépouiller un objet de son argenture. — **2.** Séparer l'argent de minerais argentifères.
◆ **être désargenté** v. pass. *Fam.* Ne plus avoir d'argent comptant.

DESARGUES (Girard), mathématicien et ingénieur français (Lyon 1591 - *id.* 1661). Il fut l'un des fondateurs de la géométrie projective, dans laquelle il introduisit les notions de points et de droite à l'infini. Il unifia les méthodes d'étude des coniques. Également architecte, il publia des traités sur la perspective et sur la coupe des pierres.

DÉSARMANT, E adj. Qui interdit toute réplique par sa simplicité et qui, souvent, pousse à l'indulgence ; touchant : *Une réponse désarmante par sa naïveté.*

DÉSARMEMENT n. m. **1.** Action d'enlever ses armes à qqn, à un soldat, à une troupe, etc. — **2.** Action concertée visant à limiter, supprimer ou interdire la fabrication ou l'emploi de certaines armes. — **3.** Action de désarmer un navire, une forteresse.

ENCYCL. Le désarmement n'a fait réellement l'objet de négociations internationales qu'après la Première Guerre mondiale. Le programme de la Société des Nations (S. D. N.), qui visait notamment à la réduction des armements au minimum compatible avec la sécurité nationale et prévoyait un contrôle international du commerce des armes, ne sera que partiellement appliqué : limitation des armements navals (traité de Washington, 1922) et des armements biologiques et chimiques (protocole de Genève, 17 juin 1925). En rompant avec la S. D. N. (1933), Hitler engage l'Allemagne dans la voie du réarmement et condamne, a posteriori, la conférence de Genève (1932-1937).

Au lendemain de la Seconde Guerre mondiale, les négociations sont dominées par la menace sans précédent des armes nucléaires. Les rivalités atomiques et l'obstacle du contrôle, clé de voûte de tout système d'accord, vont empêcher la promotion d'un désarmement général et complet jusqu'au minimum compatible avec l'exercice des fonctions de police des États. C'est pourquoi, depuis 1957, les accords bilatéraux (U. R. S. S., États-Unis) ou multilatéraux qui ont été conclus présentent un aspect partiel. Parmi les plus importants on peut citer : le traité sur la non-militarisation de l'espace (1967), le traité de non-prolifération des armes nucléaires (1970), les accords sur la prévention de la guerre nucléaire (1973).

À partir de 1969, des discussions sur les armes stratégiques réunissent les deux grands dans le cadre des accords SALT et START*. Parallèlement se tient à partir de 1973 la Conférence sur la sécurité et la coopération en Europe* (C. S. C. E.).

Bloquées au début des années 80, les négociations entre les États-Unis et l'U. R. S. S. progressent avec les rencontres Reagan-Gorbatchev à Genève (1985), puis à Reykjavik (1986). Cette reprise du dialogue prélude à la signature en 1987 à Washington d'un accord prévoyant le démantèlement des missiles à moyenne portée en Europe. Dans le même esprit s'inscrivent la relance de la concertation sur l'interdiction des armes chimiques (à partir de 1989), le traité de Paris (1990) réduisant les forces conventionnelles en Europe et les traités START signés à Moscou (1991 et 1993).

DÉSARMER v. t. (conj. **3**). **1.** Enlever ses armes à qqn, un soldat, un groupe, etc. — **2.** Priver un pays de tout moyen de défense ou réduire son potentiel militaire ; démilitariser. — **3.** Faire cesser la colère de qqn, le faire renoncer à toute attitude hostile ou agressive : *Sa gentillesse a fini par me désarmer.* — **4.** Détendre le ressort de percussion d'une arme à feu, en appuyant sur la détente. (L'arme ne doit pas être chargée.) — **5.** Supprimer une possibilité d'interruption dans un ordinateur, par l'exécution d'instructions spéciales. — **6.** Dégarnir un navire de son équipage, de ses agrès. — **7.** Enlever son artillerie à un navire de guerre, son matériel de guerre et ses approvisionnements à une forteresse.

◆ v. i. 1. Cesser tout effort d'armement ; réduire son potentiel militaire. – 2. Fam. *Ne pas désarmer,* continuer de résister ; en partic., ne pas renoncer à son activité ; en parlant d'un sentiment violent, ne pas s'apaiser : *Sa haine ne désarme pas.*

DÉSAROMATISATION n. f. Action de désaromatiser.

DÉSAROMATISER v. t. (conj. 3). Réduire, à l'aide de solvants, la teneur en aromatiques d'un mélange d'hydrocarbures.

DÉSARRIMAGE n. m. Action de désarrimer ; fait d'être désarrimé.

DÉSARRIMER v. t. (conj. 3). Enlever les dispositifs, cordes, câbles, etc., qui fixent, qui arriment un chargement sur un véhicule, un bateau, etc.

DÉSARROI n. m. (anc. fr. *desareer,* mettre en désordre). 1. *Vx.* Désordre, confusion. – 2. Trouble moral impliquant l'indécision, l'anxiété ; angoisse, détresse : *Cette nouvelle nous a jetés dans le désarroi.*

DÉSARRONDIR v. t. (conj. 32). Syn. de DÉLABIALISER.

DÉSARRONDISSEMENT n. m. Syn. de DÉLABIALISATION.

DÉSARTICULATION n. f. 1. Désunion de surfaces articulaires des os. – 2. Amputation pratiquée au niveau d'une jointure articulaire. – 3. Caractéristique des économies sous-développées, consistant en la juxtaposition de secteurs faiblement liés dont le développement des uns n'entraîne pas celui des autres.

DÉSARTICULER v. t. (conj. 3). Opérer la désarticulation d'un os, d'un membre.
◆ **être désarticulé** v. pass. 1. Avoir un os, un membre sortis de leur articulation. – 2. Avoir assoupli de façon anormale les articulations de son corps : *Un contorsionniste désarticulé.* – 3. Avoir perdu ses articulations : *Un pantin désarticulé.*

DÉSASPHALTAGE n. m. Séparation de l'asphalte contenu dans le résidu de la distillation sous vide du pétrole.

DÉSASPHALTER v. t. (conj. 3). Effectuer le désasphaltage.

DÉSASPIRATION n. f. Perte de l'aspiration d'une consonne normalement aspirée.

DÉSASSEMBLAGE n. m. Action de désassembler ; fait de se désassembler.

DÉSASSEMBLER v. t. (conj. 3). Défaire ce qui était assemblé et, en partic., disjoindre un assemblage de pièces de bois.

DÉSASSIMILATION n. f. Processus par lequel des substances préalablement assimilées par un organisme vivant se séparent de celui-ci et sont éliminées.

DÉSASSIMILER v. t. (conj. 3). Être le siège d'une désassimilation.

DÉSASSORTIMENT ou **DÉSASSORTISSEMENT** n. m. 1. Action de désassortir ; réunion de choses mal assorties, disparates. – 2. État de marchandises qui ne sont plus assorties. – 3. État d'un magasin désassorti de ce qu'il devrait avoir.

DÉSASSORTIR v. t. (conj. 32). 1. Détruire l'assortiment d'un ensemble, d'une collection ; dépareiller : *Désassortir un service de table.* – 2. Dégarnir un magasin de son assortiment de marchandises.
◆ **être désassorti** v. pass. 1. Être dépareillé : *Des verres désassortis.* – 2. Ne pas être assorti, en harmonie : *Des époux désassortis.*

DÉSASSURER v. t. (conj. 3). Cesser de faire garantir qqch par une assurance.

DÉSASTRE n. m. (ital. *disastro,* de *astro,* astre, à cause de l'influence attribuée aux astres). 1. Catastrophe, événement funeste ; grand malheur, dégâts qui en résultent : *Le désastre leur apparut, une fois les eaux retirées.* – 2. Défaite, écrasement à la guerre : *Désastre militaire.* – 3. Ruine, échec total sur le plan économique, social, littéraire, professionnel, personnel, etc. ; faillite : *Un désastre monétaire.* – 4. Chose déplorable : *Cette mode est un vrai désastre.*

Désastres de la guerre *(les),* suite de 82 eaux-fortes de Goya, inspirées par l'occupation française en Espagne. Elles ne furent éditées que 35 ans après la mort de l'artiste.

DÉSASTREUSEMENT adv. De façon désastreuse.

DÉSASTREUX, EUSE adj. (ital. *disastroso*). 1. Qui constitue un désastre ; catastrophique : *Tempête désastreuse.* – 2. Très mauvais, qui entraîne de graves conséquences : *Politique désastreuse.*

DÉSATELLISATION [-sa-] n. f. 1. Action, pour un satellite artificiel, de quitter une orbite stable autour d'un astre et de se transférer sur une trajectoire l'amenant dans l'atmosphère ou à la surface de cet astre. (Syn. DÉCROCHAGE.) – 2. Libération d'un pays de l'état de satellite où il se trouvait.

DÉSATELLISER [-sa-] v. t. (conj. 3). Réaliser une désatellisation d'un astre, d'un pays.

DÉSAUBIÉRAGE n. m. Action de désaubiérer.

DÉSAUBIÉRER v. t. (conj. 18). Enlever l'aubier d'une grume ou d'une bille de bois.

DÉSAUGIERS (Marc Antoine), chansonnier et vaudevilliste français (Fréjus 1772 -Paris 1827). Il s'exila pendant la Révolution et revint en 1797. Il devint le président du Caveau et encouragea les débuts de Béranger. En 1815, il fut nommé directeur du théâtre du Vaudeville.

DESAULT (Pierre Joseph), chirurgien français (Vouhenans, Haute-Saône, 1744 -Paris 1796). Fondateur de la première clinique chirurgicale française, il soigna au Temple le Dauphin (Louis XVII).

DES AUTELS (Guillaume), poète français (Charolles ou Montcenis 1529 - 1581). Il se rattache à la Pléiade par son imitation de Pétrarque et de Ronsard (*l'Amoureux Repos,* 1553). Partisan des Guises, il prit part à la lutte contre les réformés (*Remontrance au peuple français,* 1559).

DÉSAVANTAGE n. m. **1.** Infériorité de qqn dans une situation quelconque ; handicap : *Désavantage intellectuel, physique.* — **2.** Inconvénient inhérent à qqch (lieu, activité, appareil, etc.) : *Les désavantages d'un métier.* — **3.** *Être à son désavantage,* se montrer sous un jour défavorable. ‖ *Tourner au désavantage de qqn,* évoluer à son détriment ; désavantager.

DÉSAVANTAGER v. t. (conj. **17**). **1.** Faire subir un désavantage à qqn, le mettre dans un état d'infériorité par rapport aux autres ; handicaper : *Sa timidité le désavantage dans la discussion.* — **2.** Frustrer un héritier d'une partie de l'héritage.

DÉSAVANTAGEUSEMENT adv. De façon désavantageuse.

DÉSAVANTAGEUX, EUSE adj. **1.** Qui cause du désavantage ; défavorable : *Traité désavantageux.* — **2.** Qui est au désavantage de qqn, de qqch ; qui ne met pas en valeur : *Cet incident est particulièrement désavantageux pour lui.*

DÉSAVEU n. m. (de *désavouer*). **1.** Parole ou action par lesquelles on refuse de reconnaître comme sien ce qu'on dit ou fait ; reniement : *Le désaveu d'une théorie.* — **2.** Parole ou action par lesquelles on refuse ou cesse d'approuver qqn, sa conduite ; condamnation : *Le gouvernement a été contraint au désaveu de son représentant.* — **3.** Acte par lequel un mandant affirme que son mandataire ne s'est pas conformé à son mandat. (Il s'applique notamment aux mandats confiés aux officiers ministériels.) — **4.** Acte par lequel le vassal refusait de reconnaître son seigneur, renonçait à son hommage, à sa foi et à son fief. — **5.** Syn. de DÉNI* DE LA RÉALITÉ. — **6.** *Désaveu de paternité,* acte par lequel le mari dénie être le père d'un enfant de sa femme. (→ *encycl.*)

ENCYCL. **Dr.** *Désaveu de paternité.* Le mari peut désavouer l'enfant conçu pendant le mariage « s'il justifie de faits propres à démontrer qu'il ne peut pas en être le père ». L'action en désaveu appartient : au mari seul, tant qu'il vit ; aux héritiers lorsqu'il est mort avant l'expiration du délai pendant lequel il aurait pu procéder à ce désaveu.

DÉSAVOUABLE adj. Qui peut ou doit être désavoué.

DÉSAVOUER v. t. (conj. **6**). **1.** Refuser de reconnaître qqch comme sien, le renier ; rétracter : *Désavouer sa signature.* — **2.** Déclarer qu'on n'a pas autorisé qqn à faire ce qu'il a fait : *Désavouer un ministre.* — **3.** Signifier à qqn qu'on ne se reconnaît plus dans ce qu'il fait ou dit ; désapprouver : *Les électeurs ont désavoué le candidat.* — **4.** Être en contradiction avec qqch, qqn : *La vie de beaucoup de gens désavoue leurs principes.* — **5.** *Ne pas désavouer qqch,* le juger conforme à ses opinions, l'approuver. — **6.** Opérer le désaveu d'un mandataire, d'un enfant de son épouse.

DÉSAXÉ, E adj. et n. Qui souffre d'un déséquilibre mental ; déséquilibré.

DÉSAXER v. t. (conj. **3**). **1.** Mettre qqch hors de son axe : *Désaxer une roue.* — **2.** Faire perdre son équilibre mental à qqn ; déséquilibrer : *Ces deuils successifs l'ont désaxé.*

DES BARRES (Joseph Frederick WALLET), soldat et hydrographe anglais (en Suisse 1722 - Halifax, Nouvelle-Écosse, 1824). Il exécuta un levé hydrographique du Saint-Laurent (1758), puis dirigea l'hydrographie des côtes de la Nouvelle-Écosse et des colonies de la Nouvelle-Angleterre. Il fut le professeur de navigation du capitaine Cook.

DESBORDES-VALMORE (Marceline), femme de lettres française (Douai 1786 -Paris 1859). Son lyrisme inspiré par une destinée malheureuse influença Verlaine (*Élégies,* 1818 ; *Bouquets et Prières,* 1843).

DESBOUTIN (Marcellin), peintre, graveur et auteur dramatique français (Cérilly 1823 - Nice 1902). Il fut une personnalité pittoresque de la vie artistique parisienne au début de la IIIe République. Lié aux impressionnistes, il est surtout connu pour ses portraits gravés à la pointe sèche.

DESCAMPS (Eugène), syndicaliste français (Lomme 1922 - Buis-les-Baronnies 1990). Secrétaire général de la C. F. T. C. (1961), il contribua à déconfessionnaliser cette confédération, devenue la C. F. D. T., dont il assura le secrétariat général jusqu'en 1971.

DESCARTES (37160), anc. **La Haye-Descartes,** ch.-l. de cant. d'Indre-et-Loire, sur la Creuse ; 4 237 hab. *(Descartois).* Église romane. Constructions mécaniques. Papeterie. — La localité doit son nom au philosophe R. Descartes.

DESCARTES (René), philosophe et mathématicien français (La Haye, auj. Descartes, Indre-et-Loire, 1596 - Stockholm 1650). Élève des jésuites au collège de La Flèche, il s'engagea dans diverses armées princières, parcourut l'Europe et abandonna le métier des armes. Pour éviter des difficultés avec les autorités, il changea souvent de résidence, et séjourna en Hollande près de vingt ans. Invité par la reine Christine de Suède, Descartes mourut à Stockholm à la suite d'un refroidissement.

Ses principaux écrits en latin sont : *Règles pour la direction de l'esprit* (écrit en 1628 et publié en 1701), *Méditations* (1641) et *les Principes de la philosophie* (1644) ; en français : *Discours de la méthode* (1637) et *les Passions de l'âme* (1649). L'œuvre de Descartes s'étend à tous les domaines, mais son premier souci est de fonder la méthode qui permet d'accéder à la connaissance claire et distincte, celle dont la véracité se situe en Dieu. La méthode s'applique à toutes les sciences de l'univers, et la question métaphysique n'en est pas le fondement nécessaire, même si Dieu, d'une certaine manière, garantit la validité de l'ensemble de la philosophie cartésienne. Ce problème est d'ailleurs d'une actualité brûlante, car, au moment où Descartes s'apprête à publier un traité contre la scolastique, Galilée est condamné, et le philosophe juge plus prudent d'y renoncer. Il fait alors paraître le *Discours* de la méthode,* tentative pour concevoir l'unité des recherches qu'il a entreprises en physique et en astronomie. Cette œuvre va avoir sur l'histoire des sciences une influence considérable en ce qu'elle rend valide la liaison entre l'expérience et la connaissance. Pour Descartes, la métaphysique, c'est-à-dire la preuve rationnelle de l'existence de Dieu (qui existe puisqu'il rend précisément possible cette preuve), fonde la validité de sa méthode. Dans les *Méditations**, Descartes entreprend une démarche originale et décisive dans l'histoire de la philosophie occidentale. Dans un premier temps, il démontre qu'il est possible et donc nécessaire de douter de tout, sauf du doute lui-même. Il y a donc, face au monde, extérieur ou intérieur, une mise en évidence d'un acte de penser, le « cogito ». Cette pensée, qui est pensée du monde ou pensée de soi, mais de toute façon pensée de quelque chose, prouve donc qu'il y a un être qui pense : mais le quelque chose qui est l'objet de la pensée n'est pas pour autant assuré d'exister comme entité autonome : ce peut être une chimère forgée par un malin esprit qui se serait amusé à duper le moi pensant. Pourquoi ne pas conclure à l'existence de cet esprit malin ? Simplement parce que Dieu existe : c'est lui qui garantit l'objet de la pensée, que ce soit le monde ou le moi.

La physique cartésienne dépend étroitement de sa métaphysique : la rationalité du monde physique et biologique s'exprime en termes de cause et d'effet exclusivement ; la rationalité, telle que Descartes en jette les fondements, se rapproche du mécanicisme en ce qui concerne le vivant (théorie de l'animal-machine). Descartes a énoncé les lois de la réflexion et de la réfraction de la lumière. En mathématiques, il a créé la géométrie analytique avec Fermat, il a énoncé les propriétés fondamentales des équations algébriques et simplifié les notations algébriques.

Descartes *(lois de),* lois fondamentales de la réflexion et de la réfraction de la lumière à l'interface de deux milieux. Le rayon incident, le rayon réfléchi, le rayon réfracté et la normale à la surface de séparation au point d'incidence sont dans un même plan ; le rayon réfléchi est symétrique du rayon incident par rapport à cette normale ; les angles d'incidence i et de réfraction r sont liés par la relation $\sin i = n \sin r$, où n est l'indice de réfraction du deuxième milieu par rapport au premier.

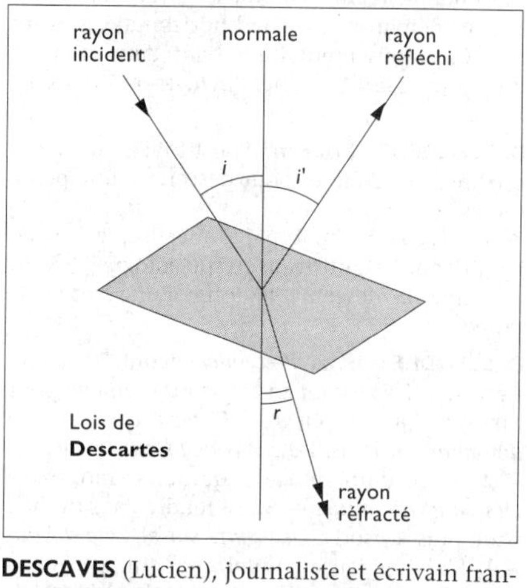

Lois de **Descartes**

DESCAVES (Lucien), journaliste et écrivain français (Paris 1861 - *id.* 1949), auteur de romans naturalistes (*le Calvaire d'Héloïse Pajadou,* 1882 ; *Sous-offs,* 1889).

DESCELLEMENT [-sɛl-] n. m. Action de desceller, de se desceller ; état de ce qui est descellé.

DESCELLER [-sele] v. t. (conj. 4). Briser le scellement de qqch : *Desceller une grille.*

DESCENDANCE n. f. **1.** Fait de descendre de qqn, de tirer son origine familiale de qqn ; filiation : *Prouver sa descendance.* — **2.** Ensemble de ceux qui sont issus de qqn, sa postérité ; lignée, progéniture : *Une nombreuse descendance.* — **3.** Fait de se rattacher sur le plan des idées à qqn : *La descendance des symbolistes.* — **4.** *Descendance radioactive,* série des éléments chimiques produits par désintégration à partir d'un radioélément.

DESCENDANT, E adj. 1. Qui descend, qui est incliné : *Pente descendante.* – 2. Se dit du nœud de l'orbite d'un astre que celui-ci franchit en se dirigeant du nord vers le sud. – 3. Se dit d'un intervalle, d'un mouvement mélodique progressant de l'aigu au grave. – 4. Syn. de DÉCROISSANT. – 5. Garde descendante, garde qui, ayant fini son service, est relevée de son poste par une autre. ‖ *Ligne descendante,* succession des individus issus d'un même ancêtre. ‖ *Lune descendante,* syn. de DÉCOURS. ‖ *Marée descendante,* qui découvre le rivage. ‖ *Sève descendante,* sève élaborée circulant des rameaux vers les racines.

◆ n. 1. Personne issue de qqn, d'un ancêtre : *Un descendant des croisés.* – 2. Personne qui se rattache par ses idées à qqn : *Un descendant des surréalistes.*

◆ **descendant** n. m. En astrologie, point de l'écliptique qui se couche.

DESCENDERIE n. f. 1. Galerie qui a été creusée en descendant. (Contr. MONTAGE.) – 2. Galerie inclinée d'environ 15° sur l'horizontale, servant d'accès au gisement ou reliant deux niveaux différents dans la mine. (Syn. FENDUE, PLAN INCLINÉ.)

DESCENDEUR, EUSE n. Sportif(ive) qui a des qualités particulières pour descendre une pente (en ski ou en cyclisme).

◆ **descendeur** n. m. Appareil métallique relié au baudrier de l'alpiniste ou du spéléologue, servant à freiner la descente le long d'une corde de rappel.

DESCENDRE v. i. (lat. *descendere*) [conj. 73 ; auxil. *être*]. 1. Aller de haut en bas, quitter un lieu pour un autre moins élevé : *L'avion commence à descendre sur Paris. Descends de là, tu vas tomber.* – 2. Sortir d'un véhicule, quitter sa monture : *Descendre de voiture.* – 3. Se rendre dans un lieu situé plus au sud : *Descendre sur la Côte d'Azur.* – 4. S'arrêter dans un hôtel, chez qqn, y loger au cours d'un voyage : *Ils sont descendus à l'hôtel de la Poste.* – 5. S'étendre sur une pente, être en pente et, en partic., en parlant d'un cours d'eau, couler d'un lieu élevé vers un lieu moins élevé : *Rivière qui descend de la montagne dans la plaine. La route descend vers le village.* – 6. Atteindre telle profondeur, s'étendre de haut en bas jusqu'à tel point : *Le puits descend à 400 mètres. Robe qui descend jusqu'aux chevilles.* – 7. Atteindre un niveau, un degré inférieur, plus bas ; baisser : *Le thermomètre est descendu au-dessous de 0 °C.* – 8. S'abaisser de tant de degrés, perdre tant de valeur : *Le prix de ces appareils est descendu de 10 %.* – 9. En parlant d'un son, passer de l'aigu au grave. – 10. Déchoir, s'abaisser à faire qqch : *Je ne descendrai pas jusqu'à te supplier.* – 11. Faire irruption sur un territoire ennemi ou sur le terrain de feu adverse : *Les avants descendent vers les buts.* – 12. Faire une descente, une rafle, une perquisition en parlant d'un groupe de policiers : *Descendre dans un bar.* – 13. Être issu de qqn, d'un groupe, en être descendant : *Le prince descendait des Habsbourg.* – 14. *Descendre dans la rue,* aller manifester. ‖ *Descendre à terre,* quitter un navire pour aller à terre. ‖ *Descendre en ville,* en parlant de qqn qui habite en banlieue ou à la campagne, aller dans la ville la plus proche. ‖ *En descendant,* en se rapprochant de la rampe de la scène. ‖ *La nuit, le soir, le jour, le soleil descend,* il commence à faire nuit, il fait moins clair.

◆ v. t. (auxil. *avoir*). 1. Porter qqn, qqch, le placer dans un endroit situé plus bas que celui où il se trouve : *Descendre du vin à la cave.* – 2. Abaisser qqch de tant, le faire baisser de tant : *Descends un peu le tableau.* – 3. Déposer, amener qqn à un endroit : *Je peux vous descendre porte Maillot.* – 4. Parcourir un lieu, une pente en allant de haut en bas : *Descendre un escalier.* – 5. Suivre un cours d'eau dans le sens du courant vers le confluent ou l'embouchure. – 6. *Fam.* Abattre qqn, qqch, le faire tomber en lui portant un coup : *Le boxeur a descendu son adversaire au troisième round. Descendre un avion ennemi.* – 7. *Pop.* Tuer qqn. – 8. *Pop.* Consommer une boisson rapidement, avec avidité : *Il a descendu trois cognacs à la file.* – 9. *Descendre la gamme,* passer des sons les plus aigus aux sons les plus graves.

DESCENSEUR n. m. (de *descendre,* avec l'infl. de *ascenseur*). 1. Escalier mécanique fonctionnant seulement à la descente. – 2. Dispositif pour faire descendre les colis ou objets d'un niveau à un autre. – 3. Dispositif servant à contrôler et ralentir la descente de produits en vrac dans un puits de mine à forte pente.

DESCENTE n. f. 1. Action de porter à un endroit plus bas : *La descente du vin à la cave.* – 2. Pente plus ou moins prononcée d'un chemin, d'une route, etc., considérée du haut vers le bas : *Ralentir dans la descente.* – 3. Action de descendre une pente : *Descente en rappel d'un alpiniste.* – 4. Action de descendre vers un lieu, perte régulière d'altitude en parlant d'un avion, d'un parachutiste : *L'avion amorce sa descente vers Paris.* – 5. Coup de main en territoire ennemi : *Les descentes des Vikings sur les côtes normandes.* – 6. Incursion rapide dans le camp adverse : *Une descente dangereuse vers les buts.* – 7. *À la descente,* en descendant. ‖ *À ma descente du train, de l'avion, etc.,* au moment où j'en descends. ‖ Fam. *Avoir une bonne descente,* être capable de beaucoup boire. ‖ *Descente de lit,* petit tapis rectangulaire placé le long d'un lit. ‖ *Descente de police,* opération surprise dans un lieu aux fins de vérification d'identité ou d'enquête. ‖ *Faire une descente,* en parlant de truands, faire irruption dans un lieu pour commettre des exactions, ou en parlant d'un groupe, y débarquer sans avoir prévenu. • **Bât.** Syn. de TUYAU DE DESCENTE. — **Fortif.** *Descente de chemin couvert, de fossé,* communication enterrée ou souterraine faite par l'assaillant pour accéder au fossé et donner l'assaut à la brèche (guerre de siège du XVIIe au XIXe s.). — **Iconogr.** *Descente de Croix,* scène de la passion où le corps du Christ mort est descendu de la Croix par Joseph d'Arimathie et Nicomède, et reçu par la Vierge, Madeleine et saint Jean. — **Méd.** *Descente d'organe,* ptôse (de l'estomac, du rein, du foie, etc.), ou prolapsus (de l'utérus, de la vessie, du rectum). — **Menuis.** *Descente de bouvet,* accessoire du bouvet permettant de régler la profondeur de la rainure. — **Psychiatr.** Cycle qui, pour le toxicomane, succède presque immédiatement à la sensation de plaisir (le flash) et qui aboutit à une phase dépressive. — **Sports.** Épreuve de vitesse de ski alpin, disputée sur un parcours en forte pente comportant des portes directionnelles. — **Techn.** *Descente d'antenne,* conducteur reliant les parties élevées d'une antenne à l'émetteur ou au récepteur radioélectrique. — **Théol.** *Descente aux enfers,* passage du Christ rédempteur dans les lieux où attendent ceux qui n'ont pas été jugés.

DESCHAMPS (Jean), architecte français du XIIIe s., qui contribua à introduire l'art gothique du Nord dans le midi de la France. Il commença en 1248 la cathédrale de Clermont [-Ferrand], devint le maître d'œuvre de celle de Narbonne en 1286.

DESCHAMPS (Eustache MOREL, dit), poète français (Vertus, Marne, 1346-v. 1407). Mêlé à la cour de Charles V et de Charles VI, il a laissé une œuvre poétique importante (ballades, virelais, rondeaux), et surtout un *Art de dictier* (1392) qui marque une date dans l'histoire de l'art poétique.

DESCHAMPS (Émile DESCHAMPS DE SAINT-AMAND, dit **Émile**), poète français (Bourges 1791 - Versailles 1871). L'un des premiers adeptes du romantisme, il fonda *la Muse* française* (1823), avec V. Hugo principalement, et publia *Études françaises et étrangères* (1828), traductions des littératures allemandes et espagnoles, que précède une importante « Préface ». — Son frère ANTOINE, dit *Antony* (Paris 1800 - *id.* 1869), traduisit *la Divine Comédie* (1829) et publia *Dernières Paroles* (1835), au lyrisme inquiet.

DESCHAMPS (Paul), archéologue français (Paris 1888 - *id.* 1974). Il a créé le département des peintures murales au musée des Monuments français et, à la suite de missions, a notamment publié *les Châteaux des croisés en Terre sainte* (1934-1939).

DESCHAMPS (Jérôme), comédien et metteur en scène français (Neuilly-sur-Seine 1947). Avec *la Famille Deschiens* (1978), il définit son propre style de spectacle comique. La poésie du dérisoire, très marquée par l'observation sociale de la pauvreté, s'associe à un sens aigu de la catastrophe burlesque (*la Veillée,* 1985 ; *C'est dimanche,* 1986 ; *Lapin-chasseur,* 1989 ; *les Frères Zénith,* 1990 ; *les Pieds dans l'eau,* 1992 ; *C'est magnifique,* 1994).

DESCHAMPSIA n. m. Graminée fourragère médiocre, dont diverses espèces couvrent la toundra, les sous-bois de chênaie, les landes méditerranéennes.

DESCHANEL (Paul), homme d'État français (Schaerbeek, Brabant, 1855 - Paris 1922). Député républicain d'Eure-et-Loir (1885-1920), président de la Chambre (1898-1902 et 1912-1920), il fut élu président de la République (17 janv. 1920), mais dut démissionner le 21 sept. pour raisons de santé. [Acad. fr., 1899.]

DÉSCHLAMMAGE n. m. Action de déschlammer.

DÉSCHLAMMER v. t. (conj. 3). Enlever les particules les plus fines d'un minerai en suspension liquide.

DÉSCHLAMMEUR n. m. Appareil servant à déschlammer.

DÉSCOLARISATION n. f. Action de déscolariser ; fait d'être déscolarisé.

DÉSCOLARISER v. t. (conj. 3). **1.** Enlever au système scolaire d'un pays le monopole de l'instruction. — **2.** Retirer de l'école un enfant d'âge scolaire.

DESCOMBEY (Michel), danseur et chorégraphe français (Bois-Colombes 1930). Il est maître de ballet (1962), puis directeur de la danse (1965-1969), et anime le Studio-Ballet (1967-1969) qui représente l'Opéra dans les tournées des maisons de la culture. Ses œuvres impriment un rajeunissement au répertoire : *Frères humains* (1950), *Pour piccolo et mandoline* et *But* (1963) à l'Opéra-Comique ; *Symphonie concertante* (1962), *Sarracenia* (1964) à l'Opéra. De 1968 à 1973, il collabore régulièrement avec le Ballet-Théâtre contemporain (*Désert,* 1968 ; *Thrène,* 1968 ; *Violostries,* 1969 ; *le Huitième Jour,* 1973). Il s'est fixé au Mexique en 1975.

DESCRIPTEUR, TRICE n. (bas lat. *descriptor*). Personne qui décrit qqch.

◆ **descripteur** n. m. Mot clé qui définit le contenu d'un document et qui permet de le retrouver dans un fichier.

DESCRIPTIBLE adj. Qui peut être décrit : *Scène à peine descriptible.*

DESCRIPTIF, IVE adj. (bas lat. *descriptivus*). **1.** Qui a pour objet de décrire, qui donne les détails de qqch, d'une opération : *Devis descriptif.* — **2.** Qui s'attache à décrire qqch pour produire un effet artistique, recréer une ambiance, etc. : *Poète descriptif.* • **Géom.** *Géométrie descriptive,* branche de la géométrie dans laquelle on représente des figures de l'espace à l'aide de leurs projections sur deux plans perpendiculaires (plan horizontal et plan vertical). [V. ill.] — **Ling.** Se dit d'une analyse qui s'attache à rendre compte des seules phrases réalisées issues d'un corpus représentatif. (*La linguistique descriptive,* ou descriptivisme, est une étude synchronique de la langue et s'oppose à la linguistique historique.) — **Log.** *Symbole descriptif,* symbole qui renvoie à un objet matériel, à une loi physique, et de façon générale à une réalité qui ne relève pas de la logique mathématique, par différence avec le symbole logique. — **Mus.** Se dit d'une musique qui cherche à imiter ou à évoquer des phénomènes naturels, des événements, des personnages, etc.

◆ **descriptif** n. m. **1.** Texte, document qui donne une description précise de qqch, en partic. à l'aide de schémas, de plans et de légendes : *Voici un descriptif de l'appartement.* — **2.** Dans un marché, document définissant les travaux à exécuter, les matériaux à employer, etc.

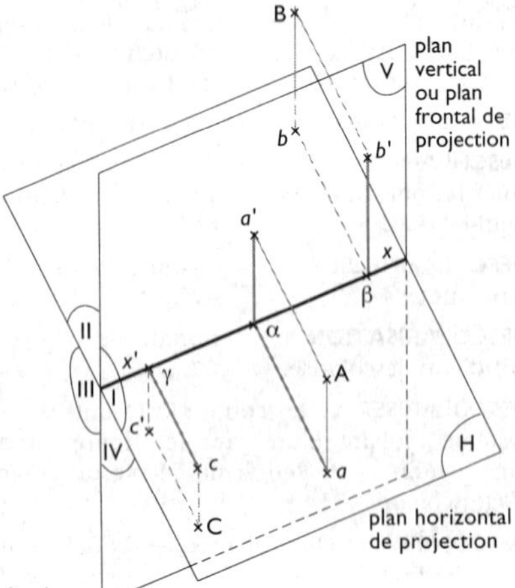

fig. 1

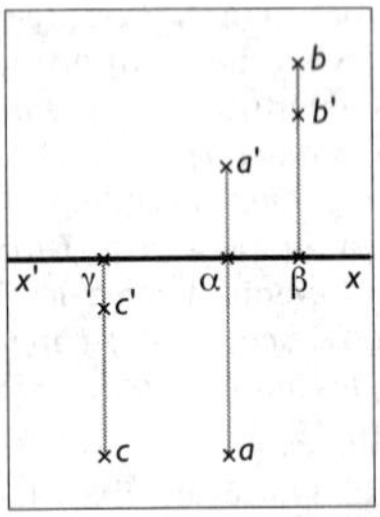

fig. 2 $\begin{cases}\overline{\alpha a} > 0 \\ \overline{\alpha a'} > 0\end{cases}$ $\begin{cases}\overline{\beta b} < 0 \\ \overline{\beta b'} > 0\end{cases}$ $\begin{cases}\overline{\gamma c} > 0 \\ \overline{\gamma c'} < 0\end{cases}$

Représentation de trois points (A, B, C) en perspective (fig. 1) et en géométrie **descriptive** (fig. 2), où l'on a rabattu d'avant en arrière, autour de la ligne de terre *x'x*, le plan vertical sur le plan horizontal.

DESCRIPTION n. f. (lat. *descriptio, -onis*). **1.** Action de décrire, de représenter, d'exposer, de faire l'inventaire : *La description du mobilier d'un appartement.* — **2.** Développement écrit ou parlé, par lequel on décrit qqch, qqn : *Faire la description d'un jardin.* — **3.** Passage d'une œuvre où l'auteur décrit la réalité concrète, les personnages ou le contexte dans lequel se situe l'action. — **4.** Étude d'une langue ou d'un état de langue qui soit à la fois un inventaire des unités (phoniques, lexicales, syntaxiques) et de leurs variations morphologiques, ainsi que la représentation structurelle de leurs combinaisons.

DESCRIPTIVISME n. m. Linguistique descriptive.

DESDEMONA, dixième satellite d'Uranus, découvert en 1986 par la sonde américaine Voyager 2. Demi-grand axe de son orbite : 62 700 km. Période de révolution sidérale : 11 h 22 min. Diamètre : 60 km.

Desdémone, héroïne de Shakespeare (*Othello**, v. 1604), victime innocente de la jalousie d'Othello, son mari.

DESE → Dessié.

DÉSÉCHALASSER → DÉCHALASSER.

DÉSÉCHOUER v. t. (conj. 6). Remettre à flot un navire échoué.

DÉSECTORISATION [-sɛk-] n. f. Action de désectoriser.

DÉSECTORISER [-sɛk-] v. t. (conj. 3). Modifier ou faire cesser une sectorisation.

DÉSÉGRÉGATION [-se-] n. f. Suppression de toute forme de ségrégation raciale dans un pays, une institution.

DÉSÉLECTRISER v. t. (conj. 3). Supprimer l'électrisation.

DÉSÉLECTRISEUR n. m. Appareil ayant pour but d'éliminer les charges électriques qui peuvent se développer sur les textiles au cours de leur transformation.

DÉSEMBALLAGE n. m. Action de désemballer.

DÉSEMBALLER v. t. (conj. 3). Enlever les marchandises du colis d'expédition, d'une caisse, etc.

DÉSEMBOURBER v. t. (conj. 3). Faire cesser d'être embourbé, tirer de la boue : *Désembourber un véhicule.*

DÉSEMBOURGEOISEMENT n. m. Action de désembourgeoiser.

DÉSEMBOURGEOISER v. t. (conj. 3). Faire perdre à qqn son caractère bourgeois.

DÉSEMBOUTEILLER v. t. (conj. 4). Faire cesser un embouteillage (circulation), un encombrement (circuit, réseau téléphonique, etc.).

DÉSEMBROUILLER v. t. (conj. 3). Démêler, rendre clair.

DÉSEMBUAGE n. m. Action de désembuer.

DÉSEMBUER v. t. (conj. 7). Faire disparaître la buée apparaissant par temps humide sur la face interne des vitrages d'un véhicule.

DÉSEMPARER v. t. (anc. fr. *emparer,* fortifier) [conj. 3]. Faire perdre à qqn ses moyens en lui donnant un sentiment d'abandon, de détresse, d'indécision ; démonter : *Cette réponse brutale le désempara.*
◆ v. i. *Sans désemparer,* sans s'interrompre : *Discuter trois heures sans désemparer.*
◆ **être désemparé** v. pass. **1.** En parlant d'un navire, d'un avion, avoir subi des avaries l'empêchant de manœuvrer. — **2.** Être perdu, ne plus savoir quel parti prendre, comment se tirer d'affaire ; être déconcerté. — **3.** Manifester un sentiment de détresse, de désorientation ; être décontenancé : *Avoir un air désemparé.*

DÉSEMPILAGE n. m. Syn. de DÉPILAGE.

DÉSEMPILER v. t. (conj. 3). Syn. de DÉPILER.

DÉSEMPLIR v. t. (conj. 32). Vider en partie un récipient, un lieu ; rendre moins plein.
◆ v. i. ou **se désemplir** v. pr. *Ne pas (se) désemplir,* être toujours plein : *Un restaurant qui ne désemplit pas.*

DÉSÉMULSIONNER v. t. (conj. 3). Empêcher de s'émulsionner ou de séparer une huile, un bitume, de son émulsion avec l'eau.

DÉSÉMULSIONNEUR, DÉSÉMULSIFIANT ou **DÉSÉMULSIFICATEUR** n. m. Produit d'addition qui permet de désémulsionner une huile, un bitume ou qui l'empêche de s'émulsionner.

DÉSENCADREMENT n. m. Action de supprimer une réglementation, notamment en matière de crédit.

DÉSENCADRER v. t. (conj. 3). **1.** Retirer (une peinture, une gravure, etc.) de son cadre. (Syn. DÉCADRER.) — **2.** Procéder au désencadrement.

DÉSENCASTAGE n. m. Action de désencaster.

DÉSENCASTER v. t. (conj. 3). Tirer les poteries de leur encastage.

DÉSENCHAÎNER v. t. (conj. 4). Délivrer de ses chaînes ; détacher.

DÉSENCHANTEMENT n. m. Perte d'une illusion, déception dans son attente ; déconvenue, désillusion.

DÉSENCHANTER v. t. (conj. 3). *Litt.* Désillusionner qqn, lui faire perdre son enthousiasme ; décevoir, désappointer.
◆ **être désenchanté** v. pass. **1.** Être désillusionné, déçu par la réalité : *Il est revenu désenchanté de son voyage.* — **2.** Manifester du désenchantement : *Un sourire désenchanté.*

DÉSENCLAVEMENT n. m. Action de désenclaver, fait d'être désenclavé : *Le désenclavement de la Bretagne.*

DÉSENCLAVER v. t. (conj. 3). Rompre l'isolement d'une région, d'une ville, d'un pays, en les ouvrant aux échanges par la mise en service de voies de communication, de moyens de transport.

DÉSENCLOUER v. t. (conj. 3). Enlever les clous du sabot d'un animal.

DÉSENCOLLAGE n. m. Élimination des produits d'encollage amylacés ou synthétiques déposés avant tissage sur les fils de chaîne pour renforcer leur résistance.

DÉSENCOLLER v. t. (conj. 3). Pratiquer le désencollage.

DÉSENCOMBREMENT n. m. Action de désencombrer.

DÉSENCOMBRER v. t. (conj. 3). Débarrasser de ce qui encombre ; dégager, débarrasser : *Désencombrer la rue.*

DÉSENCRASSER v. t. (conj. 3). Enlever la crasse qui est sur qqch.

DÉSENCROÛTEMENT n. m. Action de désencroûter.

DÉSENCROÛTER v. t. (conj. 3). **1.** Débarrasser une conduite, un réservoir de leurs incrustations. — **2.** *Fam.* Dégrossir qqn, le dégourdir, le débarrasser de ses préjugés.

DÉSENDETTEMENT n. m. Action de se désendetter.

DÉSENDETTER (SE) v. pr., **ÊTRE DÉSENDETTÉ** v. pass. (conj. 4). Se débarrasser de la charge que constituent les dettes.

DÉSÉNERVER v. t. (conj. 3). Faire cesser l'énervement de qqn.

DÉSENFILER v. t. (conj. 3). Retirer le fil passé dans une aiguille.

DÉSENFLAMMER v. t. (conj. 3). Faire cesser l'inflammation d'un membre, d'une blessure.

DÉSENFLER v. t. (conj. 3). Faire disparaître l'enflure d'une partie du corps, d'un abcès.
◆ v. i. ou **se désenfler** v. pr., **être désenflé** v. pass. Devenir moins enflé, cesser d'être enflé : *Le doigt est désenflé.*

DÉSENFLURE n. f. Action de désenfler ; fait d'être désenflé.

DÉSENFOURNER v. t. (conj. 3). Sortir qqch du four.

DÉSENFUMAGE n. m. **1.** Évacuation des fumées d'un local ou d'un bâtiment en feu. – **2.** Installation servant à cette fonction.

DÉSENFUMER v. t. (conj. 3). Pratiquer le désenfumage.

DÉSENGAGEMENT n. m. Action de désengager ou de se désengager.

DÉSENGAGER v. t. (conj. 17). Libérer qqn d'un engagement ; dégager : *J'ai cherché à le désengager d'une telle entreprise.*
◆ **se désengager** v. pr., **être désengagé** v. pass. Cesser son engagement : *Il est maintenant désengagé de tout parti politique.*

DÉSENGORGEMENT n. m. Action de désengorger ; fait d'être désengorgé : *Le désengorgement de l'Administration.*

DÉSENGORGER v. t. (conj. 17). Déboucher ce qui est engorgé : *Conduite désengorgée.*

DÉSENIVRER [dezɑ̃nivre] v. t. (conj. 3). Tirer d'un état d'ivresse ou d'enthousiasme ; dégriser.

DÉSENLACER v. t. (conj. 16). *Litt.* Désunir, faire cesser l'enlacement : *Ils désenlacèrent leurs bras.*

DÉSENLIASSER v. t. (conj. 3). Séparer les copies d'un document des carbones qui ont servi à les établir.

DÉSENLIASSEUSE n. f. Machine permettant de désenliasser automatiquement.

DÉSENNEIGER → DÉNEIGER.

DÉSENNUYER v. t. (conj. 14). Faire cesser l'ennui ; distraire, divertir.

DÉSENRAYAGE [-rɛjaʒ] n. m. Action de désenrayer ; fait d'être désenrayé.

DÉSENRAYER [-reje] v. t. (conj. 11). Remettre en bon état de fonctionnement une arme, un mécanisme enrayé.

DÉSENSABLEMENT n. m. Action de désensabler ; fait d'être désensablé.

DÉSENSABLER v. t. (conj. 3). **1.** Dégager un bateau, un véhicule du sable. – **2.** Ôter le sable qui obstrue un chenal, un port.

DÉSENSIBILISANT, E [-sɑ̃-] adj. et n. m. Se dit d'un médicament employé pour faire disparaître l'intolérance de certains individus à l'égard de certaines substances.

DÉSENSIBILISATEUR [-sɑ̃-] n. m. Produit qui désensibilise une émulsion photosensible.

DÉSENSIBILISATION [-sɑ̃-] n. f. **1.** Traitement qui supprime les phénomènes de l'hypersensibilité dans une réponse immunitaire. (→ *encycl.*) – **2.** Suppression de la sensibilité d'une émulsion photosensible.

ENCYCL. La désensibilisation spécifique est le traitement idéal lorsque l'allergène est connu. On injecte celui-ci à des doses infimes, puis progressivement croissantes. Lorsque l'allergène n'est pas identifié, on a recours à une désensibilisation non spécifique qui a pour but d'exalter les moyens de défense de l'organisme.

DÉSENSIBILISER [-sɑ̃-] v. t. (conj. 3). **1.** Amener qqn, un groupe à devenir moins sensible, à s'intéresser à qqch : *Désensibiliser l'opinion sur un problème.* – **2.** Pratiquer une désensibilisation.

DÉSENSIMAGE n. m. Élimination des produits d'ensimage incorporés aux fibres textiles avant filature.

DÉSENSIMER v. t. (conj. 3). Pratiquer le désensimage.

DÉSENSORCELER v. t. (conj. 24). **1.** Délivrer un être vivant d'un ensorcellement. – **2.** Soustraire qqn à une forte emprise.

DÉSENSORCELLEMENT n. m. Action de désensorceler ; fait d'être désensorcelé.

DÉSENTOILAGE n. m. Opération de restauration qui consiste à enlever la toile originale d'un tableau en vue d'une rénovation de la préparation et d'un rentoilage.

DÉSENTOILER v. t. (conj. 3). Procéder au désentoilage d'un tableau.

DÉSENTORTILLER v. t. (conj. 3). Démêler ce qui est entortillé.

DÉSENTRAVER v. t. (conj. 3). Débarrasser un animal de ses entraves.

DÉSENVASER → DÉVASER.

DÉSENVELOPPER v. t. (conj. 3). Débarrasser qqch de ce qui l'enveloppe.

DÉSENVENIMER v. t. (conj. 3). **1.** Faire disparaître le venin d'une morsure. – **2.** Rendre moins violente, moins virulente une querelle, une discussion.

DÉSENVERGUER → DÉVERGUER.

DÉSENVOÛTER v. t. (conj. 3). Lever un envoûtement.

DÉSENVOÛTEUR, EUSE n. Personne qui lève les envoûtements et pratique des exorcismes.

DÉSÉPAISSIR v. t. (conj. 32). Rendre moins épais : *Désépaissir une sauce.*

DÉSÉPARGNE n. f. Prélèvement sur l'épargne antérieure de sommes (non destinées à l'investissement) à des fins de consommation ou de don.

DÉSÉPARGNER v. t. (conj. 3). Effectuer une désépargne.

DÉSÉQUILIBRANT, E adj. Qui provoque un déséquilibre, une rupture d'équilibre : *Un facteur déséquilibrant pour l'économie.*

DÉSÉQUILIBRE n. m. **1.** Absence d'équilibre ou perte de l'équilibre, d'une position stable : *Une armoire en déséquilibre.* – **2.** Manque de proportions, d'harmonie, de concordance : *Le déséquilibre entre les prix et les salaires.* – **3.** Excès d'offre ou de demande tendant à détruire une situation d'équilibre économique. (L'*économie du déséquilibre* privilégie l'étude des divergences entre offre et demande comme modèle d'étude des problèmes économiques.) – **4.** Modification de l'équilibre physiologique existant au sein de divers systèmes de l'organisme (humoral, vagosympathique, etc.). – **5.** *Déséquilibre mental* ou *psychique,* syn. anc. de PSYCHOPATHIE.

DÉSÉQUILIBRÉ, E n. Personne qui a perdu son équilibre mental ; psychopathe.

DÉSÉQUILIBRER v. t. (conj. 3). **1.** Faire perdre l'équilibre à qqch, à qqn : *Ne vous mettez pas tous du même côté, vous allez déséquilibrer la barque.* – **2.** Rompre l'équilibre de qqch, sa stabilité ou l'harmonie, la relation convenable existant entre ses diverses parties : *Cette politique va déséquilibrer l'économie.* – **3.** Faire perdre à qqn son équilibre mental, lui causer un trouble psychique durable. ◆ **être déséquilibré** v. pass. *Système déséquilibré,* système électrique polyphasé dont les tensions ou les intensités ont des valeurs efficaces différentes ou sont irrégulièrement déphasées entre elles.

DÉSÉQUIPER v. t. (conj. 3). Enlever à un soldat ses équipements militaires.

1. DÉSERT, E adj. (lat. *desertus*). **1.** Se dit d'un lieu inhabité, ou qui paraît tel ; désertique : *Une contrée déserte.* – **2.** Se dit d'un lieu où il n'y a temporairement personne ; vide ou quasiment vide : *Salle déserte.* – **3.** Où il ne se passe rien ; terne, morne : *Une journée déserte.*

2. DÉSERT n. m. (lat. *desertum*). **1.** Région du globe caractérisée par une pluviométrie inférieure à 200 et souvent même à 100 mm/an et où la densité de population est très faible en raison des conditions du climat (aridité, froid). [Il existe des déserts tempérés (Mongolie), froids (Antarctique), chauds (Sahara).] (→ *encycl.*) – **2.** Fait pour un lieu d'être désert, inhabité ; lieu vide ou peu fréquenté : *Dans les bureaux vers midi, c'est le désert.* – **3.** *Litt.* Fait d'être vide, terne, morne, nu, sans activité : *Meubler le désert de sa vie.* – **4.** *Églises, assemblées, pasteurs du Désert,* noms donnés, aux XVIIe et XVIIIe s., à l'organisation, aux réunions et aux ministres que les réformés français se donnèrent après la révocation de l'édit de Nantes, leur activité clandestine s'exerçant dans des campagnes isolées. ‖ *Faire le désert (autour de soi),* faire le vide, éloigner tout le monde. ‖ *Parler, crier, prêcher dans le désert,* sans être écouté. ‖ *Traversée du désert,* disparition provisoire de la scène d'un homme politique de premier plan.

ENCYCL. **Écol.** Les régions entièrement impropres à la vie, comme l'Antarctique central, ne sont pas appelées désert en écologie, et les régions arides de l'Arctique sont plutôt appelées *toundra.* Dans les déserts proprement dits, chauds ou froids, l'eau à l'état liquide, condition absolue de vie, n'est pas constamment absente. Une flore très espacée et pauvre en espèces peut y survivre et nourrir une faune également restreinte. Les plantes ont plusieurs modes d'adaptation à la sécheresse désertique : 1° cycle reproductif de quelques jours, après une pluie, et survie sous forme de graine le reste du temps (éphémérophytes) ; 2° très longues racines descendant jusqu'à la nappe phréatique, quand elle existe, et parties aériennes réduites (cryptophytes) ; 3° tissus charnus retenant l'eau à forte pression osmotique et évaporation réduite au minimum, notamment en réservant les échanges gazeux aux heures nocturnes, en diminuant les surfaces, en enfouissant les stomates dans des cryptes, en se revêtant d'une cuticule cireuse, etc. (xérophytes).

Les animaux des déserts sont souvent fouisseurs, d'activité nocturne, capables de courir très rapidement, adaptés à rejeter le moins d'eau possible. Plantes et animaux ont souvent aussi à combattre d'autres facteurs défavorables que la sécheresse : salinité excessive, chaleur, froid nocturne, fluidité du sable, etc.

– **Géogr.** Les déserts, dans l'acception la plus large, couvrent environ un tiers des terres émergées, soit approximativement 50 millions de km² (presque 100 fois la superficie de la France). Ils s'étendent sur tout ou partie d'une soixantaine de pays, surtout en Afrique boréale (de part et d'autre du tropique, le Sahara est le plus grand désert du monde), en Asie occidentale et centrale (Chine occidentale surtout), dans l'intérieur de l'Australie, et aux latitudes polaires.

Déserts, œuvre instrumentale d'E. Varèse intégrant des « sons organisés » sur bande magnétique (Théâtre des Champs-Élysées, 1954).

DÉSERTER v. t. (bas lat. *desertare*) [conj. 3]. **1.** Quitter un lieu, ne plus s'y rendre, le délaisser ; abandonner : *La clientèle déserte cette bou-*

cherie. – **2.** Abandonner une fonction sans y être autorisé ; ne plus l'assurer : *Déserter son poste.* – **3.** Abandonner qqch, le trahir, le renier : *Déserter une cause, un parti.*

◆ v. i. Se rendre coupable de désertion en quittant l'armée : *Soldat qui a déserté.*

◆ **être déserté** v. pass. Être vidé de ses habitants, abandonné par sa population : *Campagnes désertées.*

DÉSERTEUR n. m. **1.** Militaire qui a déserté. (En temps de guerre, les déserteurs sont justiciables des tribunaux militaires.) – **2.** Personne qui abandonne un parti, une organisation, une cause.

DÉSERTIFICATION n. f. **1.** Évolution régressive des zones semi-arides telles que les Sahels vers l'aridité complète des déserts. – **2.** Disparition plus ou moins totale de toute activité dans une région.

ENCYCL. La désertification postglaciaire, qui a produit le Sahara actuel par diminution de la pluviosité annuelle sur cette région, s'est faite lentement, à l'échelle des millénaires. La désertification par l'action inadéquate de l'homme, infiniment plus rapide, met actuellement en danger de mort par sous-alimentation environ 50 millions d'êtres humains, tandis que 600 millions sont menacés à plus long terme. Ses causes sont le surpâturage, qui détruit les prairies de façon irréversible, la salinisation des sols par l'eau d'irrigation, qui stérilise chaque année 200 000 hectares cultivés, la destruction des arbres utilisés comme bois de chauffage.

Des rideaux d'arbres en bordure des déserts peuvent arrêter la progression des déserts (Sahara, Iran), mais seulement si le climat le permet. L'irrigation avec une eau réellement sans sel est également efficace.

DÉSERTIFIER v. t. (conj. 9). Transformer une zone, une région par désertification.

DÉSERTION n. f. (lat. *desertio, -onis*). **1.** Infraction commise par le militaire régulièrement incorporé qui, sans droit, rompt le lien qui l'attache aux forces armées. (La désertion n'est souvent constituée qu'à l'issue d'un certain délai durant lequel le militaire se trouve en position d'absence illégale.) – **2.** Action de déserter, de quitter un lieu : *La désertion des campagnes.* – **3.** Abandon d'un parti, reniement de ses idées.

DÉSERTIQUE adj. **1.** Qui appartient au désert, a les caractères du désert : *Région désertique.* – **2.** *Moelle osseuse désertique,* moelle osseuse qui ne contient que peu ou pas d'éléments cellulaires.

DÉSERTUS [-tys] n. m. Toute surface non exploitée où, pour une raison quelconque, la végétation sauvage ne peut pas se développer (villes, routes, aéroports, hautes montagnes, volcans en activité, continent Antarctique, déserts, etc.). [Le désertus couvre presque la moitié de la surface des terres émergées.]

DÉSESCALADE n. f. **1.** Diminution progressive de la menace et de la tension qui résultent d'un processus d'escalade militaire, sociale. – **2.** Diminution progressive du niveau élevé atteint par qqch : *Désescalade des prix.*

DÉSESPÉRANCE n. f. *Litt.* État de qqn qui a perdu l'espérance ; désespoir.

DÉSESPÉRANT, E adj. **1.** Qui provoque un sentiment d'impatience, de contrariété, de chagrin mêlé d'impuissance ; décourageant : *Après tant d'efforts, le résultat est désespérant.* – **2.** Très mauvais, déplorable ; navrant : *Il fait un temps désespérant.* – **3.** Qui décourage l'émulation : *Chanter avec une perfection désespérante.*

DÉSESPÉRÉ, E n. Personne qui s'abandonne au désespoir, qui se suicide : *Un désespéré s'est jeté dans la Seine.*

DÉSESPÉRÉMENT adv. **1.** De façon désespérée, avec désespoir : *Appeler désespérément à l'aide.* – **2.** Avec la violence, l'énergie du désespoir, de toutes ses forces, avec acharnement : *Lutter désespérément.* – **3.** De manière absolue, complète : *Être désespérément seul.*

DÉSESPÉRER v. t. (conj. 18). **1.** Faire perdre l'espoir à qqn, à un groupe, le contrarier vivement, l'affliger, le tourmenter : *Cet enfant me désespère avec ses mauvaises notes.* – **2.** Ne plus avoir d'espoir qu'une chose se produise : *Je désespère qu'il réussisse. Je désespère de guérir.* – **3.** Décourager qqn en le mettant dans l'impossibilité de l'égaler : *Il désespère ses adversaires par ses succès.*

◆ v. t. ind. Ne plus rien attendre de qqn, de qqch : *Désespérer d'un enfant.*

◆ v. i. **1.** Perdre tout espoir. – **2.** *(C'est) à désespérer,* c'est décourageant, il n'y a plus rien à faire.

◆ **être désespéré** v. pass. **1.** Ne pas laisser d'espoir : *La situation est désespérée. Un cas désespéré.* – **2.** Avoir le caractère extrême de ce qui n'offre plus d'espoir ; qui est d'un acharnement extrême : *Une tentative désespérée pour sortir de ses difficultés.* – **3.** Exprimer le désespoir : *Un regard désespéré.*

◆ **se désespérer** v. pr., **être désespéré** v. pass. **1.** S'abandonner au désespoir : *Ne vous désespérez pas, tout s'arrangera.* – **2.** Être désolé de qqch : *Il est désespéré de vous avoir blessé.*

DÉSESPOIR n. m. **1.** Perte de toute espérance, abattement total de qqn qui a cessé d'espérer ; affliction profonde, détresse, désespérance : *Sombrer dans le désespoir.* – **2.** Personne qui cause un grand chagrin à qqn, qui le décourage : *Cet enfant est mon désespoir.* — **3.** Chose qui, par sa perfection ou sa difficulté, ne peut être imitée ou réalisée et qui provoque le découragement : *Ses tableaux faisaient le désespoir des autres peintres.* — **4.** *En désespoir de cause,* faute de pouvoir recourir à un autre moyen. ‖ *Énergie du désespoir,* résolution violente qu'inspire une situation désespérée. ‖ *Être au désespoir,* être désespéré. ‖ *Être au désespoir de,* regretter vivement de ne pouvoir faire qqch.

DÉSESPOIR-DES-PEINTRES n. m. (pl. *désespoirs-des-peintres*). Nom usuel d'une saxifrage.

DES ESSARTS (Pierre), homme d'État français (1372 - Paris 1413). Au service de Jean sans Peur qui le fit nommer prévôt de Paris (1409), grand bouteiller de France (1410) et premier président de la Chambre des comptes (1411), il fut destitué par les Cabochiens (1413) qui le firent exécuter.

DES ESSARTS (Charlotte) [1580 - Paris 1651]. Maîtresse d'Henri IV, qui la fit comtesse de Romorantin, elle donna au roi deux filles (1608). Après la mort de Louis de Lorraine, cardinal de Guise, qu'elle aurait épousé secrètement (1611), elle se maria avec François de L'Hospital.

DES ESSARTZ (Jean Louis Charles), médecin français (Bragelogne, Bourgogne, 1729 - Paris 1811). Il est connu par un *Traité de l'éducation corporelle des enfants,* dont s'est inspiré J.-J. Rousseau pour son *Émile,* et par un sirop expectorant à base d'ipéca qui porte son nom.

DÉSESSENCIEMENT n. m. **1.** Opération qui consiste à libérer d'un fluide les composés facilement liquéfiables. — **2.** Récupération du solvant contenu dans l'atmosphère des appareils d'extraction des corps gras. — **3.** Syn. de DÉGAZOLINAGE.

DÉSESSENCIER v. t. (conj. 9). **1.** Effectuer un désessenciement. — **2.** Syn. de DÉGAZOLINER.

DÉSÉTABLISSEMENT n. m. (angl. *disestablishment*). En Angleterre, séparation des Églises et de l'État.

ENCYCL. Les Églises d'Angleterre et d'Écosse sont encore aujourd'hui des Églises établies. L'Église protestante d'Irlande, unie à l'Église d'Angleterre de 1801 à 1870, a été désétablie par un acte du Parlement de 1869. Le désétablissement de l'Église du pays de Galles a été voté en 1914 et appliqué en 1920.

DÉSÉTAMAGE n. m. Action d'enlever un revêtement d'étain.

DÉSÉTAMER v. t. (conj. 3). Enlever l'étamage.

DÉSÉTATISATION n. f. Action de désétatiser ; fait d'être désétatisé.

DÉSÉTATISER v. t. (conj. 3). Réduire ou supprimer le rôle de l'État sur tel secteur de l'activité économique.

DÉSEXCITATION n. f. Passage d'un système quantique d'un état excité à un état d'énergie inférieure.

DÉSEXCITER v. t. (conj. 3). Provoquer la désexcitation.

DÉSEXUALISATION n. f. Action de désexualiser ; fait d'être désexualisé.

DÉSEXUALISER v. t. (conj. 3). Enlever tout caractère sexuel, érotique à qqch.

DESÈZE ou **DE SÈZE** (Romain, *comte*), avocat et magistrat français (Bordeaux 1748 - Paris 1828). Avocat de la reine dans l'affaire du Collier, il fut l'un des défenseurs de Louis XVI devant la Convention. Fidèle aux Bourbons, il fut nommé premier président de la Cour de cassation et pair de France (1815). [Acad. fr., 1816.]

DESGENETTES (Nicolas René DUFRICHE, *baron*), médecin militaire français (Alençon 1762 - Paris 1837). Médecin en chef de l'armée d'Égypte, il y ranima la confiance des soldats en s'inoculant le pus d'un bubon pesteux. Il fit la campagne de Russie, et fut présent à la bataille de Waterloo. (Acad. des sc., 1832).

DESGRANGE (Henri), sportif et journaliste français (Paris 1865 - Beauvallon 1940). Recordman du monde de l'heure en cyclisme (35,325 km en 1893), il créa le Tour de France cycliste (1903).

Des Grieux, héros de *Manon* Lescaut,* roman de l'abbé Prévost (1731).

DÉSHABILLAGE n. m. Action de déshabiller, de se déshabiller ; fait d'être déshabillé.

DÉSHABILLÉ n. m. Élégant vêtement d'intérieur féminin.

DÉSHABILLER v. t. (conj. 3). **1.** Enlever ses vêtements ; dévêtir : *Déshabiller un enfant.* — **2.** Laisser à découvert certaines parties du corps ; découvrir : *Cette toilette de soirée déshabille le dos.* — **3.** Dégarnir qqch de ses ornements, de ses meubles, de son revêtement : *Déshabiller un salon, un fauteuil.* — **4.** *Litt.* Mettre qqn à nu, le dévoiler ; le démasquer : *Déshabiller un hypocrite.* — **5.** Dégréer un mât, une vergue en ne laissant que les pièces de liaison. — **6.** *Déshabiller qqn du regard,* le regarder, de manière indiscrète, en l'imaginant nu.

◆ **se déshabiller** v. pr. **1.** Enlever ses vêtements : *Se déshabiller avant de se coucher.* — **2.** Enlever les vêtements que l'on porte à l'extérieur : *Déshabillez-vous avant d'entrer au salon.*

DÉSHABITUER v. t. (conj. 7). Faire perdre une habitude ; désaccoutumer : *Ce séjour en montagne m'a déshabitué de fumer.*

DÉSHALOGÉNER v. t. (conj. 18). Éliminer un halogène dans un composé.

DESHAYES (Jean), archéologue et orientaliste français (Paris 1924 - Djerba, Tunisie, 1979). Il dirigea les fouilles françaises de Turang tepe, en Iran du Nord. Spécialiste de l'archéologie iranienne, il a laissé une thèse monumentale, *les Outils de bronze de l'Indus au Danube (IVe au IIe millénaire)* [1964], et une synthèse sur *les Civilisations de l'Orient ancien* (1969).

DESHAYS (Jean-Baptiste), dit **le Romain,** peintre français (Rouen 1729 - Paris 1765). Grand prix de Rome en 1751, académicien en 1758, il se situe dans la tradition de l'éloquence et de l'intensité des passions, avant la percée néoclassique (trois tableaux de *l'Histoire de saint André,* musée de Rouen).

DÉSHERBAGE n. m. Action de désherber. (Pour réaliser le désherbage, on utilise des moyens mécaniques [travail du sol, binage, sarclage] et/ou des traitements chimiques [herbicides].)

DÉSHERBANT, E adj. et n. m. Syn. de HERBICIDE.

DÉSHERBER v. t. (conj. 3). Éliminer les mauvaises herbes d'un terrain.

DÉSHÉRENCE [dezerɑ̃s] n. f. (anc. fr. *heir,* héritier). **1.** Absence d'héritiers naturels. – **2.** Droit pour le seigneur haut-justicier de recueillir les successions de ceux qui mouraient sans héritiers. – **3.** Fig. *En déshérence,* à l'abandon : *un quartier en déshérence.*

DÉSHÉRITÉ, E n. **1.** Personne qui a été privée de sa part d'héritage. – **2.** Personne dépourvue de dons naturels, d'avantages matériels qui sont généralement impartis aux autres hommes.

DÉSHÉRITEMENT n. m. Action de déshériter ; fait d'être déshérité.

DÉSHÉRITER v. t. (conj. 3). **1.** Priver qqn de sa part d'héritage, l'exclure de sa succession. (La loi interdit de déshériter un héritier réservataire.) – **2.** Priver qqn des dons ou des avantages normalement impartis aux autres hommes ; désavantager : *La nature l'a déshérité.*

◆ **être déshérité** v. pass. **1.** Être privé d'un héritage. – **2.** Être dépourvu de ressources naturelles : *Région déshéritée.* – **3.** Être privé d'avantages que les autres ont : *Il se croit déshérité.*

DÉSHEUREMENT n. m. Retard d'ensemble apporté à la marche d'un train.

DESHIMA ou **DEJIMA,** île artificielle du port de Nagasaki (Japon), construite en 1636 et réservée aux étrangers (Portugais, Hollandais), qui avaient la permission d'y posséder un comptoir commercial, les autres ports du Japon leur étant fermés.

DÉSHONNÊTE adj. *Litt.* Contraire à la bienséance, aux bonnes mœurs ; inconvenant, indécent : *Gestes déshonnêtes.*

DÉSHONNEUR n. m. Perte de l'honneur ; situation d'une personne déshonorée ; honte, indignité : *Le déshonneur d'avoir fui devant l'ennemi.*

DÉSHONORANT, E adj. **1.** Qui déshonore ; avilissant, infamant, honteux : *Trafic déshonorant.* – **2.** *N'avoir rien de déshonorant,* être permis, être dans les usages.

DÉSHONORER v. t. (conj. 3). **1.** Faire perdre à qqn son honneur, sa bonne réputation ; avilir, discréditer, déconsidérer, salir : *Cette conduite le déshonore.* – **2.** Séduire une femme, abuser d'elle. – **3.** *Litt.* Faire du tort à qqch ; déparer, défigurer, gâter : *Cette fenêtre mal placée déshonore la façade.*

◆ **se déshonorer** v. pr., **être déshonoré** v. pass. Perdre son honneur.

DESHOULIÈRES (Antoinette DU LIGIER DE LA GARDE, Mme), femme de lettres française (Paris 1637 - *id.* 1694). Opposée à Racine et à Boileau dans la querelle des Anciens et des Modernes, elle écrivit des poésies pastorales, aux accents déjà romantiques.

DÉSHUILAGE n. m. **1.** Action de séparer l'huile contenue dans un mélange (généralement aqueux). – **2.** Dégraissage des eaux usées.

DÉSHUILER v. t. (conj. 3). Effectuer le déshuilage d'une matière.

DÉSHUILEUR n. m. Appareil servant à déshuiler une matière.

DÉSHUMANISANT, E adj. *Litt.* Qui déshumanise : *Politique déshumanisante.*

DÉSHUMANISATION n. f. Action de déshumaniser ; fait d'être déshumanisé : *Déshumanisation de l'administration.*

DÉSHUMANISER v. t. (conj. 3). **1.** Faire perdre son caractère humain à qqn, à un groupe, lui enlever toute générosité, toute sensibilité : *L'obsession de la rentabilité a fini par nous déshumaniser.* – **2.** Donner à qqch un caractère, un aspect, une forme qui l'éloignent des besoins affectifs de l'homme, qui le rendent inhumain : *Les grands ensembles ont déshumanisé la cité.*

DÉSHUMIDIFICATEUR n. m. Appareil servant à déshumidifier l'air ou un gaz.

DÉSHUMIDIFICATION n. f. Action de déshumidifier. (On déshumidifie l'air en le mettant au contact de matières absorbantes ou en le refroidissant, afin de condenser la vapeur d'eau qu'il contient.)

DÉSHUMIDIFIER v. t. (conj. 9). Rendre qqch moins humide.

DÉSHYDRASE ou **DÉHYDRASE** n. f. Toute enzyme qui transporte de l'hydrogène d'une molécule sur une autre.

DÉSHYDRATANT, E adj. Se dit d'un corps, d'un milieu capables de déshydrater.

DÉSHYDRATATION n. f. **1.** Action de déshydrater ; fait de se déshydrater. — **2.** Ensemble des techniques destinées à extraire le maximum d'eau de certaines matières. — **3.** Méthode de conservation des denrées alimentaires consistant à ôter d'un produit tout ou partie de l'eau qu'il renferme. (→ *encycl.*) — **4.** Réaction chimique au cours de laquelle on arrache à un composé une ou plusieurs molécules d'eau. — **5.** Perte en eau des tissus organiques (cellule, tissu ou organisme entier). — **6.** Extraction de l'eau d'un pétrole brut.

ENCYCL. **Agroalim.** Après avoir été préparés à l'état frais, les aliments sont soumis à un préchauffage ou à une cuisson avec dessiccation puis ils sont déshydratés par l'air chaud. De nombreux produits peuvent être déshydratés : solides (malt, fruits, légumes, viandes, fourrages, etc.), pâteux ou liquides (lait, jus de fruits, extraits divers, œufs, etc.).

DÉSHYDRATER v. t. (conj. 3). **1.** Enlever l'eau mélangée ou combinée avec un corps. — **2.** Diminuer la teneur en eau de la peau, de l'organisme.

◆ **se déshydrater** v. pr., **être déshydraté** v. pass. **1.** Perdre de sa teneur en eau, subir une déshydratation : *Le bébé se déshydrate de plus en plus.* — **2.** *Fam.* Avoir soif.

DÉSHYDRATEUSE n. f. Appareil destiné à abaisser le taux d'humidité des fourrages jusqu'à 10 % environ pour assurer leur conservation.

DÉSHYDROGÉNANT, E adj. et n. m. Se dit d'un corps servant à déshydrogéner.

DÉSHYDROGÉNATION n. f. Action de déshydrogéner. (La déshydrogénation des hydrocarbures saturés aliphatiques ou cycliques permet d'obtenir des oléfines et des hydrocarbures aromatiques dont l'importance est capitale en raffinage et en pétrochimie.)

DÉSHYDROGÉNER v. t. (conj. 18). Enlever l'hydrogène d'une substance.

DE SICA (Vittorio), acteur et cinéaste italien (Sora 1901 - Paris 1974). L'un des chefs de file du mouvement néoréaliste, il a réalisé : *Sciuscia* (1946), *le Voleur de bicyclette* (1948), *Miracle à Milan* (1951), *Umberto D.* (1952), *Station terminus* (1953), *l'Or de Naples* (1954), *le Toit* (1956), *la Ciociara* (1960), *les Séquestrés d'Altona* (1962), *Hier, aujourd'hui et demain* (1963), *Mariage à l'italienne* (1964), *les Fleurs du soleil* (1970), *le Jardin des Finzi-Contini* (1970).

DÉSIDÉRABILITÉ n. f. En économie, syn. de UTILITÉ.

DESIDERATA [deziderata) n. m. pl. (lat. *desiderata,* de *desiderare,* regretter l'absence de). Ce que l'on souhaite voir se réaliser ; souhaits, vœux : *Faire connaître ses desiderata en matière d'horaire.*

DESIDERIO ou **MONSU DESIDERIO** → NOMÉ (François de).

DESIDERIO da Settignano, sculpteur italien (Settignano v. 1430 - Florence 1464). On doit à ce modeleur délicat, à Florence, le tombeau de Carlo Marsuppini (1455, S. Croce), le tabernacle de marbre de l'église S. Lorenzo (1461), une statue en bois de la Madeleine à S. Trinità.

DESIGN [dizajn] n. m. (angl. *design,* projet, du fr. *dessein*). **1.** Discipline visant à une harmonisation de l'environnement humain, depuis la conception des objets usuels jusqu'à l'urbanisme. (Syn. STYLIQUE.) — **2.** Ensemble d'objets créés selon l'optique de cette discipline : *Vendre du design.*

◆ adj. inv. D'un modernisme fonctionnel sur le plan esthétique : *Mobilier design.*

ENCYCL. À travers les travaux des Arts and Crafts (créés en 1888), ceux de W. Morris et du Deutscher Werkbund (fondé en 1907), les recherches du Bauhaus*, puis les techniques de « styling » des esthéticiens industriels (R. Loewy), la problématique du design s'est centrée progressivement sur la fonction de l'objet dans l'environnement et sur la primauté de la structure par rapport à la forme. Sans renoncer aux critères esthétiques, le designer est amené à réaliser, en collaboration avec les spécialistes de la fabrication et de la vente, une synthèse des impératifs industriels et des besoins sociaux. L'objet apparaît alors comme un ensemble de messages (selon ses formes, son maniement, ses fonctions) auxquels correspondent des codes conventionnels : le designer organise la cohérence de l'objet à l'intérieur d'un système de communication.

Les pays industriels, confrontés aux problèmes de production et de consommation, ont formé les designers les plus importants. En premier lieu, les États-Unis (C. Eames, H. Bertoia, George Nelson, Eliot Noyes, Warren Platner), mais aussi l'Italie, plus particulièrement portée vers les objets usuels et l'aménagement intérieur (M. Nizzoli, E. Sottsass, Achille Castiglioni, G. Aulenti, J. Colombo, E. Mari, G. Pesce), les pays scandinaves, spécialisés dans le métal et le bois (A. Jacobsen, V. Panton, Timo Sarpaneva), la Grande-Bretagne (groupe Pentagram, David Hicks), l'Allemagne (Hans Gugelot, longtemps professeur à la célèbre école d'Ulm, fondée par M. Bill, Fritz Eichler, Dieter Rams, Hans Hopfer) ;

la France aussi avec R. Tallon, P. Paulin, M. Held, les Mourgue, le studio Technès, le groupe Mafia, Jean-Claude Maugirard, Ph. Starck. De caractère de plus en plus international dans ses styles (*high-tech* de la fin des années 70, basé sur l'adaptation des accessoires industriels à l'habitat ; style plein de fantaisie formelle et chromatique du début des années 80), voire dans ses groupes de créateurs (studios italiens Alchimia et Memphis), le design s'est aussi diversifié en fonction des secteurs concernés : industrie, architecture, environnement, graphisme et publicité.

DÉSIGNATION n. f. (lat. *designatio, -onis*). **1.** Action de désigner, de signaler avec précision : *La désignation des postes précédemment occupés.* – **2.** Action de désigner, de nommer ; dénomination, appellation : *Personne connue sous telle désignation.* – **3.** Action de choisir une personne pour occuper un poste ou remplir une mission ; nomination : *Désignation d'un successeur.* – **4.** En logique, rapport entre un symbole ou une expression et sa dénotation.

DESIGNER [dizajnœr] n. m. (angl. *designer,* dessinateur). Créateur spécialisé dans le design. (Syn. STYLICIEN.)

DÉSIGNER v. t. (lat. *designare,* marquer d'un signe) [conj. 3]. **1.** Montrer, indiquer qqn, qqch : *On me désigna le nouveau du doigt.* – **2.** Choisir, investir qqn d'un rôle pour qu'il assure une tâche ; en parlant de qqch, le faire choisir, l'indiquer, le qualifier pour faire qqch : *C'est lui qu'on a désigné comme chef de service. Ses qualités l'ont désigné pour remplir cette mission.* – **3.** Représenter qqn, qqch par le langage ou par un symbole ; traduire, signifier : *Ces deux mots désignent la même notion.* – **4.** Attirer l'attention sur qqn, le faire remarquer, le signaler : *Ses malversations l'ont désigné à la vindicte populaire.*

◆ **être désigné** v. pass. **1.** Avoir les qualités requises pour faire qqch, pour remplir un rôle, une fonction : *Vous êtes tout désigné pour être président de notre association.* – **2.** Être destiné d'avance à être : *C'était la victime désignée.*

DÉSILAGE [desi-] n. m. Action de désiler.

DÉSILER [desi-] v. t. (conj. 3). **1.** Prélever dans le silo une partie de son contenu. – **2.** Décharger un silo.

DÉSILEUSE [desi-] n. f. Appareil permettant l'extraction du fourrage ensilé.

DÉSILICIAGE [desi-] n. m. Traitement des eaux industrielles pour en supprimer la silice.

DÉSILLUSION n. f. Perte de l'illusion, sentiment de qqn qui constate que la réalité est différente de celle qui était imaginée ; désenchantement, déception, mécompte.

DÉSILLUSIONNEMENT n. m. *Litt.* Action de désillusionner qqn ; fait d'être désillusionné.

DÉSILLUSIONNER v. t. (conj. 3). Faire cesser les illusions de qqn ; décevoir, désappointer : *Trois ans de mariage l'avaient désillusionné.*

DÉSINCARCÉRATION n. f. Manœuvre consistant à extraire une personne bloquée à l'intérieur d'un véhicule accidenté.

DÉSINCARCÉRER v. t. (conj. **18**). Procéder à la désincarcération d'une personne.

DÉSINCARNATION n. f. Action de se désincarner ; fait d'être désincarné.

DÉSINCARNER v. t. (conj. 3). *Litt.* Éloigner qqn de la réalité vivante : *Votre morale désincarne l'homme.*

◆ **être désincarné** v. pass. **1.** Être dépouillé de son enveloppe charnelle : *Les âmes désincarnées.* – **2.** Évoquer par son aspect une forme immatérielle : *Une créature désincarnée.*

DÉSINCRUSTANT, E adj. et n. m. **1.** Se dit d'une substance qui, ajoutée à l'eau d'une chaudière, s'oppose aux incrustations ou les dissout, ou encore les réduit en boues. – **2.** Qui désincruste la peau.

DÉSINCRUSTATION n. f. **1.** Action de désincruster ; fait d'être désincrusté. – **2.** Méthode de nettoyage de la peau du visage visant à éliminer les cellules mortes de la couche cornée.

DÉSINCRUSTER v. t. (conj. 3). **1.** Ôter les incrustations : *Désincruster une bouilloire.* – **2.** Nettoyer les pores de la peau.

DÉSINDEXATION n. f. Action de désindexer.

DÉSINDEXER v. t. (conj. 4). Supprimer l'indexation de qqch : *Désindexer les salaires par rapport aux prix.*

DÉSINDUSTRIALISATION n. f. Réduction du nombre des emplois dans le secteur industriel d'un pays ; réduction du secteur de l'industrie en regard des autres secteurs. (La désindustrialisation peut avoir pour cause un fort taux de progrès technique dans les processus de production ou la délocalisation des activités de production vers les pays à bas salaires.)

DÉSINDUSTRIALISER v. t. (conj. 3). Affecter par un processus de désindustrialisation.

DÉSINENCE n. f. (lat. médiév. *desinentia,* du lat. class. *desinere,* finir). **1.** Affixe qui s'adjoint à la finale d'un mot (substantif, adjectif, verbe) pour constituer avec la racine les formes de la flexion nominale (déclinaison) ou verbale (conjugaison). – **2.** Partie terminale du nom collectif d'un groupe d'animaux ou de plantes, permettant en général de savoir à quel niveau taxinomique se situe ce groupe.

PRINCIPALES DÉSINENCES EN BIOLOGIE		
groupe	*animaux*	*végétaux*
Embranchement	divers	phytes
Ordre	formes (oiseaux, poissons) ptères (insectes)	ales
Famille	idés	acées
Tribu	inés	inées

DÉSINENTIEL, ELLE adj. Relatif aux désinences.

DÉSINFECTANT, E adj. et n. m. Se dit de substances, d'agents, de produits propres à désinfecter. (Les désinfectants les plus répandus sont la vapeur de formol, les solutions de phénols, d'hypochlorites [eau de Javel, liqueur de Dakin], la teinture d'iode, la chaux.)

DÉSINFECTER v. t. (conj. 4). Détruire les germes pathogènes grâce à un désinfectant : *Désinfecter une blessure.*

DÉSINFECTEUR n. m. Appareil utilisé pour la désinfection.

DÉSINFECTION n. f. **1.** Destruction des germes pathogènes pour lutter contre les maladies épidémiques. — **2.** Traitement d'un sol, de semences, en général par des produits chimiques, pour éliminer les agents nuisibles aux cultures.

ENCYCL. **Méd.** La désinfection s'oppose à la stérilisation, qui est la destruction de tous les micro-organismes, pathogènes ou non. La désinfection est obligatoire au cours des maladies contagieuses à déclaration obligatoire, à l'exception des toxi-infections alimentaires, du tétanos et de la tularémie.

DÉSINFLATION n. f. Réduction de l'inflation.

DÉSINFLATIONNISTE adj. Qui vise à la désinflation.

DÉSINFORMATEUR, TRICE adj. et n. Qui désinforme.

DÉSINFORMATION n. f. Action de désinformer ; fait d'être désinformé.

DÉSINFORMER v. t. (conj. 3). Utiliser les médias pour faire passer un message susceptible de tromper ou d'influencer l'opinion publique.

DÉSINHIBER v. t. (conj. 3). Lever une inhibition pesant sur qqn.

DÉSINHIBITEUR, TRICE adj. et n. m. Se dit d'une substance qui produit une désinhibition.

DÉSINHIBITION n. f. Suppression d'une inhibition.

DÉSINSECTISATION n. f. Destruction d'insectes susceptibles de transmettre des germes pathogènes.

DÉSINSECTISER v. t. (conj. 3). Opérer la désinsectisation d'un lieu.

DÉSINSÉRER v. t. (conj. 18). Faire en sorte que qqn ne soit plus inséré socialement.

DÉSINSERTION n. f. Fait de ne plus être intégré à la société, à un groupe organisé : *La désinsertion sociale des drogués.*

DÉSINTÉGRATEUR n. m. **1.** Appareil servant à épurer les gaz des poussières qu'ils contiennent. — **2.** Dans l'industrie du papier, appareil servant à préparer une suspension de fibres par désagrégation des balles de pâte ou de papier. (Syn. PULPER.)

DÉSINTÉGRATION n. f. **1.** Action de désintégrer, de se désintégrer ; désagrégation : *La désintégration des roches.* — **2.** Destruction, dissolution venue de l'intérieur : *La désintégration d'un parti.* — **3.** Transformation du noyau d'un atome, par émission ou capture d'énergie, en un autre noyau de caractéristiques différentes. (Spontanée pour les radioéléments, la désintégration peut être provoquée, pour un noyau stable, par bombardement corpusculaire.)

DÉSINTÉGRER v. t. (lat. *integer, -gri,* intact) [conj. **18**]. **1.** Provoquer la complète destruction de qqch : *L'explosion a désintégré l'avion.* — **2.** Provoquer l'anéantissement de qqch, d'un groupe, lui faire perdre sa cohésion : *Les luttes intestines ont désintégré ce parti.* — **3.** Produire une désintégration.

◆ **se désintégrer** v. pr., **être désintégré** v. pass. **1.** Se désagréger, disparaître complètement : *Fusée désintégrée.* — **2.** Subir une désintégration nucléaire.

DÉSINTÉRESSEMENT n. m. **1.** Comportement de qqn qui agit sans considérer ses propres intérêts ; générosité : *Se conduire avec noblesse et désintéressement.* — **2.** Fait de ne porter aucun intérêt, aucune attention à qqch, qqn ; désintérêt : *Désintéressement pour la politique.* — **3.** Action de désintéresser un créancier ; dédommagement.

DÉSINTÉRESSER v. t. (conj. **4**). **1.** Faire perdre à qqn tout intérêt pour qqch : *Ce professeur n'a réussi qu'à désintéresser ses élèves des mathématiques.* — **2.** Satisfaire les intérêts de qqn en l'indemnisant des préjudices qu'il a pu subir : *Il a désintéressé ses créanciers avec un acompte.*

◆ **être désintéressé** v. pass. N'être pas mû, inspiré par l'intérêt personnel, le désir d'argent, de profit : *Conseil désintéressé.*

◆ **se désintéresser** v. pr. Ne plus prendre, porter d'intérêt à qqn, qqch : *Se désintéresser de son travail.*

DÉSINTÉRÊT n. m. Absence d'intérêt pour qqch ou qqn ; indifférence, détachement : *Manifester du désintérêt pour le sport.*

DÉSINTERMÉDIATION n. f. Évolution par laquelle les agents économiques peuvent accéder directement aux marchés de capitaux, sans passer par le système bancaire.

DÉSINTOXICATION n. f. **1.** Action de faire cesser la dépendance à l'égard d'un toxique (alcool, tabac ou substance psychotrope toxicomanogène). – **2.** Action de débarrasser des effets nocifs de la propagande, d'une imprégnation nocive : *La désintoxication de l'opinion publique.*

DÉSINTOXIQUER v. t. (conj. 3). **1.** Guérir qqn d'une intoxication à l'alcool, au tabac, etc. – **2.** Débarrasser l'organisme de ses toxines : *Un séjour à la campagne va vous désintoxiquer.* – **3.** Éliminer de l'esprit les influences nocives ou les effets de la propagande : *Désintoxiquer les enfants de la télé.*

DÉSINVAGINATION n. f. Réduction d'une invagination.

DÉSINVAGINER v. t. (conj. 3). Pratiquer une désinvagination.

DÉSINVESTIR v. t. (conj. 32). **1.** Cesser d'investir une ville, une place. – **2.** Opérer un désinvestissement.
◆ v. i. Cesser d'être motivé pour qqch, d'y attacher une valeur affective, de se donner tout entier à une activité.

DÉSINVESTISSEMENT n. m. **1.** Suppression ou réduction des investissements dans un secteur économique ou une entreprise. – **2.** Retrait d'un investissement psychique portant initialement sur une représentation ou un objet. (Ce mécanisme est un des supports du processus de refoulement.)

DÉSINVESTITURE n. f. Acte par lequel l'autorité publique met fin aux fonctions d'un agent, d'office ou sur sa demande.

DÉSINVOLTE adj. (ital. *disinvolto,* de l'esp. *desenvuelto,* développé). **1.** Se dit d'une attitude dégagée, leste, sans embarras : *D'un mouvement désinvolte, il saisit son chapeau.* – **2.** Qui manifeste une liberté excessive ; sans gêne : *Un garçon désinvolte.*

DÉSINVOLTURE n. f. (ital. *disinvoltura*). **1.** *Vx.* Manière d'être pleine d'aisance. – **2.** Manière trop libre de se comporter ; impertinence, laisser-aller, sans-gêne : *Répondre avec désinvolture.*

DESIO, v. d'Italie, en Lombardie, au N. de Milan ; 32 800 hab. Meubles.

DÉSIONISATION n. f. Disparition des ions dans un gaz ionisé.

DÉSIR n. m. **1.** Action de désirer, d'aspirer à avoir, à obtenir, à faire qqch ; envie, souhait : *Avoir le désir de voyager.* – **2.** Objet du désir ; vœu : *Prendre ses désirs pour des réalités.* – **3.** Élan physique conscient qui pousse qqn à l'acte ou au plaisir sexuel : *Brûler de désir.* – **4.** Terme central de la doctrine de J. Lacan, se situant par rapport à l'Autre entre le besoin et la demande. (→ *encycl.*)

ENCYCL. **Psychan.** Le désir, par lequel le sujet se marque comme existant, est toujours inconscient. Il est désir de l'Autre, de la mère, désir d'inceste, au cœur du complexe d'Œdipe. La loi ne contredit pas le désir, mais l'autorise, dans la castration. Le désir est donc marqué de manque, et la castration symbolise la loi de ce manque.

DÉSIRABILITÉ n. f. Caractère d'un bien ou d'un service économiquement désirable.

DÉSIRABLE adj. **1.** Que l'on peut désirer, souhaiter : *Il présente toutes les qualités désirables.* – **2.** Qui fait naître des désirs sexuels : *Elle est très désirable.*

DÉSIRADE (La) [97127], île et comm. des Antilles françaises, dépendance de la Guadeloupe, à 10 km à l'E. de la Grande-Terre ; 20 km² ; 1 611 hab. Ch.-l. *Grande-Anse.*

DÉSIRANT, E adj. En psychanalyse, qui est de l'ordre du désir.

DÉSIRÉE (Marseille 1777 - Stockholm 1860), reine de Suède. Fille d'un négociant de Marseille, François Clary, elle épousa en 1798 le général Bernadotte.

DÉSIRER v. t. (lat. *desiderare,* regretter l'absence de) [conj. 3]. **1.** Souhaiter pour soi ou pour autrui la possession, la réalisation, encore un peu de café ? – **2.** Dans des formules de politesse sert à demander à qqn ce qu'il veut : *Vous désirez, madame ?* – **3.** Éprouver à l'égard de qqn un désir sexuel ; convoiter : *Il désire cette femme plus qu'il ne l'aime.* – **4.** *Laisser à désirer,* être défectueux, médiocre, insuffisant : *Sa conduite laisse à désirer.* ‖ *Se faire désirer,* faire attendre sa présence ; tarder.

DÉSIREUX, EUSE adj. Qui désire qqch : *Je suis désireux que vous puissiez le recevoir.*

DÉSIS [-zis] n. m. (gr. *desis,* lien). Araignée velue des rivages tropicaux, qui se laisse submerger à marée haute et se nourrit de petits crustacés marins. (On rencontre les coques soyeuses de désis dans les cavités des récifs de madrépores.)

DÉSISTEMENT n. m. **1.** Action d'abandonner volontairement un droit, une prétention. – **2.** Action de renoncer à une procédure engagée. (Le désistement doit être accepté par le défendeur.) — **3.** Fait pour un candidat de se retirer avant ou pendant le scrutin, éventuellement au profit d'un autre candidat. — **4.** *Désistement volontaire,* fait pour l'auteur d'une tentative d'infraction d'y renoncer, ce qui entraîne son impunité.

DÉSISTER (SE) v. pr. (lat. *desistere*) [conj. 3]. **1.** Renoncer volontairement à un droit, à une prétention, à une procédure. — **2.** Renoncer à maintenir sa candidature à une élection, à un poste : *Il s'est désisté en faveur du candidat le mieux placé.*

DE SITTER (Willem), astronome et mathématicien néerlandais (Sneek 1872 - Leyde 1934). Directeur de l'observatoire de Leyde de 1919 à sa mort, il s'est illustré par des travaux de mécanique céleste et de cosmologie relativiste.

DESJARDINS (Alphonse), journaliste et fonctionnaire canadien (Lévis, Québec, 1854 - *id.* 1920). Il est le créateur de la Caisse populaire de Lévis (1900), fondement du Mouvement coopératif Desjardins, le plus vaste réseau d'institutions financières au Québec.

DESJARDINS (Martin VAN DEN BOGAERT, dit), sculpteur français d'origine hollandaise (Breda 1640 - Paris 1694). Il fit en France une brillante carrière (académicien en 1671). Dans les jardins de Versailles, on peut voir son élégante *Diane ;* au Louvre figurent les bas-reliefs animés de son monument à Louis XIV pour la place des Victoires (détruit), des bustes (Mignard), etc.

DESJARDINS (Paul), écrivain français (Paris 1859 - Pontigny, Yonne, 1940), fondateur des « Décades » de Pontigny.

DESK [dɛsk] n. m. (angl. *desk,* bureau). **1.** Service d'une agence de presse qui collecte les nouvelles d'un secteur donné de l'actualité. — **2.** Secrétariat de rédaction d'une agence de presse.

DESKMAN [dɛskman] n. m. (pl. *deskmen*) [angl. *desk,* bureau, et *man,* homme]. Rédacteur spécialisé d'une agence de presse.

DESLANDRES (Henri), astronome français (Paris 1853 - *id.* 1948). Spécialiste de l'étude du Soleil, il a inventé le spectrohéliographe, indépendamment de G. E. Hale (1894).

DESMAN [dɛsmɑ̃] n. m. Mammifère insectivore voisin des taupes, pourvu d'une trompe, vivant en terrier dans les berges des cours d'eau (Russie, Pyrénées) et se nourrissant de proies aquatiques. (La fourrure serrée, d'odeur musquée, du grand desman de Russie est très recherchée.)

DESMAREST (Henry), compositeur français (Paris 1661 - Lunéville 1741). Compositeur pour l'Opéra, à Paris (1693), il dut s'enfuir en Espagne puis en Lorraine pour échapper à un procès. Gracié par le Régent en 1720, il rentra en France. Il est l'auteur de nombreux opéras (*Didon,* 1693).

DESMARETS (Nicolas), seigneur **de Maillebois,** homme d'État français (Paris 1648 - *id.* 1721). Protégé par son oncle J.-B. Colbert, il devint intendant des Finances (1678). Contrôleur général des Finances (1708), il eut recours aux expédients pour faire face à la crise financière et soutenir l'effort de guerre, et créa, à cette fin, un nouvel impôt, le dixième (1710). Il fut renvoyé par le Régent en 1715.

DESMARETS (Jean-Baptiste François), marquis **de Maillebois** → MAILLEBOIS.

DESMARETS DE SAINT-SORLIN (Jean), écrivain français (Paris 1595 - *id.* 1676). Rendu célèbre par sa comédie caricaturale *les Visionnaires* (1637), il fut l'adversaire des jansénistes, célébrant l'inspiration chrétienne dans *Clovis ou la France chrétienne* (1657). Son traité *De la comparaison de la langue et de la poésie française avec la grecque et la latine* (1670) ouvrit la « querelle des Anciens* et des Modernes ». (Acad. fr., 1634.)

DE SMET (Gustave), peintre belge (Gand 1877 - Deurle-sur-Lys 1943). Figure marquante du second groupe de Laethem-Saint-Martin, il évolua de l'impressionnisme à l'expressionnisme (*Femme de Spakenburg,* 1917, musée des Bx-Arts d'Anvers). Influencée d'abord par certains aspects du cubisme, puis caractérisée par un réalisme coloré, son œuvre privilégie les thèmes rustiques et quotidiens.

DESMICHELS (Louis Alexis, *baron*), général français (Digne 1779 - Paris 1845). Il battit Abd el-Kader et signa avec lui le traité qui reconnaissait l'autorité de l'émir sur l'Ouest algérien (26 fév. 1834).

DESMIDIALE [dɛs-] n. f. (gr. *desmidion,* petite gerbe). Algue verte conjuguée, microscopique, des tourbières à sphaignes. (Les *desmidiales* forment un ordre.)

DESMINE [dɛs-] n. f. Aluminosilicate naturel hydraté de calcium, appartenant au groupe des zéolites. (Syn. STILBITE.)

DESMODONTE n. m. Syn. de LIGAMENT ALVÉOLO-DENTAIRE*.

DESMODONTIDÉ n. m. Nom de famille attribué aux vampires.

DESMODROMIQUE adj. Se dit, dans un mécanisme, d'une liaison entre deux points telle que la vitesse de l'un entraîne une vitesse bien déterminée pour l'autre.

DES MOINES, v. des États-Unis, cap. de l'Iowa, sur la rivière *Des Moines* (affl. du Mississippi) ; 191 000 hab. Centre ferroviaire, commercial et industriel.

DESMOSOME n. m. Zone différenciée de la paroi cellulaire, à travers laquelle se font les échanges chimiques rapides entre cellules voisines.

DESMOTROPIE n. f. Syn. de TAUTOMÉRIE.

DESMOULINS (Camille), publiciste et homme politique français (Guise 1760 - Paris 1794). Avocat au parlement de Paris (1785), il publie de violents pamphlets contre la monarchie, notamment *la France libre* (1789). Orateur populaire, il décide la foule, réunie dans le jardin du Palais-Royal, à prendre les armes (12 juill. 1789). Animateur du club des Cordeliers, aux côtés de Danton, il fonde un journal, *les Révolutions de France et de Brabant* (nov. 1789) où il exprime ses idées républicaines. Secrétaire de Danton (août 1792), il est élu député de Paris à la Convention nationale où il siège avec les Montagnards. Désapprouvant les excès de la deuxième Terreur, il fonde, sous l'influence de Danton, *le Vieux Cordelier* (déc. 1793) où il attaque les hébertistes, et fait campagne pour la clémence. Compromis dans les menées des indulgents, il est arrêté (mars 1794), condamné à mort et guillotiné avec Danton (5 avr.).

DESNA, riv. de Russie et d'Ukraine, affl. du Dniepr (r. g.) ; 1 130 km.

DESNOS (Robert), poète français (Paris 1900 - Terezín, Tchécoslovaquie, 1945). La révolte le conduisit vers le surréalisme, qu'il illustra par ses jeux verbaux (*Corps et Biens,* 1930) autant que par son refus de toute entrave (*la Liberté ou l'Amour,* 1927, récit érotique censuré). Par individualisme il quitta ce mouvement en 1930, donnant libre cours à un lyrisme nervalien qui ne refuse pas la versification classique, et recherchant l'expression populaire par le journalisme, le cinéma, la radio. L'amour et l'espérance animent ses poèmes clandestins ; sacrifiant sa vie à la Résistance, il mourut en déportation en laissant d'autres œuvres à succès (*Fortunes,* 1942 ; *Domaine public,* 1953).

DESNOYER (François), peintre français (Montauban 1894 - Perpignan 1972). Son art, figuratif, se distingue par l'énergie des formes et de la couleur (*la Fête du Trône* [1936], *l'Escale de Marseille* [1940], M. N. A. M.).

DESNOYERS (Louis), journaliste et romancier français (Replonges, Ain, 1802 -Paris 1868). Fondateur avec Philipon du *Charivari,* ses *Mésaventures de Jean-Paul Choppart* (1836), publiées en feuilleton dans le *Journal des enfants,* eurent un grand succès. Il réalisa l'idée de Balzac en fondant la Société des gens de lettres (1838).

DÉSOBÉIR v. t. ind. (conj. 32). **1.** Ne pas obéir à qqn, faire ce qu'il défend : *Désobéir à ses parents.* — **2.** Ne pas suivre une loi, un règlement, les enfreindre, les transgresser ; violer : *Désobéir à la loi.*

DÉSOBÉISSANCE n. f. **1.** Action de désobéir ; refus de se soumettre à une loi : *Désobéissance aux chefs.* — **2.** Habitude de désobéir ; tendance à désobéir ; indiscipline, esprit de rébellion, de révolte : *La désobéissance des enfants.*

DÉSOBÉISSANT, E adj. Qui désobéit, a l'habitude de désobéir.

DÉSOBLIGEAMMENT adv. De façon désobligeante.

DÉSOBLIGEANCE n. f. *Litt.* Attitude ou action désobligeante.

DÉSOBLIGEANT, E adj. Qui désoblige, qui est peu aimable ; blessant, désagréable, discourtois : *Remarque désobligeante.*

DÉSOBLIGER v. t. (conj. 17). Causer de la peine, du déplaisir à qqn ; indisposer, vexer : *Vous l'avez désobligé en refusant son invitation.*

DÉSOBLITÉRATION n. f. Syn. de DÉSOBSTRUCTION.

DÉSOBSTRUCTION n. f. **1.** Action de désobstruer ; fait d'être désobstrué. — **2.** Libération d'un vaisseau, d'un canal ou d'une cavité de l'organisme, encombrés le plus souvent par des caillots sanguins. (Syn. DÉSOBLITÉRATION.)

DÉSOBSTRUER v. t. (conj. 3). Débarrasser un passage de ce qui l'obstrue, le bouche ; déboucher, dégager : *Désobstruer un tuyau.*

DÉSODÉ, E [desɔde] adj. **1.** Privé de sodium. — **2.** *Régime désodé,* régime alimentaire qui ne contient pas de sodium. (Syn. RÉGIME DÉCHLORURÉ.)

DÉSODORISANT, E adj. et n. m. Se dit d'un produit de synthèse diffusant un parfum destiné à masquer une odeur ambiante désagréable.

DÉSODORISATION n. f. Action de désodoriser.

DÉSODORISER v. t. (lat. *odor, -oris,* odeur) [conj. 3]. **1.** Débarrasser qqch, un lieu, une partie du corps de ses mauvaises odeurs. — **2.** Débarrasser l'huile de son goût et de son odeur sui generis. (L'opération consiste à entraîner les produits volatils par de la vapeur surchauffée.)

DÉSODORISEUR n. m. Appareil destiné à obtenir la désodorisation.

DÉSŒUVRÉ, E adj. et n. Qui n'a rien à faire, qui n'a plus d'activité essentielle ; privé de son centre d'intérêt : *Quelques désœuvrés s'attardant à la terrasse du café.*

◆ adj. Marqué par le désœuvrement, l'inactivité : *Une vie désœuvrée.*

DÉSŒUVREMENT n. m. État de qqn qui est désœuvré ; inaction, oisiveté.

DÉSOLANT, E adj. **1.** Qui désole, chagrine, afflige ; lamentable, consternant : *Nouvelle déso-*

lante. — **2.** Qui cause de la contrariété, de l'ennui ; ennuyeux : *Pluie désolante.*

DÉSOLATION n. f. (bas lat. *desolatio, -onis*). **1.** *Litt.* État d'un lieu inhabité, désert, dépourvu de verdure : *Pays de désolation.* — **2.** Peine extrême, affliction extrême ; consternation : *Être plongé dans la désolation.* — **3.** Ce qui est cause d'une grande contrariété ; ennui : *Cet enfant est la désolation de ses parents.*

DÉSOLATION *(îles de la)* → KERGUELEN (îles).

DÉSOLER v. t. (lat. *desolare*) [conj. 3]. **1.** *Litt.* Dévaster un lieu : *Les pillards désolaient la campagne autour du château.* — **2.** Affliger qqn, l'ennuyer profondément : *Cela me désole de vous voir abandonner vos études.* — **3.** Contrarier qqn plus ou moins vivement : *Ce contretemps nous désole tous.*

◆ **être désolé** v. pass. *Litt.* Être inhabité, désert, avoir un aspect qui porte à la tristesse par son manque de verdure.

◆ **se désoler** v. pr., **être désolé** v. pass. Être fâché, attristé, contrarié de qqch : *Je suis désolé de votre absence, que vous n'ayez pu venir.*

DÉSOLIDARISER v. t. (conj. 3). **1.** Briser les liens de solidarité que qqn peut avoir avec qqch, qqn : *Chercher à désolidariser les militants de leurs dirigeants.* — **2.** Rendre autonomes deux parties d'un mécanisme réunies dans leur fonctionnement : *Désolidariser le moteur de la transmission.*

◆ **se désolidariser** v. pr. Cesser d'être solidaire de qqn, de qqch, ne plus les soutenir : *Se désolidariser de la politique gouvernementale.*

DÉSOPERCULATION n. f. Action de désoperculer.

DÉSOPERCULER v. t. (conj. 3). Enlever les opercules qui ferment les cellules des rayons de miel.

DÉSOPILANT, E adj. Qui incite à une grande gaieté ; hilarant, très drôle : *Histoire désopilante.*

DÉSOPILER v. t. (de l'anc. fr. *opiler,* boucher, du lat. *oppilare*) [conj. 3]. Causer une vive gaieté.

DÉSORDONNÉ, E adj. **1.** Où les choses ne sont pas à leur place, où règne le désordre : *Une chambre désordonnée.* — **2.** Qui manque d'organisation, où règne la confusion : *Pensées désordonnées.* — **3.** Qui manque de coordination, de cohérence : *Une course désordonnée.* — **4.** Qui est déréglé, qui n'est pas conforme à la norme, à un équilibre : *Une vie désordonnée.*

◆ adj. et n. Qui manque d'ordre dans ses affaires personnelles.

DÉSORDRE n. m. **1.** Absence d'ordre, état d'un lieu où les choses ne sont pas à leur place, état des choses qui ne sont pas rangées, ordonnées, classées, etc. ; fouillis : *Quel désordre dans cette chambre !* — **2.** Absence ou manque de cohérence, d'organisation ; confusion : *Le désordre d'une administration.* — **3.** Trouble, agitation, manque de discipline dans un groupe : *Élève qui cherche à créer le désordre dans la classe.* — **4.** Agitation politique ou sociale : *On craint de graves désordres dans le pays.* — **5.** *Vx.* Trouble de l'organisme ou de l'esprit : *Désordre intestinal.* — **6.** *Litt.* Dérèglement moral (surtout pl.) : *On lui reproche les désordres de son passé.* — **7.** Toute détérioration du gros œuvre d'un bâtiment (fissure, rupture, déséquilibre, etc.). — **8.** *Dans le désordre,* se dit, dans un pari sur les courses de chevaux, des numéros des chevaux qui sont donnés dans un ordre différent de l'ordre d'arrivée.

◆ adj. inv. *Fam.* Se dit de qqn qui est désordonné : *Elle est très désordre.*

DÉSORGANISATEUR, TRICE adj. et n. Qui désorganise.

DÉSORGANISATION n. f. Destruction de l'ordre, de la structure d'un ensemble organisé : *La désorganisation de l'État.*

DÉSORGANISER v. t. (conj. 3). **1.** Causer un déséquilibre fonctionnel : *Cette drogue a désorganisé le système nerveux.* — **2.** Bouleverser qqch, qqn, les troubler, créer chez eux le désordre ; déranger : *Désorganiser les plans d'un adversaire.*

DÉSORIENTATION n. f. **1.** Action de désorienter ; fait d'être désorienté. — **2.** *Désorientation spatiale,* perte de la capacité à reconnaître et à utiliser les relations spatiales abstraites ou à s'orienter dans des lieux familiers. ‖ *Désorientation temporelle,* perte de l'orientation dans le temps. ‖ *Désorientation temporo-spatiale* ou *spatio-temporelle,* incapacité pour le sujet à se situer dans le temps et dans l'espace.

DÉSORIENTER v. t. (conj. 3). **1.** Faire perdre à qqn la connaissance de sa direction, de son orientation, l'égarer : *Le brouillard acheva de désorienter les alpinistes.* — **2.** Déconcerter qqn, le rendre hésitant sur ce qu'il doit faire ; dérouter : *L'incohérence de son argumentation m'a désorienté.* — **3.** Détruire l'orientation d'un appareil de visée.

◆ **être désorienté** v. pass. **1.** Ne plus savoir quelle direction prendre, être égaré. — **2.** Être décontenancé, déconcerté, indécis, perdu.

DÉSORMAIS adv. (de la prép. *dès,* anc. fr. *or,* maintenant, et *mais,* plus). Marque le point de départ dans le temps ; dorénavant, à partir de maintenant, de ce moment : *Les dernières difficultés sont résolues : vous avez désormais le champ libre.*

DÉSORMIÈRE (Roger), chef d'orchestre et compositeur français (Vichy 1898 - Paris 1963). Entre 1925 et 1951, il se fit le défenseur de la musique française. Son enregistrement de *Pelléas et Mélisande* sert de référence.

DÉSORPTION n. f. (lat. *sorbere,* avaler). Phénomène consistant, pour un solide, à abandonner les gaz qu'il a absorbés ou adsorbés.

DÉSOSSEMENT ou **DÉSOSSAGE** n. m. Action de désosser.

DÉSOSSER v. t. (conj. 3). **1.** Retirer les os d'une viande ou d'une volaille, crues ou cuites, sans en abîmer la chair. – **2.** *Fam.* Disséquer un ouvrage, un texte, les décomposer dans leurs détails. – **3.** *Fam.* Défaire complètement chacun des éléments d'un appareil, d'un véhicule ; démonter : *Désosser le moteur d'une voiture.*

DÉSOUFRER → DÉSULFURER.

DÉSOXYCORTICOSTÉRONE n. f. Hormone corticosurrénale favorisant la rétention des ions sodium et l'excrétion des ions potassium.

DÉSOXYCORTONE n. f. Hormone corticosurrénale préparée actuellement par synthèse et utilisée dans les insuffisances surrénaliennes et les états de choc.

DÉSOXYDANT, E adj. et n. m. **1.** Se dit d'un corps qui exerce une action réductrice vis-à-vis de composés oxygénés. – **2.** Se dit d'un produit effectuant la désoxydation. (Un désoxydant est un corps plus avide d'oxygène que le produit à purifier. Pour les aciers, on emploie l'aluminium, le manganèse ou le silicium. Pour les alliages cuivreux, on utilise surtout le phosphore.)

DÉSOXYDATION n. f. **1.** En chimie, syn. de RÉDUCTION. – **2.** Opération métallurgique ayant pour objet la réduction des oxydes existant dans un bain liquide. – **3.** Traitement pratiqué sur un métal à l'état solide, dans une atmosphère gazeuse réductrice.

DÉSOXYDER v. t. (conj. 3). Effectuer la désoxydation. (Syn. RÉDUIRE.)

DÉSOXYGÉNANT, E adj. et n. m. Se dit des substances capables d'enlever l'oxygène.

DÉSOXYGÉNATION n. f. Action de désoxygéner.

DÉSOXYGÉNER v. t. (conj. 18). Retirer l'oxygène d'un mélange ou combiné dans une substance.

DÉSOXYHÉMOGLOBINE n. f. Hémoglobine ne fixant pas l'oxygène.

DÉSOXYRIBONUCLÉIQUE adj. *Acide désoxyribonucléique,* acide nucléique constituant principal des chromosomes et support matériel de l'hérédité (abrév. A. D. N. ou DNA [terminologie anglo-saxonne]).

ENCYCL. La structure de l'A. D. N. a été précisée en 1953 par F. Crick et J. D. Watson. C'est une longue molécule, de longueur théoriquement infinie, formée par deux chaînes latérales enroulées de manière spirale. On peut la comparer à une échelle de corde enroulée autour d'un axe imaginaire. Les montants de l'échelle sont formés par l'alternance régulière d'une molécule de sucre, le désoxyribose, et d'un groupement phosphoré. Les barreaux de l'échelle sont fixés aux molécules de sucre. Ils sont formés par deux bases, l'une purique, l'autre pyrimidique, unies entre elles (au milieu du barreau) par une liaison hydrogène lâche. Les bases puriques sont au nombre de deux, la guanine (G) et l'adénine (A) ; de même, il existe deux bases pyrimidiques : la cytosine (C) et la thymine (T). Les seuls appariements possibles sont A-T, T-A, G-C et C-G. L'ensemble base-sucre-phosphate s'appelle un *nucléotide.* Les chaînes d'A. D. N. renferment des séquences répétées de nucléotides associés, dont les bases azotées forment une sorte d'alphabet génétique (→ CODE).

• *Localisation.* Les A. D. N. constituent la fraction active des virus et des phages. Dans les cellules nucléées, ils sont présents dans les chromosomes et dans les mitochondries. Ils sont associés dans les chromosomes, où chacun constitue une unité indépendante du génome, répondant à la définition biologique d'un gène. Les A. D. N. des chromosomes et des mitochondries sont combinés à des protéines basiques, en général des histones ; ils forment avec elles des nucléoprotéides.

• *Rôle génétique.* Les A. D. N. contenus dans les chromosomes constituent le support héréditaire

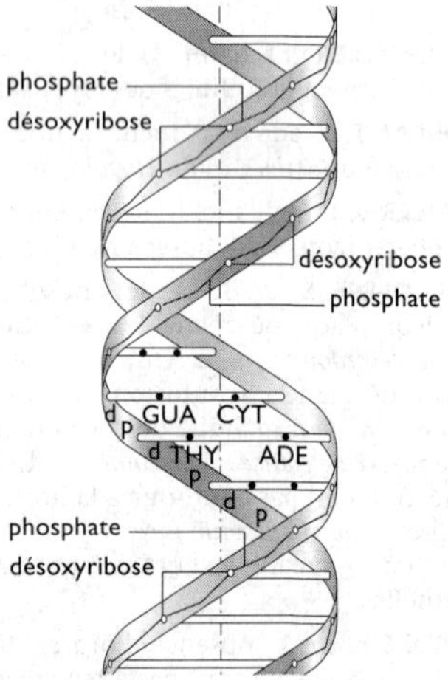

Structure en hélice de l'acide **désoxyribonucléique** (ADE, adénine ; CYT, cytosine ; GUA, guanine ; THY, thymine).

transmissible des potentialités de biosynthèse des A. R. N. et des protéines. La complexité de structure des A. D. N. explique la possibilité de mutations dues au remplacement, dans le fragment de leur molécule qui constitue un gène, d'une seule base purique ou pyrimidique par une autre. Une telle modification suffit à altérer l'information génétique transmise et aboutit à la formation de protéines (par ex., d'hémoglobine) anormales.

DÉSOXYRIBOSE n. m. Aldose dérivé du ribose. (L'antipode D entre dans la composition des nucléotides qui constituent les maillons fondamentaux des chaînes d'acide désoxyribonucléique.)

DESPATCH MONEY ou **DISPATCH MONEY** [dispatʃmɔnɛ] n. m. inv. (angl. *despatch money*). Prime de rapidité payée par l'armateur aux affréteurs, quand les opérations de chargement ou de déchargement sont terminées avant le délai fixé par la charte-partie.

DESPAX (Jean-Baptiste), peintre français (Toulouse 1710 - *id.* 1773). Élève et gendre d'A. Rivalz, il a décoré de nombreuses toiles les églises et les couvents de sa ville (ensemble de la chapelle des Carmélites, v. 1750) et de la région.

DÉSPÉCIALISATION n. f. **1.** Mise en vente, dans un magasin spécialisé, d'articles ne se rapportant pas à la spécialité principale, présentés en assortiment restreint et ne nécessitant pas de formation particulière du personnel de vente. — **2.** Faculté laissée au locataire de modifier la destination contractuelle d'un local commercial.

DÉSPÉCIALISER v. t. (conj. 3). Effectuer une déspécialisation.

DESPEÑAPERROS *(Puerto de),* défilé de la sierra Morena (Espagne) faisant communiquer la Manche et l'Andalousie ; 745 m.

DESPENSER (Le), famille de l'aristocratie anglaise, très puissante dans la marche de Galles dès le XIVe s. — HUGH († 1265), justicier d'Angleterre en 1260, prit le parti des barons révoltés contre Henri III, et fut tué à la bataille d'Evesham. — Son fils, HUGH, dit *l'Aîné,* comte de Winchester (1261 - Bristol 1326), et son petit-fils, HUGH, dit *le Jeune* († Hereford 1326), barons anglais favoris d'Édouard II, provoquèrent l'hostilité des autres barons, et furent exécutés lors du soulèvement mené par la reine Isabelle et son amant Mortimer (1326).

DESPERADO [dɛsperado] n. m. (pl. *desperados*) [angl. *desperado,* de l'esp. *desperado,* désespéré]. Hors-la-loi prêt à se battre jusqu'à la mort.

DES PÉRIERS (Bonaventure), écrivain français (Arnay-le-Duc v. 1500 ? - v. 1543). Ami de Dolet, évangéliste pur, il est surtout l'auteur du *Cymbalum Mundi* (1537), satire des croyances humaines, et des *Nouvelles Récréations et joyeulx devis* (1558), peinture réaliste des mœurs du temps.

DESPIAU (Charles), sculpteur français (Mont-de-Marsan 1874 - Paris 1946). Formé à Paris auprès de Lucien Schnegg (1864-1909), un élève classicisant de Rodin, il est l'auteur de bas-reliefs et de statues, mais surtout de nombreux bustes au modelé délicat, longuement élaborés.

DESPINA, nom donné au cinquième satellite de Neptune, découvert en 1989 par la sonde américaine Voyager 2. Demi-grand axe de son orbite : 52 500 km. Période de révolution sidérale : 8 h 10 min. Diamètre 180 km.

DESPORTES (Philippe), poète français (Chartres 1546 - abbaye de Bonport, Normandie, 1606). Poète officiel d'Henri III, qui le préféra à Ronsard, il fut le chef de file des néopétrarquistes et, par la clarté de sa langue, épurée des néologismes de Ronsard et de la Pléiade, il prépara la voie à Malherbe, qui le critiqua (*Psaumes,* 1591 et 1603).

DESPORTES (François), peintre français (Champigneul, auj. Champigneul-Champagne, Marne, 1661 - Paris 1743). Animalier de formation, il est reçu à l'Académie en 1699 avec son *Autoportrait en chasseur* (Louvre), devient le peintre des chasses et des chenils royaux et acclimate en France, en la tempérant, la tradition des riches natures mortes à la Snijders. Les Gobelins lui demandent en 1735 les huit cartons des *Nouvelles Indes.* Ses études à l'huile d'après les sites de l'Île-de-France (Compiègne) annoncent le paysage du XIXe s.

DESPOTAT n. m. Nom donné à certains États de l'Empire byzantin, gouvernés par un despote.

DESPOTE n. m. (gr. *despotês,* maître). **1.** Chef d'État qui s'arroge un pouvoir absolu, arbitraire, sans contrôle. — **2.** Personne qui exerce une domination sur son entourage : *Un despote familial.* — **3.** Titre dans l'Empire byzantin. (→ *encycl.*)

ENCYCL. **Hist.** À partir de la fin du IIIe s. apr. J.-C., le titre de despote désigna l'empereur romain et, plus tard, l'empereur byzantin. Il devint par la suite un titre de la hiérarchie aulique, auquel s'adjoignit souvent un gouvernement de province ou un apanage. Il fut enfin reconnu à des princes pratiquement indépendants, comme le despote d'Épire.

DESPOTIQUE adj. (gr. *despotikos*). **1.** Qui est propre au despote, qui gouverne en despote : *Gouvernement despotique. Souverain despotique.* — **2.** Qui tend à s'arroger une autorité, qui révèle un caractère autoritaire, tyrannique : *Geste des-*

potique. — **3.** Qui s'impose d'une manière contraignante, comme une règle : *Une mode despotique.*

DESPOTIQUEMENT adv. De façon despotique.

DESPOTISME n. m. (de *despote*). **1.** Régime politique dans lequel un seul homme gouverne de façon arbitraire et autoritaire. — **2.** Volonté, autorité exercée d'une façon tyrannique ; tyrannie. — **3.** *Despotisme éclairé,* régime politique dans lequel le souverain se conduit en maître absolu et pratique une politique inspirée de la philosophie des Lumières. (→ *encycl.*)

ENCYCL. Le despotisme éclairé est instauré dans la seconde moitié du XVIIIe s., dans plusieurs États européens, en particulier en Prusse par Frédéric II, dans les États autrichiens par Marie-Thérèse et Joseph II, en Russie par Catherine II, en Espagne par Charles III, en Suède par Gustave III. Disciples des philosophes, ces souverains œuvrent, pour le bien de l'État et le bonheur de leurs sujets, dans le sens du progrès et conformément à la pensée des Lumières. Ils améliorent notamment, dans certains pays, le sort des paysans (suppression de la servitude personnelle et de la corvée), accordent ou respectent la liberté de culte, s'efforcent d'assurer une justice équitable, abolissent la torture, favorisent l'essor économique, développent l'instruction, encouragent les arts et les recherches scientifiques. Esprits éclairés, ces monarques se conduisent en despotes : instigateurs d'un absolutisme légitimé par la raison, ils renforcent la puissance de l'État centralisé en brisant les privilèges des corps intermédiaires (clergé, noblesse, corps provinciaux, parlements, diètes, municipalités, corporations, etc.) et négligent les particularismes nationaux. Leur œuvre d'unification et de centralisation se heurte parfois à de vives résistances : ainsi Joseph II, qui représente le type accompli du despote éclairé, doit-il abroger la plupart de ses réformes à la veille de sa mort. Mais, dans les États autrichiens comme dans plusieurs pays où il est instauré, le despotisme éclairé aboutit à d'incontestables progrès économiques et sociaux.

DES PRÉS (Josquin) → JOSQUIN DES PRÉS.

DESPREZ (Louis Jean), architecte, peintre, décorateur de théâtre et graveur français (Auxerre 1743 - Stockholm 1804). Grand prix d'architecture en 1777, il fit toute sa carrière au service de la cour de Suède. Ses dessins de ruines antiques et ses projets de scénographie montrent une imagination fantastique qui dérive en partie de Piranèse.

DESPROGES (Pierre), humoriste français (Pantin 1939-Paris 1988). Après avoir fait tous les métiers avec *« une constante qui était le doute »,* il présente son premier one-man-show en 1984 sur la scène du théâtre Fontaine en s'appuyant sur des sarcasmes, des digressions délirantes, un sadisme flegmatique. À la diatribe se mêlent de brusques échappées humaines, le cri d'un homme qui veut croire au bonheur en dépit des arbitraires de la vie. P. Desproges a publié : *Manuel de savoir-vivre à l'usage des rustres et des malpolis* (1981), *Dictionnaire superflu à l'usage de l'élite et des bien nantis* (1985), *Chroniques de la haine ordinaire* (1987).

DESQUAMATIF, IVE [dɛskwa-] adj. Qui se traduit par une desquamation.

DESQUAMATION [dɛskwa-] n. f. (lat. *desquamare,* de *squama,* écaille). **1.** Chute des écailles chez certains animaux ou des squames de la peau chez l'homme. — **2.** Écaillage superficiel des roches, qui détache des plaques d'épaisseur millimétrique ou centimétrique sous l'effet de la thermoclastie ou de l'hydroclastie.

DESQUAMER v. i. ou **SE DESQUAMER** [dɛskwa-] v. pr. (lat. *desquamare,* de *squama,* écaille) [conj. 3]. Être affecté par la desquamation.

DESQUELS, ELLES → LEQUEL.

DESROCHERS (Alfred), poète canadien de langue française (Saint-Élie-d'Orford, Québec, 1901 - Montréal 1978). Ses poèmes, de facture parnassienne (*Élégies pour l'épouse en allée,* 1967), témoignent aussi d'une inspiration régionaliste (*À l'ombre de l'Orford,* 1929).

DESROSIERS (Léo-Paul), écrivain canadien de langue française (Berthierville, Québec, 1896 - Montréal 1967). Auteur de contes rustiques et de romans de mœurs (*le Livre des mystères,* 1926), il est l'un des meilleurs représentants du roman historique québécois (*les Engagés du Grand Portage,* 1938).

DESROUSSEAUX (Alexandre Joachim), chansonnier français (Lille 1820 - *id.* 1892). Ses chansons en patois lillois l'ont rendu célèbre. Il a créé *le P'tit Quinquin.*

D. E. S. S., abrév. de DIPLÔME* D'ÉTUDES SUPÉRIEURES SPÉCIALISÉES.

DESSABLAGE ou **DESSABLEMENT** n. m. Action de dessabler un lieu, de l'eau.

DESSABLER v. t. (conj. 3). **1.** Ôter le sable d'un lieu : *La pluie dessable les allées.* — **2.** Retirer d'une eau les matières les plus facilement décantables.

DESSABLEUR n. m. **1.** Ouvrage destiné au dessablage. — **2.** Appareil permettant l'extraction du sable de la boue de forage.

DESSAISIR v. t. (conj. 32). **1.** Enlever à qqn ce qu'il a, ce qui fait partie de son patrimoine : *On l'a dessaisi de ses meubles.* — **2.** Retirer à un

tribunal la connaissance d'une affaire dont il était saisi.
◆ **se dessaisir** v. pr. Se déposséder volontairement de qqch, y renoncer ; céder : *Se dessaisir de ses biens.*

DESSAISISSEMENT n. m. **1.** Action d'une personne qui renonce volontairement à la possession d'un bien. – **2.** Action de retirer à un tribunal la connaissance d'une affaire dont il était saisi. – **3.** Action de retirer à qqn l'administration de son patrimoine.

DESSAISONNER → DÉSAISONNER.

DESSAIX (Joseph Marie, *comte*), général français (Thonon 1764 - Marclaz, près de Thonon, 1834). Il servit en Savoie (1792) et se distingua dans l'armée d'Italie. Il fut surnommé le « Bayard du Mont-Blanc » pour sa défense de la Savoie en 1814.

1. DESSALAGE n. m. **1.** Opération destinée à diminuer la teneur en sels solubles de certains terrains, afin de les rendre cultivables. (On réalise le dessalage par des lessivages à l'eau douce ou par apports d'amendements calciques.) – **2.** Extraction des sels contenus dans le pétrole brut.

2. DESSALAGE n. m. Action de dessaler.

DESSALEMENT n. m. **1.** Action de dessaler, de rendre moins salé ; fait d'être dessalé. – **2.** Production d'eau douce à partir d'eau salée ou saumâtre par élimination des sels contenus. (Le dessalement peut faire appel à la distillation, la congélation ou l'osmose.)

1. DESSALER v. t. (conj. 3). **1.** Débarrasser une matière, un aliment de tout ou partie de leur sel ; les rendre moins salés : *Dessaler une morue.* – **2.** *Fam.* Faire perdre à qqn sa naïveté, son innocence ; déniaiser, dégourdir : *Le service militaire l'a dessalé.* – **3.** Procéder au dessalage du pétrole, au dessalement de l'eau.
◆ **se dessaler** v. pr., **être dessalé** v. pass. *Fam.* Cesser d'être naïf, innocent ; être déluré, dégourdi.

2. DESSALER v. i. (de *dessaler,* au sens arg. de « jeter à l'eau ») [conj. 3]. En parlant d'un voilier, se renverser ; en parlant de qqn, chavirer avec son bateau.

DESSALEUR n. m. Appareil pour le dessalage du pétrole brut.

DESSALINES (Jean-Jacques), empereur d'Haïti (Guinée av. 1758 - Jacmel, Haïti, 1806). Esclave jusqu'en 1789 à Saint-Domingue, il participa à la grande révolte des esclaves (1791). Contre le rétablissement de l'esclavage, il combattit les troupes françaises (1803). Il proclama l'indépendance d'Haïti (partie est de Saint-Domingue) et se donna, sous le nom de Jacques Ier, le titre d'empereur (1804).

DESSALURE n. f. Dilution de l'eau de mer par apport naturel d'eau douce.

DESSANGLER v. t. (conj. 3). Débarrasser un animal de sa sangle.

DESSAOULER → DESSOÛLER.

DESSAU, v. d'Allemagne (Saxe-Anhalt), sur la Mulde ; 103 000 hab. Château néoclassique (musée). Bâtiments de l'ancien Bauhaus. Matériel ferroviaire. Machines-outils. Moteurs.

DESSAU (Paul), compositeur allemand (Hambourg 1894 - Berlin 1979). Après une carrière de chef d'orchestre commencée en Allemagne, il émigra aux États-Unis. Revenu à Berlin-Est après la guerre, il collabora avec Brecht et écrivit les musiques de scène de *Mère Courage* (1946) et du *Cercle de craie caucasien* (1954). Il laisse également *In memoriam Bertolt Brecht* (1957).

DESSAUTEMENT n. m. Seuil dans un canal.

DESSÉCHANT, E adj. **1.** Qui dessèche, diminue la teneur en eau : *Le simoun est un vent desséchant.* – **2.** Qui dessèche le cœur, diminue la sensibilité : *Un égoïsme desséchant.* – **3.** Se dit d'une substance qui enlève l'humidité à un corps ou à l'atmosphère dans laquelle elle est placée.

DESSÈCHEMENT n. m. **1.** Action de dessécher ; état de ce qui est desséché : *Le dessèchement des polders a enrichi la Hollande.* – **2.** Perte de la sensibilité ; sécheresse du cœur, insensibilité : *Le dessèchement du cœur.*

DESSÉCHER v. t. (conj. 18). **1.** Priver qqch de toute humidité : *La colère me dessèche la gorge.* – **2.** Faire perdre de son eau organique à la peau ; déshydrater : *Vent et soleil qui dessèchent la peau.* – **3.** Rendre qqn maigre ou l'épuiser physiquement. – **4.** Rendre qqn sec, froid, insensible, lui faire perdre toute faculté de s'émouvoir, de s'attendrir : *L'amertume avait fini par le dessécher.* • **Cuis.** Travailler vivement à la spatule une pâte sur feu vif jusqu'à ce qu'elle se détache des parois du récipient.
◆ **se dessécher** v. pr., **être desséché** v. pass. **1.** Devenir sec : *Lèvres desséchées.* – **2.** Perdre toute sensibilité ; s'endurcir : *Un vieux garçon desséché.*

DESSEIN n. m. (moyen fr. *desseigner,* projeter). **1.** Projet de faire qqch, intention, but que l'on se propose : *Nourrir de noirs desseins.* – **2.** *À dessein,* de propos délibéré, intentionnellement, volontairement.

DESSELLER v. t. (conj. 4). Enlever la selle d'un cheval.

DESSERREMENT ou **DESSERRAGE** n. m. **1.** Action de desserrer, de relâcher, de défaire ce qui était serré : *Le desserrement d'un nœud.* — **2.** Action de cesser d'étreindre, de saisir : *Le desserrement d'une étreinte.* — **3.** Action de faire cesser une contrainte : *Le desserrement du crédit.*

DESSERRER v. t. (conj. 4). **1.** Relâcher ce qui est serré : *Desserrer sa cravate.* — **2.** Cesser d'étreindre, de saisir. — **3.** Faire cesser les contraintes ; rendre la liberté à qqch : *Desserrer le crédit.* — **4.** *Ne pas desserrer les dents, les lèvres,* ne pas ouvrir la bouche, ne pas parler ; se taire.

DESSERT n. m. (de *desservir 2*). **1.** Dernière partie d'un repas. — **2.** Mets sucrés qui le composent. — **3.** Ce qui arrive à la fin de qqch, comme complément, agréable ou non.

1. DESSERTE n. f. (de *desservir 1*). **1.** Action de desservir une localité : *La desserte postale d'un lieu écarté.* — **2.** Voie de communication, moyen de transport permettant de faire communiquer diverses localités, de desservir un chantier de mine, de travaux publics, etc. • **Ch. de f.** Mouvement d'un train, d'une manœuvre, pour desservir une gare, un embranchement, etc. ‖ *Desserte cadencée,* mode d'exploitation d'une ligne de chemin de fer sur laquelle circulent des trains de voyageurs à intervalles réguliers et réduits. — **Min.** Ensemble des opérations de transport au chantier. — **Relig.** Fonction que comporte l'accomplissement d'un office ecclésiastique. ‖ Paroisse vacante qu'un curé est chargé d'administrer en plus de celle dont il est le titulaire. — **Sylvic.** Chemin de vidange en forêt. — **Trav. publ.** *Voirie de desserte,* ensemble des voies qui servent à conduire les véhicules et les piétons des limites de la grande voirie à proximité des immeubles d'habitation.

2. DESSERTE n. f. (de *desservir 2*). **1.** Meuble de salle à manger sur lequel on pose la vaisselle et les plats. — **2.** Ensemble des plats desservis.

DESSERTIR v. t. (conj. 32). Retirer une pierre de bijouterie de sa sertissure.

DESSERTISSAGE n. m. Action de dessertir.

DESSERVANT n. m. **1.** Prêtre qui dessert une cure ou une chapelle. — **2.** Ministre du culte qui dessert un temple.
ENCYCL. À l'origine, le desservant était un prêtre chargé temporairement d'une cure vacante. Le concordat de 1801 donna le titre de desservant aux prêtres amovibles chargés des paroisses autres que les chefs-lieux de canton, ou doyennés.

1. DESSERVIR v. t. (lat. *deservire,* servir avec zèle) [conj. 38]. **1.** Assurer le service d'une paroisse vacante, d'une chapelle. — **2.** Assurer le service d'un groupe, d'une région, les fournir, les approvisionner en qqch : *Ces conduites de gaz desservent tout le quartier.* — **3.** Assurer un service de communication, de transport (chemin de fer, autocar, métro, etc.) : *Autobus qui dessert plusieurs communes de banlieue.* — **4.** Donner accès à une pièce, un local, ouvrir sur : *Couloir qui dessert plusieurs pièces.*

2. DESSERVIR v. t. (conj. 38). **1.** Retirer les plats qui ont été servis ; débarrasser la table à la fin du repas. — **2.** Nuire à qqn en lui rendant un mauvais service : *Les propos qu'il a tenus l'ont desservi auprès de ses amis.* — **3.** Nuire à une entreprise, une cause, l'empêcher de se développer ou d'aboutir : *Propagande qui dessert notre cause.*

DESSÉVAGE n. m. Étuvage de bois fraîchement sciés, dans lesquels il reste de la sève dans les tissus vivants.

DESSÉVER v. t. (conj. 18). Pratiquer le dessévage.

DESSIATINE ou **DÉCIATINE** n. f. (russe *dessiatin*). Ancienne unité de mesure des surfaces agraires, équivalant à 1,092 ha, employée en Russie.

DESSICCATEUR n. m. Appareil servant à éliminer l'humidité d'une matière première ou d'un produit fini.

DESSICCATION n. f. (bas lat. *desiccatio, -onis,* de *desiccare,* dessécher). **1.** Action de dessécher ; fait de se dessécher : *La dessiccation du sol.* — **2.** Séchage du bois. — **3.** Enlèvement de l'eau contenue dans une substance, à l'aide de la chaleur, du vide ou d'une matière hygroscopique. *Fentes de dessiccation,* fissures en réseau plus ou moins polygonal apparaissant dans un sol ou un dépôt argileux qui se dessèche, et susceptibles d'être fossilisées.

DESSIÉ, DESE ou **DESSYE,** v. de l'Éthiopie, dans le nord du Massif éthiopien ; 76 000 hab.

DESSILLEMENT [desij-] n. m. Action de se dessiller les yeux, de voir clair au-delà de la réalité apparente.

DESSILLER [desije] v. t. (anc. fr. *ciller*) [conj. 3]. Litt. *Dessiller les yeux à* (ou *de*) *qqn,* lui ouvrir les yeux, le détromper.

DESSIN n. m. (de *dessiner,* avec l'infl. de l'ital. *disegno*). **1.** Représentation sur une surface de la forme (et éventuellement des valeurs de lumière et d'ombre) d'un objet ou d'une figure, plutôt que de leur couleur. (→ *encycl.*) — **2.** Technique et art de cette représentation : *Apprendre le dessin. École de dessin.* — **3.** Toute production graphique : *Dessin d'enfant.* — **4.** Contour linéaire, profil, ligne, considérés sur le plan esthétique : *Ce rouge accentue le dessin de la bouche.* — **5.** Motif, forme et en partic. ornement imprimé sur un tissu, un papier, etc. : *J'aime le dessin de ce tissu.* — **6.** Plan d'une œuvre littéraire, musicale, etc., disposition des parties d'un ouvrage, canevas. — **7.** Fam. et ironiq. *Faire un dessin à qqn,* donner des explications supplémentaires à qqn qui n'a pas compris une allusion. • **Bx-arts.** *Dessin à main levée,* dessin exécuté sans la règle ni le compas et traité librement. ‖ *Dessin au trait,* dessin qui ne donne que les linéaments des figures (au contraire des dessins *ombré, lavé, estompé, hachuré*). — **Cin.** *Dessin(s) animé(s),* technique d'animation permettant de filmer vue par vue des dessins qui analysent les phases successives du mouvement ; le film ainsi réalisé. (→ *encycl.*) — **Dess.** *Dessin graphique,* dessin uniquement composé de traits, sans nuances ni dégradés. ‖ *Dessin industriel,* dessin graphique représentant des objets en vue de leur fabrication dans l'industrie. (→ *encycl.*) ‖ *Dessin aux instruments,* dessin effectué à l'aide de règles, équerres, compas, etc. — **Dr.** *Dessins et modèles,* œuvres protégées (5 ans) à condition d'avoir été déposées à l'Institut national de la propriété industrielle.

ENCYCL. **Bx-arts.** Capable depuis les époques primitives d'exprimer les valeurs autant que les contours, le dessin ne se sépare de la peinture par aucune solution de continuité précise, ni dans la démarche des artistes qui le pratiquent (soit pour lui-même, soit à titre de préparation d'une œuvre peinte ou sculptée), ni par les techniques qu'il met en jeu (le lavis est une peinture monochrome, le pastel une peinture sèche). Sa spécificité se trouve dans le caractère de « gestualité » immédiate qu'il présente le plus souvent, dû à la relative simplicité de ses instruments, qui, de tout temps, ont été comme le prolongement naturel de la main humaine : pointes de métal, bois carbonisé, fragments de roches colorantes, plume et pinceau. Dès la préhistoire, des pointes ont été utilisées pour graver, le doigt lui-même et des pinceaux ont été trempés dans un liquide coloré pour tracer des formes sur une paroi rocheuse, puis sur de la céramique. L'Antiquité connaît le dessin linéaire, mais aussi en hachures et en modelé (par l'ombre et la lumière), preuve d'une évolution parallèle à celle de la peinture. Le Moyen Âge occidental insiste sur le contour, la circonscription des formes, utilisant la pointe d'argent — à laquelle succéderont la mine de plomb, puis, aux XVIIIe et XIXe s., le graphite et le crayon du type « Conté » — et, surtout, la plume. L'encre et le bistre sont utilisés non seulement à la plume, mais en lavis, dilution étalée au pinceau, dès le XVe s. (au XVIIe, Poussin, Rembrandt...), comme les rehauts d'aquarelle, et comme la sépia au XVIIIe s. Le pinceau n'est pas la seule technique qui permette à la fois le trait et le modelé : c'est aussi le propre de la sanguine, utilisée, en Italie, surtout à partir du XVIe s., de la pierre noire, ou pierre d'Italie, et du fusain. La libre combinaison des techniques conduit à des variantes inépuisables (Léonard de Vinci, Véronèse...), mais certaines alliances sont codifiées, telle la polychromie aux trois crayons (pierre noire, sanguine, craie) que Watteau et le XVIIIe s. ont amplifiée à partir d'exemples antérieurs (les Clouet). L'usage des papiers teintés, de la gouache, du fusain traité en hachures ou travaillé à l'estompe multiplie la richesse des effets picturaux, de Titien à Prud'hon. Le pastel, connu dès le XVe s., a surtout pris de l'importance depuis le XVIIIe s., en même temps que progressaient les procédés de fixation (La Tour, Degas...).

Au XXe s., la ligne, la hachure, le frottis, la tache, étudiés par Kandinsky ou par Klee comme un véritable vocabulaire expressif, sont au service de l'automatisme et de la spontanéité abstraite (de Wols à Cy Twombly). Utilisé pour leurs présentations de « projets » par les avant-gardes des années 70, le dessin connaît un renouveau figuratif à la fin des années 70 et au début des années 80.

• *Dessin satirique et d'humour.* Déjà présent dans certaines figures sculptées des cathédrales du Moyen Âge, l'art de charger un personnage ou une situation pour dénoncer ou railler a inspiré des *têtes d'expression* à Léonard de Vinci, des portraits composés de légumes et de fruits à Arcimboldo, des profils caricaturaux aux Carrache, etc.

Au XVIIIe s. s'ouvre en Angleterre une grande période pour la satire avec Hogarth, suivi — au moment où Goya, en Espagne, traite certains portraits avec une cruauté caricaturale — de Rowlandson, observateur impitoyable des mœurs, de Gillray, spécialisé dans la caricature politique, puis, au XIXe s., de Cruikshank, plus humoriste. Mais l'héritage de la satire graphique passe à Paris, pour y trouver son plein épanouissement. La lithographie, technique directe et rapide, bien adaptée aux tirages importants des journaux spécialisés *(la Caricature, le Charivari),* devient une arme contre les tares de la société ; c'est alors que naissent des « types » comme Robert Macaire et Ratapoil (Daumier), Joseph Prudhomme (Monnier), Thomas Vireloque (Gavarni). Un humour plus fantaisiste inspire l'Allemand W. Busch et le Suisse R. Toepffer. Avec la relative liberté de presse accordée par les institutions républicaines, une nouvelle génération d'artistes peut aborder directement les questions politiques (affaire Dreyfus) ou sociales (injustice, colonialisme, militarisme). Ce sont Forain, Caran d'Ache, Steinlen et beaucoup d'autres, travaillant pour des journaux comme *l'Assiette au beurre* ou *le Rire* (Hermann-Paul, Jules Félix Grandjouan, Henri Jossot, B. Naudin..., souvent d'une rare violence). En Allemagne, le dessin satirique porte la marque de l'expressionnisme dans les œuvres de Grosz et des collaborateurs du journal *Simplicissimus*.

Après la Seconde Guerre mondiale, le dessin satirique et humoristique prend un caractère souvent plus aimable d'information et d'illustration. Mais le monde moderne et son absurdité multiplient les cibles : poétique avec l'insolite surréalisme de M. Henry, puis de R. Topor, l'humour plus amer d'A. François, la satire tendre de Jean-Jacques Sempé et de Desclozeaux, le ton est grinçant avec Steinberg et l'équipe du *New Yorker* comme avec Chaval, Mose, Jean Bosc, truculent avec R. Searle et Ralph Steadman, insolent avec David Levine. Le souffle contestataire, à partir des années 60, apporte une nouvelle vigueur des thèmes et du graphisme (Crumb) ; il privilégie le social et le politique (Siné), surtout dans leurs implications quotidiennes (Georges Wolinski, Jean Cabu, J.-M. Reiser, etc.).

– **Cin.** Les *dessins animés* sont usuellement réalisés sur des feuilles de Celluloïd munies d'ergots de repérage. La transparence du Celluloïd facilite le tracé et permet surtout, lorsqu'un personnage évolue devant un arrière-plan, de dessiner uniquement le personnage, le fond étant dessiné une fois pour toutes. Théoriquement, il faut autant de dessins différents que d'images sur le film, soit vingt-quatre par seconde de projection, mais l'animation est souvent simplifiée.

– **Dess.** Le *dessin industriel* s'effectue aux instruments, sur une table à dessin, et généralement sur du papier-calque afin d'en faciliter la reproduction. Chaque pièce ou ensemble est représenté sur un plan, sous forme de vues, orthogonales, et éventuellement de coupes, de sections, et de perspectives, par des traits normalisés ; les dimensions sont indiquées au moyen de cotes. Le dessin industriel peut être automatisé par la conception* assistée par ordinateur et le dessin assisté par ordinateur.

– **Psychol.** *Le dessin enfantin* présente des caractères spécifiques liés au niveau de développement cognitif et à la problématique affective de l'enfant. C'est ainsi que le gribouillage qui apparaît à la fin de la première année est la première manifestation graphique, puis la maîtrise progressant, le dessin devient un instrument au service de l'expression. L'enfant dessine d'abord ce qu'il sait d'un objet, et non ce qu'il en voit (réalisme intellectuel) ; ce n'est que vers 10 ans que l'enfant approche la conformité entre son dessin et la scène ou l'objet qu'il cherche à représenter.

Avant d'être copie de l'objet, le dessin est expression du fantasme et, en particulier, lorsque l'enfant dessine un personnage, c'est lui-même qu'il dessine, tel qu'il se ressent. C'est cette caractéristique qui est exploitée par certaines méthodes psychothérapiques chez l'enfant.

DESSINATEUR, TRICE n. (de *dessiner,* avec l'infl. de l'ital. *disegnatore*). **1.** Personne qui pratique l'art du dessin. – **2.** *Dessinateur industriel,* dessinateur effectuant du dessin industriel.

DESSINATEUR-CARTOGRAPHE, DESSINATRICE-CARTOGRAPHE n. (pl. *dessinateurs-, dessinatrices-cartographes*). Adjoint(e) du cartographe, chargé(e) de l'expression graphique définitive.

DESSINER v. t. (lat. *designare,* avec l'infl. de l'ital. *disegnare*) [conj. 3]. **1.** Représenter qqn, qqch par un dessin, en tracer, en reproduire la forme, les contours, les volumes : *Dessiner un arbre.* – **2.** Tracer, faire le dessin d'une forme : *Dessiner une maquette.* – **3.** Évoquer, suggérer l'image de qqch par sa propre forme, ou avoir cette forme ; tracer, former : *À cet endroit le fleuve dessine une boucle.* – **4.** Faire ressortir qqch, en accuser la forme, le contour : *Une robe qui dessine bien la taille.*

◆ v. i. **1.** Faire des dessins, exercer l'art du dessin : *J'adore dessiner.* – **2.** *Appareil à dessiner,* appareil fixé sur une table à dessin, portant, par l'intermédiaire d'une tête rotative, deux règles perpendiculaires qui peuvent balayer la surface de la table en restant parallèles à elles-mêmes.

◆ **se dessiner** v. pr. **1.** Apparaître sous une forme sensible, commencer à être visible ; se détacher, se profiler : *Un sourire se dessina sur ses lèvres.* – **2.** Prendre forme, se manifester clairement, se concrétiser ; prendre tournure, se préciser : *Une solution paraît se dessiner.*

DESSOIR (Max), psychologue et esthéticien allemand (Berlin 1867 - Königstein im Taunus, Hesse, 1947). Il distingue l'esthétique, qui a pour objet le beau, d'une science de l'art, qui se consacre aux problèmes de la création artistique. Il a écrit *Ästhetik und allgemeine Kunstwissenschaft* (1906).

DESSOLER v. t. (de *sole,* partie d'une terre labourable) [conj. 3]. Syn. de DÉSAISONNER.

DESSOUCHAGE ou **DESSOUCHEMENT** n. m. Action de dessoucher. (Syn. ESSOUCHAGE, ESSOUCHEMENT.)

DESSOUCHER v. t. (conj. 3). Enlever les souches qui sont restées dans un terrain, après l'abattage des arbres, soit par traction mécanique, soit par explosif. (Syn. ESSOUCHER.)

DESSOUCHEUSE n. f. Machine à dessoucher.

DESSOUDER v. t. (conj. 3). **1.** Syn. courant de DÉBRASER. – **2.** *Pop.* Tuer qqn.

DESSOUDURE n. f. Syn. de DÉBRASAGE.

DESSOÛLER ou **DESSAOULER** v. t. (conj. 3). Faire cesser l'ivresse ; dégriser : *La douche froide l'a dessoûlé.*

◆ v. i. ou **être dessoûlé** v. pass. Cesser d'être ivre : *Il n'a pas dessoûlé de la semaine.*

DESSOUS adv. (bas lat. *desubtus,* de *de* et *subtus,* sous). **1.** À la face intérieure ou dans une position inférieure à celle d'un autre objet, par oppos. à DESSUS : *Le prix du coffret est marqué dessous.* — **2.** *En dessous,* au-dessous, dans la partie inférieure de. ‖ *Faire qqch en dessous,* sournoisement. ‖ *Regarder en dessous,* sans lever franchement les yeux ; hypocritement.

◆ prép. *Pop.* ou *litt.* Sous : *Glisser la lettre dessous la porte.*

◆ n. m. **1.** Face ou partie inférieure de qqch : *Examiner le dessus et le dessous d'un tapis.* — **2.** Appartement de l'étage inférieur : *Les locataires du dessous.* — **3.** Vêtement de tissu léger opaque destiné à être porté sous un vêtement transparent avec lequel il s'harmonise. — **4.** Couche picturale unie dont l'artiste peut revêtir la surface de la préparation, et sur laquelle il exécute la peinture proprement dite. — **5.** *Avoir le dessous,* être vaincu, dans un combat, une discussion. ‖ Fam. *Être dans le, au trente-sixième dessous,* être dans une situation catastrophique, désespérée. ‖ *Le dessous des cartes, du jeu,* la face des cartes que le joueur dissimule à son adversaire ; le côté secret mais déterminant d'une situation, d'une action.

◆ n. m. pl. **1.** Sous-vêtements. — **2.** Côté secret, dissimulé d'une affaire : *Les dessous de la politique.*

DESSOUS-DE-BOUTEILLE n. m. inv. Petit disque de verre, de métal, etc., que l'on met sous les bouteilles pour protéger la nappe.

DESSOUS-DE-BRAS n. m. inv. Garniture de tissu cousue à l'aisselle pour protéger un vêtement de la transpiration.

DESSOUS-DE-PLAT n. m. inv. Support que l'on met sur la table pour y poser les plats chauds sans l'abîmer.

DESSOUS-DE-TABLE n. m. inv. Somme versée de la main à la main et s'ajoutant au prix légal d'une transaction.

DESSUINTAGE n. m. Élimination, par lavage dans l'eau tiède, des impuretés solubles des laines brutes, dites en suint.

DESSUINTER v. t. (conj. 3). Débarrasser la laine brute du suint.

DESSUS adv. (lat. *desursum,* de *de* et *sursum,* en haut). **1.** À la surface de qqch ou dans une position supérieure, par oppos. à DESSOUS : *Prends une chaise et assieds-toi dessus.* — **2.** S'emploie à la place d'un complément introduit par la prép. SUR : *On m'a promis cet argent, et je compte dessus.* — **3.** *En dessus,* au-dessus, dans la partie supérieure de.

◆ prép. *Pop.* ou *litt.* Sur : *Enlever la poussière de dessus la cheminée.*

◆ n. m. **1.** Face ou partie supérieure de qqch : *Essuyer le dessus du meuble.* — **2.** Appartement de l'étage supérieur : *Les voisins du dessus.* — **3.** Ancien nom donné à la voix la plus aiguë d'une composition vocale, ou à l'instrument le plus aigu d'une famille. — **4.** *Avoir, prendre le dessus,* être vainqueur, prendre l'avantage dans un combat, une discussion. ‖ *Le dessus du panier,* ce qu'il y a de mieux, de plus raffiné dans un groupe. ‖ *Prendre, reprendre le dessus,* surmonter une difficulté, une défaillance, un moment de découragement ; se remettre.

DESSUS-DE-CÔTES n. m. inv. Partie externe du train de côtes utilisée comme morceau à bouillir ou à ragoût.

DESSUS-DE-LIT n. m. inv. Syn. de COUVRE-LIT.

DESSUS-DE-NEZ n. m. inv. Pièce de la bride, qui va d'un montant à l'autre en passant par le nez.

DESSUS-DE-PORTE n. m. inv. Décoration sculptée ou peinte enchâssée dans un cadre rectangulaire ou chantourné au-dessus d'une porte (XVIIe et XVIIIe s. surtout).

DESSUS-DE-TABLE n. m. inv. Tissu décoratif servant à couvrir une table.

DESSUS-DE-TÊTE n. m. inv. Pièce du bridon et du licol, qui passe sur la tête du cheval.

DÉSTABILISATEUR, TRICE ou **DÉSTABILISANT, E** adj. Qui déstabilise.

DÉSTABILISATION n. f. Ensemble de phénomènes internes (revendications, manifestations, rébellions, etc.) et internationaux (conflits, actions de puissances étrangères) tendant à mettre en cause l'existence, les bases d'un régime politique, d'une institution, d'un parti, etc.

DÉSTABILISER v. t. (conj. 3). Ébranler les bases d'un régime, d'un État, d'un parti, etc., lui faire perdre de sa stabilité.

DESTAILLEUR (Walter), architecte et collectionneur français (Paris 1822 - *id.* 1893). Il réunit un vaste ensemble de dessins, d'estampes et de livres acquis en partie en 1890 par la Bibliothèque nationale.

DÉSTALINISATION n. f. Ensemble des mesures visant à supprimer les aspects autoritaires des régimes de type stalinien établis en U. R. S. S. et dans les pays socialistes. .

DÉSTALINISER v. t. (conj. 3). Opérer la déstalinisation.

DESTIN n. m. **1.** Puissance supérieure qui semble régler d'une manière fatale les événements de la vie humaine ; fatalité : *C'est le destin qui l'a voulu.* — **2.** Ensemble, suite des événements qui forment la trame de la vie humaine ou des sociétés et semblent commandés par cette puissance supérieure : *Avoir un destin tragique.*

– **3.** Existence humaine en général, sort : *Être l'artisan de son destin.* – **4.** Avenir, sort réservé à qqch, conditionné par un fait extérieur inéluctable ou par sa nature propre ; fortune : *Le destin d'un roman.* – **5.** *Névrose de destin* ou *de destinée,* névrose caractérisée par la survenue périodique d'événements malheureux identiques qui semblent être provoqués par le hasard ou la fatalité, alors qu'on peut y voir à l'œuvre la compulsion de répétition.

DESTINATAIRE n. **1.** Personne à qui s'adresse un envoi, une lettre. – **2.** Syn. de ALLOCUTAIRE.

DESTINATEUR n. m. Émetteur du message linguistique adressé au destinataire.

DESTINATION n. f. (bas lat. *destinatio, -onis*). **1.** *Litt.* Finalité de qqn, ce pourquoi il existe : *La destination de l'homme sur terre.* – **2.** But, usage, affectation de qqch, ce à quoi qqch est destiné : *Quelle est la destination de cet appareil ?* – **3.** Lieu vers lequel qqch ou qqn se dirige, est dirigé : *Destination inconnue.* – **4.** *Arriver à destination,* arriver, parvenir au lieu prévu.

DESTINÉE n. f. **1.** Détermination préétablie des événements de la vie humaine par une puissance supérieure ; destin : *À quoi bon accuser la destinée ?* – **2.** Vie humaine considérée sur le plan individuel comme un ensemble de circonstances heureuses ou malheureuses et envisagée dans une issue indépendante de la volonté : *Être appelé à de hautes destinées.* – **3.** Condition, carrière réservée à qqch ; destin : *La destinée d'un roman.*

Destinées *(les),* recueil posthume de 11 poèmes philosophiques d'A. de Vigny (1864), dont les plus connus sont *la Mort du loup* et *la Maison du berger.*

DESTINER v. t. (lat. *destinare*) [conj. 3]. **1.** Fixer à l'avance les événements qui formeront la trame de l'existence de qqn, fixer sa destinée ; préparer : *Nul ne sait ce que le sort nous destine.* – **2.** Fixer à l'avance et de manière inéluctable l'union de deux personnes ; projeter cette union, en former le vœu ; promettre : *Le ciel nous destinait l'un à l'autre.* – **3.** Fixer ou choisir à l'avance pour qqn son avenir, et en partic. sa carrière : *Il destine son fils au barreau.* – **4.** Réserver qqch à qqn, le lui adresser : *C'est à moi que vous destiniez cette remarque ?* – **5.** Fixer la destination de qqch, le réserver à cet usage, à cet emploi ; affecter : *Destiner une somme à l'achat d'une voiture.*

◆ **se destiner** v. pr. Choisir une orientation professionnelle : *Elle se destine à l'enseignement, à être professeur.*

DESTITUABLE adj. Qui peut être destitué.

DESTITUER v. t. (lat. *destituere,* priver de) [conj. 7]. Retirer à qqn sa charge, son emploi, sa fonction, son grade.

DESTITUTION n. f. (lat. *destitutio, -onis*). **1.** Action de destituer, de priver qqn de sa charge, de son emploi, de sa fonction. – **2.** Sanction disciplinaire la plus grave prise à l'encontre d'un officier ministériel ou de certains fonctionnaires. – **3.** Sanction qui entraîne la perte du grade et du droit d'en porter les insignes et l'uniforme.

DÉSTOCKAGE n. m. Action de déstocker.

DÉSTOCKER v. t. (conj. 3). Reprendre, pour utilisation, ce qui a été précédemment stocké.

DESTOUCHES (André CARDINAL), compositeur français (Paris 1672 - *id.* 1749). Maître de la musique de la Chambre en 1727, puis directeur artistique de l'Opéra (1728), il organisa les concerts de la reine. Parmi ses meilleurs ouvrages, outre la pastorale *Issé,* les tragédies lyriques *Omphale* (1701) et *Callirrhoé* (1712), sa comédie-ballet *le Carnaval et la Folie* (1703) témoigne de l'influence italienne.

DESTOUCHES (Philippe NÉRICAULT, dit), auteur dramatique français (Tours 1680-Villiers-en-Bière 1754). Son théâtre, qui annonce la comédie larmoyante, lui donna une célébrité précoce mais passagère (*le Glorieux,* 1732). [Acad. fr., 1723.]

Destour, parti politique tunisien. Issu du mouvement « Jeune-Tunisie » du cheikh Tha'ālibī, il fut fondé en 1920. Il revendiquait une constitution (en ar. *dustūr*) et la fin du protectorat français. Il se scinda en 1934 en un *Vieux Destour* et un *Néo-Destour* qui, dirigé par H. Bourguiba, réclama l'indépendance et se transforma en parti de masse. Depuis la proclamation de l'indépendance (1956), il est le parti présidentiel. Il a pris en 1964 le nom de parti socialiste destourien et est demeuré le parti unique jusqu'en 1981. En 1988, après l'arrivée à la tête de l'État du général Ben Ali, il est devenu le Rassemblement constitutionnel démocratique.

DESTRÉE (Jules), écrivain et homme politique belge (Marcinelle 1863 - Bruxelles 1936). Député socialiste (1894), ministre des Sciences et des Arts, il fonda en 1920 l'Académie royale de langue et de littérature françaises. Combattant l'influence flamande (*Wallons et Flamands,* 1923), il fut un ardent promoteur du mouvement intellectuel et politique wallon.

DESTRIER n. m. (anc. fr. *destre,* main droite). Cheval de bataille. (Il était tenu de la main droite par l'écuyer.)

DESTROY [dɛstrɔj] n. m. (angl. *to destroy,* détruire). *Arg.* Pratique punk, qui consiste à tout casser.

DESTROYER (dɛstrwaje ou dɛstrɔjœr] n. m. (angl. *destroyer,* destructeur). **1.** Bâtiment de guerre de moyen tonnage, rapide, bien armé, chargé no-

tamment de mission d'escorte. – **2.** Syn. de CONTRE-TORPILLEUR.
ENCYCL. Le destroyer a fait son apparition dans les grandes marines à la fin du XIXe s. Au cours des deux guerres mondiales, il servit surtout de navire de protection des escadres ou des convois contre les sous-marins puis les avions. Aujourd'hui doté de missiles, c'est un bâtiment léger polyvalent de lutte antisurface, anti-sous-marine et antiaérienne.

DESTRUCTEUR, TRICE adj. (bas lat. *destructor*). **1.** Qui ruine, détruit, ravage : *L'action destructrice du temps.* – **2.** Qui abat, renverse ; subversif : *Une critique destructrice.* (Syn. DESTRUCTIF.)
◆ adj. et n. Se dit de qqn qui ruine qqch ou qqn, aime à détruire.

DESTRUCTIBLE adj. Qui peut être détruit.

DESTRUCTIF, IVE adj. (bas lat. *destructivus*). Se dit de ce qui détruit, a le pouvoir de détruire : *L'action destructive des eaux.* (Syn. DESTRUCTEUR.)

DESTRUCTION n. f. (bas lat. *destructio, -onis*). **1.** Action de détruire qqch ou qqn, de jeter à bas : *Force de destruction d'une arme atomique.* – **2.** Chose détruite, construction détruite ; dégât, dommage : *Quel est l'ampleur des destructions ?* – **3.** Action d'anéantir, de faire disparaître qqch : *La destruction de l'État.* – **4.** Action d'ôter la vie, d'anéantir qqn, un groupe ; extermination : *La destruction de tout un peuple.* • **Ch. de f.** *Destruction d'un itinéraire,* dans un poste d'aiguillage, suppression des enclenchements immobilisant les aiguilles de cet itinéraire ainsi que les aiguilles et signaux qui en assurent la protection. – **Psychan.** *Pulsion de destruction,* pulsion de mort en tant que celle-ci est tournée vers l'extérieur.

DESTRUCTIVITÉ n. f. Tendance pathologique à la destruction.

DÉSTRUCTURATION n. f. **1.** Action de déstructurer ; fait d'être déstructuré. – **2.** Désorganisation de la personnalité.

DÉSTRUCTURER v. t. (conj. 3). Faire perdre à qqch sa structure, son organisation systématique.
◆ **être déstructuré** v. pass. *Vêtement déstructuré,* vêtement souple sans entoilage et parfois même sans doublure.

DESTUTT DE TRACY (Antoine Louis Claude, *comte*), philosophe français (Paris 1754 - *id.* 1836). Il fut arrêté sous la Terreur et ne dut son salut qu'à la chute de Robespierre. Nommé par le Directoire membre du Comité de l'instruction publique, il siégea au Sénat sous le Consulat. Napoléon le considérait comme le principal des « idéologues ». La Restauration le nomma pair de France. Il a développé une philosophie sensualiste. Il a écrit : *Éléments d'idéologie* (1801), le *Traité de la volonté* (1815). [Acad. fr., 1808.]

DÉSUCREUR n. m. Dans les sucreries, dispositif monté dans les caisses d'évaporation pour retenir les gouttelettes de liquides sucrés entraînées par la vapeur.

DÉSUET, ÈTE [-zɥɛ ou-sɥɛ, -ɛt] adj. (lat. *desuetus*). **1.** Qui est tombé en désuétude ; qui n'est plus en usage : *Le mot « ire », pour « colère », est désuet.* – **2.** Qui est passé de mode ; périmé, suranné : *Charme désuet.*

DÉSUÉTUDE [-zɥe-ou -sɥe-] n. f. (lat. *desuetudo, -inis*). **1.** *Litt.* Caractère d'une chose, d'une pratique qui est vieillie, abandonnée, par suite du défaut d'usage, de l'inadaptation aux méthodes actuelles. – **2.** Diminution de valeur des immobilisations, imputable au progrès technique. – **3.** Mode d'extinction des dispositions légales par non-application prolongée. – **4.** *Désuétude calculée,* technique se proposant d'abréger délibérément la durée de vie d'un produit ou de le faire apparaître comme vieilli, alors qu'il se trouve encore en mesure de servir. (Syn. OBSOLESCENCE PLANIFIÉE.) ‖ *Tomber en désuétude,* être abandonné par l'usage : *Loi qui tombe en désuétude.*

DÉSULFITAGE n. m. ou **DÉSULFITATION** n. f. Action de débarrasser les moûts ou les vins d'une partie de l'anhydride sulfureux dont on les avait enrichis par sulfitage.

DÉSULFITER v. t. (conj. 3). Pratiquer le désulfitage.

DÉSULFURANT, E adj. Qui produit la désulfuration.

DÉSULFURATION n. f. Action de débarrasser un produit du soufre qu'il contient.
ENCYCL. **Pétr.** Les principaux procédés permettant d'éliminer le soufre et simultanément l'azote, l'oxygène et des métaux présents dans les produits finis ou semi-finis obtenus à partir du pétrole se classent en traitements aux amines, traitements d'adoucissement et hydrotraitements. Les traitements aux amines ont remplacé, pour l'épuration des gaz de raffinerie, les anciens procédés à la soude. Ils reposent sur l'absorption chimique de l'hydrogène sulfuré dans des solutions aqueuses, contenant une éthanolamine. Les traitements d'adoucissement convertissent les alkylmercaptans en disulfures par réaction d'oxydation.

DÉSULFURER ou **DÉSOUFRER** [-su-] v. t. (conj. 3). Opérer la désulfuration.

DÉSUNION n. f. **1.** Action de désunir, de se désunir ; état de ce qui est désuni : *La désunion de la Norvège et de la Suède date de 1906.* – **2.** Fait d'être désuni ; désaccord, division, mésentente : *Jeter la désunion dans une famille.* — 3. Séparation des lèvres d'une plaie suturée.

DÉSUNIR v. t. (conj. 32). 1. Séparer, disjoindre ce qui était uni ; désassembler, disloquer : *Désunir des planches.* — 2. Présenter, traiter séparément des choses ; dissocier, isoler : *Questions qu'on ne peut pas désunir.* — 3. Rompre l'unité morale, l'harmonie, l'accord des idées, des intérêts, des sentiments, etc., d'un groupe ; y mettre le désaccord ; brouiller : *Désunir une famille.*

◆ **se désunir** v. pr., **être désuni** v. pass. 1. Cesser d'être uni : *Leurs mains se sont désunies.* — 2. Ne plus constituer une unité morale, un groupe solidaire : *Famille désunie.* — 3. Perdre brusquement la coordination et la maîtrise de ses mouvements, en parlant d'un athlète. — 4. En parlant d'un cheval, à une allure donnée, avoir l'un des bipèdes en dysharmonie avec l'autre (on parle de trot, de galop désuni).

DÉSURBANISATION n. f. Politique tendant à favoriser l'implantation d'activités économiques dans le monde rural et la création d'emplois dans les villages.

DÉSURBANISER v. t. (conj. 3). Pratiquer une politique de désurbanisation.

DÉSURCHAUFFE [desur-] n. f. Opération ramenant à l'état saturé une vapeur surchauffée, de façon à l'utiliser dans les opérations de chauffage.

DÉSURCHAUFFER [desur-] v. t. (conj. 3). Procéder à la désurchauffe.

DÉSURCHAUFFEUR [desur-] n. m. Appareil servant à désurchauffer une vapeur.

DESVALLIÈRES (Maurice), auteur dramatique français (Paris 1857 - *id.* 1926). Il écrivit, souvent avec Feydeau, des pièces de boulevard (*la Chaste Suzanne,* 1906).

DESVALLIÈRES (Georges), peintre français (Paris 1861 - *id.* 1950). Élève de G. Moreau et ami de Léon Bloy, créateur avec M. Denis des Ateliers d'art sacré (1919), il a notamment exécuté les décorations murales de la chapelle de Saint-Privat, en Corrèze (1920), et les cartons de vitraux de l'ossuaire de Douaumont (1928).

DESVRES (62240), ch.-l. de cant. du Pas-de-Calais, aux confins de l'Artois et du Boulonnais ; 5 348 hab. *(Desvrois).* Centre céramique en activité depuis le XVIIIe s., c'est aujourd'hui un centre important de céramique industrielle.

DE SWAEN (Michiel), écrivain flamand (Dunkerque 1654 - *id.* 1707). Grand rhétoriqueur en Flandre française , il est l'auteur d'une épopée chrétienne et d'une farce populaire, *la Botte couronnée* (1688).

DÉSYNCHRONISATION n. f. 1. Perte du synchronisme entre deux phénomènes habituellement synchroniques. — 2. Modification de l'activité bioélectrique synchrone d'un ensemble d'éléments nerveux.

DÉSYNCHRONISER v. t. (conj. 3). Faire perdre leur synchronisme à deux phénomènes.

DÉSYNDICALISATION n. f. Fait de se désyndicaliser.

DÉSYNDICALISER v. t. (conj. 3). Écarter, éloigner du syndicat ; faire perdre son appartenance à un syndicat : *Les événements ont désyndicalisé les employés.*

det, désigne le déterminant d'une matrice.

DÉTACHABLE adj. Qui peut être détaché : *Feuillets détachables d'un carnet.*

DÉTACHAGE n. m. Action d'ôter une tache.

DÉTACHANT, E adj. et n. m. Se dit d'un produit propre à enlever les taches.

DÉTACHÉ n. m. Mode d'exécution musicale dans lequel les notes doivent être séparées.

DÉTACHEMENT n. m. 1. État, sentiment de qqn qui n'est pas ou ne se sent pas lié à qqch, concerné, intéressé par qqch ; désintéressement, indifférence : *Parler avec détachement.* — 2. Position d'un fonctionnaire placé temporairement hors de son cadre d'origine, mais continuant à bénéficier, dans ce cadre, de ses droits à l'avancement et à la retraite. — 3. Élément d'une troupe chargé d'une mission particulière. — 4. *Détachement d'armée,* fraction temporaire d'une armée. (Il peut comprendre plusieurs grandes unités, sans bénéfice d'aucun service.) ‖ *Détachement de contact,* élément mobile de réparation de l'arme du matériel. ‖ *Détachement de liaison et d'observation (D. L. O.),* détachement d'artillerie dont le but est d'assurer l'appui de l'unité interarmées et de recueillir et transmettre les renseignements. ‖ *Détachement précurseur,* syn. de CAMPEMENT.

1. DÉTACHER v. t. (de *attacher*) [conj. 3]. 1. Enlever, défaire le ou les liens qui tenaient attaché qqch, qqn ; délier : *Détacher ses cheveux, un prisonnier.* — 2. Délier un lien, le dénouer, le défaire, l'ouvrir : *Détacher un collier.* — 3. Séparer qqch de qqch, le libérer, l'enlever de ce à quoi il était attaché, fixé, collé, etc. : *Détacher un timbre de son carnet.* — 4. Mettre qqch en valeur en le faisant ressortir : *Peintre qui détache un groupe de femmes sur un fond de paysage.* — 5. Prononcer séparément chaque mot, chaque syllabe sans faire de liaison ; jouer ou chanter chaque note séparément et distinctement : *Il prononça mon nom en détachant chaque syllabe.* — 6. Amener qqn à rompre progressivement ce qui le lie moralement, affectivement à qqn, à qqch : *Tous* *ces petits détails l'ont peu à peu détaché de son métier.* — **7.** Envoyer en mission qqpart : *On détacha un représentant à l'O. N. U.* — **8.** Placer un fonctionnaire hors de son cadre d'origine. — **9.** Mettre provisoirement un militaire à la disposition d'une autre unité que la sienne, mais sans modifier son affectation. — **10.** *Détacher les bras du corps,* les lever plus ou moins le long et à une certaine distance du corps. ‖ Vx. *Détacher un coup,* le décocher, le donner. ‖ *Ne pas (pouvoir) détacher les yeux, l'œil, le regard de qqch, de qqn,* être incapable de cesser de le regarder. ‖ *Ne pas (pouvoir) détacher sa pensée, son attention, etc., de qqch, de qqn,* ne pas pouvoir faire autrement que d'y penser, en être obsédé.

◆ **être détaché** v. pass. **1.** En parlant de l'attitude de qqn, ne paraître manifester aucun intérêt particulier pour qqch ; être indifférent : *Il suivait la manifestation d'un regard détaché.* — **2.** *Pièces détachées,* pièces vendues séparément, pour remplacer les pièces défectueuses d'un appareil, d'un mécanisme, d'un matériel quelconque. ‖ *Service détaché,* position du militaire de carrière placé hors de son corps d'origine pour exercer des fonctions publiques électives ou pour occuper soit un emploi public, soit, dans certaines conditions, un emploi privé d'intérêt public.

◆ **se détacher** v. pr., **être détaché** v. pass. **1.** Ne plus être attaché, lié, collé, fixé, etc., à qqch : *Le papier se détache du mur.* — **2.** Se défaire, pouvoir se défaire en parlant d'un lien, d'une attache, etc. : *Comment cette ceinture se détache-t-elle ?* — **3.** Rompre le lien affectif qui attache à qqn, à qqch ; perdre tout intérêt pour qqn, qqch : *Avec les années, elle s'est détachée de son mari.* — **4.** Apparaître nettement, se distinguer, ressortir ; se découper, trancher : *Objet de couleur vive qui se détache sur un fond sombre.* — **5.** Prendre de l'avance sur les autres, les distancer : *Coureur qui se détache du peloton.*

2. DÉTACHER v. t. (de *tache*) [conj. 3]. Enlever une tache à l'aide d'un produit spécifique : *Détacher un pantalon.*

DÉTACHEUR n. m. (de *détacher 1*). Appareil pour enlever les fibres sur un organe tel que le peigneur de carde.

DÉTAIL n. m. (de *détailler*). **1.** Petit élément constitutif d'un ensemble, et qui peut être jugé comme secondaire : *Ne pas négliger les détails.* — **2.** Développement minutieux, énumération des différentes phases d'un événement, description circonstanciée d'un fait (seulem. au sing.) : *Il a fallu qu'elle nous raconte tout par le détail.* — **3.** Partie, étudiée ou reproduite isolément, d'une œuvre d'art. — **4.** Vente par un commerçant (détaillant) de produits en petites quantités, selon les besoins des consommateurs. — **5.** *Au détail,* à l'unité ou selon la quantité désirée par le client. ‖ *C'est un détail,* cela n'a pas d'importance. ‖ *En détail,* sans rien omettre. ‖ Fam. *Ne pas faire le détail,* ne pas se préoccuper des caractéristiques de qqch, des individus particuliers concernés. ‖ *Officier de détails,* officier subalterne responsable des services administratifs dans une compagnie ou un détachement administrativement autonome. ‖ *Question, point de détail,* question, point secondaire, ou qui touche à un détail et non à l'ensemble. ‖ *Revue de détail,* inspection qui porte sur tous les effets constituant le paquetage et l'armement confiés à un soldat.

DÉTAILLANT, E n. Commerçant qui pratique la vente au détail.

DETAILLE (Édouard), peintre français (Paris 1848 - *id.* 1912). Élève de Meissonier, il se consacra à la peinture militaire (*le Rêve,* 1888, musée de l'Armée, Paris).

DÉTAILLER v. t. (de *tailler*) [conj. 3]. **1.** Vendre une marchandise au détail. — **2.** Diviser un produit en parties destinées à la vente : *Détailler un bœuf.* — **3.** Énumérer qqch dans tous ses détails : *Ne me détaillez pas vos raisons, je les devine.* — **4.** Donner le détail de qqch, les divers éléments qui le composent : *Détailler une facture.* — **5.** Passer en revue tous les éléments d'un ensemble, examiner qqn, qqch dans le détail, de manière approfondie : *Il la détaillait de la tête aux pieds.* — **6.** Dessiner, peindre en détail. — **7.** Couper en dés un produit alimentaire.

◆ **être détaillé** v. pass. Être précisé, présenté dans ses moindres détails ; être circonstancié : *Un compte-rendu très détaillé d'une réunion.*

DÉTALER v. i. (anc. fr. *estaler,* s'arrêter) [conj. 3]. *Fam.* S'en aller au plus vite, s'enfuir ; décamper en hâte.

DÉTALONNAGE n. m. Action de détalonner

DÉTALONNER v. t. (conj. 3). Donner de la dépouille à un outil, de façon à éviter qu'au cours du travail la face de l'outil qui regarde la surface usinée ne vienne talonner contre cette surface.

DÉTAPISSER v. t. (conj. 3). Enlever la tapisserie d'un meuble, les tapisseries, les papiers peints d'une pièce, d'un mur.

DÉTARTRAGE n. m. Action de détartrer.

DÉTARTRANT, E adj. et n. m. Se dit d'un produit propre à détartrer une canalisation, une chaudière, etc.

DÉTARTRER v. t. (conj. 3). Enlever le tartre d'un récipient, d'un conduit, des dents, etc.

DÉTARTREUR adj. m. et n. m. Se dit d'un appareil servant à détartrer.

DÉTASSER v. t. (conj. 3). Desserrer ce qui était tassé.

DÉTATOUAGE n. m. Action de détatouer.

DÉTATOUER v. t. (conj. 6). Détruire un tatouage.

DÉTAXATION n. f. Action de détaxer.

DÉTAXE n. f. Suppression ou remboursement de taxes.

DÉTAXER v. t. (conj. 3). Soustraire un produit, une matière aux taxes ou à une partie des taxes qui le frappent : *Détaxer les ventes d'alcool dans les aéroports.*

DÉTECTABILITÉ n. f. Capacité de détecter.

DÉTECTABLE adj. Que l'on peut détecter : *Les cyclones sont détectables par satellite.*

DÉTECTER v. t. (angl. *to detect,* du lat. *detectus,* de *detegere,* découvrir) [conj. 4]. **1.** Déceler la présence d'un corps ou d'un phénomène à l'aide d'un appareil : *Détecter une fuite de gaz.* — **2.** Découvrir l'existence de qqch à la suite de recherches : *Détecter un réseau d'espionnage.* — **3.** Découvrir qqch par intuition ; diagnostiquer : *On a détecté qu'il avait une maladie de cœur.*

DÉTECTEUR, TRICE adj. (angl. *detector*). Qui permet de détecter la présence de qqch.
◆ **détecteur** n. m. Tout appareil utilisé pour déceler la présence d'un corps ou d'un phénomène caché ou non apparent immédiatement (ondes radioélectriques, gaz, mines). • **Arm.** *Détecteur de mines,* appareil portatif utilisant la modification du champ électromagnétique produite par les mines métalliques enterrées, pour les localiser. — **Ch. de f.** *Détecteur de chauffage de boîtes d'essieu,* appareil placé sur la voie et permettant de détecter au passage des trains les boîtes d'essieu ayant subi une élévation anormale de température. — **Cybern.** Syn. de CAPTEUR. || *Détecteur d'écart,* syn. de COMPARATEUR. — **Électr.** Détecteur de tension, syn. de DÉCELEUR DE TENSION. — **Pétr.** Appareil permettant la détection d'hydrocarbures dans la boue ou les déblais, pendant le forage d'un puits de recherche de pétrole. — **Phys.** Appareil permettant de déceler le passage des particules et de mesurer leur énergie. (On distingue les chambres, les compteurs, les émulsions et les scintillateurs ; les détecteurs à semi-conducteur sont employés pour les particules de faible énergie.) — **Techn.** Dispositif sensible aux courants électriques de haute fréquence, permettant de déceler la présence d'ondes ou d'oscillations radioélectriques. || *Détecteur d'incendie,* appareil automatique déclenchant l'alarme lors de l'éclosion du feu dans son périmètre de surveillance. (Selon le type, il agit sous l'influence de la fumée, de la flamme ou de l'élévation de température.)

DÉTECTION n. f. (angl. *detection,* du bas lat. *detectio, -onis*). **1.** Action de détecter la présence de qqch de caché, de qqch qui n'est pas visible à l'œil nu. — **2.** Opération permettant de détecter la position d'un avion, d'un sous-marin, d'une mine métallique, etc. (→ *encycl.*) — **3.** Action de déceler l'existence ou la modification d'oscillations ou d'ondes en vue d'extraire les informations qu'elles peuvent transporter, notamment celles qui signalent la présence d'un objet.

ENCYCL. *Détection maritime.* Sur les navires de surface la veille aérienne est assurée, dans un rayon de 200 à 300 km, par toute une gamme de radars. En revanche la détection des sous-marins s'est heurtée à la portée limitée à 2 000 m des sonars*. De nos jours les sonars à basse fréquence autorisent des portées théoriques de 15 à 30 km. La détection maritime fait également appel à des systèmes de « pistage » des anomalies magnétiques, qui permettent de localiser le sous-marin adverse par la masse qu'il représente.
• *Détection aérienne.* Les premiers procédés de détection des appareils adverses ont mis en œuvre des dispositifs acoustiques (pavillons amplificateurs orientables). L'avènement du radar, qui peut atteindre une portée en altitude de 250 à 300 km, a marqué un progrès considérable. Les efforts des systèmes de défense aérienne se sont orientés vers les radars terrestres de détection à basse altitude et sur les dispositifs aéroportés. On attend de l'optronique, alliance de l'électronique et de l'optique, une nouvelle révolution en matière de détection.

DÉTECTIVE n. (angl. *detective,* de *to detect,* découvrir). **1.** *Détective (privé),* personne qui, sans appartenir à la police officielle, se charge d'enquêtes privées contre rémunération. (Syn. PRIVÉ.) — **2.** En Grande-Bretagne, inspecteur de police.

DÉTEINDRE v. i. (conj. 81). Perdre de sa teinture, de sa couleur ; se décolorer : *Tissu qui déteint au lavage.*
◆ v. t. ind. **1.** Communiquer de sa couleur à qqch : *Ton pantalon rouge a déteint sur les serviettes.* — **2.** Avoir sur qqn une certaine influence, le marquer durablement : *Sa jeunesse difficile a déteint sur toute son existence.* — **3.** Marquer qqn de son influence et le faire ressembler à soi : *Paul a déteint sur son frère.*
◆ v. t. Faire perdre de sa couleur à une matière : *Le soleil a déteint les rideaux.*

DÉTELAGE n. m. Action de dételer.

DÉTELER v. t. (de *atteler*) [conj. 24]. **1.** Détacher des animaux attelés : *Dételer des bœufs.* — **2.** Syn. de DÉSACCOUPLER.
◆ v. i. **1.** *Fam.* Cesser une activité longue et fatigante ; s'arrêter, prendre sa retraite : *Il a étudié sans dételer six heures de suite.* — **2.** *Litt.* Se ranger, cesser d'avoir une vie dissolue.

DÉTELEUR n. m. Agent chargé, dans un triage de chemin de fer, de séparer les coupes au moment du débranchement à la bosse de gravité. (Syn. COUPEUR.)

DÉTENDEUR n. m. **1.** Appareil qui, monté sur une installation de vapeur, d'eau ou de gaz, a pour rôle de maintenir constante la pression en aval, pour toute valeur supérieure de la pression en amont. – **2.** Robinet au travers duquel s'effectue la détente du frigorigène.

DÉTENDRE v. t. (lat. *detendere*) [conj. **73**]. **1.** Faire en sorte que qqch ne soit plus (aussi) tendu, étiré, en diminuer la tension : *Détendre les cordes de la guitare.* – **2.** Faire cesser un état de tension intellectuelle ou nerveuse, un état de préoccupation ; décontracter, délasser : *Le cinéma me détend.* – **3.** Faire disparaître l'agressivité, les conflits, les oppositions, les désaccords à l'intérieur d'un groupe : *Détendre l'atmosphère en racontant des histoires.* – **4.** Diminuer la pression (en parlant d'un fluide), par le moyen d'un détendeur.

◆ **se détendre** v. pr., **être détendu** v. pass. **1.** Se relâcher : *La courroie s'est détendue.* – **2.** Relâcher, décontracter ses muscles : *Détendez-vous, la piqûre vous calmera.* – **3.** Libérer son esprit des sources des préoccupations, d'une tension nerveuse ou intellectuelle, se décontracter ou se distraire : *Les enfants ont besoin de se détendre, après l'école.* – **4.** Être sans conflit, sans agressivité : *S'entretenir dans un climat détendu.*

DÉTENIR v. t. (lat. *detinere*) [conj. **40** ; auxil. *avoir*]. **1.** Garder un objet, l'avoir en sa possession : *Détenir un document.* – **2.** Avoir, posséder qqch : *Détenir un record.* – **3.** Retenir qqn dans un lieu, et, en partic., en prison : *Détenir un criminel.*

DÉTENTE n. f. (lat. **detendita*, de *detendere*, détendre). **1.** Fait de se relâcher, en parlant de qqch qui est tendu : *La détente du ressort.* – **2.** Mouvement du corps qui se relâche d'abord puis ramasse toutes ses forces pour s'élancer, pour sauter. – **3.** Qualité d'un sportif qui est capable d'exécuter ce mouvement avec une grande efficacité : *Avoir de la détente.* – **4.** Décontraction, repos, délassement du corps ou de l'esprit, relaxation : *Avoir besoin d'un moment de détente.* – **5.** Fait de devenir plus calme, moins tendu : *La détente du loyer de l'argent sur le marché.* – **6.** Apaisement de la tension internationale, paix dans les rapports sociaux, politiques : *Les problèmes de la détente internationale.* – **7.** Pièce du mécanisme d'une arme à feu portative qui, pressée par le tireur, agit sur la gâchette et fait partir le coup. – **8.** *À double détente,* se dit d'un fusil de chasse à deux canons et à deux détentes ; se dit de qqch qui agit en deux temps : *Argument à double détente.* ‖ Fam. *Être dur à la détente,* ne donner son argent qu'avec peine, être avare ; acquiescer difficilement aux désirs d'autrui, ou avoir du mal à comprendre. • **Frigor.** *Détente étagée,* procédé dans lequel le frigorigène subit plusieurs détentes s'accompagnant d'un refroidissement. – **Horlog.** Pièce qui déclenche la sonnerie. – **Mil.** *Permission de détente,* ancienne appellation de la permission de longue durée à laquelle ont droit les militaires appelés. – **Pétr.** *Ballon de détente, tour de détente,* appareil de raffinage du pétrole dans lequel on abaisse subitement la pression d'un produit semi-vaporisé, ce qui facilite la séparation des liquides et de la vapeur. – **Phon.** Ultime phase articulatoire d'une consonne, au cours de laquelle les articulateurs abandonnent la position qui était requise pour son émission. (Syn. anc. MÉTASTASE.) – **Thermodyn.** Diminution de la pression d'un système, généralement accompagnée d'une augmentation de volume. (La détente d'un gaz peut être isotherme ou adiabatique.)

DÉTENTEUR, TRICE n. (bas lat. *detentor*). **1.** Personne qui détient qqch : *Il n'est pas le seul détenteur de la vérité.* – **2.** *Tiers détenteur,* personne qui détient, à titre non précaire, tout ou partie d'un fonds grevé d'un privilège ou d'une hypothèque, sans être obligée personnellement au paiement de la dette.

DÉTENTION n. f. (bas lat. *detentio, -onis*). **1.** Action de détenir, d'avoir en sa possession : *Détention d'armes.* – **2.** Action de retenir prisonnier ; état d'une personne détenue, emprisonnement : *Détention à perpétuité.* – **3.** Fait d'avoir la disposition matérielle d'une chose dont on n'est pas propriétaire. – **4.** *Centre de détention,* établissement pénitentiaire orienté vers la resocialisation, où sont affectés certains condamnés à une longue peine considérés comme moins dangereux que d'autres. ‖ *Détention criminelle,* peine politique criminelle, afflictive et infamante. (Elle peut être prononcée à perpétuité ou à temps [de 5 à 10 ans ou de 10 à 20 ans].) ‖ *Détention provisoire,* incarcération de l'inculpé avant jugement.

ENCYCL. La *détention provisoire* ne peut être ordonnée que dans certains cas prévus par la loi (infraction passible de 2 ans d'emprisonnement au moins, nécessité de préserver l'ordre public, etc.). Toute décision de placement en détention provisoire doit obligatoirement être précédée d'un débat contradictoire. En matière correctionnelle comme en matière criminelle, le placement en détention provisoire est prescrit par ordonnance motivée du juge d'instruction. En matière correctionnelle, la détention provisoire ne peut « en principe » excéder 4 mois et en matière criminelle un an. La détention provisoire est supprimée dans tous les cas pour les mineurs de moins de 13 ans et en matière correctionnelle pour les mineurs de 13 à 16 ans.

DÉTENU, E adj. et n. Personne incarcérée par ordre de l'autorité judiciaire.

DÉTERGENCE n. f. **1.** Phénomène permettant d'éliminer d'un milieu solide les salissures qui y adhèrent par leur mise en suspension ou en solution. (Il est dû à la présence de molécules amphiphiles.) — **2.** Propriété de certains lubrifiants, appelés *huiles détergentes,* de retenir les dépôts solides en suspension.

DÉTERGENT, E adj. et n. m. (de *déterger*). **1.** Se dit d'un produit présentant les propriétés de détergence et utilisé pour cette raison dans les processus de lavage. (Syn. DÉTERSIF.) On distingue les savons ou les poudres à base de savon et les détergents synthétiques (« sans savon ») qui se présentent en poudres ou en liquides. — **2.** *Huile détergente,* lubrifiant pour moteur maintenant en suspension les matières solides qui s'accumulent progressivement dans une huile. (Syn. HUILE DISPERSIVE.)

DÉTERGER v. t. (lat. *detergere*). [conj. **17**]. **1.** Produire le phénomène de détergence. — **2.** Nettoyer une plaie, une lésion cutanée, de manière à hâter la cicatrisation.

DÉTÉRIORATION n. f. (bas lat. *deterioratio, -onis*). **1.** Action de détériorer, fait de se détériorer, d'être détérioré : *La détérioration d'un appareil.* — **2.** *Détérioration intellectuelle, mentale, psychique,* affaiblissement de certaines fonctions intellectuelles lié à l'âge et/ou à divers processus pathologiques.

ENCYCL. **Psychiatr.** La *détérioration intellectuelle* représente une atteinte des fonctions cognitives, moins patente que dans la démence mais également irréversible. Le sujet détérioré garde dans certains domaines (expression verbale et automatismes professionnels, notamment) un niveau de réalisation pratiquement intact, mais les tâches mettant en œuvre la possibilité de faire de nouvelles acquisitions sont touchées. L'efficience intellectuelle diminue chez tous les individus à mesure que l'âge augmente : c'est la détérioration physiologique mesurable par des tests. Il peut s'y ajouter une détérioration pathologique, d'origine organique ou psychique.

DÉTÉRIORÉ, E n. Sujet présentant une détérioration intellectuelle.

DÉTÉRIORER v. t. (bas lat. *deteriorare*) [conj. **3**]. **1.** Mettre qqch en mauvais état, le rendre inutilisable ; endommager, abîmer : *Ce produit a détérioré la moquette.* — **2.** Dégrader qqch, l'abîmer gravement, lui nuire : *Détériorer la santé.* — **3.** *Fam.* Diminuer fortement les forces physiques de qqn, ses aptitudes mentales : *La maladie et l'âge l'ont singulièrement détérioré.*

◆ **se détériorer** v. pr., **être détérioré** v. pass. S'abîmer, se dégrader, s'altérer, perdre de ses qualités, perdre ses forces, de ses facultés : *Relations diplomatiques qui se détériorent.*

DÉTERMINABLE adj. Qui peut être déterminé.

DÉTERMINANT, E adj. Qui détermine, décide une action ; décisif : *Une raison déterminante.*

◆ **déterminant** n. m. **1.** Élément linguistique qui en détermine un autre (par oppos. au *déterminé*). — **2.** Membre d'une classe de morphèmes grammaticaux qui se placent devant le nom pour l'introduire dans le discours, tout en lui apportant diverses spécifications. (Ce sont les articles, les adjectifs possessifs, démonstratifs, indéfinis et numéraux.) — **3.** *Déterminant d'un endomorphisme* f *d'un* K-*espace vectoriel* E *de dimension finie* n, déterminant de la matrice associée à f dans une base quelconque de E. (Ce déterminant ne dépend pas de la base choisie.) ‖ *Déterminant d'une matrice carrée* $M = (\alpha_{ij})$ *d'ordre* n *sur un corps* K, déterminant des n vecteurs colonnes ou des n vecteurs lignes dans la base canonique de K_n. [→ *encycl.*] ‖ *Déterminant de* n *vecteurs* $(x_1, x_2..., x_n)$ *d'un* K-*espace vectoriel* E *de dimension finie* n *sur une base* $A = (a_i)_{1 \leqslant i \leqslant n}$, *de* E, scalaire, noté de det $(x_1, x_2,..., x_n)$, égal à

$\sum_{\sigma \in S_n} \varepsilon(\sigma) \cdot \alpha_{1\,\sigma(1)} \alpha_{2\,\sigma(2)} \ldots \alpha_{n\,\sigma(n)}$, où S_n est le groupe des permutations de $[1,n]$, $\varepsilon(\sigma)$ la signature de la permutation σ et α_{ij} la coordonnée de x_i sur a_j.

ENCYCL. On note :

$$\det_A(x_1, x_2, \ldots, x_n) = \begin{vmatrix} \alpha_{11} & \alpha_{12} & \alpha_{1j} & \alpha_{1n} \\ & & \vdots & \vdots \\ \alpha_{21} & \alpha_{22} & \vdots & \vdots \\ \vdots & & \vdots & \vdots \\ \alpha_{i1} & \cdots & \alpha_{ij} & \cdots\ \alpha_{in} \\ \vdots & & \vdots & \vdots \\ \alpha_{n1} & \cdots & \alpha_{nj} & \cdots\ \alpha_{nn} \end{vmatrix}$$

Un tel déterminant est dit d'ordre n. On peut développer un déterminant suivant la $i^{\text{ème}}$ ligne ou la $j^{\text{ème}}$ colonne : si on note M_{ij} la matrice obtenue en enlevant la $i^{\text{ème}}$ ligne et la $j^{\text{ème}}$ colonne, alors

$$\det(x_1, x_2, \ldots, x_n) = \sum_{1 \leqslant i \leqslant n} (-1)^{i+j} \alpha_{ij} \det M_{ij}$$

(par rapport à la $i^{\text{ème}}$ ligne). On appelle $(-1)^{i+j} \det M_{ij}$ cofacteur de α_{ij} et $\det M_{ij}$ *mineur* associé à α_{ij}. Lorsque le déterminant de n vecteurs est non nul, les vecteurs sont alors linéairement indépendants (et réciproquement). Lorsque le déterminant d'un endomorphisme est non nul, l'endomorphisme est alors inversible (et réciproquement).

DÉTERMINATIF, IVE adj. (lat. médiév. *determinativus*). **1.** Qui détermine, précise le sens de qqch. – **2.** *Adjectif déterminatif*, ou *déterminatif* (n. m.), nom donné aux adjectifs démonstratifs, possessifs, interrogatifs, numéraux, indéfinis, pour les opposer à l'adjectif qualificatif.

DÉTERMINATION n. f. (lat. *determinatio, -onis*). **1.** Action de déterminer qqch, de le définir avec précision : *La détermination des mobiles d'un meurtre.* – **2.** Fait d'être la cause d'une action, d'un événement : *Rapport de détermination entre deux faits.* – **3.** Acte de volonté, décision, résolution : *Faire revenir quelqu'un sur sa détermination.* – **4.** Qualité, attitude de qqn qui est ferme, déterminé, résolu ; fermeté : *Faire preuve de détermination.* – **5.** Action de déterminer un être vivant, une roche, etc. – **6.** Relation entre le déterminant et le déterminé. • **Génét.** *Détermination du sexe,* ensemble des phénomènes génétiques, cellulaires et hormonaux qui aboutissent à la conception et à la différenciation d'êtres de sexe opposé. – **Géom.** *Détermination d'un angle de couple* α, un des réels antécédents de α par une phase. (Si la phase est la période *m,* la différence entre deux déterminations de α est un multiple de *m*.) ‖ *Détermination centrale* ou *détermination principale d'un angle de couple* α, antécédent de α dans]- $m/2$, $m/2$[par une phase de période *m.*

DÉTERMINÉ n. m. **1.** Élément linguistique déterminé par un autre (par oppos. au *déterminant*). – **2.** Constituant d'un syntagme nominal dont les autres éléments sont les déterminants (par ex. « chapeau », dans *le chapeau de Pierre*).

DÉTERMINER v. t. (lat. *determinare*) [conj. 3]. **1.** Établir qqch, le définir avec suffisamment de précision au terme d'une recherche, d'une réflexion, d'une analyse ; préciser : *Déterminer les causes d'un accident.* – **2.** Décider : *Déterminer la date du lancement de la fusée.* – **3.** Être la cause directe d'un événement, le provoquer, le décider : *C'est cette blessure qui a déterminé la mort.* – **4.** Influencer qqch, le faire aller dans tel ou tel sens ; influer sur : *Ces événements ont déterminé tout son avenir.* – **5.** Amener qqn à tel ou tel acte, l'y pousser ou l'en persuader ; inciter, engager : *Qu'est-ce qui l'a déterminé à agir ainsi ?* – **6.** Identifier un individu animal ou végétal comme faisant partie d'une espèce déjà décrite, en utilisant notamment les « clés » dichotomiques proposées dans les flores et les faunes. – **7.** Identifier une roche, un fossile, un minéral par référence à un type précédemment décrit et nommé. – **8.** En parlant d'un élément linguistique, s'associer avec un (ou plusieurs) autre(s) pour le(s) caractériser, en préciser la valeur et/ou le sens.

◆ **être déterminé** v. pass. **1.** Être bien défini, précisé, fixé : *Je n'ai pas d'idée très déterminée sur la question.* – **2.** Être ferme, décidé, résolu ; manifester de la détermination : *Elle marcha vers moi d'un pas déterminé.* – **3.** Être soumis au déterminisme : *Phénomène entièrement déterminé.*

◆ **se déterminer** v. pr. Se décider à faire telle chose, choisir de faire telle chose : *Il s'est déterminé à partir demain.*

DÉTERMINISME n. m. (all. *Determinismus*). **1.** Théorie philosophique selon laquelle les phénomènes naturels et les faits humains sont causés par leurs antécédents. (→ *encycl.*) – **2.** Enchaînement de cause à effet entre deux ou plusieurs phénomènes. – **3.** *Déterminisme laplacien* ou *universel,* hypothèse suivant laquelle la connaissance des lois de l'évolution de l'univers et de son état actuel permet de prévoir ses états futurs.

ENCYCL. Le déterminisme est un mode de pensée qui a été formalisé au XIXe s. Il implique l'élimination du hasard : rien ne se produit sans avoir une cause, et Laplace a fait l'hypothèse que, sans cette élimination, aucune science ne serait possible. Cependant, comme Claude Bernard l'a souligné, le déterminisme implique le concours de plusieurs causes simultanées ; il concerne donc des phénomènes aussi complexes et apparemment aléatoires que l'évolution biologique. De plus, le déterminisme n'exclut pas la notion de probabilité : c'est ce que fait apparaître la théorie cinétique des gaz de Maxwell-Boltzmann (1865), qui implique que la méthode statistique soit le point de départ méthodologique d'une démarche dont le déterminisme n'est que le point d'arrivée : la cause de chaque événement, pris un par un, n'est de facto pas déterminable. Le point d'achoppement le plus grave du déterminisme est la relation d'incertitude d'Heisenberg, qui affirme, en microphysique, qu'il n'est pas possible de mesurer à la fois deux paramètres conjugués dans une particule, par exemple l'électron : connaître sa vitesse rend impossible la connaissance de sa position et connaître sa position rend impossible la connaissance de sa vitesse. Néanmoins, le déterminisme reste opératoire. D'ailleurs, Einstein a fait remarquer qu'il est impossible de ne pas supposer quelque part une sorte d'harmonie du monde indispensable à toute démarche scientifique. Désormais, le déterminisme n'est plus pour l'homme de science que la meilleure des hypothèses ; ce n'est plus un dogme.

DÉTERMINISTE adj. et n. Relatif au déterminisme ; partisan du déterminisme.

DÉTERRAGE n. m. **1.** Action de déterrer ; exhumation. (Syn. DÉTERREMENT.) — **2.** Action de déterrer le soc d'une charrue lors du défonçage. — **3.** Mode de chasse qui consiste à prendre sous terre un renard ou un blaireau.

DÉTERRÉ n. m. *Avoir une mine de déterré,* avoir mauvaise mine, être pâle, défait.

DÉTERREMENT n. m. Syn. de DÉTERRAGE.

DÉTERRER v. t. (conj. 4). **1.** Tirer qqch de terre, où il était enfoui ou caché : *Déterrer un trésor.* — **2.** Tirer un mort de sa sépulture ; exhumer. — **3.** Tirer qqch de l'oubli : *Déterrer de vieux souvenirs.* — **4.** Sortir qqch d'un lieu où il était resté très longtemps et le plus souvent oublié, ou finir par le découvrir après l'avoir cherché, le dénicher : *Déterrer un manuscrit.*

DÉTERREUR, EUSE n. **1.** *Litt.* Se dit de qqn qui déterre, découvre qqch : *Déterreur de cadavres, de manuscrits.* — **2.** Chasseur qui pratique le déterrage.

DÉTERSIF, IVE adj. et n. m. (lat. *detersus,* nettoyé). Syn. de DÉTERGENT.

DÉTERSION n. f. (lat. *detersio, -onis*). Action de déterger, de nettoyer une plaie.

DÉTESTABLE adj. (lat. *detestabilis*). Qui a tout pour déplaire ; très mauvais ; exécrable : *Temps détestable.*

DÉTESTABLEMENT adv. De façon détestable ; très mal.

DÉTESTER v. t. (lat. *detestari,* exécrer) [conj. 3]. **1.** Avoir de l'aversion, de l'antipathie pour qqn, qqch ; exécrer, abominer : *Détester les menteurs, la guerre.* — **2.** Ne pas pouvoir endurer, supporter qqn, qqch, l'avoir en horreur : *Je déteste qu'on me dérange.* — **3.** *Ne pas détester,* bien aimer : *Je ne déteste pas aller au restaurant de temps à autre.*

DÉTHÉINÉ, E adj. *Thé déthéiné,* thé dont on a enlevé la théine.

DÉTHÉSAURISATION n. f. Remise en circulation d'or ou de liquidités monétaires précédemment thésaurisés.

DÉTHÉSAURISER v. t. (conj. 3). Effectuer une déthésaurisation.

DÉTIRÉ n. m. Exercice d'assouplissement de la jambe effectué à la barre ou au milieu. (En équilibre sur la jambe d'appui, on prend le talon de la jambe libre, en passant cette dernière tendue devant, puis sur le côté.) [Syn. PIED DANS LA MAIN.]

DÉTISSAGE n. m. Action de détisser.

DÉTISSER v. t. (conj. 3). Défaire un objet tissé.

DETMOLD, v. d'Allemagne (Rhénanie-du-Nord-Westphalie), au S.-E. de Bielefeld, anc. cap. de la *principauté de Lippe,* au pied du Teutoburger Wald ; 66 000 hab. Château Renaissance (musée).

DÉTONANT, E adj. **1.** Se dit d'un explosif apte à la détonation. — **2.** *Amorce détonante,* syn. de DÉTONATEUR. ‖ *Mélange détonant,* mélange de gaz qui peuvent exploser en se combinant ; se dit de personnes dont les oppositions peuvent se traduire par des crises violentes ; se dit de choses qui, réunies, peuvent provoquer une crise, un problème grave.

DÉTONATEUR n. m. **1.** Artifice ou partie de munition servant à provoquer la détonation d'un explosif ou d'un cordeau détonant. (Syn. AMORCE DÉTONANTE.) — **2.** Ce qui provoque une action ou fait éclater une situation explosive : *Cette déclaration a servi de détonateur à la crise.*

DÉTONATION n. f. (de *détoner*). **1.** Bruit plus ou moins violent produit par une explosion ou qui rappelle une explosion : *La détonation d'un canon.* — **2.** Anomalie de combustion, accompagnée d'un bruit affectant le fonctionnement d'un moteur thermique. (La détonation est généralement due à l'emploi d'un carburant à indice d'octane trop faible pour le taux de compression du moteur. L'addition de composés antidétonants peut la supprimer. Elle peut aussi être due à la présence de « points chauds » dans la culasse, provoquant un préallumage accidentel.) — **3.** Décomposition extrêmement rapide d'un explosif, qui se caractérise par la propagation, à une vitesse de plusieurs kilomètres par seconde, d'une onde de pression dans la substance explosive. (La combustion de l'explosif s'accompagne d'une onde de choc responsable des effets brisants de la détonation ainsi que de la détonation par influence, capable de provoquer à distance d'autres détonations de charges explosives.)

DÉTONER v. i. (lat. *detonare,* tonner) [conj. 3]. **1.** Émettre un bruit plus ou moins violent, en partic. en explosant. — **2.** Être le siège d'une détonation.

DÉTONNELER v. t. (conj. 24). Tirer d'un tonneau son contenu.

DÉTONNER v. i. (de *ton*) [conj. 3]. **1.** Chanter, jouer faux. — **2.** Produire un contraste désagréable, ne pas être dans le ton ; trancher : *Des couleurs qui détonnent. Il n'est pas à sa place ici, il détonne.*

DÉTORDEUSE n. f. Machine pour détordre les écheveaux teints.

DÉTORDRE v. t. (conj. 76). Remettre dans son état premier ce qui est tordu : *Détordre une barre de fer.*

DÉTORS, E adj. (anc. part. de *détordre*). Se dit de ce qui n'est plus tordu.

DÉTORSION n. f. Action de détordre.

DÉTORTILLER v. t. (conj. 3). Remettre dans son état premier ce qui est tortillé, entortillé : *Détortiller du fil.*

DÉTOUR n. m. (de *détourner*). **1.** Trajet, tracé sinueux d'une voie, d'un cours d'eau ; coude, courbe, virage qu'il comporte : *Une route qui fait des détours.* – **2.** Itinéraire, parcours qui s'écarte de la voie directe ; distance supplémentaire qui en résulte : *Faire un détour pour éviter un embouteillage.* – **3.** Moyen indirect de faire, de dire, ou d'éluder qqch ; biais, faux-fuyant : *Que de détours pour expliquer une chose aussi simple !* – **4.** *Au détour de,* à l'endroit où il y a un coude, un virage : *Au détour du sentier, on aperçoit le château ;* à un moment apparemment anodin d'une conversation, d'une recherche, etc. ‖ *Sans détour,* franchement, simplement, etc. ‖ *Valoir le détour,* mériter que l'on s'écarte de son chemin pour y aller.

DÉTOURAGE n. m. (de *tour*). **1.** Élimination sur un phototype du fond entourant un sujet, par application d'un produit spécial. – **2.** Opération ayant pour résultat de donner à une pièce en cours d'usinage le contour que lui impose le dessin.

DÉTOURÉ n. m. Photo détourée illustrant une publication.

DÉTOURER v. t. (conj. 3). Effectuer un détourage.

1. DÉTOURNÉ → DÉTOURNER.

2. DÉTOURNÉ n. m. Rotation du corps par pivotement sur les deux pieds et dans la direction du pied placé derrière.

DÉTOURNEMENT n. m. **1.** Action de détourner qqch, une voie ; dérivation : *Détournement d'une rivière.* – **2.** Action de soustraire illégitimement qqch à sa destination normale pour son profit ; appropriation frauduleuse de sommes dont on n'est que le dépositaire : *Être poursuivi pour détournement de fonds.* – **3.** Modification du parcours normal d'un train. – **4.** *Détournement d'actif,* fait pour une personne, une entreprise, en état de cessation de paiement, de soustraire une partie de ses biens aux poursuites de ses créanciers. ‖ *Détournement d'avion,* fait de s'emparer (ou de tenter de s'emparer) d'un avion en vol, par violence ou menace de violence, en vue de modifier sa destination. (→ *encycl.*) ‖ *Détournement de pouvoir,* utilisation par l'autorité administrative de son pouvoir dans un but autre que celui pour lequel ce pouvoir lui a été conféré. (L'acte entaché de détournement de pouvoir est illégal.)

ENCYCL. **Dr.** Des mesures de prévention et de répression des *détournements d'avion* ont été prévues par des conventions internationales. La législation française punit de la réclusion criminelle à temps ou à perpétuité toute personne se trouvant à bord d'un aéronef en vol, qui, par violence ou menace de violence, s'empare de cet aéronef ou en exerce le contrôle.

DÉTOURNER v. t. (de *tourner*) [conj. 3]. **1.** Changer le tracé initial d'une voie, d'un cours d'eau ; dévier : *Pour construire le barrage il fallut détourner la rivière.* – **2.** Écarter qqn, un véhicule du chemin qu'il suit, l'obliger à adopter une autre direction : *Détourner un convoi.* – **3.** Contraindre par la menace, la force et illégalement le pilote d'un avion à changer la destination de son appareil. – **4.** Faire quitter son orientation, son objectif premier à qqch : *N'essayez pas de détourner la conversation.* – **5.** Donner à qqch (texte littéraire, slogan publicitaire, film, etc.) un autre sens que son sens original par divers procédés de masquage ou de surcharge. – **6.** *Détourner les yeux, la tête, etc.,* les tourner d'un autre côté, pour éviter de voir ou d'être vu. – **7.** Faire en sorte que qqn s'occupe d'autre chose, l'amener à se détacher de qqn, à renoncer à qqch : *Rien ne le détournera de poursuivre ses recherches.* – **8.** Soustraire illégitimement des marchandises, de l'argent, etc., à leur destination normale : *Détourner des titres, des valeurs.* – **9.** *Détourner les soupçons sur qqn,* les faire porter sur lui.

◆ **être détourné** v. pass. **1.** Ne pas être direct, faire un écart, un détour : *Il choisit un sentier détourné pour rejoindre le camp.* – **2.** Se dit d'un moyen indirect, qui ne va pas droit au but : *Allusion détournée.* – **3.** *Papier détourné,* syn. de PAPIER DÉPLACÉ*.

◆ **se détourner** v. pr. **1.** Tourner la tête ou se tourner d'un autre côté pour ne pas voir qqn, qqch, ou pour ne pas être vu : *Elle se détourna pour cacher ses larmes.* – **2.** Se détacher de qqn, de qqch : *Se détourner de la religion.*

DÉTOURNEUR n. m. *Détourneur d'appels,* appareil qui permet de renvoyer les appels téléphoniques parvenant à un abonné absent, sur un poste où il peut être joint.

DÉTOXICATION n. f. **1.** Neutralisation ou élimination par l'organisme de substances toxiques endogènes ou exogènes. – **2.** Élimination du caractère toxique d'un déchet avant traitement ou mise en décharge. (Elle peut consister à neutraliser les déchets acides ou basiques, les uns par les autres ou à l'aide de réactifs ; à modifier l'état d'oxydation de certains ions ; ou à enfermer les ions toxiques dans un réseau siliceux qui les rend insolubles.)

DÉTOXIFICATION n. f. Opération physicochimique ou métabolique par laquelle un produit perd sa toxicité.

DÉTOXIFIER v. t. (conj. 9). Pratiquer une détoxification.

DÉTOXIQUER v. t. (conj. 3). Effectuer la détoxication.

DÉTRACTEUR, TRICE n. (lat. *detractor,* de *detrahere,* tirer en bas). Personne qui cherche à déprécier par des critiques ; accusateur : *Cette pièce a ses détracteurs.*

DÉTRANCANER v. t. (conj. 3). Dévider la soie sur le détrancanoir.

DÉTRANCANOIR n. m. Dévidoir léger, où le fil de soie, évidé des écheveaux, est enroulé sur un bobinot appelé « roquet ».

DÉTRAQUÉ, E n. *Fam.* Personne atteinte de troubles mentaux ; déséquilibré, fou.

DÉTRAQUEMENT n. m. Action de détraquer ; fait de se détraquer, d'être détraqué : *Le détraquement d'une horloge.*

DÉTRAQUER v. t. (du moyen fr. *trac,* chemin) [conj. 3]. **1.** Abîmer qqch, faire qu'il ne fonctionne plus correctement : *Détraquer une montre.* – **2.** *Fam.* Déranger qqn, nuire à son organisme : *Cet aliment détraque l'estomac.* – **3.** *Fam.* Perturber profondément qqn, ses facultés mentales : *Cette vie agitée l'a complètement détraqué.*

◆ **se détraquer** v. pr., **être détraqué** v. pass. **1.** Être dérangé dans son fonctionnement : *À trop manger de chocolat, ton foie va se détraquer.* – **2.** Altérer sa santé, déranger le bon fonctionnement d'un organe ; être malade. – **3.** *Avoir l'esprit détraqué, être détraqué,* être fou, avoir ses facultés mentales perturbées. ‖ *Le temps se détraque,* il devient mauvais ou il ne correspond pas à ce qu'il devrait être.

1. DÉTREMPE n. f. (de *détremper 1*). **1.** Technique picturale dans laquelle les couleurs sont broyées à l'eau, puis délayées au moment de peindre avec de la colle de peau tiède ou de la gomme. (Syn. PEINTURE À LA COLLE, TEMPERA.) – **2.** Peinture ainsi préparée. – **3.** Œuvre exécutée avec cette peinture. (Détrempe et tempera ont été, avec la fresque, les techniques de peinture artistique en usage jusqu'à l'adoption de la peinture à l'huile, aux XVe-XVIe s.) – **4.** Phénomène de solubilisation partielle du liant d'une peinture déjà sèche lors de l'application, dans un trop bref délai, d'une nouvelle couche. – **5.** Préparation d'une pâte, qui consiste à faire absorber à de la farine une quantité déterminée de lait, d'eau ou d'œuf.

2. DÉTREMPE n. f. (de *détremper 2*). Action de détremper un acier.

1. DÉTREMPER v. t. (bas lat. *distemperare,* délayer) [conj. 3]. **1.** Modifier la consistance de qqch, l'amollir en l'imprégnant d'un liquide : *La pluie a détrempé les chemins.* – **2.** Provoquer la détrempe d'une peinture. – **3.** Effectuer la détrempe d'une pâte.

2. DÉTREMPER v. t. (de *tremper*) [conj. 3]. Supprimer, par chauffage, les effets de la trempe de l'acier.

DÉTRESSE n. f. (lat. pop. *districtia,* étroitesse, du lat. class. *distringere,* serrer). **1.** Angoisse causée par un sentiment d'abandon, d'impuissance, par une situation désespérée : *La détresse d'un chômeur.* – **2.** Situation critique, malheur exigeant un prompt secours : *Une famille dans la détresse.* – **3.** *Détresse cardiaque, respiratoire,* insuffisance fonctionnelle aiguë du cœur ou de l'appareil respiratoire. – **4.** *En détresse,* se dit d'un train immobilisé par suite d'avaries ou d'insuffisance de puissance de la locomotive ; se dit d'un navire en position dangereuse par suite d'avarie, de voie d'eau ou d'épidémie à bord ; se dit d'un avion en perdition. ‖ *Feux de détresse,* clignotement simultané des quatre feux indicateurs de direction d'une automobile. (Syn. WARNING.) ‖ *Signaux de détresse,* signaux émis par un navire qui réclame du secours.

DÉTRESSER v. t. (conj. 4). Défaire ce qui était tressé : *Détresser des cheveux.*

DÉTRIBALISATION n. f. Action de détribaliser ; résultat de cette action.

DÉTRIBALISER v. t. (conj. 3). Retirer à un groupe d'hommes les raisons et les moyens de vivre collectivement sous forme de tribu.

DÉTRICOTAGE n. m. Action de détricoter.

DÉTRICOTER v. t. (conj. 3). Défaire les mailles d'un tricot.

◆ **être détricoté** v. pass. En parlant d'une laine, provenir d'un tricot que l'on a défait.

DÉTRIMENT n. m. (lat. *detrimentum,* dommage). **1.** *Litt.* Perte matérielle ou morale : *Subir un grand détriment.* – **2.** En astrologie, situation d'un astre qui parcourt le signe opposé à son domicile. – **3.** *Au détriment de,* au préjudice de : *Faire sa fortune au détriment des autres.*

DÉTRITICOLE adj. et n. m. Se dit d'un animal vivant dans les détritus.

DÉTRITIQUE adj. (de *détritus*). **1.** Se dit d'un minéral d'une roche qui provient de la désagrégation d'une roche préexistante. – **2.** Se dit d'une roche sédimentaire composée d'au moins 50 % de débris provenant de l'érosion. (Selon la taille des éléments, on distinguera les rudites, les arénites et les lutites.) – **3.** Syn. de CLASTIQUE.

DÉTRITIVORE adj. **1.** Se dit d'une espèce vivante qui se nourrit de débris animaux et végétaux. – **2.** Syn. de DÉCOMPOSEUR.

DÉTRITUS [-tys ou -ty] n. m. (lat. *detritus,* broyé, de *deterere,* user par le frottement). **1.** Résidu provenant de la désagrégation d'un corps : *Le charbon s'est formé à partir de détritus végétaux.* – **2.** Matériaux rendus inutilisables après avoir été exploités par l'homme ou l'animal ; ordures : *Détritus ménagers.*

DÉTROIT n. m. (lat. *districtus,* resserré). **1.** Bras de mer plus ou moins long et resserré entre les deux côtes qui le bordent, et mettant en relation deux étendues marines ou lacustres. – **2.** Nom de deux circonférences osseuses que présente le bassin. (Le *détroit supérieur* est la ligne de démarcation entre le grand et le petit bassin, son rétrécissement est une cause de dystocie. Le *détroit inférieur* fait communiquer le petit bassin avec la région périnéale.) – **3.** *Ancre de détroit,* ancre que l'on peut mouiller par l'arrière. ‖ *Régime des détroits,* ensemble des règles juridiques internationales auxquelles est soumis le franchissement des détroits. (Il est caractérisé par le principe de liberté de passage, avec toutefois une possibilité d'interdiction aux navires de guerre des pays belligérants ou à tous navires lorsque l'État riverain est en guerre.)

DETROIT, v. des États-Unis, la plus grande du Michigan ; 1 203 000 hab. (4 353 000 hab. dans l'aire métropolitaine). Sur la rivière et le lac Saint-Clair, entre les lacs Érié et Huron, bien située à proximité relative du Midwest oriental, de la Pennsylvanie et de la côte atlantique, Detroit demeure, avec ses banlieues, un centre de l'industrie automobile et d'activités annexes, auxquelles s'ajoute une notable fonction commerciale et portuaire. Important musée d'art.

DÉTROITS (les), ensemble formé, entre mer Noire et Méditerranée, par le Bosphore et les Dardanelles.

DÉTROITS *(Établissements des)* ou **Straits Settlements,** anc. colonie britannique dans la péninsule malaise. Les établissements britanniques du détroit de Malacca, Penang (acquis en 1786), Singapour (fondé en 1819) et Malacca (cédé en 1824) furent réunis sous l'appellation d'« Établissements des Détroits » en 1830 et érigés en une colonie de la Couronne du même nom en 1867. Ils furent occupés par les Japonais de 1941 à 1945. En 1946, les Britanniques firent de Singapour une colonie de la Couronne séparée, et réunirent Penang et Malacca à l'Union malaise (→ MALAYSIA).

DÉTROMPER v. t. (conj. 3). Tirer qqn de l'erreur : *Les événements le détromperont.*

◆ **se détromper** v. pr. *Détrompe-toi, détrompez-vous,* se dit à qqn lorsqu'on veut lui montrer qu'il se trompe, qu'il a tort.

DÉTRONCATION n. f. (bas lat. *detruncatio, -onis,* de *detruncare,* mutiler). Intervention obstétricale vétérinaire qui consiste à sectionner le tronc du fœtus lorsque la mise bas normale ou la césarienne sont impossibles.

DÉTRÔNEMENT n. m. Action de chasser du trône.

DÉTRÔNER v. t. (conj. 3). **1.** Déposséder un souverain de son trône, de son pouvoir ; déposer : *Guillaume d'Orange a détrôné Jacques II.* – **2.** Déposséder qqn, qqch de sa prééminence, mettre fin à sa supériorité : *Détrôner un romancier en vogue.*

DÉTROQUAGE n. m. Action de détroquer.

DÉTROQUER v. t. (mot dialect. de Saintonge, de l'anc. fr. *destrochier,* séparer) [conj. 3]. Enlever les huîtres des collecteurs et séparer celles qui sont soudées entre elles.

DÉTROUSSEMENT n. m. *Litt.* Action de détrousser, de voler : *Le détroussement d'un voyageur.*

DÉTROUSSER v. t. (conj. 3). **1.** *Vx.* Enlever par violence ce que qqn porte sur lui : *Se faire détrousser de ses papiers.* – **2.** *Litt.* Dépouiller qqn de ses biens ; voler, escroquer : *Un homme d'affaires qui sait détrousser les naïfs.*

DÉTROUSSEUR, EUSE n. *Litt.* Personne qui détrousse, vole.

DE TROY, famille de peintres français des XVIIe et XVIIIe s. – JEAN (Toulouse 1638 -Montpellier 1691), peintre d'histoire, portraitiste et décorateur, fit surtout carrière à Montpellier. – Son frère FRANÇOIS (Toulouse 1645 - Paris 1730) s'installa à Paris, devint académicien (1674) et fut un des portraitistes préférés de la haute bourgeoisie, particulièrement à l'aise dans des images familières d'écrivains et d'artistes (*Racine,* Langres). – JEAN-FRANÇOIS (Paris 1679 - Rome 1752), fils du précédent, artiste à la vie agitée, fit une carrière officielle (couronnée, en 1738, par le directorat de l'Académie de France à Rome) comme peintre d'histoire au style aisé et brillant (*Histoire d'Esther,* traduite en tapisseries par les Gobelins) et comme peintre de genre (*le Déjeuner d'huîtres,* 1735, Chantilly).

DÉTRUIRE v. t. (lat. pop. *destrugere,* du lat. class. *destruere*) [conj. **98**]. Démolir qqch, le mettre à bas, l'abattre, le raser ; anéantir : *Les bombardements ont détruit la ville.* – **2.** Ravager qqch, l'anéantir, le faire disparaître : *La tempête a détruit les récoltes.* – **3.** Tuer, supprimer un être vivant : *Détruire les insectes avec un insecticide.* – **4.** Ruiner la santé physique ou morale de qqn, lui faire du mal, nuire à son équilibre psychologique, mental : *L'alcool l'a complètement détruit.* — **5.** Réduire qqch à néant : *Vous avez détruit tous mes projets, tous mes espoirs.* — **6.** *Litt.* Discréditer qqn : *Elle cherche à me détruire auprès du directeur.* ◆ **se détruire** v. pr. **1.** En parlant de choses, s'annuler : *Des effets contraires qui se détruisent.* — **2.** Se tuer en tant que personne physique ou morale : *Elle boit beaucoup, comme si elle cherchait à se détruire.* — **3.** *Se détruire la santé,* la ruiner progressivement.

DÉTRUSOR n. m. (lat. *detrusus,* de *detrudere,* chasser). Couche musculaire contractile de la vessie, qui joue un rôle important dans la miction.

DETTE n. f. (lat. *debita,* pl. de *debitum,* de *debere,* devoir). **1.** Somme d'argent que l'on doit à qqn à qui on l'a empruntée : *Rembourser ses dettes.* — **2.** Obligation morale, fait de se sentir lié à qqn, à un groupe, par le devoir : *J'ai une dette de reconnaissance envers lui.* — **3.** *Dette d'honneur,* dette que l'on s'est engagé sur l'honneur à rembourser. ‖ *Dette de jeu,* somme que l'on a perdue au jeu et que l'on doit à un autre joueur. ‖ *Faire des dettes,* emprunter de l'argent. ‖ Litt. *Payer sa dette à la société,* purger une peine, être condamné. • **Dr.** *Dette de communauté,* dette à la charge de la communauté des deux époux. ‖ *Dette propre,* dette à laquelle un des conjoints est tenu sur ses biens personnels. ‖ *Remise de la dette,* fait pour le créancier de renoncer à ses droits. (Elle peut avoir lieu à titre onéreux, ou à titre gratuit ; dans ce dernier cas, elle peut être faite par acte sous seing privé, mais elle est soumise au droit des donations.) — **Fin.** *Dette (publique),* ensemble des engagements à la charge d'un État, contractés à l'occasion des émissions d'emprunts. (→ *encycl.*)

ENCYCL. **Fin.** On distingue la dette inscrite et la dette non inscrite. En effet, sur le Grand Livre de la dette publique créé à l'initiative de Cambon, en 1793, ne sont inscrites que certaines dettes personnelles à long terme et notamment les titres de pensions.

On distingue également la *dette flottante* de la *dette consolidée.* La *dette flottante* correspond aux emprunts à court terme (bons du Trésor) émis par l'État, dont le montant fluctue au gré des émissions et des remboursements. La *dette consolidée* correspond aux titres à long terme (assortis d'un taux d'intérêt plus élevé) contre lesquels le Trésor propose aux créanciers d'échanger leurs titres à court terme. Lorsque, au moment de l'emprunt, aucun terme n'a été fixé pour son remboursement, la dette est dite « perpétuelle », procédé tombé en désuétude. Désormais, les emprunts sont assortis d'un terme : la dette est dite « remboursable », ou « amortissable », lorsque ce terme est une date fixée à l'avance ; elle est dite « viagère », lorsque ce terme est lié à la vie du créancier (dettes de pension, par ex.).

DETTINGEN, village d'Allemagne (Bavière), sur le Main, au N.-O. d'Aschaffenburg ; 3 600 hab. Défaite des Français devant les armées des Autrichiens, des Hollandais et des Hanovriens (27 juin 1743), au cours de la guerre de la Succession d'Autriche.

DETTWILLER (67490), comm. du Bas-Rhin, à l'E.-N.-E. de Saverne ; 2 557 hab. Chaussures.

DÉTUMESCENCE n. f. (bas lat. *detumescere,* désenfler). Dégonflement du corps, d'une partie du corps, d'un organe, en partic. des organes érectiles sexuels.

DEUBEL (Léon), poète français (Belfort 1879 - Maisons-Alfort 1913). « Poète maudit » comme Verlaine, il se suicida, laissant des œuvres oubliées (*Léliancolies,* 1901 ; *la Lumière natale,* 1905).

DEUCALION, fils de Prométhée. Seuls survivants d'un déluge déclenché par Zeus, Deucalion et sa femme Pyrrha repeuplèrent le monde en semant des pierres qui devinrent des hommes et des femmes.

DEUCE [djus] n. m. (angl. *deuce,* égalité). Au poker, nom donné au *deux,* lorsqu'il sert de joker.

DEUCHER (Adolf), médecin et homme d'État suisse (Steckborn, cant. de Thurgovie, 1831 - Berne 1912). Président de la Confédération en 1886, 1897, 1903 et 1909.

D. E. U. G., abrév. de DIPLÔME* D'ÉTUDES UNIVERSITAIRES GÉNÉRALES.

DEUIL n. m. (anc. fr. *duel,* du bas lat. *dolus,* douleur). **1.** Perte, décès d'un parent, d'un ami : *Avoir un deuil dans sa famille.* — **2.** Douleur, affliction éprouvée à la suite du décès de qqn, état de celui qui l'éprouve : *Le pays est en deuil, il pleure ses morts.* — **3.** Signes extérieurs liés à la mort d'un proche et consacrés par l'usage : *Porter le deuil.* — **4.** Temps pendant lequel on porte ces signes extérieurs : *Son deuil dura six mois.* — **5.** Cortège funèbre : *C'est le veuf qui conduira le deuil.* — **6.** Processus psychique mis en œuvre par le sujet à la perte d'un objet d'amour externe. (→ *encycl.*) — **7.** Fam. *Avoir les ongles en deuil,* avoir les ongles malpropres, bordés de noir. ‖ *De deuil,* se dit des vêtements, des signes portés en cas de deuil. ‖ Fam. *Faire son deuil de qqch,* y renoncer, se résigner à la perte de qqch. ‖ *Grand deuil,* costume complet de deuil. ‖ *Prendre le deuil de qqch,* manifester par une tristesse plus ou moins affectée que l'on est ennuyé de la perte de qqch.

ENCYCL. **Psychan.** La libido doit se détacher des souvenirs et des espoirs qui la reliaient à l'objet disparu, après quoi, le moi redevient libre. Un travail de deuil semblable avait déjà été accompli par le tout petit enfant lorsqu'il est parvenu à élaborer la position dépressive*.

deuil sied à Électre *(Le),* drame d'Eugene O'Neill (1931), reprise de la légende d'Oreste dans le cadre de la Nouvelle-Angleterre, à l'époque de la guerre de Sécession.

DEUIL-LA-BARRE (95170), comm. du Val-d'Oise, à 11 km au N. de Paris, au S.-E. de la forêt de Montmorency ; 19 160 hab. *(Deuillois).* Agglomération résidentielle. Église remontant aux XIe-XIIe s.

DEÛLE (la), riv. longue de 68 km, en grande partie canalisée, qui passe à Lens et à Lille avant de rejoindre la Lys (r. dr.) à *Deûlémont* (à la frontière belge).

DEURNE, anc. comm. de Belgique intégrée à Anvers en 1983. Aérodrome. Cité résidentielle. Musée des Arts et Métiers.

DEUS EX MACHINA [deysɛksmakina] n. m. inv. (mots lat. signif. *un dieu descendu au moyen d'une machine*). **1.** Dans une pièce de théâtre, intervention d'un dieu, d'un être surnaturel descendu sur la scène au moyen d'une machine. – **2.** Personnage ou événement inattendu venant opportunément dénouer une situation dramatique.

DEUSIO ou **DEUZIO** [-zjo] adv. *Fam.* Deuxièmement.

D. E. U. S. T., abrév. de DIPLÔME* D'ÉTUDES UNIVERSITAIRES SCIENTIFIQUES ET TECHNIQUES.

DEUTÉRANOPIE n. f. Incapacité de voir le vert.

DEUTÉRIUM [-rjɔm] n. m. Isotope de l'hydrogène, de symbole D, dit aussi HYDROGÈNE LOURD.
ENCYCL. Le deutérium, de numéro atomique 1 et de masse atomique 2,014 8 est un gaz possédant les mêmes propriétés chimiques que l'hydrogène, obtenu par décomposition de l'eau lourde.

DEUTÉROCANONIQUE adj. Se dit des livres de l'Ancien et du Nouveau Testament qui n'ont été admis dans le canon de l'Écriture que par la version des Septante et le concile de Trente. (Les protestants, qui ont opté pour le canon hébraïque en ce qui concerne l'Ancien Testament, donnent à ces livres le nom d'apocryphes.) [Contr. PROTOCANONIQUE.]

DEUTÉRO-MALAIS, E adj. et n. Se dit d'un type humain, rattaché au groupe xanthoderme répandu en Indonésie et en Malaysia, où il détient les pouvoirs économique (propriété du sol) et politico-religieux.

DEUTÉROMYCÈTE n. m. Champignon classé dans un groupe botanique provisoire rassemblant des champigons dont le mode de reproduction sexuée est inconnu. (Syn. ADÉLOMYCÈTE.)

Deutéronome, cinquième livre du Pentateuque, code de lois civiles et religieuses, charte de la réforme religieuse de Josias (622 av. J.-C.). Le nom « Deutéronome », ou « Seconde Loi », vient de ce que ce livre est présenté comme une seconde rédaction de l'œuvre législative de Moïse.

DEUTÉROSTOMIEN n. m. Animal dont la bouche n'est pas issue du blastopore embryonnaire, mais se forme secondairement (échinodermes, stomocordés, procordés et vertébrés).

DEUTOCÉRÉBRON n. m. (du lat. *cerebrum,* cerveau). Partie moyenne du cerveau des arthropodes à antennes, contenant les centres sensitifs et moteurs. (Le deutocérébron est vestigial chez les arachnides.)

DEUTON ou **DEUTÉRON** n. m. (amér. *deuton,* de *deuterium,* avec l'infl. de *proton*). Noyau de l'atome d'hydrogène lourd (ou deutérium), composé d'un proton et d'un neutron.

DEUTOPLASMA n. m. Matières de réserves incluses dans le cytoplasme de l'œuf.

DEUTSCH (Niklaus MANUEL) → MANUEL DEUTSCH.

DEUTSCH (Simon), socialiste autrichien (Nikolsburg, auj. Mikulov, République tchèque, v. 1822 - Constantinople 1877). Il prit part à l'insurrection de Vienne en 1848 et fut condamné à mort. Il se réfugia en Suisse, puis à Paris, où il se lia avec Michelet, Proudhon, Tolain et les socialistes, entra dans la Ire Internationale et combattit aux côtés de la France en 1870.

DEUTSCH (Helene), médecin et psychanalyste américain d'origine autrichienne (Przemyśl, Galicie, 1884 - Cambridge 1982). Elle est l'une des premières femmes analysées par S. Freud. Ses travaux théoriques les plus connus concernent la sexualité féminine (*la Psychanalyse des névroses,* 1930).

DEUTSCH (Max), compositeur et pédagogue autrichien naturalisé français (Vienne 1892 - Paris 1982). Fondateur des Grands Concerts de la Sorbonne en 1960, il est devenu professeur de composition à l'École normale de musique de Paris en 1971.

DEUTSCH DE LA MEURTHE (Henri), industriel et philanthrope français (Paris 1846 - Ecquevilly, Yvelines, 1919). Passionné par la navigation aérienne, pour laquelle il créa de nombreux prix, il fit construire à ses frais le dirigeable *Ville-de-Paris* (1901), fut l'un des fondateurs de l'Aéro-Club de France, et créa l'Institut aéronautique de Saint-Cyr.

Deutsche Bank AG, banque fondée à Berlin en 1870. Première banque commerciale allemande, elle contrôle directement ou indirectement de nombreux secteurs de l'économie allemande.

DEUTSCHE MARK [dœtʃmark] n. m. inv. ou **DEUTSCHEMARK** n. m. Unité monétaire de l'Allemagne (symb. DM), divisée en 100 pfennige. (On dit, plus couramment, MARK.]
ENCYCL. Monnaie de la République fédérale d'Allemagne (1948-49), le DM devient également, après l'union économique et monétaire de juillet 1990, la monnaie de la République démocratique allemande (remplaçant le *Mark* est-allemand) puis, en octobre 1990, la monnaie de l'Allemagne unie.

Deutscher Gewerkschaftsbund (DGB), confédération syndicale allemande, qui regroupe plusieurs millions de salariés.

Deutsches Theater, théâtre de Berlin, fondé en 1883. Dirigé par Max Reinhardt de 1905 à 1920, il possède une troupe permanente importante.

Deutschlandlied, titre de l'hymne national de la République fédérale d'Allemagne depuis 1952. Il se compose de la 3e strophe du chant *Deutschland über alles (l'Allemagne par-dessus tout),* écrit en 1841 par Hoffmann von Fallersleben sur le thème d'un quatuor pour cordes de J. Haydn, et qui avait été adopté en 1922 comme hymne national allemand.

DEUTZIA n. m. (lat. bot. *deutzia*). Bel arbuste (saxifragacée) de la Chine de l'Himālaya et du Japon, à nombreuses fleurs blanches ou roses, parfois odorantes.

DEUX adj. num. card. (lat. *duos,* accus. de *duo,* deux). **1.** Un plus un (peut s'employer sans le n.) : *Nous avons deux yeux. Deux et deux font quatre.* — **2.** S'emploie au sens de « deuxième, second » dans une numérotation, dans l'expression d'un rang, etc. : *Page deux.* — **3.** Petit nombre indéterminé : *J'habite à deux pas d'ici.* — **4.** *À nous deux !* formule de menace ou de défi à l'adresse d'un adversaire. ‖ Fam. *Ça fait deux,* ce sont des cas bien différents, des choses bien distinctes. ‖ Pop. *De mes deux,* qualificatif injurieux et trivial adressé à qqn que l'on considère comme méprisable, minable. ‖ Fam. *Entre les deux,* moyennement, comme ci, comme ça. ‖ *Jamais deux sans trois,* une chose qui s'est produite deux fois va se produire une troisième fois.
◆ n. m. **1.** Chiffre, nombre deux (désigne, selon les cas, le jour, le numéro d'une chambre, d'un immeuble, un pourcentage, etc.). — **2.** La plus basse carte, marquée de deux points. — **3.** Face d'un dé, d'un domino marquée de deux points. — **4.** Embarcation à l'aviron à deux rameurs, armée soit en pointe, avec ou sans barreur, soit en couple (double-scull).

2001 : l'Odyssée de l'espace, film américain de S. Kubrick (1968). Fresque scientifique et prophétique, ce film fut une étape importante dans les tentatives de traduire à l'écran le monde de la science-fiction.

DEUX-ALPES (les) [38860], station estivale et de sports d'hiver (alt. 1 660-3 423 m) de l'Isère, au S.-E. du Bourg-d'Oisans.

Deux-Épées *(ordre des)* → VÉTÉRANCE (médaillon de).

DEUXIÈME adj. num. ordin. (de *deux*). Qui occupe le second rang ; qui vient après le premier, qui est au-dessus du premier, qui porte le numéro deux ; second : *Être deuxième sur une liste. Qui est la deuxième en classe ?*

DEUXIÈMEMENT adv. En second lieu.

DEUX-MÂTS n. m. inv. Voilier à deux mâts.

Deux-Mers *(autoroute des),* autoroute reliant Bordeaux à Narbonne, par Agen, Toulouse et Carcassonne.

DEUX-PIÈCES n. m. inv. **1.** Vêtement féminin composé d'une jupe ou d'un pantalon et d'une veste ou d'une tunique. — **2.** Maillot de bain composé d'un slip et d'un soutien-gorge. — **3.** Appartement de deux pièces.

DEUX-POINTS n. m. inv. Signe de ponctuation formé de deux points superposés (:) servant à introduire une explication, une énumération, une citation.

DEUX-PONTS n. m. inv. Avion dont le fuselage comprend deux étages superposés.

DEUX-PONTS, en all. **Zweibrücken,** v. d'Allemagne (Rhénanie-Palatinat), à l'E. de Sarrebruck ; 35 500 hab.
— **Hist.** Le territoire dépendant de la ville forma un comté, puis un duché à partir de 1410. La lignée des ducs de Deux-Ponts-Neubourg donna trois rois à la Suède (Charles X, Charles XI et Charles XII). Rattaché à la France par la paix de Lunéville (1801), l'ancien duché de Deux-Ponts fut partagé entre la Bavière et la Prusse en 1816.

Deux-Roses *(guerre des),* guerre civile qui opposa de 1450 à 1485 deux branches des Plantagenêts prétendant à la couronne, York (avec pour emblème une rose blanche) et Lancastre (dont l'emblème était une rose rouge). Depuis 1399, les Lancastres, descendants du troisième fils d'Édouard III, occupaient le trône. Vers 1450, l'Angleterre traverse une crise grave, causée à la fois par les revers de la guerre en France, et par les rivalités politiques nées de la trop longue minorité d'Henri VI. Les prétentions de Richard, duc d'York, descendant du deuxième fils d'Édouard III, vont déclencher la guerre civile. Dans un premier temps vainqueur des Lancastres, il se fait reconnaître « protecteur du royaume » (1454). En 1459, la guerre reprend, et Richard est vaincu et tué à Wakefield (1460).

Mais, 4 mois plus tard, la victoire de Towton (mars 1461), remportée par Warwick, donnait la couronne au fils de Richard, Édouard IV. À sa mort, son frère lui succède sous le nom de Richard III. Mais son absolutisme sanguinaire est fatal à la cause yorkiste. La défaite et la mort de Richard III à Bosworth font monter sur le trône le dernier héritier des Lancastres, Henri Tudor (1485), qui va régner sous le nom de Henri VII.

DEUX-ROUES n. m. inv. Tout véhicule à deux roues, avec ou sans moteur (bicyclette, cyclomoteur, motocyclette).

DEUX-SÈVRES *(département des)* → SÈVRES (Deux).

DEUX-SICILES *(royaume des),* royaume de l'Italie méridionale formé du royaume de Sicile (insulaire) et du royaume de Naples (Sicile péninsulaire) et qui dura de 1442 à 1458 et de 1816 à 1861.
• Le royaume des Deux-Siciles fut constitué pour la première fois en 1442 par Alphonse V, roi d'Aragon et de Sicile : après avoir vaincu le roi René Ier et s'être emparé du royaume de Naples* (1442), Alphonse V réunit sous son autorité les deux royaumes de Naples et de Sicile*, sur lesquels il régna avec le nom et le titre d'Alphonse Ier, roi des Deux-Siciles. Les deux royaumes redevinrent distincts à la mort d'Alphonse V (1458), qui laissa Naples à son fils bâtard Ferdinand Ier (ou Ferrante), et la Sicile à son frère Jean II, roi de Navarre.
• Le royaume des Deux-Siciles fut constitué pour la seconde fois au lendemain du congrès de Vienne, par la loi du 22 déc. 1816, en faveur de Ferdinand IV roi de Naples (III de Sicile), qui devint roi des Deux-Siciles sous le nom de Ferdinand Ier, chef de la maison de Bourbon-Deux-Siciles. Ce second royaume, sur lequel régnèrent Ferdinand Ier (1816-1825) et ses descendants (François Ier [1825-1830], Ferdinand II [1830-1859], François II [1859-1860]), fut troublé par de graves révoltes (en particulier en 1820, 1837 et 1848) provoquées par le mouvement libéral et un fort courant autonomiste sicilien, né de la suppression des privilèges traditionnels des insulaires. Après la conquête de la Sicile et de Naples par Garibaldi (expédition des Mille, mai-sept. 1860) et la défaite infligée sur le Volturno (1er-2 oct. 1860) par les troupes de Victor-Emmanuel II à celles de François II, la Sicile insulaire et la Sicile péninsulaire furent réunies au royaume d'Italie, réunion approuvée par les Napolitains et les Siciliens par les plébiscistes des 21 et 22 oct. 1860. Dernier roi des Deux-Siciles, François II, réfugié à Gaète, capitula le 13 févr. 1861 et s'exila.

DEUX-TEMPS n. m. inv. Abrév. de MOTEUR À CYCLE* À DEUX TEMPS.

DEUZIO → DEUSIO.

DĒV, DĪV, nom donné, dans le mazdéisme, aux génies du Mal. Leur chef suprême est Ahriman.

DEVA, mot sanskr. signifiant *dieu* et désignant, en Inde, tous les êtres divins.

DEVA, v. de Roumanie, en Transylvanie, ch.-l. du district d'Hunedoara, sur le Mureș ; 74 000 hab.

DEVADASI n. f. (sanskr. *devadāsī,* servante du dieu). Prostituée rituelle rattachée aux temples hindous.

DÉVAGINATION n. f. Mouvement de retournement d'un organe creux, qui, en faisant passer la paroi interne à l'extérieur, fait de lui un organe saillant.

DEVAL (Jacques BOULARAN, dit **Jacques**), auteur dramatique français (Paris 1890 -*id.* 1972), spécialisé dans les comédies de Boulevard. (*Tovaritch,* 1933 ; *Ce soir à Samarcande,* 1950 ; *Charmante Soirée* 1964).

DÉVALAISON n. f. Syn. de AVALAISON.

DÉVALER v. i. (de *val*) [conj. 3]. **1.** Descendre vivement de qqpart vers un autre lieu : *Dévaler du haut des escaliers.* — **2.** S'abaisser en pente : *Terrain qui dévale tout à coup.* — **3.** En parlant d'un poisson, descendre le courant.

DE VALERA (Eamon), homme d'État irlandais (New York 1882 - Dublin 1975). Membre des Volontaires irlandais dès 1913, il est l'un des chefs de l'insurrection de Pâques 1916. Leader du Sinn Féin, il est placé par le Dáil Éireann à la tête du gouvernement révolutionnaire en 1918. Refusant de reconnaître le traité de Londres de 1921, puis rompant avec les extrémistes, il fonde le Fianna Fáil, qui obtient la majorité aux élections de 1932. Devenu président du Conseil exécutif de l'État libre et ministre des Affaires étrangères (1932-1937), il renforce l'indépendance nationale, rompt progressivement les liens qui subsistent avec le Royaume-Uni, et fait voter la Constitution de 1937, qui remplace l'État libre par un État souverain, l'*Eire.* Premier ministre (1937-1948), il tente de développer l'économie nationale en stimulant l'industrie. Président de la S. D. N. (1933, 1938-39), il proclame la neutralité de l'Irlande lorsque la guerre éclate en 1939. De nouveau à la tête du gouvernement de 1951 à 1954 et en 1957, il est élu président de la République en 1959 et réélu en 1966. Il se retire de la vie politique en 1973.

DÉVALISER v. t. (de *valise*) [conj. 3]. **1.** Piller un lieu, y voler les objets de valeur qui s'y trouvent, dépouiller qqn de ses biens : *Dévaliser une bijouterie.* — **2.** *Fam.* Faire des achats très importants, très divers dans un magasin : *Elle dévalise les boutiques de mode du quartier.*

DÉVALISEUR, EUSE n. *Litt.* Personne qui dévalise.

DÉVALOIR n. m. **1.** En Suisse, couloir dans les forêts de montagne servant à faire descendre les billes de bois. – **2.** En Suisse, vide-ordures, dans un immeuble.

DE VALOIS ou **DEVALOIS** (Edris STANNUS, dite **Ninette**), danseuse et chorégraphe britannique (Blessington, comté de Wicklow, Irlande, 1898). Elle fonde sa propre école de danse, l'Academy of Choregraphic Art, son groupe est à l'origine du Sadler's Wells Ballet (1931), devenu le Sadler's Theatre Ballet (en 1946), puis le Royal Ballet (1956), dont elle garde la direction jusqu'en 1963. Comme chorégraphe, elle a attaché son nom à plusieurs œuvres vigoureuses (*Job,* 1931 ; *The Rake's Progress,* 1935 ; *Checkmate,* 1937).

DÉVALORISANT, E adj. Qui fait perdre du prestige, de la valeur, qui déprécie : *Une fonction dévalorisante.*

DÉVALORISATION n. f. **1.** Diminution de la valeur d'une monnaie. – **2.** Diminution de la valeur de qqch, dépréciation : *Dévalorisation du pouvoir d'achat.* – **3.** Perte de crédit, d'efficacité, de prestige : *La dévalorisation d'une politique.* – **4.** Dépréciation de qqn ; action de dévaloriser : *Il se complaît à la dévalorisation systématique de lui-même.* – **5.** *Dévalorisation du capital,* amputation ou déclassement de capital afin que le reste soit rentabilisé. (La dévalorisation prend diverses formes : fermeture d'usines, destruction de capital par retrait d'une partie des moyens de production, raccourcissement des durées d'utilisation des équipements obsolètes, etc.)

DÉVALORISER v. t. (conj. 3). **1.** Faire perdre de sa valeur à un bien ; déprécier : *Dévaloriser le pouvoir d'achat.* – **2.** Faire perdre de son crédit, de sa valeur, de son prestige à qqch ; dévaluer : *Dévaloriser une politique, un diplôme.* – **3.** Déprécier qqn, lui faire perdre son prestige : *Dévaloriser son mari auprès de ses amis.* – **4.** Diminuer la valeur d'une monnaie. – **5.** Créer les conditions d'une dévalorisation de capital.

DÉVALUATION n. f. **1.** Diminution volontaire de la valeur officielle de la monnaie nationale par rapport à un étalon de référence et aux monnaies étrangères. (→ *encycl.*) – **2.** Perte de crédit, de faveur, de valeur ; dévalorisation : *La dévaluation des diplômes.*

ENCYCL. La dévaluation remonte à l'expérience française (Poincaré) de 1926-1928 et à l'expérience anglaise de 1931, qui constituent, la première, une *dévaluation-stabilisation* et, la seconde, une *dévaluation stimulant à l'exportation.*

• *La dévaluation-stabilisation* vise, après une hausse des prix consécutive à une dépréciation de fait de la monnaie, à ajuster la valeur légale de la monnaie à cette dépréciation.

• *La dévaluation stimulant à l'exportation* a pour objet d'obvier à une valorisation trop importante de la monnaie et de favoriser, ainsi, l'exportation en rendant plus attractif le taux de change de cette monnaie à l'égard des autres.

• *Conséquences des dévaluations.*

À l'intérieur, l'État peut réévaluer le stock d'or et rembourser par les excédents fictifs ainsi créés les avances que la banque d'émission a pu lui consentir dans une période antérieure.

Sur le plan extérieur, la dévaluation et la définition d'une nouvelle parité de change favorisent les exportations du pays qui dévalue, en les rendant moins coûteuses pour les importateurs étrangers, mais elles rendent plus onéreuses les importations.

DÉVALUER v. t. (de *évaluer*) [conj. 7]. **1.** Procéder à la dévaluation d'une monnaie. – **2.** Faire perdre de leur valeur, de leur crédit, de leur prestige à qqn, qqch.

DEVANĀGARĪ n. f. (mot sanskr. signif. *écriture des dieux*). Écriture utilisée pour le sanskrit et actuellement pour le hindī et quelques autres langues indo-aryennes. (Syn. NĀGARĪ.)

ENCYCL. La devanāgarī s'est peu à peu développée dans le nord de l'Inde à partir de la brāhmī (XIIIe s.). Elle sert à écrire le sanskrit, le hindī, le marāṭhī, le bihārī ; des formes apparentées mais un peu différentes sont employées pour le gujarātī, l'oriyā et le bengalī. Ce sont des écritures alphabétiques et phonétiquement précises. 46 signes (dont 13 voyelles) sont utilisés pour noter le sanskrit.

DEVANCEMENT n. m. Action de devancer, de faire qqch avant la date fixée.

DEVANCER v. t. (de *devant,* avec l'infl. de *avancer*) [conj. **16**]. **1.** Précéder qqn, avoir sur lui une avance (espace, temps, grade, etc.) : *Il devance le deuxième de dix points.* – **2.** Être, avoir existé avant ; précéder : *Que savons-nous des générations qui nous ont devancés ?* – **3.** Agir avant qqn, passer devant ; précéder : *J'allais répondre, mais on m'a devancé.* – **4.** Aller au-devant d'une action, d'un sentiment, prévenir : *Devancer une objection.* – **5.** Agir, faire qqch avant la date prévue, anticiper : *Devancer l'échéance d'un paiement.* – **6.** *Devancer l'appel,* s'engager avant l'appel de sa classe d'âge. ‖ *Devancer son temps, son siècle,* être en avance sur son temps.

DEVANCIER, ÈRE n. Personne (ou collectivité) qui en devance une autre dans le temps ; ancêtre, prédécesseur : *Ressembler à ses devanciers.*

DEVANT prép. ou adv. (de *de* et *avant*). **1.** En face, vis-à-vis, du côté antérieur (de) ; en avant

(de) : *Passer devant la maison. Passe devant, tu verras mieux.* — **2.** *De devant,* situé à l'avant, sur la partie antérieure : *Dent de devant.* ‖ *(Sens) devant derrière,* à l'envers, la face de devant étant mise derrière : *Il a enfilé son pull devant derrière.*
◆ prép. **1.** En présence de, face à : *On ne peut pas dire cela devant tout le monde.* — **2.** Au jugement de : *Tous devraient être égaux devant la loi.* — **3.** En comparaison de : *Qu'est-ce que cet inconvénient devant tant d'avantages ?* — **4.** Dans l'avenir, par rapport à : *Avoir du temps devant soi.* — **5.** *Aller, marcher droit devant soi,* marcher sans s'écarter de sa route, sans se préoccuper de rien. ‖ *Avoir du temps, de l'argent devant soi,* ne pas avoir épuisé toutes ses ressources. ‖ *Être vent devant,* recevoir le vent par l'avant du navire. ‖ *Fuir devant le temps,* prendre l'allure du vent arrière par mauvais temps.
◆ n. m. **1.** Partie antérieure de qqch : *Le devant d'une voiture.* — **2.** Partie d'un vêtement qui couvre le devant du corps. — **3.** Quartier antérieur des bovins de boucherie. — **4.** *Prendre le(s) devant(s),* prévenir l'action de qqn afin de l'empêcher d'agir ; le devancer. ‖ *Devant d'autel,* syn. de ANTEPENDIUM.

DEVANTURE n. f. (de *devant*). Ouvrage de verre, de bois, etc., qui garnit le devant d'une boutique et permet l'étalage des marchandises ; cet étalage lui-même, les marchandises, les produits qui y sont exposés.

DÉVASEMENT n. m. Action de dévaser.

DÉVASER ou **DÉSENVASER** v. t. (conj. 3). Retirer les vases qui obstruent l'entrée d'un port ou le lit d'un cours d'eau.

DÉVASTATEUR, TRICE adj. (bas lat. *devastator*). Qui dévaste, qui ruine : *Conflit dévastateur.*

DÉVASTATION n. f. (bas lat. *devastatio, -onis*). Action de dévaster ; ravages : *Dévastation causée aux cultures par la grêle.*

DÉVASTER v. t. (lat. *devastare*) [conj. 3]. **1.** Semer la ruine qqpart, causer de graves dégâts, des ravages : *Les orages ont dévasté les champs de blé.* — **2.** Amener le désordre qqpart : *Les enfants ont dévasté l'appartement en une heure.* — **3.** Atteindre un très grand nombre de personnes, en parlant de la mort, de la maladie : *Le choléra dévaste le pays.* — **4.** *Litt.* Provoquer chez qqn de graves troubles, le pousser au désespoir : *Cette passion a dévasté son cœur.* — **5.** *Dévaster le visage de qqn,* en altérer les traits profondément.

DEVAUX (Paul), homme politique belge (Bruges 1801 - Bruxelles 1880). Ministre d'État, il proposa la candidature du prince Léopold de Saxe-Cobourg, et fut l'un des négociateurs du traité de Londres (1830-31).

DÉVEINE n. f. (de *veine*). *Fam.* Malchance ; guigne.

DÉVELOPPABLE adj. **1.** Se dit d'une fonction qui admet un développement en série entière, de Laurent, de Taylor, etc. — **2.** Se dit d'une surface réglée ayant le même plan tangent en tout point d'une génératrice.

DÉVELOPPANTE n. f. **1.** En électrotechnique, chacune des deux parties reliant les côtés d'une bobine, d'un enroulement de machine. — **2.** *Développante d'un arc,* arc admettant pour développée l'arc considéré.

DÉVELOPPATEUR n. m. Substance chimique d'un révélateur photographique qui réduit à l'état d'argent métallique les sels d'argent exposés à la lumière.

DÉVELOPPÉ n. m. **1.** Mouvement d'haltérophilie à un ou à deux bras par lequel la barre est épaulée puis poussée (développée) à bout de bras, au-dessus de la tête, sans élan des jambes. — **2.** En chorégraphie, mouvement d'adage, préparant aux tenues de jambes et aux grands temps sautés.

DÉVELOPPÉE n. f. Enveloppe de la famille des normales à un arc donné du plan affine. (La développée d'une courbe plane est l'ensemble de ses centres de courbure.)

DÉVELOPPEMENT n. m. **1.** *Litt.* Action de déployer ce qui était roulé, plié (papier, tissu, etc.) : *Le développement d'une banderole.* — **2.** Fait de grandir, de croître, de se développer ; croissance : *Développement intellectuel d'un enfant.* — **3.** Fait pour qqch de progresser, de s'accroître, de prendre de l'importance ; essor, expansion : *Développement industriel d'une région.* — **4.** Mise au point d'un appareil, d'un produit en vue de sa vente ; période précédant la commercialisation : *Le développement de cette machine demandera deux ans.* — **5.** Fait de se développer, de se multiplier, de proliférer : *Développement anarchique des cellules cancéreuses.* — **6.** Exposé détaillé d'un sujet : *Se lancer dans un long développement.*
• **Banq.** *Société de développement régional (S. D. R.),* établissement financier constitué en vue de favoriser le développement économique régional. (Les S. D. R. établissent des programmes d'action qui tendent à se rapprocher des objectifs des plans régionaux de développement et jouent le rôle de banques d'affaires [prises de participations, prêts, émissions d'emprunts interprofessionnels, etc., destinés aux P. M. E. de leur circonscription].) — **Biol.** Suite de phénomènes qui conduisent l'individu animal ou végétal du stade de la cellule initiale (œuf fécondé, zygote) à la forme adulte reproductrice. (→ *encycl.*) — **Cycl.** Distance parcourue par une bicyclette pour un tour complet du pédalier.

— **Dess.** et **Bât.** Action de développer un élément d'architecture ; dessin ainsi obtenu. — **Écon.** Amélioration qualitative et durable d'une économie et de son fonctionnement. (→ *encycl.*) ‖ *Pays en voie de développement (P. V. D.),* pays qui, partant d'un état de sous-développement économique et social notoire, ont cependant entamé le processus d'un certain développement. ‖ *Sociologie du développement,* étude des rapports sociaux et du changement social liés aux transformations économiques, notamment dans les pays en voie de développement. — **Impr.** Opération qui, dans les procédés photomécaniques, a pour but d'éliminer les parties de couche photosensible non insolées. — **Math.** Image dans un plan, par une isométrie, d'une surface développable. ‖ *Développement limité d'ordre* n *d'une fonction* f *au voisinage de* x_0, expression de *f* sous la forme

$$a_0 + a_1(x - x_0) + ... + a_n(x - x_0)^n + (x - x_0)^n.\varepsilon(x),$$

où ε est une fonction définie, comme *f,* dans un voisinage de x_0 (x_0 éventuellement exclu) telle que $\lim_{x \to x_0} \varepsilon(x) = 0$. (→ *encycl.*)
‖ *Développement en série entière d'une fonction,* série entière qui, dans un certain domaine, a pour somme la fonction considérée. — **Mécan.** Détermination de la longueur d'une barre, d'un tube, etc., ou du contour définissant la surface à découper dans une plaque ou une tôle, à partir de la forme particulière que l'on se propose de lui donner par cintrage, pliage, ou roulage. — **Mus.** Dans une composition musicale, partie qui suit une exposition et qui reprend, en les amplifiant, ses éléments thématiques. — **Phot.** Opération transformant l'image latente en image visible. — **Psychol.** *Échelle de développement,* épreuve ou ensemble d'épreuves permettant d'apprécier le degré de l'évolution psychologique d'enfants ou d'adolescents.

◆ **développements** n. m. pl. Suites, prolongement d'un événement : *Cette affaire connaît de nouveaux développements.*

ENCYCL. **Biol.** Le développement s'accompagne généralement d'une augmentation constante de dimensions et de poids, la croissance (sauf en cas de métamorphoses trop importantes : insectes, têtards de grenouille), mais son caractère principal est la différenciation : les cellules, les tissus, les organes différents deviennent de plus en plus nombreux, ce qui n'exclut pas la disparition d'organes temporaires embryonnaires ou infantiles : placenta chorial, dents de lait et thymus des mammifères, « dent de l'œuf » des oiseaux, organes larvaires de toutes sortes des invertébrés et des amphibiens, cotylédons des plantes à graines, etc. Succession de formes, le développement est aussi une succession de régimes alimentaires et de lieux de vie, c'est-à-dire d'écophases. En général, il y a d'abord une période de vie enclose (œuf, graine, vie intra-utérine), puis une libération (éclosion, germination, naissance) qui peut laisser subsister un état de dépendance alimentaire vis-à-vis des parents (becquée, allaitement) ou des réserves précédemment constituées (sac vitellin des alevins de poissons, albumen ou cotylédons charnus des graines). Ensuite, forme et façon de vivre peuvent soit ressembler beaucoup à celles des parents *(développement direct),* soit caractériser un ou plusieurs états larvaires, ne ressemblant parfois en rien à l'adulte. Sitôt acquise l'aptitude à la reproduction, l'individu animal ou végétal meurt, vieillit ou en tout cas cesse de changer, quitte à continuer de grandir (arbres, crocodile).

— **Écon.** Contrairement au terme « croissance* », qui implique l'élévation des principales grandeurs caractérisant un état économique donné, celui de « développement » exige des aspects qualitatifs plus précis : le bien-être de la population, dans son ensemble, se trouve amélioré et son état social globalement en progrès.

Le renouveau des analyses de la nature du sous-développement a conduit à élaborer de façon différente les politiques de développement. L'industrialisation intensive des pays en voie de développement tend à être mise au second plan, alors qu'est privilégiée la prise en main de leur propre développement par ces pays eux-mêmes.

Si la restauration des termes de l'échange international (conventions de Lomé) continue d'être prônée, assurant aux pays de meilleures ressources d'exportation, des politiques de développement autocentré sont par ailleurs préconisées. Elles conseillent une diminution — au moins relative — de l'échange international, préconisent une intensification des échanges entre les pays en voie de développement (dialogue « Sud-Sud »), recommandent l'utilisation optimale des ressources naturelles et humaines de ces pays et prônent la limitation des cultures d'exportation (dont la trop grande importance peut affaiblir les cultures réservées à l'autosubsistance des populations autochtones) et l'amélioration de l'agriculture par des moyens strictement adaptés aux réalités locales.

— **Math.** Le développement limité d'une fonction, quand il existe, est unique, donc ne dépend pas de la méthode utilisée pour l'obtenir. Ainsi, par la formule de Maclaurin, on a les développements :

$$e^x = 1 + \frac{x}{1!} + \frac{x^2}{2!} + ... + \frac{x^n}{n!} + x^n.\varepsilon(x),$$

$$\sin x = \frac{x}{1!} - \frac{x^3}{3!} + ... + (-1)^p.\frac{x^{2p+1}}{(2p+1)!} + x^{2p+2}.\varepsilon(x),$$

$$\cos x = 1 - \frac{x^2}{2!} + ... + (-1)^p.\frac{x^{2p}}{(2p)!} + x^{2p+1}.\varepsilon(x),$$

$$(1+x)^m = 1 + \frac{m}{1!}\cdot x + \frac{m(m-1)}{2!}\cdot x^2 + \dots + \frac{m(m-1)\dots(m-p+1)}{p!}\cdot x^p + x^p\cdot\varepsilon(x),$$

m étant une constante quelconque.

développement *(Association internationale de)* **[A. I. D.],** filiale de la Banque* internationale pour la reconstruction et le développement (B. I. R. D.), créée en sept. 1960. Elle a pour mission d'accorder aux pays en voie de développement des crédits à très long terme (50 ans) à des conditions de faveur.

développement *(Conférence des Nations unies pour le commerce et le)* **[C. N. U. C. E. D.],** organe subsidiaire de l'Organisation des Nations unies, créé en 1964, qui s'est fixé pour objectif le développement du tiers monde par la coopération internationale et l'intensification des échanges extérieurs des pays en voie de développement. Dotée d'une organisation permanente, elle se réunit tous les quatre ans environ.

développement économique *(Organisation de coopération et de)* **[O. C. D. E.]** → ORGANISATION.

développement économique et social *(Fonds de)* **[F. D. E. S.],** fonds institué en 1948. Il accorde des prêts dans le cadre de l'aménagement du territoire et des prêts de productivité ou en faveur de la recherche.

développement industriel *(Institut de)* **[I. D. I.],** établissement financier créé en 1970, avec un capital détenu par l'État, par divers organismes et par les grandes banques françaises. Il facilite, grâce à des prises de participations, le développement d'entreprises de taille moyenne. Lors de sa privatisation en 1987, l'I. D. I. est repris par ses salariés.

DÉVELOPPER v. t. (de *envelopper*) [conj. 3]. **1.** Dérouler, étendre, déployer ce qui était roulé, plié : *Développer une pièce d'étoffe.* — **2.** *Vx.* ou *région.* Ôter l'enveloppe de qqch, le déballer : *Développer un paquet.* — **3.** Cultiver, former le corps ou l'esprit : *Jeu qui développe l'intelligence.* — **4.** Aider à la croissance physique : *Le sport développe les enfants.* — **5.** Augmenter l'ampleur, assurer la croissance, l'extension de qqch ; agrandir : *Chercher à développer son usine.* — **6.** Analyser, exposer de manière plus détaillée : *Développer un paragraphe, un argument.* — **7.** Mettre largement en œuvre une qualité, en faire preuve : *Il développa toutes les ressources de son imagination.* — **8.** Assurer la production et la commercialisation d'un produit. — **9.** *Développer un complexe,* le manifester progressivement. ‖ *Développer une maladie,* en être effectivement atteint. • **Chorégr.** Lever une jambe, le genou plié, et l'allonger complètement dans l'une des directions données par les quatrième (devant ou derrière) et seconde positions. — **Dess.** et **Bât.** Représenter les diverses faces d'un élément d'architecture (par ex. un voussoir), rabattues sur un même plan. — **Math.** Déterminer le développement d'une surface. ‖ *Développer une fonction en série,* former la série entière qui, dans un certain domaine, a pour somme la fonction considérée. — **Phot.** Effectuer un développement. — **Sports.** En haltérophilie, soulever au développé.

◆ **être développé** v. pass. **1.** Avoir atteint tel degré de développement : *Enfant peu développé pour son âge.* — **2.** Avoir atteint un haut degré de croissance, être grand, puissant, important : *L'odorat est développé chez le chien.* — **3.** Avoir atteint un haut degré de croissance économique : *Les pays développés.*

◆ **se développer** v. pr. **1.** *Litt.* Se déployer, s'étendre : *Armée qui se développe sur un front de trois kilomètres.* — **2.** Se dérouler logiquement : *Son raisonnement se développe sur plusieurs pages.* — **3.** Passer par les différents stades de son développement : *L'enfant se développe normalement.* — **4.** Croître, s'épanouir : *Jeux pour aider l'intelligence à se développer.* — **5.** Augmenter sa force, sa puissance, prendre de l'extension : *Techniques qui se développent.* — **6.** Se multiplier, prendre de l'ampleur : *Cellules qui se développent de façon anarchique.*

DÉVELOPPEUR n. m. Société qui assure la production et la commercialisation de logiciels.

1. DEVENIR v. i. (lat. *devenire,* arriver à) [conj. **40,** auxil. *être*]. **1.** Passer d'un état à un autre : *D'ouvrier spécialisé, il est devenu contremaître. Le rêve est devenu réalité.* — **2.** Avoir telle ou telle issue, tel ou tel résultat : *Que sont devenus mes amis d'enfance ?* — **3.** *Que devenez-vous ?,* formule de politesse pour prendre des nouvelles de qqn que l'on n'a pas vu depuis un certain temps.

2. DEVENIR n. m. **1.** Mouvement progressif par lequel les choses se font ou se transforment : *La science est dans un perpétuel devenir.* — **2.** Avenir, futur de qqn, de qqch : *Le devenir de la démocratie.*

DÉVENTER v. t. (conj. **3**). **1.** En régate, empêcher un concurrent de recevoir le vent. — **2.** Faire écran au vent régnant, grâce au fardage, à la voilure, etc.

DEVENTER, v. des Pays-Bas (prov. d'Overijssel), sur l'IJssel ; 65 000 hab. Monuments du Moyen Âge au XVIIe s. Métallurgie. Chimie.

DÉVERBAL n. m. Nom formé à partir du radical d'un verbe (par ex. « déviation », de *dévier*) ; plus particulièrement, nom dérivé d'un verbe et formé sans suffixe (par ex. « demande », de *demander*).

DÉVERBATIF, IVE adj. et n. m. Se dit d'une forme dérivée du radical d'un verbe, en partic. d'un verbe dérivé d'un verbe.

DÉVERDIR v. t. (conj. 32). Opérer le déverdissage.

DÉVERDISSAGE n. m. **1.** Opération de désacidification des moûts. — **2.** Opération de traitement des agrumes qui permet de transformer la couleur verte de leur peau en une couleur qui leur donne l'aspect d'agrumes mûrs. — **3.** Transformation, par simple oxydation à l'air, de l'indigo blanc soluble déposé sur tissu par foulardage en indigo bleu insoluble.

DEVEREUX (Robert) → ESSEX.

DEVEREUX (Georges), anthropologue et psychiatre américain d'origine hongroise (Lugos, auj. Lugoj, 1908 - Paris 1985). Après avoir étudié la physique, notamment avec Marie Curie et Jean Perrin, il s'orienta en 1926 vers les sciences humaines, à l'Institut d'ethnologie, où il fut l'élève de Mauss et Lévy-Bruhl. Il s'établit ensuite aux États-Unis, où il s'initia à la psychanalyse après 1963. Fondateur de l'ethnopsychiatrie, il est au carrefour de trois disciplines : la culture grecque (*Tragédie et poésie grecques, études ethnopsychanalytiques,* 1975 ; *Dreams in Greek Tragedy,* 1976), la psychanalyse et l'anthropologie (*Essai d'ethnopsychiatrie générale,* 1970 ; *Ethnopsychanalyse complémentariste,* 1972). Il a également écrit *De l'angoisse à la méthode dans les sciences du comportement* (1967 ; trad. fr. 1980).

DÉVERGONDAGE n. m. **1.** Libertinage, conduite licencieuse ; débauche. — **2.** *Litt.* Écarts extrêmes par rapport à une norme quelconque, grande fantaisie : *Dévergondage d'esprit.*

DÉVERGONDÉ, E n. Personne qui se livre sans mesure ni remords à une conduite licencieuse, qui mène une vie de débauche.

DÉVERGONDER v. t. (de l'anc. fr. *vergonde,* vergogne, du lat. *verecundia,* pudeur) [conj. 3]. Amener qqn au libertinage, le corrompre.
◆ **se dévergonder** v. pr., **être dévergondé** v. pass. **1.** S'écarter par sa conduite des règles morales ; être débauché : *Avoir une conduite dévergondée.* — **2.** *Litt.* S'écarter des normes, se livrer à des écarts extrêmes, à de grandes fantaisies : *Imagination dévergondée.*

DÉVERGUER ou **DÉSENVERGUER** v. t. (conj. 3). Retirer une voile de sa vergue, pour la changer ou la réparer.

DEVÉRIA (Achille), dessinateur et lithographe français (Paris 1800 - *id.* 1857). Il est surtout l'auteur de portraits lithographiés (Hugo, Lamartine, Liszt...) et d'œuvres qui témoignent de la vie élégante à l'époque du romantisme. — Son frère EUGÈNE (Paris 1805 - Pau 1865), peintre, fit sensation au Salon de 1827 avec sa vaste *Naissance de Henri IV* (Louvre), mais soutint mal par la suite cette réputation.

DÉVERMINAGE n. m. Recherche et élimination des erreurs dans un programme informatique.

DÉVERNIR v. t. (conj. 32). Enlever le vernis.

DÉVERNISSAGE n. m. Action d'enlever le vernis qui recouvre une surface quelconque, et en particulier un tableau. (En restauration de peinture, le dévernissage, qui est total et présente des dangers, diffère de l'allègement, enlèvement partiel des couches de vernis dont une œuvre ancienne a pu être recouverte.)

DÉVERROUILLAGE n. m. Action de déverrouiller une porte, une arme, etc.

DÉVERROUILLER v. t. (conj. 3). **1.** Ôter, tirer le verrou d'une porte. — **2.** Enlever le dispositif qui maintenait les parties d'un mécanisme immobiles, en partic. celui qui existait entre la culasse et le canon d'une arme à feu pour permettre l'ouverture de ce dernier.

DEVERS (PAR-) → PAR-DEVERS.

DÉVERS n. m. (lat. *deversus,* de *devertere,* détourner). **1.** Angle formé par le plan de symétrie d'un véhicule et le plan perpendiculaire à la chaussée ou à la voie ferrée. (Il facilite le passage du véhicule en courbe, et l'empêche d'être poussé vers l'extérieur sous l'effet de la force centrifuge.) — **2.** Syn. de DÉVERSEMENT 2 ; valeur, mesurée, d'une déversement. — **3.** Forme évasée de la coque à l'avant du navire, depuis la flottaison jusqu'au pont supérieur. (Syn. RENVOI.) — **4.** Relèvement du bord extérieur d'une route dans les virages pour éviter le dérapage.

DEVERS (Jacob), général américain (York, Pennsylvanie, 1887 - Washington 1980). Adjoint à Eisenhower, puis à Wilson, dans le théâtre d'opérations méditerranéen (1943-44), il commanda les forces franco-américaines débarquées en Provence jusqu'à la victoire (1945).

1. DÉVERSEMENT n. m. (de *déverser 1*). **1.** Action de déverser un liquide, une grande quantité de choses, de gens, un sentiment, etc. : fait de se déverser. — **2.** *Courant de déversement,* courant océanique pénétrant dans une mer marginale au niveau du seuil de fermeture. ‖ *Méandre à déversement,* sinuosité non encaissée d'un cours d'eau, se déplaçant vers l'aval dans une plaine alluviale. (Syn. MÉANDRE À DÉBORDEMENT, MÉANDRE DIVAGANT.)

2. DÉVERSEMENT n. m. (de *déverser 2*). **1.** Fait de déverser ; inclinaison des supports d'un édifice, murs ou piliers, par ex. sous l'action de la poussée des voûtes. (On peut y remédier soit par la pose de tirants, soit en renforçant le contrebutement [contreforts, arcs-boutants].) [Syn. DÉVERS.] — **2.** Inclinaison du plan axial d'un pli, dans le sens du chevauchement, du charriage d'un ensemble de terrains, d'une montagne.

1. DÉVERSER v. t. (de *verser*) [conj. 3]. **1.** Laisser couler un liquide dans un autre : *La Seine déverse ses eaux dans la Manche. L'égout se déverse directement dans la mer.* — **2.** Amener en grand nombre des personnes, des choses ; décharger : *Déverser des tonnes de marchandises sur le marché.* — **3.** Répandre abondamment des paroles, de la musique : *Déverser des flots d'injures.* — **4.** Exprimer qqch sans frein et de manière agressive ; épancher : *Déverser son mépris, sa bile sur les autres.*

2. DÉVERSER v. i. (de *dévers*) [conj. 3]. En parlant d'une construction, perdre son aplomb.
◆ **être déversé** v. pass. En parlant d'un pli géologique, avoir les pendages des flancs et du plan axial dans le même sens. (Il en résulte l'existence d'un flanc normal et d'un flanc inverse.)

DÉVERSEUR n. m. Appareil servant à régler la pression d'un fluide en amont d'un point donné.

DÉVERSOIR n. m. **1.** Ouvrage au-dessus duquel s'écoulent les eaux d'un canal, d'un cours d'eau, d'un barrage, etc. — **2.** *Déversoir de fond,* ouvrage permettant la vidange totale du bief d'une écluse.

DEVÈS, hauts plateaux volcaniques du Massif central, dans le sud-ouest du Velay ; 1 423 m.

DÉVÊTIR v. t. (conj. **44**). Enlever à qqn ses vêtements ou une partie de ses vêtements.
◆ **se dévêtir** v. pr., **être dévêtu** v. pass. Ôter ses vêtements.

DÉVÊTISSEUR n. m. Dans un outillage de presse à découper, élément ayant pour fonction d'extraire le poinçon de la bande ou de la pièce dans laquelle il a pénétré.

DĒVĪ, mot sanskr. signif. *déesse* et désignant toute divinité féminine de l'Inde, identifiée à l'époque postvédique avec *śakti* aspect féminin de Śiva.

DÉVIANCE n. f. **1.** Caractère de ce qui s'écarte de la norme. — **2.** Position d'un individu ou d'un groupe qui conteste, transgresse et qui se met à l'écart de règles et de normes en vigueur dans un système social donné.

DÉVIANT, E adj. Qui s'écarte de la règle, de la norme : *Opinion déviante.*
◆ n. Sujet ou groupe social minoritaire caractérisé par la déviance.

DÉVIATEUR n. m. **1.** Ensemble de bobinages montés sur le col d'un tube cathodique, qui assurent la déviation magnétique des électrons en fonction de la tension. (En conjuguant une déviation horizontale et une déviation verticale, on permet au faisceau électronique de balayer l'écran du tube pour former une image [oscilloscope, télévision].) — **2.** Instrument permettant de dévier de la verticale un puits en forage. — **3.** *Déviateur de jet,* dispositif ayant pour objet de changer la direction des gaz d'un avion à réaction, afin de modifier l'orientation de la poussée.

DÉVIATION n. f. (bas lat. *deviatio, -onis*). **1.** Action de dévier ; fait pour qqch de prendre une direction qui s'écarte d'une ligne déterminée à l'avance ; fait d'être dévié : *La déviation du ballon par le gardien de but.* — **2.** Action de changer la direction d'une route, pour éviter une localité ou contourner un obstacle ; itinéraire détourné. — **3.** Écart hors d'une ligne morale, philosophique ou politique donnée ; variation dans la conduite : *Légère déviation de principes.* • **Arm.** Écart entre la trajectoire réelle d'un projectile et sa trajectoire théorique. — **Électron.** Action de dévier, par des champs électriques ou magnétiques variables, le faisceau électronique d'un tube cathodique en vue de lui faire balayer la surface d'un écran fluorescent. — **For.** Opération qui consiste à dévier de la verticale un puits en forage. — **Mar.** Effet produit par les éléments métalliques d'un navire sur l'aiguille aimantée du compas. (On le corrige par une régulation du compas ou par la compensation.) ‖ Déroutement. — **Opt.** Angle que fait un rayon incident avec le rayon réfracté ou le rayon émergent correspondant. — **Pathol.** Direction vicieuse que prennent certaines parties du corps. (Pour la colonne vertébrale la déviation peut être à convexité postérieure [cyphose], antérieure [lordose] ou être dirigée latéralement [scoliose].)

DÉVIATIONNISME n. m. Attitude qui consiste à s'éloigner de l'orthodoxie ou de la ligne politique de l'État, d'un parti ou d'une organisation.

DÉVIATIONNISTE adj. et n. Qui fait preuve de déviationnisme.

DE VICO (le *P.* Francesco), astronome italien (Macerata 1805 - Londres 1848). On lui doit des observations de la planète Vénus, des satellites et de l'anneau de Saturne, de comètes, de nébuleuses, ainsi que des recherches sur le système solaire.

DÉVIDAGE n. m. En soierie, mise d'écheveaux sur les tavelles d'un bobinoir pour en former des bobines ; dans tous les autres cas, confection d'écheveaux à partir de bobines, sur une machine appelée dévidoir ; atelier où s'effectue cette opération.

DÉVIDER v. t. (conj. 3). **1.** Mettre du fil en écheveau ou en pelote. — **2.** Dérouler ce qui est enroulé : *Dévider des câbles.* — **3.** Vider qqch de ce qui y est enroulé : *Dévider une bobine.*

– 4. *Fam.* Exposer qqch, le raconter rapidement ou avec prolixité : *Dévider ses souvenirs.*

DÉVIDEUR, EUSE n. Ouvrier(ère) qui dévide le fil, la laine, qui fait le dévidage.

DÉVIDOIR n. m. **1.** Appareil sur lequel on enroule les fils, ficelles, cordes, tuyaux, etc., que l'on veut pouvoir ultérieurement dérouler avec rapidité. – **2.** Dispositif pour le rangement des tuyaux d'incendie et pour leur mise en œuvre rapide. – **3.** Syn. de DÉBOBINOIR. – **4.** Plioir sur lequel un pêcheur range ses lignes. – **5.** Dans les procédés de soudage automatiques, organe qui pousse le fil-électrode, au fur et à mesure des besoins, jusqu'au tube-contact de la torche. – **6.** Appareil sur lequel on effectue la mise en écheveaux du fil ou servant à dévider un écheveau de fil.

DÉVIER v. i. (bas lat. *deviare*) [conj. 9]. **1.** S'écarter de sa direction, en être détourné : *La voiture a dévié sur la gauche.* – **2.** S'écarter d'une ligne de conduite, ne pas s'en tenir au but fixé : *Le projet a dévié au fur et à mesure des difficultés rencontrées.* – **3.** S'écarter du cours normal ou déterminé à l'avance : *La conversation dévia sur un sujet scabreux.*
◆ v. t. **1.** Modifier le trajet régulier, le cours normal de qqch ; détourner : *Dévier la circulation du centre ville.* – **2.** Amener la conversation sur un autre sujet.

DEVILLE (Gabriel), homme politique français (Tarbes 1854 - Viroflay 1940). Il fonda en 1879 avec J. Guesde la Fédération du parti des travailleurs socialistes de France et joua un rôle important pour la diffusion du marxisme en France.

DEVILLE (Michel), cinéaste français (Boulogne-sur-Seine 1931). Avec comme scénariste et monteuse Nina Companeez, il a notamment réalisé : *À cause, à cause d'une femme* (1962), *Benjamin ou les Mémoires d'un puceau* (1967, prix Louis-Delluc), *l'Ours et la Poupée* (1970), *Raphaël ou le Débauché* (1971). Il a ensuite tourné *le Dossier 51* (1978), *le Voyage en douce* (1979), *Eaux profondes* (1981), *Péril en la demeure* (1985), *le Paltoquet* (1986), *la Lectrice* (1988), *Nuit d'été en ville* (1990), *Aux petits bonheurs* (1994).

DÉVILLE-LÈS-ROUEN (76250), comm. de la Seine-Maritime, banlieue nord-ouest de Rouen ; 10 561 hab. *(Dévillois).* Métallurgie. Textile.

DEVIN n. m. (lat. *divinus*). **1.** Praticien amateur ou professionnel de la divination. – **2.** Fam. *Je ne suis pas devin,* je ne peux pas savoir ce qu'on ne m'a pas dit, comprendre l'inintelligible.

DEVINABLE adj. Qui peut être deviné.

DEVINER v. t. (lat. *divinare*) [conj. 3]. **1.** Prophétiser, révéler, prédire l'avenir à l'aide de divers procédés (boule de cristal, marc de café, lignes de la main, etc.) ; faire de la divination. – **2.** Trouver par intuition, par conjecture la solution d'une énigme, la réponse à une question : *Devine comment il s'appelle.* – **3.** Supposer, sentir, savoir ou percevoir qqch par intuition, par l'intermédiaire des sens : *Je ne pouvais pas deviner qu'il viendrait.* – **4.** Apercevoir, distinguer confusément qqch, qqn, leur présence qqpart : *On devine le jupon sous la robe.* – **5.** Avoir confusément conscience de la réalité, de l'existence de qqch ; pressentir, soupçonner : *On devine chez cet homme un courage hors du commun.* – **6.** Mettre au jour, comprendre ce qui était caché, ce que qqn dissimulait : *Deviner les intentions de l'adversaire.*

DEVINERESSE n. f. Fém. de DEVIN.

DEVINETTE n. f. Ce que l'on donne à deviner ; question le plus souvent plaisante, dont on demande à qqn, par jeu, de deviner la réponse ; énigme : *Poser une devinette.*

DÉVIRAGE n. m. *Dévirage d'une pompe,* rotation en sens inverse du sens normal.

DÉVIRER v. t. (de *virer*) [conj. 3]. Faire tourner un cabestan en sens contraire.

DÉVIRILISATION n. f. Action de déviriliser ; fait d'être dévirilisé.

DÉVIRILISER v. t. (conj. 3). Enlever à un homme les qualités traditionnellement liées à la virilité ; efféminer.

De viris illustribus *(Des hommes illustres),* titre adopté, pour leurs ouvrages, par différents historiens latins. Le recueil le plus connu est celui de Cornelius Nepos. – Sous le titre *De viris illustribus urbis Romae,* Lhomond publia, v. 1775, un ouvrage d'enseignement, en latin, qui contient un abrégé d'histoire romaine.

DÉVIROLAGE n. m. Action de déviroler.

DÉVIROLER v. t. (conj. 3). Extraire une monnaie ou une médaille de la virole après la frappe.

DEVIS [dəvi] n. m. (de *deviser*). État détaillé et estimatif de travaux à accomplir, qui constitue un avant-projet et non pas un engagement formel.

DÉVISAGER v. t. (conj. **17**). Regarder qqn avec insistance, le fixer : *Dévisager son voisin avec impertinence.*

1. DEVISE n. f. (de *deviser*). **1.** Brève formule qui caractérise la valeur symbolique d'une chose : *Honneur et Patrie, voilà la devise du drapeau français.* – **2.** Sentence qui indique les goûts, les habitudes, les qualités de qqn : *Le client est roi, telle est la devise du bon commerçant.* – **3.** Ornement consistant en une inscription accompagnée ou non de figures. – **4.** Ensemble constitué par une figure emblématique (non inscrite sur un écu) et une sentence ; courte sentence inscrite sur un listel placé au-dessous de l'écu. (→ *encycl.*)

ENCYCL. **Hérald.** La devise comprend une figure (animal, plante, objet, etc.) qui en est le *corps* et une sentence qui en est l'*âme.* Parmi les plus célèbres : le fagot d'épines de Louis XI avec les mots *Qui s'y frotte s'y pique ;* la salamandre de François Ier, *Nutrisco et exstinguo* (je nourris et j'éteins). Elle accompagne souvent les armoiries des États, des familles ou des villes : *Fluctuat nec mergitur* (il flotte et ne sombre pas) [Paris]. Très fréquemment la devise est parlante et rappelle le nom de famille : *À cœur vaillant, rien d'impossible* (Jacques Cœur).

2. DEVISE n. f. (all. *Devise*). **1.** Monnaie d'un pays, considérée par rapport aux autres monnaies : *Le franc suisse est une devise forte.* – **2.** *Devises clefs,* monnaies ayant un pouvoir de paiement libératoire international (le dollar, par ex.).

DEVISER v. t. ind. (bas lat. **devisare,* du lat. class. *dividere,* répartir) [conj. 3]. *Litt.* S'entretenir familièrement avec qqn, converser, discuter : *Deviser de choses sans importance.*

DEVISE-TITRE n. f. (pl. *devises-titres*). Devise qui, dans le cadre d'une politique de contrôle des changes, peut être acquise librement par un acheteur national pour se procurer des valeurs étrangères.

DÉVISSABLE adj. Qui peut être dévissé.

DÉVISSAGE n. m. Action de dévisser.

DE VISSCHER (Charles), juriste belge (Gand 1884 - Bruxelles 1973). Membre de la Cour permanente d'arbitrage (1923), directeur de la *Revue de droit international et de législation comparée* (1921-1940), juge à la Cour permanente de justice internationale, son ouvrage fondamental est *Théories et réalités en droit international public* (1953, 1955, 1960).

DÉVISSÉ n. m. Mouvement consistant à épauler un haltère, puis à le soulever au-dessus de la tête en inclinant le corps du côté opposé au poids.

DÉVISSER v. t. (conj. 3). **1.** Tourner une vis dans le sens inverse du vissage, de telle sorte qu'elle quitte son logement. – **2.** Détacher, défaire un objet retenu par des vis : *Devisser une serrure.* – **3.** Retirer un objet, le séparer de ce à quoi il est vissé : *Dévisser le bouchon d'un flacon.* – **4.** Ouvrir qqch qui est fermé par une pièce mobile vissée : *Dévisser un tube.* – **5.** *Dévisser le bras, le cou de qqn,* le tordre, le tourner en forçant. ◆ v. i. Pour un skieur ou un alpiniste, être entraîné le long d'une pente de façon incontrôlée, après une rupture d'équilibre.

DE VISU [devizy] loc. adv. (lat. de *visu,* d'après ce qu'on a vu). Après avoir vu, en témoin oculaire : *Constater de visu.*

DÉVITALISATION n. f. Opération consistant à retirer le tissu vivant d'une dent (pulpe dentaire). [Syn. PULPECTOMIE.]

DÉVITALISER v. t. (de *vital*) [conj. 3]. Pratiquer une dévitalisation.

DÉVITAMINÉ, E adj. Qui ne contient pas de vitamines.

DÉVITRIFICATION n. f. **1.** Modification du verre sous l'action prolongée de la chaleur, qui entraîne la cristallisation de certains de ses constituants. (La dévitrification, en général indésirable, est mise à profit pour créer des effets décoratifs dans la verrerie d'art ou pour produire les vitrocéramiques.) – **2.** Recristallisation des verres volcaniques.

DÉVITRIFIER v. t. (conj. 9). Provoquer la dévitrification d'un verre.

DEVLET GIRAY Ier (1512 - Bakhtchissaraï 1577), khān de Crimée (1551-1577). Petit-fils de Mengli Giray Ier, qui fonda le khānat de Crimée, il mena contre la Moscovie d'Ivan le Terrible plusieurs expéditions (1552, 1569, 1571, 1572). Il atteignit et brûla les faubourgs de Moscou en 1571 mais subit un grave échec en 1572.

DÉVOIEMENT n. m. (de *dévoyer*). **1.** Action de dévoyer ; détournement. – **2.** Changement de direction d'un conduit de cheminée ou de descente. – **3.** Aux extrémités d'un navire, modification de la position des membrures par rapport à l'axe longitudinal du bâtiment, en raison de la courbure du bordage.

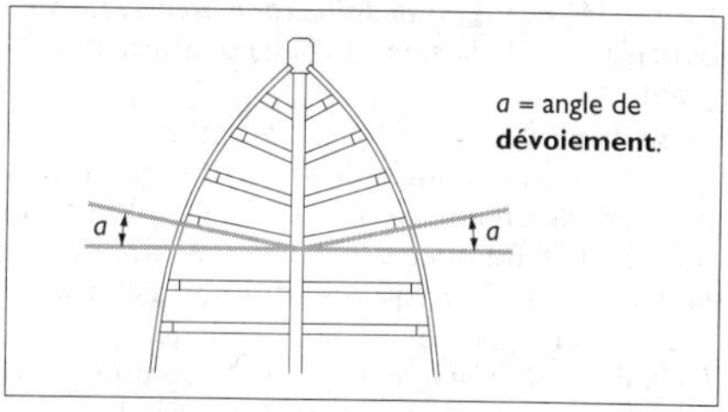

DÉVOILEMENT n. m. **1.** Action de dévoiler ; fait d'être dévoilé. – **2.** Chez Heidegger, opération par laquelle l'homme fait advenir au monde la vérité, ou par laquelle elle advient au monde d'elle-même.

DÉVOILER v. t. (conj. 3). **1.** Enlever le voile qui recouvrait qqch, qqn en les mettant au jour : *Dévoiler une statue.* – **2.** Faire apparaître une partie du corps en levant ce qui la masquait : *Dévoiler le visage d'une femme.* – **3.** Révéler, expliquer, porter à la connaissance de qqn ce qui était caché ou qui n'était pas connu : *Dévoiler ses pensées.* — **4.** Redresser une roue voilée.

1. DEVOIR v. t. (lat. *debere*) [conj. **53**]. **1.** Avoir à payer de l'argent à qqn, avoir à lui donner qqch pour une marchandise fournie, un service rendu, un prêt ; avoir une dette : *Je dois trois cents francs à mon épicier. Je lui dois une séance de cinéma.* — **2.** Être tenu, obligé, de faire qqch pour qqn : *Je vous dois des excuses.* — **3.** Tenir qqch de qqn, l'avoir obtenu grâce à lui : *C'est à vous que je dois d'avoir trouvé ce travail.* — **4.** Tenir de qqch telle ou telle caractéristique : *Cette voiture doit sa sécurité à son système de freinage.* — **5.** *Devoir beaucoup, tout, rien à qqn, à qqch,* se sentir plus ou moins lié par la reconnaissance à qqn ; être dû à qqch : *Elle doit beaucoup à ses professeurs. Sa victoire ne doit rien au hasard.* — **6.** *Devoir + inf.* indique la nécessité, l'obligation : *Elle doit éviter l'alcool et le sel* ; marque le caractère inéluctable d'un événement : *Tous les hommes doivent mourir un jour* ; marque la probabilité, l'éventualité d'un événement ou le futur, la formulation d'une hypothèse : *Les choses ont dû se passer de la sorte.* — **7.** *Devoir la vie à qqn,* avoir été sauvé par lui ; l'avoir pour géniteur. ‖ Litt. *Dussé-je, dût-il, etc.,* marque la détermination de faire qqch ; quand bien même, même si. ‖ *Je lui dois bien ça,* je peux bien faire cela pour lui après tout ce qu'il a fait pour moi.

◆ **être dû** v. pass. **1.** En parlant d'une somme, d'une chose, devoir être payée ou restituée : *Loyer dû.* — **2.** Revenir de droit à qqn, être mérité par lui : *Les honneurs qui lui sont dus.* — **3.** Avoir été causé, provoqué par qqn, qqch ; être la conséquence de qqch : *Cet incident est dû à un acte de malveillance.* — **4.** *En bonne et due forme,* selon les formes légales. ‖ *Jusqu'à due concurrence,* jusqu'à concurrence de la somme, de la quantité dont il s'agit.

◆ **se devoir** v. pr. **1.** Être ou se sentir tenu de se dévouer à qqn, à qqch, de se sacrifier pour qqn, qqch : *Se devoir aux siens.* — **2.** Avoir l'obligation morale de faire qqch : *Je me dois de lui répondre rapidement.* — **3.** Avoir à se donner réciproquement qqch : *Les époux se doivent assistance et fidélité.* — **4.** *Comme il se doit,* comme c'est l'usage ou comme on pouvait le prévoir.

2. DEVOIR n. m. **1.** Obligation morale, considérée sous sa forme la plus générale : *Avoir le sens du devoir.* — **2.** Obligation particulière imposée par la morale, la loi, un règlement, les conventions sociales, etc. ; tâche à accomplir ; responsabilité, charge : *Remplir son devoir de citoyen, ses devoirs religieux.* — **3.** Travail, exercice d'écolier qui se fait par écrit et en dehors des cours : *Des devoirs de vacances.* — **4.** *Devoir de secours,* obligation alimentaire entre époux. ‖ *Homme, personne de devoir,* qui a le sens du devoir, qui respecte ses obligations morales. ‖ *Il est de mon devoir de,* je dois par obligation morale agir ainsi. ‖ *Se faire un devoir de,* s'obliger à. ‖ *Se mettre en devoir de,* se disposer à agir ainsi.

◆ **devoirs** n. m. pl. **1.** Hommages, marques de civilité, de respect ou de politesse : *Présenter ses devoirs à quelqu'un.* — **2.** *Les derniers devoirs,* les honneurs funèbres.

3. DEVOIR n. m. (p.-ê. de *devoir 2*). **1.** Association d'ouvriers unis par les liens du compagnonnage. — **2.** Nom générique du compagnonnage et de ses variantes (avec une majusc. en ce sens).

DEVOIRANT ou **DÉVORANT** n. m. (de *devoir 3*). Compagnon du Devoir.

DÉVOISEMENT n. m. En phonétique, syn. de ASSOURDISSEMENT.

DÉVOISER v. t. (conj. **3**). En phonétique, syn. de ASSOURDIR.

DÉVOLTAGE n. m. Action de dévolter.

DÉVOLTER v. t. (de *volt*) [conj. **3**). Diminuer la tension d'une source d'électricité.

DÉVOLTEUR n. m. Machine auxiliaire dont la force électromotrice se retranche de la tension fournie par une autre source électrique.

1. DÉVOLU (ÊTRE) v. pass. (lat. *devolutus,* de *devoluere,* échoir). **1.** Être attribué à qqn, lui échoir en vertu d'un droit : *Pouvoirs dévolus par la loi aux ministres.* — **2.** Être réservé, destiné à qqn.

2. DÉVOLU n. m. *Jeter son dévolu sur,* fixer son choix sur qqn, sur qqch.

DÉVOLUTIF, IVE adj. **1.** Relatif à la dévolution. — **2.** *Effet dévolutif,* conséquence de l'appel régulièrement interjeté qui a pour résultat de saisir la juridiction supérieure.

DÉVOLUTION n. f. (lat. médiév. *devolutio, -onis*). **1.** Transfert, transmission d'un bien, d'un droit, qui se fait d'une personne à une autre. (Se dit particulièrement en parlant de la transmission successorale.) — **2.** Droit qui, dans certains pays, donnait la succession aux seuls enfants nés d'un premier mariage.

Dévolution *(guerre de)* [1667-68], conflit qui opposa la France et l'Espagne. À la mort de son beau-père Philippe IV d'Espagne, Louis XIV réclama, au nom de son épouse Marie-Thérèse, une partie des Pays-Bas et la Franche-Comté, en vertu du droit de dévolution* en usage au Brabant. En mai 1667, il fit envahir la Flandre par Turenne, qui s'empara de douze places, puis fit occuper la Franche-Comté par Condé en févr. 1668. Mais, devant la menace de la Triple-Alliance* conclue contre la France, entre l'Angleterre, les Provinces-Unies et la Suède (janv. 1668), il signa le traité d'Aix-la-Chapelle

(2 mai 1668) par lequel il restitua la Franche-Comté à l'Espagne, mais conserva les douze places conquises par Turenne en Flandre, dont Lille, Tournai, Douai, Charleroi et Armentières.

DÉVOLUY, région des Alpes françaises du Sud (Hautes-Alpes et Isère), au S.-O. de la vallée du Drac, dominée par des escarpements calcaires (Obiou, 2 790 m). Le Dévoluy a un aspect désolé, avec des champs de pierraille et des formes karstiques (lapiés, gouffres).

DEVON n. m. (de *Devon,* n. pr.). Leurre métallique rotatif, pour la pêche de la truite et du saumon, formé d'un corps ovoïde armé d'un ou de plusieurs hameçons triples et de deux palettes en forme d'hélice.

DEVON ou **DEVONSHIRE,** comté de Grande-Bretagne, s'étendant sur une partie du sud-ouest de l'Angleterre, entre la Manche et le chenal de Bristol ; 6 715 km^2 ; 952 000 hab. Ch.-l. *Exeter.* V. princ. *Plymouth.*

DEVON *(île),* île de l'archipel arctique canadien (Territoires du Nord-Ouest), au N. de la terre de Baffin.

DÉVONIEN n. m. (de *Devon,* n. pr.). Système de l'ère paléozoïque, d'une durée de 50 millions d'années, situé entre l'orogenèse calédonienne et l'orogenèse hercynienne ou varisque. (Il est caractérisé par l'extension des terres émergées, ce qui entraîne le développement des vertébrés terrestres.)

1. DÉVORANT, E adj. **1.** *Litt.* Qui épuise, consume par son intensité, son côté exclusif : *Un amour dévorant.* — **2.** Litt. *Feu dévorant,* qui brûle tout.

2. DÉVORANT → DEVOIRANT.

DÉVORATEUR, TRICE adj. (bas lat. *devorator*). *Litt.* Qui dévore, consume, détruit : *Le feu dévorateur.*

DÉVORER v. t. (lat. *devorare*) [conj. 3]. **1.** Manger entièrement un animal, qqn en le déchirant, en le déchiquetant, en parlant d'un animal : *Le loup a dévoré l'agneau.* — **2.** Manger avec voracité, goulûment, engloutir, en parlant de qqn : *Enfant qui dévore son goûter.* — **3.** Ronger qqch, le mordre, le piquer abondamment jusqu'à le détruire, en parlant d'insectes : *Les mites ont dévoré la couverture.* — **4.** Utiliser qqch, le consommer, le prendre en très grande quantité : *La crise a dévoré tous ses capitaux.* — **5.** Lire avec avidité un livre, un journal, etc. — **6.** Envahir qqn, l'absorber totalement ; ronger : *L'envie de tout lui dire la dévorait.* — **7.** *Dévorer du regard, des yeux,* regarder avec insistance. ‖ *Dévorer qqn de baisers,* le couvrir de baisers. ‖ *Dévorer une distance,* la parcourir à grande vitesse. ‖ *Dévorer le visage,* en parlant des yeux, de la bouche, être très grands par rapport au reste du visage.

DÉVOREUR, EUSE n. Personne, véhicule, appareil, etc., qui dévore, consomme beaucoup.

DE VOS (Maarten), peintre flamand (Anvers 1532 - *id.* 1603), le plus connu d'une famille de peintres. Élève de F. Floris à Anvers, du Tintoret à Venise, il s'affirma comme le continuateur du maniérisme romaniste de Floris dans des compositions religieuses ou mythologiques (*Incrédulité de saint Thomas,* 1573, musée d'Anvers) ; ses portraits ont plus de réalisme et de naturel.

DE VOS (Cornelis), peintre flamand (Hulst 1584 - Anvers 1651). Outre des tableaux d'histoire, il a peint des portraits sobres et attentifs (*Abraham Grapheus,* 1620, Anvers), souvent consacrés à des groupes familiaux ou à des enfants (*les Enfants de l'artiste,* Berlin-Dahlem). — Son frère PAUL (Hulst 1595/96 - Anvers 1678), beau-frère de Snijders, fut un peintre animalier au talent fougueux, résolument baroque (*Cerf harcelé par la meute,* Prado, Madrid). — SIMON (Anvers 1603 - *id.* 1676), élève et sans doute parent de Cornelis, fut l'un des collaborateurs de Rubens.

DEVOS (Raymond), artiste de variétés et comédien français (Mouscron 1922). Il débute en 1948 au cabaret, puis au music-hall avec un numéro de duettistes. Depuis 1956, il triomphe, seul en scène, dans un répertoire où il joue sur les mots et cultive le non-sens.

DEVOSGE (François), peintre français (Gray 1732 - Dijon 1811). Auteur de portraits et de tableaux d'histoire, il fonda en 1766, à Dijon, une école gratuite de dessin que protégea le prince de Condé.

DÉVOT, E adj. et n. (lat. ecclés. *devotus,* dévoué). **1.** Qui est zélé pour la religion et les pratiques religieuses : *Une famille dévote.* — **2.** *Péjor.* Qui manifeste une dévotion ostentatoire ou hypocrite ; bigot. — **3.** *Faux dévot,* personne qui affecte hypocritement une dévotion outrée.

◆ adj. Qui marque ou manifeste la dévotion ; pieux : *Une attitude dévote.*

◆ **dévots** n. m. pl. Nom donné, en France, dans la première moitié du XVIIe s., à un parti qui poursuivit une politique catholique à l'intérieur (lutte contre le protestantisme) comme à l'extérieur (alliance avec les Habsbourg), et qui s'opposa au développement de l'absolutisme centralisateur.

DÉVOTE *(sainte),* martyre en Corse (IIIe s. ?).

DÉVOTEMENT adv. *Litt.* Avec dévotion.

DÉVOTIEUX, EUSE adj. *Litt.* Qui est d'une dévotion scrupuleuse.

Devotio moderna ou **Dévotion moderne,** mouvement ascétique et mystique né à la fin du XIVe s. aux Pays-Bas, qui s'épanouit chez les Frères (et Sœurs) de la vie commune de Deventer et s'exprima particulièrement dans l'*Imitation de Jésus-Christ,* attribuée à Thomas a Kempis.

DÉVOTION n. f. (lat. ecclés. *devotio, -onis,* dévouement). **1.** Piété, attachement à la religion ou aux pratiques religieuses. — **2.** *Péjor.* Zèle ostentatoire ou hypocrite pour la religion. — **3.** *Litt.* Attachement quasi religieux à qqch ou qqn ; vénération : *Avoir une grande dévotion pour sa mère.* — **4.** *Être à la dévotion de qqn, avoir qqn à sa dévotion,* lui être entièrement dévoué, être à son entière disposition, l'avoir à son entière disposition. ‖ *Fête de dévotion, jeûne de dévotion,* fête, jeûne qui ne sont pas d'obligation et que l'on observe par piété personnelle. ‖ *Livres de dévotion,* livres de piété.

◆ **dévotions** n. f. pl. *Faire ses dévotions,* accomplir ses devoirs religieux.

Dévotion à la croix *(la),* drame en trois « journées », de Calderón (1634). Amoureux de Julia, mais éconduit par son père Curcio, Eusebio tue le frère de Julia, mais renonce à enlever celle-ci par fidélité à la croix. Tué en duel par Curcio, en qui il reconnaît son père, Eusebio est ressuscité juste assez pour se confesser à un prêtre. Cette pièce est une des plus caractéristiques de tout le théâtre espagnol.

DÉVOTIONNEL, ELLE adj. Qui se rapporte aux formules, aux actes de dévotion.

DÉVOUEMENT n. m. Action de se dévouer ; qualité de qqn susceptible d'agir ainsi : *Soigner quelqu'un avec dévouement.*

DÉVOUER v. t. (de *vouer*) [conj. **6**]. Litt. *Dévouer sa vie à qqn, à qqch,* la sacrifier pour eux, la leur consacrer entièrement.

◆ **être dévoué** v. pass. **1.** Être plein de zèle, ne pas hésiter à rendre service : *Avoir de dévoués collaborateurs.* — **2.** Entre dans des formules de politesse terminant des lettres adressées à un supérieur : *Je suis votre dévoué serviteur.*

◆ **se dévouer** v. pr. **1.** Se consacrer entièrement à qqn, à qqch, se sacrifier : *Se dévouer à une cause.* — **2.** Être prêt à faire une chose pénible, difficile ou ennuyeuse : *Il s'est dévoué pour aller faire les courses.*

DÉVOYÉ, E n. Personne sans moralité, pervertie.

DÉVOYER v. t. (de *voie*) [conj. **13**]. *Litt.* **1.** Détourner qqn du droit chemin, le dégrader moralement, le pervertir. — **2.** Détourner le sens d'un mot de son acception première. — **3.** Déplacer de la ligne verticale un conduit, un tuyau. — **4.** Dans un triage, diriger un wagon sur une autre voie que celle prévue, soit par erreur, soit volontairement, pour éviter le rattrapage d'un wagon moins bon rouleur.

DE VRIES (Adriaen), sculpteur néerlandais (La Haye v. 1545 ou 1560 - Prague 1626). Un des meilleurs élèves de Giambologna, il contribua à la diffusion du maniérisme dans l'Europe septentrionale ; il a notamment travaillé à Prague, au Danemark et à Augsbourg (fontaines de Mercure et d'Hercule).

DE VRIES (Hugo), botaniste néerlandais (Haarlem 1848 - Lunteren 1935). Il a découvert le phénomène des mutations spontanées, qui sont à l'origine des novations sur lesquelles s'exercera la sélection naturelle.

DÉVRILLAGE n. m. Action de dévriller qqch.

DÉVRILLER v. t. (conj. **3**). Détordre un fil, une corde, une ligne, etc.

DE WAILLY ou **DEWAILLY** (Charles), architecte, décorateur et peintre français (Paris 1730 - *id.* 1798). Formé à Paris et en Italie, doué d'un talent multiforme qui ne se limite pas à la rigueur néoclassique, auteur de travaux et projets divers pour la France et pour l'étranger (Russie...), il est surtout célèbre pour son théâtre devenu l'Odéon, à Paris (1767-1782), conçu en collaboration avec M.-J. Peyre.

DEWANDELAER (Franz), poète belge d'expression wallonne (Nivelles 1909 -Bruges 1952), rénovateur de la poésie dialectale.

DEWAR (*sir* James), chimiste et physicien écossais (Kincardine-on-Forth 1842 - Londres 1923). Il a réussi à liquéfier l'hydrogène, le fluor, et a étudié le comportement des gaz aux très basses températures. On lui doit un explosif, la *cordite,* et le vase isolant à double paroi de verre argenté avec vide intermédiaire, qui porte son nom.

DEWASNE (Jean), peintre français (Lille 1921). Promoteur de l'abstraction dès la fin de la guerre, il pratique une peinture aux formes géométriques en aplats de couleurs vives et brillantes, sur supports durs (Isorel, métal [« Antisculptures » sur éléments de carrosserie, à partir de 1951], murs [*la Longue Marche,* décoration pour l'université de Lille, 1969]).

DÉWATTÉ adj. m. En électricité, syn. vieilli de RÉACTIF.

DEWAVRIN (André) → PASSY (colonel).

DE WET (Christian), général boer (Leeukop, Smithfield, 1854 - Klipfontein, Dewetsdorp, 1922). Chef de partisans dans la lutte contre les Anglais, il ne déposa les armes qu'en 1902. Il reprit le combat en 1914, mais dut se rendre.

DEWEY (George), amiral américain (Montpelier, Vermont, 1837 - Washington 1917). Après avoir servi sous l'uniforme nordiste lors de la guerre de

Sécession, il détruisit, pendant la guerre hispano-américaine de 1898, la flotte espagnole et occupa Manille.

DEWEY (Melvil), bibliographe américain (Adams Center, État de New York, 1851 -Lake Placid, Floride, 1931), inventeur de la classification décimale utilisée dans les bibliothèques (1874) et fondateur de la première école de bibliothécaires (1883).

DEWEY (John), pédagogue et philosophe américain (Burlington 1859 - New York 1952). C'est à partir du pragmatisme qu'il élabora sa théorie pédagogique dans laquelle l'intelligence est conçue comme un outil parmi d'autres, et restituée fonctionnellement dans la vie quotidienne. Dewey identifie vie scolaire et vie sociale, et fait de l'école une microsociété où le travail prendrait tout son sens. Il a écrit *Credo pédagogique* (1897), *l'École et la Société* (1900).

DEWEZ (Louis), historien belge (Namur 1760 - Bruxelles 1838), auteur d'une importante *Histoire générale de la Belgique* (1805-1807).

DE WITTE (Emmanuel), peintre néerlandais (Alkmaar v. 1615 - Amsterdam 1691/92). Il a surtout peint des intérieurs d'églises, remarquables par le rendu spatial et l'animation (lumière, couleurs, notations pittoresques).

DEWOITINE (Émile), constructeur aéronautique français (Crépy-en-Laonnois, Aisne, 1892 - Toulouse 1979). Il créa à Toulouse, à partir de 1920, d'importantes usines et réalisa plus de 50 prototypes d'avions.

DEXAMÉTHASONE n. f. Dénomination commune d'un glucocorticoïde synthétique ayant une activité anti-inflammatoire 30 fois supérieure à celle de la cortisone.

DEXIE n. f. Mouche qui se rend utile en parasitant les larves de hannetons.

DEXTÉRITÉ n. f. (lat. *dexteritas, -atis,* de *dexter,* droit). **1.** Adresse de la main dans l'exécution de qqch. — **2.** Adresse d'esprit, ingéniosité dans l'accomplissement d'une action ; habileté : *Conduire une affaire avec beaucoup de dextérité.*

DEXTRALITÉ n. f. Caractère de qqn qui est droitier.

DEXTRAN n. m. Dextrane obtenu par action de la bactérie *Leuconostoc mesenteroides* sur le saccharose ou préparé par synthèse, utilisé comme succédané du sang.

DEXTRANE n. m. Nom des polyholosides dérivés du glucose, obtenus à partir de micro-organismes.

DEXTRE adj. (lat. *dextera,* fém. de *dexter,* qui est à droite). **1.** En héraldique, indique le côté droit de l'écu (à gauche pour l'observateur). — **2.** Se dit de la coquille des mollusques gastropodes enroulée de sorte que, la pointe étant en haut et l'orifice tourné vers l'observateur, cet orifice soit à droite de l'axe d'enroulement. (C'est le cas général.)

◆ n. f. *Vx.* Main droite.

DEXTRINE n. f. (lat. *dextra,* main droite, la dextrine étant dextrogyre). Nom des polyholosides provenant de la dégradation de l'amidon par chauffage ou par hydrolyse. (Sous forme de poudres insolubles dans l'eau, les dextrines sont employées dans les industries des colles, des colorants et des produits pharmaceutiques.)

DEXTROCARDIE n. f. Anomalie congénitale dans laquelle le cœur est situé à droite dans le thorax.

DEXTROGYRE adj. Se dit des composés qui font tourner le plan de polarisation de la lumière dans le sens des aiguilles d'une montre. (Syn. DROIT ; contr. LÉVOGYRE.)

DEXTROMORAMIDE n. m. Puissant analgésique de synthèse, à action centrale, d'efficacité rapide, dont l'utilisation prolongée peut provoquer une toxicomanie. (Antalgique cinq fois plus puissant que la morphine et entraînant tous les effets secondaires de celle-ci, ce médicament est classé comme stupéfiant.) [Syn. PYRROLAMIDOL.]

DEXTROPROPOXYPHÈNE n. m. Analgésique de synthèse possédant une action voisine des salicylés, mais d'efficacité nettement supérieure. (Son action sédative est moins intense que celle de la morphine. Il est peu toxicomanogène.)

DEXTRORSUM [-sɔm] ou **DEXTRORSE** adj. inv. et adv. (lat. *dextrorsum,* vers la droite). Se dit d'un mouvement de rotation qui s'effectue dans le sens des aiguilles d'une montre.

DEXTROSE n. m. Syn. vieilli de GLUCOSE.

DEXTROVOLUBILE adj. Se dit des espèces végétales volubiles dont la tige croît en s'enroulant vers la droite (le haricot).

DEY [dɛ] n. m. (turc *dayi,* oncle maternel). **1.** Titre porté par le chef de la Régence d'Alger de 1671 à 1830. (Il était élu par les chefs corsaires, puis par les officiers de l'armée.) — **2.** Titre porté dans la Régence de Tunis par des chefs de section de la milice, puis par le commandant de l'armée (années 1590 et XVIIe s.) et enfin par un haut fonctionnaire de la justice.

DEZALLIER D'ARGENVILLE (Antoine Joseph), naturaliste, collectionneur et historien d'art français (Paris 1680 - *id.* 1765). Outre un traité sur *la Théorie et la pratique du jardinage* (1709) et une *Histoire naturelle* (1755), il est l'auteur d'un précieux *Abrégé de la vie des plus fameux peintres* (1745-1752). — Son fils ANTOINE NICOLAS (Paris 1723 - *id.* 1796) a laissé un *Voyage pittoresque de*

Paris [...] (1749), un *Dictionnaire du jardinage* (1777), une *Vie des fameux architectes et des sculpteurs* (1787).

DÉZAMY (Alexandre Théodore), homme politique et théoricien communiste français (Luçon, Vendée, 1808 - *id.* 1850). Il adhéra à la société secrète des Nouvelles Saisons et fut plusieurs fois emprisonné. En 1842, il rompit avec Cabet. La même année, il fit paraître *le Code de la communauté,* qui décrit un phalanstère communiste. Dézamy joue un rôle important dans la pénétration des idées communistes parmi les ouvriers parisiens.

DEZFUL ou **DIZFÛL,** v. d'Iran (Khuzestān), sur le Dez (irrigation) ; 110 300 hab. Pont sassanide.

DÉZINGAGE ou **DÉZINCAGE** n. m. **1.** Opération consistant à retirer, par affinage, le zinc contenu dans d'autres métaux ou alliages. – **2.** Opération consistant à enlever le revêtement de zinc sur une pièce.

DÉZINGUER v. t. (conj. 3). Opérer le dézingage.

D. G. A., sigle de DÉLÉGATION GÉNÉRALE POUR L'ARMEMENT*.

DGE-LUGS-PA, mot tibétain signif. *modèle de vertu* et désignant le principal ordre monastique du bouddhisme tibétain, populairement dénommé « bonnets jaunes ». Cet ordre s'assura jusqu'en 1959 la suprématie religieuse et temporelle par l'intermédiaire des dalaï-lamas.

D. G. S. E., sigle de DIRECTION GÉNÉRALE DE LA SÉCURITÉ* EXTÉRIEURE.

D'HAESE (Roël), sculpteur belge (Grammont 1921). Le plus souvent en bronze à cire perdue, son œuvre témoigne d'une truculence expressionniste qui mêle humour, fantastique et tragique.

Dháfni ou **Daphni** *(église de),* église de Grèce, située sur la Voie sacrée entre Athènes et Éleusis. Reconstruite au XIe s., selon un plan en croix grecque à coupole sur trompe d'angle, cette église est l'un des chefs-d'œuvre de l'art médiobyzantin par la qualité de son architecture (murs à parements cloisonnés) et de son décor intérieur associant les revêtements de marbre aux mosaïques rehaussées d'or, illustrant la vie du Christ.

DHAHRĀN, en ar. **al-Ẓahrān,** v. d'Arabie Saoudite (prov. du Ḥasā). Aéroport.

DHAKA → DACCA.

DHAL n. m. Lentilles jaunes mêlées à des épices, plat populaire en Inde du Nord et au Tibet.

Dhammapâda (mot pâli signif. *voie de la vérité*), partie la plus célèbre du canon bouddhique pâli, contenant les enseignements fondamentaux de Bouddha, rédigés sous forme d'aphorismes.

DHANBAD, v. de l'Inde, dans l'est du Bihār ; 677 000 hab. Mécanique. Chimie. Briqueterie.

DHARMA n. m. (mot sanskr.) Loi universelle de la nature qui s'exprime dans chaque être individuel (devoir moral) aussi bien que dans le cosmos par son mouvement cyclique et régulier. (C'est l'une des principales notions de l'hindouisme, du bouddhisme et du jaïnisme.)

DHARMAKĪRTI, logicien indien du VIIe s., élève de Dignāga et auteur du *Nyāyabindu,* texte capital de la logique bouddhique.

dharmaśāstra, vaste collection d'ouvrages en sanskrit constituant la jurisprudence hindoue.

DHĀRWĀR → HUBLI.

DHAULĀGIRI, ensemble montagneux du centre de l'Himālaya du Népal culminant au Dhaulāgiri I (8 172 m). Ce sommet fut atteint en 1960, par une expédition suisse dirigée par M. Eiselin.

DHIKR n. m. (mot ar.). Glorification d'Allāh par un rituel phraséologique.

DHILIGHIÁNNIS ou **DELYANNIS** (Theódhoros), homme d'État grec (Kalávryta 1826 - Athènes 1905). Ministre des Affaires étrangères à partir de 1862 et cinq fois Premier ministre entre 1885 et 1904, il dirigea à partir de 1883 le parti nationaliste et conservateur opposé à K. Trikoúpis. En 1897, il soutint la révolte de la Crète et s'engagea dans une guerre contre les Ottomans qui envahirent la Thessalie. Il dut alors démissionner. Il fut assassiné en 1905.

DHIMMA n. f. (mot ar.). Protection assortie d'un statut juridique inférieur accordée aux chrétiens et aux juifs par la loi musulmane.

DHIMMI n. Chrétien ou juif assujetti à la dhimma.

DHOFAR → ẒUFĀR.

DHOLE n. m. Chien sauvage de l'Inde et d'Extrême-Orient, chassant en meutes. (Syn. CUON.)

DHORME (Édouard), orientaliste français (Armentières 1881 - Roquebrune-Cap-Martin 1966). Professeur au Collège de France, il est notamment l'auteur d'une traduction de l'Ancien Testament pour la Bible de la Pléiade (1956-1959). En 1930, il déchiffra les textes de Ras-Shamra-Ougarit.

DHOTI n. m. Vêtement porté par les hindous traditionalistes, constitué par une longue bande d'étoffe drapée autour des hanches et dont un pan, passant entre les jambes, est ramené en arrière et rentré dans la ceinture.

DHRUPAD n. m. Style de chant hindoustani de caractère sobre, grave et solennel.

DHŪ L-HIDJDJA, mot ar. signif. *le Maître du pèlerinage* et désignant le douzième mois de l'année musulmane, celui du pèlerinage à La Mecque.

DHŪLIA, v. de l'Inde (Mahārāshtra), au N.-E. de Bombay ; 211 000 hab. Textile.

DHURRIE n. m. (hindi *dhurrie*). Tapis tissé de coton, originaire de l'Inde.

DHYĀNA, mot sanskr. signif. *méditation* et désignant la septième des 8 étapes du yoga, dans laquelle l'esprit est continuellement fixé sur un objet.

DHYĀNI-BUDDHA, les cinq bouddhas de contemplation (Vairocana, Akṣobhya, Ratnasambhava, Amitābha et Amoghasiddhi), créés par l'*Ādibuddha,* le premier bouddha.

DI-, préfixe entrant dans la composition de nombreux mots pour indiquer la duplication.

DIA ! interj. Cri des charretiers pour faire aller leurs chevaux à gauche.

DIA (Mamadou), homme politique sénégalais (Khombole 1910). Il organisa avec L. S. Senghor l'Union progressiste sénégalaise (U. P. S.), fondée en 1957, et fut président du Conseil de la République du Sénégal de 1958 à 1962. Destitué à la fin de 1962, il fut arrêté (1963) et interné jusqu'en 1974. Il a été amnistié en 1976.

DIABASE n. f. (gr. *diabasis,* traversée). Roche magmatique filonienne de composition basique très altérée.

DIABATÉ (Massa Makan), écrivain malien (Kita 1938 - Bamako 1988). Ses ouvrages témoignent de son attachement à la tradition malinké (*Janjon et autres chants populaires du Mali,* 1970). Il est également l'auteur d'une trilogie romanesque (*le Lieutenant de Kouta,* 1979 ; *le Coiffeur de Kouta,* 1980 ; *le Boucher de Kouta,* 1982).

DIABELLI (Anton), compositeur et éditeur autrichien (Mattsee, près de Salzbourg, 1781 - Vienne 1858). Il s'établit à Vienne en 1803, y enseigna le piano et la guitare, et commença ses activités d'éditeur en 1818. Il fut le principal éditeur de Schubert. Beethoven écrivit sur une de ses valses son plus important cycle de variations *(33 Variations sur une valse de Diabelli).*

DIABÈTE n. m. (bas lat. *diabetes,* du gr. *diabêtês ;* de *diabainein,* passer à travers). **1.** Toute affection associant une polyurie (urines abondantes) et une polydipsie (soif excessive). — **2.** *Diabète bronzé,* affection associant un diabète grave, une cirrhose hypertrophique et une pigmentation ardoisée et généralisée de la peau. (Cette affection est due à une surcharge de l'organisme en fer.) ‖ *Diabète insipide,* syndrome caractérisé exclusivement par l'association de soif et de diurèse aqueuse. ‖ *Diabète rénal,* trouble rénal de réabsorption du glucose, caractérisé par une glycosurie avec glycémie normale ou basse. ‖ *Diabète sucré* ou simplement *diabète,* maladie chronique dont la caractéristique principale est une élévation du taux de la glycémie. (→ *encycl.*)

ENCYCL. Le *diabète sucré* est dominé par un trouble de l'utilisation du glucose en raison d'un déficit en insuline, hormone sécrétée par les îlots de Langerhans du pancréas. La glycémie (normalement 1 g/l) peut s'élever jusqu'à 3 g/l et plus. Il s'y associe une glycosurie lorsque la glycémie dépasse 1,30 g/l. C'est une affection souvent familiale qui peut se manifester dès l'enfance. La surveillance du diabétique, en plus du dosage classique de la glycémie et de la recherche de la glycosurie, fait appel au dosage de l'hémoglobine glycosylée. Elle permet d'éviter les accidents graves (accidents vasculaires, atteintes neurologiques, comas) qui peuvent guetter le diabétique mal traité. Le traitement comprend d'abord un régime adapté à chaque malade et des médicaments hypoglycémiants : insuline ou hypoglycémiants de synthèse (sulfamides et biguanides). L'utilisation d'une pompe à insuline peut être proposée dans certains cas.

DIABÉTIDE n. f. Infection des muqueuses génitales qu'on observe dans le diabète sucré.

DIABÉTIQUE adj. et n. Relatif au diabète ; atteint du diabète.

DIABÉTOLOGUE n. Médecin spécialiste du diabète.

DIABLE n. m. (lat. ecclés. *diabolus,* du gr. *diabolos,* calomniateur). **1.** L'esprit du mal, le démon (s'écrit parfois avec une majuscule pour désigner Satan). — **2.** Démon, dans la théologie judéochrétienne, représenté dans les traditions populaires avec des oreilles pointues et une queue fourchue ; mauvais génie en général. — **3.** *Fam.* Enfant turbulent, insupportable. — **4.** S'emploie après *qui, que, comment, combien, pourquoi,* avec la valeur d'insistance de *donc : Qui diable a pu vous dire cela ?* — **5.** Fam. *À moins que le diable ne s'en mêle,* sauf accident extraordinaire. ‖ Fam. *Aller au diable, à tous les diables,* aller très loin, disparaître tout à fait. ‖ *Au diable, au diable vauvert* ou, fam., *au diable vert,* très loin. ‖ *Au diable qqch, qqn, le diable soit de qqn, de qqch,* se dit lorsqu'on renonce à qqch, à qqn ou qu'on les maudit : *Au diable le travail.* ‖ *Avoir le diable au corps,* manifester une grande énergie, de la vivacité ; faire le mal sciemment ; être pris d'une passion amoureuse violente. ‖ *Beauté du diable,* charme irrésistible de qqn qui suscite la tentation. ‖ *Bon diable,* personne sympathique, facile à vivre. ‖ *Ce n'est pas le diable,* c'est facile. ‖ *C'est le diable,* c'est ce qui est difficile, ennuyeux. ‖ *Ce serait bien le diable si...,* il serait surprenant que...

‖ Fam. *Comme un (beau) diable,* en s'agitant, en mettant en œuvre toute son énergie. ‖ *Diable !,* marque la surprise, l'admiration, l'inquiétude, etc. ‖ *Diable de,* désigne qqn, qqch de singulier, dont on peut tout attendre : *Ce diable d'homme me surprendra toujours.* ‖ *Du diable, de tous les diables,* excessif, extrême. ‖ *Du diable si...,* se dit lorsqu'on doute que qqch se réalise. ‖ *En diable,* extrêmement, très. ‖ *Envoyer au diable, à tous les diables, aux cinq cents diables,* maudire, chasser avec impatience ou colère, envoyer promener. ‖ *Faire le diable à quatre,* faire beaucoup de bruit, de désordre ; s'emporter violemment ; se démener en vue d'obtenir qqch. ‖ *Grand diable,* homme grand et dégingandé. ‖ *Pauvre diable,* homme qui est dans une situation difficile. ‖ *Quand le diable y serait, s'en mêlerait,* quels que puissent être les obstacles. ‖ *Que diable !,* marque l'exaspération ou l'encouragement. ‖ *(Que) le diable l'emporte !,* se dit de qqn ou de qqch dont on veut se débarrasser. ‖ *(Que) le diable m'emporte !,* marque la surprise, l'impuissance, l'exaspération. ‖ *Tirer le diable par la queue,* avoir la plus grande peine à trouver les ressources nécessaires pour vivre. ‖ *Vendre son âme au diable, signer un pacte avec le diable,* sacrifier une valeur morale essentielle pour obtenir qqch. • **Archéol.** *Tables du diable,* expression populaire désignant les dolmens. — **Bot.** *Herbe au diable,* nom usuel du *datura.* — **Manut.** Petit chariot à bras, à deux roues, servant au transport de lourds fardeaux. — **Ménag.** Ustensile formé de deux poêlons en terre, l'un servant de couvercle à l'autre, et permettant de cuire certains aliments sans addition de liquide. — **Mil.** *Diables bleus,* surnom donné par les Allemands en 1914-1918 aux chasseurs français. — **Pêch.** Filet fixe servant pour la capture des harengs et des sprats. — **Sylvic.** Syn. de TRIQUEBALLE. — **Zool.** Nom commun à de nombreux animaux tenus pour effrayants ou nuisibles : *diable de mer* (mante, baudroie, chabot), *diable des palétuviers, des savanes* (espèces d'ani), *diable de Tasmanie* (mammifère marsupial carnassier au pelage noir rayé de blanc).

◆ adj. Qui est tapageur, turbulent, infernal : *Les enfants sont très diables.*

◆ n. f. *À la diable,* très mal, sans soin : *Être coiffé à la diable ;* se dit d'un mode de cuisson des volailles qui sont aplaties et grillées et que l'on sert avec une sauce à l'échalote *(sauce diable).*

Diable amoureux *(le),* conte fantastique de Cazotte (1772). Un des premiers modèles du genre.

Diable boiteux *(le),* roman de Lesage (1707), d'après une nouvelle de Vélez de Guevara, *El Diablo cojuelo* (1641). Délivré par l'écolier Cléofas, le diable Asmodée soulève le toit des maisons pour dévoiler les secrets qui s'y cachent. C'est un tableau des mœurs du siècle.

Diable au corps *(le),* roman de R. Radiguet (1923). Profitant de l'absence d'un soldat parti à la guerre, un adolescent séduit sa femme. — Ce roman servit de thème à un film français (1946), mis en scène par Claude Autant-Lara.

DIABLE *(île du),* îlot de l'archipel des îles du Salut, près de la côte de la Guyane. Alfred Dreyfus y fut détenu du 13 avril 1895 au 5 juin 1899.

Diable *(pont du)* [en all. *Teufelsbrücke*], pont jeté au XIIIe s. au-dessus des gorges de la Reuss (Schöllenen), en Suisse. Permettant un accès plus facile au Saint-Gothard et ainsi la création d'une grande voie transalpine nord-sud, il a aidé à la fondation de la Confédération helvétique. Désaffecté, dominé par un pont moderne (1955), il garde un attrait touristique.

DIABLEMENT adv. *Fam.* Indique l'intensité ; extrêmement, très : *Elle est diablement belle.*

DIABLERETS (les), massif des Alpes suisses, aux confins des cantons de Vaud, de Berne et du Valais, dominant la vallée du Rhône, 3 210 m. Sur le versant nord, *station des Diablerets* (cant. de Vaud), à 1 155 m.

DIABLERIE n. f. **1.** Action de magie ou de sorcellerie dans laquelle intervient le diable. — **2.** Manifestation du diable, de ses pouvoirs, de sa malfaisance (possession, tentation, etc.). — **3.** Action pleine de turbulence ; espièglerie : *Les diableries des enfants me fatiguent.* — **4.** Représentation graphique ou plastique de scènes où figurent le diable ou ses suppôts. — **5.** Intermède des mystères du Moyen Âge, mettant en scène des diables qui tourmentent les humains.

DIABLESSE n. f. **1.** Diable femelle du folklore religieux. — **2.** *Vx.* Femme rusée, méchante ou maligne. — **3.** Petite fille turbulente et espiègle.

DIABLINTES, peuple des Gaules, membre de la confédération des Aulerques. Sa capitale était *Jublains* (Mayenne).

DIABLOTIN n. m. (moyen fr. *diablot,* petit diable). **1.** Petit diable, petite diablesse. — **2.** Enfant vif, espiègle, turbulent.

DIABOLIQUE adj. (bas lat. ecclés. *diabolicus,* du gr. *diabolikos*). **1.** Inspiré par le diable, qui est le fait du diable ; démoniaque, satanique, infernal : *Tentation diabolique.* — **2.** Doué d'un pouvoir maléfique et mystérieux qu'on pourrait attribuer à une inspiration du diable : *Une ruse diabolique.*

Diaboliques *(les),* recueil de 6 nouvelles de Barbey d'Aurevilly (1874) dans lesquelles l'auteur fait incarner le diable par une femme.

DIABOLIQUEMENT adv. De façon diabolique, avec une perversité diabolique.

DIABOLISME n. m. *Litt.* Caractère diabolique de qqn, de qqch.

1. DIABOLO n. m. (de *diable,* p.-ê. avec l'infl. de l'ital. *diabolo,* diable). **1.** Jeu d'adresse composé de deux cônes opposés par les sommets, qu'on lance en l'air et qu'on rattrape avec une ficelle tendue entre deux baguettes. – **2.** Jambe de train d'atterrissage d'un avion comportant deux roues jumelées.

2. DIABOLO n. m. (p.-ê. de *diabolo 1*). Boisson faite d'un sirop de menthe, de grenadine, etc., allongé de limonade.

DIAC n. m. Composant électronique semi-conducteur, constitué par deux diodes montées tête-bêche et utilisé comme organe de commande de thyristors, d'ignitrons, etc.

DIACÉTYLE n. m. Dicétone de formule CH_3—CO—CO—CH_3. (Liquide jaune bouillant à 88 °C, le diacétyle se trouve dans des huiles essentielles et dans le beurre, auquel il donne son odeur.) [Syn. DIMÉTHYGLYOXAL.]

DIACÉTYLÉNIQUE adj. Se dit des composés renfermant deux triples liaisons carbone-carbone.

DIACÉTYLMORPHINE → DIAMORPHINE.

DIACHRONIE [-krɔ-] n. f. **1.** Caractère des faits linguistiques considérés du point de vue de leur évolution dans le temps ; succession de synchronies constituant l'histoire de telle ou telle langue. – **2.** Évolution dans le temps des faits sociaux, économiques, etc.

DIACHRONIQUE [-krɔ-] adj. Relatif à la diachronie. (Syn. HISTORIQUE.)

DIACHRONIQUEMENT [-krɔ-] adv. Du point de vue de la diachronie.

DIACHRONISME [-krɔ-] n. m. Constance lithologique d'une couche sédimentaire dont l'âge varie selon les lieux.

DIACIDE n. m. Corps possédant deux fonctions acides.

ENCYCL. Les diacides organiques possèdent deux groupes COOH ; leur squelette hydrocarboné est saturé (acides oxalique, malonique, etc.) ou insaturé (acides maléique, fumarique, phtalique, etc.). L'acide oxalique se rencontre dans les organismes vivants, les autres sont des intermédiaires industriels importants.

DIACINÈSE ou **DIAKINÈSE** n. f. Cinquième et dernier stade de la prophase de la méiose, pendant lequel la spiralisation des chromosomes augmente.

DIACLASE n. f. (gr. *diaklasis*). Fracture d'une roche ou d'une formation, sans rejet entre les deux compartiments.

DIACODE adj. (lat. médiév. *diacodion,* du gr. *kôdia,* tête de pavot). *Sirop diacode,* sirop d'opium faible, calmant de la toux.

DIACONAL, E, AUX adj. (bas lat. *diaconalis*). Relatif au diacre ou au diaconat.

◆ **diaconales** n. f. pl. Leçons de morale sexuelle réservées aux diacres, dans les séminaires, avant le concile Vatican II.

DIACONAT n. m. (lat. ecclés. *diaconatus*). Office ou ordre de diacre.

DIACONESSE n. f. (bas lat. *diaconissa,* du gr. *diakonissa*). **1.** Dans l'Église primitive, femme exerçant des fonctions analogues à celles du diacre (aide aux pauvres, assistance de l'évêque dans l'administration du baptême et des onctions aux femmes). – **2.** Femme de diacre, à l'époque où il était permis aux diacres de se marier. – **3.** Chez les protestants, femme, vivant généralement dans une communauté, qui se consacre à des œuvres de piété et de charité. (Les premières maisons furent fondées en 1836, près de Düsseldorf, par le pasteur Fliedner, et à Paris par le pasteur Vermeil.)

DIACONIE n. f. (lat. *diaconia*). **1.** Service d'assistance et de bienfaisance dans l'Église primitive. – **2.** Bâtiment d'église servant à la distribution des aumônes et des remèdes. – **3.** Autrefois, aumônerie de monastère (encore aujourd'hui chez les orthodoxes).

DIACOUSTIQUE n. f. Partie de l'acoustique qui s'occupe de la réfraction des sons et de l'étude des modifications qu'ils subissent en traversant divers milieux.

DIACRE n. m. (lat. ecclés. *diaconus,* du gr. *diakonos,* serviteur). **1.** Chez les catholiques et les orthodoxes, ministre qui a reçu l'ordre immédiatement inférieur à la prêtrise. (Le diacre sert le prêtre ou l'évêque à l'autel, et proclame l'Évangile.) [→ *encycl.*] – **2.** Chez les protestants, laïc chargé de visiter les malades, de quêter ou d'administrer les fonds de l'église et d'assister les pauvres.

ENCYCL. À la fin de l'âge apostolique, les diacres, chargés spécialement des œuvres de charité, existaient, semble-t-il, dans toutes les Églises. Leur rôle devint de plus en plus important à mesure que s'accrurent les charges des communautés et leurs richesses. Par la suite, les fonctions diaconales furent exercées par des prêtres, et le diaconat devint seulement un échelon pour s'élever au sacerdoce. Paul VI a rétabli en 1963 le diaconat permanent en Occident : il est accessible aux célibataires âgés de 25 ans au moins et aux hommes mariés âgés de 35 ans au moins.

DIACRE (Paul) → PAUL DIACRE.

DIACRIE, en gr. **Diakria,** région montagneuse du nord de l'Attique, dans la Grèce ancienne.

DIACRITIQUE adj. (gr. *diakritikos,* qui permet de distinguer). *Signe diacritique* ou *diacritique* (n. m.), élément adjoint à une lettre d'un alphabet pour en modifier la valeur ou pour distinguer des mots homographes. (Cet élément peut être suscrit [accents], souscrit [cédille] ou placé à côté de la lettre qu'il modifie.)

DIADELPHE adj. Se dit d'une fleur dont les étamines sont soudées en deux groupes.

DIADÈME n. m. (gr. *diadêma, -atos*). **1.** Bandeau richement décoré et porté autour de la tête comme signe de la royauté ; la dignité royale elle-même. – **2.** Tout objet de parure ou coiffure rappelant ce bandeau : *Un diadème de tresses.* – **3.** Bijou souvent rehaussé de pierreries, qui enserre le haut du front.

DIADOCOCINÉSIE n. f. (gr. *diadokhos,* successeur, et *-cinésie*). Fonction qui permet d'effectuer rapidement des mouvements alternatifs, par ex. « faire les marionnettes ».

DIADOQUE n. m. (gr. *diadokhos,* successeur). Titre donné aux généraux d'Alexandre le Grand qui se disputèrent son empire après sa mort (323).

Diadumène (gr. *diadoumenos,* qui se ceint le front d'une bandelette de victoire), statue de Polyclète (seconde moitié du Ve s. av. J.-C.), représentant un jeune athlète, l'un des exemples les plus caractéristiques du canon de Polyclète. Parmi une trentaine de copies, les plus admirées sont le *Diadumène de Délos* et le *Diadumène de Vaison* (British Museum).

DIADUMÉNIEN, en lat. **Marcus Opellius Severus Antoninus Diadumenianus,** empereur romain (202 - 218). Son père, l'empereur Macrin, le fit césar (217), puis auguste (218). Tous deux furent tués par les soldats fidèles à la mémoire de Caracalla.

DIAEOS ou **DIAIOS,** homme d'État grec (Mégalopolis - *id.* 146 av. J.-C.), stratège (150 - 149 et 148 - 147) de la ligue Achéenne. Il organisa la résistance contre les Romains mais fut vaincu à Leucòpetra, près de Corinthe (146 av. J.-C.).

Diafoirus, nom de deux médecins ridicules, le père et le fils, campés par Molière dans *le Malade imaginaire.*

DIAGENÈSE [djaʒənɛz] n. f. Processus physicobiochimique affectant un dépôt sédimentaire et le transformant progressivement en roche cohérente, par déshydratation, compaction et modifications minéralogiques.

DIAGÉNÉTIQUE adj. Relatif à la diagenèse.

DIAGHILEV (Serge DE), organisateur de spectacles et mécène russe (Perm 1872 - Venise 1929). Il fonde (1898) avec ses amis Léon Bakst, Alexandre Benois et Walter Nouvel la revue *Mir iskousstva* (le *Monde de l'art*). En fonction à la direction des Théâtres impériaux, proche des artistes de la danse, organisateur de concerts (Ravel, Debussy) et d'expositions de peinture et de sculpture contemporaines, il présente *Boris Godounov* de Moussorgski, avec Fédor Chaliapine, à l'Opéra de Paris. Il peut enfin créer les Ballets* russes (1909) qui se produisent au théâtre du Châtelet, à Paris. La présence de chorégraphes comme Fokine, Massine, Balanchine, Nijinska ou Lifar et même Nijinski influencera les productions de la troupe. Les œuvres créées par celle-ci peuvent se diviser en trois genres : « les monuments du ballet moderne » (les « Danses polovtsiennes » du *Prince Igor, Schéhérazade, Petrouchka, l'Oiseau de feu, le Spectre de la rose, les Sylphides, le Sacre du printemps, l'Après-midi d'un faune, la Boutique fantasque*) ; ensuite les réussites du demi-siècle *(Daphnis et Chloé, le Coq d'or, les Femmes de bonne humeur, les Noces, les Biches, Apollon Musagète) ;* enfin les ballets annonciateurs de l'avant-garde contemporaine *(Parade, le Pas d'acier, la Chatte, le Fils prodigue).*

DIAGNOSE [djagnoz] n. f. (gr. *diagnôsis,* connaissance). Première description, publiée en langue latine et considérée comme normative, d'une nouvelle espèce animale ou végétale, faite d'après le type de l'espèce.

DIAGNOSTIC [-gnɔ-] n. m. (de *diagnostique*). **1.** Temps de l'acte médical qui permet de déterminer la nature de la maladie observée et de la classer dans un cadre nosologique. (On distingue le *diagnostic clinique* établi au lit du malade, le *diagnostic biologique* fondé sur le résultat des analyses et prélèvements, le *diagnostic différentiel,* qui compare les symptômes de la maladie avec ceux d'autres affections éliminées par un processus de déduction, et le *diagnostic étiologique,* qui détermine la cause de la maladie.) – **2.** Identification de la nature d'une situation, d'un mal, d'une difficulté, etc., par l'interprétation de signes extérieurs : *Diagnostic d'une panne de moteur.* – **3.** Ensemble de mesures, de contrôles faits pour déterminer ou vérifier les caractéristiques techniques d'un système à des fins de maintenance ou d'amélioration. (Ex. : diagnostic d'un véhicule, diagnostic thermique d'un bâtiment.) – **4.** *Diagnostic foliaire,* analyse de la composition minérale des feuilles des plantes cultivées permettant de mettre en évidence des carences en éléments nutritifs et de proposer des corrections appropriées sous forme de fumure minérale ou organique.

DIAGNOSTIQUE [-gnɔ-] adj. (gr. *diagnostikos,* apte à reconnaître). Relatif au diagnostic.

DIAGNOSTIQUER [-gnɔ-] v. t. (conj. 3). **1.** Faire le diagnostic d'une maladie, l'identifier d'après les symptômes. — **2.** Identifier la nature d'une panne, déceler ou prévoir un mal, d'après l'interprétation de signes : *Les experts ont diagnostiqué une crise économique de courte durée.*

DIAGNOSTIQUEUR, EUSE n. Personne qui formule un diagnostic, qui décèle la nature d'un mal.

DIAGONAL, E, AUX adj. (bas lat. *diagnonalis*). **1.** Qui relève d'une diagonale, en diagonale. — **2.** *Application diagonale,* application injective définie sur un ensemble quelconque M, à valeurs dans l'ensemble M × M, et qui associe à tout élément *x* de M l'élément (*x, x*) de M × M. ‖ *Matrice diagonale,* matrice carrée dont tous les éléments extérieurs à la diagonale principale sont nuls. ‖ *Raisonnement diagonal* (parfois appelé *raisonnement par* [ou *de*] *la diagonale*), raisonnement fondamental de la théorie des ensembles, utilisé pour la première fois par Cantor pour établir que la puissance $\mathfrak{C}$ du *continu* est strictement supérieure à la puissance $\aleph_0$ de l'ensemble $\mathbb{N}$ des entiers naturels.

◆ **diagonal** n. m. Chez les quadrupèdes, ensemble du membre antérieur droit et du membre postérieur gauche *(diagonal droit)* ou des deux autres membres *(diagonal gauche).* [Ce terme permet de décrire notamment les allures du cheval : dans le trot, les deux membres du même diagonal se posent au sol à peu près en même temps.]

◆ **diagonale** n. f. **1.** Droite définie par deux sommets non consécutifs d'un polygone. (Un polygone de *n* côtés a $n(n - 3)/2$ diagonales.) — **2.** Droite définie par deux sommets d'un polyèdre qui n'appartiennent pas à la même face. — **3.** Segment de droite qui a pour extrémités deux sommets non consécutifs d'un polygone, ou deux sommets d'un polyèdre n'appartenant pas à la même face ; longueur de segment. — **4.** Dans une matrice carrée, dans un déterminant, dans un tableau à double entrée, ensemble des éléments a_{ij} appartenant à une ligne et à une colonne de même rang. (On l'appelle *diagonale principale* pour la distinguer de la *seconde diagonale* formée par les éléments a_{ij} d'une matrice carrée d'ordre *n,* tels que $i + j = n + 1$.) — **5.** Dans le produit de deux ensembles identiques, ensemble des couples formés d'éléments identiques. — **6.** Communication entre deux voies ferrées parallèles, comportant un branchement sur chaque voie et un court tronçon de raccord. — **7.** Étoffe présentant une côte oblique par rapport aux lisières. — **8.** *En diagonale,* en allant d'un angle à un autre angle non consécutif ; obliquement. ‖ Fam. *Lire en diagonale,* lire rapidement, superficiellement.

DIAGONALEMENT adv. Selon une diagonale.

DIAGONALISABLE adj. *Endomorphisme diagonalisable,* endomorphisme pour lequel il existe une base dans laquelle la matrice associée de l'endomorphisme est diagonale. ‖ *Matrice diagonalisable,* matrice carrée qui admet une matrice semblable diagonale.

DIAGONALISATION n. f. Action de diagonaliser une matrice.

DIAGONALISER v. t. (conj. 3). Remplacer, quand c'est possible, une matrice par une matrice diagonale qui lui est semblable.

DIAGRAMME n. m. (lat. *diagramma,* du gr. *diagramma,* toute chose écrite). Graphique représentant l'évolution et les variations d'un phénomène, d'un processus ou la structure d'un ensemble, le fonctionnement d'un mécanisme, etc. (Les principaux diagrammes utilisés en statistique sont les diagrammes en bâtons, en colonnes et en secteurs.) • **Bot.** *Diagramme floral,* représentation schématique d'une fleur, susceptible d'en remplacer la description morphologique sommaire. (→ *encycl.*) — **Hydrol.** *Diagramme T-S (température-salinité),* représentation graphique de la relation entre ces deux valeurs en fonction d'un paramètre (profondeur, surface marine, période). — **Ling.** Représentation graphique de la structure en constituants d'une phrase. — **Techn.** Représentation graphique de l'évolution du fluide moteur dans le cylindre d'un moteur. (La surface limitée par un diagramme pression/volume est proportionnelle au travail du fluide dans le cylindre.) — **Thermodyn.** *Diagramme thermodynamique* ou *d'état,* représentation de l'état d'un système dont certaines variables sont prises comme coordonnées (volume V et pression *p* [diagramme de Clapeyron] ; entropie et température [diagramme entropique] ; entropie et enthalpie [diagramme de Mollier]). (Ces diagrammes représentent les différents états et cristallisations des aciers, des fontes [→ FER] et des alliages, en fonction de la température.)

ENCYCL. **Bot.** La figure de base d'un *diagramme floral* est une série de cercles (fleurs actinomorphes) ou d'ellipses (fleurs zygomorphes) concentriques. Chaque cercle est renforcé par le schéma des pièces d'un verticille floral : ovaire au centre, puis, en s'éloignant du centre, étamines, pétales et enfin sépales, ce qui informe d'un coup d'œil sur le nombre des pièces de chaque type, leur caractère soudé ou séparé, la position des ovules dans l'ovaire, etc.

DIAGRAPHIE n. f. **1.** Mesure et enregistrement en continu d'un paramètre géophysique le long d'un sondage. — **2.** *Diagraphie électrique,* diagraphie où l'on mesure la résistivité électrique. (Syn. CAROTTAGE ÉLECTRIQUE.)

ENCYCL. **For.** Les paramètres physiques (résistivité, radioactivité naturelle ou provoquée, vitesse du son, température) enregistrés à l'aide d'appareils appelés sondes permettent l'identification des couches et l'évaluation de leur contenu au voisinage du puits. Les paramètres géométriques (inclinaison, orientation et variations de diamètre du puits) facilitent sa localisation précise au fond et les opérations de forage et de complétion. La mesure du pendage des couches permet une reconnaissance globale du gisement. Il existe enfin des diagraphies de production (mesure des débits et de la densité de l'effluent dans le puits en fonction de la profondeur), qui servent au contrôle et à l'optimisation de la production de chaque couche. Toutes ces mesures sont contrôlées par un ordinateur et interprétées pour fournir des courbes de teneur du corps recherché en fonction de la profondeur, par exemple teneur en pétrole, gaz, eau, charbon, vapeur, soufre, uranium, etc.

DIAGUITES, ancien peuple de l'Amérique précolombienne, qui vivait au nord du Chili et au nord-ouest de l'Argentine, et dont la culture appartenait à l'aire des Andes sud, marquée par l'Empire inca. Ils élevèrent dans le Nord-Ouest de vastes centres semi-urbains, tels que Quilmes et Punta de Balasto. Dans la région chilienne de Norte Chico s'est développée une culture « diaguite » (1100-1460 apr. J.-C.) classifiée, selon sa céramique, en trois phases : archaïque, de transition et classique.

DIAKÈNE [dia-] n. m. Fruit sec indéhiscent formé de deux akènes égaux et opposés.

DIAKINÈSE → DIACINÈSE.

DIALCOOL n. m. Composé possédant deux fois la fonction alcool. (Les dialcools sont très solubles dans l'eau quand ils ne renferment que quelques atomes de carbone ; ils se déshydratent en donnant des diènes, des éthers cycliques ou des cétones.) [Syn. DIOL, GLYCOL.]

DIALDÉHYDE n. m. Composé possédant deux fois la fonction aldéhyde. (Syn. DIAL.)

DIALECTAL, E, AUX adj. Relatif à un (des) dialecte(s).

DIALECTALISATION ou **DIALECTISATION** n. f. Processus historique par lequel une langue, à l'origine homogène ou peu différenciée, prend des formes de plus en plus différenciées sur l'aire géographique où elle est utilisée (par ex. le latin, qui éclate pour donner naissance aux diverses langues romanes).

DIALECTALISER (SE) v. pr., **ÊTRE DIALECTALISÉ** v. pass. (conj. 3). Être affecté du processus de dialectalisation.

DIALECTALISME n. m. Fait de langue (mot, expression, tournure) propre à un dialecte ou provenant d'un dialecte.

DIALECTE n. m. (bas lat. *dialectus,* du gr. *dialektos*). **1.** Ensemble de parlers qui présentent des particularités communes et dont les traits caractéristiques dominants sont sensibles aux usagers. — **2.** *Dialecte social,* ensemble de termes et de règles syntaxiques utilisé dans un groupe social donné ou par référence à ce groupe. (On classe ainsi les argots, les langues de spécialité, les vocabulaires techniques.)

ENCYCL. Les dialectes sont des variantes d'une langue utilisées dans une aire géographique et/ou sociale plus restreinte que celle-ci. Il n'existe pas de différence linguistique entre une langue et un dialecte : dans les deux cas, on se trouve en présence d'un système lexical, syntaxique et phonétique complet. La différence est d'ordre social, politique, culturel : pour des raisons historiques diverses un dialecte a acquis le statut de langue nationale (ou langue commune) ; ainsi le dialecte de l'Île-de-France, le toscan, le haut allemand, le dialecte de la région de Londres, etc. Il y a eu ensuite fixation d'une norme écrite et orale, diffusion de la langue par la littérature, l'enseignement et, aujourd'hui, les médias. Les dialectes se trouvent donc concurrencés par la langue commune et reculent devant elle. Ils peuvent alors dégénérer au point de devenir des patois, c'est-à-dire des parlers qui ne sont plus utilisés que pour les besoins de la vie quotidienne dans des milieux restreints, généralement ruraux. Ce ne sont plus que des systèmes incomplets, voués à une disparition plus ou moins rapide.

DIALECTICIEN, ENNE n. Personne qui pratique la dialectique, qui utilise dans ses raisonnements les procédés de la dialectique.
◆ adj. Qui est digne d'un dialecticien : *Une habileté dialecticienne.*

1. DIALECTIQUE n. f. (lat. *dialectica,* du gr. *dialektikê tekknê*). **1.** Méthode de raisonnement qui consiste à analyser la réalité en mettant en évidence les contradictions de celle-ci et à chercher à les dépasser. — **2.** Suite de raisonnements rigoureux destinés à emporter l'adhésion de l'interlocuteur : *Une dialectique implacable.*

ENCYCL. Pour Platon, la dialectique, parce qu'elle oppose deux objets ou deux manières de voir un objet, s'apparente au dialogue ; elle consiste à aller du visible à l'invisible. Elle met ainsi en évidence une progression au sein de la confrontation de deux prises de position. Elle permet d'aller à l'intelligible, qui constitue l'essence même des choses. Chez Hegel, la dialectique est une réalité qui a un aspect objectif (elle exprime la structure contradictoire de toute réalité et son mouvement essentiel de détermination par soi) et un aspect subjectif, en tant qu'elle est un mode de connaissance. Elle constitue en cela l'histoire du Concept, ou l'histoire de l'Esprit. La dialectique marxiste est héritée de la philosophie de Hegel. Elle est une pensée de la contradiction ; elle conçoit l'identité de l'identité et de la différence, l'être et le néant, etc. Pour la dialectique hégélienne, les contradictions se résolvent dans la philosophie ; pour la dialectique marxiste, elles ne peuvent se résoudre que dans l'activité historique et sociale.

2. DIALECTIQUE adj. (lat. *dialecticus,* du gr. *dialektikos*). **1.** Qui relève de la dialectique : *Le dépassement dialectique d'un conflit.* — **2.** Qui exprime la dialectique : *Une pensée dialectique.*

DIALECTIQUEMENT adv. Conformément à la dialectique.

DIALECTISANT → DIALECTOPHONE.

1. DIALECTISATION n. f. (de *dialectique*). Action de dialectiser.

2. DIALECTISATION → DIALECTALISATION.

DIALECTISER v. t. (de *dialectique*) [conj. 3]. Faire évoluer qqch par un processus d'oppositions et de dépassement de ces oppositions.

DIALECTOLOGIE n. f. Partie de la linguistique qui étudie les dialectes. (S'il s'agit de la description comparative d'un ensemble de dialectes au sein d'un espace géographique donné, on parle aussi de *géographie linguistique.* J. Gilliéron est le créateur de la dialectologie française.)

DIALECTOLOGIQUE adj. Relatif à la dialectologie.

DIALECTOLOGUE n. Spécialiste de dialectologie.

DIALECTOPHONE ou **DIALECTISANT, E** adj. et n. Qui parle un dialecte.

DIALEURODE n. m. Puceron introduit en France en 1953, dont le miellat sert de nourriture aux champignons responsables de la fumagine. (Le dialeurode d'Amérique est le principal ravageur du citronnier et des autres agrumes.)

DIALOGIQUE adj. (gr. *dialogikos*). Qui se présente sous la forme d'un dialogue.

DIALOGUE n. m. (lat. *dialogus,* du gr. *dialogos*). **1.** Conversation entre deux ou plusieurs personnes sur un sujet défini ; contenu de cette conversation ; entretien, discussion : *Le dialogue entre les deux chefs d'État a duré plusieurs heures.* — **2.** Dans une œuvre littéraire ou théâtrale, ensemble des paroles échangées entre les personnages ; dans un scénario de film, texte dit par les personnages en action. — **3.** Discussion entre personnes, entre partenaires ou adversaires politiques, idéologiques, sociaux, économiques, en vue d'aboutir à un accord ; conversations, pourparlers : *Le dialogue Est-Ouest.* — **4.** Ouvrage littéraire en forme de conversation qui permet à l'auteur d'exposer ses idées en faisant tenir le rôle de contradicteur à l'un des personnages. — **5.** Alternance du chant entre deux solistes, ou un soliste et un chœur, ou deux chœurs ; échange entre plusieurs instruments. — **6.** *Dialogue homme-machine,* utilisation interactive d'un ordinateur.

Dialogues, titre sous lequel on englobe l'ensemble de l'œuvre de Platon, si l'on en excepte quelques *Lettres.* Le dialogue philosophique, en tant que genre littéraire, est issu de l'enseignement de Socrate, qui en fit l'essentiel de son art « maïeutique », s'efforçant, par ses questions, de mettre au jour les idées que ses disciples portaient en eux. Parmi les 42 dialogues de Platon, on peut citer l'*Ion,* le *Phédon,* le *Criton,* le *Sophiste,* le *Gorgias,* le *Banquet,* la *République,* le *Phèdre,* le *Théétète,* le *Protagoras,* le *Politique.* Les *Lois* sont le seul dialogue de Platon dans lequel l'auteur ne fait pas intervenir le personnage de Socrate.

Dialogues des carmélites, opéra en 3 actes de F. Poulenc (Paris 1957), d'après la pièce de G. Bernanos (1952). L'action se situe à l'époque des persécutions religieuses sous la Révolution française.

Dialogues des morts, ouvrage de Lucien de Samosate (IIe s. apr. J.-C.). Des personnages de toutes les conditions et de toutes les époques se retrouvent aux enfers et leurs propos permettent à l'auteur de montrer la vanité de toutes les grandeurs anéanties par la mort. — Sous le même titre, Fénelon en composa une imitation pour l'éducation du duc de Bourgogne publiée successivement en 1712, 1718 et 1730.

DIALOGUER v. t. ind. (conj. 3). **1.** S'entretenir, converser avec qqn au sujet de qqch : *Ils dialoguaient des soirées entières sur l'avenir.* — **2.** Confronter des points de vue, engager des négociations : *Le patron accepta de dialoguer avec les syndicats.* — **3.** *Dialoguer avec un ordinateur,* l'exploiter en mode interactif.
◆ v. t. Faire les dialogues d'un film.

DIALOGUISTE n. Auteur spécialisé dans la mise au point des dialogues d'un film.

DIALYCARPIQUE adj. et n. f. Se dit des fleurs dont les carpelles sont séparés, comme c'est le cas chez les ranales.

DIALYPÉTALE adj. et n. f. Se dit des plantes dont les fleurs ont des pétales séparés, comme toutes les archichlamydées munies de pétales et certaines monocotylédones.

DIALYSABLE adj. Qui peut être dialysé.

DIALYSE n. f. (angl. *dialysis,* du gr. *dialusis,* dissolution). **1.** Purification ou analyse chimique, fondée sur la propriété que possèdent certains corps de traverser plus facilement que d'autres les membranes poreuses. — **2.** Technique permettant d'épurer certaines substances dissoutes d'un liquide biologique (le sang par exemple : hémodialyse) par passage à travers une membrane spéciale comportant de très nombreux micropores (rein artificiel). — **3.** *Dialyse intestinale, dialyse péritonéale,* méthodes d'épuration extrarénale utilisant comme membranes d'épuration la paroi intestinale ou la membrane péritonéale. (La technique de la dialyse intestinale n'est plus employée.)

DIALYSÉ, E n. Malade astreint à une dialyse rénale.

DIALYSÉPALE adj. et n. f. Se dit des fleurs dont les sépales sont séparés.

DIALYSER v. t. (conj. 3). Opérer une dialyse.

DIALYSEUR n. m. Instrument servant à la dialyse.

DIAMAGNÉTIQUE adj. Se dit d'une substance douée de diamagnétisme. (Ces substances sont repoussées par les aimants.)

DIAMAGNÉTISME n. m. Propriétés des substances dont l'aimantation induite est de sens opposé à celui du champ inducteur.

DIAMANT n. m. (bas lat. *diamas, -antis,* croisé avec *adamas, -antis,* aimant). **1.** Pierre précieuse constituée de carbone pur cristallisé, très dur mais cassant, généralement incolore et transparent, utilisé soit en joaillerie, soit dans l'industrie. (→ *encycl.*) — **2.** Morceau de ce minéral, taillé de diverses manières, employé comme bijou. — **3.** *Litt.* Symbole de l'éclat, de la pureté, de la dureté ou d'un prix inestimable attachés au diamant. • **Bijout.** *Diamant brut ingénu,* diamant naturellement poli. ‖ *Diamant de nature* ou *industriel,* diamant inutilisable pour la joaillerie, et qui est employé sur des perforatrices, des aléseuses, etc. ‖ *Diamant à pointes naïves,* diamant cristallisé naturellement en facettes régulières. — **Bx-arts.** *En pointes de diamant,* façon de tailler les pierres, le cristal, de sculpter les meubles, etc., en réservant des bossages, des saillies de forme pyramidale. (→ POINTE-DE-DIAMANT.) — **Électroacoust.** Pointe de lecture d'un phonocapteur, constituée d'un diamant. — **Mécan.** Outil constitué par un éclat de diamant enchâssé à l'extrémité d'une pièce d'acier, servant au dressage ou à la mise en forme des meules de rectification ou d'affûtage. ‖ *Outil diamant,* outil de coupe dont l'arête est constituée d'un éclat de diamant, utilisé en finition, permettant des vitesses de coupe très élevées et l'obtention d'un excellent état de surface. — **Métall.** Défaut d'une pièce métallique coulée. — **Verr.** Outil de miroitier et de vitrier utilisé pour couper le verre. (Syn. COUPE-VERRE, MOLETTE.) — **Zool.** Syn. de DENT DE L'ŒUF. ‖ Petit oiseau très coloré, surtout originaire d'Australie.

ENCYCL. **Bijout.** Le diamant taillé fournit de très beaux effets de lumière *(feux)* en raison des valeurs élevées de l'indice de réfraction et du pouvoir dispersif de ce corps. On le taille en rose (depuis le XVIe s.), en brillant (depuis le XVIIe s.), en poire, en marquise, en baguette, en émeraude, etc. Jusqu'au XVIIIe s., l'Inde a été le seul producteur de diamants. On en a découvert dans les années 1720 au Brésil, en 1830 dans l'Oural, en 1867 en Afrique du Sud, aujourd'hui premier producteur mondial de diamants de joaillerie (le Zaïre occupant la première place pour les diamants industriels). Parmi les pierres les plus célèbres, on peut citer le *Grand Mogol,* qui appartint au Grand Moghol de Delhi au XVIIe s. et a aujourd'hui disparu ; l'*Orlov* de Catherine II (au Kremlin) ; le *Sancy,* légué par Mazarin à Louis XIV (musée du Louvre) ; le *Régent,* qui appartint à Th. Pitt puis au duc d'Orléans, régent de France, un des diamants les plus purs qui soient (137 carats, Louvre) ; le *Koh-i-Noor* de la reine Victoria (Tour de Londres) ; le *Cullinan,* énorme pierre trouvée en 1905 au Transvaal et dont on a notamment tiré les deux plus gros diamants taillés du monde, de 530 et 317 carats (Tour de Londres).
— **Minér.** Le diamant, variété de haute pression du carbone, de densité 3,5, est le minéral ayant la plus grande dureté connue (10 dans l'échelle de Mohs). Les principaux gisements sont au Zaïre, en Russie et en Afrique du Sud. On l'extrait des kimberlites où il s'est formé, et des alluvions. On fabrique de petits diamants artificiels à usage industriel.

Diamant, nom générique de la première famille de lanceurs spatiaux français. Utilisée de 1965 à 1975 (12 tirs, 10 succès), elle comporta trois lanceurs : Diamant A (1965), Diamant B (1970) et Diamant BP-4 (1975), capables de placer sur orbite basse une charge utile de 115 kg, 160 kg et 200 kg respectivement.

DIAMANT *(cap),* promontoire du Canada (Québec), au confluent de la rivière Saint-Charles et du Saint-Laurent, portant la citadelle de Québec.

DIAMANTAIRE n. **1.** Professionnel capable de travailler le diamant depuis la pierre brute jusqu'à son emploi final. — **2.** Professionnel du commerce des diamants.

DIAMANTE (Juan Bautista), poète dramatique espagnol (Madrid 1625 - *id.* 1687), auteur de drames (*la Juive de Tolède,* 1673) et de comédies à succès (*La valeur n'a pas d'âge*).

DIAMANTER v. t. (conj. 3). Rectifier le profil d'une meule d'affûtage avec un diamant.
◆ **être diamanté** v. pass. 1. *Litt.* Avoir l'éclat, les reflets du diamant. – 2. En parlant d'abrasifs, avoir du diamant dans ses éléments constituants.

DIAMANTIFÈRE adj. Qui contient du diamant.

1. DIAMANTIN, E adj. *Litt.* Qui a la dureté ou l'éclat du diamant.

2. DIAMANTIN n. m. Très dangereux crotale du sud des États-Unis (long. 2,5 m).

DIAMANTINE n. f. (de *diamantin 1*). Toile de coton mercerisée, très serrée, brillante et soyeuse, utilisée pour les lingeries fines.

DIAMÉTRAL, E, AUX adj. (bas lat. *diametralis*). 1. Qui contient un diamètre. – 2. Relatif au diamètre. – 3. *Opposition diamétrale,* totale, radicale, absolue. ‖ *Plan diamétral,* plan qui partage un bateau en deux moitiés longitudinales.

DIAMÉTRALEMENT adv. 1. *Points diamétralement opposés,* points qui sont aux extrémités d'un même diamètre. – 2. *Diamétralement opposé,* en opposition directe, totale, radicale : *Points de vue diamétralement opposés.*

DIAMÈTRE n. m. (bas lat. *diametrus,* du gr. *diametros*). 1. Ligne droite qui partage symétriquement une figure ronde ou arrondie. – 2. Dans un cercle, un objet circulaire, segment de droite passant par le centre et limité par la courbe ; longueur de ce segment : *Un tuyau de deux centimètres de diamètre.* – 3. *Diamètre d'une partie* A *d'un espace métrique,* borne supérieure, parfois notée δ(A), de l'ensemble des distances de deux points quelconques de A.

DIAMIDE n. m. Composé possédant deux fois la fonction amide.

DIAMINE n. f. Composé possédant deux fois la fonction amine. (L'hexaméthylènediamine est utilisée pour la fabrication du Nylon ; les diamines aromatiques sont employées dans l'industrie des colorants.)

DIAMINOHEXANE n. m. Syn. de HEXAMÉTHYLÈNEDIAMINE.

DIAMMONIQUE adj. Se dit d'un sel dans lequel deux atomes d'hydrogène sont remplacés par de l'ammonium.

DIAMORPHINE ou **DIACÉTYLMORPHINE** n. f. Substance morphinomimétique semi-synthétique. (Son pouvoir analgésique est de deux à trois fois plus grand que celui de la morphine, mais ce stupéfiant est considéré comme le plus dangereux de tous les toxicomanogènes et sa fabrication et son utilisation même à des fins médicales sont interdites en France.) [Syn. HÉROÏNE.]

1. DIANE n. f. (ital. *diana*). Autref., batterie ou sonnerie pour annoncer le réveil.

2. DIANE n. f. (de *diane,* n. pr.). Singe cercopithèque d'Afrique tropicale, à sourcils, barbe et plastron blancs.

DIANE, divinité italique que les Romains identifièrent peut-être dès le IVe s. av. J.-C. avec l'Artémis grecque. Déesse de la chasse et de la nature sauvage, elle était surtout honorée dans les monts Albains. Les statues antiques de la déesse sont nombreuses : *Diane de Versailles* et *Diane de Gabies* (Louvre), à l'élégance praxitélienne, *Artémis* de Pompéi (Naples) ou de Lárnaka (Vienne), *Diane d'Ostie,* et leurs répliques ; répliques de la *Diane d'Éphèse* (image de la Fécondité, aux nombreuses mamelles) au Vatican, à Dresde ; etc.
Par référence à Diane de Poitiers, les figurations de Diane ont été nombreuses dans l'art français à l'époque de Henri II (école de Fontainebleau). Multiples autres représentations dans les arts européens (Italie, France, etc.) du XVIe au XVIIIe s.

Diane *(la),* roman pastoral mêlé de prose et de vers, du Portugais Jorge de Montemayor (1559). Écrit en castillan, il dut son succès retentissant à l'élégance et à la douceur du style.

DIANE DE POITIERS, favorite d'Henri II (Étoile-sur-Rhône ? 1499 - Anet 1566), fille de Jean de Poitiers, seigneur de Saint-Vallier. Veuve de Louis de Brézé (1531), elle devint v. 1536 la maîtresse du Dauphin, le futur Henri II, qui lui donna le titre de duchesse de Valentinois. Après l'avènement d'Henri II (1547), elle lui inspira une politique de répression du protestantisme. Bannie de la Cour à la mort du roi (1559), elle se retira au château d'Anet, que Philibert Delorme avait construit pour elle.

DIANE DE FRANCE ou **DIANE DE VALOIS,** princesse française (en Piémont 1538 - Paris 1619). Fille naturelle d'Henri II, légitimée en 1547, elle épousa en 1552 Orazio Farnèse, duc de Castro, puis, après la mort de ce dernier (1553), François de Montmorency (1557), dont elle resta veuve en 1579. Duchesse d'Angoulême (1582), elle contribua à réconcilier Henri III et Henri de Navarre (1589).

DIANTHŒCIA [-tesja] n. f. (gr. *dianthês,* tacheté). Papillon (noctuelle) aux vives couleurs, ne visitant que les fleurs des caryophyllacées (œillets, silènes, lychnis et saponaires).

DIANTRE ! interj. (altér. de *diable,* par euphémisme). *Litt.* 1. Exprime l'étonnement : *Diantre ! voilà qui est nouveau.* – 2. S'emploie après *qui, que, comment,* etc., avec la valeur de renforcement de *donc : Qui diantre a pu lui dire cela ?*

DIANTREMENT adv. *Litt.* Extrêmement.

DIAPASON n. m. (bas lat. *diapason,* du gr. *dia pasôn khordôn,* à travers toutes les cordes. **1.** Note dont la fréquence sert de référence pour l'accord des voix et des instruments. (→ *encycl.*) – **2.** Appareil producteur de cette note. – **3.** Oscillateur à deux branches en forme de U d'un appareil horaire, vibrant à une fréquence plus stable que les dispositifs à balancier-spiral. – **4.** Correspondance conventionnelle établie, dans un diagramme ou un cartogramme, entre le type de hachures ou la couleur et les tranches de valeur des statistiques représentées. – **5.** *Être, se mettre au diapason,* dans une disposition d'esprit conforme aux circonstances, en harmonie, en accord avec l'attitude ou les opinions d'autrui.
ENCYCL. **Mus.** Avant le XIXe s., le diapason a varié selon les époques, les pays, les lieux, les instruments. Sa fréquence, celle du la_3, a été fixée à 435 Hz en 1859 puis passa à 440 Hz en 1939, grâce au Comité consultatif international des fréquences.

DIAPAUSE n. f. Arrêt temporaire de l'activité ou du développement chez les insectes, en hiver, ou à la saison sèche, ou en cas de carence alimentaire.

DIAPÉDÈSE n. f. (gr. *diapêdêsis*). Passage de cellules sanguines (leucocytes polynucléaires principalement) dans les tissus, à travers les parois des vaisseaux capillaires.

DIAPHANE adj. (gr. *diaphanês,* transparent). **1.** Qui laisse passer la lumière sans qu'on puisse distinguer au travers les objets : *Le verre dépoli est diaphane.* – **2.** *Litt.* D'une transparence atténuée : *Un ciel diaphane.* – **3.** *Litt.* Se dit des chairs auxquelles l'extrême maigreur donne une sorte de demi-transparence : *Des mains diaphanes.*

DIAPHANOSCOPIE n. f. (gr. *diaphanês,* transparent). Procédé d'examen qui consiste à éclairer par transparence certaines parties du corps, le sujet étant placé dans une pièce obscure. (On l'emploie essentiellement pour le diagnostic des sinusites frontales et maxillaires et des tuméfactions des bourses.)

DIAPHONIE n. f. (gr. *diaphonia,* discordance). **1.** Apparition de signaux parasites à la lecture d'un disque, due à la modulation de spires voisines. – **2.** Apparition d'un signal indésirable dans une voie de transmission due à l'existence d'autres signaux et à des phénomènes tels que l'induction ou la capacité entre les voies.

DIAPHONIQUE adj. Relatif à la diaphonie.

DIAPHORÈSE n. f. (gr. *diaphorêsis,* de *diaphorein,* faire transpirer). Fonction de la peau aboutissant à l'excrétion de la sueur.

DIAPHOTIE n. f. Interaction entre les voies qui transportent chacune des trois composantes primaires d'une image de télévision en couleurs, entraînant une mauvaise reproduction des couleurs.

DIAPHRAGMATIQUE adj. **1.** Relatif au diaphragme. – **2.** *Hernie diaphragmatique,* solution de continuité du diaphragme, permettant le passage d'organes abdominaux dans la cavité thoracique. (→ *encycl.*) ‖ *Plexus diaphragmatique,* plexus nerveux constitué par l'anastomose de la branche postérieure du nerf phrénique droit avec des rameaux du plexus solaire et des nerfs intercostaux.
ENCYCL. **Pathol.** Le type le plus fréquent de la *hernie diaphragmatique* est la hernie hiatale, avec ascension de la grosse tubérosité gastrique dans le thorax à travers l'hiatus œsophagien. Elle peut occasionner des douleurs et des brûlures épigastriques, se compliquer d'ulcérations qui saignent, pouvant entraîner une anémie.

DIAPHRAGME n. m. (bas lat. *diaphragma,* du gr. *diaphragma, -atos,* cloison). **1.** Muscle qui sépare le thorax de l'abdomen. (→ *encycl.*) – **2.** Préservatif féminin en caoutchouc ou en matière plastique destiné à recouvrir le col de l'utérus. – **3.** Dispositif limitant le diamètre d'un faisceau lumineux entrant dans un appareil optique ou photographique. • **Anat.** *Diaphragme pelvien,* plan musculaire profond qui ferme en bas l'excavation pelvienne. – **Bât.** Mur intérieur transversal, en général porté par un arc (*arc diaphragme*), séparant deux travées dans certaines églises médiévales. – **Biol.** Membrane animale ou végétale tendue, séparant deux cavités ou espaces internes. – **Chim.** Membrane perméable aux ions, séparant les compartiments anodique et cathodique d'une pile ou d'une cuve d'électrolyse. – **Techn.** Membrane ou plaque dont on utilise la déformation élastique pour connaître ou pour commander le mouvement d'un fluide en contact avec l'une de ses parois. (Les diaphragmes permettent de réaliser des pompes, des capteurs, des appareils de régulation, etc.)
ENCYCL. **Anat.** Le diaphragme est un muscle impair, aplati, ayant la forme d'une voûte allongée transversalement, dont la convexité regarde en haut. Au centre, cette voûte présente une dépression sur laquelle repose le cœur et qui sépare deux parties latérales : les coupoles diaphragmatiques droite et gauche. Le diaphragme comporte une partie centrale, tendineuse, appelée *centre phrénique,* et une partie périphérique charnue, formée de faisceaux musculaires qui fixent le centre phrénique à l'orifice inférieur du thorax et aux deuxième et troisième vertèbres lombaires. De nombreux orifices (hia-

tus) livrent passage à l'œsophage, aux vaisseaux et aux nerfs. Le diaphragme, innervé par les deux nerfs phréniques, est le principal muscle inspirateur : sa contraction détermine l'accroissement du volume de la cage thoracique.

DIAPHRAGMER v. t. (conj. 3). Limiter un faisceau lumineux au moyen d'un diaphragme. ◆ v. i. Diminuer l'ouverture d'un objectif photographique en utilisant un diaphragme : *Diaphragmer à huit.*

DIAPHYSAIRE adj. Relatif à la diaphyse.

DIAPHYSE n. f. (gr. *diaphusis,* interstice). Corps des os longs.

DIAPIR n. m. (gr. *diapeirein,* transpercer). Structure géologique correspondant à un pli résultant de l'ascension d'un matériel plastique au travers de formations plus denses.

DIAPIRISME n. m. Processus de genèse des diapirs.

DIAPO n. f. *Fam.* Diapositive.

DIAPORAMA n. m. Projection de diapositives avec son synchronisé.

DIAPOSITIVE n. f. (de *positif*). Photographie positive tirée sur support transparent, généralement destinée à être projetée sur écran. (Abrév. fam. DIAPO.)

DIAPRER v. t. (anc. fr. *diaspre,* drap à fleurs, du lat. médiév. *diasprum,* du lat. class. *jaspis,* jaspe) [conj. 3]. *Litt.* Parer qqch de couleurs vives et variées en lui donnant un aspect scintillant. ◆ **être diapré** v. pass. 1. *Litt.* Avoir des couleurs vives, variées et scintillantes ; être chatoyant : *Papillon diapré.* — 2. En héraldique, avoir les émaux couverts d'arabesques décoratives.

DIAPRURE n. f. *Litt.* Chatoiement des couleurs ou des lumières.

DIAPSIDE n. m. (du gr. *apsis, -idos,* voûte). Reptile ayant une seule paire de fosses temporales. (C'est le cas général.)

DIARISTE n. Auteur d'un journal intime.

DIARRHÉE n. f. (bas lat. *diarrhœa,* du gr. *diarrhoia*). 1. Émission trop fréquente de selles liquides ou pâteuses, due à un défaut de réabsorption de l'eau par l'intestin. (→ *encycl.*) — 2. *Diarrhée à virus des bovins,* syn. de MALADIE DES MUQUEUSES. ‖ *Diarrhée blanche des poussins,* syn. de PULLOROSE. ‖ Fam. *Diarrhée verbale,* verbosité intarissable. ‖ *Diarrhée verte,* diarrhée des nourrissons.

ENCYCL. Les *diarrhées aiguës* sont le plus souvent infectieuses ou parasitaires, dues à des salmonelles, à des shigelles, à *Entamoeba histolytica* (dysenterie amibienne), etc. Les causes des *diarrhées chroniques* sont multiples : lésions organiques de l'intestin (maladie de Crohn, rectocolite hémorragique, tumeurs, etc.) ; diarrhées par malabsorption ou maldigestion (gastrectomie, pancréatite chronique, etc.).

DIARRHÉIQUE adj. et n. Relatif à la diarrhée ; atteint de diarrhée.

DIARTHROSE n. f. (gr. *diarthrôsis*). Type d'articulation caractérisé par sa grande mobilité (par ex. le genou, le coude).

DIAS (Bartolomeu), navigateur portugais (en Algarve v. 1450 - au large du cap de Bonne-Espérance 1500). Chargé en 1486 par le roi de Portugal Jean II de poursuivre les explorations de D. Cão sur les côtes d'Afrique, au S. du Congo, il s'embarqua en 1487 et doubla, sans la voir, la pointe extrême de l'Afrique (1488), atteignit la baie d'Algoa et le rio do Infante (Great Fish River). Contraint par son équipage de rentrer au Portugal, il revint en longeant les côtes et découvrit le cap des Tempêtes que le roi Jean II baptisa cap de Bonne-Espérance car sa découverte prouvait qu'il était possible de gagner l'Inde en contournant l'Afrique. Dias périt dans un naufrage au cours d'un voyage avec Cabral (1500).

DIASCOPE n. m. 1. Appareil de projection par transparence (diapositives, coupes, etc.). — 2. Instrument d'optique utilisé dans les blindés pour observer, tout en ayant les yeux protégés.

DIASPIS [-pis] n. m. Petite cochenille nuisible aux plantes grasses (cactées, broméliacées, etc.) dans les serres.

DIASPORA n. f. (gr. *diaspora,* dispersion). 1. (avec une majuscule) Dispersion hors de Palestine des juifs exilés ; ensemble des communautés juives dispersées à travers le monde. (La Diaspora a commencé lors de l'Exil, au VIe s. av. J.-C. ; elle s'est accentuée après la deuxième destruction du Temple en 70 apr. J.-C. — 2. Dispersion d'un peuple, d'une ethnie à travers le monde : *La diaspora arménienne.*

1. DIASPORE n. f. (gr. *diaspora,* dispersion). Partie d'un végétal (graine, fruit, etc.) qui se détache du pied mère pour reproduire l'espèce après dissémination. (Chez les cryptogames à générations alternées, la spore est aussi considérée comme une diaspore.)

2. DIASPORE n. m. (de *diaspore 1*). Alumine hydratée naturelle, appartenant au système orthorhombique.

DIASPORIQUE adj. Relatif à la Diaspora, à une diaspora.

DIASTASE n. f. (gr. *diastasis,* séparation). Syn. anc. de ENZYME.

DIASTASÉ, E adj. *Farine diastasée,* farine dont les grains ont subi un début de germination.

DIASTASIS [-zis] n. m. (gr. *diastasis,* séparation). Écartement permanent de deux os normalement en contact. (Le diastasis tibio-péronier est fréquent dans les lésions de l'articulation tibiotarsienne.)

DIASTÈME n. m. (gr. *diastêma, -atos,* intervalle). Chez les mammifères, partie du rebord d'une mâchoire située entre deux dents et ne portant pas elle-même une dent. (Chez les carnivores, il permet à la canine inférieure de se loger entre la canine supérieure et les incisives ; chez les rongeurs et les ongulés, il sépare prémolaires et dents labiales ; chez le cheval, il est nommé *barre.*)

DIASTÉRÉO-ISOMÈRE adj. et n. m. (pl. *diastéréo-isomères*). Se dit de composés renfermant plusieurs atomes asymétriques, dont les uns ont la même configuration, les autres des configurations opposées. (Les diastéréo-isomères ont des propriétés physiques et chimiques distinctes.)

DIASTÉRÉO-ISOMÉRIE n. f. (pl. *diastéréoisoméries).* Différence structurale entre deux diastéréo-isomères.

DIASTOLE n. f. (gr. *diastolê,* dilatation). Période pendant laquelle les ventricules cardiaques retrouvent leur volume de repos après leur contraction.

ENCYCL. La diastole commence dès la fermeture des valves sigmoïdes (2e bruit de l'auscultation) et s'achève à la fermeture des valves auriculo-ventriculaires (1er bruit de l'auscultation). Au niveau du cœur, cette période correspond à la repolarisation lente des fibres myocardiques et au remplissage des cavités ventriculaires.

DIASTOLIQUE adj. **1.** Relatif à la diastole. — **2.** *Roulement diastolique,* bruit grondant entendu à la pointe du cœur et provoqué par le passage turbulent du sang à travers un orifice mitral, sténosé, lors du remplissage ventriculaire. (C'est le signe du rétrécissement mitral.) ‖ *Souffle diastolique,* souffle provoqué par la régurgitation du sang des gros vaisseaux de la base du cœur vers les ventricules et traduisant l'incontinence des valves sigmoïdes. (Il permet d'identifier une insuffisance aortique.)

DIASTROPHISME n. m. (gr. *diastrophê,* distorsion). Ensemble des déformations et des dislocations subies par de vastes parties de l'écorce terrestre.

DIATHÈQUE n. f. Collection de diapositives ; lieu où elle est conservée.

DIATHERMANE, DIATHERME ou **DIATHERMIQUE** adj. Se dit d'un corps qui laisse passer la chaleur.

DIATHERMIE n. f. Méthode thérapeutique utilisant les courants de haute fréquence pour le développement d'effets thermiques à l'intérieur des tissus.

DIATHERMOCOAGULATION n. f. Utilisation de la diathermie pour détruire, coaguler ou sectionner certains tissus organiques. (Le bistouri électrique en est une application.)

DIATHÈSE n. f. (gr. *diathesis,* disposition). **1.** *Vx.* Ensemble d'affections différentes affectant simultanément ou successivement un sujet et dépendant de la même cause, considérée comme étant généralement un trouble de la nutrition. — **2.** En homéopathie, prédisposition individuelle à contracter une maladie déterminée ou à être atteint d'une suite d'affections caractérisées.

DIATOMÉE n. f. (gr. *diatomos,* séparé par le milieu). Végétal unicellulaire aquatique, à coque siliceuse bivalve parfois finement ornée, et présentant de nombreuses particularités. (Les *diatomées* forment une classe.)

ENCYCL. Les diatomées, dont on distingue 10 000 espèces, sont chlorophylliennes et munies d'un pigment secondaire brun. Répandues dans toutes les mers sous des formes à symétrie radiaire (centriques) et dans toutes les eaux douces, même polluées, sous des formes à symétrie bilatérale (pennées), les diatomées se multiplient de façon que chaque cellule fille emporte avec elle l'une des deux valves, puis reconstitue, emboîtée à l'intérieur de celle-ci, la valve opposée. La reproduction sexuée donne une auxospore, qui grandit rapidement avant de reconstituer des valves de dimension normale.

DIATOMIQUE adj. Se dit d'une molécule constituée de deux atomes.

DIATOMITE n. f. (de *diatomée*). Roche sédimentaire siliceuse, meuble ou consolidée, formée essentiellement de diatomées et utilisée, en raison de sa légèreté et de sa porosité, dans l'industrie (abrasifs, filtres).

DIATONIQUE adj. (bas lat. *diatonicus,* du gr. *diatonikos*). *Gamme diatonique,* suite de sept sons qui procède par mouvement conjoint, et ne possède que deux demi-tons (3e-4e degrés ; 7e-8e degrés).

DIATONIQUEMENT adv. Suivant l'ordre diatonique.

DIATONISME n. m. Système s'appliquant à toute échelle de sept sons conjoints et qui résulte d'une alternance entre tons et demi-tons naturels.

DIATRIBE n. f. (bas lat. *diatriba,* du gr. *diatribê,* discussion d'école). Critique amère et violente ; pamphlet : *Une violente diatribe contre le régime.*

DIAULE [djol] n. f. (du gr. *aulos,* flûte). Flûte double, à deux corps, de la Grèce antique.

DÍAZ del Castillo (Bernal), conquistador et chroniqueur espagnol (Medina del Campo 1492 - Guatemala 1584). Parti pour l'Amérique en 1514, il participa activement aux côtés de Cortés à la conquête du Mexique (1519) et en laissa un remarquable récit : *Historia verdadera de la conquista de la Nueva España* (1568).

DÍAZ de Solís (Juan), navigateur espagnol (Lebrija, prov. de Séville - Río de la Plata 1516). Chargé en 1514 par Ferdinand le Catholique de rechercher un passage au S. de l'Amérique vers l'océan Pacifique, il partit de Sanlúcar en 1515, atteignit la côte uruguayenne, et découvrit le Río de la Plata.

DIAZ de La Peña (Narcisse Virgile), peintre français, né de parents espagnols (Bordeaux 1807 - Menton 1876). Il participe à la fois du romantisme, d'une grâce empruntée à Corrège et au XVIIIe s. (*Vénus désarmant Cupidon,* Wallace Collection) et de l'école de Barbizon, dont il anime les paysages d'effets chatoyants (*les Hauteurs du Jean-de-Paris,* 1867, musée d'Orsay).

DÍAZ (Porfirio), homme d'État mexicain (Oaxaca 1830 - Paris 1915). Il se bat contre l'invasion américaine en 1846, puis prend part, avec les libéraux, aux guerres de la réforme (1857-1860). Colonel en 1859, il lutte héroïquement contre l'Empire de Maximilien (1863-1867). En 1876, il renverse le président élu Lerdo de Tejada et devient président de la République (1876-1880) ; il se fera constamment réélire jusqu'en 1910. Exerçant une dictature de fait, il brise toutes les révoltes militaires et modernise le Mexique. Il démissionne en mai 1911 face à la révolution dirigée par Madero, et s'exile à Paris.

DIAZ (Armando), duc **de la Victoire,** maréchal italien (Naples 1861 - Rome 1928). Après le désastre de Caporetto (24 oct. 1917), il remplaça Cadorna (6 nov.) et conduisit les armées italiennes aux victoires de la Piave et de Vittorio Veneto (1918). Ministre de la Guerre (1922-1924), il fut fait maréchal en 1924.

DÍAZ MIRÓN (Salvador), poète mexicain (Veracruz 1853 - *id.* 1928). Épris de perfection formelle (*Lascas,* 1901), il est un des principaux représentants du mouvement moderniste dans son pays.

DÍAZ ORDAZ (Gustavo), homme d'État mexicain (Ciudad Serdán, Puebla, 1911-Mexico 1979). Ministre de l'Intérieur (1958-1964), président de la République (1964-1970), il dut faire face à un mouvement d'opposition étudiant et le brisa dans le sang (massacre de Tlatelolco, 2 oct. 1968).

DIAZÉPAM n. m. Dérivé de la benzodiazépine utilisé pour son effet tranquillisant, myorelaxant et anticonvulsivant.

DIAZINE n. f. Nom générique des composés aromatiques $C_4H_4N_2$. (Elles résultent du remplacement dans la formule du benzène de deux groupes CH par des atomes d'azote.)

DIAZO n. m. Abrév. de DIAZOÏQUE ou CATION DIAZONIUM.

DIAZOACÉTIQUE adj. *Acide diazoacétique,* acide instable $^{+}N_2{=}CH{-}CO_2H$, dont seuls les esters sont connus. (Ces derniers, formés par action de l'acide nitreux sur les esters du glycocolle, sont très réactifs.)

DIAZOAMINE n. f. Syn. de TRIAZÈNE.

DIAZOAMINOBENZÈNE n. m. Diphényltriazène $C_6H_5{-}NH{-}N{=}N{-}C_6H_5$, obtenu par action du chlorure de benzène-diazonium sur l'aniline.

DIAZOCOPIE n. f. (de *diazonium*). Procédé de reprographie utilisant une émulsion à base de sels de diazonium.

DIAZOÏQUE adj. et n. m. Se dit des sels de diazonium.

ENCYCL. Les sels de diazonium ($R{-}N{\equiv}N$), ou diazoïques, ne sont pas stables, même en solution, lorsque l'amine de départ $R{-}NH_2$ est aliphatique (R = alkyle). Si elle est aromatique (R = aryle), les sels sont stables en solution et parfois même à l'état solide. Ce sont des intermédiaires très importants de la chimie organique aromatique.
— **Impr.** Les propriétés des sels diazoïques sont exploitées en diazocopie, notamment pour le contrôle des éléments des montages positifs, en héliogravure et en offset ; les épreuves ainsi obtenues sont dites *ozalids.* Certaines plaques offset sont présensibilisées à partir de combinaisons de sels diazoïques.

DIAZOLE n. m. Composé hétérocyclique aromatique $C_3H_3N_2$, renfermant un cycle à 5 chaînons.

DIAZOMÉTHANE n. m. Composé $CH_2{=}N_2$, obtenu par action de la potasse sur les nitrosamides. (Il est surtout employé comme agent de méthylation.)

DIAZONIUM n. m. Cation $R{-}N{\equiv}N$, obtenu par action de l'acide nitreux sur les amines primaires $R{-}NH_2$.

DIAZOTATION n. f. Réaction de l'acide nitreux sur une amine primaire, qui la transforme en diazonium.

DIAZOTER v. t. (conj. 3). Soumettre à la diazotation.

DIB (Mohammed), écrivain algérien d'expression française (Tlemcen 1920). Du style populiste de sa trilogie (*la Grande Maison,* 1952 ; *l'Incendie,* 1954 ; *le Métier à tisser,* 1957), il passe à une écriture onirique, allégorique et intériorisée (*Qui se souvient de la mer,* 1962), avant de s'engager, avec *le Maître de chasse* (1973), dans une forme très proche du nouveau roman. Si *Habel* (1977) et sa trilogie « nordique » (*les Terrasses d'Orsol,* 1985 ; *le Sommeil d'Ève,* 1989 ; *Neiges de marbre,* 1990) constituent un terrible regard porté sur le monde et sur les siens, ses recueils de poèmes (*Feu beau feu,* 1979) et son théâtre (*Mille Hourras pour une gueuse,* 1977) mêlent profondeur, tendresse et dérision.

DIBASIQUE adj. Se dit d'une base contenant deux groupes OH^-.

DIBATAG n. m. Petite antilope à long cou, habitant les plaines sèches de la Corne de l'Afrique. (Syn. AMMODORCADE.)

DIBELIUS (Friedrich Karl Otto), évêque luthérien allemand (Berlin 1880 - *id.* 1967). Il prit part à la résistance contre le nazisme dès 1933, et fut membre de l'Église confessante qui lui était hostile. Évêque de Berlin (1945-1966) et président du Conseil œcuménique en Allemagne, il s'opposa à la division du pays et à la politique de la République démocratique allemande en matière religieuse.

DIBENCOZIDE n. m. Syn. de COBAMIDE.

DIBENZODIOXINNE n. f. Composé hétérocyclique tricyclique $C_{12}H_8O_2$. (La tétrachlorodibenzodioxinne est la dioxine.)

DIBÉTOU n. m. Grand arbre (méliacée) de Côte-d'Ivoire, du Cameroun et du Gabon, dont le bois tendre et léger, aux reflets dorés, est utilisé en ébénisterie.

DIBRANCHE n. m. Mollusque céphalopode n'ayant que deux branchies. (La sous-classe des *dibranches* comprend presque tous les céphalopodes actuels.)

DIBRUGARH, v. de l'Inde (Assam) ; 80 400 hab. Tête de la navigation sur le Brahmapoutre.

DICALCIQUE adj. Syn. de BICALCIQUE.

DICARBONYLÉ, E adj. Se dit d'un composé organique contenant deux fois le radical carbonyle CO.

DICARYON n. m. Cellule à deux noyaux, caractéristique du mycélium dit « secondaire » des champignons supérieurs.

ENCYCL. Ces deux noyaux proviennent de deux mycéliums primaires différents qui se sont unis par cytogamie. Après plusieurs générations de dicaryons se produit l'union sexuelle des noyaux (caryogamie engendrant un zygote), qui, selon l'espèce concernée, deviendra un asque ou une baside.

DICARYOTIQUE adj. Qui concerne, qui contient des dicaryons.

DICARYOTISME n. m. Caractère propre aux champignons dicaryotiques.

DICASTÈRE n. m. (gr. *dikastêrion,* cour de justice). **1.** Chacun des grands organismes (congrégations, tribunaux, offices) de la curie romaine. – **2.** En Suisse, subdivision d'une administration communale.

DICENTRA n. f. (gr. *dikentron,* à deux aiguillons). Nom générique du cœur-de-Jeannette ou cœur-de-Marie, fumariacée ornementale des jardins.

DICÉPHALE adj. et n. m. Se dit d'un monstre atteint de dicéphalie.

DICÉPHALIE n. f. Monstruosité caractérisée par l'existence de deux têtes chez le même sujet.

DICÉRION n. m. (du gr. *kêrion,* rayon de miel). Petit chandelier portant deux cierges qui se croisent et qui représentent la double nature divine et humaine du Christ.

DICERQUE n. f. Bupestre bronzé dont la larve est nuisible à divers arbres.

DICÉTONE n. f. Composé possédant deux fois la fonction cétone. (Suivant que les groupes CO sont séparés par 0, 1, 2... atomes de carbone, on distingue les dicétones α, β, γ, etc.) [Syn. DIONE.]

DICÉTONIQUE adj. Qui se rapporte aux dicétones.

DICHLORACÉTIQUE [-klɔ-] adj. *Acide dichloracétique,* acide $Cl_2CH—COOH$, obtenu par chauffage du chloral avec du cyanure de potassium.

DICHLORER [-klɔ-] v. t. (conj. 3). Chlorer deux fois.

◆ **être dichloré** v. pass. Se dit d'un composé contenant deux atomes de chlore.

DICHLORÉTHANE [-klɔ-] n. m. Dérivé dichloré de l'éthane $C_2H_4Cl_2$. (Le dichloro-1,2 éthane, ou chlorure d'éthylène, est transformé en chlorure de vinyle.)

DICHLORÉTHYLÈNE [-klɔ-] n. m. Dérivé chloré de l'éthylène $C_2H_2Cl_2$. (Le dichloro-1,1 éthylène, ou chlorure de vinylidine, est utilisé comme monomère pour la fabrication de copolymères avec le chlorure de vinyle.)

DICHLOROBENZÈNE [-klɔrobɛ̃zɛn] n. m. Dérivé dichloré du benzène $C_6H_4Cl_2$. (L'isomère ortho est utilisé comme solvant des résines et du caoutchouc ; l'isomère para comme antimite.)

DICHLOROMÉTHANE [-klɔ-] n. m. Syn. de CHLORURE DE MÉTHYLÈNE*.

DICHLORURE [-klɔ-] n. m. Syn. de BICHLORURE.

DICHOGAMIE [-kɔ-] n. f. Fécondation réciproque, dite « croisée », entre individus hermaphrodites distincts, dans les espèces animales ou végétales chez lesquelles l'autofécondation est impossible, ce qui est le cas général. (Dans les fleurs, en particulier, les étamines et le pistil de la même fleur bisexuée sont rarement mûrs en même temps ; il en va de même des fleurs mâles et des fleurs femelles sur un pied d'une espèce monoïque.)

DICHOTOME [-kɔ-] adj. Se dit d'une espèce végétale qui croît par dichotomie.

DICHOTOMIE [-kɔ-] n. f. (gr. *dikhotomia*). **1.** Division de qqch en deux éléments que l'on oppose nettement : *Dichotomie entre la raison et la passion.* – **2.** Mode de croissance des axes végétaux, consistant en une suite de partages en deux rameaux égaux, sans axe principal. – **3.** Partage illicite d'honoraires entre praticiens ou entre médecins et laboratoire d'analyses. – **4.** Aspect d'un astre du système solaire dont la surface éclairée visible occupe la moitié du disque. – **5.** Opération consistant à couper une chaîne de bits ou de caractères pour former deux chaînes disjointes. (Contr. CONCATÉNATION.) – **6.** Division d'un concept en deux autres, complémentaires au point de vue de l'extension. – **7.** *Méthodes de dichotomie,* méthodes itératives par lesquelles on ramène la résolution, sur un intervalle donné, d'un problème à la résolution d'une suite de problèmes de même nature, sur des sous-intervalles de longueur 2 fois plus petite d'une itération à la suivante.

DICHOTOMIQUE [-kɔ-] adj. **1.** Qui se divise et se subdivise de deux en deux, qui repose sur une division binaire : *Classification dichotomique.* – **2.** *Clé dichotomique,* énoncé de deux caractères opposés distinguant l'une de l'autre deux espèces ou deux séries d'espèces, ce qui facilite la détermination. (Ces clés sont d'usage général dans les flores et les faunes.)

DICHOTOMISATION [-kɔ-] n. f. Action de dichotomiser.

DICHOTOMISER [-kɔ-] v. t. (conj. 3). Diviser, subdiviser de deux en deux ; procéder par dichotomie.

DICHROÏQUE [-kroik] adj. (gr. *dikhroos,* de deux couleurs). Qui présente des phénomènes de dichroïsme. (Syn. PLÉOCHROÏQUE.)

DICHROÏSME [-kroism] n. m. Propriété de certaines substances qui offrent des colorations diverses, selon les circonstances d'observation. (Dans un milieu cristallin anisotrope, les vibrations lumineuses sont inégalement absorbées suivant la direction de pénétration. Il en résulte des variations de couleur suivant l'orientation d'un cristal.) [Syn. PLÉOCHROÏSME, POLYCHROÏSME.]

DICHROÏTE [-kroit] n. f. (gr. *dikhroos,* de deux couleurs). Syn. de CORDIÉRITE.

DICHROMATE [-kro-] adj. et n. Atteint de dichromatisme.

DICHROMATIQUE [-kro-] adj. Relatif au dichromatisme.

DICHROMATISME [-kro-] n. m. Anomalie (congénitale ou acquise) de la vision des couleurs où n'existent que deux types de récepteurs colorés sur les trois présents normalement (rouge, vert, bleu). [Suivant le récepteur manquant, on distingue la protanopie, la deutéranopie et la tritanopie.]

DICHROMIE [-kro-] n. f. Procédé de synthèse des couleurs utilisant deux couleurs.

DICK (Philip Kindred), écrivain américain de science-fiction (Chicago 1928 - Santa Ana, Californie, 1982). Il est un habile constructeur d'univers subjectifs emboîtés qui jettent le doute sur la réalité de notre monde empirique (*le Maître du Haut-Château,* 1962 ; *le Dieu venu du Centaure,* 1964 ; *Ubik,* 1968 ; *le Prisme du néant,* 1974).

DICKENS (Charles), écrivain anglais (Portsmouth 1812 - Gadshill, près de Rochester, 1870). Fils d'un petit employé, il a une enfance difficile, travaillant quelque temps en usine avant de devenir clerc de notaire (1827), puis chroniqueur au *Morning chronicle* (1831), dont il épouse la fille du directeur, Catherine Hogarth en 1836. C'est l'année où paraît sa première œuvre : *les Esquisses de Boz,* dont le succès lui vaudra, dès 1837, la commande par livraisons, des *Aventures de M. Pickwick.* Celles-ci lui confèrent aussitôt une célébrité, confirmée par *Oliver* Twist* (1838), *Nicolas* Nickleby* (1839), *le Magasin d'Antiquités* (1840-41), *Barnaby Rudge* (1841). D'un voyage décevant aux États-Unis, il rapporte *Notes américaines* (1842) et *Martin Chuzzlewit* (1843-44). Chez Dickens, le sentimentalisme s'accroît avec la dépression (*Contes de Noël,* 1843-1848) ; il publie *le Grillon du foyer* en 1845, avant d'effectuer un séjour en Italie, suivi d'autres en Europe continentale, dont il reviendra pour fonder et diriger un quotidien : le *Daily News.* En 1849 paraît son chef-d'œuvre *David* Copperfield,* inspiré de réminiscences de son enfance, puis il publie *Bleak House* (1852-53), *les Temps difficiles* (1854), *la Petite Dorrit* (1855-1857). Amoureux de l'actrice Ellen Ternan, il quitte sa femme (1858), mais la déception survient et lui inspire *les Grandes Espérances* (1861), *Notre ami commun* (1864). Dans *l'Allumeur de réverbères* (1879), comme dans toute son œuvre, Dickens sait susciter la sympathie pour ceux qui souffrent.

Dickens-Horecker *(cycle de),* suite de réactions métaboliques qui provoquent la dégradation oxydative du glucose 6 phosphate, et donnent des composés nécessaires à la synthèse des acides nucléiques et des nucléotides, ainsi que des acides gras et des stérols. (Syn. CYCLE DES PENTOSES.)

DICKINSON (John), homme politique américain (Talbot County, Maryland, 1732 - Wilmington,

Delaware, 1808). Membre de l'assemblée du Delaware (1760), puis de celle de Pennsylvanie (1762), il rédigea en 1774 les adresses du Congrès continental au roi, au Canada et aux nations étrangères. En 1776, il s'opposa à l'adoption de la Déclaration d'indépendance.

DICKINSON (Emily), poétesse américaine (Amherst, Massachusetts, 1830 - *id.* 1886). Ses petits poèmes introspectifs, dont la plupart ne parurent qu'après sa mort, exercèrent une grande influence sur la poésie moderne américaine (*Poems,* 1890-1896).

DICKINSONITE n. f. (de W. *Dickinson,* n. pr.). Phosphate hydraté naturel de sodium, de calcium, de manganèse et de fer.

DICLINE adj. Se dit d'une espèce végétale dont toutes les fleurs sont unisexuées.

DICO n. m. *Fam.* dictionnaire.

DICOTYLÉDONE n. f. Plante angiosperme dont la graine possède deux cotylédons, généralement égaux.

ENCYCL. L'immense classe des dicotylédones, qui rassemble plus de 300 000 espèces, se distingue de celle des monocotylédones par les caractères suivants, dont aucun n'est sans exceptions : symétrie florale d'ordre 5, 4 ou 2 mais jamais 3 ; un seul cercle de faisceaux libéroligneux dans la tige ou la racine jeune ; existence d'assises génératrices permettant une croissance continue en diamètre des axes dans les espèces vivaces ; bois et liège typiques ; feuilles à limbe horizontal, à nervures ramifiées, aux deux faces nettement différentes l'une de l'autre, et dont la gaine est réduite.

DICOUMAROL n. m. ou **DICOUMARINE** n. f. Dénomination courante d'un antivitaminique K, isolé initialement du mélilot, préparé maintenant par synthèse et utilisé comme médicament anticoagulant.

DICRANOMYIA n. f. Moucheron formant le soir des essaims dansants dans les lieux abrités. (Très communs, ces animaux pénètrent souvent dans les maisons.)

DICRANUM [-nɔm] n. m. Mousse formant de beaux tapis sur le sol des bois.

DICRANURE n. f. Gros papillon notodontidé du groupe des harpyes, dont la chenille ou *queue-fourchue,* verte, avec le dos lie-de-vin, vit sur les saules et les peupliers.

DICROCŒLIOSE [-se-] n. f. (gr. *dikroos,* fourchu). Maladie parasitaire, observée surtout chez le mouton, due à la présence, dans les fins canalicules biliaires, de la petite douve du foie *(Dicrocœlium lanceolatum).*

1. DICROTE adj. (gr. *dikrotos,* qui heurte deux fois). Se dit du pouls qui présente le phénomène du dicrotisme.

2. DICROTE n. m. (gr. *dikroton,* à deux bancs de rameurs). Navire grec de l'Antiquité à deux rangs de rameurs.

DICROTISME n. m. (de *dicrote 1*). Exagération du ressaut physiologique de l'onde systolique donnant au doigt qui palpe le pouls l'impression de percevoir deux pulsations à chaque battement cardiaque. (Ce phénomène est observé en particulier dans la fièvre typhoïde).

DICT n. m. (lat. *dictum,* dit). Pour Heidegger, parole poétique, par oppos. à l'énoncé scientifique ou philosophique.

DICTAME n. m. (lat. *dictamnum,* du gr. *diktamnon*). **1.** Herbe rutacée vivace aux fleurs blanches ou roses en grappes, sécrétant une essence très volatile et hautement inflammable. (Syn. FRAXINELLE.) — **2.** *Dictame de Crète,* nom spécifique d'un origan.

DICTAPHONE n. m. (n. déposé). Magnétophone servant à la dictée du courrier.

DICTATEUR n. m. (lat. *dictator, -oris*). **1.** Personne qui, à la tête d'un État, détient tous les pouvoirs, les exerçant sans contrôle et de façon autoritaire ; autocrate. — **2.** Personne autoritaire qui impose son point de vue et sa manière de vivre aux autres ; tyran, despote. — **3.** Maître absolu en une matière quelconque : *Dictateur de la mode.* — **4.** Sous la République romaine, magistrat extraordinaire nommé en cas de crise grave par les consuls sur la demande du sénat, et possédant tous les pouvoirs en Italie pour six mois au maximum. (→ *encycl.*)

ENCYCL. **Antiq.** Détenteur de la totalité du pouvoir exécutif, ne devant de comptes à personne, ni pendant ni après exercice de sa fonction, le dictateur n'était justiciable que d'un blâme des censeurs. On lui adjoignait un maître de la cavalerie qui pouvait commander aux consuls et même suppléer le dictateur. Il abdiquait en même temps que lui. Le premier dictateur avait été nommé vers 501 av. J.-C. Le dernier fut créé en 216 av. J.-C., au lendemain de la défaite de Cannes. Les dictatures de Sulla et de César ne furent pas des magistratures constitutionnelles mais des tyrannies établies par la force des armes.

DICTATORIAL, E, AUX adj. **1.** Propre à la dictature, au dictateur : *Des pouvoirs dictatoriaux.* — **2.** Qui a un caractère tranchant, impérieux : *Ton dictatorial.*

DICTATORIALEMENT adv. De façon dictatoriale.

DICTATURE n. f. (lat. *dictatura*). **1.** Régime politique dans lequel le pouvoir est détenu par une personne ou par un groupe de personnes (junte) qui l'exercent sans contrôle, de façon autoritaire ; durée pendant laquelle s'exerce le pouvoir d'un dictateur. — **2.** Pouvoir absolu exercé par une personne ou un groupe dans un domaine particulier ; tyrannie. — **3.** Influence extrême de qqch : *La dictature de la mode.* — **4.** Sous la République romaine, magistrature extraordinaire exercée par le dictateur. — **5.** *Dictature du prolétariat,* pour les marxistes, période de transition qui suit la révolution socialiste et qui, caractérisée par la substitution à l'État bourgeois d'un État où le prolétariat exerce seul le pouvoir, doit permettre le passage à une société où l'État et les classes sont abolis.

DICTÉE n. f. **1.** Action de dicter : *La dictée du courrier.* — **2.** Exercice scolaire ayant pour but l'enseignement et le contrôle de l'orthographe ; le texte dicté. — **3.** *(Écrire) sous la dictée (de qqn),* écrire le texte que qqn dicte. • **Mus.** *Dictée musicale,* exercice pour éduquer et développer l'audition, qui consiste à transcrire soit une mélodie, soit des accords, soit deux ou plusieurs voix, entendues au piano.

DICTER v. t. (lat. *dictare,* de *dicere,* dire) [conj. 3]. **1.** Prononcer un texte à haute voix devant qqn pour qu'il l'écrive au fur et à mesure : *Dicter un texte à ses élèves.* — **2.** Influer fortement sur la manière d'agir, de se comporter : *Qu'est-ce qui a dicté votre choix ?* — **3.** Imposer sa loi, ses conditions à qqn, l'obliger à s'y conformer, exiger de lui tel ou tel comportement : *On a dicté ses réponses au témoin.*

DICTION n. f. (lat. *dictio, -onis,* propos). Manière de parler ; ensemble des règles qui codifient la prononciation d'une langue, considérée d'un point de vue normatif ou esthétique ; élocution.

DICTIONNAIRE n. m. (lat. médiév. *dictionarium,* de *dictio, -onis,* discours). **1.** Ouvrage didactique constitué par un ensemble d'articles dont l'entrée constitue un mot, indépendants les uns des autres et rangés dans un ordre déterminé, le plus souvent alphabétique. (Abrév. fam. DICO.) — **2.** Partie d'un programme d'assemblage qui donne, sous forme imprimée, la liste des adresses symboliques et leurs adresses absolues ou translatables.

ENCYCL. On distingue selon leurs visées didactiques les *dictionnaires monolingues* et les *dictionnaires bilingues* (quelquefois *multilingues*). Les *dictionnaires généraux* visent à étudier le lexique d'une langue pris dans son ensemble ; parmi eux, on peut distinguer les *dictionnaires de langue* (dits aussi *dictionnaires de mots*) et les *dictionnaires encyclopédiques (dictionnaires de choses).* Les premiers donnent des renseignements sur le mot lui-même : sa prononciation, son histoire (étymologie et datations), son niveau de langue, sa définition, ses emplois dans le discours. Les seconds traitent également des noms propres et, pour les noms communs, ajoutent à la définition du mot des descriptions plus étendues du concept dénoté par celui-ci. À côté des dictionnaires généraux, les *dictionnaires spécialisés* peuvent être à visée linguistique (dictionnaires de synonymes, analogiques, étymologiques, etc.) ou à visée encyclopédique (psychologie, informatique, cinéma, littérature, etc.). Les premiers dictionnaires uniquement monolingues du français datent de la fin du XVIIe s. : Richelet (1680), Furetière (1690), celui de l'Académie française (1694). Le XVIIIe s. se montre plutôt encyclopédiste : le *Dictionnaire de Trévoux* et l'*Encyclopédie* de Diderot en sont les principaux monuments. Le XIXe est le siècle des grands travaux érudits : Boiste, Bescherelle, mais surtout le Littré et le *Dictionnaire général,* d'une part, pour les dictionnaires de mots, l'œuvre de P. Larousse, d'autre part, pour les dictionnaires de choses.

Dictionnaire de l'Académie française. Entreprise en 1638, sur l'invitation de Richelieu, la rédaction du dictionnaire est dirigée par Vaugelas. La première édition ne paraît qu'en 1694. Les mots y sont classés par ordre de racines, dérivés et composés suivant le mot souche. La deuxième édition (1718) adopte l'ordre alphabétique. Les éditions suivantes datent de 1740, 1762, 1798, 1835, 1878. La huitième édition, dernière en date, est de 1932-1935. Une nouvelle édition est en cours de publication (1986).

Dictionnaire alphabétique et analogique de la langue française, de Paul Robert, en six volumes (1953-1964) et un supplément (1970). Cet ouvrage comporte des citations littéraires nombreuses et fournit l'étymologie et la datation des mots traités. Une nouvelle édition en 9 volumes, dirigée par Alain Rey, a paru en 1985. — Sous le même titre, mais plus connu sous le nom de *Petit Robert,* a paru en 1967 un dictionnaire en un volume fondé sur les mêmes principes de description.

Dictionnaire géographique et administratif de la France, par P. Joanne. Répertoire en 7 volumes (parus de 1890 à 1904), précédé d'une importante introduction d'Élisée Reclus, dans lequel sont alphabétiquement étudiés, au point de vue statistique, économique, historique et monumental, tous les noms de lieux français.

Dictionnaire historique et critique, de P. Bayle (1re éd., 1696-97). L'auteur y dénonce les falsifications imposées par les dogmes et les traditions en critiquant les ouvrages de son temps. Il annonce ainsi les préoccupations rationalistes des encyclopédistes.

Dictionnaire de la langue française, d'Émile Littré, en quatre volumes, parus de 1863 à 1873, et un supplément (1877). Il se caractérise par sa richesse en citations littéraires d'écrivains des XVIIe et XVIIIe s. qui en font une véritable anthologie du français classique.

Dictionnaire philosophique portatif ou **la Raison par alphabet,** par Voltaire. Conçu à Potsdam en 1752, paru sans nom d'auteur en 1764, il traite, sur le ton d'une causerie étincelante, des sujets les plus divers et souvent les plus subversifs. L'auteur dénonce surtout la métaphysique d'école, l'absurdité des religions, les abus politiques et sociaux, les erreurs judiciaires. Condamnée en 1765 par le parlement et par la Cour de Rome, cette œuvre facile à dissimuler à été une arme efficace contre l'Ancien Régime.

Dictionnaire de Trévoux (1704-1771). Il se présente à l'origine comme une réédition du dictionnaire de Furetière par les jésuites de l'académie de Trévoux (Ain). Cet ouvrage encyclopédique, remarquable par l'étendue et la qualité de l'information historique, scientifique et technique, fut d'abord destiné à combattre l'hérésie janséniste puis devint une machine de guerre contre les « philosophes » et l'*Encyclopédie* de Diderot. Tout au long du XVIIIe s., il connut un très grand succès et s'enrichit considérablement à chacune de ses rééditions.

Dictionnaire universel, par A. Furetière (Amsterdam, 1690, 2 volumes). C'est le répertoire le plus complet de son temps, s'efforçant de présenter une synthèse des connaissances de l'époque.

Dictionnaire universel du XIXe s. *(Grand),* par Pierre Larousse (1866-1876, 15 volumes et deux suppléments parus en 1878 et 1888). Par souci pédagogique, P. Larousse a voulu faire à la fois un dictionnaire et une encyclopédie, ce qui le conduisit à mettre au point la formule du dictionnaire encyclopédique. Il a voulu jouer un rôle analogue à celui qu'avait joué l'*Encyclopédie* de Diderot : panorama des connaissances et instrument de libération.

DICTIONNAIRIQUE adj. Qui concerne le dictionnaire, la fabrication des dictionnaires.

DICTON n. m. (lat. *dictum,* chose dite). Sentence populaire passée en proverbe.

DICTYOPTÈRE n. m. (du gr. *diktuon,* filet). Insecte broyeur, aux antennes longues et fines, aux métamorphoses incomplètes, aux œufs abrités dans une oothèque, tel que les blattes et les mantes. (Les *dictyoptères* forment un ordre.)

DICTYOTA n. f. Algue brune à thalle dichotomique.

DICYANINE n. f. Colorant vert olive utilisé comme sensibilisateur pour la photographie en couleurs.

DICYNODONTE n. m. Reptile mammalien fossile du permotrias, abondant en Afrique australe, et qui semble n'avoir eu pour dents qu'une paire de fortes canines supérieures chez le mâle, un bec corné remplaçant le reste de la denture.

DIDACE ou **DIEGO de ALCALÁ** *(saint),* franciscain espagnol (San Nicolás del Puerto, Séville, v. 1400 - Alcalá de Henares 1463). Évangélisateur des Canaries, il se distingua par sa charité envers les malades en Espagne et à Rome. Canonisé en 1588.

DIDACTHÈQUE n. f. Bibliothèque de didacticiels.

DIDACTICIEL n. m. (de *didactique* et *logiciel*). Logiciel spécialisé dans l'enseignement d'une discipline, d'une méthode, de certaines connaissances et utilisé en enseignement assisté par ordinateur. (Syn. LOGICIEL D'ENSEIGNEMENT.)

DIDACTIQUE adj. (gr. *didaktitos,* de *didaskein,* enseigner). **1.** Propre à l'enseignement : *Termes didactiques.* — **2.** Dont le but est d'instruire, d'informer, d'enseigner : *Ouvrage didactique.* — **3.** Se dit de ce qui vise à l'explicitation méthodique d'un art, d'une science, de qqn qui poursuit ce but dans ses propos, son attitude : *Il est très didactique dans sa manière d'exposer une question.* — **4.** Qui correspond à la pratique de l'enseignement, au désir d'explication : *Un ton didactique.* — **5.** *Analyse didactique,* psychanalyse personnelle exigée de tout candidat psychanalyste.
◆ n. f. Science ayant pour objet les méthodes d'enseignement.

DIDACTIQUEMENT adv. De façon didactique.

DIDACTISME n. m. Caractère didactique d'un ouvrage ; tendance de qqn à être didactique.

DIDACTYLE adj. Qui a deux doigts par patte.

Didakhê (C'est-à-dire *Enseignement* ou *Doctrine* [*des douze apôtres*]), un des monuments les plus anciens de la littérature chrétienne primitive, découvert à Constantinople en 1875. C'est une source essentielle pour la connaissance de la doctrine et de la discipline de l'Église primitive.

DIDASCALIE n. f. (gr. *didaskalia,* enseignement). Dans le théâtre antique, indication donnée à un acteur par l'auteur sur son manuscrit.

DIDELOT (Charles Louis), danseur, chorégraphe et pédagogue français (Stockholm 1767 - Kiev 1837). En 1796, il produisit au King's Theatre de Londres un ballet qui consacra sa réputation, *Flore et Zéphire,* et dans lequel il inaugura le « style volant » (danseurs enlevés par des filins d'acier).

Engagé au Théâtre impérial de Saint-Pétersbourg (1801-1811), il contribua au développement du ballet en Russie. Considéré comme un des précurseurs du romantisme chorégraphique, il donna différents ballets dont *le Prisonnier du Caucase* (1823).

DIDELPHIDÉ n. m. (du gr. *delphus,* matrice). Nom de famille attribué aux marsupiaux américains (sarigues).

DIDEROT (Denis), écrivain français (Langres 1713 - Paris 1784). Issu d'une famille aisée, il est élève du collège des jésuites de sa ville natale, dont il s'enfuit pour Paris. Maître ès arts (1732), il abandonne le droit pour mener à Paris une vie de bohème qui durera dix ans. Il épouse en secret la fille de sa blanchisseuse, survit grâce à de petits travaux d'écriture, et étudie la philosophie, les mathématiques, l'anatomie. Cette curiosité universelle s'épanouira dans l'*Encyclopédie*,* dont la direction lui est confiée en 1745. Philosophe méconnu du public des Lumières, il écrit les *Pensées philosophiques* (1746), la *Lettre* sur les aveugles* (1749), qui lui vaut une incarcération à Vincennes, la *Lettre sur les sourds et muets* (1751), *le Rêve de d'Alembert* (1769) et le *Supplément au Voyage de Bougainville,* publié après sa mort. Dramaturge, il compose *le Fils* naturel* (1757) et *le Père de famille* (1758), drames bourgeois, et réfléchit sur l'esthétique théâtrale (*Paradoxe sur le comédien,* 1830). Critique d'art, il collabore à la *Correspondance* littéraire* de Grimm. Épistolier avec les *Lettres à Sophie Volland,* Diderot est, enfin, un romancier novateur (*les Bijoux indiscrets,* 1748 ; *la Religieuse,* 1796 ; *Jacques* le Fataliste,* 1796 ; *le Neveu* de Rameau,* 1821). *L'Essai sur les règnes de Claude et de Néron* (1782), écrit à la suite d'un séjour en Russie auprès de Catherine II, grâce aux faveurs de qui il peut finir sa vie confortablement, est la dernière œuvre qu'il fait publier.

« Philosophe » du XVIIIe s., par excellence, doué d'un génie multiforme, Diderot s'efforce de concilier athéisme — il évolue du déisme au matérialisme expérimental — et vertu, fondant sa morale sur la satisfaction de deux grands « instincts naturels » : la poursuite du bonheur et la bienfaisance. Cette morale sous-tend l'esthétique de Diderot, qui, autant que critique d'art, est un analyste rationnel des techniques artistiques ; l'art, porteur du pathétique, a pour mission de « faire aimer la vertu et haïr le vice ».

DIDIER († apr. 774), roi des Lombards (756-774). Désireux d'étendre sa domination sur toute l'Italie, il tenta de s'emparer des États de l'Église et fit alliance avec les Francs contre le pape : en 770, il maria sa fille Désirée à Charlemagne. Mais ce dernier, après avoir rompu l'alliance franco-lombarde et répudié son épouse (771), intervint en Italie pour soutenir le pape Adrien Ier. Assiégé dans Pavie par Charlemagne (773-74), Didier fut capturé et emprisonné dans un monastère.

DIDIER (Jean-Paul), avocat français (Upie, Drôme, 1758 - Grenoble 1816). Sous la Restauration, il organisa un complot bonapartiste : à la tête d'un groupe de paysans, il tenta en vain de s'emparer de Grenoble (4 mai 1816). Arrêté, il fut condamné à mort et exécuté.

DIDIUS JULIANUS (Marcus Severus), empereur romain (Milan 133 ou 137 - Rome 193). Présent à Rome lors de l'assassinat de l'empereur Pertinax par les prétoriens (28 mars 193), il devient empereur grâce à son immense richesse. Abandonné de tous quand Septime Sévère, proclamé empereur par les légions d'Illyrie, marcha sur Rome, il fut tué dans son palais.

DIDON ou **ELISSA,** princesse tyrienne, connue par plusieurs traditions, que Virgile a immortalisée par le récit de ses amours malheureuses avec Énée, au chant IV de *l'Énéide.* Fille du roi de Tyr, reine à la mort de son père, elle s'enfuit de Tyr après le meurtre de son époux, prêtre de Melqart ; elle entraînait avec elle des Tyriens des meilleures familles. Les fugitifs abordèrent sur les côtes d'Afrique du Nord, où étaient déjà installés des comptoirs phéniciens tel Utique, et où Didon avait fondé Carthage, v. 820 av. J.-C. si l'on suit la chronologie traditionnelle. Elle se serait tuée pour échapper à un roi gétule.

Didon et Énée, opéra en 3 actes, de H. Purcell, sur un livret de Nahum Tate, d'après *l'Énéide* (Londres, 1689). La mort de l'héroïne se traduit en un lamento qui est le sommet de l'œuvre.

DIDONE n. f. (de *Didot,* n. pr.). Caractère d'imprimerie dont les empattements sont filiformes.

DIDOT, famille de libraires et d'imprimeurs parisiens. — FRANÇOIS (Paris 1689 -*id.* 1757), reçu libraire en 1713, édita les œuvres de l'abbé Prévost. — Son fils aîné, FRANÇOIS AMBROISE (Paris 1730 - *id.* 1804), fut à l'origine de la fabrication du papier vélin, créa vers 1775 une nouvelle mesure typographique, le point* Didot, et créa également de nouveaux caractères. — Le fils aîné de François Ambroise, PIERRE (Paris 1761 - *id.* 1853), succéda à son père en 1789 et exécuta de magnifiques impressions appelées « éditions du Louvre ». — Le fils cadet de François Ambroise, FIRMIN (Paris 1764 - Le Mesnil-sur-l'Estrée, Eure, 1836), grand graveur et fondeur de caractères, inventa la stéréotypie et devint, en 1811, l'imprimeur de l'Institut.

DIDOT n. m. Caractère d'imprimerie créé par François Ambroise Didot, et qui fut à la base de la typographie française du XIXe s. (La lettre se présente rigide, dans la régularité de trait des pleins noirs et des déliés très fins.)

DIDOUFRI ou **DEDEFRÊ,** 3e souverain de la IVe dynastie égyptienne (v. 2550 av. J.-C.), peut-être second fils de Kheops et frère aîné de Khephren. Sa pyramide s'élève à Abou-Roach (au N.-O. de Gizeh).

DIDRON (Adolphe), archéologue français (Hautvillers, Marne, 1806 - Paris 1867). Membre du Comité des monuments historiques (1835), professeur d'iconographie chrétienne à la Bibliothèque royale (1838), il fonda les *Annales archéologiques* (1844-1887), recueil capital pour l'archéologie du Moyen Âge. — Son fils adoptif, ÉDOUARD AMÉDÉE, dit *Le Jeune,* peintre verrier et écrivain d'art (Paris 1836 - *id.* 1902), continua les *Annales archéologiques.*

DIDUCTEUR, TRICE adj. Qui produit la diduction.

DIDUCTION n. f. (lat. *diductio, -onis,* de *diducere,* conduire en différentes directions). Déplacement latéral de la mâchoire inférieure par rapport au maxillaire supérieur, constituant un des mouvements essentiels de la mastication.

DIDYME n. m. (gr. *didumos,* double, jumeau). Terre rare, considérée d'abord comme un élément, mais qui est un mélange de néodyme et de praséodyme.

DIDYME, surnom de saint Thomas, apôtre.

DIDYMES, en gr. **Diduma,** ville d'Asie Mineure, près de Milet, en Ionie. Le temple, sanctuaire oraculaire d'Apollon, incendié par les Perses en 494 av. J.-C., a été reconstruit entre 313 av. J.-C. et le début du Ier s. de notre ère. C'est un des plus grands temples du monde grec (109 m × 51 m env.), entouré de 124 colonnes. Il abritait la statue d'Apollon Philesios, œuvre de Canachos, emportée par les Perses à Ecbatane et reprise par Séleucos Ier.

DIDYNAME adj. (lat. sc. *didyamia,* du gr. *dunamis,* force). Se dit de l'androcée d'une fleur, lorsque deux étamines sont plus longues que les autres.

DIE (26150), ch.-l. d'arrond. de la Drôme, en bordure du Diois, sur la Drôme, dominé par le Glandasse ; 4 361 hab. *(Diois).* Vestiges gallo-romains. Anc. cathédrale romane, rénovée au XVIIe s. Musée. Commercialisation des vins blancs mousseux *(clairette de Die)* des environs. Aliments pour le bétail.

DIÉ ou **DÉODAT** ou **DIEUDONNÉ** *(saint),* évêque de Nevers († 679). Il construisit un monastère à Val de Galilée, berceau de la ville de Saint-Dié.

DIEBITSCH ZABALKANSKI (Johann), en russe **Ivan Ivanovitch Dibitch-Zabalkanski,** maréchal russe (Gross Leipe, Silésie, 1785 - Kleczew, près de Pułtusk, 1831). Apprécié par Alexandre Ier, il devint chef d'état-major en 1820 et gagna la guerre russo-turque de 1828-29 en forçant le passage du Balkan. En 1830-31, il chassa de Varsovie les insurgés polonais.

DIÉDRAL, E, AUX adj. *Secteur diédral,* secteur de E_3, espace affine de dimension 3, compris entre deux demi-plans de même frontière. (La frontière commune est l'*arête* du secteur diédral, et les deux demi-plans sont ses faces.) [Syn. DIÈDRE, ANGLE DIÈDRE, SECTEUR DIÈDRE.]

DIÈDRE adj. *Angle dièdre,* ou *secteur dièdre,* syn. de SECTEUR DIÉDRAL.

◆ n. m. **1.** Syn. de SECTEUR DIÉDRAL. — **2.** Angle formé par le plan horizontal et le plan des ailes d'un avion. — **3.** *Dièdre,* ou *dièdre avec arête orientée,* coupe (d, θ), *où d* est une demi-droite et θ l'angle de couple de demi-droites dans le plan vectoriel orthogonal à *d.* (*d* est l'arête du dièdre et θ est son angle.)

DIEFENBAKER (John George), homme politique canadien (Newstadt, Ontario, 1895 - Ottawa 1979). Président du parti conservateur (1956-1967), il fut Premier ministre du Canada de 1957 à 1963.

DIEFFENBACHIA [difɛnbakja] n. m. (de *Dieffenbach,* n. pr.). Belle plante d'appartement, originaire d'Amérique tropicale.

DIEGO de ALCALÁ *(saint)* → DIDACE (saint).

Diego *(système),* système de groupes sanguins représenté par deux antigènes érythrocytaires Di^a et Di^b. C'est un système d'une haute valeur anthropologique, témoin de l'origine mongoloïde des Amérindiens. En Europe, les individus sont pratiquement tous Di (a – b +) et le système n'a pas d'intérêt transfusionnel.

DIEGO GARCIA, île de l'archipel britannique des Chagos (océan Indien). Importante base militaire anglo-américaine.

DIÉGO-SUAREZ → ANTSERANANA.

DIEHL (Charles), historien français (Strasbourg 1859 - Paris 1944). Spécialiste de l'histoire byzantine, il a notamment publié : *Figures byzantines* (1906-1908), *Histoire de l'Empire byzantin* (1919) et *les Grands Problèmes de l'histoire byzantine* (1943).

DIEKIRCH, v. du Luxembourg, sur la Sûre, ch.-l. de distr. ; 5 600 hab.

DIELDRINE n. f. Dérivé pentacyclique du cyclopentadiène, utilisé comme insecticide à usage agricole.

DIEL DU PARQUET (Jacques) → DU PARQUET (Jacques Diel).

DIÉLECTRIQUE adj. **1.** Se dit d'une substance ne possédant pas d'électrons libres capables de transporter un courant électrique, mais qui peut être polarisée par un champ électrique. (Syn. ISOLANT.) — 2. *Constante diélectrique,* syn. usuel de PERMITTIVITÉ. ‖ *Polarisation diélectrique, séparation, sous l'influence d'un champ électrique, des charges à l'intérieur d'une molécule. (Celle-ci devient alors un dipôle électrique.)* ‖ *Rigidité diélectrique,* champ électrique capable de provoquer un claquage dans un diélectrique.

◆ n. m. Matériau diélectrique.

DIELS (Otto Paul Hermann), chimiste allemand (Hambourg 1876 - Kiel 1954). Il est l'auteur, avec K. Alder*, de la « synthèse diénique », méthode très féconde de synthèse organique. (Prix Nobel de chimie 1950.)

DIÊM (Ngô Dinh) → NGÔ DINH DIÊM.

Diên Biên Phu *(bataille de)* [nov. 1953 -mai 1954] bataille décisive de la campagne d'Indochine qui mit aux prises, dans le haut Tonkin, une importante garnison française et le corps de bataille Viêt-minh. En raison de son intérêt stratégique, la cuvette de Diên Biên Phu fut réoccupée le 20 nov. 1953 par les troupes françaises du général Navarre pour parer à une prévisible offensive viêt-minh en direction de la capitale du Laos, Luang Prabang. Aménagé en camp retranché grâce à un pont aérien, Diên Biên Phu fut investi dès décembre par les troupes viêt-minh du général Vô Nguyên Giap. Après 56 jours d'une résistance héroïque, la garnison française dut cesser le combat le 7 mai 1954. La chute de Diên Biên Phu eut un tel impact que le gouvernement de Mendès France signa dans la nuit du 20 au 21 juill. 1954 un accord qui consacrait la division du Viêt-nam.

DIENCÉPHALE n. m. Amas de substance grise situé à la base du cerveau, de chaque côté du troisième ventricule. (Il est constitué de l'hypothalamus, du thalamus qui forme les parois latérales du troisième ventricule, des noyaux sous-thalamiques et de l'épithalamus.)

DIENCÉPHALIQUE adj. Relatif au diencéphale.

DIÈNE n. m. Hydrocarbure renfermant deux doubles liaisons carbone-carbone. (On distingue les diènes –1,2 [*cumulés*], renfermant le motif –C = C = C–, dont le prototype est l'allène, et les diènes –1,3 [*conjugués*], renfermant le motif –C = C–C = C–, dont le prototype est le butadiène –1,3.) [Syn. DIOLÉFINE.]

DIÉNIQUE adj. 1. Qui se rapporte aux diènes. — 2. *Synthèse diénique,* addition péricyclique spécifique des diènes conjugués.

DIENNÉ → DJENNÉ.

DIENTZENHOFER (les), famille d'architectes d'origine bavaroise, dont les plus connus sont Christoph, son frère Johann et son fils Kilián Ignáz. Ils contribuèrent à répandre, au début du XVIIIe s., le style baroque en Allemagne du Sud et en Bohême. — CHRISTOPH (Sankt Margarethen, près de Rosenheim, 1655 - Prague 1722) est notamment l'auteur de l'église des jésuites de Prague, St-Nicolas de la Malá Strana (le chœur, le dôme et le clocher sont de Kilián Ignáz). — JOHANN (Sankt Margarethen 1665 - Bamberg 1726) a donné la cathédrale de Fulda, l'église bénédictine de Banz, le château de Pommersfelden. — KILIÁN IGNÁZ (Prague 1689 - *id.* 1751) apparaît, à partir de 1720, comme le plus original, avec ses églises pragoises (St-Thomas, St-Jean-Népomucène-sur-le-Rocher, St-Nicolas de la Vieille Ville) et avec d'autres, comme Ste-Marie-Madeleine de Karlovy Vary.

DIEPPE (76200), ch.-l. d'arrond. de la Seine-Maritime, sur la Manche, à l'embouchure de l'Arques ; 36 600 hab. *(Dieppois).* Port de pêche, de commerce et de voyageurs (vers l'Angleterre méridionale) et station balnéaire (casino). École d'hydrographie de la Marine. L'agglomération (plus de 40 000 hab.) possède des industries électriques et mécaniques, textiles et chimiques. — **Bx-arts.** Château des XVe-XVIIe s. (musée : salles de marine, ivoirerie dieppoise du XVIIe au XXe s., peinture, salle C.-Saint-Saëns, etc.). Églises St-Jacques (XIIIe-XVIe s., décor flamboyant) et St-Remy (XVIe-XVIIe s.).

Dieppe *(raid allié sur)* [19 août 1942], opération amphibie lancée sur les côtes françaises par 6 000 soldats anglo-canadiens à l'initiative de l'amiral Mountbatten. Elle échoua avec de très lourdes pertes.

DIEPPOIS, E adj. De Dieppe.

◆ **dieppoise** n. f. *À la dieppoise,* se dit d'un apprêt spécial aux poissons de mer, qui réunit vin blanc, moules, crevettes, herbes et crème fraîche.

DIÉRÈSE n. f. (gr. *diairesis,* division). 1. Prononciation en deux syllabes d'une séquence qui comporte deux sons formant habituellement une seule syllabe (par ex. *« nuage »* [nɥaʒ] prononcé [nyaʒ]). [Contr. SYNÉRÈSE.] — 2. Coupe du vers grec, située entre deux pieds, et distincte de la césure.

DIERGOL n. m. Propergol constitué de deux ergols. (Syn. BIERGOL.)

DIERVILLA n. m. (de *Dierville,* n. pr.). Très jolie caprifoliacée arbustive d'origine américaine et sino-japonaise, aux fleurs blanches, roses ou jaunes groupées en cymes.

DIERX (Léon), poète français (La Réunion 1838 - Paris 1912). Il concilia, dans sa poésie de facture parnassienne, impassibilité et sensibilité (*les Lèvres closes,* 1867).

dies ad quem, express. lat. désignant le jour auquel expire un délai de procédure ou de prescription.

dies a quo, express. lat. désignant le jour à partir duquel on commence à compter les délais de procédure.

DIÈSE n. m. (lat. *diesis,* du gr. *diesis,* intervalle). **1.** Altération qui élève les notes d'un demi-ton chromatique. — **2.** *Double dièse,* altération qui élève les notes de deux demi-tons chromatiques.

DIESEL [djezɛl] n. m. (de R. *Diesel,* n. pr.). **1.** Moteur à combustion interne à haute compression provoquant l'autoallumage du combustible. (Syn. MOTEUR DIESEL.) — **2.** Véhicule équipé d'un moteur Diesel. — **3.** *Indice Diesel,* nombre caractérisant l'aptitude d'un combustible à s'enflammer dans un moteur Diesel.

ENCYCL. Un diesel peut fonctionner suivant le cycle à deux ou à quatre temps. Il se distingue du moteur à essence par l'absence de carburateur et de système d'allumage. Au lieu d'un mélange d'air et d'essence, le cylindre aspire et comprime de l'air pur, auquel, à la fin du temps de compression, est mélangé le combustible injecté, sous une très forte pression, directement dans la chambre de combustion. Le mélange gazeux s'enflamme spontanément par suite de l'élévation de la température. Dans les *moteurs à injection directe,* l'injecteur occupe une position analogue à celle d'une bougie d'allumage. Dans les *moteurs à antichambre,* la culasse comporte une cavité appelée « préchambre de combustion », où est placé l'injecteur. On assure les départs à froid à l'aide d'une bougie dite « de réchauffage », fixée dans la culasse.
Les moteurs Diesel rapides consomment du gasoil, les moteurs à rotation lente équipant les navires, du carburant diesel marin.

DIESEL (Rudolf), ingénieur allemand (Paris 1858 - en mer 1913). On lui doit la conception (1893) et la réalisation (1897) du moteur à combustion interne auquel son nom est resté attaché.

DIESEL-ÉLECTRIQUE adj. et n. m. (pl. *diesels-électriques*). Se dit d'une locomotive dont la puissance est fournie par un moteur Diesel qui entraîne une génératrice électrique ou un alternateur auquel est associé un redresseur pour alimenter des moteurs de traction électrique.

DIESEL-HYDRAULIQUE adj. et n. m. (pl. *diesels-hydrauliques*). Se dit d'une locomotive dont la puissance, fournie par un moteur Diesel, est transmise aux roues par une transmission hydraulique ou hydromécanique.

DIÉSÉLISATION n. f. Action de diéséliser.

DIÉSÉLISER v. t. (conj. 3). **1.** Équiper une ligne ferroviaire en traction par engins à moteur Diesel. — **2.** Équiper une automobile d'un diesel.

DIÉSÉLISTE n. Spécialiste en moteur Diesel.

DIÉSER v. t. (conj. **18**). Marquer une note d'un dièse.

◆ **être diésé** v. pass. Se dit d'un phonème dont le spectre est caractérisé par une hausse relative de certaines fréquences. (En français, la nasale palatale [ɲ] est diésée, s'opposant ainsi à la nasale alvéolaire, non diésée [n].)

DIES IRAE [djɛsire] n. m. inv. (mots lat. signif. *jour de colère*). Chant liturgique de l'office des morts. (Les références symboliques de ce thème grégorien ont incité les compositeurs à l'utiliser dans des œuvres instrumentales se rapportant à la mort [*Songe d'une nuit de sabbat,* de Berlioz, *Danse macabre,* de Liszt et de Saint-Saëns].)

DIEST, v. de Belgique (Brabant flamand), au N.-E. de Louvain ; 21 000 hab. Grand-place avec église St-Sulpice (XIVe - XVIe s.), hôtel de ville (XIVe - XVIIIe s. ; musée), maisons des XVIIe et XVIIIe s. Béguinage (église du XIVe s.).

DIESTER [diɛstɛr] n. m. Composé possédant deux fois la fonction ester.

1. DIÈTE n. f. (bas lat. *dieta,* journée de travail). **1.** Anc. assemblée politique dans certains pays d'Europe centrale. (→ *encycl.*) — **2.** Nom donné à l'assemblée de quelques ordres religieux.

ENCYCL. **Hist.** • *Diète du Saint Empire* (en all. *Reichstag*). Instituée au Xe s., elle était alors l'assemblée des princes, ducs et évêques, chargés d'élire le roi de Germanie. Au XIIe s., elle se composait des seuls princes-électeurs, tenus de prêter aide et conseil à l'empereur, qui y convoquait aussi certains comtes et seigneurs. Au XIIIe s., les députés des villes impériales et épiscopales y firent progressivement leur entrée. À partir de 1489, la diète comprit trois collèges : celui des Électeurs, celui des princes et celui des villes. Les décisions, portant le plus souvent sur la guerre, l'impôt et les frontières, ainsi que sur les lois générales de l'Empire, devaient être approuvées par les trois collèges, et à partir de 1648, par vote majoritaire dans chacun d'eux. L'empereur ratifiait les décisions prises, qui étaient ensuite regroupées dans un édit, appelé *recez d'Empire.* La diète, qui fut à l'origine le principal instrument gouvernemental du Reich, limita en fait considérablement le pouvoir impérial au profit des princes électeurs. Elle devint permanente en 1663 et s'établit définitivement à Ratisbonne. L'institution de la diète disparut avec le Saint Empire lui-même en 1806.
• *Diète du IIe Reich (1871-1918) et de la République de Weimar (1919-1933)* → REICHSTAG.

• *Diètes de Basse-Autriche, de Bohême et de Hongrie.* Convoquées régulièrement par le souverain, elles comprenaient les représentants des ordres (le plus souvent au nombre de quatre : les prélats, les aristocrates [magnats en Hongrie, seigneurs en Autriche et en Bohême], les nobles [chevaliers] et les villes). Associées aux pouvoirs exécutif et législatif, ainsi qu'à l'administration de ces pays, elles jouèrent un rôle majeur jusqu'aux révolutions de 1848. Les diètes de Bohême et de Hongrie procédaient à l'élection du roi et conservèrent cette prérogative après l'union de la Bohême et de la Hongrie avec l'Autriche en 1526 (jusqu'en 1620 pour la Bohême, 1687 pour la Hongrie).
• *Diète de Pologne.* Appelée assemblée générale, elle était, à partir de 1493, composée du Sénat où siégeaient les évêques et les magnats occupant de hautes charges gouvernementales et administratives, et de la chambre des nonces (c'est-à-dire des députés des diétines). À partir de 1573, la diète élit le roi. La généralisation du *Liberum veto* à partir de 1652 paralysa le travail des diètes et le fonctionnement de la République nobiliaire jusqu'à sa disparition complète en 1795. La diète fut restaurée dans le Royaume de Pologne de 1815 à 1832. Enfin, selon la constitution de 1921, elle fut l'une des deux chambres du Parlement. Forte de 460 députés, elle est depuis 1952 l'organe suprême du pouvoir d'État.

2. DIÈTE n. f. (bas lat. *diaeta,* du gr. *diaita,* régime). **1.** Emploi raisonné des aliments en vue d'un résultat hygiénique ou thérapeutique. – **2.** Abstention momentanée, totale ou partielle d'aliments : *Mettre un malade à la diète.* – **3.** *Diète hydrique, lactée, végétale,* alimentation exclusive à base d'eau, de lait ou de légumes et fruits.

DIETERLE (Wilhelm ou William), acteur et cinéaste américain d'origine allemande (Ludwigshafen 1893 - Ottobrunn, près de Munich, 1972). Il est d'abord interprète de films allemands avant de devenir metteur en scène à Hollywood. Il a réalisé : *Juarez* (1939), *Quasimodo* (1939), *Tous les biens de la terre* (1941), *le Portrait de Jennie* (1949), *la Corde de sable* (1949).

DIETERLEN (Germaine), ethnologue française (Valleraugue 1903). Elle a étudié les systèmes symboliques africains (notamment chez les Dogons et les Bambaras) et relaté les légendes des Dogons dans *le Renard pâle* (1965).

DIÉTÉTICIEN, ENNE n. **1.** Spécialiste de l'étude rationnelle de l'alimentation. – **2.**Personne chargée d'adapter le régime alimentaire aux besoins particuliers d'un sujet.

DIÉTÉTIQUE adj. (bas lat. *diateticus,* du gr. *diaitêtikos*). **1.** Qui concerne la diète ou la diététique. – **2.** *Aliment diététique,* aliment dont la teneur en glucides, lipides, protides ou la valeur énergétique ont été modifiées.
◆ n. f. Partie de la médecine et de l'hygiène qui s'occupe d'adapter le régime alimentaire aux besoins particuliers des individus.
ENCYCL. La diététique s'est enrichie des connaissances relatives d'une part à la valeur énergétique des aliments mesurés en Calories (qui sont, en réalité, des kilocalories) ou en kilojoules, de l'autre aux vitamines et oligo-éléments, qui sont des facteurs indispensables de la nutrition.

DIÉTHER [dietɛr] n. m. Composé possédant deux fois la fonction éther-oxyde.

DIÉTHYLAMINE n. f. Amine $(C_2H_5)_2NH$, bouillant à 55 °C, utilisée comme intermédiaire pour la préparation de colorants et de produits pharmaceutiques.

DIÉTHYLÈNEGLYCOL n. m. Diol $(HO\text{—}CH_2\text{—}CH_2)_2O$, liquide bouillant à 244 °C, utilisé comme antigel, solvant et lubrifiant.

DIÉTHYLÉNIQUE adj. Se dit d'un composé renfermant deux doubles liaisons carbone-carbone.

DIÉTHYLSTILBESTROL n. m. Alcène diphénolique employé comme œstrogène de synthèse et dans le traitement du cancer de la prostate.

DIETIKON, comm. de Suisse (cant. de Zurich), dans la vallée de la Limmat ; 22 000 hab.

DIÉTINE n. f. Assemblée territoriale de la noblesse en Pologne (XVe-XIXe s.), qui envoyait ses représentants à la chambre des nonces de la diète.

DIETRICH, famille de jardiniers et botanistes allemands, dont les plus connus sont : ADAM (Ziegenhain 1711 - *id.* 1782), correspondant de Linné ; – FRIEDRICH GOTTLIEB (Ziegenhain 1768 - Eisenach 1850), professeur de botanique ; – DAVID (Ziegenhain 1800 - Iéna 1888), auteur de flores.

DIETRICH (Philippe Frédéric, *baron* DE), homme politique français (Strasbourg 1748 - Paris 1793). Maire de Strasbourg en 1790, c'est chez lui que Rouget de l'Isle chanta pour la première fois *la Marseillaise.*

DIETRICH (Joseph, dit **Sepp**), général allemand (Hawangen, Bavière, 1892 - Ludwigsburg 1966). Il fut un des fondateurs de la SS. Il forma la VIe armée blindée SS engagée dans les Ardennes (déc. 1944), en Hongrie et en Autriche. Condamné à perpétuité à Nuremberg, il fut libéré en 1955.

DIETRICH (Maria Magdalena VON LOSCH, dite **Marlene**), actrice allemande, naturalisée américaine (Berlin 1901 - Paris 1992). Elle connaît la renommée internationale en interprétant le rôle de Lola dans *l'Ange bleu* (1930) de Josef von Sternberg. Elle poursuit sa carrière aux États-Unis sous la férule de von Sternberg, qui fera naître autour d'elle un véritable mythe cinématographique (*Cœurs brûlés* [1930], *Shanghai Express* [1932], *Blonde Venus* [1932], *l'Impératrice rouge* [1934], *la Femme et le Pantin* [1935]). Elle interprète ensuite plusieurs rôles marquants (*Ange*, 1937 ; *la Maison des sept péchés*, 1940 ; *l'Entraîneuse fatale*, 1941 ; *la Belle Ensorceleuse*, 1941 ; *le Grand Alibi*, 1950 ; *l'Ange des Maudits*, 1952 ; *la Soif du mal*, 1958). Marlene Dietrich fut également chanteuse de music-hall.

DIETRICH (Günter), océanographe allemand (Berlin 1911 - Kiel 1972), auteur d'un traité d'océanographie (*Allgemeine Meereskunde* 1957, 3e éd. 1973).

Dietrich (DE), société française de constructions mécaniques (équipement ménager, matériel ferroviaire, etc.) implantée à Niederbronn-les-Bains (Bas-Rhin) et dont les origines remontent à 1684.

DIETZ (Charles), ingénieur d'origine allemande (Emmerich 1801-1888). En collaboration avec son père, constructeur mécanicien à Bruxelles, il étudia et réalisa des voitures à vapeur de 1832 à 1837. Un service régulier fonctionna quelque temps entre Paris et Versailles à partir de 1835.

DIETZGEN (Josef), ouvrier tanneur et philosophe autodidacte allemand (Blankenberg, près de Cologne, 1828 - Chicago 1888). Il a découvert indépendamment de Marx la méthode dialectique et démontré les mécanismes de l'aliénation (*l'Essence du travail intellectuel humain*, 1869).

1. DIEU n. m. (lat. *deus*). **1.** (Au sing. ou au pl., avec une minuscule, et un fém. *déesse*). Dans les religions polythéistes, être supérieur doué d'un pouvoir surnaturel sur les hommes ; divinité : *Les dieux des Romains.* — **2.** Représentation d'une divinité : *Des dieux en pierre.* — **3.** Personne à laquelle on voue une sorte de vénération, un attachement passionné, ou que l'on considère comme supérieure : *Johnny Halliday, c'est son dieu.* — **4.** Objet, chose, idée que l'on place au plus haut dans la hiérarchie des valeurs et à quoi on sacrifie tout : *Le dieu dollar.* — **5.** *Dieu du stade,* champion d'athlétisme. ‖ *Être aimé des dieux,* avoir de la chance, réussir tout ce que l'on entreprend. ‖ *Être dans le(s) secret(s) des dieux,* avoir reçu des confidences de personnages importants, être au courant d'une situation sur laquelle personne n'a d'information. ‖ *Faire qqch comme un (petit) dieu,* le faire à la perfection. ‖ *Festin, plaisir des dieux,* délicieux. ‖ *Grands dieux !,* exclamation de surprise, ou qui renforce une affirmation, une négation. ‖ *Jurer, promettre ses grands dieux que,* affirmer avec vigueur, faire des serments véhéments. ‖ Fam. *Vingt dieux !,* exclamation de colère, de surprise, etc. • **Myth.** *Les douze grands dieux,* les douze divinités principales du panthéon classique gréco-romain. (On les appelait à Rome *dii consentes* [dieux conseillers]. Ennius a réuni leurs noms dans deux vers célèbres : *Juno, Vesta, Minerva, Ceres, Diana, Venus, Mars/Mercurius, Jovi', Neptunus, Volcanus, Apollo.*)

2. DIEU n. m. (lat. *deus*). **1.** Dans les religions monothéistes, être suprême, transcendant, unique et universel créateur et auteur de toutes choses, principe de salut pour l'humanité, qui se révèle dans le déroulement de l'histoire (avec majusc., considéré comme un n. pr.). [→ *encycl.*] — **2.** *À Dieu va !* ou *À Dieu vat !,* anc. commandement pour virer de bord vent devant, manœuvre particulièrement hasardeuse (on dit auj. *envoyez !*) ; advienne que pourra. ‖ *À la grâce de Dieu,* advienne que pourra. ‖ *Au nom de Dieu,* expression utilisée pour renforcer une demande plus pressante. ‖ *Chaque jour que (le bon) Dieu fait,* chaque jour de la vie. ‖ *Dieu !, grand Dieu !, mon Dieu !,* exclamations de surprise, d'indignation, etc. ‖ *Dieu ait son âme,* souhait relatif à une personne décédée. ‖ *Dieu de Dieu !, bon Dieu !, nom de Dieu !, sacré bon Dieu !, bon Dieu de bon Dieu !, bon Dieu de !* jurons traduisant la colère, l'indignation, etc. ‖ *Dieu merci, grâce(s) à Dieu, Dieu soit loué,* exclamations traduisant le soulagement, ou la satisfaction. ‖ *Dieu le veuille !, plaise à Dieu !, plût à Dieu !, Dieu vous entende !,* expriment le regret ou l'espoir que l'on a d'une chose. ‖ *Dieu m'en préserve !, à Dieu ne plaise !,* expriment combien on est éloigné de faire une chose ou combien on la redoute. ‖ *Dieu me pardonne,* s'emploie pour s'excuser ou pour exprimer la surprise, l'indignation. ‖ *Dieu sait que, si, pourquoi,* renforcent une affirmation, ou marque l'incertitude. ‖ *Dieu vous bénisse !, Dieu vous assiste !, Dieu vous soit en aide !,* expression de remerciement ou de souhait à l'égard de qqn. ‖ *Dieu vous garde !,* souhait que l'on adresse à qqn en le quittant. ‖ *Dieu vous le rendra,* se dit pour remercier qqn d'un bienfait. ‖ *Homme de Dieu,* homme qui s'est voué au service de Dieu ; homme pieux et saint. ‖ Pop. *Il n'y a pas de bon Dieu,* se dit pour indiquer qu'on n'a pas eu de chance. ‖ *Le bon Dieu,* expression fam. pour désigner Dieu. ‖ *Main de Dieu, bras de Dieu,* puissance divine, aide ou colère divine. ‖ *Maître, après Dieu,* chef suprême. ‖ *Mère de Dieu,* nom donné par l'Église à la Vierge Marie, mère de Jésus. ‖ *Ne craindre ni Dieu ni diable,* ne connaître aucune loi, ne rien redouter. ‖ *Ne croire ni en (à) Dieu ni au diable,* être incrédule. ‖ *Ni Dieu ni maître,* maxime d'Auguste Blanqui, devenue la devise des anarchistes. ‖ *Paraître devant Dieu,* être mort, mourir. ‖ *Se prendre pour Dieu le Père,* se croire tout permis, se considérer comme disposant de tous et de tout à sa guise. ‖ *S'il plaît à Dieu, avec l'aide de Dieu, si Dieu (le) veut,* si rien ne s'y oppose. ‖ *Voix de Dieu,* la volonté divine.

ENCYCL. **Relig.** • *Le Dieu de l'islām* → ALLĀH.
• *Dieu dans les religions de l'Asie* → notamment BOUDDHISME, BRAHMANISME, HINDOUISME, SHINTOÏSME.
– **Théol.** L'histoire comparée des religions montre que la révélation faite à Moïse au Sinaï a inauguré un monothéisme d'un caractère unique, dont les religions antérieures ne fournissent pas d'équivalent, même lorsqu'elles en viennent à l'idée d'un Être premier ou d'un juge suprême unique, ou lorsqu'elles usent de mythes parfois très voisins de ceux que la tradition juive emploiera elle aussi. La révélation biblique de Dieu comme Être unique se présente comme l'expression, dans une tradition particulière et à travers un peuple déterminé, de la religion universelle appelée à être connue de tous les peuples ; les autres religions se trouvent de ce fait rattachées à elle.
Si cette notion biblique de Dieu inaugure le particularisme d'une tradition, elle est aussi la plus universaliste qui soit. Le Dieu de la Bible est le Père de tous les hommes. Aussi, la révélation faite au peuple juif ne lui est-elle pas attachée comme un privilège ; elle doit être livrée en partage à l'humanité entière.
Mais si, pour le judaïsme actuel, cet élargissement aux nations doit se produire par l'intermédiaire du peuple juif, pour les chrétiens, il est lié à la personne de Jésus-Christ et se réalise dans une économie nouvelle, que l'histoire du peuple juif signifie et prépare, aujourd'hui encore, dans la trame de l'histoire humaine, mais qui a son accomplissement dans le christianisme. Dans la tradition scolastique, à la suite de saint Anselme*, plusieurs « preuves » de l'existence de Dieu ont été énoncées et enseignées. Elles sont aujourd'hui complètement abandonnées.
Les temps modernes ont vu se développer un « discours sur Dieu » inconnu de l'Antiquité, sous la forme des théologies et des spiritualités, et, concurremment, ce que l'on pourrait appeler un discours athée. Ce dernier se formule dans une structure antireligieuse en soi assez simple : l'hypothèse « Dieu » est inutile ; elle ne sert ni la connaissance rationnelle, ni la maîtrise technique du monde. De plus, l'idée de Dieu, comme fait psychologique et comme phénomène historique, relève d'une explication scientifique qui rejette celle-ci dans le domaine de l'illusion, une illusion longtemps inévitable, parfois féconde, mais que le progrès humain ne manquera de dénoncer définitivement.
Pour répondre à cette négation, l'époque moderne a vu se constituer un discours théiste qui a de moins en moins recours à la théologie, au sens classique du mot, orientée vers la métaphysique et l'ontothéologie ; il prend en considération la critique radicale de tout discours qui aurait la vaine ambition d'atteindre par ses seules ressources à une connaissance explicite de la réalité divine. En face des questions modernes, Dieu n'est pas rejeté ainsi dans une transcendance impénétrable : il apparaît engagé dans ce dialogue avec l'homme où l'homme a la possibilité de le nier comme de l'affirmer, de le rejeter comme de le rencontrer.

Dieu et mon droit, mot d'ordre adopté par Richard Cœur de Lion et demeuré, sous sa forme française, la devise des rois d'Angleterre.

Dieux du stade *(les),* film allemand de Leni Riefenstahl (1936-1938). Réalisé en deux parties groupées sous le titre d'*Olympia,* le film original sortit en 1938 et *les Dieux du stade* en est la version abrégée. Sous une apparence sportive et purement documentaire (reportage sur les jeux Olympiques de 1936), il reflète l'idéologie du national-socialisme alors à son apogée.

dieux ont soif *(Les),* roman d'Anatole France (1912). Plutôt qu'un roman historique, c'est une suite de réflexions sur la Révolution française.

DIÊU n. m. (vietnamien *diêu,* air). L'un des mode de la musique traditionnelle vietnamienne.

DIEUDONNÉ *(saint)* → DIÉ (saint).

DIEUDONNÉ Ier († 618) ou **ADÉODAT** *(saint),* pape de 615 à 618.

DIEUDONNÉ II ou **ADÉODAT** († Rome 676), pape de 672 à 676. Il fut le premier pape qui data ses actes des années de son pontificat.

DIEUDONNÉ (Jean), mathématicien français (Lille 1906 - Paris 1992). Il a participé à la rédaction des ouvrages du groupe Bourbaki, dont il est l'un des fondateurs. Ses travaux ont porté sur la théorie des fonctions analytiques d'une variable complexe, sur la topologie, l'algèbre topologique et les espaces vectoriels topologiques, sur l'intégration et la théorie spectrale, sur les groupes classiques en algèbre et les groupes de Lie formels. (Acad. des sc., 1968.)

DIEULAFOY (Georges), médecin français (Toulouse 1839 - Paris 1911). Professeur de clinique à l'Hôtel-Dieu de Paris, il fut le médecin consultant le plus célèbre de son temps.

DIEULAFOY (Marcel), archéologue et ingénieur français (Toulouse 1844 - Paris 1920), frère du précédent. Chargé, en 1881, d'une mission archéologique en Perse et en Susiane, il explora les palais de Darios et d'Artaxerxès et en rapporta (1886) des fragments considérables (Louvre). Il a publié : *l'Art antique de la Perse* (1884-85), *l'Acropole de Suse* (1890-1894). — Sa femme, JEANNE **Dieulafoy,** née *Magre* (Toulouse 1851 - Pompertuzat, Haute-Garonne, 1916), explora avec lui de 1881 à 1886 les ruines achéménides de Suse, et présida à la reconstitution de la célèbre « frise des Archers » rapportée au musée du Louvre.

DIEULEFIT (26220), ch.-l. de cant. de la Drôme, sur le Jabron ; 2 986 hab. *(Dieulefitois).* Place forte des calvinistes au XVIe s. Station climatique. Poteries.

DIEULOUARD (54380), ch.-l. de cant. de Meurthe-et-Moselle, sur la Moselle, en amont de Pont-à-Mousson ; 4 919 hab. *(Déicustodiens).* Église du début du XVIe s. Métallurgie.

DIEUZE (57260), ch.-l. de canton de la Moselle, dans le Saulnois ; 4 410 hab. Salines. Industrie chimique.

DIEZ (Friedrich Christian), linguiste allemand (Giessen 1794 - Bonn 1876). Fondateur de la grammaire comparée des langues romanes, il a accompli dans ce domaine une œuvre comparable à celle de J. Grimm sur les langues germaniques (*Grammaire des langues romanes* [1836-1844, 3 vol.]).

DIFERENCIA n. f. (mot esp. signif. *différence*). Variations instrumentales dans la musique espagnole. (A. Cabezón en écrivit de remarquables.)

ḌIFFA n. f. (ar. *ḍiyāfa,* hospitalité). En Algérie, réception faite à des hôtes et dans laquelle un repas tient la première place.

DIFFAMANT, E adj. Qui diffame ; diffamatoire : *Propos diffamants.*

DIFFAMATEUR, TRICE n. Personne qui diffame par des paroles ou par des écrits.
◆ adj. Qui commet une diffamation.

DIFFAMATION n. f. (bas lat. *diffamatio, -onis*). Action de diffamer ; allégation diffamatoire.
ENCYCL. **Dr.** Pour constituer un délit, la diffamation doit être publique ; le propos incriminé doit énoncer un fait précis et déterminé ; il doit porter atteinte à l'honneur ou à la considération ; il doit atteindre une personne ou un corps ; il doit avoir été publié de mauvaise foi.

DIFFAMATOIRE adj. Fait ou dit dans l'intention de diffamer : *Écrit diffamatoire.*

DIFFAMÉ, E n. Personne qui a été diffamée.

DIFFAMER v. t. (bas lat. *diffamare,* de *fama,* réputation) [conj. 3]. Chercher à perdre qqn de réputation en lui imputant un fait qui porte atteinte à son honneur, à sa considération.
◆ **être diffamé** v. pass. En parlant d'un animal héraldique, en particulier du lion, être représenté sans queue.

DIFFÉOMORPHISME n. m. *Difféomorphisme de classe* C^1, bijection f entre deux ouverts U et V, respectivement inclus dans E et F, espaces vectoriels normés sur $\mathbb{R}$ (ou $\mathbb{C}$), qui est continûment différentiable ainsi que son application réciproque f^{-1}.

DIFFERDANGE, v. du sud-ouest du Luxembourg, sur la Chiers ; 16 700 hab. Métallurgie.

1. DIFFÉRÉ → DIFFÉRER.

2. DIFFÉRÉ n. m. **1.** Programme de radiodiffusion sonore ou de télévision enregistré avant sa diffusion. — **2.** *En différé,* se dit de la diffusion d'un tel programme. ‖ *Différé de remboursement* ou *d'amortissement,* syn. de FRANCHISE.

DIFFÉREMMENT [-ramɑ̃] adv. De façon différente ; autrement.

DIFFÉRENCE n. f. (lat. *differentia*). **1.** Absence d'identité, de similitude entre des choses, des personnes ; caractère qui les distingue l'une de l'autre ; dissimilitude : *Je n'ai pas remarqué de différences entre les deux jumeaux.* — **2.** Ce qui reste lorsque l'on soustrait une quantité d'une autre, résultat d'une soustraction. — **3.** Ce qui constitue un écart entre deux ou plusieurs personnes ou choses, entre deux grandeurs : *Il y a vingt ans de différence entre eux.* — **4.** *À la différence de,* par opposition à : *Il est très travailleur, à la différence de son frère.* ‖ *À la différence que, à cette différence près que,* introduisent une remarque, une constatation qui indiquera une opposition, un écart, une dissimilitude. ‖ *Le droit à la différence,* le droit à ce qu'un écart par rapport à une référence culturelle, sexuelle, etc., ne soit pas perçu comme une infériorité. ‖ *Faire la différence,* remarquer en quoi qqch ou qqn diffère de qqch ou de qqn d'autre ; constituer ce qui distingue qqch de qqch d'analogue. ‖ *Faire des différences,* ne pas agir de la même façon avec telle ou telle personne ; les traiter d'une manière inégale. • **Bours.** Écart existant, pour un opérateur, entre le cours d'achat d'un titre et sa revente en Bourse. — **Électr.** *Différence de potentiel* (*d. d. p.*), syn. de TENSION. — **Math.** *Différence de deux ensembles* A *et* B, ensemble noté A – B formé par les éléments de A n'appartenant pas à B. ‖ *Différence symétrique de deux ensembles* A *et* B, ensemble formé des éléments de A n'appartenant pas à B et des éléments de B n'appartenant pas à A, c'est-à-dire la réunion des différences A – B et B – A. ‖ *Différence tabulaire,* différence de deux valeurs successives d'une colonne dans une table numérique. — **Stat.** *Différence moyenne,* moyenne arithmétique des différences en valeur absolue des termes d'une série statistique pris deux à deux de toutes les manières possibles.

DIFFÉRENCIATEUR, TRICE adj. Qui est facteur de différenciation.

DIFFÉRENCIATIF, IVE adj. Se dit d'un élément linguistique qui établit une différence entre des formes.

DIFFÉRENCIATION n. f. Action de différencier des êtres ou des choses ou fait pour des choses ou des êtres de se différencier : *La différenciation des espèces animales.* • **Biol.** Apparition, au cours du développement d'un individu animal ou végétal pluricellulaire, d'un nombre croissant de types différents de cellules, de tissus et d'organes, constituant des structures vivantes, toujours plus complexes. (→ *encycl.*) — **Comm.** Ensemble des mesures prises par une entreprise pour diversifier les caractéristiques d'un produit afin d'en développer la diffusion. — **Géol.** Évolution d'une unité géologique vers des ensembles chimiquement distincts à la suite de processus divers. ‖ *Différenciation magmatique,* processus par lequel un magma se scinde en fractions de composition chimique différente. — **Psychol.** Capacité de distinguer deux stimulus différents, qui se traduit dans un comportement ; acquisition de cette capacité. ‖ Changement progressif dans l'évolution ou le développement de l'individu, qui conduit à l'existence de différences.

ENCYCL. **Biol.** Il n'y a différenciation que si une cellule mère se partage en deux cellules filles différentes l'une de l'autre (augmentation du nombre des types cellulaires de l'individu) ou si, d'une génération cellulaire à l'autre, les différences avec une cellule embryonnaire banale ne cessent d'augmenter (maturation). Chez les plantes, la différenciation accompagne la croissance et se localise d'abord au niveau des méristèmes (sommets des tiges et rameaux, zone subterminale des racines, ébauches foliaires et florales), puis, chez les espèces vivaces, au niveau des assises génératrices (ou cambium) disposées en manchons autour des axes.

Chez les embryons animaux, c'est parfois dès le stade à huit cellules que l'on peut distinguer deux types cellulaires : les micromères autour du « pôle animal », les macromères, plus gros, plus riches en réserves nutritives, autour du « pôle végétatif ». Chez les vertébrés, la peau et le système nerveux, notamment, sont issus des micromères tandis que les macromères fournissent, notamment, le tube digestif.

DIFFÉRENCIER v. t. (lat. scolast. *differentiare*) [conj. 9]. Faire apparaître la différence ; distinguer en faisant ressortir les différences : *La parole différencie l'homme des animaux.*

◆ **se différencier** v. pr., **être différencié** v. pass. **1.** Acquérir ou avoir des différences, des caractères distinctifs : *Cellules très différenciées.* — **2.** *Travail différencié,* travail intérimaire et travail à durée limitée.

DIFFÉREND n. m. (var. de *différent*). Désaccord, contestation résultant d'une différence d'opinion, d'intérêt, etc. ; démêlé : *Régler un différend.*

DIFFÉRENT, E adj. (lat. *differens,* de *differre,* être différent). **1.** Qui n'est pas semblable, identique ; distinct, dissemblable : *Elle est très différente de sa sœur.* — **2.** Qui a changé, qui n'est plus le même : *Après dix ans, j'ai trouvé le quartier bien différent.* — **3.** Qui est original, nouveau, inconnu, autre que ce qu'on avait l'habitude de voir ou de connaître : *Enfin un livre différent, qui renouvelle l'écriture littéraire !*

◆ adj. indéf. Seulement au pl. et toujours devant le nom, indique que l'on considère à la fois la pluralité et la diversité, la différence et le nombre ; divers, plusieurs : *Différentes personnes ont protesté.*

◆ **différent** n. m. Signe particulier (lettre, monogramme, symbole, etc.) gravé sur une monnaie et qui, au cours des âges, a répondu à divers objectifs (identification d'un atelier, d'une émission, du maître d'un atelier, d'un graveur).

DIFFÉRENTIABILITÉ n. f. Propriété d'une fonction d'être différentiable.

DIFFÉRENTIABLE adj. (de *différentielle*). *Fonction différentiable au point* x_0 *de* $\mathbb{R}$, fonction f : $\mathbb{R} \rightarrow \mathbb{R}$ telle qu'il existe une application linéaire $h \rightarrow lh$ et une fonction $h \rightarrow \alpha(h)$ définies sur un intervalle I de centre O, telles que

$$\forall h \in I,\ f(x_0 + h) = f(x_0) + lh + \alpha(h)h,$$

avec $\alpha(h)$ tendant vers 0 quand h tend vers 0.

DIFFÉRENTIATEUR n. m. Dispositif cybernétique qui élabore, à partir d'une grandeur d'entrée, une grandeur de sortie proportionnelle à la dérivée de la grandeur d'entrée par rapport au temps.

DIFFÉRENTIATION n. f. Action de différentier une relation entre fonctions.

DIFFÉRENTIEL, ELLE adj. (bas lat. *differentialis*). Qui marque, implique, indique une différence : *Tarif différentiel de nuit.*

• **Astron.** *Rotation différentielle,* rotation qui, à la différence de celle d'un solide, ne s'effectue pas avec une vitesse angulaire analogue en tout point du corps considéré. (On l'observe dans le cas du Soleil, des grosses planètes [Jupiter, Saturne], de la Galaxie, etc.) — **Dr.** *Droit différentiel,* droit de douane dont le montant est fonction de l'origine du produit. ‖ *Taxe différentielle,* taxe dont le montant est fonction de l'objet taxé. — **Électr.** Se dit d'un système comportant deux enroulements parcourus par des courants distincts, dont les actions électromagnétiques sont de sens inverses. — **Géol.** *Érosion différentielle,* ablation conditionnée par les contrastes de résistance des roches. — **Géom.** *Géométrie différentielle,* étude des variétés différentielles. — **Math.** *Calcul différentiel,* partie du calcul infinitésimal où l'on détermine les infiniment petits à partir des grandeurs fonctionnelles données. ‖ *Équation différentielle,* équation de la forme $F(x, y, y', ..., y^{(n-1)}, y^{(n)}) = 0$, où F est une fonction de $n + 2$ variables réelles (ou complexes). [n est l'ordre de l'équation. ψ est solution de cette équation si ψ est n fois dérivable sur un intervalle I et si $x \mapsto F(x, \psi(x), ..., \psi^{(x)}(x))$ est définie sur I et coïncide sur I avec la fonction nulle.] (→ *encycl.*) ‖ *Équation différentielle homogène,* équation différentielle de la forme $\Phi(x, y, y', ..., y^{(n)}) = 0$, Φ étant homogène par rapport à $n + 1$ de ses variables. ‖ *Système d'équations différentielles linéaires,* système de n équations de la forme

$$y' = a_{i1} . y_1 + a_{i2} . y_2 + ... a_{in} . y_n$$

où les a_{ij} *sont des constantes.* — **Mécan.** Se dit d'un mécanisme (vis, vérin, treuil, etc.) muni d'un différentiel. — **Méd.** *Pression différentielle,* différence entre la pression artérielle maximale et la pression minimale, qui a parfois une grande importance diagnostique et pronostique. — **Psychol.** *Psychologie différentielle,* branche de la psychologie qui a pour objet de constater et de mesurer les différences entre individus et de rechercher leur origine. (→ *encycl.*) ‖ *Seuil différentiel,* la plus petite différence déterminable qu'un sujet est capable de percevoir entre deux stimulus voisins.

◆ **différentiel** n. m. **1.** Écart, exprimé en pourcentage, qui existe entre deux variables de même nature. (Le *différentiel d'intérêt* traduit l'écart enregistré entre les taux d'intérêt de deux devises ; *le différentiel d'inflation,* l'écart des taux d'inflation entre deux pays.) — **2.** Dans une automobile, mécanisme de transmission du couple moteur aux roues motrices, qui leur permet de tourner à des vitesses différentes dans les virages. (→ *encycl.*) — **3.** En mécanique, combinaison cinématique donnant des démultiplications de mouvement par différence entre les mouvements de deux arbres intermédiaires (on dit aussi ENGRENAGE DIFFÉRENTIEL) ; mécanisme démultiplicateur dont la course ou la vitesse finale est égale à la différence entre celles de deux organes intermédiaires se déplaçant en sens inverses à des vitesses très voisines. — **4.** *Différentiel de voix,* à une élection, écart de suffrages entre deux formations politiques ou de la même formation par rapport à l'élection précédente.

◆ **différentielle** n. f. *Différentielle d'une fonction* f : $\mathbb{R} \rightarrow \mathbb{R}$, application notée $df_{x_0} : h \rightarrow lh$, qui peut être définie quand f est différentiable en x_0.

ENCYCL. **Autom.** Un différentiel se compose d'un boîtier contenant deux pignons coniques, dits planétaires, solidaires chacun d'un arbre de roue et de deux ou plusieurs petits pignons coniques, dits satellites, disposés entre les planétaires. Ces satellites peuvent rouler sur les planétaires, mais leur axe est fixe et solidaire du boîtier de différentiel. Mû par la couronne du couple conique, le boîtier entraîne les planétaires par l'intermédiaire des satellites, qui agissent comme répartiteurs d'effort. Dans la marche en ligne droite, les planétaires, solidaires des roues, offrent une résistance égale et sont entraînés à la même vitesse. Dans une courbe, la roue à l'intérieur du virage a tendance à ralentir ; le pignon qui lui est solidaire a tendance à freiner les satellites, qui, solidaires du boîtier, font alors tourner plus vite le pignon solidaire de la roue extérieure à la courbe.

— **Math.** *Les équations différentielles linéaires du premier ordre* sont de la forme : $y' + a(x).y = g(x)$. On étudie d'abord l'équation linéaire sans second membre, encore appelée équation linéaire homogène associée, $y' + a(x).y = 0$, dont les solutions sont $\psi_\lambda : x \mapsto \lambda. e^{-A(x)}$, où A est une primitive de a et λ une constante réelle quelconque. Toutes les solutions de l'équation avec second membre sont obtenues en ajoutant à l'une d'entre elles toutes les solutions ψ_λ.

— *Méthode de la variation de la constante.* Si y_1 est solution de l'équation homogène associée, pour que $y = u.y_1$ soit solution, on doit avoir

$$u' = g/y_1 \text{ et } u(x) = G(x) + C,$$

où G est une primitive de g/y_1 ; la solution générale sera la famille $y = G.y_1 + C.y_1$.

On se ramène à de telles équations différentielles dans le cas des équations de Bernoulli et de Riccati.

• *Équations différentielles linéaires du second ordre à coefficients constants.* Sans second membre, elles s'écrivent

$$a.y'' + b.y' + c.y = 0.$$

On étudie l'équation caractéristique

$$a.r^2 + b.r + c = 0. \qquad (1).$$

*1er *cas.* $b^2 - 4ac \neq 0$:

si r_1 et r_2 sont deux solutions réelles de (1), les solutions de l'équation différentielle sont alors

$$y = \lambda_1.e^{r_1 x} + \lambda_2.e^{r_2 x}, \qquad (\lambda_1, \lambda_2) \in \mathbb{R}^2 ;$$

si r_1 et r_2 sont deux solutions complexes conjuguées de (1), $r_1 = \alpha + i\beta$ et $r_2 = \alpha - i\beta$, les solutions sont alors

$$y = e^{\alpha x}(\mu_1. \cos \beta x + \mu_2. \sin \beta x), \qquad (\mu_1, \mu_2) \in \mathbb{R}^2.$$

*2e *cas.* $b^2 - 4ac = 0$:

si r est la solution double de (1), les solutions de l'équation différentielle sont $y = e^{r.x}(\lambda x + \mu)$, avec λ et μ constantes réelles.

Avec second membre, elles sont de la forme

$$a.y'' + b.y' + c.y = g(x).$$

Si g est une fonction polynôme, on peut obtenir une solution particulière par identification, sous la forme d'un polynôme de même degré que g, et de là, à l'aide de l'équation sans second membre, on obtient la famille des solutions générales.

– **Psychol.** La *psychologie différentielle,* née à la fin du XIXe s. dans le laboratoire de W. Wundt de la mesure des différences entre individus dans les temps de réaction, a d'abord bénéficié des progrès de la psychométrie, qui a fourni des instruments d'évaluation (échelles, inventaires, grilles) permettant d'évaluer ces différences de façon fidèle, valide et sensible. Le constat des différences porte : 1° sur un ou plusieurs traits observés chez un même individu, permettant ainsi de définir des profils ; 2° sur plusieurs individus appartenant à un même groupe ; 3° sur plusieurs groupes définis à partir d'instruments psychométriques (anxieux et non anxieux, par ex.) ou à partir de critères autres : catégories nosographiques, sexes, classes sociales, etc. Dans une seconde étape, la psychologie différentielle décrit l'organisation des différences, constatées pour plusieurs traits soit à partir des corrélations entre ceux-ci, soit à partir de la structure factorielle qui résume ces corrélations. La psychologie différentielle s'est appliquée aux grandes fonctions qu'étudie la psychologie générale, mais son apport s'est manifesté également dans les autres secteurs de la psychologie. C'est toutefois le domaine cognitif en connexion avec le secteur de l'éducation qui a été un des champs d'observations les plus féconds. La création d'échelles ou de grilles de diagnostic psychiatrique ainsi que l'application des méthodes de l'analyse génétique aux troubles psychiatriques sont à l'origine de la psychopathologie différentielle.

DIFFÉRENTIER v. t. (var. de *différencier*) [conj. **9**]. Calculer la différentielle ou la dérivée.

1. DIFFÉRER v. t. (lat. *differre,* remettre à plus tard) [conj. **18**]. **1.** Éloigner l'accomplissement de qqch ; remettre, retarder, renvoyer à plus tard, repousser : *Différer un rendez-vous.* – **2.** *Différer un wagon,* le retirer d'un train.

◆ **être différé** v. pass. *Traitement différé,* traitement de données qui est exécuté dans une phase ultérieure distincte de celle de leur acquisition et de leur stockage, par oppos. au traitement en temps réel.

2. DIFFÉRER v. t. ind. (lat. *differre,* être différent) [conj. **18**]. **1.** Ne pas être semblable, identique à qqn, à qqch ; se distinguer, s'opposer, se différencier : *D'un pays à l'autre, les usages diffèrent.* – **2.** Avoir un avis opposé à celui de qqn d'autre ; diverger : *Nous différons sur ce point.*

DIFFICILE adj. (lat. *difficilis*). **1.** Qui n'est pas facile à réaliser, qui exige des efforts importants ; ardu, malaisé : *Un morceau de piano difficile à jouer.* – **2.** Qui constitue une épreuve ; pénible, dur : *Une situation financière difficile.* – **3.** Qui place qqn dans une situation embarrassante : *Il m'est difficile de lui refuser ce service.* – **4.** Qu'on a peine à satisfaire, à supporter : *Il est difficile à vivre.* – **5.** Qui se montre exigeant, qu'il n'est pas facile de contenter : *Être difficile sur la nourriture.*

◆ n. *Faire le (la) difficile,* ne se montrer satisfait de rien, être trop exigeant.

DIFFICILEMENT adv. **1.** Avec difficulté, avec peine ; malaisément : *Il s'exprime difficilement en français.* – **2.** *Pouvoir difficilement + inf.,* être dans une situation embarrassante, difficile pour : *Je peux difficilement refuser.*

DIFFICULTÉ n. f. (lat. *difficultas, -atis*). **1.** Caractère de ce qui est difficile ; complication : *Ne pas se cacher la difficulté d'une entreprise.* – **2.** Caractère difficile de qqch, ensemble des points qui posent problème : *Des exercices de difficulté croissante.* – **3.** Ce qui est difficile ; point difficile, obstacle à vaincre, à surmonter : *Il a triomphé de toutes les difficultés.* – **4.** Embarras éprouvé par qqn pour faire qqch : *Parler avec difficulté.* – **5.** Ce qui crée un embarras, un obstacle, un ennui ; problème : *Avoir des difficultés en mathématiques.* – **6.** *En difficulté,* dans une situation difficile, en mauvaise posture : *Avion en difficulté au-dessus de l'Atlantique.* ‖ *Faire des difficultés,* susciter des obstacles, des contestations, ne pas accepter facilement qqch.

DIFFICULTUEUX, EUSE adj. *Litt.* Qui présente des difficultés : *Entreprise difficultueuse.*

DIFFLUENCE n. f. (de *diffluent*). **1.** Division d'un cours d'eau, d'un glacier, en bras qui ne se rejoignent pas. – **2.** Dans l'atmosphère, divergence dans le plan horizontal des lignes de flux. – **3.** Trouble du cours de la pensée dans lequel le flux des idées s'éparpille anarchiquement.

DIFFLUENT (lat. *diffluens,* de *diffluere,* s'écouler en divers sens). N. m. Bras d'un cours d'eau, d'un glacier qui se sépare du bras principal.

DIFFORME adj. (bas lat. *difformis,* du lat. class. *deformis*). Qui a une forme irrégulière, disproportionnée, en général laide ; contrefait : *Visage difforme.*

DIFFORMITÉ n. f. (lat. médiév. *difformitas,* du lat. class. *deformitas, -atis*). Malformation du corps, d'une partie du corps ; anomalie : *Difformité de la taille.*

DIFFRACTANT, E adj. Qui diffracte.

DIFFRACTER v. t. (de *diffraction*) [conj. 3]. Opérer une diffraction.

DIFFRACTION n. f. (lat. *diffractum,* de *diffringere,* briser). Phénomène qui se produit lorsque des ondes, quelle que soit leur nature, rencontrent des obstacles ou des ouvertures dont les dimensions sont de l'ordre de grandeur de la longueur d'onde et qui se traduit par des perturbations dans la propagation de ces ondes (contournement d'obstacles ou divergence à partir d'ouverture dans ces obstacles).

ENCYCL. **Cristallogr.** La diffraction des rayonnements de courte longueur d'onde (rayons X, électrons, neutrons) par la matière permet d'étudier sa structure, c'est-à-dire la répartition des atomes et des molécules.

Dans les cristaux, les interférences entre ondes diffractées obéissent à la loi de Bragg ; la position des taches de diffraction permet de déterminer le réseau cristallin, et l'intensité des taches, la structure du motif atomique. Dans les liquides et les corps amorphes, à cause de la non-périodicité, on n'observe plus de taches, mais des anneaux diffus qui renseignent sur la disposition des atomes à l'échelle locale.

Les rayons X sont le plus couramment utilisés ; les neutrons ont l'avantage d'être très peu absorbés, mais sont plus difficiles d'emploi. Les électrons permettent, grâce aux microscopes électroniques, d'étudier des échantillons de très petites dimensions.

Les applications de la diffraction sont nombreuses : identification des espèces et de leur structure, étude des défauts, etc.

– **Opt.** Lorsqu'on utilise une source lumineuse très fine, le contour de l'ombre portée par un corps opaque est bordé de franges alternativement sombres et brillantes, ce qui montre que la lumière ne se propage pas en ligne droite, mais s'infléchit en rasant le contour des corps. Expliquée par Fresnel au moyen des interférences, la diffraction limite les possibilités des instruments d'optique.

DIFFRACTOGRAMME n. m. Diagramme obtenu par diffraction, en général de rayons X.

DIFFRACTOMÈTRE n. m. Instrument servant à la mesure des angles et des intensités des taches de diffraction.

DIFFRINGENT, E adj. (lat. *diffringens, -entis,* de *diffringere,* briser). Qui opère la diffraction.

DIFFUS, E adj. (lat. *diffusus,* de *diffundere,* répandre). **1.** Qui est répandu largement dans toutes les directions en ayant perdu de sa force, de son éclat, de son intensité : *Douleur diffuse.* – **2.** Qui manque de netteté : *Sentiment diffus.* – **3.** Qui manque de sobriété et de netteté ; prolixe, verbeux. • **Hydrol.** *Ruissellement diffus,* écoulement de l'eau à la surface du sol sous forme de filets anastomosés ou d'une pellicule d'eau, à la suite d'averses violentes. – **Opt.** *Lumière diffuse,* lumière dont les rayons sont réfléchis ou transmis aléatoirement dans de nombreuses directions. – **Pathol.** Se dit d'une affection qui n'est pas circonscrite. – **Phon.** Se dit d'un phonème dont l'énergie est répartie aux extrémités du spectre. (Par ex. les voyelles fermées [i], [y], [u] et les consonnes labiales [p], [b] et dentales [t], [d].) [Contr. COMPACT.]

DIFFUSABLE adj. Qui peut être diffusé par les médias.

DIFFUSANT, E adj. **1.** Qui diffuse la lumière, la chaleur, etc. : *Surface diffusante.* – **2.** Se dit d'une technologie créatrice de progrès économiques, d'emplois, etc.

DIFFUSÉMENT adv. De manière diffuse.

DIFFUSER v. t. (de *diffus*) [conj. 3]. **1.** Produire la diffusion d'un faisceau de rayonnement. – **2.** Répandre de la chaleur, de la lumière, une odeur, etc., de manière uniforme et non brutale dans toutes les directions : *Une lampe diffusait une pâle lumière.* – **3.** Faire entendre des sons, de la musique, en parlant d'un poste de radio. – **4.** Retransmettre une émission par la radio, la télévision. – **5.** Porter une nouvelle, une idée à la connaissance d'un public, en partic. par la radio, la presse, etc. – **6.** Assurer la distribution commerciale d'une publication, d'un livre. – **7.** Distribuer un texte, un tract à un grand nombre de personnes.

◆ v. i. Se répandre en toutes directions dans le milieu ambiant : *Sentir le liquide de l'injection diffuser dans tout le bras.*

DIFFUSEUR n. m. **1.** Personne ou organisme qui assure la représentation, la promotion et la distribution de certains produits (livres, journaux) ou de certains services. – **2.** Appareil ou matériau utilisé pour la diffusion des ondes acoustiques. – **3.** Syn. de DIVERGENT. – **4.** Récipient métallique, étanche et clos, contenant les cossettes de betterave et servant à extraire le sucre par un courant d'eau chaude. – **5.** Accessoire d'éclairage donnant une lumière diffuse. – **6.** Dispositif permettant à un parfum, à un désodorisant ou à un insecticide d'agir par évaporation lente. – **7.** Extrémité d'une lance d'incendie permettant de projeter de l'eau finement divisée. – **8.** Conduit servant à ralentir l'écoulement d'un fluide en augmentant sa pression. – **9.** Partie du carburateur d'un moteur à explosion dans laquelle s'effectue le mélange intime d'air et d'essence. – **10.** Dans le procédé de séparation des isotopes par diffusion gazeuse, structure dans laquelle sont montées les parois poreuses, ou barrières, à travers lesquelles passent les gaz à séparer. — **11.** Réservoir où s'opère le lavage de la pâte à papier après sa cuisson.

DIFFUSIBILITÉ n. f. Propriété des fluides diffusibles.

DIFFUSIBLE adj. **1.** Qui peut se diffuser, se répandre. — **2.** Se dit des substances fluides dont le mélange s'opère spontanément.

DIFFUSION n. f. (lat. *diffusio, -onis*). **1.** Phénomène par lequel un milieu de propagation produit une répartition continue, dans de nombreuses directions, de l'énergie d'une onde (électromagnétique ou autre). [→ *encycl.*] — **2.** Action de propager des connaissances, des idées ou des biens dans un large public ; vulgarisation : *Diffusion de la culture.* — **3.** Action de transmettre un programme, des informations ; émission : *Diffusion d'un bulletin d'informations.* — **4.** Action de distribuer un tract, un texte dans le public ; distribution : *Diffusion de prospectus publicitaires.* — **5.** Activité de promotion et de distribution de certains produits, en partic. de livres, de journaux. • **Agroalim.** Procédé industriel pour l'extraction du sucre contenu dans la betterave. — **Anthropol.** Tendance de toute société à emprunter et à adapter, en fonction de ses traits culturels propres, des systèmes culturels élaborés par d'autres sociétés (technologie, langage, etc.). — **Méd.** Distribution d'une substance dans les différentes parties du corps par la circulation sanguine et lymphatique. — **Nucl.** *Diffusion gazeuse,* procédé de séparation des isotopes, fondé sur le fait que la vitesse de passage d'un gaz à travers un orifice de très faible diamètre est inversement proportionnelle à la racine carrée de la masse moléculaire de ce gaz. (Ce procédé est utilisé pour l'enrichissement de l'uranium.) — **Pédol.** Déplacement dans le sol des ions en solution de l'eau et des gaz, déterminant les caractéristiques hydrodynamiques et les propriétés physicochimiques du sol, la nutrition des végétaux. — **Phys.** Transport de matière résultant de la migration des atomes à la suite de mouvements aléatoires dus à des différences de température ou de concentration. ‖ Changement de la direction ou de l'énergie d'une particule lors d'une collision avec une autre particule. (On distingue la *diffusion élastique,* dans laquelle l'énergie cinétique totale des particules se conserve, de la *diffusion inélastique.*) — **Presse.** Nombre total d'exemplaires d'un numéro d'une publication ayant effectivement atteint le public. (Elle correspond au nombre d'exemplaires vendus.)
ENCYCL. **Opt.** *Diffusion de la lumière.* Les ondes lumineuses qui tombent sur la surface d'un corps mat sont renvoyées dans toutes les directions par le grand nombre de petites facettes que comporte ce corps. C'est à la lumière ainsi réfléchie, la *lumière diffuse,* que nous devons de voir les objets.

diffusion des supports de publicité *(Office de justification de la)* **[O. J. D.],** association créée en 1922 par des représentants des annonceurs, des agents de publicité et de la presse, qui a pour but de calculer la diffusion réelle des organes de presse.

DIFFUSIONNISME n. m. (de *diffusion*). École d'anthropologie du début du XXe s., qui considérait que la culture s'est diffusée à partir d'un petit nombre de régions du monde. (Le diffusionnisme a surtout été élaboré par les anthropologues britanniques, tels Grafton E. Smith et William J. Perry ; la théorie des cercles* culturels de Wilhelm Schmidt en est voisine.)

DIFFUSIONNISTE adj. et n. Relatif au diffusionnisme ; qui en est partisan.

DIGAMIE n. f. Autre nom de la double fécondation des plantes angiospermes.

DIGAMMA n. m. (gr. *digamma*). Lettre de l'alphabet grec archaïque (F), qui servait à noter le son [w].

DIGASTRIQUE adj. *Muscle digastrique,* ou *digastrique* (n. m.), muscle de la région supérieure et latérale du cou, formé de deux parties charnues (ou ventres) reliées par un tendon intermédiaire.

DIGBY (John), 1er comte **de Bristol,** homme politique et diplomate anglais (1580 - Paris 1653). Ennemi déclaré de Buckingham et ferme défenseur du Parlement, il fut emprisonné par Charles Ier de 1626 à 1628. Combattant avec les royalistes de 1642 à 1644, il dut s'exiler en France en 1646.

DIGBY (*sir* Kenelm), homme politique, physicien et alchimiste anglais (Gayhurst, Buckinghamshire, 1603 - Londres 1665). Catholique mystique, il jouit d'une certaine influence à la cour de Charles Ier. Il prit avec énergie le parti du roi en 1642, pour lequel il se lança dans de nombreuses intrigues en France.

DIGÈNE n. m. Ver plat à deux ventouses, parasite d'un mollusque à l'état larvaire, d'un vertébré à l'état adulte, tel que la douve du foie et l'agent de la bilharziose. (Les *digènes* sont la sous-classe principale des trématodes.)

Digénis Akritas, héros d'une chanson de geste byzantine, figure centrale d'un vaste cycle de poèmes épiques dans le monde byzantin et slave, les akritiques.

DIGÉRABLE adj. Qui peut être digéré : *Des reproches difficilement digérables.*

DIGÉRER v. t. (lat. *digerere,* mettre en ordre) [conj. **18**]. **1.** Transformer de la nourriture, des aliments dans les voies digestives, les assimiler normalement : *Je digère mal les graisses.* — **2.** *Fam.*

Assimiler des connaissances, les intérioriser par un effort personnel : *Il n'a pas digéré ses lectures.* – 3. *Fam.* Supporter, endurer, avaler qqch, s'y résigner : *Je n'ai toujours pas digéré cet affront.*

DIGEST [dajdzɛst ou dizɛst] n. m. (amér. *digest*). Résumé d'un livre ou d'un article ; petit volume composé de tels résumés.

1. DIGESTE adj. (lat. *digestus*). **1.** Qui se digère facilement ; léger. – **2.** Facilement compréhensible : *Un roman peu digeste.*

2. DIGESTE n. m. (lat. *Digesta*). Recueil méthodique de droit romain. (Avec une majusc., désigne le *Digeste de Justinien.*)

DIGESTEUR n. m. **1.** Appareil servant à extraire, par un solvant volatil, les parties solubles de certains corps. – **2.** Installation de traitement d'effluents en anaérobiose, fournissant gaz carbonique et méthane et qui est utilisée pour les boues provenant du traitement des eaux et pour les déjections animales. (Syn. FERMENTEUR.) – **3.** Autocuiseur utilisé pour cuire rapidement les viandes de façon diététique.

DIGESTIBILITÉ n. f. **1.** Aptitude d'un aliment à être digéré. – **2.** *Coefficient de digestibilité,* chiffre exprimant la proportion d'un aliment ingéré par un animal qu'on ne retrouve pas sous forme fécale. (Il est d'autant plus grand que l'aliment renferme moins de cellulose ; il est directement lié à la valeur nutritive des aliments.)

DIGESTIBLE adj. (bas lat. *digestibilis*). Qui peut être digéré, assimilable : *Aliment digestible.*

DIGESTIF, IVE adj. (bas lat. *digestivus*). **1.** Relatif à la digestion : *Avoir des troubles digestifs.* – **2.** Qui facilite la digestion. – **3.** *Appareil digestif,* ensemble des organes qui concourent à la digestion. (→ *encycl.*) ‖ *Sucs digestifs,* produits de sécrétion des glandes digestives (estomac, pancréas, etc.). ‖ *Tube digestif,* ensemble formé par la bouche, l'œsophage, l'estomac et l'intestin.

◆ **digestif** n. m. Liqueur ou alcool servi après le repas.

ENCYCL. Propre au règne animal, l'*appareil digestif* comporte une ou plusieurs cavités où les aliments séjournent ou circulent et subissent une action mécanique et enzymatique, la digestion*, à l'issue de laquelle une partie du bol alimentaire traverse la paroi digestive pour nourrir l'ensemble du corps (absorption) tandis que le reste est rejeté au dehors (défécation). Dans les embranchements inférieurs, cnidaires en particulier, et chez certaines étoiles de mer, l'appareil digestif est un sac, et les déchets sont rejetés par la bouche. Mais chez la plupart des animaux, l'appareil digestif est un tube que les aliments parcourent en sens unique et dont chaque segment exerce une fonction particulière : la bouche réduit les aliments en petits fragments, en discerne les goûts, les lubrifie de sa salive ; l'estomac en amorce la digestion et en assure le stockage ; les intestins achèvent la digestion et assurent l'absorption ; l'existence d'un anus permet la défécation. Des complications peuvent modifier ce système très simple, qui est celui de l'espèce humaine : un retour des aliments vers la bouche se fait à partir de la panse des ruminants (rumination*) ou à partir du jabot des pigeons, qui donnent ainsi à leurs jeunes une nourriture prédigérée. Les oiseaux et les rotifères ont un estomac broyeur (gésier des oiseaux, mastax des rotifères). Les glandes* digestives sont variées, allant des cellules isolées dans la paroi du tube à de gros organes, comme le pancréas, déversant leur suc dans le tube à l'aide d'un canal. En raison de ses fonctions multiples et diverses, le foie* ne peut être considéré comme un simple organe digestif.

DIGESTION n. f. (lat. *digestio, -onis*). **1.** Transformation, à l'intérieur de l'appareil digestif, des aliments en substances chimiques de faible poids moléculaire, capables de passer dans la circulation. (→ *encycl.*) – **2.** Moment où l'on digère : *Ne pas se baigner pendant la digestion.* • **Assain.** *Digestion des boues,* transformation de la matière organique des boues résiduaires par action bactérienne. (→ *encycl.*) – **Biol.** Fonction chimique des cellules vivantes, des animaux et des plantes, consistant à fragmenter les grosses molécules des aliments en petites molécules solubles dans l'eau, transportables dans le sang ou les sèves et à partir desquelles seront édifiées par assimilation les structures organiques ou accumulées des réserves. (→ *encycl.*) ‖ *Digestion des réserves,* fonction digestive qui s'opère aux dépens des réserves alimentaires, notamment dans un œuf, une graine ou lors d'un jeûne. – **Parfum.** et **Pharm.** Extraction des principes actifs ou aromatiques d'une substance par chauffage dans un liquide en dessous du point d'ébullition.

ENCYCL. **Assain.** *Digestion des boues.* La *digestion anaérobie* a lieu soit dans des fosses ouvertes à l'air libre, soit dans des ouvrages fermés dans lesquels la température s'élève v. 35 ou 50 °C. Les aminoacides des boues sont transformés en acides organiques bientôt assimilés avec dégagement d'un gaz contenant jusqu'à 70 % de méthane, qui peut être utilisé (chauffage des digesteurs, alimentation de moteurs, production d'électricité). La *digestion aérobie,* ou stabilisation, consiste en une oxydation des boues pendant plusieurs jours.

– **Biol.** La *digestion des réserves* est une fonction commune à toutes les espèces, tant animales que végétales, et à toutes les catégories de cellules. Les

organes dits « de réserve » (foie et derme adipeux des animaux, tubercules et albumen des graines chez les végétaux) fournissent des produits digérés qui sont véhiculés par la circulation comme les aliments. La *digestion des aliments,* inexistante chez la plupart des plantes vertes, a lieu à l'intérieur du corps et après ingestion chez presque tous les animaux, y compris des protozoaires (amibes, ciliés, etc.). Elle est au contraire externe et antérieure à l'ingestion chez les bactéries, les champignons et dans des groupes restreints de végétaux supérieurs (plantes insectivores), d'insectes carnassiers (punaises d'eau) et d'échinodermes (certaines étoiles de mer, qui dévaginent leur sac digestif et l'appliquent sur la proie). Le principe actif de toutes les opérations chimiques de digestion est une enzyme, doublement spécifique, car chaque enzyme attaque un seul type de molécules et le transforme d'une seule façon. Mais l'action des enzymes est favorisée par une importante fragmentation mécanique des aliments (action des dents, notamment) et par les conditions du milieu où s'opère la digestion : température, réaction ionique acide ou alcaline, teneur en eau, etc. Enfin, le rôle positif des symbiotes intestinaux : bactéries, protistes flagellés, constituant la « flore intestinale », est de haute importance, non seulement chez l'homme, mais plus encore chez les animaux herbivores (bactéries de la panse des ruminants) et surtout chez les mangeurs de bois (rectum des termites).
— **Physiol.** Chez l'homme, la digestion commence par la mastication, au cours de laquelle les aliments s'imprègnent de salive ; le bol alimentaire, formé, subit dans l'estomac un brassage énergique, permettant une imprégnation par le suc gastrique. L'action des sucs digestifs est facilitée dans l'intestin grâce à la motricité de cet organe, qui intervient aussi pour assurer la progression du contenu de l'intestin grêle dans le gros intestin (mouvements péristaltiques). Les phénomènes chimiques assurent la transformation des différents aliments ingérés en éléments capables de franchir la barrière intestinale et d'être absorbés au niveau des villosités. Seuls l'eau, les sels minéraux et les glucides simples, ou *oses,* peuvent franchir la barrière intestinale sans subir de modifications préalables. Cette transformation des molécules organiques complexes en molécules plus simples s'accomplit grâce à l'intervention des sucs digestifs, et des différentes enzymes qu'ils renferment, sur les glucides, les protides et les lipides.

DI GIACOMO (Salvatore), poète italien (Naples 1860 - *id.* 1934). Ses vers, écrits en dialecte napolitain, annonciateurs de la poésie moderne, connurent un vaste succès populaire (*Ariette e sunette,* 1898).

DIGICODE n. m. (n. déposé). Clavier électronique sur lequel on doit composer une combinaison alphanumérique codée pour avoir accès à un bâtiment.

DIGIT [diʒit] n. m. (angl. *digit,* chiffré). Symbole utilisé pour représenter un des entiers non négatifs plus petit que la base, dans un système de numération.

1. DIGITAL, E, AUX adj. (lat. *digitalis,* de *digitus,* doigt). 1. Qui appartient aux doigts : *Nerfs digitaux.* — 2. *Impressions digitales,* légères dépressions de la face interne des os du crâne.

2. DIGITAL, E, AUX adj. (amér. *digital,* de *digit*). Syn. de NUMÉRIQUE.

DIGITALE n. f. (lat. médiév. *digitale,* du lat. class. *digitus,* doigt). Grande herbe (scrofulariacée) vivace dont la forte hampe florale porte un épi de grandes fleurs en doigt de gant, souvent pourpres, et qui croît surtout sur sol siliceux. (N. usuel *doigtier.*)
ENCYCL. Très ornementale, toxique dans toutes ses parties, la digitale est une des plus importantes plantes médicinales. Les feuilles de seconde année ont une puissante action tonicardiaque, due à la digitaline*.

DIGITALINE n. f. (de *digitale*). Hétéroside extrait des graines de la digitale, médicament cardiotonique majeur qui se fixe de façon élective sur le myocarde et dont les effets durent plusieurs jours. (C'est une substance dangereuse, qui doit être administrée sous stricte surveillance médicale.)

DIGITALIQUE adj. Relatif à la digitale, à la digitaline.

1. DIGITALISATION n. f. Administration contrôlée, à un cardiaque, de digitaline ou de toute substance digitalique en quantités suffisantes pour ralentir le cœur.

2. DIGITALISATION n. f. (de *digitaliser*). Syn. de NUMÉRISATION.

DIGITALISER v. t. (angl. *to digitalize,* de *digit*) [conj. 3]. Syn. de NUMÉRISER.

DIGITALISEUR n. m. Syn. de NUMÉRISEUR.

DIGITATION n. f. Structure en forme de doigt de certains faisceaux musculaires (grand dentelé, par ex.) ou de certaines tumeurs (condylome acuminé, par ex.).

DIGITÉ, E adj. Syn. de PALMÉ.

DIGITIGRADE adj. et n. m. Se dit des animaux qui, en marchant, appuient sur le sol toute la surface de leurs doigts, poignets et talons restant constamment soulevés, comme le fait le chat.

DIGITOPLASTIE n. f. Opération consistant à remplacer par greffe ou autoplastie un doigt amputé.

DIGITOPUNCTURE n. f. Technique thérapeutique dérivée de l'acupuncture et dans laquelle une pression des doigts sur les points remplace l'effet de l'aiguille d'acupuncture.

DIGITOXOSIDE n. m. ou **DIGITOXINE** n. f. Hétéroside de la digitale pourprée, possédant une composition et une toxicité identiques à celles de la digitaline.

DIGLOSSE n. f. Petit staphylin qui vit dans les sables recouverts à marée haute.

DIGLOSSIE n. f. (gr. *diglôssos,* bilingue). Situation de bilinguisme d'un individu ou d'une communauté dans laquelle une des deux langues a un statut sociopolitique inférieur. (C'est le cas, par exemple, d'un Alsacien utilisant le dialecte dans sa famille et le français dans sa vie professionnelle.)

DIGLOSSIQUE adj. Relatif à la diglossie.

DIGLYCOLIQUE adj. *Acide diglycolique,* diacide-éther $C_2H_4O(COOH)_2$, dérivant de l'acide glycolique.

DIGNE adj. (lat. *dignus*). **1.** Qui montre une retenue, une gravité inspirant le respect, ou qui affecte cette attitude : *Il est resté très digne dans sa douleur.* — **2.** Qui a les qualités, le caractère convenables à une fonction ou à un état honorable : *Il a agi en digne représentant de son pays.* — **3.** Qui, pour ses qualités, ses actes, mérite qqch, appelle telle attitude, telle action : *C'est un garçon digne de confiance.* — **4.** Dont les mérites sont en rapport avec ceux de qqn d'autre : *Se montrer digne de ses aînés.* — **5.** Qui convient à qqn ou qui est approprié à qqch : *Cette mesquinerie ne serait pas digne de vous.*

DIGNE-LES-BAINS (04000), anc. **Digne**, ch.-l. du dép. des Alpes-de-Haute-Provence, à 745 km au S.-E. de Paris, au pied des *Préalpes de Digne* (bassins supérieurs de la Bléone et de l'Asse) ; 17 425 hab. *(Dignois).* Évêché. Anc. cathédrale romane (v. 1200). Cathédrale de la fin du XVᵉ s. Musée. Centre commercial (lavande). — Aux environs, station thermale (traitement des rhumatismes, des séquelles de traumatismes ostéo-articulaires et des affections des voies respiratoires).

DIGNEMENT adv. **1.** D'une manière qui inspire le respect, qui convient ; correctement, très bien, honorablement : *Il s'est dignement conduit.* — **2.** En adoptant une attitude digne, empreinte de sérieux et de gravité : *Il s'en alla dignement.*

DIGNIMONT (André), peintre et graveur français (Paris 1891 - *id.* 1965). Observateur de la vie populaire, des filles et des mauvais garçons, il est l'auteur d'illustrations pour Carco, J. Lorrain, Colette, etc.

DIGNITAIRE n. m. Personnage revêtu d'une dignité, d'un rang éminent dans une hiérarchie : *Les dignitaires de l'État.*

DIGNITÉ n. f. (lat. *dignitas, -atis*). **1.** Respect que mérite qqn ou qqch : *Ces sévices sont une atteinte à la dignité d'un être humain.* — **2.** Attitude empreinte de réserve, de gravité, inspirée par la noblesse des sentiments ou par le désir de respectabilité ; sentiment que qqn a de sa valeur : *Refuser par dignité de répondre à des insultes par des insultes.* — **3.** Fonction éminente, distinction honorifique : *Il a été élevé à la dignité de grand-croix de la Légion d'honneur.* — **4.** En astrologie, avantage dont disposent occasionnellement les astres dans le zodiaque (exaltation, par ex.).

DIGOIN (71160), ch.-l. de cant. de Saône-et-Loire, sur la Loire ; 10 424 hab. *(Digoinais).* Céramique.

DIGOS ou **NYIKAS,** population bantoue du groupe nord-est, habitant l'immédiat hinterland de la côte du Kenya.

DIGOXINE n. f. Hétéroglucoside extrait de la digitale laineuse *(Digitalis lanata),* tonicardiaque majeur, d'emploi plus souple que la digitaline.

DIGRAMME n. m. Groupe de deux lettres employé pour transcrire un phonème unique (par ex., le son [ʃ] est transcrit en français par le digramme *ch*). [Syn. BIBRAMME.]

DIGRAPHIE n. f. Tenue des livres comptables en partie double. (Contr. UNIGRAPHIE.)

DIGRESSER v. t. ind. (conj. **4**). Faire une digression (sur qqch).

DIGRESSION n. f. (lat. *digressio, -onis,* action de s'éloigner). **1.** Action de sortir de son sujet dans un discours ou un écrit ; développement parasite dans un discours structuré. — **2.** Distance angulaire d'un astre (étoile ou planète) par rapport à un autre ou à un plan de référence.

DIGUANIDE n. f. Syn. de BIGUANIDE.

DIGUE n. f. (moyen néerl. *dijc*). **1.** Ouvrage continu sur une certaine longueur, destiné à contenir les eaux ou à protéger contre leurs effets, ou encore à guider leur écoulement. (→ *encycl.*) — **2.** Obstacle naturel qui s'oppose à l'écoulement des eaux : *Le sable forme une digue.* — **3.** Obstacle destiné à contenir l'action d'une force quelconque, dans l'ordre naturel, moral, psychologique ou social : *Élever une digue contre la révolution.* — **4.** Barrage en matériaux discontinus (enrochements ou terre). — **5.** *Digue à stériles,* bassin de décantation des stériles rejetés

par l'usine d'enrichissement du minerai, délimité par une digue.
ENCYCL. **Mar.** Les digues portuaires ont pour fonction de s'opposer au mieux à la propagation de la houle, afin d'assurer dans le port le calme nécessaire et de contribuer au maintien des profondeurs d'accès. Les dispositions les plus fréquentes sont l'*entrée abritée avec traverse, les digues convergentes, les digues parallèles.* On distingue les *digues à talus,* constituées par des couches d'enrochements ou de blocs artificiels dont le poids décroît de l'extérieur vers l'intérieur et varie suivant leur position par rapport au niveau moyen de la mer ; les *digues verticales,* épaisses et hautes murailles dont le pied est établi à une profondeur suffisante pour permettre la formation du clapotis et qui sont arasées à une cote assez haute pour ne pas être submergées ; les *digues mixtes,* constituées, dans leur partie basse, par une digue à talus qui sert de fondation à une muraille verticale de hauteur convenable.

Di Guglielmo *(syndrome de),* forme de leucémie aiguë caractérisée par une prolifération d'érythroblastes dans le sang et la moelle osseuse. (Syn. ÉRYTHRÉMIE AIGUË.)

DIHL, porcelainier d'origine alsacienne, qui s'associa à Guerhard en 1781 pour fonder, à Paris, une manufacture de porcelaine dure, dissoute en 1829. Ses porcelaines se distinguaient par leurs fonds d'or ou de couleur. Ses groupes et bustes en biscuit étaient très appréciés. (Marques : monogramme du duc d'Angoulême ; après la Révolution : Dihl.)

DIHOLOSIDE n. m. Composé provenant de la condensation de deux oses.

DIHYBRIDE n. m. Individu qui est hétérozygote pour deux facteurs mendéliens.

DIHYBRIDISME n. m. Croisement de deux progéniteurs différents par deux caractères héréditaires. (Ex. : cobaye noir à poils courts et cobaye blanc à poils longs.)

DIHYDROERGOTAMINE n. f. Alcaloïde vasoconstricteur obtenu par hydrogénation de l'ergotamine et utilisé dans le traitement des migraines et des insuffisances veineuses.

DIHYDRONE n. f. Substance semi-synthétique dérivée de la codéine, appartenant au groupe des analgésiques morphiniques. (Syn. OXYCODONE.)

DIHYDROQUINIDINE n. f. Alcaloïde du quinquina, préparé par hydrogénation catalytique de la quinidine et employé dans le traitement des troubles du rythme cardiaque. (Syn. HYDROQUINIDINE.)

DIHYDROSTREPTOMYCINE n. f. Dérivé hydrogéné de la streptomycine, employé sous forme de sulfate et de pantothénate.

DIHYDROXYANTHRAQUINONE n. f. Diphénol $C_{14}H_8O_4$, dont beaucoup d'isomères sont des colorants (alizarine, anthrarufine).

DIHYDROXYCHOLÉCALCIFÉROL [-kɔ-] n. m. Forme biologiquement active de la vitamine D.

DIIMIDE n. m. Hydrure d'azote HN=NH. (C'est un agent d'hydrogénation très efficace des doubles liaisons carbone-carbone.)

DIIODER v. t. (conj. 3). Ioder deux fois.

DIJK (Peter VAN) → VAN DIJK (Peter).

DIJON (21000), ch.-l. de la Région Bourgogne et du dép. de la Côte-d'Or, à 310 km au S.-E. de Paris, au confluent du Suzon et de l'Ouche, sur le canal de Bourgogne ; 151 636 hab. *(Dijonnais).*
— **Géogr.** Carrefour historique entre la Méditerranée et la mer du Nord, entre l'Europe centrale et l'Atlantique, bien desservie par la route et le rail, métropole régionale (dont le rayonnement ne s'étend pas toutefois sur toute la Bourgogne), Dijon commande une agglomération d'env. 230 000 hab., aux fonctions multiples : administrative, commerciale (foires), universitaire, judiciaire (cour d'appel), touristique et industrielle (constructions mécaniques et électriques, industries alimentaires et chimiques). Base de la 2e escadre de chasse, rattachée à la Force aérienne tactique. 1re région aérienne.
— **Hist.** Castrum situé à proximité de la Germanie, Dijon, alors appelée *Divio,* fut fortifiée par l'empereur Aurélien (273). Incluse dans le royaume des Burgondes (Ve s.) puis dépendante de l'évêque de Langres (VIe s.), la ville passa aux mains de Robert II le Pieux, qui la réunit au duché de Bourgogne (1015). Siège de la foire de la Saint-Jean, la ville se développa pour atteindre son apogée sous les ducs de Bourgogne de la maison de Valois (1361-1477), qui y résidèrent et y tinrent leur brillante cour. Rattachée à la Couronne (1477), Dijon devint alors le siège d'un parlement. Résidence de l'intendant de Bourgogne (1542), siège d'un évêché (1731), elle devint le chef-lieu de la Côte-d'Or (1790). Les Allemands l'occupèrent en 1870.
— **Bx-arts.** Cathédrale St-Bénigne, des XIIIe-XIVe s. (crypte, reste de la rotonde orientale à trois étages du début du XIe s.). Église Notre-Dame, typique du gothique bourguignon (XIIIe s.), à façade originale. De la grande époque des ducs de la maison de Valois, qui vit l'arrivée d'artistes néerlandais, il ne subsiste guère, hors des musées, qu'une partie des bâtiments du palais ducal et quelques restes de la chartreuse de Champmol (« puits de Moïse » de Sluter). Viennent ensuite l'église St-Michel, aux beaux portails de la Renaissance, le palais de justice, ancien parlement de Bourgogne (décors sculptés : clôture de bois de la chapelle par H. Sambin), les divers agran-

dissements du palais ducal — devenu palais des États (auj. hôtel de ville et musée des Beaux-Arts) — à la fin du XVIIe et au XVIIIe s. Maisons gothiques et renaissantes, hôtels particuliers des XVIIe et XVIIIe s. Le musée des Beaux-Arts s'ordonne autour de la salle des Gardes (tombeaux des ducs, retables sculptés de Champmol), du salon Condé et de la salle des Statues (consacrés au XVIIIe s.) ; il renferme de vastes collections d'objets d'art, de dessins, de sculptures (Rude, Carpeaux, Pompon) et de peintures (des primitifs suisses, de Campin et de Broederlam au XXe s., illustré par la collection Granville [Staël, Vieira da Silva, Lapicque, etc.]). La ville possède d'autres musées : archéologique (dans l'ancienne abbaye St-Bénigne), Magnin (peintures), etc.

DIJONNAIS, E adj. et n. De Dijon.

Dijon-Prenois, circuit automobile de la Côte-d'Or, au S. du village de Prenois, à l'O.-N.-O. de Dijon.

DIKÊ, fille de Zeus et de Thémis. Elle personnifie la justice.

DIKSMUIDE, nom néerl. de Dixmude.

DIKSON, port du nord de la Russie, dans l'Arctique, sur l'estuaire de l'Ienisseï.

DIKTAT [diktat] n. m. (pl. *diktats*) [all. *Diktat*]. **1.** Traité imposé par le vainqueur au vaincu. — **2.** Exigence absolue imposée par le plus fort au plus faible et n'ayant pour appui et justification que la force.

DIKTONIUS (Elmer), écrivain finlandais d'expression finnoise et suédoise (Helsinki 1896 - *id.* 1961). Marqué par les idées socialistes et les poètes américains, il fut le chef de file de la poésie moderniste des années 20 (*Chansons dures,* 1922 ; *Herbe et Granit,* 1936). On lui doit aussi des romans et des nouvelles.

DILACÉRATION n. f. (bas lat. *dilaceratio, -onis*). Action de dilacérer, en partic. déchirure irrégulière d'un tissu organique (par un agent contondant, par ex.).

DILACÉRER v. t. (lat. *dilacerare,* déchirer) [conj. 18]. **1.** Mettre qqch en pièces, en morceaux. — **2.** Déchirer des tissus organiques en provoquant une plaie.

DILAPIDATEUR, TRICE adj. et n. Qui dilapide qqch ; dissipateur.

DILAPIDATION n. f. (bas lat. *dilapidatio, -onis,* dissipation). Action de dépenser sans règle, sans mesure, un bien, et, en partic. d'une manière inconsidérée ou frauduleuse, les deniers de l'État.

DILAPIDER v. t. (lat. *dilapidare*) [conj. 3]. **1.** Dépenser de l'argent avec excès et avec désordre : *Dilapider un patrimoine.* — **2.** Gaspiller qqch, le dépenser inutilement ; gâcher : *Dilapider un temps précieux à discuter.*

DILATABILITÉ n. f. Propriété qu'ont les corps de se dilater.

DILATABLE adj. Qui peut se dilater.

DILATANCE n. f. **1.** Propriété qu'ont certains corps d'augmenter de volume sous l'action d'un état de contrainte de cisaillement simple. — **2.** Phénomène par lequel un système constitué d'une phase solide et d'une phase liquide (roche fissurée en présence d'eau, par ex.), soumis à une perturbation mécanique, devient plus rigide et capable de supporter des efforts.

DILATANT, E adj. Qui dilate.

DILATATEUR, TRICE adj. et n. m. **1.** Se dit d'un instrument qui sert à agrandir, à étendre une ouverture ou une cavité. — **2.** Se dit d'un muscle qui a pour fonction de dilater une cavité ou un organe (muscle dilatateur de la pupille, de la narine, du sac lacrymal).

DILATATION n. f. (bas lat. *dilatatio, -onis*). **1.** Fait de se dilater ; augmentation du volume d'un corps sous l'influence d'une variation de température. (→ *encycl.*) — **2.** Augmentation physiologique ou pathologique du volume d'un organe ou du calibre d'un orifice, d'un vaisseau ou d'un canal. — **3.** Élargissement d'un canal ou d'un orifice par introduction d'un instrument qui force son diamètre. (Par ex., chez l'homme, dilatation urétrale en cas de rétrécissement rendant la miction difficile.) — **4.** En géométrie, affinité de rapport strictement supérieur à 1. — **5.** *Dilatation des temps,* effet relativiste selon lequel la durée d'un phénomène apparaît, pour un observateur en mouvement, supérieure à sa durée propre mesurée par un observateur immobile par rapport au phénomène. (C'est un effet de perspective dans l'espace-temps, amplement vérifié par l'expérience.) ‖ *Essai de dilatation,* méthode d'essai par laquelle on étudie la dilatabilité d'un produit métallurgique et les transformations internes à l'état solide dans les alliages.

ENCYCL. **Thermodyn.** La dilatation d'un corps sous l'influence d'une variation de température est plus grande pour les liquides que pour les solides, et encore plus grande pour les gaz. Elle s'exprime, en fonction du coefficient de dilatation α, sous la forme $V = V_0 (1 + \alpha \Delta T)$, où V et V_0 sont les volumes aux températures T et T_0 ; $\Delta T = T - T_0$.

Pour un gaz parfait, on a sensiblement

$$\alpha = \frac{1}{273{,}15}\ K^{-1}.$$

α est de l'ordre de $10^{-3}\ K^{-1}$ pour un liquide et de l'ordre de $10^{-5}\ K^{-1}$ pour un solide.

DILATER v. t. (lat. *dilatare,* élargir, de *latus,* large) [conj. 3]. **1.** Augmenter le volume ou la longueur d'un corps par une variation de température. – **2.** Agrandir l'ouverture, le diamètre d'un organe, d'un orifice : *La peur dilatait ses pupilles.* – **3.** Augmenter le volume respiratoire de la poitrine, des poumons. – **4.** *Litt.* Épanouir qqn, le réjouir, le remplir d'un sentiment de satisfaction, de joie. – **5.** Fam. *Dilater la rate,* faire rire. ◆ **se dilater** v. pr., **être dilaté** v. pass. **1.** Subir une dilatation. – **2.** S'agrandir, s'élargir, s'ouvrir : *Ses narines se dilatent.* – **3.** Augmenter de volume : *Sa poitrine se dilate.* – **4.** Fam. *Se dilater la rate,* rire beaucoup.

DILATION n. f. (lat. *dilatio, -onis*). Phénomène d'assimilation phonétique à distance. (Par ex., en français, CH*ercher* est issu par dilation de *sercher.*)

DILATOIRE adj. (bas lat. *dilatorius,* de *dilatus,* différé). **1.** Qui diffère, retarde, suspend : *User de moyens dilatoires.* – **2.** Qui vise à gagner du temps, à retarder qqch par son caractère vague ou ambigu : *Réponse dilatoire.* – **3.** *Exception dilatoire,* mesure qui vise à retarder la poursuite de l'instance dans certains cas prévus par la loi.

DILATOMÈTRE n. m. Instrument de mesure de la dilatation.

DILATOMÉTRIE n. f. Mesure de la dilatation des corps.

DILATOMÉTRIQUE adj. Relatif à la dilatométrie.

DILBEEK, comm. de Belgique (Brabant flamand), à l'O. de Bruxelles ; 35 000 hab.

DILECTION n. f. (lat. ecclés. *dilectio, -onis,* amour). *Litt.* Amour tendre et purement spirituel porté à qqn ; préférence parfois secrète pour qqn ou qqch.

DILEMME [-lɛm] n. m. (bas lat. *dilemma,* du gr. *dilêmma*). **1.** En logique, alternative entre deux propositions sémantiquement ou formellement incompatibles. – **2.** Obligation de choisir entre deux partis qui comportent l'un et l'autre des inconvénients ; alternative : *Comment sortir de ce dilemme ?*

ENCYCL. **Log.** Dans l'Antiquité, le dilemme est un argument comportant deux prémisses. On appelle aujourd'hui dilemme un argument dont les deux prémisses sont intenables simultanément. C'est un argument de la forme : si *p* implique *q*, si *r* implique *s* et si non-*q* ou non-*s* est vrai, alors non-*p* ou non-*r* est vrai.

DILETTANTE n. (ital. *dilettante,* de *dilettare,* du lat. *delectare,* se plaire à). **1.** Personne qui s'adonne à une occupation, à un art en amateur, pour son seul plaisir. – **2.** Personne qui ne suit que les impulsions de son plaisir, de ses goûts, qui exerce une activité de manière fantaisiste : *Vivre en dilettante.* ◆ adj. Qui relève du dilettante, du dilettantisme.

DILETTANTISME n. m. Caractère du dilettante ; attitude dilettante, amateurisme.

DILI, port de la côte nord de Timor (Indonésie), anc. cap. de la partie portugaise de l'île ; 50 000 hab.

DILIGEMMENT [-ʒamɑ̃] adv. *Litt.* Avec diligence, soin, application ; avec rapidité.

1. DILIGENCE n. f. (lat. *diligentia,* soin). *Litt.* **1.** Promptitude, rapidité efficace ; empressement, zèle : *Régler une affaire avec diligence.* – **2.** *Faire diligence,* faire qqch promptement, se dépêcher. • **Dr.** *À la diligence de,* sur la demande de.

2. DILIGENCE n. f. (de *carrosse de diligence,* à cause de sa rapidité). Véhicule hippomobile, fermé, à quatre roues, divisé en deux ou trois compartiments et qui servait au transport des personnes d'une ville à l'autre.

DILIGENT, E adj. (lat. *diligens, -entis,* attentif). *Litt.* **1.** Appliqué, zélé, actif, assidu : *Soin diligent.* – **2.** Qui agit avec rapidité et efficacité : *Messager diligent.* – **3.** *Partie la plus diligente,* celle qui agit la première dans une poursuite dont le droit lui était commun avec d'autres.

DILIGENTER v. t. (conj. 3). *Litt.* Mettre toute son activité, son zèle à faire qqch.

DILKE (*sir* Charles Wentworth), homme politique britannique (Londres 1843 - *id.* 1911). Député libéral en 1868, l'un des dirigeants avec J. Chamberlain de la tendance radicale, il fut un ardent défenseur de l'impérialisme rénové, qu'il exposa dans son ouvrage *Greater Britain* (*la Plus-Grande-Bretagne,* 1868). Il fut sous-secrétaire aux Affaires étrangères (1880-1882).

DILL (*sir* John Greer), maréchal britannique (Lurgan, comté d'Armagh, 1881 -Washington 1944). Il participa à la guerre des Boers et se distingua en Palestine (1936). Il fut chef d'état-major impérial (mai 1940 - début 1941) et chef de la mission militaire britannique auprès du commandement américain.

DILLÉNIA n. f. (de *Dillenius,* n. pr.). Bel arbre (dilléniacée) d'Asie tropicale, à grandes feuilles, apprécié pour son bois, pour ses fleurs aux étamines très ramifiées et dont le calice est utilisé comme condiment.

DILLON (Arthur, *comte*), général français d'origine irlandaise (Roscommon 1670 - Saint-Germain-en-Laye 1733). Colonel propriétaire du régiment de Dillon, il suivit Jacques II dans son exil en France et entra au service de Louis XIV

(1690). Il se distingua pendant les guerres de la Ligue d'Augsbourg et de la Succession d'Espagne et fut promu lieutenant général (1706).

DILLON (John), médecin et homme politique irlandais (Blackrock, près de Dublin, 1851 - Londres 1927). Député en 1880, il s'opposa à partir de 1890 à la politique de Parnell, qu'il jugeait trop modéré. À partir de 1900, se rapprochant des libéraux anglais, il se montra satisfait du projet de Home Rule. Chef du parti irlandais en 1918, il fut dépassé par le Sinn Féin, plus intransigeant. — Son fils, James Mathew, avocat et homme politique irlandais (Dublin 1902), entré au Dáil Éireann en 1932, ministre de l'Agriculture (1948-1951, 1954-1957), fut nommé en 1959 chef du Fine Gael et chef de l'opposition au Dáil (jusqu'en 1965).

DILMOUN ou **TILMOUN,** pays qui occupait la côte occidentale du golfe Persique, de Qaṭar à Koweït, et les îles Bahreïn et Faylaka. Il subit l'influence culturelle de la vallée de l'Indus, du sud de l'Iran et de Sumer. Il est surtout connu par les tablettes des cités sumériennes qui commercèrent avec lui jusqu'au XVIIe s.

DILOBA n. m. (du gr. *lobos,* lobe). *Diloba à tête bleue,* papillon nocturne au thorax ardoisé bleuâtre. (Sa chenille, parfois nuisible, vit sur l'aubépine, le prunellier et les arbres fruitiers.)

DILTHEY (Wilhelm), philosophe et historien allemand (Biebrich 1833 - Seis, Tyrol, 1911). Il s'est efforcé de fonder la psychologie, la métaphysique et les conceptions du monde sur la notion d'histoire et a en cela contribué à créer le mouvement historiciste. Il a écrit notamment *Introduction à l'étude des sciences humaines* (1883) et surtout *Der Aufbau der geschichtlichen Welt in den Geisteswissenschaften* (1910).

DILUANT n. m. Liquide ajouté aux solvants propres afin d'améliorer leurs caractéristiques d'application.

DILUER v. t. (lat. *diluere,* détremper) [conj. 7]. **1.** Diminuer la concentration d'un liquide par l'adjonction d'une certaine quantité d'eau ou d'un autre liquide : *Diluer de l'alcool avec de l'eau.* — **2.** Mélanger une matière dans un liquide de manière à l'y délayer, l'y étendre : *Diluer un médicament dans de l'eau.* — **3.** Amoindrir qqch, en diminuer la force en la dispersant, en la fragmentant ; atténuer : *Diluer des idées dans un texte trop long.*

DILUTION n. f. (bas lat. *dilutio, -onis*). **1.** Addition d'un liquide à une solution pour en diminuer la concentration ; solution ainsi obtenue. (Quotient du volume d'une solution par la masse du corps dissous, la dilution est l'inverse de la concentration.) — **2.** Action de diluer qqch dans un liquide. — **3.** *Litt.* Diminution progressive de la force par la dispersion, par l'effacement : *La dilution de la personnalité.* — **Homéopath.** — **4.** Opération consistant à diluer progressivement une substance médicamenteuse d'origine animale, végétale ou animale, au sein d'un milieu inactif qui la transforme en remède homéopathique. — **5.** *Coefficient de dilution,* rapport entre la teneur du minerai pur et celle du volume minimal extractible.

DILUVIEN, ENNE adj. (lat. *diluvium,* déluge). **1.** *Vx.* Relatif au déluge universel. — **2.** *Pluie diluvienne,* très abondante, torrentielle.

DIMANCHE n. m. (lat. ecclés. *dies dominicus,* jour du Seigneur). **1.** Chez les chrétiens, jour consacré au culte hebdomadaire. — **2.** Septième et dernier jour de la semaine. — **3.** *Du dimanche,* inexpérimenté, amateur, pas sérieux : *Conducteur du dimanche.* ‖ *Habits du dimanche,* vêtements soignés réservés pour les dimanches et les circonstances solennelles.

ENCYCL. Pour les chrétiens, le « jour du Seigneur » anticipe le grand jour de repos, où il n'y aura plus de temps, comme il anticipe, par la célébration de la sainte cène, le retour glorieux du Christ. Dès le IIe s., il succéda au sabbat juif, que des communautés chrétiennes d'origine juive continuèrent cependant de pratiquer quelque temps. Il devint au XIIIe s. l'objet d'une prescription (obligation d'assister à la messe et repos général).

Pendant la Révolution, le dimanche fut remplacé par le *décadi,* mais, dès 1802, Bonaparte fixa au dimanche le jour de repos des fonctionnaires ; cependant, ce ne sera qu'en 1906 que le repos du dimanche s'appliquera à tous.

dimanche après-midi à la Grande Jatte *(Un),* toile de Seurat (2,05 × 3,05 m, 1884-85, Art Institute, Chicago). Sans doute le chef-d'œuvre de cet artiste, l'œuvre a été réalisée, à la suite de nombreuses études d'après nature, sur des bases qui se veulent scientifiques (vieux schémas du nombre d'or ; divisionnisme). Elle réalise une sorte de synthèse de l'impressionnisme et d'un classicisme à la Piero della Francesca, tendant, par sa stylisation géométrique, à reconstruire selon une harmonie non académique la forme que Monet dissolvait.

Dimanche rouge, journée de manifestation ouvrière du 9 janv. (22 janv.) 1905 à Saint-Pétersbourg, qui fut le point de départ de la révolution* russe de 1905. Organisé à l'instigation du pope Gapon afin de présenter une pétition à Nicolas II en faveur de réformes, le défilé fut reçu par l'armée et la police, qui tirèrent sur les manifestants.

DÎME n. f. (lat. *decima pars,* dixième partie). **1.** Fraction variable, en principe dixième partie, des produits de la terre et de l'élevage versée à l'Église, abolie en 1789. (→ *encycl.*) — **2.** Prélèvement arbitraire opéré sur qqch ; taxe : *Prélever une dîme sur chacun des services rendus.* — **3.** Dans la Bible, don obligatoire fait au Temple pour l'entretien des prêtres et des lévites. — **4.** *Dîme saladine,* impôt créé en 1188 par Henri II Plantagenêt et Philippe II Auguste pour financer la troisième croisade, entreprise contre Saladin. (Elle fut à l'origine de la décime*.)

ENCYCL. **Hist.** En France, le paiement de la dîme devint une obligation religieuse en 585 et une obligation civile sous Charlemagne (779 et 794). Frappant tous les possesseurs de terres, variant en fait entre le onzième et le treizième des produits de la terre et de l'élevage, la dîme était destinée à permettre à l'Église d'assurer la subsistance des ministres du culte, l'entretien des bâtiments du culte et l'assistance des pauvres. On distinguait les *grosses dîmes,* prélevées sur les « gros » grains (froment, seigle, orge, avoine), des *menues dîmes,* prélevées sur le produit des jardins. Juridiquement, les décimateurs*, qui percevaient la dîme, étaient les curés des paroisses.

dîme royale *(Projet d'une),* ouvrage de Vauban, publié en 1707 sans autorisation royale, dans lequel l'auteur propose de substituer aux impôts royaux existants un impôt unique, la *dîme royale,* frappant le revenu de tous les habitants du royaume, dans une proportion variant du vingtième au dixième suivant les ressources de chacun. Louis XIV ordonna la saisie de cet ouvrage (14 févr. 1707).

DÎMÉE n. f. Droit de lever la dîme.

DIMENSION n. f. (bas lat. *dimensio, -onis,* mesurage). **1.** Étendue mesurable d'un corps en tel ou tel sens (longueur, largeur, hauteur, profondeur). — **2.** Mesure de chacune des grandeurs nécessaires à l'évaluation de qqch ; cote : *Donnez-moi les dimensions de la fenêtre.* — **3.** Portion relative de l'espace occupée par un corps ; taille : *Un paquet de petite dimension.* — **4.** Grandeur, importance de qqch ; taille : *Donner aux événements une dimension historique.* — **5.** Aspect significatif de qqch : *L'inégalité des peuples est une des dimensions du monde actuel.* — **6.** *À la dimension de,* proportionné, approprié à qqch. ‖ *Prendre la (les) dimension(s) de qqch,* savoir évaluer qqch : *Prendre les dimensions d'un événement ;* devenir : *L'incendie a pris les dimensions d'une tragédie.* • **Dr.** *Timbre de dimension,* timbre tarifé selon la dimension du papier sur lequel il est apposé. — **Inform.** Nombre maximal d'éléments que peut contenir un tableau. — **Math.** Longueur d'un segment particulier d'une figure plane ou d'un solide. (La longueur et la largeur d'un rectangle sont ses dimensions.) ‖ *Dimension d'un espace affine,* dimension de l'espace vectoriel auquel il est attaché. ‖ *Dimension d'un* K*-espace vectoriel* E *de dimension finie,* nombre d'éléments des bases de E. (On la note $\dim_K E$.) ‖ *Espace vectoriel de dimension finie,* espace vectoriel engendré par un nombre fini de ses éléments. (→ *encycl.*) — **Métrol.** Expression de la relation existant entre une grandeur dérivée et les grandeurs fondamentales dont elle dépend. — **Phys.** *Quatrième dimension,* la coordonnée temporelle, dans l'espace-temps de la relativité. — **Psychol.** Aspect selon lequel des sujets diffèrent les uns des autres. (L'identification de dimensions distinctes ayant chacune une certaine unité constitue un problème important de la psychologie différentielle.)

ENCYCL. **Math.** Tout sous-espace vectoriel de E est aussi de dimension finie ou égale à celle de E. Si f est une application linéaire d'un K-espace vectoriel E dans un K-espace vectoriel F, alors la dimension de f(E) est finie et inférieure ou égale à celle de E ; elle définit le rang de f et

$$\mathrm{rg}(f) = \dim E - \dim \ker(f),$$

ker(f) désignant le noyau de f. Dans le cas où E et F ont la même dimension, les propriétés suivantes sont équivalentes : f est bijective, f est injective et f est surjective.

DIMENSIONALITÉ n. f. Caractéristique d'un objet sous le rapport de ses dimensions.

DIMENSIONNEL, ELLE adj. **1.** Relatif aux dimensions de qqch. — **2.** *Analyse dimensionnelle,* emploi des équations de dimensions des grandeurs physiques pour vérifier l'homogénéité des formules et en établir la forme algébrique.

DIMENSIONNEMENT n. m. Action de dimensionner.

DIMENSIONNER v. t. (conj. 3). Déterminer les dimensions ou les caractéristiques fonctionnelles qu'il convient de donner à un élément pour qu'il joue convenablement le rôle qui lui revient.

DÎMER v. i. (conj. 3). Percevoir la dîme ecclésiastique.

DIMERCAPROL ou **DIMERCAPTOPROPANOL** n. m. Médicament préparé à l'origine comme curatif des lésions dues aux gaz de combat arséniés et utilisé maintenant contre les intoxications dues à l'arsenic et à certains métaux lourds. (Il se comporte comme un chélateur.) [Syn. BAL (British Anti Lewisite).]

DIMÈRE adj. et n. m. **1.** Se dit d'une molécule résultant de la combinaison de deux molécules identiques. — **2.** Se dit d'une molécule ayant la même composition chimique qu'une autre molécule et un poids moléculaire double.

DIMÉTHYLAMINE n. f. Amine secondaire $(CH_3)_2NH$. (Gaz doué d'une forte odeur, la diméthylamine se liquéfie à 7 °C et a de nombreux usages industriels [caoutchouc, tannins, détergents]).

DIMÉTHYLAMINOPHÉNOL n. m. Aminophénol $(CH_3)_2N{-}C_6H_4{-}OH$. (L'isomère méta est employé pour la fabrication des rhodamines.)

DIMÉTHYLANILINE n. f. Arylamine $(CH_3)_2N{-}C_6H_5$, utilisée dans la fabrication des colorants.

DIMÉTHYLARSINATE n. m. Syn. de CACODYLATE.

DIMÉTHYLBENZÈNE [-bɛ̃-] n. m. Syn. de XYLÈNE.

DIMÉTHYLCÉTONE n. f. Syn. de ACÉTONE.

DIMÉTHYLGLYOXAL n. m. Syn. de DIACÉTYLE.

DIMÉTHYLGLYOXIME n. f. Dénomination courante de la dioxime du diacétyle. (C'est un réactif analytique, employé pour le dosage du nickel, du palladium et du bismuth.)

DIMÉTHYLHYDRAZINE n. f. Dérivé de l'hydrazine, de formule $C_2H_8N_2$. [La diméthyl-1,1 hydrazine, $(CH_3)_2N{-}NH_2$, ou UDMH (unsymmetrical dimethylhydrazine), est un liquide toxique bouillant à 64 °C utilisé comme combustible liquide dans les fusées, le comburant associé étant du peroxyde d'azote, de l'oxygène liquide ou du fluor liquide.]

DIMÉTHYLXANTHINE n. f. Syn. de THÉOBROMINE.

DIMÉTRODON n. m. (du gr. *dimetros,* de deux tailles). Reptile fossile du permien d'Amérique du Nord, carnassier, qui était muni d'une haute crête dorsale assurant la régulation thermique.

DÎMEUR ou **DÎMIER** n. m. Préposé au prélèvement de la dîme ecclésiastique.

DIMICTIQUE adj. Se dit d'un lac où l'eau présente une stratification thermique normale en été (température plus élevée en surface), inverse en hiver (prise en glace superficielle), avec des périodes intermédiaires homothermes.

DIMINUENDO [-nɥɛndo] adv. (mot ital.). Syn. de DECRESCENDO.

DIMINUER v. t. (lat. *diminuere*) [conj. 7]. **1.** Réduire qqch, en enlever une partie, l'amoindrir, le rendre plus petit : *Diminuer ses prix de 10 %.* — **2.** Limiter qqch, le restreindre, le rendre moins grand, moins fort, moins violent : *Ce médicament diminuera vos souffrances.* — **3.** Faire perdre à qqn une partie de ses forces, de son intégrité corporelle ou intellectuelle : *L'âge l'a beaucoup diminué.* — **4.** Faire perdre à qqn de son crédit, de son prestige, l'humilier, le rabaisser, le déprécier ; discréditer : *Cesse de me diminuer devant tes amis.* — **5.** *Fam.* Réduire le salaire de qqn. — **6.** Effectuer une diminution dans un tricot, un ouvrage de crochet. — **7.** Dans un texte musical, remplacer les notes par des valeurs proportionnellement moindres, mais obéissant au même dessin thématique.
◆ v. i. Baisser, décroître, devenir moindre, et en partic. devenir moins coûteux : *Les jours diminuent. Le beurre a diminué de 15 % ce mois-ci.*
◆ **être diminué** v. pass. **1.** Avoir perdu une partie de ses forces, de ses capacités : *Je l'ai trouvé très diminué physiquement.* — **2.** *Colonne diminuée,* colonne galbée. ‖ *Intervalle diminué,* en musique, tout intervalle dont on retranche un demi-ton.

DIMINUTIF, IVE adj. (bas lat. *diminutivus,* de *diminuere,* retrancher). Se dit d'un suffixe qui s'ajoute à une base lexicale pour donner une idée de petitesse ou d'insuffisance (par ex. *maisonNETTE, pâlOT, brindILLE, mordILLER, vivOTER, etc.).*
◆ **diminutif** n. m. **1.** Suffixe diminutif. — **2.** Mot formé grâce à un suffixe diminutif. — **3.** Nom propre dérivé d'un autre et comportant une nuance d'affection ou de familiarité (*Ed* pour Édouard, *Jojo* pour Joseph, etc.).

DIMINUTION n. f. (lat. *diminutio, -onis*). **1.** Action de diminuer, de réduire qqch, fait d'être réduit, diminué ; résultat de l'action, ce qui est retranché d'un tout ; baisse, réduction : *Diminution de l'appétit.* — **2.** Sur un métier de bonneterie, mise hors d'action d'une ou de plusieurs aiguilles en lisière du tricot afin de réduire la largeur de tricotage. — **3.** Opération de tricotage qui consiste à tricoter ensemble deux mailles ou à prendre une maille sur l'aiguille et à la rejeter sur la maille suivante dès que cette dernière se trouve tricotée. — **4.** Variation d'un texte musical par l'emploi de valeurs de plus en plus petites. — **5.** *Diminution des colonnes,* rétrécissement graduel du fût, depuis la base ou depuis le premier tiers de la hauteur jusqu'au chapiteau. (Syn. CONTRACTURE, ENTASIS, GALBE.)

DIMISSORIAL, E, AUX adj. (lat. *dimissoriae litterae,* lettre de renvoi). *Lettres dimissoriales,* écrit officiel par lequel un évêque autorise un autre évêque à conférer les ordres sacrés à l'un de ses diocésains.

DIMITRI DONSKOÏ (Moscou 1350 - *id.* 1389), grand-prince de Moscou (1362-1389). Fils d'Ivan II, il assura la primauté de Moscou sur les principautés rivales de Souzdal et de Tver (1375). Il remporta la bataille de Koulikovo (1380) sur les Mongols. Mais le khān de la Horde d'Or envahit la Moscovie (1382) et lui imposa de nouveau le tribut.

DIMITRI IVANOVITCH, tsarévitch (Moscou 1582 - Ouglitch 1591). Fils d'Ivan IV, il fut exilé à la mort de son père à Ouglitch. Il mourut en 1591, peut-être assassiné à l'instigation de Boris Godounov.

DIMITRI, dit **le Premier Faux Dimitri** ou **l'Imposteur** [† Moscou 1606], usurpateur du trône de Russie (1605-06). Aventurier qui prétendait être le fils d'Ivan IV, Dimitri Ivanovitch, il apparut en Pologne, où il constitua une armée qu'il fit entrer en Russie en 1604. Parvenu au trône de Russie en juin 1605, il fut assassiné lors du complot de Vassili Chouïski (mai 1606).

DIMITRI, dit **le Second Faux Dimitri,** surnommé **le Brigand de Touchino** († Kalouga 1610), aventurier d'origine inconnue qui, se faisant passer pour le fils d'Ivan IV, Dimitri Ivanovitch, forma à Touchino (près de Moscou) un gouvernement rival de celui du tsar de Russie, Vassili Chouïski (1608-1609). Il réapparut à Moscou dans l'été de 1610, après la victoire des troupes polonaises, et fut tué en déc. 1610.

DIMITRI de Rostov (Daniil Savvitch TOUPTALO, en religion), ecclésiastique et écrivain ukrainien (Makarovo, près de Kiev, 1651 - Rostov 1709). Métropolite de Rostov (1702), il répandit en Russie une culture fortement marquée par l'influence latine et polonaise. Son calendrier des saints (*Tcheti Minei,* 1689-1705) est devenu le recueil classique de l'hagiographie russe.

DIMITRIOS Ier, prélat orthodoxe (Istanbul 1914 - *id.* 1991), successeur d'Athênagoras, patriarche œcuménique de 1972 à sa mort.

DIMITROV (Georgi), homme politique bulgare (Kovačevci, près de Pernik, 1882 -Moscou 1949). Il adhéra au parti ouvrier social-démocrate en 1902, contribua à la transformation de ce parti en parti communiste bulgare en 1919, devint délégué à la IIIe Internationale et dut rester constamment exilé de son pays. Il fut arrêté par les nazis en 1933 et accusé d'avoir participé à l'incendie du Reichstag. L'inanité de l'accusation et la puissance de son argumentation lors du procès, qui eut un retentissement international, obligèrent les nazis à l'acquitter. Expulsé l'année suivante vers l'U. R. S. S., il fut dès lors l'agent principal de Staline au sein de la IIIe Internationale. Rentré dans son pays à la Libération, il devint chef du gouvernement en 1946.

DIMITROVA (Blaga), femme de lettres bulgare (Bjaga Slatina, près de Pleven, 1922). Elle a abordé les problèmes du monde actuel à travers ses expériences personnelles (*À demain,* 1959 ; *Espace,* 1980).

DIMITROVGRAD, v. de Bulgarie, sur la Marica ; 50 000 hab. Centre industriel.

DIMITROVGRAD, anc. **Melekess,** v. de Russie, au N. de Samara ; 106 000 hab. Mécanique.

DIMITROVO → PERNIK.

DIMONA, v. d'Israël, dans le nord du Néguev ; 23 700 hab. Réacteur nucléaire.

DIMORPHE adj. (gr. *dimorphos,* à double forme). **1.** Qui peut revêtir deux formes différentes. — **2.** Se dit d'un composé chimique présentant le dimorphisme.

DIMORPHISME n. m. **1.** Caractère d'une substance susceptible de cristalliser sous deux états différents par leur mode d'arrangement des atomes, entraînant une différence de leurs propriétés physiques (système cristallin, densité, point de fusion, etc.). — **2.** *Dimorphisme non sexuel,* toute coexistence de deux formes adultes, soit simultanées (pœcilandrie, pœcilogynie chez les insectes, hétérostylie des primevères, dimorphisme foliaire du houx et du lierre), soit successives (sporophyte et gamétophyte de nombreux cryptogames, pelage d'hiver et pelage d'été des mammifères, papillons bivoltins). ‖ *Dimorphisme sexuel,* ensemble des différences entre le mâle et la femelle d'une même espèce gonochorique (animaux) ou dioïque (végétaux), en dehors de celles des organes sexuels eux-mêmes. (→ *encycl.*)

ENCYCL. **Biol.** *Dimorphisme sexuel.* Dans de nombreuses espèces de ruminants vivant en troupeaux, les mâles seuls ont des cornes et assurent la défense du groupe. Chez divers animaux marins (certains poissons, crustacés et vers), le mâle est nain et vit en parasite de la femelle. Mais chez de nombreux oiseaux, papillons et poissons de surface, le mâle acquiert une livrée nuptiale vivement colorée, temporaire ou permanente, tandis que la femelle, de couleurs ternes, échappe plus facilement à l'attention des prédateurs. Enfin, les différences de pilosité entre l'homme et la femme, entre le lion et la lionne, le fait que, chez le chat, seules les femelles puissent être tricolores n'ont pas d'utilité apparente. On nomme souvent caractères sexuels secondaires ces traits de dimorphisme, qui n'apparaissent en général qu'à la puberté. Certaines espèces (pigeon) en sont totalement dépourvues.

DIMORPHOTECA n. m. Composée ornementale originaire d'Afrique du Sud, voisine des soucis, à fleurs blanches ou purpurines ne s'ouvrant qu'au soleil.

DIMOV (Dimităr), écrivain bulgare (Loveć 1909 - Bucarest 1966), célèbre par son roman *Tabac* (1951), consacré à l'évolution de son pays de 1930 à 1944.

DIM SUM n. m. (mot chin.). Petite préparation enrobée de pâte et cuite à la vapeur. (Cuisine chinoise.)

DĪN, mot ar. signif. *jugement, rétribution,* mais aussi, communément, chez les musulmans, *religion,* et qui désigne un comportement consistant à se soumettre à Dieu et à s'en remettre à lui.

DIN (sigle de *Deutsche Industrie Norm,* organisme allemand de normalisation). En photographie, échelle logarithmique de sensibilité, à présent abandonnée au profit de l'échelle internationale ISO.

DINAN (22100), ch.-l. d'arrond. des Côtes-d'Armor, sur la Rance ; 12 873 hab. *(Dinannais).* Ancienne place forte du duché de Bretagne, Dinan garde, des XIIIe-XVe s., une enceinte et un donjon ovale (musée). Église St-Sauveur, romane (portail) et gothique flamboyant. Maisons anciennes. Industries alimentaire, textile et électronique. Archives bancaires.

DINANDERIE n. f. (de *Dinant,* n. pr.). **1.** Art médiéval de la fonte du laiton, pratiqué surtout à Dinant et dans la vallée de la Meuse ; objets ainsi fabriqués. — **2.** Auj., travail artistique du métal en feuille par martelage (rétreinte et allongement) ; production qui en résulte.

DINANDIER, ÈRE n. Personne qui produit de la dinanderie.

DINANT, v. de Belgique, ch.-l. d'arrond. de la prov. de Namur, sur la Meuse ; 12 500 hab. Collégiale Notre-Dame, surtout du XIIIe s. Citadelle reconstruite aux XVIe, XVIIe et XIXe s. Industries alimentaires et textiles. Industrie traditionnelle de la chaudronnerie de cuivre, dont il reste quelques ateliers (dinanderie). Centre de tourisme régional (vallées de la Meuse et de la Lesse). — **Hist.** Célèbre par son industrie du cuivre, qui atteignit son apogée aux XIIe et XIIIe s., la ville fut détruite en 1466 par Charles le Téméraire, qui fit jeter 800 habitants dans la Meuse. La ville fut occupée par les Allemands pendant la Première Guerre mondiale (23 août 1914). C'est à Dinant que les blindés allemands franchirent la Meuse le 13 mai 1940. La ville fut libérée le 20 août 1944 par les Américains.

DINANTIEN [-sjɛ̃] n. m. (de *Dinant,* n. pr.). Partie inférieure du système carbonifère comprenant le tournaisien et le viséen.

DINAR ou **DĪNĀR** n. m. (ar. *dīnār,* du bas gr. *dênarion*). **1.** Monnaie d'or émise à partir de la fin du VIIe s. dans le monde islamique. — **2.** Unité monétaire principale de nombreux pays, dont l'Algérie, le Bahreïn, la Bosnie-Herzégovine, l'Iraq, la Jordanie, le Koweït, la Libye, la Macédoine, le Soudan, la Tunisie et la Yougoslavie.

DINARD (35800), ch.-l. de cant. d'Ille-et-Vilaine, en face de Saint-Malo, à l'entrée de l'estuaire de la Rance ; 10 341 hab. *(Dinardais).* Station balnéaire. Casino. Musée de la Mer.

DINARIQUES *(Alpes* ou *Chaînes),* ensemble montagneux (Bosnie-Herzégovine, Slovénie et Croatie) qui s'étend des Alpes slovènes aux Rhodopes, entre l'Adriatique d'une part, le bassin pannonien et le sillon de la Morava d'autre part. Il doit son nom à l'une de ses chaînes, la *Dinara* (1 913 m). Le tourisme (grottes ouvertes dans les calcaires) anime localement le Nord-Ouest, mais l'économie est à dominante pastorale et forestière, en dehors de quelques centres miniers et villes (dont Sarajevo est la principale).

DINARQUE, orateur grec (Corinthe v. 360 av. J.-C. - Athènes 292 av. J.-C.). Élève de Théophraste, il débuta comme logographe. On a conservé seulement trois de ses plaidoiries, relatives à l'affaire d'Harpale*.

DINASSAUT n. f. (abrév. de *division navale d'assaut*). Unité navale composée de petits bâtiments légers, spécialisés dans les opérations de débarquement. (Les dinassauts ont joué un rôle très important dans les opérations d'Indochine de 1946 à 1954.)

DÎNATOIRE adj. Se dit d'un repas, d'une collation qui sert de dîner.

DINDE n. f. (de *poule des Indes occidentales* [l'Amérique]). **1.** Femelle du dindon. — **2.** Dinde ou dindon cuit et apprêté. — **3.** *Fam.* Femme ou fille sotte et prétentieuse.

DINDIGUL, v. de l'Inde (Tamil Nadu), au N.-N.-O. de Madurai ; 170 000 hab.

DINDON n. m. (de *dinde*). **1.** Oiseau gallinacé originaire d'Amérique du Nord, introduit en Europe au XVIe s. et donnant lieu à un élevage industriel pour la production de viande. — **2.** *Fam.* Homme vaniteux et stupide, facile à berner. — **3.** *Être le dindon de la farce,* être dupe dans une affaire ; susciter la risée des gens.

ENCYCL. Il existe deux espèces sauvages, le dindon ocellé, *Agriocharis ocellata,* et l'espèce qui a fourni la race domestique, *Meleagris gallopavo,* famille des méléagridés. Les dindons ont un plumage brun à reflets métalliques vert brillant, le front, la tête et le cou nus, avec des caroncules érectiles, et la queue formée de dix-huit rectrices. Leur élevage se fait selon les techniques industrielles. Les animaux des troupeaux commerciaux ont un plumage blanc. Ceux destinés à la production de chair sont abattus à un âge compris entre 18 et 23 semaines, le poids vif des femelles étant de l'ordre de 7 kg, celui des mâles pouvant dépasser 13 kg à 23 semaines.

DINDONNEAU n. m. Jeune dindon, jeune dinde.

DINDONNER v. t. (de *dindon*) [conj. 3]. *Fam.* et *vx.* Berner qqn, le tromper.

DINE (Jim), peintre américain (Cincinnati 1935). Créateur de happenings et d'environnements, il développe à partir de 1960 une peinture où, tout en employant une facture proche de l'expressionnisme abstrait, il affirme la prépondérance de l'objet banal et de sa représentation (outil,

« cœur », vêtement, etc.) avec une invention pleine de poésie et d'humour.

1. DÎNER v. i. (bas. lat. *disjejunare,* cesser de jeûner, devenu *disjunare*) [conj. 3]. **1.** Prendre le repas du soir. – **2.** *Vx.* Prendre le repas principal de la journée : *Aller dîner sur l'herbe.* – **3.** En Suisse, en Belgique et au Canada, prendre le repas de midi.

◆ v. t. ind. Manger pour son dîner : *Ils dînèrent de pain et de fromage.*

2. DÎNER n. m. (de *dîner 1*). **1.** Repas du soir ; moment où l'on dîne. – **2.** Ensemble des aliments composant ce repas. – **3.** Repas au menu soigné servant de réunion : *Dîner de gala.* – **4.** En Suisse, en Belgique et au Canada, repas de midi. – **5.** Entre comme premier élément dans la composition de quelques mots, avec ou sans trait d'union (le mot mis en apposition désigne l'activité qui accompagne et caractérise le dîner) : *Dîner-spectacle.*

DÎNETTE n. f. (de *dîner 2*). **1.** *Fam.* Petit repas que les enfants font ensemble ou avec leur poupée. – **2.** *Fam.* Repas léger. – **3.** Jouet constitué d'un service de vaisselle miniature.

DÎNEUR, EUSE n. Personne qui dîne, prend part à un dîner.

DING ! interj. (onomat.). Indique un coup sonore (un coup de sonnette, de cloche).

DINGELSTEDT (Franz, *baron* VON), écrivain allemand (Halsdorf, Hesse, 1814 - Vienne 1881). Historien du théâtre (Molière, Shakespeare), directeur du « Burgtheater » de Vienne, il a laissé des recueils de vers de tendance révolutionnaire (*Chants d'un veilleur de nuit cosmopolite,* 1841).

DINGHY [dingi] n. m. (pl. *dinghys* ou *dinghies*) [angl. *dinghy,* du hindī *dīngī*]. **1.** Petite embarcation de course à voile ou à moteur. – **2.** Canot en caoutchouc embarqué à bord des avions, se gonflant instantanément en cas d'amerrissage forcé.

DING LING ou **TING LING** (Jiang Bingzhi ou Kiang Ping-tche, dite), romancière chinoise (Changde, Hunan, 1904 - Pékin 1986). Ses romans et nouvelles témoignent de son féminisme et de son engagement politique (*Le soleil brille sur la rivière Sanggan,* 1948).

1. DINGO n. m. (angl. *dingo*). Chien sauvage d'Australie, qui chasse en troupeaux et attaque parfois les moutons.

2. DINGO adj. et n. (de *dingue*). *Pop.* Fou.

DINGUE adj. et n. (p.-ê. de *dinguer*). *Fam.* Bizarre, étrange, fou : *C'est une maison de dingues.*

◆ adj. *Fam.* Qui frappe par son caractère excessif ; délirant : *Des prix dingues.*

DINGUER v. i. (onomat. *ding-,* exprimant le balancement) [conj. 3]. *Pop.* **1.** Tomber brutalement, être projeté avec violence : *Les livres dinguaient dans la pièce.* – **2.** *Envoyer dinguer,* éconduire brutalement qqn, se débarrasser de qqn, de qqch sans ménagement ; envoyer promener.

DINGUERIE n. f. *Pop.* Folie, absurdité.

DINICHTHYS [-niktis] n. m. (gr. *deinos,* terrible, et *ikhthus,* poisson). Très grand poisson fossile du dévonien, carnassier, dont la taille pouvait dépasser 8 mètres.

DINIS (Joaquim Guilherme Gomes COELHO, dit **Júlio**), écrivain portugais (Porto 1839 - *id.* 1871), célèbre pour ses trois romans *le Recteur et ses pupilles* (1866), *l'Héritière de la Cannaie* (1868), *Une famille anglaise* (1868).

DINIS DA CRUZ E SILVA (António), poète portugais (Lisbonne 1731 - Rio de Janeiro 1799), célèbre par son poème héroï-comique *le Goupillon* (1802).

DINITRER v. t. (conj. 3). Nitrer deux fois.

DINITRILE n. m. Composé possédant deux fois la fonction nitrile.

DINITROBENZÈNE [-bɛ̃-] n. m. Dérivé dinitré du benzène $C_6H_4(NO_2)_2$. (L'isomère méta est employé dans l'industrie des explosifs et dans celle des colorants.)

DINITROCRÉSOL n. m. Dérivé dinitré d'un crésol, utilisé comme herbicide sélectif des céréales et comme insecticide pour le traitement des arbres fruitiers.

DINITRONAPHTALÈNE n. m. Dérivé dinitré du naphtalène $C_{10}H_6(NO_2)_2$. (Il entre dans la composition de certains explosifs.)

DINITROPHÉNOL n. m. Dérivé dinitré du phénol, utilisé comme indicateur coloré et comme intermédiaire en synthèse organique.)

DINITROTOLUÈNE n. m. Dérivé dinitré du toluène. (Certains isomères sont utilisés pour préparer des colorants et des polymères.)

DINKAS, population nilotique du Soudan (province de Bahr el-Ghazal), d'environ un million d'individus.

DINKELSBÜHL, v. d'Allemagne (Bavière), au N.-O. de Nördlingen ; 8 000 hab. Cité médiévale pittoresque. Église St-Georges, bel exemple d'église-halle tardive (2e moitié du XVe s.).

DINOBRYON ou **DINOBRYUM** [-brijɔm] n. m. Protiste chlorophyllien flagellé, très commun dans les mares et les lacs.

DINOCÉRATE n. m. Mammifère fossile de l'éocène d'Amérique du Nord, aux allures de rhinocéros mais pourvu de fortes canines supérieures.

DINOFLAGELLÉ n. m. Syn. de PÉRIDINIEN.

DINOPHYSIS n. f. Protiste péridinien marin à pigment jaune, en forme de bourse resserrée sous un couvercle, redoutable prédateur des parcs à huîtres (taille 0,5 à 1 mm).

DINOPIS [-pis] n. m. (du gr. *ôps, opîs,* œil). Grande araignée à pattes très longues, à très gros yeux médians, des régions chaudes.

DINORNIS [-nis] n. m. Nom sc. du *moa**.

DINOSAURE [-zɔr] ou **DINOSAURIEN** n. m. **1.** Reptile fossile caractéristique de l'ère secondaire, terrestre, souvent de très grande taille, dont les nombreuses espèces (plus de 700) sont regroupées en deux sous-ordres: les *saurischiens,* au bassin semblable à celui des autres reptiles, et les *ornithischiens,* au bassin ressemblant à celui des oiseaux (bien qu'ils n'aient aucune parenté immédiate avec ces derniers). – **2.** *Fam.* Personnalité considérable dans tel ou tel domaine (politique, littérature), mais quelque peu encroûtée.

ENCYCL. Issus de petits reptiles bipèdes et carnassiers, les dinosaures se sont ensuite fortement diversifiés : parmi les saurischiens, les *théropodes* sont restés carnivores, devenant parfois gigantesques (allosaure, tyrannosaure), une lignée (celle des cœlurosaures) étant à l'origine des oiseaux. Les *sauropodes,* devenus herbivores et quadrupèdes, ont fourni les plus grands animaux terrestres de tous les temps (diplodocus, brontosaure). Les ornithischiens, tous herbivores, comprennent également des formes bipèdes (iguanodon, hadrosaure, etc.) et des formes quadrupèdes, dotées pour la plupart d'un impressionnant arsenal défensif (cornes, plaques ou cuirasses), à l'image du tricératops et du stégosaure. Les raisons de la disparition, relativement brusque et simultanée, de ces animaux puissants et bien adaptés, à la fin du crétacé, ne sont pas éclaircies.

DINOTHÉRIUM [-terjɔm] n. m. Mammifère proboscidien fossile du miocène, dont les défenses étaient portées par la mâchoire inférieure et tournées vers le bas, ce qui suggère qu'il se nourrissait en déterrant des tubercules comestibles. (Il avait probablement une forte trompe.)

DINSLAKEN, v. d'Allemagne (Rhénanie-du-Nord-Westphalie), dans la Ruhr ; 57 300 hab. Houille.

DIOCÉSAIN, E adj. (lat. ecclés. *diocesanus*). **1.** Qui est rattaché principalement au service du diocèse. – **2.** *Associations diocésaines,* en France, associations reconnues selon les lois des 1er juill. 1901, 9 déc. 1905, 2 janv. 1907 (loi de séparation de l'Église et de l'État et lois cultuelles), autorisées par Rome en 1924 et destinées à fournir le support juridique à l'exercice du culte catholique.

◆ n. Fidèle d'un diocèse.

DIOCÈSE n. m. (lat. *diocesis,* du gr. *dioikêsis*). **1.** Dans l'Église catholique, circonscription ecclésiastique sur laquelle un évêque, en communion avec l'Église de Rome, a juridiction. – **2.** Circonscription administrative de l'Empire romain. (→ *encycl.*)

ENCYCL. **Antiq.** Après avoir morcelé les provinces, Dioclétien, en 297-298, les regroupa au sein de 12 diocèses, comprenant chacun, en moyenne, 8 provinces. Ces diocèses étaient confiés à des « vicaires », fonctionnaires équestres sous les ordres directs des empereurs qui contrôlaient et surveillaient les gouverneurs de province, répartissaient les impôts, intervenaient en matières militaire et judiciaire.

DIOCLÉE, prov. médiévale qui occupait approximativement le territoire actuel du Monténégro et une partie de l'Albanie.

DIOCLÉTIEN, en lat. **Caius Aurelius Valerius Diocles Diocletianus** (près de Salone, auj. Split, 245 - *id.* 313), empereur romain (284-305). Proclamé empereur par ses soldats (284), il s'associe Maximien, nommé césar en 286 et auguste en 287. Dioclétien lui confie l'Occident et se réserve l'Orient. Maximien réprime le soulèvement des Bagaudes et repousse les Germains. En Orient, Dioclétien reprend une partie des territoires de Mésopotamie et étend son protectorat sur l'Arménie. La seconde partie du règne (293-305) débute avec l'établissement de la tétrarchie. Pour faire face aux dangers nouveaux qui menacent l'Empire (usurpation de Carausius en Bretagne, offensive perse en Orient), Dioclétien désigne deux césars, Constance Chlore et Galère, en qualité d'adjoints aux deux augustes. Dioclétien adopte Galère, et Maximien Constance Chlore. De 293 à 296, Constance pacifie la Gaule et la Bretagne. Pendant ce temps, Maximien contient les Germains, puis rétablit l'ordre en Afrique du Nord. En Orient, Galère pacifie les régions danubiennes, tandis que Dioclétien lutte contre le roi de Perse Narsès, réoccupant toute la Mésopotamie et établissant le protectorat de Rome sur l'Arménie et l'Ibérie.

Après 297, Dioclétien se consacre à la réorganisation générale de l'Empire. Il prépare la séparation de l'armée sédentaire des frontières et de l'armée mobile de l'intérieur, qui fait fonction de réserve, et accroît le nombre des unités combattantes. Il morcelle et multiplie les provinces, mais les regroupe en 12 diocèses. Le réseau routier est refait. À Rome, les monuments sont restaurés et de nouveaux thermes édifiés. Les impôts sont réorganisés. De nouveaux ateliers monétaires frappent de nouvelles pièces. Pour

arrêter la hausse des prix est fixé un maximum des prix de vente (*édit du maximum,* 301), qui se révèle inefficace.
Dans le domaine religieux, Dioclétien persécute les manichéens en 297 et les chrétiens à partir de 303. L'édit déclarant le christianisme incompatible avec la théologie du pouvoir tétrarchique est promulgué à Nicomédie et déclenche la « grande persécution » qui fait des martyrs en Italie, en Afrique et en Orient (303-313).
Dioclétien, vieilli et usé par le travail, abdique en 305, ainsi que Maximien, et se retire près de Salone, dans un magnifique palais qu'il s'est fait construire et dans les ruines duquel s'est édifiée la ville de *Spalato* (auj. Split).

DIODE n. f. (angl. *diode*). **1.** Tube électronique à deux électrodes (cathode et anode) utilisé comme redresseur de courant. — **2.** Dispositif redresseur à semi-conducteur constitué d'une jonction P-N. — **3.** *Diode à plasma,* appareil convertissant directement l'énergie thermique en énergie électrique.
ENCYCL. Une diode à semi-conducteur permet le passage du courant de sa zone P, riche en trous, vers sa zone N, riche en électrons. À l'inverse, le passage du courant est difficile de N vers P car chacune des zones est pauvre en porteurs utiles. On tire parti de cet effet pour le redressement et la détection du courant.

DIODONTIDÉ n. m. Poisson globuleux des mers chaudes, couvert de fortes épines érectiles, à la denture soudée en un bec, à la chair vénéneuse et qui se nourrit de mollusques et de polypiers. (Les *diodontidés,* ou poissons porcs-épics, forment une famille.)

DIODORE de Sicile, historien grec (Agyrion, Sicile, v. 90 - fin du Ier s. av. J.-C.). Il travailla à Rome plus de 30 ans à une *Bibliothèque historique* rédigée en grec, en 40 livres, dont 15 nous sont parvenus ; c'est un tableau de l'histoire universelle, des origines à la conquête de la Gaule par César.

DIODOTE, orateur athénien (Ve s. av. J.-C.). Adversaire du démagogue Cléon, il fit rapporter la décision de massacrer tous les habitants de Mytilène (Lesbos), qui s'étaient révoltés contre Athènes (427 av. J.-C.).

DIODOTE Ier, roi de Bactriane (v. 240 av. J.-C.). D'abord gouverneur, il se déclara indépendant et fonda une monarchie. — Son fils, **Diodote II,** lui succéda vers 238 et fut détrôné vers 230 par Euthydème.

DIŒSTRUS [diestrys] n. m. Arrêt hivernal des cycles œstriens des femelles, chez de nombreux mammifères.

DIOGÈNE n. m. (de *Diogène,* n. pr., parce que ces crustacés traînent avec eux la coquille où ils logent leur abdomen). Pagure commun dans les mers d'Europe sur les fonds sableux, en eau peu profonde.

DIOGÈNE d'Apollonie, philosophe grec (Apollonia, Crète, v. 460-390), disciple d'Anaximène. Il modifia la doctrine de l'école ionienne par des emprunts faits à Anaxagore. Il admet que l'air est l'élément primordial, constitutif de toutes choses. Aristote cite de lui une description des veines, remarquable témoignage de ses investigations anatomiques.

DIOGÈNE le Cynique, philosophe grec (Sinope v. 404 av. J.-C. - v. 323). Il est le plus célèbre des disciples d'Antisthène. Aucun texte ne subsiste de lui ; sa philosophie est reconstituée par des recoupements de textes contemporains et ultérieurs. La vertu, selon lui, est le souverain bien. La science, les honneurs, les richesses sont de faux biens qu'il faut mépriser. Dénoncer partout les conventions sociales et leur opposer la nature, tel est le principe de sa philosophie ; il faut s'affranchir du désir, réduire ses besoins au minimum. Sa philosophie a suscité nombre d'anecdotes édifiantes, aussi piquantes qu'improbables ; sa demeure habituelle aurait été un tonneau ; Alexandre le Grand lui aurait demandé un jour s'il désirait quelque chose : « Oui, aurait-il répondu, que tu te retires de mon soleil. »

DIOGÈNE Laërce ou **de Laërte,** écrivain grec (Laërte, Cilicie, probablement dans la première moitié du IIIe s. apr. J.-C.). Il est l'auteur des *Vies, doctrines et sentences des philosophes illustres,* en 10 livres. C'est une compilation où se mêlent au hasard biographies et anecdotes.

DIOÏCITÉ n. f. Caractère des espèces dioïques.

DIOÏQUE [diɔik] adj. (du gr. *oikos,* maison). Se dit des espèces végétales (chanvre, dattier, mercuriale, lychnis) composées de pieds mâles et de pieds femelles séparés.

DIOIS, massif des Préalpes (Drôme), au S. du Vercors, dominant la haute vallée de la Drôme, à l'E. et au S. de *Die ;* 2 041 m.

DIOL [diɔl] n. m. Syn. de DIALCOOL.

DIOLAS, population nigéro-congolaise du groupe atlantique occidental occupant les rives de la Casamance, au sud du Sénégal. (Elle compte plus de 350 000 représentants.)

DIOLÉFINE [diɔ-] n. f. Syn. de DIÈNE.

DIOMÈDE, roi de Thrace, fils d'Arès et de Pyrène. Il nourrissait ses cavales de chair humaine. Héraclès le vainquit et le fit dévorer par ses propres juments.

DIOMÈDE, un des principaux héros de *l'Iliade* et du cycle troyen. Roi d'Argos, compagnon d'Ulysse, il prit part à la guerre de Troie, où il accomplit un grand nombre d'exploits. Il lutta contre Hector et Enée et, avec l'aide d'Athéna, blessa Aphrodite et Arès. Après son retour à Argos, où le poursuivit le ressentiment d'Aphrodite, il reprit la mer et se fixa en Italie méridionale.

DION de Syracuse, homme d'État syracusain (Syracuse 409 av. J.-C. - *id.* 354), beau-frère de Denys l'Ancien et oncle de Denys II, le Jeune. Il fit venir Platon une seconde fois à Syracuse pour tenter de réformer les conceptions et la vie de Denys le Jeune. Lui-même, condamné à l'exil (366), partit pour la Grèce, où il fréquenta l'Académie. Il revint en Sicile en 357 et parvint à affirmer son autorité sur Syracuse comme stratège autocrator (355). Il fut assassiné l'année suivante par le chef du parti populaire.

DION CHRYSOSTOME, rhéteur et philosophe grec (Prousa, auj. Brousse, Bithynie, 30 apr. J.-C. - Rome 117). Il popularisa les enseignements des philosophes stoïciens.

DION CASSIUS, en lat. **Cassius Dio Cocceianus,** historien grec (Nicée, Bithynie, v. 155 - *id.* v. 235). Familier de Septime Sévère, puis de Sévère Alexandre, il fit une brillante carrière dans l'administration impériale. Il rédigea, en grec, une *Histoire romaine,* bien informée et impartiale, mais dont il ne reste que 25 livres sur 80.

DION (Albert, *marquis* DE), industriel et pionnier français de l'automobile (Nantes 1856 - Paris 1946). Il rencontra, en 1881, Bouton et Trepardoux, constructeurs de moteurs à vapeur, avec qui il s'associa. Leur premier brevet (1883), concernant un moteur à vapeur, fut utilisé pour un quadricycle en 1884. De Dion fut l'un des fondateurs de l'Automobile-Club de France (1895), prit de très nombreux brevets et, en 1905, défendit l'idée d'une voiture militaire blindée.

DION (Roger), géographe français (Argenton-sur-Creuse 1896 - Neuilly-sur-Seine 1981). Auteur d'une thèse sur *le Val de Loire* (1934), d'un *Essai sur la formation du paysage rural français* (1934) et surtout d'une *Histoire de la vigne et du vin en France* (1959).

DIONE n. f. Syn. de DICÉTONE.

DIONÉ, fille d'Ouranos et de Gaia. Aimée de Zeus, elle fut la mère d'Aphrodite.

DIONÉ, quatrième satellite de Saturne découvert en 1684. Diamètre : 1 120 km. Densité : 1,4. Demi-grand axe de son orbite : 377 420 km. Période de révolution : 2 j 17 h 41 min. On l'imagine constitué surtout de glace. Sa surface présente de nombreux cratères météorologiques.

DIONÉE n. f. (lat. sc. *dionœa ;* de *Dioné,* n. myth.). Plante insectivore des tourbières du sud-est des États-Unis.

ENCYCL. La feuille de la dionée se termine par une partie à deux valves bordées d'épines ; au moindre contact d'un objet solide tel qu'un insecte, les valves se rabattent l'une vers l'autre, la proie est capturée, digérée vivante par des sucs acides et son contenu nutritif est absorbé par la plante, ce qui remédie à l'extrême pauvreté des tourbières en aliments azotés.

DIONISSI ou **DIONYSOS,** dit aussi **le maître Denis,** peintre russe d'origine grecque (v. 1440 - apr. 1502), auteur du cycle de peintures murales consacrées à la Vierge (1500-1502) dans la cathédrale du monastère de Thérapontе, près de Vologda.

1. DIONYSIEN, ENNE ou **DIONYSIAQUE** adj. (gr. *dionusiakos*). **1.** Relatif au culte et aux fêtes de Dionysos. — **2.** Relatif au dionysisme. — **3.** *Litt.* Propre à un enthousiasme débridé.

2. DIONYSIEN, ENNE adj. et n. (gr. *Dionusios,* Denys). De Saint-Denis, commune de la banlieue parisienne.

DIONYSIES [-zi] n. f. pl. (gr. *Dionusia*). Fêtes en l'honneur de Dionysos.

ENCYCL. Le rituel dionysiaque était caractérisé par des processions très animées, où chanteurs et danseurs interprétaient un hymne dit *dithyrambe.* Beaucoup des participants, peut-être sous l'effet du vin, entraient dans un délire mystique. Dans les cités, et notamment à Athènes, les dionysies représentaient dans l'année six périodes de fêtes ; les plus importantes étaient les *grandes dionysies,* célébrées au printemps pendant six journées. Les trois dernières étaient consacrées à des représentations de la vie du dieu, d'où se sont dégagées progressivement la tragédie et la comédie grecques.

DIONYSISME n. m. Pour Nietzsche, conception opposée à l'apollinisme et qui se caractérise par la reconnaissance du caractère foisonnant, exubérant de la vie.

DIONYSOS, divinité de l'ancienne Grèce, fils de Zeus et de Sémélé, dieu du Vin et de l'Ivresse, de la Végétation et de la Génération. Sa personnalité paraît être le résultat d'une fusion entre un dieu grec du Vin et des Vignerons et un dieu thrace à mystères. On le représentait suivi d'un joyeux cortège où figuraient les satyres, les silènes, Pan, Priape, les ménades, les thyiades, les bacchantes. On l'a assimilé au *Bacchus* des Romains.

— **Iconogr.** Le type archaïque, très fréquemment figuré sur les vases, est celui d'un dieu barbu, dans la force de l'âge, vêtu d'une longue tunique, couronné de lierre et tenant le thyrse (roseau terminé d'une pomme de pin) ou des vases à boire comme le canthare ou le rhyton. Le fronton est du Parthénon nous montre un éphèbe nu allongé. L'époque classique et hellénistique préfère le type du jeune homme imberbe aux longs cheveux (Dionysos de Thasos). Il est représenté comme un enfant porté par son frère Hermès (groupe d'Olympie) ou un silène (Lysippe).

Dionysos *(théâtre de),* théâtre situé sur le flanc sud de l'Acropole d'Athènes, dans le sanctuaire de Dionysos Eleuthereus. Fondé au début du Ve s. av. J.-C., il fut reconstruit et agrandi en pierre, vers 400 av. J.-C., et remanié au temps de Sulla, de Néron et sous l'archontat de Phaidros (224-225). Il pouvait contenir 17 000 spectateurs. Siège du prêtre de Dionysos et fauteuils de marbre des magistrats conservés.

DIOON n. m. Arbre gymnosperme originaire du Mexique, voisin du cycas. (La moelle et les graines sont très riches en fécule comestible.)

DIOP (Birago), écrivain sénégalais (Ouakam, près de Dakar, 1906 - Dakar 1989). Il a contribué grâce à ses recueils de contes (*les Contes d'Amadou Koumba,* 1947 ; *Contes et Lavanes,* 1963), inspirés de la tradition, au passage de la littérature orale à la littérature écrite.

DIOP (Cheikh Anta), écrivain sénégalais (Diourbel 1923 - Dakar 1986). Ses ouvrages mettent l'accent sur les sources antiques de la pensée nègre (*Antériorité des civilisations nègres : mythe ou vérité historique,* 1967). Il a également été un militant politique actif.

DIOPHANTE, mathématicien de l'école d'Alexandrie. (apr. milieu du IIe s. et av. milieu du IVe s.). Sa vie est très peu connue. Nous sont parvenus deux ouvrages : *les Arithmétiques* et *les Nombres polygonaux,* dont le premier, qui constitue le plus haut point de l'algèbre grecque, a exercé une influence considérable sur le développement des mathématiques arabes et a inspiré les algébristes de la Renaissance.

DIOPSIDE n. m. (gr. *diopsis,* action de voir à travers). Minéral du groupe des pyroxènes, de composition Ca Mg Si_6 O_6, monoclinique, que l'on trouve dans les roches magmatiques basiques et dans certaines roches métamorphiques (pyroxénites, marbres).

DIOPSIS [-psis] n. f. Mouche épineuse des régions chaudes, aux yeux portés sur des pédoncules et dont la larve est nuisible aux graminées.

DIOPTASE n. f. (gr. *diopteuein,* voir dedans). Silicate hydraté naturel de cuivre, rhomboédrique.

DIOPTRE n. m. (gr. *dioptron,* miroir). Surface séparant deux milieux transparents inégalement réfringents.

DIOPTRIE n. f. (de *dioptrique*). Unité de vergence des systèmes optiques (symb. δ) équivalant à la vergence d'un système optique dont la distance focale est de 1 m dans un milieu dont l'indice de réfraction est 1.

DIOPTRIQUE n. f. (gr. *dioptrikê*). Partie de la physique qui s'occupe de l'action des milieux sur la lumière qui les traverse.

◆ adj. Relatif à la dioptrique.

DIOR (Christian), couturier français (Granville 1905 - Montecatini, Italie, 1957). Dessinateur chez Schiaparelli, il travaille comme modéliste chez Piguet (1938) et chez Lelong (1941) avant de fonder sa propre maison à Paris. Il s'impose aussitôt en lançant le style « new-look » : épaules rondes, taille fine, jupe ample et longue, escarpins à talons aiguilles. À sa disparition, sa maison poursuit son expansion sous les auspices d'Yves Saint Laurent, de Marc Bohan, puis de Gianfranco Ferré.

DIORAMA n. m. (du gr. *orama,* vue). Peinture panoramique sur toile présentée dans une salle obscure afin de donner l'illusion, grâce à des jeux de lumière, de la réalité et du mouvement. (Le premier diorama fut créé à Paris, en 1822, par Daguerre et le peintre Charles Marie Bouton.)

DIORI (Hamani), homme politique nigérien (Soudouré, Niger, 1916 - Rabat 1989). Président de la République (1960-1974), il fut renversé par un coup d'État militaire (1974).

DIORITE n. f. (gr. *dioridzein,* distinguer). Roche plutonique constituée de plagioclases acides, d'amphiboles et de micas et, éventuellement, d'un peu de quartz.

DIOSCORE († Rome 530), antipape de sept. à oct. 530.

DIOSCORÉACÉE n. f. (de *Dioscoride,* n. pr.). Plante monocotylédone des régions chaudes, à tige volubile, aux organes souterrains riches en réserves féculentes, aux fleurs en épis unisexués, telle que l'igname. (Les *dioscoréacées* forment une famille.)

DIOSCORIDE, surnommé **Pedanios,** médecin grec (probablement à Anazarbe, Cilicie, Ier s. apr. J.-C.), auteur d'un traité, en grec, *Sur la matière médicale (De materia medica).*

DIOSCURES *(les),* Castor* et Pollux, fils jumeaux de Zeus et de Léda.

DIOSCURIAS, en gr. **Dioskourias,** anc. ville de Colchide. Colonie de Milet, débouché maritime de la Colchide (l'actuelle Géorgie), on l'identifiait au lieu légendaire du débarquement des Argonautes en quête de la Toison d'or. Auj. *Soukhoumi.*

DIOSGÉNINE n. f. Aglucone de diverses saponines, employé pour la fabrication de la progestérone.

DIOSPYROS n. m. (gr. *diospuros*). Nom générique des ébéniers et plaqueminiers.

DIOTIQUE [diɔ-] adj. Se dit d'une stimulation égale ou d'une sensation auditive identique pour chacune des deux oreilles.

DIOUF (Abdou), homme d'État sénégalais (Louga 1935). Premier ministre depuis 1970, il succéda à Senghor, démissionnaire, à la présidence de la République sénégalaise (1981).

DIOULA n. m. Commerçant musulman de l'Afrique occidentale.

DIOULAS ou **DYOULAS,** groupe ethnique mandingue.

DIOURBEL, v. du Sénégal, ch.-l. de région, sur le Dakar-Niger ; 54 000 hab. Huilerie.

DIOXANNE [diɔ-] n. m. Composé hétérocyclique $C_4H_8O_2$. (Obtenu par chauffage du glycol, il est employé comme solvant.)

DIOXINE n. f. Dérivé tétrachloré de la dibenzodioxinne, très toxique (accident de Seveso, en Italie, 1976).

DIOXYDE [diɔ-] n. m. **1.** Syn. de BIOXYDE. — **2.** *Dioxyde de carbone,* syn. de ANHYDRIDE CARBONIQUE*.

DIP n. m. (angl. *dip,* déclivité). Aspect de la courbe de fréquence cardiaque fœtale obtenue sous monitorage, en cas de ralentissement passager du cœur du fœtus. (La présence de dips est un signe d'alarme.)

DIPEPTIDE n. m. Nom générique des amides provenant de la condensation de deux acides aminés.

DIPHASÉ, E adj. Se dit de deux tensions ou de deux courants sinusoïdaux de même fréquence et de même amplitude, déphasés d'un quart de période.

DIPHÉNOL n. m. Composé possédant deux fois la fonction phénol.

DIPHÉNYLAMINE n. f. Arylamine secondaire $(C_6H_5)_2NH$. (Solide fondant à 53 °C, c'est un intermédiaire pour la synthèse de colorants et un stabilisant de la nitrocellulose.)

DIPHÉNYLE n. m. Syn. de BIPHÉNYLE.

DIPHÉNYLÈNE n. m. Radical divalent $-C_6H_4-C_6H_4-$.

DIPHÉNYLPROPYLAMINE n. f. Substance de synthèse appartenant au groupe des analgésiques morphiniques et utilisée comme produit de substitution progressive dans le traitement des héroïnomanies et des morphinomanies. (Syn. MÉTHADONE.)

DIPHILE, poète comique grec (Sinope entre 360 et 350 av. J.-C. - Smyrne apr. 289 av. J.-C.), un des principaux représentants de la comédie nouvelle.

DIPHONÈME n. m. Ensemble constitué par deux phonèmes consécutifs.

DIPHOSGÈNE n. m. Syn. de SURPALITE.

DIPHTÉRIE n. f. (gr. *diphthera,* membrane). **1.** Maladie toxi-infectieuse, épidémique et contagieuse due au bacille de Klebs-Löffler *(Corynebacterium diphteriæ).* [→ encycl.] — **2.** *Diphtérie aviaire,* maladie contagieuse due à un virus qui attaque les volailles âgées de 5 à 12 mois et que l'on peut prévenir par un vaccin.
ENCYCL. La manifestation la plus typique de la diphtérie est l'angine diphtérique, reconnaissable à l'existence de fausses membranes. Un traitement précoce doit être institué ; sinon, des complications peuvent survenir. Dans la localisation laryngée, ou croup, les fausses membranes obstruent le conduit aérien et peuvent aboutir à l'asphyxie et à la mort. La forme maligne associe aux signes locaux de l'angine diphtérique, souvent plus intenses, des signes généraux très sévères traduisant la diffusion de la toxine dans tout l'organisme. Les atteintes viscérales sont multiples, les plus graves étant les paralysies et l'atteinte cardiaque. Le traitement associe la sérothérapie en urgence et l'antibiothérapie. La vaccination est obligatoire. Elle nécessite 3 injections à 3 semaines d'intervalle avec rappel 1 an plus tard, puis tous les 5 ans. On l'associe généralement à d'autres vaccinations (antitétanique, anticoquelucheuse, antipoliomyélitique). La diphtérie est devenue très rare.

DIPHTÉRIQUE adj. et n. Relatif à la diphtérie ; atteint de diphtérie.

DIPHTÉROÏDE adj. Qui a l'apparence d'une fausse membrane diphtérique.

DIPHTONGAISON n. f. Mutation phonique d'une voyelle simple à une voyelle complexe formant une diphtongue (par ex. le passage du latin *bonum* à l'italien *buono*).

DIPHTONGUE n. f. (bas lat. *diphtongus,* du gr. *diphthoggos*). Voyelle complexe dont le timbre se modifie graduellement une fois au cours de son émission (par ex. en anglais [ei] *day,* [ou] *nose ;* en allemand [au], *Haus ;* en espagnol [ue] *muerte ;* en italien [uo] *cuore*). [En français moderne, il n'existe plus de diphtongues : les graphies *eu, au, ou* correspondent à des voyelles simples [ø], [o] et [u].

DIPHTONGUER v. t. (conj. 3). Transformer en diphtongue une voyelle simple.

DIPHYCERQUE adj. Se dit de la nageoire caudale des poissons lorsque ses lobes supérieur et inférieur, identiques, sont séparés par une petite queue vertébrale, comme chez le cœlacanthe. (La caudale est dite *homocerque* lorsque les deux lobes, identiques, ne sont pas séparés par une excroissance ; elle est *hétérocerque* lorsqu'ils sont différents.) [Syn. GÉPHYROCERQUE.]

DIPHYLLODE n. m. Petit paradisier de Nouvelle-Guinée, orangé et vert, dont la queue se prolonge par deux longues plumes.

DIPHYODONTE adj. et n. m. (du gr. *diphuês,* double). Se dit d'un mammifère qui a deux dentitions successives : lactéale et adulte. (C'est le cas général chez les espèces terrestres.) [Contr. MONOPHYODONTE.]

DIPLACOUSIE n. f. Trouble de l'audition qui se traduit par la perception, par une ou par les deux oreilles, d'un même son sous forme de hauteur différente (diplacousie dysharmonique) ou sous forme de deux sons séparés par un court intervalle de temps (diplacousie en écho).

DIPLE n. f. Signe semblable à un V couché (<), qui servait à indiquer les textes empruntés à l'Écriture sainte.

DIPLÉGIE n. f. **1.** Paralysie bilatérale qui affecte simultanément des régions plus ou moins étendues mais symétriques du corps. — **2.** Nom donné à la double hémiplégie quand la paralysie des deux hémicorps ne s'est pas installée simultanément.

DIPLOBIONTE ou **DIPLONTE** adj. et n. m. Se dit d'une espèce animale ou végétale dont les cellules sont diploïdes à tous les stades du cycle reproductif, à la seule exception des gamètes. (Tous les animaux sont diplobiontes ; les végétaux supérieurs le sont presque, leur phase haploïde se réduisant à quelques noyaux cellulaires.)

DIPLOBLASTIQUE adj. Se dit des animaux sans mésoderme, ne présentant qu'une paroi externe, une paroi digestive et des organes issus de ces parois, comme les spongiaires, les cnidaires et les cténaires. (Contr. TRIPLOBLASTIQUE.)

DIPLOCOQUE n. m. Bactérie du groupe des *cocci,* mais dont les éléments sont associés deux à deux (pneumocoque, gonocoque, méningocoque, etc.).

DIPLODOCUS [-kys] n. m. (du gr. *dokos,* poutre). **1.** Dinosaure sauropode fossile dans le jurassique d'Amérique du Nord et remarquable par ses grandes dimensions. — **2.** *Fam.* Personnage important, mais encroûté.

ENCYCL. Certains squelettes de diplodocus mesurent 32 m de long. L'animal, qui pouvait atteindre 25 tonnes, avait un corps massif soutenu par quatre pattes puissantes, une très longue queue, un très long cou, une tête très petite et une denture faible. Il devait se nourrir d'une énorme quantité d'herbes tendres.

DIPLOÉ n. m. (gr. *diploê*). Couche spongieuse intermédiaire située entre les deux tables des os de la voûte du crâne.

DIPLOÏDE adj. (all. *diploid*). Se dit du nombre de chromosomes de l'œuf fécondé. (Il est représenté par 2 *n* par oppos. à *haploïde,* représenté par 1 *n*.)

DIPLOÏDIE n. f. (de *diploïde*). État d'un œuf fécondé ou d'une cellule du soma qui renferme 2 *n* chromosomes.

DIPLOMATE n. Personne chargée de représenter son pays auprès d'une nation étrangère et dans les négociations internationales.

◆ adj. et n. Qui est fin, adroit, habile à négocier, à conduire une affaire : *Elle s'est montrée très diplomate.*

◆ n. m. Pudding à base de morceaux de biscuits, garnis de fruits confits hachés et enrobés de crème anglaise.

DIPLOMATIE [-si] n. f. **1.** Branche de la science politique qui concerne les relations internationales. — **2.** Action et manière de représenter son pays auprès d'une nation étrangère et dans les négociations internationales. — **3.** Fonction, carrière de qqn qui est employé à cette représentation ; corps constitué par ces fonctionnaires. — **4.** Politique extérieure d'un pays, d'un gouvernement. — **5.** Habileté, adresse, souplesse, prudence dans la conduite d'un entretien ou d'une affaire difficile : *Il a manqué de diplomatie dans cette affaire.*

1. DIPLOMATIQUE adj. (lat. sc. *diplomaticus,* de *diploma,* diplôme). **1.** Relatif aux diplomates, à la diplomatie : *Relations diplomatiques. Corps diplomatique.* — **2.** Qui est plein de prudence, d'habileté, de tact : *Un langage peu diplomatique.* — **3.** Fam. *Maladie diplomatique,* maladie alléguée mensongèrement pour justifier une absence ou échapper à une obligation.

2. DIPLOMATIQUE n. f. (de *diplomatique 1*). Science des actes et documents officiels (diplômes, chartes, traités), de leur élaboration, de leur transmission, etc.

◆ adj. **1.** Qui concerne la diplomatique. — **2.** *Critique diplomatique,* critique formelle d'un acte et de son authenticité. ‖ *Édition diplomatique,* édition d'actes selon les règles de la diplomatique.

DIPLOMATIQUEMENT adv. **1.** Par la voie de la diplomatie. — **2.** Avec prudence, circonspection et habileté : *Agir diplomatiquement.*

DIPLOMATISTE n. Spécialiste de diplomatique.

DIPLÔME n. m. (bas lat. *diploma,* du gr. *diplôma,* objet plié en deux). **1.** Pièce émanant de l'autorité légale et destinée à conférer, établir ou confirmer un droit ou un titre : *Diplôme de bachelier, de licencié.* — **2.** Acte solennel qui émanait d'un souverain ou d'un grand feudataire, et authentifié par un sceau. — **3.** Document qui sanctionne la formation du premier degré de l'enseignement militaire supérieur. — **4.** *Diplôme d'études approfondies (D. E. A.)*, diplôme national du troisième cycle de l'enseignement supérieur qui sanctionne une année consacrée à des enseignements théoriques et à une initiation aux pratiques de la recherche. ‖ *Diplôme d'études supérieures spécialisées (D. E. S. S.)*, diplôme national qui prépare, en un an d'études de 3ᵉ cycle de l'enseignement supérieur, à l'entrée dans la vie professionnelle. ‖ *Diplôme d'études universitaires générales (D. E. U. G.)*, diplôme national qui sanctionne le premier cycle des études universitaires. ‖ *Diplôme d'études universitaires scientifiques et techniques (D. E. U. S. T.)*, diplôme national qui sanctionne un premier cycle de formation scientifique et professionnelle. ‖ *Diplôme militaire*, à Rome, livret formé d'un diptyque de bronze qui attestait la mise à la retraite du soldat et les privilèges que l'empereur lui octroyait. (Les soldats des troupes auxiliaires étaient assurés par ce document d'accéder à la citoyenneté romaine.) ‖ *Diplôme universitaire de technologie (D. U. T.)*, diplôme de l'enseignement supérieur sanctionnant une formation générale et professionnelle de deux ans dispensée dans les instituts universitaires de technologie (I. U. T.). ‖ *Diplôme d'université*, diplôme dont l'organisation est laissée à un établissement universitaire et qui sanctionne un enseignement propre à cet établissement.

DIPLÔMÉ, E adj. et n. **1.** Se dit de qqn qui a obtenu un ou plusieurs diplômes. — **2.** *Diplômé par le gouvernement (D. P. L. G.)*, se dit d'un architecte qui a obtenu son diplôme dans l'une des 23 unités pédagogiques d'architecture fonctionnant en France.

DIPLÔMER v. t. (conj. 3). Décerner un diplôme à qqn.

DIPLOMONADALE n. f. ou **DIPLOZOAIRE** n. m. Nom d'ordre donné à de curieux protistes flagellés vivant dans l'intestin des vertébrés et dont tous les organites sont pairs et symétriques, tels que la giardia.

DIPLONTE → DIPLOBIONTE.

DIPLOPHASE n. f. Partie du cycle reproductif d'une espèce pendant laquelle les cellules sont diploïdes. (La diplophase couvre tout le cycle, sauf les gamètes, chez les diplobiontes ; elle est réduite au zygote chez les haplobiontes ; elle occupe une partie du cycle chez les haplodiplobiontes.) [Contr. HAPLOPHASE.]

DIPLOPIE n. f. Trouble de la vision dans lequel on voit les objets doubles, dû souvent à une anomalie des muscles de l'œil.

DIPLOPODE n. m. Mille-pattes dont chaque anneau porte deux paires de pattes, comme le iule et le gloméris. (Les *diplopodes*, qui forment une sous-classe, vivent dans les lieux obscurs et humides ; ils se défendent en s'enroulant et en exsudant un liquide répulsif ; les œufs sont pondus dans une oothèque.)

DIPLOPORE n. m. Algue fossile du trias, à l'origine du calcaire à diplopores, des Alpes orientales.

DIPLORY ou **DIPLORRY** n. m. (pl. *diplor*[*r*]*ys* ou *diplor*[*r*]*ies*) [angl. *lorry*, camion). Véhicule constitué par deux poutres supportées chacune par deux essieux.

DIPLOSPORA n. m. Coccidie parasite de mollusques, de vertébrés terrestres et de l'homme, chez qui elle détermine une entérocolite aiguë.

DIPLOSTÉMONE adj. (du gr. *stêmôn, -onos*, filament). Se dit d'une fleur dont le nombre des étamines (disposées en deux verticilles) est double de celui des sépales.

DIPLOSTRACÉ n. m. Nom d'ordre des crustacés branchiopodes dotés d'une carapace bivalve, tels que les daphnies.

DIPLOTAXIS [-ksis] n. m. Crucifère commune sur les sols pauvres.

DIPLOTÈNE adj. (du gr. *teinein*, tendre vers). Se dit du quatrième stade de la prophase de la première division de la méiose, dans lequel les deux chromatides commencent à se séparer.

DIPLOURE n. m. Insecte très primitif vivant dans la litière végétale des forêts. (Les *diploures*, qui forment un ordre, sont aveugles et décolorés, sans ailes, munis de fortes griffes aux pattes.)

DIPLOZOAIRE → DIPLOMONADALE.

DIPNEUMONE adj. et n. f. (du gr. *peumôn, -onos*, poumon). Se dit des araignées évoluées, qui respirent par une seule paire de poumons et un appareil trachéen. (C'est le cas de la plupart des espèces.) [Contr. TÉTRAPNEUMONE.]

DIPNEUSTE n. m. (lat. sc. *dipneustes*, du gr. *pneîn*, respirer). Poisson actuel ou fossile, osseux, ayant à la fois des branchies et un poumon et apte à vivre, notamment, dans les mares temporaires et les lagunes. (Les *dipneustes* forment une sous-classe.)

ENCYCL. Les dipneustes apparaissent dès le dévonien moyen. Ils ont des écailles cosmoïdes, des nageoires paires à squelette bisérié ; la caudale à évolué par étapes jusqu'à sa forme actuelle à une seule pointe, médiane. Les dipneustes fossiles possédaient des plaques dentaires, adaptées à broyer les coquillages. Les dipneustes actuels constituent l'ordre des cératodiformes.

DIPODIDÉ n. m. Nom de famille attribué aux gerboises.

DIPOLAIRE adj. **1.** Relatif à un dipôle, qui contient un dipôle. – **2.** *Moment dipolaire,* produit q . $\overrightarrow{AB}$ de la charge positive du dipôle par le vecteur $\overrightarrow{AB}$ joignant la charge négative à la charge positive du dipôle. (L'unité SI est le coulomb-mètre. On emploie aussi le debye.)
ENCYCL. **Chim.** Les molécules douées d'un moment dipolaire s'attirent de façon plus forte que celles qui en sont dépourvues ; cela entraîne une cohésion macroscopique plus grande, qui se traduit par des points d'ébullition anormalement élevés et parfois par des phénomènes d'insolubilité.

DIPÔLE n. m. **1.** Syn. courant de BIPÔLE. – **2.** *Dipôle électrique,* ensemble de deux charges électriques ponctuelles très proches, égales et de signes contraires. (Syn. DOUBLET ÉLECTRIQUE.) ‖ *Dipôle magnétique,* entité magnétique qui peut être représentée par une boucle de courant infiniment petite.

DIPROTODONTE n. m. Syn. de PHALANGÉROÏDE.

DIPSACACÉE n. f. Nom de famille attribué à la cardère et aux plantes voisines.

DIPSIQUE adj. Qui concerne le comportement de soif.

DIPSOMANIE n. f. (du gr. *dipsa,* soif). Alcoolisme périodique où des épisodes d'alcoolisation intense alternent avec des épisodes d'abstinence.

DIPTÈRE adj. (gr. *dipteros,* à deux ailes). **1.** Se dit d'un temple, d'un édifice qu'entoure un portique à double rangée de colonnes. – **2.** Se dit d'un insecte n'ayant qu'une seule paire d'ailes. ◆ n. m. Insecte n'ayant qu'une seule paire d'ailes, issues du mésothorax, et dont le métathorax porte seulement une paire d'organes d'équilibration (ou balanciers), recouverts ou non de cuillerons, tel que les mouches, moucherons et moustiques. (Les *diptères* forment un très grand ordre, de plus de 100 000 espèces.)
ENCYCL. L'appareil buccal des diptères est le plus souvent une trompe piqueuse, capable d'aspirer le sang des animaux ou la sève des plantes, parfois une trompe à bout spongieux et à nombreux canaux, comme chez la mouche domestique. Les espèces à corps grêle, longues pattes et longues antennes (« moustiques ») forment le sous-ordre des *nématocères,* les espèces à corps plus massif et à antennes courtes (« mouches ») celui des *brachycères.* Les formes larvaires sont variées, mais il y a toujours une nymphe, dont l'adulte sort par une fente longitudinale chez les *orthoraphes,* tandis que, chez les *cycloraphes* (mouches supérieures), une peau épaisse, ou puparium s'ouvre le long d'une fente circulaire prédéterminée.
Les diptères se nourrissent d'aliments liquides ou rendus liquides par l'action dissolvante de leur salive. Certains sont nuisibles à l'homme, auquel ils transmettent des agents pathogènes (paludisme, maladie du sommeil) ou aux dépens duquel ils vivent (myiases), aux animaux domestiques, qu'ils piquent, aux plantes, qu'ils attaquent, surtout à l'état larvaire. Les espèces floricoles sont butineuses et contribuent à la pollinisation.

DIPTÉROCARPACÉE n. f. (du gr. *dipteros,* à deux ailes). Grand arbre des régions tropicales non américaines, aux fleurs à nombreuses étamines, au fruit sec à deux ailes et dont le tronc sécrète souvent une oléorésine. (Parmi les *diptérocarpacées,* qui forment une famille, de nombreuses espèces sont exploitées pour leur bois ou pour leur huile de bois siccative.)

DIPTYQUE n. m. (bas lat. *diptycha,* du gr. *diptukhos,* plié en deux). **1.** Ouvrage de peinture ou de sculpture (par ex. sur ivoire) composé de deux volets pouvant se refermer l'un sur l'autre. (Moyen Âge surtout.) – **2.** Ouvrage ou ensemble quelconque formé de deux aspects complémentaires. – **3.** Dans l'Antiquité, tablette à deux volets, reliés par une charnière, s'ouvrant et se fermant comme un livre. (La plupart étaient enduits intérieurement de cire pour écrire au stylet.) – **4.** Tablette sur laquelle on inscrivait, dans l'Église ancienne, les noms des évêques, des martyrs, des bienfaiteurs, dont on faisait mention dans la liturgie.

DIPYLIDIUM [-djɔm] n. m. (gr. *dipulos,* à deux portes). Petit ténia du chat, du chien et parfois de l'homme, dont les formes larvaires évoluent dans la puce du chien.

Dipylon, porte double au N.-O. d'Athènes, près de laquelle la Voie sacrée venant d'Éleusis franchissait l'enceinte de la ville. Au-delà de cette porte, au haut archaïsme, s'étendait une nécropole d'où proviennent, entre autres, les vases dits « Dipylon ».

DIRAC (Paul Adrien Maurice), physicien britannique (Bristol 1902 - Tallahassee 1984). Il est l'un des fondateurs de la théorie quantique relativiste. Son « équation d'onde » (1928) lui permit de prédire l'existence du positron, hypothèse confirmée plus tard par la découverte de l'antimatière. Il contribua également à l'élaboration d'une théorie statistique (statistique de Fermi-Dirac). [→ FERMION.] (Prix Nobel de phys. 1933.)

1. DIRE v. t. (lat. *dicere*) [conj. **102**]. **1.** Articuler qqch, le prononcer, le faire entendre grâce à la parole : *Dites « Ah »*. – **2.** Employer un mot, une expression dans une langue, dans un contexte, etc. : *Comment dit-on « chat » en anglais ?* – **3.** Transmettre par la parole une information ; communiquer : *Il m'a dit qu'il viendrait.* – **4.** Demander qqch à qqn, l'en prier, le lui ordonner : *Dites-lui bien qu'il vienne demain.* – **5.** Énoncer tel ou tel type de chose : *Il dit quelque chose d'évident.* – **6.** Prétendre : *Il dit préférer les voyages mais c'est faux.* – **7.** Énoncer tel jugement à l'égard de qqn ou qqch : *On le dit idiot.* – **8.** Réciter ou lire un texte à haute voix : *Dire une prière, un poème.* – **9.** En parlant de qqch, indiquer : *Que disent les analyses médicales ?* – **10.** Exprimer, signifier : *Ses traits fatigués disaient sa lassitude.* – **11.** *Avoir, trouver quelque chose, rien, pas grand-chose à dire,* avoir, trouver ou non à redire, à critiquer, à objecter. – **12.** *Dire (quelque chose) à qqn, ne rien lui dire, ne pas lui dire grand-chose,* lui plaire, le tenter, ne pas lui plaire, ne pas le tenter : *Ce voyage ne me dit rien ;* évoquer qqch, ne rien évoquer à sa mémoire : *Son visage me dit quelque chose.* – **13.** *Vouloir dire qqch,* avoir dans ses propos l'intention de communiquer, d'exprimer telle chose ; signifier, exprimer, avoir pour sens : *Je n'ai pas compris ce qu'il a voulu dire.* – **14.** *À qui le dis-tu, à qui le dites-vous ?,* je ne le sais que trop. ‖ *Avoir quelque chose à dire,* exprimer une pensée originale. ‖ Fam. *Ça dit bien ce que ça veut dire,* c'est évident, cela exprime parfaitement ce qu'il s'agit d'exprimer. ‖ *Cela va sans dire,* c'est tout naturel, évident. ‖ Fam. *Ce n'est pas pour dire (mais...),* excuse qui précède une critique qui pourrait faire mauvaise impression. ‖ *C'est moi qui vous le dis,* c'est sûr ou c'est important. ‖ *C'est rien de le dire !,* il faut l'avoir vu, fait, éprouvé pour savoir ce que c'est. ‖ *C'est tout dire, c'est dire si,* voilà qui dispense de tout commentaire, on voit à quel point... ‖ *Dire la messe,* la célébrer. ‖ *Dire que !,* quand on pense que (exprime l'étonnement, l'admiration, l'indignation). ‖ *Dis (dites), dis-moi (dites-moi), dis donc (dites donc),* attirent l'attention ou traduisent le mécontentement, l'incrédulité, la prière. ‖ *Il n'y a pas à dire,* c'est indiscutable, il faut se rendre à l'évidence. ‖ Fam. *Je ne te dis que ça !,* indique qu'on a été fortement impressionné. ‖ *Je ne te le fais pas dire,* tu le reconnais, tu l'avoues toi-même. ‖ *On dirait qqch, qqn, on dirait que* expriment une apparence, une ressemblance, un fait dont on n'est pas certain : *Regarde cet homme, on dirait Paul.* ‖ *On dit (que)* ou, en incise, *dit-on,* il paraît que, le bruit court (que). ‖ *Pour ne pas dire,* introduit une expression plus forte : *C'est une maladresse, pour ne pas dire une bêtise.* ‖ *Pour tout dire,* en résumé. ‖ *Que dis-je ?,* s'emploie pour corriger, renforcer ce qui vient d'être dit. ‖ Fam. *Que tu dis !, que vous dites !,* c'est toi qui le dis, c'est vous qui le dites, mais c'est contestable. ‖ *Quelque chose me dit que,* je suis instinctivement porté à croire que. ‖ *Qu'est-ce à dire ?,* qu'est-ce que cela signifie ? ‖ *Qui dit... dit,* nommer telle personne ou telle chose revient à en désigner telle autre : *Qui dit conquérant dit oppresseur.* ‖ *S'être laissé dire que,* avoir entendu parler de qqch, avoir une information dont on n'est pas très sûr. ‖ *Savoir, ne pas savoir ce qu'on dit,* parler à bon escient, ou au contraire parler inconsidérément. ‖ Fam. *Tu m'en diras tant, vous m'en direz tant !,* marque l'étonnement.

◆ **être dit** v. pass. **1.** *Dit + n.,* s'emploie apposé à un autre nom pour introduire un surnom, une apposition : *Louis II, dit le Bègue.* – **2.** *À l'heure dite, au jour, au moment dit,* à l'heure ou au moment fixé. ‖ *Il était dit que,* il était fixé par le destin que. ‖ *Il ne sera pas dit que,* je ne supporterai pas, je m'opposerai à ce que. ‖ *Se le tenir pour dit,* ne pas discuter, insister au sujet de qqch ; obéir. ‖ *Soit dit en passant,* pour ne pas s'appesantir sur ce point ; entre parenthèses. ‖ *Soit dit sans vous fâcher, vous offenser, vous vexer, etc.,* précaution oratoire prise avant de faire une critique à qqn. ‖ *Tout n'est pas dit,* rien n'est encore certain.

◆ **se dire** v. pr. **1.** Monologuer intérieurement, penser, avoir une idée : *Je me suis dit qu'il fallait y aller.* – **2.** Prétendre que l'on est tel, se présenter comme tel : *Il se dit attaché à la démocratie.* – **3.** Pouvoir s'employer au nom de critères grammaticaux ou de critères sociaux, moraux : *Ce mot ne se dit pas en français.* – **4.** *On se dirait qqpart,* on se croirait : *On se dirait dans le Midi avec tous ces mimosas.* ‖ *Se dit de,* formule de définition pour indiquer qu'un mot (un adjectif en partic.) s'emploie pour qualifier, pour désigner telle chose ou tel être.

2. DIRE n. m. **1.** *Les dires de qqn,* ce qu'il dit, affirme, déclare. – **2.** *Au dire de, selon, d'après les dires,* d'après son affirmation, son témoignage. – **3.** Mémoire remis à un expert judiciaire. – **4.** Dans le cadre d'une saisie immobilière, observations, prétentions que les créanciers ou le poursuivant ont obligation d'inscrire sur le cahier des charges de la vente, dans un délai très bref, à peine de déchéance de leurs droits.

DIRECT, E adj. (lat. *directus,* droit). **1.** Se dit d'un trajet qui est sans détour, sans intermédiaire : *Quel est le chemin le plus direct d'ici à la ville ?* – **2.** Se dit d'une ligne de transport en commun qui mène d'un lieu à un autre sans changement, sans correspondance : *De Saint-Lazare à Montparnasse, c'est direct en métro.* – **3.** Se dit d'une action qui se fait sans intermédiaire : *Vente directe du producteur au consommateur.* – **4.** Se dit d'une relation entre personnes qui est immédiate, sans intermédiaire : *Son supérieur hiérarchique direct.*

— **5.** Qui est en relation immédiate avec qqch d'autre, qui y est étroitement lié : *Il y a un rapport direct entre ces deux phénomènes.* — **6.** Qui est franc, sans détour, net : *Il a été très direct avec nous. Un langage direct, sans façon.* — **7.** Net, franchement déclaré : *Il est entré en conflit direct avec le maire.* • **Algèbr.** *Automorphisme direct,* automorphisme de E, espace vectoriel de dimension finie non nulle sur $\mathbb{R}$, dont le déterminant est strictement positif. ‖ *Base directe d'un espace vectoriel* E, base ayant la même orientation que la base choisie pour orienter l'espace vectoriel E. ‖ *Somme directe de* n *sous-espaces vectoriels* E_1, E_2, ..., E_n *d'un* K-*espace vectoriel* E, espace vectoriel E tel que tout élément de E peut s'écrire de manière unique $x_1 + x_2 + ... + x_n$, *avec* $x_i \in E_i$. — **Astron.** *Mouvement direct,* mouvement qui s'effectue dans le sens direct autour de la direction du pôle nord du système considéré. — **Ch. de f.** *Voie directe,* dans un branchement ordinaire, voie située dans le prolongement de la voie arrivant en pointe de ce branchement. — **Dr.** *Impôt direct,* impôt assis sur un bien ou une personne et qui passe immédiatement du contribuable au percepteur. — **Géom.** *Angle direct,* angle de couple de vecteurs dont l'image par la forme bilinéaire alternée non nulle qui a servi à orienter l'espace vectoriel est positive. (En général, $(\vec{i}, \vec{j})$ est direct quand la « rotation » qui permet de passer de $\Delta(\vec{i})$ à $\Delta(\vec{j})$ a lieu dans le sens inverse des aiguilles d'une montre [*sens* dit *direct*], $\Delta(\vec{u})$ étant la demi-droite vectorielle engendrée par $\vec{u}$.) ‖ *Repère direct,* repère affine $(x_0, ..., x_n)$ d'un espace affine orienté, tel que $(\overrightarrow{x_0x_1}, ..., \overrightarrow{x_0x_n})$ est une base directe de l'espace vectoriel associé. ‖ *Transformation affine directe,* transformation d'un espace affine qui conserve l'orientation d'une partie quelconque de cet espace. ‖ *Trièdre direct,* trièdre (d_1, d_2, d) de demi-droites deux à deux orthogonales, tel que l'image du dièdre $(d, (d_1d_2))$ par la représentation de l'ensemble des dièdres, choisie pour son orientation, est l'angle droit direct. — **Inform.** Se dit des méthodes d'adressage où l'adresse à rechercher est celle qui est contenue dans le registre d'adresses. — **Ling.** Se dit d'un complément qui n'est pas précédé d'une préposition. (Le terme s'emploie surtout pour le *complément d'objet direct ;* de même, on parle de *complétive directe* pour désigner la proposition qui joue le rôle de complément d'objet direct.) ‖ *Cas direct,* cas exprimant les fonctions grammaticales de sujet et de complément d'objet direct (le nominatif, l'accusatif, l'ergatif). ‖ *Discours, style direct, interrogation directe,* énoncé qui est la reproduction exacte des paroles de quelqu'un à l'intérieur d'un autre énoncé sans l'intermédiaire d'un subordonnant (par ex. *Il dit : « Je ne viendrai pas » ; Il m'a demandé : « Viendras-tu ? »*). — **Mil.** *Ordre direct et naturel,* formation navale dans laquelle les navires ou les divisions sont alignés dans l'ordre du numérotage. — **Polit.** *Suffrage direct,* suffrage par lequel l'électeur désigne l'élu sans l'intervention d'aucun intermédiaire.

◆ **direct** n. m. **1.** En boxe, coup porté devant soi en étendant brusquement le bras. — **2.** Train direct. — **3.** Programme de radiodiffusion sonore ou de télévision diffusé à l'instant même de sa production. — **4.** *En direct,* se dit d'un programme ainsi diffusé.

◆ **directe** n. f. Voie d'ascension se rapprochant le plus possible de la ligne droite entre la base et le sommet de la montagne.

DIRECTEMENT adv. **1.** En ligne directe, sans arrêt, sans détour : *Retourner directement chez soi.* — **2.** Sans intermédiaire ; personnellement : *Ça ne me concerne pas directement.* — **3.** Ouvertement, sans déguisement, sans réserve : *Parler directement.* — **4.** Sans ambiguïté possible ; exactement, totalement : *Son attitude est directement contraire au règlement.*

DIRECTEUR, TRICE adj. (bas lat. *director,* du lat. class. *dirigere,* diriger). Qui dirige, conduit : *Ligne directrice.* • **Algèbr.** *Coefficient directeur d'un polynôme,* coefficient de son terme directeur. ‖ *Terme directeur d'un polynôme,* terme de plus haut degré de ce polynôme. ‖ *Vecteur directeur d'une droite vectorielle,* vecteur non nul de la droite, quelconque, qui engendre la droite vectorielle. — **Mil.** *Pièce directrice,* bouche à feu choisie comme pièce de base pour la préparation, le réglage et la conduite du tir. — **Télécomm.** *Élément directeur,* élément conducteur d'une antenne placé, par rapport à la direction voulue du rayonnement, devant un élément alimenté, en vue de renforcer le rayonnement dans cette direction.

◆ n. **1.** Personne chargée de diriger, d'administrer une entreprise, une société, un établissement scolaire, un club, un service important, etc., d'en coordonner les opérations et de les conduire pour atteindre l'objectif visé : *Directeur d'usine.* — **2.** Chef de service dans une administration ; fonctionnaire chargé d'administrer un service public dans une circonscription administrative. — **3.** *Directeur artistique,* personne qui dirige toute la partie artistique dans un théâtre ou un music-hall et décide de la programmation, des engagements. ‖ *Directeur général,* personne nommée par le conseil d'administration d'une société pour alléger la tâche du président (nommé sur proposition de celui-ci, il ne peut pas être administrateur ; renouvelable à la discrétion du conseil, il est le délégué de celui-ci) ; dans les sociétés à directoire, membre du directoire investi par le conseil de surveillance du pouvoir de traiter avec les tiers. ‖ *Directeur de la photographie,* technicien responsable des prises de vues, dont le rôle est de définir et de régler tout ce qui concourra à la qualité visuelle du film (cadrage et composition de l'image, éclairage, truquages, etc.). ‖ *Directeur de scène,* personne qui dirige les différents services de la scène et la marche d'un spectacle.

◆ **directeur** n. m. **1.** Chacun des cinq membres qui composaient, en France, le Directoire exécutif de 1795 à 1799. (Prend généralement une majuscule en ce sens.) – **2.** *Directeur spirituel* ou *directeur de conscience,* guide de la vie spirituelle.

◆ **directrice** n. f. **1.** Courbe servant à définir une surface réglée. – **2.** Droite servant à la définition métrique des coniques. – **3.** Dans une turbine, chacune des aubes, généralement fixes, qui dirigent le fluide moteur vers les aubes, dites réceptrices, d'une roue mobile auxquelles ce fluide cède son énergie.

DIRECTIF, IVE adj. (lat. *directum,* de *dirigere,* diriger). **1.** Qui tend à donner des orientations précises, une direction très ferme, en laissant peu de place à la spontanéité : *Pédagogie directive.* – **2.** *Antenne directive,* antenne conçue pour produire ou capter un rayonnement dans une direction privilégiée. ‖ *Entretien directif,* forme d'entretien dans laquelle l'attitude et les questions de l'interviewer orientent les réponses de l'interviewé.

DIRECTION n. f. (lat. *directio, -onis,* ligne droite, de *dirigere,* diriger). **1.** Ligne suivant laquelle qqn, qqch se déplace : *Les pétards partaient dans toutes les directions.* – **2.** Voie suivie, côté vers lequel on va, orientation d'une action ; sens : *La conversation prit alors une autre direction.* – **3.** Action de diriger l'exécution de qqch, d'être à la tête d'une opération collective, ou d'organiser, de gérer, d'administrer une entreprise ; fonction, poste de directeur : *Orchestre placé sous la direction de tel chef.* – **4.** Personne(s) à la tête d'une entreprise ; local ou bâtiment où se tient cette personne ou ce service : *Selon les syndicats, la direction refuse toute négociation.* – **5.** Suivi d'un nom de lieu, indique le lieu vers lequel on se dirige et en partic. le terminus d'une ligne de métro, de bus, etc. : *Direction Château-de-Vincennes.* – **6.** *Perdre le contrôle de sa direction,* ne plus être maître de son véhicule. • **Arm.** *Direction repère,* alignement matérialisé sur le terrain, en vue du tir, par un jalonnement de piquets. – **Autom.** Ensemble des organes qui, commandés par le volant, permettent d'orienter les roues avant directrices. (→ *encycl.*) – **Ch. de f.** *Indicateur de direction,* signal comportant autant de feux blancs qu'il y a de directions possibles en aval et donnant au mécanicien, par le nombre de feux blancs, l'indication de la direction qui lui est donnée, comptée à partir de la gauche. – **Géom.** Classe d'équivalence définie dans un ensemble de droites ou de plans par la relation de parallélisme. – **Organ.** *Direction par objectifs (D. P. O.),* méthode de direction des entreprises, fondée sur la décentralisation des responsabilités, la fixation d'objectifs et de moyens et sur des procédures d'évaluation de résultats. – **Phys.** *Direction d'une force,* direction de l'accélération que cette force imprime au mobile sur lequel elle agit. – **Relig.** *Direction (spirituelle),* action qu'exerce, par ses conseils et ses décisions, un directeur de conscience.

ENCYCL. **Autom.** Une direction comprend un volant, qui, par l'intermédiaire d'une colonne de direction, commande dans un boîtier un engrenage dont le rôle est d'assurer la démultiplication et un certain degré d'irréversibilité du mouvement imprimé par le conducteur. Ce mouvement est ensuite transmis au pivot des roues par des leviers et barres de timonerie. L'ensemble peut être complété par un dispositif de direction assistée, ou servodirection.

Dans la direction à vis et secteur (ou à vis et galet), la colonne de direction entraîne une vis sans fin qui attaque un secteur denté (ou un galet) solidaire de la bielle de direction, ou bielle pendante. Dans la direction à vis et écrou, la vis portée par la colonne traverse un écrou qui, retenu en rotation, se déplace en translation et actionne la bielle pendante. Dans la direction à crémaillère, la colonne, terminée par un pignon, commande le déplacement transversal d'une barre dentée de crémaillère.

DIRECTIONNEL, ELLE adj. **1.** Qui oriente, qui dirige un mouvement : *Phares à commande directionnelle.* – **2.** Qui a un rôle de direction : *Les fonctions directionnelles de Bruxelles.* – **3.** *Haut-parleur directionnel,* haut-parleur qui rayonne davantage d'énergie acoustique dans certaines directions. ‖ *Microphone directionnel,* microphone dont la réponse présente un maximum pour une ou plusieurs directions de l'onde acoustique incidente.

DIRECTISSIME n. f. Voie d'ascension la plus directe d'une montagne.

DIRECTIVE n. f. (de *directif*). **1.** Indication générale donnée par l'autorité politique, administrative, par une direction d'entreprise, etc. ; instruction, ordre (souvent pl.) : *Il nous a laissé ses directives avant de partir.* – **2.** Décision par laquelle l'administration détermine à l'avance la manière dont elle usera de son pouvoir discrétionnaire. – **3.** Instruction générale émanant du haut commandement et exprimant sa pensée ou son idée de manœuvre.

DIRECTIVISME n. m. Caractère ou comportement excessivement autoritaire.

DIRECTIVITÉ n. f. **1.** Fait d'imposer une orientation, des objectifs en exerçant diverses contraintes. – **2.** Propriété caractéristique d'une antenne, exprimée par le rapport de l'intensité du rayonnement produit dans la direction considérée à la valeur moyenne des intensités de rayonnement dans toutes les directions de l'espace.

DIRECTO adv. *Pop.* Directement.

DIRECTOIRE n. m. (lat. *directum,* de *dirigere,* diriger). **1.** Organe collégial dont peut se doter la société anonyme. (→ *encycl.*) – **2.** Organe collégial ayant des fonctions gouvernementales (ex., le Conseil fédéral suisse). – **3.** Conseil d'administration créé, par la Constituante, au chef-lieu de chaque département et de chaque district. – **4.** Calendrier liturgique des fêtes de l'Église catholique. (On le nomme *ordo* s'il est annuel, *ordinaire* s'il est perpétuel.)

ENCYCL. Le directoire, qui assume les fonctions de direction, est composé de 1 à 5 membres, dont la qualité d'actionnaires n'est pas requise, nommés pour 4 ans par le conseil de surveillance. Il est présidé par un président du directoire désigné par le conseil de surveillance.

Directoire, régime qui gouverna la France depuis la fin de la Convention nationale (26 oct. 1795) [4 brumaire an IV] jusqu'au 9 nov. 1799 (18 brumaire an VIII). Ce régime est organisé par la Constitution de l'an III, votée par la Convention le 22 août 1795. Répondant aux vœux de la bourgeoisie, cette Constitution établit la « république des notables ». Elle donne le pouvoir législatif à deux Conseils, les Cinq-Cents et les Anciens, élus au suffrage censitaire, qui exclut les masses populaires, tandis que le pouvoir exécutif est confié à un Directoire de cinq membres (les Directeurs) désignés par les Conseils. Renouvelable par cinquième, tous les ans, ce Directoire ne peut dissoudre les Conseils.

• *Le premier Directoire (oct. 1795-sept. 1797).* Les cinq Directeurs (Barras, Rewbell, Carnot, Letourneur et La Révellière-Lépeaux), comme la majorité des membres des Conseils, sont des anciens conventionnels. Confronté à une grave crise financière qu'il tente de juguler en créant un nouveau papier-monnaie, le mandat territorial (mars 1796), le Directoire doit en outre faire face à l'opposition des jacobins et à celle des royalistes. Les premiers, qui conspirent avec Babeuf pour renverser le régime, sont mis en échec (1796). Contre les seconds, qui triomphent aux élections de 1797 et choisissent un des leurs comme Directeur (Barthélemy), les « triumvirs » (Barras, Rewbell, La Révellière-Lépeaux) font appel à l'armée, qui écarte la restauration monarchique par le coup d'État du 18 fructidor an V (4 sept. 1797) : 177 députés royalistes sont exclus ; Carnot et Barthélemy sont remplacés par F. de Neufchâteau et Merlin de Douai. À ces difficultés intérieures s'opposent, à l'extérieur, les succès de la politique de Bonaparte (indépendante de celle du Directoire), dont la brillante campagne d'Italie (victoires d'Arcole et de Rivoli, 1796-97) aboutit aux préliminaires de Leoben (avr. 1797) [suivis du traité de Campoformio, oct. 1797] et à la création d'États alliés, ou « républiques sœurs » (République Cisalpine et République Ligurienne).

• *Le second Directoire (sept. 1797 - nov. 1799).* Durant cette période, la lutte contre les royalistes et les jacobins se poursuit. En 1798, tandis que 160 émigrés sont exécutés et que 263 prêtres réfractaires sont déportés, les Directeurs, par la loi du 22 floréal an VI (11 mai 1798), annulent les élections favorables aux jacobins. À la faveur d'une période de stabilité, le Directoire entreprend une œuvre réformatrice qui prépare la voie à celle de Napoléon : il réalise la banqueroute des deux tiers de la dette et la consolidation du tiers restant, organise l'administration des contributions, stimule l'industrie, multiplie les écoles centrales et instaure la conscription (« loi Jourdan », 5 sept. 1798). À l'extérieur, il poursuit une politique d'expansion : de nouvelles républiques sœurs sont créées (Républiques romaine et helvétique, févr.-avr. 1798) et Bonaparte entreprend sa campagne d'Égypte (mai). Mais cette politique expansionniste provoque la formation de la deuxième coalition européenne contre la France (déc. 1798), qui est encerclée à l'été de 1799. Les défaites extérieures (à Stockach, Cassano et Novi, 1799) suscitent inquiétude et mécontentement dont profitent les Jacobins pour renverser Merlin de Douai et La Révellière-Lépeaux (remplacés par Ducos et Moulin) [coup d'État du 30 prairial an VII (18 juin 1799)], et faire voter des mesures « terroristes » (levée en masse, loi des otages contre les nobles, etc.). Pour éliminer les jacobins, réviser la Constitution et créer un pouvoir exécutif fort, le Directeur Sieyès fait appel à Bonaparte, qui, par le coup d'État des 18 et 19 brumaire an VIII (9-10 nov. 1799), renverse le Directoire et établit le Consulat*.

Directoire *(style),* style faisant la transition entre le style Louis XVI et le style Empire. C'est un moment de la grande évolution commencée vers 1755 et achevée vers 1830, marquée par une réaction de pureté antiquisante (tour à tour « grecque », « étrusque », voire « égyptienne ») contre les excès du style rocaille. Il se manifeste dès 1787 pour s'achever vers 1803. S'il n'a créé que peu de constructions, les pièces d'orfèvrerie, les meubles, les sculptures sur bois sont nombreux. Il y a des dorures sur bois clair, l'acajou est utilisé et les formes carrées sont en faveur.

DIRECTORAT n. m. Fonction de directeur (d'une institution, d'un organisme, d'un établissement d'enseignement, etc.) ; durée de l'exercice de cette fonction.

1. DIRECTORIAL, E, AUX adj. (de *directeur*). 1. Qui concerne le directeur d'un établissement : *Bureau directorial.* – 2. *Régime directorial,* système politique de la Suisse, où un conseil de 7 membres, élu par le Parlement, exerce en corps l'autorité gouvernementale.

2. DIRECTORIAL, E, AUX adj. (de *Directoire*). Qui appartient au Directoire.

DIRECTORIALISME n. m. Tendance qui caractériserait l'évolution du monde moderne vers une technocratie aussi éloignée du socialisme que du capitalisme.

DIRECTRICE → DIRECTEUR.

DIRÉDAOUA ou **DIRE DAWA,** v. d'Éthiopie, sur la ligne de chemin de fer de Djibouti à Addis-Abeba ; 82 000 hab. Centre industriel.

Direttissima, ligne ferroviaire directe reliant Rome à Florence et permettant de réduire l'ancien parcours de 50 km. Cette ligne est tracée pour une vitesse maximale de 250 km/h en première étape. La section Rome-Cita della Pieve, déjà achevée, est autorisée à 180 km/h.

DIRHAM n. m. (ar. *dirham*). 1. Monnaie d'argent émise par les Arabes du début de l'islām (VIIe s.) jusqu'au XIIIe s. – 2. Unité monétaire du Maroc et des Émirats arabes unis.

DIRICHLET (Peter Gustav **Lejeune-**), mathématicien allemand (Düren 1805 - Göttingen 1859). Il étudia la théorie des nombres, où il démontra l'impossibilité de résoudre l'équation de Fermat $x^n + y^n = z^n$ pour $n = 5$(1825), puis plus tard pour $n = 14$. En analyse, il étudia les critères de convergence des séries et précisa les conditions dans lesquelles une série trigonométrique représente une fonction. En mécanique et en physique mathématique, il résolut le problème dit « de Dirichlet », qui détermine une intégrale par ses valeurs sur un contour fermé.

DIRIGEABLE adj. Qui peut être dirigé.
◆ n. m. Aérostat muni d'organes de propulsion (moteurs et hélices), de direction et de stabilisation.

ENCYCL. Dans les *dirigeables souples,* la forme de la carène est maintenue par la pression intérieure du gaz. Les *dirigeables rigides,* dont le prototype est le zeppelin, ont une carène en alliage léger, formée de larges anneaux reliés entre eux par des poutres longitudinales et dotée d'un revêtement lisse pour diminuer la résistance à l'avancement. L'intérieur est divisé en tranches, dans chacune desquelles se trouve un ballonnet rempli de gaz. À volume égal, ces dirigeables sont plus lourds que les dirigeables souples, en raison du poids de leur charpente, mais ils peuvent atteindre des vitesses plus élevées, grâce à la solidité de leur carène, et transporter un tonnage plus élevé. Dans les *dirigeables semi-rigides,* l'enveloppe du ballon est souple, mais comporte à sa base une quille rigide.
Les études de dirigeables connaissent à présent un certain renouveau, pour tirer parti des atouts de ces appareils : économies d'énergie, possibilité de se passer de grands aéroports, aptitude au soulèvement de charges lourdes. Des formes nouvelles sont envisagées : dirigeables lenticulaires, toroïdaux, etc.
– **Mil.** Les dirigeables ont été employés pendant la Première Guerre mondiale pour servir d'éclaireurs aux forces navales. Au lendemain du conflit, à la suite de quelques accidents spectaculaires, les marines européennes devaient progressivement renoncer à leur emploi. Seule la marine américaine continua à armer des dirigeables « souples » jusqu'en 1962. Aujourd'hui, de nombreux projets de dirigeables sont à l'étude pour permettre de répondre économiquement aux problèmes de surveillance maritime.

DIRIGEANT, E adj. 1.Qui dirige, qui exerce un pouvoir : *Parti dirigeant d'un pays.* – 2. *Classe dirigeante,* groupe social qui exerce une influence prépondérante sur d'autres groupes sociaux dans les domaines économique, politique, idéologique.
◆ n. 1.Personne qui est à la tête d'un organisme quelconque ; chef responsable : *Les dirigeants d'un parti.* – 2. *Dirigeants sociaux,* personnes qui dirigent les sociétés civiles et commerciales (gérant de société civile, de société en nom collectif, de société en commandite, de société à responsabilité limitée et président du conseil d'administration, directeur général et membres du directoire de société anonyme).

dirigeants *(Centre des jeunes)* **[C. J. D.],** appellation prise en 1968 par le *Centre des jeunes patrons,* créé en 1938. C'est une association regroupant des chefs et dirigeants d'entreprise âgés de moins de 45 ans où une réflexion en profondeur s'élabore sur l'entreprise.

DIRIGER v. t. (lat. *dirigere*) [conj. 17]. 1.Orienter qqch, le placer dans une certaine direction ; braquer : *Le gangster dirigeait son arme sur les otages.* – 2. Faire en sorte que qqch soit tourné, orienté, vers un certain but : *Il dirigea la conversation sur un autre sujet.* – 3. Faire aller dans telle ou telle direction, ou indiquer un chemin ; orienter : *Le gardien nous dirigea vers la sortie.* – 4. Orienter qqn vers telle ou telle activité : *Le conseil de classe a dirigé trois élèves vers la seconde C.* — **5.** Être l'élément directeur des actes de qqn ; mener, conduire : *Aucun intérêt ne le dirige.* — **6.** Être à la tête d'un groupe, le commander, assumer la bonne marche d'une action collective, en déterminer l'exécution : *Diriger les recherches d'un groupe d'étudiants.*— **7.** Être le principal responsable de l'administration, de la gestion d'une entreprise, d'une institution, en avoir la direction ; gouverner, administrer, gérer : *Diriger une école.*— **8.** Conduire une exécution musicale. — **9.** Guider, par ses conseils ou ses décisions, qqn en matière spirituelle. — **10.** *Diriger son regard, ses yeux vers, sur,* regarder dans telle direction.

◆ **être dirigé** v. pass. **1.** Être orienté selon une direction ou un plan donné : *Entretien dirigé.* — **2.** *Économie dirigée,* syn. de DIRIGISME.

◆ **se diriger** v. pr. **1.** Avancer, progresser dans une certaine direction, choisir telle ou telle direction : *Elle se dirigea vers la sortie.* — **2.** Trouver son chemin, sa direction : *Il n'est pas facile de se diriger dans le brouillard.* — **3.** Choisir une orientation professionnelle : *Se diriger vers la médecine.*

DIRIGISME n. m. Système dans lequel l'État oriente l'activité économique par ses interventions. (Syn. ÉCONOMIE DIRIGÉE.)

DIRIGISTE adj. et n. Qui relève du dirigisme ; partisan du dirigisme.

DIRIMANT, E adj. (lat. *dirimens, -entis,* qui interrompt). **1.** Se dit des empêchements qui entraînent la nullité d'une union contractée malgré ces empêchements. — **2.** *Litt.* Se dit d'un empêchement radical, formel, absolu : *Une objection dirimante.*

DIRLO n. *Arg. scol.* Directeur(trice).

DIROFILARIOSE n. f. Maladie parasitaire des canidés, des félidés et occasionnellement de l'homme, due à une filaire du genre *dirofilaria.*

DIS- préfixe exprimant la séparation, la différence, la cessation ou le défaut : *dissimilaire, dissymétrie, disgracieux.*

DISAMARE n. f. Fruit sec à deux ailes, tel que celui de l'érable.

DISCAL, E, AUX adj. **1.** Qui concerne un disque intervertébral. — **2.** *Hernie discale,* saillie anormale dans le canal rachidien d'un fragment de disque intervertébral, survenant à la suite d'un effort ou d'un traumatisme. (Cette lésion provoque souvent l'irritation du nerf sciatique, mais aussi du nerf crural, voire d'un nerf du membre supérieur.)

1.DISCALE n. f. (ital. *discalo,* déchet). Déchet par perte de matière qui se produit dans les marchandises transportées ou emmagasinées sans emballage.

2.DISCALE → DISCOMYCÈTE.

DISCARTHROSE n. f. Dégénérescence arthrosique des disques intervertébraux, qui se dessèchent et se fragmentent.

DISCERNABLE [disɛr-] adj. Que l'on peut discerner : *Étoiles discernables à l'œil nu.*

DISCERNEMENT [disɛr-] n. m. **1.** *Litt.* Action de discerner, de distinguer, de discriminer : *Le discernement du vrai du faux.* — **2.** Faculté d'apprécier sainement les choses ; intelligence, sens critique : *Agissez avec plus de discernement.*

DISCERNER [disɛr-] v. t. (lat. *discernere*) [conj. 3]. **1.** Distinguer qqn, qqch plus ou moins nettement, par un effort d'attention, dans un ensemble, une masse, etc. ; percevoir : *Discerner des collines dans la brume.* — **2.** Percevoir qqch, le savoir par l'esprit, la réflexion ; découvrir, démêler : *Je discerne mal quels sont les mobiles de son acte.* — **3.** *Litt.* Distinguer une chose d'une autre, les différencier : *Discerner le vrai du faux.*

DISCIPLE [disi-] n. (lat. ecclés. *discipulus,* élève). **1.** Personne qui reçoit l'enseignement d'un maître, fait partie de son école ; élève : *Les disciples de Socrate.* — **2.** Personne qui suit l'exemple de qqn qu'il considère comme son maître à penser, qui adhère à une doctrine, une conception, etc. ; partisan, fidèle, adepte : *On voit en lui un disciple de Hegel.* — **3.** *Disciple (de Jésus-Christ),* chacun des 12 apôtres de Jésus-Christ ; nom donné aussi à ceux et à celles (70 ou 72) qui le suivaient et l'aidaient et auxquels il confia des missions temporaires d'évangélisation ; désigne également les premiers chrétiens et les chrétiens fervents. ‖ *Le disciple bien-aimé,* saint Jean l'Évangéliste.

Disciple *(le),* roman de Paul Bourget (1889) qui amorça la réaction contre l'esthétique naturaliste.

Disciples du Christ, confession protestante fondée en 1830 aux États-Unis par Alexander Campbell et qui réunit actuellement près de 2 millions de croyants.

DISCIPLINABLE [disi-] adj. (bas lat. *disciplinabilis*). Qui peut être soumis à une discipline, acquérir l'habitude de l'obéissance.

DISCIPLINAIRE [disi-] adj. **1.** Relatif à la discipline d'une assemblée, d'un corps, etc. ; qui a pour but d'imposer la discipline : *Règlement disciplinaire.* — **2.** *Mesure* ou *sanction disciplinaire,* dans la fonction publique, décision par laquelle le supérieur hiérarchique applique une sanction à son subordonné ; sanction infligée à un militaire par ses supérieurs hiérarchiques en application du règlement de discipline générale dans les armées. ‖ *Unité disciplinaire,* nom couramment donné aux compagnies de discipline, puis

aux sections spéciales qui étaient destinées à recevoir les condamnés de droit commun appelés sous les drapeaux, ainsi que les militaires condamnés pendant leur temps de service (les unités disciplinaires n'existent plus depuis 1972).
◆ n. m. Soldat des unités disciplinaires.

DISCIPLINAIREMENT [disi-] adv. En vertu des règles de la discipline.

DISCIPLINE [disi-] n. f. (lat. *disciplina,* éducation). **1.** Branche de la connaissance pouvant donner matière à un enseignement ; matière : *Les disciplines littéraires.* – **2.** Ensemble de lois, d'obligations qui régissent une collectivité et destinées à y faire régner l'ordre ; règlement : *Se plier à la discipline.* – **3.** Aptitude de qqn à obéir à ces règles : *Élèves qui n'ont aucune discipline.* – **4.** Obéissance, soumission aux règles que s'est données le groupe auquel on appartient : *Il fait grève par discipline syndicale.* – **5.** Règle de conduite que l'on s'impose, maîtrise de soi, sens du devoir : *Il s'astreint à une discipline alimentaire très stricte.* – **6.** *Discipline (ecclésiastique),* ensemble de règlements formulés par les apôtres, les papes et les conciles et qui servent de base à la vie extérieure et au gouvernement de l'Église. – **7.** Sorte de fouet utilisé pour se flageller dans un but de mortification et de pénitence. – **8.** *Discipline du feu,* observation, par une troupe au contact de l'ennemi, des consignes d'ouverture du feu et de conduite du tir. ‖ *Discipline de vote,* attitude politique qui consiste, pour les membres d'un parti politique ou d'un groupe parlementaire, à suivre les directives de vote de son parti ou de son groupe.

DISCIPLINER [disi-] v. t. (conj. 3). **1.** Soumettre qqn, un groupe à l'obéissance, à un ensemble de règles qui garantissent l'ordre dans la collectivité où il se trouve : *Discipliner une classe.* – **2.** Parvenir à organiser qqch de façon à en tirer certains effets, le maîtriser : *Discipliner un cours d'eau par des digues.* – **3.** Assujettir qqn à des règles, le plier à une discipline intellectuelle ou morale, éduquer : *Discipliner sa pensée.* – **4.** Mettre ses cheveux dans un ordonnancement strict, voire apprêté.
◆ **être discipliné** v. pass. **1.** Être obéissant, docile, se soumettre à une discipline : *Élèves disciplinés.* – **2.** En parlant des cheveux, être très soigneusement coiffés. – **3.** Fam. *Être bête et discipliné,* obéir aveuglément aux ordres, sans réfléchir.

DISCITE [diskit] n. f. Atteinte infectieuse, inflammatoire ou traumatique d'un disque intervertébral entraînant une détérioration, voire une destruction de celui-ci.

DISC-JOCKEY [diskʒɔkɛ] n. m. (pl. *disc-jockeys*) [amér. *disc-jockey*]. Animateur qui, à la radio, dans un club ou une discothèque, est chargé de programmer et de présenter des disques de variétés.

DISCO n. m. ou f. (abrév. de *discothèque*). Style de musique populaire américaine spécialement destiné à la danse, à la mode de 1975 au début des années 1980.
◆ n. f. *Fam.* Discothèque (sens 4).
◆ adj. **1.** Relatif au disco. – **2.** Se dit d'une mode vestimentaire de la fin des années 70 qui se caractérise par le goût des couleurs violentes, du brillant et du clinquant.

DISCOBOLE n. m. (gr. *diskobolos*). **1.** Athlète grec qui disputait le prix du disque. – **2.** Athlète qui lance le disque.
ENCYCL. **Iconogr.** Dans la statuaire grecque, le discobole est représenté dans les différentes phases de son action. De nombreuses œuvres dérivent d'un original en bronze de Myron (v. 460-450 av. J.-C.).

DISCOGLOSSIDÉ n. m. Crapaud à langue ronde, aux yeux munis de paupières, tel que le sonneur, l'alyte et le discoglosse peint. (Les *discoglossidés* forment une famille.)

DISCOGRAPHE n. Personne qui établit une discographie.

1. DISCOGRAPHIE n. f. (angl. *discography*). Radiographie du disque intervertébral permettant de mettre en évidence une lésion discale chez un sujet souffrant de lombalgie ou de sciatique.

2. DISCOGRAPHIE n. f. (de *disque*). Répertoire des œuvres enregistrées sur disques concernant un compositeur, un interprète ou une matière.

DISCOGRAPHIQUE adj. Relatif à la discographie, à l'industrie du disque.

DISCOÏDE ou **DISCOÏDAL, E, AUX** adj. En forme de disque.

DISCOMYCÈTE n. m. ou **DISCALE** n. f. Champignon ascomycète, caractérisé par des fructifications en forme de coupe largement ouverte, appelées *apothécies.* (Les pezizes, les morilles font partie de l'ordre des *discomycètes.*)

DISCONTINU, E adj. (lat. médiév. *discontinuus*). **1.** Qui n'est pas continu, qui s'interrompt et reprend successivement : *Ligne blanche discontinue.* – **2.** Qui se déroule par à-coups, sans régularité ni continuité ; intermittent : *Effort discontinu.* • **Géol.** Se dit d'une déformation produisant une rupture de la roche. – **Math.** *Fonction discontinue,* fonction qui n'est pas continue. – **Phon.** Se dit d'un phonème dont le spectre est caractérisé par une attaque abrupte. – **Text.** *Fil discontinu,* fil composé de fibres naturellement courtes (coton, laine) ou de fibres chimiques de longueur déterminée.

◆ **discontinu** n. m. Caractère de ce qui est discontinu.
◆ **discontinue** n. f. Consonne réalisée avec une interruption de l'écoulement du flux d'air. (Les occlusives [t], [p], [b] et la vibrante [r] sont des discontinues.) [Contr. CONTINU.]

DISCONTINUER v. i. (lat. médiév. *discontinuare,* interrompre) [conj. 7]. *Sans discontinuer,* sans interruption, sans arrêt : *La pluie tombe sans discontinuer.*

DISCONTINUITÉ n. f. (lat. médiév. *discontinuitas, -atis*). **1.** Absence de continuité matérielle : *Discontinuité d'une ligne.* – **2.** *Litt.* Manque de continuité dans le temps ; interruption : *Les éclairs se succédaient sans discontinuité.* – **3.** Absence de continuité entre des couches sédimentaires. – **4.** Caractère d'une fonction discontinue. – **5.** *Discontinuité de Mohorovičić,* syn. de MOHO.

DISCONVENIR v. t. ind. (lat. *disconvenire*) [conj. 40]. *Ne pas disconvenir de,* convenir de qqch, ne pas le contester, ne pas le nier : *Je ne disconviens pas que vous avez raison.*

DISCOPATHIE n. f. Toute affection touchant un ou plusieurs disques intervertébraux.

DISCOPHILE n. Personne qui aime, recherche et collectionne les disques.

DISCOPHILIE n. f. Intérêt porté aux disques phonographiques.

DISCOPHILIQUE adj. Relatif à la discophilie.

DISCORDANCE n. f. **1.** Rapport musicalement illogique dans une succession ou une simultanéité de sons. – **2.** Absence d'accord entre plusieurs voix ou instruments. – **3.** Défaut d'accord, d'harmonie, d'unité entre les parties d'un ensemble, entre des choses ; incompatibilité : *Il existe des discordances importantes entre les deux témoignages.* – **4.** Contact stratigraphique d'un ensemble sédimentaire où une série de couches repose sur des couches plus anciennes qui ne leur sont pas parallèles et qui témoigne généralement d'une phase tectonique. – **5.** En psychiatrie, syn. de DISSOCIATION. – **6.** En statistique, situation réciproque de deux phénomènes dont les variations sont de sens contraires.

DISCORDANT, E adj. **1.** Se dit de sons, de bruits qui ne sont pas dans un rapport d'harmonie, d'accord ; dissonant, criard : *Des voix discordantes.* – **2.** Qui manque d'unité, d'accord avec qqch d'autre ; incompatible : *Des avis discordants.* – **3.** Se dit d'une formation reposant en discordance sur des terrains plus anciens.

DISCORDE n. f. (lat. *discordia*). *Litt.* Désaccord, dissentiment violent qui oppose des personnes entre elles et les dresse les unes contre les autres : *Semer la discorde.*

DISCORDE, divinité romaine malfaisante.

DISCORDER v. i. (anc. fr. *descorder,* du lat. *discordare,* être en désaccord) [conj. 3]. *Litt.* **1.** Ne pas être en accord, être divergent : *Votre témoignage discorde avec la déposition du gardien.* – **2.** Manquer d'harmonie : *Les voix du chœur discordent.*

DISCOTHÉCAIRE n. Personne chargée du fonctionnement d'une discothèque de prêt.

DISCOTHÈQUE n. f. **1.** Collection de disques classés. – **2.** Meuble servant à ranger une collection de disques. – **3.** Organisme de prêt de disques ; salle, bâtiment où le public peut venir les emprunter et/ou les écouter. – **4.** Établissement où l'on peut danser et écouter de la musique enregistrée tout en consommant.

DISCOUNT [diskaunt ou diskunt] n. m. (angl. *discount*). **1.** Rabais sur les prix consentis par un commerçant en fonction de l'ampleur des commandes et des ventes et de la réduction de ses charges. – **2.** Pratique commerciale consistant à casser les prix.

1. DISCOUNTER [diskaunte ou diskunte] v. i. (conj. 3). Pratiquer le discount.
◆ v. t. Vendre des marchandises en discount.

2. DISCOUNTER [diskauntœr ou diskuntœr] n. m. (angl. *discounter*). Commerçant ou magasin qui pratique le discount.

DISCOUREUR, EUSE n. *Péjor.* Personne qui aime à discourir ; qui fait de longs discours.

DISCOURIR v. t. ind. (lat. *discurrere,* avec l'infl. de *courir*) [conj. 45]. **1.** Parler longuement, de façon ennuyeuse ou avec affectation ; pérorer, disserter : *Discourir sur la politique.* – **2.** S'entretenir avec qqn sur un sujet, bavarder : *Ils discouraient de longues heures sur le passé.*

DISCOURS n. m. (bas lat. *discursus,* avec l'infl. de *cours*). **1.** Développement oratoire, sur un sujet déterminé, dit en public, et en partic. lors d'une occasion solennelle, par un orateur ; allocution : *Discours de bienvenue.* – **2.** Propos tenus par qqn, en général longs : *Je me demande à qui s'adresse ton discours.* – **3.** *Péjor.* Développement lassant et inutile ; vaines paroles : *Un bon exemple vaut mieux que de longs discours.* – **4.** Manifestation écrite ou orale d'un état d'esprit ; ensemble des écrits didactiques, des développements oratoires tenus sur une théorie, une doctrine, etc. : *Le discours marxiste.* • **Hist.** *Discours du trône,* discours par lequel un souverain constitutionnel inaugure les sessions législatives. – **Ling.** Le langage mis en action et assumé par le sujet parlant. (C'est la *parole* au sens saussurien du terme.) ‖ Tout énoncé supérieur à la phrase, considéré du point de vue des règles d'enchaînement des suites de phrases. ‖ *Analyse de (du)* *discours,* discipline connexe de la linguistique qui étudie la structure d'un énoncé supérieur à la phrase *(discours)* en le rapportant à ses conditions de production. (Elle est née en France de la rencontre entre la linguistique et d'autres sciences humaines, notamment l'histoire et la sociologie.) – **Log.** Ensemble d'énoncés liés entre eux par une logique spécifique et consistante, faite de règles et de lois qui n'appartiennent pas nécessairement à un langage naturel, et qui apportent des informations sur des objets matériels ou idéels.

Discours *(les),* poèmes de Ronsard (1562-63), œuvre de polémique contre les réformés.

Discours sur l'histoire universelle, ouvrage de Bossuet (1681), composé pour l'éducation du Grand Dauphin, fils de Louis XIV. C'est une histoire générale, allant des origines du monde à Charlemagne, qui développe une philosophie fondée sur la révélation.

Discours de la méthode pour bien conduire sa raison et chercher la vérité dans les sciences, par Descartes (1637). Cet ouvrage, paru anonymement à Leyde, écrit en français, était destiné à servir de préface à trois traités, la *Dioptrique,* les *Météores* et la *Géométrie.* Il a été traduit en latin en 1644. Descartes y expose sa méthode, faite de quatre règles fondamentales : la première correspond au principe d'évidence (« ne recevoir jamais aucune chose pour vraie que je ne la connusse évidemment être telle ») ; les trois autres sont des règles de raisonnement empruntées aux mathématiques : analyse (diviser chaque difficulté en problèmes élémentaires), synthèse (procéder du plus simple vers le plus complexe) et énumération (s'assurer de l'exhaustivité de ce qui a été analysé). Descartes applique sa méthode à l'astronomie, à la physique et à la biologie ; pour cette dernière, il propose une théorie mécaniciste (animal-machine).

Discours à la nation allemande, ensemble de 14 leçons données à l'université de Berlin par Fichte, en 1807-08. Ce manifeste nationaliste, dirigé contre l'occupant français, exalte la grandeur des Prussiens.

Discours sur l'origine et les fondements de l'inégalité parmi les hommes, ouvrage de Jean-Jacques Rousseau (1755). En réponse à un sujet proposé par l'académie de Dijon, Rousseau démontre que la vie sociale détruit l'harmonie naturelle entre les hommes, la propriété et les lois engendrant l'inégalité et les luttes sociales.

Discours sur les sciences et les arts, ouvrage de Jean-Jacques Rousseau (1750), sur un sujet proposé par l'académie de Dijon. Rousseau montre (à l'opposé des idées chères aux Encyclopédistes) comment les progrès de la civilisation corrompent la nature humaine. Cet ouvrage engagé remporta le premier prix et orienta toute la carrière de son auteur.

Discours de la servitude volontaire, dissertation politique sur la tyrannie, de La Boétie, écrite probablement vers 1553, publiée incomplètement en 1574 puis en 1576 sous le titre *Contr'un.*

Discours sur l'universalité de la langue française, dissertation de Rivarol (1784), apologie de la langue française et du génie national.

DISCOURTOIS, E adj. (anc. fr. *descourtois,* avec l'infl. de l'ital. *discortese*). Qui manque de courtoisie ; impoli, incivil : *Refus discourtois.*

DISCOURTOISEMENT adv. *Litt.* De façon discourtoise.

DISCOURTOISIE n. f. *Litt.* Manque de courtoisie, impolitesse.

Discoverer, famille de satellites américains lancés de 1958 à 1962 pour mettre au point la technique de la récupération d'une capsule spatiale, puis utilisés pour la reconnaissance photographique. Discoverer-13 fut le premier satellite artificiel récupéré, le 11 août 1960.

DISCRÉDIT n. m. **1.** Diminution ou perte d'influence, de considération, de valeur dont jouit qqn ou qqch ; état qui en résulte : *Un ministre, une théorie tombés dans le discrédit.* – **2.** *Jeter le discrédit sur qqn, qqch,* leur nuire auprès de ceux qui les connaissent, dans l'opinion publique.

DISCRÉDITER v. t. (esp. *desacreditar*) [conj. 3]. Faire perdre leur autorité, leur prestige, leur influence, leur valeur à qqn, qqch ; déconsidérer : *Ces volte-face ont fini par le discréditer.*

◆ **se discréditer** v. pr., **être discrédité** v. pass. Perdre son autorité, son crédit : *Une théorie discréditée aujourd'hui.*

DISCRET, ÈTE adj. (lat. *discretus,* de *discernere,* séparer). **1.** Qui agit avec réserve dans ses relations avec autrui, qui veille à ne pas gêner les autres : *Un garçon discret, qui ne se mêle pas des affaires de ses voisins.* – **2.** Qui n'attire pas trop l'attention : *Une toilette discrète.* – **3.** Qui sait garder un secret : *Vous pouvez tout me confier : je serai discret.* – **4.** Qui est retiré, à l'abri des regards : *Trouver un coin discret pour discuter.* • **Astron.** *Source discrète de rayonnement,* source de rayonnement isolée dans le ciel, aux limites bien définies. – **Inform.** Syn. de NUMÉRIQUE. – **Ling.** Se dit d'une unité faisant partie d'un système et que l'on peut isoler, délimiter. (Les phonèmes, constituants des morphèmes, sont des unités discrètes en ce sens que la substitution d'un phonème à un autre entraîne une variation au niveau du morphème : ainsi l'opposition de [p] et [b] dans *pain* et *bain.*) – **Math.** *Espace discret,* ensemble muni de sa topologie discrète.

‖ *Topologie discrète,* topologie définie sur un ensemble E par l'ensemble $\mathcal{T}$(E) des parties de E. (Tout sous-ensemble de E est alors à la fois ouvert et fermé.) — **Phys.** et **Math.** Se dit d'une grandeur, d'une quantité ne pouvant prendre qu'un ensemble fini ou dénombrable de valeurs. (S'oppose à CONTINU.)

DISCRÈTEMENT adv. **1.** Avec discrétion, retenue : *Se retirer discrètement.* — **2.** Avec modération, sans excès : *Se maquiller discrètement.*

DISCRÉTION n. f. (bas lat. *discretio, -onis,* discernement). **1.** Attitude de qqn qui veille à ne pas gêner les autres, à ne pas s'imposer ; retenue, réserve, tact : *Se retirer par discrétion.* — **2.** Caractère de ce qui n'attire pas l'attention : *La discrétion d'un décor.* — **3.** Attitude de qqn qui sait garder un secret : *Vous pouvez compter sur ma discrétion absolue.* — **4.** *À discrétion,* à volonté, autant qu'on veut : *Manger à discrétion.* ‖ *À la discrétion de qqn,* à sa disposition, à sa merci, en son pouvoir.

DISCRÉTIONNAIRE adj. (de *discrétion*). **1.** Se dit d'un pouvoir sans limite, arbitraire, qui s'exerce sans être soumis à une autorité supérieure. — **2.** Se dit du pouvoir de l'Administration lorsque cette dernière est libre de porter une appréciation sur l'utilité et l'opportunité d'une décision à prendre.

DISCRÉTIONNAIREMENT adv. De manière discrétionnaire.

DISCRÉTISATION n. f. **1.** Opération consistant à remplacer des relations portant sur des fonctions continues, dérivables, etc., par un nombre fini de relations algébriques portant sur les valeurs prises par ces fonctions en un nombre fini de points de leur ensemble de définition. — **2.** Syn. de NUMÉRISATION.

DISCRÉTISER v. t. (conj. 3). **1.** Effectuer une discrétisation. — **2.** Syn. de NUMÉRISER.

DISCRIMINANT, E adj. **1.** Qui établit une séparation, une différenciation entre deux termes, qui distingue nettement l'un de l'autre. — **2.** *Analyse factorielle discriminante,* méthode d'analyse des données statistiques visant à décrire au mieux la liaison existant entre un caractère qualitatif, ayant un nombre fini de modalités, et un ensemble de *p* caractères quantitatifs tous observés sur *n* individus.

◆ **discriminant** n. m. *Discriminant d'une équation algébrique* f(x) = 0, scalaire égal à $b^2 - 4ac$ si $f(x) = ax^2 + bx + c$ et à $4p^3 + 27q^2$ si $f(x) = x^3 + px + q$. ‖ *Discriminant d'une forme quadratique, associée à une forme bilinéaire, dans une base* B, déterminant de la matrice associée à la forme bilinéaire par rapport à la base B.

DISCRIMINATEUR n. m. En cybernétique, syn. de COMPARATEUR.

DISCRIMINATIF, IVE adj. *Sensibilité discriminative,* sensibilité tactile fine permettant de discriminer entre plusieurs qualités de stimulation (effleurement, pression continue, vibration, piqûre, déplacement de poils). [Syn. SENSIBILITÉ ÉPICRITIQUE.]

DISCRIMINATION n. f. (lat. *discriminatio, -onis,* séparation, avec l'infl. de l'angl. *discrimination*). **1.** Action de séparer, de distinguer deux ou plusieurs êtres ou choses à partir de certains critères ou caractères distinctifs ; distinction : *Opérer la discrimination entre l'indispensable et le souhaitable.* — **2.** Fait de distinguer et de traiter différemment (le plus souvent plus mal) qqn ou un groupe par rapport au reste de la collectivité ou par rapport à une autre personne : *Le sexisme est une discrimination à l'égard des femmes. Discrimination raciale.* — **3.** Action de vendre le même produit à des prix différents pendant une période donnée. (La discrimination des prix, appelée aussi *politique des prix différentiels,* se pratique, par exemple, lorsque les prix pour le même produit sont fixés différemment selon le revenu des acheteurs [clientèle de luxe, aisée ou populaire].) — **4.** Comportement dans lequel une réponse est donnée à un stimulus tandis qu'aucune réponse, ou une réponse différente, est donnée à un stimulus différent.

DISCRIMINATOIRE adj. Qui tend à opérer une discrimination entre des personnes, des groupes humains : *Mesures discriminatoires.*

DISCRIMINER v. t. (lat. *discriminare,* distinguer) [conj. 3]. Établir une différence entre des personnes ou des choses en se fondant sur des critères distinctifs.

DISCULPATION n. f. Action de mettre qqn hors de cause.

DISCULPER v. t. (lat. médiév. *disculpare,* du lat. class. *culpa,* faute) [conj. 3]. Prouver l'innocence de qqn ; blanchir, innocenter : *Disculper un accusé de tous les chefs d'accusation.*

◆ **se disculper** v. pr. Prouver son innocence pour un crime ou un délit.

DISCURSIF, IVE adj. (lat. scolast. *discursivus,* de *discursus,* discours). **1.** Qui repose sur le raisonnement, procède par le raisonnement, par oppos. à *intuitif.* — **2.** En linguistique, qui se rapporte au discours, à l'analyse de discours. — **3.** *Champ discursif,* selon Michel Foucault, ensemble des données historiques considérées dans un intervalle défini de l'histoire et faisant l'objet de discours présentant entre eux des éléments communs constitutifs de ce champ. ‖

Formation discursive, selon Michel Foucault, ensemble des énoncés présentant, au-delà de la diversité de leurs objets et de leurs auteurs, un ensemble de points communs constituant un « savoir » à un moment donné de l'histoire.

DISCURSIVEMENT adv. De façon discursive (par oppos. à *intuitivement*).

DISCURSIVITÉ n. f. Caractère de ce qui est discursif.

DISCUSSION n. f. (lat. *discussio, -onis*). **1.** Action de discuter qqch, d'en faire l'analyse, l'examen critique : *La discussion d'un projet de loi.* – **2.** Échange de propos, débat au cours duquel deux ou plusieurs personnes examinent une question : *Qu'est-ce qui ressort de la discussion ?* – **3.** Conversation sur un sujet quelconque : *Nous avons eu une longue discussion à ce sujet.* – **4.** Échange de propos vifs, d'opinions contraires ; différend, dispute : *Ils ont eu une violente discussion.* – **5.** Action de discuter un ordre, un fait, de le remettre en question, de le contester : *Obéissez, et sans discussion.* – **6.** *Être sujet à, donner matière à, prêter à discussion,* être contestable, ne pas pouvoir être accepté sans examen critique.

DISCUTABLE adj. **1.** Dont on peut mettre en doute la réalité, la véracité ou le bien-fondé : *L'existence des ovnis est pour le moins discutable.* – **2.** Qui ne s'impose pas comme juste, fondé ou bon ; douteux, contestable : *Une robe d'un goût discutable.*

DISCUTAILLER v. t. ind. (conj. 3). *Fam.* Discuter sans fin de choses insignifiantes.

DISCUTAILLERIE n. f. *Fam.* Action de discutailler ; bavardage oiseux et futile.

DISCUTAILLEUR, EUSE adj. et n. *Fam.* Qui se plaît à discutailler, qui discute sans cesse.

DISCUTER v. t. (bas lat. *discutere*) [conj. 3). **1.** Examiner contradictoirement une question pour l'approfondir, la régler ou pour prendre une décision ; débattre : *Les députés discutent le projet de loi.* – **2.** Faire l'examen minutieux de qqch dans un exposé écrit ou oral, en évaluer la véracité, la valeur, etc. ; critiquer : *Discuter un argument.* – **3.** Mettre en question qqch, considérer que qqch est sujet à caution ; contester : *Discuter des ordres.* – **4.** Contester chaque chose : *Allons, obéissez sans discuter !* – **5.** Fam. *Discuter le coup, le bout de gras,* parler de choses et d'autres avec qqn. ‖ *Discuter le prix de qqch,* en débattre avec le vendeur pour l'amener à baisser son prix. ◆ v. t. ind. **1.** S'entretenir avec qqn, échanger des idées sur tel ou tel sujet : *Nous avons discuté de (sur) toi avec ta mère.* – **2.** Parler avec qqn pour obtenir qqch de lui, pour parvenir à un accord ; négocier, parlementer : *Le général refusa de discuter avec l'ennemi.* – **3.** Avoir tel ou tel thème comme sujet de conversation : *Discuter (de) cinéma.*
◆ **être discuté** v. pass. Être sujet à caution, être l'objet d'avis très partagés ; être controversé : *Une nomination très discutée.*
◆ **se discuter** v. pr. **1.** Faire l'objet d'une discussion : *Projet de loi qui se discute à l'Assemblée.* – **2.** *Ça se discute,* c'est discutable, je ne suis pas d'accord.

DISCUTEUR, EUSE adj. et n. Qui aime la discussion, n'accepte pas sans discuter.

DISDÉRI (André Adolphe), photographe français (Paris 1819 - Nice 1889). Son portrait carte, au format carte de visite, est à l'origine de la vulgarisation du portrait photographique et de sa vogue dans les albums de famille du XIXᵉ s.

DISENTIS, en romanche **Mustér,** comm. de Suisse (Grisons), au confluent du Rhin antérieur et du Rhin moyen ; 2 300 hab. Station thermale et touristique. Édition. Matériel électrique.

DISERT, E adj. (lat. *disertus*). *Litt.* Qui s'exprime, parle facilement et avec agrément, éloquent ; qui manifeste cette aptitude.

DISERTEMENT adv. *Litt.* De façon diserte.

DISETTE n. f. (p.-ê. gr. byz. *disekhtos,* année bissextile, année de malheur). **1.** Manque de ce qui est nécessaire à la vie, et en partic. manque de vivres, pénurie : *Une année de disette.* – **2.** *Litt.* Privation, défaut, manque de qqch : *Disette d'argent.*

DISEUR, EUSE n. **1.** Personne qui dit habituellement des choses d'un genre particulier : *Diseuse de bons mots.* – **2.** *Diseur (euse) de bonne aventure,* personne qui fait profession d'annoncer ce qui doit arriver. ‖ *Un beau diseur,* un homme qui se pique de bien dire, même s'il ne sait pas grand-chose. ‖ *Un fin diseur,* personne qui parle bien, déclame avec art.

DISGRÂCE n. f. (ital. *disgrazia,* de *grazia,* grâce). **1.** *Litt.* Perte de la faveur dont on jouissait auprès d'un protecteur : *Encourir la disgrâce du roi.* – **2.** *Litt.* Perte de l'estime, du crédit dont qqn ou qqch jouissait auprès de qqn, d'un public : *Tomber en disgrâce.* – **3.** Défaut de grâce, de charme ; gaucherie, lourdeur, rudesse : *Disgrâce physique.*

DISGRACIER v. t. (ital. *disgraziare*) [conj. 9]. *Litt.* Retirer à qqn la faveur dont il jouissait ; destituer : *Le roi avait disgracié son Premier ministre.*
◆ **être disgracié** v. pass. Être défavorisé par la nature ; être privé de beauté ; disgracieux : *Un visage disgracié.*

DISGRACIEUSEMENT adv. De façon disgracieuse.

DISGRACIEUX, EUSE adj. **1.** Dépourvu de grâce ; laid, ingrat : *Visage disgracieux.* – **2.** *Litt.* Discourtois : *Refus disgracieux.*

DISHARMONIE, DISHARMONIQUE → DYSHARMONIE, DYSHARMONIQUE.

DISHLEY *(race),* autre nom de la race de moutons anglaise *Leicester,* très utilisée en croisement, notamment pour l'amélioration des mérinos.

DISJOINDRE v. t. (anc. fr. *desjoindre,* refait sur le lat. *disjungere*) [conj. **82**]. **1.** Séparer des éléments joints ; désunir : *Disjoindre les pierres d'un mur.* — **2.** Séparer des choses, les rendre distinctes l'une de l'autre : *Disjoindre la question préalable du débat général.* — **3.** *Disjoindre deux causes,* les séparer pour que chacune soit l'objet d'une procédure spéciale.

◆ **être disjoint** v. pass. **1.** Être considéré séparément, être distinct de qqch d'autre : *Question disjointe de l'ordre du jour.* — **2.** En parlant de deux ensembles A et B, n'avoir aucun élément commun. — **3.** *Degrés disjoints,* degrés de la gamme qui ne se succèdent pas immédiatement (par ex. *do-mi*). ‖ *Mouvement disjoint,* mouvement mélodique dans lequel deux notes voisines ne se succèdent pas dans l'échelle diatonique. (Il s'oppose au mouvement conjoint.)

DISJOINT n. m. Assemblages de formules combinés par le connecteur de disjonction.

DISJONCTER v. i. (conj. 3). *Fam.* Pour un disjoncteur, se mettre en position d'interruption du courant.

DISJONCTEUR n. m. (rad. lat. *disjunctum,* de *disjungere,* disjoindre). Appareil mécanique de connexion capable d'établir, de supporter et d'interrompre des courants dans les conditions normales du circuit ainsi que d'établir, de supporter pendant une durée donnée et d'interrompre des courants dans des conditions anormales spécifiées du circuit, telles que celles du court-circuit.

ENCYCL. Un disjoncteur est unipolaire, bipolaire, tripolaire ou tétrapolaire et comprend essentiellement, par pôle : un contact fixe ; un contact mobile avec dispositif d'extinction de l'arc de coupure ; un organe de manœuvre et d'accrochage en position de fermeture ; un mécanisme d'ouverture automatique. Ses trois caractéristiques principales sont : sa *tension nominale ;* son *courant nominal,* qu'il peut supporter indéfiniment ; son *pouvoir de coupure,* courant maximal qu'il est capable de couper dans des conditions spécifiées. En moyenne et haute tensions, on utilise des disjoncteurs dans l'air, dans l'huile, à air comprimé, à hexafluorure de soufre (SF_6) et à vide.

DISJONCTIF, IVE adj. et n. m. (bas lat. *disjunctivus*). Se dit d'une particule qui indique une séparation entre les termes qu'elle relie (par ex., *ou, soit, ni*).

DISJONCTION n. f. (lat. *disjunctio, -onis*). Action de disjoindre, de se disjoindre ; fait d'être disjoint. • **Dr.** *Disjonction d'instance,* décision par laquelle le juge ordonne l'éclatement d'une instance en plusieurs, en raison de l'insuffisance de connexité entre les questions litigieuses. (Contr. JONCTION D'INSTANCE.) — **Génét.** Séparation des caractères paternels et maternels dans les gamètes des hybrides. (La moitié des gamètes reçoit les caractères paternels, l'autre moitié les caractères maternels.) ‖ *Disjonction chromosomique,* ensemble des processus aboutissant à la division des chromosomes de la cellule mère en deux chromosomes fils et à leur répartition dans les cellules filles. (→ *encycl.*) — **Log.** Connecteur propositionnel noté v (*pvq* se lit « *p* ou *q* »), tel que la valeur de vérité de la formule *pvq* est le vrai, sauf dans le cas où *p* et *q* sont tous les deux faux. (On appelle *inclusive* cette disjonction, par oppos. à la disjonction *exclusive,* peu employée en logique, dans laquelle si *p* et *q* sont tous deux vrais, la disjonction des deux est fausse. [Syn. ALTERNATION.] — **Pathol.** Désunion, séparation d'éléments anatomiques qui doivent normalement être contigus. — **Polit.** Décision d'une assemblée délibérante dont la majorité décide de retirer d'un texte soumis au vote un paragraphe ou une phrase.

ENCYCL. **Génét.** Lorsque la disjonction ne se produit pas, les deux chromosomes fils issus d'un chromosome père passent ensemble dans une même cellule fille. Il y a alors production de gamètes non porteurs d'un chromosome donné et de gamètes porteurs de deux chromosomes au lieu d'un. La fécondation de tels gamètes donne des produits porteurs d'un seul chromosome d'une paire (monosomique) ou porteurs de trois chromosomes de la même paire (trisomique). Le mongolisme est dû à une trisomie pour le chromosome 21.

Dans le sexe femelle, la non-disjonction est favorisée par l'âge avancé. Dans l'espèce humaine, l'âge avancé de la mère augmente le risque d'avoir des enfants mongoliens.

DISKO, île de la côte ouest du Groenland. Pêcheries.

DISLOCATION n. f. (lat. médiév. *dislocatio, -onis*). **1.** Fait de se disjoindre, écartement de choses contiguës ou emboîtées : *La dislocation des os.* — **2.** Séparation des parties d'un tout ; dispersion : *La dislocation du cortège des manifestants.* — **3.** Contrainte physique nécessaire pour accéder à l'art de la contorsion ; entraînement des contorsionnistes qui la pratiquent. — **4.** Défaut géométrique linéaire dans l'arrangement périodique des atomes à l'intérieur d'un milieu cristallin. (→ *encycl.*) — **5.** Ordre donné à la fin

d'une manœuvre ou d'une prise d'armes pour faire regagner aux troupes leurs casernements.
ENCYCL. **Métall.** et **Cristallogr.** Les dislocations apparaissent lors de la croissance du cristal ; elles sont induites par déformation mécanique, par traitement thermique ou par bombardement par des particules très énergétiques. Une dislocation résulte du mauvais arrangement des atomes au voisinage d'une ligne, se traduisant par une déformation par translation du réseau cristallin au voisinage de cette ligne. Une dislocation est limitée soit par les faces extérieures du cristal ou du grain métallique, soit par d'autres défauts géométriques du cristal. La ligne de dislocation peut aussi se refermer sur elle-même (boucle de dislocation).

DISLOQUÉ, E n. Contorsionniste qui pratique la dislocation.

DISLOQUER v. t. (lat. médiév. *dislocare,* luxer) [conj. 3]. **1.** Disjoindre de façon plus ou moins violente les parties qui composent qqch : *Le choc a disloqué la voiture.* — **2.** Disperser : *La police a disloqué la manifestation.* — **3.** Faire sortir qqch par force de son logement ; le déboîter.

DISMUTATION n. f. Réaction à l'issue de laquelle deux atomes identiques, situés initialement au même degré d'oxydation, se retrouvent l'un à un degré d'oxydation supérieur, l'autre à un degré inférieur.

DISNEY (Walter Elias, dit **Walt**), dessinateur, cinéaste et producteur américain (Chicago 1901 - Burbank, Californie, 1966). Pionnier du dessin animé, il s'imposa dans le monde entier avec des courts métrages où apparaissent des animaux anthropomorphes. Mickey la souris, Pluto le chien, les trois petits cochons, le grand méchant loup, etc. La première *Silly Symphony (la Danse macabre)* date de 1929, le premier Mickey en couleurs de 1934. En 1937, il réalisa son premier long métrage, *Blanche-Neige et les sept nains,* qui fut un succès international. À la tête d'un véritable empire commercial, Disney produisit successivement *Pinocchio* (1940), *Fantasia* (1940), *Dumbo* (1941), *Bambi* (1942), *Cendrillon* (1950), *Alice au pays des merveilles* (1951), *Peter Pan* (1953), *la Belle et le clochard* (1955), *la Belle au bois dormant* (1959), *les 101 Dalmatiens* (1961), *Merlin l'Enchanteur* (1963). Son œuvre a été poursuivie par ses successeurs.

Disneyland, parc d'attractions des États-Unis (73 ha), à Anaheim, en Californie.

Disneyland Paris, parc de loisirs ouvert en 1992, à l'est de Paris, dans la ville nouvelle de Marne-la-Vallée.

Disneyworld, parc d'attractions des États-Unis, couvrant plus de 10 000 ha, en Floride, au S.-O. d'Orlando.

DISODIQUE ou **DISODÉ, E** [-so-] adj. Se dit d'un sel qui contient deux atomes de sodium par molécule.

DISOMIE n. f. État double, normal, d'un chromosome, chez les organismes eucaryotes.

DISON, comm. de Belgique (prov. de Liège), au N. de Verviers ; 15 000 hab.

DISPACHE ou **DISPATCHE** n. f. (ital. *dispaccio*). Document établi par les assureurs maritimes en vue de fixer le montant de l'indemnité due à la suite d'un sinistre.

DISPACHEUR ou **DISPATCHEUR** n. m. Expert chargé d'établir la dispache.

DISPARAÎTRE v. i. (de *paraître,* d'après le bas lat. *disparere*) [conj. **91** ; auxil. *avoir,* qqf *être*]. **1.** Ne plus être perceptible à la vue, à l'ouïe, à l'odorat ; ne plus être éprouvé : *Le bateau disparaissait à l'horizon. La douleur disparut.* — **2.** Être caché, dissimulé par qqch : *Les trottoirs disparaissent sous la neige.* — **3.** Cesser de se trouver qqpart, de s'y manifester : *Il a disparu de la scène politique.* — **4.** Ne plus se trouver qqpart, de manière inexplicable, pour des raisons que l'on suppose être la fuite, le rapt, le vol, etc. : *L'enfant a disparu de chez lui.* — **5.** Cesser d'être, mourir : *Un dialecte qui a disparu. Il a été porté disparu en mer.* — **6.** *Disparais de ma vue,* je ne veux plus te voir. ‖ *Faire disparaître qqch,* l'enlever, le supprimer : *Faire disparaître une tache.* ‖ Fam. *Faire disparaître qqn,* le tuer.

DISPARATE adj. (lat. *disparatus,* différent). **1.** Qui produit un effet discordant par les éléments divers qui le constituent : *Un mobilier disparate.* — **2.** Composé d'éléments hétérogènes : *Une société disparate.*
◆ n. f. ou m. *Litt.* Manque d'accord, d'harmonie ; contraste choquant.

DISPARATION n. f. *Disparation (rétinienne),* propriété de la vision des objets dont les images ne se forment pas sur des points identiques ou correspondants sur les deux rétines et donnent lieu à une image unique dans le cerveau. (Le phénomène de disparation concerne également la perception auditive en mettant en jeu d'autres organes : mais le terme de disparation est peu usité dans ce domaine.)

DISPARITÉ n. f. (lat. *disparilitas,* avec l'infl. de *parité*). **1.** Manque de parité, de proportion, d'harmonie, d'égalité : *Une disparité d'âge.* — **2.** Écart de revenus entre catégories sociales ou entre régions ; situation de déséquilibre entre les prix, les coûts.

DISPARITION n. f. **1.** Action de s'effacer, de s'estomper, de ne plus être perceptible : *La disparition de la douleur.* — **2.** Absence, plus ou moins bien expliquée, de qqn, de qqch : *Constater la disparition d'une somme d'argent.* — **3.** Fait de ne plus exister : *Disparition d'un dialecte.* — **4.** Mort de qqn : *La disparition de notre ami.*

DISPARU, E n. Personne morte ou considérée comme morte : *Les disparus en mer.*

DISPATCHER [dispatʃe] v. t. (angl. *to dispatch*) [conj. 3]. Répartir, orienter des choses, des tâches ou des personnes.

DISPATCHING [dispatʃiɲ] n. m. (angl. *dispatching*). **1.** Organisme assurant, à partir d'un bureau unique, la répartition de l'énergie électrique, la diffusion aux avions en vol de toutes instructions sur les routes à suivre, etc. — **2.** Répartition et distribution des éléments d'un ensemble : *Dispatching du courrier.*

DISPATCH MONEY → DESPATCH MONEY.

DISPENDIEUSEMENT adv. *Litt.* De façon dispendieuse.

DISPENDIEUX, EUSE adj. (bas lat. *dispendiosus*, de *dispendere*, dépenser). *Litt.* Qui nécessite une grande dépense, de grands frais ; cher, onéreux : *Train de vie dispendieux.*

DISPENSABLE adj. Qui est susceptible d'obtenir une dispense.

DISPENSAIRE n. m. (angl. *dispensary*). Établissement de diagnostic, de prophylaxie et de soins, public ou privé, dont les services sont gratuits ou peu coûteux.

ENCYCL. Les premiers dispensaires ont été créés par des bureaux de bienfaisance ou par des associations charitables. Aujourd'hui, des dispensaires spécialisés assurent la prévention et le traitement des fléaux sociaux : tuberculose, cancer, maladies vénériennes, maladies mentales. Ils prennent en charge la protection maternelle et infantile et accomplissent gratuitement les vaccinations obligatoires.

DISPENSATEUR, TRICE n. (lat. *dispensator*). Personne qui dispense, répartit, distribue qqch : *Ministère dispensateur des deniers publics.*

DISPENSE n. f. **1.** Fait d'être dégagé d'une règle établie ; permission accordée, par faveur spéciale, de ne pas faire une chose obligatoire ; document qui constate la dispense : *Dispense d'oral à un examen.* — **2.** Exemption de la loi ou de la règle accordée à une personne dans certains cas particuliers. (En matière de mariage, en cas d'empêchement pour parenté ou alliance, le pouvoir de dispense appartient au président de la République.) [Syn. EXCUSE.] — **3.** Mesure dispensant certaines catégories de recrues du service militaire (pupilles de la nation, certains soutiens de famille, jeunes gens dont un membre de la famille a été déclaré « mort pour la France », etc.). — **4.** Suspension, dans un cas particulier, de l'application d'une loi canonique au bénéfice d'un individu ou d'une collectivité. — **5.** *Dispense du ministère d'avocat,* possibilité qu'a le justiciable de ne pas obligatoirement recourir à un avocat dans certains cas prévus par la loi. ‖ *Dispense de peine,* décision judiciaire d'absolution prononcée par le tribunal au profit d'un prévenu après l'avoir déclaré coupable.

DISPENSER v. t. (lat. *dispensare*, répartir) [conj. 3]. **1.** Donner qqch à qqn, le lui accorder : *Dispenser les soins aux malades.* — **2.** Autoriser qqn à ne pas faire qqch, lui épargner de le faire, l'en décharger, exempter : *Dispenser un élève d'éducation physique. Je vous dispense de vos réflexions.*

◆ **se dispenser** v. pr. Se soustraire à l'obligation, au besoin de qqch, de faire qqch : *Je me dispenserais bien de cette corvée.*

DISPERSAL [dispɛrsal] n. m. (angl. *dispersal*, dispersion). Ensemble des plates-formes cimentées où sont stationnés les appareils militaires sur une base aérienne.

DISPERSANT, E adj. *Agent dispersant,* additif qui permet de créer ou de stabiliser une suspension colloïdale.

◆ **dispersant** n. m. Produit tensioactif utilisé pour diluer et dissoudre les hydrocarbures répandus sur l'eau.

DISPERSEMENT n. m. Action de disperser, de se disperser ; dispersion.

DISPERSER v. t. (lat. *dispersus*, de *dispergere*, répandre çà et là) [conj. 3]. **1.** Jeter des choses çà et là, les répandre en les fragmentant, en les séparant : *Disperser des cendres dans le jardin.* — **2.** Séparer des personnes et les répartir en différents points d'un espace : *Le commissaire dispersa ses hommes aux quatre coins du carrefour.* — **3.** Désagréger qqch, le faire disparaître en le fragmentant : *Le vent dispersa la brume.* — **4.** Faire que les éléments d'un groupe, d'un ensemble ne soient plus rassemblés, réunis ensemble, en les faisant aller dans des endroits divers : *Disperser les manifestants.* — **5.** Appliquer ses efforts, son attention à trop d'objets à la fois, si bien qu'ils perdent de leur efficacité.

◆ **être dispersé** v. pass. **1.** En parlant d'un système physique, contenir un liquide ou un solide qui est dans un état de division fine. (Les alliages à phases dispersées sont d'usage courant en métallurgie des poudres.) — **2.** *En ordre dispersé,* de façon désordonnée.

◆ **se disperser** v. pr., **être dispersé** v. pass. **1.** Se séparer les uns des autres, partir vers des endroits différents, ne plus constituer un ensemble : *Peuple dispersé aux quatre coins du monde.* — **2.** Se dissoudre, se désagréger, disparaître : *La brume se disperse.* — **3.** S'abandonner à trop d'activités et ne s'appliquer efficacement à aucune, ne pas pouvoir se concentrer sur un seul objet : *Cet élève se disperse trop facilement en classe.*

DISPERSIF, IVE adj. **1.** Relatif à la dispersion de la lumière. — **2.** *Huile dispersive,* syn. de HUILE DÉTERGENTE. ‖ *Pouvoir dispersif,* rapport Δ *n* / (*n* - 1), où Δ *n* représente la variation de l'indice de réfraction de la substance d'une extrémité à l'autre du spectre visible, et *n* l'indice pour les rayons moyens.

DISPERSION n. f. (bas lat. *dispersio, -onis*). **1.** Action d'éparpiller, de s'éparpiller, fait d'être éparpillé, divisé : *Donner l'ordre de dispersion lors d'une manifestation.* — **2.** Action de disperser, de fragmenter ses efforts, ses activités, son attention, etc. ; éparpillement : *Vous voulez faire trop de choses à la fois, évitez la dispersion.* • **Acupunct.** Acte thérapeutique consistant à régulariser un excès de souffle et/ou de sang au niveau d'un viscère, d'un méridien ou d'un point d'acupuncture. — **Arm.** Phénomène d'où il résulte que les points d'impact des différents coups tirés par une même arme dans des conditions identiques ne sont pas confondus mais dispersés. (→ *encycl.*) ‖ *Rectangle de dispersion,* surface sensiblement rectangulaire où se répartissent les points de chute des projectiles. — **Biol.** Processus actif par lequel une espèce animale ou végétale disperse les individus qui la composent. ‖ Situation d'une espèce animale ou végétale dont les individus sont éloignés les uns des autres. (→ *encycl.*) — **Chim.** Mélange grossier de deux constituants. — **Électr.** *Dispersion magnétique,* syn. de FUITE* MAGNÉTIQUE. — **Opt.** Phénomène relié à la variation, en fonction de la fréquence, de la vitesse de propagation d'un rayonnement dans un milieu quelconque. (Dans un prisme en verre, par exemple, l'indice de réfraction croît lorsque la longueur d'onde de la lumière décroît, ce qui explique la décomposition de la lumière blanche en radiation, de diverses couleurs.) — **Stat.** Éloignement plus ou moins grand des termes d'une série les uns par rapport aux autres, ou par rapport à une valeur centrale choisie, ou moyenne. ‖ *Caractéristiques de dispersion,* indicateurs qui, pour l'étude d'une distribution statistique, rendent compte de la répartition plus ou moins groupée des valeurs de l'échantillon.

ENCYCL. **Arm.** La *dispersion du tir* est due à des causes balistiques (différences des caractéristiques des projectiles), aérologiques (pression, température, hygrométrie variables), à l'erreur personnelle des pointeurs.

— **Biol.** Chez les animaux, lorsque les ressources alimentaires du milieu de vie sont limitées, une certaine dispersion des individus, chacun sur son territoire propre, est nécessaire. Mais, trop grande, la dispersion devient une menace pour l'espèce, rendant problématique la rencontre des sexes en vue de la reproduction.

Dans le règne végétal, bien que les risques de confinement y soient plus réduits, la dispersion peut être rapide et lointaine, tant pour les spores des champignons et autres cryptogames que pour les graines ou autres diaspores des plantes à fleurs (dissémination), la dispersion du pollen et un hermaphrodisme fréquent évitant l'isolement sexuel.

DISPLAY n. m. (ang. *display,* exposition). Cartonnage publicitaire que l'on destine à une vitrine, à un étalage.

DISPONIBILITÉ n. f. **1.** État de qqch qui est disponible : *Des restrictions ont été apportées à la disponibilité du capital.* — **2.** Fait pour qqn d'être libre pour telle ou telle activité, d'être libre de toute préoccupation : *Disponibilité d'esprit.* — **3.** Position d'un fonctionnaire qui, placé hors de son service, cesse de bénéficier de ses droits à l'avancement et à la retraite. — **4.** Condition des biens que le propriétaire peut librement aliéner. — **5.** Période des obligations militaires prévue par le Code du service national de 1971-72 faisant immédiatement suite au service militaire actif. — **6.** *Disponibilité armée,* position d'un navire de guerre disponible matériellement, mais n'ayant à son bord ni équipage ni ravitaillement.

◆ **disponibilités** n. f. pl. Fonds dont on peut immédiatement disposer.

DISPONIBLE adj. (lat. médiév. *disponibilis*). **1.** Dont on peut disposer, qu'on peut utiliser librement : *Logement disponible.* — **2.** Qui est libre pour telle ou telle activité : *Je ne serai disponible qu'en fin d'après-midi.* — **3.** Qui est accueillant aux idées les plus diverses : *Un esprit disponible.* — **4.** Se dit d'un fonctionnaire ou d'un militaire en disponibilité. — **5.** *Quotité disponible,* portion de biens dont on peut librement disposer par donation ou par testament. ‖ *Valeurs disponibles,* celles qui, à l'actif du bilan, représentent des éléments très facilement transformables en argent liquide ou qui le sont déjà (effets à recevoir, chèques, titres de placement, fonds en banque, etc.). ‖ *Vocabulaire disponible,* ensemble des mots que le locuteur a à sa disposition dans sa mémoire mais qu'il utilise rarement.

◆ n. Fonctionnaire disponible.

◆ n. m. Ensemble des marchandises qui peuvent être livrées immédiatement.

DISPOS, E adj. (ital. *disposto,* avec l'infl. de *disposer*). Qui est dans de bonnes dispositions de santé, d'activité ; en forme : *Soldats dispos.* (Le fém. *dispose* est rare, sauf dans *fraîche et dispose.*)

DISPOSANT, E n. Personne qui dispose d'un bien, d'une somme d'argent au profit d'une autre.

DISPOSER v. t. (lat. *disponere,* avec l'infl. de *poser*) [conj. 3]. **1.** Placer des personnes, arranger des objets d'une certaine manière : *Disposer des verres sur la table. Disposer des sentinelles autour du camp.* – **2.** Mettre, placer qqn en état de faire qqch, d'accepter une situation ; inciter, pousser, engager : *La tombée de la nuit nous disposait aux confidences.* – **3.** Faire que qqn soit favorable ou défavorable à qqn d'autre, à ses sollicitations : *Ce malentendu l'a plutôt mal disposé à mon égard.*
◆ v. t. ind. **1.** Avoir à sa disposition qqch, des personnes, pouvoir s'en servir, en user, les utiliser : *Il dispose de pas mal d'argent. Le colonel dispose de trente hommes pour cette mission.* – **2.** *Pouvoir disposer de qqch,* pouvoir s'en servir, l'utiliser bien que ce ne soit pas son bien propre : *Puis-je disposer de votre téléphone ?* – **3.** Pouvoir avoir recours à l'aide de qqn, à ses services : *Disposez de moi comme il vous plaira.* – **4.** Être maître de qqn, de sa vie : *Le droit des peuples à disposer d'eux-mêmes.* – **5.** Pouvoir aliéner un bien, un droit, etc. – **6.** *Vous pouvez disposer,* d'un supérieur à un subordonné, marque la fin d'un entretien.
◆ **être disposé** v. pass. **1.** Être agencé, avoir telle ou telle disposition ; être arrangé : *Comment l'appartement est-il disposé ?* – **2.** *Être bien, mal disposé à l'égard de qqn,* lui être, ne pas lui être favorable. ‖ *Être bien, mal disposé,* être de bonne, de mauvaise humeur.
◆ **se disposer** v. pr., **être disposé** v. pass. **1.** Se placer, être installé : *Les chaises sont mal disposées.* – **2.** Se préparer à qqch : *Se disposer à partir.*

DISPOSITIF n. m. (lat. *dispositum,* supin de *disponere,* disposer). **1.** Ensemble de pièces constituant un mécanisme, un appareil, une machine quelconque : *Un dispositif d'alarme.* – **2.** Ensemble de mesures prises, de moyens mis en œuvre pour une intervention précise : *Un important dispositif policier a été mis en place.* – **3.** Partie d'un acte législatif, d'un traité ou d'une décision judiciaire qui statue et dispose impérativement. – **4.** Partie des conclusions d'un plaideur qui détermine la décision sollicitée par lui. – **5.** Articulation des moyens d'une formation terrestre, navale ou aérienne adoptée pour l'exécution d'une mission militaire. – **6.** *Dispositif scénique,* ensemble des éléments de décoration et de mise en scène.

DISPOSITION n. f. (lat. *dispositio*). **1.** Action de placer, de mettre dans un certain ordre : *La disposition des invités prit un certain temps.* – **2.** Manière dont les éléments d'un ensemble ont été disposés : *La disposition des pièces dans un appartement.* – **3.** Possibilité de disposer de qqch, d'avoir recours à qqn : *Je reste à votre entière disposition.* – **4.** Tendance de qqn à être ou à agir d'une certaine manière ; penchant : *Il a une certaine disposition à l'étourderie.* – **5.** Tendance de qqch à devenir qqch : *Disposition des prix à la hausse.* – **6.** Chacun des points réglés par une loi, un jugement, un traité, un acte juridique, un règlement intérieur, etc. – **7.** *Disposition de combat,* mise en garde d'une unité armée pour qu'elle puisse intervenir immédiatement avec tous ses moyens. ‖ *Disposition à titre gratuit,* acte par lequel le donateur ou le testateur dispose de tout ou partie de ses biens au profit d'un tiers avec une intention libérale. ‖ *Mise à la disposition,* situation d'un fonctionnaire qui, bien que continuant d'être rémunéré par son administration d'origine, exerce son activité dans une autre administration en vertu d'une décision de détachement.
◆ **dispositions** n. f. pl. **1.** Manière d'être physique ou morale, état ou attitude de qqn par rapport à une situation ; façon d'envisager les choses ; intentions : *Attendez qu'il soit dans de meilleures dispositions pour lui parler.* – **2.** Aptitudes de qqn pour qqch ; penchants, dons : *Avoir des dispositions pour les langues.* – **3.** *Prendre des dispositions,* adopter des mesures, prendre des précautions, faire des préparatifs en vue de qqch : *Au cas où j'aurais un accident, j'ai pris toutes mes dispositions.*

DISPOSITIONNEL, ELLE adj. Dans la terminologie de l'empirisme logique, se dit d'un terme qui ne décrit pas un caractère immédiatement observable d'un objet, mais une régularité manifestée par des événements ou des comportements dans des conditions appropriées. (Par ex. *solubilité, instinct.*)

DISPROPORTION n. f. Défaut de proportion, de convenance entre deux ou plusieurs choses ou êtres ; inégalité : *Disproportion de fortune.*

DISPROPORTIONNER v. t. (conj. 3). *Litt.* Priver qqch de proportions ; le rendre disproportionné.
◆ **être disproportionné** v. pass. **1.** Ne pas être en rapport de convenance, de correspondance, d'importance, de grandeur avec qqch, et, en partic., être excessif : *Des moyens disproportionnés au but recherché.* – **2.** Qui est démesuré : *Une taille disproportionnée.*

DISPUTAILLER v. i. (conj. 3). *Fam.* Discuter longuement sur des bagatelles.

DISPUTAILLERIE n. f. *Fam.* Discussion longue et vaine.

DISPUTAILLEUR, EUSE n. *Fam.* Personne qui se plaît à disputailler.

DISPUTATION n. f. Au XVIe s., discussion publique sur les grands problèmes de la théologie.

(Une des plus célèbres est la disputation de Berne [1528].)

DISPUTE n. f. Discussion vive ; querelle, altercation, heurt.

DISPUTER v. t. (lat. *disputare*) [conj. 3]. **1.** Lutter pour obtenir ce que qqn possède ou tente d'obtenir : *Disputer la victoire à un adversaire.* – **2.** Participer à un match, une compétition : *Disputer un tournoi de tennis.* – **3.** *Fam.* Gronder qqn, lui faire des remontrances : *Se faire disputer par le professeur.* – **4.** Litt. *Le disputer en qqch (à qqn),* rivaliser avec qqn : *Elle le dispute en beauté à toutes les miss Monde.* – **5.** *Disputer le terrain,* le défendre pied à pied.

◆ v. t. ind. *Litt.* Discuter de qqch, en débattre âprement : *Les députés à l'Assemblée disputent du projet de loi.*

◆ **se disputer** v. pr., **être disputé** v. pass. En parlant d'un match, avoir lieu, se dérouler : *La course se disputera demain.*

◆ **se disputer** v. pr. **1.** Lutter pour obtenir qqn, qqch : *Les deux chiens se disputaient un os.* – **2.** Se quereller avec qqn ; se chamailler : *Elle se dispute toujours avec sa sœur.*

DISQUAIRE n. Commerçant spécialisé dans la vente des disques et cassettes.

DISQUALIFICATION n. f. (angl. *disqualification*). Exclusion d'un sportif, d'un cheval pour infraction au règlement de la cause ou de l'épreuve.

DISQUALIFIER v. t. (angl. *to disqualify,* de *to qualify,* du fr. *qualifier*) [conj. 9]. **1.** Prononcer la disqualification d'un cheval, d'un sportif. – **2.** Enlever toute qualification officielle à un circuit, à un stade, etc. – **3.** Rendre qqn indigne de ses fonctions, discréditer : *Sa lâcheté l'a disqualifié.*

◆ **se disqualifier** v. pr., **être disqualifié** v. pass. Perdre tout crédit par sa conduite ; se déshonorer : *Homme politique qui s'est disqualifié aux yeux de l'opinion.*

DISQUE n. m. (lat. *discus,* du gr. *diskos,* palet). **1.** Plaque circulaire en matière thermoplastique contenant un enregistrement en vue de la reproduction phonographique *(disque noir* et *disque compact)* ou vidéographique *(disque vidéo)* [→ encycl.] – **2.** Objet plat et circulaire : *Le disque d'une horloge.* – **3.** Surface visible d'un astre, lorsqu'elle apparaît plus ou moins circulaire. – **4.** Palet rond et pesant que les athlètes antiques s'exerçaient à lancer ; auj., palet pesant 2 kg pour les hommes et 1 kg pour les femmes, qu'on lance à partir d'un cercle ; concours d'athlétisme pratiqué avec ce palet. – **5.** Fam. *Changer de disque,* prendre un autre sujet de conversation, cesser de répéter la même chose. ‖ *Disque de stationnement,* dispositif que les automobilistes sont tenus, dans certaines rues, de placer derrière leur pare-brise pour signaler les heures de stationnement autorisées. • **Agric.** Pièce travaillante d'outils de travail du sol, en forme de calotte sphérique. – **Anat.** *Disque intervertébral,* fibrocartilage unissant les corps vertébraux entre eux, dont la forme est celle d'une lentille biconvexe qui s'adapte et s'attache aux surfaces articulaires de ces corps. (La partie périphérique, de texture serrée, entoure le noyau, ou *nucleus pulposus,* de consistance gélatineuse.) – **Archéol.** *Disque ailé,* en Égypte, représentation du Soleil encadré de deux uraeus et flanqué de deux ailes. ‖ *Disque du soleil,* énorme monolithe découvert au XVIIIe s. dans les soubassements de l'actuelle cathédrale de Mexico, sur lequel est représenté le calendrier solaire aztèque. – **Astron.** Composante aplatie d'une galaxie spirale, comprenant de la matière interstellaire et des étoiles. – **Autom.** *Disque d'embrayage,* pièce maîtresse d'un embrayage, réalisée en tôle mince, garnie de matière de friction et serrée entre les plateaux. ‖ *Frein à disque,* système de freinage dans lequel l'effort est appliqué à des plaquettes de frottement serrant un disque calé sur l'axe de la roue. – **Bot.** *Disque nectarifère,* masse charnue, sécrétrice de nectar, située, dans les fleurs, entre les étamines et le pistil. – **Ch. de f.** *Disque (rouge),* signal présentant de jour une cocarde circulaire rouge, de nuit ou en signalisation lumineuse un feu rouge et un feu jaune. (Il commande au mécanicien de se mettre immédiatement en marche à vue et de s'arrêter avant la première aiguille rencontrée ou au poste commandant le signal.) – **Électroacoust.** *Disque mère,* pièce métallique obtenue à partir du disque père et dont le relief est identique à celui de l'original. (Syn. MÈRE.) ‖ *Disque original,* disque obtenu par enregistrement direct et destiné à la fabrication d'un père ou d'une pelure. ‖ *Disque père,* pièce métallique obtenue à partir d'un original et dont le relief est inversé par rapport à celui de l'original. (Syn. PÈRE.) ‖ *Disque vidéo,* syn. de VIDÉODISQUE. – **Géom.** *Disque fermé* (resp. *ouvert*), ensemble des points d'un plan dont la distance à un point donné O est inférieure ou égale (resp. strictement inférieure) à une distance donnée R. ‖ *Secteur de disque,* intersection d'un disque avec un secteur angulaire ayant son sommet au centre du disque. – **Horlog.** Pièce circulaire mince qui peut comporter des graduations concernant la date, le jour, etc. – **Inform.** Support circulaire recouvert d'une surface magnétisable permettant d'enregistrer des informations sous forme binaire sur des pistes concentriques pour former une *mémoire à disques.* (On distingue les *disques souples,* ou *disquettes,* de faible capacité, et les *disques* *durs,* de grande capacité.) [→ *encycl.*] ‖ *Disque optique,* disque dont l'enregistrement et la lecture se font par procédé optique. ‖ *Disque optique compact (D. O. C.),* recommandation officielle pour CD-ROM. ‖ *Disque optique numérique (D. O. N.) :* support d'enregistrement à lecture laser, utilisé en informatique comme mémoire de très grande capacité. ‖ Pile de disques, ensemble de disques coaxiaux indissociables constituant une unité de mémoire. — **Math.** Syn. de BOULE. — **Zool.** *Disque imaginal,* chez les insectes à métamorphoses complètes, groupe de cellules embryonnaires qui donnera naissance aux organes et appendices de l'adulte (imago).

ENCYCL. **Électroacoust.** Les disques noirs peuvent différer par leur diamètre : 17, 25 ou 30 cm ; par leur vitesse de rotation : 78, 45, 33 1/3 et 16 2/3 tours par minute ; par leur matériau ; par le diamètre du trou central ; par la largeur du sillon et le « pas » de la gravure.

• *Enregistrement mécanique.* Exprimée dès 1877 par Ch. Cros, l'idée d'un disque, support d'enregistrement sonore, a été appliquée en 1887 par l'Américain E. Berliner, qui mit au point un procédé d'enregistrement sur un disque de zinc, la gravure latérale étant effectuée par voie chimique. Les premiers disques étaient en ébonite. Leur vitesse de rotation, primitivement de 70 tr/min, passa ensuite à 78,26 tr/min, du fait de l'adoption du moteur électrique synchrone pour l'entraînement des tourne-disques de gravure. Dès 1897, Berliner abandonna l'ébonite, difficile à presser, pour une composition à base de gomme-laque, utilisée par l'industrie phonographique jusqu'à l'avènement des disques microsillons en vinylite en 1948. Les matrices métalliques de pressage pour la fabrication industrielle des disques apparurent en 1899.

• *Enregistrement électrique.* Les Anglais L. Guest et H. O. Merriman ont été les premiers à expérimenter une méthode d'enregistrement avec prise de son par microphone, amplification, puis gravure électrique. Les premiers disques réalisés par cette méthode datent de 1920. Après 1940, les méthodes de lecture et de reproduction électriques se généralisèrent. On commença à parler de disque « haute fidélité ». À partir de 1947, les procédés d'enregistrement sur bandes magnétiques s'introduisirent dans l'industrie phonographique comme support de l'enregistrement original, la gravure s'effectuant après coup au laboratoire. L'Américain P. Goldmark mit au point un disque en résine vinylique tournant à 33 1/3 tours par minute, à sillonnage serré (ou microsillon), dont la lecture s'effectue par voie électrique, grâce à des phonocapteurs très légers, et qui assure une qualité de reproduction du son bien supérieure aux 78-tours. En 1949, la compagnie Victor mit au point un disque de 17 cm de diamètre, à sillonnage serré, tournant à 45 tr/min, qui s'est imposé dans le domaine des variétés. La mise au point du disque stéréophonique (→ STÉRÉOPHONIE) et, plus récemment, celle du disque numérique ont apporté de nouvelles améliorations.

• *Disque numérique.* L'information (sons, images, données) y est enregistrée, après échantillonnage et traitement numérique du signal, sous forme d'une série d'alvéoles microscopiques creusées sur une face du disque. La lecture s'effectue par un système optique, utilisant un faisceau laser. La densité des informations enregistrées est très élevée (près de 6 milliards d'informations élémentaires sur l'unique face enregistrée d'un disque compact audio de 12 cm). Dans le domaine sonore, on réalise ainsi des disques compacts stéréophoniques à longue durée fournissant une reproduction musicale de très grande qualité. En informatique, les applications du disque optique numérique concernent l'archivage, les banques de données et le traitement des images.

— **Inform.** Les disques ont un support magnétique semblable à celui des bandes, et le principe d'enregistrement des informations y est analogue. La différence fondamentale réside dans l'organisation du support en cellules adressables permettant un accès direct à l'information. Une mémoire à disques est formée d'une pile de disques animés d'un mouvement de rotation permanent et rapide, faisant défiler les pistes sous les têtes de lecture-écriture. Les disques permettent de stocker jusqu'à plusieurs dizaines de millions d'octets, avec un débit pouvant dépasser le million de bits par seconde.

DISQUETTE n. f. (amér. *diskette*). Petit disque souple, constituant un support magnétique d'informations, utilisé en mini- ou en micro-informatique et en Bureautique. (Syn. DISQUE SOUPLE.)

DISRAELI (Benjamin), comte **de Beaconsfield,** homme politique et écrivain britannique (Londres 1804 - *id.* 1881). D'origine juive, il reçoit le baptême anglican en 1817. D'abord tenté par une carrière littéraire, il écrit quelques romans brillants (*Vivian Grey,* 1826 ; *Coningsby,* 1844 ; *Sybil,* 1845). Puis il s'oriente vers la politique et devient député conservateur en 1837. Défenseur du protectionnisme contre R. Peel, il devient en 1848 chef du parti tory. Chancelier de l'Échiquier en 1852, en 1858 et de 1866 à 1868, il fait adopter, en l'élargissant, le projet de réforme électorale des libéraux (1867). Premier ministre en 1868, il est renversé quelques mois plus tard par les libéraux. Dès lors, la vie politique britannique sera dominée par le duel entre Gladstone et Disraeli. De nouveau chef du gouvernement en 1874, Disraeli réalise de nombreuses réformes sociales et mène à l'extérieur une politique de prestige et d'expansion impériale : achat d'une importante participation à la Compagnie du canal de Suez (1875), proclamation de la reine Victoria comme impératrice des Indes (1876). Il soutient l'Empire ottoman contre la Russie, à laquelle il inflige un sévère échec lors du congrès de Berlin, en 1878, et obtient la cession de Chypre par la Turquie. Mais les difficultés qu'il rencontre en Afrique du Sud et en Afghānistān et une grave crise agricole provoquent en 1880 la défaite électorale des conservateurs. En 1876, Disraeli avait été élevé à la pairie, avec le titre de lord Beaconsfield.

DISRUPTIF, IVE adj. (lat. *disruptum,* de disrumpere, rompre). **1.** Se dit de la décharge électrique qui éclate avec étincelle. — **2.** *Claquage disruptif,* claquage électrique détruisant localement le caractère isolant d'un milieu. [Syn. DISRUPTION.] ‖ *Livrée disruptive,* livrée très colorée de divers poissons et papillons, mais dont les bandes et les taches induisent en erreur les prédateurs quant à la position réelle du corps, ou tout au moins des organes vitaux.

DISRUPTION n. f. Syn. de CLAQUAGE DISRUPTIF*.

DISSÉCABLE adj. Qu'on peut disséquer.

DISSECTEUR, TRICE n. Personne qui exécute une dissection.

DISSECTION n. f. (bas lat. *dissectio, -onis*). **1.** Action de disséquer : *Dissection d'un cadavre.* — **2.** Action d'analyser minutieusement en distinguant les diverses parties : *Dissection d'une œuvre littéraire.* — **3.** Entaille linéaire du sol faite par un ruissellement concentré. — **4.** *Dissection aortique,* anévrysme provoquant un clivage de l'aorte pouvant s'étendre sur toute sa circonférence et toute sa longueur.

DISSEMBLABLE adj. Qui n'est pas semblable ; différent : *Les deux frères ont des caractères dissemblables.*

DISSEMBLANCE n. f. Manque de ressemblance ; caractère de ce qui est dissemblable ; hétérogénéité, disparité.

DISSÉMINATION n. f. (bas lat. *disseminatio, -onis,* action de répandre). **1.** Dispersion, éparpillement sur un espace étendu : *Dissémination de troupes.* — **2.** Dispersion des diaspores chez les plantes à graines.

ENCYCL. **Bot.** La dissémination des graines ailées : pin, orme, érable, etc., est assurée par le vent *(dissémination anémochore) ;* le fruit gluant du gui, le fruit crochu de la bardane sont transportés involontairement par les animaux, de même que les graines de tous les fruits comestibles, que l'animal rejette intactes dans ses excréments *(dissémination zoochore) ;* les graines des espèces aquatiques sont transportées par le courant *(dissémination hydrochore).*

DISSÉMINEMENT n. m. État de ce qui est disséminé, éparpillé : *Le disséminement des troupes sur un large front.*

DISSÉMINER v. t. (lat. *disseminare*) [conj. 3]. **1.** Répandre çà et là des choses sur un espace étendu ; disperser, éparpiller : *Le vent dissémine les graines.* — **2.** Disperser des personnes en différents points d'une étendue : *Disséminer des troupes.*

DISSENSION n. f. (lat. *dissensio, -onis*). Opposition violente d'avis, de sentiments, d'intérêts ; divergence, désaccord : *Dissensions politiques.*

DISSENTIMENT n. m. (moyen fr. *dissentir,* d'apr. *sentiment*). *Litt.* Différence, diversité ou désac-

LA DISSÉMINATION CHEZ LES PLANTES SUPÉRIEURES

agent	*dispositifs favorables*
vent	PLANTES ANÉMOCHORES : fruit ou graine muni d'une *aile* (pin, orme, érable), d'une *aigrette* (pissenlit), de *poils* (cotonnier, clématite) donnant prise au vent.
animaux	PLANTES ZOOCHORES : 1. Fruit crochu se prenant dans la toison des moutons (bardane). 2. Graine du bord des eaux, se collant sous la patte des oiseaux qui viennent boire. 3. Fruit comestible avalé par un animal, qui rejette ailleurs, dans ses excréments, la graine vivante « mûrie » par digestion du tégument.
courant des eaux	PLANTES HYDROCHORES : graine ou fruit flottant longtemps, puis s'échouant (noix de coco).
la plante elle-même	PLANTES AUTOCHORES : fruit projetant les graines au loin, par détente élastique (gousses du genêt) ou par pression d'un liquide (sablier).

cord dans les avis, les opinions de personnes entre elles.

DISSÉQUER v. t. (lat. *dissecare,* dépecer, de *secare,* couper) [conj. 18]. **1.** Ouvrir un corps organisé pour en étudier la structure. – **2.** Analyser minutieusement qqch : *Disséquer un discours.*

DISSÉQUEUR, EUSE n. *Litt.* Personne qui dissèque les idées, les œuvres, etc.

DISSERTATIF, IVE adj. Qui a le caractère d'une dissertation.

DISSERTATION n. f. (bas lat. *dissertatio, -onis*). **1.** Autref., mémoire sur un problème d'érudition, de doctrine, sur une question savante. – **2.** Exercice scolaire de composition écrite, consistant dans la discussion d'un sujet de littérature, d'histoire ou de philosophie. – **3.** Développement long, ennuyeux, discours pédant : *Il fit une dissertation sur sa maladie.*

DISSERTER v. t. ind. (bas lat. *dissertare*) [conj. 3]. **1.** Faire une dissertation sur un sujet, le traiter par écrit : *Les élèves ont disserté sur une pensée de Pascal.* – **2.** Parler longuement d'un point, d'une question, d'une personne ; discourir : *Disserter sur la situation politique.*

DISSIDENCE n. f. (bas lat. *dissidentia*). Action ou état de qqn ou d'un groupe qui ne reconnaît plus l'autorité d'une puissance politique à laquelle il se soumettait jusqu'alors ; groupe de dissidents : *Un mouvement de dissidence.*

DISSIDENT, E adj. et n. (lat. *dissidens,* de *dissidere,* s'écarter). **1.** Qui se sépare, à cause d'une divergence d'opinions, d'une communauté dont il faisait jusqu'alors partie, qui cesse d'adhérer à une idéologie, qui s'oppose au système politique du gouvernement en place. – **2.** Qui se sépare d'un mouvement artistique, scientifique, philosophique : *Les disciples dissidents de Freud.* – **3.** Toute personne se séparant de l'Église romaine. – **4.** En Angleterre, nom donné aux chrétiens qui n'appartiennent pas à l'Église anglicane. (On n'utilise plus ce terme pour les catholiques.) [Syn. NON-CONFORMISTE.]

DISSIMILATION n. f. (de *assimilation*). Changement phonétique qui conduit à accentuer ou à créer une différence entre deux phonèmes voisins mais non contigus. (Par ex., le latin *divisa* a donné le français *devise* [et non « divise »].) [Contr. ASSIMILATION.]

DISSIMILER v. t. (conj. 3). Produire une dissimilation.

DISSIMILITUDE n. f. (lat. *dissimilitudo, -onis*). Manque de similitude, de conformité, de ressemblance entre deux ou plusieurs choses.

DISSIMULATEUR, TRICE adj. et n. (lat. *dissimulator*). Qui dissimule ses intentions, ses sentiments réels.

DISSIMULATION n. f. (lat. *dissimulatio, -onis*). **1.** Action de dissimuler, de cacher ce qui existe ; chose que l'on dissimule : *La dissimulation du testament a lésé un des héritiers.* – **2.** Action de cacher ses pensées, ses intentions réelles ; caractère de qqn qui agit avec hypocrisie : *Visage où on lit la dissimulation.* – **3.** *Dissimulation d'actif,* action frauduleuse qui consiste, pour une personne, une entreprise en état de cessation de paiement, à omettre volontairement l'indication d'une partie de son actif.

DISSIMULER v. t. (lat. *dissimulare*) [conj. 3]. **1.** Cacher volontairement à la vue, soustraire aux regards d'autrui : *Il dissimula son visage sous une cagoule.* – **2.** Ne pas laisser paraître, un état, un sentiment ; cacher, masquer : *Il dissimule mal sa déception par un rire forcé.* – **3.** Se placer en écran entre qqn, qqch et le regard, le cacher, le dérober à la vue, à l'esprit : *Un bouquet d'arbres dissimule la maison.* – **4.** Cacher volontairement une information, la taire : *Il nous a dissimulé sa véritable identité.* – **5.** Ne pas déclarer au fisc des biens, des revenus, dans une intention frauduleuse. – **6.** *Litt.* Cacher ses pensées, ses intentions véritables ; feindre : *À quoi bon dissimuler ?*
◆ **être dissimulé** v. pass. Manifester de la dissimulation ; être hypocrite, fourbe.
◆ **se dissimuler** v. pr., **être dissimulé** v. pass. Être caché, rester inaperçu, invisible : *Se dissimuler derrière le rideau.*
◆ **se dissimuler** v. pr. *Ne pas se dissimuler qqch,* ne pas refuser de voir : *Je ne me dissimule pas les difficultés de l'entreprise.*

DISSIPATEUR, TRICE adj. et n. (bas lat. *dissipator,* destructeur). *Litt.* Qui dépense follement le bien dont il dispose.

DISSIPATIF, IVE adj. **1.** Qui produit ou est le siège d'une dissipation d'énergie. (Contr. CONSERVATIF.) – **2.** *Structure dissipative,* système qui, loin de son état d'équilibre, évolue spontanément vers un état dont l'entropie est inférieure à celle de l'état initial.

DISSIPATION n. f. (lat. *dissipatio, -onis*). **1.** Action de se dissiper, de disparaître : *La dissipation du brouillard, d'un malentendu.* – **2.** *Litt.* Action de dépenser follement ; dilapidation. – **3.** Manque d'attention, indiscipline, turbulence chez un élève : *Sa dissipation lui vaut de nombreuses punitions.* – **4.** *Litt.* Vie de désordre, de libertinage, de débauche : *Vivre dans la dissipation.* – **5.** Perte d'énergie mécanique, électrique, etc., par transformation en énergie thermique.

DISSIPER v. t. (lat. *dissipare*) [conj. 3]. **1.** Faire disparaître la fumée, le brouillard, etc., en les dispersant, en les chassant : *Le vent dissipe les nuages.* — **2.** *Litt.* Mettre fin à un état, à un sentiment, à une sensation, les faire cesser : *Dissiper un malentendu.* — **3.** *Litt.* Dépenser inconsidérément, dilapider : *Dissiper un héritage.* — **4.** Distraire qqn, le porter à l'indiscipline, à l'inattention : *Un élève qui dissipe ses camarades.*

◆ **être dissipé** v. pass. *Vie dissipée,* qui s'écoule dans les plaisirs et les dérèglements.

◆ **se dissiper** v. pr., **être dissipé** v. pass. **1.** Disparaître progressivement, s'évanouir : *Mal de tête qui se dissipe.* — **2.** Être inattentif, agité, turbulent : *À l'approche des vacances, les enfants sont dissipés.*

DISSOCIABILITÉ n. f. Caractère de ce qui est dissociable.

DISSOCIABLE adj. Qui peut être dissocié.

DISSOCIATEUR, TRICE adj. Qui dissocie.

DISSOCIATIF, IVE adj. **1.** Relatif à la dissociation. — **2.** *Psychose dissociative,* syn. de SCHIZOPHRÉNIE.

DISSOCIATION n. f. **1.** Action de dissocier ; séparation d'éléments qui étaient unis : *La dissociation de deux problèmes.* — **2.** Rupture, dissolution de l'unité intrapsychique du sujet. (Syn. DISCORDANCE.) [→ *encycl.*] — **3.** Réaction chimique de décomposition limitée et réversible qui se produit lorsque certains corps sont maintenus en présence des produits de leur décomposition. (Les réactions de dissociation conduisent à des équilibres chimiques.) — **4.** *Dissociation auriculo-ventriculaire,* dysfonctionnement de la transmission de l'influx nerveux cardiaque des oreillettes vers les ventricules caractérisé par un rythme auriculaire normal (70/min) et un rythme ventriculaire lent (30 à 40/min). [→ *encycl.*]

ENCYCL. **Méd.** Les causes les plus fréquentes de la *dissociation auriculo-ventriculaire* sont la dégénérescence du faisceau de His, certaines localisations d'infarctus du myocarde, certains états infectieux, les suites d'interventions cardiaques. Dans tous ces cas, l'implantation d'un stimulateur cardiaque (pacemaker) permet de rétablir un rythme normal.

— **Psychiatr.** Pour E. Bleuler, le relâchement des associations, processus sur lequel repose le fonctionnement mental, constituait le trouble primaire de la schizophrénie. Les troubles de cours de la pensée, et plus spécialement les barrages, sont considérés comme pathognomoniques de cette affection, alors que les troubles de la conduite, l'autisme, les syndromes délirants seraient secondaires à la dissociation.

DISSOCIER v. t. (lat. *dissociare*) [conj. **9**]. **1.** Séparer en les éloignant, en les opposant, des personnes qui constituaient un groupe, une unité ; désunir : *Les querelles d'intérêts ont dissocié la famille.* — **2.** Distinguer des choses, les séparer alors qu'elles étaient confondues ou étroitement liées ; disjoindre : *Dissocier les deux paragraphes d'un projet de loi.* — **3.** Procéder à une dissociation chimique.

◆ **être dissocié** v. pass. *Régime dissocié,* régime alimentaire composé exclusivement d'un seul type d'aliment et qui change chaque jour.

DISSOLU, E adj. (lat. *dissolutus,* de *dissolvere,* dissoudre). *Litt.* Dont les mœurs sont relâchées, dépravées : *Existence dissolue.*

DISSOLUBILITÉ n. f. Caractère, propriété de ce qui est dissoluble : *La dissolubilité d'un mariage.*

DISSOLUBLE adj. (lat. *dissolubilis,* séparable). Qu'on peut dissoudre, annuler.

DISSOLUTION n. f. (lat. *dissolutio, -onis*). **1.** Mise en solution d'un solide, d'un liquide ou d'un gaz ; état de ce qui est dissous ; liquide résultant de cette mise en solution. (→ *encycl.* Chim.) — **2.** Action de dissoudre, de faire cesser par décision légale ; séparation ou disparition légale : *Prononcer la dissolution d'un mariage.* — **3.** Fait de se désagréger, de perdre sa cohésion ; désagrégation, éclatement : *La dissolution de la famille.* — **4.** *Litt.* Dépravation des mœurs, débauche. — **5.** Solution visqueuse de caoutchouc servant à réparer les chambres à air des pneumatiques. — **6.** Procédure permettant à l'exécutif de mettre fin avant le terme légal au mandat d'une assemblée. (→ *encycl.* Dr.) — **7.** Procédé utilisé pour exploiter une couche de sel souterraine, à partir de la surface, consistant à injecter de l'eau douce et à remonter une saumure.

ENCYCL. **Chim.** Une substance solide, liquide ou gazeuse se dissout dans un liquide mis à son contact quand elle disparaît dans la masse de ce liquide pour donner un tout homogène. La dissolution est un processus physique, sans réaction chimique. Elle peut néanmoins s'accompagner d'une variation de température. À température donnée, on ne peut dissoudre qu'une quantité limitée de substance dans un liquide ; quand cette quantité est atteinte, la solution est dite *saturée.*

— **Dr.** La dissolution est, avec la responsabilité gouvernementale, la pièce maîtresse du régime parlementaire. Elle permet au pouvoir exécutif de renvoyer la chambre basse devant les électeurs soit spontanément, soit en riposte à un renversement du gouvernement. La Constitution du 4 oct. 1958 confère, par son article 12, au président de la République — après consultation du Premier ministre et des présidents des deux assemblées — le droit de prononcer la dissolution de l'Assemblée nationale. Les élections générales doivent avoir lieu vingt jours au moins et quarante jours au plus après la dissolution. Il ne peut être procédé à une nouvelle dissolution dans l'année qui suit les élections générales consécutives à la dissolution. Il a été fait usage de la dissolution le 10 oct. 1962, le 30 mai 1968 et le 22 mai 1981.

DISSOLVANT, E adj. **1.** Qui a la propriété de dissoudre une substance. — **2.** *Litt.* Qui attaque les principes moraux, les valeurs : *Doctrine dissolvante.* — **3.** *Litt.* Qui amollit, affaiblit, mine l'énergie : *Climat dissolvant.*

◆ **dissolvant** n. m. **1.** Produit qui a la propriété de dissoudre. — **2.** Produit cosmétique permettant d'éliminer facilement le vernis appliqué sur les ongles.

DISSONANCE n. f. (bas lat. *dissonantia*). **1.** Rencontre peu harmonieuse de sons, de syllabes ou de mots ; cacophonie. — **2.** *Litt.* Manque d'harmonie, désaccord entre des idées, des caractères, des sentiments. — **3.** *Litt.* Combinaison de couleurs qui ne s'harmonisent pas. — **4.** Absence de correspondance dans l'audition de deux ou plusieurs sons successifs ou simultanés. (Elle est utilisée par les compositeurs à des fins expressives.) — **5.** *Théorie de la dissonance cognitive,* théorie élaborée par L. Festinger selon laquelle la coexistence, chez un même individu, d'éléments de connaissance qui, d'une manière ou d'une autre, ne s'accordent pas entraîne de sa part un effort pour les concilier. (C'est une théorie de la rationalisation des conduites affectives.)

DISSONANT, E adj. **1.** Qui forme un son peu agréable, sans harmonie à l'oreille ; discordant : *Cris dissonants.* — **2.** *Litt.* Se dit de choses dont le rapprochement produit une impression désagréable : *Couleurs dissonantes.* — **3.** En musique, se dit d'un accord dont les composantes forment entre elles une dissonance. (→ *encycl.*)

ENCYCL. **Mus.** Les *accords dissonants* sont formés, d'après la conception classique, d'au moins quatre ou cinq sons simultanés. Les accords dissonants de quatre sons s'appellent *accords de septième ;* ceux de cinq sons, *accords de neuvième.*

DISSONER v. i. (bas lat. *dissonare*) [conj. 3]. *Litt.* Discorder, détonner, produire une impression désagréable à l'oreille, à l'œil, à l'esprit, par l'absence d'harmonie.

DISSOUDRE v. t. (lat. *dissolvere,* séparer) [conj. 87]. **1.** Opérer la dissolution d'un corps. — **2.** Mettre fin légalement à une réunion, à une association, à l'existence d'un parti, annuler un mariage. — **3.** Procéder à la dissolution d'une assemblée.

◆ **se dissoudre** v. pr., **être dissous** v. pass. **1.** Perdre sa consistance en se désagrégeant au sein d'un liquide : *Le comprimé se dissout dans l'eau.* — **2.** *Litt.* Perdre sa structure, sa force, en se fondant dans qqch ; disparaître : *Personnalité qui se dissout dans un groupe.* — **3.** Se désagréger, se rompre, éclater : *L'union nationale est en train de se dissoudre.*

DISSUADER v. t. (lat. *dissuadere,* déconseiller) [conj. 3]. Faire renoncer qqn à son intention de faire qqch, l'en détourner : *Je l'ai dissuadé de faire ce voyage.*

DISSUASIF, IVE adj. (lat. *dissuasus,* de *dissuadere,* déconseiller). **1.** Qui a pour but de dissuader un ennemi d'attaquer : *Armement dissuasif.* — **2.** Qui a pour but de dissuader qqn de faire qqch : *La peine de mort est-elle dissuasive ?*

DISSUASION n. f. (amér. *dissuasion,* du lat. *dissuasio, -onis*). **1.** Action menée par un État en vue de décourager un éventuel adversaire d'entreprendre contre lui un acte d'agression, en lui prouvant que la valeur de l'enjeu qu'il convoite est inférieure à celle des dommages que l'État menacé est déterminé à lui infliger. (→ *encycl.*) — **2.** Moyen quelconque utilisé pour dissuader qqn, un groupe : *Opération de dissuasion.* — **3.** *Parking de dissuasion,* parking à faible tarif placé à l'entrée d'une grande ville pour inciter les particuliers à y laisser leurs voitures.

ENCYCL. **Mil.** Pour être crédible, la dissuasion suppose la possession de forces, notamment nucléaires, maintenues constamment en état d'exécuter des actions de représailles. On ne peut définir une fois pour toutes la capacité de dissuasion ni la philosophie d'emploi d'un armement nucléaire. D'une part, elles dépendent des États en présence ; d'autre part, elles sont susceptibles de modifications dues à l'apparition d'armes nouvelles ou à l'accession de nouveaux États à la puissance nucléaire militaire.

DISSYLLABE ou **DISSYLLABIQUE** adj. Qui a deux syllabes.

◆ **dissyllabe** n. m. Mot, vers dissyllabe.

DISSYMÉTRIE n. f. Absence de symétrie.

DISSYMÉTRIQUE adj. Sans symétrie, asymétrique : *Disposition dissymétrique.*

DISTAL, E, AUX adj. (angl. *distal*). **1.** Se dit de la partie d'un appendice quelconque la plus éloignée du point d'insertion de celui-ci. (Contr. PROXIMAL.) — **2.** *Bord distal,* bord postérieur de l'aile des insectes.

DISTANCE n. f. (lat. *distantia*). **1.** Intervalle qui sépare deux points dans l'espace ; longueur de l'espace à parcourir pour aller d'un point à un autre : *Quelle est la distance de la Terre à la Lune ?* — **2.** Intervalle, espace qui sépare deux ou plusieurs personnes : *La distance grandissait entre le coureur de tête et le peloton.* — **3.** Espace à parcourir dans une course : *Le cheval est meilleur sur cette distance.* — **4.** Écart, différence entre deux choses, deux personnes, leurs statuts, leurs qualités, etc. : *L'argent a mis une grande distance entre eux.* – **5.** *À distance,* en étant éloigné dans l'espace ou dans le temps ; de loin. ‖ *À tant de temps de distance,* marque l'éloignement dans le temps, la durée qui sépare deux moments : *À deux mois de distance.* ‖ *Commandé à distance,* télécommandé. ‖ *De distance en distance,* de place en place, de temps en temps. ‖ *Garder ses distances,* s'arranger pour ne pas être concerné par qqch, dégager sa responsabilité de qqch, ou éviter toute familiarité avec qqn. ‖ *Tenir qqn à distance, se tenir à distance* ne pas laisser approcher qqn de soi ou lui ôter tout prétexte de familiarité, ne pas se mêler de qqch. ‖ *Tenir la distance,* maintenir ses efforts sur toute la durée d'une course ; maintenir ses efforts pour toute action longue et difficile. • **Dess.** *Points de distance,* nom des deux

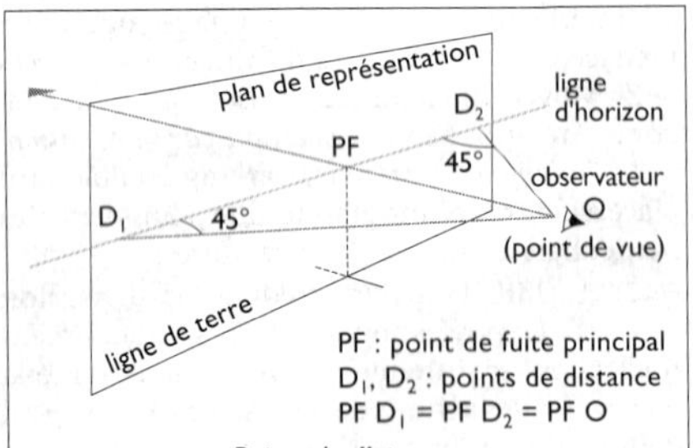

Points de **distance**.

points définis, sur la ligne d'horizon d'une représentation graphique, picturale, etc., par les droites qui partent de l'œil de l'observateur (point de vue) pour former un angle de 45° avec le plan de la représentation. (La distance de chacun de ces points au point de fuite principal est égale à la distance de ce point de fuite à l'œil de l'observateur ; c'est vers ces points que convergent les droits du plan géométral [ou d'un plan parallèle] qui font un angle de 45° avec le tableau.) – **Éthol.** *Distance individuelle,* distance maximale que tolèrent entre eux deux individus au cours de leurs activités. (Elle constitue un indice de la cohésion sociale de l'espèce.) – **Génét.** *Distance génétique,* nombre exprimant l'ensemble des différences génétiques entre des individus ou des groupes d'individus. – **Géom.** *Distance de deux points* A *et* B *d'un espace affine,* nombre réel, noté AB, égal à $|\overline{AB}|$, où la mesure algébrique considérée est définie sur la droite (AB). ‖ *Distance de deux points* A *et* B *en géométrie sphérique,* mesure de l'arc de grand cercle passant par A et B. ‖ *Distance euclidienne de deux points* A *et* B, réel $\|\overrightarrow{AB}\|$, où $\| \; \|$ est la norme euclidienne définie sur l'espace vectoriel euclidien associé à l'espace affine qui contient A et B. ‖ *Distance d'un point* A *à une droite, un plan ou un hyperplan affine* E, borne inférieure de AM où M appartient à E. (On parle parfois de DISTANCE GÉOMÉTRIQUE.) [→ *encycl.*] – **Math.** Application d définie sur l'ensemble E × E (E étant un ensemble donné) à valeurs dans $\mathbb{R}^+$, qui vérifie les propriétés suivantes :

1° $\forall (x, y) \in E^2, d(x, y) = 0 \Leftrightarrow x = y$;

2° $\forall (x, y) \in E^2, d(x, y) = d(y, x)$;

3° $\forall (x, y, z) \in E^3, d(x, z) \leqslant d(x, y) + d(y, z)$.

(On dit alors que (E,d) est un espace métrique.) ‖ *Distance de deux ensembles* A *et* B, borne inférieure des distances d'un point quelconque de A à un point quelconque de B, A et B étant deux parties d'un même espace métrique (E,d). ‖ *Distance euclidienne,* distance associée à la norme définie sur un espace euclidien. – **Mil.** Espace laissé en profondeur entre les rangs ou les éléments d'une colonne. – **Sports.** *Classement à la distance,* classement effectué selon la distance parcourue par chacun des concurrents dans le même temps.

ENCYCL. **Géom.** Dans le plan affine euclidien E_2 rapporté à un repère orthonormé $(O, \vec{i}, \vec{j})$, la distance d'un point M_0 (x_0, y_0) à une droite D d'équation cartésienne $ax + by + c = 0$ est donnée par

$$\frac{|ax_0 + by_0 + c|}{\sqrt{a^2 + b^2}}.$$

Dans l'espace affine euclidien E_3 rapporté à un repère orthonormé $(O, \vec{i}, \vec{j}, \vec{k})$, la distance d'un point M_0 (x_0, y_0, z_0) à un plan P d'équation cartésienne
$ax + by + cz + d = 0$ est

$$\frac{|ax_0 + bx_0 + cz_0 + d|}{\sqrt{a^2 + b^2 + c^2}}.$$

DISTANCEMENT n. m. Sanction prise contre un cheval de course, qui est rétrogradé ou exclu du classement.

DISTANCEMÈTRE n. m. Instrument de mesure électronique des distances (telluromètre ou géodimètre).

DISTANCER v. t. (angl. *to distance,* dépasser) [conj. **16**]. **1.** Devancer qqn, le surpasser : *Il s'est laissé distancer de cent mètres.* – **2.** Prononcer le distancement d'un cheval.

DISTANCIATION n. f. **1.** Fait de créer une distance entre soi et la réalité. – **2.** *Effet de distanciation,* expression employée par Brecht pour désigner l'effet par lequel l'acteur se dissocie de son personnage, afin d'obtenir du public une attitude critique. (L'effet de distanciation caractérise le théâtre épique de Brecht.)

DISTANCIER (SE) v. pr. (conj. 9). Prendre du recul par rapport à qqch, à qqn : *Se distancier de ses propres ouvrages.*

DISTANT, E adj. (lat. *distans,* de *distare,* être éloigné). **1.** Qui est situé à telle distance de qqch : *Villes distantes de 100 kilomètres.* – **2.** Qui est éloigné dans le temps : *Époque assez distante de la nôtre.* – **3.** Qui est différent, éloigné de qqch : *Opinions distantes l'une de l'autre.* – **4.** Qui est réservé, froid, qui ne se lie pas facilement : *Attitude distante. Personne distante.*

DI STEFANO (Alfredo), footballeur argentin, naturalisé espagnol (Buenos Aires 1926). Avant-centre, redoutable buteur de River Plate et de l'équipe d'Argentine, il joua à Bogotá et, à partir de 1953, au Real Madrid. Il fut le principal artisan des cinq victoires consécutives du Real en Coupe d'Europe (1956-1960).

DISTENDRE v. t. (lat. *distendere*) [conj. 73]. **1.** Exercer sur qqch une forte tension en divers sens ; augmenter les dimensions de qqch en le tendant, en l'étirant : *Distendre un ressort.* – **2.** Éloigner l'une de l'autre des choses auparavant fortement liées : *Distendre les liens familiaux.*

◆ **se distendre** v. pr., **être distendu** v. pass. S'affaiblir, se relâcher : *Nos liens d'amitié se sont distendus.*

DISTENSIF, IVE adj. Relatif à une distension tectonique. (Syn. EXTENSIF.)

DISTENSION n. f. (bas lat. *distensio, -onis*). **1.** Augmentation de surface ou de volume sous l'effet d'une tension en divers sens : *Distension de l'estomac.* – **2.** En tectonique, processus aboutissant à la formation de failles normales. (Syn. EXTENSION.)

DISTHÈNE n. m. (du gr. *sthenos,* force). Silicate naturel d'aluminium, triclinique, se présentant généralement en cristaux allongés de teinte bleue. (Syn. KYANITE.)

DISTILLAT [-tila] n. m. (lat. *distillatum*). **1.** Liquide obtenu par condensation de la vapeur recueillie en fin de distillation. – **2.** Produit obtenu par distillation du pétrole. (Ce sont les essences, les kérosènes ou les gasoils, par opposition aux résidus.)

DISTILLATEUR [-tila-] n. m. Personne qui distille des produits, en partic. celui qui produit des eaux-de-vie.

DISTILLATION [-tilasjɔ̃] n. f. (lat. médiév. *distillatio, -onis*). **1.** Action de distiller ; procédé de séparation des constituants d'un mélange par ébullition. – **2.** Traitement par la chaleur de certains produits agricoles en vue d'obtenir de l'alcool éthylique. – **3.** *Distillation sèche,* chauffage en atmosphère inerte de substances organiques (bois, charbons, schistes, huiles minérales résiduelles) pour en provoquer la décomposition chimique.

ENCYCL. **Agric.** Les produits employés pour la distillation doivent pouvoir donner des sucres fermentescibles. On utilise pour cela pommes, poires, canne à sucre, betterave (matières sucrées) ; céréales, pommes de pin (matières amylacées), bois (matières cellulosiques). Après fermentation de ces produits, les « vins » alcooliques obtenus sont chauffés pour obtenir la séparation de l'alcool éthylique par émission de vapeur puis par condensation, soit dans les alambics (alcool de bouche) soit dans des colonnes à distiller (alcool industriel).

– **Bois.** La *distillation des bois* s'effectue en chauffant des rondins de bois dans des cornues, horizontales ou verticales, ou dans des fours fonctionnant en continu. Elle fournit, outre le charbon de bois, des goudrons, une solution pyroligneuse (acide acétique impur) et du méthylène (alcool méthylique impur), des gaz résiduels, rejetés ou brûlés. Les bois résineux donnent, au début de l'opération, l'essence de pin, employée comme succédané de l'essence de térébenthine.

– **Chim.** La vapeur obtenue par ébullition d'un mélange de deux liquides contient une forte proportion du corps le plus volatil. Cette proportion peut être encore augmentée par condensation, puis nouvelle ébullition de la vapeur *(distillation fractionnée),* jusqu'à obtention du corps pur. Cela est toutefois impossible lorsque le mélange possède un azéotrope*.

– **Pétr.** Dans une raffinerie, le pétrole brut subit d'abord une *distillation fractionnée* qui aboutit à une dizaine de coupes pétrolifères de base. Leurs caractéristiques sont ensuite améliorées par les installations de conversion ou d'épuration. Sommairement, on obtient, par volatilité décroissante, les produits suivants :

- gaz combustible (C_1, C_2),
- coupe propane (C_3),
- coupe butane (C_4),
- essence légère (C_5, C_6, ou 20-80 °C),
- essence lourde (C_7 à C_{10} ou 80-100 °C),
- kérosène (180-230 °C),
- deux ou plusieurs gasoils (230-380 °C),
- plusieurs distillats (380-500 °C),
- un résidu sous vide (plus de 550 °C).

Le résultat est obtenu par la mise en œuvre de trois opérations : la distillation atmosphérique du pétrole brut, la séparation des gaz et des essences, la distillation sous vide du résidu atmosphérique.

DISTILLATOIRE [-tila-] adj. Qui sert à la distillation.

DISTILLER [distile] v. t. (bas lat. *distillare*) [conj. 3]. **1.** Extraire d'un mélange les produits les plus volatils, en les transformant en vapeurs, puis en les condensant par refroidissement. – **2.** *Litt.* Sécréter ou élaborer une substance : *Plantes qui distillent du poison.* – **3.** *Litt.* Dégager une impression, exprimer un sentiment, une pensée : *Distiller l'ennui. Distiller des bons mots.* ◆ v. i. Se séparer d'un mélange lors de la distillation.

DISTILLERIE [-tilri] n. f. (de *distiller,* avec l'infl. de l'angl. *distillery*). **1.** Usine produisant de l'alcool ; atelier de distillation. – **2.** Ensemble des activités liées à la distillation industrielle.

DISTINCT, E [distɛ̃(kt)] adj. (lat. *distinctus*). **1.** Qu'on peut percevoir nettement par la vue, l'ouïe, l'esprit : *Une voix distincte. Idées claires et distinctes.* – **2.** Qui ne se confond pas avec qqch ou qqn d'analogue, de voisin : *Problèmes distincts. Deux peuples bien distincts.*

DISTINCTEMENT adv. De façon distincte, claire ; avec netteté : *Entendre distinctement une conversation.*

DISTINCTIF, IVE adj. **1.** Qui permet de reconnaître, de distinguer ; spécifique, typique : *Un signe distinctif.* – **2.** *Fonction distinctive,* fonction de différenciation des unités significatives d'une langue, qui peut être assurée par des unités phonétiques (phonèmes) ou prosodiques (accents, tonèmes, intonèmes). ‖ *Trait distinctif,* élément phonique ultime, qui contribue par sa présence ou par son absence à différencier les phonèmes d'une langue. (Par ex., en fr. les traits de voisement, d'arrondissement et de nasalité.) [Syn. TRAIT PERTINENT.]

DISTINCTION n. f. (lat. *distinctio, -onis*). **1.** Action de distinguer, de séparer des personnes ou des choses, de faire une différence entre elles : *Faire une distinction entre l'orgueil et la vanité.* – **2.** Établissement d'une différence à partir de laquelle on fait des réserves, on formule des jugements ; distinguo : *Se perdre dans de subtiles distinctions.* – **3.** Marque d'honneur qui désigne qqn à l'attention respectueuse d'autrui ; décoration : *Être promis aux plus hautes distinctions.* – **4.** Manières élégantes, dignes et raffinées, dans l'attitude ou le langage de qqn (seulement sing.) : *Parler avec distinction.* – **5.** Élégance, raffinement de qqch : *Robe d'une grande distinction.* – **6.** *Litt.* Condition sociale élevée de qqn : *La distinction de la naissance.* – **7.** *Sans distinction,* sans exception.

DISTINGUER v. t. (lat. *distinguere,* séparer) [conj. 3]. **1.** Percevoir par les sens, en partic. par la vue, l'ouïe : *Notre oreille ne distingue pas les ultrasons. On distingue à peine les passants dans le brouillard.* – **2.** Découvrir, déceler qqch par l'esprit : *Distinguer une certaine agressivité dans les propos de quelqu'un.* – **3.** Reconnaître, différencier qqch ou qqn en percevant les caractéristiques qui font sa spécificité : *Distinguer le vrai du faux. Distinguer deux jumeaux.* – **4.** Constituer l'élément caractéristique qui différencie qqn, qqch de qqn, qqch d'autre : *La parole distingue l'homme de l'animal.* – **5.** Mettre une personne au-dessus des autres, la considérer comme supérieure, à part : *Il s'imagine que ses vertus le distinguent du commun des mortels.* – **6.** Honorer qqn, lui décerner une marque particulière d'honneur, de faveur : *Distinguer publiquement le meilleur élève d'une classe.*

◆ **être distingué** v. pass. **1.** Avoir une allure, des manières, des paroles qui témoignent d'une bonne éducation ; être de bon ton, élégant : *Parler d'une voix distinguée.* – **2.** *Litt.* Appartenir à l'élite ; être hors du commun, illustre, éminent : *Un musicien distingué.* – **3.** *Sentiments, salutations distingué(e)s* s'emploient dans les formules de politesse qui terminent une lettre. – **4.** *Sous-groupe distingué d'un groupe* G *non abélien,* sous-groupe H de G tel que, pour tout élément x de G, on a $H = xHx^{-1}$ (la loi étant notée multiplicativement). [Syn. SOUS-GROUPE INVARIANT.] (→ *encycl.*)

◆ **se distinguer** v. pr. **1.** Être perçu, discerné : *La couleur de sa robe se distinguait mal dans la pénombre.* – **2.** Différer, s'opposer : *Le poney se distingue du cheval par sa taille.* – **3.** S'élever au-dessus des autres, s'illustrer, se signaler ou, péjor., chercher à se faire remarquer : *Un élève qui se distingue en mathématiques.*

ENCYCL. **Algèbr.** Tout groupe G admet au moins les sous-groupes distingués $\{e\}$ et G. Le noyau de tout morphisme de G dans un autre groupe est un sous-groupe distingué. Dans un groupe abélien, tous les sous-groupes sont distingués.

Distinguished Flying Cross (« croix du service aérien distingué »), décoration militaire britannique créée en 1919 par le roi George V en faveur des officiers de l'armée de l'air ; décoration militaire américaine créée en 1926 pour récompenser les actes d'héroïsme accomplis par les aviateurs devant l'ennemi.

Distinguished Service Cross (« croix de service distingué »), décoration militaire anglaise créée en 1914 par le roi George V en faveur des officiers de la marine ; décoration militaire américaine créée en 1918 pour récompenser les actes d'héroïsme accomplis devant l'ennemi.

Distinguished Service Medal (« médaille de service distingué »), décoration militaire américaine créée en 1918 pour récompenser les services des combattants qui ne sont pas au front.

Distinguished Service Order (DSO) [« ordre du service distingué »], ordre militaire anglais créé par la reine Victoria en 1886. Réservé aux officiers des forces armées. Il fut étendu en 1942 à ceux de la marine marchande.

DISTINGUO [-tɛ̃go] n. m. (lat. scolast. *distinguo,* je distingue). Distinction fine, dans une argumentation ; argutie.

1. DISTIQUE n. m. (gr. *distikhon*). **1.** Couple de deux vers formé d'un hexamètre et d'un pentamètre. – **2.** En français, groupe de deux vers formant un sens complet.

2. DISTIQUE adj. (gr. *distikhos,* disposé sur deux rangs). *Feuilles distiques,* feuilles isolées se suivant le long de la tige à un demi-tour d'intervalle.

DISTOMATOSE n. f. Maladie parasitaire due à une douve.

ENCYCL. Selon les espèces de douves, la localisation concerne la bouche ou le pharynx (halzun), le foie et les voies biliaires, l'intestin et le poumon. La distomatose hépatique due à *Fasciola hepatica* s'observe en France. Elle se contracte après ingestion de cresson sauvage.

DISTOME n. m. (gr. *distomos,* qui a deux bouches). Ver plat trématode pourvu de deux ventouses, tel que la douve du foie. (Les *distomes* forment un ordre.)

DISTORDRE v. t. (lat. *distorquere,* tordre, avec l'infl. de *tordre*) [conj. **76**]. Déformer qqch par une torsion, une distorsion.

DISTORSION n. f. (lat. *distortio, -onis*). **1.** Action de distendre un muscle, un ligament, de déformer le visage, etc. – **2.** Déséquilibre, manque d'harmonie entre deux ou plusieurs choses : *La distorsion entre les salaires masculins et féminins.* • **Électr.** Déformation d'un phénomène périodique au cours de sa transmission. – **Électroacoust.** Ensemble des défauts qui, dans la reproduction du son, altèrent un son entre sa source et l'oreille. – **Électron.** *Distorsion d'un signal,* déformation indésirable d'un signal fonction du temps, qui se produit dans un appareil ou au cours d'une opération telle que l'enregistrement, la reproduction ou la transmission. – **Opt.** *Distorsion (géométrique),* défaut d'une image dans laquelle certaines formes géométriques des objets ne sont pas respectées. (Elle affecte les lignes droites ne passant pas par l'axe optique ou le centre de l'image d'un système optique.) – **Stat.** Effet qui prive un résultat statistique de son caractère représentatif en le faussant systématiquement.

DISTRACTIF, IVE adj. (de *distraire*). Qui est capable de divertir, de délasser ou qui fait diversion.

DISTRACTION n. f. (lat. *distractio, -onis,* déchirement). **1.** Disposition habituelle à l'étourderie ou état passager de qqn qui manque de concentration : *La distraction des savants est légendaire.* – **2.** Acte qui traduit une sorte d'inattention : *Excusez ma distraction : je ne vous ai pas prié de vous asseoir.* – **3.** Action de se distraire, de se délasser, de s'amuser : *Il vous faudrait un peu de distraction.* – **4.** Activité qui divertit : *Quelles sont vos distractions en vacances ?* – **5.** *Vx.* Détournement d'argent. – **6.** *Demande en distraction,* action en revendication d'un tiers concernant un bien indûment compris dans une saisie.

DISTRACTIVITÉ ou **DISTRACTIBILITÉ** n. f. Incapacité à fixer son attention.

DISTRAIRE v. t. (lat. *distrahere,* tirer en divers sens, avec l'infl. de *traire*) [conj. **112**]. **1.** *Litt.* Prélever une partie d'un tout ; retrancher : *Distraire de son compte le paiement du loyer.* – **2.** *Litt.* Enlever frauduleusement qqch d'un endroit, le détourner à son profit : *Distraire furtivement un article lorsque la vendeuse a le dos tourné.* – **3.** Interrompre, déranger qqn, le faire s'intéresser à autre chose qu'à l'objet de son occupation : *Travailler sans se laisser distraire (de son travail).* – **4.** Faire passer le temps agréablement à qqn, l'amuser, le divertir : *Distraire un enfant malade en lui racontant des histoires.*

◆ **se distraire** v. pr. Se détendre, se délasser, s'amuser.

DISTRAIT, E adj. et n. (de *distraire*). Qui est peu attentif à ce qu'il dit ou à ce qu'il fait ; absent, rêveur, étourdi : *Un grand distrait.*

◆ adj. **1.** Qui manifeste de la distraction : *Un air distrait.* – **2.** Qui manifeste un manque d'attention à ce qu'il entend, voit, fait : *Écouter d'une oreille distraite.*

DISTRAITEMENT adv. De façon distraite, sans fixer son attention : *Elle l'écoutait distraitement.*

DISTRAYANT, E adj. Propre à distraire, susceptible de divertir ; amusant : *Un convive distrayant. Lecture distrayante.*

DISTRIBUABLE adj. Qui peut être distribué : *Secours distribuables en nature.*

DISTRIBUER v. t. (lat. *distribuere,* répartir) [conj. **7**]. **1.** Remettre à chacun des membres d'un groupe la partie, l'élément d'un tout qui lui revient, donner à diverses personnes des choses de même nature : *Distribuer les cartes aux joueurs. Distribuer des tracts.* – **2.** Attribuer aux membres d'un groupe la tâche qui leur revient : *Distribuer les tâches au personnel.* – **3.** Attribuer les rôles d'une pièce, d'un film, d'un ballet à des acteurs, à des danseurs en fonction des intentions du metteur en scène, du chorégraphe. – **4.** Fournir qqch avec ou sans idée de répartition : *Appareil* *qui distribue des billets de train, des boissons.* – **5.** Placer, disposer, répartir des choses, des personnes selon une certaine organisation : *Distribuer les joueurs sur le terrain.* – **6.** Donner, adresser au hasard des coups, des remarques. – **7.** Assurer la distribution commerciale d'un produit, d'un film, etc. – **8.** Remettre dans leurs cassetins les caractères typographiques après utilisation.

◆ **se distribuer** v. pr., **être distribué** v. pass. **1.** Être disposé, agencé d'une certaine manière : *Appartement bien distribué.* – **2.** En parlant d'un système informatique, avoir ses ressources (processeurs de traitement, mémoires, etc.) séparées et connectées par un réseau. – **3.** Pour les individus d'une population statistique, avoir une certaine loi de distribution.

DISTRIBUTAIRE adj. et n. Se dit de qqn qui a reçu une part dans une distribution.

DISTRIBUTEUR, TRICE n. (bas lat. *distributor*). **1.** Personne qui distribue : *Un distributeur de prospectus.* – **2.** Personne ou firme qui assure la distribution d'un produit, d'un film, d'un service, etc.

◆ **distributeur** n. m. **1.** Appareil de distribution ou de vente mesurant le débit, le volume, le poids ou le prix d'un produit pétrolier. – **2.** Dispositif servant à fournir du papier, du savon, etc., à usage domestique. – **3.** *Distributeur (automatique),* appareil qui, après introduction du paiement dans une fente, délivre des objets divers (timbres-poste, titres de transports, produits alimentaires, etc.). • **Agric.** Machine destinée à épandre régulièrement des engrais, des semences ou à mettre à la disposition des animaux des aliments en quantité déterminée. ‖ Organe rotatif d'un semoir à grains permettant la distribution régulière du grain selon des quantités fixées à l'avance. – **Autom.** Organe de l'allumage distribuant le courant secondaire aux bougies. – **Ch. de f.** Organe du frein à air comprimé permettant d'obtenir la modérabilité du freinage au serrage et au desserrage. – **Électr.** Boîte de dérivation permettant de relier chacun des circuits dérivés à l'un des circuits principaux. – **Manut.** Dispositif qui, disposé au-dessous d'une capacité de stockage (trémie, silo), assure un débit régulier et contrôlé de matières pulvérulentes ou granuleuses. – **Mécan.** Organe fixe des turbomachines servant à conduire le fluide depuis l'entrée de la machine jusqu'à la roue mobile. – **Techn.** Appareil permettant, dans un circuit hydraulique ou pneumatique, l'ouverture ou la fermeture d'une ou plusieurs voies de passage du fluide. – **Therm.** Appareil employé, dans les machines à vapeur, pour établir alternativement la communication d'une part entre la chaudière et l'une des faces du piston moteur, d'autre part entre l'autre face de ce piston et l'atmosphère ou le condenseur. – **Verr.** Dispositif situé à la sortie du canal de distribution alimentant en verre une machine de bouteillerie, et délivrant de façon automatique des paraisons d'un poids fixé.

DISTRIBUTIF, IVE adj. (lat. *distributivus*). **1.** Se dit des numéraux, des indéfinis qui expriment une idée de répartition d'objets, pris chacun en particulier (par ex. en français, *chaque* et *chacun*). – **2.** *Justice distributive,* justice qui donne à chacun ce qui lui revient. ‖ *Loi de composition interne* T, *définie sur un ensemble* M, *distributive à gauche* (resp. *à droite*) *par rapport à une loi de composition interne* $\perp$ *définie sur* M, loi T telle que, pour tout triplet (a,b,c) d'éléments de M, on a $a \mathrm{T} (b \perp c) = (a \mathrm{T} b) \perp (a \mathrm{T} c)$ [resp. $(b \perp c) \mathrm{T} a = (b \mathrm{T} a) \perp (c \mathrm{T} a)$]. (La loi est dite distributive lorsqu'elle est à la fois distributive à gauche et à droite.)

◆ **distributif** n. m. Mot distributif.

DISTRIBUTION n. f. (lat. *distributio -onis*). **1.** Action de distribuer, de donner qqch à des gens, aux membres d'un groupe, etc. : *Distribution de tracts. Distribution des secours aux sinistrés. La distribution du courrier par le facteur.* – **2.** Organisation, disposition, répartition des éléments d'un ensemble d'un point de vue fonctionnel ou esthétique : *Une bonne distribution des pièces dans un appartement.* – **3.** Fourniture au public d'un produit ou d'un service : *Distribution du gaz et de l'électricité.* – **4.** Ensemble des opérations par lesquelles les produits et les services sont répartis entre les consommateurs à l'intérieur du cadre national. (Le mot remplace l'expression *commerce intérieur*.) [→ encycl.] – **5.** Répartition des rôles entre les acteurs choisis pour interpréter une pièce, un ballet, pour tourner un film, un téléfilm ; ensemble des acteurs qui participent au spectacle, au film : *Une brillante distribution.* – **6.** *Distribution des prix,* cérémonie au cours de laquelle on décerne des prix aux élèves. • **Arm.** Opération qui, dans une arme à feu, a pour but de ne permettre la présentation que d'une seule cartouche à la fois. – **Autom.** Entraînement par le moteur de certains organes auxiliaires. – **Bât.** *Distribution en chandelle,* système de distribution d'eau par colonnes montantes partant d'un niveau inférieur du bâtiment. ‖ *Distribution en parapluie,* système de distribution d'eau dans lequel la ceinture principale est reportée à l'étage le plus élevé du bâtiment. – **Cin.** Branche de l'industrie cinématographique qui assure le placement des films auprès des salles. (Elle exerce souvent de fait un rôle de financement au niveau de la production.) – **Dr.** Procédure qui règle le prix de vente des biens du débiteur au profit des créanciers, en cas de vente forcée ou amiable. (Les procédures de distribution sont l'ordre et la contribution.) — **Ling.** Somme des environnements (ou contextes) dans lesquels apparaît une unité linguistique (phonème, morphème, etc.) — **Mécan.** Manière dont le fluide moteur se répartit et agit dans le cylindre d'une machine à piston. ‖ Ensemble des organes mécaniques qui règlent l'admission et l'échappement du fluide moteur. (→ *encycl.*) — **Probab.** Loi de répartition des cas possibles et des probabilités correspondantes. — **Stat.** Relation entre les modalités ou les valeurs d'un caractère et leurs effectifs ou leurs fréquences. (Si le caractère est quantitatif, on dit aussi DISTRIBUTION À UNE VARIABLE.) — **Télécomm.** *Distribution par câbles,* syn. anc. de TÉLÉDISTRIBUTION.

ENCYCL. **Écon.** La distribution recouvre essentiellement deux secteurs distincts : le commerce de gros et le commerce de détail. Intermédiaire entre les entreprises elles-mêmes ou entre la production des biens et les détaillants, le commerce de gros exerce une fonction d'amortisseur entre l'offre et la demande. Sa croissance a été forte jusqu'en 1974, puis s'est réduite.

Le commerce de détail a été touché, au cours des récentes décennies, par une profonde évolution, notamment une vive progression des hypermarchés et supermarchés et un recul du petit commerce. Toutefois, la progression des grandes surfaces à caractère alimentaire connaît une tendance au ralentissement, du fait notamment de la mise en œuvre d'une réglementation encadrant la création de tels commerces. De leur côté, les supérettes, mini-libre-services et magasins traditionnels, dépendant de groupes succursalistes ou de coopératives de consommateurs, connaissent un relatif déclin, de même que les magasins populaires et les grands magasins. Par ailleurs, au-delà de la diffusion de nouvelles formules de vente (libre-service) ou du regain de modes traditionnels (marchés forains, vente à domicile, vente par correspondance), on observe un développement de diverses formes de concentration : poursuite de l'internationalisation de la distribution (implantation de points de vente à l'étranger, pénétration de groupes étrangers sur le marché national), mouvement d'affiliation aux principales centrales d'achat, développement des prises de contrôle (concentration financière), accords d'assistance technique ou contrats d'intégration commerciale (franchisage).

— **Mécan.** Dans les moteurs à explosion, la distribution est assurée par des soupapes qui sont levées par des cames, elles-mêmes portées par un arbre de distribution et abaissées par des ressorts. Dans la distribution par soupapes en tête, les soupapes, placées dans le fond de la culasse, sont attaquées par des culbuteurs. Dans le moteur à deux temps, c'est le piston qui assure la distribution. Dans le moteur Diesel, la distribution à deux soupapes en tête (admission d'air et échappement) est complété par un distributeur de combustible liquide.

DISTRIBUTIONNALISME n. m. (amér. *distributionalism*). Syn. de ANALYSE DISTRIBUTIONNELLE*.

DISTRIBUTIONNALISTE adj. et n. Relatif au distributionnalisme ; partisan du distributionnalisme.

DISTRIBUTIONNEL, ELLE adj. (amér. *distributional.*) **1.** Qui concerne l'analyse distributionnelle. — **2.** *Analyse distributionnelle,* méthode de description linguistique fondée sur l'observation de la distribution des éléments linguistiques. (Syn. DISTRIBUTIONNALISME.)

ENCYCL. Née aux États-Unis sous l'impulsion de L. Bloomfield dans les années 1930, l'analyse distributionnelle a été développée et formalisée (Z. S. Harris). Son principe repose sur la constatation que les unités constitutives d'une langue peuvent être caractérisées par les positions qu'elles occupent les unes par rapport aux autres : le syntagme par rapport à la phrase, le morphème par rapport au syntagme, le phonème par rapport au morphème. En relevant à chaque niveau les environnements d'un élément, on peut définir sa distribution. La comparaison des distributions permet de regrouper dans une même classe distributionnelle les éléments qui présentent des environnements communs (par ex. la classe des déterminants sera caractérisée par le fait que ses membres apparaissent devant les noms). L'analyse distributionnelle atteint ses limites dans le fait que le corpus (accidentel et fragmentaire) ne permet pas de rendre compte de la totalité des énoncés susceptibles d'être produits. C'est ainsi qu'est née l'idée de construire un modèle de type hypothético-déductif : la grammaire générative.

DISTRIBUTIVITÉ n. f. En mathématique, caractère d'une loi de composition interne distributive par rapport à une autre.

DISTRICT n. m. (bas lat. *districtus,* territoire). **1.** Subdivision administrative territoriale, d'étendue variable suivant les États où elle est adoptée. — **2.** Territoire d'administration ferroviaire comprenant un parcours de voies et/ou une zone d'installations diverses d'étendue variable, et placée sous la responsabilité d'un chef de district. — **3.** Subdivision du département, établie en 1790, disparue en 1795 pour donner naissance aux arrondissements. — **4.** Réunion de trois à cinq triages forestiers. — **5.** *District fédéral,* dans les républiques fédérales de l'Amérique et en Australie, territoire qui constitue la capitale de la fédération, sans appartenir à aucun État particulier. ‖ *District urbain,* établissement public chargé de la gestion des services publics communs à plusieurs municipalités d'une même agglomération.

DISTYLE adj. Se dit d'un édifice qui présente deux colonnes de front.

DISUBSTITUÉ, E adj. Se dit d'un composé organique dans lequel deux atomes d'hydrogène ont été remplacés par deux autres atomes ou radicaux.

DISULFIRAME n. m. Produit de synthèse utilisé pour provoquer le dégoût de l'alcool chez les alcooliques.

DISULFURE n. m. Composé organique de formule générale R—S—S—R.

1. DIT → DIRE.

2. DIT n. m. (lat. *dictum,* de *dicere,* dire). **1.** *Vx.* Mot, remarque, maxime : *Les dits de Socrate.* — **2.** Au Moyen Âge, pièce de vers sur un sujet familier.

Dit des trois morts et des trois vifs *(le),* poème moral dont il reste cinq rédactions différentes du XIIIe s., qui inspirèrent les fameuses *Danses* macabres.*

DITERPÈNE n. m. Nom générique des hydrocarbures $C_{20}H_{32}$ dérivant de l'isoprène, et des composés dérivant de ces hydrocarbures. (Les diterpènes se rencontrent dans les règnes végétal et animal. Certains d'entre eux ont un important rôle industriel [acide abiétique] ou biologique [vitamine A].)

DITERPÉNIQUE adj. Qui se rapporte aux diterpènes.

DITHÉMATISME n. m. Syn. de BITHÉMATISME.

DITHERME adj. Se dit d'un cycle thermodynamique au cours duquel le système échange de la chaleur avec deux sources.

DITHIAZANINE n. f. *Iodure de dithiazanine,* colorant du groupe des cyanines, utilisé comme anthelminthique contre les vers ronds de l'intestin.

DITHIOCARBONIQUE adj. *Acide dithiocarbonique,* acide instable existant sous deux formes tautomériques HO—CS—SH et HS—CO—SH.

DITHIONIQUE adj. *Acide dithionique,* acide $H_2S_2O_6$ de la série thionique. (Syn. ACIDE HYPOSULFURIQUE.)

DITHYRAMBE n. m. (gr. *dithurambos*). **1.** Cantique consacré à Dionysos, dansé et chanté par des choristes déguisés en satyres, sous la conduite d'un coryphée. (Le dithyrambe est à l'origine de la tragédie grecque.) — **2.** *Litt.* Louange enthousiaste et, le plus souvent, démesurée, exagérée ; panégyrique.

DITHYRAMBIQUE adj. (lat. *dithyrambicus,* du gr. *dithurambikos*). **1.** Qui appartient au genre du dithyrambe. — **2.** Très élogieux, d'un enthousiasme emphatique, outré : *Louanges dithyrambiques.*

Ditié de Jeanne d'Arc, poème de Christine de Pisan (1429), composé à la gloire de Charles VII, après son sacre à Reims, et à celle de Jeanne.

DITLEVSEN (Tove), romancière danoise (Copenhague 1918 - *id.* 1976). Très populaire, elle développa dans son œuvre le thème de la pression de la société sur la fantaisie propre de l'individu et sa fécondité spirituelle (*la Rue de l'enfance,* 1943 ; *la Chambre de Guillaume,* 1975).

DITO adv. (ital. *detto,* dit). Déjà dit, de même (par abrév. *d^o ;* langue commerciale).

DITOMUS [-mys] n. m. (du gr. *tomê,* section). Carabe noir à corselet renflé, faisant des provisions de grains dans son terrier.

DITTEN (Thor VON), diplomate norvégien (Oslo 1860 - Skravestad, près de Sandefjord, 1936). Ministre des Affaires étrangères de Norvège en 1905, il signa le traité de Karlstad (oct.).

DITTERSDORF (Karl DITTERS VON), compositeur et violoniste autrichien (Vienne 1739 - château de Rothlhotta, Bohême, 1799). Il est l'auteur d'oratorios, de symphonies, de concertos, de musique de chambre et de nombreux opéras écrits dans un style agréable et vif.

DIU, île de l'Inde, partie du *territoire de Damān* et Diu* en face de la côte de Kāthiāwār. V. princ. *Diu,* ancien comptoir portugais (1535-1670 ; 1717-1961).

DIURÈSE n. f. (lat. *diuresis,* du gr. *diourein,* uriner). **1.** Sécrétion de l'urine par le rein. — **2.** Quantité d'urine sécrétée en 24 heures.
ENCYCL. La quantité d'urine émise quotidiennement répond normalement, à peu près, à la quantité d'eau ingérée. Différentes circonstances peuvent faire que la partie aqueuse de l'urine excrétée soit supérieure (polyurie) ou inférieure (rétention aqueuse) au volume des boissons.

DIURÉTIQUE adj. et n. m. (bas lat. *diureticus,* du gr. *diourêtikos*). Qui augmente l'excrétion de l'urine par une action directement rénale.
ENCYCL. Les diurétiques agissent de façon différente au niveau du rein. Certains entraînent une fuite urinaire de potassium, en plus de l'élimination hydrosodée. Ce sont les diurétiques thiazidiques et apparentés, et les diurétiques agissant surtout au niveau de l'anse de Henle du néphron (furosémide, acide étacrynique). D'autres épargnent les fuites urinaires de potassium ; ils agissent au niveau du tube distal du néphron : spironolactones, triamtérène. Les diurétiques osmotiques (glucose, mannitol) ten-

dent à s'opposer à la réabsorption tubulaire et augmentent ainsi l'osmolarité urinaire. Les diurétiques sont utilisés en traitement d'urgence (œdème aigu du poumon) ou au long cours (syndromes œdémateux, hypertension artérielle et insuffisance cardiaque congestive).

DIURNAL n. m. (lat. *diurnalis*). Livre de prières, extrait du bréviaire, qui contient seulement les offices de la journée.

DIURNE adj. (lat. *diurnus,* de *dies,* jour). **1.** Qui se fait pendant le jour : *Travaux diurnes.* – **2.** Se dit des animaux actifs pendant le jour, surtout lorsque des espèces voisines sont actives la nuit (papillons diurnes, rapaces diurnes), des fleurs qui ne sont ouvertes que de jour. – **3.** En astrologie, se dit d'une naissance survenue entre le lever et le coucher du Soleil. – **4.** *Mouvement diurne,* mouvement quotidien apparent de rotation du ciel autour de la Terre, dû à la rotation de la Terre autour de l'axe des pôles.

DĪV → DĒV.

div, abrév. de l'opérateur divergence en analyse mathématique.

DIVA n. f. (ital. *diva,* déesse). **1.** Cantatrice célèbre par son talent, sa réputation. (Se dit de préférence d'une cantatrice d'opéra.) – **2.** Vedette féminine du cinéma.

DIVAGANT, E adj. **1.** Qui se perd en divagations : *Imagination divagante.* – **2.** *Méandre divagant,* syn. de MÉANDRE À DÉVERSEMENT*.

DIVAGATION n. f. **1.** *Litt.* Action d'errer çà et là, hors du lieu où l'on doit être. – **2.** Action d'un esprit qui s'égare, qui erre au gré de sa rêverie ; pensées, délire (surtout pl.) : *Les divagations d'un malade.* – **3.** Contravention qui consiste à laisser errer ou à abandonner des animaux sur les routes. – **4.** Déplacement, total ou partiel, permanent ou temporaire, du lit d'un cours d'eau.

DIVAGUER v. i. (bas lat. *divagari*) [conj. 3]. **1.** *Litt.* Errer çà et là, sans but, à l'aventure. – **2.** Prononcer des paroles incohérentes, sans suite, dire des choses déraisonnables : *Ton projet est stupide, tu divagues.* – **3.** En parlant d'une rivière, sortir de son lit, le déplacer.

DIVALENCE n. f. Syn. de BIVALENCE.

DIVALENT, E adj. Syn. de BIVALENT.

DĪVĀLĪ, mot sanskr. désignant l'une des principales fêtes de l'Inde, célébrée pendant 5 jours en oct.-nov.

1. DIVAN n. m. (turc *divan,* de l'ar. *dīwān,* registre). **1.** Bureau administratif dans les Empires omeyyade et 'abbāsside. – **2.** Conseil du souverain ottoman qui se tenait dans une salle où se trouvait une sorte de sofa servant de siège. – **3.** Recueil des poèmes d'un auteur musulman. (On rencontre aussi la forme arabe DĪWĀN.)

2. DIVAN n. m. (de *divan 1*). **1.** Long siège sans bras ni dossier, généralement garni de coussins, placé contre un mur et pouvant servir de lit. (D'origine orientale, il apparaît en France vers la fin du XVIIIe s.) – **2.** Siège de ce type sur lequel s'allonge le patient chez le psychanalyste.

Divan oriental-occidental *(le),* recueil poétique de Goethe (1819), inspiré des poètes persans et arabes.

DIVAN-LIT n. m. (pl. *divans-lits*). Divan transformable en lit.

DIVE adj. f. (lat. *diva,* divine). *La Dive Bouteille,* la divine bouteille, patronne des buveurs, dont Panurge, dans le roman de Rabelais, cherche l'oracle au cours de ses pérégrinations.

DIVERGENCE n. f. (lat. *divergentia*). **1.** Situation de deux lignes, de deux rayons qui vont en s'écartant. – **2.** Différence, désaccord entre les opinions, les intérêts des personnes, des groupes ; opposition : *Des divergences d'intérêts.* • **Bot.** *Divergence foliaire,* angle dièdre ayant pour axe la tige d'une plante et dont les côtés passent par le pétiole de deux feuilles successives. (Cet angle est exprimé en fraction de tour ; il est souvent égal à 2/5.) – **Géogr.** Sur un plan horizontal, écartement vers l'extérieur (par rapport à une région donnée) d'un flux d'air ou d'un courant marin. – **Math.** Propriété d'une intégrale, d'une série ou d'une suite qui diverge. ‖ Fonction scalaire qui, au champ du vecteur $\vec{F}$, associe la quantité

$$\frac{\partial X}{\partial x}+\frac{\partial Y}{\partial y}+\frac{\partial Z}{\partial z},$$

notée div $\vec{F}$, X, Y et Z étant les composantes de $\vec{F}$. – **Nucl.** Établissement, dans un réacteur nucléaire, d'une réaction de fission divergente.

DIVERGENT, E adj. (lat. *divergens, -entis*). **1.** Qui diverge, s'écarte de plus en plus à partir d'un point de départ : *Rayons divergents.* – **2.** Qui est opposé, en désaccord : *Des opinions divergentes.* • **Math.** Se dit d'une intégrale, d'une série, d'une suite qui ne converge pas. – **Opt.** *Lentille diver-*

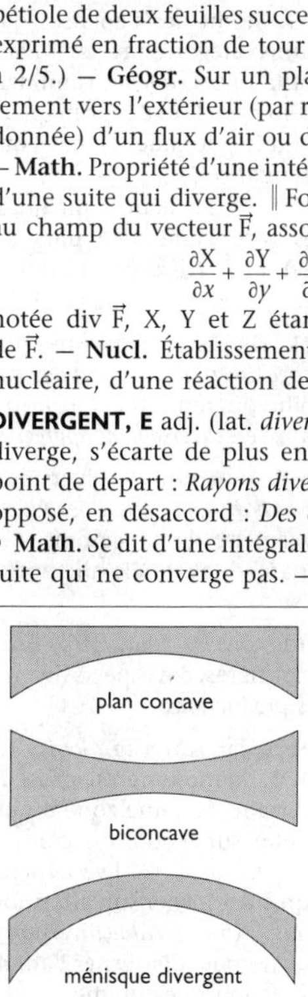

Lentilles **divergentes**.

gente, lentille qui fait diverger des rayons primitivement parallèles. — **Phys.** et **Chim.** Se dit d'une réaction, chimique ou nucléaire, dont la vitesse augmente.

◆ **divergent** n. m. **1.** Portion d'une soufflerie située après la chambre d'expérience. (Syn. DIFFUSEUR.) — **2.** Dans un injecteur, pièce évasée dans laquelle le jet injecté entraîne du fluide arrivant à la périphérie. ‖ Partie aval d'une tuyère, dans laquelle les gaz se détendent.

DIVERGER v. i. (bas lat. *divergere,* pencher) [conj. **17**]. **1.** S'écarter de plus en plus de qqch d'autre : *Le chemin diverge de la rivière pour finir dans la forêt.* — **2.** Être en désaccord ; s'opposer : *Je diverge de toi sur ce point. Nos opinions divergent.* • **Math.** Avoir la propriété de divergence. — **Nucl.** En parlant d'un réacteur nucléaire, entrer en divergence. — **Phys.** Pour un faisceau de rayonnement, se propager en s'élargissant.

DIVERS, E adj. (lat. *diversus,* tourné dans des directions contraires). **1.** (au pl.) Se dit d'êtres ou de choses qui diffèrent par leur nature, leurs caractères, etc. ; variés : *Il vient ici des visiteurs des pays les plus divers.* — **2.** Qui a des aspects différents, des degrés variés : *Ce spectacle a suscité un intérêt divers.* — **3.** Se dit des dépenses qui n'entrent pas dans une catégorie précise : *Frais divers.*— **4.** *Divers droite, divers gauche* : candidat, groupe qui n'appartient pas à l'un des principaux partis politiques (de droite, de gauche), mais qui relève de la même tendance.

◆ **divers, es** adj. indéf. pl. Plusieurs, quelques, différents, multiples (avec une idée plus ou moins nette de variété) : *Je l'ai averti à diverses reprises.*

DIVERSEMENT adv. **1.** De plusieurs façons ; différemment : *Un passage diversement interprété par les traducteurs.* — **2.** Plus ou moins bien, de façon variable : *Cette décision a été diversement appréciée.*

DIVERSIFICATION n. f. **1.** Action de diversifier, fait de se diversifier : *La diversification des placements.* — **2.** Élargissement de la gamme des activités et/ou des marchés auxquels une entreprise se consacre.

DIVERSIFIER v. t. (de *divers*) [conj. **9**]. Faire prendre à qqch des caractères, des aspects divers ; varier : *Diversifier les productions.*

DIVERSION n. f. (bas lat. *diversio, -onis,* de *divertere,* détourner). **1.** Manœuvre ou procédé visant à attirer l'adversaire vers une zone ou un point différent de celui sur lequel on compte attaquer : *Opérer une diversion.* — **2.** Événement, action qui amène qqn à détourner son attention d'une tâche, d'un souci : *Une agréable diversion à son ennui.* — **3.** *Faire diversion,* détourner l'attention de qqn par une action quelconque.

DIVERSITÉ n. f. (lat. *diversitas, -atis*). **1.** Caractère de ce qui est divers, varié, différent ; variété, pluralité : *La diversité des goûts.* — **2.** *Diversité d'un écosystème,* grandeur en rapport avec le nombre des espèces et le nombre des individus de chaque espèce sur un territoire donné. (Une grande diversité est une garantie de stabilité, car chaque espèce entrant dans une ou plusieurs chaînes alimentaires ne peut se développer de façon envahissante.)

DIVERTICULE n. m. (lat. *diverticulum,* détour). **1.** Cavité en cul-de-sac communiquant avec un organe creux (intestin, œsophage, vessie, etc.). — **2.** Chemin se détachant d'un sentier de grande randonnée pour conduire à un point donné. — **3.** Dans un réseau souterrain, couloir séparant deux salles. — **4.** *Diverticule de Meckel,* vestige du canal omphalo-mésentérique de l'embryon, long de 3 à 9 cm, que l'on trouve chez quelques sujets sur la partie terminale de l'iléon. ‖ *Diverticule vésical,* hernie de la muqueuse vésicale à travers la couche musculaire.

DIVERTICULECTOMIE n. f. Ablation chirurgicale d'un diverticule.

DIVERTICULITE n. f. Inflammation d'un diverticule.

DIVERTICULOSE n. f. Présence pathologique de nombreux diverticules. (La *diverticulose colique* est particulièrement fréquente. Elle peut se compliquer d'infection, de perforation ou d'hémorragie.)

DIVERTIMENTO [-mɛn-] n. m. (ital. *divertimento*). Suite de pièces instrumentales pour petit orchestre. (Syn. DIVERTISSEMENT.)

DIVERTIR v. t. (bas lat. *divertere,* détourner) [conj. **32**]. **1.** Égayer qqn, l'amuser, lui procurer une distraction ; distraire : *Tes plaisanteries ne nous divertissent pas.* — **2.** *Litt.* Détourner qqn de qqch, faire que ses pensées se tournent ailleurs : *Divertir un ami de ses soucis en lui rendant visite.* — **3.** Opérer le divertissement d'un bien, d'une succession.

◆ **se divertir** v. pr. S'amuser, se distraire : *Elle est sortie pour se divertir.*

DIVERTISSANT, E adj. Propre à divertir, à amuser ; distrayant, amusant : *Un spectacle divertissant.*

DIVERTISSEMENT n. m. **1.** Action de divertir ou de se divertir ; amusement : *Il fait cela pour son divertissement personnel.* — **2.** Ce qui divertit ; distraction : *La lecture est pour lui un divertissement.* • **Chorégr.** Grande pièce chorégraphique introduite dans un opéra. ‖ Dans un ballet classique, soli ou ensembles, généralement placés à la fin du dernier acte. ‖ Court ballet mettant en valeur les différents interprètes. — **Dr.** Détournement par un copartageant des effets de la succession ou de la communauté. (Le fraudeur est privé de sa part dans les objets divertis ou recelés.) — **Mus.** Intermède de danses et de chants qui s'insère dans une comédie ou un ouvrage lyrique. ‖ Aux XVIIe et XVIIIe s., petit opéra de circonstance. ‖ Syn. de DIVERTIMENTO. ‖ Composition de forme libre ou de forme suite, généralement pour une petite formation (d'Indy, Roussel, Bartók). ‖ Dans la fugue, épisode qui permet l'utilisation d'une écriture non scolastique. — **Théâtr.** Intermède dansé et chanté. ‖ Petite pièce écrite pour un théâtre de société.

DIVES (la), fl. côtier de la Normandie, né dans le Perche, limite occidentale du pays d'Auge ; 100 km.

DIVES-SUR-MER (14160), comm. du Calvados, à l'embouchure de la *Dives,* en face de Cabourg ; 5 618 hab. *(Divais).* Église des XIVe-XVe s.

DIVETTE n. f. (ital. *divetta,* dimin. de *diva*). *Vx.* Chanteuse d'opérette ou de café-concert.

DIVIDENDE n. m. (lat. *dividendus*). **1.** Nombre que l'on se propose de diviser par un autre appelé diviseur. — **2.** Part des bénéfices d'une société versée aux actionnaires, à la fin de chaque exercice, selon un montant fixé par l'assemblée générale. (En France, il donne droit à l'avoir fiscal.)

DIVIN, E adj. (lat. *divinus*). **1.** Qui a rapport à la divinité : *La volonté divine.* — **2.** Qui est dû à Dieu, ou à un être assimilé à la divinité : *Le culte divin.* — **3.** Que l'on trouve exceptionnel ; parfait, sublime : *Une femme d'une beauté divine.* — **4.** *Droit divin,* droit dont la source et l'autorité sont considérées comme tenues directement de Dieu. ‖ *Personne divine,* chacune des trois personnes de la Trinité. ‖ *Verbe divin,* deuxième personne de la Trinité.

◆ **divin** n. m. *Litt.* Ce qui vient de Dieu ou d'un dieu, le surnaturel : *Avoir la révélation du divin.*

DIVINATEUR, TRICE adj. (bas lat. *divinator*). Qui devine, prévoit ; clairvoyant, perspicace : *Regard divinateur.*

DIVINATION n. f. (lat. *divinatio, -onis*). **1.** Art de prédire l'avenir par l'observation et l'interprétation de certains phénomènes. — **2.** Sorte de prévision instinctive ; intuition : *Par une sorte de divination, il ne prit pas l'avion ce jour-là.*

ENCYCL. **Antiq.** Pratiqué par tous les peuples anciens, le déchiffrement des avertissements de la divinité fut organisé et codifié pour la première fois en Mésopotamie. Des spécialistes interprétaient les visions et les songes inspirés par la divinité et se livraient à des observations (vol des oiseaux, position des astres, etc.) ou à de véritables expériences (examen des entrailles des victimes). À partir du XVIIe s. av. J.-C., on établit des recueils de présages pour chaque technique divinatoire. Les techniques de la divination mésopotamienne furent adoptées chez les Élamites, les Hourrites, les Cananéens et les Hittites.

DIVINATOIRE adj. **1.** Relatif à la divination : *Formule divinatoire.* — **2.** Doué du pouvoir de deviner ce qui reste caché aux sens : *Un instinct divinatoire.*

Divine Comédie *(la),* poème de Dante Alighieri, écrit de 1306-1308 à la mort du poète (1321). Composée de 3 fois 33 chants (plus un chant d'introduction), *la Divine Comédie* (qui comprend *l'Enfer, le Purgatoire* et *le Paradis*) raconte l'itinéraire allégorique de Dante dans l'outre-tombe, en l'an jubilaire 1300. Accompagné de Virgile, le poète parcourt les 9 cercles concentriques de l'Enfer, avant de gravir la montagne du Purgatoire et de retrouver au sommet de celle-ci Béatrice, qui le conduit au Paradis. L'œuvre est l'expression parfaite de l'humanisme chrétien médiéval.

DIVINEMENT adv. À la perfection, excellemment, merveilleusement : *Il fait divinement beau.*

DIVINISATION n. f. Action de diviniser : *La divinisation de César.*

DIVINISER v. t. (conj. 3). **1.** Reconnaître un être humain, un animal pour divin ; l'élever au rang des dieux ; déifier : *Les Romains divinisaient leurs empereurs.* — **2.** Attribuer à qqn, à qqch une valeur absolue, un caractère sacré : *Diviniser l'amour.*

DIVINITÉ n. f. (lat. *divinitas, -atis*). **1.** Nature, essence divine : *La divinité de Jésus-Christ.* — **2.** Dieu, être divin, objet d'un culte : *Divinités protectrices.* — **3.** *Litt.* Personne ou chose adorée, considérée comme un souverain bien.

DIVINÓPOLIS, v. du Brésil (Minas Gerais), au S.-O. de Belo Horizonte ; 119 000 hab. Centre commercial et industriel.

DIVION (62460), ch.-l. de cant. du Pas-de-Calais, au S.-O. de Bruay-la-Buissière ; 7 668 hab. *(Divionnais).*

DIVIS, E [-vi, -viz] adj. (lat. *divisus*). **1.** Divisé, partagé. (Seulement par oppos. à *indivis.*) — **2.** *Copropriété divise,* copropriété par lots ou par appartements. (Syn. INDIVISION FORCÉE.)

DIVISER v. t. (anc. fr. *deviser,* avec l'infl. du lat. *dividere,* partager) [conj. 3]. **1.** Séparer qqch, le partager en plusieurs parties égales ou non : *Diviser un gâteau en trois. Diviser un terrain.* — **2.** Être une occasion de désaccord, de rupture entre des personnes ; détruire l'unité d'un groupe ; opposer : *Problème qui divise l'opposition.* — **3.** *Diviser pour régner,* opposer les gens les uns aux autres pour mieux les dominer (maxime politique énoncée par Machiavel). ‖ *Diviser un nombre* a *par un nombre* b *non nul,* trouver la solution x unique de l'équation $bx = a$ quand elle existe, ou trouver une solution approchée sous certaines conditions données. (a est le dividende, b le diviseur.) ‖ *Machine à diviser,* machine employée pour établir les échelles sur les instruments de précision. (Syn. DIVISEUSE.)

◆ **se diviser** v. pr., **être divisé** v. pass. **1.** Se séparer en plusieurs parties : *Une France divisée en deux blocs.* — **2.** Se partager en parties égales constituant des unités : *Le mètre se divise en centimètres.* — **3.** Se scinder, avoir des opinions différentes ; être partagé : *Un parti divisé.*

◆ **se diviser** v. pr. **1.** Se séparer, donner plusieurs éléments à partir d'un seul : *Les paramécies se divisent pour se reproduire.* — **2.** Être divisible par tel nombre : *480 se divise par 5.*

DIVISEUR, EUSE n. (lat. *divisor,* de *dividere,* diviser). Personne qui désunit, qui est une cause de désunion : *Jouer le rôle de diviseur dans un parti.*

◆ adj. *Système diviseur,* procédé de vidange pour séparer les matières fécales liquides de celles qui sont solides.

◆ **diviseur** n. m. Nombre par lequel on divise quand on fait une division. • **Électr.** *Diviseur de tension,* dispositif utilisé en haute tension et permettant de ramener le signal à un niveau de tension inférieur. — **Math.** *Diviseur d'un entier naturel* a, entier naturel b non nul tel qu'il existe un entier naturel m vérifiant $a = b \times m$. (→ *encycl.*) ‖ *Diviseur d'un polynôme* P, polynôme Q tel qu'il existe un polynôme R vérifiant P = QR. ‖ *Diviseur de zéro à droite (resp. à gauche),* dans un anneau A, élément non nul a de A tel qu'il existe un élément non nul b vérifiant $ba = 0$ (resp. $ab = 0$). [Un élément à la fois diviseur de zéro à droite et à gauche est simplement appelé diviseur de zéro.] — **Mécan.** Partie des machines-outils servant à faire des divisions (division d'une grume en planches, d'un angle en parties égales, etc.). ‖ Appareil, éventuellement équipé d'un dispositif optique, destiné à faire tourner d'un certain angle le support (plateau, poupée, etc.) d'une pièce à usiner.

◆ **diviseuse** n. f. Machine à diviser*.

ENCYCL. **Math.** Le nombre de diviseurs d'un entier naturel a est fini. Dans $\mathbb{N}^*$, tout entier a au moins deux diviseurs : 1 et lui-même. Dans la recherche des diviseurs d'un entier, on commence par effectuer sa décomposition en facteurs premiers, de laquelle on extrait tous les diviseurs. Si un entier c est un diviseur des entiers a et b, on l'appelle diviseur commun de a et b. Parmi les diviseurs communs de deux entiers, le plus grand est appelé P. G. C. D. (plus grand commun diviseur).

DIVISIA (François), économiste français (Tizi Ouzou, Algérie, 1889 - Paris 1964), un des fondateurs de l'économétrie.

DIVISIBILITÉ n. f. **1.** Caractère, propriété de ce qui peut être divisé. — **2.** *Critères de divisibilité,* procédés qui permettent de reconnaître, d'après les chiffres qui représentent un entier a, si a est divisible ou non par un entier non nul b. (→ *encycl.*)

ENCYCL. **Math.** *Divisibilité par 10 :* un entier est divisible par 10 si son chiffre des unités est 0.
Divisibilité par 2 : un entier est divisible par 2 si son chiffre des unités est pair.
Divisibilité par 5 : un entier est divisible par 5 si son chiffre des unités est un 0 ou un 5.
Divisibilité par 9 et 3 : un entier est divisible par 9 (resp. par 3) si la somme des chiffres qui le composent est divisible par 9 (resp. par 3).
Divisibilité par 11 : un entier est divisible par 11 si la différence de la somme des chiffres de rangs impairs et de la somme des chiffres de rangs pairs est divisible par 11.

DIVISIBLE adj. (bas lat. *divisibilis*). **1.** Qui peut être divisé : *Terrain divisible.* — **2.** *Élément* a *divisible par un élément* b, élément a tel que, dans la division euclidienne de a par b, le reste est nul. ‖ *Obligation divisible,* obligation dont certaines parties peuvent être isolées et accomplies indépendamment des autres.

DIVISION n. f. (lat. *divisio, -onis*). **1.** Action de séparer, de diviser en parties distinctes ; état qui en résulte : *La division de la France en départements.* — **2.** Trait qui divise : *Les divisions d'un thermomètre.* — **3.** Partie obtenue quand un tout est divisé : *Les divisions d'un tiroir.* — **4.** Opération consistant à diviser un nombre par un autre. — **5.** Quantité, unité qui, multipliée par un nombre déterminé, donne une autre unité : *La minute est une division de l'heure.* — **6.** Dissension, désunion, due à la séparation des intérêts ou des idées : *Semer la division dans les esprits.* — **7.** Grande unité militaire rassemblant organiquement des formations de toutes armes ou services. (→ *encycl.* Mil.) — **8.** Groupe d'équipes sportives ou de concurrents classés par catégories de valeur. — **9.** Réunion sous un même chef de plusieurs bureaux ayant des attributions voisines. • **Biol.** *Division cellulaire,* étape de la multiplication cellulaire au cours de laquelle les deux nouvelles cellules issues de la duplication d'une cellule mère se séparent l'une de l'autre ; ensemble des processus par lesquels les cellules vivantes augmentent en nombre, avec ou sans augmentation de leur masse totale. (Syn. MULTIPLICATION CELLULAIRE.) [→ *encycl.*] — **Bois.** Opération intervenant au cours du sciage d'une grume, entre chaque trait de scie, afin de donner au débit l'épaisseur voulue. — **Chir.** *Division des urines,* étude séparée des urines émises par chaque rein, à l'aide de sondes introduites dans chacun des uretères. — **Écon.** *Division du travail,* mode d'organisation du travail dans les entreprises, caractérisé par le fractionnement du processus de production, chaque stade de la production étant réalisé au terme d'une tâche partielle étroitement spécialisée et intégrée à l'ensemble du processus productif. ‖ *Division internationale du travail (D. I. T.),* spécialisation d'un pays (ou d'un groupe de pays) dans la production de certains produits en fonction des atouts dont il dispose. — **Impr.** Nom donné par les typographes au trait d'union. ‖ Syn. de COUPURE. — **Mar.** Groupe de navires de guerre, commandé généralement par un contre-amiral ou par un capitaine de vaisseau ou capitaine de frégate. ‖ *Division navale,* groupe de bâtiments légers, en station outre-mer, sous le commandement d'un contre-amiral ou d'un capitaine de vaisseau. ‖ *Division navale d'assaut,* syn. de DINASSAUT. — **Math.** *Division euclidienne dans* K [X], opération permettant, pour deux polynômes A et B (B non nul), de déterminer le couple unique (Q,R) de polynômes vérifiant $A = BQ + R$, le degré de R étant strictement inférieur au degré de B. (→ *encycl.*) ‖ *Division euclidienne dans* $\mathbb{Z}$, opération permettant, pour deux entiers *a* (dividende) et *b* (diviseur) [$b \in \mathbb{N}^*$] de trouver le couple unique d'entiers (q,r), *q* étant le quotient euclidien et *r* le reste, tels que $a = bq + r$ et $0 \leqslant r < b$. (→ *encycl.*) ‖ *Division suivant les puissances croissantes, à l'ordre* h, opération permettant, pour deux polynômes A et B (B étant de valuation nulle), de trouver le couple (Q,R) de polynômes vérifiant $A = BQ + R$ avec R nul ou de valuation supérieure ou égale à *h.* [Par exemple, $1 = (1 - x)(1 + x + x^2 + x^3) + x^4$; donc $1 + x + x^2 + x^3$ est le quotient à l'ordre 3 de 1 par $1 - x$ et x^4 le reste.] ‖ *Division suivant les puissances décroissantes,* nom qui était autref. donné à la division euclidienne dans K [X]. ‖ *Méthode des divisions successives,* syn. de ALGORITHME D'EUCLIDE. — **Mil.** *Division militaire territoriale (D. M. T.),* circonscription territoriale militaire correspondant à une région économique. ‖ *Général de division (aérienne),* deuxième grade de la hiérarchie des officiers généraux dans les armées de terre et de l'air. — **Plomb.** Pièce de jonction comportant généralement un robinet à deux départs, ou tubulures, se montant sur un gros tuyau et servant à alimenter deux petits tuyaux. — **Polit.** *Scrutin par division,* scrutin dans lequel l'assemblée est appelée à voter par votes distincts les différentes parties d'un ordre du jour, d'un amendement, etc.

◆ **divisions** n. f. pl. Échancrures découpées dans le panneton d'une clef, de profondeurs ou de tailles correspondant à chacune des gorges.

ENCYCL. **Biol.** Tout tissu animal ou végétal en cours de croissance ou de renouvellement présente, au niveau de chacune de ses cellules, l'alternance d'une longue période d'accroissement ou interphase et d'un court processus de duplication qui est ordinairement la mitose*. Celle-ci assure une répartition identique des chromosomes et des autres organites entre les deux « cellules filles ». Les divisions germinales conduisant aux gamètes, ou cellules reproductrices, s'appellent méioses*. Chez les plantes, l'existence d'une paroi cellulosique épaisse met fin à la division cellulaire, puis, dans un second temps, à la croissance des cellules.

— **Math.** Dans la division de A par B, le couple trouvé (Q,R) est unique ; Q s'appelle le quotient et R le reste. Si R est nul, A est dit divisible par B et A appartient à l'idéal engendré par B.

Dans la division euclidienne de l'entier relatif *a* par l'entier naturel non nul *b,* les entiers *q* et *r* son uniques ; *q* est l'entier tel que :

$$bq \leqslant a < b(q + 1) \text{ et } r = a - bq,$$

d'où $0 \leqslant r < b$ et $a = bq + r$.

Donc, si $r = 0$, on a $a = bq$, et *a* est divisible par *b*.

— **Mil.** La division, en tant qu'ensemble de détachements autonomes capables de concourir à une action commune, a été créée en France à la fin du XVIIIe s. Malgré l'existence d'unités plus importantes (corps d'armée, armée), c'est par son nombre de divisions qu'est évalué le potentiel militaire d'un pays.

division du travail social *(De la)* [1893], œuvre d'É. Durkheim, dans laquelle il distingue les sociétés à solidarité mécanique, sociétés où la solidarité naît de l'identité d'un individu à l'autre, et les sociétés à solidarité organique, sociétés modernes, où la solidarité naît de la division du travail (fonctions spécialisées entraînant la dépendance des hommes entre eux). Le passage d'un type de société à l'autre est dû à un changement social provoqué par une augmentation du volume de la société (densité matérielle et morale.)

DIVISIONNAIRE adj. **1.** Qui concerne la division, en tant qu'unité militaire ou administrative. — **2.** *Commissaire divisionnaire* ou *divisionnaire* (n. m.), commissaire de police chargé d'une brigade régionale de police judiciaire. ‖ *Monnaie divisionnaire,* signe monétaire d'une valeur inférieure à l'unité monétaire (par ex. le centime par rapport au franc). ‖ *Compteur divisionnaire,* compteur indiquant la consommation des appareils situés sur un des branchements d'une installation d'électricité, de gaz, etc.

DIVISIONNISME n. m. (de *division*). Technique adoptée par les peintres néo-impressionnistes et consistant à juxtaposer sur la toile de petits points de couleurs pures pour obtenir un mélange optique, au lieu d'utiliser des couleurs mélangées (tons rompus). [Syn. POINTILLISME.]

DIVISIONNISTE adj. et n. Relatif au divisionnisme, qui pratique le divisionnisme.

DIVONNE-LES-BAINS (01220), comm. de l'Ain, dans le pays de Gex, près de la frontière suisse ; 5 610 hab. *(Divonnais).* Station thermale (traitement des affections psychosomatiques et des troubles neurovégétatifs). Casino.

DIVORCE n. m. (lat. *divortium,* de *divertere,* se séparer). **1.** Dissolution du mariage civil prononcée par un jugement. (→ *encycl.*) — **2.** Rupture de l'union entre personnes ou entre choses ; séparation, désaccord : *Divorce entre la théorie et la pratique.*

ENCYCL. L'Assemblée législative, à la veille de sa dissolution, introduisit le divorce en France par la loi du 20 sept. 1792. Supprimé en 1816, il fut rétabli en 1884, mais jusqu'en 1975 seul le divorce pour faute était admis. C'est la loi du 11 juill. 1975, qui, laissant subsister le divorce pour faute, a reconnu le divorce à l'amiable.

La position des Églises, cependant, reste intangible : les protestants acceptent le divorce pour divers motifs graves, dont l'adultère ; l'Église grecque orthodoxe fait de même ; l'Église catholique admet des causes de nullité de mariage, très rares, et qui relèvent du jugement des autorités ecclésiastiques ; elle considère le mariage comme strictement indissoluble.

les cas de divorce depuis 1975

• *divorce par consentement mutuel* revêt deux formes : le *divorce sur demande conjointe,* qui permet aux époux, après 6 mois au minimum, de demander, ensemble et d'un commun accord sur les dispositions matérielles et les dispositions relatives aux enfants (fixées dans une convention), le divorce sans avoir à alléguer de motif ; le *divorce sur demande acceptée,* demandé par l'un des époux et accepté par l'autre, qui reconnaît l'accord des époux sur le seul principe de la rupture, les conséquences du divorce étant tranchées par le tribunal.

• L'un des époux peut demander *le divorce pour rupture prolongée de la vie commune* ou *pour aliénation des facultés mentales,* soit lorsque les époux vivent séparés de fait depuis 6 ans, soit lorsque les facultés mentales de son conjoint se trouvent, depuis 6 ans, si gravement altérées qu'aucune communauté de vie n'existe plus et ne pourra se reconstituer dans l'avenir.

• *divorce pour faute* peut être demandé dans deux cas : 1° faits imputables à l'un des époux lorsque ces faits constituent une violation grave ou renouvelée des devoirs et obligations du mariage et rendent intolérable le maintien de la vie commune ; 2° condamnation de l'un des époux à la réclusion ou à la détention criminelle à perpétuité ou à temps.

dispositions générales

Le divorce nécessite le ministère d'un avocat pour chaque partie. Dans le cas du divorce sur demande conjointe, les parties peuvent d'un commun accord choisir le même avocat pour les représenter. La procédure se déroule toujours en deux étapes : le juge aux affaires matrimoniales (J. A. M.) intervient en tant que juge conciliateur ; à l'issue de l'ordonnance de non-conciliation, le tribunal prononce le jugement de divorce. En cas de divorce sur demande conjointe, toute la procédure se déroule devant le J. A. M.

conséquences du divorce

La résidence séparée est autorisée au jour de l'audience initiale ou de la tentative de conciliation ou encore au dépôt de la requête. En principe, la femme reprend l'usage de son nom de jeune fille sauf à justifier d'un intérêt particulier qui s'y attache pour elle-même ou pour les enfants. Il y a lieu de procéder à la liquidation de la communauté. L'un des époux peut être condamné à verser une pension alimentaire à son ex-conjoint (devoir de secours), des dommages-intérêts (préjudice moral ou matériel), ou une prestation compensatoire (préjudice financier), destinée à compenser la disparité que la rupture du mariage crée dans les conditions de vie respectives.

La garde des enfants est confiée à l'un des époux d'un commun accord ou, en cas de désaccord, à la suite d'une enquête sociale (exceptionnellement à un tiers ou à un établissement d'éducation). L'autre époux a un droit de visite et d'hébergement. L'autorité parentale et l'administration légale sont confiées en principe à celui qui a la garde des enfants, mais peuvent être également confiées aux père et mère. La pension alimentaire, fixée par les époux ou par le tribunal, est fonction des besoins de l'enfant et des ressources de l'époux, et est indexable. L'époux qui n'a pas la garde a un droit de regard sur l'éducation de ses enfants.

DIVORCÉ, E adj. et n. Se dit de qqn dont le mariage a été dissous légalement.

DIVORCER v. t. ind. (conj. **16**). **1.** Se séparer par le divorce : *Henri VIII divorça de sa première épouse malgré le pape.* — **2.** *Litt.* Rompre avec qqn, renoncer à qqch : *Divorcer avec le bon sens.*

DIVORTIALITÉ n. f. 1. Phénomène démographique en rapport avec les divorces. — 2. Rapport annuel du nombre des divorces à l'effectif moyen de la population.

DIVRIĞI, v. de Turquie, à l'E.-S.-E. de Sıvas ; 12 300 hab. Ensemble architectural (1228) constitué d'une mosquée et d'un hôpital ; exubérante décoration sculptée.

DIVULGATEUR, TRICE adj. et n. (bas lat. *divulgator, -oris*). *Litt.* Qui divulgue, publie, fait connaître qqch, une information.

DIVULGATION n. f. (bas lat. *divulgatio, -onis*). **1.** Action de divulguer, de rendre publique une information : *La divulgation d'un code secret.* – **2.** *Droit de divulgation,* droit de faire connaître au public une œuvre littéraire ou artistique qui appartient exclusivement à son auteur.

DIVULGUER v. t. (lat. *divulgare*) [conj. 3]. Répandre dans le public une information d'abord considérée comme secrète, confidentielle ; répandre un bruit ; dévoiler, révéler : *Divulguer le nom d'un suspect.*

DIVULSION n. f. (bas lat. *divulsio, -onis*). En chirurgie, manœuvre de dilatation forcée ou d'arrachement au doigt.

DĪWĀN n. m. Forme arabe de DIVAN.

DĪWĀNIYYA (al-), v. d'Iraq, au S. de Bagdad ; 60 600 hab. Textile. Pneumatiques.

DIX [dis, devant une pause ; diz, devant une voyelle ou un *h* muet ; di, devant une consonne ou un *h* aspiré] adj. num. card. (lat. *decem*). **1.** Neuf plus un. – **2.** S'emploie au sens de « dixième » pour indiquer une numérotation, un rang : *Page dix. Charles X.* – **3.** Peut désigner un nombre indéterminé, grand ou petit : *On vous l'a dit déjà dix fois.* – **4.** *Cerf dix cors,* syn. de DIX-CORS.
◆ n. m. **1.** Nombre 10 (désigne, selon les cas, le jour, un pourcentage, le numéro d'une maison, d'une chambre, d'un cheval, etc.) : *Le dix du mois. Le dix est arrivé en tête.* – **2.** Carte marquée de 10 points. – **3.** Fam. *Ça vaut dix,* c'est remarquable.

DIX (Otto), peintre et graveur allemand (Untermhaus, près de Gera, 1891 - Singen, près de Constance, 1969). Influencé par l'expressionnisme et le futurisme, il participa au mouvement dada en 1920 avant d'en venir à la satire mordante de la Nouvelle Objectivité (scènes de mœurs, portraits). Persécuté par les nazis, il se réfugia dans une peinture de paysages d'une minutie archaïsante.

DIX-CORS n. m. inv. **1.** Cerf âgé de sept ans. – **2.** *Cerf jeunement dix-cors,* cerf âgé de six ans. ‖ *Grand dix-cors,* cerf de huit ans au moins. (Syn. CERF ROYAL.)

DIXENCE (la), ou **BORGNE D'HEREMENCE** (la), torrent de Suisse (Valais), affl. de la Borgne (r. g.) ; 17 km. Barrage sur le cours supérieur.

DIX-EN-DIX n. m. inv. Papier de mise en carte d'un tissu, dans la mécanique Jacquard.

DIX-HUIT [dizɥit] adj. num. card. inv. **1.** Dix plus huit. – **2.** S'emploie au sens de « dix-huitième » pour indiquer une numérotation, un rang : *Page dix-huit.*
◆ n. m. inv. Nombre 18 (désigne, selon les cas, le jour, le numéro d'une maison, d'un coureur, etc.) : *On se voit le dix-huit.*

DIX-HUITIÈME adj. num. ord. **1.** Qui occupe le rang marqué par le nombre dix-huit : *Le dix-huitième reçoit un prix de consolation.* – **2.** Qui est contenu dix-huit fois dans un tout : *La dix-huitième partie de cent quatre-vingts est dix.*

DIX-HUITIÈMEMENT adv. En dix-huitième lieu.

DIXIELAND [diksilɑ̃d] ou **DIXIE** [diksi] n. m. (de *Dixie,* n. pr.). Style de jazz qui naquit dans le sud des États-Unis.
ENCYCL. Combinaison de ragtimes, d'airs de parades et de blues, ce style est pratiqué par de petits groupes se livrant à l'improvisation collective. On distingue parfois le dixieland du style Nouvelle-Orléans en réservant la première appellation à la musique de tradition néo-orléanaise jouée par les Blancs. Passé de mode dans les années 1930, le dixieland connut vers 1940 un regain d'intérêt (New Orleans Revival).

DIXIÈME [dizjɛm] adj. num. ord. **1.** Qui occupe le rang marqué par le nombre dix : *Il habite dans le dixième.* – **2.** Qui est contenu dix fois dans un tout : *Le millimètre est la dixième partie du centimètre.*
◆ n. m. **1.** Partie contenue dix fois dans un tout. – **2.** Billet de loterie valant et rapportant dix fois moins que le billet entier. – **3.** En France, impôt direct pesant sur tous les revenus, égal au dixième de ceux-ci et qui fut levé épisodiquement au XVIIIe s.
◆ n. f. Intervalle donné par le redoublement de la tierce à l'octave supérieure.

DIXIÈMEMENT adv. En dixième lieu.

DIXIT [diksit], mot lat. signif. *il a dit,* employé auprès du nom de qqn pour le désigner comme l'auteur des propos rapportés.

Dix Mille *(retraite des),* retraite effectuée à travers la haute Asie par les mercenaires grecs enrôlés par Cyrus le Jeune (401-400 av. J.-C.). Après la bataille de Counaxa, où avait péri Cyrus, ils tentèrent de regagner leur pays. À travers les montagnes d'Arménie, ils réussirent à gagner le Pont-Euxin, et s'embarquèrent à Sinope. Cette retraite héroïque est rapportée par Xénophon dans l'*Anabase**.

DIXMUDE, en néerl. **Diksmuide,** v. de Belgique, ch.-l. d'arrond. de la Flandre-Occidentale ; 15 000 hab. – Après une résistance acharnée, la ville tomba le 11 nov. 1914 aux mains des forces allemandes.

Dixmude, grand zeppelin allemand (68 500 m³, 226 m de long), livré à la marine française en 1919. Frappé par la foudre, il se perdit au large de la Sicile, le 21 déc. 1923.

DIX-NEUF [diznœf] adj. num. card. inv. **1.** Dix plus neuf. – **2.** S'emploie au sens de « dix-neuvième » pour indiquer une numérotation, un rang : *Tome dix-neuf.*
◆ n. m. inv. Nombre 19 (désigne, selon les cas, le jour, le numéro d'une maison, d'une chambre, un pourcentage, etc.) : *Montez les bagages au dix-neuf.*

DIX-NEUVIÈME adj. num. ord. **1.** Qui occupe le rang marqué par le nombre dix-neuf : *Arriver dix-neuvième à un concours.* – **2.** Qui est contenu dix-neuf fois dans un tout.

DIX-NEUVIÈMEMENT adv. En dix-neuvième lieu.

DIX-SEPT adj. num. card. inv. **1.** Dix plus sept. – **2.** S'emploie au sens de « dix-septième » pour indiquer une numérotation, un rang : *Page dix-sept.*
◆ n. m. inv. Nombre 17 (désigne, selon les cas, le jour, le numéro d'une chambre, d'une maison, un pourcentage, etc.) : *Rendez-vous le dix-sept.*

DIX-SEPTIÈME adj. num. ord. **1.** Qui occupe le rang marqué par le nombre dix-sept : *Le dix-septième siècle.* – **2.** Qui est contenu dix-sept fois dans un tout.

DIX-SEPTIÈMEMENT adv. En dix-septième lieu.

DIYA n. m. (mot ar.). Prix du sang, ou la compensation payée par celui qui a tué ou blessé quelqu'un. (Syn. 'AQL.)

DIYĀLĀ (la), riv. d'Iran et d'Iraq, affl. du Tigre (r. g.), rejoint au S.-E. de Bagdad ; 442 km. Barrages (irrigation).

DIYARBAKIR, v. du sud-est de la Turquie, sur le Tigre ; 233 000 hab. (en partie kurdes). Université.
– **Hist.** La ville s'est appelée *Amida* de l'époque assyrienne à la fin du XVIᵉ s., lorsqu'elle prit le nom de la région dont elle est le centre (le *Diyār Bakr,* partie septentrionale de la Djézireh).
– **Bx-arts.** Monuments anciens et imposants remparts surtout des XIᵉ-XIIIᵉ s.

DIZAIN n. m. (de *dix*). **1.** Poème de deux groupes de cinq vers, sur quatre rimes. – **2.** Portion de chapelet que les femmes, au XVIᵉ s., portaient en bracelet.

DIZAINE n. f. **1.** Groupe de dix unités. (En numération décimale, dans l'écriture d'un entier, le deuxième chiffre à partir de la droite représente le rang des dizaines.) – **2.** Collection de dix unités de même nature : *Emballer des canettes de bière par dizaines.* – **3.** Suite de dix jours consécutifs. – **4.** Dix environ ; petit nombre de : *Une dizaine de pas.* – **5.** Sous l'Ancien Régime, subdivision des seize quartiers de Paris. – **6.** Prière correspondant à dix grains d'un chapelet. – **7.** Chacun des grands carreaux du papier de mise en carte utilisé pour le tissage.

DIZENIER ou **DIZAINIER** n. m. (de *dizaine*). À Paris, sous l'Ancien Régime, magistrat municipal qui administrait une dizaine.

DIZFŪL → DEZFUL.

DIZYGOTE adj. Se dit de deux faux jumeaux provenant chacun d'un zygote différent. (De tels jumeaux peuvent être très différents, être de sexe opposé, etc.) [Syn. BIVITELLIN, BIOVULAIRE.]

DJ [didʒi] n. m. Abrév. fam. de DISC-JOCKEY.

DJABR (Djamil), écrivain libanais (Beyrouth 1924), un des principaux représentants de la tendance existentialiste des lettres arabes modernes (*Après l'orage,* 1954 ; *Angoisse,* 1961).

DJABRĀ (Djabrā Ibrāhīm), écrivain et peintre irakien (Bethléem 1919-Bagdad 1994). Un des fondateurs de la société d'art moderne d'Iraq, il fut critique, romancier (*Un cri dans une longue nuit,* 1946), nouvelliste (*Sueurs,* 1956), poète, essayiste et traducteur. Il a également écrit en anglais.

DJABRĀ'ĪL, nom que porte dans le Coran l'archange Gabriel.

DJAGHATAÏ ou **TCHAGATAY** n. m. Langue turque utilisée au Turkestan du XVᵉ au XIXᵉ s. (C'est l'ancêtre de l'ouzbek et du ouïgour actuels.)

DJAGHATAÏ ou **TCHAGATAY,** prince mongol († 1242), deuxième fils de Gengis Khān. Il reçut en apanage l'Asie centrale occidentale, qu'il gouverna de 1227 à 1242.

DJAGHATAÏDES ou **TCHAGATAÏDES,** dynastie mongole, issue de Gengis Khān, qui régna en Asie centrale de 1227 à la fin du XVIIᵉ s. et qui doit son nom au prince Djaghataï. Après la conquête de la Transoxiane par Tīmūr Lang (1365), elle ne se maintint plus qu'en Mongolie et qu'en Kachgarie.

DJAHĀNGĪR ou **JAHĀNGĪR** (Fathpūr Sīkrī 1569 - 1627), 4ᵉ empereur moghol de l'Inde (1605 - 1627). Il fit assassiner le ministre de son père Abū al-Faḍl (1602) et accéda au trône en 1605. Il prit alors le titre de « Djahāngīr » (Conquérant du monde). Son règne fut illustré par la construction des jardins et des palais de Lahore. Son épouse favorite, Nūr Djahān, joua un rôle politique prépondérant. Son fils Khurram, qui était chargé des questions militaires, s'assura la succession en 1627 après six ans de guerre contre les prétendants rivaux. Il prit alors le nom de Chāh Djahān.

DJĀḤIẒ (Abū 'Uthmān 'Amr ibn Baḥr al-), écrivain et théologien arabe (Bassora v. 776 - *id.* 868 ou 869). Un des créateurs de la prose littéraire arabe, il a réuni les éléments constituants de la culture islamo-arabe : *Kitāb al-Bayān (Livre de l'éloquence) ; Kitāb al-Ḥayawān (Livre des animaux), Kitāb al-Bukhalā' (Livre des avares).*

DJAJAPURA → JAYAPURA.

DJAKARTA → JAKARTA.

DJALĀLĀBĀD, v. d'Afghānistān, sur la route de Kaboul à Peshāwar ; 54 000 hab.

DJALĀL AL-DĪN RŪMĪ, poète mystique de l'islām (Balkh, Khorāsān, 1207 - Konya, dans le pays de Rūm, 1273). Fondateur à Konya de l'ordre des derviches mawlawis (tourneurs), et figure marquante de la littérature turque, il a laissé une œuvre écrite principalement en langue persane. Son chef-d'œuvre est le *Mathnawī (les Distiques),* poème essentiel pour l'étude de la mystique orientale qui éclaire la doctrine du soufisme.

DJALO *(oasis de),* en ital. **Gialo,** oasis de Libye, en Cyrénaïque. Pétrole.

DJĀM, site montagneux de l'Afghānistān central, à 250 km à l'E. d'Harāt, à l'emplacement probable de l'anc. cap. des Rhurides (sous le nom de Firuzkuh). Minaret du XIIe s. au remarquable décor céramoplastique.

DJAMĀ'A → DJEMĀ'A.

DJAMĀL AL-DIN AL-AFGHĀNI, penseur politico-religieux musulman (Asadābād 1838 - Istanbul 1897). D'origine persane ou peut-être afghane, il fut actif en Afghānistān, en Inde (1869), en Égypte (1871-1879), d'où les autorités britanniques le firent expulser, à Londres, à Paris, en Iran (1886-1887), en Russie puis à nouveau en Iran d'où le chāh le bannit en 1891. Il s'établit à Istanbul en 1892. Dans ses conférences et ses articles, il prêcha le réveil de l'islām et prôna tour à tour le panislamisme ou le nationalisme local antibritannique. Il est considéré comme le père du mouvement réformiste musulman que développa son disciple égyptien Muḥammad 'Abduh.

DJAMĀL PACHA (Aḥmad) ou **CEMAL PAŞA** (Ahmed), général et homme politique ottoman (Mytilène 1872 - Tiflis 1922). Il fut, avec Enver et Talat, un des chefs du comité « Union et Progrès » qui s'allia à l'Allemagne et engagea l'Empire ottoman aux côtés des Empires centraux dans la Première Guerre mondiale. Il fut assassiné par des Arméniens à Tiflis (1922).

DJAMĀL ZĀDEH (Seyyed Moḥammad 'Ali), écrivain iranien (Ispahan 1894). À l'origine de la prose littéraire moderne en Iran (*Il était une fois,* 1921), il peint de petites gens soumis aux pressions du clergé et du pouvoir (*Doux et Amer,* 1950 ; *Protecteur de la chancellerie,* 1966).

DJAMBOUL, en kazakh **Jambyl,** v. du Kazakhstan ; 312 300 hab. Chimie.

DJĀMI', mot ar. signif. *qui rassemble* et désignant la grande mosquée, ou mosquée du vendredi, dite parfois « mosquée-cathédrale ».

DJĀMI ('Abd al-Raḥmān), poète persan (Khardjird, près de Djām, Khorāsān, 1414 -Harāt 1492). On lui doit entre autres l'épopée courtoise de *Yūsuf et Zulaykha* et un recueil d'anecdotes, le *Bahāristān.*

DJAMILA, anc. **Djemila,** v. d'Algérie (wilaya de Stif), au N.-E. de Stif ; 24 200 hab. Vestiges de l'antique *Cuicul,* colonie romaine de Numidie, témoins de la qualité de l'urbanisme romain d'Afrique.

DJANET, oasis du Sahara algérien, en bordure du tassili des Ajjer. Tourisme.

DJANNĀBĪ (Abū Sa'īd **al-**), missionnaire qarmate († prov. de Ḥasā v. 914). Il prêcha en Iran méridional, puis dans le Ḥasā à partir de 894 et fonda la principauté qarmate de Bahreïn. — Son fils, ABŪ ṬĀHIR SULAYMĀN, dévasta le bas Iraq, et prit La Mecque (930), où il enleva la Pierre noire.

DJARACH → GERASA.

DJARĪR, poète arabe († v. 728), auteur de poèmes satiriques et de panégyriques des califes omeyyades.

DJAWĀHIRĪ (Muḥammad Mahdī **al-**), poète irakien (Nadjaf 1903), chef de file de l'école irakienne néoclassique *(Dīwāna al-Djawāhirī).*

DJAWF (al-), groupe d'oasis d'Arabie Saoudite, situé au S. de la Chamiyé, aux confins nord-ouest du Nufūd, sur le territoire des nomades 'Anazas.

DJAZAÏR (El-) → ALGER.

DJEBAR (Fatma Zohra IMALAYENE, dite **Assia**), romancière algérienne d'expression française (Cherchell 1936). Ses romans (*les Enfants du Nouveau Monde,* 1962 ; *Femmes d'Alger dans leur appartement,* 1980 ; *Ombre sultane,* 1987) traduisent la révolte politique et sociale en Algérie.

DJEBEL [dʒebɛl] n. m. (ar. *djabal*). Nom donné en Afrique du Nord à des montagnes.

DJEBILET *(gara),* escarpement du Sahara algérien, près de la frontière de la Mauritanie. Minerai de fer.

DJED n. m. Objet sacré égyptien, dans lequel on a reconnu tantôt un autel à quatre degrés, tantôt la représentation en perspective des quatre colonnes qui soutenaient le ciel, ou encore quatre vertèbres. (L'érection du pilier djed était accomplie par le roi en l'honneur de Ptah, puis aussi d'Osiris. Beaucoup d'amulettes ont été faites à son image.)

DJEDDA, en ar. **Djidda,** port d'Arabie Saoudite, dans le Hedjaz, sur la mer Rouge ; 561 000 hab. C'est le port principal pour les importations. Escale maritime et surtout aérienne des pèlerins vers La Mecque. Centre industriel, commercial et financier. Base navale. Université.

DJEFFARA, plaine de Tunisie méridionale et de Libye, sur la Méditerranée. Cultures extensives de céréales. Pâturages.

DJELFA (El-), v. d'Algérie, ch.-l. de wilaya, sur le flanc nord des monts des Ouled Naïl, à 1 153 m d'alt. ; 51 000 hab.

DJELLABA n. f. (ar. *djallāba*). Sorte de robe ample, ornée de passementeries et munie d'un capuchon, portée par les hommes dans le Maghreb.

DJEM (el-), localité de Tunisie, entre Sousse et Sfax, à l'emplacement de *Thysdrus,* anc. ville de Byzacène. Grâce à l'oléiculture, elle devint l'une des principales cités de l'Afrique romaine des IIe et IIIe s. Amphithéâtre, l'un des monuments les plus impressionnants d'Afrique ; la ville romaine a livré d'intéressantes mosaïques (musée du Bardo).

DJEM, en turc **Cem Sultan,** parfois appelé **Zizim** en Occident, prince ottoman fils de Mehmed II (Edirne 1459 - Naples 1495). À la mort de son père, il tenta de ravir le trône à son frère aîné Bayezid II. Vaincu en 1481, il chercha asile près des chevaliers de Rhodes qui le transportèrent peut-être en France. Puis il fut gardé prisonnier à Rome (1489-1494) par le pape Innocent VIII.

DJEMĀʻA ou **DJAMĀʻA** n. f. inv. (maghrébin *djemāʻa,* assemblée). Réunion des notables locaux, au Maghreb et en particulier au Sahara occidental.

DJEMDET-NASAR, site de Mésopotamie, à 15 km au N.-E. de Babylone. Il a donné son nom à une période (v. 3300-3000) rattachée à celle d'Ourouk.

DJEMILA → DJAMILA.

DJENNÉ ou **DIENNÉ,** v. du Mali, sur le Bani, S.-O. de Mopti ; 9 500 hab.
— **Hist.** Probablement fondée par les Soninkés au XIVe s., elle fut du XVIe au XVIIIe s. un important carrefour commercial en relation avec Tombouctou et un grand centre musulman. Le colonel Archinard en prit possession au nom de la France en 1893.
— **Archéol.** La civilisation de Djenné, et plus largement celle du delta intérieur du Niger prennent place aux côtés des civilisations de Nok et d'Ifé au Nigeria et des Saos au Tchad. Jarres et statuettes en terre cuite, dont les plus anciennes remontent au XIVe s., pourraient être liées à un rituel funéraire.

DJER, 3e souverain de la Ire dynastie égyptienne (v. 2900 av. J.-C.). Il envoya une expédition en Nubie, au S. de Ouadi-Halfa jusqu'à la 2e cataracte du Nil.

DJERACH ou **DJERASH** → GERASA.

DJERBA, île de Tunisie, dans le golfe de Gabès, rattachée au littoral par une route ; 514 km^2. Djerba est l'« île des Lotophages » de *l'Odyssée.* La population (65 000 hab.), en majorité berbère, vit de cultures irriguées (vergers), de la pêche, et surtout de l'artisanat qui, lié au tourisme international, est devenu la principale ressource.

DJÉRID (*Bilād al-Djarīd,* le « Pays des palmiers »), région de la Tunisie méridionale, située entre les chotts el-Djérid et el-Rharsa, parsemée d'oasis : Tozeur, Nefta, El-Oudiane, El-Hamma.

DJÉRID (*chott* **el-**), dépression fermée du Sud tunisien. Situés à 16 m d'alt., ces bas-fonds boueux et salés, où parfois une croûte de sel cache les eaux, s'étendent sur 5 000 km^2.

DJERMAS ou **ZARMAS,** peuple du Burkina et surtout du Niger, où ils comptent plus de 1 400 000 représentants.

DJET ou **OUADJI,** 4e souverain de la Ire dynastie égyptienne (v. 2890 av. J.-C.). Il envoya une expédition dans le désert arabique pour y exploiter mines et carrières. La stèle funéraire du souverain, dite au Roi-Serpent (musée du Louvre), est considérée comme une des premières grandes œuvres de l'art égyptien.

DJÉZIREH, en ar. **al-Djazīra** (« l'île »), région du Proche-Orient (Turquie, Iraq et surtout Syrie), entre l'Euphrate et le Tigre, de Diyarbakır (Turquie) à Bagdad. Voie de passage ancestrale, la région fait l'objet d'aménagements hydrauliques, surtout sur l'Euphrate, développant la production agricole (céréales, coton, riz).

DJEZKAZGAN, centre industriel du Kazakhstan ; 98 000 hab. Extraction et métallurgie du cuivre et du manganèse.

DJIBOUTI, cap. de la République de Djibouti ; 150 000 hab. Port à l'entrée de la mer Rouge, en ville, fondé par les Français en 1888, centre commercial (zone franche) et siège d'une garnison française. Elle est reliée par voie ferrée et par route à Addis-Abeba.

DJIBOUTI *(République de),* anc. **Côte française des Somalis,** puis **Territoire français des Afars et des Issas,** État du nord-est de l'Afrique, sur l'océan Indien ; 23 000 km^2 ; 590 000 hab. *(Djiboutiens).* CAP. *Djibouti.* LANGUES : *français* et *arabe.* MONNAIE : *franc de Djibouti.*

Géographie. Situé à l'entrée de la mer Rouge, possédant un relief contrasté (entre 2 000 m d'alt. et – 155 m au lac Assal), le pays a un climat chaud et aride. Deux ethnies dominent : les Afars, souvent encore nomades (élevage ovin), et les Issas, concentrés surtout dans la capitale, qui regroupe plus de la moitié de la population totale, accrue récemment de réfugiés éthiopiens et somaliens.

Histoire. Côte française des Somalis en 1896 puis Territoire français des Afars et des Issas en 1946, Djibouti accède à l'indépendance en 1977.

DJIDJELLI → JIJEL.

DJIHĀD n. m. (mot ar.). Guerre sainte que tout musulman doit accomplir pour défendre ou, éventuellement, étendre le domaine de l'islām.

DJILAS ou **DILAS** (Milovan), homme politique et écrivain yougoslave (Polja, près de Kolašin, Monténégro, 1911-Belgrade 1995). Membre du Comité central du parti communiste yougoslave (1938) puis de son bureau politique (1940), il est chargé d'organiser la résistance au Monténégro. Chef de l'agitprop, il devient en 1953 l'un des quatre vice-présidents du pays. En 1954, il est exclu du gouvernement et du parti pour « déviationnisme bourgeois ». Il a fait paraître à l'étranger *la Nouvelle Classe* (New York, 1957), *Conversations avec Staline* (Paris, 1962), *Tito, mon ami, mon ennemi* (Paris, 1980), ce qui lui valut plusieurs emprisonnements.

DJIMMA ou **JIMMA,** v. d'Éthiopie, au S.-O. d'Addis-Abeba ; 64 000 hab.

DJINN n. m. (ar. *djinn*). Dans les croyances musulmanes, génie ou démon, généralement hostile à l'homme. (Les djinns jouent un grand rôle dans le folklore.)

DJOSER, souverain égyptien fondateur de la IIIe dynastie (vers 2800 av. J.-C.). Il fit construire à Saqqarah la première pyramide à degrés et les divers bâtiments funéraires qui l'entourent sous la direction de l'architecte Imhotep*. Il installa sa capitale à Memphis et rattacha à son royaume une partie de la Nubie.

DJÖTCHI → DJŪTCHĪ.

DJOUBA, en angl. **Juba,** en ital. **Giuba,** fl. de l'Afrique du Nord-Est, tributaire de l'océan Indien et formé par plusieurs rivières du massif central de l'Éthiopie ; 880 km. Il se dirige vers le S.-E. et traverse une partie de la Somalie (agriculture sédentaire dans la basse vallée).

DJOUNGARIE, DJOUNGARS → DZOUNGARIE, DZOUNGARS.

DJOWEYNI (ʿAlaʾ al-Dīn ʿAṭā Malik ibn Muḥammad **al-**), en ar. **Djuwaynī,** homme d'État et historien persan (1226 - Harran 1283), au service des Mongols. Il écrivit *l'Histoire du conquérant du monde,* chronique de la conquête de Gengis Khān qui contient une précieuse description de la Mongolie où il se rendit en 1249-1251 et en 1251-1253.

DJUBAYL (al-), port d'Arabie Saoudite, sur le golfe Persique. Sidérurgie. Raffinage et pétrochimie.

DJUBRĀN (Djubrān Khalīl), écrivain et peintre libanais (Bcharré 1883 - New York 1931). Chef de file de l'émigration syro-libanaise en Amérique, alliant un romantisme quasi mystique à une aspiration authentique au changement social, il acquit une grande popularité en Occident avec *The Prophet* (1923).

DJUNAYD (Abū al-Qāsim ibn Muḥammad ibn **al-**), mystique musulman [† Bagdad 910], pour qui l'amour de Dieu pénètre l'homme au point de l'anéantir. Al-Ḥallādj fut son disciple.

DJURDJURA, DJURJURA ou **JURJURA,** chaîne montagneuse d'Algérie, dominant le massif de Grande Kabylie ; 2 308 m. Parc national.

DJURTCHETS → JÜRCHEN.

DJŪTCHĪ ou **DJÖTCHI,** fils aîné de Gengis Khān (v. 1184 - 1227). Il fut nommé gouverneur des steppes de l'Aral et de la Caspienne, et ses héritiers eurent « tous les pays d'Occident qui pouvaient être conquis ».

DŁUGOSZ (Jan), en lat. **Longinus,** chroniqueur polonais (Brzeźnica, près de Radomsko, 1415 - Cracovie 1480). Chanoine de Cracovie, précepteur des fils de Casimir V Jagellon, il écrivit en latin une *Histoire de la Pologne* (1455-1480).

DM, symbole du DEUTSCHE* MARK.

DMITRI → DIMITRI.

DMOWSKI (Roman), homme politique polonais (Varsovie 1864 - Drozdowo 1939). Fondateur du parti national-démocrate (1897), il essaya à la faveur de la révolution russe de 1905 d'obtenir du gouvernement de Saint-Pétersbourg l'autonomie des provinces polonaises. Il échoua, mais soutint dans son livre *l'Allemagne, la Russie et la question polonaise* (1908) que la Pologne devait se ranger du côté des adversaires de l'Allemagne et coopérer avec la Russie. Il fonda le Comité national reconnu par les Alliés comme la représentation officielle de la Pologne (1917). Il siégea à la Diète législative de 1919 à 1921.

DNA, abrév. anglo-saxonne désignant l'A. D. N.

DNIEPR ou **DNEPR** (le), fl. d'Europe, long de 2 200 km (bassin de 504 000 km²). Issu du plateau du Valdaï, il traverse une partie de la Russie, de la Biélorussie et de l'Ukraine, et se jette dans la mer Noire. Artère de navigation, il a été aménagé : six barrages fournissent de l'électricité et alimentent des réseaux d'irrigation, en particulier en Ukraine méridionale et en Crimée.

Dniepr *(batailles du)* [1943-44], ensemble des combats livrés par l'armée soviétique pour refouler à l'ouest de ce fleuve les forces allemandes qui l'avaient franchi pendant l'été 1941.

Dniepr au Boug *(canal du),* canal de Biélorussie, unissant le réseau fluvial de la Russie et de l'Ukraine au réseau polonais.

DNIEPRODZERJYNSK, en ukrainien **Dniprodzerjynsk,** anc. **Kamenskoïe,** v. d'Ukraine, sur le Dniepr ; 265 000 hab. Métallurgie. Chimie. Centrale hydroélectrique.

DNIEPROPETROVSK, en ukrainien **Dnipropetrovsk,** anc. **Iekaterinoslav,** v. d'Ukraine, fondée en 1783 sur le Dniepr (r. dr.) ; 1 128 000 hab. Centre industriel (sidérurgie et constructions mécaniques).

DNIESTR ou **DNESTR,** fl. d'Ukraine et de Moldavie ; 1 352 km (bassin de 72 000 km^2). Né dans les Carpates, près de la frontière polonaise, il coule vers le sud-est et se jette dans la mer Noire.

DO n. m. inv. (ital. *do*). Note de musique, premier degré de la gamme d'*ut.* (Cette syllabe a remplacé *ut,* peu euphonique pour solfier.)

DOĀB n. m. (mot sanskr. signif. *les deux eaux*). Dans l'Inde du Nord et au Pākistān, région située entre deux cours d'eau voisins et parallèles.

DÖBEREINER (Johann Wolfgang), chimiste allemand (Bug, près de Hof, 1780 - Iéna 1849). Il a découvert l'aldéhyde (1821) et l'action catalytique du platine divisé (1823).

DOBERMANN [-man] n. m. (de *Dober,* n. pr.). Chien de garde, d'origine allemande, de proportion moyenne, solidement musclé, au poil ras et dur.

DOBI (István), homme politique hongrois (Szony 1898 - Budapest 1968). Membre du parti des petits propriétaires, dont il devint le président en 1947, il présida le Conseil des ministres (1949-1952), puis le Conseil de la présidence (1952-1967) de la République populaire de Hongrie.

DÖBLIN (Alfred), écrivain allemand (Stettin 1878 - Emmendingen 1957). Influencé par l'expressionnisme et les idées socialistes, il a publié une épopée en vers (*Manas,* 1927) et des romans qui mêlent le mythe à l'histoire (*les Trois Bonds de Wang-Lun,* 1915) ou les différents plans de la réalité et de l'écriture (*Berlin* Alexanderplatz,* 1929). Exilé sous le régime nazi, il évolua vers des préoccupations morales et religieuses (*l'Homme immortel,* 1945).

DOBRA n. m. Unité monétaire de São Tomé et Príncipe.

DOBRO POLJE, sommet montagneux de Macédoine, à l'E. de Bitola. Sa conquête, réalisée entre le 15 et le 18 sept. 1918 par une armée serbe appuyée par deux divisions françaises, entraîna la rupture du front et l'effondrement de la Bulgarie.

DOBROUDJA, en roum. **Dobrogea,** en bulgare **Dobrudža,** province historique d'Europe, sur la mer Noire, limitée à l'O. et au S. par le Danube. Roumaine (sauf le Sud, bulgare), c'est une région agricole dans l'intérieur, animée par la pêche, le tourisme (Mamaia) et l'industrie (Constanța) sur le littoral.
– **Hist.** La région fut intégrée à l'Empire bulgare fondé v. 680. Érigée au milieu du XIVe s. en principauté indépendante, elle fut conquise par les Ottomans en 1400. Le congrès de Berlin (1878) attribua le nord de la Dobroudja à la Roumanie et le Sud à la Bulgarie. Le Sud (le quadrilatère) fut annexé en 1913 par la Roumanie, qui dut le céder en 1940 à la Bulgarie, cession entérinée par le traité de Paris (10 févr. 1947).

DOBROVSKÝ (Josef), jésuite, philologue et écrivain tchèque (Ďarmoty, Slovaquie, 1753 - Brno 1829), fondateur de la slavistique scientifique (*Institutiones linguae slavicae dialecti veteris,* 1822).

DOBSON (William), peintre anglais (Londres 1610 - *id.* 1646). Successeur de Van Dyck comme peintre de la cour de Charles Ier (1641), il a donné des portraits influencés par l'école vénitienne.

DOBZHANSKY (Theodosius), généticien américain d'origine russe (Nemirov, Russie, 1900 - Davis, Californie, 1975). Spécialiste de la génétique des populations, il a apporté une contribution majeure au développement du néodarwinisme.

D. O. C. [dɔk] n. m. Disque optique compact (recommandation officielle pour CD-ROM).

Doccia *(manufacture de),* manufacture de porcelaine italienne, située à Doccia (comm. de Sesto Fiorentino, Toscane). Toujours en activité, elle s'est caractérisée par des formes baroques et un style décoratif.

DOCE *(rio),* fl. du Brésil, né dans le Minas Gerais, tributaire de l'Atlantique ; 977 km. Son haut cours travers le « Quadrilatère du fer » (extraction du minerai et sidérurgie).

DOCÉTISME n. m. (gr. *dokêtai,* partisans de l'incarnation fictive). Hérésie des IIe-IVe s., selon laquelle Jésus-Christ n'aurait eu qu'un corps apparent, éthéré. (Cette doctrine niait la réalité de la passion et de la mort du Christ.)

DOCILE adj. (lat. *docilis*). **1.** Disposé à se laisser conduire, diriger ; soumis, obéissant : *Élève docile. Cheval docile.* – **2.** Qui manifeste la soumission, la docilité ; complaisant : *Un sourire docile.*

– **3.** Se dit des cheveux qui se coiffent facilement.

DOCILEMENT adv. Avec docilité.

DOCILITÉ n. f. (lat. *docilitas, -atis*). Caractère docile, disposition naturelle à se laisser conduire, diriger, commander ; soumission : *Écouter, obéir avec docilité.*

DOCIMASIE [dɔsi-] n. f. (gr. *dokimasia*). **1.** Examen que subissaient à Athènes les citoyens appelés à remplir des fonctions politiques. – **2.** Recherche des causes de la mort par examen des organes après autopsie. (La docimasie pratiquée sur le poumon d'un nouveau-né mort permet de savoir s'il a respiré ou non.)

DOCIMOLOGIE n. f. (gr. *dokimê,* épreuve). Étude systématique des facteurs déterminant la notation des examens et des concours.

DOCIMOLOGIQUE adj. Relatif à la docimologie.

DOCIOSTAURUS [-rys] n. m. Très petit criquet d'Afrique du Nord et d'Europe du Sud, peu migrateur mais très nuisible.

DOCK n. m. (angl. *dock,* du moyen néerl. *docke,* bassin). **1.** Bassin entouré de quais, pour le chargement et le déchargement des navires. – **2.** Ensemble de magasins construits sur les quais pour recevoir les marchandises. – **3.** Dépôt, magasin ou hangar servant au stockage de matériaux en des lieux appropriés à leur déchargement, à leur manutention, etc. – **4.** *Dock flottant,* bassin de radoub flottant constitué d'un caisson métallique horizontal et de deux caissons métalliques verticaux construits sur ses bords. (Il est plus rapide à construire que le bassin de radoub classique en maçonnerie, et peut être remorqué vers son lieu d'utilisation.)

DOCKER [dɔkɛr] n. m. (angl. *docker*). Ouvrier employé au chargement et au déchargement des navires.

DOCKSIDE n. m. (mot angl.) [nom déposé]. Mocassin à semelle antidérapante.

DOCODONTE n. m. (du gr. *dokos,* poutre). Nom d'ordre donné à des mammifères fossiles du jurassique, très primitifs, dont la mandibule présente une double articulation, reptilienne et mammalienne.

DOCOPHORUS [-rys] n. m. (du gr. *dokos,* poutre). Insecte mallophage, dont les nombreuses espèces vivent chacune en parasite sur la peau d'un oiseau déterminé.

DOCTE adj. et n. (lat. *doctus,* de *docere,* enseigner). *Litt.* ou *iron.* Qui a des connaissances étendues, surtout en matière littéraire ou historique, et qui en est infatué ; pédant : *Un docte personnage.*

DOCTEMENT adv. *Litt.* D'une façon pédantesque : *Prouver doctement les vérités les plus banales.*

1. DOCTEUR n. m. (lat. *doctor,* de *docere,* enseigner). **1.** Personne qui a obtenu le doctorat conféré par une université : *Un docteur ès lettres. Elle est docteur en droit.* – **2.** Personne qui, pourvue du doctorat, est habilitée à exercer la médecine, la chirurgie dentaire, la pharmacie, l'art vétérinaire. – **3.** Appellation usuelle pour un homme ou une femme exerçant ces professions. – **4.** Celui qui enseigne publiquement des choses de doctrine, qui est savant en matière religieuse, nom qui fut donné aux principaux maîtres de la scolastique. – **5.** *Docteur (de l'Église),* titre officiellement donné par la Tradition ou par décision du Saint-Siège à des théologiens remarquables. ‖ *Docteur de la Loi,* dans le judaïsme, spécialiste et interprète autorisé de la Torah.

2. DOCTEUR n. m. (de *docteur 1*). Lame métallique ou en matériau synthétique, appuyée sur un cylindre sécheur, sur une presse humide ou sur un rouleau de la machine à papier pour les maintenir propres. (Syn. RACLE.)

Docteur Jekyll et Mister Hyde, récit fantastique de R. L. Stevenson (1886). Un paisible médecin découvre la drogue qui lui permet de se dédoubler en un monstre de laideur et de cruauté qui finit par s'imposer définitivement. De nombreuses adaptations en ont été filmées (J. S. Robertson, 1920 ; R. Mamoulian, 1932).

Docteur Jivago *(le),* roman de B. Pasternak (publié en italien en 1957 ; en anglais et en français, puis en russe – hors de l'U. R. S. S. – en 1958). Il conte l'odyssée d'un médecin, pendant la guerre et les premières années de la révolution russe.

DOCTEUR-INGÉNIEUR n. m. (pl. *docteurs-ingénieurs*). Titre national sanctionnant une formation acquise dans la pratique de la recherche, destinée à approfondir les connaissances dans la spécialité choisie.

DOCTORAL, E, AUX adj. (bas lat. *doctoralis*). **1.** Se dit du comportement de qqn qui se donne l'air d'un savant en prenant une attitude supérieure, grave et pédante ; pontifiant : *Prendre un ton doctoral.* – **2.** Relatif au doctorat.

DOCTORALEMENT adv. De façon doctorale, suffisante et pédante.

DOCTORANT, E n. Candidat au doctorat.

DOCTORAT n. m. (lat. médiév. *doctoratus*). **1.** Diplôme national nécessaire à l'exercice libéral des professions de santé (médecine, chirurgie dentaire, pharmacie, science vétérinaire). – **2.** Diplôme national qui s'est substitué en 1984 au doctorat d'État, au doctorat de troisième cycle et au diplôme de docteur-ingénieur.

— 3. *Doctorat d'État,* grade le plus élevé conféré par une université, sanctionnant l'aptitude à mettre en œuvre une recherche scientifique de haut niveau. ‖ *Doctorat de troisième cycle,* diplôme national délivré par les universités et sanctionnant une formation acquise dans la pratique de la recherche.

DOCTORESSE n. f. *Fam.* Femme médecin.

DOCTRINAIRE adj. et n. Qui s'attache avec rigueur à un système politique, à une doctrine, qui soutient avec intransigeance ses idées ; dogmatique.
◆ adj. Doctoral, sentencieux : *Ton doctrinaire.*
◆ n. *Vx.* **1.** Personne qui participe à l'élaboration et à la propagation d'une doctrine ; théoricien : *Les doctrinaires du socialisme.* — **2.** Sous la Restauration, membre d'une école de pensée politique fondée par Royer-Collard, et dont la théorie du compromis entre les principes de 1789 et la légitimité monarchique (« le juste milieu ») fut appliquée de 1840 à 1848 (Guizot).

DOCTRINAL, E, AUX adj. (bas lat. *doctrinalis*). Qui est l'expression d'une doctrine, d'un système d'idées : *Querelles doctrinales.*

DOCTRINALEMENT adv. D'un point de vue doctrinal.

DOCTRINE n. f. (lat. *doctrina*). **1.** Ensemble de croyances ou de principes traduisant une conception de l'univers, de la société, etc., constituant un système d'enseignement religieux, philosophique, politique, etc., et s'accompagnant souvent de la formulation de règles de pensée ou de conduite : *Une doctrine morale, économique. Une doctrine idéaliste, matérialiste.* — **2.** Opinion, thèse, prise de position ponctuelle d'un groupe ou d'un individu sur un problème spécial : *Se faire une doctrine sur un événement.* — **3.** Ensemble des travaux ayant pour objet d'exposer ou d'interpréter le droit et qui constituent l'une des sources des sciences juridiques.

doctus cum libro, express. lat. signif. *savant avec le livre,* qui se dit de ceux qui puisent leurs idées dans les ouvrages des autres.

DOCUDRAME n. m. Film de fiction dont la trame romanesque est le calque d'événements réels et dans lequel sont insérés des documents d'archives cinématographiques.

DOCUMENT n. m. (lat. *documentum,* enseignement, de *docere,* enseigner). **1.** Pièce écrite servant d'information, de preuve : *Recueillir des documents sur la dernière guerre.* — **2.** Objet quelconque servant de preuve, de témoignage : *Ces films sont des documents sur la Résistance.* • **Bur.** *Document carboné* ou *multiple,* imprimé commercial, industriel ou administratif, dont le verso a reçu une couche d'impression carbonée sur tout ou partie de sa surface. — **Docum.** Unité d'information correspondant à un contenu singulier. (→ *encycl.*) — **Dr.** *Documents de bord, papiers de bord,* pièces écrites qui doivent impérativement se trouver à bord d'un navire (acte de francisation, rôle d'équipage, permis de navigation, congé, etc.). ‖ *Documents de transport,* titres relatifs aux marchandises transportées par voie maritime ou par navigation intérieure (connaissement, police d'assurance, etc.).
ENCYCL. **Docum.** On distingue les documents graphiques, iconographiques, micrographiques, audiovisuels, voire les documents multimédias et télématiques. La notion de « document » peut être étendue à tout média ou élément apportant une information : un tract syndical, une maquette de décor théâtral, une monnaie, etc.

Documenta, exposition internationale d'art contemporain organisée depuis 1955 à Kassel, en Allemagne, en principe tous les quatre ans. Elle a accordé une place de plus en plus importante à l'avant-garde.

DOCUMENTAIRE adj. **1.** Qui a le caractère, la valeur d'un document : *Livre documentaire.* — **2.** Qui a trait aux techniques de documentation : *Informatique documentaire.* (→ encycl.) — **3.** *Crédit documentaire,* crédit à court terme, ouvert au destinataire d'une marchandise par un banquier qui s'engage à payer l'expéditeur contre remise des documents justificatifs. ‖ *À titre documentaire,* comme renseignement, comme information. ‖ *Traite documentaire,* traite bancaire accompagnée de documents.
◆ n. m. Film, à caractère didactique ou culturel, visant à faire connaître un pays, un peuple, un artiste, une technique, etc.
ENCYCL. Un *système documentaire* est l'ensemble des règles méthodologiques qui guident le fonctionnement de la documentation. Cela va de la collecte des données ou des documents à leur traitement manuel ou automatique. L'*analyse documentaire* cherche à déterminer l'ensemble des éléments qui constituent une chaîne de travail depuis les fonctions de sélection et d'indexation jusqu'à celles de traitement, de communication et de conservation. La *recherche documentaire* est le processus par lequel un documentaliste ou un utilisateur obtient l'information qu'il recherche sur un sujet donné. L'automatisation des systèmes documentaires a amené la création de *logiciels documentaires,* programmes informatiques qui permettent à la fois de gérer les données produites pour les bases ou banques de données et de les communiquer aux utilisateurs finaux.

DOCUMENTALISTE n. Personne qualifiée, chargée de rechercher et de réunir des informations, des documents afin de les transmettre suivant la demande.

DOCUMENTARISTE n. Cinéaste spécialisé dans la réalisation de documentaires.

DOCUMENTATION n. f. (de *documenter*). **1.** Action d'appuyer une assertion, un récit, etc., sur des documents : *Service de documentation.* – **2.** Ensemble des documents réunis à cet effet : *Réunir une documentation sur une question.* – **3.** Ensemble de documents fournis avec un appareil, un jeu, un programme informatique, etc., et donnant des renseignements sur leur structure, leur fonctionnement, leur utilisation, etc. – **4.** Ensemble des opérations, des méthodes, etc., qui facilitent la collecte, le stockage, la recherche et la circulation des documents et de l'information. (La *documentation automatique* utilise l'informatique.)

Documentation Française *(la),* service public créé en 1944 et rattaché au Secrétariat général du gouvernement. Il constitue un centre de documentation générale et spécialisée à la disposition de l'administration et du public.

documentation pédagogique *(Centre national de)* **[C. N. D. P.],** service public du ministère de l'Éducation nationale. Son réseau documentaire, qui comprend des centres régionaux (C. R. D. P.), départementaux (C. D. D. P.), locaux (C. L. D. P.), diffuse une importante documentation pédagogique.

DOCUMENTER v. t. (conj. 3). **1.** Fournir à qqn des documents sur qqch, l'informer : *Documenter un avocat sur une affaire.* – **2.** En informatique, préparer les documents relatifs à l'organisation et au fonctionnement d'un programme de façon à en rendre l'utilisation et la maintenance plus aisées.

◆ **être documenté** v. pass. **1.** Être appuyé par des documents, bien informé : *Étude bien documentée.* – **2.** Être mentionné dans des documents d'archives, bien attesté : *Artiste documenté. Maladie documentée.*

◆ **se documenter** v. pr. Réunir des documents : *Se documenter sur le* XVIII*e siècle.*

DODDS (Alfred Amédée), général français (Saint-Louis, Sénégal, 1842 - Paris 1922). Après s'être distingué en 1870-71, il servit au Sénégal où il continua l'œuvre de Faidherbe. Commandant supérieur du Bénin (1892), il mit fin à la résistance de Béhanzin, roi du Dahomey (1893).

DODDS (*sir* Edward Charles), biochimiste britannique (Darlington 1889 - Londres 1973). On lui doit la découverte, en 1936, du diéthylstilbestrol et, en 1938, du diénestrol, chefs de file des œstrogènes de synthèse.

1. DODÉCAÈDRE n. m. (gr. *dôdekaedros*). **1.** Solide à 12 faces. (Il existe un dodécaèdre régulier dont les faces sont des pentagones réguliers.) – **2.** Forme cristalline à 12 faces losangiques ou pentagonales appartenant au système cubique.

2. DODÉCAÈDRE ou **DODÉCAÉDRIQUE** adj. Relatif au dodécaèdre.

DODÉCAGONAL, E, AUX adj. Qui a 12 angles ou qui a pour base un dodécagone.

DODÉCAGONE n. m. (gr. *dôdekagônon*). Polygone qui a 12 angles et, par conséquent, 12 côtés.

DODÉCANE n. m. Hydrocarbure saturé $C_{12}H_{26}$.

DODÉCANÈSE ou **SPORADES DU SUD,** en gr. **Dhodhekánissos,** archipel grec, au S.-O. du littoral turc et comprenant : Astypaléa, Kálymnos, Kárpathos, Kássos, Cos, Léros, Níssyros, Pátmos, Rhodes, Sými, Tílos, Khalkís. Sous domination ottomane, ces îles furent occupées par les Italiens en 1912 pendant la guerre italo-turque. La souveraineté italienne, reconnue par les accords de Londres (avr. 1915), fut confirmée par le traité de Sèvres (août 1920). Le Dodécanèse fut rattaché à la Grèce en 1947.

DODÉCANOÏQUE adj. *Acide dodécanoïque,* acide dérivé du dodécane, présent sous forme de triglycéride dans l'huile de coprah. (Syn. ACIDE LAURIQUE.)

DODÉCAPHONIQUE adj. Relatif au dodécaphonisme.

DODÉCAPHONISME n. m. Technique de composition utilisant les 12 sons de l'échelle chromatique tempérée.

ENCYCL. La technique du dodécaphonisme a été trouvée et exploitée par Schönberg au début des années 20. Elle n'est synonyme ni de sérialisme ni d'atonalité. Pour abolir systématiquement (du moins en théorie) entre les notes les hiérarchies de la musique tonale, Schönberg eut recours à la série dodécaphonique, à savoir l'énoncé, dans un ordre quelconque, des 12 sons de la gamme chromatique, chacun n'apparaissant qu'une fois. Il y a ainsi 479 001 600 séries dodécaphoniques possibles. À la base d'une œuvre se trouve une série, choisie par le compositeur en fonction de divers critères, et pouvant y être présentée sous quatre formes. Chacune de ses 4 dispositions est, en outre, transposable sur les 11 autres degrés de l'échelle chromatique. D'où un total de 48 représentations différentes de la même série dont le compositeur dispose à volonté. Toutes ces manipulations n'excluent pas les facteurs rythme, instrumentation, intensité, en principe non régis par la série.

DODÉCAPHONISTE n. Compositeur pratiquant le dodécaphonisme.

DODÉCASTYLE adj. Se dit d'un édifice dont la façade présente un rang de 12 colonnes. (Palais-Bourbon, à Paris.)

DODÉCASYLLABE adj. et n. m. (gr. *dôdekasullabos*). Qui a 12 syllabes.

DODECATHEON n. m. (gr. *dôdekatheon*). Primulacée ornementale, à pétales renversés, voisine du cyclamen. (N. usuel *gyroselle*.)

DODELINEMENT n. m. Oscillation légère de la tête.

DODELINER v. t. ind. (rad. onomat. *dod-* exprimant le balancement) [conj. 3]. *Dodeliner de la tête,* lui imprimer un balancement régulier et lent.

DODERER (Heimito VON), écrivain autrichien (Weidlingau 1896 - Vienne 1966). Ses poésies (*Ruelles et Paysages,* 1923), nouvelles (*les Trompettes de Jéricho,* 1958) et romans (*l'Escalier du Strudlhof,* 1951 ; *les Démons,* 1956) forment un tableau critique de l'évolution de la société contemporaine. Il est un des principaux représentants du « réalisme magique ».

Döderlein *(bacille de),* bacille, immobile, Gram positif, hôte normal du vagin, dont il assure, par production d'acide lactique, la protection contre la plupart des autres germes.

DODGSON (Charles Lutwidge) → CARROLL (Lewis).

1. DODO n. m. (rad. onomat. *dod-*, avec l'infl. de *dormir*). *Fam.* **1.** Sommeil ou lit, dans le langage enfantin. — **2.** *Faire dodo,* dormir.

2. DODO n. m. (port. *doido,* sot, fou). Autre nom du *dronte.*

DODOMA, v. de Tanzanie, sur la voie ferrée de Dar es-Salaam à Kigoma ; 46 000 hab. Capitale désignée de la Tanzanie.

DODONE, en gr. **Dôdônê,** ville de l'Épire, dans le pays des Molosses, qui a dû son importance à son temple et à son oracle de Zeus. On y adorait des divinités chthoniennes, que les Grecs nommèrent Zeus Naïos, Aphrodite et Dionê. Parmi les procédés de divination, citons : la voix de Zeus perçue dans le bruissement des feuilles des chênes sacrés. Le temple fut détruit par les Étoliens en 219 av. J.-C., puis saccagé encore par les Romains et les Thraces alliés à Mithridate. Ses ruines sont au S.-O. de Ioánnina.

DODU, E adj. (rad. onomat. *dod-*, exprimant le balancement). **1.** Se dit d'un animal gras, bien en chair. — **2.** *Fam.* Se dit de qqn, de son corps, qui est replet, rond ; potelé : *Des joues bien dodues.*

DOEL, localité de Belgique (Flandre-Orientale, comm. de Beveren), sur l'Escaut, en aval d'Anvers. Centrale nucléaire.

DOFFER [dɔfœr] n. m. (angl. *doffer*). Tambour garni de pointes servant à recueillir les fibres provenant d'un autre organe, utilisé notamment sur les cardes et les peigneuses. (Syn. PEIGNEUR.)

DOGARESSE n. f. (vénitien *dogaressa*). Femme du doge.

DOGAT n. m. Fonction de doge, à Venise ou à Gênes.

DOG-CART [dɔgkart] n. m. (pl. *dog-carts*) [angl. *dog-cart,* charrette à chien]. Véhicule hippomobile découvert comportant un compartiment pour les chiens de chasse.

DOGE n. m. (vénitien *doge,* duc, du lat. *dux, ducis,* chef). Chef élu de la République de Venise ou de la République de Gênes.

ENCYCL. Héritier du duc byzantin de Venise du VIIe s., le doge fut d'abord élu à vie par le peuple, au nom duquel il exerçait un pouvoir patriarcal presque absolu jusqu'au XIIe s. Son autorité fut dès lors réduite par l'aristocratie, qui confia son élection à 40 électeurs nobles issus du Grand Conseil (1172). Contraint de prêter serment à Venise, devant les assemblées et le clergé, il présidait la Seigneurie et le Collège mais perdit la réalité du pouvoir au profit des conseils, sans lesquels il ne pouvait agir, surtout après l'échec de la conjuration antinobiliaire de Marino Falier (1354-55). La fonction de doge disparut en 1797 après la chute de la République de Venise. À Gênes, le titre de doge fut porté à partir de 1339 par le premier magistrat de la ville. Il fut aboli lors de l'érection de Gênes en république Ligurienne (1797).

Doges *(palais des)* ou **Palais ducal** *(Palazzo Ducale),* palais vénitien, bâti en 814 et plusieurs fois reconstruit (façade sur la mer élevée de 1309 à 1404 ; façade sur la Piazzetta achevée durant la 1re moitié du XVe s. ; escalier « des Géants » de la fin du XVe s., etc.). Le palais est riche en œuvres monumentales du Tintoret, de Palma le Jeune, de Véronèse et de leurs élèves.

DŌGEN → SHŌYŌ DAISHI.

DOGGER [dɔgœr] n. m. (angl. *dogger,* p.-ê. de *dog,* chien). Partie moyenne du système jurassique.

DOGGER BANK, banc peu profond (13 m) du centre de la mer du Nord, importante zone de chalutage. — Le Dogger Bank fut le théâtre d'un incident célèbre lors de la guerre russo-japonaise. (→ *incident de* HULL.)

DOGMATIQUE adj. (bas lat. *dogmaticus*). **1.** Qui a rapport au dogme, qui affecte la forme d'un dogme : *Les vérités dogmatiques.* — **2.** Relatif aux doctrines religieuses, philosophiques (par oppos. à *historique*).

◆ adj. et n. Qui a des opinions bien arrêtées, qui les considère comme des vérités absolues, et les exprime d'une manière péremptoire, autoritaire, catégorique ; doctrinaire : *Un ton dogmatique.* ◆ n. f. **1.** Partie de la théologie qui constitue un exposé systématique des vérités de la foi. – **2.** Recueil ou manuel qui contient cet exposé : *La dogmatique de Karl Barth.*

DOGMATIQUEMENT adv. D'une manière dogmatique, péremptoire.

DOGMATISATION n. f. Action de dogmatiser.

DOGMATISER v. i. (bas lat. *dogmatizare,* du gr. *dogmatidzein,* soutenir une opinion) [conj. **3**]. **1.** Énoncer les principes d'une théorie (philosophique, religieuse, politique). – **2.** Énoncer des affirmations d'un ton sentencieux, tranchant, autoritaire.

DOGMATISME n. m. (lat. ecclés. *dogmatismus,* de *dogma,* doctrine). **1.** Attitude philosophique ou religieuse qui, se fondant sur un dogme, rejette catégoriquement le doute et la critique. – **2.** Caractère d'une personne dogmatique, de son comportement.

DOGMATISTE adj. et n. Qui relève du dogmatisme.

DOGME n. m. (lat. *dogma,* du gr. *dogma,* opinion). **1.** Point fondamental et considéré comme incontestable d'une doctrine religieuse ou philosophique, ensemble de ces points constituant une doctrine : *Les dogmes cartésiens. Le dogme chrétien.* (→ encycl.) – **2.** Opinion donnée comme certaine, intangible et imposée comme vérité indiscutable : *La suppression de tout contrôle des prix est le dogme du libéralisme.*
ENCYCL. Dans le langage théologique catholique, le mot « dogme » désigne une vérité de foi contenue dans la Révélation et proposée comme telle par l'Église. Le dogme exprime la prise de conscience de la richesse de la parole de Dieu, et sa formulation ecclésiale est liée à un temps déterminé, non son contenu. Chez les protestants, la théologie traditionnelle entend par « dogme » un élément de doctrine élaboré par les théologiens et les synodes à partir du témoignage scripturaire.

DOGONS, peuple du Mali vivant sur les hauteurs de Bandiagara. Les Dogons possèdent une organisation sociale fondée sur quatre groupes, dirigés chacun par un chef juridico-religieux. Ils ont développé un art des masques lié à un rituel religieux spécifique.

DOGUE n. m. (angl. *dog,* chien). **1.** Nom donné à différentes races de chiens de grande taille. – **2.** Personne hargneuse et brutale : *Humeur de dogue,* humeur irascible. – **3.** *Dogue allemand,* chien de garde de haute taille, puissant et élégant, à tête allongée. ‖ *Dogue anglais,* autre nom du *mastiff.* ‖ *Dogue de Bordeaux,* chien de garde et de défense, de grande taille, au corps trapu, à la tête massive et au poil fin et court, le plus souvent fauve ou jaune. ‖ *Dogue du Tibet,* chien de garde de grande taille, robuste, au poil long et au sous-poil épais, considéré comme l'ancêtre des chiens de montagne et des dogues européens.

DOHA (al-) → DAWḤA (al-).

Döhle *(corps de),* formation isolée, bleutée, observée sous forme d'inclusion cytoplasmique dans les polynucléaires. Les corps de Döhle se voient constamment au cours de l'anomalie héréditaire de May-Hegglin et parfois au cours de certaines anémies et polynucléoses.

DOIGT n. m. (lat. *digitus*). **1.** Chacune des parties libres et mobiles qui terminent la main de l'homme : *Compter sur ses doigts.* – **2.** Chacune des parties d'un gant qui couvrent les doigts. – **3.** L'index servant à manifester quelque intention : *Montrer les gens du doigt. Un élève lève le doigt.* – **4.** Mesure approximative évaluée par l'épaisseur d'un doigt : *Raccourcir une jupe de deux doigts.* – **5.** *Avoir des doigts de fée,* être d'une adresse merveilleuse. ‖ Pop. *Avoir les doigts de pied en éventail,* ne rien faire, se prélasser. ‖ *Avoir une qualité jusqu'au bout des doigts,* l'avoir à un très haut degré. ‖ *Doigt(s) de pied,* orteil(s). ‖ *Du bout des doigts,* très délicatement, avec beaucoup de précautions. ‖ *Être à un (deux) doigt(s) de,* être très près de. ‖ *Être liés comme les doigts de la main,* être des amis très unis. ‖ *Faire toucher du doigt,* convaincre de la réalité d'un fait par des preuves incontestables. ‖ *Glisser, filer entre les doigts de qqn,* lui échapper. ‖ Fam. *Les doigts dans le nez,* très facilement. ‖ *Mettre le doigt dans l'engrenage,* commencer à participer à une entreprise, se mettre dans une situation dont on aura du mal à se sortir. ‖ *Mettre le doigt sur qqch,* découvrir qqch (de plus ou moins scandaleux ou difficile). ‖ *(Mettre) le doigt sur la bouche,* faire signe de garder le silence. ‖ Fam. *Mon petit doigt me l'a dit,* je l'ai su, mais je ne dirai pas comment (se dit à un enfant). ‖ *Montrer du doigt,* désigner qqn ou qqch comme un objet digne de moquerie ou de réprobation. ‖ *Ne pas lever le petit doigt,* rester passif, ne faire aucun effort, ne pas venir en aide (à qqn). ‖ *Ne rien faire de ses dix doigts,* ne rien faire, rester oisif. ‖ *Obéir, marcher au doigt et à l'œil,* obéir au premier signe, sans discuter, en suivant exactement les ordres. ‖ *On peut les compter sur les doigts (de la main),* il y en a très peu. ‖ *Petit doigt,* auriculaire. ‖ *Savoir sur le bout du doigt,* connaître parfaitement, par cœur. ‖ *Se mettre, se fourrer, se ficher* (fam.), *se foutre* (pop.) *le doigt dans l'œil (jusqu'au coude),* se tromper grossièrement. ‖ Fam. *Taper sur les doigts de qqn,* lui donner une leçon, le réprimander. ‖ *Toucher qqch du doigt,* avoir l'intuition d'une vérité, deviner juste. ‖ *Un doigt (de qqch),* un petit peu, un brin. ‖ Fam. *Y mettre les quatre doigts et le pouce,* prendre à pleine main ou agir brutalement. • **Électr.** *Règle des trois doigts,* règle donnant le sens de la force qui s'exerce sur un conducteur parcouru par un courant, lorsqu'il est placé dans un champ d'induction magnétique. – **Mécan.** Petite pièce servant d'appui ou d'arrêt à une autre. – **Pêch.** *Pêche au doigt,* pêche à la ligne à la main, le fil passant sur l'index de manière à percevoir facilement la touche. – **Zool.** Chacun des appendices formant ensemble la partie distale (ou *acropode*) de la main ou du pied, qui terminent les membres des animaux vertébrés terrestres. (→ *encycl.*)

ENCYCL. Chez l'homme, la base des doigts s'articule avec le métacarpien correspondant, et leur sommet libre et arrondi se termine, à la face palmaire, par une pulpe couverte d'une peau très sensible, à la face dorsale par une lame cornée, l'ongle. Chaque main possède cinq doigts : le pouce, l'index, le majeur ou médius, l'annulaire, l'auriculaire ou petit doigt. Chaque doigt (sauf le pouce) comporte trois segments appelés phalanges, soutenus par autant d'os distincts, appelés aussi phalanges. La première, la seconde et la troisième phalange sont aussi désignées sous le nom de phalange, phalangine, phalangette. Le pouce n'a que deux phalanges. La complexité de ses mouvements est plus grande que celle des autres doigts, sa fonction principale étant l'opposition à ceux-ci.

– **Zool.** Le squelette du doigt est formé d'une suite d'os longs, articulés de façon plus ou moins mobile, les phalanges, dont le nombre par doigt ne dépasse pas 5 chez les reptiles, 4 chez les oiseaux, 3 chez les mammifères. Le doigt le plus proche du plan médian du corps en position normale (pronation) est le pouce ou pollux au membre antérieur, le gros orteil ou hallux au membre postérieur ; il n'a que deux phalanges, peut dans certaines espèces (pouce de l'homme, hallux des oiseaux) s'opposer aux autres doigts. Il n'y a jamais plus de 5 doigts par patte, il peut y en avoir seulement 4 (très fréquent), 3, 2 ou 1 (mammifères herbivores de divers groupes). Le nombre des phalanges ou celui des doigts n'est supérieur aux normes que lorsque la main ou le pied est conformé en nageoire (reptiles marins fossiles, mammifères cétacés) mais les phalanges peuvent s'allonger beaucoup à la patte de devant chez les vertébrés volants (ptérosauriens, chauves-souris). Les doigts peuvent se terminer chacun par une griffe, un ongle plat ou un sabot, ou encore par une ventouse (rainette, gecko).

DOIGTÉ n. m. **1.** Habileté manuelle, adresse des doigts : *Ce chirurgien a un excellent doigté.* – **2.** Savoir-faire, habileté, tact dans une entreprise ; diplomatie : *Manquer de doigté dans les relations humaines.* – **3.** Annotation chiffrée portée sur une partition pour proposer une manière de placer les doigts sur l'instrument.

DOIGTER [dwate] v. t. (de *doigt*) [conj. 3]. Indiquer par des chiffres, sur une partition instrumentale, le doigt dont l'exécutant peut se servir pour chaque note.

DOIGTIER n. m. **1.** Fourreau destiné à protéger un ou plusieurs doigts en cas de blessures ou pour pratiquer certains travaux ou certaines manipulations (examens médicaux). – **2.** Nom usuel de la *digitale.*

DOI INTHANON, point culminant (2 576 m) de la Thaïlande, dans le nord-ouest du pays. Parc national.

DOINAŞ (Ştefan POPA, dit **Ştefan Augustin**), poète roumain (près de Arad 1922). Ses recueils (*la Saison discrète,* 1975 ; *Hesperia,* 1979) réunissent des ballades modernes et des poésies d'une rigueur formelle extrême.

DOINEL (Jules Benoît), dit **Jules Stanislas Doinel,** ou **Jean Kostka,** archiviste paléographe et occultiste français (Moulins 1842 - Carcassonne 1902). Il fut le « restaurateur » de la gnose et le fondateur de l'Église gnostique, avec une liturgie se réclamant du catharisme.

DOIRAN → DOJRAN.

DOIRE BALTÉE, riv. d'Italie, qui traverse le Val d'Aoste, affl. du Pô (r. g.) ; 160 km.

DOIRE RIPAIRE, riv. d'Italie, affl. du Pô (r. g.), qu'il rejoint à Turin ; 125 km.

DOISNEAU (Robert), photographe français (Gentilly 1912 - Paris 1994). Paris et sa banlieue sont à l'origine d'images pleines de verve et d'humour. Parmi ses publications, on peut citer : *la Banlieue de Paris,* sur un texte de B. Cendrars (1949-50), *Instantanés de Paris* (1955), *le Paris de Robert Doisneau et Max-Pol Fouchet* (1974), *le Mal de Paris,* sur un texte de Clément Lepidis (1980).

DOISY (Edward Adelbert), biochimiste américain (Hume, Illinois, 1893 - Saint Louis 1986). Il prépara la vitamine K à l'état cristallisé et en réalisa la synthèse. (Prix Nobel de médecine 1943.)

DOIT n. m. (de *devoir*). Partie d'un compte qui relate les opérations à la charge de son titulaire (par oppos. à l'*avoir*).

DOJO n. m. (jap. *dōjō*). Salle où se pratiquent les arts martiaux.

DOJRAN ou **DOIRAN** *(lac),* lac de Macédoine. Combats entre les Alliés et l'armée bulgare en 1915, 1916, 1918.

DOKOUTCHAÏEV (Vassili Vassilievitch), géographe et naturaliste russe (Milioukovo, région de Smolensk, 1846 - Saint-Pétersbourg 1903). Il découvrit la disposition zonale des sols, orienta la géographie russe vers l'analyse synthétique des milieux et créa la pédologie moderne.

DŌKYŌ, moine bouddhiste japonais († 773). Amant de l'impératrice Kōken, il fut banni par le nouvel empereur.

DOL n. m. (lat. *dolus,* ruse). Tromperie commise en vue de décider une personne à conclure un acte juridique *(dol principal)* ou à l'amener à contracter à des conditions plus désavantageuses *(dol incident).* [Le dol principal, s'il émane de l'un des contractants, est une cause de nullité du contrat (sauf en matière de mariage).] (Syn. MANŒUVRE DOLOSIVE.)

DOL → DOL-DE-BRETAGNE.

DOLAGE n. m. (de *doler*). Opération consistant à doler les peaux.

DOLBY n. m. (n. déposé). **1.** Procédé de réduction du bruit accompagnant un signal acoustique, qui consiste à préaccentuer, lors de l'enregistrement du signal, les composantes à fréquences élevées de niveau faible et à les désaccentuer à la reproduction. — **2.** Dispositif utilisant ce procédé. — **3.** *Procédé Dolby Stéréo,* procédé commercialisé à partir de 1975 et permettant de pratiquer la stéréophonie à partir d'une piste sonore optique.

DOLCE [dɔltʃe] adv. (ital. *dolce,* doux). En musique, d'un mouvement doux.

dolce stil nuovo → STIL NUOVO.

DOLCE VITA [dɔltʃevita] n. f. inv. (de *Dolce Vita,* n. pr.). Vie facile, oisive et veule menée par certains riches.

Dolce Vita *(La),* film italien de Federico Fellini (1960), qui décrit la vie d'un journaliste mêlé au monde du cinéma et de l'aristocratie romaine. Le réalisateur y exprime de façon mordante sa vision d'un univers veule et décadent.

DOLCI (Carlo), peintre italien (Florence 1616 - *id.* 1686). Il a peint des sujets religieux d'un style minutieux et raffiné (*Vision de saint Louis de Toulouse,* palais Pitti), parfois d'une dévotion un peu fade.

DOLCISSIMO [dɔltʃi-] adv. (ital. *dolcissimo,* très doux). En musique, indication d'un mouvement très doux.

DOL-DE-BRETAGNE (35120), ch.-l. de cant. d'Ille-et-Vilaine, en bordure des *marais de Dol ;* 5 046 hab. *(Dolois).* Anc. cathédrale St-Samson, surtout du XIIIe s. Confection. — Le *marais de Dol* forme la partie colmatée de la baie du Mont-Saint-Michel ; l'ancien îlot granitique du *mont Dol* (65 m) est isolé au milieu des terres.

DOLDRUMS [dɔldrœms] n. m. pl. (angl. *doldrums,* calme équatorial). Zone des basses pressions équatoriales, région de calme atmosphérique séparant les alizés des deux hémisphères.

DOLE (39100), ch.-l. d'arrond. du Jura, sur le Doubs ; 27 860 hab. *(Dolois).* Monuments des XVIe et XVIIe s. : église Notre-Dame, collège de l'Arc, hôpital. Musée municipal et musée de la maison natale de Pasteur. C'est un nœud ferroviaire et routier, industrialisé (constructions mécaniques et électriques, céramique sanitaire, textile, travail du bois).

DÔLE (la), sommet du Jura suisse (cant. de Vaud), près de la frontière de France ; 1 680 m. Panorama sur le massif du Mont-Blanc et les Alpes de Savoie.

DOLÉANCES n. f. pl. (anc. fr. *douloir,* du lat. *dolere,* souffrir, p.-ê. avec l'infl. de *créance*). **1.** Plaintes ou réclamations, en général adressées par des subordonnés à un supérieur : *Présenter des doléances.* — **2.** Plaintes et vœux adressés au roi et consignés par les trois ordres dans des cahiers *(cahiers de doléances)* rédigés à l'occasion de la réunion des états généraux.

DOLENT, E adj. (lat. *dolens, -entis,* de *dolere,* souffrir). **1.** *Litt.* Qui est dans un état de souffrance pénible : *Avoir le corps dolent.* — **2.** Qui est mou, sans énergie, qui se plaint d'un ton languissant : *Voix dolente.*

DOLENT *(mont),* sommet des Alpes, aux confins des frontières française, suisse et italienne ; 3 823 m.

DOLER v. t. (lat. *dolare,* dégrossir) [conj. 3]. **1.** En peausserie, égaliser la peau en épaisseur et l'assouplir, rendre sa fleur plus unie. — **2.** Aplanir, amincir avec la doloire.

DOLÉRITE n. f. (gr. *doleros,* trompeur). Roche basique constituée essentiellement de lattes de plagioclase et de pyroxène interstitiel, se présentant généralement en filons.

DOLET (Étienne), imprimeur et humaniste français (Orléans 1509 - Paris 1546). Érigé en martyr de l'humanisme, il a témoigné toute sa vie d'une rare liberté d'esprit. Il publia dans son imprimerie de Lyon des ouvrages d'érudition (*Commentarii linguae latinae,* 1536-1538), des almanachs et des satires. La publication du *Cato christianus* (1538) le fit accuser d'hérésie et d'athéisme, et jeter en prison, où il retourna en 1544. Condamné à mort, il fut pendu et brûlé à Paris, place Maubert.

DOLFIN → DELFINO.

DOLGOROUKOV ou **DOLGOROUKI,** famille princière russe, descendant du prince Michel de

Tchernigov († 1246). Elle joua un rôle de premier plan sous Pierre le Grand et sous ses successeurs (Catherine Ire, Pierre II), et tenta d'instaurer un pouvoir aristocratique en Russie. Après le rétablissement de l'autocratie (1730) par Anna Ivanovna, plusieurs princes Dolgoroukov furent bannis : VASSILI VLADIMIROVITCH (1667 - Saint-Pétersbourg 1746), feldmaréchal qui combattit à Poltava et accompagna Pierre le Grand en Occident (1716-17), et VASSILI LOUKITCH (v. 1670 - Novgorod 1739). Trois branches de la famille se perpétuèrent jusqu'au XXe s.

DOLIC → DOLIQUE.

DOLICHENUS ou **JUPITER DOLICHENUS,** dieu hittite du ciel et de l'orage, représenté debout sur un taureau. Son culte se perpétua à Dolikhê (auj. *Tell Dülük,* Turquie) puis fut répandu dans l'Empire romain où il s'identifia à Jupiter, et connut une grande popularité au IIIe s. apr. J.-C.

DOLICHOCÉPHALE [-kɔ-] adj. et n. Se dit de qqn au crâne allongé (indice céphalique inférieur à 76).

DOLICHOCÉPHALIE [-kɔ-] n. f. État des dolichocéphales.

DOLICHOCÔLON [-kɔ-] n. m. Côlon d'une longueur excessive et décrivant des coudes multiples.

DOLICHOMÉGACÔLON [-kɔ-] n. m. Dolichocôlon s'accompagnant d'une augmentation de son calibre.

DOLICHOSIGMOÏDE [-kɔ-] n. m. Côlon sigmoïde d'une longueur excessive.

DOLIN (Patrick HEALEY-KAY, dit **Anton**), danseur et chorégraphe britannique d'origine irlandaise (Slinford, Sussex, 1904 -Neuilly-sur-Seine 1983). Il participa aux Ballets russes (1921 ; 1924-25 ; 1928-29). Premier danseur au Vic Wells Ballet (1931-1935), il fut le partenaire d'Alicia Markova (*Giselle,* 1934), avec qui il créa le Markova-Dolin Ballet (1935-1939). De 1939 à 1946, A. Dolin collabora avec l'American Ballet Theatre. En 1949, Dolin et A. Markova constituèrent un nouveau groupe qui, en 1950, prit le nom de Festival Ballet (actuel London Festival Ballet). Comme chorégraphe, on lui doit le *Pas de quatre* (1941), d'après Jules Perrot, et *Variations for Four* (1957). Il a publié, entre autres, son *Autobiographie* (1960), *Alicia Markova* (1953), *la Vie d'Olga Spessivtseva* (*The Sleeping Ballerina,* 1966).

DOLINE n. f. (serbo-croate *dolina,* vallée). Petite dépression fermée caractéristique des régions de relief karstique.

DOLIOLE n. m. (lat. *doliolum,* tonnelet). Ascidie formant des colonies nageuses aux individus spécialisés, chacun d'eux ressemblant à un petit tonnelet.

DOLIQUE ou **DOLIC** n. m. (gr. *dolikhos,* sorte de haricot). Plante fourragère ou alimentaire des régions chaudes, voisine du haricot, mais dont la carène florale n'est pas spiralée. (Cette légumineuse se répartit entre les genres actuels *dolichos, lablab* et *vigna ;* les plus cultivées sont le *pois d'Égypte* et le *dolique mongette.*)

DOLISIE → LOUBOMO.

DOLIUM n. m. (mot lat.). Syn. de PITHOS.

DOLIVO-DOBROBOLSKI (Mikhaïl Ossipovitch), ingénieur électricien russe (Saint-Pétersbourg 1862 - Heidelberg 1919). Il imagina et développa la technique du courant alternatif triphasé.

DOLLAR n. m. (angl. *dollar,* de l'all. *thaller*). **1.** Unité monétaire de divers pays, et plus spécialement des États-Unis (symb. $) et du Canada (symb. $ CAN). — **2.** *Dollar vert,* nom de l'unité de compte agricole (U. C. A.).

ENCYCL. Le dollar a été adopté comme unité monétaire par les États-Unis en 1793. Divisé en 100 cents, il était défini par un poids de 1,60 g puis, en 1834, 1,50 g d'or fin. Les accords de Bretton Woods (1944) reconnurent le dollar (appelé fam. *billet vert*) comme seule monnaie convertible en or, équivalent de l'or (35 $ pour une once d'or). Il connut son apogée dans les années 50. Dans les années 60, avec la hausse des prix aux États-Unis et un déficit commercial croissant, les dollars s'accumulèrent en Europe, donnant naissance aux eurodollars. Il en résulta sur le marché des changes une baisse du dollar accompagnée de celle des réserves d'or américaines. Le 15 août 1971, le président Nixon suspendit la convertibilité du dollar en or. Le dollar fut dévalué, en déc. 1971 (38 $ = 1 once d'or) et, de nouveau, en févr. 1973 (42 $ = 1 once d'or). Sa convertibilité en or ne fut pas rétablie. Le dollar demeure un instrument de paiement privilégié pour une très grande part des échanges internationaux.

DOLLARD DES ORMEAUX (Adam), officier français (en Île-de-France 1635 - Long-Sault, Canada, 1660). Arrivé au Canada en 1657, il devint, en raison de sa résistance aux Iroquois (1660), un héros national pour les Canadiens français.

DOLLART *(golfe de),* échancrure de la côte de la mer du Nord, formant frontière entre les Pays-Bas et l'Allemagne, où s'ouvre l'estuaire de l'Ems.

DOLLFUS, famille d'industriels alsaciens, originaire de Mulhouse, où elle est mentionnée dès 1552. Ses principaux membres sont, notamment, JEAN HENRI, l'un des trois fondateurs de la fabrication de l'indienne à Mulhouse (1746), et JEAN (Mulhouse 1800 - *id.* 1887), qui fut longtemps maire de Mulhouse, et resta jusqu'à sa mort le député protestataire de Mulhouse au Reichstag.

Dollfus-Mieg et Cie (D. M. C.), société française, dont l'origine (Mulhouse) remonte à 1746. Transformé en holding en 1970, le groupe rassemble de très nombreuses filiales, spécialisées principalement dans la production d'articles textiles.

DOLLFUSS (Engelbert), homme d'État autrichien (Texing 1892 - Vienne 1934). Ministre de l'Agriculture (1931) puis chancelier (1932-1934), il dirigea une coalition conservatrice formée par les chrétiens-sociaux et la droite. Hostile à l'*Anschluss*, il interdit le parti national-socialiste (juin 1933) et se rapprocha de l'Italie fasciste. Il supprima le parti social-démocrate après les émeutes de févr. 1934 et instaura un « État corporatif » dictatorial (constitution de mai 1934). Il fut assassiné lors de la tentative de putsch nazi de juill. 1934.

DÖLLINGER (Johann Ignaz VON), prêtre et écrivain allemand (Bamberg 1799 - Munich 1890). Professeur d'histoire ecclésiastique à Munich, il mena une polémique journalistique contre le dogme de l'infaillibilité pontificale et refusa de s'incliner après sa promulgation par le concile du Vatican (1870). Excommunié en 1871, il devint l'inspirateur du schisme des vieux-catholiques.

DOLMA n. m. (turc *dolma,* farce). Plat froid constitué d'un mélange de riz cuit, d'oignons et parfois de raisins secs, enveloppé dans des feuilles de vigne et conservé à l'huile d'olive. (Spécialité turco-grecque.) [Syn. FEUILLE DE VIGNE FARCIE.)

DOLMAN [dɔlmɑ̃] n. m. (turc *dolama,* par l'all. *Dolman* et du hongr. *dolmany*). Veste d'uniforme garnie de brandebourgs.

DOLMEN [dɔlmɛn] n. m. (cornique *tolmen*). Monument mégalithique formé d'une ou de plusieurs dalles de couverture soutenues par des piliers formant les parois d'une chambre funéraire.

ENCYCL. La plupart des dolmens étaient enfouis dans des tumulus architecturés, présentant un système de parements en pierres sèches, visibles en partie de l'extérieur. L'accès aux chambres funéraires, qui recevaient plusieurs défunts, se faisait généralement par un couloir scellé après usage. La grande variété des dolmens rencontrés en Europe (de l'Irlande au Caucase), en Asie (Inde) et en Afrique (Afrique du Nord-Éthiopie) empêche d'établir entre eux des relations trop précises. Les plus anciens (Bretagne, Poitou, sud de la péninsule Ibérique) datent de la fin du Ve millénaire avant notre ère. Les grands dolmens mégalithiques à couloir : « la Table des Marchands » à Locmariaquer, le dolmen de Gavrinis, ou celui de New Grange, au N. de Dublin, remontent au IVe millénaire.

DOLOIRE n. f. (lat. *dolatoria,* hache). **1.** Sorte de hache servant à dresser la face d'une pièce de bois. – **2.** Sorte de hache de guerre. – **3.** Outil à main servant à doler les peaux.

DOLOMEDES [-medɛs] n. m. (gr. *dolomêdês,* qui médite des ruses). Araignée du bord des cours d'eau, capturant des proies aquatiques au cours de longues plongées (jusqu'à 45 min), pendant lesquelles elle respire l'air des bulles qu'elle a entraînées.

DOLOMIE n. f. (de *Dolomieu,* n. pr.). Roche sédimentaire carbonatée, renfermant plus de 50 % de dolomite.

ENCYCL. Les dolomies se forment par précipitation directe ou par remplacement total ou partiel de la calcite par la dolomite. Associées à des argiles et des évaporites, elles peuvent former des réservoirs d'hydrocarbures. En Europe, elles sont abondantes dans le dévonien, le trias et le jurassique, et leur érosion donne des reliefs ruiniformes. Elles sont utilisées dans l'industrie (isolants, revêtements réfractaires, etc.).

DOLOMIEU (Dieudonné ou Déodat DE GRATET DE), géologue français (Dolomieu, Isère, 1750 - Châteauneuf, Saône-et-Loire, 1801). Il a publié des études sur les tremblements de terre, le basalte et les calcaires auxquels on a donné le nom de dolomie, ainsi qu'une *Introduction à la philosophie minéralogique* (1801).

DOLOMITE n. f. (de *Dolomieu,* n. pr.). Carbonate naturel, double, de calcium et de magnésium.

DOLOMITES, massif des Alpes italiennes, entre l'Adige et la Piave, culminant à 3 342 m à la Marmolada. Les Dolomites, où la dolomie (calcaire) est érodée de façon spectaculaire, sont traversées par une route panoramique. Le tourisme d'été et d'hiver (Cortina d'Ampezzo) y est actif.

DOLOMITIQUE adj. Se dit d'une roche qui contient de la dolomie.

DOLOMITISATION n. f. Transformation d'un calcaire en dolomie, par circulation de fluides riches en sels magnésiens qui dissolvent la calcite et précipitent de la dolomite.

DOLOPES, anc. peuple de Thessalie, aux confins de l'Étolie et de l'Épire, réduit à la vassalité par les Thessaliens et les Molosses.

DOLORISME n. m. Doctrine ou tendance qui exalte la valeur morale de la douleur.

DOLORISTE adj. et n. Relatif au dolorisme ; qui fait preuve de dolorisme.

DOLOSIF, IVE adj. (lat. *dolosus,* rusé). *Faute dolosive,* faute commise dans l'intention de nuire ou avec la certitude qu'un dommage s'ensuivra. (Syn. FAUTE INTENTIONNELLE.) ‖ *Manœuvre dolosive,* syn. de DOL.

DOLPHY (Eric Allan), saxophoniste alto, clarinettiste basse et flûtiste de jazz américain (Los Angeles 1928 - Berlin 1964). Révélé dans l'orchestre de Charlie Mingus, il a été un des principaux inspirateurs du free jazz et a imposé la clarinette basse et la flûte dans la musique de jazz.

DOLPOS, population montagnarde du Népal, dont le nombre ne dépasse guère quelques milliers, habitant des vallées isolées près de la frontière chinoise.

DOLTO (Françoise), psychiatre et psychanalyste française (Paris 1908 - *id.* 1988). Elle s'est intéressée très tôt à l'analyse des enfants (*Psychanalyse et Pédiatrie,* 1939), qu'elle éclaira des concepts lacaniens (*le Cas Dominique,* 1971). Elle a joué un grand rôle dans l'information d'un large public sur les problèmes psychoaffectifs des enfants.

D. O. M. n. m. Abrév. de DÉPARTEMENT* D'OUTRE-MER.

DOM [dɔ̃] n. m. (ital. *don,* ou port. *dom,* du lat. *dominus,* maître). **1.** Titre donné à certains religieux (bénédictins, chartreux). – **2.** Au Portugal, équivalent de DON.

DOMAGK (Gerhard), biochimiste allemand (Lagow, Brandebourg, 1895 - Burgberg, Forêt-Noire, 1964). Il a découvert en 1935 la sulfachrysoïdine, ouvrant ainsi la voie à la chimiothérapie par les sulfamides. (Prix Nobel de médecine 1939.)

DOMAINE n. m. (bas lat. *dominium,* pouvoir, p.-ê. du lat. class. *dominus,* maître). **1.** Propriété foncière ; bien, terre : *Un domaine de soixante hectares.* – **2.** Lieu préféré par qqn, un animal, ou qu'il se réserve ; territoire : *Le jardin était le domaine des enfants.* – **3.** Secteur, champ couvert par une science, une technique, etc. : *Le domaine scientifique.* – **4.** Secteur relevant de la compétence d'une institution, de qqn, ou secteur d'activité où qqn est particulièrement à l'aise : *Cette question n'est pas du domaine des tribunaux.* • **Dr.** Ensemble des biens corporels, mobiliers ou immobiliers appartenant à l'État ou aux collectivités locales. ‖ *Domaine privé,* biens des collectivités locales n'ayant pas été affectés à l'usage direct du public ou à un service public. ‖ *Domaine public,* partie du domaine affectée à l'usage direct du public ou à un service public. (Il est inaliénable et bénéficie d'une protection pénale spécifique.) ‖ *Domaine public maritime,* zone territoriale comprenant les rivages de la mer, les étangs salés reliés à la mer, le sol et le sous-sol de la mer territoriale, les lais et relais. ‖ *Domaine réservé,* ensemble des activités étatiques qui échappent à l'emprise du droit international. ‖ *Tomber dans le domaine public,* se dit d'une invention, d'une œuvre d'art ou de l'esprit qui, n'étant plus protégée par la loi, peut être librement publiée, représentée, reproduite. – **Hist.** *Domaine royal* ou *domaine de la Couronne,* en France, ensemble des terres et des droits appartenant au roi en tant que seigneur et souverain (→ *encycl.*) ‖ *Domaine seigneurial,* ensemble des terres appartenant à un seigneur qui en concédait la plus grande partie à des tenanciers et retenait dans sa propriété directe la réserve. – **Log.** *Domaine de quantification,* ensemble d'objets parcouru par les variables liées d'une formule quantifiée. – **Math.** Partie d'un espace topologique. (On réserve parfois ce terme pour des parties ouvertes et connexes.) ‖ *Domaine d'opérateurs,* ensemble A servant à définir sur un ensemble E une loi de composition externe telle qu'à tout couple formé par l'un des éléments de A et l'un des éléments de E corresponde un élément de E.

◆ **domaines** n. m. pl. *Service des Domaines,* ou *Domaines,* service administratif chargé de gérer le domaine privé de l'État, dont les origines remontent à 1791 et qui est rattaché au ministre chargé du Budget. ‖ *Domaines impériaux,* propriétés possédées par les empereurs romains et acquises par héritage, déshérence ou confiscation. (Très étendus en Italie méridionale et centrale, en Afrique et en Orient, ils étaient gérés par des procurateurs qui rendaient compte directement à l'empereur.)

ENCYCL. **Hist.** Le *domaine royal* comprenait à l'avènement d'Hugues Capet (987) Paris, l'Orléanais, les pays d'Étampes, d'Arpajon, de Poissy, de Senlis et Montreuil-sur-Mer ; il fut progressivement dilaté par les Capétiens, les Valois et les Bourbons aux dimensions du royaume de France, avec lequel il se confondit sous l'Ancien Régime. Selon les juristes anciens, il était « la dot que la royauté apportait au roi » (J. Hennequin). Cependant le roi n'en était pas le propriétaire, mais seulement l'administrateur et l'usufruitier et ne pouvait en aliéner aucune partie. Loi fondamentale du royaume, l'inaliénabilité du domaine fut codifiée par les ordonnances de Moulins (1566) et de Blois (1579), selon lesquelles le *domaine casuel* (biens acquis par le roi) pouvait être aliéné par le souverain pendant dix ans ; mais, au terme de ce délai, il était joint au *domaine fixe,* inaliénable. Toutefois, des aliénations pouvaient être consenties soit pour constituer des apanages, soit pour subvenir, en cas de guerre, à des nécessités financières impérieuses. Dans ce cas, un créancier (l'engagiste) recevait provisoirement une partie du domaine que le roi pouvait toujours racheter. De nombreuses parties du domaine royal furent ainsi aliénées par la royauté pendant les guerres de Religion. Le rachat du domaine engagé fut l'œuvre de Sully. Aux XVIIe et XVIIIe s., malgré les mesures législatives prises pour les révoquer, des aliénations furent consenties, tantôt par faveur tantôt pour des raisons financières, au profit d'églises, de communautés religieuses, de seigneurs de la cour, d'hommes d'affaires ou de spéculateurs. Aussi, à la fin de l'Ancien Régime, les cinq sixièmes du royaume formaient-ils des domaines distincts de celui de la Couronne, sur lesquels le roi n'avait pas de seigneurie et n'exerçait que le droit de souveraineté.

Source principale des revenus de la royauté au Moyen Âge, le domaine, dont les recettes constituaient l'*ordinaire,* ne représentait, à la fin du XVe s., que le cinquième des ressources budgétaires de la monarchie dont l'essentiel des revenus était fourni, sous l'Ancien Régime, par les impôts (l'*extraordinaire*). Provenant des droits féodaux et des droits régaliens du roi, les revenus domaniaux se composaient des cens et rentes foncières pesant sur les tenures *(domaine immuable),* et des redevances dont le produit variait d'une année à l'autre *(domaine muable)* et que le roi percevait en tant que seigneur (champart, péages, lods et ventes, etc.) et souverain (droit d'aubaine, régale, amendes, confiscations, lettres de noblesse, de légitimation, ventes d'offices et de maîtrises, etc.).

Domaine musical *(concerts du),* association de concerts fondée à Paris en 1954 et consacrée à la musique contemporaine. Elle fit connaître Schönberg, Webern, Berg ou Varèse, et de nombreux jeunes compositeurs (P. Boulez, G. Amy, J.-C. Éloy, A. Boucourechliev, K. Stockhausen, L. Berio). Le Domaine musical disparut en 1973.

DOMANIAL, E, AUX adj. (lat. médiév. *domanialis*). 1. Qui tient à un domaine, qui lui appartient : *Le régime domanial.* — 2. Qui relève du domaine de l'État : *Les biens domaniaux. Une forêt domaniale.*

DOMANIALISER v. t. (conj. 3). Annexer au domaine de l'État.

DOMANIALITÉ n. f. (de *domanial*). Caractère des biens qui composent le domaine de l'État, en partic., le domaine public.

DOMAR (Evsey David), économiste américain (Łódź, Pologne, 1914). On lui doit, en collaboration avec Harrod, un modèle de croissance d'inspiration keynésienne.

DOMAT, en all. **Ems,** comm. de Suisse (Grisons), sur le Rhin ; 6 300 hab. Église gothique St-Jean-Baptiste (début du XVIe s.) et autres monuments. Industries chimiques.

DOMAT (Jean), jurisconsulte français (Clermont-Ferrand 1625 - Paris 1696). Dans son œuvre capitale, *les Lois civiles dans leur ordre naturel* (1689-1694), il affirma la prééminence du droit romain.

DOMBAS → DOMS.

DOMBASLE (Christophe Joseph Alexandre MATHIEU DE), agronome français (Nancy 1777 - *id.* 1843). Il inventa une charrue et mit en évidence l'importance du chaulage dans les terres argileuses. Il fonda en 1822, à Roville-devant-Bayon, près de Nancy, une école d'agriculture.

DOMBASLE-SUR-MEURTHE (54110), comm. de Meurthe-et-Moselle, entre la Meurthe et le canal de la Marne au Rhin ; 9 368 hab. *(Dombaslois).* Extraction du sel. Soudière. Chaussures.

DOMBES (la), partie sud-ouest du dép. de l'Ain, au N.-E. de Lyon, entre le Jura et le Beaujolais. C'est un plateau sableux et caillouteux, tapissé d'argiles, parsemé d'étangs, viviers à poissons qu'on assèche régulièrement (prairies, cultures maraîchères). La Dombes forma en 1424 une principauté souveraine (cap. *Trévoux*) possédée par les Bourbons. Elle fut réunie à la France en 1762.

DOMBEYA n. m. (de *Dombey,* n. pr.). Sterculiacée arbustive d'Afrique et de Madagascar, très ornementale, et dont l'écorce sert à faire des cordages.

Dombrok *(système),* système de groupes sanguins représenté par deux antigènes érythrocytaires Do^a, Do^b, antithétiques, peu immunogènes.

DOMBROWA → DĄBROWA GÓRNICZA.

DOMBROWSKI → DĄBROWSKI.

1. DÔME n. m. (ital. *duomo,* du lat. *domus,* maison, puis maison de Dieu). Nom donné à certaines cathédrales italiennes : *Le dôme de Milan.*

2. DÔME n. m. (anc. provenç. *doma,* du gr. *dôma,* maison). 1. Couverture d'un grand édifice, soit constituée par l'extrados d'une coupole, soit supportée au-dessus de celle-ci par l'intermédiaire d'une charpente ; toit galbé de plan centré, à versant continu ou à pans. — 2. Ce qui offre l'aspect d'un dôme : *Le dôme d'une pendule.* — 3. Litt. *Dôme de verdure, de feuillage,* voûte formée par les branchages. • **Anat.** Terme désignant certaines portions d'organes, en raison de leur forme *(dôme vésical, dôme pleural).* — **Géol.** Pli antiforme sans allongement. ‖ *Dôme de sel,* variété de diapir correspondant à un bombement topographique en coupole, produit par la montée de matériaux plastiques de type évaporitique. (Les dômes de sel constituent souvent des pièges pour hydrocarbures. Ils peuvent être utilisés pour la création de cavernes de stockage artificiel.) — **Mar.** À bord des navires de guerre, carcasse formant voûte au-dessus des panneaux de descente, et permettant de disposer un capot pour le temps de pluie. — **Mobil.** *Dôme de silence,* rondelle insonorisante que l'on fixe sous les pieds des sièges. — **Sell.** et **Maroq.** Accessoire métallique destiné à protéger des frottements le fond d'un sac, d'une valise, etc. — **Therm.** Partie supérieure d'un four à réverbère. ‖ *Dôme (de prise) de vapeur,* capacité formant saillie, à la partie supérieure d'une chaudière et destinée à éloigner la prise de vapeur de la surface de l'eau en ébullition.

DÔME *(monts)* ou **CHAÎNE DES PUYS,** groupe de volcans éteints d'Auvergne (Puy-de-Dôme), s'allongeant du N. au S. au-dessus de la Limagne ; 1 465 m au *Puy de Dôme.*

DOMELA (Caesar Domela NIEUWENHUIS, dit **César**), peintre et sculpteur néerlandais, naturalisé français (Amsterdam 1900 - Paris 1992). Membre du Stijl en 1925, il s'écarte de la rigueur de Mondrian pour élaborer en 1929 ses premiers *Reliefs* en matériaux divers, dans lesquels la courbe et la couleur sont des éléments dynamiques.

DOMÈNE (38420), ch.-l. de cant. de l'Isère, à 9 km à l'E. de Grenoble ; 5 801 hab. *(Doménois).* Métallurgie. Papeterie.

DOMENICO da Cortona → BOCCADOR (le).

DOMENICO da Ferrara ou **da Piacenza,** en fr. **Dominique de Ferrare** ou **de Plaisance,** théoricien de la danse italien († v. 1462), auteur du premier traité technique d'art chorégraphique, *De arte saltandi et choreas dicendi,* dont le manuscrit est à la Bibliothèque nationale de Paris.

DOMENICO VENEZIANO (Domenico DI BARTOLOMEO, dit), peintre italien (Venise ? début du XVe s. - Florence 1461). Son art, qui fusionne gothique tardif et innovations de la Renaissance, affirme, à Florence, un sens nouveau de la couleur, légère et claire, et une conception plus aérée de l'espace (*Vierge avec quatre saints* du retable de S. Lucia dei Magnoli, v. 1445, Offices).

DOMÉRAT (03410), ch.-l. de cant. de l'Allier, à 5 km à l'O.-N.-O. de Montluçon ; 8 945 hab. Église en partie romane.

DOMERGUE (François Urbain), grammairien français (Aubagne 1745 - Paris 1810). Dans ses grammaires, il a voulu interpréter l'usage d'après les règles de la raison.

DOMÉRIEN n. m. (de *monte Domaro,* n. pr.). Étage de la partie inférieure du système jurassique (lias).

Domesday Book *(Livre du Jugement dernier),* recueil cadastral donnant la situation de toutes les terres anglaises à la fin du XIe s. Réalisé sur l'ordre de Guillaume le Conquérant, il devait permettre l'établissement des droits fiscaux.

DOMESTICABLE adj. Se dit d'un animal qui peut être domestiqué.

DOMESTICATION n. f. 1. Transformation d'une espèce sauvage en espèce soumise à une exploitation par l'homme, en vue de lui fournir des produits ou des services ; fait d'être domestique. (→ *encycl.*) — **2.** Mise au service de l'homme de qqch : *Domestication de l'énergie nucléaire.*

ENCYCL. On connaît mal les conditions initiales de la domestication, de même que l'origine des espèces domestiquées les plus courantes (chien, bœuf, cheval). Le chat domestique paraît avoir une origine méditerranéenne mais on ignore celle du chien. Les ruminants sont peut-être les animaux qui ont été le plus anciennement et le plus facilement domestiqués pour le trait et pour la viande : le bœuf est utilisé dans le monde entier, le buffle depuis les Balkans jusqu'en Asie, le yack au Tibet. Les moutons et les chèvres ont une origine asiatique ou moyen-orientale. Le renne reste encore à demi sauvage. Le chameau, le dromadaire sont domestiques dans les steppes asiatiques et africaines, le lama dans les Andes. La domestication de l'âne a précédé celle du cheval. L'éléphant d'Asie a été domestiqué, mais pas celui d'Afrique. La poule, oiseau domestique le plus répandu, est sans doute originaire de l'Asie méridionale. Le dindon vient d'Amérique, la pintade d'Afrique. L'abeille et le ver à soie sont les insectes domestiques les plus communs.

DOMESTICITÉ n. f. (bas lat. *domesticitas, -atis,* vie commune). 1. *Vx.* Condition, état de domestique. — **2.** Ensemble des domestiques d'une maison. — **3.** État de l'animal qu'on a domestiqué.

DOMESTIQUE adj. (lat. *domesticus*). 1. *Litt.* Qui concerne la famille, la vie privée ; familial : *Les querelles domestiques.* — **2.** Qui concerne l'administration du ménage : *Travaux domestiques.* — **3.** Qui concerne le pays que l'on habite par oppos. à l'étranger : *Le marché domestique.* — **4.** Se dit, par oppos. à *sauvage,* d'un animal qui vit dans l'entourage de l'homme et qui a été dressé à des degrés divers d'obéissance selon les espèces, en vue d'obtenir une production, un service ou un agrément. — **5.** *Dieux domestiques,* les dieux qui présidaient à la garde de la maison chez les Romains. ‖ *Personnel domestique,* personnel au service, aux gages d'une maison. (Syn. GENS DE MAISON.) ‖ *Tribunal domestique,* tribunal de famille à qui les lois romaines attribuaient certaines affaires. ‖ *Tyran domestique,* mari (femme), père (mère) autoritaire à l'excès.

◆ n. 1. Personne employée pour le service, l'entretien d'une maison, d'un établissement (terme vieilli remplacé auj. par EMPLOYÉ DE MAISON, GENS DE MAISON). — **2.** *Péjor.* Personne aux ordres de qqn ; valet, larbin : *Je ne suis pas votre domestique.* — **3.** Chef militaire byzantin commandant un régiment de la garde impériale. (Le *domestique des murs* était le chef de la défense de Constantinople ; le *domestique des optimates* était le stratège le plus ancien d'Asie ; le *domestique des jeux* était l'intendant des jeux publics.)

DOMESTIQUER v. t. (conj. 3). **1.** Rendre domestique un animal sauvage ; apprivoiser. — **2.** *Litt.* Asservir qqn, le mettre sous sa domination : *Domestiquer un peuple.* — **3.** Utiliser une force naturelle pour la production d'énergie : *Domestiquer l'énergie solaire, le vent.*

DOMFRONT (61700), ch.-l. de cant. de l'ouest de l'Orne ; 4 503 hab. *(Domfrontais).* Vestiges féodaux. Église N.-D.-sur-l'Eau, du XIe s. Industrie laitière. Électroménager. — Aux environs, nombreux manoirs.

DOMICAL, E, AUX adj. *Voûte domicale,* syn. de VOÛTE BOMBÉE.

DOMICILE n. m. (lat. *domicilium,* habitation). **1.** Lieu où qqn habite en permanence ou de façon habituelle ; résidence : *Changer de domicile.* — **2.** En astrologie, maison solaire ou lunaire des sept astres qui accomplissent au moins une révolution dans la durée moyenne d'une vie humaine. — **3.** *À domicile,* au lieu où habite qqn, chez lui : *Travailler à domicile.* ‖ *Certificat de domicile,* attestation qu'on habite en un lieu donné. ‖ *Domicile conjugal,* ancienne dénomination de la RÉSIDENCE* DE LA FAMILLE. ‖ *Domicile de droit,* domicile assigné par la loi à certaines personnes, soit en raison de leurs fonctions, soit en raison de leur capacité juridique réduite (mineur non émancipé, incapable). ‖ *Domicile fiscal,* lieu où est imposé le contribuable. ‖ *Domicile légal,* lieu où la loi présume qu'une personne se trouve pour l'exercice de ses droits et l'accomplissement de ses devoirs. ‖ *Domicile matrimonial,* lieu où peut être célébré le mariage (commune où l'un des deux époux a établi son domicile ou sa résidence pour un mois au moins d'habitation). ‖ *Élection de domicile,* indication d'un domicile *(domicile élu)* soit par une convention, soit par une loi, pour l'exécution d'un acte ou en vue d'un procès. ‖ *Sans domicile (fixe),* qui n'a pas d'adresse officielle, qui va d'un lieu à un autre.

DOMICILIAIRE adj. (de *domicile*). Se dit d'une visite qui est faite par autorité de justice au domicile de qqn.

DOMICILIATAIRE n. m. Tiers au domicile duquel est payable une lettre de change ou un chèque.

DOMICILIATION n. f. (de *domicilier*). **1.** Lieu choisi pour le paiement d'un effet de commerce, généralement chez le banquier du tiré. (La plupart des entreprises domicilient chez leur banquier les traites qu'elles ont acceptées ; le banquier les règle au moment de leur échéance, débite le compte de son client et lui remet les traites acquittées, avec un bordereau d'accompagnement.) — **2.** Lieu où est assuré le service financier d'une société (paiement des dividendes, opérations sur titres).

DOMICILIER v. t. (conj. 9). **1.** Faire savoir à l'administration que qqn a tel domicile légal : *Se faire domicilier chez un oncle.* — **2.** Rendre payable un effet de commerce au domicile d'un tiers, généralement le banquier du tiré ; choisir un banquier pour effectuer le service financier d'une société en assurant toutes les opérations sur ses titres.

DOMIFICATION n. f. (lat. *domus,* maison). Mise en place des douze maisons sur le thème astrologique de naissance d'un individu.

DOMINANCE n. f. Fait pour qqch de dominer dans un ensemble : *La dominance des rouges dans ce tableau.* • **Écon.** Inégalité dans les rapports entre des agents économiques, exprimant une situation de dépendance pour l'agent dominé. — **Éthol.** *Dominance sociale,* position relative de deux individus résultant de l'établissement d'une hiérarchie sociale dans le groupe. (Elle est fondée sur l'établissement des rapports de force à la suite de situations agressives.) — **Génét.** Relation entre des gènes allèles se traduisant par un effet d'interaction. (Lorsqu'on a, à un même locus, deux allèles, A et *a,* 3 génotypes sont possibles : AA, A*a* et *aa.* Il y a dominance si les deux premiers génotypes ont le même phénotype : le gène A est alors dit dominant, le gène *a* récessif.) ‖ *Dominance partielle* ou *incomplète,* syn. de SEMI-DOMINANCE. — **Neurol.** *Dominance cérébrale,* propriété caractéristique du cerveau humain selon laquelle, chez les sujets droitiers, l'hémisphère gauche, spécialisé pour la fonction langage, dominerait l'hémisphère droit. (Actuellement, cette notion évolue dans le sens d'une inégale capacité de chaque hémisphère à assurer les mécanismes du langage.) — **Physiol.** Dissymétrie fonctionnelle entre deux organes pairs, dont l'un acquiert une supériorité sur l'autre. (L'origine de la dominance peut être cérébrale ou acquise.)

DOMINANT, E adj. **1.** Qui a la prépondérance par l'influence, le nombre, l'étendue ; prépondérant : *L'idéologie dominante dans un pays.* – **2.** Qui joue le principal rôle, qui domine parmi d'autres : *Les traits dominants de son caractère.* – **3.** *Position dominante,* qui surplombe, qui domine tout autour ; qui domine les autres, exerce une influence prépondérante. • **Biol.** *Caractère dominant,* caractère phénotypique (visible sur l'individu) déterminé par un gène. (Contr. RÉCESSIF.) [→ *encycl.*] – **Probab.** *Valeur dominante d'une variable aléatoire,* valeur pour laquelle la probabilité (variable discrète) ou la densité de probabilité (variable continue) a un maximum. (Syn. MODE.) – **Stat.** *Valeur dominante,* mode d'une distribution, lorsqu'il est unique.

◆ n. En éthologie, individu occupant une position de dominance sociale.

◆ **dominante** n. f. Trait caractéristique, aspect prépondérant, qui domine dans qqch : *La dominante bleue des vitraux de Chartres.* • **Enseign.** Option principale d'un cursus universitaire. – **Mus.** Dans un système modal ou tonal, note la plus importante dans la structure de la gamme après la tonique ou finale. ‖ *Septième de dominante,* accord majeur composé de trois tierces superposées. – **Parfum.** Note olfactive dominante d'une préparation. – **Phot.** *Dominante colorée,* tonalité affectant un phototype polychrome.

ENCYCL. **Biol.** Le *caractère dominant* se manifeste chez un individu si celui-ci est hétérozygote pour le gène déterminant le caractère considéré, et à plus forte raison s'il est homozygote. La transmission héréditaire de ce caractère est régie par les lois suivantes :

1° Un individu hétérozygote n'est atteint d'une maladie héréditaire dominante que si l'un de ses ascendants directs (son père ou sa mère) est atteint de la même maladie.

2° Ce même malade transmettra la maladie à la moitié de ses enfants.

3° Si un descendant d'un malade est lui-même

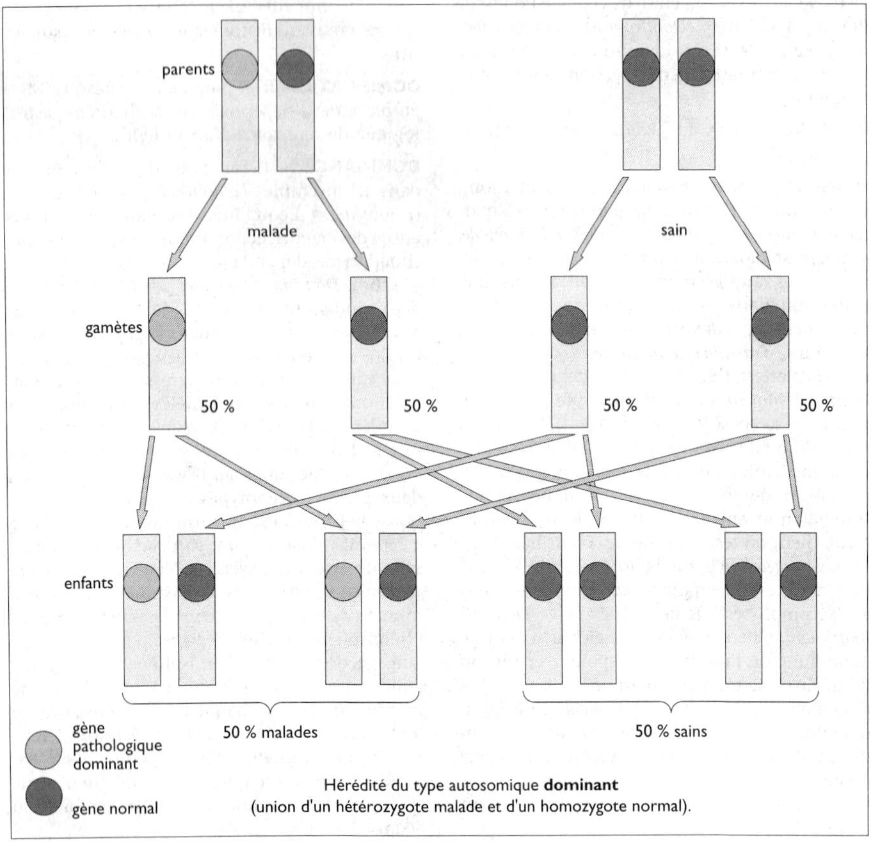

Hérédité du type autosomique **dominant**
(union d'un hétérozygote malade et d'un homozygote normal).

sain, c'est la preuve qu'il ne porte pas le gène responsable de la maladie et sa descendance sera saine.
Dans la majorité des cas, on parle de *caractères autosomiques dominants.* Le sexe des individus n'est pas en cause, mais il existe pourtant quelques exemples de caractères dominants liés au sexe.

DOMINATEUR, TRICE adj. (lat. *dominator, -trix*). **1.** *Litt.* Qui domine, qui détient le pouvoir, l'autorité, la propriété : *Un peuple dominateur des mers.* — **2.** Qui cherche à dominer autrui, qui a ou révèle un caractère autoritaire : *Un esprit dominateur.*
◆ n. *Litt.* **1.** Personne, peuple ou puissance qui exerce un empire souverain. — **2.** Personne qui aime à dominer autrui.

DOMINATION n. f. (lat. *dominatio, -onis*). **1.** Action de dominer, d'exercer son autorité ou son influence sur le plan politique, moral, etc. ; autorité, empire : *Subir la domination de ses passions.* — **2.** Fait pour un concurrent, un adversaire, une équipe, etc., de dominer l'autre. — **3.** Pour les hégéliens, rapport du maître à l'esclave ; pour les marxistes, exploitation et oppression d'une classe sur une autre. — **4.** *Effet de domination,* influence dissymétrique et irréversible exercée par une unité économique sur une autre.
◆ **dominations** n. f. pl. Premier ordre de la deuxième hiérarchie des anges.

DOMINÉ (Marc Edmond), officier français (Vitry-le-François 1848 - Vertus 1921). Il s'illustra au Tonkin, dans la défense de Tuyên Quang contre les Chinois (1885).

DOMINER v. t. (lat. *dominari*) [conj. 3]. **1.** Être le maître d'un territoire, exercer sur lui sa souveraineté pleine et entière : *Tenter de dominer l'Europe.* — **2.** Exercer sur qqn un ascendant, une influence, lui imposer sa volonté : *Paul dominait sa femme.* — **3.** Surclasser un concurrent, un adversaire, lui être supérieur ; surpasser. — **4.** Maîtriser un sentiment ; contrôler : *Dominer sa colère.* — **5.** En parlant d'un sentiment, avoir envahi qqn et influencer fortement son comportement : *Sa passion le dominait.* — **6.** Surplomber qqch, être dans une position plus élevée : *Le château domine le village.* — **7.** Être plus grand que qqn (de tant) : *Il dominait tous ses voisins d'une tête.* — **8.** Avoir plus de force ou d'intensité que le reste : *Sa voix dominait le tumulte.* — **9.** Avoir une connaissance approfondie d'un sujet, d'une question, pouvoir les traiter avec aisance. — **10.** *Dominer la situation,* l'avoir bien en main, en être maître.
◆ v. i. En parlant de qqch, être le plus important qqpart, chez qqn : *L'ambition domine chez lui.*
◆ **se dominer** v. pr. Être maître de ses réactions ; se maîtriser : *Fou de colère, il ne se dominait plus.*

DOMINGO (Plácido), ténor espagnol (Madrid 1941). Artiste complet, il chante aussi bien Händel que Mozart, Verdi ou Wagner.

1. DOMINICAIN, E n. (lat. *Dominicus,* Dominique). Religieux, religieuse de l'ordre de Saint-Dominique. (→ *encycl.*)
◆ adj. Relatif aux dominicains.
◆ **dominicain** n. m. Oiseau fringillidé brésilien, voisin du cardinal.
◆ **dominicaine** n. f. Oiseau plocéidé africain du groupe des veuves.
ENCYCL. **Hist.** L'ordre des Dominicains a été fondé en 1215 par saint Dominique, de qui il prit ce nom (le nom officiel est *Frères prêcheurs*), et confirmé en 1216 par Honorius III. Dès l'origine, l'ordre se donna une constitution démocratique et orienta son apostolat vers la prédication. D'où l'importance très vite donnée à la science religieuse et aux études universitaires. Répandus, dès la fin du XIIIe s., dans toute l'Europe (on compte 600 couvents en 1300), les dominicains ont fourni à l'Église quelques-uns de ses plus grands docteurs, dont saint Thomas d'Aquin. Leur zèle convertisseur les fit désigner par les papes comme responsables et animateurs de l'Inquisition. Supprimés en France, où on les appelait *jacobins,* en 1792, les dominicains y furent reconstitués en 1839 par Lacordaire.
La famille dominicaine comporte également : des moniales cloîtrées et contemplatives ; des tertiaires régulières, qui sont généralement enseignantes ; des tertiaires séculiers, hommes et femmes.

2. DOMINICAIN, E adj. et n. (de *Saint-Dominique,* trad. de *San Domingo,* Saint-Domingue). De la République Dominicaine.

DOMINICAINE *(République),* en esp. **República Dominicana,** État des Antilles, occupant la partie orientale de l'île d'Haïti; 48 400 km^2 ; 8 millions d'hab. *(Dominicains).* CAP. *Saint-Domingue.* LANGUE : espagnol. MONNAIE : *peso dominicain.*

Géographie. Malgré un relief contrasté, où les hauteurs (culminant à 3 175 m dans la Cordillère centrale) alternent avec les dépressions intérieures, le pays est assez densément peuplé. Il demeure à dominante agricole. Le climat tropical (chaleur constante, pluies de juin à décembre) explique l'importance des plantations (canne à sucre surtout, base des exportations, puis cacao, café, tabac), souvent dans le cadre des grandes propriétés. Les nombreuses petites exploitations privilégient les cultures vivrières (manioc, patate, s'ajoutant au riz et au maïs) ; l'élevage bovin laisse des excédents exportables. Malgré la création de zones franches industrielles et la présence de minerais (bauxite, nickel, or), l'industrie est pratiquement limitée à l'agroalimentaire (sucreries surtout). Le tourisme est actif. Le fort accroissement démographique accélère l'exode rural. Bien que l'agriculture occupe la moitié de la population active, près de 60 % de la population sont urbanisés. Mais l'agglomération de Saint-Domingue concentre à elle seule presque le quart de la population dominicaine. Par ailleurs, le pays est lourdement endetté.

Histoire.

1492 : Colomb atteint l'île d'Haïti, qu'il baptise Hispaniola.

La colonisation espagnole entraîne la disparition des populations autochtones (Indiens Arawaks).

1697 : Au traité de Ryswick, l'île est partagée entre la France (dont la colonie est appelée Haïti) et l'Espagne.

1795 : La colonie espagnole est cédée à la France.

1809 : Les Dominicains se libèrent des troupes françaises.

1822 : L'ensemble de l'île passe sous domination haïtienne.

1844 : Proclamation de la république.

1861 : La République Dominicaine retourne sous la domination de l'Espagne.

1865 : Elle accède définitivement à l'indépendance.

La vie politique du pays est alors marquée par de nombreux coups d'État militaires.

1916-1924 : Occupation militaire du pays par les États-Unis, qui facilitent l'arrivée au pouvoir de Rafael Trujillo.

1930 : Trujillo établit un régime dictatorial. Après l'assassinat de Trujillo (1961), le chef du parti révolutionnaire, Juan Bosch, est élu président (1962), mais il est déposé l'année suivante.

1965 : Nouvelle intervention des États-Unis. À partir de 1966, les conservateurs sont au pouvoir, avec le président Joaquín Balaguer, appuyé par l'armée.

1978 : Le retour à la démocratie représentative est suivi par l'arrivée de la gauche à la présidence.

1986-1996 : Revenu à la tête de l'État, J. Balaguer exerce un pouvoir fort.

DOMINICAL, E, AUX adj. (bas lat. *dominicalis,* de *Dominus,* Seigneur). 1. Relatif au Seigneur. — 2. Relatif au dimanche, jour de congé : *Le repos dominical.* — 3. *Lettre dominicale,* lettre de l'alphabet, de A à G, affectée à une année et indiquant le jour de la semaine par lequel commence cette année. ‖ *Oraison dominicale,* le « Notre Père ».

DOMINION [dɔminjɔ ou -njɔ̃n] n. m. (angl. *dominion*). Nom donné aux États indépendants membres du Commonwealth.

ENCYCL. À l'origine, le mot s'appliquait à tout territoire reconnaissant la souveraineté britannique. Lorsque ces territoires accédèrent à l'autonomie (Canada, 1867 ; Australie, Nouvelle-Zélande, 1900 ; etc.), ils prirent le nom de « dominions autonomes ». Ils conservèrent le nom de dominions lorsqu'ils furent reconnus comme États indépendants et souverains (1931). La plupart appartiennent aujourd'hui au Commonwealth.

DOMINIQUE (la), en angl. **Dominica,** île volcanique (culminant à 1 447 m) et État des Petites Antilles (Windward Islands), entre la Martinique et la Guadeloupe ; 751 km^2 ; 71 000 hab. Cap. *Roseau.* Langue officielle *anglais.* Exportations de fruits tropicaux (bananes, agrumes).

— **Hist.** Les Anglais occupèrent l'île en 1759 et l'annexèrent en 1763 (traité de Paris). En 1978, elle accéda à l'indépendance dans le cadre du Commonwealth.

DOMINIQUE *(saint),* fondateur de l'ordre des Frères prêcheurs (Caleruega, prov. de Burgos, v. 1170 - Bologne 1221). Chanoine régulier, il se voua, dès 1203, à la conversion des cathares ou albigeois dans le midi de la France ; en 1215, il fonda, à Toulouse, l'ordre des Frères prêcheurs (ou dominicains*) qui fut reconnu par Rome en 1216. Partageant sa vie entre la prédication et l'organisation de son ordre, Dominique le dota (1220) de constitutions adaptées à sa vocation missionnaire et prédicante et inspirée par l'idéal démocratique qui animait alors les communes, les corporations et les universités. Canonisé en 1234.

Dominique, roman d'Eugène Fromentin (1863), qui mêle l'autobiographie à l'analyse psychologique sur le thème de l'impossible amour.

DOMINIQUE FLORENTIN → DEL BARBIERE (Domenico).

DOMINIQUIN (Domenico ZAMPIERI, dit **il Domenichino,** en fr. **le**), peintre italien (Bologne 1581 - Naples 1641). Élève et collaborateur des Carrache, il a donné d'importantes décorations à fresque (chapelle S. Nilo de l'abbaye de Grottaferrata, 1608-1610) et des tableaux (*la Dernière Communion de saint Jérôme,* 1614, Vatican ; *la Chasse de Diane,* 1616, galerie Borghèse) qui allient rigueur et élégance.

1. DOMINO n. m. (p.-ê. lat. *Benedicamus Domino,* bénissons le Seigneur). 1. Vêtement flottant, avec capuchon, porté dans les bals masqués. — 2. Personne qui porte un domino.

2. DOMINO n. m. (de *domino 1*). 1. Chacune des pièces du jeu de domino, constituée par un rectangle plat dont le dessous est noir et dont le dessus blanc est divisé en deux parties marquées de points (de 0 à 6). — 2. Le jeu lui-même. — 3. Bloc de jonction ou de dérivation électrique ayant l'aspect d'un domino. — **4.** *Couple domino,* couple constitué d'un individu noir et d'un individu blanc. ‖ *Effet (de) domino,* réaction en chaîne entraînant une suite de catastrophes (pays passant dans le camp ennemi, faillites bancaires, etc.). ‖ *Faire domino,* gagner la partie en se débarrassant de son dernier domino.

◆ **dominos** n. m. pl. **1.** Jeu constitué de 28 dominos, que l'on doit assembler selon certaines règles. — **2.** *Théorie des dominos,* théorie américaine selon laquelle un manque de fermeté ayant entraîné le passage au communisme d'un État a pour conséquence la même évolution politique des États voisins.

DOMINO (Antoine, dit **Fats**), chanteur, compositeur et chef d'orchestre américain (La Nouvelle-Orléans 1928). Avec Bo Didley et Chuck Berry, il fut un des précurseurs du rock and roll noir. Son style est hérité du blues et du boogie.

DOMINOTERIE n. f. Fabrication et commerce de papiers marbrés et coloriés, qui servaient notamment à certains jeux de société ; ces papiers eux-mêmes.

DOMINOTIER, ÈRE n. (de *domino 2*). **1.** Artisan qui fabriquait de la dominoterie. — **2.** Nom donné autrefois aux graveurs sur bois, aux éditeurs d'images populaires coloriées au moyen de patrons.

DOMITIEN, en lat. **Titus Flavius Domitianus** (Rome 51 apr. J.-C. - *id.* 96), empereur romain de la famille des Flaviens (81-96). Fils de Vespasien et frère cadet de Titus, il succède à celui-ci. Bon administrateur, il réorganise le Conseil impérial, les bureaux centraux de correspondance et de finances où il fait entrer des chevaliers et contrôle strictement la gestion des provinces. Son action est gênée par des ressources financières insuffisantes alors que se multiplient les jeux publics, les chantiers de construction et les guerres aux frontières. Rome, dévastée par les incendies de 64 et 80, est reconstruite. On élève l'arc de Titus, le temple de la Gens Flavia, l'Odéon et le Stade ; l'amphithéâtre Flavien, ou Colisée, est alors achevé.
Les campagnes d'Agricola, au nord de la Bretagne, matent les Calédoniens (82-84). Sur le Danube, contre les Sarmates et les Daces unifiés par Décébale, la guerre dure de 84 à 92. Le succès obtenu, la frontière danubienne, puis, en 89, la région romanisée entre Rhin et Danube (champs Décumates) sont défendues par un nouveau *limes* fortifié.
Le régime impérial devient rapidement absolutiste. L'opposition des sénateurs, victimes de nombreuses condamnations, provoque l'instauration progressive d'un régime de terreur. Après la révolte des légions de Germanie supérieure et l'usurpation de leur chef, Lucius Antonius Saturninus, soutenu à Rome par de nombreux membres de l'aristocratie (88-89), la répression frappe les sénateurs, les philosophes, les juifs et les chrétiens, l'entourage même de l'empereur. Le 18 sept. 96, un complot, dont l'impératrice est complice, met fin aux jours de Domitien, remplacé par Nerva.

DOMITIUS AHENOBARBUS (Cneius), consul en 32 apr. J.-C. et proconsul de Sicile. Il fut le père de Néron.

DOMITIUS CORBULO (Cneius), général romain († Cenchrées, près de Corinthe, 67 apr. J.-C.). Commandant en Germanie (47), puis en Arménie, il imposa la paix au roi Vologèse (58-59). À l'annonce de sa condamnation par Néron, il se tua.

Dom Juan ou le Festin de pierre, comédie de Molière, en 5 actes et en prose (1665). Ayant trouvé la source de son sujet dans les œuvres des imitateurs français et italiens de Tirso de Molina, Molière y approfondit le caractère de Dom Juan, que dominent le cynisme, l'orgueil, le goût du défi. « Grand seigneur méchant homme », il va jusqu'à voir en Dieu le seul adversaire digne de lui, posant ainsi le problème de l'athéisme.

DOMMAGE n. m. (anc. fr. *damage,* de *dam,* dommage). **1.** Préjudice porté à qqn (corporellement ou moralement), à ses biens par le fait d'un tiers : *Quiconque cause un dommage à autrui doit le réparer.* — **2.** Dégât matériel causé à qqch : *La grêle a causé des dommages aux vignobles.* — **3.** *C'est dommage, quel dommage,* ou *dommage (que),* c'est fâcheux, regrettable : *C'est dommage d'abattre ces arbres.* ‖ *Dommage !,* marque le regret ; tant pis.

◆ **dommages** n. m. pl. *Dommages et intérêts* (ou *dommages-intérêts*), indemnité pécuniaire destinée à réparer un préjudice corporel, matériel ou moral. ‖ *Dommages de guerre,* préjudices matériels subis par les particuliers ou les États du fait des opérations de guerre et susceptibles d'une réparation ; l'indemnité perçue en réparation pour ces dommages.

DOMMAGEABLE adj. Qui cause un dommage ; préjudiciable, nuisible : *Erreur dommageable aux intérêts de l'entreprise.*

DOMME (24250), ch.-l. de cant. de la Dordogne, dans le sud du Périgord, au-dessus de la Dordogne ; 1032 hab. *(Dommois).* Bastide fortifiée du XIIIe s.

DOMNUS ou **DONUS** († Rome 678), pape de 676 à 678.

DOMODEDOVO, v. de Russie, au S. de Moscou ; 36 000 hab. Aéroport.

DOMODOSSOLA, v. d'Italie, dans le Piémont, dans le val d'Ossola ; 20 000 hab. À la sortie du tunnel du Simplon, Domodossola est une station de transit international sur la ligne Lausanne-Milan.

DOMONT (95330), ch.-l. de cant. du Val-d'Oise, au N.-E. de la forêt de Montmorency ; 13 341 hab. *(Domontois)*. Église avec chœur du XIIe s.

Domostroï (le « Ménagier »), recueil d'usages domestiques russes du XVIe s., qui donne à la petite noblesse et à la bourgeoisie naissante des règles de la vie familiale et sociale, et qui révèle l'archaïsme de la société moscovite du XVIe s.

DOMOTIQUE n. f. (du lat. *domus*, maison, et *informatique*). Ensemble des techniques visant à intégrer à l'habitat tous les automatismes en matière de sécurité, de gestion de l'énergie, de communication, etc.
◆ **adj.** Qui concerne la domotique.

DOMPIERRE-SUR-BESBRE (03290), ch.-l. de cant. de l'Allier, à 31 km à l'E. de Moulins ; 3 854 hab. Constructions mécaniques.

DOMPIERRE-SUR-MER (17139), comm. de la Charente-Maritime, à 8 km à l'E.-N.-E. de La Rochelle ; 3 643 hab.

DOMPTABLE [dɔ̃tabl ou, fam., dɔ̃ptabl] adj. Qui peut être dompté.

DOMPTAGE [dɔ̃taʒ ou, fam., dɔ̃ptaʒ] n. m. Action de dompter un animal, de le dresser.

DOMPTER [dɔ̃te ou, fam., dɔ̃pte] v. t. (lat. *domitare*) [conj. 3]. **1.** Réduire un animal à l'obéissance par des méthodes de conditionnement et par la force, le dresser : *Dompter des tigres.* – **2.** *Litt.* Soumettre de force un peuple à une autorité. – **3.** *Litt.* Réduire qqn à l'obéissance, maîtriser, dominer son action : *Dompter une révolte.* – **4.** *Litt.* Rendre les forces naturelles inoffensives ou utilisables par l'homme : *Dompter les eaux du fleuve.* – **5.** *Litt.* Briser l'ardeur d'un sentiment, le discipliner, le maîtriser : *Dompter ses passions.*

DOMPTEUR, EUSE [dɔ̃tœr, -øz ou, fam., dɔ̃pt-] n. Personne présentant dans un cirque des fauves dressés à exécuter quelques tours.

DOMPTE-VENIN [dɔ̃t-] n. m. inv. Asclépiadacée vivace à petites fleurs blanchâtres, naguère tenue pour antivenimeuse.

DOMRÉMY-LA-PUCELLE (88630), comm. des Vosges, sur la Meuse ; 190 hab. Maison natale de Jeanne d'Arc ; petit musée.

DOMS ou **DOMBAS,** population du Bihār et du Bengale (Inde).

D. O. M.-T. O. M. n. m. pl. Abrév. de DÉPARTEMENTS* ET TERRITOIRES* D'OUTRE-MER, considérés comme un tout.

Domus Augustana, résidence impériale construite par Domitien sur le Palatin, près de la Domus Augusti, dite aussi *Domus Flaira.*

Domus Augusti, ensemble d'immeubles situés sur la pente sud du Palatin, qui formèrent la résidence du premier empereur. La maison dite « maison de Livie » et, plus au sud, les appartements sur la pente dominant le grand cirque ont livré des peintures murales (30 - 15 av. J.-C.) ainsi que des mosaïques.

Domus aurea (« Maison dorée »), ensemble de palais et de jardins construits par Néron, sur l'Esquilin, à Rome. Les salles étaient décorées de fresques, où la Renaissance prit le modèle des grotesques.

1. DON n. m. (lat. *donum*). **1.** Action de donner, de céder qqch que l'on possède et, en partic., action de donner de l'argent à qqn, à une institution, une œuvre ; chose ou somme ainsi donnée, cadeau : *Un don de mille francs.* – **2.** *Litt.* Bienfait, faveur : *Ces fruits magnifiques sont un don de la nature.* – **3.** Talent, disposition, qualité de qqn, que l'on considère comme innés, naturels : *Avoir un don pour la musique.* – **4.** *Avoir le don de,* réussir tout particulièrement à qqch, avoir l'art de faire qqch (souvent ironiq.) : *Cet enfant a le don de m'exaspérer.* ‖ *Don de soi, de sa personne,* dévouement total, abnégation. ‖ *Faire don de qqch à qqn,* le lui donner. • **Dr.** Donation à une personne morale. ‖ *Don manuel,* donation, faite de la main à la main, d'un meuble corporel. – **Hist.** *Don gratuit,* sous l'Ancien Régime, contribution financière accordée au roi par les assemblées générales du clergé de France et par les états provinciaux. – **Méd.** *Don du sang,* action d'offrir son sang en vue d'une utilisation médicale. (→ *encycl.*) – **Relig.** *Don des langues,* manifestation de glossolalie. ‖ *Saints dons,* dans l'Église orthodoxe, le pain et le vin, soit avant, soit après leur consécration. – **Théol.** *Dons du Saint-Esprit,* dispositions mises par Dieu en l'homme pour lui permettre de vivre pleinement la vie chrétienne (la sagesse, l'intelligence, la science, le conseil, la force, la piété, la crainte de Dieu). – **Trad. pop.** Pouvoir extraordinaire accordé par une fée à un enfant qui vient de naître.

ENCYCL. **Méd.** *Don du sang.* La fréquence des prélèvements de sang ne doit pas être supérieure à 5 fois par an pour les hommes et 3 fois par an pour les femmes, l'intervalle entre deux prélèvements étant au moins égal à 2 mois. La quantité de sang recueilli à l'occasion de chaque prélèvement ne doit pas être supérieure à 400 ml, non compris les échantillons nécessaires à diverses analyses (détermination du groupe sanguin, recherche des anticorps anti-LAV du sida, etc.).

2. DON n. m. (esp. *don,* du lat. *dominus,* maître). En Espagne, titre d'honneur donné à tous les hommes. (Employé uniquement devant le prénom et signifiant *monsieur,* il était réservé au Moyen Âge aux nobles. Le mot portugais correspondant est *dom.*)

DON, fl. de Russie, long de 1 870 km (bassin de 422 000 km²) qui traverse le sud de la grande plaine russe et rejoint la mer d'Azov. Des barrages améliorent la navigation, intense surtout dans le cours inférieur (limite sud-orientale du *Donbass*). Le Don est relié à la Volga par un canal.

Don paisible *(le),* roman de Cholokhov (1928-1940) qui évoque la vie des cosaques avant et pendant la Révolution.

DOÑA [dɔnja] n. f. (esp. *doña,* dame, du lat. *domina*). En Espagne, titre d'honneur donné à toutes les femmes mariées ou veuves. (Employé uniquement devant le prénom et signifiant *madame,* il était réservé au Moyen Âge aux femmes nobles.)

DONACIE n. f. (gr. *donaks,* roseau). Chrysomèle des plantes aquatiques, dont la larve, submergée, puise son oxygène dans les tissus de ces plantes, dont elle se nourrit. (L'adulte a des reflets métalliques.)

DONAT, dit **Donat de Carthage,** évêque de Carthage (vers 270 - en Gaule ou en Espagne v. 355). En refusant de reconnaître la valeur des sacrements administrés par des évêques indignes ou jugés tels par lui, il ouvrit le schisme dit des donatistes. Condamné par Rome, Donat fut exilé par Constantin.

DONAT, en lat. **Aelius Donatus,** grammairien latin (IVᵉ s. apr. J.-C.). Maître de saint Jérôme, il est l'auteur de grammaires qui furent considérées longtemps comme des ouvrages de référence.

DONATAIRE n. (lat. *donatum,* de *donare,* donner). Personne qui reçoit une donation.

DONATELLO (Donato DI BETTO BARDI, dit), sculpteur italien (Florence 1386 - *id.* 1466). D'abord assistant de Ghiberti, il donne, à Florence, quelques-unes des œuvres essentielles du quattrocento. Il développe l'art de la perspective avec le « schiacciato », relief « écrasé » à plans successifs, en bronze (piédestal du *Saint Georges* d'Orsammichele [1416], fonts baptismaux de Sienne, maître-autel du Santo de Padoue [v. 1446-1450]), et affirme un sens de l'espace et une expressivité (*David* du palais des Médicis [v. 1430, Bargello], prophètes du campanile, dont *Habacuc,* dit *il Zuccone,* première approche du réalisme expressionniste des dernières œuvres [*Madeleine pénitente* en bois, baptistère]) qui seront, avec un classicisme peut-être appris de la Rome antique (*l'Annonciation* [1435] de S. Croce, la *Cantoria* en marbre de la cathédrale [musée de l'Œuvre], la statue équestre du *Gattamelata* à Padoue [v. 1450]), parmi les acquis majeurs de la Renaissance.

DONATEUR, TRICE n. (lat. *donator,* de *donare,* donner). **1.** Personne qui fait un don, une donation : *Monument dû à la générosité d'un donateur.* — **2.** Personne qui, faisant don d'une peinture de piété, d'un vitrail, etc., se faisait représenter sur eux (au Moyen Âge surtout).

Donath-Landsteiner *(test de),* réaction utilisée pour le diagnostic de l'hémoglobinurie froide paroxystique.

DONATI (Corso), chef de parti florentin († Florence 1308). D'une illustre famille guelfe, il forma à Florence le parti des Noirs contre la bourgeoisie dominante des Blancs, s'appuyant à la fois sur l'aristocratie et sur le peuple. Exilé en 1300, il rentra triomphalement en 1301 à Florence, où il exerça une dictature jusqu'à son renversement par un soulèvement populaire (1308).

DONATION n. f. (lat. *donatio, -onis*). **1.** Acte juridique par lequel une personne (le *donateur*) se dépouille actuellement et irrévocablement d'un bien au profit d'une autre (le *donataire*) qui accepte mais ne promet rien en échange. (On dit aussi DONATION ENTRE VIFS.) [→ *encycl.*] — **2.** Acte solennel passé devant notaire qui constate la donation. — **3.** Action de donner un bien à une institution, un organisme, etc. : *Faire une donation à un musée.* — **4.** *Donation par contrat de mariage,* donation faite par des tiers aux futurs époux, ou à l'un d'eux seulement, et figurant dans leur contrat de mariage. (Ces donations sont irrévocables.) ‖ *Donation au dernier vivant,* acte par lequel chaque époux fait donation à l'autre de la quotité disponible de biens se trouvant dans son patrimoine au jour de son décès. (Ces donations sont révocables.) ‖ *Donations entre époux,* donations faites pendant le mariage entre époux. (Elles sont révocables jusqu'à la mort du donateur.)

ENCYCL. **Dr.** La *donation entre vifs* est gratuite de par sa nature ; toutefois, elle peut être faite sous certaines charges *(donation onéreuse),* sans perdre son caractère, pourvu que ces charges ne puissent être considérées comme l'équivalent ou le prix de l'objet donné. Les donations peuvent être frappées de nullité (ex. : donations entre vifs assorties de conditions irréalisables ou contraires à la loi et aux bonnes mœurs). Elles peuvent également être révoquées : pour inexécution des charges ; pour ingratitude ; pour survenance d'enfants au donateur. Fiscalement, la donation est soumise au régime général des mutations à titre gratuit.

DONATION-PARTAGE n. f. (pl. *donations-partages*). Acte qui permet à un ascendant de réaliser immédiatement et irrévocablement le partage de ses biens entre ses descendants.

DONATISME n. m. Schisme des donatistes.

DONATISTE adj. Relatif au donatisme ; disciple de Donat de Carthage.

ENCYCL. Le schisme des donatistes troubla l'Église d'Afrique durant plus de trois siècles jusqu'à l'invasion arabe. Il apparaît comme une réaction des ruraux, plus rigoristes, contre le christianisme romain, religion des villes et des détenteurs du pouvoir et de la richesse.

DONATIVUM n. m. (mot lat.). Distribution d'argent faite aux soldats sous la République romaine, à la suite des triomphes, ou par les empereurs à l'occasion de leur avènement.

DONATONI (Franco), compositeur italien (Vérone 1927). Il est titulaire depuis 1978 de la chaire de composition de l'académie Sainte-Cécile de Rome. Ses œuvres de maturité, jusqu'en 1977 exclusivement instrumentales, développent des principes sériels tout en utilisant des procédés de hasard. Dans les plus anciennes, l'influence de Cage est assez nette. Il utilise souvent des matériaux extraits de partitions antérieures (*Solo,* 1969).

DONAU n. m. (de *Donau,* n. pr.). La plus ancienne glaciation du quaternaire.

DONAU, nom allemand du Danube.

DONAUESCHINGEN, v. d'Allemagne (Bade-Wurtemberg), à la source du Danube ; 17 600 hab. Galerie rassemblant les collections des princes de Fürstenberg, (primitifs germaniques). Centre routier et ferroviaire.

Donaueschingen *(festival de),* festival allemand de musique contemporaine. Fondé en 1921, il est célèbre par ses créations. Nombre de compositeurs, tels que Boulez, Nono, Xenakis, Berio, ont été révélés grâce à lui.

DONAX n. m. (gr. *donaks,* roseau). Nom scientifique du *flion.*

DONBASS, région industrielle d'Ukraine et de Russie, dans la boucle du Don, couvrant 60 000 km² (surtout en Ukraine). Elle est née de la richesse en charbon (environ 200 Mt par an, plus du double de la production de la Ruhr), dont la majeure partie est brûlée dans les centrales thermiques ou utilisée (sur place) par la carbochimie et surtout la sidérurgie, qui alimente une métallurgie de transformation diversifiée. Donetsk est le centre de la région, très peuplée, fortement urbanisée.

DONC [dɔ̃k, dɔ̃ qqf et seulem. après le verbe] conj. (lat. pop. *dum,* croisé avec *tunc,* alors). **1.** Marque la conclusion d'un raisonnement, la conséquence d'une assertion ; en conséquence, par suite de quoi : *J'ignore tout de la question, donc je me tais.* — **2.** Marque le retour à un point antérieur du discours ou du récit, après une digression, une interruption : *Ainsi donc, vous n'avez rien entendu ?*

◆ adv. S'emploie, après le premier terme d'une phrase interrogative, exclamative ou après une injonction, avec une valeur de renforcement : *Pourquoi donc a-t-il dit ça ?*

Don Carlos, drame historique, en 5 actes et en vers, de Schiller (1787, publié en 1801). De cette tragédie de famille, Schiller a fait un plaidoyer contre l'absolutisme et l'Inquisition personnifiés par Philippe II d'Espagne, face à l'idéal de liberté, incarné par Posa. — Il a inspiré à Verdi un opéra en 5 actes sur un livret de Méry et Aulocle (Paris, 1867 ; Milan, en italien, 1884).

DONCASTER, v. de Grande-Bretagne, au N.-E. de Sheffield ; 81 000 hab. Gisement houiller. Matériel ferroviaire. Courses de chevaux.

DONCHERY (08350), comm. des Ardennes, sur la Meuse, en aval de Sedan ; 2 366 hab. Métallurgie. Verrerie. Chimie.

DONDAINE n. f. **1.** Gros carreau d'arbalète, dont l'empenne était souvent de cuivre. — **2.** Machine de guerre du Moyen Âge, qui lançait des boulets de pierre.

DONDON n. f. (rad. onomat. *dond-* exprimant le balancement). Fam. et péjor. *Grosse dondon,* femme ou fille qui a un fort embonpoint.

DONELAÏTIS ou **DUONELAÏTIS** (Kristijonas), poète lituanien (près de Gumbinnen, auj. Goussev, Prusse-Orientale, 1714 - Tollmingkehmen 1780). Influencé par le préromantisme européen, il composa le poème *les Saisons* (1765-1775), qui inaugure la littérature nationale.

DONEN (Stanley), cinéaste américain (Columbia 1924). Danseur puis chorégraphe, il réalisa, souvent en collaboration avec Gene Kelly, plusieurs comédies célèbres, notamment : *Chantons sous la pluie* (1952) ; *les Sept Femmes de Barberousse* (1954) ; *Beau fixe sur New York* (1955) ; ainsi que *Charade* (1963) ; *Arabesque* (1966) ; *Voyage à deux* (1967) ; *l'Escalier* (1969).

DONETS, DONETZ ou **DONETS DU NORD,** riv. de Russie et d'Ukraine, affl. du Don inférieur (r. dr.) ; 1 016 km. Il borde, dans son cours inférieur, le Donbass*.

DONETSK, de 1924 à 1961 **Stalino,** anc. **Iouzovka,** v. d'Ukraine ; 1 055 000 hab. Centre administratif et principal pôle industriel du Donbass (sidérurgie et constructions mécaniques).

DÔNG n. m. Unité monétaire de la République socialiste du Viêt-nam.

DONG ou **TONG,** population de Chine du Centre et du Sud (Hunan, Guizhou, Guangxi) d'environ 1 250 000 individus, parlant une langue thaï.

DÔNG DUONG, village du Viêt-nam, au S.-O. de Thang Binh. Vestiges du plus vaste temple (bouddhisme Mahāyāna) du Champa, fondé v. 875. Le site a donné son nom à un style puissant et original.

DONGES (44480), comm. de la Loire-Atlantique, sur la rive nord de l'estuaire de la Loire ; 6 435 hab. *(Dongeois)*. Importation et raffinage du pétrole. Pétrochimie.

DÔNG HÔ (Lâm Tân Phat, dit), écrivain vietnamien (My Duc, prov. de Ha Tién, 1906 - Saigon 1969), poète et essayiste érudit et raffiné.

Don Giovanni, « dramma giocoso » (drame burlesque) en 2 actes de W. A. Mozart, sur un livret de Da Ponte (Prague, 1787). C'est l'un des sommets du théâtre lyrique et la plus puissante interprétation musicale du mythe de Don Juan.

DONGOLA, nom de deux villes du Soudan (prov. du Nord) et de leur région. L'une, le *Vieux Dongola,* sur la rive dr. du Nil, fut la capitale du royaume chrétien de Makouria jusqu'à son islamisation au XIVe s. Maisons, églises et baptistères, ornés de peintures murales, attestent la fécondité des premiers siècles chrétiens. L'autre *Dongola* fut édifiée au XIXe s. à une centaine de km en aval sur la rive g. du Nil.

DONG QICHANG ou **TONG K'I-TCH'ANG,** calligraphe et peintre chinois (environs de Shanghai 1555 - ? 1636). Il a défini les dogmes de la peinture lettrée, et est à l'origine de la théorie opposant, pour le paysage, une « école du Nord » dans laquelle il cantonne arbitrairement peintres de cours et peintres professionnels, et une « école du Sud », plus spontanée et suggestive, regroupant des amateurs désintéressés adonnés à la peinture à l'encre. Sa classification garde une certaine importance au XXe s.

DÔNG SON, village du Viêt-nam, sur le Sông Ma, au N.-E. de Thanh Hoa. Site archéologique qui a donné son nom à une culture du bronze final (500-250 av. J.-C.), largement représentée dans le nord du Viêt-nam. Elle est caractérisée par l'apparition de la métallurgie du fer, l'art du laque, et par des relations suivies avec la Chine.

DONGTING ou **TONG-T'ING,** lac de Chine centrale, dans le nord-est du Hunan, au S. du Yangzi Jiang, qu'il régularise, et utilisé pour l'irrigation ; environ 5 000 km^2. Ses principaux émissaires sont le Yan Jiang et le Xiang Jiang.

DONGXIANG ou **TONG-HIANG,** population de Chine de l'Ouest (prov. de Gansu, district autonome Dongxiang), évaluée à 16 000 habitants (1970) et parlant un idiome mongol.

DONG YUAN ou **TONG YUAN,** peintre chinois (né à Zhongling, auj. Nankin, actif entre 932 et 976), père du grand paysage chinois, où il atteint un équilibre rare entre les moyens techniques et la qualité de l'inspiration. Sa vision cohérente et son style large seront les modèles des peintres lettrés.

DONI (Giovanni Battista), philosophe et théoricien italien (Florence 1595 - *id.* 1647). Il fut le théoricien de la Camerata fiorentina, tentant de faire renaître l'ancienne pratique musicale des Grecs.

DONIAMBO *(pointe),* cap de la Nouvelle-Calédonie, à proximité de Nouméa. Concentration et traitement du nickel.

DÖNITZ (Karl), amiral allemand (Berlin 1891 - Aumühle, Schleswig-Holstein, 1980). Il commanda à partir de 1935 la flotte sous-marine allemande reconstituée, dirigea le combat des submersibles jusqu'en 1942, et remplaça Raeder à la tête de la marine (1943-1945). Successeur de Hitler, il endossa la capitulation sans condition du Reich. Condamné à dix ans de prison par le tribunal de Nuremberg, il fut libéré en 1956.

DONIZETTI (Gaetano), compositeur italien (Bergame 1797 - *id.* 1848). Après quelques succès obtenus à Venise, il s'établit à Naples, où il occupa les postes de directeur du Théâtre royal et de professeur de contrepoint au Conservatoire. Il se fixa à Paris en 1838. En accord avec Scribe, il y créa *la Fille du régiment* et *les Martyrs* (1840), *la Favorite* (1840) et *Don Pasquale* (1843). Ces deux derniers lui assurèrent une gloire posthume à laquelle contribuèrent aussi *l'Elisir d'amore* (Milan, 1832) et *Lucia di Lammermoor* (Naples, 1835). En 1846, il fut interné à Ivry comme fou, puis transporté à Bergame l'année suivante.

DONJON (Le) [03130], ch.-l. de cant. de l'Allier, à 23 km au S.-O. de Digoin ; 1 269 hab. *(Donjonnais)*.

DONJON n. m. (lat. pop. *dominio, -onis,* tour maîtresse, de *dominus,* seigneur). **1.** Tour maîtresse d'un château fort, qui était la demeure du seigneur et le dernier retranchement de la garnison. (→ *encycl.*) — **2.** Tour métallique des cuirassés, comportant les passerelles, les couronnes de veille, les postes de direction de tir.
ENCYCL. Bâti primitivement en bois, sur une motte naturelle ou artificielle, le donjon n'était

accessible qu'à l'étage par une passerelle mobile jetée au-dessus de fossés. Le soubassement servait de prison et de magasin ; le premier étage formait la « salle », souvent pourvue d'un oratoire ; au-dessus se trouvaient les logements sous la toiture, réservée aux guetteurs. Le donjon était à la fois le siège de l'autorité féodale, la demeure du seigneur et de sa famille, et un réduit défensif. Au xᵉ s., la maçonnerie se substitua au bois.

DON JUAN n. m. (pl. *dons Juans*) [de *Don Juan*, n. pr.]. Grand séducteur sans scrupules ; homme à succès féminins, toujours en quête d'aventures amoureuses.

Don Juan, personnage légendaire, sans doute inspiré d'un fait réel rapporté par la *Chronique de Séville*. Don Juan Tenorio, meurtrier du commandeur Ulloa dont il a enlevé la fille, périt assassiné dans un couvent de franciscains où est enterrée sa victime. C'est, selon les moines, la statue du commandeur qui a accompli l'acte vengeur. Ce châtiment exemplaire d'un séducteur impie a inspiré Tirso de Molina (*le Trompeur de Séville et le Convive de pierre*, v. 1625), plusieurs œuvres, notamment les comédies italiennes de Giliberto et Cicognini (v. 1650) ainsi qu'un grand nombre d'écrivains tels Dorimond (1661), Molière (1665), Thomas Corneille (1677), Byron (1819-1824), Pouchkine (1830), Mérimée (1834), Zorilla (1844), Milosz (1911-12), Montherlant (1958).

Don Juan, de Molière → DOM JUAN.

Don Juan, de Mozart → DON GIOVANNI.

Don Juan, poème picaresque inachevé de Byron en 16 chants, dont les premiers (1819) firent scandale. Cette satire virulente et joyeuse des pudeurs britanniques eut une influence considérable, de Kierkegaard à Pouchkine.

DONJUANESQUE ou **DON-JUANESQUE** adj. (pl. *don-juanesques*). Propre à un don Juan.

DONJUANISME ou **DON-JUANISME** n. m. (pl. *don-juanismes*). **1.** Conduite d'un don Juan. — **2.** Recherche de réassurances narcissiques au moyen de conquêtes amoureuses sans cesse renouvelées.

DONLEAVY (James Patrick), romancier américain (New York 1926). Parodie, humour, grotesque caractérisent ses récits sur la modernité américaine (*l'Homme de gingembre*, 1955 ; *la Destinée de Darcy Dancer*, 1977 ; *Mon Irlande avec tous ses péchés et certaines de ses grâces*, 1986).

DONN (Jorge), danseur argentin d'origine russe (Buenos Aires 1947 - Lausanne 1992). Engagé au Ballet du xxᵉ siècle en 1962, il se révèle un danseur sensible et expressif, en créant de nombreuses œuvres de Maurice Béjart, dont : *Messe pour le temps présent* (1967), *À* la recherche de... (Bhakti*)* et *le Voyage* (1968), *l'Oiseau de feu* (1970), *Nijinski, clown de Dieu* (1971), la version masculine de *Boléro* (1976). En 1972, il reprend le rôle de M. Béjart dans *Symphonie pour un homme seul*. À partir de 1980, il est directeur artistique du Ballet du xxᵉ siècle (devenu en 1987 Béjart Ballet Lausanne). Parallèlement, il crée en 1988 une compagnie *(Europa Ballet)*.

DONNAY (Maurice), écrivain français (Paris 1859 - *id.* 1945), poète célèbre du « Chat Noir » et auteur à succès de théâtre de boulevard (*Éducation de prince*, 1906). [Acad. fr., 1907.]

DONNE n. f. **1.** Action de donner, de distribuer les cartes. — **2.** Cartes, ou, plus généralement, éléments distribués aux joueurs au début d'un jeu. — **3.** *Fausse donne, mauvaise donne,* syn. de MALDONNE. ‖ *Nouvelle donne,* nouveau rapport de forces entre des puissances rivales.

DONNE (John), prêtre et poète anglais (Londres 1572 - *id.* 1631). Descendant de Th. More, élevé dans la religion catholique, il participa cependant à la controverse anticatholique (*le Pseudo-Martyr*, 1610) et devint à 45 ans le plus adulé des prédicateurs anglicans. Doyen de Saint Paul, il fut le principal représentant de la poésie métaphysique (*Sonnets sacrés*, 1618).

DONNÉ n. m. Ce qui est offert au sujet dans l'expérience, dans la connaissance sensible (par oppos. aux constructions que le sujet peut en faire).

DONNEAU DE VISÉ (Jean), écrivain français (Paris 1638 -*id.* 1710). Fondateur du *Mercure* galant* (1672), il inventa le journalisme moderne. Il critiqua *l'École des femmes* de Molière, dont il devint l'ami, et écrivit, en collaboration avec Thomas Corneille, des pièces à succès.

DONNÉE n. f. (de *donner*). **1.** Ce qui est connu ou admis comme tel, sur lequel on peut fonder un raisonnement, qui sert de point de départ pour une recherche (surtout pl.) : *Les données actuelles de la biologie.* — **2.** Idée fondamentale qui sert de point de départ, élément essentiel sur lequel est construit un ouvrage : *Les données d'une comédie.* — **3.** Renseignement qui sert de point d'appui (surtout pl.) : *Manquer de données pour faire une analyse approfondie.* — **4.** Représentation conventionnelle d'une information en vue de son traitement informatique. — **5.** Dans un problème de mathématiques, hypothèse figurant dans l'énoncé. — **6.** Résultats d'observations ou d'expériences faites délibérément ou à l'occasion d'autres tâches et soumis aux méthodes statistiques. — **7.** *Analyse des données,* ensemble des méthodes permettant la description de tableaux d'observations statistiques sans faire intervenir aucune hypothèse sur l'origine de ces observations. (→ *encycl.*)

ENCYCL. **Stat.** Fondée sur des instruments mathématiques connus depuis longtemps, l'*analyse des données* est l'objet d'un développement assez récent (1965), favorisé par l'ordinateur. Elle regroupe des méthodes d'analyse factorielle (analyse en composantes principales et analyse des correspondances) et des méthodes de classification automatique.

DONNEMARIE-DONTILLY (77520), ch.-l. de cant. de Seine-et-Marne, dans la Brie, au S.-O. de Provins ; 2 309 hab. Église du XIIIe s.

DONNER v. t. (lat. *donare*) [conj. 3]. **1.** Céder, offrir gratuitement à qqn qqch qu'on possédait ou qu'on a soi-même acheté à cet effet, lui en faire cadeau : *Elle m'a donné son collier de perles.* – **2.** Remettre, attribuer, octroyer qqch, de l'argent à qqn comme récompense ou comme salaire, comme paiement en échange de qqch : *Combien on te donne pour faire ce travail ?* – **3.** Faire un don financier, participer à une collecte : *Donner des aumônes aux pauvres.* – **4.** Remettre qqch à qqn, faire qu'il l'ait en sa possession ou à sa disposition : *On m'a donné cette enveloppe pour vous.* – **5.** Transmettre, communiquer qqch à qqn, à un groupe : *Donner de l'énergie à toute la classe.* – **6.** Fournir qqch à qqn, le lui accorder, faire qu'il puisse en bénéficier, en profiter : *Donnez-moi les moyens de réussir.* – **7.** Accorder qqch, un sentiment, une durée, etc., à qqn, à qqch : *Donner toute son attention à un travail.* – **8.** Attribuer un caractère, une qualité à qqn, à qqch : *On ne lui donnerait pas son âge.* – **9.** Communiquer qqch, une information à qqn : *Donnez-moi votre nom. Ce livre vous donnera tous les renseignements voulus.* – **10.** Avoir pour résultat, aboutir à qqch : *Tous ces efforts n'ont rien donné.* – **11.** Produire qqch : *Vigne qui donne de l'excellent raisin.* – **12.** Modifier qqn, qqch, produire sur eux un effet, en exerçant une action : *Ce petit verre vous donnera du courage.* – **13.** Accorder à qqn ou à qqch telle qualité, prétendre qu'il est ceci ou cela, le présenter comme tel : *Tous les journaux donnaient ce cheval gagnant.* – **14.** Assurer un cours, être l'organisateur d'une réception : *L'ambassadeur donnera un dîner à cette occasion.* – **15.** Jouer un spectacle, le présenter au public : *La troupe donnera une représentation dimanche.* – **16.** *Fam.* Dénoncer qqn à une autorité. – **17.** Équivaut avec des noms compléments à un verbe : *Donner un conseil* (= conseiller). *Donner une réponse* (= répondre). *Donner un coup de téléphone* (= téléphoner). *Donner un nom* (= nommer), etc. – **18.** Entre dans la formation de locutions verbales à valeur factitive par oppos. aux locutions verbales avec *avoir : Donner faim, soif, raison, envie, etc.* – **19.** *Donner à,* confier à qqn le soin de faire qqch : *Elle m'a donné à lire ce texte.* – **20.** *Donner à qqn (de),* lui fournir la possibilité, l'occasion de, le mettre dans une situation où il doit ou peut faire qqch : *Le sort lui a donné de réaliser tous ses projets.* – **21.** *Donnant, donnant,* indique que rien ne saurait être accordé sans contrepartie. ‖ *Donner (qqch) à manger, à boire,* fournir, procurer, offrir de quoi manger, de quoi boire. ‖ *Donner à penser, à croire, à comprendre,* fournir matière à penser, à croire, à comprendre qqch. ‖ *Donner les cartes,* les distribuer. ‖ *Donner un certain temps (à vivre)* [*à qqn*], penser qu'il ne vivra plus que ce temps-là : *Le médecin lui donne encore six mois.* ‖ *Donner sa fille, son fils (en mariage),* consentir à ce mariage. ‖ Fam. *Donner du monsieur, du cher maître, etc., à qqn,* l'appeler ainsi, le plus souvent par flatterie. ‖ *Donner la vie, le jour à un enfant,* le mettre au monde. ‖ *Donner sa vie, son sang à, pour qqch, qqn,* le leur sacrifier. ‖ Fam. *Je vous le donne en cent, en mille,* je vous défie de le deviner.

◆ v. t. ind. **1.** Être orienté dans telle direction, ou permettre d'accéder à un lieu : *Les chambres donnent sur la mer.* – **2.** Avoir du goût pour une activité, se complaire dans un état, le rechercher : *Donner dans le snobisme.* – **3.** Frapper, cogner sur qqch, heurter : *Il a donné du front contre la porte.* – **4.** *Donner dans une embuscade, un piège, etc.,* tomber, se jeter dedans. ‖ *Donner dans une histoire, dans le panneau,* croire à qqch de faux, tomber dans un piège. ‖ *Donner de sa personne,* s'appliquer sincèrement, consciencieusement à une tâche, une activité, y mettre beaucoup de sa personne.

◆ v. i. **1.** Attaquer, charger, en parlant d'une troupe : *La cavalerie va donner.* – **2.** Avoir un rendement, être productif : *Les tomates vont bientôt donner.* – **3.** Avoir une influence, un impact plus ou moins grand : *La publicité donne à plein, le produit se vend très bien.* – **4.** Avoir une puissance plus ou moins grande, en parlant de ce qui émet un son : *La radio donne à plein.*

◆ **être donné** v. pass. **1.** *Être donné à qqn,* lui être possible : *Réussir aussi aisément, ce n'est pas donné à tout le monde.* – **2.** Être connu, défini ou présenté comme tel : *Une quantité donnée.* – **3.** Être fixé, déterminé : *Une situation donnée.* – **4.** Être énoncé comme hypothèse, par opposition aux propositions à démontrer. – **5.** *À un moment donné,* à un certain moment, en général subit, soudain. ‖ Fam. *C'est donné,* c'est bon marché. ‖ *Dans un temps donné, sur un point donné,* dans un temps fixé, sur un certain point. ‖ *Étant donné,* v. à son ordre alphabétique.

◆ **se donner** v. pr., **être donné** v. pass. Être représenté, joué : *Cette comédie se donne aux Champs-Élysées.*

◆ **se donner** v. pr. **1.** Consacrer son activité, toute son énergie à qqch, à qqn : *Se donner entièrement au théâtre.* – **2.** S'accorder qqch, se le permettre : *Se donner du bon temps.* – **3.** Accorder ses faveurs à un homme, en parlant d'une femme. – **4.** Acquérir qqch, avoir qqn, faire en sorte de les obtenir : *Ville qui se donne un nouveau maire.* – **5.** *Se donner pour,* se présenter comme tel : *Il se donne pour plus intelligent qu'il n'est.* – **6.** S'échanger réciproquement qqch : *Se donner des coups.* – **7.** *S'en donner (à cœur joie),* s'amuser en se dépensant. – **8.** *Se donner une contenance, un air,* affecter une certaine attitude.

Donner à voir, poèmes et essais d'Eluard (1939), à la gloire du surréalisme et de l'amour.

DONNER (Georg Raphael), sculpteur autrichien (Essling 1693 - Vienne 1741). Après Salzbourg et Bratislava, il travailla à Vienne, amorçant un retour au classicisme (statues de la fontaine du Neuer Markt).

DONNEUR, EUSE n. **1.** Personne qui donne habituellement, qui aime à donner qqch : *Donneur d'avis.* – **2.** *Pop.* Personne qui dénonce qqn ; délateur. • **Banq.** et **Bours.** *Donneur d'ordre,* celui qui donne un ordre de Bourse. ‖ *Donneur de valeurs,* celui qui fait les fonds d'une lettre de change. – **Dr.** *Donneur à la grosse,* assureur d'un navire ou de la cargaison ; prêteur à la grosse. – **Écon.** *Donneur d'ordres,* entreprise qui, dans le cadre de la sous-traitance, confie à une autre le soin d'exécuter pour elle des travaux dans des conditions dûment précisées. – **Jeux.** Joueur réalisant la donne. – **Méd.** Personne qui accepte que, de son vivant ou après sa mort, un organe soit prélevé sur son corps pour être transplanté sur celui d'un malade (appelé alors *receveur*). ‖ *Donneur de sang,* personne bénévole et volontaire, offrant son sang ou un composant de ce dernier, dans un établissement transfusionnel. ‖ *Donneur de sperme,* personne qui donne son sperme en vue d'une insémination artificielle. (En France, l'anonymat du donneur doit être respecté, particulièrement dans le cas de don à une banque de sperme.) ‖ *Donneur universel,* donneur de groupe O dont les globules rouges peuvent être injectés sans inconvénient aux sujets de tous les groupes du système ABO. ‖ *Donneur universel dangereux,* donneur de groupe O, possédant un anticorps immun anti-A (et/ou anti-B) interdisant l'injection de son sang aux sujets des groupes A, B ou AB.

◆ **donneur** n. m. **1.** Atome ou groupe d'atomes qui repousse les électrons de liaison. – **2.** Atome d'impureté, contenu dans un semiconducteur et capable de céder un électron à des atomes voisins.

DONON, sommet gréseux des Vosges septentrionales (Bas-Rhin) ; 1 009 m. Vestiges d'un sanctuaire gallo-romain. – En contrebas, le *col du Donon* (727 m) est franchi par la route de Schirmeck à Raon-l'Étape. Sports d'hiver.

DONOSO (José), écrivain chilien (Santiago 1924), auteur de romans d'inspiration sociale (*Couronnement,* 1958) et politique (*Casa de campo,* 1978), parfois érotique.

DONOSO CORTÉS (Juan), marquis **de Valdegamas,** écrivain et homme politique espagnol (Valle de la Serena, prov. de Badajoz, 1809 - Paris 1853). L'un des principaux représentants de l'idéologie traditionnelle espagnole, il s'opposa aux courants individualistes du libéralisme. Son ouvrage essentiel est un *Essai sur le catholicisme, le libéralisme et le socialisme* (1851).

DONOVANOSE n. f. (de C. *Donovan,* n. pr.). Maladie de peau ulcérovégétante, d'origine vénérienne, qui atteint les organes génitaux et qui s'observe aux États-Unis, en Amérique du Sud et en Inde. (Elle est due à un bacille intracellulaire Gram négatif.) [Syn. GRANULOME ULCÉREUX DES ORGANES GÉNITAUX OU INGUINAL.]

Don Pasquale, opéra bouffe de Donizetti, livret de Ruffini et Donizetti (Paris, 1843). L'intrigue, fidèle au thème du barbon berné, est un des derniers chefs-d'œuvre du genre.

DON QUICHOTTE n. m. (pl. *dons Quichottes*) [de *Don Quichotte,* n. pr.]. Personnage chimérique qui se pose en redresseur de torts, en défenseur des opprimés, etc.

Don Quichotte de la Manche (L'INGÉNIEUX HIDALGO), roman espagnol de Cervantès (1605-1615), en deux parties. Galvanisé par la lecture de romans de chevalerie, un vieil hidalgo se barde de fer, monte sur sa maigre Rossinante, se fait armer chevalier par un aubergiste et fait d'une paysanne la dame de ses pensées, qu'il baptise Dulcinée. Roué de coups par des muletiers qui contestent la beauté de Dulcinée, ramené chez lui à demi-mort, il repart, accompagné cette fois de son fidèle écuyer Sancho Pança qui tentera de lui épargner les plus désastreuses aventures. Chef-d'œuvre de l'auteur, et l'une des plus importantes créations littéraires universelles, cet ouvrage marque l'apparition du roman moderne.
– **Chorégr.** Le roman de Cervantès a servi de thème au ballet *Don Quichotte,* de Marius Petipa, mus. de Ludwig Minkus. La version d'Aleksandr Gorski (1902), revue par Rostislav Zakharov (1940), est la version actuellement dansée en Russie. – Un pas de deux de ce ballet, et présenté sous le titre du ballet, est un morceau de virtuosité.
– **Iconogr.** Parmi des œuvres innombrables, signalons les tapisseries d'après Ch. A. Coypel et

d'après Natoire, les illustrations de G. Doré, et les peintures et dessins de Daumier.
— **Mus.** *Don Quichotte* a inspiré entre autres J. Massenet (opéra, 1910) et R. Strauss (poème symphonique pour violoncelle et orchestre, 1898).

DONQUICHOTTISME ou **DON-QUICHOTTISME** n. m. (pl. *don-quichottismes*). Attitude de celui qui se plaît à soutenir des causes généreuses même dans des circonstances difficiles.

Don Sanche d'Aragon, comédie héroïque de Pierre Corneille (1650) : l'heureux aboutissement d'un amour impossible.

DONSKOÏ (Mark Semenovitch), metteur en scène de cinéma soviétique (Odessa 1901 - Moscou 1981). Il s'est rendu célèbre par la trilogie qu'il a consacrée à Gorki : *l'Enfance de Gorki* (1938), *En gagnant mon pain* (1939), *Mes universités* (1940). Il a aussi réalisé *l'Arc-en-ciel* (1944), *Varvara* (1947), *Au prix de sa vie* ou *le Cheval qui pleure* (1958), *Thomas Gordeïev* (1959), *Chaliapine* (1969), *les Époux Orlov* (1978).

DONT pron. rel. inv. (lat. pop. *de unde,* d'où). **1.** S'emploie pour relier une relative à un antécédent et comme substitut d'un compl. précédé de *de : Voici la personne dont je vous ai parlé. Tout dépend de la manière dont il agira.* — **2.** *Dont 10 francs, dont 5 francs,* expression employée dans les opérations à terme. (On achète une valeur qu'on pourra se dispenser de lever moyennant le paiement d'un dédit [ou « prime »] de 10 francs ou de 5 francs, etc., par chaque unité.)

DONY (*abbé* Jean-Jacques Daniel), chimiste et industriel belge (Liège 1759 - *id.* 1819). Il réussit en 1805 à isoler le zinc de ses minerais et créa l'industrie métallurgique du zinc.

DONZELLE n. f. (lat. pop. **dominicella*). **1.** *Fam.* et *péjor.* Jeune fille. — **2.** Poisson fouisseur méditerranéen.

DONZENAC (19270), ch.-l. de cant. de la Corrèze, à 9 km au N. de Brive-la-Gaillarde ; 2 112 hab. *(Donzenacois)*. Église des XIIe et XIIIe s.

DONZÈRE (26290), comm. de la Drôme, à 13 km au S. de Montélimar ; 4 295 hab. *(Donzérois)*. Église romane. Reste d'enceinte médiévale. — Au S. du *défilé de Donzère,* canal de dérivation du Rhône dit de *Donzère-Mondragon,* alimentant la centrale hydroélectrique André-Blondel, implantée au N. de Bollène.

DONZY (58220), ch.-l. de cant. de la Nièvre, dans le *Donzyais ;* 1 733 hab. Anc. église St-Martin-du-Pré romane, du XIIe s.

DOOLITTLE (Hilda, dite **H. D.**), poétesse américaine (Bethlehem, Pennsylvanie, 1886 -Zurich 1961). Épouse du poète Richard Aldington, amie d'Ezra Pound, elle est la créatrice marquante de l'*imagisme* (*Sea Garden,* 1916 ; *Helen in Egypt,* 1961).

DOOLITTLE (James Harold), général américain (Alameda, Californie, 1896 - Pebble Beach, Californie, 1993). Il conduisit en avr. 1942 le premier bombardement stratégique sur Tōkyō et exerça de 1944 à 1946 le commandement de la 8e flotte aérienne des États-Unis.

Doon de Mayence, titre d'une chanson de geste sur la révolte des barons contre le suzerain mentionnée dans le préambule de Girart* de Vienne, et dont nous connaissons une version du XIIIe s.

DOP n. m. (néerl. *dop*). **1.** Sorte de mandrin sur lequel on fixe les diamants pour la taille. — **2.** *Dop automatique,* machine de haute précision qui permet de tailler automatiquement plusieurs facettes d'un brillant. ‖ *Dop de brutage,* poupée en cuivre à l'extrémité de laquelle on sertit le diamant à débrutir.

DOPA n. f. (abrév. de *DihydrOxyPhénylAlanine*). Aminoacide précurseur de la dopamine. (L'antipode naturel L, ou *L-dopa,* est un antiparkinsonien très utilisé.)

DOPAGE n. m. **1.** Fait d'utiliser, d'administrer ou d'appliquer sciemment, en vue d'une compétition sportive, des substances ou des procédés destinés à accroître artificiellement les capacités physiques d'une personne ou d'un animal ou ayant la propriété de masquer l'emploi de substances ou de procédés de cette nature. (Syn. DOPING.) — **2.** Action de se doper avec des excitants : *Le dopage avant un examen.* — **3.** Action d'augmenter l'activité économique au moyen de stimulants (crédits, détaxation, etc.). — **4.** Addition d'une quantité minime d'impuretés à un monocristal pour le transformer en semiconducteur de type P ou de type N.
ENCYCL. En France, la loi du 1er juin 1965 a institué des sanctions contre quiconque pratique ou facilite l'absorption de drogues dans un dessein de dopage. Un décret du 10 juin 1966 a établi une liste, régulièrement mise à jour, des substances pouvant être considérées comme ayant des propriétés dopantes. La loi du 28 juin 1989 a élargi la définition du dopage aux produits servant à masquer l'emploi de stimulants et a notablement renforcé les moyens de lutte contre le dopage. Le contrôle des concurrents d'une épreuve sportive s'effectue par examen chimique des urines.

DOPAMINE n. f. Aminophénol précurseur de nombreux alcaloïdes et substance appartenant au groupe des catécholamines.
ENCYCL. La dopamine est un médiateur chimique qui intervient au niveau du système nerveux central et périphérique ; elle y est synthétisée à

partir de la phénylalanine, transformée en tyrosine puis en L-dopa, laquelle est décarboxylée en dopamine. Lors du passage de l'influx nerveux, la dopamine stockée dans des vésicules synaptiques se déverse à l'extérieur du membre et se fixe sur des récepteurs du neurone voisin, inhibant ainsi l'activité de celui-ci. Ensuite, la dopamine pourra être recaptée par le premier neurone, ou bien dégradée par plusieurs enzymes, notamment la monoamino-oxydase.

DOPAMINERGIQUE adj. **1.** Relatif à la dopamine. – **2.** *Système dopaminergique,* système de neurones contenant de la dopamine.

DOPANT, E adj. et n. m. Se dit d'un produit utilisé pour doper qqn, un animal.

DOPA-RÉACTION n. f. (pl. *dopa-réactions*). Réaction spéciale de certaines cellules de la peau, qui deviennent noires lorsqu'elles sont mises au contact d'une solution de dopa. (Elle permet de mettre en évidence les cellules mélaniques non pigmentées, qui sont dites « dopa-positives ».)

1. DOPE n. m. (angl. *dope,* enduit). **1.** Produit chimique tensioactif dont l'addition à un liant hydrocarboné améliore l'adhésivité de celui-ci aux granulats. – **2.** Produit dont l'addition améliore une essence, une huile, un bitume.

2. DOPE n. f. (amér. *dope*). *Arg.* Drogue.

DOPER v. t. (amér. *to dope,* droguer) [conj. 3]. **1.** Administrer à qqn, à un animal un stimulant avant une épreuve sportive, un concours. – **2.** Fournir des crédits à la consommation afin d'augmenter provisoirement l'activité économique. – **3.** Effectuer le dopage d'un monocristal.

◆ **être dopé** v. pass. *Bombe dopée,* bombe à fission comportant un noyau thermonucléaire, dont la fusion augmente notablement l'énergie de fission.

DOPING [-piŋ] n. m. (angl. *doping*). Syn. de DOPAGE.

DOPPLER (Christian), mathématicien et physicien autrichien (Salzbourg 1803 - Venise 1853). Il a découvert, en 1842, le phénomène qui porte son nom et qui fut, quelques années plus tard, retrouvé indépendamment par Fizeau *(effet Doppler* ou *effet Doppler-Fizeau).*

Doppler ou **Doppler-Fizeau** *(effet),* phénomène qui se produit lorsqu'une source de vibrations ou de rayonnements (sons, lumière, ondes radio, etc.) est en mouvement par rapport à un observateur. Il se traduit par une modification de la fréquence perçue. C'est ainsi que le son de l'avertisseur d'une automobile paraît plus aigu quand celle-ci s'approche, plus grave quand elle s'éloigne. L'effet Doppler est mis à profit dans les *cinémomètres Doppler* ou les anémomètres Doppler à laser. Un faisceau (hertzien, laser ou ultrasonore) est projeté sur l'objet en mouvement, puis rétrodiffusé par lui. La fréquence des battements entre rayonnements émis et réfléchis mesure la vitesse radiale de l'objet. L'interprétation par un effet Doppler-Fizeau du décalage systématique vers le rouge des raies du spectre des galaxies lointaines est à la base de l'hypothèse de l'expansion de l'Univers.
– **Méd.** On utilise l'effet Doppler pour mesurer la vitesse de circulation du sang dans certains vaisseaux et permettre ainsi le diagnostic et la

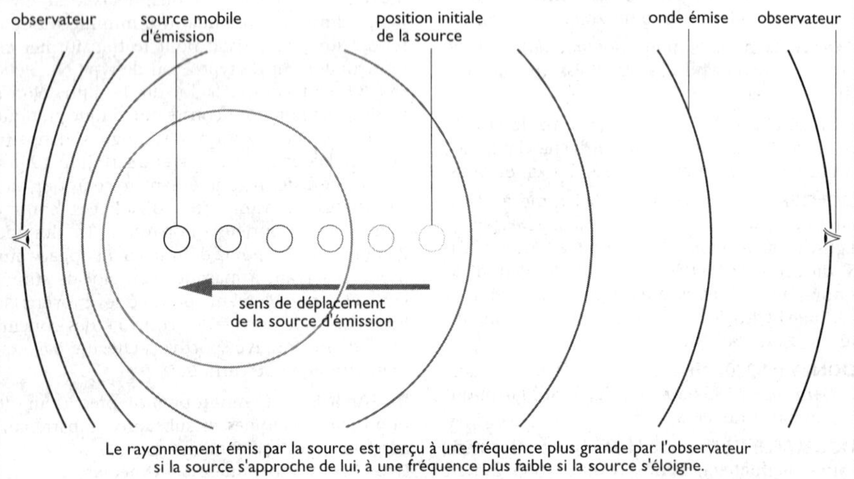

Le rayonnement émis par la source est perçu à une fréquence plus grande par l'observateur si la source s'approche de lui, à une fréquence plus faible si la source s'éloigne.

Effet **Doppler**.

surveillance des artérites et des thromboses : c'est la *vélocimétrie Doppler* ou, plus simplement, le *doppler.* Le *doppler pulsé* utilise une sonde émettant des ultrasons de manière discontinue.

DORADE ou **DAURADE** n. f. (anc. provenç. *daurada,* de *daurar,* dorer). **1.** Poisson méditerranéen des rivages, broyeur de coquillages, possédant incisives et molaires et une tache noire et rouge à l'opercule. (On dit aussi *dorade royale.*) — **2.** *Dorade grise,* canthare. ‖ *Dorade rose,* rousseau.

DORADE (en lat. *Dorado, -us*), constellation australe. Elle renferme la majeure partie du *Grand Nuage de Magellan** et la plus grande nébuleuse diffuse connue, la *nébuleuse de la Tarentule* (env. 800 al de large).

DORAGE n. m. Action de dorer à l'œuf avant cuisson une pâte.

Dora-Mittelbau, camp de concentration allemand (1943-1945), proche de Nordhausen (Thuringe), où les déportés travaillaient à la construction des V1 et des V2.

DORAT (Le) [87210], ch.-l. de cant. du nord de la Haute-Vienne ; 2 332 hab. *(Dorachons).* Église romane à clocher octogonal.

DORAT (Jean DINEMANDI, surnommé), humaniste français (Limoges 1508 - Paris 1588). Professeur de Ronsard et de Du Bellay, et, plus tard, membre de la Pléiade, il composa des poésies latines (*Poematia,* 1586), d'inspiration politique.

DORÁTI (Antal), chef d'orchestre hongrois naturalisé américain (Budapest 1906 - Gerzensee, cant. de Berne, 1988). Il a dirigé notamment le Minneapolis Symphony Orchestra (1949-1960), le BBC Symphony Orchestra (1963-1966), l'orchestre Philharmonique de Stockholm (1966-1974) et le Washington Symphony Orchestra (1970-1977).

D'ORBAY (François), architecte français (Paris 1631 ou 1634 - *id.* 1697). Chef d'agence de Le Vau, dont il reprit la fonction de premier architecte du roi (1670) avant que ne s'imposât J. H.-Mansart en 1678, il fut associé aux grands chantiers royaux (collège des Quatre-Nations, façade orientale du Louvre, Versailles) mais laissa peu d'œuvres de son propre cru (cathédrale de Montauban, en partie).

DORCADION [-djɔn] n. m. (gr. *dorkadion,* jeune chevreuil). Capricorne noir rayé de blanc, dont la larve se rend nuisible en dévorant les racines des graminées.

DORCAS [-kas] n. m. (gr. *dorkas, -ados,* gazelle). Nom d'espèce d'une damalisque d'Afrique du Sud et d'une gazelle d'Afrique du Nord.

DORCHESTER (Guy CARLETON, *lord*) → CARLETON.

DORCUS [-kys] n. m. Petit lucane robuste, d'un noir mat, dont la larve creuse des galeries dans le bois altéré.

DORDOGNE (la), riv. du Massif central et du Bassin aquitain, qui rejoint la Garonne au bec d'Ambès, pour former l'estuaire de la Gironde* ; 472 km (bassin d'environ 24 000 km²). Née au pied du puy de Sancy, elle est coupée, sur son cours supérieur, de notables aménagements hydroélectriques (Bort-les-Orgues, Marèges, l'Aigle, Chastang). La Vézère et l'Isle sont ses principaux affluents.

DORDOGNE (24), dép. de la Région Aquitaine ; ch.-l. de dép. *Périgueux ;* ch.-l. d'arrond. *Bergerac, Nontron, Sarlat-la-Canéda ;* 4 arrond. ; 50 cant. ; 557 comm. ; 9 060 km² ; 386 365 hab. Le dép. appartient à l'académie et à la cour d'appel de Bordeaux, à la région militaire Atlantique.
La majeure partie du dép. s'étend sur le Périgord, où les cultures (céréales, fruits, primeurs, vigne, tabac) et l'élevage bovin se concentrent dans les vallées (Isle, Vézère, Dordogne), jalonnées par les principales villes (Périgueux et Bergerac). La faiblesse de l'industrie (agroalimentaire surtout) et du secteur tertiaire explique la persistance de l'exode rural, que n'empêche pas l'essor du tourisme.

DORDRECHT, port des Pays-Bas (Hollande-Méridionale), sur la Vieille Meuse (bras du Rhin) ; 108 000 hab. Église des XIVe-XVe s. ; vieilles maisons ; musées. Constructions mécaniques et électriques. Chimie.
— **Hist.** Résidence des comtes de Hollande au Moyen Âge, sa situation en fit une place commerciale de première importance. Ville étape de la Hanse, elle fut au XIVe s. la rivale de Bruges.

Dordrecht *(synode de),* grande assemblée de théologiens protestants de plusieurs pays, tenue à Dordrecht (Provinces-Unies), de nov. 1618 à mai 1619. Il avait pour objet de trancher le débat entre arminiens et gomaristes. La victoire de ces derniers contribua à donner à l'Église réformée de Hollande son orientation et ses structures.

DORE (la), riv. d'Auvergne, entre les monts du Forez et du Livradois, affl. de l'Allier (r. dr.) ; 140 km.

DORE *(monts)* ou, parfois, **MONT-DORE** *(massif du),* massif volcanique d'Auvergne, dans le S.-O. du dép. du Puy-de-Dôme, possédant avec le *puy de Sancy* le point culminant du Massif central : 1 885 m. Élevage. Tourisme, parfois sportif (Besse-et-Saint-Anastaise) et surtout curatif (stations thermales du Mont-Dore et de La Bourboule).

1. DORÉ → DORER.

2. DORÉ n. m. **1.** Couleur dorée ou couche de dorure de qqch : *Le doré du cadre s'est terni.* – **2.** Au Canada, poisson d'eau douce apprécié en cuisine. – **3.** Bijou en métal commun recouvert d'une mince couche d'or après ciselage.

DORÉ (Gustave), dessinateur et peintre français (Strasbourg 1832 - Paris 1883). Il a illustré, avec une imagination fertile qui prolonge le romantisme, plus de 120 œuvres, dont celles de Rabelais (1854 et 1873), de Perrault (1862), les *Contes drolatiques* de Balzac (1855), *l'Enfer* de Dante (1861), *Don Quichotte* (1863), la *Bible* (1866). Il confiait généralement ses bois, esquissés au lavis et à la gouache, à des praticiens. Il est aussi l'auteur d'aquarelles, de peintures (notamment paysages influencés par l'école anglaise) et même de sculptures.

DORÉE n. f. Autre nom du *saint-pierre.*

Dorel *(procédé),* mode d'impression dérivé de la photocopie, dans lequel la forme imprimante est une couche de gélatine.

DORÉNAVANT adv. (de *d'or,* à partir de maintenant, et *en avant*). À partir du moment où on parle ; désormais : *Dorénavant, je viendrai tous les soirs.*

DORER v. t. (bas lat. *deaurare,* de *de* à valeur intensive, et bas lat. *aurare,* dorer) [conj. 3]. **1.** Recouvrir d'une mince couche d'or une surface, ou lui donner l'aspect de l'or : *On dore les plus beaux cadres à la feuille.* – **2.** En parlant du soleil, de la lumière, d'une matière colorante, etc., donner à qqch la couleur de l'or : *Le soleil a doré sa peau.* – **3.** Badigeonner d'œuf battu la surface d'une pâte pour en favoriser la coloration en cours de cuisson.

◆ v. i. **1.** Devenir doré, de la couleur de l'or : *Sa peau dore au soleil.* – **2.** *Faire, laisser dorer un aliment,* le soumettre à l'action de la chaleur, en partic. en le faisant revenir dans un corps gras, jusqu'à ce qu'il ait pris une teinte dorée.

◆ **être doré** v. pass. **1.** Être de la couleur de l'or, être recouvert d'une mince couche d'or : *Boutons dorés.* – **2.** Être d'une couleur jaune cuivré : *Une lumière dorée.* – **3.** Se dit de conditions d'existence caractérisées par une grande aisance matérielle. – **4.** *Jeunesse dorée,* jeunes gens de la bourgeoisie qui soutinrent les thermidoriens en 1794 sous la Convention nationale ; jeunes gens riches, élégants et oisifs. ‖ *Légende dorée,* nom donné au recueil de Vies des saints *(Legenda sancta)* de Jacques de Voragine ; récit merveilleux, idéalisé de qqch.

◆ **se dorer** v. pr. S'exposer aux rayons du soleil pour bronzer, brunir.

DORET (Marcel), aviateur français (Paris 1896 - Venerque, Haute-Garonne, 1955). Pilote d'essais, il contribua à la mise au point de 43 prototypes. En 1931, il conquit, avec Le Brix, le record de distance et de durée en circuit fermé avec un vol de 10 372 km sans ravitaillement.

DOREUR, EUSE n. Spécialiste qui pratique la dorure véritable.

DÖRFFEL ou **DÖRFEL** (Georg Samuel), astronome allemand (Plauen, Saxe, 1643 -Weida 1688). Il fut le premier à supposer que les comètes décrivent des orbites paraboliques ayant le Soleil pour foyer.

DORGE n. f. Nom donné, dans le Jura, au chancre du sapin. (Syn. CHAUDRON DU SAPIN.)

DORGELÈS (Rolland LÉCAVELÉ, devenu Rolland Dorgelès, dit **Roland**), écrivain français (Amiens 1885 - Paris 1973). Auteur à succès de chroniques et de romans sur Montmartre (*Au beau temps de la butte,* 1963), sur la guerre (*les Croix* de bois,* 1919) et les voyages (*Route des tropiques,* 1944), il a aussi donné des romans satiriques (*À bas l'argent,* 1965) et des portraits d'artistes (*Images,* 1975).

DORGES (Édouard), ingénieur français (Lille 1892 - Paris 1972). Après avoir construit de nombreux ouvrages (ponts du Drac à Grenoble, de Vienne sur le Rhône), il s'est attaché à moderniser les réseaux terrestres de communication.

DORIA, famille noble de Gênes, qui fut à la tête de la faction gibeline de la ville pendant tout le Moyen Âge. Parmi ses membres les plus célèbres figure ANDREA **Doria** (Oneglia 1466 - Gênes 1560), qui fut un des plus grands condottieri de son temps. Au service du pape Innocent VIII, des rois de Naples puis de la République de Gênes, qui le nomma amiral (1519), il battit les Turcs à Pianosa. Entré au service de François Ier qui le nomma général des galères, il reprit Gênes aux Impériaux (victoire navale de Rapallo, 1527). Passé au service de Charles Quint, il délivra Gênes de la présence française et dota la ville d'une constitution aristocratique (1528). Véritable dictateur, il réprima durement la conspiration des Fieschi (1547).

DORIDE, en gr. **Dôris,** anc. région montagneuse de la Grèce centrale, limitée par le mont Œta au N. et arrosée par le Céphise supérieur, dont la plaine étroite était riche en céréales et en pâturages. – Anc. région du sud-ouest de l'Asie Mineure, sur les côtes de Carie.

DORIEN, ENNE adj. et n. Qui appartient aux Doriens ou à la Doride.

◆ adj. **1.** Se dit, chez les Grecs, de l'échelle (harmonie) de ce nom, ou de l'un des tons de transposition. — 2. Dès le IXe s., se dit du premier mode ecclésiastique de *ré*.

◆ **dorien** n. m. Groupe de dialectes du grec ancien. (→ *encycl.*)

ENCYCL. Langue des derniers envahisseurs de la Grèce, le dorien était parlé dans le Nord-Ouest (Phocide, Étolie, Épire), le Péloponnèse, la Crète, Rhodes, Santorin, Cos, Cyrène, la Sicile et l'Italie du Sud. C'était traditionnellement la langue du lyrisme choral.

DORIENS, anc. peuple de Grèce. Envahisseurs d'origine indo-européenne, ils se sont répandus dans le monde grec à la fin du IIe millénaire. Leur installation amena en Grèce de nombreux peuples désireux de trouver de nouvelles terres : les Thessaliens vers la Béotie, les Béotiens en Eubée, les Achéens du Péloponnèse ver l'Attique et les côtes de l'Asie Mineure.
Vers la fin du XIIIe s. av. J.-C., plusieurs vagues d'invasion aboutissent à la destruction des centres mycéniens les plus illustres (Mycènes, Tirynthe, Pylos), l'installation de nouveaux occupants dans des régions dévastées (Laconie, Messénie, Argolide) et un déplacement important de population vers la mer Égée et l'Asie Mineure. Dominant le Péloponnèse, à l'exception du centre de la péninsule encore peuplé d'Achéens, les Doriens poursuivent leur expansion vers les îles égéennes (de Théra à Rhodes) et sur les côtes sud-ouest de l'Asie Mineure.
À partir du XIe s. av. J.-C., un nouveau monde s'esquisse, où se répandent l'usage du fer, la pratique de l'incinération funéraire et celle de nouvelles formes artistiques. Mais, toujours, les Grecs ont distingué peuples et cités d'origine dorienne et d'origine ionienne, par la langue comme par l'organisation sociale. Par le caractère militaire de ses institutions et par sa domination implacable des populations vaincues, Sparte est apparue, pendant des siècles, comme le modèle même de la cité dorienne.

DORIOT (Jacques), homme politique français (Bresles, Oise, 1898 - Menningen, Bade, 1945). Député et maire communiste de Saint-Denis à partir de 1924, il fut exclu du parti communiste en 1934. Il fonda alors en juin 1936 le parti populaire français, ou P. P. F., d'orientation fascisante. Sous l'occupation allemande, il collabora avec les nazis. Cofondateur de la Légion des volontaires français, il s'engagea sur le front de l'Est. À son retour, il dirigea un éphémère gouvernement et mourut mitraillé par un avion dans des circonstances mal élucidées.

DORIQUE adj. (lat. *doricus,* du gr. *dôrikos,* dorien). *Ordre dorique,* le plus ancien des ordres grecs, caractérisé par une colonne cannelée à arêtes vives, sans base, un chapiteau à échine nue et un entablement à triglyphes et métopes alternés. (Le dorique romain comporte une base, et l'ordre toscan une colonne à fût lisse.)

1. **DORIS** [-ris] n. m. (amér. *dories,* pl. de *dory*). Embarcation de pêche à font plat des terre-neuvas et des pêcheurs côtiers en Manche.

2. **DORIS** [-ris] n. f. (de *Doris,* n. myth.). Mollusque gastropode marin sans coquille, à branchies rétractiles entourant l'anus, commun dans toutes les mers.

DORJE n. m. Instrument sacré du culte bouddhiste tibétain servant à combattre les démons et à protéger du malheur. (Syn. FOUDRE-DIAMANT.)

DORKING [-kiɲ] adj. et n. (de *Dorking,* n. pr.). Se dit d'une race de poules d'origine anglaise élevée pour sa chair.

DORLOTEMENT n. m. Action de dorloter.

DORLOTER v. t. (anc. fr. *dorelot,* grande boucle de cheveux, p.-ê. d'orig. onomat.) [conj. **3**]. Entourer qqn de soins attentifs, délicats ; cajoler : *Dorloter un enfant.*

DORMAGEN, v. d'Allemagne (Rhénanie-du-Nord-Westphalie), au S. de Düsseldorf ; 55 000 hab. Chimie.

DORMANCE n. f. État d'inactivité biologique, se traduisant par l'arrêt momentané du développement, et qui caractérise les graines, les bourgeons d'hiver à bois ou à fleurs, les disques imaginaux des larves d'insectes, les germes des dents de seconde dentition chez l'enfant et les jeunes mammifères, etc. (La fin de cette situation est la *levée de dormance,* qui, pour les graines, est souvent l'effet du froid ou du passage par le tube digestif d'un animal, pour les bourgeons l'effet de l'allongement des jours au printemps.)

DORMANS (51700), ch.-l. de cant. de la Marne, à 25 km à l'O. d'Épernay ; 3 165 hab. Cimetière militaire et chapelle commémorative des victoires de la Marne (1914 et 1918). Machines à bois. — En 1575, lors de la cinquième guerre de Religion, Henri Ier, duc de Guise, y vainquit les protestants.

DORMANT, E adj. 1. *Litt.* Se dit d'une qualité, d'un sentiment qui existe mais ne s'est pas encore manifesté ; latent : *La sensualité encore dormante d'une toute jeune fille.* — 2. Se dit d'une étendue d'eau stagnante : *L'eau dormante d'un marais.* • **Bât.** *Bâti dormant, châssis dormant,* syn. de DORMANT (n. m.). — **Biol.** Se dit d'un organe végétal ou animal en état de dormance. — **Mar.** *Manœuvre dormante,* cordage placé à poste fixe dans la mâture (hauban, galhauban...), par oppos. à *manœuvre courante.* — **Pêch.** *Filet dormant,* filet posé à mer basse, dans lequel les poissons sont retenus jusqu'à la marée suivante. ‖ *Ligne dormante,* ligne de fond établie à poste fixe ou posée à mer basse et que la marée recouvre. — **Serrur.** *Pêne dormant,* pêne sans biseau se déplaçant par translation et verrouillable en position de fermeture.

◆ **dormant** n. m. **1.** Partie fixe des fenêtres, scellée dans le contour de la baie. (On dit aussi BÂTI DORMANT.) — **2.** Panneau vitré fixe placé au-dessus d'une porte, d'une fenêtre pour donner plus de jour à une pièce. (Syn. CHÂSSIS DORMANT, IMPOSTE.) — **3.** Extrémité fixe d'une manœuvre dormante ; point où un cordage est fixé.

DORMEUR, EUSE n. **1.** Personne qui dort. — **2.** Personne qui dort facilement ou beaucoup (souvent avec *gros* ou *grand*).

◆ adj. Se dit d'un poupon, d'un ours qui ferme les yeux quand on le couche.

◆ **dormeur** n. m. **1.** Autre nom du *tourteau.* — **2.** Requin apathique des eaux littorales de l'Atlantique tropical (États-Unis et Brésil), pouvant atteindre 4 m et 200 kg. — **3.** *Dormeur du Groenland,* requin des eaux froides, long de 8 m, mangeur de poissons et de phoques. — **4.** Syn. de ARCTOCÈBE.

◆ **dormeuse** n. f. Sorte de boucle d'oreille.

DORMIR v. i. (lat. *dormire*) [conj. **36**]. **1.** Être plongé dans le sommeil : *Il a dormi douze heures.* — **2.** Être immobile, ne manifester aucune activité : *La ville dort.* — **3.** Être distrait, être ailleurs, rêver ou rester à ne rien faire : *Ce n'est pas le moment de dormir, il faut agir.* — **4.** Rester improductif, ne pas être utilisé ou être oublié : *Laisser dormir un projet.* — **5.** Exister à l'état latent, ne pas se manifester : *Cet incident a réveillé la brutalité qui dormait en lui.* — **6.** Être mort : *Qu'il dorme en paix.* — **7.** *Dormir comme un ange, un loir, une marmotte, un sabot, une souche, dormir à poings fermés, etc.*, être profondément endormi. ‖ *Dormir d'un sommeil léger, profond, de plomb, du sommeil du juste, etc.*, être plongé dans tel type de sommeil. ‖ *Dormir tranquille, sur ses deux oreilles,* en toute sécurité, sans aucune crainte ou quelconque préoccupation. ‖ *Histoire, conte à dormir debout,* qu'on a peine à croire, invraisemblable. ‖ *Ne dormir que d'un œil,* rester vigilant. ‖ *Ne pas en dormir (la nuit),* être tellement préoccupé qu'on ne peut pas trouver le sommeil.

DORMITIF, IVE adj. **1.** Se dit d'un produit qui fait dormir. — **2.** *Fam.* Qui est ennuyeux au point d'assoupir ; soporifique : *Un exposé dormitif.*

DORMITION n. f. (lat. *dormitio, -onis,* sommeil). **1.** Terme qui a désigné, dès avant le Vᵉ s., la fête de la Vierge Marie au 15 août, et qui a été ensuite remplacé par le terme *Assomption.* — **2.** Figuration de la Vierge sur son lit de mort.

DORMOY (Marx), homme politique français (Montluçon 1888 - Montélimar 1941). Député (1931), puis sénateur socialiste (1938), il fut ministre de l'Intérieur de 1936 à 1938, et réprima les actions terroristes de la Cagoule. Il fut assassiné par des membres de cette société secrète en 1941.

DORNBIRN, v. d'Autriche (Vorarlberg) ; 39 000 hab. Textile. Constructions mécaniques.

DORNES (58390), ch.-l. de cant. du sud-ouest de la Nièvre ; 1 269 hab.

DORNIER (Claude, dit **Claudius**), industriel allemand (Kempten, Bavière, 1884 - Zoug, Suisse, 1969). Après avoir travaillé sur les dirigeables avec Zeppelin, il fonda sa propre firme de construction aéronautique à Friedrichshafen et réalisa 150 types d'avions de toutes catégories.

DOROCH (Iefim Iakovlevitch), écrivain soviétique (Ielizavetgrad, auj. Kirovograd, 1908 - *id.* 1972), un des chefs de file de la « prose rurale » (*Ivan Fedosseïevitch prend sa retraite,* 1967).

DORONIC n. m. (lat. médiév. *deronicum,* du pers. *darunak*). Composée voisine de l'arnica, ornementale, aux capitules jaunes, des lieux ombragés.

DORPAT → TARTOU.

DORSAL, E, AUX adj. **1.** Se dit de ce qui est relatif au dos de qqn, d'un animal. — **2.** Se dit de ce qui est situé sur le revers d'un organe, d'un membre. — **3.** Se dit d'un ordinateur de gestion de fichiers situé en arrière d'un ou de plusieurs ordinateurs de traitement et les déchargeant de cette fonction. — **4.** *Consonne dorsale* ou *dorsale* (n. f.), consonne réalisée avec une participation active du dos de la langue qui se soulève dans la cavité buccale vers le palais dur *(dorso-palatale)* ou vers le voile du palais *(dorso-vélaire).* ‖ *Face dorsale,* face postérieure de la main (opposée à la paume), ou face antérieure du pied (opposée à la plante) ; face supérieure de la plupart des animaux, face postérieure des rares espèces qui se tiennent debout (homme, hippocampe), face inférieure des très rares espèces qui nagent ventre en l'air (notonecte), face inférieure des feuilles et des pièces florales chez les plantes dicotylédones. ‖ *Vertèbres dorsales,* vertèbres, au nombre de douze, s'articulant en haut avec les vertèbres cervicales, en bas avec les vertèbres lombaires.

◆ **dorsal** n. m. *Grand dorsal,* muscle superficiel, qui recouvre toute la partie inférieure du dos. ‖ *Long dorsal,* longue bande musculaire étendue de chaque côté de la face postérieure de la colonne vertébrale à partir de la première vertèbre dorsale.

◆ **dorsale** n. f. **1.** Nageoire impaire surmontant le dos des poissons et de certains cétacés et évitant le basculement latéral du corps. (La dorsale, ou *nageoire dorsale,* est conformée en ventouse chez le rémora, allongée en un leurre pour la capture des proies chez le cératias, épineuse ou venimeuse chez la vive.) — **2.** Élévation longue et étroite, à flancs escarpés, séparant le plus souvent deux bassins océaniques. (Syn. RIDE OCÉANIQUE.) — **3.** Système montagneux complet s'étendant à tout un océan. (→ *encycl.*) — **4.** Couche appliquée au dos du support d'une surface photographique sensible. — **5.** *Dorsale barométrique,* crête de haute pression sur la carte isobarique.

ENCYCL. **Géol.** On peut ranger les dorsales en deux catégories : les dorsales aséismiques et les dorsales océaniques (ou médio-océaniques lorsqu'elles occupent une position médiane dans un océan). Celles-ci forment une chaîne de montagnes sous-marines en formation, encerclant la planète sur une longueur supérieure à 60 000 km. Sa ligne faîtière, décalée par de grandes fractures transversales (zones de fractures), est à la profondeur moyenne de 2 500 m ; elle est donc plus haute de quelque 2 km que la moyenne des fonds océaniques. Les dorsales jalonnent les zones de divergence le long desquelles deux plaques de lithosphère s'écartent en s'accroissant par mise en place d'intrusions volcaniques (expansion des fonds océaniques). Les vitesses d'expansion permettent de distinguer deux types de dorsales océaniques, le type atlantique (évolution lente, expansion de quelques cm par an) et le type pacifique (plus rapide, expansion au moins de 10 cm par an).

DORSALE CONGOLAISE, hauteurs formant le partage des eaux entre les affluents du Zaïre (ou Congo) et ceux du Nil.

DORSALE GUINÉENNE, hauteurs du sud-est de la Guinée. Minerai de fer.

DORSALE TUNISIENNE, chaîne de montagnes de Tunisie, qui prolonge vers le nord-est les monts de Tbessa et aboutit au golfe de Tunis.

DORSALGIE n. f. Douleur du dos.

DORSAY n. m. (du n. du *comte d'Orsay,* célèbre dandy). Véhicule hippomobile fermé, à quatre roues, suspendu sur des ressorts.

DORSET (*comtes* DE) → SACKVILLE.

DORSET, comté de Grande-Bretagne, sur la Manche ; 2 654 km^2 ; 592 000 hab. Ch.-l. *Dorchester.*

DORSIVENTRAL, E, AUX adj. *Symétrie dorsiventrale,* symétrie purement bilatérale, dans laquelle le dos et le ventre d'un animal, ou les deux faces d'un organe végétal, sont très nettement différents.

DORSO-LOMBAIRE adj. (pl. *dorso-lombaires*). Qui intéresse à la fois la partie dorsale et la partie lombaire du corps.

DORST (Jean), zoologiste et écologiste français (Mulhouse 1924). Auteur d'importantes études sur les faunes de nombreuses régions du globe et d'un ouvrage fondamental d'écologie (*Avant que nature meure,* 1965), il a été directeur du Muséum national d'histoire naturelle de 1976 à 1985. (Acad. des sc., 1973.)

DORSTEN, v. d'Allemagne (Rhénanie-du-Nord-Westphalie), dans le nord de la Ruhr ; 67 000 hab. Gazéification du charbon.

DORSTENIA n. m. (de J. *Dorst,* n. pr.). Herbe (moracée) vivace des régions chaudes, aux nombreuses petites fleurs portées par un réceptacle concave alvéolé.

DORTICÓS TORRADO (Osvaldo), homme d'État cubain (Cienfuegos 1919 - La Havane 1983). Communiste, castriste dès 1956, il fut président de la République de 1959 à 1976 puis ministre de la Justice (1981-1983).

DORTMUND, v. d'Allemagne (Rhénanie-du-Nord-Westphalie), 608 000 hab. Églises médiévales. Musées. Métropole industrielle (extraction houillère, sidérurgie et métallurgie, chimie, agroalimentaire [brasseries]) et tertiaire (services et universités) de la Ruhr orientale, c'est un important port fluvial (relié au Rhin et à l'Ems). — **Hist.** Résidence impériale dès la fin du IXe s., ville hanséatique et impériale au Moyen Âge, elle fut gravement atteinte par la guerre de Trente Ans et déclina aux XVIIe-XVIIIe s. Elle reprit son essor à partir de la seconde moitié du XIXe s. grâce au développement économique de la Ruhr.

Dortmund-Ems *(canal),* voie navigable d'Allemagne (269 km), reliant la Ruhr aux ports de la mer du Nord par l'intermédiaire de l'Ems.

DORTOIR n. m. (lat. ecclés. *dormitorium*). **1.** Salle commune où dorment les membres d'une communauté dans certains couvents, dans les casernes, les collèges, etc. — **2.** S'emploie en apposition, avec ou sans trait d'union, pour indiquer qu'une localité n'est occupée par ses habitants que le soir, pour y dormir : *Commune(-) dortoir.*

DÖRTYOL, port pétrolier du sud de la Turquie, sur la Méditerranée.

DORURE n. f. **1.** Mince couche d'or, ou d'une matière imitant l'or, revêtant un objet, une surface. — **2.** Action de procéder à ce revêtement. (Utilisée pour la protection de pièces contre l'oxydation ou l'attaque de produits corrosifs, la dorure se fait par métallisation sous vide ou par voie électrolytique.) — **3.** *Péjor.* et *vx.* Objet, ornement doré et clinquant : *Un officier couvert de dorures.* • **Arts décor.** *Dorure électrolytique,* procédé consistant à provoquer, par passage de courant, une électrodéposition d'or sur un métal (ou sur un matériau spécialement préparé) immergé dans un électrolyte. (Depuis le XIXe s.) ‖

Dorure à la feuille, procédé consistant à appliquer de minces feuilles d'or sur des matériaux divers dûment préparés. (Dès l'Antiquité.) ‖ *Dorure au mercure,* procédé, réservé aux métaux, consistant à poser sur l'objet un amalgame d'or et de mercure, puis, par chauffage, à volatiliser le mercure et fixer l'or. (Dès l'Antiquité.) ‖ *Dorure à la poudre,* procédé consistant à étendre sur un matériau une substance contenant de la poudre d'or. ‖ *Dorure au trempé,* procédé consistant à immerger certains métaux dans une solution appropriée de façon à provoquer, au moyen d'une réaction chimique, un dépôt d'or. (XIXe s.) — **Rel.** Art de décorer les reliures de livres avec des motifs exécutés, en principe, à l'or fin. ‖ *Dorure au balancier,* procédé employé pour la réalisation en série de reliures en peau ou en toile (cartonnage romantique). ‖ *Dorure à la plaque,* procédé de décoration utilisant une plaque gravée, pour des motifs de grande surface. ‖ *Dorure sur tranches,* opération consistant à recouvrir d'or ou de couleurs les tranches d'un livre relié.

DORVAL, v. du Canada (Québec), au S.-O. du centre de Montréal ; 18 000 hab. Aéroport.

DORVAL (Marie DELAUNAY, dite **Mme**), comédienne française (Lorient 1798 - Paris 1849). Fille de comédiens, elle débuta très jeune sur scène et personnifia les héroïnes passionnées et malheureuses du drame romantique. Elle fut l'amie de Vigny, puis de Dumas père.

DORYLÉE, en gr. **Dorulaion,** en lat. **Dorylaeum,** anc. ville d'Asie Mineure, en Phrygie. Victoire des croisés, commandés par Godefroi de Bouillon, Bohémond et Tancrède, sur les Turcs (1097). C'est l'actuelle *Sarhöyük.*

DORYLIDÉ n. m. Nom de famille des fourmis nomades des régions équatoriales appelées magnans, fourmis de visite, fourmis légionnaires, etc., caractérisées par l'absence de nid permanent, le régime carnassier, la persistance des mâles ailés, l'énorme différence de taille entre les femelles et les ouvrières.

DORYPHORE n. m. (lat. sc. *doryphora*). **1.** Dans la Grèce ancienne, soldat armé d'une lance ; garde du corps. — **2.** Chrysomèle aux élytres ornés de lignes noires longitudinales sur fond jaune, très nuisible aux cultures de pomme de terre et de tomate, dont la larve et l'adulte dévorent les feuilles. (Cet insecte américain est apparu en France en 1922.)

Doryphore (le), statue de Polyclète (seconde moitié du Ve s. av. J.-C.), représentant un homme nu portant une lance. Connue par une réplique romaine (musée de Naples), cette œuvre, dont l'influence sur la sculpture antique a été considérable, illustre la volonté de l'artiste de représenter le corps humain au moyen de sa règle des proportions dite le Canon*.

DORYTOME n. m. Charançon du saule et du peuplier.

DOS n. m. (lat. pop. *dossum*). **1.** Partie postérieure du tronc de l'homme, comprise entre les épaules et la nuque en haut, le bassin en bas. — **2.** Chez les vertébrés autres que l'homme, moitié dorsale du tronc, sise entre la nuque et la queue et proche de la colonne vertébrale ; chez les quadrupèdes domestiques, région dorsale située entre le garrot et les reins. (→ *encycl.*) — **3.** Partie d'un vêtement qui couvre le dos. — **4.** Dossier d'un siège. — **5.** Partie supérieure convexe de qqch : *Le dos d'une cuiller.* — **6.** Le revers, le verso : *Une photo avec une date au dos.* — **7.** *Le dos d'un rasoir, d'un couteau,* la partie opposée au tranchant. ‖ *À dos de,* monté sur le dos d'un animal : *Une promenade à dos de chameau.* ‖ *À plat dos, sur le dos,* complètement allongé sur le dos. ‖ *Avoir bon dos,* servir de prétexte, être accusé, mis en cause à la place de qqn, de qqch d'autre. ‖ *Avoir le dos tourné,* être tourné de façon à présenter le dos ; avoir fait les premiers pas pour s'en aller ; ne plus surveiller attentivement. ‖ *Avoir qqch dans le dos,* l'avoir derrière soi. ‖ *Avoir qqch, qqn sur son dos,* avoir la charge de qqch, de qqn, devoir s'en occuper et trouver cela pénible. ‖ *Dans le dos, derrière le dos de qqn,* à son insu. ‖ *De dos,* vu du côté du dos, par oppos. à *de face.* ‖ *Dos à dos,* se dit de deux personnes placées de telle façon que le dos de l'une touche le dos de l'autre. ‖ *En dos d'âne,* qui présente deux inclinaisons opposées : *Pont en dos d'âne.* ‖ *Être sur (derrière) le dos de qqn,* le surveiller sans relâche, le harceler. ‖ Pop. *Faire à qqn un enfant dans le dos,* agir à son insu alors qu'il aurait dû être consulté. ‖ *Faire des bénéfices sur le dos de qqn,* faire son profit de ce dont on le lèse. ‖ *Faire le gros dos,* en parlant du chat et de quelques autres animaux, relever le dos ; laisser passer un orage, une difficulté sans rien faire. ‖ Pop. *L'avoir dans le dos,* échouer, se tromper dans ses espérances. ‖ *Mettre qqch sur le dos de qqn, de qqch,* considérer qu'ils en sont à l'origine, qu'ils en sont responsables. ‖ *Mettre, renvoyer dos à dos deux personnes, deux parties,* ne pas prendre parti dans leur débat. ‖ *N'avoir rien sur le dos,* ne pas avoir de vêtements suffisamment chauds sur soi, ou être dévêtu. ‖ Fam. *Se laisser manger (tondre) la laine sur le dos,* se laisser exploiter. ‖ *Se mettre qqn à dos,* se faire de lui un ennemi. ‖ *Tomber sur le dos de qqn,* se précipiter sur lui pour le battre ou arriver chez lui à l'improviste ; être mis à sa charge, en parlant d'un événement fâcheux. ‖ *Tourner le dos,* quitter brusquement qqn avec impolitesse ; cesser de le voir pour marquer du mépris, de la réprobation ; aller dans le sens inverse du but qu'on se proposait d'atteindre. • **Mobil.** *Bureau (à) dos d'âne,* petit bureau à abattant (en pente en position fermée), dit encore *bureau à pente* ou *à dessus brisé.* — **Rel.** Dans un volume broché ou relié, partie opposée à la tranche de gouttière. (Le dos reçoit le titre du livre.) — **Sports.** Style de nage qui se caractérise par la position d'équilibre dorsal du nageur, le visage étant émergé. Forme la plus rapide, le *dos crawlé* se caractérise par des battements de jambes associés à des actions propulsives alternatives des bras. [On dit aussi NAGE SUR LE DOS.]

ENCYCL. **Zool.** Le dos, plus exposé que le ventre à la lumière, à la vue et à l'attaque des prédateurs, est souvent beaucoup plus coloré que le ventre et revêtu d'un tégument beaucoup plus dur ou dissuasif (hérisson, porc-épic). Chez les poissons, sa forme varie de celle d'une surface plate (raie) à celle d'une crête aiguë aux flancs rapprochés (scalaire).

— **Zootechn.** Chez le cheval, une bonne conformation du dos est caractérisée par une très légère concavité dans la longueur, une grande largeur et une longueur proportionnée à la hauteur de l'animal.

DOSABLE adj. Qu'on peut doser.

DOSAGE n. m. (de *doser*). **1.** Élaboration d'un mélange dans les proportions convenables de ses divers constituants : *Le savant dosage d'un cocktail.* — **2.** Action de mesurer une attitude, de faire alterner des éléments différents dans une certaine proportion : *Il y avait chez lui un dosage d'autorité et de laisser-faire.* — **3.** Détermination (par gravimétrie, volumétrie, etc.) de la quantité d'un constituant contenu dans une substance. — **4.** Dans la fabrication des vins mousseux, introduction dans les bouteilles après dégorgeage d'une liqueur sucrée.

DOS-D'ÂNE n. m. inv. Surface formée de deux parties déclives de chaque côté de leur ligne de jonction.

Dos de mayo ou *l'Attaque contre les mamelouks à la Puerta del Sol,* **Tres de mayo** ou *les Fusillades de la Moncloa,* célèbres toiles de Goya, peintes en 1814 sur commande du Conseil espagnol de Régence, et qui retracent des événements de la guerre d'indépendance, en mai 1808 (toutes deux 2,66 × 3,45 m ; musée du Prado).

DOSE n. f. (lat. médiév. *dosis,* du gr. *dosis,* portion). **1.** Unité de prise d'un médicament : *S'en tenir à la dose prescrite.* — **2.** Proportion de chacun des éléments qui entrent dans un composé : *Quelle est la dose de sucre dans ce vin ?* — **3.** Quantité déterminée d'une substance, d'une durée, etc. : *Une bonne dose de sommeil.* — **4.** Quantité quelconque d'une qualité : *Il a épuisé ma dose de patience.* — **5.** *À haute dose,* beaucoup, énormément. ‖ *À petites doses,* à intervalles espacés et en petite quantité. ‖ Fam. *Avoir sa dose de,* avoir qqch en quantité suffisante ou en avoir plus qu'assez. • **Méd.** Quantité totale des radiations absorbées par le malade en une région donnée du corps pendant une série d'irradiations, exprimée en *rads* ou en *grays* (SI). — **Nucl.** *Dose absorbée,* quantité d'énergie transmise par un rayonnement ionisant à l'unité de masse du milieu irradié. (Unités : gray [Gy] et rad.) ‖ *Équivalent de dose,* grandeur utilisée en radioprotection pour caractériser l'effet biologique d'une irradiation sur les personnes qui y sont exposées. (Unités : sievert [Sv] et rem.)

DOSER v. t. (conj. 3). **1.** Fixer ou mesurer la dose d'un médicament qui doit être administré au malade. — **2.** Préparer un mélange dans les proportions convenables en réglant la quantité de chaque élément : *Doser les assaisonnements.* — **3.** Mesurer qqch en quantité juste nécessaire, avec parcimonie : *Doser les rations.* — **4.** Proportionner qqch de façon convenable : *Savoir doser ses forces.* — **5.** Procéder au dosage d'une substance, d'un vin.

DOSEUR, EUSE adj. Qui sert à doser.

◆ **doseur** n. m. ou **doseuse** n. f. **1.** Appareil utilisé au dosage de certains mélanges. — **2.** Appareil manuel ou automatique permettant de distribuer, dans un récipient ou dans un liquide circulant dans un canalisation, une quantité définie d'une substance donnée.

DOSIMÈTRE n. m. **1.** Instrument permettant de mesurer ou d'évaluer une dose radioactive absorbée. — **2.** Appareil de mesure utilisé en radiothérapie, permettant de déterminer la quantité de rayonnement délivrée au malade.

DOSIMÉTRIE n. f. **1.** Détermination d'une dose radioactive absorbée. — **2.** Ensemble des techniques permettant d'effectuer cette détermination. — **3.** Syn. de RADIOMÉTRIE.

DOSINIA n. f. Bivalve des sables littoraux du monde entier, aux siphons très longs, voisin de la praire (plus de 100 espèces).

DOS PASSOS (John Roderigo), romancier américain (Chicago 1896 - Baltimore 1970). Il est un des écrivains marquants, avec Hemingway et Fitzgerald, de la « génération perdue ». Dans un style mêlant reportages, poèmes en prose, refrains à la mode, il a brossé un tableau critique de la société capitaliste américaine (*Manhattan Transfer,* 1925 ; la trilogie *U. S. A.,* 1930-1936), exprimé ses désillusions politiques (*le Grand Dessein,* 1949) et publié des récits de voyage (*le Brésil en marche,* 1964).

DOSSAGE n. m. Action de dosser.

DOS SANTOS (José Eduardo), homme d'État angolais (Luanda 1942), président de la République angolaise depuis 1979.

DOSSARD n. m. (de *dos*). Carré d'étoffe, reproduisant un numéro d'ordre, que les concurrents d'une compétition sportive portent parfois sur leur maillot.

DOSSE n. f. (de *dos*). **1.** Premier et dernier débit d'une face convexe, obtenus lors du sciage d'une grume. — **2.** Partie bombée des osselets servant à jouer.

DOSSER v. t. (de *dos*) [conj. 3]. Plier une pièce d'étoffe en double dans sa longueur, de manière que les lisières se touchent.

DOSSERET n. m. (de *dossier*). **1.** Sorte de pilastre sans base ni chapiteau, sur lequel est appliquée une colonne ou un pilastre véritable, ou qui sert de piédroit à un arc doubleau, de jambage à une baie. — **2.** Partie de mur exhaussée au-dessus d'un toit, pour y adosser une ou plusieurs cheminées. — **3.** Rebord vertical prolongeant le dos d'un plan de travail ou d'un appareil ménager. — **4.** Tête ou pied de lit adaptables à un sommier. — **5.** Pièce de bois ou de métal portant une rainure, dont on renforce le dos d'une scie.

DOSSET n. m. Cuir de bovin dont les côtés ont été enlevés.

DOSSEUSE n. f. Machine qui sert à dosser.

DOSSEUSE-NIVELEUSE n. f. (pl. *dosseuses-niveleuses*). Machine servant à aplanir le terrain avant certains semis.

DOSSIER n. m. (de *dos*). **1.** Partie postérieure d'un siège, contre laquelle on appuie le dos. — **2.** Ensemble de documents se rapportant à un même sujet, à une même affaire : *Le dossier de l'affaire Landru.* — **3.** Chemise de carton léger, dans laquelle sont groupés des documents se rapportant à un même sujet : *Verser une pièce dans le dossier.* — **4.** Pièce de harnais qui sert à soutenir les limons ou les brancards. (Syn. DOSSIÈRE.) — **5.** *Dossier médical,* ensemble de documents relatifs à l'état de santé d'un malade. — **6.** *Avoir un dossier sur qqn,* avoir sur lui des renseignements confidentiels. ‖ *Connaître, posséder ses dossiers,* avoir une connaissance parfaite de la situation en étant ainsi capable de la contrôler. ‖ *Ouvrir, fermer un dossier,* ouvrir, classer une affaire.

DOSSIÈRE n. f. (de *dos*). **1.** Partie d'une cuirasse couvrant le dos. — **2.** Syn. de DOSSIER. — **3.** Partie dorsale de la carapace des tortues.

DOSSIN (Georges), assyriologue belge (Wandre, près de Liège, 1896). Éminent épigraphiste, il a participé aux fouilles d'Arslām Tash et a dirigé la publication des Archives royales de Mari, qui comptent des milliers de tablettes cunéiformes.

DOSSISTE n. Nageur(euse) de dos (crawlé).

DOSSO DOSSI (Giovanni LUTERI, dit), peintre italien (Pieve di Cento, près de Bologne, v. 1480 - Ferrare v. 1542). Marqué par Giorgione et par Titien, il a donné à Ferrare des scènes mythologiques et des sujets religieux aux larges paysages, d'un maniérisme empreint de romanesque et de mystère, dotées d'un riche coloris.

DOSTOÏEVSKI (Fedor Mikhaïlovitch), romancier russe (Moscou 1821 - Saint-Pétersbourg 1881). Bien que traumatisé par l'annonce brutale de l'assassinat de son père, Dostoïevski, alors étudiant à l'École d'ingénieurs de Saint-Pétersbourg, termine ses études, mais se retrouve seul et sans ressources. Son premier roman, *les Pauvres Gens* (1846), ayant été bien accueilli, il publie, mais sans succès, les récits *le Double* (1846), *Cœur faible* (1848). Déçu, il se lance dans la politique, mais arrêté, emprisonné, condamné à mort, puis gracié, il part pour quatre ans de détention en Sibérie, d'où il reviendra définitivement marqué et en proie à de fréquentes crises d'épilepsie. De retour à Saint-Pétersbourg, il publie *le Songe de l'Oncle* (1859), *Souvenirs de la Maison des morts* (1861) et *Mémoires* écrits dans un souterrain* (1864), dont les descriptions réalistes du bagne lui apportent la célébrité. Très éprouvé par des deuils (sa femme, son frère) et des dettes, il trouve dans ses souffrances l'inspiration d'*Humiliés et Offensés* (1861) et de *Crime* et Châtiment* (1866). Remarié, criblé de dettes, il perd sa fille, se réfugie en Allemagne, en Suisse, en Italie, joue au casino, perd et écrit fiévreusement *le Joueur* (1867), *l'Idiot** (1868), *l'Éternel Mari* (1870), *les Démons** ou *les Possédés* (1872), que suivront *l'Adolescent* (1875), *le Journal d'un écrivain* (1876) et *les Frères* Karamazov* (1879-80). Sa gloire, immense, éclipse même celle de Tolstoï. Rentré en Russie, il poursuit une œuvre qui aura toujours été une même quête de l'absolu à travers une fine étude psychologique, une grande diversité de perspectives et un mysticisme qui unit l'expérience humaine et religieuse de l'auteur à ses explorations du monde du subconscient et du rêve. Il meurt considéré comme le prophète de la Russie, en laquelle il voyait une synthèse de toutes les cultures.

DOT [dɔt] n. f. (lat. *dos, dotis*). **1.** Ensemble des biens meubles ou immeubles donnés par un tiers à l'un ou l'autre des époux dans le contrat de mariage. — **2.** Biens qu'une femme apporte en se mariant : *Un coureur de dot.* — **3.** Chez les premiers Grecs, chez de nombreux peuples, prix payé par le futur mari à la famille de la jeune fille. — **4.** Apport que fait une future religieuse au monastère où elle va entrer.

DOTAL, E, AUX adj. (lat. *dotalis*). **1.** Relatif à la dot. – **2.** *Biens dotaux,* biens de la femme mariée sous le régime dotal. ‖ *Régime dotal,* régime matrimonial selon lequel les biens constitués en dot, tout en demeurant la propriété de la femme, sont grevés d'une sorte d'usufruit au profit du mari. (Ce régime a été supprimé par la loi du 13 juill. 1965.)

DOTATION n. f. (lat. médiév. *dotatio, -onis*). **1.** Action de constituer un revenu en faveur d'une personne, d'une collectivité, d'un établissement. – **2.** Fonds assigné pour cet objet. – **3.** Revenus assignés à un service public pour son fonctionnement. – **4.** Revenus attribués au chef de l'État, ainsi qu'aux membres de la famille d'un souverain.

DOTER v. t. (lat. *dotare*) [conj. 3]. **1.** Pourvoir qqn d'une dot : *Fille richement dotée.* – **2.** Pourvoir qqn, un groupe, en moyens, en biens ; équiper : *Doter le pays d'une industrie puissante.* – **3.** Pourvoir qqn d'une qualité, d'un avantage, gratifier : *La nature l'a dotée d'une beauté parfaite.* – **4.** Faire une dotation à qqn, une collectivité, un établissement ; pourvoir un organisme de fonds qui lui permettent d'assurer son fonctionnement.

DOTHICHIZA [-kiza] n. m. Champignon, dont une espèce attaque mortellement les rameaux des peupliers.

DOTHIÉNENTÉRIE [-nɑ̃-] n. f. (gr. *dothiên, -ênos,* furoncle, et *enteron,* intestin). Syn. ancien de FIÈVRE TYPHOÏDE.

DOTREMONT (Christian), poète et dessinateur belge (Tervuren 1922 - Bruxelles 1979). Cofondateur en 1948 du mouvement Cobra*, dont il dirigea la revue, il a consacré ses travaux à un « art expérimental », souvent collectif, qui mêle poésie verbale et imagination graphique (« peintures-mots » dès 1948, « logogrammes », à partir de 1962).

DÖTTINGEN, comm. de Suisse (Argovie), site de la centrale nucléaire de Beznau ; 2 600 hab.

DOU (Gerard), peintre néerlandais (Leyde 1613 - *id.* 1675). Élève de Rembrandt (de 1628 à 1631), il s'est acquis une immense réputation avec des scènes de genre inspirées de la vie bourgeoise, d'un métier impeccable et minutieux (*la Femme hydropique,* 1663, Louvre).

DOUAI (59500), ch.-l. d'arrond. du Nord, sur la Scarpe ; 44 195 hab. *(Douaisiens).* Cour d'appel, Douai est un ancien centre houiller : la direction régionale des Houillères y demeure, ainsi que l'école des techniques industrielles et des mines. C'est l'élément principal d'une agglomération de plus de 200 000 habitants, industrialisée (matériel ferroviaire et surtout construction automobile).

– **Hist.** Peut-être forteresse romaine à l'origine, Douai *(Duacum)* devint dès le XIᵉ s. un important centre commercial, et connut aux XIIᵉ et XIIIᵉ s. une grande prospérité liée à une intense activité drapière. Mais la guerre de Cent Ans, l'essor de l'industrie drapante anglaise marquèrent le début du déclin de la cité. Occupée par Louis XIV en 1667, Douai fut définitivement attribuée à la France par le traité d'Utrecht en 1713.

– **Bx-arts.** Hôtel de ville avec beffroi des XIVᵉ-XVᵉ s. Église gothique Notre-Dame. Collégiale St-Pierre, reconstruite aux XVIᵉ-XVIIIᵉ s. (tableaux). Musée dans l'ancienne chartreuse (archéologie, objets d'art, collection de peintures, dont le grand polyptyque de J. Bellegambe).

DOUAIRE n. m. (lat. médiév. *dotarium,* du lat. class. *dos, dotis,* dot). Biens que le mari assignait à sa femme pour en jouir si elle lui survivait. (Le douaire fut aboli par la Révolution.)

DOUAIRIÈRE n. f. **1.** Veuve de grande famille, qui jouissait d'un douaire. – **2.** *Péjor.* Vieille femme de l'aristocratie ou de la haute bourgeoisie.

DOUALA n. m. Langue bantoue parlée au sud du Cameroun par les Doualas.

DOUALA, principal port et métropole économique du Cameroun, sur l'estuaire du Wouri ; 486 000 hab. Centre commercial et industriel (mécanique et agroalimentaire). Exportations de bois, café, bananes et coton. Aéroport international.

DOUALAS, population bantoue habitant le Cameroun.

DOUANE n. f. (anc. ital. *doana,* de l'ar. *dīwān*). **1.** Administration chargée de percevoir les taxes imposées sur les marchandises importées ou exportées. – **2.** Siège de cette administration, en partic. à la frontière ou dans un aéroport : *S'arrêter à la douane.* – **3.** Droits perçus : *Être exempté de douane.* – **4.** *Code des douanes,* ensemble des textes codifiés en 1948, relatifs au service des douanes et aux droits perçus sur les marchandises importées ou exportées. ‖ *Déclaration de douane,* acte par lequel un transporteur fait connaître à l'administration des douanes la nature et la qualité des marchandises qu'il importe ou qu'il exporte.

ENCYCL. Les *droits de douane* sont les taxes qui frappent les marchandises à l'entrée (droits d'importation) ou à la sortie (droits d'exportation) du territoire. On peut distinguer trois types de systèmes tarifaires : le tarif autonome (aucune convention internationale ne vient limiter la liberté de fixer unilatéralement les tarifs des droits) ; le tarif conventionnel, fixé à la suite d'accords entre États intéressés ; le système du double tarif, qui comporte un tarif général, du

type du tarif autonome, et un tarif minimal, applicable aux pays avec lesquels des accords ont été conclus.
La Communauté économique européenne ayant pour base une union douanière, les droits de douane et taxes d'effet équivalent sont supprimés entre les États membres, et un tarif douanier commun est applicable aux échanges avec les pays tiers. Ce tarif douanier commun, le seul applicable aux frontières françaises, est arrêté par les instances communautaires.
Les droits de douane peuvent être spécifiques (établis suivant le poids, le nombre, les dimensions ou le volume des marchandises) ou ad valorem (établis d'après la valeur des marchandises, déterminée suivant les principes posés par la Convention internationale de Bruxelles de 1950).

DOUANER v. t. (conj. **3**). Marquer une marchandise du plomb de l'administration des douanes.

DOUANIER, ÈRE adj. **1.** Relatif à la douane. – **2.** *Union douanière,* ensemble formé par deux ou plusieurs pays reportant à l'extérieur de ses frontières la perception des droits et supprimant toute taxation pour les transactions entre les pays de l'union.
◆ **douanier** n. m. Agent appartenant aux corps de la douane, et chargé de la surveillance et de la vérification des marchandises qui entrent dans un pays ou en sortent.

DOUAR n. m. (ar. *dawār*). **1.** Agglomération de tentes en Afrique du Nord. – **2.** Division administrative en Afrique du Nord.

DOUARNENEZ (29100), ch.-l. de cant. du Finistère, sur la *baie de Douarnenez ;* 16 701 hab. *(Douarnenistes).* Églises des XVIe et XVIIe s., dont celle de Ploaré (beau clocher). Pêche et conserveries. Matériel téléphonique. Plages et thalassothérapie.

DOUARNENEZ *(baie de),* vaste baie de la côte occidentale de la Bretagne (Finistère), entre la presqu'île de Crozon et l'extrémité de la Cornouaille.

DOUAUMONT (55100 Verdun), comm. de la Meuse, à 10 km au N.-E. de Verdun, sur les Hauts de Meuse, au-dessus de la Woëvre ; 10 hab.
– **Hist.** Le *fort de Douaumont* fut le théâtre de sanglants combats lors de la bataille de *Verdun,* en 1916. L'*ossuaire de Douaumont* a été inauguré en 1932. Il contient les restes, non identifiés, d'environ 300 000 soldats français morts devant Verdun.

DOUBLAGE n. m. **1.** Action de doubler qqch en lui adjoignant qqch de même nature, ou en le mettant en double : *Procéder au doublage d'une fenêtre.* – **2.** Action de garnir d'un tissu, d'une fourrure, etc., qui recouvre intérieurement un vêtement. – **3.** Remplacement de la bande sonore originale d'un film par une autre bande sonore, qui donne le dialogue des personnages dans une autre langue, tout en s'efforçant de respecter le mouvement de leurs lèvres. – **4.** Action de remplacer un acteur par une doublure. – **5.** Revêtement métallique appliqué sur la carène d'un navire pour la protéger. – **6.** En filature, réunion, à l'entrée d'une machine d'étirage, d'un certain nombre de rubans de matière textile, en vue de les régulariser ou de les mélanger.

DOUBLE adj. (lat. *duplus*). **1.** Se dit d'une quantité qui égale deux fois une autre quantité : *Un double décalitre. Servir un whisky double.* – **2.** Qui comporte deux éléments identiques ou qui est répété deux fois : *Une double consonne. Une feuille double.* – **3.** Qui vaut deux fois, qui comporte deux éléments : *Remplir d'un coup un double objectif.* – **4.** Qui a deux aspects opposés dont l'un est masqué : *Phrase à double sens. Mener une double vie.* • **Astron.** *Étoile double (physique),* ensemble de deux étoiles liées par leur attraction mutuelle et qui gravitent autour de leur centre de masse commun. (Syn. BINAIRE, SYSTÈME BINAIRE.) ‖ *Étoile double visuelle,* ensemble de deux étoiles que l'on observe proches l'une de l'autre dans le ciel. (Souvent, le rapprochement n'est qu'un effet de la perspective, les composantes se trouvant, en réalité, à des distances très différentes de

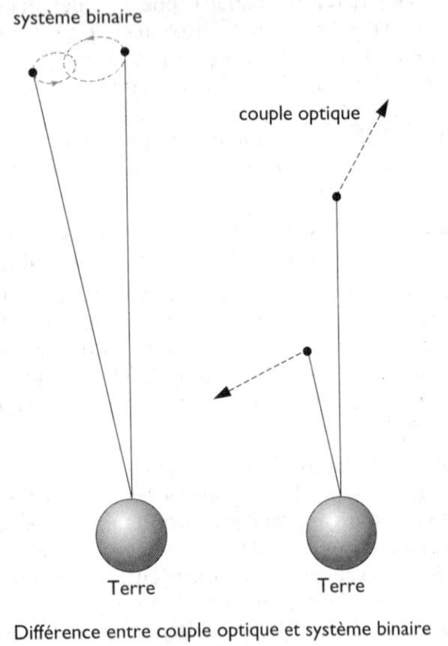

Différence entre couple optique et système binaire
Étoile **double**.

la Terre. On parle alors de *couple optique.*) [Syn. COUPLE STELLAIRE.] – **Bot.** *Double fécondation,* syn. de DIGAMIE. ‖ *Fleur double,* fleur présentant au moins deux fois le nombre normal de pétales de son espèce. – **Ch. de f.** *Double traction,* disposition qui consiste à atteler deux locomotives pour augmenter l'effort de traction, chaque locomotive étant conduite par un mécanicien. ‖ *Ligne à double voie,* ligne de chemin de fer comportant deux voies, chacune étant affectée à un sens déterminé de circulation. – **Chim.** *Double liaison,* liaison, représentée par deux traits parallèles, de deux atomes échangeant deux valences dans un composé. – **Comptab.** *Partie double,* technique comptable qui consiste à passer deux fois chaque article, une fois au crédit, l'autre au débit. – **Démogr.** *Double compte,* procédure qui définit la population légale des communes par sommation de la population municipale et de la population comptée à part. (Une fraction de la population comptée à part fait ainsi l'objet d'un double enregistrement, en figurant à la fois dans la population municipale de sa commune de résidence habituelle et dans la population légale de la commune où elle a été recensée.) – **Dr.** *Double lien,* parenté des enfants qui ont le même père et la même mère. – **Géom.** *Droite double,* droite image des couples (x,y) solutions de l'équation

$$(ax + by + c)^2 = 0.$$

‖ *Point double d'une courbe paramétrée,* point multiple d'ordre 2. ‖ *Point double d'une transformation,* syn. de POINT FIXE. ‖ *Tangente double,* tangente en deux points distincts à une même courbe ou surface. – **Hôtell.** *Chambre, lit double,* chambre, lit pour deux personnes. – **Liturg.** *Fête double* ou *double* (n. f.), jusqu'en 1959, fête à l'office de laquelle on doublait les antiennes, avant et après chaque psaume. – **Méd.** *Double aveugle,* méthode employée pour apprécier l'efficacité réelle d'un nouveau médicament en dehors de tout élément subjectif, et dans laquelle ni le médecin, ni le malade ne savent si le produit donné est un placebo ou le médicament à expérimenter. – **Monn.** *Double aigle,* aux États-Unis, pièce d'or de 20 dollars. – **Psychan.** *Double contrainte* ou *double lien,* dilemme dans lequel se trouve placé un sujet lorsqu'il ne peut fournir de réponse appropriée à deux ordres de messages contradictoires émis par un ou plusieurs membres de sa famille. (Syn. DOUBLE BIND.) [→ *encycl.*] – **Sports.** *Coup double,* en escrime, à l'épée, touches portées simultanément par les tireurs, chacun étant alors déclaré touché.

◆ adv. **1.** En quantité ou en nombre double : *Payer double.* – **2.** *Voir double,* avoir la sensation de voir deux êtres ou deux objets là où il n'y en a qu'un.

◆ n. m. **1.** Quantité égale à deux fois une autre : *Payer un objet le double de sa valeur.* – **2.** Reproduction exacte d'un texte ; duplicata : *Conserver un double.* – **3.** Autre exemplaire d'un objet : *Avoir quelques doubles dans sa collection de timbres.* – **4.** Reflet de qqch, de qqn, ou personne très ressemblante à une autre ; sosie : *Mon jumeau, c'est mon double.* – **5.** *En double,* plié en deux ; en deux exemplaires : *Mets le fil en double. J'ai cette photo en double.* ‖ *Porter qqch au double,* le multiplier par deux, obtenir une quantité égale à deux fois la quantité initiale. • **Équit.** Obstacle constitué par la succession de deux obstacles simples différents nécessitant deux sauts séparés par deux battues. – **Jeux.** Aux dés, occurrence du même point sur deux dés différents. ‖ Domino dont chaque moitié porte le même nombre de points (*double-blanc, double-as* ou *double-un, double-deux,* etc.). [Syn. DOUBLE-DÉ.] – **Numism.** Dans l'ancienne France, double denier. – **Sports.** Au tennis et au tennis de table, partie jouée par une équipe de deux contre une autre équipe de deux (double messieurs, double dames, double mixte). – **Zootechn.** Jumeau, en parlant des agneaux et des chevreaux.

ENCYCL. **Psychan.** G. Bateson, qui a mis en évidence la *double contrainte,* considère celle-ci comme la cause et l'effet de la schizophrénie : le schizophrène serait soumis à un discours familial qui l'empêcherait de distinguer nettement le sens du message qu'on lui communique et il ne pourrait dès lors que fournir une réponse psychotique à une situation sans issue.

Double Inconstance *(la),* comédie de Marivaux (1723). Deux jeunes paysans, Silvia et Arlequin, croient s'aimer, cependant Silvia épousera un Prince qui l'a conquise et Arlequin, Flaminia dont il s'est épris.

DOUBLE (la), région boisée du Périgord, entre les vallées de l'Isle et de la Dronne.

1. DOUBLÉ → DOUBLER.

2. DOUBLÉ n. m. **1.** Double réussite : *Vainqueur du 100 et du 200 m, c'est un beau doublé !* – **2.** Action d'un chasseur qui, de deux coups de fusil successifs, abat deux pièces de gibier. – **3.** Syn. de PLAQUÉ. – **4.** Nappe de fils assemblés pour constituer un type d'ornement. – **5.** *Doublé de papier,* papier sur lequel on a contrecollé une autre feuille de papier ou de métal.

DOUBLEAU n. m. **Bât.** Arc saillant séparant deux voûtes ou fractionnant un berceau.

DOUBLE BIND [dɔbəlbajnd] n. m. (angl. *double bind,* double lien). En psychanalyse, syn. de DOUBLE* CONTRAINTE.

DOUBLE-CAPONNIÈRE n. f. (pl. *doubles-caponnières*). Dans le système bastionné, communication à ciel ouvert entre deux parapets latéraux reliant le corps de place à un ouvrage avancé.

DOUBLE-CHŒUR [-kœr] n. m. (pl. *doubles-chœurs*). Réunion de deux chœurs à voix égales ou à voix mixtes, qui peuvent alterner ou se fondre.

DOUBLE-CORDE n. f. (pl. *doubles-cordes*). Technique d'exécution musicale exigeant l'utilisation simultanée de deux cordes.

DOUBLE-CORPS n. m. *Turboréacteur à double-corps,* turboréacteur qui comprend deux compresseurs montés en série et reliés par deux arbres concentriques aux turbines chargées de les entraîner.

DOUBLE-CRÈME n. m. (pl. *doubles-crèmes*). Fromage contenant plus de 60 % de matière grasse dans la matière sèche.

DOUBLE-CROCHE n. f. (pl. *doubles-croches*). Valeur de note représentant la moitié d'une croche.

Doubleday and Co., maison d'édition américaine, fondée en 1897 par F. N. Doubleday à New York.

DOUBLE-DÉ n. m. (pl. *doubles-dés*). Aux dés, aux dominos, syn. de DOUBLE.

DOUBLE-ÉTOFFE n. f. (pl. *doubles-étoffes*). Étoffe à quatre éléments (deux chaînes et deux trames), tissée directement sur le métier à tisser.

DOUBLE-FACE n. f. (pl. *doubles-faces*). Étoffe à trois éléments (deux chaînes et une trame, ou deux trames et une chaîne), laissant apparaître deux armures différentes sur chacune de ses faces.

DOUBLE-FENÊTRE n. f. (pl. *doubles-fenêtres*). Ensemble constitué par une fenêtre et une contre-fenêtre.

DOUBLE-FLUX n. m. (pl. *doubles-flux*). *Turboréacteur à double (-) flux,* turboréacteur dans lequel une partie seulement de l'air aspiré *(flux primaire,* ou *principal)* passe par le compresseur, la chambre de combustion, la turbine et la tuyère d'éjection, le restant *(flux secondaire,* ou *de dilution)* évitant la chambre de combustion et la turbine et venant se mélanger au flux primaire dans la tuyère. (On obtient ainsi un meilleur rendement et un accroissement de la poussée.)

DOUBLE(-)FOND n. m. (pl. *doubles-fonds*). Partie d'un navire comprise entre le bordé intérieur et le bordé extérieur.

1. DOUBLEMENT adv. (de *double*). D'une façon double ; à un double titre : *Être doublement heureux.*

2. DOUBLEMENT n. m. (de *doubler 1*). **1.** Action de porter au double : *Le doublement de la production.* — **2.** Action de mettre en double : *Le doublement d'un fil.* — **3.** *Doublement d'une balle,* dans le tir à la cible, action de placer deux balles au même impact. ‖ *Temps de doublement,* durée de fonctionnement d'un réacteur nucléaire surgénérateur au cours de laquelle, tout en assurant le remplacement du combustible nucléaire qu'il a consommé, ce réacteur a produit un stock de combustible suffisant pour permettre le fonctionnement d'un réacteur identique.

DOUBLE-MÈTRE n. m. (pl. *doubles-mètres*). *Fam.* et *vx.* Homme très grand.

DOUBLE-PAGE n. f. (pl. *doubles-pages*). Dans un livre, une publication, illustration ou ensemble d'illustrations présenté sur deux pages qui se font face.

1. DOUBLER v. t. (bas lat. *duplare*) [conj. **3**]. **1.** Porter qqch au double, obtenir un résultat, une quantité deux fois plus grands, plus importants qu'au départ : *Doubler la mise.* — **2.** Augmenter l'importance, la force de qqch : *Doubler le personnel d'une entreprise.* — **3.** Mettre qqch en double en le pliant : *Doubler une couverture pour avoir plus chaud.* — **4.** Garnir qqch d'un tissu, d'un matériau, d'un revêtement, qui le recouvre, en général intérieurement : *Doubler une tenture.* — **5.** Remplir la même fonction que qqn, en même temps que lui ou parallèlement. — **6.** Passer devant un véhicule alors qu'on était derrière, effectuer un dépassement : *La voiture a doublé un cycliste.* — **7.** *Fam.* Trahir qqn, le devancer dans une opération en recueillant les profits qui devaient lui revenir. — **8.** *Doubler le cap,* en parlant d'un navire, le contourner ; triompher d'une difficulté, franchir une étape difficile : *Doubler le cap de l'agrégation.* ‖ *Doubler le pas, l'allure,* marcher plus vite ; accélérer. ‖ *Doubler les rangs,* mettre sur deux rangs des personnes qui étaient sur une file. ‖ *Doubler une classe,* la redoubler. ‖ *Doubler une route par une autre,* construire une route, une voie formant un itinéraire parallèle pour faciliter le trafic. • **Cin.** Effectuer le doublage d'un film, d'un acteur. — **Impr.** Terminer une ligne, un vers, à la fin de la ligne précédente ou suivante, quand la justification est insuffisante. — **Mar.** Munir un bâtiment d'un doublage. — **Mus.** *Doubler les parties,* faire exécuter chacune des parties par deux voix ou deux instruments à l'unisson ou à l'octave. — **Sports.** Dans une course sur piste, distancer un autre coureur d'un tour de piste ou, en cyclisme, dans une course contre la montre, dépasser un adversaire parti plus tôt. — **Text.** Procéder à l'opération du doublage. ‖ Réunir, avant de les retordre, deux ou plusieurs fils simples. (Syn. ASSEMBLER.) — **Théâtr.** et **Cin.** Jouer, chanter, danser un rôle à la place du titulaire. — **Véner.** *Doubler ses voies,* en parlant d'un animal, revenir

sur sa voie et repartir, pour ruser et embarrasser les chiens.
◆ v. i. Voir sa quantité, sa valeur, sa dimension, etc., portée au double, multipliée par deux : *Les prix ont doublé depuis cette année-là.*
◆ **être doublé** v. pass. 1. Comporter une doublure : *Une jupe doublée.* – 2. Être intérieurement garni de qqch : *Imperméable doublé de fourrure.* – 3. Syn. de ÊTRE PLAQUÉ. – 4. *Balle doublée,* au tennis, au tennis de table, balle qui a touché deux fois la surface de jeu avant d'être renvoyée. ‖ *Film doublé,* qui a subi le doublage (par oppos. à *film en version originale*).
◆ **se doubler** v. pr., **être doublé** v. pass. Comporter un autre aspect, un double aspect : *C'est un érudit doublé d'un artiste.*

2. DOUBLER ou **DOUBLÉ** n. m. En équitation, figure de manège consistant à quitter la piste à angle droit et à la reprendre en face.

DOUBLE-RIDEAU n. m. (pl. *doubles-rideaux*). Rideau en tissu épais qui se tire devant le voilage d'une fenêtre.

DOUBLE-SCULL [-skœl] n. m. (pl. *double-sculls*) [angl. *double-scull,* aviron à couple]. En aviron, bateau de deux équipiers ramant en couple, sans barreur.

DOUBLET n. m. (de *double*). 1. Objet en double ou ensemble de deux objets analogues. – 2. Mot ayant le même étymon qu'un autre, mais présentant une forme et un sens différents. (Ainsi, le lat. *auscultare* a donné en français *écouter* par formation populaire et *ausculter* par formation savante.) – 3. En bijouterie, pierre naturelle dont on augmente le volume par l'adjonction d'une autre pierre semblable ou d'un prisme de cristal sous la culasse ; pierre d'imitation obtenue en fixant un corps coloré derrière un morceau de cristal. – 4. Syn. de DIPÔLE ÉLECTRIQUE. – 5. Ensemble de deux puits ou sondages forés à faible distance l'un de l'autre et servant à exploiter depuis la surface un gisement souterrain. – 6. Oculaire composé de deux lentilles minces. – 7. Ensemble de deux raies très voisines dans un spectre. (Ex. doublet du sodium.) – 8. *Antenne doublet,* élément rayonnant constitué d'un conducteur rectiligne qui, s'il est alimenté, l'est symétriquement par rapport au centre. ‖ *Doublet électronique,* ensemble de deux électrons grâce auquel se fait, dans certaines molécules, la liaison entre deux atomes.

DOUBLE-TOILE n. f. (pl. *doubles-toiles*). Dispositif de formation de la bande de papier comportant deux toiles convergentes entre lesquelles la caisse de tête injecte la suspension fibreuse.

DOUBLE-TOIT n. m. (pl. *doubles-toits*). Toile supplémentaire recouvrant une tente de camping pour la protéger.

DOUBLE-TORSION n. f. (pl. *doubles-torsions*). Système de retordage permettant de donner à un fil textile deux tours de torsion pour un seul tour communiqué au dispositif.

DOUBLETTE n. f. 1. Équipe de deux joueurs. – 2. *Fam.* Ensemble formé par deux personnes inséparables.

DOUBLEUR, EUSE n. 1. Professionnel qui double les films étrangers. – 2. En Belgique, au Canada, élève qui redouble une classe ; redoublant.
◆ **doubleur** n. m. *Doubleur de focale,* dispositif optique qui se monte entre l'objectif et le boîtier d'un appareil photographique afin de doubler la focale de cet objectif.
◆ **doubleuse** n. f. Machine utilisée pour bobiner ensemble deux ou plusieurs fils textiles sans leur donner de torsion. (Syn. ASSEMBLEUSE, RÉUNISSEUSE.)

DOUBLIÈRE n. f. Brebis ou chèvre portant deux petits.

DOUBLIS [-bli] n. m. (de *double*). Double épaisseur d'ardoises ou de tuiles plates formant le bord inférieur d'un versant de toit. (Syn. BATTELLEMENT.)

1. DOUBLON n. m. (de *double*). Faute typographique consistant à répéter une lettre, un ou plusieurs mots.

2. DOUBLON n. m. (esp. *doblón*). 1. Monnaie d'or frappée en Espagne et dans ses colonies d'Amérique à partir de 1566. – 2. Monnaie papale émise au XVIIe s.

DOUBLONNER v. t. ind. (conj. 3). Faire double emploi avec qqch : *Service d'une entreprise qui doublonne avec un autre.*

DOUBLURE n. f. (de *doubler*). 1. Étoffe que l'on emploie pour doubler un vêtement, un rideau, etc. – 2. Garniture chaude et amovible portée sous un vêtement léger. – 3. Habillage intérieur d'un objet (tige de chaussure, gant, ceinture). – 4. Prête-nom ou personne qui joue abusivement le rôle d'une autre. – 5. Acteur secondaire qui se tient prêt à remplacer le titulaire du rôle en cas de besoin. – 6. Spécialiste (cascadeur) remplaçant effectivement un acteur pour des scènes exceptionnelles et dangereuses. – 7. Défaut de cohésion dans l'épaisseur d'une tôle laminée. (Syn. DÉDOUBLURE.) – 8. *Jouer, faire les doublures,* être ou se faire passer pour un personnage de second plan.

DOUBNA, ville de la grande banlieue nord de Moscou, sur la « mer de Moscou » (retenue de la Volga) ; 44 000 hab. Centre de recherches nucléaires.

DOUBNO, v. d'Ukraine, au N.-E. de Lvov ; 25 000 hab. Combats entre Austro-Allemands et Russes (1915-16).

DOUBROVSKY (Serge), critique français (Paris 1928). Il a imprimé à la critique une vision existentielle (*Corneille et la dialectique du héros,* 1964), antiformaliste (*Pourquoi la nouvelle critique,* 1966) et psychanalytique (*Autobiographiques : de Corneille à Sartre,* 1988). On lui doit aussi des romans à tendance autobiographique (*Un amour de soi,* 1982 ; *le Livre brisé,* 1989).

DOUBS (le), riv. de France et de Suisse, affl. de la Saône (r. g.) ; 430 km (bassin d'env. 8 000 km^2, débit moyen de 160 m^3/s). Né dans le Jura à 937 m d'alt., le Doubs remplit le lac de Saint-Point, passe à Pontarlier et traverse le lac de Chaillexon, d'où il sort par le saut du Doubs (27 m de haut) ; il pousse une pointe en Suisse. Rentré en France en continuant son cours sinueux à travers les chaînes du Jura, il passe à Besançon et Dole ; grossi par la Loue, il finit à Verdun-sur-le-Doubs.

DOUBS (25), dép. de la Région Franche-Comté ; ch.-l. de dép. *Besançon ;* ch.-l. d'arrond. *Montbéliard, Pontarlier ;* 3 arrond. ; 35 cant. ; 594 comm. ; 5 234 km^2 ; 484 770 hab. *(Doubistes).* Le dép. appartient à l'académie et à la cour d'appel de Besançon, à la région militaire Nord-Est.
L'élevage bovin (fromages) et l'exploitation forestière du Jura central et septentrional s'opposent à la polyculture des collines d'entre Doubs et Ognon. L'industrie, développée (constructions mécaniques et automobiles), est localisée essentiellement à Besançon et dans l'agglomération de Montbéliard (Sochaux).

DOUÇAIN → DOUCIN.

DOUCE → DOUX.

DOUCE-AMÈRE n. f. (pl. *douces-amères*). Solanacée commune, aux baies noires vénéneuses, du genre morelle.

DOUCEÂTRE adj. **1.** Qui est doux et fade au goût, à l'odorat : *Une liqueur douceâtre.* – **2.** Qui a une expression fade et molle, par son manque d'originalité, de caractère : *Visage douceâtre.*

DOUCEMENT adv. **1.** Sans trop de force, de vitesse, de bruit, d'intensité ; avec douceur, délicatesse : *Ouvrir doucement une porte.* – **2.** *Fam.* À part soi, en son for intérieur ; de façon voilée : *Je m'amusais doucement de leur ahurissement.* – **3.** Fam. *Aller doucement,* aller médiocrement, ne pas être prospère. ‖ *Doucement !,* pas de précipitation, pas trop fort : *Doucement ! Procédons par ordre !*

DOUCEREUSEMENT adv. De façon doucereuse ; avec une douceur affectée.

DOUCEREUX, EUSE adj. (de *douceur*). **1.** D'une douceur fade et désagréable au goût ; douceâtre : *Liqueur doucereuse.* – **2.** Qui a une douceur déplaisante, affectée ; mielleux : *Une voix doucereuse.*

DOUCET (Jacques), couturier et amateur d'art français (Paris 1853 - Neuilly-sur-Seine 1929). Il contribua à la publication du *Répertoire d'art et d'archéologie* et fit don à l'Université de Paris (1918) de sa bibliothèque d'art et de littérature, qui a été répartie entre l'Institut d'art et d'archéologie (bibliothèque Jacques-Doucet) et la bibliothèque Sainte-Geneviève.

DOUCETTE n. f. Autre nom de la *mâche.*

DOUCETTEMENT adv. *Fam.* Tout doucement.

DOUCEUR n. f. (bas lat. *dulcor, -oris,* avec l'infl. de *doux*). **1.** Qualité de ce qui est doux ; agréable, sans heurts : *La douceur du velours. Goûter la douceur du soir.* – **2.** Caractère, comportement doux, affectueux de qqn, d'un animal : *Traiter un animal avec douceur.* – **3.** *En douceur,* sans heurt notable, sans brutalité ; sans éclat : *Régler un différend en douceur.*

◆ **douceurs** n. f. pl. **1.** Friandises, sucreries. – **2.** Agréments : *Apprécier les douceurs du confort.* – **3.** *Fam.* Paroles pleines de gentillesse ou, *ironiq.,* propos acides, injures : *Depuis cet échange de douceurs, ils sont fâchés.*

DOUCHANBE, de 1929 à 1961 **Stalinabad,** cap. du Tadjikistan ; 530 000 hab. Centre administratif. Mécanique. Textile. Alimentation.

DOUCHE n. f. (ital. *doccia,* de *docciare,* couler). **1.** Jet d'eau dirigé sur le corps comme moyen hygiénique ou curatif. – **2.** Installation permettant de prendre une douche. – **3.** *Fam.* Averse, pluie qu'on reçoit. – **4.** *Fam.* Réprimande violente : *Recevoir une bonne douche.* – **5.** Événement qui met brusquement fin à un état de surexcitation, d'exaltation, à des illusions : *Quelle douche quand il a appris son échec !* – **6.** *Douche écossaise,* alternance de bons et mauvais traitements, de bonnes et mauvaises nouvelles, etc. ‖ *Faire l'effet d'une douche froide,* surprendre par son caractère inattendu et désagréable, faire cesser l'enthousiasme de qqn ; refroidir.

◆ **douches** n. f. pl. Établissement où l'on peut prendre des douches ; local où se trouvent les installations de douche.

DOUCHER v. t. (conj. 3). **1.** Arroser qqn, un animal au moyen d'un appareil de douche. – **2.** *Fam.* Infliger à qqn une déception qui abat son enthousiasme : *Cet échec l'a douché.* – **3.** *Fam.* Infliger une réprimande à qqn. – **4.** Fam. *Se faire doucher,* recevoir une averse ; rabattre son enthousiasme.

DOUCHY-LES-MINES (59282), comm. du Nord, à 3 km au S. de Denain ; 10 965 hab. Anc. centre houiller.

1. DOUCI, E adj. *Glace doucie,* glace qui a subi le doucissage.

2. DOUCI n. m. 1. État d'une glace doucie. — 2. Syn. de DOUCISSAGE.

DOUCIN ou **DOUÇAIN** n. m. (de *doux*). Pommier sauvage de moyenne vigueur, employé comme porte-greffe.

DOUCINE n. f. (de *doux*). 1. Moulure composée dont le profil dessine un S aux extrémités tendant vers l'horizontale (lorsque cette moulure est horizontale). — 2. Rabot dont le fer a la forme d'un profil de moulure en doucine. — 3. *Raccordement en doucine,* à l'entrée d'une courbe, variation progressive du tracé et du dévers d'une voie ferroviaire.

DOUCISSAGE n. m. Usure des aspérités sur chacune des faces d'une glace brute, de façon à obtenir une lame de verre ayant deux faces planes et parallèles. (Syn. DOUCI.)

DOUDART DE LAGRÉE (Ernest), officier de marine français (Saint-Vincent-de-Mercuze, Isère, 1823 - Dongchuan, Yunnan, 1868). Il représenta la France auprès du roi du Cambodge (1862) et prépara l'établissement du protectorat sur ce pays. Il reconnut le cours du Mékong.

DOUDEVILLE (76560), ch.-l. de cant. de la Seine-Maritime, dans le pays de Caux ; 2 515 hab. *(Doudevillais).*

DOUDINSKAÏA (Natalia Mikhaïlovna), danseuse russe (Kharkov 1912). Elle s'est distinguée dans les grands rôles du répertoire et dans des créations : *Gayané* (de N. Anissimova, 1942), *le Cavalier de bronze* (de R. Zakharov, 1949). Partenaire et épouse de Konstantine Sergueïev, et disciple d'Agrippina Vaganova, elle a dirigé la classe de perfectionnement de l'école de ballet du Kirov (1951-1970).

DOUDINTSEV (Vladimir Dmitrievitch), écrivain russe (Koupiansk, près de Kharkov, 1918). Signal du « dégel littéraire » en U. R. S. S., son roman *L'homme ne vit pas seulement de pain* (1956) souleva une polémique passionnée. Il a aussi donné *le Soldat inconnu* (1964).

DOUDOU n. f. (redoublement de *doux*). *Fam.* Appellation tendre donnée aux Antilles à une femme.

DOUDOUISME n. m. Vision folklorique et convenue des Antilles.

DOUDOUNE n. f. 1. *Fam.* Veste de sport garnie de duvet. — 2. *Pop.* Gros sein.

DOUÉ → DOUER.

DOUÉ-LA-FONTAINE (49700), ch.-l. de cant. de Maine-et-Loire, dans le Saumurois ; 7 419 hab. *(Douessins).* Anc. carrières (« arènes » et souterrains). Ruines de la collégiale St-Denis (fin du XIIe s.). Parc zoologique. Industrie alimentaire. Roseraies.

DOUELLE n. f. (anc. fr. *doue,* autre forme de *douve*). 1. Parement intérieur ou extérieur d'un voussoir. (L'ensemble des douelles intérieures constitue l'intrados de l'arc ou de la voûte ; l'ensemble des douelles extérieures, l'extrados.) — 2. Élément en bois, rectangulaire ou trapézoïdal, formant les parois de certains emballages (billots, paniers à beurre, etc.). — 3. Chacune des pièces de bois longitudinales assemblées pour former le corps d'une futaille (tonneau, foudre, cuve). [Syn. DOUVE.]

DOUER v. t. (lat. *dotare,* doter de) [conj. 6]. En parlant de forces supérieures à l'homme, pourvoir qqn d'une qualité, d'un avantage ; doter, gratifier : *La nature l'a doué d'une excellente mémoire.*

◆ **être doué** v. pass. 1. Être pourvu naturellement de telle qualité : *Un être doué de raison.* — 2. Avoir des dons pour qqch, être pourvu de qualités ou d'aptitudes supérieures à la moyenne : *Elle est très douée pour la musique.* — 3. Avoir du talent, en partic. dans les domaines intellectuel, scolaire, artistique : *Cet enfant est très doué.* — 4. Fam. *Ne pas être doué,* être bête.

DOUËT D'ARCQ (Louis Claude), érudit français (Paris 1808 - *id.* 1883). Directeur de la section historique des Archives nationales (1873 - 1883), il a publié un *Catalogue de la collection de sceaux des Archives nationales* (1863-1872).

DOUFFET (Gérard), peintre liégeois (Liège 1594 - *id.* 1660/1665). Influencé par Rubens et par le Caravage (séjour en Italie de 1614 à 1621), il évolua vers un classicisme robuste et sobre (tableaux religieux, portraits).

DOUGGA, village de Tunisie près de Téboursouk. Résidence des princes numides, l'antique *Thugga* conserve quelques vestiges préromains (enceinte mégalithique, dolmens, mausolée numide). Centre administratif de la prov. d'*Africa nova,* municipe et colonie romaine, sa prospérité (IIe-IIIe s.) explique son considérable développement urbain. Ruines (théâtre, capitole, arc de Sévère, thermes, villas) bien conservées. Mosaïques au musée du Bardo.

DOUGLAS [-glas] n. m. (de D. *Douglas,* n. pr.). Conifère à croissance rapide, originaire de l'Oregon, où il atteint 100 m de haut, et caractérisé par l'odeur de citronnelle de ses aiguilles. (Le douglas a été introduit en France vers 1840. Il est de grand usage dans les reboisements et son bois sert en charpente et en menuiserie.)

DOUGLAS, port et station balnéaire de Grande-Bretagne, ch.-l. de l'île de Man ; 20 000 hab.

DOUGLAS, puissante famille écossaise, originaire du comté de Lanark, attestée dès la fin du XIIe s. Ses membres les plus célèbres ont été : JAMES le Bon, 2e seigneur **de Douglas** (1286 - Andalousie 1330), compagnon de Robert Bruce, aux côtés de qui il combattit les Anglais, qui le surnommèrent « Douglas le Noir ». Il fut tué en Espagne en combattant les Maures ; — son neveu WILLIAM, 1er comte **de Douglas et de Mar** (v. 1327 - Douglas 1384), qui fut justicier de l'Écosse méridionale ; — ARCHIBALD le Hideux, 3e comte **de Douglas** (1328 - Édimbourg ? 1400), fils naturel de James le Bon. Il fut gouverneur des Marches ; — ARCHIBALD, 4e comte **de Douglas** (1369 ? -Verneuil 1424), fils du précédent. Il prit la tête des secours écossais au service du roi Charles VII, qui le nomma lieutenant général du royaume et duc de Touraine ; — ARCHIBALD **Douglas,** 6e comte *d'Angus* (v. 1489-1557). En 1514, il épousa Marguerite Tudor, sœur de Henri VIII. Chassé en 1522 par sa femme alliée au régent Albany, il redevint tout-puissant en 1525 comme tuteur du jeune roi Jacques V. Après son divorce (1528) et l'évasion de Jacques V, il se réfugia en Angleterre (1529) ; — JAMES **Douglas,** 4e comte *de Morton* (v. 1516 -Édimbourg 1581), neveu du précédent, régent d'Écosse. Grand chancelier d'Écosse (1563-1565), il fut impliqué dans l'assassinat de Rizzio (1566) et sans doute dans celui de Darnley (1567). Ayant obligé Marie Stuart à abdiquer, il succéda comme régent à Moray (1572-1578), pratiquant une politique autoritaire. Accusé de complicité dans le meurtre de Darnley, il fut décapité ; — ARCHIBALD **Douglas,** 8e comte *d'Angus* (1555-1588), neveu du précédent. Lieutenant général d'Écosse (1574), il se brouilla avec le roi Jacques VI (1581) et dut se réfugier en Angleterre, où il participa aux conspirations des presbytériens écossais.

DOUGLAS (Gavin ou Gawin), prélat et poète écossais (Écosse v. 1474 - Londres 1522), un des maîtres de la poésie prérenaissante (*King Hart,* 1580).

DOUGLAS (Stephen Arnold), homme politique américain (Brandon, Vermont, 1813 -Chicago 1861). Député démocrate (1843-1847), sénateur (1847-1861), il prôna une politique du compromis, laissant à chaque État la liberté d'abolir ou non l'esclavage, et fut candidat démocrate à la présidence en 1860. Battu, il se rallia au républicain Lincoln.

DOUGLAS (Donald Wills), ingénieur et industriel américain (New York 1892 - Palm Springs, Californie, 1981). Il créa, en 1920, sa propre firme aéronautique, qu'il dirigea jusqu'en 1967. Celle-ci connut son succès le plus spectaculaire avec le bimoteur de transport DC-3 *Dakota,* mis en service en 1935. Après la Seconde Guerre mondiale, la série des avions commerciaux Douglas s'est poursuivie avec le DC-4, le DC-6 et le DC-7 (premier appareil ayant relié sans escale les côtes est et ouest des États-Unis), puis, après la création de la McDonnell-Douglas Corporation en 1967, avec le DC-8, le DC-9 et le DC-10.

DOUGLAS (Paul Howard), économiste américain (Salem, Massachusetts, 1892 -Washington 1976). Avec Charles W. Cobb, il mit en valeur une fonction (dite « fonction de Cobb-Douglas ») délimitant la relation entre une production donnée et les apports de capital et de travail nécessaires à sa réalisation.

DOUGLAS (Issour Daniilovitch DEMSKI, dit **Kirk**), acteur américain de cinéma, d'origine russe (Amsterdam, État de New York, 1916). Il atteint la notoriété avec *le Champion* (1949) et *le Gouffre aux chimères* (1951). Son talent s'affirme ensuite dans de très nombreux films, dont *la Captive aux yeux clairs* (1952), *l'Homme qui n'a pas d'étoile* (1955), *la Vie passionnée de Vincent Van Gogh* (1956), *l'Arrangement* (1969), *le Reptile* (1970), *Coup double* (1986). En 1975, il a réalisé comme metteur en scène *la Brigade du Texas.*

Douglas *(cul-de-sac de),* cul-de-sac du péritoine viscéral, situé, chez l'homme, entre la vessie et le rectum, chez la femme entre le rectum et l'utérus. Dans les grossesses extra-utérines rompues, la palpation du cul-de-sac de Douglas entraîne une douleur très violente, qui engendre une réaction caractéristique, le *cri du Douglas.*

Douglas *(échelle de)* [de H. P. *Douglas,* n. pr.], échelle élaborée en 1921, définissant 9 « états de la mer » à peu près comparables aux degrés de l'échelle de Beaufort*. À chaque classe correspondent une amplitude moyenne et une amplitude maximale de la vague.

DOUGLAS-HOME (Alexander Frederick), 14e comte **de Home** jusqu'en 1963, baron **Home of the Hirsel** depuis 1974, homme politique britannique (Londres 1903-Coldstream, Berwickshire, 1995). Député conservateur dès 1931, puis membre de la Chambre des lords (1951-1963), il est secrétaire aux Affaires étrangères (1960-1963) , et succède à MacMillan comme Premier ministre (1963-64) ; il préside le parti conservateur de 1963 à 1965. En 1970, il devient secrétaire aux Affaires étrangères et se retire de la vie politique en 1974.

DOUGLASS (Frederick), Noir américain, militant abolitionniste (Tuckahoe, Maryland, v. 1817 - Washington 1895), conseiller de Lincoln pendant la guerre de Sécession, consul général des États-Unis en Haïti (1889-1891), il fut le premier citoyen noir à occuper de hautes fonctions.

DOUILLE n. f. (frq. **dulja*). **1.** Étui contenant la charge de poudre d'une cartouche d'arme à feu. — **2.** Organe recevant le culot d'une lampe électrique et assurant sa connexion au circuit d'alimentation. (Les douilles sont à vis ou à baïonnette.) — **3.** Pièce creuse, conique ou cylindrique, servant d'intermédiaire dans l'emmanchement de deux pièces de diamètres différents. — **4.** Ouverture circulaire d'une baïonnette, où l'on introduit l'extrémité du canon du fusil. — **5.** Partie d'un bougeoir, d'un flambeau, dans laquelle s'insère la bougie.

DOUILLER v. t. (conj. 3). *Pop.* Payer, dépenser de l'argent.

DOUILLET, ETTE adj. (anc. fr. *doille,* mou ; du lat. *ductilis,* malléable). **1.** Qui est doux, moelleux, confortable, qui procure une agréable chaleur : *Lit douillet.* — **2.** Se dit d'un intérieur aménagé de telle sorte qu'un sentiment de douceur, de chaleur, de confort agréable s'en dégage. — **3.** Se dit d'une vie sans problème, sans conflit : *Mener une existence douillette.*

◆ adj. et n. Qui est sensible à la plus légère douleur physique.

◆ **douillette** n. f. **1.** Robe de chambre en tissu fin matelassé et piqué. — **2.** Doublure chaude et amovible d'un vêtement. — **3.** Manteau ecclésiastique porté sur la soutane.

DOUILLET (David), judoka français (Rouen 1969). Champion du monde des lourds (1993) puis premier non-Japonais à remporter le titre mondial chez les lourds et en toutes catégories (1995), il a été champion olympique en 1996.

DOUILLETTEMENT adv. D'une manière douillette, confortable.

DOUILLETTERIE n. f. Caractère douillet de qqn.

DOUILLON n. m. (mot norm., de l'anc. fr. *doille,* mou). Entremets fait d'une pomme ou d'une poire enfermée, avec beurre et cannelle, dans une abaisse de pâte brisée. (Spécialité de Normandie.)

DOUKAS, dynastie byzantine qui a fourni plusieurs empereurs à Byzance. Elle parvint au trône au XIe s., avec Constantin Doukas (1059-1067).

DOUKAS, chroniqueur byzantin du XVe s., issu de la famille des Doukas. Il a composé une chronique qui va de 1341 à la prise de Lesbos par les Turcs (1462).

DOUKHOBOR n. m. (russe *doukhobor,* lutteur de l'esprit). Membre d'une secte qui fit son apparition dans le sud de la Russie et en Ukraine à la fin du XVIIIe s. (Les doukhobors furent déportés en 1841 en Transcaucasie, d'où une partie d'entre eux émigra pour le Canada à partir de 1898.)

DOUKKALA *(plaine des),* plaine du Maroc occidental, entre l'Atlantique, à l'O., et le massif des Rehamna. Céréaliculture. V. princ. *El-Jadida* (Mazagan).

DOULAINCOURT-SAUCOURT (52270), ch.-l. de cant. de la Haute-Marne, dans le Barrois ; 1 198 hab. Métallurgie.

DOULEUR n. f. (lat. *dolor, -oris*). **1.** Sensation pénible, désagréable, ressentie dans une partie du corps : *La vive douleur causée par une brûlure.* — **2.** Sentiment pénible, affliction, souffrance morale ; chagrin, peine : *Raviver une douleur ancienne.* — **3.** Fam. *Comprendre sa douleur,* souffrir beaucoup, physiquement ou moralement. ‖ *Douleur morale,* souffrance psychique qui se rencontre dans les états dépressifs.

◆ **douleurs** n. f. pl. Perception douloureuse des contractions utérines lors du travail.

ENCYCL. **Neurol.** Une douleur est ressentie lorsque le système nerveux est informé qu'un stimulus nociceptif (piqûre, brûlure, écrasement, distension pour un viscère, interruption de l'irrigation sanguine comme dans l'infarctus du myocarde, modification de la composition chimique du milieu intérieur) touche un segment corporel innervé de façon normale. Ces perturbations sont détectées par des nocicepteurs puis véhiculées vers la moelle épinière par des fibres à conduction rapide (fibres myélinisées), responsables d'une douleur bien localisée mais brève, et par des fibres non myélinisées, responsables d'une douleur prolongée moins bien localisée.
La sensibilité des récepteurs à la douleur peut être réglée par des substances chimiques capables de favoriser la perception douloureuse (substance P, bradykinine, etc.). Par contre, au niveau de la moelle épinière, certaines cellules contiennent des *enképhalines,* substances ayant une activité biologique proche de celle de la morphine et permettant de filtrer les messages douloureux. Les *endorphines,* présentes essentiellement au niveau de l'hypothalamus, possèdent également un pouvoir antalgique. Le cortex cérébral (frontal) semble jouer également un rôle au niveau de la douleur puisque les lobotomies entraînent une indifférence vis-à-vis de la douleur.
Il existe un autre type de douleur, appelé « douleur non nociceptive », qui se manifeste soit spontanément soit pour des stimulations qui, normalement, ne sont pas douloureuses, lorsque c'est le système nerveux lui-même qui est lésé (interruption d'une voie sensitive ou lésion d'un centre nerveux sensitif), comme en témoigne le phénomène du membre fantôme.

DOULLENS [dulɑ̃] (80600), ch.-l. de cant. de la Somme, sur l'Authie ; 7 443 hab. *(Doullennais).* Monuments médiévaux et classiques. Papeterie-cartonnerie. Articles pour enfants.
— **Hist.** Après la rupture, le 21 mars 1918, du front britannique par l'offensive allemande,

l'unité de commandement entre les Alliés s'imposa alors pour sauver le front occidental. Elle fut confiée au général Foch dans une conférence interalliée célèbre tenue à Doullens le 26 mars, en présence du président Poincaré, par Clemenceau, Pétain, lord Milner et Haig.

DOULOUREUSEMENT adv. D'une manière douloureuse.

DOULOUREUX, EUSE adj. (bas lat. *dolorosus,* avec l'infl. de *douleur*). **1.** Qui cause une douleur physique : *Une opération douloureuse.* – **2.** Qui est le siège d'une douleur ; endolori, sensible : *Une articulation douloureuse.* – **3.** Qui cause une douleur morale, qui afflige ; cruel, pénible : *Une séparation douloureuse.* – **4.** Qui exprime la douleur physique ou morale : *Un regard douloureux.*

◆ **douloureuse** n. f. *Fam.* Note à payer, addition chez un restaurateur.

DOUM n. m. (ar. *dūm*). **1.** Palmier nain du genre *chamærops,* dont les feuilles fournissent le crin végétal. – **2.** Palmier africain du genre *hyphæne,* à haute tige ramifiée atteignant 10 m et répandu dans tout le Sahel, de la Mauritanie au Soudan. (Il sert à fixer les dunes, donne des fibres textiles [nattes, paniers], un bois de construction. Son fruit, charnu, sucré et farineux, est comestible, et l'albumen de la graine fournit un ivoire végétal, le corozo d'Abyssinie.)

DOUMA n. f. (russe *douma,* conseil). **1.** Nom donné à des assemblées de la Russie d'ancien régime. – **2.** *Douma des boyards,* conseil consultatif des princes et tsars de Russie (Xe s. - début du XVIIIe s.), réunissant leurs vassaux les plus importants. ‖ *Douma d'État,* assemblée législative de l'Empire russe (1906-1917). [→ *encycl.*]

ENCYCL. Le manifeste d'oct. 1905 promit une douma d'État et la loi électorale de déc. institua le suffrage universel indirect et à représentation inégale selon les catégories sociales et les nationalités. La *première douma* (avr.-juill. 1906), dominée par le parti constitutionnel-démocrate, fut dissoute par Nicolas II. La *deuxième douma* (févr.-juin 1907), qui avait enregistré une montée très nette des socialistes, fut également dissoute par Nicolas II. La *troisième douma* (1907-1912), élue selon la loi électorale de juin 1907 accroissant l'inégalité entre les catégories sociales, fut dite « douma des seigneurs ». La *quatrième douma* (1912-1917) désigna, lors de la révolution de févr.-mars 1917, un Comité provisoire, qui devint le 2 (15) mars le Gouvernement provisoire. En 1993, la Constitution de la Fédération de Russie institue une *douma d'État,* qui forme l'une des deux chambres de l'Assemblée fédérale.

DOUMER (Paul), homme d'État français (Aurillac 1857 - Paris 1932). Élu député radical en 1888, il fut ministre des Finances (1895-96), puis gouverneur général d'Indochine (1897-1902). De nouveau ministre des Finances (1921-22, 1925-26), il fut élu président du Sénat (1927-1931), puis président de la République en 1931. Il fut assassiné en 1932 par un Russe blanc, Gorgoulov.

DOUMERGUE (Gaston), homme d'État français (Aigues-Vives, Gard, 1863 - *id.* 1937). Député radical-socialiste (1893-1910), puis sénateur du Gard (1910-1924), il assuma plusieurs ministères, dont celui des Colonies (1902-1905, 1914-1917) et fut quelques mois président du Conseil (déc. 1913-juin 1914). Président du Sénat en 1923, il fut élu président de la République (1924-1931) après la démission de Millerand. Rappelé au pouvoir après l'émeute du 6 févr. 1934, il constitua un gouvernement d'« Union nationale ». La démission des ministres radicaux, inquiets de ses projets de réforme constitutionnelle, l'obligea à se retirer (8 nov. 1934).

DOUNGANS, Chinois musulmans du Kazakhstan et du Kirghizistan, qui sont les descendants des Chinois immigrés au Turkestan russe au XIXe s. (52 000 individus en 1979).

DOUPION ou **DUPPION** n. m. **1.** Fil textile comprenant des grosseurs irrégulièrement réparties sur sa longueur. – **2.** Tissu fait avec ce fil.

DOURA-EUROPOS, v. de Mésopotamie fondée sur l'Euphrate au IIIe s. av. J.-C. (auj. *Salihiyeh,* en Syrie). Colonie fortifiée des Séleucides, elle passa sous la domination parthe puis romaine. Elle fut conquise et détruite (256 apr. J.-C.) par le Sassanide Châhpuhr Ier. Vestiges des rues, maisons, temples, agora, etc. Des peintures murales ont été découvertes dans le sanctuaire de Mithra (v. 168), dans une synagogue et dans une maison, lieu de culte chrétien, ornée de scènes de l'Ancien et du Nouveau Testament (Musée archéologique de Damas).

DOURBIE (la), riv. du Massif central, dans les Causses, affl. du Tarn (r. g.) ; 80 km. Gorges entre le causse Noir et le causse du Larzac.

DOURDAN (91410), ch.-l. de cant. de l'Essonne, en bordure de la Beauce, à l'E. de la *forêt de Dourdan,* sur l'Orge ; 9 062 hab. *(Dourdannais).* Anc. capitale du Hurepoix, la ville conserve les restes d'un château fort (musée), une église des XIIe-XVe s.

DOURGES (62119), comm. du Pas-de-Calais, banlieue nord-est d'Hénin-Beaumont ; 5 829 hab.

DOURGNE (81110), ch.-l. de cant. du Tarn, au pied de la Montagne Noire ; 1 265 hab. *(Dourgnols).* Église du XVIe s. Carrières.

DOURIAN → DURIAN.

DOURINE n. f. Maladie infectieuse, contagieuse des équidés, due à un protozoaire flagellé, transmise par le coït et caractérisée par une inflammation du pénis et de la vulve. (Cette maladie est rare en France, mais fréquente en Afrique du Nord.) [Syn. MALADIE DU COÏT.]

DOURIS, peintre de vases grec (fin VIe -début Ve s. av. J.-C.). Les coupes attiques portant son nom sont décorées, dans un style austère, de scènes mythologiques (*Éos et Memnon,* Louvre ; *Silènes,* Londres) ou de palestres (Berlin).

DOUR-KOURIGALZOU (auj. *Aqarquf,* à 30 km à l'O. de Bagdad), cité ancienne de Mésopotamie, construite par le Kassite Kourigalzou (ziggourat, temples d'Enlil, palais, des XIVe-XIIIe s. av. J.-C.).

DOURO n. m. (esp. *duro*). Anc. monnaie d'argent espagnole de 5 pesetas.

DOURO, en esp. **Duero,** fl. de la péninsule Ibérique ; 900 km env. (bassin de 100 000 km^2 env.). Né en Espagne (Vieille-Castille), il traverse le nord de la Meseta, sert de frontière entre l'Espagne et le Portugal (où la vallée porte un célèbre vignoble) et rejoint l'Atlantique en aval de Porto. Nombreux barrages.

DOUR-SHARROUKÊN, ville fondée par Sargon II, auj. *Khursabād.*

DOUSSIÉ n. m. Bois d'Afrique tropicale, brun rougeâtre, dur, lourd et très résistant, utilisé pour les usages extérieurs, les cuves pour produits chimiques, etc. (Ce bois est fourni par un afzelia.)

DOUTE n. m. **1.** État de qqn qui ne sait que croire, qui hésite à prendre parti : *Laisser quelqu'un dans le doute.* – **2.** Manque de certitude, soupçon, méfiance quant à la sincérité de qqn, la véracité d'un fait, la réalisation de qqch (surtout pl.) : *Elle a des doutes sur la conduite de son mari.* – **3.** Position philosophique qui consiste à refuser qqch parmi des données jugées incertaines, par ex. les données des sens, et à refuser tout système philosophique. – **4.** *Doute méthodique,* méthode de suspension du jugement par laquelle Descartes permet à la clarté et à la distinction d'apparaître dans une « idée » (un jugement, une perception). – **5.** *Hors de doute,* tout à fait sûr, certain, incontestable. ‖ *Mettre en doute qqch,* en contester la vérité, l'authenticité : *Je ne mets pas en doute votre sincérité.* ‖ *Ne faire aucun doute,* être certain, être indubitable. ‖ *Nul doute, il n'y a pas de doute que,* il est certain que. ‖ *Ôter qqn d'un doute,* mettre un terme à son incertitude en lui donnant une information qui l'éclaire (surtout à l'impér.). ‖ *Sans aucun doute,* assurément, certainement, incontestablement. ‖ *Sans doute,* probablement, selon toute vraisemblance : *Sans doute est-il déjà arrivé.*

DOUTER v. t. ind. (lat. *dubitare*) [conj. 3]. **1.** Ne pas être sûr de l'authenticité de qqch, de sa réalité, de sa vérité : *Douter de l'existence de Dieu.* – **2.** Ne pas être sûr de qqn, avoir des réserves sur la confiance qu'on peut lui accorder : *Ne doutez jamais de mon amitié.* – **3.** Être dans l'incertitude quant à la réalisation, l'existence d'un fait, l'accomplissement d'une action : *Je doute de pouvoir être là à l'heure.* – **4.** *Ne pas douter que,* être sûr que : *Je ne doute pas que ce projet réussira.* – **5.** Suspendre son jugement, faire preuve de scepticisme dans une démarche philosophique ou être en proie au doute religieux. – **6.** *À n'en pas douter,* sans aucun doute, assurément. ‖ *Douter de soi,* ne pas être sûr de soi, de ses capacités, manquer de confiance en soi. ‖ *Ne douter de rien,* n'hésiter devant aucun obstacle ou, péjor., avoir une confiance excessive en soi ou en sa chance.

◆ **se douter** v. pr. **1.** Avoir l'idée, le soupçon de qqch, le pressentir, le soupçonner : *J'étais loin de me douter de son arrivée.* – **2.** *S'en douter,* savoir bien évidemment qqch, en être sûr (exclamation dans une répartie, une réponse) : *On s'en doute ! On s'en serait douté !*

DOUTEUR, EUSE adj. et n. *Litt.* Qui doute, est porté à douter.

DOUTEUSEMENT adv. D'une manière suspecte : *Une fortune douteusement acquise.*

DOUTEUX, EUSE adj. **1.** Dont on peut douter, qui n'est pas sûr, certain ; hypothétique, problématique : *L'issue du procès est douteuse.* – **2.** Dont on n'est pas sûr, sur quoi on s'interroge, qui n'a pas été vérifié : *Fait douteux. Orthographe douteuse.* – **3.** Dont la valeur, les intentions sont contestables : *Raisonnement douteux. Plaisanteries d'un goût douteux.* – **4.** Qui provoque la méfiance, la désapprobation ou le rejet par son manque de netteté, de propreté, etc. : *Une chemise douteuse. Une viande douteuse.* – **5.** Dont l'honnêteté, la sincérité sont incertaines ; louche, suspect : *Un individu douteux.* – **6.** *Jour douteux,* lumière faible. ‖ *Sens douteux,* qui donne lieu à plusieurs interprétations.

DOUVAIN ou **DOUVIN** n. m. (de *douve 1*). Bois de chêne destiné à être transformé en douelles de tonneau.

DOUVAINE (74140), ch.-l. de cant. de la Haute-Savoie, près du lac Léman ; 3 407 hab.

1. DOUVE n. f. (bas lat. *doga,* du gr. *dokhê,* réservoir). **1.** Large fossé destiné à être rempli d'eau et entourant un château. – **2.** Nom donné à la cunette de fossé et au fossé lui-même. – **3.** Mur de soutènement d'un bassin ou d'un canal. — **4.** Dans le steeple-chase, large fossé plein d'eau, précédé d'une claie, d'une haie ou d'une barre fixes.

2. DOUVE n. f. (bas lat. *dolva*). Ver plathelminthe de la classe des trématodes, parasite de nombreux mammifères et de l'homme, chez qui il cause une distomatose. (La douve est un distome.)

ENCYCL. La *grande douve (Fasciola hepatica* et *F. gigantica)* est l'agent des fascioloses ; la *petite douve (Dicrocœlium dendriticum),* celui de la dicrocœliose ; la *douve des félidés (Opistorchis felineus),* celui de l'opistorchiase ; la *douve de Chine (Clonorchis sinensis),* celui de la clonorchiase. Le cycle évolutif des douves est semi-aquatique. La larve ciliée (miracidium), née des œufs, a pour premier hôte intermédiaire un mollusque (limnée). Elle s'y transforme en sporocyste, bourgeonnant des rédies, qui donnent naissance à des cercaires. Ceux-ci s'enkystent sous forme de métacercaires sur une plante aquatique ou dans un deuxième hôte intermédiaire (poisson d'eau douce ou crustacé). L'hôte définitif se contamine par ingestion des métacercaires.

DOUVELLE n. f. Petite douelle de tonneau.

D'où venons-nous ? Que sommes-nous ? Où allons-nous ?, grande composition de Gauguin, peinte à Tahiti en 1897 (1,41 × 4,11 m, musée de Boston). L'artiste entendit en faire son testament pictural et y témoigner de son inquiétude spirituelle.

DOUVIN → DOUVAIN.

DOUVRES, en angl. **Dover,** port de Grande-Bretagne (Kent), sur le pas de Calais, bordé de falaises de craie (visibles depuis la côte française) ; 34 300 hab. Point de pénétration depuis l'époque romaine, Douvres a eu un rôle important pendant les deux guerres mondiales. Grand port de voyageurs en liaison avec la France, la Belgique et les Pays-Bas.

Douvres *(traité de)* [1er juin 1670], traité secret conclu entre Louis XIV et Charles II, roi d'Angleterre, et par lequel les deux rois s'alliaient contre les Provinces-Unies en vue de la guerre de Hollande*.

DOUVRES-LA-DÉLIVRANDE (14440), ch.-l. de cant. du Calvados, dans la campagne de Caen ; 4 078 hab. *(Douvrais).*

DOUVRIN (62138), ch.-l. de cant. du Pas-de-Calais, à 11 km au N. de Lens ; 5 468 hab. Industrie automobile (moteurs). Chimie.

DOUWES DEKKER (Eduard) → MULTATULI.

DOUX, DOUCE adj. (lat. *dulcis*). **1.** Qui produit une sensation agréable au toucher : *Le doux contact de la soie.* — **2.** Qui procure une sensation agréable au goût ; suave : *Le miel est doux.* — **3.** Qui n'a rien de trop intense, de violent ou d'accentué : *Une douce chaleur.* — **4.** Qui n'est ni brusque ni saccadé, qui se passe sans heurts, sans à-coups : *Un démarrage très doux.* — **5.** Qui procure un sentiment d'agréable contentement : *Évoquer de doux souvenirs.* — **6.** Qui est sans violence, sans agressivité, sans méchanceté : *Ce chien est très doux. Un regard doux.* — **7.** Conciliant, gentil : *Un père très doux avec ses enfants.* — **8.** Léger : *Un châtiment trop doux.* — **9.** Se dit d'une science, d'une technique qui utilise des moyens naturels qui ne forcent pas la nature : *Médecine douce.* — **10.** Se dit de techniques, de formes de production d'énergie, etc., qui sont peu polluantes, respectent l'environnement et ne donnent pas lieu à des installations gigantesques. — **11.** *Eau douce,* qui n'est pas salée ou qui n'est pas calcaire. ‖ *Folie douce,* léger dérèglement mental n'aboutissant à aucune violence. • **Agric.** *Terre douce,* sol de limon, dans la partie nord de la France. — **Métall.** Se dit d'un métal malléable, ductile, peu dur et non fragile. — **Œnol.** Se dit du vin qui contient une certaine quantité de sucre et qui présente un goût suave. — **Outill.** *Lime douce,* lime à denture fine. — **Phon.** Se dit d'une consonne dont l'articulation est réalisée avec une tension musculaire moins importante que la partenaire forte ou dure. (Les consonnes voisées sont généralement douces.) — **Psychiatr.** *Drogue douce,* drogue n'entraînant ni dépendance physique ni nécessité d'augmenter les doses pour retrouver le même effet.

◆ n. **1.** Personne douce, tendre, non violente. — **2.** *Mon doux, ma douce,* terme de tendresse à l'égard de qqn.

◆ **doux** adv. *Filer doux,* obéir sans résistance. ‖ *Il fait doux,* la température est agréable. ‖ *Tout doux !,* doucement !, ne vous emportez pas, n'exagérez pas.

◆ **douce** n. f. Fam. *En douce,* en cachette, sans se faire remarquer, avec discrétion : *Il a filé en douce.*

DOUZAIN n. m. (de *douze*). **1.** Monnaie française d'une valeur de 12 deniers tournois, frappée en argent de Charles VII à Louis XIII, puis en billon. — **2.** Poème de douze vers.

DOUZAINE n. f. **1.** Ensemble de douze éléments de même nature : *Une douzaine de mouchoirs.* — **2.** Nombre indéterminé, douze environ : *Un enfant d'une douzaine d'années.* — **3.** *À la douzaine,* en grande quantité, communément : *Des films comme ça, on en voit à la douzaine.*

DOUZE adj. num. card. inv. (lat. *duodecim*). **1.** Onze plus un. — **2.** S'emploie au sens de « douzième » pour indiquer un rang, un ordre dans une numérotation : *Article douze.*

◆ n. m. inv. Nombre 12 (désigne, selon les cas, le jour, le numéro d'un immeuble, d'un concurrent, un pourcentage, etc.).
◆ n. m. Syn. de CICÉRO.

Douze Ans *(trêve de)* [19 avr. 1609], trêve signée entre les Provinces-Unies et le roi d'Espagne Philippe III et qui reconnaissait de fait l'indépendance des Provinces-Unies.

Douze Tables *(lois des),* code de lois rédigé à Rome par des décemvirs, adopté en 451 et 449 av. J.-C. et affiché sur douze tables de bronze. Cette législation avait été élaborée afin d'éviter aux plébéiens de subir l'arbitraire des magistrats.

DOUZE (la), riv. du bassin d'Aquitaine, qui, à Mont-de-Marsan, s'unit au Midou pour former la Midouze ; 110 km.

DOUZE-EN-DIX n. m. inv. Papier de mise en carte d'un tissu, dont chacun des grands carreaux a sa base divisée en douze parties et sa hauteur en dix.

DOUZE-HUIT n. m. inv. Mesure ternaire à quatre temps, qui se compose de douze croches (12/8).

DOUZIÈME adj. num. ord. **1.** Qui occupe le rang marqué par le nombre douze : *Être le douzième de sa classe.* – **2.** Qui est contenu douze fois dans un tout : *Le mois est la douzième partie de l'année.*
◆ n. m. Partie contenue douze fois dans un tout.

DOUZIÈMEMENT adv. En douzième lieu.

DOVER, v. des États-Unis, cap. du Delaware ; 23 500 hab.

DOVJENKO (Aleksandr Petrovitch), cinéaste et scénariste soviétique (Sosnitsa, Ukraine, 1894 - Moscou 1956). Il a réalisé des films lyriques inspirés par sa terre d'Ukraine, avec une remarquable maîtrise de la mise en scène : *Zvenigora* (1928), *Arsenal* (1929), *la Terre* (1930), *Ivan* (1932), *Aerograd* (1935), *Chtchors* (1939), *Mitchourine* (1949). Après sa mort, sa femme Ioulia Solntseva réalisera plusieurs films à partir de ses écrits : *le Poème de la mer* (1958), *les Années de feu* (1961), *la Desna enchantée* (1964), *l'Inoubliable* (1967).

DOWDING (*sir* Hugh Caswall Tremenheere), maréchal de l'air britannique (Moffat, comté de Dumfries, 1882 - Tunbridge Wells 1970). Il commanda la chasse aérienne à partir de 1936 et joua un rôle décisif dans l'échec allemand lors de la bataille d'Angleterre (1940).

DOWELL (Anthony), danseur britannique (Londres 1943). Attaché au Royal Ballet, il créa plusieurs œuvres de Frederick Ashton (*The Dream,* 1964 ; *Enigma Variations,* 1968), de Kenneth MacMillan (*Romeo and Juliet,* 1965 ; *Anastasia,* 1971 ; *Manon,* 1974), de J. Cranko (*Concertos brandebourgeois nos 2 et 4,* 1966). Il a également repris à Londres *Dances at a Gathering* et *Afternoon of a Faun* de Jerome Robbins. Il danse pour la première fois *le Spectre de la rose* (d'apr. Michel Fokine), en 1972, ainsi que *l'Oiseau de feu* (d'apr. Fokine, 1973).

DOW JONES n. m. (n. déposé). Indice boursier, créé en 1897 par le *Wall Street Journal,* correspondant à la moyenne pondérée du cours de Bourse de 30 actions américaines spécialement choisies.

DOWLAND (John), luthiste et compositeur anglais (Londres 1563 - *id.* 1626). Après avoir été au service des ambassadeurs d'Angleterre à Paris (1580-1584) puis du roi du Danemark (1598-1606), il fut nommé en 1612 luthiste de la cour d'Angleterre. Ses quatre livres d'airs parurent en 1597, 1600, 1603 et 1612 *(A Pilgrimes Solace).* Son œuvre pour luth comprend d'admirables fantaisies chromatiques. Sa suite de pavanes pour cinq violes (1604) sur le thème des *Lachrimae* est un des sommets de la musique d'ensemble élisabéthaine.

1. DOWN [daun] n. m. (angl. *down,* en bas). **1.** Commandement fait à un chien de chasse pour qu'il s'aplatisse immédiatement à terre. – **2.** Position de l'animal aplati à terre.

2. DOWN [daun] n. m. (de *Downs,* n. pr.). Groupe de races ovines originaires du sud de l'Angleterre, caractérisées par une laine courte et d'excellentes qualités bouchères.

Downing Street, rue de Londres, allant de Whitehall au parc St James, où se trouve, au nº 10, la résidence officielle du Premier ministre britannique.

DOWNS (les), collines crayeuses du sud-est de l'Angleterre, entre la Tamise et la Manche, formant un double alignement (de direction E.-O.), North Downs et South Downs, dont les escarpements (alt. max. 260 m) se font face de part et d'autre de la dépression du Weald.

DOXA n. f. (gr. *doksa,* rumeur). **1.** Ensemble des opinions communes aux membres d'une société et qui sont relatives à un comportement social. – **2.** Chez Husserl, ensemble des croyances et des idées non objectives.

DOXOLOGIE n. f. (gr. *doksologia,* glorification). **1.** Formule de louange à la Sainte-Trinité. – **2.** Énoncé se bornant à reproduire une opinion commune ou une apparence.

DOXOLOGIQUE adj. Relatif à la doxologie.

DOXOMÉTRIE n. f. Étude de l'opinion publique sur un sujet au moyen de sondage.

DOXORUBICINE n. f. Antibiotique dont l'action cytostatique est utilisée pour le traitement de certains cancers et leucémies.

DOXYCYCLINE n. f. Antibiotique semi-synthétique de la famille des tétracyclines, à très large spectre, actif sur les mycoplasmes et les chlamydiae.

DOYEN, ENNE [dwajɛ̃, -ɛn] n. (lat. ecclés. *decanus,* chef d'un groupe de dix). **1.** *Doyen (d'âge),* personne la plus âgée d'une communauté quelconque : *La doyenne du village.* — **2.** Personne la plus ancienne à avoir été admise dans un corps, une compagnie. — **3.** Autref., administrateur d'une faculté ; auj., nom parfois donné au directeur d'une U. E. R. de médecine, de droit, de pharmacie ou d'odontologie.

◆ **doyen** n. m. Nom donné à divers responsables ecclésiastiques, en partic. au responsable d'une circonscription ecclésiastique coïncidant avec le canton. (Syn. CURÉ-DOYEN.)

DOYEN (Gabriel François), peintre français (Paris 1726 - Saint-Pétersbourg 1806). Élève de C. Van Loo, il obtint le prix de Rome (1748) et fut reçu à l'Académie en 1759. Une de ses meilleures œuvres est l'immense *Miracle des ardents* (1767) de l'église St-Roch, à Paris. Appelé en Russie par Catherine II en 1791, il forma toute une génération d'artistes russes. Par la vigueur de son réalisme, il annonce Gros.

DOYEN (Paul), général français (Cabanac-et-Villagrains, Gironde, 1881 - Veyrier-du-Lac, Haute-Savoie, 1974). Il commanda en 1945 le détachement d'armée française qui pénétra en Italie, où il établit la liaison avec le général Clark.

1. DOYENNÉ [dwajene] n. m. (de *doyen*). **1.** Circonscription ecclésiastique présidée par le doyen. — **2.** Demeure du doyen.

2. DOYENNÉ [dwajene] n. f. (de *doyenné 1*). Variété de poires à chair fondante et sucrée.

DOYENNETÉ [dwajɛnte] n. f. *Vx.* Dignité de doyen d'âge.

DOYLE (*sir* Arthur CONAN), romancier britannique (Édimbourg 1859 - Crowborough, Sussex, 1930). Médecin, influencé par Edgar A. Poe et par Émile Gaboriau, il créa, en 1887, le personnage de Sherlock Holmes* (*Une étude en rouge ; le Signe des quatre,* 1889 ; *les Aventures de Sherlock Holmes,* 1892 ; *le Chien des Baskerville,* 1902), dont les ingénieuses enquêtes lui valurent la célébrité. Passionné de spiritisme, exerçant la médecine par intermittence, il publia également des pièces et des romans historiques (*Rodney Stone,* 1896).

DÓZSA (György), chef de l'insurrection paysanne hongroise de 1514 (Transylvanie v. 1474-1514). Nommé commandant en chef de la croisade contre les Turcs (1514), il tourna son armée de paysans contre les nobles, qui le vainquirent et le firent brûler vif.

DOZULÉ (14430), ch.-l. de cant. du Calvados, dans le pays d'Auge ; 1 532 hab.

D. P. L. G., abrév. de *diplômé* par le gouvernement.*

D. Q., abrév. de DERNIER QUARTIER.

D^r^, abrév. de DOCTEUR.

DRAA ou **DRA** *(oued),* fl. d'Afrique du Nord-Ouest, né dans le Haut Atlas marocain, qui sépare le Maroc de l'Algérie et dont la vallée (presque toujours à sec) rejoint l'Atlantique.

DRABBLE (Margaret), femme de lettres britannique (Sheffield 1939). Ses romans, qui décrivent surtout des femmes tiraillées entre leur foyer et leurs aspirations intellectuelles ou sexuelles (*l'Âge d'or d'une femme,* 1975), traduisent, après Woolf ou Lessing, la permanence puritaine du féminisme en société « libérale » (*The Waterfall,* 1969 ; *le Milieu de la vie,* 1980).

DRAC (le), torrent des Alpes, affl. de l'Isère (r. g.), qu'il rejoint dans la banlieue de Grenoble ; 150 km. Descendu du Champsaur, il draine la partie méridionale du « Sillon alpin ». Aménagements hydroélectriques (le Sautet et Monteynard notamment).

DRACÆNA [-sena] n. m. (bas lat. *dracaena,* du gr. *drakaina,* de *drakôn,* dragon). Nom générique du dragonnier et des espèces voisines de la famille des liliacées.

DRACHE n. f. En Belgique et dans le nord de la France, pluie battante, averse.

DRACHEN [drakœn] n. m. (abrév. de l'all. *Drachenballon*). Ballon captif d'observation de conception allemande, utilisé lors de la Première Guerre mondiale.

DRACHER v. i. (conj. 3). En Belgique et dans le nord de la France, pleuvoir à verse.

DRACHMANN (Holger), écrivain danois (Copenhague 1846 - Hornbaek, Sjaelland, 1908), auteur de recueils lyriques (*Poèmes,* 1872), de pièces de théâtre, de romans (*Pacte avec le diable,* 1890), d'inspiration tour à tour sociale et romantique.

DRACHME [drakm] n. f. (lat. *drachma,* du gr. *drakhmê*). **1.** Monnaie d'argent de la Grèce antique, créée vers la fin du VIe s. av. J.-C., de poids variable selon l'atelier de frappe (systèmes éginétique, attique, achéen, etc.) et valant six oboles. — **2.** Anc. mesure grecque de masse, qui valait 4,36 g environ. — **3.** Unité monétaire de la Grèce moderne (symb. DR), divisée en 100 lepta.

DRACON, législateur athénien (fin du VIIe s. av. J.-C.). Il fut chargé de rédiger un code de lois qui éviterait la révolte du peuple contre la noblesse, laquelle rendait la justice selon le droit coutumier interprété au gré de ses intérêts, et les guerres privées entre grandes familles. Ce code est resté célèbre par la rigueur des pénalités.

DRACONIEN, ENNE adj. (de *Dracon,* n. pr.). D'une rigueur excessive ; rigoureux, inexorable : *Des mesures draconiennes.*

DRACONITIQUE adj. (gr. *drakôn, -ontos,* dragon). *Révolution draconitique,* valeur moyenne de l'intervalle de temps qui sépare deux passages consécutifs de la Lune à son nœud ascendant (27 j 5 h 5 min 35,6 s).

DRACULA *(comte),* surnom de **Vlad Ţepeş** (en roum. *l'Empaleur*), prince de Valachie (1448 ; 1456-1462 ; 1476). Fils de Vlad Dracul (par allusion à *drac,* diable en roum.), il fut un tyran et un guerrier cruel mais nullement un vampire. Il a inspiré de nombreux romans de terreur.

Dracula, roman de terreur de Bram Stoker (1897). Dans une Transylvanie de cauchemar, Vlad III, comte Dracul, descendant de Gengis Khān, est un vampire qui porte la contagion de la malemort, doublée de sadisme. Nombreuses adaptations filmées (T. Browning avec Bela Lugosi, 1931 ; T. Fisher avec Christopher Lee, 1958 ; etc.).

DRACUNCULOSE n. f. (de *dracunculus*). Maladie parasitaire due à une filaire sous-cutanée de grande taille, *Dracunculus medinensis,* connue sous le nom de filaire de Médine ou de ver de Guinée, fréquente en Afrique, au Moyen-Orient et en Inde.
ENCYCL. L'hôte intermédiaire est un très petit crustacé d'eau douce du genre cyclops, dans lequel la microfilaire subit deux mues et devient infectante, la contamination se faisant par l'eau de boisson. La filaire parvient à maturité dans le derme en 9 à 12 mois et perce la peau pour expulser les microfilaires. La plaie peut donner lieu à des surinfections tétaniques (généralement aux membres inférieurs).

DRACUNCULUS [-kɔ̃kylys] n. m. (lat. *dracunculus,* petit serpent). Ver nématode (philométridé), parasite des mammifères et des reptiles. (*Dracunculus medinensis* [dragonneau] est l'agent de la dracunculose de l'homme. La femelle féconde peut atteindre 80 cm de long.)

DRAEGER (Charles), imprimeur français (Paris 1844 - *id.* 1899). Il fonda à Paris (1886) un atelier d'impression typographique et acquit un renom de qualité dans les procédés modernes à l'époque (simili-gravure et trichromie).

DRAG n. m. (angl. *drag,* de *to drag,* tirer). Mail-coach dans lequel les femmes suivaient autrefois les courses.

DRAGAGE n. m. **1.** Action de draguer le fond de la mer, d'un fleuve ou d'y prélever des objets (mines par ex.) ou des roches meubles au-dessous du niveau de l'eau. – **2.** *Fam.* Le fait de draguer, de racoler à des fins scientifiques, technologiques ou nautiques.

1. DRAGÉE n. f. (bas lat. *tragemata,* du gr. *tragêmata,* friandises). **1.** Confiserie constituée d'une amande, d'une noisette ou d'une graine, enrobée d'une couche de sucre compacte et lisse. – **2.** *Pop.* Plomb de chasse, balle, projectile : *Recevoir une dragée dans le buffet.* – **3.** Médicament dont le principe actif est enrobé par une couche de sucre pour en faciliter l'absorption ou en dissimuler le goût. – **4.** Larve ou chrysalide du ver à soie momifiée par la muscardine à l'intérieur du cocon. – **5.** *Tenir la dragée haute à qqn,* lui faire attendre, lui faire payer cher ce qu'il désire ; faire sentir tout son pouvoir à qqn.

2. DRAGÉE n. f. (lat. pop. *dravocata*). Mélange fourrager de céréales et de légumineuses, fauché et donné en vert au bétail au printemps.

DRAGÉIFICATION n. f. Technique de la fabrication des dragées.

DRAGÉIFIÉ, E adj. *Comprimé dragéifié,* médicament enrobé de sucre.

DRAGEOIR n. m. **1.** Coupe qui servait à présenter des dragées et autres sucreries (XIVe-XVIe s. env.). – **2.** Petite boîte pour mettre des dragées ou des bonbons.

DRAGEON [-ʒɔ̃] n. m. (frq. *draibjo, pousse). Tige adventive issue d'une racine d'une plante vivace.

DRAGEONNANT, E adj. Se dit des espèces végétales qui produisent des drageons.

DRAGEONNEMENT n. m. Fait de drageonner.

DRAGEONNER v. i. (conj. 3). Produire des drageons.

DRAGLINE [-lajn] n. f. (angl. *dragline*). Matériel mixte de terrassement, qui agit par raclage du terrain au moyen d'un godet traîné par un câble. (Selon la technique employée, la portée des draglines varie de 50 à 350 m. Travaillant en excavation dans des terrains meubles, elles sont utilisées à la fouille de fondations, à la construction de digues ou à l'extraction de sables et de cailloux.)

1. DRAGON n. m. (lat. *draco, -onis*). **1.** Animal légendaire représenté généralement sous un aspect effrayant, avec des griffes, des ailes et une queue de serpent. – **2.** Gardien vigilant, farouche. – **3.** *Vx.* Femme terrible, acariâtre et brutale. – **4.** *Dragon de vertu,* femme qui affecte une vertu farouche. • **Arm.** Sorte de couleuvrine en usage jusqu'à la fin du XVIe s. – **Hérald.** Animal fantastique, représenté avec des ailes et une queue. – **Mar.** Syn. de FOC EN L'AIR. ‖ Syn. de FLYING-JIB. – **Mil.** Soldat d'un corps de cavalerie créé au XVIe s. pour combattre à pied ou à cheval.

(→ *encycl.*) — **Zool.** *Dragon de Komodo,* varan géant de Komodo (île de la Sonde), qui peut dépasser 3 m de long. ‖ *Dragon volant,* lézard arboricole de Malaisie, capable d'effectuer de longs vols planés grâce à son grand patagium. — **Zootechn.** Race de pigeons caronculés qu'on élève le plus souvent en volière.

ENCYCL. **Mil.** Héritiers de l'institution du *corps militaire des dragons* (1554), des *dragons de l'Impératrice* (1855), les régiments de dragons, transformés à partir de 1928 en *bataillons de dragons portés (B. D. P.),* constituèrent en 1940 l'élément de combat à pied des divisions légères de cavalerie et des divisions légères mécaniques. Depuis 1945, la tradition des dragons a été reprise par certains régiments blindés.

DRAGON n. m. (de *dragon 1 ;* nom déposé). Yacht monotype à coque en forme, gréé en sloop marconi, apparu dans les années 30. (Son adoption comme voilier de course l'a fait évoluer vers une formule sportive qui a figuré aux jeux Olympiques de 1948 à 1972.)

DRAGON (en lat. *Draco, -onis),* constellation boréale, entre la Grande Ourse et la Petite Ourse.

Dragon *(ordre du double),* ordre impérial chinois, créé en 1881 par l'impératrice Ci Xi.

Dragon de l'Annam *(ordre du),* ordre créé en 1886 par l'empereur d'Annam ; ordre colonial français de 1896 à 1950.

DRAGONNADE n. f. Persécution utilisée, à l'encontre des protestants, comme moyen de conversion, par le gouvernement de Louis XIV.

ENCYCL. Autorisée par Louvois en 1681 et mise en pratique avec brutalité par plusieurs intendants (Bâville, Foucault, Marillac), la dragonnade consistait à loger chez les protestants des dragons qui étaient autorisés à exercer sur leurs hôtes tous les sévices (excepté le viol et le meurtre) pour obtenir leur conversion. Cet emploi de « missionnaires bottés » se poursuivit jusqu'en 1698.

DRAGONNE n. f. (de *dragon*). **1.** Courroie reliant le poignet à la garde d'un sabre ou d'une épée au moyen d'un passe-coulant. — **2.** Lanière ou cordon attaché à un objet, que l'on peut passer au poignet ou au bras. — **3.** Batterie de tambours propre aux dragons des XVIIe et XVIIIe s.

DRAGONNER v. t. (conj. 3). *Litt.* Maltraiter par des dragonnades.

DRAGONNET n. m. (de *dragon*). Nom usuel du *callionyme.*

DRAGONNIER n. m. (de *dragon*). Liliacée arborescente à croissance lente mais de très grande longévité, à ramure régulièrement ramifiée, à frondaison en touffes.

DRAGSTER [-stɛr] n. m. **1.** Véhicule sportif, à deux ou quatre roues, au moteur d'une puissance de plusieurs centaines ou même plusieurs milliers de chevaux, utilisant un carburant amélioré. (Les dragsters doivent parcourir le plus rapidement possible des distances de 200 à 400 m, départ arrêté ; ils atteignent en 3 à 10 secondes des vitesses de 200 à 400 km/h.) — **2.** Le sport pratiqué avec ce véhicule.

DRAGUE n. f. (angl. *drag,* de *to drag,* tirer). **1.** Engin de terrassement destiné à enlever, du fond d'un cours d'eau ou du fond de la mer, du sable, du gravier ou de la vase. (→ *encycl.*) — **2.** Engin mobile, fait d'un filet armé ou de métal, destiné à racler le fond pour en rapporter des éléments vivants ou minéraux. — **3.** Dispositif employé pour enlever ou détruire les mines sous-marines. — **4.** Filet à manche pour pêcher à la traîne. — **5.** Petit chalut pour pêcher les coquilles Saint-Jacques et les praires. — **6.** *Fam.* Action d'aborder qqn en vue d'une aventure amoureuse facile. — **7.** *Drague hydrographique* ou *flottante,* câble remorqué à profondeur déterminée et constante pour repérer les dangers sur le sol marin (têtes de roche, épaves).

ENCYCL. On utilise des *dragues à godets* très puissantes et généralement automotrices ; des *dragues à benne preneuse* pour l'entretien des profondeurs à l'intérieur des ports ; des *dragues à cuiller* pour les terrains durs ; des *dragues suceuses* (ou *aspiratrices*) *en point fixe* pour les zones abritées et en terrain meuble, les plus puissantes étant amarrées par des béquilles et dotées d'un désagrégateur rotatif (cutter) placé en bout du tuyau d'aspiration (élinde) ; des *dragues suceuses en marche* pour l'entretien ou l'approfondissement des chenaux d'accès ; enfin, des *dragues suceuses porteuses,* comportant des puits dans lesquels se décante l'eau chargée de matériaux en suspension, l'eau clarifiée étant rejetée à la mer.

DRAGUER v. t. (conj. 3). **1.** Racler avec une drague le fond d'un fleuve, d'un port, etc. : *Draguer un canal.* — **2.** Retirer qqch avec une drague : *Draguer une ancre.* — **3.** Détecter des mines sous-marines pour les détruire ou les relever. — **4.** *Fam.* Aborder qqn, tenter de le séduire pour aboutir à une aventure : *Se faire draguer dans un café.*

◆ v. i. *Fam.* Déambuler à la recherche d'aventures amoureuses : *Tous les soirs, il drague à Montparnasse.*

DRAGUETTE n. f. Petite drague, spécialement employée pour arracher les huîtres et les moules des rochers.

DRAGUEUR, EUSE n. *Fam.* Personne qui aime draguer, qui recherche quelque aventure.

◆ **dragueur** n. m. **1.** Matelot travaillant sur une drague. — **2.** *Dragueur (de mines),* bateau spécialisé dans la recherche ou la relève des mines sous-marines. ‖ *Dragueur auxiliaire,* chalutier mobilisé en temps de guerre comme dragueur.

DRAGUIGNAN (83300), ch.-l. d'arrond. du Var, en basse Provence ; 32 851 hab. *(Dracenois).* Musée dans l'ancien palais d'été des évêques de Fréjus (XVIIIe s.). Préfecture du Var jusqu'en 1974. Centre commercial et ville de garnison, siège depuis 1976 de l'École d'application de l'artillerie.

DRAGUT, en turc **Turgut,** corsaire turc (Anatolie v. 1500 - Malte 1565). Au service de Khayr al-Dīn Barberousse (à partir de 1540), puis du gouvernement ottoman (à partir de 1551), il participa à la prise de Tripoli en 1551, ravagea périodiquement les côtes et les îles italiennes (1551-1560) et battit la flotte espagnole à Djerba (1560). Il fut tué en assiégeant Malte.

1. DRAILLE [draj] ou **DRAYE** n. f. (provenç. *draya,* sentier). Large chemin pour le passage des troupeaux, notamment les moutons transhumants. (Syn. CARRAIRE.)

2. DRAILLE [draj] n. f. (languedocien *dralho,* var. de *traio,* câble). Étai le long duquel court ou glisse une voile triangulaire, un foc ou une voile d'étai.

DRAIN n. m. (angl. *drain*). **1.** Conduit souterrain pour collecter et évacuer l'eau en excès dans le sol. – **2.** Tube de métal, de verre, de caoutchouc ou de matière plastique percé de trous et servant au drainage des plaies qui renferment des collections liquides. – **3.** Électrode à laquelle aboutit le courant d'électrons dans le transistor à effet de champ. – **4.** Tuyauterie spéciale, utilisée pour parer aux conséquences des fuites de gaz éventuelles des conduites ou des branchements.

DRAINAGE n. m. **1.** Évacuation, spontanée ou facilitée par un réseau de drains ou de fossés, de l'eau en excès dans un sol trop humide. – **2.** Ensemble de procédés et opérations mis en œuvre pour favoriser cette évacuation ; aménagement des surfaces en vue d'accélérer l'évacuation des eaux. (→ *encycl.*) – **3.** Action de drainer qqch vers un lieu ; fait d'être attiré vers un lieu, un pays : *Le drainage des capitaux.* – **4.** Évacuation, au moyen de drains, de mèches, des collections liquides qui se sont constituées à un certain point de l'organisme, soit spontanément (abcès), soit à la suite d'interventions chirurgicales. – **5.** *Drainage lymphatique,* massage thérapeutique effectué par des mouvements doux, lents et circulaires, afin de stimuler la circulation lymphatique. – **6.** Fait pour un cours d'eau de drainer son bassin. – **7.** Hauteur d'eau qui percole annuellement dans un sol, dépendant du bilan climatique (pluie, évapotranspiration) et des caractéristiques hydrodynamiques du sol, en relation avec la topographie. (Le *drainage climatique* détermine le mode d'évolution des sols, l'alimentation des nappes d'eau, l'efficacité des engrais et les transferts par pollution.) – **8.** Déplacement du pétrole brut, à travers les pores des roches réservoirs, en direction des puits en exploitation. (Ce drainage peut être naturel ou artificiel.)

ENCYCL. **Agric.** Le drainage peut se faire en établissant un réseau de canalisations (en terre cuite ou en plastique) qui recueillent les eaux en excès et qui les rejettent dans des collecteurs reliés à la circulation générale des eaux. Dans les terres suffisamment argileuses, on creuse des galeries circulaires en déplaçant en profondeur une pièce en acier en forme d'obus *(drainage-taupe).*

DRAINE n. f. Grive printanière qui nidifie en France dès le début du mois de mars.

DRAINER v. t. (de *drain*) [conj. **4**]. **1.** Débarrasser un sol de son excès d'eau par les techniques de drainage. – **2.** Attirer à soi qqch, des biens matériels, les rassembler vers soi : *Drainer l'épargne des Français.* – **3.** Canaliser qqch dans une direction : *Drainer la circulation vers une voie de dégagement.* – **4.** Pratiquer le drainage d'une plaie, d'une collection, etc. – **5.** Pour un cours d'eau, rassembler les eaux de son bassin.

DRAINEUSE n. f. Machine automotrice à chenilles larges, qui creuse un fossé et met en place un drain perforé.

DRAINOTHÉRAPIE n. f. Traitement de la cellulite par massages sous air pulsé.

DRAIS (Karl Friedrich), baron **von Sauerbronn,** sylviculteur et ingénieur badois (Karlsruhe 1785 - *id.* 1851). On lui doit l'invention des bicycles connus sous le nom de *draisienne* (1816).

DRAISIENNE n. f. (de *Drais,* n. pr.). Véhicule à deux roues antérieur au vélocipède et qui était mû par l'action alternée de chacun des pieds sur le sol.

DRAISINE n. f. (altér. de *draisienne*). Véhicule automoteur léger utilisé pour l'entretien et la surveillance de la voie de chemin de fer.

DRAKE *(passage* ou *détroit de),* large passage (880 km) de l'océan Austral entre la Terre de Feu et les Shetlands du Sud (péninsule antarctique).

DRAKE (*sir* Francis), marin et corsaire anglais (près de Tavistock, Devon, v. 1540 -mort au large de Portobelo 1596). En 1570, la reine Élisabeth Ire lui donna ses lettres de course. Il ravagea alors les colonies espagnoles au cours de trois audacieuses expéditions (1570 - 1572). Il réalisa ensuite le premier voyage anglais de circumnavigation (1577 - 1580). Les hostilités ayant repris avec l'Espagne, il détruisit la flotte espagnole dans le port de Cadix (1587) et contribua à l'échec de l'Invincible Armada (1588).

DRAKE (Edwin Laurentine, dit **le Colonel**), industriel américain (Greenville, New York, 1819 - Bethlehem, Pennsylvanie, 1880). Ayant pris une participation dans une société d'exploitation d'huile minérale, il réalisa, en 1859, à Titusville (Pennsylvanie), la première exploitation industrielle de pétrole.

DRAKENSBERG, principal massif montagneux de la République d'Afrique du Sud, près de l'océan Indien, culminant à 3 482 m ; escarpé au-dessus des régions côtières, en pente douce vers les plateaux intérieurs.

DRAKKAR n. m. (scand. *drakar,* dragon). Nom donné usuellement au *snekkja,* bateau léger, non ponté, utilisé par les Vikings (ou Normands) pour leurs expéditions, qui possédait une poupe et une proue ornées de figures fantastiques.

DRALON n. m. (n. déposé). Fibre synthétique polyacrylique de fabrication allemande (Bayer).

DRAMATIQUE adj. (bas lat. *dramaticus,* du gr. *dramatikos*). **1.** Qui se rapporte au théâtre ou qui touche la profession théâtrale : *Cours d'art dramatique.* — **2.** Qui s'occupe de théâtre ou écrit des textes de théâtre : *Un auteur dramatique.* — **3.** Qui possède les caractéristiques du drame ou en évoque le caractère : *Théâtre dramatique.* — **4.** Qui comporte de sérieux dangers, des conséquences graves ; tragique, terrible : *La situation financière devient dramatique.* — **5.** Qui suscite une vive émotion ; poignant : *L'intensité dramatique de la scène finale.* — **6.** Fam. *Ce n'est pas dramatique,* ce n'est pas grave, il n'y a pas de quoi s'inquiéter. ‖ *Genre dramatique,* genre auquel appartiennent toutes les œuvres (tragiques, comiques, féeriques) dont l'objet consiste à représenter une action sur la scène. ‖ *Musique dramatique,* musique destinée à commenter ou à accompagner la représentation d'une œuvre théâtrale ; genre musical mettant en jeu les éléments d'une action non destinée à la représentation scénique (cantate, oratorio, passion, voire lied).

◆ n. f. **1.** Émission de caractère théâtral, radiodiffusée ou télévisée : *Monter une dramatique pour la télévision.* — **2.** Œuvre écrite spécialement pour son adaptation à la télévision.

DRAMATIQUEMENT adv. **1.** De façon dramatique : *Hold-up qui se termine dramatiquement.* — **2.** Du point de vue dramatique, théâtral.

DRAMATISANT, E adj. Qui contribue à dramatiser : *Un ton dramatisant.*

DRAMATISATION n. f. **1.** Action de dramatiser qqch : *Dramatisation excessive d'un discours improvisé.* — **2.** Exagération du caractère tragique, dangereux de qqch : *Dramatisation d'un incident.* — **3.** Dans le travail du rêve, processus de travestissement qui utilise un mode d'expression par symboles rendant méconnaissable le contenu latent et assurant une configuration concrète au rêve.

DRAMATISER v. t. (conj. 3). **1.** Donner un tour tragique à un récit, à un discours, en accentuer les poignantes péripéties. — **2.** Donner un tour dramatique à une situation, à un problème ; en faire ressortir exagérément la gravité, la violence : *Ne dramatisons pas, essayons plutôt de réfléchir calmement.*

DRAMATISME n. m. Caractère dramatique de qqch.

DRAMATURGE n. (gr. *dramatourgos*). Auteur de pièces de théâtre.

DRAMATURGIE n. f. (de *dramaturge*). **1.** Art de la composition des pièces de théâtre. — **2.** Traité sur la composition théâtrale. — **3.** Catalogue raisonné de pièces dramatiques.

Dramaturgie de Hambourg *(la),* recueil d'articles de critique dramatique de G. E. Lessing (1767-1769), qui condamne le théâtre classique français et recommande l'imitation de Shakespeare et des Grecs. Ses articles favorisèrent l'éclosion du drame classique allemand.

DRAMATURGIQUE adj. Qui se rapporte à la dramaturgie.

DRAME n. m. (bas lat. *drama,* du gr. *drama,* action). **1.** Pièce, film, etc., d'un caractère général grave, mettant en jeu des sentiments pathétiques et des conflits sociaux ou psychologiques (par oppos. à la *comédie*). — **2.** Événement ou série d'événements tragiques opposant des êtres humains les uns aux autres ; tragédie : *Un drame de la jalousie.* — **3.** Événement auquel on attribue une importance ou une gravité excessive : *Ne pleure pas, il n'y a rien de grave, ce n'est pas un drame.* — **4.** Pièce de théâtre de ton moins élevé que la tragédie, représentant une action violente ou douloureuse, où le comique peut se mêler au tragique. — **5.** *Drame bourgeois,* drame en prose recherchant la vérité dans le ton, axé sur le mouvement et le pathétique et représentant dans une intention moralisante des scènes de la vie privée. ‖ *Drame liturgique,* au Moyen Âge, mise en scène de textes sacrés. ‖ *Drame lyrique,* opéra écrit sur un sujet dramatique. ‖ *Drame romantique,* pièce de théâtre où le comique se mêle au tragique. ‖ *Drame satyrique,* dans la Grèce antique, pièce mi-tragique, mi-bouffonne, dont le chœur est formé par les satyres et qui accompagnait chaque trilogie tragique dans les représentations officielles. — ‖ *En faire (tout) un drame,* dramatiser. ‖ *Faire un, des drame(s),* provoquer des disputes ou des événements aux rebondissements fâcheux. ‖ *Tourner au drame,* en parlant d'une situation, devenir subitement violente, tragique.

DRAMMEN, port de Norvège, au S.-O. d'Oslo ; 50 800 hab. Métallurgie. Papier.

DRANCE ou **DRANSE** (la), riv. de Suisse, affl. du Rhône supérieur, descendu des Alpes pennines ; 45 km. Aménagements hydroélectriques.

DRANCY (93700), ch.-l. de cant. de la Seine-Saint-Denis, à 4 km au N.-E. de Paris ; 60 928 hab. *(Drancéens).* Églises modernes. Constructions mécaniques et électriques.
— **Hist.** De 1941 à 1944, les Allemands installèrent à Drancy un camp d'internement pour les juifs étrangers, puis pour les juifs français, d'où ils étaient envoyés vers les camps d'extermination allemands.

DRANEM (Armand MÉNARD, dit), fantaisiste, chanteur et comédien français (Paris 1869 - *id.* 1935). Au café-concert, il lança le genre du comique niais et malicieux. Il créa au music-hall de nombreuses revues et opérettes. Il interpréta plusieurs rôles au cinéma et fut le fondateur de la maison de retraite des artistes du spectacle de Ris-Orangis.

DRANGIANE, pays de l'Iran ancien correspondant au Sistān.

Drang nach Osten, express. all. signif. *marche vers l'est* et désignant la politique d'expansion allemande entre l'Elbe et l'Oder et sur les bords de la Baltique (Xe-XIIIe s.) au détriment des Slaves et des Baltes.

DRANSE ou **DRANSE DE SAVOIE,** torrent des Alpes du Nord, formé par la réunion des Dranses de Bellevaux, de Morzine et d'Abondance, qui rejoint le lac Léman ; 41 km.

DRANSE (la) → DRANCE.

DRAP [dra] n. m. (bas lat. *drappus*). **1.** Étoffe résistante, en laine pure ou mélangée, ayant subi l'opération du foulage, souvent suivie d'un grattage rendant la surface duveteuse et conférant au tissu de grandes qualités de protection thermique. — **2.** Pièce de toile de lin, de coton, de chanvre, etc., taillée et ourlée à des dimensions diverses et dont on garnit les lits pour isoler le corps du matelas *(drap de dessous)* ou de la couverture *(drap de dessus).* — **3.** En Belgique, serviette. — **4.** *Drap de bain, de plage,* grande serviette en tissu éponge qui sert à s'essuyer après le bain et à s'allonger sur la plage. ‖ *Drap de maison,* en Belgique, torchon. ‖ *Drap mortuaire, drap funéraire,* pièce de drap ou de velours noir, qqf violet ou gris, dont on recouvre le cercueil. ‖ *Drap d'or, drap d'argent,* étoffe dont le tissu est d'or ou d'argent. ‖ Fam. *Être dans de beaux (de vilains) draps,* être dans une position très fâcheuse.

DRAPANT, E adj. *Ville drapante,* autref., ville qui fabriquait des draps de laine et qui en faisait le commerce.

1. DRAPÉ → DRAPER.

2. DRAPÉ n. m. **1.** Ensemble de plis souples obtenus dans le sens plus ou moins biaisé d'un tissu. — **2.** Agencement des étoffes, des plis des vêtements représentés en peinture ou en sculpture.

DRAPEAU n. m. (de *drap,* avec l'infl. de l'ital. *drapello,* bannière). **1.** Pièce d'étoffe attachée à une hampe, servant autrefois d'enseigne militaire et devenue, depuis le XIXe s., l'emblème d'une nation, dont elle porte les couleurs. — **2.** Pièce d'étoffe servant d'emblème à une province, un organisme, etc. : *Le drapeau olympique.* — **3.** Emblème en papier, symbole du drapeau national ; figuration de navires, de troupes, etc. : *Planter de petits drapeaux sur une carte.* — **4.** Pièce d'étoffe ou de matière rigide fixée à un manche et servant de signal : *Délimiter un terrain avec des drapeaux.* — **5.** Symbole de la patrie, de l'armée : *L'honneur du drapeau.* — **6.** Personne, œuvre qui symbolise un parti, un courant de pensée : *Être le drapeau des protestataires.* — **7.** *Drapeau blanc,* emblème de la royauté ; drapeau qui indique que l'on veut parlementer ou capituler. ‖ *Drapeau noir,* enseigne des pirates, emblème anarchiste. ‖ *Drapeau rouge,* emblème révolutionnaire et, à partir de 1918, celui de l'Union soviétique. ‖ *Drapeau tricolore,* drapeau bleu, blanc, rouge, emblème de la nation française. ‖ *Être sous les drapeaux,* accomplir son service militaire. ‖ *Lever haut son drapeau,* défendre publiquement ses opinions. ‖ *Mettre son drapeau dans sa poche,* dissimuler ses opinions. ‖ Pop. *Planter un drapeau,* s'éclipser sans payer. ‖ *Se ranger, combattre sous le drapeau de qqn,* prendre son parti, partager ses idées, le reconnaître comme chef. • **Aéron.** *Mise en drapeau,* action de mettre les pales d'une hélice à pas variable dans la position qui offre le moins de résistance à l'avancement, lorsque le moteur est stoppé. — **Cirq.** Équilibre de force qui consiste à se tenir horizontalement à un support vertical (corde, barre, perche) ou à un porteur dans les figures du main-à-main. — **Impr.** *Composition en drapeau,* disposition de lignes successives dont l'alignement n'est réalisé que d'un seul côté (soit à gauche, soit à droite). — **Inform.** Information de service, entre deux chaînes de caractères, pouvant être positionnée et testée. — **Mil.** *Au drapeau !,* batterie ou sonnerie militaire pour rendre les honneurs au drapeau. — **Œnol.** Appareil constitué par un serpentin métallique destiné à rafraîchir ou à réchauffer un moût en fermentation.

ENCYCL. Le *drapeau national français,* formé des trois couleurs, le bleu et le rouge (couleurs de Paris) et le blanc (couleur de la royauté), disposées en trois bandes égales, fut institué par le décret du 27 pluviôse an II (15 févr. 1794), promulgué par la Convention nationale. Remplacé par un drapeau blanc sous la Restauration, il redevint tricolore en 1830.

Drapeau rouge *(ordre du),* ordre soviétique créé en 1918 par le Comité central des soviets, étendu en 1924 à toute l'Union soviétique.

DRAPEMENT n. m. Action ou manière de draper, de se draper.

DRAPER v. t. (conj. 3). **1.** Couvrir qqch de drap ou d'une draperie, en partic. d'une draperie noire, en signe de deuil : *Draper un portail d'église.* — **2.** Disposer une étoffe en plis harmonieux : *Draper des rideaux.* — **3.** En parlant d'une étoffe, d'un tissu, envelopper qqn, une partie du corps, le recouvrir en formant des plis harmonieux : *Un grand châle drapait ses épaules.* — **4.** Disposer, représenter les plis d'une étoffe, d'un vêtement dans une peinture, une sculpture, une œuvre graphique.

◆ **se draper** v. pr., **être drapé** v. pass. **1.** S'envelopper dans un vêtement qui forme des plis amples : *Elle était drapée dans un sari.* — **2.** Faire parade d'une qualité ; s'en enorgueillir avec affectation : *Se draper dans sa dignité.*

DRAPER (Henry), astronome américain (Prince Edward County, Virginie, 1837 -New York 1882). Le premier, il enregistra sur plaque photographique les spectres d'étoiles. Son nom reste attaché au catalogue fondamental des spectres stellaires.

DRAPERIE n. f. **1.** Tissu d'ameublement, tendu, à plis ou à fronces. — **2.** Tissu de laine destiné au vêtement d'homme, souvent en drap. — **3.** Fabrication et commerce du drap ; manufacture de drap. — **4.** Représentation des étoffes, des drapés. — **5.** Concrétions calcaires revêtant les parois d'une grotte.

DRAP-FEUTRE n. m. (pl. *draps-feutres*). Drap épais employé en carrosserie et comme filtre.

DRAP-HOUSSE n. m. (pl. *draps-housses*). Drap dont les coins sont conçus pour emboîter étroitement le matelas.

DRAPIER, ÈRE n. Personne qui vend ou qui fabrique du drap.

◆ adj. Relatif à la fabrication et au commerce du drap.

1. DRASTIQUE adj. et n. m. (gr. *drastikos,* actif). Se dit d'un purgatif violent. (Les drastiques sont des produits d'origine végétale tels que l'aloès, le jalap, le ricin, la scammonnée. Leur effet irritant et parfois douloureux en limite les usages.)

2. DRASTIQUE adj. (angl. *drastic,* du gr. *drastikos,* énergique). D'une rigueur contraignante ; très rigoureux, draconien : *Un règlement drastique.*

Draumkvedet, en norv. anc. *Draumkvaedhi* (« Poème de rêve »), chef-d'œuvre anonyme de la poésie norvégienne du Moyen Âge (v. 1300). Ce récit d'un « voyage » effectué en rêve, en enfer, au purgatoire et au paradis, soutient la comparaison avec les textes de Dante ou de sainte Brigitte.

DRAUPADĪ, épouse commune des cinq frères Pāṇḍava, dans l'épopée indienne du *Mahābhārata.*

1. DRAVE n. f. (de *draver*). Au Canada, flottage du bois.

2. DRAVE n. f. (esp. *dabra*). Petite herbe crucifère des régions froides.

DRAVE (la), en all. **Drau,** affl. du Danube (r. dr.) ; 700 km. Née en Italie, la Drave draine la Carinthie, le nord de la Slovénie et de la Croatie (où elle sert de frontière avec la Hongrie).

DRAVEIL (91210), ch.-l. de cant. de l'Essonne, sur la rive droite de la Seine ; 28 034 hab. *(Draveillois).* Fonderie d'aluminium. Constructions électriques.

DRAVER v. t. (angl. *to drive,* conduire) [conj. 3]. Au Canada, faire la drave.

DRAVEUR, EUSE n. Au Canada, personne qui dispose et conduit le bois flotté.

DRĀVIḌA → DRAVIDIENS.

DRAVIDIEN, ENNE adj. (sanskr. *Drāviḍa,* par l'intermédiaire de l'angl. *dravidian*). **1.** Relatif aux Dravidiens. — **2.** *Style dravidien,* ensemble des arts des principaux royaumes des régions dravidiennes : art Pallava (v. 600-900) et surtout art Cola et Pāṇḍya (v. 900 - apr. 1300), art de Vijayanagar (1336-1565), art des Nāyaks de Gingee, Thanjāvūr et Madura (apr. 1565 -première moitié du XVIIIe s.).

◆ **dravidien** n. m. Famille de langues parlées principalement dans le sud de l'Inde par plus de 170 millions de locuteurs.

ENCYCL. La famille dravidienne groupe une vingtaine de langues dont quatre sont des langues littéraires prestigieuses, ayant statut de langues nationales et possédant un alphabet particulier : le tamoul, le malayālam, le kannara ou le telugu. On subdivise le dravidien en un groupe septentrional (brāhouī, mālṭo, kurukh), un groupe central (telugu, kuī, kolami, goṇḍī, parjī, konda) et un groupe méridional (tamoul et malayālam étroitement apparentés, kannara, kota, toda, kodagu et tulu). L'origine du dravidien reste mystérieuse, mais il a dû avoir une aire d'extension plus vaste, comme en témoignent la subsistance du brāhouī, très au nord, et le fait que nombre de traits dravidiens se retrouvent dans le *Rigveda,* le plus ancien recueil d'hymnes sacrés indo-aryens.

DRAVIDIENS ou **DRĀVIḌA,** peuple qui fut repoussé dans les régions du sud de l'Inde par les envahisseurs aryens. Les régions dravidiennes sont, de nos jours, approximativement regroupées dans les États du Tamil Nadu, du Kerala, du Karnātaka et de l'Andhra Pradesh.

DRAWBACK [drobak] n. m. (angl. *drawback,* de *to draw,* tirer, et *back,* arrière). Système de subvention à l'exportation consistant à verser à certains exportateurs de produits manufacturés, au moment de l'exportation de ceux-ci, une somme égale au montant des droits de douane payés sur les matières premières importées pour la fabrication de ces marchandises.

DRAYAGE → DÉRAYAGE.

DRAYE → DRAILLE 1.

DRAYER → DÉRAYER.

DRAYOIRE [drɛjwar] n. f. *Vx.* Couteau à dérayer.

DRAYTON (Michael), poète anglais (Hartshill, Warwickshire, 1563 - Londres 1631). Auteur de poèmes lyriques, historiques (*Poèmes lyriques et pastoraux,* 1606) et satiriques, il a également écrit une géographie poétique de l'Angleterre (*Polyolbion,* 1612-1622).

DRDA (Jan), romancier et dramaturge tchèque (Příbram 1915 - Dobříš, Bohême, 1970), auteur de romans de mœurs (*Une petite ville dans une main,* 1940 ; *l'Eau vive,* 1941), de nouvelles patriotiques (*la Barricade muette,* 1946) et de comédies inspirées du folklore.

DREADLOCKS [drɛdlɔks] n. f. pl. Petites nattes, parfois entrelacées de perles, constituant la coiffure traditionnelle des rastas. (Syn. LOCKS.)

DREADNOUGHT [drɛdnɔt] n. m. (angl. *dreadnought*). Type de cuirassé anglais lancé en 1906. (Il constitua l'élément principal des flottes de guerre jusqu'en 1939.)

DREBBEL (Cornelis), mécanicien et physicien hollandais (Alkmaar 1572 - Leyde 1633). Il s'établit à Londres en 1620. On lui doit l'invention du thermostat.

DRÈCHE n. f. (anc. fr. *drasche,* du gaul. **drasca*). Résidu solide de l'orge qui a servi à faire de la bière et qu'on peut utiliser, frais ou déshydraté, comme aliment pour le bétail.

DREES (Willem), homme politique néerlandais (Amsterdam 1886 - La Haye 1988). Député en 1933, il devint chef du parti socialiste. Pendant l'Occupation, il joua un rôle important au sein du Comité patriotique et de la Commission de liaison clandestine. Il fut Premier ministre de 1948 à 1958.

DRÈGE ou **DREIGE** n. f. (angl. *dredge*). Grand filet pour la pêche au fond de la mer.

DREIKANTER [drajkɑ̃tɛr] n. m. (all. *dreikanter,* pourvu de trois arêtes). Caillou à facettes taillées par le vent, qui lui a donné une forme pyramidale (trois côtés).

DREISER (Theodore), romancier américain (Terre Haute, Indiana, 1871 - Hollywood 1945). Initiateur du naturalisme en Amérique, il a donné une vision cruelle et réaliste de la société américaine (*Sister Carrie,* 1900 ; *Jennie Gerhardt,* 1911 ; *le Financier,* 1912 ; *le Génie,* 1915) et des forces fatales qui dominent le destin de l'homme (*Une tragédie américaine,* 1925).

DREISSÉNIE n. f. (de *Dreyssen,* n. pr.). Sorte de moule d'eau douce, qui colonise parfois les conduites d'eau.

DRELIN interj. (onomat.). Évoque le bruit d'une sonnette, d'une clochette.

DRENTHE, prov. du nord-est des Pays-Bas ; 2 680 km² ; 441 028 hab. Ch.-l. *Assen.*

DRÉPANIDÉ n. m. Nom de famille de papillons aux ailes antérieures recourbées en faux et dont la chenille est nuisible aux arbres.

DRÉPANOCYTAIRE adj. et n. Relatif au drépanocyte ; atteint de drépanocytose.

DRÉPANOCYTE n. m. Hématie déformée en faucille ou en banane, caractéristique de la drépanocytose.

DRÉPANOCYTOSE n. f. Maladie héréditaire due à la présence dans les hématies d'une hémoglobine anormale, l'hémoglobine S. (Syn. ANÉMIE [À CELLULES] FALCIFORME[S].)

ENCYCL. La transmission génétique de la drépanocytose est de type autosomique dit codominant, car chez les homozygotes (100 % d'hémoglobine S) la maladie est responsable d'une anémie hémolytique grave, alors que chez les hétérozygotes elle a peu d'incidence clinique, mais est décelable par la présence d'hémoglobine S (22 à 50 % de l'hémoglobine). Les thromboses et l'anémie sont les complications majeures de la maladie.

DRÉPANORNIS [-nis] n. m. Paradisier de Nouvelle-Guinée à long bec courbe.

DREPANUM, anc. ville de Sicile, au pied du mont Eryx. Victoire navale du Carthaginois Adherbal sur Claudius Pulcher (249 av. J.-C.). C'est l'actuelle *Trapani.*

DRESCH (Jean), géographe français (Paris 1905 - *id.* 1994). Spécialiste de la géomorphologie des pays arides, puis de géopolitique, il a présidé l'Union géographique internationale de 1972 à 1976.

DRESDE, en all. **Dresden,** v. du sud de l'Allemagne, cap. du Land de Saxe, sur l'Elbe ; 521 000 hab. Centre industriel (constructions mécaniques et électriques surtout).
– **Hist.** Mentionnée en 1216, la ville connut un grand développement à partir du partage de la Saxe (1485), car elle devint la capitale de la ligne Albertine de la maison de Wettin. Elle fut la résidence des rois de Saxe de 1806 à 1918. La ville fut presque entièrement détruite par les raids britanniques (13 févr. 1945) et américains (14 févr.). Avec les 2 978 tonnes de bombes larguées et ses 35 000 morts (d'après des travaux historiques récents), Dresde reste le symbole de l'atrocité de la guerre de bombardement sur des objectifs purement civils.
– **Bx-arts.** Le XVIIIe s. a fait de Dresde une capitale baroque : palais du Zwinger (très restauré), enceinte monumentale destinée aux fêtes en plein air, par M. D. Pöppelmann, avec sculptures mouvementées de B. Permoser ; église de la cour ; palais Japonais dans la ville neuve, sur la rive droite de l'Elbe. Prestigieuse galerie de peinture dans une aile ajoutée pour elle au Zwinger par G. Semper, architecte de l'Opéra (1837, plusieurs fois restauré). Divers châteaux des environs, dont la résidence d'été des Électeurs, à Pillnitz, par Pöppelmann.

Dresde *(bataille de)* [26 et 27 août 1813], victoire remportée par Napoléon Ier sur l'armée autrichienne de Schwarzenberg, après la dénonciation de l'armistice conclu en juin avec les Russes et les Prussiens.

Dresde *(traité de)* [25 déc. 1745], traité conclu au cours de la guerre de la Succession* d'Autriche entre le roi de Prusse Frédéric II, l'impératrice Marie-Thérèse et Auguste III, Électeur de Saxe et roi de Pologne. Ce dernier conservait ses États, et Frédéric II, qui reconnaissait comme empereur François de Lorraine, époux de Marie-Thérèse, gardait la Silésie, acquise en 1742.

DRESSAGE n. m. **1.** Action de dresser, de mettre droit, d'installer : *Le dressage de la tente.* – **2.** Action ou manière de dresser un animal : *Dressage d'un chien de garde.* – **3.** Forme d'éducation, d'apprentissage particulièrement sévère : *Le dressage d'un enfant.* • **Arm.** Opération qui permet de vérifier, au cours du forage, que le canon d'une arme est rigoureusement rectiligne. – **Bât.** Action d'aplanir la surface d'une pierre, d'un mur. – **Cuis.** Disposition d'un mets préparé sur un plat de service. – **Équit.** *Concours de dressage,* épreuve visant à apprécier les qualités du cheval et du cavalier, en fonction de la manière dont ils effectuent les exercices requis pour chaque niveau. – **Hortic.** Préparation d'une planche en vue d'un semis ou d'une plantation. – **Menuis.** Première phase du corroyage à la dégauchisseuse. – **Techn.** Action d'uniformiser l'épaisseur d'un objet, d'aplanir une surface, de rendre droite une barre, etc. – **Text.** Action de disposer sur l'ensouple la chaîne enroulée sur le tambour de l'ourdissoir. (Syn. PLIAGE.) – **Trav. publ.** Battage des pavés au moyen d'une hie. – **Usin.** Opération consistant à faire disparaître les irrégularités d'un fil métallique ou d'une surface plane. ‖ Usinage au tour perpendiculairement à l'axe de la pièce.

ENCYCL. **Zootechn.** Équidés et bovidés sont dressés pour le bât ou la selle, ou pour le trait léger (voiture) ou lourd (travaux des champs). Les chiens sont dressés pour la chasse, la garde, le sauvetage, les services dont la police ou l'armée ont besoin.

DRESSANT n. m. (de *dresser*). Dans une mine, couche de forte pente (supérieure à 45°).

DRESSEMENT n. m. **1.** Action de dresser une liste. – **2.** Rectification, à l'aide d'enduit, de vallonnements à la surface d'un ouvrage de maçonnerie.

DRESSER v. t. (bas lat. **directiare,* redresser, du lat. class. *directus,* droit) [conj. **4**]. **1.** Placer qqch dans une position verticale ou proche de la verticale, le mettre debout : *Dresser un mât.* – **2.** Lever une partie du corps : *Dresser la tête.* – **3.** Ériger un monument, élever une construction, un assemblage : *Dresser un échafaudage.* – **4.** Monter une tente, établir un camp. – **5.** Préparer, disposer, agencer convenablement qqch : *Dresser la table. Dresser un buffet.* – **6.** Établir qqch avec soin : *Dresser une carte, un plan, un projet.* – **7.** Rédiger un texte, une liste, les établir dans les formes prescrites : *Dresser un inventaire. Dresser un bilan.* – **8.** *Litt.* Comporter des éléments verticaux qui s'imposent à la vue : *Église qui dresse son clocher.* – **9.** *Dresser qqn contre qqn,* créer ou accentuer chez qqn une animosité à l'égard de qqn d'autre : *Elle fait tout pour dresser les enfants contre leur père.* – **10.** Rendre docile un animal, l'habituer à des comportements qu'on exige de lui : *Dresser un cheval sauvage.* – **11.** Faire acquérir par des exercices répétés un comportement, une aptitude : *Soldats que l'on dresse au maniement des armes.* – **12.** Faire acquérir à qqn, par la contrainte, une discipline : *Dresser des élèves.* – **13.** Effectuer une opération de dressage (mur, tôle, planche, etc.). – **14.** *Dresser un piège à qqn,* le lui tendre. • **Bât.** *Dresser d'alignement,* construire un mur en faisant constamment usage du cordeau. – **Ch. de f.** *Dresser une voie,* l'amener progressivement, par petits déplacements horizontaux ou verticaux répétés, à coïncider avec le tracé théorique.

◆ **se dresser** v. pr., **être dressé** v. pass. **1.** Placer dans une position proche de la verticale ou se hausser, s'élever : *Se dresser sur son séant. Se dresser sur la pointe des pieds.* – **2.** Être dans une position verticale et dominer en hauteur un lieu : *Montagnes qui se dressent à l'horizon.* – **3.** S'opposer, s'élever, s'insurger contre qqn ou qqch : *Se dresser contre l'injustice.* – **4.** Surgir, en parlant de difficultés : *Les obstacles qui se dressent sur notre route.* – **5.** Subir un dressage, en parlant d'un animal, ou péjor. en parlant de qqn. – **6.** *Avoir les cheveux qui se dressent sur la tête,* avoir peur.

DRESSE-TUBE(S) n. m. (pl. *dresse-tubes*). Outil servant à redresser des tubes cintrés ou à courber des tubes déjà en place.

DRESSEUR, EUSE n. Personne qui dresse un animal : *Dresseur de chiens.*

◆ **dresseuse** n. f. Scie ou massicot servant à dresser les rives des placages dans les fabriques de contreplaqué.

DRESSING ou **DRESSING-ROOM** [drɛsiŋ-(rum)] n. m. (pl. *dressings* ou *dressing-rooms*) [angl. *dressing room,* pièce pour s'habiller]. Petite pièce placée près d'une chambre à coucher et aménagée pour ranger des vêtements et s'y habiller.

DRESSOIR n. m. (de *dresser*). Meuble du Moyen Âge à tablettes superposées, qui servait à exposer la vaisselle précieuse.

DREUX (28100), ch.-l. d'arrond. d'Eure-et-Loir, sur la Blaise, près de son confluent avec l'Eure ; 35 866 hab. *(Drouais).* Église des XIIIe-XVIe s. (vitraux, buffet d'orgues). Beffroi du XVIe s. Chapelle royale St-Louis (1816). Musée. Centre industriel (constructions mécaniques et électriques surtout, chimie).
– **Hist.** Dreux fut, au Moyen Âge, la capitale d'un comté possédé par les comtes de Vexin, les ducs de Normandie, puis par Eudes II, comte de Blois et de Champagne, qui le céda au roi de France Robert II le Pieux. Sous l'Ancien Régime, il passa successivement aux mains des maisons de Bourbon, d'Orléans, de Vendôme et de Condé.

DREUX (*maison* DE), branche de la famille capétienne. Issue de Robert Ier de France (v. 1123 - 1188), fils de Louis VI, qui fut comte de Dreux de 1137 à 1188, elle se divisa en plusieurs rameaux. Le rameau aîné eut pour héritières les maisons de Thouars, d'Amboise et de La Trémoille ; le rameau de Bretagne commença avec Pierre Ier Mauclerc, duc de Bretagne (1213 -1237), et s'acheva avec Anne de Bretagne.

DREUX-BRÉZÉ (Henri Évrard, *marquis* DE), gentilhomme français (Paris 1766 - *id.* 1829). Grand maître des cérémonies de France (1782), il organisa le cérémonial des États généraux de 1789 et fut chargé par Louis XVI de congédier le tiers état à l'issue de la séance royale du 23 juin.

DRÈVE n. f. (moyen néerl. *dreve,* de *driven,* conduire). Dans le Nord et en Belgique, allée carrossable bordée d'arbres.

DREVET (Pierre), graveur français (Loire, près de Condrieu, 1663 - Paris 1738). Élève de Gérard Audran, graveur du roi en 1696, il est l'auteur de plus de 100 portraits au burin d'après Rigaud, Largillière, De Troy, etc. – Son fils PIERRE IMBERT (Paris 1697 -*id.* 1739) fut également buriniste (*Bossuet,* d'après Rigaud).

DREWS (Arthur), philosophe allemand (Uetersen, Schleswig-Holstein, 1865 -Achern, Bade-Wurtemberg, 1935). Disciple de Hegel et de N. Hartmann, il nia l'existence historique de Jésus (*Die Christusmythe,* 1909-1911).

DREYER (Johan Ludvig Emil), astronome danois (Copenhague 1852 - Oxford 1926). En 1888, il publia le *New General Catalogue of Nebulae and Clusters of Stars* (souvent désigné sous les initiales NGC), qui donne la position de plusieurs milliers d'amas stellaires, de nébuleuses et de galaxies.

DREYER (Carl Theodor), cinéaste danois (Copenhague 1889 - *id.* 1968). Journaliste, puis scénariste, il débuta dans la mise en scène avec *le Président* (1918), suivi de *Feuillets arrachés au livre de Satan* (1920), *la Quatrième Alliance de dame Marguerite* (1920), *Mikaël* (1924) et *le Maître du logis* (1925). C'est en France qu'il réalisa son chef-d'œuvre, *la Passion* de Jeanne d'Arc* (1928). Mais *Vampyr* (1931) fut un échec commercial. La carrière de Carl Dreyer reprit en 1943 avec *Dies irae (Jour* de colère), Ordet* (1955) et *Gertrud* (1964).

Dreyfus *(affaire),* scandale judiciaire et politique qui divisa l'opinion française entre 1894 et 1906. En oct. 1894, un officier français israélite, Alfred **Dreyfus** (Mulhouse 1859 - Paris 1935), capitaine à l'état-major général de l'armée, fut accusé d'avoir livré à l'Allemagne des documents concernant la défense nationale. Cette accusation reposait sur l'existence d'un bordereau anonyme énumérant les documents livrés et qui fut découvert dans la corbeille à papier du colonel von Schwartzkoppen, attaché militaire allemand à Paris. Sous prétexte de similitude d'écriture entre celle du bordereau et celle de Dreyfus, ce dernier fut arrêté (15 oct. 1894), condamné à la détention perpétuelle et à la dégradation militaire (déc.) et déporté à l'île du Diable. Le vice-président du Sénat, A. Scheurer-Kestner, demanda en vain au gouvernement la révision du procès. Le chef du Service des renseignements, le lieutenant-colonel Picquart, révéla que le vrai coupable était le commandant Esterházy, mais ce dernier fut acquitté par un conseil de guerre (11 janv. 1898). É. Zola publia (13 janv.) dans *l'Aurore* une lettre ouverte *(J'accuse)* au président Faure dans laquelle il attaquait violemment l'état-major. Il fut condamné à un an de prison. L'affaire, qui souleva une forte vague d'antisémitisme, divisa alors la France entre dreyfusards (la gauche), groupés derrière la Ligue des droits de l'homme et partisans de la révision du procès, et antidreyfusards (la droite), réunis derrière la Ligue de la patrie française. Une expertise ayant prouvé qu'une pièce capitale du dossier d'accusation était un faux fabriqué par le colonel H. Henry (juill. 1898), la Cour de cassation jugea recevable la demande de révision du procès (3 juin 1899). Cependant, le conseil de guerre de Rennes condamna de nouveau Dreyfus, avec des circonstances atténuantes, à dix ans de détention (9 sept. 1899). Mais quelques jours plus tard, le président Loubet gracia Dreyfus, qui fut libéré. Le 12 juill. 1906, la Cour de cassation cassa le jugement de Rennes, réhabilita Dreyfus, qui fut réintégré dans l'armée, promu chef d'escadron et décoré de la Légion d'honneur.

DREYFUS (Huguette), claveciniste française (Mulhouse 1928). Concertiste internationale, elle est professeur de clavecin à la Schola Cantorum de Paris (1967) et au Conservatoire national supérieur de musique de Lyon (1982).

DREYFUSARD, E n. et adj. Partisan de Dreyfus et de la révision de son procès.

DREYFUSIA n. f. Puceron voisin du phylloxéra et très nuisible à l'épicéa et au sapin.

DREYSE (Johann Nikolaus VON), industriel allemand (Sömmerda, près d'Erfurt, 1787 -*id.* 1867). Il inventa le fusil à aiguille en 1827 et le dota du chargement par la culasse en 1836.

DRIANT (Émile Cyprien), officier et écrivain français (Neufchâtel-sur-Aisne 1855 -bois des Caures, près de Verdun, 1916). Il fut officier d'ordonnance du général Boulanger (1886) et gendre de celui-ci. Cette alliance lui interdisant tout avancement, il quitta l'armée en 1905. Il est connu sous le pseudonyme de **Capitaine Danrit** comme auteur de romans d'aventures et d'ouvrages d'histoire militaire (*la Guerre fatale,* 1902).

DRIBBLE [dribl] n. m. (angl. *dribble*). Action de dribbler.

DRIBBLER [drible] v. i. (angl. *to dribble,* couler goutte à goutte) [conj. 3]. En sport, éviter un adversaire, le contourner tout en conservant le contrôle du ballon.

DRIBBLEUR, EUSE n. Joueur(euse) qui dribble ou qui dribble bien.

DRIESCH (Hans), zoologiste et philosophe allemand (Bad Kreuznach 1867 - Leipzig 1941). Embryologiste de valeur, il a édifié une théorie scientifique vitaliste mettant en cause la théorie mécaniste.

DRIEU LA ROCHELLE (Pierre), écrivain français (Paris 1893 - *id.* 1945). Hanté depuis l'enfance par le suicide (*le Feu follet,* 1931), blessé à la guerre (*Comédie de Charleroi,* 1934), déçu par les femmes (*Gilles,* 1939), hostile au machinisme et au matérialisme américain, mais subjugué par le nazisme, il dirigea, sous l'Occupation, *la Nouvelle Revue française* puis se réfugia en littérature (*l'Homme à cheval,* 1943 ; *les Chiens de paille,* 1963). Réfugié en Suisse, il se suicida en rentrant à Paris. On lui doit aussi un *Journal 1944-1945.*

DRIFT n. m. (angl. *drift,* poussée). Transistor dans lequel la partie de la base en contact avec l'émetteur est plus riche en électrons que le reste de la base. (Il permet d'atteindre des fréquences très élevées, de l'ordre du gigahertz.)

DRIFTER [-tœr] n. m. (angl. *drifter,* de *to drift,* dériver). Syn. de HARENGUIER.

DRILE n. m. (gr. *drilos,* ver de terre). Petit insecte coléoptère allongé, à femelle aptère, mangeur d'escargots.

1. DRILL [drij] n. m. (angl. *drill,* d'une langue indigène de Guinée). Babouin d'Afrique occidentale, voisin du mandrill, aux callosités fessières rouge brique.

2. DRILL [dril] n. m. (all. *Drill*). **1.** Méthode prussienne de dressage intensif et mécanique des recrues. — **2.** Exercices structuraux utilisés dans l'apprentissage des langues étrangères.

3. DRILL [dril] n. m. (angl. *drill,* sillon). Tissu de coton lourd du type sergé à effet de chaîne, utilisé comme support d'abrasifs.

1. DRILLE [drij] n. f. (néerl. *dril,* foret). *Vx.* Sorte de trépan utilisé pour des travaux fins (sculpture, orfèvrerie).

2. DRILLE [drij] n. m. (moyen fr. *drilles,* vieux chiffons, p.-ê. du moyen néerl. *drille,* trou). **1.** Au XVIIe s., soldat vagabond, qui n'hésitait pas à mendier l'arme à la main. — **2.** Fam. *Joyeux drille,* bon compagnon, homme jovial ; gai luron.

DRIMYS [-mis] n. m. (gr. *drimus,* âcre). Magnoliacée arborescente de l'hémisphère Sud, dont l'écorce a les qualités toniques et aromatiques de la cannelle.

DRIN, fl. d'Albanie, qui rejoint l'Adriatique au S. de Shkodër ; 151 km. Aménagements hydrauliques.

DRINA (la), riv. de Bosnie-Herzégovine et de Yougoslavie, affl. de la Save (r. dr.), rejointe à l'O. de Belgrade ; 346 km. Hydroélectricité.

Drina *(bataille de la)* [6 sept.-11 nov. 1914], bataille livrée contre les Serbes, dans la région de la Drina, par les Austro-Hongrois. Elle se termina par la victoire de ces derniers.

DRING [driŋ] interj. (onomat.). Évoque le bruit d'une sonnette.

DRINK [drink] n. m. (angl. *drink,* boisson, de *to drink,* boire). *Fam.* Boisson alcoolisée, rafraîchissement.

DRIOGRAPHIE n. f. (gr. *drios,* bois). Procédé d'impression offset sans mouillage.

DRIPPING [-piŋ] n. m. (angl. *dripping,* de *to drip,* couler). Procédé pictural qui consiste à faire s'égoutter la couleur par le fond percé d'un récipient que le peintre déplace au-dessus de son œuvre, obtenant ainsi coulures et giclures. (Technique empruntée à Max Ernst.)

DRISSE n. f. (ital. *drizza,* de *drizzare,* dresser). 1. Cordage ou câble métallique servant à hisser et à fixer une voile, une vergue, etc. — 2. *Point de drisse,* partie de la vergue ou de la voile où est frappée la drisse.

1. DRIVE [drajv] n. m. (angl. *drive,* coup droit). 1. Au tennis, coup qui consiste à renvoyer la balle avec force en lui faisant raser le filet. — 2. Au golf, coup de longue distance donné au départ d'un trou.

2. DRIVE n. m. (mot angl.). Lecteur de disquettes.

DRIVE-IN [drajvin] n. m. inv. (amér. *drive-in,* de *to drive in,* entrer en voiture). Cinéma en plein air où les automobilistes suivent le film sans descendre de leur voiture. (Syn. CINÉ-PARC.)

1. DRIVER [drivœr] n. m. (angl. *driver,* conducteur). Jockey d'un sulky, dans une course de trot attelé.

2. DRIVER [drajvœr] n. m. (angl. *driver,* conducteur). Dans un système électronique, étage amplificateur destiné à fournir de l'énergie à l'étage ou au système suivant.

3. DRIVER [drajvœr] n. m. (angl. *driver,* conducteur). Logiciel qui gère le fonctionnement d'un périphérique particulier et lui permet d'échanger des données avec d'autres matériels.

4. DRIVER [drajvœr] n. m. (de *drive 1*). Au golf, club utilisé pour jouer les coups les plus longs.

5. DRIVER [drive] v. t. (angl. *to drive,* conduire) [conj. 3]. Conduire un cheval attelé à un sulky dans une course de trot.

6. DRIVER [drajve] v. t. (de *drive 1*) [conj. 3]. Au tennis, au golf, envoyer la balle par un drive.

DROBETA-TURNU SEVERIN, v. de Roumanie, sur le Danube, en aval du barrage des Portes de Fer ; 91 000 hab. Port fluvial et centre industriel. Ruines romaines ; musée.

DROCOURT (62320), comm. du Pas-de-Calais, à 10 km à l'E.-S.-E. de Lens ; 3 350 hab. Cokerie. Chimie.

DROGHEDA, en gaél. **Droichead Átha,** port de la République d'Irlande, au N. de Dublin ; 23 000 hab.
— **Hist.** Centre de la résistance royaliste, Drogheda fut pris et détruit par Cromwell (sept. 1649), qui massacra la garnison et les habitants.

DROGMAN [drɔgmɑ̃] n. m. (ital. *dragomanno,* de l'ar. *turdjumān,* interprète). Dans l'Empire ottoman, interprète officiel chargé de seconder les agents diplomatiques et consulaires.

1. DROGUE n. f. (p.-ê. moyen néerl. *droge,* produits séchés). 1. Substance psychotrope naturelle ou synthétique, qui conduit au désir de continuer à la consommer pour retrouver la sensation de bien-être qu'elle procure. (→ *encycl.*) — 2. Usage systématique des stupéfiants : *La drogue l'a conduit au suicide.* — 3. Substance dont l'usage excessif est toxique en raison aussi de la dépendance qu'il crée chez l'utilisateur : *Sa drogue, c'est le café.* — 4. *Péjor.* et *vx.* Remède fait selon des recettes traditionnelles ; mixture : *Confection des drogues et des élixirs.* — 5. Produit pharmaceutique ; médicament : *Administrer une drogue.* — 6. Chose qui grise, intoxique l'esprit ou dont on ne saurait psychologiquement se passer : *Le jeu était pour lui une drogue indispensable.* — 7. Produit d'origine animale, chimique ou végétale, vendu à l'état naturel, comme matière première et servant à réaliser des médicaments.

ENCYCL. **Psychiatr.** En dehors des stupéfiants* peuvent être considérés comme des drogues, car ils induisent les mêmes phénomènes de dépendance, l'alcool, le tabac et certains médicaments psychotropes (barbituriques et anxiolytiques en particulier). La distinction entre drogue dure et drogue douce est en partie subjective ; elle constitue cependant pour certains un élément important dans l'évaluation de la gravité d'une toxicomanie.

2. DROGUE n. f. (de *drogue 1*). *Harengs de drogue,* harengs apprêtés mis pêle-mêle dans les barils.

DROGUÉ, E n. Personne intoxiquée par l'emploi de drogues ; toxicomane.

1. DROGUER v. t. (de *drogue 1*) [conj. 3]. 1. Faire prendre à qqn de la drogue, des stupéfiants, un narcotique, etc. — 2. Faire prendre à qqn des médicaments en très grande quantité. — 3. Verser dans une boisson ou un aliment un poison, un narcotique dans l'intention de nuire.

2. DROGUER v. i. (du jeu de la « drogue », p. ê. de *drogue 1*) [conj. 3]. *Fam.* et *vx.* Attendre longtemps, se morfondre.

DROGUERIE n. f. (de *drogue 1*). Commerce de produits d'hygiène, d'entretien, etc. ; magasin où se vendent ces produits.

DROGUET n. m. (de *drogue 1*). Étoffe de pure laine ou tramée laine sur chaîne de fil, avec ou sans croisure.

DROGUEUR n. m. (néerl. *drogen*, sécher). Bateau pour la pêche au hareng et à bord duquel on le prépare.

DROGUIER n. m. (de *drogue 1*). Ensemble des produits galéniques, chimiques ou végétaux existant dans une officine pharmaceutique et qui servent à l'exécution des préparations magistrales.

DROGUISTE n. **1.** Personne qui tient une droguerie. (Syn. MARCHAND DE COULEURS.) – **2.** Personne ou société qui vend des matières premières aux fabricants de produits pharmaceutiques et aux pharmaciens.

1. DROIT, E adj. (lat. *directus*). **1.** Se dit d'une ligne qui est sans déviation, sans courbure ; rectiligne : *La ligne droite est le plus court chemin d'un point à un autre.* – **2.** Se dit d'un objet qui a cette forme : *Un bâton bien droit.* – **3.** Vertical, debout, bien stable, par oppos. à *penché* ou *de travers* : *Tenir la tête droite.* – **4.** Qui agit honnêtement, qui est franc, loyal, honnête : *C'est un homme droit.* – **5.** Qui raisonne sainement ; sensé, judicieux : *Il a un jugement droit.* – **6.** Qui est placé, par rapport au corps humain, du côté opposé au cœur (seulem. épithète) : *Il est sourd de l'oreille droite.* – **7.** *Angle droit,* formé par l'intersection de deux lignes perpendiculaires : *L'angle droit est un angle de 90°.* ‖ *Être, se tenir droit comme un I, comme un cierge, comme un piquet, etc.,* se tenir très droit, avec raideur. • **Anat.** *Muscle droit,* nom donné à douze muscles pairs du corps humain, le plus important étant le *muscle grand droit de l'abdomen,* les autres étant des muscles du cou et de la cuisse. ‖ *Muscles droits de l'œil,* muscles qui permettent les mouvements du globe oculaire. (Au nombre de quatre, ils naissent du sommet de l'orbite, par un tendon commun, le tendon de Zinn.) – **Chim.** Syn. de DEXTROGYRE. – **Cout.** Se dit d'un vêtement qui tombe verticalement, sans ampleur ni pinces. ‖ *Col droit,* col fait d'une bande droit-fil ou en plein biais et qui ne se replie pas. – **Géol.** *Pli droit,* pli dont le plan axial est vertical et dont les deux flancs ont la même épaisseur et la même inclinaison. – **Géom.** Se dit d'un cône ou d'un cylindre, considéré comme solide, dont l'axe est orthogonal à la base ou aux deux parties planes. ‖ Se dit d'un prisme dont les arêtes latérales sont orthogonales aux bases. ‖ *Angle de couple droit,* angle de couple de vecteurs (ou de demi-droites) qui est la moitié de l'angle plat $\overline{\omega}$. ‖ *Dièdre droit,* dièdre de paire dont le rectiligne est droit. ‖ *Secteur angulaire droit,* secteur angulaire ayant ses côtés perpendiculaires. – **Monn.** Se dit du poids et du titre (fixés par la loi) d'une pièce de monnaie. – **Pêch.** *Lancer en (coup) droit,* lancer exécuté d'arrière vers l'avant, la canne à l'horizontale du côté où le pêcheur la tient.

◆ **droit** adv. **1.** En ligne droite : *Tirer droit.* – **2.** Verticalement : *Écrire droit.* – **3.** *Aller droit à,* en venir sans détour, directement à qqch : *Il est allé droit à l'essentiel ;* aboutir inéluctablement à qqch (de mauvais) : *Avec une pareille gestion, il va droit à la faillite.* ‖ *Marcher droit,* se conduire conformément à la discipline imposée.

◆ **droit** n. m. **1.** En géométrie, phase positive dont la période est 4. (Abrév. D.) – **2.** Pied ou poing droit. – **3.** Syn. de AVERS et de DROITE. – **4.** *Au droit de,* au niveau de, en face de, à la perpendiculaire de qqch.

◆ **droite** n. f. **1.** Ligne dont l'image est celle d'un fil tendu ou d'un fil à plomb. – **2.** Partie du corps, main droite : *Ne pas reconnaître sa droite de sa gauche.* – **3.** Ce qui est situé à droite : *Regardez à votre droite.* – **4.** Côté droit d'une voie de communication : *Les voitures doivent tenir leur droite sur la route.* – **5.** Ensemble de ceux qui ont des opinions conservatrices ; dans les assemblées parlementaires, partie qui siège à la droite du président et qui comprend traditionnellement les représentants des partis conservateurs. (→ *encycl.* Polit.) – **6.** *À droite,* du côté droit, à main droite : *Tourner à droite.* ‖ *À droite et à gauche, de droite et de gauche,* de côté et d'autre. ‖ *À la droite de qqn,* sur son côté droit, à la première place après lui. • **Algèbr.** *Droite vectorielle,* sous-espace vectoriel de dimension 1. (Si $\vec{u}$ est un vecteur non nul de la droite vectorielle D, D = $\{\lambda\vec{u}, \lambda \in K\}$, K étant le corps des scalaires.) – **Géom.** Variété linéaire affine, ou projective de dimension 1. (→ *encycl.*) – **Mil.** *À droite,* mouvement d'ordre serré sur le côté droit. – **Navig.** Sur une voie navigable, côté situé à la droite d'un bâtiment qui se déplace vers l'aval. – **Polit.** *Extrême droite,* ensemble des mouvements qui se rattachent à l'idéologie contre-révolutionnaire et qui récusent aussi bien le libéralisme que le marxisme. (Considérant comme légitime l'emploi de la violence, ils réclament un régime fort. L'antiparlementarisme et l'anticommunisme sont les deux thèmes essentiels de l'extrême droite.) – **Relig.** *La droite du Père, la droite de Dieu,* place d'honneur à la droite du trône de Dieu, donnée dans la Bible au Christ et ensuite aux justes. – **Sports.** En boxe, coup porté avec le poing droit. (Syn. DROIT.)

ENCYCL. **Géom.** La droite mathématique peut être matérialisée par un fil tendu entre deux points ou par un fil à plomb. On obtient ainsi le chemin le plus court entre les deux points. En géométrie sphérique, la notion de droite correspond à celle de grand cercle, ou géodésique.

• *Équations des droites dans* E_2*, rapporté à un repère* $(O, \vec{i}, \vec{j})$.

Une droite peut être définie par un point $A(x_0, y_0)$ et un vecteur directeur $\vec{u}\,(a, b)$. Alors, un point M appartient à la droite si et seulement si il existe un réel λ tel que $\overrightarrow{OM} = \overrightarrow{OA} + \lambda\vec{u}$. On en déduit une représentation paramétrique de la droite :

$$\begin{cases} x = x_0 + \lambda a \\ y = y_0 + \lambda b \end{cases} \qquad \lambda \in \mathbb{R}$$

Une droite est aussi définie par la donnée de deux points distincts $A(x_0, y_0)$ et $B(x_1, y_1)$. On obtient ainsi une autre représentation paramétrique de la droite :

$$\begin{aligned} x &= (1-k)x_0 + kx_1 \\ y &= (1-k)y_0 + ky_1 \end{aligned} \qquad k \in \mathbb{R}$$

Une droite peut encore être définie par son équation cartésienne, équation de la forme : $ux + vy + w = 0$.

Un vecteur directeur de cette droite est alors le vecteur de coordonnées $(-v, u)$.

• *Équations des droites dans* E_3*, rapporté à un repère* $(O, \vec{i}, \vec{j}, \vec{k})$.

On peut définir les représentations paramétriques comme dans E_2.

Une droite peut aussi être considérée comme l'intersection de 2 plans non parallèles et donc être définie par les équations cartésiennes de ces deux plans :

$$\begin{cases} u\,x + v\,y + w\,z + h = 0 \\ u'x + v'y + w'z + h' = 0 \end{cases}$$

– **Polit.** L'emploi, dans le vocabulaire politique, du mot « droite » date, indirectement, de la séance du 11 sept. 1789, où, pour la première fois, les désaccords politiques s'expriment dans la répartition des bancs à l'Assemblée constituante, les défenseurs d'un pouvoir monarchique fort se plaçant à la droite du président. Après n'avoir correspondu pendant quelque temps qu'à des secteurs topographiques de la salle des séances, les expressions « droite » et « gauche », dont l'emploi est universel, en sont venues à désigner des nuances d'opinion.

2. DROIT n. m. (bas lat. *directum*). **1.** Ensemble des règles qui régissent les rapports des membres d'une même société ; légalité. – **2.** Science qui a pour objet l'étude de ces règles. – **3.** Faculté, légalement ou réglementairement reconnue à qqn par une autorité publique, d'agir de telle ou telle façon, de jouir de tel ou tel avantage : *À quel âge a-t-on le droit de vote ?* – **4.** Possibilité morale qu'on a d'agir de telle ou telle manière : *Vous n'avez pas le droit de parler ainsi.* – **5.** Possibilité, permission donnée à qqn, par une autorité quelconque, de faire qqch ; autorisation : *Elle a le droit de sortir ce soir : ses parents le permettent.* – **6.** Ce qui confère un pouvoir, une prérogative, un titre, une autorité considérés comme légitimes : *Défendre ses droits.* – **7.** Impôt, taxe : *Payer des droits sur les alcools.* – **8.** *À bon droit,* en toute justice, légitimement. ‖ *Avoir droit à,* être régulièrement bénéficiaire de qqch par une loi, un règlement, etc. ; *fam.,* ne pas pouvoir éviter qqch de désagréable. ‖ *Avoir droit de vie et de mort sur qqn,* pouvoir disposer de sa vie. ‖ *Avoir des droits sur,* pouvoir exercer une autorité sur qqn ; pouvoir légitimement revendiquer qqch. ‖ *De droit, de plein droit,* sans faveur spéciale, sans avoir à fournir une justification ; d'office. ‖ *Donner droit à,* permettre, autoriser légalement, régulièrement qqch. ‖ *Droit acquis,* prérogative d'un individu ou d'une collectivité à laquelle la loi nouvelle ne peut porter atteinte. (La loi nouvelle peut, sans rétroactivité, modifier ou même supprimer, mais uniquement pour l'avenir, les droits acquis sous l'empire de la loi ancienne.) ‖ *Droit commun,* ensemble des règles juridiques qui s'appliquent à un rapport de droit donné en l'absence de dispositions législatives ou réglementaires impératives et de stipulations particulières des parties ; règles applicables en droit privé. ‖ *Droit écrit,* ensemble des règles juridiques rédigées et promulguées par le législateur. (S'oppose à *droit coutumier.*) ‖ *Droit des gens,* ancienne dénomination du droit international public. ‖ *Droits de l'homme,* ensemble des droits et des libertés considérés comme inhérents à la nature humaine, ce qui implique notamment leur mise en œuvre et leur respect par tout pouvoir politique. ‖ *Droit humanitaire,* partie du droit international, distincte du droit de la guerre, affirmée dès le XIXe s. dans des conventions internationales. (Le concept est à la base de la fondation de la Croix-Rouge en 1864.) ‖ *Droit incorporel,* ensemble des droits en droit romain (sauf le droit de propriété, compris parmi les biens corporels). ‖ *Droit intermédiaire,* droit élaboré par les assemblées révolutionnaires de 1789 à 1804. ‖ *Droit interne,* ensemble des règles de droit privé ou public applicables dans un pays donné. ‖ *Droit positif,* droit effectivement appliqué dans une société donnée, par oppos. au *droit naturel,* ensemble des normes prenant en considération la nature de l'homme et sa finalité dans le monde. ‖ *Droit privé,* ensemble des règles qui régissent les rapports des individus entre eux. (Les principales branches du droit privé sont les droits civil, pénal, commercial, maritime et le droit international privé. Le droit du travail relève à la fois du droit public et du droit privé.) ‖ *Droit public,* ensemble des règles relatives à l'organisation de l'État et à ses rapports avec les particuliers. (Les grandes branches du droit public sont les droits administratif et constitutionnel, le droit international public, les finances publiques ainsi que le droit de la sécurité sociale et des transferts sociaux.) ‖ *En droit,* juridiquement, légalement. ‖ *État de droit,* celui dans lequel l'exercice du pouvoir par les organes de l'État est encadré par des règles de droit destinées à limiter au mieux l'arbitraire. ‖ *Être dans son droit, avoir le droit pour soi,* pouvoir légitimement agir comme on le fait. ‖ *Être en droit de,* être légalement ou légitimement fondé à. ‖ *Faire droit à une demande, une requête,* l'accueillir favorablement, la satisfaire. ‖ *Qui de droit,* la personne compétente, qualifiée : *Adressez-vous à qui de droit.*

droit *(Pétition de)* [*Petition of Right*] (juin 1628), texte présenté par les deux chambres du Parlement anglais au roi Charles Ier. Il rappelait notamment les statuts qui reconnaissaient au Parlement le droit exclusif de consentir à l'impôt et protestait contre les entorses faites à la loi. Sanctionné par le roi, ce texte réalisa la première limitation constitutionnelle des pouvoirs de la monarchie anglaise depuis la fin du XVe s.

droit international *(Institut de),* association scientifique fondée en 1872 à Gand par le juriste belge G. Rolin-Jacquemijns.

droits *(Déclaration des)* [*Bill of Rights*] (févr. 1689), texte constitutionnel anglais, élaboré par le Parlement Convention après la révolution de 1688. Cette déclaration prononçait l'abdication de fait de Jacques II, rappelait les libertés et les droits fondamentaux du royaume, la supériorité de la loi sur le roi et prenait des précautions contre une éventuelle succession catholique. Sa rigueur et sa précision en font un des textes les plus importants de l'histoire constitutionnelle anglaise.

droits de l'enfant *(Convention internationale des),* convention adoptée en nov. 1989 par les Nations unies et entrée en vigueur le 2 sept. 1990. Elle concerne la défense des droits et des libertés de l'enfant et, notamment, le droit de l'enfant à une protection particulière contre toutes les formes de violence.

droits de l'homme *(Déclaration universelle des),* texte adopté le 10 déc. 1948 par l'Assemblée générale des Nations unies et proclamant les droits civils, politiques, économiques, sociaux et culturels de « tous les membres de la famille humaine ».

droits de l'homme *(Ligue des),* association française ayant pour but de défendre les principes de liberté, d'égalité et de justice énoncés dans les Déclarations des droits de l'homme de 1789, de 1793 et dans la Déclaration universelle de 1948. La ligue fut fondée en févr. 1898, à l'occasion de l'affaire Dreyfus, sur l'initiative du sénateur républicain Ludovic Trarieux.

droits de l'homme et du citoyen *(Déclaration des)* [1789], déclaration dont le texte est voté le 26 août 1789 par l'Assemblée nationale constituante et qui sert de préface à la Constitution de 1791. À l'instar des États américains qui s'étaient dotés de déclarations des droits, la Constituante décide, le 4 août 1789, de rédiger une déclaration solennelle des principes de l'ordre nouveau, un « catéchisme national » (Barnave), préface philosophique de la future Constitution. Fruit de vifs et durs débats entamés le 17 août entre des députés clercs, nobles et bourgeois, le texte de la Déclaration est un compromis. Il est la somme d'une trentaine de projets, dont ceux de Champion de Cicé, Sieyès, Mounier, La Fayette, Mirabeau. Coiffée d'un préambule dû à Mounier et Mirabeau, et placée sous les auspices de l'Être suprême, la Déclaration énumère, en ses 17 articles, les droits de l'homme et ceux de la nation. Acte de décès de l'Ancien Régime en ce qu'elle condamne les privilèges et l'arbitraire, la Déclaration constitue la base de la société bourgeoise et libérale, aboutissement du mouvement des Lumières et du combat des philosophes du XVIIIe s. Mais cette œuvre, qui chante la liberté et annonce le bonheur de tous, est aussi le fil qui, dans l'histoire contemporaine, tisse la trame de l'espérance humaine. Elle est un appel au dépassement de soi-même, car elle sous-tend qu'« il est plus difficile de vivre libre qu'esclave, que la liberté est application, effort perpétuel, contrôle rigoureux de soi » (G. Lefebvre). Proclamant des principes universels, la Déclaration, que chaque homme peut faire sienne, aura un écho mondial. Plus qu'un « catéchisme national », elle sera le « credo du nouvel âge » (Michelet).

droits de l'homme et du citoyen *(Déclaration des)* [1793], déclaration dont le texte précède celui de la Constitution de l'an I, votée le 24 juin 1793 par la Convention nationale. Plus démocratique que celle de 1789, elle ajoute aux grands principes énoncés dans cette dernière les droits à l'instruction, à l'assistance, au travail et à l'insurrection.

droits de l'homme et du citoyen *(Déclaration des)* [1795], déclaration dont le texte précède celui de la Constitution de l'an III, votée le 22 août 1795 par la Convention nationale et qui organise le Directoire. Rompant avec l'esprit de celle de 1793, cette Déclaration proclame la propriété, restreint la liberté, ne maintient que l'égalité devant la loi, ne mentionne pas les droits à l'instruction, à l'assistance, au travail et à l'insurrection, mais impose aux citoyens des devoirs, dont le devoir militaire.

DÉCLARATION UNIVERSELLE DES DROITS DE L'HOMME

Considérant que le respect de la dignité inhérente à tous les membres de la famille humaine et de leurs droits égaux et inaliénables est le fondement de la liberté, de la justice et de la paix dans le monde ;
considérant que la méconnaissance et le mépris des droits de l'homme ont conduit à des actes de barbarie outrageants pour la conscience de l'humanité et que l'avènement d'un monde où les êtres humains seront libres de parler et de croire, libérés de la terreur et de la misère, a été proclamé comme l'aspiration la plus élevée de l'homme du commun ;
considérant qu'il est essentiel, pour éviter que l'homme soit contraint à user du suprême recours qui est la révolte contre la tyrannie et l'oppression, que les droits de l'homme soient protégés par un régime de droit ;
considérant que les peuples des Nations unies ont, dans la Charte, proclamé à nouveau leur foi dans les droits fondamentaux de l'homme, dans la dignité et la valeur des hommes et des femmes, qu'ils sont résolus à favoriser le progrès social et à instaurer de meilleures conditions de vie dans une liberté plus complète ;
considérant que les États membres se sont engagés à assurer, en coopération avec l'Organisation, le respect effectif et universel des droits de l'homme et des libertés fondamentales ;
considérant qu'une conception commune de ces droits et libertés est de la plus grande importance pour la pleine réalisation de cet engagement ;
considérant qu'il est essentiel d'encourager le développement de relations amicales entre les nations ;
l'Assemblée générale
proclame la présente Déclaration des droits de l'homme comme représentant l'idéal commun que tous les peuples et toutes les nations devront s'efforcer de réaliser afin que tous les individus et tous les groupes sociaux, ayant cette Déclaration constamment à l'esprit, s'efforcent, par le moyen de l'enseignement et de l'éducation, de développer le respect de ces droits et libertés et d'en assurer, par des mesures progressives d'ordre national et international, la reconnaissance et l'application universelles et effectives, tant parmi les populations des États membres eux-mêmes que parmi celles de territoires sous leur juridiction.

article premier Tous les êtres humains naissent libres et égaux en dignité et en droits. Ils sont doués de raison et de conscience et doivent agir les uns envers les autres dans un esprit de fraternité.

art. II Chacun peut se prévaloir de tous les droits et de toutes les libertés proclamés dans la présente Déclaration, sans distinction aucune, notamment de race, de couleur, de sexe, de langue, de religion, d'opinion politique ou de toute autre opinion, d'origine nationale ou sociale, de fortune, de naissance ou de toute autre situation. De plus, il ne sera fait aucune distinction fondée sur le statut politique, administratif ou international du pays ou du territoire dont une personne est ressortissante, que ce territoire soit indépendant, sous tutelle ou non autonome ou subisse toute autre limitation de souveraineté.

art. III Tout individu a droit à la vie, à la liberté et à la sûreté de sa personne.

art. IV Nul ne sera tenu en esclavage ni en servitude ; l'esclavage et la traite des esclaves sont interdits sous toutes leurs formes.

art. V Nul ne sera soumis à la torture ni à des peines ou traitements cruels, inhumains ou dégradants.

art. VI Chacun a le droit à la reconnaissance en tous lieux de sa personnalité juridique.

art. VII Tous sont égaux devant la loi et ont droit sans distinction à une égale protection de la loi. Tous ont droit à une protection égale contre toute discrimination qui violerait la présente Déclaration et contre toute provocation à une telle discrimination.

art. VIII Toute personne a droit à un recours effectif devant les juridictions nationales compétentes contre les actes violant les droits fondamentaux qui lui sont reconnus par la Constitution ou par la loi.

art. IX Nul ne peut être arbitrairement arrêté, détenu ni exilé.

art. X Toute personne a droit, en pleine égalité, à ce que sa cause soit entendue équitablement et publiquement par un tribunal indépendant et impartial, qui décidera soit de ses droits et obligations, soit du bien-fondé de toute accusation en matière pénale dirigée contre elle.

art. XI 1° Toute personne accusée d'un acte délictueux est présumée innocente jusqu'à ce que sa culpabilité ait été légalement établie au cours d'un procès public où toutes les garanties nécessaires à sa défense lui auront été assurées ;
2° Nul ne sera condamné pour des actions ou omissions qui au moment où elles ont été commises ne constituaient pas un acte délictueux d'après le droit national ou international. De même, il ne sera infligé aucune peine plus forte que celle qui était applicable au moment où l'acte délictueux a été commis.

art. XII Nul ne sera l'objet d'immixtions arbitraires dans sa vie privée, sa famille, son domicile ou sa correspondance, ni d'atteintes à son honneur et à sa réputation. Toute personne a droit à la protection de la loi contre de telles immixtions ou de telles atteintes.

art. XIII 1° Toute personne a le droit de circuler librement et de choisir sa résidence à l'intérieur d'un État ;
2° Toute personne a le droit de quitter tout pays, y compris le sien, et de revenir dans son pays.

art. XIV 1° Devant la persécution, toute personne a le droit de chercher asile et de bénéficier de l'asile en d'autres pays ;
2° Ce droit ne peut être invoqué dans le cas de poursuites réellement fondées sur un crime de droit commun ou sur des agissements contraires aux principes et aux buts des Nations unies.

art. XV 1° Tout individu a droit à une nationalité ;
2° Nul ne peut être arbitrairement privé de sa nationalité ni du droit de changer de nationalité.

art. XVI 1° À partir de l'âge nubile, l'homme et la femme, sans aucune restriction quant à la race, la nationalité ou la religion, ont le droit de se marier et de fonder une famille. Ils ont des droits égaux au regard du mariage, durant le mariage et lors de sa dissolution ;

DÉCLARATION UNIVERSELLE DES DROITS DE L'HOMME

2° Le mariage ne peut être conclu qu'avec le libre consentement des futurs époux ;
3° La famille est l'élément naturel et fondamental de la société et a droit à la protection de la société et de l'État.
art. XVII 1° Toute personne, aussi bien seule qu'en collectivité, a droit à la propriété ;
2° Nul ne peut être arbitrairement privé de sa propriété.
art. XVIII Toute personne a droit à la liberté de pensée, de conscience et de religion ; ce droit implique la liberté de manifester sa religion ou sa conviction, seule ou en commun, tant en public qu'en privé, par l'enseignement, les pratiques, le culte ou l'accomplissement des rites.
art. XIX Tout individu a droit à la liberté d'opinion et d'expression, ce qui implique le droit de ne pas être inquiété pour ses opinions et celui de chercher, de recevoir et de répandre, sans considération de frontière, les informations et les idées par quelque moyen d'expression que ce soit.
art. XX 1° Toute personne a droit à la liberté de réunion et d'association pacifique ;
2° Nul ne peut être obligé de faire partie d'une association.
art. XXI 1° Toute personne a le droit de prendre part à la direction des affaires publiques de son pays, soit directement, soit par l'intermédiaire des représentants librement choisis ;
2° Toute personne a droit à accéder, dans des conditions d'égalité, aux fonctions publiques de son pays ;
3° La volonté du peuple est le fondement de l'autorité des pouvoirs publics ; cette volonté doit s'exprimer par des élections honnêtes, qui doivent avoir lieu périodiquement, au suffrage universel égal et au vote secret ou suivant une procédure équivalente assurant la liberté du vote.
art. XXII Toute personne en tant que membre de la société a droit à la sécurité sociale ; elle est fondée à obtenir la satisfaction des droits économiques, sociaux et culturels indispensables à sa dignité et au libre développement de sa personnalité, grâce à l'effort national et à la coopération internationale, compte tenu de l'organisation et des ressources de chaque pays.
art. XXIII 1° Toute personne a droit au travail, au libre choix de son travail, à des conditions équitables et satisfaisantes de travail et à la protection contre le chômage ;
2° Tous ont droit, sans aucune discrimination, à un salaire égal pour un travail égal ;
3° Quiconque travaille a droit à une rémunération équitable et satisfaisante lui assurant ainsi qu'à sa famille une existence conforme à la dignité humaine et complétée, s'il y a lieu, par tous autres moyens de protection sociale ;
4° Toute personne a le droit de fonder avec d'autres des syndicats et de s'affilier à des syndicats pour la défense de ses intérêts.
art. XXIV Toute personne a droit au repos et aux loisirs, et notamment à une limitation raisonnable de la durée du travail et à des congés payés périodiques.
art. XXV 1° Toute personne a droit à un niveau de vie suffisant pour assurer sa santé, son bien-être et ceux de sa famille, notamment pour l'alimentation, l'habillement, le logement, les soins médicaux, ainsi que pour les services sociaux nécessaires : elle a droit à la sécurité en cas de chômage, de maladie, d'invalidité, de veuvage, de vieillesse, ou dans les autres cas de perte de ses moyens de subsistance par suite de circonstances indépendantes de sa volonté ;
2° La maternité et l'enfance ont droit à une aide et à une assistance spéciales. Tous les enfants, qu'ils soient nés dans le mariage ou hors du mariage, jouissent de la même protection sociale.
art. XXVI 1° Toute personne a droit à l'éducation. L'éducation doit être gratuite, au moins en ce qui concerne l'enseignement élémentaire et fondamental. L'enseignement technique et professionnel doit être généralisé ; l'accès aux études supérieures doit être ouvert en pleine égalité à tous en fonction de leur mérite ;
2° L'éducation doit viser au plein épanouissement de la personnalité humaine et au renforcement du respect des droits de l'homme et des libertés fondamentales. Elle doit favoriser la compréhension, la tolérance et l'amitié entre toutes les nations et tous les goupes raciaux ou religieux, ainsi que le développement des activités des Nations unies pour le maintien de la paix ;
3° Les parents ont par priorité le droit de choisir le genre d'éducation à donner à leurs enfants.
art. XXVII 1° Toute personne a le droit de prendre part librement à la vie culturelle de la communauté, de jouir des arts et de participer au progrès scientifique et aux bienfaits qui en résultent ;
2° Chacun a droit à la protection des intérêts moraux et matériels découlant de toute production scientifique, littéraire ou artistique dont il est l'auteur.
art. XXVIII Toute personne a droit à ce que règne sur le plan social et sur le plan international un ordre tel que les droits et libertés énoncés dans la présente Déclaration puissent y trouver plein effet.
art. XXIX 1° L'individu a des devoirs envers la communauté, dans laquelle seul le libre et plein développement de sa personnalité est possible ;
2° Dans l'exercice de ses droits et dans la jouissance de ses libertés, chacun n'est soumis qu'aux limitations établies par la loi exclusivement en vue d'assurer la reconnaissance et le respect des droits et des libertés d'autrui et afin de satisfaire aux justes exigences de la morale, de l'ordre public et du bien-être général dans une société démocratique ;
3° Ces droits et libertés ne pourront en aucun cas s'exercer contrairement aux buts et aux principes des Nations unies.
art. XXX Aucune disposition de la présente Déclaration ne peut être interprétée comme impliquant pour un État, un groupement ou un individu un droit quelconque de se livrer à une activité ou d'accomplir un acte visant à la destruction des droits et des libertés qui y sont énoncés.

DÉCLARATION DES DROITS DE L'HOMME ET DU CITOYEN

préambule Les représentants du Peuple français, constitués en Assemblée nationale, considérant que l'ignorance, l'oubli ou le mépris des droits de l'homme sont les seules causes des malheurs publics et de la corruption des gouvernements, ont résolu d'exposer dans une Déclaration solennelle les droits naturels, inaliénables et sacrés de l'homme ; afin que cette Déclaration, constamment présente à tous les membres du corps social, leur rappelle sans cesse leurs droits et leurs devoirs ; afin que les actes du pouvoir législatif et ceux du pouvoir exécutif, pouvant être à chaque instant comparés avec le but de chaque institution politique, en soient plus respectés ; afin que les réclamations des citoyens, fondées désormais sur des principes simples et incontestables, tournent toujours au maintien de la constitution et au bonheur de tous.

En conséquence, l'Assemblée nationale reconnaît et déclare, en présence et sous les auspices de l'Être suprême, les droits suivants de l'homme et du citoyen.

article premier Les hommes naissent et demeurent libres et égaux en droits ; les distinctions sociales ne peuvent être fondées que sur l'utilité commune.

art. II Le but de toute association politique est la conservation des droits naturels et imprescriptibles de l'homme. Ces droits sont : la liberté, la propriété, la sûreté et la résistance à l'oppression.

art. III Le principe de toute souveraineté réside essentiellement dans la nation ; nul corps, nul individu ne peut exercer d'autorité qui n'en émane expressément.

art. IV La liberté consiste à pouvoir faire tout ce qui ne nuit pas à autrui. Ainsi, l'exercice des droits naturels de chaque homme n'a de bornes que celles qui assurent aux autres membres de la société la jouissance de ces mêmes droits. Ces bornes ne peuvent être déterminées que par la loi.

art. V La loi n'a le droit de défendre que les actions nuisibles à la société. Tout ce qui n'est pas défendu par la loi ne peut être empêché, et nul ne peut être contraint à faire ce qu'elle n'ordonne pas.

art. VI La loi est l'expression de la volonté générale ; tous les citoyens ont le droit de concourir personnellement, ou par leurs représentants, à sa formation ; elle doit être la même pour tous, soit qu'elle protège, soit qu'elle punisse. Tous les citoyens, étant égaux à ses yeux, sont également admissibles à toutes dignités, places et emplois publics, selon leur capacité et sans autre distinction que celle de leurs vertus et de leurs talents.

art. VII Nul homme ne peut être accusé, arrêté, ni détenu que dans les cas déterminés par la loi, et selon les formes qu'elle a prescrites. Ceux qui sollicitent, expédient, exécutent ou font exécuter des ordres arbitraires doivent être punis ; mais tout citoyen appelé ou saisi en vertu de la loi doit obéir à l'instant : il se rend coupable par la résistance.

art. VIII La loi ne doit établir que des peines strictement et évidemment nécessaires et nul ne peut être puni qu'en vertu d'une loi établie et promulguée antérieurement au délit, et légalement appliquée.

art. IX Tout homme étant présumé innocent jusqu'à ce qu'il ait été déclaré coupable, s'il est jugé indispensable de l'arrêter, toute rigueur qui ne serait pas nécessaire pour s'assurer de sa personne doit être sévèrement réprimée par la loi.

art. X Nul ne doit être inquiété pour ses opinions, même religieuses, pourvu que leur manifestation ne trouble pas l'ordre public établi par la loi.

art. XI La libre communication des pensées et des opinions est un des droits les plus précieux de l'homme ; tout citoyen peut donc parler, écrire, imprimer librement, sauf à répondre de l'abus de cette liberté dans les cas déterminés par la loi.

art. XII La garantie des droits de l'homme et du citoyen nécessite une force publique ; cette force est donc instituée pour l'avantage de tous, et non pour l'utilité particulière de ceux à qui elle est confiée.

art. XIII Pour l'entretien de la force publique et pour les dépenses d'administration, une contribution commune est indispensable ; elle doit être également répartie entre tous les citoyens, en raison de leurs facultés.

art. XIV Les citoyens ont le droit de constater, par eux-mêmes ou par leurs représentants, la nécessité de la contribution publique, de la consentir librement, d'en suivre l'emploi et d'en déterminer la quotité, l'assiette, le recouvrement et la durée.

art. XV La société a le droit de demander compte à tout agent public de son administration.

art. XVI Toute société dans laquelle la garantie des droits n'est pas assurée, ni la séparation des pouvoirs déterminée, n'a pas de constitution.

art. XVII La propriété étant un droit inviolable et sacré, nul ne peut en être privé, si ce n'est quand la nécessité publique, légalement constatée, l'exige évidemment, et sous la condition d'une juste et préalable indemnité.

droits de l'homme et des libertés fondamentales *(Convention européenne de sauvegarde des)*, convention signée à Rome le 4 nov. 1950, entrée en vigueur le 3 sept. 1953 et ratifiée par la France en 1974, qui a pour but d'organiser une garantie juridictionnelle des libertés individuelles traditionnelles. Depuis le 2 oct. 1981, tout individu français ou étranger qui s'estime victime d'une violation de cette Convention par les autorités françaises peut saisir la commission de Strasbourg, au Conseil de l'Europe, après avoir épuisé les voies de recours internes.

DROIT-COMMUN n. (pl. *droits-communs*). *Fam.* Détenu de droit commun.

DROITEMENT adv. Avec droiture, loyalement : *Se conduire droitement.*

DROIT-FIL n. m. (pl. *droits-fils*). — **1.** Dans un tissu, sens de la trame ou de la chaîne, par oppos. au biais. — **2.** *Dans le droit-fil de :* dans la suite logique de, en respectant l'orientation de : *Décision qui s'inscrit dans le droit-fil des précédentes.*

DROITIER, ÈRE adj. et n. **1.** Qui se sert de préférence de la main droite dans l'exécution de la majorité des tâches. — **2.** Qui fait partie de la droite politique. — **3.** Dans un mouvement révolutionnaire, qui est accusé de suivre une ligne modérée ou opportuniste. (Syn. DROITISTE.)

DROITISME n. m. Tendance à adopter des positions de droite, c'est-à-dire conservatrices.

DROITISTE adj. et n. Syn. de DROITIER.

DROITURE n. f. Qualité de qqn, de sa conduite, qui agit honnêtement ; loyauté, franchise, rectitude : *Je ne doute pas de la droiture de ses intentions.*

DROLATIQUE adj. *Litt.* Qui est plaisant par son originalité ou sa bizarrerie ; amusant, cocasse : *Une scène drolatique.*

1. DRÔLE, DRÔLESSE n. (moyen néerl. *drol,* lutin). **1.** *Litt.* Personne rouée, mauvais sujet. — **2.** Enfant rusé, fripon ; gamin : *Un petit drôle.* ◆ **drôlesse** n. f. *Vx.* Femme effrontée.

2. DRÔLE adj. (de *drôle 1*). **1.** Qui provoque le rire, intentionnellement ou non ; plaisant, comique : *Il est très drôle en société. Raconter des histoires drôles.* — **2.** Qui intrigue, surprend ; bizarre, singulier : *Je lui trouve un air tout drôle.* — **3.** *Drôle de,* indique que qqch ou qqn intrigue, surprend, paraît bizarre, ou s'emploie pour exprimer dans la langue familière une intensité particulière : *Il a un drôle d'air. Il a fallu un drôle de courage pour faire tout ce travail !* — **4.** Fam. *Ce n'est pas drôle,* c'est désagréable, pénible, triste ; c'est une plaisanterie qui ne fait pas rire. ‖ *En raconter de drôles,* raconter des histoires incroyables. ‖ Fam. *Se sentir tout drôle,* dans un état inhabituel ; avoir un malaise. ‖ *La drôle de guerre,* période qui s'écoula entre l'écrasement de la Pologne (28 sept. 1939) et le 10 mai 1940, sorte de trêve tacite entre Français et Allemands.
◆ adv. Fam. *Ça me fait (tout) drôle,* cela me fait une impression singulière.

DRÔLEMENT adv. **1.** De façon plaisante, comique : *Se déguiser drôlement.* — **2.** D'une manière bizarre, curieuse : *Elle m'a regardé drôlement.* — **3.** *Fam.* Indique une intensité forte ; rudement : *Il fait drôlement chaud aujourd'hui.*

DRÔLERIE n. f. **1.** Caractère de ce qui est drôle, amusant ; bouffonnerie : *Une scène d'une drôlerie incroyable.* — **2.** Parole ou action plaisante, amusante : *Dire des drôleries.* — **3.** Figuration satirique, comique ou grotesque dans les arts plastiques du Moyen Âge.

DRÔLESSE → DRÔLE 1.

DRÔLET, ETTE adj. *Litt.* Assez amusant.

DROLLING (Martin), peintre français (Oberhergheim, Haut-Rhin, 1752 - Paris 1817). Inspiré par la peinture hollandaise, il se spécialisa dans les scènes familières (*Intérieur de cuisine,* 1817, Louvre). — Son fils MICHEL (Paris 1786 - *id.* 1851) se consacra à la peinture historique et religieuse.

DROMADAIRE n. m. (lat. *dromedarius,* du gr. *dromas kamêlos,* chameau qui court). Chameau d'Afrique, du Proche-Orient et de l'Inde, à une seule bosse dorsale, objet d'un élevage important comme bête de somme et comme monture. (Le dromadaire est parfaitement adapté aux milieux chauds et arides.) [Syn. MÉHARI.]

1. DROME n. m. (gr. *dromeus,* coureur). Oiseau de rivage des côtes de la mer Rouge et de l'océan Indien, se nourrissant de coquillages et de crustacés, d'où son nom de *pluvier crabier.* (Il pond, dans le sable, un gros œuf unique.)

2. DROME ou **DRÔME** n. f. (all. *Drom,* poutre, ou néerl. *drom,* multitude d'objets). **1.** Réunion des pièces de rechange sur les grands voiliers. — **2.** Ensemble des embarcations appartenant à un bâtiment et de leurs accessoires. — **3.** Gros cordage qui réunit des filets de pêche et tient la bouée. (Syn. ORIN.) — **4.** Chaîne ou corde portée par des flotteurs ou ensemble de madriers attachés bout à bout, destinés à détourner les corps flottants qui risqueraient d'obturer les prises d'eau.

DRÔME (la), riv. des Préalpes et du couloir rhodanien, affl. du Rhône (r. g.) ; 110 km. Elle traverse d'E. en O. le département auquel elle a donné son nom.

DRÔME (26), dép. de la Région Rhône-Alpes ; ch.-l. de dép. *Valence ;* ch.-l. d'arrond. *Die, Nyons ;* 3 arrond. ; 36 cant. ; 371 comm. ; 6 530 km² ; 414 072 hab. *(Drômois).* Le dép. appartient à l'académie et à la cour d'appel de Grenoble, à la région militaire Méditerranée.
Il s'étend à l'est sur une partie des Préalpes (Vercors, pays forestier voué à l'élevage bovin ; Diois, domaine de l'élevage ovin ; Baronnies, où apparaissent des cultures fruitières) et à l'ouest sur les plaines du Rhône moyen (grand axe de circulation où s'est concentrée la population) consacrées aux cultures maraîchères et fruitières et à la vigne. L'industrie est représentée notamment par les constructions mécaniques, le travail

du cuir, l'agroalimentaire et la production d'électricité (nucléaire vers Pierrelatte, centrales hydrauliques sur le Rhône).

DROMIE n. f. (gr. *dromias, -ados,* coureur). Crabe très primitif, aux pattes postérieures situées sur le dos et qui se protège en installant une éponge sur sa carapace.

DROMON n. m. (bas lat. *dromo,* du gr. *dromôn, -onos*). Navire léger et rapide mû à la rame et employé dans l'Empire byzantin du VIe au XVe s.

DROMOS [-mɔs] n. m. (gr. *dromos,* course). 1. Dans l'Antiquité, piste réservée à la course. — 2. Couloir d'accès de certaines tombes mycéniennes. — 3. Longue avenue, bordée de sphinx, qui précède souvent les temples divins de l'ancienne Égypte.

DROMOTROPE adj. Relatif à la conductibilité de la fibre musculaire, et en partic. de la fibre musculaire cardiaque. (Toute action qui augmente la conductibilité est dite *dromotrope positive,* celle qui la diminue est dite *dromotrope négative.*)

DRONE n. m. (angl. *drone*). Petit avion télécommandé utilisé pour des tâches diverses (missions de reconnaissance tactique à haute altitude, surveillance du champ de bataille et guerre électronique).

DRONGAIRE [drɔ̃gɛr] n. m. (bas lat. *drungarius*). Titre militaire byzantin.
ENCYCL. Dans l'armée de terre, ce terme désignait un officier commandant l'une des subdivisions du thème, ou dronge (1 000 hommes). Le *grand drongaire de la veille* était le chef du corps chargé de veiller à la garde extérieure du palais. Le *grand drongaire de la marine,* ou thalassocrator, était le commandant en chef de la flotte.

DRONGO n. m. (mot malgache). Passereau de teinte noire des pays tropicaux de l'Ancien Monde et d'Australie, chassant les insectes à l'affût.

DRONNE (la), riv. du Sud-Ouest, née dans le Limousin et qui traverse le nord du Périgord avant de rejoindre l'Isle (r. dr.) ; 189 km.

DRONTE n. m. (néerl. *dronte,* d'un mot mauricien). Oiseau raphidé voisin des pigeons, aux ailes rudimentaires, au gros bec crochu, aux deux mâchoires en vis-à-vis, découvert par les Européens en 1598 sur l'île Maurice et exterminé, notamment par les chiens. (Syn. DODO.)

1. DROP ou **DROP-GOAL** [drɔpgol] n. m. (pl. *drop-goals*) [angl. *drop-goal*]. Au rugby, coup de pied donné immédiatement après rebond et expédiant en plein jeu le ballon par-dessus la barre du camp adverse. (Il compte pour trois points dans le rugby à quinze et pour un dans le rugby à treize.)

2. DROP [drɔp] n. m. (angl. *drop*). Syn. de BONBON* ANGLAIS.

1. DROPER ou **DROPPER** v. i. (de *adroper,* arg. de soldats, p.-ê. d'orig. ar.) [conj. 3]. *Pop.* Courir, s'enfuir rapidement.

2. DROPER ou **DROPPER** v. t. (angl. *to drop,* laisser tomber) [conj. 3]. *Pop.* 1. Laisser tomber qqn. — 2. *Droper ses études, son activité,* abandonner ses études, cesser toute activité professionnelle pour vivre en marginal.

DROPPAGE n. m. (angl. *to drop,* jeter). 1. Opération qui consiste à larguer du personnel ou du matériel à partir d'un avion. — 2. *Zone de droppage* (calque de l'angl. *dropping zone,* abrév. *DZ*), étendue de terrain destinée à recevoir des parachutistes ou du matériel largué par avion.

DROPSY (Henri), médailleur français (Paris 1885 - Moret-les-Sablons 1969). Auteur de nombreuses médailles (allégories et portraits) d'un style sobre et volontiers archaïsant, il a été professeur à l'E. N. S. B. A. à partir de 1930.

DROPT (le), affl. de la Garonne (r. dr.), rejointe à l'O. de La Réole ; 125 km.

DROSERA [drɔzera] n. m. (lat. sc. *drosera,* du gr. *droseros,* humide de rosée). Herbe insectivore des marais et tourbières. (Le limbe foliaire est couvert de poils sensibles qui, lorsqu'un insecte se pose, se rabattent et le capturent, puis le digèrent par une abondante sécrétion acide et enzymatique, fournissant à la plante des éléments azotés.) [Syn. HERBE À LA ROSÉE, ROSÉE DU SOLEIL, ROSSOLIS.]

DROSÉRACÉE n. f. Nom de famille de plantes insectivores des tourbières et marais, aux feuilles en rosette, telles que la dionée, le drosera et l'aldrovandia.

DROSOPHILE n. f. Petite mouche rougeâtre très attirée par le vinaigre et les fruits fermentés, célèbre pour les découvertes de génétique faites grâce à son utilisation dans les laboratoires.

DROSS n. m. (angl. *dross,* déchet). *Pop.* Résidu laissé par l'opium une fois qu'une pipe a été fumée.

DROSSE n. f. (ital. *trozza,* avec l'infl. de *drisse*). 1. Câble ou chaîne manœuvrée par une barre à roue et permettant d'orienter le gouvernail d'un bateau. — 2. Filin utilisé autref. pour limiter le recul des canons, sur les bâtiments de guerre.

DROSSER v. t. (de *drosse*) [conj. 3]. En parlant du vent, des courants, pousser un navire vers un danger, une obstruction.

DROSTE-HÜLSHOFF (Annette, *baronne* VON), poétesse allemande (Hülshoff, près de Münster, 1797 - château de Meersburg 1848). Auteur de poèmes d'inspiration religieuse (*l'Année liturgique,* 1851), puis de poèmes épiques (*le Testament* *du docteur,* 1832-1834), ses recueils (*Poèmes,* 1841-42 ; *Dons suprêmes,* 1860) font d'elle un des plus grands poètes lyriques d'Allemagne.

DROUAIS (François Hubert), peintre français (Paris 1727 - *id.* 1775). Portraitiste très en honneur à la Cour à partir de 1757, il a donné des œuvres souvent superficielles, mais charmantes (portraits aux déguisements pittoresques). — Son fils JEAN GERMAIN (Paris 1763 - Rome 1788) fut l'élève favori de David (*Marius à Minturnes,* 1786, Louvre).

DROUÉ (41270), ch.-l. de cant. de Loir-et-Cher, dans le Perche vendômois ; 1 355 hab.

DROUET (Jean-Baptiste), homme politique français (Sainte-Menehould 1763 - Mâcon 1824). Il fut à l'origine de l'arrestation à Varennes de Louis XVI, qu'il reconnut à Sainte-Menehould (21 juin 1791), où il était maître de poste. Député de la Marne à la Convention (1792), membre du Conseil des Cinq-Cents (1796), il fut compromis dans la conspiration de Babeuf et incarcéré. Il fut sous-préfet de Sainte-Menehould de 1802 à 1814.

DROUET (Jean-Baptiste), comte **d'Erlon,** maréchal de France, pair de France (Reims 1765 - Paris 1844). Il participa à toutes les campagnes de la Révolution et de l'Empire et se distingua particulièrement à Friedland (1807) et à Waterloo (1815). Condamné à mort par les Bourbons, il dut s'exiler en Allemagne. Gouverneur de l'Algérie (1834-35), il fut nommé maréchal en 1843.

DROUET (Julienne Joséphine GAUVAIN, dite **Juliette**), comédienne française (Fougères 1806 - Paris 1883). Remarquée par Hugo dans le rôle de la princesse Negroni de sa pièce *Lucrèce Borgia,* elle fut aimée de lui et entretint avec lui une liaison de 1833 jusqu'à sa mort.

DROUILLE n. f. *Pop.* Marchandise sans valeur, vendue à bas prix, en solde.

DROUJINA n. f. (russe *droujina,* de *droug,* ami). **1.** Troupe de compagnons d'armes des princes de l'ancienne Russie (IXe-XVIe s.). — **2.** Au XIXe s., en Serbie et en Bulgarie, unité de volontaires des guerres de l'indépendance.

DROUOT (Antoine, *comte*), général et pair de France (Nancy 1774 - *id.* 1847). Il servit à Fleurus (1794), à Hohenlinden (1800) et se distingua à Wagram et à la Moskova (1812). Après Waterloo, il ramena les débris de la garde derrière la Loire. Il fut surnommé « le Sage de la Grande Armée ».

Drouot *(hôtel)* ⟶ VENTES (Hôtel des).

DROUYN DE LHUYS (Édouard), diplomate et homme politique français (Paris 1805 - *id.* 1881). Député de Melun (1842-1848), il fut à plusieurs reprises ministre des Affaires étrangères (1848-49, 1851, 1852-1855, 1862-1866). En désaccord avec Napoléon III sur la politique à mener vis-à-vis de l'Autriche après Sadowa, il dut démissionner (sept. 1866).

DROVETTI (Bernardino), diplomate et collectionneur italien (Barbania, Piémont, 1776 - Turin 1852). Il rassembla de magnifiques collections d'antiquités égyptiennes, qui constituèrent les fonds des grands musées européens (Paris, Turin, Berlin).

DROYSEN (Johann Gustav), philologue, historien et homme politique allemand (Treptow an der Rega 1808 - Berlin 1884). Député au Parlement de Francfort (1848), professeur aux universités de Kiel, Iéna, Berlin, il écrivit notamment une *Histoire de la politique prussienne* (1855-1886).

DRU, E adj. (gaul. **druto,* fort). **1.** Se dit d'un végétal, de cheveux épais, touffus, serrés. — **2.** Se dit de la pluie qui tombe en gouttes nombreuses et serrées.

◆ **dru** adv. D'une manière serrée ; en grande quantité : *Injures qui pleuvent dru.*

DRU *(aiguille du),* montagne du massif du Mont-Blanc, dans le groupe de l'aiguille Verte, formée de deux sommets voisins, le *Petit Dru* (3 733 m) et le *Grand Dru* (3 754 m). Le Grand Dru a été conquis par C. T. Dent, V. W. Hartley, A. Burgener et K. Maurer en 1878.

DRUDE (Paul), physicien allemand (Brunswick 1863 - Berlin 1906). Il a développé, en 1902, la théorie électronique des métaux.

DRUGSTORE [drœgstɔr] n. m. (amér. *drugstore,* de *drug,* drogue, et *store,* magasin). Magasin constitué de commerces indépendants vendant des cadeaux, des vêtements, des journaux et magazines, des disques et comportant aussi un restaurant, un cinéma, etc.

DRUIDE n. m. (lat. *druida,* d'orig. gaul.). Prêtre celte, en Gaule, en Bretagne et en Irlande.

ENCYCL. Formant une classe sacerdotale hiérarchisée, les druides présidaient aux sacrifices, exerçaient la divination et la magie et avaient des fonctions d'éducateur et de juge. En Gaule, ils tenaient une grande assemblée, seule institution commune à tout le pays, dans la forêt des Carnutes. Défenseurs du celtisme et de la nation gauloise, ils furent combattus par Rome, qui proscrivit le druidisme.

DRUIDESSE n. f. Prêtresse celte. (Les druidesses faisaient figure de magiciennes et de prophétesses.)

DRUIDIQUE adj. Relatif aux druides.

DRUIDISME n. m. Religion des druides.

ENCYCL. Transmis oralement, le druidisme dont le point capital était l'immortalité de l'âme, pratiquait les sacrifices humains. Facteur d'unité du monde celte, il se maintint en Irlande jusqu'au haut Moyen Âge et en Gaule jusqu'au IVe s.

DRUMEV (Vasil), prélat et écrivain bulgare, métropolite de Tărnovo (à partir de 1884) sous le nom de **Clément** (Šumen, auj. Kolarovgrad, v. 1838 - Tărnovo 1901). Il écrivit la nouvelle *la Famille malheureuse* (1860) et le drame *Ivanko, meurtrier d'Asen Ier* (1872), première œuvre dramatique de la littérature bulgare.

DRUMLIN [drœmlin] n. m. (angl. *drumlin,* du gaél. *druim,* bord d'une colline). Colline de forme elliptique, à versants convexes et profil longitudinal dissymétrique, constituée par un épaississement local de la moraine de fond.

DRUMMER [drœmœr] n. m. (angl. *drummer,* de *drum,* tambour). Batteur de jazz.

DRUMMOND (William), poète écossais (Hawthornden, près d'Édimbourg, 1585 -*id.* 1649). Grande figure de l'humanisme écossais (*le Bouquet de cyprès,* 1623), il est l'auteur de poèmes mélancoliques (*les Fleurs de Sion,* 1623).

DRUMMOND DE ANDRADE (Carlos), écrivain brésilien (Itabira, Minas Gerais, 1902 - Rio de Janeiro 1987), l'un des chefs de file de la poésie brésilienne contemporaine (*As impureras do Branco,* 1973).

DRUMONT (Édouard), écrivain polémiste et homme politique français (Paris 1844 -*id.* 1917). Auteur d'un violent pamphlet, *la France juive, essai d'histoire contemporaine* (2 vol., 1886), il fonda en 1892 *la Libre Parole,* où il mena une violente polémique antisémite et nationaliste et combattit les dreyfusards.

DRUMS [drœms] n. m. pl. (angl. *drums*). Batterie de jazz.

DRUON (Maurice), écrivain français (Paris 1918). Parolier, avec J. Kessel, du *Chant des partisans* (1943), romancier (*les Grandes Familles,* 1948 ; *la Chute des corps,* 1950 ; *les Rois maudits,* 1955-1977) et dramaturge, il a été ministre des Affaires culturelles (1973-74) et député R. P. R. de Paris (1978-1981). [Acad. fr., 1966 ; secrétaire perpétuel depuis 1986.]

DRUPACÉ, E adj. *Fruit drupacé,* drupe.

DRUPE n. f. (bas lat. *drupa,* olive mûre). Fruit charnu à noyau tel que la pêche, la cerise ou la prune. (Issu de la paroi interne de l'épicarpe, le noyau contient la graine, ou *amande.*)

Drury Lane *(théâtre),* un des plus anciens théâtres de Londres, haut lieu, au XVIIIe s., du drame et de l'opéra sous la direction de Garrick, puis de Sheridan, et vers le milieu du XIXe s. de l'opéra italien. Devenu théâtre de répertoire, notamment shakespearien, il abrite en hiver des « pantomimes » (revues à grand spectacle).

DRUSE n. f. (all. *Druse*). Syn. de GÉODE.

DRUSE *(djebel)* → DRUZE *(djebel).*

DRUSENHEIM (67410), comm. du Bas-Rhin, sur la Moder, proche du Rhin ; 4 378 hab. Chimie. Confection.

DRUSES → DRUZES.

DRUSUS (Marcus Livius) → LIVIUS DRUSUS.

DRUSUS (Nero Claudius), fils de Livie, frère de Tibère (38-9 av. J.-C.). Commandant les armées romaines contre les Germains, il étendit les frontières de l'Empire jusqu'au cours supérieur du Danube et fut chargé de réorganiser la province de Germanie. Légat impérial en Gaule (12), il reçut l'*imperium* proconsulaire en 11. Son fils Germanicus épousa Agrippine.

DRUT (Guy), athlète français (Oignies 1950). Champion olympique du 110 m haies à Montréal (1976). Élu député de Seine-et-Marne en 1986, il est nommé ministre de la Jeunesse et des Sports en 1995.

DRUZE adj. Relatif aux Druzes.

DRUZE ou **DRUSE** *(djebel),* en ar. **djabal al-Darazī,** massif volcanique de Syrie, au S.-E. de Damas, aux confins de la Jordanie (1 801 m). Il est peuplé par les Druzes, venus du Liban depuis le XVIIIe s.

DRUZES, Arabes du Hauran (Syrie), du Chouf (Liban) et de Galilée (Israël), appartenant à une secte ésotérique issue de l'ismaïlisme. Le calife fāṭimide du Caire al-Ḥākim (996-1021) est vénéré par les Druzes comme l'immortelle manifestation de l'Un ultime, et le prêcheur Ḥamza ibn ʻAlī comme l'*imām* (guide infaillible) perpétuel. Depuis le XVe s., seuls quelques chefs de famille constituent les initiés *(ʻuqqāl).* Les dynasties druzes Maʻan et Chihāb jouèrent du XVIIe au XIXe s. un grand rôle politique dans le Liban sous domination ottomane. D'abord alliés aux maronites, les Druzes entrèrent en conflit aigu avec eux (notamment en 1859-60). À partir de 1861, ils furent supplantés par les maronites, protégés par la France, au Mont-Liban ottoman autonome, puis dans la République du Grand-Liban sous mandat français (1920-1943) et dans la République libanaise indépendante. Le Parti socialiste progressiste (de tendance panarabe, fondé en 1949 par Kamal Joumblatt et dirigé depuis 1977 par son fils, Walid), anime la petite représentation druze prévue par le système politique confessionnel libanais.

DRY [draj] n. m. (pl. *drys, dries*) [angl. *dry,* sec]. Cocktail à base de gin et d'une faible proportion de Martini blanc sec. (On dit aussi MARTINI-DRY.) ◆ adj. inv. Sec, en parlant du champagne, d'un apéritif.

DRY (45370), comm. du Loiret, à 8 km au N.-E. de Beaugency ; 1 052 hab. École nationale professionnelle et technique de la chasse.

DRYADE [drijad] n. f. (lat. *dryas, -adis,* du gr. *druas, -ados,* de *drus,* chêne). Nymphe des bois et des arbres.

DRYANDER → ENCINAS.

DRYAS [drijas] n. m. (lat. bot. *dryas*). Rosacée rampante des régions froides ou montagneuses, aux feuilles blanches en dessous, appelée aussi *thé suisse.*

DRYDEN (John), écrivain anglais (Aldwinkle, Northamptonshire, 1631 - Londres 1700). Puritain d'origine (*Stances héroïques sur la mort de Cromwell,* 1659), il se convertit au catholicisme (*la Biche et la Panthère,* 1687). Il a ravivé le goût du théâtre (*Essai sur la poésie dramatique,* 1668) grâce à ses tragi-comédies (*la Reine vierge,* 1666) et à ses tragédies héroïques (*Aureng-Zebe,* 1675). Il fut poète-lauréat et historiographe du roi, écrivit des satires politiques (*Absalon et Achitophel,* 1681-82), traduisit Juvénal et Perse et publia des *Fables* et des odes (*Ode pour la Sainte-Cécile*) qui firent de lui le principal représentant de l'esprit classique en Angleterre.

DRYDEN (Hugh Latimer), physicien américain (Pocomoke City, Maryland, 1898 - Washington 1965). Il se consacra à la recherche aéronautique. Pendant la Seconde Guerre mondiale, il fit construire le premier engin autopropulsé et autoguidé, utilisé contre la flotte japonaise.

DRY-FARMING [drajfarmiŋ] n. m. (pl. *dry-farmings*) [amér. *dry-farming,* culture sèche]. Méthode de culture pratiquée en région semi-aride, consistant à emmagasiner dans le sol la plus grande partie possible des pluies d'une année en travaillant la terre avant de l'ensemencer l'année suivante.

DRYGALSKI (Erich VON), géophysicien et explorateur allemand (Königsberg 1865 - Munich 1949). Il explora le Groenland (1891-1893) et l'Antarctique (1901-1903), où il découvrit la terre de l'Empereur-Guillaume-II.

DRYOBALANOPS [-nɔps] n. m. Bel arbre (diptérocarpacée) de Sumatra et Bornéo qui fournit à l'état adulte une huile camphrée, d'où son nom de *camphrier de Bornéo.*

DRYOCŒTES [-setɛs] n. m. (gr. *koitê,* gîte). Minuscule scolyte des forêts françaises, en général peu nuisible.

DRYOPIDÉ n. m. Coléoptère aquatique qui vit cramponné au fond des ruisseaux et dont la larve respire par des branchies trachéennes. (Les *dryopidés* forment une famille.)

DRYOPITHÈQUE n. m. Singe anthropomorphe fossile du miocène de l'Ancien Monde, à la denture intermédiaire entre celle des pongidés et celle des hominidés et probablement inapte à la brachiation.

DRŽIĆ (Marin), poète ragusain de langue slave (Raguse 1508 - Venise 1567), auteur de pastorales *(Tirena)* et de comédies (*l'Oncle Maroje,* 1550), d'inspiration latine ou italienne.

D. S. T., sigle de DIRECTION DE LA SURVEILLANCE DU TERRITOIRE*.

DTL, abrév. de DIODE TRANSISTOR LOGIC, désignant une famille de circuits intégrés logiques dont les composants principaux sont des diodes et des transistors.

D. T. S., abrév. de DROITS DE TIRAGE* SPÉCIAUX.

DU art. contracté masc. sing. → LE et DE.

1. DÛ → DEVOIR.

2. DÛ n. m. Ce qui est dû à qqn : *Réclamer son dû.*

Du sang, de la volupté et de la mort, recueil de Maurice Barrès (1894) : la recherche de l'exaltation de la personnalité devant les paysages et les créations artistiques.

DUAL, E, AUX adj. (lat. *dualis,* de deux). **1.** Qui comporte une interaction, une réciprocité entre deux choses : *Structure duale.* — **2.** Se dit d'une société dont l'économie est caractérisée par le dualisme. — **3.** Se dit d'un connecteur logique qui présente la propriété de dualité. — **4.** *Relations duales,* relations d'ordre telles que si, pour la première, *a* précède *b,* pour la seconde, *b* précède *a.* (Les relations d'inégalité $<$ et $>$ sont duales.)
◆ **dual** n. m. *Dual d'un* K-*espace vectoriel* E, ensemble $\mathcal{L}(E ; K)$ des formes linéaires définies de E dans K. (On le note E*.)
ENCYCL. Si E est de dimension finie *n,* et si $(a_i)_{i \in [1,\ n]}$ est de base E, alors E* est aussi de dimension finie *n.* Une base de E* est $(a_i^*)_{i \in [1,\ n]}$ où a_i^* *est défini par*

$$a_i^*(x) = <x, a_i^*> = \alpha_i, \text{ avec } x = \sum_{i=1}^{n} \alpha_i a_i.$$

DUALISME n. m. (lat. *dualis,* de deux). **1.** Système philosophique ou religieux qui divise son objet en deux sous-éléments s'opposant irréductiblement, par oppos. au *monisme.* (→ *encycl.*) — **2.** Coexistence de deux éléments différents opposés ou complémentaires : *Le dualisme des partis.* — **3.** Système social de nombreuses sociétés non industrielles, caractérisé par la division de la société en deux clans assumant des fonctions complémentaires dans le domaine de l'échange des femmes, de la transmission du pouvoir et de l'organisation du travail. — **4.** Dans une économie, juxtaposition de deux ou plusieurs secteurs d'activité à caractéristiques économiques et sociales différentes (par ex., secteur d'économie vivrière et secteur industriel dans les pays sous-développés ; secteur intégré à l'économie mondiale et secteur d'activités traditionnelles dans les pays développés). — **5.** Système politique régissant les relations entre l'Autriche et la Hongrie de 1867 à 1918. (Ces deux États formaient l'Autriche-Hongrie et avaient en commun leur souverain, leur armée et leur diplomatie. Ils disposaient d'une pleine indépendance pour leurs affaires intérieures.)

ENCYCL. L'opposition dualisme/monisme a trouvé de nombreuses applications dans les religions, par exemple dans celles qui opposent le bien et le mal comme alternatives morales dans la conduite humaine et/ou comme éléments constitutifs du monde. Les philosophies ont été classées en dualismes (par ex. Platon) et en monismes (par ex. Spinoza).

Parmi les systèmes religieux dualistes, celui de Zarathushtra a un caractère moral et optimiste : il s'exprime dans l'opposition des deux principes (ordre cosmique et mensonge) entre lesquels les deux esprits qui proviennent d'Ahura-Mazdā font leur choix, mais c'est le bien qui l'emportera à la fin des temps. Mani a construit un dualisme plus radical et pessimiste, dont on trouve encore des traces dans l'hérésie cathare.

DUALISTE adj. et n. Qui relève du dualisme ; partisan du dualisme.

DUALITÉ n. f. (bas lat. *dualitas, -atis,* du lat. class. *dualis*). **1.** Caractère de ce qui est double en soi ou composé de deux éléments de nature différente : *La dualité de l'être humain.* — **2.** Relation de réciprocité existant entre certains connecteurs logiques. (La relation entre les connecteurs & [« et »] et V [« ou »] associés à la négation ⌉ en est un bon exemple ; on a :

$$\urcorner (p \vee q) \leftrightarrow \urcorner p \,\&\, \urcorner q$$

et

$$\urcorner (p \,\&\, q) \leftrightarrow \urcorner p \vee \urcorner q).$$

DUARTE *(pic),* point culminant des Antilles, dans l'île d'Haïti, en République Dominicaine ; 3 175 m.

DUARTE (José Napoleón), homme d'État salvadorien (San Salvador 1925 - *id.* 1990). Démocrate-chrétien, auteur d'un coup d'État manqué en 1972, il a été président de la République de 1980 à 1982 et de 1984 à 1989.

DUB [dœb] n. m. (angl. *to dub,* doubler un film). Style de reggae entièrement basé sur les truquages électroniques et les effets de chambre d'écho.

DUBAIL (Augustin Edmond), général français (Belfort 1851 - Paris 1934). Il commanda en 1914 la Ire armée et stoppa l'avance allemande dans la trouée de Charmes. Commandant du groupe des armées de l'Est (1914-1916), il fut gouverneur militaire de Paris (1916). Grand chancelier et de la Légion d'honneur (1918), il en créa la société (1921) et le musée (1925).

DUBAN (Félix), architecte français (Paris 1797 - Bordeaux 1870). Prix de Rome, éclectique et rationaliste, il a conduit l'aménagement de l'École des beaux-arts de Paris à partir de 1834 (succédant à son maître François Debret) et a restauré divers monuments (salles du Louvre ; château de Blois à partir de 1845).

DUBARLE (Dominique), religieux et philosophe français (Biviers, Isère, 1907 - Paris 1987). Devenu dominicain, il enseigna à partir de 1944 la philosophie à l'Institut catholique de Paris, qu'il dirigea de 1967 à 1973. Il a écrit *Humanisme scientifique et raison chrétienne, la Civilisation et l'atome* (1964), *Logos et formalisation du langage* (1977).

DU BARRY → BARRY (du).

DU BARTAS (Guillaume) → BARTAS (Guillaume du).

DUBAS (Marie), chanteuse française (Paris 1894 - *id.* 1972). Elle fut entre 1927 et 1958 l'une des grandes vedettes de la chanson française et l'une des premières à assurer seule un spectacle complet.

DUBAWNT, fl. du Canada (Territoires du Nord-Ouest), tributaire de la baie d'Hudson ; 930 km.

DUBAYY ou **DIBAY,** l'un des Émirats arabes unis, sur le golfe Persique ; 3 900 km^2 ; env. 300 000 hab. Cap. *Dubayy* (ou *Dibay*) [60 000 hab.]. Le pétrole est la principale ressource de l'émirat, toutefois partiellement industrialisé (chimie, métallurgie).

DUBBING [dœbiɲ] n. m. (angl. *dubbing,* dégras). Manière de fixer, sur la soie poissée d'une ligne de pêche, des poils d'animaux destinés à imiter le corps des insectes artificiels.

DUBČEK (Alexander), homme politique tchécoslovaque (Uhrovec, Slovaquie, 1921 - Prague 1992). Slovaque, entré au comité central du parti communiste slovaque en 1958, il succède en janv. 1968 à Novotný au poste de premier secrétaire du parti communiste tchécoslovaque. Sous sa direction, le parti affirme en avril-mai sa volonté de promouvoir un « socialisme à visage humain » et décide de convoquer un congrès extraordinaire. Mais ce cours nouveau (« printemps de Prague ») est brusquement arrêté par l'invasion des troupes de cinq pays membres du pacte de Varsovie (21 août). Dubček est arrêté par les autorités soviétiques, puis, libéré, il signe avec elles les accords de Moscou (26 août). Il est remplacé en avr. 1969 par Husák au poste de premier secrétaire. Après la « révolution de velours » de 1989, il revient sur la scène politique (président de l'Assemblée fédérale, déc. 1989-juin 1992).

DUBÉ (Marcel), écrivain canadien de langue française (Montréal 1930). Un des initiateurs de la renaissance théâtrale au Québec (*Zone,* 1953). Son œuvre traduit une fatalité permanente (*la Cellule,* 1973).

DU BELLAY → BELLAY (du).

DÜBENDORF, comm. de Suisse (cant. de Zurich) ; 21 000 hab. Métallurgie.

DUBHE, nom donné à l'étoile α Grande Ourse*. Magnit. visuelle 2,0. Distance 105 al.

DUBILLARD (Roland), auteur dramatique français (Paris 1923). Son théâtre (*Naïves Hirondelles,* 1961) et ses nouvelles (*Olga ma vache,* 1974), qui mêlent le burlesque à l'absurde, composent une méditation insolite sur la condition humaine.

DUBITATIF, IVE adj. (bas lat. *dubitativus,* du lat. class. *dubitare,* douter). Qui exprime le doute ; incrédule, sceptique : *Prendre un air dubitatif.*

DUBITATIVEMENT adv. De façon dubitative : *Répondre dubitativement.*

DUBLIN, en gaél. **Baile Átha Cliath** (« la ville du gué aux claies »), cap. de la République d'Irlande ; 526 000 hab.
— **Géogr.** Sur la côte est de l'île, c'est la principale ville, la métropole commerciale (port de marchandises et de pêche), culturelle (université), religieuse et surtout industrielle (agroalimentaire [brasserie notamment], confection, mécanique) de l'Irlande. Elle rassemble dans son agglomération (860 000 hab.) plus du quart de la population totale du pays.
— **Hist.** Fondée v. 831 par les Norvégiens, la ville resta aux mains des Scandinaves jusqu'à la conquête du territoire par les Anglo-Normands, en 1170. À partir du XIIe s., elle devint le centre le plus actif du commerce avec l'Angleterre, mais son développement ne date réellement que du XVIIIe s. Centre du mouvement national irlandais au XIXe s., elle devint en 1922 capitale du nouvel État libre d'Irlande.
— **Bx-arts.** Cathédrales et églises médiévales très restaurées au XIXe s. Demeures et monuments des XVIIe-XVIIIe s. Trinity College conserve de précieux manuscrits enluminés irlandais des VIIe-VIIIe s. Musée national (antiquités irlandaises) et Galerie nationale (écoles européennes).

DUBOIS (Pierre), légiste français (près de Coutances entre 1250 et 1260 - apr. 1321). Avocat royal au bailliage de Coutances, il soutint, par ses écrits, Philippe IV le Bel dans son conflit avec Boniface VIII.

DUBOIS (Ambrosius BOSSCHAERT, dit **Ambroise**), peintre et décorateur flamand (Anvers 1543 - Fontainebleau 1614). Représentant de la seconde école de Fontainebleau, influencé par le Primatice et les romanistes, il pratiqua un maniérisme élégant et lumineux (tableaux de *l'Histoire de Théagène et Chariclée,* au château).

DUBOIS (Guillaume), prélat et homme d'État français (Brive-la-Gaillarde 1656 -Versailles 1723). Précepteur (1687) de Philippe d'Orléans, duc de Chartres (le futur Régent), il cumula titres, fonctions et abbayes en commende (d'où l'appellation d'*abbé* que lui conserva la postérité). Membre du Conseil d'État (1716), il fut nommé par le Régent secrétaire d'État aux Affaires étrangères (1718) puis Premier ministre (1722) et devint archevêque de Cambrai (1720) et cardinal (1721). Ministre avisé et diplomate habile, il poussa le Régent à revenir au « despotisme ministériel » de Louis XIV et imposa au parlement l'enregistrement de la bulle *Unigenitus* (1720). À l'extérieur, il conclut la Triple-Alliance* (1717), qu'il transforma en Quadruple-Alliance* (1718) contre l'Espagne. Après une courte guerre contre cette dernière, il contraignit Philippe V, vaincu, à adhérer à la Quadruple-Alliance (1720) et à renoncer à ses droits à la couronne de France. (Acad. fr., 1722.)

DUBOIS (Robert), céramiste français (Bezancourt 1709 - Tournai 1769), et son frère GILLES (Bezancourt 1713 - Pontoise 1774). Possesseurs des secrets de fabrication de la porcelaine tendre, ils fondèrent la manufacture de Vincennes en 1738. Il travaillèrent successivement à Valenciennes, Saint-Amand et Tournai, où Robert dirigea (1750) la manufacture de porcelaine.

DUBOIS (Urbain François), cuisinier français (Trets 1818 - Nice 1901). Chef au service de l'empereur Guillaume Ier, puis du prince Alexeï F. Orlov, il a écrit *la Cuisine classique* (1856, en collab. avec Émile Bernard) et *la Cuisine artistique* (1872-1874), traités de base de la grande cuisine moderne.

DUBOIS (Théodore), compositeur et pédagogue français (Rosnay, Marne, 1837 - Paris 1924). Directeur au Conservatoire de Paris (1896-1905), il écrivit des traités d'harmonie, contrepoint et fugue et laissa, outre des opéras et opéras-comiques, une importante production d'œuvres lyriques, symphoniques, de messes, motets, oratorios et pages d'orgue.

DUBOIS (Eugène), savant néerlandais (Eisden 1858 - Halen 1940). On lui doit la découverte à Trinil (île de Java), en 1891, des premiers restes du pithécanthrope, nommé par la suite *Homo erectus.*

DU BOIS (William Edward Burghardt), écrivain noir américain (Great Barrington, Massachusetts, 1868 - Accra, Ghana, 1963). Fondateur en

1909 de l'Association nationale pour le progrès des gens de couleur (NAACP), il se fit dès 1900, l'apôtre du panafricanisme.

DUBOIS DE CRANCÉ ou **DUBOIS-CRANCÉ** (Edmond Louis Alexis), général et homme politique français (Charleville 1747 - Rethel 1814). Député du tiers aux États généraux, il y proposa d'importantes réformes militaires. Membre de la Convention, Montagnard, il consolida la cohésion des armées républicaines. Membre du Conseil des Cinq-Cents, il fut ministre de la Guerre en 1799.

DUBOIS-PILLET (Albert), peintre français (Paris 1845 - Le Puy 1890). Le style de cet autodidacte, officier de carrière, est passé du naturalisme à un divisionnisme d'une grande poésie. Il fut l'un des principaux fondateurs du salon des Indépendants.

DU BOIS-REYMOND (Emil), physiologiste allemand (Berlin 1818 - *id.* 1896). Il fut un des créateurs de la physiologie expérimentale, qu'il a exposée dans de nombreux ouvrages.

DUBOS (Jean-Baptiste, *abbé*), historien, critique et diplomate français (Beauvais 1670 - Paris 1742). Attaché au secrétariat d'État aux Affaires étrangères (1700), il publia des *Réflexions critiques sur la poésie et sur la peinture* (1719) et une *Histoire critique de l'établissement de la monarchie française dans les Gaules* (1734). [Acad. fr., 1720.]

DU BOS (Charles), écrivain français (Paris 1882 - La Celle-Saint-Cloud 1939). Ses essais critiques (*Approximations,* 1922-1937) et son *Journal* (1946-1962) affirment la primauté des valeurs spirituelles et morales dans la genèse de l'œuvre littéraire.

DUBOS (René Jules), biochimiste et bactériologiste américain d'origine française (Chaumont-en-Vexin 1901 - New York 1982). Professeur à l'institut Rockefeller de New York, il est l'auteur de nombreux travaux sur les micro-organismes et les antibiotiques.

DU BOSC (Pierre), pasteur français (Bayeux 1613 ou 1623 - Rotterdam 1692). Nommé à l'église de Caen en 1645, il fut tenu pour le meilleur prédicateur protestant de son époque. Il émigra après la révocation de l'édit de Nantes.

DUBOSCQ (Jules), opticien français (1817 - Paris 1886). Élève, gendre et successeur de Jean-Baptiste François Soleil, il fut l'un des principaux constructeurs d'instruments scientifiques parisiens au XIXe s.

DUBOST (Charles), chirurgien français (Saint-Gaultier, Indre, 1914 - Paris 1991). Il a été le premier à réaliser en France la correction de la maladie bleue et à introduire en Europe la chirurgie à cœur ouvert à l'aide d'un cœur-poumon artificiel (1955). [Acad. des sc., 1975.]

DU BOURG (Antoine), homme d'État et légiste français (La Seille, Auvergne, av. 1490-1538). Président au parlement de Paris (1534), il succéda à Duprat comme chancelier de France (1535-1538). — Son neveu ANNE (Riom 1520 ou 1521 - Paris 1559), conseiller clerc au parlement de Paris (1557), fut brûlé en place de Grève comme hérétique pour s'être opposé à la politique religieuse de Henri II et en particulier aux supplices infligés aux protestants.

DUBOUT (Albert), dessinateur humoriste français (Marseille 1905 - Saint-Aunès, Hérault, 1976). Il est l'auteur de compositions burlesques à nombreux personnages, d'une cocasserie minutieuse. On lui doit aussi des illustrations *(Carmen, le Barbier de Séville, Gargantua, Poésies de Villon).*

DUBREUIL (Toussaint), peintre français (Paris ? v. 1561 - *id.* 1602). Premier peintre de Henri IV (il a travaillé aux décorations de Fontainebleau, de Saint-Germain-en-Laye, du Louvre, etc.), personnalité de la seconde école de Fontainebleau, il annonce le classicisme (*Toilette et lever d'une dame,* Louvre).

DU BREUIL (Alphonse), agronome français (Rouen 1811 - *id.* 1890). Il enseigna l'arboriculture au Conservatoire des arts et métiers, puis organisa l'enseignement arboricole dans les départements. Il fut professeur à l'Institut agronomique.

DUBREUIL (Hyacinthe), économiste et sociologue français (Bérou-la-Mulotière, Eure-et-Loir, 1883 - Paris 1971). Il a étudié les relations humaines dans le monde du travail.

DUBROEUCQ (Jacques), sculpteur et architecte wallon (Mons v. 1500/1510 - *id.* 1584). Après avoir assimilé en Italie le style de la Renaissance, il œuvra à Mons et dans le Hainaut (jubé de la collégiale Ste-Waudru, dont il reste des fragments).

DUBROVNIK, anc. **Raguse,** v. de Croatie, sur la côte dalmate ; 31 000 hab. Port de commerce. — **Hist.** Fondée au VIIe s. par les habitants d'Épidaure (auj. Cavtat), chassés par l'invasion des Avars et des Slaves, Raguse fut soumise à l'autorité byzantine. Elle passa ensuite sous la suzeraineté de Venise (1205-1358), puis des rois de Hongrie (1358-1526) et enfin sous celle des Ottomans. Dès le XIIIe s., elle acquit un territoire sur le littoral et des îles, eut son propre statut et devint une importante métropole commerciale. Elle accrut son indépendance, devenant aux XVe-XVIe s. une véritable « république », dont le commerce fut prospère. Napoléon Ier l'érigea en

république (1806) et créa Marmont duc de Raguse (1808). La ville fut attribuée en 1815 à l'Autriche, qui la conserva jusqu'en 1918.
– **Bx-arts.** Derrière ses murailles, remontant aux XIIe-XIIIe s., la ville a conservé son plan rationnel et ses monuments, auxquels ont travaillé Italiens et Croates : chapelles préromanes ; églises et couvent gothiques ; palais gothico-renaissants (notamm. le palais des Recteurs) et baroques ; cathédrale et église St-Blaise, baroques. Nombreux musées.

DUBUFFET (Jean), peintre français (Le Havre 1901 - Paris 1985). Se consacrant définitivement à la peinture en 1942, il s'affirme avec une liberté d'inspiration et de formes nourrie aux sources de l'art brut*. Verve (séries « Métro », 1943, « Portraits », 1947, « Corps de dames », 1950), densité et expressivité des matières (« Mirobolus, Macadam et Cie, Hautes Pâtes », 1944) caractérisent des recherches qui débouchent dans les années 50 sur les « Paysages », les « Sols », les « Texturologies », les « Matériologies », etc. À partir de 1962, il développe le cycle de « l'Hourloupe », puzzle de personnages et d'objets familiers d'un style arbitraire (formes simplifiées, hachures, aplats de couleurs élémentaires) qui se prolonge avec des sculptures et environnements monumentaux en diverses matières plastiques (*le Jardin d'émail,* 1974, Otterlo ; *le Boqueteau,* érigé à Flaine en 1988 ; etc.). Une synthèse apparaît avec les « Théâtres de mémoire » (1975-1979), avant la conclusion des « Mires » (1983-84) et des « Non-Lieux » (1984). Il est l'auteur de plusieurs textes (*Prospectus et tous écrits suivants,* 1967 ; *Asphyxiante culture,* 1968 ; etc.).

DUBY (Georges), historien français (Paris 1919). Il est professeur titulaire de la chaire d'histoire des sociétés médiévales au Collège de France depuis 1970 et membre de l'Institut depuis 1974. Historien médiéviste, il est, après M. Bloch, le réformateur des études médiévales. Travaillant sur des sources d'information variées (documents écrits et iconographiques, objets matériels révélés par l'archéologie, etc.) et mettant à profit les méthodes des autres sciences humaines (telle l'anthropologie sociale), il a étudié les sociétés, les mentalités et les modèles culturels. Parmi ses principaux ouvrages, citons *l'Économie rurale et la vie des campagnes dans l'Occident médiéval, IXe-XVe s.* (1962), *Guerriers et paysans, VIIe-XIIe s.* (1973), *le Temps des cathédrales, 980-1420* (1976), *les Trois Ordres ou l'Imaginaire du féodalisme* (1978), *Saint Bernard. L'art cistercien* (1979), *le Chevalier, la Femme et le Prêtre* (1981), *Guillaume le Maréchal ou le Meilleur Chevalier du monde* (1984). [Acad. fr., 1987.]

1. DUC n. m. (lat. *dux, ducis,* chef). **1.** Titre de noblesse le plus élevé dans quelques États. – **2.** En France, titre de noblesse situé, dans la hiérarchie des titres de l'Ancien Régime, au-dessus de celui de marquis et, dans celle du premier Empire, entre le titre de prince et celui de comte. – **3.** Titre porté par le souverain d'un duché. – **4.** *Duc à brevet,* duc qui n'avait d'autre prérogative que celle de porter son titre et de jouir des honneurs qui y étaient attachés. ‖ *Duc et pair,* celui auquel son titre de duc conférait les privilèges de la pairie.

ENCYCL. Au début du Ve s., le duc est le commandant militaire des troupes romaines cantonnées dans une province. Dans la tradition germanique, il représente de même un chef militaire élu. À partir du VIIe s., les ducs exercent, outre des commandements militaires des pouvoirs civils et juridiques. Charlemagne s'évertue à limiter la puissance des ducs, mais, vers la fin de l'Empire carolingien, ils tendent à s'arroger la souveraineté héréditaire des pays confiés à leur administration. Au Moyen Âge, lorsque l'autorité royale est établie, le titre ducal est attribué par le roi. À partir du XVIe s., le titre tend à se dégager du fief correspondant. Le titre de duc à brevet n'est que viager, alors qu'un duc et pair transmet ses prérogatives à ses descendants. Sous le premier Empire, le titre ducal est attaché à certaines fonctions ou dignités, civiles ou militaires. De nouveaux ducs seront créés sous la Restauration et le second Empire.

2. DUC n. m. (de *duc 1*). **1.** Véhicule hippomobile de luxe, ouvert, à quatre roues et à deux places, conduit du siège intérieur, avec place pour deux domestiques à l'avant et à l'arrière. – **2.** *Petit duc,* véhicule avec un seul siège de domestique à l'arrière.

3. DUC n. m. (de *duc 1*). Hibou aux aigrettes bien marquées. (On distingue le *grand duc,* presque disparu de France et qui atteignait 70 cm de longueur, le *moyen duc,* très commun dans toute la zone tempérée, mesurant 35 cm, le *petit duc,* plutôt méditerranéen, qui ne dépasse pas 20 cm.

DUCAL, E, AUX adj. (bas lat. *ducalis*). Qui appartient, est propre à un duc, à une duchesse : *Couronne ducale.*

DU CAMP (Maxime), écrivain et voyageur français (Paris 1822 - Baden-Baden 1894). Ami de Flaubert, avec qui il voyagea en Orient, il fut un témoin engagé de son temps (*les Convulsions de Paris,* 1878-79 ; *Souvenirs littéraires,* 1882-83) et l'un des premiers grands reporters photographes (Acad. fr., 1880.)

DUCANGE (Victor Henri **Brahain-**), romancier et auteur dramatique français (La Haye 1783 - Paris 1833), auteur de mélodrames (*Trente Ans ou la Vie d'un joueur,* 1827).

DUCASSE n. f. (mot dialect. du Nord). Kermesse, fête patronale de village dans le Nord et en Belgique.

DUCASSE ou **DU CASSE** (Jean-Baptiste), officier de marine français (Saubusse, près de Dax, 1646 - Bourbon-l'Archambault 1715). Gouverneur de Saint-Domingue (1691), il organisa une expédition de flibustiers contre la Jamaïque (1694) et accomplit plusieurs missions d'escorte de galions espagnols à travers l'Atlantique.

DUCASSE (Isidore) → LAUTRÉAMONT.

DUCASSE (Roger) → ROGER-DUCASSE.

DUCAT n. m. (ital. *ducato*). Monnaie frappée par des ducs, en partic. monnaie d'or des doges de Venise, de 1284 à 1797.

DU CAURROY (Eustache), compositeur français (Gerberoy, près de Beauvais, 1549 - Paris 1609). Compositeur de la Chambre, sous-maître de la Chapelle et surintendant de la musique royale, il est surtout connu pour sa musique religieuse (motets de 4 à 7 voix), ses chansons et psaumes, ses fantaisies instrumentales et ses messes.

DUCCIO DI BUONINSEGNA, peintre italien (Sienne v. 1260 - *id.* 1318/19). Encore très imprégné de la tradition byzantine (*Madone Rucellai,* 1285, Offices, Florence), il évolue vers une nouvelle sensibilité d'esprit gothique, faite d'élégance et de naturalisme (petite *Madone avec trois franciscains,* pinacothèque de Sienne). Sa grande *Maestà,* avec scènes de la vie du Christ (1308-1311, musée de l'Œuvre, Sienne), est traditionnelle par son schéma général, symétrique et monumental, mais les figures y prennent du volume, un modelé sensible dans un espace lumineux plus proche du réel. Duccio a exercé sur l'école siennoise une influence profonde.

DUC-D'ALBE n. m. (pl. *ducs-d'albe*). Faisceau de pieux planté dans le fond d'un bassin ou d'un cours d'eau et auquel viennent s'amarrer les navires.

DUC-DE-GUISE n. m. (pl. *ducs-de-guise*). Chaussure basse féminine dérivée du type salomé.

1. DUCE [dutʃe] n. m. (ital. *duce,* chef, du lat. *dux, ducis*). Titre pris par Mussolini.

2. DUCE n. m. (var. de l'interj. arg. *tuss,* alerte, onomat.). Code de signaux permettant à un tricheur, à un illusionniste de communiquer avec un complice.

DU CERCEAU (Jacques Ier ANDROUET), graveur, ornemaniste, architecte et théoricien français (Paris ? v. 1510 - Annecy v. 1585). Représentatif d'une seconde Renaissance encore pleine de fantaisie, baroquisante, ayant fait moisson de documents durant un voyage en Italie (v. 1530-1533), il exerça une grande influence par ses nombreuses publications gravées (trois *Livres d'architecture* [1559-1561 et 1572], *les Grotesques* [1566], les précieux *Plus Excellents Bâtiments de France* [1576-1579], etc.), par son œuvre bâtie (tel le somptueux château neuf — disparu — de Verneuil-en-Halatte) ainsi qu'au travers des réalisations (notamm. parisiennes) de ses nombreux descendants architectes, dont son fils JACQUES II (v. 1550-1614), son petit-fils JEAN (1585-1649) et son petit-neveu S. de Brosse*.

DUCEY (50220), ch.-l. de cant. de la Manche, dans l'Avranchin, sur la Sélune ; 2 091 hab. *(Ducéens).* Fromagerie.

DU CHAILLU (Paul Belloni), explorateur américain (Paris 1835 - Saint-Pétersbourg 1903). Il explora le delta de l'Ogooué et l'estuaire du Gabon (1856). Lors d'un autre voyage, il étudia les Pygmées. Il a donné son nom à un massif montagneux du Gabon. (→ CHAILLU.)

DUCHAMP (Marcel), peintre français naturalisé américain (Blainville, Seine-Maritime, 1887 - Neuilly-sur-Seine 1968). De tendance fauve puis cubiste, il se rapproche du futurisme (*Nu descendant un escalier nº 2,* 1912, musée de Philadelphie), mais très vite s'écarte de la peinture et de l'« art rétinien » en signant, dès 1913, ses premiers *ready-mades,* objets banals promus dérisoirement œuvres d'art (*Séchoir à bouteilles,* 1914 ; urinoir intitulé *Fontaine,* 1917), éventuellement « aidés » ou « rectifiés » (*la Joconde L. H. O. O. Q.,* 1919). Cette activité, new-yorkaise à partir de 1915, se situe aux sources de dada et atteint son apogée avec *la Mariée* mise à nu par ses célibataires, même* (1915-1923), dite « le Grand Verre », aussi complexe dans ses jeux symboliques que dans sa structure plastique. D'aspect « scientifique » et expérimental, ses travaux (œuvres optiques [*Rotative demi-sphère,* 1925 ; film *Anemic Cinema,* 1926] ; l'environnement *Étant donnés : 1º la chute d'eau, 2º le gaz d'éclairage,* secrètement élaboré de 1946 à 1966 [mus. de Philadelphie]) se raréfient pour laisser place à un mode de vie distancié, quasi légendaire, ponctué par le jeu d'échecs. Sa démarche, profondément « anti-art », a eu une influence considérable depuis dada et le surréalisme jusqu'aux avant-gardes des années 60-70.

DUCHAMP-VILLON (Raymond DUCHAMP, dit), sculpteur français (Damville 1876 - Cannes 1918). Frère de M. Duchamp et de J. Villon, il a évolué de l'influence des arts primitifs et anciens vers des formes d'inspiration cubiste, bientôt décomposées/recomposées selon une conception dynamique proche du futurisme (*le Cheval,* plusieurs versions, bronze, 1914).

DUCHARME (Réjean), écrivain québécois (Saint-Félix-de-Valois, Québec, 1941). Ses romans, dont les ruptures de style cherchent à mimer la diversité du réel, mettent en scène des adolescents inadaptés à la vie moderne (*l'Avalée des avalés,* 1966 ; *l'Hiver de force,* 1973).

DU CHATEAU (Stéphane), ingénieur et architecte français (1908), diplômé de l'école polytechnique de Lwów-Gdańsk. Il a pris, à partir de 1945, une place de premier plan dans le domaine des couvertures planes ou courbes en résilles simples ou en structures tridimensionnelles.

DUCHÂTEL ou **DU CHÂTEL** (Tanneguy), homme d'État français (Trémazan v. 1368 - Beaucaire v. 1458). D'origine bretonne, il fut l'un des chefs du parti armagnac. Prévôt de Paris (1413), nommé maréchal par le dauphin Charles (1417), il participa au meurtre de Jean sans Peur à Montereau (1419) et fut grand maître de l'hôtel du roi (1423-1440). — Son neveu TANNEGUY, vicomte *de la Bellière* († Bouchain 1477), fut grand écuyer de France (1455) puis gouverneur du Roussillon (1468).

DU CHÂTELET *(marquise)* → CHÂTELET.

DUCHÉ n. m. (de *duc 1*). Ensemble des terres et seigneuries auquel le titre de duc est attaché. ENCYCL. Les ducs, à l'origine chefs militaires, cherchèrent bientôt à établir un lien organique avec les circonscriptions territoriales où s'exerçait leur commandement et à se fixer héréditairement dans ces circonscriptions. Les duchés se sont multipliés aux VIIe et VIIIe s. de la Germanie à l'Italie lombarde et byzantine. Entré dans le système féodal, le duché était fief direct de la Couronne ; les ducs étaient vassaux du roi ou de l'empereur. Devenus honorifiques en France lorsque la monarchie reprit une autorité incontestée, les duchés furent de véritables États indépendants en Allemagne et en Italie et subsistèrent jusqu'à l'unité de chacun de ces États, au XIXe s. Il n'en reste actuellement qu'une survivance : le grand-duché de Luxembourg.

Duchés *(guerre des)* [1864], conflit qui opposa la Prusse et l'Autriche au Danemark pour la possession des duchés de Slesvig, de Holstein et de Lauenburg, sur lesquels le roi de Danemark régnait à titre personnel en tant que duc. Le protocole de Londres (1852) avait confirmé l'administration des duchés par le Danemark sous réserve que leur statut ne soit pas modifié. Les souverains danois ne renonçant pas à unifier leurs États, Bismarck, qui désirait se poser en défenseur des populations allemandes du Holstein et du Lauenburg, déclara la guerre au Danemark, avec pour alliée l'Autriche (janv. 1864). Les Austro-Prussiens envahirent le Slesvig et s'emparèrent de Düppel (18 avr.) et de Fredericia (29 avr.). Malgré la victoire de la flotte danoise à Helgoland (9 mai), le Danemark demanda la paix. Il dut céder les trois duchés (traité de Vienne, 30 oct. 1864). Le Holstein fut donné à l'Autriche, le Slesvig et le Lauenburg à la Prusse (convention de Gastein [14 août1865]). L'invasion du Holstein par Bismarck en juin 1866 marqua le début de la guerre austro-prussienne.

DUCHENNE de Boulogne (Guillaume Benjamin), neurologue français (Boulogne-sur-Mer 1806 - Paris 1875). Pionnier de la neurologie, il établit notamment les bases de l'électrophysiologie musculaire. Il se consacra à la physiologie des mouvements chez l'homme, décrivit le tabès et la myopathie pseudo-hypertrophique.

DUCHÉ-PAIRIE n. m. (pl. *duchés-pairies*). **1.** Dignité de duc et pair. — **2.** Terre à laquelle s'attachait cette dignité.

DUCHESNE (Louis), prélat et historien français (Saint-Servan, Ille-et-Vilaine, 1843 - Rome 1922). Professeur d'histoire ecclésiastique à l'Institut catholique (1876) puis à l'École supérieure des lettres (1885), il fut de 1895 à 1922 directeur de l'École française de Rome. Spécialiste de l'histoire ancienne de l'Église, il a publié de nombreux ouvrages, dans lesquels il a donné une méthode pour l'étude impartiale des origines chrétiennes. (Acad. fr., 1910.)

DUCHESNE (Ernest), médecin militaire français (Paris 1874 - Amélie-les-Bains 1912). Dans sa thèse de doctorat (1897), il envisageait les possibilités thérapeutiques résultant de l'activité antimicrobienne des moisissures, mais sa découverte passa inaperçue.

Duchesne ou **Duchêne** *(le Père),* journal publié à Paris de 1790 à 1794 par Hébert. Dans un langage où la gauloiserie le disputait à la violence démagogique, il exprimait les aspirations des sans-culottes. Il fut en 1793-94 le principal organe de la presse révolutionnaire.

DUCHESSE n. f. **1.** Femme d'un duc, ou femme qui possède un duché. — **2.** Fam. et vx. *Prendre des airs de duchesse,* faire la mijaurée. • **Agric.** Variété de poire à chair fondante et parfumée. — **Cuis.** *Pommes duchesse,* purée de pommes de terre, additionnée de beurre et d'œufs, poussée sur une plaque à la poche à douille et dorées au four. — **Mobil.** Type de chaise longue à la mode entre 1745 et 1780. (La *duchesse en bateau* est d'une seule pièce ; la *duchesse brisée* comporte deux ou trois éléments, dont le bout-de-pied.) ‖ *Lit à la duchesse,* lit de bout pourvu d'un ciel suspendu de même dimension que la couche. (Apparu v. 1700.) — **Passem.** Groupe de trois apprêts aplatis au cylindre, en forme de crête ondée. (Syn. DENT-DE-LOUP.) — **Text.** Satin très brillant sur une face et mat sur l'envers, avec une tenue particulière.

DUCIS (Jean-François), auteur dramatique français (Versailles 1733 - *id.* 1816). Il adapta les drames de Shakespeare en les pliant aux règles classiques. (Acad. fr., 1778.)

DUCLAIR (76480), ch.-l. de cant. de la Seine-Maritime, sur la Seine, en aval de Rouen ; 3 843 hab. *(Duclairois)*. Port fluvial. Église des XIe-XVIe s. Race de canards renommée.

Duclair *(canard de),* race de canards domestiques, bonne pondeuse et d'un engraissement facile.

DUCLAUX (Émile), biochimiste français (Aurillac 1840 - Paris 1904). Il succéda à Pasteur à la direction de son Institut (1895). Il prit parti pour Dreyfus et fut un des fondateurs de la ligue des droits de l'homme.

DUCLOS (Charles PINOT), écrivain français (Dinan 1704 - Paris 1772), auteur de romans et d'essais (*Considérations sur les mœurs de ce siècle,* 1751). Secrétaire perpétuel de l'Académie française en 1755, il maintint un équilibre entre dévots et philosophes.

DUCLOS (Jacques), homme politique français (Louey, Hautes-Pyrénées, 1896 - Montreuil, Seine-Saint-Denis, 1975). Entré au parti communiste, membre du comité central (1926), puis du bureau politique (1931 à 1975), il fut plusieurs fois député (1926-1932, 1936-1939 et 1945-1958). Il joua un rôle important dans la formation du Front populaire. Entré dans la clandestinité après l'interdiction du parti communiste en 1939, il dirigea la résistance communiste contre l'occupant nazi. Il présida le groupe communiste à l'Assemblée nationale de 1945 à 1958, puis devint sénateur. Candidat communiste aux élections présidentielles de 1969, il obtint 21,27 % des voix.

DUCOS (97224), comm. de la Martinique, à l'E.-S.-E. de Fort-de-France ; 9 471 hab.

DUCOS (Roger), homme politique français (Montfort-en-Chalosse 1747 - près d'Ulm 1816). Député à la Convention (1792), où il vota la mort du roi, membre (1795) puis président du Conseil des Anciens (1796) sous le Directoire, il devint Directeur le 30 prairial an VII (18 juin 1799). Consul provisoire après le coup d'État du 18-Brumaire, dont il fut complice, il fut évincé au profit de Lebrun par Bonaparte, qui le nomma vice-président du Sénat (1799). Il fut proscrit comme régicide en 1816.

DUCOS DU HAURON (Louis), physicien français (Langon, Gironde, 1837 - Agen 1920). Il a réalisé, indépendamment de Ch. Cros et à peu près en même temps que lui (1868), la photographie en couleurs par le procédé trichrome.

DUCRAY-DUMINIL (François Guillaume), écrivain français (Paris 1761 -Ville-d'Avray 1819), auteur de romans populaires dont furent tirés de nombreux mélodrames (*Cœlina ou l'Enfant du mystère,* 1798).

DUCRETET (Eugène), industriel et savant français (Paris 1844 - *id.* 1915). Il fonda en 1864 une maison d'appareils de précision qui acquit une notoriété internationale. Ses relations avec Branly et sa collaboration avec le Russe Popov lui permirent de concevoir et de réaliser le premier dispositif français de télégraphie sans fil d'emploi pratique (1897), quelques semaines après les premières expériences de Marconi.

Ducrey *(bacille de),* bacille du chancre mou, découvert en 1889 par le dermatologue italien Augusto *Ducrey* (1860 - 1940). C'est un bacille fin, un peu allongé, ne prenant pas le Gram.

DUCROIRE n. m. (de *du* et *croire,* au sens anc. de « vendre à crédit »). **1.** Convention aux termes de laquelle un intermédiaire, agissant en son nom mais pour le compte d'autrui, est responsable vis-à-vis de son commettant de la solvabilité du confrère avec lequel il traite et, vis-à-vis du confrère, de la solvabilité de son commettant. (Cas des commissionnaires agréés, des agents de change.) — **2.** Prime accordée à cet intermédiaire. — **3.** L'intermédiaire lui-même. (On dit aussi COMMISSIONNAIRE DUCROIRE.)

DU CROISY (Philibert GASSOT, dit), comédien français (Paris 1626 - Conflans-Sainte-Honorine 1695). Il appartint à la troupe de Molière (1659-1689), où il créa le rôle de Tartuffe (1667).

DUCROT (Auguste Alexandre), général français (Nevers 1817 - Versailles 1882). Il commanda la 1re division du corps de Mac-Mahon en 1870 et se distingua à Frœschwiller. À Sedan, il donna l'ordre de repli vers Mézières. Prisonnier, il s'évada et gagna Paris, où il reçut le commandement d'un corps d'armée (janv. 1871).

DUCTILE adj. (bas lat. *ductilis*). **1.** Qui peut être tiré, étiré, étendu sans se rompre. — **2.** Se dit d'une déformation tectonique continue et homogène, sans rupture.

DUCTILITÉ n. f. (de *ductile*). Propriété d'un matériau de se laisser déformer facilement ; en partic., propriété d'un métal de se laisser étirer facilement.

DU DEFFAND *(marquise)* → DEFFAND (du).

DUDELANGE, en all. **Düdelingen,** v. du Luxembourg, près de la frontière française ; 14 000 hab. Sidérurgie.

DUDEN (Konrad), lexicographe allemand (Gut Bossigt, près de Wesel, 1829 - Sonnenberg, auj. Wiesbaden, 1911). Il est l'auteur d'un *Dictionnaire orthographique complet de la langue alle-*

mande (1880), constamment mis à jour et réédité.

DUDGEON [dydʒɔ̃] n. m. (de *Dudgeon,* n. pr.). Outil utilisé pour le dudgeonnage.

DUDGEONNAGE n. m. Opération consistant à refouler, sur une courte distance, le métal d'une pièce tubulaire afin d'en augmenter le diamètre extérieur, généralement pour l'immobiliser dans son support.

DUDGEONNER v. t. (conj. 3). Effectuer un dudgeonnage.

DUDLEY, v. de Grande-Bretagne, à l'O. de Birmingham ; 187 000 hab.

DUDLEY (John), vicomte **Lisle,** comte **de Warwick** et duc **de Northumberland,** homme politique anglais (1502 ? - Londres 1553). Grand maréchal d'Angleterre sous Édouard VI, il se fit le champion de l'aristocratie foncière et intrigua contre Somerset, qui mourut sur l'échafaud en 1552. Partisan d'une monarchie absolutiste qu'il comptait dominer, il orienta en même temps l'Église anglaise vers le protestantisme. Beau-père de Jeanne Grey, il fut exécuté en 1553 lors de l'accession au trône de Marie Tudor. — Son fils ROBERT, 1er comte *de Leicester,* courtisan anglais (v. 1532 - Cornbury, Oxfordshire, 1588), favori de la reine Élisabeth Ire, commanda en 1585 l'expédition envoyée aux Provinces-Unies.

DUDOK (Willem Marinus), architecte néerlandais (Amsterdam 1884 - Hilversum 1974). Esthétique autant que fonctionnelle par la subtile articulation de volumes orthogonaux, son œuvre a été réalisée pour une grande part à Hilversum (hôtel de ville, 1928-1932, etc.).

DUÈGNE [dɥɛɲ] n. f. (esp. *dueña,* du lat. *domina,* maîtresse). **1.** Gouvernante ou vieille dame chargée, en Espagne, de veiller sur la conduite d'une jeune personne. — **2.** *Vx.* Vieille femme revêche servant de chaperon.

1. DUEL n. m. (lat. *duellum,* forme anc. de *bellum,* guerre). **1.** Combat singulier entre deux adversaires, dont l'un a demandé à l'autre réparation d'une offense par les armes, qui sont assistés chacun de deux témoins : *Se battre en duel.* — **2.** Conflit, antagonisme, lutte entre deux puissances politiques, financières, sociales, idéologiques, etc., ou entre des sentiments, des tendances opposées : *Ces élections furent l'occasion d'un duel entre la droite et la gauche.* — **3.** Compétition, lutte entre deux individus : *Un duel oratoire.* — **4.** En théorie des jeux, jeu pratiqué par quelques personnes, dans lequel le gagnant ramasse toutes les mises engagées au départ, si bien que la somme algébrique des gains est nulle. — **5.** *Duel d'artillerie,* combat entre deux artilleries ennemies. ‖ *Duel au premier sang,* celui qui doit s'arrêter au premier sang qui coule. *Duel judiciaire,* combat entre un accusateur et un accusé, admis dans l'Antiquité et au Moyen Âge, comme preuve juridique.

ENCYCL. Destinés à vider les querelles d'honneur, les duels se multiplièrent en France à partir du XVe s., décimant la noblesse. À l'épée, au fleuret ou au pistolet, ils furent pratiqués jusqu'au XXe s., en dépit de leur interdiction par l'Église sous peine d'excommunication (concile de Trente, 1545) et par l'État (ordonnance de Moulins [1566], édits d'Henri IV [1602, 1609], de Louis XIII [1626], de Louis XIV [1679], de Louis XV [1723], etc.), qui prononça contre les duellistes les peines les plus rigoureuses (emprisonnement, bannissement, peine de mort).
Le Code pénal de 1810 ne l'ayant pas incriminé, la Cour de cassation décida d'appliquer aux duellistes la peine de l'assassinat, qui est aussi celle de la tentative d'assassinat lorsque le duel a été convenu à mort ; au cas contraire, celle des coups et blessures volontaires.

2. DUEL n. m. (bas lat. *dualis,* double, du lat. class. *duo,* deux). Nombre grammatical, distinct du singulier et du pluriel, qui est employé dans les déclinaisons et les conjugaisons de certaines langues (sanskrit, grec, arabe, hébreu, etc.) pour indiquer qu'il s'agit de deux êtres ou de deux choses.

3. DUEL, ELLE adj. (lat. *dualès*). *Litt.* Qui se forme sur une dualité ; relatif à une dualité : *Relation duelle.*

DUELLISTE n. Personne qui se bat en duel.

DUERO → DOURO.

DUETTISTE n. (de *duetto*). **1.** Personne qui chante ou qui joue d'un instrument en duo. — **2.** Personne qui fait un numéro de music-hall, de cirque avec une autre.

DUETTO ou **DUETTINO** n. m. (ital. *duetto,* dimin. de *duo*). Petit duo.

DU FAIL (Noël) → FAIL (Noël du).

DUFAURE (Jules Armand), homme politique français (Saujon, Charente-Maritime, 1798 - Rueil 1881). Avocat, il fut ministre de l'Intérieur (1848-49). Député de la Charente-Inférieure (1871), il fut chargé par Thiers de former un premier cabinet (1871-1873). Animateur du centre gauche, il fut appelé par Mac-Mahon à constituer un deuxième (mars - déc. 1876), puis un troisième cabinet (déc. 1877 - janv. 1879), au cours duquel il imposa à Mac-Mahon la reconnaissance du régime parlementaire (déc. 1877) et prit, le premier, le titre de président du Conseil.

DUFAY (Guillaume), compositeur franco-flamand (v. 1400 - Cambrai 1474). Entre 1428 et 1437, il appartint à la chapelle pontificale, sauf durant les deux années (1433-1435) qu'il passa à la cour d'Amédée VIII de Savoie. Ses œuvres comportent des messes, des motets latins, des chansons françaises et italiennes. C'est à lui que l'on doit la fixation définitive de la messe polyphonique et l'usage de combinaisons harmoniques dont la nouveauté devait révolutionner l'art du contrepoint

DU FAY ou **DUFAY** (Charles François DE CISTERNAY), physicien français (Paris 1698 - *id.* 1739). Il a découvert les deux types d'électrisation, « résineuse » et « vitrée » (1733), et démontré la transmission des charges électriques par les conducteurs.

DUFAY (Jean Claude Barthélemy), astronome français (Blois 1896 - Chaponost, Rhône, 1967). On lui doit des travaux de spectrophotométrie stellaire ainsi que des recherches sur la luminescence du ciel nocturne, la couronne solaire, les comètes et le milieu interstellaire.

DUFF → DAFF.

DUFF COOPER (*lord* Alfred) → COOPER.

DUFFEL, comm. de Belgique (prov. d'Anvers), au N. de Malines ; 15 000 hab. Métallurgie de l'aluminium.

DUFFERIN AND AVA (Frederik TEMPLE HAMILTON-TEMPLE-BLACKWOOD, 1er *marquis* DE), diplomate britannique (Florence 1826 - Clandeboye, Irlande, 1902). Sous-secrétaire pour l'Inde (1864-1866), gouverneur général du Canada (1872-1878), ambassadeur à Saint-Pétersbourg (1879-1881), puis à Constantinople (1881-82), commissaire en Égypte (1882-83), il fut vice-roi des Indes de 1884 à 1888, ambassadeur à Rome (1889-1891), puis à Paris (1891-1896).

DUFFLE-COAT ou **DUFFEL-COAT** [dœfœlkot] n. m. (pl. *duffle-coats* ou *duffel-coats*) [angl. *duffle,* gros drap, de *Duffel,* n. pr., et *coat,* manteau). Manteau trois quarts, avec capuchon, en gros drap serré.

DUFFY (*sir* Charles GAVAN), homme politique irlandais (Monaghan 1816 - Nice 1903). Nationaliste irlandais, il émigra en Australie en 1856. Il y devint Premier ministre de l'État de Victoria (1871-72).

Duffy *(système),* groupe sanguin uniquement érythrocytaire, essentiellement représenté par deux antigènes antithétiques, bien développés à la naissance, Fy^a, particulièrement immunogène, et Fy^b. L'anticorps anti-Fy^a peut être responsable d'accidents hémolytiques de transfusion et de maladies hémolytiques du nouveau-né. Seuls les globules rouges possédant les antigènes Fy^a ou Fy^b peuvent être parasités par certains plasmodiums agents du paludisme, en particulier *Plasmodium vivax,* ce qui explique la résistance à cette espèce de la majorité des Noirs, qui, dans 68 % des cas, ne possèdent pas ces antigènes.

DUFIEUX (Julien Sosthène), général français (Mascara, auj. Mouaskar, Algérie, 1873 - Paris 1959). Chef d'état-major de Gouraud au Maroc en 1913, il fut nommé chef d'état-major de la Xe armée en 1915. Chef du 3e Bureau, aide-major de Pétain (1917-18), il commanda en 1919 la division d'occupation de la Cilicie. Pendant la guerre du Rif, en 1926, il commanda les divisions qui réduisirent la tache de Taza. Rappelé par Pétain en 1940 pour présider la cour martiale chargée de juger les officiers gaullistes, il parvint à faire entrer cette juridiction en sommeil.

DUFOUR *(pointe),* en all. **Dufourspitze,** point culminant du massif du Mont-Rose et deuxième sommet des Alpes, à la frontière italo-suisse ; 4 638 m.

DUFOUR (Guillaume Henri), général suisse (Constance 1787 - Les Contamines 1875). Il commanda l'armée fédérale dans la guerre du Sonderbund (1847). Inventeur du symbole de la Croix-Rouge, il présida la conférence d'où sortit la Convention de Genève (1864). Il avait dirigé de 1833 à 1864 les travaux de la carte topographique suisse (carte Dufour au 1/100 000).

DUFOURCQ (Norbert), musicologue et organiste français (Saint-Jean-de-Braye 1904 - Paris 1990). Organiste de St-Merri (1923), professeur d'histoire de la musique au Conservatoire de Paris (1941-1975), il s'est spécialisé dans l'histoire de l'orgue français, dans l'étude de l'œuvre de Bach et dans la découverte de la musique française des XVIIe et XVIIIe s. Il a écrit *Esquisse d'une histoire de l'orgue en France* (1935), *J. S. Bach, le maître de l'orgue* (1948), *la Musique française* (1949), *le Livre de l'orgue français* (1971-1982).

DUFOURT (Hugues), compositeur français (Lyon 1943). Théoricien et chercheur en musique contemporaine, il concilie dans ses créations les lutheries traditionnelle et électronique (*Saturne,* 1979) et poursuit une réflexion sur le temps en musique (*Antiphysis,* 1978 ; *le Philosophe selon Rembrandt,* 1992).

DUFRANNE (Hector), chanteur belge (Mons 1870 - Paris 1951). Baryton, grand tragédien lyrique, il participa à des créations mondiales, dont celles de *l'Amour des trois oranges, le Chemineau, l'Heure espagnole, Pelléas et Mélisande,* etc.

DUFRÊNE (Maurice), décorateur français (Paris 1876 - Nogent-sur-Marne 1955). Un des représentants du style « Arts déco », il a abordé toutes les disciplines et a tendu à concilier tradition de luxe et techniques industrielles. Il a créé l'atelier *la Maîtrise* aux Galeries Lafayette (1921).

DUFRENNE (Mikel Louis), philosophe et esthéticien français (Clermont 1910 - Paris 1995). Il a essayé de définir une philosophie esthétique au point de rencontre du kantisme et du courant existentialiste. Il a proposé une conception révolutionnaire et anarchiste de l'imaginaire. Il a écrit notamment *Phénoménologie de l'expérience esthétique* (1953), *le Poétique* (1963), *Subversion/perversion* (1977).

DUFRÉNOY (Armand **Petit-**), géologue français (Sevran 1792 - Paris 1857). Avec Élie de Beaumont, il a réalisé la *Carte géologique générale de la France* (1841).

DUFRESNE (Charles), peintre français (Millemont, Yvelines, 1876 - La Seyne-sur-Mer 1938). Admirateur de Delacroix, ami de Dunoyer de Segonzac et de La Fresnaye, il a traité des thèmes traditionnels dans un style libre, d'un modernisme tempéré (décor mural au palais de Chaillot : *le Théâtre de Molière,* 1937).

DUFRESNOY ou **DU FRESNOY** (Charles Alphonse), peintre et théoricien français (Paris 1611 - Villiers-le-Bel 1668). Il travailla vingt ans durant en Italie. Expression de la doctrine classique, son poème latin *De arte graphica,* publié en français par R. de Piles en 1668, a joué un rôle important dans l'élaboration de la critique d'art en France.

DUFRESNY (Charles), sieur **de La Rivière,** écrivain français (Paris 1648 - *id.* 1724), auteur de comédies (*l'Esprit de contradiction,* 1700). Ses *Amusements sérieux et comiques* (1699) inspirèrent les *Lettres persanes* de Montesquieu.

DU FU ou **TOU FOU,** poète chinois (Duling, Shaanxi, 712 - Leiyang, Hunan, 770). Ami de Li Bo, il fut l'auteur de poèmes à thèmes sociaux et politiques *(Lamentations sur le fleuve)* qui lui ont conféré, par leur perfection, une place de premier plan parmi les poètes chinois.

DUFY (Raoul), peintre, graveur et dessinateur français (Le Havre 1877 - Forcalquier 1953). Compagnon d'étude de Friesz et de Braque au Havre, ami de Marquet, admirateur de Matisse, il passe par l'impressionnisme, le fauvisme et subit certaines influences cubistes. Il s'intéresse aux arts décoratifs (tissus, tentures, céramiques, décors) dès les années 10 et atteint dans la décennie suivante son style pictural propre, tout en vivacité et concision, caractérisé par un graphisme libre et souple, des plages de couleurs claires autonomes par rapport aux contours, cela appliqué à des sujets gais et vivants (bords de mer, courses, villes, orchestres, etc.). Aquarelliste et dessinateur étonnamment suggestif, il est aussi l'auteur d'une gigantesque décoration pour l'Exposition universelle de 1937 (*la Fée électricité,* musée d'Art moderne de la Ville de Paris).

DUGAS (Marcel), écrivain canadien de langue française (Saint-Jacques-l'Achigan, Québec, 1883 - Montréal 1947). Poète symboliste à ses débuts, il évolua vers le surréalisme (*Feux de Bengale à Verlaine glorieux,* 1915).

DUGHET (Gaspard), dit **le Guaspre Poussin,** peintre français (Rome 1615 - *id.* 1675), fils d'un pâtissier français établi à Rome. C'est sans doute N. Poussin, devenu son beau-frère en 1630, qui l'initie à la peinture et l'oriente vers le paysage. D'abord influencé par Bril et Elsheimer, Dughet se rapproche ensuite de Poussin et de Cl. Lorrain, élargissant la sérénité et le lyrisme de sa vision (fresques, tableaux de chevalet, dessins).

DUGI OTOK (« île longue »), en ital. **Isola Lunga,** île croate de l'Adriatique, dans le nord de la Dalmatie ; 124 km^2.

DUGNY (93440), comm. de la Seine-Saint-Denis, banlieue nord de Paris, en bordure de l'aéroport du Bourget ; 8 742 hab.

DUGOMMIER (Jacques François Coquille, dit), général français (La Basse-Terre, Guadeloupe, 1736 - Fort de Bellegarde, Pyrénées-Orientales, 1794). Il se signala dans la défense, contre les Anglais, de la Guadeloupe en 1759 et de la Martinique en 1762. Envoyé à Paris comme député extraordinaire de la Martinique (1791), il sollicita sa rentrée dans l'armée. Général de division, il commanda l'armée assiégeant Toulon (1793).

DUGONG [dygɔ̃(g)] n. m. Mammifère sirénien marin, herbivore, de l'océan Indien. (La caudale du dugong n'est pas fourchue ; les incisives du mâle sont développées en défenses ; le dugong atteint 3 m de long ; on le chasse pour sa chair et son huile.)

DUGONICS (András), écrivain hongrois (Szeged 1740 - *id.* 1818). Chef de l'école populaire *(les Argonautes, les Maures),* il fut un ardent défenseur d'une littérature nationale hongroise.

DUGOURC (Jean Démosthène), dessinateur et décorateur français (Versailles 1749 - Paris 1825). Dessinateur du garde-meuble de la Couronne (1784) et intendant des Bâtiments du comte de Provence, il a été un des promoteurs du décor pompéien et des ornements « étrusques » sous Louis XVI, puis sous l'Empire.

DUGUAY-TROUIN (René), corsaire français (Saint-Malo 1673 - Paris 1736). Embarqué comme volontaire dès 1689, ses exploits dans la lutte contre les navires anglais et hollandais lui valurent la croix de Saint-Louis. Il s'illustra en particulier dans la prise de Rio de Janeiro, jugée imprenable (1711). Chef d'escadre en 1715 et lieutenant général en 1728, il a laissé des *Mémoires.*

DU GUESCLIN (Bertrand) → GUESCLIN (Bertrand du).

DUGUIT (Léon), juriste français (Libourne 1859 - Bordeaux 1928). Théoricien du droit, constitutionnaliste, son œuvre a marqué la pensée juridique du XXe s. Il s'était fait le défenseur d'une conception purement positiviste du droit. Son ouvrage fondamental reste le *Traité de droit constitutionnel* (1911).

DUHAMEL (Georges), écrivain français (Paris 1884 - Valmondois, Val-d'Oise, 1966). Docteur en médecine, membre du groupe de l'Abbaye*, auteur de deux cycles romanesques (*Vie et aventures de Salavin,* 1920-1932) ; *Chronique* des Pasquier,* 1933-1945). [Acad. fr., 1935.]

DUHAMEL (Marcel), écrivain français (Paris 1900 - Saint-Laurent-du-Var 1977). Fondateur de la « Série noire » (1945), il introduisit en France des auteurs américains de romans policiers (Hammett, Chandler, McCoy, Thompson, Charyn).

DUHAMEL (Antoine), compositeur français (Valmondois 1925). De 1957 à 1971, il s'est largement orienté vers la musique de film (*Pierrot le fou,* 1965 ; *Week-end,* 1967 ; *Baisers volés,* 1968 ; *la Sirène du Mississippi,* 1969 ; *Domicile conjugal,* 1970). À partir de 1968, son intérêt s'est porté vers l'opéra et le théâtre musical : *Lundi, Monsieur, vous serez riche* (Strasbourg, 1968), *l'Opéra des oiseaux* (Lyon, 1971), *Ubu à l'Opéra* (Avignon, 1974), *Gambara,* d'après Balzac (Lyon, 1978) et *Cirque impérial* (Avignon, 1979).

DUHEM (Pierre), physicien et philosophe français (Paris 1861 - Cabrespine, Aude, 1916). Historien des sciences, il commença en 1913 la publication du *Système du monde, histoire des doctrines cosmologiques de Platon à Copernic,* dont les derniers volumes ne parurent qu'en 1959. Dans son ouvrage le plus important, *la Théorie physique, son objet et sa structure* (1906), Duhem affirme que la théorie physique n'a pas pour objet de dévoiler la nature profonde du monde, mais de coordonner les éléments de la connaissance sur le plan de la relativité, dans lequel nous nous situons. Il a publié *le Traité d'énergétique ou de thermodynamique générale* et jeté les bases d'une histoire des doctrines cosmologiques. (Acad. des sc., 1913.)

DÜHRING (Karl Eugen), philosophe et économiste allemand (Berlin 1833 - Nowawes, auj. Babelsberg, près de Potsdam, 1921). Son matérialisme simpliste et son éclectisme lui valurent la critique de F. Engels dans un livre fréquemment appelé « l'Anti-Dühring ». Il a contribué à faire connaître A. Comte en Allemagne.

Duhring ou **Duhring-Brocq** *(maladie de),* dermatose se manifestant par une éruption douloureuse (prurit, brûlures) et comprenant des bulles à contenu clair apparaissant en peau saine, des placards érythémateux ou papuleux, des croûtes plus ou moins infectées et des érosions. La maladie, bénigne, chronique et récidivante, est due sans doute à un mécanisme de nature immunologique. L'association avec une entéropathie est fréquente.

DUIKER n. m. Petite antilope au pelage gris, d'Afrique tropicale.

DUILIUS (Caius), consul romain en 260 av. J.-C. Pendant la première guerre punique, il commanda la première flotte romaine et remporta une victoire devant Myles, sur la côte de Sicile.

DUINGT (74410 St Jorioz), comm. de la Haute-Savoie, sur le lac d'Annecy ; 446 hab. Station touristique.

DUISBURG, v. d'Allemagne (Rhénanie-du-Nord-Westphalie) ; 558 000 hab. Métropole de la Ruhr occidentale, Duisburg, au confluent de la rivière Ruhr et du Rhin, est l'un des premiers ports fluviaux du monde (45 Mt), recevant minerais, hydrocarbures et céréales, un grand centre industriel (métallurgie, chimie, mécanique, textiles, alimentation) et un centre culturel (université, musée).

DUIT n. m. (lat. *ductus,* conduit). Lit artificiel d'un cours d'eau, créé à l'aide de digues.

DUITAGE n. m. **1.** Disposition des duites d'un tissu. — **2.** Nombre de duites au centimètre.

DUITE n. f. (anc. fr. *duire,* du lat. *ducere,* conduire). **1.** Quantité de trame qui est insérée dans le tissu et va d'une lisière à l'autre. — **2.** Ensemble de plusieurs fils retordus et câblés formant une structure de longueur continue et utilisé dans la confection du toron. — **3.** Ensemble de deux passées (aller et retour) du fil de trame à travers la chaîne d'une tapisserie.

DUITER v. t. (de *duite*) [conj. **3**). Passer le fil de trame entre les fils de chaîne.

DUJARDIN (Karel), peintre et graveur néerlandais (Amsterdam v. 1622 - Venise 1678). Élève de Berchem, il travaille en Italie, puis en Hollande, et retourne en Italie en 1675. On lui doit des paysages animés au premier plan par des animaux ou des personnages (*le Jeune Berger,* Mauritshuis, La Haye), ainsi que des portraits.

DUJARDIN (Édouard), écrivain français (Saint-Gervais-la-Forêt, Loir-et-Cher, 1861 - Paris 1949). Fondateur de *la Revue wagnérienne,* il s'attacha au symbolisme sous toutes ses formes : théâtre *(Antonia),* roman (*Les lauriers sont coupés,* 1888), où il inaugura le monologue intérieur.

DUKAS (Paul), compositeur français (Paris 1865 - *id.* 1935). Son œuvre lui confère une place de choix dans l'école française. Son scherzo symphonique *l'Apprenti sorcier* (1897), d'après Goethe, lui valut une large audience. Il laisse notamment une *Symphonie* (1896), *Ariane et Barbe-Bleue,* conte lyrique sur un poème de Maeterlinck (1907), *la Péri,* somptueux poème dansé d'après une légende orientale et précédé d'une célèbre *Fanfare* (1912).

DUKE (Vernon) → DUKELSKY (Vladimir Alexandrovitch).

Duke *(épreuve de),* mesure du temps de saignement* au lobule de l'oreille.

DUKELSKY (Vladimir Alexandrovitch), dit **Vernon Duke,** compositeur russe naturalisé américain (Parfianovka, près de Pskov, 1903 - Santa Monica 1969). Il se fixa aux États-Unis en 1922, puis il vécut à Paris quelques années (1924-1929) et composa pour les Ballets russes de Diaghilev.

DUKLA *(passe* ou *col de),* en polon. **Dukielska Przełęcz,** col le plus bas (502 m) de la chaîne des Carpates, entre la Pologne et la Slovaquie, au S.-E. de Tarnow.

DUKOU ou **TOU-K'EOU,** v. de Chine, dans le sud-ouest du Sichuan ; 330 000 hab. Sidérurgie.

DULAC (Germaine SAISSET-SCHNEIDER, dite **Germaine**), cinéaste française (Amiens 1882 - Paris 1942). Venue de la littérature et du journalisme, elle s'intéressa au cinéma dès 1910 et fut l'une des premières femmes à réaliser des films de long métrage : *Sœurs ennemies* (1916), *la Fête espagnole,* en collaboration avec Louis Delluc (1919), *la Souriante Mme Beudet* (1923).

DULBECCO (Renato), médecin et biologiste américain d'origine italienne (Catanzaro, Italie, 1914). Il a reçu, en 1975, le prix Nobel de médecine et de physiologie, avec D. Baltimore et H. M. Temin pour leurs travaux concernant le fonctionnement cellulaire, la contamination virale et la cancérogenèse.

DULCE *(río),* riv. du nord de l'Argentine ; 670 km. Elle alimente les terres irriguées de la région de Santiago del Estero.

DULCICOLE ou **DULÇAQUICOLE** adj. Qui vit exclusivement dans les eaux douces. (Les plantes dulcicoles sont souvent appelées *plantes aquatiques.*)

DULCIFICATION n. f. Premier affinage que l'on fait subir au plomb. (Pratiquée dans un four à réverbère, elle consiste à porter le plomb à sa température de fusion, puis à retirer la scorie se séparant du plomb.)

DULCIFIER v. t. (bas lat. *dulcificare,* rendre doux) [conj. 9]. Pratiquer la dulcification.

DULCIMER [dylsimɛr] n. m. (angl. *dulcimer,* du moyen fr. *doulcemer,* de *doux* et lat. *melos,* chant). **1.** Cithare médiévale à cordes métalliques frappées à l'aide de battes. — **2.** Cithare à cordes pincées, utilisée dans le folklore de l'Amérique du Nord.

DULCINE n. f. (n. déposé). Dénomination courante d'un édulcorant synthétique employé chez les diabétiques.

DULCINÉE n. f. (de *Dulcinée,* n. pr.). *Fam.* et *ironiq.* Femme aimée.

Dulcinée, personnage de *Don Quichotte,* de Cervantès, paysanne dont le héros fait la « dame de ses pensées ».

DULCITOL n. m. ou **DULCITE** n. f. Polyalcool tiré de la manne de Madagascar et produit par réduction du galactose. (Il est utilisé pour sa saveur douce.)

DULIE n. f. (lat. médiév. *dulia,* du gr. *douleia,* servitude). *Culte de dulie,* culte d'honneur que l'on rend, dans l'Église catholique, aux anges et aux saints. (Le culte rendu à la Vierge est dit d'*hyperdulie.*)

DULLES (John Foster), diplomate et homme politique américain (Washington 1888 -*id.* 1959). Chef du département d'État sous Eisenhower, de 1953 à 1959, il fut l'artisan de la politique extérieure américaine pendant la guerre froide. Pour lutter contre l'expansion du communisme, il étendit le système d'alliances américain en Asie (traité de l'Asie du Sud-Est, 1954). Il démissionna en avr. 1959. — Son frère ALLEN WELSH (Watertown, État de New York, 1893 - Washington 1969), président de la CIA (1953), fut impliqué dans l'affaire de la baie des Cochons et démissionna en 1961.

DULLIN (Charles), acteur et metteur en scène français (Yenne, Savoie, 1885 - Paris 1949). Collaborateur de Copeau, puis de Gémier, il fonda, en 1921, le théâtre de l'Atelier, où il renouvela l'interprétation dramatique des répertoires classique (*l'Avare* de Molière ; *Volpone* de Ben Jonson) et moderne (Pirandello). Directeur du théâtre Sarah-Bernhardt (auj. Théâtre de la Ville), il y créa *les Mouches* de Sartre. Il fut membre du Cartel*.

DÜLMEN *(race),* race de poneys d'origine allemande, appréciée comme animal de selle pour les enfants.

DULONG (Pierre Louis), chimiste et physicien français (Rouen 1785 - Paris 1838). Il a énoncé, avec Petit, la loi relative aux chaleurs spécifiques des solides, et mesuré le coefficient de dilatation du mercure. Il a aussi mesuré les indices de réfraction des gaz et imaginé le cathétomètre. (Acad. des sc., 1823.)

Dulong et Petit *(loi de),* loi selon laquelle le produit de la capacité calorifique massique par la masse atomique des corps simples solides est toujours voisin de 6,4 calories par degré.

DULUTH, port des États-Unis (Minnesota), sur le lac Supérieur, à proximité de gisements de minerai de fer ; 92 800 hab. Trafic de minerais, de charbon, de grains. Centre industriel.

DUMAI, port pétrolier d'Indonésie, sur la côte nord de Sumatra. Extraction et raffinage du pétrole.

DUMAREST (Frédéric Denis), médecin français (Hauteville-Lompnes, Ain, 1870 -*id.* 1951). Il a introduit en France (1908) la thérapeutique de la tuberculose par le pneumothorax artificiel.

DUMARSAIS (César CHESNEAU), grammairien français (Marseille 1676 - Paris 1756). Chargé par Diderot et d'Alembert de la partie grammaticale de l'*Encyclopédie,* il est aussi l'auteur d'un *Traité des tropes* (1730).

DUMAS (Benoît), administrateur colonial français (Paris 1696 - *id.* 1746). Gouverneur général des établissements français dans l'Inde (1735-1741), il obtint du rājā de Tanjore la cession de Kārikāl (1738) et reçut du Grand Moghol le titre de nabāb (1741), devenant ainsi son vassal.

DUMAS (Mathieu, *comte*), général, homme politique et historien français, pair de France (Montpellier 1753 - Paris 1837). Président de l'Assemblée législative en 1792, il quitta la France après le 10-Août. Ambassadeur à Naples (1801), général de division en 1805, il servit à Austerlitz. Il fut ministre de la Guerre du roi Joseph, à Naples (1806) puis à Madrid (1808). Député de Paris en 1828, puis en 1830, il a laissé notamment un *Essai historique sur les campagnes de 1799 à 1814* (1816-1826).

DUMAS (René François), homme politique français (Jussey, Haute-Saône, 1757 - Paris 1794). Président du Tribunal révolutionnaire (1794), il fut mis hors la loi le 9 thermidor an II (27 juill. 1794) et guillotiné le 10 avec Robespierre.

DUMAS (Thomas Alexandre DAVY DE LA PAILLETERIE, dit), général français (Jérémie, Saint-Domingue, 1762 - Villers-Cotterêts 1806), père du romancier. Il commanda l'armée des Pyrénées (1792-93), l'armée des Alpes (1794) et s'illustra au Tyrol. Il commanda la cavalerie de l'armée d'Orient en Égypte (1798).

DUMAS (Jean-Baptiste), chimiste français (Alès 1800 - Cannes 1884). Il a été le premier à mettre couramment les réactions chimiques en équation et à jeter les fondements de l'atomisme moderne. Il a imaginé une méthode de mesure des densités de vapeur et mis au point le dosage du carbone, de l'hydrogène et de l'azote. Il fut ministre de l'Agriculture et du Commerce (1850), puis président du conseil municipal de Paris (1859). [Acad. des sc., 1832 ; Acad. fr., 1875].

DUMAS (Alexandre), écrivain français (Villers-Cotterêts 1802 - Puys, près de Dieppe, 1870), fils du général Dumas. Aidé par maint collaborateur, principalement par Auguste Maquet, il fut le plus fertile (il a laissé près de 300 ouvrages) et le plus populaire des écrivains de son temps. En 1829, il fit triompher le premier drame romantique, *Henri III et sa cour.* En 1831, *Antony** connut un succès triomphal à la Porte-Saint-Martin. Parmi ses autres succès au théâtre, il faut citer *la Tour* de Nesle* (1832) et *Kean* (1836). Non moins célèbres sont ses romans (*les Trois* Mousquetaires,* 1844, continués par *Vingt ans après,* 1845, et *le Vicomte de Bragelonne,* 1850 ; *le Comte* de Monte-Cristo,* 1845 ; *la Reine Margot,* 1845, continuée par *la Dame de Montsoreau,* 1846, et *les Quarante-Cinq,* 1848 ; *Mémoires d'un médecin* [*Joseph Balsamo*], 1846 ; *le Collier de la reine,* 1850 ; *Ange Pitou,* 1852 ; *la Comtesse de Charny,* 1855). Il faut ajouter ses *Impressions de voyages* (1834 et suiv.) et ses *Mémoires* (1852-1854), qui débordent de verve et de vie. Ayant dilapidé ses gains fabuleux, Dumas mourut ruiné.

DUMAS (Alexandre), dit **Dumas fils,** écrivain français (Paris 1824 - Marly-le-Roi 1895), fils naturel d'Alexandre Dumas. Son roman *la Dame* aux camélias* (1848), qu'il porta à la scène en 1852, eut un grand succès. Ses pièces sont des réquisitoires contre les préjugés et des plaidoyers en faveur de la femme et de l'enfant : *le Demi-Monde* (1855), *la Question d'argent* (1857), *le Fils naturel* (1858).

DUMAS (Georges), psychologue et médecin français (Lédignan, Gard, 1866 - *id.* 1946). Élève de T. Ribot et collaborateur de P. Janet, il visa à constituer une psychologie générale fondée sur la psychologie pathologique et l'expérimentation. Ses *Traités de psychologie* (1923 ; 1931) eurent une grande influence sur le développement de la psychologie scientifique.

DU MAURIER (Daphné), romancière britannique (Londres 1907 - Par, Cornouailles, 1989), auteur de romans populaires (*Rebecca,* 1938), souvent adaptés à l'écran (*les Oiseaux,* 1962).

DUMAZEDIER (Joffre), sociologue français (Taverny 1915), l'un des initiateurs de la sociologie du loisir.

Dumbarton Oaks *(plan de),* projet destiné à organiser la sécurité collective après la Seconde Guerre mondiale, élaboré du 21 août au 7 oct. 1944 à Dumbarton Oaks, près de Washington, par des délégués britanniques, américains, chinois et russes. Discuté à la conférence de San

Francisco, il servit de base à la Charte des Nations unies.

DUM-DUM [dumdum] adj. inv. (de *Dumdum,* n. pr.). *Balle dum-dum,* balle de fusil dont l'ogive cisaillée en croix produit des blessures particulièrement graves. (Son usage a été prohibé par la convention internationale de La Haye, en 1899.) [Syn. BALLE EXPLOSIVE.]

DUMDUM ou **DUM DUM,** agglomération de la banlieue nord-est de Calcutta (Inde). Aéroport. Métallurgie. Verrerie. Jute.

DÛMENT adv. Selon les formes prescrites ; en bonne et due forme, d'une manière formelle : *Vol dûment constaté.*

DU MERSAN (Théophile MARION), auteur dramatique et numismate français (château de Castelnau, près d'Issoudun, 1780 -Paris 1849), célèbre par ses chansons satiriques et surtout ses vaudevilles (*les Saltimbanques,* 1831).

DUMÉRY (Henry), philosophe français (Auzances, près d'Aubusson, 1920). Il a mis en évidence l'importance du fait de civilisation judéochrétien en montrant comment s'y conjuguent le mythe et l'histoire, la transcendance et la rationalité. Il fut censuré par le Saint-Office en 1958. Il a écrit : *Foi et interrogation* (1953), *Philosophie de la religion* (1957), *De la difficulté d'être platonicien* (1977).

DUMESNIL (Marie-Françoise MARCHAND, dite), comédienne française (Paris 1713 -*id.* 1803). Elle interpréta les grands rôles tragiques à la Comédie-Française entre 1737 et 1776.

DUMESNIL (René), critique littéraire et musical français (Rouen 1879 - Paris 1967). Spécialiste de Flaubert (*Flaubert, son hérédité, son milieu, sa méthode,* 1905) et des romanciers naturalistes, il affirma son talent de musicographe dans de nombreux ouvrages, dont *Richard Wagner* (1929), *Histoire illustrée du théâtre lyrique* (1953), *Mozart présent dans ses œuvres lyriques* (1965).

DUMET *(île),* petite île de l'Atlantique, au large de l'estuaire de la Vilaine. Réserve ornithologique. On y a parfois situé le pôle géographique des terres émergées.

DUMÉZIL (Georges), historien français des religions (Paris 1898 - *id.* 1986). Professeur au Collège de France (1949-1968), il s'est spécialisé dans la mythologie comparée et a mené d'importantes études sur la civilisation indo-européenne, ses mythes et ses structures sociales. Il est notamment l'auteur de *l'Idéologie tripartie des Indo-Européens* (1958), *Mythe et épopée* (3 vol., 1968, 1971 et 1973), *les Dieux souverains des Indo-Européens* (1977), *Mariages indo-européens,* suivi de *Quinze Questions romaines* (1979). [Acad. fr., 1978.]

DUMFRIES AND GALLOWAY, région de Grande-Bretagne, dans le sud de l'Écosse, sur la rive nord du Solway Firth ; 6 370 km^2 ; 142 400 hab. Ch.-l. *Dumfries* (29 400 hab.).

DUMITRIU (Petru), écrivain roumain (Baziaş 1924). En roumain ou en français, il a publié des romans, désespérés et violents : *les Boyards* (1958-1960), *l'Homme aux yeux gris* (1968), suivi de *Retour à Milo* (1969), *Au Dieu inconnu* (1979).

DUMONCEAU (Johannes Baptiste), comte **de Bergendael,** maréchal de Hollande (Bruxelles 1760 - *id.* 1821). Il se distingua à Jemmapes (1792), dans la conquête de la Hollande (1795), et battit les Anglo-Russes à Bergen (1799). Louis Bonaparte le nomma maréchal, conseiller d'État et ministre plénipotentiaire à Paris.

DUMONSTIER ou **DUMOUSTIER,** famille de peintres, miniaturistes et dessinateurs français (XVIe-XVIIe s.), dont les plus connus sont : GEOFFROY († Paris 1573), actif à Rouen et à Fontainebleau entre 1535 et 1547, proche de Rosso ; — PIERRE Ier (? v. 1540 - Paris v. 1625), un des fils du précédent, spécialiste du portrait dessiné de cour (fin du règne de Henri III), de même que DANIEL (Paris 1574 - *id.* 1646), neveu de Pierre Ier, dont la technique aux trois crayons et au pastel fit le portraitiste favori des cours de Henri IV et de Louis XIII.

DU MONT (Henry DE THIER, dit), compositeur wallon (Villers-l'Évêque, près de Liège, 1610 - Paris 1684). Il devint successivement sous-maître de la chapelle royale (1663), compositeur de la Chapelle (1672), maître de musique de la reine. À part quelques chansons, préludes et danses, Du Mont a publié essentiellement de la musique religieuse, dont des *Motets à 2 chœurs pour la chapelle du roy* (publiés en 1686). Il a mis au point le motet à 2 chœurs, qui sera illustré par l'école versaillaise.

DUMONT, famille d'artistes français (XVIIe-XIXe s.). — PIERRE, sculpteur (Valenciennes 1660 - *id.* 1737), travailla à Paris, Rennes, Compiègne et surtout Nancy. — Son fils et élève FRANÇOIS (Paris 1688 -Lille 1726) fut le premier sculpteur du duc Léopold de Lorraine. Il a donné des statues pour l'église St-Sulpice à Paris. — JACQUES, dit **Dumont le Romain,** peintre (Paris 1701 - *id.* 1781), frère du précédent, voyagea en Italie, puis entra à l'Académie, dont il devint recteur (1752) et chancelier (1768). Il a donné des tableaux d'histoire, des portraits et des scènes populaires. — EDME, sculpteur (Paris 1722 - *id.* 1775), fils de François et élève de Bouchardon, a exécuté les frontons de l'hôtel des Monnaies et de l'ancienne manufacture de Sèvres. — JACQUES EDME, sculpteur (Paris 1761 -*id.* 1844), fils du précédent, reçut des commandes officielles sous l'Empire (statue de

Marceau, 1804) et la Restauration. — AUGUSTIN ALEXANDRE, sculpteur (Paris 1801 - *id.* 1884), est l'auteur du *Génie de la Liberté* (ou *Génie de la Bastille,* colonne de Juillet), du *Napoléon Ier* de la colonne Vendôme (1863), etc.

DUMONT (Arsène Jean Louis), démographe français (La Cambe, Calvados, 1849 - Paris 1902), auteur de *Dépopulation et civilisation, étude démographique* (1890) où il expose sa théorie de la capillarité sociale.

DUMONT (René), agronome français (Cambrai 1904). Après avoir été témoin critique de l'exploitation coloniale en Indochine, il devient professeur d'agriculture comparée à l'Institut national agronomique (1951-1974), où il fonde les bases d'une véritable école de pensée sur la question du développement agricole. Il a mis en lumière la responsabilité des pays développés dans la stagnation ou le recul des agricultures des pays du tiers monde. Il a notamment écrit *L'Afrique noire est mal partie* (1962), *l'Afrique étranglée* (1980), *Pour l'Afrique, j'accuse* (1986), *Un monde intolérable. Le libéralisme en question* (1988).

DUMONT (Louis), anthropologue français (Thessalonique 1911). Il a étudié sur le terrain le système des castes de l'Inde (*Homo hierarchicus,* 1966). Il a également écrit *Essais sur l'individualisme* (1983).

DUMONT D'URVILLE (Jules Sébastien César), navigateur français (Condé-sur-Noireau 1790 - Meudon 1842). Il réalisa son premier voyage en 1819-20 sur la *Chevrette,* qui effectuait des relevés côtiers en mer Noire et en mer Égée. Lieutenant de vaisseau (1821), il parcourut le Pacifique de 1822 à 1825 sous les ordres de Duperrey. Chargé par Charles X de diriger une expédition en Océanie, il partit avec l'*Astrolabe* (1826), visita la Nouvelle-Zélande, la côte nord de la Nouvelle-Guinée (qu'il fut le premier à cartographier) et retrouva les restes de l'expédition de La Pérouse (1828) à Vanikoro. Chargé par Louis-Philippe d'une nouvelle expédition en Océanie, il partit avec l'*Astrolabe* et la *Zélée* (1837), atteignit l'Antarctique, débarqua sur ce continent et prit possession de la terre qu'il baptisa Adélie, prénom de sa femme. À son retour en France (1840), il fut nommé contre-amiral.

DUMONTITE n. f. (de A. H. *Dumont,* n. pr.). Phosphate naturel d'uranium et de plomb, de couleur jaune.

DUMORTIÉRITE n. f. (de E. *Dumortier,* n. pr.). Borosilicate naturel d'aluminium, de couleur bleue.

DU MOULIN ou **DUMOULIN** (Charles), jurisconsulte français (Paris 1500 - *id.* 1566). Ses études de droit coutumier font de lui l'un des plus grands juristes français du XVIe s. Commentateur des deux premiers titres de la coutume de Paris (1539, 1558), il étudia aussi les autres coutumes du royaume, à l'unification desquelles il travailla. Auteur de plusieurs travaux de droit romain et de droit canonique, il publia en outre plusieurs ouvrages sur des questions d'ordre religieux. Calviniste puis luthérien, il s'opposa à la réception en France des décisions du concile de Trente, ce qui lui valut d'être emprisonné à l'instigation du parlement de Paris (1564).

DUMOURIEZ (Charles François DU PÉRIER, dit), général français (Cambrai 1739 -Turville-Park, Buckinghamshire, Angleterre, 1823). Officier pendant la guerre de Sept Ans, chargé de mission diplomatique par Choiseul à Madrid (1763-1767), il commande la garde nationale de Cherbourg en 1789. Ministre des Relations extérieures en 1792, il provoque la déclaration de guerre contre les Autrichiens. Commandant en chef de l'armée du Nord, il vainc les Prussiens à Valmy (20 sept. 1792), les Autrichiens à Jemmapes et occupe la Belgique. Battu à Neerwinden (mars 1793), il est relevé de son commandement et décide de traiter avec l'ennemi.

1. DUMPER [dœmpœr] n. m. (amér. *dumper,* de *to dump,* décharger). Véhicule automoteur, sur pneus, équipé d'une benne basculante et circulant exclusivement sur les chantiers. (Syn. TOMBEREAU.)

2. DUMPER [dœmpe] v. t. (conj. 3). Effectuer un dumping.

DUMPEUR [dœmpœr] n. m. Pays qui exerce sur les produits qu'il exporte une action de dumping.

DUMPING [dœmpiŋ] n. m. (amér. *dumping,* de *to dump,* décharger). Pratique consistant à vendre un produit déterminé moins cher sur les marchés extérieurs que sur le marché intérieur, parfois même au-dessous du prix de revient.

DUMPING SYNDROME [dœmpiŋ-] n. m. (mots angl.). Ensemble des troubles qui apparaissent parfois après une gastrectomie, lorsque l'estomac a été abouché au jéjunum, et qui se traduisent par des nausées, une sensation de faiblesse, des palpitations, des borborygmes après les repas.

DUNA, nom hongrois du Danube.

DÜNABURG → DAOUGAVPILS.

DUNAJEC (la), riv. du sud de la Pologne, affl. de la Vistule (r. dr.) ; 247 km. Gorges.
— **Mil.** Les forces allemandes de Mackensen réalisèrent dans la région de la Dunajec une célèbre percée du front russe, du 2 au 4 mai 1915.

DUNALIELLA n. f. (de M. F. *Dunal,* n. pr.). Protiste chlorophyllien des eaux sursalées des lagunes (étangs côtiers du Languedoc), qu'il colore en rouge.

DUNAND (Jean), artiste décorateur suisse, naturalisé français (Lancy, près de Genève, 1877 - Paris 1942). Installé à Paris, il a pratiqué avec succès la dinanderie, puis, à partir de 1912, l'art du laque (décors pour le paquebot *Normandie,* 1935).

DUNANT (Henri), philanthrope suisse (Genève 1828 - Heiden, canton d'Appenzell, 1910). Il organisa avec ses compatriotes du *comité des cinq* les premières associations de la Croix-Rouge* (1863) afin d'assurer la protection des victimes de la guerre. (Prix Nobel de la paix 1901.)

DUNAÚJVÁROS, de 1951 à 1961 **Sztálinváros,** v. de Hongrie, sur le Danube, au S. de Budapest ; 62 000 hab. Sidérurgie. Textile.

DUNBAR (William), poète écossais (Salton v. 1460 - v. 1530). Il conjugua la satire et l'allégorie de cour (*le Chardon et la Rose,* 1503).

DUNCAN Ier († Bothngouane ou Bothgofnane, auj. Pitgaveny, près d'Elgin, 1040), roi d'Écosse (1034-1040), petit-fils de Malcolm II. Il fut assassiné par le comte de Moray, Macbeth. — **Duncan II** († 1094), roi d'Écosse (1093-94), fils de Malcolm III, détrôna son oncle Donald III (avr. 1094).

DUNCAN (Isadora), danseuse américaine d'origine irlandaise (San Francisco 1878 - Nice 1927). Formée à la danse classique, elle en rejeta rapidement les contraintes. Se référant à la danse grecque antique, vêtue d'une simple tunique, les pieds nus, elle évoluait sur des musiques qui n'avaient pas été composées pour la danse (Gluck, Schubert, Chopin, etc.). Elle se produisit en Europe, en Russie, en Allemagne, et fonda plusieurs écoles. Sa « danse libre » est en partie à l'origine de la danse moderne. Elle a laissé différents écrits et une autobiographie, *My Life,* publiée en 1928.

DUNCANNON (John William PONSONBY, vicomte), 4e comte **de Bessborough,** homme politique britannique (1781 - Dublin 1847). « Leader » du parti whig aux Communes (1805-1834), il fut ministre de l'Intérieur (1834-35) et lord-lieutenant d'Irlande (1846-47).

DUNCANSBY *(cap),* pointe septentrionale de la Grande-Bretagne, à l'extrémité nord-est de l'Écosse.

DUNDALK, en gaél. **Dún Dealgan,** port de la République d'Irlande, au N. de Dublin ; 21 700 hab. Centre industriel.

DUNDAS (Henry), 1er vicomte **Melville,** homme politique britannique (Édimbourg 1742 - *id.* 1811). Député whig (1774), il s'attacha au second Pitt, et prit parti en faveur de l'émancipation des catholiques dans le cadre de l'union anglo-irlandaise. Il fut ministre de l'Intérieur (1791-1794), ministre de la Guerre (1794-1801), puis Premier lord de l'Amirauté (1804-05).

DUNDEE [dœndi] n. m. (de *Dundee,* n. pr.). Bateau de pêche et de cabotage à deux mâts.

DUNDEE, port de Grande-Bretagne, en Écosse, sur l'estuaire du Tay, ch.-l. de la région de Tayside ; 175 000 hab. Église Ste-Marie, avec tour du XVe s. Musées. Alimentation. Électronique. Matériel de forage en mer.

DUNE n. f. (moyen néerl. *dune*). Colline constituée par un amas de sable accumulé par le vent. ENCYCL. Les dunes, outre le sable et le vent, exigent pour se former l'absence ou la rareté de la végétation (qui retiendrait le sable ou gênerait l'action du vent), ce qui explique leur localisation dans les régions arides et sur les littoraux. Elles peuvent avoir de quelques décimètres à plusieurs dizaines de mètres de hauteur, une longueur variant du mètre à la dizaine de kilomètres (dans les ergs).

Dunes *(bataille des)* [14 juin 1658], bataille qui se déroula dans les dunes, entre Nieuport et Dunkerque, et au cours de laquelle Turenne battit l'armée espagnole commandée par don Juan d'Autriche et Condé.

DUNEDIN, v. de Nouvelle-Zélande, sur la côte sud-est de l'île du Sud ; 113 000 hab. Elle fut fondée en 1848 par des Écossais presbytériens. Université. Petit centre industriel.

DUNETTE n. f. (de *dune*). Superstructure, placée à l'extrémité arrière du navire, s'étendant d'un bord à l'autre et complètement fermée. (Sur les bâtiments de commerce modernes, elle s'étend du bloc passerelle à l'arrière et abrite l'ensemble des logements.)

DUNFERMLINE, v. de Grande-Bretagne, dans le centre de l'Écosse, au N. de l'estuaire du Forth ; 52 000 hab. Anc. résidence des rois d'Écosse.

DUNG [dɔ̃g] n. m. Au Tibet, conque qui sert à rassembler, aux heures fixées pour les offices, les moines des monastères.

DUNHAM (Dows), archéologue américain (Irvington, État de New York, 1890 - Boston 1984). Conservateur du département des Antiquités égyptiennes du musée de Boston, il a fouillé les tombes royales du pays de Koush au Soudan (*Royal Cemeteries of Kush,* 1950-1963).

DUNHAM (Katherine), danseuse et chorégraphe américaine (Joliet, près de Chicago, 1910). Ethnologue, elle s'est consacrée à l'étude des danses des Noirs et des peuples d'Amérique latine qu'elle a présentées au public avec sa propre troupe (la *Rhapsodie caraïbe, Shango, Batucada*).

DUNHUANG ou **TOUEN-HOUANG,** v. de Chine, dans l'ouest du Gansu, aux confins du désert de Gobi.
– **Archéol.** Située au point d'aboutissement des routes de la soie, Dunhuang fut, dès le IIIe s., un poste frontière et un marché. En 366, à 30 km de Dunhuang, était fondé le Qianfo dong (grottes des Mille Bouddhas), monastère bouddhique rupestre. Il comprend 486 grottes ornées de peintures murales et de reliefs en terre séchée (Ve - Xe s.). Murées dans une grotte depuis le XIe s., la bibliothèque et les bannières votives (musée Guimet et B.N.F. à Paris, British Museum) ont été découvertes en 1900. L'ensemble, où se mêlent les influences de l'Inde, de l'Asie centrale et de la Chine, présente un intérêt considérable.

DUNI (Egidio Romualdo), compositeur italien (Matera 1709 - Paris 1775). Directeur de la Comédie-Italienne (1761) à Paris, il contribua à établir le genre de l'opéra-comique français, non exempt d'italianisme (*Ninette à la Cour,* 1755).

DUNIÈRES (43220), comm. de la Haute-Loire, dans le nord-est du Velay ; 3 045 hab. *(Duniérois).* Église romane et restes de deux châteaux.

DUNITE n. f. (de *Dun Mountains,* n. pr.). Péridotite contenant plus de 90 % d'olivine.

DUNKERQUE, ch.-l. d'arrond. du Nord, sur la mer du Nord ; 71 071 hab. *(Dunkerquois).*
– **Géogr.** Dunkerque est le troisième port français de marchandises, avec un trafic annuel de l'ordre de 40 Mt (importations de minerai de fer et de charbon) qui alimente largement l'industrie d'une agglomération de près de 200 000 habitants, dominée par la sidérurgie, le raffinage du pétrole et la pétrochimie, la métallurgie lourde, la cimenterie, l'alimentation (huilerie).
– **Hist.** Sans doute fondée par saint Éloi, Dunkerque (Düne-Kerke, « Église des dunes ») devint une place importante sous les dominations bourguignonne puis espagnole. Au XVIe s., la ville était le seul port permettant la communication entre l'Espagne et les Pays-Bas espagnols. Après son achat par Louis XIV en 1662, Dunkerque fut fortifiée par Vauban, et ses corsaires, notamment Jean Bart, continuèrent à ravager le commerce anglais. Elle fut désarmée en vertu du traité d'Utrecht (1713). Les franchises octroyées par Louis XIV lui permirent de connaître une grande prospérité au XVIIIe s. Pendant la Première Guerre mondiale, la ville servit de base aux bâtiments alliés. Du 29 mai au 4 juin 1940, les bombardements incessants des « stukas » et la pression des forces allemandes décidèrent, au prix de lourdes pertes, du réembarquement de 234 000 Anglais et de 110 000 Français pour l'Angleterre. Au cours de l'avance alliée de 1944, la garnison allemande de Dunkerque, isolée, se maintint dans la ville jusqu'au 8 mai 1945.
– **Bx-arts.** Musée des Beaux-Arts (peintures flamandes et hollandaises), musée d'Art contemporain et musée portuaire.

Dunkerque, nom du premier navire de ligne de la série *Strasbourg, Richelieu* et *Jean-Bart* (ces deux derniers restés à l'état de projet). Mis en service en 1935, il fut endommagé à Mers el-Kébir (3 juill. 1940) et se saborda à Toulon (27 nov. 1942).

Dunkerque-Valenciennes *(canal),* liaison fluviale à grand gabarit du nord de la France, longue de 170 km. C'est la principale artère navigable de la région, sur laquelle s'embranche, notamment, le canal du Nord.

DUNKERQUIEN n. m. (de *Dunkerque,* n. pr.). Dernier étage marin de la série stratigraphique, qui se situe au début de l'ère chrétienne.

DUN LAOGHAIRE, en gaél. **Leary's Fort,** anc. **Kingstown,** v. de la République d'Irlande, sur la baie de Dublin ; 55 000 hab. Station balnéaire et port de voyageurs et de plaisance.

DUN-LE-PALESTEL (23800), ch.-l. de cant. du nord-ouest de la Creuse ; 1 218 hab. *(Dunois).*

DUNLOP (John Boyd), vétérinaire et inventeur écossais (Dreghorn, comté de Ayr, 1840 - Dublin 1921). En 1887, pour amortir les vibrations des roues du tricycle de son fils, il imagina la chambre à air faite d'un tube en caoutchouc, qu'il gonfla avec une pompe et qu'il enferma dans une enveloppe de toile, réalisant ainsi le premier pneumatique. Il fonda en 1888 l'entreprise portant son nom, qui devint l'un des plus importants producteurs mondiaux de pneumatiques.

Dunod, maison d'édition française fondée à Paris par Jean-Louis Geury en 1791 et reprise par Charles Dunod en 1860. Elle a été rachetée en 1972 par les éditions Bordas. Elle fait aujourd'hui partie de C.E.P. Communication.

DUNOIS, E adj. et n. De Châteaudun.

DUNOIS (lat. *Pagus Dunensis*), anc. pays de France (cap. *Châteaudun*). Formant un comté au Xe s., il fut acquis par Louis Ier d'Orléans (1391) et passa aux mains du fils naturel de ce dernier, Jean, qui devint comte de Dunois (1439).

DUNOIS (Jean D'ORLÉANS, comte DE), dit **le Bâtard d'Orléans** (Paris 1403 - L'Hay, près de Bourg-la-Reine, 1468), fils naturel de Louis Ier, duc d'Orléans. Au service du dauphin Charles (futur Charles VII) qui le nomma conseiller et grand chambellan (1424), il combattit aux côtés de Jeanne d'Arc à Orléans, Jargeau et Patay (1429). Il participa à la reconquête de la Normandie et de la Guyenne par Charles VII.

DUNOYER DE SEGONZAC (André), peintre français (Boussy-Saint-Antoine 1884 - Clichy 1974). Marqué par Courbet et Cézanne, il a pratiqué un réalisme puissant et structuré, aux pâtes épaisses. Mais le meilleur de son œuvre, consacrée surtout au paysage et à la figure humaine, est constitué d'aquarelles, de dessins et de gravures (notamment pour l'illustration de livres : *les Géorgiques* de Virgile, 1947) d'un métier et d'une sensibilité très maîtrisés.

DUNS SCOT (John), philosophe et théologien écossais (Maxton, Écosse, 1266 - Cologne 1308). Devenu franciscain, il enseigna à Oxford, Paris et Cologne. Sa pensée fut marquée par saint Augustin. Combattant à la fois saint Thomas et Averroès, il propose une philosophie qui met en avant l'idée de l'essence, qu'il conçoit comme indifférente à la distinction entre particulier et universel, sans tomber dans une hérésie panthéiste : cette distinction existe bien, mais elle est « formelle » en ce sens qu'elle relève des catégories de la connaissance humaine comme telle. C'est la capacité de l'esprit humain de pouvoir dire d'un être « il est ceci ». La morale de Duns Scot est également profondément originale : il considère la liberté humaine comme une liberté divine, de même nature, même si elle est infiniment plus faible.

DUNSTABLE, v. de Grande-Bretagne, au N.-N.-O. de Londres ; 32 000 hab. Industrie automobile.

DUNSTABLE (John), compositeur, astronome et mathématicien anglais (v. 1385-Londres 1453). Il fut l'instigateur de l'Ars nova en Angleterre. Sa production est avant tout religieuse : motets, hymnes, antiennes, messes.

DUNSTAN *(saint),* archevêque de Canterbury (près de Glastonbury 924 - Canterbury 988). Il réforma le monachisme anglais et devint archevêque de Canterbury en 959.

DUN-SUR-AURON (18130), ch.-l. de cant. du Cher, sur le canal du Berry ; 4 302 hab. Église romane. Confection. Laiterie. Hôpital psychiatrique.

DUN-SUR-MEUSE (55110), ch.-l. de cant. de la Meuse, à l'O. de la Woëvre ; 821 hab. *(Dunois).* Église Notre-Dame, des XIVe-XVe s. Cimetière allemand.

DUO n. m. (lat. *duo,* deux). **1.** Composition musicale écrite pour deux exécutants. — **2.** Dialogue entre deux personnes ; propos échangés simultanément. — **3.** Ensemble de deux êtres étroitement liés ; couple : *Former un duo tragique.* — **4.** Laminoir à deux cylindres.

DUODÉCIMAIN, E adj. (lat. *duodecimus,* douzième). Se dit d'une secte chī'ite qui reconnaît douze imāms dont le dernier (l'imām Caché) disparut en 874. (Le chī'isme duodécimain est la religion nationale de l'Iran.)

DUODÉCIMAL, E, AUX adj. (lat. *duodecimus*). Se dit du système de numération de position de base 12.

DUODÉNAL, E, AUX adj. **1.** Relatif au duodénum. — **2.** *Bulbe duodénal,* la première portion élargie du duodénum.

DUODÉNECTOMIE n. f. Ablation chirurgicale, le plus souvent partielle, du duodénum.

DUODÉNITE n. f. Inflammation du duodénum.

DUODÉNO-GASTRECTOMIE n. f. (pl. *duodéno-gastrectomies.*) Ablation chirurgicale de la première portion du duodénum et de la partie inférieure de l'estomac dans la cure de l'ulcère gastro-duodénal.

DUODÉNO-JÉJUNOSTOMIE n. f. (pl. *duodéno-jéjunostomies*). Abouchement entre le duodénum et le jéjunum.

DUODÉNOSTOMIE n. f. Abouchement du duodénum à la peau.

DUODÉNOTOMIE n. f. Incision du duodénum.

DUODÉNUM [-nɔm] n. m. (lat. *duodenum digitorum,* de douze doigts). Portion initiale de l'intestin grêle.

ENCYCL. Le duodénum commence au pylore et se termine à l'angle duodéno-jéjunal ; sa longueur moyenne est de 25 cm. Il est enroulé en forme d'anneau autour de la tête du pancréas et se distingue du reste de l'intestin grêle par sa fixité. La première partie du duodénum, élargie, est appelée bulbe duodénal. La face interne de la deuxième portion, descendante, présente deux saillies coniques : la petite caroncule, en haut, où vient s'aboucher le canal de Santorini ; la grande caroncule, creusée d'une cavité appelée « ampoule de Vater », où viennent déboucher le canal cholédoque et le canal de Wirsung, par un ou deux orifices. Le duodénum est souvent le siège d'ulcères.

DUODI n. m. (lat. *duo,* deux, et *dies,* jour). Deuxième jour de la décade, dans le calendrier républicain.

DUONG VAN MINH, général et homme d'État vietnamien (My Tho 1916). Il renversa le régime de Ngô Dinh Diêm en nov. 1965 et devint chef de l'État. Limogé, mis à la retraite, il s'exila. Lors de l'offensive communiste du printemps 1975, il fut, pendant deux jours, le dernier président du Viêt-nam du Sud : le 30 avr. 1975, il signa la reddition de Saigon.

DUOPOLE n. m. (gr. *duo,* deux, et *-pole 2*). Situation d'un marché sur lequel la concurrence s'exerce entre deux vendeurs et une multitude d'acheteurs.

DUPANLOUP (Félix), prélat français (Saint-Félix, près de Chambéry, 1802 - château de Lacombe, Savoie, 1878). Catéchiste renommé, directeur du petit séminaire de Saint-Nicolas-du-Chardonnet, animateur de la lutte pour la liberté de l'enseignement, il inspira fortement la loi scolaire du 15 mars 1850, dite « loi Falloux ». Évêque d'Orléans en 1849, il se posa à la fois comme le chef de file du catholicisme libéral et comme l'adversaire le plus décidé des idéologies modernes et de l'« athéisme social ». Cependant, adversaire, lors du premier concile du Vatican (1870), de l'opportunité de la définition de l'infaillibilité pontificale, il se fit beaucoup d'ennemis parmi les catholiques intransigeants. Député à l'Assemblée nationale (1871), il fit voter la loi sur la liberté de l'enseignement supérieur (12 juill. 1875). Il devint sénateur inamovible en 1876. (Acad. fr., 1854.)

DU PARC (René BERTHELOT, sieur), dit **Gros-René,** comédien français († Paris 1664), membre de la troupe de Molière (1643-1664). — Sa femme THÉRÈSE **de Gorle,** dite *la Du Parc* (Paris 1633 - *id.* 1668), fit partie également de la troupe de Molière puis passa à l'Hôtel de Bourgogne, où elle créa *Andromaque* (1667). Elle mourut d'un mal mystérieux qui fit accuser Racine, son amant, d'empoisonnement.

DUPARC (Henri **Fouques-**), compositeur français (Paris 1848 - Mont-de-Marsan 1933). Tour à tour influencées par le lied, la ballade allemande ou la romance française, ses 17 mélodies, sur des poèmes notamment de Baudelaire (*l'Invitation au voyage,* 1870 ; *la Vie antérieure,* 1884), de Leconte de Lisle (*Phidylé,* 1882) ou de Fr. Coppée (*la Vague et la cloche,* 1871), sont des chefs-d'œuvre.

DU PARQUET (Jacques DIEL), colonisateur français (Cailleville, Seine-Maritime ?, 1601 - Saint-Pierre, Martinique, 1658), neveu de Pierre Belain d'Esnambuc. Gouverneur de la Martinique de 1637 à 1658, il acquit, après la dissolution de la Compagnie des îles d'Amérique, la Martinique ainsi que Sainte-Lucie, la Grenade et les Grenadines (1651).

DUPE n. f. (de *huppe,* en raison de l'aspect stupide de cet oiseau). **1.** Personne trompée, ou facile à tromper : *Être la dupe d'un escroc.*— **2.** *Jeu, marché de dupe(s),* situation, accord, contrat où qqn est trompé.

◆ adj. *Être dupe de,* être trompé par qqn, qqch, ne pas s'apercevoir d'une supercherie : *Être dupe d'un beau parleur.* ‖ *Ne pas être dupe,* ne pas se laisser tromper ; savoir exactement ce qu'il en est : *Je ne suis pas dupe de ses manœuvres.*

Dupes (*journée des*) [10 nov. 1630], journée au cours de laquelle les dévots, groupés autour de Michel de Marillac et de Marie de Médicis, crurent avoir obtenu de Louis XIII la disgrâce de Richelieu. À l'issue de cette journée, Louis XIII renouvela sa confiance à Richelieu et anéantit le parti dévot en exilant Michel de Marillac.

DUPER v. t. (conj. 3). Faire prendre à qqn le faux pour le vrai ; tromper, abuser, mystifier : *Ses escroqueries ont dupé bien des naïfs.*

DUPÉRAC (Étienne), peintre, graveur et architecte français (Bordeaux ? v. 1540 - Paris 1604). Il a étudié en Italie, a publié les recueils de gravures *Vestiges de l'Antiquité à Rome* (1575) et *Vues perspectives des jardins de Tivoli,* et a travaillé au château de Fontainebleau.

DUPERIE n. f. *Litt.* Action de duper, de flouer ; tromperie ; fait d'être trompé, mystifié : *Cette promesse est une duperie.*

DUPERRÉ (Victor Guy, *baron*), amiral et pair de France (La Rochelle 1775 - Paris 1846). Préfet maritime de Toulon lors des Cent-Jours, il assura le blocus de Cadix en 1823 et fut promu vice-amiral. En 1830, il reçut le commandement de l'expédition d'Alger et prit la responsabilité du débarquement de Sidi-Ferruch. Il fut trois fois ministre de la Marine de 1834 à 1843.

DUPERREY (Louis Isidore), marin et hydrographe français (Paris 1786 - *id.* 1865). Il accompagna Freycinet dans son voyage autour du monde (1817 - 1820), et réalisa d'importants relevés hydrographiques en Océanie (1822 - 1825).

DU PERRON (Jacques DAVY), prélat, homme d'État et écrivain français (Saint-Lô ou dans le canton de Berne 1556 - Paris 1618). Évêque d'Évreux (1591), premier aumônier d'Henri IV et conseiller d'État (1594), il obtint du pape Clément VIII l'absolution du roi (1595). Cardinal (1604) puis archevêque de Sens (1606), il fut membre du Conseil de régence (1610). Son œuvre littéraire (conférences, discours, traités de controverse, poésies, correspondance diplomatique) a été publiée en 1622 et 1623.

DUPETIT-THOUARS (Aristide AUBERT), marin français (château de Boumois, près de Saumur, 1760 - Aboukir 1798). Lors de la bataille d'Aboukir (1er août 1798), il tenta, sans résultat, de convaincre Brueys d'appareiller ; il périt à bord du *Tonnant,* dont il avait reçu le commandement.— Son neveu ABEL **Aubert** (La Fessardière, près de Saumur, 1793 - Paris 1864), amiral, joua un rôle décisif dans la préparation de l'expédition d'Alger (1830) et effectua un voyage autour du monde (1837 - 1839) sur la frégate *Vénus.* Contre-amiral (1841), il se heurta, à Tahiti, au missionnaire anglais Pritchard, qu'il expulsa, et occupa l'île (1842).

DUPEUR,EUSE n. *Litt.* Personne qui dupe ; trompeur, mystificateur.

DUPEYROUX (Jean - Jacques), juriste français (Montpellier 1929). Spécialiste du droit de la Sécurité sociale, il dirige la revue *Droit social.*

DU PHLY (Jacques), claveciniste et compositeur français (Rouen 1715 - Paris 1789). Il fut organiste de Notre-Dame-de-la-Ronde à Paris (1740). Il publia quatre livres de pièces de clavecin (1744 - 1768).

DUPIN (André Marie), dit **Dupin aîné**, homme politique français (Varzy, Nièvre, 1783 - Paris 1865). Avocat, député de la Sarthe (1827), il rallia l'orléanisme conservateur et présida la chambre de 1832 à 1840. Président de l'Assemblée législative (1849), il devint sénateur (1857). Il publia de nombreux ouvrages de droit. (Acad. fr., 1832.)

DUPIN (*baron* Charles), économiste, mathématicien et homme politique français (Varzy 1784 - Paris 1873), frère du précédent. Ministre de la Marine (1834), il fit partie, en 1848, de la Constituante, puis de la Législative, avant d'être nommé sénateur en 1852. En mathématiques, il fut constamment à la recherche d'applications concrètes de la géométrie. Il est à l'origine de la création des services statistiques français. (Acad. des sc., 1818.)

DUPIN DE CHENONCEAUX (Claude), financier et économiste français (Châteauroux v. 1680 - Paris 1769). Fermier général (1726), il acquit en 1733 le château de Chenonceaux, où il tint une cour brillante avec sa femme Louise Marie Fontaine (1706 - 1799), fille naturelle de Samuel Bernard.

DUPLEIX (Scipion), philosophe français (Courrensan, Gers, 1569 - Condom 1661). Secrétaire de Marguerite de Valois, venu à Paris, il se mit au service de Richelieu. Son ouvrage le plus important est *la Logique ou Art de discourir ou raisonner* (1600), première grande référence de la logique française avant la *logique de Port-Royal.* Il s'est également intéressé à la langue française (*Liberté de la langue française dans sa pureté,* 1651).

DUPLEIX (Joseph François), administrateur colonial français (Landrecies 1696 - Paris 1763). Gouverneur de Chandernagor (1731) puis gouverneur général des établissements français dans l'Inde (1742), il profita de la rivalité franco-anglaise en Europe (guerre de la Succession d'Autriche) pour s'emparer de Madras avec l'aide de La Bourdonnais (1746) puis défendit victorieusement Pondichéry assiégé par Boscawen (1748). Mais le traité d'Aix-la-Chapelle (1748) permit aux anglais de récupérer Madras. À la faveur de la décomposition de l'Empire moghol, il entreprit alors de créer en Inde un « empire » pour la France. Ayant aidé ses alliés Canda Sāhib, prétendant au trône du Carnatic, et Muẓaffar Jang, candidat à la succession du niẓām d'Hyderābād, à triompher de leurs rivaux (1749-50), il soumit à l'influence française le Carnatic et les six provinces du Deccan et obtint des avantages commerciaux. Mais les victoires des Anglais dirigés par Clive (1751-52) permirent de substituer dans le Carnatic l'influence britannique à celle de la France et provoquèrent son rappel à Paris (1754), auquel contribua la Compagnie française des Indes, hostile à sa politique.

DUPLESSIS (Jean), seigneur **d'Ossonville** († la Guadeloupe 1635). Associé à Léonard de L'Olive, il entama la colonisation de la Guadeloupe (1635).

DUPLESSIS (Jean-Claude CHAMBELLAN, dit), orfèvre, bronzier et dessinateur de porcelaines français (Turin ? v. 1690/1695 - Paris 1774). Il pratiqua d'abord l'orfèvrerie à Turin. De 1745 env. à 1773, il dirigea l'atelier des modèles des manufactures de porcelaine de Vincennes, puis de Sèvres. Bronzier, il a modelé les bronzes du bureau à cylindre de Louis XV à Versailles, œuvre d'Œben et Riesener.

DUPLESSIS (Joseph Siffred), peintre français (Carpentras 1725 - Versailles 1802). Après ses études à Rome, il s'installa à Paris (1752). Reçu à l'Académie en 1774, il devint un des portraitistes en vogue de la Cour (*Necker,* coll. priv.) et des célébrités de l'époque (*Gluck,* 1775, Vienne). Il fut nommé conservateur des galeries du palais de Versailles en 1796.

DUPLESSIS (Maurice LE NOBLET), homme politique canadien (Trois-Rivières 1890-Schefferville 1959). Leader du parti conservateur (1933), fondateur du parti de l'Union nationale (1935), il fut Premier ministre du Québec (1936-1939, 1944-1959).

DUPLESSIS-BERTAUX (Jean), dessinateur et graveur français (Paris 1747 - *id.* 1819). Ses eaux-fortes illustrent de nombreux recueils publiés à la fin du XVIIIe s. (*Voyage à Naples et en Sicile* de l'abbé de Saint-Non, *Tableaux historiques de la Révolution française* de Prieur, etc.).

DU PLESSIS DE GRÉNÉDAN (Jean), officier de marine français (Rennes 1892 - en mer 1923). Lieutenant de vaisseau en 1918, il fut chargé de réceptionner le *Zeppelin 472,* livré par les Allemands après l'armistice. En rentrant d'une mission au Sahara, le zeppelin, baptisé *Dixmude,* fut frappé par la foudre et s'engloutit en Méditerranée avec tout son équipage.

DUPLESSIS-MORNAY (Philippe) → MORNAY (Philippe de).

DUPLEX adj. inv. (lat. *duplex,* double). **1.** Se dit, en télécommunication, d'une transmission entre deux points, qui fonctionne dans les deux sens simultanément. – **2.** Se dit d'un procédé de coulée permettant d'obtenir un lingot double, dont les deux parties n'ont pas la même composition ; se dit du métal ainsi obtenu. (Le procédé est utilisé pour faire des pièces de charrue, des matrices, des cisailles, etc.) – **3.** Se dit d'un papier ou d'un carton constitué de deux couches fibreuses unies entre elles à l'état humide, sans adhésif, en cours de fabrication.
◆ n. m. **1.** Appartement distribué sur deux niveaux réunis par un escalier intérieur. – **2.** Liaison, transmission simultanée à partir de deux points différents.

DUPLEXAGE n. m. (de *duplex*). Opération qui permet la transmission en duplex.

DUPLEXER v. t. (de *duplex*) [conj. **4**]. Réaliser un duplexage.

DUPLEXEUR n. m. Dispositif permettant l'utilisation d'une même antenne simultanément pour l'émission et la réception.

DUPLICATA n. m. (pl. *duplicatas* ou *duplicata*) [lat. médiév. *duplicata littera,* lettre redoublée]. **1.** Double, copie de l'original d'une facture, d'un compte, d'un document quelconque. – **2.** Réplique, à un ou plusieurs exemplaires, d'un élément imprimant de base (cliché typographique, film pour l'offset ou pour l'héliogravure).

DUPLICATE [dypliket] n. m. (angl. *duplicate bridge,* bridge de tournoi). Forme de tournoi (bridge, Scrabble, etc.) dans lequel on fait jouer les mêmes donnes à tous les concurrents, de manière à établir un classement de ceux qui auront tiré le meilleur parti de ces donnes.

DUPLICATEUR n. m. (bas lat. *duplicator*). Machine de bureau permettant d'obtenir, par l'intermédiaire d'un cliché, des copies d'un document. (On distingue les duplicateurs hectographiques [ou à alcool], dans lesquels le cliché est constitué d'une feuille de papier couché, qui, par contact, reporte le texte sur les feuilles de tirage ; les duplicateurs à stencil, dans lesquels le cliché s'assimile à un pochoir ; et les duplicateurs offset de bureau, qui sont des machines offset simplifiées.)

DUPLICATION n. f. (bas lat. *duplicatio, -onis*). **1.** Opération consistant à établir des copies sur un duplicateur. – **2.** Variation structurale d'un chromosome, caractérisée par la présence en double exemplaire d'un segment de chromosome dans un stock haploïde. (→ *encycl.*) – **3.** Réalisation d'enregistrements audio ou vidéo semblables à un original sur des supports de même nature. – **4.** *Duplication de l'A. D. N.,* division d'une molécule d'acide désoxyribonucléique en deux molécules filles identiques. ‖ *Duplication du cube,* détermination de la longueur du côté d'un cube de volume double de celui d'un cube donné.

ENCYCL. **Biol.** *Duplication chromosomique.* Lorsqu'un chromosome se rompt en un point, le fragment brisé peut se rattacher à l'homologue du chromosome dont il provient ; cet homologue possède en double les gènes inclus dans le fragment : c'est une duplication. Les duplications de courts segments chromosomiques correspondant à des gènes individuels ont joué un rôle très important dans l'évolution des espèces. Les différents gènes responsables des différents polypeptides des hémoglobines normales résultent de duplications successives, au cours des siècles, d'un gène ancestral, suivies par des remaniements ou mutations à l'intérieur de ces gènes.

Duplice, alliance conclue à Vienne, le 7 oct. 1879, par l'Autriche-Hongrie et l'Allemagne. Œuvre de Bismarck, le traité prévoyait une défense commune en cas d'attaque par la Russie, et la neutralité bienveillante de l'Autriche en cas d'attaque de l'Allemagne par la France.

DUPLICIDENTÉ n. m. (lat. *duplex, -icis,* double, et *dens, -entis,* dent). Nom donné autref. aux lagomorphes, lorsqu'on les classait parmi les rongeurs.

DUPLICITÉ n. f. (bas lat. *duplicitas, -atis,* de *duplex,* double). **1.** Caractère de qqn qui ne se montre pas tel qu'il est, qui présente intentionnellement une apparence différente de ce qu'il est réellement ; fausseté : *Toute sa défense n'est que duplicité.* – **2.** *Duplicité urétérale,* anomalie congénitale des voies urinaires, caractérisée par la présence, uni- ou bilatérale, de deux uretères, naissant d'un même rein et s'abouchant séparément sur la vessie.

DUPLIQUER v. t. (lat. *duplicare*) [conj. **3**]. Faire un duplicata d'un document.

DUPLOYÉ (*abbé* Émile), ecclésiastique français (Notre-Dame-de-Liesse, Aisne, 1833 - Saint-Maur-des-Fossés 1912). Il imagina un système ingénieux d'écriture sténographique qui eut un très grand succès.

DUPOND (Patrick), danseur français (Paris 1959). Médaille d'or au concours international de Varna (1976), il a créé la version de *Daphnis et Chloé* (de John Neumeier, 1972), *le Fantôme de l'Opéra* (de Roland Petit, 1980), *Vaslav* (de J. Neumeier, 1980). Il a été danseur étoile à l'Opéra de Paris (1980-1986). Directeur artistique (1988-1990) du Ballet de Nancy, il est directeur de la danse à l'Opéra de Paris de 1990 à 1995.

DUPONG (Pierre), homme politique luxembourgeois (Heisdorf-Steinsel 1885 - Luxembourg 1953). Premier ministre en 1937, il présida, pendant l'occupation par les Allemands, un gouvernement provisoire au Canada. Il fut président du Conseil et chef du parti social-chrétien de 1944 à 1953.

DUPONT de Nemours (Pierre Samuel), économiste et homme politique français (Paris 1739 - Eleutherian Mills, près de Wilmington, Delaware, 1817). Disciple de Quesnay, collaborateur de Turgot (1774), de Vergennes, de Calonne, il fut élu député du tiers état en 1789 par le bailliage de Nemours. Il inspira les principales réformes financières de 1780 à 1791. Royaliste, il fut emprisonné après l'arrestation du roi. Libéré en thermidor, il fut élu au Conseil des Anciens par le Loiret, puis partit pour les États-Unis, où il collabora avec le président Jefferson. Rentré en France en 1803, il retourna aux États-Unis pendant les Cent-Jours.

DUPONT de l'Étang (Pierre, *comte*), général français (Chabanais 1765 - Paris 1840). Général de brigade (1795), directeur du cabinet topographique du Directoire (1797), il se distingua notamment à Marengo (1800) et à Pozzolo. Destitué après la capitulation de Bailén, il fut réhabilité par Louis XVIII qui le nomma ministre de la Guerre en 1814.

DUPONT de l'Eure (Jacques Charles), homme politique français (Le Neubourg, Eure, 1767 - Rouge-Perriers, Eure, 1855). Député de l'Eure au Conseil des Cinq-Cents (1795), il devint membre du Corps législatif (1813) puis vice-président de la Chambre des députés (1814). Garde des Sceaux et ministre de la Justice (1830), il rejoignit l'opposition et devint président du Gouvernement provisoire (1848).

DUPONT des Loges (Paul), prélat français (Rennes 1804 - Metz 1886). Après l'annexion de l'Alsace et de la Lorraine, il fut député au Reichstag (1874-1877) où il défendit la cause française.

DUPONT (Pierre), poète et chansonnier français (Lyon 1821 - *id.* 1870). Socialiste, il est l'auteur de nombreuses chansons populaires et militantes.

DU PONT DE NEMOURS (Éleuthère Irénée), chimiste français (Paris 1771 - Philadelphie 1834), fils de l'économiste Pierre Samuel Dupont de Nemours. Après avoir émigré aux États-Unis, il fonda en 1802 une poudrerie qui est à l'origine de la firme *Du Pont de Nemours.*

Du Pont de Nemours, société américaine de produits chimiques, la première des États-Unis et l'une des plus importantes entreprises mondiales, créée en 1802 près de Wilmington (Delaware). Le groupe exploite aujourd'hui plus de 100 usines aux États-Unis, auxquelles s'ajoutent des filiales réparties dans de très nombreux pays, ainsi qu'une centaine de laboratoires de recherches. La production, outre les produits chimiques, les matières plastiques, les films, les fibres synthétiques, la pharmacie, s'est diversifiée également vers l'électronique, l'exploitation du gaz et du pétrole.

DUPONT-SOMMER (André), orientaliste français (Marnes-la-Coquette 1900 - Paris 1983). Il fut président de l'Institut d'études sémitiques de l'université de Paris et professeur au Collège de France (1963-1971). Comptant parmi les plus grands paléographes et épigraphistes contemporains, il fut l'un des premiers à déchiffrer et commenter les manuscrits de la mer Morte.

DUPONT-WHITE (Charles Brook), économiste français (Rouen 1807 - Paris 1878). Il réclama l'intervention de l'État et préconisa l'organisation de l'assistance publique, de l'instruction populaire et de l'assurance contre les crises.

DUPORT (Jean-Louis), violoncelliste et compositeur français (Paris 1749 - *id.* 1819). Soliste de la Chapelle de Napoléon Ier, professeur au Conservatoire, enfin musicien de Louis XVIII, il est le créateur de la technique moderne du violoncelle.

DU PORT ou **DUPORT** (Adrien Jean François), homme politique français (Paris 1759 - Appenzell, Suisse, 1798). Député de la noblesse de Paris aux États généraux, il se joignit au tiers état dès juin 1789 et forma avec Barnave et Lameth un triumvirat libéral. Opposé à la déchéance du roi, il se sépara des Jacobins et adhéra au club des Feuillants (1791). Il s'exila en Suisse après le coup d'État du 18 fructidor an V (4 sept. 1797).

DUPORT-DUTERTRE (Louis François), homme politique français (Paris 1754 - *id.* 1793). Substitut du procureur-syndic de la Commune de Paris (1789), ministre de la Justice (1790-1792), il fut décrété d'accusation après le 10-Août, condamné à mort et guillotiné (1793).

DUPOUY (Gaston), physicien français (Marmande 1900 - Toulouse 1985), auteur de travaux sur la radioactivité et l'optique électronique. (Acad. des sc., 1950.)

DÜPPEL, nom allemand de la localité danoise de Dybbøl. Les lignes fortifiées de Düppel furent l'enjeu de combats entre Danois et Allemands, en 1848 et 1849, puis en 1864 où les Prussiens de Frédéric-Charles enlevèrent la position le 18 avr. (→ *guerre des* DUCHÉS.)

DUPPION → DOUPION.

DUPRAT (Antoine), prélat et homme d'État français (Issoire 1463 - Nantouillet 1535). Premier président au parlement de Paris (1508), chancelier de France (1515-1535), il renforça le pouvoir royal en négociant le concordat de Bologne (1516) qu'il fit enregistrer par le parlement (1518) dont il annihila les prétentions politiques. Archevêque de Sens (1525), cardinal (1527), il devint légat du pape en 1530.

DUPRÉ (Guillaume), sculpteur et médailleur français (Sissonne v. 1574 - ? 1647). Il exécuta la statue primitive d'Henri IV sur le Pont-Neuf (le cavalier seulement), les types monétaires du règne de ce roi ainsi que de beaux portraits en médaille (Henri IV et Marie de Médicis, Pierre Jeannin, Louis XIII jeune, etc.).

DUPRÉ (Louis), danseur français (Rouen 1697 - 1774). Il remplaça Louis Pécourt, son maître, à l'Opéra de Paris. À partir de 1733, il créa tous les ballets de Rameau et fut pendant trente ans le plus grand interprète de chaconnes et de passacailles.

DUPRÉ (Augustin), médailleur français (Saint-Étienne 1748 - Armentières-en-Brie 1833). Graveur général des Monnaies de 1791 à 1803, il créa le type de l'*Hercule présidant à la réunion de la Liberté et de l'Égalité* (pièce de 5 francs de 1795).

DUPRÉ (Jules), peintre français (Nantes 1811 - L'Isle-Adam 1889). Ami de Th. Rousseau, admirateur des Hollandais, il découvrit Constable et Turner, en Angleterre, en 1834. Son romantisme (*Soleil couchant sur un marais,* Louvre) s'allie à un net préimpressionnisme dans ses marines de Cayeux-sur-Mer.

DUPRÉ (Marcel), organiste, compositeur et pédagogue français (Rouen 1886 - Meudon 1971). Prix de Rome en 1914, professeur d'orgue au Conservatoire de Paris (1926), organiste à Saint-Sulpice, il a publié des ouvrages didactiques dont une *Méthode d'orgue* (1927) et un *Cours complet d'improvisation à l'orgue* (1962). Il a écrit deux cahiers de trois *Préludes et Fugues* (1912, 1938), deux symphonies (*Symphonie-Passion,* 1924), un *Concerto* avec orchestre, 79 *Chorals* (1931), *le Chemin de la Croix* (1932). Il a revu une édition intégrale des œuvres d'orgue de J. S. Bach.

DUPUIS (Jean), voyageur français (Saint-Just-la-Pendue, Loire, 1829 - Monaco 1912). Fixé dès 1860 à Hankou, comme négociant, il tenta en vain d'obtenir l'appui du gouvernement français dans des démarches pour l'ouverture du fleuve Rouge aux navires européens (1872). Mais il fit intervenir le gouverneur général de la Cochinchine, M. J. Dupré, qui organisa une expédition contre Hanoi en 1873.

DUPUIT (Jules Juvénal), ingénieur et économiste français (Fossano, Piémont, 1804 - Paris 1866). On lui doit des contributions remarquables sur l'utilité et sa mesure, la courbe de demande, les équilibres économiques partiels, les possibilités des mathématiques en économie.

DUPUY (Charles), homme politique français (Le Puy 1851 - Ille-sur-Têt, Pyrénées-Orientales, 1923). Député républicain progressiste (1885) puis sénateur (1900), il forma un premier cabinet (1893). Président de la Chambre des députés (1893-94), il constitua un deuxième (mai 1894 - janv. 1895) puis un troisième cabinet (nov. 1898 -juin 1899), qui dut démissionner après la manifestation nationaliste d'Auteuil, pour laquelle il fut accusé de complicité.

DUPUY DE LÔME (Stanislas Henri Laurent), ingénieur de la marine française (Ploemeur 1816 - Paris 1885). Il construisit le premier vaisseau à vapeur, le *Napoléon* (1850), et la première frégate cuirassée, la *Gloire* (1858), qui servit de modèle à la marine du second Empire. En 1870, il parvint à faire sortir de Paris assiégé soixante aérostats. (Acad. des sc., 1866.)

DUPUYTREN (Guillaume, *baron*), chirurgien français (Pierre-Buffière, Haute-Vienne, 1777 - Paris 1835). Chirurgien de Louis XVIII (1823) puis de Charles X, créé baron, membre de l'Académie de médecine et de l'Institut, il est un des fondateurs de l'anatomie pathologique. Il réalisa de nombreuses interventions délicates.

Dupuytren *(fracture de),* variété de fracture du péroné, siégeant à 7 ou 8 cm de la pointe de la malléole, et s'accompagnant d'un arrachement de la malléole tibiale.

Dupuytren *(maladie de),* affection caractérisée par la rétraction de l'aponévrose palmaire superficielle, provoquant d'abord des nodules dans la paume de la main, ensuite une flexion irréductible des doigts.

Dupuytren *(musée),* musée situé à Paris, rue de l'École-de-Médecine, et installé dans une partie des bâtiments de l'ancien couvent des Cordeliers*. Outre une précieuse collection d'anatomie pathologique, on y trouve des documents concernant l'histologie et l'anthropologie, réunis par Broca.

DUQUE DE CAXIAS, v. du Brésil, dans le nord de l'agglomération de Rio de Janeiro ; 581 000 hab. Industrie chimique.

DUQUEL → LEQUEL.

DUQUESNE (Abraham, *marquis*), marin français (Dieppe 1610 - Paris 1688). Il participa à la guerre de Trente Ans, puis passa au service de la Suède et remporta plusieurs batailles navales contre les Danois. De retour en France, il fut envoyé en Méditerranée lors du soulèvement de Sicile contre les Espagnols (1675), et remporta les victoires de Stromboli, Augusta et Palerme. Il bombarda Alger (1682) et Gênes (1684). Calviniste convaincu, il refusa d'abjurer sa religion et ne put recevoir le bâton d'amiral.

DUQUESNOY, famille de sculpteurs des Pays-Bas du Sud (XVIIe s.). — JÉRÔME, dit *le Vieux* (Le Quesnoy ? av. 1570 - Bruxelles 1641), est l'auteur du *Manneken-Pis* de Bruxelles. — FRANÇOIS, dit *Francesco Fiammingo* (Bruxelles 1597 - Livourne 1643), s'installa à Rome en 1618. Artiste célèbre, il a sculpté des tombeaux, des bas-reliefs ainsi que deux statues monumentales de goût classique qui furent souvent copiées aux XVIIe et XVIIIe s. : *Sainte Suzanne* (1633, S. Maria di Loreto) et *Saint André* (1640, basilique St-Pierre). — JÉRÔME, dit *le Jeune* (Bruxelles 1602 - Gand 1654), frère du précédent, travailla en Italie, en Espagne, puis à Bruxelles et à Gand (mausolée de l'évêque Triest, cathédrale St-Bavon).

DUR, E adj. (lat. *durus*). **1.** Qui se laisse difficilement entamer, plier, tordre, couper, qui n'est pas tendre : *Le granit est une roche dure.* — **2.** Qui n'est pas souple, mou ; rigide : *Un lit dur.* — **3.** Qui demande un effort physique ou intellectuel ; difficile : *Le sommet est dur à atteindre.* — **4.** Désagréable par son caractère rude, sans nuances : *Voix dure.* — **5.** Pénible, difficile à supporter physiquement ou moralement : *Un climat dur. Subir de dures privations.* — **6.** Se dit d'un enfant qui est difficile à supporter, désobéissant. — **7.** Qui est sans indulgence, sans pitié, sans cœur ; sévère : *Un regard dur.* — **8.** Qui refuse toute conciliation, qui n'accepte pas les compromis, en partic. en matière politique ; intransigeant : *La partie la plus dure de l'organisation.* — **9.** Qui manque de souplesse, qui est très contraignant, rigoureux : *Les conditions de crédit sont de plus en plus dures.* — **10.** Qui offre une résistance morale à qqch : *C'est un homme dur à la fatigue.* — **11.** *Avoir le sommeil dur,* ne pas être facilement interrompu dans son sommeil par le bruit. ‖ *Avoir la tête dure,* avoir l'esprit peu ouvert ; être très têtu. ‖ *Avoir la vie dure,* bien résister à tout ce qui pourrait causer la mort ; durer, se perpétuer envers et contre tout. ‖ *Drogue dure,* drogue engendrant une dépendance physique et psychique. ‖ *En dire de dures,* adresser des reproches très vifs. ‖ *En faire voir de dures à qqn, en voir de dures,* infliger, supporter des épreuves pénibles. ‖ *Être dur d'oreille* (ou, pop., *de la feuille*), être un peu sourd. ‖ *Faire, mener la vie dure à qqn,* le rendre malheureux, le maltraiter, lui créer sans cesse des difficultés. ‖ *Œuf dur,* œuf bouilli dans sa coque jusqu'à ce que le jaune et le blanc soient devenus solides. ‖ *Pain dur,* pain devenu rassis. ‖ *Sciences dures,* nom parfois donné aux sciences exactes. ‖ *Les temps sont durs,* on est à une époque où la vie est difficile, pénible. ‖ *Vin dur, cidre dur,* vin, cidre au goût âpre. • **Arts décor.** *Pierre dure,* nom donné à toutes sortes de minéraux opaques ou translucides, de toutes couleurs et susceptibles d'un beau poli, avec lesquels on sculpte des objets d'art, on réalise des ouvrages de mosaïque ou d'incrustation. (La dénomination s'applique à tout un éventail allant des pierres fines à certains marbres.) — **Assain.** Se dit d'une eau contenant en solution une quantité importante de sels de calcium ou de magnésium. — **Bât.** *Pierre dure,* calcaire à forte densité (2 350 à 2 580 kg/m^3) et très résistant (entre 50 et 110 MPa), susceptible d'être poli. (Qualité intermédiaire entre *froide* et *ferme.*) — **Bois.** *Bois dur,* bois dense des feuillus, par oppos. à celui des conifères, tendre. — **Céram.** *Pâte dure,* pâte peu fusible et supportant une cuisson à haute température qui lui confère grande résistance et vitrification partielle (grès) ou totale (porcelaine dure). — **Habill.** *Col dur,* syn. de COL GLACÉ*. — **Métall.** Se dit d'un acier ordinaire à teneur élevée en carbone. — **Phon.** Se dit d'une consonne produite avec une forte tension musculaire. (Les non-voisées sont des consonnes dures.) ‖ *Palais dur,* zone articulatoire correspondant à la partie antérieure de la voûte palatine. — **Phys.** *Rayon dur,* rayon X de petite longueur d'onde et, par suite, de grande énergie.

◆ n. **1.** Personne qui n'accepte aucun compromis, qui est intransigeante : *C'est un dur en affaires.* — **2.** Personne qui n'a aucun scrupule, qui ne se laisse pas émouvoir. — **3.** Fam. *Dur à cuire,* personne résistante ou insensible.

◆ **dur** adv. *Fam.* **1.** Durement, fortement : *Travailler dur.* — **2.** Avec violence : *Frapper, taper dur.* — **3.** *Croire, penser dur comme fer,* être complètement persuadé.

◆ n. m. **1.** Ce qui est dur, résistant. — **2.** *Pop.* Train, métro. — **3.** Pop. *Brûler le dur,* voyager sans billet. ‖ *En dur,* en matériaux solides et définitifs : *Bâtiment en dur.*

◆ **dure** n. f. *À la dure,* sans douceur, avec rigueur et sévérité : *Être élevé à la dure.* ‖ Fam. *Coucher sur la dure,* sur la terre nue.

DUR [dur], mot all. indiquant en musique le mode majeur.

DURABILITÉ n. f. (bas lat. *durabilitas, -atis*). **1.** Qualité de ce qui est durable. — **2.** Propriété de résistance des bois vis-à-vis d'agressions physiques et biologiques. (On l'accroît par des techniques de préservation.) — **3.** Espace de temps durant lequel un bien est apte à satisfaire un besoin auquel il correspond. — **4.** Durée au-delà de laquelle il n'est plus rentable de maintenir en état un équipement. — **5.** *Durabilité d'un film,* aptitude d'un film de peinture à résister aux agents d'altération au cours de son vieillissement.

DURABLE adj. (bas lat. *durabilis*). **1.** De nature à durer longtemps, qui présente une certaine stabilité, une certaine résistance : *Une influence durable.* – **2.** *Biens durables,* biens qui ne sont pas détruits au premier usage, mais seulement au bout d'un temps plus ou moins long. ‖ *Faire œuvre durable,* faire une œuvre qui résiste au temps.

DURABLEMENT adv. Longtemps, pour une longue durée.

DURAILLE adj. *Pop.* Dur, difficile, coriace : *Un adversaire duraille.*

DURAIN n. m. (de *dur*). Un des principaux constituants du charbon, caractérisé par l'aspect mat de sa cassure.

DURAL, E, AUX adj. Qui concerne la dure-mère.

dura lex, sed lex, express. lat. signif. *La loi est dure, mais c'est la loi.*

DURALINOX n. m. (marque déposée). Famille d'alliages d'aluminium additionné de manganèse, de magnésium ou de magnésium-silicium, caractérisés par une bonne résistance à la corrosion.

DURALOY n. m. (marque déposée). Dénomination générale d'alliages de fer et de chrome avec addition de nickel ou de tungstène. (Les alliages Duraloy sont utilisés pour la fabrication de pièces devant résister à des températures élevées.)

DURALUMIN n. m. (marque déposée). Famille d'alliages d'aluminium à haute résistance mécanique, utilisés principalement dans la construction aéronautique. (Le Duralumin contient du cuivre, du magnésium et du manganèse. Après chauffage à haute température, il subit une trempe à l'eau froide et un vieillissement à température ambiante, ce qui lui confère une résistance analogue à celle des aciers.)

DURAMEAU (Louis Jacques), peintre français (Paris 1733 - Versailles 1796). Prix de Rome en 1757, peintre du roi et garde des tableaux de la Couronne (1783), il est l'auteur de décorations qui rappellent l'art de Natoire (plafond de l'Opéra de Versailles, 1769), de tableaux « troubadour » (*la Continence du chevalier Bayard,* 1777, musée de Grenoble) et de dessins.

DURAMEN [-mɛn] n. m. (lat. *duramen,* durcissement). Cœur des troncs d'arbres, partie centrale plus colorée, imputrescible, dépourvue de tissus vivants, souvent dure et lourde, et qui s'oppose par tous ces caractères à l'aubier qui l'entoure. (La transformation de l'aubier en duramen, caractérisée notamment par des dépôts de tanins et d'oléorésines, nécessite 20 ans chez le chêne, 3 ou 4 ans seulement chez le châtaignier ; elle n'a pas lieu chez le hêtre et le sapin.) [Syn. BOIS PARFAIT.]

DURAMINISATION n. f. Processus de formation du duramen.

DURAMINISER (SE) v. pr. (conj. 3). En parlant d'un arbre, acquérir un duramen, sous l'effet de l'âge surtout.

DURAN (Carolus-) → CAROLUS-DURAN.

DURANCE (la), principale riv. des Alpes du Sud, affl. du bas Rhône (r. g.) ; 305 km. (Bassin d'environ 14 200 km².) Née près du col de Montgenèvre, de direction dominante N.-E.-S.-O. (jusqu'à la confluence du Verdon, principal affluent), la Durance a été aménagée, à partir de Serre-Ponçon, pour l'irrigation et l'hydroélectricité (productibilité totale de 6 TWh) ; une partie de ses eaux a même été détournée vers l'étang de Berre.

DURAND (Jean Nicolas Louis), architecte français (Paris 1760 - Thiais 1834). Élève de Boullée, il fut professeur à l'École polytechnique de 1795 à 1830. Il eut une grande influence sur les ingénieurs du XIXe s. par ses publications, dont le *Précis des leçons d'architecture* [...] (1802-1805).

DURAND (Joseph Pierre), dit **Durand de Gros,** physiologiste et philosophe français (Gros, près de Rodez, 1826 - *id.* 1900). Il étudia l'hypnotisme dont il se fit le propagateur. Son action ouvrit la voie aux écoles de la Salpêtrière et de Nancy.

DURAND (Gilbert), historien d'art et philosophe français (Chambéry 1921). Il montre qu'il existe un parallélisme entre les tendances individuelles de l'imaginaire et certaines formes possibles de la logique. Son œuvre majeure, *les Structures anthropologiques de l'imaginaire* (1960), analyse les grandes structures qui sous-tendent les mythes.

Durand et Cie, maison d'édition musicale française fondée en 1870 par AUGUSTE **Durand** (Paris 1830 - id. 1909), compositeur, organiste, critique musical, à qui son fils JACQUES (Paris 1865 - Bel-Ebat, près de Fontainebleau, 1928) succéda. À son catalogue figurent les œuvres d'un grand nombre de compositeurs des XIXe et XXe s. : Chopin, Saint-Saëns, Debussy, Ravel, d'Indy, Dukas, Messiaen, etc., ainsi que des grands classiques.

Durandal → DURENDAL.

DURAND-RUEL (Paul), marchand de tableaux et collectionneur français (Paris 1831 - *id.* 1922), le plus connu d'une famille de marchands de tableaux modernes. Apôtre des impressionnistes, il accueillit dans sa galerie parisienne leur deuxième manifestation (1876), leur consacra des expositions particulières et organisa en 1886 leur première exposition à New York, où il ouvrit une succursale dont la réussite fut grande (1888-

1950). À Paris, la galerie Durand-Ruel a fermé ses portes en 1974.

DURANGO, VICTORIA DE DURANGO ou **CIUDAD DE VICTORIA,** v. du Mexique, cap. d'État, au pied du versant est de la sierra Madre occidentale ; 200 000 hab. Archevêché. Cathédrale et *Sagrario* baroques (XVIIIe s.). Métallurgie. Agroalimentaire.

DURANT prép. (part. prés. de *durer*). Dans la durée d'une période, pendant : *Il a plu durant trois jours.* (Peut être postposé au compl. : *Il a plu trois jours durant.*)

DURANTI (Jean Étienne DURANT, dit), magistrat français (Toulouse 1534 - *id.* 1589). Premier président au parlement de Toulouse (1581), il adhéra au parti des politiques et fut assassiné par les ligueurs (1589).

DURANTY (Louis Edmond), critique d'art et romancier français (Paris 1833 - *id.* 1880). Il publia des romans réalistes (*le Malheur d'Henriette Gérard,* 1861) et fut l'un des premiers défenseurs de l'impressionnisme (*la Nouvelle Peinture,* 1876).

DURÃO (José DE SANTA RITA), poète brésilien (Cata Preta, Minas Gerais, 1722 - Lisbonne 1784). Son poème épique *Caramuru* (1781) est une épopée nationale au Brésil.

DURAS (47120), ch.-l. de cant. de Lot-et-Garonne, dans l'Agenais, au-dessus de la vallée du Dropt ; 1 207 hab. *(Duraquois).*

DURAS (Jacques Henri DE DURFORT, *duc* DE), maréchal de France (Duras 1625 - Paris 1704), neveu de Turenne. Lieutenant général (1651), il participa à la conquête de la Franche-Comté pendant la guerre de Hollande, et en devint gouverneur (1674). Maréchal de France en 1675. — Son petit-fils EMMANUEL FÉLICITÉ (Paris 1715 - Versailles 1789) participa à toutes les guerres du règne de Louis XV et devint maréchal de France (1775). [Acad. fr., 1775.]

DURAS (Marguerite), écrivain et cinéaste française (Gia Dinh, Viêt-nam, 1914-Paris 1996). Marquée par sa jeunesse en Indochine (*Un barrage contre le Pacifique,* 1950 ; *l'Amant,* 1984), elle met en scène dans ses romans (*l'Amante anglaise,* 1967 ; *l'Amour,* 1972 ; *Emily L.,* 1987), son théâtre (*les Viaducs de Seine-et-Oise,* 1960) et les films qu'elle a adaptés de son œuvre (*Moderato cantabile,* écrit en 1958, film de Peter Brook en 1960), ou dont elle a écrit le scénario (*Hiroshima, mon amour,* 1959), ou qu'elle a elle-même réalisés (*Nathalie Granger,* 1973 ; *India Song,* 1975 ; *Son nom de Venise dans Calcutta désert,* 1976), des personnages qui tentent d'échapper à la solitude et au quotidien par l'amour, le crime et la folie.

DURATIF, IVE adj. et n. m. (de *durer*). Se dit d'une forme verbale, d'un adjectif exprimant par eux-mêmes la notion de durée. (Ainsi, en français, l'imparfait peut avoir une valeur durative.)

DURAZZO ou **DURAS** (*famille* DE), branche de la deuxième maison d'Anjou.

DURAZZO, famille génoise qui fournit à la République plusieurs doges, parmi lesquels MARCELLO (1767-1769) qui signa la cession de la Corse à la France (1768).

DURBAN, port d'Afrique du Sud, sur l'océan Indien (prov. du Kwazulu-Natal) ; 977 300 hab. (dont 40 % d' Indiens). Débouché du Witwatersrand, c'est aussi un centre industriel (chantiers navals, montage automobile, alimentation, raffinage du pétrole).

DURBEC n. m. (de *dur* et *bec*). Passereau fringillidé des forêts de conifères des régions boréales, de la taille d'un étourneau, au bec fort, granivore.

DURCIR v. t. (conj. 32). **1.** Rendre qqch plus dur, plus compact, moins souple : *La gelée durcit le sol.* — **2.** Donner à qqn, à ses traits, à son expression un caractère froid, impitoyable : *La colère durcissait son regard.* — **3.** Rendre une action, une position, etc., plus ferme, plus intransigeante : *Durcir les conditions du crédit en haussant les taux d'intérêt.* — **4.** Accroître les capacités de résistance d'une arme ou d'un matériel.

◆ v. i. ou **se durcir** v. pr., **être durci** v. pass. Devenir, être devenu dur, solide : *Pâte qui a durci en séchant. La neige s'est durcie.*

◆ **se durcir** v. pr., **être durci** v. pass. Devenir, être devenu plus sévère, plus intransigeant : *Se durcir avec l'âge. Un cœur durci.*

DURCISSABLE adj. Se dit d'un adhésif qui durcit dans son état final, à la suite d'une action physique ou chimique.

DURCISSEMENT n. m. **1.** Action de rendre dur, fait de devenir dur ; état de ce qui est durci : *Attendre le durcissement du plâtre, d'un béton.* — **2.** Fait de devenir plus dur, plus intransigeant : *Le durcissement de l'opposition.* • **Chim.** *Durcissement des huiles,* hydrogénation catalytique des corps gras liquides, qui les transforme en graisses plastiques. — **Déf.** Ensemble des mesures permettant d'accroître la capacité de résistance d'un système d'arme ou de ses composants face aux divers types de menace, notamment nucléaire, que peuvent exercer sur eux des armes ennemies. — **Peint.** Processus de formation d'un film dur, par polymérisation, oxydation ou séchage.

DURCISSEUR n. m. Substance utilisée pour démarrer et/ou contrôler le durcissement d'un adhésif ou la prise en masse d'une résine synthétique.

DURÉE n. f. (de *durer*). **1.** Espace de temps, période mesurable pendant lequel a lieu un événement, un phénomène, une action, un état ; temps : *La route est déviée pendant la durée des travaux.* — **2.** Qualité de ce qui se maintient pendant une période relativement longue ; permanence, persistance, résistance : *La durée du plastique est meilleure que celle du fer.* — **3.** Espace de temps pendant lequel vit un être vivant ; longévité : *Augmenter la durée de l'espèce.* • **Dr.** *Durée du travail,* temps consacré par chaque individu à l'exercice de sa profession, dans une période de référence ; pour le salarié, temps pendant lequel il est légalement à la disposition de son employeur pour l'accomplissement de son travail. (→ *encycl.*) — **Matér.** *Essai de durée,* essai permettant de déterminer la durée de résistance d'un matériau à des sollicitations particulières. — **Mus.** Temps pendant lequel on doit maintenir un son, une valeur ou un silence par rapport au mouvement et à la mesure du morceau. — **Philos.** Chez Kant, détermination temporelle de ce qui est permanent dans l'existence des choses. ‖ Chez Bergson, donnée immédiate de la conscience, succession pure et enrichissement constant, par oppos. au *temps,* qui découpe le donné suivant des catégories rigides. — **Phon.** Temps d'émission d'une unité phonique, exprimé généralement en millisecondes. (Syn. QUANTITÉ.) — **Psychol.** Qualité subjective du temps en tant que vécu individuel, qui s'oppose au temps mesurable et objectif.

ENCYCL. **Dr.** La loi du 21 juin 1936 avait fixé la *durée hebdomadaire du travail* à 40 heures et institué 2 semaines de congés payés annuels. L'ordonnance du 16 janv. 1982 a limité la durée légale hebdomadaire à 39 heures et a généralisé la 5e semaine de congés payés.

DUREMENT adv. **1.** D'une manière dure physiquement : *Heurter durement le sol en tombant.* — **2.** D'une manière éprouvante, difficile à supporter : *La sécheresse a été durement ressentie.* — **3.** D'une manière qui heurte la sensibilité ; méchamment : *Répondre durement à quelqu'un.*

DURE-MÈRE n. f. (pl. *dures-mères*) [lat. *dura mater*]. Méninge la plus externe, la plus épaisse et la plus résistante. (Ses expansions servent à délimiter les différents éléments du système nerveux central.)

DÜREN, v. d'Allemagne (Rhénanie-du-Nord-Westphalie), sur la Roer ; 87 000 hab. Métallurgie.

Durendal ou **Durandal,** nom que porte l'épée de Roland dans les chansons de geste.

DURER v. i. (lat. *durare*) [conj. 3]. **1.** Occuper un espace de temps défini ; exister, avoir lieu, se produire pendant une période, depuis telle date jusqu'à tel moment : *L'opération a duré deux heures.* — **2.** Continuer d'exister, de se produire, de se manifester, persister dans un état, se prolonger, se maintenir : *Le beau temps va encore durer.* — **3.** Résister aux effets du temps, conserver intactes toutes ses qualités : *Une maison faite pour durer.* — **4.** Faire de l'usage à qqn pendant telle période : *Mes robes me durent au moins cinq ans.* — **5.** Fam. *Ça durera ce que ça durera,* peu importe si ça ne dure pas longtemps. ‖ *Faire durer qqch, qqn,* augmenter la durée d'utilisation de qqch ; prolonger au maximum le temps de vie de qqn. ‖ Fam. *Faire durer le plaisir,* faire attendre qqn qui espère qqch. ‖ Fam. *Le temps me dure de,* je trouve le temps long.

DÜRER (Albrecht), peintre et graveur allemand (Nuremberg 1471 - *id.* 1528). Fils d'un orfèvre nurembergeois, il entre en apprentissage en 1486 chez le peintre et graveur Wolgemut. De 1490 à 1494, il effectue son tour de compagnon, s'arrêtant à Colmar, où il recueille l'héritage graphique de Schongauer, à Bâle, à Strasbourg, et passant peut-être par les Pays-Bas. Il peint son premier autoportrait, en fiancé (Louvre), se marie à Nuremberg et fait un premier voyage à Venise, exécutant en route d'admirables aquarelles. Ses premiers burins, v. 1495, reflètent la connaissance de Mantegna, tandis que les xylographies (*Apocalypse,* en quinze planches, 1498) sont d'un graphisme fougueux et bouillonnant, encore médiéval. Pénétré du statut nouveau de l'artiste, il fréquente le milieu humaniste de Nuremberg. Le *retable Paumgartner* (Munich) et l'*Adoration des Mages* (1504, Offices, Florence) montrent sa maîtrise de la construction spatiale et du traitement monumental des figures, en même temps que son attention aux détails (flore, faune...). Un second séjour à Venise (1505-06), triomphal, complète son assimilation du langage de la Renaissance (*Fête du Rosaire,* 1506, Prague ; *Adam* et *Ève,* 1507, Prado, Madrid). En 1511 sont édités les bois de la *Grande Passion,* de la *Petite Passion* et de la *Vie de la Vierge ;* suivent les cuivres de la *Petite Passion* et de chefs-d'œuvre comme *le Chevalier*, la Mort et le Diable* et *la Mélancolie*.* De 1515 à 1519, il travaille pour l'empereur Maximilien. En 1520, un voyage aux Pays-Bas confirme sa gloire. De retour à Nuremberg, il se passionne pour les théories sur l'art, publiant son *Instruction sur la manière de mesurer* (1525), que suivra, en 1528, le *Traité des proportions du corps humain.* Après des portraits peints ou gravés (Melanchthon, etc.), d'une acuité saisissante, cette œuvre, où la puissance plastique a succédé à la beauté linéaire, s'achève avec *les Quatre Apôtres* (1526, Munich), d'une couleur dense, majestueux et graves.

DURET (Francisque-Joseph), sculpteur français (Paris 1804 - *id.* 1865). Éclectique, il a collaboré à la décoration de divers édifices parisiens (*Saint Michel* en bronze de la fontaine St-Michel).

DURET (Théodore), journaliste politique et critique d'art français (Saintes 1838 - Paris 1927). Il a publié notamment : *les Peintres impressionnistes* (1878), *l'Art japonais* (1882), *Manet* (1902).

DURETÉ n. f. **1.** Caractère de ce qui est dur, de ce qui résiste au choc, à la pression ; résistance : *La dureté du marbre.* — **2.** Caractère de ce qui est pénible à supporter ; rudesse : *La dureté du climat.* — **3.** Caractère sévère de qqn, d'un comportement ; manque de sensibilité : *Traiter quelqu'un avec dureté.* — **4.** Défaut d'harmonie, de moelleux, de douceur : *La dureté d'une opposition de couleurs.* — **5.** Caractère intransigeant d'une action : *La dureté d'une grève.* — **6.** Teneur d'une eau en ions calcium et magnésium. — **7.** Degré de résistance d'un matériau à la pénétration par un autre matériau. (→ *encycl.*) — **8.** *Clause de dureté,* clause invoquée par l'époux défendeur à une demande en divorce fondée sur la séparation de fait depuis plus de 6 ans ou sur l'altération des facultés mentales. (Elle permet au juge de rejeter cette demande si la rupture du lien conjugal devait avoir, soit pour le défendeur, soit pour les enfants, des conséquences matérielles ou morales d'une exceptionnelle dureté.)

ENCYCL. La plus ancienne détermination de *dureté des minéraux* est donnée par l'échelle de Mohs, dans laquelle chaque minéral raie tous les précédents et est rayé par tous les suivants (du talc au diamant). Les duretés de pierres calcaires correspondent à la constatation de leur densité et de leur résistance à l'écrasement. Elles sont classées de 1 à 14, de la pierre très tendre à la pierre froide, en passant par les degrés tendre, demi-ferme, ferme et dur, selon que les densités varient de moins de 1 470 à plus de 2 730 kg/m^3 et les résistances de moins de 5 à plus de 180 MPa.

Pour mesurer la *dureté des métaux,* on applique, sur une surface légèrement polie du métal ou de l'alliage, une bille en acier très dur (méthode de Brinell) ou un diamant pyramidal (méthode de Vickers), sous une charge déterminée. Il se forme dans la pièce une empreinte permanente dont on détermine la surface. La dureté (HB ou HV) s'exprime par le rapport de la charge à la surface de l'empreinte. Pour les pièces importantes, on mesure la profondeur de l'empreinte produite par un cône de diamant ou une bille soumis à des pressions données (duretés Rockwell HRB et HRC).

DUREY (Louis), compositeur français (Paris 1888 - Saint-Tropez 1979). Il fut membre du « groupe des Six ». Il a surtout écrit pour la voix, la musique de chambre et le piano : *le Bestiaire du cortège d'Orphée* sur des textes d'Apollinaire (1919), *Vergers* (sur 7 poèmes de Rilke), *Poèmes de la prison* (Apollinaire).

DURFORT (*maison* DE), maison originaire du Languedoc ou de Guyenne qui se divisa en plusieurs branches, parmi lesquelles la branche de Duras et celle de Lorge.

DURGĀ, dans la mythologie hindoue, l'une des principales formes de la déesse Śakti (énergie féminine), épouse de Śiva. Elle est également connue sous les noms de Pārvatī et de Kālī. Elle est particulièrement honorée lors d'un festival annuel *(durgā pūjā)* qui a lieu en sept.-oct.

DURGAPUR, v. d'Inde (Bengale-Occidental), dans la vallée de la Dāmodar ; 306 000 hab. Centrales thermiques. Métallurgie. Chimie. Université de technologie.

DURG-BHILAINAGAR, agglomération de l'Inde (Madhya Pradesh) ; 668 670 hab. Sidérurgie.

DURHAM, v. des États-Unis (Caroline du Nord), sur le Piedmont appalachien ; 101 000 hab. Université. Tabac.

DURHAM, v. de Grande-Bretagne, dans le nord de l'Angleterre, ch.-l. du *comté de Durham* (2 436 km^2 ; 605 000 hab.) ; 25 600 hab. Centre commercial et administratif.

— **Bx-arts.** La cathédrale, le monastère attenant (petit musée) et le château composent un remarquable ensemble médiéval. La cathédrale, chef-d'œuvre de l'art anglo-normand (roman), présente des voûtes d'ogives qui remontent à la fin du XIe s. sur les bas-côtés, au premier tiers du XIIe sur le vaisseau central ; tombeaux, œuvres d'art.

Durham *(race de),* dénomination française de la race bovine anglaise shorthorn.

DURHAM (John George LAMBTON, 1er *comte* DE), homme politique britannique (Londres 1792 - Cowes 1840). Député whig (1813), lord du Sceau privé (1830-1833), il fut ambassadeur à Saint-Pétersbourg (1835-1837). Gouverneur du Canada (1838), il fut à l'origine des réformes qui aboutirent à la naissance de la Confédération canadienne (1867).

DURIAN ou **DOURIAN** n. m. (mot malais). Arbre de Malaisie dont le gros fruit, épineux et malodorant, est un comestible nourrissant et très savoureux. (On utilise aussi le bois rouge de cet arbre, notamment en contreplaqué.)

DURIF n. m. Variété de cépage rouge des départements de la Drôme et de l'Isère. (Il donne des raisins à pulpe ferme, juteuse et sucrée.) [Syn. NERIN.]

DURILLON n. m. (de *dur*). **1.** Callosité qui se produit aux pieds ou aux mains, par épaississement de la couche cornée de la peau. (Le durillon diffère du *cor* en ce qu'il ne présente pas de tubercule central et n'est que rarement douloureux. Quelquefois, le durillon s'infecte et devient le siège d'un abcès sous-jacent [*durillon forcé*].) — **2.** Sorte de nœud très dur au sein d'un bloc de marbre.

DURIT ou **DURITE** n. f. (n. déposé). Tuyau en caoutchouc servant de liaison entre organes pour assurer la circulation de liquide de refroidissement et de chauffage à l'intérieur d'un moteur à explosion.

DURKHEIM (Émile), sociologue français (Épinal 1858 - Paris 1917). Héritier du positivisme, il pose les bases d'une méthode qui lui permet d'appliquer au groupe social une analyse semblable à un diagnostic médical (la distinction du normal et du pathologique) : il conçoit le fait social comme une « chose » existant en dehors de la conscience individuelle et imposant une contrainte à l'individu (*Règles de la méthode sociologique,* 1894), et il pose comme principe que la conscience morale est l'intériorisation par l'individu des contraintes sociales institutionnalisées. Il a créé des catégories telles que l'anomie*, la contrainte, la conscience collective, la solidarité (*De la division* du travail social,* 1893). On lui doit aussi d'importantes études empiriques, dont *le Suicide* (1897) et *les Formes élémentaires de la vie religieuse* (1912). Il a fondé la revue *l'Année sociologique.*

DURMITOR, massif montagneux de Yougoslavie (Monténégro) ; 2 522 m. Parc national.

DUROC (Géraud Christophe Michel), duc **de Frioul,** général français (Pont-à-Mousson 1772 - Markersdorf, près de Görlitz, Silésie, 1813). Aide de camp de Bonaparte, qu'il accompagna en Italie et en Égypte, il se distingua particulièrement à Jaffa. Grand maréchal du palais (1805), il participa aux campagnes d'Autriche, de Prusse et de Pologne (1805-1807). Il fut tué au lendemain de Bautzen (mai 1813) par un boulet perdu.

DUROSELLE (Jean-Baptiste), historien français (Paris 1917 - Arradon, Morbihan, 1994). Auteur d'une thèse sur *les Débuts du catholicisme social en France, 1822-1871* (1951), il est, avec Pierre Renouvin, le maître de l'histoire des relations internationales (*Introduction à l'histoire des relations internationales,* 1965, en collab. avec P. Renouvin ; *la Décadence 1932-1939,* 1979 ; *Tout empire périra,* 1981 ; *l'Abîme 1939-1945,* 1982 ; *Clemenceau,* 1988). Il a aussi travaillé sur l'histoire de l'Europe (*l'Idée d'Europe dans l'histoire,* 1965 ; *l'Europe, histoire de ses peuples,* 1990).

DURRĀNI, confédération tribale pachtou d'Afghānistān qui portait le nom d'Abdāli avant l'accession au pouvoir d'Aḥmad Chāh en 1747. Deux de ses clans donnèrent à l'Afghānistān ses souverains de 1747 à 1973.

DURRELL (Lawrence), écrivain anglais (Jullundur, Inde, 1912 - Sommières, Gard, 1990). Ami de H. Miller, il chercha à créer, dans ses romans qui ont pour cadre les rivages méditerranéens, un « univers héraldique », délivré du temps, animé par des personnages symbolisant la nature mouvante de toute vérité (*le Quatuor d'Alexandrie : Justine, Balthazar, Mountolive, Clea,* 1957-1960 ; *le Quintette d'Avignon : Monsieur ou le Prince des ténèbres,* 1974 ; *Livia ou Enterrée vive,* 1978 ; *Constance ou les Pratiques solitaires,* 1982 ; *Sebastian ou les Passions souveraines,* 1983 ; *Quinte ou la Version Landru,* 1986) et où les seules crises profondes sont celles de la sensibilité plastique et littéraire.

DÜRRENMATT (Friedrich), écrivain suisse de langue allemande (Konolfingen, Berne, 1921 - Neuchâtel 1990). Romancier (*la Panne,* 1956 ; *Justice,* 1985), essayiste (*Écrits sur le théâtre,* 1966-1972 ; *la Mise en œuvres,* 1981), il est avant tout un auteur dramatique. Ses tragi-comédies révèlent, sur le mode de la dérision et du grotesque, l'impuissance de l'individu dans un monde déshumanisé et cruel (*le Mariage de Monsieur Mississippi,* 1952 ; *la Visite de la vieille dame,* 1955 ; *les Physiciens,* 1962).

DURRËS, en ital. **Durazzo,** dans l'Antiquité **Dyrrachium***, principal port d'Albanie ; 61 000 hab. Centre industriel (minoteries, tabac, matériel ferroviaire, construction navale).

DURRUTI (Buenaventura), anarchiste espagnol (province de León 1896 - Madrid 1936). Partisan d'un communisme libertaire, il joua un rôle important dans la lutte des républicains contre le coup d'État de Franco. Il dirigea une formation paramilitaire, la *colonne Durruti,* avec laquelle il effectua de nombreux coups de main. Il fut tué dans la défense de Madrid.

DURTAL (49430), ch.-l. de cant. de Maine-et-Loire, sur le Loir ; 3 218 hab. *(Durtalois).* Château des XVe-XVIIe s.

DURUFLÉ (Maurice), organiste et compositeur français (Louviers 1902 - Louveciennes 1986). Organiste de St-Étienne-du-Mont à partir de 1930, professeur d'harmonie au Conservatoire (1943-1969), il a écrit des pièces d'orgue, mais il est connu surtout par son *Requiem* pour soli, chœurs, orchestre et orgue (1947).

DURUOF (Claude Jules DUFOUR, dit), aéronaute et ingénieur français (Paris 1841-Erquelinnes, Belgique, 1899). Chargé avec Nadar, pendant le siège de Paris, en 1870, de construire les ballons destinés à la poste aérienne, il franchit le premier les lignes allemandes à bord de son ballon *Neptune.*

DURUY (Victor), historien et homme politique français (Paris 1811 - *id.* 1894). Ministre de l'Instruction publique (1863-1869), il développa l'instruction primaire, jeta les bases de l'enseignement secondaire pour les jeunes filles, créa des cours d'adultes et l'École pratique des hautes études (1868). Il a laissé plusieurs ouvrages historiques, en particulier une *Histoire des Romains* (1879-1885). [Acad. fr., 1884.]

DU RYER (Pierre), écrivain français (Paris 1605 - *id.* 1658), auteur à succès de tragédies aux multiples rebondissements (*Scévole,* 1644). [Acad. fr., 1646.]

DUŠAN → ÉTIENNE IX UROŠ IV.

DUSAULX (Jean Joseph), écrivain et homme politique français (Chartres 1728 - Paris 1799). Auteur d'une traduction des *Satires* de Juvénal (publiée en 1770) et d'un ouvrage intitulé *De la passion du jeu* (1775), il fut député à la Législative (1791), à la Convention (1792-93) puis au Conseil des Anciens (1795-1799).

DUSE n. f. (all. *Düse*). Petit orifice calibré, limitant le débit d'un tuyau sous pression.

DUSE (Eleonora), actrice italienne (Vigevano 1858 - Pittsburgh, Pennsylvanie, 1924). Elle marqua les grands rôles de Dumas fils, d'Ibsen et de G. D'Annunzio, avec qui elle eut une liaison.

DU SEIGNEUR (Jean Bernard, dit **Jehan**), sculpteur français (Paris 1808 - *id.* 1866). Il fit partie du cénacle de Victor Hugo (*Roland furieux,* Salon de 1831, bronze, Louvre), exécuta plus de 80 médaillons et travailla au décor des églises de Paris.

DUSEUIL (Augustin), relieur parisien (1673-1746). On nomme *reliure à la Duseuil* un décor fait de deux encadrements de triples filets avec fleurons d'angle (en réalité antérieur à A. Duseuil).

DUSÍK (Jan Ladislav) → DUSSEK.

DU SOMMERARD (Alexandre), archéologue français (Bar-sur-Aube 1779 - Saint-Cloud 1842). Ses collections médiévales et l'hôtel parisien de Cluny*, où il les avait installées, acquis par l'État, sont à l'origine du musée de Cluny. — Son fils EDMOND (Paris 1817 - *id.* 1885), conservateur de ce musée, poursuivit son œuvre.

DUSSANE (Béatrix COULOND-DUSSAN, dite **Mme**), actrice française (Paris 1888 - *id.* 1969). Sociétaire de la Comédie-Française, elle fut professeur au Conservatoire et écrivit de nombreux ouvrages sur le théâtre.

DUSSAUD (Frantz), physicien suisse (Genève 1870 - Paris 1953). Il a imaginé un phonographe pour sourds (substituant le toucher à l'ouïe) et un cinématographe pour aveugles (substituant le toucher à la vue). Il présenta à la Sorbonne le premier phonographe électrique, ou pick-up (1896).

DUSSEK ou **DUSÍK** (Jan Ladislav), pianiste et compositeur tchèque (Čáslav, Bohême, 1760 - Saint-Germain-en-Laye 1812). Maître de la chapelle du prince Louis-Ferdinand de Prusse (1804-1806), il finit sa vie au service de Talleyrand. Virtuose incomparable, il a laissé pour son instrument plus d'une centaine de compositions. Ses sonates *(l'Adieu, le Retour à Paris* ou *l'Invocation)* comptent parmi les plus intéressantes du début du XIXe s.

DÜSSELDORF, v. d'Allemagne, cap. du Land de Rhénanie-du-Nord-Westphalie ; 589 000 hab. Développée maintenant sur les deux rives du Rhin, cap. de la Ruhr, bien qu'un peu à l'écart, c'est un centre industriel (métallurgie de transformation, chimie) et surtout tertiaire (banques et Bourse, commerce, université).
— **Bx-arts.** Musée d'art, où dominent la peinture allemande du XIXe s. (école de Düsseldorf : disciples de P. von Cornelius et de W. von Schadow) et du XXe (expressionnistes, etc.), des fonds de dessins (toutes écoles européennes), d'estampes, de céramiques. Collection de Rhénanie-Westphalie (art du XXe s.) dans un édifice moderne ; musée Goethe ; etc.

DUSTIN (Albert Pierre), médecin belge (Bruxelles 1884 - *id.* 1942). Ses travaux sur la colchicine, qu'il utilisa comme agent chimique provoquant des troubles du noyau des cellules, marquèrent le début scientifique de la chimiothérapie anticancéreuse.

DUST MOḤAMMAD (1793-1863), souverain d'Afghānistān. Chef du clan bārakzay de la tribu durrāni, il fut reconnu émir à Kaboul en 1834. Évincé en 1839 par Chodjā' Molk, soutenu par les Britanniques, il reprit le pouvoir en 1843.

DUSUNS ou **KADAZANS,** ethnie de langue austronésienne occupant la partie nord du Sarawak.

D. U. T., abrév. de DIPLÔME* UNIVERSITAIRE DE TECHNOLOGIE.

DUTERT (Louis Ferdinand), architecte français (Douai 1845 - Paris 1906). Pour l'Exposition universelle de 1889, à Paris, il construisit le *Palais des machines,* la plus audacieuse des grandes structures du siècle du fer (galerie de 420 × 115 m, éclairée par 35 000 m^2 de vitrages).

DU TERTRE, famille de maîtres horlogers du XVIIIe s., qui ont fabriqué de belles montres émaillées et ornées de pierres fines, ainsi que des horloges en bronze ciselé et des pendules.

DUTILLEUX (Henri), compositeur français (Angers 1916). Il a enseigné la composition à l'École normale de musique (1961-1971). Il s'est forgé un langage personnel ne refusant pas l'héritage d'une certaine tradition : *Métaboles* pour orchestre (1964), pour le 40e anniversaire de l'Orchestre de Cleveland ; *Tout un monde lointain (1970) ; Ainsi la nuit* (1976) : *Timbres, Espace, Mouvement* (1977) ; *Concerto pour violon* (1985) ; *Mystère de l'instant* (1989).

DUTOURD (Jean), écrivain français (Paris 1920). Chroniqueur, il se veut l'ennemi de la médiocrité (*Au bon beurre,* 1952) et prône dans ses romans-conversations les vertus du bon sens (*Henri ou l'Éducation nationale,* 1983 ; *le Séminaire de Bordeaux,* 1987). [Acad. fr., 1978.]

DUTRA (Eurico Gaspar), général et homme d'État brésilien (Cuiabá, Mato Grosso, 1885 - Rio de Janeiro 1974). Ministre de la Guerre (1936-1945), il organisa la « Force expéditionnaire brésilienne » qui combattit en Italie aux côtés des Alliés. Il fut président du Brésil de 1946 à 1951.

DUTROCHET (René Joachim Henri), physiologiste et physicien français (château de Néons, Poitou, 1776 - Paris 1847). On lui doit la découverte de l'osmose et de son rôle dans la vie des plantes, de la diapédèse, etc. (Acad. des sc., 1831.)

DUTTON (Clarence Edward), géologue américain (Wallingford, Connecticut, 1841 - Englewood, New Jersey, 1912). Il a été le promoteur de la théorie de l'isostasie (1899), qu'il appliqua à la formation des montagnes.

Dutuit *(collection),* collection réunie par deux frères amateurs d'art, Eugène et Auguste Dutuit, léguée en 1902 à la Ville de Paris par Auguste et conservée au Petit Palais. Elle comprend un ensemble de monnaies et de bronzes antiques, des manuscrits, des émaux, des peintures hollandaises (XVIIe s.) et françaises (XVIIIe s.), des dessins et des estampes (10 000 pièces, dont l'œuvre gravé de Dürer et de Rembrandt), des majoliques italiennes, des faïences françaises, etc.

DUTY FREE [djutifri] n. inv. (angl. *duty free,* exempté de douane). *En duty free,* se dit de marchandises vendues en boutique franche, exemptes de certaines taxes.

DUUMVIR [dyɔm-] n. m. (lat. *duumvir,* de *duo,* deux, et *vir,* homme). Magistrat romain qui exerçait une charge conjointement avec un autre.

DUUMVIRAT [dyɔmvira] n. m. (lat. *duumviratus*). Charge, dignité, fonction des duumvirs ; durée de cette charge.

DUUN (Olav), écrivain norvégien (Jøa, Nord-Trøndelag, 1876 - Tønsberg 1939). Il a cherché, dans ses nombreux romans qui peignent la nature et les habitants des fjords (*Gens de Juvik,* 1918-1923 ; *Hommes et Puissances,* 1938), à poser les problèmes de la responsabilité et à défendre les valeurs humaines.

DU VAIR (Guillaume) → VAIR (Guillaume du).

DUVAL (Alexandre PINEU-DUVAL, dit **Alexandre**), auteur dramatique français (Rennes 1767 - Paris 1842), auteur de drames historiques (*la Jeunesse de Henri V,* 1806). [Acad. fr., 1812.]

DUVAL (Émile Victor, dit **le général**), chef militaire de la Commune de 1871 (Paris 1840 - Clamart 1871). Il attaqua la redoute de Châtillon. Fait prisonnier par Vinoy, il fut fusillé.

DUVAL (Léon Étienne), prélat algérien (Chenex, Haute-Savoie, 1903 - Alger 1996). Archevêque d'Alger (1954 - 1988), il préconisa le retour à la paix et la fraternisation des communautés pendant la guerre d'Algérie, et acquit la nationalité algérienne en 1965. La même année, il fut élevé à la dignité de cardinal.

DUVAL (Denise), cantatrice française (Paris 1921). Soprano, elle parut à l'Opéra de Paris dès 1947. C'est pour elle que Francis Poulenc écrivit notamment le rôle de *la Voix humaine,* sur le texte de Cocteau.

DUVALIER (François), homme d'État haïtien (Port-au-Prince 1907 - *id.* 1971). Élu président de la République en 1957, président à vie à partir de 1964, appelé « Papa Doc », il a exercé en Haïti une dictature fondée sur la terreur. — Son fils JEAN-CLAUDE (Port-au-Prince 1951) lui a succédé comme président à vie en 1971. Malgré une certaine libéralisation, son régime, corrompu et autoritaire, est de plus en plus contesté. Devant la montée de l'agitation, il est contraint, ayant perdu le soutien des États-Unis, d'abandonner le pouvoir en févr. 1986 et de s'exiler.

DUVE (Christian DE), médecin et biologiste belge (Thames Ditton, Esher, Angleterre, 1917). Il a reçu le prix Nobel de médecine et de physiologie en 1974, avec Albert Claude et George Emil Palade, pour leurs travaux sur l'organisation de la cellule. C. de Duve a notamment étudié le mode d'action des lysosomes*.

DUVEAU (Georges), historien français (Meyssac, Corrèze, 1903 - Paris 1958). Professeur à la faculté des lettres de Strasbourg (1948), il a publié de nombreux ouvrages d'histoire sociale, dont *la Vie ouvrière sous le second Empire* (1946).

DUVERGER (Maurice), juriste et politologue français (Angoulême 1917). Il a dégagé une théorie nouvelle des cycles constitutionnels (*les Régimes politiques,* 1948), et a contribué à l'essor de la sociologie électorale (*l'Influence des systèmes électoraux sur la vie politique,* 1950). Il a étudié les partis en tant qu'objets sociologiques (*les Partis politiques,* 1951 ; *Sociologie politique,* 1966). En 1987, il a publié *la Cohabitation des Français.*

DUVERGIER (Jean-Baptiste-Marie), jurisconsulte français (Bordeaux 1792 - *id.* 1877). En 1824, il commença la publication de sa célèbre *Collection des lois, décrets, ordonnances, règlements et avis du Conseil d'État.*

DU VERGIER (ou **DU VERGER**) **DE HAURANNE** (Jean), dit **Saint-Cyran,** théologien français (Bayonne 1581 - Paris 1643). Ami et disciple de Jansénius, converti à un augustinisme austère, il se fixa à Paris (1623) après avoir été nommé abbé de Saint-Cyran. Directeur de conscience de la mère Marie-Angélique Arnauld, puis (1636) des religieuses de Port-Royal, chef du parti dévot, il s'attira les foudres de Richelieu qui le tint prisonnier à Vincennes (1638-1642).

DUVERGIER DE HAURANNE (Prosper), homme politique et écrivain français (Rouen 1798 - château de Herry, Sancergues, Cher, 1881). Député du Cher (1831), il anima la campagne pour la réforme électorale (1846-47). Député à la Constituante (1848) puis à la Législative (1850), il siégea avec la majorité monarchique et fut arrêté lors du coup d'État du 2 décembre 1851. Il a laissé une *Histoire du gouvernement parlementaire en France de 1814 à 1848* (1857-1872). [Acad. fr., 1870.]

DUVERNOY (Georges Louis), anatomiste et zoologiste français (Montbéliard 1777-Paris 1855). Élève et successeur de Cuvier, il a fait d'importants travaux d'anatomie comparée. (Acad. des sc., 1847.)

DUVET n. m. (moyen fr. *dumet,* du scand. *dunn*). **1.** Chez les oiseaux, ensemble de plumules très légères qui constituent le seul plumage des jeunes oiseaux et qui subsistent sur le ventre et sous les plumes des oiseaux adultes. (On utilise en literie le duvet de l'eider, du canard et de l'oie.) – **2.** Chez les mammifères, syn. de BOURRE. – **3.** Poils fins et très courts, d'apparence cotonneuse, qui poussent sur certains végétaux (peau de pêche). – **4.** Poil doux et plus ou moins fin qui recouvre toute la surface du corps de l'homme sauf la face palmaire des membres, et pouvant être apparent sur le visage des jeunes gens. – **5.** Sac de couchage en tissu matelassé, garni de duvet animal ou de fibres synthétiques. – **6.** En Belgique, édredon. – **7.** *Duvet de cachemire,* poil fin des chèvres du Cachemire, avec lequel on fabrique les cachemires de l'Inde.

DUVET (Jean), graveur, orfèvre et médailleur français (Langres v. 1485 - *id.* v. 1570). Il est surtout connu pour ses séries de burins, qui doivent à Dürer et aux Italiens tout en gardant quelque chose de gothique dans leur étrange foisonnement (*Apocalypse,* 24 planches, 1546-1555, publiée à Lyon en 1561 ; *Histoire de la Licorne,* 6 planches, v. 1560).

DUVETER (SE) v. pr., **ÊTRE DUVETÉ** v. pass. (conj. 27). *Litt.* Être couvert de duvet : *Peau duvetée.*

DUVETEUX, EUSE adj. *Litt.* **1.** Qui a beaucoup de duvet : *Pêche duveteuse.* – **2.** De la nature du duvet : *Des cheveux duveteux.*

DUVETINE n. f. (de *duvet*). Tissu velouté, établi suivant une armure où la chaîne domine d'un côté et la trame de l'autre.

DUVEYRIER (Henri), explorateur et orientaliste français (Paris 1840 - Sèvres 1892). Il explora le nord du Sahara (1859-1861) et publia *Exploration du Sahara, les Touaregs du Nord* (1864).

DUVIGNAUD (Jean AUGER), sociologue français (La Rochelle 1921). Parti d'une analyse du rôle social de l'art, notamment de l'art théâtral, il élargit sa recherche à une sociologie de la représentation de l'imaginaire. Sa *Sociologie de l'art* (1967) est le reflet de toutes ses préoccupations. Il a écrit également une *Introduction à la sociologie* (1966), *le Don du rien* (1977), *le Jeu du jeu* (1980), *la Solidarité* (1986), *la Genèse des passions dans la vie sociale* (1990).

DUVIVIER (Jean), médailleur français d'origine liégeoise (Liège 1687 - Paris 1761). Appelé à la Monnaie de Paris en 1714, académicien en 1718, il donna de nombreux coins de monnaies et de jetons et participa à l'« histoire métallique de Louis XV ». – Son fils BENJAMIN (Paris 1730-*id.* 1819) fut le médailleur le plus éminent de la fin de l'Ancien Régime et du début du premier Empire.

DUVIVIER (Julien), cinéaste français (Lille (1896 - Paris 1967). Ayant débuté au cinéma après 1920, il affirma ses dons exceptionnels de technicien avec : *Poil de Carotte* (version parlante, 1932), *Maria Chapdelaine* (1934), *la Bandera* (1935), *la Belle Équipe* (1936), *Pépé le Moko* (1937), *Un carnet de bal* (1937), *la Fin du jour* (1939), *la Charrette fantôme* (1940). Après la guerre, il réalisa *Panique* (1947), *Anna Karénine* (1948), puis *Au royaume des cieux* (1949), *le Petit Monde de Don Camillo* (1952), *la Fête à Henriette* (1952), *Marianne de ma jeunesse* (1954), *Voici le temps des assassins* (1955), *Pot-Bouille* (1957), *Marie-Octobre* (1959), *Boulevard* (1960).

DUX n. m. (pl. *duces*) [lat. *dux, ducis,* chef]. Jusqu'au IIIe s., officier romain chargé d'un commandement extraordinaire. (Au IVe s., les duces commandent régulièrement les forces armées de chaque province.)

DUX (Pierre), metteur en scène et comédien français (Paris 1908 - *id.* 1990), administrateur de la Comédie-Française de 1970 à 1979.

DUXELLES n. f. (p.-ê. du n. du marquis *d'Uxelles*). Hachis de champignons relevé d'oignons et d'échalotes hachés et cuit dans le beurre.

DUYFFOPRUGCAR (Gaspard) → TIEFFENBRUCKER (Kaspar).

Duzo *(système),* système antigénique sanguin spécifiquement plaquettaire. (Fréquence en France, 22 %.)

DVAITA, mot sanskr. désignant la doctrine rattachée à la philosophie du *Vedānta,* qui affirme la réalité distincte de l'âme individuelle *(ātman)* et de l'âme universelle *(brahman),* ainsi que la réalité de ce monde. Elle s'oppose en cela à l'école *advaita.*

DVĀRAKĀ, selon la légende, nom de la capitale du royaume de Kriṣṇa, correspondant aujourd'hui à Dwārka*, au Gujerat.

DVĀRAPĀLA, mot sanskr. désignant, dans le bouddhisme, des personnages représentés, le plus souvent par paires, de part et d'autre des sanctuaires dont ils sont les gardiens.

DVINA OCCIDENTALE, en russe **Zapadnaïa Dvina,** en letton **Daugava,** fl. d'Europe, dans la partie nord-ouest de la plaine russe ; 1 020 km (bassin 87 900 km²). Issue des hauteurs du Valdaï, en Russie, elle rejoint la Baltique dans le golfe de Riga.– **Mil.** Du 31 août au 3 sept. 1917, l'offensive allemande à partir de la Dvina sur les Russes décida de la chute de Riga.

DVINA SEPTENTRIONALE, en russe **Severnaïa Dvina,** fl. de Russie, tributaire de la mer Blanche ; 744 km (bassin 357 000 km²). Flottage des bois.

DVINSK → DAOUGAVPILS.

DVOŘÁK (Antonín), compositeur tchèque (Nelahozeves, près de Prague, 1841 - Prague 1904). Il assura la direction du conservatoire de New York (1892-1895). On lui doit des œuvres souvent influencées par le folklore slave : 9 symphonies, dont la *Symphonie du Nouveau Monde* (1893), des concertos pour piano (1876), violon (1880) et violoncelle (1895), des sérénades, des poèmes symphoniques, des danses slaves ainsi que quelques opéras tchèques *(Roussalka)* et 4 pièces religieuses *(Stabat Mater, Messe, Te Deum* et *Requiem).*

DVOŘÁK (Max), historien d'art tchèque (Roudnice 1874 - Hrušovany 1921). Professeur à l'université de Vienne, il s'est livré dans ses principaux ouvrages à une revalorisation méthodique de l'art gothique, dont il a éclairé les « fondements spirituels ».

DVORIANINE, mot russe désignant un homme de service du souverain, puis, à partir du XVIIIᵉ s., un membre de la noblesse de l'Empire russe.

DWĀRKA, v. de l'Inde (Gujerat), sur la mer d'Oman ; 17 800 hab. Le temple dédié à Kriṣṇa est considéré comme un des sept lieux saints de l'Inde, et attire de nombreux pèlerins.

DWIGHT (Timothy), théologien et poète américain (Northampton, Massachusetts, 1752 -New Haven, Connecticut, 1817). Professeur de théologie, président de l'université Yale, il fut soucieux de contribuer à l'établissement d'une littérature nationale (*The Conquest of Canaan,* 1785).

Dy, symbole chimique du *dysprosium.*

DYADE n. f. (bas lat. *dyas, -adis,* du gr. *duas, -ados,* dualité). **1.** Réunion de deux principes philosophiques qui se complètent réciproquement. – **2.** Couple de deux sujets, de deux éléments en interaction.

DYADIQUE adj. (gr. *duadikos*). **1.** Relatif à la dyade. – **2.** *Nombre rationnel dyadique,* rationnel r tel qu'il existe un entier naturel m pour lequel le produit $2^m r$ est un entier.

DYARCHIE n. f. Régime politique dans lequel le pouvoir est exercé conjointement par deux personnes ou deux groupes.

DYARQUE n. m. Chacune des deux personnes ou chacun des deux groupes qui gouvernent simultanément dans une dyarchie.

DYBOWSKI (Jean), agronome et explorateur français (Paris 1856 - Mandres, Val-de-Marne, 1928). Il fut chargé, en 1889, d'une exploration scientifique dans le Sud algérien puis rejoignit Crampel au sud du lac Tchad. Il contribua au développement de l'agriculture coloniale et créa des jardins d'essai.

DYCK (Hubert VAN) → VAN DYCK (Hubert).

DYE-TEST [daj-] n. m. (pl. *dye-tests*) [angl. *dye-test,* test de coloration]. Méthode de diagnostic sérologique de la toxoplasmose.

DYGASIŃSKI (Adolf), écrivain polonais (Niegosławice 1839 - Grodzisk 1902), auteur d'une quarantaine de romans et nouvelles où s'harmonisent son positivisme et son lyrisme (*le Banquet de la nature,* 1902).

DYK (Viktor), écrivain tchèque (Pšovka, près de Mělník, 1877 - dans les eaux de l'Adriatique, près de Dubrovnik, 1931). Son œuvre poétique (*les Rebelles,* 1903) et romanesque (*la Fin des Hackenschmidt,* 1904 ; *Décembre,* 1906) fait de lui un des plus grands écrivains de son pays.

DYKE [dik ou dajk] n. m. (angl. *dyke,* digue). Filon de rocher magmatique, mis en relief par l'érosion.

DYLAN (Robert ZIMMERMAN, dit **Bob**), auteur, compositeur, interprète américain (Duluth, Minnesota, 1941). Chanteur à la voix prenante, il est devenu populaire dès son premier disque en 1961. Passant progressivement de la chanson folk et engagée au rock et à une poésie plus libre, puis d'inspiration religieuse, il fut le porte-parole de la génération en colère des années 60.

DYLE (la), riv. de Belgique, qui passe à Louvain et Malines, branche mère du Rupel.

Dyle *(manœuvre),* plan d'intervention des forces franco-britanniques en Belgique en 1940. Étudié par le général Gamelin en liaison avec l'état-major belge, il consistait à installer le plus rapidement possible des forces franco-britanniques sur une position matérialisée par la Dyle (de Louvain à Wavre) et fut exécuté le 10 mai 1940. Mais la rupture du dispositif français de la Meuse provoqua, dès le 17 mai, leur repli sur la Dendre, puis sur l'Escaut et enfin sur Dunkerque (29 mai).

DYNAMÈTRE n. m. Instrument employé pour mesurer le grossissement des lunettes.

1. **DYNAMIQUE** adj. (gr. *dunamikos*). **1.** Relatif à la force, au mouvement, à la dynamique. – **2.** Qui considère les phénomènes dans leur évolution dans le temps : *Une perspective dynamique de la langue.* – **3.** Qui manifeste de l'énergie et de l'efficacité ; actif, énergique : *Un vendeur dynamique.* – **4.** Se dit d'un art caractérisé par l'énergie et le mouvement. – **5.** Se dit de l'aspect sous lequel on envisage les phénomènes psychiques comme résultant de la composition des forces pulsionnelles conflictuelles. – **6.** *Accent dynamique,* en phonétique, accent caractérisé essentiellement par une prééminence de l'intensité. ‖ *Analyse dynamique,* analyse des relations entre variables économiques au cours du temps. (Elle s'est surtout développée à partir de 1930 sous l'influence des Suédois.)

2. **DYNAMIQUE** n. f. **1.** Partie de la mécanique qui s'occupe des relations entre les forces et les mouvements qu'elles produisent. (→ *encycl.*) – **2.** Ensemble de forces qui entraînent, provoquent un mouvement, une évolution à l'intérieur d'une structure en développement : *La dynamique révolutionnaire.* • **Cybern.** *Dynamique statistique,* méthode d'étude du comportement dynamique des systèmes sous l'effet des signaux de commande et des perturbations auxquels ils sont soumis. – **Écon.** Analyse dynamique des faits économiques. – **Électroacoust.** et **Télécomm.** Rapport du niveau moyen maximal au niveau moyen minimal de la puissance d'un signal, ces niveaux étant exprimés en général en décibels. ‖ *Dynamique d'une chaîne électroacoustique,* différence entre le niveau maximal et le niveau minimal du signal transmis par une chaîne électroacoustique dans des conditions de fonctionnement normal. – **Géophys.** *Dynamique globale,* syn. de GÉODYNAMIQUE. – **Hydrol.** *Dynamique fluviale,* partie de l'hydrographie fluviale qui a pour objet l'étude des courants fluviaux, de leur force érosive, du transport des matériaux. – **Psychol.** *Dynamique de groupe,* lois empiriques régissant le comportement d'un groupe défini et fondées sur la constatation d'un système d'interdépendance entre ses membres. (Issue des théories de K. Lewin, elle a particulièrement été étudiée dans le domaine du leadership, celui de la conformité, et dans les processus d'influence.) – **Sociol.** *Dynamique sociale,* selon A. Comte, partie de la sociologie qui étudie les changements ou les étapes successives dans l'évolution des faits sociaux.

ENCYCL. **Phys.** Les premières notions de la dynamique sont dues à Galilée, mais c'est Newton qui a énoncé les trois principes fondamentaux. Selon le *principe de l'inertie,* le mouvement d'un point matériel qui n'est soumis à aucune force est un mouvement rectiligne et uniforme. D'après le *principe fondamental de la dynamique,* le taux de variation dans le temps (ou dérivée) de la quantité de mouvement d'un point matériel est égal à la somme des forces appliquées à ce point. Le *principe de l'action et de la réaction,* enfin, s'énonce ainsi : si un point matériel A exerce une force sur un autre point matériel B, B exerce sur A une force égale et opposée. Les deux premiers principes ne sont exacts que dans certains référentiels* (référentiels galiléens), mais les énoncés donnés ci-dessus sont valables aussi bien en mécanique classique que relativiste.

DYNAMIQUEMENT adv. **1.** Avec dynamisme. – **2.** Du point de vue de la dynamique.

DYNAMISANT, E adj. Qui dynamise : *Les éléments dynamisants de l'entreprise.*

DYNAMISATION n. f. **1.** Action de dynamiser : *La dynamisation d'un service.* – **2.** Traitement global qui, couplant dilutions successives et succussion, transforme une substance potentiellement active en remède homéopathique.

DYNAMISER v. t. (de *dynamique*) [conj. 3]. **1.** Communiquer à qqn, à son action l'énergie, le dynamisme nécessaires à leur efficacité : *Dynamiser le personnel.* – **2.** Effectuer la dynamisation d'une substance médicamenteuse.

DYNAMISME n. m. **1.** Aptitude de qqn, d'un groupe à agir avec allant et énergie ; qualité de leurs actions ; activité, énergie : *Apprécier le dynamisme d'un collaborateur.* – **2.** Système philosophique qui admet l'existence de forces irréductibles et autonomes par rapport à la matière.

(Il est de tradition d'opposer dynamisme et mécanisme, pour qui les forces font partie de la matière. Maine de Biran, Hartmann, Bergson sont considérés comme des représentants du dynamisme.)

DYNAMISTE adj. et n. Relatif au dynamisme ; partisan du dynamisme.

DYNAMITAGE n. m. Action de dynamiter.

DYNAMITE n. f. **1.** Explosif à base de nitroglycérine. (→ *encycl.*) – **2.** Fam. *C'est de la dynamite,* se dit de ce qui produit un effet violent sur l'organisme : *Cette eau-de-vie de prune, c'est de la dynamite ;* se dit de qqch dont la révélation risque de produire des conflits : *Cette affaire de détournement de fonds, c'est de la dynamite ;* se dit de qqn de particulièrement énergique.

ENCYCL. La dynamite est due à Nobel qui découvrit en 1866 qu'il était possible de stabiliser la nitroglycérine en lui adjoignant une substance absorbante. Les dynamites utilisées aujourd'hui contiennent de 10 à 93 % de nitroglycérine, de la nitrocellulose, des nitrates et des matières combustibles diverses (farine de bois, poudre d'aluminium, dinitrotoluène, etc.). On utilise les *dynamites-gommes* (ou *gélatines explosives*) pour les travaux sous-marins et les *grisou-dynamites* pour les mines.

DYNAMITER v. t. (conj. 3). **1.** Faire sauter qqch au moyen de la dynamite : *Dynamiter un blockhaus.* – **2.** Faire s'écrouler un système en en sapant les bases, démystifier : *Dynamiter les préjugés.*

DYNAMITERIE n. f. Fabrique de dynamite.

DYNAMITEUR, EUSE n. **1.** Personne qui exécute un dynamitage. – **2.** Personne qui démystifie les valeurs traditionnelles.

DYNAMITIER n. m. Fabricant de dynamite.

DYNAMO n. f. (abrév. de l'angl. *dynamo electric-machine*). **1.** Sur un moteur d'automobile, génératrice à courant continu assurant la recharge de la batterie et l'alimentation de l'équipement électrique. (Elle est entraînée à partir du vilebrequin du moteur par une courroie.) – **2.** *Effet dynamo,* phénomène physique invoqué pour expliquer l'origine des champs magnétiques observés autour des planètes et des étoiles et fondé sur les mouvements de rotation et de convection de l'intérieur fluide et conducteur de ces astres.

DYNAMOÉLECTRIQUE adj. *Machine dynamoélectrique,* syn. de GÉNÉRATRICE* À COURANT CONTINU. (On dit aussi DYNAMO.)

DYNAMOGÈNE ou **DYNAMOGÉNIQUE** adj. Qui donne de la force musculaire ou qui stimule une fonction organique.

DYNAMOGRAPHE n. m. Dynamomètre servant à enregistrer la force musculaire.

DYNAMOMÉTAMORPHISME n. m. Métamorphisme accompagné d'intrusions minéralogiques.

DYNAMOMÈTRE n. m. **1.** Appareil destiné à la mesure d'une force ou d'un couple. (→ *encycl.*) – **2.** *Dynamomètre électrique,* syn. de GÉNÉRATRICE BALANCE*. *Voiture dynamomètre,* véhicule destiné à mesurer et à enregistrer les différents efforts de traction d'une locomotive.

ENCYCL. Dans la plupart des dynamomètres, on fait équilibre à la force à évaluer par la tension d'un ressort dont on mesure la déformation à l'aide d'une réglette ou d'un cadran. On préfère souvent coller sur le ressort des *jauges de contrainte* dont on mesure la variation de résistance électrique. D'autres dynamomètres font appel à des phénomènes qui apparaissent dans des matériaux soumis à des efforts (piézoélectricité, magnétostriction, photoélasticité).

DYNAMOMÉTRIE n. f. **1.** Évaluation et comparaison des forces, à l'aide du dynamomètre. – **2.** Ensemble des techniques de mesure de la force musculaire.

DYNAMOMÉTRIQUE adj. Relatif au dynamomètre ou à la dynamométrie.

DYNASTE n. m. (gr. *dunastês,* qui a le pouvoir). **1.** Dans l'Antiquité, membre de certaines oligarchies (Corinthe, Thèbes), ou souverain de pays barbares (Thrace, Illyrie), ou encore souverain vassal dans le monde hellénistique et romain. – **2.** Très grand scarabée d'Amérique tropicale, dont le mâle porte à l'avant une longue pince médiane. (Le *dynaste hercule,* avec ses 18 cm de long, est sans doute le plus grand insecte de la faune actuelle.)

DYNASTIE n. f. (gr. *dunasteia,* puissance). **1.** Suite de souverains appartenant à une même famille : *La dynastie capétienne.* – **2.** Suite de personnes célèbres de la même famille exerçant les mêmes activités : *La dynastie des Rockefeller.*

dynasties du Nord et du Sud → SIX DYNASTIES.

DYNASTIQUE adj. Relatif à une dynastie.

DYNE n. f. (angl. *dyne,* du gr. *dunamis,* force). Unité de force du système C. G. S. (symb. dyn), valant 10^5 newton.

DYNODE n. f. Électrode d'un tube électronique ou d'un photomultiplicateur, dont le rôle essentiel est de fournir une émission secondaire.

DYOULAS → DIOULAS.

DYRRACHIUM, en gr. **Durrakhion,** colonie grecque fondée en 627 av. J.-C. par Corcyre et Corinthe sous le nom d'*Epidamnos.* C'est l'actuelle *Durrës** (Albanie). Vestiges antiques. Musée.

DYS-, préfixe indiquant une difficulté, une anomalie, le mauvais état ou le mauvais fonctionnement de qqch.

DYSACOUSIE n. f. Trouble de l'audition.

DYSARTHRIE n. f. Syn. de ANARTHRIE.

DYSBARISME n. m. Syn. de AÉROEMBOLISME.

DYSBASIE n. f. Difficulté à exécuter les mouvements nécessaires à la marche.

DYSCALCULIE n. f. Difficulté d'apprentissage du calcul liée à une difficulté d'utilisation du système symbolique. (La dyscalculie apparaît souvent comme un symptôme de troubles affectifs chez les enfants d'âge scolaire.)

DYSCALCULIQUE adj. et n. Relatif à la dyscalculie ; atteint de dyscalculie.

DYSCHONDROPLASIE [diskɔ̃-] n. f. Affection caractérisée par la présence de masses de cartilage ayant tendance à s'ossifier au niveau des os longs. (Elle est responsable de raccourcissement des membres atteints.) [Syn. MALADIE D'OLLIER.]

DYSCHROMATOPSIE [diskro-] n. f. Troubles de la perception des couleurs. (Le daltonisme est une forme de la dyschromatopsie.)

DYSCHROMATOPSIQUE ou **DYSCHROMATOPE** [diskro-] adj. et n. Qui a rapport à la dyschromatopsie ; atteint de dyschromatopsie.

DYSCHROMIE [diskro-] n. f. Anomalie de la pigmentation de la peau.

DYSCINÉSIE → DYSKINÉSIE.

DYSCRASIE n. f. (bas lat. *dyscrasia*, du gr. *duskrasia*). 1. *Vx.* Tempérament morbide lié à des troubles métaboliques (goutte, diabète, obésité, etc.). – 2. Perturbation de la crase sanguine.

DYSCRASIQUE adj. Qui concerne la dyscrasie.

DYSDERCUS [-kys] n. m. (du gr. *derkesthai*, voir). Punaise sans ocelles, à rostre très long, des régions tropicales, nuisible au cotonnier.

DYSDÉRIDÉ n. m. (gr. *dusdêris*, difficile à combattre). Nom d'une importante famille d'araignées telles que la ségestrie. (Ces grandes araignées, à livrée unie mais vivement colorée, vivent les unes sous les pierres dans un cocon, les autres dans une fente d'arbre ou de mur ; leur morsure est douloureuse.)

DYSECTASIE n. f. Anomalie d'ouverture d'un canal, d'un sphincter. (La dysectasie du col de la vessie, lors de la miction, est appelée *maladie du col.*)

DYSEMBRYOME n. m. Formation de tissu tumoral, apparaissant au niveau de reliquats embryonnaires (cou, organes génitaux), mais dont la disparition est habituelle chez les sujets normaux.

DYSEMBRYOPLASIE n. f. Anomalie de la construction de l'embryon, pouvant entraîner le développement de tissus normaux en des endroits anormaux.

DYSENTERIE [disɑ̃tri] n. f. (lat. *dysenteria*, du gr. *dusenteria*). Toute maladie caractérisée par une diarrhée fréquente, sanguinolente, avec des douleurs abdominales, des sensations de faux besoins et des ulcérations de l'intestin (syndrome dysentérique).

ENCYCL. Le *syndrome dysentérique* est retrouvé dans la dysenterie amibienne, la dysenterie bacillaire et dans d'autres maladies telles que la rectocolite hémorragique.

La *dysenterie amibienne* ou *amibiase intestinale* est endémique dans les pays chauds. Elle commence par un accès aigu. En l'absence de traitement, elle peut évoluer vers la chronicité. Sa complication majeure est l'abcès amibien du foie. Le diagnostic repose sur l'examen des selles où l'on découvre l'amibe *Entamœba histolytica.*

La *dysenterie bacillaire*, due à une entérobactérie du genre shigella, sévit à l'état endémique dans les pays en voie de développement en raison des mauvaises conditions d'hygiène, qui favorisent le péril fécal.

DYSENTÉRIFORME adj. Qui rappelle la dysenterie.

DYSENTÉRIQUE adj. et n. (lat. *dysentericus*, du gr. *dusenterikos*). Relatif à la dysenterie ; atteint de dysenterie.

DYSÉRYTHROPOÏÈSE n. f. Tout trouble de la maturation érythroblastique. (Syn. ANÉMIE DYSPLASTIQUE.)

ENCYCL. Il peut s'agir d'une insuffisance de synthèse de l'hémoglobine ou d'anomalies de maturation ou de multiplication des érythroblastes entraînant une destruction (ou un « avortement ») dans la moelle osseuse des éléments cellulaires de la lignée érythroblastique. Les dysérythropoïèses acquises peuvent être isolées, ne touchant que la lignée érythroblastique, ou atteindre également les cellules des autres lignées sanguines (leucémies myéloblastiques). Les dysérythropoïèses congénitales, selon la morphologie des érythroblastes et le stade auquel se produit leur destruction, comprennent trois types transmis héréditairement (hérédité autosomique récessive pour les types I et II, hérédité autosomique dominante pour le type III).

DYSÉRYTHROPOÏÉTIQUE adj. Relatif à la dysérythropoïèse.

DYSFIBRINOGÈNE n. m. Fibrinogène anormal des dysfibrinogénémies.

DYSFIBRINOGÉNÉMIE n. f. Anomalie qualitative du fibrinogène sanguin caractérisée par une conversion défectueuse du fibrinogène en fibrine.

ENCYCL. Les dysfibrinogénémies congénitales se transmettent sur le mode autosomique dominant. Elles se traduisent généralement par un syndrome hémorragique tardif et modéré. Les dysfibrinogénémies acquises s'observent surtout en pathologie hépatique.

DYSFONCTION n. f. **1.** Ensemble des difficultés d'adaptation d'une unité sociale à son contexte, entraînant éventuellement le changement ou la disparition de cette unité. (Ce concept est fondamental dans la théorie fonctionnaliste.) — **2.** Syn. de DYSFONCTIONNEMENT.

DYSFONCTIONNEMENT n. m. **1.** Fonctionnement perturbé d'un organe, d'une glande, etc. — **2.** Mauvais fonctionnement d'un système socio-économique. (La faillite est un cas de dysfonctionnement d'une entreprise.) [Syn. DYSFONCTION.] — **3.** *Dysfonctionnement cérébral a minima,* trouble organique du fonctionnement cérébral dont l'existence est postulée pour rendre compte de symptômes divers (dyslexie, maladresse, instabilité psychomotrice, troubles caractériels), spécialement dans le domaine de la psychiatrie infantile.

DYSGENÈSE ou **DYSGÉNÉSIE** n. f. Syn. de DYSPLASIE.

DYSGÉNIQUE ou **DYSGÉNÉSIQUE** adj. Syn. de DYSPLASIQUE.

DYSGLOBULINÉMIE n. f. Perturbation du taux des globulines du plasma sanguin au cours de diverses affections. (Les dysglobulinémies les plus caractéristiques sont l'agammaglobulinémie, la macroglobulinémie ou maladie de Waldenström, les myélomes multiples ou maladie de Kahler, et la cryoglobulinémie.)

DYSGRAPHIE n. f. Trouble graphique s'exprimant au niveau des composantes spatiales de l'écriture sans atteintes des structures morphosyntaxiques. (Chez l'enfant qui ne présente ni trouble neurologique ni déficit intellectuel et dont la scolarité a été normale, elle est souvent liée à une organisation spatiale déficiente ou à un trouble de la personnalité.)

DYSGRAPHIQUE adj. et n. Relatif à la dysgraphie ; atteint de dysgraphie.

DYSGUEUSIE n. f. (du gr. *gueusis,* goût). Erreur dans la perception objective des sensations gustatives autre que l'agueusie ou l'hypergueusie.

DYSHARMONIE ou **DISHARMONIE** n. f. **1.** Absence d'harmonie entre des choses, des personnes. — **2.** État d'un système de parenté où la règle de résidence s'oppose à la règle de filiation (par ex. un régime à filiation matrilinéaire et à résidence patrilocale). — **3.** Résultat du plissement différentiel de deux couches contiguës au cours d'une même phase tectonique. — **4.** *Dysharmonie évolutive,* organisation pathologique de la personnalité qui se traduit par un déséquilibre entre les différents secteurs de la vie affective et cognitive. (La déficience mentale domine souvent le tableau clinique et peut masquer totalement les autres symptômes d'ordre psychotique, névrotique ou dépressif.)

DYSHARMONIQUE ou **DISHARMONIQUE** adj. Qui présente une dysharmonie.

DYSIDROSE n. f. Éruption de vésicules profondément enchâssées dans la peau, siégeant dans les espaces interdigitaux des mains, accompagnée d'une desquamation en cartes géographiques des paumes. (Généralement considérée comme une forme d'eczéma, la dysidrose est fréquemment associée à une mycose des orteils ou à une candidose qui peut en être la cause.)

DYSKÉRATOSE n. f. Trouble de la kératinisation des téguments, observé dans certaines affections dermatologiques congénitales (maladie de Darier) ou acquises.

DYSKINÉSIE ou **DYSCINÉSIE** n. f. **1.** Activité motrice involontaire lente et stéréotypée parasitant les mouvements volontaires. (Les dyskinésies affectent préférentiellement la langue, les lèvres et la mâchoire. On les rencontre dans certaines affections neurologiques mais surtout au cours de traitements par neuroleptiques ou par la L-dopa.) — **2.** *Dyskinésie biliaire,* trouble de la contraction et de l'évacuation de la vésicule biliaire.

DYSKINÉTIQUE adj. Relatif à la dyskinésie ; atteint de dyskinésie.

DYSLALIE n. f. (du gr. *lalein,* parler). Trouble de l'émission de la parole.

DYSLEXIE n. f. Difficulté d'apprentissage de la lecture chez un enfant normalement scolarisé ne présentant pas de déficit sensoriel, intellectuel ou de troubles du comportement.

ENCYCL. La dyslexie se présente comme une constellation de difficultés dont aucune, à elle seule, ne suffit à l'expliquer (difficultés de structuration spatio-temporelle, élaboration incomplète et tardive du langage, troubles affectifs, milieu socio-économique défavorisé). La dyslexie s'accompagne toujours de dysorthographie, mais, dans certains cas, la dyslexie est discrète et la dysorthographie au premier plan. En effet, l'enfant peut avoir réussi à établir, pour la lecture, des compensations qui ne suffisent plus pour l'apprentissage de l'orthographe, de même nature mais plus complexe. Si ses difficultés affectives ne sont pas majeures, une rééducation orthophonique permet généralement de venir à bout de la dyslexie.

DYSLEXIQUE adj. et n. Relatif à la dyslexie ; atteint de dyslexie.

DYSLIPOÏDOSE n. f. Maladie héréditaire aboutissant, par un déficit enzymatique probable, à l'accumulation de lipides dans le système réticulo-endothélial de certains organes. (Les principales dyslipoïdoses sont, selon la nature du lipide en excès : la *maladie de Gaucher ;* la *maladie de Niemann-Pick ;* la *maladie de Fabry ;* la *maladie de Tay-Sachs.*)

DYSMÉNORRHÉE n. f. Menstruation douloureuse. (Les dysménorrhées primitives, de type spasmodique, surviennent chez la jeune fille, essentiellement le premier jour des règles ; les dysménorrhées secondaires, non spasmodiques, surviennent chez les femmes jeunes, tardivement, et sont liées à une affection gynécologique organique.)

DYSMÉNORRHÉIQUE adj. et n. f. Relatif à la dysménorrhée ; atteinte de dysménorrhée.

DYSMÉTRIE n. f. Trouble de la coordination du mouvement dans l'espace.

DYSMIMIE n. f. (du gr. *mimia,* imitation). Expressions mimiques inadaptées à la situation vécue.

DYSMORPHOPHOBIE n. f. Préoccupation exagérée manifestée par qqn au sujet de l'aspect disgracieux de tout ou partie de son corps, que cette crainte ait un fondement objectif ou non.

DYSMORPHOSE ou **DYSMORPHIE** n. f. Anomalie de la forme d'une partie du corps.

DYSODIE n. f. (gr. *dusôdia,* odeur fétide). Mauvaise odeur dégagée par les cavités naturelles (bouche, fosses nasales) ou certaines parties du corps (aisselles, pieds).

DYSON (*sir* Frank Watson), astronome anglais (Ashby-de-la-Zouch, Leicestershire, 1868 - † en mer, au retour d'un voyage en Australie, 1939). À l'observatoire de Greenwich, dont il fut directeur (1910), il effectua de nombreuses mesures intéressant l'astrométrie et la géophysique. Il étudia aussi le spectre solaire et, en 1919, lors d'une éclipse totale du Soleil, vérifia la prédiction de la théorie de la relativité concernant la déviation des rayons lumineux des étoiles par le champ de gravitation du Soleil.

DYSORTHOGRAPHIE n. f. Difficulté spécifique d'apprentissage de l'orthographe chez un enfant qui ne présente pas par ailleurs de déficit intellectuel, sensoriel ou de trouble majeur de la personnalité et qui est normalement scolarisé. (La dysorthographie est liée à la dyslexie.)

DYSORTHOGRAPHIQUE adj. et n. Relatif à la dysorthographie ; atteint de dysorthographie.

DYSOSMIE n. f. Toute perception olfactive erronée.

DYSOSTOSE n. f. Maladie osseuse constitutionnelle déterminant une malformation au niveau du squelette des membres, de la face ou du crâne.

DYSOVULATION n. f. Retard, précocité ou absence de l'ovulation au cours du cycle menstruel, qui est à l'origine de troubles des règles et de stérilité.

DYSPAREUNIE n. f. (du gr. *pareunasthai,* coucher auprès). Douleur pendant le coït chez la femme.

DYSPEPSIE n. f. (gr. *duspepsia*). Trouble de la digestion qui survient habituellement après les repas et qui se manifeste par des pesanteurs et des ballonnements épigastriques, des sensations de brûlures, des nausées, des palpitations, etc. (Les causes des dyspepsies sont nombreuses : affections hépato-vésiculaires, gastriques ou intestinales, etc. Parfois, la dyspepsie est d'origine neurotonique.)

DYSPEPTIQUE ou **DYSPEPSIQUE** adj. et n. Relatif à la dyspepsie ; atteint de dyspepsie.

DYSPHAGIE n. f. Gêne à la déglutition pour avaler. (Elle traduit l'existence d'un obstacle fonctionnel ou organique du pharynx ou de l'œsophage.)

DYSPHASIE n. f. Chez l'enfant, tout retard important du langage.

DYSPHONIE n. f. Anomalie de la phonation, généralement consécutive à un dysfonctionnement de l'appareil phonatoire lui-même.

DYSPLASIE n. f. **1.** Malformation ou anomalie du développement d'un tissu ou d'un organe résultant d'un trouble de l'embryogenèse. (Syn. DYSGENÈSE, DYSGÉNÉSIE.) — **2.** *Dysplasie fibreuse des os,* syn. de MALADIE DE JAFFE-LICHTENSTEIN*.

DYSPLASIQUE adj. Relatif à la dysplasie. (Syn. DYSGÉNIQUE, DYSGÉNÉSIQUE.)

DYSPLASTIQUE adj. *Anémie dysplastique,* syn. de DYSÉRYTHROPOÏÈSE.

DYSPNÉE n. f. (bas lat. *dyspnœa,* du gr. *duspnoia*). Difficulté à respirer, s'accompagnant d'une sensation d'oppression.

ENCYCL. La dyspnée peut être d'origine *pulmonaire* (lésions alvéolaires étendues, encombrement muqueux ou purulent des bronches, rétrécissement de l'arbre bronchique d'origine spasmodique [asthme] ou mécanique [sténose bronchique]) ; *circulatoire* (affections cardiaques ou vasculaires qui ralentissent la circulation sanguine pulmonaire et entravent l'oxygénation du sang) ; *sanguine* (insuffisance des éléments sanguins fixateurs et vecteurs de l'oxygène [anémies graves, hémorragies]) ; *toxique* (poisons touchant soit les centres respiratoires bulbaires [virus neurotropes], soit les hématies, supports de l'hémoglobine [oxyde de carbone]).

DYSPNÉIQUE adj. et n. Relatif à la dyspnée ; atteint de dyspnée.

DYSPRAXIE n. f. Forme discrète d'apraxie.

DYSPROSIUM [-zjɔm] n. m. (gr. *dusprositos,* difficile à atteindre). Métal du groupe des terres rares. (Élément de symbole Dy, de numéro atomique 66 et de masse atomique 162,50, c'est un métal blanc, fondant vers 1 400 °C.)

DYSPROTHROMBINÉMIE n. f. Anomalie moléculaire congénitale de la prothrombine ou facteur II, entraînant un allongement du temps de Quick. (Le tableau clinique est celui d'une hémophilie atténuée. La transmission de la maladie se fait selon un mode autosomique récessif.)

DYSRYTHMIE n. f. Anomalie du rythme d'un tracé électroencéphalographique.

DYSSOCIAL, E, AUX adj. Se dit d'un type de comportement entrant en conflit avec les codes sociaux usuels.

DYSSOCIALITÉ n. f. Caractère de ce qui est dyssocial.

DYSTASIE n. f. (du gr. *stasis,* station debout). Difficulté pour se tenir debout.

DYSTHANASIE n. f. (gr. *dusthanatos,* qui meurt d'une mort lente). Difficulté à mourir, par oppos. à *euthanasie.*

DYSTHYMIE n. f. (gr. *dusthumia,* découragement). Tout trouble de l'humeur, de la tonalité affective.

DYSTHYMIQUE adj. (gr. *dusthumikos,* porté à la tristesse). Relatif à la dysthymie.

DYSTHYROÏDIE n. f. Fonctionnement anormal de la glande thyroïde.

DYSTOCIE n. f. (gr. *dustokia*). Difficulté, essentiellement mécanique, qui peut survenir au cours de l'accouchement.

ENCYCL. **Méd.** On distingue les dystocies d'origine maternelle, qui peuvent être dues à des anomalies du bassin, des contractions, de la dilatation du col ou à une tumeur pelvienne ; les dystocies liées aux annexes du fœtus (placenta prævia, procidence du cordon, rupture prématurée des membranes) ; les dystocies d'origine fœtale (excès de volume total ou partiel du fœtus, anomalies de la présentation, existence de malformation).

— **Vétér.** La dystocie, qui se rencontre assez souvent chez les animaux, est due à un volume excessif ou à une position défectueuse du fœtus, à un déplacement des membres, à une flexion de la tête ou de l'encolure. Elle peut nécessiter une embryotomie ou une césarienne.

DYSTOCIQUE adj. Relatif à la dystocie.

DYSTONIE n. f. **1.** Contraction parasite intéressant de façon régulière un ou plusieurs muscles ou membres, ou même l'axe corporel, déclenchée par un mouvement volontaire ou par le maintien d'une attitude et disparaissant au repos. (Les dystonies surviennent surtout au cours de certaines affections neurologiques ou au cours de traitements par neuroleptiques ou par la L-dopa.) — **2.** *Dystonie neurovégétative,* ensemble des manifestations pathologiques fonctionnelles affectant les organes de la vie végétative. (Suivant la prédominance des manifestations sympathiques ou parasympathiques, on distingue la sympathicotonie et la vagotonie.)

DYSTROPHE adj. **1.** Se dit d'un sol ou d'un humus à activité biologique ralentie et de faible fertilité. (Contr. EUTROPHE.) — **2.** *Lac dystrophe,* nom scientifique des « lacs bruns », riches en acide humique, pauvres en bactéries actives et ayant la lente évolution chimique d'une tourbière.

DYSTROPHIANT, E adj. Qui provoque la dystrophie.

DYSTROPHIE n. f. **1.** Trouble résultant de la nutrition déficiente d'un tissu ou d'un organe. — **2.** Toute anomalie du développement d'une cellule.

DYSTROPHIQUE adj. Relatif à la dystrophie.

DYSURIE n. f. (bas lat. *dysuria,* du gr. *dusouria*). Difficulté de la miction, due à une infection vésicale ou urétrale, à un obstacle à l'écoulement de l'urine (rétrécissement de l'urètre, lésion de la prostate) ou à une atonie du détrusor (muscle vésical).

DYSURIQUE adj. et n. Relatif à la dysurie ; atteint de dysurie.

DYTIQUE n. m. (gr. *dutikos,* plongeur). Coléoptère carnassier très commun dans les étangs et les rivières lentes.

ENCYCL. La larve des dytiques, à respiration aquatique, est allongée et dépourvue de bouche ; elle a une paire de mandibules creuses formant pince, avec laquelle elle capture et transperce ses proies, dans le corps desquelles elle injecte des enzymes digestives, aspirant ensuite le liquide nutritif ainsi obtenu. L'adulte est un insecte ovale, lisse, aux pattes postérieures conformées en rames, et qui plonge en emportant sous son ventre les bulles d'air nécessaires à sa respiration.

Le mâle porte des ventouses copulatrices aux pattes antérieures.

DZAHCHINS ou **DZAKHATCHINS,** population mongoloïde du nord-ouest de la Mongolie, évaluée à 11 000 individus et parlant un dialecte mongol khalkha.

DZAOUDZI, îlot situé à l'E. de Mayotte (archipel des Comores), dont il dépend.

DZERJINSK, v. de Russie, sur l'Oka inférieur, près de Gorki ; 269 000 hab. Chimie.

DZERJINSKI (Feliks Edmoundovitch), homme politique soviétique (Dzerjinovo, gouv. de Minsk, 1877 - Moscou 1926). Il adhéra en 1895 au parti social-démocrate de Lituanie, qui fusionna en 1900 avec celui de Pologne. Arrêté, il fut libéré de prison en févr.-mars 1917. Il entra au Comité central du parti bolchevik et fut l'un des responsables de l'insurrection armée d'oct.-nov. 1917. Chargé d'organiser la Tcheka (déc. 1917), il continua à en assurer la direction après sa transformation en Guépéou (1922-1926).

DZÉTA → ZÊTA.

DZIERZON (Johann), apiculteur allemand d'origine polonaise (Lowkowitz, Silésie, 1811 - *id.* 1906). Il a découvert que les mâles d'abeille provenaient d'une parthénogenèse et il a introduit de nombreuses innovations décisives en apiculture.

DZO n. m. (mot tibétain). Animal domestique du Tibet et de l'Himālaya, issu du croisement d'un yak et d'une vache.

DZOUNGARIE ou **DJOUNGARIE,** nom donné autrefois à la partie septentrionale du Xinjiang (Chine), entre les monts Tian Shan et l'Altaï. — Le nom de *porte de Dzoungarie* désigne parfois la passe de l'Ili, entre le Xinjiang et l'Asie moyenne soviétique.

DZOUNGARS ou **DJOUNGARS,** Mongols Oïrats ou Kalmouks fédérés (appelés **Éleutes** par certains auteurs occidentaux), qui constituèrent un premier empire (1439-1455), vite disloqué, et dominèrent aux XVIIe-XVIIIe s. un empire ayant pour centre la Dzoungarie. Ils furent vaincus par l'empereur chinois Qianlong, qui conquit la Dzoungarie et en extermina la population (1754-1756).

E n. m. Cinquième lettre de l'alphabet français, servant à noter plusieurs sons vocaliques distincts : le *e fermé* [e], comme dans *bonté, assez,* qui porte souvent l'accent aigu, le *e ouvert* [ɛ], comme dans *succès, revêche, pelle,* qui peut porter l'accent grave ou l'accent circonflexe, le *e latent* ou *muet* [ə], comme dans *premier,* mais qui souvent ne se prononce pas *(colle, soierie).*

e Nombre réel, limite, quand n tend vers l'infini, de $[1 + (1/n)]^n$. (Le début de la suite décimale illimitée de e est
$e = 2,7182818284590...$) [→ *encycl.*] • **Méd.** *e* désigne un des antigènes érythrocytaires du système Rhésus. – **Phys.** Désigne l'électron, le positron, et la valeur absolue de leur charge électrique.

ENCYCL. **Math.** Le nombre e est irrationnel et transcendant. À l'aide du développement du binôme $[1+(1/n)]^n$, on obtient

$$e = 1 + \frac{1}{1} + \frac{1}{1 \times 2} + \frac{1}{1 \times 2 \times 3} + ... + \frac{1}{n!} + ...$$

La limite de l'expression $[1+(x/n)]^n$ quand n tend vers l'infini est e^x. La fonction qui à x associe e^x joue un rôle très important en mathématique, en physique, en chimie et dans nombre de phénomènes naturels ; on l'appelle fonction *exponentielle**.

E Biochim. Désigne une vitamine liposoluble. – **Géogr.** Désigne l'Est. – **Géophys.** *Région E* ou *couche E,* région de l'ionosphère terrestre, située entre 90 et 120 à 140 km d'altitude. – **Méd.** Désigne un des antigènes érythrocytaires du système Rhésus. – **Métrol.** Symbole du préfixe SI *exa-*. – **Mus.** Dans les pays anglo-saxons et germaniques, troisième degré de la gamme d'*ut,* c'est-à-dire *mi.*

Ea (en sumérien *Maison de l'eau*), nom d'un dieu akkadien à qui le dieu sumérien Enki* a été assimilé à la fin du IIIe mill. av. J.-C.

EACIDES, descendants d'Éaque. Les anciens rois d'Épire prirent ce nom comme descendants de Pyrrhos, fils d'Achille, lui-même petit-fils d'Éaque.

EAGLE [igœl] n. m. (angl. *eagle,* aigle). Au golf, score sur un trou, qui améliore le par de deux points.

EAKINS (Thomas), peintre américain (Philadelphie 1844 - *id.* 1916). Figure majeure du courant réaliste, il a été un des premiers à utiliser des photographies comme point de départ de ses tableaux (scènes de plein air [courses d'aviron], portraits, scènes à contenu social).

EAM (sigle de *Ethnikós, Apeleftherotikós Métopos* [Front national de libération]), organisation de résistance hellénique contre l'occupation italo-allemande, créée en sept. 1941. De tendance communiste, elle mit sur pied une armée de libération nationale, l'ELAS *(Ethnikós Laïkós Apeleftherotikós Stratós).* Son activité se poursuivit jusqu'à la fin de la guerre civile (1949).

EAMES (Charles), architecte et designer américain (Saint Louis 1907 - *id.* 1978). Inventeur de formes et de techniques nouvelles (joint métal-bois, coquilles de bois moulées, montage de joints en caoutchouc embouti), il a notamment réalisé des chaises en contreplaqué moulé, un fauteuil à coquille en polyester armé de fibres de verre, des chaises en treillage, du luminaire, etc. Il a collaboré avec de grandes firmes, comme IBM.

EANES (António DOS SANTOS RAMALHO), homme d'État portugais (Alcains, district de Castelo

Branco, 1935). Général, il est l'un des instigateurs du coup d'État du 25 avr. 1974 qui renverse la dictature et devient président de la République (1976-1986). Initiateur du parti rénovateur démocratique, fondé en 1985, il en devient le président en 1986.

EANNATOUM, *ensi* de la cité sumérienne de Lagash (XXVe s. av. J.-C.). Sa victoire sur la cité d'Oumma est évoquée sur la stèle des Vautours (Louvre).

E. A. O., abrév. de ENSEIGNEMENT* ASSISTÉ PAR ORDINATEUR.

ÉAQUE, fils de Zeus et de la nymphe Égine, roi des Myrmidons de l'île d'Égine. Sa sagesse fit de lui l'arbitre des Grecs et leur interprète auprès des dieux.

EARIAS [earjas] n. m. Petite noctuelle tordeuse des feuilles du saule et du peuplier. (Une espèce ravage les cotonniers.)

EARL [œrl] n. m. (angl. *earl*). Titre anglais équivalent de celui de comte.

EARLE (Pliny), inventeur américain (Leicester, Massachusetts, 1762 - *id.* 1832). On lui doit la machine à carder (1790).

Early Bird, premier satellite de télécommunications géostationnaire opérationnel, lancé de cap Kennedy (cap Canaveral) le 4 avr. 1965. Appelé aussi Intelsat 1, car il constitua le premier satellite de l'organisation internationale Intelsat, il pouvait acheminer au-dessus de l'océan Atlantique 240 circuits téléphoniques simultanés ou un programme de télévision.

EAST ANGLIA, royaume angle fondé au VIe s. et annexé au VIIIe s. par Offa, roi de Mercie.

EASTBOURNE, station balnéaire de la côte méridionale de la Grande-Bretagne (East Sussex) ; 77 600 hab.

EAST END, quartiers orientaux de Londres, de part et d'autre de la Tamise, au-delà de Tower Bridge.

EASTERLIES [istœrliz] n. m. pl. (angl. *easterlies*). Vents d'est planétaires qui soufflent sur les régions polaires d'une part, sur la zone intertropicale (on les nomme *alizés*) d'autre part.

EAST KILBRIDE, ville nouvelle de Grande-Bretagne, en Écosse, au S. de Glasgow ; 70 000 hab. Mécanique. Électronique. Centre de recherche (technologie).

EAST LONDON, port de l'Afrique du Sud (prov. du Cap-Est), sur l'océan Indien ; 161 000 hab. Exportation de produits agricoles. Montage automobile.

EASTMAN (George), industriel américain (Waterville, État de New York, 1854-Rochester 1932). Il prépara en 1878 les premières plaques au gélatino-bromure d'argent ; il en commença la fabrication industrielle en 1880, à Rochester. Il créa en 1884 une pellicule en papier et, en 1889, le film transparent de nitrocellulose, qu'utilisa Edison dans son cinématographe. En 1892, il organisa la Eastman Kodak Company.

EASTMANCOLOR n. m. (n. déposé). Procédé de cinématographie en couleurs, créé en 1950 par la société Eastman Kodak et permettant l'obtention de copies d'exploitation.

Eastman Kodak Company, société américaine, dont les origines remontent à 1880, spécialisée dans la fabrication de matériels et de produits photographiques et cinématographiques, d'instruments d'optique, de matières plastiques et de certains produits chimiques, ainsi que dans les biotechnologies et dans l'informatique.

EASTON (David), sociologue canadien (Toronto 1917). Il est l'un des propagateurs de l'analyse « systémique » en politologie (*A System's Analysis of Political Life,* 1965).

EAST RIVER, chenal par lequel la baie de New York communique avec le détroit de Long Island.

EASTWOOD (Clint), acteur et cinéaste américain (San Francisco 1930). Héros populaire de trois spaghetti-westerns de Sergio Leone (*Pour une poignée de dollars,* 1964 ; *Et pour quelques dollars de plus,* 1965 ; *le Bon, la Brute et le Truand,* 1966), il s'impose ensuite dans plusieurs films américains (*les Proies,* 1971 ; *l'Inspecteur Harry,* id., 1972). Il a signé comme metteur en scène plusieurs films dont il est également l'interprète : *Bronco Billy* (1980), *le Retour de l'inspecteur Harry* (1983), *Pale Rider* (1985), *le Maître de guerre* (1987), *Chasseur blanc, cœur noir* (1990), *Impitoyable* (1992), *Un monde parfait* (1993), *Sur la route de Madison* (1995). En 1988, il réalise (sans en être l'interprète) *Bird,* une évocation de Charlie Parker.

EAU n. f. (lat. *aqua*). **1.** Corps liquide à la température et à la pression ordinaires, incolore, inodore, insipide, dont les molécules sont composées d'un atome d'oxygène et de deux atomes d'hydrogène. (→ *encycl.*) — **2.** Ce corps liquide, contenant en solution ou en suspension toutes sortes d'autres corps (sels, gaz, micro-organismes, etc.), très répandu à la surface terrestre (eau de pluie, eau de mer, eau du robinet, etc.). — **3.** La mer, les rivières, les lacs, etc. : *Aller au bord de l'eau.* — **4.** Liquide organique ; sérosité : *La cloque était pleine d'eau.* — **5.** Bouillon de cuisson : *Eau de riz.* — **6.** Pluie : *Il est tombé des trombes d'eau.* — **7.** Suc de certains fruits. — **8.** Nom donné à divers liquides alcooliques ou obtenus par distillation, par infusion, etc. : *De l'eau de Cologne.* — **9.** Transparence d'une pierre ; éclat d'une perle lié à son velouté et à son orient. — **10.** *Litt.* Transparence, limpidité de qqch : *L'eau claire et profonde de ses yeux.* — **11.** *À grande eau,* en laissant l'eau couler abondamment : *Rincer à grande eau.* ‖ Fam. et péjor. *De la même eau,* du même genre, de même nature. ‖ Péjor. *De la plus belle eau,* se dit de qqn qui est un spécimen remarquable en son genre : *C'est un escroc de la plus belle eau.* ‖ Litt. *Être (comme) l'eau et le feu,* avoir des caractères totalement opposés. ‖ *Être en eau,* être couvert de sueur, en nage. ‖ *Faire venir, mettre, etc., l'eau à la bouche,* allécher. ‖ *Il passera de l'eau sous les ponts (avant que),* il s'écoulera beaucoup de temps, ce n'est pas près d'arriver. ‖ Fam. *Il y a de l'eau dans le gaz,* les relations sont tendues, les choses vont mal tourner. ‖ *Mettre de l'eau dans son vin,* tempérer ses exigences, atténuer sa rigueur. ‖ *Par (l')eau,* se dit d'un transport par navigation maritime ou fluviale. ‖ Fam. *Porter de l'eau à la rivière (à la mer),* faire une chose inutile. ‖ *Se jeter à l'eau,* se lancer hardiment dans une entreprise, vaincre ses hésitations. ‖ Fam. *Tomber à l'eau, être à l'eau,* ne pas aboutir : *Tous ces beaux projets sont tombés à l'eau.* • **Chim.** Nom de certaines solutions aqueuses (eau de brome, eau boriquée, eau de chlore, etc.) et de certains liquides (eau de Javel*, eau régale*, etc.). ‖ *Eau lourde,* composé chimique de formule D_2O, formé d'oxygène et de deutérium et analogue à l'eau. (→ *encycl.*) ‖ *Eau oxygénée,* solution aqueuse de peroxyde d'hydrogène H_2O_2, employée comme antiseptique, décolorant ou produit de blanchiment. (→ *encycl.*) — **Climatol.** *Bilan de l'eau,* cycle général de l'eau sur terre, comportant l'évaporation, les précipitations et l'écoulement (accessoirement la sublimation). — **Géol.** *Eau de carrières,* eau que l'on trouve dans les pores des roches. — **Hist.** *Marchand de l'eau,* marchand qui faisait par eau le commerce de Paris. (Les marchands de l'eau formaient une corporation, la *Hanse parisienne des marchands de l'eau,* créée à la fin du XIe s.) ‖ *Porteur d'eau,* homme qui faisait profession de vendre de l'eau et de la porter à domicile. ‖ *Question par* (ou *de*) *l'eau,* mode de torture appliqué en France, jusqu'en 1788, aux prisonniers pour obtenir un aveu ou une dénonciation et qui consistait à leur faire ingurgiter de force une grande quantité d'eau. ‖ *Supplice par l'eau bouillante,* peine appliquée aux faux-monnayeurs, jusque vers la fin du XVIe s., en Europe, et qui consistait à les noyer dans l'eau bouillante. — **Hydrol.** *Eau de fond,* eau de mer, froide et dense, formée en surface dans les régions-sources proches des pôles et plongeant jusqu'aux profondeurs abyssales. ‖ *Eau intermédiaire,* eau de mer produite par mélange le long d'un front océanique, en particulier les convergences polaires, et circulant entre 1 000 et 2 000 m de profondeur. ‖ *Eau de mer,* composante fondamentale de l'hydrosphère (97,5 %) occupant les bassins océaniques et les mers de l'océan mondial. (→ *encycl.*) ‖ *Eau morte,* onde interne produite à la limite de deux couches d'eau de densité différente, freinant l'allure des petites embarcations. ‖ *Eau océanique,* eau de mer dans laquelle les influences continentales ne sont plus discernables. (Sa salinité se situe entre 30 et 40 ‰.) ‖ *Eau profonde,* eau de mer dérivant et circulant à des profondeurs comprises entre 2 000 et 4 000 m. ‖ *Eau rouge,* eau de mer dont la couleur rougeâtre est généralement attribuée au développement rapide de certaines espèces planctoniques (péridiniens, bactéries). — **Liturg.** *Eau bénite,* eau naturelle que le prêtre bénit pour asperger les fidèles et pour procéder à toutes les bénédictions et exorcismes. (À l'entrée de chaque église est disposé un bénitier ; les fidèles, en entrant, y trempent les doigts pour faire ensuite le signe de la croix, en geste de purification et de foi.) — **Mar.** *Faire eau,* en parlant d'un navire, se remplir d'eau par des ouvertures accidentelles. ‖ *Voie d'eau,* ouverture accidentelle qui donne accès à l'eau dans un navire. — **Méd.** *Eau minérale,* eau contenant en solution des substances minérales qui la font utiliser en thérapeutique. ‖ *Eau thermale,* eau de source qui jaillit à une température élevée. — **Parfum.** *Eau de toilette,* préparation alcoolique dont le degré de concentration en substances odorantes est intermédiaire entre celui de l'extrait et celui de l'eau de Cologne dérivés du même parfum. — **Pétr.** *Eau de gisement,* eau généralement salée, associée à un gisement d'hydrocarbures. — **Pharm.** Préparation liquide dont le solvant est aqueux (eau blanche, eau sédative) ou alcoolique (eau de Cologne, eau de mélisse). ‖ *Eau distillée aromatique,* eau chargée par distillation des principes volatils des plantes. (Syn. HYDROLAT.) — **Therm.** *Tube d'eau,* tube d'une chaudière dans lequel circule l'eau ou le mélange d'eau et de vapeur.

◆ **eaux** n. f. pl. **1.** Eau jaillissante, fournie par des fontaines artificielles : *Les grandes eaux de Versailles.* — **2.** Grande masse d'eau (mer, inondation, etc.) : *Les eaux se retirent : c'est la décrue.* — **3.** *Vx.* Lieu qui possède un établissement d'eaux thermales ou minérales : *Aller aux eaux.* — **4.** Fam. *Dans ces eaux-là,* environ à ce prix, à ce niveau. ‖ *Être entre deux eaux,* éviter de choisir dans une situation délicate. ‖ *Être, se tenir, nager, etc., dans les eaux de qqn,* suivre son exemple, rester dans son sillage. ‖ Fam. *Les grandes eaux,* larmes abondantes. ‖ *Nager entre deux eaux,* éviter de se compromettre. ‖ *Ville d'eaux,* station thermale. • **Assain.** *Eaux de ruissellement,* eaux de pluie, de drainage et de lavage de la voirie. (Syn.

EFFLUENT PLUVIAL.) ‖ *Eaux usées,* ensemble des eaux d'origine domestique et des eaux d'origine industrielle. — **Dr.** *Eaux intérieures,* zone maritime située en deçà de la ligne de départ des eaux territoriales et sur laquelle l'État riverain exerce sa souveraineté (rades, baies, etc.). [Syn. MER NATIONALE.] ‖ *Eaux territoriales,* zone maritime que les États fixent eux-mêmes (12 milles en France) et sur laquelle l'État riverain exerce sa souveraineté. (Syn. MER TERRITORIALE.) — **Mar.** Sillage d'un navire. — **Méd.** Liquide amniotique. ‖ *Perte des eaux,* sortie du liquide amniotique après la rupture des membranes. ‖ *Poche des eaux,* pôle inférieur de l'œuf reposant sur l'orifice interne du col utérin. — **Sal.** *Eaux mères,* eaux restant après dépôt sur le fond des tables salantes de la plus grande partie du sel, et contenant les sels les plus solubles (sels de magnésium, de potassium, de brome). — **Zootechn.** *Eaux grasses,* eaux provenant des lavages de la vaisselle. (On les utilisait pour l'alimentation des porcs.)

ENCYCL. Considérée par les Anciens comme un élément, l'eau est une combinaison d'hydrogène et d'oxygène. Cavendish reconnut en 1781 qu'elle se formait dans la combustion de l'hydrogène. Les travaux de Lavoisier, de Laplace et de Meusnier, complétés par ceux de Carlisle et de Nicholson (analyse électrolytique de l'eau, 1800), de Gay-Lussac et de Humboldt (synthèse eudiométrique, 1805), et enfin par ceux de Dumas (synthèse pondérale, 1843), établirent sa composition.

propriétés physiques et chimiques

Liquide transparent sous faible épaisseur, inodore, sans saveur, incolore, mais prenant une teinte bleu verdâtre sous grande épaisseur, l'eau présente diverses anomalies dans ses propriétés physiques. Elle possède notamment un maximum de masse volumique à 4 °C, qui est alors sensiblement de 1 g/cm^3. Sa chaleur spécifique, particulièrement élevée, passe par un minimum vers 35 °C. L'eau dissout un grand nombre de substances solides, liquides ou gazeuses. C'est un bon solvant des électrolytes et un mauvais solvant des composés non polaires (hydrocarbures).

L'eau prend facilement les deux autres états physiques ; par définition de l'échelle thermométrique Celsius, elle se congèle à 0 °C et bout à 100 °C sous la pression atmosphérique normale. La vapeur d'eau est un gaz incolore, de densité 5/8 par rapport à l'air. L'eau solide, ou glace, est formée de cristaux hexagonaux ; l'eau augmente de volume en se congelant, et la glace a pour densité 0,92.

Formée avec un grand dégagement de chaleur à partir de ses éléments, l'eau est un composé stable : sa vapeur ne commence à se dissocier que vers 1 300 °C. Elle peut néanmoins être décomposée par les corps avides de l'un ou l'autre de ses éléments. Le fluor, le chlore ou le brome peuvent fixer l'hydrogène et libérer l'oxygène. Au contraire, le phosphore, le carbone, le silicium s'unissent à l'oxygène et libèrent l'hydrogène ; en faisant passer un courant de vapeur d'eau à travers du coke porté au rouge, on obtient le *gaz à l'eau,* combustible formé essentiellement d'hydrogène et d'oxyde de carbone.

Possédant à la fois des propriétés oxydantes et réductrices, la molécule d'eau est une molécule amphotère : c'est l'acide du couple H_2O,OH^- et la base du couple H^+,H_2O ou, mieux, H_3O^+,H_2O. L'eau donne de nombreux composés d'addition : hydrates ou complexes.

Volumes massiques (l/kg)
Glace à 0 °C : 1,091
Liquide à 0 °C : 1,000 132
Liquide à 4 °C : 1,000 000
Indice de réfraction : n^{20} = 1,333 00
Chaleur de formation à 25 °C (ΔG^0) : – 56,69 kcal/mole
Produit ionique à 25 °C : 10^{-14}

• *État naturel de l'eau.* L'évaporation de l'eau des mers et des cours d'eau produit de la vapeur d'eau dont la condensation fournit les nuages ; ceux-ci restituent à la surface de la Terre, sous forme de pluie ou de neige, l'eau que récupèrent les rivières et les fleuves (eau de ruissellement) ou qui forme les sources et les nappes souterraines (eaux d'infiltration). Celles-ci, en agissant sur les roches, dont elles dissolvent les éléments solubles, se minéralisent. Selon la proportion des sels dissous, ces eaux sont dites *douces* (moins de 0,6 g de sels par litre) ou *dures.* On réserve le nom d'*eaux minérales* à celles qui contiennent une notable proportion de sels utilisables en thérapeutique.

• *L'eau à l'état solide* → GLACE et NEIGE.

• *Eau lourde.* C'est un liquide incolore, inodore et insipide, de densité 1,106 — d'où son nom. Elle se congèle à 3,8 °C, bout à 101,4 °C, et se concentre dans les résidus de cuves électrolytiques. Elle constitue un excellent ralentisseur de neutrons (ou *modérateur*) et comme tel est utilisée dans certains réacteurs nucléaires. L'eau ordinaire (qui contient environ une molécule d'eau lourde pour 6 700 d'eau légère) est utilisée comme modérateur et comme fluide caloporteur dans les réacteurs nucléaires dits à eau ordinaire.

• *Eau oxygénée.* Découverte en 1818 par Thenard, l'eau oxygénée est une solution aqueuse de peroxyde d'hydrogène H_2O_2. Pur, ce dernier corps est un liquide sirupeux, incolore, à saveur métallique, de densité 1,46, pouvant se congeler à – 1 °C. Il est soluble dans l'eau en toutes proportions. On trouve dans le commerce l'eau oxygénée à 2 ou 3 % (dite à 10 ou 12 volumes, car elle peut libérer de 10 à 12 fois son propre volume d'oxygène).

Elle est douée de propriétés oxydantes, d'où son emploi comme antiseptique et décolorant. Sa préparation industrielle utilise surtout le procédé à l'anthraquinone.

eau de mer

C'est un composé chimique soumis à un perpétuel recyclage de ses constituants, en dissolution (sels, gaz [azote, oxygène], substances organiques) ou en suspension (minéraux, organismes planctoniques). Elle se distingue de l'eau douce évidemment par une salinité notable (voisine de 35 ‰ en moyenne) mais possède aussi une densité un peu plus élevée (1,025). L'eau de mer joue un rôle essentiel comme substance vitale et comme régulateur thermique (stockant la chaleur radiative d'origine solaire, lentement restituée).

l'eau dans le monde

L'eau est sur la planète l'élément le plus répandu (1 360 millions de km^3), dont la presque totalité toutefois est salée (95,5 %) ou contenue dans les calottes glaciaires ou les glaciers (2,2 %). Il reste donc 2,3 % d'eau douce utilisable, surtout dans le sol et le sous-sol, 130 000 km^3 dans les lacs et les marais, de 13 000 à 15 000 km^3 dans l'atmosphère et 4 000 km^3 dans les cours d'eau.

Le volume annuel des précipitations dépasse 500 000 km^3, dont environ 100 000 km^3 sur les continents. Sur ce dernier chiffre, 10 à 15 % s'infiltrent dans le sol, plus de la moitié s'évapore, approximativement le tiers atteint les lacs ou les cours d'eau et correspond pratiquement aux ressources utilisables. Si la population mondiale a à peine triplé depuis 1900, dans le même temps, la consommation d'eau a presque décuplé. Toutefois, celle-ci ne représente encore qu'à peine 10 % des ressources utilisables. Cependant, si la pénurie à l'échelle du globe est exclue, se posent localement des problèmes liés aux fortes densités, à l'industrialisation (dont les besoins considérables sont partiellement assurés par le recyclage), à l'irrigation, à la pollution aussi, tous facteurs parfois associés à de médiocres précipitations.

traitement de l'eau destinée à la distribution publique

L'eau distribuée doit être potable, et autant que possible agréable à boire.

Le traitement complet d'une eau comporte l'élimination des matières en suspension, colloïdales ou non, et parfois celle des « micropolluants », composés jugés dangereux ou gênants même en quantités infinitésimales : métaux lourds, composés organochlorés, pesticides, hydrocarbures. Après un dégrillage qui en retire les corps les plus volumineux, l'eau est amenée dans des bassins de floculation. On injecte un réactif qui a la propriété de faire cesser l'état colloïdal des matières en suspension, puis on brasse l'eau plus lentement pour permettre aux particules de se rassembler sous forme de flocons, qui entraîneront, en se déposant, les autres particules en suspension. L'eau est alors dirigée vers des décanteurs dans lesquels se fera le dépôt. Elle passe ensuite sur des filtres, qui sont en général des lits de sable. Puis elle doit parfois subir un traitement complémentaire pour en éliminer la couleur, les goûts désagréables ou les micropolluants. Il faut enfin veiller à son équilibre calcaire-gaz carbonique : la proportion de calcaire doit être suffisante pour favoriser la formation d'un très léger film protecteur dans les canalisations ; si elle est trop forte (eau trop dure), il y a risque d'incrustations et de dépôts importants ; si elle est trop faible (eau trop douce), l'eau est agressive, et les risques de corrosion sont accrus.

l'eau et les organismes vivants

L'eau est le milieu de vie de tous les animaux ou plantes aquatiques, c'est-à-dire de la majorité des espèces. Elle constitue l'élément principal de toutes les cellules en état de vie active. Enfin, chez les êtres de grande taille, elle forme l'essentiel du liquide circulant (sève des plantes, sang des animaux).

• *L'eau en tant que milieu.* Les eaux diffèrent par leur température, leur salinité, leur éclairement, leur mouvement, leur teneur en oxygène, etc. Pour chacun de ces facteurs, certaines espèces supportent d'importants écarts (espèces dites eurythermes, euryhalines, etc.) alors que d'autres exigent des conditions constantes (espèces sténothermes, sténohalines, etc.). En outre, tous les intermédiaires existent entre l'être aquatique strict qui meurt rapidement hors de l'eau et l'animal qui ne passe dans l'eau que sa vie larvaire ou l'algue longuement émergée à chaque marée basse.

• *L'eau en tant que constituant cellulaire.* Tant chez les plantes terrestres que dans certaines cellules animales telles que les globules rouges de notre sang, c'est l'eau qui assure la turgescence, c'est-à-dire la pression intérieure qui donne aux cellules leur volume et leur fermeté. La perte d'eau (plasmolyse, fanaison) entraîne la mort. Or, en milieu terrestre, l'air est rarement humide à saturation et l'évaporation risque toujours d'excéder l'alimentation en eau. D'où l'importance et la diversité des dispositifs de rétention de l'eau : réduction des surfaces, existence de carapaces ou de coquilles, voire

entrée en anhydrobiose (vie ralentie) ou activité purement nocturne.
• *L'eau en tant que liquide circulant.* Le pouvoir solvant de l'eau à l'égard de la plupart des substances vitales : oxygène, gaz carbonique, minéraux, glucose, acides aminés, etc., fait d'elle le meilleur support pour la distribution de ces substances à tout un organisme, sous la forme des sèves brute et élaborée chez les plantes, du sang chez les animaux. Très fluide, l'eau circule dans les vaisseaux à faible coût énergétique et elle peut véhiculer des particules solides telles que les globules du sang.
• *Chez l'homme adulte.* L'eau représente environ 70 % du poids du corps en proportions variables dans les différents tissus, allant de 10 % pour le squelette à 99,5 % pour la salive ou la sueur. Elle forme la plus grande partie du milieu intérieur. Une autre partie de l'eau est liée aux colloïdes constituant le protoplasme des cellules. L'eau joue un rôle essentiel dans les phénomènes de régulation thermique. Son élimination se fait chez l'homme par l'urine (environ 1 200 ml), par voie pulmonaire (500 ml) et par voie cutanée (300 ml).

eau lourde *(bataille de l'),* opération qui, pendant la Seconde Guerre mondiale, contribua à la défaite de l'Allemagne dans sa course à la bombe atomique. Au printemps de 1940, le stock d'eau lourde que possédait l'usine norvégienne de Rjukan fut transporté, via la France, en Angleterre. Puis des résistants norvégiens firent sauter l'usine elle-même (1943), ainsi que le ferry-boat qui transportait le stock subsistant en Allemagne (1944).

eaux *(Compagnie générale des),* société française, créée en 1853, dont l'activité principale s'exerce dans le service des eaux, leur assainissement chimique et l'exécution des travaux d'adduction. Elle intervient aussi dans la gestion d'installations thermiques, le bâtiment et les travaux publics, le traitement des déchets, etc.

eaux et forêts *(École nationale des ingénieurs des travaux des)* → TRAVAUX DES EAUX ET FORÊTS (École nationale des ingénieurs des).

EAUBONNE (95600), ch.-l. de cant. du Val-d'Oise, dans la banlieue nord de Paris, au S. de la forêt de Montmorency ; 22 208 hab. *(Eaubonnais).* Petits châteaux dus à Ledoux, dont un occupé par la mairie.

EAU-DE-VIE n. f. (pl. *eaux-de-vie*) [calque du lat. des alchimistes *aqua vitae*]. **1.** Boisson alcoolique extraite par distillation de divers produits fermentés (vins, cidres, marcs, canne à sucre, fruits divers, etc.). [→ *encycl.*] — **2.** *Eau-de-vie artificielle,* mélange dans lequel l'alcool neutre domine et dont la saveur est renforcée par un bonificateur. ‖ *Eau-de-vie de Dantzig,* infusion de citron et de macis dans de l'alcool ou de l'eau-de-vie, avec addition de feuilles d'or. ‖ *Eau-de-vie fantaisie,* boisson obtenue par mélange d'eau-de-vie naturelle et d'alcool rectifié de fruits ou d'industrie sans aucune addition de bonificateur et où l'eau-de-vie naturelle domine.
ENCYCL. Le cognac et l'armagnac sont les plus célèbres eaux-de-vie de vin. On fabrique en Bourgogne, Anjou, Champagne des eaux-de-vie de marcs, ou marcs, à l'arôme prononcé. Les cidres et poirés donnent diverses eaux-de-vie dont le calvados. Les rhums proviennent de la canne à sucre, le kirsch de la cerise, la quetsche et la mirabelle des prunes du même nom. Les whiskies sont obtenus avec divers mélanges de grains, saccharifiés au malt, fermentés et distillés. Le bourbon américain est fait à partir de maïs, la vodka russe à partir de blé et de céréales diverses, l'arak en Orient à partir du riz.

EAU-FORTE n. f. (pl. *eaux-fortes*). **1.** Acide nitrique mélangé d'eau, dont se servent les aquafortistes pour attaquer le métal mis à découvert par le travail de la pointe, qui enlève le vernis protecteur. — **2.** Estampe que l'on obtient au moyen d'une planche mordue par cet acide.

EAUX-BONNES (64440), comm. des Pyrénées-Atlantiques, sur un affluent du gave d'Ossau ; 537 hab. Station thermale pour les voies respiratoires. Musée ornithologique. Centre d'excursions. Station de sports d'hiver à Gourette*.

EAUX-CHAUDES, station thermale des Pyrénées-Atlantiques (comm. de Laruns), sur le gave d'Ossau. Les eaux sont utilisées pour le traitement des voies respiratoires et des rhumatismes.

EAUX-VANNES n. f. pl. Parties liquides contenues dans les fosses d'aisances, bassins à vidange, résidus d'établissements industriels.

EAUZE (32800), ch.-l. de cant. du nord-ouest du Gers ; 4 198 hab. *(Élusates).* C'est l'antique *Elusa.* Église gothique d'env. 1500. Centre de production et du commerce de l'armagnac. Conserves (foie gras).

Eawy *(forêt d'),* forêt domaniale de Normandie (Seine-Maritime), à l'O. de Neufchâtel-en-Bray ; 6 600 ha (essentiellement de hêtres).

ÉBAHIR v. t. (anc. fr. *baer,* bayer, avec l'infl. de l'anc. fr. *baïf,* étonné) [conj. **32**]. Jeter qqn dans un vif étonnement, dans la stupéfaction ; stupéfier, abasourdir : *Je l'ai ébahi par ma réponse.*
◆ **s'ébahir** v. pr., **être ébahi** v. pass. Être très étonné ; être sidéré, stupéfait : *Avoir un air ébahi.*

ÉBAHISSEMENT n. m. Étonnement extrême ; émerveillement, stupéfaction.

EBAN (Abba), homme politique israélien (Le Cap 1915). Représentant permanent d'Israël auprès de l'O. N. U. (1949) et ambassadeur aux États-Unis (1950-1959), il fut ministre des Affaires étrangères de 1966 à 1974.

ÉBARBAGE n. m. Action d'ébarber.

ÉBARBER v. t. (de *barbe*) [conj. 3]. **1.** Enlever, à l'aide d'un grattoir appelé ébarboir, les saillies inutiles d'une surface métallique et, en partic., les barbes d'une planche de cuivre attaquée par le burin ou la pointe du graveur. — **2.** Éliminer à la lime, au burin ou à la meule des défauts de surface d'une pièce de fonderie ou de produits de laminage. — **3.** Rogner légèrement, à la cisaille, les cahiers qui constituent le corps d'ouvrage d'un livre, pour égaliser les bords du volume. — **4.** Enlever avec la gradine l'excédent des soudures des différentes parties d'une pièce céramique. — **5.** Enlever à l'aide de ciseaux les barbes ou les nageoires d'un poisson. — **6.** Couper le chevelu des végétaux qu'on transplante. — **7.** Tondre une haie, une charmille. — **8.** Couper les racines superficielles de la vigne. — **9.** Éliminer par frottement les barbes des grains et graines de graminées.

ÉBARBEUSE n. f. ou **ÉBARBEUR** n. m. Machine à ébarber l'orge et le riz.

ÉBARBOIR n. m. Outil pour ébarber les métaux.

ÉBARBURE n. f. Ce que l'on ôte en ébarbant.

ÉBARDOIR n. m. (altér. de *ébarboir*). Outil en forme de grattoir triangulaire, servant aux maçons, aux zingueurs, etc.

ÉBAT n. m. (de *s'ébattre*). En horlogerie, syn. de JEU.

◆ **ébats** n. m. pl. Mouvements folâtres, détente joyeuse : *Se livrer à de joyeux ébats.*

ÉBATTRE (S') v. pr. (de *battre*) [conj. 83]. Se détendre en gesticulant, en courant, etc. ; folâtrer, jouer : *Les enfants s'ébattent dans le jardin.*

ÉBAUBIR (S') v. pr., **ÊTRE ÉBAUBI** v. pass. (anc. fr. *abalbir,* du lat. *balbus,* bègue) [conj. 32]. *Litt.* Être stupéfait, interdit, marquer une grande surprise : *Rester ébaubi d'admiration.*

ÉBAUCHAGE n. m. **1.** Premier façonnage d'une masse de pâte pour donner à une céramique sa forme rudimentaire. — **2.** Opération de forgeage, laminage, etc., préliminaire à toute opération de mise en forme de finition.

ÉBAUCHE n. f. (de *ébaucher*). **1.** Premier jet, esquisse indiquant la forme générale, les diverses parties d'un travail, en partic. d'une œuvre artistique ou littéraire : *Lire l'ébauche d'une tragédie.* — **2.** Commencement, premier développement de qqch, d'une action en devenir : *C'est là l'ébauche de futures relations.* • **Bât.** Morceau de pierre débité aux cotes par excès de la pierre de taille à réaliser. — **Biol.** Premier stade de développement d'un organe, précédant toute différenciation. — **Bois.** Premier état d'un objet en bois, qui ne possède ni la forme ni les dimensions exactes de l'objet fini. — **Horlog.** Ensemble des pièces de la montre comprenant la platine, les ponts, le rouage, les mécanismes de remontage et de mise à l'heure. — **Métall.** Pièce ou lopin dégrossis avant l'opération finale de transformation. — **Odont.** *Ébauche dentaire,* épaississement de la lame dentaire à partir duquel se forme la dent de première dentition.

ÉBAUCHER v. t. (anc. fr. *esbochier,* de *bauc,* poutre, du frq. **balk*) [conj. 3]. **1.** Tracer les grandes lignes d'une œuvre, d'un travail, lui donner grossièrement une première forme ; esquisser. — **2.** Commencer, entamer une action : *Ébaucher une négociation avec un adversaire.* — **3.** Commencer un geste, une action puis s'arrêter ; esquisser : *Il ébaucha un timide sourire.* • **Bât.** Dégrossir un bloc de pierre pour lui donner une forme proche de celle désirée. — **Bijout.** Tailler sommairement les premières facettes d'un diamant. — **Bx-arts.** Commencer à grands traits une composition, modeler sommairement l'argile, dégrossir un bloc de marbre, etc. — **Mécan.** Effectuer l'usinage d'une pièce brute, en laissant subsister les surépaisseurs nécessaires à sa finition.

ÉBAUCHEUR n. m. Ouvrier qui ébauche.

ÉBAUCHOIR n. m. **1.** Outil de sculpteur servant à façonner l'argile, le plâtre, la cire. — **2.** Sorte de ciseau qu'emploient différents artisans (charrons, potiers, etc.).

ÉBAUCHON n. m. Petit bloc de racine de bruyère grossièrement ébauché, prêt à être travaillé par le fabricant de pipes.

ÉBAUDIR (S') ou **ESBAUDIR (S')** v. pr., **ÊTRE ÉBAUDI** ou **ESBAUDI** v. pass. (anc. fr. *bald,* joyeux) [conj. 32]. *Litt.* Se divertir, se réjouir, s'égayer.

ÉBAVURAGE n. m. Opération ayant pour but d'enlever, sur une pièce brute de formage ou d'usinage, l'excès de métal, ou « bavure ».

ÉBAVURER v. t. (conj. 3). Enlever les bavures d'une pièce brute.

EBBINGHAUS (Hermann), psychologue allemand (Barmen, auj. dans Wuppertal, 1850 - Halle 1909). Il fut un des pionniers de la méthode expérimentale en psychologie et explora en particulier la mémoire.

EBBON, prélat français (v. 778 - Hildesheim 851). Frère de lait de Louis Ier le Pieux, qui le fit nommer archevêque de Reims (816), il prit parti pour Lothaire (Ier) contre Louis Ier le Pieux (833), fut emprisonné à l'abbaye de Fulda et déposé (835). Rétabli sur le siège de Reims après la mort de l'empereur (840), il fut à nouveau déposé par Charles le Chauve (841).

ÈBE n. m. (angl. *ebb,* reflux). *Porte d'èbe,* dans une écluse simple, porte qui soutient le niveau du bassin à flot.

ÉBÉNACÉE n. f. Arbre ou arbuste des régions chaudes, au bois dur et souvent noir, tel que le plaqueminier. (Les *ébénacées* forment une famille.)

ÉBÈNE n. f. (bas lat. *ebenus,* du gr. *ebenos*). **1.** Nom usuel et commercial de bois durs et noirs, d'origine botanique diverse, des régions chaudes. — **2.** *Bois d'ébène,* nom donné autref. par les négriers aux Noirs. ‖ Litt. *D'ébène,* d'un noir éclatant : *Des cheveux d'ébène.*

ENCYCL. La véritable ébène provient des ébénacées du genre *diospyros* telles que le plaqueminier ; l'ébène « du Sénégal » ou « de Mozambique » est un palissandre du genre *dalbergia,* de la famille des papilionacées, tandis que l'« ébène verte » d'Amérique tropicale provient d'un *tabebuia,* de la famille des bignoniacées.

ÉBÉNIER n. m. Nom usuel attribué à plusieurs arbres qui fournissent une ébène.

ÉBÉNISTE n. **1.** Menuisier de placage, qui plaque les bois précieux, par opposition au menuisier d'assemblage, qui assemble les pièces de bois massif formant la carcasse d'un meuble. — **2.** Artisan ou marchand spécialisé dans le mobilier de luxe.

ÉBÉNISTERIE n. f. **1.** Métier de l'ébéniste. — 2. Travail, placage fait par un ébéniste.

ÉBERGEMENT n. m. Opération qui consiste à régulariser les talus des berges.

EBERHARD, duc de Franconie († Andernach 939). Frère de Conrad Ier, il soutint Henri l'Oiseleur, roi de Germanie (918-936), et se révolta en 938 contre le successeur de ce dernier, Otton Ier le Grand.

EBERHARD (Johann August), philosophe allemand (Halberstadt 1739 - Halle 1809). Disciple de Wolf, il combattit à la fois le christianisme et le système philosophique de Kant. Il écrivit une *Nouvelle Apologie de Socrate* (1772). Dans *Geist des Urchristentums* (1808), il répondit aux thèses de Chateaubriand contenues dans *le Génie du christianisme.*

ÉBERLUER v. t. (de *berlue*) [conj. 7]. Étonner vivement qqn, le laisser pantois : *Ce départ subit m'a éberlué.*

◆ **être éberlué** v. pass. Manifester un vif étonnement ; être ébahi : *Un air éberlué.*

EBERSMUNSTER (67600), comm. du Bas-Rhin, près de l'Ill ; 518 hab. Église de style baroque ; anc. abbatiale, construite par P. Thumb v. 1720.

EBERT (Friedrich), homme d'État allemand (Heidelberg 1871 - Berlin 1925). Président du parti social-démocrate d'Allemagne en juill. 1913, il fit voter les crédits de guerre. Après l'abdication de Guillaume II (nov. 1918), à laquelle il avait fortement contribué, et devenu chancelier, il écrasa le spartakisme avec l'aide de Noske. Nommé président de l'État allemand par l'Assemblée constituante de Weimar (févr. 1919), il défendit le régime menacé par les factions (putsch hitlérien de Munich, 1923). Après l'occupation de la Ruhr par les Français (janv. 1923), il fut victime d'une violente campagne de calomnies.

EBERTH (Karl Joseph), médecin et bactériologiste allemand (Würzburg 1835 - Berlin-Halensee 1926). On lui doit la découverte en 1880 du bacille de la typhoïde, auquel il a donné son nom.

Eberth *(bacille d'),* bacille *(Salmonella typhi)* responsable de la fièvre typhoïde, Gram négatif, de la famille des entérobactériacées. Il est mobile grâce à des flagelles (cils) insérés latéralement sur sa paroi. Ses endotoxines agissent principalement sur le système nerveux. On le trouve dans l'eau et le sol contaminés par les matières fécales des typhiques ; chez ces derniers, on l'observe dans les plaques de Peyer, les ganglions mésentériques et la rate. (Syn. BACILLE TYPHIQUE.)

E. B. F. [əbeɛf] n. f. En logique, abrév. de EXPRESSION* BIEN FORMÉE.

EBHĀ ⟶ ABHĀ.

EBIARA n. m. Arbre (césalpiniacée) d'Afrique tropicale, au bois brun rosé, employé en placage.

ÉBIONITE n. m. (hébr. *ebion,* pauvre). Membre de plusieurs sectes judéo-chrétiennes des IIe et IIIe s.

EBLA, auj. **tell Mardikh,** anc. cité de Syrie, à 70 km au S.-O. d'Alep. La première ville du site (v. 2350-2200), qui couvre 95 ha, fut la capitale d'un royaume puissant. On y a découvert quelque 15 000 tablettes (textes religieux, diplomatiques, juridiques, administratifs et économiques, lexiques, dictionnaires sumérien-éblaïte), écrites en cunéiforme, et rédigées en éblaïte. Les dieux du panthéon d'Ebla se retrouveront chez les Hourrites et chez les Cananéens (Dagan, Adad, Lim, Reshef, Kemosh). Après avoir dominé la Syrie et le moyen Euphrate, l'État d'Ebla fut détruit par Narām-Sin d'Akkad vers 2200.
Sujette de la IIIe dynastie d'Our, Ebla reprit toute son importance comme capitale d'un royaume amorrite (XXe-XVIIIe s.) qui employait l'akkadien comme langue officielle ; cinq temples, avec de nombreux reliefs, ont été mis au jour. Le royaume d'Ebla fut détruit au XVIIIe s. av. J.-C., et

la ville, saccagée, survécut obscurément pendant quelques siècles.

ÉBLÉ (Jean-Baptiste, *comte*), général français (Saint-Jean-Rohrbach, Moselle, 1758-Königsberg 1812). Commandant en chef des équipages de pont de la Grande Armée pendant la campagne de Russie, il sauva les débris de l'armée en construisant les ponts de la Berezina. Nommé premier inspecteur de l'artillerie, fait comte d'Empire, il mourut peu après.

EBLES II de Ventadour, dit *le Chanteur* (1096-1147). Créateur, avec Guillaume de Poitiers, de la chanson d'amour idéalisée.

ÉBLOUIR v. t. (lat. pop. **exblaudire,* du rad. germ. **blaup,* faible) [conj. 32]. **1.** Projeter sur qqn une lumière trop vive qui lui trouble la vue ou, en parlant de la lumière elle-même, troubler la vue par un trop grand éclat ; aveugler : *La voiture m'a ébloui avec ses phares.* — **2.** Frapper qqn par sa beauté, son éclat, ses qualités, être la source d'une très grande admiration ; fasciner : *Femme qui éblouit tout le monde.* — **3.** Séduire qqn ou l'impressionner en l'aveuglant par une apparence brillante : *Sa fortune ne nous éblouit pas.*

ÉBLOUISSANT, E adj. **1.** Qui trouble la vue par un trop grand éclat ; aveuglant, éclatant : *Soleil éblouissant.* — **2.** Qui a une beauté éclatante ou qui brille, séduit par son intelligence, sa vivacité, une qualité poussée à un degré extrême : *Une femme éblouissante de beauté et de vie.*

ÉBLOUISSEMENT n. m. **1.** Trouble visuel brutal causé par une lumière vive et aveuglante mettant dans l'impossibilité de voir. — **2.** Trouble momentané, sensation de vertige : *Avoir un éblouissement.* — **3.** État de l'esprit en proie à une vive admiration ; émerveillement : *Quand elle apparut, ce fut un éblouissement.*

Ebola *(virus),* virus à acide ribonucléique responsable d'épidémies en Afrique, surtout au Soudan et au Zaïre. Il s'agit habituellement de maladies graves, très contagieuses, caractérisées par un syndrome pseudogrippal avec état de choc et hémorragies abondantes, se terminant le plus souvent par la mort.

ÉBONITE n. f. (angl. *ebonite,* de *ebony,* ébène). Matière plastique thermodurcissable obtenue en traitant à chaud 100 parties de caoutchouc naturel par environ 32 parties de soufre. (Elle est surtout employée comme isolant électrique.)

ÉBORGNAGE n. m. En arboriculture, syn. de ÉBOURGEONNAGE.

ÉBORGNEMENT n. m. Action d'éborgner qqn ; fait d'être éborgné.

ÉBORGNER v. t. (conj. 3). **1.** Rendre qqn borgne, lui crever un œil. — **2.** *Fam.* Donner un coup douloureux sur l'œil : *Il m'a éborgné avec son parapluie.* — **3.** Pratiquer l'éborgnage.

ÉBOUÉ (Félix), administrateur français (Cayenne 1884 - Le Caire 1944). Il fut le premier Noir gouverneur des colonies à la Guadeloupe (1936), puis au Tchad (1938). Gouverneur général de l'Afrique-Équatoriale française (1940), il joua un rôle important à la conférence de Brazzaville (1944).

ÉBOUEUR n. m. Ouvrier chargé d'enlever les ordures ménagères. (Syn. fam. BOUEUX.)

ÉBOUILLANTAGE n. m. Action d'ébouillanter une denrée alimentaire.

ÉBOUILLANTER v. t. (conj. 3). **1.** Passer qqch à l'eau bouillante ou à la vapeur : *Ébouillanter une théière.* — **2.** Brûler qqn avec de l'eau bouillante ou un liquide bouillant. — **3.** Passer un aliment à l'eau bouillante pour en raffermir la chair et en faciliter l'épluchage.

◆ **s'ébouillanter** v. pr., **être ébouillanté** v. pass. Se brûler avec un liquide bouillant.

ÉBOULAGE n. m. ou **ÉBOULURE** n. f. En tissage, dévidage intempestif du fil de trame porté par la cannette, formant sur le tissu une grosseur en trame due à l'excès du fil dévidé.

ÉBOULEMENT n. m. **1.** Chute de matériaux, de constructions qui s'éboulent : *Éboulement d'un mur.* — **2.** Amas de matériaux, de rochers éboulés : *Les éboulements obstruaient la route.*

ÉBOULER (S') v. pr., **ÊTRE ÉBOULÉ** v. pass. (anc. fr. *boiel,* boyau) [conj. 3]. Tomber en s'écroulant, en s'effondrant : *Falaise qui s'éboule.*

ÉBOULEUX, EUSE adj. Qui menace de s'ébouler.

ÉBOULIS [-li] n. m. **1.** Amas de matériaux éboulés ; éboulement : *Un éboulis de roches.* — **2.** *Éboulis de gravité,* accumulation de blocs au pied d'une paroi rocheuse, soumise à une fragmentation fractionnée suivie d'une chute libre des éléments détachés. ‖ *Éboulis ordonné,* éboulis formé de lits successifs de matériel bien calibré, dont la pente est inférieure à celle des éboulis de gravité. (Syn. GRÈZE LITÉE.)

ÉBOURGEONNAGE ou **ÉBOURGEONNEMENT** n. m. Sur une plante, suppression des bourgeons jugés inutiles. (En arboriculture, on dit ÉBORGNAGE.)

ÉBOURGEONNER v. t. (conj. 3). Pratiquer l'ébourgeonnage.

ÉBOURGEONNOIR n. m. Lame courbe, fixée à un long manche, pour couper les bourgeons et brindilles.

ÉBOURIFFAGE ou **ÉBOURIFFEMENT** n. m. Action d'ébouriffer ; fait d'être ébouriffé.

ÉBOURIFFANT, E adj. *Fam.* Extraordinaire, ahurissant, renversant : *Le succès ébouriffant d'un film médiocre.*

ÉBOURIFFER v. t. (provenç. *esbourrifa,* du bas lat. *burra,* bourre) [conj. 3]. **1.** Rebrousser de manière désordonnée les cheveux sur la tête, hérisser les plumes, les poils : *Elle l'ébouriffait en lui passant la main dans les cheveux.* — **2.** *Fam.* Provoquer chez qqn une vive surprise, ahurir, stupéfier : *La nouvelle m'a ébouriffé.*

◆ **être ébouriffé** v. pass. **1.** Avoir les cheveux en désordre. — **2.** Pour un animal, avoir le poil rebroussé.

ÉBOURRAGE n. m. Opération par laquelle on ébourre une peau, une pièce de cuir. (L'ébourrage se fait, au travail de rivière, après le reverdissage et le pelanage.)

ÉBOURRER v. t. (conj. 3). **1.** Éliminer d'une peau le poil, ou bourre, qui a été relâché par l'action d'un pelain. — **2.** Enlever la bavure résultant d'une opération précédente au bord de la trépointe ou du talon d'une chaussure.

ÉBOURREUSE n. f. Machine employée pour ébourrer les peaux.

ÉBOURROIR n. m. Outil à main qui sert à ébourrer.

ÉBOUSEUSE n. f. Sorte de herse légère utilisée pour étaler les bouses sur les prairies.

ÉBOUSINER v. t. (conj. 3). Enlever le bousin, les parties molles ou terreuses d'une pierre de taille.

ÉBOUTAGE n. m. Action d'ébouter.

ÉBOUTER v. t. (de *bout*) [conj. 3]. Raccourcir qqch en en coupant le bout.

ÉBRAISOIR n. m. Pelle pour tirer la braise des fours de boulangerie.

ÉBRANCHAGE ou **ÉBRANCHEMENT** n. m. Action d'ébrancher un arbre.

ÉBRANCHER v. t. (conj. 3). Enlever les branches d'un arbre.

ÉBRANCHEUR n. m. Syn. de ÉLAGUEUR.

ÉBRANCHOIR n. m. Serpe à long manche servant à ébrancher.

ÉBRANLEMENT n. m. **1.** Fait de s'ébranler, de se mettre en marche : *L'ébranlement du convoi.* — **2.** Secousse, mouvement de ce qui s'ébranle : *L'ébranlement des vitres sous le coup de l'explosion.* — **3.** Fait de chanceler, de vaciller, de menacer ruine : *L'ébranlement du ministère.* — **4.** Choc psychologique, sensation profonde d'un trouble : *Ébranlement de l'esprit.* — **5.** *Tir d'ébranlement,* tir destiné à fracturer les terrains sans les déplacer, pour faciliter le dégazage (mines de charbon) ou le chargement par des engins mécaniques (exploitations à ciel ouvert).

ÉBRANLER v. t. (de *branler*) [conj. 3]. **1.** Imprimer un mouvement d'oscillation à un objet mobile : *Ébranler une cloche.* — **2.** Faire trembler le sol, une construction par des secousses, compromettre leur stabilité, leur solidité : *L'explosion fut si forte qu'elle ébranla les vitres.* — **3.** Rendre qqch moins solide, moins sûr : *Le scandale ébranla fortement le gouvernement.* — **4.** Faire chanceler qqn dans ses convictions, ses sentiments, ses décisions, ses habitudes, faire vaciller sa raison : *Cet accident ébranla ses nerfs.* — **5.** Émouvoir fortement qqn, lui faire perdre de sa maîtrise, de sa force morale ou intellectuelle : *Cette triste nouvelle l'avait ébranlé.*

◆ **s'ébranler** v. pr. Se mettre en mouvement, en marche : *L'armée s'ébranla.*

ÉBRASEMENT n. m. ou **ÉBRASURE** n. f. Biais donné aux côtés de l'embrasure d'une baie, pour faciliter l'ouverture des vantaux ou donner plus de lumière ; chacun des côtés, obliques, de la baie ébrasée.

ÉBRASER v. t. (p.-ê. de *embraser*) [conj. 3]. Élargir progressivement, en principe de dehors en dedans, l'embrasure de la baie d'une porte, d'une fenêtre.

ÈBRE, en esp. **Ebro** (lat. *Iberus*), fl. d'Espagne ; 928 km (bassin de 85 000 km²). Issu des monts Cantabriques, il coule entre la Meseta et les Pyrénées, passe à Saragosse et se jette dans la Méditerranée par un delta (rizières). Plusieurs barrages fournissent de l'électricité et permettent l'irrigation (800 000 ha env.).

ÉBRÈCHEMENT n. m. Action d'ébrécher ; état de ce qui est ébréché.

ÉBRÉCHER v. t. (de *brèche*) [conj. 18]. **1.** Causer une entaille, une cassure sur le bord d'un objet : *Ébrécher un verre.* — **2.** Porter atteinte à qqch ; diminuer, entamer, écorner : *Ébrécher un patrimoine.*

ÉBRÉCHURE n. f. Partie ébréchée d'un objet.

ÉBREUIL (03450), ch.-l. de cant. de l'Allier, sur la Sioule ; 1 158 hab. Belle église du XIe s., anc. abbatiale, avec clocher-porche (v. 1125), chœur gothique (fin du XIIe s.), peintures romanes et gothiques.

ÉBRIÉTÉ n. f. (lat. *ebrietas, -atis*). État d'une personne ivre ; ivresse : *Être en état d'ébriété.*

ÉBRIEUX, EUSE adj. (lat. *ebriosus,* ivre). *Démarche ébrieuse,* démarche caractérisée par l'écartement des jambes, des enjambées courtes, irrégulières, telle qu'on l'observe dans l'ivresse alcoolique et le syndrome cérébelleux.

ÉBROÏCIEN, ENNE adj. et n. (lat. *Ebroici*). D'Évreux.

ÉBROÏN († 681 ou 683), maire du palais de Neustrie et de Bourgogne. Gouvernant ces deux royaumes au nom de Clotaire III puis de Thierry III (657-673 et 675-681 ou 683), il brisa une tentative d'émancipation de la Bourgogne en faisant exécuter saint Léger (v. 677). Vainqueur des Austrasiens à Leucofao (auj. Bois-du-Fays, près de Laon) [680], il devint l'unique maître de la Gaule, mais fut assassiné l'année suivante (ou en 683).

ÉBROUEMENT n. m. Action de s'ébrouer, en parlant d'un animal.

1. ÉBROUER v. t. (moyen néerl. *broeyen,* ébouillanter) [conj. 3]. Laver à l'eau les pièces de tissu de laine pour les nettoyer.

2. ÉBROUER (S') v. pr. (anc. fr. *breu,* écume) [conj. 3]. **1.** Souffler bruyamment en secouant vivement la tête, par peur ou par impatience, en parlant d'un animal, notamment du cheval. — **2.** S'agiter, s'ébattre pour se nettoyer, en partic. pour se débarrasser de l'eau : *Le chien s'ébroue.*

ÉBRUITEMENT n. m. Action d'ébruiter.

ÉBRUITER v. t. (conj. 3). Faire savoir publiquement une nouvelle, un secret ; divulguer, répandre : *Ébruiter une affaire.*
◆ **s'ébruiter** v. pr., **être ébruité** v. pass. Se répandre dans le public : *La nouvelle de son arrivée s'est ébruitée.*

ÉBRUTER v. t. (conj. 3). Syn. de DÉBRUTIR.

ÉBULLIOSCOPE ou **ÉBULLIOMÈTRE** n. m. (du lat. *ebullire,* bouillir). Appareil servant à déterminer les températures d'ébullition des corps.

ÉBULLIOSCOPIE ou **ÉBULLIOMÉTRIE** n. f. Étude de la température d'ébullition d'une solution. (L'ébullioscopie d'une solution diluée permet, grâce à la loi de Raoult, de déterminer la masse molaire du corps dissous ainsi que la concentration de la solution.)

ÉBULLIOSCOPIQUE ou **ÉBULLIOMÉTRIQUE** adj. Relatif à l'ébullioscopie.

ÉBULLITION n. f. (bas lat. *ebullitio, -onis*). **1.** Phénomène qui accompagne le passage de l'état liquide à l'état vapeur lorsque le processus de vaporisation a lieu à la surface et au sein même du liquide. (→ *encycl.*) — **2.** État d'un liquide qui bout. — **3.** Opération consistant à volatiliser un métal pour le séparer ou le purifier. — **4.** *En ébullition,* dans un état de vive effervescence, d'agitation violente : *Ville en ébullition.*
ENCYCL. **Phys.** Lorsqu'on fournit de la chaleur à un liquide pur dans un milieu où la pression p_0 est constante, sa température augmente en même temps qu'il s'en évapore une partie ; il se met à bouillir lorsque sa température atteint la valeur T_e, où la pression de vapeur saturante est égale à la pression p_0. Pendant toute la durée de l'ébullition, la température du liquide garde une valeur constante T_e : c'est la température d'ébullition à la pression p_0. La température d'ébullition augmente lorsque la pression extérieure croît, et cela jusqu'à une valeur limite, la température critique, au-delà de laquelle on ne peut plus distinguer l'état liquide de l'état vapeur. Inversement, lorsque la pression diminue, la température d'ébullition s'abaisse et peut atteindre la température du point triple* avec apparition de la phase solide.

ÉBURNÉ, E ou **ÉBURNÉEN, ENNE** adj. (lat. *eburneus,* d'ivoire). **1.** *Litt.* Qui a l'aspect, la blancheur de l'ivoire. — **2.** *Os éburné,* os qui a subi une augmentation considérable de sa densité et dont une partie devient compacte comme de l'ivoire tout en ayant une relative fragilité.

ÉBURONS, peuple de la Gaule Belgique établi entre la Meuse moyenne et le Rhin avec pour capitale Tongres. Ils furent exterminés par César.

EÇA DE QUEIRÓS (José Maria) → QUEIRÓS.

ÉCAFFE n. f. Brin d'osier présentant une partie amincie à quelques centimètres de l'extrémité, afin d'en faciliter l'ourdissage.

ÉCAFFER v. t. (conj. 3). Préparer une écaffe sur un brin d'osier.

ÉCAILLAGE n. m. **1.** Action d'ôter les écailles : *L'écaillage du poisson.* — **2.** Action d'ouvrir les huîtres et quelques autres coquillages. — **3.** Fait de s'écailler, pour une peinture, un vernis, un émail, etc. — **4.** Processus tectonique aboutissant à la formation d'écailles.

1. ÉCAILLE n. f. (frq. **skalja*). **1.** Chacune des pièces externes, dures et plates dont l'assemblage protège un animal, un organe végétal, etc. (→ *encycl.*) — **2.** Matière première provenant de la carapace de certaines tortues (notamm. le caret), utilisée en tabletterie, en marqueterie, etc. : *Peigne en écaille.* — **3.** Parcelle d'une chose qui se détache en petites plaques : *Des écailles de peinture sèche.* — **4.** Litt. *Les écailles lui sont tombées des yeux,* il s'est enfin aperçu de son erreur. • **Anat.** *Écaille de l'occipital,* partie de l'occipital en arrière du trou occipital. ‖ *Écaille du temporal,* portion écailleuse de cet os. — **Arm.** Chacune des petites lames de métal, imitant des écailles de poisson, dont se composaient certaines armures. — **Bât.** Élément de couverture, ardoise, bardeau ou tuile, dont le recouvrement est arrondi ou en dent de scie. — **Géol.** Unité tectonique chevauchante en forme de coin ou de lame et faiblement déplacée par rapport à un ensemble autochtone ou allochtone. — **Pétr.** *Paraffine écaille,* paraffine incomplètement déshuilée provenant d'un gatsch. — **Zool.** Chacune des deux valves d'un mollusque bivalve (écaille de moule, d'huître, etc.).

◆ **écailles** n. f. pl. Ornement reproduisant les imbrications d'éléments de couverture en écailles (par ex. sur des flèches de clochers).

ENCYCL. **Biol.** Chez les animaux, les écailles sont souvent fixées à leur substrat par un seul bord (poissons, ailes des papillons) mais peuvent aussi y adhérer entièrement (tortues terrestres) ou ne constituer qu'un repli induré de la peau (lézards et serpents). Il existe des écailles chez certains mammifères (tatou, pangolin, queue du castor) et sur les pattes des oiseaux. Chez les poissons, la forme et la structure des écailles (placoïdes, cosmoïdes, ganoïdes, cycloïdes, cténoïdes) jouent un rôle important en classification, tandis que leur mesure (scalimétrie) renseigne sur l'âge de l'animal.
Chez les plantes, des écailles entourent les bourgeons dormants, les bulbes, l'axe des cônes des gymnospermes, etc. Ce sont toujours des organes homologues de feuilles.

2. ÉCAILLE n. f. (de *écaille 1*). **1.** Beau papillon nocturne aux ailes jaunes, rouges et noires, aux chenilles velues et très colorées, les unes du genre *callimorpha,* les autres du genre *arctia.* (L'espèce la plus connue est l'*écaille chinée.*) – **2.** *Écaille martre,* papillon du genre *arctia* dont la chenille, usuellement nommée *oursonne* à cause de ses longs poils, est nuisible à la vigne.

1. ÉCAILLER v. t. (conj. 3). **1.** Gratter la peau d'un poisson cru pour en enlever les écailles. – **2.** Ouvrir des huîtres. – **3.** Faire tomber une peinture, un vernis, etc., en plaques minces : *L'humidité avait écaillé les peintures.*

◆ **s'écailler** v. pr., **être écaillé** v. pass. Se détacher en écailles, en plaques minces : *Vernis tout écaillé sur les ongles.*

2. ÉCAILLER, ÈRE n. Commerçant spécialisé dans la vente et l'ouverture des huîtres et autres coquillages.

ÉCAILLEUR n. m. Instrument à lame dentée et acérée servant à écailler le poisson.

ÉCAILLEUX, EUSE adj. **1.** Couvert d'écailles : *Un poisson écailleux.* – **2.** Qui se détache par écailles : *Ardoise écailleuse.* – **3.** Se dit de la cassure d'un minéral, quand la surface de ses fragments présente de petites écailles, ou esquilles, soulevées, mais non entièrement détachées. (Syn. ESQUILLEUX.)

ÉCAILLURE n. f. **1.** Ensemble des écailles d'un animal. – **2.** Partie écaillée d'une peinture, d'une surface.

ÉCALE n. f. (anc. bas frq. **skala*). Enveloppe de certains fruits (noix, noisette, amande), formant une sorte d'écorce coriace.

ÉCALER v. t. (de *écale*) [conj. 3]. Ôter l'enveloppe de fruits durs, la coquille des œufs durs.

ÉCANG [ekɑ̃] n. m. ou **ÉCANGUE** n. f. (frq. **swang,* branle). Instrument pour écanguer le lin ou le chanvre.

ÉCANGUER v. t. (de *écang*) [conj. 3]. Frapper longitudinalement des tiges de lin ou de chanvre préalablement rouies, pour en effectuer le teillage à la main.

ÉCARLATE n. f. (lat. médiév. *scarlata,* du pers. *saqirlāt*). Autref., en teinturerie, série des sept teintes de rouge. (Il existait deux sortes d'écarlate, l'écarlate de France, ou des Gobelins, et l'écarlate de Hollande, qui s'implanta définitivement en France, à Lyon, en 1677.)

◆ adj. **1.** De couleur rouge vif : *Un manteau écarlate.* – **2.** Qui est rouge de confusion, de joie, etc.

ÉCARPIÈRE (l'), écart de la comm. de Gétigné (Loire-Atlantique), au S.-E. de Clisson. Concentration de l'uranium.

ÉCARQUILLEMENT n. m. Action d'écarquiller les yeux.

ÉCARQUILLER v. t. (altér. de *équartiller,* mettre en quatre, de *quart*) [conj. 3]. Ouvrir tout grands (les yeux).

1. ÉCART n. m. (de *écarter 1*). **1.** Distance, intervalle entre deux choses, entre deux personnes : *Un écart de 10 cm.* – **2.** Différence de valeur, de quantité, d'intensité, etc., entre deux choses : *Des écarts de température.* – **3.** Distance sociale, hiérarchique, culturelle, etc., entre deux personnes, deux groupes : *Il y a trop d'écart entre nous, nous ne pouvons pas nous comprendre.* – **4.** Action de se détourner, de s'éloigner de sa ligne de conduite : *Faire quelques écarts de régime.* – **5.** Retrait, bond de côté pour éviter qqch : *Par un écart, il a évité la voiture.* – **6.** *À l'écart de qqch,* à une distance de, assez éloigné de qqch ; loin de : *Maison située à l'écart du village ;* en dehors d'un groupe, éloigné, à distance, à part : *Rester à l'écart ;* en dehors d'une activité, à l'extérieur, exclu de qqch : *Se tenir à l'écart de la vie politique.* ‖ *Écart de langage,* parole qui transgresse les convenances ; grossièreté. ‖ *Grand écart,* mouvement au cours duquel les jambes touchent le sol sur toute leur longueur dans deux directions opposées. (Le grand écart s'effectue à partir de la station debout, les deux jambes s'écartant progressivement, les pieds glissant sur le sol.) • **Balist.** Distance entre le point atteint par un projectile et celui qu'il devait atteindre. – **Comptab.** Différence entre un coût préétabli (ou coût standard) et un coût réel. (L'analyse des écarts est à la base de la gestion budgétaire et du contrôle de gestion.) – **Cybern.** Différence entre la valeur d'une grandeur réglée et sa valeur de consigne. (Le rôle des dispositifs d'asservissement est de réduire l'écart en agissant sur le système réglé au moyen des actionneurs.) — **Écon.** *Écart technologique,* syn. de GAP. — **Géogr.** Agglomération secondaire d'une commune, formant souvent un hameau. — **Ling.** *Écart (stylistique),* acte de parole qui transgresse une norme définie antérieurement. (Le style a pu être défini comme un écart par rapport à l'usage courant et banal de la langue.) — **Probab.** *Écart quadratique moyen,* syn. de ÉCART-TYPE. — **Stat.** Valeur absolue de la différence entre deux valeurs d'un caractère quantitatif. (Quand l'une des valeurs est la moyenne, on parle d'ÉCART À LA MOYENNE.) ‖ *Écart probable,* dans une distribution symétrique, écart symétrique, par rapport à la moyenne, qui contient 50 % des observations.

2. ÉCART n. m. (de *écarter 2*). Action de mettre de côté une partie de ses cartes pour les échanger contre d'autres ; cartes ainsi mises de côté.

1. ÉCARTÉ → ÉCARTER 1.

2. ÉCARTÉ n. m. (de *écarter 2*). Jeu de cartes d'origine française dans lequel les joueurs ont la faculté d'écarter certaines cartes.

ÉCARTÈLEMENT n. m. **1.** Autref., supplice infligé aux condamnés pour crime de lèse-majesté, en partic. aux régicides, et qui consistait à faire tirer leurs membres par des chevaux. — **2.** Action d'être écartelé, tiraillé : *Écartèlement entre le bien et le mal.*

ÉCARTELER v. t. (anc. fr. *esquarterer,* mettre en pièces, de *quartier*) [conj. 25]. **1.** Faire subir le supplice de l'écartèlement à un condamné. — **2.** Tirailler qqn entre des tendances opposées, entre plusieurs possibilités : *Des désirs contradictoires l'écartelaient entre ses enfants et son mari.*

◆ **être écartelé** v. pass. En parlant de l'écu héraldique, être partagé par une ligne verticale et une ligne horizontale qui, se coupant à angle droit, délimitent quatre parties égales, ou quartiers.

ÉCARTEMENT n. m. **1.** Action d'écarter, fait de s'écarter ; distance, espace qui sépare deux objets écartés l'un de l'autre : *L'écartement des roues.* — **2.** *Écartement de voie,* distance entre les bords intérieurs des rails. (→ *encycl.*)

ENCYCL. **Ch. de f.** L'écartement le plus répandu dans le monde est celui de 1,435 m ou voie normale, adopté en Europe et en Amérique du Nord. Les autres écartements les plus utilisés sont ceux de 1,67 m (Espagne, Portugal, Amérique du Sud, Inde), 1,60 m (Irlande, Brésil, Australie), 1,524 m (ex-U. R. S. S., Finlande), 1,067 m (Afrique, Japon, Philippines), 1 m ou voie métrique (Afrique, Inde), 0,76 m (Inde, Afrique), 0,60 m (voie de chantier Decauville).

1. ÉCARTER v. t. (lat. pop. **exquartare,* du lat. class. *quartus,* quart) [conj. 3]. **1.** Mettre entre deux objets, deux corps une certaine distance ; éloigner : *Écarter la table du mur. Écarter un enfant du feu pour qu'il ne risque pas de se brûler.* — **2.** Disjoindre plusieurs éléments qui se touchent ou qui sont près les uns des autres, augmenter la distance qui les sépare, agrandir une ouverture : *Écarter les rideaux pour regarder dans la rue.* — **3.** Séparer les bras du corps, éloigner les jambes l'une de l'autre par rapport à la ligne du corps. — **4.** Diviser, séparer un ensemble pour libérer un passage, une place : *Écarter la foule pour passer.* — **5.** Éloigner qqn de son chemin, le détourner : *Ce chemin vous écarte un peu.* — **6.** Ne pas tenir compte de qqch, le rejeter, le repousser ; exclure : *Cette solution est à écarter, elle n'est pas bonne.* — **7.** Évincer qqn, l'exclure : *Écarter quelqu'un de la vie politique.* — **8.** Faire disparaître un danger, un risque ou en éloigner, en différer l'éventualité, se prémunir contre eux ; détourner : *Écarter tout risque de contagion.* — **9.** Dans les courses landaises, éviter la vache au dernier moment, par un retrait du corps, un saut de côté, ou en pivotant sur la pointe des pieds, les bras en l'air et les reins cambrés.

◆ **être écarté** v. pass. **1.** Être situé à l'écart ; être isolé : *Une maison écartée.* — **2.** Être assez distant l'un de l'autre : *Il a les yeux écartés.*

◆ **s'écarter** v. pr. **1.** S'éloigner d'une direction, d'un lieu ou s'en détourner : *La fusée s'est écartée de sa trajectoire.* — **2.** Être différent d'une norme, d'un repère, etc., y être moins conforme, s'en éloigner : *Plan qui s'écarte du projet initial.* — **3.** Se scinder, se diviser, se séparer, en parlant d'un ensemble : *La foule s'écarta pour le laisser passer.* — **4.** Faire une digression dans un discours, un récit, ou ne plus traiter le sujet prévu.

2. ÉCARTER v. t. (de *carte,* p.-ê. avec l'infl. de l'ital. *scartare*) [conj. 3]. Rejeter une ou plusieurs cartes de son jeu pour en prendre de nouvelles.

ÉCARTEUR n. m. **1.** Instrument chirurgical qui permet d'écarter les lèvres d'une plaie. — **2.** Dans les courses landaises, celui qui provoque la charge de l'animal et l'évite au dernier moment par un écart.

ÉCART-MOYEN n. m. (pl. *écarts-moyens*). Moyenne arithmétique des écarts à la moyenne arithmétique.

ÉCARTOMÈTRE n. m. Élément d'un système autodirecteur pour le guidage des engins sur leur objectif, dont le rôle est de mesurer à chaque instant l'écart entre la direction suivie et celle du but visé.

ÉCART-TYPE n. m. (pl. *écarts-types*). Racine carrée de la variance d'une variable aléatoire ou d'une

distribution statistique. (Syn. ÉCART QUADRATIQUE MOYEN.)
ENCYCL. L'écart-type accentue l'effet des grands écarts, et il est toujours supérieur à l'écart-moyen. Il rend compte de la dispersion des distributions dites normales, représentées par une courbe de Gauss, qui sont les plus fréquentes. Il joue un rôle important dans la théorie des erreurs.

ÉCATIR ou **CATIR** v. t. (conj. 32). Pratiquer l'écatissage.

ÉCATISSAGE ou **CATISSAGE** n. m. Opération destinée à donner du lustre à un tissu.

ÉCATISSEUR ou **CATISSEUR, EUSE** n. Personne qui pratique l'écatissage.

ECBALLIUM [-ljɔm] n. m. (gr. *ekballein,* lancer dehors). Cucurbitacée rampante des décombres du midi de la France, aux feuilles velues, et dont les fruits explosent à maturité. (N. usuel *concombre d'âne.*)

ECBATANE, en gr. **Ekbatana,** principale ville des Mèdes. Capitale de l'Empire mède (v. 612-550 av. J.-C.), elle fut ensuite, jusqu'à l'islām, résidence d'été des dynasties qui régnèrent en Iran. C'est l'actuelle *Hamadhān.*

ECCARIUS (Johann Georg), militant ouvrier allemand (Friedrichroda, près de Gotha, 1818 - Londres 1889), auteur du mot d'ordre « Prolétaires de tous les pays, unissez-vous ! », par lequel s'achève le *Manifeste du parti communiste.*

Ecce homo, mots lat. signif. *voici l'homme.* Paroles de Pilate aux Juifs (saint Jean, XIX, 5) lorsqu'il leur montra Jésus couronné d'épines et vêtu de pourpre.

ECCE HOMO [ekse-] n. m. inv. (mots lat. signif. *voici l'homme*). Représentation de Jésus-Christ comparaissant devant Pilate.
ENCYCL. Cette scène, encore appelée *Jésus présenté au peuple, Christ aux outrages, Christ de pitié, Homme de douleur,* a été fréquemment représentée par les artistes à partir du XVe s. C'est l'image du Sauveur tourné en dérision (manteau pourpre, couronne d'épines, sceptre de roseau).

ECCÉITÉ [ekseite] n. f. (lat. *ecce,* voici). Pour Duns Scot, ce qui fait qu'un individu est lui-même et non un autre.

ECCHONDROME n. m. ou **ECCHONDROSE** [ekɔ̃-] n. f. (gr. *egkhondros,* cartilagineux). Saillie formée par la prolifération anormale du tissu cartilagineux, s'observant notamment dans les arthroses.

ECCHYMOSE [ekimoz] n. f. (gr. *egkhumôsis*). Épanchement de sang non circonscrit, siégeant dans un tissu conjonctif ou graisseux ; tache apparente qui en résulte (bleu).
ENCYCL. L'ecchymose se traduit par une coloration rouge livide des tissus ; puis elle devient bleue, verdâtre et jaune pâle, pour disparaître en trois semaines. La plupart des ecchymoses sont d'origine traumatique ; elles apparaissent de façon anormale lors de certaines maladies qui fragilisent les vaisseaux (scorbut), qui altèrent les éléments figurés du sang (purpura) ou qui modifient la coagulabilité (hémophilie, traitements anticoagulants).

ECCHYMOTIQUE [eki-] adj. Relatif à l'ecchymose.

ECCLES (*sir* John Carew), neurophysiologiste australien (Melbourne 1903). Ses travaux concernent la transmission de l'influx nerveux et lui valurent le prix Nobel de physiologie et de médecine en 1963.

ECCLÉSIA [eklezja] n. f. (gr. *ekklêsia*). Assemblée du peuple dans la cité grecque.
ENCYCL. À Athènes, l'ecclésia se compose en principe de tous les citoyens. Il y a rarement plus de 3 000 ou 4 000 participants à l'ecclésia (pour 20 000 à 40 000 citoyens), bien que certaines délibérations demandent un quorum de 6 000. L'ecclésia a siégé successivement à l'Agora, sur la Pnyx, au théâtre de Dionysos. L'assemblée a été présidée par l'épistate des prytanes, puis par un bureau de neuf membres tirés au sort. Après le sacrifice et l'examen des présages, le héraut, dans le cas d'un débat législatif, lit le projet de décret, dû à l'initiative de la boulê ; les orateurs ordinaires en débattent, et l'on vote, le plus souvent à main levée. L'ecclésia vote les lois, la paix ou la guerre, peut enlever à un Athénien ses droits de citoyen *(atimie)* ou décider d'entamer une procédure d'ostracisme, élit les magistrats et les contrôle étroitement. Elle perdra de son importance à l'époque hellénistique.

ECCLÉSIAL, E, AUX adj. (lat. médiév. *ecclesialis*). Qui concerne l'Église comprise comme communauté dans la foi.

Ecclésiaste *(livre de l'),* l'un des livres sapientiaux de l'Ancien Testament (IIIe s. av. J.-C.). C'est l'œuvre d'un sage qui se dissimule sous le pseudonyme de *Qohelet* (en grec l'« Ecclésiaste », c'est-à-dire le Prédicateur, et qui développe une philosophie de la vie dont les thèmes sont : « tout est vanité », mais tout vient de la main de Dieu.

ECCLÉSIASTIQUE adj. (lat. *ecclesiasticus,* du gr. *ekklêsiastikos*). **1.** Qui concerne l'Église, le clergé : *État ecclésiastique.* – **2.** *Administration ecclésiastique,* émanation du pouvoir exécutif de l'Église. ‖ *Division ecclésiastique,* division territoriale établie en fonction de la juridiction ecclésiastique. (Les principales sont le diocèse et la paroisse.) ‖ *Droit civil ecclésiastique,* partie du droit canon qui s'intéresse aux affaires de l'Église dans la mesure où celles-ci interfèrent sur l'ordre public et l'intérêt commun de la nation. ‖ *Fonctions ecclésiastiques,* celles qui demandent pour leur exercice valide et licite le pouvoir d'ordre et la réception de la juridiction nécessaire.

◆ n. m. Membre du clergé.

Ecclésiastique *(livre de l'),* un des livres sapientiaux de l'Ancien Testament écrit v. 200 av. J.-C. Il est appelé aussi *le Siracide,* du nom de son auteur Jésus Ben Sira. C'est un recueil de maximes et de sentences que termine une galerie de portraits des grands ancêtres. Les juifs et les protestants considèrent ce livre comme apocryphe.

ECCLÉSIOLOGIE n. f. (du gr. *ekklêsia,* église). Doctrine théologique sur l'Église ; partie de la théologie qui traite de la vie de l'Église.

ENCYCL. Tandis que l'Église catholique insiste sur la succession apostolique depuis les douze apôtres, les protestants considèrent l'Église surtout comme un don de grâce. Pour l'ecclésiologie orthodoxe, l'Église est un mystère, manifesté dans la célébration de l'eucharistie.

ECCRINE adj. Se dit d'une glande dont le canal excréteur s'ouvre directement à la surface de la peau et non dans un follicule pilo-sébacé.

ECDYSONE n. f. (gr. *ekdusis,* action d'échapper). Importante hormone de mue des insectes et des crustacés, chimiquement voisine des stérols.

ÉCERVELÉ, E adj. et n. Dépourvu de jugement ; étourdi, évaporé.

ECEVIT (Bülent), journaliste et homme politique turc (Istanbul 1925). Secrétaire général (1966-1971), puis président (1972-1980) du parti républicain du peuple (CHP), il fut plusieurs fois Premier ministre (janv.-nov. 1974 ; juin-juill. 1977 ; déc. 1977 - oct. 1979). Après le coup d'État militaire de sept. 1980, il fut condamné à plusieurs reprises à des peines de prison. Rétabli dans ses droits civiques en 1989, il dirige le parti de la gauche démocratique.

E. C. G., abrév. de ÉLECTROCARDIOGRAMME.

ÉCHAFAUD n. m. (anc. fr. *chafaud,* avec l'infl. de *échelle*). **1.** Estrade sur laquelle on procédait en France à une exécution capitale par décapitation : *Monter à l'échafaud.* — **2.** Peine de mort : *Risquer l'échafaud.*

ÉCHAFAUDAGE n. m. (de *échafaud*). **1.** Construction provisoire en charpente, fixe ou mobile, réalisée pour construire ou réparer un bâtiment. — **2.** Amas d'objets entassés les uns au-dessus des autres : *Un échafaudage de boîtes.* — **3.** Action d'échafauder, d'édifier un plan, une œuvre, etc. ; ensemble d'idées, d'hypothèses, de projets ainsi combinés et généralement peu solides.

ÉCHAFAUDER v. t. (conj. 3). **1.** *Vx.* Dresser des objets l'un sur l'autre ; amonceler : *Échafauder des chaises pour atteindre le plafond.* — **2.** Préparer, combiner qqch à partir d'éléments, le plus souvent sur une base fragile : *Échafauder une hypothèse.*

◆ v. i. Dresser un échafaudage.

ÉCHAILLON n. m. (de *Échaillon,* n. pr.). Calcaire très dur provenant de l'Isère.

ÉCHALAS [-la] n. m. (anc. fr. *escharat,* du gr. *kharaks,* roseau, avec l'infl. de *échelle*). **1.** Perche à laquelle on attache des plantes dont la tige ou les rameaux sont trop faibles pour se soutenir naturellement. — **2.** *Fam.* Personne grande et maigre, au maintien raide.

ÉCHALASSAGE ou **ÉCHALASSEMENT** n. m. Action ou manière d'échalasser.

ÉCHALASSER v. t. (conj. 3). Soutenir une plante avec des échalas.

ÉCHALIER n. m. (lat. *scalarium*). **1.** Échelle permettant de franchir une haie, une clôture. — **2.** Clôture mobile fermant l'entrée d'un champ.

ÉCHALOTE n. f. (anc. fr. *échalogne,* du lat. *ascalonia cepa,* oignon d'Ascalon). Plante cultivée, de la même espèce que l'oignon, mais dont le bulbe est divisé en caïeux.

ÉCHANCRER v. t. (de *chancre*) [conj. 3]. Creuser qqch en dedans, découper une partie de son bord : *Échancrer un corsage.*

◆ **être échancré** v. pass. **1.** Avoir son bord creusé, découpé en creux : *Côte échancrée.* — **2.** Comporter une échancrure : *Robe échancrée dans le dos.*

ÉCHANCRURE n. f. **1.** Partie échancrée d'un rivage, d'une feuille, etc. — **2.** Découpe faite sur le bord d'un vêtement, arrondie, en V, etc. — **3.** Encoche que présentent les bords de certains os. (Les *grande* et *petite échancrures sciatiques,* dessinées par le bord postérieur de l'os iliaque, sont empruntées par l'artère fessière et le grand nerf sciatique.)

ÉCHANGE n. m. **1.** Action, fait d'échanger qqch, qqn contre qqch, qqn d'autre ; troc : *Procéder à l'échange des prisonniers.* — **2.** Action de s'adresser, de s'envoyer réciproquement des choses : *Échange de coups de feu.* — **3.** Commerce, opération commerciale entre plusieurs pays (surtout pl.) : *Les échanges internationaux.* (→ encycl.) — **4.** Communication réciproque de renseignements, de documents, etc. : *Échange de vues.* — **5.** Fait d'envoyer son enfant dans une famille d'un pays étranger, pour qu'il apprenne la langue, et de recevoir chez soi en contrepartie l'enfant de cette famille. — **6.** *Échanges (culturels),* ensemble de réunions, de communications d'ordre artistique, technique, scientifique, etc., qui se font entre différentes institutions de différents pays. ‖ *Échange standard,* action de remplacer une pièce défectueuse d'un appareil, d'un véhicule par une pièce identique neuve ou remise à neuf. ‖ *En échange,* en contrepartie, en retour, par compensation. • **Anthropol.** *Échange restreint, généralisé,* type de mariage entre personnes appartenant à des groupes plus ou moins importants. ‖ *Théorie de l'échange et de la réciprocité,* ensemble conceptuel qui analyse les processus régissant des obligations entre parties (individus, groupes ou institutions) et pouvant porter sur tout objet (cadeaux, insultes, femmes, etc.). — **Biol.** *Échanges cellulaires,* entrées et sorties de substances de tous ordres à travers la membrane cellulaire. ‖ *Échanges gazeux,* entrée d'oxygène, sortie de gaz carbonique et d'eau par les orifices respiratoires des animaux, ou échanges inverses liés à la photosynthèse chez les plantes vertes. — **Dr.** Convention par laquelle deux propriétaires se cèdent respectivement un bien contre un autre bien. (Les règles prescrites pour la vente s'appliquent à l'échange sauf le cas de rescision pour cause de lésion.) — **Écon.** *Échange inégal,* concept rendant compte de l'antagonisme entre les nations industrielles et les pays en voie de développement. ‖ *Termes de l'échange,* mesure de l'évolution des prix des produits les uns par rapport aux autres ; comparaison des exportations d'un pays et de ses importations.— **Inform.** *Échange de données informatisé(es),* circulation sur des réseaux d'informations d'origines diverses selon des normes spécifiées. — **Jeux.** *Faire un échange,* aux échecs, échanger, en prenant, des pièces de même valeur. — **Méd.** *Échange plasmatique,* technique qui consiste à soustraire une quantité importante de plasma et à compenser le déficit par une solution de remplissage. — **Pédol.** Transfert réciproque d'ions (dits *échangeables*) entre la solution et le complexe absorbant du sol. — **Phys.** Mécanisme spécifiquement quantique d'interaction entre deux atomes, deux nucléons, etc., par mise en commun d'un quanton médiateur. (→ *encycl.*) — **Sports.** Dans les sports de balle, jeu pour s'échauffer avant une partie ; série de balles après chaque service. ‖ En boxe, série de coups entre les deux adversaires.

ENCYCL. **Écon.** Les *échanges internationaux* prennent un essor considérable dans le courant du XIXe s. avec l'industrialisation de l'Europe, le développement des chemins de fer, le libre-échangisme britannique et l'adoption progressive de l'étalon-or comme moyen de règlement international. Jusque vers 1880, ils sont dominés par la Grande-Bretagne du fait de son avance industrielle et prennent la forme d'achats de matières premières et de ventes de produits fabriqués. Le taux de croissance du commerce international est alors supérieur au taux de croissance du produit national, tant en Angleterre que dans les autres parties du monde. Mais, à partir de 1880, les pratiques protectionnistes des grands États (Allemagne, France, Russie, États-Unis), visant la défense des intérêts agricoles et des « industries naissantes », conduisent à un recul, au moins relatif, de la croissance des échanges internationaux. C'est l'ère des nationalismes économiques.

La suprématie de l'Europe est ébranlée par la Première Guerre mondiale et la crise de 1929. Celle-ci provoque la recrudescence du protectionnisme, voire de l'autarcie, l'abandon de l'étalon-or, la chute des prix et des dévaluations. La principale conséquence est la forte contraction du commerce mondial, dans l'ensemble plus touché que la production : les transactions internationales fléchissent en volume de 25 % entre 1929 et 1932 et, à la veille de la Seconde Guerre mondiale, restent encore inférieures de 13 % au niveau d'avant la crise.

L'après-guerre voit s'effacer l'hégémonie politique et économique de l'Europe et s'affirmer la puissance des États-Unis. Parallèlement à une forte expansion des économies nationales, le commerce mondial connaît un développement considérable et accéléré, lié à des facteurs politiques et économiques (retour à la paix, constitution de nouveaux types d'unions douanières, recul quasi général du protectionnisme) et techniques (progrès des transports maritimes notamment), dans un contexte de croissance, qui lui est d'ailleurs partiellement imputable. La crise économique, qui s'amorce en 1973, et l'apparition dans certains pays d'un néoprotectionnisme ont pour effet de ralentir la croissance en volume du commerce international ; la mondialisation de l'économie se poursuit cependant.

les grands courants des échanges internationaux

Exprimée en dollars, la valeur totale des échanges a été multipliée par 15 entre 1960 et 1980. Même si la progression en volume a été moindre (les prix du pétrole, par ex., n'étaient pas identiques en 1960 et 1980), elle demeure spectaculaire. En témoigne aujourd'hui le pourcentage des exportations rapportées au P. I. B. : plus de 40 % dans de petits pays développés (Belgique, Pays-Bas), plus de 20 % dans des États industrialisés au marché intérieur déjà beaucoup plus vaste (R. F. A., Italie). Ce seuil est approché par la France, mais il est encore éloigné au Japon et aux États-Unis, qui sont cependant respectivement le troisième et le premier exportateur. Les 20 % sont aussi (parfois largement) dépassés dans des pays en voie de développement. C'est évidem-

ment le cas des États pétroliers, mais aussi des exportateurs de minerais (Jamaïque, Mauritanie, Liberia) ou de produits alimentaires tropicaux (Côte-d'Ivoire, Costa Rica), et des fournisseurs de biens de consommation assurés par une main-d'œuvre bon marché (Singapour, Taiwan, Corée du Sud). Se dessinent alors les grands courants : échanges Nord-Sud de produits élaborés et de matières premières, mais aussi et surtout, compte tenu de la valeur des exportations, commerce entre grands pays développés (à l'intérieur de l'Union européenne, Japon, États-Unis).
— **Phys.** L'échange de quantons intermédiaires, dits « virtuels », est le mécanisme fondamental des interactions quantiques. À cause de la délocalisation des électrons, les forces interatomiques résultent de l'échange des électrons entre atomes. Les interactions électromagnétiques entre particules électriquement chargées résultent de l'échange de photons, les interactions fortes de l'échange de hadrons et les interactions faibles de l'échange de bosons intermédiaires.

ÉCHANGEABLE adj. Qui peut être l'objet d'un échange : *Article échangeable.*

ÉCHANGER v. t. (de *changer*) [conj. 17]. **1.** Donner, livrer qqch, qqn à qqn dont on reçoit qqch, qqn d'autre en contrepartie ; troquer des choses de valeur équivalente : *Échanger un dessin contre un livre. Échanger des prisonniers.* — **2.** S'adresser, s'envoyer, se donner réciproquement : *J'ai échangé quelques idées avec lui. Échanger des coups.* — **3.** Se communiquer des choses, se les adresser réciproquement : *Échanger des lettres.* — **4.** Au tennis, au tennis de table, faire des échanges de balles pour s'échauffer.

ÉCHANGEUR, EUSE adj. *Substance échangeuse d'ions,* syn. de ÉCHANGEUR* D'IONS.
◆ **échangeur** n. m. **1.** Carrefour sans aucun croisement à niveau, aménagé pour permettre des échanges entre les provenances et les destinations desservies par deux ou plusieurs voies routières ou autoroutières. — **2.** *Échangeur (de chaleur),* appareil destiné à réchauffer ou à refroidir un fluide au moyen d'un autre fluide circulant à une température différente. (On distingue des *échangeurs statiques* [où les deux fluides sont séparés par une paroi conductrice solide] et des *échangeurs dynamiques* [où les deux fluides circulent alternativement sur une masse solide où s'accumule la chaleur].) ‖ *Échangeur d'ions,* substance solide, naturelle ou synthétique, ayant les caractères d'un acide ou d'une base, et fixant, de ce fait, les cations ou les anions. (Les *échangeurs d'ions* utilisés pour l'adoucissement des eaux sont constitués par des résines synthétiques. En passant sur ces résines, l'eau naturelle échange ses impuretés ioniques contre des ions H^+ ou OH^- qui se combinent en donnant de l'eau.)

ÉCHANGISME n. m. **1.** Théorie économique qui privilégie l'échange dans l'analyse économique, par rapport à la production et la consommation. — **2.** Pratique qui consiste à changer de partenaire sexuel entre couples au cours d'une partie de plaisir.

ÉCHANGISTE adj. Relatif à l'échangisme.
◆ adj. et n. **1.** Qui effectue un échange de biens ou de services. — **2.** Qui pratique l'échangisme.

ÉCHANSON n. m. (frq. *skankjo*). Personnage qui était chargé de servir à boire à la table d'un roi, d'un prince. (Les échansons de la maison du roi de France étaient soumis à l'autorité du *grand échanson de France,* qui hérita des fonctions du bouteiller de France sous Charles VII.)

ÉCHANSONNERIE n. f. **1.** Corps des échansons au service d'un roi, d'un prince. — **2.** Pièce du palais où se faisait la distribution du vin.

ÉCHANTIGNOLE ou **ÉCHANTIGNOLLE** n. f. (moyen fr. *eschantille*). Cale ou équerre fixée sur les arbalétriers d'une ferme de charpente pour recevoir les pannes, ou sur les poteaux d'une palissade pour recevoir les traverses. (Syn. CHANTIGNOLE.)

ÉCHANTILLON n. m. (altér. de l'anc. fr. *eschandillon,* du bas lat. *scandaculum,* jauge). **1.** Fraction de marchandise retenue pour servir de référence à une fabrication ou à une fourniture : *Échantillon de tissu, de papier peint.* — **2.** Petite quantité d'un produit diffusé gratuitement afin de le faire connaître du public : *Échantillon publicitaire de parfum.* — **3.** Spécimen remarquable, typique de qqch : *Un échantillon de la poésie française du XVIe s.* — **4.** Exemple, aperçu de la qualité de qqch, cas représentatif de qqch : *Donner un échantillon de son savoir-faire.* — **5.** Personne, individu représentatif d'une espèce par ses propriétés physiques ou par son comportement : *Un échantillon de nos solides paysans d'autrefois.* • **Bât.** Dimensions, type réglementaires de certains matériaux. — **Chim.** Fraction d'un lot de matériau sur laquelle on procède à des mesures, analyses ou essais. — **Cybern.** Valeur d'une grandeur échantillonnée à un instant d'échantillonnage. — **Géol.** Portion de minéral, de roche, de fluide, prélevée pour être étudiée. — **Métrol.** Objet type avec lequel on confronte d'autres objets semblables. — **Post.** Objet confié au service des postes pour être expédié, en paquet non clos, à tarif réduit et sans droit à indemnité en cas de perte. — **Stat.** *Échantillon de taille* n *dans une population de* $p \geqslant n$ *individus,* prélèvement de *n* individus de cette population en vue de l'étude d'un caractère donné.

ÉCHANTILLONNAGE n. m. Action d'échantillonner ; collection d'échantillons : *Un échantillonnage de tissus.* — **Cybern.** Action de définir la variation d'une grandeur dans le temps par la suite de ses valeurs, à des instants définis. — **Inform.** et **Télécomm.** Mesure, à intervalles réguliers, de la valeur de l'amplitude d'un signal continu, en vue d'établir une représentation approchée de ce signal. (L'échantillonnage est le plus souvent suivi d'une quantification des valeurs trouvées et de leur représentation par un signal numérique.) — **Mar.** Ensemble des dimensions des éléments de structure d'un navire (membrures, carlingues, tôles du bordé, etc.). — **Stat.** Procédé utilisé pour choisir un échantillon et qui est à la base de l'enquête par sondage.

ÉCHANTILLONNER v. t. (conj. 3). **1.** Choisir, prélever un échantillon dans un but commercial, scientifique, etc. — **2.** Effectuer l'échantillonnage d'un signal, d'une grandeur, etc.

ÉCHANTILLONNEUR n. m. **1.** Appareil utilisé pour réaliser l'échantillonnage chimique. — **2.** Appareil effectuant l'échantillonnage d'un signal.

ÉCHAPPADE n. f. (de *s'échapper*). **1.** Mode de placement des céramiques dans un four en étage, sur des dalles superposées. — **2.** En gravure, syn. de SORTIE.

ÉCHAPPATOIRE n. f. Moyen adroit et détourné de se tirer d'embarras ; faux-fuyant, porte de sortie.

ÉCHAPPE n. f. Syn. de ESCAPE.

1. ÉCHAPPÉ, E n. (de *s'échapper*). **1.** Coureur qui a distancé les autres concurrents. — **2.** Vx. *Échappé de Charenton, de Bicêtre, de l'asile,* fou.

2. ÉCHAPPÉ n. m. (de *échapper*). Mouvement dans lequel la danseuse, après avoir effectué une flexion, se relève sur les pointes (ou les demi-pointes) en écartant légèrement les jambes, pour revenir ensuite à sa position initiale.

ÉCHAPPÉE n. f. **1.** Action, pour un ou plusieurs coureurs, de distancer les autres concurrents : *L'échappée victorieuse du régional de l'étape.* — **2.** *Litt.* Court instant de : *Il a des échappées de génie.* — **3.** *Litt.* Court voyage par lequel on se libère de contraintes : *Faire une échappée à la campagne.* — **4.** Espace libre, mais resserré, par lequel la vue peut plonger au loin ; vue : *Un endroit d'où on a une échappée sur la mer.* — **5.** Distance mesurée à la verticale du nez des marches d'un escalier, entre celles-ci et le plafond ou le rampant situés au-dessus. (Elle doit être d'au moins 2 m pour les étages habités.) [Syn. ÉCHAPPEMENT.] — **6.** Litt. *Par échappées,* par intervalles et comme furtivement.

ÉCHAPPEMENT n. m. **1.** Expulsion, dans l'atmosphère, des gaz de combustion d'un moteur thermique, de la vapeur détendue d'une machine à vapeur, ou de l'air évacué d'un circuit pneumatique ; dispositif qui permet cette expulsion. (→ *encycl.*) — **2.** Dans un escalier, syn. de ÉCHAPPÉE. — **3.** Dispositif des appareils horaires mécaniques qui distribue l'énergie nécessaire à l'entretien des oscillations du pendule ou du balancier annulaire et assure la rotation régulière du rouage, pour donner l'heure. (On distingue les *échappements à repos frottant,* les *échappements libres* et l'*échappement à ancre,* le plus courant.) — **4.** Mécanisme permettant à chaque marteau d'un piano de ne pas retomber complètement, mais de s'arrêter à mi-course après avoir frappé une corde. (Ce système facilite ainsi la répétition rapide des notes.) — **5.** Mouvement effectué aux barres asymétriques ou à la barre fixe, dans lequel le corps, après avoir pris appui sur la barre, se projette hors de celle-ci pour la reprendre ou terminer l'exercice. — **6.** *Conditionnement d'échappement,* conditionnement dans lequel un individu apprend à faire cesser une stimulation désagréable. ‖ *Échappement libre,* tuyau d'échappement d'un moteur démuni de silencieux.

ENCYCL. **Mécan.** L'échappement est le dernier temps du cycle à quatre temps d'un moteur à explosion. Afin de réduire la pression et le bruit des gaz de combustion, on les évacue dans l'atmosphère par l'intermédiaire d'un pot d'échappement muni de chicanes. Pour lutter contre la pollution occasionnée par les oxydes de carbone (CO), oxydes d'azote (NO_x) et hydrocarbures imbrûlés présents dans ces gaz, l'U. E. s'est alignée sur les normes américaines et japonaises en imposant (à partir de 1988 pour les grosses cylindrées) l'emploi de pots d'échappement catalytiques réduisant la teneur en gaz nocifs. Ces systèmes ne peuvent fonctionner que si le carburant utilisé ne contient pas d'additif antidétonant à base de plomb.

ÉCHAPPER v. t. ind. (lat. pop. **excappare,* du bas lat. *cappa,* chape) [conj. 3]. **1.** Quitter par la ruse, la force, qqn qui tenait, retenait, gardait : *Le prisonnier a échappé à ses gardiens.* — **2.** Ne pas être atteint par qqn, qqch, se soustraire à eux ; éviter : *Échapper aux recherches de la police.* — **3.** Ne pas être obtenu par qqn : *L'héritage lui a échappé.* — **4.** S'éloigner, se détacher de qqn : *Je sens qu'il m'échappe, il doit avoir d'autres intérêts ailleurs.* — **5.** Ne pas être perçu, saisi, compris, retenu par qqn : *Son nom m'échappe.* — **6.** Tomber accidentellement des mains : *La pile d'assiettes lui a échappé.* — **7.** *Échapper (des lèvres, de la bouche),* être prononcé par mégarde. ‖ *Ne pas échapper à qqch,* être sûr de l'avoir, ne pas y couper : *Nous n'échapperons pas à ses plaisanteries.*

◆ v. t. *L'avoir échappé belle,* s'être tiré heureusement et de très peu d'un mauvais pas, d'un danger.
◆ v. i. *Faire, laisser échapper qqn (d'un lieu),* le faire, le laisser quitter un lieu, s'enfuir de ce lieu. ‖ *Laisser échapper qqch,* ne pas le retenir ou ne plus le contenir : *Il laissa échapper sa canne.* ‖ *Laisser échapper une erreur,* ne pas la corriger, ne pas la relever. ‖ *Laisser échapper une occasion,* ne pas la saisir, la laisser passer sans en profiter.
◆ **s'échapper** v. pr. **1.** Sortir d'un lieu, s'en évader, le quitter par la ruse ou la force : *Le lion s'est échappé de sa cage.* — **2.** Partir discrètement d'une assemblée, d'une réunion ; s'esquiver, s'éclipser : *Il s'est échappé à la fin du dîner.* — **3.** Jaillir, sortir de qqch, d'un lieu : *Le gaz s'échappe du tuyau percé.* — **4.** Se dissiper, s'évanouir, tomber, partir : *Voir s'échapper son dernier espoir.* — **5.** En parlant d'un ou plusieurs coureurs, distancer les autres concurrents.

ÉCHARDE n. f. (frq. **skarda*). Petit fragment d'un corps quelconque qui est entré accidentellement sous la peau.

ÉCHARDONNAGE n. m. **1.** Action d'arracher les chardons dans un champ. — **2.** Élimination des chardons accrochés aux fibres de laine, s'effectuant notamment au cours de l'opération de cardage.

ÉCHARDONNER v. t. (conj. 3). Réaliser l'échardonnage.

ÉCHARDONNEUR, EUSE n. *Vx.* Personne qui échardonnait à la main.
◆ adj. Qui sert à échardonner.

ÉCHARDONNOIR n. m. Outil servant à couper ou à arracher les chardons.

ÉCHARNAGE n. m. Action d'écharner les peaux. (Au travail de rivière, l'écharnage se pratique après l'ébourrage.)

ÉCHARNER v. t. (anc. fr. *charn,* du lat. *caro, carnis,* chair) [conj. 3]. Éliminer d'une peau les fragments de muscles adhérents et le tissu souscutané graisseux, lors de sa préparation pour le tannage.

ÉCHARNEUR, EUSE n. Personne qui pratique l'écharnage des peaux brutes.
◆ **écharneuse** n. f. Machine servant à écharner les peaux.

ÉCHARPE n. f. (frq. **skirpja,* sac). **1.** Large bande d'étoffe tissée ou tricotée qu'on porte autour du cou. — **2.** Bandage passé autour du cou pour soutenir une main ou un bras blessé : *Avoir le bras en écharpe.* — **3.** *Écharpe tricolore,* large bande d'étoffe tricolore que les députés, les maires, et certains officiers civils, portent obliquement, dans certaines circonstances, d'une épaule à la hanche opposée, ou autour de la ceinture. ‖ *Prendre qqch, qqn, un véhicule en écharpe,* le frapper en biais, de côté, latéralement, obliquement : *Le train a pris la voiture en écharpe.* • **Arm.** *Tir d'écharpe,* tir dirigé obliquement par rapport à l'objectif. — **Arts décor.** Draperie retenue à ses deux extrémités et retombant en courbe. — **Bât.** Traverse diagonale disposée dans un pan de bois ou de fer (syn. DÉCHARGE), dans un panneau de menuiserie, dans un parquet, ou encore sous les poutres d'un plancher, pour prévenir la déformation de l'ouvrage. ‖ Cordage utilisé par les maçons pour guider la montée d'une charge. — **Ch. de f.** *Prise en écharpe,* collision de deux trains qui, circulant sur deux voies convergentes, se rencontrent au point de jonction de ces deux voies.

1. ÉCHARPER v. t. (anc. fr. *escharpir,* de *charpir,* mettre en pièces) [conj. 3]. **1.** Blesser grièvement qqn, le mutiler, le mettre en pièces : *Écharper son adversaire.* — **2.** Fam. *Se faire écharper,* subir les insultes, les critiques, les coups de qqn.

2. ÉCHARPER v. t. (de *écharpe*) [conj. 3]. Dans le bâtiment, entourer un fardeau d'une écharpe qui sert à l'empêcher de frotter contre les murs ou de s'accrocher aux échafaudages.

ÉCHASSE n. f. (frq. **skakkja*). **1.** Chacun des deux longs bâtons garnis d'un fourchon, ou étrier, sur lesquels on pose le pied pour marcher à une certaine hauteur au-dessus du sol. — 2. *Fam.* Jambe, patte longue et maigre. — 3. Syn. de ÉCOPERCHE. — **4.** Oiseau charadriiforme des marais (Camargue, Dombes), aux longues pattes rouges, au plumage noir et blanc, au bec pointu, type de l'ancien groupe des échassiers.

ÉCHASSIER n. m. (de *échasse*). **1.** Oiseau à longues pattes, à long cou et souvent à long bec, des eaux peu profondes, marchant sur le fond et ne nageant pas. (Les *échassiers,* qui formaient autrefois un ordre, sont maintenant répartis en quatre ordres différents, dont les types sont la cigogne, le flamant, la grue et le pluvier.) — **2.** *Fam.* Personne grande et maigre, qui a de longues jambes.

ÉCHAUBOULURE n. f. (de *chaubouillure,* mot dialect. de l'Ouest, de *chaud* et *bouillir*). *Vx.* Urticaire des animaux domestiques.

ÉCHAUDAGE n. m. **1.** Action de tremper, de plonger qqch dans l'eau chaude ou de le passer à l'eau chaude. — **2.** Accident physiologique des céréales, provoquant une mauvaise circulation des substances nutritives dans les plantes et se traduisant par la malformation des grains, qui restent de petite taille. — **3.** Action de verser de l'eau dans un tonneau pour en faire gonfler les douelles et éprouver leur solidité.

ÉCHAUDÉ n. m. Gâteau très léger, fait d'une boulette de farine, de beurre et d'œufs, pochée à l'eau bouillante, puis séchée au four.

ÉCHAUDER v. t. (bas lat. *excaldare*) [conj. 3]. 1. Passer qqch à l'eau très chaude ou l'y tremper ; ébouillanter : *Échauder une théière.* — 2. Brûler qqn avec un liquide très chaud ; ébouillanter. — 3. Causer à qqn une déception, un dommage ou une déconvenue qui, en général, lui sert de leçon : *Cette aventure l'a échaudé.*
◆ **être échaudé** v. pass. En parlant des grains, provenir d'une plante victime d'échaudage.

ÉCHAUDOIR n. m. 1. Endroit d'un abattoir où l'on échaude les animaux après l'abattage. — 2. Cuve où les teinturiers échaudent et dégraissent les laines.

ÉCHAUDURE n. f. Syn. de SCALD.

ÉCHAUFFANT, E adj. Qui cause de l'irritation, de l'inflammation ou qui produit la constipation : *Mets échauffants.*

ÉCHAUFFE n. f. 1. Altération d'une peau brute par un début de putréfaction. — 2. Procédé bactérien utilisé pour le délainage des peaux de mouton.

ÉCHAUFFEMENT n. m. 1. Action d'échauffer, fait de s'échauffer : *L'échauffement du sol.* — 2. Action de devenir plus animé, fait de s'enflammer : *Dans l'échauffement de la discussion.* — 3. Action de s'échauffer les muscles, les jambes : *Exercices d'échauffement.* — 4. *Fam.* État inflammatoire léger. — 5. État de céréales ou de farines qui commencent à fermenter. — 6. Altération du bois, due à son humidité et qui modifie ses propriétés mécaniques. — 7. Augmentation spontanée de la température du charbon dans un massif fissuré, par oxydation lente.

ÉCHAUFFER v. t. (lat. pop. **excalefare*) [conj. 3]. 1. Élever progressivement la température d'un corps, d'un liquide. — 2. Donner de l'exercice aux muscles pour les préparer à un effort physique. — 3. Produire un commencement de fermentation sur une matière. — 4. Animer, exciter, enflammer : *Cette nouvelle a échauffé les esprits.* — 5. Donner des plis à une étoffe en la foulant à l'excès. — 6. *Échauffer le sang, la tête, les oreilles, la bile de, à qqn,* l'impatienter, exciter sa colère.
◆ **être échauffé** v. pass. En parlant d'un bois, avoir subi un échauffement.
◆ **s'échauffer** v. pr. 1. Faire des exercices pour se préparer à un effort physique. — 2. Devenir plus animé, s'exciter : *Son imagination s'échauffe.*

ÉCHAUFFOURÉE n. f. (croisement de *fourrer* et de *chaufour*). 1. Émeute, bagarre confuse et de courte durée. — 2. *Vx.* Petit combat isolé. — 3. Aux échecs, coup hardi et malheureux.

ÉCHAUFFURE n. f. (de *échauffer*). 1. Fermentation légère des grains, des céréales, etc. — 2. Résultat de l'échauffement du bois qui correspond à une modification légère de sa structure chimique consécutive à une attaque par les champignons lignivores, avant le séchage. — 3. Ensemble de plis, rides, que l'on imprime à une étoffe par un foulage trop prolongé et trop énergique.

ÉCHAUGUETTE n. f. (frq. **skarwahta,* de **skâra,* troupe, et **wahta,* guet). Guérite de guet généralement placée en surplomb sur une muraille fortifiée, une tour, etc.

ÈCHE → ESCHE.

ÉCHÉANCE n. f. (de *échoir*). 1. Date à laquelle est exigible l'exécution d'une obligation, le paiement d'une dette. (→ *encycl.*) — 2. Somme à payer à cette date. — 3. Délai entre la date d'un engagement et son exigibilité. — 4. Moment où qqch doit arriver, et qui marque la fin d'un délai, d'une période : *L'échéance électorale.* — 5. *À échéance,* dans un certain délai.
ENCYCL. **Banq.** et **Dr.** L'échéance d'une lettre de change ou traite peut être à vue (règlement le jour même de la présentation), à un ou plusieurs jours, mois ou années de vue (l'échéance est alors fixée par la date d'acceptation ou par le protêt) ou de date (l'échéance est déterminée par le nombre de jours, de mois, d'années indiqué par l'effet à partir du lendemain de la date de souscription). En matière d'effets de commerce ou d'emprunts, dans les marchés à terme traités dans les Bourses de commerce, l'échéance est synonyme de « date de livraison ». La cote des cours pratiqués, appelée mercuriale, indique les délais de livraison les plus usuels pour chaque nature de marchandises.

ÉCHÉANCIER n. m. 1. Livre, registre permettant de connaître ce qui doit être fait à différentes dates, plus spécialement au sujet de dettes ou de créances. — 2. Ensemble d'échéances, de délais dont la date doit être respectée : *Des objectifs à long terme dont l'échéancier est difficile à établir.*

ÉCHÉANT adj. m. (part. prés. de *échoir*). 1. Venu à échéance, en parlant d'un effet de commerce. — 2. *Le cas échéant,* à l'occasion ; si le cas se présente.

1. ÉCHEC n. m. (anc. fr. *eschac,* du pers. *chāh,* roi, avec l'infl. de l'anc. fr. *eschec,* butin). 1. Aux échecs, situation du roi lorsque cette pièce se trouve sur une case menacée par une des pièces de l'adversaire. — 2. *Échec à la découverte,* échec qui se produit quand le roi ou la reine tombent sous l'attaque d'une pièce par suite du déplacement d'une autre pièce. ‖ *Échec double,* échec provoqué par l'attaque simultanée de deux pièces. ‖ *Échec et mat,* coup décisif par lequel on met définitivement le roi en prise, et qui constitue le gain de la partie. ‖ *Être échec,* avoir son roi en échec.

◆ **échecs** n. m. pl. **1.** Jeu dans lequel deux joueurs font manœuvrer l'une contre l'autre, sur un plateau divisé en 64 cases, deux séries de 16 pièces de valeur diverse. — **2.** Ensemble des pièces qui servent à ce jeu.

ENCYCL. *Historique.* L'ancêtre du jeu actuel a été pratiqué en Asie. Au milieu du VIIe s., la conquête de l'Iran fit découvrir aux Arabes ce jeu, qu'ils adoptèrent et perfectionnèrent. Un siècle plus tard, ils l'introduisirent en Europe.

Jeu d'**échecs** : marche des pièces sur l'échiquier. (Les flèches indiquent, pour chaque pièce, les directions autorisées de déplacements. Seul le cavalier peut sauter au-dessus des pièces se trouvant entre son point de départ et son point d'arrivée. Excepté le pion, qui prend en diagonale, toutes les pièces prennent comme elles marchent. On n'est jamais forcé de prendre.)

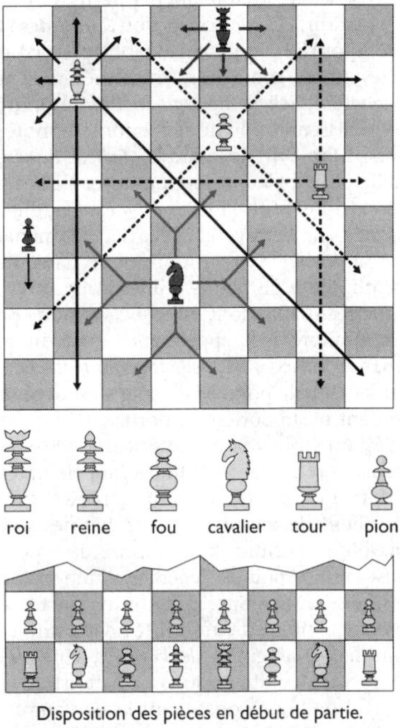

Disposition des pièces en début de partie.

• *Principes.* Le jeu des échecs est un combat entre deux camps disposant chacun de 16 pièces, soit : 1 roi, 1 dame, 2 fous, 2 cavaliers, 2 tours et 8 pions. Le but de la partie est de s'emparer du roi adverse. Un roi est *en échec* lorsqu'il se trouve dans la ligne d'action d'une pièce adverse. Il est *mat* lorsqu'il ne peut se sauver, se couvrir ou prendre la pièce qui le menace. On doit prévenir son adversaire lorsqu'on met son roi *en échec.* On le prévient de l'*échec et mat* pour son roi. Est déclaré *pat* le roi qui, n'étant pas *mat,* est placé sur une case d'où il ne peut bouger sans se mettre lui-même en *échec.* Le *pat* entraîne la nullité de la partie. Au cours du combat, le roi a, sous certaines conditions, la faculté de *roquer,* c'est-à-dire d'avancer de deux cases à la fois dans la direction soit de sa tour, soit de la tour de la dame, la tour avec laquelle il a roqué venant se placer sur la case voisine de celle qui est occupée par le roi après avoir roqué.

Au commencement d'une partie, les pièces se placent comme l'indique le dessin ci-dessus, chacune des dames étant placée sur une case de sa couleur, la dernière case blanche se trouvant à la droite des joueurs.

• *Marche des pièces.* Voir illustration ci-dessus.

• *Notation.* Pour représenter une partie d'échecs, on désigne les pièces par leurs initiales majuscules et l'on use d'une notation dite *algébrique.* Les colonnes verticales sont désignées, à partir de la gauche, par les lettres minuscules *a, b, c, d, e, f, g, h.* Les rangées horizontales en partant des blancs sont numérotées de 1 à 8. Un coup se note en indiquant la case de départ et la case d'arrivée. Ex. : C *g*1-*f*3 veut dire que le cavalier va de la case *g*1 à la case *f*3.

2. ÉCHEC n. m. (de *échecs* [jeu]). **1.** Résultat négatif d'une tentative, d'une entreprise, manque de réussite ; défaite, insuccès, revers : *Subir un échec.* — **2.** *Échec scolaire,* retard dans la scolarité, sous toutes ses formes. (Il frappe plus fortement les enfants des milieux défavorisés, fixant et aggravant la sélection sociale.) ‖ *Faire échec à,* empêcher qqn, une action de réussir. ‖ *Mettre, tenir en échec,* mettre qqn dans une position difficile, l'empêcher de mener à bien son action, entraver son action. ‖ *Névrose d'échec,* structure névrotique dont le symptôme dominant est pour le sujet une impossibilité de tolérer la satisfaction de son désir.

ÉCHÉE n. f. (anc. provenç. *escanha,* dévidoir). Longueur des échevettes constituées pour déterminer le titrage des fils.

ECHEGARAY Y EIZAGUIRRE (José), savant, auteur dramatique et homme politique espagnol (Madrid 1832 - *id.* 1916). Membre de l'Académie des sciences exactes (1866), député et ministre du Travail (1872), puis des Finances (1874), il est l'auteur de comédies et de drames à succès (*El Gran Galeoto,* 1881). [Prix Nobel de littérature, avec Frédéric Mistral, 1904.]

ÉCHELETTE n. f. (de *échelle*). **1.** Nom usuel du *tichodrome.* — **2.** *Compte par échelettes,* compte dans lequel les acomptes sont imputés sur les intérêts avant de l'être sur le capital.

ÉCHELIER n. m. Dispositif formé d'un montant central traversé par des barreaux et qui sert d'échelle.

ÉCHELLE n. f. (bas lat. *scala*). **1.** Dispositif composé de deux montants reliés entre eux par des pièces transversales (barreaux) fixées à intervalles réguliers et servant de degrés pour monter ou descendre. — **2.** Série de mailles filées sur toute la longueur d'un collant, d'un bas. — **3.** Suite continue et ordonnée en parties égales servant de moyen de comparaison ou d'évaluation ; système de référence : *L'échelle des températures.* — **4.** Rapport d'une longueur sur une représentation graphique, cartographique, photographique, sur une maquette, un modèle réduit, etc., à la longueur réelle correspondante. (L'échelle peut être indiquée sous la forme du nombre exprimant ce rapport ou représentée graphiquement par un trait gradué. Le document représenté est d'autant plus détaillé que l'échelle est plus grande.) — **5.** Système de niveaux ou de degrés constituant une hiérarchie, une structure hiérarchisée ; suite continue et progressive : *L'échelle sociale. L'échelle des prix.* — **6.** *À l'échelle de qqch, à l'échelle + adj.*, à la mesure, en proportion de qqch, au niveau de qqch : *À l'échelle internationale.* ‖ *À grande échelle, sur une grande échelle,* en grandes proportions, en grand ; largement. ‖ *Échelle de corde,* échelle dont les montants et les barreaux ou les montants seuls sont faits de corde. ‖ *Faire la courte échelle à qqn,* l'aider à s'élever en lui offrant successivement comme points d'appui ses mains, son dos, ses épaules ; lui prêter son appui, son concours dans une action, l'aider à réussir. ‖ Fam. *Il n'y a plus qu'à tirer l'échelle,* il n'y a rien de supérieur, rien de comparable ; ce n'est pas la peine de continuer, il est impossible de faire mieux ou, *ironiq.*, plus mal. ‖ Fam. *Monter à l'échelle,* prendre au sérieux les plaisanteries des autres, se fâcher. • **Agric.** Nom de la ridelle dans certaines régions. — **Bât.** *Échelle de meunier,* escalier droit, sans contremarches, composé de tablettes encastrées dans deux limons. — **Biol.** *Échelle des êtres,* hiérarchie supposée des espèces vivantes (animaux surtout), établie d'après leur degré de ressemblance avec l'homme. (Cette notion est largement périmée.) — **Bours.** *Échelle de primes,* tableau indiquant d'avance à un opérateur sur le marché à primes le bénéfice ou la perte correspondant à sa position d'acheteur ou de vendeur aux différents cours d'une valeur. — **Bx-arts** et — **Impr.** *Échelle des couleurs,* en peinture, teinture, imprimerie, etc., série de nuances par lesquelles on passe d'une couleur à une autre. — **Comm.** Tableau montrant les variations successives d'une valeur. ‖ *Clause d'échelle mobile,* stipulation contenue dans un contrat, qui fait varier le prix en fonction d'un indice choisi par les cocontractants. ‖ *Marché à l'échelle,* contrat dans lequel il est stipulé que les marchandises commandées ferme sont livrées par lots, à des dates successives et déterminées. — **Dr.** *Échelle chiffre,* classement indiciaire des emplois dans la fonction publique. ‖ *Échelle lettre,* classement des emplois qui, étant les plus élevés de la fonction publique, échappent à la grille indiciaire. (À chaque lettre, de A à G, correspond un niveau de traitement.) ‖ *Échelle mobile des salaires,* dispositif d'indexation des salaires sur la hausse générale des prix, permettant de garantir le maintien automatique du pouvoir d'achat des rémunérations nominales. — **Électr.** *Échelle de câbles,* support destiné au guidage des faisceaux de câbles. — **Géol.** Système de référence permettant le découpage de la durée du temps géologique et donc la datation de toutes les roches en chaque point du globe. ‖ Système utilisé en sismologie pour classer les tremblements de terre. (→ *encycl.*) — **Impr.** *Échelle des corps* ou *échelle des titres,* en composition, hiérarchie établie pour composer les titres, sous-titres, intertitres, légendes, notes, etc. ‖ *Échelle de reproduction,* proportion d'agrandissement ou de réduction en photogravure. — **Mar.** Syn. de ESCALIER. ‖ *Échelle de coupée,* échelle principale qui sert à monter à bord ou à en descendre. ‖ *Échelle de tirant d'eau,* graduation marquée sur l'étrave et à l'arrière d'un navire pour apprécier son enfoncement dans l'eau. — **Math.** Suite de points d'une droite ou d'une courbe rectifiable dont on associe chaque point à un nombre réel appelé *cote.* (On dit aussi ÉCHELLE RECTILIGNE.) ‖ *Échelle fonctionnelle,* échelle pour laquelle le point M de cote x est obtenu en orientant le support et en portant $\overline{OM} = l \,.\, f(x)$, où f est une fonction monotone donnée et l une longueur préalablement choisie, appelée *module.* — **Métrol.** Série de divisions tracées sur un instrument de mesure. ‖ Ensemble des indications d'un instrument de mesure de type normalisé, utilisé pour le repérage d'une propriété physique. — **Mus.** Succession non structurée de sons susceptibles d'être utilisés dans une composition. — **Navig.** *Échelle d'écluses,* série d'écluses, de mêmes dimensions caractéristiques, la tête aval de l'une constituant la tête amont de l'autre. — **Psychol.** Mode de rangement des observations dont dépend la possibilité de mesure en psychologie. (On distingue généralement des échelles nominales, ordinales, d'intervalles, de rapports.) ‖ Ensemble de tests à l'aide desquels on se propose d'établir un niveau de développement (échelle de Binet-Simon). ‖ *Échelle d'attitude,* instrument de mesure permettant de différencier les attitudes favorables des attitudes défavorables à l'égard d'un objet déterminé. (→ *encycl.*) ‖ *Échelle subjective,* échelle qui repose sur la mise en relation des différentes intensités du stimulus avec celles des réponses perceptives du sujet et permettant d'estimer ses sensations. — **Stat.** *Échelle arithmétique,* échelle où les grandeurs réelles sont représentées par des longueurs proportionnelles à ces grandeurs. ‖ *Échelle logarithmique,* échelle où les grandeurs réelles sont représentées par des longueurs proportionnelles au logarithme de ces grandeurs. — **Techn.** Dans l'étude dynamique sur modèle réduit de certains phénomènes, rapport de la durée d'évolution sur modèle à la durée correspondante du phénomène réel. ‖ *Échelle d'incendie,* échelle utilisée par les sapeurs-pompiers au cours des incendies et sauvetages. — **Trav. publ.** *Échelle à poissons,* plan incliné, muni de cloisons en chicane, permettant aux poissons migrateurs (truites, saumons) de franchir les barrages de faible hauteur. (Syn. PASSAGE.)

◆ **Échelles** n. f. pl. Établissements français, puis européens, créés à partir du XVIe s. dans les principaux ports et dans quelques villes de l'intérieur de l'Empire ottoman, où les négociants européens bénéficiaient des privilèges des capitulations et où, éventuellement, résidait un consul. (Les principales *Échelles de Barbarie* étaient : Tripoli de Barbarie, Tunis, Alger, Safi, Mogador, Fès. Les principales *Échelles du Levant* étaient : Le Caire, Alexandrie, Damiette, Jaffa, Acre, Beyrouth, Tripoli, Lattaquié, Alep, Alexandrette, Smyrne et Salonique.) [Syn. ESCALES.]

ENCYCL. **Géol.** Les *échelles d'intensité* décrivent un séisme en fonction de l'importance et de la nature des dégâts causés, la valeur de l'intensité décroissant avec la distance à l'épicentre. Il en existe plusieurs, notées en chiffres romains de I à XII (échelle de Mercalli, Mercalli-Cancani-Sieberg, MKS, Mercalli modifiée). Les *échelles de magnitude* (échelle de Richter et de Gutenberg) sont basées sur des mesures instrumentales. Indépendantes du point de mesure, les valeurs sont données en chiffres arabes inférieurs à 9.
— **Psychol.** Les *échelles d'attitude,* en quantifiant les réalités psychologiques, traitent celles-ci comme des grandeurs physiques, ce qui suppose l'existence d'une certaine correspondance entre les propriétés des nombres et celles des objets mesurés. Tout comme les nombres, l'attitude doit s'inscrire sur un continuum qui va du désaccord à l'accord parfait vis-à-vis de l'objet, en passant par l'indifférence. Cette quantification suppose également la détermination d'une unité de mesure.

ECHELLENSIS ou **ECCELLENSIS** (Abraham), nom latinisé d'**Ibrāhīm ibn Dā'ūd al-Ḥāqilī,** savant maronite (Ḥāqilī, Liban-Rome 1664). Il participa activement à la préparation de la Bible arabe qui fut publiée par la Propagande en 1671.

ÉCHELLES (Les) [73360], ch.-l. de cant. de la Savoie, dans la Chartreuse, au S.-O. de Chambéry ; 1 259 hab. Constructions mécaniques.

ÉCHELON n. m. (de *échelle*). **1.** Chacun des barreaux transversaux d'une échelle. — **2.** Ce par quoi on s'élève ou on descend dans une série, une hiérarchie ; palier, étape, degré : *Sauter les échelons.* — **3.** *À l'échelon de qqch, à l'échelon* + *adj.,* au niveau d'organisation, d'administration où l'on se place : *À l'échelon de la région.* ‖ *À son échelon,* à son niveau. • **Bât.** Sorte de crampon scellé dans un mur, sur lequel on pose le pied pour monter ou descendre. — **Charronn.** Assemblage de pièces de bois constituant le devant et l'arrière d'une charrette. (Syn. HAYON.) — **Cybern.** et **Math.** Fonction du temps qui, à un instant déterminé, passe brusquement d'une valeur initiale à une valeur finale différente, la valeur initiale étant souvent nulle. ‖ *Échelon(-)unité,* échelon dont la valeur initiale est nulle et la valeur finale égale à l'unité. — **Dr.** Chacun des différents stades de l'Administration. ‖ Position d'un fonctionnaire à l'intérieur d'un même grade, d'une même classe. — **Math.** Différence des cotes de deux points consécutifs d'une échelle. — **Mil.** Chacun des éléments successifs d'une formation militaire articulée en profondeur. ‖ *Échelon aérien,* partie d'une formation terrestre déplacée par voie aérienne. ‖ *Échelon d'assaut,* ensemble des éléments aéroportés ou amphibies mis à terre pour l'attaque initiale des objectifs. ‖ *Échelon de commandement,* chacune des instances successives de la hiérarchie des fonctions dans les forces armées (échelon division, échelon corps d'armée). — **Opt.** *Lentille à échelons,* lentille comprenant diverses couronnes réfringentes ou réfléchissantes utilisée dans les phares pour produire un large faisceau de lumière parallèle. (Syn. LENTILLE DE FRESNEL.)

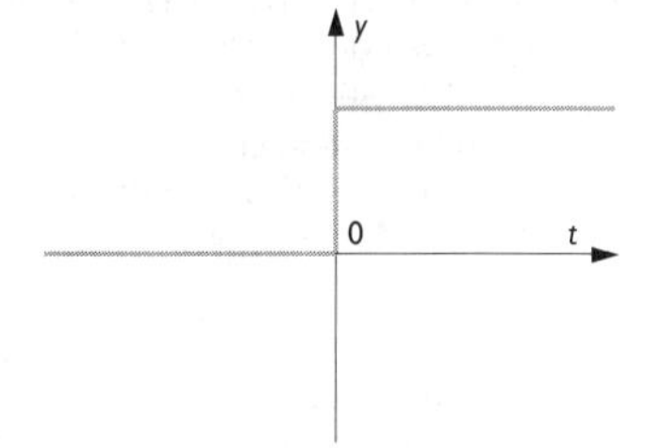

ÉCHELON

ÉCHELONNEMENT n. m. **1.** Action d'échelonner ; fait d'être échelonné : *L'échelonnement des* *paiements.* — **2.** Dispositif d'une unité militaire considéré dans sa profondeur.

ÉCHELONNER v. t. (conj. 3). **1.** Disposer des choses, des gens de distance en distance : *Échelonner des poteaux à dix mètres d'intervalle.* — **2.** Répartir progressivement, régulièrement qqch dans le temps ; étaler : *Échelonner un paiement sur plusieurs années.* — **3.** Répartir par paliers, par degrés ; graduer : *Échelonner les difficultés dans l'apprentissage de l'orthographe.* — **4.** Disposer une troupe en échelons successifs. — **5.** *Échelonner un tir,* tirer successivement en faisant varier d'une grandeur constante les éléments de pointage en hauteur ou en direction, de façon à balayer systématiquement une zone de terrain déterminée.

ÉCHENILLAGE n. m. Action d'écheniller.

ÉCHENILLER v. t. (conj. 3). Débarrasser des chenilles.

ÉCHENILLEUR n. m. (de *écheniller*). Passereau arboricole des régions chaudes de l'Ancien Monde, mangeur de chenilles.

ÉCHENILLOIR n. m. Sécateur fixé à un long manche, pour couper les rameaux auxquels sont fixés les nids des chenilles.

ÉCHER → ESCHER.

ÉCHEVEAU n. m. (lat. *scabellum,* escabeau). **1.** Ensemble d'échevettes réunies entre elles par un fil de liage et confectionnées surtout en vue de traitements de blanchiment ou de teinture sur fil. — **2.** Assemblage d'éléments divers embrouillés ; dédale : *Démêler l'écheveau d'une intrigue.*

ÉCHEVELER v. t. (anc. fr. *chevel,* cheveu) [conj. 24]. *Litt.* Mettre les cheveux en désordre ; dépeigner : *Le vent l'a échevelée.*
◆ **être échevelé** v. pass. **1.** Avoir les cheveux en désordre. — **2.** *Litt.* Avoir un aspect évoquant une chevelure en désordre : *Des arbres échevelés.* — **3.** Être effréné, désordonné : *Une danse échevelée.* — **4.** *Litt.* Être excessif jusqu'à être insensé : *Un romantisme échevelé.*

ECHEVERIA [eʃeverja] n. m. (de M. *Echeveria,* n. pr.). Plante grasse (crassulacée) ornementale, aux fleurs de couleurs vives, d'origine mexicaine.

ECHEVERRÍA (Esteban), poète argentin (Buenos Aires 1805 - Montevideo 1851). Son poème *Rimas* (1837) le consacra comme le premier romantique américain et l'un des créateurs de la poésie nationale argentine. Hostile à Rosas, il dut s'exiler à Montevideo.

ECHEVERRÍA ÁLVAREZ (Luis), homme d'État mexicain (Mexico 1922). Ministre de l'Intérieur (1964-1969), successeur de Díaz Ordaz à la présidence de la République (1970-1976), il libéralisa la vie politique et syndicale, relança la réforme agraire et s'efforça de réduire l'emprise économique américaine sur le Mexique.

ÉCHEVETTAGE ou **ÉCHEVETAGE** n. m. Mise des fils en échevette.

ÉCHEVETTE n. f. (de *écheveau*). Longueur fixe de fil dévidée sur le moulin d'un dévidoir, et dont les deux extrémités sont liées ensemble.

ÉCHEVIN n. m. (frq. **skapin,* juge). **1.** Au Moyen Âge et sous l'Ancien Régime, magistrat municipal dans les villes du nord de la France, qui assistait le maire. — **2.** À l'époque carolingienne, assesseur du *mallus.* — **3.** En Belgique et aux Pays-Bas, magistrat adjoint au bourgmestre.

ÉCHEVINAGE n. m. **1.** Charge, fonctions d'échevin ; durée de ces fonctions. — **2.** Corps des échevins. — **3.** Juridiction municipale. — **4.** Circonscription territoriale administrée par des échevins. — **5.** Procédé d'organisation des tribunaux, consistant à réunir au sein d'une juridiction collégiale un ou plusieurs magistrats professionnels et des personnes ayant une profession ou une qualité en relation avec la nature des affaires jugées. (Les tribunaux paritaires des baux ruraux, par ex., sont organisés ainsi.)

ÉCHEVINAL, E, AUX adj. **1.** Relatif à l'échevin. — **2.** *Collège échevinal,* en Belgique et aux Pays-Bas, collège formé du bourgmestre et des échevins d'une commune.

ÉCHIDNA (« la Vipère »), monstre fabuleux de Cilicie, moitié femme et moitié serpent. Elle enfanta Cerbère, l'hydre de Lerne, la Chimère, le Sphinx, le lion de Némée et d'autres monstres.

ÉCHIDNÉ [-ki-] n. m. (lat. sc. *echidna,* vipère). Mammifère protothérien très primitif d'Australie et de Nouvelle-Guinée.
ENCYCL. Les échidnés rappellent les hérissons par les piquants de leur fourrure dorsale : fouisseurs rapides, armés de griffes puissantes, ils se nourrissent surtout d'insectes, capturés à l'aide d'une longue langue gluante. Ils pondent des œufs, mais leurs mamelles, d'ailleurs rudimentaires, et leur température interne relativement peu variable les font classer parmi les mammifères. On en distingue deux genres.

ÉCHIFFRE ou **ÉCHIFFE** n. m. (anc. fr. *eschif,* abrupt). Mur dont la partie supérieure, rampante, porte les marches d'un escalier. (On dit aussi MUR D'ÉCHIFFRE.)

1. ÉCHINE n. f. (frq. **skina,* baguette de bois). **1.** Épine dorsale, colonne vertébrale ; partie du dos comprise entre le cou et la croupe de l'homme et de certains animaux. — **2.** Morceau de demi-gros du bœuf, comprenant l'aloyau et le train de côtes. — **3.** Morceau du porc comprenant la région du cou et les 5 premières côtes. — **4.** *Avoir l'échine souple, flexible,* savoir se plier aux volontés d'autrui ; être lâche. ‖ *Courber, plier l'échine,* se soumettre à qqn, à qqch.

2. ÉCHINE n. f. (lat. *echinus,* du gr. *ekhinos,* oursin). Grosse moulure convexe circulaire, formant une sorte de coussinet sous l'abaque du chapiteau dorique.

ÉCHINER (S') v. pr. (de *échine 1*) [conj. 3]. Se donner beaucoup de peine pour ; se fatiguer : *S'échiner à défendre l'indéfendable.*

ÉCHINIDE [-ki-] n. m. Nom de classe attribué aux oursins.

ÉCHINOCACTUS [ekinokaktys] n. m. Cactus épineux à grosses tiges côtelées, ornemental, et dont une espèce, le peyotl, fournit la mescaline.

ÉCHINOCÉRÉUS [ekinosereys] n. m. Cactacée à tiges courtes disposées en touffes, à grandes fleurs très colorées, ornementale.

ÉCHINOCOCCOSE [-ki-] n. f. Parasitose larvaire des mammifères et de l'homme, due à la présence d'un échinocoque.

ENCYCL. On distingue le kyste hydatique (hydatidose) dû à *Echinococcus granulosus* de l'échinococcose alvéolaire ou multiloculaire (due à *E. multilocularis*), beaucoup plus rare mais souvent très destructrice pour l'organisme.

— **Vétér.** L'échinococcose atteint surtout le bœuf, le mouton, la chèvre, le porc et, très rarement, le cheval. Les kystes hydatiques se développent principalement dans le foie. Le traitement, uniquement prophylactique, consiste à débarrasser les chiens de leurs ténias, à ne jamais leur donner à manger des viscères infestés et à leur interdire l'entrée des abattoirs.

ÉCHINOCOQUE [-ki-] n. m. Ténia de petite taille, parasite de l'intestin du chien, du chat et du renard, qui peut contaminer l'homme par ses œufs et dont la larve ou hydatide se développe dans le foie des mammifères.

ENCYCL. Les hôtes intermédiaires d'*Echinococcus granulosus,* parasite du chien, sont des ruminants ; le chien émet dans ses excreta des embryophores, qui vont souiller l'herbe des pâturages. L'homme se contamine au contact du pelage du chien (mains sales) ou en mangeant des aliments souillés par lui. *E. multilocularis,* parasite du renard, a pour hôte intermédiaire le campagnol et la transmission à l'homme se fait par les fruits sauvages.

ÉCHINOCORYS [ekinokɔris] n. m. Oursin fossile du crétacé, très répandu dans les falaises de Normandie. (Syn. anc. ANANCHYTE.)

ÉCHINODÈRE [-ki-] n. m. Nom de sous-embranchement attribué à de minuscules némathelminthes marins.

ÉCHINODERME [-ki-] n. m. (lat. sc. *echinodermata*). Animal marin tel que les oursins, les étoiles de mer, les ophiures, les encrines et les holothuries, à symétrie axiale d'ordre 5, parfois masquée par une symétrie bilatérale surajoutée, ou plus rarement remplacée par une symétrie axiale à plus de 5 antimères. (Les *échinodermes,* qui sont des deutérostomiens, forment un embranchement.)

ENCYCL. D'origine extrêmement ancienne (précambrien), les échinodermes sont des animaux compliqués, très différents de tout le reste du monde animal, encore qu'apparentés aux ancêtres des vertébrés (stomocordés). Ils ont tous un épiderme très sensible et un derme contenant des plaquettes calcaires, isolées ou soudées en un test continu. L'appareil digestif est un tube, sauf chez certaines étoiles de mer où il se réduit à un sac exsertile. Les métamorphoses sont importantes, la larve ayant une symétrie bilatérale. Les échinodermes possèdent une circulation sanguine et une circulation d'eau qui assure l'extension ou la rétraction de nombreuses petites ventouses *(podia),* permettant le déplacement par une sorte de reptation. Il existe en outre des muscles, des dents, des organes respiratoires, etc.

ÉCHINOMYIE [-ki-] n. f. Grosse mouche épineuse vivipare, butinant les fleurs d'ombellifères et de composées, et dont la larve vit en parasite des chenilles.

ÉCHINON [-ki-] n. m. Boîte à fond perforé dans laquelle on verse le caillé pour la fabrication des fromages.

ÉCHINOPS [ekinɔps] n. m. Herbe composée des rocailles, épineuse et velue, aux beaux capitules sphériques de fleurs bleues.

ÉCHINOSTOME [-ki-] n. m. Nom d'ordre attribué à la grande douve du foie et aux vers trématodes voisins.

ÉCHIQUÉEN, ENNE adj. Relatif au jeu d'échecs.

ÉCHIQUETÉ, E adj. (de *échiquier*). Se dit d'une figure héraldique divisée en un damier d'émaux alternés.

◆ **échiqueté** n. m. Partition divisant l'écu en un nombre variable de pièces carrées, engendrées par des lignes verticales et horizontales qui se coupent à angle droit.

1. ÉCHIQUIER n. m. (de *échec 1*). **1.** Plateau carré, divisé en soixante-quatre carrés, alternativement blancs et noirs, sur lequel on joue aux échecs. — **2.** Surface rappelant cette disposition. — **3.** Domaine où s'exerce une lutte d'intérêts et où les groupes, les pays se livrent à des manœuvres : *L'échiquier européen.* — **4.** *En échiquier,* disposé en carrés égaux et contigus ou formé de carreaux égaux de couleurs alternées. • **Mar.** Formation linéaire en dents de scie des bâtiments de guerre ou des navires marchands d'un convoi. (Syn. LIGNE ENDENTÉE.) — **Mil.** Autref., dispositif tactique dans lequel les unités militaires formées en carré étaient dispersées en damiers sur plusieurs lignes, de façon que les pleins soient en face de vides. — **Pêch.** Syn. de CARRELET. — **Urban.** Syn. de DAMIER ou de PLAN ORTHOGONAL.

2. ÉCHIQUIER n. m. (anc. fr. *eschequier,* trésor royal). **1.** Cour de justice de Normandie, ainsi nommée dès Henri Ier Beauclerc. (L'Échiquier fut conservé après la conquête de la Normandie par Philippe Auguste. Louis X l'érigea en cour souveraine, jugeant en dernier ressort [1315]. Louis XII en fit une cour permanente [1499] et François Ier la transforma en « parlement » siégeant à Rouen [1515].) — **2.** En Grande-Bretagne, administration financière. (Confié au début du XIIe s. à un certain nombre de conseillers, l'Échiquier devint indépendant de la *Curia regis* au XIIIe s., et l'officier en charge du sceau et de la rédaction des actes prit le titre de *chancelier de l'Échiquier,* encore porté par le ministre des Finances.)

ÉCHIRAS, peuple du Gabon, estimé à environ 300 000 représentants.

ÉCHIRÉ (79410), comm. des Deux-Sèvres, sur la Sèvre Niortaise ; 2 750 hab. Produits laitiers. — À 3 km au N., ruines de la forteresse de Coudray-Salbart (XIIIe s.).

ÉCHIROLLES (38130), ch.-l. de cant. de l'Isère, banlieue sud de Grenoble ; 34 646 hab. Cité résidentielle et industrielle (constructions mécaniques et électriques ; confection).

ÉCHIURIEN [-kjy-] n. m. (gr. *ekhinos,* hérissé, et *oura,* queue). Nom d'embranchement donné à la bonellie et à quelques espèces de vers marins voisins.

ÉCHO [eko] n. m. (lat. *echo,* du gr. *êkhô*). **1.** Effet d'une onde acoustique qui parvient à un point donné, après réflexion, avec une intensité et un retard suffisants pour être perçue comme distincte de l'onde directe par un auditeur placé en ce point. (→ *encycl.*) — **2.** Lieu où se produit l'écho. — **3.** Ce qui reproduit ou rappelle qqch ; trace, marque : *On retrouve dans ce film un écho des préoccupations de l'époque.* — **4.** Information que l'on a par l'intermédiaire de qqn ; nouvelles : *Avez-vous eu des échos de leurs entretiens ?* — **5.** Dans un journal, rubrique consacrée aux anecdotes, aux à-côtés de la vie politique, mondaine, etc. — **6.** Réponse favorable donnée à une invitation, à une proposition ; résonance : *Cette offre est restée sans écho.* — **7.** Titre pris par certains journaux ou mensuels (avec majusc.). — **8.** *À tous les échos,* à l'adresse de tout le monde, avec la plus large diffusion possible. ‖ *En écho,* en reprenant les propos, les idées de quelqu'un. ‖ *Se faire l'écho de qqch,* l'accueillir favorablement et le répéter, le propager. • **Acoust.** *Écho multiple,* succession d'échos provenant d'une source unique et perçus distinctement. — **Inform.** Méthode de comparaison pour détecter d'éventuelles erreurs de transmission entre un signal émis et un signal reçu, par réémission du signal reçu vers l'émetteur d'origine. — **Littér.** Petit vers consistant dans la répétition de la dernière syllabe du vers précédent ; poésie contenant de ces vers. — **Psychiatr.** *Écho de la pensée,* sentiment d'entendre sa propre pensée avant, pendant ou après l'avoir formulée. — **Télécomm.** Signal qui parvient en un point par un trajet différent du trajet normal (par exemple après réflexion) avec une intensité et un retard suffisants pour être distingué du signal normal ou perturber celui-ci.

ENCYCL. **Acoust.** Pour que l'on perçoive un écho distinct, il faut que celui-ci soit séparé du son direct par un intervalle de temps de l'ordre de 0,1 seconde ; le son parcourant 34 m pendant ce temps, l'observateur doit donc se trouver au moins à 17 m de l'obstacle. Pour des distances plus faibles, l'écho prolonge simplement le son direct. Pour des distances plus grandes, l'écho peut répéter plusieurs sons successifs, par exemple plusieurs syllabes.

Echo, nom de deux satellites de télécommunications américains expérimentaux du type passif, lancés en 1960 et 1964, qui consistaient en des ballons en Mylar de grand diamètre (respectivement 30 et 42 m), dont la surface, recouverte d'une fine couche d'aluminium, réfléchissait les signaux radioélectriques.

Écho de Paris *(l'),* quotidien fondé en 1884 par V. Simond qui fut l'un des organes du « Bloc national » et des républicains nationaux entre les deux guerres. Il cessa de paraître en 1942.

Échos (*les*), quotidien fondé en 1908 à Paris. Il s'est donné pour mission principale de fournir des informations économiques.

ÉCHO, nymphe de Béotie, amoureuse de Narcisse. Elle mourut de chagrin, mais sa voix lui survécut.

ÉCHOCARDIOGRAMME [eko-] n. m. Enregistrement graphique obtenu par échocardiographie.

ÉCHOCARDIOGRAPHIE [eko-] n. f. Application de l'échographie à l'étude du cœur.

ÉCHOCARDIOGRAPHIQUE [eko-] adj. Relatif à l'échocardiographie.

ÉCHOENCÉPHALOGRAMME [eko-] n. m. Graphique obtenu par échoencéphalographie.

ÉCHOENCÉPHALOGRAPHIE [eko-] n. f. Technique d'exploration du cerveau par les ultrasons.

ÉCHOGRAMME [eko-] n. m. Enregistrement graphique fourni par un échosondage.

ÉCHOGRAPHE [eko-] n. m. Appareil permettant de pratiquer l'échographie.

ÉCHOGRAPHIE [eko-] n. f. Méthode d'exploration médicale mettant à profit la réflexion des ultrasons sur les organes ; image ainsi obtenue.
ENCYCL. L'échographie ne nécessite ni injection ni utilisation de radiations ionisantes. Un même cristal sert d'émetteur et de récepteur pour les ondes réfléchies par les surfaces placées perpendiculairement au trajet du faisceau des ultrasons. On obtient ainsi une coupe de l'organe dans le plan balayé par l'axe de la sonde au cours de son déplacement. En pratiquant plusieurs coupes, on peut arriver à une vue tridimensionnelle de l'organe. L'échographie est notamment utilisée dans la surveillance des grossesses, dans l'étude des viscères pleins (foie, reins, rate, etc.), dans l'étude de l'œil et en cardiologie.
On utilise de plus en plus l'échographie en temps réel, qui donne une image dynamique.

ÉCHOGRAPHIER [eko-] v. t. (conj. 3). Examiner qqch au moyen de l'échographie.

ÉCHOGRAPHIQUE [eko-] adj. Relatif à l'échographie.

ÉCHOGRAPHISTE [eko-] n. Médecin spécialiste de l'échographie.

ÉCHOIR v. t. ind. (lat. pop. **excadere,* du lat. class. *excidere,* tomber) [conj. **70**, auxil. *être* ou *avoir*]. Être dévolu à qqn par le sort, le hasard, lui être donné en partage ; revenir : *C'est à lui qu'échut la fortune du père.*
◆ v. i. (auxil. *être*). **1.** Arriver à échéance, être payable à une date déterminée : *Loyer qui échoit le 30 décembre.* – **2.** *(À) terme échu,* lorsque la durée couverte par le règlement, la dette, est terminée (par oppos. à *d'avance*).

ÉCHOLALIE [eko-] n. f. Répétition automatique et immédiate de mots ou de phrases prononcés par autrui.

ÉCHOLALIQUE [eko-] adj. et n. Relatif à l'écholalie ; atteint d'écholalie.

ÉCHOLOCATION ou **ÉCHOLOCALISATION** [eko-] n. f. Moyen de localisation des obstacles ou des proies, utilisé par divers animaux vivant dans l'obscurité (chauves-souris) ou dans l'eau (cétacés), et consistant à émettre des ultrasons ou des sons aigus et à apprécier le temps de retour de leur écho dans les diverses directions.
ENCYCL. Les signaux émis en vue de l'écholocation sont très brefs (1 à 5 millisecondes) et modulés de façon à être distingués les uns des autres, soit par la hauteur de la note, soit par les phénomènes de battement entre deux sons de hauteur voisine. L'animal émet par seconde jusqu'à 100 signaux dont la portée utile ne dépasse guère 3,5 m. Le discernement entre les diverses directions (acuité) est en revanche remarquable : une chauve-souris en vol évite aisément un fil tendu de 0,4 mm de diamètre. Les chauves-souris détectent par écholocation non seulement les obstacles, mais des proies parfois minuscules : moucherons, moustiques, etc. Le guacharo, oiseau des grottes du Venezuela, dont l'envergure atteint 1 m, parcourt jusqu'à 800 m de couloirs souterrains sans heurter les parois, grâce à l'écho de ses cris aigus, audibles par l'homme. Au jour il se guide par la vue. Quant aux marsouins, au voisinage des obstacles, ils émettent jusqu'à 200 cris par seconde, d'une durée de 1 à 3 millisecondes, sonores ou ultrasonores, et sont capables de performances au moins égales à celles des chauves-souris.

1. ÉCHOPPE n. f. (moyen néerl. *schoppe*). Petite boutique en planches adossée à un mur.

2. ÉCHOPPE n. f. (anc. fr. *eschalpre,* ciseau à racler, du lat. *scalprum*). Nom de différents burins dont se servent les graveurs, les orfèvres, les bronziers.

ÉCHOPPER v. t. (de *échoppe 2*) [conj. **3**]. Travailler, enlever avec l'échoppe.

ÉCHOSONDAGE [eko-] n. m. Mesure de la profondeur effectuée par un échosondeur, à partir des phénomènes de la réflexion d'ondes acoustiques.

ÉCHOSONDEUR [eko-] n. m. Appareil utilisé pour les échosondages.

ÉCHOTIER, ÈRE [eko-] n. Personne chargée des échos dans un journal.

ÉCHOTOMOGRAPHIE n. f. Tomographie obtenue par les méthodes échographiques.

ÉCHOUAGE n. m. **1.** Contact avec le fond d'un navire en stationnement, par suite d'un abaissement du niveau de l'eau. – **2.** Endroit où un bateau, une embarcation peuvent s'échouer sans danger.

ÉCHOUEMENT n. m. Arrêt brutal et fortuit d'un navire en marche, qui heurte le fond.

ÉCHOUER v. i., **S'ÉCHOUER** v. pr., **ÊTRE ÉCHOUÉ** v. pass. (conj. **6**, auxil. *avoir* du v. i.). **1.** Toucher accidentellement le rivage ou le fond et s'y immobiliser (échouement) : *Pétrolier qui est échoué sur les rochers.* – **2.** Se retrouver sur la côte ou la rive, poussé par le mouvement de l'eau : *On retrouva les débris échoués sur la plage.* – **3.** Se retrouver finalement, et après un trajet ignoré, en un lieu quelconque : *Lettre échouée là, sur le bureau, on ne sait comment.*
◆ **échouer** v. i. **1.** Se retrouver dans un lieu qu'on n'a pas choisi et par hasard : *La nuit tombée, nous échouâmes dans une auberge.*

— 2. Ne pas mener à bien son projet, manquer son objectif, le résultat escompté, subir un échec : *Échouer dans ses négociations.* — 3. Ne pas aboutir ; rater : *Entreprise qui échoue.*

◆ v. t. ind. Subir un échec dans son action : *Candidat qui a échoué à l'examen.*

◆ v. t. 1. Pousser volontairement un bateau à la côte ou sur un haut-fond (échouage). — 2. Amener un poisson au sec uniquement en le tirant au moyen de la ligne.

ÉCHOVIRUS [ekovirys] n. m. (de l'angl. *enteric cytopathic human orphan,* et *virus*). Virus du groupe des *entérovirus,* agent chez l'homme de méningites, d'infections respiratoires ou intestinales, d'éruptions cutanées ou de fièvres isolées.

ECHTERDINGEN → LEINFELDEN-ECHTERDINGEN.

ECHTERNACH, ch.-l. de cant. du grand-duché de Luxembourg, sur la Sûre, à la frontière allemande ; 4 200 hab. Basilique St-Willibrord, anc. abbatiale, conservant sa crypte du VIIIe s. et son chœur roman. Centre thermal et touristique. — Echternach a pour origine l'abbaye qu'y fonda, en 698, saint Willibrord, apôtre des Frisons. Elle fut sécularisée par les Français en 1793. Procession dansante le mardi de la Pentecôte au tombeau du saint.

ÉCHU → ÉCHOIR

ÉCHUTE n. f. (de *échoir*). Syn. de MAINMORTE.

ÉCIDIE n. f. (gr. *oikidion,* petite maison). L'un des organes sporifères des champignons urédinales.

ÉCIDIOSPORE n. f. Spore née dans les écidies des urédinales.

ÉCIJA, v. d'Espagne, en Andalousie (prov. de Séville), sur le Genil ; 35 000 hab. Ville pittoresque, avec des églises et des palais dont les styles vont du mudéjar au churrigueresque.

ÉCIMAGE n. m. 1. Action de couper la cime d'un arbre. (Syn. ÉHOUPAGE.) — 2. Action de couper les parties hautes d'un plant de tabac. (Syn. EFFANAGE.) — 3. Suppression de l'extrémité des rameaux de vigne après la floraison pour éviter la coulure et favoriser la nouaison, pratiquée dans les vignobles de qualité.

ÉCIMER v. t. (de *cime*) [conj. 3]. Effectuer l'écimage. (Syn. EFFANER.)

ÉCITON n. m. Nom générique des fourmis légionnaires (dorylidés) d'Amérique tropicale, qui ne font pas de nid et se déplacent par troupes d'un million d'individus, pénétrant dans les maisons et dévorant insectes et araignées. (Certaines ouvrières d'éciton ont, à cette fin, d'énormes mandibules.)

ECK (Johann MAIER, dit **Johann**), théologien catholique allemand (Egg an der Günz, Souabe, 1486 - Ingolstadt 1543). Adversaire de Luther, qu'il affronta à la disputation de Leipzig (1519), il fut un ardent défenseur de l'Église romaine.

ECK (Imre), danseur, chorégraphe et directeur de troupe hongrois (Budapest 1930). Il entra dans la troupe de l'Opéra de Budapest (1947). Il a présenté ses propres chorégraphies à partir de 1959 : plus de 70 ballets dont le style composite mêle le classique, le moderne, le jazz et les acrobaties. Il s'affirme un maître dans l'art du pas de deux et du ballet miniature.

ECKART ou **ECKHART** (Johannes, dit **Maître**), théologien dominicain et philosophe mystique allemand (Hochheim, près de Gotha, v. 1260 - Avignon ou Cologne v. 1327). Il devint vicaire général de son ordre en 1307. Il enseigna à Paris, puis à Strasbourg, et se fixa à Cologne. En 1327, le pape Jean XXII condamna 28 de ses thèses dans une bulle qui ne parut qu'après sa mort. Maître Eckart s'efforce de suivre une démarche qui permet d'atteindre, au-delà de la Trinité, objet de la foi, un être fondamental unissant tous les éléments contraires, une sorte de non-savoir, pour lequel il n'existe aucun nom dans les langages humains. Cet être ne peut être que l'objet d'une vision mystique. Il a marqué les mystiques de l'école rhénane, tels Suso, Van Ruusbroec. On a rapproché cette conception de l'être de la démarche heideggerienne. Maître Eckart a écrit *Quaestiones parisienses, Instructions spirituelles, Livre de la consolation divine.*

ECKERMANN (Johann Peter), écrivain allemand (Winsen an der Luhe, Hanovre, 1792 - Weimar 1854). Secrétaire et ami de Goethe, il publia ses *Entretiens avec Goethe* (1836-1848).

ECKERSBERG (Christoffer Wilhelm), peintre danois (Blåkrog, près d'Åbenrå, 1783 -Copenhague 1853). Élève de David à Paris (1810-1813), influencé à Rome (1813-1816) par Thorvaldsen, il mêle réalisme et classicisme dans des portraits, des paysages et des marines d'un style net, clair et élégant, qui sera celui de l'« âge d'or » de la peinture danoise.

ECKERT (John), ingénieur américain (Philadelphie 1919 - Bryn Mawr, Pennsylvanie, 1995). Avec J. Mauchly, il a construit l'un des premiers ordinateurs, l'ENIAC *(Electronic Numerical Integrator And Calculator)* [1946] et créé une firme à l'origine du premier ordinateur de gestion, l'*Univac* (1952).

ECKHART (Johannes) → ECKART.

Eckmühl ou **Eggmühl** *(bataille d')* [22 avr. 1809], victoire remportée par Napoléon Ier, à 20 km au S. de Ratisbonne, sur les Autrichiens de l'archiduc Charles.

Eckmühl *(phare d'),* phare installé sur la pointe de Penmarch (Finistère). Il a été achevé en 1897.

ECL (abrév. de l'angl. *Emitter Coupled Logic*). Famille de circuits intégrés dans laquelle les transistors ne sont ni bloqués ni saturés, et fonctionnent à une fréquence de l'ordre du gigahertz.

ÉCLABOUSSEMENT n. m. Action d'éclabousser ; jaillissement.

ÉCLABOUSSER v. t. (anc. fr. *esclaboter,* du rad. onomat. *klapp-,* et de *bouter*) [conj. 3]. **1.** Faire jaillir un liquide, une matière semi-liquide sur qqn, qqch ; rejaillir sur eux en les couvrant de taches en parlant du liquide lui-même ; asperger : *Voiture qui éclabousse les passants.* — **2.** Couvrir qqch de taches de lumière, de couleurs. — **3.** Salir moralement qqn, compromettre sa réputation par répercussion, par contrecoup : *Scandale qui a éclaboussé toute la famille.* — **4.** *Litt.* En imposer par son luxe, ses avantages ; en mettre plein la vue à qqn.

ÉCLABOUSSURE n. f. **1.** Liquide, eau, boue, etc., qui a jailli ; tache formée par ce qui a jailli. — **2.** *Litt.* Contrecoup reçu dans le voisinage de gens qui se battent : *Recevoir des éclaboussures d'une bagarre.* — **3.** Contrecoup qui résulte d'un acte ou d'un événement fâcheux qui entache la réputation de qqn : *Les éclaboussures d'un scandale.*

ÉCLAIR n. m. **1.** Lueur très vive, traduisant visuellement la décharge d'électricité atmosphérique, lors d'un orage. (→ *encycl.*) — **2.** *Litt.* Éclat vif, scintillant, mobile et très bref : *L'éclair des diamants.* — **3.** Lueur vive dans le regard : *Éclair de malice.* — **4.** Bref moment où se manifeste une aptitude : *Des éclairs de génie.* — **5.** S'emploie comme apposition après le n., avec ou sans trait d'union, pour indiquer une extrême rapidité : *Guerre-éclair.* — **6.** Lumière très brève produite par un flash. — **7.** Pâtisserie allongée en pâte à chou sucrée, fourrée de crème pâtissière aromatisée. — **8.** *Comme l'éclair,* avec une extrême rapidité, comme une flèche. ‖ *Lancer des éclairs,* en parlant du regard, briller en manifestant un vif sentiment, en partic. de colère. — **Jeux.** *Partie éclair,* aux échecs, partie de très courte durée (de quelques minutes à 10 minutes maximum par joueur). [Syn. BLITZ.] — **Météo.** *Éclair de chaleur,* décharge d'électricité atmosphérique visible, mais sans accompagnement de tonnerre. (Syn. FULGURATION.) — **Pétr.** *Point d'éclair,* température minimale à laquelle il faut porter un produit pétrolier pour que les vapeurs émises prennent feu en présence d'une flamme.

ENCYCL. L'éclair se produit lorsque la différence de potentiel électrique entre deux points séparés (nuage et terre ou deux nuages) de l'atmosphère atteint une valeur élevée. De formes caractéristiques, et de tracés variés, il est en fait composé de décharges partielles (3 à 40) séparées par des intervalles très brefs, la durée totale du phénomène étant de l'ordre d'une demi-seconde.

ÉCLAIRAGE n. m. **1.** Application de la lumière aux objets ou à leur entourage pour qu'ils puissent être vus ; action, manière d'éclairer, de s'éclairer ; ensemble des appareils qui distribuent une lumière artificielle. — **2.** Ensemble des lumières destinées à mettre en valeur un spectacle, une représentation théâtrale, télévisée, etc. : *Technicien chargé des éclairages.* — **3.** Manière dont la lumière est distribuée, répartie ; quantité de lumière : *Éclairage aveuglant.* — **4.** Manière dont la lumière est distribuée dans un tableau par des moyens picturaux. — **5.** Manière particulière de voir, d'envisager qqch : *J'ai voulu donner leur véritable éclairage à ces événements.* — **6.** Mission de recherche du renseignement, confiée à une unité qui doit éviter le combat. (Une mission de reconnaissance inclut au contraire l'engagement éventuel du combat.) — **7.** *Éclairage indirect,* éclairage par des luminaires qui dirigent 0 à 10 % de leur flux lumineux vers le plan utile supposé indéfini. ‖ *Éclairage sans ombre,* mode d'éclairage utilisé pour les champs opératoires en chirurgie.

ENCYCL. Dans l'Antiquité, l'éclairage fut assuré par des brasiers et des torches puis par des lampes à huile et des chandelles de suif ou de cire, procédés qui restèrent employés jusqu'à la fin du Moyen Âge. Découvert par Lebon, le gaz d'éclairage fut d'abord appliqué dans les manufactures. Windsor l'introduisit à Paris en 1817. L'éclairage électrique commença vers 1840, en mettant en œuvre des lampes à arc (Davy, 1813), mais ne se développa qu'avec la mise au point, par Edison et Swan, en 1879, de la lampe à incandescence. Celle-ci est constituée par une ampoule en verre renfermant un filament réfractaire porté à l'incandescence par le courant électrique : on a successivement utilisé, pour le filament, le carbone, l'osmium, le tantale, et finalement le tungstène ; l'ampoule contient un gaz chimiquement inactif : azote, argon, krypton. À partir de 1940, les lampes à décharge (fondées sur la luminescence ou la fluorescence d'une vapeur métallique) commencèrent à remplacer la lampe à incandescence.

ÉCLAIRAGISME n. m. Ensemble des techniques employées pour obtenir un éclairage assurant de bonnes performances visuelles et une ambiance lumineuse agréable.

ÉCLAIRAGISTE n. **1.** Spécialiste de l'éclairagisme. – **2.** Technicien qui réalise un décor lumineux (théâtre, cinéma, télévision, expositions, vitrines, etc.).

ÉCLAIRANT, E adj. **1.** Qui produit de la lumière : *Une fusée éclairante.* – **2.** Qui apporte des éclaircissements, qui éclaire sur une question ; instructif : *Une conclusion très éclairante.*

ÉCLAIRCIE n. f. (de *éclaircir*). **1.** Espace clair dans un ciel nuageux ; amélioration brève entre deux averses. – **2.** Amélioration dans une situation dangereuse, un conflit ; changement favorable : *Une éclaircie dans le climat politique actuel.* – **3.** Élimination d'une partie d'un peuplement forestier afin de permettre le bon développement des meilleurs arbres.

ÉCLAIRCIR v. t. (anc. fr. *esclarcir,* briller, du lat. pop. **exclaricire,* du class. *clarus,* clair) [conj. **32**]. **1.** Rendre ou faire paraître qqch plus clair, moins sombre, ou lui donner plus d'éclat, le faire paraître moins terne, faire pâlir : *La camomille éclaircit les cheveux blonds.* – **2.** Rendre un liquide plus limpide ou plus fluide : *Éclaircir une sauce.* – **3.** Rendre moins touffu, moins dense, moins épais : *L'âge commençait à éclaircir ses cheveux aux tempes.* – **4.** Rendre le sens, la signification de qqch plus clairs, en faciliter la compréhension, rendre net ; clarifier, débrouiller : *C'est un point qu'il faudra éclaircir.* – **5.** Pratiquer l'éclaircissage d'un semis, d'un arbre fruitier, l'éclaircie d'un peuplement forestier. – **6.** *Éclaircir un mystère,* le percer, le comprendre. ‖ *Éclaircir les rangs (d'un groupe),* éliminer un certain nombre de ses éléments : *La maladie éclaircissait nos rangs.* ‖ *Éclaircir la voix,* la rendre plus distincte, mieux timbrée.

◆ **s'éclaircir** v. pr. **1.** Devenir plus clair, plus limpide : *Sa robe s'est éclaircie au lavage.* – **2.** Devenir clairsemé, moins nombreux, moins dense : *Le bois, touffu, s'éclaircit par endroits.* – **3.** Devenir plus intelligible, plus net, plus clair : *La situation s'est éclaircie entre eux.* – **4.** Rendre ses cheveux, son teint, plus clairs, rendre sa voix plus nette par tel ou tel moyen. – **5.** *Le ciel s'éclaircit,* les nuages disparaissent, il y a une éclaircie, le ciel se dégage. ‖ *L'horizon s'éclaircit,* l'avenir est moins sombre.

ÉCLAIRCISSAGE n. m. **1.** Arrachage dans un semis d'un certain nombre de plants, pour assurer un meilleur développement aux autres. – **2.** Suppression d'une partie des jeunes fruits sur des arbres fruitiers (pêcher, pommier), pour favoriser le développement de ceux qui sont conservés.

ÉCLAIRCISSANT, E adj. Se dit d'un produit qui éclaircit la couleur de qqch : *Shampooing éclaircissant.*

ÉCLAIRCISSEMENT n. m. **1.** Action d'éclaircir qqch, fait de s'éclaircir : *Éclaircissement d'une peinture.* – **2.** Explication, information nécessaire à une plus complète compréhension de qqch : *Demander des éclaircissements.* – **3.** Précision que le fisc peut demander au contribuable en vue d'expliquer des anomalies dans sa situation financière. (Syn. JUSTIFICATION.)

ÉCLAIRE n. f. (de *éclairer*). **1.** Ouverture pratiquée dans le pont d'un bateau de pêche, pour permettre de jeter le poisson dans la cale. – **2.** *Grande éclaire,* nom usuel de la *chélidoine.*

ÉCLAIREMENT n. m. **1.** *Litt.* Action d'éclairer, fait d'être éclairé ; lumière, clarté. – **2.** Quantité de lumière qui, par sa durée, son rythme ou son intensité, exerce une action sur les plantes. (→ *encycl.*) – **3.** *Éclairement énergétique,* quotient du flux énergétique reçu par un élément de surface, par l'aire de cet élément. (L'unité SI est le watt par mètre carré.) ‖ *Éclairement lumineux,* quotient du flux lumineux reçu par un élément de surface, par l'aire de cet élément. (L'unité SI d'éclairement est le *lux.*)

ENCYCL. **Bot.** L'éclairement reçu par une plante dans la nature dépend du climat (ensoleillement) et du site (ombragé ou exposé). L'éclairement moyen optimal diffère fortement selon qu'il s'agit d'une « plante d'ombre » (fougères, mousses, herbes des forêts) ou d'une « plante de lumière ». Un fort éclairement est favorable sous climat humide, nuisible sous climat sec, à cause de l'excès de transpiration qu'il provoque.

ÉCLAIRER v. t. (lat. pop. **exclariare,* du lat. class. *exclarare*) [conj. **4**]. **1.** Répandre de la lumière sur, dans : *Les phares éclairent la route.* – **2.** Fournir à qqn la lumière dont il a besoin pour y voir : *Il fait nuit, je vais vous éclairer avec cette lampe.* – **3.** *Litt.* Donner un certain éclat à qqch, le faire paraître moins sombre, moins terne, plus gai ; égayer : *Une broche d'or fin éclairait sa robe noire.* – **4.** *Litt.* Donner de l'éclat en procurant de la chaleur, de la gaieté ; illuminer, faire rayonner : *Sa présence éclaira les derniers jours de sa vie.* – **5.** Rendre qqch plus clair, plus compréhensible, l'expliquer : *Commentaire qui éclaire le contenu du texte.* – **6.** Fournir à qqn des renseignements, des explications, pour lui permettre de mieux comprendre ; informer, renseigner, instruire : *Article qui éclaire le lecteur sur la situation économique.* – **7.** Modifier la manière dont on doit voir, saisir, comprendre qqch, lui donner un autre aspect : *Les récents événements éclairent d'un jour nouveau la situation dans la région.* – **8.** En parlant d'une troupe, remplir une mission d'éclairage. – **9.** *Éclairer la lanterne de qqn,* lui donner des précisions, des indications, des éclaircissements pour l'aider à comprendre qqch. ‖ *Éclairer (le tapis),* mettre sur table l'enjeu que l'on a proposé. ‖ *Éclairer le jeu,* aux cartes, jouer de telle façon que le partenaire puisse deviner ce que l'on possède dans son jeu.

◆ v. i. *Fam.* Répandre de la lumière, s'allumer, briller : *La lampe n'éclaire plus.*

◆ **être éclairé** v. pass. Avoir des connaissances et du discernement ; témoigner de ces qualités ; sensé, avisé : *Un homme éclairé. Avoir un avis éclairé.*

◆ **s'éclairer** v. pr., **être éclairé** v. pass. **1.** Recevoir de la lumière, comporter des lumières allumées : *L'appartement est éclairé.* – **2.** Avoir tel ou tel type d'éclairage, de lumière : *Être éclairé à l'électricité.* – **3.** Prendre de l'éclat, s'illuminer sous l'effet d'un sentiment agréable, vif : *À l'annonce de cette nouvelle, son visage s'éclaira.* – **4.** *Tout s'éclaire,* tout devient clair, compréhensible.

ÉCLAIREUR, EUSE n. Membre d'une association du scoutisme français appelée *Éclaireurs* ou *Éclaireuses.* (Les *Éclaireurs de France* groupent des garçons et des filles sans distinction religieuse. Les *Éclaireurs israélites de France* sont réservés aux jeunes garçons israélites. Les *Éclaireurs unionistes de France* sont réservés aux garçons et sont d'inspiration protestante. La *Fédération française des éclaireuses* est réservée aux filles, sans distinction religieuse.)

◆ **éclaireur** n. m. **1.** Soldat qui éclaire la marche d'une troupe. – **2.** Nom donné jusqu'à la fin du XIXe s. à des volontaires participant à des opérations militaires. – **3.** *En éclaireur,* en avant pour s'informer avant toute démarche.

ÉCLAIREUR-LANCIER n. m. (pl. *éclaireurs-lanciers*). Soldat d'un corps de cavalerie légère créé en 1813 et appartenant à la garde impériale.

ÉCLAMPSIE n. f. (lat. sc. *eclampsia,* du gr. *eklampsis,* apparition soudaine). Crise convulsive, souvent suivie de coma, survenant brutalement chez certaines femmes enceintes.

ENCYCL. L'éclampsie survient surtout chez une primigeste jeune, au cours du troisième trimestre de la grossesse. Elle se caractérise par l'apparition soudaine de convulsions généralisées et se termine par une perte de conscience plus ou moins prolongée. Son pronostic est sévère aussi bien pour la mère que pour l'enfant. C'est une complication de la toxémie gravidique et des néphropathies gravidiques. Elle s'observe donc en cas d'hypertension artérielle avec protéinurie et œdèmes sévères.

ÉCLAMPTIQUE adj. et n. f. Relatif à l'éclampsie ; femme atteinte d'éclampsie.

ÉCLARON - BRAUCOURT - SAINTE - LIVIÈRE (52290) ch.-l. de cant. de la Haute-Marne, sur la Blaise ; 1 844 hab.

ÉCLAT n. m. **1.** Fragment détaché soudainement d'un corps dur ou projeté par un corps qui se brise ; marque qui en résulte à la surface de ce corps : *Il y a un éclat sur la marqueterie du meuble.* – **2.** Bruit soudain et violent de qqch qui éclate ou comme qqch qui éclate : *Éclats du tonnerre.* – **3.** *Litt.* Manifestation vive et brusque d'un sentiment, accès soudain : *Éclats d'admiration.* – **4.** Accès de vif mécontentement, de colère ; scandale : *Il va faire un éclat.* – **5.** Fait de briller ; vive lumière ou vive lueur projetée par un corps qui réfléchit la lumière : *Ne pas pouvoir supporter l'éclat du soleil à midi.* – **6.** Qualité d'une couleur vive : *L'éclat du rouge dans un tableau.* – **7.** Qualité de ce qui s'impose à l'admiration ; splendeur, magnificence : *Elle apparut dans tout l'éclat de sa beauté.* – **8.** *Action d'éclat,* exploit qui attire vivement l'attention, qui rompt avec les habitudes. ‖ *Coup d'éclat,* action d'éclat ou manifestation brutale de colère, de ressentiment ; scandale. ‖ *Éclat de rire,* action d'éclater de rire ; bruit ainsi produit. ‖ *Éclat de voix,* voix forte, en partic. de qqn qui manifeste sa colère, son mécontentement. ‖ *Rire aux éclats,* rire très fort. ‖ *Voler en éclats,* se briser violemment en projetant des éclats ; être pulvérisé. • **Astron.** *Éclat absolu* ou *intrinsèque d'un astre,* intensité lumineuse de cet astre. (Il se mesure avec une unité particulière à l'astronomie, telle qu'un astre dont l'éclat absolu est égal à l'unité et situé à une distance de 10 parsecs ait un éclat apparent unité.) ‖ *Éclat apparent d'un astre,* éclairement donné par cet astre sur un plan, perpendiculaire à la ligne de visée, passant par le lieu d'observation. – **Hortic.** Portion de la tige enracinée d'une plante que l'on replante pour obtenir un nouveau sujet. – **Minér.** Propriété des substances minérales, qui, avec leur couleur, permet de les distinguer. (L'éclat dépend de l'intensité de la lumière réfléchie par le corps. On distingue l'*éclat métallique, vitreux, adamantin, nacré, soyeux, gras* et *résineux.*) – **Préhist.** Fragment de pierre provenant du débitage d'un nucléus.

ÉCLATANT, E adj. **1.** Se dit d'un bruit, d'un son très fort, très net, perçant : *Voix éclatante.* – **2.** Se dit d'une couleur vive ou très brillante ; flamboyant : *Un rouge éclatant.* – **3.** Qui est admirable, spectaculaire, qui s'impose par sa netteté ; remarquable : *Une santé éclatante.* – **4.** Qui a telle ou telle qualité de manière évidente : *Éclatante de beauté.*

ÉCLATÉ n. m. Syn. de VUE ÉCLATÉE*.

ÉCLATEMENT n. m. **1.** Action de se fendre, de se percer, de se briser en éclatant : *L'éclatement d'un pneu.* – **2.** Fait de se diviser brutalement en plusieurs parties : *L'éclatement d'un parti politique.* – **3.** En informatique, séparation des données d'un article ou des articles d'un fichier en plusieurs éléments dispersés en mémoire.

ÉCLATER v. i. (frq. **slaitan,* déchirer) [conj. 3 ; auxil. *avoir*]. **1.** Se percer, se fendre, se rompre ou exploser sous l'effet d'une trop forte pression, de la chaleur, etc., et généralement en produisant un bruit sec : *Pneu qui éclate.* – **2.** Se fractionner, se diviser : *Faire éclater un service.* – **3.** Se produire brusquement et avec un bruit sec, violent : *Coup de feu qui éclate.* – **4.** Se produire, se manifester, se déclarer brusquement, en parlant d'un événement (le plus souvent fâcheux) ou d'un phénomène : *La guerre risque d'éclater.* – **5.** Se manifester avec violence, en parlant d'un sentiment agressif : *Sa colère va éclater.* – **6.** Paraître avec force et évidence, être éclatant, sauter aux yeux : *Sa bonne foi éclate.* – **7.** En parlant d'une couleur, être très vive, ou, en parlant d'une lumière, être très brillante, rayonner : *Un diamant qui éclate de mille feux.* – **8.** *Fam.* Donner le maximum de soi-même, être extraordinaire et, en partic., accéder brusquement à la célébrité : *Ce jeune pilote a éclaté sur la scène internationale.* – **9.** Avoir telle qualité et la manifester avec force, netteté : *Il éclate de santé.* – **10.** Ne plus pouvoir contenir sa colère, se répandre en reproches, injures, invectives. – **11.** *Éclater dans ses vêtements,* être serré, boudiné dans des vêtements devenus trop étroits. ‖ *Éclater de rire,* être pris d'un bruyant accès de rire. ‖ *Éclater en applaudissements,* manifester avec force et enthousiasme son plaisir en applaudissant très fort. ‖ *Éclater en sanglots,* se mettre brusquement et bruyamment à pleurer. ‖ Fam. *J'éclate, ma tête éclate,* j'ai très mal à la tête, j'ai trop de choses en tête.

◆ v. t. Couper la tige d'une plante pour obtenir des éclats.

◆ **être éclaté** v. pass. **1.** Être brisé, rompu en divers fragments : *Le parti est éclaté en trois tendances.* – **2.** Être dispersé en divers lieux, dans diverses directions : *Des initiatives éclatées.* – **3.** *Taille éclatée,* aspect de taille de pierre comportant de gros éclats, bosses et creux de formes diverses. ‖ *Vue éclatée, dessin éclaté,* vue d'ensemble d'un organe, d'un objet complexe, sur laquelle on en représente les diverses pièces en les dissociant les unes des autres tout en respectant leur disposition relative, de manière à faciliter la compréhension du dessin. (Syn. ÉCLATÉ.)

◆ **s'éclater** v. pr. *Pop.* Se donner intensément à qqch en y prenant un grand plaisir ; se défoncer, se défouler : *S'éclater en dansant.*

ÉCLATEUR n. m. **1.** Dispositif, comportant deux ou plusieurs électrodes, destiné à amorcer une conduction gazeuse. – **2.** *Éclateur de fourrage,* syn. de CONDITIONNEUR* DE FOURRAGE. ‖ *Éclateur de mesure,* éclateur, habituellement à sphère, servant à la mesure des tensions de crête. ‖ *Éclateur de protection,* éclateur destiné à protéger le matériel électrique contre les surtensions.

ÉCLECTIQUE adj. (gr. *eklektikos,* de *eklegein,* choisir). **1.** Qui rassemble une grande variété de tendances, qui choisit dans des catégories très diverses : *Goût éclectique.* – **2.** Relatif à l'éclectisme.

◆ adj. et n. **1.** Qui adopte en toutes choses ce qui lui plaît, qui est capable d'apprécier des choses très diverses sans esprit exclusif : *Un homme éclectique en littérature.* – **2.** Partisan de l'éclectisme.

ÉCLECTISME n. m. **1.** Caractère de qqn qui s'intéresse à des choses ou des êtres très divers, qui a des connaissances en des domaines très variés sans manifester aucune exclusive. – **2.** Tendance artistique fondée sur l'exploitation et la conciliation des styles du passé, particulièrement usuelle au XIXe s., en Occident. (→ *encycl.*) – **3.** Méthode qui consiste à choisir dans divers systèmes philosophiques les thèses qui paraissent les plus acceptables, pour en former un corps de doctrine ; doctrine ainsi formée. (Victor Cousin est le philosophe français le plus notoire qui a pratiqué l'éclectisme ; mais cette méthode existait dès l'Antiquité.)

ENCYCL. **Bx-arts.** À l'opposé de l'éclectisme des Carrache au XVIIe s., brillant *académisme* qui tente une synthèse de l'apport des différents maîtres de la Renaissance, l'éclectisme pictural du XIXe s., défenseur des principes et du « métier » académiques, n'arrive guère à dépasser un laborieux démarquage de ses modèles des XVIe-XVIIIe s. : peintres tels que Delaroche, Couture, Meissonier, Cabanel, Gérôme, Bouguereau, Baudry, que la fin du siècle baptisera « pompiers ». En architecture, l'éclectisme (et sa variante l'*historicisme*) prend un sens moins superficiel. Confrontés aux progrès techniques, à l'évolution des matériaux et des besoins sociaux, les architectes tentent d'allier les moyens modernes à des formes monumentales anciennes (gothiques, Renaissance, byzantines...) : ainsi Ch. Barry au Parlement de Londres, Eduard Van der Nüll et Theophil von Hansen à Vienne, H. H. Richardson aux États-Unis ; ainsi, à Paris, L. Ch. Boileau, qui utilise le fer pour évider l'espace intérieur aux magasins du Bon Marché, et surtout Ch. Garnier avec l'Opéra. Mais l'Art nouveau, puis le fonctionnalisme allaient apporter la preuve que l'architecture pouvait se dégager des motifs et des partis académiques.

ÉCLIMÈTRE n. m. (du gr. *klinein,* incliner). Instrument topographique servant à la mesure des pentes.

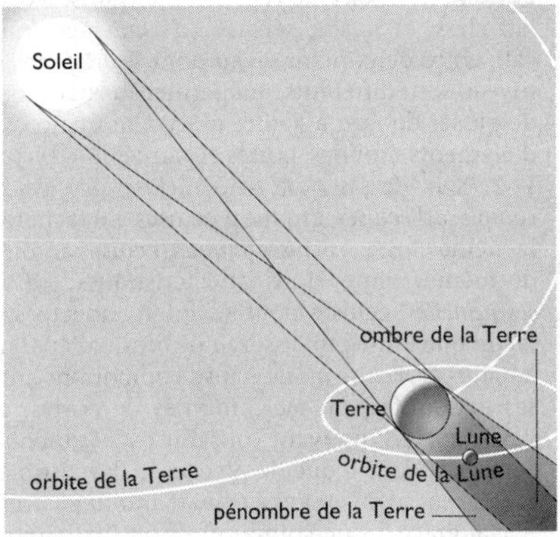

éclipse de Lune.

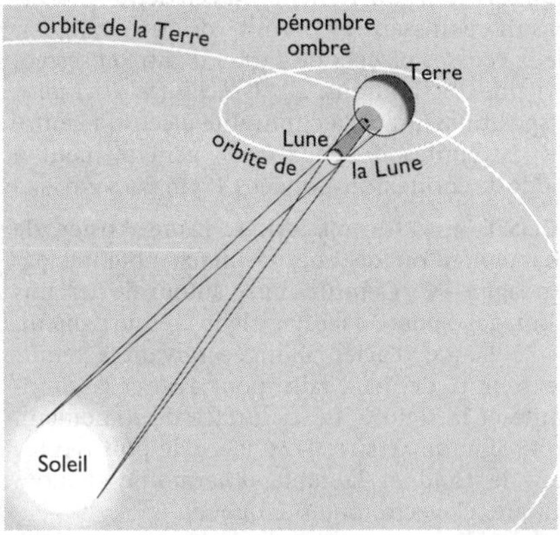

éclipse de Soleil.

ÉCLIPSE n. f. (bas lat. *eclipsis,* du gr. *ekleipsis*). **1.** Disparition temporaire d'un astre dans l'ombre ou la pénombre d'un autre. (→ *encycl.*) – **2.** Absence, disparition, perte de popularité de qqn, d'une activité : *Actrice qui reparaît après une longue éclipse.* – **3.** *À éclipses,* qui apparaît et disparaît par intermittence : *Un génie à éclipses.* ‖ *Éclipse de Lune,* disparition temporaire de la Lune dans l'ombre ou la pénombre de la Terre. ‖ *Éclipse de Soleil,* occultation momentanée du disque solaire par le disque lunaire pour un observateur terrestre.

ENCYCL. **Astron.** *Éclipses de Lune.* Elles se produisent à la pleine lune, pourvu que la Lune soit alors au voisinage de l'écliptique, et sont visibles de tout l'hémisphère terrestre pour lequel la Lune se trouve au-dessus de l'horizon. La phase de totalité peut durer jusqu'à 1 h 45 min. Il est rare que la Lune disparaisse complètement lorsqu'elle se trouve totalement plongée dans l'ombre. En général, elle se pare d'une teinte rougeâtre. Cette luminosité résiduelle est due à des rayons solaires réfractés par l'atmosphère terrestre.

• *Éclipses de Soleil.* Elles se produisent à la nouvelle lune et ne sont observables que sur une portion limitée de la surface terrestre : une bande de 200 à 300 km seulement de large pour les éclipses totales. Le maximum de durée d'une éclipse totale est de 8 minutes à l'équateur et 6 minutes à la latitude de Paris. En un lieu donné, une éclipse totale de Soleil est un phénomène rare. Ainsi, au XXe s., deux éclipses totales seulement ont été visibles en France, l'une en 1912, l'autre en 1961, et la prochaine surviendra le 11 août 1999.

Les éclipses de Lune et de Soleil se reproduisent suivant un cycle d'environ 18 ans 11 jours, appelé *saros,* déjà connu dans l'Antiquité. Chaque année, on compte de 2 à 7 éclipses de Soleil et de Lune.

ÉCLIPSER v. t. (conj. 3). **1.** Provoquer l'éclipse d'un astre. – **2.** Soustraire aux regards, obscurcir la lumière d'un astre : *Nuage qui éclipse le soleil.* – **3.** Faire en sorte, en se mettant soi-même en valeur, qu'on ne remarque plus qqch, qqn d'autre ; effacer, surpasser : *Éclipser un concurrent.*
◆ **s'éclipser** v. pr., **être éclipsé** v. pass. Subir une éclipse, en parlant d'un astre.
◆ **s'éclipser** v. pr. *Fam.* S'en aller furtivement ; s'esquiver : *S'éclipser un instant.*

ÉCLIPTIQUE n. m. (lat. *eclipticus,* du gr. *ekleiptikos*). **1.** Plan de l'orbite terrestre autour du Soleil ; grand cercle de la sphère céleste, trace du plan précédent. (Les éclipses de Soleil et de Lune ne sont possibles que lorsque la Lune en est très voisine.) – **2.** *Obliquité de l'écliptique,* angle que forment les deux plans de l'écliptique et de l'équateur céleste. ‖ *Pôles de l'écliptique,* point où l'axe de l'écliptique rencontre la sphère céleste.

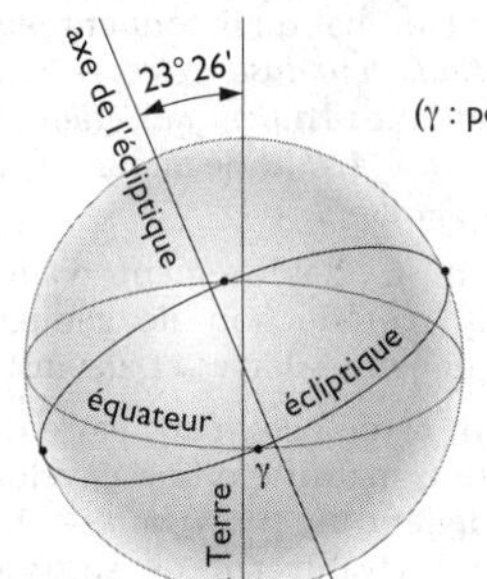

écliptique
(γ : point vernal).

ÉCLISSAGE n. m. 1. Action d'éclisser. – 2. Dispositif réunissant l'extrémité de deux rails par deux éclisses placées de part et d'autre et serrées à l'aide de boulons. – 3. *Éclissage électrique,* dispositif assurant la continuité électrique entre les extrémités de deux rails, généralement à l'aide de connexions soudées. (Syn. RAILBONDAGE.)

ÉCLISSE n. f. (de *éclisser*). 1. Lame d'osier, de châtaignier ou de bois résineux, obtenue par fendage. – 2. Ceinture mise autour de certains fromages pour faciliter leur retournement. – 3. Plaque d'acier allongée servant à réunir l'extrémité de deux rails, pour assurer la continuité et la rigidité de la surface de roulement. – 4. Syn. de ATTELLE. – 5. Pièce de bois réunissant le fond et la table d'harmonie (violon, guitare, clavecin, piano à queue).

ÉCLISSER v. t. (frq. **slītan,* fendre) [conj. 3]. Immobiliser un aiguillage dans une position donnée, à l'aide d'éclisses tirefonnées sur les traverses.

ÉCLISSEUSE n. f. Machine de vannier mettant à l'épaisseur voulue les quartiers d'osier.

Ecloga (*Eklogê tôn nomôn,* choix des lois), code civil byzantin publié par Léon III en 740 et destiné à remplacer le code Justinien.

ÉCLOGITE n. f. (gr. *eklogê,* choix). Roche métamorphique très dense, constituée essentiellement de pyroxène sodique et de grenat, formée à très haute pression dans un vaste domaine de températures.

ÉCLOPÉ, E adj. et n. (anc. fr. *cloper,* boiter). Qui marche avec difficulté ; estropié.

ÉCLORE v. i. (lat. pop. **exclaudere,* du lat. class. *excludere,* chasser, rejeter) [conj. 113 ; auxil. *être* ou *avoir*]. 1. Sortir de son œuf : *Poussins qui viennent d'éclore.* – 2. S'ouvrir, de manière à laisser sortir l'animal qu'il contient, en parlant de l'œuf : *Œufs tout juste éclos.* – 3. S'ouvrir, fleurir, s'épanouir : *La fleur de l'églantier voit ses bourgeons éclore.* – 4. *Litt.* Se manifester : *Une idée a éclos dans son esprit.* ▪

ÉCLOSERIE n. f. Établissement d'aquaculture destiné à la reproduction de géniteurs et à l'obtention de jeunes larves et alevins.

ÉCLOSION n. f. (de *éclos,* part. passé de *éclore*). 1. Ouverture à maturité d'une enveloppe protectrice contenant un être vivant. – 2. En parlant de l'être vivant, fait de sortir de cette enveloppe. – 3. Apparition, manifestation de qqch qui naît : *L'éclosion d'un talent, d'une idée.*

ÉCLOSOIR n. m. Compartiment d'incubateur dans lequel s'effectue l'éclosion des poussins.

ÉCLUSAGE n. m. Action d'écluser un bâtiment. (Syn. SASSEMENT.)

ÉCLUSE n. f. (bas lat. *eclusa aqua,* eau isolée, du lat. class. *excludere,* séparer). 1. Ouvrage intercalé entre deux plans d'eau dont les régimes de niveau sont différents, qui permet aux bâtiments de passer de l'un à l'autre grâce à la manœuvre d'éléments mobiles, portes et vannes. (→ *encycl.*) – 2. Syn. de SAS À AIR. – 3. *Écluses accolées* ou *complexe d'écluses,* groupe d'écluses qui rachètent la même chute. ‖ *Écluses doubles,* écluses accolées de mêmes dimensions caractéristiques. ‖ *Écluses jumelles,* écluses doubles interconnectées de façon que l'une puisse servir de bassin d'épargne à l'autre. ‖ *Écluse à sas,* écluse comportant entre ses extrémités, ou *têtes,* munies de portes, un bassin ou *sas,* pouvant contenir les bâtiments à écluser et dans lequel le niveau de flottaison est amené successivement à celui d'amont et à celui d'aval grâce à une communication hydraulique avec les plans d'eau correspondants.

ENCYCL. Les écluses ont généralement la forme d'un parallélépipède rectangle de dimensions suffisantes pour pouvoir contenir un ou plusieurs bâtiments. Les dimensions utiles des écluses sont la longueur et la largeur maximales qui demeurent dégagées pendant toute la manœuvre des portes. En France, ces dimensions types sont, en mètres, de 40 × 6 sur les petits canaux, type Freycinet, de 110 × 12 et de 185 × 12 sur les voies à grand gabarit. Dans un port maritime, une écluse est nécessaire pour assurer le passage des navires entre l'avant-port, où le niveau de l'eau est variable, et un bassin à flot, où le niveau est constant. L'écluse simple ne permet le passage des navires que pendant une ou deux heures au voisinage de la pleine mer. Pour assurer un trafic important on a recours aux écluses à sas.

ÉCLUSE (L'), nom français de la ville néerlandaise de Sluis*. Il se livra devant elle, en 1340, une grande bataille navale, au cours de laquelle la flotte anglaise d'Édouard III décima la flotte française.

ÉCLUSE *(défilé de l'),* gorge du Rhône dans le Jura méridional, peu après son entrée en France (Ain). Voie de passage (route et rail) vers Genève, défendue autrefois par le *fort de l'Écluse,* construit par Vauban.

ÉCLUSÉE n. f. (de *écluse*). Fait de lâcher une certaine quantité d'eau en vue de permettre le passage des bâtiments ou des radeaux d'un bief d'une écluse à un autre.

ÉCLUSER v. t. (conj. 3). 1. Munir une voie navigable d'une écluse. – 2. Faire passer un bâtiment d'un bief à un autre par une écluse. – 3. *Pop.* Boire : *Écluser un godet.*

ÉCLUSIER, ÈRE adj. Relatif à une écluse. ◆ n. Agent préposé à la surveillance et à la manœuvre d'une ou de plusieurs écluses.

ECMNÉSIE n. f. (du gr. *ek,* hors de, et *mnêmê,* mémoire). État pathologique au cours duquel le sujet revit des scènes de son passé comme si elles étaient présentes.

ECNOME, en gr. **Eknomon,** cap montagneux de la côte méridionale de Sicile, au S.-E. d'Agrigente, où la flotte carthaginoise fut vaincue par les Romains pendant la première guerre punique (256 av. J.-C.). Auj. *Poggio Sant'Angelo,* près de Licata.

ECO (Umberto), écrivain et sémiologue italien (Alexandrie 1932), auteur d'essais sur les rapports entre la création artistique et les moyens de communication (*l'Œuvre ouverte,* 1962 ; *la Structure absente ; introduction à la recherche sémiotique,* 1968 ; *Il Superuomo di massa,* 1976 ; *la Guerre du faux,* 1985), et de romans (*le Nom de la rose,* 1980 ; *le Pendule de Foucault,* 1988) ; *l'Île du jour d'avant* (1995).

ÉCOBUAGE n. m. Mode de préparation à la culture d'un terrain gazonné, consistant à détacher, sécher puis brûler la partie superficielle du sol qui porte le gazon. (L'écobuage a été abandonné en Europe au XIXe s. et n'est actuellement pratiqué que dans quelques systèmes de culture intensive en Afrique.)

ÉCOBUE n. f. Houe de grand format servant à écobuer.

ÉCOBUER v. t. (du poitevin *gobuis,* terre pelée, du gaul. **gobbo,* morceau) [conj. 7]. Pratiquer l'écobuage.

ÉCOCHARD (Michel), architecte et urbaniste français (Paris 1905-*id.* 1985). Il a réalisé l'essentiel de son œuvre au Moyen-Orient (Damas, Beyrouth, Koweït) et en Afrique (Casablanca, Rabat, Abidjan, Yaoundé, Conakry, Dakar).

ÉCO-ÉTHOLOGIE n. f. Étude scientifique de l'action exercée par une espèce animale ou végétale sur le milieu où elle vit et du déplacement d'équilibre écologique qui en résulte progressivement.

ÉCŒURANT, E adj. **1.** Qui soulève le cœur, inspire un dégoût physique, donne la nausée ; infect : *Une odeur écœurante.* — **2.** Qui inspire de la répulsion, du dégoût ; répugnant ; révoltant : *Conduite écœurante.* — **3.** *Fam.* Qui inspire du dépit, du découragement ; démoralisant : *Il a une chance écœurante.*

ÉCŒUREMENT n. m. **1.** Nausée provoquée par qqch de désagréable aux sens ; haut-le-cœur. — **2.** Sentiment de dégoût provoqué par qqch d'odieux : *Sa lâcheté a provoqué l'écœurement général.* — **3.** *Fam.* Sensation de découragement, de lassitude profonde due à un échec, à une déception : *À l'annonce des résultats, ce fut l'écœurement général.*

ÉCŒURER v. t. (conj. 5). **1.** Soulever le cœur, donner la nausée ; dégoûter : *Cette odeur forte m'écœurait.* — **2.** Inspirer de l'aversion, du mépris : *Sa bassesse m'écœurait.* — **3.** *Fam.* Décourager, démoraliser : *Tant de chance m'écœure.*

ÉCOINÇON n. m. (de *coin*). **1.** Surface d'un mur comprise entre la courbe d'un arc et son encadrement orthogonal, ou entre les montées de deux arcades tangentes. (Les écoinçons sont donc des triangles à un ou deux côtés curvilignes.) — **2.** Ouvrage de menuiserie ou de maçonnerie garnissant un angle rentrant. — **3.** Motif placé dans les angles du cadre ornant un plat de reliure.

ÉCO-INDUSTRIE n. f. (pl. *éco-industries*). Industrie ayant pour objet de réduire la pollution et de protéger l'environnement. (Il peut s'agir de procédés de fabrication qui ne polluent pas, de techniques antipollution ou de techniques de dépollution.)

ÉCOINTER v. tr. (de *coin*) [conj. 3]. **1.** Couper le coin d'une pièce de cuir. — **2.** Abattre les coins du fût (couvercle et cabine) d'une malle, d'une mallette, d'un coffret, etc.

ÉCOLAGE n. m. En Suisse, frais de scolarité d'un écolier.

ÉCOLÂTRE n. m. (lat. médiév. *scholaster, -tri,* altér. de *scholasticus*). Au Moyen Âge, ecclésiastique qui dirigeait une école cathédrale ou une école rattachée à une abbaye.

ÉCOLÂTRERIE n. f. Au Moyen Âge, fonctions attachées à la dignité d'écolâtre.

ÉCOLE n. f. (lat. *schola,* du gr. *skholê,* loisir). **1.** Établissement où l'on donne un enseignement collectif général. — **2.** Institution chargée de donner un enseignement collectif général aux enfants d'âge scolaire et préscolaire : *L'école laïque. L'école privée.* — **3.** Enseignement donné par les établissements scolaires : *Jusqu'à quel âge l'école est-elle obligatoire ?* — **4.** Établissement d'enseignement élémentaire ou préélémentaire. — **5.** Élèves et enseignants d'un établissement scolaire : *Réunir toute l'école à l'occasion d'une cérémonie.* — **6.** Établissement, organisme, institution livrant des enseignements spécialisés : *Une école de ski.* — **7.** Nom donné à des établissements d'enseignement supérieur plus ou moins spécialisés (avec une majusc.) : *École centrale.* — **8.** Ensemble des partisans d'une même doctrine, des disciples d'un penseur, etc. ; mouvement issu de cette doctrine ; cette doctrine elle-même : *L'école linguistique de Prague. L'école platonicienne.* — **9.** Ensemble des disciples d'un maître, ou groupe d'artistes de même tendance, ou encore ensemble des artistes qui constituent l'héritage artistique d'une ville, d'une région ou d'un pays. (Ex. : *l'école de Rembrandt, l'école nazaréenne, l'école de Barbizon, l'école bolonaise, l'école anglaise,* etc.) — **10.** Activité, condition de vie d'où l'on tire des enseignements : *La diplomatie est une école de maîtrise de soi.* — **11.** S'emploie comme apposition, avec ou sans trait d'union, pour indiquer qu'un véhicule est utilisé dans les cours de conduite, de pilotage : *Bateau-école. Voiture-école ;* ou que le lieu de production est en même temps le lieu d'enseignement : *Ferme-école.* — **12.** *À l'école de,* sous la direction de qqn, en tirant profit de l'expérience de qqch. ‖ *Envoyer, renvoyer qqn à l'école,* lui faire sentir son ignorance, lui conseiller d'apprendre. ‖ *Être à bonne école,* recevoir une formation très profitable de la part d'une ou de plusieurs personnes compétentes. ‖ *Être à dure, rude école,* être instruit par les épreuves, par les difficultés. ‖ *Faire école,* rallier des adeptes ou des imitateurs. ‖ *Faire l'école,* enseigner dans les classes primaires ou à l'école maternelle. ‖ Vx. *Sentir l'école,* avoir des manières gauches, empruntées ou pédantesques. • **Chorégr.** *Danse d'école,* syn. de DANSE CLASSIQUE*. — **Enseign.** *École d'application,* école adjointe aux écoles normales primaires pour parfaire la formation pratique des instituteurs ; école destinée à compléter par une formation pratique la formation théorique acquise dans un autre établissement. ‖ *École laïque,* anciennement, école primaire publique dirigée par un instituteur, une institutrice laïque ; dans un sens plus général, enseignement public, par oppos. à *enseignement confessionnel.* ‖ *École libre, école privée,* établissement d'enseignement, souvent confessionnel, qui ne relève pas de l'enseignement public. ‖ *Grandes écoles,* établissements (publics ou privés) d'enseignement supérieur, caractérisés par une sélection à l'entrée (concours, admission sur titres), des effectifs réduits et la délivrance en fin d'études d'un diplôme. — **Équit.** *Basse école,* exécution parfaite des airs dans les allures naturelles après un bon dressage de base. ‖ *Haute école,* exécution d'airs dans les allures relevées que pratique le cheval rassemblé. (Syn. ÉQUITATION SAVANTE OU ACADÉMIQUE.) — **Mil.** *École à feu,* exercice de tir réel d'artillerie. ‖ *École du soldat,* syn. anc. de FORMATION COMMUNE DE BASE. — **Pédag.** *École active,* pédagogie préconisant que les apprentissages soient proposés aux élèves dans des situations aussi proches que possible de celles de la réalité sociale. — **Relig.** Dans l'islām sunnite, corps de doctrines couvrant à la fois le rituel et le droit. (Syn. RITE.)

École/École des loisirs *(l'),* maison d'édition française, fondée à Paris en 1913. Elle publie notamment des livres pour la jeunesse.

École d'Athènes *(l'),* fresque de Raphaël, exécutée en 1509-10 dans la chambre de la Signature au Vatican (semi-circulaire, base de 7,70 m). Chef-d'œuvre de la grande décoration murale, peinte en face de la *Dispute du saint sacrement* (consacrée à la vérité *révélée*), elle exalte la philosophie et la recherche *rationnelle* du vrai, thèmes conformes à l'humanisme de Jules II ; elle réunit, dans une architecture inspirée de Bramante, Platon (sous les traits de Léonard de Vinci), Aristote, Pythagore, Héraclite (sous les traits de Michel-Ange), etc., penseurs grecs dont la Renaissance associe l'idéal à celui du christianisme.

École des femmes *(l'),* comédie en 5 actes et en vers de Molière (1662). Arnolphe, décidé à épouser sa pupille Agnès, l'élève dans une totale ignorance. Agnès s'éprend du jeune et naïf Horace, qu'elle finira par épouser malgré le efforts de son tuteur pour empêcher cette idylle. Aux reproches de Donneau de Visé et de Boursault sur son ignorance des règles, ses grossièretés, son impiété même, Molière riposta par *la Critique de « l'École des femmes »* et par *l'Impromptu de Versailles* (1663).

École des maris *(l'),* comédie en 3 actes et en vers de Molière (1661), qui fait d'Ariste un tuteur bon et indulgent qui épousera sa pupille et de Sganarelle un tuteur jaloux et dupé par la sienne.

École de la médisance *(l'),* comédie en prose de R. B. Sheridan (1777) : tableau pittoresque d'un petit monde cancanier et intrigant qu'offrent les tempéraments opposés de deux frères.

École militaire, à Paris, édifice élevé (1752-1774) par Jacques Ange Gabriel à l'instigation du financier Pâris-Duverney et de la marquise de Pompadour. Il occupe un vaste quadrilatère entre le Champ-de-Mars, la place de Fontenoy, l'avenue Duquesne et l'avenue de Suffren. L'École militaire de Paris accueillit de 1777 à 1788 l'élite des élèves des douze collèges militaires de province, choisis parmi les jeunes nobles pauvres. Bonaparte y fut admis en 1784-85. L'École supérieure de guerre y fut installée en 1880. L'École militaire abrite notamment aujourd'hui les Écoles supérieures de guerre, l'École du commissariat de l'armée de terre, l'Enseignement militaire supérieur scientifique et technique.

École de Salerne *(l'),* poème didactique médical, qui offre le résumé des doctrines de la célèbre école salernitaine.

Écoles chrétiennes *(frères des),* congrégation de religieux laïcs fondée en 1682 par saint Jean-Baptiste de la Salle pour l'instruction des enfants pauvres, approuvée en 1725, supprimée en 1791, reconstituée en 1808. Elle a servi de modèle à toutes les congrégations de frères enseignants.

ÉCOLIER, ÈRE n. (bas lat. *scholaris,* du lat. class. *schola,* école). **1.** Enfant qui fréquente l'école primaire, les petites classes d'un collège. – **2.** *Fam.* Personne encore inexpérimentée dans un domaine ; novice, apprenti. – **3.** Au Moyen Âge, étudiant fréquentant les écoles correspondant aujourd'hui à nos établissements d'enseignement supérieur. – **4.** *Le chemin des écoliers,* le plus long trajet.

ÉCOLLETER v. t. (de *collet*) [conj. **27**]. Élargir une pièce d'orfèvrerie au marteau, sur la bigorne.

ÉCOLLETTE n. f. En orfèvrerie, rétrécissement du diamètre d'une pièce de forme.

ÉCOLO adj. et n. *Fam.* Écologiste.

ÉCOLOGIE n. f. (all. *Ökologie*). **1.** Science des relations d'une espèce vivante avec son milieu, et avec les autres espèces vivantes. (→ *encycl.*) – **2.** Syn. de ÉCOLOGISME. – **3.** *Écologie culturelle,* branche de l'anthropologie qui étudie les différences entre cultures en fonction de leur environnement physique.

ENCYCL. On distingue plusieurs modes d'approche des faits écologiques : l'autoécologie étudie une espèce animale ou végétale dans l'ensemble de ses relations ; la biocénotique étudie l'ensemble des êtres vivant dans le même endroit, leur interaction, l'évolution de leur écosystème ; la synécologie étudie, à une échelle plus grande, les relations entre espèces : territoire, prédation, concurrence vitale, conditions d'équilibre, etc. ; la mésologie étudie tous les facteurs d'un milieu donné pouvant avoir des répercussions sur sa faune et sa flore ; la phytosociologie étudie les lois de répartition des espèces végétales. Mais l'homme constitue lui aussi une espèce, et l'étude de son action, souvent destructrice, sur les écosystèmes naturels fait, de droit, partie de l'écologie.

Les constats faits par les écologistes les ont conduits à tenter de réorienter de façon moins nuisible l'action de l'homme et de son industrie sur la nature, ce qui constitue l'écologie politique.

Les naturalistes ont toujours fait de l'écologie, mais le terme ne date que de Haeckel (1866) et les notions fondamentales qu'il recouvre (écosystème, biocénose, chaîne alimentaire, climax, cycle biosphérique, etc.) n'ont été précisées que récemment.

ÉCOLOGIQUE adj. **1.** Qui est du ressort de l'écologie ou qui se réclame de cette science. – **2.** Qui respecte l'environnement. – **3.** *Mouvement écologique,* ensemble des partisans de l'écologisme.

ÉCOLOGIQUEMENT adv. Du point de vue de l'écologie ou de l'écologisme.

ÉCOLOGISME n. m. Position dominée par le souci de protéger la nature et l'homme lui-même contre les pollutions, altérations et destructions diverses issues de l'activité des sociétés industrielles. (Syn. ÉCOLOGIE.) [L'écologisme a pris à partir de 1980 une réelle importance politique, d'abord en République fédérale d'Allemagne, puis en France et dans l'ensemble de l'Union européenne.]

ÉCOLOGISTE n. **1.** Chercheur scientifique en écologie. – **2.** Défenseur de la nature et de l'environnement ; adepte de l'écologisme. (Groupés en association d'intérêt local, national ou mondial, les écologistes sont généralement pacifistes, en particulier antinucléaires.)

ÉCOLOGUE n. Spécialiste de l'écologie.

ÉCOMMOY (72220), ch.-l. de cant. de la Sarthe, au S.-S.-E. du Mans ; 4 249 hab. Panneaux de particules. Mobilier.

ÉCOMUSÉE n. m. Institution culturelle assurant sur un territoire donné les fonctions de recherche, de conservation, de présentation et de mise en valeur d'un ensemble de biens naturels et culturels représentatifs d'un milieu et des modes de vie qui s'y sont succédé. (L'idée d'écomusée, lancée par Georges Rivière dans les années 50, fut expérimentée à partir de 1968 dans les parcs naturels régionaux français, puis en 1971 au Creusot.)

ÉCONAZOLE n. m. Produit fongicide de synthèse utilisé en applications locales sous forme de *nitrate d'éconazole* pour le traitement des mycoses cutanées dues aux dermatophytes et des candidoses.

ÉCONDUIRE v. t. (anc. fr. *escondire,* avec l'infl. de *conduire*) [conj. **98**]. Congédier qqn, refuser de le recevoir, ne pas accepter sa demande : *Éconduire un importun.*

ÉCONOCROQUES n. f. pl. (de *économie* et arg. *croque,* sou). *Pop.* Économies : *Il fait des éconocroques pour s'acheter une bécane.*

ÉCONOMAT n. m. **1.** Fonction d'économe. – **2.** Ensemble du service chargé de la gestion financière d'un établissement d'enseignement, d'un hôpital, etc. – **3.** Magasin de vente au détail créé par un employeur à l'usage de ses salariés.

ÉCONOME adj. (bas lat. *œconomus,* du gr. *oikonomos*). **1.** Qui veille à limiter ses dépenses. – **2.** Qui ménage qqch, en est peu prodigue : *Être économe de son temps.*

◆ n. **1.** Personne se trouvant à la tête d'un économat. – **2.** Fonctionnaire financier des rois hellénistiques. – **3.** À Byzance, dignitaire chargé de la gestion des finances ecclésiastiques. – **4.** Administrateur d'un patrimoine ou d'un bénéfice ecclésiastique pendant une période de vacance.

ÉCONOMÈTRE ou **ÉCONOMÉTRICIEN, ENNE** n. Économiste spécialisé en économétrie.

ÉCONOMÉTRIE n. f. Méthode d'analyse des données économiques qui s'attache à établir des relations de caractère mathématique entre les phénomènes étudiés.

ÉCONOMÉTRIQUE adj. Qui concerne l'économétrie.

ÉCONOMIE n. f. (lat. *oeconomia,* du gr. *oikonomia,* organisation). **1.** Ensemble des activités d'une collectivité humaine relatives à la production, à la distribution et à la consommation des richesses. — **2.** Gestion où on réduit ses dépenses, où on évite des dépenses superflues : *Par économie, il faisait le trajet à pied.* — **3.** Ce qu'on épargne, qu'on évite de dépenser : *Par ce procédé, on réalise une sérieuse économie de temps.* — **4.** Régulation, organisation visant à une diminution des dépenses, à une adaptation parfaite au but visé : *Ce film a été réalisé avec une grande économie de moyens.* — **5.** Organisation des parties d'un ensemble, d'un système ; structure : *Ce trop long chapitre nuit à l'économie de l'ouvrage.* — **6.** Fam. *Économie de bouts de chandelles,* épargne s'appliquant à des choses de valeur presque nulle. ‖ *Économie d'énergie,* gain sur la consommation d'énergie d'installations industrielles ou domestiques. ‖ *Faire l'économie de qqch,* se dispenser d'y recourir, l'éviter. • **Écon.** *Économie d'entreprise,* branche de la science économique plus particulièrement consacrée à la firme. ‖ *Économie financière,* étude des phénomènes ayant trait aux finances publiques, non sous leurs aspects juridiques, mais dans leurs conséquences économiques et sociales. ‖ *Économie mixte,* système réalisant, au sein de certaines entreprises, une collaboration des capitaux publics et des capitaux privés ; coexistence d'un secteur public et d'un secteur privé en économie. ‖ *Économie parallèle* ou *seconde économie,* phénomène caractéristique des économies de certains pays, révélant la recherche de gains privés obtenus en marge du courant économique officiel. ‖ *Économie politique,* science de la production, de la répartition et de la consommation des richesses. ‖ *Économie rurale,* branche des sciences économiques qui étudie la production, les échanges et la transformation des produits agricoles et alimentaires dans la société. ‖ *Économie sociale,* branche de l'économie qui recouvre toutes les activités ne dépendant ni du secteur public ni de l'entreprise capitaliste (associations, mouvement coopératif, mutualité, etc.). — **Ménag.** *Économie domestique* ou *privée,* organisation des tâches relatives à la tenue d'une maison et à la vie d'un ménage. — **Mil.** *Économie des forces,* principe de la stratégie, d'après lequel les moyens doivent être répartis en fonction de l'importance des objectifs d'une guerre. — **Physiol.** Ensemble des parties constituant l'organisme des êtres vivants.

◆ **économies** n. f. pl. **1.** Argent amassé en restreignant ses dépenses : *Il fait des économies pour s'acheter une voiture.* — **2.** *Économies d'échelle,* gains réalisés par une entreprise par suite de l'augmentation de ses dimensions. ‖ *Économies externes,* avantages procurés à un agent économique indépendamment de ses propres efforts.

ENCYCL. L'expression « économie politique » est employée pour la première fois, vers 1615, par Antoine de Montchrestien. Le terme désigne un ensemble de règles de conduite pratiques destinées à favoriser l'enrichissement du royaume. Mais la science économique ne commence à se constituer qu'au XVIIIe s. Dès lors se manifestent les trois grands courants de pensée qui marquent encore l'époque contemporaine : le libéralisme, qui trouve son origine dans l'école physiocratique ; l'interventionnisme, héritier du mercantilisme ; le socialisme*, dont les précurseurs sont les moralistes des XVIe et XVIIe s. (Thomas More notamment), ainsi que du XVIIIe s. (Morelly, Mably, Godwin), et, surtout, Gracchus Babeuf et les babouvistes.

les écoles économiques

L'école physiocratique, dont la doctrine est d'abord exposée par François Quesnay, puis par Lemercier de La Rivière, le marquis de Mirabeau, Dupont de Nemours, met en valeur l'existence de lois naturelles, formule la notion de revenu national, appelé « produit net », et décrit le circuit économique au moyen duquel s'effectue la répartition de ce produit net entre les producteurs (agriculteurs, pêcheurs et mineurs), les propriétaires fonciers et les catégories sociales « stériles » (artisans, industriels, commerçants). Pour cette doctrine, l'agriculture doit être encouragée par les pouvoirs publics, puisqu'elle est à l'origine de la quasi-totalité du produit net ; il convient également d'établir un régime de liberté commerciale, afin que les denrées agricoles se vendent à un « bon prix ». Enfin, le capital apparaît pour la première fois dans la pensée économique comme une accumulation nécessaire à la production.

L'Écossais Adam Smith fait figure de chef de file de l'école libérale classique, qui s'épanouit en Grande-Bretagne dès la fin du XVIIIe s. Pour cette école, l'intérêt personnel se trouve à l'origine de toute activité économique ; l'intérêt général étant constitué par la somme des intérêts personnels, les pouvoirs publics se doivent d'éviter toute immixtion dans la vie économique, ils doivent « laisser faire, laisser passer », afin que le libre jeu des activités individuelles parvienne à réaliser l'intérêt général. Pour les classiques, le pôle central de la vie économique est le travail ; le capital représente l'autre élément de l'analyse smithienne ; l'offre et la demande des biens se réalisent sur le marché par le truchement des prix, ce qui amène Smith à analyser la valeur et à proposer la distinction célèbre entre la valeur d'usage et la valeur d'échange.

L'école libérale se développe suivant deux courants ; l'un, qualifié d'optimiste, est représenté surtout par les Français J.-B. Say et Bastiat ; le premier énonce la célèbre loi des débouchés*, l'offre crée toujours sa propre demande ; l'autre, dit pessimiste, est représenté par les Anglais Malthus et Ricardo. Selon les optimistes, le libre fonctionnement des lois économiques conduit à un monde heureux ; les pessimistes estiment, au contraire, que le fonctionnement des mêmes lois économiques impose une condition misérable aux classes populaires (du fait de la surpopulation selon Malthus), mais toute intervention des pouvoirs publics ne pourrait qu'aggraver les maux inhérents au système. La synthèse de ces deux courants est réalisée au milieu du XIXe s. par l'Anglais Stuart Mill : il reprend les notions d'intérêt personnel et de libre concurrence, privilégie l'étude du bonheur, accepte les principes de Malthus et de Ricardo relatifs à la surpopulation, au salaire minimal et à la rente foncière, et, dans une certaine mesure, prédit la croissance zéro ; il défend le libre-échange, mais admet un certain interventionnisme de la part de l'État.

L'interventionnisme revêt des formes diverses : l'école critique de Sismondi (qui reproche aux libéraux classiques de construire une science des richesses au lieu de rechercher « le bien-être physique de l'homme ») ; l'industrialisme socialisant de Saint-Simon ; le nationalisme économique de List en Allemagne et le protectionnisme de Carey aux États-Unis.

Le socialisme apparaît d'abord sous la forme de l'associationnisme de Robert Owen, de Charles Fourier et de Louis Blanc et du socialisme libertaire de Proudhon, puis se manifeste sous l'aspect plus décisif du socialisme scientifique de Marx et de Engels.

Les écoles marginalistes s'imposent à la fin du XIXe s. Elles ont pour ambition de dégager de l'observation attentive des faits de véritables lois économiques ; elles veulent faire de l'économie une science exacte, admettent le principe selon lequel l'homme recherche son intérêt personnel et le maximum de satisfactions avec le minimum d'efforts. Parmi ces écoles, l'école dite de Lausanne, illustrée par le Français Walras et l'Italien Pareto, s'attache à établir la science économique sur des bases rigoureusement mathématiques.

Presque contemporain, le courant néoclassique développe ses thèses au sein de l'école de Cambridge (illustrée par A. Marshall et A.-C. Pigou), dont l'influence reste dominante jusqu'au milieu du XXe s. et qui prône, notamment chez Marshall, une conception volontariste de l'économie et un usage tempéré de l'abstraction.

J. M. Keynes abandonne le cadre de l'entreprise qui a servi aux marginalistes et revient au cadre global que constitue la société tout entière, cadre déjà employé par les physiocrates. L'influence de Keynes, qui préconise l'intervention des pouvoirs publics pour assurer une expansion économique continue, se fait sentir pendant un demi-siècle. Le courant keynésien, très influent après la Seconde Guerre mondiale, met en valeur la nécessité pour chaque pays d'adopter une « politique » économique, l'économie n'étant pas capable par elle-même de trouver l'équilibre. À ce courant s'opposent les tenants de la pensée néoclassique, qui mettent en valeur la spontanéité des mécanismes économiques et la nécessité d'en assurer le libre fonctionnement.

La perturbation de la croissance au début des années 70, l'impuissance devant certains problèmes économiques comme la stagflation, le désordre monétaire international et, enfin, la crise économique de 1974 remettent en question le schéma de pensée dominant. Deux courants particuliers se constituent : un courant radical, développé aux États-Unis vers 1970, qui préconise l'interventionnisme, dénonce les inégalités croissantes et critique le système capitaliste ; un courant libéral, représenté notamment en France par les « nouveaux économistes », qui met en valeur l'économie de marché, prône la déréglementation et le désengagement de l'État de la vie économique.

Économie et des Finances *(ministère de l')* → FINANCES.

économie politique pure *(Éléments d'),* ouvrage fondamental de Léon Walras, paru en 1874, où l'auteur expose la détermination des prix dans un régime de concurrence pure et parfaite, et où, à partir d'un système d'équations, il définit l'équilibre général réalisé simultanément sur tous les marchés par l'intermédiaire des prix.

Économies royales ou **Mémoires des sages et royalles œconomies d'Estat, domestiques, politiques et militaires de Henry le Grand,** œuvre de Sully (1638-1662). C'est une autobiographie élogieuse du surintendant en même temps qu'une glorification du roi Henri IV.

ÉCONOMIQUE adj. (lat. *oeconomicus,* du gr. *oikonomikos*). **1.** Relatif à l'économie : *Une crise économique.* — **2.** Qui permet de réduire les dépenses, qui est peu coûteux ; bon marché :

Chauffage économique. — **3.** *Point de vue économique,* description métapsychologique des processus psychiques en termes de circulation, transformation et évaluation des quantités d'énergie pulsionnelle. ‖ *Science économique,* science qui a pour objet l'étude et la connaissance des mécanismes de la vie économique.
◆ n. m. Ensemble des phénomènes liés à l'économie : *L'économique et le social.*

Économique *(l'),* ouvrage de l'économiste américain P. A. Samuelson (1948). Livre d'initiation à la pensée économique, il est considéré comme un modèle de pédagogie de l'économie.

ÉCONOMIQUEMENT adv. **1.** Avec économie, de façon peu coûteuse : *Un film réalisé économiquement.* — **2.** D'après les règles ou du point de vue des sciences économiques, de la vie économique. — **3.** *Économiquement faible,* personne qui dispose de ressources insuffisantes pour subsister, sans cependant pouvoir être considérée comme indigente.

ÉCONOMISER v. t. (conj. 3). **1.** Ne pas dépenser une somme, l'épargner, la mettre de côté, faire une économie de tant : *Économiser 500 F par mois.* — **2.** Réduire ses dépenses dans un domaine, dépenser avec circonspection ; faire des économies, épargner : *Économiser sur la nourriture.* — **3.** Limiter la consommation de qqch par telle ou telle utilisation : *Cette façon de conduire économise de l'essence.* — **4.** Ne pas prodiguer inconsidérément qqch, le ménager : *Économisez vos forces.*

ÉCONOMISEUR n. m. **1.** Appareil destiné à réduire la consommation en carburant d'un moteur à explosion. — **2.** Syn. de BASSIN D'ÉPARGNE*. — **3.** Échangeur servant à échauffer l'eau d'alimentation d'une chaudière à vapeur au moyen de la chaleur restant dans les gaz de combustion après leur sortie de la chaudière.

ÉCONOMISME n. m. **1.** Tendance à privilégier les faits économiques dans l'explication des faits sociaux et politiques, des événements historiques, etc. — **2.** Doctrine d'une fraction du mouvement socialiste russe qui donnait comme tâche essentielle au parti social-démocrate la lutte économique sur le lieu du travail au détriment du travail politique. (Elle fut combattue par Lénine, qui mit en évidence le lien qu'elle entretenait avec les théories révisionnistes de Bernstein.)

Economist *(The),* hebdomadaire économique britannique, de tendance libérale, publié à Londres depuis 1843.

ÉCONOMISTE adj. et n. **1.** Qui relève de l'économisme ; partisan de l'économisme.
◆ n. **1.** Personne spécialisée dans l'étude des phénomènes économiques. — **2.** Au XVIIIe s., nom donné aux physiocrates.

Economo-Cruchet *(encéphalite de von),* encéphalite épidémique provoquée par un virus encore non identifié, et décrite par le neurologue autrichien von Economo (1876-1931) et qui a sévi de 1917 à 1925. Elle se manifestait essentiellement par un syndrome infectieux, une somnolence et une paralysie des nerfs crâniens. Son taux de mortalité était de 30 % environ, la guérison complète était possible. Cependant, la survenue plusieurs mois après l'épisode aigu d'un syndrome parkinsonien était fréquente.

ÉCOPE n. f. (frq. *skōpa*). **1.** Pelle creuse munie d'un manche, qui sert à vider l'eau d'une embarcation. — **2.** Appareil mécanique pour épuiser des pièces d'eau de faible superficie, des fondations d'édifice.

ÉCOPER v. t. (conj. 3). Vider l'eau d'une embarcation avec une écope.
◆ v. t. ou v. t. ind. *Fam.* Se voir infliger une punition, être condamné à qqch, recevoir des coups : *Écoper (de) trois ans de prison.*

ÉCOPERCHE n. f. Grande perche verticale d'un échafaudage. (Syn. ÉCHASSE.)

ÉCOPHASE n. f. Étape du cycle reproductif d'un animal ou d'une plante pendant laquelle il occupe une niche écologique nettement différente de celle qu'il occupera ultérieurement.

ÉCOPRODUIT n.m. Produit conçu et fabriqué de façon à respecter l'environnement. (Syn. PRODUIT VERT.)

ÉCOQUER ou **ÉCOQUETER** v. t. (conj. 3). Dégarnir une chasse des coqs de perdrix en excédent observés au printemps.

ÉCOQUETAGE n. m. Action d'écoquer.

ÉCOR n. m. (de *écorer*). Pointage des colis et contrôle rapide des marchandises, effectués par le service actif des douanes.

ÉCORAGE n. m. **1.** Action d'écorer. — **2.** Contrat de gérance d'un bateau de pêche.

ÉCORÇAGE ou **ÉCORCEMENT** n. m. Action d'enlever l'écorce des arbres, soit pour la récolter (démasclage du liège), soit pour éviter de la transporter quand elle n'a pas d'usages industriels. (Syn. DÉCORTICAGE.)

ÉCORCE n. f. (bas lat. *scortea,* manteau de peau, de *scortum,* peau). **1.** Ensemble de couches cellulaires de l'axe des végétaux vasculaires, entourant le cylindre central, séparé de celui-ci par un endoderme et recouvert extérieurement par un épiderme. — **2.** Enveloppe de certains fruits (par ex. écorce d'orange). — **3.** Aspect visible de qqch, aspect extérieur, apparence de qqn : *Sous une*

écorce assez rude, c'est un homme généreux. — **4.** Syn. de CORTEX. — **5.** *Écorce terrestre,* syn. de CROÛTE TERRESTRE. ‖ *Vieille écorce,* réserve forestière ayant cinq à six fois l'âge de la révolution du taillis.
ENCYCL. **Bot.** L'écorce ne contient pas de vaisseaux ; chez les végétaux ligneux vivaces, arbres en particulier, l'épiderme disparaît et l'écorce forme la couche protectrice, à la face interne de laquelle adhère souvent le liber ; le tout se décolle facilement du bois et toute une faune d'insectes vit dans l'espace entre le bois et l'écorce. — **Peauss.** Pour le tannage des peaux, les écorces de chêne, d'épicéa, de mimosa et de bouleau sont utilisées en Europe, l'écorce d'hemlock aux États-Unis. L'écorce d'*Eucalyptus occidentalis* renferme plus de 40 % de tanin mais n'est pas utilisée en dehors de son pays d'origine, l'Australie.

ÉCORCER v. t. [conj. 16]. **1.** Dépouiller un arbre de son écorce. (Syn. DÉCORTIQUER.) — **2.** Dépouiller un fruit, un grain de sa peau, de son enveloppe ; peler, décortiquer : *Écorcer un citron.*
◆ **être écorcé** v. pass. *Bois écorcé,* préparé pour la fabrication des pâtes à papier.

ÉCORCEUR, EUSE n. Ouvrier (ère) qui effectue l'écorçage des grumes pour obtenir les écorces utilisées en tannerie.
◆ **écorceur** n. m. Outil d'une écorceuse mécanique.
◆ **écorceuse** n. f. Appareil mécanique constitué de fraises rotatives, utilisé pour l'écorçage des rondins et des grumes. (Syn. DÉCORTIQUEUSE.)

ÉCORCHAGE n. m. Opération qui consiste à retirer la peau d'un animal qui vient d'être tué. (Syn. ÉCORCHEMENT.)

ÉCORCHÉ, E n. *Un écorché vif, une écorchée vive,* personne d'une sensibilité extrême, chez qui la moindre contestation provoque une profonde perturbation.
◆ **écorché** n. m. **1.** Homme ou animal représenté dépouillé de sa peau. (L'écorché, notamment sous la forme de modèle en plâtre, permet d'étudier la disposition et la forme des muscles, des veines, des articulations. Il existe des écorchés d'animaux, en particulier de cheval. L'*Écorché* de Houdon [1767] est la figure humaine la plus célèbre.) — **2.** Dessin d'une machine, d'un appareil, d'un édifice, dont on a enlevé partiellement les parties extérieures pour montrer l'organisation interne ou le système de fonctionnement.

ÉCORCHEMENT n. m. **1.** Syn. de ÉCORCHAGE. — **2.** Supplice qui consistait à écorcher vivant le condamné.

ÉCORCHER v. t. (bas lat. *excorticare,* du lat. class. *cortex, -icis,* enveloppe) [conj. 3]. **1.** Dépouiller un animal de sa peau ; dépiauter. — **2.** Arracher la peau d'un supplicié. — **3.** Entamer la peau, blesser superficiellement en entamant la peau : *Il rampait sur le gravier qui lui écorchait les genoux.* — **4.** *Litt.* Entamer, érafler la surface de qqch : *Cette plume écorche le papier.* — **5.** Affecter désagréablement le regard, les oreilles, etc. : *Liqueur trop forte qui écorche le gosier.* — **6.** Prononcer mal un mot, un texte, les dénaturer, les déformer ; estropier : *Écorcher le nom de quelqu'un. Écorcher le français.* — **7.** *Fam.* Faire payer qqn trop cher ; estamper : *Hôtelier qui écorche ses clients.* — **8.** *Écorcher vif qqn,* lui lacérer la peau ou le supplicier moralement. ‖ *Il crie comme si on l'écorchait,* il crie très fort, ou il crie beaucoup pour peu de chose.

ÉCORCHEUR, EUSE n. **1.** Personne qui pratique l'écorchage des animaux. — **2.** *Fam.* Personne qui fait payer trop cher, usurier.
◆ **écorcheur** n. m. **1.** Nom usuel d'une pie-grièche qui embroche ses proies sur des épines. — **2.** Membre d'une bande de soldats pillards qui ravagèrent la France pendant la guerre de Cent Ans, surtout de 1435 à 1445.

ÉCORCHURE n. f. Plaie légère de la peau, produite par un frottement violent qui enlève ou déchire les couches superficielles ; égratignure, éraflure. (Syn. EXCORIATION.)

ÉCORÇOIR n. m. Ciseau à tranchant arrondi ou spatule métallique qui servait à lever l'écorce de chêne.

ÉCORÇON n. m. Fragment d'écorce de chêne destiné à l'obtention de tannin.

ÉCORE n. f. (de *écorer*). Registre sur lequel sont inscrits les comptes d'un bateau pêcheur.

ÉCORECHARGE n.f. Conditionnement intermédiaire et peu polluant d'un produit, notamm. d'une lessive, qui est inséré ou dont le contenu est transvasé dans un conditionnement plus durable.

ÉCORER v. t. (anc. nordique *skora,* entailler) [conj. 3]. **1.** Tenir l'écore d'un bateau pêcheur. — **2.** Procéder à l'écor.

ÉCOREUR n. m. Agent des douanes chargé de procéder à l'écor.

ÉCORNAGE n. m. **1.** Action d'écorner un animal. — **2.** Amputation accidentelle des cornes d'un animal. (Syn. DÉCORNAGE.)

ÉCORNER v. t. (conj. 3). **1.** Empêcher les cornes d'un animal de pousser ou, lorsqu'elles ont poussé, en pratiquer l'ablation. (On écorne les vaches laitières maintenues en stabulation libre, afin d'éviter les traumatismes dus aux coups de corne.) [Syn. DÉCORNER.] — **2.** Enlever un coin d'une pierre, d'un objet. — **3.** Abîmer la couverture, les pages d'un livre en en pliant les coins.

— **4.** Porter atteinte à l'intégrité de qqch, le diminuer, l'entamer : *Écorner un capital d'une somme importante.*

ÉCORNIFLER v. t. (de *écorner* et moyen fr. *nifler,* renifler) [conj. 3]. *Fam.* et *vx.* Se procurer de l'argent, un bon repas, etc., aux dépens d'autrui : *Écornifler de petits cadeaux.*

ÉCORNIFLEUR, EUSE n. *Fam.* et *vx.* Parasite, pique-assiette.

ÉCORNURE n. f. **1.** Fragment provenant d'une chose écornée. — **2.** Brèche de l'objet écorné : *Meuble plein d'écornures.* — **3.** Éclat accidentel sur l'arête d'une pierre de taille. (Syn. ÉPAUFRURE.)

ÉCOSSAGE n. m. Action d'écosser des graines.

ÉCOSSAIS, E adj. et n. **1.** D'Écosse. — **2.** Se dit d'un tissu de laine ou de soie présentant un ensemble rayé à grands carreaux, de coloris vifs et différents de fond. — **3.** Se dit d'un tissu, d'un papier présentant des motifs analogues à ceux de l'étoffe écossaise : *Cravate écossaise.* — **4.** *Berger écossais,* syn. de COLLEY. ‖ *Lévrier écossais,* syn. de DEERHOUND. ‖ *Rite écossais ancien et accepté,* rite franc-maçon universel, notamment pratiqué aux États-Unis. ‖ *Rite écossais rectifié,* rite franc-maçon d'origine chrétienne, comprenant des hauts grades d'inspiration chevaleresque et templière. ‖ *Terrier écossais,* syn. de SCOTTISH-TERRIER.

◆ **écossais** n. m. **1.** Langue celtique parlée en Écosse. (Syn. ERSE, GAÉLIQUE D'ÉCOSSE.) — **2.** Dialecte anglais des Lowlands. — **3.** Tissu écossais.

◆ **écossaise** n. f. **1.** Piqûre d'ornementation de contour variable sur l'oreille du quartier d'une chaussure. — **2.** Danse tournée, sur une mesure à 3/2 ou 2/4, très populaire en France et en Angleterre à la fin du XVIIIe et au début du XIXe s. (L'écossaise moderne est rythmée à 2/4 dans un mouvement rapide. On en trouve dans les œuvres de Beethoven, de Schubert, de Chopin et de Saint-Saëns, notamment.)

ÉCOSSE, en angl. **Scotland,** la plus septentrionale des trois parties de la Grande-Bretagne ; 78 762 km^2 ; 5 131 000 hab. *(Écossais).* Cap. *Édimbourg.* V. princ. *Glasgow.*

Géographie. Les hautes terres (Highlands [1 344 m au Ben Nevis], Grampians, Uplands), humides, sont étendues et souvent couvertes de landes. Elles vivent, pauvrement, du tourisme, des distilleries, du textile (lié à l'élevage ovin). La majeure partie de la population, déclinante, réside dans la dépression centrale (Lowlands), de Glasgow à Édimbourg, où les activités industrielles (métallurgie) sont en difficulté. Les villes de la côte orientale (Aberdeen, Dundee) ont été revivifiées par l'exploitation des hydrocarbures de la mer du Nord.

Histoire. C'est avec la conquête romaine de l'île de Bretagne au Ier siècle que la future Écosse entre dans l'histoire. Elle est alors habitée par les Pictes, qui résistent aux légions romaines. À partir du Ve s., les Scots colonisent l'ouest du pays, les Bretons s'implantent dans la région de la Clyde, tandis que les Angles s'installent au sud-est. L'évangélisation chrétienne du VIe s. avec saint Colomba, les raids scandinaves qui commencent au VIIIe s. vont accélérer la fusion de ces nations. La première étape vers l'unité est réalisée v. 843 par le roi scot Kenneth MacAlpin, qui unifie les pays des Scots et des Pictes. Au début du XIe s., ses successeurs étendent leur autorité sur les Lothians et le Strathclyde. L'Écosse est née. Sous l'influence de la reine sainte Marguerite, princesse anglaise, et du roi David Ier, l'Écosse s'anglicise et la féodalité se développe. Cependant, la mort sans héritier d'Alexandre III (1286) permet l'intervention d'Édouard Ier d'Angleterre, qui impose son protectorat sur le pays (1292), avant de l'annexer (1296). Wallace, puis Bruce s'opposent à cette conquête. La victoire de Bannockburn (1314) assure le triomphe de la cause écossaise, et le traité de Northampton (1328) reconnaît l'indépendance de l'Écosse. Au cours de la guerre de Cent Ans, l'Écosse s'engage avec les Stuarts dans l'alliance française, qui contribue à desserrer pour deux siècles l'étau anglais, mais qui n'empêche pas le pays d'entrer dans une longue période de convulsions internes. Le désastre de Flodden (1513) fait renaître les prétentions anglaises. La réforme religieuse de John Knox fait de nombreux adeptes dans l'aristocratie, et l'oppose à la monarchie, demeurée catholique. En 1603, la mort sans postérité d'Élisabeth Ire réalise l'union des couronnes anglaise et écossaise en la personne de Jacques VI d'Écosse (Jacques Ier d'Angleterre). En 1644, l'Écosse et le Parlement anglais se trouvent alliés contre l'absolutisme de Charles Ier. Mais il faudra attendre 1707 pour que l'union personnelle des deux couronnes se transforme en fusion des royaumes d'Écosse et d'Angleterre (Acte d'union).

Écosse *(Église protestante d').* Lorsque le calvinisme se répandit en Écosse, à partir de 1525, grâce à John Knox, il devint rapidement religion d'État, très intolérant à l'égard des catholiques et de plus en plus marqué par le puritanisme. L'union de l'Écosse à l'Angleterre (1707) provoqua des troubles et des schismes. Depuis 1929, une Église unique, *the Church of Scotland,* tout en préservant son indépendance, admet le roi d'Angleterre comme chef.

Écosse *(fil d'),* fil de coton rond, imitant le grain du cordonnet et le brillant de la soie.

ÉCOSSER v. t. (conj. 3). Dépouiller un pois de sa cosse, un fruit de son enveloppe.

ÉCOSYSTÈME n. m. Système formé par un biotope et par l'ensemble des espèces (biocénose) qui y vivent, s'y nourrissent et s'y reproduisent.
ENCYCL. Un écosystème a une taille qui va de celle d'une flaque d'eau à celle d'une forêt, voire de l'ensemble des profondeurs océaniques mondiales ; il doit être homogène, équilibré, stable ; s'il ne l'est pas et que l'homme n'intervient pas, le système évolue, par accroissement du nombre d'espèces constituantes et de la biomasse, vers un *climax,* selon une succession correspondant à divers degrés de maturité.

1. ÉCOT n. m. (frq. **skot,* pousse). Tronc d'arbre, rameau, imparfaitement élagué.

2. ÉCOT n. m. (frq. **skot,* impôt). Quote-part incombant à chacun, dans une dépense commune : *Payer son écot.*

ÉCÔTAGE n. m. Action d'écôter les tabacs.

ÉCOTÉ, E adj. (de *écot 1*). Se dit des pièces et partitions héraldiques qui ont des bordures et des lignes crénelées en biseau.

ÉCÔTER v. t. (conj. 3). Enlever les côtes des feuilles de tabac.

ÉCOTONE n. m. Zone de transition et de contact entre deux écosystèmes voisins, telle qu'une plage océanique, la lisière d'une forêt, une roselière, etc. (Les écotones ont une faune et une flore plus riches que chacun des deux écosystèmes qu'ils séparent, et ils repeuplent parfois ceux-ci.)

ÉCOTYPE n. m. (angl. *ecotype,* de *ecology* et *type*). Variété d'une espèce (généralement végétale) génétiquement adaptée à un milieu particulier qu'elle occupe naturellement, mais conservant ses adaptations héréditaires lorsqu'on la sème dans un milieu différent.

ÉCOUCHÉ (61150), ch.-l. de cant. de l'Orne, dans la campagne d'Argentan ; 1 494 hab. *(Écubéens).* Originale église reconstruite au XVIe s.

ÉCOUEN (95440), ch.-l. de cant. du Val-d'Oise, à l'E. de la forêt de Montmorency ; 1 424 hab.
— **Bx-arts.** Église avec chœur de 1544-45 (vitraux). Important château construit pour Anne de Montmorency d'env. 1538 à 1555 (collab. de J. Bullant) ; le musée national de la Renaissance s'y est ouvert en 1977 (riches collections de meubles, d'émaux, de tapisseries, etc.).

ÉCOULEMENT n. m. **1.** Fait de s'écouler, en parlant d'un fluide, d'une rivière, etc. ; mouvement d'un fluide qui s'écoule. (→ *encycl.*) — **2.** Mouvement de gens qui se retirent d'un lieu vers la sortie : *L'écoulement d'un flot de spectateurs après un match.* — **3.** Action d'écouler des choses ; débouché, possibilité d'écouler des marchandises : *L'écoulement de faux billets.* — **4.** Tout flux anormal (séreux, muqueux, purulent ou sanguin), tel que le coryza, la leucorrhée, la blennorragie, les métrorragies, etc. — **5.** *Point d'écoulement,* plus basse température à laquelle un produit pétrolier (huile lubrifiante, huile combustible et gazole) coule encore lorsqu'il est refroidi, sans agitation, dans des conditions normalisées. ‖ *Servitude d'écoulement des eaux,* assujettissement des fonds intérieurs à la réception des eaux qui découlent naturellement des fonds supérieurs.
ENCYCL. **Hydrol.** L'écoulement peut se faire en nappe (épandage), souterrainement, être plus ou moins ramifié ou concentré. Le cours d'eau est caractérisé par un écoulement concentré dans un lit. L'écoulement est laminaire ou affecté de tourbillons hélicoïdaux. Le bilan de l'écoulement est donné par trois notations chiffrées : 1° l'*indice d'écoulement,* c'est-à-dire la hauteur en millimètres des précipitations écoulées pendant un an et supposées uniformément réparties sur tout le bassin ; 2° le *coefficient d'écoulement,* rapport entre l'indice d'écoulement et l'indice pluviométrique (hauteur moyenne des précipitations tombées sur le bassin) ; 3° le *déficit d'écoulement* ou *indice d'évaporation,* qui est la différence entre l'indice pluviométrique et l'indice d'écoulement.
— **Phys.** Les caractéristiques de l'écoulement d'un fluide autour d'un objet peuvent être étudiées en soufflerie, sur des modèles réduits, à condition que certaines variables sans dimensions aient les mêmes valeurs pour le modèle et le phénomène en vraie grandeur. Parmi elles, les plus utilisées sont le nombre de Mach (rapport de la vitesse de l'écoulement et de la vitesse du son), et le nombre de Reynolds (dont la valeur détermine le type d'écoulement, laminaire, turbulent ou transitoire).

ÉCOULER v. t. (conj. 3). **1.** Vendre, débiter des marchandises : *Commerçant qui a du mal à écouler son stock.* — **2.** Faire disparaître progressivement qqch, soit en le mettant sur le marché, en circulation, soit en le faisant consommer, utiliser : *Écouler des bijoux volés, des faux billets.*

◆ **s'écouler** v. pr., **être écoulé** v. pass. Passer, en parlant d'un temps : *L'heure est écoulée. La journée s'écoule lentement.*

◆ **s'écouler** v. pr. **1.** Couler en parlant d'un fluide, d'une rivière : *Fleuve qui s'écoule du Massif central jusqu'à l'Atlantique.* — **2.** Se retirer d'un endroit pour aller dans un autre en un mouvement continu : *Flot de monde qui a de la peine à s'écouler.*

ÉCOUMÈNE ou **ŒKOUMÈNE** n. m. (gr. *oikoumenê gê,* terre habitée). Espace habité de la surface terrestre.

ÉCOURTER v. t. (conj. 3). **1.** Diminuer la longueur de qqch ; raccourcir : *Écourter sa barbe.* – **2.** Diminuer la durée de qqch, l'abréger : *Nous avons dû écourter d'une semaine nos vacances.* – **3.** Abréger, tronquer un texte, une phrase : *Écourter une scène.* – **4.** Raccourcir la queue d'un chien ou d'un cheval.

ÉCOUTABLE adj. Qu'il est possible d'écouter avec un certain plaisir ; audible : *Ce vieux disque n'est pas écoutable.*

ÉCOUTANT, E n. Personne chargée d'écouter au téléphone qqn qui a besoin d'une aide psychologique.

1. ÉCOUTE n. f. (de *écouter*). **1.** Action d'écouter une communication téléphonique, une émission radiophonique ; rôle d'auditeur : *Rester à l'écoute.* – **2.** Fait d'écouter ou de regarder une émission, considéré du point de vue du nombre des auditeurs, des téléspectateurs : *Heure de grande écoute.* – **3.** Détection par le son de la présence et de l'activité ennemie, notamment sous-marine, à l'aide de sonars, d'hydrophones ou de bouées acoustiques. – **4.** Qualité de qqn, en partic. d'un médecin ou d'un psychologue, qui sait écouter les autres et dégager le sens latent d'un énoncé. – **5.** *À l'écoute de qqch,* en train d'écouter (une émission, un poste) ; disponible pour écouter qqch, pour y être attentif : *Nous sommes toujours à l'écoute de vos problèmes.* ‖ *Avoir l'écoute de qqn,* avoir son appui. ‖ *Écoute microphonique,* détection des bruits extérieurs transmis par la mer, à partir d'un navire de surface, d'un sous-marin ou d'un aéronef. ‖ *Écoutes téléphoniques,* surveillance des communications téléphoniques. ‖ *Être aux écoutes,* être aux aguets, prêter une attention suivie. ‖ *Indice d'écoute,* nombre de personnes ayant écouté ou regardé une émission, un programme, à un moment déterminé. ‖ *Mettre qqn sur écoutes,* brancher son téléphone sur une table d'écoutes. ‖ *Table d'écoutes,* installation permettant d'intercepter et de surveiller les conversations téléphoniques.

2. ÉCOUTE n. f. (anc. nordique *skaut,* angle inférieur de la voile). **1.** Cordage servant à orienter et à régler une voile par rapport au vent. – **2.** *Nœud d'écoute,* nœud qui se serre de lui-même à la traction, utilisé pour fixer un filin sur une boucle, un œil ou une cosse. ‖ *Point d'écoute,* angle inférieur arrière d'une voile longitudinale ; chacun des deux angles inférieurs d'une voile carrée.

ÉCOUTER v. t. (bas lat. *ascultare,* du lat. class. *auscultare*) [conj. 3]. **1.** Être attentif à un bruit, à un son, à de la musique, etc., les entendre volontairement : *Écouter de la musique.* – **2.** Prêter attention à ce que qqn dit pour l'entendre et le comprendre : *Écoute-moi quand je te parle.* – **3.** Être l'auditeur d'un chanteur, d'un orateur, de la radio, les entendre volontairement : *J'écoute cette émission tous les soirs.* – **4.** Tendre l'oreille pour percevoir le bruit produit par qqn, qqch : *Écouter le cœur battre. Écouter la pluie qui tombe.* – **5.** Être attentif à l'apparition d'un bruit, à la qualité d'un son, d'une musique, d'un propos : *Écouter si un enfant pleure.* – **6.** Accepter d'entendre ce que qqn a à dire, lui donner audience : *Il n'a pas voulu m'écouter.* – **7.** Tenir compte de ce que dit qqn ; suivre : *Professeur qui sait se faire écouter de ses élèves.* – **8.** *Écoute, écoutez,* s'emploient pour attirer l'attention de qqn sur ce qu'on va dire ou pour insister sur une opinion qu'on donne. ‖ *Écouter aux portes,* prêter une attention indiscrète à ce qui se dit là où on n'a pas à être. ‖ *Écouter sa raison, son cœur, ses passions, etc.,* agir selon eux : *N'écouter que son devoir.* ‖ *J'écoute,* se dit au téléphone pour indiquer à son interlocuteur qu'on est en ligne.
◆ **être écouté** v. pass. **1.** Avoir un certain nombre d'auditeurs : *Une des émissions les plus écoutées de la station FR3.* – **2.** Être suivi dans ses conseils, ses recommandations, à l'intérieur d'un groupe : *Il est un des militants les plus écoutés du parti.*
◆ **s'écouter** v. pr. **1.** Devoir être écouté de telle ou telle manière : *Un disque comme celui-là s'écoute dans le silence.* – **2.** Attacher une importance excessive aux maux, aux malaises même infimes dont on souffre. – **3.** *S'écouter (parler),* parler avec affectation, se complaire dans ses propres paroles. ‖ *Si je m'écoutais,* si je suivais l'inspiration du moment, si je faisais ce dont j'ai envie.

ÉCOUTEUR n. m. Appareil destiné à être placé en contact avec l'oreille et à produire des signaux acoustiques traduisant les signaux électriques qu'il reçoit (par ex. dans un récepteur téléphonique).

ÉCOUTILLE n. f. (esp. *escotilla*). Ouverture ménagée dans le pont d'un navire pour donner accès aux cales et aux entreponts. (Syn. PANNEAU.)

Écouves *(forêt d'),* forêt domaniale de Normandie (dép. de l'Orne), au N. d'Alençon ; 8 100 ha (chênes rouvres, sapins, etc.).

ÉCOUVILLON n. m. (anc. fr. *escouve,* du lat. *scopa,* balai). **1.** Brosse cylindrique à manche pour nettoyer le canon d'une arme à feu. – **2.** Longue tige métallique munie à son extrémité d'une boule de coton servant à badigeonner le fond de la gorge ou à faire des prélèvements en vue d'examens de laboratoire. – **3.** Syn. de GOUPILLON.

ÉCOUVILLONNAGE ou **ÉCOUVILLONNEMENT** n. m. Action d'écouvillonner.

ÉCOUVILLONNER v. t. (conj. 3). Nettoyer avec l'écouvillon l'âme d'un canon, une bouteille, etc.

ÉCRABOUILLAGE ou **ÉCRABOUILLEMENT** n. m. *Fam.* Action d'écrabouiller.

ÉCRABOUILLER v. t. (anc. fr. *esboillier,* éventrer, croisé avec *écraser*) [conj. 3]. *Fam.* **1.** Écraser, broyer, mettre en bouillie qqch : *Écrabouiller les fleurs en marchant dans les plates-bandes.* — **2.** Tuer qqn : *Il s'est fait écrabouiller par un camion.*

ÉCRAN n. m. (néerl. *scherm*). **1.** Panneau ou dispositif protégeant contre la trop forte chaleur d'un feu ou contre une lumière trop vive. — **2.** Tout ce qui arrête le regard, qui dissimule, empêche de voir : *Un écran de fumée.* — **3.** Ce qui protège d'une agression extérieure quelconque : *Se faire un écran avec la main.* — **4.** Ce qui s'interpose, s'intercale et dissimule : *Son attitude n'est qu'un écran qui cache ses véritables intentions.* — **5.** Surface blanche en tissu, matière plastique ou autre matière destinée à recevoir des images photographiques ou cinématographiques par projection. — **6.** Surface sur laquelle se forme l'image visible dans un tube cathódique : *Une télévision avec un écran de 51 centimètres.* — **7.** Appareil sur lequel sont affichés les données ou les résultats d'opérations effectuées sur matériel électronique. (En photocomposition, ils servent à la vérification de la saisie, à effectuer les corrections ou la mise en pages lors du traitement. On dit aussi ÉCRAN DE VISUALISATION ; syn. VISUEL.) [→ *encycl.*] — **8.** *Faire écran,* empêcher la lumière de passer ; empêcher de voir ou de comprendre. ‖ *L'écran,* le cinéma : *Les vedettes de l'écran.* ‖ *Le grand écran,* le cinéma, par oppos. à la télévision. ‖ *Le petit écran,* la télévision. • **Cosmét.** *Écran solaire,* syn. de FILTRE* SOLAIRE. — **Électr.** Dispositif utilisé pour réduire la pénétration d'un champ électromagnétique dans une région déterminée. (Dans le cas d'un champ électrique, l'écran est appelé CAGE DE FARADAY.) — **Impr.** *Écran de soie,* cadre où sont tendus la soie, le tissu de fibres plastiques ou la toile métallique constituant la forme d'impression du procédé de sérigraphie. — **Nucl.** Dispositif destiné à arrêter tout ou partie d'un rayonnement. — **Publ.** Temps de télévision destiné à recevoir de la publicité. — **Sports.** Au basket-ball, action qui permet au possesseur de la balle de se démarquer grâce au mouvement du partenaire qui place son corps en obstacle sur le chemin de son adversaire. — **Télév.** *Écran de contrôle,* tube image et appareils associés servant au contrôle de la qualité technique d'une image de télévision. (Syn. MONITEUR, RÉCEPTEUR DE CONTRÔLE.) — **Therm.** *Écran d'eau,* nappe de tubes parcourue par l'eau ou un mélange d'eau et de vapeur, et disposée de manière soit à constituer la paroi d'une chambre de combustion, soit à protéger du rayonnement du foyer les parois proprement dites, tout en servant de surface de chauffe.

ENCYCL. *L'écran cathodique* est, de loin, le plus utilisé de tous les systèmes de génération d'images, mais on lui reproche son encombrement et la fatigue visuelle qu'il occasionne lors d'une utilisation prolongée. Aussi, les recherches actuelles visent à lui substituer des *écrans plats,* appelés aussi *écrans à accès matriciel.* On distingue deux grandes catégories d'écrans plats : les écrans actifs (panneaux à plasma, écrans électroluminescents), qui émettent de la lumière, et les écrans passifs (afficheurs à cristaux liquides, électrochromes, etc.), qui se contentent d'absorber ou de réfléchir de manière contrôlable la lumière émise par une source extérieure.

ÉCRASAGE n. m. Action d'écraser : *L'écrasage des graines oléagineuses.*

ÉCRASANT, E adj. **1.** Qui pèse lourdement sur qqn, qui l'accable moralement : *Une tâche écrasante.* — **2.** Qui accable physiquement : *Une chaleur écrasante.* — **3.** Qui impressionne par sa quantité, accable par sa supériorité : *Une écrasante majorité.* — **4.** Qui provoque par sa taille un sentiment d'écrasement : *Les proportions écrasantes d'une cathédrale.*

ÉCRASÉ n. m. Défaut se produisant au calandrage du papier, visible sous forme de zones plus translucides, de trous, ou encore de plombé.

ÉCRASEMENT n. m. **1.** Action d'écraser, de broyer qqch : *L'écrasement des graines de blé sous la meule.* — **2.** État d'une partie du corps qu'un objet ou un choc a écrasée. — **3.** Action d'écraser, d'anéantir ; fait d'être écrasé : *L'écrasement de la rébellion.* — **4.** Action de resserrer, de réduire fortement les écarts, les différences : *Écrasement des salaires.* — **5.** Essai consistant à écraser une éprouvette, soit sous un effort croissant lentement et d'une manière continue, soit sous un choc violent. — **6.** *Sentiment d'écrasement,* sentiment ressenti devant qqch de très grand, de très volumineux, ou devant qqn qui vous domine intellectuellement, psychologiquement. ‖ *Syndrome d'écrasement,* syn. de SYNDROME DE BYWATER*.

ÉCRASER v. t. (moyen angl. *to crasen,* p.-ê. du scand.) [conj. 3]. **1.** Faire subir à qqch une pression ou des chocs tels qu'il en est broyé, brisé : *Écraser de l'ail avec un pilon.* — **2.** Tuer un insecte en l'aplatissant contre qqch. — **3.** Blesser gravement en exerçant une compression très forte : *Écraser la patte d'un chien.* — **4.** Renverser et tuer qqn, un animal (ou le blesser grièvement) en lui passant sur le corps : *Le chien s'est fait écraser par une voiture.* — **5.** Aplatir qqch en le comprimant fortement : *Écraser un pli au fer.* — **6.** Faire subir une forte compression en faisant mal : *La robe, trop serrée, lui écrasait la poitrine.*

– 7. Appuyer fortement de telle sorte que qqch ou qqn soit comprimé ou aplati : *Écraser son nez contre la vitre.* – 8. *Fam.* Appuyer fortement sur qqch : *Écraser la pédale d'accélérateur.* – 9. Faire succomber qqn sous une charge excessive ; accabler : *Écraser le peuple d'impôts.* – 10. Accabler physiquement qqn : *Un soleil qui vous écrase.* – 11. Dominer qqn, qqch par le volume, par la taille, la masse, à un point tel qu'ils en semblent plus petits : *De hautes tours écrasaient le reste des constructions.* – 12. Être tellement supérieur à qqn qu'il en semble amoindri, diminué, sans valeur, et, *péjor.*, le dominer en l'humiliant, en le diminuant : *Vouloir écraser tout le monde par son luxe.* – 13. Remporter sur un adversaire, un ennemi une victoire très nette, décisive, les dominer facilement. – 14. Éteindre une cigarette, un cigare en appuyant fortement le bout incandescent sur une surface. – 15. Détruire un fichier de données informatiques. – 16. Pop. *Écraser le coup,* ne pas insister. ‖ *Écraser une étoffe,* en serrer trop la trame sur le métier lors du tissage. ‖ *Écraser la hiérarchie, l'éventail des salaires,* diminuer fortement les différences. ‖ *Écraser une larme,* l'essuyer du doigt en pleurant. ‖ *Écraser les prix,* les faire le plus bas possible. ‖ Pop. *En écraser,* dormir profondément.

◆ v. i. ou **s'écraser** v. pr. *Pop.* Ne pas insister, se taire, quand on n'a pas le dessus : *Écrase ! tu as tort.*

◆ **s'écraser** v. pr., **être écrasé** v. pass. 1. Être broyé par une forte pression, choc, etc. : *Les œufs se sont écrasés dans le sac.* – 2. Se briser en tombant d'une grande hauteur, en heurtant violemment qqch : *L'avion s'est écrasé au sol.* – 3. Être aplati : *Le nez écrasé d'un boxeur.* – 4. *Denture écrasée,* denture d'une scie dont l'arête coupante a été élargie en forme de ciseau à bois.

◆ **s'écraser** v. pr. 1. Pouvoir être broyé, brisé sous l'effet d'une pression : *Matière qui s'écrase sous les doigts.* – 2. Se tuer en tombant d'une grande hauteur : *Il est tombé du septième étage, et il s'est écrasé dans la cour.* – 3. *Fam.* Se porter en foule qqpart, y être en tel nombre qu'on se pousse les uns les autres : *On s'écrasait à Noël dans les grands magasins.* – 4. Ramasser son corps et l'aplatir le plus possible contre une surface : *Chat qui s'écrase sur le sol avant de bondir.*

ÉCRASEUR, EUSE n. *Fam.* Automobiliste maladroit et dangereux.

ÉCRASURE n. f. Partie de velours ou d'une étoffe similaire, où la peluche est écrasée par un frappage trop important. (Syn. MÂCHURE.)

ÉCRÉMAGE n. m. 1. Séparation de la matière grasse du lait, obtenue en laissant monter la crème à la surface (crémage) ou par centrifugation dans une écrémeuse. – 2. Action de retirer ce qu'il y a de meilleur dans un groupe, dans un ensemble. – 3. Rétention, au moyen de grilles, des matières flottant à la surface des eaux usées. – 4. Récupération des parties les plus riches d'un gisement sans se préoccuper d'une possible exploitation ultérieure des zones plus pauvres. – 5. Action de recueillir les hydrocarbures liquides qui surnagent sur de l'eau douce ou de l'eau de mer. – 6. Action d'enlever du verre en fusion la couche superficielle polluée accidentellement.

ÉCRÉMER v. t. (conj. 18). 1. Retirer la crème qui se dépose à la surface du lait ; extraire par écrémage la matière grasse du lait. – 2. Prendre systématiquement ce qu'il y a de meilleur dans un ensemble : *Écrémer une entreprise de ses meilleurs cadres.* – 3. Réaliser l'écrémage du pétrole, du verre, etc.

ÉCRÉMEUR n. m. Dispositif destiné à recueillir des hydrocarbures par écrémage. (Syn. ÉCRÉMEUSE, RÉCUPÉRATEUR.)

ÉCRÉMEUSE n. f. 1. Appareil pour écrémer le lait, fondé sur l'utilisation de la force centrifuge. – 2. Syn. de ÉCRÉMEUR. – 3. Outil de verrier pour nettoyer la surface du verre en fusion.

ÉCRÉMURE n. f. Verre pollué enlevé par l'écrémage.

ÉCRÊTAGE n. m. (de *écrêter*). Remplacement des parties d'un signal dont la valeur dépasse, en valeur absolue, un certain seuil, par la valeur de ce seuil.

ÉCRÊTEMENT n. m. 1. Action d'écrêter qqch, d'enlever ce qui est supérieur à la moyenne : *Écrêtement des salaires élevés.* – 2. *Écrêtement des pointes,* dans la fourniture d'énergie électrique et de gaz, recours à une source extérieure pour permettre de satisfaire une demande de pointe. ‖ *Hausse d'écrêtement,* angle au niveau minimal, permettant à un canon placé derrière un masque de tirer sans écrêter celui-ci.

ÉCRÊTER v. t. (conj. 4). 1. Enlever la crête d'un animal, notamment du coq. – 2. Niveler en supprimant ce qui est au sommet, ce qui est très élevé par rapport à la moyenne : *Écrêter les salaires des cadres supérieurs.* – 3. Abattre la crête, le sommet d'un ouvrage, en parlant d'un projectile. – 4. Pratiquer l'écrêtement des pointes de courant. – 5. Effectuer l'écrêtage d'un signal.

ÉCRÊTEUR n. m. Dispositif destiné à réaliser l'écrêtage des signaux.

ÉCREVISSE n. f. (frq. **krebitja*). 1. Petit crustacé décapode macroure adapté à vivre dans les eaux douces et caractérisé par sa paire de pinces puissantes et sa large nageoire caudale qui lui permet de reculer brusquement en cas de danger. (Omnivore, l'écrevisse se pêche dans un filet dormant amorcé en viande et nommé *balance ;* de couleur grisâtre, l'écrevisse devient rouge à la cuisson ; elle constitue un aliment recherché, et elle est l'objet d'un élevage en vivier, l'astaciculture.) — **2.** Grosse pince suspendue à un appareil de levage, servant dans les forges à manipuler les gros lopins. — **3.** *Marcher comme une écrevisse,* progresser peu, ou reculer. ‖ Fam. *Rouge comme une écrevisse,* très rouge.

ÉCRIBELLATE n. m. (du lat. *cribellum,* tamis). Nom de superordre donné à l'ensemble des araignées sans cribellum, c'est-à-dire à la plupart des espèces d'araignées.

ÉCRIER (S') v. pr. (conj. **10**). Prononcer d'une voix forte en manifestant un sentiment vif : *Nous t'attendions, s'écria-t-il.*

ÉCRIN n. m. (lat. *scrinium*). Boîte, coffret pour ranger ou pour présenter à la vente des objets précieux ou fragiles, des bijoux, de l'argenterie, etc.

ÉCRINS *(barre des),* sommet des Alpes françaises, point culminant du massif du Pelvoux (appelé parfois *massif des Écrins*) ; 4 102 m. Première ascension en 1864 par A. W. Moore, H. Walker, Ed. Whymper, Ch. Almer père et M. Croz.

Écrins *(parc national des),* réserve des Alpes (dép. des Hautes-Alpes et de l'Isère), créée en 1973, couvrant plus de 90 000 ha, entourés par une zone périphérique de près de 180 000 ha et visant à protéger la faune, la flore et les sites de la région. L'ensemble englobe notamment le massif du Pelvoux ou des *Écrins,* le Champsaur et le Valgaudemar.

ÉCRIRE v. t. (lat. *scribere*) [conj. **99**]. **1.** Tracer les signes d'un système d'écriture, de représentation graphique des sons d'un langage, de la parole : *Écrire un « m », un mot, un chiffre.* — **2.** Former les lettres, les signes, avoir tel ou tel type d'écriture, employer tel ou tel système d'écriture : *Écrire son nom lisiblement. Écrire la somme en toutes lettres.* — **3.** Orthographier correctement : *On écrit ce mot avec deux « r ».* — **4.** Formuler par écrit un énoncé sur tant de lignes, tant de pages : *J'ai pu écrire trois pages sur ce sujet.* — **5.** Exprimer sa pensée par le langage écrit, composer une œuvre littéraire, scientifique : *Écrire un roman.* — **6.** Représenter graphiquement les sons de la musique au moyen de signes conventionnels : *Écrire une partition.* — **7.** Adresser une lettre, un message écrit à qqn : *Nous n'avons aucune nouvelle de lui, il n'écrit pas.* — **8.** Raconter, affirmer, exposer, dire par écrit dans une œuvre, un article, etc. : *Écrivez pourquoi vous avez été ému.* — **9.** Faire savoir ou demander qqch par écrit, dans une lettre, un message écrit : *Écris-moi si tu viens ou non.*

◆ v. i. **1.** Utiliser les signes graphiques, l'écriture : *Apprendre à écrire.* — **2.** Tracer les signes de l'écriture en usant d'un instrument, d'une substance, ou former les lettres d'une certaine façon : *Écrire à l'encre. Écrire gros.* — **3.** Laisser sur une surface une trace propre à représenter les signes graphiques : *Ce stylo écrit très fin.* — **4.** Faire œuvre d'écrivain, faire métier de rédacteur : *Il a toujours voulu écrire.* — **5.** Avoir tel style, employer tel procédé d'expression : *Il écrit merveilleusement bien.* — **6.** *Machine à écrire,* appareil permettant d'écrire avec des caractères actionnés à l'aide d'un clavier et qui s'impriment sur le papier au moyen d'un dispositif encreur. (→ *encycl.*)

◆ **être écrit** v. pass. **1.** Être noté, inscrit par l'écriture : *Discours écrit.* — **2.** Être rendu par tel ou tel style, dans telle ou telle langue ou forme de langage : *C'est écrit en anglais.* — **3.** *C'est, c'était écrit,* cela est, était fatal, inévitable. ‖ *Épreuve écrite,* épreuve d'examen qui se fait par écrit. ‖ *Feuille, page écrite,* recouverte d'écriture. ‖ *Langue écrite,* ensemble des formes spécifiques que l'on utilise lorsqu'on rédige des textes (par oppos. à *langue parlée*).

◆ **s'écrire** v. pr., **être écrit** v. pass. **1.** Être indiqué, retranscrit par l'écriture : *Cela se dit mais ne s'écrit pas.* — **2.** Être orthographié : *Comment ce mot s'écrit-il ?*

ENCYCL. **Bur.** Le premier modèle industriel de *machine à écrire* est dû à Remington (1873) et est perfectionné par des firmes comme Underwood, Smith, Royal, etc. En 1930, l'International Business Machines Corporation (IBM) lance le premier modèle, fabriqué en série, de machine électrique. La même compagnie, en 1961, substitue au traditionnel système à barres et chariot mobile, le système à sphère amovible portant les caractères et se déplaçant avec son ruban d'impression le long d'un rail parallèle au rouleau de papier. Cette innovation sera suivie de la roue porte-caractères, appelée « marguerite », et plus récemment des systèmes à transfert thermique, équipant souvent des machines électroniques. Certaines machines à écrire sont dotées de dispositifs de mémoire et de calcul, d'écrans de visualisation, de possibilités de branchement sur des réseaux de transmission, perfectionnements qui les transforment en machines de traitement de textes.

ÉCRIT n. m. (lat. *scriptum*). **1.** Chose écrite ; document écrit, œuvre, ouvrage écrits : *On n'a pas pu produire d'écrit contre l'accusé.* — **2.** Ensemble des épreuves écrites d'un examen, d'un concours : *Passer l'écrit avant l'oral.* — **3.** *Par écrit,* en l'inscrivant sur le papier : *Indiquer vos propositions par écrit.*

Écrits, recueil d'articles de Jacques Lacan, publiés sous ce titre en 1966, et qui couvre son travail psychanalytique jusqu'à cette date.

ÉCRITEAU n. m. (de *écrit*). **1.** Morceau de papier, de carton, de bois, etc., portant une information destinée au public, en général en grosses lettres ; pancarte : *Mettre un écriteau à une porte.* – **2.** *Pièce à écriteaux,* genre théâtral introduit à Paris, dans la foire Saint-Germain de 1710, un arrêt du parlement ayant défendu toute représentation dramatique parlée aux théâtres forains. (Les écriteaux étaient des couplets écrits sur une pancarte que chaque acteur, au moment venu, déroulait aux yeux du public.)

ÉCRITOIRE n. f. (bas lat. *scriptorium*). **1.** Nécessaire, coffret ou sorte de plateau contenant ce qu'il faut pour écrire. – **2.** Cabinet de travail, pièce où l'on écrivait (notamment dans les monastères).

ÉCRITURE n. f. (lat. *scriptura*). **1.** Système de signes graphiques servant à noter un message oral afin de pouvoir le conserver et/ou le transmettre. (→ *encycl.*) – **2.** Action d'écrire : *Faire une page d'écriture.* – **3.** Ensemble de caractères écrits ; manière propre à chacun de les former : *Avoir une belle écriture.* – **4.** Manière d'exprimer sa pensée par l'écrit, par le son, par l'image : *Roman d'une écriture recherchée.* • **Calligr.** Tracé des lettres considéré du point de vue des règles de la calligraphie ou d'un point de vue esthétique (par ex. l'anglaise, la bâtarde, la ronde, la gothique). – **Dr.** Écrit ayant une valeur probatoire. ‖ *Dénégation d'écriture,* action de contester l'écriture ou la signature d'un acte sous seing privé. ‖ *Écriture privée,* écrits passés entre individus pour leurs affaires particulières. ‖ *Écriture publique* ou *authentique,* écrits passés pour affaires, qui ont un caractère de publicité ou d'authenticité. ‖ *Vérification d'écriture,* procédure destinée à établir qu'un acte sous seing privé a bien été écrit ou signé par une personne déterminée. – **Inform.** Enregistrement d'une information dans une mémoire ou sur un support quelconque. – **Relig.** *L'Écriture, l'Écriture sainte, les Écritures,* ou *les saintes Écritures,* ensemble des livres tenus pour inspirés par Dieu et rassemblés dans la Bible.

◆ **écritures** n. f. pl. **1.** Ensemble des registres d'un négociant, d'un banquier, d'un commerçant, présentant la suite et la nature de leurs opérations ; comptabilité. – **2.** *Employé aux écritures,* agent chargé des opérations comptables les plus simples.

ENCYCL. **Ling.** L'écriture est un code de communication secondaire par rapport au langage articulé ; alors que celui-ci se déroule dans le temps, l'écriture possède un support spatial qui lui permet d'être conservée. On distingue :1° les *écritures synthétiques,* où le signe équivaut à une phrase, sont une transcription de la pensée et non du langage articulé (on a parlé de « pré-écriture »). À ce type se rattachent les quipus (cordelettes à nœuds) des Incas, les wampums des Algonquins et toutes les formes de pictographie ; 2° les *écritures analytiques* (ou *idéographiques*), où le signe équivaut à un mot ou à un morphème, comportant à côté des idéogrammes proprement dits un bon nombre de phonogrammes (signes à valeur phonétique). On range dans ce type les cunéiformes suméro-akkadiens, les hiéroglyphes égyptiens, l'écriture chinoise ; 3° les *écritures phonétiques,* où le signe, perdant tout contenu sémantique, représente un son ou un groupe de sons. À l'intérieur de ce type d'écriture, les systèmes syllabiques (syllabaires) sont les moins économiques puisqu'il faut autant de signes que de possibilités de combinaisons voyelle-consonne. Les alphabets consonantiques, dont le phénicien est le premier exemple (XIIe s. av. J.-C.), ne pouvaient convenir qu'à des langues ayant la structure particulière des langues sémitiques. L'alphabet araméen, directement emprunté à l'alphabet phénicien, a servi de modèle à toute une série d'alphabets (arabe, hébreu, syriaque, etc.). Enfin, le code le plus performant est celui qui note les voyelles et les consonnes : l'alphabet grec (IXe s. av. J.-C.) en est le premier exemple historique. Il reprend les signes phéniciens en y ajoutant des voyelles et a donné naissance aux alphabets copte, arménien, géorgien, cyrillique et à l'alphabet latin, aujourd'hui le plus répandu dans le monde.

– **Pédag.** L'apprentissage de l'écriture fait appel à une maîtrise de la fonction symbolique ainsi qu'à une maîtrise motrice de l'espace et du temps. Il s'effectue soit par l'étude progressive et linéaire des lettres, servant à former les mots (méthode analytique), soit par la compréhension directe des mots dans le contexte de la phrase, dont on décomposera seulement après les lettres (méthode globale de Decroly). Mais ce sont de plus en plus des méthodes mixtes qui sont utilisées, intégrant parfois expression corporelle et exercices de motricité.

ÉCRIVAILLER ou **ÉCRIVASSER** v. i. (de *écrire,* avec l'infl. de *écrivain*). [conj. 3]. *Fam.* Écrire, composer vite et mal des articles ou des œuvres littéraires.

ÉCRIVAILLEUR, EUSE n. ou **ÉCRIVAILLON** n. m. Mauvais écrivain.

ÉCRIVAIN n. m. (lat. pop. *scribanem,* du lat. class. *scriba,* scribe). **1.** Personne qui compose des ouvrages littéraires. – **2.** Autre nom de l'*eumolpe.* – **3.** *Écrivain juré,* au Moyen Âge, membre de la corporation des copistes qui copiaient les manuscrits en les rehaussant parfois de lettres ornées et de miniatures. ‖ *Écrivain public,* personne qui fait profession d'écrire des lettres ou des pétitions pour le compte de ceux qui ne savent pas écrire.

ÉCRIVASSIER, ÈRE n. Personne qui a la manie d'écrire, qui écrit beaucoup et mal.

1. ÉCROU n. m. (lat. *scrofa,* truie, puis vis femelle). Pièce taraudée, destinée à être vissée sur une pièce filetée (vis, goujon), et dont la forme extérieure permet la prise pendant le serrage ou le fonctionnement.

2. ÉCROU n. m. (anc. fr. *escroue,* du frq. **skrôda,* lambeau). **1.** Acte dressé pour toute personne qui est conduite dans un établissement pénitentiaire ou s'y présente librement. (On dit aussi ACTE D'ÉCROU). — **2.** *Levée d'écrou,* constatation de la libération du détenu.

ÉCROUELLES n. f. pl. (lat. pop. **scrofellae,* du bas lat. *scrofula*). Nom ancien de l'adénite cervicale chronique, d'origine tuberculeuse, qui donnait lieu à un abcès froid qui se fistulisait durablement, puis laissait des cicatrices. (Les rois de France étaient censés guérir les écrouelles par imposition des mains, le jour de leur sacre.) [Syn. SCROFULE.]

ÉCROUER v. t. (conj. 3). **1.** Dresser un acte d'écrou pour qqn. — **2.** Mettre qqn en prison, l'incarcérer.

ÉCROUIR v. t. (wallon *crou,* cru) [conj. 32]. **1.** Déformer un métal ou un alliage, à froid ou à chaud, au-delà de sa limite d'élasticité. — **2.** Modifier par la déformation les propriétés mécaniques et la structure d'un matériau.

ÉCROUISSAGE n. m. Action d'écrouir, résultat de cette action.

ÉCROULEMENT n. m. **1.** Fait de s'écrouler, de s'effondrer : *L'écroulement d'une muraille.* — **2.** Fait d'être anéanti, détruit, ruiné complètement et soudainement.

ÉCROULER (S') v. pr., **ÊTRE ÉCROULÉ** v. pass. (conj. 3). **1.** Tomber en débris, en pièces, en s'affaissant : *Château de cartes qui s'écroule.* — **2.** Perdre toute valeur, être détruit, anéanti : *Projet qui s'écroule.* — **3.** Se laisser tomber de tout son poids, s'affaisser sous le coup d'une émotion très vive, d'une grande fatigue ou d'un choc brutal ; s'affaler : *L'homme touché par la balle s'écroula sur la chaussée.* — **4.** Ne plus pouvoir résister physiquement, moralement, intellectuellement, n'avoir plus aucune force : *Candidat qui s'écroule à l'examen.* — **5.** *Fam.* Être en proie au fou rire : *En l'entendant, j'étais écroulé.*
◆ **écrouler** v. t. *Fam.* Faire s'écrouler : *Écrouler un château de cartes.*

ÉCROÛTAGE n. m. Élimination par usinage de la croûte superficielle obtenue lors du travail à chaud de certains métaux.

ÉCROÛTER v. t. (conj. 3). Pratiquer l'écroûtage.

ÉCROUVES (54200), comm. de Meurthe-et-Moselle, à 5 km à l'O. de Toul ; 5 329 hab. Église des XIIe-XIIIe s.

ÉCRU, E adj. (de *cru*). **1.** Se dit de matières textiles, de fils ou d'étoffes n'ayant subi ni lavage, ni blanchiment, ni teinture. — **2.** Qui est de la couleur blanche tirant sur le beige de ces matières textiles. — **3.** Se dit de la soie non décreusée. (Syn. CRU.) — **4.** Se dit du fer brûlé, mal corroyé et rempli de crasse. — **5.** Se dit de la pâte à papier obtenue par cuisson du bois ou de végétaux, mais non blanchie.
◆ **écru** n. m. Couleur écrue.

ECS, sigle de *European Communication Satellite,* qui désigne une famille de satellites de télécommunications européens géostationnaires lancés de 1983 à 1988 pour assurer des liaisons intraeuropéennes et rebaptisés Eutelsat I après leur mise en orbite.

ECTASIE n. f. (gr. *ektasis*). Dilatation permanente d'un vaisseau, d'un canal ou d'un segment d'un viscère creux.

ECTÉNIE n. f. (gr. *ekteneia,* persévérance). Dans la liturgie orthodoxe, série d'invitations à prier pour diverses intentions.

ECTHYMA n. m. (gr. *ekthuma*). **1.** Lésion infectieuse du derme, pustuleuse et ulcéreuse, recouverte d'une grosse croûte noire. (→ *encycl.*) — **2.** *Ecthyma contagieux,* maladie infectieuse, contagieuse, due à un ultravirus, affectant particulièrement les agneaux et les chevreaux et caractérisée par une éruption de vésicules qui, lorsqu'elles se localisent dans la bouche, empêchent l'animal de manger et peuvent entraîner sa mort.
ENCYCL. L'ecthyma est dû ordinairement au streptocoque. Il atteint les sujets débilités, cachectiques, éthyliques ou diabétiques. Il siège le plus souvent aux jambes et peut parfois évoluer en gangrène. La guérison est obtenue au prix d'une cicatrice indélébile.

ECTINITE n. f. (gr. *ektenês,* qui se tend). Syn. anc. de SCHISTE* CRISTALLIN.

ECTOCRINE adj. *Substance ectocrine,* substance rejetée autour de lui par un organisme et exerçant une action définie sur les autres êtres présents dans le voisinage. (Syn. ECTOHORMONE.)
ENCYCL. Les substances ectocrines agissant sur les êtres de la même espèce que leur producteur sont des phéromones. Elles sont généralement attractives et peuvent avoir sur le développement sexuel un effet positif ou négatif. Les substances,

végétales surtout, agissant sur d'autres espèces, ont souvent pour effet d'inhiber leur croissance (antibiotiques) ou leur germination (sécrétions radiculaires), mais on peut ranger parmi les ectocrines les poisons agissant par diffusion (poulpe), les salives dissolvantes (mouche), etc.

ECTODERME ou **ECTOBLASTE** n. m. Feuillet le plus externe de la gastrula des embryons animaux, dont la différenciation donnera l'épiderme, le système nerveux, les organes sensoriels, certaines glandes endocrines et parfois les muqueuses des orifices corporels.

ECTODERMIQUE ou **ECTOBLASTIQUE** adj. Qui appartient à l'ectoderme.

ECTODERMOSE n. f. *Ectodermose pluri-orificielle,* forme sévère de l'érythème polymorphe, qui regroupe l'ectodermose érosive pluriorificielle de Fiessinger-Rendu de l'adulte et le syndrome de Stevens-Johnson de l'enfant.

ECTOHORMONE n. f. Syn. de SUBSTANCE ECTOCRINE*.

ECTOMORPHE adj. et n. Individu caractérisé par un physique élancé et gracile. (C'est l'un des trois types de la classification biotypologique du physique humain établie par W. H. Sheldon, les deux autres étant les types endomorphe et mésomorphe.) [Syn. LONGILIGNE.]

ECTOMORPHIE n. f. État des ectomorphes.

ECTOPARASITE n. m. Parasite qui se fixe à la surface du corps de son hôte, tel que les sangsues, les poux, les puces, certains champignons (teigne tondante).

ECTOPIE n. f. (gr. *ektopos,* éloigné). **1.** Situation anormale, congénitale ou acquise, d'un organe ou d'un tissu. (L'ectopie la plus fréquente est celle des testicules, non descendus dans les bourses et demeurés au-dessus ou à l'intérieur du canal inguinal.) — **2.** *Ectopie cervicale,* lésion du col utérin caractérisée par la présence, à l'extérieur du col, d'une zone d'épithélium cylindrique glandulaire.

ECTOPIQUE adj. Caractérisé par l'ectopie.

ECTOPISTE n. m. (du gr. *pistos,* fidèle). Pigeon migrateur des États-Unis, autref. extrêmement commun, mais dont l'espèce a disparu en 1914 par suite d'une chasse excessive.

ECTOPLASME n. m. **1.** Partie extérieure, différenciée, du cytoplasme, des amibiens. (Syn. EXOPLASME.) — **2.** *Fam.* Personnage superficiel, inexistant dans le milieu où il gravite. — **3.** Substance mystérieuse qui se dégagerait du corps de certains médiums pendant la transe et qui, à quelque distance, se matérialiserait pour former des membres, des visages, des organismes complets (fantômes), humains ou animaux, ou encore des objets divers.

ECTOPLASMIQUE adj. Relatif à l'ectoplasme.

ECTOPROCTE n. m. Nom d'embranchement donné à ceux des anciens « bryozoaires » qui possèdent un cœlome et dont l'anus s'ouvre en dehors de la couronne de tentacules qui entoure la bouche.

ENCYCL. Les ectoproctes, marins ou dulcicoles, vivent généralement fixés et groupés en colonies, dont les individus (polypides) vivent chacun dans une loge munie d'un couvercle, la cystide, l'ensemble étant un zoïde. La colonie peut comporter plusieurs types de zoïdes exerçant des fonctions différentes : aviculaires défenseurs, vibraculaires nettoyeurs, ovicelles incubatrices. Parmi les ectoproctes les plus communs sur les côtes de France, ont peut citer la flustre, dont les formes rappellent celles d'une algue.

ECTOTROPHE adj. *Mycorhize ectotrophe,* champignon vivant en symbiose avec les racines d'un arbre, mais dont le mycélium entoure les racines sans pénétrer à l'intérieur. (Contr. MYCORHIZE ENDOTROPHE.)

ECTROMÈLE n. et adj. (du gr. *ektrôsis,* avortement). Monstre chez lequel un ou plusieurs membres sont atrophiés ou absents.

ECTROMÉLIE n. f. Monstruosité des ectromèles.

ECTROPION n. m. (gr. *ektropion,* de *ektrepein,* détourner). État des paupières (le plus souvent, la paupière inférieure) qui, renversées en dehors, ne peuvent plus recouvrir le globe de l'œil.

1. ÉCU n. m. (lat. *scutum,* bouclier). **1.** Bouclier des hommes d'armes au Moyen Âge. — **2.** Bouclier de forme variable, sur lequel sont placées les armoiries.

ENCYCL. L'écu est une portion verticale de cylindre, taillée en sifflet inférieurement, et dont le contour supérieur est droit ou cintré. Les figures peintes à l'extérieur furent des emblèmes utilisés librement avant d'obéir aux règles de l'héraldique. Les souverains ayant mis sur leur monnaie leur écu armorié, le nom d'« écu » devint celui des pièces de monnaie.

2. ÉCU n. m. (de *écu 1*). **1.** Ancienne monnaie française d'or ou d'argent portant des armoiries sur l'une de ses faces. (En or : de Saint Louis à Louis XIII [cet écu fut remplacé à partir de 1640 par le louis]. En argent : à partir de Louis XIV ; *écu constitutionnel* de 1792.) — **2.** *Arbre aux quarante écus,* autre nom du *ginkgo.* ‖ *Herbe aux écus,* autre nom de la *lysimaque.*

◆ **écus** pl. *Vx.* Monnaie, argent, richesse : *Avoir des écus.*

3. ÉCU n. m. (sigle de *European Currency Unit*). Unité monétaire européenne, entrée en vigueur le 13 mars 1979.

ENCYCL. L'écu est défini par la somme pondérée des montants des monnaies des États membres de l'Union européenne. Les fonctions de l'écu sont, notamment, d'être un dénominateur commun dans le mécanisme des taux de change et un moyen de règlement entre les autorités monétaires de l'U. E. Il est établi, pour chaque monnaie, un rapport avec l'écu, appelé taux-pivot, exprimé en écus. Les taux-pivots expriment les parités des monnaies européennes entre elles. Le traité de Maastricht (1992) a fixé au 1er janvier 1999 au plus tard le passage à la monnaie unique entre les États membres de l'Union européenne. En 1995, il est décidé que cette monnaie s'appellera non plus *écu* mais *euro.*

ÉCU DE SOBIESKI (en lat. *Scutum, -i*), petite constellation australe, dans la Voie lactée, entre le Sagittaire, l'Aigle et la queue du Serpent.

ÉCUAGE ou **ÉCUIAGE** n. m. (de *écu 1*). **1.** État, condition d'écuyer ou service féodal auquel un écuyer était tenu. – **2.** En Angleterre, aux XIIe et XIIIe s., taxe versée en remplacement du service militaire non accompli et dû par les vassaux.

ÉCUBIER n. m. (p.-ê. esp. *escoben*). Ouverture circulaire ou ovale, ménagée dans la muraille d'un navire de chaque côté de l'étrave, et dans laquelle passent les chaînes d'ancre.

ÉCUEIL n. m. (anc. provenç. *escueyll,* du lat. *scopulus*). **1.** Tête de roche couverte par moins de 20 m d'eau, parfois à fleur d'eau, et constituant un danger pour la navigation. (Sous les hautes latitudes, les côtes taillées dans les roches dures sont parfois précédées de *jardins d'écueils.*) – **2.** *Litt.* Tout ce qui fait obstacle, met en péril ; danger, péril, piège : *La vie est pleine d'écueils.*

ÉCUEILLÉ (36240), ch.-l. de cant. de l'Indre, aux confins du Berry et de la Touraine ; 1 562 hab.

ÉCUELLE n. f. (lat. pop. *scutella,* de *scuta,* plat). Assiette creuse et ronde, sans aile ; son contenu.

ÉCUELLES (77250), comm. de Seine-et-Marne, sur le Loing, en amont de Moret ; 2 046 hab. Carrière de travertin. Centre de recherches et d'essais d'E. D. F.

ÉCUISSER v. t. Faire éclater le tronc d'un arbre en l'abattant.

ÉCULÉ, E adj. (de *cul*). **1.** Se dit d'une chaussure dont le talon est très usé. – **2.** Se dit d'un discours, d'une théorie qui a trop servi et a perdu toute force ; ressassé : *Plaisanteries éculées.*

ÉCULLY (69130), comm. du Rhône, dans la banlieue O.-N.-O. de Lyon ; 19 018 hab.

ÉCUMAGE n. m. **1.** Action d'écumer qqch : *L'écumage du pot-au-feu.* – **2.** Dégraissage d'une eau usée.

ÉCUMANT, E adj. *Litt.* Qui produit de l'écume, couvert d'écume : *Mer écumante.*

ÉCUME n. f. (germ. **skum,* avec l'infl. du lat. *spuma,* écume). **1.** Mousse blanchâtre qui se forme à la surface d'un liquide agité, chauffé ou fermenté : *Enlever l'écume des confitures qu'on vient de faire.* – **2.** Mousse blanchâtre formée à la surface de la mer par l'agitation des vagues ou par la rencontre de courants. – **3.** Bave mousseuse de quelques animaux ou de l'homme. – **4.** Sueur des chevaux, des taureaux. – **5.** *Litt.* Ramassis d'individus méprisables, lie de la société ; rebut : *L'écume de l'Europe.* – **6.** Masse de scories qui surnagent sur les métaux en fusion. – **7.** *Écume de mer,* silicate naturel de magnésium hydraté, blanchâtre et poreux. (Syn. MAGNÉSITE, SÉPIOLITE.) [→ *encycl.*] ‖ *Écume printanière,* syn. de CRACHAT DE COUCOU.

ENCYCL. **Minér.** L'*écume de mer* est une substance d'un blanc grisâtre, sèche au toucher, qui tire son nom de sa légèreté et de sa porosité. On l'utilise dans la fabrication des pipes. On fabrique maintenant une écume de mer artificielle à base de caséine, magnésie et oxyde de zinc.

Écume des jours *(l'),* roman de Boris Vian (1947). Un roman d'amour, une écriture surréaliste et satirique, où l'absurde se mêle à l'émotion, forment le support de cette critique de la vogue existentialiste.

ÉCUMER v. i. (conj. 3). **1.** Se couvrir d'écume : *Cheval qui écume.* – **2.** *Écumer (de rage, de colère),* être furieux.

◆ v. t. **1.** Enlever l'écume ou les scories qui surnagent à la surface d'un liquide : *Écumer le pot-au-feu.* (En cuisine, on dit aussi DÉPOUILLER.) – **2.** Parcourir un lieu en y exerçant la piraterie, le brigandage : *Écumer les mers.* – **3.** *Fam.* Piller : *Les antiquaires ont écumé toute la région.*

ÉCUMEUR, EUSE n. *Litt.* **1.** Pirate, corsaire. – **2.** Personne qui recourt à des moyens illicites, à des escroqueries pour s'enrichir.

ÉCUMEUX, EUSE adj. *Litt.* Qui est couvert d'écume : *Bouche écumeuse.*

ÉCUMOIRE n. f. **1.** Grande cuillère plate, perforée et servant à écumer les liquides. – **2.** Sorte de cuiller dont on se sert pour ôter la crasse qui se forme sur certains métaux en fusion. – **3.** Fam. *En écumoire, comme une écumoire,* se dit d'un visage criblé de cicatrices, d'un objet ou d'une personne percés de balles, etc.

ÉCURER v. t. Nettoyer les chardons des laineuses utilisées pour le grattage des draps, en enlevant la bourre qu'ils ont retenue pendant leur travail.

ÉCURETTE n. f. Instrument servant à écurer.

ÉCUREUIL n. m. (lat. pop. **scuriolus,* du gr. *skiouros,* de *skia,* ombre, et *oura,* queue). **1.** Petit rongeur (sciuridé) arboricole à longue queue très touffue, excellent grimpeur, capable de sauts très étendus, faisant usage des pattes de devant pour tenir les graines et fruits dont il se nourrit, amassant des provisions en vue de l'hiver et aisément familier de l'homme. (L'écureuil de France a le pelage roux, celui d'Angleterre est gris et un peu plus grand.) – **2.** *Écureuil volant,* syn. de PÉTAURISTE.

ÉCURIE n. f. (de *écuyer*). **1.** Bâtiment destiné à loger des chevaux, des mulets, etc., comprenant des stalles ou des boxes pour isoler les animaux les uns des autres. – **2.** Ensemble des chevaux de course d'un propriétaire. – **3.** Ensemble des pilotes de course ou des cyclistes qui courent pour une même marque. – **4.** *Fam.* Logement, chambre, local très malpropre. – **5.** *Entrer qqpart comme dans une écurie,* entrer sans observer les marques ordinaires de politesse. ‖ *Faire écurie,* se dit de plusieurs chevaux lorsqu'ils disputent une course en étant couplés au pari mutuel. ‖ *Musique de l'Écurie,* institution de la musique royale comprenant les interprètes utilisés dans les manifestations en plein air (chasses, cortèges, etc.). [Parmi eux se distinguent deux grandes dynasties : les Hotteterre et les Philidor.] ‖ *Nettoyer les écuries d'Augias,* mettre fin, au prix d'un travail difficile de réformes, à une situation corrompue (par allus. à un des douze travaux d'Hercule). ‖ *Sentir l'écurie,* accélérer l'allure sur le chemin du retour ; se hâter d'achever qqch en en voyant la fin avec plaisir.

ÉCUSSON n. m. (de *écu*). Petite pièce de tissu cousue sur un vêtement, un uniforme, et qui porte des signes distinctifs d'une arme, le numéro du régiment, le symbole d'une école, d'un mouvement, etc. • **Arbor.** Fragment d'écorce muni d'un œil, ou bouton, qu'on introduit sous l'écorce d'un sujet pour le greffer. – **Biol.** Nom commun à divers organes animaux ou végétaux tels que les éléments de l'épi sporifère des prêles, la partie dorsale du prothorax des insectes, les grandes écailles ossifiées de certains poissons, la surface d'attache du ligament des mollusques bivalves, le dessin formé par l'affrontement des poils sur les cuisses de la vache, etc. – **Hérald.** Petit écu armorié. ‖ Cartouche portant des pièces héraldiques. ‖ Pièce honorable ou meuble en forme d'écu. – **Mar.** Partie du tableau arrière portant le nom du navire et celui de son port d'attache. – **Numism.** Dans les monnaies anciennes, face pile, armoriée, opposée à la croix. – **Serrur.** Plaque de métal qui orne les entrées de serrure et les heurtoirs de porte.

ÉCUSSONNAGE n. m. Action d'écussonner.

ÉCUSSONNER v. t. (conj. 3). Faire une greffe à l'aide d'un écusson.

ÉCUSSONNOIR n. m. Sorte de couteau servant à greffer en écusson.

1. ÉCUYER [ekɥije] n. m. (bas lat. *scutarius, scutum,* de écu). **1.** Gentilhomme qui accompagnait un chevalier et qui portait son écu. – **2.** Jeune noble aspirant à la chevalerie. – **3.** Titre que portaient les simples gentilshommes et les anoblis. – **4.** Officier qui était chargé de s'occuper de l'écurie d'un roi, d'un prince, d'un grand seigneur. – **5.** Nom donné au jeune cerf qui en accompagne un plus vieux. – **6.** *Écuyer de bouche,* officier qui, lorsque le roi mangeait en grande cérémonie, apportait les plats et les présentait aux gentilshommes servants. ‖ *Grand écuyer de France,* officier de la maison du roi qui veillait à l'administration des écuries du roi. (Il était appelé *Monsieur le grand.* Sa charge fut érigée en grand office de la Couronne par Henri IV en 1607.)

2. ÉCUYER n. m. (de *écuyer 1*). Perche de bois ou grosse corde fixée au mur d'un escalier comme main courante.

3. ÉCUYER, ÈRE n. (de *écuyer 1,* avec l'infl. du lat. *equus,* cheval). **1.** Personne qui monte bien à cheval. – **2.** Personne qui dresse, présente la cavalerie et exécute des exercices équestres dans un cirque. – **3.** Personne qui enseigne l'équitation dans un manège.

◆ **écuyer** n. m. Instructeur d'équitation militaire, appartenant au Cadre noir.

ECZÉMA n. m. (lat. sc. *eczema,* du gr. *ekdzema*). **1.** Dermatose prurigineuse d'aspect polymorphe, de causes variées, dont la caractéristique essentielle est la présence de vésicules sur un fond érythémateux. – **2.** *Eczéma marginé de Hebra,* épidermomycose de la région inguinocrurale, due à un dermatophyte et se manifestant à la face interne des cuisses par des taches rouges limitées par une bordure vésiculeuse. ‖ *Eczéma séborrhéique,* dermatose regroupant des lésions érythémato-squameuses d'aspect gras, siégeant dans les régions de la séborrhée (cuir chevelu, front, sillons naso-géniens, région médiosternale).

ENCYCL. L'eczéma est la plus fréquente des dermatoses. L'eczéma aigu est habituellement suintant et s'accompagne d'un prurit intense. L'eczéma chronique est le plus souvent érythémato-squameux avec un prurit variable. On distingue généralement l'eczéma *atopique* (ou constitutionnel) qui est celui du nourrisson et l'eczéma acquis par sensibilisation à un facteur externe *(eczéma de contact)* ou plus rarement à un facteur interne. Les eczémas de contact sont souvent professionnels (coiffeurs, par ex.), mais ils peuvent aussi être dus à des médicaments, des produits de beauté, des lessives *(eczéma des ménagères),* au port de certains vêtements (la teinture étant plus souvent en cause que le tissu), au contact de métaux (bracelet-montre, chaîne, contenant du nickel, en partic.). Les tests épicutanés permettent souvent de déterminer la cause d'un eczéma de contact. Il existe aussi des eczémas d'origine infectieuse.

ECZÉMATEUX, EUSE adj. et n. Relatif à l'eczéma ; atteint d'eczéma.

ECZÉMATIDE n. f. Dermatose érythémato-squameuse, apparentée à l'eczéma mais ne suintant pas. (Syn. PARAKÉRATOSE.)

ECZÉMATIFORME adj. Qui a l'apparence de l'eczéma.

ECZÉMATISATION n. f. Transformation d'une lésion de la peau en eczéma.

ECZÉMATISER (S') v. pr., **ÊTRE ECZÉMATISÉ** v. pass. (conj. 3). Se transformer en eczéma.

ECZÉMATOGÈNE adj. Qui peut provoquer un eczéma.

ÉDAM [edam] n. m. (de *Edam,* n. pr.). Fromage au lait de vache, à pâte pressée, en forme de boule, généralement recouvert de paraffine colorée en rouge, originaire de la localité d'Edam, en Hollande. (On l'appelle aussi *manbollen, tête de Maure,* etc.)

EDAM, v. des Pays-Bas (Hollande-Septentrionale), à l'O. de l'IJsselmeer ; 4 900 hab. Église des XIVe et XVIIe s. Beurre et fromage.

ÉDAPHIQUE adj. (gr. *edaphos,* sol). **1.** Relatif au sol. — **2.** *Facteurs édaphiques,* facteurs, liés à la nature du sol, agissant sur la répartition des espèces végétales.

ÉDAPHON n. m. Faune permanente du sol.

EDA-PIERRE (Christiane), cantatrice française (Fort-de-France, Martinique, 1932). Elle est entrée à l'Opéra de Paris en 1962. Soprano, spécialiste du répertoire mozartien, elle enseigne au Conservatoire de Paris depuis 1977.

EDBERG (Stefan), joueur de tennis suédois (Västervik, prov. de Kalmar, 1966), vainqueur aux Internationaux d'Australie en 1985 et 1987, du tournoi de Wimbledon en 1988 et 1990 et de celui de Flushing Meadow en 1991 et 1992.

Edda, nom désignant deux recueils poétiques islandais du Moyen Âge : l'*Edda poétique,* attribuée au XVIIe s. à Saemund le Sage, est une collection de poèmes anonymes (IXe - XIIe s.) se rapportant à la mythologie ou aux légendes héroïques. L'*Edda prosaïque* de Snorri Sturluson (v. 1220) est un manuel technique de l'art de la poésie scaldique.

EDDÉ (Émile), homme d'État libanais (Damas 1884 - Beyrouth 1949). Maronite opposé à la domination ottomane, il se réfugia en Égypte, où il demeura jusqu'en 1920. Président du Conseil (1929-30), puis président de la République (1936-1941 et fin 1943), il fonda le Bloc national. — Son fils RAYMOND (Alexandrie 1913) prit la direction du Bloc national en 1949. Député en 1953, 1957 et de 1965 à 1975, ministre en 1958 et en 1968-69, il refusa de participer au Front libanais en 1975, s'opposa à l'intervention syrienne en 1976 et s'exila.

EDDINGTON (*sir* Arthur Stanley), astronome et physicien anglais (Kendal 1882 -Cambridge 1944). Ses principales recherches concernent le mouvement des étoiles, leur évolution, et l'application, en astrophysique, de la théorie de la relativité. Il développa la théorie de l'équilibre radiatif des étoiles et découvrit la relation qui existe entre leur masse et leur luminosité (1924).

EDDIQUE adj. Relatif à l'Edda.

EDDY (Mary BAKER-) [Bow, New Hampshire 1821 - Chestnut Hill, Massachusetts, 1910], fondatrice du mouvement *Science chrétienne.* Elle organisa l'Église du Christ scientiste à Boston (1879) et publia à partir de 1908 le quotidien *The Christian Science Monitor.*

EDE, v. du Nigeria, au N.-E. d'Ibadan ; 182 000 hab. Vieille ville yoruba, fondée vers 1500.

EDE, v. des Pays-Bas (Gueldre) ; 88 000 hab.

ÉDÉA, v. du Cameroun, au S.-E. de Douala ; 23 000 hab. Centre commercial. Barrage et centrale sur la Sanaga. Aluminium.

EDELINCK (Gérard), graveur français d'origine flamande (Anvers 1640 - Paris 1707). Installé à Paris en 1666, graveur de Louis XIV, il a donné de belles reproductions au burin de tableaux de Le Brun, Champaigne, Rigaud, Largillière, Mignard, etc., notamment des portraits.

EDELMAN (Gerald Maurice), médecin et biochimiste américain (New York 1929). Il a reçu pour ses travaux sur les immunoglobulines le prix Nobel de physiologie et de médecine en 1972, avec R. Porter.

EDELWEISS [edœlvajs ou edɛlvɛs] n. m. (mot all.). Composée des hautes montagnes, dont les petits capitules groupés, entourés d'une couronne de feuilles blanches et duvetées, semblent une fleur unique.

ÉDEN [-dɛn] n. m. (hébr. *'ēden,* délices). **1.** Lieu où la Bible situe le paradis terrestre (avec une majusc.). — **2.** *Litt.* Lieu de délices, séjour plein de charmes, état de bonheur parfait.

EDEN, village du Wyoming (États-Unis), au N.-N.-O. de Rock Springs. Gisement préhistorique qui a donné son nom à un type de pointe bifaciale allongée en silex qui correspond à un stade paléo-indien final (VIIIe millénaire).

EDEN (William), 1er baron **Auckland,** homme politique anglais (1744 - Beckenham, Kent, 1814). Membre du Conseil du commerce, il négocia en 1786 un important traité de commerce avec la France. Il fut directeur des postes dans le gouvernement Pitt (1798-1801), puis chargé du Commerce dans le ministère Granville en 1806.

EDÉN (Nils), historien et homme politique suédois (Piteå 1879 - Stockholm 1945). Professeur d'histoire à l'université d'Uppsala, chef du parti libéral (1915), il fut président du Conseil de 1917 à 1920.

EDEN (Robert Anthony), comte **d'Avon,** homme politique britannique (Windlestone Hall, Durham, 1897 - Alvediston, Wiltshire, 1977). Député conservateur (1923), lord du sceau privé (1934-35), il est nommé ministre des Affaires étrangères en 1935 ; mais, partisan d'une politique de fermeté à l'égard de l'Italie et de l'Allemagne, il démissionne en 1938. Il est de nouveau ministre des Affaires étrangères de 1940 à 1945, assumant en outre la direction des Communes à partir de 1942, et enfin de 1951 à 1955, cumulant alors ces fonctions avec celles d'adjoint au Premier ministre. En 1955, il succède à Churchill comme Premier ministre et chef du parti conservateur, mais démissionne à la suite de l'échec de Suez (1957).

ÉDÉNIQUE adj. Relatif à l'Éden, à un éden.

ÉDÉNISME n. m. (de *éden*). Nom donné dans certains systèmes comme celui de Fourier, à une période qui aurait précédé l'état sauvage proprement dit.

ÉDENTÉ, E n. Personne qui a perdu ses dents en totalité ou en partie.
◆ **édenté** n. m. Ancien nom commun à trois groupes de mammifères : les tubulidentés, les xénarthres et les pholidotes.

ÉDENTEMENT n. m. *Litt.* État de qqn à qui il manque des dents.

ÉDENTER v. t. (conj. 3). Briser les dents d'un instrument : *Édenter un peigne.*
◆ **être édenté** v. pass. **1.** Avoir perdu ses dents en totalité ou en partie : *Un vieillard édenté.* – **2.** Avoir les dents cassées, en parlant d'une scie, d'un peigne, etc.

EDES, sigle de *Ellinikós Dhimokratikós Ethnikós Stratós* (Armée nationale démocratique grecque), désignant les forces de la résistance grecque contre l'occupation ennemie, de tendance monarchiste et anglophile. En 1944, elles luttèrent contre celles de l'ELAS.

ÉDESSE, ville et cité caravanière de la Mésopotamie septentrionale, qui fut, du IIe au Xe s., le centre de la langue et de la civilisation syriaques. Elle reçut son nom de Séleucos Ier, puis fut gouvernée par une dynastie locale d'origine arabe (de 132 av. J.-C. à 214 apr. J.-C.). Annexée à l'Empire romain (215), jouissant du statut de colonie romaine, elle devint l'une des principales places fortes de la frontière orientale de l'Empire face aux entreprises des Parthes puis des Sassanides. Le christianisme y pénétra dès la seconde moitié du Ier s. et son école théologique fut florissante aux IVe et Ve s. Les Arabes occupèrent la ville en 638. En 1098, elle devint la capitale du comté d'Édesse*. C'est l'actuelle *Urfa.*

ÉDESSE *(comté d'),* État latin du Levant qui dura de 1098 à 1144. Il fut fondé lors de la première croisade par Baudouin Ier de Boulogne sur l'emplacement de la principauté arménienne d'Édesse (mars 1098). S'étendant au N. jusqu'à Mélitène et au S. jusqu'aux approches d'Harran, il protégea les trois autres États latins contre les Turcs jusqu'en 1144, date à laquelle l'atabek de Mossoul, Zangī, s'empara de sa capitale puis de son territoire.

E. D. F., sigle de ÉLECTRICITÉ DE FRANCE.

EDFELT (Johannes), poète suédois (Kyrkefalla, Västergötland, 1904), dont le lyrisme froid, émaillé de termes techniques, traduit une angoisse profonde de la mort (*Vaisseaux sanguins,* 1968).

EDFOU, v. d'Égypte, en Haute-Égypte (prov. d'Assouan), sur la rive gauche du Nil ; 28 000 hab. Cap. du 2e nome de Haute-Égypte, Edfou est une ville importante dès l'Ancien Empire. Fondé en 237 av. J.-C., le grand sanctuaire d'Horus a été achevé en 57, et reste le mieux conservé d'Égypte. Son décor présente un intérêt considérable. À l'O. de la ville, nécropole des princes d'Edfou.

EDGAR le Pacifique (944 - 975), roi des Anglo-Saxons (959 - 975, fils d'Edmond Ier. Frère et successeur d'Edwy, adoptant une attitude conciliante à l'égard des Danois, il renforça considérablement la monarchie anglo-saxonne grâce à ses réformes administratives.

EDGAR (v. 1075 - Édimbourg 1107), roi d'Écosse (1097-1107), fils de Malcolm III et de sainte Marguerite. Il rétablit l'ordre et reprit l'anglicisation du pays.

EDGAR ATHELING ou **AETHELING,** prince anglo-saxon (v. 1050 - v. 1125), petit-fils d'Édouard le Confesseur, il s'opposa à l'usurpateur Harold en 1066, puis à Guillaume le Conquérant.

Réconcilié avec ce dernier, il commanda le corps expéditionnaire normand en Italie (1086).

EDGE *(île),* en norv. **Edgeøya,** île de l'archipel du Svalbard, en partie englacée ; 5 150 km².

EDGEWORTH (Maria), femme de lettres anglo-irlandaise (Blackbourton, Osfordshire, 1767 - Edgeworthstown, Irlande, 1849). Elle est l'auteur, avec son père (Richard Lovell Edgeworth [1744-1817]), d'un ouvrage rousseauiste (*Practical Education,* 1798), de contes pour enfants et de romans sur la vie irlandaise (*Castle Rackrent,* 1800 ; *Ormond, a Tale,* 1817).

EDGEWORTH DE FIRMONT (Henri Essex), prêtre irlandais (Edgeworthstown 1745 - Mitau, Courlande, auj. Ielgava, 1807). Confesseur de Louis XVI, il l'assista sur l'échafaud.

E.D.I., abrév. de ÉCHANGE* DE DONNÉES INFORMATISÉ(ES).

ÉDICTER v. t. (lat. *edictum,* édit, de *edicere*) [conj. 3]. **1.** Publier une loi, un arrêté, les prescrire sous forme officielle ; décréter, promulguer. – **2.** *Litt.* Commander de façon péremptoire : *Il a édicté que le repas serait servi à huit heures.*

ÉDICTION n. f. Fait d'édicter une loi.

ÉDICULE n. m. (lat. *aedicula*). **1.** Petit édifice construit à l'intérieur d'un grand. – **2.** Couronnement d'un édifice affectant l'aspect d'un édifice en réduction. – **3.** Petit bâtiment élevé sur la voie publique (colonne Morris, toilettes, etc.).

ÉDIFIANT, E adj. **1.** Qui édifie par sa valeur, ses qualités, etc., qui exerce par son exemple une influence morale salutaire ; exemplaire : *Une vie très édifiante.* – **2.** Se dit ironiq. de ce qui est particulièrement instructif, qui renseigne parfaitement sur qqch : *Des détails édifiants sur sa vie privée.*

ÉDIFICATEUR, TRICE adj. et n. (lat. *aedificator*). Qui construit ou fait construire un édifice, qui élabore une œuvre importante.

ÉDIFICATION n. f. (lat. *aedificatio, -onis*). **1.** Action d'édifier qqch, de le bâtir : *L'édification d'un monument, d'une théorie, d'un empire.* – **2.** *Litt.* Action d'exercer une influence morale salutaire par l'exemple ou par les paroles : *Faire les choses pour l'édification du prochain.* – **3.** Action d'éclairer, d'instruire qqn : *Vous saurez, pour votre édification personnelle, que...*

ÉDIFICE n. m. (lat. *aedificium*). **1.** Ouvrage d'architecture de proportions importantes, pouvant comporter plusieurs corps de bâtiments. – **2.** Assemblage formé par la réunion de plusieurs choses disposées avec un certain art : *L'édifice d'une chevelure.* – **3.** Vaste ensemble organisé dont les éléments sont liés les uns aux autres : *L'édifice social.* – **4.** En géologie, syn. de APPAREIL. – **5.** *Édifice public,* bâtiment destiné au public, à un usage administratif, etc.

ÉDIFIER v. t. (lat. *aedificare*) [conj. 9]. **1.** Bâtir, élever, construire qqch d'assez considérable : *Édifier un temple.* – **2.** Composer, créer, fonder un ensemble assez important : *Édifier une théorie.* – **3.** Exercer sur qqn une influence morale salutaire par l'exemple ou par des paroles. – **4.** Instruire qqn, le renseigner et, en partic., dissiper chez lui toute illusion sur un point quelconque : *Cet incident nous a édifiés sur ses intentions.*

ÉDILE n. m. (lat. *aedilis,* de *aedes,* maison). **1.** Magistrat municipal d'une grande ville. – **2.** Dans la Rome antique, magistrat chargé de la police, de l'inspection des édifices, des jeux publics et de l'approvisionnement. (Apparus à Rome en 493 av. J.-C., les édiles [2 magistrats, puis 4 après 367] étaient élus par les comices tributes. César, édile lui-même en 65 av. J.-C., restreignit leur pouvoir et porta leur nombre de 4 à 6. Sous l'Empire, leurs attributions furent limitées à la voirie et à la police des marchés.)

ÉDILITAIRE adj. Se dit de ce qui est relatif à l'édilité.

ÉDILITÉ n. f. (lat. *aedilitas, -atis*). **1.** Corps des magistrats municipaux. – **2.** Charge, fonctions des édiles romains.

ÉDIMBOURG, en angl. **Edinburgh,** en écossais **Duneideann,** v. de Grande-Bretagne, cap. de l'Écosse, sur l'estuaire du Forth ; 420 000 hab. Centre administratif et culturel (université) avec quelques industries (électronique, alimentation, bois, matériel électrique).
– **Hist.** Remontant sans doute au VIIe s., la ville devint capitale de l'Écosse en 1437, mais perdit son importance politique avec l'Acte d'union (1707).
– **Bx-arts.** Château conservant quelques parties des XIIe et XIVe s. Église St-Gilles, des XIVe-XVe s. Église (XIIIe s.) et palais (XVIIe s.) de Holyrood. Quartiers neufs de la fin du XVIIIe et du début du XIXe s. Musées, dont la Galerie nationale d'Écosse (peintures des écoles européennes).

Édimbourg *(traité d')* [juill. 1560], accord signé entre les Anglais et les Écossais révoltés contre la monarchie catholique.

ÉDIMBOURG (Philippe, prince de Grèce et de Danemark, *duc* D') → PHILIPPE.

EDIRNE, anc. **Andrinople,** v. de Turquie d'Europe, près des frontières grecque et bulgare, sur la Marica ; 72 000 hab. Textile.
– **Bx-arts.** Anc. capitale ottomane, la ville conserve d'intéressants monuments dont le chef-d'œuvre de Sinan : la mosquée Selimiye

(1569-1574), dont la vaste coupole est soutenue par un élégant jeu de demi-coupoles et d'arcs superposés.

EDISON (Thomas Alva), inventeur américain (Milan, Ohio, 1847 - West Orange, New Jersey, 1931). On lui doit une foule de réalisations parmi lesquelles : le télégraphe duplex (1864), le phonographe (1877), la lampe à incandescence (1878), et le *Kinétoscope* (1891), qui ouvrait la voie au cinéma. En 1883, il découvrit l'effet thermoïonique (effet Edison), à la base du fonctionnement des tubes électroniques. Il a également inventé les accumulateurs alcalins fer-nickel (1914).

Edison *(effet),* émission d'électrons par un filament chauffé, dans le vide moléculaire.

ÉDIT n. m. (lat. *edictum,* de *edicere,* proclamer). **1.** Dans la Rome antique, règlement qui émanait d'un magistrat et qui demeurait en vigueur durant toute sa magistrature. (→ *encycl.*) — **2.** Sous l'Ancien Régime, acte législatif émanant du roi et concernant une seule matière, ou une catégorie particulière de personnes, ou une partie seulement du royaume.

ENCYCL. Les édits du prêteur ont joué un rôle fondamental dans le développement du droit romain en constituant un droit prétorien différent du droit civil traditionnel, et qui le complétait. Sous Hadrien, le jurisconsulte Salvius Julianus codifia les règles disséminées dans les édits des prêteurs, constituant ainsi l'*édit perpétuel,* que seul l'empereur pouvait désormais compléter ou modifier.

ÉDITER v. t. (lat. *editum,* de *edere,* produire) [conj. 3]. **1.** Choisir, reproduire et mettre en vente l'œuvre d'un écrivain, d'un artiste (musicien, peintre, photographe, chanteur, etc.) : *Une maison qui édite des romans.* — **2.** Faire la critique verbale d'un texte (vérification et préparation) en vue de sa publication, en l'accompagnant éventuellement de notes et de commentaires. — **3.** Fabriquer qqch et s'occuper de sa diffusion : *C'est un fabricant italien qui édite ce modèle de table.* — **4.** Présenter des résultats de traitements effectués sur un ordinateur sous une forme et sur un support facilitant leur utilisation.

ÉDITEUR, TRICE n. (bas lat. *editor*). **1.** Personne physique ou morale qui est responsable de l'entreprise d'édition et des choix effectués : *Éditeur de livres, de disques.* — **2.** Personne qui publie et annote l'œuvre d'un auteur en vue d'établir une édition critique. — **3.** (calque de l'angl. *editor*) Personne qui est responsable de la direction d'un ouvrage collectif, d'un numéro de revue, etc.

◆ adj. Qui édite : *Société éditrice.*

◆ **éditeur** n. m. *Éditeur de liens,* programme spécifique d'un système d'exploitation d'ordinateur, qui établit les liaisons nécessaires entre différents modules ou sous-programmes élémentaires pour former un programme cohérent exécutable. ‖ *Éditeur de résultats,* programme engendrant automatiquement la mise en pages de résultats à imprimer à partir d'une description des informations mémorisées et de la présentation désirée. (Syn. PROGRAMME D'ÉDITION.) ‖ *Éditeur de textes,* programme facilitant la composition de textes sur ordinateur.

ÉDITH *(sainte)* [v. 961-984], fille d'Edgar le Pacifique, roi des Anglo-Saxons. Elle fut moniale à Wilton.

ÉDITION n. f. (bas lat. *editio, -onis*). **1.** Reproduction, publication et diffusion commerciale de tout ouvrage imprimé, de toute espèce d'œuvre artistique (disque, estampe, monnaie, etc.). — **2.** Ensemble des exemplaires fournis en un seul tirage d'un même ouvrage ou de la même œuvre artistique. — **3.** Exemplaire faisant partie d'un même tirage : *J'ai chez moi une édition de 1865.* — **4.** Collection de livres caractérisée par un type de format, la nature de l'œuvre, etc. : *Édition de poche.* — **5.** Industrie et commerce du livre en général : *Maison d'édition.* — **6.** Ensemble des exemplaires rigoureusement identiques produits par chacun des tirages successifs d'un journal ou d'un numéro de périodique. — **7.** Chacune des émissions d'un journal télévisé ou radiodiffusé : *L'édition de 20 heures du journal télévisé.* — **8.** Action d'éditer le texte d'un auteur, d'en faire la critique verbale. — **9.** Matérialisation de résultats de traitements dans un ordinateur, le plus souvent sous forme de texte imprimé. — **10.** Fam. *C'est la deuxième, la troisième édition,* c'est la deuxième, la troisième fois qu'on dit la même chose, que la même chose se produit. ‖ *Contrat d'édition,* contrat par lequel l'auteur d'une œuvre de l'esprit ou ses ayants droit confèrent à un éditeur le droit d'exploiter cette œuvre. (→ *encycl.*) ‖ *Édition électronique,* syn. de MICROÉDITION. ‖ *Programme d'édition,* syn. de ÉDITEUR* DE RÉSULTATS.

◆ **éditions** n. f. pl. S'emploie suivi d'un n. pr. pour désigner une maison d'édition : *Les éditions Larousse.*

ENCYCL. **Dr.** Le *contrat d'édition,* régi par la loi du 11 mars 1957, emporte cession du droit patrimonial de l'auteur au profit de l'éditeur. La cession est, en principe, réalisée à titre onéreux, l'éditeur s'engageant à verser à l'auteur une rémunération proportionnelle aux recettes provenant de l'exploitation de l'œuvre. En cas d'œuvre collective, un versement forfaitaire est effectué à chaque auteur, ce qui constitue une exception à la rémunération proportionnelle.

1. ÉDITORIAL, E, AUX adj. (de *éditeur*). Relatif à l'édition.

2. ÉDITORIAL n. m. (pl. *éditoriaux*) [angl. *editorial*]. Article de fond, commentaire, signé ou non, qui exprime, selon le cas, l'opinion d'un journaliste ou celle de la direction du journal. (Abrév. fam. ÉDITO.)

ÉDITORIALISER v. i. (conj. 3). Écrire l'éditorial dans un journal.

ÉDITORIALISTE n. Personne qui est chargée de rédiger un éditorial.

EDKOU, ADKŪ ou **IDKŪ,** lagune du delta du Nil, à l'E. d'Alexandrie. — Une ville homonyme (42 000 hab.) est établie sur le cordon littoral.

EDMOND *(saint),* dernier roi d'East Anglia (? 841 - Hoxne, Suffolk, 870). Fils d'un roi saxon, il succéda à Offa en 855. Assassiné par les Danois, il fut vénéré comme un martyr.

EDMOND RICH *(saint),* archevêque de Canterbury (Abingdon, près d'Oxford, v. 1170 - Soisy 1240). Professeur à Oxford et à Paris, il fut élu archevêque de Canterbury en 1234. Il s'opposa au roi Henri III à propos de la collation des bénéfices ecclésiastiques. Canonisé en 1246.

EDMOND Ier (921 - Pucklechurch, Gloucestershire, 946), roi des Anglo-Saxons (939-946). Il soumit Malcolm Ier, roi d'Écosse (945). — **Edmond II** *Côtes de Fer* (v. 994-1016), roi des Anglo-Saxons (avr.-nov. 1016).

EDMOND de LANGLEY → YORK (Edmond de Langley, duc d').

EDMONTON, v. du Canada, cap. de l'Alberta ; 532 000 hab. (660 000 dans l'agglomération). Centre commercial, culturel (université, musées) et industriel (alimentation, raffinage du pétrole et pétrochimie, métallurgie), étape routière, ferroviaire ou aérienne vers les territoires septentrionaux et vers l'Alaska.

EDMUNDSTON, v. du Canada (Nouveau-Brunswick), sur le Saint-Jean ; 12 000 hab. Industries du bois.

EDO, capitale de la dynastie shōgunale des Tokugawa, qui prit en 1868 le nom de Tōkyō.

ÉDOM ou **IDUMÉE,** nom d'un pays et d'un peuple anciens situés au S. de la Palestine. (→ ÉDOMITES.)

ÉDOM (mot hébr. signif. *le Roux*), surnom donné à Ésaü, frère aîné de Jacob.

ÉDOMITES ou **IDUMÉENS,** tribus sémitiques établies dès le XIIIe s. av. J.-C. au S.-E. de la mer Morte et qui furent soumises par David. À la fin du VIe s. av. J.-C., elles occupèrent le sud de la Palestine (la future Idumée). La Bible fait des Édomites les descendants d'Ésaü.

ÉDONIENS, peuple de Thrace, qui fut soumis par Philippe II de Macédoine.

EDOS ou **BINIS,** population kwa occupant le Nigeria méridional et estimée à deux millions d'individus. Fondé au XIIe s., au Bénin, le royaume edo atteignit son apogée au XVe s.

ÉDOUARD *(lac),* anc. **Albert-Édouard** et **Idi Amin Dada,** lac d'Afrique orientale, aux confins de l'Ouganda et du Zaïre, tributaire du lac Mobutu par le Semliki ; 2 150 km².

ÉDOUARD l'Ancien († Farndon, Chester, 924), roi des Anglo-Saxons (899-924), fils et successeur d'Alfred le Grand. Il refoula les Danois jusqu'au Humber et reçut leur hommage, ainsi que celui des rois northumbrien, gallois et écossais.

ÉDOUARD le Confesseur *(saint)* [Islip, Oxfordshire, v. 1003 - Londres 1066], roi d'Angleterre (1042-1066). Il restaura la monarchie anglo-saxonne. Très pieux, peu enclin à la violence, il laissa son beau-père, le comte Godwin, exercer le pouvoir. Le fils de ce dernier, Harold, fut couronné roi à la mort d'Édouard.

ÉDOUARD Ier (Westminster 1239 - Burgh by Sands, près de Carlisle, 1307), roi d'Angleterre (1272-1307), fils et successeur de Henri III. Rétablissant l'autorité monarchique sur les barons, il développa une importante législation. Il conquit le pays de Galles (1282-1284), et fit reconnaître sa souveraineté sur l'Écosse (1292) avant d'en entreprendre la conquête (1296). Il fut moins heureux en France, où Philippe le Bel réussit à empiéter sur ses domaines aquitains. — **Édouard II** (Caernarvon 1284 - Berkeley, Gloucestershire, 1327), roi d'Angleterre (1307-1327), fils d'Édouard Ier. Roi faible, il laissa gouverner ses favoris, dont l'incompétence et l'avidité provoquèrent la révolte des barons, et ces troubles permirent aux Écossais d'assurer leur indépendance (Bannockburn, 1314). Discrédité, trahi par sa femme Isabelle de France, il dut abdiquer (janv. 1327), et fut assassiné (sept.). — **Édouard III** (Windsor 1312 -Sheen, Richmond, 1377), roi d'Angleterre (1327-1377), fils d'Édouard II et d'Isabelle de France. Revendiquant, comme petit-fils de Philippe IV le Bel, le trône capétien, il déclencha les hostilités contre la France (1337). Il battit la flotte française à L'Écluse (1340) et l'armée de Philippe VI à Crécy (1346), prit Calais et imposa à Jean le Bon la paix de Brétigny (1360). Mais à partir de 1369, il subit plusieurs échecs, tant en France qu'en Écosse et en Espagne. Sous son règne, le Parlement devint un organe de gouvernement plus important, notamment dans le domaine financier. Son petit-fils, Richard II, hérita d'un royaume affaibli par la guerre et la peste noire. — **Édouard IV** (Rouen 1442 - Westminster 1483), roi d'Angleterre (1461-1483), fils de Richard d'York. À la mort de son père, il hérita de ses droits à la couronne (→ *guerre des* DEUX-ROSES*), et se fit proclamer roi en juin 1461. Peu après, il écrasait les lancastriens à Towton. Sa politique probourguignonne le brouilla avec Warwick, d'où une nouvelle flambée de guerre civile (1470-71). Il réorganisa son royaume et termina la guerre de Cent Ans par le traité de Picquigny (1475) signé avec Louis XI. — **Édouard V** (Westminster 1470 - tour de Londres 1483), roi d'Angleterre en 1483. Fils et successeur d'Édouard IV, il fut séquestré et assassiné en même temps que son frère Richard par leur oncle Richard de Gloucester. — **Édouard VI** (Hampton Court 1537 -Greenwich 1553), roi d'Angleterre et d'Irlande (1547-1553), fils d'Henri VIII et de Jeanne Seymour. Son règne fut dominé par son oncle Edward Seymour, duc de Somerset, jusqu'en 1550, puis par John Dudley, duc de Northumberland. Il favorisa l'évolution de l'Église anglaise vers le protestantisme, sous la conduite de Thomas Cranmer. Sur le plan économique et social, la situation se dégrada rapidement, l'État étant acculé à la banqueroute en 1553. — **Édouard VII** (Londres 1841 - *id.* 1910), roi de Grande-Bretagne et d'Irlande (1901-1910), fils et successeur de la reine Victoria. Il s'intéressa surtout aux questions militaires et navales ainsi qu'à la diplomatie. Il contribua à la naissance de l'Entente cordiale (1904). — **Édouard VIII** (Richmond, auj. Richmond upon Thames, 1894 - Paris 1972), roi de Grande-Bretagne (1936), fils de Georges V. Sa détermination d'épouser une Américaine divorcée, Mrs. Simpson, provoqua une crise constitutionnelle, à laquelle le roi mit fin en abdiquant (1936). Il reçut alors le titre de duc de Windsor.

ÉDOUARD le Prince Noir (Woodstock 1330 - Westminster 1376), prince de Galles, fils aîné d'Édouard III. Il gagna la bataille de Poitiers, où il fit prisonnier le roi Jean le Bon (1356). Duc d'Aquitaine (1362), il combattit en Castille et remporta la bataille de Nájera (1367).

ÉDOUARD de Lancastre, prince de Galles → LANCASTRE.

ÉDOUARD, en port. **Duarte** (Lisbonne 1391 - Tomar 1438), roi de Portugal (1433-1438), deuxième fils du roi Jean Ier le Grand. Il révisa et codifia les lois portugaises et promulga en 1434 le *Lei mental* qui permit le retour au domaine royal d'immenses propriétés foncières. Protecteur des lettres, il composa plusieurs ouvrages, dont un de morale *(Leal conselheiro).*

EDOUGH, massif côtier de l'est de l'Algérie, dominant la plaine d'Annaba ; 1 008 m.

EDOUX (Félix Léon), ingénieur et industriel français (Saint-Savin-sur-Gartempe, Vienne, 1827 - Paris 1910). Il fut le créateur de l'ascenseur hydraulique (1867).

ÉDREDON n. m. (dan. *ederdun,* duvet de l'eider). Enveloppe de tissu garnie de duvet ou de plumes de dimensions égales au matelas, piquée ou non.

EDRISI (el) → IDRĪSĪ *(al-).*

EDSCHMID (Eduard SCHMID, dit **Kasimir**), écrivain allemand (Darmstadt 1890 -Vulpera, Suisse, 1966), théoricien de l'expressionnisme (*Sur l'expressionnisme en littérature et dans la poésie,* 1919).

E. D. T. A. (abrév. de *Acide Éthylène Diamine Tétracétique*), substance utilisée comme agent chélateur dans le traitement des intoxications par les cyanures.

ÉDUCABILITÉ n. f. Aptitude à être éduqué.

ÉDUCABLE adj. Qui est apte à être éduqué.

ÉDUCATEUR, TRICE adj. (lat. *educator*). Qui contribue à l'éducation ; éducatif : *La fonction éducatrice de la télévision.*
◆ n. **1.** Personne conduisant ou influençant la formation de l'enfant et de l'adulte. — **2.** *Éducateur spécialisé,* travailleur social spécialisé dans la rééducation des enfants handicapés ou dans la réinsertion sociale des délinquants. — **3.** *Éducateur technique spécialisé,* éducateur chargé d'apprendre un métier à des adolescents handicapés.

ÉDUCATIF, IVE adj. Relatif à l'éducation, qui vise à éduquer, qui est propre à éduquer ; pédagogique : *Jeux éducatifs.*

ÉDUCATION n. f. (lat. *educatio, -onis).* **1.** Conduite de la formation de l'enfant ou de l'adulte. (→ *encycl.* Sociol.) — **2.** Formation de qqn dans tel ou tel domaine d'activité ; ensemble des connaissances intellectuelles, culturelles, morales acquises dans ce domaine par qqn, par un groupe. — **3.** Mise en œuvre de moyens propres à développer méthodiquement une faculté, un organe : *Éducation du goût.* — **4.** Connaissance et pratique des bonnes manières, des usages de la société ; savoir-vivre : *Manquer d'éducation. Faire l'éducation de qqn.* — **5.** *Devoir d'éducation,* devoir des parents à l'égard des enfants, au même titre que la nourriture et l'entretien. (Ils se voient conférés à cet effet les droits de garde et de surveillance.) ‖ *Éducation nouvelle,* mouvement pédagogique né au début du XXe s., centré sur l'enfant, privilégiant des méthodes actives ou des méthodes naturelles non contraignantes. ‖ *Éducation permanente,* éducation poursuivie tout au long de la vie. (La formation permanente réservée aux salariés d'entreprise n'en est qu'un aspect.) ‖ *Éducation physique et sportive (E. P. S.),* ensemble des exercices corporels, pratiqués dans le cadre scolaire et universitaire, et destinés à l'entretien et à l'amélioration des qualités physiques. (→ *encycl.*) ‖ *Éducation sexuelle,* ensemble des informations théoriques et pratiques visant le plein épanouissement de la sexualité. (Créée en 1973 par l'Éducation nationale, elle est destinée à assurer aux élèves une information sur la procréation en des termes adaptés à leur âge.) ‖ *Éducation spécialisée,* ensemble des mesures et des institutions organisant la rééducation des enfants inadaptés et handicapés ou la réinsertion sociale des délinquants. ‖ *Éducation surveillée,* service de protection, d'assistance et de surveillance de l'enfance délinquante ou en danger du ministère de la Justice, créé en 1945. ‖ *Sciences de l'éducation,* ensemble des disciplines et des méthodes concourant à approfondir le fait éducatif non seulement dans ses dimensions psychologiques, méthodologiques, mais également sociologiques, philosophiques et institutionnelles.

ENCYCL. **Sociol.** La sociologie de l'éducation, apparue avec Durkheim, s'est notamment développée en France avec Bourdieu et Passeron. Pour ces derniers, les comportements familiaux et parentaux, s'ils jouent un rôle déterminant dans la socialisation de l'enfant, sont loin d'être les modèles de référence les plus importants dans l'éducation proprement dite. Ces auteurs, d'autre part, mettent en lumière les effets sociaux de l'interférence entre l'école et le milieu familial. Pour la société, en effet, l'objectif est, au travers de l'éducation, de reproduire les modèles de référence à l'intérieur desquels viennent se situer les individus d'une nouvelle génération. De ce fait, l'école a un rôle promotionnel quand elle est favorablement perçue et quand elle fonctionne normalement dans le vécu quotidien de l'enfant. Dans le cas inverse, elle joue davantage dans le sens d'une accentuation des disparités sociales. La sociologie de l'éducation réfléchit aussi sur les effets uniformisateurs du système scolaire, dans la mesure où, tel qu'il est pratiqué, il privilégie les valeurs de la classe dominante : l'acquisition de la culture est ainsi liée à la hiérarchie des valeurs qu'elle véhicule, tendant ainsi à renforcer l'idéologie dominante (Passeron).

— **Sports** et **Enseign.** L'apparition de l'*éducation physique* dans les programmes scolaires remonte à la Révolution. La gymnastique devient obligatoire dans les écoles d'instituteurs, les lycées et les collèges en 1869 et, en 1880-1882, dans les écoles primaires. Les professeurs d'éducation physique sont formés à l'université (U. F. R. d'E. P. S. [éducation physique et sportive]) durant 4 ou 5 années après le baccalauréat, et recrutés à l'échelon national par concours (certificat d'aptitude au professorat d'éducation physique et sportive et, depuis 1983, agrégation). Les professeurs adjoints qui, jusqu'en 1986, étaient formés dans les C. R. E. P. S. (centre régional d'éducation physique et sportive) et recrutés à l'échelon national par concours, sont aujourd'hui recrutés (par intégration) parmi les maîtres auxiliaires. Depuis la promulgation de la loi sur le développement de l'éducation physique et du sport (1975), l'éducation physique fait partie intégrante de l'éducation et se trouve sanctionnée dans tous les examens.

Éducation *(Conseil supérieur de l'),* organe délibérant, chargé de donner des avis sur les grandes questions intéressant l'éducation, et organe juridictionnel d'appel, statuant en dernier ressort sur les décisions prises en matière contentieuse et en matière disciplinaire. Présidé par le ministre de l'Éducation nationale, il comprend des représentants des personnels de l'enseignement public et privé (enseignants, chercheurs, etc.), des usagers (parents d'élèves, étudiants, associations familiales), des collectivités territoriales et des grands intérêts culturels, éducatifs, sociaux et économiques.

Éducation nationale *(ministère de l'),* ministère institué en 1932, dont les origines remontent à 1824 avec la création du ministère de l'Instruction publique. Il est chargé notamment de l'organisation et de la gestion de l'enseignement.

Éducation sentimentale *(l'),* roman de Gustave Flaubert (1869). Inspiré de la passion de Flaubert pour Elisa Schlésinger, rencontrée en 1836 à Trouville, c'est le récit de l'amour platonique de Frédéric Moreau pour Marie Arnoux. Document sur la génération de 1848, *l'Éducation* est la reprise de plusieurs ébauches (*Mémoires d'un fou,* 1838, *Novembre,* 1842 et la première *Éducation sentimentale,* 1843-1845). C'est aussi l'itinéraire d'un écrivain vers la délivrance de ses fantasmes, par un chef-d'œuvre.

ÉDUCATIONNEL, ELLE adj. Qui concerne les sciences de l'éducation.

ÉDUENS, peuple de la Gaule Celtique, habitant un territoire correspondant aux départements actuels de Saône-et-Loire et de la Nièvre. Alliés des Romains, ils avaient pour capitale Bibracte, remplacée par Autun v. 15 - 10 av. J.-C.

ÉDULCORANT, E adj. et n. m. Se dit d'une substance qui donne une saveur sucrée.

ÉDULCORATION n. f. **1.** Action d'édulcorer. — **2.** *Litt.* Ménagement, adoucissement : *Édulcoration d'un article polémique.*

ÉDULCORER v. t. (bas lat. *edulcorare,* du lat. class. *dulcis,* doux) [conj. 3]. **1.** Donner à un aliment, à un médicament un goût sucré, par addition de matières sucrées ou de substances chimiques. — **2.** Atténuer la dureté d'expression, la rigueur, le caractère acerbe de qqch ; affadir, adoucir : *Édulcorer un compte rendu sévère.*

ÉDUQUER v. t. (lat. *educare*) [conj. 3]. **1.** Former qqn en développant et en épanouissant sa personnalité. – **2.** Développer une aptitude par des exercices appropriés : *Éduquer la volonté.* – **3.** Développer chez qqn, un groupe, certaines aptitudes, certaines connaissances, une forme de culture : *Éduquer le téléspectateur par des émissions scientifiques.* – **4.** Faire acquérir à qqn les usages de la société : *Où t'a-t-on éduqué pour parler de cette façon ?*
◆ **être éduqué** v. pass. Vx. *Être bien, mal éduqué,* être bien, mal formé aux usages de la société.

EDVIGE ou **EDWIGE** → OGIVE.

EDWARDS (Leslie), danseur, pédagogue et maître de ballet britannique (Teddington, Middlesex, 1916). Sa carrière de danseur de caractère est jalonnée de plus de cinquante rôles. Il assume à partir de 1958 d'importantes fonctions de direction et d'enseignement au Royal Ballet, puis au Royal Ballet Choregraphic Group (1967).

EDWARDS (Blake), cinéaste américain (Tulsa 1922). Auteur de comédies, il a réalisé : *l'Extravagant M. Cory* (1957), *Vacances à Paris* (1959), *Diamants sur canapé* (1961), *la Panthère rose* (1964), *Quand l'inspecteur s'emmêle* (1964), *la Party* (1968), *Darling Lili* (1970), *Deux Hommes dans l'Ouest* (1971), *le Retour de la panthère rose* (1975), *Elle* (1979), *Victor, Victoria* (1982), *C'est la vie* (1986), *Boire et déboires* (1987), *L'amour est une grande aventure* (1988).

EDWARDS (Jorge), écrivain chilien (Santiago 1931). Il peint le déclin de la bourgeoisie chilienne dans ses nouvelles (*El patio,* 1952 ; *Las máscaras,* 1967) et dans ses romans (*le Poids de la nuit,* 1964 ; *Los convidados de piedra,* 1978). Diplomate à Paris sous Allende, il a été suspendu et exilé en Espagne (1973-1978) après avoir fait le récit d'une mission à Cuba.

Edwards (base), base de l'US Air Force, dans le désert Mohave, au N. de Los Angeles. Centre d'essais en vol de la NASA et piste d'atterrissage de la navette spatiale américaine.

EDWARDS BELLO (Joaquín), romancier chilien (Valparaíso 1888 - Santiago 1968). Il a décrit les milieux chiliens dans un style réaliste : les bas-fonds de Santiago dans *El roto* (1920), les milieux d'affaires dans *Valparaíso, la ciudad del viento* (1931), repris plus tard sous le titre de *En el viejo almendral* (1943).

EDWIGE *(sainte)* → HEDWIGE.

EDWIN *(saint)* [v. 585 - Hatfield Chase, près de Doncaster, 632/633], roi de Northumbrie (616-632/633). Il agrandit considérablement son royaume et, converti par Paulin, archevêque d'York (627), il favorisa la mission chrétienne.

E. E. G., abrév. de ÉLECTRO-ENCÉPHALOGRAMME.

EEKHOUD (Georges), écrivain belge de langue française (Anvers 1854 - Bruxelles 1927). Fondateur du *Coq rouge* (1895), il est le peintre réaliste, dans ses romans, du petit peuple campinois (*Kermesses,* 1885 ; *la Nouvelle Carthage,* 1888 ; *Escal Vigor,* 1899).

EEKLO, v. de Belgique, ch.-l. d'arrond. de la Flandre-Orientale, au N.-O. de Gand ; 20 000 hab.

EEPROM n. f. inv. (abrév. de *electrically erasable programmable read only memory*). Type de mémoires électroniques mortes reprogrammables, effaçables électriquement.

ÉFATÉ *(île)* → VATÉ.

ÉFAUFILER v. t. (de *faufiler*) [conj. 3]. Tirer les fils d'un tissu.

EFENDI [-fɛ̃-] n. m. (turc *efendi*). Chez les Turcs, titre qui était donné aux savants, dignitaires religieux, magistrats et gens instruits.

E. F. E. O., sigle de *École française d'Extrême-Orient,* désignant également un système de transcription du chinois, très utilisé en France avant la généralisation du pinyin.

EFFAÇABLE adj. Qui peut être effacé.

EFFAÇAGE n. m. Action d'effacer ; travail qui consiste à effacer.

EFFACEMENT n. m. **1.** Action d'effacer, de supprimer, de faire disparaître, fait de s'effacer : *L'effacement d'un mot au tableau.* – **2.** Action de rendre une partie du corps moins saillante, moins proéminente : *Effacement des épaules.* – **3.** Litt. *Effacement (de soi-même),* fait pour qqn de s'effacer, de se tenir à l'écart ; attitude effacée. – **4.** Action d'ôter tout ou partie des informations enregistrées sur un support magnétique. (On peut ainsi réutiliser ultérieurement le support.)

EFFACER v. t. (de *face*) [conj. **16**]. **1.** Faire disparaître qqch en frottant, en grattant, en essuyant, en diluant, etc., ou avec un instrument, un produit, un système spécial : *Effacer un mot au tableau. Effacer un enregistrement sur une bande.* – **2.** Faire disparaître ce qui est inscrit sur une surface, ce qui est enregistré sur un support magnétique : *Effacer une ardoise. Cette mauvaise manœuvre a effacé la bande.* – **3.** Faire disparaître qqch en le rendant peu apparent, en l'aplatissant, etc. : *Y a-t-il un moyen pour effacer les rides du visage ?* – **4.** Faire en sorte que ses épaules, son ventre soient moins saillants, moins proéminents, moins marqués. – **5.** Supprimer qqch, le faire disparaître ; rayer, abolir : *Effacer un souvenir de sa mémoire.* – **6.** Faire oublier qqch ou le (faire) pardonner : *Effacer une erreur de* *jeunesse. On efface tout et on recommence.* – 7. *Litt.* Éclipser qqn, qqch, le surpasser : *Elle était si jolie qu'elle effaçait toutes les autres.* – 8. Dépasser un adversaire, en dribblant, en feintant : *L'avant efface deux adversaires puis marque.*

◆ **être effacé** v. pass. 1. Manquer de force, de relief, d'originalité ; rester en retrait : *Une épouse effacée.* – 2. En parlant d'une partie du corps, être en retrait, peu saillante : *Avoir un menton effacé.*

◆ **s'effacer** v. pr., **être effacé** v. pass. Disparaître, s'estomper, devenir moins net : *Avec le temps, l'encre s'était effacée.*

◆ **s'effacer** v. pr. 1. Se ranger de côté pour faire place à qqn : *Il s'efface pour le laisser passer.* – 2. Éviter de se mettre en avant, de se faire remarquer, de briller ; rester discrètement à l'écart : *L'auteur s'efface derrière ses personnages.* – 3. *S'effacer devant qqn,* s'incliner devant sa supériorité, lui reconnaître et lui laisser la première place.

EFFACEUR n. m. Feutre qui permet d'effacer l'encre.

EFFAÇURE n. f. Action d'effacer ; trace résultant de l'effaçage.

EFFANAGE n. m. Syn. de ÉCIMAGE.

EFFANER v. t. (de *fane*) [conj. 3]. Syn. de ÉCIMER.

EFFANEUSE n. f. Machine utilisée pour éliminer les fanes de pommes de terre avant l'arrachage.

EFFARANT, E adj. 1. Qui effare, provoque une stupeur mêlée d'effroi ; affolant, stupéfiant : *L'aventure effarante de navigateurs inexpérimentés.* – 2. Qui atteint un degré extrême, inouï : *C'est effarant ce qu'il peut être distrait.*

EFFAREMENT n. m. État d'une personne effarée ; effroi, stupéfaction.

EFFARER v. t. (p.-ê. anc. fr. *esfreer,* avec l'infl. de *farouche*) [conj. 3]. Provoquer chez qqn de la stupeur, de la stupéfaction par qqch de terrible, d'inattendu ou d'excessif ; effrayer, affoler : *Une telle bêtise m'effare.*

◆ **être effaré** v. pass. Manifester une stupéfaction mêlée de peur : *Un air effaré.*

EFFAROUCHANT, E adj. Qui effarouche.

EFFAROUCHEMENT n. m. Action d'effaroucher, fait de s'effaroucher ; affolement.

EFFAROUCHER v. t. (conj. 3). 1. Faire fuir qqn, un animal en les effrayant : *Effaroucher les poissons en jetant des pierres.* – 2. Provoquer chez qqn un sentiment de recul en lui inspirant de la crainte, de la défiance : *Effaroucher sa clientèle électorale par des discours imprudents.* – 3. Porter atteinte à qqch par une attitude grossière, brutale, choquer : *Effaroucher la pudeur d'une jeune fille.*

EFFARVATTE n. f. (forme dialect. de *fauvette*). Petite fauvette des roseaux, aux teintes roussâtres (d'où son autre nom de *rousserolle*).

EFFECTEUR n. m. et adj. (angl. *effector,* du lat. *effector, -oris,* producteur). Organe musculaire ou glandulaire qui entre en activité en réponse à un stimulus donné.

◆ **effecteur, trice** adj. *Cellule effectrice,* cellule qui va effectuer le mécanisme immunitaire (par ex., macrophage).

1. EFFECTIF, IVE adj. (lat. médiév. *effectivus,* du lat. class. *effectus,* effet). 1. Dont la réalité est incontestable, qui produit un effet réel, tangible : *Participation effective.* – 2. Qui est une réalité : *L'armistice sera effectif à onze heures.* – 3. Se dit d'une méthode qui, appliquée à la résolution d'un problème, en donne la solution au bout d'un nombre fini d'étapes. (Une opération est dite effective s'il existe un algorithme permettant de la calculer.)

2. EFFECTIF n. m. 1. Nombre réel d'individus constituant un groupe : *L'effectif d'une classe.* – 2. Nombre d'individus entrant dans la composition d'une armée ou d'une formation militaire. – 3. *Effectif d'une classe,* en statistiques, nombre d'individus dont le caractère a une valeur appartenant à cette classe. ‖ *Effectif de la valeur d'un caractère quantitatif discret,* nombre d'individus d'un échantillon statistique dont le caractère a cette valeur. (Syn. FRÉQUENCE.) ‖ *Revue d'effectifs,* revue passée par un militaire de l'intendance, en vue de constater l'existence des effectifs réalisés. ‖ *Tableau d'effectifs et de dotation (T. E. D.),* document fixant, notamment, la composition d'une unité ou d'une formation militaire et indiquant pour chacun des emplois énumérés la qualification et le grade requis pour les tenir.

EFFECTIVEMENT adv. 1. D'une manière effective ; réellement : *Il faut l'aider effectivement.* – 2. S'emploie pour confirmer une affirmation ; en effet : *Il avait promis de m'écrire, et, effectivement, j'ai reçu une lettre de lui.*

EFFECTIVITÉ n. f. 1. Caractère de ce qui est effectif. – 2. Principe de droit international suivant lequel une situation n'est opposable aux tiers que si elle présente un degré suffisant de réalité. (L'effectivité est le critère essentiel de l'occupation d'un territoire, une condition d'opposabilité de la nationalité [notamment dans les cas de naturalisation] et de validité de la reconnaissance d'État.)

EFFECTUABILITÉ n. f. Propriété d'une opération logique, qui lui permet d'être menée à son terme selon un algorithme donné.

EFFECTUABLE adj. **1.** Qui peut être effectué : *Ce travail n'est pas effectuable en deux heures.* – **2.** Qui possède la propriété d'effectuabilité.

EFFECTUATION n. f. Action par laquelle une chose advient à la réalité.

EFFECTUER v. t. (lat. médiév. *effectuare,* de *effectus,* effet) [conj. 7]. Mettre qqch à exécution, le faire, l'accomplir, le mener à sa réalisation : *Effectuer une enquête.*

EFFEL (François LEJEUNE, dit **Jean**), dessinateur français (Paris 1908 - *id.* 1982). Caricaturiste, il est surtout célèbre pour ses dessins, ses albums d'un humour poétique et familier, consacrés à *la Création du monde,* aux *Fables* de La Fontaine, etc.

EFFÉMINÉ n. m. Homme efféminé.

EFFÉMINEMENT n. m. *Litt.* Caractère de qqn qui est efféminé.

EFFÉMINER v. t. (lat. *effeminare,* de *femina,* femme) [conj. 3]. *Litt.* Rendre qqn comparable à une femme quant à son aspect, à ses manières. ◆ **être efféminé** v. pass. Avoir les caractères, l'aspect, les manières généralement attribués aux femmes, en parlant d'un homme, de son comportement.

EFFÉRENT, E adj. (lat. *efferens, -entis,* emportant). Se dit d'un vaisseau sanguin par lequel le sang quitte un organe, ou d'une fibre nerveuse dont le message provient de cet organe. (Contr. AFFÉRENT.)

EFFERVESCENCE n. f. (lat. *effervescere,* entrer en ébullition). **1.** Bouillonnement tumultueux produit par le dégagement rapide d'un gaz traversant un liquide sous forme de bulles qui viennent crever à la surface. – **2.** Agitation vive, mais passagère, de nature politique, sociale, intellectuelle ou émotionnelle ; excitation : *Être en pleine effervescence.*

EFFERVESCENT, E adj. (lat. *effervescens*). **1.** Qui bouillonne par suite du dégagement d'un gaz. – **2.** Se dit d'un comprimé qui, plongé dans un liquide, se dissout en bouillonnant : *Aspirine effervescente.* – **3.** *Litt.* Se dit de qqn, d'un groupe en effervescence ; ardent, bouillonnant : *Foule effervescente.*

EFFET n. m. (lat. *effectus,* de *efficere,* accomplir). **1.** Résultat, conséquence de l'action d'un agent, d'un phénomène quelconque : *Les cultures ont subi les effets du gel. Effet d'optique.* – **2.** Suivi d'un nom apposé, indique l'agent déterminant : *La hausse des prix résulte de l'effet dollar sur les importations.* – **3.** Résultat attendu de l'action d'un produit, d'un comportement, d'un acte, etc., conçus, utilisés à cette fin : *Le médicament commence à faire son effet.* – **4.** Impression produite sur qqn par qqn ou qqch : *Quel effet vous a fait ce discours ?* – **5.** Résultat d'une action visant à frapper vivement les yeux, l'esprit, à susciter l'admiration, la surprise, etc., à produire une forte impression : *Voilà un titre qui va faire de l'effet.* – **6.** Attitude soigneusement préparée, comportement affecté en vue d'impressionner l'assistance : *Raconter une histoire en ménageant ses effets.* – **7.** Litt. *À effet,* prétentieux : *Une allusion à effet.* ‖ *À cet effet,* dans cette intention, en vue de ce résultat. ‖ *En effet,* v. ce mot. ‖ *Faire effet,* produire l'action attendue. ‖ *Faire un drôle d'effet,* produire une impression surprenante, désagréable. ‖ *Faire des effets de voix, de jambes, de toilettes,* attirer l'attention de l'assistance en en jouant habilement, d'une manière recherchée ou affectée. ‖ *Faire l'effet de,* en donner l'impression : *Il me fait l'effet d'être honnête.* ‖ *Prendre effet,* commencer à entrer en vigueur, en action. ‖ *Rester sans effet,* être inefficace, n'avoir aucune action. ‖ *Se faire l'effet de,* avoir l'impression d'être tel. ‖ *Sous l'effet de qqch,* sous son action, son influence : *Il est encore sous l'effet de l'anesthésie.* • **Agroalim.** Dans la fabrication du sucre, chacune des opérations successives de concentration d'un jus. – **Banq.** *Effet de commerce,* titre représentatif d'une créance à vue ou à court terme, négociable par endossement et constatant l'obligation de payer une somme d'argent à une époque donnée. (La lettre de change, ou traite, le billet à ordre, le warrant et le chèque sont des effets de commerce.) [→ *encycl.* Comptab.] ‖ *Effet financier,* effet tiré par un banquier sur le client à qui il a accordé un crédit, et qui, une fois mobilisé, permet au banquier de se refinancer. – **Cin.** *Effets spéciaux,* ensemble des procédés permettant de produire une illusion au cours de la prise de vues (ralenti, accéléré, utilisation de caches, etc.) ou au cours du traitement du film en laboratoire (recadrages, surimpressions, etc.) [Syn. TRUQUAGE.] – **Équit.** *Effets de rênes,* action de la main du cavalier pour obtenir un mouvement déterminé du cheval. – **Mécan.** *À double effet, à simple effet,* se dit d'une machine alternative, selon que la puissance est fournie pendant l'aller et le retour du piston ou pendant une seule de ses courses. – **Phys.** et **Chim.** Manifestation d'un phénomène prédit par la théorie, qu'un dispositif expérimental adéquat révèle immédiatement. (Ex. : effet Joule, effet Zeeman, etc.) – **Psychol.** *Loi de l'effet,* principe selon lequel tout apprentissage trouve son origine dans les modifications d'une réponse, causées par les résultats auxquels cette réponse conduit le sujet. – **Sports.** Mouvement de rotation imprimé à une bille, à une boule, à une balle, à un ballon, en vue d'en modifier la trajectoire et, généralement, le rebond. – **Text.** Élément dominant (chaîne ou trame) dans une armure de tissu.

◆ **effets** n. m. pl. **1.** Vêtements, pièces de l'habillement : *Ranger ses effets dans l'armoire.* – **2.** Ensemble des biens compris dans une masse à partager. – **3.** *Effets mobiliers,* biens meubles.

ENCYCL. **Comptab.** En comptabilité, on distingue les *effets à recevoir,* ou en portefeuille, et les *effets à payer.* Le compte « effets à recevoir » figure à l'actif du bilan parmi les valeurs réalisables. Le compte « effets à payer » figure au passif du bilan parmi les dettes à court terme.

EFFEUILLAGE n. m. **1.** Opération qui consiste à détacher d'un arbre un certain nombre de feuilles pour permettre à la lumière et à la chaleur du soleil de pénétrer jusqu'aux fruits. – **2.** Élimination mécanique des feuilles de betterave au moment de la récolte. – **3.** *Fam.* Strip-tease.

EFFEUILLAISON n. f. ou **EFFEUILLEMENT** n. m. **1.** Chute naturelle des feuilles, en automne. – **2.** Chute des pétales lors de la fanaison d'une fleur.

EFFEUILLER v. t. (conj. 3). **1.** Dépouiller un végétal de ses feuilles ou de ses pétales. – **2.** *Effeuiller la marguerite,* en détacher un à un les pétales en disant : « Il (elle) m'aime un peu, beaucoup, passionnément, à la folie, pas du tout » (pour savoir si on est aimé).

◆ **s'effeuiller** v. pr., **être effeuillé** v. pass. Perdre ses feuilles, ses pétales.

EFFEUILLEUSE n. f. **1.** *Fam.* Strip-teaseuse. – **2.** En Suisse, femme ou jeune fille engagée pour épamprer la vigne. – **3.** Machine constituée par un rotor à fléaux éliminant les feuilles de betterave avant le décolletage, au moment de la récolte.

EFFEUILLEUSE-SCALPEUSE n. f. (pl. *effeuilleuses-scalpeuses*). Machine réalisant l'effeuillage et le décolletage des betteraves.

EFFIAT (Antoine COEFFIER DE RUZÉ, marquis D'), maréchal de France et homme d'État français (Effiat 1581 - Lutzelbourg, Moselle, 1632), père de Cinq-Mars. Conseiller d'État et grand écuyer de France (1616), il fut envoyé par Richelieu en Angleterre (1624) pour y négocier le mariage d'Henriette-Marie de France avec le prince de Galles (futur Charles Ier). Surintendant des Finances (1626), il devint grand maître de l'artillerie (1629) et fut créé maréchal de France (1631).

1. EFFICACE adj. (lat. *efficax, -acis*). **1.** Se dit d'un produit, d'une méthode, d'un appareil, etc., qui produisent l'effet attendu ; bon pour : *Un médicament efficace contre le rhume.* – **2.** Qui remplit bien sa tâche, qui atteint son but, qui aboutit à des résultats utiles : *Un employé efficace. Une politique efficace.* • **Électr.** *Valeur efficace (d'une grandeur périodique),* racine carrée de la moyenne des carrés des valeurs instantanées de cette grandeur durant une période. (Sauf indication contraire, les tensions et les courants alternatifs industriels sont toujours exprimés en valeurs efficaces.) – **Philos.** *Cause efficace,* selon Malebranche, action d'un être qui modifie un autre être sans rien perdre de sa propre nature. – **Phys.** *Section efficace,* grandeur, surtout utilisée en physique des particules, destinée à rendre compte des résultats d'une expérience de diffusion. (Dans une expérience de diffusion d'un faisceau de particules par une cible, la section efficace mesure le nombre de particules retirées au faisceau incident par la diffusion, c'est-à-dire l'efficacité de la cible dans le processus de déviation. Elle s'exprime en barn ou en millibarn.) – **Théol.** *Grâce efficace,* grâce qui a toujours son effet, par oppos. à la *grâce suffisante.*

2. EFFICACE n. f. (bas lat. *efficacia*). *Litt.* Efficacité : *Une remarquable efficace.*

EFFICACEMENT adv. De façon efficace.

EFFICACITÉ n. f. (lat. *efficacitas, -atis*). **1.** Caractère de ce qui est efficace ; effet, action utile : *L'efficacité d'un médicament.* – **2.** Caractère d'une personne, d'un organisme efficace, qui produit le maximum de résultats avec le minimum d'efforts, de moyens ; efficience, rendement : *Un souci d'efficacité.* – **3.** *Efficacité biologique relative (E. B. R.),* rapport des effets biologiques produits par une dose déterminée d'un rayonnement émis par un élément radioactif avec ceux que produit une dose égale d'un rayonnement de référence (habituellement les rayons X de 250 keV).

1. EFFICIENCE n. f. (lat. *efficientia*). Caractéristique de la cause efficiente, selon l'analyse aristotélicienne des causes.

2. EFFICIENCE n. f. (angl. *efficiency,* du lat. *efficientia,* effet). Capacité d'un individu ou d'un système de travail d'obtenir de bonnes performances dans un type de tâche donné ; efficacité : *Donner la preuve de son efficience.*

1. EFFICIENT, E adj. (lat. *efficiens, -entis,* de *efficere,* exécuter). *Cause efficiente,* chez Aristote, action qui produit le changement. (Cette définition s'est maintenue chez les scolastiques.)

2. EFFICIENT, E adj. (angl. *efficient,* du lat. *efficiens, -entis*). Qui aboutit à de bons résultats avec le minimum de dépenses, d'efforts, etc. ; efficace.

EFFIGIE n. f. (lat. *effigies,* de *effingere,* représenter). **1.** *Vx.* Représentation en sculpture, en peinture, en gravure d'une personne vivante ou morte. (→ *encycl.*) – **2.** Avers d'une monnaie ou d'une médaille, représentant la tête d'un roi, d'un prince ou d'un grand personnage. – **3.** *(Être) à l'effigie de qqn, de qqch,* leur être parfaitement ressemblant. ‖ *En effigie,* avec la représentation imagée et grossière d'une personne à qui on fait subir une peine fictive : *Brûler en effigie un dictateur renversé.* ‖ *Droit d'effigie,* pouvoir conféré à un personnage d'utiliser son propre portrait comme type monétaire. (Pratique remontant à la période hellénistique.)

ENCYCL. Les effigies en cire peinte (travail de cé roplastique) furent en honneur chez les Romains et au Moyen Âge. En France, jusqu'au XVIIe s., aux obsèques des souverains, princes et prélats, on mettait sur le cercueil l'effigie en cire du défunt paré de ses attributs les plus solennels. On faisait appel pour cela à des artistes célèbres. Le musée de Chantilly possède l'effigie d'Henri IV, la seule qui ait survécu.

EFFILAGE n. m. **1.** Action d'effiler. – **2.** Dans les abattoirs de volailles, opération qui consiste à extraire par le cloaque la totalité de l'intestin sans toucher au gésier. – **3.** Opération qui consiste à ôter les fils de certaines variétés de haricots verts avant le traitement pour la conservation.

EFFILÉ n. m. En passementerie, type de frange dont la jupe est constituée de fils coupés ou non (bouclés).

EFFILEMENT n. m. *Litt.* Caractère de ce qui est effilé.

EFFILER v. t. (conj. 3). **1.** Défaire un tissu, le détisser fil à fil. – **2.** Enlever les fils des haricots. – **3.** Rendre qqch mince, fin comme un fil, en l'allongeant : *Effiler sa moustache.* – **4.** Diminuer l'épaisseur des cheveux en leur donnant une forme coiffante. – **5.** Couper en lamelles très fines des amandes, des pistaches, etc.
◆ **être effilé** v. pass. Être à la fois mince et long : *Une main effilée.*

EFFILOCHAGE n. m. Action d'effilocher ; fait de s'effilocher.

EFFILOCHE n. f. (de *effilocher*). **1.** Soie trop légère, que l'on met au rebut. – **2.** Bout de soie qui se trouve aux lisières d'une étoffe.

EFFILOCHÉ n. m. Fibres textiles résultant de l'effilochage de chiffons.

EFFILOCHEMENT n. m. Action d'effilocher ; fait d'être effiloché.

EFFILOCHER v. t. (de *filoche*) [conj. 3]. Réduire des étoffes, des chiffons en bourre ou en ouate.
◆ **s'effilocher** v. pr. **1.** S'effiler en parlant d'un tissu usagé. – **2.** Se dissiper, disparaître progressivement, peu à peu : *Leur amour s'effilochait.*

EFFILOCHEUR ou **EFFILEUR, EUSE** n. **1.** Personne qui effiloche des chiffons. – **2.** Ouvrier(ère) conduisant une effilocheuse ; industriel pratiquant l'effilochage.
◆ **effilocheuse** n. f. Machine équipée de tambours garnis de dents métalliques, qui, en tournant très vite, déchiquètent étoffes et chiffons.

EFFILOCHURE n. f. Partie effilochée d'un tissu.

EFFLANQUÉ, E adj. **1.** Se dit d'un animal qui a les flancs creux et resserrés. – **2.** Se dit de qqn qui est à la fois maigre et grand : *Un garçon efflanqué.*

EFFLEURAGE n. m. **1.** Action d'effleurer les cuirs. – **2.** Massage léger et superficiel dont l'action est sédative.

EFFLEUREMENT n. m. **1.** Action d'effleurer, de toucher, d'atteindre ou de caresser légèrement ; frôlement : *L'effleurement de la main.* – **2.** Action de faire une impression légère et fugitive : *L'effleurement d'un soupçon.*

EFFLEURER v. t. (de *à fleur de*) [conj. 5]. **1.** Entamer superficiellement ; égratigner : *La balle n'a fait qu'effleurer le bras.* – **2.** Toucher à peine la surface, le bord de qqch : *Effleurer un verre des lèvres. Effleurer le sol.* – **3.** Voir, examiner superficiellement qqn, qqch : *Effleurer le sujet sans s'y attarder.* – **4.** Se présenter à l'esprit de qqn, sans qu'il s'y arrête qu'il retienne la chose : *La crainte d'un insuccès ne m'a pas effleuré.* – **5.** Éliminer une très mince couche de cuir du côté de l'épiderme (fleur).

1. EFFLORESCENCE n. f. (lat. *efflorescere,* fleurir). *Litt.* Commencement, épanouissement de qqch : *L'efflorescence d'un cinéma d'avant-garde.*

2. EFFLORESCENCE n. f. (angl. *efflorescence*). **1.** Transformation des sels qui perdent leur eau de cristallisation en devenant pulvérulents. (Syn. DÉLITESCENCE.) [→ *encycl.*] – **2.** Corps pulvérulent ainsi produit. – **3.** Oxyde métallique qui se forme à la surface de certains minéraux. – **4.** Sel se déposant à la surface d'une maçonnerie et composé, en général, de carbonates ou de sulfates alcalins ou alcalinoterreux. – **5.** Poussière, ayant l'aspect de la résine ou de la cire, qui recouvre certains fruits (prunes, raisins) ou les feuilles de quelques végétaux (choux). [Syn. FLEUR, PRUINE, PRUINOSITÉ.]

ENCYCL. **Chim.** L'efflorescence d'un hydrate salin cristallisé se produit quand, à la température ordinaire, la pression de vapeur d'eau (de dissociation) de l'hydrate salin est supérieure à la pression moyenne de vapeur d'eau dans l'atmosphère. Cela provoque un changement dans la structure cristalline du sel, qui tombe en poussière, par départ des molécules d'eau.

1. EFFLORESCENT, E adj. (lat. *efflorescens, -entis*). *Litt.* Qui se développe, s'épanouit.

2. EFFLORESCENT, E adj. (angl. *efflorescent*). **1.** Qui est en efflorescence ou couvert d'une efflorescence. – **2.** Se dit d'un fruit, d'un légume couvert d'une efflorescence.

EFFLUENT, E adj. (lat. *effluens, -entis,* de *effluere,* s'écouler). Se dit d'un fluide qui s'écoule d'une source, qui sort d'un dispositif, d'une installation.

◆ **effluent** n. m. **1.** Fraction liquide rejetée à la suite d'un traitement qui l'a débarrassée de tout produit de valeur. – **2.** *Effluent industriel,* ensemble des rejets liquides d'une industrie. ‖ *Effluent pluvial,* syn. de EAUX* DE RUISSELLEMENT. ‖ *Effluent radioactif,* liquide ou gaz radioactif résultant de l'utilisation ou du traitement de matières radioactives. ‖ *Effluent urbain,* ensemble des eaux usées, eaux de ruissellement et eaux superficielles, qui sont évacuées par les égouts des agglomérations.

EFFLUVE n. m. (parfois fém. au pl.) [lat. *effluvium,* de *fluere,* couler]. **1.** Émanation s'exhalant du corps des êtres vivants, des fleurs, des aliments, etc. : *Les effluves d'un camembert.* – **2.** *Litt.* Influence morale, psychologique, souvent mystérieuse, exercée par une force supérieure : *Des effluves émanant de sa personne.* – **3.** *Effluve (électrique),* conduction gazeuse autonome dans laquelle la plupart des porteurs de charge sont des électrons produits par émission électronique secondaire. (→ *encycl.*) – **4.** Émanation d'énergie ou de matière qui, passant du magnétiseur au magnétisé, transmettrait au second la volonté ou les impressions du premier.

ENCYCL. **Électr.** Précédant toujours la conduction gazeuse par arc, l'effluve ne met en jeu dans l'air que de très faibles quantités d'énergie. Il détermine, à la longue, une fatigue des isolateurs. Dans le cas particulier d'une ligne de transport d'énergie à très haute tension, il porte le nom d'*effet couronne.*

EFFNER (Joseph), architecte et décorateur allemand (Dachau 1687 - Munich 1745). Formé à Paris auprès de Boffrand, il retourne en 1715 à Munich, où, entre autres travaux, il termine le château de Nymphenburg et décore celui de Schleissheim.

EFFONDREMENT n. m. **1.** Fait de s'effondrer ; affaissement brusque du sol ; écroulement, éboulement : *L'effondrement d'un pont.* – **2.** Fait d'être détruit, ruiné, abattu complètement ; anéantissement : *L'effondrement d'un empire.* – **3.** Chute brutale, perte soudaine de valeur : *L'effondrement des cours à la Bourse.*

EFFONDRER (S') v. pr. **ÊTRE EFFONDRÉ** v. pass. (lat. pop. **exfunderare,* défoncer, du lat. class. *fundus,* fond) [conj. 3]. **1.** Tomber, s'écrouler sous un poids excessif, sous l'effet d'un choc : *Plancher qui s'effondre.* – **2.** Disparaître, être anéanti, perdre toute valeur : *Tous ses beaux projets se sont effondrés.* – **3.** Tomber de tout son long sur le sol ou tomber sans force qqpart ; s'écrouler comme une masse : *S'effondrer dans la rue, frappé d'un infarctus.* – **4.** Perdre brusquement toute énergie, tout ressort, cesser toute résistance ; être abattu, prostré : *Le prévenu, devant le témoignage qui l'accablait, s'est effondré.* – **5.** Céder brusquement, ne plus pouvoir lutter : *Coureur qui s'effondre dans la dernière ligne droite.* – **6.** Subir une baisse brutale : *Les cours s'effondrent à la Bourse.*

◆ **effondrer** v. t. Faire s'écrouler qqch : *Effondrer un talus.*

EFFORCER (S') v. pr. (de *force*) [conj. **16**]. **1.** Tendre toutes ses forces, tenter de faire qqch en employant tous les moyens dont on dispose, en faisant des efforts ; tâcher, essayer, tenter : *S'efforcer de comprendre.* – **2.** S'appliquer à qqch, s'y attacher : *Il s'efforçait à une amabilité qui paraissait exagérée.*

EFFORT n. m. (de *s'efforcer*). **1.** Mobilisation volontaire de forces physiques, intellectuelles, morales en vue de résister ou pour vaincre une résistance : *Faire des efforts pour soulever un fardeau.* (→ *encycl.*) – **2.** *Vx.* Douleur vive produite par une tension trop brutale d'un ou de plusieurs muscles ; déchirure musculaire, hernie : *Attraper un effort.* – **3.** *Faire effort sur soi-même,* s'obliger à faire qqch qui vous coûte. ‖ *Faire un (petit) effort,* consentir à un petit sacrifice et, en partic., faire, donner plus qu'il n'était prévu en matière d'argent, de dépenses. ‖ *Partisan du moindre effort,* paresseux. ‖ *Sans effort,* facilement. ‖ *Sentir l'effort,* qui a été fait avec difficulté, sans aisance naturelle. • **Ch. de f.** *Effort de traction,* force que peut fournir une locomotive, dans un plan horizontal, pour se déplacer et remorquer un certain nombre de véhicules avec leur chargement. – **Matér.** Force interne provoquée dans une structure par les actions extérieures. (Syn. SOLLICITATION.) – **Méd.** *Épreuve d'effort,* mesure du comportement fonctionnel respiratoire et surtout cardiaque à l'effort, qui permet, dans l'insuffisance coronarienne, de déceler des anomalies de l'électrocardiogramme n'existant pas au repos.

ENCYCL. **Physiol.** Chez les sujets âgés ou chez les personnes qui présentent une insuffisance viscérale, un effort important peut provoquer des accidents graves : cardiaques (infarctus du myocarde, collapsus cardio-vasculaire), respiratoires (pneumothorax spontané), mécaniques (hernie d'effort, rupture musculaire ou tendineuse).

EFFRACTION n. f. (lat. *effractus,* de *effringere,* briser). Rupture ou enlèvement de tout dispositif servant à fermer un passage, qui constitue un délit. (L'effraction est une circonstance aggravante de certaines infractions : vol, violation de domicile...)

EFFRAIE n. f. (altér. de *orfraie,* sous l'infl. de *effrayer*). Chouette de taille moyenne, à disques faciaux en forme de cœur. (L'effraie recherche le voisinage de l'homme. Elle chasse la nuit et se nourrit de petits rongeurs et insectivores, d'oisillons, d'insectes et de grenouilles : elle est donc essentiellement utile et doit être protégée.)

EFFRANGER v. t. (conj. **17**). Effiler un tissu sur les bords, de façon à y produire comme des franges.

EFFRAYANT, E adj. **1.** Qui cause de la frayeur ; épouvantable, horrible : *Un cri effrayant.* – **2.** Extraordinaire ou excessif au point de causer un grand étonnement ; formidable : *Un appétit effrayant.*

EFFRAYER v. t. (bas lat. **exfridare,* faire sortir de la paix, du frq. **fridu,* paix) [conj. **11**]. **1.** Causer de la frayeur ; épouvanter, affoler : *Le coup de feu effraya le cheval qui se cabra.* – **2.** Rebuter qqn, le décourager : *L'énormité de la tâche ne l'effrayait pas.*
◆ **s'effrayer** v. pr., **être effrayé** v. pass. Éprouver devant qqch un sentiment de peur ; craindre.

EFFRÉNÉ, E adj. (lat. *effrenatus,* de *frenum,* frein). Qui est sans frein, sans retenue ; immodéré, démesuré : *Une poursuite effrénée. Luxe effréné.*

EFFRITEMENT n. m. **1.** Fait de s'effriter, réduction de qqch en poussière : *L'effritement des roches sous l'effet du gel.* – **2.** Fait de perdre un peu de sa valeur, de sa tenue, de s'affaiblir progressivement : *Effritement des cours à la Bourse.*

EFFRITER v. t. (altér. de *effruiter,* dépouiller de ses fruits, avec l'infl. de *friable*) [conj. **3**]. Rendre friable, réduire en poussière ou en miettes : *Le sel effrite les roches les plus dures.*
◆ **s'effriter** v. pr., **être effrité** v. pass. **1.** Se réduire en poussière : *Pierre tendre qui s'effrite sous les doigts.* – **2.** Perdre progressivement de sa valeur, de sa force : *Les cours s'effritent aujourd'hui à la Bourse.* – **3.** Perdre ses éléments constituants, se désagréger, s'amenuiser : *Une majorité effritée incapable d'agir.*

EFFROI n. m. (anc. fr. *esfrei,* de *esfreer,* effrayer). **1.** Grande frayeur qui glace, épouvante ; terreur : *Elle le regarda, les yeux pleins d'effroi.* – **2.** *Névrose d'effroi,* syn. de NÉVROSE TRAUMATIQUE.

EFFRONTÉ, E adj. et n. Qui n'a honte de rien, qui parle ou agit avec une grande impudence, avec cynisme ou insolence : *Une bande d'effrontés.*
◆ adj. Qui manifeste cet état d'esprit, cette impudence, cette insolence : *Une réponse effrontée.*

EFFRONTÉMENT adv. De façon effrontée.

EFFRONTERIE n. f. Attitude, comportement d'une personne effrontée ; impudence, sans-gêne.

EFFROYABLE adj. **1.** Qui cause de l'effroi ; horrible, repoussant : *Un spectacle effroyable.* – **2.** Considérable, extrême ou excessif : *Misère effroyable.*

EFFROYABLEMENT adv. Marque l'intensité ; à un très haut degré, terriblement : *S'ennuyer effroyablement.*

EFFUSIF, IVE adj. (lat. *effusum,* de *effundere,* répandre). *Roche effusive,* roche volcanique venue à la surface à l'état de fusion.

EFFUSION n. f. (lat. *effusio, -onis,* de *effundere,* répandre). **1.** Manifestation sincère et vive d'un sentiment ; fait de lui donner libre cours, élan : *Effusion de joie.* – **2.** Épanchement pathologique d'un liquide hors des organes qui le contiennent. – **3.** Procédé de séparation des constituants d'un mélange gazeux, fondé sur l'inégale vitesse de passage de ces constituants à travers une cloison poreuse, les gaz les moins denses passant plus vite. – **4.** *Effusion de sang,* action de le répandre ; tuerie, massacre.

ÉFOURCEAU n. m. (lat. *furcilla,* petite fourche). Véhicule composé de deux grandes roues unies par un essieu, et qui servait au transport de fardeaux très pesants.

EFRATI (Moshe), danseur et chorégraphe israélien (Jérusalem 1934). Il fait partie, dès sa fondation, de la Batsheva Dance Company. Il signe sa première chorégraphie pour la troupe (*Sin Lieth at the door,* 1969), puis *Ein-Door* (1970), et collabore avec le Ballet-Théâtre contemporain. En 1969, il fonde la compagnie Kol Demama (« Son et Silence »), dont font partie des danseurs sourds et muets formés par sa méthode de rééducation motrice.

ÉFRIT [efrit] n. m. (ar. *ifrīt*). Dans la mythologie arabe, espèce de génie malfaisant.

ÉGAGROPILE → ÆGAGROPILE.

ÉGAIEMENT [egɛmɑ̃] n. m. *Litt.* Action d'égayer ou de s'égayer.

ÉGAILLER (S') [segaje] v. pr. (mot dialect. de l'Ouest, du lat. pop. **aequaliare,* rendre égal) [conj. **4**]. Se disperser, s'éparpiller, en partic. pour donner moins de prise à qqn, à qqch : *Quand ils virent le gendarme, les enfants s'égaillèrent.*

ÉGAL, E, AUX adj. (lat. *aequalis*). **1.** Se dit d'une quantité, d'une dimension, etc., qui a la même valeur, la même mesure qu'une autre (signe =) : *Trois est égal à deux plus un* (3 = 2 + 1). – **2.** Qui a la même valeur, la même durée, la même importance, etc., que qqch d'autre : *Ses moyens financiers sont à peu près égaux aux nôtres.* – **3.** Se dit de personnes qui ont les mêmes forces, les mêmes qualités : *Deux lutteurs égaux en poids.* – **4.** Qui est constant, ne varie pas : *Regarder toutes choses avec une égale indifférence.* – **5.** Qui est régulier, uni : *Il a un caractère égal.* – **6.** Qui accorde autant de chances à chacun, qui met sur un pied d'égalité ; impartial : *Une justice égale pour tous.* – **7.** *À armes égales,* en disposant de moyens de même importance, de forces équivalentes. ‖ *Ça m'est égal,* cela m'importe peu. ‖ Fam. *C'est égal,* introduit un jugement sur un événement passé, quoi qu'il en soit : *Tout est enfin terminé, c'est égal, il était grand temps !* ‖ *Égal à soi-même,* qui agit d'une manière conforme aux qualités qui lui sont connues. ‖ *Faire jeu égal avec qqn,* se dit d'adversaires qui se montrent de force équivalente. ‖ *N'avoir d'égal que,* ne pouvoir être comparé qu'à une chose, être aussi remarquable que. ‖ *Sans égal,* unique en son genre, incroyable, hors de pair. ‖ *Tout m'est égal,* tout me laisse indifférent. ‖ *Toutes choses égales (d'ailleurs, par ailleurs),* toutes les circonstances étant supposées les mêmes. • **Géom.** Syn. anc. de ISOMÉTRIQUE et de SUPERPOSABLE. – **Mus.** *Contrepoint égal,* celui où les parties procèdent par valeurs semblables. ‖ *Tempérament égal,* partage de l'octave en douze demi-tons égaux.

◆ adj. et n. **1.** Qui jouit des mêmes droits, qui est du même rang que qqn d'autre : *Les citoyens sont égaux devant la loi.* – **2.** *D'égal à égal,* sur un pied d'égalité, sans marquer aucune différence de rang social. ‖ *N'avoir pas son égal (pour),* être de loin le meilleur (pour).

◆ **égal** n. m. inv. Litt. *À l'égal de qqn, qqch,* autant que, de même que : *On l'aimait à l'égal d'un père.*

ÉGALABLE adj. Que l'on peut égaler : *Un record difficilement égalable.*

ÉGALEMENT adv. **1.** De façon égale ; au même degré, au même titre ; pareillement : *Ces deux projets sont également intéressants.* – **2.** Aussi, de même : *« Paiement » s'écrit également « payement ».*

ÉGALER v. t. (conj. 3). **1.** Être égal à qqch : *Trois plus cinq égale* ou *égalent huit.* – **2.** Ressembler à qqn sur un point, avoir au même degré que lui telle ou telle qualité : *Il égale son frère en égoïsme.* – **3.** Être équivalent ou comparable à qqch d'autre : *Sa ruse égale son ambition.* – **4.** Atteindre le même niveau que qqn, la même importance que qqch : *Jamais je n'arriverai à l'égaler en mathématiques.*

ÉGALISAGE n. m. Tamisage ayant pour but d'enlever d'une poudre pyrotechnique les grains trop gros.

ÉGALISATEUR, TRICE adj. Qui égalise : *Système égalisateur. Point égalisateur.*

ÉGALISATION n. f. **1.** Action d'égaliser : *Égalisation des chances.* – **2.** *Méthode d'égalisation d'intervalles,* en psychophysiologie, méthode dans laquelle le sujet doit régler un stimulus à égale distance subjective de deux autres stimulus qu'on lui a préalablement présentés.

ÉGALISER v. t. (conj. 3). **1.** Rendre des choses égales sur le plan quantitatif, sur celui des dimensions : *Égaliser les cheveux sur la nuque.* – **2.** Rendre unis un sol, une surface, les aplanir ; niveler : *Égaliser une allée.* – **3.** Rendre des choses égales en valeur, équilibrer : *Égaliser les chances des concurrents.*

◆ v. i. Dans une compétition sportive, réussir à obtenir le même nombre de buts, de points que l'adversaire qui, jusqu'alors, en avait marqué davantage.

1. ÉGALISEUR n. m. (de *égaliser*). Dans la facture de piano et d'orgue, technicien chargé du réglage et de l'harmonisation de la mécanique, de la précision de l'accord.

2. ÉGALISEUR n. m. (angl. *equalizer*). Dispositif électrique employé dans les systèmes de production, de transmission ou d'enregistrement du son, pour obtenir la réponse en fréquence désirée, en agissant sur l'intensité du signal électrique ou acoustique dans certaines bandes de fréquences déterminées.

ÉGALITAIRE adj. Qui vise à l'égalité civile, politique et sociale : *Politique égalitaire.*

◆ adj. et n. Partisan de l'égalité entre les hommes ; égalitariste.

ÉGALITARISME n. m. Doctrine professant l'égalité absolue entre les hommes et cherchant à la réaliser dans les faits. (On associe souvent à cette doctrine le nom de Babeuf.)

ÉGALITARISTE adj. et n. Qui relève de l'égalitarisme ; partisan de l'égalitarisme.

ÉGALITÉ n. f. (lat. *aequalitas, -atis*). **1.** Qualité de ce qui est égal ; équivalence : *Égalité de fortune.* – **2.** Absence de toute discrimination entre les êtres humains, sur le plan de leurs droits : *Égalité politique, civile, sociale.* – **3.** Qualité de ce qui est égal, constant ; uniformité, régularité : *L'égalité du pouls.* – **4.** Qualité de qqch qui est régulier, qui ne subit pas de brusques variations ; uniformité : *C'est un homme d'une grande égalité d'humeur.* – **5.** Score identique pour les adversaires dans le domaine sportif ou dans les jeux. – **6.** *À égalité de,* en supposant une quantité égale de : *À égalité de titres, on choisira le candidat le plus jeune.* • **Algèbr.** *Égalité de deux applications,* cas où deux applications f et g ont le même ensemble de départ, le même ensemble d'arrivée et où, pour tout élément de l'ensemble de départ x, $f(x)$ et $g(x)$ sont les mêmes. ‖ *Égalité de deux* *ensembles,* cas où deux ensembles A et B ont les mêmes éléments. — **Géom.** *Cas d'égalité des triangles,* condition pour que deux triangles soient isométriques ou superposables. — **Impr.** Signe « égal à » (=). — **Jeux.** Nom donné, pendant la Révolution, aux figures remplaçant les valets dans les jeux de cartes. ‖ *Faire, prendre* ou *donner à égalité,* parier en engageant une somme égale à celle de son partenaire.

ÉGARD n. m. (anc. fr. *esgarder,* de *garder*). **1.** Estime que l'on témoigne à qqn, à qqch ; considération : *Avoir des égards pour l'âge de son interlocuteur.* — **2.** *À cet égard,* à ce sujet, sous ce rapport. ‖ *À l'égard de qqn, de qqch,* en ce qui le concerne, envers lui : *Elle manifeste de l'indifférence à l'égard de ce qu'il dit.* ‖ *À tous (les) égards, à certains égards,* à tous points de vue, à bien des points de vue, etc. ‖ *Eu égard à qqch,* en en tenant compte : *Eu égard aux services rendus, nous oublierons votre erreur.* ‖ *Par égard pour qqch, qqn,* par respect, par considération pour lui. ‖ *Sans égard pour qqch, qqn,* sans le prendre en considération, en n'en tenant aucun compte.
◆ **égards** n. m. pl. Marques de considération, d'estime témoignées à qqn ; respect : *Se montrer plein d'égards.*

ÉGAREMENT n. m. **1.** Action de perdre momentanément un objet : *L'égarement d'une lettre.* — **2.** Action de s'écarter des voies de la raison ; folie passagère ; aberration, dérèglement : *Un moment d'égarement.*

ÉGARER v. t. (germ. **warôn,* faire attention) [conj. 3]. **1.** Faire perdre son chemin à qqn : *Il m'a égaré en me donnant une fausse adresse.* — **2.** Ne pas pouvoir trouver un objet, le perdre momentanément : *J'ai égaré cette lettre dans le bureau.* — **3.** Jeter qqn dans l'erreur, le détourner de sa ligne de conduite ; fourvoyer, dérouter : *Il a voulu nous égarer en nous donnant de faux indices.*
◆ **s'égarer** v. pr., **être égaré** v. pass. **1.** Se trouver ou se retrouver dans un endroit oublié, inconnu : *Dossier égaré.* — **2.** Se perdre, ne plus trouver son chemin : *S'égarer dans la forêt.* — **3.** Paraître ne pas être à sa place dans le milieu où il se trouve, se perdre dans un milieu qui lui est étranger : *Poète égaré dans un monde de technique.* — **4.** *Litt.* Quitter le chemin du devoir, de la vertu : *Créature égarée.* — **5.** *Litt.* Se perdre, disparaître qqpart : *Ruisseau qui s'égare dans la forêt.* — **6.** Se porter au hasard sur qqch : *Votes qui se sont égarés sur des noms inconnus.* — **7.** Perdre le fil de son discours, de son raisonnement, s'écarter du sujet : *Mais je m'égare, revenons au sujet.* — **8.** S'écarter de la raison, des usages, de la bienséance, de la norme : *Vous vous égarez, vous oubliez les règles les plus élémentaires de la courtoisie.* — **9.** *Air, regard égaré,* qui dénote un trouble violent de l'esprit, de la sensibilité ou le désordre des facultés mentales.

EGAS (Enrique), architecte espagnol d'ascendance flamande, actif à la fin du XVe s. et durant le 1er tiers du XVIe, un des maîtres du style plateresque (hôpital royal de Saint-Jacques-de-Compostelle, 1501-1512 ; chapelle royale de Grenade, 1505-1519 ; etc.).

ÉGATES, en ital. **Egadi,** groupe d'îles italiennes de la côte occidentale de la Sicile. Pêche. Tourisme. — En 241 av. J.-C., la flotte romaine y battit une escadre punique, ce qui décida Carthage à traiter (fin de la première guerre punique).

ÉGAULER v. t. (de *gaule*) [conj. 3]. **1.** Élaguer les nouvelles pousses des arbres. — **2.** Couper le gaulis.

Égaux *(conjuration des)* [1796-97], conspiration contre le Directoire dirigée par Babeuf. Visant à instaurer le régime communiste dont Babeuf était l'idéologue, elle regroupa des jacobins (tels J.-B. Drouet et R. Lindet) et les babouvistes (dont Buonarroti et A. Darthé). Ces « conspirateurs pour l'égalité » constituèrent le 30 mars 1796 un Comité insurrectionnel qui comptait sur des complicités dans la police et dans l'armée pour renverser le Directoire, prendre le pouvoir et instaurer une dictature provisoire. L'insurrection devait éclater le 11 mai. Mais le 8 mai, le complot fut dénoncé par l'un des conjurés, le capitaine Grisel, à Carnot, qui fit arrêter les principaux conspirateurs (10 mai) et voulut une répression impitoyable. À l'issue d'un procès de trois mois devant la Haute Cour de Vendôme, Babeuf et Darthé furent guillotinés (27 mai 1797).

ÉGAYER [egeje] v. t. (conj. **11**). **1.** Divertir, amuser qqn : *Égayer les convives avec des histoires drôles.* — **2.** Donner de l'agrément, un air plus gai, plus vif à qqch, un lieu : *Égayer une robe grise avec un foulard coloré.* — **3.** Syn. de ÉLAGUER.
◆ **s'égayer** v. pr. *Litt.* S'amuser, se divertir : *S'égayer aux dépens d'un sot.*

EGBAS, ethnie yoruba, du groupe kwa, occupant le Nigeria méridional.

EGBERT, prélat anglo-saxon, de la famille royale de Northumbrie (678-766). Évêque d'York (732), il devint archevêque en 735. Élève de Bède, il fonda à York une école qui devint rapidement célèbre.

EGBERT (v. 775-839), roi de Wessex (802-839). Il réunit tous les royaumes anglo-saxons sous sa suprématie (829-830) et combattit les invasions scandinaves.

EGEDE (Hans), missionnaire norvégien (Hinnøy, Norvège, 1686 - Stubbekøbing, Falster, 1758). Pasteur luthérien, il évangélisa les Esquimaux du Groenland.

ÉGÉE *(mer),* partie de la Méditerranée orientale, entre la Grèce et la Turquie, et limitée au S. par une ligne joignant Cythère, la Crète, Kárpathos et Rhodes ; 180 000 km². Elle communique avec la mer de Marmara par le détroit des Dardanelles. Profondeur maximale de 2 509 m au N.-E. de la Crète.

ÉGÉE, fils de Pandion et roi légendaire d'Athènes. Sous le coup de la douleur causée par la fausse nouvelle de la mort de son fils Thésée, parti pour la Crète combattre le Minotaure, il se noya dans la mer qui, depuis porte son nom.

ÉGÉEN, ENNE adj. **1.** Relatif à la mer Égée. — **2.** *Arc égéen,* syn. de ARC HELLÉNIQUE. ‖ *Civilisation égéenne,* ensemble des cultures de l'âge du bronze qui se sont épanouies, de la fin du IIIe mill. à la fin du IIe mill. av. J.-C., de Chypre au Péloponnèse et de la Crète à Troie (nord-est de l'Asie Mineure). [Les plus brillantes ont été les civilisations minoenne et mycénienne.]

EGER, nom allemand de l'Ohře.

EGER, v. de Hongrie, ch.-l. du dép. de Heves, au pied des monts Mátra et du massif de Bükk ; 63 000 hab. Restes de la cathédrale romane, du palais épiscopal et de la forteresse gothiques. Ensemble d'édifices baroques du XVIIIe s. Cathédrale néoclassique (1831). Musée.

ÉGÉRIE n. f. (de *Égérie,* n. pr.). *Litt.* Femme qui est l'inspiratrice de qqn, d'un artiste, d'un groupe.

ÉGÉRIE, nymphe du Latium, déesse des Sources et conseillère du roi Numa.

EGGE (Peter), écrivain, journaliste et dramaturge norvégien (Trondheim 1869 - Oslo 1959). Romancier régionaliste, il dépeint la population modeste de la région de Trondheim dans son chef-d'œuvre *Hansine Solstad* (1925), tandis qu'il pose le problème du conflit entre la vie et l'art dans *le Cœur* (1907) et remporte de nombreux succès au théâtre, *Idylle* (1910).

ÉGHIO → AIGHION.

EGICA († Tolède 702), roi des Wisigoths (687-702). Il était le neveu du roi Wamba, déposé en 680 par Ervige, qui lui laissa son trône en 687. Il associa au trône, vers 698, son fils Wittiza, qui lui succéda.

ÉGIDE n. f. (lat. *aegis, -idis,* du gr. *aigis, -idos,* peau de chèvre). **1.** Bouclier merveilleux de Zeus et d'Athéna. — **2.** Litt. *Sous l'égide de qqn, qqch,* sous sa protection : *Prendre qqn sous son égide.*

◆ adj. *Couche égide,* couche d'un faisceau qui est exploitée la première, pour assurer une détente des terrains et éventuellement faciliter leur dégazage.

EGIDIUS ou **AEGIDIUS,** général gallo-romain († 464). Il fut lieutenant d'Aetius, puis maître des milices de Gaule.

EGILL SKALLAGRÍMSSON, scalde islandais (Borg v. 910 - *id.* v. 990). Il est le héros de la *Saga d'Egill,* attribuée à Snorri Sturluson, où sont conservés ses poèmes.

ÉGINE, en gr. **Aíghina** ou **Éghina,** île grecque de la mer Égée, en face du Pirée ; 85 km² ; 10 000 hab. Ch.-l. *Aighina.* Pêche. Cultures fruitières.
— **Hist.** L'île, au sol très pauvre, a connu une activité maritime, commerciale et industrielle intense, du VIIIe au Ve s. av. J.-C. Elle a participé à la fondation du comptoir de Naucratis, en Égypte, et exporté dans tout le monde grec ses articles de bronze et de céramique. Son système monétaire fut adopté en Grèce centrale et dans le Péloponnèse. Athènes prit ombrage d'une telle puissance et vainquit Égine en 457, la contraignant à entrer dans la Confédération de Délos. En 431, ses habitants furent expulsés et remplacés par des clérouques* athéniens.
— **Bx-arts.** Le temple d'Aphaia (ancienne déesse indigène assimilée à Athéna) est un édifice dorique du début du Ve s. av. J.-C. Les sculptures de 2 frontons (glyptothèque de Munich) représentent des combats entre héros d'Égine et Troyens en présence d'Athéna. Les restaurations excessives de Thorvaldsen ont été retirées. (Autres fragments du troisième fronton au musée d'Athènes.) Les monnaies d'Égine à la tortue (de mer ou de terre) sont de beaux exemples de l'art monétaire archaïque.

ÉGINÉTIQUE adj. (lat. *Aegineticus,* du gr. *Aiginêtikos*). Se dit des monuments antiques de l'île d'Égine, du système pondéral et monétaire qui y fut créé.

EGINHARD ou **EINHARD** (Maingau, Franconie, v. 770 - Seligenstadt 840). Il exerça à la cour de Charlemagne puis à celle de Louis Ier le Pieux la charge de contrôleur des bâtiments royaux. Membre de l'académie palatine, il figure parmi les principaux représentants de la renaissance carolingienne. Il écrivit en latin, en s'inspirant des *Vies des douze Césars* de Suétone, une *Vie de Charlemagne* (v. 830).

ÉGISTHE, un des Atrides. Il fit tuer Agamemnon et fut à son tour tué par Oreste.

EGK (Werner), compositeur allemand (Auchsesheim, près d'Augsbourg, 1901 -Inning am Ammersee, Bavière, 1983). Influencé par la musique française, il s'est beaucoup consacré à l'opéra : *Circle* (1945, révisé en 1966), *Der Revisor,* d'après Gogol (1957). Il s'est intéressé également au ballet : *Abraxas,* d'après *le Docteur Faust* de Heine (1948 - 49), *Casanova in London* (1969).

ÉGLANTIER n. m. (anc. fr. *aiglant,* du lat. pop. **aquilentum,* du lat. class. *aculeus,* aiguille). Rosier sauvage aux fleurs simples blanches ou rosées (églantines), au fruit ovoïde d'un rouge orangé (cynorhodon).

ÉGLANTINE n. f. (anc. fr. *aiglant,* églantier). Fleur de l'églantier.

ÉGLEFIN ou **AIGLEFIN** n. m. (moyen néerl. *schelvisch,* avec l'infl. de *fin*). Poisson gadidé marqué d'une tache sombre au-dessus de la pectorale. (Il peut atteindre 1 m et 12 kg.)

ÉGLETONS (19300), ch.-l. de cant. de la Corrèze, dans le sud du Limousin ; 5 838 hab. *(Égletonnais).* Travail du bois. Marché agricole et industries alimentaires.

EGLEVSKI ou **IEGLEVSKI** (André), danseur d'origine russe (Moscou 1917 - Elmira, État de New York, 1977), naturalisé américain en 1939. Un des grands représentants de l'école de ballet russe, il fit une carrière de danseur étoile avant d'entrer au New York City Ballet (1951-1958). Il a créé de nombreux ballets : *Tristan fou* (de Massine, 1944) ; *Capriccio brillante* (1951), *Scotch Symphony* (1952), *Western Symphony* (1954) de George Balanchine. Il a ouvert une école et fondé (1961) sa propre compagnie. En 1952, il avait tourné *Limelight,* de Charlie Chaplin, aux côtés de Claire Bloom.

EGLISAU, comm. de Suisse (cant. de Zurich), sur le Rhin ; 2 460 hab. Centrale hydroélectrique. Chimie.

1. ÉGLISE n. f. (lat. *ecclesia,* du gr. *ekklêsia,* assemblée). **1.** Société religieuse fondée par Jésus-Christ. — **2.** L'ensemble des fidèles de toute communion chrétienne : *L'Église protestante.* — **3.** L'Église catholique romaine. — **4.** Société de fidèles catholiques d'un même État, d'un même diocèse : *L'Église de France.* — **5.** Société de tous les ecclésiastiques ou clercs d'une Église : *La Révolution a vendu les biens de l'Église.* — **6.** Corps des évêques, chargé de l'enseignement de la doctrine et de l'administration spirituelle et temporelle des affaires ecclésiastiques : *L'autorité de l'Église.* — **7.** Ensemble de personnes professant les mêmes doctrines ou visant le même but ; secte, clan (avec une minusc.) : *L'esprit d'église de certaines écoles de pensée.* — **8.** *Église militante,* société des fidèles sur la terre. ‖ *Église souffrante,* élus qui achèvent de se purifier dans le purgatoire. ‖ *Église triomphante,* société des élus qui sont dans le ciel. ‖ *Gens, hommes d'Église,* ecclésiastiques. ‖ *Haute, basse, large Église,* nom donné à diverses tendances de l'anglicanisme. ‖ *Petite Église,* nom donné aux communautés de catholiques, particulièrement nombreuses dans l'ouest de la France, qui refusèrent d'accepter le Concordat de 1801. ‖ *Retrancher qqn de l'Église,* l'excommunier.

2. ÉGLISE n. f. (de *église 1*). **1.** Édifice cultuel des diverses confessions chrétiennes. (En France, les Réformés d'obédience calviniste emploient de préférence le mot *temple.*) — **2.** *Église basse* (ou *inférieure*), *église haute* (ou *supérieure*), chacune des deux parties d'un édifice (dit *église double à étage*) comportant deux lieux de culte superposés. — **3.** *À l'église,* chrétiennement : *Se marier à l'église.* ‖ *Aller à l'église,* aller à la messe.

ENCYCL. **Archit.** L'édifice du culte catholique est un lieu sacré, autel entouré d'un espace assez vaste pour accueillir les fidèles lors de la célébration du sacrifice. Destination et parti architectural de la synagogue annoncent largement ceux de l'église, notamment lorsque cette dernière adopte un plan de basilique. Mais une fonction particulière apparaît dans la chrétienté primitive : triomphant de la persécution, celle-ci va honorer ses martyrs en plaçant leurs reliques à l'intérieur des autels. Cette fonction de martyrium invite à adopter le plan centré des mausolées païens : les édifices voûtés circulaires, carrés ou en croix grecque connaissent ainsi une grande faveur dans les pays byzantins. Toutefois, l'église basilicale, en longueur et longtemps charpentée, de construction plus facile, finira par l'emporter, quitte à ce que la création du transept introduise une combinaison des deux types. Le sol du sanctuaire est surélevé et entouré d'un chancel (clôture dont la façade tendra à l'iconostase orientale et au jubé), pour affirmer la prééminence de l'autel. Les prêtres prennent place dans l'abside, les notables latéralement et les fidèles dans la nef (certains peuvent être tenus à l'écart dans un narthex, lieu de préparation en avant de la nef). Au haut Moyen Âge, dans quelques grands monastères, l'extension du culte des reliques conduit à superposer l'autel à une crypte qui abrite celles-ci ; des déambulatoires, que parcourront les pèlerins, entourent abside et crypte.

Même si l'église médiévale, édifice public majeur, a des fonctions multiples, y compris civiles, la sacralisation des autels tend à s'étendre à l'édifice entier, en ce sens maison de Dieu comme le temple antique : tradition vivifiée par la vision apocalyptique de la Jérusalem céleste, qui se concrétisera lorsque le progrès technique permettra de faire passer les représentations figurées de l'opacité d'un mur peint roman à la lumineuse vitrerie gothique.

Par la suite, l'église catholique se résigne peu à peu à ses seules fonctions cultuelles. Au symbolisme imagé du Moyen Âge, l'époque baroque substitue des modes de persuasion plus subtils, notamment une scénographique empruntée à l'architecture laïque. Toutefois, il faut attendre le XIXe s. pour voir la liturgie remise en cause, et ce n'est que de nos jours, depuis le concile de Vatican II, qu'une réponse satisfaisante commence à être donnée à ce besoin de renouveau du culte, que l'insolite du cadre (qu'il soit passéiste ou d'avant-garde) ne saurait satisfaire.

Église catholique, assemblée des hommes liés entre eux par une même foi en la divinité de Jésus-Christ et qui reconnaissent l'autorité de l'Église fondée par lui, ayant à sa tête le pape, évêque de Rome, considéré comme le vicaire et le successeur du Christ sur terre, et les autres évêques, pasteurs des croyants.

L'Église chrétienne naît vraiment à la Pentecôte quand les apôtres et les disciples de Jésus se mettent à convertir au christianisme des juifs de Jérusalem ; en fait, durant plusieurs années, les chefs de l'Église hésitent entre la formation d'une communauté judéo-chrétienne et une communauté nouvelle, ouverte aux non-juifs. Après la rupture avec le judaïsme officiel, v. 40, les apôtres décident que les païens pourront entrer dans la communauté chrétienne sans être astreints aux préceptes rituels du judaïsme. Cette orientation décisive a comme acteur et promoteur principal Paul de Tarse, lui-même juif converti, qui, au cours de ses voyages missionnaires (entre 45 et 58), implante ou affermit le christianisme dans le monde oriental et hellénique et même à Rome, où Pierre, considéré comme le chef de l'Église, subit le martyre vers 64.

De plus en plus enracinée, malgré les persécutions, dans l'Empire romain, l'Église chrétienne, à partir surtout du IIIe s., déborde toujours davantage les frontières de cet Empire. Mais elle demeure encore socialement urbaine, ce qui explique en partie son organisation très hiérarchisée, à la romaine, l'évêque étant le personnage central dans chaque cité. Cependant, des conciles régionaux assurent les liaisons organiques et l'unité doctrinale, arbitrée par l'évêque de Rome dont la primauté semble avoir été admise assez tôt. Le développement doctrinal, fondé sur l'enseignement de Jésus et sur la Tradition, est assuré par une réflexion commune et par l'intervention de docteurs ou Pères de l'Église comme Augustin en Occident ou Jean Chrysostome en Orient.

La conversion de Constantin Ier et le triomphe officiel du christianisme par l'édit de Milan (313) permettent à l'Église chrétienne de s'épanouir au grand jour : protégée par l'Empire, elle inspire de plus en plus profondément la législation ; mais les empereurs chrétiens s'immiscent dans son administration, voire dans ses querelles doctrinales. La « paix de l'Église » favorise l'expansion du christianisme dans les campagnes ; des structures se mettent en place avec la multiplication des paroisses rurales, des diocèses, des provinces ecclésiastiques et des patriarcats. Tandis que les conciles élaborent une discipline sacramentaire et un corps doctrinal de plus en plus précis et vaste, la liturgie s'organise autour de la messe et du cycle annuel des fêtes, notamment des fêtes de la Vierge. Le monachisme, apparu très tôt en Orient, se développe rapidement en Occident.

Les invasions barbares – surtout celles du Ve s. – font de l'Église, face aux ruines de l'Empire romain, la gardienne de la civilisation ; puis, peu à peu, la conversion des Barbares au christianisme, en leur donnant accès à l'ancienne civilisation romaine, prépare la formation d'un Empire chrétien, éphémère mais brillant, sous Charlemagne (800-814), qui, comme l'ont fait les Mérovingiens et comme le feront les Carolingiens, s'appuie sur les papes, les évêques locaux, les moines celtiques, pour lutter contre le retour des mœurs païennes. L'expansion chrétienne dans le nord de l'Europe accompagne cette reprise en main. Mais l'échec politique des Carolingiens, dès la fin du IXe s., favorise la dislocation de l'Empire chrétien. Trois masses se distinguent de plus en plus fortement : à l'est, l'Empire byzantin, qui s'éloigne de Rome au point d'aboutir au schisme (XIe s.) ; à l'ouest, le monde latin, que la féodalité décompose sur tous les plans ; au sud, les pays soumis à l'islām et qui échappent, soit définitivement (Afrique, Moyen-Orient...), soit pour longtemps (Espagne) à la vie de la communauté chrétienne.

Dans le monde latin, la mainmise des laïcs sur l'Église atteint même Rome, où, aux Xe-XIe s., les papes sont faits et défaits par les féodaux. Une réforme profonde s'amorce sous Nicolas II, qui fixe l'élection des papes par les cardinaux (1059) et s'amplifie aux XIIe et XIIIe s. Les papes réformateurs, notamment Grégoire VII (1073-1085), Alexandre III (1159-1181) et Innocent III (1198-1216), élaborent en même temps une doctrine théocratique qui se heurte au césaropapisme des empereurs romains germaniques ; d'où des luttes acharnées qui culminent avec la querelle des Investitures (1075-1122) et la lutte du Sacerdoce et de l'Empire (1154-1250). Cependant, dans l'orbite pontificale se développent les grandes forces de la chrétienté : réforme monastique (Cluny, Cîteaux) ; réseau paroissial ; élan des constructions d'églises (roman puis gothique) ; croisades en Terre sainte et en Espagne ; lutte contre les hérésies. Peu à peu, l'Église anime toute la vie sociale.

Aux XIIe et XIIIe s., les ordres mendiants (franciscains et dominicains) accordent leur apostolat missionnaire et populaire au réveil économique de l'Europe et à la résurrection des villes, tandis que le droit canon devient une véritable science ecclésiastique.

Mais la fin de la féodalité et la naissance des jeunes nations chrétiennes (France, Angleterre...) exaspèrent un régalisme qui se heurte à la théocratie pontificale, ce qu'illustre la lutte qui oppose Philippe le Bel et Boniface VIII (1294-1303). L'installation de la papauté à Avignon (1309-1376), puis le grand schisme d'Occident (1378-1417), qui voit un moment trois papes s'affronter, déconsidèrent une papauté trop souvent tournée vers des occupations temporelles et rongée par la bureaucratie et la fiscalité.

Tandis que les rois deviennent de plus en plus les véritables chefs des Églises nationales, des conciles généraux — celui de Constance (1414-1418) notamment — remettent en cause la primauté papale. Le système bénéficial, de nouveau en usage, crée un clergé de rentiers dispensés trop souvent de charges pastorales ; la scolastique, qu'avait illustrée saint Thomas d'Aquin (1225-1274), s'enlise dans le procédé. De sorte que se multiplient les mouvements hétérodoxes réformistes, à la fois dans les ordres religieux (les franciscains entre autres) et dans l'Église (Wycliffe, Hus). Les guerres, comme la guerre de Cent Ans (1337-1453), ajoutent leurs sévices et leurs ruines à l'abâtardissement du sens évangélique.

Aussi, au XVe et au XVIe s., se développe un fort courant de réforme : réforme protestante d'abord, issue de l'humanisme propre à la Renaissance et d'un besoin intense, chez Luther († 1546), Calvin († 1564), Zwingli († 1531), d'une religion plus intérieure ; réforme catholique, ou contre-réforme, plus tardive, qui s'exprime fortement dans les décisions dogmatiques et pastorales du concile de Trente (1545-1563) et qui trouve, dans un certain nombre de papes, notamment Pie IV (1559-1565) et saint Pie V (1566-1572), des défenseurs opiniâtres. L'Église romaine, dans sa liturgie, par le renouveau de la piété populaire, par le soin apporté à la discipline ecclésiastique, par la réforme profonde de la cléricature (séminaires), par la multiplication des congrégations, par une spiritualité visant à une vie mystique active, réussit à sortir de la décadence et à se modeler un visage moderne. L'effort intérieur de rénovation provoque un élan missionnaire qui accompagne la fondation des empires coloniaux européens.

Face au monde de la philosophie rationaliste, déiste et anticléricale qui émerge en force au XVIIIe s., l'Église romaine est assez démunie, doctrinalement, du fait des abus qui subsistent dans le corps ecclésial et du faible rayonnement d'une papauté surtout préoccupée par ses intérêts temporels en Italie et dont le jansénisme, le gallicanisme, le fébronianisme s'accordent pour remettre en cause l'autorité, voire la raison d'être.

La Révolution française oblige l'Église romaine à s'intérioriser ; elle y est aidée par l'effondrement de l'Ancien Régime, en France (1789-1792), puis, progressivement, dans le reste de l'Europe. Ce qu'elle perd en puissance temporelle (en 1870, les Italiens, en faisant de Rome leur capitale, détruisent les États pontificaux), l'Église le gagne en rayonnement spirituel, le XIXe s. étant le siècle des missions, des congrégations de toute espèce, de la sainteté multiforme : la personne du pape, surtout à partir de Pie IX (1846-1878), devient l'objet d'une vénération qui tourne parfois au culte. Mais les gens d'Église ne voient pas que la civilisation contemporaine, marquée par l'industrialisation, l'urbanisation, la paupérisation ouvrière, l'est aussi par le laïcisme, le positivisme, le scientisme, le socialisme. Et, convaincue de posséder la vérité, l'Église romaine s'arrête longtemps à des positions défensives : le *Syllabus* de Pie IX (1864) et l'esprit du premier concile du Vatican (1870) constituent la forme aiguë du rejet des « erreurs » modernes.

Léon XIII (1878-1903) favorise le renouveau des études thomistes et bibliques. Pie XI (1922-1939) réorganise l'Académie pontificale des sciences (1936) ; Pie XII (1939-1958) accepte le contrôle des naissances par les méthodes naturelles (1951). Des catholiques, de plus en plus nombreux, prennent conscience de la nécessité d'allier une vie chrétienne authentique et une fidélité vivante à l'Église, à une diversité de plus en plus grande de prises de position et d'engagements politiques et sociaux ainsi qu'à un œcuménisme enrichissant. Ils y sont encouragés par les papes qui, eux-mêmes, face aux idéologies (fascisme, nazisme, communisme), dispensent un enseignement très nourri.

Un déplacement de l'axe vital du catholicisme est sensible dès le début des temps contemporains : tandis que, grâce aux nombreuses missions étrangères, de nombreuses Églises naissent et se développent hors d'Europe, avec un clergé autochtone de plus en plus nombreux, dans les pays de vieille catholicité, l'indifférentisme religieux, la portée des idéologies anticléricales, la difficulté, pour l'Église, d'influencer un système social injuste (dénoncé par la grande encyclique de Léon XIII, *Rerum novarum,* 1891) font que, au lendemain de la Première Guerre mondiale, l'Église romaine semble avoir perdu sa position d'arbitre dans les conflits politiques et idéologiques.

Après la Seconde Guerre mondiale, l'Église est affrontée à de nouveaux problèmes : une muta-

tion fondamentale de la civilisation ; l'expansion du communisme étatique en Europe ; de l'islām en Afrique et dans le Moyen-Orient ; la formation de nouvelles dictatures. Elle adopte alors de nouvelles méthodes : universalisation accentuée de la hiérarchie ecclésiastique ; constitution accélérée de clergés indigènes indépendants de la métropole ; renouvellement de la catéchèse, de la pastorale, de la vie liturgique.
Le second concile du Vatican (1962-1965), convoqué par Jean XXIII († 1963) et poursuivi par Paul VI († 1978), est un événement capital dans l'histoire de l'Église catholique qui essaie ainsi d'ajuster son message à la grande crise de civilisation de la fin du XXe s. ; en même temps, par un œcuménisme actif, elle mêle ses efforts à ceux des autres Églises et même à ceux des autres religions. À partir de Paul VI, et surtout sous Jean-Paul II, pape en 1978, les souverains pontifes, rompant avec une vieille tradition, voyagent à travers le monde, tenant ainsi compte du déplacement des forces catholiques vers d'autres continents, notamment vers l'Afrique et l'Amérique latine.

Église constitutionnelle, Église qui se forma à la suite de la Constitution civile du clergé (12 juill. 1790) et de la prestation de serment de fidélité à cette constitution exigée par l'Assemblée constituante de tous les « fonctionnaires ecclésiastiques » par décret du 27 nov. 1790. Avec, d'un côté, les non-jureurs ou réfractaires, de l'autre les jureurs ou constitutionnels, l'Église de France vécut durant onze ans un schisme qui contribua à la déchristianisation du pays. Malgré l'influence et la haute moralité de son chef réel, l'abbé Henri Grégoire, évêque élu du Loir-et-Cher, soucieux de collégialité et de dépouillement évangélique, l'Église constitutionnelle souffrit du rayonnement spirituel des réfractaires, appuyés sur le pape, et de la défection d'un nombre considérable de ses membres face à la persécution. Aussi, soucieux de rétablir l'unité nationale, Bonaparte, en 1801, traita avec Rome, tout en exigeant de Pie VII qu'il réservât douze sièges épiscopaux concordataires à d'anciens constitutionnels.

Églises orientales, Églises chrétiennes qui se sont développées et organisées en dehors de la zone d'influence de l'Empire romain d'expression latine et de la mouvance directe du siège apostolique de Rome.
L'adhésion aux conceptions de Nestorius concernant le Christ, condamnées au concile d'Éphèse (431), le refus de la formulation du dogme christologique fixée par le concile de Chalcédoine (451), la rupture de communion avec l'Église catholique romaine (1054) ont abouti à la constitution de trois groupes d'Églises orientales à l'importance très inégale : l'Église nestorienne, les Églises monophysites, les Églises orthodoxes. Depuis l'Union de Brest* (1596) surtout, Rome a suscité l'union avec elle de nombreux fidèles appartenant à l'une de ces Églises, mais gardant leurs rites et leurs traditions particulières. Ainsi est né un quatrième groupe, celui des Églises catholiques de rite oriental, dont les Églises uniates ou grecques catholiques venues de la communion orthodoxe.

• *Les Églises orthodoxes.* La communion orthodoxe repose à l'origine sur la codification de Justinien, fondée sur les canons du concile de Chalcédoine, notamment le vingt-huitième, qui établit la *pentarchie* des sièges patriarcaux (Rome, Constantinople et les trois patriarcats melkites d'Alexandrie, d'Antioche et de Jérusalem). L'évangélisation des Slaves, la rupture romaine, puis les vicissitudes des histoires nationales sont venues introduire de nouveaux éléments de diversification et entraîner la création de nouveaux patriarcats et de nouvelles Églises autocéphales ou autonomes (Bulgarie, Serbie, Russie, Roumanie, Grèce).

• *Les Églises monophysites.* On désigne ainsi les quatre Églises « non chalcédoniennes » qui ont refusé d'adhérer aux formulations de 451 et qui se caractérisent par leur attachement à la formule christologique de « l'unique nature incarnée du Verbe de Dieu » : l'Église copte d'Égypte (Alexandrie), l'Église d'Éthiopie, les Églises syriennes monophysites (jacobites, malabares), les Églises arméniennes monophysites (Cilicie, Etchmiadzine...).

• *L'Église nestorienne.* Elle est dite également « non chalcédonienne », car, ayant rompu avec l'orthodoxie au concile d'Éphèse (431), elle ne participa pas au concile de Chalcédoine. Elle s'était formée à partir des communautés chrétiennes de l'Empire perse sassanide qui avaient adopté la doctrine de Théodore de Mopsueste, maître de Nestorius. (→ NESTORIANISME.) L'Église nestorienne est réduite à de petites communautés. Elle comprend actuellement l'Église assyrienne, principalement implantée en Iraq, et une communauté au Malabār.

• *Les Églises catholiques de rite oriental.* Les premières de ces Églises, dites « uniates » ou « grecques catholiques », viennent de la communion orthodoxe. La première union avec Rome est réalisée, sous de fortes pressions politiques, par les Ukrainiens et Biélorusses du royaume de Pologne (Union de Brest*, 1596), donnant naissance à une Église catholique ruthène qui garde le rite byzantin. Par la suite d'autres Églises orientales s'unissent à Rome, notamment le patriarcat autonome grec catholique (1724), qui est imité par le mouvement unioniste roumain, grec, bulgare, hongrois, serbe, noyaux d'autant de communautés catholiques de rite byzantin. D'autres Églises catholiques orientales viennent des Églises monophysites, ainsi certaines communautés de Cilicie, d'Arménie, de la côte malabare ; depuis 1899 existe un patriarcat copte catholique d'Alexandrie ; depuis 1961, une Église catholique de rite éthiopien. Parmi les communautés nestoriennes ralliées à Rome, la plus importante est le patriarcat chaldéen dit de Babylone, dont le patriarche est à Bagdad. Quant à l'Église maronite (florissante au Liban), elle s'est unie à Rome dès l'époque des croisades, tout en gardant le rite syrien.

Églises protestantes, ensemble des Églises et des communautés chrétiennes issues de la Réforme* du XVIe s., soit que ces Églises aient été formées à cette époque par des catholiques qui se séparèrent alors de l'Église romaine, soit qu'elles aient pris naissance par la suite au sein de communions protestantes, ou qu'elles se soient développées en pays de mission.

La Réforme, née en Allemagne avec Luther, s'étend presque simultanément à travers l'Europe, avec Zwingli en Suisse, avec Briçonnet, Lefèvre d'Étaples et G. Farel, qui, en France, ouvrent la voie à Calvin. On distingue plusieurs courants dans le protestantisme : un courant *luthérien* (→ LUTHÉRANISME), un courant *réformé* (avec le *zwinglianisme* et le *calvinisme**), un courant *anglican* (→ ANGLICANISME).

Au XVIIe s., le protestantisme subit les contrecoups de la Réforme catholique et s'affaiblit. En Angleterre, l'établissement de l'Église anglicane entraîne le développement des *communautés non conformistes, congrégationalistes* ou *puritaines.* Mais leur individualisme religieux, s'il favorise l'essor de l'exégèse et de la critique biblique, entraîne parfois au rationalisme déiste ou même à l'indifférentisme théologique. Cependant, le dessèchement intellectuel des dogmatiques et scientifiques n'a guère, à cette époque, d'influence sur la piété profonde des masses, qui s'exprime d'abord dans les cantiques et aussi dans le *piétisme.* Celui-ci donne naissance aux communautés des frères moraves du comte de Zinzendorf, et, conjointement avec l'influence des baptistes et des quakers, joue un rôle important dans les origines du *méthodisme* de Wesley. Mais, à côté de leur influence sur le protestantisme européen, c'est essentiellement dans les colonies anglaises d'Amérique (qui, en 1776, deviendront les États-Unis d'Amérique) que vont se développer ces nouvelles Églises d'inspiration piétiste. Parmi elles, les *Églises baptistes* deviendront le mouvement protestant le plus important des États-Unis.

Ces mouvements piétistes donneront naissance, au XIXe s., au *Réveil,* qui va associer à la théologie traditionnelle une spiritualité sentimentale et qui, largement opposé aux liens structurels entre l'Église et l'État (fondation des *Églises libres,* vers 1850, en Allemagne et en Suisse), doit être associé au développement du *protestantisme libéral* dominant au cours de la seconde moitié du siècle. C'est de lui qu'est né le *mouvement chrétien social,* préoccupé des grands problèmes sociopolitiques et internationaux. Dans le même esprit se créent et s'épanouissent des mouvements de jeunesse, telles les Unions chrétiennes de jeunes gens, qui, dès 1844, jouent dans l'histoire du protestantisme un rôle considérable, favorisant les « alliances interecclésiastiques » et l'œcuménisme.

Au cours de la seconde moitié du XIXe s., les Églises protestantes se regroupent et souvent se fédèrent entre elles ; c'est le cas des Églises anglicanes après la conférence de Lambeth (1867), puis en 1881 la formation de la Conférence méthodiste œcuménique, en 1891 l'Union internationale des Églises congrégationalistes, en 1905 l'Alliance baptiste mondiale, en 1921 l'Alliance réformée mondiale, et en 1947 la Fédération luthérienne mondiale. La plupart de ces organisations universelles ont leur siège à Genève. Il existe en outre, depuis 1921, un Conseil international des missions. En même temps se constituent des organismes nationaux interecclésiastiques. Par ailleurs, certaines tendances très proches les unes des autres se réunifient dans une Église unique ; c'est le cas en Écosse avec la fondation, en 1929, de la Church of Scotland, en France, en 1938, avec la constitution de l'Église réformée de France, qui regroupe la plupart des Églises réformées françaises, et, en 1943, de l'Église du canton suisse de Neuchâtel.

Dès lors, le mouvement œcuménique prend son essor avec les conférences « Vie et Action » (Stockholm, 1925, puis Oxford 1937), en même temps que se réunissent les conférences du groupe « Foi et Constitution » (Lausanne, 1927, et Édimbourg, 1937). En 1948 a lieu à Amsterdam l'assemblée œcuménique au cours de laquelle est constitué le Conseil œcuménique des Églises.

Le protestantisme contemporain se gouverne selon les mêmes principes depuis la Réforme. La pure prédication de la Parole de Dieu et l'administration des sacrements sont les marques d'une Église véritable qui, visible et invisible, est d'institution divine. On distingue, selon le mode de recrutement, les Églises de professants (adhésion personnelle de membres après leur conversion) et les Églises multitudinistes (qui se recrutent surtout par la naissance). Les Églises de professants ont le plus souvent un régime congrégationaliste, où chaque paroisse, autonome, est dirigée par l'assemblée de ses membres. Les autres Églises se partagent entre le système épiscopalien, avec des évêques se réclamant de la succession apostolique (Église anglicane, Église luthérienne de Suède) ou non (Églises moraves, méthodiste épiscopale, etc.) et le système presbytérien-synodal (surtout dans les Églises réformées), où les paroisses, dirigées par le conseil presbytéral (le pasteur et les « anciens »), sont unies entre elles et dans des synodes régionaux et nationaux. C'est en particulier le cas de l'Église réformée de France. (→ PROTESTANTISME, THÉOLOGIE PROTESTANTE*.)

Église *(États de l')* → ÉTATS DE L'ÉGLISE.

ÉGLISE-HALLE n. f. (pl. *églises-halles*). Église à plusieurs vaisseaux de même hauteur (trois ou cinq), largement ouverts les uns sur les autres. (Art gothique, notamment allemand, à partir du XIVe s.)

ÉGLOGUE n. f. (lat. *ecloga,* du gr. *eklogê*). Petit poème pastoral qui chante l'amour. (Le mot fut appliqué aux idylles de Théocrite et aux *Bucoliques* de Virgile, puis la forme fut reprise par Dante, Pétrarque, Boccace, Ronsard, Chénier.)

ÉGLOMISATION n. f. Action d'églomiser un verre.

ÉGLOMISER v. t. (de J. B. *Glomy,* n. pr.) [conj. 3]. Décorer un objet de verre au moyen d'une dorure intérieure, ou appliquée au revers.

EGMONT *(mont),* volcan de Nouvelle-Zélande, culminant à 2 518 m dans l'ouest de l'île du Nord. Parc national.

EGMONT (Charles D'), en néerl. **Karel Van Egmond,** duc **de Gueldre** (Gavre 1467 -Arnhem 1538). Il était issu d'une famille hollandaise qui, selon la tradition, remontait à un roi de Frise du VIIIe s. Soutenu par la France, il lutta sans cesse pour son duché, face aux prétentions de Maximilien d'Autriche. Charles Quint occupa la Gueldre dès sa mort.

EGMONT (Lamoral, *comte* D'), en néerl. **Lamoraal Van Egmond,** prince **de Gavre,** un des meilleurs capitaines du XVIe s. (La Hamaide, Hainaut, 1522 - Bruxelles 1568). Il se distingua dans les batailles de Saint-Quentin (1557) et de Gravelines (1558), et fut nommé capitaine général des Flandres et conseiller d'État par Philippe II. Avec le comte de Hornes et Guillaume le Taciturne, il s'opposa au cardinal Granvelle, et joua un rôle important dans la crise qui secoua les Pays-Bas. Arrêté en 1567, il fut décapité en même temps que le comte de Hornes.

Egmont *(le Comte d'),* tragédie en 5 actes et en prose de Goethe (1788), pour laquelle Beethoven composa une musique de scène (1810).

Egnatia *(via),* voie romaine qui traversait la péninsule balkanique, de *Dyrrachium* (Durrës) à Thessalonique. Ce fut la voie des relations militaires et commerciales de Rome avec l'Orient.

EGO [ego] n. m. inv. (calque de l'all. *das Ich,* le je, d'apr. lat. *ego,* moi). **1.** Nom donné au moi conçu comme « sujet personnel ». – **2.** Dans une analyse de parenté, terme désignant le sujet pris comme référence, à partir de qui se situent les liens d'alliance et de consanguinité. – **3.** Traduction usuelle en anglo-américain du terme freudien *Ich,* qui signifie aussi bien « moi » que « je ». (→ *encycl.*) – **4.** *Ego transcendantal,* selon Husserl, conscience pure, abstraction faite de toute détermination empirique.

ENCYCL. **Psychan.** L'école américaine de psychanalyse « Ego psychology » représentée essentiellement par E. Kris, H. Hartmann et R. Loewenstein, à laquelle on rattache A. Freud, a privilégié cette notion. Elle en a fait le centre de la réalité du sujet, dans la perspective d'une psychologie de l'adaptation à la réalité, par l'étude du moi et de ses mécanismes de défense.

ÉGOBLAGE n. m. Action d'égobler.

ÉGOBLER v. t. (conj. 3). Équarrir grossièrement un arbre ; enlever les branches et le houppier d'un arbre qui vient d'être abattu.

ÉGOCENTRIQUE, ÉGOCENTRISTE ou **ÉGOCENTRÉ, E** adj. et n. Qui manifeste de l'égocentrisme.

ÉGOCENTRISME n. m. **1.** Tendance à ne considérer que son point de vue et ses intérêts propres. – **2.** Indissociation, dans le raisonnement, du moi et du non-moi, du point de vue propre et du point de vue d'autrui. (Pour J. Piaget, l'égocentrisme constitue la caractéristique essentielle de la pensée des enfants de 3 à 7 ans.)

ÉGOÏNE n. f. (lat. **scofina,* forme dialect. du lat. class. *scobina,* lime). Petite scie à poignée et à lame rigide. (On dit aussi SCIE ÉGOÏNE.)

ÉGOÏSME n. m. (lat. *ego,* moi). **1.** Attachement excessif porté à soi-même et à ses intérêts, au mépris des intérêts des autres. – **2.** Considération exclusive de l'intérêt du groupe, chez tous ceux qui en sont membres : *Égoïsme familial.*

ÉGOÏSTE adj. et n. Qui fait preuve d'égoïsme, est caractérisé par l'égoïsme.

ÉGOÏSTEMENT adv. De façon égoïste.

ÉGOPHONIE n. f. (du gr. *aiks, aigos,* chèvre). Chevrotement de la voix perçu à l'auscultation du thorax, en cas de pleurésie ou de pneumonie.

Ego psychology, nom donné à l'école américaine de psychanalyse. (→ EGO.)

ÉGORGEMENT n. m. Action d'égorger.

ÉGORGER v. t. (conj. 17). **1.** Tuer un animal en lui coupant la gorge. — **2.** Tuer, assassiner qqn en lui tranchant la gorge. — **3.** *Vx.* Faire payer trop cher : *Égorger ses clients.*
◆ **s'égorger** v. pr. S'entretuer ou se tuer soi-même.

ÉGORGEUR, EUSE n. **1.** Assassin qui égorge ses victimes. — **2.** *Vx.* Homme d'affaires ou commerçant qui vole ses clients de façon impitoyable.

EGOROVA ou **IEGOROVA** (Lioubov), princesse **Troubetskaïa,** danseuse et pédagogue russe (Saint-Pétersbourg 1880 - Sainte-Geneviève-des-Bois, Essonne, 1972). Étoile au théâtre Mariinski (1912), elle interpréta les ballets du jeune Michel Fokine. Elle quitta la Russie en 1917, fut étoile chez Diaghilev et ouvrit une école de danse à Paris.

ÉGOSILLER (S') v. pr. (de *gosier*) [conj. 3]. Crier, chanter très fort ; se fatiguer la voix à force de crier, de chanter à tue-tête.

ÉGOTIQUE adj. *Litt.* Relatif à l'égotisme.

ÉGOTISME n. m. (angl. *egotism,* du lat. *ego,* moi). **1.** Terme employé par Stendhal pour désigner l'étude analytique, faite par un écrivain, de sa propre personnalité. — **2.** *Litt.* Sentiment exagéré de sa personnalité, et, en partic., manie de parler de soi, culte du moi ; narcissisme.

ÉGOTISTE adj. et n. (angl. *egotist*). Qui fait preuve d'égotisme.

ÉGOUT n. m. (de *égoutter*). **1.** Conduite, généralement souterraine, destinée à évacuer les eaux usées d'une agglomération dans le milieu extérieur ou vers une station d'épuration. — **2.** *Litt.* Lieu où se rassemblent les individus les plus vils ; cloaque : *Ce quartier est l'égout de la ville.* — **3.** Partie inférieure du versant d'un toit. (L'égout ne se distingue du reste du versant que lorsqu'il est retroussé.) — **4.** Sorte de chéneau. — **5.** *Servitude d'égout,* obligation qui incombe au propriétaire d'établir son toit de façon que les eaux de pluie s'écoulent sur son terrain ou sur la voie publique.

ÉGOUTIER n. m. Ouvrier chargé du nettoyage et de l'entretien d'un réseau d'égouts.

ÉGOUTTAGE n. m. **1.** Action d'égoutter ; fait de s'égoutter. (Syn. ÉGOUTTEMENT.) — **2.** Élimination des eaux superficielles d'un sol. — **3.** En fromagerie, séparation du lactosérum et du caillé. — **4.** Écoulement, avant pressurage, du jus contenu dans la vendange foulée.

ÉGOUTTEMENT n. m. Syn. de ÉGOUTTAGE.

ÉGOUTTER v. t. (conj. 3). **1.** Débarrasser qqch du liquide dont il est imbibé, en le faisant s'écouler goutte à goutte ou à travers un égouttoir : *Égoutter du linge.* — **2.** Réaliser l'égouttage d'un sol, d'un fromage. — **3.** *Égoutter la mamelle,* en fin de traite mécanique, agir sur la mamelle pour récupérer une partie du lait qu'elle renferme encore.
◆ **s'égoutter** v. pr., **être égoutté** v pass. Perdre son eau goutte à goutte : *Fromage qui s'égoutte.*
◆ **s'égoutter** v. pr. Tomber goutte à goutte : *L'eau de la pluie s'égouttait des feuilles des arbres.*

ÉGOUTTEUR adj. m. *Rouleau égoutteur,* cylindre creux, revêtu d'une toile métallique, placé au-dessus de la table de la machine à papier en contact avec la bande humide pour améliorer son épair.

ÉGOUTTOIR n. m. **1.** Passoire demi-sphérique et à pieds, qui sert à égoutter les aliments. — **2.** Panier dans lequel on range les pièces de vaisselle pour les faire égoutter et sécher. — **3.** *Égouttoir à bouteilles,* syn. de HÉRISSON.

ÉGOUTTURE n. f. Liquide provenant d'un objet qui s'égoutte ou qu'on égoutte : *Les égouttures du linge.*

ÉGRAINAGE, ÉGRAINEMENT, ÉGRAINER → ÉGRENAGE, ÉGRÈNEMENT, ÉGRENER.

ÉGRAPPAGE n. m. Action de séparer la rafle du grain de raisin avant le cuvage. (Syn. ÉRAFLAGE.)

ÉGRAPPER v. t. (de *grappe*) [conj. 3]. Réaliser l'égrappage. (Syn. ÉRAFLER.)

ÉGRAPPOIR n. m. Appareil servant à égrapper le raisin, fréquemment annexé au fouloir. (Syn. ÉRAFLOIR.)

ÉGRATIGNER v. t. (altér. de l'anc. fr. *esgratigner,* de *gratter*) [conj. 3]. **1.** Déchirer légèrement la peau avec qqch d'acéré, de piquant, d'aigu ; écorcher : *Les ronces lui avaient égratigné les jambes.* — **2.** Blesser qqn par des traits méchants, mais légers ; railler, piquer : *Prendre plaisir à égratigner les gens par des remarques.* — **3.** Travailler avec la pointe d'un fer les étoffes de soie auxquelles on veut donner une certaine façon.

ÉGRATIGNURE n. f. **1.** Déchirure superficielle de la peau, faite le plus souvent avec les ongles ou qqch de piquant, de pointu. — **2.** Blessure superficielle, sans gravité : *Il est sorti de l'accident sans une égratignure.* — **3.** Dégradation légère ; éraflure : *Faire des égratignures à un meuble.* — **4.** Blessure légère d'amour-propre ; atteinte légère portée à la réputation.

ÉGRENAGE ou **ÉGRAINAGE** n. m. **1.** Action d'égrener. — **2.** Séparation du grain mûr de la plante, notamment dans le cas du maïs et des graines fourragères. (Pour les céréales, on dit BATTAGE.) — **3.** Chute spontanée des grains sous l'action du vent ou du soleil. — **4.** Action d'enlever au grattoir les aspérités du plâtre. Usinage de surface du bois, consistant en un léger ponçage sur une couche sèche d'enduit, de peinture ou de vernis. — **5.** Action de débarrasser les matières textiles végétales des graines qui y adhèrent. — **6.** Élimination des grains blessés ou trop petits demeurant après le ciselage des raisins de table.

ÉGRÈNEMENT ou **ÉGRAINEMENT** n. m. Action d'égrener, de s'égrener.

ÉGRENER ou **ÉGRAINER** v. t. (de *grain*) [conj. **19**]. **1.** Détacher les grains : *Égrener des groseilles.* — **2.** Faire passer entre ses doigts et successivement chacun des grains d'un chapelet, chacune des boules d'un objet. — **3.** Débiter à la file (des paroles) : *Égrener un chapelet d'injures.* — **4.** Faire entendre des sons un à un et de façon détachée : *Pendule qui égrène les heures.* — **5.** Procéder à l'égrenage du bois, des matières textiles, du plâtre, etc.

◆ **s'égrener** v. pr. **1.** Se disperser, se mettre à une certaine distance les uns des autres : *Les groupes s'égrenaient çà et là dans le parc.* — **2.** Tomber par grains : *Blé qui s'égrène.* — **3.** *Litt.* Se faire entendre par sons détachés et successifs : *Le son grêle de la cloche s'égrenait dans l'air tiède.*

ÉGRENEUSE n. f. **1.** Machine servant à égrener le maïs, les plantes fourragères, ou les plantes textiles. — **2.** Ponceuse équipée d'un abrasif spécial pour égrener le bois.

ÉGRESSIF, IVE adj. et n. f. (lat. *egressus,* de *egredi,* sortir). Se dit des unités phonétiques émises à l'aide du flux d'air expiré. (C'est le cas général.) [Contr. INGRESSIF.]

ÉGRESSION n. f. Évolution d'une ou plusieurs dents qui, n'ayant plus de dents antagonistes, quittent leur plan articulaire normal, paraissant ainsi sortir de leurs alvéoles.

ÉGRILLARD, E adj. (moyen fr. *griller,* glisser, de *écriller,* avec l'infl. de *glisser*). Qui se complaît dans des propos gaulois, grivois ou dans une conduite trop libre ; qui dénote cet état d'esprit : *Sous-entendus égrillards.*

ÉGRISAGE ou **ÉGRÉSAGE** n. m. Action d'égriser, fait d'être égrisé.

ÉGRISÉE n. f. ou **ÉGRISÉ** n. m. Mélange de diamant pulvérisé et d'huile végétale, qui sert à scier, tailler ou polir le diamant lui-même et, plus rarement, d'autres gemmes.

ÉGRISER [conj. 3] ou **ÉGRÉSER** [conj. **18**] v. t. (néerl. *gruizen,* écraser). Polir par frottement à l'aide d'un abrasif (égrisée, grès, émeri, ponce) une gemme, une glace, une pierre, etc.

◆ **être égrisé** v. pass. *Taille égrisée,* aspect de pierre de taille présentant une surface couverte de fines rayures d'une profondeur inférieure à 0,2 mm.

ÉGROTANT, E adj. (lat. *aegrotans, -antis,* de *aegrotare,* être malade). *Litt.* Se dit de qqn qui est sujet à être souvent malade.

ÉGRUGEAGE n. m. Action d'égruger.

ÉGRUGEOIR n. m. Petit mortier ou moulin en bois, servant à réduire le sel ou tout autre aliment en poudre.

ÉGRUGER v. t. (de *gruger*) [conj. **17**]. Réduire le sel, le sucre, etc., en petites parcelles, en poudre ; pulvériser.

ÉGUEULÉ, E adj. Se dit d'un volcan dont le cône de scories est largement ébréché sur un de ses côtés en raison de l'émission d'une coulée de lave pendant la phase d'activité explosive.

EGUISHEIM (68420), comm. du Haut-Rhin, au pied des collines bordant les Vosges ; 1 544 hab. Bourg pittoresque dans le vignoble alsacien. Ce fut, jusqu'au XIIe s., la capitale d'un comté puissant. — Aux environs, restes de fortifications du XIe s. (les *Trois Tours d'Eguisheim*).

EGUREN (José María), poète péruvien (Lima 1882 - *id.* 1942), créateur d'une poésie musicale peuplée d'êtres irréels (*Simbólicas,* 1911).

ÉGUZON-CHANTÔME (36270), anc. **Éguzon,** ch.-l. de cant. de l'Indre ; 1 396 hab. Barrage (avec importante retenue) et centrale sur la Creuse.

ÉGYPTE, en ar. **Miṣr** (officiellement **République arabe d'Égypte**), État de l'Afrique du Nord-Est, le plus peuplé du monde arabe ; 1 million de km^2 ; 64 200 000 hab. *(Égyptiens).* CAP. *Le Caire.* LANGUE : *arabe.* MONNAIE : *livre égyptienne.*

Géographie. Couvrant une superficie presque double de celle de la France, mais comptant encore un peu moins d'habitants, l'Égypte est cependant un pays localement surpeuplé. La superficie réellement utile approche seulement 40 000 km^2 et correspond, en dehors de quelques oasis, à la seule vallée du Nil. En effet, à une latitude subtropicale, le pays constitue l'extrémité orientale du Sahara, coupée par le Nil. La chaleur est torride en été, s'accroissant vers le S., où disparaissent pratiquement les précipitations, déjà très faibles dans le delta (où elles avoisinent en moyenne 50 mm par an).

La vallée du Nil, d'une largeur utile de 3 à 15 km, est intensément mise en valeur grâce à une utilisation rationnelle, très ancienne, de la crue annuelle du fleuve, qui fertilise les terres inondées. Le haut barrage d'Assouan a régularisé l'irrigation (fournissant également de l'électricité), gagné de nouvelles terres, accru la fréquence des récoltes (parfois 4 par an), au prix, il

est vrai, de quelques contreparties fâcheuses (salinisation des terres, diminution de l'apport en limon, nécessitant des engrais compensateurs, etc.).
De toute façon, l'augmentation de la production céréalière (blé, maïs,riz) ne suit pas celle d'une population qui s'accroît de près de un million et demi de personnes chaque année : l'Égypte importe la moitié de sa consommation alimentaire. L'exode rural (bien que près de la moitié de la population active soit encore engagée dans l'agriculture) gonfle les villes (Le Caire et Alexandrie en tête), qui regroupent aujourd'hui au moins 50 % de la population. Pourtant, l'industrie est peu développée, si l'on excepte le textile (traitant le coton), l'agroalimentaire (sucre), une petite sidérurgie et surtout l'extraction du pétrole, à l'essor récent. Le pétrole est devenu, devant le coton, le premier poste d'exportations qui ne représentent que le tiers des importations. Le solde déficitaire de ce commerce extérieur (effectué surtout avec les États-Unis et l'Union européenne) n'est pas entièrement comblé par les envois des émigrés, les revenus du canal de Suez et du tourisme international. Il aggrave le poids du lourd endettement extérieur d'un pays au faible niveau de vie, où le problème démographique demeure fondamental (la densité réelle moyenne étant environ de 1 200 hab./km²).

Histoire. L'Égypte apparaît très tôt dans l'histoire des civilisations. Au IVe millénaire, elle est divisée entre deux royaumes : Basse-Égypte au nord et Haute-Égypte au sud.
• *L'Égypte des pharaons.* Elle voit se succéder trois empires distincts et de nombreuses dynasties.
3200-2778 av. J.-C. : (Ire et IIe dynastie). Époque thinite. Ménès (ou Narmer) unifie l'Égypte.
2778-vers 2400 : (IIIe à VIe dynastie). Ancien Empire.
L'Égypte, alors unifiée, a pour capitale Memphis. C'est pendant cette période que les rois de la IVe dynastie (Kheops, Khephren et Mykerinus) font construire les pyramides de Gizeh. Sous les pharaons, fils du dieu solaire Rê, l'Égypte connaît une grande prospérité, favorable au développement de l'art.
Vers 2400-2160 av. J.-C. : Première période intermédiaire.
2160-1785 : (XIe et XIIe dynastie). Moyen Empire ou premier Empire thébain.
Le Moyen Empire étend la domination égyptienne jusqu'à la Nubie et en direction de la Syrie. La XIIe dynastie favorise le culte d'Amon.
1785-1580 av. J.-C. : Seconde période intermédiaire. Le pays est envahi par les Hyksos, venus de Palestine, qui sont finalement repoussés par les princes de Thèbes.
1580-1085 : (XVIIIe à XXe dynastie). Nouvel Empire ou second Empire thébain.
Sous la XVIIIe dynastie (1580-1314 av. J.-C.), l'Égypte est une des grandes puissances de l'Orient. Thoutmosis Ier et Thoutmosis III font la conquête du haut Nil et de la Syrie. Aménophis IV abandonne le culte d'Amon pour celui d'Aton, dieu unique. Ramsès II (XIXe dynastie) repousse les invasions hittites.
1085 : Fin de l'unité égyptienne.
Des dynasties étrangères ou nationales alternent au pouvoir (XXIe à XXVIe dynastie).
525 av. J.-C. : Le pays est conquis par les Perses. Des rois perses et indigènes se succèdent (XXVIIe à XXXe dynastie).
• *L'Égypte hellénistique et romaine.*
332 av. J.-C. : L'Égypte est conquise par Alexandre le Grand.
Pendant près de trois siècles, les Lagides, dynastie grecque, règnent sur le pays. La civilisation égyptienne subit l'influence grecque. Alexandrie devient un centre intellectuel florissant.
30 av. J.-C. : L'Égypte est annexée par Rome. Elle approvisionne le monde romain en blé. Le christianisme se développe et, au IIIe s., est profondément implanté.
395 : À la mort de Théodose, l'Égypte entre dans la mouvance byzantine. L'Église égyptienne est l'Église copte.
• *L'Égypte musulmane jusqu'à Méhémet-Ali.*
640-642 : Les Arabes conquièrent le pays. Intégrée à l'Empire musulman, l'Égypte est islamisée. Les coptes ne représentent plus qu'un quart de la population en 750.
969-1171 : Les Fāṭimides gouvernent le pays. Ils fondent Le Caire et l'université d'al-Azhar.
1171-1250 : La dynastie fondée par Saladin s'empare de la quasi-totalité des États latins du Levant.
1250-1517 : Le pays est gouverné par la caste militaire des Mamelouks.
1517 : L'Égypte devient une province ottomane.
1798-1801 : Occupation par les troupes françaises commandées par Bonaparte.
• *L'Égypte moderne.*
1805-1848 : Méhémet-Ali modernise le pays. Il conquiert le Soudan en 1821.
1867 : Ismā'īl Pacha obtient le titre de khédive (vice-roi).
1869 : Le canal de Suez est inauguré.
Endetté, le khédive doit accepter la tutelle des Français et des Britanniques, puis celle de ces derniers seuls. Les Anglais établissent une domination de fait sur le pays à partir de 1882.
1914 : La suzeraineté ottomane est abolie et le protectorat britannique, établi.
1922 : Le protectorat est supprimé et l'Égypte devient un royaume.

1928 : Création du mouvement politico-religieux des Frères musulmans, qui milite pour un régime islamique.
1936 : Le traité anglo-égyptien confirme l'indépendance de l'Égypte, qui accepte le stationnement de troupes britanniques sur son territoire.
1948-1949 : L'Égypte participe à la première guerre israélo-arabe.
• *L'Égypte républicaine.*
1953 : La république est proclamée.
1954 : Nasser devient le seul maître du pays.
1956 : Il obtient des Soviétiques le financement du haut barrage d'Assouan et nationalise le canal de Suez, ce qui provoque un conflit avec Israël et l'intervention militaire franco-britannique.
1958-1961 : L'Égypte et la Syrie forment la République arabe unie.
1967 : Un nouveau conflit avec Israël entraîne la fermeture du canal de Suez. Les Israéliens occupent le Sinaï.
1970 : Sadate succède à Nasser.
1973 : Une nouvelle guerre oppose l'Égypte et d'autres pays arabes à Israël. L'Égypte récupère le contrôle du canal de Suez.
1976 : L'Égypte rompt ses relations avec l'U. R. S. S.
1979 : Le traité de paix avec Israël est signé à Washington conformément aux accords de Camp David.
1981 : Sadate est assassiné par des extrémistes islamistes, H. Moubarak devient président de la République.
1982 : Restitution du Sinaï à l'Égypte.
Mise au ban du monde arabe après la signature de la paix avec Israël, l'Égypte s'en rapproche à partir de 1983-84. Sous la pression des islamistes, elle procède à une certaine islamisation des lois, de la Constitution et de l'enseignement.
1989 : Réintégration au sein de la Ligue arabe.
1991 : Lors de la guerre du Golfe, l'Égypte participe à la force multinationale engagée contre l'Iraq.
Depuis 1993, le gouvernement exerce une sévère répression contre les islamistes, qui multiplient les attentats.

Égypte *(campagne d').* Après la paix de Campoformio (1797), l'Angleterre restait seule en lutte contre la France. Bonaparte décida de porter la guerre en Égypte, base d'opérations contre la domination britannique en Inde. Il prit Malte (10 juin 1798), s'empara d'Alexandrie (juill.) et battit les mamelouks à la bataille des Pyramides (21 juill.). Bien que prisonnier dans sa conquête, et la flotte française ayant été anéantie en rade d'Aboukir (1er août), Bonaparte envoya Desaix pacifier la Haute-Égypte et fonda l'Institut d'Égypte. L'armée turque menaçant l'Égypte depuis la Syrie, Bonaparte se porta à ses devants, la battit au mont Thabor (16 avr. 1799), mais échoua à Saint-Jean-d'Acre (mai) et dut battre en retraite en Égypte. Il rejeta à la mer une seconde armée turque à Aboukir (25 juill.). Rentré en France, il laissa le commandement à Kléber, qui fut assassiné le 14 juin 1800. Son successeur, Menou, fut battu à Canope par les Anglais, avec lesquels il signa une convention d'évacuation en août 1801.

Égypte antique *(religions de l').* Outre les génies qui présidaient aux diverses activités de la nature et des hommes (du blé, de la cuisine, de la brasserie...), la religion primitive de l'Égypte comprend des dieux cosmiques, qui se manifestent sous la forme de phénomènes physiques – Rê (le soleil),Shou (l'atmosphère), Geb (la terre), Nout (la voûte céleste) –, et des divinités locales : Ptah à Memphis, Rê à Héliopolis, Amon à Thèbes, Thot à Hermopolis, Horus à Edfou, Osiris à Abydos... À ces deux groupes, entre lesquels la frontière se déplace parfois, s'ajoute celui des animaux sacrés (le bœuf Apis, le bélier d'Amon, le bouc d'Osiris). Avec la Ve dynastie, le culte solaire d'Héliopolis devient religion d'État, les pharaons prenant le titre de « fils de Rê ». Sous la XIIe dynastie, Amon aura la prééminence aux côtés de Rê. La divinité suprême sera alors, pendant des siècles, Amon-Rê, sauf pendant une brève période monothéiste, lorsque Aménophis IV, devenu Akhénaton, fera du disque solaire, Aton, la seule divinité. Les dieux, dont chacun est le dieu suprême là où il s'installe, auront tendance à se grouper en « triades » ou en synthèses plus importantes. Parallèlement, dans certaines cités apparaissent des systèmes théologiques dont les plus importants sont ceux d'Héliopolis (où apparaissent neuf dieux issus de Rê), de Memphis et d'Hermopolis. Le lieu par excellence du rituel est le temple, où l'on entretient le dieu pour qu'il maintienne la marche du monde. Une des principales caractéristiques de la religion de l'Égypte antique est l'importance qu'elle accordait à l'au-delà. En témoignent notamment la construction des pyramides, pour les pharaons divinisés, ou de somptueux tombeaux, pour les hauts fonctionnaires, et la complexité des rites funéraires, dont l'embaumement sous l'égide du dieu-chacal Anubis. Le jugement prononcé après la mort par la déesse Maât peut faire entrer le défunt, assimilé à Osiris, dans l'assemblée des dieux.

ÉGYPTIEN, ENNE adj. et n. D'Égypte.
◆ **égyptien** n. m. **1.** Langue chamito-sémitique parlée dans l'Égypte antique jusqu'à l'hellénisation. (→ *encycl.*) — **2.** Arabe dialectal parlé en Égypte et au Soudan.
◆ **égyptienne** n. f. **1.** Famille de caractères (classification Thibaudeau) caractérisés par des em-

pattements rectangulaires. (*Mécanes* dans la classification Vox.) — 2. Étoffe de soie à rayures formées par des effets satin se détachant sur un fond taffetas (XVIIIe s.).

ENCYCL. L'égyptien ancien est connu depuis le IVe millénaire av. J.-C. Il a utilisé trois systèmes d'écriture : les hiéroglyphes pour les inscriptions monumentales, la cursive hiératique pour l'écriture sur les papyrus et les ostraca, la cursive démotique, encore plus simplifiée, après le VIIe s. av. J.-C. Après l'adoption de l'alphabet grec, l'égyptien est connu sous le nom de copte.

ÉGYPTOLOGIE n. f. Étude de l'Égypte ancienne, de sa langue, de son histoire, de sa civilisation.

ÉGYPTOLOGUE n. Spécialiste d'égyptologie.

ÉGYPTOS ou **AIGUPTOS,** héros qui a donné son nom à l'Égypte, et qui, d'après la mythologie grecque, aurait été l'un de ses plus anciens rois.

EH ! interj. (onomat.). **1.** S'emploie en général au début d'une phrase exclamative dont l'intonation peut exprimer la surprise, la joie, la douleur, le reproche, l'encouragement, l'interpellation, etc. : *Eh ! qu'est-ce que ça signifie ?* — **2.** *Eh !,* redoublé, s'emploie par ironie lorsqu'on veut laisser entendre sa pensée sans la dire nettement : *Eh ! eh ! j'en connais un qui a fait une bêtise !* — **3.** *Eh bien !,* s'emploie pour exprimer la surprise : *Eh bien ! en voilà une histoire !* ; l'acquiescement, la résolution : *Eh bien ! nous plaiderons ;* pour interroger ou accompagner une phrase interrogative : *Vous l'avez vu ? Eh bien ?* ; pour introduire une affirmation, une révélation : *Eh bien ! voici ce qu'il a fait ;* pour introduire une phrase conclusive : *Tout le monde est là ? Eh bien ! on peut commencer.* — **4.** *Eh quoi ?,* exprime la surprise, l'indignation ou une interrogation avec une nuance de l'un de ces deux sentiments.

ÉHANCHÉ, E adj. Se dit d'un cheval dont les deux hanches ne sont pas au même niveau.

EHECATL, l'un des plus anciens dieux du panthéon mexicain, qui symbolise le vent et qui fut assimilé tardivement à Quetzalcóatl. Il est figuré sous la forme d'un singe soufflant ou sous les traits d'un homme au masque en bec de canard.

E. H. E. S. S., sigle de ÉCOLE DES HAUTES* ÉTUDES EN SCIENCES SOCIALES.

ÉHONTÉ, E adj. **1.** Qui n'a pas honte en commettant un acte scandaleux, répréhensible : *Un menteur éhonté.* — **2.** Qui manifeste un cynisme évident ; honteux, effronté : *Mensonge éhonté.*

ÉHOUPAGE n. m. Écimage d'un arbre.

ÉHOUPER v. t. (de *houppe*) [conj. 3]. Écimer un arbre.

EHRENBOURG ou **ERENBOURG** (Ilia Grigorievitch), écrivain soviétique (Kiev 1891 - Moscou 1967). Son scepticisme corrosif vise aussi bien l'Europe capitaliste que la révolution (*les Aventures extraordinaires de Julio Jurenito,* 1922) et la NEP (*Rapace,* 1925). Il célèbre les chantiers du quinquennat (*le Second Jour,* 1934) alors que la guerre, puis la lutte pour la paix lui inspirent une grande trilogie (*la Chute de Paris,* 1941 ; *la Tempête,* 1947 ; *le Neuvième Flot,* 1952). Un des premiers à critiquer le stalinisme (*le Dégel,* 1954), il laisse avec *Hommes, années, vie* (1961-1965) un précieux témoignage du demi-siècle littéraire.

EHRENFELS (Christian, *baron* VON), philosophe autrichien (Rodaun 1859 - Lichtenau 1932). Ses travaux le rattachent à l'école phénoménologique et, en psychologie, au gestaltisme.

EHRLICH (Paul), médecin allemand (Strehlen, Silésie, 1854 - Bad Homburg 1915). Il a introduit les arsénobenzènes dans le traitement de la syphilis, réalisant le premier traitement vraiment efficace de cette maladie. (Prix Nobel de médecine 1908.)

EIBL-EIBESFELD (Irenäus), éthologiste autrichien (Vienne 1928). Il a été l'élève de K. Lorenz. Ses travaux se sont orientés vers l'étude comparée de comportements, notamment l'agression, chez divers groupes animaux et humains.

EICH (Günter), écrivain allemand (Lebus, Brandebourg, 1907 - Salzbourg 1972). Membre du « Groupe 47 », il marque le renouveau poétique de l'Allemagne (*Abgelegene Gehöfte,* 1948 ; *Botschaften des Regens,* 1955). On lui doit aussi des traductions du chinois et des nouvelles pleines d'humour (*Maulwürfe,* 1968).

EICHENDORFF (Joseph, *baron* VON), écrivain allemand (Lubowitz, près de Racibórz, Haute-Silésie, 1788 - Neisse, auj. Nysa, Haute-Silésie, 1857). « Le dernier chevalier de l'école romantique », aux tendances mystiques, il laisse des nouvelles (*Scènes de la vie d'un propre à rien,* 1826) et un recueil lyrique de qualité *(Chansons de route, Vie des chanteurs, Printemps et Amour).*

EICHHORNIA n. m. (de *Eichhorn,* n. pr.). Nom générique de la jacinthe d'eau.

EICHMANN (Adolf), fonctionnaire nazi allemand (Solingen 1906 - Ramla, Israël, 1962). Il adhéra au parti national-socialiste en 1932, entra la même année dans les SS et travailla dans leur service de sécurité (SD) à partir de 1934. Il s'occupa des affaires juives à Vienne, après l'annexion de l'Autriche (1938), puis à Prague (1939) et en Pologne. À partir de l'hiver 1941-42, il organisa la déportation et l'extermination des juifs d'Europe orientale et d'Allemagne. Réfugié après la guerre en Argentine, il y fut enlevé par des Israéliens (1960) ; condamné à mort par la cour suprême d'Israël, il fut pendu.

EICOSANE n. m. Hydrocarbure $C_{20}H_{42}$, que l'on rencontre dans les paraffines.

EIDER [edɛr] n. m. (islandais *aedur*). Gros canard marin des océans subarctiques se nourrissant de coquillages, qu'il capture en plongée, et dont le duvet servait autrefois à garnir les édredons.

EIDÉTIQUE [ɛjdetik] adj. (all. *eidetisch,* du gr. *eidos,* forme). **1.** Chez Husserl, se dit de tout ce qui concerne l'essence des choses, par oppos. à ce qui a trait à la réalité sensible ou psychologique. — **2.** *Image eidétique,* reviviscence d'une perception après un certain temps de latence. ‖ *Réduction eidétique,* chez Husserl, opération par laquelle la conscience transforme ce dont elle a la perception ou l'expérience en un objet schématique, qualifié d'essence.

EIDÉTISME [ɛjdetism] n. m. (de *eidétique*). Faculté de revoir avec une grande acuité sensorielle des objets perçus plus ou moins longtemps auparavant, sans croire à la réalité matérielle du phénomène. (La notion d'« eidétisme » a été dégagée par certains psychologues à partir de la phénoménologie de Husserl.)

EIDOPHOR n. m. (n. déposé) [gr. *eidos,* image]. Appareil fournissant une image de télévision sur un grand écran du type cinéma.

EIDSVOLL ou **EIDSVOLD,** localité de Norvège située au sud du lac Mjøsa, où se tint, en 1814, la réunion des notables qui dotèrent le pays d'une Constitution et reconnurent comme roi le prince héritier Christian-Frédéric.

EIFEL, massif d'Allemagne, partie du Massif schisteux rhénan, à l'O. de la Moselle et du Rhin ; 747 m. En partie volcanique et boisé, coupé de vallées (Moselle, Ahr), traversé par l'autoroute Trèves-Cologne, il juxtapose activités agricoles (élevage, vignobles), thermales et surtout touristiques.

EIFFEL (Gustave **Bonickausen,** puis), ingénieur constructeur français (Dijon 1832 - Paris 1923). L'un des meilleurs spécialistes mondiaux de la construction métallique, il a notamment lancé des ponts combinant pylônes et arc en treillis de fer laminé, d'une portée sans précédent : 160 m au pont Maria Pia sur le Douro (Porto, 1876), 165 m au viaduc de Garabit sur la Truyère (1882). Sa célébrité tient plus encore à la tour qui porte son nom (v. art. suiv.). Il installa à Auteuil, en 1912, un laboratoire d'aérodynamique, qu'il donna à l'État en 1921. Parmi d'autres travaux : grande coupole (22 m de diamètre) de l'observatoire de Nice (1885) ; ossature de la statue de la Liberté, à New York (1886).

Eiffel *(tour),* monument métallique érigé par G. Eiffel sur le Champ-de-Mars, à Paris, pour l'Exposition universelle de 1889. Ce pylône géant en fer treillissé fut assemblé, en éléments préfabriqués de 10 m, de l'été 1887 au printemps 1889 (sur fondations entreprises fin janv. 1887). Quatre caissons inclinés convergents supportent un 1er et un 2e étage (respectivement à 57 et 116 m du sol), le 3e étant porté par une structure unifiée à 276 m (hauteur accrue d'une plateforme terminale, d'un phare et d'une antenne de télévision qui culmine à 320 m). Le poids global de la structure, aménagements exclus, est de 7 340 tonnes. La tour appartient à la Ville de Paris, qui en concède la gestion à une société d'exploitation.

Eiga Monogarati, œuvre japonaise du début du XIIe s. C'est une description de la vie de cour à l'apogée de la famille Fujiwara.

EIGEN (Manfred), chimiste allemand (Bochum 1927). Il a pu déterminer le mécanisme de réactions chimiques extrêmement rapides. (Prix Nobel de chimie 1967.)

EIGER, sommet des Alpes bernoises, au S.-E. d'Interlaken ; 3 970 m. Première ascension par C. Barrington avec Ch. Almer et P. Bohren en 1858 par le versant sud-ouest. L'Eiger est surtout célèbre par sa face nord, ou *Eigerwand,* paroi haute de 1 600 m, faite de dalles calcaires, couverte de nombreuses plaques de glace ou de neige, gravie par les Allemands A. Heckmair et L. Vörg et les Autrichiens F. Kasparek et H. Harrer en 1938.

EIGHTIES [ɛjtiz] n. f. pl. (mot angl.). *Fam.* Les années 1980 : *Les nouvelles modes des eighties.*

EIGTVED (Nicolai), architecte danois (Egtved, Jylland, 1701 - Copenhague 1754). Premier architecte de Christian VI, il est l'auteur notamment, à Copenhague, de l'ensemble classique de la place d'Amalienborg.

EIJKMAN (Christiaan), physiologiste hollandais (Nijkerk 1858 - Utrecht 1930). Ses travaux sur le béribéri amenèrent la découverte des vitamines et lui valurent le prix Nobel de médecine en 1929.

EIKHENBAOUM ou **EIKHENBAUM** (Boris Mikhaïlovitch), critique littéraire soviétique (Krasnyï 1886 - Leningrad 1959). Il a privilégié les études de structure, de rythme et de poétique (*Comment est fait le Manteau de Gogol,* 1919 ; *la Mélodie du vers lyrique russe,* 1922 ; *Anna Akhmatova,* 1923).

EILAT ou **ELATH,** port et station balnéaire d'Israël, sur le golfe d'‘Aqaba, relié par pipe-line à Ashkelon ; 18 000 hab. Centre touristique.

EIMERIA n. f. (de T. *Eimer,* n. pr.). Coccidie parasite d'invertébrés et de nombreux vertébrés, dont diverses espèces sont responsables de coccidioses chez les volailles, le lapin, les bovins.

EIMERT (Herbert), compositeur et théoricien allemand (Bad Kreuznach 1897 - Düsseldorf 1972). Pionnier de la musique électronique, il crée, en 1951, le *Studio für elektronische Musik* de la radio de Cologne. De cette époque datent *Etüde über Tongemische* (1954) et *Epitaph für Aikichi Kuboyama* pour récitant et sons électroniques (1962).

EINAUDI (Luigi), homme politique et économiste italien (Carru, Piémont, 1874 - Rome 1961). Professeur d'économie politique, sénateur (1919), il soutint le libéralisme économique et s'opposa au fascisme. Après la chute de Mussolini, il devint gouverneur de la Banque d'Italie (1945). Député de l'Assemblée constituante (1946), ministre du Budget (1947), il fut président de la République de 1948 à 1955. Il a laissé d'importants travaux d'économie financière. — Son fils GIULIO (Turin 1912) fonda en 1933 à Turin la maison d'édition qui porte son nom.

EINDHOVEN, v. du sud des Pays-Bas (Brabant-Septentrional) ; 195 000 hab. (373 000 dans l'agglomération). Musée municipal Van Abbe (art du XXe s.). Musée des sciences et techniques. Électrotechnique. Construction automobile. La base aérienne d'Eindhoven fut presque totalement détruite par le dernier raid d'envergure de la Wehrmacht (1er janv. 1945).

EINHARD → EGINHARD.

Einhorn *(sonde d'),* sonde en caoutchouc de fin calibre, terminée par une olive métallique, servant à faire des tubages gastriques et duodénaux.

EINSIEDELN *(Notre-Dame-des-Ermites),* station d'été et de sports d'hiver (alt. 900-1 600 m) de Suisse (cant. de Schwyz), près du Sihlsee ; 9 600 hab. Abbaye bénédictine superbement reconstruite au début du XVIIIe s. par le moine et architecte autrichien Kaspar Moosbrugger. Pèlerinage.

EINSTEIN (Albert), physicien américain d'origine allemande (Ulm 1879 - Princeton 1955). Après des études secondaires peu brillantes au lycée de Munich, il entre en 1896 à l'Institut polytechnique de Zurich. Il trouve en 1902 un emploi à l'Office fédéral des brevets de Berne. Les loisirs que lui offre cette situation modeste lui permettent de réfléchir aux grands problèmes que pose la physique contemporaine. En 1905, il publie 5 mémoires dans *Annalen der Physik,* revue scientifique allemande. Le deuxième établit, à partir de l'étude de l'effet photoélectrique, l'existence de ce qu'on appellera plus tard le « photon ». Il est à l'origine de la théorie quantique. Le troisième est une application du calcul des probabilités au mouvement brownien, dont il établit la théorie. Le quatrième expose l'une des découvertes les plus importantes de la physique du début du siècle : la relativité restreinte. Einstein y démontre qu'il est possible de résoudre l'apparente incompatibilité de l'électrodynamique de Maxwell et du principe de relativité énoncé par Galilée en révisant les notions physiques d'espace et de temps. Dans le cinquième mémoire, Einstein développe l'idée nouvelle de l'équivalence entre masse et énergie ; c'est là que se trouve la fameuse formule $E = mc^2$.
Bien qu'il soit, par un article publié en 1917, à l'origine des travaux de De Broglie et d'Heisenberg, et bien qu'il considère lui-même la théorie quantique comme « la théorie la plus réussie de notre temps », Einstein n'acceptera jamais complètement l'interprétation probabiliste de l'école de Copenhague, à laquelle il reproche d'abandonner l'idée de déterminisme. En 1921, il reçoit le prix Nobel de physique pour sa contribution à l'étude de l'effet photoélectrique (et non pour la théorie de la relativité, encore controversée). Einstein a mené une vie de « voyageur solitaire ». Après des séjours à Prague, à Berlin, à Paris et en Belgique, il accepte la première chaire de professeur à l'Institute for Advanced Study de Princeton, où il travaille à l'élaboration d'une théorie unitaire, synthèse de la gravitation et de l'électromagnétisme, sans jamais y parvenir vraiment. Einstein a toujours pris des positions publiques sur les grands problèmes de son époque, que ce soit à propos de l'existence de l'État d'Israël, de l'Union soviétique, de la lutte contre le nazisme ou de la fabrication d'armements nucléaires. Il devient, en mai 1946, président du « Comité de vigilance des savants atomistes ». Jusqu'à sa mort, en 1955, il luttera activement contre la prolifération des armes nucléaires.

EINSTEIN (Alfred), musicologue allemand, naturalisé américain (Munich 1880 - El Cerrito, Californie, 1952). On lui doit la 3e édition du *Catalogue des œuvres de Mozart* de Köchel, un *Mozart* (1945) et un *Schubert* (1951).

EINSTEINIEN, ENNE [ajnʃtɛnjɛ̃, -ɛn] adj. Relatif aux théories d'Einstein.

EINSTEINIUM [ajnʃtɛnjɔm] n. m. (de A. *Einstein,* n. pr.). Élément chimique artificiel, de numéro atomique 99 (symb. Es). [Un de ses isotopes fut découvert en 1952 dans les débris de la première explosion thermonucléaire.]

EINTHOVEN (Willem), physiologiste néerlandais (Semarang, Java, 1860 - Leyde 1927). Il a reçu, en 1924, le prix Nobel de médecine pour sa découverte de l'électrocardiographie.

ÉIRE, nom gaélique de l'Irlande, adopté par l'État libre d'Irlande en 1937.

EISAI, moine bouddhiste japonais (1141-1215). Il rapporta de Chine en 1191 des documents qui furent à l'origine de la création de la secte zen.

EISEN (Charles), peintre, dessinateur et graveur français (Valenciennes 1720 - Bruxelles 1778), célèbre pour ses culs-de-lampe et vignettes d'illustration (*Métamorphoses* d'Ovide), de goût rocaille.

EISENACH, v. d'Allemagne (Thuringe), fondée au XIe s. par les landgraves de Thuringe, seconde capitale de l'ancien grand-duché de Saxe-Weimar-Eisenach ; 51 000 hab. Château de la Wartburg (XIIe-XIXe s.) et château ducal (XVIIIe s.), auj. musées. Églises médiévales. Maisons-musées de Luther et de J. S. Bach. Musée Richard Wagner. Équipement automobile. Chimie. Électronique.

EISENERZ, v. d'Autriche (Styrie), au N.-O. de Leoben ; 11 500 hab. Sidérurgie à proximité des mines de fer de l'Erzberg.

EISENHOWER (Dwight David), général et homme d'État américain (Denison, Texas, 1890 - Washington 1969). Sorti de West Point en 1915, commandant en 1918, il sert aux Philippines (de 1935 à 1939). Il est envoyé en 1942 à Londres pour organiser le débarquement allié au Maroc et en Algérie. Nommé commandant des armées alliées en Afrique du Nord (févr. 1943), il dirige la campagne de Tunisie et le débarquement en Sicile et en Italie. Nommé commandant en chef des forces alliées chargées de la libération de l'Europe occidentale (1943), il reçoit à Reims la capitulation allemande (7 mai 1945) et quitte peu après le service actif. Rappelé en 1949, il devient conseiller militaire de Truman, qui le désigne pour exercer le commandement suprême des forces des nations atlantiques en Europe.
Lorsqu'il est élu président des États-Unis en 1952, sous l'étiquette républicaine, la politique extérieure est marquée par l'influence de J. Foster Dulles, qui accorde la priorité à la lutte contre le « danger communiste ». Réélu en 1956, Eisenhower va s'efforcer, sur le plan intérieur, de résoudre le problème racial dans le Sud. À l'extérieur, il pratique une politique énergique au Moyen-Orient et accélère le programme de missiles intercontinentaux. Son second mandat s'achève en 1961. Il a publié ses Mémoires de chef militaire (1948) et ses souvenirs politiques (1963 et 1965).

EISENHÜTTENSTADT, anc. **Stalinstadt,** v. d'Allemagne (Brandebourg), sur l'Oder, à la frontière polonaise ; 48 000 hab. Centre sidérurgique.

EISENSTADT, v. d'Autriche, cap. du Burgenland, au pied de la Leitha ; 10 000 hab. Château du XVIIe s. Souvenirs de Joseph Haydn.

EISENSTEIN (Sergueï Mikhaïlovitch), cinéaste soviétique (Riga 1898 - Moscou 1948). Il se destine à la peinture, mais, après avoir été décorateur, il devient metteur en scène de théâtre. Influencé par les théories du *cinéma-œil,* Eisenstein dirige coup sur coup *la Grève* (1924), puis *le Cuirassé* Potemkine* (1925), un des chefs-d'œuvre du cinéma. Assisté de l'opérateur Tissé, Eisenstein tourne *Octobre* (1927) et *la Ligne générale* (ou *l'Ancien et le Nouveau,* 1929). Il est ensuite engagé par Hollywood, mais n'arrive pas à faire accepter ses points de vue et part pour le Mexique afin de réaliser ce qui devait être l'épopée du peuple mexicain : *Que viva Mexico !* Il est dépossédé du négatif de cette œuvre, dont plusieurs films seront tirés sans son accord : *Tonnerre sur le Mexique, Kermesse funèbre, Eisenstein à Mexico.* Rentré dans son pays, il rencontre certaines difficultés avec les autorités soviétiques, qui l'empêchent de terminer *le Pré de Béjine* (1935-1937). Eisenstein se contente ensuite de poursuivre son œuvre de théoricien et de donner des cours aux élèves de l'Institut cinématographique d'État (le VGIK). En 1938, il revient à la mise en scène avec *Alexandre Nevski,* puis entreprend, dès 1942, une vaste fresque, *Ivan le Terrible,* dont la première partie est achevée en 1945 et dont la deuxième partie, terminée en 1946, ne sera diffusée en U. R. S. S. que 12 ans plus tard. Il meurt alors qu'il préparait la troisième partie. Les théories d'Eisenstein sur le montage, sur les rapports du son et de l'image ont profondément influencé les cinéastes du monde entier.

EISLEBEN, v. d'Allemagne (Saxe-Anhalt) ; 30 000 hab. Maisons où naquit et où mourut Luther. Combinat du cuivre. Mécanique.

EISLER (Hanns), compositeur autrichien naturalisé allemand (Leipzig 1898 - Berlin 1962). Partisan de l'art engagé, il collabora avec Brecht à partir de 1929. Émigré aux États-Unis en 1938, il y écrivit beaucoup de musique de film et y publia en 1947 avec Th. W. Adorno *Musique de cinéma.* Fixé à Berlin-Est en 1950, il est l'auteur de la musique de l'hymne national de la R. D. A.

EISNER (Kurt), écrivain et homme politique allemand (Berlin 1867 - Munich 1919). Membre du parti socialiste, il s'opposa, en 1914, à la guerre. Il prit la tête de la révolution du 7 nov. 1918 à Munich et forma un gouvernement socialiste bavarois, qu'il chercha à bolcheviser ; mais il fut assassiné.

EISPHORA n. f. (gr. *eisphora*). Dans l'Antiquité grecque, contribution extraordinaire perçue en temps de guerre. (D'exceptionnelle, elle devint permanente en 378-377.)

EITOKU → KANŌ EITOKU.

ÉJACULAT n. m. Quantité de sperme émis lors d'une éjaculation.

ÉJACULATEUR adj. m. *Canal éjaculateur,* chacun des deux petits conduits de 2,5 cm de long qui s'étendent de la confluence des canaux déférents et des vésicules séminales à la portion prostatique de l'urètre.
◆ n. m. *Éjaculateur précoce,* homme souffrant d'éjaculation précoce.

ÉJACULATION n. f. **1.** Émission énergique et saccadée de quelques sécrétions (principalement le sperme). – **2.** Partie terminale de l'acte sexuel, constituée par l'émission de sperme et s'accompagnant le plus souvent de plaisir. – **3.** *Éjaculation « ante portas »,* éjaculation avant l'intromission de la verge dans le vagin. ‖ *Éjaculation précoce,* trouble de la fonction sexuelle d'origine psychique consistant en l'émission prématurée de sperme. ‖ *Éjaculation retardée,* éjaculation ne survenant que tardivement après la pénétration vaginale, lors d'une masturbation ultérieure ou d'une pollution nocturne.

ÉJACULATOIRE adj. Relatif à l'éjaculation du sperme.

ÉJACULER v. t. (lat. *ejaculari,* lancer) [conj. 3]. Émettre vivement une sécrétion organique (principalement le sperme) au cours de l'éjaculation.

ÉJARRAGE n. m. Action d'éjarrer les peaux.

ÉJARRER v. t. (conj. 3). Éliminer les jarres de certaines peaux à fourrure.

ÉJECTA n. m. pl. (lat. *ejecta,* de *ejicere,* sortir). **1.** Produits des éruptions volcaniques. – **2.** Syn. de EXCRETA.

ÉJECTABLE adj. **1.** Qui peut être éjecté. – **2.** *Siège éjectable,* siège muni d'une fusée permettant l'évacuation d'un appareil volant à grande vitesse en cas de difficultés.

ÉJECTER v. t. (lat. *ejectare*) [conj. 4]. **1.** Projeter au-dehors : *La violence du choc l'éjecta de la voiture.* – **2.** *Fam.* Expulser qqn, le congédier brutalement : *Il s'est fait éjecter du lycée.* – **3.** Rejeter hors de la culasse d'une arme à feu la douille de la cartouche. – **4.** Extraire un fluide en l'entraînant au moyen d'une veine fluide animée d'une grande vitesse.

ÉJECTEUR n. m. **1.** Pièce du mécanisme d'une arme à feu qui, lors de l'ouverture de la culasse, chasse l'étui hors de l'arme. – **2.** Dans un propulseur, ensemble de la tuyère et de la chambre de combustion avec son injecteur. – 3. Dispositif ou mécanisme servant à l'éjection de pièces métalliques ou plastiques obtenues par moulage ou par travail à la presse. – 4. Appareil produisant l'évacuation d'un fluide au moyen d'une autre masse fluide animée d'une certaine vitesse.

ÉJECTIF, IVE adj. et n. f. Se dit d'une consonne produite avec une élévation du larynx, qui a pour effet de comprimer le volume d'air confiné entre la glotte et le point d'articulation et d'entraîner un renforcement de la détente.

ÉJECTION n. f. (lat. *ejectio, -onis*). **1.** Action de rejeter qqch au-dehors : *L'éjection des gaz par la tuyère, d'une douille hors de la culasse.* – **2.** *Fam.* Action de jeter qqn dehors, de l'exclure d'un groupe. – **3.** Projection du pilote à l'extérieur d'un avion au moyen d'un siège éjectable. (→ *encycl.*) – **4.** Procédé de démoulage d'un objet. – **5.** *Éjection solaire,* projection brutale dans l'atmosphère du Soleil de la matière sous-jacente, provoquée par des modifications rapides des champs magnétiques locaux. ‖ *Système frigorifique à éjection de vapeur,* système dans lequel la vaporisation du frigorigène à basse pression est assurée par un ou plusieurs éjecteurs.

ENCYCL. **Aéron.** Rendue nécessaire par les vitesses croissantes des appareils, l'éjection du pilote est assurée au moyen d'un siège projeté à l'extérieur par l'explosion de cartouches pyrotechniques. Dans la stratosphère, la différence de pression entre l'intérieur et l'extérieur a conduit à la mise au point d'une cabine entièrement largable. Les systèmes les plus récents permettent l'éjection à très basse altitude (l'ouverture du parachute est accélérée grâce à de petits impulseurs à poudre), voire à altitude zéro et à vitesse zéro (avion en feu immobilisé sur la piste).

EJIDO [ejido] n. m. (esp. *ejido*). Au Mexique, unité de terres appartenant à l'État. (Créés en 1915, les ejidos sont laissés en usufruit à de petits paysans qui les exploitent soit individuellement, soit collectivement en coopératives de production.)

ÉJOINTAGE n. m. Amputation de l'extrémité d'une aile d'un oiseau. (Le déséquilibre ainsi provoqué empêche l'oiseau de voler.)

ÉJOINTER v. t. (de *joint*) [conj. 3]. Pratiquer l'éjointage d'un oiseau.

EJUSDEM FARINAE loc. adv. (mots lat. signif. *de la même farine*). Se dit plaisamment de gens ou de choses ayant les mêmes vices, les mêmes défauts, etc.

EK (Niklas), danseur suédois (Stockholm 1943). Fils de la chorégraphe Birgit Cullberg, il est soliste du Ballet Cullberg en 1967 et s'impose comme un des meilleurs danseurs modernes européens. Avec le Ballet du XXe siècle, à partir de 1972, il crée d'importantes œuvres de Maurice Béjart. Il danse avec le Ballet royal suédois et avec le Ballet Cullberg à partir de 1976. – Son frère MATS (Malmö 1945) commence sa carrière au théâtre et n'opte pour la danse qu'au début des années 1970. D'abord interprète, il réalise sa première chorégraphie en 1976. Sa lecture provocante de *Giselle* (1982) et sa version iconoclaste du *Lac des cygnes* (1988) lui valent ensuite la célébrité. Il est auj. le chorégraphe principal et le directeur du Ballet Cullberg, fondé par sa mère.

EKATERINBOURG → IEKATERINBOURG.

EKELÖF (Gunnar), poète suédois (Stockholm 1907 - Sigtuna 1968). Apparenté aux surréalistes français, à la recherche d'une identité individuelle et artistique, il a marqué profondément l'évolution poétique suédoise (*Tard sur la terre,* 1932) dans ses derniers recueils (*Diwan sur le prince d'Emgion,* 1965). Il a révélé une inspiration mystique née de son admiration pour l'Orient.

EKELUND (Vilhelm), poète suédois (Stehag, prov. de Malmöhus, 1880 - Saltsjöbaden, près de Stockholm, 1949). Influencé par Nietzsche et les symbolistes français, ainsi que par la poésie de Pindare, il est un des précurseurs de la poésie moderne suédoise (*Sur le rivage de la mer,* 1922).

EKHOF (Conrad), comédien et auteur dramatique allemand (Hambourg 1720 - Gotha 1778). Fondateur de l'« Académie théâtrale » (1753), la première école d'art dramatique d'Allemagne, théoricien de l'interprétation, il a profondément influencé les comédiens de l'époque de Goethe et donné à la profession d'acteur la considération sociale.

EKIBASTOUZ, v. du Kazakhstan ; 74 000 hab. Elle donne son nom à un important bassin houiller (alimentant des centrales).

EKOFISK, gisement d'hydrocarbures de la mer du Nord, entre l'Écosse et le Danemark, dans la zone norvégienne.

EKTACHROME n. m. **1.** Nom déposé d'un film en couleurs inversible. — **2.** Photo faite avec ce type de film.

EKWENSI (Cyprian), romancier nigérian d'origine ibo (Minna 1921). Pharmacien, professeur, journaliste, il est l'auteur de *People of the City* (1954).

EL, dieu du Ciel chez les Cananéens. Divinité suprême, il fut éclipsé par Baal.

ELA, 4e roi d'Israël (886-885 av. J.-C.).

ÉLABORATION n. f. (lat. *elaboratio, -onis*). **1.** Action d'élaborer un travail intellectuel ; construction de l'esprit ; création : *L'élaboration d'un programme.* — **2.** Création par un organisme vivant d'un liquide circulant ou d'un produit de sécrétion (bile, urine, lait maternel). — **3.** Ensemble des opérations permettant d'extraire un métal de son minerai, puis de l'affiner pour obtenir un métal pur. — **4.** *Élaboration psychique,* transformation par l'appareil psychique des excitations internes ou externes qui lui parviennent et dont l'accumulation serait pathogène. ‖ *Élaboration secondaire,* aspect du travail du rêve consistant à donner à celui-ci un aspect compréhensible à la conscience.

ÉLABORER v. t. (lat. *elaborare,* perfectionner) [conj. 3]. **1.** Préparer qqch par un long travail intellectuel ; produire, constituer, construire un système : *Élaborer un projet.* — **2.** Produire une substance, la transformer en une autre : *Le foie élabore la bile.* — **3.** Procéder à l'élaboration d'un métal.

◆ **être élaboré** v. pass. **1.** Être perfectionné, raffiné dans ses moindres détails ; sophistiqué : *Système déjà très élaboré.* — **2.** *Sève élaborée,* sève riche en composés organiques et véhiculée par le liber.

◆ **s'élaborer** v. pr., **être élaboré** v. pass. Être formé, transformé dans un organisme vivant : *La bile est élaborée dans la vésicule.*

◆ **s'élaborer** v. pr. Être mûrement préparé, être progressivement créé : *L'écriture s'est élaborée au cours de plusieurs siècles.*

ELÆIS ou **ÉLÉIS** [eleis] n. m. (lat. sc. *elaies,* du gr. *elaiêeis,* huileux). Nom générique du palmier à huile.

ÉLAGABAL (SEXTUS VARIUS AVITUS BASSIANUS, salué par les soldats sous les noms de MARCUS AURELIUS ANTONINUS, dit) [204 -Rome 222], empereur romain (218-222). Attaché au culte du Baal solaire d'Émèse (Syrie), il fut, tout jeune, grand prêtre de ce dieu, adoré sous la forme d'une pierre noire et sous le nom d'*El Gebal,* dont la transcription romaine est *Elagabalus.* La légion d'Émèse le proclama auguste à l'âge de 14 ans. L'empereur Macrin marcha contre lui, mais fut battu et tué. Son règne fut une période de troubles et d'extravagances. Il proclama le Baal d'Émèse dieu suprême de l'Empire et déposa au Palatin la pierre noire d'Émèse. Les prétoriens le massacrèrent.

ÉLAGAGE n. m. **1.** Opération qui consiste à couper certaines branches d'un arbre ; ces branches coupées. — **2.** Chute naturelle des branches inférieures d'un arbre. — **3.** Suppression de ce qui est superflu : *Élagage des redondances dans un ouvrage.* — **4.** *Servitude d'élagage,* obligation incombant au propriétaire de couper les branches des arbres qui avancent sur le fonds voisin.

ÉLAGUER v. t. (anc. nordique *laga,* mettre en ordre [conj. 3]. **1.** Réaliser l'élagage d'un arbre. (Syn. ÉGAYER.) — **2.** Retrancher ce qui est inutile, marginal, accessoire pour ne conserver que l'essentiel : *Élaguer les détails inutiles.*

ÉLAGUEUR, EUSE n. Personne qui élague les arbres.

◆ **élagueur** n. m. Serpe ou scie pour élaguer. (Syn. ÉBRANCHEUR.)

◆ **élagueuse** n. f. Machine servant à élaguer les arbres.

ÉLAÏDIQUE adj. *Acide élaïdique,* isomère de l'acide oléique.

ÉLAÏDISATION n. f. Action d'élaïdiser.

ÉLAÏDISER v. t. (conj. 3). Transformer l'acide oléique en acide élaïdique. (Cette transformation se fait sous l'action de la température et de certains catalyseurs.)

ÉLAÏOCONIOSE ou **ÉLAÏOKONIOSE** n. f. Syn. de BOUTON* D'HUILE.

ÉLAM, pays ancien occupant le sud-ouest de l'Iran.
— **Hist.** Le peuple élamite se manifesta pour la première fois avec la diffusion de l'art et de la culture de Suse au IVe millénaire ; de la Susiane aux montagnes du Fārs actuel, où l'on a retrouvé l'autre grande cité élamite, Anshan, il occupait une aire d'au mois 350 000 km^2. Sa principale source de richesse fut le commerce de l'Iran vers la Mésopotamie.
Depuis ses origines, le peuple élamite connaissait de ce fait l'influence de la basse Mésopotamie tout en conservant son originalité culturelle (langue, religion, écriture). C'est aux XIIIe et XIIe s. av. J.-C. que se situe l'apogée de l'Élam. Une ville nouvelle (auj. Tchoga Zanbil) avec une ziggourat fut édifiée au XIIIe s. Shoutrouk-Nahhounte Ier porta un coup fatal aux Kassites en prenant Babylone en 1153 av. J.-C. Mais cette puissance s'effondra sous les coups de Nabuchodonosor Ier (v. 1115-1110 av. J.-C.). Après l'installation des peuples iraniens, l'Élam retrouva un moment de puissance politique à la fin du VIIIe s. Finalement, Assurbanipal détruisit Suse (v. 646 av. J.-C.) et annexa son territoire. Les Élamites furent incorporés à l'empire mède (612), puis perse. Darios Ier (522-486), fit de Suse la capitale de l'empire achéménide et conserva l'usage de la langue élamite.
— **Bx-arts.** À la haute époque, l'art élamite a produit une très belle céramique. La sculpture fait un large emploi du métal (or, argent, cuivre, bronze surtout). De l'époque de son apogée (v. 1250 av. J.-C.), citons la statue de la reine Napir-asou (Louvre), en bronze, ou les bas-reliefs, en bronze également, du roi Shilhak-In-Shoushinak. Les fouilles françaises en Iran ont remis au jour, à Tchoga Zanbil, près de Suse, une ziggourat extraordinairement conservée.

ÉLAMITE adj. et n. Du pays d'Élam.
◆ n. m. Langue sans parenté connue utilisée pendant l'Antiquité dans le pays d'Élam.

1. ÉLAN n. m. (de *élancer*). **1.** Mouvement que l'on fait, impulsion qu'on se donne pour s'élancer : *Prendre son élan et courir.* — **2.** Énergie prise par un corps en mouvement, qui le pousse à continuer son mouvement : *La voiture continua dans son élan.* — **3.** Impulsion donnée ou reçue pour accomplir une entreprise, pour qu'une action se développe et aboutisse : *Donner de l'élan à une industrie nouvelle.* — **4.** Mouvement intérieur suscité par un sentiment vif qui pousse à agir d'une certaine manière ou à manifester un sentiment ; impulsion : *Dans un élan de générosité, il lui offrit son aide.* — **5.** Mouvement affectueux envers qqn, manifestation spontanée de tendresse, d'amour : *Modérez vos élans.* — **6.** Ardeur, fougue, chaleur provoquée par un sentiment vif, par l'enthousiasme : *Parler avec élan.* — **7.** *Élan vital,* selon Bergson, jaillissement continu de la vie, générateur de l'évolution des êtres.

2. ÉLAN n. m. (haut all. *elend*). Grand cerf des forêts périarctiques, au museau couvert de poils, aux bois empaumés et dentelés de près de 2 m d'envergure. (L'élan est appelé *orignal* au Canada.)

ÉLANCÉ → ÉLANCER.

ÉLANCEMENT n. m. **1.** *Litt.* Mouvement de l'âme qui se porte avec force vers qqch ; élan : *Élancement du cœur.* — **2.** Douleur intermittente, aiguë et lancinante ou sourde. — **3.** Angle formé par l'étrave ou l'étambot avec le prolongement de la quille. (On distingue l'*élancement avant* et l'*élancement arrière,* appelé aussi *quête d'étambot.*) — **4.** Ensemble des parties avant et arrière de la coque d'un yacht, situées en encorbellement au-dessus de l'eau.

ÉLANCER (S') v. pr. (conj. 16). **1.** Prendre son élan pour sauter, courir, etc., prendre sa course d'un mouvement impétueux : *Il s'élance et, d'un bond, saute la rivière.* — **2.** Se porter vivement dans une direction, s'y précipiter : *Il s'élança vers moi.* — **3.** Aller vivement à son but : *S'élancer vers la victoire.* — **4.** Se jeter avec fougue dans une entreprise : *S'élancer au secours des malheureux.* — **5.** Jaillir, se dresser : *Flèche de clocher qui s'élance vers le ciel.*
◆ **élancer** v. t. *Litt.* Dresser vers le haut son sommet : *Église qui élance son clocher vers le ciel.*
◆ v. t. ou v. i. Être le siège ou la cause d'élancements, de douleurs aiguës ou sourdes : *Son doigt l'élance* ou *lui élance encore.*
◆ **être élancé** v. pass. Être mince et de haute taille : *Silhouette élancée.*

ÉLANCOURT (78990), comm. des Yvelines, à 2 km à l'O.-N.-O. de Trappes ; 20 207 hab. Centre culturel dans l'anc. commanderie des Templiers de la Villedieu (fondée en 1180).

ÉLAND n. m. (angl. *eland,* du haut all. *elend*). *Éland du Cap,* grande antilope africaine, domestiquée en Afrique australe.

ÉLAPHE n. m. (gr. *elaphos,* cerf). Nom spécifique du cerf commun d'Europe.

ÉLAPIDÉ n. m. (lat. sc. *elaps*). Nom d'une famille de serpents comprenant les cobras, les mambas, les bungares, les serpents corail et de nombreux genres vivipares d'Australie.

ÉLARGIR v. t. (conj. 32). **1.** Augmenter la largeur (de tant) : *Élargir une robe.* – **2.** Faire paraître plus large, plus ample : *La glace sur le mur élargissait la pièce.* – **3.** Rendre plus ample un mouvement, faire qu'il soit moins étriqué : *Élargir le mouvement des bras à la nage.* – **4.** Donner plus d'ampleur à qqch, un groupe, faire qu'il soit plus grand, plus large, plus général ou plus étendu : *Élargir le cercle de ses relations.* – **5.** Mettre un détenu en liberté.
◆ v. i. *Fam.* En parlant de qqn, prendre de la carrure : *Il a élargi et paraît plus fort.*
◆ **s'élargir** v. pr., **être élargi** v. pass. **1.** Être, paraître plus large : *La route s'élargit à cet endroit.* – **2.** Prendre de l'ampleur, une plus grande dimension, une plus grande extension : *Une majorité élargie.* – **3.** *Consommation élargie,* consommation finale des ménages étendue au secteur non marchand (temps de loisir, bien-être) et aux services collectifs divisibles (enseignement, services médicaux).

ÉLARGISSEMENT n. m. **1.** Action d'élargir qqch ; fait de s'élargir ; agrandissement : *L'élargissement d'une route.* – **2.** Action d'agrandir, d'étendre ; fait de s'étendre, de prendre de l'ampleur ; extension : *L'élargissement d'un débat.* – **3.** Mise en liberté d'un détenu. – **4.** *Élargissement des tâches,* rassemblement sur un même poste de travail d'un ensemble de tâches élémentaires réparties auparavant entre plusieurs opérateurs.

ÉLARGISSEUR n. m. **1.** Outil destiné à augmenter le diamètre d'un puits déjà foré ou en cours de forage. – **2.** Dispositif utilisé à l'entrée des séchoirs, rames et machines d'apprêt pour éliminer les plis d'un tissu et accroître sa largeur.

ELAS, sigle de *Ethnikós Laikós Apeleftherotikós Stratós* (Armée nationale populaire de libération), désignant les forces de la résistance grecque contre l'occupation ennemie, de tendance communisante. (→ EAM.)

ÉLASMOBRANCHE n. m. Syn. de CHONDRICHTYEN.

ÉLASMOÏDE adj. (du gr. *elasmos,* lame). Se dit des écailles des poissons osseux. (Les écailles élasmoïdes sont couchées obliquement dans le tégument et se recouvrent d'avant en arrière ; l'écaille est dite *cycloïde* si son bord postérieur est lisse, *cténoïde* s'il est crénelé.)

ÉLASTHANNE n. m. Fibre élastomère dotée d'une grande élasticité, tel le Lycra (nom générique).

ÉLASTICIMÈTRE n. m. Appareil servant à mesurer les déformations élastiques.

ÉLASTICIMÉTRIE n. f. Technique permettant de mesurer les déformations subies par un corps et les contraintes qui en résultent lorsque ce corps est soumis à des forces internes ou externes.

ÉLASTICITÉ n. f. (lat. sc. *elasticitas, -atis*). **1.** Aptitude d'un corps à reprendre, après sollicitations, la forme et les dimensions qu'il avait avant d'être soumis à ces sollicitations. (→ *encycl.*) – **2.** Propriété que possèdent certains tissus (muscles, artères, poumons, etc.) de se laisser distendre puis de revenir à leur forme et à leur volume primitifs lorsque la cause qui les a déformés a cessé d'agir. – **3.** Souplesse alliée à la vigueur, à l'agilité chez qqn, un animal, dans leur manière de se déplacer : *L'élasticité de sa démarche.* – **4.** *Fam.* Possibilité pour qqch d'être adapté aux circonstances, d'être interprété de façons variées ; flexibilité : *L'élasticité de certaines lois donne toute latitude au juge.* – **5.** Absence de rigidité, possibilité de variation relative d'un phénomène par rapport à un autre : *Une certaine élasticité de la demande et de l'offre.* – **6.** *Élasticité caoutchoutique,* aptitude des élastomères à subir des allongements très élevés sous l'influence d'une traction et à récupérer leurs dimensions initiales lorsque l'effort a cessé. ‖ *Élasticité de (la) conscience,* absence de rigueur morale. ‖ *Limite d'élasticité,* contrainte telle que tout dépassement a pour effet de provoquer des déformations résiduelles irréversibles dans la matière qui la subit. ‖ *Module d'élasticité longitudinale,* rapport constant qui existe entre une contrainte de compression ou de traction et la variation unitaire de longueur qu'elle provoque.

ÉLASTINE n. f. Protéine élastique très résistante à l'action des agents chimiques et des enzymes protéolytiques, rencontrée dans les ligaments et les parois artérielles.

ÉLASTIQUE adj. (lat. sc. *elasticus,* du gr. *elastos,* autre forme de *elatos,* ductile). **1.** Qui a la propriété de reprendre, au moins partiellement, sa forme ou son volume, après les avoir perdus par compression ou extension : *Une ceinture élastique.* – **2.** Se dit des mouvements d'un être vivant qui est souple et agile : *Une démarche élastique.* – **3.** *Fam.* Qui est susceptible d'être adapté à des situations variées, qu'on peut interpréter assez librement : *Il y a bien un règlement, mais il est élastique.* – **4.** *Collision élastique,* collision au cours de laquelle l'énergie cinétique totale est conservée. ‖ *Comportement élastique linéaire,* comportement d'un matériau tel que les forces appliquées, les contraintes et les déformations soient liées par des relations linéaires et homogènes. ‖ *Tissu élastique,* variété de tissu conjonctif où dominent les fibres élastiques. (→ *encycl.*)

◆ n. m. **1.** Lien, bande circulaire en caoutchouc : *Des fiches retenues ensemble par un élastique.* — **2.** Fil de caoutchouc ; tissu ruban dont la trame contient des fils de caoutchouc : *L'élastique du maillot de bain a lâché.* — **3.** Pop. *Les lâcher avec un élastique,* payer à regret ; être avare.

ENCYCL. **Histol.** Les *fibres élastiques* sont particulièrement nombreuses dans la peau et dans la tunique moyenne des grosses artères, où elles jouent le rôle de régulateur de la circulation sanguine, que les battements du cœur rendraient intermittente. Une des propriétés biologiques fondamentales de ce tissu est de pouvoir être toléré sous forme de greffons et de garder chez l'hôte ses propriétés fondamentales (greffons artériels).

ÉLASTIQUEMENT adv. De façon élastique, souple.

ELASTISS n. m. (n. déposé). Tissu élastique fabriqué à partir de fils polyamides.

ÉLASTOFIBRE n. f. Fibre constituée d'un élastomère.

ÉLASTOMÈRE n. m. Matériau, d'origine naturelle ou synthétique, doué d'élasticité caoutchoutique.

ENCYCL. Les propriétés caractéristiques d'un élastomère sont un allongement rapide et notable (jusqu'à 10 fois la longueur initiale) sous l'effet d'une traction, une résistance à la rupture élevée dans son état étiré, un retour rapide à la longueur initiale, propriétés qu'il garde dans un vaste domaine de températures. Un élastomère est formé de longues chaînes macromoléculaires possédant une grande flexibilité et entre lesquelles n'existent pas de forces de liaison importantes. Lorsqu'il est soumis à une traction, les chaînes, qui, au repos, sont fortement enchevêtrées et pelotonnées, se déploient et s'allongent ; lorsque la traction est relâchée, les chaînes reprennent une structure en pelote. Pendant l'étirage se manifeste un échauffement. Les principaux élastomères sont le caoutchouc naturel, le polybutadiène, le polyisoprène, le polysulfure, les polyuréthannes, les silicones, les copolymères styrène.

ÉLASTORRHEXIE ou **ÉLASTORRHEXIS** [-ksis] n. f. **1.** Rupture des fibres élastiques du tissu conjonctif. — **2.** *Élastorrhexie systématisée,* affection congénitale se manifestant au niveau de la choroïde (œil), de la peau, du système vasculaire et du myocarde, s'accompagnant parfois d'hémorragies digestives. (Syn. SYNDROME DE TOURAINE.)

ÉLATÉE, en gr. **Elateia,** ville de la Grèce antique (Phocide). Située près des Thermopyles, elle était tenue pour la clef de la Grèce : Xerxès s'en empara en 480, puis Philippe de Macédoine la prit en 339 av. J.-C. et la fortifia ; les successeurs d'Alexandre se la disputèrent.

ÉLATÈRE n. f. (gr. *elatêr,* qui pousse). Chacun des quatre rubans de la spore des prêles, qui s'enroulent et se déroulent selon l'humidité ambiante.

ÉLATÉRIDÉ n. m. Nom de famille attribué aux taupins.

ELATH → EILAT.

ÉLAVÉ, E adj. Se dit du poil d'un chien ou d'une bête fauve dont la couleur est pâle, comme délavée.

ELAZAR (David), général israélien (Sarajevo 1925 - Tel-Aviv 1976). Commandant le front nord pendant la guerre « des six jours » (1967), chef d'état-major de l'armée israélienne lors de la quatrième guerre israélo-arabe (oct. 1973), il fut accusé de s'être laissé surprendre par l'offensive arabe et démissionna en avr. 1974.

ELAZIĞ, v. de Turquie, dans le Kurdistān ; 143 000 hab. Centre universitaire et industriel.

ELBASAN, v. du centre de l'Albanie ; 45 500 hab. Sidérurgie. Cimenterie. Combinat du bois. — Centre, aux XVIe et XVIIe s., d'une originale école de peinture religieuse monumentale.

ELBE, en tchèque **Labe,** fl. de la République tchèque et d'Allemagne ; 1 100 km. Né à proximité de la frontière polonaise, l'Elbe draine la Bohême centrale, entaille les monts Métallifères avant d'atteindre la Saxe et Dresde. Coulant vers le N.-O., elle reçoit la Saale, passe à Magdeburg, avant d'atteindre Hambourg, tête de l'estuaire sur la mer du Nord.

ELBE *(île d'),* en ital. **Elba,** île italienne de la mer Tyrrhénienne, dépendant de la province de Livourne, séparée de la côte par le canal de Piombino ; 223,5 km^2 ; 28 000 hab. Ch.-l. *Portoferraio.* La viticulture, la pêche et le tourisme sont les principales ressources de cette île montagneuse, avec le minerai de fer, exploité depuis l'Antiquité.

— **Hist.** Annexée à la France en 1802 (paix d'Amiens), elle fut du 3 mai 1814 au 26 févr. 1815 le royaume de Napoléon Ier. L'île fut conquise par les troupes françaises, qui y débarquèrent par surprise le 17 juin 1944.

ELBÉE (Maurice GIGOST D'), général vendéen (Dresde 1752 - Noirmoutier 1794). Dès 1792, il prit le commandement des paysans des Mauges, soulevés contre la Convention. Successeur de Cathelineau comme généralissime de « l'armée catholique et royale » (juill. 1793), blessé à la défaite de Cholet (17 oct.), il fut fusillé.

ELBEUF (76500), ch.-l. de cant. de la Seine-Maritime, sur la Seine, au S. de Rouen ;

16 750 hab. *(Elbeuviens).* Deux églises des XVIe-XVIIe s. Centre d'une agglomération d'environ 50 000 hab., industrialisée (constructions mécaniques et électriques, caoutchouc, textile).

ELBLĄG, v. de Pologne, sur la bordure orientale du delta de la Vistule, ch.-l. de voïévodie ; 108 000 hab. Centre industriel (constructions métalliques et mécaniques).
— **Hist.** Fondée en 1237 par les chevaliers Teutoniques, elle fut un important port hanséatique de Prusse. Elle demeura une ville libre après son annexion par la Pologne (1466) et fut rattachée à la Prusse de 1772 à 1945.

ELBOT [ɛlbɔt] n. m. (néerl. *heilbot*). Nom commercial donné en Belgique au flétan.

ELBOURZ (forme iranienne **Alborz,** qui signifie « la haute montagne »), bourrelet montagneux de l'Iran septentrional, au S. de la Caspienne, culminant à 5 671 m au Demāvend. Le versant septentrional, humide, est encore couvert partiellement de forêts denses. Le versant sud est aride et totalement déboisé.

ELBROUS ou **ELBROUZ,** le plus haut sommet du Caucase (Russie), aux confins de l'Europe et de l'Asie, à l'extrémité occidentale du Grand Caucase central ; 5 642 m.

ELBSANDSTEINGEBIRGE → SUISSE SAXONNE.

ELCANO (Juan Sebastián), navigateur espagnol (Guetaria v. 1476 - dans l'océan Pacifique 1526). Capitaine de la *Victoria* dans l'expédition de Magellan (1519), il ramena en Espagne en 1522 les survivants et le dernier bâtiment de cette expédition, devenant ainsi le premier navigateur à avoir fait le tour du monde.

ELCHE, v. d'Espagne au S.-O. d'Alicante ; 165 000 hab. Palmeraie (dattes). Cultures maraîchères. Chaussures. — La *Dame d'Elche,* buste antique, se rattache à l'art ibérique d'influence grecque ; sa datation (Ve-IIIe s. av. J.-C.) n'a pu être précisée.

ELCHINGEN ou **OBERELCHINGEN,** village d'Allemagne (Bavière), à 10 km au N.-E. d'Ulm. Victoire du maréchal Ney sur les Autrichiens (14 oct. 1805), qui lui valut le titre de « duc d'Elchingen ».

ELDJÁRN (Kristján), homme d'État islandais (Tjörn, district d'Eyjafjörður, 1916 - Cleveland 1982), président de la République de 1968 à 1980.

ELDO (sigle de *European Launcher Development Organization*), organisation spatiale européenne créée en 1962 en vue de la construction de lanceurs de satellites. Après une série d'échecs, son programme fut abandonné en 1973, et elle fusionna avec l'ESRO* pour donner naissance à l'Agence spatiale européenne (ESA*).

ELDON (John SCOTT, 1er *comte* D'), juriste et homme politique britannique (Newcastle 1751 - Londres 1838). Élu député tory en 1783, il fut chancelier de 1801 à 1827. Il démissionna lors de l'ascension de Canning au pouvoir, jugeant celui-ci trop libéral (1827).

ELDORADO n. m. (esp. *el pais dorado,* le pays doré). Pays chimérique où l'on a tout en abondance, où la vie est facile.

ELDORADO, contrée fabuleuse de l'Amérique, supposée regorger d'or, que les conquistadores espagnols situaient entre l'Amazone et l'Orénoque. Remontant à l'Antiquité, le mythe de l'Eldorado a inspiré nombre d'explorations hasardeuses en Amérique du Sud jusqu'au début du XVIIe s.

ELDORET, v. du Kenya, au N.-E. du lac Victoria, à 2 090 m d'alt. ; 51 000 hab.

ELDRIDGE (David Roy), dit **Little Jazz,** trompettiste, chanteur et chef d'orchestre de jazz américain (Pittsburgh 1911 - New York 1989). Il connut la gloire en devenant le soliste vedette du grand orchestre de Gene Krupa, puis d'Artie Shaw (1944-45). Trait d'union entre Louis Armstrong et Dizzy Gillespie, il est le maillon essentiel du passage qui conduit du style « middle jazz » au be-bop.

ÉLÉATE adj. et n. (gr. *Eleatês*). D'Élée.
◆ n. m. Philosophe de l'école d'Élée.

ÉLÉATIQUE adj. (gr. *Eleatikos*). Qui appartient à l'école d'Élée.

ÉLÉATISME n. m. Doctrine des philosophes de l'école d'Élée.

ÉLÉAZAR, martyr juif († 167 av. J.-C.) pendant la persécution d'Antiochos Épiphane, roi de Syrie.

ÉLÉBÉ (Lisembé), écrivain et journaliste zaïrois (Bumba 1937), auteur de recueils poétiques (*Uhuru,* 1970 ; *Rythmes,* 1971) et de pièces de théâtre (*Chant de la terre-Chant de l'eau,* 1973).

ÉLECTEUR, TRICE n. (bas lat. *elector, -oris,* qui choisit). Personne qui peut participer à une élection : *Tous les salariés de l'entreprise sont-ils électeurs au comité d'entreprise ?* (→ encycl. Polit.)
◆ **électeur** n. m. **1.** Prince laïc ou ecclésiastique qui participait à l'élection de l'empereur dans le Saint Empire romain germanique. (Prend une majusc.) [On dit aussi PRINCE ÉLECTEUR.] (→ *encycl.* Hist.) • **Polit.** *Grands électeurs,* en France, collège électoral qui élit les sénateurs. (Il est formé des députés, des conseillers généraux, des délégués des conseils municipaux et des conseillers régionaux des D. O. M.)

ENCYCL. **Hist.** La qualité d'Électeur du Saint Empire fut fixée au XIIIe s. Auparavant, chaque prince d'Empire pouvait exercer son droit à l'élection du roi de Germanie, puis du « roi des Ro-

mains », le futur empereur germanique. Dès 1198, l'élection fut réservée à l'archevêque de Mayence, chargé d'officier pour le sacre, et aux archevêques de Trèves et de Cologne, ses assesseurs, ainsi qu'au comte palatin du Rhin. En 1257, leur furent adjoints trois princes laïcs : le duc de Saxe, le margrave de Brandebourg et le roi de Bohême. Le collège ainsi formé fut consacré par la Bulle d'or (1356), qui régla les prérogatives de ses sept membres et confirma leur autorité sur leurs territoires (électorats), qui furent déclarés indivisibles. En 1623, la dignité d'Électeur fut transmise au duc de Bavière, qui la conserva après que les traités de Westphalie (1648) eurent porté à huit le nombre des Électeurs. Un neuvième électorat fut créé en 1692 pour le duc de Hanovre.
– **Polit.** En France est électeur tout citoyen qui remplit les conditions suivantes : être Français ou Française de naissance ou naturalisé et avoir 18 ans révolus ; jouir des droits civils et politiques et ne se trouver dans aucun des cas d'incapacité perpétuelle ou temporaire ou d'indignité prévus par la loi ; être inscrit sur la liste électorale d'une commune.

ÉLECTIF, IVE adj. (bas lat. *electivus,* du lat. class. *electus,* élu). **1.** Qui est nommé par voie de suffrages, qui est conféré par l'élection : *Un président électif.* – **2.** Qui agit seulement dans certains cas déterminés, sur certains points précis à l'exclusion de tout autre : *Douleur élective.* – **3.** *Affinités électives,* entente profonde fondée sur une commune sensibilité (expression tirée du titre d'un roman de Goethe).

ÉLECTION n. f. (lat. *electio, -onis,*choix). **1.** Choix opéré par l'intermédiaire d'un vote : *L'élection du président de la République au suffrage universel.* (→ *encycl.* Dr. et Polit.) – **2.** Circonscription financière de la France d'Ancien Régime, soumise à la juridiction d'élus. (→ *encycl.* Hist.) – **3.** *D'élection,* se dit d'un lieu dans lequel on a choisi de vivre : *Terre d'élection.*
ENCYCL. **Dr.** et **Polit.** Si toutes les démocraties représentatives appliquent l'élection pour désigner les titulaires de la fonction législative, ce n'est que plus rarement qu'elle est employée en vue de pourvoir à la fonction exécutive (régimes présidentiels) et, surtout, à la fonction judiciaire. C'est cependant le cas, par exemple, aux États-Unis au niveau des États fédérés.
L'établissement d'un système électoral peut se faire à partir de diverses options, certaines relatives au suffrage lui-même, d'autres relatives aux modes de scrutin.
En France, il convient de distinguer trois types d'élections politiques : les élections législatives, cantonales, municipales et, depuis 1986, régionales, au suffrage universel direct ; les élections sénatoriales, au suffrage indirect ; l'élection présidentielle, au suffrage universel direct depuis 1962.
– **Hist.** Incluses dans les généralités, les élections furent créées v. 1380 et placées sous l'autorité d'officiers royaux, les élus. Ces derniers, assistés de lieutenants, de contrôleurs et receveurs des aides et tailles, qui répartissaient entre les paroisses le montant de la taille fixé par le bureau des finances de leur généralité, centralisaient les recettes provenant des collecteurs de tailles et des fermiers des aides et jugeaient les litiges nés de leur administration. Ainsi, par opposition aux pays d'états, les pays d'élections possédaient une administration financière relevant directement du roi et des bureaux des finances des généralités. Correspondant souvent aux diocèses, les élections se multiplièrent sous l'Ancien Régime (de 92 au XVIe s., leur nombre passa à 186 en 1789), mais elles ne couvrirent jamais toute l'étendue du royaume, car les états provinciaux s'opposèrent à leur développement.

ÉLECTIVEMENT adv. **1.** Par le moyen de l'élection. – **2.** D'une manière élective : *Douleur qui se manifeste électivement à la base du crâne.*

ÉLECTIVITÉ n. f. **1.** Caractère électif d'une fonction, d'un organisme : *L'électivité de la présidence.* – **2.** Propriété de certaines substances chimiques de se fixer sur des cellules ou tissus déterminés.

ÉLECTORAL, E, AUX adj. **1.** Qui a rapport avec les élections, qui en relève : *Campagne électorale.* – **2.** Qui agit pour l'élection de qqn : *Comité électoral.* – **3.** Relatif à un Électeur du Saint Empire. – **4.** *Code électoral,* ensemble des textes codifiés en 1956 et qui établissent les conditions générales de l'électorat (majorité, capacité) et les modalités des diverses élections politiques (éligibilité, incompatibilités, etc.). ‖ *Liste électorale,* dans chaque commune, répertoire alphabétique des électeurs. (L'inscription sur les listes électorales, juridiquement obligatoire, est unique et conditionne l'exercice du droit de vote.) ‖ *Sociologie électorale,* branche de la sociologie politique qui étudie le comportement électoral et les facteurs qui le conditionnent à travers les différents types de vote.

ÉLECTORALEMENT adv. Au point de vue électoral.

ÉLECTORALISME n. m. Attitude d'un homme politique ou d'un parti déterminant ses positions et son programme en fonction du bénéfice électoral escompté.

ÉLECTORALISTE adj. Qui relève de l'électoralisme : *Préoccupations électoralistes.*

ÉLECTORAT n. m. (lat. médiév. *electoratus*). **1.** Ensemble des électeurs d'un pays, d'une région, d'un parti, d'un groupe social, etc. — **2.** Ensemble des conditions constitutives de la qualité d'électeur. — **3.** Dignité d'Électeur dans le Saint Empire ; pays soumis à la juridiction d'un Électeur.

ÉLECTRE, fille d'Agamemnon et de Clytemnestre, sœur d'Oreste et d'Iphigénie. Elle poussa Oreste à tuer Égisthe et Clytemnestre, meurtriers de son père, et épousa Pylade, fils du roi de Phocide. Personnification de la vengeance justicière, elle inspira Eschyle (*les Choéphores**, 458 av. J.-C.), Sophocle (*Électre,* v. 415 av. J.-C.), Euripide (*Électre,* v. 413 av. J.-C.) et, à l'époque moderne, Eugene O'Neill (*Le deuil sied à Électre,* 1931) et J. Giraudoux (*Électre,* 1937).

Électre *(complexe d'),* complexe d'Œdipe féminin, dans la terminologie de C. G. Jung.

ÉLECTRET [elɛktrɛt] n. m. (angl. *electret*). Diélectrique qui reste électrisé d'une façon permanente après avoir été soumis à un champ électrique temporaire.

ENCYCL. Les électrets, qui sont généralement des matériaux organiques de masses moléculaires élevées (cires ou hauts polymères), sont les analogues électriques des aimants permanents et sont doués d'hystérésis électrique. Leurs molécules conservent l'orientation donnée par le champ électrique appliqué. Le « microphone à électret » est un microphone à condensateur dans lequel le diaphragme est remplacé par un film électret, des variations de pression acoustique modifiant la valeur de la capacité. D'autres applications sont en développement : commutation, radioprotection, sécurité électrique, commandes, claviers, etc.

ÉLECTRICIEN, ENNE n. **1.** Ingénieur travaillant dans le domaine de l'électricité. — **2.** Commerçant qui vend des appareillages électriques. — **3.** Artisan qui fait des installations électriques ou les répare.

électriciens, électroniciens et radioélectriciens *(Société des)* **[S. E. E.],** association (reconnue d'utilité publique) ayant pour but essentiel de favoriser le développement de l'électricité, de la radioélectricité et de l'électronique. Elle est propriétaire de l'École supérieure d'électricité.

électriciens de Grenoble *(École nationale supérieure d'ingénieurs)* **[E. N. S. I. E. G.],** école fondée en 1901 (sous le nom d'*Institut électrotechnique de Grenoble*) et qui fait partie de l'Institut national polytechnique de Grenoble, dépendant du ministère de l'Éducation nationale.

ÉLECTRICITÉ n. f. (angl. *electricity,* du gr. *êlektron,* ambre jaune). **1.** Manifestation d'une forme d'énergie associée à des charges électriques, au repos ou en mouvement. — **2.** Cette forme d'énergie servant à un usage domestique ou industriel : *Panne d'électricité.* — **3.** Installation utilisant cette énergie : *Refaire l'électricité dans son appartement.* — **4.** Source d'éclairage électrique : *Éteindre l'électricité.* — **5.** Partie de la physique et de la technologie qui traite des phénomènes électriques. — **6.** *Fam.* Consommation de cette énergie : *Payer son électricité.* — **7.** Fam. *L'air est chargé d'électricité,* la tension monte, l'excitation fait présager une dispute. ‖ *Électricité primaire,* électricité produite par les centrales hydrauliques ou nucléaires. ‖ *Électricité médicale,* application de l'électricité à la médecine, à des fins diagnostiques et thérapeutiques (électrobiologie, électrophysiologie, électrodiagnostic, électrothérapie). ‖ *Électricité atmosphérique,* charge d'électricité présente dans l'atmosphère. (→ *encycl.*). ‖ *Électricité animale,* syn. de ÉLECTROBIOGENÈSE. ‖ *Pêche à l'électricité,* pêche utilisant les réactions des poissons à l'égard du courant électrique et qui permet de les capturer sans les tuer.

ENCYCL.

historique

• *Électrostatique.* Le phénomène électrique le plus anciennement connu est la propriété que l'ambre jaune acquiert, par le frottement, d'attirer les corps légers. Ce fait est consigné par Thalès de Milet, au VIIe s. av. J.-C. D'autre part, les anciens Indiens remarquent que certains cristaux chauffés attirent les cendres chaudes. Ce n'est qu'au XVIe s. que Gilbert reconnaît la propriété de l'ambre dans diverses substances : le verre, la résine, le soufre, etc., ce qui amène à distinguer les matériaux isolants des matériaux conducteurs.

Otto von Guericke invente la première machine électrostatique, comportant un globe de soufre tournant et qui permet d'obtenir la première étincelle électrique. En 1727, Gray observe que les conducteurs peuvent être électrisés, pourvu qu'ils soient isolés, et Du Fay met en évidence l'existence de deux sortes d'électricité, vitrée (positive) et résineuse (négative). En 1745, Petrus Van Musschenbroek découvre la condensation électrique en inventant la bouteille de Leyde, qui permet d'augmenter considérablement les effets des étincelles, tandis que Franklin remarque le pouvoir des pointes et l'applique à la protection contre la foudre (paratonnerre). C'est à Coulomb que l'on doit les premières études quantitatives. Il montre que les répulsions et attractions électriques sont inversement proportionnelles au carré de la distance (1785) et il découvre que l'électrisation des conducteurs est superficielle. Les résultats expérimentaux de Coulomb, retrouvés analytiquement par Laplace, Biot, Gauss et Poisson, et la théorie de l'influence de Faraday marquent le couronnement de l'électrostatique.

• *Électrocinétique.* Galvani ayant montré en 1790 que le contact de deux métaux différents produit des contractions dans les muscles d'une grenouille, Volta en attribue la cause à l'électricité engendrée par le contact des deux métaux, ce qui le conduit, en 1800, à la découverte de sa pile. Cet appareil permet à Nicholson et à Carlisle de décomposer l'eau au cours de la même année. En 1801, Thenard montre que le courant électrique peut porter à l'incandescence un fil métallique. En 1807, Davy isole par électrolyse les métaux alcalins et découvre l'arc électrique. Pour remédier à la polarisation des piles, on a recours aux piles à dépolarisant (Poggendorff, 1842 ; Grove, 1839 ; Leclanché, 1867) ou aux piles à deux liquides (Becquerel, 1829 ; Daniell, 1836 ; Weston, 1893).

La loi d'Ohm, énoncée en 1827, est étendue dix ans plus tard, par Pouillet, à un circuit fermé. R. Kohlrausch définit la résistivité ; Kirchhoff fixe la répartition des courants dans un circuit comportant des dérivations ; Faraday donne en 1833 les lois quantitatives de l'électrolyse, phénomène expliqué plus tard par Arrhenius, et Joule étudie les effets thermiques des courants. La conception des accumulateurs est due en 1859 à Planté, celle du four électrique à Moissan et celle de la lampe à incandescence à filament de carbone à Edison (1879).

• *Électromagnétisme.* C'est en 1820 qu'Œrsted découvre qu'une aiguille aimantée, placée à proximité d'un fil métallique parcouru par un courant, est déviée de sa position d'équilibre. Biot et Savart mesurent le champ magnétique produit. Laplace induit de ces résultats la loi élémentaire, et Ampère, en 1822, la loi d'ensemble du phénomène. Ces deux physiciens étudient l'action réciproque des champs magnétiques sur les courants, et Ampère, assimilant un solénoïde à un aimant, crée la théorie de l'électrodynamique, à laquelle Maxwell donne en 1861 une forme générale. Le galvanomètre de W. Thomson date de 1851 et l'appareil à cadre mobile de Deprez et d'Arsonval est construit en 1882.

C'est Faraday qui montre la possibilité de transformer en énergie électrique le travail mécanique grâce à sa découverte des phénomènes d'induction (1831). En 1833, Lenz établit la loi qui donne le sens du courant induit ; Foucault démontre en 1855 l'existence des courants qui portent son nom. Henry publie en 1832 un mémoire sur l'auto-induction.

Maxwell publie, en 1873, son *Traité d'électricité et de magnétisme,* véritable fondement de l'électromagnétisme moderne. G. F. Fitzgerald montre, en 1883, qu'une variation périodique rapide du courant dans un circuit engendre des rayonnements électromagnétiques. En 1887, Hertz utilise un détecteur de sa construction pour montrer que ces ondes électromagnétiques ont des propriétés analogues à celles de la lumière, ouvrant ainsi la voie à la radioélectricité et, à partir de 1904, à l'électronique*.

• *Aspect microscopique de l'électricité.* Les travaux de Faraday sur l'électrolyse avaient, en 1833, introduit comme « unité naturelle » de charge électrique celle des ions, qui assurent le passage du courant dans les solutions électrolytiques. Helmholtz, J.J. Thomson, Arrhenius et Nernst proposent ensuite la notion d'« atome d'électricité », mais c'est Jean Perrin qui, en 1895, met en évidence l'existence des électrons. La charge de l'électron est mesurée en 1911 par Millikan, alors que la masse des atomes et des ions est fournie par le spectrographe de masse de J.J. Thomson et Aston. À partir de la théorie de la relativité restreinte et du quantum de lumière, ou photon, Louis de Broglie découvre la mécanique ondulatoire, qui, complétée par Sommerfeld, Schrödinger et Heisenberg, intervient efficacement dans le développement de la physique des solides, dont les applications sont à l'origine de l'essor actuel de l'électronique et, à un degré moindre, de l'électrotechnique.

les principales lois de l'électricité

• *Électrostatique.* L'arrachement d'électrons produit par frottement d'un matériau permet son électrisation. Les charges électriques ainsi créées sont localisées à l'endroit frotté si le matériau est isolant, mais se répartissent sur toute la surface du matériau s'il est conducteur.

Entre deux charges électriques q_1 et q_2 séparées par une distance r s'exerce la force de Coulomb

$$f = \frac{1}{4\pi\varepsilon_0} \cdot \frac{q_1 q_2}{r^2} \quad \left(\frac{1}{4\pi\varepsilon_0} = 9 \cdot 10^9 \text{SI} ;\right.$$

ε_0 est la permittivité du vide.) Cette force, dirigée selon la droite joignant les deux charges, est attractive si les charges sont de signes contraires, répulsive si elles sont de même signe.

Si une charge q placée en un point est soumise à une force $\vec{f}$, le champ électrique est défini en ce point par : $\vec{E} = \vec{f}/q$.

V_A et V_B étant les potentiels électriques des points A et B où règne un champ électrique uniforme $\vec{E}$, le travail de la force appliquée sur une charge q se déplaçant de A à B est $W_{AB} = q\,(V_A - V_B)$.

Un *condensateur* est constitué par deux conducteurs séparés par un isolant. Si U est la tension entre les conducteurs et Q la charge accumulée par le condensateur, sa capacité est définie par $C = Q/U$. L'énergie emmagasinée est : $W = \frac{1}{2}$ QU.

• *Électrocinétique.* 1° *Courant continu.* Dans un électrolyte, le courant est dû à un déplacement d'ions. Au cours d'une électrolyse, la masse de cation (ion positif) libérée à la cathode est donnée par la formule de Faraday $m = \frac{A}{n} \cdot \frac{it}{96\,500}$, A étant la masse atomique de l'ion, n sa valence, i l'intensité du courant et t la durée de l'électrolyse.

Dans un solide conducteur, le courant est dû à un déplacement d'électrons. Si la charge q traverse une section donnée du conducteur pendant le temps t, l'intensité du courant est $i = q/t$.

La résistance d'un conducteur est définie par $\rho\, l/s$, où ρ est la résistivité du conducteur, l sa longueur et s sa section.

Si U est la tension aux bornes d'une résistance R traversée par un courant i, la loi d'Ohm affirme que $U = Ri$.

L'énergie dissipée, pendant un temps t, par effet Joule dans cette résistance est $W = Ri^2t$.

La résistance équivalente à n résistances placées en série est $R = R_1 + \ldots + R_n$.

La résistance équivalente à n résistances placées en dérivation est donnée par :

$$\frac{1}{R} = \frac{1}{R_1} + \ldots + \frac{1}{R_n}.$$

2° *Courant alternatif.* En courant alternatif, l'intensité et la tension sont des fonctions sinusoïdales du temps : $\begin{cases} i = i_m \cos(\omega t - \varphi) \\ v = v_m \cos \omega t \end{cases}$

i_m et v_m sont les valeurs maximales de l'intensité et de la tension, φ est le déphasage de l'intensité sur la tension et ω (exprimé en rad/s) est la pulsation du courant. Sa fréquence f est définie par $f = \omega/2\pi$.

L'intensité et la tension efficaces sont données par : $I = i_m/\sqrt{2}$; $V = v_m/\sqrt{2}$.

La puissance apparente est donnée par $P_a = VI$; la puissance active, par $P = VI \cos\varphi$; la puissance réactive, par $P_r = VI \sin\varphi$.

Dans un circuit-série comprenant une résistance R, une bobine d'inductance L et un condensateur de capacité C, la loi d'Ohm s'écrit $U = Z.I$, où Z est l'impédance (en Ω) :

$$Z = \sqrt{R^2 + (L\omega - \frac{1}{C\omega})^2}.$$

• *Électromagnétisme.* Un aimant possède deux pôles (nord et sud) ; deux pôles de même nom se repoussent ; deux pôles de signes contraires s'attirent.

Un aimant placé dans un champ magnétique d'induction $\vec{B}$ uniforme est soumis au couple $\Gamma = \mathcal{M}B \sin\theta$, $\mathcal{M}$ étant le moment magnétique de l'aimant et θ l'angle de $\vec{\mathcal{M}}$ et de $\vec{B}$.

Un fil rectiligne de longueur dl parcouru par un courant i et placé dans un champ magnétique d'induction $\vec{B}$ subit une force électromagnétique $f = Bidl \sin\alpha$, où α est l'angle entre $\vec{B}$ et la direction du fil (formule de Laplace).

Le flux d'un champ magnétique uniforme $\vec{B}$ à travers une surface S est $\varphi = B.S.\cos\alpha$ où α est l'angle de $\vec{B}$ avec la normale $\vec{n}$ à S.

Un fil rectiligne de longueur dl parcouru par un courant i crée, à la distance r, un champ magnétique d'induction $B = \frac{\mu_0 i}{2\pi r}$ (μ_0 est la perméabilité du vide).

Un courant induit apparaît dans un circuit quand : on déplace ou déforme le circuit dans un champ magnétique uniforme ; on fait varier le champ magnétique, le circuit étant mobile.

Une variation de flux $d\varphi$ pendant un temps dt crée une force électromotrice induite $e = -\frac{d\varphi}{dt}$ (loi de Faraday).

Un circuit parcouru par un courant i envoie à travers lui-même un flux $\varphi = Li$, L étant l'inductance propre du circuit.

Un circuit parcouru par un courant i possède une énergie électromagnétique

$$W = \frac{1}{2} Li^2.$$

production et consommation de l'électricité

La production et la consommation mondiales d'électricité se situent aux environs de 12 000 TWh (1 535 seulement en 1955 et à peine 5 000 en 1970). Tous les pays ou presque produisent de l'électricité, mais un petit nombre d'entre eux en fournit la majeure partie : plus de 25 % encore pour les États-Unis (à la part toutefois décroissante), 20 % pour l'ensemble de l'Europe occidentale, 7 % pour la Russie, plus de 6 % pour le Japon. L'électricité n'étant pas stockable et les échanges internationaux encore réduits, la géographie de la consommation se calque sur celle de la production, influencée par le niveau de vie moyen et aussi par le développement et la structure de l'industrie, parfois grande utilisatrice (aluminium).

L'origine de la production varie selon les ressources nationales et les politiques énergétiques. Le thermique dit classique (centrales au charbon, au fuel, au gaz) demeure globalement prépondérant, assurant environ 65 % de la production totale. Près de 20 % sont d'origine hydraulique et déjà 17 % (part en augmentation) sont d'origine nucléaire. Celle-ci, apanage souvent encore des pays développés, revêt localement une plus grande importance : environ 30 % de la production totale d'électricité au Japon et en Grande-Bretagne et, surtout, plus de 75 % en France.

– **Météo.** *Électricité atmosphérique.* Le système planète-atmosphère représente un énorme condensateur sphérique : les deux armatures sont constituées par le sol et l'ionosphère, très bons conducteurs ; le diélectrique est formé par la stratosphère et la troposphère, mauvais conducteurs. Le champ électrique est dirigé vers le bas, entre les couches supérieures, chargées d'électricité positive, et le sol, chargé d'électricité négative.

électricité *(Compagnie générale d')* **[C. G. E.],** devenue en 1991 **Alcatel Alsthom Compagnie générale d'électricité** (dénomination abrégée : **Alcatel Alsthom),** société française, fondée en 1898. Ses activités s'exercent essentiellement dans les domaines de la communication, de l'énergie et des transports. Nationalisée en 1982, elle est retournée au secteur privé en 1987.

Électricité *(École supérieure d'),* établissement d'enseignement supérieur assurant la formation d'ingénieurs en électronique, électrotechnique, automatique et informatique. Créée en 1894, elle est installée à Gif-sur-Yvette, avec deux antennes en province, l'une à Rennes, l'autre à Metz.

Électricité de France (E. D. F.), établissement public créé par la loi du 8 avr. 1946 nationalisant la production, le transport et la distribution de l'électricité. Dotée de l'autonomie financière, elle assure le monopole du transport et de la diffusion de l'électricité, ainsi que la presque totalité de sa production. Les centrales nucléaires assurent plus des trois quarts de celle-ci.

électricité et de mécanique *(École nationale supérieure d')* **[E. N. S. E. M.],** unité de formation et de recherche de l'Institut national polytechnique de Lorraine, créée à Nancy en 1948 et formant des ingénieurs.

électricité et de mécanique industrielle *(École d')* ou **école Violet,** établissement privé d'enseignement technique fondé à Paris en 1902.

ÉLECTRIFICATEUR n. m. Appareil électrique fournissant de brèves décharges dans les fils de clôture, dissuadant les animaux de s'en approcher.

ÉLECTRIFICATION n. f. Action d'électrifier une machine, une installation, une ligne de chemin de fer, une région, etc.

ÉLECTRIFIER v. t. (de *électrique,* avec l'infl. de l'angl. *to electrify*) [conj. 9]. **1.** Équiper une ligne de chemin de fer pour son exploitation en traction électrique. — **2.** Doter une région d'un réseau de distribution d'énergie électrique. — **3.** Transformer une machine, une installation, etc., pour la faire fonctionner à l'énergie électrique.

ÉLECTRIQUE adj. (angl. *electric bodies,* corps électriques, du lat. sc. *electricus*). **1.** Relatif à l'électricité, à ses applications. (→ *encycl.*) — **2.** Se dit de dispositifs, de techniques, d'appareils qui produisent, transportent, stockent ou utilisent de l'énergie fournie par l'électricité. — **3.** *Litt.* Qui évoque les effets saisissants d'une décharge électrique : *Baiser électrique.* — **4.** *Fam.* Chargé d'électricité statique. — **5.** *Bleu électrique,* bleu assez clair, vif, éclatant. ‖ *Commotion électrique,* secousse nerveuse particulière que cause une décharge électrique. ‖ *Organe électrique,* syn. de ÉLECTROPLAQUE. ‖ *Poisson électrique,* poisson doté d'organes électromoteurs.

ENCYCL. Exploitée industriellement à partir de la fin du XIXe s., *l'énergie électrique* doit son prodigieux développement à la facilité et à l'excellent rendement qui accompagnent son transport à grande distance et sa transformation en d'autres formes d'énergie, notamment mécanique, chimique, thermique et lumineuse. Son seul inconvénient réside dans ses difficultés de stockage.

• *La construction électrique* est réglementée, en France, par l'U. T. E. (Union technique de l'électricité) et groupe, dans le cadre de la F. I. E. E. (Fédération des industries électriques et électroniques), la fabrication des matériels électriques, électroniques et informatiques. Ces industries se placent dans les tout premiers rangs des activités économiques françaises et sont au quatrième rang dans le monde.

électrique *(École supérieure d'ingénieurs en génie),* nom pris en 1980 par l'École d'électricité industrielle de Paris (école Charliat), créée en 1901, transférée à Rouen en 1977.

électriques *(Laboratoire central des industries),* établissement sans but lucratif institué par décret du 24 févr. 1882 sous le nom de *Laboratoire central d'électricité.* Il est le laboratoire officiel en matière de métrologie électrique, exécute tous travaux d'étalonnage, d'essais et de contrôle, des recherches, des travaux d'assistance technique et organise des sessions de perfectionnement.

ÉLECTRIQUEMENT adv. Par l'électricité.

ÉLECTRISABLE adj. Qui peut être électrisé.

ÉLECTRISANT, E adj. **1.** Qui électrise, qui développe des charges électriques dans un milieu. — **2.** Propre à électriser, à enflammer, à exalter : *Discours électrisant.*

ÉLECTRISATION n. f. Action, manière d'électriser ; état de ce qui est électrisé.

ÉLECTRISER v. t. (conj. 3). **1.** Développer des charges électriques dans un corps, un milieu. — **2.** Provoquer, par une impression vive, l'excitation, l'enthousiasme ; enflammer, galvaniser : *Électriser une foule.*

ÉLECTROACOUMÈTRE n. m. Audiomètre électrique.

ÉLECTROACOUSTICIEN, ENNE n. Technicien de l'électroacoustique.

ÉLECTROACOUSTIQUE n. f. Étude de la transformation d'un signal acoustique en signal électrique et vice versa. (Elle comprend essentiellement l'étude des transducteurs [microphones et haut-parleurs], de l'enregistrement et de la reproduction des sons par des moyens électriques.) ◆ adj. 1. Relatif à l'électroacoustique. – 2. *Musique électroacoustique,* musique utilisant des sons concrets enregistrés et/ou des sons électroniques pour aboutir à des œuvres destinées à être diffusées par haut-parleurs. (→ *encycl.*)

ENCYCL. **Mus.** On considère que la *musique électroacoustique* date de 1956, année du *Chant des adolescents (Gesang der Jünglinge)* de Stockhausen. Il existait auparavant deux courants distincts et rivaux : la musique concrète française (Pierre Schaeffer) et la musique électronique allemande, mais, depuis 1950, leur distinction cessa d'être aussi nette. Ils se sont mêlés de manière à former la musique électroacoustique. En 1958, le *Groupe de recherches musicales* engage sous la direction de Pierre Schaeffer les recherches dont ce dernier consignera le bilan (*Traité des objets musicaux,* 1966). Pierre Henry crée dans son studio « Apsome », fondé en 1958, ses premiers grands classiques (*Variations pour une porte et un soupir*). Des studios surgissent, puis apparaissent les grandes œuvres : *Hymnen* de K. Stockhausen (1966-67), *Espaces inhabitables* (1967), *Jeïta* (1970) et *l'Expérience acoustique* (1970-1972) de F. Bayle, *l'Apocalypse de Jean* de P. Henry (1968), *Pour en finir avec le pouvoir d'Orphée* de B. Parmegiani (1972), etc. Parallèlement, on assiste aux premières expériences de musique électroacoustique en direct (groupe *Nuova Consonanza*) et de synthèse de sons par ordinateur et, surtout, au développement fulgurant du synthétiseur. À la fin des années 70, si la musique électroacoustique reste entièrement « lue » par magnétophones, la Live Electronic Music se développe. Elle permet de manipuler en public les appareils et dispositifs producteurs de sons.

Outre le Groupe de recherches musicales de l'I. N. A., fondé par Pierre Schaeffer, existent en France le Groupe de musique expérimentale de Bourges, créé en 1970 par Christian Clozier et Françoise Barrière, le Groupe expérimental de Marseille et l'I. R. C. A. M.

ÉLECTROAFFINITÉ n. f. Propriété, pour un élément chimique, de se transformer plus ou moins facilement en ion.

ÉLECTROAIMANT n. m. Dispositif produisant un champ magnétique grâce à un système de bobines à noyau de fer parcourues par un courant électrique.

ENCYCL. Un électroaimant est généralement constitué par un circuit magnétique de fer doux, ou *culasse,* terminé par deux noyaux de forme spéciale, ou *pièces polaires,* entre lesquelles est ménagé un *entrefer* étroit. L'aimantation est produite par deux bobines, fixées sur la culasse au voisinage de l'entrefer, qui est alors le siège d'un champ d'induction magnétique. Les électroaimants *à entrefer invariable* sont destinés à la production des champs très intenses. Dans les électroaimants *à entrefer variable,* utilisés comme appareils de levage et comme relais, la fermeture du circuit magnétique est assurée par une armature mobile, qui est attirée par la culasse quand on excite les bobines et qui s'en écarte (sous l'action de son poids ou de celle d'un ressort) quand on coupe le courant.

ÉLECTROANALYSE n. f. Dépôt électrolytique d'un élément ou d'un composé en vue de déterminer sa quantité dans la solution électrolysée.

ÉLECTROANESTHÉSIE n. f. Méthode d'anesthésie locale ou générale par l'utilisation d'un courant électrique. (Elle est surtout utilisée en chirurgie vétérinaire.)

ÉLECTROBIOGENÈSE n. f. Production d'électricité par les êtres vivants. (Syn. ÉLECTROGENÈSE.)

ENCYCL. L'électrobiogenèse est particulièrement importante au niveau des neurones et des fibres musculaires, et l'enregistrement de l'activité électrique globale de certains organes est utilisé pour en étudier le fonctionnement : électrocardiogramme, électromyogramme, électrorétinogramme, électroencéphalogramme, électrocorticogramme.

ÉLECTROBIOLOGIE n. f. Application de l'électricité aux études biologiques.

ÉLECTROBIOLOGIQUE adj. Relatif à l'électrobiologie.

ÉLECTROBIOLOGISTE n. Spécialiste en électrobiologie.

ÉLECTROCAPILLAIRE adj. Relatif à l'électrocapillarité.

ÉLECTROCAPILLARITÉ n. f. Phénomène dépendant de la variation de la constante capillaire à la surface de séparation de deux fluides avec la tension électrique existant entre ces deux fluides.

ÉLECTROCARDIOGRAMME n. m. Enregistrement graphique obtenu par électrocardiographie. (Abrév. E. C. G.)

ÉLECTROCARDIOGRAPHE n. m. Appareil au moyen duquel on pratique l'électrocardiographie.

ÉLECTROCARDIOGRAPHIE n. f. Enregistrement de l'activité électrique du muscle cardiaque.

ENCYCL. Au repos, la fibre musculaire cardiaque est dite « polarisée » : sa surface est recouverte de charges positives, qui sont équilibrées par des charges négatives sous-jacentes à la membrane d'enveloppe. Quand la fibre musculaire se contracte, des différences de potentiel apparaissent. L'électrocardiographie consiste à recueillir au niveau de la peau ces courants d'activité cardiaque, à les amplifier et à les enregistrer.

L'électrocardiogramme est un graphique des variations du courant cardiaque en fonction du temps. Quand aucun courant ne circule dans l'électrocardiographe, il s'inscrit une ligne horizontale dite « ligne isoélectrique ». Les variations du courant cardiaque déterminent des écarts de cette ligne. Les écarts au-dessus de la ligne isoélectrique sont considérés comme positifs ; ceux qui sont en-dessous, comme négatifs. Les électrodes sont appliquées à la surface des téguments du sujet. Les endroits du corps où l'on fixe les électrodes sont appelés des *dérivations* : dérivations périphériques au niveau des membres (dites D1, D2, D3, VR, VL, VF) et dérivations précordiales de V1 à V6.

Le tracé électrocardiographique humain normal

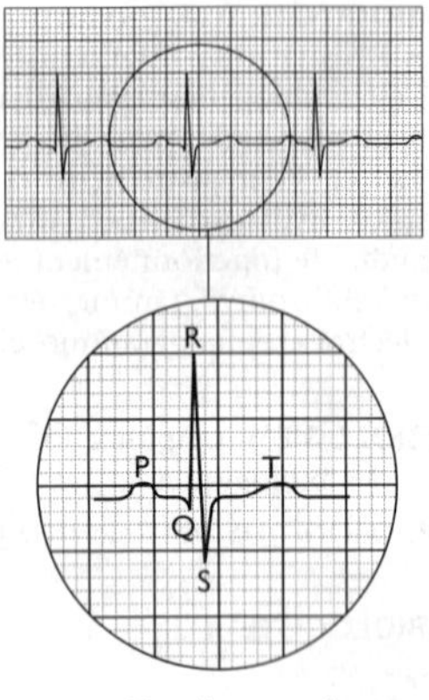

électrocardiographie : électrocardiogramme normal (P : onde de l'oreillette ; QRS : complexe ventriculaire ; T : onde de repolarisation).

est formé d'une série d'ondes désignées par les lettres P, Q, R, S, T.

1° L'*onde P* correspond à l'envahissement des oreillettes par l'onde d'excitation venant du nœud sinusal.

2° L'*intervalle P-R* (ou *P-Q*) correspond à la pause qui s'écoule entre le début de l'excitation auriculaire et le début de l'excitation ventriculaire.

3° Le *complexe QRS* résulte de l'activation des deux ventricules.

4° Le *segment S-T* (ou *R-T*) correspond à la période pendant laquelle les ventricules sont excités de façon uniforme.

5° L'*onde T* correspond au retrait de l'excitation des ventricules.

6° L'*intervalle QT* mesure assez exactement la durée de la systole ventriculaire.

Les modifications du tracé électrocardiographique apportent des renseignements essentiels dans l'étude de certaines maladies du cœur, principalement pour les affections des coronaires (angine de poitrine, infarctus du myocarde), l'hypertrophie ventriculaire, les troubles de la conduction intraventriculaire (bloc de branche) et les troubles du rythme. Un enregistrement continu de l'électrocardiogramme peut être réalisé au moyen d'un appareil (Holter) que le sujet porte sur lui 24 heures sur 24 pendant ses occupations et qui permet de déceler des troubles ne se manifestant que pendant de courtes périodes.

ÉLECTROCARDIOGRAPHIQUE adj. Relatif à l'électrocardiographie.

ÉLECTROCARDIOSCOPE n. m. Appareil permettant de projeter sur un écran le tracé de l'électrocardiographe. (Placé près du lit du malade, il permet une surveillance du rythme par un « bip » sonore à chaque contraction et par une alarme réglable.)

ÉLECTROCAUTÈRE n. m. Appareil servant à cautériser les tissus à l'aide d'un fil chauffé au rouge par le passage d'un courant électrique. (L'électrocautère est maintenant remplacé par les appareils à électrocoagulation.) [Syn. GALVANOCAUTÈRE.]

ÉLECTROCHIMIE n. f. Science et technique des transformations réciproques de l'énergie chimique et de l'énergie électrique.

ENCYCL. L'électrochimie comprend l'étude des réactions chimiques qui accompagnent le fonctionnement de certains générateurs électriques, piles et accumulateurs, ou qui résultent du passage du courant dans certains liquides (électrolyse). Tous ces phénomènes mettent en jeu des substances appelées électrolytes, dont un caractère essentiel est de donner naissance à des ions susceptibles d'assurer le passage d'un courant dans le liquide, si un champ électrique y est établi.

Lorsqu'on plonge un métal M, de valence *n,* dans une solution d'un de ses sels, il apparaît une d. d. p. métal/solution, qu'on explique en supposant le métal capable d'émettre des ions positifs M^{n+}, l'ionisation libérant *n* électrons ; il s'établit l'équilibre

$$M \rightleftarrows M^{n+} + n \cdot e^-.$$

Lorsqu'une pile à liquide ou une cellule électrolytique est traversée par un courant électrique, on observe des réactions chimiques d'oxydoréduction* localisées sur les électrodes. C'est ainsi que, lors du fonctionnement normal de la pile Daniell, on observe simultanément : sur l'électrode de cuivre, un dépôt de cuivre provenant de la solution suivant $Cu^{2+} + 2e^- \rightarrow Cu$, les deux électrons étant empruntés à l'électrode ; sur l'électrode de zinc, le départ dans la solution d'un ion Zn^{2+} suivant $Zn \rightarrow Zn^{2+} + 2e^-$, les deux électrons étant laissés sur l'électrode. Au total, la réaction d'oxydoréduction associée au fonctionnement de la pile s'écrit

$$Cu^{2+} + Zn \rightarrow Cu + Zn^{2+}.$$

Si cette réaction chimique était effectuée par simple mélange des ions Cu^{2+} et de zinc métal, l'énergie chimique du système serait, par un processus irréversible, transformée en chaleur. Si, au contraire, cette réaction est effectuée dans la pile, l'énergie chimique est transformée en énergie électrique suivant un processus qui, à l'effet Joule près, peut être considéré comme réversible.

Les applications de l'électrochimie sont nombreuses : piles, accumulateurs, piles à combustible, préparations industrielles des gaz (Cl_2, O_2, H_2...), de la soude, de l'eau oxygénée par électrolyse de solutions aqueuses, électrométallurgie, protection contre la corrosion (protection cathodique, anodisation), dessalement de l'eau.

électrochimie et d'électrométallurgie de Grenoble *(École nationale supérieure d'),* école fondée en 1921. Elle fait partie des écoles d'ingénieurs dont le regroupement forme l'Institut national polytechnique de Grenoble. Installée sur le domaine universitaire de Saint-Martin-d'Hères, elle dispense, en 3 ans, une formation d'ingénieur pluridisciplinaire articulée autour d'un axe formé par la chimie physique, l'électrochimie et la métallurgie.

ÉLECTROCHIMIQUE adj. **1.** Relatif à l'électrochimie. – **2.** Syn. de ÉLECTROLYTIQUE.

ÉLECTROCHOC n. m. Thérapeutique psychiatrique consistant dans le passage d'un courant électrique alternatif à travers la boîte crânienne pendant une durée brève, entraînant des convulsions.

ENCYCL. L'électrochoc fut introduit en psychiatrie en 1938 par les psychiatres italiens U. Cerletti et L. Bini, qui partaient de l'hypothèse d'un antagonisme entre schizophrénie et épilepsie. Dès le passage du courant, on observe une perte de conscience ainsi qu'un spasme musculaire généralisé. À la fin du passage de celui-ci apparaissent successivement les phases tonique, clonique puis comateuse de la crise d'épilepsie généralisée. Puis survient une phase de sommeil de quelques minutes, dont le patient se réveille spontanément. Les électrochocs sont pratiqués le plus souvent par séries de 8 à 12 à raison de un par jour en fonction de l'amélioration clinique. À part certaines affections cardio-vasculaires, les électrochocs ont peu de contre-indications, mais ont vu leur emploi considérablement se restreindre depuis les progrès de la psychopharmacologie. Leur indication majeure reste les états mélancoliques rebelles aux thymoanaleptiques.

ÉLECTROCHROME [-krom] n. m. Dispositif optique pouvant prendre les états transparent ou opaque en fonction d'un champ électrique externe et pouvant être utilisé comme élément d'affichage ou de stockage de l'information.

ÉLECTROCINÈSE n. f. Réaction locomotrice provoquée chez un animal par la présence d'un champ électrique. (Elle s'observe essentiellement dans le milieu aquatique.)

ÉLECTROCINÉTIQUE n. f. Étude des phénomènes de l'électricité en mouvement, abstraction faite des phénomènes magnétiques qui en résultent.

◆ adj. **1.** Relatif à l'électrocinétique. – **2.** Se dit des effets d'interface associés au mouvement de particules chargées dans un fluide fixe ou au mouvement d'un fluide par rapport à une interface chargée fixe.

ÉLECTROCOAGULATION n. f. Coagulation des tissus qui provoque soit leur section (bistouri électrique), soit leur destruction par application d'un courant électrique.

ÉLECTROCOCHLÉOGRAMME [-kɔkleo-] n. m. Enregistrement des courants émis par les cellules nerveuses cochléaires de l'oreille interne et servant dans l'étude des anomalies de l'audition.

ÉLECTROCOCHLÉOGRAPHIE [-kɔkleo-] n. f. Méthode d'enregistrement de l'électrocochléogramme.

ÉLECTROCOMMUNICATION n. f. Mode de communication propre à certaines espèces de poissons (mormyres) et utilisant des organes électrogènes de faible voltage et des électrorécepteurs particuliers, les *organes globuleux.*

ÉLECTROCOPIE n. f. Procédé de reproduction se fondant sur l'électrostatique. (L'électrocopie est fondée sur la propriété de certains corps [sélénium, oxyde de zinc, etc.] de pouvoir retenir une charge électrique dans l'obscurité, cette charge étant détruite par la lumière.)

ÉLECTROCUTÉ, E n. Personne qui a subi une électrocution.

ÉLECTROCUTER v. t. (amér. *to electrocute,* de *to execute,* exécuter) [conj. 3]. **1.** Causer une secousse, souvent mortelle, par le passage dans l'organisme d'un courant électrique. – **2.** Exécuter un condamné par une décharge électrique.

◆ **s'électrocuter** v. pr. Être touché par une décharge électrique qui peut être mortelle. *Ne touchez pas à ce câble, vous pourriez vous électrocuter.*

ÉLECTROCUTION n. f. (amér. *electrocution*). **1.** Action d'électrocuter ; fait d'être électrocuté. – **2.** Dans certains États des États-Unis, système d'exécution des condamnés à mort placés sur une chaise électrique.

ENCYCL. **Méd.** L'effet physiologique essentiel de l'électricité qui traverse le corps est une contracture des muscles traversés et une modification d'excitabilité et de contractibilité du cœur. Les hautes tensions (supérieures à 1 200 V), alternatives ou continues, produisent la mort par asphyxie, fibrillation cardiaque ou sidération nerveuse. Les très hautes tensions provoquent une brûlure locale au point d'entrée du courant et cette zone, devenue peu conductrice, peut opposer une forte résistance au passage ultérieur du courant. Les basses tensions (inférieures à 220 V) sont surtout dangereuses en alternatif à 50 périodes, car elles peuvent déterminer dans les fibres du cœur une *fibrillation* ventriculaire mortelle. Les courants de haute fréquence (supérieure à 100 000 périodes par seconde) sont bien supportés, seul l'effet thermique entrant en ligne de compte.

Les soins à donner aux électrocutés sont analogues à ceux que l'on prodigue aux asphyxiés.

ÉLECTROCYTE n. m. Cellule animale constituant les électroplaques.

ÉLECTRODE n. f. (angl. *electrode*). **1.** Pièce conductrice destinée à être mise en contact avec un milieu de conductivité différente. (On appelle respectivement *anode* et *cathode* l'électrode par laquelle le courant entre dans le milieu et sort du milieu.) [→ *encycl.* Chim., Métall. et Techn.] – **2.** Élément conducteur du courant électrique utilisé en médecine ou en physiologie pour stimuler le système nerveux, la peau, les muscles ou les viscères ou bien pour recueillir les potentiels bioélectriques. (→ *encyl.* Neurol.) – **3.** Élément conducteur d'un dispositif électronique qui y remplit une ou plusieurs fonctions : émission, captation ou commande par un champ électrique des électrons ou des ions.

ENCYCL. **Chim.** En électrochimie, on appelle potentiel normal ou standard V_0 d'une électrode le potentiel de l'élément plongé dans une solution de ses ions à activité unitaire. Pour évaluer le potentiel standard, on combine cette électrode avec une autre électrode de référence (électrode à hydrogène) dont le potentiel est conventionnellement nul. Il suffit de mesurer la différence de potentiel entre les deux demi-éléments. L'*électrode à hydrogène* est constituée par un métal noble (généralement le platine), recouvert d'hydrogène gazeux dans une solution d'ions hydrogène saturée de gaz hydrogène. L'*électrode à calomel* est constituée par du mercure recouvert d'une couche de chlorure mercureux en contact avec une solution aqueuse de chlorure de potassium.

– **Métall.** On utilise trois sortes d'électrodes pour assurer le passage du courant dans les fours métallurgiques à arc ou dans les fours d'électrométallurgie : les *électrodes en carbone amorphe,* à base de coke de pétrole ou de coke d'anthracite ; les *électrodes en graphite,* qui sont obtenues de préférence à partir de coke d'anthracite (fours d'aciérie) ; les *électrodes continues de Söderberg,* qui sont fabriquées sur le four même d'utilisation.

– **Neurol.** On distingue les *électrodes de surface,* posées sur la peau ou à l'extérieur du cerveau ; les *électrodes implantées* à l'intérieur d'un nerf, de la moelle épinière ou du cerveau (celles-ci peuvent être fixées à demeure dans une structure nerveuse pour permettre des enregistrements de longue durée). On distingue de plus macro- et microélectrode en fonction de la taille de l'extrémité de l'électrode.

– **Techn.** Dans le *soudage par résistance,* l'électrode est la partie de l'appareil à souder qui transmet le courant et, dans la plupart des cas, l'effort directement à la pièce à souder. Dans le *soudage à l'arc électrique,* l'arc peut être établi soit directement entre les pièces à souder, soit entre deux électrodes réfractaires ou entre une électrode et les pièces.

ÉLECTRODÉPOSÉ, E adj. Se dit d'un revêtement obtenu par électrodéposition.

ÉLECTRODÉPOSITION n. f. **1.** Procédé d'obtention d'un dépôt par électrolyse ou d'un revêtement de peinture par électrophorèse. – **2.** Ensemble de revêtements électrolytiques.

ENCYCL. L'électrodéposition d'une peinture aqueuse est réalisée par passage d'un courant continu entre l'objet à peindre constituant une électrode (souvent l'anode) et une seconde électrode, représentée généralement par la cuve contenant la peinture. Elle s'applique aux métaux à base de fer, mais aussi au zinc et à l'aluminium, à condition de soumettre ces métaux à un traitement préparatoire.

ÉLECTRODERMAL, E, AUX adj. Se dit d'une variation des potentiels électriques cutanés entre deux électrodes placées l'une sur la face palmaire de la main et l'autre sur sa face dorsale ou l'avant-bras.

ENCYCL. Les potentiels sont variables en fonction de la présence de sueur sur la paume, présence liée à l'activité du sympathique périphérique. Ils renseignent sur le niveau d'activation cérébrale. La réaction électrodermale est parfois utilisée comme indice de l'émotivité du sujet lorsqu'on lui présente certains stimulus ; c'est par exemple son utilisation sous le nom de « détecteur de mensonge ».

ÉLECTRODERMOGRAMME n. m. Enregistrement de la variation de la réponse électrodermale en fonction des stimulus présentés au sujet.

ÉLECTRODERMOGRAPHIE n. f. Enregistrement de l'électrodermogramme.

ÉLECTRODIAGNOSTIC n. m. Ensemble des techniques d'exploration du système nerveux périphérique et du tissu musculaire utilisant le courant électrique.

ÉLECTRODIALYSE n. f. Purification ionique d'un liquide placé entre deux membranes semi-perméables en présence d'un champ électrique. (L'électrodialyse est employée pour le dessalement de l'eau de mer ainsi que pour la dilution ou la concentration d'électrolytes.)

ÉLECTRODISSOLUTION n. f. Procédé de dissolution par électrolyse d'une substance placée en position d'électrode.

ÉLECTRODOMESTIQUE adj. et n. m. Se dit d'appareils électriques utilisés dans le cadre de la maison (appareils ménagers, outils de bricolage, etc.).

ÉLECTRODYNAMIQUE n. f. **1.** Partie de la physique qui traite des actions dynamiques entre courants électriques. — **2.** *Électrodynamique quantique,* théorie quantique relativiste de l'interaction matière/rayonnement et, plus spécifiquement, de l'interaction entre électrons et photons.
◆ adj. **1.** Qui se rapporte à l'électrodynamique. — **2.** *Frein électrodynamique,* système de freinage comportant un disque métallique entraîné par l'essieu et tournant entre des électroaimants dont le champ magnétique crée dans le disque des courants de Foucault sur lesquels le même champ agit en freinant.

ÉLECTRODYNAMOMÈTRE n. m. Appareil destiné à mesurer un courant électrique à l'aide des forces qui s'exercent entre deux circuits parcourus par ce courant.
ENCYCL. Deux bobines B_1 et B_2 sont parcourues en série par le courant i que l'on veut mesurer. La bobine B_2 est placée dans le champ magnétique créé par B_1 ; elle est soumise à un système de forces de Laplace, proportionnelles à i^2. La bobine B_2 est liée au fléau d'une balance ordinaire (ou de torsion) ; l'équilibrage de l'appareil permet de « peser » l'action de B_1 sur B_2, donc de mesurer i.

ÉLECTROENCÉPHALOGRAMME n. m. Tracé obtenu par électroencéphalographie.

ÉLECTROENCÉPHALOGRAPHIE n. f. Enregistrement de l'activité bioélectrique du cerveau transmise à travers la boîte crânienne et le scalp. (Cette activité enregistrée en surface correspond à la somme des activités des neurones sous-jacents.)
ENCYCL. C'est H. Berger qui a découvert en 1929 les ondes cérébrales chez l'homme. Chez le sujet normal, les électrodes posées sur le scalp permettent d'enregistrer pendant l'éveil des rythmes rapides (appelés rythme bêta*) sur les régions frontales et des rythmes plus réguliers (appelés rythme alpha* à 8-12 Hz) sur les régions pariéto-occipitales. Le rythme se ralentit pendant l'endormissement et se trouve de nouveau accéléré pendant la phase de sommeil paradoxal. L'électroencéphalographie est une technique très utilisée en clinique neurologique, car elle permet le diagnostic de certains dysfonctionnements cérébraux : ralentissement diffus en cas de souffrance métabolique par ex., ou anomalie localisée en regard d'une zone délimitée de souffrance cérébrale. Elle met également en évidence des tracés pathologiques en rapport avec l'épilepsie.

ÉLECTROENCÉPHALOGRAPHIQUE adj. Relatif à l'électroencéphalographie.

ÉLECTROÉROSION n. f. Enlèvement de matière consécutif à une décharge électrique se produisant dans un liquide diélectrique.
ENCYCL. Dans l'usinage par électroérosion, la pièce à usiner est reliée à l'anode d'un générateur d'impulsions électriques. L'électrode-outil, de forme complémentaire de celle de la cavité à obtenir, constitue la cathode de la machine. L'ensemble électrode-pièce et électrode-outil est immergé dans un liquide diélectrique approprié et soumis à des décharges polarisées, qui provoquent l'extraction des électrons de l'outil à la cathode et leur impact sur la pièce à l'anode. Il en résulte une destruction locale de cette dernière, qui constitue l'usinage. Ce procédé permet l'usinage de pièces en alliages réfractaires (outillages de matriçage, de découpage, d'étirage), l'affûtage d'outils coupants, etc. L'électroérosion avec électrode en forme de fil permet le découpage de pièces, l'ajourage, la fabrication d'outillage.

ÉLECTROFAIBLE adj. Se dit de la théorie unifiée de l'interaction électromagnétique et de l'interaction faible.

ÉLECTROFLOTTATION n. f. Séparation et épaississement des boues au moyen des microbulles qui se dégagent à la surface d'une plaque métallique plongée dans l'eau et mise sous tension électrique.

ÉLECTROFOREUSE n. f. Dispositif dans lequel l'outil de forage est directement monté sur un moteur électrique, qui l'entraîne.

ÉLECTROFORMAGE n. m. Procédé permettant de produire ou de reproduire un objet par voie électrolytique à partir d'un modèle, que l'on élimine en fin d'opération.

ÉLECTROGÈNE adj. **1.** Qui produit de l'électricité. — **2.** Syn. de ÉLECTROMOTEUR. — **3.** *Groupe électrogène,* ensemble formé par un moteur thermique et un générateur et qui transforme en énergie électrique l'énergie mécanique du moteur. ‖ *Processus électrogène,* production d'électricité par électrobiogenèse.

ÉLECTROGENÈSE n. f. **1.** Syn. de ÉLECTROBIOGENÈSE. — **2.** Production par un animal d'une forme d'énergie électrique qui lui est utile pour s'orienter, pour repérer ses proies ou pour paralyser ses ennemis. (→ *encycl.*) — **3.** *Électrogenèse corticale,* production de potentiels électriques mesurables à la surface du cortex cérébral.

ENCYCL. **Zool.** L'électrogenèse n'est connue que chez les poissons. Les décharges atteignent 600 V chez le gymnote, 350 V chez le malaptérure, 40 V chez la torpille, alors qu'elles restent très faibles lorsqu'elles servent seulement à l'électrolocalisation*. Les organes électrogènes, de nature musculaire et disposés en série, sont appelés *électroplaques.*

ÉLECTROGRAPHITATION n. f. Mode de fabrication des balais électrographitiques.

ÉLECTROGRAPHITIQUE adj. *Balai électrographitique,* balai électrique constitué par différentes variétés de carbone, agglomérées par du brai ou du goudron.

ÉLECTROJET n. m. **1.** Courant électrique atmosphérique. — **2.** *Électrojet équatorial,* courant ionosphérique responsable de variations du champ magnétique terrestre à basse altitude.

ÉLECTROLOCALISATION n. f. Moyen employé par certains poissons pour localiser proies et obstacles à l'aide d'un champ électrique créé par des organes spéciaux. (La présence des proies modifie ce champ, et ce changement est perçu par les électrorécepteurs du poisson.)

ÉLECTROLOGIE n. f. Partie de l'électroradiologie qui traite des applications médicales de l'électricité.

ÉLECTROLUMINESCENCE n. f. Luminescence de certaines substances, généralement solides, sous l'action d'un champ électrique. (Elle est utilisée dans les *panneaux électroluminescents,* où la substance luminescente constitue le diélectrique d'un condensateur, et dans les *diodes électroluminescentes.*)

ÉLECTROLUMINESCENT, E adj. Qui est doué d'électroluminescence.

ÉLECTROLYSABLE adj. Qui peut être électrolysé.

ÉLECTROLYSE n. f. **1.** Décomposition chimique produite par un courant électrique. (→ *encycl.*) — **2.** Décomposition des tissus organiques par le courant continu. (On se sert d'aiguilles reliées au pôle négatif pour la destruction de petites tumeurs cutanées bénignes ou pour le traitement des hypertrichoses.) — **3.** *Électrolyse ignée,* procédé d'électrométallurgie dans lequel l'électrolyte est un sel fondu.

ENCYCL. Lors d'une électrolyse, on observe que les produits de la décomposition n'apparaissent qu'à la surface des électrodes et que cette décomposition est telle que la molécule de l'électrolyte est séparée en deux tronçons : l'un (le *cation*) apparaît à la cathode, c'est l'hydrogène (de l'acide) ou le métal (du sel ou de la base), et l'autre (l'*anion*) apparaît à l'anode. Mais il se produit souvent des réactions secondaires qui entravent ce processus. Pour un électrolyte déterminé, la masse décomposée ne dépend que de la quantité d'électricité qui a traversé l'électrolyte, et lui est proportionnelle (1re loi de Faraday). Pour les différents électrolytes, il faut la même quantité d'électricité, soit 96 490 coulombs, pour isoler une valence-gramme du cation (2e loi de Faraday). L'électrolyse s'explique grâce à l'hypothèse d'Arrhenius : dans un électrolyte à l'état liquide, les cations et les anions sont respectivement attirés vers la cathode et l'anode, créant ainsi un courant.
Applications industrielles de l'électrolyse : affinage électrolytique de certains métaux (cuivre, zinc, etc.), préparation du chlore et des chlorures décolorants, de la soude par électrolyse du sel marin, de l'hydrogène et de l'oxygène, de l'aluminium, galvanoplastie, dorure, nickelage, etc.

ÉLECTROLYSER v. t. (angl. *to electrolyze,* de *to analyse,* analyser) [conj. 3]. Soumettre à l'électrolyse.

ÉLECTROLYSEUR n. m. Appareil destiné à faire une électrolyse. (Syn. CUVE ÉLECTROLYTIQUE, VOLTAMÈTRE.)

ÉLECTROLYTE n. m. (angl. *electrolyte*). **1.** Corps qui, dissous ou fondu, peut se décomposer sous l'action d'un courant électrique. (Les électrolytes sont uniquement des acides, des bases ou des sels.) — **2.** *Électrolyte solide,* solide dans lequel se produisent certains processus de conduction électrique, grâce à l'introduction d'impuretés judicieusement dosées.

ÉLECTROLYTIQUE adj. **1.** Qui a les caractères d'un électrolyte. — **2.** Qui se fait par électrolyse ou qui se rapporte à l'électrolyse. — **3.** Se dit d'un procédé de meulage ou d'usinage de pièces en matériaux conducteurs, par dissolution anodique locale. (Syn. ÉLECTROCHIMIQUE.) [→ *encycl.*] — **4.** *Cuve électrolytique,* syn. de ÉLECTROLYSEUR. ‖ *Polissage électrolytique,* méthode de préparation par polissage et attaque électrolytique en vue de l'examen des structures métallographiques ; procédé industriel de finition des pièces métalliques en vue d'en améliorer l'aspect ou les qualités de glissement.

ENCYCL. **Mécan.**

• *Le meulage électrolytique,* qui est surtout employé pour affûter les outils de coupe en carbure, utilise un disque diamanté tournant relié au pôle négatif d'un générateur à courant continu. L'outil à affûter, relié au pôle positif, est présenté en face du disque suivant l'angle d'affûtage recherché. Un électrolyte spécial est projeté entre l'outil et le disque, qui ne sont pas en contact, les grains d'abrasif du disque éliminant simplement la pellicule de passivation qui pourrait se former à la surface de l'outil.

• *L'usinage électrolytique* se pratique avec un générateur de courant continu de très forte densité et une électrode mobile, fixée dans un système d'avance automatique maintenu au-dessus de la pièce à façonner, dans un électrolyte approprié. L'état de surface obtenu est excellent, les aspérités étant attaquées en premier, car le champ électrique y est plus grand.

ÉLECTROLYTIQUEMENT adv. Par des procédés électrolytiques.

ÉLECTROMAGNÉTIQUE adj. **1.** Qui a rapport à l'électromagnétisme. — **2.** *Système C. G. S. électromagnétique,* ancien système d'unités où les unités magnétiques et électriques s'obtiennent en prenant conventionnellement la perméabilité du vide égale à l'unité.

ÉLECTROMAGNÉTISME n. m. Partie de la physique qui traite des relations entre l'électricité et le magnétisme.

ÉLECTROMÉCANICIEN, ENNE n. Technicien(enne) compétent(e) à la fois dans les domaines de l'électricité et de la mécanique.

ÉLECTROMÉCANIQUE adj. Se dit d'un dispositif mécanique dont les composants sont essentiellement électriques.

◆ n. f. Technique des dispositifs électromécaniques.

ÉLECTROMÉNAGER, ÈRE adj. Se dit d'un appareil ménager utilisant l'énergie électrique.

◆ **électroménager** n. m. **1.** Ensemble des appareils électroménagers. — **2.** Fabrication, commerce de ces appareils.

ÉLECTROMÉNAGISTE n. Commerçant en appareils électroménagers.

ÉLECTROMÉTALLURGIE n. f. Utilisation des propriétés thermiques et électrolytiques de l'électricité pour la production et l'affinage des produits métallurgiques.

ENCYCL. L'électrométallurgie fait appel à trois grandes classes de procédés : les *procédés électrothermiques,* qui n'utilisent l'électricité que pour porter les matières à la température à laquelle peuvent se produire les réactions purement chimiques destinées à l'extraction ou à l'affinage des produits métalliques, sans provoquer aucune décomposition électrolytique (l'élévation de température s'obtient *par résistance, par arcs* ou *par induction*) ; les *procédés électrolytiques par voie ignée,* qui permettent l'obtention ou l'affinage du métal par voie électrolytique à partir d'un bain fondu d'un sel du métal ou d'un mélange de sels dont l'un renferme ce métal ; les *procédés électrolytiques par voie humide* (à *anode soluble* ou *insoluble*), qui sont fondés sur l'électrolyse d'une solution aqueuse d'un sel à une température qui ne dépasse jamais 100 °C.

ÉLECTROMÉTALLURGIQUE adj. Qui concerne l'électrométallurgie.

ÉLECTROMÉTALLURGISTE n. Spécialiste de l'électrométallurgie.

ÉLECTROMÈTRE n. m. Appareil mesurant des grandeurs électriques, des différences de potentiel ou des charges électriques.

ENCYCL. Les électromètres sont généralement des condensateurs dont une armature est mobile soit par translation, soit par rotation. Lorsqu'on établit entre les armatures une différence de potentiel V, l'armature mobile est soumise à une force ou à un couple proportionnels à V^2. L'équilibrage de la force ou du couple par un poids ou un ressort permet de calculer V. Si le coefficient de proportionnalité est calculé en fonction des dimensions géométriques des armatures, l'appareil permet une mesure absolue (électromètre absolu de Kelvin). Les *lampes électromètres* (triodes ou tubes spéciaux) permettent de déceler des différences de potentiel électrostatique de l'ordre de 10^{-6} volt.

ÉLECTROMÉTRIE n. f. Ensemble des méthodes de mesures utilisant des électromètres.

ÉLECTROMÉTRIQUE adj. Relatif à l'électrométrie.

ÉLECTROMOTEUR, TRICE adj. **1.** Qui développe de l'électricité sous l'influence d'une action mécanique ou chimique. — **2.** Qui a rapport à l'électricité ainsi développée. — **3.** Se dit des organes animaux qui produisent de l'électricité. (Syn. ÉLECTROGÈNE). [→ *encycl.*] — **4.** *Champ électromoteur,* champ électrique caractérisant un générateur. (La force électromotrice d'un générateur est égale à la circulation du champ électromoteur de l'une de ses bornes à l'autre.) ‖ *Force électromotrice (f.é.m.),* tension aux bornes de la source idéale de tension introduite dans la représentation d'un élément actif de circuit, générateur ou récepteur.

◆ **électromoteur** n. m. Syn. vieilli de MOTEUR ÉLECTRIQUE.

ENCYCL. **Zool.** De nombreux poissons (gymnotes, mormyres, raies, torpilles) possèdent des électroplaques disposées en séries et pouvant créer des décharges, les unes défensives et fortes (plusieurs centaines de volts), les autres faibles (quelques millivolts) et servant à l'électrolocalisation, selon l'espèce considérée.

ÉLECTROMUSCULAIRE adj. Se dit des phénomènes électriques enregistrés au niveau d'un muscle ou d'une fibre musculaire.

ÉLECTROMYOGRAMME n. m. Tracé obtenu par l'enregistrement de l'activité électrique qui accompagne la contraction musculaire. (Son analyse permet de préciser l'origine d'un déficit de la contraction musculaire : lésion du nerf moteur ou lésion de la fibre musculaire elle-même.)

ÉLECTROMYOGRAPHIE n. f. Étude, à l'aide de l'électromyogramme, de la contraction musculaire.

ÉLECTRON n. m. (angl. *electron,* de *electric* et *anion*). **1.** Particule fondamentale portant l'unité naturelle de charge électrique et appartenant à la classe des leptons. (→ *encycl.*) — **2.** *Électron libre,* électron de valence* d'un métal, responsable de sa conductibilité électrique ; *fig.*, personne qui, par son indépendance d'esprit et sa liberté de parole, se démarque du groupe auquel elle appartient. ‖ *Électrons secondaires,* électrons émis par une surface métallique recevant un faisceau d'électrons suffisamment rapides. ‖ *Usinage par faisceau d'électrons* ou *par bombardement électronique,* méthode de façonnage des matériaux par impact d'un faisceau d'électrons à grande vitesse qui provoque l'évaporation localisée de la matière. (→ *encycl.*)

ENCYCL. Partant des idées d'Helmholtz, G. Johnstone Stoney est l'inventeur, en 1891, du mot « électron » pour désigner d'abord la quantité élémentaire d'électricité, puis la particule elle-même porteuse de cette quantité. Les travaux de Jean Perrin, J. J. Thomson et Millikan ont permis de déterminer la charge et la masse de l'électron :

$$q_e = 1{,}602\,06\cdot 10^{-19}\ \mathrm{C}\ ;$$
$$m_e = 0{,}910\,83\cdot 10^{-30}\ \mathrm{kg}.$$

Lors de leur découverte, les électrons apparurent comme des corpuscules, objets physiques localisés et individualisés dont le comportement devait pouvoir être décrit en termes de trajectoires, mais cette conception se révéla impropre à expliquer les propriétés des atomes. Pour comprendre l'atome, il fallut admettre (hypothèse de De Broglie, 1924) que l'électron pouvait également, dans certaines circonstances, manifester un comportement ondulatoire. Ni onde ni corpuscule, l'électron est une particule quantique, ou quanton. À l'image d'une « boule d'électricité », localisée, décrivant une trajectoire, se substitua progressivement l'image d'un objet caractérisé par sa densité de probabilité de localisation. Uhlenbeck et Goudsmit, en 1925, émirent l'hypothèse que, parmi les caractéristiques de l'électron, devait figurer, outre sa masse et sa charge, une grandeur vectorielle : le *spin.* Pour un électron de caractéristiques spatiotemporelles déterminées, il existe deux états quantiques possibles de spin opposés, ce qui explique la répartition des électrons dans les divers états quantiques. (→ ATOME.) La physique atomique et moléculaire est essentiellement une physique des électrons. La chimie étudie les transferts d'électrons d'un atome à un autre. La physique de l'état solide est également une physique des électrons. Plusieurs technologies ont spécifiquement l'électron pour matériau, qu'il s'agisse de l'électronique, de l'informatique ou des applications médicales des faisceaux d'électrons. L'électron est l'un des plus importants constituants universels de la matière, et toutes les propriétés macroscopiques de la matière sont, d'une façon ou d'une autre, liées aux caractéristiques (masse, charge et spin) de l'électron. C'est à partir de l'électron qu'ont été élaborées la plupart des théories importantes du XXe s., la mécanique quantique, la théorie de l'antimatière ou encore les théories dites « de jauge », bâties sur le modèle de l'électrodynamique quantique.

— **Mécan.** L'*usinage par faisceau d'électrons* consiste à bombarder la pièce à usiner sur une très faible étendue (quelques dizaines de μm^2) par un faisceau concentré d'électrons. Leur très grande vitesse d'impact permet d'atteindre localement des températures suffisantes pour volatiliser les corps les plus réfractaires. Le déplacement de la zone d'impact des électrons, qui s'effectue par déviation du faisceau, permet d'obtenir des profils de forme quelconque. Le principal avantage de ce procédé est de s'effectuer sous vide, ce qui préserve la pièce de toute contamination. Cette technique fine et précise, mais extrêmement lente, est spécialement indiquée pour la confection d'éléments submicroscopiques utilisés en électronique : résistances planes, diodes, transistors, etc. Elle est également utilisée pour percer des empreintes de très faible section et de grande profondeur (usinage de filières pour l'industrie textile, d'injecteurs, de diaphragmes, de pierres précieuses industrielles, etc.). Enfin, ce procédé peut servir au soudage, au brasage et à des traitements thermiques localisés.

ÉLECTRONATION n. f. Réduction au sens général, c'est-à-dire fixation d'électron(s).

ÉLECTRONÉGATIF, IVE adj. Se dit des éléments chimiques dont les atomes manifestent une affinité pour les électrons.

ÉLECTRONÉGATIVITÉ n. f. Aptitude que possède un atome pour fixer des électrons dans une liaison avec un atome différent.

ENCYCL. Il est possible d'attribuer à chaque élément un nombre qui représente en valeur relative son électronégativité. L'électronégativité des éléments diminue régulièrement de la droite du tableau périodique des éléments* (halogènes) à sa gauche (métaux alcalins) et diminue également de haut en bas, dans chaque colonne. Cette échelle d'électronégativité est utilisée pour apprécier la stabilité d'une liaison entre deux atomes.

ÉLECTRONGRAMME n. m. Masse totale d'une mole d'électrons.

ÉLECTRONICIEN, ENNE n. Spécialiste d'électronique.

1. ÉLECTRONIQUE adj. (calque de l'angl. *electronic theory,* théorie électronique). **1.** Qui se rapporte à l'électronique ou qui fonctionne suivant ses principes. — **2.** Qui se rapporte à l'électron, qui utilise des électrons. — **3.** Se dit d'un instrument de musique utilisant la génération d'oscillations électriques pour créer des sons par l'intermédiaire de haut-parleurs. — **4.** *Émission électronique,* émission d'électrons par une surface dans l'espace environnant. ‖ *Faisceau électronique,* flux d'électrons émis par une même source, qui se déplacent sur des trajectoires voisines. ‖ *Flux électronique,* déplacement d'ensemble des électrons libres. ‖ *Guerre électronique,* ensemble des actions menées par les armées pour limiter l'efficacité des matériels radioélectriques de l'adversaire. (→ *encycl.*) ‖ *Miroir électronique,* dispositif réalisant la réflexion d'un faisceau électronique. ‖ *Musique électronique,* musique faite de sons produits à partir de générateurs électroniques. (→ *encycl.*) ‖ *Optique électronique,* branche de l'électronique qui étudie le fonctionnement de certains dispositifs électroniques en s'appuyant sur l'analogie qui existe entre les trajectoires des électrons ou des ions dans des champs électriques ou magnétiques et la marche des rayons lumineux dans des milieux réfringents. (Les systèmes qui produisent de tels champs sont appelés *lentilles électroniques ;* ils ont permis de réaliser de véritables instruments d'optique à électrons [caméras, microscopes]).

ENCYCL. **Déf.** En 1940, la *guerre électronique* s'applique essentiellement au brouillage des radars et des aides à la navigation radioélectrique. En juill. 1943, les Britanniques emploient, lors du bombardement de Hambourg, des bandelettes de métal *(windows)* qui paralysent totalement l'ensemble du dispositif radar au sol. Lors de la guerre du Viêt-nam, les Américains font appel à des contre-mesures électroniques chargées de neutraliser les missiles sol-air et les canons antiaériens : l'utilisation de bandelettes de métal *(chaffs)* et l'alimentation des radars adverses en fausses informations déroutent la défense nord-vietnamienne. Depuis la quatrième guerre israélo-arabe, les systèmes de navigation par inertie, les dispositifs infrarouges et les radars insensibles au brouillage ont considérablement compliqué la dynamique de la guerre électronique.

On distingue, en guerre électronique, les *contre-mesures passives,* qui ne nécessitent aucune émission radioélectrique (interception des signaux radioélectriques, interprétation de leur contenu, localisation), et les *contre-mesures actives,* qui mettent en œuvre des émissions radioélectriques (intrusion dans le dispositif de télécommunication ennemi et brouillage éventuel).

— **Mus.** La *musique électronique* constitue une tendance particulière au sein de la musique électroacoustique. Elle permet d'obtenir n'importe quelle fréquence ou combinaison de fréquences imaginables, disposant ainsi de la faculté de « composer » le son lui-même soit en combinant des sons sinusoïdaux, soit en filtrant des sons complexes. Elle est née de la rencontre des techniques nouvelles et des problèmes posés par le principe de la série. Le pionnier en fut Herbert Eimert, créateur en 1951 du studio de musique électronique de la radio de Cologne. Les *instruments électroniques* se distinguent entre eux selon qu'ils imitent les instruments déjà existants (orgues), qu'ils transforment des sons déjà existants ou qu'ils produisent des sonorités nouvelles (ondes Martenot). Le synthétiseur remplit à lui seul les trois fonctions.

2. ÉLECTRONIQUE n. f. (de *électronique 1*). Partie de la physique qui étudie et utilise les variations de grandeurs électriques (champs électromagnétiques, charges électriques, courants et tensions électriques) pour capter, transmettre et exploiter de l'information ; technique dérivant de cette science.

ENCYCL. L'histoire de l'électronique a débuté avec la découverte des rayons cathodiques par Hittorf en 1869 et avec la mise en évidence, en 1886, des rayons positifs, dont l'étude révéla bientôt la nature corpusculaire. La théorie électromagnétique de Maxwell faisait prévoir par le calcul l'existence d'ondes électromagnétiques. Hertz les obtint et les étudia en 1888. La détection de ces ondes devint facile en 1890 grâce au cohéreur de Branly ; Popov inventa en 1895 l'antenne, qui permit à Marconi de réaliser la même année une transmission de signaux de T.S.F. sur une distance de plusieurs dizaines de kilomètres : ce fut la première application pratique de l'électronique. L'invention des tubes électroniques, diode (Fleming, 1904) et triode (Lee De Forest, 1906), permettant la production d'ondes entretenues, leur amplification, leur modulation, leur réception, rendit possible la radiodiffusion. L'emploi de cellules photoélectriques et de l'oscillographe cathodique, inventé en 1897 par Braun, permit la réalisation du cinéma parlant, de la télévision, du microscope électronique, du radar, etc.

Ce sont actuellement les progrès de la technologie qui conditionnent l'évolution de l'électronique. La phase de miniaturisation des équipements s'est engagée après la découverte du transistor* par Bardeen, Brattain et Shockley en 1948 et l'utilisation des semi-conducteurs*. Dans les années 1960, la fabrication de plusieurs transistors sur un même substrat de silicium a ouvert la voie de l'intégration à grande échelle, qui, en diminuant la taille des équipements, a augmenté considérablement leur fiabilité.

Les progrès de l'intégration ont permis la réalisation sur une seule pièce de silicium de systèmes plus complexes ainsi que la diminution du coût de réalisation d'une fonction : le prix d'un transistor, entre l'élément discret de 1960 et l'élément intégré de 1980, a été divisé par 20 000. Cela explique la révolution industrielle engagée au cours des années 1970 par l'apparition des microprocesseurs*. Au début des années 1980 s'est amorcée une nouvelle évolution avec le traitement automatique de la parole, qui confère aux machines la voix (synthèse automatique) et l'ouïe (reconnaissance automatique), tandis que les progrès effectués en reconnaissance des formes débouchent sur des machines dotées d'un autre des organes sensoriels de l'homme, la vue.

L'électronique voit aujourd'hui son champ d'application s'étendre à de nombreuses techniques : les ordinateurs, les télécommunications, le traitement du signal, l'électronique médicale, l'automatisme, l'électroménager, le jouet, etc.

électronique du Nord *(Institut supérieur d'),* établissement privé d'enseignement technique supérieur créé à Lille en 1956, reconnu par l'État en 1963 et qui assure la formation d'ingénieurs électroniciens.

électronique de l'Ouest *(École supérieure d')* **[E. S. E. O.],** établissement privé d'enseignement technique supérieur créé à Angers en 1956 sous le nom d'École technique supérieure d'électronique, reconnu par l'État en 1978 et qui assure la formation d'ingénieurs électroniciens.

électronique de Paris *(Institut supérieur d'),* établissement privé d'enseignement technique supérieur créé en 1955 à Paris, reconnu par l'État, et qui assure la formation d'ingénieurs en électronique, informatique et automatique.

électronique et de ses applications *(École nationale supérieure de l'),* établissement public d'enseignement technique supérieur issu en 1975 de la transformation de la section ingénieurs de l'École nationale de radiotechnique et d'électricité appliquée.

électronique et de radioélectricité de Grenoble *(École nationale supérieure d')* **[E.N.S.E.R.G.],** établissement public d'enseignement technique supérieur fondé en 1965, rattaché en 1969 à l'Institut national polytechnique de Grenoble et qui assure la formation d'ingénieurs en électronique et en radioélectricité.

ÉLECTRONIQUEMENT adv. Grâce à l'électronique, sur le plan de l'électronique.

ÉLECTRONISATION n. f. Action d'équiper qqch avec des moyens électroniques.

ÉLECTRONOGRAMME n. m. Image obtenue par électronographie.

ÉLECTRONOGRAPHIE n. f. Technique d'enregistrement d'une image électronique sur une plaque photographique grâce à une caméra électronique.

ÉLECTRON-TROU n. m. (pl. *électrons-trous*). *Paire électron-trou,* ensemble formé dans un semiconducteur par un électron ayant quitté une bande d'énergie et l'emplacement laissé vacant dans cette bande, équivalant à une charge positive.

ÉLECTRONUCLÉAIRE adj. Se dit des centrales électriques utilisant l'énergie thermique produite par un réacteur nucléaire.

◆ n. m. Ensemble des activités concernant la production d'électricité à partir de l'énergie nucléaire.

ENCYCL. C'est aux États-Unis, le 20 déc. 1951, que, pour la première fois, la chaleur produite par un réacteur nucléaire a été utilisée pour fournir de l'électricité. Mais le réacteur expérimental EBR I, pionnier des réacteurs à neutrons rapides, ne permettait d'obtenir qu'une puissance symbolique de quelques watts. Cependant, dès 1965, dix pays étaient déjà engagés dans la voie de l'électronucléaire, et il y avait 70 unités en service, mais leur puissance unitaire était encore modeste et restait généralement inférieure à 100 MW. En 1994, 434 unités électronucléaires étaient en service dans le monde, fournissant 345 000 MW d'électricité, soit environ 17 % de la consommation mondiale.

Cependant, le développement de l'utilisation de l'énergie nucléaire à la production d'électricité a subi des fluctuations parfois importantes. Leurs origines se trouvent dans des faits d'ordre général ou dans des circonstances particulières à un pays donné :
— prévisions de besoins en énergie et, dans ce cadre, priorité plus ou moins grande accordée aux économies d'énergie, choix des sources d'énergie, lié éventuellement lui-même au souci de préserver l'environnement, par exemple en réduisant l'utilisation du charbon (dont la combustion produit des quantités importantes de dioxyde de carbone) ;
— prix de revient comparés du kWh nucléaire et du kWh fourni par les centrales au charbon, au gaz ou au fioul ;
— préoccupation d'une sécurité d'approvisionnement en énergie primaire (charbon, gaz ou fioul), qui, on le sait depuis le premier choc pétrolier de 1973, dépend de la situation politique mondiale ;
— opposition à l'énergie nucléaire, plus ou moins vive et plus ou moins constante suivant les pays et qui présente deux aspects, d'ailleurs liés entre eux : refus d'une source d'énergie qui évoque les bombes d'Hiroshima et de Nagasaki et les armes nucléaires en général ; crainte des conséquences d'un accident sur un réacteur ou d'une pollution provoquée par des déchets radioactifs. L'accident de Three Mile Island en 1979 et, surtout, celui de Tchernobyl en 1986 ont alimenté cette opposition.
En 1994, la production totale d'électricité en France a été de 475,5 miliards de kWh dont 360 par l'énergie nucléaire (soit plus de 75 %).

ÉLECTRONVOLT n. m. Unité d'énergie (symb. eV) égale à l'énergie acquise par un électron lorsqu'il est accéléré par une différence de potentiel de 1 volt. (L'électronvolt vaut env. $1{,}6 \cdot 10^{-19}$ joule.)

ÉLECTRO-OCULOGRAMME n. m. (pl. *électro-oculogrammes*). Tracé obtenu par électro-oculographie.

ÉLECTRO-OCULOGRAPHIE n. f. (pl. *électro-oculographies*). Étude des potentiels de repos de l'épithélium pigmentaire et des cellules visuelles de la rétine (cônes et bâtonnets). [Elle constitue un complément de l'électrorétinographie.]

ÉLECTRO-OPTIQUE adj. (pl. *électro-optiques*). **1.** Se dit d'un phénomène dans lequel la présence d'un champ électrique modifie les propriétés optiques du milieu (effet Kerr, effet Stark, etc.). — **2.** Se dit d'un instrument topographique permettant la mesure des distances à l'aide d'une onde lumineuse ou infrarouge modulée. — **3.** *Cristal électro-optique,* syn. de CRISTAL LIQUIDE.

ÉLECTRO-OSMOSE n. f. (pl. *électro-osmoses*). Déplacement d'un liquide contenant des ions à travers un diaphragme poreux sous l'effet d'un champ électrique. (Elle est utilisée pour le séchage du bois, le tannage des cuirs, l'assèchement des maçonneries.) [Syn. OSMOSE ÉLECTRIQUE.]

ÉLECTRO-OSMOTIQUE adj. (pl. *électro-osmotiques*). Relatif à l'électro-osmose.

ÉLECTROPHILE adj. et n. m. Se dit de particules chimiques que leur configuration électronique rend susceptibles d'accepter une paire d'électrons.
ENCYCL. Une particule électrophile renferme un atome au moins, dont la couche périphérique est incomplète (acide de Lewis) et peut se compléter par capture d'une ou éventuellement de deux paires d'électrons. Les réactions électrophiles sont les réactions (additions, éliminations, substitutions et réarrangements) où une particule électrophile joue le rôle de réactif vis-à-vis d'un substrat donné, riche en électrons : les alcènes, les arènes, les amines subissent facilement des réactions électrophiles.

ÉLECTROPHILIE n. f. Pouvoir électrophile d'une particule.

ÉLECTROPHONE n. m. Ensemble compact composé d'un tourne-disque, d'un amplificateur et d'un ou plusieurs haut-parleurs, destiné à reproduire des sons enregistrés sur disque.

ÉLECTROPHORE n. m. Instrument inventé par Volta et qui permet d'obtenir et de multiplier de petites quantités d'électricité statique.

ÉLECTROPHORÈSE n. f. (du gr. *phorêsis,* action de porter). Déplacement, sous l'effet d'un champ électrique, de macromolécules, de particules, de grains chargés en solution ou en émulsion. (On parle d'*anaphorèse* quand la migration s'opère vers l'anode et de *cataphorèse* quand elle a lieu vers la cathode.)
ENCYCL. Les particules en suspension dans un liquide portent une charge électrique dont le signe et la grandeur dépendent de la nature chimique du milieu liquide où elles évoluent. Sous l'influence du champ, les ions fixés par les particules entraînent celles-ci vers l'électrode de charge opposée à la leur.
Il y a deux différences essentielles entre l'électrophorèse et la conductibilité ionique : les particules colloïdales ont des dimensions très supérieures à celles des ions et une charge beaucoup plus grande.
Outre l'application à l'analyse chimique (électrophorèse *en veine liquide,* où la migration des particules se fait librement ; électrophorèse *de zone,* où la migration a lieu dans un liquide mis sur un support approprié), l'électrophorèse est utilisée pour déposer des substances diverses sur

un subjectile (caoutchouc, résine, laque, substances isolantes, céramique et, plus récemment, aluminium sur des tôles métalliques, émaillage de la tôle et surtout peinture dans l'industrie automobile).
— **Méd.** L'électrophorèse est largement utilisée en médecine, notamment pour la séparation (et le dosage) des différentes fractions des protéines du sérum sanguin. On a surtout recours à la technique de l'électrophorèse sur papier. Le *protéinogramme* permet de faire le diagnostic d'un certain nombre de maladies ou apporte une contribution importante à l'établissement du diagnostic (maladie de Kahler, collagénoses, etc.). L'électrophorèse permet également de faire un *glucoprotéinogramme* et un *lipoprotéinogramme,* ce dernier étant surtout utile dans l'hyperlipémie essentielle et l'athérome. La technique de l'*immuno-électrophorèse* combine la séparation électrophorétique des protéines avec leur précipitation par des anticorps spécifiques, permettant de déceler dans le sérum des protéines anormales caractéristiques de certaines maladies (notamment de la maladie de Waldenström).

ÉLECTROPHORÉTIQUE adj. Relatif à l'électrophorèse.

ÉLECTROPHOTOGRAPHIE n. f. Technique particulière d'obtention de formes d'impression sous l'action de la lumière. (La lumière produit à la surface d'une substance normalement isolante une image conductrice d'électricité qui attire une poudre. Cette dernière, fixée, constitue l'image imprimante.)

ÉLECTROPHYSIOLOGIE n. f. Étude de l'activité bioélectrique des tissus vivants, en particulier des tissus nerveux et musculaires. (Les moyens d'étude de l'électrophysiologie sont l'électrostimulation, l'enregistrement de l'activité électrique de la structure nerveuse ou musculaire et l'ionophorèse.)

ÉLECTROPHYSIOLOGIQUE adj. Relatif à l'électrophysiologie.

ÉLECTROPLAQUE n. f. Chacun des éléments dont l'ensemble forme l'organe électrogène de certains poissons. (Syn. ORGANE ÉLECTRIQUE.)

ÉLECTROPLASTIE n. f. Technique de recouvrement métallique ou de traitement des matériaux par l'électrolyse.

ÉLECTROPNEUMATIQUE adj. Se dit d'une installation dans laquelle un circuit de puissance pneumatique est mis en œuvre par des signaux de commande électriques.

ÉLECTROPOLYMÉRISATION n. f. Polymérisation, sous l'action d'un courant électrique, d'un ou de plusieurs monomères placés dans un milieu conducteur.

ÉLECTROPORTATIF, IVE adj. Se dit du petit outillage électrique portatif (perceuse, ponceuse, meule, etc.).

ÉLECTROPOSITIF, IVE adj. Se dit des éléments chimiques dont les atomes peuvent facilement céder des électrons.

ÉLECTROPUNCTURE ou **ÉLECTROPONCTURE** n. f. Application d'aiguilles d'acupuncture soumises à un courant électromagnétique. (Le point peut être un point d'acupuncture, un point moteur ou n'importe quel autre point ayant une action par voie réflexe.)

ÉLECTRORADIOLOGIE n. f. Spécialité médicale qui comprend les applications de l'électricité (électrologie) et des radiations (radiologie) au diagnostic et au traitement des maladies.
ENCYCL. L'électricité est employée pour le diagnostic des affections nerveuses et musculaires (électrodiagnostic) et pour de nombreux traitements (électrothérapie), mais on étudie aussi l'électricité produite par les organes à des fins diagnostiques, notamment dans l'électrocardiogramme et l'électroencéphalogramme.
Les radiations employées sont les rayons ultraviolets (actinothérapie), les rayons X (radiodiagnostic et radiothérapie) et une grande partie des radiations émises par les corps radioactifs naturels ou artificiels (rayons α, β et γ, neutrons) [curiethérapie].
Bien que les ultrasons soient constitués par des vibrations purement mécaniques, on les rattache à l'électroradiologie.

ÉLECTRORADIOLOGISTE ou **ÉLECTRORADIOLOGUE** n. Médecin spécialisé en électroradiologie.

ÉLECTRORAFFINAGE n. m. Procédé de purification par dissolution électrolytique d'une anode en métal impur et par dépôt du métal purifié sur une cathode.

ÉLECTRORÉCEPTEUR n. m. Organe de la ligne latérale de certains poissons, sensible aux modifications du champ électrique induites par les proies, par les obstacles ou par le poisson lui-même.

ÉLECTRORÉTINOGRAMME n. m. Graphique obtenu par électrorétinographie.

ÉLECTRORÉTINOGRAPHIE n. f. Enregistrement du potentiel électrique rétinien provoqué par une stimulation lumineuse. (Elle aide au diagnostic de certaines maladies rétiniennes héréditaires et toxiques.)

ÉLECTROSCOPE n. m. Appareil qui sert à déceler une tension électrique. (L'*électroscope à feuilles d'or* ou *d'aluminium* comporte une tige conductrice et 2 feuilles métalliques très légères qui s'écartent lorsque l'appareil est chargé. *L'électroscope à condensateur* a une sensibilité supérieure.)

ÉLECTROSIDÉRURGIE n. f. Ensemble des procédés de la sidérurgie utilisant le courant électrique comme source de chaleur.

ÉLECTROSONDE n. f. Instrument que l'on peut adjoindre à une radiosonde en vue de déterminer le potentiel électrique dans l'atmosphère libre.

ÉLECTROSTATIQUE n. f. Partie de la physique qui traite des phénomènes d'équilibre de l'électricité sur les corps électrisés.
◆ adj. **1.** Relatif à l'électrostatique. — **2.** *Machine électrostatique,* générateur d'énergie électrique sous forme électrostatique. (→ *encycl.*) ‖ *Système C. G. S électrostatique,* ancien système d'unités où les unités électriques et magnétiques s'obtiennent en prenant conventionnellement la permittivité du vide égale à l'unité.

ENCYCL. Les *machines électrostatiques* sont des générateurs d'énergie électrique donnant des tensions élevées mais des courants faibles. Elles sont constituées d'un producteur, qui développe des charges électriques, d'un transporteur, chargé par le producteur, et d'un collecteur, qui récolte les charges. Les premières machines fonctionnaient par frottement (du soufre, puis du verre). Les machines récentes sont à influence. Celle de Van de Graaff (1933), utilisée en physique nucléaire et en thérapeutique, permet d'obtenir des potentiels de 2,5 MV pour un courant de quelques milliampères.

ÉLECTROSTIMULATION n. f. Stimulation d'un élément nerveux ou musculaire par un courant électrique.

ÉLECTROSTRICTION n. f. **1.** Déformation élastique d'un diélectrique due à la polarisation électrique. — **2.** Contraction qui se produit, en galvanoplastie, au moment où le métal se dépose sur l'électrode.

ÉLECTROTAXIE n. f. Syn. de GALVANOTAXIE.

ÉLECTROTECHNICIEN, ENNE [-tɛk-] n. Spécialiste de l'électrotechnique.

ÉLECTROTECHNIQUE [-tɛk-] n. f. Application des lois de la physique à la production, au traitement, au transport et à l'utilisation de l'énergie électrique.
◆ adj. Qui concerne l'électrotechnique.

ENCYCL. Ce n'est qu'à partir de 1831, date de la découverte par Faraday des lois de l'induction, que des applications industrielles de l'électricité ont été envisagées. Le premier générateur à courant continu semble avoir été construit en 1832 par H. Pixii, s'appuyant sur des idées d'Ampère, et le premier moteur en 1834 par H. von Jacobi. La première dynamo industrielle, à entrefer réduit et à commutation améliorée, fut réalisée en 1869 par Z. Gramme.

En 1873, H. Fontaine montra la possibilité des transports d'énergie électrique à distance. Ceux-ci furent développés, à partir de 1882, par M. Deprez, qui fit ressortir l'intérêt des tensions élevées, bientôt obtenues à l'aide du transformateur, inventé en 1884 par L. Gaulard mais qui ne fonctionne qu'en courant alternatif. En 1885, G. Ferraris et N. Tesla découvrirent les possibilités de production d'un champ tournant par des courants polyphasés, ouvrant ainsi la voie aux machines asynchrones et synchrones, d'abord diphasées, ensuite triphasées, qui se généralisèrent rapidement à la fin du XIXe s. Depuis le milieu du XXe s., le développement des dispositifs à semi-conducteurs (diodes, transistors et thyristors) a profondément modifié les modes d'utilisation des machines électriques.

L'aspect énergétique de l'électrotechnique est fondamental et on peut avoir une idée de son importance en notant que, depuis la Seconde Guerre mondiale jusqu'à la fin des années 70, la consommation de l'énergie électrique a crû, dans les pays développés, à un rythme exponentiel, voisin du doublement tous les 10 ans.

électrotechnique, d'électronique, d'informatique et d'hydraulique de Toulouse *(École nationale supérieure d'),* établissement d'enseignement supérieur de l'Institut national polytechnique de Toulouse, formant des ingénieurs, créé en 1948 par la transformation de l'Institut d'électrotechnique et de mécanique appliquée (fondé en 1908).

électrotechnique et électronique *(École supérieure d'ingénieurs en)* **[E. S. I. E. E.],** école créée en 1962 par la Chambre de commerce et d'industrie de Paris pour la formation d'ingénieurs du génie électrique.

ÉLECTROTHÉRAPIE n. f. Emploi de l'électricité comme moyen de traitement.

ENCYCL. On distingue : les effets excito-moteurs sur les muscles et les nerfs paralysés, sous la forme de galvanisation, de faradisation rythmée ou tétanisante ; les effets destructeurs (électrolyse par pointes métalliques, électrocoagulation, ou bistouri électrique) ; les effets sédatifs sur les névralgies et les arthralgies par ionisation électrolytique (pénétration des ions dans l'organisme) ou applications de courants de haute fréquence ; les effets thermiques par développement de la chaleur intratissulaire au moyen de générateurs de haute fréquence (diathermie et ondes courtes).

ÉLECTROTHÉRAPIQUE adj. Relatif à l'électrothérapie.

ÉLECTROTHERMIE n. f. **1.** Application des lois de la physique aux transformations de l'énergie électrique en chaleur. — **2.** Procédé de l'électrométallurgie dans lequel l'énergie électrique ne sert qu'à élever la température de la matière.

ÉLECTROTHERMIQUE adj. Relatif à l'électrothermie.

ÉLECTROTROPISME n. m. Syn. de GALVANOTROPISME.

ÉLECTROVALENCE n. f. Tendance pour un élément chimique à acquérir la structure électronique d'un gaz rare par perte ou capture d'électron(s) ; mesure de cette tendance.

ÉLECTROVALVE n. f. Valve ou soupape dont l'ouverture et la fermeture sont commandées par un électroaimant.

ÉLECTROVANNE n. f. Vanne réglant le débit d'un liquide et dont les mouvements sont commandés par un électroaimant.

ÉLECTRUM [-trɔm] n. m. (bas lat. *electrum,* du gr. *êlektron,* ambre, par analogie de couleur). **1.** Alliage naturel d'or et d'argent. (Il fut utilisé directement dans l'Antiquité pour la fabrication de monnaies.) [Syn. OR ARGENTAL.] — **2.** Tout alliage où la proportion d'argent ou de cuivre mêlé à l'or est assez importante pour affecter la couleur du métal.

ÉLECTUAIRE n. m. (bas lat. *electuarium*). Médicament d'usage interne à consistance de pâte molle, constitué d'un mélange de poudres fines avec du sirop, du miel ou des résines liquides.

ÉLÉDONE n. f. (gr. *heledônê,* sorte de poulpe). Petit poulpe des mers d'Europe, dont les bras ont une seule rangée de ventouses et qui répand une forte odeur de musc. (L'élédone est comestible.)

ÉLÉE, en gr. **Elea,** anc. v. grecque d'Italie, en Grande-Grèce (Lucanie), à l'embouchure du fleuve Alento, sur la mer Tyrrhénienne, célèbre pour son école philosophique.

Élée *(école d'),* école philosophique grecque. Son principal représentant fut Parménide (début du ve s. av. J.-C.). Son dialecticien, célèbre par ses paradoxes contre la possibilité du mouvement, fut Zénon d'Élée. L'école d'Élée établit une différence entre le monde physique, connu par les sens, et le monde intelligible, connu par la raison et qui est l'objet de la science.

ÉLÉEN, ENNE adj. et n. D'Élée, d'Élis ou d'Élide.

ÉLÉGAMMENT adv. Avec élégance ; d'une façon élégante.

ÉLÉGANCE n. f. (lat. *elegantia*). **1.** Qualité de qqn qui se distingue par son goût, son choix en matière de vêtements, par sa grâce dans ses manières, etc. ; qualité de ses manières elles-mêmes ; chic, distinction : *S'habiller avec élégance.* — **2.** Qualité de ce qui est d'une beauté sobre et de bon goût ; harmonie : *L'élégance d'un mobilier.* — **3.** Qualité de ce qui est exprimé avec justesse et agrément, avec une netteté sobre, sans lourdeur : *L'élégance d'une traduction.* — **4.** Qualité de qqn, de son comportement, qui fait preuve de distinction morale ou intellectuelle ; délicatesse : *Son procédé manque d'élégance.*

◆ **élégances** n. f. pl. **1.** *Litt.* Ornements, fioritures de style : *Un roman plein d'élégances trop faciles.* — **2.** *Faire des élégances,* chercher à se faire remarquer par ses vêtements, par des manières distinguées, voire affectées.

ÉLÉGANT, E adj. (lat. *elegans, -antis,* de *eligere,* choisir). **1.** Qui a de l'aisance, de la grâce dans ses manières, son habillement : *Une jeune fille élégante.* — **2.** Se dit d'un habillement qui manifeste de la part de la personne qui le porte un goût certain, ou qui lui donne une grande distinction ; chic : *Il portait un complet très élégant.* — **3.** Se dit de qqch qui se distingue par l'agrément, la distinction de sa forme, de sa disposition : *Un meuble élégant.* — **4.** Se dit d'une manière de s'exprimer agréable, sans lourdeur : *Un style élégant.* — **5.** Se dit d'une manière d'agir habile ou distinguée moralement : *C'est une façon élégante de résoudre le problème.*

◆ n. Personne qui a ou affecte des manières élégantes.

ÉLÉGI n. m. (de *élégir*). Diminution de l'épaisseur d'une frise, d'une moulure ou de rives d'un panneau dans un but décoratif ou technique au niveau d'un joint en long.

ÉLÉGIAQUE adj. (bas lat. *elegiacus*). **1.** Relatif à l'élégie : *Poète élégiaque.* — **2.** *Litt.* Qui exprime la mélancolie, qui a la tristesse de l'élégie : *Plainte élégiaque.*

ÉLÉGIE n. f. (lat. *elegia,* du gr. *elegeia,* chant triste). **1.** Chez les Anciens, pièce de vers formée d'hexamètres et de pentamètres alternés. — **2.** Petit poème lyrique sur un sujet le plus souvent tendre et triste. — **3.** Toute œuvre qui est dans le ton triste et mélancolique de l'élégie.

Élégies de Duino, recueil de dix poèmes de R. M. Rilke (1923), qui marquent l'aboutissement de l'expérience vécue et le bilan esthétique du poète.

Élégies du pays de Chu, recueil de poèmes de l'écrivain chinois Qu* Yuan.

ÉLÉGIR v. t. (anc. fr. *eslegier,* alléger, du bas lat. *leviare*) [conj. **32**]. **1.** Usiner un élégi. — **2.** Syn. de ALLÉGIR.

ÉLÉGISSEMENT n. m. Action d'élégir, de faire un élégi.

ÉLÉIS → ELÆIS.

ELEKTRON n. m. Marque de fabrique d'alliages ultralégers à base de magnésium allié à de l'aluminium et du zinc.

ELEKTROSTAL, v. de Russie, à l'E. de Moscou ; 146 000 hab. Métallurgie. Mécanique.

ÉLÉMENT n. m. (lat. *elementum*). **1.** Entité chimique fondamentale commune aux diverses variétés d'un même corps simple ainsi qu'aux combinaisons de ce corps simple avec d'autres corps. (→ *encycl.* Biol., Chim.) – **2.** Chacune des choses qui entrent dans la composition de qqch d'autre ou qu'on assemble pour constituer un ensemble, un composé : *Les éléments qui entrent dans la composition d'un parfum.* – **3.** Objet, pièce ayant son unité et qu'on peut ajouter à un ensemble pour le compléter, pour former un tout plus vaste : *Racheter un élément de cuisine.* – **4.** Information, donnée, fait, etc., nécessaire à la compréhension de qqch ; facteur : *Vous avez là tous les éléments du problème.* – **5.** Chacune des personnes constituant un groupe, en partic. considérée dans son comportement, son activité au sein du groupe ; individu : *Cet élève est un bon élément.* – **6.** Groupe faisant partie d'un ensemble plus vaste : *L'élément masculin était majoritaire.* – **7.** Milieu physique dans lequel un être se sent à l'aise ; cadre intellectuel, domaine d'activité dans lequel qqn se trouve à son aise et qui lui est familier : *L'eau est son élément. Au milieu de tous ces intellectuels, elle ne se sentait pas dans son élément.* – **8.** *Les quatre éléments,* la terre, l'eau, l'air et le feu, considérés dans l'Antiquité comme les constituants fondamentaux de l'univers. (La théorie des quatre éléments apparaît chez les présocratiques.) • **Astron.** *Élément d'une orbite,* chacun des paramètres permettant de définir cette orbite ainsi que la position de l'astre qui la parcourt. (→ *encycl.*) – **Balist.** *Élément de tir,* chacune des données de base qui, dans un tir d'artillerie, définissent une trajectoire devant atteindre un objectif déterminé. – **Bât.** *Élément porteur* ou *portant,* chacune des parties composant l'ossature d'une construction (mur, poteau, poutre, dalle, etc.). – **Ch. de f.** *Élément (automoteur),* groupe de véhicules comportant au moins une automotrice (ou un autorail), indissociable en exploitation normale et généralement réversible. – **Chim.** *Classification* ou *tableau périodique des éléments,* répartition des éléments chimiques en lignes et en colonnes faisant apparaître des analogies de propriétés chimiques ou physiques variant périodiquement en fonction de leur numéro atomique. (→ *encycl.*) – **Électr.** Couple d'une pile électrique, d'un accumulateur. – **Math.** *Élément d'aire,* symbole

$$d\mu = \| N(u,v) \| \cdot du\, dv,$$

où $N(u,v)$ est le vecteur normal en un point de coordonnées (u,v) de la surface Σ de représentation paramétrée (A,g), g étant une fonction des deux paramètres u et v, définie sur un compact quarrable A de $\mathbb{R}^2$. ‖ *Élément* x *d'un ensemble* M, l'un des objets dont M est constitué. (L'expression « x est élément de M » se note $x \in M$ et n'est pas susceptible d'être plus précisément définie.) ‖ *Plus grand élément d'un ensemble ordonné* E, élément unique de E supérieur à tous les autres éléments de E. ‖ *Plus petit élément d'un ensemble ordonné* E, élément unique de E inférieur à tous les autres éléments de E. – **Mil.** *Élément médical militaire d'intervention rapide (E. M. M. I. R.),* formation hospitalière aérotransportable, de structure adaptable aux différentes missions, conçue et équipée pour le service de santé des armées.

◆ **éléments** n. m. pl. **1.** Principes fondamentaux, notions de base d'une science, d'une technique, indications sommaires ; rudiments : *Éléments de géométrie.* – **2.** Titre d'ouvrages qui contient les premières notions d'un art ou d'une science. – **3.** *Litt.* Les forces de la nature en action, spécialement le vent et l'eau : *Un navire qui lutte contre les éléments.*

ENCYCL. **Astron.** Les *éléments de l'orbite terrestre* sont au nombre de cinq : *a,* demi grand axe de l'ellipse ; *e,* excentricité de cette ellipse ; ω, angle entre la direction du nœud ascendant et celle du périhélie ; T, période de révolu-

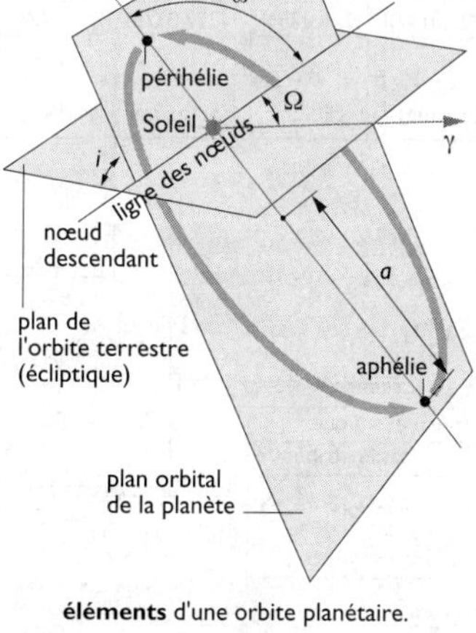

éléments d'une orbite planétaire.

GROUPE								
I A	**II A**	**III B**	**IV B**	**V B**	**VI B**	**VII B**	**VIII**	
1 1,0079 H hydrogène								
3 6,941 Li lithium	4 9,0122 Be béryllium							
11 22,9898 Na sodium	12 24,3050 Mg magnésium							
19 39,0983 K potassium	20 40,078 Ca calcium	21 44,9559 Sc scandium	22 47,88 Ti titane	23 50,9415 V vanadium	24 51,9961 Cr chrome	25 54,9380 Mn manganèse	26 55,847 Fe fer	27 58,9332 Co cobalt
37 85,4678 Rb rubidium	38 87,62 Sr strontium	39 88,9058 Y yttrium	40 91,224 Zr zirconium	41 92,9064 Nb niobium	42 95,94 Mo molybdène	43 (98) Tc technétium	44 101,07 Ru ruthénium	45 102,9055 Rh rhodium
55 132,9054 Cs césium	56 137,327 Ba baryum	57 138,9055 La lanthane	72 178,49 Hf hafnium	73 180,9479 Ta tantale	74 183,84 W tungstène	75 186,207 Re rhénium	76 190,23 Os osmium	77 192,22 Ir iridium
87 (223,0197) Fr francium	88 (226,0254) Ra radium	89 (227,0278) Ac actinium	104 (261) Unq unnilquadium	105 (262) Unp unnilpentium	106 (263) Unh unnilhexium	107 (262) Ns nielsbohrium	108 (265) Hs hassium	109 (266) Mt meitnerium

Les électrons de l'atome sont disposés en couches successives ; les éléments qui figurent sur une même ligne, ou période, comportent le même nombre de couches, une seule pour l'hydrogène et l'hélium, 2 pour la période suivante (du lithium au néon), et ainsi de suite.

La couche électronique périphérique des éléments d'une même colonne présente la même configuration, ce qui vaut à ces éléments d'avoir des propriétés chimiques analogues. La masse atomique est indiquée entre parenthèses lorsque l'élément n'a pas de nucléide stable.

LANTHANIDES

58 140,115 Ce cérium	59 140,9076 Pr praséodyme	60 144,24 Nd néodyme	61 (145) Pm prométhéum	62 150,36 Sm samarium

ACTINIDES

90 232,0381 Th thorium	91 231,0359 Pa protactinium	92 238,0289 U uranium	93 (237,0482) Np neptunium	94 (244) Pu plutonium

Légende

numéro atomique masse atomique symbole nom

éléments chimiques :

GROUPE									
VIII	**I B**	**II B**	**III A**	**IV A**	**V A**	**VI A**	**VII A**	**0**	**PÉRIODE**
								2 4,0026 He hélium	1
			5 10,811 B bore	6 12,011 C carbone	7 14,0067 N azote	8 15,9994 O oxygène	9 18,9984 F fluor	10 20,1797 Ne néon	2
			13 26,9815 Al aluminium	14 28,0855 Si silicium	15 30,9737 P phosphore	16 32,066 S soufre	17 35,4527 Cl chlore	18 39,948 Ar argon	3
28 58,6934 Ni nickel	29 63,546 Cu cuivre	30 65,39 Zn zinc	31 69,723 Ga gallium	32 72,61 Ge germanium	33 74,9216 As arsenic	34 78,96 Se sélénium	35 79,904 Br brome	36 83,80 Kr krypton	4
46 106,42 Pd palladium	47 107,8682 Ag argent	48 112,411 Cd cadmium	49 114,818 In indium	50 118,710 Sn étain	51 121,757 Sb antimoine	52 127,60 Te tellure	53 126,9045 I iode	54 131,29 Xe xénon	5
78 195,08 Pt platine	79 196,9665 Au or	80 200,59 Hg mercure	81 204,3833 Tl thallium	82 207,2 Pb plomb	83 208,9804 Bi bismuth	84 (209) Po polonium	85 (210) At astate	86 (222) Rn radon	6
									7

LANTHANIDES									
63 151,965 Eu europium	64 157,25 Gd gadolinium	65 158,9253 Tb terbium	66 162,50 Dy dysprosium	67 164,9303 Ho holmium	68 167,26 Er erbium	69 168,9342 Tm thulium	70 173,04 Yb ytterbium	71 174,967 Lu lutécium	6

ACTINIDES									
95 (243) Am américium	96 (247) Cm curium	97 (247) Bk berkélium	98 (251) Cf californium	99 (252) Es einsteinium	100 (257) Fm fermium	101 (258) Md mendélévium	102 (259) No nobélium	103 (260) Lr lawrencium	7

tableau de classification périodique.

tion sidérale ; θ, instant du passage au périhélie. En fait, ces cinq éléments se réduisent à quatre, puisque d'après la troisième loi de Kepler le rapport a^3/T^2 est constant.
Pour une autre planète ou une comète, il faut ajouter deux éléments supplémentaires pour définir la position du plan de l'orbite par rapport au plan de l'écliptique : *i*, inclinaison du plan de l'orbite, et Ω, longitude du nœud ascendant du plan de l'orbite.
– **Biol.** On admet l'existence constante dans tous les organismes de 27 corps simples : 11 non-métaux (carbone, hydrogène, oxygène, azote, soufre, phosphore, chlore, fluor, brome, iode, bore), 2 semi-métaux (silicium, arsenic) et 14 métaux (calcium, sodium, potassium, magnésium, fer, zinc, cuivre, nickel, cobalt, manganèse, aluminium, plomb, titane, étain). Les 11 éléments les plus abondants sont dits *plastiques*. Les autres sont des *oligo-éléments*.
– **Chim.** C'est à partir de Boyle, qui définit l'élément comme un corps indécomposable, que s'est poursuivie de Lavoisier à nos jours l'identification de la centaine d'éléments actuellement connus. La théorie atomique a donné un fondement solide à la notion d'élément. Celui-ci, désormais identifié à l'atome*, est caractérisé par l'ensemble de ses électrons, en nombre Z (numéro atomique) et répartis autour du noyau selon une certaine configuration. Pour le chimiste, les différents atomes ayant même configuration électronique autour de noyaux différant par le seul nombre de leurs neutrons (isotopes) appartiennent au même élément chimique. La notation chimique attribue à chaque élément un symbole de 1 ou 2 lettres et une masse atomique.
• *Classification des éléments.* La constatation d'analogies avait conduit dès le début du XIXe s. à considérer certains groupes de trois éléments (triades). En 1869, L. Meyer classe les éléments en fonction de leur volume atomique. La même année, D. I. Mendeleïev propose un système périodique dans lequel les éléments alors connus sont disposés, par masse atomique croissante, en un certain nombre de rangées et de groupes (colonnes) tels que dans un même groupe ne figurent que des éléments aux propriétés analogues. La découverte ultérieure d'éléments prévus par Mendeleïev et venant combler les cases qu'il avait laissées vides confirmera la validité de sa classification et contribuera à son succès. Dans la classification actuelle, les éléments sont rangés selon le numéro atomique. Sous sa forme la plus développée, le tableau comprend 18 groupes (colonnes) et 7 périodes (lignes) de longueur croissante (2, 8, 8, 18, 18, 32) s'achevant chacune par un gaz rare. La classification périodique permet une distinction entre métaux et non-métaux (augmentation du caractère métallique en allant de droite à gauche et de haut en bas) et indique l'évolution de la valence des éléments d'une colonne à l'autre.

ÉLÉMENTAIRE adj. (lat. *elementarius*). **1.** Qui constitue un élément simple : *Corps élémentaire.* – **2.** Qui constitue la base de qqch, de ce qui est essentiel ; fondamental : *Ce sont là les principes élémentaires de la science économique.* – **3.** Qui constitue les rudiments, les premiers éléments d'une science, d'une discipline ; simple : *Une grammaire élémentaire.* – **4.** Qui représente le minimum indispensable sans quoi la chose n'existe plus : *Une politesse élémentaire.* – **5.** Qui ne présente aucune difficulté ; très facile, enfantin : *Un exercice élémentaire.* – **6.** Fam. *C'est élémentaire,* c'est évident ; c'est bien le moins que vous puissiez faire. • **Chim.** *Analyse élémentaire,* analyse d'une substance pure pour déterminer les éléments dont elle est composée. – **Enseign.** *Classe, école, enseignement élémentaire,* qui concerne l'enseignement du premier degré faisant suite à la maternelle *(pré-élémentaire).* [L'*école élémentaire* comprend le cours préparatoire, le *cours élémentaire* et le cours moyen.] ‖ *Cours élémentaire (C. E.),* nom donné à la deuxième (C. E. 1) et à la troisième (C. E. 2) année de l'école élémentaire, qu'on appelle aussi « dixième » et « neuvième ». – **Phys.** Se dit des objets physiques dont on considère en dernière analyse que tout corps matériel est formé. (→ *encycl.*) – **Probab.** *Événement élémentaire,* événement réduit à une seule éventualité.

ENCYCL. **Phys.** Sont considérés à l'heure actuelle comme « élémentaires » : deux familles de fermions, les quarks et les leptons (muons, électrons) ; trois familles de bosons (les gluons pour les interactions fortes, le photon pour les interactions électromagnétiques, les weakons pour les interactions faibles). La théorie prévoit aussi l'existence d'un graviton, non encore détecté.

ÉLÉMENTAIREMENT adv. De façon élémentaire, sommaire.

ÉLÉMENTARITÉ n. f. Caractère de ce qui est élémentaire.

ÉLÉMI n. m. (ar. dialect. *el-lemi*). **1.** Résine molle, provenant de divers icicas, exploitée en Malaisie et au Brésil, utilisée comme plastifiant dans certains vernis et laques, dans la fabrication des encres et de diverses couleurs lithographiques, ainsi que dans celle de certains médicaments. – **2.** *Élémi des Antilles,* gomme fournie par un bursera. ‖ *Élémi de Manille,* oléorésine extraite de *Canarium commune* et qui entre dans la formule de l'alcoolat de Fioravanti.

ÉLÉONORE D'AQUITAINE → ALIÉNOR D'AQUITAINE.

ÉLÉONORE D'ARAGON († Tolède 1445), reine de Portugal. Fille de Ferdinand Ier le Juste, roi d'Aragon, elle épousa en 1428 Édouard, futur roi de Portugal.

ÉLÉONORE D'ARAGON ((† Tudela 1479), reine de Navarre. Fille de Jean II, roi d'Aragon et de Navarre, et de Blanche Ire, reine de Navarre ; épouse (1436) de Gaston IV, comte de Foix, elle succéda en Navarre (1479) à son père, qui déshérita à son profit son frère Charles IV, prince de Viane.

ÉLÉONORE ou **ALIÉNOR DE CASTILLE,** comtesse de Ponthieu et de Montreuil (1246 - Harby, Nottinghamshire, 1290), fille de saint Ferdinand III, roi de Castille et de León, elle épousa le futur Édouard Ier, roi d'Angleterre (1254).

ÉLÉONORE DE HABSBOURG (Louvain 1498 - Talavera 1558), reine de Portugal puis reine de France, fille de Philippe Ier le Beau, archiduc d'Autriche, et de Jeanne la Folle, elle épousa en 1518 Manuel Ier le Grand, roi de Portugal. Veuve en 1521, elle se remaria, à l'instigation de son frère Charles Quint, avec François Ier (1530). Sans influence politique, elle se retira à la mort du roi (1547) aux Pays-Bas, puis (1556) en Espagne.

ÉLÉONORE ou **ALIÉNOR DE PROVENCE** (1223 - Amesbury, Wiltshire, 1291). Deuxième fille de Raimond-Bérenger IV, comte de Provence, elle épousa Henri III, roi d'Angleterre (1236).

ÉLÉONORE TELES DE MENESES (Trás-os-Montes - Tordesillas 1386), reine de Portugal. À la mort de son époux Ferdinand Ier, roi de Portugal (1383), elle fit acclamer reine sa fille Béatrice, mariée à Jean Ier, roi de Castille. Mais les Portugais se soulevèrent en faveur du demi-frère du roi défunt, Jean, grand maître de l'ordre d'Aviz, qui fut proclamé roi sous le nom de Jean Ier (1385). Elle fut enfermée au monastère de Tordesillas (1386), où elle mourut.

ÉLÉPHANT n. m. (lat. *elephantus,* du gr. *elephas, -antos*). **1.** Grand mammifère (éléphantidé) herbivore à peau épaisse, aux membres en piliers, à la longue trompe nasale respiratoire, olfactive et prenante, aux incisives supérieures développées en défenses. (Deux espèces : l'éléphant d'Afrique, *Loxodonta africana,* et l'éléphant des Indes, *Elephas indicus ;* ordre des proboscidiens.) [→ *encycl.*] — **2.** *Fam.* Personne grosse, à la démarche lourde et lente. — **3.** *Éléphant de mer,* grand phoque des mers antarctiques, dont les mâles ont une sorte de trompe qu'ils gonflent en expirant l'air, qui se nourrit de céphalopodes. — **4.** *Avoir une mémoire d'éléphant,* avoir une bonne mémoire, en partic. en ce qui concerne le mal qu'on vous a fait ; être rancunier. ‖ *Être comme un éléphant dans un magasin de porcelaine,* être très maladroit dans une affaire délicate ; faire de lourdes gaffes.

ENCYCL. Outre leurs défenses, dont le précieux ivoire leur a valu d'être chassés au point d'être menacés d'extermination en Afrique, les éléphants portent d'énormes molaires à crêtes transversales d'usure (en losange chez l'espèce africaine) ; chaque demi-mâchoire ne porte qu'une seule de ces molaires à la fois, mais elles se renouvellent. La gestation dure 2 ans et la longévité atteint 70 ans. La hauteur au garrot d'un adulte atteint 3,5 m (Afrique). Végétariens et sociaux, les éléphants sont plutôt nuisibles, mais l'espèce de l'Inde est utilement domestiquée.

ÉLÉPHANT *(chaîne de l'),* en khmer **Phnom Kômchay,** ensemble de collines boisées du Cambodge méridional ; 1 081 m au mont Bokor.

Éléphant *(ordre de l'),* ordre de chevalerie danois, créé par Christian Ier en 1462, réorganisé en 1693 et en 1808, réservé d'abord aux seuls adeptes de la religion luthérienne appartenant à l'ordre du Danebrog, puis décerné sans critère confessionnel.

ELEPHANTA, en hindī **Ghārāpuri** ou **Gharipur,** petite île de la baie de Bombay (Inde). Son nom a été inspiré aux Portugais par la grande statue d'éléphant dressée près de leur point de débarquement (1534). Parmi sept sanctuaires rupestres, le plus célèbre, le n° 1, possède des sculptures comptant parmi les chefs-d'œuvre de l'art indien (VIIe-VIIIe s.) : Śiva dansant, colossal buste triple de Śiva (haut. : 5,40 m), appelé « Trimūrti », expression de l'héroïsme, de la sérénité et de l'union avec la śakti.

ÉLÉPHANTE n. f. Éléphant femelle.

ÉLÉPHANTEAU n. m. Jeune éléphant.

ÉLÉPHANTESQUE adj. Énorme, gigantesque.

ÉLÉPHANTIASIQUE adj. et n. Relatif à l'éléphantiasis ; atteint d'éléphantiasis.

ÉLÉPHANTIASIS [-zis] n. m. (lat. *elephantiasis*). Épaississement diffus de la peau et du tissu sous-cutané, lié à un lymphœdème, et qui déforme les parties périphériques du corps (membres inférieurs et supérieurs, scrotum et vulve, sein chez la femme).

ENCYCL. On distingue les *éléphantiasis parasitaires,* induisant une fibrose sous-cutanée, liés à la filariose de Bancroft et sans doute à l'onchocercose (éléphantiasis scrotal), et les *éléphantiasis non parasitaires,* qui peuvent être la conséquence d'une anomalie congénitale du système lymphatique, d'une compression ganglionnaire ou d'une lymphangite secondaire à une infection.

ÉLÉPHANTIDÉ n. m. Famille de mammifères comprenant les éléphants actuels et des formes fossiles telles que le mammouth.

ÉLÉPHANTIN, E adj. (lat. *elephantinus*). *Litt.* Qui ressemble à l'éléphant par sa lourdeur, sa grosseur.

ÉLÉPHANTINE, anc. ville d'Égypte située sur la petite île du même nom, à proximité de la première cataracte du Nil, face à Assouan. Capitale du premier nome de Haute-Égypte, placée sous le patronage de Khnoum, la ville était une place stratégique importante, forteresse frontière située aux portes de la Nubie. Vestiges antiques, dont le célèbre nilomètre décrit par Strabon et, sur la rive gauche du Nil, hypogées de la fin de l'Ancien Empire. Musée.

ELETS → IELETS.

ELETTARIA n. m. (mot indigène de Malabār). Plante herbacée de l'Inde, dont le fruit est une cardamome.

ÉLEUSINIES n. f. pl. (gr. *eleusinia*). Fêtes d'Éleusis. (Elles se distinguaient des mystères d'Éleusis et se célébraient en août en l'honneur de Déméter.)

ÉLEUSIS, port de Grèce, au N.-O. d'Athènes ; 20 000 hab. Sidérurgie. Constructions navales. Raffinerie de pétrole.
– **Hist.** Le territoire d'Éleusis fut très tôt rattaché à celui d'Athènes et le culte agraire, rendu à Déméter, devint une institution commune à toute l'Attique ; l'initiation aux mystères devint le culte essentiel d'Éleusis. À Déméter, associée à Perséphone, sa fille, on associait d'autres divinités, principalement Iacchos, bientôt confondu avec Dionysos.
– **Archéol.** C'est un des rares sanctuaires où la continuité du culte fut assurée à partir de l'époque mycénienne. L'élément principal des édifices cultuels est une grande salle d'initiation, le *telestêrion.* Remaniée à plusieurs reprises, elle était de plan carré, au toit soutenu par 42 colonnes, percé en son centre d'une ouverture, et sur ses quatre murs couraient huit rangs de gradins pouvant recevoir jusqu'à trois mille personnes. Au IVe s. av. J.-C., un portique dorique fut construit sur le côté est. Le grand relief d'Éleusis (musée d'Athènes) représentant la mission de Triptolème est probablement une œuvre de l'atelier de Phidias.

Éleusis *(mystères d'),* fêtes d'initiation célébrées à Éleusis. Les *grands mystères* se déroulaient fin septembre et duraient dix jours. Précédées par la procession d'Athènes à Éleusis, les cérémonies devaient révéler progressivement aux néophytes les enseignements secrets du sanctuaire, porteurs de promesse d'immortalité.

ÉLEUTES → DZOUNGARS.

ÉLEUTHÈRE *(saint)* [† 189], pape de 175 à 189.

ÉLEUTHÈRES, en gr. **Eleutherai,** forteresse athénienne située dans la montagne du Cithéron, qui sépare Attique et Béotie.

ÉLEVAGE n. m. **1.** Production et entretien des animaux domestiques ou utiles : *L'élévage des lapins.* — **2.** Production et entretien du bétail : *Une région d'élevage.* — **3.** Ensemble d'animaux d'une espèce entretenus pour en obtenir une production : *Un élevage de visons.* — **4.** Phase de l'ostréiculture entre la fin du demi-élevage et l'affinage. — **5.** Ensemble des soins matériels (hygiène, alimentation, etc.) donnés à un petit enfant. — **6.** Ensemble des soins à donner aux vins pour les amener à leur qualité optimale.
ENCYCL. L'élevage concerne les diverses opérations (alimentation, sélection, reproduction, hygiène) de la conduite des animaux domestiques en vue d'obtenir certaines productions, surtout destinées à l'homme. Dans les pays à niveau de vie élevé ou moyen, les produits fournis par l'élevage jouent un rôle essentiel dans la couverture des besoins azotés de l'homme (lait, viande, œufs). La production de laine et de fourrure est également essentielle. Par contre, l'utilisation des espèces domestiques pour le trait et le transport est en régression.
Les bovins, les ovins, les caprins, les porcins, les lapins et les volailles représentent l'essentiel du cheptel de rente, tandis que les équidés et les camélidés se joignent aux bovins pour le cheptel de trait et de transport. Toutefois, d'autres espèces domestiquées jouent, dans plusieurs régions, un rôle très important : yack dans l'Himālaya (transport, lait, viande), renne en Laponie (transport, lait, viande), antilopes dans certaines zones de steppes (viande), éléphant en Inde et dans la péninsule indomalaise (transport et travaux forestiers), poissons d'eau douce et d'eaux saumâtres (alimentation), animaux utilisés pour la fourrure (vison, renard argenté, myocastor, etc.).
L'élevage revêt des formes extrêmement diverses selon les climats, les populations, les marchés, etc. Dans l'*élevage de cueillette,* les animaux sont exploités de façon simple, sans que l'éleveur, en général un pasteur, apporte des facteurs de production. L'*élevage extensif,* surtout développé dans l'hémisphère Sud et dans les zones à faible densité de population, consiste à valoriser la végétation d'un territoire donné par un faible chargement d'animaux herbivores (production de viande ou de laine). L'*élevage intensif* consiste, lorsque le sol est un facteur limitant ou coûteux, à intensifier la production fourragère en vue d'augmenter le nombre d'animaux entretenus par unité de surface. L'*élevage hors-sol,* qui concerne les volailles et le porc, consiste à

entretenir, en claustration en bâtiments ou en enclos, un troupeau dont l'ensemble de la nourriture provient d'une exploitation agricole adjointe ou, plus souvent, de l'industrie.
Le cheptel mondial compte aujourd'hui, en têtes : 58 millions de chevaux ; 15 millions de mulets ; 44 millions d'ânes ; 1 290 millions de bovins (bœufs et zébus) ; 150 millions de buffles ; 19 millions de chameaux et dromadaires ; 1 100 millions d'ovins ; 610 millions de caprins ; 875 millions de porcins. Pour les volailles (poules, canards, dindes, oies, etc.), les effectifs atteindraient plus de 8 milliards de têtes.

ÉLÉVATEUR, TRICE adj. (bas lat. *elevator*). **1.** Se dit de matériels servant à élever des véhicules, des charges, pour mise à niveau, ou des personnels d'exécution pour des travaux en hauteur. – **2.** Se dit de certains muscles de l'organisme, en raison de leur fonction.

◆ **élévateur** n. m. **1.** Appareil ou engin utilisé pour transporter verticalement, ou sur de fortes pentes, des charges ou des matériaux. – **2.** Matériel élévateur de personnel. – **3.** Muscle élévateur. – **4.** Sur un appareil de forage, collier à charnières solidaire du crochet, avec lequel on saisit l'extrémité des tiges ou des tubages pendant les manœuvres de descente ou de remontée. – **5.** Ouvrage autre qu'une écluse permettant aux bâtiments de franchir la dénivellation entre deux biefs.

ÉLÉVATION n. f. (bas lat. *elevatio, -onis*). **1.** Action de lever, d'élever qqch à une certaine hauteur : *L'élévation d'un poids.* – **2.** Action de construire, d'ériger : *L'élévation d'une statue.* – **3.** Fait pour qqch de s'élever : *L'élévation d'un ballon dans les airs.* – **4.** *Vx.* Hauteur, éminence : *Gravir une petite élévation.* – **5.** Action d'augmenter, d'élever la valeur, le prix, la quantité de qqch ; fait d'augmenter, de s'accroître ; hausse : *Enregistrer une brusque élévation de la température.* – **6.** Fait d'élever qqn ou de s'élever à une dignité, un statut supérieurs ; accession : *Élévation à la dignité de maréchal de France.* – **7.** *Litt.* Qualité de qqn, de son esprit, qui atteint un haut niveau de sentiments ; noblesse de caractère : *Esprit d'une grande élévation morale.* – **8.** *Élévation de la voix,* ton plus élevé que celui que l'on prend habituellement pour se faire entendre ou se faire obéir. • **Arm.** Inclinaison sur l'horizon de l'axe d'un canon. – **Bât.** Représentation d'un édifice dans sa projection géométrique verticale. – **Dess.** Projection d'un objet sur un plan vertical, placé, en général, parallèlement à l'une des faces de l'objet. (Syn. VUE DE FACE.) – **Iconogr.** *Élévation de la Croix,* scène de la Passion qui représente les bourreaux dressant la croix où Jésus est cloué. – **Liturg.** Geste par lequel le prêtre, à la messe, élève le pain et le vin consacrés pour les montrer aux fidèles. ‖ Moment de la messe où le prêtre fait ce geste. – **Math.** Action d'élever un nombre réel à une puissance donnée. – **Mus.** Pièce d'orgue ou d'harmonium qu'on exécutait autrefois à la messe au moment de l'élévation. ‖ Court motet que l'on peut chanter à la messe après l'élévation.

ÉLÉVATOIRE adj. Qui sert à porter qqch à un niveau supérieur : *Pompe élévatoire.*

ÉLÉVATOR n. m. (angl. *elevator*). Réservoir à grain, formé d'une série de silos dans lesquels le grain est constamment tenu en mouvement et aéré par des appareils transporteurs et élévateurs.

ÉLÈVE n. (de *élever 1*). **1.** Celui, celle qui reçoit un enseignement dans un établissement scolaire ; collégien, lycéen. – **2.** Personne qui suit l'enseignement d'un maître, en partic. dans le domaine artistique ; disciple : *Les élèves de Titien.* – **3.** Dans l'armée, candidat à une fonction ou à un grade. – **4.** Jeune animal destiné au renouvellement du cheptel ou à une utilisation spécifique. – **5.** Plante ou arbre dont on dirige la croissance. – **6.** *Élève officier,* inscrit maritime poursuivant ses études en vue de l'obtention d'un diplôme d'officier de la marine marchande.

1. ÉLEVER v. t. (de *lever*) [conj. 19]. **1.** Mettre, placer, porter qqch plus haut ; hisser, soulever : *Élever des blocs de pierre avec une machine.* – **2.** *Litt.* Tenir qqch dressé vers le haut : *Cyprès qui élèvent leurs cimes.* – **3.** Placer qqch verticalement par rapport au sol ; dresser, ériger : *Élever un mât de cocagne.* – **4.** Bâtir, construire : *Élever un monument.* – **5.** *Litt.* Fonder, établir : *Élever une théorie.* – **6.** *Élever des obstacles, des difficultés, etc.,* les dresser (contre qqn, qqch) ; susciter, soulever. – **7.** Émettre une objection, un doute, une protestation, etc. – **8.** Augmenter (de tant) une valeur, un niveau : *Les pluies ont élevé le niveau du fleuve de 50 centimètres.* – **9.** Porter à un rang supérieur dans un ordre social, moral ou intellectuel : *Élever quelqu'un à la dignité de professeur émérite. Élever le débat.* – **10.** *Élever l'âme, l'esprit,* porter à des sentiments plus nobles. ‖ *Élever un nombre au carré, à la puissance 3, 4, etc.,* multiplier ce nombre par lui-même (une fois, deux fois, trois fois, etc.). ‖ *Élever la voix,* parler plus fort, en partic. pour exprimer sa colère, son mécontentement. • **Math.** *Élever un nombre réel à la puissance* x, prendre l'image de x par l'exponentielle de base a. ($x \mapsto a^x$.) ‖ *Élever une perpendiculaire,* tracer une perpendiculaire à une droite ou à un plan, en un point pris sur cette droite ou sur ce plan.

◆ **être élevé** v. pass. **1.** Être situé à une certaine hauteur : *Habiter un étage élevé.* – **2.** Avoir une importance, une valeur, un niveau assez considérables, ou atteindre un haut niveau dans un ensemble hiérarchisé : *Nombre élevé de victimes.* – **3.** Faire preuve d'élévation morale ; être noble : *Sens élevé du devoir.* – **4.** *Style élevé,* style noble et soutenu.

◆ **s'élever** v. pr. **1.** Être animé d'un mouvement ascendant, commencer à monter : *Oiseaux qui s'élèvent dans le ciel.* – **2.** Être dirigé, dressé vers le haut ; se dresser : *Clocher qui s'élève au loin.* – **3.** Être bâti, construit, élaboré, fondé : *Il habitait là où s'élève maintenant cette école.* – **4.** Augmenter (de tant) en valeur, quantité, intensité ou hauteur : *La température s'est élevée de 10 °C.* – **5.** Atteindre tel prix, telle quantité : *La facture s'élève à deux mille francs.* – **6.** Atteindre un niveau, un rang, une valeur supérieurs, et en partic. gravir les échelons d'une hiérarchie en parlant de qqn : *Il s'est élevé dans la hiérarchie sociale.* – **7.** *Litt.* Se porter à un rang supérieur dans un ordre moral, spirituel : *Mon âme s'est élevée au contact de la vôtre.* – **8.** *S'élever au-dessus de,* se rendre inaccessible à, en se sentant ou se faisant supérieur : *S'élever au-dessus des injures.* – **9.** Se faire entendre, se manifester, en parlant d'un son, de paroles, ou apparaître, surgir, en parlant d'un sentiment : *Une voix s'éleva dans le silence.* – **10.** S'opposer à qqch, le critiquer, l'attaquer : *S'élever contre de tels abus.* – **11.** *S'élever à la lame,* en parlant d'un navire, se soulever aisément et sans secousse sous l'action de la lame.

2. ÉLEVER v. t. (de *élever 1*) [conj. **19**]. **1.** Procurer les soins nécessaires au développement de qqn, d'un animal, de sa naissance à un certain point d'accomplissement : *Élever son petit.* – **2.** Former sur le plan psychologique, intellectuel, spirituel, social, etc. ; éduquer : *Élever ses enfants dans le respect d'autrui.* – **3.** Faire l'élevage d'animaux domestiques ou utiles : *Élever des chats.*

◆ **être élevé** v. pass. **1.** Être éduqué d'une certaine manière : *Être élevé dans la religion catholique.* – **2.** Être arrivé à un certain stade d'autonomie, après avoir reçu les soins et l'éducation nécessaires : *Maintenant que les enfants sont élevés, nous pouvons voyager.* – **3.** *Être bien, mal élevé,* se conduire ou ne pas se conduire selon les règles, les usages sociaux ; être poli ou, au contraire, être impoli, incorrect : *C'est un enfant bien élevé.*

ÉLEVEUR, EUSE n. **1.** Personne qui pratique l'élevage. – **2.** *Maladie des éleveurs d'oiseaux,* broncho-pneumopathie due à l'inhalation de poussières organiques contenues dans les déjections d'oiseaux (pigeons, volailles, perruches).

◆ **éleveuse** n. f. Appareil de chauffage utilisé pour l'élevage des poussins et destiné à maintenir une température conforme aux besoins des jeunes animaux.

ÉLEVON n. m. (angl. *elevon,* de *elevator,* élévateur, et *aileron*). Gouverne d'aéronef remplissant à la fois le rôle d'aileron et celui de gouvernail de profondeur.

ÉLEVURE n. f. Petit gonflement localisé de la peau.

Elf Aquitaine *(Société nationale)* **[S. N. E. A.],** société pétrolière française constituée sous ce nom en 1976 et dont les origines remontent à la fondation, en 1941, de la Société nationale des pétroles d'Aquitaine (S. N. P. A.). Adonnée à l'exploitation de gisements d'hydrocarbures, au raffinage et à la distribution, elle détient également d'importants intérêts dans l'industrie chimique. En 1994, la société a été privatisée.

ELFE n. m. (angl. *elf,* de l'anc. suéd. *älf*). Génie du folklore scandinave, symbolisant les phénomènes atmosphériques.

ELGAR (*sir* Edward), compositeur anglais (Broadheath, Worcestershire, 1857 - Worcester 1934). Autodidacte, il fut nommé à la tête de la musique royale en 1924. Il est resté en dehors de toutes les écoles esthétiques de son époque. On lui doit notamment plusieurs oratorios, dont *The Dream of Gerontius* (1900), des concertos pour violon (1910) et violoncelle (1919), les variations *Enigma* (1899).

ELGAVA → IELGAVA.

ELGIN, titre comtal écossais → BRUCE.

ELGINISME n. m. (par allus. à Thomas Bruce*, comte d'*Elgin*). Vandalisme qui consiste à arracher des monuments d'architecture les œuvres d'art qui les décorent pour les transformer en objets de collection.

ELGON *(mont),* volcan éteint d'Afrique orientale, aux confins du Kenya et de l'Ouganda ; 4 321 m. Parc national.

EL-HADJ OMAR chef musulman toucouleur (près de Podor v. 1797 - dans le Bandiagara, Mali, 1864). Après un pèlerinage à La Mecque (v. 1827) et un long séjour en Orient, il reçut le titre de calife de la Tidjāniyya pour le Soudan. Fin lettré, il attira dans le Fouta de nombreux disciples séduits par son enseignement. Il tenta par la guerre sainte *(djihād),* lancée en 1854, de créer un Empire dans la région du Sénégal et du Mali actuels. Après un accord avec les Français (1860), il se retourna contre les Bambaras animistes de Ségou, puis contre les Peuls musulmans du Macina qui le contraignirent à fuir jusqu'au Bandiagara où il trouva la mort.

ELIACIM ou **ELIAQIM** → JOIAQIM.

ELIADE (Mircea), écrivain roumain (Bucarest 1907 - Chicago 1986). Spécialiste de l'histoire des religions, il a étudié la présence des mythes chez l'homme et les phénomènes religieux à travers la diversité des cultures (*Histoire des croyances et des idées religieuses,* 1975-1983). Il a aussi écrit des romans (*la Nuit bengali,* 1933).

ELIADE-RĂDULESCU (Ion), écrivain et homme politique roumain (Tîrgoviște 1802 - Bucarest 1872). Il publia la première grammaire (1828), puis la première revue littéraire roumaine (*le Courrier des deux sexes,* 1836-1847). Il fut un des animateurs du mouvement révolutionnaire de 1848.

ELIA LEVITA (Eli ben Asher HA-LEVI ASHKENAZI, dit), écrivain et philologue hébreu (Neustadt, près de Nuremberg, v. 1468 -Venise 1549). Auteur de dictionnaires et de grammaires, il a posé les fondations de la lexicographie et des bases étymologiques du yiddish et a introduit l'*ottava rima* dans la littérature yiddish.

ELIAS (Norbert), sociologue allemand (Breslau, auj. Wrocław, 1897 - Amsterdam 1990). Après avoir été l'élève de K. Mannheim, il émigre en Grande-Bretagne en 1933 et est professeur à Leicester en 1954. Il a développé une théorie évolutionniste de l'histoire dans la perspective sociologique et a émis une théorie originale de la novation. Il a écrit : *la Civilisation des mœurs* et *la Dynamique de l'Occident* (1939) ; *la Société de cour* (1969), où il analyse le rôle de l'imaginaire dans les sociétés prérévolutionnaires ; *Qu'est-ce que la sociologie ?* (1970), où il essaie de débarrasser la sociologie des idéologies.

ELÍAS CALLES (Plutarco) → CALLES (Plutarco Elías).

ÉLIDE, en gr. **Êleia** ou **Jlía,** région de Grèce, dans le N.-O. du Péloponnèse, formée par des collines assez arides et des plaines littorales irriguées.
— **Hist.** Peuplée peut-être d'Achéens dès le milieu du IIe millénaire av. J.-C., l'Élide fut atteinte tardivement et faiblement par les invasions doriennes. Au Ve s. av. J.-C., les petites villes de cette région rurale se fondent en une seule cité divisée en dix tribus, qui se donne pour capitale une ville nouvelle, Élis (471). L'Élide, désormais alliée d'Athènes, participe à la lutte contre Sparte. Mais elle dut son rôle dans le monde grec à la possession du sanctuaire d'Olympie.

ÉLIDER v. t. (lat. *elidere,* enlever) [conj. 3]. Réaliser l'élision d'un élément vocalique.
◆ **s'élider** v. pr., **être élidé** v. pass. *Article élidé,* se dit de l'article défini *l'.*

ÉLIE, prophète juif, qui exerça son ministère au IXe s. av. J.-C. dans le royaume d'Israël. Il apparaît comme le porte-parole inspiré de la volonté divine dans les affaires publiques et le champion de la religion de Yahvé face aux cultes cananéens.

ÉLIE d'Assise ou **FRÈRE ÉLIE,** un des premiers compagnons de saint François d'Assise (Castel Britti 1171 - Cortone 1253) ; de son vrai nom **Bonusbaro.** Ministre général des Frères mineurs après saint François (1232), il donna à l'ordre franciscain un essor considérable. Il fut excommunié pour s'être allié au parti gibelin.

ÉLIE DE BEAUMONT (Léonce), géologue français (Canon, Calvados, 1798 - *id.* 1874). En 1823, il fut chargé, avec Dufrénoy, d'établir la *Carte géologique de la France* au 1/500 000, base de tous les travaux ultérieurs. Il a défendu l'idée selon laquelle les chaînes de montagne résultent de la contraction de l'écorce terrestre.

ÉLIGIBILITÉ n. f. **1.** Aptitude à être élu. (→ *encycl.*) — **2.** Aptitude d'une créance bancaire à être éligible. — **3.** *Cens d'éligibilité,* impôt minimum exigé pour être éligible à l'époque du suffrage censitaire.
ENCYCL. En France, l'âge requis d'un citoyen est 18 ans pour être élu conseiller municipal, 21 ans pour être élu conseiller général, 23 ans pour être élu député ou président de la République, 35 ans pour être élu sénateur. Certains cas d'inéligibilité sont cependant prévus par la loi.

ÉLIGIBLE adj. (lat. *eligibilis*). **1.** Qui remplit les conditions d'éligibilité. — **2.** Se dit des créances bancaires qui peuvent être admises au refinancement de la Banque de France, au marché monétaire et au marché hypothécaire.

ELIJAH MUHAMMAD (Elijah POOLE, dit), leader noir américain (Sandersville, Géorgie, 1897 - Chicago 1975). Fils d'un prédicateur baptiste, converti à l'islām en 1930, il fut à la tête du mouvement des *Black Muslims* de 1934 à sa mort.

ELIKÓNAS → HÉLICON.

ÉLIMER v. t. (lat. *elimare,* de *lima,* lime) [conj. 3]. User une étoffe par le frottement, l'usage : *Pantalon tout élimé.*

ÉLIMINABLE adj. Qui peut être éliminé : *Toxine qui n'est pas éliminable.*

ÉLIMINATEUR, TRICE adj. Se dit de ce qui élimine : *Fonction éliminatrice des reins.*

ÉLIMINATION n. f. **1.** Action de supprimer qqn, qqch d'un ensemble : *Élimination des indésirables.* — **2.** Action d'écarter, de rejeter qqn, qqch à la suite d'un choix, d'un examen, d'une sélection, etc. : *Élimination d'un candidat.* — **3.** Action de tuer qqn : *L'élimination d'un tueur par un gang rival.* — **4.** Évacuation par les émonctoires des produits de déchet résultant du métabolisme de l'organisme, et des substances toxiques ou inutiles. — **5.** Mise hors compétition d'un concurrent, d'une équipe par le concurrent ou l'équipe adverse. • **Chim.** Réaction au cours de laquelle un ou plusieurs atomes de substrat diminuent leur coordinence. (→ *encycl.*) – **Log.** Opération par laquelle on peut supprimer une formule biunivoque dans les deux langages de deux théories. – **Math.** *Élimination entre* n *équations algébriques,* procédé qui permet de trouver les conditions nécessaires et suffisantes vérifiées par les coefficients des équations pour que celles-ci aient au moins une racine commune.

ENCYCL. **Chim.** Un exemple d'élimination est donné par l'action de la soude NaOH sur le chlorure d'éthyle $Cl—CH_2—CH_3$:

$$NaOH + H - CH_2 - CH_2 - Cl \rightleftarrows CH_2 = CH_2 + H_2O + NaCl.$$

On distingue essentiellement les éliminations *électrophiles, nucléophiles* et *radicalaires.*

ÉLIMINATOIRE adj. **1.** Qui sert à éliminer, qui écarte des épreuves suivantes les candidats les plus faibles : *L'écrit de cet examen est éliminatoire.* – **2.** Se dit d'une note faible qui suffit à éliminer un candidat quelles que soient les autres notes obtenues : *Un zéro éliminatoire en physique.*

◆ n. f. Épreuve ayant pour but de sélectionner les meilleurs concurrents ou équipes en vue d'un tour suivant ou d'une compétition plus importante (souvent pl.).

ÉLIMINER v. t. (lat. *eliminare,* mettre dehors, de *limen,* seuil) [conj. 3]. **1.** Écarter qqn, qqch, le supprimer d'un ensemble, le rejeter d'un groupe ; exclure : *Éliminer un nom d'une liste de gagnants.* – **2.** Rejeter qqch, qqn, l'écarter après un choix, une sélection, une réflexion ; rejeter : *Cette hypothèse est à éliminer.* – **3.** Ne pas retenir un candidat, une candidature, ne pas les recevoir parce qu'ils ne satisfont pas à certains critères définis de sélection : *Le jury élimine tous ceux qui n'ont pas eu la moyenne en français.* – **4.** Vaincre un concurrent lors d'une épreuve par élimination. – **5.** Ruiner la concurrence, la faire disparaître : *Les grandes surfaces veulent-elles éliminer le petit commerce ?* – **6.** Supprimer comme nuisible, gênant, etc. : *Produit qui élimine le tartre des dents.* – **7.** Tuer : *Le tueur élimina le témoin gênant.* – **8.** Évacuer en dehors de l'organisme des produits de déchet (souvent sans compl.). – **9.** *Éliminer une variable d'un système d'équations,* faire une élimination entre les équations.

ÉLINDE n. f. **1.** Bras articulé qui, sur les dragues flottantes ou certains excavateurs terrestres, sert de support à l'outil d'attaque du terrain ainsi qu'au dispositif d'évacuation des matériaux extraits. – **2.** Rampe fixée à une barge de pose de pipeline, servant de support aux tubes soudés au fur et à mesure de leur descente dans l'eau.

ÉLINGAGE n. m. **1.** Action d'élinguer. – **2.** Dispositif employé pour cette opération.

ÉLINGUE n. f. (frq. *slinga, fronde). **1.** Sorte de câble de faible longueur et dont les extrémités permettent l'accrochage (boucles, attaches métalliques, etc.). – **2.** Fronde sans bourse.

◆ **élingues** n. f. pl. Anneaux métalliques dont on se servait pour soulever un canon sans anses.

ÉLINGUER v. t. (conj. 3). Entourer un objet au moyen d'une élingue pour le hisser avec un appareil de levage.

ELIN PELIN (Dimităr Ivanov STOJANOV, dit), écrivain bulgare (Bajlovo 1877 - Sofia 1949), peintre de la campagne bulgare (*le Vieux Bœuf,* 1904-1911).

ÉLINVAR n. m. (de *élastique* et *invariable*). Nom déposé d'aciers alliés contenant 40 à 42 % de nickel et possédant un module élastique quasi constant entre – 50 et + 100 °C, ce qui permet leur emploi dans la fabrication des ressorts spiraux d'horlogerie.

ELIOT (*sir* John), homme politique anglais (Saint Germans, Cornouailles, 1592 - Londres 1632). Député en 1614, il joua un rôle prépondérant dans les conflits entre le roi Charles Ier et le Parlement. Plusieurs fois emprisonné à partir de 1626, il mourut à la Tour de Londres.

ELIOT (Mary Ann EVANS, dite **George**), romancière britannique (Chilvers Coton, Warwickshire, 1819 - Londres 1880). Traductrice de Strauss et Feuerbach, elle publia, sur le conseil du journaliste George Lewes, dont elle partageait la vie, des nouvelles (*Scènes de la vie cléricale,* 1858) et des romans (*Adam Bede,* 1859 ; *le Moulin sur la Floss,* 1860 ; *Silas Marner,* 1861) qui peignent avec réalisme la vie rurale et provinciale anglaise.

ELIOT (Thomas Stearns), poète britannique d'origine américaine (Saint Louis, Missouri, 1888 - Londres 1965). Influencé par les symbolistes français (*la Chanson d'amour de J. Alfred Prufrock,* 1917), il se fit le chantre des mythes antiques par opposition à la vanité de la société moderne dans des essais (*le Bois sacré,* 1920) et des poèmes (*la Terre* Gaste,* 1922). Il est un des maîtres de la nouvelle école poétique anglo-américaine. Il évolua par la suite vers un catholicisme mystique (*Meurtre* dans la cathédrale,* 1935). [Prix Nobel 1948.]

ÉLIRE v. t. (lat. pop. *exlegere,* du lat. class. *eligere,* choisir) [conj. **106**]. **1.** Choisir, nommer par voie de suffrage la personne qui remplira telle fonction, qui occupera tel poste, qui portera tel titre ; procéder à son élection : *Nous élisons notre président le 15 mars.* – **2.** Choisir, nommer par voie de suffrage les membres d'un groupe, celui, celle qui fera partie de ce groupe : *Élire le bureau politique d'un parti.* – **3.** *Litt.* Choisir qqn, qqch de préférence aux autres : *Elle l'avait élu pour* *confident.* – **4.** *Élire domicile qqpart,* choisir d'y habiter, de s'y installer. – **5.** Prédestiner au salut, en parlant de Dieu.

◆ **être élu** v. pass. **1.** Être désigné par voie de suffrage : *Les représentants élus de la nation.* – **2.** *Corps élus,* corps politiques ou administratifs dont les membres sont soumis à élection. ‖ *Le peuple élu,* Israël.

ÉLISABETH-II *(archipel),* partie de l'archipel arctique canadien située au N. des détroits de Lancaster et de Melville.

SAINTES

ÉLISABETH *(sainte),* parente de la Vierge Marie, femme du prêtre Zacharie et mère de Jean-Baptiste ; elle reçut, étant enceinte, la visite de Marie : c'est ce que la liturgie catholique appelle la Visitation.

ÉLISABETH DE HONGRIE *(sainte)* [Sáxospatak 1207 - Marburg 1231], fille du roi André II. Elle épousa en 1221 Louis IV, landgrave de Thuringe. Elle soigna les malades, recueillit les pauvres et, devenue veuve en 1227, entra dans l'ordre franciscain. Elle fut canonisée en 1235.

ÉLISABETH ou **ISABELLE** *(sainte)* [1271 - Estremoz 1336), reine de Portugal. Fille de Pierre III d'Aragon et de Constance de Sicile, elle épousa en 1282 le roi de Portugal, Denis le Libéral, à la mort duquel (1325) elle entra dans le tiers ordre franciscain.

AUTRICHE, BAVIÈRE, BOHÊME

ÉLISABETH DE BOHÊME (Heidelberg 1618 - Herford 1680), princesse palatine, fille de Frédéric V, Électeur palatin et roi de Bohême, et d'Élisabeth Stuart. Réfugiée à La Haye avec sa mère, elle fut une disciple de Descartes, qui lui dédia ses *Principes de la philosophie* (1644).

ÉLISABETH DE WITTELSBACH (Possenhofen, près de Starnberg, Bavière, 1837 - Genève 1898), impératrice d'Autriche. Fille de Maximilien-Joseph II, elle épousa en 1854 François-Joseph Ier, empereur d'Autriche, à qui elle donna quatre enfants. Belle et spirituelle, elle fit de la cour de Vienne l'une des plus brillantes d'Europe. Mais, désapprouvée par la noblesse autrichienne, en raison notamment de ses sympathies politiques pour les Hongrois, elle délaissa Vienne. Elle fut assassinée à Genève par un anarchiste italien, Luccheni.

BELGIQUE

ÉLISABETH (Possenhofen 1876 - Bruxelles 1965), reine des Belges. Fille du duc de Bavière Charles-Théodore, elle épousa en 1900 le futur Albert Ier, roi des Belges.

Élisabeth (*médaille de la* **Reine-**), décoration belge instituée en 1916 pour récompenser les femmes qui se sont dévouées aux œuvres de charité.

ESPAGNE

ÉLISABETH DE FRANCE ou **DE VALOIS** (Fontainebleau 1545 - Madrid 1568), reine d'Espagne (1559-1568). Fille d'Henri II, roi de France, et de Catherine de Médicis, elle épousa en 1559 Philippe II, roi d'Espagne, en vertu du traité du Cateau-Cambrésis.

ÉLISABETH DE FRANCE (Fontainebleau 1602 - Madrid 1644), reine d'Espagne. Fille de Henri IV, roi de France, et de Marie de Médicis, elle épousa en 1615 le futur roi d'Espagne Philippe IV et fut la mère de Marie-Thérèse, femme de Louis XIV.

ÉLISABETH FARNÈSE (Parme 1692 -Madrid 1766), reine d'Espagne. Fille d'Édouard III, duc de Parme, elle épousa en 1714 Philippe V, roi d'Espagne. Elle contribua à rétablir la domination espagnole sur l'Italie en obtenant pour son fils aîné, Charles (futur Charles III d'Espagne), les royaumes de Naples et de Sicile (1734) et pour son second fils, Philippe, le duché de Parme (1748).

FRANCE

ÉLISABETH D'AUTRICHE (Vienne 1554 -*id.* 1592), reine de France. Fille de l'empereur Maximilien II, elle épousa en 1570 Charles IX, roi de France.

ÉLISABETH CHARLOTTE DE BAVIÈRE, dite **Liselotte,** princesse palatine (Heidelberg 1652 - Saint-Cloud 1722). Fille de Charles-Louis, Électeur palatin, elle épousa en 1671 Philippe Ier, duc d'Orléans, frère de Louis XIV, à qui elle donna deux enfants, dont Philippe, le futur Régent. Elle a laissé d'intéressantes *Lettres* où elle fustige l'hypocrisie et l'étiquette de la cour de Versailles.

ÉLISABETH CHARLOTTE D'ORLÉANS (Saint-Cloud 1676 - Commercy 1744), duchesse de Lorraine et de Bar, princesse de Commercy, elle est la fille de Philippe Ier, duc d'Orléans, et d'Élisabeth Charlotte de Bavière. Mariée (1698) à Léopold, duc de Lorraine et de Bar, elle fut proclamée régente à la mort de son époux (1729) et gouverna les duchés au nom de son fils François III (futur empereur François Ier) jusqu'en 1736.

ÉLISABETH DE FRANCE (Philippine Marie Hélène, **Madame**) [Versailles 1764 - Paris 1794], sœur de Louis XVI. Dévouée à son frère, elle se refusa à émigrer et partagea son sort. Emprisonnée au Temple (1792), puis à la Conciergerie (1793), elle fut guillotinée (10 mai 1794).

GRANDE-BRETAGNE

ÉLISABETH WOODVILLE (v. 1437 - Londres 1492), reine d'Angleterre. Veuve d'un chevalier lancastrien, elle épousa secrètement Édouard IV (1464).

ÉLISABETH D'YORK (Westminster 1465 - Londres 1503), reine d'Angleterre. Fille d'Édouard IV et d'Élisabeth Woodville, elle épousa Henri VII (1486).

ÉLISABETH Ire (Greenwich 1533 - Richmond 1603), reine d'Angleterre et d'Irlande (1558-1603), fille d'Henri VIII et d'Anne Boleyn. Elle succède à sa demi-sœur Marie Tudor. Intelligente et cultivée, elle accorde sa confiance à des hommes de valeur, comme Cecil, son principal conseiller. Elle dirigera avec clairvoyance et fermeté une Angleterre qu'elle unifiera et dont elle fera une grande nation. En matière religieuse, elle rétablit l'anglicanisme tel que l'avait instauré Henri VIII (Acte de suprématie et Acte d'uniformité de 1559, promulgation des Trente-Neuf Articles en 1563) et soumet l'Église à l'État. Aussi se heurte-t-elle à une double opposition, celle des calvinistes puritains et celle des catholiques, partisans de la reine d'Écosse, Marie Stuart, qui ont toujours contesté sa légitimité, le mariage de ses parents ayant été annulé. Elle réprime sévèrement les menées calvinistes, enferme (1568) puis fait décapiter (1587) Marie Stuart. Inclinant sa politique européenne vers le camp protestant, elle abandonne l'alliance espagnole, traditionnelle chez les Tudors. Au mépris du traité de Tordesillas, la colonie de Virginie est fondée en 1584, tandis que la reine soutient les Pays-Bas révoltés. La guerre ouverte avec l'Espagne est déclarée en 1587, et l'Invincible Armada, dispersée par les navires de Drake, est anéantie par la tempête (1588). La guerre se poursuit jusqu'à la fin du siècle (prise de Cadix, 1596), avec des ramifications en France, où Élisabeth soutient Henri de Navarre. Aidée de Cecil, elle restaure les finances, favorise l'expansion coloniale (fondation de la Compagnie des Indes orientales, 1600). Dans le même temps, elle tente de sauvegarder la paysannerie libre (édit de 1598) et de porter remède à la misère du peuple (lois sur les pauvres). L'ère élisabéthaine se caractérise par l'affirmation de la puissance politique et économique de l'Angleterre et par une véritable renaissance artistique et intellectuelle.

ÉLISABETH II (Londres 1926), reine du Royaume-Uni de Grande-Bretagne et d'Irlande du Nord depuis 1952. Fille de George VI, elle lui succède en 1952. De son mariage avec Philippe, duc d'Édimbourg (1947), elle a quatre enfants : Charles, prince de Galles, Anne, Andrew et Edward.

RUSSIE

ÉLISABETH, en russe **Ielizaveta Petrovna** (Kolomenskoïe 1709 - Saint-Pétersbourg 1762), impératrice de Russie (1741-1762). Fille de Pierre le Grand et de Catherine Ire, elle est portée au pouvoir par un complot, auquel prennent part l'ambassadeur de France La Chétardie et J. H. Lestocq. La vie à la Cour sous son règne est marquée par les intrigues du parti français, hostile à la politique de Bestoujev-Rioumine. Ce dernier impose l'alliance autrichienne et ne se rapproche de la France qu'après le renversement des alliances (alliance anglo-prussienne de 1756). Ainsi, la Russie s'engage dans la guerre de Sept Ans (1756-1763) aux côtés de la France et de l'Autriche. Malgré sa paresse quasi légendaire et sa passion pour les plaisirs de la chair ou de la table, Élisabeth sait s'entourer d'hommes d'État (tels les Chouvalov) qui travaillent à la modernisation et à la grandeur de la Russie. Les troupes russes occupent Berlin à l'automne de 1760. Mais le décès de l'impératrice sauve Frédéric II de Prusse.

ÉLISABÉTHAIN, E adj. (angl. *elizabethan*). Relatif au règne d'Élisabeth Ire d'Angleterre, à son époque.

ENCYCL. **Littér.** *Théâtre élisabéthain.* La scène anglaise a fait preuve, pendant plus de trois quarts de siècle (de la représentation de *Gorboduc,* de Sackville et Norton, en 1562, à la fermeture des théâtres par le Parlement puritain, en 1642), de vitalité et d'originalité. Succès commercial et populaire, le théâtre élisabéthain est l'œuvre d'une multiplicité d'auteurs : George Peele, Robert Greene, George Chapman, Christopher Marlowe, Thomas Kyd, John Marston, Ben Jonson, Thomas Dekker, Francis Beaumont et John Fletcher, John Webster, John Ford, John Lyly. Mais il est dominé par la stature de Shakespeare. Dans sa diversité, le théâtre élisabéthain laisse apparaître quelques lignes de force : stylisation du décor, imbrication du tragique et du bouffon, prédilection pour la violence et le thème de la vengeance, angoisse métaphysique dissimulée sous un appétit forcené de jouissance et de connaissance, mélange de truculence verbale et de raffinement poétique.
— **Mus.** La *musique élisabéthaine,* du début du règne d'Élisabeth Ire à la Guerre civile (1642), est considérée comme un apogée, avec les noms de Byrd, Bull, les Gibbons, Dowland, Weelkes, les Ferrabosco.

ÉLISABETHVILLE → LUBUMBASHI.

ÉLISÉE, prophète d'Israël du IXe s. av. J.-C., disciple et successeur du prophète Élie.

ÉLISION n. f. (lat. *elisio, -onis*). Suppression de l'élément vocalique final d'un mot devant un mot commençant par une voyelle ou un *h* muet.
ENCYCL. L'élision est un phénomène courant dans la langue parlée ; elle concerne en particulier le *e* muet final, qui s'amuït toujours devant une voyelle : *Sa bonne amie* [sabɔnami]. Dans la

langue écrite, l'élision est signalée par l'apostrophe. Elle concerne un certain nombre de termes grammaticaux, généralement courts et de grande fréquence, souvent atones : *je, me, te, se, le, la, ce, ne, de, que,* etc. ; *j'aime, l'âme, c'est.*

ELISTA, v. de Russie, cap. de la République autonome des Kalmouks, à l'O. d'Astrakhan ; 78 000 hab.

ÉLITAIRE adj. Qui concerne une élite.

ÉLITE n. f. (anc. fr. *eslit,* part. passé de *élire*). **1.** Groupe minoritaire de personnes ayant, dans une société, une place éminente due à certaines qualités valorisées socialement : *Élite intellectuelle. Le poids social des élites.* — **2.** Premier ban des obligations militaires (de 20 à 32 ans), dans l'armée suisse. — **3.** *D'élite,* d'une valeur hors du commun, d'une qualité supérieure : *Tireur d'élite.*

ÉLITISME n. m. Attitude ou politique visant à former et à sélectionner les meilleurs éléments d'un groupe sur le plan des aptitudes intellectuelles ou physiques, sans se soucier de la masse.

ÉLITISTE adj. et n. Partisan de l'élitisme.
◆ adj. Qui relève de l'élitisme : *Une politique élitiste de l'enseignement.*

ÉLIXIR n. m. (ar. *al-iksīr,* médicament). **1.** Liqueur très parfumée obtenue par une solution de substances aromatiques dans l'alcool ou le vin. — **2.** *Élixir (d'amour),* philtre censé posséder des vertus magiques propres à inspirer l'amour. — **3.** *Litt.* Quintessence de qqch, principe le plus pur de qqch. — **4.** Préparation qui résulte du mélange de sirop de sucre ou de glycérine avec de l'alcool et renfermant des substances médicamenteuses ou aromatiques. — **5.** Nom de certains médicaments liquides, tels les élixirs parégorique, de Garus, de terpine, et de l'élixir dentifrice. — **6.** *Élixir de longue vie,* breuvage magique qui aurait le pouvoir de prolonger la vie au-delà des limites ordinaires ou même de rendre immortel.

ELIZABETH, port des États-Unis (New Jersey), au S.-O. de New York ; 106 000 hab. Centre industriel.

ELKINGTON (George Richards), inventeur anglais (Birmingham 1801 - Pool Park, Denbighshire, 1865). Il a fait breveter et introduire dans le commerce, en 1840, les procédés d'argenture et de dorure par électrolyse ; il imagina également l'affinage électrolytique du cuivre, dès 1867.

ELLE, ELLES pron. pers. fém. de la 3e pers. (lat. *illa,* celle-là). S'emploie pour remplacer ou représenter un nom féminin : a) comme sujet atone : *Écoute cette histoire, elle est drôle ;* b) comme forme accentuée, surtout pour désigner des personnes : *elles, ce sont les responsables.*

Elle, hebdomadaire féminin français fondé en 1945 par Hélène Gordon-Lazareff.

ELLE, famille de peintres français d'origine flamande. — FERDINAND, dit *l'Ancien* (Malines v. 1580 - Paris 1649), fit à Paris une carrière de portraitiste dont il reste peu de traces. — Son fils LOUIS FERDINAND, ou FERDINAND le Père (Paris 1612 - *id.* 1689), également portraitiste, fut un des fondateurs de l'Académie royale de peinture. — LOUIS FERDINAND le Jeune (Paris 1648 -Rennes 1717), fils du précédent, fut portraitiste, et aussi peintre d'histoire (*Présentation au Temple,* 1702, musée de Rennes).

ELLÉBORE → HELLÉBORE.

ELLESMERE *(terre* ou *île d'),* île de l'archipel arctique canadien (Territoires du Nord-Ouest) ; 196 000 km², en grande partie englacée.

ELLESMERE PORT, port de Grande-Bretagne (Cheshire), sur la rive sud de l'estuaire de la Mersey ; 64 000 hab. Raffinerie de pétrole. Industrie automobile.

ELLICE → TUVALU.

ELLINGTON (Edward KENNEDY, dit **Duke**), pianiste, compositeur et chef d'orchestre de jazz américain (Washington 1899 - New York 1974). Il dirigea son premier orchestre, les Washingtonians, en 1924, puis devint de 1927 à 1932 la vedette du Cotton Club de Harlem. Il y développa un style surnommé « jungle », qui connut le succès. Compositeur prolifique, Duke Ellington était aussi un grand pianiste, mais son véritable instrument était son orchestre. Parmi ses compositions : *Black and Tan Fantasy* (1927), *Mood Indigo* (1930), *It Don't Mean a Thing* (1932), *Solitude* (1934), *Caravan* (1937), *Koko, Concerto for Cootie* (1940), *Take the A Train* (1941), *Black, Brown and Beige* (1944), *Harlem* (1952), *Such Sweet Thunder* (1957), *New Orleans Suite* (1970), *This One's for Blanton* (1973).

ELLIOT, famille écossaise originaire de Roxburgh, dont les membres les plus célèbres ont porté le titre nobiliaire de Minto, notamment : Gilbert **Elliot Murray-Kynynmond,** 1er comte **de Minto** (Édimbourg 1751 - Stevenage, Hertfordshire, 1814), député whig (1776), qui fut gouverneur général de l'Inde (1806-1813). — Gilbert **Elliot Murray-Kynynmond,** 4e comte **de Minto** (Londres 1845 - Minto, comté de Roxburgh, 1914), arrière-petit-fils du précédent, gouverneur général du Canada (1898-1904), puis vice-roi des Indes (1905-1910).

ELLIOT LAKE, v. du Canada (Ontario), entre Sault-Sainte-Marie et Sudbury ; 16 700 hab. Uranium.

ELLIOTT (Ebenezer), poète britannique (New Foundry, près de Rotherham, Yorkshire, 1781 -

Great Houghton, près de Barnsley, 1849). Ses *Corn-law Rhymes* (1831), plaidoyer en faveur des malheureux, obtinrent un succès retentissant.

ELLIOTT (Herbert), athlète australien (Perth 1938), champion olympique du 1 500 m à Rome (1960) en établissant un record du monde (3 min 35 s 6/10) qui ne fut battu qu'en 1967. Il resta invaincu jusqu'à sa retraite, en 1961.

1. ELLIPSE n. f. (bas lat. *ellipsis,* du gr. *elleipsis,* manque). **1.** Dans certaines situations de communication ou dans certains énoncés, omission d'un ou de plusieurs éléments de la phrase, sans que celle-ci cesse d'être compréhensible. (Par ex. l'ellipse du verbe dans *Combien ce bijou ?*) – **2.** Raccourci, sous-entendu, procédé allusif : *Parler par ellipses.*

2. ELLIPSE n. f. (lat. sc. *ellipsis,* du gr. *elleipsis*). **1.** Conique, ensemble des points d'un plan P dont la somme des distances à deux points fixes de P est constante. (→ *encycl.*) – **2.** Surface plane limitée intérieurement par la courbe précédemment définie.

ENCYCL. **Géom.** La définition donnée de l'ellipse est la définition bifocale, les deux points fixes étant les foyers de l'ellipse. Une ellipse est aussi l'ensemble des points du plan P dont le rapport des distances à un point F de P et à une droite D (incluse dans P mais ne contenant pas F) a une valeur donnée $e\ (0<e<1)$; F est un foyer, D la directrice de l'ellipse associée à F, e son excentricité. L'équation d'une ellipse peut s'écrire, dans un repère correctement choisi, sous la forme $\frac{x^2}{a^2} + \frac{y^2}{b^2} = 1$.
En posant $c^2 = a^2 - b^2$, on obtient l'excentricité c/a. Si F et F' sont les foyers, (FF') est alors l'axe des abscisses du repère, et les abscisses respectives de F et F' sont c et $(-c)$. Les directrices qui leur sont respectivement associées ont pour équations $x = a^2/c$ et $x = -\ a^2/c$ (voir fig.).

ELLIPSOGRAPHE n. m. Instrument permettant de tracer des ellipses. (Syn. COMPAS ELLIPTIQUE.)

ELLIPSOÏDAL, E, AUX adj. Dont la forme ou le support est un ellipsoïde.

ELLIPSOÏDE n. m. **1.** Quadrique dont une équation est de la forme

$$\frac{x^2}{a^2} + \frac{y^2}{b^2} + \frac{z^2}{c^2} = 1,$$

où a, b, et c sont différents deux à deux. – **2.** *Ellipsoïde de révolution,* ellipsoïde dont une équation est

$$\frac{x^2}{a^2} + \frac{y^2}{b^2} + \frac{z^2}{c^2} = 1,$$

avec $a = b \neq c$. (Son volume intérieur est égal à $\frac{4}{3}\pi abc$). ‖ *Ellipsoïde terrestre,* ellipsoïde de révolution aplati dont le petit axe est parallèle à l'axe du monde et que les géodésiens utilisent pour le calcul des coordonnées géographiques. (→ *encycl.*)

ENCYCL. **Géod.** La rotondité terrestre, déjà connue des Grecs, fait l'objet, en Égypte, d'une première mesure de méridien* par l'astronome

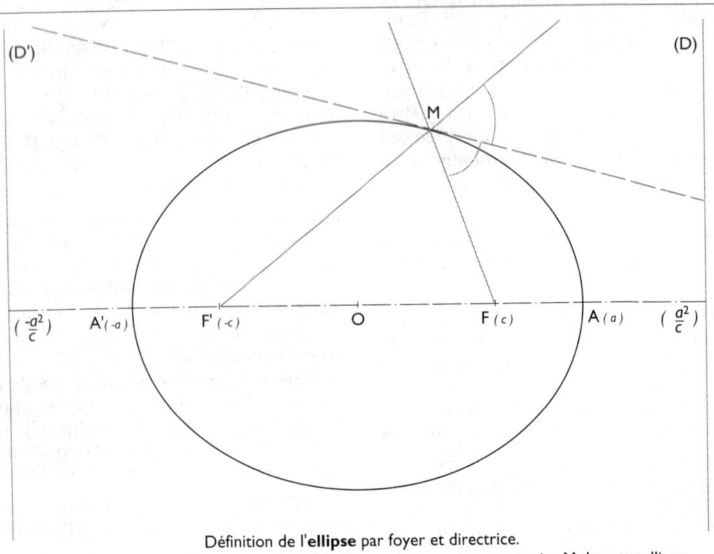

Définition de l'**ellipse** par foyer et directrice.
(Sur la figure, on a également représenté le fait que la tangente en un point M de cette ellipse, est la bissectrice des deux demi-droites d'origine M et de vecteurs directeurs $\vec{FM}$ et $\vec{MF'}$).

grec Ératosthène au IIIe s. av. J.-C., qui, assimilant la Terre à une sphère, lui assigne une circonférence de 250 000 stades, soit 39 700 km environ, d'où un rayon de 6 300 km. La question est reprise au XVIe et surtout au XVIIe s., où l'abbé Picard, vers 1670, assigne au rayon terrestre la valeur de 6 372 000 m à la suite d'une triangulation effectuée entre Melun et Amiens.

Vers cette époque, Newton et Huygens déduisent, par voie théorique, que la forme de la Terre est vraisemblablement un ellipsoïde de révolution aplati, hypothèse confirmée vers 1740 par les mesures entreprises, à l'instigation de l'Académie des sciences, au Pérou (Bouguer, La Condamine, Godin), en Laponie (Maupertuis, Clairaut) et en France (Cassini de Thury et La Caille). Puis Delambre et Méchain (1792-1798), en même temps qu'ils fixent la longueur du mètre, attribuent à l'ellipsoïde terrestre un aplatissement de 1/334. Depuis, les dimensions de l'ellipsoïde ont été affinées. On admet, depuis 1980, les valeurs suivantes : demi grand axe 6 378 137 m ; aplatissement 1/298,257...

ELLIPSOMÉTRIE n. f. Technique permettant de mesurer l'état de polarisation de la lumière. (Elle est utilisée pour l'étude des couches minces.)

ELLIPTICINE n. f. Alcaloïde isolé de diverses espèces d'ochrosia (apocynacées) et pouvant également être obtenu par synthèse. (Plusieurs de ses dérivés sont doués d'un pouvoir antimitotique et employés de ce fait dans le traitement du cancer.)

1. ELLIPTIQUE adj. (gr. *elleiptikos,* qui omet). 1. Qui renferme une ellipse. — 2. Qui procède par sous-entendus. — 3. Se dit d'une manière qui rejette les détails, synthétise hardiment la forme.

2. ELLIPTIQUE adj. (lat. sc. *ellipticus,* du gr. *elleiptikos*). 1. Se dit d'un cylindre ou d'un paraboloïde dont certaines sections sont des ellipses. — 2. Se dit d'un mouvement à accélération centrale $\vec{\Gamma}$, de centre O, dont la norme $\|\vec{\Gamma}\|$ est proportionnelle à la distance à O, dans le cas où $\overrightarrow{OM_0}$ et $\vec{V_0}$ ne sont pas colinéaires. (M_0 est la position initiale du point mobile et V_0 est sa vitesse initiale.) — 3. *Fonction elliptique,* fonction utilisée dans l'étude des inverses des intégrales elliptiques. ‖ *Intégrale elliptique,* intégrale dont la forme générale est

$$\int_{0}^{x} \frac{P(t)}{\sqrt{R(t)}} \cdot dt,$$

où $P(t)$ est une fonction rationnelle quelconque de t et $R(t)$ un polynôme du troisième ou du quatrième degré sans racine double. ‖ *Compas elliptique,* syn. de ELLIPSOGRAPHE.

ELLIPTIQUEMENT adv. De manière elliptique, par sous-entendus.

ELLIPTOCYTE n. m. Hématie anormale très allongée, ayant un grand diamètre très supérieur au diamètre transversal. (Le sang normal en contient moins de 1 %.) [Syn. OVALOCYTE.]

ELLIPTOCYTOSE n. f. Maladie héréditaire caractérisée par la présence d'une grande quantité d'elliptocytes dans le sang. (Syn. OVALOCYTOSE HÉRÉDITAIRE ou CONSTITUTIONNELLE.)

ENCYCL. Le plus souvent asymptomatique, l'elliptocytose s'accompagne, une fois sur dix, d'hyperhémolyse. La maladie se transmet selon un mode autosomique et dominant. Deux anomalies génétiquement différentes semblent être responsables d'elliptocytose : l'une liée aux gènes du système Rhésus et l'autre non liée à ces gènes.

ELLIS ISLAND, île de la baie de New York, au S.-O. de Manhattan ; 11 ha. Ancien poste de contrôle de l'immigration (1892-1943), puis lieu de détention des immigrants illégaux (jusqu'en 1954).

ELLISON (Ralph), romancier américain (Oklahoma City 1914 - New York 1994). Il a donné une description saisissante de la dualité de la conscience noire (*l'Homme invisible,* 1952).

ELLOBIIDÉ n. m. (gr. *ellobos,* enfermé dans une cosse). Mollusque gastropode pulmoné, à coquille épaisse dentée. (Les *ellobiidés* forment une famille ; ils vivent dans les endroits très frais : bords des rivières, des marais, voisinage immédiat de la mer.)

ELLORĀ, village de l'Inde (Mahārāshtra), au N.-O. d'Aurangābād. Important site archéologique comprenant trente-quatre sanctuaires excavés (VIe-IXe s.) : douze bouddhiques (mahāyāna), dix-sept brahmaniques et cinq jaina (les plus tardifs du site). Le Kailāsa, temple monolithe (śivaïque), et son complexe excavé représentent l'aboutissement de l'art rupestre. Remarquable sculpture.

ELLORE → ELURU.

ELLSWORTH (Lincoln), explorateur américain (Chicago 1880 - New York 1951) qui survola le pôle Nord à bord du dirigeable « Norge » (1926) et réalisa la traversée de l'Antarctique (1935).

ELLUL (Jacques), juriste et sociologue français (Bordeaux 1912 - *id.* 1994). Il a notamment étudié l'intervention et le rôle croissant de la technique dans la société contemporaine. On lui doit *la Technique ou l'Enjeu du siècle* (1954), *Propagandes* (1962), *le Système technicien* (1977), *l'Empire du non-sens* (1980), *la Parole humiliée* (1981), *le Bluff technologique* (1988).

ELLWOOD (Charles Abram), psychosociologue américain (Ogdensburg 1873 - Durham 1946). Il a tenté d'élaborer une psychosociologie scientifique en se référant à une analyse culturelle des processus sociaux : *Sociology in its Psychological Aspects* (1912), *Cultural Evolution : A Study of Social Origin and Development* (1927).

ELME *(saint),* forme populaire, en français comme en italien *(Elmo),* de saint Érasme*.

ELNE (66200), ch.-l. de cant. des Pyrénées-Orientales, dans la plaine du Roussillon, sur le Tech ; 6 292 hab. *(Illibériens).* C'est l'anc. *Illiberis* des Celtibères. Église romane du XIe s., anc. cathédrale, voûtée et fortifiée au XIIe s. ; cloître des XIIe-XIVe s., aux remarquables chapiteaux romans et gothiques.

ÉLOAH → ÉLOHIM.

ÉLOCUTION n. f. (lat. *elocutio, -onis,* de *eloqui,* s'exprimer). **1.** Manière d'articuler les sons ; parole, débit : *Défaut d'élocution.* — **2.** Manière de s'exprimer ; choix et arrangement des mots dans le discours : *Élocution savante.*

ÉLODÉE ou **HÉLODÉE** n. f. (lat. sc. *elodes,* du gr. *helôdês,* qui fréquente les régions marécageuses). Plante (hydrocharidacée) aquatique d'Amérique, adventice en France, où elle se propage dans les cours d'eau uniquement par bouture, mais d'une façon très envahissante, d'où son surnom de *peste d'eau.*

ÉLOGE n. m. (lat. *elogium,* épitaphe, avec l'infl. du gr. *eulogia,* louange). **1.** Discours écrit ou prononcé à la louange de qqn, de qqch. (→ *encycl.*) — **2.** Louange, témoignage d'estime en faveur de qqn, de qqch ; félicitations : *Couvrir quelqu'un d'éloges.* — **3.** *Éloge funèbre,* éloge d'une personne décédée, prononcé au cours de la cérémonie des funérailles. ‖ *Être (tout) à l'éloge de qqn,* témoigner de son mérite, de sa valeur, être à son honneur, en parlant d'un de ses actes. ‖ *(Être) au-dessus de tout éloge,* (être) d'une qualité exceptionnelle.

ENCYCL. **Littér.** L'éloge prit chez les Grecs le nom de panégyrique lorsqu'il était prononcé dans une assemblée solennelle. Il fut un exercice oratoire chez les sophistes et évolua jusqu'à la forme burlesque, qui naquit au XVIe s. avec Érasme et Rabelais. La forme la plus répandue de l'éloge est l'*éloge funèbre,* qui devint, avec le christianisme, oraison. Au XVIIIe s., l'éloge, sous sa forme académique, fut le moyen didactique pour acquérir l'art de l'essai d'économie politique, d'esthétique littéraire. Cet éloge académique reste imposé à l'Académie française.

Éloge de la folie, ouvrage d'Érasme (Paris, 1511). Composé en latin, ce livre est une critique enjouée des classes de la société (surtout du clergé, des théologiens et des moines).

ÉLOGIEUSEMENT adv. De façon élogieuse, en termes élogieux.

ÉLOGIEUX, EUSE adj. **1.** Qui renferme des éloges ; louangeur : *Critique élogieuse.* — **2.** Qui décerne des éloges ; flatteur.

ÉLOHIM ou **ÉLOÏM** (hébr. *'elohim*), pluriel de *'éloha,* qui signifie « Dieu ». On trouve ce mot dans la Bible et aussi dans les textes babyloniens d'Amarna.

ÉLOHISTE ou **ÉLOÏSTE** adj. Se dit des passages du Pentateuque où Dieu est désigné par le mot *Élohim* jusqu'à la révélation à Moïse du nom de Yahvé.

◆ n. Auteur ou compilateur de ce texte.

ÉLOI *(saint),* évêque de Noyon (près de Limoges v. 588-660). Trésorier de Dagobert Ier, puis évêque de Noyon-Tournai (641), il multiplia les monastères (Noyon, Tournai, Saint-Quentin). Saint Éloi est le patron des orfèvres et des métallurgistes.

ÉLOIGNEMENT n. m. **1.** Action d'éloigner qqch, qqn, fait d'être éloigné : *Elle souffrait de l'éloignement de son mari.* — **2.** Fait de se tenir à l'écart : *L'éloignement de la vie politique lui permit de réfléchir.* — **3.** Fait d'être éloigné dans le temps : *Avec l'éloignement, ses souvenirs devenaient des regrets.* — **4.** En géométrie cotée, distance algébrique d'un point au plan frontal de projection.

ÉLOIGNER v. t. (de *loin*) [conj. 3]. **1.** Faire paraître qqch plus lointain : *Verres concaves qui éloignent les objets.* — **2.** Augmenter (de tant) la distance qui sépare qqch, qqn (de qqch, qqn) : *Ça l'éloigne trop de son travail.* — **3.** Mettre ou tenir à distance de soi ; écarter, repousser : *Éloigner les importuns.* — **4.** Détourner qqn de qqch, l'en écarter : *Ces remarques nous éloignent du sujet de notre discussion.* — **5.** Augmenter la distance temporelle qui sépare qqn du passé : *Chaque jour qui passe nous éloigne de notre jeunesse.* — **6.** Retarder, reculer, différer le moment où qqch se produit ; espacer davantage des actions : *Éloigner ses visites à un ami.* — **7.** Accentuer ou créer entre des personnes des divergences, des différences, des désaccords qui vont les séparer : *Elle a tout fait pour l'éloigner de moi.* — **8.** Évincer qqn de qqch ou faire qu'il ne puisse y accéder : *Éloigner quelqu'un du pouvoir.* — **9.** Dissiper un danger, un risque, (se) mettre à l'abri de leurs effets : *Éloigner les soupçons.*

◆ **être éloigné** v. pass. **1.** Être distant de qqch de tant : *Les deux villes sont éloignées de cinquante kilomètres.* — **2.** Être différent, lointain : *Deux points de vue très éloignés.* — **3.** Être lointain dans l'espace ou le temps : *Une époque éloignée.* — **4.** Être écarté : *Tout danger est éloigné.* — **5.** Avoir des liens de parenté indirects avec qqn d'autre : *Cousins éloignés.*

◆ **s'éloigner** v. pr. **1.** Devenir de plus en plus lointain : *Les nuages s'éloignent.* – **2.** Quitter un lieu, aller plus loin, ailleurs : *Ne vous éloignez pas d'ici, je reviens.* – **3.** Être de plus en plus distant dans le temps de qqch : *Plus on s'éloigne de cette période et plus les choses se dégradent.* – **4.** Écarter de qqch, en être de plus en plus loin, différent : *S'éloigner du sujet.* – **5.** Se détourner de qqn, perdre peu à peu l'intérêt, le sentiment qu'on lui portait : *Je le sens qui s'éloigne de moi.* – **6.** Prendre ses distances par rapport à qqch, ne plus en être proche, ne plus y être actif : *S'éloigner de la vie politique.*

ÉLONGATION n. f. (bas lat. *elongatio, -onis,* éloignement, allongement). **1.** Traction exagérée sur un tendon, un ligament, un muscle, un nerf ; lésion produite par ce genre de traumatisme (étirement ou rupture des fibres). – **2.** Procédé consistant à pratiquer des tractions sur la colonne vertébrale *(élongation vertébrale),* ou à allonger un nerf *(élongation des nerfs).* – **3.** Distance angulaire d'un astre au Soleil, pour un observateur situé sur la Terre. – **4.** Allongement des parois latérales de certaines cellules végétales jeunes. (Cette élongation, due à l'action des auxines, est ordinairement subterminale.) – **5.** Déviation instantanée de l'équipage d'un instrument de mesure. – **6.** Abscisse, à un instant donné, d'un point animé d'un mouvement vibratoire. (Sa valeur maximale est l'*amplitude.*)

ÉLONGER v. t. (de *long*) [conj. 17]. **1.** Allonger un câble, l'étendre, l'étirer dans le sens de la longueur. – **2.** Longer une côte, un navire, l'approcher par le flanc.

ÉLONGIS [-ʒi] n. m. (de *élonger*). Syn. de ENTREMISE.

ÉLOPIDÉ n. m. (du gr. *elops, -opos,* esturgeon). Nom de famille attribué à des poissons osseux primitifs tels que le tarpon. (Marins et carnassiers, les *élopidés* remontent les fleuves pour se nourrir ; ils peuvent atteindre 2 m de long et 100 kg.)

ÉLOQUEMMENT [-kamɑ̃] adv. *Litt.* Avec éloquence.

ÉLOQUENCE n. f. (lat. *eloquentia,* de *eloqui,* s'exprimer). **1.** Art, talent de bien parler, de persuader et de convaincre par la parole ; verve : *Il entraînait les foules par son éloquence.* – **2.** Caractère de ce qui, sans paroles, est expressif, significatif, probant : *L'éloquence des chiffres.* – **3.** *Dieu de l'Éloquence,* Hermès.

ÉLOQUENT, E adj. (lat. *eloquens, -entis*). **1.** Qui émeut ou convainc par la qualité de sa parole ; se dit des propos eux-mêmes : *Un orateur éloquent.* – **2.** Qui impressionne vivement, qui est expressif, significatif ; parlant, probant : *Un regard éloquent.*

ÉLORN ou **ELORN,** fl. côtier de Bretagne, qui finit dans la rade de Brest ; 51 km.

ELOUNQ *(djebel),* anc. **djebel Onk,** chaînon montagneux de l'est de l'Algérie. Gisement de phosphates.

ÉLOY (Jean-Claude), compositeur français (Mont-Saint-Aignan, près de Rouen, 1938). Influencé par des musiques orientales, il tente, dans *Kamakala* pour 3 orchestres et 5 groupes de chœurs (1971), la synthèse entre l'Orient et l'Occident. Il a aussi écrit *Fluctuante-Immuable* (1977), *Gaku-No-Michi* (les Voies de la musique) [1978], *Yo-In* (Réverbérations) [1979]. Depuis la fin des années 80, il a composé plusieurs cycles de *Libérations.*

ÉLOYES (88510), comm. des Vosges, sur la Moselle, au S.-E. d'Épinal ; 3 183 hab. *(Loyas).* Textile.

EL PASO, v. des États-Unis (Texas), à la frontière mexicaine, sur le Rio Grande (r. g.) ; 425 000 hab. Carrefour routier et ferroviaire. Raffinerie de cuivre.

ELPHINSTONE (Mountstuart), administrateur britannique (Cumbernauld, comté de Dumbarton, 1779 - Hockwood, Surrey, 1859). Il servit la Compagnie des Indes orientales, puis la diplomatie britannique à partir de 1801 et fut gouverneur de Bombay (1819-1827). Il est l'auteur d'une *Histoire du royaume de Kaboul* (1815) et d'une *Histoire de l'Inde* (1841).

ELPIDITE n. f. (gr. *elpis, -idos,* espoir). Silicate naturel de zirconium et de sodium.

ELSENEUR ou **HELSINGØR,** port du Danemark, dans le nord-est de l'île de Sjaelland, sur le Sund ; 56 000 hab. Centre commercial. Station balnéaire. Château fort de Kronborg (construit à la fin du XVIe s. sur plans de Tycho Brahe), où Shakespeare situa l'action d'*Hamlet.*

Elsevier, maison d'édition néerlandaise fondée en 1880 par J. G. Robbers (1839-1925). Spécialisée dans les encyclopédies, les livres d'art, elle possède plusieurs filiales en Europe.

ELSHEIMER (Adam), peintre et graveur allemand (Francfort-sur-le-Main 1578-Rome 1610). Fixé à Rome vers 1600, il peignit de petits paysages à figures d'une technique minutieuse, mais d'un effet monumental, qui ont influencé l'art du paysage historique (*l'Aurore,* mus. de Brunswick ; *la Fuite en Égypte,* Munich).

ELSKAMP (Max), poète belge de langue française (Anvers 1862 - *id.* 1931). Associé à la renaissance littéraire de la Belgique et au mouvement symboliste, il s'inspira de l'art et des traditions populaires (*Enluminures,* 1898), puis de la tradition extrême-orientale (*Aegri somnia,* 1924).

ELSSLER (Franziska, dite **Fanny**), danseuse autrichienne (Gumpendorf, près de Vienne, 1810-Vienne 1884). Fille du copiste de Haydn, elle est engagée au Hoftheater de Vienne (1819), et y travaille avec Filippo Taglioni. Après avoir dansé dans toute l'Europe, elle entre à l'Opéra de Paris (1834) et travaille sous la direction d'Auguste Vestris. Une des trois illustres danseuses de l'époque romantique, avec Marie Taglioni et Carlotta Grisi, son style « terre à terre » a souvent été opposé à celui de Marie Taglioni. Après son succès dans *la Tempête* (1834 ; chorégr. de J. Coralli), elle triomphe dans *le Diable boiteux* (1836), avec la célèbre cachucha, et dans *la Gypsy* (1839), où s'inscrit la fameuse cracovienne. Reprenant sans succès à Saint-Pétersbourg *la Sylphide* que la Taglioni y avait dansée, elle fit ensuite une tournée triomphale en Amérique (1840). — Sa sœur, THÉRÈSE (Vienne 1808 - Merano 1878), fut sa partenaire et dansait en travesti.

ELSTER (Johann Philipp Ludwig Julius), physicien allemand (Blankenburg 1854-Wolfenbüttel 1920). Il a découvert avec Geitel (1899) le phénomène de décharge d'un électroscope au voisinage d'un radioélément et a énoncé la loi exponentielle de la décroissance radioactive.

ELSTER BLANCHE, en all. **Weisse Elster,** riv. d'Allemagne, qui passe à Leipzig, affl. de la Saale (r. dr.) ; 257 km. Elle a donné son nom à la plus ancienne des glaciations d'inlandsis allemandes.

ELSTER NOIRE, en all. **Schwarze Elster,** riv. d'Allemagne, affl. de l'Elbe (r. dr.) ; 188 km.

ELTON (Geoffrey Rudolph), historien britannique (Tübingen 1921), professeur à Cambridge depuis 1967, spécialiste de l'histoire de l'Angleterre du XVIe s.

ELTSINE (Boris Nikolaïevitch) → IELTSINE.

1. ÉLU → ÉLIRE.

2. ÉLU, E n. **1.** Personne désignée par une élection : *L'élu de la nation.* — **2.** Personne qui réussit mieux que les autres, qui semble avoir reçu un don spécial : *Les élus de la société.* — **3.** Personne qui a fait l'objet d'une préférence sentimentale : *L'élu(e) de son cœur.* — **4.** Personne, peuple prédestiné par Dieu au salut. — **5.** En France, sous l'Ancien Régime, officier chargé de la répartition de la taille et des aides dans une élection et du jugement des affaires concernant ces impôts. (Les élus perdirent leurs attributions au profit des intendants au XVIIe s.) — **6.** *Beaucoup d'appelés et peu d'élus,* se dit d'une compétition, d'un concours où seul un petit nombre réussit.

ÉLUANT, E adj. et n. m. Se dit des solvants qui permettent de pratiquer l'élution.

ÉLUARD (Eugène GRINDEL, dit **Paul**), poète français (Saint-Denis 1895 - Charenton-le-Pont 1952). Lié aux mouvements d'avant-garde poétiques, comme le dadaïsme (*les Animaux et leurs hommes,* 1920), puis le surréalisme (*Capitale de la douleur,* 1926 ; *l'Amour, la poésie,* 1929), il cherche à rénover les techniques du langage et un moyen d'accéder à l'inconscient. Poète fraternel, témoin de la souffrance humaine, il lutte contre le fascisme, devient, pendant l'Occupation, le poète de la Résistance (*Au rendez-vous allemand,* 1944) et s'engage au parti communiste (*Une leçon de morale,* 1949). Son œuvre est dominée par le thème de l'amour, auquel il donne une tonalité sensuelle et ambiguë. Sensible à l'art plastique, transposant dans ses poèmes le langage des peintres, avec qui il collabore (*les Yeux fertiles,* 1936), il compose des anthologies (*Donner à voir,* 1939), où ses choix personnels expliquent une esthétique où la femme est le médiateur indispensable entre l'individu et l'univers.

ÉLUCIDATION n. f. Action d'élucider, fait d'être élucidé ; éclaircissement, explication : *L'élucidation d'une énigme.*

ÉLUCIDER v. t. (bas lat. *elucidare,* éclairer) [conj. 3]. Rendre clair qqch, expliquer ce qui était confus, obscur ; éclaircir, clarifier : *Élucider la pensée de quelqu'un.*

ÉLUCUBRATION n. f. (bas lat. *elucubratio, -onis*). Production déraisonnable, absurde, issue de recherches laborieuses ; divagation, extravagance : *On ne peut pas prendre au sérieux ses élucubrations.*

ÉLUCUBRER v. i. (lat. *elucubrare,* travailler en veillant) [conj. 3]. *Litt.* Produire, composer laborieusement des réflexions extravagantes, déraisonnables.

ÉLUDER v. t. (lat. *eludere,* se jouer de) [conj. 3]. Éviter qqch, s'y soustraire adroitement ; esquiver, escamoter : *Éluder une difficulté.*

ÉLUER v. t. (lat. *eluere,* laver, purifier) [conj. 7]. Séparer qqch par élution.

ELURU, anc. **Ellore,** v. de l'Inde (Andhra Pradesh) ; 168 000 hab. Tapis.

ÉLUSIF, IVE adj. *Litt.* Qui élude, détourne avec adresse : *Réponse élusive.*

ÉLUTION n. f. (bas lat. *elutio, -onis,* rinçage). Séparation de corps adsorbés par lavage progressif.

ÉLUTRIATION n. f. (lat. *elutriare,* nettoyer en lavant, rincer). Méthode de séparation et de classification granulométrique de particules de grosseurs différentes, au moyen d'une colonne de fluide en mouvement.

ÉLUVIAL, E, AUX adj. Relatif à l'éluviation ou à l'éluvion.

ÉLUVIATION n. f. (lat. *eluvies,* eau qui coule). Dans le sol, phénomène d'entraînement généralement vertical, mais aussi oblique, de matières à l'état soluble ou de suspensions.

ÉLUVION n. f. ou **ÉLUVIUM** [-vjɔm] n. m. (lat. sc. *eluvium,* de *eluere,* rincer, avec l'infl. de *diluvium,* déluge). Ensemble des fragments d'une roche qui sont restés sur place après sa désagrégation par les agents atmosphériques. (L'éluvion s'oppose à l'*alluvion,* qui a été transportée.)

ÉLUVIONNAIRE adj. 1. Qui se rapporte aux éluvions. — 2. *Gisement éluvionnaire,* gisement minéral exploitable grâce à la désagrégation de la roche qui le renferme, évitant ainsi le broyage.

ELVAS, v. du Portugal, dans l'Alentejo ; 14 500 hab. Anc. place forte. Monuments surtout des XIVe-XVIIe s.

ELVEN (56250), ch.-l. de cant. du Morbihan, en bordure des landes de Lanvaux ; 3 356 hab. *(Elvinois).* — Aux environs, « tours d'Elven », vestiges de la forteresse de Largoët (donjon du XIVe s.).

ELVSTRÖM (Paul), régatier danois (Hellerup, près de Copenhague, 1930), champion olympique, en série monotype individuel, en 1948, 1952, 1956 et 1960.

ELY, v. de Grande-Bretagne (Cambridgeshire), au N.-E. de Cambridge ; 10 500 hab. Cathédrale dont les styles vont du roman normand au gothique « décoré ».

ÉLY (Paul), général français (Thessalonique, Grèce, 1897 - Paris 1975). Représentant de la France au groupe permanent de l'O. T. A. N. (1949), chef d'état-major général des forces armées (1953), commandant en chef et haut-commissaire en Indochine (1954), il fut, en 1959, le premier chef d'état-major de la Défense nationale.

ÉLYMAÏDE, royaume du sud-ouest de l'Iran (IIe s. av. J.-C. - IIIe s. apr. J.-C.), qui disputa Suse aux Séleucides et aux Arsacides. La population, composée d'Élamites* et d'Iraniens, employait la langue araméenne et pratiquait le culte du feu.

1. ÉLYSÉE n. m. (lat. *Elysium,* du gr. *elusion pedion*). 1. Lieu délicieux de la mythologie grecque, qui faisait partie des Enfers, et était le séjour des âmes des héros et des hommes vertueux. — 2. (avec minusc.) *Litt.* Lieu agréable, planté de beaux arbres ; séjour de délices.

2. ÉLYSÉE n. m. (de *Élysée 1*). Ensemble des services de la présidence de la République française, dont le siège est au palais de l'Élysée : *L'Élysée a démenti cette information.*

Élysée *(palais de l'),* résidence du président de la République française, à Paris, rue du Faubourg-Saint-Honoré (VIIIe arrond.). Construit en 1718 par Claude Mollet pour le comte d'Évreux, l'hôtel dit « d'Évreux » a appartenu notamm. à Mme de Pompadour, à la duchesse de Bourbon (1787 : « Élysée-Bourbon »), à Napoléon, au duc de Berry (1816). Demeure du président de la IIe République, il a été affecté à la réception des hôtes étrangers sous le second Empire, et de nouveau à la présidence en 1873. Il a été souvent remanié.

1. ÉLYSÉEN, ENNE adj. (de *Élysée 1*). 1. *Litt.* Relatif à l'Élysée : *Bonheur élyséen.* — 2. *Champs Élyséens,* syn. de CHAMPS* ÉLYSÉES.

2. ÉLYSÉEN, ENNE adj. (de *Élysée 2*). Qui a rapport au palais de l'Élysée, relève du président de la République française.

ELÝTIS (Odhysséas ALEPOUDHÉLIS, dit **Odhysséas**), poète grec (Iráklion, Crète, 1911 - Athènes 1996). À partir de la réalité marine et insulaire de son pays, de l'exploration de l'inconscient dans une perspective surréaliste et de l'évocation des conflits sociaux et politiques de la Grèce moderne, il compose une nouvelle mythologie dionysiaque et libératrice (*Soleil, le premier,* 1943 ; *Axion Esti,* 1951 ; *Six et Un remords pour le ciel,* 1960 ; *Maria Néféli,* 1978). [Prix Nobel de littérature 1979.]

ÉLYTRAL, E, AUX adj. Relatif à l'élytre.

ÉLYTRE n. m. (lat. sc. *elytra,* du gr. *elutron,* étui). Aile antérieure des coléoptères, fortement sclérifiée, pouvant former un étui sous lequel se replie l'aile postérieure et protégeant celle-ci.

ELZÉVIR n. m. (de *Elzévir,* n. pr.). 1. Volume imprimé ou publié par les Elzévir. — 2. Famille de caractères (classification Thibaudeau) dont les empattements sont triangulaires. (La classification Vox subdivise les elzévirs en *incises, humanes, garaldes* et *réales.*)

ELZÉVIR, ELZEVIER ou **ELSEVIER** (les), famille de libraires et d'imprimeurs hollandais. — LOUIS (Louvain v. 1540 - Leyde 1617), d'abord relieur, s'installa comme libraire en 1580 à Leyde. — Son fils MATTHIJS (Anvers 1564 - Leyde 1640) dirigea seul, puis avec son frère BONAVENTURA (Leyde 1583 - *id.* 1652), la librairie installée à Leyde. — Un des fils de Matthijs, ISAAC (Leyde 1596 - Cologne 1651), devint imprimeur juré de l'Université en 1636. Les Elzévir s'installèrent alors à La Haye, puis à Copenhague. Leurs éditions sont des modèles d'élégance typographique.

ELZÉVIRIEN, ENNE adj. Relatif aux elzévirs.

ÉMACIATION n. f. ou **ÉMACIEMENT** n. m. *Litt.* Amaigrissement extrême.

ÉMACIER v. t. (lat. *emaciare,* de *macies,* maigreur) [conj. 9]. Amaigrir, rendre maigre : *La fatigue a émacié ses joues.*

◆ **s'émacier** v. pr., **être émacié** v. pass. *Litt.* Être très amaigri : *Il a le visage émacié.*

ÉMAIL n. m. (pl. *émaux*) [frq. **smalt*]. **1.** Matière vitreuse, transparente ou opaque, dont on recouvre certaines matières pour les protéger, leur donner de l'éclat ou les colorer d'une façon inaltérable. (→ *encycl.*) — **2.** Matériau émaillé : *Casserole en émail.* — **3.** Objet d'art, le plus souvent métallique, décoré d'émaux. — **4.** Tissu squelettique fortement minéralisé (jusqu'à 98 %) qui recouvre la couronne des dents de l'homme et des mammifères, et les écailles des poissons non osseux. (Il est formé de prismes parallèles d'apatite.)

◆ **émaux** n. m. pl. **1.** Couleurs vitrifiables, d'origine minérale, posées sur une céramique et fixées à l'aide d'un fondant par une seconde cuisson. — **2.** Nom générique des couleurs héraldiques. (On distingue les métaux et les couleurs ; les fourrures sont des combinaisons d'émaux.)

ENCYCL.

• *L'émail en céramique.* Pour les historiens d'art, seul l'enduit plombeux, opacifié et blanchi par l'étain, qui recouvre majoliques et faïences est dit *émail.* Les enduits plombifères ou alcalins, incolores ou colorés des poteries argileuses ou siliceuses sont des *glaçures,* et le mot *couverte* est réservé aux revêtements divers des grès et des porcelaines.

• *L'émail sur métal.* Généralement composé d'un mélange fondu de sable, de minium, de potasse, de soude et d'oxydes métalliques colorants, il est appliqué en poudre ou en pâte et rendu adhérent par fusion dans un moufle. L'*émail sur tôle et sur fonte* est utilisé pour la fabrication de plaques, d'ustensiles de cuisine, de revêtements, etc.

• *L'émaillerie d'art sur métal.* Après les émaux sertis à froid des Égyptiens (pectoraux) et des Celtes de La Tène, et les quelques émaux *champlevés,* sans doute iraniens, exhumés en Europe centrale, c'est Byzance qui porte l'émaillerie à son sommet avec la technique des émaux transparents *cloisonnés* d'or (plaques et médaillons de la *Pala d'oro* de St-Marc de Venise, Xe-XIe s.). L'Occident leur substitue au XIIe s. le *champlevé,* dont les ateliers mosans, puis ceux de Limoges se feront une spécialité ; avec le cuivre évidé, matériau moins noble, remplaçant les alvéoles bordées de lamelles d'or, on adopte des émaux opaques (châsses, appliques, objets liturgiques, plaquettes d'oratoire...). L'émaillerie *sur basse taille,* translucide sur fond ciselé, est mise au point à la fin du XIIIe s. à Paris et domine aux XIVe et XVe s.
La peinture en émail apparaît au XVe s. (autoportrait de J. Fouquet, Louvre) et fleurit à Limoges (familles des Pénicaud, des Limosin, des Courteys : portraits et scènes religieuses en couleurs ou en grisaille, souvent à fond noir et rehauts d'or), puis en Italie du XVIe au XVIIIe s.
Dès le XVIIe s. apparaît une peinture plus libre, aux couleurs plus variées, appliquées sur un lit d'émail blanc. Cette technique conduit à de véritables petits tableaux, comme ceux de J. Petitot, et aux miniatures formant le couvercle de boîtes et de tabatières. Les vieux procédés sont réhabilités à partir du milieu du XIXe s., l'Occident imitant notamment les admirables émaux cloisonnés produits par la Chine depuis l'époque Ming.

• *L'émail sur verre.* L'émaillage est un procédé de décor de la verrerie utilisé dès avant l'ère chrétienne en Syrie, développé et enrichi par les Arabes, qui parvinrent, à Damas et au Caire, à fixer sur le verre des émaux translucides colorés. Des pays musulmans, cette technique s'est répandue autour du bassin méditerranéen au XVIe s., à Venise et à Barcelone, puis en Europe continentale. Elle a été reprise, en France, par des verriers comme Gallé ou Marinot. Dans le *vitrail,* l'usage des émaux translucides fixés par cuisson, distincts des autres colorations de surface (grisaille, sanguine, jaune d'argent), apparaît au XVIe s.

ÉMAILLAGE n. m. **1.** Action d'émailler une surface, une céramique, un objet ; son résultat. — **2.** Isolation des conducteurs électriques, réalisée par le dépôt de vernis isolants gras ou synthétiques.

ÉMAILLER v. t. (de *émail*) [conj. 3]. **1.** Appliquer de l'émail sur un objet, une surface. — **2.** Décorer une céramique avec des émaux. — **3.** *Litt.* Parer une surface de couleurs vives, variées : *Les fleurs émaillent le pré.* — **4.** Parsemer qqch de détails qui en rompent la monotonie : *Il émaillait ses propos de citations plaisantes.*

ÉMAILLERIE n. f. Art de décorer avec des émaux, spécialement sur métal ; produits de cet art.

ÉMAILLEUR, EUSE n. Personne qui applique de l'émail sur les produits céramiques ou sur les métaux.

ÉMAILLURE n. f. *Vx.* Art d'émailler ; ouvrage de l'émailleur.

ÉMANATION n. f. (lat. ecclés. *emanatio, -onis,* écoulement). **1.** Odeur, exhalaison qui se dégage de certains corps ; gaz, fumée (surtout pl.) : *Les émanations d'un poêle.* — **2.** Ce qui dérive, ce qui procède de qqn, qqch ; expression, manifestation : *Ce journal est une émanation du pouvoir.* — **3.** Fluide immatériel que le corps des médiums ou des sorciers est censé émettre.

– **4.** Chez les matérialistes de l'Antiquité, image en provenance de l'objet perçu, qui produit la sensation en agissant sur les organes des sens. – **5.** Ancien nom générique des trois radioéléments gazeux (radon, actinon et thoron) qui se dégagent de substances renfermant respectivement du radium, de l'actinium ou du radiothorium.

ÉMANCHÉ n. m. Partition héraldique engendrée par une ligne en zigzag qui traverse l'écu de part en part.

ÉMANCIPATEUR, TRICE adj. et n. Qui est propre à émanciper ; libérateur : *Doctrine émancipatrice.*

ÉMANCIPATION n. f. (lat. *emancipatio, -onis*). **1.** Décision judiciaire ou effet légal, qui confère à un mineur, assimilé à un majeur, la capacité civile. (→ *encycl.* Dr.) – **2.** Action de s'affranchir d'un lien, d'une entrave, d'un état de dépendance, d'une domination, d'un préjugé : *L'émancipation de la femme.* (→ *encycl.* Hist.)

ENCYCL. **Dr.** Le mineur est émancipé de plein droit par le mariage. Il peut être émancipé par le juge des tutelles dès l'âge de seize ans. Cependant, le mineur émancipé ne peut être commerçant et doit, en outre, pour se marier ou se donner en adoption, observer les mêmes règles que s'il n'était pas émancipé.

– **Hist.** L'*émancipation des travailleurs,* c'est-à-dire leur libération par rapport à leurs exploiteurs (l'abolition du système capitaliste), est l'un des grands slogans de la Ire Internationale : « L'émancipation des travailleurs doit être l'œuvre des travailleurs eux-mêmes », affirme Marx dans l'*Adresse inaugurale.*

ÉMANCIPÉ, E n. **1.** Mineur(e) qui a fait l'objet d'une émancipation. – **2.** Personne affranchie de tout préjugé, qui ne s'embarrasse pas des conventions morales.

ÉMANCIPER v. t. (lat. *emancipare*) [conj. 3]. **1.** Conférer l'émancipation à un mineur. – **2.** Rendre qqch, un peuple libre, l'affranchir d'une domination, d'un état de dépendance, d'une tutelle : *Émanciper un peuple de la domination coloniale.* – **3.** Libérer qqch de toute contrainte : *Émanciper son art de tout académisme.*

◆ **s'émanciper** v. pr., **être émancipé** v. pass. Se libérer d'un état de dépendance ; s'affranchir des contraintes sociales, des préjugés : *Femme émancipée.*

ÉMANER v. t. ind. (lat. *emanare,* découler) [conj. 3 ; auxil. *avoir* ou qqf *être*]. **1.** Se dégager, s'exhaler des corps, des objets : *La lumière qui émane du soleil.* – **2.** Provenir de qqn comme par un rayonnement : *Un grand charme émanait de cette femme.* – **3.** Venir de qqn, provenir d'une institution ; découler : *Cette demande émane de la préfecture.* – **4.** Tirer son origine de qqch, de qqn, d'une autorité, en provenir : *Le pouvoir émane du peuple.*

EMAR ou **IMAR,** cité ancienne de Syrie, sur le cours moyen de l'Euphrate. C'est l'actuelle *Meskeneh.* Le site archéologique (vestiges d'une ville du bronze récent, 2e moitié du IIe millénaire av. J.-C.), auj. submergé par les eaux de retenue d'un barrage, a livré un millier de tablettes cunéiformes rédigées en hittite, hourrite et akkadien, révélant les échanges commerciaux de cette zone.

ÉMARGEMENT n. m. **1.** Action d'émarger, de constater le paiement d'un impôt, d'une taxe, etc. – **2.** Apposition d'une mention, d'une signature en marge d'un écrit.

ÉMARGER v. t. (de *marge*) [conj. **17**]. **1.** Constater le paiement d'une contribution ou d'un impôt par une annotation sur le titre de perception. – **2.** Signer en marge d'un document, d'un état pour attester qqch (réception d'un colis, présence à une réunion, etc.).

◆ v. t. ind. *Émarger (de tant à un budget),* recevoir d'un organisme le traitement affecté à un emploi, à une fonction.

ÉMARGINÉ, E adj. (lat. *emarginatus,* élargi). Se dit des lamelles d'un champignon, lorsqu'elles sont échancrées.

ÉMASCULATEUR n. m. Pince pour castrer les animaux mâles par sectionnement du cordon testiculaire.

ÉMASCULATION n. f. **1.** Syn. de CASTRATION. – **2.** *Litt.* Affaiblissement, privation de force, abâtardissement.

ÉMASCULER v. t. (lat. *emasculare*) [conj. 3]. **1.** Syn de CASTRER. – **2.** *Litt.* Rendre faible, priver de sa force : *Toutes les coupures ont fini par émasculer cet article.*

ÉMAUX → ÉMAIL.

Émaux et Camées, recueil de Th. Gautier (1852), constitué de petits poèmes en octosyllabes, où l'auteur s'est efforcé de réaliser l'esthétique de « l'art pour l'art ».

EMBA, fl.du Kazakhstan, long de 712 km (bassin de 40 400 km²), tributaire de la Caspienne. – Le *gisement pétrolifère de l'Emba* s'étend le long de la Caspienne.

EMBABÈH ou **IMBABA,** banlieue du Caire (Égypte), sur la rive gauche du Nil ; 341 000 hab.

EMBÂCLE n. m. (de *en* et *débâcle*). Obstruction complète du lit d'un cours d'eau, d'un détroit, par amoncellement anormal de glace flottante.

EMBALLAGE n. m. **1.** Action d'emballer ; conditionnement, empaquetage. – **2.** Tout ce qui sert à emballer (papier, carton, caisse, etc.). – **3.** *Fam.* Sprint à l'arrivée d'une course.

— **4.** *Emballage commercial,* emballage qui est livré à la clientèle en même temps que son contenu. ‖ *Papier d'emballage,* papier utilisé pour protéger un produit ou un objet, et parfois le présenter. ‖ *Toile d'emballage,* toile tissée à larges mailles, dont on enveloppe les objets à emballer.

EMBALLANT, E adj. *Fam.* Qui provoque l'enthousiasme : *Proposition peu emballante.*

EMBALLEMENT n. m. **1.** Action de s'emballer : *L'emballement d'un cheval, des cours à la Bourse, d'un moteur.* — **2.** Emportement soudain ou enthousiasme excessif : *Être sujet à des emballements qui ne durent pas.*

EMBALLER v. t. (de *balle 2*) [conj. 3]. **1.** Mettre qqch dans un emballage pour le transporter, le vendre, l'offrir, le ranger, etc. : *Emballer des marchandises.* — **2.** *Fam.* Ravir qqn d'admiration, l'enthousiasmer ; enchanter : *Ce projet ne m'emballe pas.* — **3.** *Pop.* Faire la conquête de qqn, le séduire. — **4.** *Pop.* Interpeller qqn et le faire monter dans un car de police. — **5.** *Pop.* Attraper qqn, l'engueuler. — **6.** Provoquer l'emballement d'un cheval, d'un moteur.
◆ **s'emballer** v. pr., **être emballé** v. pass. **1.** En parlant d'un cheval, échapper au contrôle de celui qui le conduit. — **2.** *Fam.* Être pris d'un grand enthousiasme pour qqch, qqn : *S'emballer pour la peinture.* — **3.** En parlant d'une machine, prendre un régime de marche excessif et dangereux. — **4.** En parlant d'un prix, d'un taux, augmenter très rapidement.

EMBALLEUR, EUSE n. Personne spécialisée dans l'emballage des produits.

EMBALLONURIDÉ n. m. (du gr. *emballein,* placer dans). Chauve-souris insectivore des régions tropicales, à queue incluse à la base dans le patagium. (Les *emballonuridés* forment une famille.)

EMBARBOUILLER v. t. (conj. 3). *Fam.* Troubler qqn, lui faire perdre le fil de ses idées.
◆ **s'embarbouiller** v. pr. *Fam.* S'empêtrer, s'embarrasser ; perdre le fil de ses pensées : *Il s'est embarbouillé dans ses explications.*

EMBARCADÈRE n. m. (esp. *embarcadero,* de *embarcar,* embarquer). **1.** Môle, jetée, appontement construits pour faciliter l'embarquement des marchandises. — **2.** Lieu de départ et d'arrivée des bateaux qui font le service des voyageurs.

EMBARCATION n. f. (esp. *embarcación*). Tout bateau de taille modeste à voile, à avirons ou à moteur.

EMBARDÉE n. f. (de *embarder*). **1.** Écart brusque que fait un véhicule, par l'effet d'un obstacle ou d'une réaction vive du conducteur : *La voiture a fait une embardée.* — **2.** Écart brusque que fait un navire, une embarcation, sur un bord ou sur l'autre, sous l'effet du vent, de la mer, ou d'une manœuvre du gouvernail.

EMBARDER v. t. (provenç. *embarda,* embourber) [conj. 3]. Faire brusquement porter l'avant d'un navire sur un bord ou sur l'autre.
◆ v. i. En parlant d'un bateau, faire une embardée.

EMBARGO n. m. (esp. *embargo,* empêchement, obstacle). **1.** Défense faite provisoirement à un navire de quitter un port. — **2.** Suspension des exportations d'un ou de plusieurs produits vers un État, à titre de sanction ou de moyen de pression. — **3.** Mesure administrative tendant à empêcher la libre circulation d'un objet ; saisie : *Mettre l'embargo sur des journaux.* — **4.** Délai à respecter avant de diffuser une information ou un programme.

EMBARQUEMENT n. m. Action d'embarquer, de s'embarquer : *Embarquement des marchandises.* — **2.** Inscription d'un marin, d'un passager sur le rôle d'équipage. — **3.** Durée de présence à bord en tant que membre de l'équipage. — **4.** *Officier d'embarquement,* officier chargé des opérations d'embarquement par air ou par mer de son unité.

Embarquement pour Cythère *(l')* → CYTHÈRE (*Pèlerinage à l'île de*).

EMBARQUER v. i. (de *barque*) [conj. 3]. **1.** Monter à bord d'un bateau, d'un véhicule, d'un avion : *Les passagers commencent à embarquer.* — **2.** Pénétrer dans un bateau par-dessus bord, en parlant de l'eau, des vagues : *L'eau embarquait dans les cales.* — **3.** Se déporter dans une direction : *La voiture a embarqué vers la gauche.*
◆ v. t. **1.** Faire monter qqn, qqch dans une barque, dans un navire, dans un wagon, un camion, etc. ; prendre à son bord ; charger : *Embarquer du matériel, des passagers.* — **2.** En parlant d'un bateau, recevoir par-dessus bord une forte lame qui déferle sur le pont : *Le voilier embarque de l'eau.* — **3.** *Fam.* Emporter qqch avec soi ou le voler : *On a embarqué toutes les cuillers en argent.* — **4.** Engager, pousser qqn dans une affaire difficile : *Embarquer quelqu'un dans un procès.* — **5.** *Fam.* Interpeller qqn et le faire monter dans un car de police : *Les agents ont embarqué les malfaiteurs.* — **6.** *Fam.* Enlever une voiture, un animal de la voie publique pour les conduire à la fourrière. — **7.** Inscrire les marins et les passagers sur le rôle d'équipage.
◆ **être embarqué** v. pass. **1.** Pour le cavalier, avoir perdu le contrôle de son cheval. — **2.** *Aviation embarquée,* ensemble des avions de l'aéronavale basés sur des porte-avions. ‖ *Électronique embarquée,* ensemble des équipements électroniques disposés à bord d'un véhicule automobile. ‖ Fam. *Être bien, mal embarqué,* être bien,

mal commencé, dirigé, mené : *La conversation est mal embarquée.*

◆ **s'embarquer** v. pr., **être embarqué** v. pass. **1.** Monter à bord d'un bateau, d'un avion, etc. : *S'embarquer pour une croisière.* — **2.** S'engager dans une affaire désagréable ou risquée : *Il s'est embarqué dans une affaire douteuse.*

EMBARRAS n. m. (de *embarrasser*). **1.** Incertitude, perplexité de qqn qui ne sait quelle voie choisir : *Cet incident imprévu le mit dans l'embarras.* — **2.** Gêne, malaise en présence d'une situation délicate ; confusion : *Répondre sans aucun embarras à une question perfide.* — **3.** Situation difficile causée par le manque d'argent : *Je suis momentanément dans l'embarras.* — **4.** Difficulté, problème (surtout pl.) : *Des embarras financiers.* — **5.** Personne ou chose qui est source de désagrément, qui constitue une charge, une gêne : *Je ne voudrais pas être un embarras pour vous.* — **6.** *Avoir l'embarras du choix,* avoir un choix très large. ‖ *Embarras de la circulation,* encombrement de la circulation ; embouteillage. ‖ *Embarras gastrique,* syndrome caractérisé par des troubles gastro-intestinaux de durée variable. ‖ *Embarras de la langue,* difficulté à articuler. ‖ *Embarras de la voie publique,* trouble dans la circulation publique provoqué par un objet ou un dispositif sur une voie ouverte à la circulation ou à ses abords immédiats. ‖ *Faire de l'embarras, des embarras,* affecter de grands airs, faire l'important, faire des histoires.

EMBARRASSANT, E adj. **1.** Qui embarrasse, encombre : *Avoir des bagages embarrassants.* — **2.** Qui est gênant, qui met dans l'embarras ; ennuyeux : *Situation embarrassante.*

EMBARRASSER v. t. (esp. *embarazar,* du port. *embaraçar,* de *baraço,* corde) [conj. 3]. **1.** Encombrer un lieu, gêner le passage, prendre trop de place : *Des tas de livres et de papiers embarrassaient la table.* — **2.** Gêner qqn dans ses mouvements : *Ces paquets vous embarrassent, laissez-moi les porter.* — **3.** Encombrer qqn, utiliser inutilement l'espace dont il dispose ; le gêner dans ses actions, être une présence inutile : *J'espère que je ne vais pas vous embarrasser avec toutes mes affaires.* — **4.** Mettre qqn dans l'embarras, le gêner, le déconcerter : *Cette question l'a embarrassé.* — **5.** *Ne pas embarrasser qqn,* en parlant de sentiments, de valeurs morales, indique que qqn n'en fait aucun cas : *Les scrupules ne l'embarrassent pas.*

◆ **être embarrassé** v. pass. **1.** Éprouver, manifester de l'embarras, de la gêne ; être indécis, perplexe ou gauche, maladroit : *Je suis très embarrassé de lui dire ça.* — **2.** Être encombré de choses : *Le grenier est embarrassé d'un tas de vieilleries.* — **3.** *Avoir l'estomac embarrassé,* avoir un embarras gastrique.

◆ **s'embarrasser** v. pr. **1.** S'encombrer de qqch, de qqn, les prendre alors qu'on n'en a pas l'utilité : *Je ne vais pas m'embarrasser de tous ces vieux livres.* — **2.** Tenir compte de qqch, s'en soucier, s'en préoccuper, s'en inquiéter : *Il s'embarrasse de scrupules inutiles.* — **3.** S'empêtrer dans qqch, être gêné dans ses mouvements, ses explications, s'y embrouiller : *Il s'embarrassait dans ses explications.*

EMBARRER v. t. (de *barre 1*) [conj. 3]. En verrerie à pots, saisir le creuset par la ceinture.

◆ **s'embarrer** v. pr. Passer une jambe de l'autre côté de la barre, ou du bat-flanc, en parlant d'un cheval à l'écurie.

EMBARRURE n. f. (de *barre 1*). **1.** Contusion que se fait un cheval à la face interne du membre postérieur en s'embarrant. — **2.** Garnissage, en mortier ou en plâtre, calfeutrant le vide entre la base d'une faîtière et les tuiles de la couverture. — **3.** Enfoncement de la voûte crânienne avec déplacement d'un fragment osseux parallèlement à la surface du crâne.

EMBASE n. f. (de *base*). **1.** Partie d'une pièce, d'un ouvrage de menuiserie, d'un instrument, etc., qui sert d'appui, de support à une autre pièce. — **2.** Partie saillante d'une espagnolette.

EMBASTILLEMENT n. m. *Litt.* Action d'embastiller.

EMBASTILLER v. t. (conj. 3). *Litt.* Enfermer qqn dans une prison.

EMBATTAGE n. m. Fixation à chaud d'un bandage de fer autour de la roue d'une voiture hippomobile.

EMBATTEUR n. m. Personne qui réalisait l'embattage.

EMBATTRE ou **EMBATRE** v. t. (de *battre*) [conj. 83]. Faire l'embattage.

EMBAUCHAGE n. m. **1.** Engagement d'un salarié. — **2.** Action de recruter des partisans pour un parti, un groupement. — **3.** *Embauchage en vue de la débauche,* délit de proxénétisme puni d'une peine d'emprisonnement et d'amende. ‖ *Visite d'embauchage,* visite médicale obligatoire que passe un travailleur avant d'être admis définitivement dans une entreprise.

EMBAUCHE n. f. **1.** Action d'embaucher, d'engager qqn en vue d'un travail ; embauchage : *Un bureau d'embauche.* — **2.** Possibilité d'offrir un travail, un emploi ; ce travail, cet emploi : *Il n'y a pas d'embauche actuellement dans la sidérurgie.*

EMBAUCHER v. t. (de *en* et *débaucher,* de l'anc. fr. *bau,* poutre) [conj. 3]. **1.** Passer avec qqn un contrat de travail, l'engager contre un salaire. — **2.** Recruter qqn, l'engager dans un groupe : *On l'a embauché dans l'équipe de rugby.* — **3.** *Fam.*

Entraîner qqn, l'emmener dans une action quelconque : *Je t'embauche pour jouer au bridge.*

EMBAUCHOIR ou **EMBOUCHOIR** n. m. (altér. de *embouchoir*). **1.** Ustensile muni d'un ressort, que l'on introduit dans la chaussure pour la tendre et lui garder ainsi sa forme. (Syn. FORME.) — **2.** *Embauchoir à forcer,* instrument destiné à élargir ou à allonger les chaussures.

EMBAUMEMENT n. m. Action d'embaumer un cadavre ; procédé par lequel on embaume les cadavres.

ENCYCL. Dans les civilisations anciennes, l'embaumement était obtenu surtout par l'emploi de goudrons (phénols) et de substances balsamiques. Aujourd'hui, on use d'injections de matières antiseptiques dans les artères. L'embaumement ne peut être effectué qu'après l'autorisation administrative, et les substances utilisées sont réglementées.

EMBAUMER v. t. (de *baume*) [conj. 3]. **1.** Traiter un cadavre par des substances destinées à le conserver ; momifier. — **2.** Remplir qqch, un lieu d'une odeur agréable ; parfumer : *Les fleurs embaumaient la chambre de leur parfum.*

◆ v. i. Exhaler, répandre une odeur très agréable ; sentir bon : *Les draps embaument la lavande.*

EMBAUMEUR, EUSE n. Professionnel qui embaume les cadavres.

EMBELLIE n. f. (de *embellir*). **1.** Amélioration passagère de l'état de la mer ou de la force du vent. — **2.** Moment plus serein dans une période agitée : *Mettre à profit l'embellie économique.*

EMBELLIR v. t. (de *bel, beau*) [conj. 32]. **1.** Rendre beau ou plus beau qqn, qqch : *Embellir un parc en y plantant des fleurs.* — **2.** Faire paraître qqn, qqch plus beau ; flatter : *Cette coiffure l'embellit.* — **3.** Présenter qqch sous un jour plus beau que la réalité : *Je ne chercherai pas à embellir la situation.*

◆ v. i. Devenir beau ou plus beau : *Elle a embelli pendant les vacances.*

EMBELLISSEMENT n. m. **1.** Action d'embellir, fait de s'embellir : *Un plan d'embellissement du quartier.* — **2.** Élément qui embellit : *Les nouveaux embellissements de notre ville.* — **3.** Modification visant à présenter qqch sous un jour plus beau que la réalité : *Ce roman raconte un fait divers, avec des embellissements.*

EMBERLIFICOTAGE n. m. *Fam.* Action d'emberlificoter.

EMBERLIFICOTER v. t. (de *emberlucoquer,* d'orig. dialect.) [conj. 3]. *Fam.* Embrouiller qqn en l'enjôlant pour l'amener à ses propres vues : *Emberlificoter un ami dans des discours flatteurs.*

◆ **s'emberlificoter** v. pr., **être emberlificoté** v. pass. *Fam.* **1.** S'empêtrer, s'embarrasser dans qqch (concret) : *Il s'emberlificota dans la corde et tomba.* — **2.** S'embarrasser, s'embrouiller dans qqch : *Il s'emberlificote dans ses propres raisonnements.*

EMBERLIFICOTEUR, EUSE n. *Fam.* Personne qui emberlificote qqn d'autre.

EMBÊTANT, E adj. *Fam.* **1.** Qui cause du désagrément, des ennuis ; fâcheux : *Une histoire embêtante.* — **2.** Qui est très ennuyeux, qui engendre un ennui profond : *Il est embêtant à raconter toujours la même histoire.*

EMBÊTEMENT n. m. *Fam.* Ce qui donne du souci : *Il doit avoir des embêtements.*

EMBÊTER v. t. (de *bête*) [conj. 4]. *Fam.* **1.** Causer des ennuis, des soucis, de la contrariété à qqn : *Ce contretemps m'embête.* — **2.** Ennuyer qqn, lui faire éprouver de l'ennui, de la lassitude : *Ce roman m'embête, il est trop long.* — **3.** Taquiner qqn : *Arrête d'embêter ta sœur.*

◆ **être embêté** v. pass. *Fam.* Avoir des soucis, des ennuis : *Je suis embêté, j'ai égaré mes clefs.*

◆ **s'embêter** v. pr. *Fam.* **1.** Se créer des difficultés, des soucis à cause de qqch, de qqn : *Ne t'embête pas avec ça, je m'en charge.* — **2.** S'ennuyer fortement : *S'embêter à un spectacle.*

EMBIDONNAGE n. m. Emplissage de bidons.

EMBIDONNER v. t. (conj. 3). Emplir des bidons.

EMBIDONNEUSE n. f. Machine automatique qui remplit des bidons à la chaîne.

EMBIE n. m. Insecte carnassier ailé, allongé, à longues antennes, à pattes courtes, dont la larve vit et se déplace sous les pierres, dans un fourreau de soie.

EMBIELLAGE n. m. **1.** Opération de montage des bielles d'un moteur alternatif. — **2.** Ensemble des bielles montées.

EMBIEZ *(îles des),* petit archipel des côtes de Provence (Var), au S. de Sanary-sur-Mer. Tourisme. Centre de recherches sur l'aquaculture et la pollution.

EMBIOPTÈRE n. m. (gr. *embios,* vivant). Nom d'ordre donné aux embies et aux insectes voisins.

EMBLA, nom de la première femme dans la mythologie scandinave. Elle était l'épouse d'Askr.

EMBLAVAGE n. m. Action d'emblaver.

EMBLAVER v. t. (de *blé*) [conj. 3]. Ensemencer une terre en blé, ou en toute autre graine.

EMBLAVURE n. f. ou **EMBLAVEMENT** n. m. Terre emblavée.

EMBLÉE (D') loc. adv. (anc. fr. *embler,* voler, du lat. *involare,* se précipiter sur). Du premier coup, dès le premier effort ; aussitôt, d'entrée de jeu : *Accepter d'emblée une proposition.*

EMBLEMA, mot gr. (pl. *emblemata*) désignant, dans l'art antique, et particulièrement en mosaïque, un tableau amovible rapporté au centre d'une composition. Créés à l'époque hellénistique, les emblemata, réalisés avec des éléments d'une extrême finesse, vivement colorés, disparurent au cours du IIIe s. apr. J.-C.

EMBLÉMATIQUE adj. (bas lat. *emblematicus,* plaqué). Qui sert d'emblème, tient de l'emblème, qui représente un emblème : *Dessin emblématique.*

◆ n. f. Emploi ou choix d'emblèmes.

EMBLÉMATISER v. t. (conj. 3). Servir d'emblème à qqch.

EMBLÈME n. m. (lat. *emblema, -atis,* du gr. *emblêma, -atos,* ornement en relief). **1.** Signe conventionnel à valeur symbolique, parfois accompagné d'une légende en forme de sentence. (→ *encycl.*) — **2.** Être ou objet symbole d'une qualité, d'une chose abstraite : *La colombe est l'emblème de la paix.* — **3.** Attribut destiné à représenter une autorité, une personne, une collectivité ; insigne : *Les emblèmes de la royauté.* — **4.** *Emblèmes maçonniques,* ornements des francs-maçons dans leurs cérémonies, et qui indiquent leurs grades respectifs.

ENCYCL. Les emblèmes sont des sortes d'idéogrammes permettant d'exprimer par le dessin une idée abstraite, généralement celle d'appartenance à une caste ou à un groupe, à une idéologie religieuse ou politique, à un métier. Le caducée, attribut d'Hermès, est devenu l'emblème du commerce. (Il est aussi celui de la médecine, en souvenir du serpent d'Épidaure.) Les corporations, dès l'Antiquité, ont eu leurs emblèmes (mosaïques de l'ancien port d'Ostie). Les grands personnages eurent aussi les leurs : Louis XII le porc-épic, François Ier la salamandre, Louis XIV le soleil.

Au XVIe s., l'emblématique devient une véritable science, comme le prouvent les *Emblemata* d'Alciat (1531). Au siècle suivant, l'emblématique est un talent de société, une sorte de jeu de portraits auquel excellait le jésuite C. F. Menestrier, auteur de l'*Art des emblèmes* (1662). La Révolution et l'Empire ont eu recours à des emblèmes généralement empruntés à l'histoire antique : par ex. faisceaux et aigles rappelant la République puis l'Empire romains.

L'industrie a elle aussi adopté des emblèmes (dont certains prennent le nom de logotypes), multipliés par les moyens publicitaires : marques d'automobiles, emblèmes de banques ou de sociétés commerciales. Certains services publics (postes) font de même, ainsi que les partis ou mouvements politiques.

EMBOBELINER v. t. (anc. fr. *bobelin,* chaussure grossière) [conj. 3]. *Fam.* Enjôler qqn, le séduire par des paroles insidieuses ; emberlificoter, embobiner : *Il a si bien embobeliné le patron qu'il a obtenu une augmentation.*

EMBOBINAGE n. m. Action d'enrouler sur une bobine : *L'embobinage d'un film.*

EMBOBINER v. t. (altér. de *embobeliner,* avec l'infl. de *bobine*) [conj. 3]. **1.** Enrouler du fil, une bande autour d'une bobine ; bobiner. — **2.** *Fam.* Séduire qqn en vue de le tromper, l'enjôler ; embobeliner, emberlificoter : *Il l'a embobiné par ses discours.*

EMBOIRE (S') v. pr., **ÊTRE EMBU** v. pass. (conj. **108**). En parlant d'une peinture, présenter des embus.

EMBOÎTABLE adj. Qui peut s'emboîter, être emboîté.

EMBOÎTAGE n. m. **1.** Action de mettre un produit, un objet en boîte. — **2.** Le conditionnement lui-même. • **Chauss.** Partie arrière de la chaussure, qui entoure le talon du pied. — **Rel.** Action de placer et de fixer le corps d'ouvrage dans la couverture préparée à part, par le contrecollage des gardes sur l'intérieur des cartons de la couverture. ‖ Ensemble formé d'un étui et d'une couverture rigides, destiné à recevoir un livre de luxe en cahiers non cousus, de manière que le bibliophile puisse faire exécuter la reliure de son choix sans avoir à débrocher le livre.

EMBOÎTÉ n. m. Pas de danse léger et vif qui s'exécute souvent sur les pointes en passant alternativement les pieds l'un devant l'autre.

EMBOÎTEMENT n. m. **1.** État de ce qui s'emboîte ; assemblage ou jonction de deux pièces qui se recouvrent l'une l'autre complètement ou partiellement : *Emboîtement des os.* — **2.** *Emboîtement des germes,* théorie en faveur jusqu'au XVIIIe s., d'après laquelle chaque être vivant contenait en lui, emboîtés l'un dans l'autre, les germes de tous ses descendants et était lui-même issu d'un germe créé dès l'origine. (Deux écoles s'opposaient : les spermatistes qui, voyant dans le spermatozoïde un « homuncule », imaginaient un emboîtement selon la lignée mâle, et les ovistes qui, après la découverte de la parthénogenèse, l'imaginaient selon la lignée femelle.) ‖ *Tuile à emboîtement,* tuile comportant latéralement des parties en relief et des parties en creux, s'emboîtant les unes dans les autres.

EMBOÎTER v. t. (de *boîte*) [conj. 3]. **1.** Assembler, ajuster, joindre deux pièces, de telle sorte que l'une entre dans l'autre, s'adapte à l'autre : *Emboîter un tenon dans une mortaise.* — **2.** Mettre qqch dans une boîte, en partic. des aliments dans une boîte de conserve : *Emboîter des carottes.*

– **3.** Envelopper exactement qqch, le mouler. – **4.** *Emboîter le pas à qqn,* marcher juste derrière lui, le suivre de près ou l'accompagner ; s'engager juste après lui dans la même action, le suivre docilement.

◆ **s'emboîter** v. pr., **être emboîté** v. pass. Prendre place exactement l'un dans l'autre : *Les pièces du puzzle s'emboîtent les unes dans les autres.*

EMBOÎTURE n. f. **1.** Endroit où des pièces s'emboîtent. – **2.** Pièce de bois destinée à recevoir, dans une rainure, les extrémités de pièces formant panneau. – **3.** Mode d'emboîtement. – **4.** Renfort, en forme de cornière, fixé extérieurement sur les arêtes de la cuvette et du couvercle d'une malle, d'une valise, d'un coffret, etc.

EMBOLE → EMBOLUS.

EMBOLECTOMIE n. f. Intervention qui consiste à ouvrir une artère et à extraire le caillot qui s'y est récemment arrêté.

EMBOLIE n. f. (gr. *embolê,* irruption). **1.** Oblitération brusque d'un vaisseau par un corps anormal en migration, ou embolus. (→ *encycl.*) – **2.** *Embolie amniotique,* accident brutal et dramatique dû au passage de liquide amniotique dans la circulation maternelle, au cours de l'accouchement. ‖ *Embolie gazeuse,* embolie causée par la migration de bulles de gaz, notamment à la suite d'une injection intraveineuse mal faite ou d'une plaie du poumon. ‖ *Embolie graisseuse,* embolie causée par la migration de particules de graisse à la suite de fractures graves.

ENCYCL. Dues le plus souvent à la migration d'un caillot de sang, les embolies les plus fréquentes sont celles des membres et les embolies pulmonaires. Ces dernières s'observent surtout après une phlébite des membres inférieurs consécutive à une intervention chirurgicale ou une cardiopathie. Elles peuvent être prévenues par un traitement anticoagulant.

EMBOLIGÈNE adj. Qui peut provoquer une embolie.

EMBOLIQUE adj. Relatif à l'embolie.

EMBOLISER v. t. (conj. 3). Provoquer une embolie.

EMBOLISMIQUE adj. (de *embolisme*). Dans le calendrier grec ancien et dans le calendrier israélite, se dit d'une année qui comporte un mois supplémentaire de trente jours, ou de ce mois lui-même, destiné à rétablir la concordance entre années lunaires et années solaires.

EMBOLITE n. f. (gr. *embolion,* intermédiaire). Chlorobromure naturel d'argent, de teinte vert grisâtre.

EMBOLUS [-lys] ou **EMBOLE** n. m. (bas lat. *embolus,* du gr. *embolos,* piston). Corps étranger (caillot sanguin, fragment de néoplasme, amas microbien, etc.) dont le déplacement et l'arrêt dans un vaisseau provoquent une embolie.

EMBONPOINT n. m. (de *en bon point,* en bonne condition). Surcharge pondérale essentiellement constituée de graisse ; état d'une personne un peu grasse ; corpulence : *Avoir de l'embonpoint.*

EMBOSSAGE n. m. **1.** Action d'embosser un navire ; situation d'un navire embossé. – **2.** En charcuterie, action d'embosser. – **3.** Impression en relief, sur une carte de paiement, des indications permettant d'identifier le titulaire de cette carte.

EMBOSSER v. t. (de *bosse*) [conj. 3]. **1.** Fixer un bâtiment dans une position déterminée, au moyen de câbles et d'ancres mouillées à l'avant et à l'arrière. – **2.** Introduire de la préparation de viande dans le boyau, lors de la fabrication des saucisses et saucissons. – **3.** Réaliser l'embossage d'une carte de paiement.

EMBOSSURE n. f. Syn. de CROUPIAT.

EMBOUAGE n. m. (de *embouer*). Procédé employé dans les houillères pour lutter contre les feux et échauffements dans un massif de charbon, consistant à obstruer les fissures par injection d'une boue très fluide.

EMBOUCHE n. f. **1.** Engraissement des animaux sur prairies, notamment des bovins, et, par extension, à l'étable (embouche à l'auge). – **2.** Prairie suffisamment fertile pour permettre l'engraissement d'animaux sans apport d'aliments complémentaires. (On dit aussi PRÉ D'EMBOUCHE.)

1. EMBOUCHER v. t. (de *bouche*) [conj. 3]. **1.** Porter à ses lèvres l'embouchure d'un instrument à vent. – **2.** Mettre à un cheval le mors (embouchure) approprié à sa bouche. – **3.** Litt. *Emboucher la trompette,* prendre un ton élevé, sublime ; annoncer qqch à grand bruit.

◆ **être embouché** v. pass. *Être mal embouché,* être désagréable, grossier dans ses paroles ou dans ses actes.

2. EMBOUCHER v. t. (de *embaucher,* mot dialect., avec l'infl. de *bouche*) [conj. 3]. Placer un animal d'élevage sur une embouche, pour l'engraisser.

EMBOUCHEUR n. m. Personne qui pratique l'embouche des animaux. (Syn. HERBAGER.)

EMBOUCHOIR n. m. **1.** Douille métallique qui sert à réunir le canon d'une arme avec le fût, près de la bouche. – **2.** Appareil servant à prendre les empreintes de l'intérieur d'une bouche à feu. – **3.** Syn. de EMBAUCHOIR.

EMBOUCHURE n. f. (de *emboucher,* de *bouche*). **1.** Partie terminale, simple (estuaire) ou ramifiée (delta) d'un fleuve. – **2.** Entrée, ouverture d'un objet par lesquelles on peut introduire qqch : *Embouchure d'un tuyau.* — **3.** Ensemble des mors placés dans la bouche d'un cheval ; partie de la bouche du cheval sur laquelle porte le mors. — **4.** Petit bassin conique, en métal, que l'on adapte au tuyau de certains instruments à vent et sur lequel on appuie les lèvres pour insuffler l'air. — **5.** Trou ovale, percé latéralement, des flûtes traversières.

EMBOUCLEMENT n. m. Action d'emboucler.

EMBOUCLER v. t. (de *boucle*) [conj. 3]. Assujettir une bride, une courroie, etc., en faisant passer l'ardillon de sa boucle dans l'un des trous.

EMBOUER v. i. (de *boue*) [conj. 6]. Exécuter un embouage.

EMBOUQUEMENT n. m. (de *embouquer*). **1.** Action de s'engager dans une passe, une darse ou une écluse. (Syn. ENGAINEMENT.) — **2.** Entrée d'une passe, d'un canal resserré entre deux terres.

EMBOUQUER v. i. et v. t. (de *bouque,* bouche) [conj. 3 ; auxil. *être* ou *avoir*]. S'engager dans une passe étroite. (Syn. ENGAINER.)

EMBOURBER v. t. (de *bourbe*) [conj. 3]. **1.** Engager un véhicule dans un lieu où il s'enlise, dans un bourbier : *Embourber une voiture.* — **2.** Engager qqn dans une situation difficile, l'empêtrer : *Sa sottise l'a embourbé dans des mensonges sans fin.*
◆ **s'embourber** v. pr., **être embourbé** v. pass. **1.** S'enfoncer dans la boue, dans un bourbier : *S'embourber dans un terrain marécageux.* — **2.** S'empêtrer dans une affaire difficile : *S'embourber dans des explications contradictoires.*

EMBOURGEOISEMENT n. m. Fait de s'embourgeoiser ; état qui en résulte.

EMBOURGEOISER v. t. (conj. 3). Donner un caractère bourgeois, conformiste, plat et sans grandeur à qqn, qqch : *Confort qui nous a embourgeoisés.*
◆ **s'embourgeoiser** v. pr., **être embourgeoisé** v. pass. **1.** Prendre les manières, les préjugés de la bourgeoisie ; borner son idéal à la recherche de son confort. — **2.** Comporter des habitants de plus en plus bourgeois et se modifier en reflétant leur manière d'être : *Quartier qui s'embourgeoise.* — **3.** Avoir perdu son caractère révolutionnaire : *Socialisme embourgeoisé.*

EMBOURRER v. t. (de *bourre*) [conj. 3]. *Embourrer une carde,* obstruer les intervalles laissés entre les pointes des garnitures métalliques des cardes.

EMBOURRURE n. f. Grosse toile pour couvrir la matière (bourre ou crin) dont on embourre certains meubles.

EMBOUT n. m. (de *embouter,* autre forme de *emboutir*). **1.** Élément disposé en bout d'une pièce permettant, quand il est mâle ou femelle, l'assemblage avec un autre élément. — **2.** Garniture de métal qui protège le bout d'une canne, d'un parapluie. — **3.** Renfort métallique serti à la pointe d'une ceinture, d'une sangle, d'une courroie, d'une tirette, etc. — **4.** Extrémité d'une seringue hypodermique, sur laquelle s'emboîte l'aiguille. — **5.** *Embout isolant,* pièce isolante, assurant lors de la pose des câbles électriques l'obturation des extrémités d'un conducteur blindé, en laissant passage aux âmes. ‖ *Embout de protection,* coquille résistante, en acier, incorporée au cours de la fabrication d'une chaussure de sécurité, destinée à protéger les orteils des risques d'écrasement.

EMBOUTEILLAGE n. m. **1.** Remplissage de bouteilles avec des liquides. — **2.** Affluence de véhicules qui encombrent, obstruent les voies de communication. — **3.** Saturation due à une trop grande affluence de personnes, d'usagers ; encombrement : *Embouteillage des lignes téléphoniques.* — **4.** Action d'enfermer des bateaux dans une rade ou un port en obstruant les accès par des carcasses de vieux navires qu'on s'efforce d'y couler.

EMBOUTEILLER v. t. (de *bouteille*) [conj. 3]. **1.** Réaliser l'embouteillage. — **2.** Obstruer un lieu, une voie de communication par un trop grand nombre de véhicules, d'objets, y empêcher la circulation : *Les voitures embouteillent les sorties de Paris.* — **3.** Être en trop grand nombre à vouloir s'engager dans un secteur, une carrière et gêner ainsi la progression de certains : *Profession embouteillée.* — **4.** Créer de mauvaises conditions de fonctionnement par un excès de demandes de communications téléphoniques.

EMBOUTEILLEUR, EUSE n. Personne qui met des liquides en bouteilles.

EMBOUTI n. m. Pièce métallique en cours de fabrication, en tôle de faible épaisseur, obtenue par emboutissage.

EMBOUTIR v. t. (de *bout*) [conj. 32]. **1.** Transformer une plaque de métal en une pièce de forme creuse et non développable. — **2.** Enfoncer, défoncer un véhicule par un choc violent : *Emboutir l'avant de sa voiture contre un mur.*

EMBOUTISSABILITÉ n. f. Aptitude d'un métal ou alliage à subir un emboutissage sans striction ni rupture.

EMBOUTISSABLE adj. Qui peut être embouti.

EMBOUTISSAGE n. m. **1.** Opération de formage à froid d'une plaque de métal mince, ou flan, par serrage dans une forme en acier ou en fonte, donnant des produits de forme non développable. (→ *encycl.*) — **2.** Formage du cuir à l'aide de moules, à chaud et sous pression. — **3.** Formage d'une feuille de matière plastique sous l'action conjuguée d'un poinçon et d'une matrice. – **4.** Travail en relief sur étoffes, qui fait saillir les motifs de décoration.

ENCYCL. **Métall.** L'emboutissage se fait principalement à froid, à la main ou à la machine. Les opérations d'emboutissage sont une combinaison de rétreint et d'expansion. Dans le rétreint, ou emboutissage profond, un flan circulaire est transformé en un godet à fond plat par avancée du poinçon dans la matrice. L'épaisseur du flan est maintenue constante par le serre-flan. Dans l'expansion, le serre-flan empêche tout glissement du métal. Un poinçon vient former une coupole par amincissement de la partie comprimée. Les fabrications en série s'effectuent : en petite mécanique (serrurerie, orfèvrerie, etc.), grâce à un balancier à friction ; en grosse mécanique (industrie automobile), grâce à des presses.

EMBOUTISSEUR, EUSE n. **1.** Professionnel s'occupant d'emboutissage. – **2.** Ouvrier qui emboutit les tôles à la presse.

◆ adj. Qui sert à l'emboutissage.

◆ **emboutisseuse** n. f. Machine au moyen de laquelle on emboutit les métaux par chocs successifs ou par pressions graduées.

EMBRANCHEMENT n. m. **1.** Division en plusieurs branches du tronc d'un arbre. – **2.** Voie d'importance secondaire qui se détache d'une route principale. – **3.** Point de rencontre de chemins, de voies qui se croisent. – **4.** Point de jonction d'un objet, d'un conduit sur un autre ; ramification. – **5.** Grande division du règne animal ou du règne végétal. (→ *encycl.*) – **6.** Voie ferrée qui, se greffant sur une voie principale, constitue soit une ligne secondaire, soit une installation particulière pour usine, port, entrepôt, etc. – **7.** *Embranchement particulier,* voie ferrée à caractère privatif reliant le réseau de chemin de fer à une installation industrielle ou un entrepôt.

ENCYCL. **Biol.** C'est Cuvier qui, en 1812, répartit les animaux en quatre embranchements : vertébrés, mollusques, articulés, rayonnés. Peu après (1817), Pyrame de Candolle esquissait la division des végétaux en cryptogames cellulaires, cryptogames vasculaires et phanérogames. De nos jours, une appréciation plus stricte des différences a conduit à multiplier les embranchements (certains d'entre eux ne groupant que très peu d'espèces), mais en revanche on a rassemblé en un seul clade plusieurs embranchements issus d'ancêtres communs.

EMBRANCHER (S') v. pr., **ÊTRE EMBRANCHÉ** v. pass. (conj. 3). Se raccorder à une autre voie, à une autre route, à un autre conduit : *La route de Soissons s'embranche sur cette autoroute.*

EMBRAQUER v. t. (ital. *imbracare*) [conj. 3]. Tirer sur un cordage de marine pour le raidir.

EMBRASEMENT n. m. **1.** *Litt.* Action d'embraser, fait de s'embraser ; grand incendie : *L'embrasement d'une pinède.* – **2.** *Litt.* Ardente clarté rougeoyante : *L'embrasement du ciel au coucher du soleil.* – **3.** Illumination générale, soit par des projecteurs, soit au moyen de feux de Bengale, spécialement à la fin d'un feu d'artifice. – **4.** *Litt.* Vive effervescence, agitation ; conflagration : *L'embrasement des esprits faillit tourner à la guerre civile.*

EMBRASER v. t. (de *braise*) [conj. 3]. *Litt.* **1.** Mettre qqch en feu, l'incendier : *Les bombardements ont embrasé ces quartiers.* – **2.** Chauffer très vivement qqch, le rendre brûlant : *Le soleil d'août embrase la campagne.* – **3.** Illuminer un lieu de lueurs rouges : *Le soleil couchant embrase le ciel.* – **4.** Enflammer qqn d'ardeur, l'exalter ; mettre en effervescence.

◆ **s'embraser** v. pr., **être embrasé** v. pass. *Litt.* **1.** Prendre feu, brûler : *La maison s'embrase.* – **2.** Être violemment illuminé : *Un ciel embrasé.* – **3.** S'échauffer, s'exalter, s'enflammer : *Les esprits s'embrasèrent à ces discours révolutionnaires.*

EMBRASSADE n. f. Action de s'embrasser, de prendre qqn dans ses bras, de donner des baisers en serrant dans les bras.

EMBRASSE n. f. (de *embrasser*). Lien de passementerie destiné à relever un rideau ou une draperie en son milieu vers le côté.

EMBRASSÉ n. m. En héraldique, partition de forme triangulaire dont la pointe touche le milieu d'un des flancs de l'écu.

EMBRASSEMENT n. m. *Litt.* Embrassade.

EMBRASSER v. t. (de *bras*) [conj. 3]. **1.** Donner des baisers à qqn : *Un père qui embrasse ses enfants.* – **2.** *Litt.* Prendre, tenir entre ses bras qqn ou qqch ; étreindre : *Il embrassait le réverbère pour éviter de tomber.* – **3.** *Litt.* Adopter un métier, un parti, une opinion, s'y engager : *Il avait embrassé la carrière militaire.* – **4.** Saisir par la vue qqch dans son ensemble : *Embrasser du regard une chaîne de montagnes.* – **5.** *Litt.* Concevoir qqch, le saisir par la pensée : *Un esprit qui embrasse les données complexes d'un problème.* – **6.** *Litt.* Englober, contenir qqch dans sa totalité : *Ce roman embrasse un demi-siècle d'histoire.*

◆ **être embrassé** v. pass. *Rimes embrassées,* rimes masculines et féminines se succédant sous la forme *abba, cddc.*

◆ **s'embrasser** v. pr. Se donner des baisers réciproquement.

EMBRASSEUR, EUSE n. Personne démonstrative qui aime à embrasser, à donner des baisers.

EMBRASSURE n. f. Bande métallique qui entoure un tuyau de cheminée, une poutre, etc., et lui sert de ceinture.

EMBRASURE n. f. (de *embraser,* pour *ébraser,* élargir). **1.** Espace évidé dans l'épaisseur d'un mur par l'établissement d'une baie ; partie interne de cet espace, par rapport au dispositif de fermeture, porte ou fenêtre. – **2.** Syn. rare de ÉBRASEMENT. – **3.** Ouverture pratiquée à la partie inférieure d'un haut fourneau. – **4.** Ouverture pratiquée dans un ouvrage fortifié pour permettre le tir d'une arme à feu. (Syn. anc. MEURTRIÈRE.) – **5.** *Coup d'embrasure,* arrivée d'un projectile juste dans l'embrasure d'une fortification.

EMBRAYAGE [ɑ̃brɛjaʒ] n. m. **1.** Action d'embrayer. – **2.** Mécanisme qui permet de solidariser deux pièces se trouvant sur le même axe, pour communiquer à l'une d'elles le mouvement de rotation de l'autre, puis de les désolidariser quand on veut faire cesser la transmission du mouvement. (→ *encycl.*) – **3.** *Embrayage automatique,* appareil qui, dans un véhicule automobile, exécute automatiquement les manœuvres de débrayage et d'embrayage, et qui débraie automatiquement quand le moteur tourne au ralenti. ‖ *Embrayage électromagnétique,* dispositif utilisant un électroaimant pour provoquer ou rompre à volonté la liaison mécanique de deux arbres.

ENCYCL. **Mécan.** Un embrayage est toujours interposé entre un moteur mécanique ou thermique et l'organe d'utilisation, afin de pouvoir arrêter ce dernier sans arrêter le moteur. Dans les automobiles, ce mécanisme sert à désaccoupler (débrayage) l'arbre vilebrequin du moteur de l'arbre primaire du changement de vitesse, et à réaccoupler progressivement ces deux arbres (embrayage), à chaque changement de combinaison de la boîte de vitesses.

Les *embrayages à friction* utilisent l'adhérence des deux surfaces (coniques ou planes) appliquées l'une contre l'autre avec un certain effort. Ils ont l'avantage d'être progressifs et de cesser l'entraînement lorsque l'effort croît au-delà d'une certaine limite. Les *embrayages automatiques* ont une commande électromagnétique ou pneumatique. Les *embrayages hydrauliques* utilisent les propriétés cinétiques d'un courant fluide circulant entre deux ailetages de bobine se faisant face. Les *embrayages à griffes* se composent de deux manchons portant des griffes ou des dents appelées crabots. Par rapprochement des manchons, les dents viennent en prise et il y a entraînement.

EMBRAYER [ɑ̃breje] v. t. (de *braie*) [conj. **11**]. Établir la liaison mécanique entre un ou plusieurs organes mobiles d'une machine ou entre les roues d'une voiture automobile et le moteur qui doit la mettre en mouvement.
◆ v. i. **1.** Manœuvrer la pédale de débrayage d'une voiture et établir la liaison entre l'arbre moteur et l'arbre entraîné. – **2.** *Fam.* Commencer à parler sur qqch, à agir : *Après quelques minutes de silence, il embraya sur ses vacances.*

EMBRAYEUR n. m. (calque de l'angl. *shifter*). Unité linguistique dont la propriété est de mettre en rapport le message linguistique et la situation extralinguistique. (Ce sont par ex. certains pronoms [je, tu], les déictiques, les catégories du temps et du mode, etc.)

EMBRÈVEMENT n. m. (de *embrever*). **1.** En charpenterie, joint d'assemblage oblique où les jouées de la mortaise sont entaillées pour fournir une butée. – **2.** En menuiserie, assemblage de deux pièces de bois à rainure et à languette, tel que l'une fait saillie sur l'autre.

EMBREVER v. t. (de *abreuver*) [conj. **19**]. Joindre deux pièces de bois par un embrèvement.

EMBRIGADEMENT n. m. **1.** Action d'embrigader des soldats. – **2.** Action de faire entrer qqn dans un parti, dans une organisation ; fait d'être embrigadé dans un parti.

EMBRIGADER v. t. (de *brigade*) [conj. **3**]. **1.** Grouper des unités militaires pour former une brigade. – **2.** Faire entrer qqn, par contrainte ou par persuasion, dans une organisation fondée en général sur l'autorité ; enrégimenter : *Embrigader quelqu'un dans un parti.*

EMBRINGUER v. t. (p.-ê. de *bringue,* morceau) [conj. **3**]. *Fam.* Engager qqn, l'enrôler dans qqch qui risque de créer des difficultés : *Se laisser embringuer dans une sale histoire.*

EMBROCATION n. f. (lat. médiév. *embrochatio, -onis,* du gr. *embrokhê,* enveloppe humide). Préparation huileuse, souvent légèrement révulsive, destinée à calmer les douleurs et à détendre les muscles.

EMBROCHAGE ou **EMBROCHEMENT** n. m. **1.** Action d'embrocher. – **2.** Traitement des fractures par introduction d'une tige métallique dans la cavité médullaire des fragments osseux fracturés.

EMBROCHER v. t. (conj. **3**). **1.** Enfiler sur une broche une pièce de viande, une volaille, etc., pour les faire rôtir. – **2.** *Fam.* Transpercer qqn avec un instrument pointu, une épée.

EMBROUILLAGE ou **EMBROUILLEMENT** n. m. *Fam.* Action d'embrouiller, fait d'être embrouillé ; embarras, confusion, désordre.

EMBROUILLAMINI n. m. (de *brouillamini,* avec l'infl. de *embrouiller*). *Fam.* Désordre, grande confusion causant des erreurs.

EMBROUILLE n. f. *Fam.* Désordre destiné à embrouiller, à tromper.

EMBROUILLER v. t. (de *brouiller*) [conj. 3]. **1.** Emmêler qqch, enchevêtrer : *Les pêcheurs ont embrouillé leurs lignes.* — **2.** Obscurcir, compliquer une question, une affaire, y mettre la confusion. — **3.** Troubler qqn, lui faire perdre le fil de ses idées : *Vous l'embrouillez avec toutes vos remarques inutiles.* — **4.** Fam. *Ni vu ni connu, je t'embrouille,* se dit quand qqn escamote habilement une manœuvre de manière plus ou moins malhonnête.
◆ **s'embrouiller** v. pr., **être embrouillé** v. pass. **1.** S'emmêler : *Les fils sont embrouillés.* — **2.** Se mêler de façon confuse, indistincte, compliquée : *Tout s'embrouille dans ma mémoire.* — **3.** Ne plus s'y retrouver au milieu de choses confuses ou compliquées ; s'empêtrer : *Il s'est embrouillé dans ses calculs.*

EMBROUSSAILLEMENT n. m. *Litt.* Masse de broussailles ; emmêlement à la manière des broussailles.

EMBROUSSAILLER v. t. (conj. 3). *Litt.* **1.** Couvrir un lieu de broussailles : *Les fourrés peu à peu embroussaillaient le jardin.* — **2.** Emmêler qqch, lui donner l'aspect touffu de broussailles : *Le vent a embroussaillé ses cheveux.*

EMBRUINÉ, E adj. Couvert de bruine.

EMBRUMER v. t. (conj. 3). **1.** Couvrir, envelopper de brume, de brouillard. — **2.** Rendre le cerveau confus. — **3.** *Embrumer le regard,* l'assombrir, l'attrister.

EMBRUN n. m. (provenç. *embrum,* de *embrumá,* bruiner). Pluie fine formée de gouttelettes d'eau de mer projetées dans l'air à partir d'une surface agitée (surtout pl.).

EMBRUN (05200), ch.-l. de cant. des Hautes-Alpes, dans l'Embrunais, à l'extrémité amont du lac de Serre-Ponçon ; 6 227 hab. *(Embrunais).* Église romane de la fin du XIIe s., cathédrale d'un archevêché jusqu'en 1790 (porche de type lombard ; trésor). Vieilles maisons. Petit centre touristique.

EMBRUNAIS, région des Alpes françaises du Sud, entre le massif du Parpaillon et le Champsaur, de part et d'autre de la Durance, en amont du lac de Serre-Ponçon.

EMBRYOCARDIE n. f. Augmentation du nombre des battements cardiaques, avec modification du rythme, donnant, à l'auscultation, la sensation des bruits du cœur fœtal. (Syn. RYTHME FŒTAL.)

EMBRYOGENÈSE ou, vx, **EMBRYOGÉNIE** n. f. Développement de l'individu vivant, depuis sa première cellule (zygote) jusqu'à la vie libre (éclosion de l'œuf, naissance de l'enfant, germination de la graine, etc.).

ENCYCL. L'embryogenèse est la réalisation du programme génétique inscrit dans les chromosomes de l'œuf fécondé (zygote). Dans le règne animal, le premier stade du développement est la segmentation en 2, puis 4, puis 8, puis $2n$ blastomères (cellules embryonnaires) constituant ensemble une morula. Puis celle-ci se creuse d'une cavité de segmentation ou blastocœle et prend le nom de blastula. Ensuite, une moitié de la blastula s'invagine à l'intérieur de l'autre et l'on a affaire à une gastrula, faite de deux feuillets superposés : ectoderme et endoderme, entourant une cavité (archentéron) s'ouvrant par un orifice unique, le blastopore. La suite dépend du groupe animal : un troisième feuillet apparaît, sauf chez les éponges et les cnidaires. C'est le mésoderme. Puis une différenciation complexe oriente chaque embryon par ses formes spécifiques. Signalons seulement le destin opposé du blastopore, qui devient l'anus chez les vertébrés, procordés et échinodermes, la bouche chez les invertébrés en général. Le zygote, outre l'embryon, élabore souvent des annexes nutritives, protectrices, excrétoires ou autres, telles que l'amnios, l'allantoïde et le chorion chez les vertébrés supérieurs ; la première forme libre est souvent une larve (chenille, têtard, pluteus, etc.) totalement différente de l'adulte.
Dans le règne végétal, les plantes supérieures terrestres se distinguent par un stade de repos pendant lequel l'embryon ou plantule, parfois associé à une annexe nutritive, l'albumen, est enclos dans une graine.

EMBRYOGÉNIQUE adj. Relatif à l'embryogenèse.

EMBRYOÏDE n. m. Embryon végétal obtenu en laboratoire.

EMBRYOLOGIE n. f. Étude scientifique du développement des organismes à partir de l'œuf fécondé jusqu'à la forme spécifique parfaite.
ENCYCL. L'embryologie naît au XVIIe s. des travaux d'Acquapendente et de son élève Harvey. C'est à ce dernier que l'on doit la formule « Tout ce qui vit provient d'un œuf » et la théorie épigéniste, selon laquelle les organes se forment peu à peu, l'un après l'autre. Les préformistes (Malpighi) soutiennent au contraire que l'œuf contient, en réduction, l'individu entier, qui ne fait plus que grandir. Mais la découverte du spermatozoïde par Van Leeuwenhoek (1677) engendre un nouveau conflit, entre préformistes cette fois : les spermatistes voient dans la cellule mâle l'être en réduction tandis que les ovistes situent celui-ci dans l'ovule. Ce n'est qu'au XIXe s., avec Wolff et von Baer, que l'épigénisme va triompher. Haeckel donne, dans la seconde moitié du XIXe s., une interprétation évolutionniste du développement, puis Wilhelm Roux et Hans Spemann fondent l'embryologie expérimentale.

EMBRYOLOGIQUE adj. Relatif à l'embryologie.

EMBRYOLOGISTE ou **EMBRYOLOGUE** n. Spécialiste d'embryologie.

EMBRYON n. m. (gr. *embruon,* de *bruein,* croître). **1.** Très jeune organisme animal ou végétal vivant encore à l'état enclos, nourri soit par l'organisme maternel, soit à partir de réserves nutritives, et n'ayant pas encore tous les organes nécessaires à une vie libre. (→ *encycl.*) – **2.** Commencement rudimentaire, début de qqch, germe : *Un embryon d'organisation.*

ENCYCL. Chez l'homme, dont l'œuf se développe dans la cavité utérine, on désigne sous le nom d'« embryon » le produit de la conception depuis la segmentation jusqu'à la fin du deuxième mois de la grossesse ; à partir du troisième mois, il prend le nom de fœtus.

L'homme et les vertébrés (reptiles, oiseaux, mammifères) qui se développent avec des annexes embryonnaires constituent les amniotes ; les autres vertébrés (agnathes, poissons et batraciens), qui se développent sans formations embryonnaires annexes, sont des anamniotes.

EMBRYONNAIRE adj. **1.** Relatif à l'embryon. – **2.** Qui est en germe, à l'état rudimentaire : *Un art encore embryonnaire.* – **3.** *Cellule embryonnaire,* cellule des embryons animaux ou végétaux, souvent munie d'un gros noyau entouré de peu de cytoplasme et apte à une multiplication rapide. ‖ *État embryonnaire,* état d'inachèvement caractéristique des embryons ou comparable à celui des embryons. ‖ *Sac embryonnaire,* chez les plantes à graines, minuscule gamétophyte ne comptant que 8 noyaux et nourri par l'ovule du sporophyte. (L'un des noyaux de ce sac est le gamète femelle ou oosphère.)

EMBRYONNÉ, E adj. Se dit des œufs fécondés contenant un embryon.

EMBRYOPATHIE n. f. Malformation de l'embryon survenant pendant les deux premiers mois de la grossesse. (Les embryopathies sont souvent dues à une maladie de la mère [rubéole], aux radiations ionisantes ou à des médicaments pris pendant la grossesse [thalidomide].)

EMBRYOSCOPIE n. f. Vision directe du fœtus au moyen du fœtoscope.

EMBRYOTOMIE n. f. Intervention consistant à découper in utero un fœtus mort pour l'extraire par les voies naturelles.

1. EMBU → EMBOIRE.

2. EMBU n. m. (de *emboire*). **1.** Aspect mat et terne pris par la surface d'une peinture à l'huile, qui résulte de l'absorption accidentelle de l'huile par la préparation ou le support. – **2.** *Mettre de l'embu dans une couture,* laisser plus de longueur au tissu pour permettre l'emboîtement d'une partie ronde.

EMBÛCHE n. f. (de *embûcher*). **1.** Machination secrète contre qqn pour lui nuire : *Déjouer des embûches.* – **2.** Difficulté, obstacle rencontrés dans une action : *Un sujet plein d'embûches.*

EMBUER v. t. (de *buée*) [conj. **7**]. **1.** Couvrir qqch d'une buée, d'un nuage : *La vapeur embuait les carreaux.* – **2.** *Litt.* Former comme un nuage sur les yeux, les voiler.

EMBUSCADE n. f. (ital. *imboscata,* de *bosco,* bois). **1.** Attaque déclenchée brutalement et par surprise sur un élément ennemi en déplacement.– **2.** *Être, se mettre, se tenir en embuscade,* se cacher pour surprendre qqn.

EMBUSQUÉ n. m. *Fam.* Soldat occupant un emploi éloigné de la ligne de feu.

EMBUSQUER v. t. (anc. fr. *embuschier,* avec l'infl. de l'ital. *imboscare*) [conj. **3**]. Mettre en embuscade : *Embusquer une troupe dans un défilé.*

◆ **s'embusquer** v. pr., **être embusqué** v. pass. **1.** Se poster qqpart en embuscade ; se dissimuler pour éviter d'être vu : *Les voleurs sont embusqués derrière la maison.* – **2.** S'installer dans un poste à l'arrière à l'abri du danger, du combat, ou rester dans un poste civil pendant la guerre.

EMBUVAGE n. m. (de *emboire*). Au cours du tissage, raccourcissement des fils de la chaîne.

EMDEN, port d'Allemagne (Basse-Saxe), près de l'estuaire de l'Ems ; 52 600 hab. Terminal du gazoduc d'Ekofisk. Raffinage du pétrole. Constructions mécaniques.

ÉMÉCHER v. t. (de *mèche*) [conj. **18**]. *Fam.* Mettre qqn dans un état voisin de l'ivresse.

◆ **être éméché** v. pass. *Fam.* Être dans un état voisin de l'ivresse.

EMEI SHAN, montagne sacrée de Chine (Sichuan) ; 3 099 m. Temples.

ÉMÉRALDINE n. f. (de *émeraude 1*). Matière colorante verte, résultant de la polymérisation de la phénylquinone-imine.

1. ÉMERAUDE n. f. (lat. *smaragdus,* du gr. *smaragdos*). **1.** Pierre précieuse appartenant à la famille des béryls, de couleur vert-jaune, bleu-vert ou même jaune, et originaire de Colombie, du Zimbabwe, du Brésil, d'Inde et du Pākistān. (C'est un silicate naturel d'aluminium et de béryllium, hexagonal, coloré par l'oxyde de chrome.) – **2.** *Émeraude orientale,* variété verte de corindon, formée d'alumine pure.

◆ n. m. et adj. inv. Couleur verte semblable à celle de l'émeraude.

2. ÉMERAUDE n. m. (de *émeraude 1*). Nom donné à divers oiseaux (colibris, souïmangas, paradisiers ou astrilds), pour leurs brillantes couleurs métalliques vertes.

ÉMERGEMENT n. m. Action d'émerger.

ÉMERGENCE n. f. **1.** Sortie d'un système, d'un liquide, d'un fluide, d'une onde, d'une particule : *Émergence d'une source.* – **2.** Apparition soudaine d'une idée, d'un fait social, économique, politique : *L'émergence de l'idée de tolérance au* XVIIIe *s.*

ÉMERGENT, E adj. **1.** *Litt.* Qui apparaît soudainement au cours de l'histoire. – **2.** Se dit d'une particule, d'une onde, d'un rayon qui sort d'un milieu après l'avoir traversé.– **3.** *Pays émergent,* qui se distingue des autres pays en voie de développement par des résultats macroéconomiques (production industrielle, emploi) supérieurs et un taux de croissance élevé.

ÉMERGER v. i. (lat. *emergere,* sortir de) [conj. **17**]. **1.** Sortir d'un milieu liquide et apparaître à la surface : *Un plongeur qui émerge de l'eau.* – **2.** Apparaître qqpart en surgissant d'un ensemble : *Il émergea de la foule.* – **3.** Se distinguer d'un ensemble, d'un groupe par sa qualité : *De toute cette littérature, seuls émergent aujourd'hui quelques romans.* – **4.** *Fam.* Sortir du sommeil, d'une situation confuse, pénible, difficile, dans laquelle on était comme englouti : *Dix heures du matin et il émerge à peine.*

◆ **être émergé** v. pass. Être au-dessus de la surface des eaux, par oppos. à ce qui est immergé : *Terres émergées.*

ÉMERI n. m. (gr. byz. *smerilion,* de *smeri,* émeri). **1.** Roche métamorphique essentiellement constituée de corindon, d'une grande dureté, utilisée comme abrasif. (Pulvérisé ou granulé, on emploie l'émeri dans la fabrication des meules, du papier et de la toile d'émeri, et pour la taille et le polissage.) – **2.** *Bouchon à l'émeri,* ou *bouchon émeri,* bouchon de verre ajusté au goulot d'un flacon par rodage avec interposition d'émeri. ‖ Fam. *Être bouché à l'émeri,* avoir l'esprit obtus, être stupide. ‖ *Papier émeri,* papier enduit de poudre d'émeri, utilisé pour le polissage. ‖ *Potée* ou *boue d'émeri,* matière mélangée d'émeri qui tombe de la meule des lapidaires et qui, récupérée, sert aux mêmes usages que l'émeri.

1. ÉMERILLON n. m. (dimin. de l'anc. fr. *esmeril,* du frq. **smiril*). Très petit faucon des pays du Nord.

2. ÉMERILLON n. m. (de *émerillon 1*). **1.** Crochet ou boucle, rivé par une petite tige dans un anneau, de manière à pouvoir y tourner librement. – **2.** Pièce d'artillerie légère, en usage du XVIe au XVIIIe s. – **3.** À la pêche, attache métallique tournante servant à fixer un bas de ligne en l'empêchant de tourner. – **4.** Outil comportant un crochet rotatif, utilisé en corderie manuelle. – **5.** *Émerillon d'affourche,* maillon à deux branches, servant à réunir deux chaînes sur lesquelles un bateau est affourché.

ÉMERILLONNAGE n. m. Action d'émerillonner.

ÉMERILLONNER v. t. (conj. 3). Tordre, retordre une corde à l'aide de l'émerillon.

ÉMERISAGE n. m. Action d'adoucir le toucher de tissus de coton, de matériaux composites, par contact avec un cylindre tournant garni d'émeri.

ÉMERISER v. t. Procéder à l'émerisage des tissus.

ÉMERISEUSE n. f. Machine à émeriser.

ÉMÉRITE adj. (lat. *emeritus,* qui a mérité). **1.** Qui, par sa longue pratique, est d'une remarquable habileté ; éminent, supérieur, chevronné : *Joueur émérite.* – **2.** *Professeur émérite,* professeur retraité de l'enseignement supérieur, ayant gardé certains droits liés à sa profession.

ÉMERSION n. f. (bas lat. *emersio, -onis,* du lat. class. *emergere*). **1.** Action, état d'un corps qui émerge au-dessus de la surface de l'eau : *Émersion d'un sous-marin.* – **2.** Réapparition d'un astre ayant subi une occultation. – **3.** Exondation du fond marin par abaissement du niveau de l'eau ou retrait de la mer.

EMERSON (Ralph Waldo), écrivain et philosophe américain (Boston 1803 - Concord, Massachusetts, 1882). Fondateur du transcendantalisme américain (*la Nature,* 1836), à tendance panthéiste, il prône le mépris des richesses matérielles et un amour de Dieu fondé sur la joie. On lui doit en outre deux études célèbres : *les Hommes représentatifs de l'humanité* (1850), sur les hommes qui lui paraissent avoir incarné les divers modes de la personnalité humaine, et *Traits du caractère anglais* (1856), sur les rapports psychologiques existant entre les Saxons primitifs et les Anglais modernes.

EMERSON (Peter Henry), médecin et photographe américain (Cuba 1856 - Falmouth, Cornouailles, 1936). À une époque dominée par l'académisme, il défendit avec vigueur une certaine spontanéité et un retour au naturel dans *Naturalistic Photography* (1889). Ses épreuves au platine restituent en une vision sereine mais directe le monde rural de l'est de l'Angleterre.

ÉMERVEILLEMENT n. m. État de celui qui s'émerveille, est émerveillé : *L'émerveillement d'un premier amour.*

ÉMERVEILLER v. t. (de *merveille*) [conj. 4]. Inspirer à qqn un sentiment d'étonnement et de vive admiration ; éblouir : *Ses connaissances m'ont émerveillé.*

ÉMERY (Michel PARTICELLI, *seigneur* D'), homme d'État et financier français (Lyon 1596 - Paris 1650). Contrôleur général des Finances (1643-

1647) puis surintendant (1647-48), il tenta, avec Mazarin, d'imposer aux officiers des cours souveraines le rachat du renouvellement de la paulette (1648), ce qui déclencha la Fronde parlementaire.

ÉMERY (Jacques André), prêtre français (Gex 1732 - Issy-les-Moulineaux 1811). Supérieur général de la Compagnie de Saint-Sulpice (1782), il fut la « conscience vivante » du clergé français durant la Révolution, le Consulat et l'Empire.

EMERY (Walter Bryan), archéologue britannique (New Brighton, Cheshire, 1903-Le Caire 1971). Il a travaillé à Saqqarah Nord, où il a exhumé des mastabas datant des premières dynasties, des nécropoles d'ibis et de babouins, celles des mères des taureaux Apis.

ÉMÈSE, en lat. **Emesus,** anc. ville de Cœlésyrie, sur l'Oronte, célèbre par son temple dédié au dieu solaire El Gebal, auquel la dynastie des Sévères, et surtout l'empereur Élagabal, donna un rôle de premier plan. C'est l'actuelle *Homs**.

ÉMÉTINE n. f. (de *émétique*). Principal alcaloïde de l'ipéca, utilisé dans le traitement de la dysenterie amibienne.

ÉMÉTIQUE adj. et n. m. (gr. *emetikos*). Se dit d'une substance qui fait vomir. (Syn. VOMITIF.)
◆ n. m. **1.** Sel d'antimoine (antimoniotartrate acide de potassium) utilisé dans le traitement de maladies parasitaires. (Syn. TARTRE STIBIÉ.) – **2.** Nom générique des sels résultant de l'action d'un tartrate acide sur un sesquioxyde métallique.

ÉMÉTISANT, E adj. Qui provoque le vomissement.

ÉMETTEUR, TRICE n. **1.** Personne ou organisme qui émet qqch. – **2.** Personne qui produit le message linguistique par opposition au récepteur. (C'est le locuteur, ou sujet parlant.) [Syn. DESTINATEUR.]
◆ adj. **1.** Se dit d'un organisme qui pratique une émission d'actions ou d'obligations, de monnaie, d'effets de commerce. – **2.** En physique, se dit d'une source qui émet des ondes, des particules.
◆ **émetteur** n. m. **1.** En cybernétique, organe traduisant les diverses positions qu'il est susceptible de prendre par l'émission des signaux caractéristiques de ces positions. – **2.** L'une des trois électrodes d'un transistor, constituant la région la plus dopée. – **3.** Appareil destiné à produire des signaux radioélectriques et à les fournir à une antenne en vue d'une radiocommunication. (La plupart des émetteurs comprennent au moins un oscillateur pilote et un modulateur, des amplificateurs de puissance et des alimentations en énergie.)

ÉMETTEUR-RÉCEPTEUR n. m. (pl. *émetteurs-récepteurs*). Ensemble comprenant un émetteur et un récepteur radioélectriques, souvent avec une antenne et une alimentation communes.

ÉMETTRE v. t. (lat. *emittere,* envoyer dehors) [conj. **84**]. **1.** Produire au-dehors un son, une lumière, etc. : *Émettre des rayons, des bruits.* – **2.** Exprimer, formuler une parole, une idée : *On peut émettre une autre hypothèse.* – **3.** Mettre en circulation de la monnaie, payer qqn avec un chèque, proposer au public un emprunt. – **4.** Procéder à la transmission d'un programme de radio, de télévision.
◆ v. i. Faire une émission de radio : *Émettre sur ondes courtes.*

ÉMEU n. m. (pl. *émeus*) [mot indigène]. Grand oiseau ratite végétarien des plaines d'Australie, aux ailes rudimentaires.

ÉMEUTE n. f. (anc. fr. *esmeu,* part. passé de *émouvoir*). Soulèvement populaire, mouvement, agitation, explosion de violence : *Tourner à l'émeute.*

ÉMEUTIER, ÈRE n. Personne qui prend part à une émeute ou qui pousse à l'émeute.

ÉMIETTEMENT n. m. **1.** Action d'émietter : *L'émiettement du pain.* – **2.** Action d'éparpiller, de diviser à l'excès ; fait d'être parcellisé : *Émiettement du pouvoir.*

ÉMIETTER v. t. (conj. **4**). **1.** Réduire une substance en miettes. – **2.** Morceler, diviser qqch à l'extrême : *Émietter un domaine.* – **3.** *Litt.* Disperser, éparpiller qqch : *Émietter son temps, ses efforts.*

ÉMIETTEUR n. m. Syn. de ÉMOTTEUR.

ÉMIGRANT, E adj. et n. Qui émigre : *Bateau chargé d'émigrants.*

ÉMIGRATION n. f. **1.** Action d'émigrer ; résultat de cette action. (→ *encycl.* Géogr.) – **2.** Ensemble des émigrés. – **3.** Départ de France des adversaires de la Révolution française. (→ *encycl.* Hist.) – **4.** *Émigration nette,* excès des effectifs des émigrants sur ceux des immigrants, durant une période et pour un territoire donnés.

ENCYCL. **Géogr.** Si les raisons politiques ou religieuses interviennent parfois, les raisons économiques ont été les facteurs essentiels de la plupart des grands mouvements d'émigration, notamment d'Europe vers les États-Unis au XIXe s., des pays méditerranéens vers l'Europe du Nord-Ouest après 1950.

– **Hist.** Inauguré par le comte d'Artois, le premier flux d'émigration (1789), aristocratique, fut suivi d'un deuxième (1791) alimenté par les cadres de l'armée, et d'un troisième (1792), provoqué par la Terreur, qui ajouta aux nobles et aux clercs de nombreux bourgeois. Partisans de l'Ancien Régime, les émigrés constituèrent, à Worms et à Coblence, l'« armée des princes », qui se joignit aux armées coalisées contre la France révolutionnaire. Regardés comme des « ennemis de la nation », ils furent frappés par une législation révolutionnaire rigoureuse (confiscation de leurs biens vendus comme biens nationaux, peine de mort pour les émigrés pris sur le sol français, etc.) jusqu'à la loi d'amnistie du 26 avr. 1802, après laquelle ils rentrèrent en grand nombre en France.

ÉMIGRÉ, E n. 1. Personne qui a quitté son pays pour des raisons économiques, politiques, etc., et qui est allée s'installer dans un autre. – 2. Adversaire de la Révolution française ayant quitté la France.

ÉMIGRER v. i. (lat. *emigrare*) [conj. 3 ; auxil. *avoir*]. 1. Quitter son pays pour aller se fixer dans un autre : *De nombreux Irlandais ont émigré en Amérique.* – 2. Quitter sa région pour aller vivre ou travailler dans une autre : *Émigrer de Lorraine dans le Sud.* – 3. En parlant d'argent, aller s'investir à l'étranger : *Les capitaux ont émigré en Suisse.* – REM. On emploie le participe passé sans l'auxil. *être : Travailleur émigré.*

EMI KOUSSI, massif le plus élevé du Tibesti (Tchad) ; 3 415 m.

Émile *ou De l'éducation,* roman pédagogique de Jean-Jacques Rousseau, en cinq livres (1762). L'auteur imagine un système d'éducation naturelle dont le but est de créer un homme social, qui préserve ses qualités naturelles et régénère la société où il s'intègre, au lieu d'y être aliéné. Le corps, l'esprit et le cœur sont formés par la découverte de la nature et de ses nécessités, de la morale sociale et de la religion *(Profession de foi du vicaire savoyard)* qui sont d'essence naturelle également. L'ouvrage fut condamné, mais eut néanmoins une influence considérable sur les méthodes éducatives du XIXe s.

ÉMILIE → ÉMILIE-ROMAGNE.

ÉMILIEN, ENNE adj. et n. 1. D'Émilie. – 2. *École émilienne,* école artistique de l'Émilie. (Très importante, notamment, dans le domaine pictural, elle se décompose en écoles locales : Modène, Ferrare, Parme [Corrège], Bologne [les Carrache]...)

ÉMILIEN, en lat. **Marcus Aemilius Aemilianus** (en Mauritanie v. 206 - Spolète 253), empereur romain (253). Vainqueur des Goths, son armée le proclama auguste. Ses soldats le tuèrent quand Valérien eut été proclamé empereur.

ÉMILIEN (Scipion) → SCIPION ÉMILIEN.

ÉMILIE-ROMAGNE, en ital. **Emilia-Romagna,** parfois simplement **Émilie,** région de l'Italie du Nord, entre le Pô et l'Apennin, formée des prov. de Bologne, Ferrare, Forli, Modène, Parme, Plaisance, Ravenne et Reggio nell'Emilia ; 22 124 km² ; 3 899 170 hab. Cap. *Bologne.*

Limitée au N. par le Pô, occupée pour moitié par l'Apennin et les collines qui le bordent et pour moitié par une plaine se terminant en une côte basse sur l'Adriatique, la région a un climat parfois rude. De nombreuses villes moyennes (ch.-l. de prov.) relaient Bologne, centre régional. L'agriculture (blé, vins, légumes, fruits), l'élevage (bovin et porcin) et les industries alimentaires sont complétés par la bonneterie, la mécanique, la céramique, l'extraction des hydrocarbures et la pétrochimie, le tourisme culturel et balnéaire (Rimini).

ÉMINCÉ n. m. Article de viande ou de légumes coupé en tranches fines.

ÉMINCER v. t. (de *mince*) [conj. 16]. Couper en tranches fines.

ÉMINEMMENT [-namɑ̃] adv. À un très haut degré ; extrêmement : *Un homme éminemment respectable.*

1. ÉMINENCE n. f. (lat. *eminentia,* de *eminere,* exceller). 1. Élévation de terrain ; hauteur isolée d'où l'on voit de tous côtés ; butte : *Installer une batterie sur une éminence.* – 2. *Éminence conique,* légère saillie de la face supérieure des incisives des bovins dont le degré d'usure renseigne sur l'âge des animaux.

2. ÉMINENCE n. f. (de *éminence 1*). 1. Titre réservé aux cardinaux : *Son Éminence le cardinal X.* – 2. Personne qui porte ce titre, cardinal : *Recevoir une Éminence.* – 3. *L'Éminence grise,* nom donné au P. Joseph du Tremblay, conseiller et agent personnel du cardinal de Richelieu ; avec une minusc., conseiller privé d'un personnage important qui agit dans l'ombre, sans titre officiel.

ÉMINENT, E adj. (lat. *eminens, -entis,* de *eminere,* être saillant). 1. Qui est au-dessus du niveau commun ; qui se distingue par sa supériorité, ses qualités : *Personnalité éminente du monde des arts.* – 2. Qui est très appréciable, qui se distingue par sa grande qualité, son très haut niveau ; insigne : *Jouer un rôle éminent dans une affaire.* – 3. *Domaine éminent,* ensemble des terres concédées par un seigneur, sur lesquelles ce dernier a une propriété supérieure qui lui donne le droit de percevoir des redevances.

ÉMINENTISSIME adj. (ital. *eminentissimo,* superl. de *eminente,* éminent). 1. Titre du grand maître de l'ordre de Malte. – 2. *Éminentissime seigneur,* titre utilisé officiellement pour saluer un cardinal, un légat du pape.

EMINESCU (Mihai), poète roumain (Ipotești, près de Botoșani, 1850 - Bucarest 1889), auteur de nouvelles et de contes populaires. Son génie romantique a fait de lui le grand poète national de la Roumanie (*Poésies,* 1883).

EMIN PAŞA (Eduard SCHNITZER, dit **Mehmed**), aventurier et explorateur allemand (Oppeln 1840 - Kanena, Congo, 1892). Nommé par Gordon gouverneur de la province soudanaise de l'Equatoria (1878), il ne l'abandonna, en dépit de l'insurrection mahdiste, qu'en 1888, lorsqu'il fut rejoint par Stanley. Il fut assassiné en 1892.

ÉMIR n. m. (ar. *amīr,* celui qui ordonne). **1.** Chef militaire, gouverneur d'un territoire dans les anciens empires musulmans. — **2.** Prince des familles royales musulmanes. — **3.** Chef de l'État dans les principautés héréditaires de la péninsule arabique.

ÉMIRAT n. m. **1.** Dignité d'émir ; fonctions d'un émir. — **2.** État gouverné par un émir.

ÉMIRATS ARABES UNIS *(fédération des),* État de la péninsule arabique (regroupant sept émirats : *Abū Ẓabī, Dubayy, Chārdja, Fudjayra, 'Adjmān, Umm al-Qaywayn* et *Ra's al-Khayma*), sur le golfe Persique ; 80 000 km^2 ; 1 950 000 hab. Cap. *Abū Ẓabī.*

Géographie. L'économie, fondée au début du XXe siècle sur la pêche perlière et le commerce maritime traditionnel, a été transformée par l'exploitation pétrolière qui a commencé en 1962 à Abū Ẓabī, qui demeure le principal producteur et dispose de réserves importantes de pétrole et de gaz. Le pays s'est modernisé, ponctuellement industrialisé (aluminium, chimie, constructions mécaniques), grâce aux revenus pétroliers et à l'afflux d'immigrés (qui constituent la majeure partie de la population).

Histoire. Les « États de la Trêve » *(Trucial States),* sous protectorat britannique de 1892 à 1971, formèrent en 1971-72 la fédération indépendante des Émirats arabes unis.

1. ÉMISSAIRE n. m. (lat. *emissarius,* de *emittere,* envoyer dehors). Personne chargée d'une mission plus ou moins secrète ou personnelle, et que l'on dépêche auprès de qqn : *Envoyer des émissaires pour demander l'armistice.*

2. ÉMISSAIRE n. m. (lat. *emissarium,* de *emittere,* émettre). **1.** Canal qui sert à vider un lac, un bassin, etc. — **2.** Fossé ou cours d'eau servant à évacuer l'eau qui s'écoule par ruissellement ou drainage. — **3.** Cours d'eau qui prend naissance dans un lac ou qui en évacue les eaux. — **4.** *Émissaire d'évacuation,* ouvrage d'évacuation des eaux usées, reliant l'agglomération à la station de traitement ou au point du rejet dans le milieu naturel.

ÉMISSIF, IVE adj. **1.** Relatif à l'émission, qui a la faculté d'émettre. — **2.** *Pouvoir émissif,* syn. anc. de ÉMISSIVITÉ.

ÉMISSION n. f. (lat. *emissio, -onis,* action de lancer). **1.** Opération qui consiste à mettre en circulation une monnaie, un effet de commerce, un chèque, des actions ou des obligations, etc. (L'émission de la monnaie est une fonction de l'État souverain. En France, l'État confie à la Banque de France le privilège de l'émission de la monnaie et de sa diffusion pour le compte du Trésor.) — **2.** Production de signaux sonores ou visuels. — **3.** Programme ou tranche de programme de radio ou de télévision. — **4.** Manière de produire des sons vocaux avec tous les moyens techniques appropriés. • **Électron.** *Émission électronique,* projection d'électrons dans l'espace environnant par un corps porté à haute température. — **Géol.** Sortie hors d'un volcan de produits solides, liquides ou gazeux. — **Matér.** *Émission acoustique,* création spontanée d'ondes élastiques dans des matériaux soumis à des sollicitations d'origine mécanique, thermique ou chimique ; détection et analyse de ces ondes pour le contrôle non destructif des structures des matériaux. — **Phys.** Processus au cours duquel un système physique produit un flux de matière ou de rayonnement porteur d'énergie. (→ *encycl.*) — **Relig.** *Émission de vœux,* explicitation extérieure des vœux de religion. — **Télécomm.** Production de signaux, à l'entrée d'une voie de transmission. ‖ Production de signaux rayonnés par une antenne alimentée par un émetteur, en vue d'assurer une radiocommunication ; ces signaux eux-mêmes.

ENCYCL. **Phys.** À l'échelle atomique, l'absorption et l'émission d'un photon par un atome correspondent à deux transitions, inverses l'une de l'autre, entre deux niveaux d'énergie différents. L'absorption, nécessitant un apport d'énergie, se traduit par la transition d'un niveau d'énergie donné à un niveau d'énergie plus élevé. L'émission électromagnétique (spontanée ou induite) se traduit par la transition inverse, l'atome revenant à un état plus stable.

ÉMISSIVITÉ n. f. Rapport de l'exitance énergétique d'un corps à celle du corps noir de même température. (Syn. anc. POUVOIR ÉMISSIF.)

ÉMISSOLE n. f. (ital. *mussolo,* du lat. *mustela*). Petit requin vivipare de forme élancée, nocturne, à dents broyeuses, se nourrissant de mollusques et de crustacés.

ÉMITTANCE n. f. Syn. anc. de EXITANCE.

EMMA († 935), reine de France. Fille de Robert Ier, roi de France, elle épousa en 914 le futur roi de France Raoul.

EMMA (Pavie v. 948 - Dijon apr. 988). Fille de Lothaire, roi d'Italie, et de sainte Adélaïde, elle épousa en 965 Lothaire, roi de France.

EMMA DE WALDECK-PYRMONT (Waldeck-Pyrmont 1858 - La Haye 1934), fille du prince Georges-Victor. Épouse (1879) de Guillaume III, roi des Pays-Bas, elle fut régente de ce royaume pendant la minorité de sa fille Wilhelmine, de 1890 à 1898.

EMMAGASINAGE n. m. **1.** Action d'emmagasiner des marchandises ; droits acquittés à cette fin. (Syn. EMMAGASINEMENT.) — **2.** Action d'emmagasiner qqch : *Emmagasiner de la chaleur.*

EMMAGASINEMENT n. m. **1.** Syn. de EMMAGASINAGE. — **2.** Action de garder qqch dans sa mémoire : *Emmagasinement de souvenirs.*

EMMAGASINER v. t. (conj. 3). **1.** Mettre des marchandises en magasin ; entreposer. — **2.** Accumuler qqch (qqpart) pour le garder en réserve : *Emmagasiner chez soi des provisions.* — **3.** Garder qqch dans sa mémoire : *Emmagasiner des connaissances.*

EMMAILLER v. t. (de *maille*) [conj. 3]. **1.** Prendre du poisson dans les mailles d'un filet. — **2.** Articuler entre eux les divers éléments d'un même bijou.

EMMAILLOTAGE ou **EMMAILLOTEMENT** n. m. Action d'emmailloter.

EMMAILLOTER v. t. (de *maillot*) [conj. 3]. **1.** Envelopper un bébé dans un lange des pieds à la taille. — **2.** Envelopper qqch, le recouvrir étroitement : *Emmailloter un doigt blessé dans un bandage.*

EMMANCHÉ, E n. *Pop.* Personne abrutie, maladroite.

EMMANCHEMENT n. m. Action d'emmancher ; état de ce qui est emmanché : *L'emmanchement d'un outil.*

EMMANCHER v. t. (de *manche*) [conj. 3]. **1.** Engager un outil dans son support. — **2.** *Fam.* Engager une affaire, la mettre en train (d'une certaine façon). — **3.** Rendre solidaires deux pièces mécaniques par un ajustement bloqué.
◆ **s'emmancher** v. pr., **être emmanché** v. pass. **1.** Être fixé sur un manche. — **2.** *Fam.* S'organiser, se présenter de telle manière ; commencer, s'engager : *L'affaire s'emmanche mal.*

EMMANCHURE n. f. (de *manche*). Ouverture pratiquée dans un vêtement pour le passage du bras et pour adapter une manche. (Syn. ENTOURNURE.)

EMMANUEL, en hébr. **Immanu'el** *(Dieu avec nous),* nom symbolique d'un descendant de la maison de David, annoncé par le prophète Isaïe au roi Achaz de Juda, et qui, par-delà ce personnage royal, désigne le Messie.

EMMANUEL (Maurice), compositeur et musicologue français (Bar-sur-Aube 1862-Paris 1938). Maître de chapelle à Ste-Clotilde (1904-1907), il devint professeur d'histoire de la musique au Conservatoire (1907-1936). Compositeur, il a laissé de la musique symphonique, des musiques de scène et *6 Sonatines.* Musicologue, il a écrit une *Histoire de la langue musicale* (1911-1928) ainsi que des études, dont une sur *Pelléas et Mélisande* (1926).

EMMANUEL (Pierre) [pseudonyme littéraire devenu le patronyme légal de Noël MATHIEU], poète français (Gan, Pyrénées-Atlantiques, 1916 - Paris 1984). Sa rencontre avec P. J. Jouve et l'aventure de la Résistance l'amènent à un engagement définitif qui le conduira plus tard à démissionner de l'Académie française (1975). Il confronte sa foi chrétienne aux problèmes du monde et de la culture modernes dans ses recueils poétiques (*Sodome,* 1945 ; *Évangéliaire,* 1961 ; *Sophia,* 1973 ; *Duel,* 1979) et ses essais (*le Goût de l'un,* 1963 ; *Le monde est intérieur,* 1967).

EMMANUELLI (Henri), homme politique français (Eaux-Bonnes 1945). Élu député des Landes à partir de 1978, secrétaire d'État chargé des Départements et Territoires d'outre-mer (1981-1983), puis du Budget (1983-1986), président de l'Assemblée nationale (1992-93), il a été premier secrétaire du parti socialiste en 1994-95.

EMMANUEL-PHILIBERT Tête de Fer (Chambéry 1528 - Turin 1580), duc de Savoie (1553-1580), fils de Charles III, duc de Savoie. Au service de Philippe II qui lui confia le commandement de son armée aux Pays-Bas, il remporta la victoire de Saint-Quentin (1557) sur les troupes de Henri II qui lui restitua la Savoie et le Piémont aux traités du Cateau-Cambrésis (1559). Il rétablit l'équilibre financier et favorisa l'essor économique de son duché dont il transféra la capitale à Turin (1562), et restaura le catholicisme en soutenant l'action des jésuites et de saint François de Sales.

EMMARCHEMENT n. m. (de *marche*). **1.** Disposition des marches d'un escalier. — **2.** Longueur des marches, c'est-à-dire largeur de l'escalier. — **3.** Escalier de quelques marches disposé sur toute la longueur d'une terrasse, d'un soubassement. — **4.** Entaille pratiquée dans le limon pour recevoir une marche d'escalier. — **5.** Disposition du ou des marchepieds d'accès à une voiture de chemin de fer. — **6.** *Ligne d'emmarchement,* syn. de LIGNE DE FOULÉE*.

EMMAÜS, en ar. **'Amwās** ou **'Amawās,** localité de Jordanie, au N. de Jérusalem. Jésus, au soir de sa résurrection (Luc, XXIV, 13-32), s'y révéla à deux disciples venus de la Ville sainte.

Emmaüs International, mouvement fondé en 1949 par l'abbé Pierre, prêtre français, pour secourir les détresses sociales et notamment les sans-logis.

EMME, nom de deux rivières de Suisse (cant. de Berne, de Soleure et de Lucerne). – La *Grande Emme* (80 km), drainant l'*Emmenthal,* est un affl. de l'Aar (r. dr.). – La *Petite Emme* (60 km) est un affl. de la Reuss (r. g.).

EMMÊLEMENT n. m. Action d'emmêler ; enchevêtrement, confusion : *L'emmêlement des fils.*

EMMÊLER v. t. (conj. **4**). **1.** Mêler qqch ou des choses ; enchevêtrer : *Emmêler ses cheveux.* – **2.** Embrouiller qqch, y mettre de la confusion : *Emmêler une affaire.*

◆ **s'emmêler** v. pr., **être emmêlé** v. pass. **1.** Se mêler, s'enchevêtrer : *Les fils sont emmêlés.* – **2.** Devenir confus, complexe, embrouillé : *L'affaire est très emmêlée.* – **3.** Se prendre dans qqch de telle sorte qu'on a du mal à s'en dégager : *Je me suis emmêlé les pieds dans la corde.* – **4.** S'embrouiller dans ses actions, dans un discours : *Je me suis emmêlé dans les démarches à faire.* – **5.** *S'emmêler les pieds* (fam.), *les pédales* (pop.), *les pinceaux* (pop.), *les crayons* (pop.), *les gants* (fam.), s'embrouiller dans son discours, son raisonnement, etc.

EMMEN, v. des Pays-Bas, dans l'est de la Drenthe ; 91 000 hab. Textiles synthétiques.

EMMEN, comm. de Suisse, banlieue de Lucerne, sur la Reuss ; 22 400 hab. Métallurgie et mécanique. Chimie.

EMMÉNAGEMENT n. m. **1.** Action d'emménager. – **2.** Distribution des logements et compartiments, dans un navire ; divisions intérieures ainsi obtenues.

EMMÉNAGER v. i. (de *ménage*) [conj. **17**]. S'installer dans un nouveau logement : *Emménager dans une maison moderne.*

◆ v. t. **1.** Transporter qqch dans un nouveau logement : *Emménager ses meubles dans son nouvel appartement.* – **2.** Installer qqn dans un nouveau logement : *Des amis m'ont emménagé dans un studio.* – **3.** Diviser intérieurement un navire.

EMMÉNAGOGUE [ãme-] adj. et n. m. (du gr. *emmêna,* menstrues). Qui favorise ou provoque la menstruation.

EMMENER v. t. (conj. **19**). **1.** Mener qqn avec soi d'un lieu dans un autre ; conduire, transporter : *Le bus vous emmènera jusqu'à la Concorde.* – **2.** Se faire accompagner de qqn pour faire qqch, aller faire qqch avec qqn : *Je vous emmène dîner au restaurant.* – **3.** *Fam.* Emporter qqch qqpart (critiqué par les puristes) : *Il a emmené un livre dans sa chambre.* – **4.** Entraîner à sa suite une équipe, une troupe dans son élan : *Le capitaine a bien emmené ses avants.* – **5.** Dans une course, être en tête du peloton, en en réglant l'allure.

EMMENTHAL ou **EMMENTAL** [emɛ̃tal ou emãtal] n. m. (pl. *emmenthals, emmentals*). Variété de gruyère à pâte cuite, au lait entier de vache, se présentant en meules de grandes dimensions.

EMMENTHAL ou **EMMENTAL,** vallée de Suisse, dans les Préalpes, drainée par la Grande Emme. Exploitation du bois, élevage et production de fromage.

EMMERDANT, E adj. *Pop.* Ennuyeux, embêtant.

EMMERDE n. f. ou m. ou **EMMERDEMENT** n. m. *Pop.* Très gros ennui ; très grande contrariété.

EMMERDER v. t. (de *merde*) [conj. 3]. *Pop.* Embêter qqn.

◆ **s'emmerder** v. pr. *Pop.* S'embêter.

EMMERDEUR, EUSE n. *Pop.* Personne qui importune, qui agace, qui crée toutes sortes de difficultés.

EMMERICH, v. d'Allemagne (Rhénanie-du-Nord-Westphalie), sur le Rhin, à la frontière des Pays-Bas ; 29 100 hab. Important port fluvial.

EMMERICK ou **EMMERICH** (Anna Katharina), dite **la Nonne de Dülmen,** mystique germanique (Flamske, près de Coesfeld, Westphalie, 1774 - Dülmen, près de Coesfeld, 1824), célèbre pour ses stigmates.

EMMET (Robert), révolutionnaire irlandais (Dublin 1778 - *id.* 1803). Nationaliste, il organisa une insurrection à Dublin (juill. 1803), facilement réprimée. Il fut capturé et exécuté. Sa mort raviva le sentiment national irlandais.

EMMÉTRAGE n. m. Action d'emmétrer.

EMMÉTRER v. t. (de *mètre*) [conj. **18**]. Empiler régulièrement des matériaux de construction pour mesurer facilement leur quantité.

EMMÉTROPE [ãme-] adj. (du gr. *emmetros,* bien mesuré). Se dit de l'œil humain qui a une vision normale.

◆ n. Personne qui a une vision normale.

EMMÉTROPIE [ãme-] n. f. Propriété de l'œil emmétrope.

EMMIELLER v. t. (de *miel*) [conj. 4]. *Pop.* Euphémisme pour EMMERDER.

EMMITOUFLER v. t. (moyen fr. *mitouflé,* qui porte des mitaines, croisé avec l'anc. fr. *emmouflé,* enveloppé de moufles) [conj. 3]. Envelopper qqn, une partie du corps dans des vêtements chauds et moelleux.

◆ **s'emmitoufler** v. pr., **être emmitouflé** v. pass. S'envelopper complètement dans des vêtements chauds et moelleux.

EMMOUFLEMENT ou **EMMOUFLAGE** n. m. Action d'emmoufler des poteries.

EMMOUFLER v. t. (conj. 3). Mettre des poteries dans des moufles.

EMMOUSCAILLER v. t. (de *mouscaille,* excrément) [conj. 3]. *Fam.* et *vx.* Euphémisme de EMMERDER.

EMMURÉ, E n. Personne enfouie sous un éboulement ou bloquée par accident dans un endroit d'où elle ne peut plus sortir.

EMMURER v. t. (conj. 3). **1.** Enfermer qqn derrière un mur de manière qu'il ne puisse sortir : *Emmurer quelqu'un dans la cave.* — **2.** Bloquer qqn, le maintenir sous un édifice écroulé : *L'explosion avait emmuré les habitants sous les décombres.*

ÉMODINE n. f. Principe actif de la rhubarbe et de la bourdaine, doué d'une action laxative et purgative.

ÉMOI n. m. (anc. fr. *esmaier,* inquiéter, du bas lat. **exmagare,* priver de force, du germ. **magan*). *Litt.* **1.** Trouble causé par la crainte, l'inquiétude ; effervescence : *La ville est en émoi.* — **2.** Émotion vive causée par l'inquiétude, la douleur ou la joie, la sensualité, etc. : *L'émoi du printemps.*

ÉMOLLIENT, E adj. et n. m. (lat. *emolliens, -entis,* de *emollire,* amollir). Se dit d'une substance qui relâche, détend, adoucit et amollit.

ÉMOLUMENT n. m. (lat. *emolumentum,* bénéfice). Actif (ou fraction d'actif) attribué à un héritier, à un légataire ou à un époux commun en biens.

◆ **émoluments** n. m. pl. **1.** Traitement, salaire attaché à un emploi. — **2.** Rétribution des actes tarifés d'un officier ministériel (notaire, huissier) ou d'un avocat.

ÉMOLUMENTAIRE adj. Qui concerne l'émolument.

ÉMONCTION n. f. (lat. *emunctio, -onis,* action de se moucher). Évacuation, à l'extérieur, des déchets de fonctionnement de l'organisme.

ÉMONCTOIRE n. m. (lat. médiév. *emunctorium*). Organe servant à l'émonction (rectum, anus, reins, narines et peau).

ÉMONDAGE n. m. Action de débarrasser les arbres ou les arbustes des branches mortes ou superflues ou de couper l'extrémité des branches à la périphérie de la cime.

ÉMONDATION n. f. Syn. de MONDATION.

ÉMONDE n. f. (de *émonder*). *Arbre d'émonde,* arbre dont on supprime les branches latérales pour favoriser la croissance de rejets, qui sont exploités périodiquement comme petit bois ou comme fourrage pour les animaux. (Les arbres d'émonde sont choisis parmi les arbres de haies ou d'alignement : charme, chêne, frêne, orme, peuplier, saule.)

◆ **émondes** n. f. pl. Branches coupées d'un arbre d'émonde.

ÉMONDER v. t. (bas lat. *emundare,* nettoyer, purifier) [conj. 3]. **1.** Soumettre un arbre à l'émondage. — **2.** Syn. de MONDER. — **3.** Débarrasser qqch du superflu, l'en dépouiller : *Émonder un texte de redondances inutiles.*

ÉMONDEUR, EUSE n. Personne qui émonde les arbres.

ÉMONDOIR n. m. Outil servant à l'émondage.

ÉMORFILAGE n. m. Action d'émorfiler.

ÉMORFILER v. t. (conj. 3). Enlever le morfil, les arêtes vives d'une pièce de métal.

EMOSSON, localité suisse (Valais), à la frontière française, au nord de Chamonix-Mont-Blanc. Barrage et aménagements hydroélectriques exploités en commun par la France et la Suisse.

ÉMOTIF, IVE adj. (lat. *emotum,* de *emovere,* émouvoir). Relatif aux émotions, suscité par l'émotion : *Choc émotif.*

◆ adj. et n. Qui s'émeut, se trouble facilement ; impressionnable, nerveux, sensible : *Un enfant émotif.*

ÉMOTION n. f. (de *émouvoir,* d'apr. l'anc. fr. *motion,* mouvement). **1.** Trouble subit, agitation passagère causés par un sentiment vif de peur, de surprise, de joie, etc. : *Parler avec émotion de quelqu'un.* — **2.** Réaction affective transitoire d'assez grande intensité, habituellement provoquée par une stimulation venue de l'environnement. — **3.** Sous l'Ancien Régime, révolte populaire non organisée et généralement de courte durée. (Syn. FUREUR.) — **4.** *Donner, avoir des émotions,* causer subitement à qqn des craintes, un vif sentiment de trouble, de peur ; être dans cet état. ‖ *Émotions fortes,* sensations très vives causées par un spectacle ou une action.

ÉMOTIONNABLE adj. *Fam.* Qui s'émeut facilement, émotif.

ÉMOTIONNANT, E adj. *Fam.* Qui cause une vive émotion.

ÉMOTIONNEL, ELLE adj. Qui concerne l'émotion : *Choc émotionnel.*

ÉMOTIONNER v. t. (conj. 3). *Fam.* Causer à qqn une émotion, un trouble ; émouvoir : *Le spectacle de l'accident l'a émotionné.*

ÉMOTIVITÉ n. f. Caractère d'une personne émotive, disposition à être affecté par des événements souvent insignifiants.

ÉMOTTAGE ou **ÉMOTTEMENT** n. m. Action d'émotter.

ÉMOTTER v. t. (de *motte*) [conj. 3]. Briser les mottes de terre d'un champ.

ÉMOTTEUR n. m. Rouleau à émotter. (Syn. ÉMIETTEUR.)

ÉMOTTEUSE n. f. Herse dont les éléments métalliques tournent librement autour d'un axe et qui sert à émotter.

ÉMOUCHER v. t. (conj. 3). *Vx.* Débarrasser un animal des mouches en les chassant.

ÉMOUCHET n. m. (anc. fr. *moschet,* mâle de l'épervier). Nom commun à deux rapaces diurnes, l'épervier et la crécerelle.

ÉMOUCHETER v. t. (de *moucheter*) [conj. 27]. Casser la pointe d'un objet.

ÉMOUCHETTE n. f. (de *émoucher*). Filet dont on couvre les chevaux pour les préserver des mouches.

ÉMOUCHOIR n. m. (de *émoucher*). Instrument pour chasser les mouches.

ÉMOULU (ÊTRE) v. pass. (anc. fr. *émoudre,* du lat. *emolere,* moudre entièrement). *Frais émoulu, fraîche émoulue de,* sorti(e) depuis peu d'un lieu de formation : *Frais émoulu de l'université.* ‖ *Se battre à fer émoulu,* dans les tournois, combattre avec des armes affilées.

ÉMOUSSAGE n. m. Opération destinée à débarrasser un arbre ou un terrain des mousses qui l'envahissent.

ÉMOUSSÉ n. m. **1.** Fragment rocheux dont les angles ont été usés. – **2.** *Émoussé luisant,* grain de sable ayant subi l'usure des eaux courantes ou de la mer.

ÉMOUSSEMENT n. m. Action d'émousser, fait de s'émousser, de devenir moins tranchant, moins aigu ou moins vif : *L'émoussement des passions.*

1. ÉMOUSSER v. t. (de *mousse 1*) [conj. 3]. **1.** Rendre un objet moins tranchant ou moins aigu : *Émousser un couteau.* – **2.** Rendre un sentiment moins vif, l'atténuer, l'affaiblir ; amortir : *Émousser la curiosité, la sensibilité.*

2. ÉMOUSSER v. t. (de *mousse 2*) [conj. 3]. Pratiquer l'émoussage.

ÉMOUSSOIR n. m. Serpette ou brosse métallique pour émousser un arbre, un terrain.

ÉMOUSTILLANT, E adj. *Fam.* Qui émoustille, excite.

ÉMOUSTILLER v. t. (de *moustille,* vin nouveau, de *moût*) [conj. 3]. *Fam.* Exciter qqn, le mettre de bonne humeur ou provoquer chez lui une excitation sensuelle : *Le champagne émoustille les convives.*

ÉMOUVANT, E adj. **1.** Qui provoque une vive émotion, qui touche, bouleverse : *Récit émouvant.* – **2.** Qui touche la sensibilité : *La beauté émouvante d'un paysage.*

ÉMOUVOIR v. t. (lat. pop. **exmovere,* du lat. class. *emovere,* remuer) [conj. 55]. Produire une forte impression sur la sensibilité, faire naître chez qqn de l'émotion, du trouble : *Émouvoir l'assistance.*

◆ **s'émouvoir** v. pr., **être ému** v. pass. Ressentir une émotion, un trouble qui bouleverse, touche ; manifester cette émotion, ce trouble : *Parler d'une voix émue.*

EMPAILLAGE n. m. Action d'empailler un siège, un animal, un plant.

EMPAILLÉ, E adj. et n. *Fam.* Se dit de qqn d'indolent, d'inerte ; empoté.

EMPAILLER v. t. (de *paille*) [conj. 3]. **1.** Garnir, bourrer ou envelopper de paille un objet, un siège, etc. – **2.** Préparer la peau d'un animal et la rembourrer de paille ou de laine de verre pour lui conserver sa forme naturelle. (Syn. NATURALISER.) – **3.** Entourer de paille certains végétaux pour les préserver de la gelée ou du soleil.

◆ **s'empailler** v. pr. *Pop.* Se disputer.

EMPAILLEUR, EUSE n. **1.** Syn. de REMPAILLEUR. – **2.** Personne qui empaille les animaux. (Syn. TAXIDERMISTE.)

EMPAIN (Édouard, *baron*), ingénieur, financier et industriel belge (Belœil 1852-Bruxelles 1929). Il créa de nombreuses entreprises d'électricité, de chemins de fer et de tramways en Belgique et à l'étranger, collabora à l'œuvre coloniale de Léopold II et participa à la création, en Égypte, de la nouvelle ville d'Héliopolis.

EMPALEMENT n. m. Action d'empaler ; fait de s'empaler.

EMPALER v. t. (conj. 3). **1.** Faire subir à qqn le supplice du pal, lui enfoncer qqch dans le corps. – **2.** Transpercer le corps d'un animal de part en part ; embrocher.

◆ **s'empaler** v. pr. Se blesser en tombant sur un objet qui s'enfonce dans le corps : *S'empaler sur une fourche en tombant.*

EMPALMAGE n. m. (de *empalmer*). Escamotage d'un objet (carte, boule, pièce) dans la paume de la main qui paraît vide.

EMPALMER v. t. (lat. *palma,* paume de la main) [conj. 3]. Effectuer un empalmage.

EMPAN n. m. (anc. fr. *espane,* du frq. **spanna*). **1.** Distance comprise entre l'extrémité du pouce et celle du petit doigt très écartés (de 22 à 24 cm). – **2.** Longueur maximale d'une série d'éléments susceptibles d'être mémorisés après une seule présentation.

EMPANACHER (S') v. pr., **ÊTRE EMPANACHÉ** v. pass. (conj. 3). *Litt.* S'orner d'un panache : *S'empanacher de plumes.*

EMPANNAGE n. m. Action d'empanner.

EMPANNER v. i. (de *panne*) [conj. 3]. Virer de bord vent arrière, en faisant passer le vent d'une hanche à l'autre du bateau et la bôme d'un côté à l'autre.

EMPANON ou **EMPANNON** n. m. (anc. fr. *panne,* poutre, du lat. pop. **patena*). Chacun des chevrons inégaux d'un comble à croupe. (Syn. ARBALÉTRIER.)

EMPAQUETAGE n. m. Action d'empaqueter, ce qui empaquette ; emballage.

EMPAQUETER v. t. (conj. 27). Mettre un objet en paquet, en faire un paquet ; emballer : *Empaqueter des marchandises.*

EMPAQUETEUR, EUSE n. Personne chargée de l'empaquetage de marchandises.

EMPARER (S') v. pr. (anc. provenç. *amparar,* protéger, du lat. pop. **anteparare,* disposer par-devant) [conj. 3]. **1.** Prendre violemment possession de qqch ; conquérir : *S'emparer d'une ville.* — **2.** Faire qqn prisonnier, se saisir de lui ; arrêter : *La police s'est emparée de lui à la frontière.* — **3.** Saisir qqch, le prendre pour son usage : *Il s'empara d'un bâton pour se défendre.* — **4.** Tirer parti de qqch, l'utiliser à son profit : *S'emparer d'une idée.* — **5.** En parlant d'un sentiment, gagner qqn, prendre possession de lui, l'envahir : *La colère s'empara de lui.*

EMPARQUER v. t. (de *parc*) [conj. 3]. Mettre des moutons dans une enceinte, en général démontable.

EMPÂTAGE n. m. **1.** Action de mélanger la moûture de malt avec de l'eau avant brassage. — **2.** Opération qui assure, dans la fabrication de savon, un mélange intime entre matières grasses et alcali. — **3.** Dans le raffinage du sucre, malaxage du sucre avec un sirop, en vue de faire passer les impuretés superficielles des cristaux dans ce sirop.

EMPÂTEMENT n. m. **1.** Action de rendre pâteux ; état de ce qui est empâté : *L'empâtement de l'écriture.* — **2.** Effacement des traits, des lignes du corps sous l'épaississement des tissus, de la graisse : *Empâtement du visage.* — **3.** Relief produit, sur un tableau, par l'application de couches épaisses de matière picturale.

EMPÂTER v. t. (de *pâte*) [conj. 3]. **1.** Rendre pâteuse la bouche, la langue : *Sucreries qui empâtent la bouche.* — **2.** Faire grossir qqn ; gonfler, bouffir : *L'âge lui a empâté les traits.* — **3.** Produire un ou des empâtements sur un tableau.

◆ **s'empâter** v. pr., **être empâté** v. pass. **1.** Prendre de l'embonpoint, grossir, perdre de la finesse des traits ; épaissir : *Il s'est empâté avec l'âge.* — **2.** Être trop épais, sans netteté, sans finesse : *Écriture empâtée.* — **3.** *Bouche, langue empâtée,* chargée, embarrassée, comme pâteuse. ‖ *Voix empâtée,* sans netteté, pâteuse.

EMPATHIE n. f. (calque de l'all. *Einfühlung*). Mode de connaissance intuitive d'autrui, qui repose sur la capacité de se mettre à la place de l'autre.

EMPATHIQUE adj. Relatif à l'empathie.

EMPATTEMENT n. m. **1.** Base élargie d'un tronc d'arbre ou d'un rameau. — **2.** Distance séparant les axes des essieux extrêmes d'un véhicule. — **3.** Maçonnerie formant saillie à la base d'un mur. — **4.** Griffe d'une base de colonne. — **5.** Longueur de l'ensemble du train d'essieux d'un véhicule ferroviaire, mesurée entre les axes des essieux extrêmes. — **6.** Forme significative située à la base et en haut des parties verticales ou obliques des caractères d'imprimerie. — **7.** Base d'un meuble, quand elle est plus large que le corps. — **8.** *Empattement rigide,* longueur de l'ensemble du train des essieux d'un véhicule ferroviaire dont les essieux restent parallèles en toutes circonstances.

EMPAUME ou **EMPAUMURE** n. f. Partie du gant qui couvre la paume de la main.

EMPAUMER v. t. (conj. 3). **1.** *Fam.* Séduire qqn pour le tromper, prendre l'avantage sur lui en le trompant : *Se faire empaumer par un escroc.* — **2.** *Empaumer la voie,* en parlant du chien de meute, trouver, prendre la voie et la suivre avec ardeur.

EMPAUMURE n. f. **1.** Syn. de EMPAUME. — **2.** Élargissement du merrain, d'où partent, en forme de paume, les bois du dix-cors.

EMPÊCHEMENT n. m. **1.** Ce qui s'oppose à la réalisation de qqch, ce qui fait obstacle à qqch, ce qui entrave un projet ; difficulté : *Voyez-vous un empêchement à ce mariage ?* — **2.** *Avoir un empêchement,* ne pas pouvoir, pour une raison quelconque, se rendre à un rendez-vous, une réunion, etc., comme c'était prévu. • **Dr.** *Empêchement à mariage,* absence de l'une des conditions légales nécessaires à la célébration du mariage. — **Polit.** Interruption prématurée du mandat présidentiel. (En France, c'est le Conseil constitutionnel qui, statuant à la majorité de ses membres, apprécie souverainement les cas d'empêchement : maladie, scandale, etc. Selon qu'il est qualifié de momentané ou de définitif, l'empêchement ouvre une phase d'intérim ou autorise le remplacement du président de la République.) — **Relig.** Loi ecclésiastique limitant le droit de contracter mariage, d'entrer en religion, de recevoir les ordres sacrés ou d'exercer les ordres reçus.

EMPÊCHER v. t. (bas lat. *impedicare,* prendre au piège, de *pedica,* entrave) [conj. **4**]. **1.** Faire en sorte que qqch ne se produise pas ; éviter : *Empêcher l'extension d'un conflit.* – **2.** Ne pas permettre à qqn de faire qqch : *S'il veut absolument y aller, on ne peut l'en empêcher.* – **3.** Constituer un obstacle qui interdit une action, un état : *Pousse-toi, tu m'empêches de voir.* – **4.** *(Il) n'empêche que,* indique une opposition ; cependant : *J'ai dû renoncer, n'empêche que j'avais raison.*

◆ **être empêché** v. pass. Ne pas pouvoir remplir une obligation, avoir un empêchement : *Le ministre, empêché (de venir), s'est fait remplacer.*

◆ **s'empêcher** v. pr. *Ne pas pouvoir s'empêcher de,* ne pas pouvoir se retenir de : *Il n'a pas pu s'empêcher de rire.*

EMPÊCHEUR, EUSE n. *Fam.* **1.** Personne qui empêche qqn de faire qqch. – **2.** *Empêcheur de danser, de tourner en rond,* personne qui dérange les autres dans leurs projets ou qui les empêche de s'amuser.

EMPÉDOCLE, philosophe grec (Agrigente ve s. av. J.-C. - dans le Péloponnèse). Personnalité exceptionnelle, il fut médecin, législateur, prophète et professeur. Il a bâti une théorie des quatre éléments, dont la combinaison est selon lui à l'origine de toute chose : mais les deux principes antagonistes, Amour (attraction) et Haine (répulsion), sont les agents qui font l'union et la désunion des quatre éléments. Il a écrit deux poèmes, *De la nature* et *les Purifications,* dont des fragments nous sont parvenus et dont l'influence continue de se faire sentir par exemple chez René Char.

EMPEIGNAGE n. m. **1.** Largeur de la chaîne montée sur un métier à tisser après son passage entre les dents du peigne. – **2.** Largeur maximale de tissu pouvant être réalisée sur un métier donné.

EMPEIGNE n. f. (anc. fr. *peigne,* métacarpe). **1.** Partie avant de la tige de la chaussure, couvrant le cou-de-pied et les orteils. – **2.** Pop. et vx. *Gueule d'empeigne,* visage antipathique, individu grincheux.

EMPEIGNER v. t. (conj. **4**). Passer les fils de chaîne entre les dents du peigne du métier à tisser, pour maintenir l'écartement des fils entre eux et fixer la largeur du tissu sur le métier.

EMPELOTONNAGE n. m. Opération consistant à disposer un fil en pelote. (Syn. PELOTONNAGE, PELOTAGE.)

EMPÊNAGE n. m. Mortaise qui reçoit le pêne d'une serrure.

EMPÊNER [ɑ̃pɛne] v. t. (conj. **4**). Ajuster le pêne d'une serrure sur son pilastre.

EMPENNAGE n. m. **1.** Action d'empenner une flèche. – **2.** Chacune des surfaces placées à l'arrière des ailes ou de la queue d'un avion, pour lui donner de la stabilité. – **3.** Syn. de EMPENNE. – **4.** Ensemble des ailettes arrière d'un projectile non tournant, servant à le stabiliser.

EMPENNE n. f. (de *empenner*). **1.** Garniture de plumes ou de plastique placée sur le talon d'une flèche pour régulariser son mouvement. – **2.** Garniture de bois ou de cuivre en forme d'ailerons placée sur le talon d'un projectile d'arbalète. (Le principe en a été repris pour certains projectiles modernes.) [Syn. EMPENNON, EMPENNAGE.]

EMPENNELAGE n. m. Action d'empenneler.

EMPENNELER v. t. (de *empennelle,* petite ancre) [conj. **24**]. Mouiller ensemble deux ancres d'inégale grosseur, la plus petite étant en avant de la grosse pour lui assurer une meilleure tenue.

EMPENNER v. t. (de *penne*) [conj. **4**]. Garnir une flèche de plumes.

EMPENNON n. m. Syn. de EMPENNE.

EMPEREUR n. m. (lat. *imperator, -oris,* général en chef). **1.** À Rome, titre donné, depuis Auguste, au détenteur du pouvoir suprême. – **2.** Chef du Saint Empire romain germanique. – **3.** (avec une majusc.) Napoléon Ier. – **4.** Titre donné au chef de certains États.

ENCYCL. **Hist.** À Rome, on appelle « empereur » le détenteur du pouvoir suprême d'Auguste (27 av. J.-C.) à la chute de l'Empire d'Occident (476 apr. J.-C.). Ce pouvoir repose d'une part sur l'*imperium,* principe de souveraineté que possède tout magistrat de haut rang, et qui lui donne la possibilité d'intervenir à Rome et dans les provinces, ainsi que le droit d'être le chef des armées ; d'autre part sur la puissance tribunicienne, c'est-à-dire sur les pouvoirs que détenaient les tribuns de la plèbe. À ces deux pouvoirs traditionnels s'ajoute l'*auctoritas,* pouvoir moral d'un type nouveau, qui fait de l'empereur le garant de toute décision, celui qu'une compétence inégalée met au-dessus de toutes les institutions. De plus, un caractère religieux s'ajoute au pouvoir de l'empereur avec le grand pontificat, titre qu'Auguste revêt en 12 av. J.-C., et que tous les empereurs porteront après lui. Enfin, dès le règne d'Auguste, la personne de l'empereur a été l'objet, de la part de ses sujets, d'un respect de nature religieuse que ces successeurs développeront et organiseront en culte impérial.

EMPEREURS *(monts des),* chaîne de monts sous-marins alignés sur 2 400 km en deux segments, du N.-O. de l'archipel des Hawaii au Kamtchatka.

EMPERLER v. t. (de *perle*) [conj. 3]. *Litt.* Couvrir de gouttelettes semblables à des perles : *Sueur qui emperle le front.*

EMPESAGE n. m. Action d'empeser ; résultat de cette action.

EMPESER v. t. (anc. fr. *empoise,* empois, du lat. *impensa,* matériaux, ingrédients) [conj. **19**]. Imprégner un tissu d'un produit spécifique, afin de lui donner de l'apprêt.

◆ **être empesé** v. pass. **1.** Être apprêté avec de l'empois : *Col empesé.* – **2.** Être raide, affecté, sans naturel : *Style empesé.*

EMPESTER v. t. (de *peste*) [conj. 3]. **1.** Infecter un lieu de mauvaises odeurs, empuantir : *Ce produit empeste toute la maison.* – **2.** *Litt.* Corrompre qqn, qqch par de mauvaises idées : *Empester un pays avec des doctrines racistes.*

◆ v. i. Dégager une odeur désagréable ; puer : *Tes vêtements empestent le tabac.*

EMPÊTRER v. t. (lat. pop. **impastoriare,* mettre une entrave, du lat. class. *pastus,* pâturage) [conj. 4]. **1.** Embarrasser qqn, ses membres par qqch qui les lie, les retient : *Il avait empêtré ses pieds dans le filet.* – **2.** Embarrasser qqn, l'engager de façon malencontreuse dans une situation pénible, sans issue : *Le juge essayait de l'empêtrer dans ses mensonges.*

◆ **s'empêtrer** v. pr., **être empêtré** v. pass. **1.** S'embarrasser dans qqch qui lie, retient : *S'empêtrer les pieds dans des ronces.* – **2.** S'embrouiller, être engagé dans qqch de difficile, de mauvais : *Être empêtré dans une intrigue sordide.* – **3.** Être embarrassé par la présence de qqn, de qqch : *Être empêtré de dossiers innombrables.* – **4.** Fam. *Avoir l'air empêtré,* avoir l'air gauche, maladroit.

EMPHASE n. f. (gr. *emphasis*). **1.** Exagération pompeuse dans le ton, le geste, dans les termes employés ; enflure, grandiloquence : *Parler avec emphase.* – **2.** Mise en relief d'un des constituants de la phrase par l'intonation ou par l'ordre des mots.

EMPHATIQUE adj. (gr. *emphatikos*). **1.** Qui est empreint d'emphase, qui s'exprime avec emphase ; pompeux, ampoulé, grandiloquent : *Un ton emphatique.* – **2.** Relatif à l'emphase, qui contient une emphase. (Le pronom *nous* est dit emphatique quand il est employé à la place de *je ;* de même l'emploi de certains pluriels à la place du singulier [*les cieux, les blés, les airs*] peut avoir une valeur emphatique.) – **3.** *Consonne emphatique* ou *emphatique* (n. f.), consonne dont la réalisation s'accompagne d'un rétrécissement de la cavité pharyngale. (Syn. PHARYNGALISÉE.)

EMPHATIQUEMENT adv. Avec emphase.

EMPHYSÉMATEUX, EUSE adj. et n. Qui présente les caractères de l'emphysème ; atteint d'emphysème.

EMPHYSÈME n. m. (gr. *emphusêma,* de *emphusân,* enfler). *Emphysème cellulaire,* gonflement produit par l'introduction d'air ou le dégagement de gaz dans le tissu cellulaire. ‖ *Emphysème pulmonaire,* dilatation excessive des alvéoles pulmonaires, pouvant aboutir à la destruction de leurs parois.

ENCYCL. L'*emphysème pulmonaire* peut être une complication d'une autre maladie (asthme, bronchite chronique, tuberculose), la conséquence d'agressions bronchiolaires (pollution aérienne, tabac) ou une affection autonome. Les principaux signes en sont la dyspnée (essoufflement), la toux et l'expectoration.

EMPHYTÉOSE n. f. (lat. médiév. *emphyteosis,* du bas lat. *emphyteusis,* du gr. *emphuteuein,* planter). Droit réel de jouissance sur la chose d'autrui, qui résulte de la conclusion d'un bail de longue durée, dit *bail emphytéotique.*

EMPHYTÉOTE n. (lat. médiév. *emphyteota,* du bas lat. *emphyteuta*). Preneur d'un bail emphytéotique.

EMPHYTÉOTIQUE adj. (lat. médiév. *emphyteoticus,* du bas lat. *emphyteuticus*). *Bail emphytéotique,* bail de longue durée (18 à 99 ans), qui confère au preneur un droit réel susceptible d'hypothèque.

EMPIÈCEMENT n. m. (de *pièce*). Pièce rapportée dans un corsage, une jupe, etc.

EMPIERREMENT n. m. **1.** Action d'empierrer une route. – **2.** Assise de pierre ainsi réalisée, généralement un macadam. – **3.** Procédé de drainage consistant à réaliser une sorte de conduit souterrain par un lit de pierres disposé au fond d'une tranchée, qu'on recouvre ensuite de fascines et de terre.

EMPIERRER v. t. (conj. 4). Disposer une assise de pierres pour la construction d'une chaussée.

EMPIÉTEMENT n. m. **1.** Action d'empiéter, ce qui empiète ; usurpation : *Les empiétements du pouvoir.* – **2.** Extension progressive de qqch sur qqch d'autre : *L'empiétement de la mer sur les terres.*

EMPIÉTER v. t. ind. (de *pied*) [conj. **18**]. **1.** S'arroger des droits, prendre une partie des biens, des avantages qui appartiennent à qqn d'autre, s'étendre sur le domaine de qqn : *Empiéter sur les libertés d'autrui.* – **2.** Gagner, prendre une partie de la place occupée par qqn d'autre, ou par un autre lieu, un autre temps ; mordre : *La mer empiète chaque année sur la côte.*

EMPIFFRER (S') v. pr. (de *piffre,* homme ventru) [conj. 3]. *Fam.* Se gorger de nourriture ; manger gloutonnement ; se gaver, se bourrer : *Il s'empiffrait de sucreries entre les repas.*

EMPILABLE adj. Conçu pour pouvoir être empilé : *Tasses à café empilables.*

EMPILAGE n. m. **1.** Action d'empiler qqch : *L'empilage des marchandises.* — **2.** Construction faite de briques réfractaires disposées en rangées et posées les unes sur les autres de façon à ménager un vide entre elles, constituant un accumulateur de chaleur.

EMPILE n. f. (de *empiler,* tromper). Syn. de BAS* DE LIGNE.

EMPILEMENT n. m. Action d'empiler, d'entasser, fait d'être empilé ; tas, amas : *Des empilements de livres sur le bureau.*

1. EMPILER v. t. (de *pile 1*) [conj. 3]. **1.** Mettre des choses en pile ; entasser, amonceler : *Empiler des livres dans un coin.* — **2.** *Empiler de l'argent,* l'amasser.
◆ **s'empiler** v. pr., **être empilé** v. pass. **1.** Être mis en pile : *Les assiettes étaient empilées sur le buffet.* — **2.** *Fam.* Se serrer dans un lieu : *S'empiler dans le métro.*

2. EMPILER v. t. (de *empiler 1*) [conj. 3]. *Fam.* Tromper qqn, le voler : *Je me suis fait empiler de dix francs.*

EMPILEUR, EUSE n. *Fam.* Personne qui empile ; escroc.

1. EMPIRE n. m. (lat. *imperium*). **1.** Régime autoritaire de type monarchique ou césariste, dans lequel le pouvoir est détenu par un empereur. — **2.** État ou ensemble d'États soumis à un tel régime. — **3.** Grand ensemble de pays dépendant d'une même autorité, que celle-ci soit exercée par un empereur ou non : *Un vaste empire colonial.* — **4.** Groupe industriel très puissant et très étendu. — **5.** Influence, ascendant, prestige de qqch : *L'empire de la mode.* — **6.** Influence absolue de qqn, d'un sentiment ou de qqch sur la conduite d'une personne : *Agir sous l'empire de la drogue.* — **7.** Très vaste territoire sur lequel on rencontre dans la nature des animaux et des plantes appartenant aux mêmes familles. (On distingue les empires holarctique ou boréal, néotropical, éthiopien ou africano-malgache, oriental ou indo-malais, australo-papou, polynésien et antarctique.) — **8.** *Avoir de l'empire sur soi,* savoir garder la maîtrise de soi. ‖ *L'empire céleste,* le ciel, le paradis. ‖ *L'empire des mers,* la domination sur mer. ‖ *Pas pour un empire,* pour rien au monde, en aucune façon.

2. EMPIRE n. m. (de *empire 1*) [avec une majusc.]. **1.** Période pendant laquelle Napoléon Ier gouverna la France. (On dit aussi PREMIER EMPIRE.) — **2.** Période pendant laquelle Napoléon III gouverna la France. (On dit aussi SECOND EMPIRE.) — **3.** Syn. de SAINT EMPIRE ROMAIN GERMANIQUE.

Empire *(premier),* régime politique établi en France le 18 mai 1804 par Napoléon Ier et qui dura jusqu'au 6 avr. 1814. L'établissement de la monarchie impériale résulte du sénatus-consulte organique du 28 floréal an XII (18 mai 1804) [ou Constitution de l'an XII], approuvé massivement par plébiscite (6 nov.), qui confie le gouvernement de la République au Premier consul avec le titre d'Empereur des Français, et proclame la dignité impériale héréditaire dans la descendance directe, naturelle et légitime de Napoléon Bonaparte. Le nouveau régime complète ses attributs par le sacre à Notre-Dame de Paris de Napoléon Ier (2 déc. 1804), par la création d'une cour avec sa hiérarchie (grands dignitaires, grands officiers civils et militaires, dont dix-huit maréchaux) et d'une noblesse d'Empire (1806, 1808).

le despotisme

L'Empire se veut l'aboutissement de la Révolution, désormais close, dont il est chargé de préserver les conquêtes essentielles (égalité civile, respect de la propriété, abolition de la féodalité). Il est la garantie contre le retour de la Contre-Révolution et de l'anarchie jacobine. À ce titre, il justifie la mise en place d'un despotisme centralisateur. Napoléon maintient le système hérité du Consulat qui assure la primauté de l'exécutif sur un législatif impuissant et partagé entre le Conseil d'État, le Corps législatif et le Sénat. Le Tribunat, seule assemblée délibérative, est supprimé en 1807. Les ministres sont de simples agents d'exécution. La police, confiée à Fouché puis (1810) à Savary, forte de ses multiples informateurs officiels et secrets, est l'instrument du règne par excellence. La liberté individuelle n'est pas respectée. La liberté d'opinion est abolie : journaux, livres, pièces de théâtre sont objet de censure. La direction des esprits est complétée par la mainmise sur l'Église de France, chargée d'enseigner le catéchisme impérial (publié en 1806) imposant le devoir d'obéissance à l'Empereur, et sur l'enseignement, dont le monopole est donné à l'Université impériale (loi du 10 mai 1806 et décret du 17 mars 1808) qui doit modeler l'opinion morale de la jeunesse.

la société

La bourgeoisie voit sa prépondérance consolidée. Les institutions politiques et universitaires lui réservent l'accès aux fonctions administratives. La multiplication de ces fonctions lucratives, les encouragements donnés par l'Empereur aux industriels, aux négociants, aux financiers, et la prospérité générale concourent à son essor. Les paysans connaissent, pour la plupart, une relative aisance, due à l'achat de biens nationaux et à la hausse du prix du grain. Les ouvriers, soumis à une législation reprise de celles de l'Ancien Régime et de 1791 (interdiction des grèves et des coalitions, livret ouvrier délivré par la police), améliorent, en revanche, leur condition économique, la hausse des salaires dépassant celle du prix du pain (50 % contre 28 %). L'élévation du niveau de vie de l'ensemble de la société se traduit par un accroissement de la population, qui augmente de 1 700 000 hab. Cet essor démographique contribue à la prospérité économique, que favorisent aussi la stabilité de la monnaie (assurée par la loi du 7 germinal an XI [28 mars 1803] qui fixe le poids du franc), le soutien du gouvernement à l'économie et la politique extérieure de Napoléon.

le Grand Empire

Les objectifs de la politique extérieure napoléonienne sont divers et circonstanciels : abattre la Grande-Bretagne, puissance économique concurrente et animatrice des troisième, quatrième et cinquième coalitions contre la France ; renforcer les frontières naturelles ; construire le Grand Empire par la conquête, qui s'explique par la volonté de puissance de Napoléon, et aussi par l'hostilité de l'Europe des rois envers un homme qui demeure, à ses yeux, le soldat de la Révolution.

De 1805 à 1810, après le désastre naval de Trafalgar (21 oct. 1805), la Grande Armée (200 000 hommes en 1805, 900 000 en 1809 dont 160 000 sont fournis par la conscription) remporte les victoires d'Austerlitz (2 déc. 1805), d'Iéna (14 oct. 1806), de Friedland (14 juin 1807), du col de Somosierra (30 nov. 1808) et de Wagram (6 juill. 1809), qui permettent à Napoléon de dominer l'Italie, l'Allemagne et l'Espagne. Le Blocus continental (1806-07), qui vise à acculer la Grande-Bretagne à la négociation par la ruine économique et à donner à la France l'hégémonie sur le marché européen, distend l'Empire aux dimensions du continent. En 1811, l'Empire français (la France) s'étend de Lübeck à Rome sur 130 départements peuplés de 45 millions d'hab. Autour de lui gravitent des États vassaux (royaumes d'Italie, d'Espagne et de Naples, Confédération du Rhin et Confédération helvétique) qui lui fournissent argent, hommes, matières premières. Gouvernés par des parents ou des serviteurs de Napoléon, ou placés sous la protection de l'Empereur, ces États appliquent le Blocus continental comme les États alliés (Russie, Prusse, Autriche, Danemark, Suède). Une partie de l'Europe est ainsi soumise au système de gouvernement napoléonien et régie par le Code civil. Le Grand Empire qu'elle forme avec la France semble devoir se perpétuer avec la naissance du roi de Rome (1811).

la chute de l'Empire

À partir de 1811, la conjoncture économique défavorable, l'éveil des nationalismes dans les États vassaux, la rupture de l'alliance franco-russe (1812), l'opposition en France de la bourgeoisie à la guerre, l'hostilité des catholiques à la politique religieuse de Napoléon (incarcération par l'Empereur de Pie VII à Saverne [1808] puis à Fontainebleau [1812]) se conjuguent pour provoquer la chute de l'Empire. Celle-ci est précipitée par les défaites infligées à la France par ses anciens alliés et vassaux désormais coalisés contre elle (sixième coalition). Aux désastreuses campagnes de Russie (1812) et d'Allemagne (1813) succède celle de France (1814), à l'issue de laquelle les coalisés entrent dans Paris (31 mars 1814). Le 2 avr., le Sénat, à l'initiative de Talleyrand, vote la déchéance de l'Empereur. Quatre jours plus tard, il appelle au trône Louis XVIII, tandis que Napoléon est contraint d'abdiquer en raison de la défection de ses maréchaux.

Empire *(style)*, style du règne de Napoléon Ier. Déjà en gestation à la fin du XVIIIe s. (styles Louis XVI et Directoire), il fait triompher le retour à l'antique (répertoire gréco-romain, mais aussi égyptien, etc.). Sévère, sobre et solennel, ce style est dominé en peinture par David ainsi que par Prud'hon, Gérard et Gros, en architecture par Fontaine et Percier, en sculpture par Cartellier, Chinard, Chaudet. Mais un souffle romantique apparaît déjà chez Gros, Girodet-Trioson ou Prud'hon. Les arts décoratifs, très féconds sous l'impulsion des commandes officielles, sont régis par la ligne droite, la composition géométrique et la symétrie ; ils imposent des motifs tels que sphinx, griffons, glaives, couronnes de lauriers, casques, Victoires ailées, etc., caractéristiques des travaux de décoration réalisés par les peintres, sculpteurs et architectes, de l'orfèvrerie (H. Auguste, J.-B. C. Odiot, G. Biennais), des bronzes d'ameublement (Thomire), de l'ébénisterie (Jacob-Desmalter), des tissus, etc.

Empire *(second)*, régime politique établi en France le 2 déc. 1852 par Napoléon III et qui dura jusqu'au 4 sept. 1870. Installé après le coup d'État du 2 décembre* 1851, le régime impérial fondé par Napoléon III, proclamé empereur des Français le 2 déc. 1852, repose sur la Constitution du 14 janv. 1852, modifiée par le sénatus-consulte du 7 nov. et approuvée massivement par plébiscite (21-22 nov.). Selon cette Constitution, l'empereur, chef de l'État, détient la totalité du pouvoir exécutif et l'essentiel du pouvoir législatif. Il nomme et révoque les ministres responsables devant lui seul. Il gouverne « au moyen » du Conseil d'État qui prépare les lois, du Corps législatif, composé de députés élus au suffrage universel, qui n'a ni le droit d'adresse, ni le droit d'interpellation, et du Sénat, formé de dignitaires inamovibles, gardien de la Constitution.

l'Empire autoritaire (1852-1858)

Le régime impérial confisque les libertés individuelles et brise l'opposition par la terreur. Arrestations, exils, déportations frappent républicains, modérés, révolutionnaires. La droite (légitimistes, orléanistes, libéraux) est aussi victime de la répression, le bonapartisme, qui se dit ni de droite ni de gauche, voulant supprimer les partis et réconcilier les Français. La presse est muselée (décret du 17 févr. 1852), l'université est épurée. Les élections sont savamment organisées par l'État (découpage des circonscriptions, candidatures officielles, etc.). Jusqu'en 1857, l'opposition (8 élus au Corps législatif sur 261) refuse de prêter serment de fidélité à l'empereur et ne siège donc pas. Pourtant, le régime bénéficie d'appuis considérables : celui de l'Église, ceux de l'armée et de la police. Mais son atout maître est sa politique économique qui exploite habilement la fin de la crise ouverte en 1847-48, et engage la France dans l'ouverture industrielle et capitaliste. Entouré d'hommes d'affaires novateurs (tels le duc de Morny, A. Fould), de saint-simoniens (M. Chevalier) et de pionniers du capitalisme (E. et I. Pereire), Napoléon III veut associer empire et progrès, autorité et modernité. Gardien de l'ordre, l'État est aussi le moteur de l'économie. Le second Empire amorce la modernisation dans quatre secteurs : le crédit, les transports, les échanges, l'urbanisation. En 1852 débute la « révolution bancaire » qui voit la création du Crédit foncier de France (1852), du Crédit Lyonnais (1863) et de la Société générale (1864). Les communications se développent considérablement avec la poste, le télégraphe électrique, les grandes compagnies maritimes (telles les Messageries maritimes, 1851) et surtout les chemins de fer : entre 1851 et 1870, la France passe de 3 600 à 18 000 km de voies ferrées, organisées en un réseau dense géré par six grandes compagnies et qui contribue à la naissance d'un marché national. Enfin, en 1853, Haussmann engage les travaux d'assainissement et d'embellissement de Paris, imité à Lyon, Marseille, Bordeaux, Lille.

En politique extérieure, la mission dont s'estime investi Napoléon III — restaurer la prépondérance française et construire l'Europe des nationalités — passe par la rupture de l'alliance des grandes monarchies (Autriche, Prusse, Russie) et l'abolition des traités de 1815. Allié à la Grande-Bretagne et à l'Empire ottoman, Napoléon III sort victorieux de la guerre de Crimée (1854-1856), marquée par la prise de Sébastopol (8 sept. 1855) et achevée par le traité de Paris (30 mars 1856), qui détruit l'œuvre du congrès de Vienne. Son entrevue avec Cavour à Plombières (21 juill. 1858) permet, après les victoires de Magenta (4 juin 1859) et de Solferino (24 juin), d'entamer l'unité italienne et d'annexer Nice et la Savoie à la France (1860). Hors d'Europe, il affermit la position de la France en Algérie (conquête de la Kabylie, 1857), au Levant par le biais des missions religieuses, en Égypte, où F. de Lesseps commence le canal de Suez (1859), au Sénégal, dont Faidherbe commence la conquête (1854), et en Extrême-Orient, où il ouvre des ports de Chine à la France (1860), établit un protectorat français au Cambodge (1863) et en Cochinchine (1867).

l'Empire libéral (1858-1870)

La crise de 1858, consécutive à l'attentat d'Orsini contre l'empereur (14 janv. 1858), marque le terme de la période autoritaire du second Empire. Napoléon prend alors l'initiative de réformes libérales, sans doute pour récupérer sur la gauche les désistements provoqués par sa politique italienne chez les catholiques, et par le traité de libre-échange franco-anglais (23 janv. 1860) dans la bourgeoisie industrielle. Il amnistie les proscrits du 2-Décembre (15 août 1859) et rétablit le droit d'adresse (26 nov. 1860). La renaissance de l'opposition (32 élus au Corps législatif sur 283 en 1863) et les échecs extérieurs (Sadowa, 1866 ; expédition du Mexique, 1862-1867) le contraignent à multiplier les mesures libérales. Les grèves sont autorisées (25 mai 1864), le droit d'interpellation est rétabli (19 janv. 1867), le régime de la presse et des réunions publiques est libéralisé (9 mars et 6 juin 1868). Ces mesures ne font que renforcer l'opposition qui remporte un succès aux élections de 1869 à gauche comme à droite (30 républicains, 40 monarchistes). Le « tiers parti », conduit par Thiers et É. Ollivier, qui accepte l'Empire mais veut mettre fin au pouvoir personnel, est alors placé en position d'arbitre (116 élus). Le 2 janv. 1870, Napoléon III fait appel à É. Ollivier, qui forme un ministère et élabore la « Constitution de l'Empire libéral à virtualité parlementaire » (20 avr. 1870) : si les ministres sont désormais responsables devant les députés, ils le sont encore devant l'empereur. Massivement approuvée par plébiscite (8 mai), cette nouvelle constitution paraît fonder l'Empire une seconde fois.

la chute de l'Empire

Mais, tandis qu'à l'intérieur se multiplient les grèves, dues au malaise économique, et les manifestations républicaines, Napoléon III, dupé par Bismarck dans l'affaire de la candidature du prince de Hohenzollern au trône d'Espagne (dépêche d'Ems, 13 juill. 1870), s'engage, sans appui diplomatique et sans préparation militaire, dans une guerre contre la Prusse (19 juill.) [→ *guerre* FRANCO-ALLEMANDE]. Un mois de revers (août-sept.) s'achève par la capitulation de Sedan (2 sept.), où l'empereur est fait prisonnier. Ce désastre provoque l'effondrement de l'Empire. Le 4 sept., le peuple parisien, conduit par les députés républicains, impose la déchéance de Napoléon III, la proclamation de la République et la formation d'un gouvernement de la Défense* nationale.

Empire (*style* **second**), style du règne de Napoléon III. L'époque de Napoléon III est essentiellement éprise de tradition et d'éclectisme. À côté d'Ingres, les peintres imposent un académisme officiel (Couture, Winterhalter, Gérôme, Cabanel, Meissonier, etc.) ; mais Courbet, Daumier, Manet et les artistes du Salon des Refusés ouvrent les voies de la peinture moderne. La sculpture (Barye, F.-J. Duret, Clesinger, Carrier-Belleuse, etc.) est dominée par Carpeaux. En architecture, dans le Paris rénové par Haussmann, les grandes réalisations sont marquées par l'éclectisme (Lefuel, Davioud, Garnier, etc.), mais les travaux théoriques de Viollet-le-Duc et les premiers exemples d'emploi du fer annoncent un renouvellement (Hittorff, Baltard, Labrouste, L. A. Boileau). Les arts décoratifs (meubles des Fourdinois ou d'Alfred Beurdeley, bronzes de Guillaume Denière ou de Barbedienne, orfèvrerie de Froment-Meurice, des Fannière, de Christofle, bijoux des Falize, etc.), qui connaissent les débuts de l'industrialisation, adoptent des formes de la Renaissance et du XVIIIe s. (Louis XV et Louis XVI) et les interprètent selon le goût dominant de luxe et de confort (tapisseries, passementeries, capitons, etc.).

Empire britannique → BRITANNIQUE (Empire).

Empire colonial espagnol → ESPAGNOL (Empire colonial).

Empire colonial français → FRANÇAIS (Empire colonial).

Empire colonial italien → ITALIEN (Empire colonial).

Empire colonial néerlandais → NÉERLANDAIS (Empire colonial).

Empire colonial portugais → PORTUGAIS (Empire colonial).

EMPIRER v. i. (conj. 3). Devenir pire, s'aggraver : *La maladie empire tous les jours.*
◆ v. t. Aggraver, faire devenir pire : *Ce conflit a empiré la situation.*

Empire State Building, gratte-ciel new-yorkais de Manhattan. Construit en 1930-31 par l'agence Shreve, Lamb et Harmon, il est resté le plus haut du monde jusqu'aux années 70 (102 niveaux, 381 m).

EMPIRICITÉ n. f. Caractère de ce qui est empirique.

EMPIRIOCRITICISME n. m. (de *empirisme* et *criticisme*). Théorie de la fin du XIXe s. et du début du XXe s., qui consiste en une interrogation sur la manière dont s'opère la connaissance, et qui est proche du criticisme. (Ses représentants les plus importants sont E. Mach et R. Avenarius.)

EMPIRIOCRITICISTE adj. et n. Relatif à l'empiriocriticisme ; qui en est partisan.

EMPIRIOMONISME n. m. Théorie philosophique inspirée de l'empiriocriticisme et qui réfute tout dualisme. (Son principal représentant est Bogdanov.)

EMPIRIOMONISTE adj. et n. Relatif à l'empiriomonisme ; qui en est partisan.

EMPIRIQUE adj. (lat. *empiricus,* du gr. *empeirikos*). **1.** Qui ne s'appuie que sur l'expérience, qui repose sur l'expérience commune : *Une connaissance empirique.* — **2.** Qui manque de rigueur scientifique, qui procède par tâtonnements : *Procédé très empirique.* — **3.** *Formule empirique,* en physique ou en chimie, formule obtenue à la suite d'expériences et dont ne rend compte aucune théorie.
◆ adj. et n. **1.** Qui s'attache exclusivement à l'observation et au classement des données sans l'intervention d'un système ou d'une théorie a priori. — **2.** Qui se conduit en tenant compte essentiellement des circonstances, des opportunités, sans faire référence à des principes arrêtés ; pragmatique. — **3.** Se disait d'un médecin qui traitait les maladies d'après les seules données de l'expérience.

EMPIRIQUEMENT adv. De façon empirique, par des procédés empiriques.

EMPIRISME n. m. (gr. *empeiria,* expérience). **1.** Théorie philosophique selon laquelle la connaissance que nous avons des choses dérive de l'expérience. (→ *encycl.*) — **2.** Méthode reposant exclusivement sur l'expérience, sur les données et excluant les systèmes a priori. — **3.** Manière de se comporter en tenant compte surtout des circonstances et sans principes arrêtés ; pragmatisme. — **4.** *Empirisme logique,* école philosophique anglo-saxonne du XXe s., qui diffère de l'empirisme classique par l'attention privilégiée qu'elle porte au problème de la signification et par sa prétention à résoudre ce problème par une analyse logique du langage. (Cette théorie est principalement représentée par Carnap.)
ENCYCL. **Philos.** L'empirisme est souvent conçu comme une manière de procéder sans méthode, ou comme un ensemble d'expériences dont il ne faut pas s'échapper, à moins d'accepter le reproche de tomber dans l'abstrait et l'arbitraire. C'est la thèse de Claude Bernard au XIXe s. Mais l'empirisme a une référence plus ancienne et plus générale, celle que lui confère le système de Locke, qui oppose inné et acquis, et qui refuse de trouver dans l'esprit humain quoi que ce soit

qui soit inné. Dès lors, l'expérience, c'est-à-dire le contact que l'homme a avec le monde par l'intermédiaire des sens, constitue la totalité de son savoir. Hume complète les vues de Locke avec la notion d'impression. Poussé à l'extrême, l'empirisme devient avec J. S. Mill une forme d'associationnisme, dans lequel l'idée de causalité, par exemple, ne fait que provenir de l'habitude que nous avons de voir tel phénomène suivre tel autre. Par le biais du sensualisme, l'empirisme a perdu aujourd'hui – dans ce contexte – toute crédibilité. Reste l'idée de base, que développera W. James, selon laquelle le critère de toute vérité est l'expérience.

EMPIRISTE adj. et n. Qui relève de l'empirisme ; partisan de l'empirisme.

EMPLACEMENT n. m. **1.** Place occupée par qqch ou destinée à qqch : *Tracer à la craie sur le sol l'emplacement du blessé.* – **2.** Place réservée pour un véhicule dans un parking, un garage, une aire de stationnement : *Louer un emplacement à l'année.* – **3.** Endroit, espace réservés à certains commerçants sur la voie publique ou dans certains centres commerciaux, halls d'exposition, etc. : *Avoir un bon emplacement au marché.* – **4.** *Emplacement publicitaire,* espace ou durée d'un support destiné à recevoir une annonce publicitaire.

EMPLAFONNER v. t. (de *plafond*) [conj. 3]. *Pop.* **1.** Heurter ou frapper d'un coup de tête : *Emplafonner le mur.* – **2.** Emboutir qqch : *Emplafonner sa voiture.*

EMPLANTURE n. f. (de *planter*). **1.** Zone de raccordement de l'aile d'un avion au fuselage. – **2.** Pièce de bois ou de métal portant le pied d'un mât.

EMPLÂTRE n. m. (lat. *emplastrum,* du gr. *emplastron,* de *eplassein,* modeler). **1.** Préparation thérapeutique adhésive destinée à être appliquée sur la peau ou à être étendue sur des bandes de tissu (sparadrap). – **2.** *Fam.* Personne sans énergie, sans initiative ; bon à rien. – **3.** *Pop.* et *vx.* Coup, gifle. – **4.** *Fam.* Aliment bourratif.

EMPLETTE n. f. (bas lat. **implicta,* usage, du lat. class. *implicare,* employer). **1.** Achat d'objets ou de marchandises d'un usage courant : *Faire des emplettes.* – **2.** Objet acheté : *Les bras chargés de toutes ses emplettes.*

EMPLIR v. t. (lat. pop. **implire,* class. *implere*) [conj. 32]. *Litt.* Remplir.

EMPLISSAGE n. m. **1.** *Vx.* Remplissage. – **2.** *Dépôt d'emplissage,* usine ou atelier où s'effectuent le conditionnement des produits pétroliers et le chargement des camions-citernes.

EMPLOI n. m. **1.** Action ou manière d'employer qqch ; utilisation, usage : *L'emploi de ce produit est dangereux.* – **2.** Cas, circonstance où on emploie qqch : *Quels sont les emplois de ce médicament ?* – **3.** Fait d'employer des personnes : *L'emploi d'une main-d'œuvre sous-payée.* – **4.** Travail rémunéré dans une administration, une entreprise, chez qqn : *Chercher un emploi.* – **5.** *Avoir l'emploi de qqch,* avoir l'occasion de s'en servir, d'y avoir recours. ‖ *Avoir le physique, la tête de l'emploi,* avoir bien l'air de ce qu'on fait, de ce qu'on est. ‖ *Emploi du temps,* programme établi à l'avance qui indique les diverses tâches à accomplir au cours d'une période déterminée, selon les jours, les heures, etc. ; tableau fixant ce programme ; horaire, planning. ‖ *Faire double emploi,* être l'objet d'une répétition inutile ; répondre à un besoin déjà satisfait autrement. • **Comptab.** Ensemble des montants figurant à l'actif d'un bilan, en contrepartie des ressources figurant au passif. ‖ *Double emploi,* double mention d'un article passé par erreur à deux comptes différents. ‖ *Faux emploi,* mention d'une somme portée en dépense bien que la dépense n'ait pas été faite. – **Dr.** Dans la fonction publique, tâche assignée à un fonctionnaire. ‖ Placement d'un capital ; acquisition de biens mobiliers ou immobiliers à l'aide de fonds disponibles. ‖ *Contrats emploi,* mesures financées par l'employeur et par l'État, destinées à favoriser l'insertion professionnelle des jeunes en leur permettant d'acquérir dans une entreprise une formation ou une qualification (contrat *emploi-formation*) ou de compléter une formation dans l'entreprise (contrat *emploi-adaptation*). ‖ *Emploi réservé,* emploi obligatoirement affecté à certaines catégories de bénéficiaires désignés par la loi (mutilés de guerre, handicapés, etc.). ‖ *Emploi supérieur,* tâche assignée à un haut fonctionnaire. (Les emplois supérieurs sont à la discrétion du gouvernement.) – **Écon.** Rapport entre le nombre de personnes actives dans une profession, un pays, et la population totale de cette profession, de ce pays. (Syn. VOLUME DE L'EMPLOI.) [→ *encycl.* CHÔMAGE.] – **Ling.** Fait de se servir d'une forme de la langue. – **Mil.** Fonction confiée à un militaire de carrière, indépendamment de son grade. – **Spect.** Type de rôle pouvant être joué par un acteur ou interprété par un danseur en fonction de son physique, de sa sensibilité.

emploi *(Agence nationale pour l')* **[A. N. P. E.]**, établissement public national, créé en 1967, qui, sous l'autorité du ministre du Travail, a pour mission de maîtriser le marché de l'emploi : coordonner les offres et demandes d'emploi ; accueillir, informer les demandeurs d'emploi et contrôler leur placement.

emploi *(Fonds national de l')* **[F. N. E.]**, organisme créé en 1963 et rattaché au ministère du Travail, qui permet le financement de mesures d'aide à l'emploi pour les travailleurs au chômage du fait de l'évolution des structures économiques et des conditions de production (aide à la mobilité géographique, formation professionnelle, etc.).

EMPLOYABILITÉ n. f. Possibilité que qqn a d'être affecté à un nouveau travail.

EMPLOYABLE adj. Que l'on peut employer ; utilisable.

EMPLOYÉ, E n. **1.** Salarié(e) qui travaille dans un bureau, une administration, un magasin, ou chez un particulier. – **2.** *Employé(e) de maison,* syn. de DOMESTIQUE.

ENCYCL. La catégorie sociale des employés est difficile à déterminer, dans la mesure où leur regroupement provient, notamment dans les statistiques de l'I. N. S. E. E., plutôt de leur non-appartenance à la catégorie « cadre » et à celle des « ouvriers » que d'une caractérisation précise et positive. Michel Crozier a essayé de déterminer les comportements culturels et les modes de vie qu'il considère comme spécifiques de cette catégorie sociale. Cette analyse reprend celle qu'avait établie Charles Wright Mills dans *les Cols blancs* (1951).

EMPLOYER v. t. (lat. *implicare,* placer) [conj. 13]. **1.** Faire usage de qqch, l'utiliser, s'en servir, y avoir recours : *N'employez pas ce mot, il est incorrect.* – **2.** Utiliser complètement qqch dans un usage, le consommer : *À quoi allez-vous employer cet argent ?* – **3.** Faire travailler qqn, un animal, l'utiliser pour remplir telle tâche, telle fonction : *On l'emploie à de menus travaux.* – **4.** Faire travailler qqn pour son compte en échange d'une rémunération : *Maison qui emploie deux cents personnes.* – **5.** Utiliser qqch à titre de, dans telle fonction : *Employer un adjectif comme nom.*

◆ **s'employer** v. pr., **être employé** v. pass. **1.** Être utilisé à telle ou telle fin : *Ce médicament s'emploie contre le rhume.* – **2.** Être utilisé dans telle ou telle fonction : *Adjectif employé comme nom.* – **3.** Être en usage : *Mot qui ne s'emploie plus.*

◆ **s'employer** v. pr. Se consacrer énergiquement à qqch, y mettre toute son ardeur : *S'employer à compléter son instruction.*

EMPLOYEUR, EUSE n. Personne qui emploie du personnel salarié.

EMPLUMER v. t. (conj. 3). Garnir qqch de plumes.

EMPOCHER v. t. (de *poche*) [conj. 3]. **1.** Mettre qqch dans sa poche, son sac, etc. – **2.** Percevoir (de l'argent), le toucher.

EMPOIGNADE n. f. *Fam.* **1.** Action de s'empoigner, d'en venir aux mains. – **2.** Altercation, discussion violente.

EMPOIGNE n. f. (de *empoigner*). Fam. *Foire d'empoigne,* lieu où chacun cherche à voler l'autre ou à obtenir plus que lui ; situation où chacun, pour obtenir quelque avantage, doit lutter contre les autres, affronter les autres ; panier de crabes.

EMPOIGNER v. t. (de *poing*) [conj. 3]. **1.** Prendre qqch, qqn et le serrer fortement avec la main ; agripper : *Empoigner la rampe de l'escalier.* – **2.** Émouvoir fortement qqn, le saisir : *Le film a empoigné les spectateurs.*

◆ **s'empoigner** v. pr. **1.** Se saisir l'un l'autre, en partic. pour se battre ; se colleter : *Après s'être injuriés, ils se sont empoignés.* – **2.** Se mettre avec vigueur à faire qqch qui demande de grands efforts : *S'empoigner avec un travail difficile.*

EMPOINTURE n. f. (de *point*). Angle supérieur d'une voile carrée ou aurique.

EMPOIS n. m. (de *empeser*). Produit servant à empeser le linge.

EMPOISE n. f. Boîte en fonte sur laquelle reposent les coussinets dans les laminoirs.

EMPOISONNANT, E adj. *Fam.* Qui ennuie, embête au plus haut point.

EMPOISONNEMENT n. m. **1.** Action sur l'organisme d'une dose nocive de toute substance capable de déterminer rapidement la mort ou, tout au moins, d'altérer sensiblement les fonctions normales. – **2.** Attentat à la vie d'une personne par l'effet de substances qui peuvent donner la mort de quelque manière que ces substances aient été employées ou administrées et quelles qu'en aient été les suites. (Le crime d'empoisonnement était passible de la peine de mort avant l'abolition de celle-ci en 1981.) – **3.** *Fam.* Ennui, tracas, embêtement : *Je n'ai que des empoisonnements.* – **4.** Altération d'un catalyseur chimique, qui en diminue l'activité.

EMPOISONNER v. t. (conj. 3). **1.** Mêler qqch de poison, de produits toxiques : *Les Indiens empoisonnaient leurs flèches avec du curare.* – **2.** Polluer gravement un lieu par des substances toxiques : *Ordures qui empoisonnent les rivières.* – **3.** Faire mourir qqn, un animal par le poison ou l'intoxiquer gravement : *Ces champignons ont empoisonné toute la famille.* – **4.** Infecter un lieu d'une odeur désagréable : *Tu empoisonnes la pièce avec tes cigares.* – **5.** *Fam.* Importuner qqn, lui causer un souci constant ou de l'ennui : *Il m'empoisonne avec ses conseils inutiles.*

◆ **v. i.** *Fam.* Exhaler une mauvaise odeur, puer : *Ça empoisonne le tabac, ici.*

◆ **être empoisonné** v. pass. **1.** Contenir du poison, des produits toxiques : *Flèche empoisonnée.* – **2.** Être venimeux, perfide : *Remarque empoisonnée.* – **3.** *Fam.* Avoir de grands soucis : *Je suis empoisonné : je n'ai pas de quoi payer mes impôts.*

◆ **s'empoisonner** v. pr., **être empoisonné** v. pass. S'intoxiquer gravement ou mourir par le poison.
◆ **s'empoisonner** v. pr. *Fam.* **1.** S'ennuyer profondément : *Qu'est-ce qu'on s'est empoisonné à ce film.* – **2.** *S'empoisonner l'existence (avec qqch),* se créer inutilement des ennuis ; donner trop d'importance aux petits soucis de la vie quotidienne.

EMPOISONNEUR, EUSE n. **1.** Personne qui administre un poison à qqn : *Locuste fut une célèbre empoisonneuse.* – **2.** Personne qui corrompt, répand des doctrines pernicieuses : *Traiter quelqu'un d'empoisonneur public.* – **3.** *Fam.* Personne qui dérange, ennuie les autres.

EMPOISSER v. t. (conj. 3). Syn. rare de POISSER.

EMPOISSONNEMENT n. m. Action d'empoissonner ; fait d'être empoissonné.

EMPOISSONNER v. t. (conj. 3). Déverser des poissons vivants dans une pisciculture, un lac ou des eaux courantes.

EMPOLI, v. d'Italie, en Toscane (prov. de Florence), sur l'Arno ; 45 000 hab. Collégiale remontant à la fin du XIe s. ; musée de la collégiale. Nœud routier et ferroviaire. Marché agricole. Chimie. Textile.

EMPOMMAGE n. m. Accident par lequel un bovin s'étouffe en avalant une pomme qui s'arrête dans l'œsophage.

EMPOMMER (S') v. pr. (de *pomme*) [conj. 3]. En parlant d'un bovin, s'étouffer en avalant une pomme.

EMPORÉTIQUE adj. (lat. *emporetica charta,* papier d'emballage). Se dit d'un papier gris *(papier Joseph)* dont on se sert pour filtrer les liquides.

EMPORIUM [ɑ̃pɔrjɔm] n. m. (pl. *emporia*) [lat. *emporium,* du gr. *emporion*]. Dans l'Antiquité, comptoir, établissement commercial fondé en pays étranger.

EMPORT n. m. (de *emporter*). **1.** *Capacité d'emport,* charge qu'un avion peut transporter. – **2.** *Emport d'armes, de munitions,* infraction commise par un militaire qui déserte en emportant des armes ou des munitions.

EMPORTÉ, E n. Personne qui se met facilement en colère.

EMPORTEMENT n. m. Action de s'emporter, vif accès de colère : *Discuter avec emportement.*

EMPORTE-PIÈCE n. m. inv. **1.** Instrument tranchant servant à découper dans un matériau en feuille, sous l'effet du choc ou de la pression, des pièces d'un contour donné. – **2.** Syn. de DÉCOUPOIR. – **3.** *À l'emporte-pièce,* se dit de qqn, de ses propos, de son caractère qui expriment les choses d'une manière incisive, acerbe, mordante : *Avoir des formules à l'emporte-pièce.*

EMPORTER v. t. (de *porter*) [conj. 3]. **1.** Prendre qqch avec soi en quittant un lieu : *Il est sorti sans emporter ses clés.* – **2.** Prendre qqch avec soi en allant qqpart, l'y transporter : *Emporte tout ça dans ta chambre. Les cambrioleurs ont emporté tous les bijoux.* – **3.** Transporter qqch, qqn (qqpart), l'emmener : *Je regardais partir le train qui l'emportait en Bretagne.* – **4.** Entraîner qqn, qqch (qqpart) dans son mouvement : *Le courant emporta la barque vers le large.* – **5.** *Vx.* Entraîner comme conséquence ; comporter, impliquer : *L'emprisonnement emporte privation de liberté.* – **6.** Faire disparaître qqn, qqch, le détruire, l'arracher par la violence d'un mouvement ; balayer : *La tornade emportait tout sur son passage.* – **7.** En parlant d'une maladie, être la cause de la mort de qqn : *Une pneumonie l'a emporté l'année dernière.* – **8.** S'emparer d'un lieu par une opération militaire ; enlever : *Emporter une place forte.* – **9.** *Vx.* Gagner un prix, un lot, l'obtenir ; remporter. – **10.** En parlant d'un sentiment violent, s'emparer de qqn, lui faire perdre toute raison, toute modération : *Se laisser emporter par son imagination.* – **11.** *À emporter,* se dit d'un aliment et en partic. d'un plat cuisiné qu'on peut acheter pour le manger ailleurs ; se dit d'un article de commerce qui d'ordinaire est livré, mais que, dans certaines conditions de vente, le client doit prendre avec lui. ‖ *Emporter l'adhésion, la conviction de qqn,* le convaincre. ‖ *Emporter la décision* ou, fam., *le morceau,* atteindre son but, obtenir ce qu'on désirait après une discussion, une lutte ; réussir dans son entreprise, vaincre. ‖ *Emporter la bouche,* en parlant d'un plat très épicé, d'une boisson très forte, causer une sensation de brûlure. ‖ *Emporter un secret dans la tombe,* ne jamais le dévoiler. ‖ *L'emporter,* vaincre, avoir le dessus, gagner sur des adversaires, triompher de ses concurrents. ‖ *L'emporter sur,* avoir l'avantage sur qqn, prévaloir sur qqch, être plus important que qqch. ‖ *Il ne l'emportera pas au (en) paradis,* je saurai me venger.
◆ **s'emporter** v. pr., **être emporté** v. pass. Se mettre en colère, perdre son calme ; être coléreux, irascible : *Un caractère emporté.*
◆ **s'emporter** v. pr. En parlant d'un cheval, prendre le mors aux dents.

EMPOSIEU n. m. (pl. *emposieus*). Dans le Jura, aven.

EMPOTAGE n. m. Action de mettre une plante en pot. (Syn. EMPOTEMENT.)

EMPOTÉ, E adj. et n. (anc. fr. *main pote,* main gauche, du celt. **pautta,* patte). *Fam.* Qui est gauche, maladroit dans ses gestes : *Ne reste donc pas là comme une empotée.*

EMPOTEMENT n. m. **1.** Syn. de EMPOTAGE. – **2.** Remplissage par l'Administration des contributions indirectes d'une futaille avec de l'eau en vue d'en vérifier la contenance.

EMPOTER v. t. (de *pot*) [conj. 3]. Mettre une plante en pot : *Empoter des rosiers.*

EMPOUILLES n. f. pl. Récoltes sur pied, par opposition aux fruits récoltés, ou dépouilles.

EMPOURPRER v. t. (conj. 3). *Litt.* **1.** Colorer qqch de couleur pourpre : *L'incendie empourprait l'horizon.* – **2.** Faire rougir : *La honte empourpra son visage.*

EMPOUSSIÉRER v. t. (conj. **18**). Couvrir de poussière qqch, un lieu.

EMPREINDRE (S') v. pr., **ÊTRE EMPREINT** v. pass. (lat. *imprimere,* appuyer sur) [conj. **81**]. Être marqué de qqch, en porter l'empreinte : *Un ton empreint de douceur et de bienveillance.*

◆ **empreindre** v. t. *Litt.* Marquer profondément qqch (de qqch) : *La pénombre empreignait ses traits de gravité.*

EMPREINTE n. f. (de *empreindre*). **1.** Marque pratiquée en creux ou en relief par l'objet que l'on presse sur une surface : *L'empreinte d'un cachet.* – **2.** Relevé de la forme de qqch avec un matériau plastique ; le moulage ainsi obtenu : *Prendre l'empreinte d'une serrure.* – **3.** Trace naturelle laissée par un contact, par la pression d'un corps sur une surface : *Des empreintes de pas.* – **4.** Marque durable, profonde, caractère distinctif : *Mettre son empreinte personnelle dans un ouvrage collectif.* – **5.** *Empreinte (digitale),* marque laissée par les sillons des pulpes digitales. [Le pluriel a le même sens que le singulier.] • **Archéol.** Marque en relief laissée sur l'argile fraîche des tablettes cunéiformes ou des bouchons de jarres par les cachets et les cylindres-sceaux. – **Éthol.** Chez certaines espèces (vertébrés, certains insectes sociaux) et à certaines périodes privilégiées de la vie de l'individu, fixation d'une manière irréversible au premier objet qui se présente comme but à un besoin instinctuel. (→ *encycl.*) – **Géol.** Marque laissée dans les roches par un animal ou un végétal ou par une action mécanique. – **Impr.** Moulage en creux d'une composition ou d'un cliché en relief. – **Méd.** *Empreintes génétiques,* ensemble de caractères génétiques appartenant exclusivement à un individu, et que l'on détermine par l'analyse de ses sécrétions corporelles (sang, sperme, etc.). [La détermination des empreintes génétiques peut être effectuée en médecine légale, en particulier dans des affaires de viol.] – **Numism.** Relief des monnaies et des médailles. – **Odont.** Moule d'un maxillaire permettant un moulage qui servira à la confection des travaux de prothèses. – **Sculpt.** Dans les techniques de moulage, cavité du moule, correspondant à la forme extérieure du modèle. – **Techn.** Reproduction en négatif d'un relief ou d'un dessin.

ENCYCL. **Éthol.** C'est K. Lorenz qui, le premier, a montré l'importance de l'empreinte. En réalisant une situation d'isolement partiel d'un individu d'une espèce donnée, il a mis en évidence que la possibilité de reconnaître un congénère n'est pas innée mais s'acquiert à des moments privilégiés de la vie du jeune, les périodes sensibles. Le jeune, soumis à un modèle d'empreinte au cours de sa période sensible, dirige ses comportements sexuels (parade, copulation) vers ce modèle, aussi incongru soit-il, lorsqu'il parvient à la maturité sexuelle. Cependant, certains travaux expérimentaux récents ont fait apporter quelques réserves quant à la rigidité et à l'irréversibilité de l'attachement du sujet à son modèle d'empreinte.

EMPRESSÉ, E adj. et n. **1.** Qui est plein de diligence, de prévenances, de soin, de zèle ; qui manifeste ce zèle : *Des soins empressés.* – **2.** *Faire l'empressé (auprès de qqn),* lui témoigner des prévenances.

EMPRESSEMENT n. m. **1.** Action de s'empresser auprès de qqn, de le traiter chaleureusement : *Être reçu avec empressement dans un groupe.* – **2.** Ardeur manifestée à faire qqch : *Il s'acquitte de son travail sans aucun empressement.*

EMPRESSER (S') v. pr., **ÊTRE EMPRESSÉ** v. pass. (de *presser*) [conj. **4**]. **1.** Manifester de l'intérêt, du zèle pour qqn par des soins diligents et attentifs : *Les passants s'empressaient autour du blessé.* – **2.** Faire la cour à qqn en lui témoignant des prévenances : *Il s'est toujours montré empressé à mon égard.* – **3.** Se hâter, se dépêcher de faire qqch : *Je me suis empressé de lui communiquer la nouvelle.*

EMPRÉSURAGE n. m. Action d'emprésurer le lait.

EMPRÉSURER v. t. (conj. 3). Ajouter de la presure au lait pour le faire cailler.

EMPRISE n. f. (part. passé fém. de l'anc. fr. *emprendre,* entreprendre). **1.** Ascendant intellectuel ou moral de qqn ; influence de qqch sur une personne : *Être sous l'emprise d'une passion.* – **2.** Prise de possession par l'Administration d'une propriété privée immobilière. (L'emprise, prévue par la loi, peut être à titre temporaire ou définitif, au profit de l'Administration ou d'un tiers.) – **3.** Surface occupée par une route ou une voie ferrée et ses dépendances incorporées au domaine de la collectivité publique.

EMPRISONNEMENT n. m. Action de mettre en prison ; peine privative de liberté consistant en l'incarcération du condamné.

ENCYCL. L'*emprisonnement de simple police* (de 1 à 2 mois) emporte privation de liberté ; l'*empri-*

sonnement correctionnel (de 2 mois à 5 ans pouvant aller jusqu'à 10 ans en cas de récidive ou de dispositions particulières de la loi et de 10 à 20 ans en cas d'infraction concernant les stupéfiants) comporte en plus l'obligation au travail. Supérieure à 1 an, la peine est effectuée dans une maison centrale ou dans un centre de détention ; inférieure à 1 an, dans une maison d'arrêt.

EMPRISONNER v. t. (conj. 3). **1.** Mettre qqn en prison, l'incarcérer : *Emprisonner un malfaiteur.* – **2.** Tenir enfermé un animal dans une cage : *Emprisonner des oiseaux dans une volière.* – **3.** Serrer qqn, qqch, lui empêcher tout mouvement, le tenir à l'étroit : *Il m'emprisonnait dans ses bras.* – **4.** Enlever à qqn toute liberté d'action ou de pensée : *On l'emprisonnait dans des préjugés dépassés.*

EMPRUNT n. m. (de *emprunter*). **1.** Démarche effectuée pour obtenir de l'argent ou un objet à titre de prêt : *Être forcé de recourir à un emprunt.* – **2.** Chose, somme empruntée : *Rembourser un emprunt.* – **3.** Action d'employer ou d'imiter ce qui appartient à un autre ; ce qui est emprunté : *Architecture dont les emprunts à la tradition classique sont importants.* – **4.** *D'emprunt,* qui n'appartient pas en propre à qqn, qui est pris pour tromper ou dérouter ; faux, artificiel, emprunté : *Nom d'emprunt.* • **Fin.** Dette contractée sur le marché des capitaux par l'État, une collectivité publique ou semi-publique et les entreprises privées à des conditions fixées d'avance (durée, taux d'intérêt, régime fiscal, etc.). (→ *encycl.*) – **Ling.** Processus par lequel une langue s'incorpore un élément significatif (généralement un mot) d'une autre langue ; le terme ainsi incorporé. (→ *encycl.*) – **Mus.** Utilisation, dans une œuvre, de procédés, de thèmes ou même de passages provenant d'un autre ouvrage ou d'un autre auteur. – **Trav. publ.** Excavation faite en dehors des emprises de la route, en vue de se procurer les matériaux destinés à un remblai.

ENCYCL. **Fin.** En France, l'emprunt public date de 1536 et fut établi par constitution de rentes sur l'Hôtel de Ville ; il se développa surtout à la fin de l'Ancien Régime, sous l'influence de Necker.

• *Modalités techniques.* En principe, chacun est libre de souscrire ou non aux emprunts publics. Mais, dans certains cas, l'emprunt est dit « forcé » (emprunt Barre de 1976 pour l'indemnisation des victimes de la sécheresse, par ex.). L'emprunt donne toujours lieu au paiement d'intérêts, le montant de ceux-ci étant fixé par référence au marché monétaire. Pour favoriser le placement de ses emprunts, l'État relève parfois artificiellement les taux servis en émettant l'emprunt au-dessous du pair. Dans l'emprunt à lot, au moment du remboursement, certains titres tirés au sort sont remboursés à une somme très supérieure au pair. L'emprunt à prime est remboursé au-dessus du pair. Pour lutter contre la dépréciation monétaire, l'État procède parfois à des emprunts indexés.

• *Conversion.* La *conversion au pair* substitue aux titres convertis des titres de même valeur nominale bénéficiant d'un intérêt inférieur. Dans la *conversion au-dessous du pair,* la diminution du taux de l'intérêt s'accompagne d'une augmentation du nominal des titres. Pour la *conversion avec soulte,* l'État offre de maintenir le revenu des porteurs, à condition qu'ils acceptent de verser une soulte. Enfin, dans la *conversion différée,* l'État sert, pendant une période intermédiaire, un intérêt moyen entre le taux primitif et le taux définitif.

– **Ling.** L'emprunt est un facteur considérable d'enrichissement lexical. Le vocabulaire français compterait plus de 2 500 emprunts provenant pour une large part de l'italien (plus de 800, surtout aux XVIIe et XVIIIe s.) et de l'anglais (env. 700, surtout aux XIXe et XXe s.). L'intégration à la langue emprunteuse est plus ou moins complète : par ex. le pluriel originel de « dilettante » *(des dilettanti)* a fini par s'effacer devant le pluriel conforme à la grammaire française *(des dilettantes).* L'emprunt peut être aussi uniquement sémantique : il accroche à un mot déjà existant une signification nouvelle : c'est le cas pour *caravane,* dans le sens de « roulotte », qui vient de l'anglais *caravan.* Le calque, traduction littérale d'une expression étrangère est une autre forme d'emprunt (par ex. *lune de miel* de l'angl. *honey moon*). On peut distinguer enfin les emprunts de nécessité tels que *cow-boy* ou *whisky* désignant des réalités socioculturelles étrangères et les emprunts « de luxe » qui doublent un mot français déjà existant *(night club* pour *boîte de nuit).*

EMPRUNTER v. t. (lat. pop. **imprumutare,* class. *promutuari*) [conj. 3]. **1.** Se faire prêter qqch par qqn : *Il m'a emprunté ma voiture pour la journée.* – **2.** Se faire prêter de l'argent : *Emprunter de l'argent à la banque.* – **3.** User de qqch dont on n'est pas le créateur, qui a son origine ailleurs : *Racine a emprunté des métaphores aux tragiques grecs.* – **4.** Utiliser une route, une voie pour circuler : *Veuillez emprunter le passage souterrain.*

◆ **être emprunté** v. pass. **1.** *Litt.* Être faux, artificiel, factice : *Gloire empruntée.* – **2.** Manquer d'aisance, de naturel, être embarrassé, gauche : *Il a présenté sa demande d'un air emprunté.*

EMPRUNTEUR, EUSE adj. et n. Qui contracte un emprunt.

◆ adj. Se dit de la langue qui fait des emprunts linguistiques.

EMPUANTIR v. t. (conj. 32). Rendre un lieu puant, l'infecter ; empester : *Égout qui empuantit un quartier.*

EMPUANTISSEMENT n. m. Action d'empuantir : *L'empuantissement des eaux.*

EMPUSE n. f. (de *Empousa,* n. pr.). **1.** Champignon parasite des insectes. (L'empuse de la mouche est particulièrement fréquente.) — **2.** Insecte dictyoptère au corselet très étroit, aux ailes longues, dont les pattes sont élargies par places en forme de feuilles. (*Empusa pennata* habite le midi de la France ; ses mœurs sont celles des mantes.)

EMPYÈME [ɑ̃pjœm] n. m. (gr. *empuêma*). Accumulation de pus dans une cavité naturelle et surtout dans la plèvre.

EMPYRÉE n. m. (lat. ecclés. *empyrius,* du gr. *empurios,* de *pūr,* feu). **1.** Nom donné dans certains systèmes cosmologiques antiques à la sphère céleste supérieure, où était réuni l'élément igné. — **2.** Partie la plus élevée du ciel, que les dieux habitaient.

EMPYREUMATIQUE adj. Caractéristique de l'empyreume.

EMPYREUME n. m. (gr. *empureuma, -atos,* de *empureuein,* enflammer, de *pûr,* feu). Saveur et odeur fortes que contracte une matière organique soumise à l'action d'une forte chaleur.

EMS, fl. d'Allemagne, qui longe la frontière des Pays-Bas et se jette dans la mer du Nord ; 371 km. Il est relié à la Ruhr (canal Dortmund-Ems) à la Basse-Saxe (Mittellandkanal) et à la Weser (canal Hunte-Ems).

EMS, v. d'Allemagne → BAD EMS.

Ems *(dépêche d'),* nom donné aux informations télégraphiées par Guillaume Ier, qui séjournait à Ems, à Bismarck qui en publia une version tronquée le 13 juill. 1870. Elle relatait le refus de Guillaume Ier, qui avait déjà accepté le retrait de la candidature du prince Léopold au trône d'Espagne, de recevoir à nouveau l'ambassadeur de France, Benedetti. Ce dernier devait obtenir l'assurance de la renonciation définitive des Hohenzollern au trône d'Espagne. La dépêche publiée fut jugée insultante par la France qui déclara la guerre à la Prusse le 19 juillet. (→ *guerre* FRANCO-ALLEMANDE.)

EMS, nom allemand de la ville suisse de Domat.

EMSIEN n. m. (de *Ems,* n. pr.). Étage du système dévonien.

ÉMU → ÉMOUVOIR.

ÉMULATEUR n. m. (lat. *aemulator, -oris,* celui qui cherche à imiter). Ordinateur qui, muni d'adjonctions matérielles et logicielles, peut simuler le fonctionnement d'un autre ordinateur.

ÉMULATION n. f. (lat. *aemulatio, -onis,* de *aemulari,* rivaliser avec). **1.** Sentiment qui pousse à faire aussi bien ou mieux qu'un ou plusieurs autres dans diverses activités ; rivalité conçue comme une incitation au travail : *Émulation en classe.* — **2.** Simulation par des moyens matériels et logiciels d'un ordinateur d'un certain type sur un ordinateur d'un autre type.

ÉMULE n. (lat. *aemulus*). **1.** Personne qui cherche à en égaler, à en surpasser une autre dans les domaines intellectuel, artistique, sportif. — **2.** Personne qui ressemble à qqn d'autre, dont l'œuvre, la manière d'agir est du même genre, du même style : *Être l'émule de Balzac.* — **3.** *Faire des émules,* susciter des personnes de mérite égal au sien.

ÉMULSEUR n. m. **1.** Appareil servant à réaliser des émulsions. — **2.** Liquide qui, brassé avec l'eau, produit une mousse extinctrice.

ÉMULSIF, IVE ou **ÉMULSIFIANT, E** ou **ÉMULSIONNANT, E** ou **ÉMULSIFICATEUR, TRICE** adj. et n. m. Se dit d'un composé dont la présence favorise la formation d'une émulsion ou sa conservation. (Les émulsifiants sont des molécules amphiphiles comprenant un partie hydrophobe et une partie hydrophile. Selon la grosseur relative des deux parties, l'émulsifiant sera favorable à la création d'émulsions « huile dans eau » ou d'émulsions « eau dans huile ».)

◆ **émulsifiant** n. m. Additif alimentaire qui facilite les émulsions et leur stabilisation (jaune d'œuf, gomme arabique, glycérides d'acides gras, esters).

ÉMULSIFIABLE ou **ÉMULSIONNABLE** adj. Que l'on peut mettre en émulsion.

ÉMULSIFICATION n. f. Mise en émulsion d'un produit.

ÉMULSIFIER v. t. (de *émulsion*) [conj. 9]. Disperser aussi finement que possible un liquide dans un milieu où il est insoluble, afin d'obtenir une émulsion. (Syn. ÉMULSIONNER.)

ÉMULSION n. f. (lat. *emulsus,* de *emulgere,* traire, extraire). **1.** Milieu hétérogène constitué par la dispersion, sous forme de fins globules, d'un liquide dans un autre liquide en phase continue. (→ *encycl.*) — **2.** Préparation pharmaceutique contenant une substance émulsive (mucilage de gomme, jaune d'œuf), destinée à maintenir en suspension, sous forme de fines particules, des corps insolubles. — **3.** Couche d'un film ou d'un papier photographique qui est sensible à la lumière. — **4.** *Émulsion nucléaire,* empilement d'émulsions photographiques permettant d'enregistrer le passage de particules ionisantes. ‖ *Émulsion routière,* suspension de bitume, sous

forme de fines gouttelettes, dans de l'eau additionnée d'émulsifiants.
ENCYCL. **Chim.** Lorsqu'on agite fortement de l'eau avec une faible quantité relative d'huile, cette dernière se disperse dans l'eau et donne une émulsion « huile dans eau », dont l'eau est la phase continue. Inversement, on peut obtenir une émulsion « eau dans huile », en ajoutant un peu d'eau dans beaucoup d'huile ; cette dernière est alors la phase continue. La stabilisation des émulsions s'obtient par l'adjonction, aux deux éléments principaux qui les forment, d'un troisième élément (émulsificateur).

ÉMULSIONNER v. t. (conj. 3). **1.** Syn. de ÉMULSIFIER. — **2.** Étendre l'émulsion sensible sur le support photographique.
◆ **être émulsionné** v. pass. En parlant d'une sauce, être constituée d'un corps gras non miscible (huile, beurre) et stabilisée par l'adjonction de jaunes d'œufs.

ÉMYDIDÉ n. m. (gr. *emus, -udos,* tortue d'eau douce). Tortue d'eau douce de taille modeste, à carapace plate et à pattes palmées, telle que la cistude des marais, les terrapènes d'Amérique et les tortues d'aquarium. (Les *émydidés* forment une famille.)

1. EN prép. (lat. *in,* dans, sur, etc.) [devant des noms qui ne sont pas précédés des formes d'articles *le, les, l'* (mis à part quelques tours locutionnels, comme *en l'église de..., en l'honneur de, en l'espèce*) ou devant des pronoms]. **1.** Indique une localisation : *Se promener en forêt ;* en particulier devant des noms de pays, de provinces, d'îles susceptibles de recevoir les formes *la* ou *l'* d'articles : *En Italie. En Bretagne ;* devant les noms de départements formés par composition : *En Saône-et-Loire ;* devant les noms propres ou les pronoms : *J'apprécie en Pierre une parfaite discrétion.* — **2.** Indique une date, une période, en particulier devant un millésime, un nom de mois, de saison (sauf « printemps ») : *En janvier. En automne.* — **3.** Indique la durée nécessaire à l'accomplissement d'une action ou à l'intérieur de laquelle il se produit un certain nombre d'événements : *Il n'a pas plu une seule fois en deux mois.* — **4.** Indique l'état, la manière d'être, en particulier devant un nom abstrait avec lequel *en* forme un syntagme équivalant souvent à un adjectif : *Être en colère.* — **5.** Indique la structure, la composition de qqch, la disposition, l'aspect d'êtres ou de choses : *Cent francs en monnaie. Mettez-vous en rangs !* — **6.** Indique le résultat après des verbes qui expriment un changement : *L'eau se transforme en glace.* — **7.** Indique la manière dont qqn est vêtu : *Un officier en uniforme.* — **8.** Indique la matière dont qqch est fait : *Une montre en or.* — **9.** Indique l'aspect sous lequel apparaît le rôle, le comportement de qqn : *Vivre en parasite. Prendre quelqu'un en traître.* — **10.** Indique le domaine auquel s'applique la notion exprimée par l'adjectif : *Une journée fertile en incidents.* — **11.** Indique le domaine d'exercice d'une profession : *Un ingénieur en électronique.* — **12.** Indique un mode de locomotion : *Se déplacer en voiture.* — **13.** Introduit le compl. des verbes *croire, espérer,* des noms *foi, espérance, confiance* : *Croire en Dieu. Sa confiance en la victoire.* — **14.** Sert à former avec le participe en *-ant* le gérondif : *Siffler en travaillant.* — **15.** Sert à former de nombreuses locutions adverbiales ou prépositives : *En permanence. En écho. En sourdine. En revanche. En outre. En hommage à.* — **16.** *De... en...* forme des locutions adverbiales se rapportant à des verbes, des adjectifs, des adverbes et exprimant la répétition ou la progression : *De temps en temps. De fil en aiguille.*

2. EN pron. pers. ou/et adv. (lat. *inde,* de là) [toujours placé immédiatement avant le verbe, sauf à l'impératif affirmatif]. Représentant un nom, un pronom, un adverbe, une proposition précédée de la préposition *de,* indique : **1.** L'origine d'un mouvement, d'un processus (de la) : *Il est toujours là-bas, il n'en a pas bougé.* — **2.** L'objet d'un verbe, l'agent, la circonstance, le complément d'un adjectif, d'un adverbe, d'un nom, d'un pronom : *Ce médicament est dangereux, il faut en user avec précaution.* — **3.** Le complément partitif de certains quantitatifs : *Tous les invités ne sont pas là, il en manque deux.* — **4.** Entre dans diverses locutions où on peut difficilement lui reconnaître une fonction propre : *Je m'en tiens aux faits. J'en suis à m'interroger.*

En attendant Godot, farce métaphysique de S. Beckett (1953). Cette manifestation du théâtre de l'absurde illustre par la prolixité des tirades et la stagnation absolue de « l'action » l'inutile attente de Dieu, du sens ou de la relation.

E. N. A., sigle de ÉCOLE NATIONALE D'ADMINISTRATION*.

ENAKIEVO → IENAKIEVO.

ÉNALAPRIL n. m. Inhibiteur de l'enzyme de conversion de l'angiotensine, utilisé dans le traitement de l'hypertension artérielle.

ENAMOURER (S') [ɑ̃na-] v. pr., **ÊTRE ENAMOURÉ** v. pass. ou **ÉNAMOURER (S')** (Acad.) [ena-] v. pr., **ÊTRE ÉNAMOURÉ** v. pass. (de *amour*) [conj. 3]. *Litt.* S'enflammer d'amour pour qqn, en être épris.

ÉNANTHÈME n. m. (gr. *en,* dedans, et *exanthème*). Éruption atteignant les muqueuses de la cavité buccale au cours d'une maladie infectieuse.

ÉNANTIOMÈRE n. m. Chacun des deux stéréoisomères chiraux d'un composé dont la molécule élémentaire n'est pas superposable à son image spéculaire. (Syn. ANTIPODE OPTIQUE, INVERSE OPTIQUE.)

ÉNANTIOMÉRIE n. f. Caractère de deux composés énantiomères.

ÉNANTIOMORPHE adj. **1.** Se dit de cristaux qui ne sont pas superposables, mais qui sont images l'un de l'autre dans un miroir. (Deux composés énantiomères donnent des cristaux énantiomorphes.) – **2.** Qui est formé de deux parties, images l'une de l'autre dans une symétrie orthogonale plane.

ÉNANTIOTROPE adj. Se dit d'un élément chimique qui existe sous deux formes physiques différentes, dont les zones de stabilité se situent de part et d'autre d'une température ou d'une pression de transformation. (Ex. : soufre α et soufre β.)

ÉNARCHIE n. f. **1.** Accaparement technocratique des hautes fonctions administratives de l'État par les énarques. – **2.** Ensemble des énarques.

ÉNARCHIQUE adj. Relatif à l'énarchie, aux énarques.

ÉNARD n. m. Corde supérieure du filet de pêche (tramail) portant les flotteurs.

ÉNARME n. f. (de *en* et *arme*). Courroie ou poignée de maintien fixée à l'intérieur du bouclier.

ÉNARQUE n. (du sigle *E. N. A.*). Ancien, ancienne élève de l'École nationale d'administration considéré du point de vue de sa fonction dans l'État.

EN-AVANT n. m. inv. Au rugby, faute commise par un joueur qui a lâché le ballon devant lui et ne l'a pas repris avant qu'il touche le sol ou qui l'a transmis à la main à un partenaire se trouvant plus près que lui de la ligne de ballon mort adverse.

EN-BORD n. m. inv. (calque de l'angl. *inboard*). **1.** En motonautisme, bateau à moteur intérieur. (Défini par opposition au hors-bord, il est moins répandu que ce dernier en compétition.) – **2.** Ce type de moteur. (Syn. IN-BORD.)

EN-BUT n. m. inv. Au rugby, partie du terrain délimitée par la ligne de but, la ligne de ballon mort et le prolongement des lignes de touche.

ENCABANAGE n. m. Action de placer, sur les claies d'élevage de vers à soie, des haies de branchage pour faciliter le coconnage.

ENCABANER v. t. (provenç. *encabana*, de *cabana*, petite cabane pour les vers à soie) [conj. 3]. Procéder à l'encabanage.

ENCABLURE n. f. (de *câble*). Ancienne mesure de longueur appliquée aux câbles des ancres et qui servait à estimer les courtes distances. (L'encablure était de 120 brasses [environ 195 m] ; lors de l'adoption du système métrique, on la fixa à 200 m.)

ENCADRANT, E adj. et n. Qui encadre qqn, un groupe.

ENCADRÉ n. m. Dans une page, un article, texte mis en valeur dans un cadre.

ENCADREMENT n. m. **1.** Action d'encadrer un objet : *L'encadrement du tableau coûte cher.* – **2.** Ce qui encadre, cadre d'une peinture, d'un dessin, éventuellement complété d'une plaque de verre et d'un fond : *Encadrement en bois.* – **3.** Ce qui entoure une ouverture (porte, fenêtre), un panneau, un lambris, etc. : *Il apparut dans l'encadrement de la porte.* – **4.** *Litt.* Ce qui entoure une chose quelconque : *Dans l'encadrement de sa chevelure noire, son visage resplendissait.* – **5.** Action d'encadrer un groupe ; ensemble des personnes qui ont la responsabilité d'un groupe : *L'encadrement n'est pas suffisant, vu le nombre d'enfants inscrits. Personnel d'encadrement.* – **6.** Ensemble des mesures prises par les pouvoirs publics pour limiter la hausse des prix *(encadrement des prix)* ou l'attribution de crédits bancaires aux entreprises ou aux particuliers *(encadrement du crédit).* – **7.** *Encadrement d'un réel* x, intervalle $[a, b]$ tel que $a < x < b$.

ENCADRER v. t. (conj. 1). **1.** Entourer un objet d'un cadre, le mettre dans un cadre : *Encadrer une photographie.* – **2.** Entourer qqch d'une bordure, à la manière d'un cadre, en partic. pour le mettre en valeur, en relief ou le faire ressortir : *Il encadra d'un trait rouge l'article du journal.* – **3.** Se situer tout autour ou de part et d'autre de qqch : *Une magnifique chevelure encadrait son visage.* – **4.** Se tenir de part et d'autre de qqn pour le garder, maintenir un groupe dans certaines limites : *Le service d'ordre encadrait la manifestation.* – **5.** Assurer auprès de personnes un rôle de direction, de formation ; mettre sous une autorité en constituant un ensemble hiérarchique : *Dans ce centre les enfants sont bien encadrés.* – **6.** *Fam.* Percuter un obstacle : *La voiture a encadré le platane.* – **7.** Tenir un cheval dans ses jambes et dans ses mains, rênes ajustées. – **8.** Dans un tir, placer des coups de part et d'autre de l'objectif. – **9.** Fam. *Être à encadrer,* dont le caractère singulier ou ridicule, grotesque, mérite de retenir l'attention. ‖ Pop. *Ne pas pouvoir encadrer qqn, qqch,* ne pas l'aimer, ne pas pouvoir le supporter.

ENCADREUR, EUSE n. Artisan qui fait et pose des cadres de tableaux, de dessins, etc.

ENCAGEMENT n. m. **1.** Action d'encager ; état d'un animal mis en cage. – **2.** Action des feux d'artillerie visant à isoler les forces adverses en les coupant de leurs renforts et en interdisant leur ravitaillement.

ENCAGER v. t. (conj. 17). Mettre en cage un animal : *Encager un oiseau.*

ENCAGOULÉ (ÊTRE) v. pass. Avoir une cagoule sur le visage.

ENCAISSABLE adj. Qui peut ou doit être encaissé.

ENCAISSAGE n. m. **1.** Action de mettre en caisse. – **2.** État d'un objet encaissé.

ENCAISSANT n. m. Enveloppe de terrains dans laquelle s'est mise en place une formation géologique (filon, intrusion) ou une unité tectonique.

ENCAISSE n. f. (de *encaisser*). **1.** Quantité de monnaie détenue sous forme liquide. – **2.** *Encaisse métallique,* valeurs en or ou en argent qui, dans une banque d'émission, servent de garantie aux billets.

ENCAISSEMENT n. m. **1.** Action de mettre en caisse : *L'encaissement des marchandises.* – **2.** État de ce qui est encaissé, resserré entre deux bords escarpés : *L'encaissement d'une vallée.* – **3.** Action de toucher de l'argent ou des valeurs ; réception du montant d'une valeur à recouvrer (traite, chèque, coupon d'intérêt ou de dividende, etc.). – **4.** Travaux de défense par lesquels on maintient dans leur lit des cours d'eau peu volumineux. 5. Excavation pratiquée pour placer les diverses couches constituant une chaussée. – **6.** *Bordereau d'encaissement,* relevé des effets ou des valeurs remis à la banque aux fins de recouvrement. ‖ *Sauf encaissement,* réserve mise sur certains effets et qui donne à l'accepteur recours contre le signataire du billet en cas de non-paiement. (Syn. SAUF RECOUVREMENT.)

ENCAISSER v. t. (conj. 4). **1.** Mettre qqch en caisse pour l'emballer : *Encaisser la vaisselle pour un déménagement.* – **2.** Toucher de l'argent, des valeurs, les recevoir ou les recouvrer. – **3.** Resserrer un lieu entre des versants abrupts, entre des digues : *Les montagnes qui encaissent la vallée.* – **4.** *Fam.* Recevoir un coup : *Encaisser une gifle.* – **5.** En boxe, recevoir les coups sans dommages : *Un bon boxeur doit savoir encaisser.* – **6.** *Fam.* Subir qqch de désagréable ; supporter : *Encaisser les critiques.* – **7.** *Fam.* Supporter ou accepter qqch de telle ou telle manière : *Il a mal encaissé que Marie le quitte.* – **8.** Fam. *Ne pas pouvoir encaisser qqn, qqch,* les détester, ne pas pouvoir les supporter.

◆ **s'encaisser** v. pr., **être encaissé** v. pass. Être resserré entre des bords, des versants, des talus élevés et escarpés : *Une rivière profondément encaissée.*

ENCAISSEUR n. m. Employé de banque chargé de présenter un effet de commerce ou tout autre titre venu à échéance au débiteur et à lui remettre le document contre paiement. (Syn. GARÇON DE RECETTES.)

ENCALMINÉ, E adj. (de *calme*). Se dit d'un voilier arrêté par l'absence de toute brise.

ENCAMIONNEUSE n. f. Transporteur à courroie destiné à faciliter le chargement et le déchargement des camions à quai.

ENCAN n. m. (lat. *inquantum,* pour combien). **1.** *Vente à l'encan,* syn. de VENTE AUX ENCHÈRES. – **2.** Litt. *Être à l'encan,* être livré au plus offrant. ‖ *Mettre qqch à l'encan,* en faire un trafic honteux.

ENCANAILLEMENT n. m. Action d'encanailler ; fait de s'encanailler.

ENCANAILLER (S') v. pr., **ÊTRE ENCANAILLÉ** v. pass. (conj. 3). **1.** S'avilir, prendre un caractère vulgaire, déchoir socialement. – **2.** Avoir un air canaille.

ENCAPSULATION n. f. Opération permettant d'enrober un objet d'un revêtement destiné soit à modifier les propriétés des surfaces de l'objet enrobé, soit à protéger celui-ci contre les influences extérieures.

ENCAPUCHONNER (S') v. pr., **ÊTRE ENCAPUCHONNÉ** v. pass. (conj. 3). Se couvrir d'un capuchon.

◆ **s'encapuchonner** v. pr. En parlant d'un cheval, ramener la tête contre le poitrail pour échapper à l'action du mors.

ENCAQUEMENT n. m. Action d'encaquer.

ENCAQUER v. t. (conj. 3). Mettre des harengs en caque.

ENCARNACIÓN, port fluvial du Paraguay, sur le Paraná, au S.-E. d'Asunción ; 28 000 hab.

ENCART n. m. (de *encarter*). **1.** Feuillet ou cahier placé à l'intérieur d'un autre cahier. – **2.** *Encart (publicitaire),* imprimé publicitaire inséré dans un support de presse. ‖ *Encart volant,* feuille ou cahier inséré dans un livre broché ou relié.

ENCARTAGE n. m. **1.** Action d'encarter. – **2.** Carton léger destiné à renforcer certaines parties d'articles en cuir. – **3.** Représentation des armures des tissus sur un papier quadrillé. – **4.** Bobinage du fil sur des cartes de papier, pour échantillonnage. – **5.** Action d'encarter une pièce d'étoffe avant l'écatissage. (Syn. ENCARTONNAGE.)

ENCARTER v. t. (de *carte*) [conj. 3] **1.** Placer un encart à l'intérieur d'un cahier, d'un livre, d'une revue, d'un catalogue, etc. – **2.** Fixer sur des feuilles de carton des boutons, des épingles. – **3.** Coller un encartage sur la pièce de cuir qui doit être renforcée. – **4.** Placer un carton entre les plis d'une pièce d'étoffe avant l'écatissage. (Syn. ENCARTONNER.) — **5.** Entourer une pièce de drap, de tissu, d'une enveloppe en grosse toile ou en papier.

ENCARTEUSE n. f. Machine servant à encarter de menus objets.

ENCARTEUSE-PIQUEUSE n. f. (pl. *encarteuses-piqueuses*). Machine qui encarte les cahiers imprimés d'une brochure et en assure la fixation au moyen d'agrafes métalliques.

ENCARTONNAGE n. m. Syn. de ENCARTAGE.

ENCARTONNER v. t. (conj. 3). Syn. de ENCARTER.

ENCARTOUCHAGE n. m. Action d'encartoucher.

ENCARTOUCHER v. t. (conj. 3). Réunir en une cartouche l'étui, la poudre et le projectile chargé (celui-ci serti dans l'étui).

EN-CAS ou **ENCAS** n. m. inv. (de *en* et *cas*). **1.** *Vx.* Ce qui est préparé pour être utilisé lors d'un besoin fortuit. — **2.** Repas léger préparé pour être servi en cas de besoin. — **3.** *En-cas mobile,* approvisionnements (essence, munitions, vivres) constitués en plus des dotations initiales des unités militaires, et maintenus sur véhicules pour faire face à des besoins urgents. (Syn. RÉSERVE MOBILE.)

ENCASERNEMENT n. m. Syn. de CASERNEMENT.

ENCASERNER v. t. (de *caserne*) [conj. 3]. Syn. de CASERNER.

ENCASTAGE n. m. Introduction des céramiques à cuire dans des casettes.

ENCASTELER (S') v. pr., **ÊTRE ENCASTELÉ** v. pass. (ital. *incastellare,* entourer de fortifications) [conj. 25]. En parlant du pied du cheval, être atteint d'encastelure.

ENCASTELURE n. f. (ital. *incastellatura*). Maladie du pied du cheval, qui consiste en un rétrécissement des régions postérieures du sabot (talons).

ENCASTER v. t. (de *casette*) [conj. 3]. Placer les céramiques dans les casettes.

ENCASTEUR n. m. Ouvrier chargé de l'encastage et de l'enfournement.

ENCASTRABLE adj. Qui peut être encastré : *Four encastrable.*

ENCASTREMENT n. m. **1.** Action d'encastrer qqch ; fait d'être encastré. — **2.** Assemblage rigide d'une poutre dans un mur, du pied d'un poteau dans le sol, par oppos. à l'*appui libre* ou à une articulation. — **3.** Engagement, sans jeu, d'une pièce dans une autre, en vue de son immobilisation ; état de cette pièce. — **4.** *Jeu d'encastrement,* jeu éducatif consistant à encastrer des pièces de bois de forme plus ou moins complexe dans une planche découpée selon les formes correspondantes.

ENCASTRER v. t. (ital. *incastare,* enchâsser) [conj. 3]. Loger, insérer, enchâsser très exactement qqch dans qqch d'autre : *Encastrer un coffre-fort dans le mur.*

◆ **s'encastrer** v. pr., **être encastré** v. pass. **1.** Entrer dans qqch en s'y bloquant : *La voiture est venue s'encastrer sous le camion.* — **2.** S'ajuster très exactement : *Une pièce qui s'encastre parfaitement dans un boîtier.* — **3.** Pouvoir s'intégrer dans un ensemble : *Four encastré.*

ENCAUSSE (Gérard Anaclet Vincent), occultiste français (La Corogne 1865 - Paris 1916), connu sous le pseudonyme de **Papus**. Docteur en médecine, il fut le fondateur et le premier grand maître de l'ordre martiniste.

ENCAUSTIQUAGE n. m. Action d'encaustiquer.

ENCAUSTIQUE n. f. (bas lat. *encaustica ;* du gr. *egkaustikê*). **1.** Syn. de CIRE. — **2.** *Peinture à l'encaustique,* procédé artistique faisant appel à des couleurs délayées dans de la cire fondue, employées à chaud.

ENCAUSTIQUER v. t. (conj. 3). Enduire d'encaustique ; cirer.

ENCAVEMENT n. m. Action d'encaver.

ENCAVER v. t. (de *cave*) [conj. 3]. Mettre le vin en cave.

ENCEINDRE v. t. (lat. *incingere,* entourer) [conj. 81]. *Litt.* Entourer un lieu d'une muraille, d'une clôture, etc. : *Enceindre la ville de murs pour la protéger.*

1. ENCEINTE adj. f. (lat. *incincta,* entourée). **1.** Se dit d'une femme en état de grossesse. — **2.** *Être enceinte de qqn,* attendre un enfant de lui. ‖ *Être enceinte de tant de temps,* être à tel stade, tel moment de sa grossesse.

2. ENCEINTE n. f. (anc. fr. *aceinte,* du lat. *incincta,* de *incingere,* entourer). **1.** Ce qui entoure un lieu pour en délimiter ou en défendre l'accès ; ceinture : *Une enceinte de fossés.* — **2.** Espace intérieur ainsi entouré : *Pénétrer dans l'enceinte d'un tribunal.* — **3.** Volume délimité par une enveloppe rigide et destiné à recevoir un ou plusieurs haut-parleurs élémentaires et à en améliorer le rayonnement acoustique. — **4.** *Enceinte (acoustique),* ensemble constitué par une enceinte, un ou plusieurs haut-parleurs élémentaires et éventuellement des dispositifs annexes (filtre, transformateur, etc.). [Syn. usuel BAFFLE]. — **5.** Ceinture de canots et de filets formée pour entourer un banc de poissons (thons, sardines, harengs, etc.).

ENCELADE, deuxième satellite de Saturne, découvert en 1789. Il gravite en 33,356 h à

238 040 km du centre de Saturne. Diamètre : 500 km. C'est le corps du système solaire dont la surface présente le plus fort pouvoir réfléchissant. Il est probablement constitué surtout de glace.

ENCÉNIE n. f. (gr. *egkainia*). Dans l'Église byzantine, dédicace ou inauguration d'une église.

ENCENS [ɑ̃sɑ̃] n. m. (lat. ecclés. *incensum,* de *incendere,* allumer). **1.** Gomme-résine extraite par incision de l'écorce de divers boswellias (burséracées), provenant de l'Inde et surtout d'Afrique. (L'encens brûle en dégageant une odeur caractéristique. Il est employé dans les cérémonies religieuses, souvent mélangé à d'autres résines.) [Syn. OLIBAN.] — **2.** *Litt.* Compliments excessifs.

ENCENSEMENT n. m. Action d'encenser qqch ou qqn.

ENCENSER v. t. (lat. ecclés. *incensare,* brûler de l'encens) [conj. 3]. **1.** Honorer qqch ou qqn en agitant l'encensoir devant lui. — **2.** *Litt.* Flatter qqn avec des louanges excessives : *La presse l'encense.*

◆ v. i. En parlant d'un cheval, faire un mouvement de défense consistant à abaisser et relever brusquement la tête.

ENCENSOIR n. m. **1.** Sorte de cassolette suspendue par une ou plusieurs chaînes, dans laquelle on brûle de l'encens durant les cérémonies liturgiques. — **2.** *Coup d'encensoir,* flatterie excessive. ‖ *Manier l'encensoir,* louer de manière excessive.

ENCÉPAGEMENT n. m. Ensemble des cépages constituant un vignoble.

ENCÉPHALE n. m. (gr. *egkephalos*). **1.** Partie du système nerveux central et de ses enveloppes contenue dans la boîte crânienne des vertébrés. (Syn. CERVELLE ou CERVEAU, chez l'homme.) [→ *encycl.*] — **2.** *Encéphale dédoublé,* intervention chirurgicale consistant à sectionner les fibres unissant les deux hémisphères cérébraux et en particulier le corps calleux. (Elle a permis de vérifier cliniquement la spécificité fonctionnelle de chaque hémisphère cérébral.) [Syn. SPLIT BRAIN.]

ENCYCL. L'encéphale constitue, avec la moelle épinière, qui le prolonge postérieurement, le système nerveux central. Il est formé du cerveau, du cervelet et de l'isthme, ou tronc cérébral. Les méninges l'enveloppent et l'isolent des os crâniens. Le système nerveux, chez l'embryon, se subdivise en 5 vésicules successives : le *télencéphale,* ou cerveau antérieur (hémisphères cérébraux), le *diencéphale,* ou cerveau intermédiaire (couches optiques), le *mésencéphale,* ou cerveau moyen (toit et calotte), le *métencéphale,* ou cerveau postérieur (cervelet), et enfin le *myélencéphale,* ou arrière-cerveau (bulbe rachidien). Ces vésicules se réduisent ensuite à des cavités (ventricules) remplies de liquide céphalorachidien. Les parois vésiculaires épaissies comportent les corps cellulaires des neurones et leurs dendrites (substance grise), et les axones myélinisés de ces neurones (substance blanche). Dans le tronc cérébral, l'organisation est semblable à celle de la moelle épinière : substance grise centrale, blanche périphérique. Le cervelet et le cerveau ont une organisation différente : aux deux couches précédentes se surajoute une 3e formation plus superficielle, faite de substance grise, c'est-à-dire riche en corps cellulaires neuroniques, le cortex. Le cortex cérébral n'est bien développé que chez les mammifères.

ENCÉPHALIQUE adj. Relatif à l'encéphale.

ENCÉPHALISATION n. f. Accroissement du volume relatif de l'encéphale par évolution dans une lignée animale.

ENCÉPHALISÉ, E adj. Se dit d'un animal possédant un encéphale très développé.

ENCÉPHALITE n. f. Toute affection inflammatoire non suppurée de l'encéphale.

ENCYCL. **Neurol.** Les encéphalites associent un syndrome infectieux à des manifestations neurologiques diffuses ou localisées. Selon les structures nerveuses atteintes, on distingue les *polioencéphalites,* qui intéressent surtout la substance grise, les *leuco-encéphalites,* qui intéressent la substance blanche, et les *panencéphalites,* qui lèsent les deux. Les encéphalites peuvent être d'origine virale, bactérienne, parasitaire, mycosique ; primitives ou secondaires à une affection générale. Les encéphalites primitives virales sont les plus caractéristiques. Elles sont dues à la pénétration dans le système nerveux central de différents types de virus. Les plus fréquemment en cause sont le poliovirus responsable de la poliomyélite, le virus de la rage. Les paramyxovirus, responsables des oreillons et de la grippe, peuvent compliquer ces affections d'encéphalites, de même que les virus du groupe de l'herpès (herpès, zona, varicelle) peuvent les compliquer d'une encéphalite ou d'une encéphalomyélite. On parle d'*encéphalite à virus lent* lorsque la période séparant l'infestation de l'apparition des signes cliniques est longue. On range dans cette catégorie la maladie de Creutzfeldt-Jakob et le kuru ; les virus responsables n'ont pas encore été identifiés.

— **Vétér.** L'encéphalite peut avoir des origines diverses : extension d'un processus inflammatoire de voisinage, complication de maladie infectieuse (rage, maladie d'Aujeszky, encéphalites virales des équidés, du porc, du chien et des oiseaux, encéphalite rickettsienne des bovins, listériose des ruminants, toxoplasmose). Les encéphalites se traduisent soit par des alternatives d'excitation et de dépression, soit par une prédominance de l'une ou de l'autre.

ENCÉPHALITIQUE adj. Relatif à l'encéphalite.

ENCÉPHALOGRAMME n. m. Abrév. de ÉLECTROENCÉPHALOGRAMME.

ENCÉPHALOGRAPHIE n. f. *Encéphalographie gazeuse (totale),* technique radiologique qui, grâce à une injection d'air par ponction lombaire ou sous-occipitale, permet de visualiser les ventricules cérébraux et les espaces méningés du cerveau, l'air montant dans ceux-ci. (Cette technique traumatisante est de plus en plus remplacée par la scanographie ou la R. M. N.)

ENCÉPHALOÏDE adj. *Tumeur encéphaloïde,* cancer (notamment du sein) ayant la consistance de la matière cérébrale.

ENCÉPHALOMYÉLITE n. f. Affection inflammatoire non suppurée du névraxe, qui se différencie des encéphalites par l'atteinte concomitante de la moelle épinière. (Syn. NÉVRAXITE.)

ENCÉPHALOPATHE adj. et n. Se dit d'un sujet atteint d'encéphalopathie.

ENCÉPHALOPATHIE n. f. **1.** Toute affection diffuse du cerveau. – **2.** *Encéphalopathie spongiforme,* affection neurodégénérative due à un prion, pouvant toucher divers animaux (tremblante du mouton, maladie de la vache folle) et l'homme (maladie de Creutzfeldt-Jakob*, kuru). – **3.** *Encéphalopathie infantile,* syn. de INFIRMITÉ* MOTRICE CÉRÉBRALE.

ENCÉPHALOPATHIQUE adj. Relatif à l'encéphalopathie.

ENCERCLEMENT n. m. Action d'encercler ; fait d'être encerclé : *L'encerclement de l'armée ennemie.*

ENCERCLER v. t. (conj. 3). **1.** Entourer qqch d'un cercle ou comme d'un cercle : *Encercler un dessin d'un filet d'or.* – **2.** Cerner qqn, un groupe de tous côtés pour l'empêcher de fuir, pour l'isoler dans une intention hostile : *Encercler l'ennemi.* – **3.** Être disposé tout autour de qqch, d'un lieu : *Une ceinture d'atolls encercle l'île.*

ENCHAÎNÉ n. m. Syn. de FONDU* ENCHAÎNÉ.

ENCHAÎNEMENT n. m. **1.** Suite de choses, succession de faits qui dépendent ou paraissent dépendre les uns des autres : *Un enchaînement de circonstances.* – **2.** Action d'enchaîner logiquement des idées, des phrases, des parties d'un tout ; fait d'être enchaîné ; la liaison ainsi obtenue : *Dans cet exposé, l'enchaînement des idées n'est pas très clair.* – **3.** Structure logique d'un exposé, d'un développement, d'un ensemble de faits, qui résulte de l'agencement et de la liaison des parties : *L'enchaînement d'une intrigue.* – **4.** Passage d'une partie à une autre d'un programme audiovisuel, d'après un plan préétabli. – **5.** Suite de pas et de temps constituant une phrase chorégraphique ; cette suite, considérée comme un pas complexe (pas de bourrée, les temps relevés). – **6.** Juxtaposition de deux accords soumise aux règles classiques de l'harmonie. (Cette succession rationnelle des accords est commandée par les degrés sur lesquels ils se trouvent.) – **7.** Texte qui, dans une revue, fait le lien entre deux scènes, deux tableaux, deux attractions. – **8.** Liaison entre les mouvements ou figures réalisés au cours d'un même exercice de gymnastique, de patinage artistique.

ENCHAÎNER v. t. (conj. 4). **1.** Attacher qqn, qqch, un animal avec une chaîne ou un autre lien : *Enchaîner un chien.* – **2.** *Litt.* Lier fortement qqn à qqch ou à qqn par un lien affectif, moral, le retenir en un lieu : *Les souvenirs l'enchaînent à son village natal.* – **3.** *Litt.* Asservir qqn, un groupe, l'esprit, etc., les placer sous une dépendance quelconque, les priver de liberté : *Enchaîner la presse.* – **4.** Lier des actions, des mouvements, des phrases, etc., les uns aux autres, faire qu'ils se succèdent de manière logique, coordonner selon un certain ordre ou de manière ininterrompue : *Il décomposa d'abord chaque pas, puis il enchaîna tout le mouvement.* – **5.** Procéder à un enchaînement.

◆ v. t. ind. Passer directement et sans interruption à une autre étape et, en partic., reprendre rapidement la suite d'un dialogue, d'un discours : *Le journaliste enchaîna sur les résultats sportifs.*

◆ **s'enchaîner** v. pr., **être enchaîné** v. pass. Être lié par un ordre, un lien logique ou dans une suite ininterrompue : *Les événements s'enchaînent comme c'était prévu.*

ENCHANTEMENT n. m. (de *enchanter*). **1.** *Litt.* Pouvoir magique s'exerçant sur un être ou sur une chose, sortilège ; état de celui ou de ce qui y est soumis : *Des pratiques destinées à faire cesser un enchantement.* – **2.** État d'âme de qqn qui est charmé ; ravissement, ivresse : *L'enchantement qu'on éprouve à écouter cette musique.* – **3.** Chose qui enchante : *Ce spectacle est un perpétuel enchantement.* – **4.** *Comme par enchantement,* avec une facilité incroyable, quasi miraculeuse.

ENCHANTER v. t. (bas lat. *incantare,* prononcer des formules magiques) [conj. 3]. **1.** *Litt.* Soumettre qqn, qqch à un charme, à un enchantement ; ensorceler : *La fée avait enchanté les deux amants.* – **2.** Procurer à qqn un vif plaisir ; ravir : *Il enchantait son auditoire par son histoire.* – **3.** *Ne pas enchanter qqn,* ne pas lui plaire du tout.

◆ **être enchanté** v. pass. **1.** Être sous l'empire d'un pouvoir magique : *Rivière enchantée.* – **2.** Être très satisfait, très content de qqch, de qqn : *Je suis enchanté que vous veniez.* – **3.** *Enchanté (de faire votre connaissance),* formule de politesse qu'on adresse à qqn dont on fait la connaissance.

ENCHANTEUR, ERESSE n. **1.** Personne qui, dans les croyances populaires, est douée de pouvoirs magiques : *Merlin l'Enchanteur.* – **2.** Personne dont le charme séduit, captive.
◆ adj. Qui charme, ravit le cœur, l'esprit ; ensorcelant : *Voix enchanteresse.*

ENCHAPER v. t. (conj. 3). Fixer au moyen d'une enchapure.

ENCHAPERONNEMENT n. m. Action d'enchaperonner un oiseau de proie.

ENCHAPERONNER v. t. (conj. 3). Envelopper d'un chaperon la tête de l'oiseau de proie.

ENCHAPURE n. f. Bande de cuir repliée sur elle-même afin de recevoir un anneau, un dé ou une boucle.

ENCHARNER v. t. (anc. fr. *charne,* charnière) [conj. 3]. **1.** Munir de charnières. – **2.** Fixer au moyen de charnières.

ENCHÂSSEMENT n. m. **1.** Action d'enchâsser ; fait d'être enchâssé. – **2.** Opération qui consiste à insérer une phrase à la place d'un des constituants d'une autre phrase pour aboutir à une phrase complexe.

ENCHÂSSER v. t. (conj. 3). **1.** Mettre qqch dans une châsse : *Enchâsser des reliques.* – **2.** Encastrer qqch, le fixer dans une entaille, un support : *Enchâsser un bas-relief dans un mur.* – **3.** Sertir une pierre précieuse dans une monture. – **4.** Intercaler, insérer un mot, un texte pour le mettre en valeur : *Enchâsser des citations dans un discours.* – **5.** Réaliser l'enchâssement d'une phrase.

ENCHAUCENAGE n. m. Méthode d'épilage des peaux, consistant à leur appliquer, du côté chair, une pâte alcaline, ou enchaux.

ENCHAUCENER v. t. (anc. fr. *chaucine,* chaux) [conj. 19]. Pratiquer l'enchaucenage.

ENCHAUSSAGE n. m. Action d'enchausser.

1. ENCHAUSSER v. t. (de *chausser*) [conj. 3]. Couvrir les légumes de paille pour les faire blanchir ou les préserver de la gelée.

2. ENCHAUSSER v. t. (de *chaux*) [conj. 3]. Imbiber le velours de coton d'un lait de chaux pour raidir les brides de trame avant leur coupe.

ENCHAUX n. m. (de *chaux*). Pâte à base de sulfure de sodium que l'on applique sur le côté chair des peaux pour en relâcher le poil et permettre l'épilage.

ENCHÈRE n. f. (de *enchérir*). **1.** Offre d'achat supérieure au prix proposé lors d'une adjudication. (→ *encycl.*) – **2.** Forme de vente publique consistant à vendre au plus offrant. – **3.** À différents jeux de cartes, somme que les joueurs ont le droit d'ajouter à l'enjeu pour obtenir certains avantages. – **4.** Au bridge, demande supérieure à celle des adversaires. – **5.** *Au feu des enchères,* se dit d'une vente aux enchères d'un immeuble par allusion aux bougies d'adjudication. ‖ *Couvrir une enchère,* proposer un prix supérieur à celui qui vient d'être offert. ‖ *Faire monter les enchères,* faire sans cesse une offre supérieure afin de rendre plus coûteuse l'adjudication ; obliger ses adversaires à des concessions ou à des offres de plus en plus importantes pour obtenir qqch. ‖ *Folle enchère,* enchère faite par un enchérisseur qui n'en peut payer le prix.
ENCYCL. **Dr.** Les enchères se font toujours de vive voix. Dans les ventes judiciaires d'immeubles, l'adjudication se fait aux enchères à l'audience publique ; les enchères sont portées par l'intermédiaire d'un avocat. Le dernier enchérisseur est déclaré adjudicataire.
Aucune formalité spéciale n'est prescrite dans les enchères de meubles. Mais, pour les immeubles, l'adjudication ne peut être prononcée qu'après l'extinction successive de trois bougies.

ENCHÉRIR v. i. (conj. 32). *Litt.* Devenir plus cher ; renchérir : *La vie a beaucoup enchéri depuis quelque temps.*
◆ v. t. ind. **1.** Faire une offre supérieure, faire monter les enchères : *Enchérir de mille francs sur l'offre précédente.* – **2.** *Litt.* Ajouter qqch à ce qui a été dit ou fait ; renchérir.

ENCHÉRISSEMENT n. m. *Litt.* Augmentation des prix : *L'enchérissement du pain.*

ENCHÉRISSEUR, EUSE n. Personne qui met, porte une enchère : *Immeuble adjugé au dernier enchérisseur.*

ENCHEVALEMENT n. m. Pose d'un chevalement.

ENCHEVAUCHER v. t. (conj. 3). Faire joindre par recouvrement partiel des planches, des éléments de couverture.

ENCHEVAUCHURE n. f. État de planches, de tuiles enchevauchées.

ENCHEVÊTREMENT n. m. **1.** Amas d'objets, d'éléments enchevêtrés : *Un enchevêtrement inextricable de voitures.* – **2.** Ensemble confus, incohérent, désordonné : *L'enchevêtrement d'une intrigue.*

ENCHEVÊTRER v. t. (bas lat. *encapistrare,* mettre en licou) [conj. 4]. **1.** Emmêler, embrouiller qqch, des choses : *Enchevêtrer le fil d'une ligne dans les branches d'un arbre.* – **2.** Mêler qqch à d'autres choses en rendant l'ensemble confus, incohérent, l'embrouiller : *Enchevêtrer des phrases.* — 3. Unir des éléments par un chevêtre.

◆ **s'enchevêtrer** v. pr., **être enchevêtré** v. pass. 1. S'emmêler, s'embrouiller : *Le fil s'est enchevêtré.* — 2. Former un ensemble désordonné, embrouillé, confus : *L'intrigue est trop enchevêtrée pour qu'on puisse y voir clair.* — 3. En parlant d'un cheval, s'embarrasser dans la longe de son licol.

ENCHEVÊTRURE n. f. Assemblage des solives d'un plancher réalisé de façon à délimiter un espace vide, dit *trémie,* qui permet d'établir un foyer, de faire passer des conduits de fumée, un escalier, etc.

ENCHIFRENÉ (ÊTRE) v. pass. Avoir le nez embarrassé par un rhume.

ENCHIFRÈNEMENT n. m. Embarras de la respiration nasale, qui s'observe notamment dans le coryza.

Enchiridion ou **Manuel d'Épictète,** notes d'Épictète, rédigées par son élève Arrien, dans lesquelles le philosophe expose la doctrine du stoïcisme.

ENCHONDRAL, E, AUX [ɑ̃kɔ̃-] adj. (gr. *egkhondros,* cartilagineux). Se dit d'un mode d'ossification qui se fait à partir d'une ébauche cartilagineuse et qui fournit notamment la plupart des os des membres.

ENCHONDROME [ɑ̃kɔ̃-] n. m. (de *enchondral*). Tumeur cartilagineuse se développant à l'intérieur d'un os.

ENCHYTHRÉE [-ki-] n. m. (gr. *khutreios,* d'argile). Très petit ver de terre, jouant un rôle important dans les processus d'humification du sol.

ENCINA (Juan DEL), poète et auteur dramatique espagnol (Encinas, près de Salamanque, 1468 - León v. 1529). Ses poèmes dramatiques *(Églogas),* destinés à des représentations privées, sont considérés comme les œuvres les plus anciennes du théâtre profane espagnol.

ENCINAS (Francisco), dit **Dryander,** théologien protestant espagnol (Burgos v. 1520 -Strasbourg 1552). Il étudia à Wittenberg, où il connut Melanchthon, et traduisit en espagnol le Nouveau Testament (1542).

ENCKE (Johann Franz), astronome allemand (Hambourg 1791 - Spandau 1865). Il s'est rendu célèbre par ses travaux sur les comètes, particulièrement sur celle qui porte son nom.

Encke *(comète d'),* comète périodique dont Encke démontra l'identité avec les comètes apparues en 1786, 1795, 1805 et 1818, prédit le retour en 1825 et découvrit, en 1838, l'accélération séculaire du mouvement. De toutes les comètes périodiques connues, elle est celle dont la période est la plus courte (3,31 ans). Sa distance au Soleil varie entre 51 et 615 millions de kilomètres.

ENCLAVE n. f. (de *enclaver*). 1. Terrain ou territoire situé à l'intérieur d'un autre. — 2. Îlot, domaine, qui a son unité, ses caractéristiques propres et qui s'isole par rapport à tout ce qui l'entoure : *Son service est une enclave dans cette énorme administration.* — 3. Partie d'un bâtiment engagée dans une autre. — 4. Fonds n'ayant accès à la voie publique que par l'intermédiaire d'un autre fonds dans lequel il est enclavé. — 5. Masse de roche individualisée au sein d'une autre roche en raison de sa différence d'origine (incorporation mécanique) ou de composition.

ENCLAVEMENT n. m. Action d'enclaver ; fait d'être enclavé : *L'enclavement d'Avignon dans la France a cessé à la Révolution.*

ENCLAVER v. t. (lat. pop. **inclavare,* fermer avec une clef, du lat. class. *clavis,* clef) [conj. 3]. 1. Faire d'un terrain, d'un territoire une enclave, le contenir comme enclave : *Cette propriété enclave quelques pâturages communaux.* — 2. Insérer qqch (dans qqch) : *Enclaver un adjectif entre l'article et le nom.*

◆ **être enclavé** v. pass. 1. En parlant d'un pays, d'une région, ne pas disposer de relations faciles avec l'extérieur. — 2. En parlant de tumeurs du petit bassin, être bloquées dans le cul-de-sac de Douglas. — 3. En parlant d'un fonds, être entouré de tous côtés par d'autres fonds appartenant à un autre propriétaire. — 4. *Lettre enclavée,* petite lettre inscrite dans une autre plus grande.

ENCLENCHEMENT n. m. 1. Action d'enclencher ; fait d'être enclenché. — 2. Dispositif destiné à subordonner le fonctionnement d'un appareil à l'état ou à la position d'un ou de plusieurs autres. — 3. Dispositif ayant pour objet d'interdire matériellement la manœuvre des appareils (aiguilles, signaux, etc.) lorsque cette manœuvre pourrait compromettre la sécurité de la circulation sur un itinéraire déjà autorisé ou parcouru par un train.

ENCLENCHER v. t. (de *clenche*) [conj. 3]. 1. Rendre solidaires diverses pièces mécaniques au moyen d'un enclenchement. — 2. Mettre un mécanisme en position de marche, manœuvrer un enclenchement : *Enclencher la marche arrière.* — 3. *Fam.* Commencer une affaire, une action, la faire démarrer : *Cette vérification fiscale a enclenché toute l'affaire.*

◆ **s'enclencher** v. pr., **être enclenché** v. pass. 1. Se mettre en position de marche, commencer à fonctionner. — 2. *Fam.* Commencer, en parlant d'une action : *L'affaire s'enclenche mal.*

ENCLIN, E adj. (anc. fr. *encliner,* baisser vers ; du lat. *inclinare*). Qui est porté naturellement à qqch, qui est prédisposé à qqch : *Être enclin à la mélancolie, à la paresse.*

ENCLIQUETAGE n. m. Mécanisme destiné à assurer l'entraînement d'un organe en mouvement dans un sens et à empêcher ce mouvement dans l'autre sens ; action assurée par ce mécanisme.
ENCYCL. Les encliquetages, montés sur un arbre, servent à transformer un mouvement alternatif en mouvement circulaire, comme organes de sécurité dans des appareils de serrage ou de levage, pour permettre la restitution de l'énergie accumulée (montres à ressort, horloges à poids, etc.). L'encliquetage est généralement obtenu par une roue à rochet et un cliquet.

ENCLIQUETER v. i. (de *cliquet*) [conj. **27**]. Opérer un encliquetage.

ENCLISE n. f. (gr. *engklisis,* inclinaison). Phénomène par lequel une particule, dite enclitique, forme avec le mot qui précède une seule unité accentuelle.

ENCLITIQUE n. m. (gr. *engklitikos,* de *egklinein,* incliner). Morphème grammatical non accentué qui se joint au terme qui le précède pour ne former avec lui qu'une seule unité accentuelle (par ex., en français, *je* dans *dis-je* ou *ce* dans *est-ce*).
◆ adj. Relatif à l'enclise, aux enclitiques.

ENCLORE v. t. (lat. pop. **inclaudere,* class. *includere,* enfermer) [conj. **113**]. Entourer un lieu d'une clôture ou de qqch qui forme une clôture : *Mur qui enclôt un jardin.*

ENCLOS n. m. (de *enclore*). **1.** Terrain fermé par une clôture : *Enclos pour le bétail.* — **2.** Enceinte servant de clôture : *Un enclos de pierres sèches.*

ENCLOSURE n. f. (angl. *enclosure*). En Angleterre, clôture des champs, qui s'est accompagnée du passage d'une forme communautaire à une forme individualiste d'économie agraire.
ENCYCL. Ce mouvement s'est développé en Angleterre à partir du XIVe s., favorisant grands et moyens propriétaires, au détriment des petits tenanciers. Essentiellement lié, au XVIe s., au développement de l'industrie lainière, entraînant l'extension de l'élevage des moutons, il atteignit son apogée au XVIIIe s. avec les progrès des techniques agraires et les débuts de la révolution industrielle. Au début du XIXe s., cette évolution était achevée, et avait drainé vers les villes la population rurale, qui allait y former le prolétariat de l'ère industrielle.

ENCLÔTURE n. f. (de *enclore*). *Digue* ou *cordon d'enclôture,* ouvrage délimitant et protégeant des zones marines à remblayer.

ENCLOUAGE n. m. **1.** Syn. de ENCLOUURE. — **2.** Procédé d'ostéosynthèse à l'aide d'une tige métallique très résistante, pratiqué couramment dans le cas de fracture du col du fémur.

ENCLOUER v. t. **1.** Fixer avec des clous : *Enclouer une porte pour la condamner.* — **2.** Pratiquer un enclouage. — **3.** Provoquer une enclouure.

ENCLOUURE n. f. Blessure produite au pied d'un animal par un clou de ferrure. (Syn. ENCLOUAGE.)

ENCLUME n. f. (bas lat. *incudinem,* du lat. class. *incus, -udis,* enclume, avec l'infl. de *includere,* enfermer). **1.** Masse métallique destinée à supporter les chocs dans diverses opérations qui se font par frappe (enclume de forgeron, de serrurier, de couvreur, de cordonnier, etc.) — **2.** Un des osselets de l'oreille moyenne des mammifères, articulé sur le marteau et sur l'étrier. — **3.** *Être entre l'enclume et le marteau,* se trouver entre deux partis opposés, avec la perspective d'être victime dans tous les cas.

ENCLUMETTE n. f. Petite enclume portative servant à river les clous, dans la confection des caisses d'emballage. (Syn. TAS.)

ENCOCHAGE n. m. **1.** Ensemble des encoches du circuit magnétique d'une machine électrique. — **2.** Technique de réalisation des encoches dans un circuit magnétique. — **3.** Action de pratiquer les encoches dans les tranches d'un livre.

ENCOCHE n. f. (de *encocher*). **1.** Petite entaille : *Faire une encoche sur une branche.* — **2.** Coche d'une flèche. — **3.** Évidement pratiqué dans une armature magnétique pour y loger les conducteurs d'un enroulement. (Syn. RAINURE.) — **4.** Cavité ou découpe dans la tranche d'un livre, d'un registre destinée à rendre plus rapide la recherche d'un renseignement.

ENCOCHER v. t. (de *coche,* n. f.) [conj. **3**]. **1.** Faire une encoche à qqch. — **2.** Mettre la corde de l'arc dans l'encoche de la flèche.

ENCODAGE n. m. **1.** Action d'encoder ; production d'un message ; codage. — **2.** Processus hypothétique de traitement de l'information sensorielle se déroulant au moment de l'identification et de la mise en mémoire d'un stimulus.

ENCODER v. t. (conj. 3). **1.** Transcrire un message selon les règles d'un code ; coder. — **2.** Produire un discours, un texte selon les règles du code linguistique.

ENCODEUR n. m. Matériel informatique capable de saisir de l'information, de la coder et de la stocker sous forme numérique, directement exploitable.

ENCOFFRER v. t. (conj. 3). *Litt.* Mettre, enfermer dans un coffre.

ENCOIGNURE [ɑ̃kɔɲyr] n. f. (de *coin*). **1.** Angle intérieur formé par deux murs qui se touchent.

— **2.** Petit meuble triangulaire destiné à garnir l'angle d'une pièce. (Très à la mode, par paires, au XVIIIe s.)

ENCOLLAGE n. m. Action d'encoller ; fait d'être encollé.

ENCOLLER v. t. (conj. 3). **1.** Appliquer sur une surface, sur qqch un apprêt de colle, de gomme, etc. : *Encoller un papier peint.* — **2.** Enduire d'un produit spécial des baguettes ou des moulures en bois avant de les dorer. — **3.** Déposer sur la ou les faces de la bande de papier un produit d'enduction (colle, sauce de couchage, etc.). — **4.** Imprégner la chaîne des tissus d'une colle et la sécher avant tissage, afin de renforcer la résistance des fils à la traction et au frottement.

ENCOLLEUR, EUSE n. Spécialiste qui procède à l'encollage.

◆ **encolleuse** n. f. **1.** Machine utilisée pour pratiquer l'encollage de la chaîne des tissus. — **2.** Machine distribuant uniformément de la colle au moyen de cylindre doseur, pulvérisateur (jet), buse (extrusion). — **3.** Machine comportant un cylindre de cuivre tournant dans un bain de colle liquide, employée pour encoller le papier ou le carton.

ENCOLPION ou **ENGOLPION** n. m. (gr. *en,* dans, et *kolpos,* sein). Médaillon orné de petites icônes du Christ et de la vierge, que portent les évêques de rite oriental de part et d'autre de la croix pectorale.

ENCOLURE n. f. (de *col*). **1.** Partie du corps des mammifères, en partic. du cheval, partant de la tête et qui s'unit avec le garrot, les épaules et le poitrail. (Chez le cheval, l'encolure peut présenter plusieurs aspects : encolure normale ou bien sortie, encolure renversée, encolure de cygne, encolure rouée, encolure mal sortie.) — **2.** Cou de l'homme, considéré du point de vue de sa grosseur : *Avoir une forte encolure.* — **3.** Dimension du tour de cou d'une chemise d'homme. — **4.** Partie échancrée d'un vêtement autour du cou. — **5.** Aux courses de galop, distance, approximativement celle de la tête et du cou d'un cheval, qui sépare deux chevaux lors du passage du poteau d'arrivée.

ENCOMBRANT, E adj. **1.** Qui encombre, qui gêne les mouvements, le passage ; embarrassant : *Des paquets encombrants.* — **2.** Qui est source de désagrément ; importun : *Un ami encombrant.*

ENCOMBRE (SANS) loc. adv. Sans accident, sans difficulté : *Il a passé la frontière sans encombre.*

ENCOMBREMENT n. m. **1.** Action d'encombrer ; état de ce qui est encombré : *Éviter l'encombrement d'un standard téléphonique.* — **2.** Accumulation de véhicules gênant la circulation : *Être pris dans un encombrement.* — **3.** Dimensions extérieures d'un objet : *Quel est l'encombrement de ce meuble ?* • **Chim.** *Encombrement stérique,* accumulation de groupements volumineux autour d'un centre réactionnel, qui en rend l'accès difficile.— **Inform.** Situation d'un équipement ou d'un réseau qui est l'objet d'un nombre de sollicitations qui excède ses possibilités de traitement. — **Pathol.** Obstruction des voies respiratoires par des mucosités ou des sérosités. — **Zootechn.** Proportion de substances de valeur nutritive faible ou nulle, telle la cellulose, contenue dans un aliment.

ENCOMBRER v. t. (anc. fr. *combre,* barrage, du gaul. **kombero*) [conj. 3]. **1.** Surcharger un lieu, qqch, le remplir d'objets, de personnes, etc., de telle sorte que son utilisation en est rendue difficile, voire impossible ; embarrasser, gêner : *Vous encombrez le passage avec vos valises.* — **2.** Saturer une ligne téléphonique, un standard en étant trop nombreux à les utiliser en même temps : *Les appels des auditeurs ont fini par encombrer la ligne.* — **3.** Prendre inutilement de l'espace ; embarrasser : *Si ces livres vous encombrent, donnez-les moi.* — **4.** Constituer pour qqn une présence inutile, gênante ; gêner : *Ce collaborateur m'encombre plus qu'il ne me rend service.* — **5.** Prendre ou occuper inutilement la place que d'autres personnes voudraient avoir : *Ces étudiants qui ne travaillent pas encombrent les universités.* — **6.** *Encombrer l'esprit de qqn,* lui faire apprendre des choses inutiles : *N'allez pas lui encombrer la mémoire avec ces détails !*

◆ **être encombré** v. pass. **1.** Être surchargé d'objets : *Le bureau est encombré de papiers.* — **2.** Se dit d'une voie de communication embouteillée : *Éviter les routes encombrées.* — **3.** Se dit d'une ligne téléphonique utilisée par trop de personnes en même temps. — **4.** Se dit d'une profession, d'un marché où il est très difficile de se faire une place par suite d'une très grande concurrence.

◆ **s'encombrer** v. pr., **être encombré** v. pass. **1.** Garder avec soi, chez soi qqch ou qqn qui est inutile, gênant : *Je ne vais pas m'encombrer de tous ces vieux vêtements.* — **2.** *S'encombrer (l'esprit, la mémoire),* avoir retenu des choses inutiles : *À quoi bon s'encombrer de détails insignifiants.* — **3.** *Ne pas s'encombrer de qqch,* s'en affranchir avec désinvolture : *Il ne s'encombre pas de scrupules.*

ENCOMIENDA [ɛnkɔmjɛnda] n. f. (esp. *encomienda*). Institution de l'Amérique espagnole par laquelle un conquérant recevait de la Couronne le droit d'utiliser le travail d'un groupe d'Indiens qu'il devait, en échange, évangéliser. (Pratiquée à Saint-Domingue, puis au Mexique et au Pérou, l'encomienda entraîna de nombreux abus. Les « nouvelles lois » de 1542 en firent un simple tribut qui disparut partout au milieu du XVIIe s., sauf au Chili où il subsista jusqu'à l'Indépendance.)

ENCONTRE (À L') adv., **À L'ENCONTRE DE** prép. (bas lat. *incontra,* du lat. class. *contra,* contre). **1.** En s'opposant à qqch, en y faisant obstacle : *Tous ces événements vont à l'encontre de mes projets.* — **2.** *Litt.* Au contraire de qqch, de qqn : *À l'encontre de son père, il était toujours souriant.*

ENCOPRÉSIE n. f. (gr. *en,* dans, et *kopros,* excrément). Habitude de déféquer dans sa culotte chez un enfant ayant dépassé l'âge normal (2 ou 3 ans) d'acquisition du contrôle des sphincters et sans atteinte neurologique.

ENCOPRÉTIQUE adj. et n. Se dit d'un enfant souffrant d'encoprésie.

ENCOR adv. Forme anc. de ENCORE.

ENCORBELLEMENT n. m. (anc. fr. *corbel,* corbeau). **1.** Construction en saillie sur le plan d'un mur, portant en principe sur des corbeaux ou des consoles. — **2.** *Voûte en encorbellement,* voûte appareillée en tas de charge et non clavée.

ENCORBELLÉ, E adj. Construit en encorbellement.

ENCORDAGE n. m. Ensemble des cordes et des ficelles employées au montage d'un métier à tisser ou d'une machine à piquer les cartons destinés à la mécanique Jacquard.

ENCORDEMENT n. m. Action par laquelle un alpiniste s'attache à la corde d'assurage.

ENCORDER v. t. (de *corde*) [conj. **3**]. Placer l'encordage.

◆ **s'encorder** v. pr., **être encordé** v. pass. S'attacher les uns aux autres par la corde d'assurage.

ENCORE adv. (lat. pop. **hinc ad horam,* d'ici jusqu'à cette heure). **1.** Indique la persistance d'une action ou d'un état à un moment donné (par oppos. à *ne... plus*) : *Il dort encore. À cette époque, j'étais encore enfant.* — **2.** Indique l'antériorité dans une phrase négative, par rapport à un événement ou un état prévu mais non réalisé (par oppos. à *déjà*) : *Il ne parle pas encore.* — **3.** Indique la répétition ; de nouveau : *Vous vous êtes encore trompé.* — **4.** Indique l'addition ; en plus, en outre, davantage : *Il ne suffit pas d'avoir de bonnes idées, il faut encore savoir les exposer.* — **5.** Indique un degré plus grand avec les adverbes *plus, moins, mieux, davantage : C'est encore plus difficile que je n'imaginais.* — **6.** Indique l'impatience devant le renouvellement ou la continuation de qqch : *Quoi encore ? Encore toi !* — **7.** *Encore,* en tête de proposition et avec inversion du sujet, ou *encore que + subj.,* introduisent une restriction ; cependant, toutefois, quoique, bien que : *C'est une explication possible, encore n'est-elle pas certaine.* ‖ *Encore et toujours,* insiste sur la persistance ou sur la répétition invariable d'un fait. ‖ *Et encore,* indique que ce qui a été dit est probablement en deçà de la vérité. ‖ *Mais encore,* introduit une précision complémentaire ou une restriction ; en interrogation, sollicite avec insistance des précisions complémentaires. ‖ *Non seulement... mais encore,* souligne une opposition en indiquant un renforcement : *C'est non seulement inutile, mais encore dangereux.* ‖ *Ou encore,* introduit une explication ou la présentation d'une autre possibilité : *On pourrait dire ceci ou encore cela.* ‖ *Si encore* ou *encore si,* indiquent que ce qui est dit pourrait être acceptable si au moins telle condition était réalisée : *Si encore il s'excusait, je pourrais pardonner.*

ENCORNÉ, E adj. *Litt.* Qui a des cornes : *Diables encornés.*

ENCORNER v. t. (conj. **3**). Blesser à coups de cornes : *Torero que le taureau a encorné.*

ENCORNET n. m. (de *cornet,* calmar). Autre nom du *calmar.*

ENCORNURE n. f. Manière dont les cornes sont implantées.

ENCOUBLER (S') v. pr. (suisse romand *couble,* lien) [conj. **3**]. En Suisse, s'empêtrer dans qqch qui traîne par terre.

ENCOURAGEANT, E adj. Qui encourage : *Paroles encourageantes.*

ENCOURAGEMENT n. m. **1.** Action d'encourager : *Des paroles d'encouragement.* — **2.** Acte, parole qui encourage : *Avoir besoin d'encouragements.* — **3.** *Société d'encouragement,* société fondée pour aider au progrès des sciences, des arts, etc., pour promouvoir telle ou telle activité.

ENCOURAGER v. t. (conj. **17**). **1.** Donner du courage à qqn, le réconforter ou l'inciter à persévérer, à faire mieux ; stimuler : *Encourager quelqu'un d'un geste.* — **2.** Inspirer à qqn du courage pour agir de telle ou telle manière, l'inciter, le pousser à faire qqch : *Ses amis l'encourageaient à faire acte de candidature.* — **3.** Favoriser une action, une activité, en stimuler le développement : *Un prix fondé pour encourager l'initiative.*

ENCOURIR v. t. (lat. *incurrere,* courir sur, avec l'infl. de *courir*) [conj. **45**]. S'exposer à qqch de fâcheux, mériter une peine : *Encourir des reproches.*

EN-COURS ou **ENCOURS** n. m. inv. **1.** Montant des effets escomptés par une banque qui ne sont pas encore arrivés à échéance. — **2.** Ce qui, dans une entreprise, est en train de subir une opération ; matières et produits se trouvant dans l'atelier avant et après les opérations, et non dans les magasins. — **3.** *En-cours de fabrication,* ensemble des matières ou produits subissant des opérations d'usinage. ‖ *En-cours de route,* ce qui va d'un stock à un autre de l'entreprise, spécialement à la fin d'une période comptable.

ENCRAGE n. m. **1.** Action d'encrer, en partic. les rouleaux d'une presse d'imprimerie. – **2.** Ensemble mécanique d'une machine à imprimer qui permet l'alimentation en encre de la forme d'impression.

ENCRASSAGE n. m. Action d'encrasser.

ENCRASSEMENT n. m. **1.** Action d'encrasser ; fait de s'encrasser. – **2.** Altération subie par un film de peinture ou de vernis en contact avec un milieu souillé.

ENCRASSER v. t. (conj. 3). Salir, recouvrir qqch d'une couche de crasse : *Fumée qui encrasse les conduits.*

◆ **s'encrasser** v. pr., **être encrassé** v. pass. **1.** Se couvrir de crasse : *Les vitres sont encrassées.* – **2.** S'encroûter, se rouiller, ne plus fonctionner aisément : *Mémoire qui s'encrasse.*

ENCRATISME n. m. Doctrine des encratites.

ENCRATITE n. (gr. *egkratês,* maître de soi, continent). Membre d'une secte religieuse des premiers siècles qui professait un ascétisme rigoureux, notamment en matière sexuelle.

ENCRE n. f. (anc. fr. *enca,* du lat. *encaustum,* gr. *egkauston*). **1.** Préparation plus ou moins consistante, diversement colorée, utilisée pour écrire, dessiner ou imprimer. – **2.** Fam. *C'est la bouteille à l'encre,* c'est une affaire obscure, embrouillée. ‖ *De sa plus belle encre,* qui est écrit dans un très bon style. ‖ *De la même encre,* du même style ou de la même inspiration. ‖ *Noir comme l'encre,* extrêmement noir. ‖ *Nuit d'encre,* nuit très noire. • **Bot.** Maladie cryptogamique du châtaignier qui attaque le collet et les racines et qui provoque des suintements de matière visqueuse noircissant par oxydation. – **Bx-arts.** *Encre autographique* ou *encre à report,* encre employée en lithographie pour écrire ou dessiner sur le papier à report. ‖ *Encre de Chine,* mélange solide ou liquide de noir de fumée, de gélatine et de camphre, utilisé pour le dessin et le lavis. – **Impr.** *Encre magnétique,* encre contenant des matériaux magnétisables (par ex. oxyde de fer), servant à l'impression de caractères magnétiques. ‖ *Encre d'imprimerie,* mélange de pigments colorés additionnés d'une matière de charge, très finement broyés et dispersés dans un vernis gras ou une huile siccative. (→ *encycl.*) – **Zool.** Liquide noir contenu dans un réservoir (poche du noir) s'ouvrant dans la poche ventrale des céphalopodes, et qui sert à masquer la fuite de l'animal. (On l'utilise sous le nom de *sépia.*) [Syn. NOIR.]

ENCYCL. Les *encres d'imprimerie* sont constituées par deux produits principaux : une matière solide, ou pigment, qui donne la couleur ; un véhicule, partie fluide, visqueuse ou pâteuse, liant ou solvant, dans laquelle le pigment est intimement incorporé. Les pigments sont des colorants minéraux en poudre très fine (noir de carbone, bleu de Prusse, jaune de chrome, etc.), des laques obtenues en partant de colorants d'aniline, des pigments organiques. Les encres classiques étaient uniquement des encres grasses, contenant des huiles ou des vernis à base d'huile ; des vernis synthétiques les remplacent aujourd'hui en partie. Dans les encres utilisées en héliogravure, d'une fluidité qui leur permet de pénétrer dans la gravure en creux des cylindres, l'ensemble pigment-vernis est dissous dans un mélange d'hydrocarbures volatils. On améliore les conditions d'emploi grâce aux encres à séchage rapide.

ENCRER v. t. (conj. 3). Charger, enduire, imprégner d'encre.

ENCREUR adj. m. Qui sert à encrer.

ENCRIER n. m. **1.** Petit récipient destiné à contenir de l'encre. – **2.** Réservoir d'encre alimentant le système d'encrage d'une machine à imprimer.

ENCRINE n. f. (lat. sc. *encrinus,* du gr. *en,* dans, et *krinon,* lis). Nom usuel des échinodermes fixés, de la classe des crinoïdes. (Syn. LIS DE MER.)

ENCRIVORE adj. Se dit d'un produit chimique qui fait disparaître les taches d'encre.

ENCROISAGE n. m. Séparation des fils d'une chaîne en fils d'ordre pair et d'ordre impair, pour faciliter leur manœuvre sur le métier à tisser.

ENCROISEMENT ou **ENCROISAGE** n. m. État des fils encroisés.

ENCROISER v. t. (de *croiser*) [conj. 3]. Séparer les fils d'une chaîne ourdie en fils de rang pair et fils de rang impair.

ENCROIX n. m. (de *encroiser*). Division alterne que le tisserand établit entre les fils de chaîne.

ENCROUAGE n. m. État d'un arbre encroué.

ENCROUÉ, E adj. (bas lat. *incorcare,* pendre à un croc). **1.** Se dit d'un arbre qui, en tombant, s'enchevêtre dans les branches d'un autre. – **2.** Se dit de l'arbre sur lequel un autre est tombé.

ENCROÛTANT, E adj. Se dit des organismes animaux ou végétaux qui s'étalent en croûte à la surface de leurs supports (algues, éponges, cnidaires, ascidies). [Les lichens encroûtants sont dits *crustacés.*]

ENCROÛTEMENT n. m. **1.** Action d'encroûter ; fait d'être encroûté. – **2.** *Litt.* Diminution ou disparition de l'esprit d'initiative, de l'activité intellectuelle. — **3.** Forme d'individualisation du calcaire dans les formations superficielles du sol. — **4.** Résidu que l'eau laisse dans les chaudières après sa vaporisation.

ENCROÛTER v. t. (conj. 3). **1.** Couvrir qqch d'une croûte durcie : *Le calcaire avait encroûté la bouilloire.* — **2.** Rendre qqn ignorant, routinier, l'abêtir : *Cet isolement a fini par l'encroûter.*
◆ **s'encroûter** v. pr., **être encroûté** v. pass. **1.** Se couvrir d'une sorte de croûte : *Une chaudière encroûtée.* — **2.** Se laisser dominer par une routine qui appauvrit l'esprit : *S'encroûter dans ses habitudes.*

ENCUIVRAGE n. m. Dépôt, au fond des rayures d'une bouche à feu, d'une couche de cuivre provenant de la ceinture des projectiles.

ENCULAGE n. m. *Pop.* Action d'enculer.

ENCULÉ, E n. *Pop.* Terme d'injure grossière pour marquer le mépris que l'on a de qqn.

ENCULER v. t. (de *cul*) [conj. 3]. *Pop.* **1.** Pratiquer sur qqn le coït anal, sodomiser. — **2.** *Enculer des mouches,* pinailler, se perdre dans des détails sans importance.

ENCUVAGE n. m. Remplissage de cuves.

ENCUVER v. t. (de *cuve*) [conj. 3]. Mettre en cuve.

ENCYCLIQUE n. f. (lat. ecclés. *encyclica,* du gr. *engkuklios,* circulaire). Lettre envoyée par le pape aux évêques du monde entier ou d'une partie de celui-ci, et, à travers eux, aux fidèles.
ENCYCL. C'est surtout au XIXe et au XXe s. que les papes ont voulu éclairer l'opinion chrétienne, par des encycliques, sur des sujets de civilisation. Les plus célèbres sont : *Rerum novarum* (1891), de Léon XIII ; *Pascendi dominici gregis* (1907), de Pie X ; *Divini Redemptoris* (1937), de Pie XI : *Humani generis* (1950), de Pie XII ; *Pacem in terris* (1963), de Jean XXIII ; *Humanae vitae* (1968), de Paul VI ; *Veritatis Splendor* (1993), de Jean-Paul II.

ENCYCLOPÉDIE n. f. (lat. de la Renaissance *encyclopaedia,* du gr. *egkuklopaideia*). **1.** Ouvrage où l'on expose méthodiquement ou alphabétiquement l'ensemble des connaissances universelles (encyclopédie générale) ou spécifiques d'un domaine du savoir (encyclopédie spécialisée). — **2.** Dans un dictionnaire encyclopédique, développement qui présente une information structurée sur le concept défini en entrée. — **3.** *Une encyclopédie vivante,* une personne qui possède des connaissances très variées.
ENCYCL. L'Antiquité et le Moyen Âge ont laissé des œuvres qui contiennent l'ensemble des connaissances d'une époque : c'est le cas des traités d'Aristote ou du *Livre du Trésor* de Brunetto Latini. Mais la forme moderne de l'encyclopédie est liée depuis le XVIIIe s. à l'ordre alphabétique du dictionnaire : le modèle de ce genre est l'*Encyclopédie* de Diderot. C'est selon le même type que furent conçus : en France, la *Grande Encyclopédie* de M. Berthelot (1885-1892), *Encyclopædia Universalis* (1968-1975, 20 vol. ; 3e éd., 1990, 30 vol.), *la Grande Encyclopédie* publiée par Larousse (1971-1985, 22 vol.) ; à l'étranger, *Encyclopædia Britannica* (1768, 3 vol. ; 15e éd., 1990, 32 vol.), *Enciclopedia italiana di scienze, lettere ed arti* de G. Treccani (1929-1939, 35 vol. et suppl.), *Brockhaus Enzyklopädie* (1796 ; 19e éd., 1987 et suiv., 24 vol.), *The Encyclopedia Americana* (1829 ; éd. 1981, 30 vol.), *Enciclopedia europeoamericana* d'Espasa (1905-1933, 80 vol.), *Bolchaïa Sovietskaïa Entsiklopedia* (3e éd., 1970 et suiv., 30 vol.), *Encyclopedia judaica* (1971-72, 16 vol. et suppl.), etc.

Encyclopédie *ou Dictionnaire raisonné des sciences, des arts et des métiers* (1751-1772). Inspirée par un ouvrage similaire de l'Anglais Chambers (1729), dirigée par Diderot et rédigée par 150 savants, philosophes et spécialistes de toutes les disciplines (Voltaire, Montesquieu, Rousseau, Helvétius, Condillac, d'Holbach, Daubenton, Marmontel, Quesnay, Turgot, Jaucourt, etc.), elle avait pour but de faire connaître les progrès de la science et de la pensée dans tous les domaines, avec leurs conséquences économiques et techniques ; elle dévoilait les secrets du monde du travail et des corporations. Le *Discours préliminaire,* rédigé par d'Alembert, est un tableau synthétique des connaissances à cette époque.

Encyclopédie des sciences philosophiques, œuvre de Hegel (1817), où il donne le plan général de son système.

ENCYCLOPÉDIQUE adj. **1.** Relatif à l'encyclopédie, au genre de l'encyclopédie. — **2.** Relatif à l'*Encyclopédie* de Diderot. — **3.** Qui fait preuve de connaissances très étendues et variées : *Un esprit encyclopédique.* — **4.** *Dictionnaire encyclopédique,* dictionnaire qui, outre les renseignements sur les mots de la langue, comprend également les noms propres et fournit des informations sur les choses dénotées par ces mots *(développements encyclopédiques).*

ENCYCLOPÉDISME n. m. Tendance à l'accumulation systématique des connaissances dans les domaines les plus divers.

ENCYCLOPÉDISTE n. **1.** Auteur ou collaborateur d'une encyclopédie. — **2.** Nom donné aux collaborateurs de l'*Encyclopédie* de Diderot (souvent avec une majusc.).

ENCYRTIDÉ n. m. Petit hyménoptère chalcidien, tel que l'*encyrtus.* (Les *encyrtidés* forment une famille ; ils sont utilisés dans la lutte biologique contre les cochenilles.)

ENDAMŒBIDÉ n. m. (du lat. sc. *amœla,* amibe). Nom d'une famille de protistes (amibiens) parasites, dont certaines espèces sont les agents de l'amibiase, de la pyorrhée alvéolaire et de diverses maladies des animaux domestiques.

ENDARTÈRE n. f. Tunique la plus interne des artères. (Syn. INTIMA.)

ENDÉANS prép. (mot dialect., de *en, de* et anc. fr. *ens,* dedans). En Belgique, dans l'intervalle, dans la limite de.

EN-DEHORS n. m. inv. Dans la danse académique, position particulière des jambes et des pieds, dont la direction est donnée par la rotation vers l'extérieur de l'articulation de la hanche. (L'en-dehors permet à la hanche de pivoter vers l'extérieur, donnant une entière liberté de mouvement à l'exécutant.)

ENDÉMICITÉ n. f. État endémique d'une maladie.

ENDÉMIE n. f. (gr. *endêmon nosêma,* maladie qui se fixe dans un pays). Maladie particulière à une région donnée, et donc à une population donnée, et y existant de façon quasi permanente.

ENDÉMIQUE adj. **1.** Relatif à l'endémie. – **2.** Se dit d'un phénomène économique ou social néfaste, qui sévit en permanence : *Chômage endémique.* – **3.** Se dit des espèces vivantes propres à un territoire bien délimité.

ENDÉMISME n. m. Caractère de la faune et de la flore d'un territoire lorsqu'elles comportent une forte proportion d'espèces propres à ce territoire.

ENDENTER v. t. (conj. 3). Pourvoir qqch de dents ; assembler au moyen de dents.

◆ **être endenté** v. pass. **1.** En parlant de l'écu ou d'une figure héraldique, être divisés en triangles égaux d'émaux alternés. – **2.** *Ligne endentée,* syn. de ÉCHIQUIER.

ENDETTEMENT n. m. Fait de s'endetter, d'être endetté ; les dettes elles-mêmes : *Un endettement de dix millions.*

ENDETTER v. t. (conj. 4). Charger d'une dette ou de dettes : *Cette modernisation nous a endettés (de cinq millions).*

◆ **s'endetter** v. pr., **être endetté** v. pass. Contracter une dette : *S'endetter auprès d'une banque.*

ENDEUILLER v. t. (conj. 5). **1.** Plonger qqn, un groupe dans le deuil, l'affliction : *La disparition de Paul a endeuillé la famille.* – **2.** S'accompagner de décès qui touchent un groupe, un secteur d'activité : *La catastrophe a endeuillé la mine.*

ENDÊVER v. i. (anc. fr. *desver,* enrager, du lat. pop. **evagus,* du lat. class. *vagus,* errant) [conj. 4]. Vx. *Faire endêver qqn,* le faire enrager.

ENDIABLER v. i. (de *diable*) [conj. 3]. *Litt.* Enrager, être furieux : *Il endiable de ne pouvoir sortir.*

◆ **s'endiabler** v. pr., **être endiablé** v. pass. **1.** Avoir le diable au corps : *Enfant endiablé.* – **2.** Manifester une impétuosité, une vivacité extraordinaire ; être impétueux, ardent : *Une ronde endiablée.*

ENDIGAGE n. m. *Concession d'endigage,* contrat par lequel l'Administration autorise qqn à effectuer des travaux sur le littoral maritime ou fluvial en vue de soustraire des terres à l'action des flots et d'en acquérir la propriété tant qu'elles seront exondées ; terres exondées en vertu de ce contrat.

ENDIGUEMENT n. m. **1.** Action d'endiguer. – **2.** Achat ou vente à terme de devises dans le sens inverse du risque encouru, afin de limiter le risque de change.

ENDIGUER v. t. (conj. 3). **1.** Contenir un cours d'eau par des digues. – **2.** Empêcher un groupe de progresser, le contenir dans certaines limites : *Endiguer la foule.* – **3.** Enrayer un phénomène : *Endiguer la violence.*

ENDIMANCHEMENT n. m. *Litt.* Action ou manière d'endimancher, de s'endimancher.

ENDIMANCHER (S') v. pr., **ÊTRE ENDIMANCHÉ** v. pass. (conj. 3). Revêtir des habits différents des habits quotidiens, ce qui enlève un certain naturel, donne une allure empruntée : *Ils se sont endimanchés pour aller au mariage.*

ENDIVE n. f. (lat. médiév. *endivia,* du gr. médiév. *entubion*). **1.** Nom usuel de la chicorée sauvage. – **2.** Bourgeon hypertrophié et compact, sans chlorophylle, de la chicorée de Bruxelles (chicorée Witloof), qu'on appelle aussi *witloof* ou *chicon.* (→ *encycl.*) – **3.** Dans certaines régions, chicorée scarole et chicorée frisée. – **5.** Fam. *Pâle comme une endive,* très pâle, blême.

ENCYCL. Les racines tubérisées obtenues en plein champ donnent les chicons, qui se développent par forçage, les racines étant placées dans un sol chauffé. Le forçage se fait de plus en plus à partir des techniques de la culture hydroponique.

ENDIVISIONNEMENT n. m. Action de grouper des unités militaires pour former une division. (Depuis 1871, l'endivisionnement des unités en France a un caractère permanent en temps de paix.)

ENDIVISIONNER v. t. (de *division*) [conj. 3]. Pratiquer l'endivisionnement.

ENDOBLASTE, ENDOBLASTIQUE → ENDODERME, ENDODERMIQUE.

ENDOCARDE n. m. Partie profonde, d'origine mésenchymateuse, du cœur de l'homme et des vertébrés, que viennent doubler ensuite le myocarde (fibres musculaires) et l'épicarde, d'origine splanchnopleurale. (L'endocarde tapisse la surface interne des oreillettes, des valvules auriculo-ventriculaires et des ventricules.)

ENDOCARDIAQUE adj. Qui se trouve ou qui se produit à l'intérieur du cœur.

ENDOCARDITE n. f. Inflammation de l'endocarde, due le plus souvent à une infection microbienne et pouvant être localisée aux valvules (*endocardite valvulaire*) ou s'étendre aux parois (*endocardite pariétale*).
ENCYCL. L'*endocardite maligne lente,* ou *maladie d'Osler,* survient chez des sujets déjà porteurs d'une cardiopathie valvulaire. Le germe responsable est presque toujours le *streptocoque viridans. Les endocardites aiguës,* beaucoup plus rares que les endocardites lentes, sont dues habituellement au staphylocoque doré ou au pneumocoque, et surviennent à la suite d'une infection. L'*endocardite rhumatismale* est due à la localisation sur l'endocarde de la maladie de Bouillaud, ou rhumatisme articulaire aigu.

ENDOCARPE n. m. Partie du fruit provenant de l'épiderme interne des carpelles, toujours membraneuse, lignifiée (noyau) chez les drupes.

ENDOCERVICAL, E, AUX adj. Relatif à l'endocol de l'utérus.

ENDOCOL n. m. Partie interne du col de l'utérus, s'étendant de l'orifice interne à l'orifice externe et constituant le canal cervical.

ENDOCRÂNE n. m. Endosquelette neurocrânien, formé de cartilage (chondrocrâne) ou d'os enchondraux (ostéocrâne profond).

ENDOCRÂNIEN, ENNE adj. **1.** Situé à l'intérieur de la cavité crânienne. (Syn. INTRACRÂNIEN.) — **2.** *Moulage endocrânien,* moulage de la cavité crânienne d'un vertébré fossile, notamment d'un hominien. (Ce moulage renseigne sur le volume, la forme et l'irrigation de l'encéphale.)

ENDOCRINE adj. **1.** Se dit des glandes à sécrétion interne, dont le produit de la sécrétion se déverse directement dans le sang. — **2.** Se dit des sécrétions de ces glandes.

ENDOCRINIEN, ENNE adj. Relatif aux glandes endocrines et à leurs sécrétions.

ENDOCRINOLOGIE n. f. Science qui étudie les glandes endocrines, leurs sécrétions (hormones) ainsi que leur pathologie.

ENDOCRINOLOGIQUE adj. Qui concerne l'endocrinologie.

ENDOCRINOLOGUE ou **ENDOCRINOLOGISTE** n. Spécialiste en endocrinologie.

ENDOCTRINEMENT n. m. Action, manière d'endoctriner ; fait d'être endoctriné : *Endoctrinement politique.*

ENDOCTRINER v. t. (conj. 3). Faire partager à qqn ses opinions, lui faire adopter telle doctrine, telle attitude en lui imposant des règles de pensée, de conduite ; catéchiser : *Endoctriner des jeunes.*

ENDOCURIETHÉRAPIE n. f. Curiethérapie pratiquée par introduction dans les cavités naturelles de tubes de radium.

ENDODERME, ENDOBLASTE ou **ENTOBLASTE** n. m. **1.** Chez les végétaux, couche limitante interne de l'écorce des racines, au contact du cylindre central. (Les cellules de l'endoderme sont étroitement soudées entre elles ; l'eau absorbée par les racines les traverse et y subit un contrôle sélectif, de sorte que seule la sève brute atteint les vaisseaux du bois.) — **2.** Feuillet embryonnaire tapissant la cavité digestive primitive (archentéron) et qui, par la suite, fournira le tube digestif et ses annexes (foie et pancréas), ainsi que les poumons chez les vertébrés terrestres, la vésicule ombilicale et la vessie gazeuse des poissons, etc.

ENDODERMIQUE, ENDOBLASTIQUE ou **ENTOBLASTIQUE** adj. Relatif à l'endoderme.

ENDOGAME adj. et n. (angl. *endogamous*). Qui pratique l'endogamie.

ENDOGAMIE n. f. (angl. *endogamy*). **1.** Obligation, pour les membres d'un groupe social défini (tribu, lignage, etc.), de contracter mariage à l'intérieur de ce groupe. (Contr. EXOGAMIE.) — **2.** Régime de reproduction des animaux d'élevage dans lequel les accouplements se font entre individus apparentés.

ENDOGÉ, E adj. *Faune endogée,* faune qui se trouve à l'intérieur du sol. (Les vers de terre en sont les principaux représentants.) [Contr. ÉPIGÉ.]

ENDOGÈNE adj. **1.** Qui est produit par la structure elle-même en dehors de tout apport extérieur, par oppos. à *exogène : Un facteur de développement endogène.* — **2.** Se dit d'une roche formée à l'intérieur d'une planète tellurique (roche d'origine magmatique ou métamorphique). — **3.** Qui est produit ou qui se développe à l'intérieur de l'organisme. — **4.** Se dit d'un organe végétal atteignant la surface d'une plante, mais formé dans la profondeur des tissus. (Ainsi, les radicelles sont endogènes par rapport à la racine principale.)

ENDOGRAPHIE n. f. Technique d'enregistrement photographique de l'intérieur de cavités.

ENDOLORIR v. t. (de *douleur,* d'apr. le lat. *dolor, -oris,* douleur) [conj. 32]. Rendre une partie du corps douloureuse : *Coup qui endolorit le bras.*

ENDOLORISSEMENT n. m. *Litt.* Action d'endolorir, fait d'être endolori.

ENDOLYMPHATIQUE adj. **1.** Relatif à l'endolymphe. — **2.** *Canal endolymphatique,* canal situé dans l'oreille interne et contenant de l'endolymphe.

ENDOLYMPHE n. f. Liquide interne au labyrinthe membraneux de l'oreille interne des vertébrés, remplissant les cavités des canaux semi-circulaires, de l'utricule, du saccule et du canal cochléaire. (L'endolymphe, riche en potassium et pauvre en sodium, baigne les récepteurs sensoriels de l'équilibration et de l'audition.)

ENDOMÈTRE n. m. (gr. *mêtra,* utérus). Muqueuse tapissant la cavité utérine, constituée d'un revêtement épithélial et d'un chorion conjonctif fait de cellules fusiformes et de vaisseaux.
ENCYCL. L'endomètre a pour fonction principale la transformation et l'adaptation de la caduque permettant la nidation de l'œuf fécondé. Ces modifications sont sous la dépendance des sécrétions de folliculine et de progestérone. Au cours du cycle menstruel, l'endomètre passe par 3 phases : *phase préovulatoire,* ou *folliculinique* (du 4e au 14e jour après le début des règles) ; *phase ovulatoire* (vers le 14e jour) ; *phase folliculo-lutéinique.* Si l'ovule a été fécondé, l'endomètre est prêt pour assurer la nidation. Dans le cas contraire, les couches superficielles et moyennes se séparent de la couche profonde et sont éliminées (règles).

ENDOMÉTRIOME n. m. Tumeur bénigne, constituée d'éléments épithéliaux et conjonctifs identiques à ceux de l'endomètre, et qui se développe en dehors de l'utérus.

ENDOMÉTRIOSE n. f. Affection caractérisée par le développement d'endométriomes.
ENCYCL. Les foyers d'endométriose s'observent surtout au niveau des trompes, des ovaires, du revêtement péritonéal et des ligaments de l'utérus. Ils sont cause de douleurs plus ou moins rythmées par les règles, et de stérilité. On peut les rencontrer également sur l'intestin, sur des cicatrices abdominales ou périnéales.

ENDOMÉTRITE n. f. Inflammation de la muqueuse revêtant la cavité de l'utérus.

ENDOMITOSE n. f. Forme particulière de la division cellulaire, observée chez les protozoaires, les némathelminthes, les oligochètes et divers anthropodes.

ENDOMMAGEMENT n. m. **1.** Action d'endommager ; fait d'être endommagé : *L'endommagement d'une peinture.* — **2.** Formation de microfissures ou de microcavités au sein d'un matériau soumis à une déformation.

ENDOMMAGER v. t. (conj. 17). Mettre qqch en mauvais état ; abîmer, détériorer : *Le gel a endommagé les vignes.*

1. ENDOMORPHE adj. Relatif à l'endomorphisme.

2. ENDOMORPHE adj. et n. Dans la classification biotypologique de W. H. Sheldon, se dit du type caractérisé par l'aspect trapu et arrondi du corps, par différence avec les types ectomorphe et mésomorphe.

ENDOMORPHIE n. f. État des endomorphes.

ENDOMORPHINE → ENDORPHINE.

ENDOMORPHISME n. m. **1.** Variation chimique d'un magma à la suite de la fusion et du mélange de matériaux pris en enclave. — **2.** Homomorphisme d'un ensemble dans lui-même. (→ *encycl.*)
ENCYCL. **Math.** Suivant la structure de l'ensemble sur lequel l'endomorphisme est défini, on parle d'endomorphisme de groupe, d'anneau, d'espace vectoriel. L'ensemble des endomorphismes d'un espace vectoriel E sur un corps commutatif K est noté $\mathcal{L}_K(E)$ $\mathcal{L}(E)$ s'il n'y a pas de confusion sur le corps. $\mathcal{L}_K(E)$, muni des opérations addition des applications, multiplication par un scalaire et composition des applications, a une structure d'algèbre sur K.

ENDOMYCÉTALE n. f. Champignon ascomycète au thalle plus ou moins dissocié, très voisin des levures. (Les *endomycétales* forment un ordre.)

ENDOPARASITE n. m. Parasite effectuant tout son développement dans les cavités profondes de l'organisme, les tissus, le sang. (Contr. ECTOPARASITE.)

ENDOPHYTE n. m. Organisme qui se développe à l'intérieur des tissus végétaux.

ENDOPLASME n. m. Partie centrale du cytoplasme chez les amibiens.

ENDOPODITE n. m. Branche interne d'un appendice biramé chez les arthropodes, comprenant souvent cinq articles et constituant la partie principale du membre. (S'oppose à EXOPODITE.)

ENDOPTÉRIGOTE adj. Syn. de HOLOMÉTABOLE.

ENDORADIOTHÉRAPIE n. f. Utilisation de rayons X pour le traitement d'affections ayant atteint les muqueuse des cavités naturelles (rectum, vagin, larynx, etc.).

ENDORÉIQUE adj. (du gr. *rheîn,* couler). Se dit des régions dont les eaux fluviales ne gagnent pas la mer. (Les régions endoréiques couvrent 11 % de la superficie continentale.) [Contr. EXORÉIQUE.]

ENDORÉISME n. m. Caractère des régions endoréiques. (Contr. EXORÉISME.)

ENDORMANT, E adj. **1.** Qui endort, qui fait tomber dans le sommeil : *Une musique endormante.* — **2.** Ennuyeux au point d'endormir ; morne, soporifique : *Spectacle endormant. Professeur endormant.*

ENDORMEUR, EUSE n. **1.** Personne qui ennuie au point de donner envie de dormir. — **2.** Personne qui berce qqn d'illusions, le flatte, l'enjôle.

ENDORMI, E n. Personne qui fait preuve d'indolence, d'apathie, de mollesse.

ENDORMIR v. t. (lat. *indormire,* dormir sur) [conj. 36]. **1.** Plonger qqn dans le sommeil, faire qu'il commence à dormir : *Le bercement endort les bébés.* — **2.** Plonger qqn dans un sommeil artificiel par l'anesthésie, l'hypnose, etc. : *Faire une piqûre à un malade pour l'endormir.* — **3.** Ennuyer profondément qqn au point de lui donner envie de dormir : *Tu vas nous endormir avec tes souvenirs de vacances.* — **4.** Faire tomber les craintes, les soupçons de qqn, le mettre en confiance en général pour l'abuser : *Propagande faite pour endormir l'opinion publique.* — **5.** *Endormir une douleur,* la calmer, la rendre moins vive.
◆ **s'endormir** v. pr., **être endormi** v. pass. **1.** Sombrer dans un sommeil naturel ou artificiel. — **2.** S'affaiblir, devenir moins vif, en parlant d'une sensation : *Une sensualité endormie.* — **3.** *Litt.* Ne plus comporter de signe de vie, être très calme, en parlant d'un lieu habité : *Traverser des rues endormies.* — **4.** *Litt.* Ne plus être en activité : *Un volcan endormi.* — **5.** Ralentir son activité, se relâcher ; rester inerte, apathique : *Avoir un air endormi.*

ENDORMISSEMENT n. m. Fait de s'endormir ; passage de la veille au sommeil.

ENDORPHINE ou **ENDOMORPHINE** n. f. Groupe de grosses molécules polypeptidiques dérivées de la lipotropine bêta, présentes dans certaines structures du cerveau et ayant une haute affinité pour les récepteurs de la morphine. (Leur pouvoir antalgique est moins bref et moins puissant que celui des enképhalines.)

ENDOS [ɑ̃do] n. m. (de *endosser*). **1.** Transmission des effets de commerce ou des chèques au moyen d'une signature (endos) apposée au verso, par laquelle le bénéficiaire (endosseur) donne l'ordre à son débiteur d'en payer le montant à un nouveau bénéficiaire (endossataire). [Syn. ENDOSSEMENT.] — **2.** Autorisation permettant à un voyageur d'utiliser le titre de transport d'une compagnie aérienne sur les lignes d'une autre compagnie.

ENDOSCOPE n. m. **1.** Appareil destiné à éclairer et à rendre visible l'intérieur d'une cavité du corps humain pour en faciliter l'examen. — **2.** *Endoscope industriel,* appareil destiné à l'observation des cavités de constructions ou de machines.

ENDOSCOPIE n. f. **1.** Examen consistant à introduire un tube optique muni d'un système d'éclairage dans les cavités naturelles pour les examiner. (→ *encycl.*) — **2.** Examen de l'intérieur de cavités de machines ou de constructions.
ENCYCL. **Méd.** Les organes accessibles sont nombreux : larynx, trachée, bronches, œsophage, estomac, duodénum, côlon, rectum, vessie, péritoine, plèvre. Certains endoscopes comportent des dispositifs associés permettant l'ablation de corps étrangers, certaines petites interventions (biopsie, électrocoagulation) et même de véritables opérations (résecteurs prostatiques).

ENDOSCOPIQUE adj. Relatif à l'endoscopie.

ENDOSMOSE n. f. Pénétration d'eau dans les cellules vivantes, dont l'intérieur a une concentration moléculaire plus élevée que celle du milieu liquide qui les entoure.
ENCYCL. C'est l'endosmose qui assure la turgescence des cellules végétales. En l'absence d'endosmose, il y a flétrissement et mort par plasmolyse. Dans le sang, c'est par endosmose que les hématies conservent leur volume et leur aptitude fonctionnelle.

ENDOSPERME n. m. Gamétophyte femelle des gymnospermes, contenant les oosphères et souvent chargé de réserves qui persistent dans la graine mûre.

ENDOSQUELETTE n. m. Ensemble des parties profondes du squelette des animaux.

ENDOSSABLE adj. Se dit d'un chèque qui peut être endossé.

ENDOSSATAIRE n. Personne au profit de laquelle est endossé un effet de commerce ou un chèque.

ENDOSSEMENT n. m. Syn. de ENDOS.

ENDOSSER v. t. (conj. 3). **1.** Mettre un vêtement sur son dos ; revêtir : *Endosser une veste.* — **2.** Assumer la responsabilité de qqch de pénible, prendre à son compte un acte : *Endosser les conséquences d'une erreur.* — **3.** Inscrire un transfert au dos d'un effet de commerce ou d'un chèque. — **4.** Donner au dos d'un livre à relier une forme arrondie et former les mors.

ENDOSSEUR n. m. Personne qui transmet un billet, une lettre de change à un tiers, en inscrivant au dos de l'effet la formule ordinaire de transfert.

ENDOTHÉLIAL, E, AUX adj. Relatif à l'endothélium.

ENDOTHÉLIOME n. m. Tumeur maligne formée de cellules endothéliales. (Syn. MÉSOTHÉLIOME.)

ENDOTHÉLIUM [-ljɔm] n. m. Revêtement pavimenteux, composé de cellules plates et jointives, qui recouvre la paroi interne des vaisseaux et du cœur.

ENDOTHÉRAPIQUE adj. Se dit d'un insecticide capable de traverser aisément l'épiderme des végétaux et qui, transporté ensuite par la sève, se répand dans toutes les parties de la plante.

ENDOTHERMIQUE adj. Se dit d'une réaction chimique qui s'effectue avec absorption de chaleur. (Contr. EXOTHERMIQUE.)

ENDOTHIA n. m. Champignon ascomycète, dont une espèce *(Endothia parasitica)* provoque sur le châtaignier l'apparition de chancres qui entraînent la mort de l'arbre en quelques années.

ENDOTOXINE n. f. Composant de la paroi des bactéries Gram négatif, ayant des propriétés toxiques, libéré au cours de certaines maladies infectieuses (fièvre typhoïde), lors de la lyse de ces bactéries.

ENDOTROPHE adj. Se dit des mycorhizes vivant à l'intérieur des cellules de leur hôte, après avoir pénétré dans les racines. (Contr. ECTOTROPHE.)

ENDROIT n. m. (anc. fr. *endroit,* exactement). **1.** Lieu déterminé : *Il se gare toujours au même endroit.* — **2.** Partie déterminée de qqch : *À quel endroit souffrez-vous ?* — **3.** Localité, quartier : *Il est instituteur dans un endroit perdu.* — **4.** Partie d'un ouvrage, d'une pièce : *Rire aux bons endroits.* — **5.** Côté, aspect particulier de qqn, de qqch : *Vous l'avez touché à l'endroit sensible.* — **6.** Beau côté d'une étoffe, d'un vêtement, d'un objet à deux faces, celui qui a été fait pour être montré ; recto : *L'envers est l'opposé de l'endroit.* — **7.** Syn. de ADRET. — **8.** *À l'endroit,* dans le bon sens ou du bon côté, ou du côté qui est fait pour être présenté : *Vous n'avez pas mis vos chaussettes à l'endroit.* ‖ Litt. *À l'endroit de qqn, qqch,* envers, à leur égard. ‖ Fam. *Le petit endroit,* les cabinets. ‖ *Par endroits,* par places, çà et là.

ENDUCTION n. f. (bas lat. *inductio, -onis,* couche, enduit). Action consistant à revêtir la surface d'un support avec un produit destiné à la protéger, à en modifier l'aspect ou à lui conférer des qualités particulières.

ENDUIRE v. t. (lat. *inducere,* appliquer sur) [conj. 98]. **1.** Recouvrir qqch d'un enduit : *Enduire un mur avant de le peindre.* — **2.** Être étalé en couche, recouvrir un objet : *Ôter le vernis qui enduisait le tableau.*

ENDUISAGE n. m. Action d'enduire.

ENDUISEUR n. m. Ouvrier de l'industrie des produits en béton, chargé d'assurer les ultimes travaux de finition.

ENDUIT n. m. (de *enduire*). **1.** Préparation blanche ou colorée, pâteuse ou semi-fluide, destinée à être appliquée en couche continue sur un subjectile. — **2.** Mince couche de plâtre ou de mortier appliquée sur les parements d'un ouvrage pour les protéger ou les décorer. — **3.** Accumulation minérale d'origine chimique formant sur les roches une mince pellicule. (Dans les régions karstiques, un enduit de calcite tapisse les parois des grottes. Dans les régions arides, le vernis désertique, ou patine, de teinte brun noirâtre à violacé, est dû à un enduit d'oxyde de fer et de manganèse.) — **4.** *Enduit à la brosse* ou *enduit peigné,* enduit servant à imiter les rugosités de la pierre. ‖ *Enduit superficiel,* couche de roulement d'une chaussée constituée de bitume ou de goudron et de gravillons fixés par cylindrage. (Syn. REVÊTEMENT SUPERFICIEL.) ‖ *Enduit tyrolien* ou *enduit au balai,* revêtement mural, crépi exécuté par projection du mortier à l'aide d'un balai.

ENDURABLE Que l'on peut endurer : *Une douleur difficilement endurable.*

ENDURANCE n. f. (de *endurer*). **1.** Aptitude à résister aux fatigues physiques ou aux épreuves morales : *L'endurance d'un coureur de fond.* — **2.** Solidité d'une machine, d'un véhicule dans une épreuve ou un test de longue durée. — **3.** *Épreuve d'endurance,* compétition automobile, motocycliste ou motonautique de longue durée, visant à éprouver la résistance des matériels.

ENDURANT, E adj. Capable d'endurance physique ou morale ; résistant.

ENDURCIR v. t. (conj. 32). **1.** Rendre qqn, son corps plus résistant, plus endurant : *Les courses en montagne l'ont endurci.* — **2.** Rendre les mains, les muscles plus durs. — **3.** Rendre qqn peu à peu insensible : *Ces spectacles d'horreur lui avaient endurci le cœur.*

◆ **être endurci** v. pass. Avoir pris des habitudes invétérées : *Un célibataire endurci.*

◆ **s'endurcir** v. pr., **être endurci** v. pass. **1.** Être plus résistant à qqch : *S'endurcir à la fatigue.* — **2.** Être dur, insensible : *Un homme endurci que rien ne peut émouvoir.*

ENDURCISSEMENT n. m. **1.** Accroissement de la résistance physique de qqn ; endurance : *Endurcissement à la fatigue.* — **2.** *Litt.* Diminution de la sensibilité affective ou morale : *L'endurcissement du cœur.*

ENDURER v. t. (lat. *indurare,* endurcir son corps) [conj. 3]. Supporter, subir avec fermeté ou avec résignation qqch de pénible, de désagréable ; tolérer : *Comment peut-il endurer qu'on lui parle ainsi !*

ENDURO n. m. Épreuve motocycliste d'endurance et de régularité, disputée sur des sentiers forestiers, des chemins de terre, des plages.

◆ n. f. Moto conçue pour l'enduro.

ENDYMION n. m. (de *Endymion,* n. pr.). Nom générique de la *jacinthe des bois.*

ENDYMION, berger de la mythologie grecque, d'une rare beauté, qui fut aimé de Séléné. Zeus lui accorda de ne jamais vieillir en restant plongé dans un sommeil éternel.

E.-N.-E., abrév. de EST-NORD-EST.

Enéas, version française de *l'Énéide* de Virgile. Rimée en octosyllabes au milieu du XIIe s., cette œuvre influencera d'une manière décisive le genre du roman.

ÉNÉE, prince troyen, héros d'une légende grecque qui fut reprise et développée par Virgile dans *l'Énéide**. Fils d'Anchise et d'Aphrodite (Vénus), il est, au cours de la guerre de Troie, un des principaux chefs troyens. Lors de la prise de la ville, il s'échappe et, après différentes pérégrinations, à Carthage, où il est aimé de Didon, en Campanie, où il descend aux enfers, il atteint le Latium, où il épouse Lavinia, fille du roi Latinus. Ainsi Rome pouvait-elle prétendre à des origines troyennes.

EN EFFET adv. **1.** Indique une explication ; car : *Il n'a pas pu venir : en effet, il était malade.* — **2.** Exprime ou souligne une affirmation ; assurément, effectivement : *Êtes-vous d'accord sur ce point ? — En effet.* — **3.** Souligne une constatation : *Tu as vu son front ? — En effet ! Quelle bosse !*

Énéide *(l'),* poème épique de Virgile en 12 chants, commencé en 29 av. J.-C. et publié inachevé sur l'ordre d'Auguste après la mort du poète et contre sa volonté. *L'Énéide* raconte l'établissement en Italie des Troyens, qui prépare la fondation de Rome. Les six premiers chants, à travers les épisodes des amours de Didon et de la descente d'Énée aux Enfers, s'inspirent de *l'Odyssée,* les six autres se rapprochent plutôt des récits guerriers de *l'Iliade.* Outre l'influence d'Homère, celle des poètes alexandrins (Apollonios de Rhodes) est sensible dans cette célébration de l'idéal moral romain, qui apparut aussitôt aux contemporains d'Auguste comme leur grande épopée nationale et eut un retentissement jusque dans la littérature du Moyen Âge et de la Renaissance.

ÉNÉMA n. m. (gr. *enema, -atos,* injection). Appareil utilisé pour les injections et lavages du conduit auditif.

ÉNÉOLITHIQUE adj. et n. m. (lat. *aeneus,* de cuivre). Syn. de CHALCOLITHIQUE.

ÉNERGÉTICIEN, ENNE n. Spécialiste d'énergétique.

ÉNERGÉTIQUE adj. (angl. *energetic,* du gr. *energêtikos,* efficace). **1.** Relatif à l'énergie, aux sources d'énergie. — **2.** Relatif à l'énergie psychique. — **3.** *Aliment énergétique,* aliment nécessaire à l'organisme pour réparer ses dépenses d'énergie et ses pertes de matières. ‖ *Apport énergétique,* apport d'énergie fourni à un animal par un aliment, une ration. ‖ *Besoin énergétique,* besoin en énergie alimentaire d'un animal pour assurer son entretien et sa ou ses productions.

◆ n. f. Science et technique de la production de l'énergie, de ses emplois et des conversions de ses différentes formes.

ÉNERGÉTISME n. m. Doctrine philosophique qui fait de l'énergie la source et le terme suprême des choses. (L'énergétisme a été notamment soutenu par le chimiste allemand Wilhelm Ostwald.)

ÉNERGÉTISTE adj. et n. Relatif à l'énergétisme ; partisan de l'énergétisme.

ÉNERGIE n. f. (bas lat. *energia,* du gr. *energia,* force en action). **1.** Puissance physique de qqn, qui lui permet d'agir et de réagir : *Être sans énergie à la fin de la journée.* — **2.** Volonté tendue vers une action déterminée ; puissance, vigueur, force morale : *L'énergie du désespoir. Elle refusa avec la dernière énergie.* — **3.** Personne énergique, qui a la volonté d'agir (surtout pl.) : *Rassembler les énergies.* — **4.** Vigueur particulière dans la manière de s'exprimer : *L'énergie du style.* — **5.** Chez Aristote, réalité effective, par oppos. à la réalité possible (dunamis). — **6.** Grandeur caractérisant un système physique, gardant la même valeur au cours de toutes les transformations internes du système (loi de conservation) et exprimant sa capacité à modifier l'état d'autres systèmes avec lesquels il entre en interaction. (Unité SI le joule.) [→ *encycl.*] — **7.** *Sources d'énergie* ou *énergie,* ensemble des matières premières ou des phénomènes naturels utilisés pour la production d'énergie. (→ *encycl.*) — **8.** *Bilan d'énergie,* bilan général de la planète saisi au sommet de l'atmosphère, dans lequel l'énergie radiative distribuée par le Soleil égale l'énergie réémise par la Terre, ce qui explique l'actuelle stabilité thermique de la planète. ‖ *Énergie interne,* fonction d'état d'un système à l'équilibre, égale à la valeur moyenne de la somme des énergies cinétiques et des énergies d'interaction de toutes les particules le constituant, mesurées dans le repère où le système dans son ensemble est immobile. (La variation d'énergie interne d'un gaz parfait est égale à la somme du travail et de la chaleur échangés au cours de la transformation.)

ENCYCL. **Phys.** L'énergie est l'un des concepts de base de la physique grâce à une propriété fondamentale : un système isolé a une énergie totale constante. Il ne peut donc y avoir création ou disparition d'énergie, mais simplement transformation d'une forme d'énergie en une autre ou transfert d'énergie d'un système à un autre.

• *Énergie cinétique. Travail.* En mécanique classique, une particule ponctuelle de masse *m* et de vitesse $\vec{v}$ a, par définition, une énergie cinétique $E_c = \frac{1}{2} mv^2$. L'énergie cinétique totale d'un ensemble de particules est la somme des énergies de chacune des particules. Pour modifier l'énergie cinétique d'un objet de masse M, il faut modifier la vitesse de celui-ci et donc faire agir sur lui une force $\vec{F}$. La variation d'énergie cinétique entre deux instants t_1 et t_2 est égale au travail de la force $\vec{F}$ au cours du déplacement M_1M_2 de l'objet entre t_1 et t_2 :

$$\frac{1}{2}\, M v^2 (t_2) - \frac{1}{2}\, M v^2 (t_1) = W (M_1 \rightarrow M_2).$$

Le travail est moteur si l'énergie cinétique augmente et résistant en cas contraire.

• *Énergie potentielle.* Le travail dépend en général du chemin suivi pour aller de M_1 à M_2. Lorsqu'il ne dépend pas du chemin suivi, mais seulement des positions initiale et finale M_1 et M_2, on peut associer à $\vec{F}$ une fonction U(M), appelée énergie potentielle, dépendant de la position du point M et telle que le travail entre M_1 et M_2 soit égal à la variation de U :

$$W(M_1 \rightarrow M_2) = U(M_1) - U(M_2).$$

À chaque type d'interaction correspond une énergie potentielle particulière : électrostatique, de gravitation, élastique, etc.

• *Énergie mécanique, conservation de l'énergie.* L'énergie mécanique est la somme de l'énergie cinétique et de l'énergie potentielle. Pour un système isolé, sans interaction avec d'autres systèmes, elle est constante au cours du temps. Au cours du mouvement, l'énergie cinétique peut se transformer en énergie potentielle et vice versa sans que leur somme ne change (ex. pendule oscillant).

• *Énergie et relativité.* En relativité, la loi de conservation de l'énergie demeure exacte, mais l'expression de l'énergie cinétique est modifiée : un objet de masse M se déplaçant à une vitesse v a une énergie $E = Mc^2 / \sqrt{1 - (v^2/c^2)}$; où c est la vitesse de la lumière. Pour $v = 0$, l'énergie n'est pas nulle et vaut $E_0 = Mc^2$, appelée *énergie au repos* ou *énergie de masse.* Cette relation implique une équivalence entre masse et énergie, qui peuvent se transformer l'une dans l'autre (physique du noyau et des particules élémentaires).

formes, sources, conversion, production et utilisation de l'énergie

• *Formes d'énergie.* L'*énergie lumineuse* (ou *rayonnante*), provenant du Soleil, est à la base de presque toutes les formes d'énergie actuellement disponibles. Elle est nécessaire pour entretenir les réactions biochimiques de la vie végétale ou animale.

L'*énergie chimique* dérive directement de l'énergie lumineuse ou solaire, sous la forme potentielle d'aliments, de végétaux, de combustibles. Elle permet donc des stockages importants et concentrés d'énergie. Les formes d'utilisations les plus fréquentes sont la combustion, la fermentation et la respiration.

L'*énergie thermique* provient directement de l'énergie solaire, par l'utilisation du rayonnement, ou indirectement, à travers les combustibles et l'énergie chimique qu'ils ont stockée. Elle permet à son tour de produire d'autres formes d'énergie grâce aux machines dites thermiques.

L'*énergie hydraulique,* ou « houille blanche », a aussi pour origine le Soleil : en faisant évaporer l'eau des mers, des lacs, etc., qui retombe en neige ou en pluie, il assure la pérennité du cycle. L'énergie potentielle de l'eau retenue dans des lacs est utilisée sous la forme d'énergie hydraulique, pour produire de l'énergie électrique.

L'*énergie mécanique,* sous forme de travail, est généralement obtenue grâce aux moteurs thermiques qui utilisent des combustibles divers, ou aux moteurs électriques.

L'*énergie électrique* est une forme d'énergie de transition très répandue du fait de ses possibilités de conversion (chauffage, éclairage, énergie mécanique, etc.) et de transport. Elle provient de la conversion, dans des centrales, d'énergie mécanique par des générateurs (ou alternateurs).

L'*énergie nucléaire* résulte de réactions au niveau des noyaux de certains éléments légers (fusion) ou lourds (fission). Actuellement, elle est produite par la fission d'atomes d'uranium ou de plutonium. La fission dégage de la chaleur, qui est en général transformée immédiatement en énergie mécanique, puis en énergie électrique.

• *Sources d'énergie.* L'essentiel des *énergies fossiles* est constitué de combustibles solides (houilles, lignites), liquides (pétrole) et gazeux (gaz naturel), qui risquent d'être assez rapidement épuisés par une consommation intensive. (2 siècles de réserve pour le pétrole, davantage avec les schistes et sables bitumineux et surtout le charbon.) L'uranium, base de l'énergie nucléaire, est également une source d'énergie non renouvelable. Son extraction est financièrement et énergétiquement coûteuse. Les réserves exploitables risquent, avec les centrales classiques, de s'épuiser plus rapidement que celles des combustibles fossiles, mais les surgénérateurs représentent une possibilité de rendre pratiquement inépuisables les réserves en matières fissiles de notre globe.

Le caractère limité des combustibles fossiles et même fissiles conduit à attacher un intérêt croissant aux autres sources d'énergie dites renouvelables : bois ou, de façon plus générale, biomasse ; énergies hydraulique et marémotrice, énergies thermique des mers, géothermique, éolienne, énergie solaire directe. Parmi les énergies potentiellement inépuisables figure aussi l'énergie thermonucléaire, résultant de la fusion de noyaux légers (essentiellement deutérium, tritium) présents, en quantités énormes, à la surface du globe. Mais cette énergie est au stade de la recherche et il n'est pas possible d'en prévoir l'impact aujourd'hui.

• *Conversions.* Les formes sous lesquelles l'énergie se présente dans la nature conviennent rarement exactement aux besoins. Il faut la transformer (voir *illustration*). À toute conversion d'énergie correspondent des pertes qui peuvent être très importantes. C'est le cas de la conversion d'énergie dite dégradée (énergie thermique) en des formes d'énergie plus nobles (énergie mécanique par ex.), qui se fait avec de mauvais rendements, dont Carnot a fixé le maximum théorique.

• *Production, utilisation et stockage d'énergie.* L'énergie n'étant pas toujours utilisable, transportable ou stockable sous sa forme primaire, l'homme doit disposer de formes d'énergie secondaires commodes dites vecteurs énergétiques (électricité, hydrogène, gaz, fluides caloporteurs). La production et les besoins d'énergie étant variables, il faut *stocker* l'énergie quand la production l'emporte, de façon à pouvoir *déstocker* quand les besoins sont supérieurs. Le stockage est facile pour les combustibles fossiles mais problématique (pompage hydraulique, stockage thermique) pour les nouvelles formes d'énergie.

• *Économies d'énergie.* Pour réaliser des économies d'énergie, de nouvelles technologies sont mises en œuvre. On peut citer : l'énergie totale, les pompes à chaleur, qui extraient la chaleur du milieu extérieur (air, eau) à partir d'énergie mécanique de compression. Mais bien des technologies classiques peuvent être perfectionnées : isolation renforcée, diminution des frottements, etc.

géographie de l'énergie

L'énergie a des sources et des formes variées, donc sa mesure globale nécessite des conversions. L'équivalence calorifique de 1 t de pétrole (tep) se situe à 1,5 t pour la houille, à près de 4 t pour le lignite, à 1 100 m³ pour le gaz naturel, à 4 500 kWh pour l'électricité primaire. La production mondiale s'élevait à 500 Mtep vers 1900, environ 1 500 Mtep à la veille de la Seconde Guerre mondiale, s'accroissant rapidement après celle-ci, jusqu'en 1974 (6 000 Mtep). La progression s'est ralentie, avec l'extension de la crise, et la production se situe à 8 000 Mtep en 1994. Le charbon (houille et, accessoirement, lignite) a été longtemps prépondérant, et représente encore 75 % de la production énergétique mondiale en 1937. Il a été supplanté dans les années 1960 par le pétrole : 48 % de la production totale en 1973. La part du pétrole (encore dominant) a diminué depuis : environ 40 % aujourd'hui, celle du charbon s'est un peu redressée : 27 % en 1973, 29 % actuellement. Le poids du gaz naturel continue à s'accroître lentement : il satisfait aujourd'hui plus de 20 % des besoins énergétiques. La part de l'électricité primaire s'est récemment fortement accrue (6 % en 1970, environ 10 % maintenant), essentiellement grâce à l'essor du nucléaire.

Une grande partie de la production provient d'un petit nombre de pays ou régions. En tête, viennent les États-Unis (18 %) dont le poids relatif a diminué, comme celui du Moyen-Orient pétrolier (18 % de la production mondiale en 1973, à peine 12 % aujourd'hui, apport devenu inférieur à celui, croissant, de la Chine). L'ensemble de l'Europe occidentale fournit moins de 12 % de la production mondiale dont elle consomme en revanche le sixième. La Russie est le dernier grand producteur (charbon et surtout hydrocarbures). Les États-Unis et le Japon sont aussi de gros importateurs d'énergie. Le Moyen-Orient demeure la principale région exportatrice (450 Mtep) mais les livraisons russes (pétrole aussi, mais également gaz naturel) demeurent importantes.

énergie atomique *(Agence internationale de l')* **[A. I. E. A.],** organisation intergouvernementale à vocation autonome, placée sous l'égide des Nations unies, créée en 1957, en vue de hâter et d'accroître la contribution de l'énergie atomique à la paix, la santé et la prospérité dans le monde entier. Son siège est à Vienne (Autriche).

énergie atomique *(Commissariat à l')* **[C. E. A.],** établissement de caractère technique, scientifique et industriel, créé en 1945 en vue de promouvoir l'utilisation de l'énergie atomique dans les divers domaines de la science, de l'industrie et de la défense nationale. Le Commissariat à l'énergie atomique est composé d'un établissement public de recherche et d'un groupe industriel constitué de sociétés de droit privé. Cet ensemble est dirigé par un administrateur général nommé pour trois ans par décret. Le programme d'activité du Commissariat est arrêté par le Comité de l'énergie atomique présidé par le Premier ministre. Un membre de ce Comité, chargé des fonctions de haut-commissaire, est le conseiller scientifique et technique de l'administrateur général. L'établissement public C. E. A. comprend notamment l'Institut de protection et de sûreté nucléaire (I. P. S. N.), l'Institut national des sciences et des techniques nucléaires (I. N. S. T. N.) et l'Agence nationale pour la gestion des déchets radioactifs (ANDRA). Il réalise ses missions sur les centres d'études nucléaires*. Les principales sociétés du groupe industriel sont la Compagnie générale des matières nucléaires (COGEMA), la société Framatome, dont l'activité est consacrée à la réalisation des chaudières nucléaires pour la production d'électricité, Technicatome (propulsion navale), et la Compagnie internationale de services en informatique (C. I. S. I.).

ÉNERGIQUE adj. **1.** Qui manifeste de l'énergie, de la force physique ; vigoureux : *Une énergique poignée de main.* – **2.** Qui produit un vif effet ; efficace : *Un médicament énergique.* – **3.** Se dit de qqn, de son comportement, qui est doué d'énergie, de force morale ; actif : *Un ministre énergique. Une intervention énergique.*

ÉNERGIQUEMENT adv. De façon énergique, avec force : *Protester énergiquement.*

ÉNERGISANT, E adj. et n. m. Se dit d'un produit qui stimule, qui donne de l'énergie.

ÉNERGIVORE adj. *Fam.* Qui consomme beaucoup d'énergie : *Industrie énergivore.*

ÉNERGUMÈNE n. (lat. ecclés. *energumenos,* du gr. *energoumenos,* possédé du démon). Personne exaltée qui parle, gesticule avec véhémence ; excité, forcené.

ÉNERVANT, E adj. Qui irrite les nerfs, qui agace : *Bruit énervant. Enfant énervant.*

ÉNERVATION n. f. (lat. médiév. *enervatio, -onis*). **1.** *Litt.* Affaiblissement des forces physiques ou morales. – **2.** Ablation ou section d'un nerf, d'un plexus nerveux ou d'un ganglion nerveux. – **3.** Supplice qui consistait à brûler les tendons des jarrets et des genoux.

ÉNERVÉ, E n. Personne qui avait subi le supplice de l'énervation.

ÉNERVEMENT n. m. État de qqn qui est énervé ; agacement, surexcitation.

ÉNERVER v. t. (lat. *enervare,* retirer les nerfs) [conj. 3]. **1.** Irriter les nerfs de qqn, provoquer sa nervosité : *Tu nous énerves avec tes récriminations.* – **2.** Pratiquer une énervation chirurgicale. – **3.** Soumettre au supplice de l'énervation.

◆ **s'énerver** v. pr., **être énervé** v. pass. Perdre le contrôle de ses nerfs, être dans un état de nervosité, d'impatience, d'excitation : *Restez calme, ne vous énervez pas.*

ENESCO ou **ENESCU** (George), compositeur et violoniste roumain (Liveni, Botoşani, 1881 - Paris 1955). Il fit une carrière de virtuose et de professeur et s'efforça de restaurer et de promouvoir une authentique musique roumaine. On lui doit de nombreuses œuvres de chambre, des pages symphoniques (2 *Rapsodies roumaines*) et un opéra (*Œdipe,* 1932).

ENFAÎTEMENT n. m. Feuille de plomb repliée que l'on fixe sur le faîte d'un toit.

ENFAÎTER v. t. (de *faîte*) [conj. 4]. Garnir d'un enfaîtement ou de tuiles faîtières.

ENFANCE n. f. (lat. *infantia*). **1.** Période de la vie humaine qui va de la naissance à l'adolescence. – **2.** *Litt.* Origine, commencement, début d'une chose susceptible de développement : *L'enfance de l'humanité. Une science dans l'enfance.* – **3.** Ensemble des enfants : *Les problèmes de l'enfance.* – **4.** *Enfance délinquante,* mineurs ayant commis une infraction. (→ *encycl.*) ‖ *C'est l'enfance de l'art,* c'est une chose élémentaire, très facile à faire. ‖ *Petite enfance,* période qui va de la naissance à l'acquisition de la marche. ‖ *Retomber en enfance,* prendre une mentalité infantile sous l'effet de la sénilité ; devenir gâteux.

◆ **enfances** n. f. pl. Dans la littérature médiévale, genre de composition épique ou romanesque complétant la légende d'un héros par un retour sur sa naissance et sur sa jeunesse.

ENCYCL. **Dr.** *Enfance délinquante.* Le mineur qui a commis une infraction est considéré comme pénalement irresponsable et ne peut en principe être condamné à une peine comme un majeur. Les mineurs âgés de moins de treize ans bénéficient d'une irresponsabilité pénale absolue et sont soumis à des mesures de protection, d'assistance, de surveillance ou d'éducation. Les mineurs âgés de treize à dix-huit ans bénéficient d'une irresponsabilité pénale relative. S'ils sont soumis en principe à des mesures éducatives, « lorsque les circonstances et la personnalité du délinquant paraissent l'exiger », ils peuvent faire l'objet d'une condamnation pénale en vertu des articles 66 et 67 du Code pénal. Mais la peine prononcée contre le mineur n'est jamais celle prévue par la loi pour l'infraction qu'il a commise. En effet, les mineurs de treize à dix-huit ans bénéficient d'une excuse atténuante de minorité. Les juridictions spécialisées pour mineurs sont : le juge* des enfants, le tribunal* pour enfants, la cour* d'assises des mineurs, la chambre spéciale de la cour* d'appel.

Enfance du Christ *(l'),* trilogie sacrée pour solistes, chœurs et orchestre, de Berlioz (Paris, 1854). Conçue dans la tradition des mystères médiévaux, cette œuvre abandonne le romantisme échevelé au profit d'un certain intimisme.

ENFANÇON n. m. (lat. pop. **infantio, -onis,* dimin. de *infans*). *Litt.* Petit enfant.

ENFANT n. (lat. *infans, -antis,* qui ne parle pas encore). **1.** Garçon ou fille avant l'adolescence. – **2.** Personne naïve, ayant un caractère enfantin : *C'est un grand enfant. Ne me prenez pas pour un enfant.* – **3.** Fils ou fille de qqn : *Tous mes enfants sont mariés.* – **4.** Descendant, postérité (surtout au pl.) : *Les enfants d'Adam.* – **5.** Personne rattachée à un groupe par ses origines, ses idées : *Les enfants de la patrie.* – **6.** Personne originaire d'un lieu : *C'est un enfant du pays.* – **7.** Œuvre concrète de qqn : *Cette entreprise, c'est son enfant.* – **8.** *Litt.* Chose qui résulte d'une autre : *Le succès, enfant d'un dur labeur.* – **9.** *En-*

fant de, suivi d'un nom désobligeant, terme d'injure à l'adresse de qqn. ‖ *Enfant de l'amour,* enfant né hors du mariage. ‖ *Il n'y a plus d'enfants,* se dit lorsqu'un enfant tient des propos considérés comme propres aux adultes. ‖ *L'enfant terrible d'un groupe,* un membre qui conteste les décisions prises. ‖ *Enfant de chœur,* jeune garçon attaché au service de l'église pour assister le clergé dans les cérémonies du culte ; personne naïve, crédule. ‖ *Enfant de Marie,* membre d'une congrégation de jeunes filles qui ont une dévotion particulière à la Vierge Marie ; personne chaste ou naïve. ‖ *Faire l'enfant,* faire le naïf, l'innocent ; faire preuve d'un entêtement puéril. ‖ *Enfants de France,* nom sous lequel on désignait les enfants et petits-enfants des rois de France. ‖ *Enfant perdu,* nom donné, du XIVe au XVIIe s., à un soldat d'infanterie légère qui remplissait la mission d'éclaireur. ‖ *Enfant de troupe,* autref., fils de militaire élevé aux frais de l'État et figurant sur les contrôles de l'armée. ‖ *Enfant Jésus,* Jésus-Christ enfant ; image qui le représente.

◆ adj. **1.** À l'âge de l'enfance : *Encore enfant, tout enfant.* — **2.** Se dit de qqn de naïf, de candide, d'un comportement spontané : *Elles sont restées très enfants.* — **3.** *Bon enfant,* qui est facile à vivre, accommodant, sans façons : *Ils ont des côtés bon enfant.*

ENCYCL. La période de vie comprise entre la naissance et la puberté que traverse l'enfant est divisée en 4 stades successifs. Le premier stade est celui du nouveau-né jusqu'à l'âge de 3 semaines environ, auquel succède le stade du nourrisson (jusqu'à 18 mois), suivi lui-même des stades de la 1re enfance (jusqu'à 6-7 ans) et de la 2e enfance (jusqu'à la puberté). Cette période est essentiellement marquée par l'évolution des développements physiques, psychomoteurs et intellectuels.

Dans le *développement physique,* deux étapes sont importantes, marquées par des poussées brutales de croissance. Elles se situent dans les huit premiers mois et à la puberté. Dans les premiers mois de la vie, la taille s'accroît grâce à l'augmentation de la longueur des os à partir du cartilage de conjugaison sous l'action de l'hormone de croissance hypophysaire. Le poids augmente parallèlement à la taille. Les dents temporaires apparaissent. Dans le *développement psychomoteur,* on note l'apparition du sourire dès le troisième mois. Au cours du deuxième semestre, l'enfant reconnaît sa mère. Vers le douzième mois commencent la marche et l'acquisition de la propreté. Le langage sera l'acquisition fondamentale de la deuxième année.

— **Sociol.** *Travail des enfants.* Le travail des enfants, répandu dans la société traditionnelle, s'est considérablement étendu et aggravé avec la révolution industrielle au XIXe s. On estime ainsi que, dans les mines et dans le textile, les effectifs des travailleurs de moins de 13 ans ont oscillé entre 13 et 9 % en Europe occidentale, notamment en Grande-Bretagne et en France. Aujourd'hui le problème du travail des enfants se pose dans de nombreux pays du tiers monde, parallèlement aux questions de la scolarisation et de l'alphabétisation.

Enfant prodigue *(l'),* personnage d'une parabole de l'Évangile (Luc, XV, 11-32). Un jeune homme quitte sa famille, va se livrer à une vie de désordres, tombe dans une affreuse misère, est réduit à garder les pourceaux, puis revient enfin dans sa famille, où il est accueilli à bras ouverts. Cette parabole est une illustration de la mansuétude divine.

Enfant et les Sortilèges *(l'),* fantaisie lyrique en 2 parties de Maurice Ravel, sur un texte de Colette (Monte-Carlo, 1925).

Enfants *(grotte des),* grotte du site des Baoussé Roussé (ou Balzi Rossi), à Grimaldi (Italie), fouillée dès 1874. Elle a livré les restes de plusieurs individus qui avaient des caractères les rapprochant de l'homme de Cro-Magnon.

Enfants du paradis *(les),* film français de Marcel Carné (1945). Sur un scénario de Jacques Prévert, le metteur en scène évoque l'époque romantique, le Boulevard du crime, le Théâtre des funambules, le mime Deburau, l'assassin Lacenaire, l'acteur Frédérick Lemaître interprétés par des acteurs exceptionnels (Arletty, Jean-Louis Barrault, Marcel Herrand, Pierre Brasseur, Maria Casarès, Louis Salou).

Enfants sans souci *(les),* association parisienne constituée à la fin du XVe s. pour la représentation de sotties. Ses membres étaient recrutés dans le monde des écoles et du Palais.

Enfants terribles *(les),* roman de J. Cocteau (1929). Des enfants veulent se soustraire aux lois de la vie, mais ils finiront par s'autodétruire. En 1950, J.-P. Melville réalisa un film à partir de ce roman.

ENFANTEMENT n. m. *Litt.* **1.** Action d'enfanter ; accouchement. — **2.** Production, création littéraire, artistique : *L'enfantement d'un ouvrage.*

ENFANTER v. t. (conj. 3). *Litt.* **1.** Mettre un enfant au monde ; accoucher. — **2.** Produire, créer : *Les grands hommes que la France a enfantés.*

ENFANTILLAGE n. m. (anc. fr. *enfantil,* enfantin, du bas lat. *infantilis*). **1.** Manière d'agir, activité qui manifeste un manque de maturité, qui ne convient qu'à un enfant ; puérilité : *Perdre son temps en enfantillages.* — **2.** Chose futile, sans importance ; rien, bagatelle : *Se fâcher pour des enfantillages.*

ENFANTIN, E adj. **1.** Qui tient de l'enfance par sa spontanéité, sa simplicité, sa fraîcheur : *Grâce enfantine.* – **2.** Qui est très simple, très élémentaire : *Question enfantine.* – **3.** Qui ne convient qu'à un enfant, qui est du niveau intellectuel d'un enfant ; puéril : *Raisonnement enfantin.* – **4.** *Classe enfantine,* classe d'une école primaire ouverte aux enfants de moins de six ans lorsqu'il n'y a pas d'école maternelle dans la localité. ‖ *École enfantine,* en Suisse, école maternelle.

ENFANTIN (Barthélemy Prosper), dit **le Père Enfantin,** ingénieur et théoricien français (Paris 1796 - *id.* 1864). Fils de banquier, polytechnicien, il fit de nombreux voyages en Europe. Il rencontra Saint-Simon, fréquenta les sociétés secrètes et fonda un journal, *le Producteur,* en 1825. En 1828, le mouvement se transforma en une Église, dont Bazard et Enfantin sont considérés comme les « pères ». Avec d'autres saint-simoniens, ils rachetèrent *le Globe* en 1830. Enfantin fonda une commune modèle à Ménilmontant. Condamné à un an de prison en 1832, il partit pour l'Égypte, où il créa une société pour le percement de l'isthme de Suez. En 1845, il fonda la Compagnie des chemins de fer de Lyon. Son influence a été considérable sur les hommes politiques et les hommes d'affaires de son temps : Adolphe Blanqui, Michel Chevalier, les frères Pereire. Ses articles du *Globe* ont été réunis sous le titre *Économie politique* (1831).

Enfants-Assistés *(hospice des),* ancien nom de l'hôpital Saint-Vincent-de-Paul.

Enfants-Malades *(hôpital des),* établissement hospitalier de Paris. Fondé sous le nom de Maison de l'Enfant-Jésus, rue de Sèvres, au XVIe s., cet établissement était destiné à venir en aide aux orphelins et aux jeunes filles indigentes. Il a reçu ensuite des enfants atteints d'affections aiguës.

ENFARINER v. t. (conj. 3). Saupoudrer qqch de farine ou d'une poudre blanche.

◆ **être enfariné** v. pass. **1.** Couvert de poudre blanche : *Visage enfariné d'un Pierrot.* – **2.** Fam. *La bouche, la gueule* (pop.) *enfarinée, le bec enfariné,* dans un état de confiance niaise, ridicule ; avec un air de satisfaction impudente.

ENFER n. m. (lat. ecclés. *infernum,* du lat. class. *infernus,* d'en bas). **1.** Dans diverses religions, lieu où des damnés subissent le châtiment éternel. (→ *encycl.*) – **2.** Lieu, situation où l'existence est extrêmement pénible : *Leur vie familiale est un enfer.* – **3.** Département d'une bibliothèque où étaient déposés les livres de caractère licencieux ou pornographique, interdits au public. – **4.** Réservoir enterré destiné à recueillir les eaux de végétation des olives extraites avec l'huile par la pression. – **5.** Taux (nettement plus élevé que le taux normal) qui, avant 1971, était appliqué par la Banque de France aux effets présentés au réescompte par une banque, lorsque le plafond qui avait été assigné à celle-ci était dépassé. – **6.** *D'enfer,* infernal, très violent, excessif : *Feu, train, bruit d'enfer.* ‖ *Enfer !, Enfer et damnation !* jurons, exclamations marquant la surprise, l'étonnement, l'impatience, etc.

◆ **enfers** n. m. pl. **1.** Dans les religions antiques, séjour des défunts après leur mort. (→ *encycl.*) – **2.** Nom donné parfois aux limbes.

ENCYCL. La plupart des religions antiques et asiatiques enseignent l'existence d'un lieu, généralement situé dans les profondeurs de la Terre, peuplé d'âmes errantes ou expiant leurs fautes.

Tandis que le judaïsme voit primitivement dans l'enfer un prolongement affaibli de la vie terrestre dans un lieu souterrain, le *Shéol,* il distingue ultérieurement un séjour de délices pour les bons et une *géhenne* où les méchants souffrent éternellement. Selon l'islām, tous les croyants doivent jouir de joies sans fin, tandis que les musulmans impénitents et les infidèles subiront tous les supplices possibles.

Le christianisme enseigne que la mort fixe l'âme dans la ligne de sa dernière option spirituelle libre : l'enfer est l'état de ceux qui ont choisi de se séparer de Dieu. Longtemps, le catholicisme fonda son apologétique sur des représentations horrifiantes de l'enfer éternel ; chez les protestants, le mot *enfer* a, depuis plus longtemps, un sens purement symbolique.

Enfer (l') → DIVINE COMÉDIE (la).

ENFER *(val d')* → HÖLLENTAL.

ENFERMEMENT n. m. Action d'enfermer ; fait, pour qqn, d'être enfermé.

ENFERMER v. t. (conj. 3). **1.** Placer qqch dans un lieu que l'on ferme, en partic. pour le mettre à l'abri, en sûreté : *Enfermer des bijoux dans un coffret.* – **2.** Mettre qqn dans un lieu dont il ne peut sortir à son gré : *Enfermer un prisonnier dans un cachot.* – **3.** Être la cause qui empêche qqn de sortir : *La pluie nous a enfermés à la maison.* – **4.** Entourer complètement un lieu ; clore, enserrer : *Les murailles enfermaient la ville.* – **5.** *Litt.* Avoir en soi, contenir, renfermer : *Ce discours élogieux enferme quelque ironie.* – **6.** Placer, maintenir qqn ou qqch dans d'étroites limites, en l'empêchant de se développer ou de se manifester, de s'exprimer librement ; le maintenir dans une situation contraignante : *Enfermer la poésie dans des règles trop strictes.* – **7.** Dans une course, serrer un concurrent de façon à briser son élan, à l'empêcher de passer.

◆ **s'enfermer** v. pr., **être enfermé** v. pass. **1.** Se placer volontairement dans un lieu fermé dont on ne peut sortir à son gré : *Elle voulait s'enfermer dans un couvent.* — **2.** S'isoler dans un lieu ou rester à l'intérieur d'un lieu : *Elle reste des heures entières enfermée dans la bibliothèque.* — **3.** Se placer et se maintenir dans un état, une situation, s'empêcher ou refuser d'en sortir : *Être enfermé dans ses contradictions.* — **4.** *Maintenir qqn enfermé,* l'empêcher de quitter un lieu : *La pluie nous tint enfermés trois jours durant.*

ENFERRER v. t. (conj. 4). Percer qqn avec le fer d'une épée.

◆ **s'enferrer** v. pr., **être enferré** v. pass. Se laisser prendre dans ses propres pièges, dans un raisonnement ; s'enfoncer : *S'enferrer dans son explication.*

◆ **s'enferrer** v. pr. **1.** Se percer le corps en se jetant de soi-même sur l'arme de son adversaire. — **2.** Se prendre à l'hameçon spontanément, en parlant du poisson.

ENFEU n. m. (pl. *enfeus*) [de *enfouir*]. Niche à fond plat ménagée dans un mur pour abriter un tombeau. (Églises médiévales.)

ENFICHABLE adj. Se dit d'un module électrique ou électronique qu'on insère dans un ensemble par une prise ou un connecteur.

ENFICHER v. t. (conj. 3). Insérer un module électrique ou électronique dans un ensemble à l'aide d'une prise ou d'un connecteur.

ENFIELD, borough du nord de l'agglomération de Londres ; 258 800 hab. Centre résidentiel et industriel.

ENFIÈVREMENT n. m. Action d'enfiévrer ; fait de s'enfiévrer.

ENFIÉVRER v. t. (conj. 18). **1.** Donner la fièvre à qqn, le rendre fiévreux : *Le rhume l'a enfiévré.* — **2.** Surexciter qqn, l'enflammer ; exalter : *Enfiévrer les passions.*

ENFILADE n. f. (de *enfiler*). **1.** Ensemble de choses disposées, situées les unes à la suite des autres ; rangée : *Une enfilade de maisons.* — **2.** *En enfilade,* se dit de choses disposées à la suite les unes des autres : *L'appartement comprenait quatre pièces en enfilade.* — **3.** *Prendre qqch, un groupe en enfilade,* les soumettre à un tir qui prend l'objectif dans sa plus grande dimension. • **Archit.** Disposition sur une même file des colonnes d'un portique. ‖ Suite de pièces alignées. (Lorsqu'elles communiquent entre elles sans couloir, se commandant ainsi les unes les autres, leurs portes placées sur un même axe sont appelées *portes d'enfilade.* Ce type de distribution convenait à l'apparat des grands appartements du XVIIe s., mais fut rejeté pour les appartements plus intimes du XVIIIe s.) — **Mil.** *Prendre un vaisseau ou une escadre en enfilade,* se placer de façon que le tir balaie le navire ou l'escadre ennemis dans le sens de la longueur.

ENFILAGE n. m. Action d'enfiler.

ENFILE-AIGUILLES n. m. inv. Petit appareil qui permet d'enfiler les aiguilles en guidant le fil.

ENFILER v. t. (conj. 3). **1.** Passer un fil à travers le chas d'une aiguille ou toute matière filiforme au travers de qqch. — **2.** Retenir des objets de petites dimensions sur un même fil passé au travers de chacun d'eux : *Enfiler une à une les perles d'un collier.* — **3.** Passer qqch, une tige au travers d'objets, faire glisser les objets sur qqch, autour de qqch : *Enfiler chaque morceau de viande sur une brochette.* — **4.** Mettre un vêtement sur soi, le passer assez rapidement : *Enfiler un imperméable.* — **5.** S'engager dans un lieu : *On enfilait des ruelles sombres.* — **6.** *Vx.* Passer son épée à travers le corps de qqn. — **7.** *Pop.* Pénétrer qqn lors d'un rapport sexuel. — **8.** *Fam.* Débiter sans interruption des mots, des phrases. — **9.** Fam. *Enfiler des perles,* perdre son temps à des choses insignifiantes.

◆ **s'enfiler** v. pr. **1.** S'engager rapidement qqpart : *S'enfiler sous le porche d'une maison.* — **2.** *Fam.* Absorber une boisson, un aliment ; s'envoyer. — **3.** *Fam.* Se charger d'un travail, d'une tâche qu'on juge désagréable ; se taper : *C'est moi qui me suis enfilé la sale besogne.*

ENFILEUR, EUSE n. Personne qui enfile qqch : *Une enfileuse de perles.*

ENFIN adv. (de *en* et *fin*). **1.** Indique qu'un événement se produit en dernier lieu : *Il marcha longtemps de long en large, enfin il sortit.* — **2.** Indique une conclusion après une énumération : *C'est un joueur, un débauché, enfin un homme dangereux.* — **3.** Indique qu'un événement se produit, après avoir été attendu longtemps et avec impatience : *Vous êtes enfin prêt ?* — **4.** Indique une opposition, une restriction, une correction par rapport à ce qui précède ; toutefois, néanmoins, du moins, ou plutôt : *Il a eu un empêchement, enfin c'est ce qu'il prétend.* — **5.** *Car enfin* introduit l'explication dernière : *Car enfin, il fallait bien y aller.* ‖ *Enfin !, mais enfin !,* indique l'impatience ou, au contraire, la résignation.

ENFLAMMER v. t. (conj. 3). **1.** Mettre qqch en flammes, l'allumer : *Une étincelle suffit à enflammer une poudrière.* — **2.** *Litt.* Faire paraître qqch flamboyant, éclatant, ou le rendre brûlant, rouge ; illuminer : *La fièvre enflammait ses joues.* — **3.** *Litt.* Exciter qqn, l'animer, le remplir d'ardeur, de passion ; exalter, électriser : *Discours qui enflamme les foules.* — **4.** Provoquer l'inflammation d'une plaie, d'une blessure, etc. : *Enflammer un bouton en le grattant.*

◆ **s'enflammer** v. pr., **être enflammé** v. pass. **1.** Prendre feu : *Liquide qui risque de s'enflammer.*

– 2. Être dans un état inflammatoire : *Plaie enflammée.* – 3. Devenir éclatant, vif, flamboyant : *Le ciel s'enflamme à l'horizon.* – 4. S'animer d'une vive ardeur, d'une vive passion : *Un discours enflammé.*

ENFLÉ, E n. *Pop.* Gros lourdaud, imbécile.

ENFLÉCHURE n. f. (de *flèche*). Sur les grands voiliers, chacun des échelons en corde disposés horizontalement sur les haubans pour monter dans la mâture.

ENFLER v. t. (lat. *inflare,* souffler dans) [conj. 3]. 1. *Litt.* Augmenter le volume de qqch ; grossir, gonfler : *Le vent enfle les voiles.* – 2. Provoquer l'enflure d'une partie du corps ; boursoufler, bouffir : *Le froid enflait ses doigts.* – 3. *Litt.* Amplifier, exagérer, grossir : *Enfler un développement.* – 4. Faire paraître un compte, des dépenses plus importants qu'ils ne sont en réalité ; majorer. – 5. Litt. *Enfler son style,* le rendre emphatique, ampoulé. ‖ *Enfler la voix,* en augmenter le volume, l'intensité ; hausser le ton.
◆ v. i. ou **s'enfler** v. pr., **être enflé** v. pass. Gonfler, augmenter de volume, prendre de l'ampleur, trop d'ampleur : *Bras qui enfle de plus en plus.*

ENFLEURAGE n. m. Extraction des parfums des fleurs par contact avec un corps gras.

ENFLEURER v. t. (conj. 5). Pratiquer l'enfleurage.

ENFLURE n. f. (de *enfler*). 1. État d'un organe, d'un membre qui a subi une augmentation anormale de volume ; gonflement, bouffissure. – 2. Forme ampoulée, emphatique dans l'expression : *L'enflure du style.* – 3. *Pop.* Imbécile (terme d'injure). – 4. Première pousse des bois, chez le chevreuil.

ENFOIRÉ, E n. (de *foire,* diarrhée). *Pop.* Imbécile (terme d'injure).

ENFONCEMENT n. m. 1. Action d'enfoncer, de rompre : *L'enfoncement d'une muraille à coups de bélier.* – 2. Action d'enfoncer, de faire pénétrer, de s'enfoncer : *L'enfoncement d'un clou.* – 3. Endroit formant un creux ; dépression, cavité : *L'enfoncement du sol.* – 4. *Litt.* Partie en retrait, renfoncement : *Les enfoncements de la côte.* – 5. Type de fracture qui s'observe surtout au niveau du crâne et du bassin. – 6. Tirant d'eau d'un bâtiment, mesuré entre le plan de flottaison et le plan parallèle passant par le point le plus bas de ce bâtiment.

ENFONCER v. t. (de *fond*) [conj. 16]. 1. Faire pénétrer qqch profondément dans autre chose, le pousser vers le fond de qqch : *Enfoncer un piquet dans le sol.* – 2. Appuyer très fortement qqch dans le corps de qqn, dans une matière souple, de telle sorte qu'un creux se forme : *Il lui enfonça son revolver dans le flanc.* – 3. Faire céder qqch, le briser sous l'effet d'une forte poussée, d'un choc violent : *La voiture enfonça la barrière.* – 4. Défaire, vaincre une armée, une troupe en brisant le front qu'elles constituent : *Enfoncer les bataillons ennemis.* – 5. *Fam.* Vaincre la résistance de qqn, d'un groupe, les battre, les surpasser ou les mettre en difficulté : *Enfoncer la concurrence.* – 6. Aggraver l'état, la situation pénible dans laquelle se trouve qqn : *Ce nouveau malheur l'a enfoncé dans sa solitude.* – 7. *Enfoncer un chapeau sur la tête,* le placer de telle sorte que la tête y entre profondément. ‖ Fam. *Enfoncer une idée dans la tête de qqn,* l'en persuader, faire qu'il ne l'oublie pas. ‖ Fam. *Enfoncer une porte ouverte,* démontrer, expliquer une évidence ; se donner beaucoup de mal pour faire qqch qui a déjà été fait.
◆ v. i. ou **s'enfoncer** v. pr., **être enfoncé** v. pass. 1. Aller vers le fond et, en partic., couler au fond de l'eau, être au fond ; sombrer : *Navire qui s'enfonce dans les flots.* – 2. Pénétrer dans une matière, à l'intérieur de qqch : *La vis s'enfonce facilement.* – 3. Pénétrer profondément dans une matière, en partic. dans le sol : *On enfonçait jusqu'à mi-mollets dans la neige.* – 4. S'étendre profondément à l'intérieur de qqch : *Le chemin s'enfonce dans la forêt.* – 5. Céder, se creuser sous la pression de qqch : *La terre s'enfonce sous les pieds.*
◆ **s'enfoncer** v. pr., **être enfoncé** v. pass. 1. Avoir pénétré profondément dans qqch, s'installer au fond : *S'enfoncer dans son lit.* – 2. S'engager et progresser profondément à l'intérieur d'un lieu : *Plus on s'enfonce dans la forêt, plus le silence est profond.* – 3. Se complaire dans une situation pénible, s'y adonner complètement ou de plus en plus : *Elle est enfoncée dans son chagrin.* – 4. *Fam.* Tomber par degrés dans une situation pire, aggraver son cas : *Plus tu cherches à t'excuser, plus tu t'enfonces.* – 5. *Avoir la tête enfoncée dans les épaules,* se dit de qqn dont le cou est très court. ‖ *Yeux enfoncés dans la tête,* rentrés, logés au fond d'orbites très creuses.

ENFONCEUR, EUSE n. Fam. *Enfonceur de portes ouvertes,* personne qui ne démontre que des vérités évidentes.

ENFONÇURE n. f. *Vx.* Dépression, creux.

ENFOUIR v. t. (lat. pop. *infodire,* du lat. class. *infodere,* enterrer) [conj. 32]. 1. Mettre qqch en terre : *Enfouir les graines.* – 2. Cacher qqch qqpart, le mettre sous qqch d'autre, au fond de qqch ; dissimuler : *Il enfouit sa trouvaille dans sa poche.* – 3. *Litt.* Enfermer qqch en soi pour qu'il n'apparaisse pas : *Enfouir ses peines dans son cœur.* – 4. Pratiquer un enfouissement.
◆ **s'enfouir** v. pr., **être enfoui** v. pass. 1. Se mettre, se cacher sous qqch, au fond de qqch ; se blottir, se tapir : *Les raies s'enfouissent dans le sable.*

– 2. Être enseveli sous qqch : *Des cadavres enfouis sous les décombres.*

ENFOUISSEMENT n. m. **1.** Action d'enfouir ; fait d'être enfoui. – **2.** Temps opératoire consistant à recouvrir par une suture séro-séreuse la tranche de section d'un organe abdominal, en partic. de l'appendice.

ENFOUISSEUR n. m. Machine servant à enfouir dans le sol un engrais.

ENFOURCHEMENT n. m. **1.** Assemblage comprimé de deux pièces de charpente disposées bout à bout en enture. – **2.** En menuiserie, sorte d'assemblage à tenon et mortaise, simple ou multiple, sans épaulement. – **3.** *Déraillement par enfourchement,* déraillement d'un véhicule qui aborde en pointe une aiguille entrebâillée.

ENFOURCHER v. t. (de *fourche*) [conj. 3]. **1.** Monter à califourchon sur un animal, sur qqch : *Enfourcher une chaise, une bicyclette.* – **2.** Fam. *Enfourcher son dada, son cheval de bataille,* au cours d'une conversation, se lancer dans son développement favori.

ENFOURCHURE n. f. **1.** Couture médiane du pantalon qui va de la base de la braguette au milieu de la ceinture dans le dos. – **2.** Extrémité du bois d'un cerf ou d'un chevreuil lorsqu'il se divise. (Syn. FOURCHE.)

ENFOURNEMENT ou **ENFOURNAGE** n. m. **1.** Action ou manière d'enfourner. – **2.** Introduction des céramiques façonnées et séchées dans les différents laboratoires du four. (L'enfournement peut se faire en charge, en chapelle, en échappade ou en casettes.) – **3.** Introduction d'une charge de houille dans un four à coke à l'aide d'une enfourneuse. – **4.** Suite des opérations effectuées pour introduire le mélange vitrifiable dans le four à bassin ou dans les pots.

ENFOURNER v. t. (conj. 3). **1.** Mettre dans un four : *Enfourner du pain.* – **2.** *Fam.* Introduire qqch en enfonçant ; fourrer : *Enfourner du linge dans une machine à laver.* – **3.** *Fam.* Absorber un aliment par grandes quantités, ingurgiter, engouffrer. – **4.** Placer dans un four des matières à vitrifier, des céramiques.

◆ **s'enfourner** v. pr. *Fam.* S'engouffrer qqpart : *La foule s'enfourne dans le métro.*

ENFOURNEUSE n. f. **1.** Machine spéciale utilisée pour charger latéralement les fours à coke. – **2.** Appareil conçu pour introduire dans le four une quantité ou un débit déterminé et précis de mélange vitrifiable.

ENFREINDRE v. t. (lat. pop. **infrangere* du lat. class. *infringere,* briser) [conj. **81**]. Transgresser une loi, un règlement, etc., y contrevenir : *Enfreindre la règle.*

ENFUIR (S') v. pr. (conj. 35). **1.** Quitter volontairement, rapidement et le plus souvent subrepticement un lieu, prendre la fuite : *Il s'est enfui de prison.* – **2.** *Litt.* Passer, s'écouler, s'évanouir, disparaître : *Ma jeunesse s'enfuit.*

ENFUMAGE n. m. **1.** Action d'enfumer : *L'enfumage des abeilles.* – **2.** Production de fumée au cours de la cuisson des céramiques, provoquant un noircissement ou des réactions sur les glaçures et les décors.

ENFUMER v. t. (conj. 3). **1.** Remplir un lieu de fumée : *Un poêle qui enfume la pièce.* – **2.** Environner qqn de fumée : *Va fumer dehors, tu nous enfumes.* – **3.** Déloger ou neutraliser un animal en l'incommodant par la fumée : *Enfumer un renard dans son terrier.*

ENFUMOIR n. m. Appareil destiné à enfumer les abeilles pour les mettre en état de bruissement.

ENFÛTAGE n. m. Remplissage de fûts.

ENFÛTER ou **ENFUTAILLER** v. t. (de *fût*) [conj. 3]. Remplir des fûts.

ENFÛTEUR, EUSE n. Personne chargée de remplir des fûts.

◆ **enfûteuse** n. f. Machine destinée au remplissage automatique des fûts.

ENGADINE, en romanche **Engiadina,** haute vallée de l'Inn, en Suisse, dans les Grisons, que les gorges de Zernez partagent en *haute Engadine* et *basse Engadine* (plus encaissée). Son climat, relativement sec et ensoleillé en toutes saisons, a permis aux cultures de remonter très haut (1 800 m) ; il a favorisé le développement du tourisme estival et hivernal (surtout vers Saint-Moritz).

1. ENGAGÉ → ENGAGER.

2. ENGAGÉ, E n. **1.** Concurrent, cheval engagé dans une compétition, une course. – **2.** Personne ayant contracté un engagement dans les armées en qualité d'homme du rang ou de sous-officier. (→ *encycl.*)

ENCYCL. **Mil.** L'engagé, selon la loi du 13 juill. 1972, est admis à servir pour un temps supérieur à la durée légale du service actif, avant tout appel au service national, soit pour une durée déterminée, s'il a déjà été appelé à satisfaire aux obligations du service actif ou s'il a souscrit un engagement antérieur, soit enfin pour tout ou partie de la durée de la guerre s'il n'est ni mobilisable ni encore mobilisé ou s'il est dégagé de toute obligation militaire.

ENGAGEANT, E adj. **1.** Qui attire, séduit, qui exerce un certain attrait : *Propositions engageantes.* – **2.** Qui invite à nouer des relations ; séduisant, sympathique, attirant : *Regarder quelqu'un d'un air engageant.*

◆ **engageantes** n. f. pl. Manchettes évasées, de lingerie ou de dentelle, portées par les femmes à la fin du XVIIe et au XVIIIe s.

ENGAGEMENT n. m. **1.** Acte par lequel on s'engage à accomplir qqch ; promesse, convention ou contrat par lesquels on se lie : *Contracter un engagement. Faire honneur à ses engagements.* – **2.** Action d'engager qqn, de l'employer, de louer ses services ; embauchage : *L'engagement d'une secrétaire.* – **3.** Action de faire entrer qqch, un groupe dans un espace étroit : *L'engagement d'une troupe dans un défilé.* – **4.** Introduction d'une troupe dans une bataille : *L'engagement des réserves.* – **5.** Combat de courte durée et localisé : *On signale quelques engagements à la frontière.* – **6.** Fait de prendre parti sur les problèmes politiques ou sociaux par son action et ses discours : *L'engagement d'un intellectuel.* – **7.** Action de mettre un objet en gage ; récépissé d'un objet mis en gage. – **8.** *Engagement physique,* fait d'entreprendre qqch en y mettant toutes ses forces ; action, pour un sportif, d'utiliser au maximum ses qualités et avantages naturels jusqu'aux limites permises par les règles, lors des contacts avec les adversaires. • **Comptab.** Ensemble des obligations envers des tiers. – **Écon.** *Engagements financiers,* montant des devises d'un pays donné, détenues par des étrangers ou à l'étranger, et à la conversion desquelles, en cas de demande, doit faire face la banque centrale de ce pays. – **Fin.** Phase préalable et obligatoire à la procédure d'ordonnancement par laquelle l'Administration prévoit une dépense au budget. – **Hist.** Acte par lequel le roi de France concédait à un engagiste des terres du domaine royal. – **Méd.** Franchissement du plan du détroit supérieur du bassin maternel par le plus grand diamètre de la présentation fœtale. – **Mil.** Contrat par lequel une personne déclare vouloir servir volontairement, pendant une durée déterminée, dans les armées ou les formations rattachées, en qualité d'homme du rang ou de sous-officier. – **Neurol.** *Engagement cérébral,* hernie du tissu cérébral à travers divers orifices intracrâniens libres. (L'engagement cérébral est une complication redoutable de l'hypertension intracrânienne.) – **Philos.** Pour les existentialistes, acte par lequel l'individu assume les valeurs qu'il a choisies et donne, grâce à ce libre choix, un sens à son existence. – **Sports.** Syn. de COUP D'ENVOI. ‖ Au football, action de remettre la balle en jeu après un but. ‖ Acte par lequel un concurrent notifie aux organisateurs son intention de participer à une compétition.

ENGAGER v. t. (conj. **17**). **1.** Mettre un bien en gage : *Engager ses bijoux au mont-de-piété.* – **2.** Se lier moralement par une promesse : *Engager sa parole, son honneur.* – **3.** Lier moralement qqn, le placer dans une situation qui implique des choix et des responsabilités de sa part : *Cette décision n'engage que vous.* – **4.** Prendre qqn à son service contre rémunération, l'embaucher, l'enrôler dans une formation militaire : *Engager une secrétaire. Engager des mercenaires.* – **5.** *Fam.* Recruter, enrôler qqn pour une tâche quelconque, pour participer à une action quelconque : *Si tu n'as rien à faire, je t'engage pour trier les papiers.* – **6.** Faire entrer qqch dans un lieu étroit : *Il engagea la clé dans la serrure.* – **7.** Mettre, placer de l'argent dans qqch, l'y affecter : *Engager des capitaux dans une affaire.* – **8.** Faire participer qqn, un groupe à une action : *Engager des troupes dans une bataille.* – **9.** Inscrire un concurrent dans une compétition : *Engager un cheval pour le tiercé.* – **10.** Amener qqn, un groupe à une situation à laquelle il pourra difficilement se soustraire : *Avec votre politique, vous engagez le pays dans une impasse.* – **11.** Pousser, inciter fortement qqn à faire qqch, à avoir telle attitude, l'y exhorter de manière pressante : *Cet échec devrait vous engager à une plus grande prudence.* – **12.** Commencer une action, la mettre en train : *Engager une discussion, une bataille, des négociations.* – **13.** *Cela n'engage à rien,* cela ne crée aucune obligation. • **Ch. de f.** *Engager le gabarit,* pénétrer à l'intérieur de l'espace libre nécessaire à la circulation des véhicules. – **Équit.** *Engager les postérieurs* ou *s'engager,* en parlant d'un cheval qui marche, poser ses pieds postérieurs loin sous son corps. – **Fin.** Réaliser l'engagement d'une dépense publique. – **Sports.** Donner le coup d'envoi dans les matches de sports d'équipe.

◆ **être engagé** v. pass. **1.** En parlant d'un yacht en régate, se trouver dans la zone de risque de collision avec un autre yacht, sans qu'aucun d'eux soit en route libre devant l'autre. – **2.** En parlant d'un cordage, d'une ancre, etc., être bloqué, voir son mouvement entravé. – **3.** *Colonne engagée,* support vertical, lié à un mur ou à un pilier, présentant l'aspect d'une colonne qui serait partiellement noyée dans ce mur, ce pilier. ‖ *Navire engagé,* navire qui, sous l'effet du vent ou des lames, s'est incliné si fortement qu'il ne peut plus se relever. ‖ *Unité engagée,* unité introduite dans la bataille, et dont le commandement ne peut plus disposer sans la faire relever.

◆ **s'engager** v. pr., **être engagé** v. pass. **1.** Se loger dans un lieu étroit, qui retient : *Le tenon s'engage dans la mortaise.* – **2.** Entrer, avancer, pénétrer, se trouver dans une voie, un passage : *Le train s'engage dans le tunnel.* – **3.** Entreprendre une action, y participer ; se lancer : *S'engager dans des négociations difficiles.* – **4.** S'inscrire à une compétition : *Vingt coureurs sont déjà engagés dans la course.* – **5.** Se mettre dans une situation où on

aura à faire des dépenses, des frais. — **6.** En parlant d'une action, commencer : *L'affaire est mal engagée.* — **7.** Prendre nettement position, en partic. sur des problèmes politiques, sociaux, économiques : *Chanteur engagé. Littérature engagée.* — **8.** Choisir telle voie, commencer à entreprendre telles études, etc. — **9.** Contracter un engagement ; s'enrôler : *S'engager dans la marine.*
◆ **s'engager** v. pr. Se lier moralement par une promesse : *Il s'est engagé à payer ses dettes dans les huit jours.*

ENGAGISTE n. Détenteur d'une partie du domaine royal qui lui avait été donné par le roi en gage d'un emprunt contracté par le Trésor royal.

ENGAINANT, E adj. Se dit d'un organe végétal qui forme gaine autour d'un autre.

ENGAINEMENT n. m. Syn. de EMBOUQUEMENT.

ENGAINER v. t. (conj. 4). Enserrer dans une gaine, comme dans une gaine.
◆ v. i. Syn. de EMBOUQUER.
◆ **être engainé** v. pass. En parlant d'une statue, avoir les membres inférieurs remplacés par une gaine ; en parlant d'un buste, reposer sur une gaine.

ENGAMER v. t. (mot dialect. *gâmo,* goître) [conj. 3]. En parlant d'un poisson, avaler l'hameçon.

ENGANE n. f. Prairie de salicornes, servant de parcours, en Camargue, aux chevaux et aux taureaux.

ENGAVER v. t. (conj. 3). En parlant des oiseaux, nourrir leurs petits d'aliments amollis et partiellement digérés.

ENGAZONNEMENT n. m. Action d'engazonner ; fait d'être engazonné.

ENGAZONNER v. t. (de *gazon*) [conj. 3]. Semer, garnir de gazon, d'herbe.

ENGEANCE n. f. (anc. fr. *engier,* pulluler, du lat. *indicare,* avec l'infl. de *ovum index,* œuf incitant les poules à pondre). Catégorie de personnes jugées méprisables : *Une sale engeance.*

ENGEBRECHTSZ. (Cornelis), peintre néerlandais (Leyde 1468 - *id.* 1553). Son style relève d'un maniérisme gothique tardif (tryptique de la *Crucifixion,* musée de Leyde ; *Constantin et sainte Hélène,* Munich). Lucas de Leyde se forma dans son atelier.

ENGEL n. m. (de *gel*). Première phase du gel de l'eau de mer, processus conduisant à la formation d'une couverture glacielle.

ENGEL (Carl Ludwig), architecte, urbaniste et peintre allemand (Berlin 1778 - Helsinki 1840). Appelé en 1816 à Helsinki (après avoir travaillé en Estonie), il a donné à la ville son visage néoclassique.

ENGEL (Ernst), économiste et statisticien allemand (Dresde 1821 - Oberlössnitz, Radebeul, près de Dresde, 1896). Il établit, à partir d'une analyse de budgets familiaux, une série de lois relatives aux variations de la demande en fonction du niveau des revenus.

ENGELBERG, station d'été et de sports d'hiver (alt. 1 050-3 020 m) de Suisse (Unterwald), au pied du Titlis ; 3 000 hab. Abbaye bénédictine (fondée en 1120 et reconstruite au XVIIIe s.), avec église de style baroque et riche bibliothèque.

ENGELBREKT ENGELBREKTSSON, héros national suédois (v. 1390 - lac Hjälmaren 1436). S'étant opposé à Érik de Poméranie, il prit en 1434 la tête d'une révolte contre le régime danois. Il convoqua en 1435 à Arboga une assemblée, où ecclésiastiques, nobles, bourgeois, paysans étaient représentés, et qui est considérée comme le premier Riksdag. Une Constitution fut votée, désignant Engelbrekt comme régent, mais il fut assassiné peu après.

ENGELMANN (Godefroi), lithographe et éditeur français (Mulhouse 1788 - *id.* 1839). Un des introducteurs de la lithographie en France (ateliers à Mulhouse et à Paris, 1815-16), il en perfectionna les techniques et, avec son fils GODEFROI II, fit des essais d'impression en couleurs.

ENGELS → POKROVSK.

ENGELS (Friedrich), théoricien et militant socialiste allemand (Barmen, auj. intégré à Wuppertal, 1820 - Londres 1895). Étudiant en philosophie, il participe aux réunions des hégéliens de gauche. En 1842, il part travailler dans une filature que son père possède à Manchester. Il y mène une enquête sur *la Situation de la classe laborieuse en Angleterre* (1845). En 1844, de passage à Paris, il rencontre Karl Marx, avec qui il se lie d'une amitié qui fera d'eux les leaders du mouvement ouvrier et les coauteurs des textes fondateurs du marxisme. Ils rédigent ensemble *la Sainte Famille* (1845), *l'Idéologie allemande* (1845-46) et *le Manifeste du parti communiste* (1848). En 1847, ils adhèrent tous les deux à la Ligue des justes, qui se fixe comme objectif le renversement de la bourgeoisie et l'établissement d'une société sans classes et qui se transforme, lors de son congrès à Londres en juin, en Ligue des communistes. Engels participe à la révolution de 1848 en Allemagne et en analyse l'échec dans *Révolution et contre-révolution en Allemagne* (1851-52). Il retourne à Manchester, où il dirige l'entreprise « Ermen et Engels ». Il analyse ainsi l'entreprise capitaliste, et peut à la fois en tirer des observations qu'il transmettra à Marx et des revenus avec lesquels il fera vivre Marx et sa famille, réduits à la misère. De Manchester il correspond avec

Marx, qui vit à Londres : il vend en 1870 les actions de l'entreprise qu'il dirige, et s'installe à Londres pour se consacrer exclusivement à la lutte révolutionnaire. Il collaborera étroitement avec Marx jusqu'à la mort de celui-ci, et publiera le livre II du *Capital.* Leur collaboration ne dissocie pas l'activité intellectuelle du militantisme : tous deux signent la *Critique du programme de Gotha* (1875), où ils soulignent les compromissions des sociaux-démocrates d'Allemagne. Les écrits personnels d'Engels touchent tous les domaines : *la Question paysanne en France et en Allemagne* (1894) combat les erreurs des dirigeants sociaux-démocrates d'Allemagne dans leurs appréciations du rôle politique des paysans ; *Monsieur Eugène Dühring bouleverse la science* (1878), plus connu sous le titre d'*Anti-Dühring,* expose systématiquement le matérialisme historique, qu'il prolonge dans *l'Origine de la famille, de la propriété privée et de l'État* (1884), écrit sous l'influence de Morgan ; la *Dialectique de la nature* (1873-1883, publié en 1925) décrit les lois objectives qui permettent de fonder le matérialisme dialectique.

ENGELURE n. f. (anc. fr. *engeler,* geler complètement). Dermatose due à l'action du froid sur la peau. (Les engelures, favorisées par une sous-alimentation et une carence en matières grasses, apparaissent le plus souvent aux mains, aux pieds, aux oreilles, au nez. Il s'agit de lésions dures rouge violacé qui parfois s'ulcèrent.)

ENGENDREMENT n. m. Action d'engendrer, de produire, de créer.

ENGENDRER v. t. (lat. *ingenare,* enfanter, de *genus, -eris,* race) [conj. 3]. **1.** En parlant des êtres vivants mâles, ou des deux parents, procréer, reproduire par génération : *Tes parents t'ont engendré.* — **2.** Produire qqch, le faire naître ; causer, déterminer : *Une rivalité d'intérêts qui engendre des conflits.* — **3.** En parlant d'une grammaire générative, énumérer explicitement, au moyen de règles en nombre fini, les phrases d'une langue. (Syn. GÉNÉRER, PRODUIRE.) — **4.** En parlant d'un ensemble, donner par une opération déterminée un autre ensemble dont l'ensemble d'origine est un sous-ensemble. — **5.** Fam. *Ne pas engendrer la mélancolie,* être gai, répandre la gaieté autour de soi. ‖ *Le Père engendre le Fils,* formule définissant l'opération par laquelle le Fils procède du Père dans le mystère de la Sainte-Trinité.

◆ **être engendré** v. pass. **Math.** *Sous-groupe (sous-algèbre, sous-anneau, sous-corps, sous-espace vectoriel) d'un groupe (algèbre, anneau, corps, espace vectoriel) G engendré par une partie P de G,* sous-groupe, etc., égal à l'intersection de tous les sous-groupes (sous-algèbres, sous-anneaux, sous-corps, sous-espaces vectoriels) de G contenant P.

ENGERBEMENT n. m. Façon réglementaire de disposer les armes et le matériel pour les conserver dans les arsenaux.

ENGERBER v. t. Procéder à l'engerbement.

ENGERTH (Wilhelm, *baron* VON), ingénieur allemand (Pless, auj. Pszczyna, 1814 - Baden, près de Vienne, 1884). Il a imaginé un système de locomotives capables de remorquer un train sur de fortes rampes.

ENGHIEN, en néerl. **Edingen,** v. de Belgique (Hainaut), au S.-O. de Bruxelles ; 10 000 hab. Parc et chapelle de l'ancien château des ducs. Deux églises (XIVe et XVIIe s.) abritent des œuvres d'art.
— **Hist.** Fief des comtes de Hainaut, passé à la maison de Bourbon en 1487, le comté d'Enghien fut dévolu à la branche de Condé puis érigé en duché vers 1566 en faveur de Louis Ier de Bourbon, 1er prince de Condé.

ENGHIEN (François DE BOURBON, *comte* D'), prince français (La Fère 1519 - La Roche-Guyon 1546), fils de Charles de Bourbon, duc de Vendôme. Nommé par François Ier lieutenant général de l'armée de mer du Levant, puis gouverneur du Piémont (1543), il remporta la victoire de Cérisoles (1544).

ENGHIEN (Louis II DE BOURBON, *duc* D') → CONDÉ (Louis II de Bourbon, 4e *prince* de), dit le Grand Condé.

ENGHIEN (Louis Antoine Henri DE BOURBON, *duc* D'), prince français (Chantilly 1772 - Vincennes 1804). Fils de Louis Henri Joseph de Bourbon, 9e prince de Condé, il fut enlevé à Ettenheim (en Bade) sur l'ordre de Bonaparte (15-16 mars 1804), qui le fit conduire à Vincennes et juger par une commission militaire. Accusé d'avoir participé au complot tramé par Cadoudal contre le Premier consul, il fut fusillé dans les fossés du château de Vincennes (21 mars).

Enghien *(hippodrome d'),* hippodrome (trot et obstacles) situé sur la commune de Soisy-sous-Montmorency (Val-d'Oise), au N.-O. d'Enghien-les-Bains.

ENGHIEN-LES-BAINS [ɑ̃gɛ̃-] (95880), ch.-l. de cant. du Val-d'Oise, dans la banlieue nord de Paris, au S. de la forêt de Montmorency ; 10 103 hab. Station thermale (affections du nez et de la gorge ; affections articulaires).

ENGIN (lat. *ingenium,* talent). **1.** Instrument, outil, appareil, destinés à un usage défini : *Engin de pêche. Engin de manutention.* — **2.** *Fam.* Objet, instrument quelconque dont on ignore le nom ou objet bizarre ; machin. — **3.** *Pop.* Membre viril. — **4.** Terme générique pour désigner le matériel de guerre. — **5.** Syn. anc. de MISSILE. — **6.** *Compagnie d'engins,* se disait d'une unité d'infanterie groupant des mortiers, des armes antichars et antiaériennes. ‖ *Engin blindé de reconnaissance (E. B. R.),* automitrailleuse Panhard (1950), armée d'un canon de 75 mm, dotée de deux postes de conduite en sens inverse et équipée de huit roues. ‖ *Engin flottant,* construction flottante portant des installations mécaniques et destinée à travailler sur les voies navigables ou dans les ports (drague, élévateur, bigue, grue, etc.). ‖ *Engin mécanique du génie,* machine tractée ou automotrice utilisée par le génie (tracteurs et chars niveleurs, décapeuses, niveleuses, chars lance-flammes, chars démineurs, chars poseurs de pont). ‖ *Engin prohibé,* objet dont l'emploi ou la simple détention constitue un délit, notamment en matière de pêche ou de chasse. ‖ *Engin spatial,* satellite, sonde spatiale ou vaisseau cosmique habité.

engins *(Direction technique des)* **[D. T. En.],** organisme militaire français créé en août 1965 ayant pour mission l'utilisation militaire de l'espace, le développement et la mise en service des missiles tactiques et stratégiques et des satellites.

ENGINEERING [ɛndʒinəriɲ ou ɛnʒiniriɲ] n. m. (mot angl.). Syn. de INGÉNIERIE.

ENGLAÇONNEMENT n. m. (de *glaçon*). Formation d'une couverture de glace flottante par agglomération de glaçons.

England, nom anglais de l'Angleterre.

Engler *(graduation),* graduation de viscosité utilisée dans l'industrie du pétrole. Elle a été inventée par le chimiste allemand Carl Oswald Viktor *Engler* (1842-1925).

ENGLER (Adolf), botaniste allemand (Sagan 1844 - Berlin 1930). Il est l'auteur d'études sur la flore d'Afrique et d'un système de classification des végétaux.

ENGLERT (Giuseppe Giorgio), compositeur et organiste suisse (Fiesole, Italie, 1927). Il fonda en 1975 à l'université de Paris-VIII le Groupe art et informatique de Vincennes (G. A. I. V.), pour produire de la musique électronique « live ». Comme œuvres autonomes, on lui doit notamment *Quatuor 'S '* pour synthétiseur (1978-79), *Trinsin-Funpol* pour 5 instruments (1980).

ENGLOBANT, E adj. Qui englobe.

ENGLOBER v. t. (de *globe*) [conj. 3]. **1.** Faire entrer qqch, qqn dans un ensemble : *Englober un texte dans un recueil.* — **2.** Réunir des choses en un tout ; comprendre : *Englober tous les arguments en un seul.* — **3.** Contenir des choses, concerner des personnes : *Ma remarque vous englobait tous.*

ENGLOUTIR v. t. (bas lat. *ingluttire,* avaler) [conj. 32]. **1.** Avaler, dévorer, absorber gloutonnement des aliments ; engouffrer : *Engloutir les morceaux sans les mâcher.* — **2.** Submerger, engouffrer, faire disparaître qqch : *La mer engloutit le navire.* — **3.** Dépenser de l'argent, le dissiper rapidement dans une entreprise ; engouffrer : *Il a englouti une fortune dans sa collection.*

ENGLOUTISSEMENT n. m. *Litt.* Action d'engloutir ; fait d'être englouti, de sombrer, de disparaître : *L'engloutissement d'un paquebot, d'une fortune.*

ENGLUAGE ou **ENGLUEMENT** n. m. Action d'engluer ; fait d'être englué.

ENGLUER v. t. (de *glu*) [conj. 3]. **1.** Enduire qqch de glu, de matière gluante : *Engluer une branche.* — **2.** Prendre avec de la glu : *Engluer un oiseau.* ◆ **s'engluer** v. pr., **être englué** v. pass. **1.** Se prendre dans une matière gluante, poisseuse : *Doigts englués de confiture.* — **2.** Se prendre dans une situation complexe, inextricable : *S'engluer dans des complications juridiques.*

ENGOBAGE n. m. Action d'engober.

ENGOBE n. m. (de *engober*). Mince couche de terre fine, blanche ou colorée par des oxydes, dont on recouvre une céramique pour dissimuler la couleur ou la texture de la pâte ou bien pour la décorer.

ENGOBER v. t. (de *gober*) [conj. 3]. Recouvrir une céramique de l'engobe.

ENGOLPION → ENCOLPION.

ENGÓMI ou **ENKOMI,** village de Chypre, à l'O. de Salamine, près duquel se trouvent les vestiges d'une ville ancienne qui aurait été la capitale du royaume d'Alashiya. Grâce à l'industrie du cuivre, et aux échanges commerciaux avec l'Égée et le Proche-Orient, ce fut l'un des centres les plus importants aux XIVe et XIIIe s. av. J.-C. Temples et édifices publics y étaient construits en pierres de taille appareillées. Détruite une première fois v. 1120 av. J.-C. et plusieurs fois reconstruite, la ville a été occupée jusqu'à l'ensablement de son port (v. 1075 av. J.-C.).

ENGOMMAGE n. m. Action, manière d'engommer ; fait d'être engommé.

ENGOMMER v. t. (conj. 3). Enduire de gomme qqch : *Engommer un tissu.*

ENGONCEMENT n. m. Fait d'être engoncé, serré dans ses vêtements.

ENGONCER v. t. (de *gons,* anc. pl. de *gond*) [conj. 16]. En parlant d'un vêtement, serrer qqn, lui donner l'air d'avoir le cou enfoncé dans les épaules : *Ce manteau vous engonce et vous grossit.*

ENGONÓPOULOS (Níkos), peintre et poète grec (Athènes 1910 - *id.* 1985). Professeur de peinture et d'histoire de l'art aux Beaux-Arts d'Athènes, il fut aussi un des principaux animateurs du surréalisme en Grèce. Son poème *Bolivar* (1944), ode à la résistance et la liberté, est un des plus grands chants de la Grèce moderne.

ENGORGEMENT n. m. **1.** Action d'engorger, de s'engorger ; état de ce qui est obstrué : *L'engorgement d'un tuyau.* – **2.** État de ce qui est encombré par une accumulation, par un trop grand nombre : *L'engorgement du marché.* – **3.** État d'un sol dont les espaces libres sont entièrement occupés par l'eau, ce qui provoque l'asphyxie des plantes. (Syn. ENNOYAGE.) – **4.** Augmentation de volume et de consistance d'un organe, provoquée par une accumulation de sang, de sérosité ou du liquide qu'il sécrète.

ENGORGER v. t. (de *gorge*) [conj. **17**]. **1.** Embarrasser une canalisation, un tuyau, etc., l'obstruer par accumulation de matières, de débris : *Égout que les immondices ont engorgé.* – **2.** Empêcher la fluidité de la circulation, la capacité de communication, d'échanges, etc. ; encombrer, saturer : *L'accroissement du trafic a engorgé les autoroutes.* – **3.** Provoquer l'engorgement d'un organe.
◆ **être engorgé** v. pass. En parlant d'un sol, être en état d'engorgement. (Syn. ÊTRE ENNOYÉ.)
◆ **s'engorger** v. pr. Syn. de BOURRER (v. i.).

ENGOUEMENT n. m. (de *engouer*). État de qqn qui se prend d'une admiration très vive pour qqn ou qqch ; emballement : *L'engouement du public pour un acteur.*

ENGOUER (S') v. pr., **ÊTRE ENGOUÉ** v. pass. (du prélatin **gaba*) [conj. **6**]. Se prendre d'une admiration, d'un enthousiasme excessifs pour qqn ou qqch ; s'enticher de, s'emballer pour : *S'engouer d'une nouveauté.*

ENGOUFFREMENT n. m. Action d'engouffrer, de s'engouffrer.

ENGOUFFRER v. t. (de *gouffre*) [conj. **3**]. **1.** Avaler goulûment des aliments : *Il a engouffré trois rations de viande.* – **2.** Introduire rapidement et par grandes quantités : *Engouffrer du linge dans la machine.* – **3.** Dissiper, dépenser, engloutir de l'argent dans une action, ou, en parlant de cette action, l'absorber : *Ces travaux grandioses ont engouffré des millions.*
◆ **s'engouffrer** v. pr. Se précipiter rapidement ou avec violence dans un lieu, pénétrer en masse dans une ouverture, un passage : *La foule s'engouffre dans le métro.*

ENGOUJURE n. f. Gorge ménagée dans le réa d'une poulie pour recevoir un cordage.

ENGOULANT n. m. (de *gueule*). Gueule d'animal ornant chacune des extrémités d'un entrait engoulé.

ENGOULÉ, E adj. (de *gueule*). *Entrait engoulé,* en charpenterie ancienne, entrait dont les extrémités sont traitées en gueule d'animal avalant la pièce de bois.

ENGOULEVENT n. m. (anc. fr. *engouler,* avaler, et *vent*). Oiseau nocturne, migrateur, aux teintes brunâtres, au bec court mais largement fendu, qui se nourrit en capturant les insectes au vol.

ENGOURDIR v. t. (de *gourd*) [conj. **32**]. **1.** Priver plus ou moins complètement qqn, ses membres de sensibilité, de mobilité ; paralyser : *Le froid engourdissait les explorateurs.* – **2.** Mettre qqn, son esprit dans un état de torpeur, de passivité : *Le grand âge lui a engourdi l'esprit.*
◆ **s'engourdir** v. pr., **être engourdi** v. pass. **1.** Perdre sa sensibilité, sa mobilité : *Avoir le bras engourdi.* – **2.** Être dans un état de passivité, de torpeur : *Ses facultés s'engourdissaient dans l'inaction.*

ENGOURDISSANT, E adj. Qui engourdit.

ENGOURDISSEMENT n. m. **1.** État d'un membre, d'un corps engourdi, en partic. paralysie momentanée d'un membre ; raideur : *Engourdissement des doigts dû au froid.* – **2.** Fait de s'engourdir ; paralysie momentanée de l'activité physique ou intellectuelle ; torpeur : *La sonnerie du téléphone le tira de son engourdissement.*

ENGRAIS n. m. (de *engraisser*). **1.** Produit organique ou minéral incorporé à la terre pour en maintenir ou en accroître la fertilité. (→ *encycl.*) – **2.** Syn. de ENGRAISSEMENT. – **3.** *Engrais foliaire,* engrais appliqué sur le feuillage pour améliorer la nutrition des plantes cultivées. ‖ *Engrais retard* ou *à libération progressive,* engrais dont les éléments fertilisants sont progressivement mis à la disposition des plantes par décomposition de la combinaison chimique qui les contient. ‖ *Engrais vert,* engrais organique obtenu en enfouissant par un labour, au moment où elle devrait être fauchée, une légumineuse qu'on a préalablement semée.

ENCYCL. **Agric.** Les besoins des plantes n'étant, en général, pas complètement satisfaits par le milieu sur lequel elles sont cultivées, l'apport d'engrais est pratiquement la règle. On distingue : les *engrais solides,* en granulés ou pulvérulents ; les *engrais-solutions,* dissolution d'engrais solides dans l'eau ; les *engrais-suspension,* constitués de particules en suspension dans l'eau ; les *engrais gazeux,* stockés sous pression et qui se détendent à l'atmosphère.

On classe aussi les engrais d'après la composition chimique : *engrais minéraux* ou *organiques ;* d'après le nombre d'éléments fertilisants : *engrais simples* (un seul élément : azoté, phosphaté, potassique), *engrais composés* (deux, trois éléments au plus). Les teneurs en éléments fertilisants sont exprimées en kilogrammes de chaque élément pour 100 kg de produit. Les éléments fertilisants sont comptés en éléments chimiques pour l'azote et pour les oligo-éléments et sous forme d'oxydes pour les autres : phosphore (P_2O_5), potassium (K_2O), calcium (CaO), magnésium (MgO), soufre (SO_3).

ENGRAISSAGE n. m. Raffinage prononcé de la pâte à papier qui acquiert, à l'état humide, un toucher « gras ».

ENGRAISSEMENT n. m. 1. Fait d'engraisser : *Un engraissement maladif.* — 2. Action d'engraisser les animaux d'élevage ; état des animaux engraissés. (Le terme « engraissement » désigne soit le dernier stade de la préparation des animaux pour la boucherie, soit la phase d'augmentation de poids dans le cas des taurillons.) [Syn. ENGRAIS.] — 3. Élévation ou avancée d'une plage, d'un cordon littoral, dont le bilan sédimentaire est positif.

ENGRAISSER v. t. (lat. pop. **ingrassiare,* du bas lat. *incrassare,* engraisser, du lat. class. *crassus,* gras) [conj. 4]. 1. Fertiliser une terre en y mettant de l'engrais, l'amender. — 2. Faire grossir un animal, le rendre plus gras. — 3. *Fam.* Enrichir qqn, le faire prospérer : *La spéculation l'a engraissé.*
◆ v. i. Prendre de l'embonpoint ; épaissir, grossir : *Il engraisse avec l'âge.*
◆ **s'engraisser** v. pr. Fam. *S'engraisser de qqch, sur le dos de qqn,* s'enrichir grâce à eux : *S'engraisser du travail d'autrui.*

ENGRAISSEUR, EUSE n. Personne qui s'occupe de l'engraissement des animaux.

ENGRAMME n. m. (all. *Engramm*). Trace organique hypothétique qui constituerait le support physique de la mémoire.

ENGRANGEMENT n. m. Action d'engranger.

ENGRANGER v. t. (conj. 17). 1. Mettre des céréales, du foin, à l'abri dans la grange. — 2. Mettre des choses de côté, en réserve pour une utilisation ultérieure : *Engranger des documents.*

ENGRANGEUR n. m. (de *engranger*). Dispositif mécanique ou pneumatique permettant la manutention de la paille ou du foin.

ENGRAVÉE n. f. Syn. de AGGRAVÉE.

ENGRAVER v. t. (de *grève*) [conj. 3]. *Litt.* Ensabler.

E. N. G. R. E. F., sigle de ÉCOLE NATIONALE DU GÉNIE* RURAL, DES EAUX ET DES FORÊTS.

ENGRÊLER v. t. (de *grêle* adj.) [conj. 4]. Orner d'une engrêlure.

ENGRELÉ (ÊTRE) v. pass. En parlant des pièces héraldiques, présenter sur les bords des dents arrondies.

ENGRÊLURE n. f. (de *engrêler*). Partie haute d'une dentelle, souvent rapportée, et qui sert à fixer celle-ci sur un autre support.

1. ENGRENAGE [ɑ̃grənaʒ] n. m. (de *engrener*). 1. Ensemble de deux pièces dentées calées sur deux arbres, transmettant par le contact des dents un mouvement de rotation de l'un à l'autre. (→ *encycl.*) — 2. Entraînement des pignons ou des roues dentées par des dentures appropriées. — 3. Enchaînement de faits ou de circonstances dont on ne peut se dégager : *L'engrenage de la violence et de la répression.* — 4. *Engrenage différentiel,* syn. de DIFFÉRENTIEL. ‖ *Engrenage magnétique,* dispositif dans lequel la transmission du mouvement entre deux organes est réalisée par des forces électromagnétiques.

ENCYCL. **Mécan.**

• *Principe.* Considérons deux cylindres de révolution en contact suivant l'une de leurs génératrices et en rotation autour de leurs axes. Pour que les vitesses circonférentielles soient les mêmes, on dente les surfaces en contact, appelées surfaces primitives, les dents de l'une pénétrant dans les intervalles des dents de l'autre. Les vitesses de rotation des cylindres sont alors dans le rapport inverse du nombre des dents qu'ils portent. Le pignon est l'élément de l'engrenage qui a le plus petit nombre de dents ; l'autre est, dans le cas d'un engrenage extérieur, la roue, ou, si l'une des surfaces primitives est un plan, la crémaillère ; dans le cas d'un engrenage intérieur ou d'un engrenage conique à grand rapport de démultiplication, la couronne. La distance entre les profils semblables de deux dents voisines, mesurée sur le cercle primitif, section droite de la surface primitive, constitue le pas, qui, divisé par le nombre π, définit le module. Les dents en prise doivent être constamment tangentes ; cette condition est réalisée par un tracé en épicycloïde, ou en développante de cercle. Ce dernier tracé, beaucoup plus facile à réaliser, est obtenu à partir d'un cercle de base, dont les développantes sont les profils des dents.

• *Catégories.* Les engrenages peuvent être à denture droite ou hélicoïdale. Dans ce dernier cas, lors de la transmission d'un effort, la denture provoque une poussée axiale, que l'on peut neutraliser en jumelant deux engrenages identiques, mais à hélices de sens contraires, et qui constituent un *engrenage à chevrons.* Les *engrenages à roue et vis sans fin* sont des engrenages à axes orthogonaux dans lesquels le pignon est remplacé par une vis engrenant dans la roue par un contact ponctuel ; l'engrenage est *à roue et vis globique* si la roue et la vis sont toriques. Les *engrenages coniques à denture droite* ont pour surfaces primitives deux cônes de révolution et un plan. Les *engrenages coniques à denture hypoïde* permettent, par un décalage des axes, de diminuer l'encombrement des engrenages coniques.

2. ENGRENAGE n. m. (de *engrener 1*). Action d'engrener la trémie d'un moulin, d'une machine à battre. (Syn. ENGRÈNEMENT.)

1. ENGRÈNEMENT n. m. **1.** Action d'engrener un élément d'un engrenage ; état d'un élément engrené. — **2.** Interpénétration des fragments d'un os fracturé.

2. ENGRÈNEMENT → ENGRENAGE 2.

1. ENGRENER v. t. (de *grain*). **1.** Mettre du grain dans la trémie d'un moulin. — **2.** Alimenter en épis une machine à battre les céréales.

2. ENGRENER v. t. (de *engrener 1,* avec l'infl. de *cran*). [conj. **19**]. Mettre en prise un élément d'un engrenage dans l'autre élément.
◆ v. i. En parlant des éléments d'un engrenage, être en prise.

ENGRENEUR n. m. Organe, généralement rotatif, situé entre le convoyeur et le batteur des moissonneuses-batteuses et permettant de régulariser le flux de récolte.

ENGROSSER v. t. (anc. fr. *engrossier,* de *groisse,* grosseur, avec l'infl. de gros) [conj. 3]. *Pop.* Rendre une femme enceinte.

ENGUEULADE n. f. *Pop.* **1.** Action d'engueuler, fait d'être engueulé ; vive réprimande : *Recevoir une engueulade.* — **2.** Action de s'engueuler ; dispute : *Avoir une engueulade avec quelqu'un.*

ENGUEULER v. t. (de *gueule*) [conj. **5**]. *Pop.* Accabler qqn d'injures grossières, l'invectiver, le réprimander durement.
◆ **s'engueuler** v. pr. *Pop.* Se disputer avec qqn, avoir une engueulade avec lui.

ENGUICHURE n. f. (anc. fr. *guiche,* courroie). **1.** Cordon, servant à porter le cor de chasse. — **2.** Courroie de bouclier.

ENGUINEGATTE → GUINEGATTE.

ENGUIRLANDER v. t. (conj. 3). **1.** Orner un lieu de guirlandes : *Enguirlander une fenêtre de gui et de houx.* — **2.** *Fam.* Réprimander vertement qqn, engueuler ; attraper.

ENHARDÉ, E [ɑ̃arde] adj. (de *harde*). Qui est en harde, en troupe, en parlant des cerfs.

ENHARDIR [ɑ̃ar-] v. t. (de *hardi*) [conj. **32**]. Donner de la hardiesse à qqn, de l'assurance, encourager : *Ce succès l'a enhardi.*
◆ **s'enhardir** v. pr. Prendre peu à peu de la hardiesse, de l'assurance ; oser : *L'enfant s'enhardit à poser une question.*

ENHARMONIE [ɑ̃nar-] n. f. Dans le système tempéré égal, absence de différence d'intonation entre deux notes conjointes de noms différents. (Ex. *do* dièse et *ré* bémol.)

ENHARMONIQUE [ɑ̃nar-] n. f. (gr. *enarmonikos,* harmonieux). **1.** Relatif à l'enharmonie. — **2.** *Notes enharmoniques,* notes formant l'enharmonie.

ENHARNACHER [ɑ̃ar-] v. t. (conj. 3). Mettre un harnais à un cheval.

ENHERBER [ɑ̃nɛr-] v. t. (conj. 3). Mettre en herbe un terrain.

ÉNIÈME ou **N^{ième}** adj. num. ord. (de *n,* lettre servant à désigner un nombre indéterminé, d'apr. *deuxième, troisième,* etc.). *Fam.* Qui occupe un rang indéterminé, mais très grand : *Pour la énième fois.*

ÉNIGMATIQUE adj. (bas lat. *aenigmaticus,* du gr. *ainigmatikos*). **1.** Qui renferme une énigme, qui est difficile à comprendre, à interpréter : *Une réponse énigmatique.* — **2.** Dont le comportement, le caractère sont mystérieux : *Un personnage énigmatique.*

ÉNIGMATIQUEMENT adv. De façon énigmatique.

ÉNIGME n. f. (lat. *aenigma, -atis,* du gr. *ainigma,* parole obscure). **1.** Ambiguïté volontaire dans la présentation d'une donnée, d'une situation : *Résoudre une énigme.* — **2.** Chose ou personne qui est difficile à comprendre ; mystère : *Le mobile du crime reste une énigme.* — **3.** Petit poème dans lequel on donne à deviner une chose en la décrivant en termes voilés. — **4.** *Le mot, la clé de l'énigme,* sa solution, l'explication longtemps cherchée d'une difficulté, d'un mystère. ‖ *Parler par énigmes,* d'une manière ambiguë, difficile à comprendre.

ENIVRANT, E [ɑ̃ni-] adj. **1.** Qui produit l'ivresse : *Une liqueur enivrante.* — **2.** Qui provoque une certaine exaltation des sens, des sentiments ; grisant : *Des parfums enivrants. Des succès enivrants.*

ENIVREMENT [ɑ̃ni-] n. m. **1.** *Vx.* Action de s'enivrer ; état d'une personne ivre. — **2.** *Litt.* Griserie, ivresse, euphorie dues à l'exaltation des sens ou des sentiments : *L'enivrement du danger.*

ENIVRER [ɑ̃ni-] v. t. (conj. 3). **1.** Mettre qqn en état d'ivresse ; soûler : *La vodka l'a enivré.* — **2.** Remplir qqn d'exaltation, d'une émotion vive : *Ses succès l'ont enivré.*

ENJABLER v. t. (conj. 3). Assembler les pièces de fond d'un tonneau dans la feuillure (jable) des douves.

ENJABLURE n. f. Action d'enjabler un tonneau. (Syn. FONÇAGE.)

ENJAMBÉE n. f. Action d'enjamber ; espace qu'on peut enjamber ; mouvement par lequel on franchit d'un grand pas une distance : *Il avançait à grandes enjambées.*

ENJAMBEMENT n. m. **1.** Rejet au vers suivant d'un ou plusieurs mots étroitement unis par le sens au vers précédent :

Un astrologue, un jour, se laissa choir
Au fond d'un puits (La Fontaine).

– **2.** Processus survenant au cours de la méiose et caractérisé par un échange entre bras chromatidiens de chromosomes homologues. (Syn. CROSSING-OVER.) [→ *encycl.*]

ENCYCL. **Génét.** L'enjambement est un phénomène normal, physiologique. Il résulte d'une cassure de deux chromatides, suivie par un échange des segments distaux. Il survient toujours au moins un enjambement par bras chromosomique. Les enjambements permettent le brassage des gènes d'origines paternelle et maternelle.

ENJAMBER v. t. (conj. 3). **1.** Passer par-dessus un obstacle, le franchir en étendant la jambe : *Il enjamba la fenêtre.* – **2.** Relier les bords de qqch ; franchir : *Le pont d'Alcantara enjambe le Tage.*
◆ v. t. ind. Faire saillie, empiéter : *Poutre qui enjambe sur l'immeuble voisin.*

ENJAVELER v. t. (conj. 24). Mettre en javelles les céréales après les avoir coupées.

ENJEU n. m. (de *jeu*). **1.** Ce que l'on risque dans un jeu, en partic. une somme d'argent, et qui revient au gagnant. – **2.** Ce que l'on peut gagner ou perdre dans une entreprise quelconque : *L'enjeu du match est le titre de champion du monde.*

ENJOINDRE v. t. (lat. *injungere,* imposer, avec l'infl. de *joindre*) [conj. **82**]. *Litt.* Ordonner expressément qqch à qqn : *On lui a enjoint de quitter le pays.*

ENJÔLEMENT n. m. Action d'enjôler.

ENJÔLER v. t. (anc. fr. *engeôler,* de geôle) [conj. 3]. Séduire ou abuser qqn par des cajoleries, des flatteries, de belles paroles.

ENJÔLEUR, EUSE adj. et n. Qui enjôle, qui use de son charme pour séduire : *Un sourire enjôleur.*

ENJOLIVEMENT n. m. Action d'enjoliver.

ENJOLIVER v. t. (anc. fr. *jolif,* joli) [conj. 3]. **1.** Rendre qqch plus joli en y ajoutant des éléments décoratifs ; embellir : *Enjoliver une robe avec des rubans.* – **2.** Enrichir un récit par des détails plus ou moins exacts.

ENJOLIVEUR, EUSE n. Personne qui enjolive son récit.
◆ **enjoliveur** n. m. Pièce d'ornementation de la carrosserie ou des roues d'un véhicule automobile.

ENJOLIVURE n. f. Petit ornement destiné à enjoliver : *Les enjolivures du style.*

ENJONCER v. t. (de *jonc*) [conj. **16**]. Garnir de joncs un terrain sablonneux.

ENJOUÉ, E adj. (de *jeu*). Qui est d'une gaieté aimable ; qui manifeste la bonne humeur, la gaieté : *Une voix enjouée.*

ENJOUEMENT n. m. (de *enjoué*). Disposition à une gaieté aimable, à la bonne humeur ; entrain.

ENJUGUER v. t. (lat. *jugum,* joug) [conj. 3]. Attacher au joug des animaux de trait.

ENJUIVER v. t. (conj. 3). *Péjor.* et *vx.* Pénétrer qqn, un groupe de l'influence juive (terme raciste).

ENKÉPHALINASE n. f. Enzyme spécifique s'opposant à l'action des enképhalines.

ENKÉPHALINE n. f. Substance polypeptidique de faible poids moléculaire, ayant une haute affinité pour les récepteurs de la morphine et normalement présente dans le tronc cérébral et la moelle épinière. (En dehors du contrôle de la douleur, leur rôle exact reste mal élucidé.)

ENKHUIZEN, port des Pays-Bas (Hollande-Septentrionale), sur la rive occidentale de l'IJsselmeer ; 13 500 hab. Deux églises des XVe-XVIe s., hôtel de ville du XVIIe s. et autres monuments. Musée.

ENKI, dieu sumérien des Enfers.

ENKIDOU → GILGAMESH.

ENKOMI → ENGÓMI.

ENKÖPING, v. de Suède (Uppsala), près du lac Mälaren ; 32 000 hab. Église du XIIe s. (voûtes peintes). Ville de garnison. Constructions mécaniques.

ENKYSTEMENT n. m. **1.** Mode de défense de certains petits organismes contre les conditions défavorables du milieu, consistant à sécréter une gangue dure dans laquelle ils restent à l'état de vie latente. – **2.** Production d'une couche de tissu conjonctif autour d'un corps étranger ou d'un produit pathologique.

ENKYSTER (S') v. pr., **ÊTRE ENKYSTÉ** v. pass. (de *kyste*) [conj. 3]. **1.** En parlant d'un être vivant, être immobilisé à l'intérieur d'un kyste. – **2.** En parlant d'un corps étranger ou d'un produit pathologique, s'envelopper d'une coque de tissu conjonctif.

ENLAÇAGE n. m. Action d'enlacer les cartons Jacquard.

ENLACEMENT n. m. **1.** Disposition de choses enlacées ; entrecroisement : *L'enlacement des lierres.* – **2.** Fait de tenir dans ses bras ; étreinte, embrassement.

ENLACER v. t. (de *lacer*) [conj. **16**]. **1.** Passer des choses l'une dans l'autre, l'une autour de l'autre : *Enlacer des rubans.* – **2.** Entourer, ceindre un objet, généralement plusieurs fois : *Plante grim-*

pante qui enlace le poteau. — **3.** Tenir qqch étroitement serré entre ses bras ; étreindre : *Lutteur qui enlace son adversaire.* — **4.** Tenir qqn près de soi ou contre soi, le bras passé autour de la taille, des épaules, du cou. — **5.** Percer une enlaçure. — **6.** Réunir les cartons Jacquard au moyen d'une couture lâche pour en former la chaîne continue qui sera montée sur la mécanique.

◆ **s'enlacer** v. pr., **être enlacé** v. pass. **1.** S'entrecroiser, être pris l'un dans l'autre : *Initiales enlacées sur une chevalière.* — **2.** Se prendre, se serrer mutuellement dans les bras l'un de l'autre : *Danseurs enlacés.*

ENLAÇURE n. f. Trou pratiqué dans un assemblage à tenon et mortaise pour l'immobiliser par une cheville.

ENLAIDIR v. t. (conj. **32**). Rendre ou faire paraître laid qqn, qqch ; défigurer : *Cette coiffure vous enlaidit. La haine l'enlaidit.*

◆ v. i. ou **s'enlaidir** v. pr., **être enlaidi** v. pass. Devenir laid : *Je l'ai trouvé enlaidi.*

ENLAIDISSANT, E adj. Qui enlaidit : *Des constructions enlaidissantes.*

ENLAIDISSEMENT n. m. Action d'enlaidir ; fait de devenir laid.

ENLARME n. f. (anc. fr. *enarme,* de *en,* et lat. *armus,* bras). Petite perche maintenant les verveux sur le fond d'une rivière.

ENLART (Camille), historien d'art français (Boulogne-sur-Mer 1862 - Paris 1927). Archiviste-paléographe, il a notamment publié un *Manuel d'archéologie française depuis les temps mérovingiens jusqu'à la Renaissance* (3 vol., 1902-1916).

ENLEVAGE n. m. **1.** Manipulation du prestidigitateur qui empalme un objet sans attirer l'attention. — **2.** Action d'enlever une partie de la teinte donnée à une étoffe sans endommager la fibre.

ENLÈVEMENT n. m. **1.** Action d'enlever ou d'emporter des choses : *L'enlèvement des bagages.* — **2.** Action d'enlever qqn par la force ou dans une fugue amoureuse ; rapt, kidnapping : *L'enlèvement d'un otage.* — **3.** Action de faire disparaître, d'effacer : *L'enlèvement d'une tache.* — **4.** Action d'enlever une position militaire ; prise : *L'enlèvement d'un bastion.* — **5.** Reprise d'un produit à partir d'un magasin, d'un dépôt, d'un stock. — **6.** *Enlèvement d'enfant,* crime consistant à empêcher ou à détruire la preuve de l'état civil d'un enfant. ‖ *Enlèvement de pièces,* délit consistant à enlever, soustraire ou détruire des pièces ou des procédures criminelles ou autres papiers contenus dans les archives, greffes ou dépôts publics, ou remis à un dépositaire public en cette qualité.

Enlèvement au sérail *(l'),* singspiel en 3 actes de W. A. Mozart, livret de Gottlieb Stephanie, d'après C. F. Bretzner (Vienne, 1782). L'œuvre marque une date importante dans la création de l'opéra de langue allemande.

ENLEVER v. t. (de *lever*) [conj. **19**]. **1.** Soulever qqch, le porter vers le haut : *Enlever un poids de cinquante kilos sans effort.* — **2.** Retirer qqch de la place qu'il occupait en le portant ailleurs ou en le supprimant : *Enlever les placards d'une cuisine.* — **3.** Faire disparaître qqch : *Enlever une tache avec de la benzine.* — **4.** Retirer (à qqn ou de soi) un vêtement, un objet que l'on porte sur soi : *Enlever son manteau à un enfant.* — **5.** Retirer un organe à qqn au cours d'une opération chirurgicale, ou le lui faire perdre en parlant d'un choc : *On lui a enlevé les amygdales.* — **6.** Retirer qqch à qqn, à qqch, le lui faire perdre, l'en priver : *On lui a enlevé la garde de son enfant.* — **7.** Priver qqn, un groupe de la présence de qqn d'autre en l'emmenant avec soi pour un temps plus ou moins long : *Ne m'enlevez pas mon collaborateur.* — **8.** Soustraire qqn à sa famille, le prendre par force ou par ruse ; kidnapper, ravir : *Enlever un enfant.* — **9.** Emmener qqn dans une fugue amoureuse. — **10.** *Litt.* En parlant d'une puissance supérieure, de la maladie, etc., priver définitivement qqn, une famille de la présence d'un des siens en le faisant mourir : *La maladie nous l'a enlevé dans la fleur de l'âge.* — **11.** S'emparer d'une position militaire. — **12.** Obtenir sans contestation un prix, un record, une affaire en triomphant des concurrents : *Enlever la majorité des suffrages. Enlever la victoire.* — **13.** Emporter, prendre livraison d'une marchandise vendue. — **14.** *Enlever un public,* le transporter d'enthousiasme. — **15.** *Enlever un morceau de musique, une pièce,* les jouer avec brio.

◆ **être enlevé** v. pass. **1.** En parlant d'une œuvre artistique, d'un film, etc., être exécuté avec brio, sans temps mort : *Scène enlevée.* — **2.** *Trot enlevé,* trot dans lequel le cavalier se soulève légèrement au-dessus de la selle une battue sur deux.

◆ **s'enlever** v. pr. **1.** Se retirer ou partir, disparaître : *Meuble par éléments qui se posent et s'enlèvent facilement.* — **2.** *Fam.* Se vendre avec facilité et rapidité : *Ça s'enlève comme des petits pains.*

ENLEVURE n. f. Épaisseur de roche enlevée par une passe d'abattage.

ENLIL (en sumérien *Seigneur du Vent ;* il est aussi la *Grande Montagne,* le *Roi des Pays*), dieu sumérien, maître des destins et organisateur de l'univers ; à ce titre, il confère aux rois leur légitimité. Son sanctuaire de Nippour est le plus important du monde sumérien.

ENLISEMENT n. m. **1.** Action de s'enliser ; fait d'être enlisé, de s'enfoncer dans le sol : *L'enlisement du bateau dans le sable.* – **2.** Fait de stagner, de s'enfoncer, de sombrer ; marasme : *L'enlisement d'un pays dans la crise.*

ENLISER v. t. (norm. *lise,* sable mouvant) [conj. 3]. **1.** Enfoncer qqch, un véhicule, qqn dans un sol sans consistance, dans le sable, la vase, la boue, etc. ; embourber : *Enliser sa voiture.* – **2.** Mettre, maintenir qqn, qqch dans un état d'inertie, de stagnation, qui l'empêche d'évoluer ; enfoncer : *Politique qui enlise le pays dans la crise.*

◆ **s'enliser** v. pr., **être enlisé** v. pass. **1.** S'enfoncer dans un sol sans consistance : *La voiture s'est enlisée.* – **2.** Être plus ou moins complètement arrêté par des obstacles, des difficultés ; stagner, ne plus progresser : *Le débat s'enlise dans des arguties.*

ENLUMINAGE n. m. Couleur appliquée sur l'étoffe en faible quantité, mais dont le fondu et l'harmonie jouent un grand rôle dans l'industrie de l'impression des étoffes.

ENLUMINER v. t. (de *en* et lat. *illuminare,* éclairer) [conj. 3]. **1.** Orner un manuscrit, un livre d'images et de décors peints. (Moyen Âge surtout.) – **2.** *Litt.* Colorer vivement : *La figure enluminée d'un ivrogne.*

ENLUMINEUR, EUSE n. Artiste qui enluminait des manuscrits.

ENLUMINURE n. f. **1.** Art, action d'enluminer un manuscrit, un livre. – **2.** Décor peint ou miniature d'un manuscrit enluminé. – **3.** *Litt.* Coloration vive du teint, du visage, du style.

ENNA, v. d'Italie, dans le centre de la Sicile, à 931 m d'alt. ; 28 000 hab. Restes du château médiéval, dans un site panoramique remarquable. Cathédrale des XIVe-XVIe s.

ENNÉADE, en Égypte ancienne, groupe des neuf dieux responsables de la création du monde et de la configuration de l'univers, selon les théologiens d'Héliopolis.

Ennéades *(les),* nom sous lequel Porphyre a publié la collection des œuvres de son maître, Plotin. L'auteur y affirme l'unité de l'univers.

ENNÉAGONAL, E, AUX [ɛnea-] adj. **1.** Relatif à l'ennéagone. – **2.** Qui a neuf angles. – **3.** Qui a pour base un ennéagone.

ENNÉAGONE n. m. Polygone qui a neuf angles et, par conséquent, neuf côtés.

ENNÉASYLLABE [ɛnea-] adj. et n. m. Se dit d'un vers qui a neuf syllabes. (Ex. : *Que ton vers soit la bonne aventure.* | *Éparse au vent crispé du matin* [Verlaine].)

ENNEDI, région de plateaux du Sahara, dans le nord-est du Tchad.

ENNEIGEMENT [ɑ̃nɛ-] n. m. État d'un endroit couvert de neige ; épaisseur de la couche de neige : *Bulletin d'enneigement.*

ENNEIGER [ɑ̃nɛ-] v. t. (conj. **23**). Couvrir de neige un lieu.

◆ **être enneigé** v. pass. Être couvert de neige : *Routes enneigées.*

ENNEIGEUR [ɑ̃nɛ-] n. m. Syn. de CANON* À NEIGE.

ENNEMI, E n. (lat. *inimicus*). **1.** Personne qui veut du mal à qqn, qui cherche à lui nuire, qui lui est très hostile : *On ne lui connaissait aucun ennemi.* – **2.** Personne, groupe, pays qui combat dans un camp opposé, en partic. en temps de guerre : *Repousser l'attaque des ennemis. Tomber entre les mains de l'ennemi.* – **3.** Fam. *C'est autant de pris sur l'ennemi,* c'est autant de gagné, quoi qu'il arrive ensuite. ‖ *Ennemi de classe,* pour les marxistes, personne, groupe appartenant à une classe sociale avec laquelle existe un rapport de force dans la lutte de classes (désigne souvent la bourgeoisie). ‖ *Ennemis des cultures,* ensemble des animaux s'attaquant aux plantes cultivées et aux récoltes. ‖ Litt. *Ennemi du genre humain,* le diable ; se dit de qqn qui est misanthrope. ‖ *Ennemi héréditaire,* pays avec lequel on est en conflit depuis plusieurs générations. ‖ *Ennemi juré, déclaré,* adversaire acharné. ‖ *Ennemi public (no 1),* gangster très dangereux pour l'ordre social. ‖ *Passer à l'ennemi,* déserter, trahir son parti.
◆ adj. et n. Qui a de l'aversion pour qqch, qui y est hostile, qui lui est contraire, lui nuit : *Être l'ennemi des mondanités. Le bruit est ennemi du repos.*

◆ adj. **1.** Qui appartient au groupe, au pays auquel on s'oppose, en partic. en temps de guerre : *Les blindés ennemis.* – **2.** Qui appartient à une personne hostile : *Une main ennemie a versé le poison.*

ennemi du peuple (*Un*), drame en 5 actes (1882), un des chefs-d'œuvre d'Ibsen. L'intégrité opposée à l'intérêt, les droits de l'individu à l'irrespect d'autrui, tels sont les griefs qui opposent le Dr Stockmann aux notables qui refusent de fermer une station thermale polluée. Les thèmes de la responsabilité et de la liberté annoncent les meilleures réalisations existentialistes du XXe s.

ENNERY (57365), comm. de la Moselle, à 14 km au N. de Metz ; 1 746 hab. Constructions mécaniques et électriques.

ENNERY (Adolphe, dit D') → DENNERY.

ENNEZAT (63720), ch.-l. de cant. du Puy-de-Dôme, à 9 km à l'E. de Riom ; 1 982 hab. Remarquable église des XIe-XIIIe s. (peintures murales du XVe s.).

ENNIUS (Quintus), poète latin (Rudiae, Calabre, 239 - Rome 169 av. J.-C.). D'origine grecque, amené à Rome par Caton l'Ancien et protégé des plus grandes familles romaines, en particulier des Scipions, il contribua à adapter la culture hellénistique au génie latin. Il composa des *saturae,* poésies philosophiques et morales, et surtout des *Annales,* épopée à la gloire de Rome en 18 livres, dont il reste 600 vers.

ENNOBLIR [ɑ̃nɔ-] v. t. (conj. **32**). **1.** Donner à qqn de la noblesse, de la dignité morale ; élever moralement. – **2.** Donner à qqn, à ses traits un air de grandeur, de dignité. – **3.** Pratiquer l'ennoblissement des tissus.

ENNOBLISSEMENT [ɑ̃nɔ-] n. m. **1.** Action de rendre digne, noble, de conférer un air de dignité ; fait de devenir digne moralement. – **2.** Ensemble des traitements effectués sur tissus écrus (blanchiment, teinture, apprêt, impression, etc.) qui contribuent à en accroître la valeur ; secteur de l'industrie textile spécialisé dans ces opérations.

ENNODIUS (Magnus Felix, *saint*), évêque de Pavie et écrivain ecclésiastique (Arles 473 ou 474 - Pavie 521). Élu évêque de Pavie en 513, il échoua dans la mission que lui avait confiée le pape Hormisdas de négocier avec l'empereur Anastase à Constantinople un rapprochement entre les Églises grecque et latine.

ENNOYAGE ou **ENNOIEMENT** [ɑ̃nwa-] n. m. **1.** Disparition progressive de couches géologiques ou de structures inclinées sous des séries plus récentes. – **2.** Enfouissement des parties basses d'un relief contrasté sous des dépôts détritiques ou sous les eaux. – **3.** Invasion ou submersion d'une zone côtière par les eaux marines à la suite d'une remontée du niveau de la mer ou de mouvements négatifs du sous-sol (affaissement, tassement). – **4.** Engorgement d'un sol. – **5.** *Ennoyage désertique,* ensevelissement progressif des reliefs désertiques sous leurs propres débris.

ENNOYER [ɑ̃nwa-] v. t. (de *noyer*) [conj. **13**]. En parlant de la mer, recouvrir une région continentale.

◆ **être ennoyé** v. pass. **1.** En parlant des rivages quaternaires, être actuellement immergés par les transgressions récentes. – **2.** Syn. de ÊTRE ENGORGÉ.

ENNS, riv. d'Autriche, ouvrant une voie de circulation entre les Niedere Tauern et les Préalpes de Salzbourg, affl. du Danube (r. dr.) ; 254 km. Hydroélectricité.

ENNUAGER [ɑ̃nɥa-] v. t. (conj. **17**). *Litt.* **1.** Couvrir de nuages le ciel, un lieu : *Les vents ont ennuagé la montagne.* – **2.** Couvrir comme d'un nuage, de qqch de vaporeux.

ENNUI n. m. (de *ennuyer*). **1.** Désagrément, contrariété passagère provoqués par une difficulté, un obstacle, un empêchement, etc. : *Avoir des ennuis avec la justice.* – **2.** Difficulté, chose ennuyeuse qui met dans l'embarras : *Un ennui mécanique.* – **3.** Lassitude morale, impression de vide engendrant la mélancolie, produites par le désœuvrement, le manque d'intérêt, la monotonie (au sing. seulem.) : *À la campagne je meurs d'ennui.*

ENNUYANT, E adj. *Vx.* Ennuyeux.

ENNUYER v. t. (bas lat. *inodiare,* du lat. class. *in odio esse,* être un objet de haine) [conj. **14**]. **1.** Lasser qqn, ne provoquer chez lui aucun intérêt, lui causer un sentiment de fatigue : *Ce film nous a ennuyés.* – **2.** Importuner qqn, le déranger, le gêner ; embêter : *Cesse d'ennuyer ton père avec tes questions.* – **3.** Inspirer à qqn du souci, du tracas, le préoccuper : *Ça l'ennuie de devoir laisser les enfants seuls le soir.*

◆ **être ennuyé** v. pass. **1.** Éprouver de la contrariété, du souci pour telle ou telle raison ; être préoccupé : *Je suis ennuyé de vous savoir malade.* – **2.** Manifester cette contrariété : *Avoir l'air ennuyé.*

◆ **s'ennuyer** v. pr. **1.** Éprouver de l'ennui, de la lassitude ; s'embêter : *On ne s'ennuie jamais avec elle.* – **2.** Éprouver du regret de l'absence de qqn, de la nostalgie à l'idée de qqch qu'on a quitté ; se languir : *Il s'ennuie de nous et de Paris.*

ENNUYEUX, EUSE adj. (bas lat. *inodiosus*). **1.** Qui cause du souci, de l'inquiétude ; fâcheux : *Un incident ennuyeux.* – **2.** Qui cause de la lassitude, de la fatigue par sa monotonie, son manque d'intérêt ; assommant : *Il est ennuyeux comme la pluie.*

ÉNOCH → HÉNOCH.

Énoch *(livre d')* → HÉNOCH (livre d').

Enoch Arden, poème d'A. Tennyson (1864). Un marin longtemps absent revient chez lui et trouve sa femme remariée et heureuse. Il s'efface pour ne pas troubler son bonheur.

ÉNOL n. m. Nom générique des composés renfermant une double liaison carbone-carbone et un groupement hydroxyle, et plus particulièrement des composés renfermant le groupement

$$-\overset{|}{C}=\overset{|}{C}-O-H.$$

(Les énols ne sont qu'exceptionnellement stables. Riches en électrons, ils réagissent facilement avec les réactifs électrophiles et sont responsables des réactions électrophiles des aldéhydes et des cétones, qui sont leurs tautomères.)

ÉNOLIQUE adj. Qui a trait aux énols.

ÉNOLISATION n. f. Transformation d'un composé carbonyle (aldéhyde ou cétone) en son tautomère énolique.

ÉNOLISER v. t. (conj. 3). Soumettre à l'énolisation.

ÉNONCÉ n. m. **1.** Action, fait d'énoncer qqch : *L'énoncé d'un jugement.* — **2.** Termes dans lesquels on formule qqch ; texte : *Se reporter à l'énoncé d'un acte judiciaire.* — **3.** Ensemble des données d'un problème, d'une proposition, d'une relation qui est à démontrer. — **4.** Donnée linguistique constituée par une suite finie d'unités de la chaîne parlée, délimitée par deux périodes de silence. — **5.** Toute production langagière considérée comme le résultat de l'énonciation.

ÉNONCER v. t. (lat. *enuntiare,* avec l'infl. de *annoncer*) [conj. **16**]. Exprimer qqch par le langage ; le formuler d'une manière nette et précise ; exposer : *Énoncer un problème.*
◆ **s'énoncer** v. pr., **être énoncé** v. pass. Être exprimé, dit : *Tout cela peut s'énoncer plus simplement.*

ÉNONCIATEUR n. m. Locuteur produisant un énoncé. (Syn. SUJET D'ÉNONCIATION.)

ÉNONCIATIF, IVE adj. (bas lat. *enuntiativus,* qui énonce). **1.** Relatif à l'énonciation. — **2.** *Phrase énonciative,* syn. de PHRASE ASSERTIVE.

ÉNONCIATION n. f. (lat. *enuntiatio, -onis*). **1.** Action d'énoncer ; termes par lesquels on énonce qqch. — **2.** Déclaration faite dans un acte juridique. — **3.** Production individuelle d'un énoncé dans des conditions spatio-temporelles précises. (→ *encycl.*) — **4.** *Sujet d'énonciation,* syn. de ÉNONCIATEUR.
ENCYCL. **Ling.** L'étude de l'énonciation repose essentiellement sur : 1° les éléments qui permettent de situer les interlocuteurs (le locuteur et l'allocutaire) : les pronoms *je* et *tu ;* 2° les éléments qui renvoient à des entités extralinguistiques et dont la référence varie selon les actes d'énonciation : les démonstratifs, les pronoms anaphoriques ; 3° les éléments qui situent l'énoncé par rapport au lieu et au temps de l'allocution : les adverbes *ici, maintenant, hier,* etc., les temps verbaux, qui s'articulent autour du présent (moment de l'énonciation) ; 4° les éléments qui règlent la distance que le locuteur instaure entre lui-même et son énoncé : les adverbes de modalité comme *sans doute, peut-être,* les verbes exprimant une attitude comme *croire, penser.*

ENOPHTALMIE n. f. Enfoncement pathologique du globe oculaire dans l'orbite. (L'œil apparaît ainsi plus petit.) [Contr. EXOPHTALMIE.]

ENORGUEILLIR [ɑ̃nɔr-] v. t. (conj. **32**). Rendre qqn orgueilleux, le flatter dans sa vanité : *Ses succès l'ont enorgueilli.*
◆ **s'enorgueillir** v. pr., **être enorgueilli** v. pass. Tirer vanité, orgueil de qqch : *S'enorgueillir de ses succès.*

ÉNORME adj. (bas lat. *enormis,* qui est hors de la norme). **1.** Qui a des dimensions, une importance impressionnantes, qui est en quantité colossale ; gigantesque : *Une énorme quantité de documents.* — **2.** Qui est très gros, monstrueux : *Une énorme bonne femme.* — **3.** *Fam.* Qui déconcerte, surprend par son caractère extraordinaire, invraisemblable, monstrueux : *Il a raconté une histoire énorme.* — **4.** *C'est (déjà) énorme,* c'est déjà beaucoup, c'est déjà très bien : *Le malade a pu faire quelques pas, c'est déjà énorme.*

ÉNORMÉMENT adv. **1.** En grande quantité, d'une manière intense ; beaucoup : *Travailler énormément.* — **2.** *Énormément de,* un très grand nombre de, une très grande quantité de : *Perdre énormément de temps.*

ÉNORMITÉ n. f. (bas lat. *enormitas, -atis*). **1.** Caractère de ce qui est énorme : *L'énormité d'un déficit.* — **2.** Caractère extravagant de qqch : *Vous rendez-vous compte de l'énormité de vos propos ?* — **3.** Parole ou action extravagante : *Dire des énormités.*

ENÔSIS, terme grec désignant l'union avec la Grèce revendiquée depuis le XIXe s. par les Grecs de Chypre.

ÉNOUAGE n. m. Syn. de ÉPINCETAGE.

ÉNOUER v. t. (de *nouer*) [conj. **6**]. Syn. de ÉPINCETER 2.

ÉNOUEUR, EUSE n. Syn. de ÉPINCETEUR.

ENQUÉRIR (S') v. pr. (lat. pop. **inquaerere,* du lat. class. *inquirere,* rechercher, avec l'infl. de *quérir*) [conj. **39**]. **1.** S'informer avec soin de qqch, faire des recherches pour savoir qqch ; se renseigner sur : *S'enquérir si les vacances ont été fixées.* — **2.** Prendre des nouvelles de qqn : *Paul a téléphoné, il s'est enquis de toi.*

ENQUERRE v. t. (anc. forme de *enquérir*) [seulem. à l'inf.]. *Armes à enquerre,* armes qui contreviennent à dessein aux règles héraldiques.

ENQUÊTE n. f. (bas lat. **inquaesita,* de *inquaerere,* rechercher). **1.** Étude d'une question faite en réunissant des témoignages et des expériences : *Une enquête scientifique.* — **2.** Ensemble de recherches ordonnées par une autorité administrative ou judiciaire et destinées à faire la lumière sur qqch : *Enquête judiciaire. Ouvrir une enquête.* — **3.** *Faire son enquête, sa petite enquête,* se renseigner personnellement sur qqch, qqn.

• **Dr.** *Enquête administrative* (ou *publique*), enquête préalable à certains actes ou opérations administratifs. (Fréquente en matière de travaux publics, elle est obligatoire en matière d'expropriation. La loi du 12 juill. 1983 assujettit dorénavant à l'enquête toute opération susceptible d'affecter l'environnement.) ‖ *Enquête en cas d'infraction flagrante,* enquête effectuée par la police judiciaire en vue de rechercher tous renseignements utiles concernant l'infraction, et cela à l'aide de moyens coercitifs. ‖ *Enquête de police,* ensemble des investigations menées avant ou après l'ouverture d'une information par la police judiciaire. ‖ *Enquête préliminaire,* enquête effectuée par la police judiciaire, soit d'office, soit sur instruction du procureur de la République, en cas d'infraction et tant qu'une information n'est pas ouverte. ‖ *Enquête sociale,* en matière de divorce, enquête ordonnée par le juge en vue de l'attribution du droit de garde de l'enfant. (L'enquête est en général confiée à une assistante sociale ; seul le juge est habilité à décider de l'attribution du droit de garde en fonction de l'intérêt de l'enfant.) ‖ *Enquête sociale et de personnalité,* enquête sur la situation matérielle, familiale et sociale d'un inculpé, ainsi que sur sa personnalité. — **Mil.** *Enquête du pavillon,* recherche, par un navire de guerre, de la nationalité d'un navire de commerce rencontré en mer. — **Polit.** Procédure d'investigation menée par une commission parlementaire pour contrôler certaines actions du pouvoir exécutif. — **Presse.** Article ou série d'articles d'information sur un sujet donné, à partir d'une documentation et d'interviews recueillies sur le terrain. — **Sociol.** *Enquête d'opinion,* syn. de SONDAGE* D'OPINION. ‖ *Enquête sociologique,* ensemble de méthodes (le plus souvent statistiques) permettant l'étude systématique d'un problème social ou politique, afin de rassembler sur celui-ci des observations rigoureuses et de formuler des hypothèses qui puissent expliquer les faits observés. (Le précurseur en fut Ch. Booth.) ‖ *Enquête par sondage,* procédé de recueil d'observations par questionnaire standardisé sur des individus appartenant à un échantillon représentatif d'une population plus large, dans le but de connaître les attitudes ou les comportements de cette population à propos d'un problème économique, politique, culturel, etc. — **Urban.** *Enquête d'urbanisme,* ensemble des investigations menées sur un territoire donné, sur sa population, son patrimoine immobilier, ses équipements, son économie, ses tendances évolutives, en vue de l'élaboration de documents officiels (schéma* directeur, plan d'occupation* des sols).

◆ **enquêtes** n. f. pl. *Chambre des enquêtes,* dans la France d'Ancien Régime, chambre du parlement chargée d'instruire les procès destinés à aller devant la Grand-Chambre. (Fondée en 1316, elle fut appelée, à partir du XVIe s., à connaître des causes qui se jugeaient sur pièces écrites.)

ENQUÊTÉ, E n. Sujet soumis à un sondage, une interview.

ENQUÊTER v. t. ind. (conj. 4). Faire une enquête sur qqch : *Les policiers enquêtent sur le meurtre. Enquêter sur l'opinion des consommateurs.*

◆ **être enquêté** v. pass. Avoir fait l'objet d'enquêtes, de sondages.

ENQUÊTEUR, TEUSE ou **TRICE** n. Personne qui mène une enquête judiciaire, scientifique, sociologique, économique, etc.

◆ **enquêteur** n. m. **1.** Sous l'Ancien Régime, juge ou officier qui était commis pour faire des enquêtes. — **2.** *Enquêteur royal,* inspecteur envoyé par le roi dans les bailliages et les sénéchaussées pour recueillir les plaintes des administrés à l'encontre des agents du roi. (Institués par Louis IX en 1247, les enquêteurs royaux disparurent au XIVe s.)

ENQUIQUINANT, E adj. *Fam.* Syn. euphémique de EMMERDANT.

ENQUIQUINEMENT n. m. *Fam.* Syn. euphémique de EMMERDEMENT.

ENQUIQUINER v. t. (onomat. *kik-*) [conj. 3]. *Fam.* Syn. euphémique de EMMERDER.

ENQUIQUINEUR, EUSE adj. et n. *Fam.* Syn. euphémique de EMMERDEUR.

ENRACINEMENT n. m. Action de s'enraciner ; fait d'être enraciné.

ENRACINER v. t. (conj. 3). **1.** Faire prendre racine à une plante, à un arbre. — **2.** Fixer durablement, établir qqn, qqpart : *Enraciner les travailleurs dans la région qu'ils habitent.* — **3.** Fixer profondément qqch chez qqn, dans son esprit : *Une idée que le temps a enracinée.*

◆ **s'enraciner** v. pr., **être enraciné** v. pass. **1.** Prendre racine : *Le chiendent s'enracine facilement.* — **2.** Avoir ses racines qqpart : *Se sentir profondément enraciné dans un pays.* — **3.** Se fixer solidement, être ancré dans l'esprit de qqn : *Les préjugés racistes sont enracinés chez lui.*

ENRAGÉ, E n. **1.** Personne qui est passionnée, pleine d'une ardeur effrénée : *Un enragé de romans policiers.* — **2.** Personne qui préconise des mesures extrêmes pour aboutir à une situation révolutionnaire.

◆ **enragés** n. m. pl. Nom donné en France en 1793 à des révolutionnaires extrémistes. (→ *encycl.*)

ENCYCL. Devant la misère du peuple à l'été 1793, les enragés réclamèrent de la Convention nationale des mesures de terreur économique (taxation des denrées, réquisition des grains, taxes sur les riches, etc.). L'arrestation de leurs chefs J. Roux et Varlet, à l'instigation de Robespierre (sept. 1793), brisa leur mouvement. Leur programme fut en partie repris par Hébert.

ENRAGEANT, E adj. *Fam.* Qui fait enrager ; rageant : *Un contretemps enrageant.*

ENRAGER v. i. (conj. **17**). **1.** Éprouver une vive irritation, un violent dépit à la suite de qqch, rager : *Il enrageait de s'être laissé prendre.* – **2.** *Faire enrager qqn,* provoquer son irritation, le taquiner. ◆ **être enragé** v. pass. **1.** Être atteint de la rage : *Un chien enragé.* – **2.** Entrer en rage, en colère, être plein de véhémence : *Regarde-le, il est enragé.* – **3.** Être passionné, fanatique : *Un joueur enragé.* – **4.** *Crabe enragé,* petit crabe très actif commun sur toutes les côtes. ‖ Fam. *Manger de la vache enragée,* mener une vie de privations, de misère.

ENRAIDISSEMENT n. m. Raideur musculaire et/ou articulaire.

ENRAILLER [ɑ̃raje] v. t. (conj. **3**). Mettre ou remettre un véhicule ferroviaire sur rails.

ENRAYAGE [-rɛj-] n. m. **1.** Action d'entraver le mouvement d'une roue, de le bloquer accidentellement ou volontairement. – **2.** Accident qui se produit dans le fonctionnement d'une arme à feu et en interdit momentanément l'emploi. – **3.** Action d'arrêter les wagons dans un triage, à l'aide de sabots d'enrayage.

ENRAYEMENT [-rɛj-] ou **ENRAIEMENT** [-rɛ-] n. m. Action d'enrayer qqch, de le bloquer : *L'enraiement d'une épidémie.*

1. ENRAYER [ɑ̃rɛje] v. t. (de *rai,* rayon) [conj. **11**]. **1.** Provoquer l'enrayage d'une roue, d'une arme à feu, etc. – **2.** Arrêter un processus dans son développement : *Enrayer la marche des affaires.* ◆ **s'enrayer** v. pr., **être enrayé** v. pass. Subir un enrayage.

2. ENRAYER [ɑ̃rɛje] v. t. (de *raie,* sillon) [conj. **11**]. **1.** Tracer le premier sillon dans un champ qu'on va labourer. – **2.** *Enrayer les sillons,* labourer en formant un ados au milieu.

ENRAYEUR [-rɛj-] n. m. Cheminot chargé, dans un triage, de provoquer, à l'aide d'un sabot-cale, l'arrêt d'un wagon lancé. (Syn. CALEUR.)

ENRAYOIR [-rɛj-] n. m. **1.** Mécanisme pour enrayer une roue. – **2.** Sabot de frein.

1. ENRAYURE [rɛ-] n. f. (de *enrayer,* de *rai,* rayon). Pan de bois horizontal formé par les entraits et goussets d'une charpente de comble rayonnante ou à croupe.

2. ENRAYURE [-rɛj-] n. f. (de *enrayer,* de *raie,* sillon). Premier sillon que trace la charrue dans un champ.

ENRÉGIMENTEMENT n. m. Action d'enrégimenter.

ENRÉGIMENTER v. t. (de *régiment*) [conj. **3**]. **1.** *Vx.* Grouper des unités militaires par régiment. – **2.** *Vx.* Incorporer des recrues dans un régiment. – **3.** Faire entrer qqn dans un parti, un groupe discipliné et structuré.

ENREGISTRABLE adj. Qui peut être enregistré.

ENREGISTREMENT n. m. **1.** Action d'enregistrer, de consigner par écrit afin de conserver l'information donnée ; fait d'être enregistré : *Enregistrement des commandes.* – **2.** Action d'enregistrer des bagages ; guichet, bureau où on les enregistre. – **3.** Formalité fiscale obligatoire ou volontaire à laquelle sont soumis certains actes juridiques, moyennant paiement de droits, et qui consiste en leur inscription sur des registres officiels (→ *encyl.* Dr.) ; (avec une majuscule) l'administration, les bureaux chargés de cette formalité. – **4.** Opération par laquelle des signaux sonores ou visuels ou des données sont fixés sur un support matériel en vue de leur conservation et de leur reproduction ; ensemble des techniques qui permettent cette opération. (→ *encycl.* Électroacoust.) – **5.** Support matériel (disque, bande, ruban, pellicule, etc.) des signaux enregistrés. – **6.** Les signaux eux-mêmes après restitution ; ce qui est enregistré. – **7.** *Chambre d'enregistrement,* assemblée qui se contente de voter sans discussion les projets présentés par l'exécutif. ‖ *Droit d'enregistrement,* somme fixe ou proportionnelle à payer lors d'un enregistrement. • **Hist.** Dans la France d'Ancien Régime, formalité consistant en l'inscription d'un acte législatif du roi sur les registres d'une cour souveraine. (À l'occasion de l'enregistrement, la cour souveraine vérifiait et contrôlait l'acte royal, et, en cas de désaccord, présentait au roi des remontrances.) – **Inform.** Ensemble de données manipulées en bloc lors d'un échange entre les différentes unités d'un ordinateur ou lors d'un traitement au sein d'un programme.
ENCYCL. **Dr.** L'enregistrement, qui constitue essentiellement une formalité fiscale, confère date certaine aux actes sous seing privé (enregistrement volontaire). Il est exigé pour qu'un acte produise ses effets. Parmi les actes soumis obligatoirement à la formalité, on distingue les actes portant mutation de propriété (notamment les successions), d'usufruit ou de jouissance, les apports en mariage, les contributions de sociétés et les partages.
– **Électroacoust.** On distingue, selon les supports utilisés, *l'enregistrement mécanique,* dans lequel les signaux sont conservés sous la forme d'une déformation imposée à un matériau ; *l'enregistrement optique,* où la conservation des signaux est assurée par la variation de transpa-

rence d'un support comportant une couche photosensible ; et l'*enregistrement magnétique,* où les signaux sont conservés sous forme d'une aimantation rémanente variable dans un milieu ferromagnétique.

• *Enregistrement mécanique.* Les têtes d'enregistrement sont des graveurs électromécaniques. Ils actionnent soit une bobine mobile, parcourue par un courant variable, placée entre les pôles d'un aimant, soit une palette dont une extrémité est encastrée et l'autre libre ; cette palette peut se déplacer dans l'entrefer d'un électroaimant alimenté par un courant convenablement amplifié, fourni par le microphone. La bobine ou la palette sont solidaires d'un burin dont l'élongation est à chaque instant proportionnelle au courant d'excitation du graveur. Le burin trace sur le disque un sillon qui s'écarte de part et d'autre d'une position moyenne, le long d'une spirale.

• *Enregistrement optique.* Utilisé pour la réalisation de la ou des pistes sonores des films cinématographiques, il consiste à impressionner un film sensible, de telle façon que les variations d'opacité soient de même forme que les variations de tension électrique disponibles à la sortie du microphone. L'opacité d'une région déterminée est fonction du noircissement du film et des dimensions de la partie impressionnée.

• *Enregistrement magnétique.* On utilise des rubans souples, en matière plastique, imprégnés de substances ferromagnétiques, telles que l'oxyde de fer. On fait défiler le ruban magnétique devant une tête d'enregistrement constituée par l'entrefer d'un électroaimant alimenté par le courant d'un microphone et convenablement amplifié.

• Tous ces procédés s'appliquent à des signaux analogiques. Si le signal est numérique, les procédés d'enregistrement mécanique diffèrent considérablement. (→ DISQUE NUMÉRIQUE.)

ENREGISTRER v. t. (conj. 3). **1.** Consigner une information par écrit en vue de la conserver ; la mentionner en parlant d'un texte, d'un registre, etc. : *Dictionnaire qui enregistre de nombreux mots nouveaux.* – **2.** Constater objectivement un phénomène, un état, etc. : *On enregistre une forte hausse de l'or.* – **3.** Subir un événement, un état, etc. : *Le chiffre d'affaires enregistre une diminution de 15 %.* – **4.** Transcrire et fixer sur un support matériel (disque, bande magnétique, papier, film, etc.) une information (son, image, phénomène) : *Enregistrer une chanson, une secousse tellurique.* – **5.** Utiliser tel support lors d'un enregistrement : *Enregistrer une cassette.* – **6.** Noter qqch et le mémoriser : *Il n'enregistre rien de ce qu'il a lu.* – **7.** En parlant d'un artiste, faire un disque, en parlant d'un réalisateur, d'un technicien, procéder à l'enregistrement d'une émission. – **8.** Confier des bagages au service d'une compagnie de transport qui en assure l'acheminement. – **9.** Inscrire un mouvement de valeur ou une opération quelconque sur un livre de comptabilité. – **10.** Procéder à l'enregistrement d'un acte. – **11.** Fam. *J'enregistre, c'est enregistré,* je prends bonne note, je me souviendrai de cela.

ENREGISTREUR, EUSE adj. Se dit d'un appareil qui enregistre qqch : *Caisse enregistreuse.*

◆ **enregistreur** n. m. **1.** Appareil servant à enregistrer les résultats de mesures, à conserver trace (graphique, signal) des modifications que présente un phénomène quelconque. (→ *encycl.*) – **2.** *Enregistreur de temps,* appareil utilisé pour imprimer automatiquement le jour, le quantième du mois, l'heure et la minute ou le 1/100 d'heure, sur une carte de pointage ou un bon de travail. (Syn. PENDULE DE POINTAGE.)

ENCYCL. **Métrol.** Il existe de nombreux types d'enregistreurs : papier et scripteur encré mobiles l'un par rapport à l'autre, papier et jets d'encre, tables traçantes, papier photographique impressionné par un spot lumineux. On peut aussi enregistrer les résultats sous forme numérique, par impression sur papier, ou après codage binaire, dans une mémoire.

ENRÊNEMENT n. m. Ensemble des courroies agissant sur l'embouchure du cheval.

ENRÊNER v. t. (conj. 4). Mettre un enrênement à un cheval.

ENRÉSINEMENT n. m. Remplacement total ou partiel d'un peuplement feuillu par une plantation d'essences résineuses (épicéa, sapin, pin, etc.) mieux adaptées aux conditions du milieu.

ENRÉSINER v. t. (de *résine*) [conj. 3]. Pratiquer l'enrésinement.

ENRHUMER v. t. (conj. 3). Causer un rhume à qqn : *Le moindre changement de temps l'enrhume.*

◆ **s'enrhumer** v. pr., **être enrhumé** v. pass. **1.** Attraper un rhume. – **2.** *Voix enrhumée,* marquée par le rhume.

ENRICHIR v. t. (conj. 32). **1.** Rendre qqn, un groupe riches ou plus riches : *Le développement de l'industrie a enrichi la région.* – **2.** Conférer à qqch plus de valeur, de variété ; orner, embellir : *Les objets d'art qui enrichissent ce salon.* – **3.** Augmenter le nombre d'éléments d'un ensemble : *Enrichir la langue de mots nouveaux.* – **4.** Augmenter la richesse, le contenu de qqch, élargir son domaine : *Les voyages à l'étranger ont enrichi sa culture.* – **5.** Augmenter la proportion d'un composant d'un produit pour l'améliorer : *On a enrichi ce savon en huiles végétales.* – **6.** Procéder à l'enrichissement d'un minerai, d'un élément chimique.

◆ **être enrichi** v. pass. **1.** Comporter une plus forte proportion d'un composant ou inclure un composant supplémentaire : *Pâtes enrichies.* — **2.** En parlant d'un élément chimique, avoir une teneur isotopique relative à un isotope déterminé supérieure à la teneur isotopique naturelle.

◆ **s'enrichir** v. pr., **être enrichi** v. pass. **1.** Faire fortune : *Un commerçant enrichi.* — **2.** S'orner de qqch qui embellit, s'augmenter d'éléments nouveaux : *Édition enrichie.* — **3.** Accroître ses connaissances, augmenter sa richesse d'esprit : *Des gens auprès desquels on s'enrichit.*

ENRICHISSANT, E adj. Qui apporte un enrichissement à l'esprit : *Spectacle enrichissant.*

ENRICHISSEMENT n. m. **1.** Action d'enrichir, fait de s'enrichir, de devenir riche : *L'enrichissement d'un promoteur.* — **2.** Fait d'être enrichi, de s'enrichir, de devenir plus riche par l'addition de nouveaux éléments : *L'enrichissement de l'esprit par des lectures.* • **Dr.** *Enrichissement sans cause,* transfert d'un patrimoine à un autre qui n'a aucun fondement juridique. — **Industr.** *Enrichissement des tâches,* mode de restructuration du travail qui vise à donner à celui-ci un contenu plus qualifié et plus responsable. — **Min.** Ensemble de divers procédés mécaniques, physiques ou physico-chimiques ayant pour but d'augmenter la concentration en élément utile des minerais, de rendre ceux-ci plus faciles à traiter par les processus métallurgiques ultérieurs, et enfin d'éliminer des parties stériles, telles que les gangues, avant les traitements d'élaboration. — **Nucl.** Teneur isotopique relative à un isotope déterminé présent dans un mélange d'isotopes d'un élément lorsque cette teneur est supérieure à la teneur isotopique naturelle. ‖ Processus par lequel la teneur isotopique d'un élément relative à un isotope déterminé est augmentée. (→ *encycl.*) — **Sylvic.** Introduction dans un peuplement d'essences plus intéressantes que celles qui s'y trouvent ou augmentation de leur proportion.

ENCYCL. **Nucl.** À titre d'exemple, l'uranium naturel est un mélange de trois isotopes, l'uranium 238 (99,28 %), l'uranium 235 (0,71 %) et l'uranium 234. L'uranium utilisé pour la fabrication des combustibles des réacteurs nucléaires à eau ordinaire peut contenir, par exemple, 3,25 % d'uranium 235. On dit que cet uranium est enrichi (en uranium 235) et que son enrichissement est de 3,25 %. Pour les armes nucléaires, l'enrichissement recherché est supérieur à 95 %. Les procédés d'enrichissement sont fondés sur des méthodes de séparation isotopique qui reposent sur les petites différences existant entre les propriétés physiques et physico-chimiques des isotopes d'un même élément ou des composés formés avec ces isotopes.

Un premier procédé industriel de séparation isotopique de l'uranium utilise les propriétés de la diffusion gazeuse suivant lesquelles la vitesse de passage d'un gaz à travers une cloison poreuse est inversement proportionnelle à la racine carrée de la masse moléculaire de ce gaz. Ce procédé est exploité en France (usine de la société Eurodif*), aux États-Unis, en U. R. S. S. et en Grande-Bretagne. Le gaz utilisé est l'hexafluorure d'uranium (UF_6).

Un deuxième procédé industriel, par ordre de capacité de production, est la centrifugation. Dans une centrifugeuse qui tourne à grande vitesse, les molécules les plus lourdes se concentrent à la périphérie. Deux usines d'enrichissement par centrifugation sont en service à Almelo, aux Pays-Bas, et à Capenhurst, en Grande-Bretagne.

Parmi les autres procédés il faut citer :
— les procédés aérodynamiques et, en particulier, le procédé par tuyères, qui repose sur l'« écorçage » par centrifugation d'un jet de gaz constitué d'un mélange d'hexafluorure d'uranium et d'un gaz léger ;
— le procédé par échanges chimiques ;
— le procédé fondé sur l'excitation sélective de l'un des isotopes par un *laser* monochromatique. Il fait l'objet d'un gros effort de recherche et est susceptible de prendre la tête des procédés industriels.

ENRIQUES (Federigo), mathématicien italien (Livourne 1871 - Rome 1946). Il a démontré plusieurs théorèmes fondamentaux sur la classification des surfaces algébriques. Ses travaux se sont étendus aux problèmes généraux de la science et de la connaissance.

ENRIQUILLO *(lac d'),* lac salé de la République Dominicaine, au-dessous du niveau de la mer (- 44 m).

ENROBAGE n. m. **1.** Action d'enrober des matériaux avec un liant. — **2.** Action d'enrober une substance alimentaire, un produit pharmaceutique ; couche qui enrobe. (Syn. ENROBEMENT.) — **3.** Procédé de conservation des fruits par revêtement d'une couche protectrice. — **4.** Enveloppe protectrice et comestible de certains produits alimentaires, telles les crèmes glacées. — **5.** Adjonction de sucre au café que l'on grille pour lui donner du brillant. — **6.** Action d'entourer l'âme d'une électrode de soudage électrique avec une matière minérale ou organique, pour améliorer les caractéristiques du métal déposé par fusion ; revêtement plus ou moins épais d'une électrode de soudage à l'arc.

ENROBÉ n. m. Mélange dosé de granulats et de filler enrobés de bitume ou de goudron, utilisé pour les couches supérieures des chaussées et pour les revêtements étanches de canaux ou de barrages.

ENROBEMENT n. m. Syn. de ENROBAGE.

ENROBER v. t. (de *robe*) [conj. 3]. **1.** Recouvrir un aliment, un produit pharmaceutique d'une enveloppe protectrice : *Enrober des bonbons de chocolat.* – **2.** En parlant d'une substance, recouvrir un aliment comme d'une enveloppe : *Le chocolat enrobe les bonbons.* – **3.** Envelopper qqch, le mêler à autre chose pour le masquer, l'adoucir, etc. : *Il enrobe ses reproches de termes affectueux.*

◆ **être enrobé** v. pass. **1.** Être couvert d'une couche de qqch. – **2.** *Fam.* Être rondelet, grassouillet. – **3.** *Poutrelle enrobée,* poutrelle métallique enveloppée de béton, de brique, d'amiante, pour la protéger contre le feu.

ENROBEUSE n. f. Machine chargée de l'application d'un revêtement protecteur sur les canalisations pétrolières.

ENROCHEMENT n. m. (de *roche*). **1.** Agglomération de grains de poudre, qu'on évite en vernissant l'intérieur de l'étui des cartouches. – **2.** Ensemble de gros blocs de roche utilisés pour la protection des parties immergées des ouvrages d'art ou pour la construction de barrages.

ENROCHER v. t. (conj. 3). Faire l'enrochement d'une pile de pont, d'une digue, etc.

ENRÔLÉ n. m. Soldat inscrit sur les rôles des armées.

ENRÔLEMENT n. m. **1.** Inscription sur un rôle du nom d'une recrue ; acte certifiant cette inscription. – **2.** Syn. de MISE AU RÔLE*.

ENRÔLER v. t. (de *rôle*) [conj. 3]. **1.** Inscrire sur les rôles des armées : *Enrôler des soldats.* – **2.** Faire entrer qqn dans un parti, un groupe, etc. : *Ils m'ont enrôlé dans leur bande d'amis.* – **3.** Mettre qqch au rôle d'un tribunal.

◆ **s'enrôler** v. pr., **être enrôlé** v. pass. **1.** Être inscrit sur les rôles de l'armée ; s'engager. – **2.** Être affilié à un parti, entrer dans un groupe.

ENRÔLEUR n. m. Syn. de RACOLEUR.

ENROUEMENT [ɑ̃rumɑ̃] n. m. (de *enrouer*). Altération de la voix, qui change de timbre, de tonalité et de hauteur. (Elle est due à une atteinte du larynx, inflammatoire, tumorale ou paralytique.)

ENROUER v. t. (anc. fr. *ro,* rauque, du lat. *raucus*) [conj. 6]. Rendre la voix sourde ou rauque et voilée : *La fumée l'a enrouée.*

◆ **s'enrouer** v. pr., **être enroué** v. pass. **1.** Être pris d'un enrouement : *Il est enroué d'avoir trop parlé.* – **2.** *Voix, ton, rire enroué,* marqué par l'enrouement.

ENROULABLE adj. Que l'on peut enrouler : *Ceinture de sécurité enroulable.*

ENROULEMENT n. m. Action d'enrouler, fait de s'enrouler ; disposition de ce qui est enroulé sur soi-même ou sur qqch : *L'enroulement des feuilles dans le bourgeon.* • **Agric.** Maladie à virus de la pomme de terre dont les feuilles s'enroulent en cornet. – **Arts décor.** Motif décoratif tel que volute, crosse, rinceau, chantournement. – **Électr.** Ensemble des conducteurs formant un même circuit, dans un appareil ou dans une machine électrique. (Syn. BOBINAGE.) ‖ *Enroulement de compensation,* enroulement auxiliaire destiné à atténuer les effets du champ magnétique de réaction d'induit. ‖ *Enroulement imprégné,* enroulement dont les conducteurs sont agglomérés par un liant laissant des espaces d'air entre eux. ‖ *Enroulement primaire (d'une machine à induction* ou *d'un transformateur),* enroulement alimenté par le réseau. ‖ *Enroulement secondaire (d'une machine à induction),* enroulement non connecté au réseau. ‖ *Enroulement secondaire (d'un transformateur),* enroulement aux bornes duquel on relie un circuit d'utilisation. ‖ *Enroulement tertiaire (d'un transformateur),* enroulement supplémentaire essentiellement destiné à être relié à un compensateur, à une bobine d'inductance ou à un circuit auxiliaire. – **Text.** Unité dévidable convenant à la manipulation, au stockage, au transport et à l'utilisation des fils et des rovings de fibres de verre.

ENROULER v. t. (conj. 3). **1.** Rouler, plier plusieurs fois en rond qqch sur lui-même ou autour d'un objet : *Enrouler une corde. Enrouler un drapeau autour de sa hampe.* – **2.** Rouler qqch tout autour de qqn, rouler qqn dans qqch ; envelopper : *Enrouler un malade dans une couverture.*

◆ **être enroulé** v. pass. *Dossier enroulé,* nom donné, en raison du léger enroulement vers l'arrière de leur partie supérieure, à certains dossiers de sièges ou de lits. (Surtout de l'époque Louis XVI à la Restauration.)

ENROULEUR, EUSE adj. Qui sert à enrouler : *Cylindres enrouleurs.*

◆ **enrouleur** n. m. **1.** Appareil comportant essentiellement un tambour sur lequel est enroulée la longueur momentanément inutilisée d'un conducteur souple. – **2.** Galet placé sur le parcours d'une courroie, d'un film, d'un ruban, etc., et destiné à augmenter son arc de contact, donc son adhérence, sur les poulies.

◆ **enrouleuse** n. f. Machine à carton comportant un tambour sur lequel est enroulée la bande humide.

ENROULOIR n. m. Cylindre sur lequel on enroule les étoffes dans les industries du tissage, de l'apprêt, etc. (Syn. ROULE.)

ENRUBANNER v. t. (conj. 3). Garnir un objet de rubans : *Enrubanner un chapeau.*

Enryaku-ji, temple japonais, situé sur le mont Hiei, au N.-E. de Kyōto, édifié en 788, pendant la période Enryaku (782-805), par Dengyō* Daishi, fondateur de la secte Tendai*.

ENS [ɛ̃s] n. m. (lat. *ens, entis,* part. prés, de *esse,* être). L'Être par excellence, dans la philosophie scolastique.

E. N. S., sigle de ÉCOLE NORMALE * SUPÉRIEURE.

E. N. S. A., sigle de ÉCOLE NATIONALE SUPÉRIEURE AGRONOMIQUE*.

ENSABLEMENT n. m. Action d'ensabler ; fait de s'ensabler, d'être ensablé : *L'ensablement du littoral.*

ENSABLER v. t. (conj. 3). **1.** Engorger un lieu de sable. — **2.** Enliser un véhicule dans le sable.
◆ **s'ensabler** v. pr., **être ensablé** v. pass. **1.** Échouer sur le sable, s'enliser dans le sable : *On s'ensable dès qu'on sort de la piste.* — **2.** Être progressivement engorgé de sable : *Le port s'ensable.* — **3.** S'ensevelir dans le sable, en parlant d'un poisson plat.

ENSACHAGE n. m. **1.** Opération consistant à ensacher. — **2.** Protection des fruits pendant leur maturation, par de petits sachets de papier ou d'étoffe légère.

ENSACHER v. t. (conj. 3). Remplir un sac par un procédé manuel ou mécanique.

ENSACHEUR, EUSE n. Ouvrier(ère) qui réalise ou surveille l'ensachage.
◆ **ensacheur** n. m. Dispositif recevant les sacs pour faciliter leur remplissage.
◆ **ensacheuse** n. f. Machine à ensacher.

E. N. S. A. D., sigle de ÉCOLE NATIONALE SUPÉRIEURE DES ARTS DÉCORATIFS*.

ENSAISINEMENT n. m. Action d'ensaisiner.

ENSAISINER v. t. (de *saisine*) [conj. 3]. Reconnaître par un acte le nouveau vassal ou le nouveau tenancier, le mettre en possession de son fief ou de sa tenure.

E. N. S. A. M., sigle de ÉCOLE NATIONALE SUPÉRIEURE D'ARTS* ET MÉTIERS.

ENSANGLANTEMENT n. m. *Litt.* Action d'ensanglanter.

ENSANGLANTER v. t. (de *sanglant*) [conj. 3]. **1.** Tacher, couvrir de sang qqch, le corps de qqn : *Le blessé a ensanglanté ses vêtements.* — **2.** Marquer un lieu, un événement de faits sanglants, tragiques, violents : *Un tragique accident a ensanglanté la fête.*

ENSAUVAGER v. t. (conj. **17**). *Litt.* Rendre qqn sauvage, lui donner un aspect sauvage.

E. N. S. B. A., sigle de ÉCOLE NATIONALE SUPÉRIEURE DES BEAUX-ARTS*.

ENSCHEDE, v. des Pays-Bas, dans l'est de l'Overijssel. Avec Hengelo, elle forme une conurbation de 247 000 hab. Textile. Constructions électriques. Musées.

ENSEIGNABLE adj. Qui peut être enseigné.

ENSEIGNANT, E adj. **1.** Qui enseigne : *Personnel enseignant.* — **2.** *Corps enseignant,* ensemble des professeurs, instituteurs, etc.
◆ n. Personne dont le métier est d'enseigner : *Une réunion d'enseignants.*

1. ENSEIGNE n. f. (lat. pop. *insignia,* du lat. class. *insigne, -gnis,* insigne). **1.** Signe constitué par un emblème, une inscription ou un objet symbolique permettant de signaler l'établissement de commerce à l'attention du public. (L'enseigne, propriété exclusive de celui qui l'a le premier adoptée, se transmet avec le fonds en cas de cession.) — **2.** Marque distinctive d'une maison de commerce ; magasin dépendant de cette marque. — **3.** Objet, emblème, inscription représentant le signe ou portant l'indication du commerce : *Une enseigne en tubes de néon.* — **4.** *Litt.* Drapeau, étendard. — **5.** Vx. *À la bonne enseigne,* avec des garanties sûres, en connaissance de cause. ‖ Litt. *À telle(s) enseigne(s) que,* comme le prouve le fait que, au point que. ‖ *Être logé à la même enseigne,* être dans le même cas, avoir les mêmes difficultés. • **Hist.** Symbole de la puissance et du commandement qui a donné naissance au drapeau et à l'étendard. ‖ Autref., nom donné à la fraction élémentaire d'une bande (XVe-XVIe s.). — **Mar.** Ancienne marque de distinction des amiraux et des chefs de division navale.

2. ENSEIGNE n. m. (de *enseigne 1*). **1.** Autref., officier porte-drapeau. — **2.** *Enseignes de la garde du roi,* corps de la garde royale qui donnèrent naissance aux garde-françaises (XVIe s.). ‖ *Enseigne auxiliaire,* grade donné à certains officiers de la marine marchande, mobilisés sur place avec deux galons, sans être officiers de réserve. ‖ *Enseigne de port,* sous l'Ancien Régime, officier subordonné au lieutenant de port. ‖ *Enseigne de vaisseau, de 1re, de 2e classe,* grades des officiers de la marine de guerre correspondant respectivement à ceux de lieutenant ou de sous-lieutenant dans les armées de terre et de l'air.

Enseigne de Gersaint *(l')*, toile de Watteau, exécutée en 1720 (1,66 × 3,06 m, Berlin, Charlottenburg). L'œuvre, conçue comme enseigne de la boutique du marchand de tableaux parisien Gersaint, mais utilisée peu de temps comme telle, connut un grand succès ; son réalisme élégant, son naturel en font une des œuvres majeures de l'artiste et de son temps.

ENSEIGNÉ, E n. Personne qui reçoit un enseignement.

ENSEIGNEMENT n. m. **1.** Action, manière d'enseigner, de transmettre des connaissances. (→ *encycl.*) – **2.** Profession, activité de ceux qui enseignent : *Faire de l'enseignement.* – **3.** Leçon donnée par les faits ou l'expérience : *Les enseignements d'un échec.* – **4.** *Enseignement assisté par ordinateur (E. A. O.),* ensemble des techniques et des méthodes d'utilisation de l'informatique appliquée à l'enseignement (→ *encycl.* Inform.) ‖ *Enseignement en alternance,* enseignement qui fait alterner l'école et l'entreprise (sous forme de stages ponctuels) dans la formation des adolescents. ‖ *Enseignement par correspondance,* organisation du travail scolaire et professionnel dans laquelle l'élève reçoit chez lui le travail à accomplir et l'envoie aux professeurs qui le lui retournent corrigé. ‖ *Enseignement élémentaire* ou *primaire,* enseignement qui donne les premiers éléments des connaissances, délivré dans les écoles primaires. ‖ *Enseignement individualisé,* enseignement adapté au rythme d'acquisition de chacun. (Surtout intéressant dans l'enseignement à distance, il est fondé sur le travail par fiches et par groupes de niveau, étayé par une importante documentation pédagogique.) ‖ *Enseignement polytechnique,* enseignement lié au travail matériel. (Il est surtout développé dans les pays socialistes.) ‖ *Enseignement privé* ou *libre,* enseignement dispensé dans des établissements qui ne relèvent pas de l'État. ‖ *Enseignement programmé,* enseignement fondé sur une progression systématique des acquisitions par programmes préstructurés et individualisés. (→ *encycl.* Pédag.). ‖ *Enseignement public,* enseignement organisé par l'État. ‖ *Enseignement du second degré* ou *secondaire,* enseignement qui couvre le premier cycle (6ᵉ-3ᵉ) et le second cycle (2ᵉ à terminale) menant au baccalauréat. ‖ *Enseignement spécialisé,* enseignement dispensé aux enfants présentant un handicap sensoriel ou moteur, ou un déficit intellectuel associé ou non à des troubles de la personnalité et à qui le régime scolaire normal ne peut convenir. ‖ *Enseignement supérieur,* enseignement qui est dispensé dans les universités et dans les grandes écoles. ‖ *Enseignement technologique* ou *technique,* enseignement qui a pour but la formation d'ouvriers et d'employés qualifiés et spécialisés, et de techniciens supérieurs.

ENCYCL. De l'avènement du christianisme comme religion d'État en 391, jusqu'à la Révolution, l'organisation de l'enseignement a appartenu en France à l'Église : écoles « épiscopales » pour l'instruction des clercs, écoles « canoniales » et « collégiales » pour celle des laïcs ; puis, sous le règne de Charlemagne, écoles « monastiques » et « claustrales », où l'étude des Écritures s'accompagnait de la redécouverte des textes classiques. Avec l'essor des villes, au XIᵉ s., des corporations d'enseignants et d'écoliers se groupent autour de l'école épiscopale, constituant la base de ce qui prendra le nom d'Université. Celle de Paris connaît son premier statut en 1215. Les universités de province, divisées en quatre facultés (théologie, droit, médecine, arts) se développent. Toutefois, le manque de renouvellement de l'enseignement scolastique entraîne leur déclin à la fin du XIVᵉ s.

L'imprimerie découverte, la Renaissance retrouve l'idéal humaniste des Anciens. François Iᵉʳ fonde dès 1530 le Collège royal (futur Collège de France), et la Compagnie de Jésus ouvre en 1561 le collège de Clermont (devenu Louis-le-Grand). Jean-Baptiste de La Salle crée à Reims en 1680 l'institut des frères des Écoles chrétiennes, destiné aux enfants pauvres ; le XVIIIᵉ s. voit la création des grands corps savants et des établissements d'études supérieures techniques ; les premiers concours d'agrégation sont créés en 1776.

La Révolution va réaliser l'idée chère aux philosophes en proclamant que l'État a le devoir d'organiser l'enseignement, dont les grandes lignes sont dessinées par la Législative et la Convention (création en 1794 de l'École polytechnique, du Conservatoire des arts et métiers, de la future École normale supérieure). Napoléon précise la structure des trois étages (du primaire au supérieur) de la nouvelle « Université impériale », corps qui coiffe toute la hiérarchie, par la loi du 11 floréal an X (1ᵉʳ mai 1802) et le décret du 17 mars 1808, divisant la France en académies, créant les lycées et les facultés nouvelles. Mis à part l'enseignement primaire que le régime napoléonien n'organisa jamais, le monopole de l'enseignement était donné à l'État. La Restauration met l'Université napoléonienne entièrement sous le pouvoir de l'Église. La Charte de 1830 proclame le principe de la liberté de l'enseignement, la loi Guizot de 1833 jette les principes de l'enseignement primaire public, et la loi Falloux (1850) assure pleinement la liberté de l'enseignement secondaire.

La IIIᵉ République et le nom de Jules Ferry restent liés aux trois concepts de gratuité, d'obligation et de laïcité (lois de 1881, 1882, 1886). L'enseignement secondaire s'ouvre aux jeunes filles (loi Camille Sée, 1880), le baccalauréat est créé en 1891, la gratuité est effective en 1930. Les lois de 1879, 1885 et 1896 ayant donné à l'enseignement supérieur et aux universités l'autonomie favorable à leur extension, la loi de 1904 – prélude à la loi de séparation des Églises et de l'État de 1905 – ayant obligé les congrégations à fermer leurs écoles, la loi Astier (1919) organise l'enseignement technique et crée le certificat d'aptitude professionnelle (C. A. P.). En 1937, le projet d'école unique de Jean Zay inclut le sport et les loisirs et assure la continuité entre les différents degrés d'enseignement.

Après la Seconde Guerre mondiale, l'évolution sociale nouvelle nécessite une série de réformes ; les centres d'apprentissage sont organisés en 1949. La scolarité obligatoire est prolongée à 16 ans en 1959, les C. E. S. sont créés en 1963, les centres d'apprentissage deviennent des collèges d'enseignement technique (C. E. T.), et les lycées techniques naissent de la synthèse des divers établissements d'enseignement technique, les brevets et baccalauréats sont diversifiés. En outre, plusieurs mesures sont prises en faveur de l'enseignement privé (loi du 31 déc. 1959, qui institue les contrats d'association). En 1966, les instituts universitaires de technologie (I. U. T.), qui délivrent les diplômes universitaires de technologie (D. U. T.), sont créés, et le régime d'études des facultés est modifié (D. U. E. S. et D. U. E. L, devenus D. E. U. G. en 1973, conduisant à la licence, à la maîtrise et au doctorat, création en 1984 du D. E. U. S. T., diplôme d'études universitaires scientifiques et techniques). La loi du 12 nov. 1968 donne à l'enseignement supérieur des fonctions d'enseignement et de recherche – matérialisées par la création des quelque 750 U. E. R. réparties dans les universités françaises – d'orientation, de formation des maîtres et d'éducation permanente. (Les U. E. R. deviennent en 1985 unités de formation et de recherche [U. F. R.].) Dans les années 80, le débat sur les méthodes et les contenus de l'enseignement s'est avivé. Se voulant plus en prise sur les réalités économiques, plus axé sur la vie professionnelle, l'enseignement tend à la fois à renouer avec des méthodes plus traditionnelles d'apprentissage et de contrôle des connaissances et à initier à des méthodes ou contenus nouveaux comme l'informatique ou la gestion des entreprises. La loi d'orientation du 10 juillet 1989 fait date dans l'histoire de l'éducation en France. Pour la première fois, l'élève y est clairement placé au cœur du système éducatif. « L'éducation est la première priorité nationale. Le service public de l'éducation est conçu et organisé en fonction des élèves et des étudiants. Il contribue à l'égalité des chances » affirme l'article premier. Une fois les principes établis, ce texte énonce les bases de toutes les évolutions qui vont voir le jour durant les années suivantes : organisation de la scolarité en cycles d'apprentissage, création du Conseil national des programmes, modification des règles de l'orientation, définition des obligations et des nouveaux droits des élèves et des étudiants. Il accorde aux parents le statut de membre à part entière de la communauté éducative, définit le travail des enseignants en équipes pédagogiques, crée les instituts universitaires de formation, impose aux établissements scolaires de se doter d'un projet spécifique, confie enfin aux établissements publics d'enseignement supérieur la maîtrise d'ouvrage des constructions universitaires. La loi d'orientation rappelle en outre l'objectif de mener 80 % d'une classe d'âge au niveau du baccalauréat ; elle s'engage à accueillir en maternelle tous les enfants dès l'âge de 3 ans et à publier un plan pluriannuel de recrutement des personnels. Engagements plus ou moins tenus par la suite. La loi d'orientation s'est accompagnée d'un plan de revalorisation matérielle de la condition enseignante. En revanche, elle n'a pas donné lieu à une nouvelle organisation du temps de service des enseignants, comme il était initialement prévu.

– **Inform.** *Enseignement assisté par ordinateur.* En tenant compte des acquis de la recherche pédagogique, on peut désormais enregistrer, dans des mémoires de gros ordinateurs, de vastes quantités d'informations et de nombreux programmes d'enseignement (didacticiels et logiciels de gestion pédagogique) ; à domicile, sur le lieu de travail, dans les locaux d'enseignement, on peut disposer de terminaux disposant d'une certaine « intelligence locale » aptes à exécuter des didacticiels de façon interactive (tenant compte des réponses de l'utilisateur) et à se connecter par un réseau informatique aux puissants ordinateurs centraux.

– **Pédag.** L'*enseignement programmé* s'est développé à partir des travaux de B. F. Skinner. Celui-ci a généralisé à l'homme les principes qu'il avait mis au jour dans le domaine de l'apprentissage chez les animaux. Les programmes d'enseignement qu'il a élaborés comportent une division de la matière à enseigner en éléments ordonnés qui forment une suite que l'élève doit parcourir d'un bout à l'autre sans pouvoir en sauter et sans avoir à choisir. Ici, le renforcement tient dans la correction immédiate des réponses de l'élève ; un renforcement positif est la règle et l'acquisition du savoir se fait par petites étapes.

enseignement à distance *(Centre national d')* **[C. N. E. D.],** nom pris en 1986 par le *Centre national d'enseignement par correspondance (C. N. E. C.),* organisme public créé en 1979 pour faire suite au *Centre national de télé-enseignement (C. N. T. E.).* Il prend en charge l'enseignement des enfants et adultes qui ne peuvent fréquenter régulièrement un établissement d'enseignement scolaire, spécialisé ou supérieur, pour cause de handicap ou d'éloignement.

enseignement et de l'éducation permanente *(Ligue française de l'),* association fondée en 1866 par Jean Macé, pour favoriser la diffusion de l'instruction dans les classes populaires. Devenue en 1925 *Confédération générale des œuvres laïques,* elle rassemble dans chaque département les associations d'éducation populaire, appelées *amicales laïques* ou *foyers culturels laïques.*

Enseignement militaire supérieur scientifique et technique [E.M.S.S.T.], organisme de l'armée de terre, créé en 1947. Situé à l'École militaire, il contrôle les officiers candidats au *diplôme technique (D. T.)* et au *brevet technique (B. T.).*

enseignement supérieur et de la recherche *(Conseil national de l'),* organisme consultatif créé en 1968.

ENSEIGNER v. t. (lat. pop. *insignare,* du lat. class. *insignire,* signaler) [conj. **4**]. **1.** Faire apprendre une science, un art, une discipline à qqn, à un groupe, le lui expliquer en lui donnant des cours, des leçons : *Enseigner les mathématiques à de jeunes enfants.* — **2.** (sans compl.) Être enseignant : *Il enseigne à l'université.* — **3.** Faire savoir qqch à qqn, le lui faire connaître, le lui inculquer par une sorte de leçon ; apprendre, montrer : *Elle m'avait enseigné comment vivre en société.*

ENSELLÉ, E adj. (de *selle*). Se dit d'un quadripède, en partic. d'un cheval, dont la ligne du dos se creuse exagérément.

ENSELLEMENT n. m. Inflexion de l'axe d'une structure géologique et en particulier d'un pli, à la manière d'une selle.

ENSELLURE n. f. Syn. de LORDOSE.

1. ENSEMBLE adv. (lat. pop. **insemul,* de *in,* en, et *simul,* ensemble, à la fois). **1.** L'un avec l'autre, les uns avec les autres, conjointement, en commun : *Ils ont déjeuné ensemble.* — **2.** L'un avec l'autre simultanément, en même temps : *Ces deux pendules ont sonné ensemble.* — **3.** *Aller ensemble,* être compatible, en harmonie, s'accorder. ‖ Litt. *Être tout ensemble qqch et qqch d'autre,* être à la fois ceci et cela.

2. ENSEMBLE n. m. (de *ensemble 1*). **1.** Collection d'éléments considérée dans sa totalité : *Réunir des écrits en un ensemble cohérent.* — **2.** Totalité, réunion d'éléments formant un tout : *L'ensemble des employés d'une entreprise. Traiter une question dans son ensemble.* — **3.** Collection d'éléments qui vont les uns avec les autres : *Les chaussures et le sac font un ensemble.* — **4.** S'emploie, suivi d'une apposition, avec ou sans trait d'union, pour indiquer la réunion d'installations concourant à la même destination : *Ensemble-loisirs.* — **5.** Simultanéité d'action de plusieurs êtres ou de plusieurs choses ; qualité d'un groupe à exécuter qqch simultanément et harmonieusement : *Des ballerines qui évoluent avec ensemble.* — **6.** Costume féminin composé de deux pièces ou plus, harmonisées entre elles. — **7.** Totalité des organes en liaison mécanique ayant une fonction particulière à assumer (soutien, guidage, entraînement, blocage, etc.). — **8.** Dans la musique dramatique (opéra, oratorio, etc), tout passage à plusieurs personnages dont les voix se réunissent. — **9.** *Avec un ensemble parfait,* se dit lorsque plusieurs personnes commettent qqch visiblement d'un commun accord ou avec une coïncidence étonnante. ‖ *Dans l'ensemble,* d'une façon générale, au total, en gros. ‖ *D'ensemble,* qui domine tous les détails ; général, global, collectif : *Vue d'ensemble.* ‖ *Grand ensemble,* groupe d'habitations nouvelles constituant une véritable agglomération (quartier d'une ville, ville nouvelle, groupe de quartiers de villes mitoyennes), dotée des équipements résidentiels, scolaires et administratifs nécessaires. • **Équit.** *Avoir de l'ensemble,* en parlant du cheval, être harmonieux dans son corps et ses allures. ‖ *Effets d'ensemble,* action conjuguée des jambes et des mains du cavalier, qui permet de mettre le cheval dans la soumission totale. — **Math.** Notion primitive des mathématiques qui ne peut être définie précisément et qui correspond à l'idée intuitive de collection, de groupement d'objets appelés éléments. ‖ *Théorie des ensembles,* théorie qui, dans sa partie élémentaire, traite des notions d'ensemble, d'élément, de sous-ensemble, d'algèbre des ensembles et des relations et des applications définies sur les ensembles, et qui, dans sa partie axiomatique, vise à formaliser et axiomatiser la notion intuitive d'ensemble pour supprimer les paradoxes qui découlent de celle-ci. (La théorie des ensembles est à la base de tout l'édifice mathématique, et son vocabulaire constitue le langage des mathématiques dites modernes.) [→ *encycl.*] — **Mus.** *Faire de la musique d'ensemble,* prendre part à l'exécution d'une œuvre à plusieurs voix ou instruments. — **Techn.** *Ensemble grande puissance,* groupe de deux fourgons dévidoirs de tuyaux d'incendie.

ENCYCL. **Math.** Issue des travaux de Cantor, la théorie des ensembles s'est développée très rapidement sur le plan naïf (intuitif) jusqu'à la découverte des antinomies, au tournant du XXe s., qui a conduit au développement de l'axiomatisation de la théorie. C'est l'œuvre de Zermelo, puis celle de Fraenkel, d'où le nom de ZF donné à l'axiomatique classique de la théorie des ensembles (ZFC est la théorie ZF à laquelle a été ajouté l'axiome de *choix,* ZFC⁺ la théorie ZF augmentée de l'axiome de constructibilité). D'autres axiomatiques ont été plus récemment proposées, notamment celle de Von Neumann et Bernays (théorie VNB), qui s'est avérée essentiellement équivalente à ZF, puis celle de Quine (*New Foundations,* théorie NF) ; la caractéristique de ces dernières axiomatiques est d'introduire la notion de classe concurremment à celle d'ensemble.

ENSEMBLIER n. m. 1. Personne qui choisit et coordonne divers éléments d'un décor d'habitation, notamment le mobilier, en fonction de choix esthétiques et fonctionnels. (Syn. DÉCORATEUR.) — 2. Au cinéma, à la télévision, adjoint du chef décorateur, chargé de l'ameublement des décors. — 3. Entreprise spécialisée dans l'étude et la réalisation d'installations industrielles groupant un ensemble important et cohérent de machines ou équipements.

ENSEMBLISTE adj. Relatif aux ensembles mathématiques.

ENSEMENCEMENT n. m. 1. Action d'ensemencer une parcelle, un milieu de culture, etc. — 2. *Coupe d'ensemencement,* opération qui consiste à enlever un certain nombre de vieux arbres pour donner davantage de lumière au peuplement et favoriser la régénération.

ENSEMENCER v. t. (de *semence*) [conj. 16]. 1. Pourvoir une terre de semences. — 2. Aleviner un cours d'eau, un étang, etc. — 3. Introduire dans un milieu de culture des germes bactériens pour obtenir leur multiplication.

ENSENADA, port du Mexique, en Basse-Californie, sur le Pacifique ; 140 000 hab. Pêche et conserveries. Cimenterie. Tourisme.

ENSENADA (Zenón DE SOMODEVILLA Y BENGOECHEA, *marquis* DE LA), homme politique espagnol (Alesanco, Logroño, 1702 -Medina del Campo 1781). Ministre de la Marine, de la Guerre et des Finances (1743), il réforma l'armée, restaura la marine, protégea le commerce et l'industrie. Partisan de l'alliance avec la France, il fut disgracié en 1754.

ENSERRER v. t. (conj. 4). 1. Serrer étroitement qqn, une partie du corps : *Deux mains puissantes enserraient son cou.* — 2. Tenir enfermé dans d'étroites limites ; entourer : *Les montagnes enserraient le village.*

ENSÉRUNE *(montagne d'),* plateaux calcaires du bas Languedoc, entre l'Orb et le cours inférieur de l'Aude. L'*oppidum d'Ensérune,* sur une butte (118 m), a connu plusieurs habitats, du VIᵉ au Iᵉʳ s. av. J.-C., à l'abri d'enceintes successives. Le mobilier funéraire atteste des échanges avec la Grèce, l'Étrurie, et les Ibères ; à la fin du Vᵉ s. av. J.-C. la langue usuelle était l'ibérique. Les contacts avec le monde celtique se multiplièrent et la région passa sous l'autorité gauloise. Musée.

E. N. S. E. T., sigle de ÉCOLE NORMALE* SUPÉRIEURE DE L'ENSEIGNEMENT TECHNIQUE.

ENSEVELIR v. t. (lat. ecclés. *insepelire,* du lat. class. *sepelire*) [conj. 32]. 1. *Litt.* Envelopper un mort d'un linceul pour le mettre au tombeau ; enterrer. — 2. Enfouir, enterrer qqch qqpart : *Ensevelir un trésor au fond du jardin.* — 3. Faire disparaître qqch, qqn sous qqch, le recouvrir entièrement : *Volcan qui a enseveli la ville sous ses cendres.* — 4. *Litt.* Enfouir profondément qqch pour le plonger dans l'oubli, le garder secret : *Ensevelir un souvenir au fond de son cœur.*

◆ **s'ensevelir** v. pr. Se retirer du monde, s'isoler en s'enfermant, en se cachant qqpart : *Seul, enseveli dans son chagrin.*

ENSEVELISSEMENT n. m. *Litt.* 1. Action d'ensevelir, de mettre au tombeau ; mise en terre. — 2. Fait d'être enseveli, caché, enfoui sous ou dans qqch : *L'ensevelissement du village sous la neige.*

ENSI n. m. Titre sumérien du maître d'une cité mésopotamienne, que l'on traduit souvent par « vicaire » (du dieu de la ville).

E. N. S. I., sigle de ÉCOLE NATIONALE SUPÉRIEURE D'INGÉNIEURS*.

ENSILAGE n. m. 1. Procédé de conservation de végétaux frais utilisant la fermentation lactique et consistant à les placer dans un silo ou à les mettre en tas et à les presser après les avoir hachés. — 2. Produit, destiné à l'alimentation du bétail, conservé par cette méthode.

ENCYCL. Les végétaux coupés à l'état vert ne peuvent se conserver sans précautions, car les tissus en train de mourir perdent la plupart de leurs éléments utiles, puis se putréfient ou moisissent. Ces transformations nuisibles peuvent être évitées quand la masse végétale devient nettement acide (pH inférieur à 4), ce qui se produit lorsque les fourrages verts fragmentés et tassés à l'abri de l'air sont l'objet d'une fermentation lactique qui acidifie le milieu. Pour que cette fermentation provoque une acidité suffisante, le fourrage doit contenir assez de sucres fermentescibles, comme c'est le cas du maïs, plante la plus couramment utilisée pour l'ensilage.

ENSILER v. t. (de *silo*) [conj. 3]. Effectuer l'ensilage des grains, des fourrages, etc.

ENSILEUSE n. f. **1.** Machine fixe servant au remplissage des silos à fourrage. — **2.** Machine tractée fauchant, hachant et chargeant dans une remorque les fourrages verts ou le maïs fourrage. (Syn. FAUCHEUSE-HACHEUSE-CHARGEUSE.)

ENSIMAGE n. m. **1.** Incorporation aux matières textiles d'un pourcentage, souvent faible, de produits auxiliaires pour en faciliter la filature ; résultat de cette action. — **2.** Produit, le plus souvent synthétique, servant à cette opération.

ENSIMER v. t. (anc. fr. *saim,* graisse) [conj. 3]. Mettre, sur une fibre textile, un produit d'ensimage.

ENSIMEUSE n. f. Dispositif utilisé pour l'ensimage des matières textiles.

ENSISHEIM (68190), ch.-l. de cant. du Haut-Rhin, sur l'Ill ; 6 196 hab. Hôtel de ville du XVIe s. Maisons anciennes. Chaussures.

EN-SOI n. m. inv. (calque de l'all. *an sich*). **1.** Substance, nature propre des choses (notamment chez Hegel). — **2.** Chez Sartre, « région singulière de l'être », caractérisant l'être en tant qu'il est inhérent à lui-même, sans distance à l'égard de soi (par oppos. à l'être pour soi de la conscience).

ENSOLEILLEMENT n. m. Quantité et durée de la lumière solaire reçue en un lieu ou par qqch. (On mesure la durée d'ensoleillement [nombre d'heures par an] à l'aide d'héliographes.) [Syn. INSOLATION.]

ENSOLEILLER v. t. (conj. 4). **1.** Remplir un lieu de la lumière du soleil. — **2.** *Litt.* Rendre une période, une fête, etc., radieuse, lui donner de l'éclat, l'enluminer : *Ce souvenir ensoleille sa vie.* ◆ **être ensoleillé** v. pass. **1.** Recevoir la lumière du soleil : *Une plage ensoleillée.* — **2.** Être marqué par un beau soleil : *Journée ensoleillée.*

ENSOMMEILLEMENT n. m. *Litt.* État de qqn, de qqch qui est ensommeillé.

ENSOMMEILLÉ, E adj. **1.** Qui est sous l'effet du sommeil, mal réveillé, appesanti par le sommeil : *Des yeux ensommeillés.* — **2.** *Litt.* Qui a ses facultés à moitié endormies : *Un esprit ensommeillé.*

ENSOR (James), peintre et graveur belge (Ostende 1860 - *id.* 1949). De 1879 à 1882 se succèdent les chefs-d'œuvre de sa « manière sombre », intimités bourgeoises que dramatisent les empâtements. Puis sa palette s'éclaircit en même temps que sa fantaisie se débride. Destin turbulent et scintillement des tons président à l'intrusion des masques ou des squelettes dans la vie quotidienne. Les natures mortes et les paysages d'une facture subtile sont le contrepoint du virulent pamphlet social de *l'Entrée du Christ à Bruxelles* (1888, musée J. P. Getty, Malibu), ancêtre de l'expressionnisme par sa liberté picturale. Cocasserie et angoisse marquent une production très intense jusqu'en 1900 (peintures, dessins, eaux-fortes à partir de 1886) et qui se ralentit ensuite, devant une incompréhension persistante, au profit d'écrits sarcastiques et ubuesques. Le rôle de précurseur d'Ensor ne sera pleinement reconnu que vers 1920.

ENSORCELANT, E adj. Qui ensorcelle, séduit de manière irrésistible ; enchanteur, envoûtant, fascinant : *Sourire ensorcelant.*

ENSORCELER v. t. (de *sorcier*) [conj. 24]. **1.** Soumettre qqn à une influence magique ; envoûter. — **2.** Troubler qqn au point de provoquer chez lui une conduite étrange : *Il faut qu'on m'ait ensorcelé pour que j'aie pu faire cela.* — **3.** Séduire qqn, l'enjôler, le charmer comme par un sortilège : *Elle l'avait ensorcelé avec ses sourires.*

ENSORCELEUR, EUSE adj. et n. **1.** Qui ensorcelle, a le pouvoir d'ensorceler ; envoûteur, sorcier. — **2.** Qui séduit vivement, qui attire ; séducteur.

ENSORCELLEMENT n. m. **1.** Action d'ensorceler ; enchantement, envoûtement. — **2.** Charme irrésistible, séduction, fascination : *L'ensorcellement de la musique.*

ENSOUILLAGE n. m. Enfouissement d'une canalisation sous-marine (oléoduc, câble) dans le sol marin, après creusage d'une souille.

ENSOUILLER v. t. (de *souille*) [conj. 3]. Procéder à l'ensouillage.

ENSOUILLEUSE n. f. Machine utilisée pour l'ensouillage.

ENSOUPLAGE n. m. Enroulement de la chaîne d'un tissu sur l'ensouple d'un métier à tisser.

ENSOUPLE n. f. (bas lat. *insubulum*). **1.** Rouleau sur lequel on enroule la chaîne d'un tissu et qui est monté directement sur le métier à tisser. — **2.** Métier de brodeur constitué par des lattes de bois encastrées dans des colonnes, qu'elles traversent. — **3.** Chacun des deux rouleaux des métiers de haute ou basse lisse.

ENSOUPLEAU n. m. Sur les métiers à tisser, gros cylindre sur lequel s'enroule l'étoffe à mesure qu'elle est tissée.

ENSOUTANER v. t. (de *soutane*) [conj. 3]. *Vx* et *péjor.* Faire prendre la soutane à qqn.

ENSTATITE n. f. (gr. *enstatês,* qui résiste). Silicate naturel de magnésium, de formule $MgSi_2O_6$, appartenant au groupe des pyroxènes orthorhombiques, que l'on rencontre dans les péridotites.

ENSTÉRAGE n. m. Mise en piles régulières et facilement mesurables (en stères) des bûches utilisées comme bois de chauffage ou des rondins pour la trituration.

ENSTÉRER v. t. (de *stère*) [conj. 18]. Pratiquer l'enstérage du bois.

ENSUITE adv. (de *en* et *suite*). **1.** Indique une succession dans le temps ; puis, après, par la suite : *D'abord s'informer, décider ensuite.* – **2.** Indique une succession dans l'espace : *On entre dans un vestibule, ensuite, c'est le salon.* – **3.** *Ensuite de quoi,* indique une conséquence ; après quoi : *Il a subi une grave opération, ensuite de quoi il a dû se reposer plusieurs mois.*

ENSUIVRE (S') v. pr. (lat. pop. **insequere,* du lat. class. *insequi,* suivre) [conj. **89** ; seulem. inf. et 3e pers. du sing. et du pl. ; aux temps composés, le préfixe *en* est séparé du participe passé par l'auxiliaire : *Il s'en est suivi que...*]. **1.** Survenir comme conséquence logique ou naturelle, résulter ; découler : *La guerre avec toutes les misères qui s'ensuivent.* – **2.** *Litt.* Venir ensuite : *Les jours qui s'ensuivirent furent calmes.* – **3.** *Et tout se qui s'ensuit,* et tout le reste, et tout ce qui va avec ; et cetera. : *Il faut donner son nom, son adresse et tout ce qui s'ensuit.*

ENSUQUÉ, E adj. *Région.* Assommé, endormi sous l'effet du soleil, d'une drogue, etc.

ENTABLEMENT n. m. (de *table*). **1.** Partie de l'élévation d'un édifice d'ordonnance classique qui s'étend au-dessus des supports et qui superpose, en principe, architrave, frise et corniche. – **2.** Dispositif semblable, ou couronnement d'une certaine importance, qui surmonte une porte, une devanture, un meuble, un objet. – **3.** Partie supérieure d'un quai. – **4.** Partie d'un marteau-pilon portant l'appareil de commande de la masse frappante et le dispositif d'accrochage de cette masse.

ENTABLER v. t. (de *table*) [conj. 3]. Ajuster, à demi-épaisseur, deux pièces de bois ou de métal.

ENTABLURE n. f. Point de rotation des deux lames d'une paire de ciseaux.

ENTACHER v. t. (de *tache*) [conj. 3]. Porter atteinte à l'honneur, à la réputation de qqn : *Cette condamnation entache son honneur.*

◆ **être entaché** v. pass. **1.** Être atteint de qqch qui déshonore, qui tache ou qui gâte : *Un style entaché de pédantisme.* – **2.** *Être entaché de nullité,* en parlant d'un contrat, d'un texte, être frappé de nullité.

ENTAGE n. m. (de *enter*). Action de forer un bijou pour en enlever frauduleusement de l'or, remplacé par du cuivre, en laissant subsister les marques des poinçons.

ENTAILLAGE n. m. **1.** Action de faire une entaille dans une pièce de bois ou de fer. – **2.** Partie supérieure d'une traverse de chemin de fer, légèrement évidée pour recevoir le rail.

ENTAILLE n. f. (de *entailler*). **1.** Évidement pratiqué par coupure dans une pièce, un objet, etc. – **2.** Blessure faite par un instrument tranchant : *Se faire une entaille au front en tombant.*

ENTAILLER v. t. (de *tailler*) [conj. 3]. **1.** Pratiquer une entaille dans une pièce, un matériau, etc. – **2.** Faire une entaille, une plaie à qqn, à une partie du corps ; blesser : *Il lui a entaillé la figure.*

ENTAME n. f. (de *entamer*). **1.** Premier morceau coupé d'un aliment qui se débite en tranches. – **2.** Première carte jouée dans une partie.

ENTAMER v. t. (bas lat. *intaminare,* souiller, du lat. class. *tangere,* toucher) [conj. 3]. **1.** Couper, inciser ou attaquer une matière ; inciser, blesser en coupant, en écorchant la peau : *La lame avait entamé l'os.* – **2.** Couper un premier morceau d'un ensemble, en prélever une première partie : *Entamer une bouteille de vin.* – **3.** Diminuer un ensemble en en utilisant une partie : *Entamer ses économies, son patrimoine.* – **4.** Commencer à passer une durée, un temps : *Elle entame sa dixième année dans l'entreprise.* – **5.** Commencer à exécuter une action, à faire qqch : *Entamer des négociations.* – **6.** Porter atteinte à qqch, l'ébranler, en parlant d'un état, d'un sentiment, le détruire en partie ; le réfuter, en parlant d'un argument, d'une théorie : *Une bonne conscience que rien ne saurait entamer.* – **7.** Réduire la résistance de qqn, désorganiser en partie un groupe, commencer à le vaincre : *Les blindés ont entamé les premières lignes ennemies.* – **8.** Ébranler qqn dans ses convictions, ses certitudes, etc. : *Les critiques ont fini par l'entamer.* – **9.** *Entamer une couleur,* jouer la première carte de cette couleur.

◆ **être entamé** v. pass. **1.** *Être bien, largement entamé,* ne plus être entier, complet, total : *L'été est déjà bien entamé.* – **2.** Être commencé, engagé : *Les débats sont entamés.*

ENTAMŒBA n. f. (gr. *entos,* à l'intérieur, et lat. sc. *amœba,* amibe). Nom générique d'un protozoaire pathogène, agent de l'amibiase humaine et animale.

ENTARTRAGE ou **ENTARTREMENT** n. m. Formation d'un dépôt solide, adhérant aux parois intérieures d'un appareil dans lequel on vaporise une eau contenant certains corps en dissolution, notamment des sels calcaires.

ENTARTRER v. t. (conj. 3). Couvrir, encrasser qqch de tartre : *Les eaux calcaires entartrent les chaudières.*

ENTASIS [-zis] n. f. (gr. *entasis,* renflement). Galbe du fût d'une colonne.

ENTASSEMENT n. m. **1.** Action d'entasser, fait d'être entassé ; accumulation, amas, amoncellement : *Un entassement de livres.* – **2.** Fait de s'entasser, d'être entassé, en parlant de gens : *Entassement dans le métro.*

ENTASSER v. t. (conj. 3). **1.** Mettre des objets, de la matière en tas : *Entasser des pierres les unes sur les autres.* – **2.** Accumuler des objets en grande quantité dans un même lieu : *Une petite pièce où il entassait tous ses livres.* – **3.** Assembler des personnes en très grand nombre dans un lieu trop petit : *On entassait les prisonniers dans des wagons à bestiaux.* – **4.** Économiser de l'argent à l'excès ; thésauriser. – **5.** Multiplier à l'excès, accumuler des choses : *Entasser des citations.*

ENTE n. f. (de *enter*). **1.** Ancien nom de la greffe. – **2.** *Prune d'ente,* variété de prune utilisée pour la préparation des pruneaux.

ENTÉ, E adj. (de *enter*). Se dit de l'écu ou d'une pièce héraldique divisés horizontalement par des lignes parallèles ondées, aux ondulations fortement accentuées.

ENTEBBE, anc. cap. de l'Ouganda, sur la rive nord du lac Victoria ; 40 000 hab. Parc botanique. Aéroport international de Kampala.

ENTÉLÉCHIE n. f. (bas lat. *entelechia,* du gr. *entelekheia*). **1.** Chez Aristote, terme réalisé par l'acte, qui ne renferme plus aucun devenir. – **2.** Chez Leibniz, entité qui jouit de toute la perfection dont elle est capable de par sa nature.

ENTÉLÉGYNE n. m. (gr. *entelês,* parfait). Araignée possédant généralement huit yeux, un seul orifice trachéen et des organes génitaux externes complexes. (Les *entélégynes* forment un sous-ordre, qui comprend environ la moitié des familles d'araignées.)

ENTELLE n. m. Singe de l'Inde et du Sud-Est asiatique, arboricole et mangeur de feuilles, à l'estomac énorme et compartimenté. (Le singe sacré de l'Inde du Sud est un entelle.) [Syn. LANGUR.]

ENTÉLURE n. m. (gr. *entelês,* parfait). Poisson syngnathe des prairies de zostères du littoral atlantique. (Syn. VIPÈRE DE MER.)

ENTENDANT, E n. Personne qui entend normalement (par oppos. au *malentendant*).

ENTENDEMENT n. m. (de *entendre,* au sens de « comprendre »). **1.** Aptitude de qqn à comprendre ; bon sens, raisonnement, jugement. – **2.** *Dépasser l'entendement,* être incompréhensible.

entendement humain *(Essai sur l'),* ouvrage de Locke (1690). L'auteur y lutte contre le principe des idées innées et affirme qu'on ne peut rien connaître en dehors de l'expérience.

entendement humain *(Nouveaux Essais sur l'),* ouvrage composé par Leibniz en réponse à l'*Essai* de Locke. Terminé dès 1704, il ne fut publié qu'en 1765, par Raspe. L'auteur y précise que, si rien n'est dans l'entendement humain avant la naissance, au moins l'entendement lui-même, c'est-à-dire toutes ses virtualités, ce qu'il sera à même de faire, existe avant la naissance.

ENTENDEUR n. m. *À bon entendeur salut,* que celui qui comprend profite de ce qu'on a dit (annonce une menace).

ENTENDRE v. t. (lat. *intendere,* diriger son attention) [conj. 73]. **1.** Percevoir par l'ouïe : *Je n'entends pas les sons très graves.* – **2.** Percevoir par l'ouïe les bruits, les sons produits par qqch ou qqn, les paroles, la musique, le chant, produits par qqn : *On entendait le vent souffler. J'entends pleurer dans la pièce à côté.* – **3.** Se rendre compte de qqch en le percevant par l'ouïe : *Tu n'entends pas que ça siffle ?* – **4.** *Entendre (dire) que,* en prendre connaissance : *J'ai entendu dire que Paul a quitté sa femme.* – **5.** Écouter volontairement qqn, qqch : *J'aimerais bien entendre encore une fois ce disque.* – **6.** Écouter ce que qqn a à dire, y prêter attention, et, en partic., recevoir, recueillir un témoignage, une déposition : *Il n'a pas voulu entendre mes explications.* – **7.** En parlant de la police, de la justice, recevoir un témoignage, une déposition. – **8.** Comprendre le souhait de qqn, accéder à sa demande : *Que le ciel t'entende.* – **9.** Donner telle ou telle interprétation de qqch, le comprendre d'une certaine manière : *C'est ainsi que j'entends la vie.* – **10.** Comprendre, saisir le sens des paroles, des écrits de qqn : *Si j'entends bien votre lettre, vous refusez ma proposition.* – **11.** *Entendre par là, par un mot,* vouloir dire, vouloir signifier qqch : *Qu'entendez-vous exactement par ce mot ?* – **12.** Vouloir qqch, avoir l'intention bien arrêtée de : *J'entends qu'on m'obéisse.* – **13.** *Entendre quelque chose à qqch, ne pas entendre grand-chose, ne rien entendre, n'entendre pas un mot à qqch,* comprendre, connaître un peu qqch, en avoir quelque connaissance ou pratique, en avoir peu ou n'en avoir pas du tout. – **14.** *Agir comme on l'entend,* agir à son idée, comme on préfère. ‖ *À l'entendre,* si on l'écoute, si on le croit. ‖ *Donner à entendre, laisser (à) entendre,* insinuer, faire supposer ou soupçonner. ‖ *Entendez-moi bien,* écoutez et comprenez ce que j'ai à dire. ‖ *Entendez-vous ?,* s'emploie à la fin d'une phrase pour appuyer une recommandation, un ordre ou une menace. ‖ *Entendre qqn en confession,* recevoir sa confession. ‖ *Entendre la messe,* assister à sa célébration. ‖ *Entendre parler de qqch,* en être plus ou moins informé. ‖ *J'entends,* je veux dire : *Il n'y avait personne, j'entends personne de ma connaissance.* ‖ *J'entends bien,* j'ai bien compris. ‖ *Ne pas l'entendre de cette oreille-là,* ne pas être d'accord avec un fait, une proposition et s'y opposer. ‖ *Ne rien vouloir* *entendre,* se refuser obstinément à accéder à une demande, à accepter une proposition, à suivre un conseil. ‖ *On en entendra parler,* cela fera du bruit. ‖ *Se faire entendre,* se faire comprendre, se faire écouter, être écouté ; être entendu, en parlant d'un bruit.

◆ v. i. Jouir de l'usage de l'ouïe : *Parle plus fort, j'entends mal.*

◆ **être entendu** v. pass. **1.** Être convenu, être décidé : *C'est une affaire entendue.* — **2.** *Bien entendu,* assurément, c'est bien compris : *Bien entendu, ceci est rigoureusement confidentiel.* ‖ *C'est entendu !,* c'est décidé, convenu ; ce sera fait. ‖ Fam. *Comme de bien entendu,* évidemment, naturellement. ‖ *Avoir un air entendu,* avoir l'air de comprendre pleinement.

◆ **s'entendre** v. pr. **1.** Être perçu par l'oreille : *La cloche s'entend de loin.* — **2.** Être utilisé, employé, en parlant d'un mot, d'une expression, etc. : *Ce mot s'entend encore dans nos régions.* — **3.** Percevoir les paroles prononcées par les interlocuteurs, en parlant de plusieurs personnes : *On ne s'entend plus, tellement il y a de bruit.* — **4.** Percevoir, écouter ses propres paroles, ses propres bruits : *Je ne m'entends plus parler avec cette musique.* — **5.** Être compris, interprété de telle manière : *Ces chiffres s'entendent toutes taxes comprises.* — **6.** Se mettre, tomber d'accord avec qqn pour faire qqch : *Entendez-vous sur les moyens d'agir.* — **7.** Se comprendre : *Ils s'entendent à demi-mot.* — **8.** S'accorder, sympathiser avec qqn : *Elle s'entend bien avec son père.* — **9.** *S'y entendre en,* avoir des connaissances, de l'habileté dans un domaine. — **10.** *S'y entendre pour,* avoir toutes les capacités pour réussir qqch (souvent ironiq.) : *Pour nous créer des ennuis, il s'y entend !* — **11.** *Entendons-nous bien,* mettons-nous d'accord, comprenons-nous : *Entendons-nous bien, il ne s'agit pas de lui, mais d'elle.* ‖ *Je m'entends,* je sais exactement ce que je veux dire même si je le formule d'une manière imprécise. ‖ *S'entend,* bien entendu (après une affirmation) : *Je paierai, après livraison s'entend.*

ENTENDU, E n. Vx. *Faire l'entendu,* faire la personne experte, informée.

ENTÉNÉBRER v. t. (de *ténèbre*) [conj. **18**]. *Litt.* Plonger un lieu dans les ténèbres ; assombrir.

ENTENTE n. f. (lat. pop. **intendita,* du lat. class. *intenta,* de *intendere,* tendre vers). **1.** Fait de s'entendre, de s'accorder ; compréhension mutuelle, harmonie, concorde : *Époux entre lesquels il n'y a pas d'entente.* — **2.** Collaboration, accord politique entre États ; alliance : *L'entente franco-allemande.* — **3.** Accord, écrit ou verbal, conclu entre deux ou plusieurs entreprises pour harmoniser entre elles les prix, limiter la concurrence ou organiser la production. (→ *encycl.*) — **4.** *À double entente,* se dit d'un mot, d'une phrase, etc., que l'on peut interpréter de deux manières différentes ; à double sens, ambigu. ‖ *Arriver à une entente,* finir par s'accorder.

ENCYCL. **Écon.** La plupart des législations, notamment celles de la France et de l'U. E., interdisent des pratiques concertées qui peuvent viser à freiner les effets bénéfiques de la concurrence, sauf si elles servent l'intérêt général, la définition de celui-ci et l'appréciation de l'entente étant de la compétence de la Commission des ententes.

Entente *(Petite-),* alliance résultant des accords bilatéraux signés en 1920 et 1921 entre la Tchécoslovaquie, la Yougoslavie et la Roumanie dans le dessein de maintenir le statut territorial établi par les traités de Saint-Germain (1919) et de Trianon (1920). Dirigée contre une éventuelle restauration monarchique en Hongrie, la Petite-Entente fut patronnée par la France, qui conclut des accords avec la Tchécoslovaquie (1924-25), la Roumanie (1926) et la Yougoslavie (1927). Incapable de résister aux exigences allemandes à partir de 1936, elle disparut lors de la crise de sept. 1938, au cours de laquelle la France ne respecta pas ses engagements envers la Tchécoslovaquie.

Entente *(Triple-),* système d'alliance fondé sur les accords bilatéraux conclus à partir de 1907 entre la France, la Grande-Bretagne et la Russie. Conçue par Delcassé en vue de contrebalancer la Triple-Alliance, cette entente reposait sur le règlement préalable des contentieux entre la France et la Grande-Bretagne (Entente cordiale, 1904) et entre la Grande-Bretagne et la Russie (accord anglo-russe, 1907). Elle resta en vigueur après le déclenchement de la Première Guerre mondiale.

Entente cordiale, expression d'abord employée pour caractériser les bons rapports établis par Louis-Philippe et la reine Victoria, puis reprise en 1904 pour définir le nouveau rapprochement franco-britannique. Souhaité par la France, qui cherchait à sortir de l'isolement diplomatique où la maintenait le système de Bismarck et la Triplice, ce nouveau rapprochement fut rendu possible par l'arrivée aux Affaires étrangères de Delcassé (1898), de Paul Cambon à l'ambassade de Londres (1898) ainsi que par l'avènement d'Édouard VII (1901). Les accords, signés le 8 avr. 1904, réglèrent les questions coloniales en litige entre les deux pays, délimitant notamment leurs zones d'influences respectives au Maroc et en Égypte. L'Entente cordiale fut une étape décisive dans la constitution de la Triple-Entente* et s'affirma contre l'Allemagne lors de la conférence d'Algésiras (1906) et lors de l'affaire d'Agadir (1911).

ENTER v. t. (lat. pop. *imputare,* greffer, du gr. *emphutos,* de *emphuein,* faire croître) [conj. 3]. **1.** Assembler par une enture deux pièces de bois, de cuir, etc. – **2.** Syn. anc. de GREFFER.

ENTERALGIE n.f. Douleur intestinale.

ENTÉRECTOMIE n. f. Résection d'une partie du tube intestinal.

ENTÉRINEMENT n. m. **1.** Action d'entériner. – **2.** Jugement qui ordonnait l'exécution soit de lettres de chancellerie, soit d'actes de justice soumis à cette formalité.

ENTÉRINER v. t. (anc. fr. *enterin,* entier, complet) [conj. 3]. **1.** Rendre qqch valable, définitif en l'enregistrant ; l'admettre, l'approuver : *Le dictionnaire entérine les mots que l'usage a consacrés.* – **2.** Confirmer un état de fait, une situation. – **3.** Ratifier par un jugement un acte dont la validité dépend de cette formalité. – **4.** Pour un tribunal, faire siennes par jugement les constatations d'un rapport d'experts.

ENTÉRIQUE adj. Syn. de INTESTINAL.

ENTÉRITE n. f. Inflammation de l'intestin grêle, associée parfois à celle de l'estomac (gastroentérite) ou du côlon (entérocolite).

ENCYCL. Fréquente chez le nourrisson (chez lequel elle peut devenir très grave) et l'enfant, l'entérite est responsable d'une diarrhée aiguë et, souvent, de douleurs abdominales. Elle peut être due à une infection bactérienne *(Escherichia coli, salmonella, shigella,* staphylocoque) ou accompagner une infection virale.

– **Vétér.** On connaît chez les animaux de nombreuses entérites infectieuses spécifiques : entérites à ultravirus des bovins, entérite tuberculeuse chez les bovins et les carnivores, paratuberculose des ruminants, salmonelloses dans toutes les espèces. L'entérite tuberculeuse des bovins et les entérites infectieuses du porc (peste, salmonellose) sont des maladies légalement contagieuses. Les entérites aiguës se manifestent, le plus souvent, par de la diarrhée. Dans les entérites chroniques, on observe fréquemment des alternatives de diarrhée et de constipation. Le traitement des entérites est à la fois diététique et médicamenteux (astringents et antiseptiques intestinaux).

ENTÉRITIQUE adj. et n. Relatif à l'entérite ; atteint d'entérite.

ENTÉROBACTER [-tɛr] n. m. Genre bactérien classé dans la famille des enterobacteriaceæ, comprenant des espèces le plus souvent saprophytes de l'intestin.

ENTEROBACTERIACEÆ n. f. pl. Famille de bactéries Gram négatif définies par des caractères bactériologiques communs. (Elles comprennent les bacilles typhique et paratyphiques et le colibacille.)

ENTÉROCOLITE n. f. Inflammation de l'intestin grêle et du côlon.

ENTÉROCONIOSE n. f. Maladie caractérisée par l'introduction de poussières dans l'intestin. (Elle a surtout été observée chez les mineurs.)

ENTÉROCOQUE n. m. Diplocoque tantôt saprophyte, tantôt pathogène.

ENCYCL. Les entérocoques sont des bactéries Gram positif essentiellement polymorphes, anaérobies facultatifs. Ce sont des streptocoques du groupe D de la classification de Lancefield. Ils peuvent être responsables d'infections urinaires, de septicémies, de suppurations profondes et d'endocardites d'autant plus graves qu'ils résistent à de nombreux antibiotiques.

ENTÉROKINASE n. f. Enzyme protéolytique sécrétée par l'intestin, qui catalyse spécifiquement l'activation du trypsinogène en trypsine.

ENTEROMORPHE n. m. Algue verte, tubuleuse et ramifiée, marine et lagunaire, pouvant vivre en eaux douces et prospérant dans les eaux polluées.

ENTÉROPATHIE n. f. Toute maladie des intestins.

ENTÉROPLASTIE n. f. Opération faite sur l'intestin pour lui redonner une forme ou un calibre normal.

ENTÉROPNEUSTE n. m. Nom de classe donné aux balanoglosses.

ENTÉROPTÔSE n. f. Abaissement du côlon transverse.

ENTÉRO-RÉNAL, E, AUX adj. **1.** Relatif à l'intestin et aux reins. – **2.** *Syndrome entéro-rénal,* ensemble des accidents infectieux urinaires (pyélite et cystite), d'origine intestinale, survenant au cours d'une entérocolite infectieuse.

ENTÉRORRAGIE n. f. Hémorragie intestinale.

ENTÉROSCOPIE n. f. Endoscopie de l'intestin.

ENTÉROSPASME n. m. Contracture spasmodique d'une partie de l'intestin.

ENTÉROSTOMIE n. f. Abouchement temporaire ou définitif d'une anse intestinale à la paroi abdominale.

ENTÉROTOMIE n. f. Incision d'une anse intestinale.

ENTÉROTOXÉMIE n. f. Maladie des ruminants et des porcs provoquée par l'absorption, au niveau de la muqueuse intestinale, de toxines élaborées par des bactéries. Son évolution est foudroyante.

ENTÉROVACCIN n. m. Vaccin introduit par voie buccale et actif contre les infections intestinales.

ENTÉROVIRUS [-rys] n. m. Groupe de virus ayant la propriété de se localiser dans le tube digestif, tels que *poliovirus, coxsackie* et *echovirus.*

ENTERREMENT n. m. **1.** Action de mettre en terre un mort ; ensevelissement. — **2.** Ensemble des cérémonies qui accompagnent l'inhumation ; funérailles. — **3.** Convoi funèbre : *L'enterrement a traversé la ville.* — **4.** Action d'abandonner, de rejeter qqch dans l'oubli : *Enterrement d'un projet de loi.* — **5.** *Aller d'un pas d'enterrement,* aller lentement. ‖ *Avoir, faire une tête, une mine d'enterrement,* avoir l'air triste, sombre. ‖ *Enterrement civil,* celui qui a lieu sans aucune cérémonie religieuse, par oppos. à *enterrement religieux.* ‖ Fam. *Enterrement de première classe,* rejet, abandon total d'un projet ; mise à l'écart de qqn avec tous les honneurs.

Enterrement du comte d'Orgaz *(l'),* un des chefs-d'œuvre du Greco, exécuté en 1586 (4,60 × 3,60 m, église S. Tomé, Tolède). La toile commémore une légende selon laquelle, lors de l'enterrement de Gonzalo Ruiz, seigneur d'Orgaz († 1323), qui avait financé la reconstruction de S. Tomé, saint Étienne et saint Augustin seraient descendus du ciel pour l'ensevelir.

enterrement à Ornans *(Un),* un des chefs-d'œuvre de Courbet (musée d'Orsay), exposé au Salon de 1850-51. C'est sa première grande composition (3,15 × 6,68 m) ; violemment critiquée, elle classa le peintre comme chef de l'école réaliste.

ENTERRER v. t. (conj. 4). **1.** Mettre qqch en terre, l'enfouir dans le sol, le recouvrir de terre ; ensevelir : *Enterrer une canalisation.* — **2.** Inhumer, mettre en terre le corps d'un mort ; le mettre dans une sépulture. — **3.** Organiser les cérémonies funèbres, assister aux obsèques de qqn : *Enterrer quelqu'un civilement.* — **4.** Ensevelir qqn sous qqch, l'en recouvrir totalement : *Le bombardement l'a enterré sous les ruines de sa maison.* — **5.** Vivre plus longtemps que qqn, lui survivre : *Vous nous enterrerez tous !* — **6.** Renoncer à poursuivre une idée, ne plus s'occuper d'une affaire ; oublier : *Enterrer un projet.* — **7.** Tenir qqn éloigné du monde, le confiner dans un milieu où il s'ennuie et se sent isolé : *Son mari l'avait enterrée dans ce petit coin perdu de campagne.* — **8.** *Enterrer vivant qqn,* le faire périr en l'enfouissant sous terre ; lui faire mener une vie de reclus. ‖ *Enterrer sa vie de garçon,* passer sa dernière soirée de célibataire en joyeuse compagnie.

◆ **s'enterrer** v. pr., **être enterré** v. pass. Se retirer du monde, s'isoler ou vivre isolé ; être reclus : *Il s'est enterré en province.*

ENTÊTANT, E adj. Qui entête ; enivrant, obsédant : *Un parfum entêtant.*

EN-TÊTE n. m. **1.** Texte imprimé ou gravé à la partie supérieure d'un papier à lettres, d'une facture, d'un imprimé publicitaire. — **2.** En informatique, groupe d'informations de service placé devant un ensemble de données à traiter en bloc pour l'identifier et, éventuellement, définir les traitements ou les cheminements qu'il doit subir.

ENTÊTÉ, E n. Personne qui fait preuve d'entêtement ; obstiné, têtu : *C'est un entêté que les arguments ne convainquent jamais.*

ENTÊTEMENT n. m. Fait de s'entêter, caractère de qqn qui est entêté ; obstination, opiniâtreté.

1. ENTÊTER v. t. (de *tête*) [conj. **4**]. En parlant des odeurs, des vapeurs, porter à la tête ; étourdir : *Parfum trop fort qui entête l'assistance.*

2. ENTÊTER (S') v. pr. (de *entêter 1*) [conj. **4**]. S'obstiner d'une manière aveugle, maladroite dans une opinion, une attitude : *S'entêter dans un refus stupide.*

◆ **être entêté,** v. pass. Manifester de l'obstination, de l'opiniâtreté : *Le refus entêté de se soumettre.*

ENTHALPIE n. f. (gr. *en,* dans, et *thalpos,* chaleur). Fonction d'état caractérisant un fluide homogène, ayant pour expression $H = U + pV$, où U est l'énergie interne, *p* la pression et V le volume. (Lors d'une transformation à pression constante, la quantité de chaleur reçue par le système est égale à sa variation d'enthalpie.) [Syn. FONCTION DE GIBBS.]

ENTHALPIQUE adj. Relatif à l'enthalpie.

ENTHOUSIASMANT, E adj. Qui suscite l'enthousiasme : *Résultats enthousiasmants.*

ENTHOUSIASME n. m. (gr. *enthousiasmos,* transport divin). Émotion puissante qui s'empare de qqn à propos de qqn ou de qqch et qui se manifeste par des signes extérieurs d'admiration, de contentement ; exaltation : *Acclamer un orateur avec enthousiasme.*

ENTHOUSIASMER v. t. (conj. 3). Inspirer à qqn de l'enthousiasme ; enflammer, galvaniser : *Ce projet nous a enthousiasmés.*

◆ **s'enthousiasmer** v. pr., **être enthousiasmé** v. pass. Être saisi d'enthousiasme, s'enflammer, se passionner pour qqch, qqn : *S'enthousiasmer pour un film.*

ENTHOUSIASTE adj. (gr. *enthousiastês*). Qui éprouve, manifeste ou témoigne de l'enthousiasme : *Des cris enthousiastes.*

◆ adj. et n. Qui s'enthousiasme facilement : *C'est un enthousiaste.*

ENTHYMÈME n. m. (gr. *enthumêma*). Dans la philosophie aristotélicienne, syllogisme qui part de prémisses vraisemblables mais qui ne sont pas explicitées.

ENTICHEMENT n. m. *Litt.* Action de s'enticher ; engouement.

ENTICHER (S') v. pr., **ÊTRE ENTICHÉ** v. pass. (anc. fr. *entechier,* pourvoir d'une qualité, de *teche,* tache) [conj. 3]. Éprouver un attachement subit, un engouement vif et parfois excessif pour qqn, qqch ; s'éprendre, s'amouracher, s'engouer : *S'enticher d'une femme. Être entiché de musique.*

ENTIER, ÈRE adj. (lat. *integer,* intact). **1.** Dont rien n'a été retranché ; intact : *Il reste un pain entier.* – **2.** Considéré dans toute son étendue, sa masse, sa durée : *Une vie entière n'y suffirait pas.* – **3.** Qui est sans réserve, sans restriction, sans atténuation ; total : *Le problème reste entier.* – **4.** Qui n'admet pas de demi-mesures, de nuances, qui est d'une seule pièce : *Un caractère entier.* – **5.** Se dit d'un animal qui n'a pas subi la castration. – **6.** *Se donner tout entier,* s'adonner totalement, sans restriction à qqch. ‖ *Lait entier,* lait n'ayant pas subi l'écrémage. • **Bot.** Se dit d'une feuille, d'un sépale ou d'un pétale sans sinuosités ni échancrures. – **Math.** *Nombre entier,* syn. de ENTIER (naturel ou relatif). ‖ *Partie entière d'un nombre* a, plus grand entier inférieur ou égal à *a.* ‖ *Série entière par rapport à la variable réelle ou complexe* X, série de fonctions qui sont de la forme $X \mapsto a_n X^n (n \in \mathbb{N})$, les a_n étant éléments de $\mathbb{R}$ ou $\mathbb{C}$. (Les a_0, a_1, ..., a_n... sont appelés coefficients de la série entière.)

◆ **entier** n. m. **1.** *Un entier,* une unité entière : *Quatre quarts font un entier.* – **2.** *Dans son entier,* en totalité, intégralement. ‖ *En entier,* totalement, complètement. • **Math.** *Entier modulo* n, classe résiduelle modulo *n.* ‖ *Entier naturel,* élément de l'ensemble $\mathbb{N}$. ‖ *Entier relatif,* élément de l'ensemble $\mathbb{Z}$.

ENTIERCEMENT n. m. Remise d'un objet en gage entre les mains d'un tiers par le débiteur afin qu'il soit conservé pour le compte du créancier.

ENTIÈREMENT adv. **1.** Dans son entier, tout entier ; totalement, intégralement, complètement : *Vider entièrement une bouteille.* – **2.** De façon entière, totale, sans restriction ; parfaitement : *Donner entièrement raison à quelqu'un.*

ENTIÈRETÉ n. f. En Belgique, totalité, intégralité.

ENTIER-POSTAL n. m. (pl. *entiers-postaux*). Objet postal sur lequel, au moment de sa vente, le timbre d'affranchissement est déjà imprimé. (Ex. : bandes pour journaux, cartes postales, aérogrammes.)

ENTIME n. m. (gr. *entimos,* estimé). Grand et très beau charançon des contrées chaudes de l'Amérique du Sud, très commun au Brésil sur les mimosas.

ENTITÉ n. f. (bas lat. *entitas, -atis,* du lat. class. *ens, entis,* étant). **1.** Ensemble des propriétés constitutives d'un être, dans le langage philosophique. – **2.** Ce que dénote un symbole. – **3.** Chose considérée comme un être ayant son individualité : *La société, l'État sont des entités.* – **4.** *Entité morbide,* toute maladie à caractères fixes et déterminés constituant un tout bien individualisé (par ex. la pneumonie).

ENTOBLASTE, ENTOBLASTIQUE → ENDODERME, ENDODERMIQUE.

ENTOILAGE n. m. **1.** Fixation sur une toile : *L'entoilage d'un tableau.* – **2.** Action de garnir de toile : *Entoilage des ailes d'un U. L. M.* – **3.** Fond de toile tendu sur le métier et sur lequel on coud la pièce à broder. – **4.** Action d'entoiler un vêtement ; résultat de cette action ; étoffe utilisée à cette fin.

ENTOILER v. t. (conj. 3). **1.** Recouvrir qqch de toile : *Entoiler une aile de planeur.* – **2.** Fixer qqch sur une toile : *Entoiler une carte.* – **3.** Poser, entre la doublure et le vêtement ou une de ses parties, une toile ou une triplure pour lui donner de la tenue.

ENTOIR n. m. Syn. de GREFFOIR.

ENTÔLAGE n. m. *Pop.* Action d'entôler.

ENTÔLER v. t. (de *tôle,* chambre) [conj. 3]. *Pop.* **1.** En parlant d'une prostituée, dépouiller un client de son portefeuille, de ses bijoux. – **2.** Tromper qqn pour le voler, le duper.

ENTÔLEUR, EUSE n. *Pop.* Personne qui entôle qqn.

ENTOLOME n. m. (du gr. *lôma,* frangé). Champignon basidiomycète à lames roses. (L'*entolome livide,* à odeur agréable de farine fraîche, est toxique.)

ENTOMOCÉCIDIE n. f. Galle causée à un végétal par un insecte.

ENTOMOGAME, ENTOMOGAMIE → ENTOMOPHILE, ENTOMOPHILIE.

ENTOMOLOGIE n. f. Partie de la zoologie qui traite des insectes et, par extension, des autres arthropodes terrestres.

ENCYCL. L'entomologie moderne débute au XVIIe s. avec les recherches de Malpighi et de Swammerdam. Le grand observateur de cette époque est Réaumur avec ses *Mémoires pour servir à l'histoire des insectes* (1734-1742). À la fin du XVIIIe s., Latreille fonde la systématique entomologique moderne ; Jean Henri Fabre, au XIXe s., intéresse le grand public aux mœurs des insectes. Aujourd'hui, les applications de l'entomologie à la médecine et surtout à l'agriculture ont pris une importance considérable.

ENTOMOLOGIQUE adj. Relatif aux insectes.

ENTOMOLOGISTE n. Spécialiste de l'étude des insectes.

ENTOMOPHAGE adj. et n. m. Se dit des organismes qui se nourrissent d'insectes, et, en partic., des plantes dites « carnivores » (dionée, drosera) ou des insectes qui en dévorent d'autres.

ENTOMOPHILE ou **ENTOMOGAME** adj. Se dit des plantes dont la pollinisation se fait par l'intermédiaire des insectes. (Les fleurs entomophiles attirent les insectes par un nectar abondant et des pétales colorés.)

ENTOMOPHILIE ou **ENTOMOGAMIE** n. f. Mode de pollinisation des plantes entomophiles.

ENTOMOSPORIOSE n. f. Maladie cryptogamique du cognassier caractérisée par des taches circulaires sur les feuilles et les fruits.

ENTOMOSTRACÉ n. m. Ancien nom de sous-classe donné à tous les crustacés autres que les malacostracés. (Ce groupe est auj. démembré.)

ENTONNAGE n. m., **ENTONNAISON** n. f., ou **ENTONNEMENT** n. m. Mise en tonneau du vin, du cidre, etc.

1. ENTONNER v. t. (de *ton*) [conj. 3]. **1.** Chanter les premières notes, en donnant ainsi le ton aux autres chanteurs. – **2.** Commencer à chanter un air, une chanson : *Ils entonnèrent en chœur « la Marseillaise ».* – **3.** Litt. *Entonner les louanges de qqn,* commencer à le célébrer.

2. ENTONNER v. t. (de *tonne*) [conj. 3]. Mettre en tonneau du vin, du cidre, de la bière, etc.

ENTONNOIR n. m. (de *entonner,* mettre en tonneau). **1.** Ustensile rigide de forme conique servant à transvaser les liquides. – **2.** Excavation sur bords évasés faite dans le sol, notamment par l'éclatement d'un obus, d'une bombe, d'un fourneau de mine, par l'effondrement du sous-sol. – **3.** Excavation de forme conique réalisée à la base d'un panneau exploité pour soutirer le minerai abattu. – **4.** Goulet d'accès des nasses et verveux.

ENTOPROCTE n. m. Animal marin microscopique, solitaire ou colonial, pourvu d'une couronne de tentacules ciliés entourant la bouche et l'anus. (L'embranchement des entoproctes a longtemps été inclus, à tort, dans le groupe des bryozoaires.) [Syn. KAMPTOZOAIRE.]

ENTORSE n. f. (de l'anc. fr. *entordre,* tordre, du lat. *intorquere*). **1.** Lésion traumatique d'une articulation résultant de sa distorsion brutale avec élongation ou rupture des ligaments, sans déplacement permanent des surfaces articulaires (contrairement à la *luxation*). – **2.** Atteinte portée à qqch ; manquement : *Entorse au règlement.*

ENTORTILLEMENT ou **ENTORTILLAGE** n. m. Action d'entortiller, de s'entortiller ; fait d'être entortillé, emmêlé : *L'entortillement du chèvrefeuille autour d'un arbre.*

ENTORTILLER v. t. (lat. pop. **intortiliare,* du lat. class. *tortilis,* tortillé) [conj. 3]. **1.** Envelopper un objet dans qqch qu'on tortille, qu'on enroule tout autour : *Entortiller des bonbons dans du papier.* – **2.** Tortiller un papier, un tissu, etc., l'enrouler autour de qqch : *Entortiller une bande autour du bras blessé.* – **3.** *Fam.* Séduire qqn, l'amener à ce qu'on désire par des paroles trompeuses ; emberlificoter : *Le démarcheur l'a entortillé avec ses boniments.* **4.** *Fam.* Formuler un discours de façon compliquée, avec des circonlocutions ; embrouiller : *Entortiller ses phrases.*
◆ **s'entortiller** v. pr., **être entortillé** v. pass. **1.** S'attacher autour de qqch en l'entourant : *Le liseron s'entortille autour des tiges.* – **2.** Se prendre dans qqch qui s'enroule autour de soi : *Elle s'entortilla dans sa jupe et tomba.* – **3.** *Fam.* S'embarrasser, s'embrouiller dans qqch : *Il s'entortilla dans ses explications.*

ENTOTROPHE n. m. Insecte sans ailes, dont les pièces buccales sont presque complètement cachées dans la tête. (Les *entotrophes,* qui forment un superordre d'aptérygotes, comprennent trois ordres : les collemboles, les diploures et les protoures.)

ENTOURAGE n. m. **1.** Ce qui entoure qqch, est disposé autour : *Un médaillon avec un entourage de perles.* – **2.** Personnes qui vivent habituellement autour de qqn ; voisinage : *Vivre dans l'entourage d'un homme politique.*

ENTOURER v. t. (de *tour*) [conj. 3]. **1.** Placer, disposer qqch autour de qqch, de qqn : *Entourer son jardin d'un grillage. On entoura le blessé d'une couverture.* – **2.** Placer le bras autour de la taille, des épaules de qqn : *Il l'attira vers lui, l'entourant de son bras.* – **3.** Tracer un cercle autour de qqch : *Entourer les fautes en rouge.* – **4.** Être placé, disposé, ou s'étendre autour de qqch, être placé de part et d'autre, de chaque côté ou autour de qqch, de qqn : *Banlieue qui entoure la ville.* – **5.** Former l'environnement, le cadre, le contexte dans lequel qqn se trouve : *De graves dangers nous entourent.* – **6.** Constituer l'entourage professionnel, amical, social : *De mauvais conseillers l'entourent.* – **7.** Introduire des personnes dans l'entourage de qqn, les envoyer près de lui : *On m'entoure d'espions.* – **8.** Accompagner qqch : *Il entoure son mariage de mystère. Le mystère qui entoure sa vie.* – **9.** Accorder, témoigner de la sympathie à qqn, le soutenir : *Entourer quelqu'un d'égards.*

◆ **être entouré** v. pass. *Être (très) entouré,* en parlant de qqn, avoir autour de soi des admirateurs, des flatteurs ; être soutenu par l'attention de ses proches.
◆ **s'entourer** v. pr., **être entouré** v. pass. **1.** Placer qqch autour de soi, avoir qqch autour de soi : *La Lune s'entoure d'un halo clair à cette heure.* — **2.** Choisir des personnes comme compagnons, associés, etc., les avoir autour de soi : *Il a su s'entourer de collaborateurs compétents.* — **3.** Se pourvoir de qqch : *S'entourer de garanties.* — **4.** *S'entourer de mystère,* se cacher, agir dans l'ombre.

ENTOURLOUPE ou **ENTOURLOUPETTE** n. f. (de *tour,* avec l'infl. de *turlupin*). *Fam.* Mauvais tour joué à quelqu'un : *On lui a fait des entourloupettes.*

ENTOURNURE n. f. (de *tourner*). **1.** Syn. de EMMANCHURE. — **2.** Fam. *Être gêné aux* ou *dans les entournures,* être gêné moralement ou financièrement.

ENTOZOAIRE n. m. Parasite animal qui vit à l'intérieur du corps de son hôte.

ENTRACTE n. m. (de *entre* et *acte*). **1.** Espace de temps qui sépare les différents actes d'une représentation théâtrale, les diverses parties d'un spectacle. — **2.** Intermède, divertissement destiné à occuper cet intervalle. — **3.** Temps d'arrêt, de repos, de répit dans une action ; pause ; courte interruption : *Ce n'était qu'un entracte dans l'échange de projectiles.* — **4.** Composition instrumentale destinée à servir d'intermède entre les différents actes d'un spectacle théâtral ou lyrique. (Il peut s'intégrer à une musique de scène.)

ENTRAGUES (Catherine Henriette DE BALZAC D'), marquise **de Verneuil,** favorite d'Henri IV (Orléans 1579 - Paris 1633). Fille de François de Balzac, seigneur d'Entragues, et de Marie Touchet, ex-favorite de Charles IX, elle devint en 1599, après la mort de Gabrielle d'Estrées, la maîtresse d'Henri IV, qui la renvoya en 1608.

ENTRAIDE n. f. Action de s'entraider ; aide qu'on se porte mutuellement.

ENTRAIDER (S') v. pr. (conj. 4). S'aider, se soutenir mutuellement.

ENTRAIGUES-SUR-SORGUES (84320), comm. de Vaucluse, dans le Comtat, au N.-E. d'Avignon ; 5 820 hab. *(Entraiguois).*

ENTRAILLES [ɑ̃traj] n. f. pl. (lat. pop. *intralia,* du class. *interanea,* intestins). **1.** Viscères abdominaux, ensemble des organes contenus dans les cavités abdominale et thoracique. — **2.** *Litt.* Ventre considéré comme siège de la faim : *Nos entrailles criaient famine.* — **3.** *Litt.* Ventre maternel : *L'enfant qu'elle avait porté dans ses entrailles.* — **4.** *Litt.* Siège des sentiments les plus profonds, de la sensibilité ; cœur : *Un drame qui vous prend aux entrailles.* — **5.** Litt. *Les entrailles de la terre,* les profondeurs du sol.

ENTR'AIMER (S') v. pr. (conj. 4). *Litt.* S'aimer l'un l'autre ou les uns les autres.

ENTRAIN n. m. (de *être en train*). **1.** Ardeur, bonne humeur entraînante ; vivacité, fougue : *Travailler avec entrain. La fête manque d'entrain.* — **2.** Mouvement rapide, animé d'une œuvre, d'un spectacle, etc. : *Un allégro plein d'entrain.*

ENTRAÎNABLE adj. Qui peut être entraîné.

ENTRAÎNANT, E adj. Qui stimule : *Musique entraînante.*

1. ENTRAÎNEMENT n. m. **1.** Action d'entraîner qqn à une action, fait de se laisser entraîner par qqn ; influence : *Il a cédé à l'entraînement de mauvais camarades.* — **2.** Action de solidariser le mouvement d'un organe commandé à celui de l'organe qui le commande ; ensemble des dispositifs qui assurent cette fonction. — **3.** Mode de liaison entre le moteur électrique et la machine qu'il entraîne, ou entre le générateur électrique et le moteur qui l'entraîne. — **4.** *Courant d'entraînement,* courant marin produit par le déplacement des molécules sous l'effet du vent et du déferlement. ‖ *Mouvement d'entraînement,* mouvement d'un repère mobile, schématisant un solide, par rapport à un repère fixe.

2. ENTRAÎNEMENT n. m. **1.** Préparation régulière et méthodique à un exercice physique ou intellectuel : *L'entraînement des soldats au combat.* — **2.** Ensemble d'exercices physiques variés, mêlés à la pratique régulière du sport lui-même, destinés à préparer méthodiquement qqn à une compétition. — **3.** Action d'entraîner un cheval à une compétition. — **4.** Habitude, savoir-faire acquis par une répétition d'expériences dans un domaine quelconque : *Mal faire quelque chose par manque d'entraînement.* — **5.** *Avion d'entraînement,* appareil utilisé pour la formation du personnel navigant et spécialement des pilotes militaires.

1. ENTRAÎNER v. t. (de *traîner*) [conj. 4]. **1.** Traîner qqch ou qqn avec soi, derrière soi, les emporter avec soi en parlant de qqch ou de qqn en mouvement : *Le vase tomba en entraînant les bibelots posés à côté.* — **2.** En parlant d'un mécanisme, communiquer le mouvement à un autre mécanisme : *Courroie qui entraîne une poulie.* — **3.** Faire connaître à qqn le même état, la même évolution que soi-même : *Il fit faillite, entraînant son associé dans sa ruine.* — **4.** Conduire qqn avec soi qqpart, l'amener de force : *Elle m'entraîna vers la sortie.* — **5.** Amener qqn, par une pression morale, par la séduction ou l'exemple, à agir, à s'engager dans une voie qu'il n'a pas délibérément choisie ; pousser : *Se* *laisser entraîner par les autres.* — **6.** Amener tel comportement de la part de qqn, en être la cause, avoir tel résultat, telle conséquence ; impliquer, engager : *Son incompétence l'entraînera à commettre de graves erreurs.* — **7.** Exercer un effet stimulant sur qqn, le pousser irrésistiblement : *Se laisser entraîner par la passion.* — **8.** Donner à un solide un mouvement d'entraînement.

2. ENTRAÎNER v. t. (de *entraîner 1,* avec l'infl. de l'angl. *to train,* dresser) [conj. 4]. **1.** Faire acquérir à qqn, à un animal, l'habitude, la pratique de qqch, en partic. en vue d'un concours, d'un combat, etc., par une préparation systématique : *Entraîner des troupes à se battre.* — **2.** Préparer à la compétition un sportif, un cheval par une série d'exercices gradués et répétés. — **3.** Habituer, exercer le corps, l'esprit à fonctionner au mieux, les préparer à certaines épreuves par des exercices répétés ; exercer : *Entraîner sa mémoire par des jeux.* — **4.** Servir d'entraîneur à un cycliste.
◆ **s'entraîner** v. pr., **être entraîné** v. pass. Subir un entraînement, s'astreindre à des exercices répétés pour acquérir ou conserver une pratique, une habileté : *Être entraîné pour la marche.*

1. ENTRAÎNEUR, EUSE adj. Se dit d'un dispositif qui entraîne.
◆ **entraîneur** n. m. **1.** *Entraîneur d'hommes,* chef, meneur d'hommes. — **2.** Syn. de TRANSPORTEUR À RACLETTES. — **3.** Isotope stable d'un noyau radioactif, que l'on mélange à ce dernier lorsqu'il est en quantité très faible pour en faciliter l'extraction par des procédés chimiques ou physiques. — **4.** *Entraîneur d'air,* adjuvant provoquant la formation de bulles d'air dans un béton ou un mortier.
◆ **entraîneuse** n. f. Femme employée dans un établissement de nuit pour engager les clients à danser et à consommer.

2. ENTRAÎNEUR, EUSE n. **1.** Personne qui, par des exercices gradués, entraîne un athlète, un boxeur, un nageur, une équipe, etc., et les prépare à une compétition. — **2.** Pilote de la machine (moto, cyclomoteur) derrière laquelle le coureur cycliste s'abrite du vent en restant dans son sillage. — **3.** Personne qui s'occupe de l'entraînement des chevaux de course. (L'entraîneur maintient les chevaux qui lui sont confiés dans la meilleure condition possible et les engage dans les courses qui leur conviennent. Il reçoit un pourcentage sur les prix gagnés par ces chevaux.)

ENTRAIT n. m. (p.-ê. anc. fr. *tref,* poutre, du lat. *trabs,* avec l'infl. de l'anc. fr. *entrait,* emplâtre). **1.** Base du triangle que dessine une ferme de charpente, sur laquelle s'assemblent arbalétriers et poinçon. (L'entrait travaille à la traction.) [Syn. TIRANT.] — **2.** *Entrait de brisis,* entrait formant la base du trapèze d'un comble à la Mansart. ‖ *Entrait de croupe,* entrait de la demi-ferme d'une croupe. ‖ *Entrait retroussé,* entrait placé plus haut que le pied des arbalétriers (par ex. dans un comble à surcroît, pour dégager un espace habitable). ‖ *Faux entrait,* pièce horizontale fixée à une certaine hauteur entre les arbalétriers d'une ferme afin de les soulager. (Travaille à la compression.)

ENTRAMMES (53260), comm. de la Mayenne, à 9 km au S.-S.-E. de Laval ; 1 814 hab. Monastère trappiste de Port-du-Salut. Fromagerie.

ENTRANT, E adj. et n. **1.** Qui entre dans un lieu, dans un service : *Pointer les entrants dans un hôpital.* — **2.** Joueur admis à participer à une partie en cours.

ENTRAPERCEVOIR ou **ENTR'APERCEVOIR** v. t. (conj. 52). Apercevoir qqch, qqn d'une manière indistincte ou pendant un court espace de temps.

ENTRAVE n. f. (de *entraver*). **1.** Lanière, lien munis d'une boucle ou d'un anneau servant à limiter les mouvements des membres d'un animal. — **2.** Ce qui retient, gêne, embarrasse ; obstacle : *Mettre des entraves aux projets de quelqu'un.* — **3.** *Délit d'entrave,* fait pour un employeur d'empêcher ou de gêner la désignation ou l'action légale des représentants du personnel dans l'entreprise.

1. ENTRAVER v. t. (anc. fr. *tref,* poutre, ou anc. provenç. *entravar,* de *trau,* poutre) [conj. 3]. **1.** Empêcher un animal de se déplacer en lui mettant une entrave. — **2.** Embarrasser qqn, le gêner dans ses mouvements : *Une jupe étroite qui entrave la marche.* — **3.** Empêcher qqn d'agir, une action de se réaliser, ou constituer un obstacle : *La crise économique a entravé l'exécution du plan.*
◆ **être entravé** v. pass. **1.** En parlant d'une jupe, être resserrée dans le bas. — **2.** En parlant d'une voyelle, être incluse dans une syllabe fermée. (Contr. LIBRE.)

2. ENTRAVER v. t. (anc. fr. *enterver,* du lat. *interrogare*) [conj. 3]. *Pop.* **1.** Comprendre qqch. — **2.** *N'y entraver que couic, que dalle,* ne rien comprendre.

ENTRAVON n. m. (de *entrave*). Appareil de contention fait de quatre bracelets de cuir, passés autour des paturons d'un cheval pour l'abattre et le maintenir.

ENTRAXE n. m. **1.** En architecture, distance séparant les axes de deux supports consécutifs. — **2.** Distance séparant les axes de deux voies ferrées voisines, de deux essieux voisins, etc. — **3.** Autre forme de ENTRE-AXES.

ENTRAYGUES-SUR-TRUYÈRE (12140), ch.-l. de cant. du nord de l'Aveyron, au confluent du Lot et de la Truyère ; 1 565 hab. *(Entrigots).* Restes d'un château médiéval. Ponts gothiques.

ENTRE prép. (lat. *inter*). Indique **1.** Que qqch se situe dans l'espace qui sépare des choses ou des êtres : *Nous sommes tombés en panne entre Orléans et Blois.* – **2.** Que qqch se situe dans un intervalle de temps, une durée entre deux moments : *Téléphonez-moi entre midi et deux heures.* – **3.** Un état intermédiaire : *Une couleur entre le jaune et le vert.* – **4.** L'ensemble au sein duquel une possibilité de choix est offerte : *Il a fallu choisir entre plusieurs candidats.* – **5.** Un rapport de réciprocité, d'amitié ou d'hostilité, de similitude ou de différence : *L'égalité entre les hommes. Une grande analogie entre deux situations.* – **6.** Un ensemble de personnes à l'exclusion de toute autre : *Nous fêterons ça entre nous.* – **7.** *D'entre,* pris parmi, au nombre de : *Certains d'entre eux étaient blessés.* ‖ *Entre nous, soit dit entre nous,* je vous le dis en confidence. ‖ *Entre tous,* parmi tous, par excellence.

ENTRE- préfixe, du lat. *inter,* exprimant la réciprocité ou l'action mutuelle *(entraide),* l'intervalle *(entrefilet),* l'idée de « à demi, imparfaitement » *(entrevoir).*

ENTRE-AXES n. m. inv. ou **ENTRAXE** n. m. Distance qui sépare les axes parallèles de deux trous, de deux éléments d'un engrenage, de deux pièces de révolution, etc.

ENTREBÂILLEMENT n. m. Légère ouverture qu'offre une chose entrebâillée.

ENTREBÂILLER v. t. (conj. 3). Entrouvrir légèrement une porte, une fenêtre, etc.

◆ **être entrebâillé** v. pass. *Aiguille entrebâillée,* aiguille dont la lame s'est écartée légèrement de la contre-aiguille. (Cette position peut occasionner un déraillement ; aussi la plupart des aiguilles sont-elles calées ou verrouillées à l'aide de dispositifs spéciaux.)

ENTREBÂILLEUR n. m. Pièce limitant le mouvement d'une porte lorsque la serrure est ouverte.

ENTRE-BANDE n. f. (pl. *entre-bandes*). Chacune des bandes travaillées avec une chaîne de couleur différente aux extrémités d'une bande d'étoffe.

ENTRECASTEAUX *(îles d'),* archipel volcanique de Mélanésie, dépendant de l'Australie ; 3 142 km^2 ; 34 400 hab.

ENTRECASTEAUX *(récifs d'),* groupe d'atolls du Pacifique (Océanie française), au N.-O. de la Nouvelle-Calédonie.

ENTRECASTEAUX (Antoine Raymond Joseph BRUNY, *chevalier* D'), navigateur français (Aix, Provence, 1737 - en mer, près de Java, 1793). Vice-amiral, il partit en 1791 à la recherche de La Pérouse. Il explora en vain les côtes de la Nouvelle-Hollande, de la Nouvelle-Calédonie, des Nouvelles-Hébrides, des îles Salomon et des îles de l'Amirauté, réalisant cependant d'utiles relevés sur cette partie du monde.

ENTRECHAT n. m. (de l'ital. *salto intrecciato,* saut entrelacé). **1.** Pas de danse consistant en un seul saut vertical au cours duquel le danseur fait passer ses pointes baissées l'une devant l'autre avant de retomber sur le sol. (Les entrechats sont numérotés de 3 à 8, et 10, suivant le nombre de passages des pieds. La virtuosité de ce saut est donnée par la plus ou moins grande élévation de l'exécutant.) – **2.** Saut léger et rapide.

ENTRECHOQUEMENT ou **ENTRECHOC** n. m. Choc de choses qui se heurtent.

ENTRECHOQUER v. t. (conj. 3). Choquer des objets, les faire se heurter l'un contre l'autre : *Entrechoquer les verres.*

◆ **s'entrechoquer** v. pr., **être entrechoqué** v. pass. Se choquer, se heurter : *Le bruit de verres entrechoqués.*

ENTRECOLONNEMENT ou, vx, **ENTRECOLONNE** n. m. Espace libre entre deux colonnes d'une colonnade. (Vitruve admettait cinq valeurs d'entrecolonnement, du *pycnostyle* [intervalle entre colonnes égal à 1,5 diamètre de colonne] à l'*aréostyle* [intervalle de 4 diamètres] en passant par le *systyle,* l'*eustyle,* le *diastyle.*)

ENTRECÔTE n. f. **1.** Tranche de bœuf prélevée dans le train de côtes désossé. – **2.** Espace compris entre deux colonnes de mailles sur la même face d'un tricot à côtes.

ENTRECOUPEMENT n. m. Action d'entrecouper ; interruption.

ENTRECOUPER v. t. (conj. 3). Interrompre par intervalles qqch qui se déroule ; entremêler : *Il entrecoupait son récit d'exclamations.*

◆ **être entrecoupé** v. pass. **1.** Être interrompu de manière répétitive par qqch : *Discours entrecoupé de hoquets.* – **2.** Être intermittent, haché, saccadé : *Respiration entrecoupée.*

ENTRECROISEMENT n. m. **1.** Disposition de choses qui s'entrecroisent. – **2.** Lieu où se croisent deux organes anatomiques symétriques en traversant la ligne médiane pour aller d'un côté du corps à l'autre.

ENTRECROISER v. t. (conj. 3). Croiser deux ou plusieurs choses entre elles ; entrelacer : *Entrecroiser des lignes.*

◆ **être entrecroisé** v. pass. *Stratification entrecroisée,* disposition particulière des sédiments détritiques, liée à l'existence de courants, de chenaux ou de dunes. (Syn. STRATIFICATION OBLIQUE.)

ENTRECUISSE n. m. **1.** Espace situé entre les cuisses.

ENTRE-DÉCHIRER (S') v. pr. (conj. 3). Se déchirer mutuellement.

ENTRE-DÉTRUIRE (S') v. pr. (conj. 98). Se détruire l'un l'autre.

ENTRE-DEUX n. m. inv. **1.** Partie ou place qui sépare deux choses. — **2.** État intermédiaire entre deux extrêmes. — **3.** Meuble à hauteur d'appui placé entre deux fenêtres (XVIIIe s.). — **4.** Au basket-ball, lancer du ballon à la verticale, par l'arbitre, entre deux adversaires. (L'entre-deux s'exécute après diverses fautes ou au commencement de chaque mi-temps.) — **5.** Au football, acte comparable après arrêt du jeu. — **6.** Bande de broderie, de dentelle, de tapisserie à bords droits, destinée à être cousue des deux côtés d'une pièce de lingerie ou d'ameublement.

ENTRE-DEUX-GUERRES n. m. ou f. inv. Période qui s'étend entre les deux grandes guerres mondiales, de 1919 à 1939.

ENTRE-DEUX-MERS, région de la Gironde, entre la Garonne et la Dordogne, partie du vignoble du Bordelais*.

ENTRE-DÉVORER (S') v. pr. (conj. 3). Se dévorer mutuellement.

ENTRÉE n. f. (part. passé de *entrer*). **1.** Action d'entrer, de passer de l'extérieur à l'intérieur : *Faire une entrée discrète.* — **2.** Possibilité d'entrer dans un lieu ; accès : *Refuser l'entrée.* — **3.** Dégagement, espace où donne la porte principale d'accès d'un appartement, d'une maison et qui dessert les autres pièces : vestibule. — **4.** Admission dans une classe, un établissement scolaire, une organisation, etc. : *Entrée en sixième.* — **5.** Action d'entrer en scène, moment où un artiste entre en scène : *Rater son entrée.* — **6.** Accès à un spectacle, à une exposition, etc. : *Prendre un billet d'entrée.* — **7.** Somme à payer pour entrer ou faire entrer dans une salle de spectacle, dans un stade, etc. ; titre pour entrer, billet : *Une entrée de faveur.* — **8.** Lieu, endroit, ouverture qui donne accès à qqch : *L'entrée du personnel.* — **9.** *Litt.* Commencement d'une période de temps : *L'entrée de l'hiver.* — **10.** Début d'une action, d'un temps : *À son entrée en fonctions.* — **11.** *Avoir ses entrées chez qqn,* y être reçu de façon privilégiée. ‖ *D'entrée de jeu,* dès le début, d'emblée. ‖ *Faire son entrée dans le monde,* assister pour la première fois à une réunion mondaine. • **Aéron.** *Entrée d'air,* orifice admettant l'air à l'intérieur d'un moteur d'avion. — **Ch. de f.** *Signal d'entrée,* signal d'arrêt placé à l'entrée d'une gare. — **Chauss.** Mesure du périmètre transversal du pied ou de la forme au niveau du cou-de-pied. — **Chorégr.** Chacune des parties d'un acte d'un ballet. ‖ Acte d'un opéra-ballet qui expose un sujet séparé. ‖ Air par lequel débute un ballet. — **Cirq.** Saynète ou parodie jouée par les clowns et les augustes. ‖ *Entrée clownesque* ou *comique,* ensemble de facéties semées de sauts et de cascades que les pitres de cirque réalisent. — **Comptab.** Augmentation du stock, de l'encaisse ou du portefeuille, qui se traduit par l'inscription d'une valeur au débit de ces comptes. (Les livres d'entrée et de sortie, destinés à noter ces mouvements, donnent par leur solde l'état de l'inventaire.) ‖ *Balance d'entrée,* journal au moyen duquel, dans la comptabilité en partie double, on rouvre les écritures au grand livre. — **Cuis.** Plat chaud ou froid servi entre le potage ou les hors-d'œuvre et le plat principal. — **Dr.** *Entrée en possession, en jouissance,* action de commencer à posséder une chose, à en jouir. — **Hist.** Réception solennelle d'un souverain, d'un personnage important dans une ville. (→ *encycl.*) — **Inform.** Opération d'introduction des données dans un système informatique. — **Ling.** Dans un dictionnaire, unité graphique mise en vedette et sous laquelle sont classées les informations la concernant. (Syn. ADRESSE, VEDETTE.) — **Mus.** Toute disposition vocale ou instrumentale dans laquelle les voix ou les parties interviennent les unes après les autres. — **Polym.** Orifice par lequel, lors du moulage par injection, la matière est introduite dans le moule. — **Serrur.** *Entrée de clef,* ouverture dans le palâtre, le foncet, le bloc de sûreté, etc., permettant l'introduction de la clef. ‖ *Entrée de serrure,* plaque fixée sur la porte et comportant un ou deux orifices, l'un pour le passage de la clef, l'autre pour le tourillonnement de la béquille. (Les *entrées de serrure* ont fourni de riches motifs à la serrurerie jusqu'au XVIIIe s.) — **Stat.** *Table à double entrée,* table dont chaque terme appartient à une ligne et à une colonne. — **Turf.** Somme qui doit être versée pour qu'un cheval puisse prendre part à la course dans laquelle il est engagé.

◆ **entrées** n. f. pl. Ensemble des marchandises, des espèces et des effets reçus par une entreprise dans une période déterminée. — **2.** Ensemble des espèces et des effets reçus.

ENCYCL. **Bx-arts.** Dans toute l'Europe, et notamment en France à la Renaissance, les *joyeuses entrées,* ou *entrées triomphales,* ont donné lieu à des constructions éphémères, arcs de triomphe, statues, scénographies, jardins, feux d'artifice, etc., dont il reste des projets dessinés ainsi que des livrets accompagnés de gravures. En France, les plus remarquables entrées sont celles de Henri II à Lyon (1548), Paris (1549), Rouen (1550), Orléans (1551) ; ces cérémonies fastueuses sont élaborées par des intellectuels (M. Scève, Jean Martin, éditeur de Vitruve, Th. Sebillet, etc.) et des artistes (Goujon, Serlio, Cousin le Père, etc.).

ENTRÉE-SORTIE n. f. (pl. *entrées-sorties*). Opération d'échange d'informations entre deux unités d'un système informatique.

ENTREFAITES n. f. pl. (de *entre* et de *fait,* part. passé de *faire*). *Sur ces entrefaites,* en cette circonstance, à ce moment-là (surtout dans un récit au passé) : *Sur ces entrefaites, le surveillant entra dans la classe.*

ENTREFENÊTRE ou **ENTRE-FENÊTRE** n. m. (pl. *entre-fenêtres*). **1.** Syn. de TRUMEAU. — **2.** Tapisserie assez haute et étroite garnissant un trumeau.

ENTREFER n. m. **1.** Coupure de faible longueur dans le matériau ferromagnétique constituant un circuit magnétique. — **2.** Partie d'une tête magnétique d'enregistreur se trouvant entre les pièces polaires.

ENTREFILET n. m. Petit article de journal, séparé de ce qui précède et de ce qui suit par un filet.

ENTREGENT n. m. Adresse à se conduire, à se faire valoir en société, à jouer de ses relations : *Avoir de l'entregent.*

ENTR'ÉGORGER (S') v. pr. (conj. **17**). *Litt.* S'égorger l'un l'autre, les uns les autres.

ENTRE-HEURTER (S') v. pr. (conj. 3). *Litt.* Se heurter les uns contre les autres.

ENTREILLAGE n. m. Action de disposer les bouteilles de champagne en tas, alternativement dans un sens puis dans l'autre.

ENTREJAMBE n. m. **1.** Partie de la culotte ou du pantalon située entre les jambes. — **2.** Espace compris entre les pieds d'un siège, d'un meuble ; traverse ou croisillon reliant ces pieds.

ENTRELACEMENT n. m. **1.** Action d'entrelacer ; entrecroisement, réseau, entrelacs. — **2.** Technique d'organisation de la mémoire centrale d'un ordinateur dans laquelle les adresses successives se trouvent dans des blocs de mémoire différents et indépendants, ce qui permet d'augmenter la performance apparente de la mémoire. (Syn. IMBRICATION.) — **3.** Transmission successive et périodique, sur une voie commune, des signaux, éléments de signaux ou impulsions provenant de plusieurs sources. — **4.** Armure textile où l'on mélange des chaînes d'armures différentes.

ENTRELACER v. t. (conj. **16**). Enlacer des choses l'une dans l'autre, tresser des choses entre elles : *Entrelacer des rubans.*

◆ **s'entrelacer** v. pr., **être entrelacé** v. pass. S'enlacer mutuellement ; s'entrecroiser, s'entremêler : *Initiales entrelacées.*

ENTRELACS [-lɑ] n. m. (de *entrelacer*). **1.** Ensemble de choses entrelacées ; entrelacement. — **2.** Ornement composé de lignes courbes (et parfois brisées) enlacées les unes dans les autres. — **3.** En ferronnerie, ensemble de tiges entrelacées qui peuvent remplacer les balustres ou barreaux d'un garde-corps.

ENCYCL. L'entrelacs joue un rôle majeur, notamment, dans les civilisations irlandaise et viking ; il est fréquent dans l'art islamique et dans l'art roman. Par la suite, en Occident, l'entrelacs est devenu l'ornement privilégiée de la ferronnerie (balcons, rampes d'escalier).

ENTRELAME n. m. Séparateur isolant situé entre deux lames conductrices d'un collecteur électrique.

ENTRELARDER v. t. (conj. 3). **1.** Piquer avec du lard, des lardons. — **2.** Entremêler, parsemer un récit d'éléments disparates : *Entrelarder un discours de citations.*

◆ **être entrelardé** v. pass. En parlant d'une viande, présenter des parties maigres et des parties grasses.

ENTREMAILLE n. m. Portion du fil qui relie les mailles d'endroit et d'envers dans un tricot à côtes.

ENTREMÊLEMENT n. m. *Litt.* Action d'entremêler, fait d'être entremêlé.

ENTREMÊLER v. t. (conj. **4**). **1.** Mêler, insérer des choses l'une dans l'autre : *Entremêler des épisodes comiques et des scènes pathétiques.* — **2.** Entrecouper par intervalles le déroulement de qqch : *Il entremêle son récit de commentaires.*

◆ **s'entremêler** v. pr., **être entremêlé** v. pass. **1.** Se mêler avec qqch : *Paroles entremêlées de sanglots.* — **2.** Être étroitement mêlés : *Branches entremêlées.*

ENTREMETS n. m. Plat sucré, chaud ou froid, que l'on sert entre le fromage et les fruits ou comme dessert.

ENTREMETTEUR, EUSE n. (de *entremettre*). Personne qui sert d'intermédiaire pour faciliter un accord, et en partic. dans une intrigue galante (surtout au fém.).

ENTREMETTRE (S') v. pr. (conj. **84**). Intervenir pour mettre des personnes en relation, pour les concilier ou pour faciliter la conclusion d'une affaire ; s'interposer : *Un arbitre a été choisi pour s'entremettre entre les deux parties.*

ENTREMISE n. f. **1.** *Litt.* Action de s'entremettre : *Offrir son entremise pour régler un différend.* — **2.** Raidisseur intercostal servant à renforcer localement, sur un navire, une tôle de pont, de bordé ou de fond. (Syn. ÉLONGIS.) — **3.** Syn. de FILIN. — **4.** *Par l'entremise de,* par l'intermédiaire de qqn, d'un groupe : *Le dossier m'a été communiqué par l'entremise d'un secrétaire.*

ENTREMONT, vallée de Suisse, dans le Valais, au pied du Grand-Saint-Bernard, parcourue par la *Drance d'Entremont.*

ENTREMONT *(plateau d'),* site archéologique de Provence, au N. d'Aix-en-Provence. L'origine de cette capitale des Salyens semble remonter au IVe s. av. J.-C. Après la défaite des Salyens (123 av. J.-C.), cet oppidum fut ruiné par les Romains, qui fondèrent Aix *(Aquae Sextiae)* pour le remplacer. Vestiges des tours et de l'enceinte en pierres sèches de l'oppidum. Le quartier religieux a livré les restes de portiques à alvéoles destinées à l'exposition de crânes, et un ensemble de grande statuaire. La tradition celtique s'y allie avec l'art méditerranéen (influence de Marseille).

ENTREMONT (Philippe), pianiste français (Reims 1934). Lauréat du prix Marguerite Long - Jacques Thibaud (1951), il accomplit une carrière internationale. Il a enregistré l'intégrale des œuvres pour piano de Ravel.

ENTRE-NŒUD n. m. (pl. *entre-nœuds*). Espace compris entre deux nœuds de la tige d'un végétal.

ENTRE-POINTES n. m. inv. Distance maximale entre la pointe et la contre-pointe d'un tour, qui en caractérise la capacité.

ENTREPONT n. m. Espace compris entre deux ponts successifs d'un navire.

ENTREPOSAGE n. m. Action d'entreposer, de mettre en entrepôt.

ENTREPOSER v. t. (conj. 3). **1.** Mettre des marchandises en entrepôt. – **2.** Déposer provisoirement qqch qqpart : *Entreposer des livres chez un ami.*

ENTREPOSEUR n. m. **1.** Personne qui tient un entrepôt, qui est préposée à la garde de marchandises entreposées. – **2.** Agent préposé à la garde et à la vente de certains produits dont le gouvernement a le monopole, comme les tabacs.

ENTREPOSITAIRE n. Personne ou entreprise qui conserve dans un entrepôt des marchandises pour le compte d'autrui.

ENTREPÔT n. m. (de *entreposer,* avec l'infl. de *dépôt*). **1.** Lieu, bâtiment, hangar, dock, etc., où sont déposées des marchandises pour un temps limité. – **2.** Place de commerce, port où les marchandises sont déposées jusqu'à ce qu'on les dirige vers leur destination. (On dit aussi VILLE D'ENTREPÔT.) – **3.** *Commissionnaire d'entrepôt,* facteur qui, dans les entrepôts, reçoit les marchandises et les expédie à destination. ‖ *Entrepôt de douane,* dans une gare frontière, un port, bâtiment où sont entreposées les marchandises soumises à l'examen, au contrôle ou au paiement des droits de douane.

ENTREPRENANT, E adj. **1.** Dynamique, actif, hardi à entreprendre : *Esprit entreprenant.* – **2.** Qui fait preuve d'une galanterie excessive auprès des femmes.

ENTREPRENDRE v. t. (conj. 79). **1.** Commencer à exécuter une action, en général longue ou complexe : *Entreprendre des études. Il avait entrepris de nous prouver que nous avions tort.* – **2.** Avoir un entretien serré et parfois importun avec qqn pour essayer de connaître son avis, sa position sur un sujet quelconque ou pour essayer de le convaincre : *Elle m'a entrepris au sujet de ses problèmes de cœur.*

ENTREPRENEUR n. m. **1.** Chef d'entreprise. – **2.** Chef d'entreprise spécialisé dans la construction, les travaux publics, les travaux d'habitation. (Le fém., *entrepreneuse,* est rare.) – **3.** Personne qui, dans le cadre d'un contrat d'entreprise, s'engage, moyennant une rémunération, à exécuter un certain travail au profit d'une autre personne, appelée maître de l'ouvrage. (L'entrepreneur est responsable de plein droit, envers le maître ou l'acquéreur de l'ouvrage, de tous les dommages qui compromettent la solidité de l'ouvrage ou qui le rendent impropre à sa destination.)

ENTREPRENEURIAL, E, AUX adj. Qui concerne l'entreprise privée, qui relève du chef d'entreprise.

ENTREPRISE n. f. **1.** Action d'entreprendre qqch, de commencer une action ; ce que l'on entreprend : *Échouer dans son entreprise.* – **2.** Affaire commerciale ou industrielle, dirigée par une personne morale ou physique privée ; unité économique de production ; firme : *Entreprise industrielle, commerciale.* (→ encycl.) – **3.** Action par laquelle on essaie de porter atteinte à qqch ou à qqn : *Une entreprise contre la liberté.* – **4.** *Entreprise publique,* personne morale, de droit public ou de droit privé, placée sous la direction des pouvoirs publics à raison de l'appropriation collective dont elle fait l'objet et qui est destinée à produire des biens ou des services en vue de la vente. ‖ *Libre entreprise,* régime économique qui repose sur la liberté de création et de gestion d'entreprises privées.

ENCYCL. **Écon.** Toute entreprise, publique ou privée, assure un certain nombre de « fonctions ».

La fonction de production concerne toutes les opérations requises pour mettre matériellement à la disposition du public des biens ou des services que l'entreprise a pour objectif de produire (mise au point des méthodes ; programmation des opérations ; choix des équipements ; organisation du travail ; contrôle des qualités, etc.).

La fonction de distribution répond pour l'entreprise à la nécessité de mettre efficacement à la disposition du marché les biens qu'elle produit : cette fonction recouvre en réalité une série d'opérations antérieures à l'acte de vendre (études de marché ; conception des circuits de distribution ; publicité) ; les actions de vente elles-mêmes et leur suivi administratif (facturation, gestion clients) ; le service après-vente.

Les fonctions « logistiques » visent à mettre à la disposition de la firme tout ce qu'elle réclame pour assurer ses objectifs de production et de vente et pour lui permettre de vivre dans son environnement : approvisionnement et stockage ; comptabilité et finances ; recherche et développement ; relations intérieures et fonction sociale ; relations externes.

La fonction de direction domine toutes les autres. Elle assure les prises de décisions stratégiques et non répétitives (choix des objectifs ; politique d'entreprise ; décisions d'innovation, etc.) nécessaires à la vie de l'entreprise et à son évolution.

ENTRER v. i. (lat. *intrare*) [conj. 3 ; auxil. *être*]. **1.** Passer de l'extérieur à l'intérieur d'un lieu ; pénétrer : *Entrer dans Paris par la porte d'Orléans. L'eau entre par les fissures.* — **2.** Pénétrer, s'enfoncer dans qqch : *La lame est entrée profondément dans le corps.* — **3.** Être, pouvoir être contenu dans qqch ; tenir dans : *Nous pourrons entrer à cinq dans la voiture ?* — **4.** Être un élément constituant d'un ensemble ; y avoir une part : *L'eau entre pour moitié dans ce produit.* — **5.** Être compris dans un total, dans son ensemble, en être un élément : *Faire entrer la T. V. A. dans la facture.* — **6.** Faire partie, relever de qqch : *Ceci entre dans vos attributions.* — **7.** S'engager dans un groupe, un parti, en devenir un des membres, être admis, reçu dans un établissement, commencer à travailler dans une entreprise, etc. : *Entrer dans l'Administration. Enfant qui entre au collège.* — **8.** Être au début d'une période, la commencer : *Entrer dans sa quinzième année.* — **9.** Commencer à tenir tels propos, à engager telle discussion : *Entrer dans le vif du sujet.* — **10.** Pénétrer, frapper l'esprit de qqn, ses sens, en parlant d'une idée : *Le doute est entré dans son esprit.* — **11.** *Entrer en,* indique le début d'une action, d'un état (par oppos. à *être en*) : *Entrer en convalescence ;* commencer une carrière : *Entrer en littérature, en politique.* — **12.** Commencer à prendre part à une action collective : *Entrer dans le jeu.* — **13.** Faire partie d'un ensemble, s'y intégrer : *Entrer dans l'usage, dans les mœurs.* — **14.** Comprendre les problèmes, les sentiments de qqn et, éventuellement, y adhérer, les partager : *Essayer d'entrer dans les vues d'un interlocuteur.* — **15.** *Entrer dans le(s) détail(s),* examiner minutieusement qqch, envisager les points de détail. ‖ *Entrer dans le dictionnaire,* en parlant d'un mot, d'une expression, du nom de qqn, en devenir une des entrées, y être traité, faire l'objet d'un article. ‖ *Je n'entre pas, ne veux pas entrer dans ces considérations,* ce sont des considérations dont je ne veux pas tenir compte. ‖ *N'entrer pour rien,* ne jouer aucun rôle dans qqch : *Ceci n'entre pour rien dans ma décision.* ‖ *Ne faire qu'entrer et sortir,* ne rester qu'un moment qqpart.

◆ v. t. **1.** Introduire, faire passer qqch de l'extérieur à l'intérieur : *Entrer des marchandises en fraude.* — **2.** Faire pénétrer, enfoncer qqch dans qqch d'autre : *Il lui entrait les ongles dans le bras.* — **3.** Inscrire des données dans la mémoire d'un ordinateur. — **4.** Piloter un navire à son arrivée dans le port.

ENTRE-RAIL(S) n. m. (pl. *entre-rails*). Espace compris entre les bords intérieurs des deux files de rails d'une voie ferrée.

ENTRE-REGARDER (S') v. pr. (conj. 3). Se regarder mutuellement.

ENTRE RÍOS *(province d'),* prov. d'Argentine, entre les cours inférieurs de l'Uruguay et du Paraná.

ENTRESOL n. m. (esp. *entresuelo,* de *entre,* entre, et *suelo,* sol). Dans un immeuble, étage bas de plafond, le plus souvent entre le rez-de-chaussée et le 1er étage courant.

Entresol *(club de l'),* société politique fondée en 1724 à Paris par l'abbé Pierre Joseph Alary (1690-1770), sous-précepteur de Louis XV. Installé dans l'entresol de l'hôtel de Créqui (auj. 7, place Vendôme) et comptant une vingtaine de membres (dont l'abbé de Saint-Pierre, le marquis d'Argenson, Montesquieu, Horace Walpole et Bolingbroke), ce premier club politique français, influencé par les idées politiques anglaises et le courant fénelonien, fut interdit en 1731 par le cardinal de Fleury, dont il critiquait la politique.

ENTRESOLÉ, E adj. *Étage entresolé,* étage bas de plafond, établi ou paraissant établi dans la partie supérieure d'un étage de grande hauteur, recoupé.

ENTRETAILLER (S') v. pr. (conj. 3). En parlant d'un cheval, se frapper les membres en marchant et s'entailler, se couper la peau.

ENTRE-TEMPS adv. (anc. fr. *entretant,* de *tant,* refait sur *temps*). Dans l'intervalle. (On écrit aussi ENTRE TEMPS.)

ENTRETENIR v. t. (de *entre* et *tenir*) [conj. 40]. **1.** Faire durer qqch, faire qu'il se maintienne : *Entretenir le feu. Les petits cadeaux entretiennent l'amitié.* — **2.** Maintenir qqn dans un certain état psychologique : *Entretenir quelqu'un dans l'erreur.* — **3.** Faire le nécessaire pour conserver un objet, un lieu, le maintenir en bon état de propreté ou de fonctionnement : *Entretenir son argenterie.* — **4.** Pourvoir financièrement à la subsistance, aux besoins de qqn : *Entretenir une nombreuse* *famille.* – **5.** *Litt.* Continuer d'avoir une idée, des relations, etc. : *Entretenir des relations suivies avec quelqu'un.* – **6.** Avoir avec qqn un entretien sur tel sujet : *Il est venu m'entretenir de ses problèmes personnels.* – **7.** Donner de l'argent à qqn pour subvenir à ses dépenses, en parlant d'un amant, d'une maîtresse.

◆ **être entretenu** v. pass. **1.** *Être (bien, mal) entretenu,* faire ou ne pas faire l'objet d'un entretien continu : *Une maison bien entretenue.* – **2.** Vivre grâce à l'argent reçu d'un amant ou d'une maîtresse. – **3.** *Oscillations entretenues,* oscillations dont l'amplitude est maintenue constante grâce à une source d'énergie extérieure.

◆ **s'entretenir** v. pr. **1.** Être maintenu dans le même état ou dans un bon état : *L'amitié s'entretient par de fréquents cadeaux.* – **2.** *Litt.* Parler avec qqn sur un sujet : *Ils se sont longuement entretenus de ce problème.*

ENTRETIEN n. m. (de *entretenir*). **1.** Action de tenir, de conserver en bon état ; travaux, dépenses nécessaires pour y parvenir : *Les communes sont chargées de l'entretien des chemins vicinaux.* – **2.** Service chargé de maintenir en état et de réparer le matériel et les installations d'un service, d'une entreprise. – **3.** Action de subvenir aux besoins matériels de qqn, d'un groupe ; ce qui est nécessaire à leur existence matérielle : *L'entretien des troupes.* – **4.** Conversation suivie avec une ou plusieurs personnes ; entrevue : *Solliciter un entretien.* – **5.** Partie d'un examen consistant en l'interview d'un candidat, d'un postulant à un emploi. – **6.** Fonction périodique d'un appareil horaire chargée de maintenir, avec une amplitude égale si possible, le fonctionnement d'un oscillateur (pendule, balancier-spiral, quartz).

Entretiens sur la pluralité des mondes, de Fontenelle (1686). L'auteur y expose les mécanismes de l'univers et du système de Copernic sous la forme séduisante d'une conversation mondaine avec une marquise.

ENTRE-TISSER v. t. (conj. **3**). Tisser ensemble ; joindre par le tissu.

ENTRETOISE n. f. Pièce de liaison qui, dans une construction ou un véhicule, est placée transversalement entre deux éléments pour en accroître la résistance ou pour maintenir un écartement constant.

ENTRETOISEMENT n. m. **1.** Action d'entretoiser ; résultat de cette action. – **2.** Ensemble d'entretoises, de croisillons ou de traverses.

ENTRETOISER v. t. (conj. **3**). Placer des entretoises entre deux pièces.

ENTRE-TUER (S') v. pr. (conj. **7**). Se tuer les uns les autres.

ENTREVOIE n. m. Espace compris entre les rails intérieurs de deux voies parallèles.

ENTREVOIR v. t. (conj. **62**). **1.** Voir confusément, indistinctement qqn, qqch ; apercevoir : *J'ai tout juste pu l'entrevoir au passage.* – **2.** Avoir une idée encore imprécise sur qqch, commencer à le percevoir ; pressentir, deviner : *Je commence à entrevoir une solution.*

ENTREVOUS n. m. (de l'anc. fr. *vous,* voûté). Hourdis, ouvrage de plâtre, de maçonnerie ou voûtain occupant l'espace entre deux solives ; cet espace lui-même.

ENTREVUE n. f. (de *entrevoir*). Rencontre concertée entre deux ou plusieurs personnes qui ont à parler ensemble ; entretien : *Ménager une entrevue à un ami.*

ENTRISME n. m. Tactique adoptée par certaines organisations (syndicat, parti politique) et visant à faire entrer dans une autre organisation certains de leurs membres en vue d'en modifier la pratique et les objectifs.

ENTRISTE adj. Relatif à l'entrisme ; qui pratique l'entrisme.

ENTROPIE n. f. (all. *Entropie,* du gr. *entropê,* action de se transformer). **1.** Nom donné par Clausius à la fonction d'état notée S qui caractérise l'état de « désordre » d'un système. (→ *encycl.*) – **2.** Dans la théorie de la communication, nombre qui mesure l'incertitude de la nature d'un message donné à partir de celui qui le précède. (L'entropie est nulle lorsqu'il n'existe pas d'incertitude.)

ENCYCL. **Phys.** Lorsqu'un système, à la température T, reçoit de façon réversible une petite quantité de chaleur δQ, sa variation d'entropie vaut $dS = \delta Q/T$. Au cours d'une transformation quelconque, la variation d'entropie ne dépend que de l'état initial et de l'état final ; elle est reliée aux quantités de chaleur reçues par le système au cours de la transformation par l'inégalité

$$\Delta S = S_2 - S_1 \geqslant \int_1^2 \delta Q/T,$$

où δQ est la quantité de chaleur reçue par le système au moment où sa température vaut T. La mécanique statistique permet de donner un sens plus profond à la notion d'entropie. À un état macroscopique (ou thermodynamique) donné correspond un grand nombre Ω d'états microscopiques différents ; Boltzmann a montré que l'on peut écrire l'entropie S d'un système sous la forme $S = k \log \Omega$, où k est la constante de Boltzmann. Le « désordre » d'un système est relié au nombre d'états microscopiques entre lesquels le système peut fluctuer. L'état d'équilibre d'un système correspond à la valeur maximale de Ω, donc à l'entropie maximale. Un système isolé évolue spontanément vers son état d'équilibre, et son entropie croît donc au cours de l'évolution.

ENTROPION n. m. (gr. *entropê,* action de se retourner). Renversement des paupières en dedans.

ENTROPIQUE adj. Relatif à l'entropie.

ENTROQUE n. m. (gr. *en,* dans, et *trokhos,* disque). Nom usuel des articles plus ou moins pentagonaux qui composent la tige des encrines et que l'on rencontre souvent dans le trias et le jurassique (calcaires à entroques).

ENTROUVERTURE n. f. État de ce qui est entrouvert ; entrebâillement.

ENTROUVRIR v. t. (conj. **34**). Ouvrir qqch à demi ou très peu : *Entrouvrir les yeux.*
◆ **s'entrouvrir** v. pr., **être entrouvert** v. pass. **1.** *Litt.* S'ouvrir en s'écartant, en se disjoignant : *Un abîme s'est entrouvert sous ses pas.* – **2.** S'ouvrir à demi : *Une fenêtre entrouverte.*

ENTRURE n. f. (de *entrer*). Profondeur de pénétration d'une pièce travaillante dans le sol.

ENTUBAGE n. m. *Pop.* Escroquerie.

ENTUBER v. t. (de *tube*) [conj. **3**]. *Pop.* Escroquer qqn, l'avoir, le posséder : *Je me suis fait entuber de cinq francs.*

ENTURBANNÉ, E adj. Coiffé d'un turban.

ENTURE n. f. **1.** Raccord en biseau sans épaisseur de pièces de cuir. – **2.** Toute combinaison d'assemblage de pièces de bois bout à bout. (→ *encycl.*)

ENCYCL. **Charp.** et **Menuis.** Les entures sont à sifflet, à entailles, à trait de Jupiter à clé, renforcées ou non par des pièces métalliques. L'usinage actuel utilise des entures profilées trapézoïdalement et collées (macroentures ou microentures) pour l'aboutage et le jointage de rives (panneautage).

ENTZHEIM (67960), comm. du Bas-Rhin, à 10 km au S.-O. de Strasbourg ; 2 530 hab. Aéroport de Strasbourg.

ÉNUCLÉATION n. f. (lat. médiév. *enucleatio, -onis*). **1.** Mode particulier d'extirpation d'une tumeur encapsulée qu'on expulse à travers une incision superficielle. – **2.** Ablation du globe oculaire en sectionnant le nerf optique. – **3.** Extraction de l'amande ou du noyau d'un fruit.

ÉNUCLÉER v. t. (lat. *enucleare,* de *nucleus,* noyau) [conj. **15**]. Pratiquer une énucléation.

ENUGU, v. du Nigeria, cap. de l'État d'Anambra ; 167 500 hab.

ÉNUMÉRABLE adj. Qu'on peut énumérer.

ÉNUMÉRATEUR, TRICE adj. *Litt.* Qui énumère : *Liste énumératrice.*

ÉNUMÉRATIF, IVE adj. Qui contient une énumération, qui procède par énumération : *Étude trop énumérative.*

ÉNUMÉRATION n. f. Action d'énumérer, de détailler ; catalogue, liste, recensement : *Une énumération sans fin.*

ÉNUMÉRER v. t. (lat. *enumerare,* de *numerus,* nombre) [conj. **18**]. Énoncer successivement les parties d'un ensemble, les donner en détail ; dénombrer : *Énumérer des faits.*

ÉNUQUER (S') v. pr. (conj. **3**). En Suisse, se briser la nuque.

ÉNURÉSIE n. f. (lat. sc. *enuresis,* du gr. *enoureîn,* ne pas pouvoir retenir son urine). Absence involontaire de contrôle des mictions chez un enfant qui a atteint un âge (2 à 3 ans) où leur maîtrise est normalement acquise.

ENCYCL. Dans l'énurésie, les mictions sont complètes et actives, ce qui les distingue de celles de l'incontinence d'urine, passives et incomplètes. On distingue plusieurs types d'énurésie : énurésie nocturne (pendant le sommeil), énurésie diurne isolée et énurésie diurne et nocturne ; l'énurésie peut succéder sans discontinuité à la période d'absence de contrôle sphinctérien de la petite enfance (énurésie primaire) ou faire son apparition après un intervalle plus ou moins long de propreté (énurésie secondaire). L'énurésie nocturne primaire est la plus fréquente. L'énurésie, symptôme d'autant plus bénin que l'enfant est plus jeune, s'inscrit dans des contextes psychologiques variés, à un âge où les conduites d'évacuation des émonctoires sont soumises à certaines exigences sociales. Celles-ci sont transmises par la mère une fois obtenue la maturation du système nerveux, c'est-à-dire pas avant l'âge de la marche.

ÉNURÉTIQUE adj. et n. Relatif à l'énurésie ; atteint d'énurésie.

ENVAHIR v. t. (lat. pop. **invadire,* du lat. class. *invadere*) [conj. **32**]. **1.** Entrer en nombre et par la force dans un pays, une région, s'en emparer militairement : *Les troupes ennemies ont envahi le nord du pays.* – **2.** Pénétrer qqpart en nombre, de manière abusive ou non autorisée ; occuper, faire irruption dans un lieu : *Les manifestants ont envahi le ministère.* – **3.** Se rendre en très grand nombre dans un lieu : *L'été, les touristes envahissent le village.* – **4.** Être répandu sur une étendue, la couvrir, la remplir : *Les papiers envahissent le bureau.* – **5.** Gagner entièrement une étendue, en parlant d'un phénomène : *L'ombre envahit le jardin.* – **6.** S'imposer, atteindre, concerner de nombreux points d'un lieu, de nombreux éléments d'un groupe, gagner un domaine : *Cette mode a envahi la France.* – **7.** S'étendre, se répandre sur le corps de qqn : *Visage envahi de boutons.* – **8.** Gagner l'esprit de qqn et s'imposer à lui, en parlant d'une idée, d'un sentiment : *Une joie folle l'envahit.* – **9.** Prendre trop de place, toute la place avec des objets : *Il envahit toute la chambre avec ses cartes.* – **10.** *Fam.* Venir chez qqn et l'importuner en occupant une place excessive, abusive, en demandant trop de son temps : *Elle vient nous envahir tous les dimanches.*

ENVAHISSANT, E adj. **1.** Qui se répand avec une abondance excessive, qu'on ne peut pas contenir : *Des herbes envahissantes.* – **2.** Qui s'impose sans discrétion : *Un voisin envahissant.*

ENVAHISSEMENT n. m. **1.** Action d'envahir un lieu, de s'y répandre, de l'occuper entièrement : *L'envahissement des plages par les touristes.* – **2.** Usurpation progressive, empiétement : *Les envahissements du pouvoir.*

ENVAHISSEUR, EUSE adj. et n. Qui envahit un territoire, un autre pays, etc. : *Repousser les envahisseurs.*

◆ adj. *Litt.* Qui envahit, s'étend sur qqch : *Les flots envahisseurs.*

ENVALIRA *(col* ou *port d'),* col des Pyrénées orientales, en Andorre, reliant Ax-les-Thermes à Andorre-la-Vieille ; 2 407 m.

ENVASEMENT n. m. Fait de s'envaser : *L'envasement d'un canal.*

ENVASER v. t. (de *vase 2*) [conj. 3]. Combler, remplir un lieu, en parlant de boue, de vase : *Envaser un égout.*

◆ **s'envaser** v. pr., **être envasé** v. pass. **1.** Être obstrué par la vase : *Le port s'est envasé.* – **2.** S'enliser dans la vase : *La barque s'est envasée.*

ENVELOPPANT, E adj. **1.** Qui enveloppe, entoure ou contourne l'obstacle : *Mouvement enveloppant.* – **2.** Qui séduit, charme ; enjôleur : *Paroles enveloppantes.*

ENVELOPPE n. f. (de *envelopper*). **1.** Ce qui enveloppe qqch ; revêtement : *Un colis dans son enveloppe de plastique.* – **2.** Pochette de papier destinée à recevoir une lettre, un document, etc. – **3.** *Litt.* Apparence extérieure de qqn : *Sous une rude enveloppe, il cache un cœur sensible.* – **4.** Somme d'argent offerte à qqn en échange d'un service : *Donner une enveloppe au gardien.* – **5.** Dans un budget, limite supérieure de dépenses autorisées à un titre quelconque et à l'intérieur desquelles l'aménagement peut varier ; ensemble de crédits affectés à qqch. – **6.** *Litt.* Corps humain, par oppos. à l'âme, à l'esprit : *Enveloppe corporelle.* • **Anat.** Membrane ou ensemble de plusieurs membranes entourant un organe. – **Bot.** *Enveloppes florales,* verticilles externes et non sexués de la fleur. (Les enveloppes florales, qui forment ensemble le périanthe, sont le calice, formé de sépales, et la corolle, formée de pétales.) – **Bx-arts.** Ce qui lie, unifie les formes d'une peinture, d'un dessin ; atmosphère, fondu. – **Dr.** *Enveloppe Soleau,* enveloppe dans laquelle l'inventeur ou le créateur place la description d'une invention, d'une marque ou d'un logotype et qui est remise en dépôt à l'Institut national de la propriété industrielle. – **Fortif.** Ligne fortifiée continue doublant, à l'extérieur, une enceinte. – **Math.** Courbe ou surface tangente à chacun des éléments d'une famille de courbes ou de surfaces. ‖ *Enveloppe inférieure (resp. supérieure), d'une famille de fonctions numériques* f_i ($i \in I$) *définies sur* E, fonction f définie sur E et égale pour tout x à la borne inférieure (resp. supérieure) de $f_i(x)$ pour $i \in I$. – **Mécan.** *Enveloppe de cylindre,* enceinte entourant un cylindre de machine à vapeur et dans laquelle est ménagé un espace annulaire où circule de la vapeur pour éviter les condensations sur la paroi intérieure du cylindre. (Syn. CHEMISE DE VAPEUR, MANTEAU DE VAPEUR.) – **Techn.** Syn. de PNEU.

ENVELOPPÉ n. m. En chorégraphie, rotation du corps sur les deux pieds en ramenant la jambe de derrière de dehors en dedans et en prenant l'autre jambe pour pivot.

ENVELOPPÉE n. f. Courbe ou surface enveloppée.

ENVELOPPEMENT n. m. **1.** Action d'envelopper ; fait d'être enveloppé : *Enveloppement des marchandises.* – **2.** Action de se déployer autour d'un adversaire, de l'encercler : *Manœuvre d'enveloppement.*

ENVELOPPER v. t. (anc. fr. *voloper,* p.-ê. du lat. médiév. *faluppa,* copeau, avec l'infl. du lat. *volvere,* faire rouler) [conj. 3]. **1.** Entourer, couvrir complètement qqn, qqch avec qqch : *Envelopper un enfant dans une couverture.* – **2.** En parlant de qqch (papier, tissu, matière, etc.), entourer, recouvrir un objet : *La gangue enveloppe la pierre précieuse.* – **3.** Se répandre autour de qqn, de qqch : *La brume qui enveloppe la ville.* – **4.** Accompagner qqch de qqch pour le dissimuler, entourer : *Il enveloppe sa vie de mystère.* – **5.** Contenir qqch, qqn, dans qqch ; englober, inclure : *Envelopper dans son étude tous les aspects du problème.* – **6.** Cerner qqn, le prendre comme dans un filet : *Envelopper ses contradicteurs dans d'habiles arguments.* – **7.** Entourer qqn comme de qqch qui couvre : *Envelopper quelqu'un d'un regard tendre.* – **8.** Se déployer tout autour de l'adversaire pour l'attaquer ; cerner, encercler. – **9.** Établir une enveloppe autour d'un ouvrage fortifié. – **10.** En parlant d'une famille de courbes ou de surfaces, avoir une courbe ou une surface pour enveloppe.

◆ **être enveloppé** v. pass. *Fam.* Être un peu gras.

◆ **s'envelopper** v. pr., **être enveloppé** v. pass. **1.** Être caché à la vue, à l'esprit par qqch : *Sa pensée est enveloppée de circonvolutions.* — **2.** Entourer son corps de qqch, s'emmitoufler : *S'envelopper dans une vaste cape.* — **3.** *Litt.* S'enfermer, se replier, se retrancher dans une attitude : *S'envelopper dans sa dignité.*

ENVENIMATION n. f. Pénétration de venin dans l'organisme à la suite de la morsure ou de la piqûre d'un animal ; ensemble des phénomènes pathologiques qui en résultent.

ENVENIMEMENT n. m. Action d'envenimer, fait de s'envenimer.

ENVENIMER v. t. (de *venin*) [conj. 3]. **1.** Infecter une blessure, une plaie ou produire une inflammation. — **2.** Aggraver une situation, rendre des rapports difficiles, tendus ; détériorer : *Son intervention maladroite a envenimé leurs relations.*

◆ **s'envenimer** v. pr., **être envenimé** v. pass. **1.** En parlant d'une blessure, être gagnée par l'infection. — **2.** En parlant de relations humaines, devenir tendues, difficiles, aigries : *Le conflit s'envenime.*

ENVERGER v. t. (de *verge*) [conj. 17]. **1.** Rembourrer les verges d'un collier, les recouvrir de basane. — **2.** Croiser les fils de chaîne d'un tissu de manière à les diviser en plusieurs nappes élémentaires.

ENVERGUER v. t. (conj. 3). Fixer à une vergue : *Enverguer une voile.*

ENVERGURE n. f. **1.** Longueur de la ralingue par laquelle une voile est fixée à sa vergue ou à son mât. — **2.** Dimension d'une aile d'avion mesurée perpendiculairement à son plan de symétrie vertical. — **3.** Distance entre les extrémités des ailes étendues chez les oiseaux ou autres animaux ailés. (Les plus grandes envergures ont été mesurées chez l'albatros hurleur [3,60 m], chez le marabout [3,35 m] et chez des rapaces diurnes.) — **4.** Capacité, puissance de qqn, ampleur de son intelligence, de sa volonté, poids de sa personnalité : *Savant d'une envergure internationale. Manquer d'envergure.* — **5.** Importance, extension, ampleur de qqch : *Entreprise qui a pris de l'envergure.*

ENVERJURE ou **ENVERGEURE** [-ʒyr] n. f. Opération consistant à enverger des fils de chaîne ; résultat de cette opération.

ENVERMEU (76630), ch.-l. de cant. de la Seine-Maritime, aux confins de la Normandie et de la Picardie ; 2 020 hab. *(Envermeudois).* Église du XVIe s. Sièges.

ENVER PAŞA, général et homme politique ottoman (Istanbul 1881 - près de Baldjouan, au S.-E. de Douchanbe, 1922). Il fut un des chefs du comité Union et Progrès et devint ministre de la Guerre et commandant en chef adjoint (1914). Il s'efforça de réorganiser l'armée avec l'aide des Allemands et fit entrer l'Empire ottoman dans la Première Guerre mondiale aux côtés des Puissances centrales. Réfugié à Berlin (fin 1918), il chercha à obtenir le soutien des bolcheviks pour prendre la direction de la résistance anatolienne. Incapable d'évincer Mustafa Kemal, il rejoignit en 1921 les insurgés musulmans d'Asie centrale et mourut au combat.

ENVERRAGE n. m. **1.** Action d'enverrer. — **2.** Verre ou cristal fondu restant adhérent aux parois du récipient de fusion.

ENVERRER v. t. (conj. 4). Lors de la mise en service, recouvrir avec du verre en fusion les parois du creuset.

1. ENVERS prép. (de *en* et *vers*). **1.** À l'égard de qqn, d'un groupe ; vis-à-vis de : *Il est très bien disposé envers nous.* — **2.** *Envers et contre tous* (ou *tout*), malgré l'opposition de tous, en dépit de tous les obstacles.

2. ENVERS n. m. (anc. fr. *envers,* à la renverse, sur le dos, du lat. *inversus,* retourné). **1.** Côté opposé à l'endroit, face par laquelle il est moins fréquent de regarder qqch ; verso, dos : *Le questionnaire se poursuit sur l'envers de la feuille.* — **2.** Aspect opposé, contraire à qqch, souvent caché : *L'envers d'une vérité.* — **3.** Syn. de UBAC. — **4.** *À l'envers,* dans un sens opposé au sens normal, sens dessus dessous, la partie supérieure tournée vers le bas, ou l'avant en arrière : *Mettre ses chaussettes à l'envers.* ‖ *Avoir l'esprit, la tête à l'envers,* ne plus savoir exactement ce qu'on fait. ‖ *L'envers du décor,* la face cachée des choses, moins reluisante que l'apparence. ‖ *Être, marcher, aller à l'envers,* être, fonctionner dans le plus complet désordre, agir en dépit du bon sens : *C'est le monde à l'envers.* ‖ *Prendre qqch (parole, discours) à l'envers,* l'interpréter mal.

ENVI (À L') adv. (anc. fr. *envi,* provocation, de *envier,* défier, du lat. *invitare,* inviter). *Litt.* À qui mieux mieux, comme s'ils rivalisaient entre eux : *Tous nos adversaires se déchaînaient à l'envi contre nous.*

ENVIABLE adj. Digne d'être envié ; désirable : *Un destin enviable.*

ENVIDAGE n. m. Action d'envider.

ENVIDER v. t. (de *dévider*) [conj. 3]. Enrouler un fil textile sur un support.

ENVIE n. f. (lat. *invidia,* malveillance, de *invidere,* regarder d'un œil jaloux). **1.** Convoitise, mêlée ou non de dépit ou de haine, à la vue du bonheur ou des avantages de qqn ; jalousie : *Regarder le gagnant avec envie.* — **2.** Désir d'avoir ou de faire qqch, désir que qqch arrive : *Avoir envie de vacances.* — **3.** Besoin organique soudain de qqch : *Être pris d'une envie soudaine de vomir.* — **4.** Marque, tache sur la peau, que les enfants ont en naissant et que la croyance populaire attribue à une envie que la mère aurait eue avant son accouchement. (Il s'agit le plus souvent de taches rouges [taches de vins] qui sont en fait des angiomes plans.) — **5.** Petite pellicule qui se détache de la peau autour des ongles (surtout pl.). — **6.** *Envie du pénis,* équivalent pour les femmes du complexe de castration décrit par S. Freud chez le garçon. (→ *encycl.*) — **7.** *Avoir envie de qqn,* le désirer physiquement. ‖ *Donner envie (à qqn),* faire désirer qqch à qqn, créer chez lui ce besoin : *Ça me donne envie de revoir ce film.* ‖ *Faire envie à qqn,* exciter son désir. ‖ *Faire passer l'envie de qqch à qqn,* l'en dégoûter, l'en corriger. ‖ *Mourir d'envie de,* avoir un violent désir de. ‖ *Passer, contenter son envie,* satisfaire son désir.

ENCYCL. **Psychan.** Selon Freud, l'*envie du pénis* naît chez la fillette de la découverte de la différence anatomique des sexes. La petite fille se sent lésée et cette castration est imputée à la mère sous forme d'un reproche de ne pas l'avoir pourvue d'un pénis. Cela a pour effet de produire une renonciation à l'activité phallique et un revirement des intérêts libidinaux vers la personne du père sous la forme du désir d'avoir un enfant de lui.

ENVIER v. t. (conj. 9). **1.** Éprouver à l'égard de qqn un sentiment d'envie, de jalousie ; jalouser : *Il envie ses voisins.* — **2.** Désirer ardemment un avantage que qqn a, ou regretter de ne pas l'avoir : *Je vous envie votre mémoire.* — **3.** *N'avoir rien à envier à,* avoir des avantages au moins égaux à ceux de qqn, être dans une situation aussi favorable, et, ironiq., être dans une situation aussi désavantageuse que qqn.

ENVIEUSEMENT adv. Avec envie.

ENVIEUX, EUSE adj. (de *envie,* d'après le lat. *invidiosus,* jaloux). **1.** Qui manifeste une envie, malveillante ou non, à l'égard de qqn, qui éprouve du dépit à cause de qqch ; jaloux : *Être envieux de la réussite de ses collègues.* — **2.** Qui manifeste, dénote l'envie : *Un regard envieux.*

◆ adj. et n. **1.** Qui manifeste de la jalousie, de l'envie : *Les envieux lui reprocheront cette nomination.* — **2.** *Faire des envieux,* obtenir un avantage qui suscite la convoitise ou la malveillance.

ENVIRON adv. (de l'anc. fr. *viron,* cercle). À peu près, approximativement : *Il est environ neuf heures.*

ENVIRONNANT, E adj. Qui environne un lieu, des personnes ; qui est à l'entour, avoisinant : *Les lieux environnants.*

ENVIRONNEMENT n. m. (de *environner*). **1.** Ce qui entoure de tous côtés ; voisinage : *Un village dans son environnement de montagnes.* — **2.** Ensemble des éléments (biotiques ou abiotiques) qui entourent un individu ou une espèce et dont certains contribuent directement à subvenir à ses besoins. — **3.** Ensemble des éléments objectifs (qualité de l'air, bruit, etc.) et subjectifs (beauté d'un paysage, qualité d'un site, etc.) constituant le cadre de vie d'un individu. — **4.** Atmosphère, ambiance, climat dans lequel on se trouve ; contexte psychologique, social : *Un environnement politique particulièrement hostile.* — **5.** En art contemp., œuvre constituée d'éléments assemblés quelconques, disposés dans un espace que l'on peut parcourir. (Mode d'expression usité dans le surréalisme, le nouveau réalisme, l'art cinétique, l'art pauvre, le land art, voire l'art corporel, l'art vidéo, etc.) — **6.** En linguistique, syn. de CONTEXTE. — **7.** *Environnement économique,* ensemble de facteurs extérieurs à l'entreprise, exerçant une influence sur son activité.

ENVIRONNEMENTAL, E, AUX adj. Relatif à l'environnement écologique.

ENVIRONNEMENTALISTE n. Personne qui se préoccupe de l'environnement, écologiste.

ENVIRONNER v. t. (de *environ*) [conj. 3]. **1.** Disposer, placer des choses autour d'un lieu : *On a environné la ville de grands parcs.* — **2.** Être placé tout autour de qqch : *La ville est environnée de remparts.* — **3.** Constituer l'environnement de qqn : *Il regardait tous ces livres qui l'environnaient.* — **4.** *Litt.* Se placer sur la route de qqn, l'assaillir : *Les périls qui nous environnent.*

◆ **s'environner** v. pr., **être environné** v. pass. Choisir des personnes ou des choses pour les avoir autour de soi : *Être environné de gens agréables.*

ENVIRONS n. m. pl. (de *environ*). **1.** Lieux avoisinants, alentours : *Visiter les environs de Lyon.* — **2.** Époque avoisinante, quantité approximative : *Un homme des environs de l'an mille. Le loyer est aux environs de 6 000 F.*

ENVISAGEABLE adj. Qu'on peut envisager comme réalisable ; concevable, possible : *Un accord entre eux est envisageable.*

ENVISAGER v. t. (de *visage*) [conj. 17]. **1.** Examiner qqch, le considérer, le prendre en compte : *Il faut envisager tous les moyens à notre disposition.* — **2.** Former un projet, prévoir, projeter qqch : *Nous envisageons des vacances en montagne.*

ENVOI n. m. **1.** Action d'envoyer qqn ou qqch ; expédition : *L'envoi d'une lettre.* — **2.** Chose envoyée, en partic. par la poste : *Recevoir un envoi recommandé.* — **3.** *Coup d'envoi,* mise en jeu du ballon, marquant le commencement de la partie, d'une mi-temps, engagement ; acte qui marque le début d'un événement. • **Dr.** *Envoi forcé,* infraction consistant à adresser un objet à une personne qui n'en a pas manifesté la demande et à en exiger le paiement à l'issue d'un délai. ‖ *Envoi en possession,* jugement qui autorise l'État, successeur irrégulier, le légataire universel (en cas de testament olographe ou mystique) ou les héritiers présomptifs (en cas d'absence), à entrer en possession des biens qui leur sont dévolus. — **Écon.** *Bordereau d'envoi,* liste récapitulative de pièces d'un dossier, expédiée avec celui-ci et qui permet au destinataire de vérifier son contenu. ‖ *Lettre d'envoi,* lettre d'avis contenant la facture des marchandises envoyées ; lettre accompagnant l'envoi d'un document. — **Littér.** Vers placé à la fin d'une ballade pour en faire hommage à quelqu'un. — **Mil.** *Envoi des couleurs,* salut au drapeau hissé sur un mât ou au fronton d'un édifice.

ENVOILER (S') v. pr. (de *voile 2*) [conj. 3]. En parlant de pièces généralement en acier, se courber lorsqu'on les trempe.

ENVOILURE n. f. Action d'une pièce métallique qui s'envoile.

ENVOL n. m. **1.** Action de s'envoler. — **2.** *Prendre son envol,* s'envoler.

ENVOLÉE n. f. **1.** Élan oratoire ou poétique : *Une envolée lyrique.* — **2.** Montée brutale d'une valeur : *Envolée de l'or.*

ENVOLER (S') v. pr. (conj. 3). **1.** Partir en volant : *Les moineaux s'envolent dès qu'on s'approche.* — **2.** Décoller, en parlant d'un avion ; partir en avion, en parlant des passagers, de l'équipage : *Nous nous envolons dans une heure.* — **3.** Être emporté en l'air par un souffle, par le vent, en parlant de qqch : *Le courant d'air a fait s'envoler* (ou *envoler*) *les papiers.* — **4.** Avoir quitté un lieu de manière inattendue ou subrepticement : *Quand les policiers sont arrivés, le voleur s'était envolé.* — **5.** Disparaître, s'évanouir, s'enfuir : *Tous nos espoirs se sont envolés.*

ENVOÛTANT, E adj. Qui subjugue, exerce un ascendant ; ensorcelant.

ENVOÛTEMENT n. m. **1.** Action d'envoûter un être animé. — **2.** Action de subjuguer qqn ; fait de subir le charme, la séduction de qqn, de qqch ; fascination.

ENVOÛTER v. t. (anc. fr. *vout,* visage, traits, du lat. *vultus,* visage) [conj. 3]. **1.** Agir magiquement, le plus souvent pour faire le mal, sur un être animé par l'intermédiaire de son effigie (statuette de cire, photographie, etc.). — **2.** Dominer, subjuguer par un attrait irrésistible : *Envoûter son auditoire.*

ENVOÛTEUR, EUSE n. Personne qui pratique l'envoûtement ; sorcier.

ENVOYÉ, E n. **1.** Personne que l'on envoie auprès d'une autre pour accomplir une mission. — **2.** Ministre, ambassadeur envoyé par un prince souverain ou par un État auprès d'un autre prince ou d'un autre État. — **3.** *Envoyé spécial,* journaliste envoyé par son journal sur le lieu d'un événement important afin de le couvrir.

ENVOYER v. t. (bas lat. *inviare,* faire route) [conj. 30]. **1.** Faire partir qqn vers telle ou telle destination : *Envoyer les enfants à la mer.* — **2.** Faire se déplacer qqn qqpart pour faire qqch : *Envoyer quelqu'un chercher un ami à la gare.* — **3.** Faire parvenir à qqn une lettre, un colis, etc., en utilisant un service de communication, un système de transmission, le lui faire porter par qqn ; adresser : *Envoyer ses vœux à quelqu'un. Envoyer un message par radio.* — **4.** Conseiller à qqn de se rendre chez qqn comme client, ou dans tel service pour examen, renseignements, etc. : *Le généraliste l'envoya chez un spécialiste.* — **5.** Communiquer à qqn, à qqch suffisamment d'énergie pour qu'il atteigne telle ou telle destination ; lancer : *Envoyer une fusée sur Mars. Le choc l'a envoyé contre le mur.* — **6.** Lancer un objet à qqn pour qu'il l'attrape : *Envoyer le ballon à l'ailier gauche.* — **7.** Émettre, répandre de la chaleur, de la lumière, etc., et, en partic., l'émettre de manière à ce qu'elle atteigne un système de réception : *Cet appareil envoie des ondes sonores.* — **8.** *Fam.* Porter, donner un coup, adresser une œillade, un sourire, etc., à qqn : *Il m'a envoyé une de ces gifles !* — **9.** *Fam.* Adresser une remarque, une critique à qqn assez vivement : *Il m'a envoyé un flot d'injures.* — **10.** *C'est le ciel qui l'envoie,* se dit de qqn qui arrive à point nommé pour sauver d'une situation difficile. ‖ *Envoyez !,* commandement d'exécution d'une manœuvre complexe, sur un voilier. ‖ *Envoyer les couleurs,* hisser le pavillon national pour lui rendre les honneurs. ‖ *Envoyer qqn à la mort,* lui faire courir un risque mortel. ‖ *Envoyer promener, balader, paître, envoyer sur les roses, au diable, etc.,* se débarrasser d'une façon expéditive de qqn qui importune, le rembarrer ; ne plus s'occuper de qqch, ne plus s'y intéresser. ‖ *Ne pas envoyer dire qqch à qqn,* le dire en face à son interlocuteur sans aucun ménagement.

◆ **être envoyé** v. pass. Fam. *C'est (bien) envoyé,* la remarque est juste et le coup a bien porté.

◆ **s'envoyer** v. pr. *Pop.* **1.** Assumer une tâche (pénible, lassante, etc.), s'en charger ; se taper : *C'est lui qui s'est envoyé tout le sale boulot !* — **2.** Avaler une boisson, un aliment : *Il s'est envoyé toute la bouteille de whisky.* — **3.** *S'envoyer* *qqn, s'envoyer en l'air avec qqn,* avoir des relations sexuelles avec lui.

ENVOYEUR n. m. Personne qui fait un envoi, par oppos. au *destinataire,* qui le reçoit (le fém. *envoyeuse* est rare).

ENWAGONNEUSE n. f. (de *wagon*). Transporteur destiné à faciliter le chargement ou le déchargement des wagons à quai.

ÉNYNE n. m. Nom générique des hydrocarbures renfermant une triple liaison carbone-carbone et une double liaison carbone-carbone.

ENZENSBERGER (Hans Magnus), écrivain allemand (Kaufbeuren 1929). Son œuvre poétique, critique (*Culture ou Mise en condition ?,* 1963), romanesque (*l'Interrogatoire de La Havane,* 1970 ; *le Bref Été de l'anarchie,* 1974) compose une analyse politisée et satirique de la société contemporaine et de ses modes d'expression.

ENZO ou **ENZIO DE HOHENSTAUFEN** (Palerme v. 1220 - Bologne 1272), roi de Sardaigne (1243-1272). Fils naturel de l'empereur Frédéric II, il s'opposa au pape, suzerain de la Sardaigne. En 1241, il remporta sur la flotte guelfe, qui transportait les pères du concile de Latran, la victoire navale de la Meloria. Mais, en 1249, il fut vaincu et fait prisonnier par les Bolonais à Fossalta. Emmené à Bologne, il mourut en prison. Un des représentants de l'école littéraire sicilienne avec son père, Frédéric II, et son frère Manfred, il a écrit des poésies en langue populaire.

ENZOOTIE [ɑ̃zɔɔti] n. f. (gr. *en,* dans, et *dzôotês,* nature animale). Maladie épidémique, qui n'atteint que les animaux d'une seule localité ou d'une seule exploitation, soit en permanence, soit à certaines époques. (S'oppose à *épizootie.*)

ENZOOTIQUE adj. Qui a le caractère de l'enzootie.

ENZYMATIQUE adj. Qui concerne les enzymes, qui est dû à l'action d'une enzyme.

ENZYME [ɑ̃zim] n. f. (all. *Enzym,* du gr. *dzumê,* levain). Catalyseur d'une réaction biochimique. (Syn. anc. DIASTASE.)

ENCYCL. Les enzymes sont des protéines. Certaines d'entre elles nécessitent pour agir la présence d'une structure supplémentaire non protéique (par ex. un ion métallique), appelée *coenzyme.* Dans l'organisme, les enzymes sont parfois sécrétées sous forme d'un précurseur inactif, la *proenzyme,* qui sera activée naturellement. La production des enzymes s'effectue sous le contrôle des gènes (un gène — une enzyme). Sans l'intervention des enzymes, la plupart des réactions métaboliques de l'organisme seraient impossibles. Chaque enzyme a une activité spécifique : elle n'agit que sur un substrat donné et ne catalyse qu'un seul type de réactions. On distingue, selon les types de réactions, six groupes d'enzymes : oxydoréductases, transférases, hydrolases, lyases, isomérases, ligases. Par exemple, dans les enzymes de la digestion, on distingue les protéases, qui réalisent l'hydrolyse des liaisons peptidiques ; les glucosidases, qui réalisent la digestion des glucides ; les lipases et les estérases, qui agissent sur les graisses. Les utilisations des enzymes sont industrielles (industries alimentaires, laitières, textiles), ménagères (lessives) et médicales (thérapeutiques et surtout diagnostiques, en partic. par le dosage des transaminases du sang dans l'infarctus du myocarde).

ENZYMOLOGIE n. f. Étude des enzymes.

ENZYMOLOGIQUE adj. Qui concerne l'enzymologie.

ENZYMOPATHIE n. f. Affection héréditaire due à un trouble du métabolisme enzymatique. (Il s'agit le plus souvent du déficit d'une enzyme intervenant dans le métabolisme général. Il peut également s'agir d'une hyperproduction, d'une anomalie de synthèse ou d'un dysfonctionnement enzymatique.)

ÉOCÈNE n. m. Série stratigraphique appartenant au système paléogène, d'une durée approximative de 18 millions d'années.

EOHIPPUS [-pys] n. m. (du gr. *hippos,* cheval). Petit équidé fossile de l'éocène d'Europe et d'Amérique du Nord, qui avait quatre doigts aux pattes de devant et trois aux pattes de derrière. (Syn. HYRACOTHÉRIUM.)

ÉOLE, dieu grec des Vents, fils de Poséidon.

ÉOLIDE n. f. Mollusque gastropode marin sans coquille ressemblant à une limace.

ÉOLIDE ou **ÉOLIE,** en gr. **Aiolis,** région du nord-ouest de l'Asie Mineure, entre la Troade et l'Ionie, tirant son nom des Éoliens*. Éclipsée politiquement et économiquement par l'Ionie, l'Éolie a été le pays où est née la poésie lyrique.

1. ÉOLIEN, ENNE adj. et n. De l'Éolie.
◆ **éolien** n. m. Groupe de dialectes grecs parlés en Béotie (béotien), en Thessalie (thessalien) ainsi que dans l'île de Lesbos et sur la côte d'Asie Mineure voisine (éolien d'Asie, ou lesbien).

2. ÉOLIEN, ENNE adj. (de *Éole,* n. myth.). **1.** Qui fonctionne sous l'action du vent : *Énergie éolienne.* — **2.** Se dit des processus marqués par l'intervention du vent (notamment le transport d'éléments fins en suspension dans l'air ou par saltation) et des formes qui résultent de ces actions (formes d'érosion et surtout d'accumulation [dunes]).
◆ **éolienne** n. f. Système à ailes ou à pales tournantes convertissant l'énergie cinétique du vent en énergie mécanique disponible sur un

arbre pour entraîner une machine (pompe) ou un alternateur électrique.

ENCYCL. On estime que 2 % environ de l'énergie solaire reçue par la Terre sont convertis en énergie cinétique des vents. La quantité d'énergie correspondante représente environ 30 millions de TWh par an. Bien que 10 % seulement de cette énergie soient disponibles près du sol, le potentiel reste considérable. Mais les contraintes d'exploitation sont telles que l'énergie éolienne verra ses applications longtemps limitées à des utilisations locales (pompage de l'eau) ou bien à un rôle de source d'appoint dans l'alimentation des réseaux électriques. Les zones les plus favorables à l'implantation de grandes éoliennes sont les régions côtières et les grandes steppes, où des vents soutenus soufflent régulièrement.

On distingue deux grandes catégories d'éoliennes : celles à axe horizontal et celles à axe vertical. Les éoliennes à axe horizontal sont de loin les plus répandues. Leur axe doit rester parallèle à la direction du vent, pour que leurs ailes ou leurs pales demeurent face au vent en permanence. Les plus petites (gamme de puissance de 0,5 à 50 kW) sont le plus souvent équipées d'un grand nombre d'ailes. Des vents faibles suffisent à les faire fonctionner. Les plus grandes font appel à des hélices à 3 ou à 2 pales. Elles peuvent fournir des puissances de 100 kW à quelques MW, mais ne fonctionnent bien que quand soufflent des vents moyens ou forts. La fatigue mécanique des éléments structuraux peut toutefois entraîner des ruptures de pales.

Les éoliennes à axe vertical ont un fonctionnement plus simple puisqu'elles n'exigent pas une orientation continuelle de leur axe. Mais leur rendement est moins élevé que celui des éoliennes à axe horizontal.

ÉOLIENNES *(îles),* en ital. **Isole Eolie,** archipel italien de la mer Tyrrhénienne, au N. de la Sicile ; 115 km^2 ; 12 200 hab. Les îles principales sont le groupe de Lipari, de Vulcano et de Salina ; Alicudi et Filicudi à l'O. ; Panarea et Stromboli vers le N. Toutes ces îles sont d'origine volcanique, mais seul le volcan de Stromboli est encore en activité.

ÉOLIENS, groupe de tribus grecques d'abord installées en Thessalie. L'invasion dorienne les obligea à émigrer, les unes vers la Grèce centrale et le Péloponnèse, les autres sur la côte nord-ouest de l'Asie Mineure. À l'époque classique, les Grecs d'origine éolienne occupèrent la Thessalie, la Béotie, la Phocide, l'Élide et l'Éolide d'Asie Mineure avec les îles voisines.

ÉOLIPILE ou **ÉOLIPYLE** n. m. (de *Éole,* n. myth., et lat. *pila,* balle). Appareil, inventé par Héron d'Alexandrie, formé d'une sphère creuse mobile et destiné à montrer l'effet moteur de la vapeur d'eau.

ÉOLISATION n. f. Action du vent à la surface de la Terre.

ÉOLITHE n. m. Fragment de pierre, antérieur au quaternaire, façonné par l'action d'agents naturels et qui peut ressembler à des pierres travaillées par l'homme.

ÉOLITHIQUE adj. S'est dit des industries que certains avaient cru pouvoir distinguer d'après les divers types d'éolithes.

ÉON n. m. (lat. ecclés. *aeon, -onis,* du gr. *aiôn, -ônos,* éternité). Chez les néoplatoniciens et les gnostiques, ensemble de puissances éternelles émanées de l'être et rendant possible son action sur les choses.

ÉON (Charles DE BEAUMONT, *chevalier* D'), diplomate et officier français (Tonnerre 1728 - Londres 1810). Agent secret de Louis XV, il accomplit avec succès — selon la tradition, sous un déguisement féminin — une mission secrète en Russie (1755), où il fut secrétaire d'ambassade (1757-1759). Ministre plénipotentiaire à Londres (1763), il entretint avec le roi une correspondance politique confidentielle. Il a laissé des Mémoires (*Loisirs du chevalier d'Éon,* 1774).

ÉONISME n. m. (du nom du chevalier d'*Éon*). Syn. de TRAVESTISME.

E. O. R. n. m. Abrév. de ÉLÈVE OFFICIER* DE RÉSERVE.

ÉOS, déesse grecque de l'Aurore, sœur d'Hélios. Chaque jour, elle sortait de l'océan et s'élevait dans le ciel, sur un char brillant traîné par quatre chevaux ailés.

ÉOSINE [eɔzin] n. f. (all. *Eosin*). Matière colorante rouge, obtenue par bromation de la fluorescéine, utilisée comme pigment dans les encres et dans les fards, comme désinfectant en dermatologie.

ÉOSINOCYTE n. m. Polynucléaire dont les granulations cytoplasmiques de grande taille sont colorées en rouge par l'éosine. (Syn. POLYNUCLÉAIRE ÉOSINOPHILE.)

ÉOSINOPHILE adj. et n. m. **1.** Se dit d'un composant cellulaire ou tissulaire qui se colore facilement par l'éosine. — **2.** Syn. de ACIDOPHILE. — **3.** *Polynucléaire éosinophile,* syn. de ÉOSINOCYTE.

ÉOSINOPHILIE n. f. **1.** Affinité de certains composants cellulaires ou tissulaires pour les colorants acides, et notamment pour l'éosine. — **2.** Syn. usuel de HYPERÉOSINOPHILIE.

EOSUCHIEN [-kjɛ̃] n. m. (du gr. *soukhos,* crocodile). Reptile fossile d'Afrique du Sud, ancêtre probable des lézards et des serpents.

EÖTVÖS (József, *baron*), écrivain et homme politique hongrois (Buda 1813 - Pest 1871). Il est l'auteur de romans : *le Chartreux* (1839-1841) et *le Notaire du village* (1845), qui reflètent son romantisme et ses options en faveur du libéralisme et du socialisme utopique. Ministre de l'Instruction publique dans le cabinet de L. Batthyány (avr. 1848), il émigra à Munich (fin 1848). Il rentra en Hongrie en 1851 et devint en 1867 ministre des Cultes et de l'Instruction publique.

EÖTVÖS (Loránd, *baron*), physicien hongrois (Pest 1848 - Budapest 1919), fils du précédent. Fondateur de l'Institut géophysique hongrois, il a préconisé l'usage du pendule de torsion pour les mesures gravimétriques et construit, en 1888, le premier appareil de ce type utilisable en prospection géophysique.

ÉOUÉS → ÉWÉS.

ÉPACTE n. f. (bas lat. *epactae,* du gr. *epaktai hêmerai,* jours intercalaires). Âge de la lune au 1er janvier, en convenant d'appeler 0 son âge le jour de la nouvelle lune.

ÉPAGNEUL, E n. (de [*chien*] *espagnol*). Type de chien à poil long, dont il existe différentes races de chasse et d'agrément.

ENCYCL. De tailles diverses suivant les races, les épagneuls sont caractérisés par leur poil long, soyeux, souvent frisé. Ils ont les oreilles pendantes. L'*épagneul français,* docile, convient bien pour la chasse de toute espèce de gibier. L'*épagneul breton,* blanc et marron ou blanc et orangé, de plus petite taille, au nez fin, à l'ardeur infatigable, est un excellent chasseur. L'*épagneul de Pont-Audemer* est un chien d'eau, fort utile pour la chasse sur marais herbeux. Les *épagneuls anglais* se divisent en épagneuls d'eau (english water spaniel et irish water spaniel) et épagneuls de terre (cockers, sussex-spaniel, clumber-spaniel, etc.). Parmi les *épagneuls nains,* on connaît l'épagneul papillon et les épagneuls nains anglais, qui comprennent le king-charles et le cavalier king-charles.

ÉPAGOMÈNE adj. (bas lat. *epagomenus,* du gr. *epagomenos,* de *epagein,* ajouter). Se dit, dans le calendrier des Grecs et des Égyptiens de l'Antiquité, des jours ou mois intercalaires, qui rétablissaient la concordance de l'année civile avec l'année solaire.

ÉPAILLAGE n. m. **1.** Action de débarrasser les cannes à sucre des feuilles inférieures. – **2.** Séparation des impuretés moins denses que l'eau (feuilles, herbes) lors du lavage des betteraves à sucre. – **3.** Action de débarrasser, par voie chimique, la laine, en bourre ou en tissu, des matières végétales qu'elle peut retenir.

ÉPAILLER [epaje] v. t. Réaliser l'épaillage.

ÉPAIR n. m. Aspect du papier observable par transparence.

ÉPAIS, AISSE adj. (anc. fr. *espes,* du lat. *spissus,* avec l'infl. de l'anc. fr. *espeis,* du lat. *spissare,* épaissir). **1.** *Épais de tant,* indique l'épaisseur d'un corps : *Une planche épaisse de 2 cm.* – **2.** Dont les proportions, les dimensions sont importantes relativement à d'autres choses de même type : *Avoir des lèvres épaisses. Une épaisse couche de neige.* – **3.** Qui est d'aspect massif, sans finesse, sans sveltesse : *Elle a une taille épaisse.* – **4.** Se dit d'une matière consistante, peu fluide, d'une vapeur, d'un gaz dense ; pâteux, visqueux : *Une épaisse fumée.* – **5.** Dont les éléments sont drus, touffus, serrés : *Un bois épais.* – **6.** Qui manque de finesse, de pénétration ; obtus : *C'est un brave garçon, mais un peu épais.* – **7.** Qui donne l'impression d'une grande densité : *Nuit épaisse.* – **8.** *Au plus épais de,* dans la partie la plus dense de qqch, au cœur de qqch. ‖ *Avoir la langue épaisse,* avoir la langue pâteuse ou la parole embarrassée.

◆ **épais** adv. **1.** D'une manière dense, serrée : *Semer trop épais.* – **2.** Fam. *Il n'y en a pas épais !,* il n'y en a pas beacoup.

ÉPAISSEUR n. f. (de *épais*). **1.** Une des dimensions d'un corps, mesurée par l'écart entre ses deux faces principales, plus ou moins parallèles : *Une cloison de faible épaisseur.* – **2.** Qualité d'un corps dans lequel cette dimension est importante : *Cette pièce reste fraîche grâce à l'épaisseur de ses murs.* – **3.** Qualité de ce qui est dense, serré ou massif ; densité : *L'épaisseur du brouillard.* – **4.** *Litt.* Qualité de qqn, de qqch qui a de la profondeur, de la richesse : *Un projet qui a de l'épaisseur.* – **5.** Manque de finesse, d'agilité intellectuelle : *L'épaisseur d'une plaisanterie.* – **6.** *Une, deux, etc., épaisseur(s) de,* une matière appliquée en une, deux, etc., couche(s).

ÉPAISSIR v. t. (conj. 32). **1.** Rendre qqch épais ou plus épais, plus dense : *Épaissir une sauce avec de la farine.* – **2.** Faire paraître qqn, son corps plus massif ; grossir : *Cette robe l'épaissit.* – **3.** Rendre qqch plus dense, plus opaque, plus difficile à percer : *Ce nouveau crime a épaissi le mystère.*

◆ v. i. ou **s'épaissir** v. pr. **1.** Devenir plus massif : *Il a épaissi.*– **2.** Devenir plus dense, plus obscur : *Le mystère s'est épaissi.* – **3.** Devenir plus consistant : *La peinture a épaissi dans le pot.*

ÉPAISSISSANT, E adj. et n. m. Se dit d'un agent, d'un adjuvant servant à augmenter la consistance d'un produit liquide (peinture par ex.).

◆ **épaississant** n. m. Matière colloïdale, d'origine végétale, formant des gels, utilisée en mélange avec les matières colorantes dans l'impression sur tissus pour éviter le coulage des couleurs.

ÉPAISSISSEMENT n. m. Action d'épaissir ou fait de s'épaissir : *L'épaississement de l'épiderme.*

ÉPAISSISSEUR, EUSE adj. et n. m. Se dit d'un appareil servant, en chimie, à épaissir une suspension.

ÉPALEMENT n. m. Vérification, par l'Administration des contributions indirectes, de la contenance des récipients.

ÉPAMINONDAS, général et homme d'État béotien (Thèbes v. 418 - Mantinée 362 av. J.-C.). D'une grande culture musicale et philosophique, il se lie dès sa jeunesse avec Pélopidas, l'un des chefs du parti populaire à Thèbes, avec qui il libère la cité du joug spartiate en 379. En 371, il est député à Sparte pour y traiter de la paix, mais sans résultat. Il réorganise l'armée thébaine, remporte sur les Spartiates une victoire à Leuctres (371), envahit le Péloponnèse en 370, enlève à Sparte la Messénie, reconstruit Messène, donnant à Thèbes l'hégémonie en Grèce centrale, dans le Péloponnèse et en Béotie. En 364, il gagne aux Thébains l'alliance de Rhodes, de Chio, de Byzance pour s'opposer à la puissance maritime d'Athènes. Une ligue se forme contre Thèbes entre Sparte, Athènes, Mantinée, les Éléens et les Achéens. En 362, Épaminondas envahit alors le Péloponnèse et bat les coalisés à Mantinée (4 juill. 362), mais est mortellement blessé. L'hégémonie thébaine disparut avec lui.

ÉPAMPRAGE ou **ÉPAMPREMENT** n. m. Action de supprimer, sur les ceps de vigne, les jeunes rameaux inutiles.

ÉPAMPRER v. t. (de *pampre*) [conj. 3]. Réaliser l'épamprage.

ÉPANALEPSE n. f. (gr. *epanalêpsis,* répétition). Répétition, après un intervalle, de un ou de plusieurs mots. (Par ex. *Ô flots que vous savez de lugubres histoires ! / Flots profonds redoutés des mères à genoux* [Hugo].)

ÉPANCHEMENT n. m. **1.** Accumulation de liquide pathologique dans une cavité naturelle. (L'épanchement peut être gazeux [pneumothorax], sanglant [hématocèle], chyleux [pleurésie chyleuse], purulent [pleurésies purulentes] ou, le plus souvent séreux [pleurésie sérofibrineuse, ascite, hydarthrose].) — **2.** Fait de s'épancher, communication des pensées, effusion des sentiments : *Les épanchements du cœur entre amis.* — **3.** *Épanchement volcanique,* étalement des laves d'un volcan.

ÉPANCHER v. t. (lat. pop. **expandicare,* du lat. class. *expandere*) [conj. 3]. **1.** Communiquer librement ses sentiments, les laisser déborder ; confier : *Épancher ses peines dans un journal intime.* — **2.** *Épancher son cœur,* l'ouvrir avec confiance.

◆ **s'épancher** v. pr. **1.** *Litt.* Se confier librement, parler sans retenue de ses sentiments ; s'abandonner : *S'épancher auprès d'un ami.* — **2.** En parlant d'un liquide organique, sortir des vaisseaux et se répandre dans d'autres cavités ou à l'intérieur des tissus.

ÉPANCHOIR n. m. Ouvrage d'art par lequel peut se déverser le trop-plein d'un étang.

ÉPANDAGE n. m. **1.** Action d'épandre avec régularité des engrais, des amendements ou des pesticides. — **2.** Étalement en nappe d'eaux courantes fortement chargées et qui ne sont pas canalisées dans une vallée (oueds par ex.).

ÉPANDEUR n. m. **1.** Machine servant à épandre le fumier, les gadoues et, parfois, les amendements. — **2.** Distributeur d'engrais ou de pesticides.

ÉPANDEUSE n. f. (de *épandre*). Engin automoteur qui, en avançant, répand et répartit régulièrement des matériaux.

ÉPANDRE v. t. (lat. *expandere*) [conj. 74]. Étendre un produit, une matière sur le sol en le dispersant : *Épandre du fumier.*

ÉPANNELAGE n. m. (de *épanneler*). **1.** Taille d'un bloc de pierre ou d'un autre matériau dur par pans et chanfreins, en laissant autour des formes à sculpter une certaine quantité de matière. (Précède le dégrossissage.) — **2.** *Plan d'épannelage,* document d'urbanisme définissant l'enveloppe des volumes susceptibles d'être construits.

ÉPANNELER v. t. (anc. fr. *pennel,* panneau) [conj. 24]. Procéder à l'épannelage.

ÉPANOUILLAGE, ÉPANOUILLER, ÉPANOUILLEUR, ÉPANOUILLEUSE → DÉPANOUILLAGE, DÉPANOUILLER, DÉPANOUILLEUR.

ÉPANOUIR v. t. (frq. **spannjan,* tendre) [conj. 32]. **1.** *Litt.* Faire ouvrir une fleur en déployant ses pétales : *Le soleil a épanoui les roses du jardin.* — **2.** Donner à qqn la plénitude de ses facultés, le rendre heureux, comblé : *Son mariage l'a épanoui.* — **3.** Donner à qqn, à son corps une certaine plénitude : *La maternité l'a épanouie.*

◆ **s'épanouir** v. pr., **être épanoui** v. pass. **1.** En parlant des fleurs, s'ouvrir largement : *Rose bien épanouie.* — **2.** Atteindre un stade de développement plein et heureux : *Une civilisation qui s'épanouit.* — **3.** Acquérir la plénitude de ses facultés intellectuelles ou physiques ; être bien dans sa peau, dans son corps : *Depuis son changement d'emploi, il s'est épanoui.* — **4.** Manifester une joie pleine et sereine : *Avoir un visage épanoui.* — **5.** Prendre des formes pleines et harmonieuses : *Femmes épanouies des tableaux de Rubens.*

ÉPANOUISSANT, E adj. Où l'on peut s'épanouir : *Un métier épanouissant.*

ÉPANOUISSEMENT n. m. **1.** Action de s'épanouir, fait d'être épanoui : *L'épanouissement de la civilisation grecque au* v^e^ *s.* — **2.** *Épanouissement polaire,* partie d'une pièce électrique polaire voisine de l'armature d'induit et qui borde l'entrefer.

ÉPAPHRODITE, affranchi et secrétaire de Néron, qu'il aida à se tuer. Le philosophe Epictète fut son esclave.

ÉPAR n. m. (got **sparra,* poutre). Barre servant à fermer une porte.

ÉPARCHIE [eparʃi] n. f. (lat. ecclés. *eparchia,* du gr. *eparkhia*). **1.** Province de l'Empire romain ou partie de province dotée de privilèges. — **2.** Circonscription ecclésiastique ayant à sa tête un évêque, dans les Églises chrétiennes orientales. (L'éparchie correspond au diocèse en Occident.)

ÉPARGES (Les) [55160], comm. de la Meuse ; 57 hab. *L'éperon des Éparges* fut, lors de la Première Guerre mondiale, le théâtre de luttes acharnées et d'une guerre de mines meurtrière.

ÉPARGNANT, E n. Personne qui épargne, économise : *Petit épargnant.*

ÉPARGNE n. f. (de *épargner*). **1.** Partie non consommée du revenu d'un agent économique, employée pour constituer un capital : *Rémunération de l'épargne à 9 %.* — **2.** Action consistant à mettre en réserve une somme d'argent qu'on ne dépense pas ; économie : *À force d'épargne, il s'était constitué un petit capital.* — **3.** Économie dans l'emploi de qqch : *Épargne de temps.* • **Banq.** *Caisse d'épargne et de prévoyance,* établissement à but non lucratif ayant pour mission la collecte de l'épargne et le développement de la prévoyance pour la satisfaction des besoins collectifs et familiaux. (→ *encycl.*) — **Céram.** Partie d'une poterie laissée à l'état nu, tandis que le reste de la pièce est recouvert d'émail ou de couleur. — **Écon.** *Épargne forcée,* épargne imposée à l'individu par le groupe dont il dépend. (Ce sont par ex. les prélèvements opérés par l'État et les collectivités publiques sous forme d'impôts destinés à couvrir des dépenses d'investissement, les cotisations obligatoires perçues par les organismes de sécurité sociale en vue de la couverture des risques futurs.) ‖ *Épargne individuelle,* épargne résultant du choix opéré par l'individu, à partir de son revenu, entre consommation et non-consommation. ‖ *Épargne nationale,* fraction du revenu national qui n'est pas consacrée à l'acquisition de biens de consommation. — **Grav.** et **Sculpt.** *Taille d'épargne,* manière de creuser la surface d'un matériau de façon à former un dessin avec les parties non attaquées. (Sont des tailles d'épargne les bas-reliefs en méplat, les émaux champlevés et les gravures en relief destinées à l'estampe [sur bois le plus souvent], dans lesquelles les parties « épargnées » apparaissent en noir à l'impression.) — **Navig.** *Bassin d'épargne,* bassin destiné à réduire la consommation d'eau à chaque éclusée par rétention, grâce à un système de vannes approprié, d'une partie de la vidange du sas en vue de la restitution lors du remplissage. (Syn. ÉCONOMISEUR.) — **Physiol.** *Aliment d'épargne,* substance, telle que le thé, le café, qui stimule l'organisme et lui permet de poursuivre un effort en utilisant ses réserves, sans autre apport alimentaire.

ENCYCL. Les *caisses d'épargne et de prévoyance* apparaissent au XVIIIe s., mais c'est au cours du XIXe s. qu'elles se développent. (La Caisse d'épargne et de prévoyance de Paris est créée en 1818 par B. Delessert avec le soutien de J. Laffitte et du duc de La Rochefoucauld-Liancourt.) En 1835, un statut légal leur est donné ; depuis 1837, les dépôts qui y sont effectués bénéficient de la garantie de l'État, et les fonds sont gérés par la Caisse des dépôts et consignations. Leur statut actuel résulte de la loi du 1er juill. 1983. Les caisses d'épargne peuvent recevoir des dépôts, consentir des crédits et faire des opérations de banque en faveur de personnes physiques ; elles sont habilitées à consentir des prêts aux collectivités et aux établissements publics. Depuis 1987, elles sont autorisées à accorder des prêts aux petites et moyennes entreprises. De 1983 à 1991, le nombre de caisses d'épargne locales est passé de 467 à 31. Cette évolution s'intègre dans une stratégie internationale. Les caisses d'épargne des autres pays européens opèrent toutes des mutations à l'effet de constituer un réseau international.

épargne *(Caisse nationale d')* **[C. N. E.],** organisme public créé en 1881. Elle dispose des très nombreux points de collecte que constituent les bureaux de poste. Ses ressources d'épargne sont gérées par la Caisse des dépôts et consignations.

épargne *(Trésor de l'),* en France sous l'Ancien Régime, caisse centrale de l'État de 1523 à 1664. Créé par François Ier (1523) et administré par le trésorier de l'épargne, il recevait les recettes du domaine royal (finances ordinaires) et celles provenant de l'impôt (finances extraordinaires) et acquittait les dépenses générales. En 1664, l'office de trésorier de l'épargne fut supprimé par Colbert, et le Trésor de l'épargne prit le nom de Trésor royal.

ÉPARGNE-LOGEMENT n. f. (pl. *épargnes-logements*). Système d'encouragement à l'épargne des particuliers en vue de l'acquisition, de la construction ou de l'aménagement d'un logement.

ENCYCL. Le *compte d'épargne-logement (C. E. L.)* rémunère les dépôts qui constituent l'épargne sous forme d'un prêt ultérieur accordé à des conditions avantageuses. Le *plan d'épargne-logement (P. E. L.)* est un contrat par lequel le souscripteur s'engage à effectuer des versements réguliers pendant une durée minimale, au terme de laquelle la rémunération est constituée par le versement d'un intérêt, d'une prime d'État et l'octroi d'un prêt à un taux avantageux.

ÉPARGNER v. t. (germ. **sparanjan*) [conj. 3]. **1.** Employer, dépenser modérément qqch pour ne pas épuiser une réserve ou pour s'en constituer une ; économiser : *Épargner l'huile.* – **2.** Faire des économies pour se constituer une réserve : *Épargner pour ses vieux jours.* – **3.** Économiser de l'argent en prenant sur qqch, en diminuant les dépenses sur tel ou tel secteur : *Épargner beaucoup sur ses vêtements.* – **4.** Employer qqch au minimum, y avoir recours avec modération et à bon escient : *Épargner ses forces.* – **5.** *Ne pas épargner qqch,* en user, y avoir recours, l'employer sans compter (parfois ironiq.) : *Il n'a épargné ni sa peine ni son temps.* – **6.** Dispenser qqn de qqch, lui en faire grâce, l'en préserver : *Épargnez-moi les remarques inutiles.* – **7.** Éviter à qqn d'avoir à exécuter une action pénible, l'en dispenser : *Épargner une corvée à quelqu'un.* – **8.** Traiter qqn avec ménagement, lui laisser la vie sauve ; faire grâce : *Les terroristes n'épargnèrent aucun otage.* – **9.** Ne pas nuire ou faire du mal à qqn, ne pas créer de dommage à qqch : *L'incendie a épargné l'école voisine.* – **10.** Ménager la sensibilité de qqn, lui éviter une souffrance morale : *Épargner l'amour-propre de quelqu'un.* – **11.** *Ne rien épargner pour,* recourir à tous les moyens pour parvenir à un but. – **12.** *Épargner (des blancs),* laisser en blanc certaines parties d'un dessin, d'une peinture, d'une aquarelle, d'une gravure en taille-douce. (Syn. RÉSERVER.)

ÉPARGNE-RETRAITE n. f. (pl. *épargnes-retraites*). Placement constitué en vue de la retraite, pour compléter les prestations de l'assurance-vieillesse.

ÉPARPILLEMENT n. m. Action d'éparpiller ou de s'éparpiller ; dispersion, dissémination ; état de ce qui est éparpillé : *L'éparpillement des élèves à la sortie de l'école.*

ÉPARPILLER v. t. (lat. pop. **disparpaliare,* p.-ê. de *spargere,* éparpiller, avec l'infl. de *palea,* paille) [conj. 3]. **1.** Répandre des objets çà et là, les disperser au hasard ; disséminer : *Éparpiller des papiers.* – **2.** Disposer des personnes en divers endroits : *Éparpiller des policiers.* – **3.** Partager ses forces, ses efforts, etc., entre des activités trop diverses, les disperser.

◆ **s'éparpiller** v. pr., **être éparpillé** v. pass. **1.** Être dispersé de tous côtés : *La foule s'éparpille à la sortie du cinéma.* – **2.** Être disposé en des endroits divers et assez distants les uns des autres : *Village dont les maisons s'éparpillent dans la montagne.* – **3.** Entreprendre diverses choses à la fois, ne pas se concentrer sur qqch : *S'éparpiller et ne rien réussir de ce qu'on entreprend.*

ÉPARPILLEUR n. m. Machine étalant sur une large surface, par action centrifuge, les tas de fumier dans les champs.

ÉPARQUE n. m. (gr. *eparkkos,* chef). **1.** Gouverneur d'une éparchie. – **2.** Dans l'Empire byzantin, préfet de Constantinople, chargé à partir de 359 de l'administration de la ville.

ÉPARS, E adj. (anc. fr. *espardre,* séparer, du lat. *sparsus,* de *spargere,* disperser). Répandu de tous côtés, dispersé, en désordre : *Les débris épars d'un avion accidenté.*

ÉPARVIN ou **ÉPERVIN** n. m. (frq. **sparwun*). Tumeur dure aux jarrets d'un cheval.

ÉPATAMMENT adv. *Fam.* De façon épatante, admirable.

ÉPATANT, E adj. *Fam.* **1.** Qui suscite l'admiration, la satisfaction ; admirable, formidable : *Des vacances épatantes. Un élève épatant.* – **2.** Qui se distingue par ses qualités de cœur, de générosité : *Un type épatant toujours à rendre service.*

ÉPATE n. f. *Pop.* **1.** Attitude ostentatoire prise dans le but de provoquer l'admiration : *Faire de l'épate.* – **2.** *À l'épate,* en essayant de faire de l'effet.

ÉPATÉ, E adj. Se dit d'un nez court et largement aplati.

ÉPATEMENT n. m. **1.** État de ce qui est épaté, écrasé : *L'épatement du nez.* – **2.** *Fam.* Surprise, stupéfaction : *Son épatement devant tant d'arrogance faisait peine à voir.* – **3.** Angle formé par les haubans ou galhaubans avec le mât auquel ils sont capelés.

ÉPATER v. t. (de *patte*) [conj. 3]. *Fam.* Susciter chez qqn une surprise plus ou moins admirative, le laisser perplexe d'étonnement ; interloquer : *Il cherche à épater ses voisins avec sa nouvelle voiture.*

ÉPAUFRER (S') v. pr. (anc. fr. *espautrer,* faire éclater, du frq. **spalturōran,* briser, p.-ê. avec l'infl. de *érafler*) [conj. 3]. Subir une épaufrure.

ÉPAUFRURE n. f. **1.** Éclat accidentel sur la surface ou sur une arête d'une pierre de taille, d'une sculpture en pierre. – **2.** Syn. de ÉCORNURE.

ÉPAULARD n. m. (anc. fr. *espaart,* de *espee,* épée, croisé avec *épaule*). **1.** Grand cétacé odontocète (delphinidé) à pelage noir et blanc, porteur d'une grande nageoire dorsale et qui se nourrit de poissons ou attaque d'autres mammifères marins (baleine, phoque). [L'épaulard est social, intelligent, aisé à dresser.] (Syn. ORQUE.) – 2. *Faux épaulard,* animal entièrement noir, voisin du précédent mais plus petit.

ÉPAULE n. f. (bas lat. *spathula,* spatule). **1.** Articulation qui unit le bras au thorax. (→ *encycl.*) – **2.** Région du corps entre ces deux articulations (au pl.) : *Avoir les épaules larges.* – **3.** Morceau de boucherie correspondant au membre antérieur chez le mouton et chez le veau, à l'ensemble du collier et du paleron chez le bœuf. – **4.** Fam. *Avoir la tête sur les épaules,* être sensé, équilibré. ‖ Fam. *Donner un coup d'épaule à qqn,* lui prêter son concours. ‖ *Faire qqch, traiter qqn par-dessus l'épaule,* faire qqch, traiter qqn avec négligence, avec désinvolture. ‖ *Faire toucher les épaules à qqn,* le terrasser, avoir raison de sa résistance. • **Alp.** Replat nettement marqué sur une arête en contrebas du sommet. – **Équit.** *Sur les épaules,* se dit d'un cheval dont la masse est supportée pour une trop grande part par les membres antérieurs. – **Fortif.** Partie d'un ouvrage où une face se raccorde au flanc adjacent. – **Méd.** *Présentation de l'épaule,* ensemble des présentations transversales du fœtus. (Cette présentation nécessite une césarienne.)

ENCYCL. **Anat.** L'armature squelettique de l'épaule, ou ceinture scapulaire (clavicule et omoplate), s'unit avec l'humérus pour former l'articulation scapulo-humérale. Autour de son axe ostéo-articulaire, l'épaule est divisée en trois régions : la *région axillaire,* ou *aisselle ;* la *région scapulaire,* qui comprend les parties molles placées en arrière de l'omoplate et de la région axillaire ; la *région deltoïdienne,* formant le moignon de l'épaule.

ÉPAULÉ n. m. En haltérophilie, mouvement consistant à amener la barre d'un seul temps à hauteur des épaules.

ÉPAULÉE n. f. *Maçonnerie par épaulées,* exécutée par reprises verticales de proche en proche, notamment en sous-œuvre.

ÉPAULÉ-JETÉ n. m. (pl. *épaulés-jetés*). En haltérophilie, enchaînement de deux mouvements, l'épaulé et le jeté.

ÉPAULEMENT n. m. **1.** Partie d'un vase qui joint le col à la panse. – **2.** Massif de maçonnerie servant à épauler. (Se dit parfois d'un contrefort, d'un mur de soutènement.) – **3.** Partie saillante, sur une face d'un tenon, donnant de la solidité à un assemblage de charpente. – **4.** Terrassement protégeant une bouche à feu et ses servants contre les coups et les vues adverses. – **5.** Adoucissement d'un versant au-dessus d'une auge glaciaire, façonné par les processus périglaciaires. – **6.** En mécanique, changement de section d'une pièce ménageant, avant l'extrémité, une face destinée à servir d'appui à une autre pièce.

ÉPAULER v. t. (conj. 3). **1.** Aider qqn dans une entreprise difficile ; soutenir, assister : *Il a besoin de se sentir épaulé.* – **2.** Appuyer une arme à feu contre son épaule pour tirer ; mettre en joue. – **3.** Amortir une poussée par la construction d'un massif de maçonnerie qui augmente la base de sustentation d'un ouvrage. – **4.** Établir l'épaulement d'un tenon. – **5.** Garantir une bouche à feu par un épaulement. – **6.** *Épauler la lame,* l'aborder obliquement par l'avant.

◆ v. i. En chorégraphie, effacer une épaule en arrière en avançant l'autre vers le public.

◆ **être épaulé** v. pass. En parlant d'un vêtement, comporter une épaulette de rembourrage.

ÉPAULETTE n. f. (de *épaule*). **1.** Patte garnie de franges que certains militaires portent sur chaque épaule. (→ *encycl.*) – **2.** Symbole du grade d'officier. – **3.** Coussinet dont la forme épouse le haut de l'épaule et qui sert à élargir la carrure d'un vêtement. – **4.** Bande de tissu ou de ruban qui retient un vêtement ou un sous-vêtement aux épaules.

ENCYCL. **Mil.** Les épaulettes de laine vert et rouge ornent toujours l'uniforme de la Légion étrangère, les épaulettes de laine rouge celui des saint-cyriens. Certaines musiques de l'armée de terre ont remis à l'honneur les épaulettes, surtout depuis 1977.

ÉPAULIÈRE n. f. **1.** Partie de l'armure qui défend la région pectorale et l'épaule. – **2.** Plaquette articulée sur la crosse de certaines armes à feu, servant à augmenter la stabilité du tir.

ÉPAVE n. f. (anc. fr. *espave,* égaré, du lat. *expavidus,* épouvanté). **1.** Tout objet mobilier perdu et dont le propriétaire reste inconnu. – **2.** Objet abandonné à la mer et flottant au gré des flots ; débris sur le rivage. (Syn. OBJET FLOTTANT.) – **3.** Carcasse de navire échoué sur une côte. – **4.** Automobile accidentée ou trop usagée pour pouvoir être réparée et qui est destinée à la casse. – **5.** Personne qui, à la suite de revers, est désemparée, réduite à un état de misère et de détresse ; loque. – **6.** *Droit d'épaves,* droit de s'approprier les épaves à l'issue d'un certain délai.

ÉPAVISTE n. Professionnel spécialisé dans la récupération des voitures accidentées.

ÉPEAUTRE n. m. (bas lat. *spelta*). Espèce de blé à grains adhérents à la balle, rustique, aux épillets espacés, au rachis fragile et qui n'est pratiquement plus cultivée.

ÉPÉE n. f. (bas lat. *spatha*). **1.** Arme de main faite d'une lame d'acier pointue fixée à une poignée munie d'une garde. (→ *encycl.*)

– **2.** *Litt.* Homme fort à l'escrime : *Une fine épée.* – **3.** Litt. *À la pointe de l'épée,* de haute lutte, au prix de grands efforts. ‖ *Coup d'épée dans l'eau,* tentative avortée, action sans résultat. ‖ *Épée de Damoclès,* danger qui peut s'abattre sur qqn d'un moment à l'autre. ‖ *Mettre l'épée dans les reins à qqn,* le harceler, le presser vivement d'agir. ‖ Litt. *Passer au fil de l'épée,* tuer. ‖ Litt. *Tirer l'épée du fourreau,* être prêt à lutter, à combattre qqn. • **Arm.** *Épée d'armes,* terme général désignant les épées de guerre. ‖ *Épée à deux mains,* épée longue et pesante qu'on saisit avec les deux mains, tel l'espadon. ‖ *Épée espagnole,* longue épée de ville et surtout de duel (XVIIe et XVIIIe s.). ‖ *Épée de parement,* épée de luxe faite pour les parades. ‖ *Épée de tournoi,* épée à lame large dépourvue de tranchant (XVe-XVIe s.). ‖ *Épée de ville,* terme désignant toutes les épées qui ne se portaient pas à la guerre. ‖ *Épée wallonne,* épée de cavalier dont la garde était composée d'une coquille plate. (Elle est l'ancêtre du sabre de cavalerie moderne.) – **Hérald.** *Épée haute,* épée représentée en pal, la pointe vers le chef de l'écu (attribut « de position »). – **Sports.** L'une des trois armes de l'escrime, mesurant au maximum 1,10 m (dont 90 cm pour la lame), pesant 750 g et munie d'une coquille d'un diamètre maximal de 13,5 cm. ‖ Discipline utilisant cette arme, où les coups portés avec la pointe seule et contrôlés par une signalisation électrique sont valables sur le corps entier. – **Text.** Grand couteau en bois servant au cordier à battre les sangles (Syn. SABRE.) ‖ Chacune des deux pièces métalliques verticales supportant le battement du métier à tisser, articulées autour d'un axe horizontal à leur partie inférieure, et recevant un mouvement d'oscillation alternatif par l'intermédiaire d'une bielle fixée à l'arbre vilebrequin du métier. (On désigne souvent ces pièces sous le nom d'*épées de chasse.*)

ENCYCL. **Arm.** D'abord en bronze, puis en fer forgé, toujours droite, l'épée peut être courbe ou très longue (2 m). Celle des Romains, à l'origine large et courte, devient massive et longue comme l'épée des Gaulois. Courte et à deux tranchants chez les Carolingiens, elle restera telle jusqu'à la Renaissance, qui en modifiera la poignée. Au XIIIe s., si les épées servent essentiellement à frapper de taille, le « braquemart » permet d'éventrer les chevaux et d'achever les cavaliers démontés. Au XIVe s., l'estoc , à lame longue et forte, autorise la frappe de pointe. Du XVe au XVIIe s., l'épée devient de plus en plus richement décorée et la longueur de sa lame triangulaire ne dépasse plus 75 cm. Son usage militaire étant confisqué au profit du sabre, elle sera de plus en plus un objet de parade.

La Révolution supprime le port de l'épée, que la noblesse avait confisqué à son profit. Au XIXe s. les officiers, les sous-officiers et les fonctionnaires en uniforme de cérémonie portaient encore l'épée. De nos jours, elle n'apparaît plus qu'au côté des académiciens, des polytechniciens et des élèves de l'École du Service de santé des armées.

Épée *(ordre de l'),* ordre militaire suédois fondé en 1522, réorganisé en 1748 et 1814.

ÉPÉE (Charles Michel, *abbé* DE L'), bienfaiteur français (Versailles 1712 - Paris 1789). Il fonda une école pour les sourds-muets, auxquels il apprit à se faire comprendre au moyen d'un langage par signes. L'abbé de l'Épée a laissé plusieurs ouvrages, dont une *Instruction des sourds et muets par la voie des signes méthodiques* (1776), *la Véritable Manière d'instruire les sourds et muets* (1784).

ÉPÉE-BAÏONNETTE n. f. (pl. *épées-baïonnettes*). Syn. de BAÏONNETTE.

ÉPEICHE [epɛʃ] n. f. (anc. fr. *espec,* de l'anc. haut all. *spëch*). Pic au plumage noir et blanc à calotte rouge, à nuque rouge chez les mâles, nichant dans un trou d'arbre.

ÉPEICHETTE n. f. (de *épeiche*). Petit pic noir et blanc à calotte rouge chez le mâle, surtout insectivore, nichant très haut dans les arbres.

ÉPEIRE [epɛr] n. f. (lat. sc. *epeira*). Grosse araignée à l'abdomen bossué et diversement orné selon l'espèce, qui tisse une grande toile circulaire. (On compte 800 espèces d'épeires dans le monde entier ; les plus répandues en France sont l'*épeire diadème,* ou *porte-croix,* et l'*épeire fasciée.*)

ÉPEIROGENÈSE, ÉPEIROGÉNIQUE → ÉPIROGENÈSE, ÉPIROGÉNIQUE.

ÉPÉISTE n. Escrimeur (euse) tirant à l'épée.

ÉPELER v. t. (frq. **spellôn,* expliquer) [conj. **24**]. Nommer successivement les lettres composant un mot.

ÉPELLATION n. f. Action ou manière d'épeler.

ÉPENDYMAIRE adj. **1.** Relatif à l'épendyme. – **2.** *Canal* ou *cavité épendymaire,* canal virtuel situé au centre de la substance grise médullaire. (Syn. CANAL DE L'ÉPENDYME.)

ÉPENDYME [epɑ̃dim] n. m. (gr. *ependuma,* vêtement de dessus). Limite interne du tube neural constituée par les péricaryons de cellules névrogliques et bordant le canal de l'épendyme dans la moelle épinière ainsi que les ventricules cérébraux.

ÉPENDYMOME n. m. Toute tumeur développée à partir des cellules épendymaires.

ÉPENTHÈSE [epɑ̃tɛz] n. f. (bas lat. *epenthesis,* du gr. *epenthesis,* intercalation). Apparition, à l'intérieur d'un mot ou d'un groupe de mots, d'un phonème que l'étymologie ne justifie pas (par ex. le [b] du français *chambre,* qui vient du latin *camera*).

ÉPENTHÉTIQUE [epɑ̃-] adj. Se dit de l'unité phonique issue d'une épenthèse.

ÉPÉPINAGE n. m. Action d'épépiner.

ÉPÉPINER v. t. (conj. 3). Ôter les pépins d'un fruit.

ÉPERDU (ÊTRE) v. pass. (anc. fr. *s'éperdre*). **1.** Éprouver très vivement un sentiment : *Une veuve éperdue de douleur.* — **2.** Être vivement ressenti passionné : *Un amour éperdu.* — **3.** Manifester de l'égarement ou de l'affolement : *Un cri éperdu.*

ÉPERDUMENT adv. **1.** D'une manière éperdue, violemment, follement : *Crier éperdument au secours.* — **2.** Fam. *Se moquer éperdument de,* se moquer totalement de qqn, de qqch.

ÉPERLAN n. m. Poisson osméridé à grandes écailles, à caudale fourchue, vivant sur les côtes européennes de l'Atlantique nord et qui remonte les fleuves pour y pondre. (Sa chair, à forte odeur de concombre, est peu consommée.)

ÉPERNAY (51200), ch.-l. d'arrond. de la Marne, au S. de la Montagne de Reims, au cœur de l'un des grands vignobles de la Champagne, sur la Marne ; 27 738 hab. *(Sparnaciens).* C'est l'anc. *Sparnacum.* Important centre de préparation et de traitement du champagne (visite des caves creusées dans la craie, où s'opère la champagnisation). Musées municipaux (du Vin de Champagne, de Préhistoire, des Beaux-Arts).

ÉPERNON (28230), comm. d'Eure-et-Loir, à la limite nord de la Beauce ; 5 119 hab. Église des XVe-XVIe s. Ancien cellier du XIIIe s. Conditionnement.

ÉPERNON (Jean-Louis DE NOGARET DE LA VALETTE, *duc* D'), homme de guerre et homme d'État français (château de Caumont 1554 - Loches 1642). Mignon d'Henri III, il fut comblé de charges par le roi, qui lui donna l'amirauté de France (1587), les gouvernements de Metz (1583), de Provence (1586), de Normandie, d'Angoumois, d'Aunis et de Saintonge (1587). Présent aux côtés d'Henri IV lors de son assassinat (1610), il contribua à faire proclamer régente Marie de Médicis. Gouverneur de Guyenne (1622), il fut rendu responsable de l'échec de Fontarabie (1638) par Richelieu, qui le fit exiler à Loches. — Son fils, BERNARD **de Nogaret de La Valette,** duc **d'Épernon** (Saintes 1592 - Paris 1661), lieutenant général à l'armée de Condé (1638), fut également disgracié après cet échec et condamné à mort par contumace (1639). Réhabilité (1643), gouverneur de Guyenne (1634-1651 et 1660-61) et de Bourgogne (1651-1661), il s'aliéna l'opinion bordelaise par ses abus de pouvoir, qui provoquèrent une révolte populaire à Bordeaux (1651-1653) lors de la Fronde.

ÉPERON n. m. (bas lat. *sporonus,* du frq. **sporo*). **1.** Petite tige métallique (parfois munie d'une molette dentée mobile) reliée à deux branches terminées par des courroies qui s'attachent au talon du cavalier pour renforcer l'action des jambes. — **2.** Saillie d'un contrefort montagneux, d'un coteau, etc. — **3.** Madrier saillant à l'extrême avant de la proue d'un navire, au-dessous de la ligne de flottaison ou à hauteur du gaillard d'avant. • **Bot.** Cornet pendant sous les sépales ou les pétales d'une fleur (capucine, violette, ancolie) ou sous un seul pétale (balsamine). — **Équit.** *Éperon de bronze, d'argent, de vermeil,* examens institués par la Fédération équestre française, sanctionnant divers niveaux en équitation. — **Fortif.** Ouvrage formant un angle saillant. — **Mar.** *Éperon de marche,* sorte d'éperon qui terminait autrefois les navires légers (avisos ou torpilleurs) et leur permettait de fendre l'eau plus aisément. (Syn. NEZ.) — **Trav. publ.** Contrefort extérieur destiné à soutenir un bâtiment ou une muraille. ‖ *Éperon d'un quai,* saillant en maçonnerie placé à l'entrée d'un port et servant de brise-lames.

Éperon d'or et de la Milice dorée *(ordre de l'),* ordre pontifical, créé en 1559 par Pie IV, supprimé en 1841 par Grégoire XVI. Il fut restauré en 1905 par Pie X et revalorisé par Paul VI en 1966. Réservé aux chefs d'État.

ÉPERONNEMENT n. m. Action d'éperonner.

ÉPERONNER v. t. (conj. 3). **1.** Exciter un cheval à coups d'éperon. — **2.** Stimuler qqn, l'aiguillonner, l'animer : *C'est l'ambition qui l'éperonne.* — **3.** Équiper un navire d'un éperon. — **4.** Aborder un navire avec un éperon.

ÉPERONNERIE n. f. Fabrication et commerce des éperons et autres objets ayant trait au harnachement des chevaux.

ÉPERVERIE n. f. Art de dresser l'épervier.

ÉPERVIER n. m. (frq. **sparwari*). **1.** Petit rapace diurne utilisé autrefois en fauconnerie pour son vol rapide et sa hardiesse, renommé pour les ravages qu'il cause chez les petits passereaux des sous-bois. — **2.** Courtine suspendue formant une sorte de tente autour d'un lit (XIIe-XVIe s.). — **3.** Filet conique garni de plombs sur son pourtour et qu'on lance à la main pour capturer le poisson.

ÉPERVIÈRE n. f. (de *épervier,* qui s'éclaircirait la vue avec cette plante). Composée vivace, très rustique, à poils étoilés ou laineux et dont les fleurs, généralement jaunes, sont groupées dans un involucre à bractées imbriquées. (On compte 200 espèces d'épervières, très voisines.)

ÉPERVIN → ÉPARVIN.

EPESSES (Les) [85590], comm. de la Vendée, dans le Bocage vendéen ; 2 124 hab. Chaussures. — Aux environs, château de Puy-du-Fou (XVIe s.), auj. centre de l'écomusée de la Vendée ; festival annuel.

ÉPEULE n. f. Grosse canette ne comportant aucun support en son milieu, confectionnée avec le fil de jute.

ÉPEULER v. t. (conj. 3). **1.** Dans la fabrication du point d'Alençon, retirer avec une pince les fils qui traversent le parchemin. — **2.** Disposer le fil de trame sous forme d'épeule.

ÉPEULEUSE n. f. Ouvrière qui épeule les dentelles.

ÉPEULOIR n. m. Machine analogue à une canetière, formant les épeules de fil.

ÉPEURÉ (ÊTRE) v. pass. (anc. fr. *espeurer,* de *peur*). *Litt.* Être effrayé, saisi de peur.

E. P. H. E., sigle de ÉCOLE PRATIQUE DES HAUTES* ÉTUDES.

ÉPHÈBE n. m. (lat. *ephebus,* du gr. *ephêbos*). **1.** Dans l'Antiquité grecque, jeune homme arrivé à la puberté ; adolescent de dix-huit à vingt ans soumis par la cité à certaines obligations religieuses ou militaires. — **2.** *Fam.* Jeune homme d'une grande beauté.

ÉPHÉBIE n. f. (de *éphèbe*). Dans la Grèce antique, notamment à Athènes, système d'éducation dont l'État était responsable et qui permettait une transition entre l'enfance et l'âge adulte.

ENCYCL. À l'origine, l'éphébie est une période de rites religieux initiatiques. Dans l'Athènes classique, c'est un service militaire, auquel sont soumis, entre dix-huit et vingt ans, tous les jeunes citoyens issus des classes qui fournissent cavaliers et hoplites. Pendant la première année, les éphèbes sont formés à Athènes, puis reçoivent leurs armes. La seconde année, ils tiennent garnison dans les forteresses de la frontière. En temps de guerre, ils restent généralement en Attique, pour défendre le territoire athénien. Cette institution s'est altérée à partir de la fin du IVe s. av. J.-C.

ÉPHÉDRA n. m. (lat. sc. *ephedra,* du gr. *ephedra*). Arbuste gymnosperme rampant à rameaux très nombreux, grêles et articulés, et à petites feuilles écailleuses, au fruit rouge écarlate.

ÉPHÉDRINE n. f. (de *ephedra*). Alcaloïde, isolé de diverses espèces d'éphédra (gnétacées) et doué de propriétés adrénergiques. (Préparée généralement par synthèse, l'éphédrine est employée sous forme de chlorhydrate.)

ÉPHÉLIDE n. f. (lat. *ephelis,* du gr. *ephêlis, -idos*). Petite tache jaunâtre ou brunâtre se produisant à la surface de la peau (communément appelée *tache de rousseur*).

ÉPHÉMÈRE adj. (gr. *ephêmeros,* qui dure un jour). **1.** Qui ne vit qu'un jour, un temps très court : *Insecte éphémère.* — **2.** Qui n'a qu'une courte durée : *Un règne éphémère.*

◆ n. f. ou m. Petit insecte à ailes très inégales, dont l'abdomen se termine par trois longs filaments, ou cerques. (L'éphémère, dont la larve vit dans la vase des ruisseaux, est nommée ainsi pour la brièveté de sa vie adulte : 2-3 jours.) [Syn. MOUCHE DE MAI.]

ÉPHÉMÉRIDE n. f. (gr. *ephêmeris, -idos*) [souvent pl.]. **1.** Ouvrage qui énumère les événements sujets à prévision dans l'année. — **2.** Livre indiquant les événements arrivés le même jour de l'année, à différentes époques. — **3.** Calendrier à effeuiller. — **4.** Table donnant de jour en jour, ou pour d'autres intervalles de temps, les valeurs calculées de diverses grandeurs astronomiques variables.

ÉPHÉMÉROPHYTE adj. et n. f. Plante des déserts, accomplissant tout son cycle reproductif en quelques jours, après une pluie.

ÉPHÉMÉROPTÈRE n. m. Nom d'ordre donné aux éphémères et aux insectes voisins.

ÉPHÈSE, en gr. **Ephesos,** ville d'Asie Mineure, sur la mer Égée, au débouché du fleuve Caystre. Fondée vers 1000 av. J.-C., elle connut les mêmes vicissitudes politiques que les autres cités grecques d'Asie Mineure dans leurs rapports avec les royaumes et empires continentaux ; elle fut vassale de la Lydie et de l'Empire achéménide, incorporée au royaume de Pergame et, finalement, capitale de la province romaine d'Asie (133 av. J.-C.).

Célèbre par son activité commerciale et bancaire, elle a frappé une monnaie d'électrum dès la fin du VIIe s. Son temple d'Artémis, construit au VIe s., le plus grand du monde grec, était considéré comme l'une des sept merveilles du monde. Saint Paul séjourna à Éphèse en 54 et en 65, saint Jean en 66. Une tradition de l'Église jacobite veut que la Vierge Marie y soit morte. Les Turcs l'enlevèrent aux Byzantins de 1090 à 1097, puis l'occupèrent définitivement au début du XIVe s. — **Archéol.** Le temple d'Artémis n'a laissé que peu de vestiges. En revanche, la ville hellénistique et romaine constitue un ensemble important (théâtre, bibliothèque de Celsus, gymnases, thermes, etc.) sillonné de larges artères dallées. La basilique St-Jean, l'église de la Vierge, le cimetière des Sept-Dormants et la maison de la Vierge remontent à l'époque byzantine.

Éphèse *(conciles d'),* nom donné à deux conciles qui se tinrent à Éphèse, l'un en 431, l'autre en 449 ; le premier définit que, dans le Christ, il n'y a qu'une personne et deux natures et que la Vierge Marie est véritablement mère de Dieu ; le second est connu sous le nom de *Brigandage* d'Éphèse.*

Éphésiens *(Épître aux),* lettre adressée, selon la Tradition, aux chrétiens d'Éphèse par l'apôtre Paul au cours de sa captivité romaine, v. 61-63.

ÉPHÉSIES n. f. pl. (gr. *Ephesia*). Fêtes qu'on célébrait chaque année à Éphèse en l'honneur d'Artémis.

EPHESTIA n. f. (lat. sc. *ephestia,* du gr. *ephestios,* hôte). Petite pyrale grise dont la chenille dévore les fruits secs, les farines et autres produits alimentaires.

ÉPHÈTE n. m. (gr. *ephetês*). Membre d'un tribunal criminel d'Athènes qui avait à connaître des crimes qui échappaient à l'Aréopage.

ÉPHIALTÈS, homme d'État athénien (Athènes v. 495 - *id.* v. 461 av. J.-C.). Chef du parti démocratique avant Périclès, il fit voter la loi qui ruina le pouvoir de l'Aréopage en lui retirant ses attributions politiques et la plus grande partie de ses attributions judiciaires. Ces pouvoirs furent transférés à la boulê, à l'ecclésia et à l'héliée (462-461). Le parti aristocratique le fit assassiner.

ÉPHIPPIGÈRE n. m. (gr. *ephippion,* selle). Grande sauterelle sans ailes du Midi, nuisible aux vignobles, dont elle dévore pousses et graines.

ÉPHOD n. m. (hébr. *ēfōd*). Vêtement liturgique des prêtres hébreux.

ÉPHORAT n. m. Dignité d'éphore.

ÉPHORE n. m. (lat. *ephorus,* du gr. *ephoros*). Chacun des cinq magistrats spartiates élus annuellement.

ENCYCL. Les pouvoirs des éphores étaient considérables : ils devaient veiller à ce que chacun, même les rois, respecte dans sa vie publique ou privée les lois et les traditions de Sparte, et ils n'étaient responsables de leur action que devant leurs successeurs. Ils recevaient le serment des rois, présidaient l'assemblée, accompagnaient les rois durant leurs expéditions militaires, recevaient les ambassadeurs et signaient les traités. Leur toute-puissance contribua à figer les institutions de Sparte.

ÉPHORE, historien grec (Kymê v. 400-v. 330 av. J.-C.). Il fut le premier à écrire une *Histoire universelle,* dont la vaste documentation fait appel aux textes et à l'épigraphie.

ÉPHRAÏM, second fils de Joseph il est l'ancêtre éponyme d'une tribu israélite établie en Palestine centrale.

ÉPHRAÏMITE n. Membre de la tribu d'Éphraïm.

ÉPHREM *(saint),* docteur de l'Église et écrivain syriaque (Nisibis v. 306 - Édesse 373). Il donna son essor à l'école d'Édesse*. Son immense production littéraire fait de lui le grand classique de l'Église syrienne.

ÉPHREM, chroniqueur byzantin (fin du XIIIe s. - début du XIVe s.), auteur d'une chronique racontant l'histoire des empereurs romains depuis César jusqu'à la reprise de Constantinople par Michel VIII Paléologue (1261).

ÉPHRUSSI (Boris), généticien français d'origine russe (Moscou 1901 - Gif-sur-Yvette 1979). Il est l'un des fondateurs de la génétique moléculaire. Ses travaux ont porté notamment sur la génétique des levures, qui a ouvert la voie aux travaux sur l'A. D. N.

EPHYRA, anc. ville d'Épire où l'on a mis au jour les ruines du *nekromanteion,* sanctuaire oraculaire construit (IIIe s. av. J.-C.), selon la tradition, à l'une des portes de l'Hadès, où on venait consulter les âmes des morts. Auj. *Messopótamon.*

ÉPI n. m. (lat. *spicum,* pointe). **1.** Inflorescence à croissance axiale prolongée et dont les fleurs ou les épillets sont serrés en manchon autour de l'axe. — **2.** Mèche de cheveux qui pousse en sens contraire des autres. — **3.** *En épi,* se dit de véhicules disposés parallèlement les uns aux autres mais en oblique par rapport à la voie ; se dit d'une cloison ou d'éléments de mobilier perpendiculaires au mur et séparant deux zones à l'intérieur d'une pièce : *Une bibliothèque en épi.* • **Bât.** Cloison mobile dressée perpendiculairement au mur, dans une salle d'exposition, afin d'augmenter les surfaces verticales utilisables. ‖ *Appareil en épi,* appareil dans lequel les briques ou les pierres sont posées obliquement et forment dans chaque rang un angle avec les éléments du rang suivant, dessinant une figure qui rappelle un épi de blé. ‖ *Épi de faîtage* ou *de faîte,* ornement en métal, en céramique, etc., décorant l'aiguille d'un poinçon de croupe ou de toit en pavillon, le sommet d'un pignon, les extrémités d'un toit (beaux exemplaires, depuis le Moyen Âge, en ferronnerie, plomb, zinc, terre vernissée, faïence). — **Ch. de f.** Ensemble de voies en cul-de-sac, se greffant, à de courts intervalles, d'un côté ou de l'autre d'une autre voie. — **Hydrol.** Digue en pieux, palplanches ou pierres que l'on dispose dans une rivière perpendiculairement aux berges pour entraver l'érosion en retenant une partie des matériaux charriés par le cours d'eau. — **Mar.** L'une des digues basses, transversales au rivage, faisant partie du dispositif de défense d'une côte exposée au transport littoral de matériaux par des houles obliques. ‖ Prolongement d'une digue de protection contre la mer ou d'un quai d'accostage.

ÉPI (l'), nom donné à l'étoile α Vierge*. Magnit. visuelle 1,2. Distance 170 al.

ÉPIAIRE n. m. Labiée aux fleurs en casque, aux feuilles malodorantes, dont une espèce est le crosne du Japon.

ÉPIAISON n. f. ou **ÉPIAGE** n. m. (de *épier 2*). Moment où l'inflorescence (épi ou panicule) d'une graminée se dégage de la gaine de dernière feuille.

ÉPIBATE n. m. (gr. *epibatês*). Dans la Grèce antique, soldat d'infanterie de marine embarqué sur les navires de guerre pour les combats à l'abordage ou les raids.

ÉPIBLASTE n. m. Couche unique de cellules polyédriques représentant le revêtement de l'embryon.

ÉPIBLASTIQUE adj. Qui se rapporte à l'épiblaste.

ÉPICANTHIQUE adj. (gr. *epikanthos,* caroncule lacrymale). *Pli épicanthique,* repli cutané semi-lunaire vertical siégeant à l'angle interne de l'œil humain, fréquent chez les sujets atteints de mongolisme (trisomie 21). [Syn. ÉPICANTHUS.]

ÉPICANTHUS [-tys] n. m. Syn. de PLI ÉPICANTHIQUE*.

ÉPICARDE n. m. Feuillet viscéral du péricarde, qui recouvre directement le myocarde.

ÉPICARPE n. m. Partie la plus externe de l'enveloppe du fruit, ou péricarpe, qui constitue généralement la peau du fruit.

ÉPICATÉCHOL n. m. Syn. de VITAMINE P.

ÉPICAUTE n. f. (gr. *epikautos,* brûlé à la surface). Cantharide vésicante dont les larves sont parasites des œufs d'acridiens, ce qui permet, sous certaines conditions, son emploi dans la lutte biologique.

ÉPICE n. f. (lat. *species,* denrée). **1.** Substance aromatique et végétale servant à l'assaisonnement des mets. (→ *encycl.*) – **2.** *Quatre épices,* mélange aromatique constitué de poivre noir, girofle, cannelle, muscade, auquel on peut adjoindre du gingembre *(cinq épices).*

◆ **épices** n. f. pl. **1.** En France, au Moyen Âge et sous l'Ancien Régime, présents faits à un juge par un plaideur, puis taxe payée obligatoirement au juge comme rétribution. (Consistant généralement en dragées ou confitures, les épices devinrent obligatoires et furent converties en argent en 1402.) – **2.** *Arg. scol.* Classes préparatoires aux grandes écoles commerciales.

ENCYCL. Originaires de l'Orient, les épices étaient employées, au Moyen Âge, pour rehausser la saveur des aliments autant que pour en favoriser la digestion. Les plus courantes étaient le poivre, la cannelle, la cardamome, les clous de girofle, le gingembre, l'anis. Associées au miel, puis au sucre dès l'apparition de celui-ci en Occident, elles se transformèrent en douceurs auxquelles on prêtait d'innombrables vertus curatives. Ce furent les *épices de chambre,* dont épiciers et apothicaires se disputèrent longtemps le monopole et qui sont les ancêtres de la confiserie de sucre. Le goût des épices demeura fort dans la cuisine jusqu'au XVIIIe s., car elles aidaient à la conservation des viandes, consommées en quantité dans les classes riches. On les servait à profusion aux dîners d'apparat. Leur prix était très élevé. Aussi la recherche des épices, dont le monopole était, à la fin du Moyen Âge, aux mains des Vénitiens, fut-elle l'une des causes déterminantes des grandes découvertes et leur accaparement le souci constant des constructeurs des empires coloniaux aux XVIe et XVIIe s. La multiplication des zones de culture, au fil des siècles, l'utilisation d'autres procédés d'assaisonnement moins coûteux (rôle croissant du beurre) et la modification des goûts culinaires contribuèrent, à partir du début du XIXe s., à enlever aux épices leur importance commerciale.

ÉPICÉA n. m. (bas lat. *picea,* genre de sapin). Grand arbre conifère voisin du sapin, au tronc rougeâtre, aux aiguilles sans lignes blanches et aux cônes pendants.

ENCYCL. L'épicéa est une des essences de reboisement les plus utilisées en France. C'est une essence de lumière qui craint la sécheresse et que l'on doit réserver aux régions montagneuses où l'humidité est suffisante. Sa croissance est rapide, mais il nécessite un élagage artificiel. Son bois blanc est apprécié en charpente et en menuiserie. son écorce est employée pour le tannage ou le cuir à semelle.

ÉPICÈNE adj. (lat. *epicoenus,* du gr. *epikoinos,* possédé en commun). **1.** Se dit d'un nom qui a la même forme aux deux genres, correspondant aux deux sexes (par ex. *un élève/une élève, un enfant/une enfant*). – **2.** Se dit d'un nom qui peut désigner indifféremment un mâle ou une femelle (par ex. *la perdrix, le papillon*).

ÉPICENTRAL, E, AUX ou **ÉPICENTRIQUE** adj. Relatif à l'épicentre.

ÉPICENTRE n. m. Point de la surface terrestre où un séisme a été le plus intense. (Il est situé au-dessus et à la verticale de l'hypocentre, point souterrain représentant la zone origine du séisme.)

ÉPICER v. t. (de *épice*) [conj. **16**]. **1.** Relever d'épices, de condiment un plat, un mets. – **2.** *Litt.* Pimenter qqch, le relever, en partic. en lui adjoignant des détails grivois : *Épicer une aventure.*

◆ **être épicé** v. pass. **1.** Être pimenté, relevé d'épices ; fort : *Un carry épicé.* – **2.** Contenir des détails grivois, être leste, égrillard : *Une chanson épicée.*

ÉPICERIE n. f. (de *épicier*). **1.** Ensemble des denrées de consommation courante qui peuvent être stockées. – **2.** Commerce spécialisé dans la vente de ces produits. – **3.** Magasin où se tient ce commerce.

ÉPICHARME, poète comique grec (v. 525 - Syracuse v. 450 av. J.-C.), un des inventeurs de la comédie grecque. Ses comédies, dont il ne reste que des fragments, parodiaient les grands mythes *(Ulysse transfuge)* ou peignaient les mœurs des villes siciliennes *(la Mégarienne).*

ÉPICHLORHYDRINE [-klɔ-] n. f. Composé C_3H_5ClO, solvant et surtout composé de base pour la préparation des résines époxy.

ÉPICIER, ÈRE n. (de *épice*). **1.** Personne qui tient un commerce d'épicerie. – **2.** *Vx.* Homme aux idées étroites, aux goûts vulgaires.
◆ adj. *Fam.* Relatif à un épicier, digne d'un épicier.

ÉPICLÈRE n. f. (gr. *epiklêros*). En Grèce, fille que son père laissait comme dépositaire de l'héritage, en l'absence d'enfant mâle.

ÉPICONDYLALGIE n. f. Toute douleur au niveau de l'épicondyle.

ÉPICONDYLE n. m. Apophyse de l'extrémité inférieure de l'humérus, en dehors et au-dessus du condyle, sur laquelle s'insèrent de nombreux muscles.

ÉPICONDYLIEN, ENNE adj. Qui se rapporte à l'épicondyle.

ÉPICONDYLITE n. f. Syndrome douloureux traduisant l'inflammation de la région épicondylienne, qui atteint les adeptes de certains sports (tennis [*tennis elbow*], golf, tennis de table) ou les membres de certaines professions (maçons, plâtriers).

ÉPICONTINENTAL, E, AUX adj. *Mer épicontinentale,* mer bordière occupant le domaine de la plate-forme continentale.

ÉPICOTYLÉ, E adj. *Axe épicotylé,* portion de la tige située au-dessus des cotylédons dans la plantule en germination et qui donnera ensuite presque toute la partie aérienne de la plante.

ÉPICRÂNE n. m. (gr. *epikranon*). Ensemble des parties qui environnent le crâne. (L'épicrâne comprend, de la profondeur à la superficie : le périoste externe des os du crâne, une lame de tissu cellulaire lâche, le muscle occipito-frontal et l'aponévrose épicrânienne.)

ÉPICRÂNIEN, ENNE adj. Qui appartient à l'épicrâne.

ÉPICRISE n. f. En médecine, ensemble des phénomènes consécutifs à la crise proprement dite et qui en complètent la signification et le pronostic.

ÉPICRITIQUE adj. (gr. *epikritikos,* qui peut déterminer). **1.** Se dit des terminaisons sensorielles cutanées ou viscérales donnant lieu à des perceptions précises ; se dit de ces perceptions elles-mêmes. (Syn. GNOSIQUE ; contr. PROTOPATHIQUE.) – **2.** *Sensibilité épicritique,* syn. de SENSIBILITÉ DISCRIMINATIVE*.

ÉPICTÈSE n. f. (gr. *epiktêsis,* nouvelle acquisition). Propriété des cellules vivantes d'absorber un surplus de substances, en contradiction avec les lois de l'osmose, moyennant une certaine dépense d'énergie. (L'épictèse est sélective ; c'est elle qui permet à certaines espèces végétales de croître sur des terrains salés.)

ÉPICTÈTE, philosophe stoïcien (Hiérapolis, Phrygie, v. 50 apr. J.-C. - Nicopolis, Épire, v. 130). Esclave d'Épaphrodite, affranchi de Néron, il fut affranchi à son tour et découvrit la philosophie stoïcienne. Il donna alors des leçons publiques, dont Arrien prit d'abondantes notes qui nous sont parvenues sous le nom d'*Enchiridion.* Il fut banni, ainsi que tous les autres philosophes de Rome, par Domitien (94 apr. J.-C.). On conserve de lui les *Entretiens d'Épictète,* qui furent rédigés par Arrien. Ils se composaient originairement de huit livres ; quatre seulement nous sont restés. Ce sont des discours ou des pensées détachées qui expriment les idées du stoïcisme d'Épictète, axées sur la maxime « Supporte et abstiens-toi ».

ÉPICURE, philosophe grec (Samos, selon une tradition, ou Athènes, selon Diogène Laërce, 341-270 av. J.-C.). Il enseigna à Samos, à Mytilène puis à Athènes. Sa philosophie, comme celle de Démocrite, dont elle dérive, est un matérialisme. Toutes les choses existantes sont formées d'atomes, dont les combinaisons, dues à une sorte de déclinaison de leur trajectoire, appelée « clinamen », donnent au monde sa structure particulière. L'orientation du clinamen étant inconnue ou aléatoire, la philosophie d'Épicure introduit ainsi une part d'indéterminisme qu'il traduit en termes de liberté. L'essentiel de son œuvre réside dans une morale, dont il se fait – contrairement à sa réputation ultérieure – la plus haute idée : il s'agit pour Épicure de jouir des biens matériels et spirituels du monde avec pondération et mesure pour que l'excellence de ces biens soit perçue au mieux de leur nature, qui est bonne.

ÉPICURIEN, ENNE adj. **1.** Qui concerne la doctrine d'Épicure. – **2.** Relatif à une morale qui propose pour objectif premier la satisfaction de tout ce qui contribue au plaisir.
◆ adj. et n. **1.** Partisan de l'épicurisme. – **2.** Qui ne songe qu'au plaisir, qui s'adonne aux plaisirs matériels ; sensuel.

ÉPICURISME n. m. **1.** Doctrine des disciples d'Épicure (Apollodore au IIe s., Phèdre et Lucrèce au Ier s. av. J.-C.). — **2.** Morale qui se propose la recherche exclusive du plaisir. (Ce n'est pas la morale d'Épicure, mais celle qui lui a été attribuée par ses adversaires ultérieurs, notamment par les Pères de l'Église, qui luttaient contre toutes les formes de matérialisme.)

ÉPICUTICULE n. f. Membrane incolore recouvrant l'exocuticule des insectes.

ÉPICYCLE n. m. (bas lat. *epicyclus,* du gr. *epikuklos*). **1.** Dans l'astronomie grecque ancienne, trajectoire circulaire supposée du Soleil, de la Lune et des planètes, dont le centre décrivait lui-même un cercle plus grand *(déférent)* autour de la Terre. — **2.** *Triple épicycle,* système de direction d'engins chenillés qui réunit, dans un même ensemble mécanique, la boîte de vitesses, les deux différentiels et, éventuellement, les démultiplicateurs.

ÉPICYCLOÏDAL, E, AUX adj. **1.** Relatif à une épicycloïde ou dont le support est une partie d'épicycloïde. — **2.** *Train épicycloïdal,* train d'engrenage dont certains axes peuvent eux-mêmes tourner autour de l'arbre qui les commande.

ÉPICYCLOÏDE n. f. Courbe plane engendrée par un point fixé d'un cercle (C′) roulant sans glisser à l'extérieur d'un cercle fixe (C), le rapport des rayons R de (C) et r de (C′) étant un nombre rationnel. (Pour $R = r$, on a la cardioïde, pour $R = 2r$, la néphroïde.)

ÉPIDACTYLOSCOPE n. m. Appareil utilisé au service de l'identité judiciaire, permettant de comparer rapidement des épreuves d'empreintes digitales.

ÉPIDAURE, en gr. **Epidauros,** anc. ville de Grèce (Argolide), sur le golfe Saronique (mer Égée). Auj. *Palaiá Epídhavros.*
— **Hist.** Fondée par une colonie d'Ioniens, elle devint l'alliée de Sparte. Elle devait surtout sa réputation à son sanctuaire d'Asclépios, dont la renommée devint universelle à partir du IVe s. av. J.-C. Autour du sanctuaire : intéressants vestiges, dont la tholos et le théâtre, l'un des plus beaux de Grèce, édifiés au IVe s. av. J.-C., sur les plans de Polyclète le Jeune. Musée abritant nombre de stèles et d'ex-voto.

ÉPIDÉMICITÉ n. f. Caractère épidémique d'une maladie.

ÉPIDÉMIE n. f. (lat. médiév. *epidemia,* du gr. *epidêmia*). **1.** Développement d'une maladie infectieuse atteignant, pendant une période déterminée et dans un territoire donné, un grand nombre de personnes. (→ *encycl.*) — **2.** Phénomène pernicieux, nuisible qui atteint un grand nombre d'individus : *Une épidémie de suicides.*

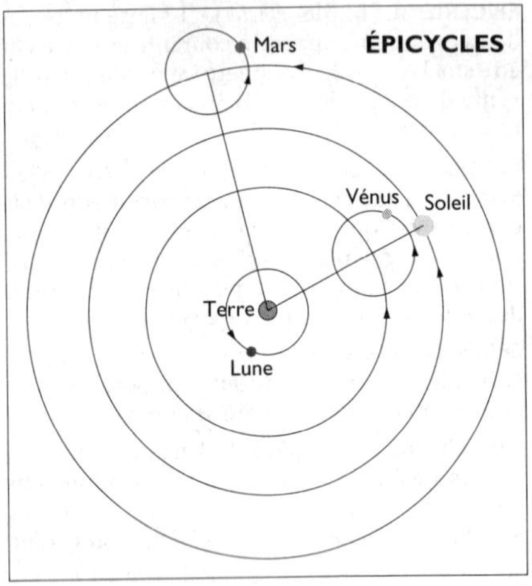

ENCYCL. **Méd.** Alors qu'une endémie est chronique, une épidémie disparaît toujours au bout d'un certain temps. Les différentes mesures sanitaires (vaccinations, désinfection, isolement, etc.) expliquent que les grandes épidémies deviennent de plus en plus rares et se manifestent pendant une durée beaucoup plus limitée. Les épidémies de grippe, maladie virale pour laquelle il n'existe aucun traitement curatif, restent cependant fréquentes.

Épidémies *(médaille d'honneur des),* décoration française créée en 1885 pour récompenser les personnes qui se sont dévouées à l'occasion des épidémies.

ÉPIDÉMIOLOGIE n. f. **1.** Partie de la médecine et de l'hygiène qui s'occupe des épidémies, de leurs causes, de leur transmission et des moyens de lutter contre elles. — **2.** Discipline qui étudie les différents facteurs intervenant dans l'apparition des maladies (infectieuses ou non) ou de phénomènes morbides déterminés (suicides), ainsi que leur fréquence, leur mode de distribution, leur évolution et la mise en œuvre des moyens nécessaires à leur éradication ou à leur prévention.

ÉPIDÉMIOLOGIQUE adj. Relatif à l'épidémiologie, aux épidémies.

ÉPIDÉMIOLOGISTE n. Spécialiste d'épidémiologie.

ÉPIDÉMIQUE adj. **1.** Qui a le caractère d'une épidémie. — **2.** *Litt.* Qui se répand à la façon d'une épidémie ; contagieux.

EPIDENDRUM [-dẽdrɔm] n. m. inv. Orchidacée épiphyte très ornementale, fréquemment cultivée en serre chaude.

ÉPIDERMAGE n. m. Usure de la couche picturale d'un tableau.

ÉPIDERME n. m. (bas lat. *epidermis,* du gr. *epidermis, -idos,* de *derma, -atos,* peau). **1.** Nom donné aux assises cellulaires superficielles de la peau. (→ *encycl.*) — **2.** *Fam.* Peau de qqn. — **3.** Membrane protectrice qui recouvre toutes les parties d'un végétal jeune. (L'épiderme est percé de stomates pour les échanges gazeux.) — **4.** Fam. *Avoir l'épiderme sensible,* être susceptible. ‖ Fam. *Chatouiller l'épiderme de qqn,* le flatter ou l'irriter, l'agacer.

ENCYCL. **Histol.** L'épiderme est un épithélium malpighien formé de plusieurs couches superposées. De la profondeur à la superficie, on distingue : la couche basale, accolée au derme ; la couche de Malpighi (ou couche épineuse), formée de cellules polyédriques ; la couche kératogène, qui élabore la barrière de kératine et qui comprend deux parties, la couche granuleuse et la couche claire ; la couche cornée, qui est faite de cellules aplaties. Les ongles, les sabots, les poils, les plumes, certaines cornes sont des productions épidermiques (phanères).

ÉPIDERMÉ, E adj. Se dit d'une peinture présentant un épidermage.

ÉPIDERMIQUE adj. **1.** Qui se rapporte à l'épiderme. — **2.** Se dit d'une réaction qui présente d'emblée un certain caractère d'hostilité, d'agressivité : *Sa présence provoque des réactions épidermiques.*

ÉPIDERMOLYSE n. f. Décollement et destruction de l'épiderme sous l'influence de caustiques ou de certains agents physiques (radium, rayons X, etc.).

ÉPIDERMOMYCOSE n. f. Mycose superficielle de la peau, dans laquelle les parasites restent localisés dans l'épiderme, généralement dans la couche cornée.

ÉPIDERMOPHYTIE ou **ÉPIDERMOPHYTOSE** n. f. Épidermomycose (eczéma marginé de Hebra, pied d'athlète, par ex.) due à un champignon du genre *épidermophyton.* (Syn. DERMATOPHYTIE ou DERMATOPHYTOSE.)

ÉPIDERMO-RÉACTION n. f. (pl. *épidermo-réactions*). Test utilisé pour mettre en évidence une hypersensibilité eczémateuse à l'égard d'une substance qu'on met au contact de la peau.

ÉPIDIASCOPE n. m. Appareil utilisé pour la projection par réflexion (images sur supports opaques) et pour la projection par transparence (diapositives).

ÉPIDIDYME n. m. (gr. *epididumis*). Organe allongé de 5 cm de long, coiffant le testicule constitué par un fin canal pelotonné sur lui-même (déroulé, il mesurerait 6 m de long). [Sa partie antérieure, aisément palpable, est la « tête » ; sa partie postérieure, ou « queue », est reliée au canal déférent.]

ÉPIDIDYMITE n. f. Inflammation de l'épididyme.

ÉPIDOTE n. f. (gr. *epidotos,* de *epididonai,* s'accroître). Silicate hydraté naturel d'aluminium, de calcium et de fer, que l'on trouve dans les roches métamorphiques, en cristaux le plus souvent de couleur vert pistache.

ÉPIDURAL, E, AUX adj. **1.** Se dit d'un espace compris entre la dure-mère et les vertèbres et contenant des vaisseaux et un tissu conjonctif riche en graisse. — **2.** *Anesthésie épidurale,* syn. de ANESTHÉSIE PÉRIDURALE* ‖ *Injection épidurale,* introduction d'un produit médicamenteux dans l'espace épidural de la région sacrée. (Elle est utilisée pour le traitement des sciatiques, lombalgies et algies coccygiennes.)

1. ÉPIER v. t. (frq. **spehôn*) [conj. **9**]. **1.** Observer attentivement et secrètement qqn, un animal, son comportement, dans une intention malveillante, pour attaquer, etc. ; être à l'affût de ses faits et gestes : *Les voisins épiaient ses allées et venues.* — **2.** Guetter l'apparition de qqch, surveiller attentivement la manifestation d'un sentiment : *Épier sur le visage de son interlocuteur les réactions à une critique.*

2. ÉPIER v. i. (lat. *spicare,* fournir un épi, de *spica,* épi) [conj. **9**]. En parlant des graminées et notamment des céréales, laisser apparaître les épis hors des gaines foliaires.

ÉPIERRAGE ou **ÉPIERREMENT** n. m. **1.** Action d'enlever les pierres d'un champ. — **2.** Enlèvement des parties stériles du minerai ou du charbon lorsque celles-ci sont constituées de blocs de pierre.

ÉPIERRER v. t. (de *pierre*) [conj. **4**]. Pratiquer l'épierrage.

ÉPIERREUR n. m. Appareil servant à débarrasser un produit agricole (betteraves, pommes de terre, grains) des pierres qu'il peut contenir.

ÉPIEU n. m. (frq. **speot,* p.-ê. avec l'infl. de *pieu*). Gros et long bâton garni de fer qui servait à chasser et qui a été aussi une arme de guerre.

ÉPIEUR, EUSE n. Personne qui épie.

ÉPIGAMIQUE adj. Se dit des facteurs de détermination du sexe qui interviennent au cours du développement d'un animal et ne dépendent pas du sexe génétique.

ÉPIGASTRALGIE n. f. Douleur de l'épigastre, d'intensité variable, spontanée ou provoquée par la palpation.

ÉPIGASTRE n. m. (gr. *epigastrion,* de *epi,* au-dessus, et *gastêr,* ventre). Région de l'abdomen limitée en haut par les côtes et le sternum, la région ombilicale en bas et les flancs de chaque côté.

ÉPIGASTRIQUE adj. 1. Relatif à l'épigastre. — 2. *Artère épigastrique,* branche de l'iliaque externe, qui contourne l'orifice profond du canal inguinal pour monter verticalement derrière le grand droit de l'abdomen.

ÉPIGÉ, E adj. (gr. *epigaios,* de *epi,* sur, et *gê,* terre). *Germination épigée,* mode de germination dans lequel les cotylédons sont soulevés au-dessus du sol, jouant ainsi le rôle de feuilles, mais parfois servant de réserve nutritive (haricot).

ÉPIGÈNE adj. Se dit d'un minéral qui a été affecté par l'épigénie. (Syn. ÉPIGÉNIQUE.)

ÉPIGENÈSE n. f. Partie des phénomènes du développement embryonnaire qui n'est pas due au programme génétique mais à d'autres facteurs, telle l'action de contact d'un tissu sur un autre.

ÉPIGÉNÉTIQUE adj. Relatif à l'épigenèse.

ÉPIGÉNIE n. f. 1. Remplacement lent, au sein d'une roche, d'un minéral par un autre, molécule par molécule, avec conservation de la forme originelle. — 2. Syn. de SURIMPOSITION.

ÉPIGÉNIQUE adj. 1. Syn. de ÉPIGÈNE. — 2. Relatif à l'épigénie.

ÉPIGÉNISER v. t. (conj. 3). Transformer un minéral par épigénie.

ÉPIGLOTTE n. f. (lat. médiév. *epiglottis,* du gr. *epiglôttis,* qui est sur la langue). Opercule fibrocartilagineux mobile, placé à la partie supérieure du larynx, un peu au-dessous de la base de la langue. (L'épiglotte obstrue les voies respiratoires pendant la déglutition en basculant en arrière.)

ÉPIGLOTTIQUE adj. Relatif à l'épiglotte.

ÉPIGLOTTITE n. f. Inflammation de l'épiglotte.

ÉPIGONE n. m. (de *Épigones,* n. pr.). *Litt.* Successeur d'un écrivain, d'un artiste, etc. ; disciple sans originalité.

ÉPIGONES, les fils des sept chefs qui avaient combattu contre Thèbes pour venger Polynice. Dix ans plus tard, ils s'emparèrent de la ville. Leurs exploits furent un des thèmes de la poésie épique. — Les enfants des soldats d'Alexandre mariés en Asie. — Les fils des diadoques, et principalement Cassandre, fils d'Antipatros, Démétrios, fils d'Antigonos, Agathocle, fils de Lysimaque.

ÉPIGONOS de Pergame, sculpteur grec (IIIe s. av. J.-C.), qui travailla à l'ex-voto monumental élevé à Pergame par Attalos Ier après sa victoire sur les Galates et dont le *Gaulois mourant* (Capitole) et l'*Amazone morte* (Naples) seraient des copies.

ÉPIGRAMMATIQUE adj. Qui tient de l'épigramme.

1. ÉPIGRAMME n. f. (gr. *epigramma,* de *epigraphein,* inscrire). 1. Chez les Anciens, courte inscription gravée sur un monument. — 2. Courte pièce de vers d'intention satirique qui se termine par un trait piquant. — 3. *Litt.* Trait mordant, mot satirique. — 4. *Pointe de l'épigramme,* mot, trait piquant qui la termine.

2. ÉPIGRAMME n. f. (de *épigramme 1*). Morceau de poitrine d'agneau avec côtelettes, pané et grillé.

ÉPIGRAPHE n. f. (gr. *epigraphê,* de *epigraphein*). 1. Inscription placée sur un édifice pour indiquer sa destination, la date de sa construction, etc. — 2. Pensée, sentence placée en tête d'un livre, d'un ouvrage, d'un chapitre pour en résumer l'esprit.

ÉPIGRAPHIE n. f. (de *épigraphe*). Science auxiliaire de l'histoire, qui étudie les inscriptions sur matière durable, comme la pierre et le métal. (Elle est particulièrement utile dans la connaissance de l'histoire des civilisations antiques, dont la plupart des documents périssables ont disparu.)

ÉPIGRAPHIÉ, E adj. Se dit d'un objet, d'un monument orné d'une inscription.

ÉPIGRAPHIQUE adj. Qui concerne l'épigraphie.

ÉPIGRAPHISTE n. Spécialiste d'épigraphie.

ÉPIGYNE adj. Se dit des pièces florales paraissant insérées au-dessus de l'ovaire, alors appelé « infère ».

ÉPILAGE n. m. Élimination des poils d'une peau par action chimique, bactérienne ou enzymatique.

ÉPILATION n. f. Action d'épiler, de s'épiler. (Syn. DÉPILATION.)

ÉPILATOIRE adj. et n. m. Syn. de DÉPILATOIRE.

ÉPILEPSIE n. f. (bas lat. *epilepsia,* du gr. *epilêpsia,* attaque). Affection caractérisée par la survenue de crises comportant des manifestations cliniques paroxystiques, convulsives le plus souvent, qui peuvent s'accompagner d'une perte de connaissance. (Syn. COMITIALITÉ.)

ENCYCL. On distingue les crises généralisées, qui ont pour origine une décharge synchrone et d'emblée bilatérale et symétrique d'un groupe de neurones du cerveau, et des crises partielles, liées à la décharge synchrone d'une zone cérébrale localisée.

Les crises généralisées peuvent avoir plusieurs formes : la plus caractéristique, la crise de *grand mal,* est faite de convulsions généralisées débutant brutalement et se déroulant en trois étapes : tonique (le corps est raidi, les mâchoires serrées, le malade étant tombé à terre), clonique (le corps et la tête sont agités en tous sens par de violents mouvements) puis résolutive (le malade sombre dans un état de coma dont il s'éveille spontanément au bout d'un quart d'heure environ). Pendant ce type de crise, émission d'urine et morsure de la langue sont fréquentes. Le *petit mal* est une forme d'épilepsie généralisée propre à l'enfant ; il se manifeste par des absences, des myoclonies, des crises akinétiques.

Les crises partielles débutent par des manifestations dont la traduction clinique dépend de la zone cérébrale épileptogène. L'exemple le plus caractéristique en est l'épilepsie motrice partielle (épilepsie bravais-jacksonienne), qui débute par des manifestations convulsives dans les doigts, lesquelles gagnent la main, le membre supérieur, la face et le membre inférieur du même côté. La crise peut alors se généraliser secondairement et il y a perte de connaissance. De la même façon, il existe des crises sensitives, visuelles, auditives, olfactives. Certaines engagent l'activité psychique, s'accompagnant d'hallucinations, de modifications de la conscience et d'une activité automatique. Les causes les plus fréquentes de l'épilepsie sont les traumatismes crâniens, les tumeurs cérébrales, les accidents vasculaires cérébraux, certaines perturbations métaboliques (hypoglycémie, hypokaliémie, alcoolisme, hyperthermie) et toutes les infections cérébrales, qu'elles soient aiguës ou chroniques. Le traitement de l'épilepsie est alors le traitement de l'affection cérébrale causale. Le traitement des épilepsies idiopathiques (où aucune lésion cérébrale n'a été décelée) ressortit à l'abord psychologique des difficultés du sujet.

ÉPILEPTIFORME adj. Qui ressemble à une crise d'épilepsie mais ne dépend pas des mêmes causes.

ÉPILEPTIQUE adj. (bas lat. *epilepticus,* du gr. *epilêptikos*). **1.** Qui relève de l'épilepsie. — **2.** Se dit de mouvements désordonnés, convulsifs, dus à la colère, à l'émotion.

◆ adj. et n. Atteint d'épilepsie.

ÉPILEPTOGÈNE adj. Qui provoque une crise d'épilepsie.

ÉPILEPTOÏDE adj. Qui rappelle l'épilepsie.

ÉPILER v. t. (lat. *pilus,* poil) [conj. 3]. **1.** Arracher, détruire les poils d'une partie du corps à la pince, à la cire ou à l'aide d'un dépilatoire : *Se faire épiler les jambes.* (Syn. DÉPILER.) — **2.** Réaliser l'épilage des peaux.

ÉPILLET [epijɛ] n. m. (dimin. de *épi*). Petit épi de fleurs directement inséré sur un axe principal, formant ainsi un épi composé, comme chez les graminées. (L'épillet est protégé à sa base par une ou deux bractées [glumes], les fleurs sont entourées d'une ou deux glumelles.)

ÉPILOBE n. m. (lat. sc. *epilobium,* du gr. *lobos,* lobe). Herbe (œnothéracée) annuelle ou vivace, à feuilles entières, à fleurs colorées, à fruit très allongé, vivant dans les régions froides, tempérées et humides.

ÉPILOGUE n. m. (lat. *epilogus,* du gr. *epilogos,* péroraison). **1.** Conclusion d'un ouvrage littéraire. — **2.** Ce qui termine, conclut une action longue et embrouillée ; dénouement : *Aventure qui a eu pour épilogue un mariage.*

ÉPILOGUER v. t. ind. (conj. 3). Faire de longs commentaires sur qqch ; ergoter, discourir : *Il est inutile d'épiloguer longuement sur un fait accompli.*

ÉPILOÏA n. f. Syn. de SCLÉROSE TUBÉREUSE DE BOURNEVILLE.

ÉPIMAQUE n. m. Paradisier des montagnes de Nouvelle-Guinée.

ÉPIMÈRE adj. et n. m. Se dit des diastéréoisomères qui ne diffèrent d'un atome asymétrique que par la configuration.

ÉPIMÉRIE n. f. Stéréo-isomérie présentée par des épimères.

ÉPIMÉRISATION n. f. Passage d'un composé au composé épimère.

ÉPIMÉTHÉE, frère de Prométhée. Il accueillit la belle Pandore, envoyée par Zeus, munie de sa boîte fatale.

ÉPIMÉTHÉE, onzième satellite de Saturne, découvert en 1980. Demi-grand axe de son orbite : 151 400 km. Période de révolution sidérale : 16 h 39 min. Dimensions : 140 × 120 × 100 km. Il décrit pratiquement la même orbite que le satellite Janus. (→ COORBITAL.)

ÉPIMORPHE adj. Se dit des myriapodes qui ont tous leurs anneaux dès le jeune âge. (Contr. ANAMORPHE.)

ÉPIMORPHISME n. m. Homomorphisme surjectif.

ÉPINAC (71360), ch.-l. de cant. de Saône-et-Loire, au N.-E. d'Autun ; 2 595 hab. Bonneterie.

ÉPINAC ou **ESPINAC** (Pierre D'), prélat français (château d'Épinac, auj. Apinac, Loire, 1540 - Lyon 1599). Archevêque de Lyon (1574), il présida l'ordre du clergé aux états généraux de Blois de 1576-77. Membre influent de la Ligue, il fut arrêté à Blois (1588) après l'assassinat d'Henri Ier, duc de Guise, dont il fut le principal conseiller.

ÉPINAIE n. f. (lat. *spineta*). Lieu où croissent des arbustes épineux.

ÉPINAL (88000), ch.-l. du dép. des Vosges, à 372 km à l'E.-S.-E. de Paris, au pied des Vosges,

sur la Moselle ; 39 480 hab. *(Spinaliens).* C'est l'élément principal d'une agglomération de plus de 50 000 hab., un centre administratif, commercial (foire internationale forestière) et industriel (textile, travail du caoutchouc, constructions mécaniques). École supérieure des industries textiles.
— **Bx-arts.** Basilique romane et gothique. Musée départemental des Vosges (archéologie, beaux-arts, faïences d'Épinal [XVIIIe s.] et importante section d'imagerie, dont la ville fut un centre, au XIXe s. surtout, avec la fabrique Pellerin).

ÉPINARD n. m. (anc. fr. *espinace,* du lat. médiév. *spinarchia,* de l'ar. d'Andalousie *isbinākh*). **1.** Plante annuelle (chénopodiacée), facile à cultiver, dont on consomme les feuilles. — **2.** *Vert épinard,* vert foncé.
◆ **épinards** n. m. pl. **1.** Feuilles comestibles de l'épinard. — **2.** Nom donné à des plantes fournissant des feuilles que l'on consomme à la manière des épinards (arroche, bonne-dame, amarante-ansérine, ansérine bon-henri, tétragone ou épinard de la Nouvelle-Zélande, oseille-patience, baselle).

ÉPINAY (Louise TARDIEU D'ESCLAVELLES, marquise D'), femme de lettres française (Valenciennes 1726 - Paris 1783). Elle reçut d'Alembert, Diderot, Duclos, Galiani, Rousseau, Voltaire dans son château de La Chevrette, dont l'une des dépendances, l'Ermitage, fut offerte à Rousseau, avec qui elle se brouilla bientôt ; Diderot collabora à son *Histoire de Mme de Montbrillant* (1818). Elle laissa aussi des essais de morale et des ouvrages d'éducation (*les Conversations d'Émilie,* 1774).

ÉPINAY-SOUS-SÉNART (91860), ch.-l. de cant. de l'Essonne, sur l'Yerres, au N.-E. de la forêt de Sénart ; 13 399 hab.

ÉPINAY-SUR-ORGE (91360), comm. de l'Essonne, à l'O. de Juvisy ; 9 715 hab. *(Spinoliens).* Hôpital psychiatrique.

ÉPINAY-SUR-SEINE (93800), ch.-l. de cant. de la Seine-Saint-Denis, banlieue nord de Paris, sur la rive droite de la Seine ; 48 851 hab. Industrie chimique. Studios de cinéma.

ÉPINÇAGE n. m. Action d'épincer les pavés.

ÉPINCETAGE n. m. Opération qui consiste à débarrasser les tissus finis des défauts visibles (fragments de chardon, nœuds, grosseurs). [Syn. ÉNOUAGE.]

1. ÉPINCETER (conj. 27) ou **ÉPINCER** (conj. 16) v. t. (de *pince*). Façonner des pavés, des moellons avec l'épinçoir.

2. ÉPINCETER v. t. (de *pincette*) [conj. 27]. Procéder à l'épincetage. (Syn. ÉNOUER.)

ÉPINCETEUR, EUSE n. Personne qui épincette les draps. (Syn. ÉNOUEUR.)

ÉPINCETTE n. f. Pince à épinceter le drap.

ÉPINÇOIR n. m. Gros marteau court, taillé à deux coins peu tranchants, qui sert à la finition des pavés.

ÉPINE n. f. (lat. *spina*). **1.** Piquant qui apparaît sur certains végétaux : *Les épines d'un rosier, d'un cactus.* (D'origine anatomique très diverse, l'épine peut être détachée sans léser les tissus sous-jacents, contrairement à l'aiguillon.) — **2.** Arbuste ou arbrisseau aux branches armées de piquants : *Une haie d'épines.* — **3.** *Litt.* Difficulté, inconvénient, ennui : *La vie est hérissée d'épines.* — **4.** *Épine dorsale,* ligne médiane du dos, formée par la succession des apophyses épineuses des vertèbres ; élément essentiel dans une structure ; ce qui en forme le centre et le support. ‖ *Ôter une épine du pied à qqn,* le débarrasser d'un souci, le tirer d'embarras. • **Anat.** Nom donné à certaines apophyses ou éminences osseuses très saillantes (épine du nez, épine de l'omoplate, épines iliaques antéro-supérieure et antéro-inférieure). — **Bot.** *Épine blanche,* nom usuel de l'*aubépine.* ‖ *Épine du Christ,* nom usuel du *paliurus.* ‖ *Épine noire,* nom usuel du *prunellier.* — **Relig.** *Saintes épines,* épines qui, selon la Tradition, constituaient la couronne dont le Christ fut coiffé durant sa Passion. — **Zool.** Nom donné à divers organes animaux rigides et pointus.

ÉPINE (L') ou **LÉPINE** (51460), comm. de la Marne, à l'E.-N.-E. de Châlons ; 703 hab. Église de pèlerinage de N.-D.-de-l'Épine, construite entre 1410 et 1524 (façade flamboyante à flèches ajourées).

ÉPINE *(montagne de l'),* chaînon de la Chartreuse (Savoie), franchi en tunnel par la voie ferrée et l'autoroute Lyon-Chambéry.

ÉPINÉPHRINE n. f. (gr. *nephros,* rein). Syn. de ADRÉNALINE.

1. ÉPINETTE n. f. (de *pin,* avec l'infl. de *épine*). Nom de l'épicéa au Canada.

2. ÉPINETTE n. f. (ital. *spinetta,* dimin. de *spina,* épine). Instrument de musique à cordes pincées et à clavier, dont le mécanisme est identique à celui du clavecin. (L'épinette ne possède qu'un clavier.)

3. ÉPINETTE n. f. (de *épine*). Cage dans laquelle on met une volaille pour l'engraisser.

ÉPINEURIEN n. m. Animal dont les centres nerveux s'étendent le long de la face dorsale. (Seuls les cordés [procordés et vertébrés] sont des épineuriens typiques.) [S'oppose à HYPONEURIEN, ÉPITHÉLIONEURIEN.]

ÉPINEUX, EUSE adj. (lat. *spinosus,* de *spina,* épine). **1.** Couvert d'épines : *Arbuste épineux.* — **2.** Qui est plein de difficultés, de désagréments ; embarrassant, délicat, pénible : *Une affaire épineuse.* — **3.** *Apophyse épineuse,* apophyse postérieure des vertèbres déterminant la saillie de la colonne vertébrale.

◆ **épineux** n. m. Arbre ou plante munis de nombreuses épines.

ÉPINE-VINETTE n. f. (pl. *épines-vinettes*) [de *épine* et anc. fr. *vinette,* de *vin*]. **1.** Arbuste épineux des haies, au fruit rouge comestible, aux fleurs autofertiles, hôte intermédiaire de la rouille du blé. (L'épine-vinette est très voisine du mahonia.) — **2.** Nom usuel de la chrysalide de l'asticot, employée comme amorce ou comme esche.

ÉPINGLAGE n. m. Action d'attacher, de disposer avec des épingles.

ÉPINGLE n. f. (lat. pop. **spingula,* du lat. class. *spinula,* petite épine). **1.** Petite tige métallique garnie d'une tête à une de ses extrémités et terminée à l'autre par une pointe, servant à fixer, à attacher, etc. — **2.** *Coup d'épingle,* petite méchanceté, taquinerie. ‖ *Coup d'épingle dans le contrat,* légère entorse faite à un contrat, à un accord, etc., en partic. infidélité conjugale. ‖ *Épingle à cheveux,* tige recourbée à deux branches ouvertes, qui sert à fixer les cheveux. ‖ *Épingle à linge,* syn. de PINCE* À LINGE. ‖ *Épingle de sûreté, épingle double, épingle anglaise* ou *épingle de nourrice,* petite tige de métal recourbée formant ressort, dont une branche libre, pointue, se loge dans un crochet de fermeture à l'autre extrémité. ‖ *Être tiré à quatre épingles,* être habillé avec un soin minutieux, méticuleux. ‖ *Monter qqch en épingle,* le faire valoir, le mettre en évidence ; lui donner une importance exagérée. ‖ *Tirer son épingle du jeu,* se retirer adroitement et à temps d'une affaire délicate, d'une partie périlleuse. ‖ *Virage en épingle à cheveux,* virage très serré d'une route qui repart brusquement dans le sens opposé. • **Archéol.** Longue tige à extrémité pointue, en os ou en métal, qui servait à accrocher les pans d'un vêtement. (Les nombreuses variations de décor de la tête ont permis des classifications utilisées dans les sériations chronologiques de la protohistoire ou de la haute histoire médiévale.) — **Bijout.** Bijou en forme d'épingle, avec tête ornée. — **Bois.** Syn. de BAGUETTE. — **Text.** Épingle de tissage, fer rond ou plat à angles adoucis, utilisé dans la fabrication des velours épinglés, des velours à boucles ou des cannelés.

ÉPINGLÉ, E adj. et n. m. Se dit d'un tissu présentant des effets obliques entrelacés dans deux directions inverses.

ÉPINGLER v. t. (conj. 3). **1.** Fixer des choses l'une à l'autre à l'aide d'épingles : *Épingler le dos et le devant d'une robe.* — **2.** Attacher, fixer qqch avec une, des épingles : *Épingler des photos au mur.* — **3.** *Fam.* Attraper qqn, le prendre sur le fait : *Se faire épingler avec des objets volés au sortir d'un magasin.* — **4.** *Fam.* Attirer l'attention sur (un défaut, un abus) ; dénoncer : *Le rapport épingle plusieurs sociétés.*

ÉPINGLERIE n. f. **1.** Manufacture d'épingles. — **2.** Commerce des épingles.

ÉPINGLETTE n. f. (de *épingle*). **1.** Aiguille qui servait autref. à déboucher la lumière des armes à feu. — **2.** Ancien insigne des meilleurs tireurs.

ÉPINGLIER, ÈRE n. **1.** Ouvrier (ère) fabriquant des épingles. — **2.** Commerçant qui vend des épingles.

◆ n. m. Étui à épingles.

ÉPINGLINE n. f. Étoffe de laine à petites côtes, réalisée sur une armure d'épinglé.

ÉPINICIES n. f. pl. (gr. *epinikia*). **1.** Sacrifices et banquets, chants de victoire, prix célébrant la victoire d'un athlète aux concours panhelléniques (Olympie, Delphes, etc.). — **2.** Poème lyrique en l'honneur d'un vainqueur à ces concours.

Épinicies, nom générique des *Odes triomphales* de Pindare (Vᵉ s. av. J.-C.), poésies dédiées aux athlètes vainqueurs et réparties en *Olympiques, Pythiques, Isthmiques* et *Néméennes.*

ÉPINIER n. m. (de *épine*). Fourré d'épines où se retirent les bêtes noires.

ÉPINIÈRE adj. f. (de *épine*). *Moelle épinière* → MOELLE.

ÉPINOCHE n. f. (de *épine*). **1.** Petit poisson des eaux douces (gastérostéidé), sans écailles, à nageoire dorsale précédée de 3 fortes épines. (N. usuel *cordonnier.*) Chez l'épinoche, c'est le mâle, vivement coloré lors du frai, qui bâtit un nid d'herbes et assure la garde et l'oxygénation des œufs. — **2.** *Épinoche de mer,* espèce marine voisine de la précédente, à dorsale précédée de 14 à 16 épines.

ÉPINOCHETTE n. f. Petite épinoche à dorsale précédée de 9 à 10 épines courtes, des eaux douces.

ÉPIPACTIS [-tis] n. f. (gr. *epipaktis*). Orchidée terrestre, à feuilles généralement ovales et à nervures saillantes.

ÉPIPALÉOLITHIQUE adj. et n. m. Se dit de la période située entre le paléolithique et le néolithique, pendant laquelle persista le genre de vie des chasseurs-collecteurs et apparut une économie d'agriculteurs-éleveurs.

ÉPIPÉLAGIQUE adj. Se dit de la zone océanique recouvrant le plateau continental (jusqu'à 250 m de profondeur) et des espèces vivant dans cette zone.

ÉPIPHANE adj. (gr. *epiphanês,* secourable). **1.** Surnom de divers dieux grecs bienfaisants.

— 2. Épithète portée par divers rois hellénistiques.

ÉPIPHANE *(saint)* [près d'Éleuthéropolis, Palestine, v. 315 - en mer 403], évêque de Constantia (Salamine), à Chypre (367), connu pour sa violente polémique contre Origène.

ÉPIPHANE *(saint),* évêque de Pavie (Pavie 438 - *id.* 496). Il réconcilia Euric, roi des Wisigoths, avec l'empereur Julius Nepos et sauva Théodoric des fureurs d'Odoacre.

ÉPIPHANIE n. f. (lat. ecclés. *Epiphania,* du gr. *Epiphania,* de *epiphanios,* qui apparaît). **1.** Manifestation de Jésus aux Mages. — **2.** Fête de l'Église qui rappelle cet événement. (Syn. JOUR DES ROIS.)
ENCYCL. En Orient, la fête de l'Épiphanie, ou « manifestation du Seigneur », est la fête du baptême du Christ dans le Jourdain. En Occident, elle est principalement la commémoration de l'adoration de Jésus nouveau-né par des Mages, traditionnellement appelés Melchior, Gaspard et Balthazar. Dans de nombreux pays, la fête de l'Épiphanie est l'occasion d'un repas où l'on « tire un roi », généralement à l'aide d'une fève cachée dans un gâteau.

ÉPIPHÉNOMÈNE n. m. **1.** Ce qui se surajoute à un phénomène sans réagir sur lui. — **2.** Phénomène marginal de peu d'importance qui se manifeste dans le développement, l'évolution de qqch.

ÉPIPHÉNOMÉNISME n. m. Théorie qui réduit la conscience à un épiphénomène.

ÉPIPHÉNOMÉNISTE adj. et n. Relatif à l'épiphénoménisme ; qui en est partisan.

ÉPIPHONÈME n. m. (gr. *epiphônêma*). Exclamation sentencieuse par laquelle on termine un récit, un discours.

ÉPIPHORA n. m. (gr. *epiphora,* flux d'humeurs). Écoulement des larmes qui débordent sur les joues. (Il est dû le plus souvent à une obstruction du canal lacrymo-nasal ou à un ectropion de la paupière inférieure.)

ÉPIPHRAGME n. m. (gr. *epiphragma,* couvercle). Cloison temporaire, membraneuse ou papyracée, fermant l'ouverture de la coquille des escargots pendant l'hiver.

ÉPIPHYLLE adj. et n. m. Se dit des espèces animales et végétales qui vivent sur les feuilles des arbres ou des herbes.

ÉPIPHYLLUM [-lɔm] n. m. Belle cactacée aux grandes fleurs blanches ou rouges, s'ouvrant les unes de jour, les autres de nuit. (Syn. PHYLLOCACTUS, ZYGOCACTUS.)

ÉPIPHYSAIRE adj. **1.** Relatif à une épiphyse ou à la glande pinéale (épiphyse). — **2.** *Décollement épiphysaire,* fracture propre à l'enfant, caractérisée par le siège du trait de fracture au niveau d'un cartilage de conjugaison.

ÉPIPHYSE n. f. (gr. *epiphusis,* excroissance). **1.** Chacune des deux extrémités renflées des os longs des membres. (L'épiphyse se développe à partir d'un point d'ossification séparé du point diaphysaire par un cartilage de conjugaison qui persiste jusqu'à la fin de la croissance.) — **2.** Organe situé au plafond du diencéphale à fonctions sécrétoire et/ou sensorielle. (Elle joue un rôle important dans la régulation de la maturation des gonades chez les espèces à activité sexuelle saisonnière.) [Syn. GLANDE PINÉALE.]

ÉPIPHYSITE n. f. Maladie des extrémités des os, frappant l'enfant et l'adolescent, localisée sur le noyau épiphysaire de certains os.

ÉPIPHYTE adj. et n. m. Se dit d'un organisme animal ou végétal vivant sur des plantes qui ne sont pour lui qu'un support indifférent.
ENCYCL. Les plantes épiphytes (algues, lichens, fougères, orchidacées, broméliacées, etc.) se développent sans aucun contact avec le sol. L'eau atmosphérique, souvent absorbée par des organes spéciaux (racines-voiles), les poussières accumulées à leur base suffisent à leur alimentation minérale. Le faible éclairement du sol dans la forêt équatoriale y rend l'état épiphyte presque nécessaire aux espèces de petite taille.

ÉPIPHYTIE [-ti] n. f. Mode de vie des plantes épiphytes.

ÉPIPLOON [epiplɔɔ̃] n. m. (gr. *epiploon*). **1.** Nom de deux replis du péritoine. (Le *grand épiploon,* ou épiploon gastro-colique, allant de l'estomac au côlon transverse, forme une large frange graisseuse à la surface des intestins [tablier épiploïque] ; le *petit épiploon,* tendu de l'estomac au foie, contient le pédicule hépatique.)

ÉPIPODITE n. m. Expansion latérale et basale de l'appendice des crustacés, souvent conformée en branchie. (Syn. EXITE.)

ÉPIQUE adj. (lat. *epicus,* du gr. *epikos,* de *epos,* poème). **1.** Propre à l'épopée : *Un poème épique.* — **2.** *Fam.* et *ironiq.* Mémorable par son caractère pittoresque, extraordinaire : *Une discussion épique.* — **3.** *Théâtre épique,* forme dramatique définie par Brecht en opposition au théâtre occidental traditionnel, caractérisée par l'action et fondée sur l'identification et la distanciation.

ÉPIRE, région montagneuse de la péninsule des Balkans qui s'étend en Albanie et en Grèce, de la basse vallée du Seman à celle de l'Achéloos. Le développement des villes (Vlorë, Gjirokastër) et l'intensification des cultures maintiennent une densité de population plus élevée en Albanie

qu'en Grèce (concentration sur les sites urbains de Ioánnina et Árta).
— **Hist.** Considérée par les Anciens comme extérieure à la Grèce, l'Épire a pourtant été habitée par les Hellènes. Dodone, principal centre religieux du pays, était le siège d'un oracle réputé. Parmi les peuples entre lesquels se divise la population, les Molosses établissent leur autorité au ve s. av. J.-C. sous le gouvernement des Éacides* avec pour capitale Phoinikê ; Pyrrhos II (295-272) porte le royaume à son apogée. Mais, après la disparition de son fils et successeur Alexandre II (272-260), l'Épire devient une république fédérale. Son alliance avec Rome préserve un temps son indépendance ; mais elle prend le parti de Persée contre Rome ; après la défaite de Pydna (168), elle est dévastée par Paul Émile et rattachée à la province de Macédoine, puis annexée à l'époque impériale à la province d'Achaïe. Dans l'Empire byzantin, elle constitue, de 1204 à 1318, avec l'Étolie et l'Acarnanie, un despotat au profit de la famille des Comnènes. Pendant plus d'un siècle, ses voisins se partagent alors son territoire. Après une longue résistance, elle est soumise par les Ottomans (chute de Ioánnina, 1430). Revendiquée depuis le congrès de Berlin (1878) par la Grèce, qui acquiert en 1881 le district d'Árta, l'Épire sera attribuée à la Grèce par le traité de Bucarest (1913).

ÉPIROGENÈSE ou **ÉPEIROGENÈSE** n. f. (du gr. *êpeiros,* terre émergée). Mouvement vertical de l'écorce terrestre, ascendant ou descendant, à grand rayon de courbure, affectant les domaines continentaux et susceptible de provoquer régressions ou transgressions marines.

ÉPIROGÉNIQUE ou **ÉPEIROGÉNIQUE** adj. **1.** Relatif à l'épirogenèse. — **2.** *Mouvement épirogénique,* mouvement vertical de l'écorce terrestre.

ÉPIROTE adj. et n. D'Épire.

ÉPISCLÈRE n. f. (gr. *episklêros,* un peu dur). Membrane fibreuse située entre la conjonctive et la sclérotique oculaire. (Elle est l'émanation antérieure de la capsule de Tenon.)

ÉPISCLÉRITE n. f. Inflammation de l'épisclère. (Elle se traduit par une rougeur localisée du blanc de l'œil.)

ÉPISCOPAL, E, AUX adj. (lat. ecclés. *episcopalis,* de *episcopus,* évêque). Qui appartient à l'évêque.

ÉPISCOPALIEN, ENNE adj. et n. **1.** Qui a trait à l'épiscopalisme ou qui en est partisan. — **2.** Qui appartient à l'Église épiscopalienne. — **3.** *Église épiscopalienne,* Église constituée par les anglicans américains.

ÉPISCOPALISME n. m. Théorie, rejetée officiellement par le premier concile du Vatican (1870), selon laquelle l'assemblée des évêques est supérieure au pape.

ÉPISCOPAT n. m. (lat. ecclés. *episcopatus,* de *episcopus,* évêque). **1.** Dignité d'évêque ; temps pendant lequel un évêque occupe son siège. — **2.** Ensemble des évêques.

ÉPISCOPE n. m. (d'apr. *télescope*). **1.** Appareil utilisé pour la projection par réflexion (images sur support opaque). — **2.** Instrument d'optique permettant d'observer le terrain de l'intérieur d'un blindé.

ÉPISIOTOMIE n. f. (du gr. *epision,* pubis). Opération pratiquée lors de certains accouchements, consistant à inciser le périnée à partir de la vulve afin d'agrandir l'orifice vulvaire au moment de l'expulsion.

ÉPISODE n. m. (gr. *epeisodion,* accessoire). **1.** Partie d'une œuvre narrative ou dramatique s'intégrant à un ensemble mais ayant ses caractéristiques propres : *C'est un épisode savoureux du roman.* — **2.** Division d'un roman ou d'un film : *Suivre un film à épisodes à la télévision.* — **3.** Événement qui fait partie d'une action plus générale et qui se distingue par tel ou tel caractère ; circonstance, péripétie : *Ce voyage est un épisode heureux de ma vie.* — **4.** Chacune des parties dialoguées de la tragédie grecque. — **5.** *Histoire à épisodes,* pleine de rebondissements.

ÉPISODIQUE adj. **1.** Qui appartient à un épisode d'une action, d'une œuvre : *Les personnages épisodiques d'un roman.* — **2.** Qui n'est pas nécessaire ou essentiel dans le déroulement d'une action ; secondaire : *C'est un événement purement épisodique.* — **3.** Qui ne se produit que de temps en temps, sans régularité ; intermittent : *Je le vois, mais de façon épisodique.*

ÉPISODIQUEMENT adv. De façon épisodique, intermittente ou secondaire.

ÉPISPADIAS [-djas] n. m. (gr. *spadôn, -onos,* tiraillement, de *spân,* tirer). Vice de conformation de l'urètre, caractérisé par l'ouverture de ce canal à la face supérieure de la verge.

ÉPISSER v. t. (moyen fr. *espisser,* du moyen néerl. *splissen*) [conj. 3]. Assembler bout à bout les extrémités d'un cordage en entrelaçant les torons de façon à obtenir une structure continue.

ÉPISSOIR n. m. ou **ÉPISSOIRE** n. f. Poinçon au moyen duquel les cordiers, les matelots, les selliers écartent les torons ou les lanières à épisser.

ÉPISSURE n. f. (de *épisser*). **1.** Réunion de deux bouts de corde, de câble ou de fil électrique par l'entrelacement des torons. — **2.** Motif ou garniture fait de lanières de cuir entrecroisées.

ÉPISTASIE n. f. (gr. *epistasis*). Forme d'interaction entre deux gènes non allèles pouvant masquer un caractère. (Elle peut être dominante ou récessive.)

ÉPISTATE n. m. (gr. *epistatês,* préposé). Dans la Grèce antique, titre porté par divers fonctionnaires politiques et techniques. (À Athènes, ils étaient commissaires aux travaux publics, intendants des jeux, administrateurs des trésors des temples.)

ÉPISTAXIS [-ksis] n. f. (gr. *epistaksis*). Saignement du nez. (Elle peut être causée par l'hypertension artérielle, l'insuffisance hépatique, des troubles de la crase sanguine, des hémopathies, des maladies infectieuses ; souvent, elle paraît sans cause, liée à une fragilité capillaire.)

ÉPISTÉMÊ n. f. (gr. *epistêmê,* savoir, science). **1.** Chez Michel Foucault, ensemble de rapports entre des sciences, des figures épistémologiques, des positivités et des pratiques discursives. – **2.** Chez Husserl, activité scientifique. (Husserl oppose l'épistémê à la doxa, qui désigne, chez lui, les autres activités humaines.)

ÉPISTÉMIQUE adj. Relatif à l'épistémê.

ÉPISTÉMOLOGIE n. f. (gr. *epistêmê,* science). **1.** Discipline qui prend la connaissance scientifique pour objet. (→ *encycl.*) – **2.** *Épistémologie génétique,* étude de l'évolution des structures successives des connaissances au cours du développement cognitif de l'individu. (Selon J. Piaget, celles-ci s'orientent vers une conceptualisation toujours plus abstraite et générale, la pensée étant une intériorisation progressive des actions sous forme d'un système d'opérations.)

ENCYCL. **Philos.** L'épistémologie moderne est née avec Bachelard et Koyré, qui ont réfléchi sur la critique de l'histoire des sciences pratiquée par Duhem et Brunschvicg. Elle est représentée notamment par Canguilhem. Dans la perspective de Bachelard, Foucault a mis en évidence la notion de *coupure épistémologique,* qui distingue les paysages historiques successifs dans lesquels la pensée sort organisée et a constitué ses concepts. Dans une autre direction, Lakatos et Feyerabend ont discuté sur la notion de rationalité et de pouvoir politique au sein même du développement de la science. Prigogine découvre dans cette voie que l'« ancienne alliance » s'est rompue : l'homme sait maintenant qu'il est seul face au monde et face au savoir qu'il en a ; une « nouvelle alliance » est donc nécessaire et elle doit s'établir entre le scientifique et l'humaniste, le scientifique sachant qu'il doit se montrer attentif à d'autres valeurs que les siennes, qu'il conserve de toutes façons. La rigueur et l'objectivité scientifiques doivent aussi se compléter par la certitude que le savoir est d'abord humain et que les retombées technologiques se font sur l'homme et son milieu mêmes.

ÉPISTÉMOLOGIQUE adj. Relatif à l'épistémologie.

ÉPISTÉMOLOGUE ou **ÉPISTÉMOLOGISTE** n. Spécialiste de l'épistémologie.

ÉPISTÉMOPHILIE n. f. (gr. *epistêmê,* savoir). Plaisir éprouvé à acquérir un savoir.

ÉPISTÉMOPHILIQUE adj. *Pulsion épistémophilique,* désir de savoir, qui, selon la théorie psychanalytique, serait une forme détournée des pulsions sexuelles et aurait son origine dans une interrogation sur la nature de la sexualité.

ÉPISTOLAIRE adj. (lat. *epistolaris,* de *epistola,* lettre). **1.** Relatif à la correspondance par lettres : *Relations épistolaires.* – **2.** *Genre épistolaire,* genre littéraire dans lequel on range les recueils de correspondance. ‖ *Roman épistolaire,* roman dont l'action se développe dans une correspondance échangée par les personnages.

ENCYCL. **Littér.** Cicéron, Ovide, dans l'Antiquité, illustrent le genre. Les correspondances de Voltaire, de Diderot passent pour proprement littéraires, celles de Byron, Chateaubriand, G. Sand, Balzac, Flaubert, Gide sont particulièrement abondantes. Pound fait passer dans ses lettres l'essentiel de ses thèses poétiques et politiques. Avec les Pères de l'Église (saint Augustin), avec Fénelon, Rousseau, Camus, le contenu est politique, moral ou idéologique. Avec Mme de Sévigné, Voiture, enfin, la correspondance est un exercice proprement littéraire et stylistique.

1. ÉPISTOLIER, ÈRE n. (bas lat. *epistolaris*). *Litt.* Personne qui aime à écrire des lettres ou qui excelle dans l'art de les écrire.

2. ÉPISTOLIER n. m. (lat. médiév. *epistolarium*). Recueil des épîtres qui devaient être lues à la messe solennelle.

ÉPISYÉNITE n. f. Syénite alcaline produite par la transformation hydrothermale d'une roche non syénitique préexistante, et souvent minéralisée en uranium.

ÉPITAPHE n. f. (bas lat. *epitaphium,* du gr. *epitaphion,* sur le tombeau). **1.** Inscription funéraire. – **2.** Tablette de marbre, de métal, etc., qui porte cette inscription.

ÉPITAXIAL, E, AUX adj. Qui relève de l'épitaxie.

ÉPITAXIE n. f. (gr. *epitaksis,* ordre). Phénomène d'orientation mutuelle de cristaux de substances différentes, utilisé en électronique dans l'élaboration des composants à semi-conducteurs. (L'épitaxie est réalisée en chauffant à haute température le semi-conducteur que l'on désire utiliser et en le faisant balayer par des vapeurs d'iode. Elle permet de réaliser des transistors de caractéristiques très améliorées.)

ÉPITAXIÉ, E adj. Se dit d'un cristal semi-conducteur dopé par épitaxie.

ÉPITHALAME n. m. (gr. *epithalamion,* chant nuptial). Poème lyrique composé à l'occasion d'un mariage.

ÉPITHÉLIAL, E, AUX adj. Relatif à l'épithélium.

ÉPITHÉLIALISATION n. f. Recouvrement du tissu conjonctif par une couche épithéliale lors de la cicatrisation.

ÉPITHÉLIOÏDE adj. Se dit de cellules ayant une parenté morphologique avec les cellules épithéliales et entrant dans la composition de certaines réactions inflammatoires (notamment tuberculeuses) et de certaines affections malignes (maladie de Hodgkin).

ÉPITHÉLIOMA n. m. (lat. sc. *epithelioma*). **1.** Tumeur cancéreuse d'origine épithéliale. (Syn. CARCINOME.) [→ *encycl.*] — **2.** *Épithélioma contagieux des volailles,* syn. de VARIOLE* AVIAIRE.

ENCYCL. Les épithéliomas de la peau sont les plus fréquents et les moins graves des cancers cutanés. L'*épithélioma basocellulaire,* dont les cellules rappellent celles de la couche basale de l'épiderme, a une malignité purement locale, une certaine tendance à récidiver, mais ne donne jamais de métastases. L'*épithélioma spinocellulaire,* dont les cellules sont reliées par des ponts d'union et rappellent celles de la couche de Malpighi (couche épineuse) de l'épiderme, a un pronostic plus réservé car il peut donner des métastases ganglionnaires et, exceptionnellement, viscérales (surtout en cas d'épithélioma des muqueuses).

ÉPITHÉLIOMATEUX, EUSE adj. Relatif à l'épithélioma.

ÉPITHÉLIONEURIEN n. m. Animal deutérostomien à système nerveux sous-épithélial. (Le groupe des *épithélioneuriens* comprend surtout les échinodermes.)

ÉPITHÉLIUM [-ljɔm] n. m. (lat. sc. *epithelium,* du gr. *thêlê,* mamelon). Tissu composé de cellules formant un revêtement externe (épiderme) ou interne (muqueuses), ou constituant des glandes.

ENCYCL. L'épithélium est formé par une (épithélium simple) ou plusieurs (épithélium stratifié) couche(s) de cellules. C'est un tissu essentiellement protecteur quand il est externe ; quand il est interne, il participe en outre à l'absorption des substances liquides (villosités intestinales) ou aux transferts gazeux (alvéoles pulmonaires). Les épithéliums glandulaires produisent des substances rejetées à l'extérieur (matière sébacée, sueur, larmes), tombant dans la cavité digestive (sucs digestifs) ou encore versées dans le torrent circulatoire (hormones).

ÉPITHÈTE n. f. (gr. *epitheton,* adjectif, de *epithetos,* ajouté). **1.** Élément linguistique, généralement un adjectif qualificatif, qui détermine un substantif ou un équivalent du substantif, sans l'intermédiaire d'un mot de liaison et sans pause (ou sans virgule dans la langue écrite). [→ *encycl.*] — **2.** Qualification élogieuse ou injurieuse appliquée à qqn : *Épithète malsonnante.*

ENCYCL. L'adjectif qualificatif épithète constitue le groupe nominal avec le nom qu'il qualifie et le déterminant (*un chat* GRIS). La place de l'épithète varie selon les langues : toujours avant le nom, par exemple en anglais et en allemand. En français, il se place normalement après le nom, sauf pour quelques adjectifs comme *grand, petit, vieux, long,* etc., qui sont le plus souvent antéposés. L'antéposition d'un adjectif normalement postposé peut avoir une valeur emphatique *(une extraordinaire aventure).* Certains adjectifs épithètes peuvent changer de sens selon qu'ils sont placés avant ou après le nom qu'ils qualifient *(un homme grand/un grand homme).*

ÉPITHÉTIQUE adj. Relatif à l'épithète.

ÉPITOGE n. f. **1.** Pièce de vêtement que les anciens Romains portaient par-dessus la toge. — **2.** Bande d'étoffe que portent sur l'épaule gauche, comme insigne, les recteurs et inspecteurs d'académie (en moire violette), les professeurs des universités, des lycées et collèges (en soie orange pour les lettres, amarante pour les sciences, en satin cramoisi pour la médecine, en laine écarlate pour le droit), ainsi que les avocats et certains magistrats.

ÉPITOMÉ n. m. (lat. *epitome,* du gr. *epitomê,* abrégé). **1.** Abrégé d'un ouvrage historique. — **2.** Précis d'histoire.

ÉPITOQUE adj. (gr. *epitokos,* sur le point d'enfanter). Se dit des espèces d'annélides se reproduisant par épitoquie.

ÉPITOQUIE n. f. (de *épitoque*). Ensemble des modifications qui affectent certaines annélides polychètes benthiques au moment de la reproduction.

ENCYCL. L'épitoquie entraîne la métamorphose de l'arrière du corps, dont les parapodes deviennent foliacés, acquièrent des soies plus nombreuses et plus grandes ; les gamètes se développent ; les organes des sens, notamment les ocelles, augmentent de taille. L'animal quitte alors les fonds marins et monte en surface, où a lieu la fécondation. Tous les individus d'une même espèce subissent l'épitoquie en même temps, ce qui favorise le rapprochement sexuel.

ÉPÎTRE n. f. (lat. *epistola,* du gr. *epistolê,* lettre). **1.** Lettre écrite par un auteur ancien, lettre en vers sur un sujet moral, philosophique, etc. – **2.** *Litt.* Lettre : *Écrire une longue épître à ses parents.* – **3.** Texte emprunté aux Épîtres des Apôtres, à l'Apocalypse, qui se lit ou se chante à la messe avant l'Évangile.

Épîtres d'Horace (30 - 8 av. J.-C.), nom donné à deux recueils de poèmes qui, sur un ton familier, forment un traité de la morale et du goût. La dernière, *l'Épître aux Pisons,* constitue un art poétique.

Épîtres de Boileau. Publiées (au nombre de douze) de 1669 à 1695, elles prennent tantôt le ton de l'épopée (IVe épître, *Au roi,* sur le passage du Rhin), tantôt traitent de morale ou de critique littéraire.

Épîtres du Nouveau Testament ou **Épîtres des Apôtres,** nom donné aux vingt et une lettres attribuées par la Tradition aux Apôtres et insérées dans le Nouveau Testament. Elles se répartissent en quatorze épîtres de saint Paul : aux Romains, aux Corinthiens (I et II), aux Galates, aux Éphésiens, aux Philippiens, aux Colossiens, aux Thessaloniciens (I et II), à Timothée (I et II), à Tite, à Philémon et aux Hébreux ; auxquelles s'ajoutent sept épîtres, dites « catholiques », attribuées aux apôtres Jacques, Pierre (I et II), Jean (I, II et III) et Jude. L'authenticité de certaines est parfois mise en doute.

ÉPITROCHLÉE [-kle] n. f. Tubérosité située à la partie inférieure du bord interne de l'humérus, au-dessus de la trochlée.

ÉPITROCHLÉEN, ENNE [-kleɛ̃, -ɛn] adj. Relatif à l'épitrochlée.

ÉPITROCHLÉITE [-kle-] n. f. Inflammation de la région épitrochléenne.

ÉPIZONAL, E, AUX adj. Relatif à l'épizone.

ÉPIZONE n. f. Zone superficielle de l'écorce terrestre où se produit un métamorphisme à température modérée dans le faciès des schistes verts.

ÉPIZOOTIE [epizɔoti] n. f. (gr. *dzôotês,* nature animale). Épidémie qui frappe les animaux. (Certaines épizooties sont classées parmi les maladies légalement réputées contagieuses [M. L. R. C.] et donnent lieu à déclaration obligatoire.)

ÉPIZOOTIQUE adj. Relatif à l'épizootie.

ÉPLORÉ (ÊTRE) v. pass. Être tout en pleurs, accablé de chagrin.

ÉPLOYER v. t. (de *ployer*) [conj. **13**]. *Litt.* Déployer qqch : *Oiseau qui éploie ses ailes.*

ÉPLUCHAGE n. m. **1.** Action d'éplucher un légume, un fruit, une pièce de boucherie. – **2.** Examen critique, minutieux et pointilleux d'un ouvrage, d'un travail. – **3.** Nettoyage minutieux d'une plaie contuse. – **4.** Action de tailler les extrémités des brins d'osier qui dépassent lors de la finition d'un ouvrage de vannerie. – **5.** Action de débarrasser une étoffe neuve des corps étrangers.

ÉPLUCHER v. t. (anc. fr. *peluchier,* nettoyer, du bas lat. **piluccare,* du lat. class. *pilare,* peler) [conj. **3**]. **1.** Ôter la peau ou les parties non comestibles, sales, inutiles ou abîmées d'un fruit, d'un légume, etc. : *Éplucher une pomme, des carottes.* – **2.** Examiner minutieusement un texte, une situation pour y découvrir des imperfections, des fautes, pour y relever tel ou tel détail ; passer au crible : *Éplucher des comptes.* – **3.** Procéder à l'épluchage d'une étoffe, d'une plaie, etc.

ÉPLUCHETTE n. f. Au Canada, fête organisée à l'occasion de la récolte du maïs.

ÉPLUCHEUR, EUSE n. **1.** Personne qui épluche des légumes, des fruits, etc. – **2.** Personne qui épluche un texte, un travail. – **3.** Ouvrier (ère) qui épluche les étoffes.

◆ **éplucheur** n. m. **1.** Couteau à éplucher les légumes, dont la lame comporte deux petites fentes tranchantes. – **2.** Machine destinée à éliminer la partie superficielle d'un fruit ou d'un légume.

◆ **éplucheuse** n. f. Appareil ménager électrique servant à éplucher les légumes.

ÉPLUCHOIR n. m. **1.** Couteau de vannier à lame courte. – **2.** Atelier où se fait l'épluchage des brins d'osier.

ÉPLUCHURE n. f. Ce qu'on a enlevé en épluchant un légume, un fruit, etc.

ÉPOCHÊ [-kɛ] n. f. (gr. *epokhê,* arrêt). **1.** Suspension du jugement chez les philosophes sceptiques grecs. – **2.** Chez Husserl, méthode d'analyse philosophique qui consiste à suspendre tout jugement concernant la réalité du monde. (L'objectif est de s'accomplir soi-même grâce à une méditation qui s'adresse non à soi-même comme individu unique dans le monde, mais au « moi vivant dans le monde », la suspension intervenant dans ce moment relationnel précis du vécu de la conscience.) [Syn. RÉDUCTION PHÉNOMÉNOLOGIQUE.]

ÉPODE n. f. (gr. *epôdos,* de *epi,* après, sur, et *ôdê,* chant). **1.** Couplet lyrique composé de deux vers iambiques de longueur inégale. – **2.** Poème lyrique composé d'une suite de ces couplets. – **3.** Dans la tragédie, troisième partie du chœur après la strophe et l'antistrophe. – **4.** Dans le lyrisme choral grec, troisième élément, avec la strophe et l'antistrophe, de la triade, caractéristique de l'ode triomphale. – **5.** Nom donné à de petits poèmes satiriques d'Horace.

ÉPOINTAGE ou **ÉPOINTEMENT** n. m. Action d'épointer ; fait d'être épointé.

ÉPOINTER v. t. (de *pointe*) [conj. 3]. Émousser, casser ou user la pointe d'un instrument, d'un outil.
◆ **être épointé** v. pass. En parlant du cheval, avoir eu une hanche brisée, celle-ci étant par conséquent moins saillante que l'autre.

ÉPOIS n. m. pl. (germ. **spit*, broche à rôtir). Cors au sommet de la tête du cerf.

ÉPOISSES n. m. (de *Époisses*, n. pr.). Fromage au lait de vache, de forme cylindrique, à pâte molle et à croûte lavée, fabriqué en Bourgogne.

ÉPOISSES (21460), comm. de la Côte-d'Or, à 12 km à l'O. de Semur-en-Auxois ; 804 hab. Château des XIIIe-XVIe s. La commune a donné son nom à un fromage.

ÉPONA (celt. *epos*, cheval), déesse gauloise protectrice des chevaux, des cavaliers, des transports.

ÉPÔNE (78680), comm. des Yvelines, près de la Seine, en amont de Mantes-la-Jolie ; 6 735 hab. Église avec clocher roman.

1. ÉPONGE n. f. (lat. pop. **sponga*, du lat. class. *spongia*, du gr. *spoggos*). **1.** Syn. de SPONGIAIRE. – **2.** Substance élastique cornée formant le squelette de certains spongiaires et utilisée à différents usages domestiques à cause de sa propriété à retenir le liquide. (→ *encycl.*) – **3.** Objet à usage ménager d'aspect analogue à l'éponge : *Éponge métallique.* – **4.** *Pop.* Poumon. – **5.** *Fam.* Ivrogne. – **6.** Fam. *Boire comme une éponge*, se livrer à des excès de boisson. ‖ *Jeter l'éponge*, à la boxe, en parlant de l'entraîneur du boxeur blessé ou en difficulté, lancer une serviette sur le ring pour demander l'arrêt du combat ; abandonner la lutte, le combat, renoncer à ses projets. ‖ *Passer l'éponge*, oublier, pardonner qqch. • **Bot.** *Éponge végétale*, nom usuel d'une cucurbitacée du genre *luffa*, dont les fibres du fruit peuvent servir d'éponge. – **Métall.** Masse de métal poreux obtenue par électrolyse, réduction directe, etc. – **Text.** Syn. courant de TISSU-ÉPONGE.
ENCYCL. L'*éponge naturelle* est le squelette fibreux d'un animal (spongiaire du genre *euspongia*) dont on a supprimé les parties molles. Chaque éponge vit, fixée par sa base sur une pierre, dans les eaux tropicales ou subtropicales, par des fonds de 10 à 150 m. La récolte est faite par des plongeurs. L'éponge est laissée au soleil pour éliminer les parties molles, puis décalcifiée à l'eau acidulée et décolorée.

2. ÉPONGE n. f. (anc. fr. *esponde*, du bas lat. *sponda*, bois du lit, avec l'infl. de *éponge*). **1.** Extrémité de chacune des branches du fer à cheval. – **2.** Matière qui forme le talon du cerf, du cheveuil et de toutes les bêtes qui ont le pied fourchu. – **3.** Tumeur molle du coude du cheval due à une position en décubitus anormale et provoquée par l'éponge du fer.

ÉPONGEAGE n. m. Action d'éponger.

ÉPONGER v. t. (conj. **17**). **1.** Étancher un liquide avec une éponge ou un corps absorbant : *Éponger du vin renversé sur la table.* – **2.** Débarrasser qqch d'un liquide au moyen d'un corps absorbant : *Épongez la table avec un torchon.* – **3.** Résorber un excédent : *Éponger le stock avant la rénovation du magasin.* – **4.** Payer un dette. – **5.** Débarrasser certains aliments, lavés ou égouttés, de toute humidité en les plaçant sur un linge ou un papier absorbant.
◆ **s'éponger** v. pr. S'essuyer le visage, le corps, en partic. quand on est en sueur.

ÉPONINE, héroïne gauloise († Rome 79 apr. J.-C.). Femme de Julius Sabinus, elle obtint de l'empereur Vespasien l'autorisation de partager le supplice de son mari.

ÉPONTE n. f. (anc. fr. *esponde*, du bas lat. *sponda*, bord). Terrain stérile qui borde une couche ou un filon et qui le délimite. (L'éponte qui est au-dessus d'une couche est appelée *toit ;* celle qui est en dessous, *mur.*)

ÉPONTILLAGE n. m. Ensemble des épontilles à bord d'un navire.

ÉPONTILLE n. f. (ital. *pontello*, du lat. médiév. *pontellus*, étai, de *ponta*, pointe). **1.** Poutre supportant des barrots de pont ou des cloisons de superstructure d'un navire. – **2.** Chacun des gros étais de bois qui maintiennent sur sa quille un navire en construction.

ÉPONYME adj. (gr. *epônumos*, qui donne son nom à). **1.** Se dit d'un dieu, d'une personne, d'un lieu qui donne son nom à qqch. – **2.** *Héros éponyme*, fondateur légendaire d'une cité grecque à laquelle il aurait donné son nom ; héros à qui une famille, une tribu ou une dynastie faisait remonter son origine. ‖ *Magistrat éponyme*, magistrat annuel dont le nom se donnait à l'année. (À Athènes, à Delphes, à Délos, c'était l'archonte ; à Rome, les deux consuls.)

ÉPOPÉE n. f. (gr. *epopoiia*, de *epos*, poème, et *poieîn*, faire). **1.** Long récit poétique d'aventures héroïques où intervient le merveilleux. (→ *encycl.*) – **2.** Suite d'actions extraordinaires, merveilleuses, étonnantes ou héroïques : *Notre voyage a été une véritable épopée.*
ENCYCL. **Littér.** L'épopée remonte aux origines de toute littérature. On ne croit plus aujourd'hui

comme au XIXe s. à l'existence d'épopées populaires spontanées ; toute épopée suppose une élaboration littéraire, fût-elle orale, due à un travail personnel et conscient, même s'il s'exerce sur des mythes connus de tous. L'épopée comporte bien cependant un aspect collectif : elle transmet un corps de récits traditionnels relatifs à l'ordre du monde et de la communauté, ordre dont l'existence et la stabilité sont le fruit d'exploits des dieux ou de héros exceptionnels. Telles sont l'épopée sumérienne *Gilgamesh** (3000 av. J.-C.), *l'Iliade** et *l'Odyssée**, les épopées sanskrites *Rāmāyana**, *Mahābhārata**. Cette présence d'éléments surnaturels, du merveilleux – qui donne à des divinités primitives le statut de héros littéraires ou, inversement, à des figures historiques des dimensions légendaires (Charlemagne dans les chansons de geste* françaises) – n'est pas un ornement artificiel ; ce grossissement est une nécessité d'un récit qui ne se veut pas une reconstitution historique, mais a valeur de modèle de comportement. Expression initiale de l'accord de l'homme et du monde, l'épopée s'affadit en tableaux érudits et rhétoriques (poètes alexandrins*) quand les conditions de cohérence entre les valeurs humaines et le monde réel ne se trouvent plus remplies. Si elle est présente dans toutes les cultures, l'épopée n'en est donc qu'un moment, celui de la fin d'un « âge d'or », où la conscience de cette fin débouche sur une volonté de récupération de la totalité perdue, comme pour retenir le passé dans une poésie mnémonique et incantatoire (*Sagas** scandinaves, *Chāh-nāmè** de Ferdowsi, *la Divine* Comédie* de Dante). Les époques de « renaissance », de conquête ont encore ce besoin épique (le *Roland* furieux* de l'Arioste, la *Jérusalem* délivrée* du Tasse, *les Lusiades** de Camões, *le Paradis* perdu* de Milton, *la Messiade** de Klopstock). Le romantisme, par son goût des traditions populaires et la primauté qu'il accorde à l'imagination, a pu recréer un climat favorable à l'épopée (*la Légende* des siècles* d'Hugo). L'inspiration épique subsiste aujourd'hui dans une forme critique et parodique (*Ulysse** de Joyce).

ÉPOQUE n. f. (gr. *epokhê*, arrêt). **1.** Moment déterminé dans l'histoire, marqué par quelque événement ou une personnalité considérable ; période : *L'époque des croisades.* – **2.** Moment déterminé de la vie de qqn, d'un groupe, de l'évolution de qqch, du cours du temps, marqué par un fait, une caractéristique : *L'époque des vendanges. À l'époque où je vivais à la campagne.* – **3.** Période contemporaine située par rapport au sujet qui y vit : *Quelle époque !* – **4.** Ensemble des contemporains de qqn, de ses œuvres : *Un écrivain méconnu de son époque.* – **5.** Période caractérisée par un style artistique : *Fauteuil de l'époque Empire.* – **6.** *À pareille époque,* à une époque d'une autre année correspondant, par la date, à celle où nous nous trouvons. ‖ *La Belle Époque,* le tout début du XXe s. ‖ *Faire époque,* laisser un souvenir durable ; faire date. ‖ *Meuble, objet d'époque,* datant réellement de l'époque à laquelle on les rapporte. • **Astron.** Instant origine à partir duquel sont comptés les temps servant à définir la position sur son orbite d'un astre du système solaire. – **Cin.** Division d'un film conçu par tranches chronologiques. – **Comptab.** Jour à partir duquel une somme porte intérêt dans un compte courant et d'intérêts. – **Géol.** Unité chronostratigraphique comprise entre l'étage et le système. – **Mobil.** *Haute époque,* dans le langage des antiquaires, désigne usuellement le Moyen Âge et le XVIe s.

ÉPOUILLAGE n. m. Action d'épouiller.

ÉPOUILLER v. t. (anc. fr. *peoil,* pou) [conj. 3]. Débarrasser qqn, un animal de ses poux.

ÉPOUMONER (S') v. pr., **ÊTRE ÉPOUMONÉ** v. pass. (conj. 3). Se fatiguer, s'essouffler à parler, à crier très fort.

ÉPOUSAILLES n. f. pl. (lat. *sponsalia,* fiançailles, de *sponsus,* époux). **1.** *Vx* ou *ironiq.* Célébration d'un mariage. – **2.** *Épousailles de la mer,* à Venise, cérémonie qui se déroulait chaque année le jour de l'Ascension, sur la galère Bucentaure, et qui symbolisait la puissance maritime de la République.

ÉPOUSE → ÉPOUX.

ÉPOUSÉE n. f. *Litt.* Celle qu'un homme a épousée ou va épouser ; mariée.

ÉPOUSER v. t. (bas lat. *sponsare,* de *spondere,* promettre) [conj. 3]. **1.** Prendre qqn pour conjoint, se marier avec : *Il a épousé une étrangère.* – **2.** S'adapter exactement à une forme, un tracé : *Une housse qui épouse le galbe du fauteuil.* – **3.** S'attacher vivement, se rallier à qqch ; embrasser, partager : *Épouser les intérêts de ses amis.*

ÉPOUSEUR n. m. *Litt.* Celui qui est disposé à épouser et, péjor., celui qui est prêt à épouser en vue d'un avantage quelconque : *Un épouseur de dot.*

ÉPOUSSETAGE n. m. Action d'épousseter.

ÉPOUSSETER v. t. (conj. 27). Débarrasser un meuble, un objet de la poussière qui le recouvre à l'aide d'un chiffon, d'un plumeau, etc.

ÉPOUSTOUFLANT, E adj. *Fam.* **1.** Qui étonne, qui cause une grande surprise par son caractère inattendu ; stupéfiant : *Une nouvelle époustouflante.* – **2.** Qui provoque une vive admiration, qui stupéfie par son caractère extraordinaire, prodigieux : *Un acteur époustouflant.*

ÉPOUSTOUFLER v. t. (p.-ê. anc. fr. *soi espousser,* perdre haleine, avec l'infl. de *emmitoufler*) [conj. 3]. *Fam.* Surprendre qqn par qqch d'insolite ; épater, stupéfier.

ÉPOUVANTABLE adj. **1.** De nature à causer de l'épouvante ; atroce, horrible, terrifiant, effroyable : *Des scènes de torture épouvantables. Une épouvantable tragédie.* — **2.** Indique un degré élevé dans qqch de mauvais, de désagréable ; terrible : *Les enfants font un vacarme épouvantable.*

ÉPOUVANTABLEMENT adj. **1.** De façon épouvantable, atroce : *Il a été épouvantablement défiguré dans l'accident.* — **2.** D'une façon excessive ; terriblement : *Chaussures qui serrent épouvantablement.*

ÉPOUVANTAIL n. m. (de *épouvanter*). **1.** Mannequin grossier mis dans un champ, un jardin pour effrayer les oiseaux. — **2.** Objet, personne, chose qui inspire de vaines terreurs : *Agiter l'épouvantail du péril jaune.* — **3.** Fam. *Épouvantail (à moineaux),* personne mal vêtue.

ÉPOUVANTE n. f. (de *épouvanter*). **1.** Terreur profonde et soudaine provoquée par qqch d'inattendu et qu'on juge très dangereux ; horreur : *Je suis resté glacé d'épouvante en entendant ce cri déchirant.* — **2.** Vive inquiétude ou appréhension : *Je vois avec épouvante le travail qui me reste à faire.* — **3.** *Film d'épouvante,* film destiné à susciter chez le spectateur un vif sentiment d'effroi, d'horreur.

ÉPOUVANTER v. t. (lat. pop. **expaventare,* du lat. class. *expavere,* avoir peur) [conj. 3]. **1.** Frapper qqn d'épouvante, de terreur ; effrayer, terrifier, terroriser : *Épouvanter un enfant par des histoires horribles.* — **2.** Remplir qqn d'un saisissement qui cause un mouvement de recul ; ahurir, affoler, stupéfier, effarer : *Il m'épouvante avec son inconscience.*

ÉPOUX, ÉPOUSE n. (lat. *sponsus,* fiancé). **1.** Personne unie à une autre par le mariage. — **2.** *Fam.* Mari ou femme : *Comment va votre épouse ?*

◆ **époux** n. m. pl. Le mari et la femme ; conjoints.

ÉPOXY adj. inv. **1.** Se dit d'un composé macromoléculaire formé à partir d'un époxyde. — **2.** *Résine époxy,* syn. de RÉSINE ÉPOXYDIQUE.

ÉPOXYDE n. m. (de *oxyde*). **1.** Nom générique des éthers cycliques dans lesquels la fermeture du cycle est assurée par l'atome d'oxygène caractéristique des éthers. (Ces composés ont une grande importance industrielle pour la préparation de solvants, d'intermédiaires de synthèse et de matières plastiques.) — **2.** Nom de la fonction chimique et du groupement fonctionnel correspondants. — **3.** *Résine époxyde,* syn. de RÉSINE ÉPOXYDIQUE.

ÉPOXYDIQUE adj. **1.** Qui est caractéristique d'un époxyde, qui renferme un groupement époxyde. — **2.** *Résine époxydique,* résine formée de macromolécules porteuses de fonctions époxydes. (Syn. RÉSINE ÉPOXY ou RÉSINE ÉPOXYDE.) [→ encycl.]

ENCYCL. Les *résines époxydiques* sont obtenues par réaction des biphénols avec l'épichlorhydrine en présence d'une base alcaline. Les macromolécules qui les constituent possèdent des groupes époxy à leurs extrémités, qui permettent la modification ultérieure de ces résines et en particulier leur réticulation. (Ex. : colle de type « Araldite ».) Ces résines sont en général de bons isolants et résistent bien à l'humidité. Leur adhésivité aux métaux et à la plupart des résines synthétiques est remarquable.

EPPE-SAUVAGE (59132), comm. du Nord, près de la frontière belge ; 248 hab. Barrage sur l'Helpe Majeure, créant un lac de 200 ha. Nautisme.

EPPEVILLE (80400), comm. de la Somme, sur la Somme ; 2 171 hab. Sucrerie. Tréfilerie.

ÉPREINTES n. f. pl. Faux besoin d'aller à la selle, qui s'accompagne de douleurs.

ÉPRÉMESNIL (Jean-Jacques DUVAL D'), magistrat et homme d'État français (Pondichéry 1745 - Paris 1794). Conseiller au parlement de Paris (1775), chef de la rébellion parlementaire (1787-88) sous le ministère de Loménie de Brienne, il demanda la réunion des États généraux et fut incarcéré (mai-sept. 1788). Député de la noblesse aux États généraux, il devint, dès qu'il vit les privilèges menacés, l'un des plus fermes soutiens de l'absolutisme royal. Accusé d'avoir conspiré contre la République (1794), il fut guillotiné.

ÉPRENDRE (S') v. pr., **ÊTRE ÉPRIS** v. pass. (de *prendre*) [conj. 79]. **1.** Éprouver un vif attachement, se passionner pour qqch : *Un peuple épris de liberté.* — **2.** Éprouver un sentiment qui attire vers qqch, qqn ; se passionner, s'emballer pour : *Il s'est épris d'un goût soudain pour l'archéologie* — **3.** Devenir amoureux de qqn : *Elle s'est éprise d'un camarade de travail.*

ÉPREUVE n. f. **1.** Essai par lequel on éprouve la résistance, la qualité de qqch ; test, critère : *Soumettre une voiture à l'épreuve d'un rallye dans le désert.* — **2.** Interrogation, exercice, composition faisant partie d'un examen, d'un concours : *Les épreuves théoriques et les épreuves pratiques du permis de conduire.* — **3.** Compétition sportive : *Une épreuve contre la montre.* — **4.** Difficulté qui éprouve le courage de qqn, qui provoque chez lui de la souffrance : *Il a dû surmonter beaucoup* *d'épreuves.* — **5.** Malheur, adversité : *Ses amis ne l'ont pas abandonné dans l'épreuve.* — **6.** *À l'épreuve de,* en état de résister à : *Gilet à l'épreuve des balles.* ‖ *À toute épreuve,* capable de résister à tout : *Un courage à toute épreuve.* ‖ *Épreuve de force,* affrontement violent de deux antagonistes après l'échec des négociations. ‖ *Mettre à l'épreuve,* éprouver les qualités, la valeur de qqn, de qqch. ‖ *Mettre à rude épreuve,* imposer qqch de difficile à supporter. • **Cin.** *Épreuves de tournage,* syn. RUSHES. — **Fr.-maçonn.** Dangers apparents auxquels on expose le candidat pour éprouver son courage ou examen théorique de ses dispositions morales et de ses principes philosophiques. — **Grav.** Exemplaire que le graveur tire d'une planche pour juger de l'état d'avancement de son travail ; toute estampe tirée d'après une planche gravée. ‖ *Épreuve avant* ou *avec la lettre,* dans le cas d'une gravure accompagnée d'une légende, d'inscriptions, épreuve tirée avant ou après la gravure de ces inscriptions. ‖ *Épreuve numérotée,* épreuve de l'un des états* portant l'indication du tirage total de cet état et un numéro d'ordre. — **Impr.** Feuille de contrôle sur laquelle on indique les corrections à effectuer. — **Math.** Expérience dont les différentes issues sont aléatoires et auxquelles on peut attacher des probabilités connues ou estimées. — **Méd.** *Traitement d'épreuve,* traitement spécifique d'une maladie, institué en vue de confirmer un diagnostic incertain. — **Phot.** Image obtenue sur support opaque par tirage d'après un phototype. — **Psychan.** *Épreuve de réalité,* processus hypothétique posé par S. Freud et grâce auquel l'image souvenir d'un objet cause d'une expérience de satisfaction est distinguée d'une perception d'un objet nouveau, leur confusion risquant d'engendrer une hallucination. — **Psychol.** Test ou partie d'un test. — **Sculpt.** Chacun des exemplaires d'un tirage (par moulage ou fonte). — **Therm.** Essai consistant à soumettre la chaudière à une pression d'eau déterminée, à froid. — **Trav. publ.** Essai d'un ouvrage avant sa mise en service.

ÉPRIS → ÉPRENDRE (S').

EPROM n. f. inv. (sigle de *electrically programmable read only memory*). Type de mémoires électroniques mortes programmables par l'utilisateur et dont la programmation n'est pas irréversible.

ÉPROUVANT, E adj. Pénible à supporter, qui met à l'épreuve la résistance physique ou morale : *Un climat éprouvant.*

ÉPROUVER v. t. (de *prouver*) [conj. 3]. **1.** Soumettre qqch à certaines expériences pour vérifier sa valeur, sa résistance ; mettre à l'épreuve : *Éprouver la résistance d'un matériau.* — **2.** Juger de la valeur intellectuelle ou morale de qqn, de la réalité d'une qualité, d'un sentiment au moyen de qqch, d'un critère ; tester : *Éprouver la bonne foi de son contradicteur.* — **3.** *Litt.* Constater qqch par soi-même, en faire l'expérience : *Vous éprouverez bientôt ce que je vous ai dit.* — **4.** Avoir, ressentir une sensation, concevoir un sentiment : *Éprouver une vive douleur à la jambe gauche.* — **5.** En parlant d'un mal, frapper qqn, un groupe, les atteindre durement : *Le gel a fortement éprouvé les récoltes.* — **6.** Subir un dommage, une difficulté, etc. : *Éprouver des difficultés à faire son travail.*

◆ **être éprouvé** v. pass. **1.** Être atteint, frappé par un mal, un malheur, une épreuve : *Être éprouvé par un deuil.* — **2.** Avoir donné, par l'expérience, des preuves de sa valeur ; être confirmé, testé : *Des amis éprouvés. Techniques éprouvées.*

ÉPROUVETTE n. f. (de *épreuve,* avec l'infl. de *éprouver*). **1.** Appareil dans lequel on fait des essais sur de petites quantités de matières. — **2.** Récipient de verre allongé en forme de tube, quelquefois gradué, fermé à l'un des bouts, dans lequel on peut faire diverses expériences ou recueillir des gaz. — **3.** Vase en verre dans lequel circule le distillat d'un alambic pour en mesurer le débit, le degré, la couleur, etc. — **4.** Échantillon prélevé dans un lot, dans des conditions déterminées, et destiné à être soumis à des essais prévus dans les cahiers des charges concernant des fournitures de matériaux.

EPSILON [epsilɔn] n. m. (gr. *e psilon,* e simple). **1.** Cinquième lettre de l'alphabet grec (Ε, ε), notant en grec classique un *e* bref, par opposition à l'*e* long de l'êta. — **2.** En analyse et en topologie, ε sert à désigner un nombre réel positif quelconque, que l'on peut prendre aussi petit que l'on veut. — **3.** En physique, ε désigne la permittivité diélectrique.

EPSILON-AMINO-CAPROÏQUE adj. (pl. *epsilon-amino-caproïques*). *Acide epsilon-amino-caproïque,* acide aminé, isolé de la graine de soja, actuellement préparé par synthèse, utilisé dans les syndromes hémorragiques.

EPSOM, v. de Grande-Bretagne (Surrey), dans le sud de l'agglomération londonienne ; 72 000 hab. Courses de chevaux *(derby d'Epsom).*

EPSOMITE n. f. (de *Epsom,* n. pr.). Sulfate naturel hydraté de magnésium, orthorhombique, de couleur blanche ou rouge pâle.

EPSTEIN (*sir* Jacob), sculpteur britannique d'origine russo-polonaise (New York 1880 -Londres 1959). À Paris en 1902, fixé à Londres en 1905, il s'inspira des arts primitifs et de l'avant-garde contemporaine (*Rock Drill,* 1913), choqua le public par son expressionnisme, puis s'imposa notamment avec ses bustes, plus réalistes.

EPSTEIN (Jean), cinéaste français (Varsovie 1897 - Paris 1953). Il a réalisé *Cœur fidèle* (1923), *l'Affiche* (1925), *la Glace à trois faces* (1927), *la Chute de la maison Usher* (1928), *Finis Terrae* (1929), *l'Or des mers* (1933), *l'Homme à l'Hispano* (1933). Il fut l'un des principaux théoriciens du cinéma.

Epstein-Barr *(virus d'),* virus du groupe herpès, découvert en Afrique centrale par *Epstein* et *Barr* dans les cellules du lymphome de Burkitt. Il semble être aussi responsable du carcinome naso-pharyngé en Chine du Sud et de la mononucléose infectieuse partout dans le monde.

EPTE, affl. de la Seine (r. dr.) ; 101 km. Né dans le pays de Bray, l'Epte sépare le Vexin normand et le Vexin français.

ÉPUCER v. t. (conj. **16**). Débarrasser un animal de ses puces.

ÉPUISABLE adj. Qui peut être épuisé : *Un trésor qui n'est pas épuisable.*

ÉPUISANT, E adj. Qui mine les forces, la résistance ; éreintant, exténuant : *Une marche épuisante. Des élèves épuisants.*

ÉPUISEMENT n. m. **1.** Action d'épuiser, de mettre à sec, de stériliser, d'user jusqu'au bout ou de s'épuiser ; fait d'être épuisé, tari : *Vendre la marchandise jusqu'à épuisement du stock.* — **2.** État de qqn dont les réserves nutritives ont été consommées ou dont le tonus nerveux est très réduit ; faiblesse extrême : *Les naufragés sont dans un état d'épuisement total.*

1. ÉPUISER v. t. (de *puiser*) [conj. 3]. **1.** Mettre qqch à sec, le vider complètement de son contenu : *Épuiser une citerne.* — **2.** Employer qqch en totalité de telle sorte qu'il n'en reste plus : *Épuiser ses munitions.* — **3.** Vendre des marchandises en totalité au point qu'il n'en reste plus : *Épuiser les stocks.* — **4.** Enlever à qqn, à un groupe toute force, les mettre dans un état d'affaiblissement extrême : *La crise a épuisé le pays.* — **5.** Causer une grande lassitude à qqn ; fatiguer, excéder : *Cet enfant m'épuise avec ses questions.* — **6.** User jusqu'à l'extrême limite : *Épuiser la patience de quelqu'un.* — **7.** Rendre un sol, un terrain stériles faute d'en renouveler les éléments fertilisants. — **8.** Traiter à fond, de manière exhaustive un sujet, une question.

◆ **s'épuiser** v. pr., **être épuisé** v. pass. **1.** Disparaître comme ressource, ne plus contenir de ressources ; se vider : *Les réserves sont épuisées.* — **2.** Être vendu jusqu'au dernier article : *Le stock s'épuise de plus en plus.* — **3.** Aller jusqu'au bout de ses forces, perdre toute son énergie à faire qqch, y employer toute son activité, s'y évertuer : *S'épuiser à répéter toujours la même chose.*

2. ÉPUISER ou **ÉPUISETER** v. t. (de *épuisette*) [conj. 27]. Sortir un poisson de l'eau avec une épuisette.

ÉPUISETTE n. f. (de *épuiser*). Petit filet en forme de poche fixé à l'extrémité d'un manche et qui sert à sortir de l'eau les poissons pris à la ligne.

ÉPULIS [-lis] n. m. ou **ÉPULIE** n. f. (gr. *epoulis, -idos,* de *epi,* sur, et *oulon,* gencive). Tumeur hyperplasique bénigne siégeant au niveau de la muqueuse gingivale.

ÉPULPEUR n. m. Sorte de tamis au moyen duquel on sépare des jus de betteraves les pulpes folles entraînées après la diffusion.

ÉPURAGE n. m. Action d'épurer.

ÉPURATEUR, TRICE n. Agent chargé de la conduite d'un épurateur.

◆ **épurateur** n. m. **1.** Appareil servant à éliminer les impuretés d'un produit. — **2.** Projeteur d'une station d'épuration.

ÉPURATION n. f. (de *épurer*). **1.** Action d'éliminer les impuretés contenues dans un produit, dans l'eau ; purification. (→ *encycl.* Assain.) — **2.** Action d'éliminer d'une administration, d'une entreprise, d'un parti politique les personnes jugées indésirables ou simplement douteuses ; exclusion, expulsion. — **3.** Action de purifier, au point de vue moral ou esthétique : *L'épuration des mœurs.* — **4.** À la fin de la Seconde Guerre mondiale, action de répression, soit légale (tribunaux), soit sommaire (exécutions) contre des fonctionnaires, écrivains, artistes, etc., convaincus d'avoir collaboré avec l'ennemi. (→ *encycl.* Hist.) — **5.** *Épuration extrarénale,* technique permettant de débarrasser le sang des déchets qui l'encombrent, en cas de défaillance de la fonction excrétrice des reins. (Différentes méthodes sont possibles : la dialyse péritonéale et le rein artificiel par hémodialyse.)

ENCYCL. **Assain.**

• *Épuration des eaux potables* → EAU.

• *Épuration des eaux usées.* Les méthodes biologiques qui reproduisent les phénomènes naturels en les accélérant conviennent aux pollutions les plus fréquentes. Pour une épuration avant rejet dans le milieu extérieur, on utilise des fosses septiques dont l'effluent est ensuite envoyé sur un épurateur.

• *Épuration des eaux usées urbaines.* L'épuration d'une eau résiduaire comprend un prétraitement, un traitement primaire et un traitement secondaire. Le prétraitement comporte le dégrillage, le dessablage, et le déshuilage (ou dégraissage). Le traitement primaire est une décantation dans un ouvrage en béton, où l'eau séjourne entre une et deux heures. Le traitement secondaire consiste à favoriser l'attaque des matières polluantes par les bactéries qui vivent

dans ce milieu. Selon que les bactéries sont liées à un support fixe ou se rassemblent sur des flocons en suspension dans l'eau, on distingue deux grandes familles de techniques : d'une part, les lits bactériens, sur lesquels l'eau ruisselle, ou les disques biologiques, qui tournent à faible vitesse dans des bacs contenant l'eau usée ; d'autre part, les boues activées, procédé dans lequel l'eau est aérée par insufflation d'air ou par agitation au moyen de turbines ou de brosses. Une décantation sépare ensuite l'eau épurée des boues.
Lorsque les rejets ont lieu dans une zone protégée (zone de conchyliculture, zone balnéaire, etc.), un traitement complémentaire, appelé aussi traitement tertiaire, est indispensable (élimination des germes pathogènes et surtout des nitrates et des phosphates). On utilise souvent des méthodes biologiques complémentaires, dont la plus simple est le lagunage.
— **Hist.** Des sanctions disciplinaires allant du déplacement d'office à la révocation sans pension furent prises par les commissaires d'épuration à l'égard de 11 343 fonctionnaires. La plupart des journaux qui avaient continué de paraître pendant l'Occupation disparurent ; à leur place s'installèrent des entreprises de presse nouvelles, issues de la presse clandestine. Certaines attitudes politiques ou publiques, qui ne tombaient pas sous le coup de l'accusation d'intelligence avec l'ennemi, furent frappées de la peine « d'indignité nationale ». La loi d'amnistie de 1953 supprima toutes les conséquences matérielles de ces jugements.

ÉPURATOIRE adj. Qui sert à l'épuration.

ÉPURE n. f. (de *épurer*). **1.** Représentation plane de parties de l'espace affine de dimension 3, consistant en une ou plusieurs projections sur un ou plusieurs plans choisis de manière à permettre une figuration univoque. (→ *encycl.*) — **2.** Dessin fini, par oppos. à *croquis*.
ENCYCL. **Géom.** Une figure de l'espace affine de dimension 3 est caractérisée par l'ensemble de ses projections sur deux plans de référence pris rectangulaires. L'un des plans étant supposé rabattu sur l'autre autour de leur intersection, qui prend le nom de « ligne de terre », les deux dessins se trouvent reproduits sur une même feuille, de part et d'autre de cette ligne de terre. C'est l'ensemble de ces deux projections qui constitue l'épure de la figure.

ÉPURER v. t. (conj. 3). **1.** Rendre qqch pur ou plus pur ; le purger des corps étrangers qui en altéraient la pureté : *Épurer des métaux.* — **2.** Exclure, éliminer d'une association, d'une administration, d'un parti les membres jugés indésirables ou indignes. — **3.** Rendre qqch pur ou plus pur ; enlever tout ce qui peut porter atteinte à sa pureté, son harmonie, etc. : *Épurer la langue.*

ÉPURGE n. f. (anc. fr. *espurgier,* du lat. *expurgare,* purger). Nom usuel d'une euphorbe qui purge violemment.

EPYORNIS → ÆPYORNIS.

EQRON ou **EKRON,** anc. ville philistine, où l'arche d'alliance séjourna après sa capture par les Philistins. Célèbre sanctuaire de Baal-Zeboub.

ÉQUANIMITÉ [ekwa-] n. f. *Litt.* Égalité d'humeur, sérénité, flegme.

ÉQUARRIR [-ka-] v. t. (anc. fr. *escarrer,* disloquer, du lat. pop. **exquadrare,* de *quadrare,* équarrir) [conj. **32**]. **1.** Dégrossir une bille de bois, un bloc de pierre, afin d'obtenir les formes d'un parallélépipède rectangle. — **2.** Dépecer des animaux pour en tirer la peau, les os, les graisses, spécialement dans le cas des cadavres dont la chair n'est pas consommable.

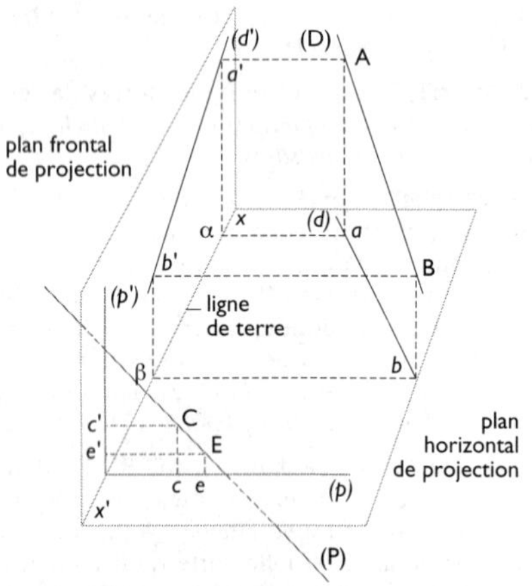

Représentation dans l'espace et projections des droites (D) et (P).

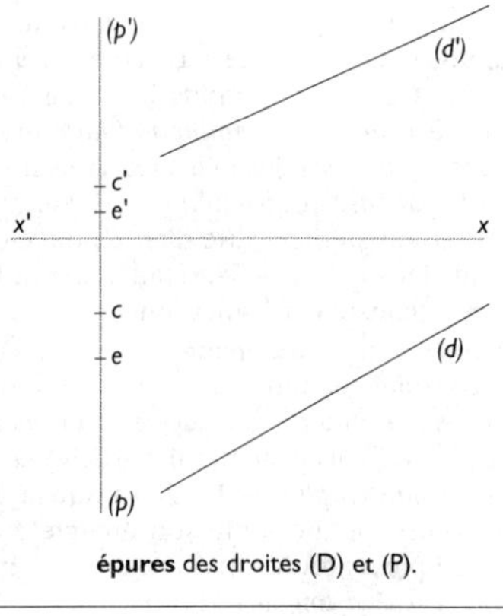

épures des droites (D) et (P).

ÉQUARRISSAGE [-ka-] n. m. **1.** Syn. de ÉQUARRISSEMENT. — **2.** En charpente, grosseur, section d'une pièce de bois. — **3.** Action d'équarrir les animaux. — **4.** Lieu ou installation où l'on traite les cadavres d'animaux et les viandes et abats saisis dans les abattoirs par les services d'inspection. (Les équarrissages traitent les matières premières pour les transformer en aliments du bétail, en engrais et en graisses industrielles pour la savonnerie.)

ÉQUARRISSEMENT [-ka-] n. m. **1.** Action d'équarrir une bille de bois, un bloc de pierre. (Syn. ÉQUARRISSAGE.) — **2.** Taille de la pierre en deux temps : équarrissage du bloc et taille définitive selon des profils tracés à l'aide de panneaux. (Syn. TAILLE PAR DÉROBEMENT.)

ÉQUARRISSEUR [-ka-] n. m. **1.** Personne qui équarrit le bois. — **2.** Personne qui équarrit les animaux.

ÉQUARRISSOIR [-ka-] n. m. Outil de vannier servant à égaliser la largeur des éclisses et des copeaux d'osier. (Syn. TRUSQUIN DE LARGEUR.)

ÉQUATEUR [-kwa-] n. m. (lat. médiév. *aequator,* du lat. class. *aequare,* rendre égal). **1.** Ligne selon laquelle le plan contenant le centre de masse de la Terre, perpendiculaire à l'axe des pôles, coupe la surface du globe. — **2.** *Équateur (céleste),* intersection du plan de l'équateur terrestre avec la sphère céleste. — **3.** Ligne selon laquelle le plan contenant le centre de masse d'un astre quelconque en rotation, normal à l'axe de rotation, coupe la surface de cet astre. — **4.** Chez les êtres à symétrie axiale et de forme sphéroïdale (certains oursins, certains fruits), rebord du plan perpendiculaire à l'axe à mi-distance des pôles. — **5.** *Équateur météorologique,* ligne de partage entre les circulations atmosphériques hémisphériques. ‖ *Équateur thermique,* ligne le long de laquelle les températures moyennes annuelles sont les plus élevées du globe. ‖ *Équateur magnétique,* lieu des points de la surface terrestre, proche de l'équateur géographique, où l'inclinaison de l'aiguille aimantée est nulle.

ÉQUATEUR, en esp. **Ecuador,** État de l'Amérique du Sud, sur le Pacifique ; 270 670 km² ; 11 700 000 hab. *(Équatoriens).* CAP. *Quito.* V. princ. *Guayaquil.* LANGUE : *espagnol.* MONNAIE : *sucre.*

Géographie. Du Pacifique vers l'intérieur se succèdent les trois grands ensembles naturels : la plaine côtière (la Costa), les Andes et la plaine amazonienne (l'Oriente). Sous un climat chaud et humide, la forêt occupe la moitié de la superficie (nord de la plaine côtière, basses pentes andines, région amazonienne). Mais l'altitude abaisse les températures dans les Andes (14 °C de moyenne annuelle à Quito), et le courant froid du Pérou explique le caractère semi-aride du sud du littoral.

La Costa, qui regroupe aujourd'hui la moitié d'une population à la croissance encore soutenue, est le domaine des plantations (banane, cacao, café, coton), les hauts bassins andins cultivant céréales et légumes, et pratiquant l'élevage. Pourtant, l'agriculture assure moins de 20 % du P. I. B. Le pétrole de l'Oriente, transporté par oléoduc jusqu'au port d'Esmeraldas, assure près de la moitié des exportations en valeur, à égalité avec les produits agricoles (bananes, café, cacao). L'industrie est implantée surtout à Quito et à Guayaquil (principal port), qui regroupent ensemble 25 % de la population équatorienne. Les États-Unis sont le principal partenaire commercial d'un pays encore très endetté.

Histoire.

Fin du XVᵉ s. : Les Incas conquièrent la région, qui prend le nom de royaume de Quito.

1532 : Conquête de l'Empire inca par l'espagnol Pizarro.

L'Équateur devient une colonie de l'Espagne, administrée à partir du Pérou.

1822 : Les armées de Bolívar libèrent le pays de la domination espagnole.

1830 : Création de la République d'Équateur, dont la vie politique est, dès cette date, dominée par les militaires.

Devenu le premier exportateur mondial de cacao, le pays est profondément bouleversé par la crise de 1929.

1934 : J. M. Velasco Ibarra devient président. Incarnant les aspirations des classes populaires, il revient à plusieurs reprises au pouvoir jusqu'en 1972.

1942 : Déjà amputé de territoires au profit de la Colombie et du Brésil, l'Équateur doit céder sa province amazonienne, à l'issue d'une guerre avec le Pérou.

1972 : Coup d'État militaire.

1979 : Après une réforme constitutionnelle, les civils reviennent au pouvoir.

ÉQUATEUR *(région de l'),* région du nord-ouest du Zaïre, de part et d'autre du fleuve Zaïre ; 403 000 km² ; 2 900 000 hab. Ch.-l. *Mbandaka.*

ÉQUATION [ekwasjɔ̃] n. f. (lat. *aequatio, -onis,* égalisation). **1.** Égalité qui n'est vérifiée que pour certaine(s) valeur(s) de la ou des inconnue(s) [→ *encycl.* Algèbr.] — **2.** *Litt.* Égalité de rapport ; concordance, adéquation : *L'équation entre le lecteur et l'écrivain.* — **3.** *Équation personnelle,* ensemble des caractéristiques propres à un observateur et qui affectent de façon systématique ses observations ; caractéristiques définissant la personnalité de qqn. • **Astron.** Quantité dont il faut modifier la position d'un corps céleste pour la ramener à ce qu'elle serait si cet astre était animé d'un mouvement circulaire uniforme. ‖ *Équation du temps,* excès du temps solaire moyen sur le temps solaire vrai*.

— **Chim.** Écriture symbolique d'une réaction chimique sous forme de deux membres séparés par une flèche, le premier membre contenant les formules de divers corps mis en présence, et le second les formules des corps qui résultent des réactions survenues. (→ *encycl.*) — **Géom.** *Équation cartésienne,* relation entre les coordonnées cartésiennes des points d'un sous-ensemble F d'un espace affine E rapporté à un repère affine, qui caractérise F. (→ *encycl.*) ‖ *Équations paramétriques,* système d'égalités qui donnent chaque coordonnée des points de l'ensemble que l'on veut caractériser en fonction d'un ou de plusieurs nombres réels, appelés paramètres. ‖ *Équation polaire,* relation entre les coordonnées polaires des points d'un sous-ensemble F d'un plan affine, qui caractérise F. ‖ *Équation vectorielle,* relation qui caractérise un ensemble de points à l'aide d'une de ses parties et d'un ensemble de vecteurs. — **Métrol.** *Équation de dimensions,* formule indiquant comment, dans un système cohérent de grandeurs, une grandeur dérivée dépend des grandeurs de base. (→ *encycl.*)

ENCYCL. **Algèbr.** Une égalité de la forme $f(x) = g(x)$, où f et g sont des applications de E dans F, est une équation, et x s'appelle l'inconnue. Les valeurs de x pour lesquelles l'égalité est vraie sont appelées les solutions, ou racines, de l'équation. Trouver l'ensemble des solutions d'une équation, c'est la résoudre. $f(x)$ et $g(x)$ s'appellent les membres de l'équation. Une équation peut avoir plusieurs inconnues (on les désigne en général par les lettres x, y, z) : on parle d'équation à une inconnue, à deux inconnues..., à n inconnues.

Dans le cas où l'équation se présente sous la forme $f(x) = b$, où f est une application linéaire de l'espace vectoriel E dans l'espace vectoriel F et b l'élément de F, $f(x) = b$ est appelée équation linéaire*. Dans les cas où l'équation se présente sous la forme $P(x) = 0$, où P est un polynôme à coefficients, dans le corps $\mathbb{C}$, $P(x) = 0$ est appelée équation algébrique*.

On peut être amené à chercher des solutions communes à plusieurs équations ; on parle alors de système* d'équations.

L'étude des méthodes de résolution des équations conduit à l'étude des racines d'une équation (nombre de racines réelles, signe des racines, relation entre les coefficients et les racines, nombre de racines entre deux nombres donnés, etc.).

— **Chim.** Un grand nombre de réactions chimiques appartiennent à l'une des 4 classes suivantes :
— combinaison, $A + B \rightarrow AB$;
— décomposition, $AB \rightarrow A + B$;
— déplacement, $AB + C \rightarrow CB + A$;
— échange, $AB + CD \rightarrow AD + CB$.

L'équation sert de base à de nombreux calculs : masse, volume gazeux des réactifs et des produits (stœchiométrie). Elle donne également souvent la quantité d'énergie mise en jeu (thermochimie).

— **Géom.**

• *Équation cartésienne.* Si l'ensemble de points à caractériser est une courbe du plan E_2 ou une surface de E_3, son équation cartésienne est de la forme $f(x_1, ..., x_n) = 0$, $E_n (n = 2$ ou $3)$ étant rapporté à un repère affine $(0, e_1, ..., e_n)$. Dans le cas d'une courbe de E_3, un système de deux équations de la forme précédente est nécessaire. Les droites et les plans correspondent au cas où f est une fonction polynôme de degré 1, respectivement dans E_2 et E_3, les coniques et les quadriques au cas où f est de degré 2.

• *Équation vectorielle.* Dans un espace affine rapporté à un repère, une droite (AB) a une équation vectorielle de la forme $M = A + \lambda\overrightarrow{AB}$, où $\lambda \in \mathbb{R}$ (ou plus classiquement $\overrightarrow{AM} = \lambda \cdot \overrightarrow{AB}$). Pour un plan (ABC), elle est de la forme

$$M = A + \lambda \cdot \overrightarrow{AB} + \mu \cdot \overrightarrow{AC},$$

où $(\lambda, \mu) \in \mathbb{R}^2$ et où A, B et C sont des points non alignés, ou encore

$$\overrightarrow{AM} = \lambda \cdot \overrightarrow{AB} + \mu \cdot \overrightarrow{AC}.$$

— **Métrol.** Si l'on convient de représenter par L, M et T les grandeurs de base, longueur, masse et temps, l'*équation de dimensions* d'une surface (produit de deux longueurs) est $S = L^2$; celle d'une vitesse (quotient d'une longueur par le temps), $V = LT^{-1}$; celle d'une force (produit d'une masse par une accélération), $F = LMT^{-2}$; celle d'une pression (quotient d'une force par une surface), $P = L^{-1}MT^{-2}$; etc. Les unités correspondantes (unités de base et unités dérivées), liées entre elles par les mêmes équations, forment un *système cohérent d'unités.*

ÉQUATORIAL, E, AUX [-kwa-] adj. Relatif à l'équateur ; situé à l'équateur (terrestre, céleste ou d'un astre quelconque). • **Astron.** *Coordonnées équatoriales,* coordonnées sphériques dans un système direct dont le plan fondamental est le plan de l'équateur. (Ce sont l'ascension droite et la déclinaison.) ‖ *Monture équatoriale,* dispositif permettant de faire tourner un instrument astronomique autour de deux axes perpendiculaires, dont l'un, dit axe horaire, est parallèle à l'axe du monde. (Par une rotation de l'instrument autour de son axe horaire, à une vitesse appropriée, on peut compenser exactement le mouvement diurne.) — **Biol.** *Plaque équatoriale,* ensemble des chromosomes disposés dans le plan équatorial de la cellule, à égale distance des deux pôles du fuseau achromatique, pendant la métaphase de la mitose. — **Climatol.** *Climat équatorial,* type de climat des basses latitudes, caractérisé par une grande humidité atmosphérique et une chaleur constante (25 °C en moyenne), par l'importance des totaux pluviométriques annuels (plus de 1 500 mm en moyenne) et par l'absence ou la rareté de périodes sans pluies. (Il s'étend sur la plus grande partie de l'Amazonie, sur le bassin du Congo et les régions proches des côtes du golfe de Guinée ainsi que sur une grande partie de l'Indonésie.) — **Hydrol.** *Contre-courant équatorial,* courant de compensation à composante orientale, compris entre les courants nord- et sud-équatoriaux, qui l'alimentent. (Il en existe un, par océan, dont le débit est estimé à 25 millions de m^3/s.) — **Zool.** Situé à l'équateur des êtres et organes à symétrie axiale et plus ou moins sphériques.

◆ **équatorial** n. m. Instrument astronomique à monture équatoriale.

ÉQUATORIEN, ENNE [-kwa-] adj. et n. D'Équateur.

ÉQUERRAGE n. m. Mise à angle droit ou vérification de la perpendicularité et du parallélisme des divers éléments (pièce de bois, mécanisme, etc.) d'une structure.

ÉQUERRE n. f. (lat. pop. **exquadra,* de **exquadrare,* rendre carré). **1.** Instrument en forme de triangle rectangle ou composé de deux bras perpendiculaires, servant à tracer des angles droits ou à vérifier la perpendicularité de deux lignes ou surfaces. — **2.** Figure formée par deux bâtiments, deux objets, etc., disposés perpendiculairement. — **3.** Pièce métallique plate en forme d'angle droit, servant à consolider des assemblages (charpente, menuiserie, etc.). — **4.** L'une des « Trois Grandes Lumières » de la franc-maçonnerie ; insigne porté par le Vénérable. — **5.** Accessoire métallique destiné à renforcer les arêtes des malles, des valises, etc. — **6.** Système optique (formé de prismes ou de miroirs) qui d'un rayon incident donne un rayon émergent à 90° de celui-ci. — **7.** *À l'équerre, en équerre* ou *d'équerre,* à angle droit. ‖ *Double équerre,* instrument formé de deux règles assemblées en T. ‖ *Équerre à 45°, à 60°, à 120°, etc.,* équerre formant un angle de 45°, de 60°, de 120°, etc., et servant au tracé ou à la vérification d'un angle de même valeur. ‖ *Équerre d'arpenteur,* instrument qui sert à tracer des perpendiculaires sur le terrain. ‖ *Équerre de maçon,* syn. de ÉQUERRE-NIVEAU. ‖ *Fausse équerre,* équerre dont les branches sont reliées par une articulation de façon qu'on puisse donner une valeur quelconque à l'angle qu'elles forment.

ÉQUERRE-NIVEAU n. f. (pl. *équerres-niveaux*). Équerre de l'angle droit de laquelle pend un fil à plomb. (Syn. ÉQUERRE DE MAÇON.)

ÉQUERRER v. t. (de *équerre*) [conj. **4**]. Effectuer l'équerrage d'une pièce de bois.

ÉQUESTRE [ekɛstr] adj. (lat. *equester, -tris,* de *equus,* cheval). **1.** Relatif à l'équitation : *Concours équestre.* — **2.** Se dit d'une œuvre d'art qui représente un personnage à cheval : *Une statue équestre.* — **3.** *Ordre équestre,* classe privilégiée de l'ancienne Rome, composée par les chevaliers. ‖ *Sports équestres,* ensemble des activités à caractère sportif où le cheval est associé à l'homme (concours de saut d'obstacles [anc. concours hippique], concours complet, dressage, polo, attelage, etc.).

ÉQUEURDREVILLE-HAINNEVILLE (50120), ch.-l. de cant. de la Manche, banlieue de Cherbourg ; 18 503 hab. Métallurgie.

ÉQUEUTAGE n. m. Action d'équeuter.

ÉQUEUTER v. t. (de *queue*) [conj. **3**]. **1.** Ôter la queue d'un fruit. — **2.** Enlever à un produit pétrolier la fraction la plus lourde, ou queue de distillation.

ÉQUEUTEUSE n. f. Machine servant à équeuter certains fruits et légumes.

ÉQUI-, préfixe, du lat. *acquus,* égal, indiquant l'égalité, la similitude.

ÉQUIBARYCENTRE [ekɥi-] n. m. Barycentre de points affectés de coefficients égaux.

EQUICOLA (Mario), humaniste italien (Alvito, prov. de Frosinone, 1470 - Mantoue 1525), auteur d'un traité platonicien sur la culture de la Renaissance : *De la nature de l'amour* (1525).

ÉQUICONCAVE [ekɥi-] adj. Se dit d'une lentille biconcave dont les deux faces ont le même rayon de courbure.

ÉQUICONVEXE [ekɥi-] adj. Se dit d'une lentille biconvexe dont les deux faces ont le même rayon de courbure.

ÉQUIDÉ [ekɥi-ou eki-] n. m. (lat. *equus,* cheval). Mammifère tel que le cheval, les ânes et les zèbres, n'ayant à chaque membre qu'un seul doigt développé, terminé par un large sabot. (Les *équidés* forment une famille.)

ENCYCL. Les équidés actuels sont des herbivores dont la denture comporte de chaque côté trois paires de grandes incisives tranchantes (pinces, mitoyennes et coins), dont l'usure renseigne sur leur âge, et de grosses molaires à table d'usure sélénodonte. Ils ont un estomac simple, à l'inverse des ruminants. Leurs ancêtres fossiles américains avaient plusieurs doigts par patte.

ÉQUIDIRECTIF, IVE [ekɥi-] adj. Se dit d'une antenne qui rayonne de façon à peu près uniforme dans toutes les directions voisines d'un plan, en général horizontal.

ÉQUIDISTANCE [ekɥi-] n. f. **1.** Caractère de ce qui est équidistant. — **2.** Distance verticale qui sépare sur le terrain les plans horizontaux contenant deux courbes de niveau successives d'une carte.

ÉQUIDISTANT, E [ekɥi-] adj. (bas lat. *aequidistans, -antis,* parallèle). Qui est situé à égale distance de points déterminés.

ÉQUIENNE [ekɥiɛn] adj. (lat. *annus,* année). Se dit d'un peuplement forestier composé d'arbres de même âge.

ÉQUILATÉRAL, E, AUX [ekɥi-] adj. (lat. *aequilateralis*). **1.** Se dit d'un triangle dont tous les côtés ont la même longueur. — **2.** Se dit des mollusques bivalves lorsque chaque valve présente une symétrie secondaire par rapport à un plan transversal passant par le milieu de la charnière (ex. coquille Saint-Jacques). [Ne pas confondre avec *équivalve.*]

ÉQUILATÈRE [ekɥi-] adj. (bas lat. *aequilaterus*). Se dit d'une hyperbole dont les asymptotes sont perpendiculaires.

ÉQUILÉNINE [ekɥi-] n. f. Métabolite de l'œstrone, extrait de l'urine de jument gravide.

ÉQUILIBRAGE [eki-] n. m. **1.** Action d'équilibrer qqch. — **2.** Répartition des masses d'un système en rotation (roue, rotor, machine, etc.) de manière que le centre de gravité de l'ensemble soit situé sur l'axe de rotation *(équilibrage statique)* ou que les forces d'inertie se compensent *(équilibrage dynamique).* [On réalise l'équilibrage statique en compensant le balourd par ajout de petites masses du côté opposé ou par allégement du côté du balourd, obtenu en perçant des trous. L'équilibrage dynamique se fait sur une machine spéciale.] — **3.** Adjonction de plombs à une ligne flottante pour assurer l'immersion presque complète du flotteur. — **4.** *Équilibrage automatique,* dispositif automatique d'asservissement qui assure l'équilibre d'un système de mesure utilisant une méthode d'opposition.

ÉQUILIBRANT, E adj. Qui maintient l'équilibre, qui le rétablit : *Un mode de vie très équilibrant.*

ÉQUILIBRATION [eki-] n. f. Fonction qui assure aux animaux et à l'homme la maîtrise de leur équilibre.

ENCYCL. **Physiol.** Informés de la direction et de l'intensité des forces qui s'exercent sur les diverses parties du corps (→ ÉQUILIBRE), les centres nerveux réagissent en provoquant des réactions correctrices : mouvement déplaçant le centre de gravité, durcissement musculaire et enfin, en milieu aquatique, réglage fin de la densité du corps à l'aide d'organes creux remplis de gaz *(équilibration hydrostatique).*

ÉQUILIBRE [eki-] n. m. (bas lat. *aequilibrium,* du lat. class. *aequus,* égal, et *libra,* balance). **1.** État de repos, position stable d'un système obtenus par l'égalité de deux forces, de deux poids qui s'opposent : *Mettre les plateaux d'une balance en équilibre.* (→ encycl.) — **2.** État de qqn, d'un animal qui maîtrise sa position et ses mouvements, qui ne tombe pas : *Avoir peine à garder son équilibre.* — **3.** Juste proportion entre des éléments opposés, entre des forces antagonistes, d'où résulte un état de stabilité, d'harmonie : *Une période d'équilibre politique.* — **4.** Juste répartition des éléments d'un tout : *Équilibre de l'alimentation.* — **5.** Rapport d'harmonie entre les tendances psychiques, les rythmes ou les domaines d'activité de qqn : *Dans ces circonstances difficiles, il a su garder un bel équilibre.* — **6.** *En équilibre (instable),* dans une position qui risque d'entraîner la chute, à la limite de la stabilité. ‖ *Équilibre de la terreur,* maintien de la paix entre des pays par crainte mutuelle de leurs armes nucléaires. ‖ *Faire équilibre à,* contrebalancer : *Faire équilibre à un pouvoir trop absolu.* ‖ *Rétablir l'équilibre,* remettre les choses égales. • **Chim.** État d'un système de corps dont la composition ne varie pas. (L'équilibre peut résulter d'une absence de réaction chimique ou de l'existence de deux réactions inverses se produisant avec la même vitesse.) [→ *encycl.*] — **Chorégr.** Pose acrobatique tenue en général la tête en bas, le corps dressé à la verticale, la tête et les mains servant de point d'appui au sol. (Syn. POIRIER.) — **Cirq.** Exercice consistant soit à conserver immobile son corps placé en position instable, soit à maintenir stables des objets étagés d'une manière apparemment fragile. — **Écol.** *Équilibre naturel,* état d'un écosystème dont la biocénose reste sans grand changement pendant longtemps. — **Écon.** Situation d'une économie caractérisée par l'égalité entre les volumes d'offre et de demande sur les marchés des marchandises, des capitaux, du travail. (→ *encycl.*) — **Fin.** *Équilibre budgétaire,* principe selon lequel un budget annuel doit assurer la couverture complète des dépenses par les recettes (ressources fiscales). — **Pédol.** Résultat des interactions complexes des différents facteurs du milieu (climat, végétation, êtres vivants et facteurs physiques locaux tels que la topographie) sur le milieu minéral, qui aboutissent aux sols naturels. — **Phys.** *Équilibre radioactif,* état de deux radioéléments en filiation radioactive, tel que le rapport des activités de ces deux éléments est constant dans le temps. — **Psychol.** *Théorie de l'équilibre,* théorie, due à Fritz Heider (1946), qui repose sur le postulat que les individus ont tendance à développer une vue et un jugement cohérents de leur environnement.

ENCYCL. **Chim.** Une réaction quelconque où deux constituants A et B réagissent partiellement pour donner C et D s'écrira à l'équilibre :

$$A + B \rightleftarrows C + D.$$

Les vitesses des deux réactions inverses qui concourent à l'équilibre sont proportionnelles aux concentrations molaires des constituants, soit

$$v = k\,[A]\,[B] \text{ et } v' = k'[C]\,[D].$$

L'équilibre s'exprime par l'égalité des vitesses de réaction $v = v'$, soit

$$k\,[A]\,[B] = k'\,[C]\,[D],$$

ou encore :
$$K = \frac{k}{k'}\frac{[C]\,[D]}{[A]\,[B]},$$

où K représente la constante d'équilibre. C'est l'expression de la loi d'action* de masse.

– **Écon.** Depuis le début du XIXe s., les économistes ont consacré une grande partie de leurs recherches à la description et à l'étude de l'*équilibre économique,* l'école marginaliste, notamment, mettant en valeur l'équilibre général et l'interdépendance des différents marchés (biens et services, capitaux, travail) sur lesquels s'établit l'équilibre. Leur démonstration suppose une concurrence parfaite, régnant en particulier sur le marché du travail, où l'équilibre est censé se réaliser par la fluctuation des salaires. J. M. Keynes insiste sur le niveau souhaitable auquel doit s'instaurer l'équilibre (car il peut exister des équilibres de sous-emploi). Le haut niveau d'abstraction dans lequel évoluent généralement les théories de l'équilibre se heurte en fait à la réalité de la concurrence imparfaite, des monopoles et des oligopoles, à l'inégalité de puissance des agents économiques, etc.

– **Mécan.** Lorsqu'un système est écarté de sa position d'équilibre, il peut : soit revenir à sa position d'équilibre initial, qui est dit stable ; soit évoluer vers un autre état d'équilibre, le premier étant alors instable ; soit rester dans l'état où on l'a mis, l'équilibre étant alors indifférent. Du point de vue énergétique, l'équilibre correspond à un extremum de l'énergie potentielle totale du système : pour un maximum, l'équilibre est instable, tandis qu'il est stable pour un minimum absolu.

• *Équilibre des corps flottants.* Un corps plongé dans un liquide est soumis à deux forces verticales contraires : son poids et la poussée égale au poids du liquide déplacé (principe d'Archimède). À l'équilibre, ces forces sont égales et directement opposées, et le centre de gravité du corps est sur une même verticale que celui du liquide déplacé (centre de poussée).

– **Physiol.** Tous les animaux mobiles ont besoin de repérer leur position par rapport à la pesanteur et recourent pour cela à divers organes sensoriels barosensibles : statocystes, antennes, haltères des insectes diptères, bulles d'air emportées lors des plongées (insectes), sans oublier les yeux. Les informations spatiales ainsi recueillies sont traitées par les centres nerveux et déterminent des réflexes d'équilibration*. Chez les plantes terrestres dressées, l'orientation spatiale, qui contribue à éviter le fléchissement vers le sol, est assurée par le géotropisme*.

ÉQUILIBRER [eki-] v. t. (conj. 3). **1.** Régler, ajuster une balance, un appareil de telle sorte qu'ils soient en équilibre ; effectuer l'équilibrage d'une pièce, d'un moteur. – **2.** Compenser qqch par qqch d'autre, faire contrepoids, créer l'équilibre ; contrebalancer : *Arcs-boutants qui équilibrent la poussée latérale des voûtes.* – **3.** Faire qu'il y ait harmonie, équilibre, cohérence entre les divers éléments d'un tout : *Équilibrer son alimentation.* – **4.** Assurer l'équilibre mental de qqn, lui donner de la mesure, de la pondération : *Le judo a réussi à équilibrer cet enfant.* – **5.** Faire en sorte que dépenses et recettes se contrebalancent, s'annulent.

◆ **être équilibré** v. pass. **1.** Être formé d'éléments en équilibre sur le plan de la quantité ou de la qualité : *Alimentation équilibrée.* – **2.** Être pondéré, raisonnable, sain, sensé : *Esprit très équilibré.*

◆ **s'équilibrer** v. pr., **être équilibré** v. pass. **1.** Se neutraliser en entraînant une situation d'équilibre ; se compenser : *Des poids qui s'équilibrent.* – **2.** Être dans un rapport d'harmonie, d'agencement harmonieux : *Les volumes sont bien équilibrés dans ce tableau.*

ÉQUILIBREUR n. m. Dispositif permettant d'équilibrer une bouche à feu autour de ses tourillons.

ÉQUILIBRISTE [eki-] n. Artiste qui présente des exercices d'équilibre de son corps ou de divers objets.

ÉQUILLE [ekij] n. f. (de *quille*). Poisson (ammodytidé) marin des sables de la Manche et de l'Atlantique, très voisin du lançon, mais à bouche plus protractile.

ÉQUIMOLAIRE [ekɥi-] adj. Se dit d'un mélange qui contient le même nombre de moles de ses divers constituants.

ÉQUIMOLÉCULAIRE [ekɥi-] adj. Qui contient, en nombre égal, des molécules de deux ou de plusieurs corps.

ÉQUIN, E [ekɛ̃, -in] adj. (lat. *equinus*). **1.** Relatif au cheval. – **2.** Se dit d'un pied atteint d'équinisme.

ÉQUINISME [eki-] n. m. (de *équin*). Position anormale, en extension, du pied par rapport à la jambe, qui se voit dans le pied bot, dans certaines paralysies, dans les rétractions du tendon d'Achille, dans les séquelles de fracture.

ÉQUINOXE [eki-] n. m. (lat. *aequinoctium,* de *aequus,* égal, et *nox, noctis,* nuit). **1.** Époque de l'année (20 ou 21 mars, 22 ou 23 septembre) où le Soleil, dans son mouvement propre apparent sur l'écliptique, traverse l'équateur céleste et qui correspond à l'égalité de durée du jour et de la nuit.

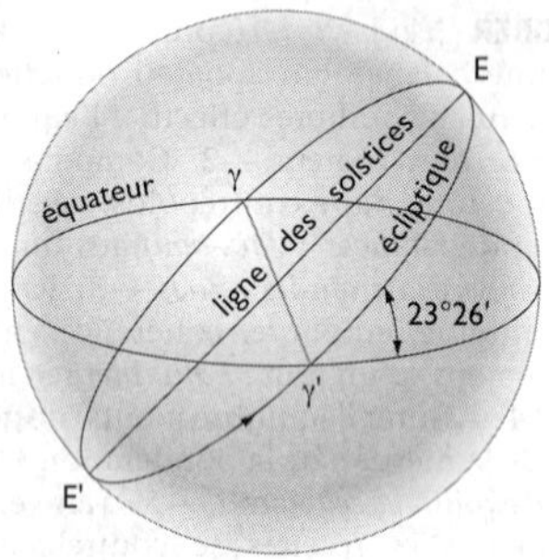

γγ', ligne des **équinoxes.** (Au cours de l'année, le Soleil, dans son mouvement apparent, parcourt successivement les arcs γ E [printemps], Eγ' [été], γ'E' [automne] et E'γ [hiver]).

— **2.** Syn. de POINT VERNAL*. — **3.** *Ligne des équinoxes,* droite d'intersection des deux plans de l'écliptique et de l'équateur céleste.

ÉQUINOXIAL, E, AUX [eki-] adj. **1.** Qui a rapport à l'équinoxe. — **2.** *Cadran équinoxial,* cadran solaire tracé dans un plan parallèle à l'équateur. ‖ *France équinoxiale,* ancien nom de la Guyane.

ÉQUIPAGE [eki-] n. m. (de *équiper*). **1.** Personnel assurant la manœuvre d'un navire, d'un vaisseau spatial, d'un avion ainsi que, le cas échéant, le service des passagers. — **2.** Personnel militaire affecté au service d'un engin blindé, d'un ouvrage fortifié, d'un aéronef ou d'un bâtiment de la Marine nationale. — **3.** Ensemble des personnes embarquées à bord d'un voilier pour en assurer la manœuvre. — **4.** *Litt.* Ensemble de tout ce qui est nécessaire à qqn pour voyager ; train de maison, voiture de maître ou suite d'un particulier qui donnent du faste à ses déplacements. — **5.** *Litt.* Attelage d'une voiture de maître. • **Mar.** *Homme d'équipage,* toute personne de l'équipage autre que le capitaine, les officiers et les maîtres. ‖ *Équipage de prise,* formation commandée par un officier et placée à bord d'un navire ennemi capturé. — **Métall.** Réunion d'au moins deux cylindres de laminoir accompagnés de leurs accessoires. — **Métrol.** Ensemble des organes mobiles d'un instrument de mesure. — **Sports.** Dans les courses automobiles de rallye ou de longue durée sur circuit, ensemble des pilotes d'une voiture ou ensemble formé par le pilote et le navigateur chargé de le guider. — **Text.** Ensemble de toutes les lames montées sur un métier à tisser. — **Véner.** Ensemble des personnes, des chiens et des chevaux qui concourent à la chasse à courre du cerf, du chevreuil, du lièvre et du renard. (Pour le sanglier, on dit *vautrait.*) [Syn. RALLYE.]

◆ **équipages** n. m. pl. **1.** Autref., ensemble des voitures et du matériel affectés à une armée en campagne. — **2.** *Corps des équipages de la flotte,* ensemble du personnel non officier de la Marine nationale. ‖ *Dépôt des équipages de la flotte,* lieu de rassemblement et de passage du personnel non officier de la Marine nationale. ‖ *Officiers des équipages de la flotte,* corps d'officiers de la marine militaire, auxiliaires du commandement, recrutés dans chaque spécialité à partir du cadre de maistrance et occupant des fonctions techniques. ‖ *Train des équipages,* jusqu'en 1928, arme du train.

ÉQUIPARTITION [ekɥi-] n. f. Répartition égale d'une substance, d'une propriété, d'une force à l'intérieur d'un tout.

ÉQUIPE n. f. (de *équiper*). **1.** Ensemble de personnes travaillant à une même tâche : *Équipe de collaborateurs.* — **2.** Ensemble des ouvriers se succédant sur un même poste de travail (→ *encycl.*) — **3.** Ensemble des ouvriers qui, à divers postes, travaillent pendant une même période de temps : *Équipe de nuit.* — **4.** Ensemble des joueurs associés ou du même camp pour participer à une compétition, à un match. — **5.** *Fam.* Groupe de personnes unies par des activités, des intérêts communs : *Une fine équipe.* — **6.** Formation de quelques soldats coopérant étroitement à l'accomplissement d'une mission. — **7.** Le plus petit élément d'une unité d'infanterie chargé d'une mission de combat. — **8.** *Classement par équipes,* classement pour lequel interviennent les résultats totalisés obtenus par les membres d'une équipe (par oppos. à *classement individuel*). ‖ *Esprit d'équipe,* esprit de solidarité qui anime les personnes qui travaillent ensemble. ‖ *Faire équipe avec qqn,* s'associer avec lui pour une entreprise commune. ‖ *Sport d'équipe,* sport pratiqué par plusieurs personnes regroupées dans un même camp (par oppos. à *sport individuel*).

ENCYCL. **Industr.** Dans le *travail en équipes,* on distingue :

1° le système discontinu en deux équipes avec interruption du travail en fin de journée et en fin de semaine ; ce système permet de faire tourner la production sans interruption de 6 h à 22 h environ en respectant l'interdiction légale du travail de nuit pour les femmes ;

2° le système semi-continu en trois équipes avec

interruption du travail en fin de semaine (postes du matin, de l'après-midi, de la nuit) ;
3° le système continu, dans lequel la production est assurée 24 heures sur 24 tous les jours de la semaine, dimanche et jours fériés compris, ce qui implique au moins trois équipes en activité et une quatrième au repos.

Équipe *(l')*, quotidien sportif français publié à Paris depuis 1946 et dirigé par J. Goddet (né en 1905) jusqu'en 1985.

ÉQUIPÉE n. f. (de *équiper*). **1.** Entreprise irréfléchie ou spontanée ; escapade : *Une folle équipée.* – **2.** Promenade en toute liberté, à l'aventure ; sortie : *Nos équipées du dimanche.*

ÉQUIPEMENT n. m. **1.** Action d'équiper, de pourvoir qqn de ce qui est nécessaire : *Procéder à l'équipement d'une troupe.* – **2.** Action d'aménager un endroit, de pourvoir qqch du matériel nécessaire : *Voter les crédits pour l'équipement d'un terrain de jeux.* – **3.** Ensemble du matériel d'une entreprise, d'un laboratoire, etc., de l'infrastructure d'une région, d'un pays. – **4.** Vêtement et/ou matériel appropriés à une activité particulière. – **5.** En construction navale ou offshore, chacune des installations d'un navire ou d'une plate-forme. – **6.** Matériel informatique disposé à l'extrémité d'une ligne de communication et pouvant traiter, recevoir ou émettre des informations. – **7.** Syn. de ARMEMENT (d'un puits de mine, d'un navire). – **8.** Spécialité de la sellerie qui se charge de la confection de tous les articles en cuir de différents uniformes (militaires, sapeurs-pompiers, musiciens, majorettes). – **9.** *Cuir à équipement,* cuir de tannage, destiné d'abord à l'équipement militaire, puis à la sellerie, la bourrellerie, la maroquinerie. ‖ *Équipement de bord,* ou *équipement embarqué,* matériel nécessaire au fonctionnement d'un engin spatial, autre que le groupe propulsif et les éléments de structure.

◆ **équipements** n. m. pl. **1.** Ensemble de tous les appareils qui entrent dans la construction d'un avion, en dehors des moteurs et de la cellule (instruments de bord, servocommandes, pilotage automatique, train d'atterrissage, etc.). – **2.** *Équipements collectifs,* catégorie d'investissements participant à la satisfaction des besoins d'ordre collectif (routes, hôpitaux, écoles, etc.) et dont la réalisation nécessite l'intervention et le concours financier des collectivités publiques. ‖ *Équipements spéciaux,* accessoires automobiles nécessaires en cas de neige et de verglas (chaînes, pneus cloutés, etc.).

équipement des petites et moyennes entreprises *(Crédit d')* **[C. E. P. M. E.]**, société anonyme créée en 1980, qui a pris la place, à cette date, de la Caisse nationale des marchés de l'État, des collectivités et établissements publics. Elle octroie des crédits aux P. M. E. à des taux préférentiels.

ÉQUIPEMENTIER n. m. Fabricant d'équipements (électriques, électroniques, etc.) dans le domaine de l'automobile, de l'aéronautique, etc.

ÉQUIPER v. t. (nordique *skipa,* arranger) [conj. 3]. **1.** Pourvoir qqn de qqch, le munir de ce qui est nécessaire en vue d'une activité, d'une utilisation précise. – **2.** Pourvoir un lieu, un local de ce qui est nécessaire : *Cuisine équipée. Équiper sa maison.* – **3.** Munir un matériel militaire de l'armement et des dotations nécessaires à sa mise en œuvre.

◆ **s'équiper** v. pr., **être équipé** v. pass. **1.** Se pourvoir de ce qui est nécessaire à une activité : *S'équiper de chaussures de ski.* – **2.** Pourvoir de ce qui est nécessaire pour une activité économique.

ÉQUIPIER, ÈRE n. **1.** Membre d'une équipe. – **2.** Membre de l'équipage d'un voilier, d'une voiture de course.

ÉQUIPOLÉ adj. m. *Points équipolés,* carrés d'émaux alternés, engendrés par deux divisions en pal et deux en fasce. (Il y en a neuf dans un écu.)

ÉQUIPOLLENCE n. f. (bas lat. *aequipollentia,* équivalence). Relation d'équivalence $\sim$ définie sur l'ensemble des bipoints d'un espace affine par $(M,N) \sim (M', N')$ si et seulement si MN' et $M'N$ ont même milieu. [Si $(M,N) \sim (M',N')$, alors $(M, M') \sim (N, N')$. Chaque classe d'équivalence est un vecteur ; la classe de (M, N) est notée $\overrightarrow{MN}$.]

ÉQUIPOLLENT, E adj. (bas lat. *aequipollens, -entis.* Se dit de deux bipoints liés par la relation d'équipollence.

ÉQUIPOTENCE [ekɥi-] n. f. Caractère de deux ensembles équipotents. (L'équipotence est une relation d'équivalence.)

ÉQUIPOTENT, E [ekɥi-] adj. (du lat. *potens, -entis,* puissant). Se dit de deux ensembles entre lesquels on peut construire une bijection. (Si deux ensembles sont équipotents, on dit qu'ils ont même puissance ou encore même cardinal.)

ÉQUIPOTENTIEL, ELLE [ekɥi-] adj. et n. f. **1.** Se dit de courbes ou de surfaces en chaque point desquelles le potentiel a une même valeur. – **2.** *Connexion équipotentielle,* connexion établie, dans un bobinage, entre des points où les potentiels devraient normalement rester égaux entre eux.

ÉQUIPROBABLE [ekɥi-] adj. Se dit d'événements ayant la même probabilité.

ÉQUISÉTALE [ekɥi-] n. f. (lat. sc. *equisetum,* du class. *equus,* cheval, et *saeta,* soie). Nom d'ordre attribué aux prêles.

ÉQUISÉTINÉE [ekɥi-] n. f. (de *équisétale*). Nom de classe attribué aux prêles et aux plantes fossiles voisines, qui atteignaient une grande taille à l'ère primaire.

ÉQUITABLE adj. **1.** Qui agit selon l'équité ; juste, impartial : *Un juge équitable.* — **2.** Conforme à l'équité, à la justice : *Une décision équitable.*

ÉQUITABLEMENT adv. Avec équité ; de façon équitable, juste, impartiale.

ÉQUITANT, E adj. (lat. *equitans, -antis,* de *equitare,* chevaucher). Se dit d'organes végétaux emboîtés face à face.

ÉQUITATION n. f. (bas lat. *equitatio, -onis*). **1.** Art de monter à cheval et sa pratique. — **2.** *Équitation savante* ou *académique,* syn. de HAUTE ÉCOLE*.

ENCYCL. L'art de monter à cheval est semble-t-il originaire de l'Asie et remonte au IVe millénaire. Des perfectionnements successifs dans le harnachement (mors, selle, étriers, fers) ont permis d'aboutir vers le XIIe s. à l'utilisation de toutes les ressources du cheval pour les déplacements, la chasse, les jeux et les combats. Cette dernière utilisation sera l'une des plus importantes jusqu'au XIXe s. et l'équitation militaire commandera des évolutions autant dans les techniques de monte que dans le gabarit des chevaux, au fur et à mesure notamment de l'allégement des armements. Parallèlement se développe à partir du XVe s. dans les cours européennes, en Italie, en Espagne, en France, une équitation savante en manège. Fondée sur le dressage du cheval, elle vise à mettre celui-ci en situation de produire les allures et les airs demandés par son cavalier. Elle exige de ce dernier l'utilisation de ses moyens propres (aides, poids) ainsi que des notions de physiologie et de psychologie animales pour créer chez le cheval des réflexes et des habitudes. Il s'agit de le soumettre, sans effet de force, par l'utilisation d'un langage conventionnel, en développant ses capacités de finesse et de vivacité. Parmi les théoriciens de ce type d'équitation, on peut citer, pour la France, La Guérinière et Baucher. Au XIXe s., sous l'influence de l'Angleterre (courses), se dessine une tendance à l'équitation sportive de plein air. Au début du XXe s., l'équitation militaire disparaît et s'ouvre l'ère de l'équitation sportive. Les sports équestres figurent aux jeux Olympiques depuis 1900.
— **Mil.** Les plus célèbres *écoles d'équitation* furent l'académie Duplessis-Mornay (XVIe s.), la Grande et la Petite Écurie de Versailles, l'École d'équitation militaire des carabiniers (1703), l'école de Saint-Germain (1809), l'école de cavalerie de Saumur (1825) et l'École nationale d'équitation (créée à Saumur en 1972).

équitation *(École nationale d'),* école créée à Saumur en 1972 et placée sous la tutelle du ministère de la Jeunesse et des Sports. Elle assure la formation des cadres de ce sport, organise des stages de préparation aux différentes compétitions et participe aux recherches proposées par le Conseil supérieur de l'Équitation.

ÉQUITÉ n. f. (lat. *aequitas, -atis,* de *aequus,* égal). **1.** Qualité consistant à attribuer à chacun ce qui lui est dû par référence aux principes de la justice naturelle ; impartialité : *Manquer d'équité.* — **2.** Caractère de ce qui est fait avec justice et impartialité : *L'équité d'un partage.* — **3.** Source subsidiaire de solution des conflits internationaux à laquelle le juge international peut avoir recours pour atténuer la rigueur d'une règle de droit ou combler une lacune juridique. (Le juge statue *ex aequo et bono.*) — **4.** *Juger en équité,* trancher un différend selon sa conscience lorsqu'il s'agit de droits dont les parties ont la libre disposition et qu'un accord exprès des plaideurs a délié le juge de l'obligation de statuer en droit.

Equity, mot angl. signif. *équité* et désignant un système de droit anglais, né au XIVe s., qui consiste en un recours à l'équité des juges, par oppos. à la *Common Law.* L'*Equity* constitue, avec les *Statutes* — lois votées par le Parlement — et la *Common Law,* la base du droit anglais moderne.

ÉQUIVALENCE n. f. (lat. médiév. *aequivalentia*). **1.** Qualité de ce qui est équivalent, égalité de valeur : *Équivalence de salaires.* — **2.** Égalité admise entre différents grades, titres ou diplômes universitaires. • **Log.** *Équivalence entre deux théories formalisées,* relation entre ces théories, si elles ont le même langage et les mêmes théorèmes. ‖ *Équivalence logique,* relation entre deux propositions p et q, exprimée par le connecteur $\equiv$ (noté parfois $\leftrightarrow$ ou $\sim$), telle que $p \equiv q$ n'est vrai que si p et q sont tous deux vrais ou faux simultanément. ‖ *Thèse d'équivalence,* thèse concernant la notion de vérité et selon laquelle, pour toute proposition A, « A » est équivalent à « A » est vraie. — **Math.** *Relation d'équivalence,* relation binaire $\mathcal{R}$ réflexive ($x\mathcal{R}x$), symétrique ($x\mathcal{R}y \rightarrow y\mathcal{R}x$) et transitive : ($x\mathcal{R}y$ et $y\mathcal{R}z$) $\rightarrow x\mathcal{R}z$. (Une relation d'équivalence permet de déterminer des classes d'équivalence [sous-ensembles disjoints formés des éléments équivalents à l'un quelconque d'entre eux], qui forment l'ensemble quotient de l'ensemble de départ par la relation d'équivalence.) — **Phys.** *Principe d'équivalence,* principe de base des théories modernes de la gravitation, selon lequel le rapport de la masse gravitationnelle à la masse inertielle est une constante universelle, généralement prise égale à 1. (En conséquence, l'effet d'un champ de gravitation est localement équivalent à une accélération.) — **Thermodyn.** *Principe* ou *théorème d'équivalence,* autre appellation du PREMIER PRINCIPE DE LA THERMODYNAMIQUE*.

ÉQUIVALENT, E adj. (bas lat. *aequivalens, -entis,* de *aequivalere,* égaler). **1.** Qui est égal ou comparable à qqch d'autre, qui a la même valeur, la même quantité ou à peu près les mêmes qualités : *Votre salaire est équivalent au mien.* – **2.** Qui est identique, qui équivaut à : *Cette décision est équivalente à un refus.* • **Cartogr.** Se dit de la représentation d'une surface sur une autre qui ne présente pas de déformation surfacique. (Elle est intéressante pour l'élaboration des cartes d'atlas à petite échelle, où les différents pays, bien que déformés, conservent leurs surfaces relatives.) – **Math.** *Éléments équivalents modulo* $\mathcal{R}$, éléments x et y d'un ensemble M sur lequel a été définie une relation d'équivalence, tels que $x\mathcal{R}y$. ‖ *Fonctions équivalentes au voisinage de* a, fonctions f et g de $\mathbb{R}$ dans $\mathbb{R}$ telles que $\lim_{x \to a} f(x)/g(x) = 1$ ‖ *Matrices équivalentes,* matrices A et B de type (m, n) telles qu'il existe des matrices R et S carrées et inversibles d'ordre respectif n et m vérifiant B = RAS.

◆ **équivalent** n. m. **1.** Ce qui équivaut à qqch d'autre en quantité ou en qualité : *Recevoir en nature l'équivalent de six mois de fermage.* – **2.** Terme ou locution qui, sans être rigoureusement identiques à d'autres, peuvent leur être substitués. • **Chim.** *Équivalent électrochimique* ou *équivalent-gramme,* quotient de la masse atomique d'un élément par son électrovalence. – **Pathol.** Manifestation pathologique considérée comme ayant la même signification que certaines affections paroxystiques et survenant parfois dans l'intervalle de celles-ci. (On parle ainsi d'équivalents cardiaques [par rapport à la crise d'angor], respiratoires [par rapport à la crise d'asthme], etc.) – **Thermodyn.** *Équivalent mécanique de la calorie,* valeur en joules d'une calorie.

ÉQUIVALOIR v. t. ind. (bas lat. *aequivalere,* égaler, avec l'infl. de *valoir*) [conj. 60]. **1.** Être de même valeur que qqch, être égal à : *Le mille marin équivaut à 1 852 mètres.* – **2.** Avoir le même effet que qqch ; revenir à, signifier : *Cette réponse évasive équivaut à un refus.*

ÉQUIVALVE [ekɥi-] adj. Se dit des bivalves dont les deux valves sont parfaitement symétriques par rapport au plan sagittal. (Ne pas confondre avec *équilatéral.*)

ÉQUIVOQUE adj. (bas lat. *aequivocus*). **1.** Se dit d'un signe, d'un énoncé susceptible de plusieurs interprétations ; ambigu, amphibologique, obscur : *Un compliment équivoque.*– **2.** Se dit d'un fait, d'un phénomène malaisément définissable ou explicable, d'une nature douteuse : *Des traces équivoques.* – **3.** Qui suscite la méfiance ; suspect, louche, douteux : *Il a des fréquentations équivoques.*

◆ n. f. **1.** Possibilité d'interpréter diversement un énoncé, un mot ; ambiguïté : *Un texte de loi ne doit comporter aucune équivoque.* – **2.** Ce qui manque de clarté, est susceptible d'appréciations diverses, de créer la confusion : *Dissiper toute équivoque.*

ÉQUIVOQUER v. i. (conj. 3). *Litt.* User volontairement d'équivoques.

Er, symbole chimique de l'*erbium.*

ÉRABLE n. m. (bas lat. *acerabulus*). Arbre forestier des régions tempérées, caractérisé par ses feuilles à 3 ou 5 pointes anguleuses et par son fruit à deux ailes.

ENCYCL. On connaît cinq espèces d'érable en France : l'*érable sycomore* ou *faux platane,* disséminé dans les forêts, à croissance rapide, qui fournit un bois de qualité ; l'*érable plane,* disséminé dans les bois des collines et des montagnes, dont le bois est moins recherché ; l'*érable champêtre,* de croissance plus lente, au bois dur ; l'*érable à feuilles d'obier,* disséminé dans les bois des montagnes, au bois de couleur rose clair ; l'*érable de Montpellier,* arbrisseau du midi de la France, dont le bois est utilisé en menuiserie. En Amérique du Nord, la sève de l'*érable à sucre,* chauffée et brassée, donne un sucre apprécié.

ÉRABLIÈRE n. f. Peuplement forestier composé en majeure partie d'érables.

ÉRADICATION n. f. (lat. ecclés. *eradicatio, -onis,* destruction). **1.** Extirpation complète d'un organe ou d'une tumeur. – **2.** *Litt.* Action de supprimer, d'extirper complètement : *L'éradication du chômage.* – **3.** Suppression massive et si possible totale des agents responsables d'une maladie contagieuse ou d'une épidémie.

ÉRADIQUER v. t. (conj. 3). Faire disparaître un mal, une maladie.

ÉRAFLAGE n. m. Syn. de ÉGRAPPAGE.

ÉRAFLEMENT n. m. Action d'érafler.

ÉRAFLER v. t. (de *rafle*) [conj. 3]. **1.** Entamer légèrement une surface, l'écorcher superficiellement ; égratigner : *Érafler la peinture avec un canif.* – **2.** Syn. de ÉGRAPPER.

ÉRAFLOIR n. m. Syn. de ÉGRAPPOIR.

ÉRAFLURE n. f. Écorchure légère, entaille superficielle.

ÉRAGNY (95610), comm. du Val-d'Oise, sur l'Oise, partie de la ville nouvelle de Cergy-Pontoise ; 16 995 hab.

ÉRAILLEMENT n. m. **1.** Action d'érailler, de déchirer, de rayer, fait de s'érailler : *L'éraillement d'un tissu de soie avec l'usure.* – **2.** Fait de devenir éraillé, rauque : *L'éraillement de la voix.*

ÉRAILLER v. t. (anc. fr. *esroëillier,* du lat. pop. *roticulare,* rouler des yeux) [conj. 3]. **1.** Relâcher, écarter les fils d'un tissu : *Un veston éraillé.* — **2.** Écorcher, déchirer superficiellement : *Érailler sa carrosserie.* — **3.** Rendre la voix rauque.

ÉRAILLURE n. f. **1.** Partie éraillée d'une étoffe, d'un vêtement. — **2.** Écorchure superficielle.

ÉRARD (Sébastien), facteur de pianos français (Strasbourg 1752 - Passy 1831). Il fonda sa manufacture à Paris en 1780 en association avec son frère JEAN-BAPTISTE († 1826). Émigré à Londres pendant la Révolution, il y ouvrit un autre établissement (1796) puis il reprit sa firme française (1814). Celle-ci a fusionné avec Gaveau en 1960. Sur le piano, il réalisa le double échappement (1821). Il fit aussi progresser la harpe.

ÉRASISTRATE, médecin et anatomiste grec (Julis, île de Céos, v. 300 av. J.-C.-Asie Mineure v. 240 av. J.-C.). Peut-être le premier à disséquer des cadavres humains, il étudia en particulier le système nerveux, les organes des sens et les phénomènes circulatoires.

ÉRASME ou **ELME** *(saint),* évêque de Formia, en Italie († v. 303), martyr pendant la persécution de Dioclétien, patron des femmes enceintes et des marins.

ÉRASME (Didier), en lat. **Desiderius Erasmus Roterodamus,** humaniste hollandais d'expression latine (Rotterdam v. 1469 - Bâle 1536). Il est ordonné prêtre en 1492, mais obtiendra du pape Jules II une dispense de ses vœux. Il se rend en Angleterre en 1499, où il rencontre Thomas More, qu'il admire. Il jette alors les bases d'une nouvelle théologie, fondée sur le recours au texte grec des Évangiles et non sur la seule traduction de saint Jérôme. C'est encore chez Thomas More qu'il écrit son ouvrage majeur, l'*Éloge de la folie* (Paris, 1511). Il vit ensuite à Bâle, Anvers, Louvain.
Avec le début de la Réforme, il refuse de prendre parti et publie *Colloques* (1518), où il se moque également et des prétentions des protestants et de l'arrogance des catholiques. Luther croit voir en lui un allié possible, mais il échoue : Érasme écrit le *Traité du libre arbitre* (1524), qui marque la rupture entre les deux hommes. Le séjour à Bâle, où catholiques et réformés vivent à peu près en bonne entente, convient à cet esprit tolérant, dont le spiritualisme chrétien, doublé d'un goût remarquable du savoir, a fait une des figures les plus marquantes de la Renaissance.

ÉRASMIEN, ENNE adj. Se dit de la prononciation du grec ancien conforme à la théorie d'Érasme, encore utilisée aujourd'hui dans l'enseignement du grec ancien hors de Grèce, notamment en France.

ÉRATO (gr. *erôs, -ôtos,* amour), une des neuf Muses. Elle présidait à la poésie lyrique, surtout à la poésie érotique.

ÉRATOSTHÈNE, astronome, géographe, mathématicien et philosophe grec (Cyrène v. 284 - Alexandrie v. 192 av. J.-C.). Membre de l'école d'Alexandrie, dont il dirigea longtemps la bibliothèque, ses contributions dans des domaines aussi variés que la grammaire, la philosophie, la littérature, les mathématiques et l'astronomie sont importantes. Il fut le premier à évaluer avec une bonne précision la longueur de la circonférence de la Terre. Mais il est surtout connu comme mathématicien par le *crible d'Ératosthène.*

Ératosthène *(crible d'),* méthode permettant de déterminer une liste des nombres premiers. Elle consiste à écrire la suite des nombres entiers 1, 2, 3, 4, 5... et à effacer tous les multiples de 2 autres que 2, puis tous les multiples de 3 autres que 3, puis tous les multiples de 5, etc. Il ne reste dans la liste que les nombres premiers.

ERBALUNGA (20222), petit port pittoresque du dép. de la Haute-Corse (comm. de Brando), sur le littoral oriental de la péninsule du cap Corse.

ERBEN (Karel Jaromír), ethnographe, historien et poète tchèque (Miletín 1811 - Prague 1870). Son chef-d'œuvre : *Bouquet de légendes nationales* (1853), se compose de douze ballades.

ERBIL → ARBIL.

ERBINE n. f. Oxyde d'erbium Er_2O_3 ou hydroxyde d'erbium $Er(OH)_3$.

ERBIQUE adj. Qui contient de l'erbium.

ERBIUM [-bjɔm] n. m. (de *Ytterby,* n. pr.). Métal du groupe des terres rares, utilisé dans la fabrication de lasers. (Élément chimique de symbole Er, de numéro atomique 68 et de masse atomique 167,26.)

ERCILLA Y ZÚÑIGA (Alonso DE), poète épique espagnol (Madrid 1533 - *id.* 1594). Il prit part à une expédition au Chili, qui inspira son poème épique sur la découverte de l'Amérique : *La Araucana** (1569-1589).

ERCIYAS DAĞI, anc. **mont Argée,** massif volcanique de Turquie, en Cappadoce.

ERCKMANN-CHATRIAN, nom sous lequel deux écrivains français d'Alsace, Émile ERCKMANN (Phalsbourg 1822 - Lunéville 1899) et Alexandre CHATRIAN (Abreschviller, Moselle, 1826 - Villemomble 1890), ont signé leur œuvre commune. Ils ne connurent le succès qu'à partir de *l'Illustre Docteur Mathéus* (1859). À côté de romans nationaux et antimilitaristes (*Madame Thérèse,* 1863), ils ont chanté leur province avec un humour plein de vérité (*l'Ami* Fritz,* 1864 ; *les*

Contes populaires, 1866), ont laissé un drame (*le Juif polonais,* 1869) et une comédie (*les Rantzau,* 1882).

ERCOLANO, anc. **Resina,** v. d'Italie (Campanie), au S.-E. de Naples, au pied du Vésuve ; 58 000 hab. Vignobles. La ville occupe une partie du site de l'antique Herculanum*.

ERCOLE DE' ROBERTI, peintre italien (Ferrare v. 1450 - *id.* 1496). Élève et collaborateur de F. Del Cossa, maître d'un style plein de tension et d'acuité, il atteint un remarquable équilibre dans sa *Vierge en trône avec des saints,* de 1481 (Brera, Milan).

ERDRE, riv. d'Anjou et de Bretagne, affl. de la Loire (r. dr.), rejointe à Nantes ; 105 km dont 28 navigables.

ÈRE n. f. (bas lat. *aera,* nombre). **1.** Point de départ de chaque chronologie particulière. (→ *encycl.*) — **2.** Période historique correspondant à cette chronologie particulière : *Ère chrétienne. En l'an 1500 de notre ère.* — **3.** Période caractérisée par certains faits de civilisation ; âge, époque : *Ère industrielle.* — **4.** Toute période marquée par un état particulier : *Une ère de bonheur.* — **5.** Plus grande unité conventionnelle du temps géologique. (Venant après le précambrien, on distingue, dans l'ordre chronologique, le paléozoïque, ou primaire [durée : 340 millions d'années], le mésozoïque, ou secondaire [180 millions d'années], le cénozoïque, ou tertiaire [65 millions d'années], qui, selon les auteurs, englobe ou non le quaternaire.)

ENCYCL. **Chronol.** Dans l'ère grecque des olympiades, on exprime les dates en indiquant le numéro de l'année dans l'olympiade en cours (période de 4 ans) et le nombre d'olympiades écoulé depuis le point de départ adopté, 776 av. J.-C. Ce système de chronologie resta longtemps en usage chez les Grecs et les Romains, même après l'abolition des jeux Olympiques (394).

À l'époque hellénistique, les ères se multiplièrent. On compta les années à dater de la prise du pouvoir par le chef de la dynastie : *ère des Séleucides* (312 av. J.-C.), *ère des Sassanides* (224 av. J.-C.), *ère de Yazdgard III* (632 apr. J.-C.). Ptolémée, au IIe s. apr. J.-C., créa l'*ère de Nabonassar* (Nabounâsir), le plus ancien souverain auquel il ait pu remonter, qui prit le pouvoir à Babylone en 747 av. J.-C. Les Romains ont utilisé des systèmes de datation établis à partir de la fondation de Rome et se référant à la liste des consuls. L'ère de Rome *(ab urbe condita)* la plus communément adoptée par les historiens commence en 753 av. J.-C. L'ère des indictions débute en 312 av. J.-C. Elle fut assez employée au haut Moyen Âge, tant en Orient qu'en Occident. On faisait en outre usage dans l'Empire d'une multiplicité d'ères différentes : à celles de l'époque hellénistique s'ajoutaient des ères locales, propres à des villes ou à des provinces. L'ère chrétienne (ou dionysienne) remonte à Denys le Petit, qui l'établit au VIe s. en s'appuyant sur des traditions de comput pascal. Elle a pour origine la naissance du Christ, mais il semble en fait établi aujourd'hui que celle-ci est antérieure de 4 ou 5 ans à l'époque que lui a assignée Denys le Petit. On distingua longtemps plusieurs styles, selon la date adoptée pour le début de l'année (25 déc., 1er janv., 1er mars, 25 mars, Pâques). Les pays musulmans ont adopté l'*ère de l'hégire* (fuite du prophète à Médine, vendredi 16 juill. 622 apr. J.-C.). En Inde, l'ère la plus usitée est l'*ère śaka,* qui correspond à 78-79 apr. J.-C.

Ère du soupçon *(l'),* essai de Nathalie Sarraute (1956), texte de référence du nouveau roman, où l'auteur oppose aux « personnages » du roman traditionnel l'homme dans sa réalité et sa banalité.

ÉRÉBIA n. f. (de *Érèbe,* n. pr.). Nom générique du marbré, papillon satyridé.

EREBUS *(mont)* [du nom d'un des navires de J. C. Ross, qui le découvrit, en éruption, en 1841], volcan actif de l'Antarctique, le plus élevé (3 794 m) des trois volcans constituant l'île de Ross, où vient s'accrocher la barrière occidentale de la plate-forme flottante de Ross.

Érec et Énide, premier roman connu de Chrétien de Troyes (v. 1170), présentation d'un idéal chevaleresque qui concilie la joie d'amour, réalisée dans le mariage, et l'aventure héroïque, qui vient sauver le mariage de l'enlisement.

ERECH → OUROUK.

ÉRECHTHÉE, divinité athénienne. Moitié homme, moitié serpent, on le disait fils de la Terre. Athènes le reconnaissait comme un de ses premiers rois. Il serait mort foudroyé par Poséidon ; on l'enterra sur l'Acropole, où fut bâti un premier Érechthéion*.

Érechthéion ou **Erekhtheion,** temple d'Athéna et de Poséidon associés aux héros mythiques Érechthée et Cécrops, élevé (421-406 av. J.-C.) sur l'Acropole d'Athènes. L'édifice, de style ionique, présente des façades très différentes : à l'est, un porche à six colonnes ioniques ; à l'ouest, fenêtres et colonnes engagées ; au sud, le célèbre portique des Caryatides recouvre en partie le tombeau de Cécrops.

ÉRECTEUR, TRICE adj. Qui produit l'érection d'un organe.

ÉRECTILE adj. (de *érection,* avec l'infl. de *tactile*). **1.** Se dit d'organes ou de tissus susceptibles d'augmenter considérablement de volume et de dureté sous l'influence de l'accumulation du

sang. — **2.** Se dit de poils susceptibles de se dresser : *Poils érectiles.*
ENCYCL. **Physiol.** Chez l'homme, les organes et les tissus érectiles se rencontrent presque exclusivement dans l'appareil génital. Ces organes sont constitués d'un ensemble de lacs sanguins et de travées conjonctivo-musculaires. L'accumulation de sang dans le système lacunaire est réglée par des artères et des veines agissant sous l'influence de réflexes érecteurs de la moelle épinière.

ÉRECTILITÉ n. f. Propriété de ce qui est érectile.

ÉRECTION n. f. (bas lat. *erectio, -onis,* du lat. class. *erigere,* dresser). **1.** Action de dresser, d'élever une statue, un monument. — **2.** Action de promouvoir qqch à un certain rang : *Érection d'un chef-lieu de canton en sous-préfecture.* — **3.** Action de créer une charge, une institution. — **4.** Durcissement et augmentation de volume de certains organes (verge et clitoris) sous l'afflux du sang.

EREĞLI, port de Turquie, sur la mer Noire ; 50 000 hab. Mines de houille et de manganèse. Sidérurgie.

ÉREINTAGE ou **ÉREINTEMENT** n. m. *Fam.* Critique violente et malveillante.

ÉREINTANT, E adj. *Fam.* Qui éreinte ; épuisant, harassant : *Un travail éreintant.*

ÉREINTEMENT n. m. *Fam.* **1.** État de qqn d'éreinté ; fatigue extrême, épuisement. — **2.** Syn. de ÉREINTAGE.

ÉREINTER v. t. (de *rein*) [conj. 3]. *Fam.* **1.** Fatiguer qqn, un animal jusqu'à l'épuisement, l'exténuer, le harasser : *Cette marche m'a éreinté.* — **2.** Critiquer violemment, avec malveillance : *Les critiques ont éreinté son dernier film.*

ÉREINTEUR, EUSE adj. et n. *Fam.* Qui critique violemment, méchamment.

ÉRÉMITIQUE adj. (lat. *eremiticus,* de *eremita,* ermite). Relatif aux ermites.

ÉRÉMITISME n. m. Mode de vie des ermites.

ÉRÉMOPHILE n. f. (gr. *erêmos,* désert). Alouette de la toundra, qui hiverne en Amérique du Nord et sur les côtes de la Manche. (Syn. HAUSSE-COL.)

EREMURUS [-rys] n. m. Liliacée à fleurs blanches, roses ou jaunes, pouvant atteindre plus de 2 m de haut et souvent cultivée dans les jardins.

ÉRÈSE n. m. Araignée qui creuse un profond terrier sous les pierres et qui le tapisse d'une soie jaunâtre et l'orne d'élytres de coléoptères. (La femelle est d'un noir velouté, le mâle d'un beau rouge.)

ÉRÉSIPÈLE → ÉRYSIPÈLE.

ÉRÉTHISME n. m. (gr. *erethismos,* de *erethidzein,* irriter). *Éréthisme cardio-vasculaire,* état du cœur et des vaisseaux artériels animés de battements violents (après un effort physique ou une forte émotion ou au cours de certaines maladies).

ÉRÉTRIE, en gr. **Eretria,** anc. ville de Grèce, dans l'île d'Eubée, en face de l'embouchure de l'Asôpos, célèbre par ses poteries dès la fin du VIIIe s. av. J.-C. En 490, les Perses brûlèrent la ville et déportèrent ses habitants.
— **Archéol.** Vestiges antiques (fortifications hellénistiques, temple d'Apollon, théâtre, demeures ornées de mosaïques de galets). Musée.

ÉREUTOPHOBE ou **ÉRYTHROPHOBE** n. Sujet qui souffre d'éreutophobie.

ÉREUTOPHOBIE ou **ÉRYTHROPHOBIE** n. f. (du gr. *ereuthein,* rougir). Crainte obsédante de rougir en public.

EREVAN ou **ERIVAN** ou **IEREVAN,** cap. de la République d'Arménie ; 1 095 000 hab. Située sur le Razdan (affl. de l'Araxe), la ville est devenue le principal pôle économique de l'Arménie (métallurgie, chimie, textile, alimentation), un centre administratif et scientifique (Académie des sciences).
— **Hist.** Mentionnée pour la première fois au VIe s., Erevan devint en 1440 le centre administratif de l'Arménie orientale. Chef-lieu du khānat iranien d'Erevan depuis le milieu du XVIIIe s., la ville fut annexée à l'Empire russe en 1828. Elle devint en 1918 la capitale de la République arménienne indépendante et, à la fin de 1920, celle de l'Arménie soviétique.
— **Bx-arts.** Divers musées abritent des témoignages de la civilisation ourartéenne ; au Maténadaran, ou Bibliothèque nationale, riche collection de manuscrits arméniens ornés de miniatures, dont certaines remontent au VIe s.

Erewhon, roman de Samuel Butler (1872), satire de la société victorienne. Il décrit un pays imaginaire, Erewhon, anagramme de *nowhere* (nulle part).

ERFOUD, oasis du Maroc méridional, principal centre du Tafilalet.

ERFURT, v. d'Allemagne, cap. du Land de Thuringe ; 213 000 hab. Cathédrale (XIIe-XVe s., œuvres d'art) et nombreuses églises, surtout gothiques. Centre commercial et industriel (constructions mécaniques et électriques).
— **Hist.** Siège d'un évêché créé en 742 par saint Boniface et qui fut ensuite absorbé par l'évêché de Mayence, Erfurt devint la ville la plus importante de Thuringe au XIIIe s. Elle appartint à la Saxe (XIVe-XVIe s.), dépendit de l'Électeur de

Mayence (1648-1802) puis passa à la Prusse (1815).

Erfurt *(entrevue d')* [27 sept - 14 oct. 1808], entrevue entre Napoléon Ier et Alexandre Ier, empereur de Russie. Napoléon Ier, aux prises avec la guerre d'Espagne, voulait éviter un nouveau conflit avec l'Autriche. La convention du 12 octobre renouvela l'alliance avec la Russie conclue à Tilsit.

1. ERG n. m. (ar. *'irq*). Au Sahara, vaste région occupée par des dunes. (On distingue notamment le *Grand Erg occidental,* entre le Tademaït et l'Atlas saharien, et le *Grand Erg oriental,* entre le Tademaït et le golfe de Gabès.)

2. ERG n. m. (angl. *erg,* du gr. *ergon,* travail). Unité de travail, d'énergie et de quantité de chaleur du système d'unités C. G. S. (1 erg = 10^{-7} joule).

ERGASTOPLASME n. m. Syn. de RÉTICULUM* ENDOPLASMIQUE.

ERGASTULE n. m. (lat. *ergastulum*). À Rome, cachot, prison souterraine ; local destiné au logement des esclaves de certaines grandes exploitations, aux troupes de gladiateurs.

ERGATE n. m. (gr. *ergatês,* travailleur). **1.** Grand longicorne dont la larve vit dans le pin en Europe. — **2.** Fourmi de la caste des ouvrières.

ERGATIF n. m. (gr. *ergatês,* actif). Cas utilisé dans certaines langues flexionnelles (tibétain, basque, langues caucasiennes), exprimant l'agent du procès.

◆ **ergatif, ive** adj. Relatif à l'ergatif.

ERGATOGYNE adj. (gr. *ergatês,* travailleur). Se dit des fourmis dont la forme est intermédiaire entre celles des femelles et des ouvrières.

ERGERON n. m. Partie inférieure du lœss enrichie par le calcaire provenant du lessivage de la partie supérieure (lehm) et concrétionné (poupées du lœss).

ERGODIQUE adj. (all. *Ergoden,* gr. *hodos,* chemin). **1.** Se dit, pour un processus aléatoire stationnaire, d'une hypothèse selon laquelle les caractéristiques statistiques, déduites des valeurs moyennes calculées à partir des valeurs à un même instant d'un grand nombre de réalisations différentes du processus considéré, coïncident avec celles qui sont déduites des valeurs successives dans le temps d'une quelconque de ces réalisations. — **2.** *Hypothèse ergodique,* hypothèse suivant laquelle un système physique passe forcément par tous les états microscopiques qui lui sont accessibles.

ERGOGRAPHE n. m. Appareil servant à enregistrer le travail fourni au cours des contractions digitales et permettant d'apprécier le degré de fatigue chez l'homme.

ERGOL n. m. Constituant, soit comburant, soit combustible, d'un propergol.

ERGOLOGIE n. f. Partie de la technologie dont les objectifs sont la connaissance et l'explication des faits relatifs au travail. (Elle se distingue de l'ergonomie par son caractère non normatif.)

ERGOMÈTRE n. m. Appareil permettant la mesure du travail musculaire lorsque la force et la longueur du muscle varient simultanément. (Les ergomètres les plus fréquemment utilisés sont la bicyclette ergométrique et le tapis roulant sur lesquels pédale ou marche le sujet testé.)

ERGOMÉTRIE n. f. Technique d'étude et de mesure du travail musculaire.

ERGOMÉTRINE n. f. Alcaloïde de l'ergot de seigle, utilisé en obstétrique pour son action ocytocique.

ERGONOMIE n. f. **1.** Étude quantitative et qualitative du travail dans l'entreprise, visant à améliorer les conditions de travail et à accroître la productivité. (Le but de cette science est de tenter d'adapter le travail à l'homme en analysant notamment les différentes étapes du travail industriel, leur perception par celui qui exécute, la transmission de l'information et, de façon parallèle, l'apprentissage de l'homme qui doit s'adapter aux contraintes technologiques.) — **2.** Qualité d'un matériel ergonomique.

ERGONOMIQUE adj. **1.** Relatif à l'ergonomie. — **2.** Se dit d'un appareil, d'un matériel dont la forme est particulièrement adaptée aux conditions de travail de l'utilisateur.

ERGONOMISTE ou **ERGONOME** n. Spécialiste de l'ergonomie.

ERGOSTÉROL n. m. (de *ergot* et *stérol*). Alcool stéroïdique insaturé, isolé de l'ergot de seigle et de la levure de bière. (Il se transforme en vitamine D2, ou calciférol, sous l'action des rayons ultraviolets.)

ERGOT n. m. (p.-ê. rad. préroman **arg,* désignant une chose pointue). **1.** Éperon osseux et corné de la patte des oiseaux galliformes mâles, tel le coq, et leur servant d'arme. — **2.** Petite pièce, généralement cylindrique, faisant saillie d'une pièce massive et destinée à servir de butée, de clavette, etc. — **3.** Maladie cryptogamique du seigle causée par le sclérote, ou mycélium condensé, d'un champignon, le *Claviceps purpurea,* qui se développe sur l'ovaire de la plante *(Sesale cereale).* [→ *encycl.*] — **4.** Doigt supplémentaire présent chez certaines races de chiens. — **5.** *Monter sur ses ergots,* prendre un ton impérieux ou menaçant.

ENCYCL. **Bot.** et **Pharm.** La contamination de la plante se fait par le stigmate, au moment de la floraison. Le champignon se développe dans l'ovaire et forme un volumineux sclérote, ou *ergot noir,* qui remplace le grain. Ce sclérote renferme de nombreux alcaloïdes toxiques. L'ergot de seigle lui-même est toxique (ergotisme), mais ses différents constituants (stérols, dont l'ergostérol, acides aminés, alcaloïdes ayant pour noyau commun l'acide lysergique) possèdent, séparément, des propriétés thérapeutiques.

ERGOTAGE n. m. ou, vx, **ERGOTERIE** n. f. Action d'ergoter ; raisonnement d'ergoteur ; pinaillage.

ERGOTAMINE n. f. Alcaloïde de l'ergot de seigle, vasoconstricteur (utilisé pour traiter les migraines) et hémostatique utérin.

ERGOTÉ, E adj. Atteint par l'ergot du seigle.

ERGOTER v. i. (lat. *ergo,* donc, cette conjonction revenant sans cesse dans les débats scolastiques) [conj. 3]. Contester qqch avec des raisonnements spécieux ; discuter sur des futilités ; chicaner : *Ergoter sur des détails.*

ERGOTEUR, EUSE adj. et n. Qui se plaît à ergoter ; chicanier.

ERGOTHÉRAPEUTE n. Auxiliaire médical spécialiste d'ergothérapie.

ERGOTHÉRAPIE n. f. Rééducation de handicapés moteurs ou mentaux par l'apprentissage et la pratique de techniques artisanales, visant à la réinsertion professionnelle ou sociale.

ERGOTISME n. m. Ensemble des accidents (convulsions, gangrène sèche des pieds et des mains, vertiges) causés par l'absorption de farines contenant du seigle ergoté. (Cause, au Moyen Âge, d'assez grands ravages [mal des ardents], il a disparu du fait de la législation actuelle de la minoterie et du contrôle des farines.)

ERGOTOXINE n. f. Alcaloïde de l'ergot de seigle, utilisé en thérapeutique sous sa forme réduite.

ERGUÉ-GABÉRIC (29500), comm. du Finistère, banlieue est de Quimper ; 6 562 hab.

ERHARD (Ludwig), homme politique allemand (Fürth 1897 - Bonn 1977). Ministre des Affaires économiques (1949-1963), il fut chancelier de la République fédérale d'Allemagne (1963-1966) et présida le parti chrétien-démocrate (1966-67).

ERIANTHUS [erjɑ̃tys] n. m. Grande graminée vivace du sud de l'Europe, souvent cultivée pour ses grandes inflorescences blanches, soyeuses à maturité.

ERIC → ERIK.

ÉRICACÉE n. f. (lat. sc. mod. *erica,* bruyère, du lat. class. *erice*). Nom de famille d'arbustes ou d'arbrisseaux des sols acides, aux fleurs en cloches, tels que la bruyère, le rhododendron, l'azalée, les airelles et les plantes voisines.

ERICE, v. d'Italie, dans le nord-ouest de la Sicile ; 26 000 hab. Ce fut l'*Éryx* phénicienne. Elle était célèbre par son temple à la déesse de la Fécondité. La ville et le sanctuaire, disputés entre Grecs et Carthaginois, furent détruits à plusieurs reprises et toujours rebâtis. Monuments médiévaux.

ERICH → ERIK.

ERICSSON (Nils), ingénieur suédois (Långbanshyttan 1802 - Stockholm 1870). Il construisit les écluses du canal de Trollhätte ainsi que les canaux du Saimaa au golfe de Fionie et de Dalsland.

ERICSSON (John), ingénieur américain d'origine suédoise (Långsbanshyttan 1803 - New York 1889), frère du précédent. En 1829, il présenta une locomotive au concours de Rainhill, gagné par la « Rocket » de Stephenson. En 1837, il créa un modèle d'hélice de navire qui fut utilisé de façon durable. Vers 1850-1860, il étudia le moteur à air chaud. À partir de 1870, il se consacra au moteur solaire à vapeur, dont il réalisa plusieurs exemplaires.

Ericsson, société suédoise dont les principales productions concernent les centraux téléphoniques, les équipements de transmission, la bureautique et l'informatique.

ÉRIDAN, anc. nom du Pô.

ÉRIDAN (en lat. *Eridanus, -i*), constellation australe. Très étendue, elle est dessinée par une ligne sinueuse d'étoiles. Son étoile principale est Achernar*. L'étoile ε *Eridani,* située à 10,7 al, semble accompagnée d'une planète volumineuse (6 à 50 fois la masse de Jupiter).

ÉRIDOU, anc. ville du sud de la Mésopotamie (auj. *Abū Chaḥrayn,* au S.-O. d'Our), lieu d'origine du culte d'Enki ; 18 sanctuaires superposés ont été découverts sous les fondations de la ziggourat d'Our, de la fin du IIIe millénaire ; ceux des niveaux inférieurs, aux murs de brique présentant saillants et rentrants, ont livré une céramique monochrome, puis une poterie du type d'Obéïd (fin du IVe millénaire). Nécropole.

ERIE, port des États-Unis (Pennsylvanie), sur la rive sud du *lac Érié ;* 120 000 hab. Centre industriel.

ÉRIÉ *(lac),* lac d'Amérique du Nord, entre les États-Unis et le Canada ; 25 900 km² (profondeur 64 m). La navigation se fait surtout avec les lacs d'amont (charbon, fer, céréales). Toledo, Cleveland et Buffalo sont les principaux ports. Il est très atteint par la pollution.

Érié *(canal de l')*, voie navigable des États-Unis, qui unit l'Hudson au lac Érié, entre Albany et Buffalo ; 590 km. Ouvert en 1825, il a joué un rôle historique dans le développement des relations entre New York, la région des Lacs et aussi le Midwest dont il a favorisé le peuplement et l'économie.

ÉRIGÈNE (Jean SCOT) → SCOT ÉRIGÈNE (Jean).

ÉRIGER v. t. (lat. *erigere*) [conj. **17**]. **1.** Dresser, élever qqch en position verticale : *Ériger le mât du cirque.* – **2.** Élever une statue, un monument avec une certaine solennité, en l'honneur de qqn ; édifier : *On a érigé une statue à cet homme politique.* – **3.** Élever à tel rang : *Ériger un consulat en ambassade.* – **4.** Établir qqch à un degré supérieur ; élever, instituer : *Ériger un cas particulier en règle générale.* – **5.** Créer une charge, une institution, un tribunal.
◆ **s'ériger** v. pr. *Litt.* Se donner le rôle, la dignité de ; se poser en, se présenter comme : *S'ériger en réformateur.*

ÉRIGÉRON n. m. (lat. *erigeron,* du gr. *êrigerôn,* séneçon). Herbe composée ressemblant à un aster, très commune à l'état sauvage en France.

ÉRIGNE ou **ÉRINE** n. f. (anc. fr. *iraigne,* du lat. *aranea,* araignée). Instrument qui sert, dans les opérations et les dissections, à attirer ou maintenir certains éléments ou organes.

ÉRIGONE n. f. Petite araignée des buissons, aux forts chélicères épineux. (Nombreuses espèces, qui évitent les climats chauds.)

DANEMARK

ERIK Ejegod [† Chypre 1103], roi de Danemark (1095-1103), fils naturel de Sven Estridsson, successeur de son frère Olaf Hunger. – **Erik II** *Emune* († Ribe 1137), roi de Danemark (1134-1137), fils d'Erik Ejegod. Successeur de son demi-frère Knud Lavard, il vainquit l'usurpateur Magnus à Foteviken (1134). – **Erik III** *Lam* († Odense 1146), roi de Danemark (1137-1146). Petit-fils d'Erik Ejegod, il s'opposa aux prétentions de son cousin Olaf Haraldsson, mais lutta en vain contre les Wendes. – **Erik IV** *Plovpenning* (1216-1250), roi de Danemark (1241-1250). Fils et successeur de Valdemar II, il dut lutter contre son frère Abel, qui le fit assassiner. – **Erik V** *Klipping* (v. 1249 - Finderup 1286), roi de Danemark (1259-1286). Fils et successeur de Christophe Ier, il fut contraint par la noblesse à signer une charte (1282) qui demeura longtemps la base de la Constitution du Danemark. – **Erik VI** *Menved* (1274-1319), roi de Danemark (1286-1319), fils et successeur d'Erik Klipping. Sous son règne, le conflit entre l'Église et la monarchie s'aggrava. Voulant reprendre une politique d'expansion au sud de la Baltique, il affaiblit gravement les finances du royaume et provoqua des révoltes paysannes, appuyées par la noblesse. – **Erik VII** *de Poméranie* (1382 - Rügenwalde, auj. Darłowo, Pologne, 1459), roi de Norvège (1389-1442), de Danemark et de Suède (Erik XIII) [1396-1439]. Fils d'un duc de Poméranie et petit-neveu de Marguerite de Danemark, il reçut la couronne de la diète de Kalmar (1397), qui décida l'union des trois pays. Mais son autoritarisme provoqua le soulèvement des Suédois (1434) et sa destitution par les conseils danois et suédois (1439), puis par la Norvège (1442). Attaqué par Karl Knutsson, il se retira en Poméranie (1449).

NORVÈGE

ERIK Ier Blodöks [895-954], roi de Norvège (933-935), fils de Harald Ier Hårfager. – **Erik II** *Magnusson Prestahatare* (1268-1299), roi de Norvège (1280-1299). Fils de Magnus VI Lagaböte, il lutta vainement contre la Ligue hanséatique, qui s'imposa dans le pays.

SUÈDE

ERIK Jedvardsson, dit **le Saint** († Uppsala 1160), roi de Suède (1156-1160), fondateur de la dynastie des Erik et défenseur de l'Église. Il mourut assassiné par un prince danois, Magnus Henriksson. Le jour de sa mort (18 mai) est fête nationale en Suède. – **Erik X** *Knutsson* († Visingsö 1216), roi de Suède (1208-1216). Fils de Knut Eriksson, il lutta victorieusement contre Sverker le Jeune. Il se rapprocha du Danemark en épousant la sœur de Valdemar II. – **Erik XI** *Eriksson* (v. 1216-1250), roi de Suède (1222-1229 et 1234-1250). Fils posthume d'Erik Knutsson, il dut lutter contre la famille des Folkung, dont un des membres le détrôna en 1229. – **Erik XII** *Magnusson* (1339-1359), roi de Suède (1356-1359). Fils de Magnus Eriksson. Soutenu par les ennemis de son père, il s'empara de la couronne de Suède (1356) et s'opposa à son frère Haakon VI, roi de Norvège. – **Erik XIII** → ERIK VII de POMÉRANIE. – **Erik XIV** (Stockholm 1533 - Orbyhus 1577), roi de Suède (1560-1568), fils de Gustave Vasa. Humaniste, il ouvrit la Suède aux influences européennes. Il renforça le pouvoir royal, mais, tentant de contrôler les détroits danois, il dut lutter contre le Danemark, la Pologne et Lübeck (guerre de Sept Ans, 1563-1570). Devenu à moitié fou, il fut emprisonné par son frère Jean, qui le fit égorger.

ERIK le Rouge (Jaeren v. 940-1010), explorateur norvégien. Parti d'Islande, il découvrit v. 985 la côte ouest du Groenland et, de retour en 988, y installa des colons à Brattahil.

ERIKSON (Erik), psychanalyste américain d'origine allemande (Francfort-sur-le-Main 1902 - Harwich, Massachusetts, 1994). Ses travaux concernent surtout l'adolescence. Il est considéré comme l'un des principaux représentants de la tendance culturaliste en psychanalyse.

ERIN, désignation poétique de l'Irlande.

ÉRINNOPHILE ou **ÉRINNOPHILISTE** n. Collectionneur qui s'adonne à l'érinnophilie.

ÉRINNOPHILIE n. f. (all. *erinnern,* faire souvenir de). Action de collectionner des vignettes non postales à caractère publicitaire.

ÉRINOSE n. f. Maladie de la vigne et du poirier provoquée par des acariens *(Eryophyes vitis, E. piri),* dont les piqûres sur les jeunes feuilles déterminent l'apparition de petites gales.

ÉRINYES ou **ÉRINNYES** n. f. pl. (gr. *Erinues*), déesses grecques de la Vengeance et du Châtiment (Alecto, Tisiphoné et Mégère), les *Furies* de la mythologie romaine. On les appelait, par antiphrase, les « Euménides » (les Bienveillantes) pour conjurer leurs maléfices. Elles sont représentées comme des monstres avec des serpents enroulés autour des mains et des cheveux.

ÉRIOCRANIIDÉ n. m. Nom de famille de papillons remarquables par leur chenille sans pattes et leur chrysalide pourvue de pattes et de mandibules libres.

ÉRIOGASTER [-tɛr] n. m. Papillon (lasiocampidé) qui reste plusieurs années à l'état de chrysalide. (N. usuel *bombyx laineux.*)

ÉRIOPHYES [-fjɛs] n. m. (du gr. *phuein,* produire). Acarien suceur de sève. (*Eryophyes vitis* est l'agent de l'érinose de la vigne.)

ÉRISTALE n. m. (lat. sc. *eristalis*). Mouche (syrphidé) ressemblant à une abeille et dont les larves, ou *vers à queue de rat,* se développent dans les eaux croupies.

ÉRISTIQUE adj. (gr. *eristikos*). Relatif à la controverse philosophique.
◆ n. f. Art de la controverse.

ERIVAN → EREVAN.

ERIZZO (Sebastiano), écrivain italien (Venise 1525 - *id.* 1585). Sénateur et membre du Conseil des Dix à Venise, il contribua au mouvement de formation de la langue italienne par ses nouvelles moralistes *(Le sei giornate)* et son édition des *Tre Sorelle* de Pétrarque.

ERKEL (Ferenc), compositeur hongrois (Gyula 1810 - Budapest 1893). Directeur de la musique à l'Opéra de Budapest, il composa des opéras et l'hymne national hongrois.

ERLACH (VON), famille suisse. — JOHANN LUDWIG (Berne 1595 - Brisach 1650) passa au service de la France pendant la guerre de Trente Ans et devint maréchal de France en 1650. Lors de la Fronde, ses troupes ravagèrent la Thiérache. — KARL LUDWIG (Berne 1746 - Oberwichtrach, près de Thoune, 1798) fut général en chef de l'armée bernoise lors de l'invasion de la Suisse par les troupes révolutionnaires françaises (1798).

ERLANDER (Tage Fritiof), homme politique suédois (Ransäter 1901 - Stockholm 1985). Député social-démocrate, Premier ministre et président du parti social-démocrate de 1946 à 1969, il démissionna de ces deux fonctions en faveur d'Olof Palme.

ERLANGEN, v. d'Allemagne (Bavière), sur la Regnitz, au N. de Nuremberg ; 101 000 hab. Hôtel de ville et château du XVIIIe s. Université. Centre industriel.

ERLANGER (Théodore D'), musicologue russe (Moscou 1890 - Paris 1971). À Paris, en 1920, il créa, avec sa femme Thamara († 1953) et le danseur Alexandre Volynine, l'Académie d'art chorégraphique (1926), qui atteignit une renommée internationale. Après la mort de sa femme et celle de Volynine (1955), Th. d'Erlanger ouvrit une École supérieure d'études chorégraphiques.

ER LANNIC, îlot du golfe du Morbihan. Double cromlech à l'anneau extérieur submergé par un léger relèvement de la mer à l'époque historique.

ERLENMEYER n. m. (de *Erlenmeyer,* n. pr.). Fiole tronconique à ouverture étroite, utilisée en chimie.

ERLITOU ou **EUL-LI-T'EOU,** site archéologique chinois, dans la plaine de Luoyang. On pense qu'il s'agit de la première capitale de la dynastie Shang.

ERMÉNÉGILDE *(saint)* → HERMÉNÉGILD.

ERMENGARDE (v. 856 - Plaisance v. 897). Épouse (v. 876) de Boson, elle fit proclamer roi de Provence son fils Louis III l'Aveugle (890) et gouverna en son nom.

ERMENGAUT (Matfré ou Maître), poète provençal de Béziers († en 1322), auteur du *Bréviaire d'amour.*

ERMENONVILLE (60950), comm. de l'Oise, au S.-E. de Senlis ; 787 hab. *(Ermenonvillois).* Château et parc paysager du XVIIIe s. (cénotaphe de J.-J. Rousseau sur l'île des Peupliers). Aux environs, le *désert d'Ermenonville* juxtapose terrains sableux *(mer de sable)* et collines couvertes de bruyères et de pins ; parc zoologique.

Ermenonville *(forêt d'),* forêt domaniale, 3 300 ha (chêne, pin sylvestre et résineux).

ERMENT ou **ARMANT,** v. d'Égypte, en Haute-Égypte (prov. de Kénèh), sur la rive gauche du Nil ; 16 300 hab. Cap. du 4e nome de Haute-Égypte, la cité était la demeure du dieu guerrier Montou à tête de faucon. On y vénérait le taureau sacré Boukhis, dieu de la Fécondité.

Nécropole des taureaux Boukhis et vestiges du grand temple de Montou.

ERMITAGE n. m. 1. Habitation d'un ou de plusieurs ermites. — 2. *Litt.* Lieu solitaire et écarté ; maison de campagne retirée.

ERMITAGE (l') → HERMITAGE (l').

Ermitage (l'), chalet de la vallée de Montmorency, propriété de Mme d'Épinay, où J.-J. Rousseau résida en 1756-57.

Ermitage *(musée de l'),* à Saint-Pétersbourg, le plus grand musée russe et l'un des plus importants du monde. Il occupe un ensemble de palais (XVIIIe-XIXe s.) dont le plus vaste et le plus somptueux est le palais d'Hiver (architecte B. Rastrelli). Archéologie (trésors scythes), arts orientaux, arts décoratifs, riche galerie de peinture occidentale (avec pour noyau principal les collections de la tsarine Catherine II).

ERMITE n. m. (lat. ecclés. *eremita,* du gr. *erêmitês,* du désert). 1. Solitaire se livrant, dans un lieu désert, à la prière et à la mortification. (→ *encycl.*) — 2. Nom donné à des religieux qui vivent en communauté, mais isolés dans des cellules. — 3. *Litt.* Personne qui vit seule à l'écart du monde.

ENCYCL. Saint Paul de Thèbes est le plus ancien ermite connu (v. 250) ; un de ses admirateurs, saint Antoine, attira nombre de disciples au désert de Haute-Égypte, d'où l'érémitisme se répandit dans tout l'Orient. Il s'implanta en Occident grâce à saint Athanase et à saint Jérôme, qui vivaient dans une cellule murée. Les reclus se multiplièrent aux XIIe et XIIIe s. Mais dès le XIe s. des ordres religieux d'ermites furent créés pour pallier les dangers de l'isolement total. Le plus célèbre est celui des ermites de Saint-Augustin, appelés Grands Augustins, qui ont subsisté, ainsi que les ermites camaldules.

ERMOLD le Noir (v. 790 - apr. 838), clerc du palais de Pépin Ier, roi d'Aquitaine, auteur d'un poème latin (826-27) célébrant le règne de Louis Ier le Pieux.

ERMONT (95120), ch.-l. de cant. du Val-d'Oise, banlieue nord-ouest de Paris, au S. de la forêt de Montmorency ; 28 073 hab.

ERMOÚPOLIS ou **HERMOUPOLIS,** port de Grèce, ch.-l. des Cyclades, sur l'île de Sýros ; 15 000 hab.

ERNĀKULAM, port de l'Inde (Kerala), près de Cochin (dont il dépend). Pêche.

ERNE, riv. d'Irlande, entrecoupée de lacs, qui rejoint l'Atlantique dans la baie de Donegal ; 103 km.

ERNÉE (53500), ch.-l. de cant. du nord-ouest de la Mayenne, sur l'*Ernée ;* 6 190 hab. (*Ernéens*). Église du XVIIe s. Travail du cuir. Confection. Mobilier. Constructions mécaniques.

ERNEST, Électeur de Saxe (Meissen 1441 -Kolditz 1486), fils aîné et successeur de Frédéric II de Saxe. Il obtint au partage de Leipzig (1485) la dignité d'Électeur et fonda la branche Ernestine de la maison de Saxe.

ERNEST-AUGUSTE DE BRUNSWICK-LUNEBOURG, premier Électeur de Hanovre (Herzberg 1629 - Herrenhausen 1698). Il obtint de l'empereur Léopold Ier le titre électoral en Hanovre (1692) et le légua à son fils, qui devint roi d'Angleterre sous le nom de George Ier.

ERNEST-AUGUSTE Ier (Kew, auj. dans Londres, 1771 - Herrenhausen 1851), roi de Hanovre (1837-1851), 5e fils de George III, roi d'Angleterre. Il devint roi de Hanovre (1837) lors de l'avènement de la reine Victoria, lequel mit fin à l'union personnelle des trônes d'Angleterre et de Hanovre. Il abolit dans son État la Constitution de 1833 et n'accorda qu'en 1848 les réformes demandées par les libéraux.

ERNESTINE *(ligne),* branche de la maison de Saxe fondée par l'Électeur Ernest (1441-1486) lors du partage survenu à Leipzig en 1485 entre celui-ci et son frère cadet Albert, fondateur de la ligne Albertine.

ERNI (Hans), peintre suisse (Lucerne 1909). Son œuvre (peintures, affiches, etc.) associe à la figuration un graphisme de tendance abstraite et décorative (*les Conquêtes de l'homme,* fresque du musée d'Ethnographie de Neuchâtel, 1954).

ERNST (Paul), écrivain et auteur dramatique allemand (Elbingerode, Harz, 1866 - Sankt-Georgen, Styrie, 1933). Il évolua du romantisme au néoclassicisme. On lui doit des romans (*l'Étroite Voie du bonheur,* 1904), des œuvres critiques et des drames (*Canossa,* 1908 ; *Brunhild,* 1909).

ERNST (Max), peintre allemand, naturalisé américain, puis français (Brühl 1891 -Paris 1976). Son œuvre s'affirme à la fois comme « rappel à l'enfantillage et désir de créer un univers pictural à la mesure de la situation tragique de l'homme d'aujourd'hui ». Il puise dans un répertoire de formes banales, préexistantes, les éléments d'une mythologie personnelle qui fait de lui, après l'expérience dada (Cologne, 1919), l'un des premiers peintres surréalistes (il rejoint le groupe à Paris en 1922) : peintures dans l'esprit de De Chirico (*l'Éléphant Célèbes,* 1921 ; Tate Gallery, Londres), collages et romans-collages (*la Femme 100 têtes,* 1929 ; *Une semaine de bonté,* 1934), frottages (sortes d'« équivalents de l'écriture automatique » : *Histoire naturelle,* 1926), sculptures et assemblages (à partir de 1934). Après la période oppressante de la guerre (décalcomanies et peintures telles que *l'Europe après la pluie,* exécutée en 1940-1942 aux États-Unis, où il trouve refuge), son œuvre, plus construite, plus aérée, retrouve l'humour et prend une dimension cosmique avec les thèmes permanents de la forêt, de la lune et de l'oiseau.

ÉRODABLE adj. Se dit d'un sol sensible aux agents de l'érosion.

ERODE, v. de l'Inde (Tamil Nadu), au N.-E. de Coimbatore, sur la Kāviri ; 275 000 hab.

ÉRODER v. t. (lat. *erodere*) [conj. 3]. **1.** Ronger un métal, un matériau de manière lente : *La rouille érode le fer.* — **2.** Soumettre un sol, un relief aux agents de l'érosion. — **3.** Détériorer lentement la valeur de qqch : *La crise économique érode le pouvoir d'achat. Une monnaie érodée.*

ÉRODIUM [-djɔm] n. m. Herbe (ou sous-arbrisseau) voisine du géranium, caractérisée par l'odeur de ses feuilles et l'enroulement hygroscopique de son long fruit.

ÉROGÈNE ou **ÉROTOGÈNE** adj. (gr. *erôs, -ôtos,* amour). Se dit de toute partie du corps susceptible de manifester une excitation de type sexuel.

ÉRÔME (26600 Tain l Hermitage), comm. de la Drôme, sur le Rhône ; 626 hab. Porcelaine.

ÉROPHILA n. m. Petite crucifère à fleurs blanches, à pétales divisés. (N. usuel *drave.*)

ÉROS [erɔs] n. m. (all. *Eros,* de *Éros,* n. myth.). Ensemble des pulsions de vie dans la théorie freudienne.

ÉROS, divinité de l'Amour, chez les Grecs. Dieu créateur né du chaos primitif, Éros devint, à partir du VIe s. av. J.-C., le dieu de la Passion amoureuse : il prit l'aspect d'un enfant qui enflamme les cœurs de sa torche ou les blesse de ses flèches.

ÉROS, astéroïde du type Amor*, découvert en 1898. Il décrit son orbite en 643 jours (1,76 an). Sa distance au Soleil varie entre 169,5 et 267 millions de kilomètres. C'est un corps allongé d'environ 36 km sur 12 km tournant sur lui-même en 5 h 16 min. Ses passages au voisinage de la Terre sont mis à profit pour déterminer avec précision la distance de la Terre au Soleil.

EROS-CENTER [erɔssɛntœr] n. m. (pl. *eros-centers*) [gr. *erôs,* amour, et angl. *center,* centre]. Établissement proposant un certain nombre de spectacles d'ordre érotique et où des prostituées peuvent exercer leur métier.

ÉROSIF, IVE adj. (lat. *erosum,* rongé, avec l'infl. de *corrosif*). **1.** Qui produit l'érosion. — **2.** Qui est sensible à l'érosion.

ÉROSION n. f. (bas lat. *erosio, -onis*). **1.** Action d'un agent qui ronge ; fait d'être rongé. — **2.** Lente détérioration d'un état, d'une situation, d'un groupe, etc. : *L'érosion du pouvoir.* — **3.** Ensemble des processus responsables de l'évolution des reliefs engendrés par les déformations de l'écorce terrestre (par ablation, transport et aussi accumulation). — **4.** *Érosion monétaire,* détérioration lente et continue du pouvoir d'achat d'une monnaie. • **Arm.** Dégradation de l'âme d'une bouche à feu sous l'action (par turbulence et effet thermique) des gaz à haute température. — **Géogr.** *Érosion du sol,* entraînement de particules de terre par l'eau ou par le vent. ‖ *Surface d'érosion,* syn. de SURFACE D'APLANISSEMENT*. ‖ *Système d'érosion,* combinaison relativement stable, dans une zone climatique donnée, de divers types d'érosion. ‖ *Érosion régressive,* reprise du creusement d'un cours d'eau, se propageant vers l'amont, à la suite d'un abaissement du niveau de base. — **Mécan.** Usure des électrodes d'une bougie d'allumage, rongées par l'attaque de l'étincelle d'allumage et par celle de certains produits de la combustion des gaz. — **Pathol.** Ulcération pathologique (érosion chancreuse, érosion du col de l'utérus, érosion buccale) ou déchirure superficielle de l'épiderme ou des muqueuses sous l'influence de traumatismes légers tels que les frottements. — **Peint.** Usure d'un film de peinture entraînant l'apparition du subjectile.

ÉROSTRATE, Éphésien obscur qui, pour immortaliser son nom, incendia l'Artémision d'Éphèse, en 356 av. J.-C., la nuit même où serait né Alexandre le Grand.

ÉROTIQUE adj. (lat. *eroticus,* du gr. *erôtikos,* de *erôs,* amour). **1.** Relatif à l'amour ; qui traite de l'amour : *Poésies érotiques.* — **2.** Qui évoque l'amour sensuel, les plaisirs sexuels et incite au désir sexuel ; voluptueux, licencieux : *Rêve érotique.* — **3.** Qui traite de sujets sexuels, qui fait appel à l'érotisme : *Film érotique.*
◆ adj. et n. **1.** Se dit d'un auteur d'ouvrages érotiques : *Les érotiques grecs.* — **2.** *Litt.* Qui a un tempérament sensuel.

ÉROTIQUEMENT adv. De façon érotique.

ÉROTISANT, E adj. Qui érotise : *Publicité érotisante.*

ÉROTISATION n. f. Action d'érotiser ; fait de s'érotiser, d'être érotisé.

ÉROTISER v. t. (conj. 3). Donner un caractère érotique à qqch, le transformer en un motif de plaisir sensuel : *Érotiser la publicité.*

ÉROTISME n. m. (de *érotique*). **1.** Description et exaltation par la littérature, l'art, le cinéma, etc., de l'amour sensuel, de la sexualité. — **2.** Caractère érotique de qqch, de qqn ; évocation de l'amour sensuel : *L'érotisme de certains poèmes de Baudelaire.*

Érotisme *(l'),* essai de Georges Bataille (1957), analyse des multiples manifestations de l'érotisme à travers ses interdits et ses transgressions.

ÉROTOGÈNE → ÉROGÈNE.

ÉROTOLOGIE n. f. Étude scientifique de la sexualité et des ouvrages érotiques.

ÉROTOLOGIQUE adj. Relatif à l'érotologie.

ÉROTOLOGUE n. Spécialiste d'érotologie.

ÉROTOMANE adj. et n. Atteint d'érotomanie.

ÉROTOMANIAQUE adj. Qui se rapporte à l'érotomanie.

ÉROTOMANIE n. f. (gr. *erôtomania*). Idée délirante d'être aimé par une personne, le plus souvent inaccessible.

ENCYCL. L'érotomane élit comme objet d'amour une personnalité en vue (vedette, homme politique, médecin). Cette forme de délire passionnel évolue, après une période d'espoir, vers une période de déception puis de haine où l'érotomane (8 fois sur 10 une femme) devient dangereux pour l'objet et son entourage.

ERPÉTOLOGIE ou **HERPÉTOLOGIE** n. f. (de *herpetos,* reptile). Étude scientifique des reptiles.

ERPÉTOLOGIQUE ou **HERPÉTOLOGIQUE** adj. Relatif à l'erpétologie.

ERPÉTOLOGISTE ou **HERPÉTOLOGISTE** n. Zoologiste spécialisé en erpétologie.

ERQUELINNES, comm. de Belgique (Hainaut), sur la Sambre, à la frontière française ; 10 000 hab. À Solre-sur-Sambre, château fort des XIIIe-XIVe s.

ERQUY (22430), comm. des Côtes-d'Armor, sur la baie de Saint-Brieuc ; 3 587 hab. (*Réginéens*). Station balnéaire. Port de pêche.

ERRANCE n. f. *Litt.* Action d'errer, de marcher longtemps sans but précis.

ERRANT, E adj. (anc. fr. *errer,* du bas lat. *iterare,* voyager). **1.** Qui va à l'aventure, qui erre, n'a pas de demeure fixe : *Chien errant. Tribus errantes.* — **2.** Se dit d'une vie au cours de laquelle on va à l'aventure sans se fixer nulle part. — **3.** *Chevalier errant,* chevalier qui allait de pays en pays pour redresser les torts.

◆ **errante** n. f. Nom de sous-classe donné aux annélides polychètes prédatrices, à tête bien marquée, nageuses ou rampantes.

ERRARD (Jean), ingénieur militaire français (Bar-le-Duc 1554 - Sedan 1610). Il fut chargé par Sully de créer le corps des ingénieurs ordinaires du roi. Surnommé « le Père de la fortification », il a donné un premier écrit sur cette matière : *la Fortification réduite en art et démonstrée* (1600).

ERRARD (Charles) **le Jeune,** peintre et architecte français (Nantes v. 1606 - Rome 1689). Un des fondateurs (1648) puis recteur (1655) et directeur (1657) de l'Académie royale de peinture à Paris, premier directeur (1666-1683) de l'Académie de France à Rome, il exécuta des peintures monumentales (Palais-Royal, Louvre, Tuileries, etc.) qui ont presque entièrement disparu. Comme architecte, il a donné les plans de l'église de l'Assomption à Paris.

errare humanum est, express. lat. signif. « il est de la nature de l'homme de se tromper » et qui s'emploie pour excuser une faute. On ajoute quelquefois *perseverare diabolicum* (mais persévérer dans l'erreur est le fait du diable).

ERRATA n. m. inv. (pl. du lat. *erratum,* erreur). Liste des erreurs survenues lors de la réalisation d'un ouvrage et indiquant des corrections à y apporter.

ERRATIQUE adj. (lat. *erraticus,* vagabond). **1.** Qui est instable, ne manifeste aucune tendance cohérente ; aléatoire : *Les mouvements erratiques du dollar.* — **2.** Se dit d'une fièvre intermittente, de douleurs qui varient dans leur localisation. — **3.** Se dit des espèces animales dans lesquelles les individus se déplacent sans parcours fixe ni constant. — **4.** *Bloc erratique,* rocher déposé à la surface du sol, le plus souvent par les glaciers, dans une région à laquelle il est totalement étranger.

ERRATUM [-tɔm] n. m. (mot lat.). Faute d'impression répertoriée dans l'errata.

ERRE n. f. (anc. fr. *errer,* du bas lat. *iterare,* voyager). **1.** Vitesse résiduelle d'un navire sur lequel n'agit plus le propulseur. — **2.** *Sur son erre,* se dit d'un véhicule qui, ne subissant plus de force de traction ou de propulsion, n'avance que grâce à la vitesse acquise.

◆ **erres** n. f. pl. *Aller de hautes erres,* en parlant d'un animal de chasse, être passé depuis longtemps. ‖ *Erres rompues,* traces effacées.

ERREMENTS n. m. pl. (anc. fr. *errer,* du bas lat. *iterare,* voyager). *Litt.* **1.** Manières d'agir habituelles : *Revenir à ses anciens errements.* — **2.** Agissements habituels et erronés de caractère blâmable ; erreurs : *Persister dans ses errements.*

ERRER v. i. (lat. *errare*) [conj. 4]. **1.** Aller çà et là, à l'aventure, sans but précis ; rôder : *Vagabond qui erre la nuit.* — **2.** Être égaré et aller sans direction précise en cherchant son chemin : *Il errait dans ce labyrinthe de ruelles.* — **3.** Aller sans direction précise, ou se manifester de façon fugitive, imprécise : *Laisser errer son imagination.*

– **4.** *Litt.* Tomber dans l'erreur, se tromper : *Errer dans ses calculs.*

ERREUR n. f. (lat. *error, -oris*). **1.** Acte de se tromper, d'adopter ou d'exposer une opinion non conforme à la vérité, de tenir pour vrai ce qui est faux : *Commettre une erreur.* – **2.** État d'un esprit qui se trompe, qui prend le faux pour le vrai : *Persister dans l'erreur.* – **3.** Chose fausse, erronée par rapport à la vérité, à une norme, à une règle : *Une erreur d'addition.* – **4.** Acte, comportement inconsidéré, maladroit, regrettable ; faute : *Des erreurs de jeunesse.* – **5.** Ce qui est jugé comme faux du point de vue du locuteur, opinion ou assertion fausse : *Cette théorie est une erreur.* – **6.** *Droit à l'erreur,* droit de commettre des erreurs, sous réserve de les rectifier. ‖ *Erreur de fait, erreur matérielle,* erreur qui ne procède pas d'un jugement faux. ‖ *Erreur des sens,* illusion. ‖ *Faire erreur,* se tromper. ‖ *Il y a erreur sur la personne,* vous vous trompez sur l'identité de qqn. ‖ *Il n'y a pas d'erreur, c'est bien cela.* ‖ *Par erreur,* en se trompant, par ignorance ou par étourderie. ‖ *Sauf erreur,* à moins que je ne me trompe. • **Algèbr.** Différence $\Delta a = a' - a$ entre une évaluation a' d'un nombre a et sa valeur exacte a. (On dit aussi erreur absolue.) ‖ *Pourcentage d'erreur,* valeur égale à 100 *ta* %, où *ta* est le taux d'erreur de *a*. ‖ *Taux d'erreur de* a, quotient *ta* égal à $\Delta a/a$ si a est non nul. (On dit aussi erreur relative.) – **Cybern.** Différence entre les valeurs des grandeurs d'entrée et de sortie d'un système asservi. (L'erreur est donc égale à l'écart en valeur absolue, et de signe contraire.) – **Dr.** Appréciation inexacte soit des qualités ou de l'existence d'un fait *(erreur de fait),* soit de l'interprétation ou de l'existence d'une règle de droit *(erreur de droit).* [C'est un vice du consentement d'un acte juridique. Il peut entraîner la nullité de l'acte.] ‖ *Erreur commune,* erreur partagée par les deux contractants et qui est créatrice de droit si les deux parties étaient de bonne foi. ‖ *Erreur judiciaire,* erreur de fait d'une juridiction portant sur la culpabilité d'une personne et entraînant sa condamnation. (La condamnation par erreur judiciaire peut faire l'objet d'un pourvoi en révision et entraîner le paiement de dommages et intérêts.) – **Math.** *Fonction d'erreur,* fonction définie comme intégrale de 0 à x de $\frac{2}{\sqrt{\pi}} e^{-t^2} dt$. [Elle est notée erf (x). On a erf $(+\infty) = +1$.] – **Métrol.** *Erreur absolue,* différence entre le résultat de la mesure d'une grandeur et la valeur exacte de cette grandeur, par oppos. à l'*erreur relative,* rapport de l'erreur absolue à la valeur de la grandeur elle-même. (→ *encycl.*) – **Philos.** Selon Descartes, usage de la liberté humaine (ou libre arbitre) en dehors des limites de la raison, usage qui n'est possible que parce que l'homme est un être imparfait. – **Stat.** *Erreur de première espèce,* en théorie de l'estimation, erreur commise lorsqu'on rejette l'hypothèse nulle alors que celle-ci est vraie, par oppos. à l'*erreur de seconde espèce,* commise lorsqu'on ne rejette pas l'hypothèse nulle alors que celle-ci est fausse.

ENCYCL. **Métrol.** Dans la détermination précise d'une grandeur, on cherche à effectuer le plus grand nombre possible d'observations. Entre tous les résultats obtenus, on choisit une valeur que l'on considère comme la meilleure que l'on puisse en déduire. On appelle alors écart résiduel ou résidu du résultat de l'une des observations son écart par rapport à la valeur adoptée. La meilleure valeur à choisir est celle qui annule la somme des écarts résiduels pris avec leur signe : c'est la valeur moyenne, qui rend en même temps minimale la somme des carrés des écarts résiduels. Les erreurs systématiques, inévitables, se reproduisent semblables à elles-mêmes dans le même sens. Les erreurs aléatoires, que la répétition des observations permet d'éliminer, agissent au hasard. La dispersion des résultats d'une mesure, caractérisée par l'écart type, permet d'apprécier la précision de la mesure ; c'est la racine carrée de la somme des carrés des écarts résiduels, divisée par $(n - 1)$ si n est le nombre des mesures. La méthode dite « des moindres carrés », consistant à minimiser la somme des carrés des écarts de toutes les valeurs mesurées avec les valeurs calculées, est utilisée lorsque la mesure d'une grandeur est indissociable de celle d'une autre grandeur influençant cette mesure.

ERREUR-TYPE n. f. (pl. *erreurs-types*). Écart-type d'une statistique calculée à partir d'un échantillon lorsque cette statistique sert à estimer un paramètre de la population parente.

ERRÓ (Gudmundur Gudmundsson FERRÓ, dit), peintre islandais (Ólafsvík 1932). Installé en France à partir de 1958, il a donné à la *figuration narrative* une de ses approches les plus sarcastiques. La société contemporaine, l'actualité, l'art sont malmenés dans son œuvre par le jeu des accumulations, des plagiats, des détournements et des collages picturaux (comics, illustrations de journaux, photographies, emprunts aux œuvres de maîtres, etc.).

ERROMANGO ou **ERROMANGA,** île de la partie sud de l'archipel de Vanuatu.

ERRONÉ, E adj. (lat. *erroneus,* vagabond, de *errare,* errer). Qui comporte une erreur, qui est entaché d'erreur ; inexact, faux : *Calcul erroné. Doctrine erronée.*

ERS [ɛr] n. m. (anc. provenç. *ers,* du bas lat. *ervus, -oris*). Variété de lentille.

ERSATZ [ɛrzats] n. m. (all. *Ersatz*). **1.** Produit de consommation destiné à remplacer un produit naturel devenu rare ; succédané : *Un ersatz de café.* — **2.** Imitation médiocre : *Cet ouvrage est un ersatz de science.*

1. ERSE adj. (gaél. *erse*). Relatif aux habitants de la haute Écosse.
◆ n. m. Syn. de ÉCOSSAIS.

2. ERSE n. f. (var. de *herse*). Anneau de cordage, en marine.

ERSEAU n. m. Petite erse de marine.

ERSHAD (Hussain Mohammed), général et homme d'État du Bangladesh (Rangpur 1930). Chef d'état-major de l'armée (1978), administrateur de la loi martiale après le coup d'État de mars 1982 et jusqu'en 1986, il est président de 1983 à 1990.

ERSKINE, puissante famille de l'aristocratie écossaise dont les membres ont porté les titres de comtes de Buchan et de Mar. JOHN **Erskine,** 1er comte **de Mar** régent d'Écosse († Stirling 1572). Il participa à la révolte de 1567 contre Bothwell et la reine Marie. — JOHN **Erskine,** 6e comte **de Mar** (Alloa 1675 - Aix-la-Chapelle 1732). En 1715, il prit la tête de la révolte jacobite en Écosse ; vaincu, il dut s'exiler.

ERSTEIN (67150), ch.-l. de cant. du Bas-Rhin, sur l'Ill ; 8 694 hab. Ville pittoresque. Machines agricoles. Sucrerie. Textile. Travaux publics.

ERTÉ (Romain DE TIRTOFF, dit), dessinateur de mode et décorateur de théâtre russe naturalisé français (Saint-Pétersbourg 1892 - Paris 1990). Venu à Paris en 1911, il devint modéliste chez Paul Poiret et décorateur des Folies-Bergère. En Amérique, il a donné des costumes pour les vedettes d'Hollywood. Ses dessins s'apparentent au style Art déco.

ERTEBÖLLIEN n. m. (de *Ertebølle*). Phase culturelle postglaciaire couvrant l'épipaléolithique et le néolithique (Ve-IIe millénaire) et contemporaine du maglemosien d'Europe septentrionale et du tardenoisien. (Elle est caractérisée par des microlithes et par les kjökkenmöddings.)

ÉRUBESCENCE n. f. (lat. ecclés. *erubescentia,* pudeur). *Litt.* Action de rougir ; état de qqn, de qqch qui commence à devenir rouge, rougeur.

ÉRUBESCENT, E adj. (lat. *erubescens, -entis*). *Litt.* Qui rougit, devient rouge.

ÉRUBESCITE n. f. (lat. *erubescere,* rougir). Syn. de BORNITE.

ÉRUCIFORME adj. (lat. *eruca,* chenille). *Larve éruciforme,* chenille, ou larve ressemblant à une chenille, comme celle des tenthrèdes.

ÉRUCIQUE adj. (lat. *eruca,* n. d'une plante). *Acide érucique,* acide de formule $C_{21}H_{41}{-}CO_2H$, présent sous forme de glycérides dans les huiles de moutarde, de navette, de pépin de raisin et des anciennes variétés de colza.

ÉRUCTATION n. f. (lat. *eructatio, -onis*). Renvoi de gaz par la bouche ; rot.

ÉRUCTER v. i. (lat. *eructare*) [conj. 3]. Rejeter par la bouche les gaz contenus dans l'estomac ; roter.
◆ v. t. *Litt.* Proférer : *Éructer des injures.*

ÉRUDIT, E adj. et n. (lat. *eruditus,* de *erudire,* instruire). Qui a des connaissances approfondies dans une matière, en partic. des connaissances historiques.
◆ adj. Qui témoigne d'une grande érudition ; savant : *Une thèse érudite.*

ÉRUDITION n. f. (lat. *eruditio, -onis*). Savoir approfondi dans un ordre de connaissances, et en partic. dans toutes celles qui sont fondées sur l'étude des textes, des documents : *Un ouvrage d'érudition.*

ÉRUPTIF, IVE adj. (lat. *eruptus,* de *erumpere,* faire éruption). **1.** Qui est en rapport avec une éruption volcanique. — **2.** S'est dit initialement des roches formées à la suite d'une éruption, avant d'être étendu à l'ensemble des roches magmatiques. — **3.** *Fièvre éruptive,* fièvre caractérisée par une éruption (exanthème et énanthème) comme la rougeole, la scarlatine, la varicelle et la rubéole.

ÉRUPTION n. f. (lat. *eruptio, -onis*). **1.** Émission de matériaux volcaniques, à la surface de la Terre (projections, laves, gaz). [→ *encycl.* Géol.] — **2.** Production soudaine et violente d'un sentiment ; accès, explosion : *Une éruption de colère.* — **3.** Apparition rapide d'un exanthème, qui se manifeste sur la peau par des boutons, des placards ou des taches, telles les éruptions de la rougeole, de la scarlatine ou de l'urticaire. — **4.** Jaillissement spontané et souvent imprévu de pétrole ou de gaz naturel hors d'un puits en forage. — **5.** *Éruption dentaire,* syn. de DENTITION. ‖ *Éruption solaire,* brusque décharge d'énergie, associée le plus souvent aux régions actives du Soleil, qui provoque localement dans la chromosphère et la couronne des perturbations importantes. (→ *encycl.* Astron.)

ENCYCL. **Astron.** L'énorme quantité d'énergie (de l'ordre de 10^{27} joules) libérée au cours des *éruptions solaires* les plus importantes est la source d'une éjection de particules rapides (photons, électrons) qui peuvent atteindre la Terre. Au niveau de l'atmosphère terrestre, ces éruptions engendrent :
1° une perturbation quasi instantanée des communications radiotélégraphiques, surtout aux courtes longueurs d'onde ; 2° un orage magnétique et des aurores polaires, se manifestant avec un début brusque, mais avec un décalage de l'ordre de 26 heures, correspondant au temps

mis par les particules éjectées du Soleil pour atteindre la Terre.
– **Géol.** La distribution des *éruptions volcaniques* est guidée par la tectonique globale. Les éruptions les plus abondantes sont sous-marines et ont lieu aux dorsales. Les grandes quantités de lave basaltique à débit en pillow-lavas qui s'y forment contribuent à former la croûte océanique. Les éruptions aériennes ont lieu dans les zones d'extension (rifts) ou dans les zones de raccourcissement liées à la subduction d'une plaque sous une autre (Andes, arcs insulaires du Pacifique). Les types d'édifices qu'elles produisent sont liés aux caractères physiques du magma : les éruptions effusives sont caractérisées par une émission énorme de magma très fluide qui forme de grands plateaux basaltiques (trapps) ; les éruptions extrusives produisent des laves très visqueuses ; elles forment des dômes ou des aiguilles qui obstruent le conduit volcanique et peuvent conduire à une explosion accompagnée de nuées ardentes (type péléen, de la montagne Pelée) ; les éruptions explosives (type vulcanien, du Vulcano) émettent des laves acides et beaucoup de cendres ; les éruptions mixtes (type strombolien, du Stromboli) émettent des produits variés (coulées, projections).

ERVY-LE-CHÂTEL (10130), ch.-l. de cant. du sud de l'Aube, dans la Champagne crayeuse ; 1 237 hab. Église des XVe-XVIe s. (vitraux). Industrie photographique.

Erwartung *(Attente),* opéra en un acte d'A. Schönberg, livret de Pappenheim (1909, créé à Prague en 1924), chef-d'œuvre de l'expressionnisme.

ERWIN, dit **de Steinbach,** architecte alsacien (?v. 1244 - Strasbourg 1318). Il doit aux écrivains romantiques et surtout à Goethe d'avoir passé pour le premier architecte de la cathédrale de Strasbourg. On lui attribue, en réalité, l'étage de la rose de la façade occidentale et le décor intérieur du massif occidental. – Son fils JOHANNES († 1339) fut maître d'œuvre de la cathédrale après lui.

ÉRYCINIDÉ n. m. Nom de famille de mollusques bivalves marins à petite coquille mince et transparente, communs dans presque toutes les mers.

ÉRYMANTHE, en gr. **Erumanthos,** montagne boisée d'Arcadie, habitée par un redoutable sanglier que tua Héraclès, réalisant ainsi le quatrième de ses douze travaux. C'est l'*Olénos,* ou *Érymanthe,* actuel (2 224 m).

ERYNGIUM [-ʒjɔm] n. m. (lat. *eryngium,* gr. *êruggion*). Nom générique du panicaut.

ÉRYONIDE n. m. Crustacé décapode marin à carapace large et fortement déprimée vivant en eau profonde.

ÉRYOPS [-ɔps] n. m. (gr. *eruein,* protéger). Amphibien fossile du permien, mesurant plus de 2 m et ressemblant à un crocodile.

ÉRYSIPÉLATEUX, EUSE adj. et n. Relatif à l'érysipèle ; atteint d'érysipèle.

ÉRYSIPÈLE ou, vx, **ÉRÉSIPÈLE** n. m. (lat. *erysipelas, -atis,* du gr. *erusipelas, -atos*). Maladie infectieuse caractérisée par une dermoépidermite aiguë streptococcique.

ENCYCL. L'érysipèle est lié à une infection par un streptocoque du groupe A. L'érysipèle de la face est le plus fréquent. Le début est brutal avec fièvre à 40 °C et frissons. Un placard apparaît, de teinte rouge vineux, s'étendant progressivement et le plus souvent symétriquement. Il est limité à la périphérie par un bourrelet caractéristique. L'érysipèle récidivant se voit surtout au niveau des membres inférieurs.

ÉRYSIPHACÉE n. f. Nom de famille de champignons ascomycètes parasites, agents des blancs, ou oïdiums, des graminées, légumineuses, vignes, etc.

ÉRYTHÉMATEUX, EUSE adj. Relatif à l'érythème.

ÉRYTHÈME n. m. (gr. *eruthêma, -atos,* rougeur de la peau). **1.** Rougeur congestive de la peau ou des muqueuses due à une dilatation des capillaires. – **2.** Nom générique de dermatoses dont l'érythème est la caractéristique unique ou associée à d'autres lésions.

ENCYCL. L'érythème est un phénomène banal observé dans les fièvres éruptives et dans la plupart des dermatoses. Certaines de celles-ci portent le nom d'« érythème » lorsqu'il en est le signe principal, tels l'*érythème induré de Bazin,* formé de plaques indurées rouges sur les jambes des jeunes filles, et l'*érythème noueux* des adolescents, constitué par des nodules dermohypodermiques. Ces deux affections sont généralement d'origine tuberculeuse, mais peuvent aussi être dues au streptocoque. L'*érythème polymorphe* est une dermatose fréquente caractérisée par des éléments variés (érythème, bulles et nouures), pouvant présenter des formes saisonnières bénignes et des formes graves telles que l'ectodermose pluriorificielle.

ÉRYTHRASMA n. m. Dermatose caractérisée par des placards rouges finement squameux, plus fréquente dans le sexe masculin, siégeant aux plis inguinaux, aux bourses, plus rarement aux aisselles, et due à un bacille Gram positif, le *Corynebacterium minutissimum.*

ERYTHREA n. f. Nom générique de la petite centaurée, herbe (gentianacée) à feuilles radicales en rosette, à fleurs le plus souvent roses ou blanches réunies en cymes.

ÉRYTHRÉE *(mer),* nom donné par les Anciens à la mer Rouge et à l'océan Indien, ainsi qu'au golfe Persique.

ÉRYTHRÉE, État d'Afrique orientale, sur la mer Rouge ; 118 000 km² ; 3 600 000 hab. *(Érythréens).* CAP. *Asmara.* LANGUES : *tigrigna* et *arabe.* MONNAIE : *birr.*

Géographie. C'est un pays aride (un peu plus arrosé sur les hauteurs de l'intérieur), où l'élevage demeure la principale ressource.

Histoire. Colonie italienne depuis 1890, l'Érythrée fut occupée par les Britanniques (1940-41), qui l'administrent jusqu'en 1952. Fédérée avec l'Éthiopie (1952), elle devient une province éthiopienne en 1962.
Au terme de plus de vingt ans de luttes contre le pouvoir central éthiopien, l'Érythrée obtient, après un référendum d'autodétermination, son indépendance en 1993.

ÉRYTHRÉEN, ENNE adj. et n. D'Érythrée.

ERYTHRÉES, en gr. **Eruthrai,** anc. cité grecque d'Ionie, en face de l'île de Chio. Fondée au XIe s. av. J.-C., Erythrées dut lutter contre Chio, sa voisine, qui prétendait au monopole commercial. Elle a conservé d'importants remparts.

ÉRYTHRÉMIE n. f. **1.** Syn. de POLYGLOBULIE. — **2.** *Érythrémie aiguë,* syn. de SYNDROME DE DI GUGLIELMO.

ÉRYTHRINE n. f. **1.** Composant naturel de certains lichens, de formule $C_{20}H_{21}O_{10}$, qui est un ester de l'érythritol. — **2.** Arbre ou arbuste (papilionacée) des régions chaudes, à grandes fleurs rouge corail réunies en grappes denses.

ÉRYTHRINUS [-nys] n. m. Poisson (characidé) d'Amérique, capable de respirer l'air de l'atmosphère à l'aide de sa vessie natatoire.

ÉRYTHRITOL n. m. ou **ÉRYTHRITE** n. f. Polyol que l'on rencontre dans les lichens et dans les algues.

ÉRYTHROBLASTE n. m. Cellule immature de la moelle osseuse, précurseur des hématies. (Il ne se voit dans le sang [érythrobalstémie] que dans certaines conditions pathologiques. Les érythroblastes représentent normalement de 8 à 30 % du myélogramme.) [Syn. NORMOBLASTE.]

ÉRYTHROBLASTIQUE adj. **1.** Relatif à l'érythroblaste. — **2.** Se dit d'un état, généralement une anémie régénérative, où le pourcentage d'érythroblastes est supérieur à la normale.

ÉRYTHROBLASTOPÉNIE n. f. Diminution ou absence d'érythroblastes médullaires conduisant à une anémie arégénérative.

ÉRYTHROBLASTOSE n. f. Augmentation de la concentration en érythroblastes de la moelle hématopoïétique et/ou présence d'érythroblastes dans le sang.

ÉRYTHROCÈBE n. m. Singe blanc et roux des savanes africaines, peu arboricole, se déplaçant au sol en position bipède. (Syn. PATAS.)

ÉRYTHROCYTAIRE adj. Relatif aux érythrocytes.

ÉRYTHROCYTE n. m. Syn. de HÉMATIE.

ÉRYTHROCYTOSE n. f. Augmentation de la concentration sanguine en hématies sans augmentation de leur masse totale.

ÉRYTHRODERMIE n. f. Dermatose généralisée à tout le corps, caractérisée par une rougeur inflammatoire intense et uniforme et accompagnée d'une desquamation considérable ou d'un suintement. (Elle peut avoir pour causes une intolérance médicamenteuse [sels d'or], une infection streptococcique. Elle est souvent le signe de début des hématodermies.)

ÉRYTHRODERMIQUE adj. Relatif à l'érythrodermie.

ÉRYTHROENZYMOPATHIE n. f. Maladie du globule rouge liée à un déficit enzymatique. (Les érythroenzymopathies peuvent être constitutionnelles, souvent héréditaires, se traduisant généralement par une anémie hémolytique ou acquises au cours des déficits vitaminiques ou de certaines hémopathies.)

ÉRYTHROLEUCÉMIE ou **ÉRYTHROLEUCOSE** n. f. Variété de leucémie constituant dans certaines de ses manifestations le syndrome de Di Guglielmo.

ÉRYTHROMÉLALGIE n. f. Affection se traduisant par des poussées douloureuses avec gonflement et rougeur des extrémités, en particulier aux pieds. (Syn. MALADIE DE WEIR MITCHELL.)

ÉRYTHROMÉLANINE n. f. Pigment mélanique (complexe de fer et de mélanine) des individus roux.

ÉRYTHROMYCINE n. f. Antibiotique de la famille des macrolides, élaboré par une souche de *Streptomyces erythreus,* actif surtout sur les bactéries Gram positif.

ERYTHROPHLEUM [-fleɔm] n. m. (du gr. *phloios,* écorce). Arbre des régions chaudes de l'Afrique et de l'Australie, dont l'écorce fournit un succédané de la digitaline.

ÉRYTHROPHOBE, ÉRYTHROPHOBIE → ÉREUTOPHOBE, ÉREUTOPHOBIE.

ÉRYTHROPOÏÈSE n. f. Formation des globules rouges à partir des cellules souches.
ENCYCL. Chez l'adulte, l'érythropoïèse se fait normalement dans la moelle osseuse hématopoïétique. En pathologie, elle peut se faire de manière ectopique dans la rate et le foie.

L'érythropoïèse médullaire normale débute par l'action de l'érythropoïétine, qui différencie des cellules souches sensibles en érythroblastes. La lignée cellulaire érythroblastique comprend successivement le *proérythroblaste,* deux générations d'*érythroblastes basophiles,* l'*érythroblaste polychromatophile,* l'*érythroblaste acidophile,* le *réticulocyte* et l'*érythrocyte.* Ces deux dernières cellules sont les seules qui soient observées dans le sang normal.

ÉRYTHROPOÏÉTINE n. f. Glycoprotéine, produite principalement par le rein, ayant une action hormonale régulatrice sur l'érythropoïèse.

ÉRYTHROPOÏÉTIQUE adj. Qui a une action positive sur l'érythropoïèse.

ÉRYTHROPSIE n. f. Anomalie de la vision par laquelle tous les objets sont à peu près uniformément vus teintés en rouge.

ÉRYTHROSE n. f. Rougeur diffuse de la peau, et plus spécialement du visage. (L'*érythrose faciale* constitue, avec la couperose et les papulopustules, un des trois éléments de l'acné rosacée.)

ÉRYTHROSINE n. f. Dérivé tétra-iodé de la fluorescéine, colorant rouge employé pour teinter les préparations microscopiques et certains aliments (E 127).

ÉRYTHROXYLON n. m. Nom générique du coca.

ÉRYX → ÉRICE.

ERZBERG, montagne d'Autriche (Styrie), à proximité d'Eisenerz ; 1 534 m. Minerai de fer.

ERZBERGER (Matthias), homme politique allemand (Buttenhausen, Wurtemberg, 1875 - près de Griesbach, Bade, 1921). Député du centre au Reichstag à partir de 1903, il vota la résolution de juill. 1917 préconisant une paix honorable et sans annexion. Secrétaire d'État sans portefeuille, il signa l'armistice de nov. 1918, dont il chercha à atténuer la rigueur. Ministre des Finances du Reich à partir de juin 1919, il fit accepter à son cabinet le traité de Versailles. Haï par les nationalistes, et compromis par ses relations avec les milieux d'affaires, il fut assassiné le 26 août 1921.

ERZGEBIRGE adj. et n. m. Se dit de la phase tectonique d'âge carbonifère située entre le namurien et le westphalien, définie dans le massif de l'Erzgebirge.

ERZGEBIRGE ou **MONTS MÉTALLIFÈRES,** en tchèque **Krušné hory,** massif montagneux aux confins de l'Allemagne et de la Bohême ; 1 244 m en Bohême ; 1 214 m en Allemagne, au *Fichtelberg.* C'est un massif ancien aux pentes raides vers la Bohême, plus douces vers la Saxe, devenu très tôt, grâce à ses ressources minières, une région industrielle, surtout à proximité de Chemnitz, Dresde et Zwickau.

ERZINCAN, v. de Turquie, dans l'ancienne Arménie ; 71 000 hab. Textile.

ERZURUM ou **ERZEROUM,** v. de la Turquie orientale, à 1 800 m d'altitude ; 190 000 hab. Ensemble exceptionnel d'œuvres médiévales, dont la medrese Çifte minare (1253) au porche historié. Centre commercial et militaire.
— **Hist.** Cette ville, la *Garin* (ou *Karin*) des anciens Arméniens, la *Theodosiopolis* byzantine, fut prise par les Turcs Seldjoukides en 1201. Mustafa Kemal y réunit le premier Congrès national turc (juill. 1919).

ÈS [ɛs] prép. (de *en les*). En matière de (suivi d'un n. pl. dans certaines express. universitaires et juridiques) : *Licences ès lettres. Agir ès qualités.*

Es, symbole chimique de l'*einsteinium.*

ESA (sigle de *European Space Agency*), organisation spatiale européenne créée en 1975, issue de la fusion de l'ELDO* et de l'ESRO*, qui a pour mission d'assurer et de développer, à des fins exclusivement pacifiques, la coopération entre États européens dans les domaines de la recherche et de la technologie spatiales. Son siège est à Paris. Elle dispose d'un centre de recherche et de technologie spatiales à Noordwijk (Pays-Bas), l'ESTEC *(European Space Research and Technology Centre) ;* d'un centre d'opérations spatiales chargé du contrôle des satellites à Darmstadt (Allemagne), l'ESOC *(European Space Operations Centre) ;* d'un centre de documentation à Frascati (Italie), l'ESRIN *(European Space Research Institute)* ; d'un réseau mondial de stations au sol, pour les liaisons avec les satellites, l'ESTRACK *(European Satellite TRACKing Telemetry and Telecommand Network)* ; et elle utilise le centre de lancement français de Guyane, le C. S. G. (Centre spatial guyanais), pour le tir des fusées Ariane.

ESAÏE, nom donné dans les Bibles protestantes au prophète Isaïe.

ESAKI LEO, physicien japonais (Ōsaka 1925), installé aux États-Unis. Il est le premier à avoir obtenu, en 1957, l'effet « tunnel » des électrons dans un semi-conducteur. Il a partagé avec Ivar Giaever et B. Josephson le prix Nobel de physique pour 1973.

ESAÜ, fils d'Isaac et de Rébecca, frère jumeau de Jacob et considéré comme son aîné. Grand chasseur, très aimé de son père, il vendit son droit d'aînesse à Jacob pour un plat de lentilles.

ESBAUDIR (S') → ÉBAUDIR (S').

ESBIGNER (S') v. pr. (arg. ital. *sbignare,* courir) [conj. 3]. *Pop.* et *vx.* S'enfuir.

ESBJERG, port de pêche et de voyageurs du Danemark, sur la côte du Jylland ; 80 000 hab. Conserveries. Chantiers navals.

ESBO → ESPOO.

ESBROUFE n. f. *Fam.* **1.** Action d'esbroufer ; bluff, chiqué : *Faire de l'esbroufe.* – **2.** *À l'esbroufe,* en essayant d'en imposer par son assurance ; à l'estomac. ‖ *Vol à l'esbroufe,* vol qui se pratique en bousculant la personne qu'on veut dévaliser.

ESBROUFER v. t. (provenç. *esbroufa,* s'ébrouer) [conj. 3]. *Vx.* En imposer à qqn par de grands airs, des manières hardies.

ESBROUFEUR, EUSE n. *Fam.* et *vx.* Personne qui fait de l'esbroufe.

ESCA n. f. Maladie cryptogamique de la vigne, qui attaque le bois du cep.

ESCABEAU n. m. (lat. *scabellum*). **1.** *Vx.* Sorte de tabouret. – **2.** Petite échelle d'intérieur pliante, à marches assez larges.

ESCABÈCHE n. f. (esp. *escabeche,* de *escabechar,* étêter). *En escabèche,* se dit de poissons étêtés et macérés dans une marinade aromatisée.

ESCABELLE n. f. (moyen fr. *escabel,* var. de *escabeau*). Autref., petit siège sans bras, avec ou sans dossier, supporté soit par deux panneaux divergents, soit par trois pieds.

ESCADRE n. f. (ital. *squadra,* équerre). **1.** Autref., fraction d'une flotte ou d'une armée navale (XVIIe-XVIIIe s.) ; force navale autonome ayant à sa tête un chef ne relevant que du ministre (XVIIIe et XIXe s.). – **2.** Groupement organique stable de bâtiments, en général commandé par un vice-amiral. – **3.** Unité de l'armée de l'air française, formée de deux ou de plusieurs escadrons, d'une unité de maintenance et d'une section de liaison et de vol sans visibilité. – **4.** *Chef d'escadre,* avant 1789, grade correspondant à celui de contre-amiral ; auj., officier, généralement vice-amiral, commandant une escadre. ‖ *Escadre légère,* escadre de croiseurs et de bâtiments légers.

ESCADRILLE n. f. (esp. *escuadrilla,* dimin. de *escuadra,* escadre). **1.** Ancienne appellation de l'unité élémentaire de l'armée de l'air (jusqu'en 1977). – **2.** Groupe organique de petits bâtiments ou d'appareils de l'aéronautique navale moins important que la flottille. – **3.** Petit groupe d'hélicoptères de l'A. L. A. T.

ESCADRON n. m. (ital. *squadrone*). **1.** Autref., troupe de cavaliers armés. – **2.** Unité administrative et tactique de la cavalerie, de l'armée blindée et de la gendarmerie. (Analogue à la compagnie et à la batterie, il est commandé par un capitaine.) – **3.** De 1955 à 1977, unité de l'armée de l'air française comprenant plusieurs escadrilles dotées d'appareils en fonction de la spécialité (chasse, bombardement, reconnaissance et électronique) ; depuis 1977, unité élémentaire de l'armée de l'air. – **4.** *Litt.* Troupe importante : *Des escadrons de rats.* – **5.** *Chef d'escadron,* dans la cavalerie, capitaine commandant un escadron ; dans l'artillerie, la gendarmerie et le train, premier grade de la hiérarchie des officiers supérieurs (analogue à ceux de commandant ou de chef de bataillon). ‖ *Chef d'escadrons,* dans la cavalerie et l'armée blindée, premier grade de la hiérarchie des officiers supérieurs. ‖ *Escadron de la mort,* groupe paramilitaire ou parapolicier qui, dans un régime de dictature, assassine les opposants au régime.

1. ESCALADE n. f. (provenç. *escalada,* du lat. *scala,* échelle). **1.** Action de grimper, de monter avec effort avec les pieds et les mains, ou de franchir qqch en grimpant : *L'escalade d'un mur.* – **2.** Ascension d'une paroi rocheuse d'une montagne, au cours de laquelle l'alpiniste progresse en utilisant ses quatre membres. – **3.** Tout moyen d'introduction dans un lieu par-dessus ou dessous la clôture et en tout cas en dehors de la voie d'accès normale. (Circonstance aggravante du vol, l'escalade peut constituer une condition d'excuse ou de légitime défense pour le défenseur en matière d'homicide, blessures et coups.) – **4.** *Escalade artificielle,* ascension réalisée avec la fixation de points d'appui (pitons, coinceurs), par oppos. à l'*escalade naturelle,* qui n'utilise que des prises et appuis offerts par le relief.

2. ESCALADE n. f. (de *escalade 1,* avec l'infl. de l'amér. *escalation*). **1.** Progression, contrôlée par l'autorité politique, de l'importance des moyens militaires mis en œuvre dans un conflit par chacun des adversaires, soit à son initiative, soit pour répondre à une surenchère de la partie adverse. (Cette progression comporte aujourd'hui le risque de conduire à l'emploi de l'arme nucléaire.) – **2.** Progression rapide, intensification, aggravation d'un phénomène difficile, conflictuel, etc. : *Escalade de la violence.*

ESCALADER v. t. (de *escalade 1*) [conj. 3]. **1.** Gravir qqch avec effort, par ses propres moyens, pour atteindre le sommet ou passer par-dessus : *Escalader un talus.* – **2.** Faire l'ascension d'une montagne ; gravir : *Alpinistes qui escaladent le mont Everest.* – **3.** Partir de la base d'une pente et aller jusqu'au sommet, en parlant d'une voie d'accès : *La route escaladait la colline.*

ESCALADEUR, EUSE n. Personne qui escalade une pente en montagne ; grimpeur.

ESCALATOR n. m. (amér. *escalade,* escalade, et *elevator,* ascenseur). Nom déposé d'un type d'escalier mécanique.

ESCALDES (Les), localité de la principauté d'Andorre, sur le Valira del Orien, banlieue d'Andorre-la-Vieille. Station thermale et centre de sports d'hiver à 1 105 m d'alt.

ESCALE n. f. (ital. *far scala,* faire escale, du lat. *scala,* échelle, parce qu'on descendait à terre à l'aide d'une échelle). **1.** En parlant d'un navire ou d'un avion, action de se ravitailler qqpart, d'y faire des opérations commerciales, d'y débarquer ou d'embarquer du fret ou des passagers. – **2.** Point d'arrêt ou de relâche d'un navire ou d'un avion : *Les escales d'une ligne aérienne.* – **3.** Temps d'arrêt passé dans cet endroit : *Avoir cinq heures d'escale.* – **4.** *Faire escale qqpart,* s'y arrêter au cours d'un voyage par mer ou par air. ◆ **Escales** n. f. pl. Syn. de ÉCHELLES.

ESCALETTE n. f. (lat. *scala,* escalier). Assemblage de règles en bois, pour la lecture des dessins, dans les ateliers de tissage et de lisage.

ESCALIER n. m. (bas lat. *scalarium,* du lat. class. *scala,* échelle). **1.** Ensemble de supports plans (degrés, marches), fixes ou mobiles, échelonnés de façon à assurer la circulation des personnes entre deux ou plusieurs niveaux. (L'escalier peut comporter plusieurs volées, séparées par un ou plusieurs repos, ou paliers. On distingue les escaliers à vis et les escaliers tournants à volées droites ; les escaliers à noyau [plein ou creux] et les escaliers à jour ou suspendus. Garde-corps et/ou mains courantes assurent la sécurité des personnes.) – **2.** *Escalier mécanique* ou *escalier roulant,* escalier dont la volée de marches est en mouvement, assurant la montée ou la descente des personnes sans que celles-ci aient à marcher. (Invention américaine de la fin du XIXe s. [*Escalator*].) – **3.** Fam. *Avoir l'esprit de l'escalier,* ne trouver ses reparties que trop tard quand l'occasion de répondre est passée. ‖ Fam. *Faire des escaliers dans les cheveux de qqn,* lui couper irrégulièrement les cheveux. • **Bât.** *Escalier commun,* celui qui dessert divers locaux distincts d'un immeuble. ‖ *Escalier dérobé,* escalier de dégagement, faisant communiquer diverses parties d'un même appartement. ‖ *Escalier d'honneur,* escalier principal d'un édifice. ‖ *Escalier de service,* escalier réservé aux usages domestiques. – **Math.** *Fonction en escalier,* fonction f à valeurs dans un espace vectoriel E, définie sur un segment $[a,b]$ et constante sur chaque intervalle ouvert $]x_{i-1}, x_i[$ d'une subdivision du segment.

ESCALIÉTEUR n. m. Menuisier spécialisé dans la réalisation des escaliers en bois.

ESCALOPE n. f. (anc. fr. *eschalope,* coquille de noix, de *escale,* écale). Tranche mince de viande blanche ou parfois de poisson.

ESCALOPER v. t. (conj. 3). Détailler de biais, en tranches fines, légumes, viandes ou poissons.

ESCAMOTABLE adj. Se dit d'un meuble que l'on peut dissimuler dans un logement approprié.

ESCAMOTAGE n. m. **1.** Action d'escamoter : *L'escamotage d'une carte par le prestidigitateur.* – **2.** Action de dérober subtilement : *L'escamotage d'un portefeuille.* – **3.** Action de se soustraire habilement, mais souvent de façon peu courageuse, à qqch : *L'escamotage d'un problème.* • **Cin.** Avance du film, lors de son mouvement intermittent d'avance et d'arrêt, dans le couloir de la caméra ou du projecteur.

ESCAMOTER v. t. (provenç. *escamotar,* de *escamar,* effilocher, du lat. *squama,* écaille) [conj. 3]. **1.** Faire disparaître un objet par un tour de main qui échappe à l'attention des spectateurs : *Escamoter une carte.* – **2.** Dissimuler qqch qqpart par un procédé approprié : *D'un seul geste, on escamote la table dans le placard.* – **3.** Dérober subtilement qqch à qqn ; subtiliser, faucher : *On lui avait escamoté son portefeuille.* – **4.** Supprimer un mot, un son, une note, les éviter ou les sauter. – **5.** Éluder habilement, mais de façon peu sérieuse ou peu honnête ; esquiver : *Vous escamotez la difficulté.* – **6.** Replier un élément d'avion dans la voilure, le fuselage ou les fuseaux moteurs.

ESCAMOTEUR, EUSE n. **1.** *Vx.* Personne qui fait des tours d'escamotage ; illusionniste, prestidigitateur. – **2.** Personne qui a l'art d'escamoter les difficultés.

ESCAMPETTE n. f. (moyen fr. *escampe,* fuite, de l'ital. *scampare,* s'échapper). Fam. *Prendre la poudre d'escampette,* se sauver, déguerpir, s'enfuir.

ESCANDE (Léopold), physicien français (Toulouse 1902 - *id.* 1980). Il a consacré ses travaux à la mécanique des fluides, au calcul des barrages, à la technique des modèles réduits. (Acad. des sc., 1954.)

ESCANDORGUE, plateau basaltique du Massif central (dép. de l'Hérault), au S. du causse du Larzac ; 866 m.

ESCAPADE n. f. (esp. *escapada,* de *escapar,* échapper). **1.** Action de s'échapper d'un lieu en trompant la surveillance de qqn. – **2.** Action de partir qqpart pour échapper aux obligations, aux habitudes de la vie quotidienne ; fugue : *Faire une escapade à la campagne.*

ESCAPE n. f. ou **ESCAP** n. m. *Faire* ou *donner escape, escap à l'oiseau,* lui faire connaître le gibier qu'il doit poursuivre. (Syn. ÉCHAPPE.)

ESCARBILLE n. f. (mot dialect. du Nord, *escrabyî,* gratter, du moyen néerl. *schrabben*). Fragment de combustible incomplètement brûlé qui s'échappe de foyers (principalement des locomotives à vapeur).

ESCARBOT n. m. (anc. fr. *escharbot,* du lat. *scarabaeus,* scarabée, avec l'infl. de *escargot*). Nom courant donné à plusieurs coléoptères (histéridés, cétoines, ténébrions) qui ne sont pas des scarabées.

ESCARBOUCLE n. f. (anc. fr. *escarbocle,* de *carbocle,* du lat. *carbunculus,* petit charbon). **1.** Nom donné jadis au rubis et aux grenats rouges, puis à ces derniers seuls (pyrope et almandin). — **2.** *Litt.* Objet brillant d'un vif éclat. — **3.** Meuble héraldique composé de huit branches (rais) fleurdelisées rayonnant autour d'un cercle.

ESCARCELLE n. f. (anc. provenç. *escarcela,* ou ital. *scarsella,* de *scarso,* avare). **1.** Syn. de AUMÔNIÈRE. — **2.** *Litt.* Bourse, portefeuille, etc., considérés du point de vue de l'argent qu'ils contiennent : *C'est autant de tombé dans mon escarcelle.*

ESCARÈNE (L') [06440], ch.-l. de cant. des Alpes-Maritimes, dans les Préalpes niçoises ; 1 756 hab. (*Escarénois*). Église du XVIIe s.

ESCARGASSAGE n. m. Cardage à l'escargasse.

ESCARGASSE n. f. Machine utilisée en filature de laine cardée pour ouvrir les déchets de laine.

ESCARGASSER v. t. (conj. 3). Passer à l'escargasse.

ESCARGOT n. m. (provenç. *escaragol,* du lat. *scarabaeus*). **1.** Mollusque gastropode pulmoné terrestre, végétarien, caractérisé par sa tête munie de deux paires de tentacules, dont les plus longs portent les yeux, par sa longue sole ventrale (pied), par sa coquille spirale globuleuse dont le sommet surplombe le flanc droit, enfin par son orifice pulmonaire dorsal. — **2.** *Fam.* Personne lente ; lambin. — **3.** Fam. *Aller comme un escargot,* très lentement.

ENCYCL. Le nom d'« escargot » désigne plusieurs milliers d'espèces très voisines, rassemblées dans le genre *helix.* Ces animaux peuvent se retirer entièrement dans leur coquille et l'obturer d'une membrane de mucus (épiphragme) pour hiverner. C'est aussi le mucus (bave) qui assure leur adhérence au support lorsqu'ils rampent et qui laisse derrière eux une trace luisante. La bouche contient une langue râpeuse (radula) qui rend l'escargot très destructeur et nuisible aux cultures maraîchères. La reproduction résulte d'un accouplement entre hermaphrodites ; l'orifice de ponte des œufs est proche de la tête. L'élevage des escargots (héliciculture) date de l'époque romaine.

ESCARGOTIÈRE n. f. **1.** Lieu où l'on stocke et nourrit des escargots. — **2.** Plat spécial doté de petites alvéoles, dans lesquelles on place les escargots avant de les passer au four. — **3.** Amas de coquilles d'escargots dans un gisement préhistorique.

ESCARMOUCHE n. f. (p.-ê. ital. *scaramuccia,* ou anc. fr. *escremie,* combat, et anc. fr. *muchier,* cacher). **1.** Engagement peu important entre les éléments avancés de deux armées. — **2.** Propos hostiles adressés avec vivacité à un adversaire et préludant à une lutte, à une attaque plus importante : *Escarmouches parlementaires.*

ESCARMOUCHER v. i. (conj. 3). *Litt.* Combattre par escarmouches.

ESCAROLE n. f. (lat. *escariola*). Autre nom de la chicorée scarole.

1. ESCARPE n. f. (ital. *scarpa*). **1.** Talus intérieur du fossé d'un ouvrage fortifié. — **2.** *Cordon d'escarpe,* boudin ou bandeau de pierre soulignant le sommet de l'escarpe.

2. ESCARPE n. m. (provenç. *escarpi,* écharper). *Litt.* Bandit qui tue pour voler.

ESCARPÉ, E adj. (de *escarpe 1*). Qui présente une pente raide, d'accès difficile ; abrupt : *Montagne escarpée.*

ESCARPEMENT n. m. (de *escarpé*). **1.** État de ce qui est en pente abrupte ; versant en pente abrupte d'une montagne. — **2.** Pente raide, naturelle ou artificielle, d'un terrain, d'un terre-plein ou d'un rempart, considérée pour sa valeur d'obstacle. — **3.** Perpendiculaire qui mesure la différence de niveau entre la crête du glacis et le fond du fossé.

ESCARPIN n. m. (ital. *scarpino,* de *scarpa,* chaussure). Chaussure décolletée, à semelle mince, sans fermeture sur le cou-de-pied.

ESCARPIT (Robert), écrivain et sociologue français (Saint-Macaire 1918). Ses principaux travaux concernent la sociologie de la littérature et du livre : *Sociologie de la littérature* (1958), *la Révolution du livre* (1965). On lui doit aussi *Théorie générale de l'information et de la communication* (1976). Il a été chroniqueur au *Monde.*

ESCARPOLETTE n. f. (p.-ê. moyen fr. *escarpoulette,* du provenç. *escarpa,* escarpe). **1.** Balançoire constituée d'un siège ou d'une planchette que l'on suspend par les cordes. — **2.** Échafaudage volant de peintre, constitué par un siège pouvant être déplacé verticalement par l'utilisateur lui-même.

ESCARRA (Jean), juriste et sinologue français (Paris 1885 - *id.* 1955). Professeur de droit, conseiller du gouvernement chinois (1921-1939), il a fondé en 1946 la *Revue trimestrielle de droit commercial.*

1. ESCARRE → ESQUARRE.

2. ESCARRE n. f. (bas lat. *eschara,* du gr. *eskhara,* croûte). Zone tissulaire nécrosée (cutanée ou muqueuse), prenant l'aspect d'une croûte noirâtre et dure. (Les *escarres de decubitus* s'observent chez les personnes âgées à la suite d'un alitement prolongé.)

ESCARRIFICATION n. f. Production d'une escarre.

ESCARRIFIER (S') v. pr., **ÊTRE ESCARRIFIÉ** v. pass. (conj. **9**). Être touché par un processus d'escarrification.

ESCAUDAIN (59124), comm. du Nord, à l'O. de Denain, près de l'Escaut ; 9 360 hab. Confection.

ESCAUT, en néerl. **Schelde,** fl. de l'Europe du Nord-Ouest ; 430 km. Né en France (dans l'Aisne), il traverse le dép. du Nord (passant à Cambrai et Valenciennes), puis pénètre en Belgique (passant à Tournai, Gand et Anvers) et atteint la mer du Nord par une embouchure (*Escaut occidental*) appartenant aux Pays-Bas depuis 1648 (traité de Münster). Au gabarit européen en aval de Denain, il a un trafic notable et est relié à la Meuse (canal Albert), au Rhin, au canal Dunkerque-Valenciennes ; le canal de Gand* à Terneuzen permet d'éviter Anvers.
– **Hist.** Dès le Moyen Âge, l'Escaut favorise le développement fluvial de Gand, Anvers, permettant l'accès aux navires hanséatiques et italiens. Les Provinces-Unies puis l'Autriche cherchent à en contrôler les débouchés. La Révolution française assure la liberté de navigation (1792), reconnue par le traité de La Haye (1795). Au congrès de Vienne, en 1815, l'Angleterre fait attribuer les bouches de l'Escaut aux Pays-Bas et le traité de Londres (1839) accorde la liberté de navigation aux Belges. En 1914, interdiction est faite aux navires belligérants de fréquenter les bouches du fleuve. Des négociations sont entreprises après la guerre, qui aboutiront à un traité belgo-hollandais (3 avr. 1925).

ESCHATOLOGIE [ɛska-] n. f. (gr. *eskhatos,* dernier). Ensemble de doctrines et de croyances portant sur le sort ultime de l'homme après sa mort *(eschatologie individuelle)* et sur celui de l'univers après sa disparition *(eschatologie universelle).*

ESCHATOLOGIQUE [ɛska-] adj. Relatif à l'eschatologie.

ESCHE, ÈCHE ou **AICHE** [ɛʃ] n. f. (lat. *esca,* nourriture). Appât que l'on fixe à l'hameçon.

ESCHENBACH (Wolfram VON) → WOLFRAM VON ESCHENBACH.

ESCHER, ÉCHER ou **AICHER** [eʃe] v. t. (conj. **4**). Mettre une esche à l'hameçon.

ESCHER (Maurits Cornelis), graveur néerlandais (Leeuwarden 1898 - Hilversum 1972). Son dessin, d'une précision mathématique, procède par métamorphoses progressives (inversion du rapport forme/fond : *Air et eau,* 1938) ou par jeux de perspectives truquées (*Mouvement perpétuel,* 1961) pour créer l'ambiguïté la plus inextricable.

ESCHERICHIA [eskerikja] n. m. Genre bactérien classé dans la famille des *enterobacteriaceæ,* dont une espèce, *Escherichia coli* (colibacille), est utilisée en génie génétique.

ESCHINE, orateur grec (v. 390 - 314 av. J.-C.). Il fut tour à tour greffier, acteur, puis secrétaire de l'assemblée du peuple. Il participa à l'ambassade athénienne dirigée par Philocrate auprès de Philippe II de Macédoine (346). Toute sa vie se résume dans sa lutte contre Démosthène, qui l'accusait, sans véritables preuves, d'être vendu à Philippe. Eschine fit condamner Timarque, qui devait être son accusateur en 345. En 343, il fut acquitté dans un nouveau procès intenté par Démosthène *(Sur l'ambassade infidèle).* Après Chéronée (338), il accusa à son tour Ctésiphon d'avoir illégalement proposé d'attribuer une couronne d'or à Démosthène *(Contre Ctésiphon).* Le procès de la couronne fut jugé en 330, et Eschine, débouté, dut s'exiler à Rhodes, où il fonda une école rhétorique.

ESCHSCHOLTZIA [eʃskɔltsja] n. m. (de J. F. von *Eschscholtz,* n. pr.). Herbe papavéracée à grandes fleurs jaunes, orangées ou blanches, aux feuilles finement découpées, très facile à cultiver en pleine terre.

ESCH-SUR-ALZETTE, v. du Luxembourg (la deuxième du pays), ch.-l. du cant. d'*Esch-Alzette,* près de la frontière française ; 25 600 hab. Métallurgie. Industries alimentaires.

ESCH-SUR-SÛRE, comm. du Luxembourg, sur la *Sûre,* à 6 km au S. de Wiltz ; 250 hab. Aménagement hydroélectrique. Tourisme nautique.

ESCHYLE, poète tragique grec (Éleusis v. 525 - Gela, Sicile, 456 av. J.-C.). Combattant de Marathon et de Salamine, il fait partie de la génération qui consacre la gloire d'Athènes. Il commence très tôt à écrire pour le théâtre (*les Suppliantes**, parmi les sept pièces qui nous sont restées, dateraient de 490), mais ne remporte son premier succès qu'en 484. Le triomphe des *Perses** (472) consacre sa gloire et attire l'attention de Hiéron, tyran de Syracuse. Eschyle vit désormais tantôt à Athènes, tantôt en Sicile, faisant jouer près de quatre-vingt-dix drames, qui exploitent le domaine des vieux mythes (*Prométhée* enchaîné,* entre 467 et 458), la théogonie, le cycle troyen, l'histoire des Argonautes, les légendes thébaines et argiennes (*les Sept contre Thèbes,* 467 ; l'*Orestie** [*Agamemnon, les Choéphores*, les Euménides**], 458). La légende attribue sa mort à la chute d'une tortue qu'un aigle aurait laissée tomber sur son crâne. Véritable fondateur de la tragédie grecque, il lui a donné sa forme (introduction d'un second acteur, alternance du dialogue et des parties lyriques, détermination des costumes) et son esprit. La démesure *(hybris)* conduit l'homme à l'erreur, mais la vengeance divine *(némésis)* rétablit la justice, garant de l'équilibre naturel et social.

ESCIENT [ɛsjɑ̃] n. m. (lat. *me sciente,* moi sachant). *À bon, à mauvais escient,* avec à-propos, en connaissance de cause, ou sans discernement, à tort : *Intervenir à bon escient dans une discussion.*

ESCINE [ɛsin] n. f. Glycoside triterpénique extrait du marron d'Inde.

ESCLAFFER (S') v. pr. (provenç. *s'esclafa,* éclater) [conj. 3]. Rire à gorge déployée, partir d'un grand éclat de rire.

ESCLANDRE n. m. (lat. ecclés. *scandalum,* pierre d'achoppement, du gr. *skandalon*). Manifestation bruyante faite en public contre qqn ou qqch ; scandale : *Faire un esclandre au restaurant.*

ESCLANGON (Ernest Benjamin), astronome et physicien français (Mison, Alpes-de-Haute-Provence, 1876 - Eyrenville, Dordogne, 1954). Directeur de l'Observatoire de Paris, il étudia les fonctions quasi périodiques, le champ de pesanteur terrestre, les ondes infrasonores, la réfraction atmosphérique, etc. En 1932, il réalisa l'horloge parlante de l'Observatoire de Paris. (Acad. des sc., 1929.)

ESCLAVAGE n. m. (de *esclave*). **1.** Fait pour un groupe social d'être soumis à un régime économique et politique qui le prive de toute liberté, le contraint à exercer les fonctions économiques les plus pénibles sans autre contrepartie que le logement et la nourriture. — **2.** État, condition d'esclave. (→ *encycl.*) — **3.** État, condition de ceux qui sont sous une domination tyrannique ; asservissement, servitude : *Tenir un peuple en esclavage.* — **4.** Dépendance étroite de qqn à l'égard de qqch ou de qqn ; activité qui impose une sujétion, une contrainte : *L'esclavage de la drogue.*

ENCYCL. Dans l'Égypte pharaonique, les esclaves demeurent peu nombreux ; mineurs, mercenaires, interprètes, intendants de domaine, ils appartiennent au pharaon et à sa famille, aux temples et aux grands de l'État.

Dans le monde mésopotamien, l'esclavage, attesté depuis le IVe millénaire, pèse sur le prisonnier de guerre, l'enfant vendu par son père et le pauvre qui se vend lui-même. Les esclaves, nombreux, constituent une main-d'œuvre indispensable à la vie économique des domaines du roi et des temples.

En Grèce, le nombre des esclaves est resté peu élevé jusqu'à la fin du Ve s. av. J.-C. ; leur recrutement est assuré par les guerres entre cités et surtout par la piraterie et les achats faits auprès des peuples barbares. Vers 400 av. J.-C., Athènes compte 100 000 à 150 000 esclaves, utilisés en ville ou, par milliers, dans les mines de plomb argentifère du Laurion. À la fin du IVe s. et pendant l'époque hellénistique, leur nombre relatif s'est accru en même temps que la petite propriété rurale a régressé ; utilisés dans les ateliers, les mines et sur les grands domaines ruraux, ils déclenchent de grandes révoltes à la fin du IIe s. av. J.-C.

À Rome, les esclaves sont utilisés très tôt. L'expansion romaine à partir du IIIe s. av. J.-C. provoque leur afflux massif ; au fur et à mesure des conquêtes, soldats et peuples vaincus sont asservis : les conséquences en sont considérables. Sur le plan économique, la main-d'œuvre servile hâte la désagrégation de la petite propriété en Italie et son remplacement par de vastes domaines. Socialement, la misère des masses serviles provoque de véritables guerres, notamment en Sicile à la fin du IIe s. av. J.-C. La révolte de Spartacus date de 73.

Sur le plan culturel, les esclaves grecs les plus instruits exercèrent une influence durable. Par la pratique régulière de l'affranchissement*, le monde romain intégra progressivement un nombre considérable d'esclaves. L'arrêt des conquêtes freina leur afflux ; leur prix s'accrut ; sous le Bas-Empire, si les esclaves étaient encore nombreux, d'autres catégories sociales leur furent préférées dans les campagnes, en Orient notamment : les colons.

Au haut Moyen Âge, avec la naissance d'une économie domaniale cloisonnée en Occident, le servage se substitue à l'esclavage. Ce dernier subsiste cependant aux confins de l'Europe, sur ses marges orientales (le mot *esclave* est dérivé de slave) et surtout méditerranéennes. La découverte de l'Amérique et son exploitation économique (mines, plantations) entraînent au XVIe s. un développement considérable de la traite des Noirs. Portugais, Espagnols, Français et Anglais vont, pendant plus de deux siècles, vider l'Afrique d'une partie de sa population (de 2 à 3 millions d'individus). Sous la législation coloniale (Code noir, 1685), l'esclave est dépouillé de la personnalité politique et juridique et de la responsabilité civile.

Au XVIIIe s., l'esclavage est violemment remis en question. Les philosophes, particulièrement Voltaire et Montesquieu, en dénoncent l'inhumanité. Les économistes libéraux (A. Smith) en soulignent l'archaïsme improductif. La Grande-Bretagne, où le capitalisme industriel naissant se heurte à la concurrence de la main-d'œuvre esclavagiste, prend la tête du mouvement abolitionniste. Elle fait condamner la traite au congrès de Vienne (1815) et interdit l'esclavage

en 1833. La France, où Bonaparte a rétabli en 1802 l'esclavage aboli par la Convention (1794), attendra la révolution de 1848 pour le supprimer (4 mars 1848). Aux États-Unis, la guerre de Sécession aboutit à la victoire des abolitionnistes (1865). Les conférences coloniales multiplient dès lors les condamnations (Berlin, 1885 ; Bruxelles, 1890).
Au début du XXe s., l'esclavage subsiste cependant sous des formes déguisées en Afrique (Nigeria notamment). Mais la pression internationale (convention de Saint-Germain-en-Laye, 1919 ; Déclaration universelle des droits de l'homme, 1948) a imposé aux derniers États esclavagistes d'aligner leur législation sur le droit commun.

ESCLAVAGISME n. m. **1.** Système social fondé sur l'esclavage. — **2.** Mode de vie de certaines espèces de fourmis (polyergues) qui capturent des ouvrières d'autres espèces pour les faire travailler à leur profit.

ESCLAVAGISTE adj. et n. **1.** Relatif à l'esclavagisme ; partisan de l'esclavagisme. — **2.** *Fourmi esclavagiste,* polyergue.

ESCLAVE n. (lat. médiév. *sclavus,* de *slavus,* slave, par allus. aux prisonniers slaves faits par Otton le Grand). **1.** Personne de condition non libre, considérée comme un instrument économique pouvant être vendu ou acheté, et qui était sous la dépendance d'un maître. (Il existe encore officieusement de nos jours quelques dizaines de millions d'esclaves en Afrique, en Océanie et en Asie ; leur nombre varie selon les sources.) — **2.** Personne soumise à un pouvoir arbitraire. — **3.** Personne qui est sous la dépendance complète d'une autre personne : *Être l'esclave d'une femme.* — **4.** Personne entièrement soumise à qqch ; prisonnier : *Les esclaves de l'argent.* — **5.** Une des figures du tarot.
◆ adj. **1.** Qui est soumis à l'esclavage : *Un peuple esclave.* — **2.** *Litt.* Qui est servile : *Un cœur esclave.* — **3.** Qui est sous la dépendance complète de qqch : *Être esclave de ses préjugés.* — **4.** Litt. *Être esclave de sa parole,* tenir scrupuleusement ses promesses.

ESCLAVE *(Grand Lac de l'),* lac du Canada (Territoires du Nord-Ouest, Mackenzie), traversé par le Mackenzie (qui porte le nom de *rivière de l'Esclave* en amont) ; 28 930 km^2.

ESCLAVE *(Petit Lac de l'),* lac du Canada, dans le centre de l'Alberta. Parc provincial.

ESCLAVES *(Côte des),* ancien nom du littoral du golfe du Bénin.

Esclaves *(les),* ou **les Captifs,** statues de Michel-Ange, qui étaient destinées au tombeau de Jules II. L'académie de Florence en conserve quatre, des années 1531-32 (seulement ébauchés). Les deux autres, d'env. 1513-1516, chefs-d'œuvre d'expression et de style, sont au Louvre (après avoir appartenu à François Ier, au connétable de Montmorency, puis à Richelieu).

ESCLAVON n. m. (de *Esclavonie,* anc. nom de la Slavonie). Anc. nom du serbo-croate.

ESCOBAR Y MENDOZA (Antonio), jésuite espagnol (Valladolid 1589 - *id.* 1669). Auteur d'ouvrages de casuistique, il fut attaqué par Pascal dans ses *Provinciales.*

ESCOFFIER (Auguste), cuisinier français (Villeneuve-Loubet 1846 - Monte-Carlo 1935). Il fit presque toute sa carrière en Angleterre et s'imposa dans le monde comme un grand ambassadeur de la cuisine française. On lui doit *le Guide culinaire* (en collab. avec Ph. Gilbert et E. Fetu). Il est également le créateur de la pêche Melba. Depuis 1966, un musée de l'Art culinaire est installé dans sa maison natale.

ESCOFIER v. t. (provenç. *escufir,* du lat. pop. **exconficere,* détruire) [conj. 9]. *Pop.* et *vx.* Tuer.

ESCOGRIFFE n. m. (p.-ê. de *escroc* et *griffer*). [*Grand*] *escogriffe,* homme de grande taille et malbâti, dégingandé.

ESCOMBRERAS, localité d'Espagne (Murcie), à l'entrée de la rade de Carthagène. Raffinage et pétrochimie.

ESCOMPTABLE adj. Qui peut faire l'objet d'une opération d'escompte.

ESCOMPTE [ɛskɔ̃t] n. m. (ital. *sconto*). **1.** Opération de crédit à court terme qui consiste à acheter, avant son échéance, un effet de commerce au porteur de celui-ci. — **2.** Retenue que fait l'acheteur de l'effet de commerce sur le montant de celui-ci. — **3.** Réduction consentie par un commerçant à l'acheteur qui paie comptant ou au débiteur qui s'acquitte de sa dette avant l'échéance. — **4.** *Conditions d'escompte,* modalités assortissant l'opération d'escompte. (Celles-ci sont l'*escompte* proprement dit, qui est l'intérêt de la somme avancée par le banquier sur un effet ; le *change de place,* qui couvre les frais de présentation et de recouvrement ; la *commission,* qui représente la rémunération proprement dite.) ‖ *Escompte hors banque,* escompte de papier qui se fait habituellement entre banquiers et au-dessous du taux de la Banque de France. ‖ *Escompte de papiers de fournisseurs,* opération dans laquelle ce n'est pas le vendeur mais l'acheteur qui propose la traite tirée par le vendeur à l'escompte et à ses frais. ‖ *Forfait d'escompte,* opération dans laquelle le banquier escompteur est ducroire et renonce à son recours contre le tireur en cas de non-paiement de l'effet.

escompte *(Caisse d'),* établissement financier fondé à Paris en 1776 par le banquier genevois

Isaac Panchaud, avec l'appui de Turgot, pour escompter les lettres de change et autres effets de commerce. Cette caisse permit de réaliser les emprunts de Calonne et rendit de réels services au commerce. Elle fut mise en liquidation par la Convention en 1793.

1. ESCOMPTER [ɛskɔ̃te] v. t. (ital. *scontare,* décompter) [conj. 3]. **1.** Faire une opération d'escompte. — **2.** Négocier un effet de commerce. (L'opération s'effectue par la cession de l'effet au banquier [par endossement] et par le paiement immédiat, au porteur de l'effet, du montant de la valeur nominale de celui-ci, diminué des agios d'escompte.)

2. ESCOMPTER [ɛskɔ̃te] v. t. (de *escompter 1*) [conj. 3]. Compter sur qqch, le prévoir, l'espérer et se comporter en conséquence ; tabler sur : *Il escompte que la chance lui sourira.*

ESCOMPTEUR, EUSE [ɛskɔ̃tœr, øz] n. Personne qui escompte des effets.

ESCOPETTE n. f. (ital. *schiopetto*). Nom donné à diverses armes à feu portatives (XVe-XVIIIe s.).

Escorial *(el),* souvent dit en fr. **l'Escurial,** palais et monastère d'Espagne (communauté autonome de Madrid), au pied de la sierra de Guadarrama. Accomplissement d'un vœu de Philippe II après la victoire de Saint-Quentin, conçu comme nécropole royale et centre d'études au service de la Contre-Réforme, il fut élevé de 1563 à 1584 par J. B. de Toledo, l'Italien Giambattista Castello et J. de Herrera dans un style classique sévère. On y voit de nombreuses œuvres d'art : bronzes des Leoni père et fils, peintures de primitifs flamands, de Titien, du Greco, de Ribera, Velázquez, C. Coello, fresques de L. Giordano et de P. Tibaldi, tapisseries de Goya, etc.

ESCORTE n. f. (ital. *scorta,* de *scorgere,* guider). **1.** Formation militaire terrestre, aérienne ou navale chargée d'escorter. — **2.** Action d'accompagner qqn, un groupe, pour les protéger, veiller à leur sûreté ; groupe de personnes chargées d'une telle mission : *Être sous bonne escorte.* — **3.** Groupe de personnes entourant qqn, en partic. pour lui faire honneur : *Il sortit entouré d'une brillante escorte d'artistes.* — **4.** *Litt.* Suite, enchaînement de choses : *La guerre et son escorte de maux.*

ESCORTER v. t. (conj. 3). **1.** Accompagner qqn, qqch pour le garder, le protéger, veiller à sa sûreté : *Gendarmes qui escortent un prisonnier.* — **2.** Accompagner qqn pour l'honorer, l'entourer : *Un chanteur escorté de ses fans.*

ESCORTEUR n. m. **1.** Bâtiment de guerre spécialement équipé pour la protection des communications. (Syn. NAVIRE CONVOYEUR.) — **2.** *Escorteur côtier,* escorteur de faible tonnage chargé de missions locales, telle la surveillance des pêches. ‖ *Escorteur d'escadre,* escorteur chargé de l'accompagnement des forces navales. ‖ *Escorteur rapide,* escorteur spécialement équipé pour la lutte anti-sous-marine.

ESCOUADE n. f. (ital. *squadra,* escadre). **1.** Autref., petit groupe de soldats commandé par un gradé. — **2.** Petit groupe de personnes rassemblées autour de qqn ou dirigées par qqn : *Une escouade de balayeurs.*

ESCOUCHY (Mathieu D'), chroniqueur du nord de la France (Le Quesnoy 1420 - 1482), auteur de chroniques qui couvrent la période de 1444 à 1461.

ESCOURGEON n. m. (p.-ê. anc. fr. *corjon,* du lat. *corrigia,* courroie). Orge dont l'épi est constitué d'épillets disposés sur six rangs et qui se sème à l'automne.

ESCRIME n. f. (anc. fr. *escremie,* combat, du frq. **skirmjan,* défendre, avec l'infl. de l'ital. *scrima*). Sport opposant deux adversaires au fleuret, à l'épée ou au sabre.

ENCYCL. Discipline olympique dès 1896, c'est un sport presque universellement pratiqué, bien que toujours dominé largement par les Européens. La Fédération internationale, créée en 1913 et organisatrice des championnats du monde annuels, regroupe une centaine de pays. Les combats ou assauts sont remportés par le tireur ayant donné le premier 5, 8 ou 10 touches. Celles-ci sont jugées par une signalisation électrique à l'épée et au fleuret (l'arme est reliée à des lampes de contrôle par des bobines de fil souple suivant l'escrimeur dans ses déplacements), mais pas encore au sabre.

ESCRIMER (S') v. pr. (de *escrime*) [conj. 3]. S'appliquer, s'évertuer à faire qqch de tous ses efforts ou avec plus ou moins de succès ; s'acharner sur qqch : *S'escrimer sur le piano. S'escrimer à résoudre un problème.*

ESCRIMEUR, EUSE n. Sportif qui pratique l'escrime.

ESCRIVÁ DE BALAGUER (*Mgr* José María), prélat espagnol (Barbastro, prov. de Huesca, 1902 - Rome 1975), fondateur de l'Opus Dei (2 oct. 1928).

ESCROC [ɛskro] n. m. (ital. *scrocco*). Personne qui commet, qui a l'habitude de commettre une escroquerie ; aigrefin.

ESCROQUER v. t. (ital. *scroccare,* vivre aux dépens d'autrui) [conj. 3]. **1.** Soutirer de l'argent, un bien à qqn par des manœuvres frauduleuses : *Escroquer des millions à la Sécurité sociale. Escroquer un vieillard sans défense de plusieurs milliers de francs.* — **2.** Soustraire qqch à qqn par ruse ou par surprise ; extorquer : *Escroquer une signature à une personne trop naïve.*

ESCROQUERIE n. f. **1.** Délit consistant à s'approprier le bien d'autrui en usant de tromperie, de manœuvres frauduleuses. — **2.** Action d'escroquer, de tromper la confiance de qqn : *Escroquerie morale.*

ESCUDERO (Vicente), danseur et professeur espagnol d'origine gitane (Valladolid 1892 - Barcelone 1980). Partenaire de la Argentina, il créa, avec elle, à Paris, une nouvelle version de *l'Amour sorcier* (1925). Il est l'un des plus grands danseurs de l'authentique tradition flamenca. Dans son *Décalogue* (1951), il a codifié la danse masculine espagnole.

ESCUDO [ɛskudo ou eskydo] n. m. (port. *escudo*, écu). **1.** Anc. monnaie espagnole d'or ou d'argent, portant un écu. — **2.** Unité monétaire du Portugal et des pays qui lui sont ou qui lui ont été associés (Açores, îles du Cap-Vert, Madère).

ESCUINTLA, v. du Guatemala, au S.-S.-O. de Guatemala City ; 38 000 hab. Alimentation. Raffinerie de pétrole. Coton.

ESCULAPE n. m. (de *Esculape*, n. pr.). Longue couleuvre des bocages d'Europe.

ESCULAPE, dieu romain de la Médecine, identifié à l'Asclépios grec.

ESCULOSIDE ou **AESCULOSIDE** n. m., **ESCULINE** n. f. (lat. *aesculus*, chêne). Glucoside de l'esculétine, extrait du marronnier d'Inde ou obtenu par synthèse. (Possédant un pouvoir vitaminique P, modificateur de la perméabilité capillaire, il est utilisé comme antihémorragique et tonique de la circulation veineuse.)

Escurial *(l')* → ESCORIAL (el).

ESDRAS ou **EZRA,** prêtre juif (Vᵉ s. - début du IVᵉ s. av. J.-C.). Il entreprit, après l'exil de Babylone, de réorganiser la communauté sur les bases de la loi mosaïque. Il a joué un rôle important dans la fixation de la Torah et peut être considéré avec Néhémie comme le fondateur du judaïsme.

Esdras *(livre d')*, livre de la Bible qui rapporte les faits de la restauration de Jérusalem et de la communauté juive après l'exil de Babylone (IIIᵉ s. av. J.-C.).

ESDRELON *(plaine d')* → JEZRE'EL.

E. S. E., sigle de ÉCOLE SUPÉRIEURE D'ÉLECTRICITÉ*.

E.-S.-E., abrév. de EST-SUD-EST.

ESENBOĞA, v. de Turquie, au N.-N.-E. d'Ankara. Aéroport international.

ÉSÉRINE n. f. (de *éséré*, nom de la fève de Calabar). Alcaloïde de la fève de Calabar (fruit de *Physostigma venenosum*), doué de propriétés parasympathicomimétiques.

ESGOURDE n. f. (breton *skouarn*, avec l'infl. de *gourde*). *Arg.* Oreille.

ESHKOL (Levi), homme politique israélien (Oratov, Ukraine, 1895 - Jérusalem 1969). Émigré en Palestine en 1913, il fut l'un des organisateurs de la Histadrouth (Confédération générale du travail), fondée en 1920. Premier ministre (1963-1969), il présida à l'unification des travaillistes au sein du parti travailliste israélien (1968).

ESHMOUN, dieu phénicien, adoré surtout à Sidon. On lui donnait pour attribut le serpent qui se mord la queue, symbole de l'éternité. Il a été assimilé par les Grecs à Asclépios.

ESHMOUNAZAR, roi de Sidon au Vᵉ s. av. J.-C., fils du roi Tabnit. Son sarcophage de basalte porte une longue inscription.

ESHNOUNNA, v. de l'anc. Mésopotamie, dans la vallée de la Diyālā, auj. *tell Asmar.* — **Hist.** Eshnounna fut fondée dès le IVᵉ millénaire, et sa population adopta la culture de Sumer et d'Akkad. Après avoir dépendu des empires d'Akkad et d'Our, la cité devint la capitale d'un royaume (v. 2010-1755) dont un souverain a laissé un recueil de lois dit « code d'Eshnounna » ; ce royaume disparut sous les coups de Hammourabi (1755).

ESKIL, ecclésiastique danois (Danemark v. 1100 - Clairvaux, France, 1182). Archevêque de Lund (1138-1177), il introduisit le mouvement cistercien en Scandinavie.

ESKILSTUNA, v. de Suède, à l'O. de Stockholm ; 89 000 hab. Forges anciennes et musée de plein air. Aciers spéciaux. Coutellerie. Instituts de technologie.

ESKIMO → ESQUIMAU.

ESKIMO-ALEUT → ESQUIMAU-ALÉOUTE.

ESKIŞEHIR, v. de Turquie, ch.-l. de prov., entre Ankara et Istanbul ; 310 000 hab. Centre commercial, avec quelques industries (agroalimentaire et mécanique).

ESKOLA (Pentti Eelis), géologue finlandais (Lellainen 1883 - Helsinki 1964), à l'origine de la notion de faciès métamorphique.

ESKUARA → EUSKARA.

ESMARCH (Friedrich VON), chirurgien allemand (Tönning, Schleswig, 1823 - Kiel 1908). Il inventa la bande élastique qui porte son nom et qui, appliquée sur un membre, permet d'effectuer une opération exsangue.

ESMEIN (Jean Paul Hippolyte Emmanuel, dit **Adhémar**), juriste français (Touvérac, Charente, 1848 - Paris 1913). On lui doit d'importants travaux sur le droit public, le droit canon et l'histoire du droit.

Esméralda (la), personnage de *Notre-Dame de Paris,* de Victor Hugo, jeune bohémienne qui meurt sur le gibet, victime de la jalousie de l'archidiacre Claude Frollo.

ESMERALDAS, port du nord-ouest de l'Équateur ; 141 000 hab. Raffinage et pétrochimie. Exportation de bananes.

ESNARD n. m. Ligne attachée à la tête d'un filet de pêche et fixée à une grosse flotte de liège pour maintenir le filet verticalement dans l'eau.

ESNAULT-PELTERIE (Robert), ingénieur et aviateur français (Paris 1881 - Nice 1957). Parmi ses nombreuses inventions figurent le moteur d'avion en étoile à nombre impair de cylindres et le dispositif de commande appelé *manche à balai.* Il s'intéresse aussi à la propulsion par réaction et fut l'un des théoriciens de la navigation interplanétaire au moyen de fusées, allant jusqu'à prévoir l'utilisation de l'énergie nucléaire comme moyen de propulsion.

ESNÈH ou **ISNĀ,** v. d'Égypte, en Haute-Égypte, sur le Nil ; 34 000 hab. Anc. *Senet,* cap. de nome et lieu de culte du dieu bélier Khnoum. Du grand temple ptolémaïque subsiste la salle hypostyle aux 24 colonnes gravées de textes relatifs au mythe de la création et de la transmission de la vie.

ESO, sigle de *European Southern Observatory,* organisation européenne pour des recherches astronomiques dans l'hémisphère austral, créée en 1962 et dont le siège est à Garching, près de Munich. Elle dispose d'un observatoire à La Silla (Chili), à 2 400 m d'altitude, et en aménage un second sur le Cerro Paranal pour l'implantation d'un très grand télescope (VLT*).

ÉSOCICULTURE n. f. (de *ésocidé*). Élevage des poissons de la famille des ésocidés.

ÉSOCIDÉ n. m. (lat. *esox, -ocis*). Nom de famille du brochet et des espèces voisines.

ÉSOPE, fabuliste grec (VIIe-VIe s. av. J.-C.). Personnage quasi légendaire, esclave bègue et bossu, d'après Plutarque, il fut mis à mort par les Delphiens. Sa figure n'a été fixée qu'au XIVe s. par le moine Planude *(Vie d'Ésope),* et le recueil des *Fables ésopiques* est dû pour l'essentiel à Démétrios de Phalère (IVe s. av. J.-C.).

ÉSOTÉRIQUE adj. (gr. *esôterikos,* de l'intérieur). **1.** Propre, relatif à l'ésotérisme. — **2.** Se dit d'un mode d'expression, d'une œuvre qui n'est compréhensible que des initiés ; hermétique, abstrus, abscons : *Langage ésotérique.* — **3.** Syn. de OCCULTISTE.

ÉSOTÉRISME n. m. (de *ésotérique*). **1.** Partie de certaines philosophies dont la pratique devait rester inconnue des profanes. (L'ésotérisme est surtout la caractéristique des philosophies pythagoricienne, kabbaliste et, de façon générale, des doctrines qui visent à créer une initiation et une hiérarchie sociale.) — **2.** Ensemble des caractéristiques d'un enseignement, d'une terminologie, d'un style ésotériques. — **3.** Syn. de OCCULTISME.

1. ESPACE n. m. (lat. *spatium*). **1.** Propriété particulière d'un objet qui fait que celui-ci occupe une certaine étendue, un certain volume au sein d'une étendue, d'un volume nécessairement plus grands que lui et qui peuvent être mesurés. (→ *encycl.* Psychol.) — **2.** Étendue, surface ou volume dont on a besoin autour de soi : *Manquer d'espace dans une chambre trop petite.* — **3.** Portion de l'étendue occupée par qqch ou distance entre deux choses, deux points : *Laisser un espace de 2 mètres entre les deux éléments.* — **4.** Étendue, surface, région : *Survoler de vastes espaces désertiques.* — **5.** Surface, étendue, volume destinés à un usage particulier : *La cuisine devient un espace à vivre.* — **6.** Domaine localisé dans lequel s'exercent certaines activités : *Espace judiciaire européen.* — **7.** Milieu situé au-delà de l'atmosphère terrestre et dans lequel évoluent les corps célestes : *La conquête de l'espace.* — **8.** Ensemble des activités industrielles se rapportant à l'exploration ou à l'exploitation de ce milieu. — **9.** Milieu extraterrestre (dans la science-fiction) : *Homme venu de l'espace.* — **10.** *En (dans) l'espace de,* pendant telle durée : *Je l'ai vu trois fois en l'espace d'une semaine.* ‖ *Espace aérien,* partie de l'atmosphère dont un État contrôle la circulation aérienne. ‖ *Espace de temps,* durée, intervalle, laps de temps : *Cet espace de temps est insuffisant.* ‖ *Espace vert,* surface réservée à un parc, un jardin public dans une agglomération. ‖ *Espace vital* (calque de l'all. *Lebensraum*), théorie nationaliste selon laquelle tout territoire nécessaire à l'expansion démographique et aux besoins économiques d'un État doit lui être rattaché ; espace dont on a besoin pour ne pas se sentir gêné par les autres. • **Anat.** Nom donné à certaines régions, à certains orifices, à certains interstices (espace épidural, espace clavipectoral, espace intercostal, espace sous-arachnoïdien). — **Arm.** *Espace mort,* zone de tir qui ne peut être atteinte par les projectiles. — **Astronaut.** *Espace lointain,* région de l'espace située à une distance de la Terre au moins égale à la distance Terre-Lune. — **Écon.** *Espace économique,* concept prenant en compte la localisation des activités économiques et des échanges et faisant intervenir, dans l'analyse des relations économiques, les effets de distance et de structure de l'espace géographique. — **Géom.** Ensemble des points dont la position est définie par trois coordonnées. (→ *encycl.*) — **Mar.** *Espaces déduits,* ensemble des volumes d'habitation déduits de la jauge brute d'un navire pour obtenir la jauge nette. ‖ *Espace exclu,* chacun des volumes de la coque et des superstructures d'un navire qui ne sont pas pris en compte dans le calcul de la jauge brute. ‖ *Espace fermé,* chacun des volumes pris en compte dans le calcul de la jauge brute d'un navire. — **Math.** Ensemble sur lequel on a défini une structure (algébrique et/ou topologique). ‖ *Espace de dimension* n, espace vectoriel engendré par *n* vecteurs indépendants. — **Mécan.** *Espace mort* ou *espace libre,* fraction de volume d'un cylindre qui n'est pas balayée par le piston. — **Mus.** Distance qui se trouve entre deux lignes voisines, dans la portée. — **Publ.** *Espace (publicitaire),* portion de surface ou de temps destinée à recevoir de la publicité dans les différents médias. ‖ *Achat d'espace,* ensemble des opérations effectuées par une agence de publicité sur un espace publicitaire.

ENCYCL. **Géom.** Quand le mot « espace » est employé seul, il correspond au prolongement logique des notions de droite et de plan, comme « volume » est celui des notions de segment et surface. Les solides, les dièdres, trièdres, polyèdres, corps ronds, etc., seront des modèles ou des matérialisations de ce que, en géométrie classique, on appelle espace : d'où l'expression *géométrie dans l'espace.*

La notion d'espace répond au souci de représenter l'ensemble des points matérialisables par ceux qui se trouvent au-dessus et au-dessous d'une surface plane. Comme sur cette dernière, il sera nécessaire d'y définir des axiomes qui permettront de s'y « mouvoir » en concordance avec les « expériences » que l'on sera amené à faire en pratique. Les axiomes de la géométrie euclidienne sont par exemple très suffisants pour beaucoup d'expériences physiques (mécaniques entre autres) qui ont lieu dans un « cadre restreint ».

Dès que le mot est accompagné d'un adjectif, c'est ce dernier qui donne presque tout son sens à l'expression. (→ *espace* AFFINE, EUCLIDIEN, PROJECTIF, HERMITIEN, HILBERTIEN, PRÉHILBERTIEN, VECTORIEL, MÉTRIQUE.)

— **Psychol.** La perception de l'espace est produite par l'intégration des données visuelles, auditives et proprioceptives. Seules les données visuelles sont quantifiables (mesurées en mètres par exemple), donc immédiatement intellectualisées. Les autres données permettent d'établir de proche en proche, entre les objets, des relations spatiales. La perception de l'espace est possible parce que les deux yeux donnent chacun une image optique différente et dont l'analyse par le système nerveux aboutit à une image unique avec la profondeur (disparation). Le système auditif fonctionne sur un schéma comparable. L'espace perceptif visuel est expérimentalement divisible en trois plans : 1° le plan médian apparent (ce que l'on voit droit devant soi) ; 2° l'horizon apparent (lieu des points qui nous apparaissent à égale distance du haut et du bas) ; 3° le plan frontal apparent (lieu des points perçus par le sujet comme également distants de lui). De nombreuses expériences de psychologie expérimentale permettent d'affiner et de spécifier ces plans. La théorie psychogénétique de Piaget (champ sensoritonique) est aujourd'hui encore l'approche la plus pertinente pour rendre compte de l'acquisition de la perception de l'espace par l'enfant et des modes d'intégration des sources sensorielles qui la rendent effective.

2. ESPACE n. f. (de *espace 1*). **1.** Élément moins haut que les caractères et d'épaisseur variable dont on se sert pour séparer les mots. — **2.** En photocomposition, blanc jouant le même rôle.

Espace économique européen (E.E.E.), zone de libre-échange, instituée par le traité de Porto (1992), entrée en vigueur le 1er janvier 1994. L'E.E.E. comprend dix-huit États : les quinze de l'Union européenne et les pays de l'A. E. L. E. (à l'exception de la Suisse).

ESPACEMENT n. m. **1.** Action d'espacer, de séparer par un espace, un intervalle ; distance entre deux choses : *L'espacement entre les lignes.* — **2.** Action d'augmenter la distance, le temps qui sépare deux événements : *L'espacement des paiements.* — **3.** Intervalle laissé entre les mots dans la composition typographique. — **4.** *Espacement des trains,* système maintenant une certaine distance entre les trains qui se suivent sur une même voie, de façon à éviter les rattrapages. (→ CANTONNEMENT.)

ESPACER v. t. (conj. **16**). **1.** Séparer des choses par un espace, un intervalle : *Espacer les plants de salade de 50 cm.* — **2.** Séparer des actions par un intervalle de temps ; échelonner : *Espacer les biberons d'un bébé de 3 heures en 3 heures. Ses visites s'espacent.* — **3.** Mettre des espaces entre les mots dans la composition des lignes.

ESPACE-TEMPS n. m. (pl. *espaces-temps*). Réunion en une entité théorique commune de l'espace géométrique à trois dimensions et du continuum temporel à une dimension. (L'espace-temps est, au sens mathématique du mot, un espace à quatre dimensions.)

ESPADON n. m. (ital. *spadone,* grande épée). **1.** Grande et large épée qu'on tenait à deux mains (XVe-XVIIe s.). — **2.** Très grand poisson (6 m, 500 kg) des mers tempérées et chaudes, pourvu d'un rostre de 2 m de long (d'où son nom de *poisson-épée*), très agressif, pêché pour sa chair savoureuse.

ESPADRILLE n. f. (provenç. *espardillo,* sandale de sparte, de l'anc. provenç. *espart,* sparterie). Chaussure basse légère, dont la tige est en toile et la semelle en corde de chanvre ou de jute, attachée au pied par un lacet entourant la cheville.

ESPAGNE, en esp. **España,** État du sud-ouest de l'Europe ; 505 000 km² (y compris les Canaries ; 497 500 km² en les excluant) ; 39 700 000 hab. *(Espagnols).* CAP. *Madrid* (autres grandes villes : *Barcelone, Valence, Séville, Saragosse, Málaga*). LANGUE : *espagnol.* MONNAIE : *peseta.*

Géographie. Entrée seulement dans la C. E. E. en 1986, l'Espagne, au-delà des Pyrénées, appartient bien à l'Europe, mais à sa frange méditerranéenne, moins développée économiquement et au niveau de vie plus bas que dans le nord-ouest du continent. Depuis le début des années 1960 et jusqu'au milieu des années 1970, l'essor de l'économie a cependant été spectaculaire grâce au développement de l'industrie (favorisé par les capitaux étrangers) et du tourisme. Après quelques années moins prospères, l'entrée dans la C. E. E. a accéléré les mutations et soutenu la croissance économique.

• *Démographie.* La population est urbanisée (75 % de la population totale, comme en France). Une quarantaine de villes ont plus de 100 000 hab., dominées par les pôles de Madrid et de Barcelone. Cette population, longtemps prolifique, ne s'accroît plus. Le taux de natalité est tombé à 11 ‰ (inférieur même à celui de la France). Aux migrations vers l'étranger (Amérique du Sud, France) ont succédé des mouvements intérieurs, essentiellement, en dehors de Madrid, vers la périphérie (Catalogne barcelonaise et ensemble Asturies-Pays basque), accentuant finalement l'inégalité de la répartition de la population.

• *Relief et climat.* Cette inégalité est en partie liée aux conditions de relief et de climat. Au centre, la *Meseta,* correspondant essentiellement à la Castille et à la Manche historiques, est un plateau

DIVISIONS ADMINISTRATIVES DE L'ESPAGNE

Communautés autonomes	Superficie (en km²)	Population	Capitale
Andalousie	87 268	6 963 116	Séville
Aragon	47 700	1 212 025	Saragosse
Asturies	10 565	1 096 155	Oviedo
Baléares	5 014	739 501	Palma de Majorque
basque (Pays)	7 200	2 099 978	Vitoria
Canaries	7 300	1 601 812	Las Palmas
Cantabrique	5 300	529 866	Santander
Castille-La Manche	79 500	1 644 401	Tolède
Castille-León	94 200	2 556 316	Valladolid
Catalogne	31 930	6 008 245	Barcelone
Estrémadure	41 600	1 045 201	Mérida
Galice	29 400	2 700 288	Saint-Jacques-de-Compostelle
Madrid	8 028	4 935 642	Madrid
Murcie	11 300	1 046 561	Murcie
Navarre	10 400	521 940	Pampelune
Rioja (la)	5 000	265 323	Logroño
Valence	23 305	3 898 241	Valence

souvent aride, froid en hiver, torride en été, coupé de chaînons plus élevés ou profondément entaillé par des vallées (Tage, Duero). Elle est bordée de hauteurs notables (cordillères Cantabrique et Ibérique au N., sierra Morena au S.). Celles-ci sont séparées des hauts reliefs périphériques (Pyrénées au N., chaînes Bétiques au S.) par les seules grandes dépressions du pays, les bassins ouverts par l'Èbre et le Guadalquivir. Le climat, rude en altitude, s'adoucit notamment au N. sur la façade atlantique, de type océanique, couverte de forêts ou de prairies. Il devient méditerranéen sur le littoral oriental, avec des nuances semi-désertiques, localement combattues par l'irrigation.

• *Agriculture.* L'irrigation, concernant environ 15 % des superficies cultivées, est parfois ancienne (huertas du Levant et de l'Andalousie), souvent assez récente (bassins de l'Èbre, du Guadiana et du Guadalquivir). Elle explique largement, avec parfois les conditions thermiques, responsables de l'extension de l'olivier fournisseur d'huile, l'importance des productions d'agrumes, d'autres fruits et des légumes, de la vigne. La Meseta est le domaine de l'élevage ovin et de cultures céréalières (blé, orge) souvent extensives dans le cadre de grandes exploitations. L'élevage bovin et le maïs sont développés dans le Nord-Ouest, plus humide. L'agriculture (avec la pêche, active) ne fournit guère que 6 % du P. I. B., mais emploie encore environ 15 % de la population active.

• *Industrie.* Un tiers de cette population active est occupé par l'industrie (qui assure une part équivalente du P. I. B.). La gamme étendue de productions, l'existence de grandes sociétés et de multiples entreprises artisanales, la notable participation sectorielle de l'État (énergie, chimie, automobile) résultent de la succession d'une période autarcique, protectionniste et d'une ouverture aux investissements étrangers (États-Unis, Allemagne, France et Japon). Le sous-sol fournit houille et lignite, complétés par un apport hydroélectrique et nucléaire, mais la quasi-totalité du pétrole traité est importée. On extrait encore des minerais métalliques (plomb, zinc, cuivre) et du fer, celui-ci pour une sidérurgie développée (nécessitant le recours à des importations de minerai) alimentant notamment les chantiers navals (en crise) et la construction automobile. Le textile (en difficulté), l'agroalimentaire (diffus) et la chimie sont les autres grands secteurs, avec le bâtiment et les travaux publics.

• *Les services et les échanges.* Ils emploient environ 50 % des actifs, proportion partiellement liée à l'essor du tourisme. Celui-ci est plus balnéaire (sur la Méditerrannée) que culturel (villes historiques de l'intérieur). Les infrastructures routières et ferroviaires ont été améliorées pour 1992 (jeux Olympiques de Barcelone, Exposition universelle à Séville).

Les apports du tourisme atténuent le déficit de la balance des paiements, le commerce extérieur étant déficitaire de façon chronique. Un taux de chômage élevé, une inflation notable, des déséquilibres régionaux marqués sont les principaux problèmes auxquels est confronté le pays.

Histoire.

• *Les origines.* Durant la préhistoire, l'Espagne connaît des civilisations paléolithiques (grottes d'Altamira), puis néolithiques (peintures et gravures rupestres, dolmens du Levant). Dès la fin du IIe millénaire, Grecs et Phéniciens établissent des comptoirs sur les côtes. Les Ibères, premiers habitants du pays, fusionnent au VIe s. av. J.-C. avec les envahisseurs celtes pour donner les Celtibères. Au IIIe s. av. J.-C., Carthage établit sa prépondérance sur le sud et l'est de la Péninsule. Les guerres puniques font passer l'Espagne dans l'orbite de Rome. Mais la conquête du pays par les Romains ne devient effective que sous Auguste (Ier s. av. J.-C.). Au Ve s. apr. J.-C., les Vandales envahissent le pays.

412 : Les Wisigoths pénètrent en Espagne. Ils établissent une monarchie brillante, catholique à partir de 587, détruite par les Arabes en 711.

• *L'islam et la Reconquista.*

756 : L'émirat de Cordoue se proclame indépendant.

Califat en 929, il se maintient jusqu'en 1031. Son émiettement favorise ensuite la reconquête depuis le Nord, où subsistaient des États chrétiens (Castille, León, Navarre, Aragon).

1085 : Alphonse VI, roi de León et de Castille, prend Tolède.

1212 : Les Arabes sont vaincus à Las Navas de Tolosa.

1248 : Prise de Séville par Ferdinand III.

Au milieu du XIIIe s., les musulmans, refoulés dans le Sud, sont réduits au royaume de Grenade, tandis que l'Aragon chrétien fonde un Empire méditerranéen.

1469 : Le mariage de Ferdinand d'Aragon et d'Isabelle de Castille prépare la réunion des deux royaumes.

1492 : Les Rois Catholiques s'emparent de Grenade, achevant la Reconquête.

La même année, Christophe Colomb découvre l'Amérique, que les Espagnols vont conquérir.

• *L'apogée et le déclin.*

1519 : Charles Ier d'Espagne devient l'empereur Charles Quint.

Il incorpore à ses domaines d'Espagne et d'Amérique les territoires autrichiens des Habsbourg :

c'est l'apogée de la monarchie espagnole, qui connaît alors sa plus grande extension.
1556 : Philippe II, fils de Charles Quint, lui succède.
Il ne garde que l'Espagne et ses colonies, mais hérite du Portugal (1580). Au cours de la guerre contre l'Angleterre, l'Invincible Armada est détruite (1588). Le règne de Philippe II, qui s'achève en 1598, voit naître le siècle d'or des arts et des lettres espagnols. Mais le XVIIe s. est pour l'Espagne une période de décadence, due à la faiblesse démographique, à l'inflation, à l'unité artificielle du pays, à l'incapacité des trois derniers rois Habsbourg et aussi à l'opposition des autres puissances européennes (Angleterre, Provinces-Unies et France).
1640 : Le Portugal se détache de l'Espagne.
1700 : À l'extinction de la maison de Habsbourg, le duc d'Anjou, petit-fils de Louis XIV, devient roi d'Espagne sous le nom de Philippe V de Bourbon, ouvrant la guerre de la Succession d'Espagne (1701-1716).
1759-1788 : Charles III règne en « despote éclairé » et s'efforce de redresser le pays.
1808 : Charles IV est forcé d'abdiquer par Napoléon Ier, qui donne la Couronne d'Espagne à son frère Joseph Bonaparte. Une émeute sanglante *(Dos de Mayo),* suivie d'une répression *(Tres de Mayo),* marque le début de la guerre d'indépendance.
1814 : Les Bourbons sont restaurés après l'effondrement de l'Empire napoléonien.
1820 : Une révolution oblige Ferdinand VII à accepter une Constitution.
1823 : Une expédition française rétablit la monarchie absolue.
1824 : La domination espagnole sur les territoires américains continentaux prend fin. L'empire espagnol est pratiquement anéanti.
• *Les temps troublés.* Le XIXe s. espagnol est jalonné de guerres civiles et de révolutions opposant libéraux, traditionalistes et carlistes (partisans de Don Carlos contre sa nièce, la reine Isabelle).
1874 : Le retour des Bourbons suit la proclamation d'une éphémère république.
1898 : L'Espagne perd Cuba, les Philippines et Porto Rico, au terme de la guerre contre les États-Unis.
• *L'Espagne contemporaine.* Elle est dès lors confrontée à une grave crise économique et sociale tandis que se réveillent les régionalismes (basque et catalan surtout). Le roi Alphonse XIII perd tout pouvoir réel.
1923 : Le général Primo de Rivera établit une dictature.
1931 : Après la victoire républicaine aux élections, Alphonse XIII quitte l'Espagne. La république est proclamée.
1936 : De nouvelles élections consacrent la victoire du Front populaire. Le soulèvement du général Franco marque le début de la guerre civile d'Espagne.
1939 : Franco devient le chef suprême *(caudillo)* de l'Espagne.
Il organise un État autoritaire, qui, sans s'engager dans la Seconde Guerre mondiale, est toutefois favorable aux puissances de l'Axe.
1947 : Une loi de succession réaffirme le principe de la monarchie.
À partir de 1953, l'Espagne retrouve une place importante sur la scène internationale grâce à sa position stratégique (bases américaines), à son entrée à l'O.N.U. (1955), ainsi qu'à son développement touristique, à partir de 1960.
1969 : Le prince don Juan Carlos est officiellement désigné comme successeur du général Franco.
1970 : Une grave crise marque le réveil du nationalisme basque.
1973 : L. Carrero Blanco, chef du gouvernement, est assassiné.
1975 : Mort de Franco. Avènement de Juan Carlos au trône.
1977 : La démocratie est sanctionnée par l'élection de deux assemblées au suffrage universel.
1978 : Une nouvelle constitution instaure un système semi-fédéral d'administration régionale : 17 communautés autonomes sont mises en place progressivement jusqu'en 1983 (Pays basque et Catalogne dès 1979).
1982 : Le socialiste Felipe González devient président du gouvernement. L'Espagne adhère à l'O. T. A. N.
1986 : Entrée de l'Espagne dans la C. E. E.
1996 : Le Parti populaire remporte les élections législatives. Son leader, José María Aznar devient président du gouvernement.

Espagne *(guerre d'indépendance d')* [1807-1813], ensemble des opérations menées dans la péninsule Ibérique par les troupes françaises contre les Portugais, les Espagnols et les Anglais.
Bien qu'allié de l'Espagne, Napoléon fait occuper les principales villes de la Péninsule sous prétexte d'assurer les arrières de l'armée lors de l'expédition sur Lisbonne. À la nomination de son frère Joseph comme roi d'Espagne, l'insurrection gagne tout le pays. Elle est rapidement réprimée (2-3 mai 1808). Dupont est cependant battu à Bailén. L'Empereur, arrivé en renfort, bouscule les Espagnols à Somosierra (30 nov.) et entre dans Madrid. Inquiet des nouvelles d'Autriche, il rentre en France en laissant sur place 200 000 hommes, qui devront, cinq ans durant, faire face à une « guérilla » marquée notamment par la victoire de Medellín (28 mars 1809) et par les sièges de Saragosse (déc. 1808 - févr. 1809) et

de Cadix. Le soutien des Anglais aux Espagnols, leur victoire à Los Arapiles (22 juill. 1812) et la défaite de Vitoria (21 juin) transformeront l'évacuation de l'Espagne en véritable déroute.

Espagne *(guerre civile d'),* conflit qui opposa de 1936 à 1939 le gouvernement républicain espagnol de *Frente Popular* à une insurrection militaire et nationaliste dirigée par Franco. L'assassinat (13 juill. 1936) du leader de la droite aux Cortes, José Calvo Sotelo, précipite le soulèvement et le débarquement dans la péninsule Ibérique des garnisons des Canaries et du Maroc commandées par Franco. En Espagne, l'insurrection est soutenue par la majorité des formations catholiques et nationalistes (monarchistes, *requetés,* Phalange). Du côté gouvernemental, Madrid compte sur la majorité de l'aviation, des forces de police et des carabiniers. L'armée républicaine est surtout constituée par les milices ouvrières du *Frente Popular.* Sur le plan militaire, cette guerre de 32 mois peut se diviser en quatre périodes.

1. *Établissement d'un front continu* (1936). L'Espagne est rapidement coupée en deux. L'Ouest (Galice, León, Navarre et une grande partie de l'Andalousie et de l'Estrémadure) tombe aux mains des franquistes grâce notamment aux succès de Queipo de Llano à Séville, de Yagüe à Cordoue et Badajoz (14 août), de Mola à Irún (5 sept.), Saint-Sébastien (13 sept.) et Oviedo (17 oct.) et des cadets de l'Alcázar à Tolède (délivrés le 27 sept.). L'Est (Catalogne, Aragon, Valence et une grande partie de la Castille) demeure fidèle aux républicains, dont les armées, commandées par Rojo et Miaja, restent maîtresses de Barcelone, Madrid, Málaga, Santander, Valence.

2. *Liquidation des poches nord et sud par les nationalistes* (1937). Tandis que les républicains résistent victorieusement à Madrid, attaquent à Brunete (5 juill.) et à Teruel (15 déc.) et font subir aux volontaires italiens un échec à Guadalajara (mars), les franquistes s'emparent, au sud, de Málaga (10 févr.) et, au nord, de Bilbao (19 juin), de Santander (26 août) et de Gijón (19 oct.).

3. *Marche à la mer des nationalistes* (1938). Assuré de ses arrières, Franco dégage Huesca, s'empare de Lérida (3 avr.), atteint la Méditerranée à Vinaroz (15 avr.) et coupe ainsi le territoire républicain en deux.

4. *Offensive nationaliste finale* (1939). Après la chute de Barcelone (26 janv.), l'internement de l'armée républicaine en France (5 févr.) et de la flotte à Bizerte (27 févr.) marque la fin des opérations militaires. Les nationalistes occupent toute l'Espagne, et leur *cinquième colonne* leur livre Madrid (28 mars).

Très meurtrière (plus de 600 000 morts), cette guerre mit aux prises près de 800 000 nationalistes et un nombre équivalent de républicains. L'Allemagne (légion Condor) et l'Italie (cinq divisions de chemises noires) donnèrent leur appui militaire aux nationalistes et y expérimentèrent leurs matériels (chars d'assaut, avions...) et leurs procédés tactiques (bombardement en piqués, etc.). Les républicains reçurent l'aide de l'U. R. S. S., de la Grande-Bretagne et de la France et surtout des brigades internationales : 35 000 volontaires de 50 nations, en majorité communistes.

ESPAGNOL, E adj. et n. **1.** D'Espagne. – **2.** *Parler (le) français comme une vache espagnole,* le parler très mal. (On trouve aussi *comme un Basque espagnol.*) ‖ *Broderie espagnole,* broderie en fil de soie, de couleurs vives, à motifs floraux géométriques ornant châles et costumes folkloriques.

◆ **espagnol** n. m. Langue romane parlée par plus de 200 millions de locuteurs, principalement en Espagne et en Amérique latine. (→ *encycl.*)

◆ **espagnole** n. f. Sauce brune obtenue à partir d'une braisière, liée à la farine.

ENCYCL. **Ling.** Par le nombre de ses locuteurs (env. 350 millions), l'espagnol est actuellement la quatrième langue mondiale. En Espagne, sous sa forme officielle, le castillan est la langue de la quasi-totalité de la population, avec des zones de bilinguisme (Pays basque, Catalogne, Baléares, pays du Levant). L'espagnol est également la langue officielle de tous les pays d'Amérique latine, à l'exception du Brésil. Il a subi, dans ces pays, l'influence des langues indiennes (guarani, quechua, arawak, nahuatl), mais emprunts et divergences phonétiques n'empêchent pas l'intercompréhension entre l'espagnol américain et l'espagnol européen. Il est également parlé dans le sud des États-Unis, à Porto Rico et aux Philippines, où il recule fortement devant l'anglais et le tagal.

Issu du latin vulgaire, l'espagnol a subi de profondes influences germaniques (période wisigothique), notamment dans le vocabulaire militaire, puis des influences arabes à partir de 711. La Reconquista détermine la configuration des frontières dialectales : d'est en ouest, le catalan, l'aragonais, le castillan, l'asturien et le léonais. La prépondérance du castillan, amorcée dès le XIIe s., va être consacrée par l'union des royaumes de Castille et d'Aragon (1479), par la prise de Grenade (1492) et par la pénétration espagnole en Amérique. La grammaire d'Antonio de Nebrija codifie alors la langue, qui se fixera et s'enrichira pendant les deux siècles suivants. Outre l'influence arabe, il faut noter tout au long du Moyen Âge une influence française importante.

L'espagnol se caractérise par un accent d'intensité qui a une valeur distinctive. Le système verbal oppose un accompli (prétérit) à un non-accompli (passé composé). Il possède deux auxiliaires *être* (*ser* et *estar*) et deux auxiliaires avoir (*haber* et *tener*). Les pronoms personnels sujets ne sont employés que par emphase. La formule de politesse s'exprime par le verbe à la troisième personne accompagné du possessif.

ESPAGNOL *(Empire colonial),* ensemble des pays et territoires colonisés par l'Espagne. Au XVIe s., on a pu dire que sur l'empire de Charles Quint « le soleil ne se couche jamais ». Après la reconquête du royaume de Grenade (1492), les Espagnols installent sur la côte du Maghreb des postes militaires, les « présides », destinés à lutter contre la piraterie musulmane. Mais la présence espagnole en Amérique est d'une tout autre nature. Elle s'inscrit, au début, dans le cadre de la rivalité commerciale de l'Espagne avec les Portugais, qui contrôlent la route orientale des Indes. C'est en partant à la recherche de la route occidentale que C. Colomb découvre Hispaniola (Saint-Domingue) en 1492. Le traité de Tordesillas (1494) accorde aux Portugais et aux Espagnols la possession des terres situées respectivement à l'est et à l'ouest d'une ligne passant à 370 lieues des îles du Cap-Vert ; c'est ainsi que la colonisation du Brésil reviendra aux Portugais. Mais, en 1513, l'Espagnol Balboa découvre le Pacifique, ouvrant aux Espagnols la route occidentale des épices : ils occupent Manille (1571), contrôlant ainsi l'accès au comptoir portugais de Macao. Mais, avec ses richesses humaines, minières et agricoles, l'Amérique centrale et méridionale devient le cœur de l'Empire colonial espagnol.

Entre 1492 et 1525, les Espagnols prennent pied dans les Grandes Antilles, au Mexique et en Amérique centrale. De 1530 à 1550 s'effectue la conquête du Pérou, de la Colombie, du Chili et de la côte du Venezuela. Au début du XVIIe s., l'Amérique espagnole s'étend de la Floride et du Nouveau-Mexique au Río de la Plata. Partout, le roi d'Espagne, qui prend le titre de « roi des Indes » en 1521, substitue rapidement son autorité à celle des premiers conquistadores. Dans les vice-royautés de Nouvelle-Espagne (1535) et du Pérou (1543) et dans les capitaineries générales sont établies des administrations judiciaires, les *audiencias,* et des fonctionnaires sont chargés des provinces *(corregidores)* et des districts *(alcades mayores),* tandis qu'en Espagne le Conseil des Indes centralise toutes les affaires coloniales. Aussi, sur le plan administratif, les territoires américains font-ils partie intégrante du royaume d'Espagne. Mais sur le plan économique ils sont traités comme des colonies dominées, que la métropole cherche à exploiter à son seul profit. Le principe de l'« exclusif » les oblige à ne commercer qu'avec l'Espagne, où la Casa de Contratación, créée à Séville en 1503, détient le monopole des échanges avec l'Amérique. Les colonies se voient interdire de traiter leurs productions sur place ; le roi perçoit un impôt (le quint) sur l'or des Antilles puis sur l'argent extrait des mines découvertes au Potosí (Pérou) en 1545 et au Zacatecas (Mexique) en 1546. Les Indiens, officiellement considérés comme des hommes libres (ordonnance de 1503), sont l'objet d'une intense exploitation de la part des colons, pressés de s'enrichir. Décimés par le travail d'orpaillage dans les Antilles, par la guerre de conquête et les épidémies aux Mexique et au Pérou, ils sont bientôt remplacés par des esclaves noirs dans les zones tropicales (dès 1511 dans les Antilles), mais il doivent partout des corvées en travail aux colons qui bénéficient d'une *encomienda* ou d'un *repartimiento.* Le dominicain Bartolomé de Las Casas, en dénonçant les abus dont ils sont victimes, inspire les Lois Nouvelles *(Leyes Nuevas)* de 1542, qui impliquent la disparition progressive de l'*encomienda* et provoquent la révolte des colons du Pérou (1546-1554). Arrivent en Amérique, en même temps que les colons, les ordres mendiants puis les jésuites, qui évangélisent les Indiens et créent des écoles et des universités, tandis que s'installe un puissant clergé séculier.

Au XVIIe s. s'étend partout l'hacienda, grand domaine laïc ou ecclésiastique cultivé par les péons indiens ou les esclaves noirs, vivant en économie fermée dans les régions de l'intérieur, exportateur de produits tropicaux sur les côtes et dans les îles. Une aristocratie créole se développe, soucieuse de s'affirmer face à l'autorité royale et confisquant les pouvoirs régionaux. L'autorité espagnole est également défiée sur le plan économique. Tandis que les exportations d'argent stagnent, la contrebande hollandaise détourne une partie des taxes sur le commerce colonial. L'exclusif est également contourné en ce qui concerne la traite des Noirs importés de Guinée, dont le monopole *(asiento)* est confié aux Portugais jusqu'en 1640, puis aux Hollandais (1640-1695), aux Portugais (1696-1701), aux Français (1701-1712) et aux Anglais à partir de 1713.

L'empire connaît son apogée au XVIIIe s. De nouvelles vice-royautés sont créées (Nouvelle-Grenade, 1717, et Río de la Plata, 1777), de nouveaux territoires sont conquis par l'évangélisation (Californie, Arizona), tandis que l'économie minière et l'agriculture tropicale reprennent leur essor. La contrebande anglaise s'étend, facilitée par l'*asiento* et favorisée par les riches colons, qui supportent de plus en plus mal le système de l'exclusif. Ferdinand VI (1746-1759) et Charles III (1759-1788) tentent de renforcer

l'autorité de la métropole en même temps que de moderniser les colonies en instituant des intendants, sur le modèle français, et en améliorant l'enseignement. En 1778, l'Espagne acquiert les îles portugaises de Fernando Poo et d'Annobón (prémices de la Guinée espagnole), ce qui lui permet de reprendre en main la traite des Noirs, tandis que les échanges sont favorisés par l'extension, à de nouveaux ports américains, de l'autorisation de commercer avec la métropole. Cependant, l'aristocratie créole, écartée de toutes les hautes fonctions coloniales par la centralisation des Bourbons, suit avec intérêt l'accès à l'indépendance des treize colonies anglaises et la Révolution française. À la suite de l'invasion de l'Espagne par les Français (1808), les patriotes proclament l'indépendance dans toutes les régions du continent à partir de 1809. Mais, sauf dans le Río de la Plata, où triomphent les troupes de San Martín, les armées espagnoles contrôlent partout la situation. Aux prises avec des difficultés financières, l'Espagne vend la Floride aux État-Unis (1819), tandis que reprend l'offensive des armées d'indépendance, San Martín triomphant au Chili en (1817) et à Lima (1821), Sucre dans le haut Pérou, Bolívar en Nouvelle-Grenade, dont il fait la Grande Colombie ; au Mexique, Iturbide, ancien royaliste, proclame l'indépendance en 1821.
De son empire américain, l'Espagne ne conserve que Porto Rico et Cuba, qui lui échappent après la guerre hispano-américaine (traité de Paris, 1898), tandis que s'écroulent ses positions dans le Pacifique, où elle vend l'île de Guam et les Philippines aux États-Unis (1898), ainsi que les archipels des Mariannes, des Palaos (auj. Belau) et des Carolines à l'Allemagne (1899). La politique coloniale espagnole se reporte sur l'Afrique. L'Espagne obtient l'Ifni du Maroc (1860) puis occupe en 1884-1886 le Río de Oro, au S.-O. du Maghreb. En 1912 est établi le protectorat espagnol sur le Rif, d'où part en 1936 la rébellion du général Franco. Mais le Maroc espagnol recouvre son indépendance en même temps que le Maroc français (1956), l'Espagne restituant le Río de Oro en 1976. La Guinée espagnole devient indépendante en 1968.

ESPAGNOLADE n. f. Œuvre artistique ou littéraire où l'Espagne est représentée sous le rapport de son pittoresque.

ESPAGNOLETTE n. f. (de *espagnol*). **1.** Tige métallique à poignée, munie de crochets à ses extrémités, servant à fermer ou à ouvrir les châssis d'une fenêtre. – **2.** À l'époque Régence, buste de femme souriante, en bronze doré, dont sont souvent garnis les angles des meubles. – **3.** *Fermer une fenêtre à l'espagnolette,* en laissant les deux châssis entrouverts maintenus par la poignée.

ESPAGNOLISANT, E adj. Se dit d'un artiste, notamment d'un musicien, inspiré par le style espagnol.

ESPAGNOLISME n. m. Manière de voir et d'agir propre aux Espagnols.

ESPALIER n. m. (ital. *spalliera,* de *spalla,* épaule). **1.** Ligne d'arbres fruitiers disposés dans un plan vertical contre un mur, toutes les branches étant palissées. – **2.** Le mur lui-même contre lequel les arbres sont disposés. – **3.** Large échelle fixée à un mur, dont les barreaux sont utilisés pour des mouvements variés (échauffement et préparation à la compétition, gymnastique corrective, etc.).

ESPALION (12500), ch.-l. de cant. de l'Aveyron, sur le Lot ; 4 796 hab. *(Espalionais).* Église de Perse, romane, pont du XIIIe s. et autres témoignages du passé. Musée.

ESPALY-SAINT-MARCEL (43000), comm. de la Haute-Loire, faubourg occidental du Puy-en-Velay ; 3 890 hab. Papeterie. Une coulée basaltique forme les « orgues d'Espaly ».

España, rhapsodie pour orchestre d'E. Chabrier (1883), écrite sur des mélodies et des rythmes espagnols.

ESPAR n. m. (anc. fr. *esparre,* poutre, du gotiq. **sparra*). **1.** Pièce de gréement en bois, en métal ou en plastique moulé (mât, bôme, tangon, etc.). – **2.** Levier utilisé pour la manœuvre des canons et des mortiers lourds. – **3.** Longue et forte perche qui sert à soulever certains filets comme les échiquiers.

ESPARCETTE n. f. (provenç. *esparceto,* de l'anc. provenç. *espars,* espace). Nom du sainfoin dans certaines régions.

ESPARTERO (Baldomero), comte **de Luchana** et duc **de la Victoire,** général et homme d'État espagnol (Granátula, Ciudad Real, 1793 -Logroño 1879). Partisan d'Isabelle II, il remporta sur les carlistes la victoire de Luchana (1836) et signa avec leur chef Maroto la convention de Vergara (1839). Investi de la régence en 1840 après avoir évincé la régente Marie-Christine, il réprima plusieurs soulèvements et fut renversé en 1843.

ESPÈCE n. f. (lat. *species*). **1.** Ensemble d'individus animaux ou végétaux, vivants ou fossiles, à la fois semblables par leurs formes adultes et embryonnaires et par leur génotype, vivant au contact les uns des autres, s'accouplant exclusivement les uns aux autres et demeurant indéfiniment féconds entre eux. (→ *encycl.* Biol.) – **2.** Nature propre à plusieurs êtres vivants ou à plusieurs choses qui permet de les faire entrer dans une classe, une catégorie distincte des autres : *Il y a plusieurs espèces de délinquants. Les différentes espèces de couteaux.* – **3.** *Une espèce de,* indique une ressemblance entre une chose et une autre ; une sorte, un genre de : *Sa maison est une espèce de château.* – **4.** Renforce une injure adressée à qqn : *Tu pourrais faire attention, espèce d'idiot.* – **5.** En droit, point précis en litige ; cas particulier dont il s'agit. (On dit aussi CAS D'ESPÈCE.) – **6.** *De cette espèce, de son espèce,* de ce, de son genre : *Je me méfie des individus de son espèce.* ‖ *De la plus belle espèce,* indique un superlatif : *Un menteur de la plus belle espèce.* ‖ *En l'espèce,* en la circonstance, en l'occurrence. ‖ *Espèce humaine,* les êtres humains. ‖ *Espèce chimique,* élément ou combinaison chimique. ‖ *Grandeurs de même espèce,* grandeurs ayant les mêmes équations aux dimensions (ex. : travail et quantité de chaleur).

◆ **espèces** n. f. pl. **1.** Monnaie fiduciaire (billets) et divisionnaire (pièces métalliques) ayant cours légal. – **2.** Mélange de plusieurs plantes ou parties de plantes séchées et divisées en petits fragments pour être utilisé en tisanes. – **3.** *Espèces eucharistiques, Saintes Espèces* ou *Espèces,* apparences du pain et du vin après la consécration, selon la théorie catholique de la transsubstantiation. – **4.** *En espèces,* en argent liquide (par oppos. à *par chèque* ou *avec une carte de crédit*).

ENCYCL. **Biol.** Aux yeux des premiers grands classificateurs du monde vivant, Dieu a créé chaque espèce séparément en vue d'une éternelle fixité : « Les espèces sont aussi nombreuses que l'Être infini produisit, dès l'origine, de formes diverses » (Linné, 1738). Plusieurs espèces peuvent cependant se ressembler, et on leur attribue alors un *nom générique* commun, suivi pour chacune d'un *nom spécifique* distinct. C'est la « nomenclature binominale », instituée par Linné. (→ CLASSIFICATION.) Le critère de l'espèce est alors l'identité des générations successives, telle que l'exprime Cuvier : « L'espèce est une collection de tous les êtres organisés nés les uns des autres ou de parents communs, et de ceux qui leur ressemblent autant qu'ils se ressemblent entre eux. » Pour Buffon, le critère de l'espèce est « la succession constante des individus par la génération ». Mais les premiers évolutionnistes réagissent contre cette conception de l'espèce : « Je considère le terme d'espèce comme arbitrairement donné par pure commodité... » écrit Darwin.

Au XXe s., les définitions de l'espèce deviennent souvent négatives : « Toute espèce est isolée des autres espèces au point de vue de la reproduction » (Mayr, 1942), et l'on s'intéresse surtout aux conditions de la spéciation*, c'est-à-dire de l'apparition d'une nouvelle espèce, tandis que les critères génétiques dominent la recherche. On divise éventuellement l'espèce en *sous-espèces,* variétés ou races, mais ces subdivisions sont généralement interfécondes. L'amixie reste bien la frontière entre les espèces.

ESPELETTE (64250), ch.-l. de cant. des Pyrénées-Atlantiques, à l'O.-S.-O. de Cambo-les-Bains ; 1 664 hab. Église et maisons basques typiques.

ESPENILLE n. m. Arbre d'Amérique centrale et des Antilles, dont le bois est utilisé en ébénisterie, tournage et placage.

ESPÉRANCE n. f. (de *espérer*). **1.** Sentiment de confiance en l'avenir, qui porte à attendre avec confiance la réalisation de ce qu'on désire ; espoir : *Vivre dans l'espérance. L'espérance d'un bel avenir.* – **2.** Personne ou chose qui est l'objet de cette attente : *Vous êtes mon unique espérance.* – **3.** *Contre toute espérance,* alors que plus personne ne l'espérait. • **Démogr.** *Espérance de vie,* pour une population et une époque données, durée moyenne de la vie. (→ *encycl.*) – **Probab.** *Espérance mathématique d'une variable aléatoire continue* X, intégrale, quand elle est absolument convergente,

$$E(X) = \int_{-\infty}^{+\infty} t f(t) dt,$$

$f(t)$ désignant la densité de probabilité de la variable aléatoire X. ‖ *Espérance mathématique d'une variable aléatoire discrète* X, moyenne arithmétique pondérée des valeurs possibles x_i de la variable X par leur probabilité p_i : $E(X) = \sum_i p_i x_i$. (On note aussi $\overline{X}$ l'espérance mathématique de X, appelée parfois moyenne.) – **Théol.** Vertu théologale par laquelle le chrétien adhère à Dieu en tant que fin suprême de l'homme afin d'obtenir la grâce divine et l'éternelle union à Dieu. (L'espérance chrétienne est fondée sur la certitude de foi dans la parole de Dieu en la personne de Jésus-Christ.)

◆ **espérances** n. f. pl. **1.** Désir, attente, aspirations : *Caresser de vastes espérances.* – **2.** *Litt.* Ce que l'on attend sous forme d'héritage possible : *Elle avait des espérances du côté d'une tante.*

ENCYCL. **Démogr.** L'*espérance de vie* peut être établie, à partir des tables de mortalité, pour un âge quelconque. De manière générale, l'espérance de vie à l'âge *x* est le nombre moyen d'années qui restent à vivre à une personne d'âge *x*. Une grande variabilité caractérise cet indicateur démographique, selon les conditions historiques, géographiques et socio-économiques des populations concernées. En France, l'espérance de vie à la naissance était, en 1994, de 73,6 ans pour les hommes et de 81,8 ans pour les femmes, ce qui met en évidence l'importance de la surmortalité masculine. En 1900, l'espérance de vie à la naissance était de 43,4 ans pour les hommes et de 47 ans pour les femmes. Cette progression de l'espérance de vie à la naissance est due, pour l'essentiel, à la réduction de la mortalité infantile et des décès des jeunes enfants, ainsi qu'aux progrès de la médecine, qui ont considérablement amélioré l'état sanitaire des personnes âgées.

ESPÉRANDIEU (Jacques Henri), architecte français (Nîmes 1829 - Marseille 1874). Élève de Vaudoyer, il a travaillé à la cathédrale de Marseille et a notamment réalisé dans cette ville N.-D.-de-la-Garde, à la polychromie « orientalisante » (1853-1864), et le palais de Longchamp (1862).

ESPÉRANDIEU (Émile), officier et archéologue français (Saint-Hippolyte-de-Caton, Gard, 1857 - Avignon 1939). Auteur d'un monumental *Recueil général des bas-reliefs, statues et bustes de la Gaule romaine,* il fut conservateur des musées de Nîmes.

ESPÉRANTISME n. m. Mouvement prônant l'utilisation de l'espéranto.

ESPÉRANTISTE adj. et n. Relatif à l'espéranto, à l'espérantisme ; personne qui connaît, pratique l'espéranto.

ESPÉRANTO n. m. (de *Esperanto,* pseudonyme de Zamenhof, signifiant « celui qui espère »). Langue auxiliaire internationale créée vers 1887 par L. L. Zamenhof.
ENCYCL. Le manuel *Langue internationale* (1887) puis le *Fundamento de esperanto* (1905) exposent les 16 règles fondamentales et les 917 racines de base de l'espéranto (un seul article, *la ;* substantif terminé en *-o ;* adjectif terminé en *-a ;* pluriel en *-j ;* verbes invariables en personne et en nombre ; adverbes terminés en *-e ;* accent tonique sur la pénultième, etc.). Le lexique est formé par composition et dérivation à partir de racines stables et grâce à 9 préfixes et 38 suffixes. Les racines sont empruntées principalement aux langues romanes.

ESPÉRANTOPHONE adj. et n. Qui parle l'espéranto.

ESPÉRAZA (11260), comm. de l'Aude, sur l'Aude, en amont de Couiza ; 2 271 hab. Chapellerie. Plastiques.

ESPÉRER v. t. (lat. *sperare*) [conj. **18**]. **1.** Considérer comme capable de se réaliser un événement, un acte, etc., qui est désiré, attendu ; compter sur : *Espérer le succès. Il espérait qu'elle reviendrait.* — **2.** Escompter, attendre qqch de qqn ou de qqch, tabler sur qqn, qqch pour accomplir un souhait : *Je n'en espérais pas tant de lui.* — **3.** Aimer à croire, à penser qqch : *J'espère avoir été compris.* — **4.** *Laisser espérer qqch,* le promettre : *Ce temps laisse espérer que le week-end sera agréable.* ‖ *On ne vous espérait plus,* on ne vous attendait plus (en parlant à qqn qui est très en retard).
◆ v. t. ind. Mettre sa confiance en qqn, en qqch, compter sur eux : *J'espère en des temps meilleurs.*
◆ v. i. Garder l'espoir, avoir confiance : *Continuez d'espérer, rien n'est perdu.*

ESPERLUETTE n. f. Signe (&) abréviatif de *et,* formé par ligature de ces deux lettres.

ESPÉROU (l'), sommet des Cévennes, au S. de l'Aigoual ; 1 417 m. Exploitation forestière. Station d'été et de sports d'hiver au *hameau de l'Espérou* (1 230 m).

ESPIÈGLE n. et adj. (all. *Till Eulenspiegel,* n. pr.). Personne vive, éveillée, malicieuse, mais sans méchanceté (se dit surtout des enfants).
◆ adj. Qui dénote une malice sans méchanceté ; malin : *Une réponse espiègle.*

ESPIÈGLERIE n. f. Caractère d'espiègle ; tour d'espiègle ; farce, gaminerie : *Espiègleries d'enfant.*

ESPINA (Concha), romancière espagnole (Santander 1877 - Madrid 1955). Ses romans passionnés se situent en Biscaye et dans les monts Cantabriquees (*la Rose des vents,* 1915).

ESPINAS (Alfred Victor), philosophe français (Saint-Florentin, Yonne, 1844 - *id.* 1922). Il a proposé une théorie de l'action humaine, ou praxéologie. Il a écrit notamment *les Origines de la technologie* (1897).

ESPINASSE (Charles Esprit Marie), général français (Saissac 1815 - Magenta 1859). Il fut un des agents du coup d'État du 2 déc. 1851. Ministre de l'Intérieur après l'attentat d'Orsini (1858), il fut tué à l'attaque de Magenta (1859).

ESPINEL (Vicente), écrivain espagnol (Ronda 1550 - Madrid 1624). Poète, musicien (il ajouta une cinquième corde à la guitare), il écrivit un roman d'aventures, *Marcos de Obregón* (1618), dont Lesage s'est inspiré dans *Gil Blas.*

ESPINGOLE n. f. (anc. fr. *espringale,* du moyen néerl. **springelen,* sauter). **1.** Gros fusil à canon évasé (XVIe s.). — **2.** Petite bouche à feu, au canon évasé, dont on garnissait les hunes au temps de la marine à voile, avant l'abordage.

ESPINGOUIN adj. et n. Terme pop. et raciste pour désigner un Espagnol.

ESPINHAÇO *(serra do),* massif montagneux, minéralisé (fer, manganèse, etc.) du Brésil (État de Minas Gerais) ; 2 033 m à l'Itambé.

ESPINOSA (Diego de), prélat et homme d'État espagnol (Martín Muñoz de las Posadas, Vieille-Castille, 1502 - Madrid 1572). Inquisiteur général (1566), cardinal (1568), chef du Conseil d'État sous Philippe II, il fut l'inspirateur du décret qui provoqua l'insurrection des morisques (1568).

ESPINOUSE *(monts de l'),* montagne boisée ou, surtout, couverte de landes du sud du Massif central (dép. de l'Hérault), dominant la vallée du Jaur, affluent de l'Òrb ; 1 124 m.

ESPION, ONNE n. (anc. fr. *espier,* épier, avec l'infl. de l'ital. *spione*). **1.** Personne chargée de recueillir des renseignements dans un pays au bénéfice d'une puissance étrangère ; agent secret. – **2.** Personne qui guette les actions de qqn pour essayer de surprendre ses secrets : *Il se croit entouré d'espions.* – **3.** Apposé à un nom (avec ou sans trait d'union), désigne ce qui est chargé de recueillir secrètement des renseignements sur un pays étranger : *Satellite(-) espion.*

ESPIONNAGE n. m. **1.** Recherche de renseignement, accomplie par qqn au profit d'une nation étrangère et dont l'exploitation peut nuire à la défense nationale. – **2.** Action d'espionner, d'épier qqn, un groupe ; surveillance secrète et désobligeante. – **3.** *Espionnage industriel,* recherche de renseignements concernant les procédés de fabrication industriels.

ESPIONNER v. t. (conj. 3). **1.** Chercher à surprendre les secrets d'une puissance étrangère par une activité d'agent secret. – **2.** Surveiller avec malveillance les faits et gestes de qqn, guetter qqn pour surprendre ses secrets au profit d'un tiers ou de soi-même : *Espionner sa femme.* – **3.** Chercher à savoir ce qu'un concurrent, un service étudient, fabriquent.

ESPIONNITE n. f. *Fam.* Attitude de ceux qui se croient espionnés, qui voient des espions partout.

ESPÍRITO SANTO, État du Brésil oriental, sur l'Atlantique ; 45 597 km^2 ; 2 598 231 hab. Cap. *Vitória.* Région surtout montagneuse et forestière au climat chaud et humide. Café. Fer (vallée du rio Doce).

ESPIRITU SANTO ou **SAINT-ESPRIT,** anc. **Marina,** la plus grande île de l'archipel de Vanuatu ; 4 860 km^2 ; 4 000 hab.

ESPLANADE n. f. (ital. *spianata,* de *spianare,* aplanir, du lat. *explanare,* de *planus,* plane). **1.** Terrain plat, uni et découvert, séparant une citadelle des premières maisons de la ville, pour dégager les vues et les champs de tir de la défense. – **2.** Vaste espace libre en avant d'un édifice.

ESPOIR n. m. (de *espérer*). **1.** Fait d'espérer, d'attendre avec confiance la réalisation de qqch ; espérance : *L'espoir d'une récompense. J'ai l'espoir de le voir revenir.* – **2.** Sentiment qui porte à espérer : *Être plein d'espoir.* – **3.** Personne ou chose dans laquelle on espère : *Tu es mon dernier espoir.* – **4.** Personne qui présente toutes les qualités nécessaires pour réussir dans un domaine déterminé : *C'est un espoir du tennis.* – **5.** *Avoir (bon) espoir que,* espérer la réussite de qqch. ‖ *Dans l'espoir de, que,* en espérant, dans la pensée de ou que (en partic. dans les formules en fin de lettre). ‖ *Il n'y a plus d'espoir,* se dit en parlant de qqn qui va mourir. ‖ *Sans espoir,* se dit d'une situation qui n'a aucune chance de se terminer heureusement.

Espoir *(l'),* roman d'André Malraux (1937). Chronique de la guerre d'Espagne, vue du côté républicain, et de l'expérience qu'en a tirée l'auteur : l'espoir de l'homme, c'est la fraternité des combattants. Malraux a tourné lui-même, en 1938, le film qui porte ce titre.

ESPOLETTE ou **ESPOULETTE** n. f. (ital. *spoletta,* de *spola,* navette). **1.** Dans les fusées de guerre, tube gradué en durées, par lequel le feu se transmettait à la charge du projectile. – **2.** Dans un artifice, élément qui déclenche l'inflammation au bout d'un temps déterminé.

ESPONTON n. m. (ital. *spuntone,* pique, de *punta,* pointe). Demi-pique en usage dans l'armée française du XVIe au XIXe s.

ESPOO ou **ESBO,** v. de Finlande, grande banlieue ouest d'Helsinki ; 145 000 hab.

ESPRESSIONE (CON) [kɔnɛsprɛsione] loc. adv. (mots ital.). En musique, de manière expressive.

ESPRESSIVO adv. (ital. *espressivo,* expressif). En musique, de manière expressive, chaleureuse.

ESPRINGALE n. f. (all. *springen,* jaillir). **1.** Machine de guerre du Moyen Âge montée sur chariot et qui lançait des carreaux ou des boulets de plomb. – **2.** Au XVe s., petit canon de cuivre.

ESPRIT n. m. (lat. *spiritus,* souffle). **1.** Partie incorporelle de l'être humain, par oppos. au corps, à la matière. (→ *encycl.*) – **2.** Être immatériel, revenant, fantôme, qui est supposé se manifester sur terre : *Château hanté par les esprits.* – **3.** Principe de la vie psychique, intellectuelle ; capacités intellectuelles, intelligence : *Avoir l'esprit pénétrant.* – **4.** Siège de la pensée, des idées : *Une idée me vient à l'esprit.* – **5.** Disposition particulière, aptitude de qqn à faire preuve de qqch, à s'intéresser à qqch : *Il a l'esprit d'entreprise.* – **6.** Sens général qui résulte d'un texte, d'un propos, d'un comportement, intentions profondes qui s'y expriment : *La décision de l'arbitre est conforme à l'esprit du règlement.* – **7.** Personne considérée sous le rapport de ses facultés intellectuelles, de ses dispositions, de ses manières de penser : *Nous avons besoin d'esprits novateurs.* – **8.** Manière originale, ingénieuse, d'envisager les choses ; humour, ironie : *Une remarque pleine d'esprit.* – **9.** *Avoir bon esprit,* être dans de bonnes dispositions envers les autres ; se soumettre volontiers aux conditions imposées ; interpréter les choses d'une manière positive. ‖ *Avoir de l'esprit* *jusqu'au bout des ongles, comme quatre,* être très spirituel. ‖ *Avoir l'esprit à,* être dans des dispositions propices pour : *Je n'ai pas l'esprit à rire.* ‖ *Avoir l'esprit ailleurs,* être distrait, penser à autre chose. ‖ *Avoir l'esprit large, étroit,* être libéral, ouvert, sans préjugés ou sectaire, sans générosité. ‖ *Avoir mauvais esprit,* avoir tendance à juger les autres avec malveillance, à ne pas accepter la règle commune ; interpréter les choses d'une manière négative. ‖ *Bel esprit,* personne qui cherche avec affectation à se montrer spirituelle. ‖ *Dans mon esprit,* selon mon point de vue. ‖ *Dans un esprit de,* dans l'intention, le but de : *Dans un esprit de vengeance.* ‖ *En esprit,* en pensée, en imagination. ‖ *Esprit faux,* personne qui raisonne mal. ‖ *Esprit fort,* personne qui brave les idées reçues, l'opinion commune. ‖ *État d'esprit,* dispositions, opinion à l'égard de qqn ou de qqch. ‖ *Faire de l'esprit,* saisir avec affectation l'occasion de se montrer spirituel. ‖ *Homme, femme d'esprit,* personne cultivée, intelligente, qui sait parfaitement adapter sa conduite aux circonstances. ‖ *L'esprit divin,* Dieu. ‖ *L'esprit du temps, de l'époque,* la mentalité de cette époque. ‖ *Mauvais esprit,* individu indiscipliné, non conformiste, élément de trouble dans une collectivité. ‖ *Mot d'esprit, trait d'esprit,* pensée, remarque fine, ingénieuse, brillante. ‖ *Où ai-je l'esprit ?,* formule de politesse pour s'excuser d'un oubli, d'une inattention. ‖ *Pauvre d'esprit, simple d'esprit,* personne peu intelligente sinon débile mental. ‖ *Perdre l'esprit,* perdre la raison, devenir fou. ‖ *Perdre ses esprits,* être en proie à un grand trouble ; s'évanouir. ‖ *Pur esprit,* personne qui se veut en dehors de toute contingence matérielle. ‖ Litt. *Rendre l'esprit,* mourir. ‖ *Reprendre ses esprits,* se remettre d'un grand trouble ou d'un évanouissement. ‖ *Sans esprit de retour,* sans désir de revenir à un état antérieur ; définitivement. • **Alch.** Principe vital. — **Chim.** Nom ancien de corps facilement volatils produits par distillation, particulièrement les eaux-de-vie. — **Dent.** Point qui passe alternativement au-dessus et au-dessous de chacun des fils et forme ainsi un point de fond ou un point ornemental (notamment dans le tulle). — **Ling.** Signe diacritique particulier à la langue grecque, qui se place sur la première lettre des mots commençant par une voyelle ou la consonne ρ et sur la deuxième voyelle des mots commençant par une diphtongue. (On distingue l'*esprit doux* [᾿], qui ne correspond à aucun phonème, et l'*esprit rude* [῾], qui correspond à une aspiration.) — **Occult.** Ange bon ou mauvais, élémentaire, âme de défunt. — **Théol.** *Esprits bienheureux,* les âmes des saints. ‖ *Esprits célestes,* les anges. ‖ *Esprit malin, esprit des ténèbres,* le démon. ‖ *Esprit saint,* syn. de SAINT-ESPRIT.

◆ **esprits** n. m. pl. Les gens, les personnes, considérés sous l'angle de leurs dispositions : *Les esprits sont échauffés.*

esprit *(De l'),* ouvrage d'Helvétius (1758), dans lequel il expose que les idées sont issues des sensations (matérialisme) et que les individus naissent égaux, seule l'éducation venant les distinguer et les séparer.

Esprit, revue mensuelle, fondée en oct. 1932 par Emmanuel Mounier, qui voulait y exprimer les aspirations et les points de vue d'un catholicisme d'avant-garde, autour d'une philosophie personnaliste.

esprit des lois *(De l'),* ouvrage de Montesquieu (1748), dans lequel il montre les rapports qu'entretiennent les lois politiques avec la Constitution des États, les mœurs, la religion, le commerce, le climat et la nature des sols des pays.

ESPRIU (Salvador), écrivain espagnol de langue catalane (Santa Coloma de Farnés 1913 - Barcelone 1985). Chef de file des poètes catalans après la guerre civile, il a exprimé sur le mode élégiaque ou satirique le difficile destin de son peuple (*Cimetière de Sinera,* 1946 ; *la Fin du labyrinthe,* 1955 ; *Semaine sainte,* 1971).

ESPRONCEDA (José DE), poète espagnol (Almendralejo 1808 - Madrid 1842). Un des plus grands poètes romantiques de l'Espagne, il laissa inachevé un ambitieux poème, *le Diable-Monde* (1841), satire des milieux sociaux madrilènes.

ESPUNDIA n. f. (esp. *espundía*). Forme grave et parfois mortelle de la leishmaniose cutanéomuqueuse du Nouveau Monde, qu'on rencontre en Amérique du Sud. (L'atteinte du nez, de la bouche et parfois du palais entraîne une mutilation profonde.)

ESQUARRE ou **ESCARRE** n. f. (de *équerre*). Pièce héraldique en forme d'équerre, bordant les côtés intérieurs d'un franc quartier.

ESQUIF n. m. (ital. *schifo*). *Litt.* Embarcation légère de très petite dimension.

ESQUILIN *(mont),* en lat. **Esquilinus mons,** une des sept collines de Rome, située à l'E. de la ville, sur la rive gauche du Tibre. Le rempart attribué à Servius Tullius coupait en deux l'Esquilin. À l'époque augustéenne, la colline fut recouverte d'un épais remblai de terre et assainie par des plantations et des jardins.

ESQUILLE n. f. (lat. *schidia,* copeau, du gr. *skhidza*). **1.** Petit fragment d'un os fracturé. — **2.** Petit éclat de bois.

ESQUILLEUX, EUSE adj. **1.** Se dit d'une fracture qui présente des esquilles. — **2.** Syn. de ÉCAILLEUX.

ESQUIMALT, port du Canada (Colombie britannique), dans le sud de l'île de Vancouver ; 16 000 hab. Quartier général et station de la flotte canadienne du Pacifique.

1. ESQUIMAU, AUDE adj. et n. Relatif aux Esquimaux. (Syn. INUIT.)

◆ **esquimau** ou **eskimo** n. m. Langue parlée par les Esquimaux.

ENCYCL. L'esquimau est parlé par env. 90 000 locuteurs sur une très vaste aire géographique avoisinant les régions polaires : Groenland (où il est utilisé dans l'enseignement et dans les médias), Canada, Alaska, Sibérie orientale. Il se divise en deux grandes aires dialectales : le yupik (sud de l'Alaska et Sibérie) et l'inupik (ou inuktitut) [nord de l'Alaska, Canada, Groenland]. Le trait le plus caractéristique des dialectes esquimaux est l'importance de la suffixation : un mot peut équivaloir à une phrase complète, car il est composé d'éléments accessoires, ayant chacun un sens différent, qui viennent s'agglutiner à un élément lexical de base.

2. ESQUIMAU n. m. (n. déposé). Crème glacée enrobée de chocolat ou glace à l'eau moulée, fixée sur un bâtonnet.

ESQUIMAU-ALÉOUTE ou **ESKIMO-ALEUT** n. m. Famille de langues réunissant l'esquimau et les dialectes aléoutes.

ESQUIMAUTAGE n. m. (de *esquimau*). Acrobatie d'un kayakiste qui se retourne dans l'eau avec son embarcation et se redresse ensuite.

ESQUIMAUX ou **ESKIMOS** ou **INUIT,** peuple estimé à 100 000 individus installés sur les rives du détroit de Béring et de la baie d'Hudson, en Alaska, au Groenland et au Canada. Unis culturellement et linguistiquement, les Inuit se répartissent sur un vaste territoire et forment une société sans État. Les contraintes climatiques exercent une influence prépondérante tant sur leur culture que sur leur organisation sociale. La pêche et la chasse (caribous, animaux à fourrure) se pratiquent en été. La famille, restreinte, vit alors sous une tente en peaux de phoque. L'hiver, les Inuit chassent le morse et le phoque (nourriture, huile, ivoire, cuir) et habitent de longues maisons de bois, ou creusées sous la neige, partagées par plusieurs familles.
Les gravures (ivoire, os), les masques et les rites (fête des morts, solstice hivernal) témoignent d'une vie collective intense, aujourd'hui en proie à l'ethnocide feutré de quelques États, qui, se disputant d'importantes ressources énergétiques et minérales, dévastent les zones de pêche, scolarisent les enfants et prolétarisent les parents.
En juill. 1980, les Inuit ont réuni une conférence pour définir les modalités d'une éventuelle coopération avec les États dont ils font partie. En nov. 1992, le gouvernement canadien leur accorde la propriété d'un territoire de plus de 350 000 km², le Nunavut, dans les Territoires du Nord-Ouest.

ESQUINTANT, E adj. Très fatigant ; éreintant : *Course esquintante.*

ESQUINTER v. t. (provenç. *esquinta,* déchirer, du lat. pop. **exquintare,* mettre en cinq) [conj. 3]. *Fam.* **1.** Fatiguer qqn beaucoup, l'éreinter : *Cette promenade m'a esquinté, je n'en peux plus.* — **2.** Abîmer, détériorer, endommager : *Esquinter sa voiture.* — **3.** Critiquer qqn, une œuvre avec violence : *Les critiques ont esquinté la pièce.*

ESQUIRE [ɛskwajr] n. m. (angl. *esquire,* du fr. *écuyer*). Ancien titre anglais, qui était le plus bas titre de noblesse en Angleterre. (Ce titre, dans sa forme ancienne, n'est plus utilisé aujourd'hui que comme formule de politesse épistolaire.) [Syn. SQUIRE.]

ESQUIROL (Jean Étienne Dominique), médecin français (Toulouse 1772 - Paris 1840). Disciple de P. Pinel, il poursuivit le travail nosographique de celui-ci en distinguant par ex. idiotie et démence, hallucinations et illusions. Il attribue un rôle prépondérant mais non exclusif aux causes psychiques dans l'origine des maladies mentales.

ESQUISSE n. f. (ital. *schizzo,* de *schizzare,* jaillir). **1.** Première forme, traitée à grands traits et généralement en dimensions réduites, de l'œuvre projetée. (Ce peut être un dessin, une peinture, un modelage. L'esquisse est à distinguer de l'*ébauche,* qui est l'œuvre même au premier stade de son exécution.) — **2.** Indications générales, aperçu sur une question, plan sommaire ; ébauche : *Il nous a donné une esquisse de ses projets.* — **3.** Ce qui n'est qu'ébauché ; commencement d'une action : *L'esquisse d'un sourire.*

ESQUISSER v. t. (ital. *schizzare*) [conj. 3]. **1.** Réaliser l'esquisse de qqch : *Esquisser un portrait.* — **2.** Tracer le plan d'une œuvre à grands traits, en donner un premier aperçu, décrire sans approfondir : *Esquisser l'intrigue d'un roman.* — **3.** Commencer un geste, un mouvement sans l'achever : *Esquisser un pas de danse.*

ESQUIVE n. f. (de *esquiver*). Action d'éviter un coup, une attaque, par un déplacement du corps ; mouvement fait pour esquiver.

ESQUIVER v. t. (ital. *schivare* ou esp. *esquivar,* éviter) [conj. 3]. **1.** Éviter un coup, une attaque avec adresse : *Boxeur qui esquive une droite de son adversaire.* — **2.** Se dérober, se soustraire habilement à qqch : *Esquiver une visite ennuyeuse.* — **3.** Écarter une difficulté, un problème sans les résoudre.

◆ **s'esquiver** v. pr. Se retirer, s'échapper furtivement ; filer à l'anglaise.

ESRO (sigle de *European Space Research Organization*), ancienne organisation spatiale européenne, créée en 1962, pour la réalisation de satellites scientifiques. Entre 1968 et 1972, sept satellites réalisés par elle ont été mis sur orbite par des fusées américaines. En 1973, elle a fusionné avec l'ELDO* pour donner naissance à l'ESA*.

ESSAI n. m. (bas lat. *exagium,* pesée). **1.** Opération destinée à s'assurer des caractéristiques ou des qualités de qqch : *Faire l'essai d'un produit.* (→ encycl. Techn.) – **2.** Action entreprise en vue de réaliser, d'obtenir qqch, sans être sûr du résultat ; tentative : *Après plusieurs essais de conciliation, j'ai dû abandonner.* – **3.** Première production de qqn qui débute dans un genre littéraire ou dans un domaine particulier : *Ces quelques chapitres ne sont qu'un modeste essai.* – **4.** Ouvrage regroupant des réflexions diverses ou traitant un sujet qu'il ne prétend pas épuiser ; genre littéraire constitué par ce type d'ouvrages. – **5.** *À l'essai,* avec faculté de refuser la personne ou de rendre la chose si l'épreuve n'est pas satisfaisante : *Prendre un collaborateur à l'essai.* || *Coup d'essai,* première tentative, premier ouvrage par lequel on se fait remarquer. • **Aéron.** *Essai en soufflerie,* essai exécuté dans une soufflerie aérodynamique sur une maquette de l'avion étudié, pour en connaître les qualités aérodynamiques. || *Essais statiques,* essais que subissent les pièces entrant dans la construction d'un avion, puis l'ensemble de la cellule, en vue de déterminer les limites exactes de résistance. || *Essai en vol,* vérification en vol de l'ensemble des qualités d'un avion, depuis la stabilité jusqu'à la rentabilité commerciale pour les avions civils ou la bonne adaptation aux missions de guerre pour les avions militaires. – **Bât.** et **Trav. publ.** *Essais de construction,* essais statiques qui se font en surchargeant l'ouvrage et en mesurant les déformations de chaque élément. – **Chim.** Analyse d'un phénomène chimique ou physique. || *Tube à essai,* petite éprouvette servant aux expériences en chimie. – **Cin.** *Cinéma d'essai,* salle présentant des films d'avant-garde. – **Déf.** *Essai nucléaire,* expérience destinée à tester les armes nucléaires. (→ *encycl.*) – **Dr.** Période prévue dans le contrat de travail et préalable à l'engagement définitif, pendant laquelle les parties peuvent se rétracter sans formalité ni préavis. – **Industr.** *Essai de durée de vie* ou *de vieillissement,* essai ayant pour objet de vérifier la durée probable de vie, dans des conditions spécifiées de fonctionnement, d'un composant ou d'un dispositif. || *Essai d'endurance,* essai effectué sur un dispositif pendant un temps et dans un but déterminés. – **Matér.** *Essai d'affaissement* ou *essai d'Abrams,* essai pour la mesure de la consistance d'un béton frais. || *Essai Proctor,* essai permettant de déterminer, en laboratoire, la teneur en eau d'un terrain correspondant à sa compacité maximale. – **Minér.** Analyse permettant de définir, de contrôler la nature ou les constituants d'un minerai, d'une roche, etc., notamment en vue d'une exploitation industrielle éventuelle. – **Monn.** Chacun des premiers exemplaires d'une nouvelle pièce métallique, frappée après la mise au point des instruments de frappe. – **Orfèvr.** Analyse chimique ayant pour objet de vérifier le titre d'un alliage de métal précieux. – **Psychol.** *Apprentissage par essais et erreurs,* apprentissage dans lequel l'individu, placé dans une situation qui lui pose problème, donne un certain nombre de réponses (essais) qui le conduisent soit à atteindre son but, soit à des échecs (erreurs), puis sélectionne progressivement la bonne réponse. – **Sports.** Au rugby, action de déposer le ballon ou de le plaquer au sol le premier dans l'en-but adverse (4 points au rugby à quinze et au rugby à treize). [La transformation de l'essai apporte 2 points supplémentaires.] || En athlétisme, chacune des tentatives auxquelles ont droit les participants dans les concours. || Dans les courses automobiles, séance d'entraînement organisée sur le circuit même, en général la veille ou l'avant-veille d'une compétition, et dont le résultat commande l'ordre des départs. || *Essai de pénalisation,* au rugby, essai accordé par l'arbitre (au milieu des poteaux), à la suite d'une irrégularité de l'adversaire sans laquelle il aurait été marqué. – **Therm.** *Essai à froid,* syn. de ÉPREUVE.

ENCYCL. **Déf.** Le premier *essai nucléaire* américain eut lieu le 16 juill. 1945 à Alamogordo (Nouveau-Mexique), suivi par l'U. R. S. S. (1949), la Grande-Bretagne (1952), la France (1960), la Chine (1964) et plus récemment l'Inde (1974). Les protestations de la communauté internationale, devant la contamination de l'environnement liée à la radioactivité induite par les explosions aériennes, ont conduit les principales puissances nucléaires à poursuivre leurs essais en site souterrain.

– **Techn.** Les essais mécaniques, micrographiques, chimiques ou physiques nécessitent souvent des *essais destructifs,* impliquant le découpage de la pièce à tester. Les *essais non destructifs* (ou contrôles non destructifs) permettent de caractériser en partie les pièces industrielles sans les détruire, de façon à les conserver utilisables pour un usage précis.

Parmi les essais destructifs, on distingue par exemple les *essais mécaniques :* traction, dureté,

résilience (choc) ; les *essais technologiques :* compression, pliage, torsion ; les *essais physiques :* densité, dilatation, macro- et micrographie, trempabilité ; les *essais chimiques :* corrosion.
Exemples d'essais non destructifs : radiographie et gammagraphie, ultrasons, magnétoscopie, émission acoustique.
Les essais de machines consistent surtout en des mesures de rendement, de puissance et de précision. Les *essais d'épreuve* ont pour objet de vérifier la fabrication et de s'assurer de la sécurité.
Dans les textiles, les *essais d'identification* sont pratiqués sur matières brutes, fils ou tissus, par examen microscopique, par essais de combustion (reconnaissance par l'odeur dégagée et la nature des cendres), ou par réactions chimiques. Les *essais mécaniques et physiques* sont pratiqués sur fibres, fils et étoffes. Les plus classiques visent à déterminer : pour les fibres, leurs dimensions et leur résistance ; pour les fils, leur titre, leur régularité, leur perméabilité à l'air, leur froissabilité, leur résistance et la solidité de leurs teintes.

Essai sur les mœurs et l'esprit des nations, ouvrage de Voltaire (1756). C'est une histoire universelle, rapide, mais très documentée, qui fait suite, tout en s'y opposant, à celle de Bossuet.

Essais, ouvrage de Michel de Montaigne. L'auteur se livre à une méditation sur l'« humaine condition » et sur l'art de vivre selon la nature, à partir de réflexions que ses lectures et son expérience de la vie lui ont inspirées. L'ouvrage a été publié en deux volumes en 1580, et réimprimé en 1582. La troisième édition (1588), qui est conservée à la Bibliothèque municipale de Bordeaux, comporte plus de six cents ajouts au corpus existant ainsi qu'un troisième livre. La dernière édition, augmentée et posthume, a été publiée en 1595 par Pierre de Brach et Mlle de Gournay.

ESSAIM n. m. (lat. *examen, -inis,* de *exigere,* pousser dehors). **1.** Troupe nombreuse d'insectes de la même espèce, en particulier groupe d'abeilles qui se sépare de la colonie originelle pour fonder une nouvelle société. (Les essaims sont généralement formés d'ouvrières et de quelques reines.) – **2.** *Litt.* Grande quantité de personnes, de choses qui se déplacent : *Un essaim d'écoliers.* – **3.** Ensemble groupé de météorites, souvent associées à l'orbite d'une comète périodique, et dont l'arrivée dans l'atmosphère terrestre peut donner lieu à une averse météorique.

ESSAIMAGE n. m. **1.** Chez les insectes sociaux, abandon de la colonie surpeuplée par un groupe d'individus, qui vont ensemble fonder une nouvelle société. (→ *encycl.*) – **2.** Action d'essaimer, de fonder des colonies, en parlant d'une collectivité : *L'essaimage des Phéniciens et des Grecs sur le littoral méditerranéen.*
ENCYCL. **Apic.** L'essaimage se produit lorsque, après la reprise de la ponte de la reine au printemps, le nombre des abeilles d'une ruche augmente. Lorsqu'une cellule de reine est sur le point de s'ouvrir, l'ancienne reine quitte la ruche accompagnée de nombreuses abeilles (10 000 à 40 000), formant ainsi un essaim.

ESSAIMER v. i. (de *essaim*) [conj. **4**]. **1.** En parlant des jeunes abeilles, quitter la ruche pour former une colonie nouvelle. – **2.** En parlant des ruches, se diviser par l'émigration du nouvel essaim. – **3.** *Litt.* En parlant d'une famille, d'un groupe, de leurs membres, émigrer, se disperser : *Les Irlandais ont essaimé en Amérique du Nord.* – **4.** En parlant d'une firme, installer qqpart de nouvelles filiales.

ESSAOUIRA, en ar. **al-Suwayra,** anc. **Mogador,** port et station balnéaire du Maroc, sur l'Atlantique ; 30 100 hab. Le port fut construit sur un plan européen en 1765 par le sultan Muḥammad III ibn 'Abd Allāh. Vestiges antiques. Pêche. Conserveries.

ESSART n. m. (bas lat. *exsartum,* de *exsarire,* défricher). Terrain essarté.

ESSARTAGE ou **ESSARTEMENT** n. m. **1.** Défrichement d'un terrain boisé en vue de sa mise en culture temporaire ou permanente. (→ *encycl.*) – **2.** Servitude des propriétaires de forêts, qui doivent enlever les bois et broussailles sur une largeur de 20 m de part et d'autre des grandes routes.
ENCYCL. Dans l'essartage, on abat les arbres et on brûle les végétaux qui ne sont pas évacués. Les cendres sont répandues sur le sol qui est ensuite ensemencé ou planté. Les travaux du sol sont réduits et les cultures sont maintenues pendant quelques années. Le terrain est ensuite rendu à la forêt. Culture itinérante, l'essartage est très répandu dans les régions tropicales.

ESSARTER v. t. (de *essart*) [conj. 3]. Pratiquer l'essartage.

ESSARTS (Les) [85140], ch.-l. de cant. de la Vendée, dans le Bocage vendéen ; 3 925 hab. *(Essartais).*

ESSARTS (DES) → DES ESSARTS.

ESSARTS (Nicolas D'HERBERAY DES) → HERBERAY DES ESSARTS (Nicolas d').

ESSARTS-LE-ROI (Les) [78690], comm. des Yvelines, à 10 km au N.-N.-E. de Rambouillet ; 5 582 hab.

ESSAUGUE → AISSAUGUE.

ESSAYAGE n. m. **1.** Action d'essayer qqch : *Essayage d'un appareil.* – **2.** Action d'essayer un vêtement en cours de confection pour y faire d'éventuelles retouches.

ESSAYER v. t. (lat. pop. **exagiare*) [conj. **11**]. **1.** Utiliser un objet pour en éprouver les qualités, en contrôler le fonctionnement ; soumettre un matériau, une machine à un essai : *Essayer une voiture.* – **2.** Vérifier l'efficacité, les qualités d'un produit en le faisant utiliser par qqn, par un animal : *Essayer un vaccin sur des animaux.* – **3.** Pratiquer une activité, avoir recours aux services d'une personne pour la première fois, afin de voir si elles conviennent : *Essayer un nouveau restaurant.* – **4.** Mettre sur soi ou faire passer à qqn un vêtement, des chaussures, etc., pour voir s'ils conviennent ; soumettre qqn ou se soumettre à un essayage chez une couturière, un bottier, etc. – **5.** Faire une tentative, un effort, un essai pour réaliser une action : *Essayer de comprendre.* – **6.** Faire en sorte que, chercher à obtenir que : *Essaie que tout se passe bien.* – **7.** Mettre qqch, une méthode en pratique pour voir s'ils conviennent : *Essayer la méthode douce avec quelqu'un.* – **8.** *Essaie un peu !,* formule de défi (fais cela et tu verras ce qui va t'arriver).

◆ **s'essayer** v. pr. Se risquer, se hasarder, à faire qqch : *S'essayer à la course.*

ESSAYEUR, EUSE n. **1.** Personne qui, au cours de la fabrication d'un vêtement sur mesure, l'essaie aux clients et indique les retouches à faire. – **2.** Fonctionnaire chargé d'essayer l'or ou l'argent dans la fabrication des monnaies.

ESSAYISTE n. (angl. *essayist*). Auteur d'essais littéraires.

1. ESSE n. f. (de la lettre *S*). **1.** Objet tourné en deux sens contraires, comme la lettre S. – **2.** Agrafe en acier, qu'on enfonce dans les sections terminales de pièces de bois pour éviter les fentes en bout. – **3.** Motif décoratif de l'art celtique, en forme de S plus ou moins spiralé. (Les esses sont généralement employées en nombre, s'enchaînant les unes aux autres.)

2. ESSE n. f. (p.-ê. altér. du moyen fr. *heuce*). Cheville métallique placée dans un trou au bout de l'essieu pour y maintenir la roue d'un véhicule hippomobile.

E. S. S. E. C., sigle de ÉCOLE SUPÉRIEURE DES SCIENCES* ÉCONOMIQUES ET COMMERCIALES.

ESSEN, v. d'Allemagne (Rhénanie-du-Nord-Westphalie), une des métropoles de la Ruhr ; 642 000 hab. Cathédrale, anc. abbatiale, à deux chœurs opposés, remontant au début du XIe s. (trésor). Musée Folkwang (peinture, surtout allemande et française, des XIXe et XXe s. ; art contemporain ; photographie). Université. Grand centre tertiaire (sièges de sociétés) et industriel (métallurgie lourde et de transformation surtout).

ESSEN (Hans Henrik), feld-maréchal et homme d'État suédois (Kafvelas 1755 - Uddevalla, près de Göteborg, 1824). Gouverneur de Poméranie, il abolit le servage et défendit Stralsund contre les Français (1807). Ambassadeur à Paris, il conclut la paix avec la France (1810). En 1814, il devint vice-roi de la Norvège et, après 1817, gouverneur de la Scanie.

1. ESSENCE n. f. (lat. *essentia,* de *esse,* être). **1.** Nature propre à une chose, à un être, ce qui les constitue fondamentalement : *On touche là à l'essence même de l'homme.* – **2.** *Litt.* Principe, contenu fondamental de qqch : *Cette phrase contient toute l'essence de sa pensée.* – **3.** Litt. *Par essence,* par définition, de par sa nature même : *Un postulat est, par essence, indémontrable.*

2. ESSENCE n. f. (de *essence 1*). Syn. de ESPÈCE, en parlant des arbres forestiers.

3. ESSENCE n. f. (de *essence 1*). **1.** Principe volatil et aromatique contenu dans certains végétaux. (Syn. HUILE ESSENTIELLE OU VOLATILE.) – **2.** Produit concentré utilisé en cuisine pour aromatiser. – **3.** *Essence d'Orient,* matière nacrée servant à la fabrication des fausses perles.

4. ESSENCE n. f. (de *essence 3*). **1.** Distillat de pétrole raffiné dont l'intervalle de distillation se situe entre 40 et 220 °C. – **2.** Nom donné à d'autres produits dont l'intervalle de distillation est compris dans les limites ci-dessus. – **3.** *Essence pour auto,* mélange d'hydrocarbures d'origine minérale ou de synthèse destiné à l'alimentation des moteurs thermiques à allumage commandé. (Il en existe deux qualités, le carburant ordinaire et le supercarburant, qui se distinguent par des indices d'octane différents.) ‖ *Essence d'aviation,* essence de qualité supérieure, utilisée comme carburant pour les moteurs d'avion du type à pistons. ‖ *Essence à détacher,* essence spéciale, utilisée en teinturerie ou pour les usages domestiques et destinée à nettoyer ou à dégraisser les vêtements. ‖ *Essence deux-temps,* essence à laquelle a été incorporée une dose d'huile lubrifiante, utilisée comme carburant pour les moteurs à deux temps de motocyclettes, cyclomoteurs, etc. ‖ *Essence naturelle,* produit pétrolier à bas point d'ébullition extrait du gaz naturel. (Syn. GAZOLINE.) ‖ *Essence sans plomb,* carburant ne contenant pas d'additif au plomb. ‖ *Essence spéciale,* essence dont les caractéristiques sont adaptées à un usage industriel ou domestique particulier, par des limites de distillation très serrées et par la nature des hydrocarbures qui la composent. ‖ *Essence synthétique,* essence formée d'hydrocarbures obtenus par synthèse.

Essence du christianisme *(l')*, ouvrage de Ludwig Feuerbach, paru en 1841, dans lequel l'auteur, se situant dans le sillage hégélien, affirme que c'est l'homme qui est à l'origine de la religion.

ESSENCERIE n. f. *Sénégal.* Poste d'essence.

ESSÉNIEN, ENNE adj. et n. Se dit d'une secte juive (IIe s. av. J.-C. - Ier apr. J.-C.), dont les membres formaient des communautés menant la vie ascétique.
ENCYCL. Le mouvement essénien semble être né d'une contestation du sacerdoce, jugé illégitime, des souverains asmonéens. Depuis la découverte des « manuscrits de la mer Morte », on admet une influence de l'essénisme sur le christianisme naissant.

ESSENINE (Sergueï Aleksandrovitch) → IESSENINE.

ESSÉNISME n. m. Pensée religieuse et mode de vie des esséniens.

ESSENTIALISME n. m. (lat. *essentialis,* essentiel). Philosophie qui considère qu'il existe des essences propres à chaque chose, à chaque être.

ESSENTIALISTE adj. et n. Relatif à l'essentialisme ; partisan de l'essentialisme.

1. ESSENTIEL, ELLE adj. (bas lat. *essentialis,* qui a trait à l'essence). **1.** Qui est indispensable pour que qqch existe : *L'air est essentiel à la vie.* – **2.** Qui est d'une grande importance ; principal, capital : *Le point essentiel du procès.* – **3.** Se dit d'une affection dont la cause est inconnue. (Syn. IDIOPATHIQUE.) – **4.** Relatif à l'essence. (Chez les scolastiques, s'oppose à *accidentel ;* chez les existentialistes, s'oppose à *existentiel.*)
◆ **essentiel** n. m. **1.** Le principal, le point capital, ce qu'il y a de plus important : *L'essentiel est de garder son sang-froid.* – **2.** Ce qui est indispensable ; objets nécessaires : *Je n'ai emporté que l'essentiel.* – **3.** La plus grande partie de qqch : *L'essentiel de la conversation portait sur les vacances.*

2. ESSENTIEL, ELLE adj. (de *essentiel 1*). *Huile essentielle,* syn. de ESSENCE.

ESSENTIELLEMENT adv. **1.** Par définition, par nature, par essence : *Cette philosophie est essentiellement matérialiste.* – **2.** Par-dessus tout, principalement, absolument : *Prendre des mesures essentiellement dissuasives.*

ESSEQUIBO, fl. de la Guyana ; 1 000 km environ. Extraction de la bauxite dans son bassin.

ESSETTE n. f. (autre graphie de *aissette*). Syn. de ASSEAU.

ESSEULÉ (ÊTRE) v. pass. Être abandonné, tenu à l'écart, être laissé seul.

ESSEX, royaume saxon (East Seaxe), fondé dans la première moitié du VIe s. Il fut réuni au Wessex en 825.

ESSEX, comté de Grande-Bretagne, sur la mer du Nord, au N.-E. de Londres ; 3 672 km^2 ; 1 485 000 hab. Ch.-l. *Chelmsford.*

ESSEX (Robert DEVEREUX, *comte* D'), soldat et courtisan anglais (Netherwood, Herefordshire, 1566 ou 1567 - Londres 1601). Favori de la reine Élisabeth après 1585, rival de Raleigh, il exerça bientôt une influence croissante. Battu en Ulster par O'Neill (1598), il fut disgracié (1600). Ayant alors fomenté un complot contre la reine, il fut exécuté. – Son fils ROBERT **Devereux,** comte **d'Essex** (Londres 1591 - id. 1646), s'opposa à Charles Ier dès 1626. Commandant l'armée parlementaire pendant la guerre civile, il fut battu en Cornouailles (1644).

ESSEX (Arthur CAPEL, *comte* D') → CAPEL.

ESSEY-LÈS-NANCY (54270), comm. de Meurthe-et-Moselle, banlieue est-nord-est de Nancy ; 7 996 hab. Église des XIIIe et XVe s. Au S., aéroport de Nancy.

ESSIEU n. m. (anc. fr. *aissil,* du lat. pop. **axile,* du lat. class. *axis,* axe). **1.** Pièce (ou ensemble de pièces) supportant les roues d'un véhicule à ses extrémités, disposée transversalement sous le véhicule. (→ *encycl.*) – **2.** *Essieu brisé* ou *articulé,* forme de suspension arrière à roues indépendantes d'une automobile, où l'essieu oscille autour de deux ou d'une seule articulation. (Ce mécanisme permet de réduire l'angle de dévers en virage.) ‖ *Essieu patent,* essieu de véhicules anciens dans lequel l'écrou de la fusée est enfermé dans une boîte appelée « chapeau ».
ENCYCL. **Autom.** L'essieu permet au châssis de prendre appui sur les roues ; il supporte les organes de commande des roues motrices et la timonerie de direction ; enfin, il maintient constant l'écartement entre les roues. Sur les véhicules lourds, l'essieu est constitué d'une barre d'acier portant à chaque extrémité une roue par l'intermédiaire d'une fusée articulée sur un pivot. La fusée supporte en particulier le frein de roue et les pièces de direction. Dans les voitures dites « à roues avant indépendantes » ou « à quatre roues indépendantes », les fonctions dévolues aux essieux sont assurées par des organes fixes et articulés, reliant le châssis aux roues, nommés train avant et train arrière. Dans une voiture à roues arrière motrices et sur les véhicules lourds, l'essieu arrière porte le nom de pont arrière.
– **Ch. de f.** Les roues des véhicules ferroviaires sont emmanchées et calées sur l'extrémité des essieux, qui tournent avec elles. L'essieu assure, grâce aux boîtes de roulement, une position correcte des deux roues qu'il maintient à leur cote d'écartement et dans deux plans constamment parallèles.

ESSIMPLAGE n. m. Action d'essimpler.

ESSIMPLER v. t. (de *simple*) [conj. 3]. Supprimer, dans une culture florale, les plantes qui donneront des fleurs simples pour ne garder que les doubles.

ESSLING, localité d'Autriche, dans la banlieue de Vienne, sur un bras du Danube. L'armée française de Masséna et de Lannes y battit les Autrichiens le 20 mai 1809. Lannes y fut mortellement blessé.

ESSLINGEN, v. d'Allemagne (Bade-Wurtemberg), sur le Neckar, près de Stuttgart ; 93 100 hab. Monuments médiévaux. Centre industriel (constructions mécaniques surtout).

Esso S. A. F., société pétrolière française, filiale du groupe américain Exxon.

ESSONNE, riv. du sud du Bassin parisien, affl. de la Seine (r. g.), qu'elle rejoint à *Corbeil-Essonnes ;* 90 km. Elle est formée de la réunion de l'Œuf, qui passe à Pithiviers, et de la Rimarde et reçoit la Juine (r. g.).

ESSONNE (91), dép. de la Région Île-de-France ; ch.-l. de dép. *Évry ;* ch.-l. d'arrond. *Étampes, Palaiseau ;* 3 arrond. ; 42 cant. ; 196 comm. ; 1 804 km^2 ; 1 084 824 hab. *(Essonniens).* Le dép. appartient à l'académie de Versailles, à la cour d'appel de Paris, à la région militaire Île-de-France.
Le nord, banlieue de Paris, est fortement urbanisé et localement industrialisé (vallée de la Seine). Malgré les villes nouvelles (Évry et, en partie, Melun-Sénart), la croissance démographique s'est ralentie. Le sud, plus éloigné de Paris, est encore surtout rural. Les cultures fruitières et maraîchères s'étendent dans les vallées du Hurepoix, dont les plateaux sont souvent le domaine de la grande culture céréalière, que l'on retrouve, au-delà d'Étampes, dans l'extrémité septentrionale de la Beauce.

ESSONNES, anc. comm. de la région parisienne, rattachée à Corbeil.

ESSOR n. m. (de *s'essorer,* du lat. pop. **exaurare,* s'élancer dans l'air). **1.** Élan d'un oiseau dans l'air. – **2.** Mouvement par lequel une entreprise, une activité, etc., se développent rapidement, progressent : *L'industrie électronique est en plein essor.* – **3.** *Prendre son essor,* s'envoler, en parlant d'un oiseau ; commencer à se développer ; acquérir une certaine autonomie.

ESSORAGE n. m. Opération consistant à retirer d'un produit un liquide qui l'imprègne, par l'action d'un champ de forces. (On peut essorer un produit par centrifugation, pressage ou action du vide.)

ESSORER v. t. (lat. pop. **exaurare,* exposer à l'air pour faire sécher) [conj. 3]. **1.** Procéder à l'essorage du linge, d'un produit. – **2.** Séparer le sucre cristallisé de l'eau mère à laquelle il est mélangé.

ESSOREUSE n. f. **1.** Appareil ménager électrique servant à essorer le linge en le faisant tourner dans un tambour. – **2.** Appareil servant à essorer le sucre. (Syn. TURBINE.) – **3.** Appareil servant à essorer un produit quelconque.

ESSORILLEMENT n. m. Action d'essoriller.

ESSORILLER v. t. (de *oreille*) [conj. 3]. Couper les oreilles à qqn, à un animal.

ESSOUCHAGE ou **ESSOUCHEMENT** n. m. Syn. de DESSOUCHAGE.

ESSOUCHER v. t. (conj. 3). Syn. de DESSOUCHER.

ESSOUFFLEMENT n. m. **1.** Action de s'essouffler, fait d'être essoufflé, hors d'haleine ; respiration courte et gênée. – **2.** Perte d'extension, de progression ; incapacité à suivre le rythme antérieur de progression : *L'essoufflement des cours à la Bourse.*

ESSOUFFLER v. t. (de *souffle*) [conj. 3]. Mettre qqn, un animal hors d'haleine, à bout de souffle, lui faire perdre le souffle : *La course l'avait essoufflé.*
◆ **s'essouffler** v. pr., **être essoufflé** v. pass. **1.** Perdre son souffle, perdre haleine : *Je m'essouffle à chaque fois que je monte les escaliers.* – **2.** Avoir du mal à continuer de fonctionner correctement : *Moteur qui s'essouffle dans les côtes.* – **3.** Avoir de la peine à poursuivre une action entreprise ; ne plus pouvoir suivre le rythme de croissance : *La production industrielle s'essouffle.*

ESSUIE n. m. En Belgique, essuie-mains, serviette de bain, torchon.

ESSUIE-GLACE n. m. (pl. *essuie-glaces*) ou **ESSUIE-VITRES** n. m. inv. **1.** Appareil destiné au nettoyage des vitres et des glaces. – **2.** Appareil destiné à nettoyer la glace d'un pare-brise de voiture.

ESSUIE-MAINS n. m. inv. Serviette, torchon pour s'essuyer les mains.

ESSUIE-MEUBLES n. m. inv. Torchon pour essuyer les meubles.

ESSUIE-PIEDS n. m. inv. Paillasson pour s'essuyer les pieds.

ESSUIE-VERRES n. m. inv. Torchon pour essuyer les verres.

ESSUYAGE n. m. Action ou manière d'essuyer : *L'essuyage de la vaisselle.*

ESSUYER v. t. (bas lat. *exsucare,* extraire le suc) [conj. 14]. **1.** Sécher qqch avec un chiffon, un torchon, etc., qui absorbe le liquide dont il est couvert : *Essuyer la vaisselle. Essuyer son front avec une serviette.* – **2.** Absorber un liquide avec un chiffon, une serviette, etc. : *Essuyer la sueur sur le front du malade.* – **3.** Nettoyer qqch, le débarrasser de la poussière, des salissures en frottant : *Essuyer ses pieds sur le tapis-brosse.* – **4.** Faire disparaître la poussière, les traces en frottant : *Essuyer des salissures de plâtre.* – **5.** Subir un événement fâcheux : *Le voilier essuya une violente tempête.* – **6.** Recevoir de qqn qqch de désagréable : *Essuyer des reproches de ses parents.* – **7.** *Essuyer ses larmes,* cesser de pleurer en épongeant ses larmes. ‖ *Essuyer les plâtres,* habiter le premier une maison nouvellement construite ; être le premier à subir les inconvénients d'une nouvelle affaire.

ESSUYEUR n. m. Racloir du cylindre gravé servant à l'impression sur étoffes. (Syn. RACLE.)

EST [ɛst] n. m. (moyen angl. *east*). **1.** Côté de l'horizon où le soleil se lève ; l'un des quatre points cardinaux, à droite quand on est face au nord. – **2.** Lieu situé vers l'orient, par rapport à celui où l'on se trouve. – **3.** Ensemble des pays socialistes situés à l'est de l'Europe et qui adhéraient au pacte de Varsovie (avec une majusc.). – **4.** Région orientale d'un pays, en partic. de la France (avec une majusc.).
◆ adj. Situé du côté de l'orient : *Côté est.*

Est *(autoroute de l'),* autoroute reliant Paris à Strasbourg par Reims, Châlons-en-Champagne, Verdun, Metz et Saverne.

Est *(canal de l'),* canal reliant la Meuse et la Moselle à la Saône en empruntant une section du canal de la Marne au Rhin, puis en longeant la Moselle et le Coney.

EST *(polder de l')* → FLEVOLAND-EST.

Est républicain *(l'),* quotidien régional d'information, créé en mai 1889 à Nancy.

ESTABLISHMENT [ɛstabliʃmɛnt] n. m. (mot angl., de l'anc. fr. *establissement,* situation). Ensemble des gens en place qui contrôlent l'ordre établi et cherchent à se maintenir.

ESTACADE n. f. (ital. *steccata,* palissade, de *stecca,* pieu). **1.** Plate-forme surélevée pour permettre le chargement des matériaux par gravité. – **2.** Ouvrage établi sur appuis discontinus, tels que pieux, colonnes, etc., pour supporter une voie d'accès à un phare, permettre l'accostage de canots, etc. – **3.** Obstacle flottant ou fixé sur le fond, destiné à interdire l'accès d'un port ou d'une rade aux navires ennemis. – **4.** Ouvrage prolongeant le bajoyer d'une tête d'écluse et facilitant l'entrée des convois poussés *(estacade de guidage)* ou permettant à un bâtiment de stationner sans gêner la navigation *(estacade de garage).*

ESTAFETTE n. f. (ital. *staffetta,* courrier à cheval, de *staffa,* étrier). Militaire qui portait les dépêches.

ESTAFIER n. m. (ital. *staffiere,* valet qui tient l'étrier). Domestique armé qui portait le manteau de son maître et lui tenait l'étrier.

ESTAFILADE n. f. (ital. *staffilata,* coup de fouet). Grande entaille faite par une lame tranchante, principalement au visage.

ESTAGE n. m. (anc. fr. *estage,* séjour, du bas lat. *staticum,* du lat. class. *stare,* se tenir). Service de garde du château seigneurial dû par le vassal à son seigneur.

ESTAGNON n. m. (provenç. *estagnoun,* de *estanh,* étain). Récipient métallique destiné à contenir de l'huile, de l'essence.

ESTAING (Charles Henri Jean-Baptiste, *comte* D'), amiral de France (château de Ravel, Puy-de-Dôme, 1729 - Paris 1794). Il servit aux Indes puis fut nommé vice-amiral des mers d'Asie et d'Afrique (1777). Il prit part à la guerre d'Indépendance américaine, et s'empara de Saint-Vincent et Grenade (1779). Il commanda ensuite l'escadre franco-espagnole de Cadix (1783) et la garde nationale de Versailles (1789). Nommé amiral en 1792, il fut guillotiné en 1794.

ESTAIRES (59940), comm. du Nord, sur la Lys ; 5 690 hab.

EST-ALLEMAND, E adj. et n. De la République démocratique allemande.

ESTAMINET n. m. (wallon *èstaminê,* de *stamon,* poteau). Petit café, débit de boissons (surtout dans le nord de la France).

1. ESTAMPAGE n. m. (de *estamper 1*). **1.** Façonnage, par déformation plastique, d'un morceau de métal (lopin) à l'aide d'outillage (matrice), permettant de lui donner une forme et des dimensions très proches de celles de la pièce finie. (→ *encycl.*) – **2.** Tout procédé qui consiste à imprimer en creux ou en relief des lettres, des ornements, des figures sur un corps résistant, ou à découper certains objets, à percer des trous dans les métaux, etc. – **3.** Ornement produit en estampant. • **Archéol.** Relevé mécanique des inscriptions sur un papier fort non encollé et bien humecté, appliqué contre la surface et amené, à coups de brosse, à épouser tous les creux. (Sec, il se détache et donne une copie négative en relief. Un estampage rudimentaire peut être réalisé par simple frottis à la mine de plomb.) – **Arts décor.** Procédé utilisé en Chine dès l'époque Han pour multiplier les reproductions de bas-reliefs, stèles, dalles, etc. (Une feuille de papier humidifiée et enduite d'agar-agar est posée sur le monument en épousant les creux de l'original, et seules les parties en relief sont tamponnées d'encre épaisse. Lorsque la feuille et l'encre sont sèches, le papier est décollé et l'image apparaît non inversée.) — **Céram.** Impression d'un dessin en creux ou en relief sur la pâte plastique. — **Rel.** Procédé d'impression en creux utilisé pour la décoration des plats et du dos des ouvrages reliés, réalisé par pressage à l'aide d'un poinçon chauffé.

ENCYCL. **Mécan.** L'estampage de pièces métalliques en alliage ferreux est exécuté sous l'action d'engins de pression ou de choc, presse mécanique ou pilon. Il permet d'obtenir des séries de pièces semblables, avec des tolérances de forme et de dimension assez réduites, entraînant une grosse économie de matière et de temps d'usinage.

L'estampage comporte quelquefois plusieurs phases : l'étirage, le roulage, l'ébauchage et la finition. Celles-ci peuvent se faire sur la même matrice, qui comporte alors plusieurs gravures, sinon les opérations préliminaires sont effectuées à part sur des engins autocompresseurs ou des laminoirs d'ébauche.

2. ESTAMPAGE n. m. (de *estamper 2*). *Fam.* Action d'escroquer qqn en lui soutirant de l'argent.

ESTAMPE n. f. (ital. *stampa,* de *stampare,* imprimer). **1.** Image à caractère artistique, imprimée, le plus souvent sur papier, par le moyen d'une matrice traitée en relief (gravure sur bois, sur linoléum), en creux (sur métal : taille-douce) ou à plat (lithographie, sérigraphie). [→ *encycl.*] — **2.** Outil pour l'estampage du métal. — **3.** *Estampe originale,* estampe dont la matrice a été exécutée par l'artiste lui-même. ‖ *Estampe de reproduction,* estampe dont la matrice a été exécutée par un praticien et qui reproduit l'œuvre (peinture, dessin...) d'un artiste.

ENCYCL. L'estampe a joué un rôle déterminant dans la diffusion de reproductions et d'œuvres originales. Après les *xylographies* (images religieuses avec texte, livres d'heures et de chevalerie, cartes à jouer, etc., gravés sur bois *de fil* en *taille d'épargne*) répandues au XVe s. dans les pays nordiques, où s'imposent la verve et la technique, en Italie, où domine un souci de beauté formelle, et en France, où ces influences se mêlent, la *taille-douce* (gravée en creux sur métal par divers moyens : *burin, pointe-sèche, eau-forte,* plus tard *manière noire, aquatinte, vernis mou...*), apparue au milieu du XVe s., va faire de la gravure un art de la Renaissance. En Italie, à l'orfèvre M. Finiguerra succèdent Mantegna puis le Parmesan, tandis que M. Raimondi donne ses lettres de noblesse à la gravure de reproduction (peintures de Raphaël) ; en Allemagne, Schongauer est suivi par Dürer, dont la perfection retentit dans l'œuvre des Altdorfer, Cranach, H. Baldung ; aux Pays-Bas, Lucas de Leyde précède la virtuosité maniériste de Goltzius. En France, à côté de J. Duvet ou de J. Cousin le Père, de nombreux graveurs, tel E. Delaune, diffusent l'art de la Renaissance.

L'école française s'affirme au XVIIe s. avec les portraitistes R. Nanteuil et C. Mellan, le précis et foisonnant Callot (*les Misères et malheurs de la guerre,* 1633), les interprètes du « grand goût » royal (G. Audran, Edelinck), et au XVIIIe s. avec de nombreux artistes aussi virtuoses dans le portrait et la reproduction (œuvres de Watteau, Chardin, Boucher...) que dans l'illustration d'ouvrages littéraires ou scientifiques (l'*Encyclopédie*). Dans le même temps, Van Dyck et les graveurs de Rubens en Flandres, H. Seghers et surtout Rembrandt en Hollande, puis les Italiens Tiepolo (*Caprices,* v. 1749), Canaletto *(Vues de Venise)* et Piranèse (*Prisons,* 1745) apparaissent comme des figures dominantes. À côté de la gravure néoclassique, à laquelle convient la rigueur du burin, l'eau-forte s'accorde à la violence inquiète de Goya (*Caprices,* 1797-98), mais aussi à l'acuité des satiristes anglais (Hogarth, Rowlandson...).

Au XIXe s., la *lithographie* attire les artistes romantiques (Géricault, Bonington, Delacroix), mais ce sont surtout Gavarni et plus encore Daumier, avec leurs scènes de mœurs et leurs dessins satiriques, tout comme Toulouse-Lautrec avec ses affiches, qui en tirent le meilleur parti. Toutefois, l'eau-forte garde son importance avec des artistes tournés, après W. Blake, vers le fantastique (Méryon, Bresdin, Redon), tandis que l'estampe japonaise influence Degas, Van Gogh, Gauguin et Toulouse-Lautrec par son absence de modelé, son jeu de lignes et de plans. Tout au long du siècle, lithographie et gravure sur bois *de bout* servent à illustrer journaux et livres.

Avec le XXe s., l'estampe est supplantée comme moyen de reproduction par la photographie et appartient désormais surtout aux créateurs. Presque tous les artistes importants font appel à sa force d'expression, à son caractère direct, à sa diversité, que ce soit Picasso ou Villon, Rouault ou Chagall, ou encore les expressionnistes allemands. Mais, tandis que la gravure et la lithographie constituent une partie notable de l'œuvre de nombreux peintres (Miró, Hartung, Alechinsky, etc.), que S. W. Hayter ou J. Friedlaender diffusent les procédés (aquatinte en couleurs...) aptes à transmettre la sensibilité de l'art abstrait lyrique, une nouvelle technique d'impression à plat, la *sérigraphie,* se montre particulièrement adaptée aux aplats de couleurs d'un artiste cinétique comme Vasarely ou aux reports photographiques d'un Rauschenberg, d'un Warhol. En même temps, l'estampe retrouve auprès du public son caractère de multiple à grande diffusion.

l'estampe japonaise

Connue au Japon dès le VIIIe s., l'estampe est essentiellement gravée sur bois. À l'origine, elle véhicule l'imagerie religieuse, puis au XVIIe s. illustre les nombreux livres profanes et enfin l'*ukiyo-e,* ou peinture du monde qui passe, est surtout consacrée au monde des lieux de plaisirs, aux grands acteurs de *kabuki,* aux jolies femmes et aux paysages célèbres. Très différente de son homologue occidentale, l'estampe nippone est le fruit d'une étroite collaboration entre l'artiste, le graveur et l'imprimeur. L'*ukiyo-e* évoluera en trois étapes : les progrès techniques de 1673 à 1764, la plénitude de 1765 au début du XIXe s., la décadence maniériste et le renouveau des paysagistes. C'est Moronobu qui semble être le premier, à Edo, en 1673, à faire des estampes détachées. Elles ne sont encore qu'en noir et blanc. À partir de 1690, l'école des Torii se spécialise dans les représentations d'acteurs de *kabuki,* alors que l'atelier des Kaigetsudo s'illustre entre 1710 et 1730 par des silhouettes de jolies femmes. Les innovations se succèdent et bientôt la polychromie (emploi de plusieurs planches) atteint la perfection à partir de 1764, avec les œuvres d'Harunobu, ou avec celles d'Utamaro, autre chantre du charme féminin ; Sharaku analyse avec génie les acteurs. Au XIXe s., l'estampe de paysage connaît une renaissance certaine avec Hokusai et Hiroshige avant d'être marquée par l'esthétique européenne.

Estampes *(cabinet des),* à Paris, département de la Bibliothèque nationale. Son nom officiel, depuis 1975, est « Département des estampes et de la photographie ». Le fonds qu'il gère, plus de douze millions d'images de toute sorte, remonte à l'achat par Louis XIV, en 1667, de la collection d'estampes de l'abbé Michel de Marolles. Il s'est enrichi de nombreuses autres collections, et surtout par l'exercice du *dépôt légal,* institué pour les estampes à partir de 1642 et pour la photographie dès 1851.

1. ESTAMPER v. t. (frq. **stampôn,* fouler, avec l'infl. de l'ital. *stampare*) [conj. 3]. **1.** Former un morceau de métal par estampage. – **2.** Imprimer une gravure dans un métal en feuille par déplacement des épaisseurs. – **3.** Donner à une matière (métal, papier, cuir, etc.) une forme déterminée en la pressant ou en la frappant entre une matrice et sa contrepartie.

2. ESTAMPER v. t. (de *estamper 1,* avec l'infl. de l'ital. *stampare*) [conj. 3]. *Fam.* Escroquer qqn en lui faisant payer trop cher une marchandise, un service ; voler : *Il m'a estampé de cent francs.*

1. ESTAMPEUR, EUSE n. (de *estamper 1*). **1.** Ouvrier(ère) qui pratique l'estampage.
◆ **estampeuse** n. f. Machine servant à produire des reliefs, par déplacement des épaisseurs de matière, dans une pièce placée entre deux matrices.

2. ESTAMPEUR, EUSE n. (de *estamper 2*). *Fam.* Personne qui fait payer trop cher sa marchandise, ses services ; escroc.

ESTAMPIE n. f. (anc. fr. *estampie*). Chanson à danser ou danse instrumentale en usage, du XIIe au XVe s..

ESTAMPILLAGE n. m. Action d'estampiller.

ESTAMPILLE n. f. (esp. *estampilla,* de *estampa,* empreinte). **1.** Marque apposée sur un objet, un produit, un document, qui atteste son authenticité, son origine. – **2.** Empreinte particulière, distinctive, cachet : *Il a marqué de son estampille tous les projets de cette maison.*

ENCYCL. **Archéol.**

• *Antiquité.* Timbre imprimé à l'aide d'un cachet sur l'argile avant cuisson, l'estampille est une marque de fabrique qui donne des indications précieuses pour la datation et la provenance des vases de terre cuite, des tuiles et des briques.

• *Époque moderne.* L'usage des marques appliquées sur une œuvre d'art était depuis longtemps répandu en France chez les orfèvres (poinçons) quand, en 1743, la corporation des ébénistes décida que toute pièce non signée serait réputée de contrebande. Chaque maître eut son estampille particulière, déposée au bureau de la communauté ; la marque de maîtrise, J. M. E. (jurés menuisiers-ébénistes), était suivie du nom du maître avec les initiales de ses prénoms ; cependant, nombre de beaux meubles vendus directement aux particuliers n'ont pas été estampillés.

ESTAMPILLER v. t. (conj. 3). Marquer d'une estampille.

ESTAMPILLEUSE n. f. Machine employée pour imprimer des estampilles.

ESTAMPURE → ÉTAMPURE.

ESTANCIA [ɛstɑ̃sja] n. f. (esp. *estancia,* de *estar,* être). Grande ferme ou établissement d'élevage, en Amérique du Sud, notamment en Argentine.

ESTANG (Luc), écrivain français (Paris 1911 - *id.* 1992). Directeur littéraire du journal *la Croix,* poète (*le Mystère apprivoisé,* 1943), il a puisé dans l'enfance (*l'Horloger du cherche-midi,* 1959) et dans la religion (*l'Apostat,* 1968 ; *les Déicides,* 1980) les thèmes de ses pièces et de ses romans.

ESTANT, E adj. (anc. fr. *ester,* rester, du lat. *stare,* demeurer, rester). Se dit d'un arbre réservé dans une coupe.

ESTAQUE (l'), massif de hautes collines fermant l'étang de Berre vers le S. et dominant la *rade de l'Estaque,* au N.-O. de Marseille.

ESTAUNIÉ (Édouard), écrivain français (Dijon 1862 - Paris 1942). Ingénieur de carrière, il est l'auteur à succès de *l'Empreinte* (1896), réquisitoire contre l'éducation des jésuites, et de romans psychologiques (*Madame Clapain,* 1932). [Acad. fr., 1923.]

EST-CE QUE adv. interr. **1.** S'emploie en tête de phrase lorsque la question appelle une réponse par *oui* ou *non : Est-ce que tu viens demain ? Est-ce qu'il pleut beaucoup ?* — **2.** S'emploie en langue courante après un adverbe ou un pronom interrogatif, dans les interrogations directes ou indirectes : *Quand est-ce qu'il vient ?*

ESTE → ESTONIEN.

ESTE, v. d'Italie, en Vénétie, au pied méridional des monts Euganéens ; 17 000 hab. Riche musée archéologique. Céramique.
— **Hist.** et **Archéol.** La ville fut le centre d'une civilisation du premier âge du fer qui s'épanouit du VIIIe s. au IIIe s. av. J.-C., dite « civilisation des situles » (ou encore civilisation atestine), caractérisée par des objets domestiques qui témoignent d'une technique métallurgique remarquable.

ESTE (*famille* D'), famille italienne originaire de Toscane, remontant au Xe s. et qui régna sur les duchés de Ferrare, Modène et Reggio. Cette maison fit de Ferrare l'un des centres les plus brillants de la Renaissance. — HERCULE Ier (1431-1505), époux (1473) d'Éléonore d'Aragon, protégea Boiardo. — Ses filles ISABELLE (1474-1539) et BÉATRICE (1475-1494) épousèrent respectivement François de Gonzague (1490) et Ludovic Sforza (1491). — Son fils ALPHONSE Ier (1476-1534), époux de Lucrèce Borgia (1501), protégea l'Arioste. — HERCULE II (1508-1559), fils du précédent, époux de Renée de France (1528), fut un allié fidèle de Charles Quint. — HIPPOLYTE II (1509-1572), frère du précédent, cardinal, fit construire la Villa d'Este (v. 1550) à Tivoli. — ALPHONSE II (1533-1597), fils d'Hercule II, protégea le Tasse. Le dernier représentant de cette maison fut HERCULE III (1727-1803), qui fut dépouillé de Modène et de Reggio par Bonaparte en 1796.

Este *(Villa d'),* villa de la Renaissance italienne, à Tivoli. C'est un ancien couvent transformé en 1550 par P. Ligorio. Son parc, avec ses terrasses et ses jeux d'eau, a inspiré Fragonard, H. Robert, Liszt.

ESTELLA, v. d'Espagne (Navarre) ; 13 000 hab. Anc. étape sur la route de Saint-Jacques-de-Compostelle : intéressants monuments romans et gothiques.

1. ESTER [ɛste] v. i. (lat. médiév. *stare,* soutenir une action en justice, du lat. class. *stare,* se tenir debout) [seulem. inf.]. *Ester en justice,* exercer une action en justice.

2. ESTER [ɛstɛr] n. m. (all. *Essigäther,* éther acétique). Nom générique des composés résultant de l'action d'un oxacide sur un alcool ou un phénol, avec élimination d'eau.
ENCYCL. Les *esters carboxyliques* sont très répandus dans la nature : les lipides, par ex., sont des esters dérivés du glycérol. Ils se forment par action d'un acide carboxylique sur un alcool ou un phénol (estérification). Les esters les plus simples sont des liquides doués d'odeurs agréables et de propriétés dissolvantes appréciées.
Les *esters sulfoniques* RSO_2OR' sont moins répandus dans la nature, à l'exception des esters sulfuriques $HOSO_2OR'$. En revanche, on les emploie souvent au laboratoire pour la synthèse organique.
Les *esters nitriques* O_2NOR' sont souvent employés comme explosifs (nitroglycérine, nitrocellulose, etc.).

ESTÉRASE n. f. Enzyme qui catalyse l'hydrolyse d'une liaison ester. (Il existe des estérases très spécifiques [ex. l'acétylcholinestérase] et d'autres à action diversifiée.)

ESTEREL ou **ESTÉREL,** massif cristallin boisé de Provence (Var et Alpes-Maritimes), qui borde la Méditerranée (jalonnée de stations balnéaires de Saint-Raphaël à la Napoule) entre Saint-Raphaël et l'embouchure de la Siagne, au S.-O. de Cannes ; 618 m au *mont Vinaigre.* L'autoroute la *Provençale* longe la partie nord du massif.

ESTERHAZY, localité du Canada, dans le sud-est de la Saskatchewan ; 2 900 hab. Importante mine de potasse.

ESTERHÁZY ou **ESZTERHÁZY,** famille hongroise qui du XVIIe s. au XIXe s. appartint à l'aristocratie et œuvra à la consolidation du pouvoir des Habsbourg. — MIKLÓS, comte (Galántha 1582 - Gross Höflein 1645), passa du protestantisme au catholicisme. Il fut palatin de Hongrie (1625-1645) et lutta contre les princes protestants de Transylvanie. — Son fils, PÁL, prince de Galántha (Eisenstadt 1635 - *id.* 1713), élu palatin de Hongrie en 1681, fut créé prince en 1687. — MIKLÓS (Vienne 1765 - Côme 1833) leva un régiment pour combattre Napoléon. Il s'attacha pendant trente ans Haydn dans sa résidence d'Eszterháza (auj. Fertöd), dont il fit un brillant centre d'art baroque. — PÁL ANTAL, prince (1786 - Ratisbonne 1866), diplomate à Londres et à Paris, fut ministre des Affaires étrangères dans le cabinet Batthyány (avr.-oct. 1848).

ESTERHÁZY (Marie Charles Ferdinand Walsin), officier français d'origine hongroise (Autriche

1847 - Harpenden, Hertfordshire, 1923). Attaché à l'état-major de l'armée, il fut soupçonné d'être l'auteur du bordereau qui provoqua la condamnation de Dreyfus. Acquitté par le conseil de guerre (janv. 1898), il fut reconnu coupable par la suite.

ESTÉRIFICATION n. f. Réaction de formation d'un ester, à partir d'un acide et d'un alcool, avec élimination d'eau.

ENCYCL. La réaction d'estérification RCOOH + R'OH → RCOOR' + H_2O est lente et limitée. Pour rendre complète l'estérification, on peut éliminer l'eau par distillation ou bien remplacer l'acide par un de ses dérivés (chlorure ou anhydride), ce qui évite la réaction inverse de l'estérification, ou hydrolyse. L'estérification est une réaction importante dans l'industrie, notamment pour la fabrication des polyesters.

ESTÉRIFIER v. t. (conj. 9). Soumettre à l'estérification.

ESTERLIN ou **ESTERLING** n. m. (lat. médiév. *esterlingus*). **1.** Anc. poids monétaire connu dès le XIIe s. en Écosse et valant 1/20 de l'once. — **2.** Monnaie d'argent, encore dite *denier sterling,* apparue en Angleterre au XIIIe s. (Elle fut imitée dans divers pays d'Europe du Nord.)

ESTERNAY (51310), ch.-l. de cant. de la Marne, sur le Grand Morin ; 1 608 hab. *(Starnaciens).* Église des XVe-XVIe s.

ESTEVA (Jean-Pierre), amiral français (Reims 1880 - *id.* 1951). Résident général en Tunisie de 1940 à 1943, il ne s'opposa pas, après le débarquement américain, à l'arrivée des forces allemandes à Tunis et à Bizerte. Arrêté à la Libération, il fut condamné à la détention à perpétuité.

ESTÈVE (Maurice), peintre français (Culan 1904). Entre les deux guerres mondiales, il s'est surtout consacré aux arts décoratifs. Par la suite, ses peintures, d'un souple géométrisme, fondées sur la puissance expressive de la couleur, ont rapidement abouti à l'abstraction. On lui doit des dessins aux techniques variées, des collages d'une verve inventive.

ESTHER, héroïne biblique du livre d'Esther*. Déportée dans l'Empire perse, elle fut épousée par le roi Assuérus dont elle obtint que les Juifs soient épargnés d'un massacre qu'il avait ordonné.

Esther *(livre d'),* livre biblique écrit v. le IIe s. av. J.-C. C'est un récit d'édification qui garde le souvenir d'un pogrom dont les Juifs furent préservés miraculeusement.

Esther, tragédie biblique de J. Racine en 3 actes et en vers, avec chœurs, dont la musique fut composée par J.-B. Moreau, et qui fut représentée pour la première fois en 1689, par les demoiselles de Saint-Cyr. Répondant à un besoin pédagogique, religieux et mondain, la pièce connut un immense succès et fut par la suite interprétée à la Cour.

ESTHERIA n. f. (de *Esther,* n. pr.). Petit crustacé d'eau douce à carapace bivalve, très commun.

ESTHÉSIE n. f. (gr. *aisthêsis,* sensation). **1.** Sensibilité, capacité de percevoir une sensation. — **2.** Qualité de cette sensation.

ESTHÉSIOGÈNE adj. Qui produit ou accroît la sensibilité.

ESTHÉSIOMÈTRE n. m. Appareil mesurant la sensibilité tactile de la cornée.

ESTHÈTE n. et adj. (de *esthétique,* d'apr. le gr. *aisthêtês,* celui qui sent). **1.** Personne qui considère l'art comme une valeur essentielle ; artiste. — **2.** *Péjor.* Personne qui affecte le culte raffiné du beau formel, au détriment de toute autre valeur.

ESTHÉTICIEN, ENNE n. **1.** Écrivain, philosophe qui s'occupe d'esthétique. — **2.** Personne qualifiée pour s'occuper des soins du visage et du corps dans un institut de beauté.

ESTHÉTIQUE adj. (lat. *aesthetica,* du gr. *aisthêtikos,* de *aisthanesthai,* sentir). **1.** Qui a rapport au sentiment du beau, à sa perception : *Il n'a pas le sens esthétique.* — **2.** Qui a une certaine beauté, de la grâce, de l'élégance ; agréable à voir, artistique, harmonieux : *Décoration esthétique.* — **3.** Qui entretient ou développe la beauté du corps : *Soins esthétiques.* — **4.** *Chirurgie esthétique,* partie de la chirurgie plastique consacrée à améliorer l'aspect extérieur du corps, et plus spécialement du visage. ‖ *Doctrine esthétique,* selon Nietzsche, doctrine qui a pour objectif de réconcilier l'art et la vie en se plaçant d'un point de vue actif. ‖ *Jugement esthétique,* chez Kant, jugement qui considère les formes des choses de manière à en tirer un sentiment de plaisir.

◆ n. f. **1.** Caractère esthétique d'une forme d'art quelconque ; harmonie, beauté : *L'esthétique d'une construction.* — **2.** Principes esthétiques à la base d'une expression artistique, littéraire, etc. : *L'esthétique romantique.* — **3.** Théorie philosophique qui se fixe pour objet de déterminer ce qui provoque chez l'homme le sentiment que quelque chose est beau. (→ *encycl.*) — **4.** *Esthétique industrielle,* étude des produits élaborés par une entreprise, en les soumettant aux critères d'adaptation à l'usage, de beauté et de facilité de fabrication. (On a plus souvent recours, aujourd'hui, à la notion de *design.*)

ENCYCL. **Philos.** Bien que ce terme ait été employé pour la première fois par A. Baumgarten dans *Aesthetica acroamatica* (1750-1758), l'esthétique, au sens de discours philosophique portant sur l'art, ses relations avec le vrai et le bien, autrement dit sur sa finalité, remonte à Platon pour la tradition occidentale. Mais, depuis les travaux de B. Croce, elle tend à se développer en discipline autonome pour analyser les phénomènes des pratiques artistiques et de la jouissance des œuvres d'art.

Du *Phèdre* de Platon à l'*Esthétique* de Hegel, la tradition critique s'accorde pour voir à travers la beauté la manifestation sensible de la vérité. « Le beau se définit comme la manifestation sensible de l'idée » (Hegel). Mais, dès lors que la beauté remplit cette fonction que lui assignent les philosophies, l'art doit tomber en désuétude, car il n'est plus qu'une survivance exprimant une vérité que la religion et la science ont à énoncer. Dénoncé, par ailleurs, comme source d'illusions, l'art a néanmoins un sens. Il est en quelque sorte un discours muet dont l'esthétique profère la parole. À cet égard, celle qui se réclame des sciences humaines ne fait que renouveler les approches de phénomènes dont elle entend dégager la ou les significations. Dans cette optique, la beauté demeure la réfraction de quelque chose d'intelligible (le sens) à travers le sensible ; elle reste invitation à dépasser le sensible. Tandis que les aspects éthique et politique de la finalité de l'art conduisent un Platon et un Kant à justifier la censure, les investigations phénoménologique (Merleau-Ponty, M. Dufrenne), psychanalytique (Freud), sociologique (Adorno, P. Francastel, G. Lukács) reconduisent cette finalité du sens de l'art sans tenir compte, le plus souvent, de la critique radicale qu'en fait Nietzsche.

ESTHÉTIQUEMENT adv. **1.** De façon esthétique, belle : *Ensemble esthétiquement disposé.* – **2.** D'un point de vue théorique de l'esthétique.

ESTHÉTISANT, E adj. *Péjor.* Qui donne, en art, une importance primordiale au jeu raffiné des valeurs formelles.

ESTHÉTISATION n. f. Action d'esthétiser qqch.

ESTHÉTISER v. i. (conj. 3). *Péjor.* Privilégier systématiquement le souci esthétique.
◆ v. t. Rendre qqch esthétique, plaisant à regarder.

ESTHÉTISME n. m. (de *esthète*). **1.** Tendance artistique et littéraire anglaise du dernier tiers du XIXe s., qui se situe dans le courant antinaturaliste de l'« art pour l'art ». (Personnalités majeures de cet *Aesthetic Movement* : W. Morris, O. Wilde, Whistler.) – **2.** Attitude qui consiste, en art, à placer le raffinement ou la virtuosité formels avant toutes autres valeurs. (Souvent péjor.)

ESTHIOMÈNE n. m. (gr. *esthiein,* ronger). *Esthiomène vulvaire,* état éléphantiasique et ulcéreux de la région génitale, s'observant généralement dans le cadre de la maladie de Nicolas-Favre.

ESTIENNE, famille d'imprimeurs et de libraires français, dont le fondateur fut HENRI Ier (Paris v. 1460 - *id.* 1520). – Son fils FRANÇOIS Ier (Paris 1502 - *id.* v. 1550) est l'auteur d'un *Psalterium graecum* (1543). – ROBERT Ier, frère du précédent (Paris 1503 - Genève 1559), publia un *Dictionnaire latin-français* (1538). – Son fils HENRI II (Paris 1528-Lyon 1598), helléniste, est l'auteur d'un *Thesaurus graecae linguae* (1572-73) et d'un traité qui défend l'emploi de la langue nationale, *De la précellence du langage français* (1579). – ROBERT III (Paris 1560-*id.* 1630), neveu du précédent, traduisit les deux premiers livres de la *Rhétorique* d'Aristote. La marque des Estienne était un olivier, en souvenir de la mère d'Henri Ier, Laure de Montolivet.

Estienne *(École supérieure des arts et industries graphiques),* anc. école municipale professionnelle, créée en 1889 à Paris, ayant les structures d'un lycée technique, et qui constitue le plus important complexe de formation dans le domaine des arts et des industries graphiques.

ESTIENNE (André), **le Tambour d'Arcole** (Cadenet 1777 - Paris 1838). Engagé en 1792, cité comme tambour pour sa bravoure à Arcole, il figure sur la première liste des chevaliers de la Légion d'honneur (1803).

ESTIENNE (Jean-Baptiste Eugène), général français (Condé-en-Barrois 1860 - Paris 1936). En 1909, il contribua à la création de l'aviation militaire française puis se consacra à l'étude et à la réalisation du « canon d'assaut », utilisé en 1917. Surnommé le « Père des chars », le général Estienne fixa également la doctrine d'emploi de ces engins.

ESTIENNE D'ORVES (Honoré D'), officier de marine français (Verrières-le-Buisson, Essonne, 1901 - mont Valérien 1941). Il rejoignit en 1940 le général de Gaulle à Londres. Celui-ci lui confia la mission d'organiser un réseau de renseignements en France. Trahi par un de ses compagnons, Estienne d'Orves fut arrêté par les Allemands en janv. 1941 et fusillé au mont Valérien le 29 août. Ses Mémoires ont été publiés en 1950.

ESTIMABLE adj. **1.** Dont on apprécie la valeur, digne d'estime ; respectable, honorable : *Un homme estimable par sa probité.* – **2.** Qui a de la valeur sans être exceptionnel : *Ce livre est estimable sans être remarquable.* – **3.** Qu'on peut estimer, évaluer : *Une fortune difficilement estimable.*

ESTIMATEUR n. m. (lat. *aestimator*). **1.** *Litt.* Personne qui sait apprécier, qui s'y connaît ; juge : *Un mauvais estimateur du mérite des autres.* – **2.** Opérateur statistique utilisé pour estimer, à partir d'un échantillon, un paramètre d'une population ou de la loi de probabilité choisie pour représenter cette population.

ESTIMATIF, IVE adj. (lat. médiév. *aestimativus*). Qui contient l'estimation de qqch : *Devis estimatif des travaux.*

ESTIMATION n. f. (lat. *aestimatio, -onis*). **1.** Action de déterminer la valeur, le prix de qqch ; montant, appréciation : *Estimation d'un objet d'art.* – **2.** Action de juger, d'apprécier, d'évaluer qqch, une action ; évaluation : *Le succès a dépassé toutes les estimations.* • **Min.** Évaluation quantitative du tonnage et de la teneur d'un gisement. ‖ *Estimation globale,* détermination des limites géométriques d'un gisement, du tonnage global de minerai contenu et de la teneur moyenne correspondante. ‖ *Estimation locale,* analyse de la répartition des teneurs dans un gisement en vue de localiser les zones riches et les zones pauvres. ‖ *Estimation des réserves récupérables,* détermination du tonnage de minerai récupérable et de sa teneur moyenne, compte tenu de la méthode d'exploitation envisagée et des contraintes de prix de revient et de prix de vente. – **Stat.** Opération consistant à déterminer en termes probabilistes, à partir des résultats observés sur un ou plusieurs échantillons d'une population, les paramètres de cette population ou de la loi de probabilité considérée comme la représentant. – **Sylvic.** Appréciation, avant la coupe, du volume et de la valeur de celle-ci.

ESTIME n. f. (de *estimer*). **1.** Appréciation favorable que l'on porte sur qqn, bonne opinion qu'on en a ; respect, considération : *Il a forcé l'estime par son obstination.* – **2.** Opinion favorable qu'on a de qqch : *J'ai beaucoup d'estime pour ce qu'il a fait.* – **3.** Calcul de la position approchée d'un navire, obtenue en combinant les routes suivies avec les distances parcourues sur chacune d'elles, en tenant compte de la vitesse du navire et des dérives dues aux vents et aux courants. – **4.** *À l'estime,* au jugé, approximativement. ‖ *Baisser* ou *monter dans l'estime de qqn,* être moins ou plus apprécié par qqn. ‖ *Estime de soi-même,* satisfaction que l'on tire de n'avoir rien à se reprocher. ‖ *Succès d'estime,* demi-succès d'une œuvre, louée par la critique, mais boudée par le grand public. ‖ *Tenir qqn en grande estime,* l'apprécier.

ESTIMER v. t. (lat. *aestimare*) [conj. 3]. **1.** Déterminer la valeur d'un bien, le prix d'un objet par expertise ; évaluer : *Faire estimer ses bijoux.* – **2.** Calculer approximativement une distance, une durée, une quantité ; mesurer au jugé : *On estime les dégâts à plusieurs millions.* – **3.** Attribuer telle valeur, telle importance à qqn, à qqch ; juger, apprécier : *Estimer un collaborateur à sa juste valeur.* – **4.** Avoir une bonne opinion de qqn, de son œuvre, de son action, en faire grand cas : *Il est de ces gens qu'on estime sans les aimer.* – **5.** Considérer après réflexion que, émettre l'opinion que, regarder qqn ou qqch comme ; considérer, croire : *J'estime qu'il est indispensable de juguler la hausse des prix.* – **6.** *Estimer un paramètre,* chercher une valeur approchée du paramètre dont dépend une loi de distribution statistique ou l'une de ses caractéristiques, en se fondant sur l'information apportée par un échantillon.

◆ **être estimé** v. pass. **1.** Être tenu pour avoir du mérite ; faire l'objet de l'estime : *Un homme estimé dans le quartier.* – **2.** *Notre estimé collègue, confrère,* formule de politesse quand on parle d'un collègue, d'un confrère. – **3.** *Point estimé,* position d'un navire déterminée à l'estime.

◆ **s'estimer** v. pr. **1.** Avoir une bonne opinion de soi-même. – **2.** Se croire, se considérer comme : *S'estimer satisfait.*

ESTISSAC (10190), ch.-l. de cant. de l'Aube, dans le nord du pays d'Othe ; 1 627 hab. Église du XVIᵉ s. Bonneterie.

ESTIVAGE n. m. Envoi des animaux sur des pâturages de montagne pendant l'été.

ESTIVAL, E, AUX adj. (bas lat. *aestivalis,* du lat. class. *aestas, -atis,* été). Relatif à l'été : *Temps estival. Station estivale.*

ESTIVANT, E n. (du provenc. *estivar*). Personne qui passe ses vacances d'été dans un lieu de villégiature ; vacancier.

ESTIVATION n. f. (de *estiver*). **1.** Engourdissement de certains animaux pendant les périodes chaudes et sèches de l'été tropical, par des moyens de séclusion qui rappellent parfois l'hibernation. – **2.** Période de la vie embryonnaire du ver à soie entre la ponte de l'œuf et la mise en hibernation.

ESTIVE n. f. (occitan *estieu,* été, du lat. *tempus aestivum,* été). **1.** Pâturage de montagne exploité en été. – **2.** Période pendant laquelle l'estivage est pratiqué.

ESTIVER v. t. (anc. provenç. *estivar,* du lat. *aestivare*) [conj. 3]. Pratiquer l'estivage des troupeaux.

◆ v. i. Passer l'été dans les estives.

EST-MÉDITERRANÉEN *(seuil),* surélévation du fond de la Méditerranée orientale, allant de la mer Ionienne à Chypre.

EST-NORD-EST (E.-N.-E.), direction de la rose des vents, intermédiaire entre le nord-est et l'est.

ESTOC n. m. (de *estoquer*). **1.** Épée d'armes frappant de pointe (XVᵉ-XVIᵉ s.). – **2.** *Vx.* En escrime, coup porté par la pointe de l'arme. – **3.** *Frapper d'estoc et de taille,* en se servant de la pointe et du tranchant d'une arme blanche.

ESTOCADE n. f. (ital. *stoccata,* du fr. *estoc*). **1.** Épée de ville des XVIe et XVIIe s. – **2.** *Vx.* Coup donné avec la pointe de l'épée ; botte. – **3.** *Litt.* Attaque rude et soudaine : *Porter une estocade à un contradicteur.* – **4.** En tauromachie, coup d'épée porté par le matador pour achever le taureau à l'issue du combat. – **5.** *Donner, porter l'estocade,* porter le coup décisif qui démolit qqn, réduit à néant qqch ; achever.

ESTOMAC [-ma] n. m. (lat. *stomachus,* du gr. *stomakhos*). **1.** Portion du tube digestif située entre l'œsophage et le duodénum. (→ *encycl.*) – **2.** Capacité à digérer les aliments les plus divers : *Avoir un estomac délicat.* – **3.** Partie de l'extérieur du corps qui correspond approximativement à l'estomac : *Le creux de l'estomac.* – **4.** Fam. *À l'estomac,* par une audace qui en impose ou en profitant de la surprise ; au culot. ‖ Fam. *Avoir de l'estomac, manquer d'estomac,* avoir de l'audace, manquer d'audace. ‖ Fam. *Avoir l'estomac dans les talons,* être très affamé. ‖ Fam. *Avoir, prendre de l'estomac,* être un peu gras au niveau de l'estomac. ‖ *Avoir un poids sur l'estomac,* ressentir une lourdeur gastrique. ‖ *Rester sur l'estomac,* ne pas être digéré ou, fam., être un motif de rancune, d'amertume.

ENCYCL. **Anat.** et **Physiol.** L'estomac a la forme d'un J majuscule, dont les deux parties sont raccordées à angle plus ou moins aigu : la partie supérieure, plus volumineuse, appelée « portion verticale », comprend elle-même deux portions superposées, la grosse tubérosité, en haut, et le corps de l'estomac, en bas, qui se termine par la petite tubérosité ; la partie inférieure, appelée « portion horizontale », est séparée du duodénum par le pylore. Le bord droit, concave, est nommé petite courbure, et le bord gauche, convexe, est la grande courbure. L'orifice œsophagien de l'estomac se nomme le « cardia ». L'estomac est constitué de quatre tuniques : séreuse (le péritoine), musculaire (très développée), sous-muqueuse (tissu conjonctif) et muqueuse (qui sécrète le suc gastrique). Servant de réservoir aux aliments, l'estomac est animé de mouvements péristaltiques qui assurent leur brassage. L'acidité gastrique permet la stérilisation du contenu gastrique et l'activation de la pepsine contenue dans le suc gastrique. La pepsine hydrolyse les protéines en polypeptides (digestion de la viande, des œufs, etc.). La muqueuse gastrique contient également le facteur intrinsèque nécessaire à l'absorption de la vitamine B 12. Les maladies de l'estomac sont nombreuses : ulcère, cancer, tumeurs bénignes (rares), gastrite, dyspepsie, etc.

– **Zool.** Chez les vertébrés, l'estomac se distingue de l'œsophage par sa muqueuse à épithélium unistratifié et par un brusque élargissement de la lumière correspondant au cardia. Le passage de l'estomac à l'intestin correspond au pylore, souvent marqué d'un sphincter ou d'une valvule. Chez les oiseaux, l'estomac comporte une poche antérieure glandulaire, le ventricule succenturié, suivie d'un estomac musculeux à muqueuse fortement kératinisée, le gésier. Le jabot, où les oiseaux granivores accumulent la nourriture, est une poche œsophagienne. Chez les ruminants, l'estomac correspond à la seule caillette ; les trois autres poches gastriques : bonnet ou réseau, panse et feuillet, ont un épithélium pluristratifié de type œsophagien. Chez les invertébrés, on donne le nom d'estomac à la première dilatation renfermant dans sa muqueuse des glandes ou des cellules digestives.

ESTOMAQUER v. t. (lat. *stomachari,* s'irriter) [conj. 3]. *Fam.* Causer à qqn une surprise vive ; stupéfier, épater : *Cette nouvelle l'a estomaqué.*

ESTOMPAGE n. m. **1.** Action d'estomper : *L'estompage d'un dessin.* – **2.** Figuration plastique du relief sur une carte, au moyen de demi-teintes.

ESTOMPE n. f. (néerl. *stomp,* bout). Petit rouleau de peau ou de papier, terminé en pointe mousse, dont on se sert, en dessin, pour étaler le tracé du crayon, du fusain, du pastel.

ESTOMPEMENT n. m. *Litt.* Fait de s'estomper : *L'estompement des reliefs au crépuscule.*

ESTOMPER v. t. (de *estompe*) [conj. 3]. **1.** Adoucir ou ombrer un dessin avec l'estompe. – **2.** Couvrir qqch d'une ombre unie ou légèrement dégradée en voilant les traits : *Retoucher une photographie en estompant les rides.* – **3.** Couvrir qqch d'ombre en en rendant les contours incertains : *La brume estompe les collines.* – **4.** Atténuer la rudesse ou l'acuité de qqch : *Estomper les difficultés de l'entreprise.*

◆ **s'estomper** v. pr., **être estompé** v. pass. **1.** S'effacer, se confondre avec ce qui entoure : *Les contours estompés de l'horizon.* – **2.** Devenir flou, moins net, moins vif : *Ses souvenirs s'estompent.* – **3.** Devenir moins violent, moins fort : *Sa rancœur s'estompe.*

ESTONIE, en estonien **Eesti,** État d'Europe, sur la Baltique ; 45 100 km^2 ; 1 520 000 hab. *(Estoniens).* CAP. *Tallinn.* LANGUE : *estonien.* MONNAIE : *couronne estonienne.*

Géographie. Fortement urbanisée (Tallinn, Tartou, Narva sont les principales villes), peuplée pour près des deux tiers d'Estoniens (mais comptant près de 30 % de Russes), l'Estonie est la plus petite des Républiques baltes. Elle associe élevage (développé sous un climat humide et sur des sols peu fertiles), sylviculture, exploitation du sous-sol (schistes bitumineux) et industries diversifiées (engrais, textile, travail du bois et du cuir, constructions mécaniques et électriques).

Histoire. D'origine finno-ougrienne, les Estoniens s'unissent contre les envahisseurs vikings (IXe s.), russes (XIe-XIIe s.), puis sont écrasés en 1217 par les Danois et les Allemands (chevaliers Porte-Glaive).

1346-1561 : La région est gouvernée par les chevaliers Porte-Glaive.

1629 : Elle passe sous domination suédoise.

1721 : Elle est intégrée à l'Empire russe.

1920 : La Russie soviétique reconnaît son indépendance.

1940 : Elle est, conformément au pacte germano-soviétique, intégrée à l'U.R.S.S.

1941-1944 : Elle est occupée par les Allemands.

1944 : Elle redevient une république soviétique.

1991 : L'indépendance est restaurée (sept.).

1994 : Les troupes russes se retirent du pays.

1995 : L'Estonie dépose une demande d'adhésion à l'Union européenne.

ESTONIEN, ENNE adj. et n. D'Estonie.
◆ **estonien** ou **este** n. m. Langue balto-finnoise parlée par plus d'un million de locuteurs, principalement en Estonie. (Langue officielle de l'Estonie, elle recule devant le russe, dont elle subit la forte influence.)

ESTOPPEL [ɛstɔpɛl] n. m. Objection péremptoire qui s'oppose à ce qu'un État, partie à un procès, puisse contredire sa position antérieure.

ESTOQUER v. t. (anc. fr. *estochier,* du moyen néerl. *stoken,* piquer) [conj. 3]. **1.** *Vx.* Frapper d'estoc, de la pointe. — **2.** *Litt.* Porter l'estocade, le coup de grâce à un adversaire, un contradicteur.

ESTORIL, station thermale et balnéaire du Portugal, à l'O. de Lisbonne ; 15 700 hab.

ESTOUFFADE ou **ÉTOUFFADE** n. f. (ital. *stufata,* de *stufare,* cuire à l'étuvée). Plat de viande ou de gibier cuit longuement à l'étouffée.

ESTOURBIR v. t. (arg. *stourbe,* mort, de l'all. *sterben,* mourir) [conj. 32]. **1.** *Fam.* Assommer ou tuer. — **2.** *Fam.* et *vx.* Provoquer la stupéfaction de qqn.

ESTOUTEVILLE (François Ier DE BOURBON, *comte* DE SAINT-POL, puis *duc* D') → SAINT-POL.

EST-PACIFIQUE *(dorsale),* système montagneux sous-marin du Pacifique oriental (100-120° de longitude O.), composé de segments décalés entre l'océan Austral et l'entrée du golfe de Californie (55° S. à 23° N.). C'est une dorsale océanique en expansion rapide, séparant la plaque Pacifique des plaques Cocos, Nazca et Antarctique.

ESTRADA CABRERA (Manuel), homme d'État guatémaltèque (Quezaltenango 1857 - Guatemala 1924). Ministre de l'Instruction, de la Justice et de l'Intérieur du président Reyna Barrios, il fut président de la République de 1898 à 1920. Il entreprit de moderniser le Guatemala à l'exemple de Porfirio Díaz au Mexique.

ESTRADA PALMA (Tomás), homme d'État cubain (Bayamo 1835 - Santiago de Cuba 1908). Président du gouvernement révolutionnaire (1876), président du Comité révolutionnaire cubain (New York, 1895), premier président de la République (1902), il fit appel aux forces américaines contre les libéraux radicaux avant de démissionner (1906).

1. ESTRADE n. f. (esp. *estrado,* du lat. *stratum,* plate-forme). Plancher surélevé, destiné à recevoir des sièges, un meuble, une tribune, etc.

2. ESTRADE n. f. (ital. *strada,* route, du lat. *strata,* voie pavée). *Batteur d'estrade,* autref. éclaireur d'une troupe. ‖ Vx. *Battre l'estrade,* courir la campagne, battre les routes pour connaître la position, les mouvements de l'ennemi.

ESTRADES (Godefroi, *comte* D'), diplomate et maréchal de France (Agen 1607 - Paris 1686). Ambassadeur en Angleterre (1661), il négocia avec Charles II le rachat de Dunkerque (1662). Ambassadeur extraordinaire en Hollande (1663-1668), maréchal de France (1675), il dirigea les négociations du traité de Nimègue (1678-79). Sa *Correspondance* a été publiée en 1924.

ESTRADIOL → ŒSTRADIOL.

ESTRADIOT → STRADIOT.

ESTRAGOLE n. m. (de *estragon*). Éther-oxyde phénolique, principal constituant de l'essence d'estragon.

ESTRAGON n. m. (ar. *ṭarkhūn,* du gr. *drakontion,* serpentaire). Plante potagère aromatique, appartenant au genre armoise, et utilisée comme condiment.

ESTRAMAÇON n. m. (ital. *stramazzone,* de *mazza,* masse d'armes). Épée longue, à deux tranchants (XVIe et XVIIe s.).

ESTRAMADURA → ESTRÉMADURE.

ESTRAN n. m. (néerl. *strand,* rivage). Partie du littoral alternativement couverte et découverte par la mer. (Syn. ÉTAGE MÉSOLITTORAL, ZONE INTERTIDALE.)

ESTRANE → ŒSTRANE.

ESTRAPADE n. f. (ital. *strappata,* de *strappare,* arracher, p.-ê. du gotiq. **strappan*). **1.** Supplice qui consistait à hisser le condamné en haut d'un mât et à le laisser tomber brusquement, un câble le retenant à quelque distance du sol. — **2.** Mât, potence qui servait à ce supplice.

ESTRAPADER v. t. (conj. 3). Infliger l'estrapade à qqn.

ESTRAPASSER v. t. (ital *strapazzare*) [conj. 3]. *Litt.* Harasser un cheval par un exercice trop long ou trop violent.

ESTRÉES (*maison* D'), famille originaire de Picardie, connue à partir du XIVe s., et qui s'éteignit en 1763. — ANTOINE **d'Estrées,** marquis **de Cœuvres** (début du XVIe s. - 1609), fut grand maître de l'artillerie (1597). — Sa fille GABRIELLE **d'Estrées,** duchesse **de Beaufort** (château de Cœuvres, auj. Cœuvres-et-Valsery, Aisne, 1571 -Paris 1599), devint la maîtresse d'Henri IV (1592) qui la créa marquise de Montceaux puis duchesse de Beaufort (1597). Elle eut du roi trois enfants légitimés dont César, duc de Vendôme. — Son petit-fils JEAN II, duc **d'Estrées** (Soleure 1624 - Paris 1707), vice-amiral de France (1669) puis maréchal (1681), reprit Cayenne aux Hollandais (1676) et s'empara de l'île de Gorée (1677). — CÉSAR **d'Estrées** (Paris 1628 - *id.* 1714), frère du précédent, fut cardinal (1671). Il remplit pour Louis XIV plusieurs missions diplomatiques, notamment à Rome où il négocia la « paix de l'Église » (1669). [Acad. fr., 1658.] — VICTOR MARIE, marquis **de Cœuvres,** puis duc **d'Estrées** (Paris 1660 - *id.* 1737), fils de Jean II, vice-amiral de France en survivance de son père (1684), coopéra aux victoires de Beachy Head (Béveziers, 1690) et de Lagos (1693), puis à la prise de Barcelone (1697). Maréchal de France (1703), il fut président du Conseil de la marine en 1715. — LOUIS CHARLES CÉSAR **Le Tellier,** marquis **de Courtanvaux,** puis duc **d'Estrées** (Paris 1695 - *id.* 1771), fils de Marie Anne Catherine d'Estrées et petit-fils de Louvois, fut maréchal de France (1757). Il remporta la victoire d'Hastenbeck (1757) sur le duc de Cumberland pendant la guerre de Sept Ans.

ESTRÉES-MONS (80200), comm. de la Somme, à 10 km au S.-E. de Péronne ; 608 hab. Conserverie de légumes. Aérodrome.

ESTRÉES-SAINT-DENIS (60190), ch.-l. de cant. de l'Oise, à 15 km à l'O. de Compiègne ; 3 584 hab. *(Dionysiens).* Berceau de la famille d'Estrées.

ESTRELA *(serra da),* la plus haute chaîne du Portugal (1 991 m au *Malhão da Estrela*).

ESTRÉMADURE, en esp. **Extremadura,** région historique de l'Espagne, partie sud-ouest de la Meseta, correspondant aux actuelles provinces de Badajoz et Cáceres, et constituant depuis 1983 une communauté autonome ; 41 602 km^2 ; 1 045 201 hab. Cette zone déshéritée (céréaliculture extensive, élevage ovin) est un foyer d'émigration.
— **Hist.** Incluse dans la province romaine de Lusitanie, l'Estrémadure fut conquise en 711 par les Arabes qui l'érigèrent en royaume indépendant en 960. Reconquise par Alphonse IX entre 1227 et 1230, elle dépendit dès lors du León et de la Castille.

ESTRÉMADURE, en port. **Estremadura,** anc. prov. du Portugal, comprenant une partie des trois districts de Lisbonne, Santarém et Leiria, entre le littoral atlantique, à l'O., et la plaine du Tage inférieur (Ribatejo), à l'E.
— **Hist.** Comprise dans la province romaine de Lusitanie, occupée par les Arabes en 711, la province fut rattachée au Portugal en 1147 après la prise de sa capitale, Lisbonne, par Alphonse Ier Henriques.

ESTRIE ou **CANTONS DE L'EST,** région du Canada, au Québec, sur la rive droite du Saint-Laurent, limitrophe des États-Unis.

ESTRILDINÉ n. m. Nom de tribu donné à de nombreux oiseaux de cage (plocéidés), comme les amadines, astrilds, becs-de-corail, bengalis, cordons bleus ou diamants.

ESTRIOL, ESTROGÈNE, ESTROGÉNIQUE, ESTROGÉNOTHÉRAPIE, ESTRONE → ŒSTRIOL, ŒSTROGÈNE, ŒSTROGÉNIQUE, ŒSTROGÉNOTHÉRAPIE, ŒSTRONE.

ESTROPE n. f. (lat. *stroppus,* du gr. *strophos,* courroie). **1.** Anneau de cordage dont les deux bouts sont épissés l'un sur l'autre, et qui sert à divers usages. — **2.** Ligne attachée sur la maîtresse corde, dans la pêche marine aux lignes traînantes.

ESTROPIÉ, E n. Personne qui est privée de l'usage d'un ou de plusieurs membres ; infirme.

ESTROPIER v. t. (ital. *stroppiare,* du lat. pop. **exturpiare,* du lat. class. *turpis,* difforme) [conj. 9]. **1.** Priver qqn momentanément ou définitivement de l'usage d'un ou de plusieurs membres. — **2.** Déformer un mot, une phrase, un texte, etc., les écorcher dans leur prononciation, leur orthographe : *Estropier un vers.*

ESTROPROGESTATIF → ŒSTROPROGESTATIF.

ESTRUP (Jakob Brønnum Scavenius), homme politique danois (Sorø 1825 - Copenhague 1913). Chef du parti conservateur au Landsting et ministre de l'Intérieur en 1865, il fut président du Conseil et ministre des Finances de 1875 à 1894.

EST-SUD-EST (E.-S.-E.), direction de la rose des vents, intermédiaire entre l'est et le sud-est.

ESTUAIRE n. m. (lat. *aestuarium*). Embouchure fluviale sur une mer ouverte, formant une indentation profonde dans le tracé littoral, qui correspond souvent à une vallée submergée par la transgression flandrienne et qui est soumise à l'onde de marée.
ENCYCL. Les estuaires offrent des biotopes originaux par leur faune et leur flore : prés salés à

salicornes et à crabes verts, berges vaseuses, herbiers de zostères abritant l'araignée de mer, chenaux hébergeant raies et poissons plats, etc. Les moyens utilisés pour l'aménagement des estuaires sont soit des endiguements (digues hautes ou basses), soit des dragages, soit la combinaison de ces procédés. Les estuaires ont été des sites privilégiés d'établissements portuaires, parfois dévalorisés par l'accroissement de la taille des navires.

ESTUAIRE, prov. du Gabon, de part et d'autre de l'*estuaire du Gabon ;* 311 300 hab. Ch.-l. *Libreville.*

ESTUARIEN, ENNE adj. Relatif à un estuaire.

ESTUDIANTIN, E adj. (de *étudiant,* avec l'infl. de l'esp. *estudiantino*). Relatif aux étudiants : *La vie estudiantine.*

ESTURGEON n. m. (frq. **sturjo*). Grand poisson primitif, incomplètement ossifié, à bouche ventrale, à rostre riche en barbillons, à caudale hétérocerque, à écailles ganoïdes et peu nombreuses. (Les esturgeons cherchent leur nourriture dans la vase des fonds marins et fluviaux ; ils pondent, toujours en eau douce, des œufs qui constituent le caviar. La plus grande espèce, le bélouga, atteint 8 m et 1 000 kg.)

ESZTERGOM, v. de Hongrie, sur le Danube, en amont de Budapest ; 31 000 hab. Archevêché, siège du primat de Hongrie. Restes du palais royal des XIe-XIIe s., avec fresques de la Renaissance (XVe s.). Cathédrale néoclassique (1822), avec chapelle Renaissance de l'édifice précédent ; trésor. Musée chrétien et Musée historique.

ESZTERHÁZY → ESTERHÁZY.

ET conj. de coordination (lat. *et*). Marque : **1.** une liaison entre deux mots, deux groupes de mots ou deux propositions (généralement une adjonction ou une succession immédiate) : *Il faut agir vite et bien. Je finis ce travail et je suis à vous.* – **2.** une opposition : *Tu viens d'arriver et tu veux déjà repartir ?* – **3.** une conséquence : *On l'a menacé d'un procès, et il n'a pas insisté.* – **4.** une précision surajoutée, avec une nuance d'insistance : *C'est fini, et bien fini.* – **5.** un sentiment (étonnement, indignation, contentement de soi, etc.), en tête d'une phrase plus ou moins conclusive : *Et moi qui ne me doutais de rien !* – **6.** l'addition dans les noms de nombre composés, entre un nombre de dizaines et *un* (ou *unième*) : *Vingt et un.* – **7.** *Et/ou,* formule indiquant que les deux termes coordonnés le sont, au choix, soit par *et,* soit par *ou.* – **8.** Fam. *Et d'un, et de deux, etc.,* s'ajoute parfois à chacun des termes d'une énumération, par exemple dans une argumentation. ‖ *Il y a + n. et + n.,* indique qu'on veut marquer une différence de qualité, de valeur entre des éléments de même espèce : *Il y a parfum et parfum.*

◆ n. m. inv. Opérateur booléen binaire donnant la valeur si, et seulement si, les deux opérandes ont la valeur « vrai », et prenant la valeur « faux » sinon.

ÊTA n. m. Septième lettre de l'alphabet grec (Η, η), servant à noter en grec classique un *e* long (un *i* en grec moderne).

ETA [eta] n. m. inv. (mot jap.). Au Japon, personne qui fait l'objet d'une discrimination fondée sur la naissance (burakumin, gens d'origine coréenne).

E. T. A., sigle du mouvement basque EUSKADI* TA ASKATASUNA.

ÉTABLE n. f. (lat. pop. **stabula,* pl. du lat. class. *stabulum,* étable). Bâtiment destiné au logement des bovins, notamment des vaches.

ENCYCL. *L'étable à stabulation entravée* comprend un ou plusieurs rangs de stalles contiguës dans lesquelles les animaux sont attachés individuellement face à une auge. À l'arrière est situé un caniveau pour la collecte des déjections dont l'évacuation se fait de plus en plus mécaniquement. De même, la distribution des aliments est plus ou moins automatisée. Dans *l'étable à stabulation libre,* les animaux sont laissés en un seul lot et libres de toute entrave. L'étable comprend une aire de couchage, une aire d'exercice bétonnée ou paillée, une aire d'alimentation bordée par les dispositifs de distribution des fourrages (auge, râtelier). Dans les étables pour vaches laitières s'y ajoutent les équipements de traite.

ÉTABLES-SUR-MER (22680), ch.-l. de cant. des Côtes-d'Armor, près de la baie de Saint-Brieuc ; 2 145 hab. *(Tagarins).* Station balnéaire.

ÉTABLI n. m. (de *établir*). Table de travail utilisée pour diverses opérations, notamment l'ajustage, et sur laquelle est généralement fixé un étau.

ÉTABLIR v. t. (lat. *stabilire,* affermir, de *stabilis,* stable) [conj. 32]. **1.** Installer qqch qqpart, l'y mettre en place : *Établir une liaison téléphonique entre Paris et Nouméa.* – **2.** Fonder, créer un organisme, un service, etc. : *Établir une filiale à l'étranger.* – **3.** Fixer sa résidence qqpart : *Établir son domicile à Paris.* – **4.** Mettre qqch en vigueur, en application : *Établir un règlement.* – **5.** Nouer, instituer une relation avec qqn : *Établir des liens d'amitié avec ses voisins.* – **6.** Construire, fonder qqch sur qqch de solide : *Établir sa réputation sur des succès.* – **7.** Donner qqch pour certain, sûr, le prouver : *Établir l'innocence d'un accusé.* – **8.** Rédiger, dresser une liste, un inventaire, une facture, etc., selon certaines règles ou à partir de certaines données : *Établir le planning de la* *semaine.* – **9.** Pourvoir qqn d'une situation, d'une charge : *Établir son fils comme notaire.* – **10.** *Établir un texte,* l'éditer sous sa forme originelle par confrontation des diverses éditions ou manuscrits. ‖ *Établir une voile,* la disposer convenablement pour qu'elle tire au mieux.

◆ **être établi** v. pass. **1.** Être stable, solide : *Avoir une réputation bien établie.* – **2.** Être solidement ancré qqpart ; être en place, être admis, reconnu et respecté comme tel : *Il contestait les coutumes établies.* – **3.** *Pouvoir, ordre établi,* gouvernement, pouvoir, ordre en place.

◆ **s'établir** v. pr., **être établi** v. pass. **1.** Fixer sa résidence, son siège qqpart : *S'établir en province.* – **2.** Exercer telle profession, telle activité : *Il est établi comme notaire à Tours.* – **3.** S'instaurer, exister de façon durable : *Cet usage aura peine à s'établir.* – **4.** *Vx.* Fonder une famille.

ÉTABLISSAGE n. m. Assemblage d'une montre à partir des pièces détachées.

ÉTABLISSEMENT n. m. **1.** Action d'établir, de construire : *L'établissement d'un barrage, d'un empire.* – **2.** Action de s'établir, de prendre pied dans une région, au point de vue industriel ou commercial : *L'établissement des Français en Afrique.* – **3.** Action d'installer, de mettre en vigueur ; instauration : *L'établissement d'une république.* – **4.** *Litt.* Action de pourvoir d'une situation, d'une position sociale. – **5.** Action de fournir un plan, un projet, le détail d'un compte : *Établissement d'un devis.* – **6.** Action de démontrer, de fournir des preuves de qqch : *L'établissement de la vérité.* – **7.** Entreprise, usine, maison de commerce d'une certaine importance : *Établissement industriel.* – **8.** *Établissement scolaire,* école, collège ou lycée. ‖ *Établissement de soins,* organisme, public ou privé, dans lequel sont dispensés des soins médicaux. • **Banq.** *Établissement financier,* entreprise qui, sans posséder la qualification de banque, participe à des activités telles que les opérations sur titres, la gestion de patrimoines, etc. – **Dr.** Unité technique de production, dotée d'un matériel et d'un personnel propres, constituant une fraction de l'entreprise ou pouvant coïncider avec l'entreprise. ‖ *Droit d'établissement,* possibilité d'accéder à une activité professionnelle non salariée et de l'exercer, ainsi que de constituer et de gérer une entreprise. ‖ *Établissement classé,* établissement affecté à des industries dangereuses et incommodes pour le voisinage, et dont l'ouverture et le fonctionnement sont strictement réglementés. (Les *établissements dangereux, incommodes et insalubres* sont dits « classés ».) ‖ *Établissement public,* personne morale de droit public autre que l'État et les collectivités locales, chargée d'assurer le fonctionnement d'une activité prise en charge par la collectivité et qui jouit de l'autonomie financière. ‖ *Établissement public administratif,* établissement public chargé de la gestion d'un service public administratif. ‖ *Établissement public à caractère industriel et commercial,* établissement public chargé de la gestion d'un service public industriel et commercial. *Établissement d'utilité publique,* organisme privé qui a pour but de satisfaire des besoins d'intérêt général. (La reconnaissance d'utilité publique est délivrée par l'Administration.) ‖ *Traité d'établissement,* traité qui règle de façon préférentielle la condition des nationaux de chaque État contractant dans le territoire de l'autre. – **Mar.** *Établissement maritime,* local, atelier appartenant à la marine nationale. ‖ *Établissement du port,* moyenne des retards de la pleine mer par rapport au passage de la Lune au méridien d'un lieu, les jours de syzygie d'équinoxe. – **Menuis.** et – **Charp.** Ensemble des signes tracés sur les pièces d'un ouvrage avant l'assemblage. – **Navig.** *Établissement flottant,* installation flottante qui n'est pas normalement destinée à être déplacée (dock, embarcadère, hangar pour bateaux, etc.).

◆ **établissements** n. m. pl. *Établissements militaires,* ensemble des installations militaires du territoire, distinctes des corps de troupes et rattachées dans chaque région aux différents services des armées.

établissement *(Acte d')* [en angl. *Act of Settlement*], loi votée par le Parlement anglais en juin 1701 et qui assurait une succession protestante au trône, en cas de disparition sans enfant de Guillaume III et de sa belle-sœur Anne Stuart. En vertu de cet Acte, la dynastie hanovrienne succéda, en 1714, en la personne de George Ier, à la dynastie Stuart.

ÉTABLISSEMENTS FRANÇAIS DANS L'INDE, nom des anciennes possessions françaises de l'Inde.

Établissements de Saint Louis, recueil des coutumes de Touraine, d'Anjou et de l'Orléanais (v. 1272-73). Commençant par une ordonnance de Louis IX (d'où son nom), ce coutumier eut une grande influence dans l'ouest du royaume.

ÉTABLISSEUR n. m. Fabricant de montres, réalisant le montage complet à partir des pièces détachées.

ÉTACRYNIQUE adj. *Acide étacrynique,* médicament diurétique puissant, d'action rapide mais brève.

ÉTAGE n. m. (anc. fr. *ester,* se tenir). **1.** Dans un bâtiment, un immeuble, ensemble des pièces et dégagements situés de plain-pied entre deux divisions horizontales, planchers ou voûtes (le rez-de-chaussée est en général exclu du décompte des étages). – **2.** Chacune des divisions d'un objet formé de parties superposées : *Gâteau* *formé de trois étages.* – **3.** *De bas étage,* de qualité ou de nature inférieure ; vulgaire. ‖ *En étage,* dans les étages d'un immeuble, par oppos. à *au rez-de-chaussée.* • **Astronaut.** *Étage (propulsif),* partie autonome et séparable d'un véhicule spatial, généralement dotée de moyens de propulsion, et assurant certaines fonctions pendant une phase donnée du vol. – **Bot.** *Étages de végétation,* types de végétation qui se succèdent sur le flanc d'une montagne suivant l'altitude. – **Électron.** Ensemble constitué par un élément actif (tube électronique ou transistor) avec ses circuits de liaison. (Selon leurs fonctions, on distingue des étages amplificateurs, oscillateurs, déphaseurs, détecteurs, discriminateurs, etc.) – **Géol.** Unité fondamentale utilisée dans la subdivision du temps géologique, de durée variable (3 à 10 millions d'années). – **Mécan.** Dans une turbine ou un compresseur, ensemble formé par la succession d'un distributeur fixe et d'une roue mobile. ‖ Dans une pompe axiale ou centrifuge, ensemble formé par une cavité et une roue mobile. – **Min.** Ensemble des travaux miniers situés entre deux niveaux successifs. – **Nucl.** *Étage de séparation isotopique,* chacun des éléments de la série d'appareils qui constitue une installation de séparation isotopique.

ÉTAGEMENT n. m. **1.** Action de disposer en étages, en rangs superposés ; disposition en étages : *L'étagement des couches géologiques.* – **2.** *Étagement des vitesses,* progression des rapports de démultiplication de la boîte de vitesses d'une automobile.

ÉTAGER v. t. (de *étage*) [conj. 17]. Disposer des personnes, des choses sur plusieurs niveaux : *Étager les élèves sur des bancs pour prendre une photo.*

◆ **s'étager** v. pr., **être étagé** v. pass. **1.** Être disposé en rangs ou en masses superposés : *Les maisons s'étageaient au flanc du coteau.* – **2.** *Installation frigorifique étagée,* installation dans laquelle la compression du frigorigène s'effectue en plusieurs étages.

ÉTAGÈRE n. f. (provenç. *estagiera*). **1.** Tablette fixée horizontalement à un support vertical : *Les étagères d'une bibliothèque.* – **2.** Meuble formé d'un ensemble de tablettes superposées.

1. ÉTAI n. m. (anc. angl. *staeg*). **1.** Câble métallique ou cordage qui raidit un mât vers l'avant, dans le sens longitudinal. (Sur les grands voiliers, les étais portent le nom des mâts auxquels ils sont appliqués : *Étai de flèche, étai de bas-mât,* etc.) – **2.** *Voile d'étai,* voile triangulaire gréée entre deux mâts et endraillée sur un étai.

2. ÉTAI n. m. (frq. **staka,* poteau). **1.** Pièce de charpente servant à soutenir ou à épauler provisoirement toute partie d'un ouvrage qui se déforme, se déverse, ou qu'on reprend en sous-œuvre. (Il en existe différentes sortes : chandelles, étançons, chevalements, contrefiches, étrésillons.) – **2.** Tout élément de soutènement, en bois ou en métal, disposé dans une mine, verticalement ou perpendiculairement aux épontes.

ÉTAIEMENT → ÉTAYAGE.

ÉTAIN n. m. (bas lat. *stagnum*). **1.** Métal d'un blanc d'argent, plus dur et moins dense que le plomb. (Élément chimique de symbole Sn.) [→ *encycl.*] – **2.** Pièce de vaisselle ou objet en étain. – **3.** *Becs d'étain,* angles rentrants des cristaux de cassitérite. ‖ *Étain en rature,* étain neuf et pur, en petites bandes très minces. ‖ *Potée d'étain,* monoxyde d'étain.

Numéro atomique :	50
Masse atomique :	118,7
Point de fusion :	232 °C
Masse volumique :	5,77 g/cm³ (étain gris)
	7,29 g/cm³ (étain blanc)

ENCYCL.

• *Propriétés.* Employé, sous forme de bronze, dès le IIIe millénaire, l'étain était connu comme métal au début de notre ère. C'est un métal d'un blanc très vif, malléable, assez ductile et peu résistant à la traction. Il existe aussi, à froid, sous forme d'étain gris ; le passage de l'étain blanc à l'étain gris qui affecte parfois les objets d'étain est souvent nommé « lèpre » ou « peste de l'étain ». À température ordinaire, l'étain résiste à la corrosion grâce à la formation d'une couche protectrice d'oxyde.

• *Composés.* L'étain donne des composés covalents (hydrure SnH_4, chlorures $SnCl_4$), mais on le trouve aussi sous forme ionique (oxyde SnO_2, fluorure SnF_4). Aux ions Sn^{2+} et Sn^{4+} correspondent respectivement les sels stanneux et stanniques. Les principaux composés sont l'*oxyde stanneux* SnO, employé dans la fabrication du verre ; l'*oxyde stannique* SnO_2 [blanc, existant à l'état naturel (cassitérite)], utilisé pour opacifier le verre, colorer les céramiques en rose, jaune ou brun et polir le marbre ; le *chlorure stanneux* $SnCl_2$, constituant principal des solutions acides pour dépôts électrolytiques d'étain ; le *chlorure stannique,* liquide incolore, très avide d'eau, et matière de base de la préparation des organostanniques.

• *Élaboration.* Le minerai d'étain le plus répandu est la cassitérite, que l'on concentre par gravité. Après un grillage oxydant ou chlorurant, suivi d'un lavage à l'acide ou à l'hyposulfite de soude, il est réduit par le charbon dans un four électrique ou à réverbère. L'étain brut obtenu est raffiné

par liquation, distillation sous vide ou par électrolyse. (Les anodes coulées sont dissoutes dans l'électrolyte et l'étain pur se dépose à la cathode.)
• *Utilisations.* L'étain est utilisé comme métal de protection pour le cuivre ou pour le fer, dans l'industrie alimentaire (« fer-blanc » obtenu par étamage), dans les industries électrique, chimique, mécanique et pour le flottage du verre.
• *Alliages.* L'étain s'allie facilement au cuivre pour constituer les bronzes*. Les alliages riches en étain sont surtout utilisés pour les antifrictions*, présentant une plasticité qui facilite le rodage du coussinet et l'absorption des particules entraînées par le lubrifiant. Allié au plomb, il forme des métaux d'apport de soudage à bas point de fusion. Allié à l'antimoine, qui le durcit, il sert à confectionner des accessoires pour l'industrie chimique. Divers alliages sont depuis longtemps utilisés pour la fabrication des objets des services de table.
• *Production.* La production mondiale de concentrés plafonne un peu au-dessous de 200 000 t, provenant, pour plus de la moitié, de l'Asie (Chine principalement, puis Indonésie, Malaysia et Thaïlande), devant le Pérou et la Bolivie. La production de fonderie est assurée en priorité par les mêmes États.

ÉTAIN (55400), ch.-l. de cant. de la Meuse, dans la Woëvre, sur l'Orne ; 3 606 hab. Église des XIIIe-XVe s., très restaurée. Au N.-E., aérodrome.

ÉTAINIER n. m. Fondeur d'étain.

ÉTAIX (Pierre), acteur et cinéaste français (Roanne 1928). Après avoir débuté comme clown, il devient gagman de Jacques Tati pour *Mon oncle* (1958), puis réalise *le Soupirant* (1962), qui obtient le prix Louis-Delluc, *Yoyo* (1964), *Tant qu'on a la santé* (1965), *le Grand Amour* (1969), *Pays de cocagne* (1970), *J'écris dans l'espace* (1989, premier film de fiction réalisé par le procédé Omnimax).

ÉTAL n. m. (pl. *étals* ou *étaux*) [frq. **stal*, position]. **1.** Table sur laquelle on expose les denrées en vente sur les marchés ; éventaire. — **2.** Table sur laquelle les bouchers débitent la viande.

1. ÉTALAGE n. m. (de *étaler 1*). **1.** Exposition de marchandises offertes à la vente ; lieu où l'on expose ces marchandises : *Refaire son étalage.* — **2.** Ensemble des marchandises exposées : *Les étalages d'un grand magasin.* — **3.** Ensemble des choses éparses dans un même lieu : *Un étalage de papiers sur le bureau.* — **4.** Action de montrer avec ostentation ; exhibition complaisante et vaniteuse ; déballage : *Étalage de beaux sentiments.* — **5.** En filature, transformation des poignées de lin peigné en un ruban continu. — **6.** *Faire étalage de,* faire valoir, montrer avec ostentation, sans retenue, ce qu'on a : *Faire étalage de ses succès.*
◆ **étalages** n. m. pl. Partie d'un haut fourneau qui se trouve au-dessous du ventre et au-dessus de la région des tuyères.

2. ÉTALAGE n. m. (de *étaler 2*). Action d'étaler un bâtiment, en navigation.

ÉTALAGER v. t. (conj. **17**). Mettre qqch en vitrine, à l'étalage.

ÉTALAGISTE n. **1.** *Vx.* Commerçant qui étale ses marchandises sur la voie publique, en s'attachant à attirer la clientèle ; camelot. — **2.** Personne dont le métier consiste à mettre en valeur un étalage par sa présentation et sa décoration.

ÉTALE adj. (anc. fr. *estale,* reposé). **1.** Se dit de la mer ou d'un cours d'eau lorsque son niveau est stabilisé (après ou avant la marée montante, après ou avant une crue). — **2.** Se dit de ce qui, après avoir augmenté, est stationnaire : *Circulation étale depuis midi.* — **3.** *Litt.* Se dit de ce qui ne bouge pas, reste immobile et calme : *La rue devient étale le dimanche.* — **4.** *Navire étale,* navire complètement arrêté.
◆ n. m. Moment où le niveau de la mer ou d'un cours d'eau est stabilisé.

ÉTALEMENT n. m. **1.** Action d'étaler, de disposer sur une surface ; état de ce qui est étalé : *L'étalement des papiers sur le bureau.* — **2.** Échelonnement dans le temps : *L'étalement des paiements.* — **3.** *Étalement des horaires,* aménagement des horaires de travail ayant pour objet de supprimer les pointes quotidiennes, en matière de transports notamment. ‖ *Étalement des vacances,* répartition des congés sur l'ensemble de l'année, de manière à éviter l'engorgement des transports et des lieux de villégiature.

1. ÉTALER v. t. (de *étal*) [conj. **3**]. **1.** Exposer des marchandises pour la vente après les avoir déballées. — **2.** Disposer des objets les uns à côté des autres : *Étaler des papiers par terre.* — **3.** Étendre une matière, la poser en couche fine sur toute l'étendue d'une surface : *Étaler du beurre sur une tartine.* — **4.** Déployer, déplier qqch dans sa largeur : *Étaler une carte routière.* — **5.** Exposer qqch avec vanité, le faire voir avec ostentation, en faire parade : *Étaler sa liaison avec quelqu'un.* — **6.** Répartir qqch, une action dans le temps, en le divisant, en le fractionnant, en l'étendant sur une plus longue période : *Étaler le paiement sur 18 mois, en 18 versements.* — **7.** *Litt.* Exposer qqch aux regards sur une large surface : *La ville étalait ses maisons jusqu'à la mer.* — **8.** *Fam.* Faire tomber qqn en lui portant un coup : *Il l'a étalé d'un splendide direct du gauche.* — **9.** *Fam.* Recaler qqn à un examen. — **10.** Tenir un poisson sans lui filer de ligne. — **11.** *Étaler qqch au grand jour,* ne pas avoir peur de le faire connaître, le laisser paraître. ‖ *Étaler son jeu,* montrer toutes ses cartes, les abattre.

◆ **s'étaler** v. pr., **être étalé** v. pass. **1.** Être étendu sur une surface, une distance : *La ville s'étale au bord de la mer.* — **2.** Se répandre sur une surface, en parlant d'un liquide : *De l'huile étalée sur la chaussée.* — **3.** Être réparti dans le temps : *Les paiements s'étalaient sur toute l'année.* — **4.** *Fam.* Tomber de tout son long : *Il est étalé au bas de l'escalier.* — **5.** S'étendre, s'allonger qqpart : *Il s'étale sur le divan.* — **6.** Se montrer ostensiblement, se faire savoir, se faire connaître : *Scandale qui s'étale à la une.*

◆ **s'étaler** v. pr. *Fam.* Prendre toute la place, trop de place, en parlant de qqn.

2. ÉTALER v. t. (de *étale*) [conj. 3]. **1.** En navigation, diminuer progressivement, par frottement d'un câble sur un bollard, l'énergie cinétique d'un bâtiment lors d'un accostage ou d'un éclusage. — **2.** Résister, se maintenir contre le vent, la marée, etc.

ÉTALEUSE n. f. Machine utilisée pour faire l'étalage dans la filature du lin.

ÉTALIER n. m. (de *étal*). Celui qui tient un étal pour le compte d'un maître boucher.

ÉTALINGUER v. t. (néerl. *staglijn,* ligne d'étai) [conj. 3]. Faire une étalingure de chaîne.

ÉTALINGURE n. f. (de *étalinguer*). **1.** Extrémité de la chaîne d'ancre du côté du navire. — **2.** *Étalingure de chaîne,* fixation d'une chaîne d'ancre dans le puits aux chaînes.

ÉTALLONDE (Dominique Gaillard d'), gentilhomme français (1748 - Amiens apr. 1788). Poursuivi comme complice du chevalier de La Barre (1765), il s'enfuit en Prusse, où il devint sous-lieutenant (1767), grâce à l'intervention de Voltaire, auprès de Frédéric II. Il fut réhabilité par la Convention en 1793.

ÉTALOIR n. m. Planche sur laquelle on étale les ailes des papillons pendant quelques jours avant de les repiquer dans une boîte à collection.

1. ÉTALON n. m. (frq. **stallo,* cheval entier, de **stal,* écurie). **1.** Mâle reproducteur dans diverses espèces domestiques (en partic. cheval, mais aussi âne, chien, etc.). [→ *encycl.*] — **2.** Arbre dont l'authenticité de l'origine variétale et le bon état sanitaire ont été reconnus et sur lequel on prélève des greffons. — **3.** *Étalon d'essai* ou *étalon souffleur,* étalon qui sert de boute-en-train.

ENCYCL. **Zootechn.** Le choix des étalons est d'une grande importance pour la sélection des races de chevaux. En France, la plupart des éleveurs ont recours aux services d'étalons appartenant soit à l'État (sélectionnés et entretenus par le Service des haras), soit à des étalonniers, et spécialement agréés. Les étalons commencent à être utilisés à partir de 4 ans pour les races de sang et de 3 ans pour les autres. Ils peuvent alors saillir des juments de races de sang ayant au moins 3 ans ou des juments de races lourdes et ponettes ayant au moins 2 ans.

2. ÉTALON n. m. (frq. **stalo*). **1.** Objet ou instrument qui matérialise une unité de mesure et sert de référence pour l'étalonnage d'autres objets ou instruments. — **2.** Modèle, type légal des poids et des mesures. — **3.** *Étalon de change or (Gold exchange standard),* système monétaire où les règlements extérieurs se font en or et en devises, et où l'autorité monétaire de chaque État garantit la convertibilité en or de sa monnaie nationale, au moins au niveau externe. (Né en 1922, ce système, adopté officiellement par 44 pays lors de la conférence de Bretton Woods en 1944, fut pratiquement abandonné en 1971.) ‖ *Étalon dollar,* système qui remplace l'étalon de change or et qui instaure la devise américaine comme pivot du système monétaire international. (Les accords de la Jamaïque en janv. 1976 ont rendu officielle la démonétisation de l'or.) ‖ *Étalon monétaire,* valeur ou métal retenu par un ou plusieurs pays comme référence et instrument de réserve de leur système monétaire. (Dans le monométallisme, il existe un métal-étalon ; le bimétallisme est un système à double étalon [or et argent].) ‖ *Étalon-or,* système monétaire qui a prévalu avant la Première Guerre mondiale, et dans lequel les monnaies, définies par un poids d'or, étaient librement convertibles en or et où les règlements internationaux s'effectuaient dans ce métal.

1. ÉTALONNAGE n. m. (de *étalon 1*). Exploitation d'un étalon en lui faisant faire la monte publique.

2. ÉTALONNAGE ou **ÉTALONNEMENT** n. m. (de *étalon 2*). **1.** Détermination de la relation existant entre les indications d'un appareil de mesure et les valeurs de la grandeur à mesurer, par comparaison avec un étalon. — **2.** Détermination des conditions d'exposition et de traitement qui, au tirage d'une copie, restituent au mieux les valeurs et les couleurs du sujet enregistré (photographie) ou permettent l'harmonisation des différents plans (film cinématographique). — **3.** Table numérique permettant de situer un résultat individuel (note dans un test, par ex.) par rapport aux autres résultats observés dans une population de référence.

ÉTALONNER v. t. (de *étalon 2*) [conj. 3]. **1.** Comparer à un étalon. — **2.** Effectuer l'étalonnage.

◆ **être étalonné** v. pass. Comporter un étalonnage, en parlant d'un appareil.

ÉTALONNEUR, EUSE n. Personne préposée à l'étalonnage.

ÉTALONNIER, ÈRE adj. (de *étalon 1*). Relatif aux étalons.

◆ **étalonnier** n. m. **1.** Personne qui s'occupe de la monte. – **2.** Producteur d'étalons sélectionnés en vue de leur commercialisation. – **3.** Propriétaire d'étalons, les utilisant dans son propre troupeau ou pour la monte de juments poulinières ne lui appartenant pas.

ÉTAMAGE n. m. **1.** Action de déposer une couche d'étain sur une pièce métallique pour la préserver de l'oxydation. – **2.** Action de mettre le tain à une glace.

ENCYCL. **Métall.** L'étamage se fait au trempé, dans un bain d'étain fondu, ou électrolytiquement. L'étamage de la tôle d'acier extra-doux donne le « fer-blanc ». L'étamage du cuivre s'exécute surtout pour les ustensiles de cuisine et les fils conducteurs électriques.

– **Verr.** Pour l'étamage des glaces, on applique sur une de leurs faces un amalgame d'étain et l'on chasse par la pression l'excédent de mercure.

ÉTAMBOT n. m. (anc. scand. **stafnbord*). **1.** Pièce massive formant la limite arrière de la carène d'un navire et qui supporte le gouvernail. – **2.** *Lunette d'étambot,* ouverture tubulaire pratiquée dans l'étambot pour permettre le passage de l'arbre porte-hélice. ‖ *Quête d'étambot,* syn. de ÉLANCEMENT* ARRIÈRE.

ÉTAMBRAI n. m. (moyen fr. *estambre,* de l'anc. scand. *timbr,* bois de construction). **1.** Pièce soutenant le mât d'un navire à l'endroit de son passage à travers le pont. – **2.** Ouverture ménagée dans le pont pour permettre le passage d'un mât.

ÉTAMER v. t. (de *étain*) [conj. 3]. Réaliser l'étamage d'une pièce métallique, d'une glace.

ÉTAMEUR n. m. **1.** Ouvrier procédant à l'étamage de pièces métalliques. – **2.** Ouvrier qui étame les glaces. – **3.** Industriel spécialisé dans l'étamage au trempé.

◆ adj. m. Qui sert à l'étamage.

1. ÉTAMINE n. f. (lat. médiév. *staminea,* du lat. class. *stamen, -inis,* fil). **1.** Petite étoffe mince, non croisée, en laine, en coton ou en laine et coton. – **2.** Sorte de canevas à tissage régulier, fabriqué en lin ou en coton et très apprêté, utilisé en tapisserie. – **3.** Carré de toile ou de laine servant à filtrer certaines préparations liquides.

2. ÉTAMINE n. f. (bas lat. *stamina,* pl. du lat. class. *stamen, -inis,* fil). Organe sexuel mâle contenu dans les fleurs.

ENCYCL. L'ensemble des étamines, ou androcée, forme un ou plusieurs verticilles insérés entre la corolle et le pistil. Chaque étamine se compose d'un pédoncule, ou filet, que surmonte une partie fertile, ou anthère, qui produira et répandra le pollen. L'anthère forme généralement deux loges allongées, souvent jaunes. Plusieurs étamines peuvent être soudées entre elles par le filet (papilionacées) ou par l'anthère (composées). Il est exceptionnel qu'une étamine puisse polliniser le pistil de la même fleur. C'est le cas chez l'épine-vinette.

ÉTAMOIR n. m. Palette de bois garnie de fer-blanc, sur laquelle on frotte le fer à souder pour en faire l'essai.

ÉTAMPAGE n. m. Action d'étamper.

ÉTAMPE n. f. (de *étamper*). **1.** Outil utilisé à la forge manuelle ou mécanique pour rectifier une pièce dont il présente la forme en creux. – **2.** Poinçon servant à percer le fer à cheval aux endroits où sont placés les clous.

ÉTAMPER v. t. (var. de *estamper*) [conj. 3]. **1.** Rectifier une pièce à la forge à l'aide d'une étampe. – **2.** Percer de trous un fer à cheval pour le passage des clous de ferrage.

ÉTAMPERCHES n. f. pl. Mâts verticaux en treillis métallique, disposés autour d'une cale pour supporter les échafaudages pendant la construction d'un navire.

ÉTAMPES (91150), ch.-l. d'arrond. de l'Essonne, en bordure de la Beauce, sur la R. N. 20 ; 21 547 hab. *(Étampois).* Anc. place forte. Tour Guinette, anc. donjon royal quadrilobé du XIIe s. Quatre églises aux parties allant du XIe au XVIe s. Hôtel de ville en partie du XVIe s. (petit musée). Centre commercial et touristique. Cartonnerie.

– **Hist.** Étampes fut le centre d'un comté (1327) qui fut érigé en duché en 1536 par François Ier et donné à Jean de Brosse, comte de Penthièvre, et à sa femme Anne de Pisseleu. Ce duché fit retour à la Couronne en 1712.

ÉTAMPES (Anne DE PISSELEU, *duchesse* D'), favorite de François Ier (Fontaine-Lavaganne, Oise, 1508 - Heilly 1580). Mariée (1533) à Jean de Brosse, comte de Penthièvre et gouverneur de Bretagne, elle reçut le duché d'Étampes de François Ier (1536) dont elle fut la maîtresse à partir de 1526. Elle joua un certain rôle politique, contribuant, en particulier, à la disgrâce du connétable de Montmorency.

ÉTAMPEUR n. m. Ouvrier qui étampe.

ÉTAMPURE ou **ESTAMPURE** n. f. (de *étamper*). Orifice rectangulaire situé à la face inférieure du fer du cheval et destiné à loger la tête du clou.

ÉTANCHE adj. (fém. de l'anc. fr. *estanc,* desséché). **1.** Qui ne laisse pas passer les liquides, les gaz, les poussières, l'humidité : *Tonneau étanche.* – **2.** Qui ne laisse rien passer ; hermétique : *Une défense particulièrement étanche.*

ÉTANCHÉIFIER v. t. (conj. **10**). Rendre étanche.

ÉTANCHÉITÉ n. f. **1.** Qualité de ce qui est étanche. – **2.** Revêtement imperméable simple ou complexe (multicouche), notamment pour les terrasses. – **3.** Protection des montres contre les poussières, l'humidité, l'eau au niveau de la boîte.

ÉTANCHEMENT n. m. *Litt.* Action d'étancher.

1. ÉTANCHER v. t. (anc. fr. *estanchier,* p.-ê. du lat. pop. **stanticare,* arrêter, du lat. class. *stare,* se tenir immobile) [conj. **3**]. **1.** Arrêter l'écoulement d'un liquide : *Étancher le sang qui coule d'une blessure.* – **2.** *Étancher ses larmes,* cesser d'en verser, les sécher. ‖ *Étancher sa soif,* l'apaiser, se désaltérer.

2. ÉTANCHER v. t. (de *étanche*) [conj. **3**]. **1.** Rendre étanche qqch. – **2.** Vider un compartiment de navire de l'eau qu'il renferme ; le calfater s'il suinte.

ÉTANCHEUR n. m. Technicien chargé de l'exécution de la couverture étanche des terrasses.

ÉTANÇON n. m. (anc. fr. *estance,* action de se tenir debout). **1.** Étai vertical ou incliné servant à soutenir un mur ou un plancher défaillants. – **2.** Pièce de renfort unissant l'age au sep, dans la charrue. – **3.** Dans les mines, étai de longueur réglable, composé de deux pièces métalliques cylindriques qui coulissent l'une dans l'autre. – **4.** *Étançon hydraulique,* vérin hydraulique utilisé comme étai dans les mines, muni de clapets de décharge permettant le coulissement lorsque la pression devient excessive.

ÉTANÇONNEMENT n. m. Action d'étançonner ; fait d'être étançonné.

ÉTANÇONNER v. t. (conj. **3**). Soutenir par des étançons.

ÉTANG [etɑ̃] n. m. (anc. fr. *estanchier,* étancher). Étendue d'eau stagnante, naturelle ou artificielle, généralement de dimensions et de profondeur plus faibles qu'un lac. (Les écologistes réservent ce terme aux pièces d'eau artificielles susceptibles d'être vidées.)

ÉTANGS *(pays des),* région de Lorraine (dép. de la Moselle) parsemée d'étangs artificiels, aménagés initialement pour la pisciculture, aujourd'hui équipés surtout comme plans d'eau à usage touristique, et englobée dans le parc naturel régional de Lorraine.

ÉTANG-SALÉ (L') [97427], comm. du sud-ouest de la Réunion ; 7 479 hab. Station balnéaire.

ÉTANT n. m. (trad. de l'all. *das Seiende*). Pour Heidegger, tout ce qui entoure l'homme et l'homme lui-même.

ÉTANT DONNÉ prép., **ÉTANT DONNÉ QUE** conj. *Étant donné (que),* introduit une cause, un motif ; vu que, puisque : *Étant donné les circonstances. Étant donné qu'il pleut, nous resterons à la maison.*

ÉTAPE n. f. (anc. fr. *estaple,* du moyen néerl. *stapel,* entrepôt). **1.** Fait de s'arrêter en un lieu au cours d'un voyage, d'un parcours, etc., pour prendre du repos avant de repartir : *Voyage avec deux étapes.* – **2.** Lieu où l'on s'arrête : *Arriver à l'étape.* – **3.** Distance à parcourir pour arriver à ce lieu : *L'étape a été très longue.* – **4.** Chacun des trajets à parcourir au cours d'une épreuve sportive : *Les étapes du Tour de France.* – **5.** Période dans le cours d'un événement ; palier, point notable marqué par un fait important : *Les étapes de la vie. La réforme s'est faite en plusieurs étapes.* – **6.** *Brûler les étapes,* franchir rapidement les échelons d'une hiérarchie ; aller trop vite dans une action, un raisonnement, etc. ‖ *D'étape en étape, par étapes,* progressivement. ‖ *Faire étape qqpart,* s'y arrêter pour se reposer. • **Cybern.** Dans un automatisme séquentiel, intervalle de temps pendant lequel le système de commande ne change pas d'état. – **Hist.** Dans l'Angleterre médiévale et sous les Tudors, lieu où s'effectuait obligatoirement le commerce de certains produits, plus particulièrement l'exportation de la laine ; association de marchands à laquelle le roi donnait le monopole de cette exportation. (On disait aussi VILLE D'ÉTAPE.) [→ *encycl.*] – **Mil.** *Zone des étapes,* nom donné jusqu'à la Seconde Guerre mondiale à la zone des arrières à l'échelon de l'armée.

ENCYCL. **Hist.** Vers 1294, Édouard Ier fixa l'étape des laines aux Pays-Bas. En 1361, un nouveau monopole fut accordé à une compagnie à charte groupant tous les gros marchands lainiers anglais. L'étape fut alors fixée à Calais et y demeura jusqu'à la chute de la ville en 1558. Le rôle de cette institution déclina avec le développement de l'industrie drapière anglaise.

Étapes de la croissance économique *(les),* ouvrage de l'économiste américain W. W. Rostow (1960). Il définit les phases successives par lesquelles passe le développement économique : la société traditionnelle, les conditions préalables au démarrage, le démarrage, le progrès vers la maturité et l'ère de la consommation de masse.

ÉTAPLES (62630), ch.-l. de cant. du Pas-de-Calais, près de l'embouchure de la Canche ; 11 366 hab. *(Étaplois).* Musée d'archéologie. Pêche. Industrie automobile. – En 1492, la paix y fut signée entre Charles VIII et Henri VII d'Angleterre.

ÉTARQUE adj. (de *étarquer*). Se dit d'une voile que l'on a étarquée.

ÉTARQUER v. t. (moyen néerl. *sterken,* raffermir, consolider) [conj. 3]. Hisser une voile, la tendre autant que possible.

1. ÉTAT n. m. (lat. *status,* de *stare,* se tenir). **1.** Nature sous laquelle se présente un corps : *État liquide, solide, gazeux.* — **2.** Aspect général sous lequel se présente qqch, manière d'être de qqch dans ce qu'il a de durable : *Véhicule en bon état.* — **3.** Manière d'être physique ou morale de qqn : *Le malade est dans un état grave. Être dans un état de grande excitation.* — **4.** Fait d'être d'une manière relativement durable : *L'état de veille. L'état de siège est déclaré.* — **5.** Situation de qqch à un moment donné : *Quel est l'état de la question ?* — **6.** Document décrivant la situation de qqch à un moment donné ; inventaire : *Demander l'état des dépenses.* — **7.** *Litt.* Situation sociale ou professionnelle ; condition : *L'état militaire. Il est avocat de son état.* — **8.** *À l'état + adj.,* indique la manière dont se présente qqch, dans telle situation : *À l'état brut.* ‖ *En état,* en bon état : *Il faut remettre l'appartement en état.* ‖ *En l'état,* tel quel, sans changement. ‖ *En état de marche,* susceptible de fonctionner correctement. ‖ *État de choses,* circonstances, conjoncture particulière. ‖ *État général,* condition physique de qqn ; santé, prospérité de qqch. ‖ Fam. *Être, mettre qqn dans tous ses états,* être extrêmement agité, énerver, perturber qqn. ‖ *Être en état de,* être dans cette situation : *Être en état d'arrestation ;* être en mesure de, capable de. ‖ *Être hors d'état,* être incapable de : *Être hors d'état de nuire ;* être inutilisable. ‖ *Faire état de,* tenir compte de qqch, en faire cas, s'en prévaloir, le mentionner : *Faire état d'un témoignage pour se disculper.* ‖ *Mettre, tenir qqch en état,* le préparer, le rendre ou le garder prêt à servir. • **Agric.** *État d'un sol,* aspect d'un sol en fonction de sa teneur en eau. (Il peut être *sec, plastique* ou *liquide.*) — **Bât.** et **Trav. publ.** *État limite,* état pour lequel une condition requise pour une construction est strictement satisfaite et cesserait de l'être en cas de modification défavorable d'une action extérieure. (La théorie des états limites est la base de la vérification moderne de la sécurité des ouvrages.) — **Cybern.** Description d'un système dynamique par l'énergie que ses organes sont capables d'emmagasiner. — **Dr.** *Acte de l'état civil,* acte authentique dressé dans chaque commune par un officier de l'état civil et qui fournit une preuve certaine de l'état des personnes (acte de naissance, de mariage, de décès, de reconnaissance d'un enfant naturel, etc.). ‖ *Action d'état,* action en justice portant sur l'état d'une personne (action en réclamation ou en contestation d'état, action en divorce, etc.). ‖ *État civil,* ensemble des qualités qui assignent à une personne sa place dans la société et la différencient des autres au point de vue de la jouissance et de l'exercice des droits civils ; service public chargé des actes de l'état civil dans chaque commune. ‖ *État des personnes,* ensemble des règles qui déterminent l'existence juridique et la situation familiale d'une personne dans la société (nationalité, mariage, filiation). [L'état des personnes, impérativement attaché à la personne, est indisponible, imprescriptible et indivisible.] ‖ *Fiche d'état civil,* fiche relative à l'état civil d'une personne (fiche individuelle d'état civil) ou d'une famille (fiche familiale d'état civil) et délivrée à la mairie. ‖ *Officier de l'état civil,* dans chaque commune, le maire, seul compétent pour délivrer des actes de l'état civil et responsable des registres de l'état civil, tenus en double et dont l'un est envoyé chaque année au greffe du tribunal de grande instance. (Le maire peut déléguer ses pouvoirs à un adjoint ou à un conseiller municipal.) ‖ *Possession d'état,* exercice par une personne des prérogatives attachées à sa situation sociale ou professionnelle. (La possession d'état comporte le nom, le traitement, la renommée.) — **Grav.** Condition d'une planche aux différents stades de son exécution, depuis la première épreuve d'essai jusqu'à l'état définitif, ou *état de tirage.* (Il y a des épreuves de *premier état,* de *deuxième état,* etc. Dans le cas d'une gravure avec légende, on distingue les *états avant la lettre, à la lettre grise, à la lettre noire.*) — **Hydrol.** *État de la mer,* expression de l'agitation de la mer définie numériquement soit par un degré de l'échelle de Douglas, soit par la hauteur de la vague significative, soit par le spectre de la houle. — **Inform.** Ensemble des informations caractérisant à un moment donné un signal, un ordinateur, etc. — **Ling.** *État de langue,* système dégagé à partir de l'étude synchronique d'une langue, c'est-à-dire sa grammaire et son lexique à un certain moment de son histoire. ‖ *Verbe d'état,* verbe exprimant que le sujet de la phrase est dans un état donné (par ex. *être, devenir, paraître,* etc.). — **Méd.** *Période d'état,* phase d'une maladie qui succède à la phase initiale d'installation (d'invasion) et pendant laquelle les phénomènes morbides sont relativement stables dans leur ensemble. — **Phys.** *État de la matière,* manière d'être d'un corps, relative à sa cohésion, à sa fluidité (états solide, liquide, gazeux), à l'arrangement de ses atomes ou molécules (états amorphe, cristallin, mésomorphe), à l'ionisation de ses atomes (états neutre, ionisé), etc. ‖ *État d'un système,* ensemble des caractéristiques d'un système nécessaires et suffisantes à sa description et à la prévision de son évolution. — **Psychan.** et **Psychiatr.** *État limite,* structure pathologique de la personnalité caractérisée par la combinaison de troubles psychotiques, névrotiques et caractériels, auxquels sont juxtaposés des éléments normaux. (La validité de ce concept n'est pas reconnue par certains auteurs.) [Syn. BORDERLINE.] – **Sylvic.** *Bois en état,* arbre debout. – **Thermodyn.** *Équation d'état,* relation existant à l'équilibre entre les divers pa-ramètres macroscopiques d'un système (température, volume, pression, énergie, nombre de particules). ‖ *Fonction d'état,* grandeur physique qui ne dépend que de l'état thermodynamique d'un système et non de son évolution antérieure.

2. ÉTAT n. m. (de *état 1*). **1.** En France, au Moyen Âge et sous l'Ancien Régime, chacun des trois ordres (clergé, noblesse, tiers état) du corps social. – **2.** *États de bailliage* ou *de sénéchaussée,* assemblées réunies aux XIVe et XVe s., dans le cadre des bailliages et des sénéchaussées, et comprenant en général des représentants des trois ordres. (Cette institution tomba en complète désuétude au XVIIe s.) ‖ *États généraux,* assemblées convoquées par le roi de France et composées des représentants de toutes les provinces du royaume appartenant aux trois ordres (clergé, noblesse, tiers état). [→ *encycl.*] ‖ *États provinciaux,* assemblées composées de représentants des trois ordres d'une province. (→ *encycl.*) ‖ *Pays d'états,* provinces possédant des états provinciaux.

ENCYCL. • Convoqués entre 1347 et 1788 par les rois lorsque ceux-ci le jugeaient bon, généralement en période de crise politique ou financière, les *états généraux* tentèrent de mettre en tutelle la monarchie en réclamant à celle-ci la convocation régulière de leurs assemblées, le droit de consentir l'impôt, la vérification des ordonnances. Mais l'essor des théories absolutistes et de l'autorité royale (XVe-XVIe s.) les en empêcha et la monarchie ne leur reconnut qu'une activité strictement consultative.

Réunis pour la première fois à Paris en 1347 après les désastres de Crécy et de Calais et à nouveau en 1356-1358 pendant la captivité de Jean II le Bon, ils furent à plusieurs reprises convoqués au cours du XVe s. et notamment en 1484 à Tours pendant la régence d'Anne de Beaujeu, qui leur fit voter des subsides et refusa l'accès de leurs représentants au Conseil royal. La royauté gouverna sans les rassembler jusqu'aux guerres de Religion, qui nécessitèrent leur réunion à Orléans (1560-61), à Pontoise (1561), à Blois (1576-77 et 1588-89) et à Paris (états de la Ligue, 1593) pour régler la situation religieuse du royaume et accorder au roi des subsides. Avec ces cinq assemblées, l'organisation des états se précisa.

• *Organisation.* Les députés des trois ordres étaient élus au chef-lieu de chaque bailliage (ou sénéchaussée) par l'*assemblée de bailliage,* où siégeaient tous les nobles détenteurs de fiefs, tous les clercs possesseurs d'un bénéfice et des représentants du tiers état élus à deux degrés dans le cadre des villes et des villages. Ces délégués procédaient par ordre à la rédaction de leurs cahiers de doléances particuliers et à l'élection de leurs députés aux états généraux. Ces derniers, après la séance royale d'ouverture, se réunissaient par ordre pour délibérer, voter, et fondre les cahiers de bailliage en un cahier de doléances unique de l'ordre. Emportés par la réaction en faveur de l'absolutisme après l'échec des états de la Ligue, les états ne furent plus réunis qu'à deux reprises au cours du XVIIe s. : à Paris en 1614-15 sous la régence de Marie de Médicis, mais leur activité fut paralysée par les dissensions entre les ordres.

• *Les États généraux de 1789.* Les difficultés financières contraignirent Louis XVI à les convoquer le 8 août 1788 pour le 1er mai 1789. Le 27 déc., le roi accorda au tiers état une représentation double de celle de chacun des deux ordres privilégiés. Les états qui s'ouvrirent le 5 mai 1789 à Versailles rassemblèrent 1 139 députés (291 pour le clergé, 270 pour la noblesse, 578 pour le tiers) porteurs des cahiers de doléances qui réclamaient un État « régénéré » par une constitution instaurant la souveraineté nationale et garantissant la liberté individuelle, l'égalité des droits et des devoirs des citoyens. Devant le refus des ordres privilégiés de procéder en commun à la vérification des pouvoirs des députés, le tiers procéda seul à cette dernière, puis considérant qu'il représentait 96 % de la nation se proclama *Assemblée nationale* (17 juin) avec droit de consentir l'impôt, et prononça le serment du Jeu de paume (20 juin). Rejoint par des députés du clergé et de la noblesse, il obligea le roi à accepter une délibération commune des trois ordres au sein de leur Assemblée qui se proclama *constituante* le 9 juill. (→ *Assemblée nationale* CONSTITUANTE). Les états généraux avaient dès lors cessé d'exister et, avec eux, la monarchie absolue.

• *États provinciaux.* Ils se réunirent régulièrement dans les provinces du domaine royal et dans les grands fiefs du royaume de France à partir du milieu du XIVe s. Composées de représentants des trois ordres (clergé, noblesse, tiers état), les assemblées d'états étaient convoquées par le roi pour une session annuelle afin de voter l'impôt royal, dit *don gratuit,* dont le montant était fixé par le pouvoir royal et qui était, en fait, accordé sans discussion par les états. Ceux-ci avaient une grande part dans la répartition et la levée de l'impôt. Les *pays d'états,* c'est-à-dire les provinces dotées d'états provinciaux, s'opposaient donc aux pays d'élections, où l'administration financière relevait du roi. Les états avaient aussi une compétence administrative (police, travaux publics, œuvres d'assistance, etc.) et veillaient au maintien des privilèges de leur province. Entre le XVe et le XVIIIe s., les états provinciaux disparurent progressivement. À la veille de la Révolution, ils ne subsistaient que dans quatre grandes provinces (Languedoc, Bourgogne, Bretagne, Provence) et dans des pays rattachés tardivement au domaine royal ou territorialement isolés (Artois, Hainaut, Cambrésis, Flandres, Béarn, Bigorre, Foix, Labourd, Soule, Corse).

3. ÉTAT n. m. (bas lat. *status,* forme de gouvernement). **1.** Société politique résultant de la fixation, sur un territoire délimité par des frontières, d'un groupe humain présentant des caractères plus ou moins marqués d'homogénéité culturelle et régi par un pouvoir institutionnalisé. (En droit constitutionnel, l'État est une personne morale territoriale de droit public personnifiant juridiquement la nation, titulaire de la souveraineté interne et internationale et du monopole de la contrainte organisée.) – **2.** Éléments centraux de l'Administration, ensemble des pouvoirs publics, par oppos. aux *citoyens.* – **3.** *Affaire d'État,* affaire qui concerne l'intérêt public ; affaire de la plus haute importance : *N'en faites pas une affaire d'État.* ‖ *Agents de l'État,* ensemble des personnes employées par l'État (fonctionnaires et agents contractuels). ‖ *Coup d'État,* action de force pour renverser les pouvoirs publics menée par une fraction des gouvernants. (On parle de *putsch* ou de *pronunciamento* en cas de coup d'État militaire.) ‖ *État de droit,* État dans lequel les pouvoirs publics sont effectivement soumis au respect de la légalité par voie de contrôle juridictionnel. ‖ *État membre,* État qui fait partie d'une organisation (européenne, internationale...) ; État qui fait partie d'un État fédéral ou d'une confédération d'États. ‖ *État patron,* État considéré en tant qu'employeur. ‖ *État providence,* État qui intervient activement dans les domaines économique et social dans le but d'assurer des prestations aux citoyens (par oppos. à l'*État gendarme,* qui se soucie uniquement de la défense, de la police, de la justice). ‖ *État souverain,* État indépendant n'ayant aucun lien de subordination avec un autre État. ‖ *Homme d'État,* personne qui dirige un État ou qui exerce un rôle politique très important. ‖ *L'État c'est moi,* mot légendaire attribué à Louis XIV et communément cité comme la devise de l'absolutisme. ‖ *Raison d'État,* considération de l'intérêt public, du salut de l'État, à laquelle tout principe doit être subordonné ; considération invoquée par les gouvernants pour justifier un agissement illégal ou inconstitutionnel. ‖ *Secret d'État,* secret dont la divulgation nuirait aux intérêts de la nation. ‖ *Un État dans l'État,* groupement qui acquiert une certaine autonomie à l'intérieur d'un État ou d'un groupe dont il devrait normalement dépendre.

ENCYCL. Le concept d'État recouvre des réalités différentes aussi bien sur le plan idéologique (État libéral, État totalitaire) que sur le plan juridique, où l'on distingue essentiellement deux formes : 1° l'État unitaire, qui comporte un seul centre d'impulsion politique auquel la population est uniformément soumise sur tout le territoire, les circonscriptions ou collectivités territoriales ne jouissant d'aucune autonomie politique réelle ; 2° l'État fédéral, qui se définit au contraire comme un État composé de plusieurs collectivités politiques, auxquelles il se superpose.

La nature du régime politique est indépendante de celle de l'État. Ainsi, un État fédéral peut connaître aussi bien un régime présidentiel (États-Unis) qu'un régime parlementaire (République fédérale d'Allemagne). Longtemps considéré comme le seul sujet du droit international, l'État n'est plus aujourd'hui que le sujet le plus important, celui dont les droits et les devoirs sont les plus étendus. Les caractéristiques de la population (race, nombre), du territoire (étendue, continuité) et du gouvernement n'ont aucune incidence sur l'existence de l'État : c'est seulement la réunion de ces trois éléments qui est prise en considération par les autres États, et qui entraîne, en principe, leur reconnaissance de l'État ainsi constitué. Quelle que soit leur origine (décolonisation, scission, fusion ou autre), tous les États ont le même attribut, qui les différencie totalement des autres membres de la communauté internationale, la souveraineté. C'est d'elle que découlent les autres caractères propres aux entités étatiques : la plénitude de compétence, l'égalité juridique, l'absence de toute subordination (qui fait du droit international un simple droit de coordination), etc.

État et la révolution *(l'),* œuvre de Lénine, écrite en Finlande en août-sept. 1917 et parue en 1918 à Moscou. L'auteur y définit les trois phases de l'action à mener par les révolutionnaires : 1° l'abolition du parlementarisme bourgeois, dans lequel la majorité impose à la minorité sa loi ; 2° la dictature du prolétariat, dans laquelle les fonctionnaires deviennent de simples agents d'exécution et où la production déjà en partie créée par le capitalisme sera organisée par les ouvriers eux-mêmes ; 3° l'abolition de l'État, qui sera alors le signal de l'avènement du communisme.

ÉTAT FRANÇAIS, régime politique de la France, de juill. 1940 à août 1944. Par la loi du 10 juill. 1940, le Sénat et la Chambre des députés, réunis en Assemblée nationale, donnent tous pouvoirs au maréchal Pétain pour promulguer une nouvelle Constitution. En fait, des actes constitutionnels en tiennent lieu, et organisent les pouvoirs publics sous le gouvernement de Vichy*. Ils seront abrogés par l'ordonnance du 9 août 1944, qui rétablit la république.

ÉTATIQUE adj. Relatif à l'État : *Appareil étatique.*

ÉTATISATION n. f. **1.** Transfert à l'État de certaines propriétés ou activités qui étaient jusque-là privées ; nationalisation. — **2.** Prise en charge par l'État d'un nombre croissant de responsabilités et de fonctions collectives, et contrôle croissant des activités privées.

ÉTATISER v. t. (conj. 3). Procéder à l'étatisation.

ÉTATISME n. m. Doctrine préconisant l'intervention de l'État dans les domaines économique et social.

ÉTATISTE adj. et n. Qui relève de l'étatisme ; partisan de l'étatisme.

ÉTAT LIBRE, anc. **État libre d'Orange,** prov. d'Afrique du Sud ; 129 437 km^2 ; 2 804 600 hab. Ch.-l. *Bloemfontein.* Or, uranium et charbon.

ÉTAT-MAJOR n. m. (pl. *états-majors*) [de *état* et *major*]. **1.** Groupe d'officiers (et de personnel qualifié) chargé d'assister un chef militaire dans l'exercice de son commandement. (→ *encycl.*) — **2.** Ensemble des collaborateurs les plus proches d'un chef, des responsables les plus importants d'un groupe : *L'état-major d'un parti.* — **3.** Sur un navire de commerce, ensemble des officiers auxquels viennent s'ajouter, sur les paquebots, le commissaire et ses adjoints, ainsi que le médecin. — **4.** *État-major combiné,* état-major traitant de problèmes communs à deux au moins des armées de terre, de mer et de l'air. ‖ *État-major mixte,* état-major formé de représentants de différentes armées ou d'éléments civils et militaires. ‖ *État-major particulier,* cabinet militaire d'une haute autorité. ‖ *Grand état-major,* en France, quartier général ou état-major d'un commandant en chef ; en Allemagne, ensemble des officiers appartenant au corps d'état-major, haut commandement de l'armée allemande. ‖ *Petit état-major,* ensemble du personnel de service dans les écoles militaires.

ENCYCL. **Mil.** La plupart des états-majors comprennent quatre bureaux : le *1er Bureau* a la charge de l'organisation de l'armée et la gestion des personnels ; le *2e Bureau* rassemble les renseignements et en dresse les synthèses ; le *3e Bureau* est l'organe de l'instruction, de l'emploi en temps de paix et des opérations en temps de guerre ; le *4e Bureau* est celui de la logistique (transport, entretien des matériels, ravitaillement). Entre 1957 et 1960, un *5e Bureau* s'était occupé de l'aspect psychologique.
En temps de paix, le *chef d'état-major des armées* assiste le ministre de la Défense dans ses attributions relatives à l'emploi des forces et à leur organisation générale. Il est consulté sur l'orientation à donner aux travaux de planification et de programmation et peut être chargé par le ministre de toute étude intéressant les armées. Il participe à la préparation du budget, assure la direction générale de la recherche et de l'exploitation du renseignement militaire, assure la direction et la gestion des missions militaires à l'étranger, anime des missions militaires avec les pays liés à la France par des accords de coopération, négocie et signe les accords techniques sur l'emploi des forces, dirige l'enseignement militaire supérieur interarmées. Le *chef d'état-major des armées* a autorité sur les *chefs d'état-major de l'armée de terre, de la marine et de l'armée de l'air* lorsque des fonctions opérationnelles leur sont confiées. Enfin, dans certaines circonstances, il peut être nommé *chef d'état-major général des armées ;* dans ce cas, il assure, notamment, le commandement de l'ensemble des opérations militaires sous réserve des dispositions particulières relatives à la force nucléaire stratégique et à l'armement préstratégique.
Les *chefs d'état-major de l'armée de terre, de la marine et de l'armée de l'air* assistent le ministre dans ses attributions relatives à la préparation de chacune des armées. À ce titre, ils établissent la doctrine d'emploi de leur armée respective et sont responsables de l'instruction, de l'entraînement et de l'organisation qu'elle implique.

état-major *(École d'),* école de l'armée de terre créée à Rabat en 1943, puis transférée à Paris, à l'École militaire, de 1945 à 1973. Recréée en sept. 1979, elle est depuis implantée à Compiègne. Elle forme les officiers au *diplôme d'état-major (D. E. M.).*

ÉTATS DE L'ÉGLISE ou **ÉTATS PONTIFICAUX,** noms donnés à la partie centrale de l'Italie tant qu'elle fut sous le gouvernement des papes (756-1870).
À l'origine des États de l'Église, il y a les biens, dits « Patrimoine de Saint-Pierre », constitués en fait par Grégoire Ier le Grand (590-604), que la faiblesse de Byzance en Italie amène à se saisir de l'administration civile de la ville et du duché de Rome. Par la suite, ce domaine s'agrandit du Latium, de la Sabine, de la Campanie, de l'exarchat de Ravenne, de la Pentapole. Deux menaces pèsent sur l'État pontifical : l'emprise des empereurs après Charlemagne (800) ; la féodalisation intérieure, la nomination du pape, au Xe s., étant à la merci de la noblesse romaine. Longtemps convoité par les rois de Germanie, l'État pontifical est menacé, au XIVe s., par les ambitions françaises (Anagni, 1303) tandis que, travaillée

par des mouvements démocratiques, Rome est en perpétuel état de rébellion. Au point que, de 1309 à 1376, les papes — tous Français d'origine — se fixent en Avignon.
À peine la papauté, avec Grégoire XI, a-t-elle réintégré Rome qu'éclate le Grand Schisme (1378-1417) qui voit l'Europe déchirée entre deux puis trois obédiences. Ce n'est qu'en 1443 que Rome redevient définitivement le siège de la papauté. Les papes de la fin du XVe s. et ceux du XVIe s., princes italiens et mécènes avant tout, agrandissent considérablement leurs États, qui doivent cependant se garder des ambitions françaises et espagnoles. Au XVIIe et au XVIIIe s., l'État pontifical est une théocratie assez mal gouvernée : la papauté perd une partie de son prestige international et de son rayonnement spirituel.
La Révolution française puis Bonaparte détruisent l'État pontifical, qui est incorporé aux territoires français, tandis que Pie VI et Pie VII sont persécutés. Restauré en 1815, l'État pontifical (ou les États de l'Église, selon l'expression courante au XIXe s.) se révèle très vulnérable : les poussées nationalistes et libérales venues du Nord le réduisent comme une peau de chagrin à partir de 1831. En 1848-49, Pie IX doit même céder devant une éphémère République romaine. Après de nouvelles annexions opérées par le Piémont en 1860, après l'évacuation, en août 1870, des troupes françaises qui défendent Rome contre les nationalistes, les Italiens n'ont pas grand mal à entrer dans la Ville éternelle et à en faire la capitale du jeune royaume d'Italie (20 sept. 1870) : les États de l'Église ont vécu. Les papes vont désormais se considérer comme prisonniers dans Rome.
Le problème ne sera réglé que le 11 févr. 1929, quand les accords du Latran, signés entre Pie XI et Mussolini reconnaîtront comme État souverain la Cité du Vatican.

ÉTATS-GÉNÉRAUX *(pays des),* nom donné aux territoires conquis après l'Union d'Utrecht (1579), par les Provinces-Unies.

ÉTATS-UNIEN, ENNE adj. et n. Des États-Unis.

ÉTATS-UNIS, en angl. **United States of America (USA),** république fédérale de l'Amérique du Nord, limitée par le Canada et le Mexique, l'Atlantique et le Pacifique. Elle regroupe 50 États avec l'Alaska et les îles Hawaii, auxquels il faut joindre le district fédéral de Columbia et les territoires extérieurs : État associé de Porto Rico et divers îles ou archipels du Pacifique ; 9 364 000 km² (sans les territoires extérieurs) ; 265 800 000 hab. *(Américains).* CAP. *Washington.* LANGUE : *anglais.* MONNAIE : *dollar.*

Géographie. Les États-Unis viennent au troisième rang mondial pour la population, au quatrième pour la superficie. Le territoire, s'étendant sur 4 000 km d'O. en E. (quatre fuseaux horaires) et plus de 2 500 km (25° de latitude) du N. au S., est le support de la première économie mondiale. Celle-ci est caractérisée par le volume et la diversité des productions agricoles et industrielles (et le poids des entreprises qui les assurent), la grande qualité des services (enseignement et recherche, système bancaire, transports et commerce intérieurs), l'énormité du marché national (lié au niveau de vie élevé). Les États-Unis sont le premier exportateur mondial de marchandises, le premier investisseur et, plus encore, le premier collecteur de capitaux, grâce, en partie, à la puissance du dollar, seule véritable monnaie internationale.

• *Le milieu naturel.* Les types de paysages sont à l'échelle d'un continent. À l'O., le système des Rocheuses occupe une superficie égale à cinq fois celle de la France. Il est formé de séries de chaînes N.-S., dominant de hauts plateaux ou bassins intérieurs. C'est une barrière climatique, réduisant surtout les précipitations vers l'E., vers les Grandes Plaines. Celles-ci, correspondant approximativement au bassin de l'ensemble Mississippi-Missouri, constituent un domaine encore plus vaste, étiré des Grands Lacs au golfe du Mexique, atteignant les Appalaches à l'E. Les Grandes Plaines ont un climat continental aux hivers de plus en plus froids vers le N. et aux étés parfois torrides, avec des précipitations croissant vers l'E. Des pluies abondantes (liées parfois au passage de cyclones), associées à des températures élevées, caractérisent le Sud-Est, subtropical. Rigueur de l'hiver et chaleur de l'été sont associées aussi au N.-E., dans le nord de la plaine atlantique, berceau de la nation et de la civilisation américaines.

• *La population.* L'histoire et les conditions du milieu en expliquent la composition et la répartition, altérées toutefois par des évolutions récentes. Le Nord-Est demeure la région la plus densément habitée, mais la Californie est aujourd'hui l'État le plus peuplé. La population s'accroît rapidement dans les États du Sud et aussi du Sud-Ouest intérieur (Arizona, Nouveau-Mexique) au climat ensoleillé. Le fonds d'origine européenne (surtout britannique) domine toujours largement, mais les Noirs, plus prolifiques, représentent près de 12 % de la population. Plus de la moitié sont encore concentrés dans le Sud historique. Les Hispano-Américains, pas toujours comptabilisés (nombreux Mexicains entrés illégalement), sont plus de 10 millions, essentiellement dans l'Ouest et aussi le Sud-Ouest (principal domaine des Indiens). Les 4 millions d'Asiatiques sont concentrés dans l'Ouest (Californie en tête). Globalement, la population

DIVISIONS ADMINISTRATIVES DES ÉTATS-UNIS

États	Superficie (en km²)	Population	Capitale	États	Superficie (en km²)	Population	Capitale
Alabama	133 915	4 040 587	Montgomery	Michigan	150 780	9 295 297	Lansing
Alaska	1 530 000	550 043	Juneau	Minnesota	217 735	4 375 099	Saint Paul
Arizona	295 000	3 665 228	Phoenix	Mississippi	123 500	2 573 216	Jackson
Arkansas	138 000	2 350 725	Little Rock	Missouri	180 500	5 117 073	Jefferson
Californie	411 000	29 760 021	Sacramento	Montana	381 000	799 065	Helena
Caroline du Nord	136 413	6 628 637	Raleigh	Nebraska	200 000	1 578 385	Lincoln
Caroline du Sud	80 582	3 486 703	Columbia	Nevada	295 000	1 201 833	Carson
Colorado	270 000	3 294 394	Denver	New Hampshire	24 000	1 109 252	Concord
Connecticut	13 000	3 287 116	Hartford	New Jersey	20 169	7 730 188	Trenton
Dakota du Nord	183 119	638 800	Bismarck	New York	128 400	17 990 455	Albany
Dakota du Sud	199 730	696 004	Pierre	Nouveau-Mexique	315 000	1 515 069	Santa Fe
Delaware	5 295	666 168	Dover	Ohio	107 000	10 847 115	Columbus
Floride	151 670	12 937 926	Tallahassee	Oklahoma	181 000	3 145 585	Oklahoma City
Géorgie	152 488	6 478 216	Atlanta	Oregon	251 000	2 842 321	Salem
Hawaii	16 600	1 108 229	Honolulu	Pennsylvanie	117 400	11 881 643	Harrisburg
Idaho	216 412	1 006 749	Boise	Rhode Island	3 144	1 003 464	Providence
Illinois	146 075	11 430 602	Springfield	Tennessee	109 152	4 877 185	Nashville
Indiana	94 000	5 544 159	Indianapolis	Texas	690 000	16 986 510	Austin
Iowa	146 000	2 776 755	Des Moines	Utah	220 000	1 722 850	Salt Lake City
Kansas	213 063	2 477 574	Topeka	Vermont	24 887	562 758	Montpelier
Kentucky	104 623	3 685 296	Frankfort	Virginie	105 586	6 187 358	Richmond
Louisiane	125 674	4 219 973	Baton Rouge	Virginie-Occidentale	62 759	1 793 477	Charleston
Maine	86 156	1 227 928	Augusta	Washington	176 500	4 866 692	Olympia
Maryland	27 092	4 781 468	Annapolis	Wisconsin	145 348	4 891 769	Madison
Massachusetts	21 500	6 016 425	Boston	Wyoming	253 500	453 588	Cheyenne

s'accroît à un rythme actuel d'environ 2 millions d'unités par an, qui a été réduit par la baisse sensible du taux de natalité (17 ‰). L'immigration a amené 50 millions de personnes entre 1820 et 1980, mais le quota annuel est aujourd'hui limité. Cependant, l'immigration clandestine reste importante. 75 % de la population vivent dans les agglomérations (aires métropolitaines), souvent démesurées, comptant parfois de 3 à 15 millions d'habitants (New York, Philadelphie, Washington sur la côte atlantique ; Chicago et Detroit dans la région des Grands Lacs ; Los Angeles et San Francisco en Californie). Une trentaine d'agglomérations comptent plus de 1 million d'habitants.

• *L'économie.* Elle demeure, de loin, la plus puissante du monde, fondée sur un potentiel naturel considérable et sur des disponibilités humaines, techniques et financières exceptionnelles.

Le sous-sol fournit en abondance du charbon et des hydrocarbures (pétrole et gaz naturel), de l'uranium, à la base d'une production d'électricité nucléaire supérieure à l'apport d'origine hydraulique et représentant près de 15 % de la production totale d'électricité. Toutefois, si les États-Unis assurent près de 20 % de la production énergétique mondiale, ils en absorbent encore plus (25 %). Le déficit est comblé par des importations de pétrole brut et raffiné, accessoirement de gaz naturel. Le sous-sol recèle aussi de nombreux minerais, dont le fer et le cuivre, et des phosphates.

Les disponibilités agricoles sont liées à l'étendue des surfaces, à la modernisation des exploitations, de plus en plus concentrées (5 millions en 1950, 2 millions auj. et plus de 150 ha en moyenne). Le caractère spéculatif explique souvent les variations des productions. Les États-Unis viennent au premier rang pour le maïs, le soja, au deuxième pour les agrumes, le coton et le tabac, au troisième pour le blé, le troupeau bovin, le bois et au quatrième pour la pêche. L'agriculture emploie moins de 3 % d'une population active d'environ 125 millions de personnes.

L'industrie (autre qu'extractive) en occupe environ 25 %. Sectoriellement et régionalement parfois en crise (comme l'agriculture), de plus en plus concurrencée sur les marchés extérieur et même intérieur (malgré un protectionnisme mal déguisé), elle demeure toutefois exceptionnellement puissante (par le volume des productions et le poids des grandes entreprises aux intérêts mondiaux) et diversifiée. Les États-Unis sont devancés par le Japon dans la sidérurgie et la construction automobile . Mais ils conservent la suprématie pour la construction aéronautique, la métallurgie de l'aluminium et du cuivre, le raffinage du pétrole et, plus généralement (et plus nettement), pour la chimie (pharmacie, caoutchouc, plastiques, textiles synthétiques, etc.), les constructions électriques et électroniques, l'agroalimentaire, l'édition littéraire et musicale, etc.

La production est servie par un secteur tertiaire (totalisant 70 % de la population active) remarquablement développé, qu'il s'agisse des transports classiques (env. 85 000 km d'autoroutes, 350 000 km de voies ferrées, plus de 17 000 aéroports, un réseau exceptionnel d'oléoducs et de gazoducs) ou des télécommunications, de l'infrastructure commerciale et surtout financière (15 000 banques, Bourse de Wall Street) et technologique (laboratoires et centres de recherches parfois liés aux puissantes universités).

Le commerce extérieur se caractérise par sa faible part dans le P. I. B. (dont les exportations représentent 7 %). Cependant, les États-Unis, grâce au volume et à la valeur de la production, sont le premier exportateur mondial (produits agricoles et surtout industriels [très diversifiés]). Ils sont aussi, et plus nettement, le premier importateur, achetant notamment un complément d'hydrocarbures et de minerais, stratégiques ou non (cobalt, nickel, chrome, bauxite), dont ils ne sont pas producteurs ou ne le sont que peu. Un déficit commercial notable (taux de couverture des importations de l'ordre de 70 %) devient chronique . S'y ajoute un fort déficit budgétaire. Les revenus des capitaux investis à l'étranger par les multinationales, caractéristiques de la puissance économique américaine (dans l'automobile, la chimie, les constructions électriques, l'informatique), sont notables mais ne suffisent pas à équilibrer la balance des paiements. Il est vrai que le rôle international du dollar permet aux États-Unis d'être à la fois banquier et client du reste du monde. Cette situation exceptionnelle favorise ou pénalise, selon les périodes, les exportations, mais répercute aussi à l'extérieur les fluctuations d'une économie où le taux de chômage et, dans une certaine mesure, les inégalités régionales et sociales (sinon raciales) doivent être appréciés en liaison avec la très grande mobilité spatiale et socioprofessionnelle de la population.

Histoire.

• *La période coloniale.* À partir du XVIe s., le territoire des États-Unis, occupé par des Amérindiens semi-nomades, est exploré par des navigateurs français, espagnols, puis anglais.

Dès le début du XVIIe s., les Anglais y émigrent en masse, fuyant les bouleversements politiques et religieux de leur pays. Quelques Allemands et Hollandais s'ajoutent à leur nombre. Ces immigrants s'installent sur la côte Est du territoire.

1607-1733 : La colonisation anglaise s'effectue alors que les Français poursuivent leur expansion le long du Mississippi, fondant la Louisiane. Création de treize colonies anglaises.

Le Sud (Virginie, Maryland), dominé par une société des planteurs propriétaires de grands domaines, exploités à l'aide d'esclaves noirs, s'oppose au Nord (Nouvelle-Angleterre), bourgeois et mercantile, d'un puritanisme rigoureux.

Au XVIIIe s., colonies et métropole sont unies dans la lutte contre les Indiens et surtout contre la France.

1763 : Le traité de Paris écarte définitivement la menace française et ouvre l'Ouest aux colons britanniques.

Cependant, les colonies supportent mal l'autorité de la Grande-Bretagne et se révoltent contre les monopoles commerciaux de la métropole.

1774 : Le premier congrès continental se réunit à Philadelphie.

• *La rupture avec la Grande-Bretagne et l'indépendance.*

1775-1783 : Cette attitude de résistance des colonies face à la Grande-Bretagne aboutit à la guerre de l'Indépendance, dont les buts sont précisés dans la Déclaration d'indépendance (4 juillet 1776). Les colonies sont commandées par Washington. À partir de 1778, elles obtiennent le soutien officiel de la France.

1783 : La paix de Paris reconnaît l'existence de la République fédérée des États-Unis.

1787 : Une Constitution fédérale, toujours en vigueur, est élaborée par la convention de Philadelphie.

George Washington devient le premier président des États-Unis (1789-1797).

Pendant la première moitié du XIXe s., l'expansion vers l'Ouest continue et de nombreux États sont créés à mesure que s'accroît le peuplement. Les États-Unis achètent la Louisiane à la France et la Floride aux Espagnols.

1812-1815 : Les Américains sortent victorieux de la seconde guerre de l'Indépendance, suscitée par la Grande-Bretagne.

1823 : Le président Monroe réaffirme la volonté de neutralité des États-Unis et leur opposition à toute ingérence européenne dans le continent américain (doctrine de Monroe).

1846-1848 : Guerre contre le Mexique. À l'issue du conflit, les États-Unis annexent le Texas, le Nouveau-Mexique et la Californie. L'antagonisme entre le Sud, agricole et libre-échangiste, et le Nord, en voie d'industrialisation et protectionniste, est aggravé par le problème de l'esclavage, désavoué par le Nord.

• *La sécession du Sud et la reconstruction.*

1860 : Le républicain Abraham Lincoln, résolument antiesclavagiste, est élu à la présidence. Les sudistes font alors sécession et se constituent en États confédérés d'Amérique.

1861-1865 : Les nordistes l'emportent dans la guerre de Sécession.

1865-1871 : Par trois amendements successifs, la Constitution fédérale abolit l'esclavage, impose la reconnaissance de la citoyenneté aux Noirs et interdit toute discrimination raciale.

En 1871, tous les États du Sud ont réintégré l'Union après avoir ratifié ces amendements.

• *L'essor des États-Unis.* Le rapide développement des chemins de fer joue un rôle capital dans la construction de l'unité nationale et dans la progression vers l'Ouest.

1867 : Les États-Unis achètent l'Alaska à la Russie.

1890 : Le territoire américain est occupé de l'Atlantique au Pacifique.

Une forte immigration, venue de tous les pays d'Europe, favorise le redressement de l'économie ; la mécanisation et la monoculture sur de très grandes surfaces permettent l'essor de la production agricole et industrielle.

Les républicains, le plus souvent au pouvoir durant cette période, maintiennent un strict protectionnisme douanier et s'opposent aux monopoles des trusts, notamment sous la présidence de Theodore Roosevelt ; mais leur politique rencontre l'opposition des fermiers de l'Ouest, démocrates, cependant que les premières organisations syndicales apparaissent.

À partir de 1895, les États-Unis manifestent leur volonté d'expansion, notamment en Amérique latine : annexion de Porto Rico, des Philippines et de l'île de Guam à la suite d'une guerre avec l'Espagne (1898) ; implantation à Cuba (1901) et à Saint-Domingue (1905), acquisition de la zone du canal de Panamá (1903).

1917 : Les États-Unis déclarent la guerre à l'Allemagne et fournissent dès lors une aide considérable aux Alliés. Mais le démocrate Theodore W. Wilson ne peut faire ratifier par le Sénat les traités de paix et l'entrée des États-Unis à la Société des Nations.

• *L'entre-deux-guerres.* En faisant des États-Unis les fournisseurs des Alliés, la guerre a provoqué un développement rapide de la production industrielle et agricole et gonflé considérablement le stock d'or américain. Le niveau de vie s'accroît alors fortement, tandis que le gouvernement poursuit sa politique protectionniste, met un frein à l'immigration et instaure la prohibition (1919).

1929-1933 : Grave crise économique.

Elle est due à la surproduction et à la spéculation et se répercute dans tous les États industriels du monde. De nombreuses faillites bancaires et industrielles entraînent un chômage catastrophique.

1933-1945 : Le démocrate Franklin D. Roosevelt accède à la présidence. Sa politique de *New Deal*

(« Nouvelle Donne ») s'efforce de porter remède par des mesures dirigistes aux maux de l'économie américaine.
En politique extérieure, il pratique une politique de retrait en Amérique latine et soutient les démocraties européennes par la vente (1937) puis le prêt (1941) de matériel de guerre.
7 déc. 1941 : L'attaque japonaise contre la base américaine de Pearl Harbor provoque l'entrée en guerre des États-Unis.
1941-1945 : Les États-Unis accomplissent un formidable effort économique et militaire.
• *Les États-Unis depuis 1945.* Dès 1943, Roosevelt a multiplié les conférences pour organiser le monde de l'« après-guerre » et établir les fondements de l'Organisation des Nations unies (O. N. U.), dont la charte est signée en 1945.
Après la victoire, les États-Unis doivent faire face à des difficultés intérieures dues au retour à une économie de temps de paix et à la démobilisation.
1945-1953 : Début de la guerre froide avec l'U. R. S. S.
Sous la présidence du démocrate Truman, les États-Unis affirment leur volonté de s'opposer à l'expansion soviétique. En 1948, un plan d'aide économique à l'Europe (plan Marshall) est adopté, tandis que la signature du traité de l'Atlantique Nord (O. T. A. N.) renforce l'alliance des puissances occidentales (1949).
1950-1953 : Les États-Unis s'engagent dans la guerre de Corée, pour contrer l'expansion du communisme.
En même temps, ils renforcent leur politique d'alliance en Asie (pacte avec le Japon, 1951 ; création de l'Organisation du traité de l'Asie du Sud-Est [O. T. A. S. E.], 1954). Après la mort de Staline (1953), une relative détente s'instaure.
1953-1961 : Le républicain Eisenhower pratique une politique énergique au Moyen-Orient.
1961-1963 : L'administration démocrate du président Kennedy lutte contre la misère et la ségrégation raciale et inaugure une politique d'intervention armée au Viêt-nam. Des programmes d'aide à certains États américains sont mis au point (1961). Après une période au cours de laquelle les crises se sont multipliées (Cuba, 1962), les relations des États-Unis avec l'U. R. S. S. s'améliorent (accords de Moscou, 1963).
Depuis 1963, sous la présidence de L. Johnson (qui succède à Kennedy, assassiné), du républicain Richard Nixon (qui démissionne en 1974), puis de Gerald Ford, les États-Unis doivent faire face, à l'intérieur, à de multiples difficultés dues en particulier au problème noir (qui n'est pas résolu malgré la loi de 1964 affirmant l'égalité civique entre Noirs et Blancs) et à des problèmes économiques et sociaux.
1964 : Les États-Unis interviennent directement au Viêt-nam.
Après un renforcement de l'intervention militaire américaine en Indochine (bombardements systématiques sur le Viêt-nam du Nord, intensification des actions au Viêt-nam du Sud), la période est marquée par le rapprochement des États-Unis avec la Chine (voyage de Nixon à Pékin, 1972), par le désengagement des Américains au Viêt-nam (1973) et par la défaite de leurs alliés du Viêt-nam du Sud (1975).
1976 : Élection du démocrate Jimmy Carter.
1979 : Signature d'un traité de paix israélo-égyptien grâce à la médiation de Carter dans le conflit du Proche-Orient.
1980 : Élection du républicain Ronald Reagan, ce qui amène un durcissement des relations avec l'U. R. S. S.
1984 : La reprise économique contribue à la réélection triomphale de Reagan.
1985 : La rencontre de Reagan et de Gorbatchev à Genève marque l'amorce d'une détente dans les relations avec l'U. R. S. S.
1987 : La popularité du président Reagan est entamée par le scandale de l'« Irangate » (vente secrète d'armes à l'Iran) et par les difficultés économiques et financières nées du déficit américain. Reagan et Gorbatchev signent en décembre un accord sur l'élimination des missiles de moyenne portée en Europe.
1988 : Élection du républicain George Bush.
Prolongeant la ligne politique de son prédécesseur, G. Bush mène parallèlement une politique de fermeté (intervention au Panamá [1989], engagement dans la guerre du Golfe [1991]) et d'ouverture avec l'U. R. S. S. puis avec les républiques issues de son démembrement (C. E. I.).
1992 : Élection du démocrate Bill Clinton.
1994 : L'accord de libre-échange, négocié en 1992 avec le Canada et le Mexique, entre en vigueur. Intervention à Haïti pour restaurer la démocratie.
Les États-Unis, usant de leur influence de grande puissance, participent activement au règlement des conflits régionaux (notamment au Proche-Orient et en Bosnie-Herzégovine).

ÉTAU n. m. (pl. *étaux*) [anc. fr. *estoc,* du frq. **stok,* souche). **1.** Appareil formé de deux mâchoires, dont le serrage manuel, à l'aide d'une vis, ou la fermeture, par un dispositif pneumatique ou hydraulique, permet de maintenir en place les pièces ou les objets que l'on veut travailler. – **2.** *Dans un étau,* très serré ou comme si qqch se refermait sur qqn, qqch : *L'ennemi est pris dans un étau.*

ÉTAU-LIMEUR n. m. (pl. *étaux-limeurs*). Machine à raboter dans laquelle le mouvement de coupe est obtenu par la translation rectiligne de l'outil.

ÉTAUPINAGE n. m. Opération consistant à étendre les monticules de terre élevés par les taupes sur un terrain.

ÉTAUPINER v. t. (anc. fr. *taupine,* de *taupe*) [conj. 3]. Pratiquer l'étaupinage.

ÉTAUPINOIR n. m. ou **ÉTAUPINEUSE** n. f. Instrument constitué d'un cadre muni de tiges, servant à étaupiner.

ÉTAVE n. f. Sorte de tramail à fils très fins.

ÉTAVILLON n. m. Morceau de peau approximativement rectangulaire, destiné, après la fente, à devenir un gant.

ÉTAVILLONNER v. t. (conj. **3**). Après découpe, fixer le gant dans sa position et ses proportions définitives, d'après un calibre en carton correspondant à la main de fer.

ETĀWAH, v. de l'Inde (Uttar Pradesh), sur la Yamunā ; 113 000 hab. Textile.

ÉTAYAGE [etejaʒ], **ÉTAYEMENT** (etɛmɑ̃] ou **ÉTAIEMENT** n. m. **1.** Action, manière d'étayer ; fait d'être étayé. — **2.** Intrication des pulsions sexuelles et des pulsions d'autoconservation. (→ *encycl.*)

ENCYCL. **Psychan.** Dès 1905, S. Freud démontre comment les pulsions partielles sont liées à certaines fonctions vitales qui leur servent de support. Ainsi la satisfaction de la pulsion orale s'appuie-t-elle sur la satisfaction alimentaire liée au besoin de nutrition. Freud décrit également un choix d'objet par étayage selon lequel le sujet élit certains objets d'amour en référence aux personnes qui lui ont à l'origine fourni une satisfaction des pulsions de conservation, la mère le plus souvent.

ÉTAYER [eteje] v. t. (de *étai*) [conj. **11**]. **1.** Soutenir un élément, une partie de construction au moyen d'étais. — **2.** Soutenir qqch par des arguments, des preuves, le fonder, l'établir ou en être la base, la preuve : *Thèse étayée sur des arguments solides.*

ET CETERA ou **ET CÆTERA** [ɛtsetera] loc. adv. (lat. *et cetera,* et les autres choses). Et le reste. (On emploie cet adverbe sous sa forme abrégée *etc.* à l'écrit.)

ETCHAHUN (Pierre Topet, dit), paysan et poète basque (Barcus, Soule, Pyrénées-Atlantiques, 1786 - *id.* 1862). Il fut, par ses poèmes lyriques et satiriques, le véritable représentant du romantisme basque.

ETCHAHUN-IRURI (Pierre Bordaçarre, dit), poète basque (Trois-Villes, Soule, Pyrénées-Atlantiques, 1908 - *id.* 1979), rénovateur du genre de la pastorale.

ETCHEGARAY (Roger), prélat français (Espelette 1922). Archevêque de Marseille (1971-1984), cardinal en 1980, il présida la Conférence épiscopale française de 1975 à 1981, avant d'être nommé président de la commission pontificale *Justice et Paix,* à Rome.

ETCHEPARE (Jean), écrivain basque (Mar Chiquita, Argentine, 1877 - Mendionde, Labourd, 1935), un des meilleurs essayistes basques (*Beribilez* [*En automobile*]).

ETCHIMIADZINE, v. d'Arménie, à 20 km à l'O. d'Erevan ; env. 45 000 hab. Siège du primat de l'Église arménienne, lieu de pèlerinage. Cathédrale plusieurs fois restaurée, conservant des éléments du IVe s.

ÉTÉ n. m. (lat. *aestas, -atis*). **1.** Saison qui suit le printemps et précède l'automne (du solstice de juin [21 ou 22] à l'équinoxe de septembre [22 ou 23], dans l'hémisphère Nord). — **2.** Période de chaleur correspondant dans les climats tempérés à la saison de l'été : *Nous n'avons pas eu d'été cette année.* — **3.** *Litt.* Période de la pleine maturité de qqch. — **4.** *D'été,* qui convient à cette saison, qui est relatif à l'été : *Tenue d'été.* ‖ *Été indien,* belle arrière-saison en Amérique du Nord. ‖ *Été de la Saint-Martin,* derniers beaux jours qui se montrent quelquefois vers le 11 novembre, jour de la Saint-Martin.

ÉTEIGNOIR n. m. **1.** Instrument en forme de cône creux, destiné à éteindre la flamme de la chandelle. — **2.** *Fam.* Personne triste et austère qui empêche les autres de s'amuser ; rabat-joie.

ÉTEINDRE v. t. (lat. pop. **extingere,* du lat. class. *extinguere*) [conj. **81**]. **1.** Faire cesser la combustion : *Éteindre un incendie. Éteindre une bougie.* — **2.** Faire cesser le fonctionnement d'un appareil à gaz, électrique, etc., en interrompant la combustion ou en coupant un circuit électrique : *Éteindre le chauffage.* — **3.** Faire que les lampes n'éclairent plus en interrompant le circuit du dispositif d'allumage : *Éteignez la lumière dans le salon, éteignez le salon.* — **4.** Affaiblir l'éclat, la vivacité, l'intensité : *Tristesse qui éteint le regard.* — **5.** Faire atténuer ou effacer une sensation, un état, un sentiment : *Éteindre la soif, les désirs.* — **6.** Faire perdre toute énergie, tout enthousiasme : *Sa mise à la retraite anticipée l'a complètement éteint.* — **7.** Annuler une rente, une dette en en payant le capital, le montant.

◆ **s'éteindre** v. pr., **être éteint** v. pass. **1.** Cesser de brûler, d'être en combustion : *Ma cigarette s'est éteinte.* — **2.** Ne plus fonctionner, ne plus éclairer : *C'est éteint chez les voisins.* — **3.** Ne pas ou ne plus être en activité, en parlant d'un volcan. — **4.** Perdre de son éclat, de sa vivacité, de son intensité : *Yeux éteints.* — **5.** Perdre tout enthousiasme, toute énergie : *Depuis la mort de sa femme, c'est un homme éteint.* — **6.** Perdre de sa vigueur, de son intensité : *Son ardeur s'étei-*

gnait. — **7.** Mourir, cesser d'exister, ne laisser aucun descendant : *Race d'animaux qui s'éteint.* — **8.** *Chaux éteinte,* chaux hydratée que l'on mélange au sable pour faire le mortier aérien.

ÉTEL (56410), comm. du Morbihan, près de l'embouchure de la *rivière d'Étel ;* 2 577 hab. *(Étellois).* Port de pêche (conserveries) et station balnéaire. — La *rivière d'Étel* est une ria profonde et large, aux nombreuses ramifications, mais son débouché sur l'Atlantique est étroit, et son accès est rendu difficile par la *barre d'Étel.*

ÉTELLE n. f. (var. de *attelle*). Déchet plus gros que le copeau, produit par l'abattage des arbres.

ÉTENDAGE n. m. **1.** Action d'étendre le linge. — **2.** Couchage de l'émulsion photosensible sur un support. — **3.** Bâtiment aéré, dans lequel on faisait sécher, autrefois, fils et tissus après teinture ou blanchiment. — **4.** Dans un procédé ancien de fabrication du verre à vitres, opération consistant à étendre à plat les manchons de verre après les avoir fendus longitudinalement.

ÉTENDARD n. m. (frq. **standhard,* stable). **1.** Enseigne de guerre et, notamment, drapeau de troupes autrefois à cheval. (→ *encycl.*) — **2.** *Litt.* Symbole d'une cause pour laquelle on combat ; signe de ralliement : *Lever l'étendard de la révolte.* — **3.** Pétale supérieur, dressé et étalé, de la corolle d'une papilionacée. — **4.** *Étendard du Prophète (Sancaki Şerif),* l'étendard de Mahomet, rapporté d'Égypte au XVIe s., et utilisé comme étendard de l'armée du temps de l'Empire turc.

ENCYCL. **Mil.** Depuis le premier Empire (sauf de 1815 à 1830), l'étendard, plus petit que le drapeau* (0,64 m², au lieu de 0,9), est resté tricolore, et dominé du même insigne symbolique que ce dernier. Il est l'emblème des régiments de l'arme blindée cavalerie, de l'artillerie, du train et du matériel.

ÉTENDARD *(pic de l'),* point culminant du massif des Grandes-Rousses ; 3 468 m.

ÉTENDERIE n. f. (de *étendre*). Four-tunnel pour le refroidissement du ruban de verre plat sortant de l'outil de formage.

ÉTENDOIR n. m. Corde ou fil sur lesquels on étend du linge pour le faire sécher ; lieu où l'on dresse ces fils.

ÉTENDRE v. t. (lat. *extendere*). [conj. 73]. **1.** Donner à une matière plus de longueur, de largeur, augmenter sa superficie : *Étendre une pâte au rouleau.* — **2.** Étaler, appliquer une couche de matière sur qqch, de façon qu'elle le recouvre : *Étendre un enduit sur un mur.* — **3.** Déployer qqch qui est plié, roulé, ou répandre, éparpiller des choses sur une surface : *Étendre un tapis, de la paille sur le sol.* — **4.** Donner toute son étendue à une partie du corps repliée ou contractée : *Étendre les jambes.* — **5.** Déployer du linge mouillé et le faire sécher qqpart. — **6.** Allonger qqn de tout son long : *Étendre un blessé sur une civière.* — **7.** Augmenter la portée, l'étendue de qqch jusqu'à englober telle autre chose, à avoir telle extension : *Étendre la grève au secteur privé.* — **8.** Accroître, augmenter l'étendue, l'importance, le domaine de qqch ; agrandir : *Étendre sa propriété en achetant un nouveau champ. Étendre les clauses d'un contrat.* — **9.** Diminuer la concentration d'un liquide, d'un mélange par addition de liquide : *Étendre une peinture avec de l'essence.* — **10.** *Fam.* Faire tomber qqn à terre en lui portant un coup. — **11.** *Fam.* Refuser, recaler qqn à un examen ; coller. — **12.** Augmenter l'extension d'un concept, donner un sens, une nuance supplémentaire à un mot. — **13.** *Étendre le verre,* ramollir les manchons et les développer en feuilles.

◆ **être étendu** v. pass. **1.** Occuper une vaste surface ; être vaste, large : *Le lac est très étendu.* — **2.** Être considérable par la variété ou le champ de sa nature ou de son action : *Il a des pouvoirs étendus.* — **3.** S'appliquer à un grand nombre de choses : *Mot pris dans son acception la plus étendue.* — **4.** Être dilué avec un liquide : *Couleurs étendues.* — **5.** En parlant d'un corps, avoir la propriété de l'étendue. — **6.** *Famille étendue,* unité humaine, politico-économique, résidant sur une même portion de territoire et placée sous l'autorité d'un chef de famille, par oppos. à la *famille nucléaire.*

◆ **s'étendre** v. pr., **être étendu** v. pass. **1.** S'allonger, se coucher, être étalé : *Par terre, les bras étendus en croix.* — **2.** Avoir telle ampleur, telle importance ; aller jusqu'à : *Mes connaissances ne s'étendent pas jusque-là.* — **3.** Augmenter en importance, en ampleur, gagner du terrain : *Épidémie qui s'étend à tout le pays.*

◆ **s'étendre** v. pr. **1.** Occuper un certain espace : *Propriété qui s'étend sur des hectares.* — **2.** Couvrir un certain espace de temps ; aller : *Période qui s'étend du IIIe au IVe siècle.* — **3.** Parler longuement d'un sujet en entrant dans les détails : *Je ne m'étendrai pas davantage sur ce point.*

ÉTENDUE n. f. (de *étendre*). **1.** Dimension de qqch considéré dans l'espace qu'il occupe : *Un pays d'une grande étendue.* — **2.** Espace, considéré du point de vue de ce qui l'occupe : *Une étendue d'eau.* — **3.** Portée dans le temps ; durée : *L'étendue du règne de Louis XIV.* — **4.** Développement plus ou moins important ; longueur : *L'étendue d'un discours.* — **5.** Importance, ampleur de qqch : *L'étendue du désastre.* • **Log.** *Étendue d'un quantificateur,* syn. de CHAMP* D'UN QUANTIFICATEUR. — **Mus.** Distance comprise entre les sons extrêmes d'une voix, d'une mélodie, d'un instrument. – **Philos.** Propriété fondamentale d'un corps d'être situé dans l'espace et d'en occuper une portion. – **Stat.** Écart entre la plus petite et la plus grande des valeurs observées.

ÉTENTE n. f. Longueur de chaîne qui existe depuis l'équipage des lames jusqu'au porte-fils du métier à tisser.

ÉTÉOCLE, héros thébain, fils d'Œdipe et de Jocaste, frère de Polynice. Maudits par leur père Œdipe, qui s'est exilé de Thèbes après s'être crevé les yeux, les deux frères convinrent de régner alternativement sur Thèbes pendant une année ; mais Étéocle refusant de céder le pouvoir, il s'ensuivit une guerre fratricide, la guerre des Sept contre Thèbes.

ÉTERNEL, ELLE adj. (lat. ecclés. *aeternalis,* de *aeternus*). **1.** Qui est sans commencement ni fin ; hors du temps : *Croire en un Dieu éternel.* – **2.** *Litt.* Qui est sans fin, d'une durée indéfinie, qui ne cessera d'exister : *Dans la nuit éternelle.* – **3.** Qui durera toute la vie, définitif : *Je lui garderai une éternelle reconnaissance.* – **4.** Qui lasse par sa longueur, sa répétition, qui est invariablement tel : *C'est un éternel mécontent.* – **5.** Qui est habituel à qqn, qui lui est toujours associé : *Son éternel sourire commercial.* – **6.** *L'éternel féminin,* l'ensemble des caractères attribués aux femmes et supposés être constants, immuables. ‖ Litt. *Le repos éternel, le sommeil éternel,* la mort. ‖ *Ne pas être éternel,* être appelé à mourir, à disparaître, à cesser : *Cette situation ne sera pas éternelle.* ‖ *Neiges éternelles,* qui ne fondent jamais. • **Hist.** *La Ville éternelle,* Rome, à qui les Romains promettaient un Empire sans fin, et que les catholiques considèrent comme le siège immuable du chef de l'Église. – **Philos.** *Éternel retour,* doctrine de Nietzsche qui tente de mettre en évidence la circularité du temps et qui préconise, non le fatalisme et la résignation auxquels mènerait l'idée que tout recommence, mais la volonté d'imposer à chaque moment vécu la marque de l'éternité, la plénitude de l'absolu. – **Relig.** *Feu éternel, supplices éternels,* supplices sans fin des damnés. ‖ *Père éternel,* nom donné à Dieu le Père. ‖ *Royaume, séjour éternel,* le ciel, le paradis. ‖ *Salut éternel, vie éternelle,* bonheur sans fin des élus. ‖ *Verbe éternel,* nom donné à Dieu le Fils.
◆ **Éternel** n. m. **1.** *L'Éternel,* Dieu. – **2.** *Grand... devant l'Éternel,* formule ajoutée par emphase à un nom : *Un grand chasseur devant l'Éternel.*

ÉTERNELLEMENT adv. **1.** De façon éternelle ; sans fin, toujours : *Je t'aimerai éternellement.* – **2.** Sans cesse, de façon permanente et inévitable ; toujours : *C'est un pays où il pleut éternellement.*

ÉTERNISER v. t. (rad. lat. *aeternus,* éternel) [conj. 3]. **1.** *Litt.* Perpétuer, immortaliser le nom, la mémoire de qqn : *Cette sculpture éternise son nom.* – **2.** Prolonger trop longtemps une action, la faire traîner en longueur : *Éterniser une discussion.*
◆ **s'éterniser** v. pr. **1.** Durer trop longtemps, traîner, se perpétuer : *Crise qui s'éternise.* – **2.** *Fam.* S'attarder trop longtemps qqpart.

ÉTERNITÉ n. f. (lat. *aeternitas, -atis*). **1.** Qualité de ce qui est éternel : *L'éternité de l'âme.* – **2.** Durée sans commencement ni fin. – **3.** Temps très long : *Je t'attends depuis une éternité.* – **4.** Vie, bonheur sans fin de l'au-delà, réservés aux justes. – **5.** *Litt.* Immortalité assurée par la gloire : *Rêver d'entrer dans l'éternité.* – **6.** *De toute éternité,* de temps immémorial.

ÉTERNUEMENT n. m. Expulsion brusque et brutale de l'air par le nez et la bouche, provoquée par une excitation de la muqueuse des voies respiratoires supérieures.

ÉTERNUER v. i. (lat. *sternutare*) [conj. 7]. Expirer brusquement du nez et de la bouche, par suite d'un mouvement convulsif des muscles expirateurs.

ÉTÉSIEN adj. m. (lat. *etesiae,* du gr. *etêsiai anemoi,* vents qui reviennent chaque année). *Vents étésiens,* vents qui soufflent périodiquement du nord sur la Méditerranée orientale, pendant l'été, y déterminant un temps chaud et sec.

ÉTÊTAGE ou **ÉTÊTEMENT** n. m. Action d'étêter un arbre, un produit pétrolier, etc.

ÉTÊTER v. t. (de *tête*) [conj. 4]. **1.** Couper la cime d'un arbre pour le conduire en têtard, ou avant abattage, pour éviter les dégâts que pourrait provoquer sa chute. – **2.** Enlever la tête d'un poisson. – **3.** Enlever la tête d'un clou, d'une épingle. – **4.** Enlever à un produit pétrolier la fraction la plus légère, ou *tête* de distillation.

ÉTÊTEUR n. m. **1.** Pêcheur de morue qui coupe la tête de ce poisson. – **2.** Couteau dont il se sert.

ÉTEUF n. m. (frq. **stôt,* balle). Balle à jouer, en cuir, rembourrée de son, servant à jouer à la longue paume.

ÉTEULE [etœl] n. f. (bas lat. *stupula,* paille, du lat. class. *stipula*). Nom du chaume dans certaines régions.

ETEX (Antoine), sculpteur, peintre et architecte français (Paris 1808 - Chaville 1888). Son œuvre sculpté est abondant, d'esprit classique (*la Résistance* et *la Paix,* groupes de la face ouest de l'Arc de triomphe de l'Étoile, 1834 et suiv.).

ÉTHAMBUTOL n. m. Dénomination courante d'un médicament chimique de synthèse utilisé dans le traitement de la tuberculose. (L'éthambutol peut provoquer des accidents oculaires.)

ÉTHANAL n. m. Syn. de ACÉTALDÉHYDE.

ÉTHANAMIDE n. m. Syn. de ACÉTAMIDE.

ÉTHANE n. m. (de *éthyle*). Hydrocarbure saturé $CH_3—CH_3$. (Gaz liquéfiable à - 84 °C, c'est un constituant important du gaz naturel, surtout utilisé comme combustible.)

ÉTHANEDIOL n. m. Syn. de GLYCOL.

ÉTHANETHIOL n. m. Composé $CH_3— CH_2—SH$, qui se rencontre dans le gaz naturel et qui est utilisé pour la fabrication d'insecticides, d'antioxydants et de matières plastiques. (Syn. ÉTHYLMERCAPTAN.)

ÉTHANOÏQUE adj. *Acide éthanoïque,* syn. de ACIDE ACÉTIQUE.

ÉTHANOL n. m. (de *éthane*). Composé $CH_3—CH_2—OH$. (Syn. ALCOOL ÉTHYLIQUE ou plus simplement ALCOOL.)
ENCYCL. L'éthanol pur, ou alcool absolu, est le moins dense des alcools (0,79 à 20 °C). C'est un liquide incolore, bouillant à 78,35 °C et miscible à l'eau en toutes proportions. L'éthanol se forme par fermentation du glucose ou par hydratation de l'éthylène. À côté de ses utilisations alimentaires et pharmaceutiques, on l'emploie comme solvant, comme carburant (alcool à brûler) et comme intermédiaire pour la préparation du chloral, du chloroforme, des esters éthyliques ou de l'éther ordinaire, et enfin comme source d'acide acétique alimentaire ou vinaigre.

ÉTHANOLAMINE n. f. Dénomination des composés $(HO—CH_2—CH_2)_nNH_{3}—n$. (Amine primaire, obtenue par action de l'ammoniac sur l'oxyde d'éthylène, l'éthanolamine a de multiples usages industriels, comme solvant et intermédiaire pour la préparation d'agents tensioactifs et de vernis.

ÉTHANOLATE n. m. Syn. de ÉTHYLATE.

ETHE, localité de Belgique (prov. du Luxembourg, comm. de Virton). Après avoir occupé le village le 28 août 1914, les Allemands le brûlèrent et y fusillèrent 400 habitants.

ETHELBERT → ÆTHELBERHT.

ÉTHÈNE n. m. Syn. de ÉTHYLÈNE.

1. ÉTHER n. m. (lat. *aether,* du gr. *aithêr,* air pur). **1.** Selon les Anciens, fluide subtil, impondérable, remplissant les espaces situés au-delà de l'atmosphère terrestre. – **2.** Air, atmosphère, ciel pur ; espaces célestes ; infini. – **3.** Dans l'occultisme, substance primordiale et universelle, agent fluidique général capable de se particulariser. – **4.** Milieu matériel hypothétique, remplissant tout l'espace mais impalpable, dans lequel les ondes lumineuses étaient censées se propager. (La notion d'éther a joué un rôle important dans l'élaboration de la théorie des phénomènes électromagnétiques. La théorie de la relativité restreinte a rendu inutile cette hypothèse ad hoc.)

2. ÉTHER n. m. (de *éther 1*). **1.** Nom générique des oxydes d'alkyle ou d'aryle, de formule générale R—O—R'. (→ *encycl.* Chim.) – **2.** Dénomination courante de l'oxyde d'éthyle, ou éther ordinaire, ou éther sulfurique. (→ *encycl.* Méd.) – **3.** *Éther de pétrole,* mélange d'hydrocarbures utilisé comme solvant. ‖ *Éther cellulosique,* dérivé de la cellulose obtenu par remplacement partiel ou total des fonctions alcool par des fonctions éther.
ENCYCL. **Chim.** Les éthers-oxydes se préparent surtout par addition en milieu acide d'un alcool sur un alcène. La déshydratation des alcools par l'acide sulfurique à chaud conduit aux éthers-oxydes symétriques R—O—R. Les éthers ROR' ont en général des propriétés physiques et chimiques voisines de celles des hydrocarbures homomorphes RCH_2R', mais ce sont de meilleurs solvants que les hydrocarbures à cause de leur atome d'oxygène. Les éthers les plus importants sont les oxydes d'éthyle, d'isopropyle et de butyle et l'anisole, qui sont tous employés comme solvants.
– **Méd.** L'éther a été utilisé pendant près d'un siècle de façon exclusive, avec le chloroforme, pour donner une anesthésie générale. Son emploi est maintenant pratiquement abandonné. L'éther officinal (oxyde d'éthyle purifié) est utilisé en usage externe, comme antiseptique.

1. ÉTHÉRÉ, E adj. (lat. *aethereus,* du gr. *aitherios*). *Litt.* **1.** Qui est extrêmement léger, délicat, impalpable ou fugitif ; aérien : *Une créature céleste, éthérée.* – **2.** Qui s'élève au-dessus des sentiments communs ; sublimé, pur : *Un amour éthéré.* – **3.** Litt. *Voûte éthérée,* ciel, firmament.

2. ÉTHÉRÉ, E adj. (de *éther 2*). **1.** Qui est caractéristique de l'éther ordinaire. – **2.** Se dit d'une substance à laquelle on a ajouté de l'éther.

ÉTHÉRIFICATION n. f. Réaction de formation d'un éther à partir d'un alcool.

ÉTHÉRIFIER v. t. (conj. 9). Soumettre à l'éthérification.

ÉTHÉROMANE n. Toxicomane qui utilise l'éther.

ÉTHÉROMANIE n. f. ou **ÉTHÉRISME** n. m. Toxicomanie à l'éther, se traduisant par une ivresse et un délire hallucinatoire.

ÉTHINYLŒSTRADIOL n. m. Œstrogène de synthèse à action puissante et prolongée.

ÉTHIONAMIDE n. m. Médicament antituberculeux, dérivé soufré de l'acide isonicotinique.

ÉTHIOPIE, État d'Afrique orientale, sur la mer Rouge ; 1 110 000 km² ; 56 700 000 hab. *(Éthio-*

piens). CAP. *Addis-Abeba.* LANGUE ; *amharique.* MONNAIE : *birr.*

Géographie. L'un des pays les plus pauvres du monde, l'Éthiopie est formée de hautes terres centrales (le *Massif éthiopien*), coupées de profondes vallées (dont celles du Nil Bleu, de l'Aouach, de l'Omo), bien arrosées et entourées de régions basses, plus sèches, parfois arides (Ogaden). Ce pays ne présente aucune unité ethnique (une quarantaine de groupes), linguistique (70 langues et 200 dialectes), ni religieuse (au centre, chrétiens amharas, agriculteurs sédentaires, groupe traditionnellement dominant ayant imposé l'amharique comme langue officielle ; dans le Nord et l'Est, musulmans [dont les Gallas], souvent encore pasteurs ; animistes « soudanais », nombreux dans le Sud-Ouest).

L'industrie est pratiquement inexistante. Les cultures sont étagées selon le relief (céréales autour de 2 000 m, plantations à vocation commerciale [canne à sucre, coton et surtout café] au-dessous de 1 500 m. L'élevage est diversifié, exclusif (ovins surtout) dans les régions arides. La guerre civile, les récentes périodes de sécheresse ont entraîné d'importants transferts de populations (du nord vers le sud et l'ouest), décimé le bétail. La famine a causé la perte de nombreuses vies humaines. L'économie est désorganisée, la production de café (principal produit d'exportation) a régressé et l'aide internationale (alimentaire en premier lieu) reste indispensable. Les conflits ethniques menacent l'unité du pays, dont l'Érythrée s'est séparée.

Histoire.

• *L'Éthiopie ancienne.* Avant l'ère chrétienne, la région est en contact avec le royaume de Saba.

Ier-IXe s. : Le royaume d'Aksoum étend sa domination jusqu'au Nil Bleu. Christianisé par l'Église égyptienne (copte) au IVe s., il connaît sa période la plus faste au VIe s. L'expansion de l'islam au VIIe s. entraîne l'isolement progressif du royaume.

Fin du XIIIe s.- fin du XVe s. : Le pays connaît une brillante renaissance. Ses rois luttent contre les musulmans des États voisins.

Les Portugais identifient l'Éthiopie au royaume fabuleux du « Prêtre Jean » et l'aident à se libérer de l'occupation musulmane imposée en 1527.

XVIIe - XVIIIe s. : Des populations païennes, les Gallas, s'établissent au cœur du pays. La capitale est transférée plus au nord, à Gondar (v. 1636).

• *L'Éthiopie contemporaine.*

1855-1868 : Théodoros II, qui a brisé la puissance des seigneurs féodaux, modernise le pays.

Après l'ouverture du canal de Suez (1869), l'Éthiopie est convoitée par les puissances européennes.

1889 : Ménélik II, fondateur d'Addis-Abeba, devient négus, « roi des rois ». Il doit abandonner aux Italiens la région bordant la mer Rouge, l'Érythrée.

1896 : Les Italiens sont battus à Adoua.

1906 : Ménélik II, tout en préservant l'indépendance nominale de son pays, doit accepter le partage d'influence anglo-franco-italien.

1930 : Hailé Sélassié Ier devient empereur d'Éthiopie. Il donne à son pays une Constitution de type occidental.

1935-1936 : Guerre contre l'Italie. Vaincue, l'Éthiopie constitue, avec l'Érythrée et la Somalie, l'Afrique-Orientale italienne.

1941 : Le pays est libéré par les troupes franco-britanniques.

1962 : L'Érythrée, réunie à l'Éthiopie en 1952, avec le statut d'État fédéré, en devient une province.

La guérilla s'y développe.

1974 : L'armée dépose Hailé Sélassié et instaure un régime de type socialiste.

Dirigée, à partir de 1977, par le colonel Mengistu Hailé Mariam et soutenue par l'U. R. S. S. et Cuba, l'Éthiopie est engagée dans un conflit frontalier (région de l'Ogaden) avec la Somalie.

1987 : L'Éthiopie devient une république populaire et démocratique, à parti unique.

1988 : Fin du conflit avec la Somalie.

1989-1990 : Désengagement de l'U. R. S. S. et de Cuba.

1991 : Mengistu est chassé du pouvoir par les mouvements de libération de l'Érythrée et du Tigré. Un nouveau gouvernement est mis en place, dominé par les représentants du Tigré.

1993 : Après un référendum d'autodétermination, l'indépendance de l'Érythrée est proclamée.

1994 : Une nouvelle constitution fait de l'Éthiopie un État fédéral (9 régions formées sur des bases ethniques).

1995 : Le Front démocratique révolutionnaire du peuple éthiopien (F. D. R. P. E.) remporte les premières élections pluralistes.

Éthiopie *(campagnes d'),* conflits qui opposèrent les Italiens aux Éthiopiens (1894-1896 et 1935-36), puis aux Alliés (1940-41).

• *Campagne de 1894-1896.* Le protectorat italien sur l'Éthiopie, établi aux termes du traité d'Uccialli (1889), est dénoncé par Ménélik en 1893. Bien que victorieuse à Coatit et à Addigrat (janv.-mars 1895), l'Italie est contrainte de signer la paix à Addis-Abeba (26 oct. 1896) après les échecs d'Amba Alagi (7 déc. 1895) et d'Adoua (1er mars 1896).

• *Campagne de 1935-36.* Le 3 oct. 1935, l'armée italienne de Mussolini attaque l'Éthiopie à partir de la Somalie et de l'Érythrée. Elle occupe dès le

5 oct. Adoua, puis Aksoum et Maqalié. Les succès éthiopiens lors des deux batailles du Tembien ne peuvent empêcher le débordement et la rupture du front (févr. 1936). L'ultime résistance des Éthiopiens sur les avant-postes italiens, au lac Ashangi (avr.), échoue sur les lignes principales. Le négus s'enfuit à Djibouti (1er mai), Addis-Abeba tombe le 5 mai, et les forces italiennes venant d'Érythrée réalisent la jonction avec celles provenant de Somalie (10 mai 1936).

• *Campagne de 1940-41.* Dès août 1940, les Italiens occupent la Somalie britannique, Kassala (Soudan) et menacent Nairobi (Kenya). Les troupes anglaises du Kenya ripostent en Somalie italienne, prennent Kismayou et Mogadiscio (14 et 24 févr. 1941), entrent à Addis-Abeba (5 avr.), font la jonction avec les forces de Platt, qui, parties du Soudan, ont envahi l'Érythrée, et contraignent l'armée italienne à la capitulation (19 mai 1941).

ÉTHIOPIEN, ENNE adj. et n. (gr. *Aithiops, -opos,* au visage brûlé, éthiopien). **1.** D'Éthiopie. – **2.** *Église éthiopienne,* église monophysite d'Éthiopie, autonome d'Alexandrie depuis 1959. (Elle regroupe quelque 16 millions de fidèles.) ‖ *Langues éthiopiennes* ou *éthiopien* (n. m.), langues parlées en Éthiopie, et qui appartiennent au groupe sémitique occidental. (→ *encycl.*) ‖ *Rite éthiopien,* rite pratiqué par l'Église éthiopienne et par certains Éthiopiens ralliés à Rome, et dont la langue liturgique est le guèze. (Proche du rite copte, il en est distinct dès l'origine, malgré le rattachement de l'Église éthiopienne au patriarcat d'Alexandrie.)

ENCYCL. **Ling.** Introduites en Éthiopie par des émigrants venus d'Arabie du Sud quelques siècles avant l'ère chrétienne, les langues éthiopiennes ont subi l'influence des langues couchitiques, auxquelles elles se sont superposées. Elles s'écrivent depuis le IVe s. apr. J.-C. grâce à un alphabet syllabique. On distingue un groupe septentrional comprenant le guèze, le tigré et le tigrigna et un groupe méridional comprenant l'amharique, le harari, l'argobba et le gouragué.

1. ÉTHIQUE adj. (lat. *ethicus,* du gr. *êthikos,* moral). **1.** Qui concerne la morale. – **2.** *Ordre éthique,* chez Hegel, ce qui concerne l'organisation des rapports sociaux, par oppos. à la moralité qui énonce les principes de l'action individuelle.

2. ÉTHIQUE n. f. (bas lat. *ethica,* morale, du gr. *êthikon*). **1.** Partie de la philosophie qui envisage les fondements de la morale. – **2.** Ensemble des principes moraux qui sont à la base de la conduite de qqn. – **3.** *Éthique médicale,* syn. de BIOÉTHIQUE.

Éthique, nom donné à trois ouvrages de morale contenus dans le *Corpus* d'Aristote : l'*Éthique à Eudème,* l'*Éthique à Nicomaque* et enfin la *Grande Éthique.* Le bonheur est posé comme la fin suprême de l'activité humaine, et la vertu est définie comme un moyen terme entre deux extrêmes ; les notions de volontaire et d'involontaire permettent de mieux comprendre la nature propre de la vertu.

Éthique *(l'),* principale œuvre de Spinoza, écrite en latin, achevée en 1675 et publiée en 1677 après la mort du philosophe. Spinoza y expose son système de métaphysique en procédant par axiomes, définitions et démonstrations. L'ouvrage comporte cinq parties : 1. De Dieu ; 2. De la nature et de l'origine de l'esprit ; 3. De l'origine et de la nature des sentiments ; 4. De la servitude humaine ou des forces des sentiments ; 5. De la puissance de l'entendement ou de la liberté humaine.

Éthique protestante et l'esprit du capitalisme *(l'),* œuvre de Max Weber écrite en 1905 et publiée en 1920. L'auteur recherche dans l'histoire des religions les origines du capitalisme. Il analyse le rapport en apparence paradoxal entre les croyances et le style de vie des sectes protestantes et le développement du capitalisme qui, selon lui, est l'héritier du calvinisme et du puritanisme.

ETHMOÏDAL, E, AUX adj. Relatif à l'ethmoïde.

ETHMOÏDE n. m. (gr. *êthmoeidês,* pareil à un crible). Os situé à la partie médiane et antérieure de la base du crâne, qui contribue à former le squelette des fosses nasales.

ETHMOÏDITE n. f. Inflammation de l'ethmoïde (muqueuse et, éventuellement, os).

ETHNARCHIE n. f. (gr. *ethnarkhia*). **1.** Dignité d'ethnarque. – **2.** Territoire vassal des Romains, placé sous la domination d'un ethnarque.

ETHNARQUE n. m. (gr. *ethnarkhês*). **1.** Gouverneur de certaines provinces d'Orient relativement autonomes, à l'époque gréco-romaine. – **2.** Chef civil de certaines communautés juives de la diaspora romaine. – **3.** Évêque de certaines Églises orthodoxes.

ETHNICITÉ n. f. Caractère ethnique de qqch, de qqn.

ETHNIE n. f. (gr. *ethnos*). Groupement humain qui possède une structure familiale, économique et sociale homogène, et dont l'unité repose sur une communauté de langue, de culture et de conscience de groupe.

ETHNIQUE adj. (gr. *ethnikos,* de *ethnos,* race). **1.** Relatif à l'ethnie. – **2.** Se dit de tout caractère ou de toute manifestation propres au groupement culturel d'une population, par oppos. aux

caractères des individus. — **3.** Se dit d'un adjectif ou d'un nom, dérivé d'un nom de pays, de région ou de ville et indiquant l'appartenance à ce pays, cette région ou cette ville. (Ainsi, *français* est un adjectif ethnique dérivé de *France*. Le nom ethnique correspondant porte une majuscule à l'initiale : *un Français*.)
◆ n. m. Syn. de ETHNONYME.

ETHNOBIOLOGIE n. f. Étude des rapports existant entre les diverses populations humaines et leur environnement animal et végétal.

ETHNOBIOLOGIQUE adj. Relatif à l'ethnobiologie.

ETHNOBIOLOGISTE n. Spécialiste d'ethnobiologie.

ETHNOBOTANIQUE n. f. Étude des rapports entre tel groupe ethnique et la flore de l'espace où il vit.

ETHNOBOTANISTE n. Spécialiste d'ethnobotanique.

ETHNOCENTRIQUE adj. Caractérisé par l'ethnocentrisme.

ETHNOCENTRISME n. m. Tendance à privilégier les normes et valeurs de sa propre société pour analyser les autres sociétés.

ETHNOCIDE n. m. Destruction d'une ethnie sur le plan culturel.

ETHNOGRAPHE n. Spécialiste d'ethnographie.

ETHNOGRAPHIE n. f. Étude descriptive des activités d'un groupe humain déterminé (techniques matérielles, organisation sociale, croyances religieuses, mode de transmission des instruments de travail, d'exploitation du sol, structures de la parenté).

ETHNOGRAPHIQUE adj. Qui relève de l'ethnographie.

ETHNOHISTOIRE n. f. Branche de l'ethnologie qui privilégie la reconstruction de l'histoire de groupes ethniques. (Ceux-ci ne connaissant souvent pas l'écriture, les matériaux utilisés sont, par exemple, les traditions orales, les données linguistiques ou les vestiges archéologiques.)

ETHNOLINGUISTIQUE n. f. Discipline qui étudie le langage des peuples sans écriture, ainsi que les relations, chez ces peuples, entre le langage, la culture et la société. (Syn. ANTHROPOLOGIE LINGUISTIQUE.)
◆ adj. **1.** Relatif à l'ethnolinguistique. — **2.** Se dit d'une classification ethnique qui repose sur l'appartenance linguistique.

ETHNOLOGIE n. f. Étude de l'ensemble des caractères de chaque ethnie, afin d'établir des lignes générales de structure et d'évolution des sociétés. (L'ethnologie, née au XVIIIe s., s'est subdivisée en anthropobiologie et en anthropologie culturelle, économique, politique, sociale.)

ETHNOLOGIQUE adj. Qui relève de l'ethnologie.

ETHNOLOGUE n. Spécialiste d'ethnologie.

ETHNOMUSICOLOGIE n. f. Étude scientifique du comportement musical de l'homme dans toutes ses manifestations à travers le monde entier, de la préhistoire à nos jours.
ENCYCL. L'ethnomusicologie propose de faire apparaître les phénomènes universels ou, au contraire, irréductiblement singuliers, à partir des données comparées de l'ethnologie descriptive. Les possibilités d'investigation actuelles (notamment enregistrement du son et de l'image) permettent l'accès aux musiques non écrites, ce qui est le cas de la grande majorité des musiques qu'étudie l'ethnomusicologie.

ETHNOMUSICOLOGIQUE adj. Relatif à l'ethnomusicologie.

ETHNOMUSICOLOGUE n. Spécialiste d'ethnomusicologie.

ETHNONYME n. m. Adjectif ou nom ethnique. (Les suffixes des ethnonymes forment un système spécifique : *-ais* [*albanais*], *-an* [*persan*], *-ien* [*algérien*], *-in* [*florentin*], *-éen* [*européen*], *-ain* [*africain*], *-ois* [*chinois*], etc.) [Syn. ETHNIQUE.]

ETHNOPSYCHIATRIE n. f. Étude des désordres psychiques en fonction des normes du groupe culturel auquel appartient le sujet. (Syn. PSYCHIATRIE TRANSCULTURELLE.)

ETHNOPSYCHIATRIQUE adj. Relatif à l'ethnopsychiatrie.

ETHNOS [ɛtnɔs] n. m. (gr. *ethnos*, peuple). **1.** Forme d'organisation sociale antérieure à la cité *(polis)*. — **2.** Dans les royaumes hellénistiques, communauté indigène qui a obtenu de vivre sous l'autorité de ses chefs traditionnels (par ex. le peuple juif).

ETHNOSCIENCE n. f. Branche de l'ethnologie qui étudie les concepts et les systèmes de classification que chaque société élabore pour comprendre la nature et le monde.

ETHNOZOOLOGIE n. f. Étude des rapports entre les groupes ethniques et l'animal.

ETHNOZOOLOGIQUE n. Spécialiste d'ethnozoologie.

ÉTHOGRAMME n. m. Catalogue descriptif des activités motrices spontanées ou non, d'un animal, et de leurs articulations en séquences comportementales. (L'éthogramme sert à différencier deux espèces, particulièrement lorsque leurs caractères prêtent à confusion.)

ÉTHOLOGIE n. f. Étude du comportement des espèces animales.

ENCYCL. L'éthologie se propose d'expliquer globalement le fonctionnement des organismes vivants, en relation avec leur environnement. Elle prend en compte l'évolution de l'individu et de l'espèce au cours de leur vie. La querelle de l'inné et de l'acquis a été à l'origine de nombreux travaux sur l'ontogenèse des comportements. Dans le même ordre d'idées, des études phylogénétiques ont permis d'aborder le problème de l'évolution sous un angle nouveau. Enfin, l'étude génétique des comportements a pu préciser certaines composantes des comportements, transmises génétiquement, et dont l'apparition dépend des conditions de maturation et de l'expérience propre de l'individu. Longtemps restreinte aux espèces animales, l'éthologie s'oriente depuis 1970 vers l'analyse directe des comportements humains.
L'école dite objectiviste, représentée notamment par K. Lorenz et N. Tinbergen, a donné une importance prépondérante à la notion de mécanisme inné de déclenchement ainsi qu'à une théorie hiérarchique de l'instinct. Les études éthologiques supposent l'observation du sujet dans son milieu naturel. Cependant, dans certaines conditions, l'élevage en laboratoire d'une espèce permet de contrôler et de faire varier les conditions du milieu ou d'isoler un individu de son environnement social.
La méthode des leurres, qui consiste à présenter à un animal un objet qui a les caractéristiques du stimulus déclencheur d'un comportement instinctuel, a permis de dégager quelles étaient les configurations perceptives privilégiées susceptibles de déclencher ce comportement. Les données comportementales recueillies sont résumées dans l'éthogramme.

ÉTHOLOGIQUE adj. **1.** Relatif à l'éthologie. – **2.** *Espèce éthologique,* espèce comprenant plusieurs populations identiques, mais séparées sexuellement du fait d'un biotope différent et appelées *espèces jumelles.*

ÉTHOLOGISTE ou **ÉTHOLOGUE** n. Spécialiste d'éthologie.

ETHOS [etɔs] n. m. (gr. *ethos,* caractère). **1.** Ensemble des caractères communs à un groupe d'individus appartenant à une même société. – **2.** Doctrine établissant une relation entre l'art des sons et les mouvements de l'âme et sur laquelle les Grecs fondaient leur conception morale et éducative de la musique. – **3.** Manière d'être sociale d'un individu (vêtement, comportement) envisagée dans sa relation avec la classe sociale de l'individu et considérée comme indice de l'appartenance à cette classe.

ÉTHOXY n. m. Radical monovalent $C_2H_5O—$.

ÉTHUSE n. f. Syn. de ÆTHUSE.

ÉTHYLAMINE n. f. **1.** Amine primaire $CH_3—CH_2—NH_2$. (Syn. MONOÉTHYLAMINE.) – **2.** Dénomination des composés $(CH_3—CH_2)_nNH_{3-n}$.
ENCYCL. Liquide à odeur ammoniacale, miscible à l'eau, très peu dense et bouillant à 19 °C, l'éthylamine se prépare par action de l'ammoniac sur l'éthanol. Base plus forte que l'ammoniac, elle sert dans le raffinage du pétrole, l'industrie du caoutchouc et comme intermédiaire pour la synthèse de colorants et de médicaments.

ÉTHYLATE n. m. Dérivé métallique de l'éthanol, C_2H_5OM. [Syn. ÉTHANOLATE.]

ÉTHYLATION n. f. Substitution dans une molécule d'un radical éthyle à un atome d'hydrogène. (L'éthylation est une alkylation d'une grande importance dans l'industrie).

ÉTHYLBENZÈNE n. m. Hydrocarbure aromatique $CH_3—CH_2—C_6H_5$. (Liquide bouillant à 136 °C, l'éthylbenzène est surtout obtenu par éthylation du benzène. C'est l'intermédiaire essentiel de la production du styrène*.)

ÉTHYLCELLULOSE n. f. Dérivé de la cellulose obtenu par remplacement partiel ou total des groupes hydroxy par des groupes éthoxy. (Les éthylcelluloses sont employées dans la fabrication de vernis résistant à la chaleur, à la lumière et doués de qualités isolantes.)

ÉTHYLE n. m. (de *éther*). Radical monovalent $CH_3—CH_2—$.
ENCYCL. Le *chlorure d'éthyle,* ou *chloroéthane,* C_2H_5Cl, est un liquide bouillant à 120 °C, préparé par addition du chlorure d'hydrogène sur l'éthylène, employé comme agent d'éthylation, réfrigérant et anesthésique local.
Le *bromure d'éthyle,* ou *bromoéthane,* C_2H_5Br, est employé comme agent d'éthylation et comme réfrigérant.
L'*oxyde d'éthyle,* ou *éther ordinaire,* $C_2H_5OC_2H_5$, est un liquide très inflammable, très peu dense, bouillant à 35 °C, préparé par déshydratation de l'éthanol au moyen de l'acide sulfurique ou par hydratation de l'éthylène. C'est un solvant et un anesthésique.
L'*acétate d'éthyle,* $CH_3COOC_2H_5$, liquide bouillant à 77 °C, est un solvant très utilisé dans l'industrie des peintures et vernis, des explosifs, des textiles artificiels, de la photographie et les parfums artificiels.

ÉTHYLÈNE n. m. (de *éthyle*). **1.** Hydrocarbure $CH_2=CH_2$, prototype des alcènes. (Syn. ÉTHÈNE.) – **2.** Radical divalent, $—CH_2—CH_2—$.
ENCYCL. Gaz liquéfiable à – 104 °C, peu soluble dans l'eau, l'éthylène peut subir des réactions d'addition électrophile : hydratation en éthanol, hydrochloration en chlorure d'éthyle, chloration en dichloréthane, action de l'acide hypo-

chloreux (chloréthanol) et du benzène (éthylbenzène.) Il peut aussi être polymérisé en polyéthylène. Le *chlorure d'éthylène* (→ DICHLORÉTHANE) et *l'oxyde d'éthylène,* ou *oxiranne* (→ ÉPOXYDE) sont des produits industriels importants. L'éthylène existe dans le gaz de cokerie et dans le gaz naturel. On peut aussi l'obtenir par déshydratation de l'éthanol sur l'alumine à 430 °C.

ÉTHYLÈNEDIAMINE n. f. Diamine $H_2N—C_2H_4—NH_2$, préparée par action de l'ammoniac sur le dichloréthane. (Liquide bouillant à 117 °C, l'éthylènediamine sert à l'épilage des peaux, la purification des huiles, la vulcanisation du caoutchouc, la préparation de produits pharmaceutiques.)

ÉTHYLÈNE-GLYCOL n. m. Syn. de GLYCOL.

ÉTHYLÉNIQUE adj. Se dit des composés possédant dans leur molécule une double liaison carbone-carbone.

ÉTHYLER v. t. (conj. 3). **1.** Soumettre à l'éthylation.

ÉTHYLIQUE adj. **1.** Se dit des dérivés du radical éthyle. – **2.** *Alcool éthylique,* syn. de ÉTHANOL. ◆ adj. et n. Se dit d'une personne atteinte d'éthylisme ; alcoolique.

ÉTHYLISME n. m. Intoxication chronique par l'alcool ; alcoolisme.

ÉTHYLMERCAPTAN n. m. Syn. de ÉTHANETHIOL.

ÉTHYLMORPHINE n. f. Syn. de CODÉTHYLINE.

ÉTHYLOTEST n. m. Appareil affichant le taux d'alcoolémie à partir de l'analyse de l'air expiré.

ÉTHYNE n. m. Syn. de ACÉTYLÈNE.

ÉTIAGE n. m. (de *étier*). **1.** Niveau moyen le plus bas d'un cours d'eau, parfois marqué par un zéro pour mesurer la hauteur des eaux au-dessus de ce point au moyen de chiffres inscrits sur une échelle. – **2.** Abaissement exceptionnel du débit d'un cours d'eau. (Le terme de « basses eaux » désigne un abaissement plus normal et plus fréquent.) [Syn. MAIGRES.]

ÉTIEMBLE (René), écrivain et universitaire français (Mayenne 1909). Comparatiste, critique (*Mythe de Rimbaud,* 1953), auteur du *Sonnet des voyelles* (1968), essayiste épris d'une « hygiène des lettres », polémiste adversaire des anglicismes dans la langue française (*Parlez-vous franglais ?,* 1964), il s'est aussi intéressé à la littérature chinoise.

SAINTS

ÉTIENNE *(saint),* diacre et premier martyr († v. 37). Un des sept diacres de la première communauté chrétienne de Jérusalem, il fut traduit devant le sanhédrin, condamné à mort et lapidé.

ÉTIENNE *(saint)* → ÉTIENNE Ier, pape.

ÉTIENNE HARDING *(saint),* troisième abbé de Cîteaux (en Angleterre v. 1050 -Cîteaux 1134). Il fonda, avec saint Robert, le monastère de Cîteaux, et en devint abbé en 1109. Il accueillit et forma saint Bernard.

PAPES

ÉTIENNE Ier *(saint)* [Rome - *id.* 257], pape de 254 à 257. Il s'opposa à saint Cyprien dans la question des *lapsi**.

ÉTIENNE II, pape romain. Élu en 752, il mourut sans avoir été sacré. Quelques auteurs ne le comptent pas parmi les papes.

ÉTIENNE II ou **III** (Rome - *id.* 757), pape de 752 à 757. Il sacra Pépin le Bref roi de France (754).

ÉTIENNE III ou **IV** (en Sicile v. 720 - Rome 772), pape de 768 à 772.

ÉTIENNE IV ou **V** (Rome - *id.* 817), pape du 22 juin 816 au 24 janv. 817.

ÉTIENNE V ou **VI** (Rome - *id.* 891), pape de 885 à 891. Il s'opposa à Photios, patriarche de Constantinople et le fit exiler par l'empereur Léon.

ÉTIENNE VI ou **VII** (Rome - *id.* 897), pape de mai 896 à avr. 897. Il fit exhumer le corps de Formose, son prédécesseur, qu'il accusait d'usurpation, et le fit jeter dans le Tibre. Il fut étranglé par le peuple.

ÉTIENNE VII ou **VIII** (Rome - *id.* 931), pape de 928 à 931.

ÉTIENNE VIII ou **IX** (Rome - *id.* 942), pape de 939 à 942.

ÉTIENNE IX ou **X** (en Lorraine, début du XIe s. - Florence 1058), pape du 3 août 1057 au 29 mars 1058.

ANGLETERRE

ÉTIENNE DE BLOIS (v. 1097 - Douvres 1154), roi d'Angleterre (1135-1154), fils d'Étienne, comte de Blois et d'Adèle, fille de Guillaume le Conquérant, sœur d'Henri Ier. À la mort de ce dernier (1135), il s'empara de sa succession aux dépens de Geoffroi Plantagenêt. Ses faiblesses divisèrent le royaume, et la guerre civile éclata en 1139. La conquête de la Normandie par Geoffroi et la mort de son fils Eustache (1153) le contraignirent à faire d'Henri Plantagenêt, fils de Geoffroi, l'héritier du royaume.

HONGRIE

ÉTIENNE Ier *(saint)* [v. 970-975 - Esztergom 1038], roi de Hongrie (1000-1038). Fils de Géza, duc des Magyars, il épousa Gisèle, sœur de Henri II le Boiteux. Il succéda en 997 à son père. Élevé dans le christianisme par Adalbert de Prague et par ses disciples, il fit évangéliser son pays et brisa la résistance des chefs de clans païens. Selon la tradition, il reçut une couronne* du pape Sylvestre II et fut couronné roi en l'an mille. Il soumit l'ensemble des tribus hongroises et étendit son pouvoir à l'est grâce à son alliance avec Byzance contre les Bulgares. Il organisa une classe dirigeante attachée au roi par l'obligation du service militaire et dotée de domaines fonciers. — **Étienne II** (v. 1101 - Nagyvárad, auj. Oradea, Roumanie, 1131), roi de Hongrie (1116-1131). — **Étienne III** (1147 - Esztergom 1172), roi de Hongrie (1162-1172).

MOLDAVIE

ÉTIENNE III le Grand (Borzeşti, auj. Gheorghe Gheorghiu-Dej, 1433 - Suceava 1504), prince de Moldavie (1457-1504), fils de Bogdan II. Il lutta pour préserver l'indépendance de la Moldavie malgré la pression ottomane accrue sur la Valachie. Il remporta en 1475 une victoire sur les Ottomans, mais dut signer la paix (v. 1480), leur céder Cetatea Alba (1484) et accepter le versement d'un tribut. Il conclut une paix perpétuelle avec Jean Ier Albert, qui l'avait attaqué en 1497. Il porta sa principauté à son apogée, construisant ou agrandissant les villes (notamm. Suceava) et les monastères (Putna).

POLOGNE

ÉTIENNE Ier BÁTHORY (Szílágysomlyó, auj. Şimleu Silvaniei, Roumanie, 1533 -Grodno 1586), prince de Transylvanie (1571-1576), roi de Pologne (1576-1586). Il fut élu roi de Pologne par la noblesse polonaise en dépit de l'opposition d'Ivan IV, tsar de Russie, et de Maximilien II, empereur germanique. Il attaqua la Moscovie en 1581 et obligea Ivan IV à renoncer à ses conquêtes en Livonie. Son règne participe de l'« âge d'or » de la Pologne, notamment grâce à l'œuvre humaniste du chancelier J. Zamoyski.

SERBIE

ÉTIENNE NEMANJA (Ribnica, auj. Podgorica, 1114 - mont Athos 1200), grand župan de Rascie (v. 1170 - v. 1196), fondateur de la dynastie des Nemanjić. Après la mort de Manuel Commène (1180), il mit à profit les querelles dynastiques byzantines pour conquérir la Dioclée, qu'il donna à son fils Vukan, et étendit sa domination jusqu'à Niš. Battu sur la Morava (1190), il dut composer avec les Byzantins. Il abdiqua en faveur de son fils Étienne Ier Nemanjić, pour devenir moine sous le nom de Siméon. Il créa, avec son fils Sava, le monastère Hilandar du mont Athos. — **Étienne Ier Nemanjić** († 1228), grand zŭpan (v. 1196-1217) puis roi de Serbie (1217-1227), second fils d'Étienne Nemanja. Il répudia son épouse, Eudoxie, fille d'Alexis III Ange et se tourna vers Rome. Il reçut du pape Honorius III la couronne royale en 1217 et obtint du patriarche byzantin, qui résidait alors à Nicée, la permission de créer une Église serbe indépendante, dont son frère, Sava, devint le premier archevêque. — **Étienne IV Uroš Ier** *le Grand* († monastère Sopoćani, près de Raska, auj. Novi Pazar, 1280), roi de Serbie (1243-1276), troisième fils d'Étienne Ier Nemanjić. Il fut détrôné par son fils aîné, Étienne Dragutin, aidé par les Hongrois. — **Étienne V Dragutin** († 1316), roi de Serbie (1276-1282). — **Étienne VI Uroš II Milutin** († 1321), roi de Serbie (1282-1321), frère d'Étienne V Dragutin. Il conquit Skopje (1282) et étendit ses possessions en Macédoine et sur l'Adriatique. — **Étienne VIII Uroš III Dečanski** († Zvečan 1334), roi de Serbie (1321-1331), fils bâtard d'Étienne VI Uroš II Milutin. Il battit les Bulgares alliés aux Byzantins à Kjustendil (1330), assurant ainsi l'hégémonie de la Serbie dans les Balkans. — **Étienne IX Uroš IV Dušan** (1308-1355), roi (1331-1346) puis tsar (1346-1355) de Serbie, fils d'Étienne Dečanski. Il conquit le littoral albanais (1340) puis mit à profit la guerre civile (1341-1347) qui désolait l'Empire byzantin pour s'emparer de la Thessalie et de l'Épire. Il se fit proclamer tsar des Serbes, des Grecs, des Bulgares et des Albanais (1346). Il promut l'archevêque de Peć à la dignité de patriarche (1346) et promulga un code en 1349. Après la conquête par les Turcs de Gallipoli en 1354, il entreprit en 1355 une expédition afin de s'établir à Constantinople en défenseur de la chrétienté. Il mourut en chemin. — **Étienne X Uroš V** († 1371), tsar de Serbie (1355-1371), fils d'Étienne IX Dušan, dernier Nemanjić. Il fut défait par les Turcs sur la Marica (1371).

ÉTIENNE (Eugène), homme politique français (Oran 1844 - Paris 1921). Député républicain d'Oran de 1881 à 1920, il soutint constamment une politique d'expansion. Chef du parti colonial, plusieurs fois ministre, il fut membre du Conseil supérieur des colonies.

ÉTIENNE-MARTIN (Étienne Martin, dit), sculpteur français (Loriol-sur-Drôme 1913 - Paris 1995). Souvent intitulées *Demeures,* ses grandes sculptures en bois (souches retravaillées), puis en bronze, à la fois massives et découpées, viscérales, évoquent le surgissement d'un fond primitif de l'être comme de la civilisation. Il a exercé une influence importante, notamment comme professeur à l'E. N. S. B. A. (à partir de 1967).

ÉTIER [etje] n. m. (mot dialect. de l'Ouest, du lat. *aestuarium*). Canal principal conduisant l'eau de mer dans les marais salants.

ÉTIGNY (Antoine Mégret d'), administrateur français (Paris 1719 - Auch 1767). Intendant d'Auch et de Béarn (1751-1767), il réalisa d'importants travaux d'urbanisme dans sa généralité (à Auch et à Pau).

ÉTINCELAGE n. m. Procédé d'usinage utilisant l'action érosive d'étincelles électriques à haute fréquence, produites par la décharge d'un condensateur.

ÉTINCELANT, E adj. **1.** Qui brille, jette une vive lumière : *Un soleil étincelant.* – **2.** Qui jette de vifs éclats ; rutilant : *Meubles étincelants de propreté.* – **3.** Qui se fait remarquer par son éclat : *Regard étincelant de colère.* – **4.** Qui a de vives reparties, le sens de l'à-propos ; brillant : *Un style étincelant.* – **5.** Qui est particulièrement brillant ; éclatant, splendide : *Une étincelante réussite.*

ÉTINCELER v. i. (de *étincelle*) [conj. **24**]. **1.** Jeter de vifs reflets de lumière : *Le soleil étincelle sur la plage.* – **2.** Scintiller, briller au contact de rayons lumineux : *Vaisselle qui étincelle de propreté.* – **3.** Jeter comme des étincelles, en parlant des yeux : *Son regard étincelait de colère.* – **4.** Lancer des traits brillants, en parlant de qqn ; abonder en traits d'esprit, en parlant de ses propos : *Sa conversation étincelle.*

ÉTINCELLE n. f. (anc. fr. *estencele,* du lat. pop. **stincilla,* du lat. class. *scintilla*). **1.** Parcelle incandescente qui se détache d'un corps enflammé ou qui jaillit du frottement de deux corps : *Le brasier jetait des étincelles.* – **2.** Petit incident, faible cause qui produit un effet important : *L'étincelle qui met le feu aux poudres.* – **3.** *Litt.* Point, reflet brillant : *Il y avait des étincelles dans son regard.* – **4.** Manifestation vive, soudaine et de peu de durée de qqch : *Une étincelle de génie.* – **5.** Litt. *Étincelle de vie,* un peu de vie, une lueur de vie. ‖ Fam. *Faire des étincelles,* obtenir de brillants résultats, en parlant de qqn ; faire du scandale, du bruit, en parlant de qqch. ‖ *Étincelle électrique,* petit arc électrique très lumineux.

ÉTINCELLEMENT n. m. *Litt.* État d'un corps qui étincelle ; scintillement.

ÉTIOLEMENT n. m. **1.** État des plantes privées de lumière ne formant donc pas de chlorophylle et qui restent jaunes et tendres. (C'est par étiolement qu'on obtient les endives, les céleris, et que le cœur des salades reste blanc.) – **2.** Affaiblissement, appauvrissement de l'esprit.

ÉTIOLER v. t. (var. dialect. de *éteule*) [conj. **3**]. **1.** Rendre une plante grêle et la décolorer par défaut de lumière : *L'obscurité étiole les plantes.* – **2.** Rendre qqn pâle, chétif, par défaut d'air ou de lumière : *L'air des villes étiole les enfants.*

◆ **s'étioler** v. pr., **être étiolé** v. pass. **1.** Être incolore, ne pas devenir verte en parlant d'une plante qui croît dans l'obscurité. – **2.** Devenir chétif, pâle ; dépérir, s'affaiblir. – **3.** Perdre de ses forces, de sa vivacité ; se rouiller, s'atrophier : *Son esprit s'étiole à ne rien faire.*

ÉTIOLLES (91450), comm. de l'Essonne ; 2 194 hab. Gisement préhistorique.

ÉTIOLOGIE n. f. (lat. *aetiologia,* du gr. *aitiologia*). Étude des causes d'une maladie.

ÉTIOLOGIQUE adj. **1.** Relatif à l'étiologie. – **2.** Se dit d'un récit mythologique qui vise à expliquer la signification et la valeur originelles d'un phénomène naturel, d'un nom, d'une institution ou d'un mode de vie.

ÉTIOPATHE n. Spécialiste d'étiopathie.

ÉTIOPATHIE n. f. (gr. *aitia,* cause). Méthode de médecine naturelle à base de manipulations, qui vise à rechercher le point de départ de la douleur ou de l'état pathologique.

ÉTIOPATHOGÉNIE n. f. Étude des causes d'une maladie et des processus par lesquels ces causes agissent.

ÉTIQUE adj. (bas lat. *hecticus,* du gr. *hektikos,* habituel). **1.** *Litt.* Décharné, d'une extrême maigreur : *Cheval étique.* – **2.** *Litt.* D'apparence chétive ; rachitique : *Des arbustes étiques.*

ÉTIQUETABLE adj. Qu'on peut classer dans une catégorie bien précise.

ÉTIQUETAGE n. m. Action d'étiqueter.

ÉTIQUETER v. t. (de *étiquette*) [conj. **27 ; 28** selon Littré]. **1.** Coller, attacher une étiquette sur un objet : *Étiqueter des articles.* – **2.** Classer qqn selon une appartenance idéologique, politique ; cataloguer : *On l'étiquette comme homme de gauche.*

ÉTIQUETEUSE n. f. Machine à poser les étiquettes.

1. ÉTIQUETTE n. f. (anc. fr. *estiquier,* enfoncer, du frq. **stikkjan,* piquer). **1.** Marque fixée, fiche placée sur un objet pour en indiquer le contenu, le prix, la destination, etc. – **2.** Désignation, indication qui classe qqn, un organe de presse, surtout dans l'ordre politique ou idéologique : *L'étiquette d'un journal.* – **3.** En informatique, ensemble de caractères alphanumériques, qui, placé devant une instruction d'un programme, permet de la repérer ; caractère ou ensemble de caractères lié à un article d'un fichier et destiné à l'identifier ; enregistrement de tête ou de fin de fichier ou de volume. (Syn. LABEL.)

2. ÉTIQUETTE n. f. (esp. *etiqueta,* de *étiquette*). **1.** Ordre de préséance, cérémonial observé dans une réception officielle ; formes cérémonieuses dans les relations ; protocole : *Se plier aux exigences de l'étiquette.* – **2.** *Étiquette de cour,* cérémonial, ordre de préséance que l'on observe dans une cour princière.

ÉTIRABLE adj. Qu'on peut étirer.

ÉTIRAGE n. m. **1.** Opération qui a pour objet d'amener une barre ou un tube de dimensions déterminées, par passage à travers une filière, à une longueur plus grande et à une section plus réduite. (→ *encycl.*) – **2.** Opération consistant à exercer sur un jonc, un film ou une fibre une traction dans une direction donnée. (L'étirage peut améliorer les qualités mécaniques du matériau.) – **3.** Opération destinée à réduire la section des rubans et mèches de fibres textiles durant la filature. (Syn. LAMINAGE.) [→ *encycl.*] – **4.** Procédé de fabrication continue du verre à vitres, directement à partir du bain de verre fondu ; formation d'une fibre de verre à partir de verre fondu. – **5.** *Banc d'étirage,* machine utilisée pour l'étirage des matières textiles.

ENCYCL. **Métall.** L'étirage permet d'obtenir des barres ou des tubes de section ronde, carrée, hexagonale, etc., à partir d'ébauches laminées à chaud. Il est précédé d'un *recuit,* d'un *décapage,* et d'un *graissage.* L'étirage est généralement effectué à froid, par passage forcé dans un défilé à entrée tronconique. Les métaux le plus couramment étirés sont : le cuivre, l'acier extra-doux et l'acier doux. L'étirage se fait sur des machines horizontales *(banc à étirer),* à bâti robuste et lourd. C'est une opération discontinue, par opposition au tréfilage utilisé pour la fabrication des fils. (→ TRÉFILAGE.)

– **Text.** Dans le cas des fils synthétiques continus, l'étirage équivaut à une traction qui a pour effet d'affiner les filaments et d'orienter les chaînes moléculaires. Dans le cas des fibres discontinues, l'étirage provoque le glissement de celles-ci, par passage entre plusieurs prises de cylindres animés de vitesse circonférentielle croissante.

ÉTIRE n. f. (de *étirer*). **1.** Outil de courroierie. – **2.** *Étire à blanchir,* lame servant à finir le côté chair des cuirs au corroyage. ‖ *Étire à mettre au vent,* lame utilisée pour aplanir les cuirs avant de les sécher.

ÉTIRÉ n. m. Barre métallique ou tube obtenus par étirage.

ÉTIREMENT n. m. **1.** Fait de s'étirer, d'être long : *L'étirement d'un récit.* – **2.** Action d'étirer les membres, le dos, le cou, les doigts. – **3.** Allongement de couches ou d'objets antétectoniques sous l'effet de contraintes d'origine tectonique. – **4.** *Étirement musculaire,* augmentation de la longueur d'un muscle. (C'est un phénomène passif qui ne consomme pas d'énergie.)

ÉTIRER v. t. (de *tirer*) [conj. 3]. **1.** Allonger ou étendre qqch par la traction : *Étirer des métaux, du cuir.* – **2.** Disperser un groupe sur une grande longueur : *L'accélération de la course a étiré le peloton.* – **3.** Étendre, allonger ses membres, son cou, etc., pour les décontracter, les délasser. – **4.** Travailler une peau avec l'étire. – **5.** Pratiquer une opération d'étirage. – **6.** *Banc à étirer,* machine servant pour l'étirage des métaux. (Il se compose d'un bâti portant la filière d'étirage et d'un chariot entraîné par un dispositif à chaîne ou à crémaillère.)

◆ **être étiré** v. pass. **1.** Se dit d'une voyelle non arrondie émise avec un retrait des commissures labiales, comme le [i] du français. (Syn. VOYELLE RÉTRACTÉE.) – **2.** Se dit du verre plan transparent obtenu par étirage continu à partir d'un bain de verre en fusion.

◆ **s'étirer** v. pr. **1.** Étendre ses membres, redresser son dos pour se décontracter : *Le chat s'étire et bâille sur le fauteuil.* – **2.** Être long, traîner en longueur : *La journée s'étire, triste et monotone.*

ÉTIREUR, EUSE adj. **1.** Qui sert à étirer. – **2.** *Cylindre étireur,* syn. de DÉLIVREUR.

◆ n. Personne qui étire des métaux, des peaux, des matières textiles.

◆ **étireuse** n. f. Appareil permettant le façonnage des briques de construction.

ÉTIVAL-CLAIREFONTAINE (88480), comm. des Vosges, au N.-O. de Saint-Dié ; 2 339 hab. Église du XIIe s., anc. abbatiale, restaurée. Papeterie.

ETNA, volcan actif (le plus grand d'Europe) d'Italie, dans le nord-est de la Sicile, culminant à 3 345 m. On y a dénombré plus de 100 éruptions, à l'échelle historique, depuis 475 av. J.-C., qui ont accumulé laves basiques, scories, cendres, lapilli. Malgré le danger, des villages ont prospéré (agrumes, vignes, arbres fruitiers). La forêt est présente jusqu'à 2 000 m avant une zone désertique de laves. Le tourisme y est très important.

ETOBICOKE, v. du Canada (Ontario), banlieue de Toronto ; 309 993 hab.

ÉTOC n. m. (de *estoc,* souche). Tête de roche pointue à versants raides pouvant apparaître à basse mer.

ÉTOFFE n. f. (de *étoffer*). **1.** Article formé par enchevêtrement de matière textile, ayant une certaine cohésion. – **2.** Ensemble des qualités, des éléments qui constituent la matière d'une œuvre : *Roman qui manque d'étoffe.* – **3.** *Avoir de l'étoffe, manquer d'étoffe,* avoir ou non de grandes qualités, de grandes capacités, une forte personnalité. ‖ *Avoir l'étoffe de,* avoir les qualités, les capacités qui constituent la personnalité de qqn : *Avoir l'étoffe d'un héros.* • **Arm.** Alliage de fer et d'acier dont on se servait autrefois pour la fabrication des canons. – **Mus.** Alliage d'étain et de plomb avec lequel sont faits les tuyaux d'orgue.

ÉTOFFER v. t. (anc. fr. *estofer,* du frq. **stopfôn,* rembourrer) [conj. 3]. **1.** Utiliser suffisamment d'étoffe dans la confection d'un vêtement ou d'un élément de l'ameublement pour donner un effet d'ampleur. — **2.** Donner à un texte, à un personnage, etc., plus de force, de richesse, d'ampleur : *Étoffer un roman en corsant l'action.* — **3.** Donner des formes plus rondes à qqn, à son corps ; développer : *Ce séjour à la montagne l'a un peu étoffé.* — **4.** Permettre à qqn d'acquérir du poids, de l'expérience, d'affermir sa personnalité ; épanouir : *Ce poste de responsable l'a étoffé.* — **5.** En sculpture, donner plus d'ampleur à une figure par un jeu de draperies. — **6.** *Étoffer un paysage,* en peinture, y introduire des personnages ou des animaux.

◆ **s'étoffer** v. pr., **être étoffé** v. pass. **1.** Recevoir une structure plus complexe, plus riche : *Récit plus étoffé.* — **2.** Devenir plus gras ou plus fort ; prendre des formes plus amples : *Jeune femme qui s'est étoffée après sa maternité.* — **3.** *Voix étoffée,* pleine et sonore.

ÉTOILE n. f. (lat. *stella*). **1.** Astre doué d'un éclat propre, dû aux réactions thermonucléaires dont il est le siège. (→ *encycl.*) — **2.** Objet formé de branches qui rayonnent à partir d'un point central ; ornement de cette forme : *Une étoile en diamants.* — **3.** Représentation d'une étoile avec valeur de symbole : *Des étoiles marquent les mots manquants.* — **4.** *Litt.* Destinée, chance : *Croire à son étoile.* — **5.** Symbole de la renommée, de la réussite de qqn : *Il voyait son étoile pâlir.* — **6.** Fêlure rayonnant autour d'un point (dans le verre notamment). — **7.** Personne qui brille par son talent, surtout dans le monde du spectacle ; star : *Une étoile du cinéma.* — **8.** Indice de classement attribué à certains appareils, produits, restaurants, etc. : *Ce restaurant a deux étoiles.* — **9.** *À la belle étoile,* de nuit et en plein air. ‖ *Carrefour, rond-point en étoile,* carrefour, rond-point d'où les voies rayonnent dans toutes les directions. ‖ *Étoile filante,* syn. de MÉTÉORE. ‖ *Être la bonne, mauvaise étoile de qqn,* lui apporter la chance ou le malheur. ‖ *Être né sous une bonne étoile,* avoir de la chance. ‖ Fam. *Voir les étoiles en plein midi,* recevoir un coup violent qui cause un éblouissement. • **Aéron.** *Moteur en étoile,* moteur dont tous les cylindres sont disposés en étoile autour du carter. — **Arm.** *Étoile mobile,* instrument imaginé par Gribeauval et permettant de vérifier au 1/100 de mm près sur toute sa longueur la régularité du calibre d'une bouche à feu. — **Bijout.** Chacune des huit facettes triangulaires qui délimitent la table d'une gemme taillée, et spécialement d'un brillant. — **Ch. de f.** Ensemble de lignes rayonnant autour d'une gare importante. — **Chorégr.** Suprême échelon dans la hiérarchie de certains corps de ballet (Opéra de Paris). [Le titre d'étoile, réservé autrefois aux seules danseuses, est attribué également, aujourd'hui, aux danseurs.] (Pour les danseuses, syn. PRIMA BALLERINA.) ‖ Danseuse de classe internationale. — **Comm.** Unité de froid équivalent à - 6 °C et qui, multipliée, indique le degré maximal de réfrigération d'un conservateur ou d'un congélateur. — **Décor.** *Ordre de l'Étoile,* nom donné à un grand nombre d'ordres de chevalerie ayant pris l'étoile pour insigne. — **Électr.** *Montage en étoile,* mode de groupement de systèmes polyphasés consistant à relier en un point commun l'une des extrémités des phases, les autres extrémités étant reliées aux différents fils du réseau. (Le point commun s'appelle *point neutre.*) — **Géom.** Polygone (souvent régulier) non convexe. (L'étoile à cinq branches est un pentagone.) — **Hérald.** Meuble en forme d'étoile à cinq rais. — **Hist.** *Étoile jaune,* signe distinctif que les Allemands obligeaient les Juifs à coudre sur leurs vêtements pendant la Seconde Guerre mondiale. (Imposée en Pologne dès oct. 1939, elle fut obligatoire en Belgique, aux Pays-Bas et en France occupée en 1942). — **Hôtell.** Signe en forme d'étoile dont le nombre indique la catégorie dans laquelle l'hôtel est classé. (Les hôtels sont classés de 1 à 4 étoiles, et 4 étoiles luxe.) — **Math.** Nom donné à l'astérisque servant à diverses notations. — **Mil.** En France, insigne de grade des officiers généraux. ‖ *Étoile rouge,* insigne adopté par l'armée soviétique en avril 1918. ‖ *Guerre des étoiles,* expression employée couramment pour désigner l'*initiative de défense stratégique* du président Reagan. — **Relig.** *Étoile de David,* symbole judaïque constitué par une étoile à six branches. — **Sports.** En ski, récompense symbolisant la réussite à un examen portant sur les techniques de base de cette discipline. — **Zool.** *Étoile de mer,* nom usuel des astéries. — **Zootechn.** Marque blanche, rappelant la forme d'une étoile, que certains chevaux et certains bœufs, à robe de couleur, portent sur le front.

ENCYCL. **Astron.** Bien qu'apparaissant comme des points brillants identiques et immuables, les étoiles sont très différentes les unes des autres par leur masse, par leur luminosité et par leur composition. Contrairement aux planètes du système solaire, visibles grâce à la réflexion de la lumière du Soleil à leur surface, elles fabriquent elles-mêmes leur énergie dont, au début du XXe s., on envisagea la source dans des réactions thermonucléaires. Cette dépense d'énergie par rayonnement se traduit par l'existence d'un schéma de leur évolution. Actuellement, les astronomes pensent qu'une étoile naît de la contraction d'un nuage de matière interstellaire*. Cette protoétoile commence à rayonner, car la contraction provoque une élévation de

LES 20 ÉTOILES LES PLUS BRILLANTES DU CIEL

nom usuel	nom officiel	magnitude visuelle apparente	distance en années de lumière
Sirius	α Grand Chien	- 1,4	8,6
Canopus	α Carène	- 0,7	190
Rigil Kentarus	α Centaure	- 0,3	4,3
Arcturus	α Bouvier	0	36
Véga	α Lyre	0	26,5
Capella	α Cocher	+ 0,1	45
Rigel	α Orion	+ 0,2	900
Procyon	α Petit Chien	+ 0,4	11,4
Achernar	α Éridan	+ 0,5	130
Agena	β Centaure	+ 0,6	390
Altaïr	α Aigle	+ 0,7	16
Bételgeuse	α Orion	+ 0,8 *	650
Aldébaran	α Taureau	+ 0,8	68
Acrux	α Croix du Sud	+ 0,9	400
l'Épi	α Vierge	+ 1	260
Antarès	α Scorpion	+ 1 **	425
Pollux	β Gémeaux	+ 1,1	36
Fomalhaut	α Poisson austral	+ 1,2	23
Deneb	α Cygne	+ 1,3	1 600
Mimosa	β Croix du Sud	+ 1,3	490

* *en moyenne (magnitude apparente variable entre 0,4 et 1,3)*
** *en moyenne (magnitude apparente variable entre 0,9 et 1,8)*

température, puis un effondrement bref se produit : une étoile est née. La température, de l'ordre de 10 millions de degrés, est alors suffisante dans les régions centrales pour que les réactions thermonucléaires s'amorcent : quatre noyaux d'hydrogène fusionnent pour donner un noyau d'hélium et une certaine quantité d'énergie. L'hydrogène étant le constituant principal de l'étoile, cette phase va durer très longtemps. Aussi observe-t-on de nombreuses étoiles à ce stade de leur évolution *(série principale).* Plus une étoile est massive, plus son hydrogène sera brûlé rapidement, cette phase pouvant durer de 10 millions à 10 milliards d'années. En revanche, la combustion de l'hydrogène ne se produit pas dans les petites étoiles, car leur température n'est jamais assez élevée, et celles-ci deviennent des *naines brunes.* Lorsque l'hydrogène s'épuise dans les régions centrales de l'étoile, le noyau se contracte, permettant ainsi à l'hydrogène de brûler sur des couches moins profondes pendant que l'enveloppe se dilate : c'est la phase des *géantes rouges.* Le Soleil atteindra ce stade dans 5 milliards d'années. Son rayon aura alors centuplé, et la température sur la Terre dépassera 2 000 °C. La façon dont les étoiles meurent dépend encore de leur masse, mais ce processus reste encore mal connu. Après la combustion de

l'hélium en couches, de nouvelles réactions nucléaires se produisent au centre ; une phase explosive a lieu, suivie d'une phase d'effondrement gravitationnel qui peut donner naissance à un trou noir, à une étoile à neutrons ou à une naine blanche, selon que l'étoile est plus ou moins massive. Ces modèles théoriques d'évolution sont fondés sur les données d'observations d'étoiles différentes, dont l'analyse du rayonnement (spectographie) permet de connaître la luminosité, la composition chimique et la température de leur enveloppe.
Seule la masse des étoiles doubles se détermine aisément. La mesure du rayon d'une étoile, difficile jusqu'à maintenant, est rendue plus facile par de nouvelles techniques interférométriques (interférométrie des tavelures).

ÉTOILE *(chaîne de l'),* massif calcaire de Provence (Bouches-du-Rhône), au N. et à l'E. de Marseille ; 711 m à la *Croix* (ou au *Rocher) de Garlaban.* Le sommet de la *Grande Étoile* (590 m) porte un relais de télévision.

Étoile *(ordre de l'),* l'un des premiers ordres de chevalerie français, fondé par Jean II le Bon, en 1351. Sa devise, *Monstrant regibus astra viam* (les astres montrent la route aux rois), évoque les Mages de l'Écriture sainte. (On l'appelle aussi ORDRE DE NOTRE-DAME DE LA NOBLE MAISON.)

Étoile *(place de l'),* auj. **place Charles-de-Gaulle,** carrefour de l'ouest de Paris, formé par la convergence de douze avenues. En son centre s'élève le célèbre Arc de triomphe édifié de 1806 à 1836 sur plans de Chalgrin (sculptures de Rude, Étex, Cortot...). Ce rond-point en étoile fut aménagé de 1768 à 1774 par Perronnet, puis en 1854 par Hittorff, qui l'entoura de douze immeubles uniformes. Parmi les avenues qui aboutissent à la place figurent, à l'est, les Champs-Élysées*, à l'ouest l'avenue Foch (autref. « du Bois ») et celle de la Grande-Armée (direction de la Défense).

ÉTOILE (Pierre DE L') → L'ESTOILE.

ÉTOILÉ n. m. Papillon (lymantriidé) dont la chenille est nuisible aux arbres fruitiers.

ÉTOILEMENT n. m. Fêlure en étoile ; système de fentes, de crevasses, disposées en étoile.

ÉTOILER v. t. (conj. 3) **1.** *Litt.* Parsemer un ciel d'étoiles : *La nuit étoile le ciel.* – **2.** *Litt.* Parsemer qqch d'objets, de taches qui imitent les étoiles : *Étoiler une étoffe de paillettes d'or.* – **3.** Fêler, fendre qqch en forme d'étoile : *Étoiler une vitre.*
◆ **être étoilé** v. pass. **1.** Avoir la forme d'une étoile : *Les molettes étoilées des éperons.* – **2.** Avoir des étoiles dessinées à sa surface : *Bâton étoilé de maréchal.* – **3.** *La bannière étoilée,* le drapeau des États-Unis d'Amérique. ‖ *Tension étoilée,* tension existant, dans un système polyphasé équilibré, entre un fil de ligne et un point neutre. ‖ *Polyèdre étoilé,* polyèdre dont les faces sont des polygones étoilés. (Ex. dodécaèdre étoilé.) ‖ *Polygone étoilé,* syn. de ÉTOILE.
◆ **s'étoiler** v. pr., **être étoilé** v. pass. **1.** *Litt.* Se couvrir d'étoiles : *Le ciel s'étoile.* – **2.** Se fendre en étoile : *Une vitre étoilée.*

ÉTOLE n. f. (lat. *stola,* robe). **1.** Insigne liturgique formé d'une large bande d'étoffe, et porté par l'évêque, le prêtre et le diacre. (Insigne de fonction, l'étole est devenue pratiquement symbole de la charge pastorale.) – **2.** Large écharpe de fourrure portée sur les épaules.

ÉTOLIE, en gr. **Aitolía,** région de Grèce continentale, au N. du golfe de Corinthe.
– **Hist.** À l'époque classique, l'Étolie n'est qu'un ethnos, organisé en une fédération (ou ligue) dont le siège est le sanctuaire d'Apollon à Thermos. Excellents soldats, les Étoliens résistent aux Athéniens (426 av. J.-C.). Leur victoire sur les Celtes (279-278) leur donne brusquement un immense prestige ; ils étendent leur territoire au point de constituer le plus grand État de l'histoire grecque. La *fédération* (ou *ligue) étolienne* jouera un rôle capital dans la vie de la Grèce hellénistique pendant plus d'un siècle, ainsi que sa rivale, la fédération (ou ligue) achéenne*. Alliée à Rome, elle contribue à limiter l'expansion macédonienne ; quand cette alliance lui impose des pertes territoriales, elle se retourne contre Rome ; vaincue, elle perd son indépendance militaire et diplomatique (189 av. J.-C.). En 27 av. J.-C., l'Étolie est rattachée à la province d'Achaïe* ; byzantine, elle est intégrée au despotat d'Épire* lors de la fondation de l'Empire latin. Occupée par les Turcs de Murad II (1437), délivrée par Skanderbeg, dominée par les Vénitiens, reprise par les Turcs, elle revient au royaume de Grèce en 1829.

ÉTOLIEN, ENNE adj. et n. D'Étolie.

ETON, v. de Grande-Bretagne (Berkshire), à l'O. de Londres, sur la Tamise, en face de Windsor ; 4 000 hab. Célèbre collège fondé par Henri VI en 1440-41 ; chapelle de style gothique perpendiculaire.

ÉTONNAMMENT [namɑ̃] adv. De façon étonnante ; à un degré élevé, étonnant : *Être étonnamment belle.*

ÉTONNANT, E adj. **1.** Qui frappe l'esprit en suscitant l'admiration par qqch d'extraordinaire ; remarquable : *Une étonnante mémoire. Une actrice étonnante.* – **2.** Qui crée un effet de surprise ; bizarre, curieux, inattendu, étrange : *De sa part, c'est une démarche étonnante.* – **3.** Indique un degré élevé qui surprend ; terrible : *Il fait un froid étonnant pour la saison.*

1. ÉTONNEMENT n. m. Surprise causée par qqch de singulier, d'extraordinaire, d'inattendu ; stupéfaction : *Être frappé d'étonnement.*

2. ÉTONNEMENT n. m. En métallurgie, calcination suivie d'un refroidissement brusque, par laquelle on cherche à désagréger des matières fortement compactes.

1. ÉTONNER v. t. (lat. pop. **extonare,* du lat. class. *attonare,* frapper de la foudre) [conj. 3]. **1.** Surprendre qqn, un groupe, par qqch d'extraordinaire : *Tu m'étonnes tous les jours.* — **2.** Créer chez qqn, un groupe un effet de surprise ; être inattendu : *Ça m'étonne qu'il ne soit pas venu.* — **3.** Fam. *Ça m'étonnerait,* c'est peu vraisemblable, peu probable.

◆ **s'étonner** v. pr., **être étonné** v. pass. Éprouver, manifester de la surprise devant qqch, le trouver étrange, surprenant ; être stupéfait, surpris, abasourdi : *Avec lui, je ne m'étonne plus de rien. Avoir l'air étonné.*

2. ÉTONNER v. t. (de *étonner 1*) [conj. 3]. **1.** *Vx.* Ébranler, lézarder une construction. — **2.** *Étonner le verre,* faire couler du verre fondu incandescent dans de l'eau pour le fragmenter en petits morceaux.

ÉTOQUIAU n. m. (pl. *étoquiaux*) [dimin. de *estoc*]. **1.** Petit ergot porté par chaque lame de ressort de suspension d'un camion. — **2.** Boulon d'assemblage placé au centre des lames de ressort de suspension pour les réunir les unes aux autres. (Syn. ÉTRIER.) — **3.** Pièce d'assemblage servant à relier le palâtre à la cloison d'une serrure, et à maintenir l'écartement du palâtre et du foncet.

ETOSHA PAN, dépression salée du nord-ouest de la Namibie. Parc naturel.

ÉTOUFFADE → ESTOUFFADE.

ÉTOUFFAGE n. m. Opération qui consiste à tuer la chrysalide du ver à soie par un courant d'air chaud et sec.

ÉTOUFFANT, E adj. **1.** Qui empêche de respirer librement ; où il y a une atmosphère très chaude ; lourd, suffocant : *Une pièce étouffante.* — **2.** Qui paralyse l'activité, entrave la liberté ; pesant : *Une vie étouffante.*

ÉTOUFFE-CHRÉTIEN n. m. inv. *Fam.* Aliment, pâtisserie difficiles à avaler à cause de leur consistance épaisse ou farineuse.

ÉTOUFFÉE n. f. (de *étouffer*). *À l'étouffée,* syn. de À L'ÉTUVÉE.

ÉTOUFFEMENT n. m. **1.** Action d'étouffer, de faire mourir par asphyxie ; le fait d'être étouffé : *Mourir par étouffement.* — **2.** Difficulté, gêne à respirer ; suffocation : *Être pris d'étouffements pendant la nuit.* — **3.** Action de réduire au silence, d'empêcher d'éclater : *L'étouffement d'une révolte.* — **4.** *Sensation d'étouffement,* sentiment de malaise, d'oppression psychologique.

ÉTOUFFER v. t. (anc. fr. *estoper,* obstruer, croisé avec *estofer,* rembourrer, du lat. pop. **stuffare,* boucher avec l'étoupe) [conj. 3]. **1.** Faire mourir qqn, un animal en l'empêchant de respirer, l'asphyxier. — **2.** Empêcher un végétal de croître normalement en le privant d'air, de lumière, d'espace : *Orties qui étouffent les fleurs.* — **3.** Gêner la respiration de qqn : *La chaleur de cette pièce m'étouffe.* — **4.** Amortir un bruit, un son, le rendre moins sonore ou le couvrir : *La moquette étouffe le bruit des pas.* — **5.** Arrêter la combustion d'un feu en posant qqch dessus : *Étouffer un début d'incendie avec une couverture.* — **6.** En parlant d'un sentiment violent, empêcher qqn de parler : *La colère l'étouffait.* — **7.** Réprimer un cri, un sanglot, un soupir ou l'émettre en se retenant : *Il étouffa un cri de joie à l'annonce de ce succès.* — **8.** Empêcher qqn d'affirmer sa personnalité, l'empêcher d'exister : *Sa famille l'étouffait par son caractère traditionnel.* — **9.** Faire qu'un sentiment n'existe plus chez qqn, qu'il ne puisse plus se manifester : *L'ambition étouffait chez lui toute générosité.* — **10.** Faire qu'on ne parle plus d'une affaire, d'un scandale, etc. ; cacher, dissimuler : *Le gouvernement étouffa l'affaire.* — **11.** Ne pas laisser une révolte se produire, se manifester librement, la faire cesser ; réprimer, juguler : *Étouffer dans l'œuf un complot.* — **12.** Empêcher la presse, l'opinion publique de s'exprimer librement ; faire taire. — **13** Fam. *Ne pas étouffer qqn,* ne pas le gêner dans son action parce qu'il ne l'éprouve pas : *La modestie ne t'étouffe pas.* — **14.** *Pop.* S'emparer de qqch, le voler : *Il s'est fait étouffer son portefeuille.* — **15.** *Étouffer une voile, étouffer la toile,* serrer avec les bras et les mains une voile contre sa vergue ou son mât, pour l'empêcher de prendre le vent quand on amène la voilure.

◆ v. i. **1.** Ressentir une impression de gêne due à une trop forte chaleur ou à un manque d'espace ; suffoquer : *On étouffe à Téhéran au mois d'août.* — **2.** Se sentir mal à l'aise psychologiquement, ou ne pas pouvoir manifester librement sa personnalité : *Un milieu étriqué dans lequel j'étouffais.*

◆ v. i. ou **s'étouffer** v. pr. **1.** S'asphyxier, ne plus pouvoir respirer : *Il a avalé de travers et il étouffe.* — **2.** Éprouver si fortement un sentiment qu'on en a le souffle coupé ; s'étrangler : *S'étouffer de rage.*

ÉTOUFFOIR n. m. **1.** *Fam.* et *vx.* Salle dont l'atmosphère est chaude et confinée. — **2.** Fait d'étouffer un scandale, une nouvelle. — **3.** *Vx.* Endroit où les facultés intellectuelles ne peuvent s'épanouir. — **4.** Pièce de la mécanique du piano permettant l'arrêt immédiat des vibrations d'une corde. [Sa partie principale est le petit tampon de feutre qui appuie sur la corde) — **5.** Récipient métallique, à couvercle étanche, dans lequel on conservait la braise.

ÉTOUPE n. f. (lat. *stuppa*). **1.** Composante fibreuse produite lors du teillage et/ou du peignage des fibres textiles libériennes, notamment du lin et du chanvre. (→ *encycl.*) — **2.** Chanvre non tordu en cordage, qui sert à calfater les navires en bois.
ENCYCL. **Text.** Les étoupes de fibres libériennes peuvent être assimilées, compte tenu de leur distribution de longueur, à des fibres longues type laine. Elles suivent un circuit de transformation similaire à celles-ci pour la production de fils relativement gros destinés au revêtement mural, au linge de maison, à l'habillement, etc.

ÉTOUPER v. t. (lat. pop. *stuppare,* boucher, de *stuppa,* étoupe) [conj. 3]. Boucher qqch avec de l'étoupe ou d'autres matières semblables.

ÉTOUPILLE n. f. (moyen fr. *estoupelle,* de *étoupe*). **1.** Autref., mèche d'étoupe enduite de pulvérin, introduite dans la lumière des canons pour mettre le feu à la charge. — **2.** Artifice contenant une composition fulminante servant à la mise à feu d'une charge de poudre.

ÉTOUPILLER v. t. (conj. 3). Munir d'une étoupille.

ÉTOURDERIE n. f. **1.** Caractère d'une personne étourdie, défaut de prévoyance, de réflexion, d'attention ; distraction, inattention : *Agir par étourderie.* — **2.** Action, faute commise par inattention ; imprudence : *Commettre des étourderies.*

ÉTOURDI, E adj. et n. (de *étourdir*). Qui agit sans réflexion, sans attention, qui oublie facilement ; distrait, inattentif.
◆ adj. Dit ou fait par inattention, distraction, irréflexion : *Réponse étourdie.*
◆ **étourdie** n. f. Litt. *À l'étourdie,* étourdiment, inconsidérément : *Se jeter à l'étourdie dans les pires difficultés.*

Étourdi *(l') ou les Contretemps,* comédie de Molière en 5 actes et en vers (1655) et la première de ses comédies d'intrigue.

ÉTOURDIMENT adv. Comme un étourdi, de façon étourdie, inconsidérée.

ÉTOURDIR v. t. (lat. pop. **exturdire,* mettre dans l'état d'une grive étourdie par les raisins, du lat. class. *turdus,* grive) [conj. 32]. **1.** Frapper les sens d'une sorte d'engourdissement, faire perdre à demi connaissance à qqn : *Étourdir son adversaire d'un coup de poing.* — **2.** Causer une sorte d'ivresse, griser qqn : *Après l'apéritif, il se sentit déjà étourdi.* — **3.** Détourner l'esprit de qqn des problèmes qui le préoccupent, le griser : *Il l'emmenait tous les soirs à des fêtes pour l'étourdir.* — **4.** Fatiguer, importuner qqn par du bruit, des paroles, etc. ; abrutir, abasourdir : *Tout ce brouhaha m'a étourdi.* — **5.** Vx. *Étourdir la douleur,* la rendre moins vive ; distraire l'esprit de ses chagrins.
◆ **s'étourdir** v. pr. **1.** Se griser de qqch : *S'étourdir de paroles.* — **2.** Se distraire d'une peine, se jeter dans les plaisirs pour oublier : *S'étourdir dans le plaisir.*

ÉTOURDISSANT, E adj. **1.** Qui étourdit, fatigue, abrutit par son bruit ; abrutissant, assourdissant : *Clameurs étourdissantes.* — **2.** Qui cause de la stupéfaction admirative par son caractère extraordinaire, inattendu, merveilleux ; sensationnel : *Il a été étourdissant d'esprit pendant tout le repas.*

ÉTOURDISSEMENT n. m. **1.** Perte momentanée de sensibilité et d'équilibre ; éblouissement, vertige. — **2.** *Litt.* État de griserie, d'ivresse légère : *L'étourdissement dû à ce premier succès lui fut fatal.* — **3.** Action de faire perdre la sensibilité aux animaux de boucherie avant de les saigner. — **4.** État voisin du vertige, dans lequel il semble au malade que tout tourne autour de lui.

ÉTOURNEAU n. m. (bas lat. *sturnellus,* du lat. class. *sturnus*). **1.** Passereau à queue courte, à plumage sombre ponctué de blanc et qui se nourrit de larves d'insectes, de vers, de mollusques, de baies et de fruits. (Syn. SANSONNET.) — **2.** *Fam.* Jeune étourdi ; tête de linotte.

ÉTRANGE adj. (lat. *extraneus,* extérieur, étranger). **1.** Qui frappe par son caractère singulier, insolite, surprenant, bizarre : *D'étranges phénomènes. Un personnage étrange.* — **2.** Se dit, en physique, d'une particule porteuse d'une étrangeté non nulle.
◆ n. m. Caractère de ce qui est étrange, qui sort des normes habituelles.

ÉTRANGEMENT adv. De façon étrange, inhabituelle ; bizarrement, curieusement : *Être étrangement silencieux.*

ÉTRANGER, ÈRE adj. et n. (de *étrange*). **1.** Qui est d'un autre pays, qui n'a pas la nationalité du pays où il se trouve : *Son père est français, sa mère est étrangère.* — **2.** Qui ne fait pas partie d'un groupe, d'un milieu, d'un organisme, ou qui n'est pas considéré comme en faisant partie : *L'entrée est interdite à toute personne étrangère au service.* — **3.** *Devenir un étranger pour qqn,* cesser d'avoir des rapports, des liens d'amitié avec lui.
◆ adj. **1.** Qui n'appartient pas à la nation où on vit ou par rapport à laquelle on se place : *Langue étrangère.* — **2.** Qui a trait aux relations avec les autres pays ; extérieur : *Politique étrangère.* — **3.** Qui n'est pas de la nature propre de qqch, qui est un élément rapporté : *Un développement étranger au sujet.* — **4.** Qui n'est pas impliqué

dans une action, qui est à l'écart : *Je suis étranger à toute cette affaire.* — **5.** Qui n'est pas accessible à un sentiment, qui ne se sent aucunement concerné par qqch ; insensible : *Il est étranger à tout sentiment de pitié.* — **6.** Qui est inconnu à qqn ou peu familier : *Son visage ne m'est pas étranger.* — **7.** Qui ne touche pas, ne concerne pas qqn ; en quoi il ne se reconnaît pas du tout ; à quoi il est indifférent : *Rien de ce qui est humain ne m'est étranger.*

◆ **étranger** n. m. Ensemble des pays étrangers : *Voyager à l'étranger.*

ENCYCL. **Dr.** Tout étranger pour entrer en France doit être muni : des documents et visas exigés par les conventions internationales et les règlements en vigueur ; des documents relatifs à l'objet et aux conditions de son séjour et s'il y a lieu aux garanties de son rapatriment ; des documents nécessaires à l'exercice d'une activité professionnelle le cas échéant. L'entrée en France peut être refusée à tout étranger dont la présence constituerait une menace pour l'ordre public ou qui fait l'objet soit d'une interdiction du territoire, soit d'un arrêté d'expulsion.

Les étrangers en situation irrégulière sur le territoire français peuvent être reconduits à la frontière et ceux dont la présence constitue une menace pour l'ordre public peuvent être expulsés.

Étranger *(l'),* roman d'Albert Camus (1942). Achevée en 1940, cette œuvre est depuis considérée comme « le roman de l'absurde » dont la notion (l'absurdité et l'inhumanité du monde moderne) était explicitée dans *le Mythe de Sisyphe,* publié la même année. Condamné à mort pour le meurtre, sans raison, d'un Arabe, le héros, Meursault, trouve une signification à sa vie au moment de la perdre.

ÉTRANGETÉ n. f. **1.** Caractère de ce qui est étrange ; bizarrerie, singularité : *Étrangeté du langage.* — **2.** *Litt.* Chose, action étrange ; bizarrerie : *Il y a plusieurs étrangetés dans ce roman.* — **3.** Type de charge portée par les hadrons. (L'étrangeté des hadrons est conservée au cours des interactions fortes, mais non dans les interactions faibles.) — **4.** *Sentiment d'étrangeté,* sentiment de bizarrerie et de malaise devant des objets ou des lieux familiers (ou même de soi-même) bien qu'on les identifie parfaitement.

ÉTRANGLEMENT n. m. **1.** Action d'étrangler, d'étouffer par strangulation, fait d'être étranglé : *Mourir par étranglement.* — **2.** État d'une voix étouffée, étranglée par l'émotion. — **3.** État de ce qui est resserré brusquement sur un point ; partie très resserrée d'un conduit, d'un passage : *Étranglement d'une rue.* — **4.** *Litt.* Action d'empêcher l'expression de qqch : *L'étranglement des libertés.* Constriction plus ou moins intense produite, naturellement ou artificiellement, sur une partie du corps.

ÉTRANGLER v. t. (lat. *strangulare*) [conj. 3]. **1.** Faire périr qqn, un animal en lui serrant le cou. — **2.** Gêner la respiration de qqn, lui serrer la gorge, le cou : *Son col l'étrangle.* — **3.** Serrer, comprimer qqch afin d'en diminuer la largeur : *Étrangler la taille avec un corset.* — **4.** Pousser, acculer qqn à la ruine : *La liberté des prix a étranglé les petits libraires.* — **5.** Étouffer les libertés, empêcher la libre expression de la presse, de l'opinion par des contraintes sévères, insupportables. — **6.** *Étrangler un amarrage,* brider ses tours. ‖ *Étrangler une voile,* ramener une voile contre la vergue ou le mât, au moyen des cargues à étrangloir, pour soustraire la voile à l'action du vent.

◆ **s'étrangler** v. pr., **être étranglé** v. pass. **1.** Devenir plus resserré, plus étroit : *Passage étranglé entre deux rangées de maisons.* — **2.** Avoir du mal à sortir, en parlant de la voix, ne sortir les sons de la voix qu'avec peine : *Sa voix s'étranglait sous l'effet de l'émotion.*

◆ **s'étrangler** v. pr. Perdre momentanément la respiration par resserrement, contraction ou blocage des voies respiratoires ; avaler de travers, s'étouffer : *S'étrangler à force de rire.*

ÉTRANGLEUR, EUSE n. Personne qui étrangle pour tuer.

◆ **étrangleur** n. m. Appareil permettant de réaliser un étranglement, éventuellement réglable, dans une canalisation, afin d'y provoquer des pertes de charges limitant le débit. (Syn. LIMITEUR DE DÉBIT.)

ÉTRANGLOIR n. m. En marine, syn. de STOPPEUR.

ÉTRAVE n. f. (moyen fr. *estrave,* de l'anc. scand. *stafn,* proue). **1.** Pièce massive formant la limite avant de la carène d'un navire. — **2.** *Propulseur d'étrave,* petite hélice placée dans un tunnel transversal, près de l'étrave, et permettant le déplacement latéral du navire.

1. ÊTRE v. i. (lat. pop. **essere,* du lat. class. *esse*) [conj. 2]. **1.** Auxiliaire de temps et de mode, servant à former la conjugaison passive, les temps composés actifs de certains verbes intransitifs *(venir, aller, partir, rester, entrer, sortir, descendre, monter, naître, mourir, passer, etc.),* les temps composés des verbes pronominaux. — **2.** *Être à,* auxiliaire d'aspect, indique l'obligation : *Ce devoir est à faire ;* l'action en cours : *Il est sans cesse à taquiner sa sœur* (équivaut au verbe simple : *Il taquine sans cesse sa sœur*). — **3.** *Être à qqch,* indique la tendance, le terme d'une évolution : *Le temps est à l'orage ;* l'attention portée à qqch : *Il n'est pas à ce qu'il fait.* — **4.** *Être + attribut,* sert de copule, l'attribut indiquant l'état, la fonction, la qualité du sujet : *Elle est grande. Il est professeur.* — **5.** Réunit le sujet au compl. précédé d'une préposition, ou à l'adverbe de manière, de temps, de lieu pour indiquer l'appartenance, l'origine, le lieu, le temps, l'état, l'opinion, etc. : *Ce livre est à moi. Être de Paris. Être en deuil, sans ressources.* — **6.** Sans attribut ni compl. indique l'existence d'une personne, la réalité ou la vérité d'une chose : *Ce temps n'est plus.* — **7.** En langue courante ou familière s'emploie comme substitut du verbe ALLER aux temps composés ; en langue littéraire s'emploie au passé simple ou à l'imparfait du subjonctif au sens de *s'en aller : J'ai déjà été chez lui hier. Il s'en fut dans la forêt.* — **8.** *Ce qu'il en est,* la situation réelle (après *voilà,* ou *dire, savoir,* etc.) : *Voilà ce qu'il en est, vous savez tout.* ‖ *En être,* accepter de faire partie d'une affaire, d'un complot, d'une action de groupe ; être homosexuel (fam.). ‖ *En être + adv.* ou *compl.,* indique la situation, le point d'une évolution : *Où en êtes-vous dans votre travail ?* ‖ *En être à,* être arrivé au point de : *Il en est à demander l'aumône.* ‖ *En être à qqch près,* être obligé de tenir compte de, de faire attention : *Il en est à 100 F près.* ‖ *Être bien, mal, être au mieux avec qqn,* être en bons, mauvais, excellents termes avec qqn. ‖ *Être soi-même,* être tel qu'on a toujours été et que l'on est par nature. ‖ Litt. *Fût-ce, serait-ce,* indiquent une supposition extrême : *Je le suivrais partout, fût-ce au bout du monde.* ‖ *Il en est ainsi,* voilà la situation. ‖ *Il en est de..., comme de...,* indiquent l'identité, la ressemblance, l'égalité. ‖ *Il n'en a rien été,* cela ne s'est pas produit. ‖ *Il n'en est rien,* cela n'est pas vrai, ce n'est pas la réalité. ‖ *Il est + n.,* équivalent litt. de IL Y A ; on trouve, il existe : *Il est des parfums subtils.* ‖ *Il est* forme des locutions figées ou des tournures impersonnelles de langue soutenue, par oppos. à *c'est* de la langue courante : *Il est nécessaire que tu viennes.* ‖ *Il est une heure, midi, etc.,* sert à indiquer l'heure. ‖ Litt. *Il n'est que de,* il suffit de : *Il n'est que de l'écouter parler pour qu'il soit content.* ‖ *Je suis à vous,* formule pour indiquer à qqn qu'on est désormais disponible. ‖ Litt. *N'être plus,* avoir cessé de vivre. ‖ Litt. *N'était, n'eût été,* mis à part qqch, sauf qqch. ‖ Litt. *Ne serait-ce que,* même s'il s'agit seulement de. ‖ *Qu'est-ce qu'il est pour toi,* quel est le degré de parenté, d'amitié, de relation entre vous ?

2. ÊTRE n. m. **1.** Tout ce qui vit et, spécialement, individu d'une espèce animale ; créature : *Les êtres vivants.* — **2.** Personne, individu : *La mort d'un être cher.* — **3.** Nature profonde de qqn : *Il était bouleversé jusqu'au fond de l'être.* — **4.** *Être de raison,* en philosophie, être imaginaire ; tout ce qui n'a d'existence que dans notre pensée. ‖ *L'Être éternel, infini, parfait,* Dieu, la divinité suprême.

Être et le Néant *(l'),* ouvrage de J.-P. Sartre, paru en 1943. L'auteur y expose sa métaphysique, qu'il appelle « existentielle » puisqu'elle analyse les problèmes de l'existence de l'homme.

Être suprême *(culte de l'),* culte civique institué par Robespierre le 7 mai 1794 (18 floréal an II). Craignant la déchristianisation et l'excès de rationalisme, Robespierre créa ce culte où se mêlaient déisme et culte de la patrie. Fondé sur la croyance en l'existence de l'Être suprême et en l'immortalité de l'âme, il était destiné à souder les différentes catégories sociales en un moment critique de la Révolution. La première fête de l'Être suprême, eut lieu le 8 juin 1794 (20 prairial an II) dans les jardins des Tuileries. Robespierre mit le feu à une statue symbolisant l'athéisme, puis conduisit une procession jusqu'au Champ-de-Mars, où s'acheva la cérémonie.

Être et Temps, ouvrage de Heidegger paru en 1927, dans lequel il expose les principales thèses de sa philosophie. Il y distingue *l'être, l'être-là* ou *Dasein, l'existant,* et *l'étant.* Cette œuvre est regardée comme l'une des œuvres majeures de la philosophie occidentale du XXe s.

ÉTRÉCHY (91580), ch.-l. de cant. de l'Essonne, au N.-N.-E. d'Étampes ; 5 980 hab. Église des XIIe-XIIIe s. École du cirque.

ÉTREIGNOIR n. m. (de *étreindre*). Instrument de tonnellerie, pour serrer les pièces assemblées.

ÉTREINDRE v. t. (lat. *stringere,* serrer) [conj. **81**]. **1.** Serrer qqch, qqn, le saisir fortement en l'entourant de ses membres, empoigner : *Le malheureux étreignait désespérément la bouée.* — **2.** Serrer qqn dans ses bras pour l'embrasser ; enlacer : *Il étreignait longuement son fils retrouvé.* — **3.** En parlant d'un sentiment, serrer douloureusement ; oppresser, tenailler : *L'émotion m'étreint.*

ÉTREINTE n. f. **1.** Action d'étreindre, de serrer qqch fortement ; pression exercée par ce qui étreint : *Il n'arrivait pas à desserrer l'étreinte du boa.* — **2.** Action de resserrer, de renforcer la pression qui s'exerce sur qqn, un groupe : *L'ennemi resserrait son étreinte autour de la ville assiégée.* — **3.** *Litt.* Action de presser tendrement dans ses bras ; embrassement : *S'arracher à l'étreinte des siens.* — **4.** *Litt.* Pénible contrainte, douloureuse oppression : *L'étreinte de la douleur.*

ÊTRE-LÀ n. m. inv. (trad. de l'all. *Dasein*). **1.** Pour Heidegger, être humain en tant qu'il est la somme de ses propres possibilités. — **2.** Pour les existentialistes, être humain existant concrètement dans le monde.

ÉTRENNE n. f. (lat. *strena,* présage). *Avoir l'étrenne de qqch,* être le premier à en user, en avoir la primeur.
◆ **étrennes** n. f. pl. **1.** Cadeaux faits à l'occasion du premier jour de l'année ou de Noël. — **2.** Gratification de fin d'année : *Donner des étrennes au facteur.*

ÉTRENNER v. t. (conj. **4**). Utiliser qqch pour la première fois ou être le premier à l'utiliser, à y avoir droit : *Étrenner un nouveau costume.*
◆ v. i. *Fam.* Être le premier à subir un inconvénient, à recevoir des coups, des reproches, etc.

ÉTRÉPAGNY (27150), ch.-l. de cant. de l'Eure, dans le Vexin normand ; 3 719 hab. *(Sterpinaciens).* Église du XVe s. Industrie alimentaire.

ÉTRÈPE n. f. *Région.* Houe.

ÉTRÉPER v. t. (anc. fr. *estreper,* du lat. *extipare,* arracher) [conj. **18**]. Retourner la couche superficielle du sol.

ÊTRES → AÎTRES.

ÉTRÉSILLON n. m. (anc. fr. *estesillon,* bâillon, de *teser,* tendre). Pièce de bois ou d'acier placée transversalement dans une tranchée pour s'opposer à l'éboulement des terres ; ou entre des murs pour les étayer ; ou en travers d'une baie pour en maintenir les tableaux.

ÉTRÉSILLONNEMENT n. m. Action de poser des étrésillons ; résultat de cette action.

ÉTRÉSILLONNER v. t. (conj. 3]. Disposer des étrésillons.

ÉTRESSE n. f. Feuille de papier de couleur foncée qui se trouve entre le par-devant et le tarot de la carte à jouer.

ÉTRETAT (76790), comm. de la Seine-Maritime, sur la côte du pays de Caux, au N. du cap d'Antifer ; 1 579 hab. *(Étretatais).* Station balnéaire. Les falaises y forment des arches et une aiguille de 70 m. Église romane et gothique.

ÉTRÉTINATE n. m. Substance dérivée de la trétinoïne (vitamine A acide), appartenant au groupe des rétinoïdes aromatiques. (L'étrénitate est utilisé dans le traitement du psoriasis et des autres dermatoses présentant des troubles de la kératinisation.)

ÉTREZ (01340), comm. de l'Ain, au N. de Bourg-en-Bresse ; 516 hab. Réservoir souterrain de gaz.

ÉTRIER n. m. (anc. fr. *estreu,* du frq. **streup*). **1.** Arceau en métal, suspendu par une courroie de chaque côté de la selle, sur lequel le cavalier pose le pied. — **2.** *Avoir le pied à l'étrier,* être prêt à monter à cheval, à partir ; être en bonne voie pour réussir dans une entreprise, une carrière. ‖ *Coup de l'étrier,* dernier verre de vin qu'on boit au moment du départ. ‖ Vx. *Être ferme sur ses étriers,* être d'aplomb sur sa selle ; défendre énergiquement ses opinions, poursuivre résolument ses projets. ‖ *Perdre, vider les étriers,* tomber de cheval ; perdre l'avantage qu'on avait dans la lutte, dans la discussion. ‖ *Pied de l'étrier,* pied gauche. • **Alp.** Petite échelle de corde comportant de deux à quatre barreaux de métal léger que l'alpiniste utilise en escalade artificielle. (L'étrier est fixé à un piton par l'intermédiaire d'un mousqueton.) — **Anat.** Osselet de l'oreille moyenne, s'articulant en dehors avec l'enclume, en dedans avec la fenêtre ovale qu'il ferme par sa platine. — **Autom.** Syn. de ÉTOQUIAU. — **Bât.** Arceau métallique servant à la suspension des échafaudages volants. ‖ Lien métallique utilisé pour renforcer une pièce de charpente ou pour la lier à une autre. ‖ Dans un élément en béton armé, cadre servant à relier deux armatures principales. — **Chir.** Accessoire des tables d'examen ou d'opération, destiné à soutenir les pieds. ‖ Instruments de traction pour la réduction des fractures. — **Sports.** Pièce métallique antérieure de la fixation de ski (ski de fond, saut) servant à maintenir l'avant de la chaussure. — **Techn.** Crochet à dents que certains ouvriers (couvreurs, électriciens, élagueurs, etc.) se fixent aux pieds pour grimper le long d'une corde, des poteaux de bois ou des arbres. — **Text.** Partie du taquet sur laquelle vient buter la navette des métiers à tisser.

ÉTRILLAGE n. m. **1.** Action d'étriller un animal. — **2.** *Pop.* et *vx.* Raclée.

ÉTRILLE n. f. (lat. pop. **strigila,* du lat. class. *strigilis*). **1.** Instrument formé de petites lames de fer dentelées, qui sert pour le pansage des chevaux. — **2.** Crabe comestible vert noirâtre, velu, aux pattes postérieures nageuses pointues et frangées. (N. usuel *crabe nageur.*)

ÉTRILLER v. t. (lat. pop. **strigiliare*) [conj. 3]. **1.** Frotter un cheval, un bœuf, etc., avec l'étrille. — **2.** *Fam.* Vaincre qqn, le battre de façon manifeste, le malmener fortement : *Je me suis fait étriller aux échecs.* — **3.** *Fam.* Critiquer vivement qqn, son œuvre : *Il étrille systématiquement ses contradicteurs.* — **4.** *Fam.* Voler un client en lui faisant payer trop cher ce qu'il consomme, ce qu'il achète ; estamper : *Hôtelier qui étrille les voyageurs.*

ÉTRIPAGE n. m. **1.** Action de vider les poissons, de retirer les tripes d'un animal. — **2.** *Fam.* Action d'étriper, de tuer qqn.

ÉTRIPER v. t. (de *tripe*) [conj. 3]. **1.** Retirer les tripes d'un animal ; le vider. — **2.** Vider un poisson. — **3.** *Fam.* Blesser qqn sauvagement ou même le tuer ; le battre, le malmener violemment.

ÉTRIQUER v. t. (moyen néerl. *striken,* étendre, du frq. **strîkan*) [conj. 3]. Serrer trop étroitement, en parlant d'un vêtement.

◆ **être étriqué** v. pass. **1.** Être trop serré, trop étroit : *Une veste étriquée.* – **2.** Être habillé dans des vêtements trop étroits : *Il est étriqué dans un complet trop ajusté.* – **3.** Manquer d'envergure ; être médiocre, mesquin : *Une vie étriquée, sans ambition.*

ÉTRIVE n. f. (de *étrier,* avec l'infl. de *étrivière*). Amarrage que l'on fait sur deux cordages, à l'endroit où ils se croisent.

ÉTRIVER v. t. (conj. 3). Poser en étrive, changer la direction d'un cordage qui agissait en ligne droite, lui faire faire un coude.

ÉTRIVIÈRE n. f. (anc. fr. *estrief,* étrier). Courroie par laquelle un étrier est suspendu à la selle.

◆ **étrivières** n. f. pl. Autref., lanière de cuir qui servait à châtier.

ÉTROGNER v. t. (anc. fr. *estroigner,* élaguer) [conj. 3]. Ôter mécaniquement les parties internes de certains légumes tels que les choux avant leur traitement pour la conservation.

ÉTROIT, E adj. (lat. *strictus,* de *stringere,* serrer). **1.** Qui a peu de largeur : *Un sentier étroit. Une étroite bande de terre.* – **2.** Qui tient serré : *Une étreinte très étroite.* – **3.** Qui est sans envergure, sans largeur de vues ; borné, mesquin : *Il est très étroit d'esprit.* – **4.** Qui unit de près, lie fortement : *Les liens étroits de l'amitié.* – **5.** Qui contraint fortement ; rigoureux, strict : *Être dans une étroite dépendance.* – **6.** *Acception étroite d'un mot,* sens strict, rigoureux. ‖ *Marché étroit,* marché d'une valeur mobilière sur lequel les échanges sont peu nombreux. ‖ *Voie étroite,* voie ferroviaire dont l'écartement est inférieur à celui de la voie normale (1,435 m). ‖ *Voie* ou *porte étroite,* voie du salut, du renoncement, qui est difficile à suivre, qu'il est difficile de franchir.

◆ **étroit** n. m. **1.** Passage resserré entre deux versants. – **2.** *À l'étroit,* dans un espace trop petit, dans un vêtement trop serré, dans un milieu trop limité : *Être à l'étroit dans une petite voiture.*

ÉTROITEMENT adv. **1.** En disposant de trop peu d'espace ; à l'étroit : *Être logé étroitement.* – **2.** En laissant le moins d'espace possible, en pressant fortement : *Serrer étroitement une ficelle.* – **3.** D'une manière rigoureuse, strictement : *Observer étroitement la règle.* – **4.** D'une façon intime : *Amis étroitement unis.* – **5.** De près, avec rigueur, et vigilance : *Surveiller étroitement un prisonnier.*

ÉTROITESSE n. f. **1.** Caractère de ce qui est étroit, peu large : *Étroitesse d'un chemin.* – **2.** Caractère de ce qui manque de générosité, de largeur de vues ; mesquinerie : *Étroitesse d'esprit.*

ÉTRON n. m. (frq. **strunt*). Matière fécale consistante et moulée de l'homme et de quelques animaux.

ÉTRURIE, anc. région de l'Italie antique, correspondant en gros, à l'actuelle Toscane, et comprise entre l'Arno, le cours supérieur du Tibre et la mer. Elle fut le berceau de la puissance des Étrusques*.

ÉTRURIE *(royaume d'),* royaume créé par Bonaparte en 1801 en faveur de Louis, duc de Parme. Correspondant à la Toscane, ce royaume fut réuni à l'Empire français en 1807 et érigé en grand-duché de Toscane en 1809 par Napoléon, qui le donna à sa sœur Élisa.

ÉTRUSCOLOGIE n. f. Science qui étudie le monde étrusque (histoire, langue, art, civilisation), d'après les textes, les monuments et les fouilles.

ÉTRUSCOLOGUE n. Spécialiste d'étruscologie.

ÉTRUSQUE adj. et n. (lat. *Etruscus*). De l'Étrurie ancienne. (Syn. RASENNE.)

◆ n. m. Langue sans parenté connue et non complètement déchiffrée, parlée par les Étrusques.

ENCYCL. La langue étrusque, éteinte, semble-t-il, au début de l'ère chrétienne, ne nous est connue que par de rares documents épigraphiques. Ce fait n'est pas le moindre mystère présenté par l'étrusque, car les Étrusques ont eu une littérature importante (livres religieux, annales, etc.). L'alphabet étrusque est emprunté au grec et les Romains l'emprunteront à leur tour pour transcrire leur langue. Du point de vue morphologique et lexical, la structure de l'étrusque apparaît très particulière et les rapprochements avec d'autres langues connues (hittite, albanais, etc.) n'ont pas donné de résultat.

ÉTRUSQUES, peuple de l'Italie ancienne, qui prospéra à partir du VIIe s. av. J.-C. et qui fut soumis par les Romains. Les Étrusques se manifestèrent surtout en Toscane, qui conserve le souvenir de leur nom (*Tusci, Etrusci* pour les Latins), eux-mêmes se désignant comme *Rasena* ou *Tyrrhènes.*

le problème des origines

Trois hypothèses ont été émises pour expliquer l'origine des Étrusques : la thèse indoeuropéenne ; la thèse de l'autochtonie, qui s'appuie sur l'apparente continuité avec la civilisation villanovienne ; la thèse d'une immigration venue par mer d'Asie Mineure.

Cependant, étayées par l'archéologie, les études actuelles permettent d'établir un processus évolutif assez lent mais continu des cultures pré- et protohistoriques de la région. Il n'y a pas de brusque changement des coutumes funéraires des villanoviens, où l'inhumation réapparaît à côté de l'incinération. La pénétration, si elle a existé, est donc très ancienne, et ne prit pas la forme d'une invasion, dont aucune trace n'a été retrouvée. Peu nombreux les nouveaux venus constituaient probablement une aristocratie guerrière qui s'est mêlée aux autochtones et a ouvert le pays aux influences étrangères.

histoire

De riches cités *(lucumonies)* groupées en confédérations et gouvernées par des rois, puis (début du Ve s. av. J.-C.) par des oligarchies, se développent entre l'Arno, le Tibre et la mer, grâce à la fertilité du sol, aux mines (de cuivre et de fer) et au commerce.

L'apogée de la puissance étrusque se situe au VIe s. av. J.-C. C'est vers 575 av. J.-C. que Rome tombe sous la domination des Étrusques sous le règne de la dynastie des Tarquins.

À la fin du VIe s., le pays étrusque s'étend très largement en Italie et comporte alors trois dodécapoles confédérées en Étrurie même, dans la partie occidentale de la plaine du Pô et en Campanie. Le particularisme des cités, l'amollissement créé par le luxe, le soulèvement de Rome (509), la résistance des Grecs, alliés aux Latins (défaite étrusque d'Aricia, 506), coupent l'Étrurie de ses comptoirs campaniens, ruinés par la bataille navale de Cumes (474) et par la prise de Capoue par les Samnites (424). Vers 390, les invasions celtiques déferlent sur l'Italie et détruisent les villes étrusques de la plaine padane. C'est le siège de Véies (Veii) par Furius Camillus (405-396), qui marque la prise de l'Étrurie méridionale. La conquête peut être considérée comme achevée vers le milieu du IIIe s. av. J.-C. Cependant l'influence étrusque reste perceptible dans le vocabulaire latin et dans la religion romaine.

archéologie et art

L'art étrusque, dont l'évolution s'étend sur sept siècles, plonge ses racines dans la civilisation villanovienne. De 700 à 600 environ avant notre ère, l'époque orientalisante voit l'introduction d'un langage artistique oriental. La période archaïque (610-460), âge d'or de l'art étrusque, correspond à l'hellénisation rapide et profonde des cités, surtout sur le littoral. Pendant la période subarchaïque (470-320), les échanges entre la Grèce et l'Étrurie se ralentissent, et celle-ci connaît une certaine décadence. Autour de Rome commence à se former une communauté culturelle italienne. Pendant l'époque hellénistique (320 - Ier s. av. J.-C.), l'originalité étrusque se confine dans l'art funéraire.

Vers la fin du VIe s. av. J.-C., les villes sont édifiées selon le classique plan hippodamien (*cardo* N. S., et *decumanus* perpendiculaires : Marzabotto). Du VIe au IIIe s. av. J.-C., le plus souvent, le temple est un édifice de plan carré divisé en trois *cellae* précédées d'un portique ; sur des fondations de pierre, les superstructures, en matériau léger, portent une riche décoration de terre cuite. Véritables « villes des morts », les nécropoles témoignent de ce souci d'urbanisme. Les tombes, construites en blocs de pierre ou creusées dans le tuf, comprennent une ou plusieurs chambres funéraires, souvent sous tumulus.

La peinture apparaît dès le VIIe s. av. J.-C. dans le décor des tombes, dont elle souligne l'architecture, mais atteint son plein développement entre 550 et 450, surtout à Tarquinia (tombe des Taureaux, des Augures, etc.). Banquets, jeux et danses, sont les thèmes essentiels. Elle évolue vers une manière plus complexe et nuancée (tombe François, Vulci, v. 340-310 av. J.-C.), avant de se raréfier du IIe au Ier s. av. J.-C.

La sculpture en terre cuite, après les canopes de Chiusi et les « sarcophages des époux » de Cerveteri (fin VIe s. av. J.-C.), connaît son apogée vers 490 av. J.-C. à Véies (groupe de l'*Apollon*). Le travail du bronze produit les œuvres les plus remarquables entre 540 et 470 (*Louve* du Capitole). Des chefs-d'œuvre marquent cependant les époques ultérieures (*Chimère d'Azezzo,* 380-360). On retrouvera dans le portrait romain, tout le talent d'observateur de l'artiste étrusque. Parmi les arts mineurs, citons les nombreux miroirs en bronze gravé, les vases de bucchero*, l'orfèvrerie, et surtout le bijou, où filigrane, granulation, repoussé et ronde-bosse se répondent et donnent d'extraordinaires décors fantastiques.

E.T.T.D., abrév. de ÉQUIPEMENT* TERMINAL DE TRAITEMENT DE DONNÉES.

ETTELBRÜCK, v. du Luxembourg, sur l'Alzette, près du confluent avec la Sûre ; 6 400 hab.

ETTER (Philipp), homme politique suisse (Menzingen, cant. de Zoug, 1891 - Berne 1977). Catholique conservateur, il fut président de la Confédération helvétique en 1939, 1942, 1947 et 1953.

ETTERBEEK, comm. de Belgique (Bruxelles-Capitale), banlieue sud-est de Bruxelles ; 44 000 hab. Parc et palais du Cinquantenaire (musées royaux d'Art et d'Histoire).

ETTLINGEN, v. d'Allemagne (BadeWurtemberg), près de Karlsruhe ; 35 800 hab. Victoire de Moreau sur l'archiduc Charles (9 juill. 1796).

ETTY (William), peintre anglais (York 1787 - *id.* 1849). Il a pratiqué la peinture historique et mythologique, ainsi que le nu, en admirateur des Vénitiens.

ÉTUDE n. f. (lat. *studium,* zèle). **1.** Travail de l'esprit qui s'applique à connaître, à approfondir qqch : *Se consacrer à l'étude des langues.* — **2.** Effort intellectuel tourné vers l'acquisition de connaissances, vers l'apprentissage de qqch : *Aimer l'étude.* — **3.** Effort intellectuel orienté vers l'observation et la compréhension des êtres, des choses, des événements, etc. : *L'étude du milieu, de la nature.* — **4.** Travail préparatoire de mise au point ou de recherche : *L'étude d'un projet.* — **5.** Examen approfondi de qqch ; analyse : *L'étude détaillée d'un texte.* — **6.** Ouvrage résultant d'un travail intellectuel de recherche, d'observation, etc. : *Publier une étude sur l'économie américaine.* — **7.** *Vx.* Cabinet de travail. — **8.** Dessin, peinture ou modelage exécutés d'après nature, afin de saisir la réalité sur le vif. (L'étude peut être exécutée pour elle-même, ou comme préparation d'une œuvre plus élaborée.) — **9.** Charge d'un officier ministériel (notaire, avoué, huissier, commissaire priseur, etc.) ; locaux, bureaux où ils exercent leur activité. — **10.** Plage horaire, à la fin de la journée scolaire, permettant aux élèves qui le désirent de faire leurs devoirs et d'apprendre leurs leçons sous la surveillance d'un enseignant. — **11.** Salle où les élèves travaillent en dehors des heures de cours. — **12.** Morceau de musique, composé dans un dessein didactique. — **13.** *À l'étude,* qui est l'objet d'un examen, d'une recherche : *Question à l'étude.* ‖ *Bureau d'études,* service d'une entreprise ou entreprise spécialisée chargé de concevoir les produits. ‖ *D'étude,* destiné à l'apprentissage : *Piano d'étude.*

◆ **études** n. f. pl. **1.** Travaux et exercices nécessaires à l'acquisition ou au développement de connaissances effectués dans le cadre d'une institution scolaire ou universitaire : *Faire des études de lettres.* — **2.** Temps de cette activité : *Il l'avait connu pendant ses études.* — **3.** Approfondissement de connaissances sur un sujet quelconque ; recherches : *Il a publié des études sur Platon.* — **4.** Fam. *Renvoyer qqn à ses chères études,* lui opposer une fin de non-recevoir en le prétendant incompétent.

Études, revue mensuelle d'intérêt général, fondée en 1856, sous le titre d'*Études religieuses,* par des pères de la Compagnie de Jésus.

Études de la nature, par Bernardin de Saint-Pierre (1784). Cet ouvrage, complété en 1796 par les *Harmonies de la nature,* s'efforce de démontrer le principe de finalité dans la nature. Plus tard, l'auteur y inséra (t. IV, 1788) son roman *Paul et Virginie.*

ÉTUDIANT, E n. Personne qui fait des études supérieures dans une université ou un établissement d'enseignement supérieur, une grande école : *Étudiant en droit.*

◆ adj. Relatif aux étudiants, organisé ou composé par des étudiants : *Le mouvement syndical étudiant.*

ÉTUDIER v. t. (anc. fr. *estudier,* du lat. *studere*) [conj. 9]. **1.** Appliquer son esprit, son activité, à connaître un domaine, une discipline, se livrer à leur étude : *Étudier la musique, la psychologie.* — **2.** Apprendre à jouer d'un instrument de musique : *Étudier le piano.* — **3.** En parlant d'un professeur, d'un chercheur, traiter une question, un sujet : *Étudier la révolution de 1789.* — **4.** Analyser qqch d'une manière approfondie, observer qqn attentivement : *J'étudierai votre suggestion. J'ai bien étudié notre nouveau collègue.* — **5.** Calculer qqch avec beaucoup de précision pour qu'il convienne au mieux : *Étudier un modèle de voiture.* — **6.** Faire une étude approfondie sur un auteur : *Étudier Kant.* — **7.** Apprendre par cœur un rôle, préparer minutieusement une leçon. — **8.** *Étudier le terrain,* observer la situation, les conditions avant d'agir.

◆ v. i. **1.** Faire ses études qqpart : *Il étudie à l'université.* — **2.** Se livrer à l'étude, lire, travailler, écrire : *Il y a un temps pour étudier.*

◆ **être étudié** v. pass. **1.** Avoir été soigneusement calculé, conçu, mis au point : *Ce modèle de voiture est très étudié.* — **2.** Manquer de naturel, être apprêté : *Il a des gestes étudiés.* — **3.** *Prix étudié,* prix de vente relativement bas.

◆ **s'étudier** v. pr. **1.** S'observer soi-même attentivement : *S'étudier devant sa glace.* — **2.** S'observer mutuellement : *Les deux boxeurs se sont étudiés longuement.*

ÉTUI n. m. (anc. fr. *estuier,* conserver, du bas lat. **studiare,* donner ses soins, du lat. class. *studium,* soin). **1.** Enveloppe rigide destinée à contenir un objet et ayant grossièrement la même forme que celui-ci : *Étui à lunettes. Étui de violon.* — **2.** Petite boîte spécialement destinée à contenir un ensemble d'objets de petites dimensions : *Étui à cigarettes.* — **3.** Douille d'une munition pour arme portative. — **4.** Enveloppe de toile dont on recouvre les objets que l'on veut protéger.

ÉTUPES (25460), ch.-l. de cant. du Doubs, banlieue est de Montbéliard ; 3 624 hab.

ÉTUVAGE n. m. **1.** Action d'étuver. — **2.** Traitement d'un produit alimentaire dans une enceinte close, à température définie, en présence ou non de vapeur d'eau. — **3.** Traitement du bois à la vapeur d'eau, à des fins de conservation (dessévage) ou pour le ramollir avant cintrage, tranchage et déroulage. — **4.** Opération consistant à chauffer du béton frais en présence de vapeur d'eau pour en accélérer le durcissement. — **5.** Mise en étuve des peaux pour en favoriser le tannage. — **6.** Injection de vapeur dans les fûts pour les nettoyer.

ÉTUVE n. f. (lat. pop. **extupa,* salle de bains, de **extupare,* remplir de vapeur, du gr. *tuphein,* fumer). **1.** Nom donné autrefois aux établissements de bains. – **2.** Chambre de bains dont on élève la température pour faire transpirer. – **3.** Local où la température est très élevée et la chaleur humide. – **4.** Appareil clos dans lequel on entretient une température constante fixée à l'avance, et qui sert soit à la culture des microbes dans les laboratoires, soit à la désinfection et à la stérilisation ou à la production de réactions chimiques nécessitant une température fixe, plus ou moins élevée. – **5.** Tout appareil dans lequel on pratique l'étuvage industriel. – **6.** Chambre dans laquelle on suspend les peaux lainées de mouton dans le procédé de délainage dit « à l'échauffe ».

ÉTUVÉE n. f. **1.** *À l'étuvée,* se dit d'un type de cuisson à couvert à très court mouillement, avec ou sans corps gras. (Syn. À L'ÉTOUFFÉE.) – **2.** Légumes préparés à l'étuvée : *Une étuvée de poireaux.*

ÉTUVER v. t. (conj. 3). **1.** Sécher ou chauffer qqch dans une étuve. – **2.** Pratiquer l'étuvage. – **3.** Faire cuire à l'étuvée.
◆ **être étuvé** v. pass. *Béton étuvé,* béton ayant subi l'opération d'étuvage.

ÉTYMOLOGIE n. f. (lat. *etymologia,* du gr. *etumologia,* de *etumos,* vrai). **1.** Science qui a pour objet la recherche de l'origine des mots d'une langue donnée, et la reconstitution de l'ascendance de ces mots. (→ *encycl.*) – **2.** Origine ou filiation particulière de tel ou tel mot. – **3.** *Étymologie populaire* ou *croisée,* phénomène par lequel le sujet parlant, se fondant sur certaines ressemblances formelles, rattache une forme donnée à une forme avec laquelle elle n'a aucune parenté génétique. (Par exemple, c'est par étymologie populaire qu'on voit *chou* et *croûte* dans *choucroute,* mot qui provient de l'allemand dialectal *surkrut* [*sauerkraut*], « chou aigre ».)
ENCYCL. Née avec les spéculations des premiers philosophes grecs sur l'origine du langage, l'étymologie s'est longtemps restreinte à la recherche des filiations onomatopéiques qui permettraient de remonter à la langue originelle de l'humanité. Avec la grammaire comparée au XIXe s., la recherche étymologique acquiert un statut scientifique (Bopp, Grimm et Zeuss pour les langues germaniques, Raynouard et Diez pour les langues romanes). Ayant dégagé des lois d'évolution phonétique, on remonte du mot étudié à sa racine, attestée ou supposée : ainsi le mot *roi* sera expliqué par les transformations successives subies par le latin *regem* (accusatif de *rex*). Débordant l'étude strictement phonétique, l'étymologie se fixe aujourd'hui pour tâche d'analyser la filiation des formes et des sens successifs, les vicissitudes d'emploi, les facteurs psychosociologiques du changement (phénomènes de tabous, d'étymologie populaire, etc.).

ÉTYMOLOGIQUE adj. (lat. *etymologicus,* gr. *etumologikos*). **1.** Qui a rapport à l'étymologie des mots. – **2.** Se dit de la graphie ou du sens d'un mot qui sont les plus proches de son étymologie.

ÉTYMOLOGIQUEMENT adv. Conformément à l'étymologie.

ÉTYMOLOGISANT, E adj. Se dit d'une orthographe qui se veut conforme à l'étymologie.

ÉTYMOLOGISTE n. Linguiste spécialiste d'étymologie.

ÉTYMON n. m. (lat. *etymon,* du gr. *etumon*). Toute forme attestée (radical, forme ancienne) ou reconstituée (forme hypothétique ou racine) dont on fait dériver un mot.

Eu, symbole chimique de l'*europium.*

EU → AVOIR.

EU (76260), ch.-l. de cant. de la Seine-Maritime, sur la Bresle, aux confins de la Normandie et de la Picardie ; 8 412 hab. *(Eudois).* Église gothique. Collège (mausolées des fondateurs) et château des XVIe-XVIIe s. (musée Louis-Philippe). Alimentation, constructions mécaniques et électriques. – **Hist.** Eu devint en 996 le centre d'un comté. Passé par mariage à Henri Ier, duc de Guise (1570) qui commença la construction de l'actuel château, le comté d'Eu fut acquis en 1660 par la maison d'Orléans, qui conserva le château jusqu'en 1954.

Eu *(forêt d'),* forêt indivise entre l'État et le département de la Seine-Maritime (9 400 ha ; hêtres, chênes et résineux divers).

EUBACTÉRIALE n. f. syn. de BACTÉRIALE.

EUBÉE, en gr. **Evvoia** ou **Euboia,** île grecque de la mer Égée, très proche de la côte de la Grèce continentale (à laquelle elle est reliée par un pont) ; 3 700 km^2 ; 165 000 hab.
– **Hist.** De peuplement ionien (IXe s. av. J.-C.), l'île est restée divisée entre plusieurs cités : Histiée (auj. Istíaia) au N., Styra et Carystos au S., et de part et d'autre de la plaine Lélantine Chalcis et Érétrie.
Riche de ses céréales, de ses bœufs et de ses mines (fer, cuivre), l'Eubée a été le premier pays colonisateur du monde grec. Les Chalcidiens fondent Naxos en Sicile (757 av. J.-C.), installent à Cumes le plus ancien des établissements de Grande-Grèce (725 av. J.-C.), colonisent à l'E. la Chalcidique. À la fin du VIIe s. av. J.-C., Chalcis sort victorieuse mais épuisée de la guerre qui l'oppose à Érétrie pour la possession de la plaine Lélantine. Athènes installe sur les meilleures terres des clérouques*. En dépit de plusieurs révoltes, elle maintiendra son autorité dans l'île

jusqu'à la victoire de la Macédoine (338). Soustraite par les Romains au protectorat macédonien (196 av. J.-C.), l'Eubée fait partie de la province romaine d'Achaïe.
Au Moyen Âge, Chalcis, devenue Euripe, et l'île, appelée *Négrepont,* sont occupées par les croisés (1204), dominées par les Lombards, puis par les Vénitiens (1390) jusqu'à la conquête turque (1470). L'île s'insurge contre les Turcs (1821) et elle est rattachée au royaume de Grèce en 1830.

EUBLEMMA n. f. (gr. *blemma, -atos,* regard). Petite noctuelle méditerranéenne dont la chenille protège les mûriers en dévorant les œufs des cochenilles.

EUCALYPTOL n. m. Nom du cinéol utilisé comme antiseptique pulmonaire.

EUCALYPTUS [-tys] n. m. (lat. sc. *eucalyptus,* du gr. *kaluptos,* couvert). Grand arbre (myrtacée) originaire d'Australie et des archipels voisins, dont les feuilles sont utilisées en fumigation et en cigarettes.
ENCYCL. On compte plus de 600 espèces d'eucalyptus, certaines donnant des arbres dépassant 100 m de hauteur. L'eucalyptus est un arbre à croissance rapide, dont la plupart des espèces rejettent de souche, ce qui permet de le traiter en taillis à courte révolution. C'est une des essences de reboisement les plus répandues dans le monde.

EUCARYOTE adj. et n. m. Se dit d'un organisme dont le noyau cellulaire est séparé du cytoplasme par une membrane.

EUCÈRE n. f. Abeille solitaire, à antennes très longues chez le mâle, et qui creuse des terriers dans les terrains argileux.

EUCHARISTIE [-ka-] n. f. (lat. ecclés. *eucharistia,* du gr. *eukharistia,* action de grâces). **1.** Acte de l'Église qui renouvelle le geste du Christ à la dernière Cène. — **2.** Sacrement qui, selon la doctrine catholique, contient réellement le corps et le sang du Christ sous les apparences du pain et du vin. — **3.** Sacrifice du Christ, rendu présent sous la forme de sacrement. — **4.** Communion au pain et au vin consacrés.
ENCYCL. Sacrement fondamental du christianisme, l'eucharistie actualise l'événement central du salut : la mort et la résurrection de Jésus-Christ, en même temps que la fraction du pain opérée par Jésus à la dernière Cène. Les catholiques, qui professent une présence réelle et corporelle du Christ par la conversion du pain et du vin en la substance de son corps et de son sang *(transsubstantiation),* ont, de tout temps, comme les orthodoxes, rendu un culte solennel et multiforme à l'eucharistie ; certaines dévotions ou manifestations comme la visite au saint sacrement, l'exposition du saint sacrement sur l'autel, les processions du saint sacrement, l'adoration du saint sacrement, les congrès eucharistiques... se sont perpétuées jusqu'à nos jours.
Les protestants enseignent soit une présence réelle, mais spirituelle (Calvin), soit la coexistence de la substance du pain et du vin avec la substance du corps et du sang du Christ (*consubstantiation,* selon Luther).

EUCHARISTIQUE [-ka-] adj. (lat. ecclés. *eucharisticus,* gr. *eukharistikos,* reconnaissant). **1.** Relatif à l'eucharistie. — **2.** *Congrès eucharistique,* rassemblement régional, national ou international de clercs et de fidèles, destiné à rendre hommage au saint sacrement. (Le premier eut lieu à Lille en 1881.)

EUCHER *(saint),* évêque de Lyon et sénateur romain (v. 370 - Lyon v. 450). Fils d'un préfet de la Gaule, il se retira en 422 à l'île Sainte-Marguerite (île de Lérins). Élu vers 435 évêque de Lyon, il exerça une influence considérable par sa pensée et son action pastorale.

EUCHITE [-kit] n. m. (gr. *eukhê,* prière). Nom donné à des hérétiques orientaux (IVe-VIIe s.), qui regardaient la prière comme l'unique moyen de salut, rejetaient les sacrements et renonçaient à leurs biens, vivant d'aumônes. (Les euchites sont parfois appelés *messaliens.*)

EUCHOLOGE → EUCOLOGE.

EUCHROÏTE [-kroit] n. f. (gr. *eukhroia,* belle couleur). Arséniate naturel hydraté de cuivre, qui cristallise en cristaux orthorhombiques de couleur vert émeraude.

EUCHROMA [-krɔ-] n. m. Beau et grand bupreste (8 cm de long) à reflets métalliques cuivreux, d'Amérique du Sud. (Les Indiens font des bijoux avec ses élytres.)

EUCKEN (Rudolf), philosophe allemand (Aurich, Frise-Orientale, 1846 - Iéna 1926). Professeur en 1874, à Iéna, il fut un des promoteurs de la réaction idéaliste contre la pensée naturaliste. (Prix Nobel de littérature 1908.)

EUCLASE n. f. Silicate hydraté naturel d'aluminium et de béryllium, incolore, vert ou blanc, que l'on trouve au Brésil, en Colombie, au Zimbabwe et dans l'Oural.

EUCLIDE, dit **le Socratique,** philosophe grec, fondateur de l'école de Mégare (Mégare ou Gela, Sicile, v. 450 - † v. 380 av. J.-C.). Il tenta de concilier la thèse des Éléates sur l'unicité de l'Être avec l'enseignement de Socrate (identité de l'Être et du Bien).

EUCLIDE, mathématicien grec, qui, selon le commentateur Proclus, aurait vécu au IIIe s. av. J.-C. à Alexandrie et serait lié à l'école mathématique du Musée. Son œuvre est couronnée par les *Éléments,* vaste synthèse des mathématiques grecques de l'époque classique. Euclide y déduit des propositions de plus en plus complexes de quelques définitions, postulats (hypothèses pouvant être niées sans contradiction) et axiomes, notions communes évidentes. La formulation explicite des postulats note la volonté d'Euclide de faire abstraction de la réalité sensible et marque la première apparition de la méthode axiomatique. Euclide est également l'auteur des *Données,* sorte de complément des *Éléments,* des *Porismes* (corollaires), de la *Division du canon* sur les proportions musicales, d'une *Optique* et d'ouvrages perdus sur les sections coniques et la division des aires.

Euclide *(algorithme d'),* procédé mathématique permettant de déterminer le P. G. C. D. de deux entiers ou de deux polynômes.

Euclide *(axiome* ou *postulat d'),* axiome de la géométrie euclidienne selon lequel, par un point du plan, on ne peut mener qu'une parallèle à une droite donnée.

EUCLIDIEN, ENNE adj. **1.** Relatif à Euclide ou à ses travaux. — **2.** *Espace euclidien,* espace ponctuel affine muni d'une métrique euclidienne, associé à un espace vectoriel euclidien. ‖ *Géométrie euclidienne,* géométrie qui repose sur les cinq demandes ou postulats d'Euclide. (Quand on remplace le 5e postulat par un autre, on obtient les géométries non-euclidiennes.) ‖ *Espace vectoriel euclidien,* espace vectoriel préhilbertien réel de dimension finie. ‖ *Norme euclidienne,* norme définie sur un espace vectoriel euclidien E de dimension finie n par :

$$x \longrightarrow \| x \| = \sqrt{x \cdot x} \quad où \quad x \cdot x, = f(x \cdot x)$$

est le carré scalaire de x, f étant une forme bilinéaire symétrique non dégénérée positive. (Dans une base orthogonale relativement à f, on a :

$$\| x \| = \sqrt{x_1^2 + x_2^2 + ... + x_n^2}\,.)$$

EUCOLITE n. f. Syn. de EUDIALYTE.

EUCOLOGE ou **EUCHOLOGE** n. m. (lat. ecclés. *euchologium,* du gr. *eukhologion,* livre de prières). Livre liturgique byzantin. (Sa 2e partie correspond au *Rituel* latin.)

EUCUMBENE *(lac),* lac de barrage d'Australie (Nouvelle-Galles du Sud), dans les Alpes australiennes, au S.-S.-O. de Canberra (hydroélectricité, base nautique).

EUDÉMIS [-mis] n. m. (lat. sc. *eudemis*). Petit papillon dont la chenille tordeuse cause de grands dégâts dans les vignobles.

EUDÉMONIQUE adj. Relatif à l'eudémonisme.

EUDÉMONISME n. m. (angl. *eudaemonism,* du gr. *eudaimonismos,* bonheur). Théorie morale fondée sur le bonheur conçu comme bien suprême.

EUDÉMONISTE adj. et n. Relatif à l'eudémonisme ; partisan de l'eudémonisme.

EUDES *(saint* Jean) ⟶ JEAN EUDES (saint).

EUDES († 735), duc d'Aquitaine (718-735). Il repoussa les Arabes venus assiéger Toulouse en 721. Mais, défait par eux en 731, il fit appel à Charles Martel qui les vainquit près de Poitiers (732).

EUDES ou **EUDE** (v. 860 ou v. 864 - La Fère 898), roi de France (888-898), fils aîné de Robert le Fort. Fait duc de Paris (882) par Charles III le Gros, il s'illustra en défendant victorieusement Paris contre les Normands (885-886) et fut proclamé roi de France par les grands de la *Francia occidentalis.* Après s'être opposé à son rival Charles III le Simple, il désigna, à sa mort, ce dernier pour lui succéder.

EUDES Ier BOREL († Tarse 1102), duc de Bourgogne (1079-1102). Il lutta contre les musulmans dans la péninsule Ibérique (1087) puis en Cilicie (1102), où il mourut. — **Eudes III** (1166 - Lyon 1218), duc de Bourgogne (1192-1218), participa à la croisade des albigeois (1209-1211) et à la bataille de Bouvines (1214).

EUDES de Montreuil, architecte français († Paris 1287), frère ou fils de Pierre de Montreuil. Il accompagna Louis IX en Terre sainte et participa aux fortifications d'Aigues-Mortes et de Jaffa. Rien ne demeure de ses nombreux travaux pour les églises et couvents de Paris.

EUDES (Émile François), révolutionnaire français (Roncey, Manche, 1843 - Paris 1888). Disciple de Blanqui, il fut placé à la tête des troupes de la Commune. Réfugié à l'étranger, il fut amnistié en 1880 et rentra en France, où il participa à la création du Comité révolutionnaire central (C. R. C.).

EUDIALYTE n. f. (gr. *dialusis,* dissolution). Silicozirconate complexe de calcium, sodium et fer, caractéristique des syénites néphéliniques. (Syn. EUCOLITE.)

EUDIOMÈTRE n. m. (du gr. *eudios,* calme). Instrument servant à faire l'analyse volumétrique de certains mélanges gazeux, ou la synthèse de certains composés dont les constituants sont gazeux, en faisant passer une étincelle électrique au sein du mélange.

ENCYCL. Le principe de l'analyse eudiométrique consiste, lorsqu'un mélange est formé de deux éléments gazeux, à introduire avec lui dans l'eudiomètre un troisième gaz qui, sous l'influence de l'étincelle, se combine avec l'un des deux composants. L'*eudiomètre à mercure* se compose d'une éprouvette graduée dont l'extrémité ouverte plonge dans une cuve à mercure, l'extrémité fermée, munie de deux électrodes, étant le siège de l'étincelle.

EUDIOMÉTRIE n. f. Méthode d'analyse des mélanges gazeux à l'aide de l'eudiomètre.

EUDIOMÉTRIQUE adj. Relatif à l'eudiométrie.

EUDISTE n. m. Religieux-prêtre de la congrégation de Jésus-et-Marie (C. J. M.), fondée à Caen par saint Jean Eudes en 1643, pour la formation des séminaristes et les missions paroissiales. (Les eudistes vivent en communauté mais ne prononcent pas de vœux de religion.)

EUDORINIDÉ n. m. (gr. *eudôros,* fertile). Protiste flagellé chlorophyllien pluricellulaire, formé de 2^n cellules (avec $n = 3, 4, 5$ ou 6), tel que *eudorina, pandorina, gonium,* etc. (Les *eudorinidés* forment une famille, de l'ordre des volvocales.

EUDOXE de Cnide, astronome, mathématicien et philosophe grec (Cnide v. 406 -v. 355 av. J.-C.). Le premier, il répondit au problème cosmologique posé par Platon : trouver un système de mouvements circulaires qui rende compte des apparences célestes. Son système, composé de sphères homocentriques centrées sur une Terre immobile, mais ayant des axes de rotation différents et agissant les uns sur les autres, présentait toutefois le gros défaut de ne pouvoir expliquer les variations des distances des planètes à la Terre. On lui attribue aussi l'invention du cadran solaire horizontal.

EUDOXIE, impératrice d'Orient († Constantinople 404), épouse d'Arcadius (395). Énergique et intrigante, elle prit une influence grandissante. Elle fit condamner à l'exil Jean Chrysostome, évêque de Constantinople (404). — **Eudoxie,** impératrice d'Orient (Athènes - Jérusalem 460), épouse de Théodose II. Fille du philosophe Leontios, elle se convertit au christianisme sous l'influence de l'impératrice Pulchérie. Elle épousa ensuite Théodose II en 421. Très influente à Constantinople, elle fut à l'origine de la restauration de l'université en 425. Accusée à tort, elle quitta la cour en 443 et s'exila à Jérusalem. — **Eudoxie,** princesse romaine (v. 422 - Constantinople), fille de la précédente. Elle épousa en 437 son cousin Valentinien III et régna avec lui sur l'Occident. Après la prise de Rome par le Vandale Genséric (455), elle fut emmenée en Afrique et libérée après sept ans de captivité. — Sa fille, **Eudoxie,** princesse romaine (v. 438 - Jérusalem v. 472), faite prisonnière à Rome par les Vandales, dut épouser Hunéric, fils du vainqueur. Quand son époux, arien, persécuta les orthodoxes, elle se réfugia à Jérusalem.

EUFILICALE n. f. Syn. de LEPTOSPORANGIÉE.

EUGANÉENS *(monts),* en ital. **Monti** ou **Colli Euganei,** groupe montagneux d'Italie, en Vénétie, au S.-O. de Padoue (603 m). Sources thermales.

EUGÉNATE n. m. Pâte blanche, durcissante, à base d'oxyde de zinc et d'eugénol, utilisée en chirurgie dentaire.

EUGENE, v. des États-Unis, la deuxième de l'Oregon ; 106 000 hab.

EUGÈNE *(saint),* évêque de Carthage († aux environs d'Albi 505). Élu évêque en 481, sous le règne du Vandale Hunéric, il fut exilé à l'issue du colloque de 484 avec les évêques ariens. Rappelée en 487, il fut exilé en Gaule après 496.

EUGÈNE Ier *(saint)* [Rome - *id.* 657], pape de 654 à 657.

EUGÈNE II (Rome - *id.* 827), pape de 824 à 827. Il conclut avec l'empereur Louis le Débonnaire la *Constitutio romana* (824), qui établissait le protectorat franc sur Rome. Il réorganisa l'État pontifical.

EUGÈNE III *(bienheureux)* [Bernardo PAGANELLI DI MONTEMAGNO] (Pise - Tivoli 1153), pape de 1145 à 1153. Moine de Clairvaux, disciple de saint Bernard, qui ne cessa de l'entourer de ses conseils, il vécut surtout en France, Rome étant en état quasi perpétuel de révolte. Incitateur de la deuxième croisade (1147), il poursuivit l'œuvre réformatrice de Grégoire VII.

EUGÈNE IV (Gabriele CONDULMER) [Venise 1383 - Rome 1447], pape de 1431 à 1447. Il attacha son nom au concile de Florence (1439) au cours duquel il proclama l'union des chrétiens latins et grecs, qui devait s'avérer purement formelle.

EUGÈNE († Fluvius Frigidus, auj. vallée de la Vipava, Yougoslavie, 394), usurpateur de l'Empire romain (392-394). Arbogast le fit proclamer empereur après la mort de Valentinien II. Théodose refusa de le reconnaître. Il voulut restaurer le paganisme, mais fut décapité à l'issue d'une bataille qui l'opposa à Théodose.

EUGÈNE (Eugène DE SAVOIE-CARIGNAN, dit **le Prince**), homme de guerre au service de l'Autriche (Paris 1663 - Vienne 1736), fils de Eugène-Maurice de Savoie-Carignan, comte de Soissons et d'Olympe Mancini. Nommé par l'empereur Léopold Ier capitaine de cavalerie (1683), il défit les Turcs à Zenta (1697). Placé à la tête des troupes impériales (1701) au début de la guerre de la Succession d'Espagne, il révéla ses talents de stratège en remportant la bataille d'Oudenaarde, après laquelle il prit Lille (1708), puis la bataille de Malplaquet (1709). Mais, vaincu par Villars à Denain (1712), défait à Landau et à Fribourg-en-Brisgau (1713), il négocia le traité de Rastatt (1714). Nommé général en chef (1715), il vainquit les Turcs à Belgrade (1717).

EUGÈNE, duc de Wurtemberg et général russe (Öls, Silésie, auj. Oleśnica, Pologne, 1788 - Karlsruhe 1857). À la tête du 2e corps d'armée, il se distingua à Lützen, Bautzen, Culm, Leipzig (1813), à Arcis-sur-Aube et devant Paris (1814).

EUGÈNE, le prince → BEAUHARNAIS (Eugène de).

Eugène Onéguine, roman en vers de Pouchkine (1825-1833). Onéguine, dandy blasé et insolent, échoue dans l'épreuve de l'amour et de l'amitié. C'est le premier chef-d'œuvre de la littérature russe. – Tchaïkovski a tiré de ce poème un opéra en 3 actes sur un livret écrit en collaboration avec K.-S. Chilovski (Moscou, 1879). – Sous le titre d'*Onegin,* et s'inspirant du poème de Pouchkine, John Cranko a réglé un ballet de facture classique. Mus. de Tchaïkovski (pièces diverses), arrangée par Kurt Heinz Stolze. Création mondiale à Stuttgart (1965).

EUGÉNIA n. m. (de *Eugène de Savoie,* n. pr.). Arbre ou arbuste (myrtacée), à feuillage persistant, des régions tropicales de l'Amérique. (De nombreuses espèces d'eugénias fournissent des bois utiles. D'autres donnent des fruits appréciés. Les boutons floraux de *Eugenia aromatica* constituent les clous de girofle.)

EUGÉNIE *(sainte),* vierge et martyre (IIIe s.), dont l'histoire est fabuleuse.

EUGÉNIE, impératrice des Français (Grenade 1826 - Madrid 1920). Née EUGENIA MARÍA **de Montijo de Guzmán,** comtesse **de Teba,** elle épousa en 1853 Napoléon III. Après la naissance du prince impérial, Louis (1856), elle intervint dans la vie politique, appuyant le parti ultramontain. Elle poussa Napoléon III dans la guerre du Mexique, puis contre la Prusse. Régente en août 1870, elle dut quitter Paris au lendemain de la capitulation de Sedan (2 sept.).

Eugénie Grandet, roman de Balzac (1833) [*Scènes de la vie de province*]. Tonnelier richissime de Saumur, Grandet asservit sa famille aux exigences de son avarice, sacrifiant même le bonheur de sa fille. Peinture intimiste de la province, mais surtout d'une impitoyable mécanique sociale.

EUGÉNIE-LES-BAINS (40320), comm. des Landes, dans le Tursan ; 468 hab. Station thermale (maladies métaboliques, affections des voies urinaires et rhumatismes.)

EUGÉNIQUE adj. Relatif à l'eugénisme.

EUGÉNISME n. m. ou **EUGÉNIQUE** n. f. (angl. *eugenism*). Ensemble de méthodes qui visent à améliorer le patrimoine génétique de familles, de populations ou de l'humanité en entravant la reproduction des gènes considérés comme désavantageux *(eugénisme négatif)* ou en promouvant la reproduction des gènes considérés comme bénéfiques *(eugénisme positif).* [L'eugénisme, fondé par F. Galton n'a reçu aucune confirmation scientifique.]

EUGÉNISTE n. Spécialiste ou partisan de l'eugénique.

EUGÉNOL n. m. (de *eugénia*). Constituant essentiel de l'essence de girofle *(Eugenia caryophyllata),* antiseptique et analgésique, utilisé en chirurgie dentaire.

EUGLÈNE ou **EUGLÉNIEN** n. m. (lat. sc. mod. *euglena,* du gr. *euglênos,* aux beaux yeux). Protophyte des eaux stagnantes et polluées, qui donne à celles-ci leur couleur verte. (Les euglènes, bien que chlorophylliens, se rapprochent des protozoaires par leur flagelle natatoire, leur organe photosensible [stigma], leur aptitude à se nourrir de proies solides et même à perdre leur chlorophylle lorsque la lumière manque.)

EUGLOBULINE n. f. Globuline insoluble dans l'eau pure, mais soluble en présence d'une trace d'électrolyte.

EUGLYPHA n. f. Amibe des mousses et des tourbières, à thèque épineuse composée d'écailles régulièrement imbriquées.

Eugubines *(tables),* nom donné à sept grandes tables de bronze, découvertes en 1444 près de Gubbio (en latin médiéval : *Eugubium*). Elles portent des inscriptions en langue ombrienne concernant un collège sacerdotal du IIe ou du Ier s. av. J.-C.

EUH ! interj. (onomat.). Marque l'hésitation, le doute, la restriction, la réticence.

EULALIE *(sainte),* martyre à Mérida, en Espagne (IIIe s.). Cette sainte fut l'une des plus populaires de la chrétienté ancienne, bien que sa passion soit fort douteuse.

Eulalie *(séquence de sainte),* petite poème édifiant, le plus ancien en langue d'oïl (IXe s.), évoquant le martyre de sainte Eulalie.

Eulenspiegel (Till) → UILENSPIEGEL.

EULER (Leonhard), mathématicien suisse (Bâle 1707 -Saint-Pétersbourg 1783). Élève à l'université de Bâle de Jean Ier Bernoulli, Euler se lie d'amitié avec les fils de ce dernier et les rejoint, en 1727, à l'Académie des sciences de Saint-Pétersbourg, où il travaillera durant toute sa vie, à l'exception d'une longue période passée à la tête de la classe de mathématiques de l'Académie de Berlin. En dépit de la perte d'un œil et d'une cécité croissante, Euler a consacré près de 900 mémoires aux mathématiques, à la musique, la mécanique, l'astronomie, l'optique, la science navale, la théorie des assurances, etc. En mathématiques, Euler est un des principaux artisans de l'essor de l'analyse au XVIIIe s. L'*Introduction aux infiniment petits* (1748) fait de la fonction le concept fondamental sur lequel s'échafaude toute la construction mathématique. Les *Institutions du calcul différentiel* (1755) et les *Institutions du calcul intégral* (1768-1770), vaste tentative de fondement du calcul infinitésimal, coordonnent d'un point de vue formaliste les travaux accumulés dans ce domaine. Euler est l'auteur d'un *Traité complet de mécanique* (1736), qui est le premier grand ouvrage où l'analyse soit appliquée à la science du mouvement.

Euler *(cercle d'),* cercle (C) qui, pour un triangle donné, contient les milieux des côtés, les pieds des hauteurs et les milieux des segments joignant l'orthocentre à chacun des sommets du triangle. (Syn. CERCLE DES NEUF POINTS.)

Euler *(constante d'),* constante notée parfois γ (ou C), obtenue comme limite quand n tend vers l'infini de

$$\left(1+\frac{1}{2}+\ldots+\frac{1}{n}-\ln n\right).$$

$\gamma = 0{,}577\ 215\ 664\ 9\ldots$

Euler *(droite d'),* droite qui, pour un triangle donné, contient son centre de gravité G, son orthocentre H et le centre O de son cercle circonscrit.

Euler *(formules d'),* relation F + S = A + 2, vraie pour tout polyèdre convexe compact, qui lie le nombre F de ses faces, le nombre S de ses sommets et celui A de ses arêtes. ‖ Formules $\cos x = (e^{ix} + e^{-ix})/2$ et $\sin x = (e^{ix} - e^{ix})/2\,i$ où $x \in \mathbb{R}$, obtenues à partir des relations

$$\operatorname{ch} ix = \cos x \text{ et } \operatorname{sh} ix = i \,.\, \sin x.$$

Euler *(théorème d'),* théorème selon lequel une fonction f homogène de degré n, admettant des dérivées partielles continues, est telle que

$$x \cdot f'_x(x, y, z) + y \cdot f'_y(x, y, z) + z \cdot f'_z(x, y, z) = n \cdot f(x, y, z).$$

EULER (Ulf Svante VON), physiologiste suédois (Stockholm 1905 - *id.* 1983). Ses travaux sur le rôle des médiateurs chimiques (en particulier la noradrénaline) dans le fonctionnement du système nerveux sympathique lui ont valu le prix Nobel de médecine et de physiologie en 1970, avec J. Axelrod et B. Katz.

EULER-CHELPIN (Hans VON), chimiste allemand (Augsbourg 1873 - Stockholm 1964). Il a reconnu dans le carotène une provitamine A, et découvert les coenzymes, ce qui lui valut le prix Nobel de chimie en 1929.

EULÉRIEN, ENNE adj. 1. Relatif aux travaux d'Euler. — 2. Se dit d'un graphe formé par une chaîne (ou un cycle) utilisant toute arête une fois, et une fois seulement.

EULMA (El-), anc. **Saint-Arnaud,** v. d'Algérie, à l'E. de Stif ; 50 000 hab.

EULOGE *(saint),* prêtre (Cordoue début du IXe s. - 859). Chef de l'école de Cordoue, il soutint par sa parole et par ses écrits le courage des chrétiens qui confessaient leur foi devant les tribunaux musulmans. Élu archevêque de Tolède (858), Euloge fut lui-même mis à mort.

EULOGIE n. f. (du gr. *eulogia,* bénédiction). Pain bénit (souvent pl.).

EUMÈCE [ømɛs] n. m. (gr. *eumêkês,* gros). Lézards (scincidé) des zones désertiques et tempérées chaudes d'Amérique et d'Eurasie, au corps cours et massif.

EUMÉE, personnage de *l'Odyssée,* fidèle porcher d'Ulysse.

EUMÉLANINE n. f. Pigment mélanique des individus bruns.

EUMÈNE n. m. (gr. *eumenês,* bienveillant). Guêpe maçonne solitaire noire, tachée de jaune et de roux, à abdomen piriforme et qui approvisionne ses larves avec des chenilles arpenteuses.

EUMENÊS de Cardia en fr. **Eumène,** général et homme d'État grec (Cardia, Chersonèse de Thrace, v. 360 - 316 av. J.-C.). Chancelier d'Alexandre, il reçut à la mort du conquérant la satrapie de Cappadoce. Il soutint Perdiccas dans son désir de maintenir l'unité impériale. De 321 à 316, il résista à Antigonos le Borgne. Livré à ses ennemis par ses troupes d'élite, il fut exécuté.

EUMENÊS Ier, en fr. **Eumène Ier,** souverain de Pergame de 263 à 241 av. J.-C. Il assura par une victoire sur Antiochos Ier (262) l'indépendance de l'État. Il ne prit toutefois pas le titre royal. Annexant à Pergame le littoral de l'Éolide, il se fit par ailleurs, le protecteur des cités grecques d'Asie Mineure. — **Eumenês II,** en fr. *Eumène II,* roi de Pergame (197-159 av. J.-C.), fils aîné et successeur d'Attalos Ier. Allié des Romains, il les aida contre Nabis et Antiochos III et reçut d'eux l'Asie Mineure séleucide (188 av. J.-C.). De 188 à 166, victorieux de Prousias Ier, roi de Bithynie (185), des Galates et de Pharnace Ier, roi du Pont, il maintint sa prééminence en Asie Mineure. Il multiplia les fondations de villes et de colonies militaires et couvrit de monuments la colline de Pergame.

EUMÉNIDÉ n. m. Nom de famille attribué aux eumènes, aux odynères et à d'autres guêpes maçonnes.

EUMÉNIDES n. f. pl. (gr. *Eumenides,* de *eumenês,* bienveillant). Nom donné, surtout en Attique, par antiphrase, aux Érinyes*.

Euménides *(les),* tragédie d'Eschyle, représentée en 458 av. J.-C. qui forme avec *Agamemnon* et *les Choéphores* la tragédie de *l'Orestie**. Poursuivi par les Érinyes, déesses de la Vengeance, Oreste, jugé à Athènes, sera sauvé par Athéna, qui apaise les

Érinyes en leur offrant un culte : elles deviennent alors les Euménides *(les Bienveillantes).*

EUMOLPE n. m. (gr. *eumolpos,* qui chante bien). Chrysomèle d'Amérique tropicale, de forme bombée, à livrée étincelante, végétarienne. (Autres noms usuels *écrivain, gribouri ;* noms génériques : *adoxus, bromius.*)

EUMOLPE, fils de Poséidon et de Chioné. On lui attribuait la fondation des mystères d'Éleusis. C'est en aidant ses habitants en lutte contre Athènes qu'il aurait péri.

EUMYCÈTE n. m. Syn. de CHAMPIGNON au sens strict du terme.

EUNICE n. f. (gr. *nikê,* victoire). Annélide polychète errante, présente dans toutes les mers. (L'espèce *Eunice viridis* des récifs coralliens de Polynésie donne lieu par épitoquie au « palolo », récolté par les indigènes, qui s'en nourrissent.)

EUNOUS, esclave syrien originaire d'Apamée. Sous le nom d'Antiochos, il se proclama roi des esclaves révoltés de Sicile (136 av. J.-C.). Il fut pris et exécuté en 132.

EUNUCHISME [ønykism] n. m. (gr. *eunoukhismos,* castration). État des individus qui ont été privés des sécrétions de leurs glandes sexuelles dès avant la puberté, soit par maladie (orchite), soit par castration (eunuques).

EUNUCHOÏDE [-kɔid] adj. (gr. *eunoukhoeidês*). **1.** Se dit d'un timbre de voix particulier, qui rappelle celui des castrats. — **2.** Se dit de l'aspect général du corps rappelant celui des eunuques.

EUNUQUE n. m. (lat. *eunuchus,* du gr. *eunoukhos,* de *eunê,* lit, et *ekhein,* avoir). **1.** Homme qui avait subi la castration. (→ *encycl.*) — **2.** *Litt.* Homme sans énergie, dépourvu de toute virilité. — **3.** Nom donné à des officiers des rois juifs, chargés de la garde de la chambre, bien que nullement mutilés. — **4.** Nom donné à des sectaires fanatiques du IIIe s. qui se mutilaient eux-mêmes et forçaient à se mutiler ceux qui tombaient entre leurs mains.

ENCYCL. Les eunuques jouèrent un grand rôle dans l'Orient ancien en tant qu'hommes de confiance des souverains. Ils occupèrent de hautes charges dans l'Empire byzantin et dans l'Empire ottoman, où ils assuraient la garde du harem impérial.

Eunuque *(l'),* comédie de Térence, imitée de *l'Eunuque* de Ménandre (161 av. J.-C.). Déguisé en eunuque, Chéréa pénètre chez la courtisane Thaïs et viole Pamphila, qu'il prend pour une esclave. La révélation que Pamphila est la sœur d'un citoyen athénien permet son mariage avec Chéréa.

EUPALINOS de Mégare, architecte et ingénieur grec, fils de Naustrophos (VIe s. av. J.-C.). Le tunnel et la conduite d'eau qu'il perça, vers 530 av. J.-C., pour alimenter l'ancienne ville de Samos, ont subsisté.

EUPATOIRE n. f. (bas lat. *eupatoria herba* aigremoine, du gr. *eupatorion*). Composée vivace, aux fleurs réunies en corymbes de capitules, aux fruits noirs, à aigrette blanche (plus de 1 000 espèces).

EUPATORIA, v. d'Ukraine → IEVPATORIA.

EUPATRIDE n. (gr. *eupatridês,* de naissance noble). Membre de la classe noble, en Attique, qui exerça sur Athènes un pouvoir oligarchique aux VIIIe et VIIe s. av. J.-C. et à qui les réformes de Solon firent perdre le pouvoir politique exclusif.

EUPEN, en fr. **Néau,** v. de Belgique (prov. de Liège) ; 17 000 hab. Église du XVIIIe s. Barrage sur la Vesdre. Brasserie. Textile. Hydrothérapie.

EUPEPSIE n. f. (gr. *eupepsia*). Digestion normale.

EUPEPTIQUE adj. et n. m. Se dit d'un médicament susceptible d'exciter les fonctions digestives et d'améliorer la digestion.

EUPHAUSIACÉ n. m. (du gr. *phausis,* éclat). Crustacé eucaride se distinguant des décapodes par l'absence de pattes thoraciques masticatrices. (Les *euphausiacés* constituent le krill, nourriture des baleines. Espèce principale *Euphausia superba.*)

EUPHÉMIE *(sainte),* vierge de Chalcédoine, martyrisée vers 303-304.

EUPHÉMIQUE adj. Qui relève de l'euphémisme.

EUPHÉMIQUEMENT adv. Par euphémisme.

EUPHÉMISME n. m. (bas lat. *euphemismos,* du gr. *euphêmismos*). Atténuation dans l'expression de certaines idées ou de certains faits dont la crudité aurait quelque chose de brutal ou de déplaisant. (Ex. : *il s'est éteint, il est parti pour un monde meilleur,* etc., à la place de « il est mort ».)

EUPHONIE n. f. (bas lat. *euphonia,* du gr. *euphônia*). Qualité des sons agréables à entendre ou aisés à prononcer. (Les lois euphoniques du français ont généralement pour objet d'éviter les hiatus : *si l'on* au lieu de « si on », *aima-t-il* au lieu de « aima il ».)

EUPHONIQUE adj. Relatif à l'euphonie, qui produit l'euphonie.

EUPHONIQUEMENT adv. Par euphonie.

EUPHORBE n. f. (lat. sc. *euphorbia,* du gr. *euphorbion*). Plante (euphorbiacée) aux fleurs minuscules réunies en inflorescences ayant l'aspect d'une seule fleur (cyathes), au fruit à trois coques. (Le grand genre *euphorbia* compte plus de 600 espèces, extrêmement diverses : annuelles ou vivaces, herbacées, arborescentes ou cactiformes.)

EUPHORBIACÉE n. f. Nom de famille de plantes (10 000 espèces) dont les formes les plus connues sont le manioc, le ricin, les euphorbes et l'hévéa, au latex vénéneux, aux fleurs rudimentaires, aux fruits à trois coques.

EUPHORIE n. f. (gr. *euphoria*). **1.** Sensation intense de bien-être, d'optimisme. — **2.** Sentiment de grande joie, de satisfaction, de contentement : *L'euphorie des premiers mois de vie commune.*

EUPHORIQUE adj. Qui éprouve de l'euphorie, qui en relève : *Se sentir euphorique.*

EUPHORISANT, E adj. et n. m. **1.** Se dit des substances qui procurent l'euphorie. — **2.** Qui provoque l'euphorie, incite à un très grand optimisme : *Une atmosphère euphorisante.*

EUPHORISATION n. f. Action d'euphoriser.

EUPHORISER v. t. (conj. 3). Rendre qqn euphorique.

EUPHOTIDE n. f. Gabbro à cristaux de grande taille (1 à 10 cm).

EUPHOTIQUE adj. Se dit de la zone superficielle des océans et des lacs, qui reçoit suffisamment de lumière solaire pour que la production végétale y excède les pertes, ce qui permet l'alimentation des zones aphotiques plus profondes. (La pollution réduit beaucoup la profondeur de cette zone.)

EUPHRAISE n. f. (lat. sc. *euphrasia,* du gr. *euphrasia,* gaieté). Herbe scrofulariacée à petites fleurs blanches, jaunes ou purpurines, utilisée en homéopathie contre diverses affections oculaires.

EUPHRATE, en turc **Firat,** en ar. **al-Furāt,** fl. de l'Asie occidentale ; 2 780 km. Formé en Turquie (au N.-O. d'Elaziğ) de la réunion du Karasu et du Murat (issus du plateau arménien), l'Euphrate franchit en gorges l'Anti-Taurus, pénètre en Syrie (où il est coupé par le barrage de Ṭabqa), puis en Iraq (bordant, au S., la Mésopotamie, où il se ramifie et alimente des lacs marécageux), rejoignant enfin le Tigre pour former le Chaṭṭ al-'Arab. Le débit est médiocre (850 m^3/s à la confluence du Tigre), avec des hautes eaux d'hiver et de printemps, des basses eaux estivales et automnales. Il est appauvri, en aval de la confluence du Khābūr, par la forte évaporation, l'infiltration et aussi l'irrigation (très ancienne). — **Hist.** L'Euphrate a joué le rôle de lien entre la basse Mésopotamie, l'Anatolie et la Syrie. Au IIIe millénaire, les villes de Sumer et d'Akkad, Our, Eridou, Ourouk, Kish, Babylone s'élevèrent sur ses bords. À partir du Ier s. av. J.-C., il joua un rôle de frontière entre Romains et Parthes.

EUPHRONIOS, potier et peintre de vases athénien (fin VIe s.-Ve s. av. J.-C.). L'un des grands maîtres du style sévère, à l'écriture tout à la fois libre et précise, encore teintée d'archaïsme, qui annonce l'équilibre classique (cratère du Louvre : *Héraclès et Antée ;* coupe de Munich : *Héraclès et Geryon*). Il dirigea un atelier où travaillèrent plusieurs peintres célèbres.

Euphrosyne, une des trois Grâces.

Euphues *ou l'Anatomie de l'Esprit* (1578), suivi de *Euphues et son Angleterre* (1580), romans de John Lyly qui, sous le couvert des aventures d'Euphues, jeune gentilhomme « athénien », évoquent la vie à la cour d'Élisabeth. Le style du livre, chargé de métaphores raffinées et d'allitérations savantes, assura sa vogue.

EUPHUISME n. m. (angl. *euphuism,* de *Euphues,* n. pr.). Langage maniéré, en vogue à la cour d'Angleterre sous Élisabeth Ire, à peu près contemporain du gongorisme espagnol et du marinisme italien.

EUPHUISTE adj. Relatif à l'euphuisme.

EUPLECTE n. m. (gr. *eupletktos,* bien tressé). Syn. de TISSERIN.

EUPLECTELLE n. f. (gr. *euplektos,* bien tressé). Éponge siliceuse des fonds de l'océan Indien et du Pacifique, au squelette formé d'une dentelle de fibres fines, très recherchée pour sa délicatesse.

EUPLOÏDE adj. et n. Se dit des cellules ou des individus qui ont un nombre chromosique normal.

EUPLOÏDIE n. f. Nombre chromosomique normal (2 N chromosomes) présent chez un individu donné (46 chromosomes dans l'espèce humaine).

EUPLOTES [-tɛs] n. m. (gr. *euplôtos,* propre à une bonne navigation). Protiste cilié en forme de bouclier, très commun dans les eaux stagnantes.

EUPOLIS, poète comique grec (Athènes v. 446 - 411 av. J.-C.). Un des maîtres de la comédie ancienne *(les Chèvres, Maricas, les Dèmes),* il témoigna d'une prédilection particulière pour la satire politique.

EUPRAXIQUE adj. Se dit d'un comportement moteur bien adapté au but qu'il s'assigne.

EUPROCTE n. m. Triton lacustre, vivant en altitude dans les Pyrénées, en Corse et en Sardaigne.

EUPROCTIS [-tis] n. m. Nom générique du cul-brun.

EURAFRICAIN, E adj. Qui concerne à la fois l'Europe et l'Afrique.

EURAFRIQUE, ensemble géographique formé par l'Europe et l'Afrique.

EURAMÉRICAIN, E adj. et n. Se dit des Américains dont les ancêtres sont venus d'Europe.

EURASIATIQUE adj. Relatif à l'Eurasie.

EURASIE, ensemble continental formé par l'Europe et l'Asie.

EURASIEN, ENNE adj. et n. (angl. *eurasian*). Se dit de qqn qui est métis d'Européen et d'Asiatique, en particulier au Viêt-nam, en Inde et en Indonésie.

Euratom, autre nom de la COMMUNAUTÉ EUROPÉENNE DE L'ÉNERGIE ATOMIQUE. (→ COMMUNAUTÉS EUROPÉENNES.)

EURE, riv. du Bassin parisien, née dans le Perche et qui passe à Chartres, rejoignant la Seine (r. g.) en aval de Louviers ; 225 km.

EURE (27), dép. de la Région Haute-Normandie ; ch.-l. de dép. *Évreux ;* ch.-l. d'arrond. *Les Andelys, Bernay ;* 3 arrond. ; 43 cant. ; 676 comm. ; 6 040 km^2 ; 513 818 hab. Le dép. appartient à l'académie et à la cour d'appel de Rouen, à la région militaire Atlantique.
Le dép. est formé de plaines et de plateaux calcaires, souvent crayeux, oú des placages limoneux ont favorisé l'essor des cultures du blé, de la betterave à sucre et des plantes fourragères (Vexin normand, plaines du Neubourg et de Saint-André). L'élevage domine dans l'ouest (Lieuvin et Roumois, pays d'Ouche). L'industrie, en dehors de l'agroalimentaire, est surtout représentée par les constructions mécaniques et électriques, le textile. La proximité et l'accessibilité de Paris expliquent le récent développement économique et démographique.

EURE-ET-LOIR (28), dép. de la Région Centre ; ch.-l. de dép. *Chartres ;* ch.-l. d'arrond. *Châteaudun, Dreux, Nogent-le-Rotrou* ; 4 arrond. ; 29 cant. ; 403 comm. ; 5 880 km^2 ; 396 073 hab. Le dép. appartient à l'académie d'Orléans-Tours, à la cour d'appel de Versailles, à la région militaire Atlantique.
L'ouest et le nord (Thymerais, collines du Perche), humide et souvent bocager, consacré surtout à l'élevage bovin, s'opposent à l'est, constitué par la plaine dénudée de la Beauce, riche région agricole productrice de blé surtout, de betterave à sucre et de maïs. L'industrialisation, essentiellement les constructions mécaniques et électriques, stimulée par la proximité de Paris (décentralisation), rapidement atteint par la route et le rail, s'est développée, surtout dans les villes de l'est et du nord (Chartres et Dreux). Elle explique partiellement le notable accroissement démographique récent.

EURÊKA ! interj. (mot gr. signif. « j'ai trouvé », attribué à Archimède découvrant tout d'un coup, au bain, la loi connue sous le nom de *principe d'Archimède.*) Parole de contentement qu'on emploie lorsqu'on a trouvé la solution d'un problème.

Eurêka, programme européen d'activités de recherche et de développement dans des secteurs technologiques de pointe (optronique, matériaux nouveaux, grands ordinateurs, lasers de puissance et faisceaux de particules, intelligence artificielle, microélectronique très rapide), élaboré depuis 1985 à l'initiative de la France.

EURHODINE n. f. Matière colorante dérivée du noyau de la phénazine.

EURIPE n. m. (lat. *euripus*). Canal, fossé ou cours d'eau artificiel, et notamment fossé rempli d'eau qui, dans les cirques romains, séparait l'arène des gradins, et les bêtes féroces des spectateurs.

EURIPE *(canal de l'),* en gr. **Euripos** ou **Evripos,** canal étroit (40 m de large) séparant la partie méridionale de l'île d'Eubée de la Grèce continentale (Béotie), et franchi par un pont. Les Anciens y avaient déjà construit une chaussée et un pont. Il est parcouru de courants rapides changeant de sens avec la marée.

EURIPIDE, poète tragique grec (Salamine 480 - Pella, Macédoine, 406 av. J.-C.). Sur les quatre-vingt-douze pièces qu'il composa, un drame satyrique *le Cyclope** et dix-sept tragédies nous sont parvenus : *Alceste* (438), *Médée* (431), *Hippolyte** (428), les *Héraclides* (430-427), *Andromaque** (v. 426), *Hécube* (v. 424), *Héraclès furieux* (v. 424), *les Suppliantes* (v. 422), *Ion* (v. 418), *les Troyennes* (415), *Iphigénie en Tauride* (414), *Électre* (413), *Hélène* (412), *les Phéniciennes** (409 ou 408), *Oreste* (408), *Iphigénie à Aulis* (représentée en 405), *les Bacchantes** (représentées en 405). Son théâtre, s'il déconcerta ses contemporains par ses innovations dramatiques (importance de l'analyse psychologique, rajeunissement des mythes, indépendance des chœurs par rapport à l'action), gagna l'admiration de la postérité et influença profondément les écrivains classiques français.

EURISTIQUE → HEURISTIQUE.

euro n. m. Unité monétaire principale appelée à devenir, à partir de 1999, la monnaie unique des États de l'Union européenne qui entreront dans l'Union économique et monétaire (U.E.M.). (L'euro sera divisé en 100 cents. Les monnaies nationales pourront subsister, jusqu'en 2002, en tant que subdivisions de l'euro.)

EUROBANQUE n. f. Banque dont l'activité repose sur l'emploi des eurodevises.

EUROCAPITAUX n. m. pl. Ensemble des fonds représentés, sur le marché international des capitaux, par les euroémissions et les eurocrédits.

EUROCENTRISME → EUROPÉOCENTRISME.

EUROCOMMUNISME n. m. Courant d'idées visant à adapter les théories communistes à la situation politique existant dans les pays de l'Europe de l'Ouest. (Ce courant naquit dans les années 70 autour des thèses de S. Carrillo, secrétaire général du parti communiste espagnol ; il rencontra l'adhésion du parti communiste italien qui, par la suite, en devint le champion.)

EUROCOMMUNISTE adj. et n. Relatif à l'eurocommunisme ; qui en est partisan.

Eurocontrol, organisation européenne pour la sécurité de la navigation aérienne instituée en 1960. Elle fonctionne depuis 1964 et contrôle tous les avions civils et militaires qui traversent l'espace européen.

Eurocorps, corps d'armée européen, créé en 1992 à l'initiative de la France et de l'Allemagne et opérationnel depuis 1995.

EUROCRATE n. *Fam.* Fonctionnaire des Communautés économiques européennes.

EUROCRÉDIT n. m. Prêt bancaire réalisé grâce au marché international des eurodevises, par opposition aux crédits réalisés en monnaie nationale et provenant des ressources du marché intérieur.
ENCYCL. Prêt non commercial à moyen et long terme (2 à 15 ans), libellé en une monnaie indépendante de la nationalité des prêteurs et des emprunteurs, financé par des ressources à vue ou à court terme, l'eurocrédit, prêt à taux révisable, est le plus souvent consenti par un syndicat bancaire international et réalisé hors de tout encadrement national.

EURODEVISE ou **EUROMONNAIE** n. f. Devise détenue par un non-résident et placée, en Europe, dans une banque d'un pays différent du pays d'origine de la devise (par ex. eurodollar).

Eurodif, société anonyme, fondée en 1973 pour la réalisation et l'exploitation d'usines d'enrichissement d'uranium par le procédé de la diffusion gazeuse. Elle a réalisé et exploite l'usine du Tricastin, dans la vallée du Rhône. L'usine peut fournir de l'uranium enrichi jusqu'à 5 % d'uranium 235. Sa capacité de production correspond aux besoins d'une centaine d'unités électronucléaires de 1 000 MW et représente le tiers de la capacité d'enrichissement du monde occidental.

EURODOLLAR n. m. Avoir, compté en monnaie des États-Unis, détenu par des ressortissants extérieurs aux États-Unis et déposé dans une banque européenne. (L'eurodollar est l'une des eurodevises.)

EURODROITE n. f. Ensemble des partis d'extrême droite en Europe ayant une base idéologique commune.

EUROÉMISSION n. f. (pl. *euroémissions*). Émission d'actions, et surtout d'obligations, réalisée en Europe au profit d'organismes étrangers.

EUROFRANC n. m. Franc, détenu par un non-résident, déposé en Europe dans une banque autre que française.

Eurogroupe, organisme créé en 1968 à l'initiative de la Grande-Bretagne pour renforcer la coopération des alliés européens de l'O. T. A. N. en matière de défense. La France n'y a pas adhéré.

EUROMARCHÉ n. m. Marché européen des capitaux. (L'euromarché regroupe le marché des eurodevises, les eurocrédits, les euro-obligations.)

EUROMISSILE n. m. Missile nucléaire stratégique basé en Europe.
ENCYCL. La double résolution de l'O. T. A. N. de 1979, en réponse à la menace en Europe occidentale des SS 20 soviétiques, a entériné le principe d'un déploiement échelonné de Pershing 2 et de missiles de croisière. Les premiers de ces euromissiles ont été déclarés opérationnels le 1er janv. 1984 en R. F. A. Un accord signé en 1987 entre les États-Unis et l'U. R. S. S. prévoit leur élimination progressive.

EUROMONNAIE → EURODEVISE.

Euronet (de EURO*pean* NET*work*), réseau européen de transmission de données à commutation de paquets, mis en service en 1980, qui permet l'accès aux banques de données scientifiques, techniques et socio-économiques de l'U. E.

EURO-OBLIGATAIRE adj. (pl. *euro-obligataires*). Relatif aux euro-obligations.

EURO-OBLIGATION n. f. (pl. *euro-obligations*). Valeur libellée en eurodevises ou en unités de compte et émise sur le marché financier international par l'intermédiaire de banques de diverses nationalités, groupées en syndicats internationaux de garantie. (Les émetteurs d'euro-obligations sont des entreprises privées, des États, des organismes publics et internationaux.)

EUROPA, îlot français de l'océan Indien, à l'O. de Madagascar. Station météorologique.

EUROPA *(picos de),* massif des monts Cantabriques, portant le point culminant de la chaîne : 2 648 m à la *Peña Cerredo.*

EUROPE, deuxième satellite de Jupiter, découvert par Galilée en 1610. Diamètre : 3 130 km. Densité moyenne : 3,0. Demi-grand axe de son orbite : 671 000 km. Période de révolution : 3,551 j. Sa surface est largement recouverte de glace, mais sa structure serait essentiellement rocheuse.

EUROPE, une des cinq parties du monde, comprise entre l'océan Arctique au N., l'océan Atlantique à l'O., la Méditerranée et ses annexes, ainsi que, traditionnellement, la chaîne du Caucase au S., la mer Caspienne et l'Oural à l'E. ;

env. 10 500 000 km²; 750 000 000 hab. *(Européens)*. La géologie et le relief distinguent une Europe septentrionale, formée de vastes plaines (plaine nord-européenne) et de vieux socles (massifs calédoniens et hercyniens), souvent rajeunis (Scandinavie), d'une Europe méridionale, occupée par des chaînes tertiaires (Pyrénées, Alpes, Carpates), enserrant des régions basses, souvent peu étendues. L'Europe appartient à la zone de climat tempéré, mais le plus ou moins grand éloignement de l'Océan surtout, la latitude et la disposition des reliefs introduisent des nuances thermiques et pluviométriques permettant de distinguer une Europe océanique à l'O., une Europe continentale à l'E., une Europe méditerranéenne au S. À chacune correspond une formation végétale (feuillus à l'O., conifères à l'E. et dans l'extrémité nord, maquis et garrigues provenant de la dégradation de la forêt méditerranéenne au S.). La position de l'Europe dans la zone tempérée, au centre des terres émergées de l'hémisphère boréal, sa profonde pénétration par les mers ont facilité son peuplement, expliquant son ancienneté, sa densité et sa variété. L'Europe, peuplée dès le paléolithique, groupe, sur moins de 10 % des terres émergées, plus de 12 % de la population mondiale (part qui diminue toutefois rapidement en raison de la faiblesse de la natalité) mais ne possède aucune unité ethnique ni linguistique (le christianisme et les langues indo-européennes dominent toutefois largement). L'Union européenne constitue une amorce d'unification économique (l'objectif d'unification politique apparaît beaucoup plus lointain et hypothétique). Elle regroupe les États les plus riches du continent (à l'exception de la Suisse et de la Norvège), mais n'intègre pas les anciens pays socialistes ni les nouveaux États issus du démantèlement de l'U. R. S. S. et de la Yougoslavie (d'avant 1991), de la partition de la Tchécoslovaquie. Ainsi, en ce qui concerne le niveau de développement au moins, la distinction entre Europe occidentale et Europe orientale n'a pas encore disparu.

EUROPE, fille de Phœnix ou d'Agénor, roi de Phénicie, et sœur de Cadmos. Elle fut enlevée par Zeus, métamorphosé en taureau. De leur union naquirent Minos, Rhadamante et Sarpédon.

Europe, revue littéraire et politique, fondée en 1923 par R. Rolland et un groupe d'écrivains de gauche.

Europe *(Conseil de l'),* organisation de coopération européenne, créée en 1949 par 10 États d'Europe occidentale et qui siège à Strasbourg. Le Conseil de l'Europe, qui réunit 39 États, a pour but la coopération de ces États dans tous les domaines (sauf militaire). Il comprend un Comité des ministres, une Assemblée parlementaire, un secrétariat, la Commission européenne des droits de l'homme et la Cour européenne des droits de l'homme. Il remplit un rôle important en matière d'élaboration de textes fondamentaux (Convention européenne de sauvegarde des droits de l'homme en 1950).

EUROPE *(pointe d'),* en esp. **Punta de Europa,** cap formant l'extrémité méridionale de la péninsule de Gibraltar.

Europe 1 Communication, société monégasque fondée en 1949, contrôlée par l'État (par l'intermédiaire de la SOFIRAD) de 1959 à 1986 et, depuis, par Matra-Hachette. Elle comprend de nombreuses filiales (publicité, cinéma, édition...) dont *Europe 1 Télé Compagnie,* qui gère la station de radio, et la *Compagnie européenne de radiodiffusion et de télévision,* dont dépend l'émetteur. Les studios d'*Europe 1* (créé en 1954) sont situés à Paris et reliés à l'émetteur de Felsberg, en Sarre.

Europe galante *(l'),* opéra-ballet de A. Campra avec la collaboration de A. Destouches, sur un livret de Houdar de La Motte (création 1697).

Europe occidentale *(Union de l')* **[U. E. O.]** → COMMUNAUTÉS EUROPÉENNES.

Europe verte, nom donné à l'ensemble des pays du Marché commun considérés par rapport aux problèmes agricoles.

EUROPÉANISATION n. f. **1.** Fait d'européaniser. — **2.** Syn. de EUROPÉISATION.

EUROPÉANISER v. t. (de *européen*) [conj. **3**]. **1.** Façonner qqn, un groupe aux manières d'être, au mode de vie européens. — **2.** Envisager un problème, une question, etc. sur le plan européen.

EUROPÉEN, ENNE adj. et n. **1.** D'Europe. — **2.** Relatif à la communauté économique ou politique de l'Europe. ‖ *Élections européennes* ou *européennes,* n.f. pl. : élections des députés au Parlement européen.— **3.** *Chat européen* ou *européen* (n. m.), nom générique donné aux chats domestiques communs. (→ *encycl.*)

◆ **européenne** n. f. *À l'européenne,* à la mode, à la façon des Européens : *Africains habillés à l'européenne.*

ENCYCL. Le *chat européen* a une tête ronde, avec des oreilles hautes et largement ouvertes à leur base ; les yeux sont ronds, le nez est droit. On distingue les chats européens unicolores (qualifiés également d'égyptiens), les européens marbrés (tabby), roux, argenté et brun, les européens tigrés, les européens tricolores.

européen *(Conseil),* conseil réunissant les chefs de gouvernement ou d'État des pays membres de l'Union européenne, institué en 1974 (→ COMMUNAUTÉS EUROPÉENNES).

européen *(Fonds social)* **[F. S. E.]**, organisme financier, créé par le traité de Rome (1957), chargé de promouvoir à l'intérieur de la Communauté les facilités d'emploi, la mobilité et la formation professionnelle des travailleurs ainsi que leur recyclage.

européen de coopération monétaire *(Fonds)* **[F. E. C. O. M.]**, fonds créé en avril 1973 par la C. E. E. pour permettre le rétrécissement progressif des marges de fluctuations des monnaies communautaires sur les marchés des changes et favoriser les règlements entre banques centrales par une politique concertée des réserves et un soutien monétaire à court terme. Le rôle du F. E. C. O. M. a été renforcé lors de la création du Système monétaire européen (S. M. E.), en 1979.

européen de développement *(Fonds)* **[F. E. D.]** organisme destiné à promouvoir le développement social et économique des pays liés à l'Union européenne, notamment certains pays d'Afrique, des Caraïbes et du Pacifique.

européen d'orientation et de garantie agricole *(Fonds)* **[F. E. O. G. A.]**, caisse commune qui sert au financement de la politique agricole des pays membres de l'Union européenne et qui assure la garantie des prix aux producteurs, par le financement du stockage des produits, par les primes accordées aux exportations des excédents lorsque les prix de vente sont inférieurs aux prix mondiaux.

européenne de défense *(Communauté)* **[C. E. D.]** → COMMUNAUTÉS EUROPÉENNES.

européennes *(Communautés)* → COMMUNAUTÉS EUROPÉENNES.

EUROPÉENNEMENT adv. 1. À la manière des Européens. – 2. Dans la perspective d'une Europe unie.

EUROPÉISATION ou **EUROPÉANISATION** n. f. Adaptation de l'économie d'un État à la conjoncture européenne.

EUROPÉOCENTRISME ou **EUROCENTRISME** n. m. Analyse de tous les problèmes d'un point de vue européen, en négligeant le reste du monde.

EUROPIUM [-pjɔm] n. m. (de *Europe*). Métal du groupe des lanthanides ou terres rares, élément chimique de symbole Eu. (C'est un métal gris clair, de numéro atomique 63, de masse atomique 152 et de masse volumique 5,2 g/cm^3.)

EUROPOÏDE adj. et n. Syn. de CAUCASOÏDE.

EUROPOORT, port des Pays-Bas, à l'O. de Rotterdam, entre la Meuse de Brielle et le Nieuwe Waterweg. Terminal pétrolier et minéralier. Chantiers navals.

EUROSCEPTIQUE n. et adj. Personne qui doute de la viabilité ou de l'utilité de la construction de l'Union européenne.

Eurosignal, service public d'appel de personnes en déplacement. Un appel téléphonique déclenche, sur un récepteur spécial, un signal d'avertissement sonore et lumineux dont la signification a été convenue à l'avance.

EUROSTRATÉGIE n. f. Étude des problèmes stratégiques appliquées à la situation des pays européens.

EUROSTRATÉGIQUE adj. Se dit des systèmes d'armements, essentiellement nucléaires, de portée et de puissance stratégiques, destinés à être utilisés sur l'éventuel théâtre d'opérations européen.

EUROTAS, fleuve de Grèce, dans le sud du Péloponnèse ; 82 km. Il traverse la Laconie. Sparte s'élevait non loin de ses rives.

Eurotransplant, association permettant d'organiser le recueil et la transplantation des reins en fonction des demandes, et couvrant le Benelux, l'Allemagne, l'Autriche, la Suisse et l'Italie. La France, la Suisse et l'Espagne sont couvertes par France-Transplant.

Eurovision, organisation chargée de coordonner les échanges de programmes de télévision et de radiodiffusion entre les États d'Europe occidentale et d'assurer leur réalisation. Son siège est à Genève.

1. EURYALE n. f. (gr. *eurualos,* vaste). Belle nymphéacée aquatique, originaire de l'Inde et de la Chine, aux feuilles vert olive, circulaires, hérissées d'aiguillons sur leur face inférieure et atteignant 1 m de diamètre.

2. EURYALE n. m. Échinoderme ophiuride marin aux bras tortueux, parfois très ramifiés et à branches enchevêtrées.

EURYALE, jeune Troyen dont Virgile a célébré l'amitié qui l'unissait à Nisus. Ils furent tués ensemble dans la guerre contre les Rutules.

Euryale et Lucrèce, nouvelle en latin d'Enea Silvio Piccolomini (1444), devenu ensuite le pape Pie II. C'est un véritable document sur l'humanisme du XVe s.

EURYBIADE, Spartiate qui commanda la flotte grecque durant la deuxième guerre médique. Thémistocle le persuada de ne pas abandonner la lutte après la prise d'Athènes par les Perses, qu'il vainquit à Salamine (29 sept. 480 av. J.-C.).

EURYCANTHE n. m. Grand phasme robuste, épineux, sans ailes, à grosses cuisses armées de piquants, de la région mélanésienne.

EURYCLÉE, nourrice d'Ulysse, un des personnages de *l'Odyssée.*

EURYDICE, dryade, épouse d'Orphée. Poursuivie par Aristée, elle mourut de la morsure d'un serpent. Orphée, inconsolable, alla la chercher dans les Enfers. Il obtint de sortir des Enfers avec elle en la précédant sans se retourner. Il ne put résister à sa passion et Eurydice lui fut ravie à jamais.

EURYÈCE adj. Se dit d'une espèce qui est capable de supporter des variations importantes de certains facteurs écologiques. (Contr. STÉNOÈCE.)

EURYHALIN, E [øriaɛ̃, -in] adj. Se dit d'un organisme qui supporte des variations de salinité importantes du milieu aquatique où il vit. (Les estuaires et les lagunes n'hébergent que des espèces euryhalines.) [Contr. STÉNOHALIN.]

EURYHALINITÉ [øria-] n. f. Caractère des organismes euryhalins.

EURYIONIQUE adj. Se dit d'un organisme qui supporte d'importantes variations de la réaction ionique (pH) du milieu où il vit. (Contr. STÉNOIONIQUE.)

EURYLAIME n. m. (du gr. *laimos,* gosier). Passereau insectivore aux formes lourdes, au bec largement fendu, des forêts tropicales d'Afrique et d'Asie du Sud-Est.

EURYMÉDON, en gr. **Eurumedôn,** fleuve côtier de Pamphylie (Asie Mineure) [auj. *Köprü*]. Cimon y remporta (468 av. J.-C.) sur les Perses une victoire navale et terrestre décisive, donnant à Athènes la maîtrise incontestée de la mer Égée.

EURYMÉDON, stratège athénien († 413 av. J.-C.) En 427, il défendit Corcyre contre les Péloponnésiens. En 414, il amena des renforts à Nicias qui assiégeait Syracuse, et fut tué devant cette ville.

EURYPHOTIQUE adj. Se dit de végétaux qui supportent d'importantes variations d'intensité lumineuse de leur milieu.

EURYPONTIDES, une des deux familles royales de Sparte qui détint le pouvoir de la fin du VIe s. à la seconde moitié du IIIe s. av. J.-C., conjointement avec la famille des Agides.

EURYPTÉRIDÉ n. m. Sous-classe de grands mérostomes fossiles de l'ère primaire, ressemblant à la fois aux trilobites et aux scorpions, tels que les genres *eurypterus* et *pterygotus,* ce dernier atteignant parfois 2 m de long. (Syn. GIGANTOSTRACÉ.)

EURYSTHÉE, roi mythique de Mycènes et de Tirynthe, descendant à la fois de Persée et de Pélops. Il obligea Héraclès à accomplir les *douze travaux,* espérant ainsi se défaire de lui.

EURYTHERME adj. et n. m. Se dit d'un organisme qui supporte de fortes variations de température de son milieu, y compris de son milieu intérieur. (S'oppose à *homéotherme* et à *sténotherme.*)

EURYTHERMIE n. f. Caractère des organismes aquatiques eurythermes.

EURYTHMIE n. f. (lat. *eurythmia,* du gr. *euruthmia,* harmonie). *Litt.* Combinaison harmonieuse de lignes, de sons, de proportions.

EURYTHMIQUE adj. Qui relève de l'eurythmie.

EURYTHYREA [-tirea] n. m. (du gr. *thureos,* bouclier). Bupreste dont la larve creuse ses galeries dans le bois des peupliers, le rendant inutilisable.

EUSÈBE *(saint)* [† Sicile 309 ou 310], pape probablement du 18 avr. au 17 août 309.

EUSÈBE de Verceil *(saint)* [† v. 371]. Premier évêque de Verceil (340-371), il fut, en Occident, l'introducteur de la vie commune dans le clergé.

EUSÈBE de Césarée, écrivain et prélat grec (Palestine v. 265 - *id.* 340), évêque de Césarée (élu en 313). Véritable fondateur de l'historiographie ecclésiastique, il fixa les bases de la chronologie jusqu'en 323, dans sa *Chronique,* et écrivit une *Histoire ecclésiastique* fondamentale pour la connaissance des premiers siècles chrétiens. Eusèbe fut aussi un apologiste de grande envergure.

EUSÈBE de Nicomédie, évêque de Constantinople (v. 280 - Constantinople 341). Partisan d'Arius, il fut déposé de son siège de Nicomédie et exilé après le concile de Nicée (325). Rappelé en 328, il devint le chef des ariens et fut nommé évêque de Constantinople en 339.

EUSÉBIO (Eusébio FERREIRA DA SILVA, dit), footballeur portugais (Manfalata, Maputo, Mozambique, 1942), meilleur buteur de la Coupe du monde en 1966.

Euskadi ta Askatasuna (E. T. A.) [*Pays basque et liberté*], organisation révolutionnaire clandestine issue en 1959 de l'aile la plus extrémiste du mouvement nationaliste basque, et divisée depuis 1973 en deux sous-organisations (« militaire » et « politique-militaire »). Elle réclame l'indépendance du Pays basque.

EUSKALDUNAK ou **ESKUALDUNAK,** nom que se donnent les Basques dans leur propre langue.

EUSKARA n. m. Nom que les Basques donnent à leur langue.

EUSKARIEN, ENNE, EUSKÉRIEN ou **ESKUARIEN,** adj. et n. (basque *euskara,* langue basque). Du Pays basque.

EUSKAROPHONE adj. et n. Qui parle basque. (Syn. BASCOPHONE.)

EUSPORANGIÉE n. f. Fougère d'un type primitif, aux sporanges épais. (Le groupe des *eusporangiées* comprend le seul ordre des marattiales.)

EUSTACHE *(saint),* martyr (date indéterminée). Selon la légende, il fut converti par la rencontre d'un cerf portant entre ses bois une croix lumineuse. Il est le patron des chasseurs.

EUSTACHE de Saint-Pierre, bourgeois de Calais (Saint-Pierre v. 1287 - 1371), il se livra avec cinq autres bourgeois de la ville au roi d'Angleterre Édouard III, qui avait pris la ville et à qui il remit les clefs de Calais (août 1347). Mais, grâce à l'intervention de la reine Philippa de Hainaut, il fut gracié, ainsi que ses cinq concitoyens.

EUSTACHI ou **EUSTACHIO** (Bartolomeo), médecin italien (San Severino Marche v. 1503-1574). Il a donné son nom à la *trompe d'Eustachi,* ou *d'Eustache,* qui fait communiquer l'oreille moyenne avec le pharynx supérieur. Il a laissé de belles planches d'anatomie.

EUSTACHE de Thessalonique, érudit byzantin († Thessalonique entre 1192 et 1194). Métropolite de Thessalonique (1175), il a laissé de volumineux commentaires philologiques de *l'Iliade* et de *l'Odyssée.*

EUSTATIQUE ou **EUSTASIQUE** adj. Relatif à l'eustatisme.

EUSTATISME ou **EUSTASIE** n. m. Variation lente du niveau des océans et des mers, d'origine tectonique ou climatique.

EUSTHENOPTERON n. m. (du gr. *eusthenês,* vigoureux). Poisson fossile du dévonien supérieur, crossoptérygien typique, assez semblable à un brochet. (Le squelette des nageoires annonce celui des pattes des premiers amphibiens.)

EUTECTIQUE adj. (angl. *eutectic,* du gr. *eutêktos,* qui fond aisément). **1.** Relatif à l'eutexie ou à un eutectique. – **2.** Se dit du mélange de deux corps dont la composition correspond au point eutectique. – **3.** *Point eutectique,* point d'un diagramme d'état correspondant à la transformation (dite *eutectique*) réversible d'une phase liquide en deux phases solides distinctes.
◆ n. m. Alliage ou constituant dont la composition est telle qu'il subisse ou ait subi la transformation eutectique.

EUTECTOÏDE adj. **1.** Relatif à un eutectoïde. – **2.** *Point eutectoïde,* point d'un diagramme d'état correspondant à la transformation (dite eutectoïde) réversible d'une phase solide en deux phases solides.
◆ n. m. Alliage ou constituant dont la composition est telle qu'il subisse ou ait subi la transformation eutectoïde.

Eutelsat, organisation européenne de télécommunications par satellites, créée en 1985, dont le siège est à Paris. Elle gère les satellites du même nom.

EUTERPE n. m. (gr. *euterpês,* charmant). Palmier du Brésil et des Antilles dont le bourgeon terminal (chou-palmiste) se consomme et dont une espèce fournit de l'huile de palme.

EUTERPE, muse de la Musique. Son attribut était la flûte.

EUTEXIE n. f. (gr. *eutêksia*). Phénomène présenté par des mélanges solides en proportions bien déterminées, dont la fusion se fait à température constante (*température* ou *point d'eutexie*) comme celle des corps purs.

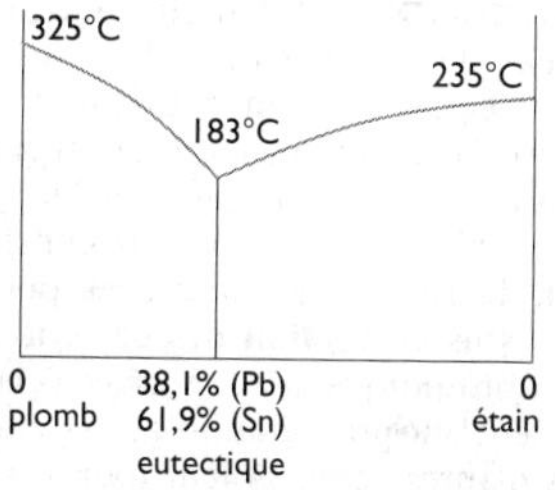

Point d'**eutexie** d'un alliage de plomb et d'étain.

EUTHANASIE n. f. (gr. *euthanasia,* mort douce). Ensemble des méthodes qui procurent une mort sans souffrance, afin d'abréger les tourments d'une maladie très douloureuse à issue fatale. (L'euthanasie n'est pas acceptée dans les législations des pays industrialisés modernes.)

EUTHANASIQUE adj. Qui relève de l'euthanasie.

EUTHÉRIEN n. m. Mammifère placentaire typique. (La sous-classe des *euthériens* comprend toutes les espèces actuelles, à l'exception des monotrèmes et des marsupiaux.) [Syn. MONODELPHE, PLACENTAIRE.]

EUTHYDÈME, sophiste grec du Vᵉ s. av. J.-C., héros d'un dialogue de Platon (l'*Euthydème*), où il débat de la valeur de l'éristique.

EUTHYDÈME roi de Bactriane (v. 230 -187 av. J.-C.). Il agrandit ses États vers l'Inde et lutta contre Antiochos III le Grand.

EUTOCIE n. f. (gr. *eutokia*). Accouchement normal.

EUTOCIQUE adj. **1.** Relatif à l'eutocie. – **2.** Qui favorise l'accouchement.

EUTROPE *(saint),* premier évêque de Saintes (IIIᵉ s.).

EUTROPE, historien latin du IVᵉ s. apr. J.-C. Secrétaire de Constantin, il suivit Julien dans son expédition en Perse. Son histoire romaine *(Breviarium)* est impartiale et précise.

EUTROPE, esclave et eunuque arménien († Constantinople 399). Ministre d'Arcadius (395-399), il exerça la réalité du pouvoir. Il fut disgracié par l'impératrice Eudoxie, arrêté et décapité.

EUTROPHE adj. (gr. *eutrophos,* bien nourri). **1.** Se dit d'un plan d'eau (étang, lac, etc.) dont les eaux enrichies en matières organiques sont le siège d'une prolifération végétale et bactérienne entraînant une désoxygénation prononcée de l'eau. (Contr. OLIGOTROPHE.) — **2.** Se dit d'un humus à forte activité biologique, et du sol correspondant. (Contr. DYSTROPHE.)

EUTROPHICATION n. f. Évolution biochimique des eaux eutrophes.

EUTROPHISATION n. f. Enrichissement naturel ou artificiel d'une eau en matières nutritives.
ENCYCL. L'eutrophisation naturelle, très lente, atteint tous les lacs et plans d'eau, même salés, du fait des apports organiques que leur fournissent leurs tributaires et que leur densité accumule sur le fond. Les nitrates et phosphates solubles, issus de l'action des bactéries sur ces déchets, diffusent jusqu'à la surface éclairée, où ils favorisent une prolifération excessive d'algues et autres plantes vertes. À leur tour, ces plantes décomposent phosphate et nitrates, dont l'oxygène passe dans l'atmosphère. Dès lors, les apports organiques formant les vases du fond ne subissent plus que des fermentations anaérobies, aux produits putrides et toxiques. Asphyxiés, les poissons fuient ou meurent. Finalement, le lac se comble de débris et disparaît. Les effluents industriels accélèrent ce processus (Grands Lacs des États-Unis, lac Léman). Mais le succès des efforts de dépollution faits au lac d'Annecy montre que le processus est réversible.

EUTYCHÈS, moine byzantin (av. 378 -v. 454). Il soutint qu'il n'y avait dans le Sauveur qu'une seule nature, la nature divine. Il fut exilé par l'empereur Marcien.

EUTYCHIANISME [-kja-] n. m. Hérésie monophysite d'Eutychès.

EUTYCHIEN ou **EUTYCHIANUS** *(saint)* [Luni v. 220 - Rome 283], pape de 275 à 283. On lui attribue le rituel de la bénédiction des champs.

EUX pron. pers., 3ᵉ pers. m. pl. (lat. *illos*). S'emploie, pour désigner des êtres ou des choses, après une préposition ou comme forme accentuée, correspondant à ILS : *Nous avons accepté, mais eux ont refusé.*

EUXÉNITE n. f. (gr. *euksenos,* réservé aux hôtes). Titanoniobate naturel d'yttrium, de cérium et d'uranium utilisé comme minerai d'uranium.

E. V., abrév. de EN VILLE, sur les adresses de lettres remises à destination sans passer par l'Administration des postes.

eV, symbole de l'électronvolt.

ÉVACUATEUR, TRICE adj. Qui sert à l'évacuation : *Conduit évacuateur.*
◆ **évacuateur** n. m. **1.** Dispositif mécanique constitué de raclettes animées par une chaîne pour évacuer les déjections d'une étable. (Syn. NETTOYEUR D'ÉTABLE.) — **2.** *Évacuateur de crues,* dispositif assurant l'évacuation des eaux surabondantes d'un barrage.

ÉVACUATION n. f. (bas lat. *evacuatio, -onis*). **1.** Rejet de matières par les voies naturelles de l'organisme. — **2.** Action de vider une cavité, un contenant, etc., de son contenu : *Évacuation du pus d'un abcès.* — **3.** Action de se vider, de s'écouler : *L'évacuation des eaux d'égout.* — **4.** Action de faire sortir, lorsque les circonstances l'imposent, toutes les personnes se trouvant dans un même lieu ; action de quitter ce lieu : *L'évacuation des habitants de l'immeuble.* — **5.** Opération, en général volontaire et ordonnée, consistant à enlever d'une zone ou d'une ville des personnels et matériels militaires ou des populations civiles. — **6.** Action de faire le vide dans un appareil, une tuyauterie, etc., pour en éliminer les gaz résiduaires.

ÉVACUÉ, E n. **1.** Habitant d'une zone de combat ou d'une zone sinistrée ou dangereuse, contraint de quitter son domicile. — **2.** Blessé ou malade dirigé vers un établissement ou une formation sanitaire, en temps de guerre.

ÉVACUER v. t. (lat. *evacuare,* vider, de *vacuus,* vide) [conj. 7]. **1.** Expulser des déchets de l'organisme, les rejeter, les éliminer par les voies naturelles : *Évacuer les toxines.* — **2.** Faire se déverser un liquide, le faire écouler : *Évacuer l'eau d'un fossé.* — **3.** Faire sortir des gens, des choses en masse d'un pays, d'un lieu où il est dangereux ou interdit de rester : *Évacuer les malades d'un hôpital.* — **4.** Cesser d'occuper un lieu, le quitter en masse : *Les spectateurs ont évacué la salle.* — **5.** Faire cesser l'occupation d'un lieu, en faire sortir les occupants : *Les autorités ont évacué l'hôpital des blessés graves.* — **6.** En parlant de troupes, quitter un pays, un lieu après s'y être installées. — **7.** Rejeter un problème, le mettre de côté sans l'examiner à fond. — **8.** Procéder à l'évacuation d'un appareil.

ÉVADÉ, E n. Personne qui s'est évadée de l'endroit où elle était détenue.

Évadés *(croix des),* décoration belge créée en 1944. Insigne : croix de Malte en bronze.

Évadés *(médaille des),* décoration française, créée en 1926, qui récompense les actes d'évasion accomplis au cours des deux guerres mondiales.

ÉVADER (S') v. pr. (lat. *evadere*) [conj. 3]. **1.** S'enfuir, s'échapper furtivement d'un lieu où l'on était enfermé ou retenu : *S'évader de prison.* — **2.** Se retirer furtivement d'un lieu quelconque sans être remarqué : *S'évader d'une soirée ennuyeuse.* — **3.** Se soustraire à l'emprise de qqch, le fuir : *S'évader de la vie journalière.*

ÉVAGINATION n. f. (lat. *evaginatio, -onis,* action de dégainer). Saillie pathologique d'un organe hors de sa gaine.

ÉVAGORAS Ier (v. 411-374), roi de Salamine et de Chypre. Il participa à la bataille de Cnide (394), se souleva contre Artaxerxès II (v. 391) et s'empara de Tyr et de la Cilicie. Vaincu à Cition (381), il redevint tributaire de la Perse. — **Évagoras II,** descendant d'Évagoras Ier, fut roi de Salamine (av. 350), puis de Sidon (v. 343-340).

ÉVAGRE le Pontique, moine mystique et théologien grec (dans le Pont 346 - désert des Cellules, région du Ouadi Natroun, Égypte, 399). Par ses ouvrages, notamment *le Moine,* il eut sur l'histoire de la spiritualité chrétienne une influence importante.

ÉVAGRE le Scolastique, historien grec (Épiphania de Syrie v. 536 - Antioche fin du VIe s.). Il a composé une importante *Histoire ecclésiastique* en 6 livres, qui couvre la période de 431 à 594.

ÉVALUABLE adj. Qu'on peut évaluer : *Les dégâts sont difficilement évaluables.*

ÉVALUATEUR n. m. **1.** Ce qui sert à déterminer la valeur des choses. — **2.** *Évaluateur agréé,* au Canada, personne qui donne son jugement sur la valeur d'un bien, d'un droit, mobilier ou immobilier.

ÉVALUATIF adj. *Crédits évaluatifs,* crédits qui servent à acquitter les dettes de l'État, résultant de dispositions législatives spéciales et qui peuvent être dépassés (ex. : charges de la dette publique).

ÉVALUATION n. f. **1.** Action d'évaluer, de déterminer la valeur de qqch : *Faire l'évaluation d'une fortune, d'une distance.* — **2.** Quantité, valeur ainsi établie : *Des évaluations approximatives.*

ÉVALUER v. t. (anc. fr. *value,* valeur, part. passé de *valoir*) [conj. 7]. **1.** Déterminer, fixer, apprécier la valeur, le prix de qqch, d'un bien, etc. : *Évaluer un tableau à trois millions.* — **2.** Déterminer approximativement la durée, la quantité, le nombre, l'importance de qqch : *Évaluer la population d'une région à plusieurs millions.*

ÉVANDRE, prince légendaire du Latium, qu'il aurait civilisé. Fils d'Hermès et d'une nymphe, il quitta l'Arcadie et s'établit dans le Latium. Dans *l'Énéide,* il s'allie à Énée contre les Latins.

ÉVANESCENCE n. f. *Litt.* Propriété de ce qui s'évanouit, s'efface.

ÉVANESCENT, E adj. (lat. *evanescens, -entis,* de *evanescere,* disparaître par degrés). *Litt.* Qui disparaît par degrés, qui s'efface peu à peu : *Souvenirs évanescents.*

ÉVANGÉLIAIRE n. m. (lat. médiév. *evangeliarium*). Livre contenant les passages des Évangiles qui sont lus ou chantés à la messe.

ÉVANGÉLIQUE adj. (lat. ecclés. *evangelicus,* du gr. *euaggelikos*). **1.** Relatif à l'Évangile ; contenu dans l'Évangile. — **2.** Conforme aux préceptes de l'Évangile. — **3.** (en all. *evangelisch*) Qui appartient à une Église protestante.

évangélique allemande *(Église),* en all. *Evangelische Kirche in Deutschland (EKD),* Église constituée en juillet 1948, à Eisenach, par l'union de plus de vingt Églises protestantes allemandes, dont se séparèrent, en 1969, huit Églises de R. D. A., qui formèrent une *Union des Églises évangéliques (Bund der Evangelischen Kirchen der DDR).*

ÉVANGÉLIQUEMENT adv. De façon évangélique : *Vivre évangéliquement.*

ÉVANGÉLISATEUR, TRICE adj. et n. (lat. ecclés. *evangelizator*). Qui évangélise, prêche l'Évangile.

ÉVANGÉLISATION n. f. (lat. ecclés. *evangelizatio, -onis*). Action d'évangéliser ; fait d'être évangélisé.

ÉVANGÉLISER v. t. (lat. ecclés. *evangelizare,* du gr. *euaggelidzein*) [conj. 3]. Prêcher l'Évangile à des populations non chrétiennes, convertir au christianisme.

ÉVANGÉLISME n. m. **1.** Aspiration ou tendance à revenir à une vie chrétienne selon l'esprit de l'Évangile. — **2.** Doctrine de l'Église évangélique.

ÉVANGÉLISTE n. m. **1.** Auteur de l'un des Évangiles canoniques. — **2.** Prédicateur de l'Évangile dans la primitive Église. — **3.** Dans certaines Églises protestantes, prédicateur laïc. — **4.** Dans les « jeunes Églises », assistant du pasteur chargé de la desserte de plusieurs communautés.

ÉVANGILE n. m. (lat. ecclés. *evangelium,* du gr. *euaggelion,* bonne nouvelle). **1.** Message de Jésus-Christ (avec une majusc.) : *Prêcher l'Évangile.* — **2.** Ensemble des livres où sont consignés la vie et le message de Jésus ; chacun de ces livres (avec une majusc.). [→ *encycl.*] — **3.** Passage des Évangiles que le prêtre lit pendant la messe ; moment de la messe où le prêtre lit ce passage. — **4.** Code, loi sacrée, règle immuable, document essentiel qui sert de fondement à une doctrine : *« Mein Kampf » était l'évangile du national-socialisme.* — **5.** *Croire qqch comme l'Évangile,* y croire fermement. ‖ *Ministre de l'Évangile,* titre des pasteurs de l'Église réformée. ‖ *Parole d'Évangile,* chose certaine, vérité absolue.

ENCYCL. Les Évangiles canoniques sont au nombre de quatre. La Tradition les attribue à saint Matthieu*, à saint Marc*, à saint Luc* et à saint Jean*. Les trois premiers sont dits Évangiles « synoptiques » parce que leur confrontation sur trois colonnes parallèles fait apparaître des ressemblances précises dans le fond et dans la forme. L'Évangile de Marc, le plus ancien, constitue, avec un recueil primitif des paroles du « Seigneur », une des principales sources utilisées par les deux autres. La rédaction des Évangiles se situe entre 70 et après 80 pour les trois premiers, et vers l'an 100 pour le dernier.

ÉVANOUIR (S') v. pr., **ÊTRE ÉVANOUI** v. pass. (anc. fr. *esvanir,* du lat. *evanescere,* disparaître) [conj. **32**]. **1.** Perdre connaissance, tomber en syncope : *Elle s'est évanouie en apprenant la nouvelle.* — **2.** Se dissiper, cesser d'être : *Ses illusions se sont évanouies.* — **3.** Disparaître sans laisser de trace : *Le fantôme s'est évanoui à l'aube.*

ÉVANOUISSEMENT n. m. **1.** Perte de connaissance brève, sans arrêt cardiaque, due à une augmentation du tonus parasympathique qui ralentit le cœur, et du tonus sympathique qui provoque une vasoconstriction. — **2.** Fait pour qqch de disparaître progressivement, de s'effacer, de se dissiper : *L'évanouissement de ses espoirs.* — **3.** Diminution temporaire et importante du champ électromagnétique ou de la puissance d'un signal due à des variations des conditions de propagation radioélectrique. (Syn. FADING.)

EVANS (Oliver), ingénieur américain (Newport, Delaware, 1755 - New York 1819). Il fut le pionnier des machines à vapeur à haute pression.

EVANS (*sir* Arthur John), archéologue anglais (Nash Mills, Hertfordshire, 1851-Youlbury, Oxfordshire, 1941). L'essentiel de ses travaux se situe en Crète, où il s'intéressa d'abord aux gemmes, puis fouilla le palais de Cnossos (*The Palace of Minos,* 4 vol., 1921-1936).

EVANS (Frederik Henry), photographe britannique (? 1853 - Londres 1943). Partisan de la vision directe et de la photographie non manipulée, il eut de nombreuses controverses avec les pictorialistes. Il a laissé de grandioses photographies des cathédrales de France et d'Angleterre.

EVANS (Herbert McLean), médecin et biochimiste américain (Modesto, Californie, 1882 - Berkeley 1971). On lui doit la découverte de la vitamine E (1922), et l'extraction de l'hormone de croissance de l'hypophyse (1942).

EVANS (Walker), photographe américain (Saint Louis, Missouri, 1903 - New Haven, Connecticut, 1975). Une écriture précise et dépouillée, une approche frontale et statique de la réalité caractérisent le style de ce maître de l'école documentaire américaine. Réalisés dans les années 30, ses reportages sur la misère du monde rural aux États-Unis révèlent toute sa puissance d'expression.

EVANS (William John, dit **Bill**), pianiste et compositeur de jazz américain (Plainfield, New Jersey, 1929 - New York 1980). Il fonda au début des années 60 un trio dont la composition, reposant sur le principe d'un échange constant entre la basse, la batterie et le piano, eut une influence considérable sur les pianistes des années 60 et 70.

EVANS (Lee), athlète américain (Madera, Californie, 1947), champion olympique du 400 m à Mexico (1968) en 43 s 86 (ce qui constituait encore le record du monde en 1988) et du 4 × 400 m.

EVANS-PRITCHARD (Edward Evan), anthropologue britannique (Crowborough, Sussex, 1902 - Oxford 1973). Il a analysé l'organisation sociale et la religion des peuples africains. Il s'est intéressé notamment aux Nuers et aux Azandés. Il a écrit, en collaboration avec Meyer Fortes, *Systèmes politiques africains* (1940).

EVANSVILLE v. des États-Unis (Indiana), sur l'Ohio ; 130 000 hab. Matériel agricole. Aluminium. Chimie.

ÉVAPORABLE adj. Qui peut s'évaporer.

ÉVAPORATEUR n. m. **1.** Appareil utilisé pour évaporer un composé volatil d'une solution, afin de la concentrer. (L'évaporation, obtenue par chauffage, est améliorée par l'effet d'une réduction de pression.) — **2.** Dans un circuit frigorifique, échangeur de chaleur où le fluide frigorigène se vaporise en prélevant de la chaleur au milieu à refroidir. (On distingue les évaporateurs à serpentin, à plaque, multitubulaires, etc.)

ÉVAPORATION n. f. (bas lat. *evaporatio, -onis*). **1.** Transformation sans ébullition d'un liquide en vapeur. (→ *encycl.* Thermodyn.) — **2.** Passage de l'eau de l'état liquide à l'état gazeux (vapeur d'eau). (→ *encycl.* Géogr.) — **3.** Transpiration des végétaux. — **4.** Opération industrielle ayant pour but de concentrer un produit en éliminant, sous l'effet de la chaleur et/ou d'une pression réduite, l'eau ou tout autre composé volatil qui le contenait. — **5.** *Évaporation cutanée, évaporation pulmonaire,* passage de substances de l'état liquide à l'état gazeux à travers la peau et les poumons. (Ces évaporations interviennent au cours de la régulation thermique dans la lutte contre l'élévation de la température du corps.)

ENCYCL. **Géogr.** L'évaporation se réalise à partir des nappes liquides (surtout des océans) et, en proportion plus faible, à partir du sol humide et des plantes (transpiration). L'évaporation, recouverte donc par la notion plus générale d'évapotranspiration*, nécessite naturellement un fort apport calorifique extérieur (environ 600 calories par gramme d'eau), une atmosphère non saturée, et varie en sens inverse de la pression. L'évaporation joue un rôle considérable à la surface du globe, à toutes les échelles : intense évaporation sur la Méditerranée et au-dessus des océans subtropicaux, dont la vapeur est véhiculée par les alizés en direction de la convergence intertropicale ; évaporation au-dessus des forêts, de la plante et de la feuille. C'est ce phénomène planétaire qui rend compte de l'eau atmosphérique, donc, des hydrométéores (pluies, nuages, etc.), en même temps qu'il constitue un facteur important du débit et du régime des cours d'eau. — **Thermodyn.** La vitesse d'évaporation d'un liquide est d'autant plus grande que sa température est élevée et que la pression partielle de la vapeur au-dessus du liquide est éloignée de la pression de vapeur saturante. L'évaporation correspond à la fuite, à partir de la surface du liquide, des molécules ayant les vitesses les plus grandes ; l'évaporation abaisse ainsi la vitesse moyenne des molécules du liquide, qui se refroidit. Ce refroidissement est utilisé dans certaines machines frigorifiques.

ÉVAPORATOIRE adj. **1.** Propre à l'évaporation. — **2.** *Groupe évaporatoire,* générateur de vapeur comprenant chaudière (vaporisateur), surchauffeur, récupérateurs et leurs accessoires.

ÉVAPORÉ, E n. Personne qui a un caractère léger, qui se disperse en choses vaines.

ÉVAPORER v. t. (bas lat. *evaporare*) [conj. 3]. **1.** Transformer un liquide en vapeur, le faire passer à l'état gazeux.
◆ **s'évaporer** v. pr., **1.** Se transformer en vapeur par évaporation : *Le parfum s'évapore facilement.* — **2.** *Litt.* Disparaître, cesser d'être : *Sa colère s'évapora brusquement.* — **3.** *Fam.* S'en aller brutalement : *Il n'est plus au bar ; il s'est évaporé.*

ÉVAPORITE n. f. Dépôt riche en chlorures (sel gemme, sylvine, carnallite, etc.) et sulfates (gypse, anhydrite) alcalins, qui précipitent, par sursaturation due à l'évaporation, dans les lagunes et les bassins au bilan hydrologique très déficitaire.

ÉVAPOROMÉTRIE n. f. Mesure de l'évaporation, en climatologie.

ÉVAPOTRANSPIRATION n. f. Quantité d'eau évaporée par le sol, les nappes liquides, et transpirée par les plantes.

ÉVAPOTRANSPIROMÈTRE n. m. Instrument constitué par un récipient rempli de terre recouverte de végétation et destiné à la mesure de l'évapotranspiration.

ÉVARISTE *(saint)* [† 105], pape de 97 à 105, et peut-être martyr.

ÉVARRONNAGE n. m. (de *varron*). Lutte contre les larves de varrons, par pulvérisation de produits chimiques sur la peau des bovins contaminés.

ÉVASEMENT n. m. **1.** État de ce qui est évasé ; orifice ou sommet élargi : *L'évasement d'une vasque.* — **2.** Élargissement produit par le tir, à la bouche d'un canon.

ÉVASER v. t. (de *vase*) [conj. 3]. Élargir l'orifice ou l'ouverture d'un tuyau, d'un trou d'un vêtement.
◆ **s'évaser** v. pr., **être évasé** v. pass. Être beaucoup plus large à un extrémité : *Une jupe évasée.*

ÉVASIF, IVE adj. (de *évasion*). Qui cherche à éluder une décision, une affirmation catégorique, qui reste imprécis, vague : *Faire une réponse évasive.*

ÉVASION n. f. (bas lat. *evasio, -onis,* du lat. class. *evadere,* s'évader). **1.** Action de s'évader d'un lieu où on est retenu de force : *Évasion d'un détenu.* — **2.** Action de se soustraire à l'emprise de qqch, à la monotonie, à la fatigue de la vie quotidienne : *Roman qui permet l'évasion.* — **3.** *Évasion fiscale,* fait d'un contribuable qui parvient, par des moyens légaux, à ne pas payer l'intégralité de l'impôt qu'il devrait payer. (Syn. FUITE DEVANT L'IMPÔT.) ‖ *Évasion de capitaux,* exportation ou maintien à l'étranger de capitaux dont le détenteur a en vue leur protection contre la politique économique et fiscale de son pays.

ÉVASIVEMENT adv. De façon évasive, vague : *Répondre évasivement.*

ÉVASURE n. f. Ouverture évasée.

EVATT (Herbert Vere), homme politique australien (East Maitland, Nouvelle-Galles-du-Sud, 1894 - Canberra 1965). Ministre des gouvernements travaillistes de 1941 à 1949, il dirigea le parti de 1951 à 1960. Il a été président de l'Assemblée générale de l'O. N. U. de 1948 à 1949.

ÉVAUX-LES-BAINS (23110), ch.-l. de cant. de la Creuse, près du Cher ; 1 766 hab. *(Évahonniens).* Sources thermales (rhumatismes et affections gynécologiques et veineuses). Église médiévale.

EVDOKIMOV (Paul), théologien orthodoxe français (Saint-Pétersbourg 1900 - Meudon 1970). Professeur de théologie morale à l'Institut Saint-Serge de Paris, il a écrit notamment : *l'Orthodoxie* (1960), *les Âges de la vie spirituelle* (1965), *l'Art de l'icône. Théologie de la beauté* (1970).

ÈVE n. f. Rainure permettant, dans une serrure, le guidage d'une pièce mobile par translation (pêne demi-tour).

ÈVE, nom de la première femme et mère de tout le genre humain, selon la Bible (Genèse, III, 20). Son nom signifie « mère des vivants ». Séduite par le serpent, Ève cueillit le fruit défendu et entraîna Adam dans sa faute, qui fut le premier péché, dit péché originel. Adam et Ève eurent trois fils, Caïn, Abel et Seth, et plusieurs filles. — *Fille d'Ève,* femme, en général péjor., femme curieuse ou frivole. ‖ *Ne connaître qqn ni d'Ève ni d'Adam,* ne pas le connaître du tout, n'avoir jamais entendu parler de lui.

ÈVE (Nicolas), relieur parisien († 1851). Il fut libraire de l'Université et relieur du roi. — Son fils CLOVIS († 1634) lui succéda en 1584. Ses reliures royales présentent le plus souvent un semis de fleurs de lis et de H couronnés pour Henri IV, un semis de L couronnés pour Louis XIII. Un type plus simple de décor est celui appelé ultérieurement *à la Duseuil.*

ÉVÊCHÉ n. m. (lat. ecclés. *episcopatus*). **1.** Territoire relevant de la juridiction d'un évêque. — **2.** Ville où se trouve la résidence de l'évêque. — **3.** Palais épiscopal.

ÉVÊCHÉS (les **Trois-**) ⟶ TROIS-ÉVÊCHÉS.

ÉVECTION n. f. (lat. *evectio, -onis,* action de s'élever en l'air). Inégalité périodique du mouvement de la Lune, due aux variations de l'excentricité de l'orbite lunaire.

ÉVEIL n. m. (de *éveiller*). **1.** *Litt.* Action de sortir de son sommeil, de son engourdissement : *L'éveil de la nature au printemps.* — **2.** Fait de se révéler en parlant d'un sentiment, d'une faculté : *L'éveil de la sensibilité.* — **3.** Fait pour qqn de commencer à s'intéresser à qqch et à le comprendre : *Éveil des enfants aux mathématiques.* — **4.** *Activités* ou *disciplines d'éveil,* activités qui, dans le cadre de l'école élémentaire, introduisent une sensibilisation à la vie quotidienne. (Elles regroupent l'histoire, la géographie, les sciences d'observation et les activités artistiques.) ‖ *Donner l'éveil à qqn,* le mettre en garde, attirer son attention. ‖ *En éveil,* attentif, sur ses gardes.

ÉVEILLER v. t. (lat. pop. **exvigilare,* du lat. class. *evigilare*) [conj. 4]. **1.** *Litt.* Tirer qqn du sommeil : *Ma mère m'éveilla au petit matin.* — **2.** Susciter, provoquer la manifestation, l'apparition d'un sentiment, d'une aptitude (chez qqn), les faire naître : *Ceci éveilla ma curiosité.* — **3.** *Éveiller l'attention de qqn,* le rendre vigilant. ‖ *N'éveiller aucun écho chez qqn,* ne déclencher aucune réaction.

◆ **être éveillé** v. pass. **1.** Avoir l'intelligence vive et alerte : *Un enfant éveillé.* — **2.** *Rêve éveillé,* celui que l'on a sans dormir ; imagination utopique.

◆ **s'éveiller** v. pr., **être éveillé** v. pass. **1.** Sortir du sommeil, cesser de dormir : *Rester éveillé une partie de la nuit.* — **2.** *Litt.* Cesser d'être engourdi : *Au printemps, la nature s'éveille.* — **3.** Être épanoui, plein de vivacité : *Une intelligence éveillée.*

◆ **s'éveiller** v. pr. Commencer à s'intéresser à qqch, l'éprouver pour la première fois : *S'éveiller à l'amour.*

ÉVEILLEUR, EUSE n. *Litt.* Personne qui éveille l'intelligence, favorise le développement des idées : *Un éveilleur d'idées.*

ÉVEINAGE n. m. (de *veine*). Ablation des veines variqueuses des membres inférieurs. (Syn. STRIPPING.)

ÉVÉNEMENT n. m. (lat. *evenire,* advenir). **1.** Tout ce qui se produit, arrive ou apparaît : *Relater les événements de la journée.* — **2.** Fait d'une importance toute particulière : *Cette rencontre fut l'événement de sa vie.* — **3.** Fait marquant de l'actualité : *Cet assassinat a fait l'événement du mois.* — **4.** *Attendre un heureux événement,* être enceinte. • **Phys.** Phénomène considéré comme localisé et instantané, survenant en un point et un instant bien déterminés. — **Probab.** Partie d'un univers Ω réalisée quand l'une des éventualités la composant se réalise. — **Psychol.** Tout ce qui est capable de modifier la réalité interne d'un sujet (fait extérieur, représentation, etc.).

◆ **événements** n. m. pl. **1.** Ensemble des faits qui créent telle ou telle situation, telle conjoncture : *Les événements ont pris une tournure fâcheuse.* — **2.** Ensemble des faits marquants de l'actualité, en partic. troubles politiques ou sociaux graves : *Les événements de mai 68.*

ÉVÉNEMENTIEL, ELLE adj. Qui se borne à la narration des événements suivant l'ordre chronologique : *Histoire événementielle.*

EVENEPOEL (Henri), peintre belge (Nice 1872 - Paris 1899). Formé à Bruxelles et à Paris (élève de G. Moreau), il pratiqua un art raffiné, proche de celui des nabis.

ÉVENT n. m. (de *éventer*). **1.** Altération du vin due à une oxydation et à un excès d'acétaldéhyde qui lui donne un goût de « mâché ». — **2.** Petite ouverture destinée à laisser passer la flamme d'une amorce qui doit enflammer une charge de poudre. — **3.** Trou pratiqué dans le canon d'une arme pour dériver la partie des gaz destinés à assurer son fonctionnement. — **4.** Chacun des orifices ménagés dans un moule de fonderie, par lesquels s'échappent l'air et les gaz. — **5.** Orifice de dégazage placé au point haut d'un réservoir, d'une tour, d'une tuyauterie. — **6.** Opération consistant à donner de l'air à une étoffe sortant du bain de teinture. — **7.** Chez les cétacés, orifice des narines. (C'est par les évents que jaillit le « souffle » caractéristique des baleines.) — **8.** *Donner de l'évent à une pièce de vin,* y pratiquer une petite ouverture pour que l'air pénètre.

ÉVENTAIL n. m. (pl. *éventails*) [de *éventer,* d'apr. *vantail*]. **1.** Accessoire portatif formé d'une monture articulée, repliable, habillée de papier, de tissu ou de peau très fine, dont on se sert pour s'éventer. – **2.** Ensemble d'éléments de même catégorie qui offrent, à l'intérieur de certaines limites, une grande diversité : *Un éventail d'articles bon marché.* – **3.** Forme donnée aux arbres, en bordure d'allée, dont la cime est élargie dans le sens de l'allée et réduite dans le sens transversal. – **4.** *En éventail,* déployé en forme d'éventail ouvert. ‖ *Voûte en éventail* (angl. *fan vault*), type de voûte très ouvragée que l'on rencontre dans le gothique perpendiculaire anglais (cloître de la cathédrale de Gloucester, 2e moitié du XIVe s.).

ÉVENTAILLERIE n. f. Industrie ou commerce des éventails.

ÉVENTAILLISTE n. Fabricant d'éventails.

ÉVENTAIRE n. m. (p.-ê. de *inventaire*). **1.** *Vx.* Plateau que certains marchands ambulants, les ouvreuses de cinéma, etc., portent devant eux et où ils étalent leur marchandise. – **2.** Étalage de marchandises à vendre, disposé à l'extérieur du magasin, sur la voie publique, sur un marché.

ÉVENTEMENT n. m. **1.** État de ce qui est éventé, altéré : *L'éventement du vin.* – **2.** Altération du plâtre, de la chaux, du ciment, au contact de l'air.

ÉVENTER v. t. (lat. pop. **exventare,* du lat. class. *ventus,* vent) [conj. 3]. **1.** Exposer qqch à l'air : *Éventer les vêtements enfermés dans l'armoire.* – **2.** Donner à qqn une sensation de fraîcheur en agitant l'air autour de lui : *Éventer un malade.* – **3.** Flairer les émanations qu'apporte le vent, pour suivre la piste d'un autre animal : *Chien de chasse qui évente un lièvre.* – **4.** Découvrir qqch de caché, de mystérieux : *Éventer un secret.* – **5.** Remuer le grain et l'aérer pour qu'il ne s'échauffe pas.

◆ **s'éventer** v. pr., **être éventé** v. pass. **1.** Se rafraîchir en agitant l'air autour de soi : *S'éventer avec un journal.* – **2.** S'altérer au contact de l'air, perdre ses qualités : *Du vin éventé.* – **3.** Être découvert, connu : *Un complot éventé.*

ÉVENTRATION n. f. (de *éventrer*). Sortie des viscères abdominaux hors de la paroi abdominale. (Les éventrations peuvent être *spontanées* ou *traumatiques.*)

ÉVENTRER v. t. (conj. 3). **1.** Ouvrir le ventre d'un animal, de qqn, par des moyens violents, faire périr en ouvrant le ventre. – **2.** Ouvrir largement qqch de force, en déchirant, en défonçant : *Une bombe a éventré l'immeuble.*

ÉVENTREUR n. m. Assassin qui tue à l'arme blanche : *Jack l'Éventreur.*

ÉVENTUALITÉ n. f. **1.** Caractère de ce qui est éventuel, de ce qui peut se produire : *Considérer l'éventualité d'une guerre.* – **2.** Fait qui peut se produire, survenir : *Son départ est une éventualité que je ne veux pas envisager.*

ÉVENTUEL, ELLE adj. (lat. *eventus,* événement). **1.** Qui dépend des circonstances, de la suite des événements : *Les bénéfices éventuels dépendent de l'évolution du marché.* – **2.** Qui est capable de remplir une fonction, si les circonstances l'exigent : *Il m'a présenté son remplaçant éventuel.*

◆ **éventuel** n. m. Ce qui appartient au futur contingent. (En français, l'éventuel est exprimé dans le système verbal par le conditionnel.)

ÉVENTUELLEMENT adv. D'une manière éventuelle.

ÉVÊQUE n. m. (lat. ecclés. *episcopus,* du gr. *episkopos,* surveillant). **1.** Dans les Églises catholiques et orientales, dignitaire de l'Église qui possède la plénitude du sacerdoce et qui a régulièrement la direction spirituelle d'un diocèse. – **2.** Dans plusieurs Églises réformées, dignitaire ecclésiastique. – **3.** *En bonnet d'évêque,* façon de présenter une serviette de table pliée en forme de mitre. ‖ *Évêque métropolitain,* syn. de ARCHEVÊQUE.

ENCYCL.

• *Successeurs des Apôtres,* les *évêques catholiques* forment un collège épiscopal, garant et serviteur de l'authenticité du témoignage apostolique à travers les âges et les lieux. L'évêque *résidentiel* est le pasteur d'un diocèse régulièrement constitué ; il a reçu l'ordination épiscopale et la juridiction de Rome sur un diocèse déterminé. L'évêque *auxiliaire* est nommé pour aider l'évêque résidentiel. L'évêque *coadjuteur* est nommé dans le même but mais avec droit de succession. L'évêque est dit *exempt* lorsqu'il dépend immédiatement du Siège apostolique. Il est dit *suffragant* lorsque son siège diocésain est dépendant d'un siège métropolitain. L'évêque exerce les tâches d'enseignement, de sanctification et de gouvernement. Depuis Vatican II (1962-1965), il est au centre d'instances collégiales qui permettent au clergé et aux laïcs du diocèse de participer à la vie de l'Église locale. C'est au cours de son ordination, dite parfois et improprement « sacre », que l'évêque reçoit les insignes de sa fonction : la *croix pectorale,* l'*anneau,* la *mitre* et la *crosse.*
Depuis 1966, Rome demande aux évêques résidentiels de présenter leur démission à l'âge de 75 ans, se réservant la faculté de maintenir tel ou tel évêque au-delà de cette limite.

• *Les évêques protestants* existent dans plusieurs des Églises de la Réforme : l'Église anglicane, dite d'ailleurs « Église épiscopale » ; les Églises luthériennes de Scandinavie et de l'ex-U. R. S. S. ; les méthodistes épiscopaux ; les calvinistes hongrois ; les moraves... Les Églises luthériennes d'Allemagne et de France ont conservé à la tête de leurs diocèses un dignitaire qu'on nomme parfois « évêque », mais dont les pouvoirs sont limités par des consistoires.

EVERAERTS (Jan), humaniste belge de langue néerlandaise, également appelé **Janus Secundus,** ou **Jean Second** (La Haye 1511 - Tournai 1536), auteur de petits poèmes érotiques écrits dans un style délicat et coloré *(Baisers).*

EVERE, comm. de Belgique (Bruxelles-Capitale), banlieue N.-E. de Bruxelles ; 31 000 hab.

EVEREST *(mont),* la plus haute montagne du globe, dans l'Himālaya, à la frontière entre le Népal et le Tibet ; 8 846 m. La montagne fut découverte au milieu du XIXe s. et reçut le nom de Peak XV. Son nom définitif lui fut donné en 1865 en l'honneur de sir George Everest. Le nom tibétain est *Chomo Lungma* (« Déesse mère du Monde »). Dès 1924, E. F. Norton atteignit 8 560 m. Mais ce n'est qu'en 1953 (le 29 mai) et par le versant népalais que le sommet fut atteint par le Néo-Zélandais E. Hillary et le Sherpa Tenzing Norgay, de l'expédition britannique de J. Hunt.

EVEREST (*sir* George), géodésien britannique (Gwernvale, Brecknockshire, 1790 - Londres 1866). Il se consacra au développement de la triangulation de l'Inde et de sa cartographie et contribua à préciser les dimensions de l'ellipsoïde terrestre. La plus haute cime du monde porte son nom.

EVERETT, port des États-Unis (Washington), au N. de Seattle ; 55 000 hab. Aéronautique.

EVERGEM, comm. de Belgique (Flandre-Orientale) ; 29 000 hab.

ÉVERGÈTE adj. (gr. *euergetês,* bienfaisant). Épithète donnée à plusieurs souverains lagides, signe de leur caractère divin.

EVERGLADES (les), région marécageuse des États-Unis dans la Floride méridionale. Parc national (5 700 km²).

EVERGLAZE adj. (mot déposé). Se dit d'un traitement d'apprêt appliqué à certains tissus de coton (notamment des cretonnes imprimées) pour leur communiquer un brillant plus ou moins permanent.
◆ n. m. Tissu de coton ou d'autres fibres, cloqué ou façonné, revêtu d'un apprêt glacé.

ÉVERSER (S') v. pr., **ÊTRE ÉVERSÉ** v. pass. (lat. *eversus,* de *evertere,* retourner). En parlant des canines du sanglier, être incurvées vers le dehors.

ÉVERSION n. f. (lat. *eversio, -onis,* renversement). **1.** Renversement d'une muqueuse au niveau d'un orifice naturel, où elle forme un bourrelet débordant. (Par ex. *éversion de la muqueuse palpébrale.*) — **2.** Caractère des lèvres qui sont à la fois très épaisses et retroussées, fréquent dans beaucoup de populations africaines.

EVERT (Chris), joueuse de tennis américaine (Fort Lauderdale 1954), qui a remporté tous les grands tournois internationaux : Roland-Garros (1974, 1975, 1979, 1980, 1983, 1985 et 1986), Wimbledon (1974, 1976 et 1981), Forest Hills et Flushing Meadow (1975, 1976, 1977, 1978, 1980 et 1982).

ÉVERTUER (S') v. pr. (de *vertu,* courage) [conj. 7]. Faire de gros efforts, prendre beaucoup de peine pour faire qqch : *Il s'évertua à cacher la vérité.*

EVETRIA n. m. (gr. *euêtrios,* bien tissé). Papillon (tortricité) dont la chenille attaque les bourgeons terminaux du pin.

ÉVHÉMÈRE, philosophe grec (Messène ? v. 340 - v. 260 av. J.-C.). Selon lui, les dieux ne sont que des hommes importants que la crainte, l'ignorance ou l'habitude a placés sur un piédestal leur donnant l'immortalité et la toute-puissance.

ÉVHÉMÉRISME n. m. (de *Évhémère,* n. pr.). Conception rationaliste de la mythologie, propre à Évhémère et à ses partisans.

ÉVHÉMÉRISTE adj. et n. Qui relève de l'évhémérisme ; qui en est partisan.

ÉVIAN-LES-BAINS (74500), ch.-l. de cant. de la Haute-Savoie, sur la rive S. du lac Léman ; 7 027 hab. *(Évianais).* Évian est l'une des plus importantes stations thermales et climatiques françaises (maladies de l'appareil urinaire, maladies métaboliques). Eaux de table. Casino.

Évian *(accords d')* [18 mars 1962], accord conclu entre le gouvernement français et les représentants du F. N. L. La France reconnaissait l'indépendance de l'Algérie et l'intégrité de son territoire, y compris le Sahara.

ÉVICTION n. f. (bas lat. *evictio, -onis*). **1.** Action d'évincer, fait d'être évincé : *Demander l'éviction du lycée d'un élève.* — **2.** Perte d'un droit sur une chose en raison de l'existence d'un droit d'un tiers sur une même chose. — **3.** Ensemble d'effets négatifs qu'occasionne l'accumulation des émissions d'emprunts publics sur les marchés financiers en réduisant ou en empêchant l'accès à ces marchés des emprunteurs privés. — **4.** *Éviction scolaire,* interdiction faite à un enfant atteint d'une maladie contagieuse* de se rendre à l'école. ‖ *Indemnité d'éviction,* indemnité due à un locataire commercial en cas de non-renouvellement de son bail.

ÉVIDAGE n. m. **1.** Syn. de ÉVIDEMENT. — **2.** Découpage dans la pâte encore molle des parties à enlever pour ajourer une céramique.

ÉVIDEMENT n. m. 1. Action d'évider. (Syn. ÉVIDAGE.) – 2. État de ce qui est évidé. – 3. Opération consistant à vider une cavité naturelle ou pathologique de son contenu. – 4. *Évidement pétromastoïdien,* opération consistant à creuser la mastoïde et à transformer en une seule cavité largement ouverte la mastoïde et la caisse du tympan.

ÉVIDEMMENT [-damɑ̃] adv. 1. De façon évidente, à l'évidence : *Cette agitation présageait évidemment une décision importante.* – 2. Renforce une affirmation.

ÉVIDENCE n. f. (lat. *evidentia*). 1. Caractère de ce qui est évident, immédiatement perçu comme vrai : *L'évidence d'un axiome.* – 2. Ce qui est évident : *Démontrer une évidence.* – 3. *À l'évidence,* d'une manière incontestable. ‖ *De la dernière évidence, de toute évidence,* sans aucun doute. ‖ *En évidence,* nettement apparent, immédiatement en vue. ‖ *Mettre qqch en évidence,* le démontrer d'une manière manifeste. ‖ *Se mettre en évidence,* se placer, agir de manière à attirer sur soi l'attention. ‖ *Se refuser à l'évidence, nier l'évidence,* persister à contester ce que tous perçoivent comme évident. ‖ *Se rendre à l'évidence,* reconnaître qqch dont l'existence ou la vérité apparaît indubitable.

ÉVIDENT, E adj. (lat. *evidens, -entis,* de *videre,* voir). 1. Qui est d'une certitude absolue et s'impose à l'esprit : *Cet élève fait des progrès évidents.* – 2. Fam. *Ne pas être évident,* ne pas être facile à faire, à comprendre.

ÉVIDER v. t. (de *vider*) [conj. 3]. 1. Creuser qqch, un bloc de pierre, une pièce de bois, de métal, en enlever une partie à la surface pour l'échancrer, le canneler, le sculpter, etc. – 2. Creuser un légume ou un fruit pour le remplir d'une préparation ou d'une farce.
◆ **être évidé** v. pass. 1. En héraldique, syn. de (ÊTRE) PERCÉ. – 2. *Escalier évidé,* escalier à vis sans noyau. ‖ *Fer évidé,* fer à dorer dont le motif est seulement cerné par un filet (XVIᵉ s.).

ÉVIER n. m. (anc. fr. *eve,* eau, du lat. pop. **aquarium,* égout). Cuve munie d'une alimentation en eau et d'une vidange, dans laquelle s'effectuent les lavages domestiques à la main, en particulier la vaisselle.

ÉVINCEMENT n. m. Action d'évincer qqn d'un poste, d'une dignité ; fait d'être évincé.

ÉVINCER v. t. (lat. *evincere,* vaincre complètement) [conj. 16]. 1. Empêcher qqn d'accéder à une fonction ou l'en déposséder, lui en interdire l'accès ou l'éliminer par intrigue ou manœuvre : *Évincer un concurrent.* – 2. Déposséder juridiquement un possesseur de bonne foi.

ÉVISA (20126), comm. de la Corse-du-Sud, à l'E. du golfe de Porto ; 265 hab. Station estivale.

ÉVISCÉRATION [-vise-] n. f. 1. Action d'éviscérer. – 2. Sortie des viscères abdominaux, provoquée par la désunion d'une plaie opératoire, imposant une réintervention d'urgence.

ÉVISCÉRER [-vise-] v. t. (lat. *eviscerare,* de *viscus, -eris,* entrailles) [conj. 18]. Enlever les entrailles : *Éviscérer un cadavre.*

ÉVITABLE adj. Qui peut être évité.

ÉVITAGE n. m. (de *éviter*). 1. Changement de direction du cap d'un navire à l'ancre, sous l'effet du vent ou de la marée. – 2. Changement cap pour cap d'un navire, au moyen d'amarres ou avec la machine. – 3. *Cercle d'évitage,* zone réservée à l'évitage des navires dans un avant-port.

ÉVITE-BOSSE ou **ÉVITE-BUTTE** n. f. (pl. *évite-bosses* ou *évite-buttes*). Dans un triage ferroviaire, voie de circulation entre le faisceau de réception et le faisceau de débranchement, permettant de passer de l'un à l'autre sans utiliser la voie de la bosse de débranchement.

ÉVITEMENT n. m. (de *éviter*). *Évitement de circulation,* voie doublant une voie principale sur une longueur suffisante pour permettre le garage momentané d'un train en vue de son dépassement par un autre train. (Syn. anc. GARAGE ACTIF.) ‖ *Manœuvre d'évitement,* manœuvre de dérobade d'un avion pris dans un tir d'artillerie antiaérienne ou de missiles sol-air ou air-air. ‖ *Réaction d'évitement,* réaction par laquelle un individu évite de recevoir un stimulus nocif. ‖ *Voie d'évitement,* dans une gare d'une ligne à voie unique, voie principale dédoublant la voie directe et accessible à ses deux extrémités, utilisée en cas de croisement ou de dépassement d'un train par un autre.

ÉVITER v. t. (lat. *evitare,* fuir) [conj. 3]. 1. Faire en sorte que qqch (de pénible, de risqué) ne se produise pas : *Vous avez évité la catastrophe de justesse.* – 2. Permettre à qqn d'échapper à qqch de dangereux ou de pénible, le lui épargner : *J'irai chez vous, cela vous évitera de vous déplacer.* – 3. S'efforcer de ne pas faire qqch, de ne pas user de qqch : *Éviter les dépenses inutiles.* – 4. Passer à côté de qqch : *Cheval qui évite l'obstacle.* – 5. Se soustraire à qqch de dangereux, de pénible : *Il évite mon regard.* – 6. Ne pas être atteint par un coup : *Il évita adroitement la balle.* – 7. Fuir qqn, faire en sorte qu'on ne se trouve pas en sa présence : *Je vois bien qu'il m'évite.*
◆ v. i. En parlant d'un navire, faire un évitage.
◆ **s'éviter** v. pr. Faire en sorte d'échapper à qqch (de pénible) : *S'éviter des soucis.*

ÉVOCABLE adj. Que l'on peut évoquer.

ÉVOCATEUR, TRICE adj. (de *évoquer,* d'apr. lat. *evocator, -oris*). Qui a la propriété de faire naître des images, des souvenirs, des représentations dans l'esprit : *Un style très évocateur.*

ÉVOCATION n. f. (lat. *evocatio, -onis*). **1.** Appel à comparaître lancé par le magicien dans des formes rituelles à des esprits ; cette comparution même. – **2.** Action de rappeler qqch d'oublié, de rendre présents à l'esprit des souvenirs : *L'évocation des années passées.* – **3.** Action de mentionner qqch, de faire allusion à qqch. – **4.** Droit pour une cour d'appel, saisie de certains jugements de première instance, de s'emparer de toute l'affaire et de statuer sur l'appel et le fond du procès par une seule et même décision.

ÉVOCATOIRE adj. (lat. *evocatorius*). *Litt.* Qui donne lieu à une évocation des esprits : *Sorcellerie évocatoire.*

ÉVOÉ ! ou **ÉVOHÉ !,** interj. (lat. *evoe,* du gr. *euoi*). Cri des bacchantes en l'honneur de Dionysos.

ÉVOLAGE n. m. (anc. fr. *eve,* eau). **1.** Dans les Dombes, période pendant laquelle un étang est en eau et consacré à la pisciculture. – **2.** Étang mis en eau pendant cette période.

ÉVOLAGISTE n. Exploitant d'un évolage.

ÉVOLUER v. i. (de *évolution*) [conj. 7]. **1.** Accomplir des mouvements variés dans l'air : *Avions qui évoluent dans le ciel.* – **2.** Se déplacer en se comportant de telle ou telle manière, en partic. se mouvoir en dansant : *Les couples évoluaient dans la salle.* – **3.** Exécuter des mouvements d'ensemble, en parlant d'unités militaires : *Faire évoluer sur le terrain un escadron de gendarmerie.* – **4.** Passer d'un état à un autre, par des phases successives, en progressant ou en s'aggravant : *La crise évolue lentement vers sa solution.* – **5.** Se transformer psychologiquement, modifier sa manière de penser, de se conduire : *Il a beaucoup évolué depuis dix ans.* – **6.** En parlant d'un bateau, accomplir un mouvement au moyen de la barre et du moteur pour changer de cap. – **7.** Jouer, notamm. en compétition : *Footballeur qui évolue en première division.*

◆ **être évolué** v. pass. **1.** Avoir atteint un certain degré de développement économique, technique, social, culturel : *Les pays évolués.* – **2.** Avoir atteint une certaine indépendance d'esprit, avoir des idées larges, être compréhensif en raison de la culture acquise.

ÉVOLUTIF, IVE adj. (de *évolution*) **1.** Qui est susceptible de transformations progressives : *Situation évolutive.* – **2.** Se dit d'une maladie dont l'évolution est continue, le plus souvent vers l'aggravation.

ÉVOLUTION n. f. (lat. *evolutio, -onis,* de *evolvere,* dérouler). **1.** Passage progressif d'un état à un autre : *L'évolution de la mode.* – **2.** Succession des phases par lesquelles passe un processus pathologique : *Étudier l'évolution d'une tumeur.* – **3.** Transformation du caractère, du comportement, des opinions de qqn au cours du temps : *Observer l'évolution d'un homme politique.* – **4.** Ensemble de ces modifications, stade atteint dans ce processus, considérés comme un progrès ; développement : *Être arrivé à un haut degré d'évolution.* – **5.** Ensemble des changements subis au cours des temps géologiques par les lignées animales et végétales, ayant eu pour résultat l'apparition de formes nouvelles. (→ *encycl.*)

◆ **évolutions** n. f. pl. **1.** Mouvements divers suivis ou coordonnés : *Les évolutions d'un acrobate.* – **2.** Mouvement ordonné, exécuté par une troupe, des véhicules, des navires, des avions, dans une formation précise fixée d'avance.

ENCYCL. **Biol.** Les faits d'*évolution biologique naturelle* ne pouvant ni être reproduits expérimentalement ni être constatés à l'échelle du siècle, seule la connaissance des formes fossiles a permis de dégager certaines lois de succession des formes, dont la meilleure interprétation est qu'elles expriment une filiation.

1° *loi des radiations évolutives :* un ancêtre commun non spécialisé peut engendrer des descendants très divers, adaptés chacun à une niche écologique particulière (ex. les marsupiaux d'Australie) ;

2° *loi d'irréversibilité :* une espèce disparue ne reparaît jamais à l'identique ; un organe disparu non plus ;

3° *loi d'augmentation de la taille :* dans la plupart des lignées animales, les descendants sont plus grands que leurs ancêtres (il n'en va pas de même chez les végétaux) ;

4° *loi de diminution du nombre des organes homologues :* le nombre de dents des mammifères, le nombre des doigts de leur patte, le nombre d'appendices des arthropodes, le nombre d'étamines des fleurs, etc., diminuent ordinairement par évolution ;

5° *loi de complexification :* en général, le degré de complexité du descendant est supérieur à celui de son ancêtre ;

6° *lois des changements de milieu :* toute espèce terrestre a des ancêtres aquatiques, toute espèce parasite a des ancêtres libres ;

7° *loi des connexions :* un organe qui évolue conserve pourtant les mêmes connexions avec les organes voisins ;

8° *loi de récapitulation :* le développement embryonnaire est souvent une répétition sommaire et accélérée de l'évolution de la lignée.

ÉVOLUTIONNISME n. m. **1.** Doctrine ou théorie explicative de l'évolution des espèces au cours des âges. (S'oppose au *fixisme*.) — **2.** Doctrine anthropologique et sociologique qui considère que toute culture est le résultat d'un processus constant d'évolution. (→ *encycl.* Sociol.)

ENCYCL. **Biol.** → ÉVOLUTION (article et tableaux).
— **Sociol.** L'évolutionnisme a été soutenu par Morgan à propos des sociétés non industrielles. Cette doctrine reposait sur l'hypothèse que les ruptures culturelles et sociales étaient liées aux phénomènes économiques. Ce point de vue, malgré la caution qu'Engels a portée à la théorie de Morgan, n'était pas dans la ligne du matérialisme dialectique. Le malentendu s'est dissipé après la Seconde Guerre mondiale, époque à laquelle, avec la désintégration des empires coloniaux et les contacts étroits avec la société

ÉVOLUTION BIOLOGIQUE : LES THÉORIES

Toutes les théories de la parenté entre espèces vivantes se répartissent entre trois hypothèses qui, ensemble, couvrent tout le champ des possibles.

hypothèse	*déductions, conclusions, exemples*
1. Tout peut être issu de tout : hétérogénisme, transformisme brutal, spontanéisme	Notion antique des *métamorphoses :* théorie de la génération spontanée ; « Jeux de la Nature ». Une ressemblance entre espèces ne prouve aucune parenté réelle. L'arbre barometz peut engendrer des moutons, le mollusque anatife des canards, la viande avariée des asticots, etc.
2. Rien ne peut être issu de rien d'autre : fixisme	Chaque espèce procède d'un acte spécial de Dieu, l'espèce ne peut pas changer ; elle ne peut disparaître que sous l'effet d'une catastrophe (*créationnisme ;* Georges Cuvier, Alcide d'Orbigny). Les ressemblances sont dues à un « plan de composition de la nature » conçu par Dieu. Peut-être, notion intuitive de « niche écologique ».
3. Toute espèce est issue d'une autre espèce peu différente : évolutionnisme	Aussitôt, plusieurs questions se posent : A. *L'évolution est-elle lente et continue ou brusque et désordonnée ?* • *Pour l'évolution lente :* les orthogenèses, conduisant parfois jusqu'à l'hypertélie. • *Pour l'évolution brusque :* les mutations (Hugo De Vries). B. *L'évolution est-elle inscrite dans l'hérédité, provient-elle du milieu extérieur ou est-elle le fait du hasard ?* • *Pour l'hérédité :* théories de l'hologenèse. Faits : – ressemblance de l'embryon avec les ancêtres de l'espèce (loi de Serres) ; – ressemblance de l'adulte avec les embryons des ancêtres (néoténie ; Bolk). • *Pour le milieu :* postadaptation (Lamarck). Fait contraire : la non-hérédité des caractères acquis. • *Pour le hasard :* mutations létales ou nuisibles, « monstres ». C. *Pourquoi l'évolution conduit-elle à des progrès ?* • Par *survivance* exclusive des plus aptes, c.-à-d. *sélection naturelle* (Ch. Darwin). • Par *occupation de places vides* avec préadaptation (L. Cuénot). • Par *modelage* sous l'effet du comportement (J. B. Lamarck). D. *Comment savoir qui descend de qui ?* • Par *datation* des plus anciens vestiges de chaque type. • Par les *indicateurs de phylogénie,* judicieusement choisis et parfois opposés à la classification, du fait des illusions créées par les convergences *(cladistique).*

ÉVOLUTION BIOLOGIQUE :
LES FAITS

1. Dans le monde vivant actuel :

• A. Une *classification* est possible entre les espèces, qui offrent tous les degrés de ressemblance et de différence.

• B. Certaines *ressemblances* sont si générales qu'elles démontrent l'*unité* profonde de tout le monde vivant.

• C. La moindre *différence* empêche le croisement de deux espèces et l'apparition d'hybrides fertiles, d'où une certaine *fixité* (relative) des espèces.

2. Au cours du passé de la Terre (paléontologie) :

• A. De nombreux *changements progressifs de forme* (orthogenèse) sont constatés.

• B. D'une même souche généralisée sont issues, par *radiation évolutive,* des formes adaptées à des modes de vie et à des milieux différents.

• C. Les *connexions* des organes ne sont pas affectées par l'évolution, d'où la notion d'*organes homologues.*

• D. Il existe des *lois du changement* : augmentation de la taille, diminution du nombre des organes de même nature (doigts, dents, étamines).

• E. Certaines espèces restent *sans aucun changement* depuis 300 millions d'années.

• F. Le *développement individuel* peut être poussé *moins loin* (néoténie) chez le descendant que chez son ancêtre supposé ou *plus loin.*

• G. Les *disparitions* d'espèces ont les causes les plus diverses et peuvent, entre autres, être dues à la concurrence victorieuse d'espèces évoluées contre les formes ancestrales. Cette *substitution* ne semble pas l'expression d'une tendance interne de l'espèce à évoluer *(hologenèse).*

industrielle occidentale des anciennes colonies, de nouvelles théories apparaissent. Celles-ci, notamment avec Steward, proposent des modèles évolutifs des sociétés traditionnelles, en faisant intervenir la notion de « paliers d'intégration » au sein des phénomènes d'acculturation.

ÉVOLUTIONNISTE adj. et n. Relatif à l'évolutionnisme ; partisan de l'évolutionnisme.

ÉVOLUTIVITÉ n. f. Potentiel évolutif d'une affection ou d'une tumeur.

ÉVOQUER v. t. (lat. *evocare,* appeler à soi) [conj. 3]. **1.** Faire apparaître des esprits, des démons par des prières, des incantations, des sortilèges : *Évoquer les âmes des morts.* — **2.** Rappeler qqch au souvenir, en parler : *Évoquer des souvenirs de jeunesse.* — **3.** Faire songer à qqch, le rappeler : *Ces maisons blanches m'évoquaient la Grèce.* — **4.** Faire naître chez qqn la représentation mentale de qqch jusque-là inconnu : *Il évoque ce que pourrait être notre vie dans vingt ans.* — **5.** Faire allusion à qqch, en faire mention : *Évoquer un problème.*
◆ v. i. User du droit d'évocation.

ÉVORA, v. du Portugal, ch.-l. de district et métropole de l'Alentejo ; 34 000 hab. Archevêché. Nombreux momuments : petit temple romain du IIe s. ; fortifications ; cathédrale surtout des XIIe-XIIIe s. (trésor ; cloître gothique du XIVe s.) ; églises, couvent, palais et demeures surtout des XVe-XVIe s., avec éléments de style manuélin.

ÉVRAN (22630), ch.-l. de cant. des Côtes-d'Armor, à 11 km au S.-E. de Dinan ; 1 610 hab.

EVREN (Kenan), général et homme d'État turc (Alaşehir 1918). Il dirige le coup d'État militaire de sept. 1980 et devient président de la République en nov. 1981. Son mandat s'achève en 1989.

ÉVREUX (27000), ch.-l. du dép. de l'Eure, sur l'Iton, à 102 km à l'O.-N.-O. de Paris ; 51 452 hab. *(Ébroïciens).* Cathédrale surtout des XIIe-XVIe s. (importante vitrerie des XIVe et XVe s.). Musée dans l'anc. évêché, de la fin du XVe s. Église St-Taurin, anc. abbatiale (châsse de saint Taurin, chef-d'œuvre de l'orfèvrerie gothique du XIIIe s.). Centre de commandement des forces aériennes stratégiques et siège de l'École des officiers de réserve de l'armée de l'air. Centre administratif et commercial, industrialisé (constructions électriques, chimie, imprimerie, disques), bien desservi par le rail et la route.
— **Hist.** Ancienne cité gallo-romaine, Évreux fut constituée en comté par le duc de Normandie à la fin du Xe s. Celui-ci fut cédé à la France en 1198. Philippe le Bel le donna en apanage à son frère Louis, qui fut ainsi la tige des comtes d'Évreux, dont le plus célèbre fut Charles le Mauvais, roi de Navarre.

ÉVRON (53600), ch.-l. de cant. de l'est de la Mayenne ; 7 174 hab. *(Évronais).* Église romane et gothique, anc. abbatiale (peintures, vitraux) ; bâtiments conventuels du XVIIIe s. Industries alimentaires.

ÉVROS, nom grec de la Marica.

ÉVRY, anc. **Évry-Petit-Bourg,** ch.-l. du dép. de l'Essonne, sur la Seine, en aval de Corbeil-Essonnes, à 27 km au S.-S.-E. de Paris ; 45 854 hab. *(Évryens).* Évry doit son développement à sa promotion administrative (1964), à son choix comme élément de la ville nouvelle qui porte son nom et englobe, autour de Corbeil-Essonnes, les anciens villages de Courcouronnes, Bondoufle, Lisses, Le Coudray-Montceaux. Bien desservi par la route et le rail, Évry est un centre de services et d'industries, développées en même temps que la fonction résidentielle. – Cathédrale (1995) par l'architecte suisse Mario Botta.

EVTOUCHENKO (Ievgueni Aleksandrovitch) → IEVTOUCHENKO.

ÉVULSION n. f. (lat. *evulsio, -onis,* de *evellere,* arracher). En chirurgie, syn. vieilli de EXTRACTION.

EVZONE [evzon] n. m. (gr. *eudzônos,* qui a une belle ceinture). Soldat d'infanterie légère de l'armée hellénique.

EWA, enclave dans le port polonais de Szczecin, attribuée au commerce franc de la République tchèque.

EWAB *(îles)* → KAI (îles).

EWALD (Johannes), poète danois (Copenhague 1743 - *id.* 1781). De facture préromantique, son œuvre lyrique traduit tour à tour la quiétude (*les Félicités de Rungsted,* 1773) et l'angoisse (*le Pénitent,* 1777). L'hymne royal danois a été extrait de sa pièce musicale *les Pêcheurs* (1779).

ÉWÉS, ÉVHÉS ou **ÉOUÉS,** population du groupe kwa situé au Ghana (plus de 1,5 million) et au Togo (moins d'un million).

EWING (*sir* James Alfred), ingénieur et physicien écossais (Dundee 1855 - Cambridge 1935). Ses recherches les plus importantes concernent les machines thermiques et surtout l'aimantation du fer et des autres métaux ou alliages ; en 1882, en même temps que Warburg, il découvrit le phénomène d'hystérésis magnétique et lui donna ce nom. Il a également inventé un sismographe (1881) et étudié la résistance des matériaux.

Ewing *(sarcome d'),* ostéosarcome atteignant les os longs des sujets jeunes.

EX-, préfixe, du lat. *ex,* hors de, qui, placé devant un nom avec un trait d'union, sert à désigner une fonction, un état antérieurs qui ont cessé d'être : *ex-ministre, ex-mari.*

EX n. *Fam.* Époux, épouse dont on est divorcé ; personne avec qui on a eu une relation amoureuse : *Il est venu à la soirée avec son ex.*

EX., abrév. de EXEMPLE.

EXA- (déformation du gr. *heksa,* six). Préfixe SI qui multiplie par 10^{18} [= $(1\,000)^6$] l'unité devant laquelle il est placé.

EX ABRUPTO loc. adv. (lat. *ex abrupto*). De manière abrupte, brusquement.

EXACERBATION n. f. (bas lat. *exacerbatio, -onis*). **1.** État de ce qui est exacerbé, rendu plus aigu : *L'exacerbation de la concurrence.* – **2.** Exagération passagère d'une sensation ou d'un symptôme.

EXACERBER v. t. (lat. *exacerbare,* irriter) [conj. 3]. **1.** Rendre une sensation plus aiguë, plus douloureuse : *Exacerber un mal de dents.* – **2.** Pousser un sentiment, un état à très haut degré, à son paroxysme : *Exacerber la colère. Concurrence exacerbée.*

EXACT, E [egza(kt), -akt] adj. (lat. *exactus,* de *exigere,* achever). **1.** Qui est rigoureusement conforme à la réalité : *Une exacte description des lieux.* – **2.** Qui, étant égal à la grandeur mesurée, exclut toute approximation : *Votre addition n'est pas exacte.* – **3.** Qui est conforme à l'original, au modèle : *Cette copie est l'exacte reproduction du tableau.* – **4.** Qui est parfaitement adéquat à son objet : *Employer le mot exact.* – **5.** Qui correspond au système de référence : *Donner l'heure exacte.* – **6.** Qui est sûr, sur quoi on peut se fonder : *Est-il exact que vous ayez tenu ces propos ?* – **7.** Qui est fait avec rigueur et minutie, qui agit selon les règles prescrites : *Être très exact dans son travail.* – **8.** Qui arrive à l'heure fixée : *Il est toujours exact dans ses rendez-vous.* – **9.** Seul dans une réponse, indique que ce qui vient d'être dit est vrai. – **10.** *Pour être exact (je dirais que),* introduit une précision. ‖ *Sciences exactes,* les mathématiques, l'astronomie, les sciences physiques, par oppos. aux *sciences humaines.*

EXACTEMENT adv. **1.** De façon exacte, avec une grande précision, une grande fidélité : *C'est exactement ce que je voulais dire.* – **2.** Seul dans une réponse, indique un accord complet avec ce qui a été dit : *C'est lui le coupable ? – Exactement.*

EXACTEUR n. m. *Litt.* Celui qui commet une exaction.

EXACTION n. f. (lat. *exactio, -onis,* de *exigere,* faire payer). *Litt.* Action d'exiger ce qui n'est pas dû ou plus qu'il n'est dû.

◆ **exactions** n. f. pl. Actes de violence, sévices commis à l'égard d'une population : *Les envahisseurs se sont rendus coupables d'exactions.*

EXACTITUDE n. f. (de *exact*). **1.** Caractère de ce qui est conforme à la vérité, à la réalité : *L'exactitude d'un récit.* – **2.** Qualité de ce qui est conforme à la grandeur mesurée : *Vérifier l'exactitude d'une division.* – **3.** Qualité de ce qui est parfaitement adéquat à son objet, à la logique : *L'exactitude d'un raisonnement.* – **4.** *Litt.* Qualité de qqn qui met un soin scrupuleux à faire ce qu'il a à faire. – **5.** Qualité de qqn qui arrive à l'heure fixée : *Être d'une parfaite exactitude.* – **6.** Qualité d'un instrument de mesure qui donne les indications conformes à la grandeur mesurée.

EX AEQUO [ɛgzeko] loc. adv. (lat. *ex aequo*). À égalité, sur le même rang : *Candidats classés ex aequo.*
◆ n. inv. Personne qui a obtenu le même rang qu'une autre (surtout pl.) : *Départager les ex aequo.*

EX AEQUO ET BONO loc. adv. (mots latins signif. *à partir de ce qui est juste et bon*). *Juger, statuer ex aequo et bono,* juger, statuer en équité.

EXAGÉRATION n. f. (lat. *exaggeratio, -onis*). **1.** Action de grossir démesurément les proportions des choses : *Tomber dans l'exagération.* – **2.** Parole, écrit empreints d'excès, de démesure : *Les exagérations des journalistes.* – **3.** Caractère de ce qui est excessif : *Exagération de la sensibilité.*

EXAGÉRÉMENT adv. De façon exagérée ; à l'excès.

EXAGÉRER v. t. (lat. *exaggerare,* augmenter) [conj. 18]. **1.** Amplifier qqch, lui donner une importance excessive : *Exagérer les difficultés d'une entreprise.* – **2.** Parler de qqch à qqn en lui donnant des proportions plus grandes qu'il n'a réellement : *Il nous a exagéré les mérites de son fils.* – **3.** Déformer qqch en dépassant les normes habituelles ; donner un caractère excessif à une action : *Exagérer les précautions.*
◆ v. i. Dépasser la mesure, en prendre à son aise : *Vraiment, tu exagères.*
◆ **être exagéré** v. pass. **1.** Aller au-delà de la mesure, la dépasser : *Faire des dépenses exagérées.* – **2.** Manquer de mesure en amplifiant et en déformant la réalité : *Compliments exagérés.*
◆ **s'exagérer** v. pr. Se représenter qqch avec une importance plus grande qu'il n'a en réalité : *Il s'exagère la gravité de la situation.*

EXALBUMINÉ, E adj. Se dit des graines ou des embryons dépourvus d'albumen, les réserves alimentaires étant contenues dans les cotylédons, comme chez le haricot. (Contr. ALBUMINÉ.)

EXALTANT, E adj. Qui exalte, stimule, enthousiasme : *Un travail exaltant.*

EXALTATION n. f. (bas lat. *exaltatio, -onis,* action d'élever). **1.** Action de porter qqch à un plus haut degré de mérite, de gloire : *L'exaltation du travail.* – **2.** *Litt.* Élévation d'un sentiment à un haut degré : *L'exaltation du sentiment religieux.* – **3.** État de surexcitation psychologique habituellement associé à l'euphorie : *État d'exaltation d'un malade mental.* – **4.** Accroissement que subit le pouvoir pathogène d'un germe après un ou plusieurs passages chez l'animal ou chez l'homme. (Contr. ATTÉNUATION.) – **5.** *Exaltation de la sainte Croix,* fête de l'Église célébrée le 14 septembre, en l'honneur de la croix de Jésus-Christ. (Attestée dès le IVe s., cette fête prit un grand éclat après la reconquête de la croix de Jérusalem sur les Perses en 628.)

EXALTÉ, E n. Personne qui est dominée par une passion exclusive ; fanatique.

EXALTER v. t. (lat. *exaltare,* élever, de *altus,* haut) [conj. 3]. **1.** Faire de grands éloges de qqn, d'une action, d'une qualité, célébrer les mérites de qqn : *Exalter la beauté de la jeunesse.* – **2.** Inspirer à qqn de l'enthousiasme, l'enflammer, le transporter : *Les grandes aventures l'avaient exalté dans sa jeunesse.* – **3.** *Litt.* Rendre un sentiment plus violent, plus fort : *Son ingratitude exalta ma rancœur.* – **4.** Rendre une substance plus active, plus agissante : *Exalter la virulence d'un microbe.*
◆ **s'exalter** v. pr., **être exalté** v. pass. Céder à un sentiment passionnel ; être surexcité : *Il s'exaltait à la pensée de la revoir.*

EXALTONE n. f. Cétone cyclique $C_{15}H_{28}O$, utilisée en parfumerie pour son odeur musquée.

EXAMEN [-mɛ̃] n. m. (lat. *examen, -inis,* aiguille de la balance). **1.** Action d'examiner, d'analyser qqch : *Procéder à l'examen des documents.* – **2.** Ensemble des investigations cliniques et techniques effectuées par un médecin pour apprécier l'état de santé d'un sujet : *Examen neurologique.* – **3.** Épreuve ou série d'épreuves que subit un candidat en vue de vérifier son degré d'instruction ou d'apprécier ses aptitudes : *Passer un examen.* – **4.** *Libre examen,* selon la théologie protestante, droit et pouvoir de chaque chrétien de lire et d'interpréter correctement les textes de l'Écriture sainte sans passer par le magistère de l'Église ; fait de ne reconnaître comme vrai que ce qu'admet la raison ou l'expérience. – **5.** *Mise en examen,* acte de procédure par lequel le juge d'instruction fait connaître à qqn les faits qui lui sont pénalement reprochés.

EXAMINABLE adj. Qu'on peut examiner.

EXAMINATEUR, TRICE n. (bas lat. *examinator, -trix*). Personne chargée d'examiner des candidats, de leur faire passer des examens.

EXAMINER v. t. (lat. *examinare,* peser) [conj. 3]. **1.** Étudier attentivement, minutieusement qqch : *Examiner longuement une affaire.* – **2.** Regarder attentivement qqch, qqn, pour en fixer les détails, pour reconnaître, remarquer qqch de particulier : *Examiner une préparation au microscope.* – **3.** En parlant d'un médecin, observer qqn, son organisme, en détail pour déterminer son état de santé, poser un diagnostic. – **4.** Faire subir un examen, une épreuve à un candidat, l'interroger pour déterminer ses aptitudes.

EX ANTE loc. adj. (mots lat. signif. *d'avant*). Se dit de l'analyse des faits économiques effectuée avant qu'ils se soient produits, de façon prévisionnelle, par oppos. à *ex post.*

EXANTHÉMATIQUE adj. Se dit de l'éruption accompagnant le typhus* exanthématique.

EXANTHÈME n. m. (bas lat. *exanthema,* du gr. *eksanthêma, -atos,* efflorescence). Éruption cutanée accompagnant certaines maladies infectieuses (rubéole, scarlatine, rougeole, varicelle) dites « fièvres éruptives », et constituant un des éléments diagnostiques essentiels de cette maladie.

EXARCHAT [-ka] n. m. (lat. médiév. *exarchatus*). **1.** Nom donné aux gouvernements militaires constitués par l'empereur Maurice en Italie et en Afrique vers la fin du VIe s. et plus spécialement à la province de l'Italie byzantine (Ravenne) directement administrée par l'exarque. — **2.** Dignité d'exarque. — **3.** En Orient, circonscription ecclésiastique qui se situe entre le patriarcat et l'archevêché et qui est administrée par un exarque. (Syn. EXARCHIE.) [Créé en 1870, l'*exarchat de Bulgarie* fut transformé en patriarcat en 1953. L'*exarque de Géorgie* a repris rang de *catholicos* en 1943.]

EXARCHIE [-ki] n. f. Syn. de EXARCHAT.

EXARQUE n. m. (lat. *exarchus,* du gr. *exarkhos*). **1.** Fonctionnaire militaire placé à la tête d'un exarchat. — **2.** Prélat de l'Église orientale qui administre un exarchat.

EXASPÉRANT, E adj. Qui exaspère, qui irrite : *Un enfant exaspérant.*

EXASPÉRATION n. f. (bas lat. *exasperatio, -onis*). **1.** Action de rendre plus intense, plus violent un sentiment, une sensation : *L'exaspération du désir.* — **2.** État de grande irritation, de violente colère : *Cette réplique le mit au comble de l'exaspération.*

EXASPÉRER v. t. (lat. *exasperare,* irriter) [conj. **18**]. **1.** Exciter une sensation, un sentiment, les rendre plus intenses : *Cet échec exaspéra son dépit.* — **2.** Irriter vivement qqn, le mettre en colère : *Tu l'exaspères, avec tes critiques continuelles.*

EXAUCEMENT n. m. *Litt.* Action d'exaucer : *Exaucement d'une prière.*

EXAUCER [ɛgzose] v. t. (var. de *exhausser,* élever avec dignité) [conj. **16**]. **1.** En parlant de Dieu, d'une divinité, écouter favorablement qqn, ses prières. — **2.** Accueillir favorablement une demande, un vœu, y répondre : *Exaucer les désirs de quelqu'un.*

EXC., abrév. de EXCELLENCE (pour un évêque).

EX CATHEDRA loc. adv. (lat. *ex. cathedra,* du haut de la chaire). **1.** Se dit des actes solennels du magistère extraordinaire accomplis par le pape en tant que vicaire de Jésus-Christ et pasteur infaillible de l'Église universelle. — **2.** Sur un ton doctoral ou dogmatique : *Parler ex cathedra.*

EXCAVATEUR n. m. (amér. *excavator*). **1.** Engin de terrassement équipé d'une chaîne à godets montée sur une élinde ou d'une roue-pelle. — **2.** Outil d'abattage monté sur un bras articulé fixé à un bouclier. (L'excavateur est généralement monté sur chenilles ; il est réservé aux travaux de terrassement en terrain homogène et peu résistant.)

EXCAVATION n. f. (lat. *excavatio, -onis*). **1.** Action d'excaver qqch, de creuser : *L'excavation d'un puits.* — **2.** Creux, cavité, trou, en partic. dans le sol : *Les excavations causées par les bombardements.* — **3.** *Excavation minière,* toute cavité creusée dans l'une ou l'autre des phases de l'exploitation minière, soit à ciel ouvert, soit en souterrain.

EXCAVATRICE n. f. Excavateur léger employé au creusement de tranchées.

EXCAVER v. t. (lat. *excavare*) [conj. 3]. Creuser : *Excaver le sol.*

EXCÉDANT, E adj. (de *excéder*). Qui dépasse ce qu'on peut supporter.

EXCÉDENT n. m. (lat. *excedens, -entis,* de *excedere,* dépasser). **1.** Quantité qui dépasse la norme, la limite fixée, le niveau normal, etc. : *Des excédents de recettes fiscales.* — **2.** *En excédent,* en surnombre, en quantité supplémentaire. ‖ *Excédent de bagages, de poids,* poids supplémentaire de bagages par rapport à la norme fixée pour leur transport gratuit. ‖ *Excédent de la balance commerciale,* solde positif de celle-ci, réalisé lorsque les exportations dépassent en valeur le montant des importations. ‖ *Excédent brut d'exploitation (E.B.E.),* valeur ajoutée, diminuée des frais de personnel et des impôts liés à la production. ‖ *Excédents pétroliers,* différence positive, au bénéfice d'un pays producteur, entre les ressources dues au pétrole et les achats qu'il pratique à l'extérieur.

EXCÉDENTAIRE adj. **1.** Qui est en excédent : *Budget excédentaire.* — **2.** Se dit de la partie qui forme l'excédent : *On a stocké la récolte excédentaire.*

EXCÉDER v. t. (lat. *excedere,* dépasser) [conj. **18**]. **1.** Dépasser qqch en quantité, en valeur, en durée : *Les bagages excèdent le poids réglementaire.* — **2.** Aller au-delà de certaines bornes ; outrepasser : *Excéder ses pouvoirs.* — **3.** Importuner grandement qqn, lui imposer une tension extrême, une gêne insupportable : *Cet enfant m'excède avec ses questions.*

EXCELLEMMENT [-lamɑ̃] adv. *Litt.* De façon excellente, à un degré éminent.

EXCELLENCE n. f. (lat. *excellentia*). **1.** Degré éminent de qualité, de valeur de qqn, de qqch dans son genre : *Apprécier l'excellence des vins choisis.* – **2.** Titre donné aux ambassadeurs, aux ministres, aux archevêques, évêques, etc. (avec majusc.) : *S'il plaît à Votre Excellence.* (En abrégé S. Exc. [pour un évêque] et S. E. [pour un ministre, un ambassadeur].) – **3.** Fam. *Nos Excellences,* les ministres. ‖ *Par excellence,* au plus haut point, tout particulièrement. ‖ *Prix d'excellence,* prix donné au meilleur élève d'une classe.

EXCELLENT, E adj. (lat. *excellens, -entis,* de *excellere,* exceller). **1.** Qui est dans son genre à un degré éminent : *Un excellent peintre.* – **2.** *Fam.* Qui a très bon cœur ou qui suscite la sympathie : *C'est un homme excellent.*

EXCELLENTISSIME adj. (ital. *eccelentissimo*). Se disait autrefois des sénateurs de Venise.

EXCELLER v. t. ind. (lat. *excellere*) [conj. 4]. Atteindre dans tel ou tel genre un degré éminent : *Ce peintre excelle dans le portrait.*

EXCENTRATION n. f. **1.** Action d'excentrer. – **2.** Mesure du décalage ainsi obtenu.

EXCENTRER v. t. (de *centre*) [conj. 3]. Décaler l'axe d'un élément d'une pièce de révolution par rapport à l'axe général de cette pièce.

1. EXCENTRICITÉ n. f. (lat. médiév. *excentricitas, -atis*). **1.** État de ce qui est situé loin du centre : *L'excentricité de certains quartiers d'une ville.* – **2.** Déviation de l'axe de l'âme d'une bouche à feu. – **3.** Dans une orbite képlérienne, rapport de la distance des foyers au grand axe. – **4.** Rapport constant, positif et non nul, de la distance de tout point d'une conique à un foyer, à la distance de ce point à la directrice associée à ce foyer.

2. EXCENTRICITÉ n. f. (angl. *excentricity*). **1.** Manière d'être, d'agir en dehors des habitudes reçues ; caractère d'un tel comportement. : *Excentricité en matière vestimentaire.* – **2.** Acte qui révèle ce caractère : *De folles excentricités.*

1. EXCENTRIQUE adj. (lat. médiév. *excentricus,* du gr. *ekkentros*). **1.** Situé loin du centre, périphérique : *Les quartiers excentriques de Paris.* – **2.** Se dit de figures géométriques qui n'ont pas le même centre.
◆ n. m. **1.** Mécanisme destiné à transformer le mouvement de rotation d'une pièce en un mouvement alternatif, par l'intermédiaire d'une autre pièce guidée par la première. – **2.** *Arbre à excentrique,* sorte d'arbre à came ronde, utilisé autref. pour la commande de certains organes annexes, d'un moteur d'automobile.

2. EXCENTRIQUE adj. (angl. *excentric*). Qui est en opposition avec les habitudes reçues : *Conduite excentrique.*
◆ adj. et n. Se dit de qqn dont le comportement, la manière de s'habiller s'écartent de ce qui est habituel dans un milieu, une société : *Cet excentrique ne voulait travailler que le dimanche.*

1. EXCENTRIQUEMENT adv. (de *excentrique 1*). Hors du centre.

2. EXCENTRIQUEMENT adv. (de *excentrique 2*). D'une façon singulière, bizarre.

EXCEPTÉ prép. **1.** À l'exception, à la réserve, à l'exclusion de qqn, de qqch : *Tout le monde était là excepté toi.* – **2.** *Excepté que, excepté de,* si ce n'est que, à cela près que : *J'accepte tout, excepté de n'être jamais consulté.*

EXCEPTER v. t. (lat. *exceptare,* retirer à tout instant) [conj. 4]. Mettre qqn, qqch à part, ne pas en tenir compte : *Si l'on excepte Marie, tout le monde a compris l'allusion.*
◆ **être excepté** v. pass. N'être pas compris, inclus : *Vous deux exceptés, tout le monde a été prévenu.*

EXCEPTION n. f. (lat. *exceptio, -onis*). **1.** Ce qui est hors de la loi commune, qui paraît unique : *La neige est une exception en cette saison.* – **2.** Personne qui ne ressemble à aucune autre, qui apparaît comme unique ou rare : *Ce bébé est une exception : il ne pleure jamais.* – **3.** Tout moyen qui tend soit à déclarer la procédure irrégulière, soit à en suspendre le cours et qui doit être soulevé dès le début de la procédure. ‖ *Contrôle par voie d'exception,* contrôle juridictionnel de la conformité d'une loi à la Constitution. (S'oppose à CONTRÔLE PAR VOIE D'ACTION*.) – **4.** *À l'exception de, exception faite de,* excepté, non compris, sauf : *Ils sont tous semblables, exception faite de celui-ci.* ‖ *D'exception,* qui est en dehors du droit commun : *Tribunal d'exception ;* qui se distingue des autres par ses qualités éminentes : *Être d'exception.* ‖ *Être l'exception,* être rare. ‖ *Faire exception,* sortir de la règle commune. ‖ *Faire une exception pour qqn, qqch,* ne pas le traiter comme l'ensemble des autres, accepter qu'il n'obéisse pas à la règle, à la loi commune. ‖ *Par exception,* d'une manière exceptionnelle. ‖ *Sans exception,* d'une manière absolue, tous se conformant à la règle.

EXCEPTIONNEL, ELLE adj. **1.** Qui constitue une exception : *Une faveur exceptionnelle.* – **2.** Qui fait exception, qui est hors de l'ordinaire : *Une chance exceptionnelle.* – **3.** Dont les qualités sont rares, éminentes : *Une exceptionnelle intelligence.*

EXCEPTIONNELLEMENT adv. **1.** De façon exceptionnelle : *Je vous recevrai exceptionnellement demain.* – **2.** Indique une très grande intensité : *Un homme exceptionnellement intelligent.*

EXCÈS n. m. (lat. *excessus,* de *excedere,* excéder). **1.** Ce qui dépasse la quantité considérée : *L'excès de l'offre sur la demande.* – **2.** Ce qui dépasse la

mesure moyenne ou jugée normale : *Excès de rigueur.* — **3.** Ce qui dépasse les limites permises, convenables : *Les excès de vitesse sont sévèrement punis.* — **4.** *À l'excès,* outre mesure, à l'extrême. ‖ *Avec excès,* de manière excessive, sans mesure. ‖ *Excès de langage,* injure, grossièreté. ‖ *Excès de table,* abus de nourriture et de boisson au cours des repas. ‖ *Sans excès,* modérément. • **Dr.** *Excès de pouvoir,* acte qui est en dehors ou au-delà des attributions de celui qui l'accomplit. (→ *encycl.*) — **Géod.** *Excès sphérique,* quantité dont la somme des angles intérieurs d'un triangle sphérique dépasse 180°. — **Math.** *Valeur approchée par excès d'un réel* x, valeur strictement supérieure à *x*.
◆ n. m. pl. **1.** Actes de violence ; abus de la force : *Les excès de soudards avinés.* — **2.** Abus de nourriture, de boisson, etc. : *Évitez les excès.*
ENCYCL. **Dr.** En matière judiciaire l'*excès de pouvoir* donne ouverture au recours en cassation. En matière administrative, le juge administratif, saisi par un recours pour excès de pouvoir, contrôle la légalité des actes administratifs.

EXCESSIF, IVE adj. (lat. médiév. *excessivus*). **1.** Qui excède la mesure ordinaire ou raisonnable : *Des prix excessifs.* — **2.** *Fam.* Indique une grande intensité : *Un froid excessif.* — **3.** Qui se porte facilement vers les extrêmes : *Un caractère excessif.*

EXCESSIVEMENT adv. **1.** Avec excès : *Manger excessivement.* — **2.** Indique un degré extrême ; très, extrêmement : *C'est une personne excessivement bonne.*

EXCIDEUIL (24160), ch.-l. de cant. de la Dordogne, aux confins du Périgord et du Limousin ; 1525 hab. *(Excideuillais).* Vestiges d'un château féodal.

EXCIPER [ɛksipe] v. i. (lat. *excipere,* faire une réserve) [conj. 3]. Se prévaloir d'un moyen de droit (excuse, exception, etc.).

EXCIPIENT n. m. (lat. *excipiens, -entis,* de *excipere,* recevoir). Substance neutre dans laquelle on incorpore un médicament (dit principe actif) pour permettre son absorption.

EXCISE [ɛksiz] n. f. (angl. *excise,* taxe, du moyen néerl. *excijs*). Ensemble des droits payés aux États-Unis et en Grande-Bretagne sur certaines fabrications, consommations et certains services.

EXCISER v. t. (lat. *excidere,* couper) [conj. 3]. Pratiquer une excision.

EXCISION n. f. (lat. *excisio, -onis*). **1.** Action d'enlever qqch avec un instrument tranchant. — **2.** Ablation rituelle du clitoris pratiquée chez certains peuples.

EXCITABILITÉ n. f. **1.** Propriété d'une cellule, en partic. nerveuse ou musculaire, de réagir à une stimulation. (Syn. RÉACTIVITÉ.) [→ *encycl.*] — **2.** *Litt.* État de qqn qui s'irrite facilement, irritabilité.
ENCYCL. **Neurol.** Le cycle d'*excitabilité d'une fibre nerveuse* est le suivant : après le passage d'un influx nerveux, elle est inexcitable pendant quelques millisecondes (période réfractaire absolue), ensuite son excitabilité reste faible (période réfractaire relative), puis devient très élevée (période supernormale), enfin, elle retourne au niveau normal.

EXCITABLE adj. (bas lat. *excitabilis*). **1.** Qui peut être excité. — **2.** Qui s'irrite facilement.

EXCITANT, E adj. **1.** Qui stimule l'organisme : *Le café est excitant.* — **2.** Qui stimule, éveille des sentiments intenses : *Une aventure excitante.* — **3.** Qui éveille le désir : *Une femme excitante.* — **4.** Fam. *Ce n'est pas très excitant,* c'est peu attrayant, peu engageant, peu agréable.
◆ **excitant** n. m. Substance augmentant le niveau d'éveil et/ou d'activité motrice d'un individu. (Le café, les amphétamines, les antidépresseurs sont des excitants qui agiraient par l'intermédiaire de la noradrénaline.)

EXCITATEUR, TRICE n. (bas lat. *excitator*). **1.** *Litt.* Personne qui excite, qui stimule ou provoque l'agitation. — **2.** Personne qui, dans une communauté religieuse est chargée d'assurer le réveil.
◆ adj. Se dit de ce qui réalise l'excitation d'un dispositif électrique.
◆ **excitatrice** n. f. Générateur électrique destiné à fournir des courants d'excitation.

EXCITATION n. f. (bas lat. *excitatio, -onis*). **1.** Action de stimuler l'activité, les sentiments, de pousser qqn à agir : *L'excitation à la lutte.* — **2.** État d'agitation, d'énervement, d'enthousiasme, d'irritation ou d'exaltation : *Être en proie à une grande excitation.* — **3.** État de qqn qui est excité physiquement, sexuellement. • **Électr.** Force magnétomotrice produisant le flux dans un électroaimant. ‖ Production d'un flux d'induction magnétique dans un circuit magnétique au moyen d'un courant électrique. — **Électron.** *Excitation par choc* ou *par impulsion,* production d'oscillations à la fréquence propre d'un circuit, sous l'influence d'impulsions très brèves. — **Phys.** Processus par lequel un atome, une molécule, un noyau ou tout autre système quantique effectue une transition vers l'un de ses états excités possibles. (L'excitation peut être due à une collision [cas d'une flamme], à un bombardement de quantons ou à une absorption de photons.) — **Physiol.** Activation du fonctionnement d'un organe ou d'un appareil. (Syn. INCITATION, STIMULATION.) — **Psychiatr.** *Excitation psychomotrice,* agitation psychomotrice modérée.

EXCITÉ, E n. Personne qui est dans un état d'excitation permanente ou momentanée.

EXCITER v. t. (lat. *excitare,* faire sortir) [conj. 3]. **1.** Créer ou développer chez qqn, un animal, un état d'irritation ou de tension nerveuse : *Exciter un chien pour le faire aboyer.* – **2.** Pousser fortement qqn à qqch, l'y engager vivement : *Exciter la foule à la révolte.* – **3.** Faire naître une sensation, un sentiment, une fonction, les stimuler, les rendre plus vifs : *Exciter l'appétit, l'imagination.* – **4.** Éveiller chez qqn le désir physique. – **5.** Soumettre un organe, un tissu, à une action, à un agent susceptibles de déclencher une réponse spécifique : *Exciter un nerf.* – **6.** Réaliser l'excitation d'un dispositif électrique. – **7.** Fam. *Ça ne m'excite pas,* cela ne me tente guère, ça ne m'intéresse pas.

◆ **être excité** v. pass. En parlant d'un système quantique, se trouver dans un état caractérisé par une valeur de l'énergie supérieure à celle de son état fondamental.

◆ **s'exciter** v. pr., **être excité** v. pass. **1.** Perdre le contrôle de soi : *Il s'excite en discutant.* – **2.** *Fam.* Prendre un vif intérêt à qqch, s'enthousiasmer : *Il n'y a pas de quoi être excité sur un tel projet.* – **3.** Être dans un état de vif désir physique.

EXCITON n. m. Excitation quantique élémentaire. (Dans un réseau cristallin, un exciton doit être considéré comme un couple électron-trou se propageant de proche en proche.)

EXCITOSÉCRÉTOIRE adj. *Facteur excitosécrétoire,* syn. de RELEASING FACTOR.

EXCITRON n. m. Tube électronique redresseur monophasé à gaz, à cathode liquide.

EXCLAMATIF, IVE adj. (bas lat. **exclamativus*). Qui marque ou exprime l'exclamation. (En français, la phrase exclamative se construit comme la phrase interrogative, mais s'en distingue par l'intonation : *Comment a-t-il pu faire ça !*)

◆ **exclamatif** n. m. Nom donné aux adjectifs interrogatifs quand ils sont employés pour exprimer l'exclamation.

EXCLAMATION n. f. (lat. *exclamatio, -onis*). **1.** Cri exprimant un sentiment vif et subit de douleur, de joie, d'admiration, etc. : *Pousser un exclamation de joie.* – **2.** Type de phrase, parfois réduite à une interjection, exprimant une émotion vive ou un jugement affectif. (Par oppos. à l'*assertion.*) – **3.** *Point d'exclamation,* signe de ponctuation (!) que l'on met après une phrase exclamative ou une interjection.

EXCLAMER (S') v. pr. (lat. *exclamare*) [conj. 3]. **1.** Pousser un ou des cris ou dire qqch d'une voix forte qui exprime la surprise, la joie, un sentiment vif, etc. (souvent en incise) : *J'ai compris, s'exclama-t-il.* – **2.** Manifester par des cris, des exclamations son admiration ou son indignation : *Il s'exclama sur la beauté de la ville.*

EXCLAUSTRATION n. f. (du lat. *claustrum,* cloître). Départ temporaire ou définitif d'un religieux hors de sa communauté.

EXCLU, E n. **1.** Personne qui a été rejetée, chassée du groupe, de l'organisation, de l'institution dont elle faisait partie : *Les exclus du parti.* – **2.** *Exclu de l'armée,* jeune homme à qui était refusé l'honneur de servir dans l'armée pour avoir encouru des peines criminelles ou certaines peines correctionnelles graves.

EXCLURE v. t. (lat. *excludere,* de *claudere,* fermer) [conj. **96**]. **1.** Mettre qqn dehors, l'expulser, le chasser, le renvoyer d'un lieu : *Exclure un candidat de la salle d'examen.* – **2.** Rejeter qqn d'un groupe, d'une organisation : *Exclure un membre d'un syndicat.* – **3.** Ne pas permettre à qqn d'accéder à une fonction, à une action : *Exclure les femmes des fonctions de responsabilité.* – **4.** Ne pas compter qqch dans un ensemble, le laisser de côté : *Exclure de la note de frais les dépenses personnelles.* – **5.** Être incompatible avec qqch d'autre : *Ce deuil récent exclut que nous puissions accepter votre invitation.* – **6.** Ne pas admettre la réalité, l'éventualité d'un fait : *On ne peut pas exclure l'hypothèse d'un suicide.*

◆ **être exclu** v. pass. **1.** Avoir été rejeté d'un groupe. – **2.** Ne pas être pris en considération, ne pas entrer en ligne de compte : *Les fournitures exclues, la facture s'élève à tant.* – **3.** *Il est exclu que, c'est exclu,* c'est hors de question. ‖ *Il n'est pas exclu que, ce n'est pas exclu,* il est possible. ‖ *Jusqu'au 15, 20, etc. (de tel mois) exclu,* jusqu'à ce jour, celui-ci n'étant pas compris dans le laps de temps en question.

◆ **s'exclure** v. pr. **1.** Se retirer, se mettre en dehors d'un milieu, d'un groupe : *S'exclure soi-même par son comportement.* – **2.** Se rejeter, se repousser comme incompatibles : *Le travail et le plaisir ne s'excluent pas.*

EXCLUSIF, IVE adj. (lat. médiév. *exclusivivus,* du lat. class. *excludere,* exclure). **1.** Qui exclut une autre chose comme incompatible : *Droit exclusif de tout autre droit.* – **2.** Qui appartient à un seul, à l'exclusion des autres, par privilège spécial : *La propriété exclusive d'un modèle.* – **3.** Qui relève d'une propriété excluant toute autre : *Un modèle exclusif.* – **4.** Qui exclut tout partage, qui ne s'attache qu'à un seul objet : *Un amour exclusif.* – **5.** Qui s'attache à une seule chose, rejette tout ce qui est contraire à ses goûts ou à ses opinions : *C'est un homme exclusif dans ses idées.* – **6.** *Disjonction exclusive,* disjonction correspondant au latin « aut... aut... » (ex. fromage *ou* dessert), qui est fausse lorsque les deux propositions qu'elle relie sont vraies.

◆ **exclusif** n. m. *Système de l'exclusif,* ensemble de prescriptions réglementant les échanges commerciaux entre la France et ses colonies, sous l'Ancien Régime. (Ce système donnait à la France l'exclusivité du transport transatlantique aux colonies, leur interdisait de commercer entre elles et avec les pays étrangers, et les obligeait à orienter leur activité vers des produits agricoles de haute qualité [épices, sucre, coton, café, etc.].)

EXCLUSION n. f. (lat. *exclusio, -onis*). **1.** Action d'exclure d'un groupe, d'une action, d'un lieu, de chasser, d'écarter : *Demander l'exclusion d'un élève.* – **2.** *À l'exclusion de,* en excluant, à l'exception de. • **Log.** Relation logique de deux classes non vides au moins telle qu'aucun élément de l'une n'appartient à l'autre, ou à une autre, et réciproquement. – **Phys.** *Principe d'exclusion,* principe énoncé par Pauli vers 1925, selon lequel deux électrons ou deux protons, et plus généralement deux fermions identiques, ne peuvent se trouver dans le même état quantique. (Syn. PRINCIPE DE PAULI.)

exclusion *(Bill d')* [1679-80], projet de loi voté par la Chambre des communes et repoussé par la Chambre des lords. Il enlevait à Jacques d'York, héritier présomptif des couronnes d'Angleterre et d'Écosse, ses droits successoraux, en raison de son catholicisme.

EXCLUSIVE n. f. (de *exclusif*). Mesure prise à l'égard d'un parti, d'une personne, d'une idée, etc., pour le tenir à l'écart : *Frapper quelqu'un d'exclusive.*

EXCLUSIVEMENT adv. **1.** En exceptant, en excluant la partie donnée comme limite. – **2.** D'une manière exclusive : *Il se consacre exclusivement à ses travaux personnels.*

EXCLUSIVISME n. m. Esprit d'exclusion, de parti pris.

EXCLUSIVISTE adj. et n. Qui fait preuve d'exclusivisme.

EXCLUSIVITÉ n. f. **1.** Caractère exclusif de qqch : *L'exclusivité de son goût.* – **2.** Propriété exclusive de qqch : *Nous avons l'exclusivité de ce modèle.* – **3.** Chose, objet dont on a la propriété exclusive : *C'est une exclusivité de notre magasin.* – **4.** Article, information ou document obtenu en priorité par un journal ou réservé à son seul usage pendant une période donnée. (Syn. SCOOP.) – **5.** *Convention d'exclusivité,* convention par laquelle une partie s'engage à ne contracter qu'avec l'autre partie pour l'obtention future de marchandises ou de services déterminés.

EXCOMMUNICATION n. f. (lat. ecclés. *excommunicatio, -onis*). **1.** Exclusion d'un membre de la communauté religieuse à laquelle il appartient. (→ *encycl.*) – **2.** Exclusion d'un groupe, d'un parti pour des raisons idéologiques.

ENCYCL. Chez les catholiques, la gravité diverse des délits a donné naissance à toutes sortes de classifications des excommunications : *majeures* ou *mineures,* selon que la privation des biens spirituels est totale ou non ; *réservées* ou *non réservées,* selon que l'autorité hiérarchique à laquelle revient le droit d'absolution est plus ou moins élevée.
Très en usage au Moyen Âge, l'excommunication a beaucoup perdu de sa valeur effective dans les temps contemporains, particulièrement depuis Vatican II. Chez les protestants, l'excommunication est théoriquement encore en usage dans les Églises réformées de stricte observance calviniste.

EXCOMMUNIÉ, E n. Personne qui est sous le coup d'une excommunication.

EXCOMMUNIER v. t. (lat. ecclés. *excommunicare,* de *communis,* commun) [conj. 9]. **1.** Retrancher qqn de la communauté religieuse à laquelle il appartient. – **2.** Rejeter qqn d'une organisation, le mettre dehors pour des raisons idéologiques.

EXCORIATION n. f. (lat. médiév. *excoriatio, -onis*). Écorchure superficielle.

EXCORIER v. t. (bas lat. *excoriare,* du lat. class. *corium,* cuir) [conj. 9]. Écorcher superficiellement.

EXCORIOSE n. f. Maladie cryptogamique de la vigne provoquant des crevasses à la base des sarments.

EXCRÉMENT n. m. (bas lat. *excrementum*). **1.** Matière fécale. – **2.** *Litt.* Rebut, personne vile : *Excrément de la nature humaine.*

EXCRÉMENTIEL, ELLE adj. Qui est de la nature des excréments.

EXCRETA n. m. pl. (lat. *excreta*). Substances rejetées hors de l'organisme, consistant principalement en déchets de la nutrition et du métabolisme (fèces, urines, sueur, matière sébacée, gaz carbonique, etc.). [Syn. EJECTA.]

EXCRÉTER v. t. (conj. 18). Évacuer par excrétion.

EXCRÉTEUR, TRICE adj. **1.** Qui sert aux excrétions. – **2.** *Canal excréteur,* conduit par lequel une glande exocrine déverse le produit de sa sécrétion. ‖ *Organes excréteurs,* organes qui, traversés en abondance par le sang, y prélèvent divers déchets encombrants et toxiques, qu'ils rejettent ensuite dans le milieu extérieur. (Les principaux sont les reins [urine] ; les branchies, trachées, ou poumons [air expiré], les glandes sudoripares, le foie [bile].)

EXCRÉTION n. f. (bas lat. *excretio, -onis,* du lat. class. *excernere,* séparer). **1.** Rejet par les cellules vivantes des produits encombrants ou toxiques de leur activité biochimique. – **2.** Rejet hors de l'organisme de ces mêmes produits, prélevés dans le milieu intérieur (sang ou lymphe) par les organes excréteurs. – **3.** Déversement des produits de sécrétion d'une glande. – **4.** Substance éliminée ou sécrétée.

EXCRÉTOIRE adj. Qui se rapporte à l'excrétion.

EXCROISSANCE n. f. (bas lat. *excrescentia,* avec l'infl. de *croissance*). **1.** Tumeur ou pseudotumeur inflammatoire qui fait saillie à la surface du corps, telle que les verrues, les loupes, les papillomes, les végétations vénériennes, etc. – **2.** Développement parasitaire de qqch : *Excroissance bureaucratique.*

EXCRU, E adj. (lat. *excrescere,* croître hors de). Se dit d'un arbre isolé, qui croît hors des forêts, mais sur un sol qui en dépend.

EXCURSION n. f. (lat. *excursio, -onis,* de *excurrere,* courir hors de). Voyage d'agrément ou d'étude fait dans une région : *Faire une excursion en montagne.*

EXCURSIONNER v. i. (conj. 3). Faire une excursion, une longue promenade.

EXCURSIONNISTE n. *Vx.* Personne qui fait une excursion.

EXCUSABLE adj. (bas lat. *excusabilis*). **1.** Qui peut être excusé, qui mérite l'indulgence : *Faute excusable.* – **2.** Se dit d'un crime ou d'un délit pour lequel l'auteur bénéficie d'une excuse légale.

EXCUSE n. f. (de *excuser*). **1.** Raison alléguée pour se disculper ou pour disculper qqn ; circonstance propre à disculper : *Fournir une excuse.* – **2.** Motif allégué pour se dispenser de qqch : *Il a toujours une bonne excuse pour ne pas aider.* – **3.** Justification pour l'absence d'un élève, pour un devoir non fait, une leçon non apprise, etc. : *Apporter un mot d'excuse de ses parents.* – **4.** En droit, syn. de DISPENSE. – **5.** Carte du jeu de tarot qu'on peut jouer pour ne pas fournir la couleur demandée ou un atout. (Syn. FOU.) – **6.** Fam. *(Faites) excuse,* formule de politesse pour s'excuser, pour témoigner son regret. ‖ *Excuse légale,* fait précis prévu par la loi qui accompagne une infraction et dont la constatation par le juge entraîne une réduction *(excuse atténuante)* ou une exemption de peine *(excuse absolutoire).*

◆ **excuses** n. f. pl. Paroles ou écrits exprimant le regret d'avoir offensé ou contrarié qqn, de s'être mis dans son tort : *Exiger des excuses.*

EXCUSER v. t. (lat. *excusare*) [conj. 3]. 1. Ne pas tenir rigueur à qqn de qqch, le lui pardonner : *Excusez-moi de mon retard.* – **2.** Disculper qqn en alléguant des justifications, des raisons, des prétextes : *Je l'excuse, il est encore très jeune.* – **3.** Pardonner qqch à qqn : *Excuser un oubli.* – **4.** Justifier qqch en parlant de qqch : *Rien n'excuse son retard.* – **5.** *Excusez-moi, vous m'excuserez,* formules de politesse pour atténuer l'effet éventuellement désagréable d'une parole ou d'une action. ‖ Fam. *Excusez du peu,* se dit pour manifester de l'étonnement devant un comportement excessif. ‖ *Se faire excuser,* faire savoir qu'on ne pourra se rendre là où on est attendu.

◆ **être excusé** v. pass. *Vous êtes tout excusé,* se dit par politesse et pour en minimiser l'importance à qqn qui a commis quelque maladresse.

◆ **s'excuser** v. pr. **1.** Donner des raisons pour se justifier, demander pardon pour qqch : *Je m'excuse de mon retard.* – **2.** Faire qqch en présentant ses excuses : *Je m'excuse de vous contredire sur ce point.*

EXEAT [ɛgzeat] n. m. inv. (lat. *exeat,* qu'il sorte). **1.** Autorisation octroyée par un évêque ou un supérieur religieux, permettant à un clerc d'aller exercer un ministère. – **2.** Pour certains fonctionnaires, autorisation de la mutation demandée.

EXÉCRABLE [ɛgze- ou ekse-] adj. (lat. *execrabilis*). **1.** *Litt.* Que l'on doit exécrer, avoir en horreur : *Crime exécrable.* – **2.** Qui est odieux, épouvantable, qui provoque l'aversion : *Humeur exécrable.* – **3.** Qui est très mauvais ; affreux : *Un dîner exécrable.*

EXÉCRABLEMENT [ɛgze- ou ekse-] adv. *Litt.* D'une manière exécrable.

EXÉCRATION [ɛgze- ou ekse-] n. f. (lat. *execratio, -onis*). **1.** *Litt.* Sentiment d'horreur, de répulsion extrême : *Avoir les déplacements en exécration.* – **2.** Retour d'un objet consacré à l'état d'objet profane par suite d'un sacrilège ou parce que l'objet est devenu impropre à sa destination sacrée.

EXÉCRATOIRE [ɛgze- ou ekse-] adj. Relatif à l'exécration.

EXÉCRER [ɛgze- ou ekse-] v. t. (lat. *execrari,* maudire, de *sacer,* sacré) [conj. 18]. **1.** Avoir qqn, qqch en horreur, en aversion, le détester au plus haut point : *Exécrer la flagornerie.* – **2.** Avoir du dégoût, de la répulsion pour qqch : *Exécrer l'odeur du tabac.*

EXÉCUTABLE adj. Qui peut être exécuté, réalisé : *Travail exécutable en deux heures.*

EXÉCUTANT, E n. **1.** Personne qui ne fait qu'exécuter un ordre, une besogne, une œuvre qui lui est offerte, proposée, ordonnée : *C'est un simple exécutant.* – **2.** Musicien(ne) qui tient une partie vocale ou instrumentale dans un concert.

EXÉCUTER v. t. (de *exécution*) [conj. 3]. **1.** Mettre en application un ordre, un règlement : *Il se* *contente d'exécuter les consignes sans réfléchir.* — **2.** Réaliser un objet, un travail : *Exécuter une statue.* — **3.** Mener à bien un projet, un plan, etc., les mettre à exécution : *Une mission difficile à exécuter.* — **4.** Jouer, interpréter une œuvre musicale : *Exécuter une symphonie de Mozart.* — **5.** Faire un mouvement, une action (équivaut souvent à un verbe simple) : *Exécuter le montage d'un appareil* (= le monter). *Exécuter un saut* (= sauter). — **6.** Tuer qqn sur décision de l'autorité par pendaison, électrocution, etc. : *Exécuter un condamné sur la chaise électrique.* — **7.** Tuer qqn pour se défaire de lui, l'abattre : *Les truands ont exécuté leur complice.* — **8.** *Fam.* Battre qqn, le vaincre d'une manière évidente : *Boxeur qui exécute son adversaire au premier round par K.-O.* — **9.** Critiquer violemment qqn, démolir son œuvre, son action, le discréditer : *La critique a exécuté le film.* • **Bours.** Décider l'exécution d'un vendeur ou d'un acheteur. — **Dr.** Saisir les meubles d'un débiteur. — **Inform.** Pour un ordinateur, accomplir la fonction demandée par les instructions d'un programme.

◆ **s'exécuter** v. pr. Se résoudre à faire ce qui est requis, obtempérer à qqch de pénible, de désagréable : *Condamné à payer, il s'est exécuté.*

EXÉCUTEUR, TRICE n. (bas lat. *executor*). **1.** Personne qui exécute une sentence, une peine de mort, etc. — **2.** *Exécuteur testamentaire,* mandataire qu'un testateur charge de l'exécution de son testament. ‖ *Exécuteur (des hautes œuvres),* nom donné autref. au bourreau.

EXÉCUTIF, IVE adj. *Pouvoir exécutif,* pouvoir chargé de l'application des lois.

◆ **exécutif** n. m. **1.** Le pouvoir exécutif. — **2.** Organe exerçant le pouvoir exécutif d'un État.

EXÉCUTION n. f. (lat. *exsecutio, -onis,* de *exsequi,* accomplir). **1.** Action d'exécuter, d'effectuer, de réaliser : *Exécution de la loi.* — **2.** Action de faire un ouvrage : *L'exécution d'un tableau.* — **3.** Action de réaliser qqch ; accomplissement : *Exécution d'un projet.* — **4.** Action, manière d'interpréter une œuvre musicale, chorégraphique : *L'exécution d'un morceau de musique.* — **5.** Action de mettre à mort qqn, de le tuer : *L'exécution a eu lieu à l'aube.* — **6.** Action de discréditer complètement qqn, de le perdre de réputation : *Cette critique est une exécution en règle.* — **7.** *Mettre qqch à exécution,* l'exécuter, le réaliser, l'accomplir : *Mettre une menace à exécution.* • **Bours.** Vente ou achat de titres aux dépens d'un spéculateur défaillant. — **Dr.** Accomplissement d'une obligation, d'un jugement. ‖ *Exécution (capitale),* châtiment infligé à un condamné à mort en vertu d'une sentence rendue par un tribunal. (En France, jusqu'à l'abolition de la peine de mort en 1981, l'exécution s'effectuait par la guillotine, la fusillade étant réservée pour les criminels politiques et les militaires.) ‖ *Exécution forcée,* usage de la force pour faire exécuter matériellement un acte administratif unilatéral. ‖ *Exécution provisoire,* acte qui permet à la partie gagnante d'un procès d'exécuter un jugement malgré l'effet suspensif des voies de recours. ‖ *Voies d'exécution,* ensemble des procédures permettant l'exécution forcée d'un acte ou d'un jugement revêtu de la formule exécutoire. — **Inform.** Traitement, par l'unité centrale d'un ordinateur, de la suite d'instructions d'un programme en langage machine chargé dans la mémoire principale. — **Mil.** *Exécution militaire,* ensemble des mesures de répression (mises à sac, meurtres, etc.) exercées autrefois par l'autorité militaire à l'égard d'une ville ou d'une population rebelle.

EXÉCUTOIRE adj. (bas lat. *executorius*). **1.** Qui donne pouvoir de procéder à une exécution. — **2.** *Copie exécutoire,* première expédition du jugement, revêtue de la formule exécutoire et fournie à la partie gagnante. (Syn. GROSSE.) ‖ *État exécutoire,* décision par laquelle l'Administration entame la procédure de recouvrement forcé de ses créances ; titre contenant cette décision et adressé au débiteur. ‖ *Formule exécutoire,* formule obligatoirement apposée en fin d'un jugement, d'un arrêt et de tout acte susceptible d'exécution forcée. ‖ *Titre exécutoire,* ou *exécutoire* (n. m.), acte revêtu de la formule exécutoire.

EXÉCUTOIREMENT adv. De façon exécutoire.

EXÈDRE n. f. (lat. *exedra,* du gr. *eksedra*). **1.** Dans l'Antiquité, salle dotée de sièges ou banc de pierre formant un ensemble monumental. — **2.** Banquette semi-circulaire adossée, formant édicule, par ex. dans un jardin. — **3.** Volière.

EXÉGÈSE n. f. (gr. *eksêgêsis,* exposition). **1.** Explication philologique, historique ou doctrinale d'un texte obscur ou sujet à discussion. — **2.** Interprétation et commentaire détaillés : *Faire l'exégèse d'un discours politique.* — **3.** *Exégèse biblique,* interprétation scientifique des textes bibliques, mettant en œuvre toutes les disciplines capables d'en éclairer le sens.

EXÉGÈTE n. m. (gr. *eksêgêtês,* interprète). **1.** Dans la Grèce antique, celui qui interprétait les rites, les oracles, les prodiges, les songes. — **2.** Scoliaste, commentateur des ouvrages anciens. — **3.** Commentateur des textes bibliques.

EXÉGÉTIQUE adj. (gr. *eksêgêtikos*). Qui concerne l'exégèse.

EXÉKIAS, potier et peintre attique de vases (seconde moitié du VIe s. av. J.-C.), l'un des plus brillants représentants de la peinture de vases à figures noires (amphore du Vatican : *Achille et Ajax jouant aux dés ;* coupe de Munich : *Dionysos à bord d'un navire*).

EXELMANS (Remy Joseph Isidore, *comte*), maréchal et pair de France (Bar-le-Duc 1775 - Sèvres 1852). Volontaire en 1792, général après Eylau (1807), présent en Espagne (1808), en Russie (1812), il participa aux campagnes de 1813 et 1814. Arrêté lors de la première Restauration il fut acquitté par le conseil de guerre. Il livra, au retour de l'île d'Elbe, le dernier combat de la campagne à Rocquencourt (1er juill. 1815). Maréchal de France (1851).

1. EXEMPLAIRE adj. (lat. *exemplaris*). **1.** Qui peut servir d'exemple par sa conduite, qui peut être cité : *Il travaille avec une conscience exemplaire.* – **2.** Qui, par sa rigueur, peut servir d'avertissement, de leçon pour les autres : *Punition exemplaire.*

2. EXEMPLAIRE n. m. (bas lat. *exemplarium*, copie originale). **1.** Chacun des objets formés d'après un type unique reproduit (surtout en parlant de livres, de gravures) : *Ce livre tire à dix mille exemplaires.* – **2.** Chacun des échantillons d'une même espèce, d'une même catégorie, d'un même ensemble : *Un bel exemplaire de coquillage.*

EXEMPLAIREMENT adv. **1.** À un tel degré de perfection que cela pourrait servir de modèle : *Une majorité exemplairement docile.* – **2.** De manière à servir de leçon ; pour l'exemple : *Punir exemplairement.*

EXEMPLARITÉ n. f. (bas lat. *exemplaritas, -atis*). Caractère de ce qui est exemplaire, de ce qui est destiné à servir de leçon en frappant les esprits par sa rigueur : *L'exemplarité des peines.*

EXEMPLE n. m. (lat. *exemplum*). **1.** Personne, acte considérés comme un modèle servant de référence à une conduite : *Il n'a pas suivi le mauvais exemple de ses prédécesseurs.* – **2.** Ce qui constitue une leçon, comporte un effet dissuasif : *Que cet accident vous serve d'exemple.* – **3.** Fait, cas antérieur semblable ou comparable à ce dont il s'agit : *Un fait sans exemple dans les annales judiciaires.* – **4.** Fait, chose, comportement de qqn qui illustre une assertion, qui est caractéristique de qqch : *Un bel exemple d'architecture gothique.* – **5.** Citation littéraire ou énoncé forgé servant à montrer le fonctionnement d'une règle de grammaire ou, dans un article de dictionnaire, à illustrer et à justifier la définition du mot traité. – **6.** *À l'exemple de qqn, de qqch,* en l'imitant. ‖ *Donner l'exemple,* agir de façon à servir de modèle ; faire qqch le premier. ‖ *Faire un exemple,* punir sévèrement qqn pour dissuader les autres de l'imiter. ‖ *Par exemple,* introduit l'exemple qui viendra confirmer ou illustrer ce qui a été dit. ‖ *(Çà) par exemple !* exprime la surprise ou le mécontentement, l'impatience. ‖ *(Mais) par exemple,* introduit une restriction. ‖ *Pour l'exemple,* pour servir d'exemple capable d'empêcher chez d'autres le renouvellement de tels actes. ‖ *Prêcher d'exemple,* faire le premier ce que l'on recommande aux autres. ‖ *Prendre exemple sur qqn,* adapter sa conduite sur celle de qqn.

EXEMPLIFICATION n. f. Action d'exemplifier.

EXEMPLIFIER v. t. (conj. **9**). Expliquer qqch, l'illustrer par des exemples.

EXEMPT, E [ɛgzɑ̃, ɑ̃t] adj. (lat. *exemptus*, de *eximere*, enlever). **1.** Qui n'est pas assujetti à quelque obligation : *Être exempt d'impôts.* – **2.** Qui est préservé de tel ou tel risque, qui n'a pas tel ou tel avantage, qui n'a pas trace de qqch : *On n'est jamais exempt d'un accident.* – **3.** Qui n'est pas entaché de qqch : *Un calcul exempt d'erreur.*

◆ **exempt** n. m. Officier qui, autref., dans certains corps, commandait en l'absence du capitaine et des lieutenants et qui était exempt du service ordinaire.

EXEMPTÉ, E [ɛgzɑ̃te] n. Personne qui est dispensée d'une obligation.

EXEMPTER [ɛgzɑ̃te] v. t. (de *exempt*) [conj. **3**]. **1.** Affranchir qqn de qqch de pénible, l'en dispenser, l'en décharger : *Exempter un soldat d'une corvée.* – **2.** Dispenser qqn du service militaire.

EXEMPTION [ɛgzɑ̃psjɔ̃] n. f. (lat. *exemptio, -onis*, de *eximere*, enlever). **1.** Action d'exempter ; fait d'être exempté, privilège qui décharge, dispense d'une obligation : *L'exemption de la taxe professionnelle.* – **2.** Dispense du service militaire.

EXENCÉPHALE adj. et n. Qui présente une exencéphalie.

EXENCÉPHALIE n. f. Malformation saillante du crâne ou de la région supérieure de la face, constituée par une simple hernie méningée *(méningocèle)* ou contenant des parties du cerveau *(méningo-encéphalocèle)*.

EXENTÉRATION n. f. (gr. *eksenteridzein*, ôter). *Exentération de l'orbite,* ablation des parties molles de l'orbite et des paupières, pratiquée en cas de tumeur maligne.

EXEQUATUR [ɛgzekwatyr] n. m. inv. (lat. *exequatur*, qu'on exécute). **1.** Procédure rendant exécutoire sur le territoire français une décision judiciaire rendue à l'étranger. – **2.** Ordonnance rendant exécutoire un jugement étranger ou une sentence arbitrale.

EXERCER v. t. (lat. *exercere*) [conj. **16**]. **1.** Faire progresser qqn en le soumettant à un entraînement méthodique : *Exercer des élèves à converser en anglais.* – **2.** Développer le corps, l'esprit de qqn, par la répétition : *Des jeux qui exercent la mémoire.* – **3.** *Litt.* Mettre à l'épreuve une faculté intellectuelle, une aptitude morale : *Ces mesqui-*

neries ont trop longtemps exercé ma patience. — **4.** User d'un droit, d'une autorité : *Exercer son droit de réponse dans un journal.* — **5.** Mettre en usage une action, la faire agir d'une manière ou d'une autre (forme avec le nom compl. des loc. v. souvent équivalentes à un verbe) : *Exercer un contrôle* (= contrôler). *Exercer une influence* (= influencer). — **6.** Pratiquer un métier, une fonction : *Un médecin qui exerce l'acupuncture.* — **7.** Être actif dans sa branche professionnelle : *Un avocat qui a cessé d'exercer.* — **8.** Évaluer l'importance de la matière imposable à l'impôt indirect (notamment de l'alcool) dans les locaux du contribuable.

◆ **être exercé** v. pass. Avoir acquis par l'expérience, par l'exercice une certaine habileté : *Une oreille exercée.*

◆ **s'exercer** v. pr. **1.** Se soumettre à un entraînement pour acquérir une pratique : *S'exercer à tirer à l'arc.* — **2.** *Litt.* Se manifester, se produire : *Son habileté s'est exercée dans cette affaire.* — **3.** Agir sur : *Fascination qui s'exerce sur nous.*

EXERCICE n. m. (lat. *exercitium*). **1.** Activité spécialement structurée, adaptée, qui permet de développer les capacités de qqn dans un domaine : *Des exercices respiratoires.* — **2.** Problème, devoir, ensemble de questions dans lesquels on a à appliquer ce qui a été appris précédemment dans un cours. — **3.** Action de se donner du mouvement, de se dépenser physiquement : *Vous devriez faire de l'exercice.* — **4.** Action de mettre en pratique une faculté, de faire valoir un droit : *L'exercice du pouvoir.* — **5.** Action d'exercer un métier, une activité ; pratique : *Condamnation pour exercice illégal de la médecine.* — **6.** Période comprise entre deux inventaires comptables, entre deux budgets. — **7.** Contrôle permanent accompli par l'administration des Contributions indirectes chez certains industriels et commerçants pour garantir l'exécution des obligations et formalités imposées par les lois et règlements. — **8.** *En exercice,* en activité, en fonction.

◆ **exercices** n. m. pl. *Exercices spirituels,* pratiques de dévotion, en partic. retraite spirituelle.

Exercices spirituels, de saint Ignace de Loyola. Ce livre, particulièrement utilisé durant les retraites, a pour but premier le choix ou la réforme de l'état de vie.

EXERCISEUR n. m. (angl. *exerciser,* de *to exercice,* s'exercer à). Appareil de gymnastique qui comporte des dispositifs élastiques permettant de faire travailler et d'assouplir la musculature.

EXERCITANT, E n. Personne qui fait une retraite spirituelle.

EXÉRÈSE n. f. (gr. *eksairesis,* de *eksairein,* retirer). Ablation chirurgicale d'un corps étranger ou d'une partie de l'organisme.

EXERGUE n. m. (lat. sc. *exergum,* du gr. *eks,* hors de, et *ergon,* travail). **1.** Espace inférieur de la face d'une monnaie, d'une médaille, souvent séparé du type par une ligne horizontale. (On y trouve la date, le nom de l'atelier ou du graveur, etc.) — **2.** Inscription placée en tête d'un ouvrage. — **3.** *Mettre qqch en exergue,* les mettre en évidence, leur accorder une importance particulière afin de faciliter l'explication de ce qui suit.

EXETER, v. de Grande-Bretagne, ch.-l. du Devon, sur l'*Exe ;* 96 000 hab. Vestiges romains. Cathédrale (XIIe-XIVe s.) surtout représentative du style gothique *orné* (fin du XIIIe s.). Vestiges médiévaux. Hôtel de ville à façade Renaissance.

EXETER (Henry COURTENAY, *marquis* D') ⟶ COURTENAY.

EXFILTRATION n. f. Action d'exfiltrer un agent secret.

EXFILTRER v. t. (conj. 3). Assurer le rapatriement d'un agent secret au terme de sa mission.

EXFOLIANT, E, EXFOLIATEUR, TRICE, ou **EXFOLIATIF, IVE** adj. Qui provoque une exfoliation.

EXFOLIATION n. f. **1.** Séparation des parties mortes qui se détachent de l'épiderme, d'une muqueuse, etc., sous forme de petites lames. — **2.** Chute de l'écorce d'un arbre par minces couches.

EXFOLIER v. t. (bas lat. *exfoliare,* effeuiller) [conj. **9**]. Séparer, enlever par lames minces la surface de qqch.

EXHALAISON [ɛgza-] n. f. (de *exhalation*). Gaz ou odeur qui s'exhale d'un corps ; effluve : *Exhalaison fétide d'une fosse d'aisances.*

EXHALATION [ɛgza-] n. f. (lat. *exhalatio, -onis*). Rejet de substances à l'état gazeux par la peau et dans l'air expiré.

EXHALER [ɛgzale] v. t. (lat. *exhalare,* de *halare,* souffler) [conj. **3**]. **1.** Répandre une odeur, une vapeur, la laisser échapper hors de soi : *Fleurs qui exhalent un parfum délicat.* — **2.** *Litt.* Donner libre cours, laisser s'exprimer un sentiment : *Exhaler sa mauvaise humeur.* — **3.** Émettre un bruit, le laisser échapper : *Exhaler des soupirs.* — **4.** Dégager une impression, respirer : *Ce lieu exhale la mélancolie.* — **5.** Litt. *Exhaler le dernier soupir,* mourir.

◆ **s'exhaler** v. pr. **1.** Se répandre dans l'atmosphère, émaner : *Une délicieuse odeur s'exhale des roses.* — **2.** *Litt.* Se manifester : *Une faible plainte s'exhala de ses lèvres.*

EXHAURE n. f. (lat. *exhaurire,* épuiser). Évacuation des eaux d'infiltration hors d'une mine ou d'une carrière, par canalisation et pompage.

EXHAUSSEMENT [ɛgzo-] n. m. Action d'exhausser qqch : *L'exhaussement d'un mur.*

EXHAUSSER [ɛgzo-] v. t. (de *hausser*) [conj. 3]. Augmenter la hauteur de qqch, le rendre plus élevé ; surélever : *Exhausser une maison d'un étage.*

EXHAUSTEUR n. m. *Exhausteur (de goût),* substance qui renforce le goût d'un produit alimentaire.

EXHAUSTIF, IVE [ɛgzo-] adj. (angl. *exhaustive,* de *to exhaust,* épuiser). **1.** Qui épuise un sujet, une matière : *Liste exhaustive.* – **2.** *Tirage exhaustif,* en calcul des probabilités, tirage sans remise par oppos. au *tirage non exhaustif,* dit aussi *tirage au sort dans l'urne de Bernoulli.*

EXHAUSTION [ɛgzo-] n. f. (bas lat. *exhaustio, -onis,* action d'épuiser). *Méthode d'exhaustion,* méthode d'analyse numérique permettant de calculer ou de vérifier la valeur d'une grandeur au moyen d'une suite d'approximations dont la finesse devient arbitrairement grande, pourvu qu'on aille assez loin dans la suite.

EXHAUSTIVEMENT [ɛgzo-] adv. De façon exhaustive, complète.

EXHÉRÉDATION n. f. (lat. *exheredatio, -onis,* de *exheredare,* de *heres, -edis,* héritier). **1.** Action consistant à exclure de sa succession un ou plusieurs de ses héritiers et qui fut supprimée par le Code civil. – **2.** État d'une personne déshéritée.

EXHÉRÉDER v. t. (lat. *exheredare,* de *heres, -edis,* héritier) [conj. **18**]. Déshériter.

EXHIBER [ɛgzi-] v. t. (lat. *exhibere*) [conj. 3]. **1.** Montrer un document, le produire à la requête d'une autorité : *Exhiber un passeport.* – **2.** Montrer qqn, qqch, un animal au public pour en tirer profit : *Exhiber des ours savants à la foire.* – **3.** Montrer qqch avec complaisance et ostentation pour se faire remarquer, pour se faire valoir : *Exhiber ses décorations.* – **4.** Montrer avec impudeur son corps, une partie de son corps. – **5.** Faire étalage de qqch avec vanité, avec un manque de réserve : *Exhiber son savoir.*
◆ **s'exhiber** v. pr. Se montrer en public de façon provocante.

EXHIBITION [ɛgzi-] n. f. (lat. *exhibitio, -onis*). **1.** Action de produire un document, de faire voir, de présenter : *L'exhibition des pièces à conviction.* – **2.** Réunion et présentation au public, dans un même lieu, de personnes, d'animaux ou de choses : *Exhibition de chiens savants.* – **3.** En sports, démonstration spectaculaire dont le résultat n'a pas valeur de classement. – **4.** Étalage impudique, déploiement fait avec ostentation : *Faire une pédante exhibition de son savoir.*

EXHIBITIONNISME [ɛgzi-] n. m. **1.** Déviation sexuelle dans laquelle l'exhibition en public de la verge, accompagnée de masturbation, remplace toute autre forme de rapport sexuel. – **2.** Action de faire étalage avec impudeur de ses sentiments, de ses pensées, de sa vie intime.

EXHIBITIONNISTE [ɛgzi-] adj. et n. **1.** Relatif à l'exhibitionnisme ; qui pratique l'exhibitionnisme. – **2.** Qui aime à faire étalage de ses pensées, de ses sentiments, de sa vie intime.

EXHORTATION [ɛgzɔr-] n. f. (lat. *exhortatio, -onis*). Discours, paroles par lesquels on exhorte, on encourage qqn à faire qqch : *Une exhortation à la modération.*

EXHORTER [ɛgzɔr-] v. t. (lat. *exhortari*) [conj. 3]. **1.** Tenter d'amener qqn à qqch par des encouragements, par la persuasion, les prières, etc. : *Exhorter à la patience.* – **2.** Servir d'incitation pour qqn : *Ce précédent aurait dû l'exhorter à la prudence.*

EXHUMATION [ɛgzy-] n. f. (lat. médiév. *exhumatio, -onis*). **1.** Action d'exhumer, de retirer un cadavre du tombeau, de sortir de terre ce qui y était enfoui. – **2.** Action de tirer qqch de l'oubli : *Exhumation d'un manuscrit.*

EXHUMER [ɛgzyme] v. t. (lat. médiév. *exhumare,* du lat. class. *humus,* terre) [conj. 3]. **1.** Tirer un cadavre de sa sépulture, le déterrer. – **2.** Retirer qqch du sol, le déterrer par des fouilles : *Exhumer des poteries.* – **3.** Tirer qqch de l'oubli : *Exhumer de vieilles rancunes.*
◆ **être exhumé** v. pass. *Relief exhumé,* relief qui a été fossilisé sous des formations peu résistantes et qui a été remis au jour par érosion différentielle.

EXIGEANT, E adj. **1.** Qui est difficile à contenter ; dur, strict : *Professeur exigeant.* – **2.** Qui exige beaucoup de soins, d'attentions : *Malade exigeant.* – **3.** Qui est difficile à pratiquer, qui impose de gros efforts : *Métier exigeant.*

EXIGENCE n. f. (bas lat. *exigentia*). **1.** Ce qui est commandé par les circonstances, la nature, la satisfaction des besoins, les lois, la morale, etc. : *Les exigences de la profession.* – **2.** Ce que qqn réclame d'une autre personne, d'une institution (surtout pl.) : *Les exigences des clients.* – **3.** Caractère de qqn d'exigeant : *Il est d'une telle exigence !*

EXIGER v. t. (lat. *exigere*) [conj. **17**]. **1.** Vouloir qqch (de qqn), le réclamer impérativement : *J'exige des excuses.* – **2.** Avoir absolument besoin de qqch, le nécessiter, le requérir comme nécessaire : *Ces plantes exigent beaucoup de soleil.* – **3.** Rendre qqch nécessaire, obligatoire ; imposer, demander : *Une telle entreprise exige de nouveaux collaborateurs.*

EXIGIBILITÉ n. f. Caractère de ce qui est exigible, notamment d'une dette.

EXIGIBLE adj. Qui peut être exigé : *L'impôt est exigible le 15 septembre.*

EXIGU, Ë adj. (lat. *exiguus*). Qui est trop petit, de dimensions insuffisantes : *Appartement exigu pour six personnes.*

EXIGUÏTÉ [ɛgzigɥite] n. f. (lat. *exiguitas, -atis*). Caractère de ce qui est exigu, étroit, insuffisant en dimensions.

EXIL n. m. (lat. *exsilium,* bannissement). **1.** Situation de qqn qui est expulsé ou obligé de vivre hors de sa patrie ; lieu où cette personne réside à l'étranger : *Être condamné à l'exil.* – **2.** Situation de qqn qui est obligé de vivre ailleurs que là où il est habituellement, où il aime vivre ; ce lieu où il se sent étranger, mis à l'écart : *Être relégué dans un exil provincial.* – **3.** En astrologie, situation d'un astre qui se trouve dans le signe du zodiaque opposé à son domicile *(lieu d'exil).*

EXILARQUE n. m. Titre donné au chef héréditaire des Juifs de Babylonie (IIe-XIe s. apr. J.-C.).

EXILÉ, E n. Personne condamnée à l'exil ou qui vit en exil ; banni.

EXILER v. t. (conj. 3). **1.** Bannir qqn, le condamner à l'exil : *Exiler les opposants politiques.* – **2.** Obliger qqn à vivre loin du lieu où il aime vivre : *Exiler un fonctionnaire en province.*

◆ **s'exiler** v. pr. **1.** S'expatrier volontairement. – **2.** Se retirer qqpart, s'y mettre à l'écart : *S'exiler à la campagne.*

EXILIEN, ENNE ou **EXILIQUE** adj. Qui a rapport à l'exil du peuple juif à Babylone.

EXINE n. f. Couche externe du grain de pollen parfois ornée d'une manière caractéristique de l'espèce.

EXINSCRIT, E adj. Se dit d'un cercle qui est tangent à un côté d'un triangle et aux prolongements des deux autres.

EXISTANT, E adj. Qui existe, a cours dans une situation donnée : *Les lois existantes.*

◆ **existant** n. m. **1.** Nom sous lequel on désigne toute une catégorie de biens appartenant à une entreprise, à une date donnée *(existant en caisse, existant en magasin).* – **2.** Être possédant l'existence.

EXISTENCE n. f. (bas lat. *existentia*). **1.** Fait d'exister, d'avoir une réalité : *Prouver l'existence d'un complot.* – **2.** Présence en un lieu, fait d'être là : *Depuis son retour, il n'a pas signalé son existence.* – **3.** Fait de durer : *Ce gouvernement a eu une longue existence.* – **4.** La vie : *Être las de l'existence.* – **5.** Manière de vivre, mode de vie : *Vouloir changer d'existence.* – **6.** La vie considérée dans sa durée : *Il a lutté pendant toute son existence.* – **7.** *Litt.* Être vivant : *Sauver des existences humaines.* – **8.** *Moyens d'existence,* ressources que l'on a pour vivre.

EXISTENTIAL, E, AUX adj. (all. *existential*). Chez Heidegger, se dit de tout ce qui est constitutif de la structure ontologique de l'existence.

EXISTENTIALISME n. m. (de *existentiel*). Doctrine philosophique qui met l'accent sur le vécu humain plutôt que sur l'être et qui affirme l'identité de l'existence et de l'essence, ou leur parfaite complémentarité.

ENCYCL. Née avec Kierkegaard, la pensée existentialiste procède de l'analyse que fait Sartre de la philosophie heideggérienne. Le trait fondamental de l'existentialisme pour J.-P. Sartre est de poser la liberté comme fondement, que l'homme ne peut oublier que par mauvaise foi. Nous ne sommes pas prédéterminés avant de naître, mais nous créons notre destin par notre volonté libre ; nous sommes responsables de ce que nous faisons nous-mêmes. C'est donc avant tout une perspective morale, un « humanisme », invitant à l'engagement social de l'homme comme être concerné par ce que sont les autres hommes. L'existentialisme a constitué un courant de pensée français important après la Seconde Guerre mondiale.

EXISTENTIALISTE adj. et n. **1.** Relatif à l'existentialisme ; partisan de l'existentialisme. – **2.** S'est dit, au lendemain de la Seconde Guerre mondiale, des jeunes gens qui se réunissaient pour discuter dans les cafés, écouter du jazz et danser dans les caves de Saint-Germain-des-Prés, à Paris.

EXISTENTIEL, ELLE adj. (bas lat. *existentialis*). **1.** Chez les existentialistes, relatif à l'existence. – **2.** Se dit d'une philosophie préconisée par les existentialistes. – **3.** *Analyse existentielle,* méthode thérapeutique, fondée par L. Binswanger, visant à ce que le sujet s'appréhende comme « capacité de choix » et fasse l'expérience de l'originalité de son destin. ‖ *Quantificateur existentiel,* symbole noté $\exists$ (s'énonçant « il existe »), exprimant le fait que certains éléments d'un ensemble (au moins un) vérifient une proposition, une propriété données.

EXISTER v. i. (lat. *existere,* sortir de) [conj. **3**]. **1.** Avoir la vie, vivre : *Aussi longtemps qu'il a existé, il a lutté.* – **2.** Être dans la réalité, se trouver qqpart, être repérable dans le temps ou dans l'espace : *Coutume qui existe depuis longtemps.* – **3.** Avoir une réalité : *L'amitié, ça existe.* – **4.** Avoir de l'importance, de la valeur : *Le profit seul existe à ses yeux.* – **5.** S'affirmer, se faire reconnaître comme une personne aux yeux de la société, d'un groupe, de qqn : *La révolte est souvent un moyen d'exister aux yeux de la société.*

— 6. *Il existe qqn, qqch,* syn. de IL Y A : *Il n'existe pas de solution à votre problème.*

EXIT, mot lat. signif. *il sort,* indication scénique de la sortie d'un acteur.

EXITANCE n. f. (lat. *exitus,* de *exire,* sortir). Quotient, par l'élément de surface ΔS d'une source S, du flux $\Delta\Phi$ énergétique *(exitance énergétique)* ou lumineux *(exitance lumineuse)* rayonné par ΔS dans l'angle solide 2π du plan tangent en S à la surface et extérieurement à celle-ci. (L'exitance énergétique s'exprime dans le système SI en W/m^2 et l'exitance lumineuse en lm/m^2.) [Syn. anc. RADIANCE, ÉMITTANCE.]

EXITE n. m. Syn. de ÉPIPODITE.

EX-LIBRIS [ɛkslibris] n. m. inv. (lat. *ex libris,* des livres de). Vignette dessinée ou gravée que les bibliophiles collent au revers des reliures de leurs livres et qui porte leur devise ou leur nom.

EXMOOR FOREST, massif boisé de Grande-Bretagne, dans le nord du Devon et dans le Somerset. Parc national.

EX NIHILO [ɛksniilo] loc. adv. (mots lat.). En partant de rien.

EXOASCALE n. f. (du gr. *askos,* sac). Nom d'ordre donné aux champignons des « cloques » (pêcher et autres arbres).

EXOBASE n. f. Limite inférieur de l'exosphère.

EXOBIOLOGIE n. f. Science qui étudie les possibilités d'existence de la vie dans l'Univers, en dehors de la Terre. (Syn. ASTROBIOLOGIE.)

ENCYCL. La Terre est vraisemblablement la seule planète du système solaire à abriter la vie. Mais les planètes sont considérées aujourd'hui comme un sous-produit naturel de la formation des étoiles. Si leur apparition est effectivement un phénomène courant, il doit alors en exister des milliards dans notre seule Galaxie, et on peut penser qu'un certain nombre d'entre elles ressemblent à la Terre. Pour que la vie puisse y naître et s'y développer, plusieurs conditions semblent indispensables : il faut que ces planètes ne soient ni trop chaudes ni trop froides, c'est-à-dire qu'elles ne se trouvent ni trop près ni trop loin de leur étoile ; qu'il y ait de l'eau liquide à leur surface ; enfin qu'elles soient enveloppées d'une atmosphère protectrice. La grande inconnue reste de savoir si la vie apparaît chaque fois que ces conditions sont réunies ou si elle reste un phénomène tout à fait exceptionnel. Dans le premier cas, les planètes habitées doivent être très nombreuses ; dans le second, elles sont très rares.

Compte tenu de l'importance des distances interstellaires, il faudrait, dans l'état actuel de la technique, des dizaines ou des centaines de milliers d'années à un engin spatial pour atteindre les étoiles les plus proches. On ne peut donc envisager un contact direct avec les habitants d'autres planètes mais seulement l'échange d'informations émises sous forme de signaux radioélectriques (qui se propagent à la vitesse de la lumière). Les tentatives de détection de messages provenant de civilisations extraterrestres sont, jusqu'à présent, restées vaines.

EXOCET [ɛgzɔsɛ] n. m. (lat. *exocoetus,* du gr. *eksôkoitos,* qui sort de sa demeure). Poisson (exocétidé) qui vit en bancs nombreux et échappe à ses prédateurs en sautant hors de l'eau et en planant à l'aide de ses pectorales très longues.

Exocet, missile surface-surface autoguidé. Sa portée est de 37 km, et sa vitesse de Mach 1. Il existe une version mer-mer, MM 40, d'une portée de 65 km, et une version air-surface AM 39, d'une portée de 52 km.

EXOCOL n. m. Partie externe du col de l'utérus, accessible à la vue.

EXOCRINE adj. **1.** Se dit d'une glande dont les produits de sécrétion se déversent à l'extérieur de l'organisme ou dans une cavité organique communiquant avec le milieu extérieur. — **2.** Se dit de la sécrétion de cette glande.

EXOCUTICULE n. f. Chez les insectes, couche chitineuse externe de la cuticule, rigide, brune, parfois recouverte par l'épicuticule.

1. EXODE n. m. (lat. ecclés. *Exodus,* du gr. *eksodos,* sortie). Sortie des Hébreux d'Égypte sous la conduite de Moïse, en direction de la Terre promise (entre 1250 et 1230 av. J.-C.).

2. EXODE n. m. (de *Exode 1*). **1.** Départ en grand nombre : *L'exode des Parisiens à l'époque des vacances.* — **2.** Fuite des populations civiles françaises devant la progression de l'armée allemande en mai et juin 1940. — **3.** *Exode des cerveaux,* départ d'ingénieurs, de scientifiques et de techniciens qualifiés vers des pays à niveaux technologiquement plus élevés que ceux des pays d'origine. (Syn. BRAIN-DRAIN.) ‖ *Exode des capitaux,* mouvement des capitaux qui sortent de leur pays d'origine pour être investis à l'étranger. ‖ *Exode rural,* migration des habitants des zones rurales, et principalement de la population agricole, vers les zones urbaines.

3. EXODE n. m. (lat. *exodium,* du gr. *eksodion*). Chez les Romains, courte pièce comique jouée après les tragédies.

Exode, deuxième livre du Pentateuque*, qui décrit la sortie d'Égypte des Hébreux sous la conduite de Moïse et s'arrête au Sinaï avec la promulgation du Décalogue et du Code de l'alliance.

Exodus, navire chargé de 4 500 émigrants juifs, que la marine britannique empêcha en juill. 1947 d'atteindre la côte palestinienne. Ses passagers furent débarqués à Hambourg.

EXOGAME adj. et n. (angl. *exogamous*). Qui se marie hors de sa famille ou de sa tribu.

EXOGAMIE n. f. (angl. *exogamy*). Mariage entre sujets n'appartenant pas au même groupe de parenté (famille, lignage, clan, etc.). [Contr. ENDOGAMIE.]

EXOGAMIQUE adj. Relatif à l'exogamie.

EXOGÈNE adj. **1.** Qui provient du dehors, de l'extérieur du phénomène, par oppos. à *endogène : Un facteur exogène de l'évolution.* — **2.** Se dit d'une roche, sédimentaire ou résiduelle, formée à la surface de la Terre. — **3.** Qui est produit ou qui se développe à l'extérieur de l'organisme. — **4.** Se dit d'un organe végétal dérivé (rameau par ex.) formé à partir de la zone externe de l'organe principal.

EXOGÉNÉITÉ n. f. Caractère de ce qui est exogène.

EXOGYRE n. f. Mollusque bivalve fossile, voisin des huîtres, très abondant dans les terrains crétacés.

EXON n. m. Séquence de codage contenue dans un gène d'eucaryote. (Ces séquences sont séparées par des zones de silence, séquences non codantes ou introns.)

EXONDÉ, E adj. (de *onde*). Se dit d'une région, d'un terrain émergés après une inondation ou une régression.

EXONÉRATION n. f. (bas lat. *exoneratio, -onis*). **1.** Action d'exonérer, fait d'être exonéré : *Exonération fiscale.* — **2.** Dispense de service militaire accordée en France, de 1855 à 1868, moyennant un impôt.

EXONÉRER v. t. (lat. *exonerare,* décharger, de *onus, -eris,* charge) [conj. **18**]. Décharger qqn, qqch de qqch, les dispenser, totalement ou en partie d'une charge, d'une obligation ; affranchir qqch de certaines taxes ; exempter, dégrever : *Exonérer certains contribuables. Exonérer des marchandises.*

EXONGULATION n. f. Perte d'un sabot ou d'un ongle, à la suite d'une fourbure (cheval, bovins) ou de la fièvre aphteuse (bovins, porcs, petits ruminants).

EXOPHORIE n. f. Trouble de la vision binoculaire.

EXOPHTALMIE n. f. (angl. *exophthalmia,* du gr. *eksophthalmos,* qui a les yeux saillants). Saillie de l'œil hors de l'orbite. (Unilatérale, elle est provoquée par une tumeur ou une inflammation de l'orbite. Bilatérale, elle est un symptôme de la maladie de Basedow.)

EXOPHTALMIQUE adj. Qui relève de l'exophtalmie.

EXOPLASME n. m. Syn. de ECTOPLASME.

EXOPODITE n. m. Rame externe de l'appendice typique des crustacés. (S'oppose à ENDOPODITE.)

EXORBITANT, E adj. (bas lat. *exorbitans, -antis,* de *orbita,* ornière). Qui a un caractère particulièrement exagéré, excessif : *Demander un prix exorbitant.*

EXORBITER (S') v. pr., **ÊTRE EXORBITÉ** v. pass. (bas lat. *exorbitare*) [conj. **3**]. Sortir de l'orbite, en parlant des yeux.

EXORCISATION n. f. Action d'exorciser.

EXORCISER v. t. (lat. ecclés. *exorcizare,* du gr. *eksorkidzein*) [conj. **3**]. **1.** Conjurer un démon, le chasser par les prières spéciales du rituel. — **2.** Soumettre qqn, un lieu à des exorcismes pour le délivrer du démon : *Exorciser un possédé.* — **3.** Soustraire à l'influence du démon qqch qu'on veut consacrer à un usage religieux : *Exorciser du sel, de l'eau.*

EXORCISME n. m. (lat. ecclés. *exorcismus,* du gr. *eksorkismos*). **1.** Pratique religieuse ayant pour but de chasser le démon qui a pris possession de qqn. — **2.** Prière par laquelle on exorcise qqn ou qqch. — **3.** *Litt.* Ce qui chasse une angoisse, une douleur morale qui hante qqn.

EXORCISTAT n. m. Autref. troisième ordre mineur dans l'Église latine.

EXORCISTE ou **EXORCISEUR, EUSE** n. (lat. ecclés. *exorcista,* du gr. *eksorkistês*). Personne qui exorcise, qui conjure le démon.
◆ **exorciste** n. m. Clerc qui avait reçu l'exorcistat et dont les fonctions étaient de chasser les démons.

EXORDE n. m. (lat. *exordium*). Entrée en matière d'un discours ; introduction.

EXORÉIQUE adj. (gr. *rhein,* couler). Qui est propre aux régions dont les eaux courantes gagnent la mer. (Contr. ENDORÉIQUE.)

EXORÉISME n. m. Caractère des régions exoréiques (72 % de la surface des continents). [Contr. ENDORÉISME.]

EXOSMOSE n. f. (gr. *ôsmos,* poussée). Diffusion d'ions minéraux et de molécules en dissolution, depuis une cellule vivante jusque dans le milieu liquide qui l'entoure.

EXOSPHÈRE n. f. Zone de l'atmosphère d'une planète dans laquelle les atomes légers échappent au champ de gravitation et s'évadent vers le milieu interplanétaire.

EXOSPHÉRIQUE adj. Qui se rapporte à l'exosphère.

EXOSQUELETTE n. m. **1.** Formation squelettique animale externe (coquille des mollusques, carapace des arthropodes, etc.) dont la face interne sert de surface d'attache aux muscles. — **2.** Squelette osseux des vertébrés, formé par ossification dermique.

EXOSTOSANT, E adj. Qui produit des exostoses, telle la maladie de Bessel-Hagen.

EXOSTOSE n. f. (gr. *eksostôsis*). **1.** Tumeur osseuse bénigne qui se développe à la surface des os, le plus souvent secondaire à un traumatisme ou d'origine rhumatismale. — **2.** Protubérance ligneuse qui se rencontre sur les branches ou la tige des arbres. (Syn. LOUPE.)

EXOTÉRIQUE adj. (lat. *exotericus,* du gr. *eksôterikos*). **1.** Se dit d'une doctrine philosophique ou religieuse enseignée publiquement (par oppos. à *ésotérique*). — **2.** Se dit de la partie des œuvres d'Aristote destinée au public non initié.

EXOTÉRISME n. m. Partie d'une tradition ou d'une religion qui peut être divulguée aux non-initiés. (Contr. ÉSOTÉRISME.)

EXOTHERMICITÉ n. f. Caractère d'une réaction exothermique.

EXOTHERMIQUE adj. Qui dégage de la chaleur. (Contr. ENDOTHERMIQUE.)

EXOTIQUE adj. (lat. *exoticus,* du gr. *eksôtikos,* étranger). **1.** Qui appartient à des pays étrangers et lointains : *Plantes exotiques.* — **2.** Se dit d'un noyau atomique qui comporte un fort excès ou un fort déficit du nombre de ses neutrons par rapport aux noyaux stables de masse comparable. — **3.** *Bois exotiques,* bois importés, par oppos. aux bois de provenance indigène.

EXOTISME n. m. (de *exotique*). **1.** Caractère de ce qui évoque les mœurs, les habitants ou les paysages des pays lointains : *Roman plein d'exotisme.* — **2.** Goût des choses exotiques : *L'exotisme est une mode littéraire, artistique.*

EXOTOXINE n. f. Substance excrétée par les microbes et qui diffuse dans le milieu extérieur.

EXOTYPE n. m. Syn. de MUTANT.

EXP, symbole représentant la fonction exponentielle de base *e,* qui, à *x,* associe e^x. ‖ exp_a, symbole représentant la fonction exponentielle de base *a,* qui, à *x,* associe $a^x = e^{x \cdot \ln a}$.

EXPANSÉ, E adj. **1.** Se dit de certaines matières plastiques possédant une structure cellulaire. (Le polystyrène expansé, obtenu par action du pentane sur des granulés de polystyrène, est un excellent isolant phonique et thermique employé dans le bâtiment et l'emballage.) — **2.** *Argile expansée,* argile granulée et cuite utilisée comme granulat du béton léger.

EXPANSIBILITÉ n. f. Caractère de ce qui est expansible.

EXPANSIBLE adj. Se dit d'un gaz susceptible d'expansion.

EXPANSIF, IVE adj. et n. (de *expansion*). Qui aime à faire part de ses sentiments ou à les manifester. ◆ adj. **1.** Qui tend à l'expansion, la croissance, le développement : *Puissance expansive du secteur tertiaire.* — **2.** Se dit d'un ciment dont la prise s'accompagne d'une légère augmentation de volume.

EXPANSION n. f. (bas lat. *expansio, -onis,* du lat. class. *expandere,* étendre). **1.** Dilatation d'un corps ; développement en volume ou en surface : *L'expansion d'un corps sous l'influence de la chaleur.* — **2.** Mouvement par lequel un pays s'étend au-delà de ses frontières ou accroît son influence dominatrice dans le monde : *L'expansion coloniale au* XIX*e* *s.* — **3.** Mouvement de ce qui s'accroît, se développe ; essor : *Économie en pleine expansion.* — **4.** Mouvement par lequel les pensées, les influences s'étendent, se propagent : *Expansion d'une doctrine.* — **5.** *Litt.* Action de s'épandre ; mouvement qui pousse qqn à faire part de ses sentiments. • **Astron.** *Expansion de l'Univers,* phénomène invoqué dans la cosmologie moderne, selon lequel les galaxies s'écartent les unes des autres au cours du temps à une vitesse proportionnelle à leur distance mutuelle. (→ *encycl.*) — **Écon.** Phase ascendante du cycle économique. ‖ Processus au cours duquel un produit économique croissant et un pouvoir d'achat en augmentation peuvent être observés. — **Géol.** *Expansion des fonds océaniques,* élargissement des océans résultant de l'accrétion de la croûte océanique par mise en place de matériaux mantelliques dans l'axe des dorsales. — **Ling.** Syn. de ADJOINT. — **Phys.** *Expansion des gaz,* augmentation de volume accompagnée d'une diminution de pression.

ENCYCL. **Astron.** L'*expansion de l'Univers,* formulée par la loi de Hubble*, s'interprète aisément dans le cadre de la cosmologie relativiste. Dans l'état actuel de nos connaissances, aucun autre phénomène compatible avec l'ensemble des lois de la physique ne permet de rendre compte des observations relatives au décalage* vers le rouge des raies des spectres des galaxies. — **Géol.** L'*expansion annuelle des fonds océaniques* est de l'ordre du centimètre (dorsale lente) ou du décimètre (dorsale rapide). Elle résulte de l'écartement des plaques de lithosphère entraînées par les mouvements convectifs de l'asthénosphère. Elle engendre un renouvellement permanent des fonds et, en l'absence de subduction, un écartement des blocs continentaux (dérive continentale).

Expansion, groupe de presse français. Son origine remonte à la création du magazine *l'Expansion* (1967) par J.-L. Servan-Schreiber et J. Boissonnat. En 1994, C.E.P. Communication prend le contrôle du groupe.

EXPANSIONNISME n. m. **1.** Attitude d'un pays visant à l'expansion territoriale ou économique au-delà de ses frontières. — **2.** Tendance d'un pays où l'accroissement de la puissance économique est systématiquement encouragé par l'État.

EXPANSIONNISTE adj. et n. Qui vise à l'expansionnisme ; qui est partisan de l'expansionnisme.

EXPANSIVITÉ n. f. Caractère de qqn qui est expansif.

EXPATRIATION n. f. Action d'expatrier.

EXPATRIÉ, E n. Personne qui a été expatriée, qui s'est expatriée.

EXPATRIER v. t. (conj. **10**). **1.** Expulser qqn ou l'envoyer loin de sa patrie ; exiler. — **2.** Placer des capitaux à l'étranger.
◆ **s'expatrier** v. pr., **être expatrié** v. pass. **1.** Quitter volontairement sa patrie, partir en exil. — **2.** Quitter à regret un lieu dans lequel on aimait vivre.

EXPECTATION n. f. (lat. *expectatio, -onis*). **1.** Attente d'un stimulus par un individu. — **2.** Syn. de EXPECTATIVE. — **3.** *Niveau d'expectation,* niveau de réussite à une épreuve, qu'un individu s'attend à obtenir avec la probabilité la plus élevée.

EXPECTATIVE n. f. (lat. *expectare,* attendre). **1.** Attente fondée sur des promesses, des probabilités ; espoir : *Période d'expectative.* — **2.** Attitude prudente de qqn qui s'abstient de prendre parti, qui attend avant d'agir : *Rester dans l'expectative.* — **3.** Attitude qui consiste à observer l'évolution d'une maladie tant que les signes, insuffisamment caractérisés, ne permettent pas encore de préciser le diagnostic et de pratiquer une thérapeutique active. (Syn. EXPECTATION.)

EXPECTORANT, E adj. et n. m. Se dit d'un remède qui facilite l'expectoration par fluidification des sécrétions bronchiques.

EXPECTORATION n. f. (de *expectorer*). **1.** Expulsion, grâce à la toux, de substances provenant des voies respiratoires inférieures (trachée, bronches, poumons). — **2.** Produit de cette expulsion ; crachat.

EXPECTORER v. t. (lat. *expectorare,* de *pectus, -oris,* poitrine) [conj. 3]. Rejeter hors des voies respiratoires ; cracher.

EXPÉDIENT n. m. (anc. adj. *expédient,* utile, du lat. *expediens, -entis,* avantageux). **1.** Ressource momentanée pour se tirer d'embarras sans résoudre la difficulté essentielle : *User d'expédients pour éviter une condamnation.* — **2.** Moyen provisoire et extrême, voire indélicat ou illicite, pour se procurer de l'argent (surtout pl.) : *En être réduit aux expédients. Vivre d'expédients.* — **3.** *Jugement convenu* ou *d'expédient,* jugement qui confirme une transaction entre les parties. (Syn. JUGEMENT CONVENU.)

EXPÉDIER v. t. (de *expédient*) [conj. 9]. **1.** Faire partir qqch pour telle destination, l'envoyer à un destinataire par l'intermédiaire d'un transporteur : *Expédier un colis par la poste.* — **2.** *Fam.* Faire rapidement partir qqn pour telle destination ou, péjor., envoyer qqn qqpart sans trop de regret de le voir partir : *Expédier ses enfants en pension.* — **3.** *Fam.* Faire qqch à la hâte et sans soin : *Expédier un repas en dix minutes.* — **4.** En finir au plus vite avec qqn pour s'en débarrasser : *Expédier les derniers clients.* — **5.** Délivrer l'expédition d'un jugement ou d'un acte. — **6.** Pour un navire de commerce, terminer ses opérations de manutention et accomplir toutes les formalités officielles. — **7.** *Expédier les affaires courantes,* les gérer, en attendant d'être remplacé dans ses fonctions. ‖ Fam. *Expédier qqn au cimetière,* le tuer.

EXPÉDITEUR, TRICE adj. et n. Qui expédie qqch, qui en a fait l'envoi pour son compte ou le compte d'autres : *Bureau expéditeur.*

EXPÉDITIF, IVE adj. (lat. médiév. *expeditivus*). **1.** Qui expédie promptement ce dont il est chargé, qui fait beaucoup de travail en peu de temps : *Un juge expéditif.* — **2.** Qui permet d'agir promptement, d'en finir rapidement, parfois de manière excessive : *Des procédés expéditifs.*

EXPÉDITION n. f. (lat. *expeditio, -onis,* de *expedire,* préparer). **1.** Action d'accomplir rapidement qqch, de l'achever ; exécution : *L'expédition des affaires courantes.* — **2.** Action de faire partir qqn, qqch pour une destination ; envoi : *L'expédition du courrier.* — **3.** Objet expédié, quantité de marchandises expédiées : *J'ai bien reçu votre dernière expédition.* — **4.** Opération militaire comportant un envoi de troupes vers un pays éloigné : *L'expédition de Bonaparte en Égypte.* — **5.** Coup de main organisé ; raid : *Une expédition punitive.* — **6.** Voyage scientifique dans un pays éloigné ou difficile, ou voyage touristique plus ou moins important ou mouvementé ; hommes et matériel participant à ce voyage : *Expédition au pôle Sud.* — **7.** *Fam.* Déplacement jugé difficile ou en un lieu éloigné : *C'est une expédition que d'aller le soir chez vous.* — **8.** Copie certifiée conforme à l'original d'un jugement ou d'un acte notarié. — **9.** *Port d'expédition,* port d'où partent les navires de commerce chargés.

Expéditions polaires françaises, campagnes scientifiques entreprises à partir de 1947 dans les régions polaires (Groenland et Antarctique), sous la direction initiale de Paul-Émile Victor.

EXPÉDITIONNAIRE adj. Qui a pour mission une expédition militaire : *Forces expéditionnaires.* ◆ n. Employé qui fait les expéditions de colis, de marchandises.

EXPÉDITIVEMENT adv. De façon expéditive.

EXPELLER [-pɛlœr] n. m. (angl. *expeller,* de *to expel,* évacuer). Presse continue pour graines oléagineuses.

EXPÉRIENCE n. f. (lat. *experientia,* de *experiti,* faire l'essai). **1.** Pratique de qqch, de qqn, épreuve de qqch, dont découlent un savoir, une connaissance, une habitude ; connaissance tirée de cette pratique : *Conducteur sans expérience.* — **2.** Fait de faire qqch une fois, de vivre un événement, considéré du point de vue de son aspect formateur : *Avoir une expérience amoureuse.* — **3.** Action d'essayer qqch, de mettre à l'essai un système, une doctrine, etc. ; tentative : *Tenter une expérience de vie commune.* — **4.** Mise à l'épreuve de qqch, essai tenté sur qqch pour en vérifier les propriétés ; expérimentation : *Faire l'expérience d'un médicament.* — **5.** Épreuve qui a pour objet, par l'étude d'un phénomène naturel ou provoqué, de vérifier une hypothèse ou de l'induire de cette observation : *Expérience de chimie.* — **6.** *Connaître qqch d'expérience,* grâce à une connaissance acquise par la pratique. ‖ *Faire l'expérience de qqch,* l'éprouver par soi-même. • **Astronaut.** Matériel scientifique embarqué sur un engin spatial. — **Psychan.** *Expérience de satisfaction,* moment originaire, pour Freud, d'où découlent les tentatives ultérieures de recherche du plaisir au moyen d'objets substitutifs d'un premier objet libidinal (avant tout la mère), cause de cette expérience. — **Stat.** Ensemble d'opérations à exécuter pour vérifier une probabilité.

EXPÉRIMENTABLE adj. Qui peut être expérimenté.

EXPÉRIMENTAL, E, AUX adj. (lat. médiév. *experimentalis*). **1.** Qui est fondé sur l'expérience scientifique ; qui peut servir d'expérience scientifique : *La méthode expérimentale.* — **2.** Où l'on expérimente qqch : *Laboratoire expérimental.* — **3.** Qui est fait, produit, fabriqué à titre d'expérience, pour en éprouver les qualités : *Avion expérimental.* — **4.** *Méthode expérimentale,* processus par lequel on observe les phénomènes, on établit des hypothèses dont on vérifie les conséquences par l'expérience, la mise à l'épreuve des faits. • **Mus.** Se dit, depuis 1950 environ, des musiques concrètes, électroniques et électroacoustiques. — **Psychiatr.** *Névrose expérimentale,* état observé chez des animaux de laboratoire qui ont été soumis à des situations de conflit et qui se traduit par des comportements analogues à certains de ceux que l'on observe dans la névrose chez l'homme. — **Psychol.** *Groupe expérimental,* groupe d'individus qui sert de cible aux traitements et aux manipulations que l'expérimentateur met en œuvre pour vérifier une relation causale entre une variable indépendante et une variable dépendante. ‖ *Psychologie expérimentale,* ensemble des connaissances élaborées en psychologie à l'aide de la méthode expérimentale. (→ *encycl.*)

ENCYCL. **Psychol.** Historiquement, la *psychologie expérimentale* comporte un large secteur relevant de la psychologie générale des grandes fonctions. Elle est née en réaction contre les conceptions empiristes et associationnistes, depuis Maine de Biran jusqu'à John Stuart Mill, en raison des progrès de la physiologie (Magendie, Claude Bernard ; travaux de Helmholtz sur l'influx nerveux, Broca sur le cortex, Weber sur les sensations). Elle est fondée par les travaux de Fechner (*Éléments de psychologie,* 1860) et de Wundt (*Éléments de psychologie physiologiques,* 1873-74). Elle pénètre en France grâce notamment à Th. Ribot (*la Psychologie anglaise contemporaine,* 1870). La conception expérimentaliste de la psychologie s'impose désormais : son histoire se confond avec celle de la psychologie*. Elle s'est ainsi étendue progressivement en psychologie différentielle, avec une attention portée aux différences interindividuelles plutôt qu'aux traits communs, en psychologie de l'enfant et dans d'importants secteurs de la psychologie sociale. En outre, les progrès méthodologiques ont rendu possible un développement des études de psychologie expérimentale sur le terrain, souvent de façon complémentaire à celle menée au laboratoire ; cette extension a surtout concerné la psychologie du travail, la psychologie sociale, la psychopédagogie.

EXPÉRIMENTALEMENT adv. De façon expérimentale.

EXPÉRIMENTATEUR, TRICE n. Personne qui se livre à des expériences scientifiques pour vérifier ou préciser des hypothèses.

EXPÉRIMENTATION n. f. **1.** Action d'expérimenter : *L'expérimentation d'un médicament.* — **2.** Méthode scientifique reposant sur l'expérience et l'observation contrôlée pour vérifier des hypothèses. — **3.** *Expérimentation humaine,* essai sur l'homme d'une substance nouvelle ou d'une nouvelle technique chirurgicale. (→ *encycl.*)

ENCYCL. **Méd.** Les *expérimentations humaines* doivent présenter toutes les garanties de sécurité et de respect de la personne humaine (accords d'Helsinki, 1975). En France, les essais thérapeutiques sur des sujets sains sont interdits. Aux États-Unis, on pratique des expériences sur des volontaires et des prisonniers, sous réserve de leur consentement formel, même s'il ne s'agit pas de les soigner.

EXPÉRIMENTER v. t. (anc. fr. *experiment*, expérience, du bas lat. *experimentare*, du lat. class. *experimentum*, épreuve) [conj. 3]. **1.** Vérifier les propriétés d'un produit au moyen d'expériences : *Expérimenter un vaccin sur des animaux.* – **2.** Essayer, tester les qualités de qqch : *Expérimenter une nouvelle voiture.* – **3.** Connaître qqch par l'expérience, en faire l'expérience : *Expérimenter la fidélité d'un ami.*

◆ **être expérimenté** v. pass. Avoir une longue expérience dans un métier et, de ce fait, une forte compétence : *Un médecin expérimenté.*

EXPERT, E adj. (lat. *expertus*, qui a éprouvé). **1.** Qui connaît très bien qqch par la pratique : *Je ne suis pas expert en mécanique.* – **2.** Qui témoigne de cette compétence ; habile, exercé : *Regarder un tableau d'un œil expert.*

◆ **expert** n. m. **1.** Personne dont la profession consiste à évaluer la valeur de qqch, le montant de dégâts, etc., ou à attester l'authenticité des objets d'art : *Selon les experts, ce tableau est un faux.* – **2.** Personne apte à juger de qqch, connaisseur : *C'est un expert en la matière.* – **3.** *À, au dire d'experts,* selon l'avis des spécialistes. ‖ *Expert judiciaire,* spécialiste agréé par les tribunaux et désigné par le juge pour effectuer une expertise. ‖ *Expert maritime,* ingénieur naval ou officier de la marine marchande chargé de suivre la construction d'un navire de commerce ou de régler les litiges maritimes.

EXPERT (Henry), musicologue français (Bordeaux 1863 - Tourette-sur-Loup, Alpes-Maritimes, 1952). Professeur à l'École pratique des hautes études (1902), bibliothécaire du Conservatoire national (1909-1933), il a publié une vaste anthologie de la musique franco-flamande des XVe et XVIe s.

EXPERT-COMPTABLE n. m. (pl. *experts-comptables*). Technicien qui, en son propre nom et sous sa responsabilité, fait profession habituelle d'organiser, vérifier, apprécier et redresser les comptabilités et les comptes de toute nature. (Dans ce cadre, il peut être amené à jouer un rôle de commissaire aux comptes de sociétés et à exercer diverses missions de conseil [auprès des comités d'entreprise, des tribunaux, etc.].)

EXPERTEMENT adv. *Litt.* De façon experte.

EXPERTISE n. f. (de *expert*). **1.** Examen de qqch en vue de son estimation, de son évaluation, etc. : *Expertise d'un appartement.* – **2.** Examen d'une œuvre d'art, d'une pièce de mobilier, etc., pour en attester l'authenticité. – **3.** Arbitrage rendu par un médecin expert lorsqu'il y a un conflit d'ordre médical entre le médecin traitant et le médecin conseil d'une caisse de Sécurité sociale. – **4.** *Expertise judiciaire,* examen de questions techniques confié par le juge à un expert. (L'expertise ne lie pas le juge.)

EXPERTISER v. t. (conj. 3). Soumettre à une expertise : *Expertiser un tableau.*

EXPIABLE adj. Qui peut être expié : *Un crime difficilement expiable.*

EXPIATION n. f. (lat. *expiatio, -onis*). **1.** Action par laquelle on expie ; châtiment, souffrances considérés comme une compensation, une réparation du délit ou de la faute : *L'expiation d'un crime.* – **2.** Cérémonies publiques destinées à réparer une faute commise envers la loi divine ou ecclésiale. – **3.** *Fête de l'expiation,* dans la religion juive, le Yom Kippour.

EXPIATOIRE adj. (lat. ecclés. *expiatorius*). **1.** Destiné à commémorer un acte de réparation pour un péché envers Dieu ou un manquement aux lois ecclésiales : *Messe expiatoire.* – **2.** *Victime expiatoire,* personne qui est sacrifiée pour expier une faute collective.

EXPIER v. t. (lat. *expiare*, purifier) [conj. 9]. **1.** Subir un châtiment, une peine imposés : *Expier son crime par la détention à perpétuité.* – **2.** Subir la conséquence douloureuse de qqch dont on se sait coupable, en être puni : *Expier une erreur, une faute.* – **3.** Dans la religion chrétienne et la religion juive, réparer par la pénitence.

EXPIRANT, E adj. **1.** *Litt.* Qui est près d'expirer : *On la porta expirante sur son lit.* – **2.** Qui va disparaître : *Une entreprise expirante.* – **3.** *Voix expirante,* que l'on entend à peine.

EXPIRATEUR adj. m. Qui concourt à produire l'expiration de l'air pulmonaire.

1. EXPIRATION n. f. (lat. *expiratio, -onis*). Action de rejeter au-dehors des voies respiratoires l'air vicié, appauvri en oxygène et riche en gaz carbonique et en vapeur d'eau.

2. EXPIRATION n. f. (de *expiration 1*). Fin d'un temps fixé, d'un délai, d'une fonction : *L'expiration d'un bail.*

EXPIRATOIRE adj. Relatif à l'expiration de l'air pulmonaire.

1. EXPIRER v. t. (lat. *exspirare*, de *ex*, hors de, et *spirare*, souffler) [conj. 3]. Rejeter au-dehors l'air contenu dans les voies respiratoires.

2. EXPIRER v. i. (de *expirer 1*) [conj. 3]. **1.** (auxil. *avoir*) Rendre le dernier soupir, mourir. – **2.** (auxil. *avoir*) *Litt.* Aller en s'évanouissant, en s'affaiblissant : *Lueur qui expire.* – **3.** (auxil. *avoir* ou *être*) *Litt.* Cesser d'exister, disparaître, prendre fin : *L'État expire.* – **4.** (auxil. *avoir* ou *être*) Arriver à son terme : *Bail qui est expiré depuis un mois.*

EXPLANT n. m. (angl. *explant*, du lat. *explantare*, déraciner). Fragment d'organisme extrait de l'animal vivant, et qui, placé dans un milieu favorable, y reprend sa croissance. (C'est l'équivalent d'une bouture végétale.)

EXPLÉTIF, IVE adj. et n. m. (lat. *expletivus*, de *explere*, remplir). Se dit d'un terme qui n'est pas nécessaire au sens de la phrase ou qui n'est pas exigé par la syntaxe (par ex. l'emploi de la particule *ne*, sans valeur négative, dans *Je crains qu'il ne vienne*, ou du pronom *moi* dans *Regardez-moi ça !*).

EXPLICABLE adj. (bas lat. *explicabilis*). Qui peut être expliqué, compréhensible: *Accident difficilement explicable.*

EXPLICANDUM [-kɑ̃dɔm] n. m. (pl. *explicanda*) [lat. *explicandum*, qui doit être expliqué]. En logique, concept que l'explication a pour but de clarifier.

EXPLICATIF, IVE adj. Qui explique, indique comment se servir d'un appareil, d'un remède, etc. : *Notice explicative.*

EXPLICATION n. f. (lat. *explicatio, -onis*, de *explicare*, expliquer). **1.** Action d'expliquer : *L'explication d'une énigme.* – **2.** Développement destiné à éclairer, à faire comprendre : *Il s'est lancé dans de longues explications.* – **3.** Ce qui rend compte de qqch : *Voilà l'explication de ce retard.* – **4.** Analyse littéraire d'un texte, commentaire : *Explication d'un poème.* – **5.** Éclaircissement sur la conduite de qqn : *Exiger une explication.* – **6.** Discussion animée, querelle touchant la conduite de qqn. – **7.** *Explication d'un concept*, présentation d'un équivalent exact de ce concept. (→ *encycl.*)

ENCYCL. **Log.** Selon Carnap, ce qui est à expliquer, l'explicandum, est à la fois imprécis, intuitif et préscientifique. L'explication passe par la mise en évidence d'une propriété perçue intuitivement dont on démontre ensuite qu'elle est intrinsèquement liée à la nature de l'objet. Carnap pense que cette liaison a un aspect hypothético-déductif, et implique donc des références à des règles de formation, contrairement à l'opinion de Kant, qui pensait que l'explication n'était qu'une mise au jour de propriétés inhérentes à l'objet et encore non clairement perçues.

EXPLICATUM [-tɔm] n. m. (pl. *explicata*) [lat. *explicatum*, développé]. En logique, concept issu de l'explication.

EXPLICITATION n. f. (de *expliciter*). Action de rendre explicite.

EXPLICITE adj. (lat. *explicitus*, de *explicare*, expliquer). **1.** Qui est énoncé complètement et ne peut prêter à aucune contestation : *Un texte de loi explicite.* – **2.** Qui s'exprime complètement et clairement sans laisser place à l'ambiguïté : *Je serai explicite : vous êtes un incapable.* – **3.** Se dit d'une grammaire dont les règles peuvent être formalisées. – **4.** *Définition explicite*, règle indiquant comment remplacer un symbole complexe par un symbole plus simple.

EXPLICITEMENT adv. De façon explicite : *Une clause explicitement formulée.*

EXPLICITER v. t. (conj. 3). Rendre qqch explicite ou plus explicite ; éclaircir et préciser : *Expliciter une clause d'un contrat.*

EXPLIQUER v. t. (lat. *explicare*, déployer, de *plicare*, plier) [conj. 3]. **1.** Faire comprendre (à qqn) une question, une énigme, les éclaircir en donnant les éléments nécessaires : *Nous constatons le phénomène sans pouvoir l'expliquer.* – **2.** Faire connaître la raison, le motif, la cause de qqch : *Expliquer une épidémie par l'absence d'hygiène.* – **3.** Montrer qqch à qqn, le lui dire en détail ; faire comprendre : *On vous a déjà expliqué qu'il y a une erreur de date.* – **4.** Être une justification, constituer une raison suffisante ; être la cause de qqch : *La grève des postes explique le retard du courrier.* – **5.** Faire le commentaire détaillé d'un texte, analyser les intentions d'un auteur, son art, etc.

◆ **s'expliquer** v. pr., **être expliqué** v. pass. Devenir intelligible, clair : *Tout s'explique aujourd'hui.*

◆ **s'expliquer** v. pr. **1.** Avoir telle raison, telle cause : *Ce malentendu s'explique par une erreur typographique.* – **2.** Comprendre la raison, le bien-fondé de qqch : *Je ne m'explique pas son retard.* – **3.** Faire comprendre ou faire connaître sa pensée, sa position, ses raisons : *Il s'est expliqué sur ses intentions.* – **4.** Avoir une discussion, faire une mise au point avec qqn : *Je tiens à m'expliquer avec lui.* – **5.** *Fam.* Se battre : *Ils sont allés s'expliquer dehors.*

EXPLOIT n. m. (anc. fr. *espleit*, du lat. *explicitum*, accompli). **1.** Action d'éclat manifestant un grand courage : *Les exploits d'un héros.* – **2.** Action mémorable, ou qui dépasse les limites ordinaires : *Exploit sportif. Exploits amoureux.* – **3.** *Ironiq.* Action inconsidérée qui suscite la réprobation. – **4.** Acte rédigé et signifié par huissier de justice. (Syn. ACTE D'HUISSIER.)

EXPLOITABILITÉ n. f. Caractère de ce qui est exploitable.

EXPLOITABLE adj. **1.** Qui peut être exploité avec profit : *Des terres exploitables.* – **2.** Qu'on peut exploiter, abuser : *Un homme crédule facilement exploitable.*

EXPLOITANT, E n. **1.** Personne qui met en valeur une exploitation agricole. – **2.** Propriétaire d'une salle de spectacle cinématographique. – **3.** Agent ou dirigeant du service de l'exploitation ferroviaire. – **4.** *Exploitant forestier,* personne qui achète les bois d'une coupe (en général sur pied), les abat et les vidange avant de les vendre ou, éventuellement, de les scier.

EXPLOITATION n. f. (de *exploiter*). **1.** Action de mettre en valeur qqch en vue d'en tirer un profit : *L'exploitation d'un sol, d'un cinéma.* – **2.** Action d'assurer la production d'une matière, d'un minerai, d'un produit, etc. : *Exploitation d'une mine, d'un puits de pétrole.* (→ *encycl.* Min.) – **3.** Lieu où l'on met en œuvre les moyens matériels nécessaires à la production : *Être à la tête d'une petite exploitation.* – **4.** Mise à profit méthodique de qqch : *Exploitation du succès.* – **5.** Action de tirer un profit abusif de qqn ou de qqch : *Exploitation de la main-d'œuvre étrangère.* • **Agric.** *Exploitation agricole,* unité économique et sociale élémentaire où se réalise la production agricole. (→ *encycl.*) ‖ *Exploitation familiale,* exploitation agricole dans laquelle prédomine le travail du chef d'exploitation et de sa famille. ‖ *Exploitation agricole à responsabilité limitée (E.A.R.L.) :* société civile, créée en 1985, qui a pour objet l'exercice d'une activité agricole. (Les associés ne supportent les pertes qu'à concurrence de leurs apports. La société peut n'être constituée que par une seule personne.) – **Comptab.** *Résultat d'exploitation,* solde des charges et des produits résultant de l'activité courante d'une entreprise au cours d'un exercice. – **Mil.** Phase du combat offensif, visant à tirer un parti maximal de la réussite d'une attaque.

ENCYCL. **Agric.** Les types d'*exploitations agricoles* se différencient juridiquement, selon que le chef d'exploitation est propriétaire des terres (faire-valoir direct) ou non (fermage, métayage) ; économiquement, en fonction de l'intégration aux mécanismes du marché (depuis l'*exploitation d'autosubsistance* jusqu'aux *exploitations intégrées* sous contrat par des firmes industrielles) ; socialement et économiquement, selon les rapports de production internes, caractérisés par la relation existant entre le travail du chef d'exploitation et de sa famille et le travail salarié (*exploitation familiale,* lorsque prédomine le premier ; *exploitation capitaliste,* quand le second est prépondérant) ; socialement encore, selon que l'activité du chef d'exploitation se réalise exclusivement dans son exploitation ou se partage entre celle-ci et une activité extérieure, généralement dans l'industrie *(exploitation à temps partiel).*

– **Min.**

• *Exploitation à ciel ouvert.* On commence par enlever les matériaux stériles qui surmontent le minerai (découverture), puis on récupère le minerai (exploitation proprement dite). Selon la disposition des zones minéralisées, on utilise :

1° La *découverte,* lorsque le gisement est stratiforme, peu profond et s'étend sur une grande surface horizontale. La découverture commence alors par une tranchée ouverte dans le recouvrement stérile sur toute la largeur du panneau à exploiter jusqu'au toit de la minéralisation et élargie progressivement vers les extrémités du panneau (front de découverture). L'exploitation du minerai se fait de la même façon, à partir d'une tranche initiale qui progresse parallèlement à la découverture (front d'exploitation), les stériles étant remis en place au fur et à mesure pour combler l'excavation (front de remblayage).

2° La *fosse,* ou le cratère, lorsque le gisement s'enfonce dans le sous-sol avec une extension latérale réduite. La découverture porte alors sur tout le volume du cône qui constitue la fosse. Tous les matériaux stériles sont évacués hors de la fosse et stockés (pour remblayage éventuel du trou). Cette méthode est réservée aux filons, aux couches fortement pentées et aux amas. L'inclinaison sur l'horizontale des parois de la fosse, doit, pour des raisons de sécurité, être limitée (30 à 70°, selon la nature des roches). Le taux de découverture s'accroît très vite avec la profondeur, ce qui limite l'intérêt économique de la méthode.

Un cas particulier des exploitations à ciel ouvert concerne les placers*.

• *Exploitation en souterrain.* Il faut, à chaque instant, y assurer la stabilité d'un grand nombre d'ouvrages (puits et galeries d'accès, chantiers de production, cheminées d'aérage, etc.). Le coût du soutènement et de la surveillance de toutes les parois conduit à se débarrasser de toute excavation qui n'est plus utile, soit en en condamnant l'accès (chambres vides), soit en comblant les vides définitivement par des matériaux stériles ou temporairement par le minerai lui-même (remblayage), soit encore en provoquant l'éboulement des bans sus-jacents (foudroyage).

Le choix entre ces différentes méthodes (et leurs variantes) prend en compte, pour chaque gisement, la forme des zones minéralisées, les caractéristiques mécaniques de la roche (minerai et épontes) et le type de résultat recherché en priorité : coût réduit, récupération ou sélectivité.

EXPLOITÉ, E n. Personne dont on tire un profit abusif par un travail à bas prix.

EXPLOITER v. t. (lat. pop. **explicitare,* du lat. class. *explicare,* accomplir) [conj. 3]. **1.** Faire valoir qqch, un bien ; en tirer parti par le travail productif : *Exploiter une ferme.* – **2.** Utiliser avantageusement une qualité, en partic. par le travail, profiter de qqch : *Exploiter son talent.* – **3.** Utiliser une situation, un événement à son avantage : *Exploiter une grève pour obtenir des augmentations.* – **4.** Se servir de qqn d'une manière abusive, en le trompant : *Exploiter la naïveté des gens.* – **5.** Tirer de qqn un profit abusif en le faisant travailler à bon prix, en lui extorquant de l'argent, etc. : *Exploiter des ouvriers.*

◆ **être exploité** v. pass. **1.** Faire l'objet d'un travail productif, être mis à profit : *Des terrains non exploités.* – **2.** Faire l'objet d'un profit abusif : *Se sentir exploité dans l'entreprise.*

EXPLOITEUR, EUSE n. **1.** Personne qui exploite à son profit et d'une manière abusive qqch ; profiteur : *Exploiteur de la misère humaine.* – **2.** Personne qui tire un profit illégitime ou excessif du travail d'autrui.

EXPLORABLE adj. Qui peut être exploré.

EXPLORATEUR, TRICE n. (lat. *explorator, -trix*). **1.** Personne qui fait un voyage de découverte dans un pays lointain, une région inconnue. – **2.** Personne qui se livre à des recherches dans un domaine particulier : *Les explorateurs du monde sous-marin.*

◆ adj. Qui vise à renseigner sur l'état d'un organe à opérer.

EXPLORATION n. f. (lat. *exploratio, -onis*). **1.** Action d'explorer une contrée, un lieu, de les parcourir en les étudiant ; découverte : *Exploration des mers polaires.* – **2.** Examen attentif et méthodique d'un lieu, d'un organe, etc. : *Exploration d'un terrain.* – **3.** Examen approfondi d'une question : *Exploration d'un sujet.* • **Éthol.** Déplacement sans but apparent dans une zone connue ou non de l'environnement. – **Méd.** *Exploration fonctionnelle,* ensemble des méthodes cliniques et biologiques qui permettent d'apprécier le fonctionnement d'un organe ou d'un appareil. – **Mil.** Syn. anc. de DÉCOUVERTE. – **Min.** Syn. rare de PROSPECTION. – **Pétr.** Ensemble des opérations permettant d'effectuer la prospection de gisements de pétrole. (L'exploration comprend les méthodes de reconnaissance en surface et en sous-sol [télédétection, photogéologie, prospection géophysique et géochimique, etc.], l'établissement de la nature du gisement et la préparation de son développement [forage de reconnaissance].) – **Vétér.** Action d'explorer un animal.

EXPLORATOIRE adj. Qui a pour but de rechercher les possibilités ultérieures de négociations ; qui vise à explorer un domaine avant intervention : *Des entretiens exploratoires.*

EXPLORER v. t. (lat. *explorare*) [conj. 3]. **1.** Parcourir, visiter une contrée, un lieu mal connus ou inconnus, en les étudiant avec soin : *Explorer un souterrain.* – **2.** Examiner qqch minutieusement, en partic. par la vue, le toucher ou un système équivalent qui en rend compte : *Explorer les voies respiratoires.* – **3.** Faire un travail de recherche dans un certain domaine, examiner : *Explorer des documents inédits.* – **4.** Chercher à examiner les différents aspects d'une question ; approfondir : *Explorer les possibilités d'accord.* – **5.** Examiner, à l'aide de la main introduite dans le rectum ou le vagin, les divers organes du bassin d'un bovidé ou d'un équidé. (Syn. FOUILLER.)

Explorer, nom générique d'une famille de satellites scientifiques américains. Elle totalise plus de 50 engins, voués à la recherche géodésique, géophysique et astronomique. Explorer 1 fut le premier satellite lancé par les États-Unis, le 31 janv. 1958.

EXPLOSER v. i. (de *explosion*) [conj. 3]. **1.** Éclater violemment en se dispersant, en projetant des fragments : *La grenade explosa.* – **2.** Faire explosion : *Gaz qui explose.* – **3.** Se manifester de manière soudaine et bruyante : *Sa colère explosa.* – **4.** Libérer et manifester soudain un vif sentiment : *La salle explosa en applaudissements.* – **5.** *Fam.* Laisser se déchaîner sa colère, son mécontentement : *Arrête ou il va exploser.* – **6.** *Fam.* Prendre brutalement une dimension énorme ou excessive : *Le déficit de la Sécurité sociale a explosé.* – **7.** *Fam.* Manifester brusquement et avec éclat sa valeur : *Cet athlète a explosé cette année sur 200 mètres.*

EXPLOSEUR n. m. (de *exploser*). Appareil électrique générateur d'impulsions suffisantes pour la mise à feu des détonateurs électriques d'une volée.

EXPLOSIBILITÉ n. f. Aptitude à exploser.

EXPLOSIBLE adj. Se dit d'un appareil, d'une matière susceptibles d'exploser.

EXPLOSIF, IVE adj. (de *explosion*). **1.** Qui peut faire explosion ou qui est destiné à faire explosion : *Mélange explosif.* – **2.** Qui est capable de produire des effets redoutables, des répercussions importantes, de créer une situation dangereuse : *Un discours explosif.* – **3.** Se dit d'une situation qui est tendue à l'extrême. – **4.** Qui est sujet à de brusques éclats, de brusques violences. • **Arm.** *Obus explosif,* obus chargé en explosif. – **Min.** *Atmosphère explosive,* atmosphère dans laquelle sont présents des gaz dont le mélange avec l'air entraîne des risques d'explosion. — **Phon.** *Consonne explosive* ou *explosive* (n. f.), consonne occlusive dont la phase d'explosion est effectivement réalisée et perçue, par oppos. aux *implosives.*

◆ **explosif** n. m. **1.** Corps ou mélange de corps apte à subir une réaction chimique dégageant, en un temps très court, des gaz à haute température. (→ *encycl.*) — **2.** *Explosif nucléaire,* dispositif dans lequel la puissance explosive est fournie par les réactions nucléaires exothermiques de matériaux fissiles ou fusibles.

ENCYCL. On distingue les *explosifs primaires,* qui, par allumage, prennent d'emblée le régime détonant, et les *explosifs secondaires,* qui détonent par l'action d'un explosif primaire. Les substances explosives les plus employées sont les *azotures* et les *fulminates,* les *explosifs nitrés, nitratés* ou *chloratés,* les *dynamites* et les *poudres noires.* La consommation des dynamites décroît tandis que celle du nitrate-fuel* se développe. Les *explosifs en bouillie* sont utilisés dans certains travaux de minage, les *explosifs en plaques* pour le formage des métaux.

EXPLOSIMÈTRE n. m. Appareil portatif utilisé pour vérifier la teneur d'une atmosphère en gaz susceptible d'exploser.

EXPLOSIMÉTRIE n. f. Détection, dans l'atmosphère, de tous les gaz dont le mélange avec l'air peut créer des risques d'explosion (grisou, hydrogène, oxyde de carbone).

EXPLOSION n. f. (lat. *explosio, -onis,* de *explodere,* rejeter avec violence). **1.** Fait d'éclater violemment en projetant des fragments, en se brisant ; bruit ainsi provoqué : *L'explosion d'une torpille.* — **2.** Rupture violente et accidentelle provoquée par une pression excessive : *Explosion d'une chaudière.* — **3.** Manifestation soudaine et bruyante d'un sentiment, d'une réaction ; débordement : *Une explosion de joie, de colère.* — **4.** Développement soudain qui rompt un équilibre, un état de stabilité ; boom : *Explosion démographique.* • **Chim.** Phénomène au cours duquel des gaz sous pression sont libérés ou engendrés en un temps extrêmement court. (Dans les explosions homogènes, la réaction chimique a lieu simultanément dans tout le volume de l'explosif ; dans les explosions hétérogènes [déflagration et détonation], la réaction se propage de proche en proche dans l'explosif.) ‖ *Limites d'explosion,* conditions de température et de pression séparant celles dans lesquelles un mélange gazeux à température uniforme est spontanément explosif de celles où il ne l'est pas. — **Déf.** *Explosion nucléaire,* dégagement extrêmement brutal d'énergie au sein d'un matériau fissile ou fusible. (→ *encycl.*) — **Mécan.** Troisième temps du fonctionnement du moteur suivant le cycle à quatre temps. ‖ *Moteur à explosion,* moteur alimenté par la combustion rapide d'un mélange carburé. — **Phon.** Bruit très bref réalisé au cours de la détente des consonnes occlusives (comme [p], [t], [k], etc.), phase ultime dans la réalisation de ces consonnes.

ENCYCL. **Déf.** Une *explosion nucléaire* se caractérise par le dégagement rapide d'une énorme quantité d'énergie produisant des températures de plusieurs dizaines de millions de degrés et des pressions de plusieurs centaines de millions d'atmosphères et par l'émission de corps radioactifs. Elle entraîne des effets mécaniques, thermiques, de radiation neutronique et, à grande distance, des effets électromagnétiques.

EXPONENTIATION n. f. **1.** Opération définie dans $\mathbb{N}^*$, qui, à un couple (a, b), associe a^b. (Elle n'a aucune des « bonnes » propriétés, excepté celle d'avoir un élément neutre à droite : 1.) — **2.** Opération définie inductivement par m^1 (« m puissance 1 ») $= m$ et $m^{n+1} = (m^n)\,m$.

EXPONENTIEL, ELLE adj. (lat. *exponens, -entis, de exponere,* exposer). **1.** Qui a une croissance rapide et continue : *Montée exponentielle du chômage.* — **2.** Qui a un rapport avec les puissances des nombres. — **3.** *Fonction exponentielle* ou *fonction exponentielle népérienne* ou *exponentielle* (n. f.), fonction qui, lorsqu'elle est définie sur $\mathbb{R}$, est obtenue comme réciproque de la fonction logarithme népérien (notation : exp). ‖ *Fonction exponentielle de base* a, fonction qui, lorsqu'elle est définie sur $\mathbb{R}$, est obtenue comme réciproque de la fonction logarithme de base a. (Notation : $\exp_a$.) ‖ *Loi exponentielle,* loi de probabilité d'une variable aléatoire continue X pouvant prendre toute valeur de 0 à $+\infty$ et ayant pour densité de probabilité $f(x) = \lambda e^{-\lambda x}$ (avec $\lambda > 0$).

ENCYCL. Les *fonctions exponentielles* de base a définies sur $\mathbb{R}$ doivent leurs propriétés à celles des fonctions logarithmes de base a. Ainsi, si $a > 1$, $\log_a$ est une bijection continue et croissante de $\mathbb{R}^{+*}$ dans $\mathbb{R}$: sa fonction réciproque $\exp_a$ est donc une bijection continue et croissante de $\mathbb{R}$ dans $\mathbb{R}^{+*}$. De même si $0 < a < 1$, $\log_a$ est une bijection continue et décroissante de $\mathbb{R}$ dans $\mathbb{R}^{+*}$; sa fonction réciproque, $\exp_a$ est donc une bijection continue et décroissante de $\mathbb{R}$ dans $\mathbb{R}^{+*}$. Ces fonctions sont des isomorphismes de $(\mathbb{R}, +)$ sur le groupe multiplicatif $(\mathbb{R}^{+*}, \times)$: en particulier

$$\forall (x, y) \in \mathbb{R}^2,\ \exp_a(x + y) = \exp_a x.\exp_a y\ ;$$

$$\exp_a 0 = 1\ ; \quad \exp_a 1 = a\ ;$$

$$\forall x \in \mathbb{R}, \quad \exp_a(-x) = 1/\exp_a x$$

et, par conséquent,

$$\forall (r, x) \in \mathbb{Q} \times \mathbb{R},\ \exp_a rx = (\exp_a x)^r.$$

Par rapport à ce qui se passe dans $\mathbb{Q}$, on est conduit à poser $\forall\, x \in \mathbb{R}$, $\forall\, a \in \mathbb{R}^{+*}$, $\exp_a x = a^x$. On obtient aussi :

$$\exp_a x = a^x = e^{x.\ln a},$$

$$\forall\, (x, y) \in \mathbb{R}^2,\ \forall\, a \in \mathbb{R}^{+*}\ ;$$

$$a^x . a^y = a^{x+y} \quad \text{et} \quad (a^x)^y = a^{x.y}.$$

La dérivée de $\exp_a$ est alors la fonction

$$x \mapsto a^{x.\ln a}.$$

La fonction exponentielle (exp) est l'application $x \mapsto e^x$, et sa fonction dérivée l'application $x \mapsto e^x$; elles sont donc égales.

EXPONENTIELLEMENT adv. Avec une croissance rapide comme celle de la fonction exponentielle.

EXPORTABLE adj. Qui peut être exporté.

EXPORTATEUR, TRICE adj. et n. **1.** Se dit d'un groupe, d'un pays qui exporte : *Pays exportateur de pétrole.* — **2.** Personne qui fait le commerce d'exportation.

EXPORTATION n. f. (angl. *exportation,* du lat. *exportatio,-onis*). **1.** Action de vendre et d'expédier à l'étranger des produits nationaux. — **2.** Produit, marchandise exportés : *Baisse des exportations.* (→ *encycl.*) — **3.** *Exportation temporaire,* exportation de marchandises destinées à être réimportées, et qui ne sont pas soumises aux droits de douane.

ENCYCL. **Dr.** À l'exportation, les marchandises sont libres ou taxées, parfois prohibées, parfois aidées par des primes ou des dégrèvements. On distingue les exportations libres et celles qui sont soumises à licence.

— **Écon.** Dans la balance des paiements, les exportations constituent, avec les importations, le « commerce visible », l'« invisible » étant constitué par les services. La valeur des exportations est généralement donnée fob *(free on board),* c'est-à-dire à leur valeur de sortie, au départ du pays exportateur.

EXPORTER v. t. (angl. *to export,* du lat. *exportare,* porter hors) [conj. 3]. **1.** Vendre et expédier des produits nationaux à l'étranger. — **2.** Répandre qqch à l'étranger : *Exporter la révolution.*

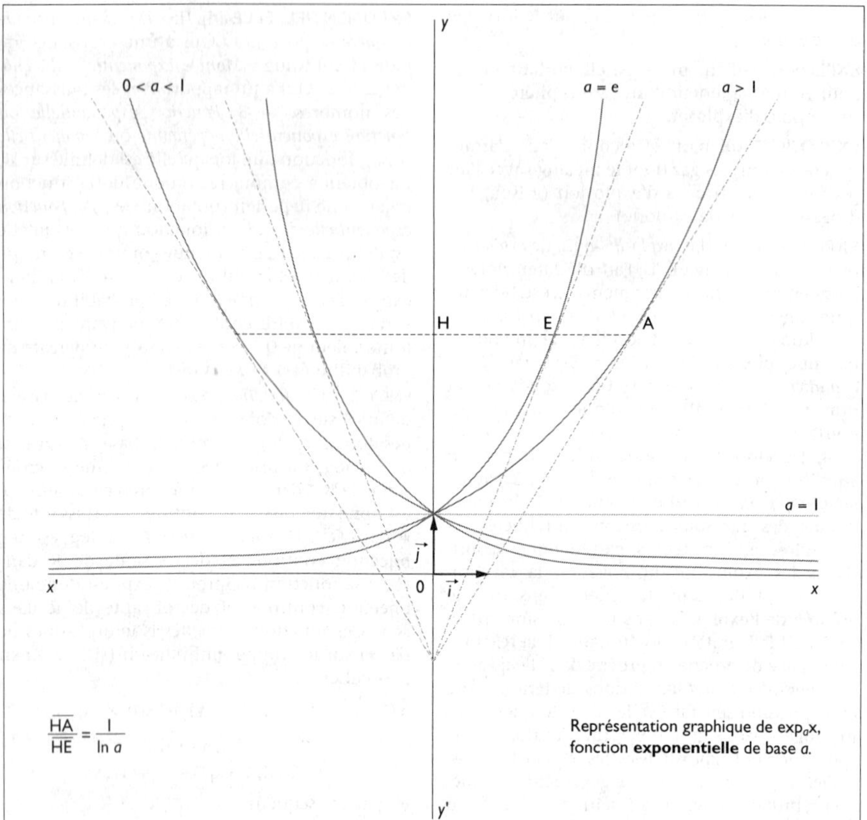

Représentation graphique de $\exp_a x$, fonction **exponentielle** de base a.

EXPOSANT, E n. 1. Personne, groupe qui présente ses œuvres ou ses produits dans une exposition publique : *Les exposants d'un Salon de peinture.* — 2. Personne qui énonce ses prétentions dans une requête.

◆ **exposant** n. m. Nombre qui donne le degré d'une puissance. (L'entier *n* est l'exposant de la puissance $n^{ième}$ d'un réel *a*, notée a^n [se lit *a* exposant *n*].)

EXPOSÉ n. m. 1. Développement explicatif, écrit ou oral de qqch ; analyse : *Faire un exposé de la situation.* — 2. Bref développement sur un sujet précis : *Le texte de l'exposé sera photocopié.* — 3. *Exposé des motifs,* texte qui accompagne les projets ou propositions de lois, où sont expliquées les raisons qui en justifient l'adoption.

EXPOSEMÈTRE n. m. Syn. de POSEMÈTRE.

EXPOSER v. t. (lat. *exponere,* avec infl. de *poser*) [conj. 3]. 1. Mettre des objets en vue, les présenter aux regards : *Exposer des articles dans une vitrine.* — 2. Montrer des œuvres d'art au public dans une exposition : *Exposer des tableaux.* — 3. Montrer des objets, des animaux, etc., au public ou aux membres d'une même profession dans une manifestation commerciale, publicitaire, dans une foire, etc. — 4. Disposer qqch d'une certaine façon, le placer de façon à le soumettre à l'action de qqch : *Exposer son corps au soleil.* — 5. Faire courir à qqn un danger, un risque : *Ce métier vous expose à des accidents.* — 6. Risquer de perdre sa vie, son honneur, etc. en leur faisant courir un danger : *Exposer inutilement sa vie en conduisant.* — 7. Faire connaître par la parole, l'écriture ; décrire : *Il nous a exposé ses projets.* — 8. Placer à la vue des fidèles des reliques, le saint sacrement, etc. pour les offrir à leur vénération. — 9. Soumettre une surface photosensible à un rayonnement.

◆ **être exposé** v. pass. 1. Être montré, présenté aux regards : *Les tableaux exposés sont à vendre.* — 2. En parlant d'un local, être orienté dans telle direction : *Chambre exposée au nord.* — 3. En parlant d'un bâtiment, ne pas être protégé d'un facteur climatique : *Être exposé à la pluie.* — 4. Être susceptible d'être atteint par un mal, un danger : *Des enfants malnutris exposés au rachitisme.*

◆ **s'exposer** v. pr. 1. Courir un risque, donner prise à qqch : *S'exposer à des reproches.* — 2. Se compromettre, se mettre en danger : *Dans cette affaire il s'expose beaucoup trop.* — 3. Se présenter à la vue de qqn, d'un groupe avec une certaine ostentation. — 4. Se placer de manière à recevoir sur le corps les rayons du soleil.

EXPOSITION n. f. (lat. *expositio, -onis*). 1. Action de mettre en vue ; fait d'être montré, exposé : *Exposition d'un mort sur un lit de parade.* — 2. Étalage pour la vente : *Exposition de livres dans la vitrine.* — 3. Présentation au public d'œuvres d'art ; ensemble des œuvres exposées : *Exposition de peinture.* — 4. Présentation de produits divers de l'industrie, de l'agriculture, etc. : *Exposition de machines-outils. L'exposition universelle.* — 5. Endroit où se font ces présentations : *Entrer à l'exposition.* — 6. Mise en vente en grande quantité d'un ensemble d'articles de même type dans les grands magasins : *Exposition de blanc.* — 7. Orientation d'un édifice, d'une pièce, d'un tableau, etc., considérée par rapport à la manière dont ils reçoivent la lumière, le jour, le soleil : *L'appartement a une double exposition.* — 8. État de qqn, de qqch qui est soumis à l'influence, à l'action de qqch : *L'exposition au froid.* — 9. Action d'expliquer, de développer, de faire connaître ; exposé : *Faire l'exposition de sa doctrine.* • **Comm.** *Magasin d'exposition,* surface où l'on expose des produits destinés à la vente sans les commercialiser. — **Dr.** *Exposition d'enfant,* abandon d'un enfant ou d'un incapable dans un lieu public. — **Littér.** Début d'une œuvre littéraire, et en partic. d'une œuvre dramatique, dans laquelle on expose le sujet. — **Liturg.** Cérémonie qui consiste à montrer aux fidèles ce qui est offert à leur vénération. — **Mus.** Dans une composition, section dans laquelle le thème ou les différents éléments thématiques sont présentés. — **Phot.** Action d'exposer une surface sensible ; action d'un rayonnement sur une surface sensible.

ENCYCL. **Bx-arts.** L'exposition d'œuvres d'art, sous sa forme organisée, apparaît (1667) et se développe en France à partir du XVIIe s., avec les expositions officielles des peintres de l'Académie présentées au Palais-Royal, puis dans la Grande Galerie du Louvre et enfin, à partir du XVIIIe s., dans le salon Carré (d'où le nom de Salon*). D'autres expositions, plus ouvertes aux jeunes artistes, sont proposées au XVIIIe s. (Exposition de la jeunesse, salon de l'académie de Saint-Luc, salon de la Correspondance), mais elles sont souvent considérées comme une dangereuse concurrence. Au XIXe s., les expositions universelles présentent des sections de beaux-arts ; mais, surtout, apparaissent des salons et des expositions organisées en réaction au Salon officiel : Salon des Refusés (1863), expositions impressionnistes, suivis d'autres qui offrent un visage plus vrai de la création artistique et servent souvent de manifeste à telle ou telle école nouvelle. L'initiative privée devient alors un élément déterminant pour la promotion des œuvres et des artistes, et les expositions des grands marchands de tableaux jalonnent, et parfois même orientent l'histoire de l'art moderne (Durand-Ruel, Vollard, Kahnweiler, etc.). En même temps, à partir de la fin du XIXe s., apparaît le principe, qui va se développer au cours du XXᵉ s., des expositions scientifiques dressant, avec des moyens muséographiques renouvelés, un bilan sur un artiste, une période ou un style et proposant une analyse historique et critique (expositions patronnées depuis 1945 par le Conseil de l'Europe). Des expositions périodiques d'art contemporain sont créées, telles la biennale de Venise (depuis 1895) ou l'exposition quadriennale de Kassel, très avant-gardiste, baptisée *Documenta* (depuis 1955). Tandis que les galeries privées sont motivées par la nécessité de conquérir ou d'élargir le marché et que les musées multiplient les grandes expositions didactiques, salons et expositions collectives s'organisent pour défendre des conceptions souvent très différentes de l'art et de sa fonction, maintenant la tradition des expositions-manifestes.

• *Expositions internationales.* L'*Office international des expositions* a été créé en 1928 ; modifié en 1948 (convention de Paris), il fixe notamment les dates. La durée d'une exposition internationale est de six mois ; un délai de quinze ans doit séparer, dans un même pays, deux expositions internationales de première catégorie, c'est-à-dire celles où les pays invités ont l'obligation de construire des pavillons (ceux-ci étant facultatifs dans les expositions internationales de deuxième catégorie).

Depuis 1851, les grandes expositions internationales ont été les suivantes : New York (1853), Paris (1855), Londres (1862), Istanbul (1863), Dublin (1865), Porto (1865), Paris (1867 ; au Champ-de-Mars et dans l'île de Billancourt ; premiers services de bateaux-mouches), Londres (1871), Lima (1872), Vienne (1873), Santiago du Chili (1875), Philadelphie (1876), Paris (1878 ; édification du palais du Trocadéro), Sydney (1879), Melbourne (1880), Amsterdam (1883), Louisville (1883), Boston (1883), Anvers (1885), La Nouvelle-Orléans (1885-86), Manchester (1887), Bombay (1887), Adélaïde (1887), Iekaterinbourg (1887), Barcelone (1888), Copenhague (1888), Melbourne (1888), Bruxelles (1888), Paris (1889 ; 33 millions de visiteurs ; édification de la galerie des Machines et de la tour Eiffel), Londres (1890), Moscou (1891), Chicago (1893), Anvers (1894), Madrid (1894), San Francisco (1894), Bruxelles (1897), Paris (1900 ; édification du pont Alexandre-III, du Grand et du Petit Palais aux Champs-Élysées), Glasgow (1901), Hanoi (1902), Saint Louis (États-Unis) [1904 ; organisée à l'occasion du centenaire de l'acquisition de la Louisiane, elle fut dite « Louisiana Purchase Exposition »], Liège (1905), Milan (1906), Bruxelles (1910), Gand (1913), San Francisco (1915 ; pour célébrer l'achèvement du canal de Panamá), Riga (1921), Rio de Janeiro (1922-23), Paris (1925 ; exclusivement consacrée aux « arts décoratifs et industriels modernes »), Philadelphie (1926), Barcelone (1929), Liège et Anvers (1930), Chicago (1933-34), Bruxelles (1935), Paris (1937 ; aménagement du palais de la Découverte au Grand Palais, édification du palais de Chaillot, sur les fondations du Trocadéro, et du palais de Tokyo), San Francisco (1939), New York (1939-40), Bruxelles (1958), Montréal (1967), Ōsaka (1970), Séville (1992). Hanovre a été choisie pour organiser l'Exposition universelle de l'an 2000.

EXPOSITION-VENTE n. f. (pl. *expositions-ventes*). Manifestation au cours de laquelle on vend des objets exposés.

EX POST loc. adj. (mots lat. signif. *d'après*). Se dit de l'analyse des faits économiques effectuée après qu'ils se sont produits pour vérifier les prévisions ex ante.

1. EXPRÈS, ESSE [ɛksprɛs] adj. (lat. *expressus*, clairement exprimé). Qui exprime formellement la volonté de qqn ; catégorique, absolu : *Défense expresse de fumer.*

2. EXPRÈS [ɛksprɛ ou ɛksprɛs sous l'infl. de l'angl. *express*] adj. inv. (de *exprès 1*). Se dit d'un objet postal pour lequel l'expéditeur demande la mise en distribution, par porteur spécial, dès son arrivée au bureau distributeur.

◆ n. m. inv. *Par exprès, en exprès,* en utilisant le service des postes, qui assurera une remise rapide au destinataire.

3. EXPRÈS [ɛksprɛ] adv. (de *exprès 1*). **1.** Dans une intention spéciale ; spécialement : *Il est venu exprès pour nous voir.* — **2.** De manière intentionnelle ; volontairement, délibérément : *C'est exprès que j'ai employé ce mot.* — **3.** *Être fait exprès pour,* avoir justement les qualités requises pour : *Un temps fait exprès pour la traversée.* ‖ Fam. *C'est fait exprès,* c'est voulu. ‖ Fam. *Comme (par) un fait exprès,* c'est une coïncidence fâcheuse.

1. EXPRESS [-prɛs] n. m. inv. (angl. *express,* du fr. *exprès 1*). Train de voyageurs à vitesse accélérée, ne s'arrêtant que dans les gares importantes et dont l'horaire est étudié pour assurer, dans le minimum de temps, les principales correspondances.

◆ adj. inv. *Route* ou *voie express,* voie rapide possédant un nombre d'accès limité.

2. EXPRESS [-prɛs] n. m. inv. (ital. *caffè, espresso*). Café obtenu par passage de vapeur d'eau à travers de la poudre de café dans un appareil sous pression.

Express *(l'),* hebdomadaire français créé à Paris en 1953 par Jean-Jacques Servan-Schreiber, associé à Françoise Giroud. En 1964, il prend la forme des newsmagazines américains et connaît le succès. Il fait aujourd'hui partie de C.E.P. Communication.

EXPRESSÉMENT adv. (de *exprès 1*). **1.** De manière expresse, formelle, catégorique ; formellement : *Il est expressément interdit d'entrer dans cette salle.* – **2.** Avec une volonté bien déterminée ; spécialement, précisément : *C'est expressément pour toi que j'ai fait cela.*

EXPRESSIF, IVE adj. (de *expression*). **1.** Qui exprime énergiquement ce qu'on veut dire ; suggestif, démonstratif, parlant : *Langage expressif.* – **2.** Qui manifeste vivement le sentiment, l'intention ; significatif, éloquent : *Une mimique expressive.* – **3.** Se dit d'une composition ou d'une interprétation musicale capables d'évoquer des sentiments. – **4.** *Trait expressif,* moyen syntaxique, morphologique, prosodique qui permet de mettre une emphase sur une partie de l'énoncé et suggère une attitude émotionnelle du locuteur.

EXPRESSION n. f. (bas lat. *expressio, -onis,* du lat. class. *exprimere,* exprimer). **1.** Action d'exprimer qqch, de le communiquer à autrui par la parole, le geste, la physionomie, etc. : *L'expression de la joie.* – **2.** Action d'exprimer, de traduire qqch, sans que la notion de communication soit essentielle : *L'expression du mouvement dans une sculpture.* – **3.** Ce par quoi qqch se manifeste : *La soif est l'expression d'un besoin.* – **4.** Ensemble des signes par lesquels se manifeste sur le visage un caractère ou un sentiment : *Une expression ironique.* – **5.** Qualité d'un visage, d'un regard, d'un mouvement qui exprime spontanément les sentiments : *Visage plein d'expression.* – **6.** Manière de s'exprimer par le langage ; terme ou tour du langage parlé ou écrit : *Expression populaire.* – **7.** Manière de s'exprimer, de représenter qqch par une technique artistique : *Expression picturale.* – **8.** Qualité de force, de vivacité par laquelle un artiste représente ses sentiments ; style : *Portrait plein d'expression.* – **9.** S'emploie dans des formules de politesse : *Recevez l'expression de mes sentiments les meilleurs.* – **10.** *Au-dessus* ou *au-delà de toute expression,* inexprimable. ‖ *D'expression française, anglaise, etc.,* de langue française, anglaise, etc. ‖ *Passez-moi l'expression,* excusez les termes que j'emploie, mais ce sont ceux qui conviennent. ‖ *Réduire qqch à sa plus simple expression,* le réduire à son plus petit volume, à sa forme la plus simple. • **Chim.** Opération qui consiste à extraire les huiles grasses de certains produits naturels en les soumettant à une forte pression. – **Chorégr.** *Expression corporelle,* ensemble d'attitudes et de gestes, plus ou moins spontanés, qui, sans être de la gymnastique, de la danse ou du mime, permettent de traduire un certain nombre de situations émotionnelles ou physiques. – **Cuis.** Action d'exprimer le jus, l'eau d'une substance alimentaire. – **Dr.** *Droit d'expression des salariés,* droit reconnu en 1982 aux salariés d'émettre collectivement lors de réunions sur les lieux et pendant le temps de travail, leur opinion sur le contenu et l'organisation de leur travail. – **Génét.** *Expression d'un gène,* résultat observable de l'action de ce gène sur l'organisme. (L'expression d'un gène récessif est inhibée par son allèle dominant.) – **Inform.** Suite d'identificateurs de variables ou de fonctions, de constantes et de symboles opératoires représentant, dans un programme, un calcul à effectuer. (Une *expression arithmétique* ne contient que des variables et des opérations arithmétiques ; une *expression logique* ou *booléenne,* que des variables et des opérateurs logiques.) – **Ling.** Aspect concret d'un signe linguistique, sa manifestation sonore, par oppos. à son *contenu.* – **Log.** Ensemble graphique formalisé ayant pour but de référer à l'aide d'une terminologie adéquate et/ou d'un dessin schématique ou symbolique un objet quelconque. ‖ *Expression bien formée (e. b. f.),* dans un système formel, assemblage de symboles qui a été obtenu en vertu des règles de formation en vigueur dans le système. (Syn. FORMULE.) – **Mus.** Possibilité, sur un orgue ou un harmonium de nuancer l'intensité du son. ‖ Faculté, pour le compositeur ou pour l'interprète, de rendre sensibles certaines idées ou certains états d'âmes contenus dans une œuvre musicale. – **Pédag.** *Expression libre,* activité de création non dirigée.

EXPRESSIONNISME n. m. (de *expression*). **1.** Tendance artistique caractérisée par une vision émotionnelle et subjective du monde, qui s'affirme notamment dans le premier quart du XXe s. (→ *encycl.*) – **2.** Caractère d'une œuvre d'art, d'époque quelconque, qui privilégie l'expressivité par rapport au respect d'un code formel. – **3.** En chorégraphie, courant introduit par les adeptes allemands de Rudolf von Laban et qui se fondait sur la traduction essentielle et vivante de toutes les émotions. – **4.** *Expressionnisme abstrait,* courant artistique essentiellement américain, qui s'est imposé dans les années 40 et 50 du XXe s.

ENCYCL. **Art contemp.** Inséparable d'une conception angoissée et révoltée de la vie, l'expressionnisme se caractérise par un langage émotionnel véhément et spontané. L'existence, comme l'œuvre, des artistes expressionnistes sera souvent tourmentée ou tragique, à l'image de leurs précurseurs de la fin du XIXe s. (Van Gogh, Gauguin, Toulouse-Lautrec, Rodin, Ensor, Munch). Profondément nordique, ce courant se développe en Allemagne avec les peintres du groupe *Die Brücke* (Dresde, puis Berlin, 1905-

1913) ; soucieux d'authenticité, ils redécouvrent l'art primitif et la tradition médiévale (Kirchner), avec un style souvent lourd et violent (Max Pechstein), et cultivent l'irréalisme de la couleur et les déformations (Schmidt-Rottluff, Nolde, Erich Heckel, Otto Mueller). La Première Guerre mondiale disperse les artistes allemands et suscite l'expression pathétique de Kokoschka, le pessimisme grinçant de Beckmann, tandis que la défaite conduit au réalisme acéré et à la critique sociale qu'incarne la *nouvelle* objectivité* (Dix, Grosz).

Autre aspect de l'expressionnisme, le courant flamand, rustique et ferme, est illustré par les peintres de l'école de Laethem-Saint-Martin : Permeke, De Smet, aux sujets populaires et mélancoliques, Van den Berghe, dont l'art coloré se teinte de surréalisme. En Amérique, on signalera l'art, issu de la révolution, du muralisme mexicain (Rivera, Orozzo, Siqueiros). En France, après l'explosion fauve, l'expressionnisme est représenté, de manière très personnelle, par Rouault, mais aussi par Gromaire, par F. Gruber ou encore par Pascin, Chagall et surtout Soutine, Juifs exilés de l'école de Paris. Pour la sculpture : Lipchitz, Zadkine.

À la fin de la Seconde Guerre mondiale, l'abstraction connaît divers courants qui mêlent la violence expressionniste à la spontanéité du geste apprise des surréalistes : ainsi les « expressionnistes abstraits » américains (Pollock et De Kooning, qui ne rejettent pas toujours la figuration, Kline, etc.). En Europe, les peintres nordiques du groupe Cobra (Jorn, Appel) donnent l'exemple de la plus grande liberté expressive, tandis que la figure humaine, déformée et souffrante, est au centre de l'œuvre de l'Anglais Bacon. (→ FIGURATION.)

– **Cin.** L'expressionnisme cinématographique issu de certaines recherches picturales (Kokoschka, Kubin) et théâtrales (Max Reinhardt) est apparu en Allemagne à la fin de la Première Guerre mondiale. Ce mouvement s'est attaché essentiellement à exprimer les états d'âme des personnages par le symbolisme des formes ; d'où l'importance des décors et des jeux de lumière. Robert Wiene (*le Cabinet du Dr Caligari,* 1919), Paul Wegener (*le Golem,* 1920), Fritz Lang (*le Docteur Mabuse,* 1922), F. W. Murnau (*Nosferatu le Vampire,* 1922), Paul Leni (*le Cabinet des figures de cire,* 1924) sont particulièrement représentatifs de l'expressionnisme.

– **Littér.** L'expressionnisme des peintres a suscité un expressionnisme littéraire, particulièrement net en poésie et au théâtre.

Au théâtre, l'expressionnisme marque une réaction contre le réalisme, initiée par Strindberg et par Wedekind avec les œuvres de R. J. Sorge, Carl Sternheim, et après la guerre, d'Ernst Toller, Fritz von Unruh, Georg Kaizer et de Walter Hasenclever avec son *Antigone* (1917).

En poésie, les œuvres de G. Trakl, de G. Benn, de F. Werfel attestent le pouvoir de l'expressionnisme, qui, à partir de la subjectivité, essaie de montrer que tout rapport avec le mot est primaire, jamais appris. Sont encore notables G. Heym, E. Lasker-Schüler.

L'influence de l'expressionnisme est incontestable sur Brecht, Bruckner, Döblin, Heinrich Mann, O'Neill, Elmer Rice et Thornton Wilder ; discernable chez W. H. Auden et Christopher Isherwood et enfin partielle chez Kafka, Joyce ou Beckett.

– **Mus.** Quelques compositeurs se sont ralliés au mouvement expressionniste, notamment ceux de l'école de Vienne : Schönberg *(Erwartung),* Berg *(Wozzeck, Lulu),* Webern (*Passacaille* pour orchestre).

EXPRESSIONNISTE adj. et n. Qui se rattache à l'expressionnisme, relève de l'expressionnisme.

EXPRESSIVEMENT adv. De façon expressive.

EXPRESSIVITÉ n. f. **1.** Qualité de ce qui est expressif. – **2.** Variation d'intensité de l'expression phénotypique d'un gène.

EXPRIMABILITÉ n. f. Qualité de ce qui est exprimable.

EXPRIMABLE adj. Qui peut être exprimé : *Une intuition difficilement exprimable.*

EXPRIMAGE n. m. Action exercée sur un textile pour en faire sortir l'excès de produit (colorant ou apprêt).

EXPRIMER v. t. (lat. *exprimere,* faire sortir en pressant) [conj. 3]. **1.** Faire connaître qqch par le langage : *Exprimer sa pensée en termes clairs.* – **2.** Faire connaître un sentiment, une pensée, les manifester extérieurement par son comportement : *Exprimer son étonnement en haussant les sourcils.* – **3.** Rendre sensibles un sentiment, une pensée, les représenter par un moyen artistique : *Exprimer sa révolte par la chanson.* – **4.** Être l'expression d'un sentiment, le manifester par des signes : *Son visage exprimait sa surprise.* – **5.** Traduire qqch (en qqch) : *Exprimer le coût de l'ouvrage en francs constants.* – **6.** Faire sortir un liquide par pression ; extraire : *Exprimer le jus d'un citron.*

◆ **s'exprimer** v. pr. **1.** Se faire comprendre par le langage, formuler sa pensée par la parole : *S'exprimer avec élégance.* – **2.** Faire connaître ses sentiments, ses opinions : *S'exprimer librement à la télévision.* – **3.** Faire connaître, représenter ses sentiments, sa personnalité : *Il a trouvé à s'exprimer par la peinture.* – **4.** Être traduit, figuré : *Bonheur qui ne saurait s'exprimer.*

EX PROFESSO loc. adv. (lat. *ex professo,* ouvertement). En exposant d'une manière doctorale : *Parler ex professo.*

EXPROMISSION n. f. (lat. *expromissio, -onis*). À Rome, substitution de débiteurs dans laquelle le nouveau débiteur s'engageait sans s'être préalablement entendu avec celui qu'il remplace.

EXPROPRIANT, E ou **EXPROPRIATEUR, TRICE** adj. et n. Qui exproprie.

EXPROPRIATION n. f. **1.** Action d'exproprier qqn ou qqch. — **2.** *Expropriation pour cause d'utilité publique,* cession forcée à l'Administration d'un immeuble nécessaire à l'accomplissement d'une tâche d'intérêt général. (→ *encycl.*) ‖ *Expropriation forcée,* saisie immobilière suivie de vente par adjudication judiciaire.

ENCYCL. **Dr.** La *procédure d'expropriation* débute par une enquête préalable, à l'issue de laquelle est prononcée la déclaration d'utilité publique. Ensuite, dans l'arrêté de cessibilité, le préfet, au terme d'une enquête parcellaire, détermine les parcelles dont l'expropriation est poursuivie. Le préfet peut alors saisir le juge qui prononce le transfert de propriété et fixe l'indemnité d'expropriation.

EXPROPRIÉ, E adj. et n. Qui est l'objet d'une mesure d'expropriation.

EXPROPRIER v. t. (du lat. *proprius,* appartenant en propre) [conj. **10**]. **1.** Déposséder qqn de la propriété d'un bien, dans un but d'utilité publique conformément à la loi. — **2.** Saisir un bien par une procédure d'expropriation.

EXPULSÉ, E n. Personne qui a été expulsée d'un lieu, d'un groupe, d'un pays.

EXPULSER v. t. (lat. *expulsare,* de *expellere,* faire sortir) [conj. 3]. **1.** Faire sortir qqn d'un lieu par voie autoritaire ou juridique ; procéder à une expulsion : *Expulser un locataire.* — **2.** Rejeter plus ou moins brutalement qqn d'un groupe, d'un organisme ; exclure : *Expulser un élève du lycée.* — **3.** Chasser qqn d'un pays : *Expulser des étrangers entrés illégalement.* — **4.** Évacuer qqch (de son organisme), le rejeter, l'éliminer : *Expulser un calcul de la vessie.*

EXPULSIF, IVE adj. (bas lat. *expulsivus*). Qui accompagne ou favorise l'expulsion du fœtus.

EXPULSION n. f. (lat. *expulsio, -onis*). **1.** Action de chasser qqn d'un pays ; exil, bannissement : *Expulsion de terroristes.* — **2.** Action de chasser qqn du lieu où il se trouve : *L'expulsion d'un contradicteur hors de la salle.* — **3.** Action d'exclure qqn d'une communauté, d'un groupe, d'une institution : *Expulsion d'un joueur d'une équipe.* • **Dr.** Mesure administrative obligeant un étranger, dont la présence peut constituer une menace pour l'ordre public, à quitter le territoire français. ‖ Action et procédure qui ont pour but de libérer des locaux d'un occupant sans droit ni titre ou ayant perdu tout droit à se maintenir dans les lieux. — **Méd.** Action d'évacuer qqch de l'organisme. ‖ Période terminale de l'accouchement, où l'enfant est expulsé du corps maternel.

EXPURGATION n. f. (lat. *expurgatio, -onis*). **1.** Action d'expurger un ouvrage de ce qui blesse la morale, la décence. — **2.** Action de couper, dans une futaie, les arbres qui gênent le développement des autres.

EXPURGER v. t. (lat. *expurgare,* purger) [conj. **17**]. **1.** Éliminer d'un texte ce qui est contraire à la décence, à la morale ou à la religion. — **2.** Exclure d'un groupe, d'une organisation les personnes indésirables : *Expurger un parti de ses dissidents.*

◆ **être expurgé** v. pass. En parlant d'un texte, se présenter sans les parties qui ont été considérées comme contraires à la morale et censurées : *Édition expurgée.*

EXQUIS, E adj. (anc. fr. *esquis,* du lat. *exquisitus,* choisi). **1.** Qui est recherché, choisi parmi ce qu'il y a de plus délicat pour le goût : *Des vins exquis.* — **2.** Qui produit la plus délicate impression : *Une exquise harmonie de couleurs.* — **3.** Qui est d'une délicatesse, d'une douceur, d'un charme particuliers : *Une exquise gentillesse.* — **4.** Qui est très affable, d'une compagnie très agréable : *Un homme exquis, plein d'attentions.* — **5.** *Douleur exquise,* douleur vive et nettement localisée.

EXQUISÉMENT adv. *Litt.* De façon exquise.

EXSANGUE [ɛksɑ̃g ou ɛkzɑ̃g] adj. (lat. *exsanguis,* qui n'a pas de sang). **1.** Qui a perdu beaucoup de sang. — **2.** Qui est d'une très grande pâleur ; livide : *Des lèvres exsangues.* — **3.** Qui est dépourvu de vie, de vigueur, de force : *L'économie est exsangue après ce conflit.*

EXSANGUINO-TRANSFUSION n. f. (pl. *exsanguino-transfusions*). Remplacement du sang d'un sujet malade par une quantité équivalente de sang normal provenant de donneurs compatibles. Elle est appliquée surtout chez le nouveau-né, notamment comme traitement efficace de la maladie hémolytique par incompatibilité érythrocytaire fœto-maternelle.)

EXSERTILE adj. Se dit d'un organe capable de faire saillie au-dehors par dévagination.

EX SITU loc. adv. (mots lat. *ex situ*). Se dit d'une opération qui s'effectue sur un matériau enlevé de son lieu d'origine.

EXSTROPHIE n. f. Malformation d'un organe creux comportant l'extériorisation de sa muqueuse. (Syn. EXTROVERSION.)

EXSUDAT [ɛksyda] n. m. (de *exsuder*). 1. Liquide séreux ou fibrineux extravasé au cours d'un processus inflammatoire. — 2. Liquide suintant naturellement ou accidentellement d'un végétal.

EXSUDATIF, IVE adj. Se dit d'un processus, d'une affection caractérisés par une exsudation ; se dit du liquide ainsi formé.

EXSUDATION n. f. (bas lat. *exsudatio, -onis*). 1. Formation d'un exsudat par passage à travers les parois des vaisseaux de certains éléments du sang, à la surface des muqueuses ou de la peau (suintement), dans les tissus (œdème), les cavités voisines : plèvre (pleurésie), péricarde (péricardite), péritoine (ascite). — 2. Présence anormale, à la surface d'un alliage ou d'une matière plastique, d'un de ses constituants.

EXSUDER v. i. (bas lat. *exsudare,* s'évaporer) [conj. 3]. Sortir par exsudation, présenter le phénomène d'exsudation.
◆ v. t. Émettre qqch par suintement, par exsudation.

Exsurge Domine, bulle de Léon X (15 juin 1520) qui condamnait la doctrine de Luther ; celui-ci la brûla publiquement.

EXSURGENCE n. f. (lat. *exsurgere,* sortir). Source d'une rivière endogène, née à l'intérieur d'une masse calcaire de l'infiltration des eaux superficielles.

EXTASE n. f. (lat. ecclés. *ectasis,* du gr. *ekstasis,* transport). 1. État mystique privilégié où l'âme s'unit directement à Dieu. — 2. *Litt.* État de qqn qui se trouve comme soustrait au monde sensible : *Sentiment d'extase.* — 3. État de joie, d'admiration extrêmes, causé par qqn ou qqch et qui absorbe tout autre sentiment : *Rester en extase devant un tableau.* — 4. État de jouissance extrême : *Les extases de la drogue.*

EXTASIER (S') v. pr., **ÊTRE EXTASIÉ** v. pass. (de *extase*) [conj. 9]. Exprimer son admiration, son ravissement devant, sur qqch : *On s'extasie sur la beauté du paysage.*

EXTATIQUE adj. (gr. *ekstatikos*). *Litt.* 1. Qui tient de l'extase religieuse : *Vision extatique.* — 2. Qui exprime l'extase ; profond, exalté : *Admiration extatique.*
◆ n. Personne en état d'extase mystique.

EXTEMPORANÉ, E adj. (bas lat. *extemporaneus*). Se dit d'un médicament qui doit être préparé juste avant son emploi, ou d'une biopsie faite et examinée histologiquement pendant le déroulement d'une intervention chirurgicale.

EXTEMPORANÉMENT adv. De façon extemporanée.

EXTENDEUR n. m. Produit liquide miscible avec les plastifiants et les matières de base d'un polymère, utilisé pour diminuer le prix de revient final.

EXTENSEUR adj. m. et n. m. Se dit d'un muscle ou d'un groupe de muscles dont l'action provoque l'extension d'un segment de membre, comme le triceps brachial, qui étend l'avant-bras. (Certains muscles portent le nom de leur fonction : extenseur commun des doigts, long et court extenseur du pouce, extenseur commun des orteils, etc.)
◆ n. m. Appareil de gymnastique consistant en une bande ou des lanières de caoutchouc adaptées à une ou deux poignées et que l'on étire en exerçant une traction alternative ou simultanée des bras.

EXTENSIBILITÉ n. f. Propriété de ce qui est extensible : *L'extensibilité des muscles.*

EXTENSIBLE adj. (de *extension*). 1. Qui peut être étendu, allongé, élastiquement ou non. — 2. Qui peut s'étendre, s'appliquer à d'autres objets ou personnes : *Liste extensible.*

EXTENSIF, IVE adj. (bas lat. *extensivus*). 1. Qui relève de l'extension d'un concept. (Contr. COMPRÉHENSIF.) — 2. Se dit d'une culture, d'un élevage, d'un système de production agricole pour lesquels sont appliquées de faibles quantités de travail et de capital par unité de surface et dont on obtient, en conséquence, de faibles quantités de produits par unité de surface. — 3. Qui constitue une extension de sens. — 4. Syn. de DISTENSIF. — 5. *Paramètre extensif,* paramètre thermodynamique proportionnel à la taille du système (considéré comme homogène et en équilibre). [Ex. masse, volume, entropie, charge électrique.]

EXTENSIMÈTRE n. m. Syn. de ALVÉOGRAPHE.

EXTENSION n. f. (lat. *extensio, -onis,* de *extendere,* étendre). 1. Action d'étendre un objet, un muscle, le corps ; allongement : *L'extension d'une plaque de métal au laminoir. L'extension des bras.* — 2. Action de reculer les limites de qqch, d'agrandir, d'accroître l'étendue de qqch : *L'extension d'un pays hors de sa zone d'influence.* — 3. Augmentation d'importance, accroissement en volume, en étendue : *L'extension des pouvoirs du président.* — 4. *En extension,* dans une position tendue, en parlant du corps, d'un membre, d'un muscle, d'un ressort, etc. ; en progrès, en développement, en parlant d'une activité, d'un secteur, etc. ‖ *Prendre de l'extension,* voir son importance, son étendue augmenter. • **Chir.** *Extension continue,* technique d'immobilisation et de réduction lente des fractures à l'aide d'une traction constante exercée sur le fragment distal de l'os fracturé. — **Géol.** Syn. de DISTENSION. — **Inform.** Augmentation de la capacité d'un organe d'un système informatique, tout particulièrement des mémoires. — **Ling.** Faculté qu'a un signe linguistique de dénoter un nombre plus ou moins grand d'objets ; classe des objets dénotés par un signe linguistique. ‖ *Extension de sens,* modification du sens d'un mot qui, par diverses associations d'idées, acquiert une plus grande polysémie. — **Log.** Champ à l'intérieur duquel un concept, un langage, une théorie prennent exclusivement leur référence et leur signification. (Contr. COMPRÉHENSION.) ‖ *Définition par extension,* opération qui consiste à spécifier tous les objets ayant des caractéristiques qui tombent sous un concept, par oppos. à la *définition en compréhension.* — **Math.** *Extension d'un corps* k, tout corps K tel que *k* est un sous-corps de K. (On dit aussi que K est un sur-corps de *k*.)

EXTENSIONALITÉ n. f. *Axiome d'extensionalité,* axiome fondamental de la théorie des ensembles, selon lequel deux ensembles contenant les mêmes éléments sont égaux. (Chaque ensemble est donc complètement déterminé et parfaitement défini par la donnée de ses éléments.)

EXTENSIONNEL, ELLE adj. (de *extension*). Qui satisfait à la totalité des propriétés définies à l'intérieur d'un champ conceptuel. (Contr. INTENSIONNEL.)

EXTENSIVITÉ n. f. Propriété de ce qui est extensif.

EXTENSO (IN) → IN EXTENSO.

EXTENSOMÈTRE n. m. Appareil électrique de mesure de la variation des dimensions d'un solide.

EXTENSOMÉTRIE n. f. Partie de la métrologie comprenant la mise en œuvre des appareils de mesure des contraintes mécaniques.

ENCYCL. Les mesures sont généralement effectuées par l'intermédiaire de jauges de contraintes à fil résistant collées sur la surface, ou de capteurs utilisant ces jauges. La grandeur à mesurer est transformée en variation de résistance électrique. La mise en évidence de très faibles déplacements peut aussi être faite par vernis craquelants, vernis photoélastiques ou par holographie.

EXTENSOMÉTRIQUE adj. Relatif à l'extensométrie.

EXTÉNUANT, E adj. Qui provoque une fatigue extrême, qui épuise, harasse : *Marche exténuante.*

EXTÉNUATION n. f. (lat. *extenuatio, -onis*). *Litt.* Affaiblissement extrême des forces physiques : *Être dans un état de complète exténuation.*

EXTÉNUER v. t. (lat. *extenuare*) [conj. 7]. Affaiblir extrêmement qqn par épuisement des forces : *La montée de ces six étages m'exténue.*

◆ **s'exténuer** v. pr. Se donner beaucoup de peine : *S'exténuer en efforts inutiles.*

EXTER (Alexandra), peintre russe (Belestok, près de Kiev, 1882 - Fontenay-aux-Roses 1949). Passée du cubo-futurisme au constructivisme, elle s'est notamment consacrée, à partir de 1916, à des recherches de décors et de costumes pour le théâtre.

EXTÉRIEUR, E adj. (lat. *exterior, -oris*). **1.** Qui est hors d'un lieu : *Une cour extérieure.* — **2.** Qui existe en dehors de l'individu, qui lui est étranger : *Subir une influence extérieure.* — **3.** Qui est apparent, visible du dehors : *Les signes extérieurs de richesse.* — **4.** Qui relève des rapports avec les pays étrangers : *Commerce extérieur.* — **5.** Qui se retrouve à l'extérieur d'une ville, sur son pourtour : *Boulevards extérieurs.* — **6.** Qui n'appartient pas à qqch, qui lui est étranger : *Ce développement est extérieur au sujet.* • **Math.** *Angle extérieur d'un polygone* P, angle adjacent à un angle de P et supplémentaire de celui-ci. ‖ *Bissectrice extérieure,* bissectrice d'un triangle qui a une intersection vide avec l'intérieur de celui-ci. ‖ *Point extérieur à un sous-espace topologique* A, point intérieur au complémentaire de A. ‖ *Produit extérieur de vecteurs,* produit vectoriel de ces vecteurs, la notion usuelle concernant le cas de deux vecteurs pouvant être étendue au cas de n^{-1} vecteurs dans un espace de dimensions *n.* — **Philos.** *Monde extérieur,* ensemble des objets que nous percevons.

◆ **extérieur** n. m. **1.** Ce qui est au-dehors : *L'extérieur de la ville.* — **2.** Partie de qqch tournée vers le dehors et qui est visible de cet endroit : *L'extérieur d'une maison.* — **3.** Apparence physique de qqn, sa tenue, ses manières : *Il a un extérieur négligé.* — **4.** Les pays étrangers : *Les relations avec l'extérieur.* — **5.** Partie d'une piste, d'un circuit, d'un hippodrome opposée à la corde. — **6.** Ensemble des caractéristiques de l'aspect extérieur du corps d'un animal sur lesquelles on porte une appréciation en fonction des productions que l'on en attend. — **7.** *À l'extérieur,* en dehors de la maison ou du pays, en dehors du lieu de travail. ‖ *À l'extérieur (d'une action),* sans y prendre part : *Rester à l'extérieur d'un conflit.* ‖ *De l'extérieur,* en regardant du dehors ou en se fiant aux apparences.

◆ **extérieurs** n. m. pl. Parties d'un film tournées en dehors du studio.

EXTÉRIEUREMENT adv. **1.** Dans la partie extérieure, tournée vers le dehors : *Fruit très beau extérieurement.* — **2.** En apparence, si l'on juge par l'extérieur : *Un homme honnête extérieurement.*

EXTÉRIORISATION n. f. Action d'extérioriser : *L'extériorisation des sentiments.*

EXTÉRIORISER v. t. (de *extérieur,* avec infl. du lat. *exterior*) [conj. 3]. Manifester ses sentiments, ses idées, les exprimer par des gestes, des paroles : *Il n'extériorise guère ce qu'il pense réellement.*

◆ **s'extérioriser** v. pr. **1.** Manifester ouvertement ses sentiments personnels, ses convictions. — **2.** Se manifester extérieurement : *Sa joie ne s'extériorise que rarement.*

EXTÉRIORITÉ n. f. (de *extérieur,* avec l'infl. du lat. *exterior*). Qualité de ce qui est en dehors de la conscience.

EXTERMINATEUR, TRICE adj. et n. (lat. ecclés. *exterminator*). *Litt.* Qui extermine, anéantit, tue : *Un conquérant exterminateur.*

◆ adj. *Litt.* Qui tue, est utilisé pour tuer, qui manifeste la volonté de tuer : *Glaive exterminateur.*

EXTERMINATION n. f. (lat. ecclés. *exterminatio, -onis*). **1.** Action d'exterminer ; anéantissement, destruction, massacre : *L'extermination d'un peuple.* — **2.** *Camp d'extermination,* durant la Seconde Guerre mondiale, camp organisé par les nazis en Europe centrale et destiné à éliminer physiquement les populations juive, slave et tsigane (Auschwitz, Bełzec, Chełmno, Majdanek, Sobibór, Treblinka).

EXTERMINER v. t. (lat. ecclés. *exterminare*) [conj. 3]. **1.** Anéantir des êtres vivants, les faire périr jusqu'au dernier ou en très grande partie ; supprimer : *Exterminer un peuple.* — **2.** *Fam.* Mettre qqn à mal, le réduire en bouillie.

EXTERNALITÉS n. f. pl. (angl. *external,* externe). Effets économiques externes, négatifs ou positifs.

EXTERNAT n. m. **1.** Situation d'élève externe. — **2.** École où l'on ne reçoit que des élèves externes. — **3.** Fonction d'externe dans un service hospitalier.

1. EXTERNE adj. (lat. *externus*). **1.** Qui vient du dehors : *Causes externes d'une maladie.* — **2.** Qui est au-dehors, tourné vers le dehors : *Face externe du cortex.* — **3.** Qui est le plus éloigné du plan sagittal médian du corps, dans la position anatomique (par oppos. à *interne*). — **4.** *Médicament à usage externe,* qui s'utilise en application sur la peau, qui ne peut être ni absorbé ni introduit dans l'organisme. ‖ *Pathologie externe,* partie de la médecine qui s'occupe des affections justiciables d'un traitement chirurgical. (Syn. PATHOLOGIE CHIRURGICALE.)

2. EXTERNE n. (de *externe 1*). **1.** Élève qui suit les cours d'une école sans y coucher et sans y prendre ses repas. — **2.** Étudiant en médecine qui participe au fonctionnement d'un service hospitalier, sous l'autorité du médecin-chef de service et de l'interne. (Depuis 1968, tous les étudiants en médecine font fonction d'externe à partir de la troisième année.)

EXTÉROCEPTEUR ou **EXTÉRORÉCEPTEUR** n. m. Structure nerveuse ou neuro-épithéliale située dans la peau ou dans les muqueuses, dont le rôle est de capter les modifications du milieu extérieur et de stimuler les fibres sensitives extéroceptives. (On distingue trois catégories d'extérocepteurs : les mécanorécepteurs, les thermorécepteurs et les nocicepteurs.)

EXTÉROCEPTIF, IVE adj. *Sensibilité extéroceptive,* domaine de la somesthésie regroupant le tact, la sensibilité thermique, la sensibilité à la pression, la sensibilité à la douleur. (Syn. EXTÉROCEPTION.)

EXTÉROCEPTION ou **EXTÉROCEPTIVITÉ** n. f. Syn. de SENSIBILITÉ EXTÉROCEPTIVE.

EXTERRITORIALITÉ n. f. (de *territorial*). Immunité qui soustrait certaines personnes à la juridiction de l'État sur le territoire duquel elles se trouvent.

EXTINCTEUR, TRICE adj. (lat. *extinctor,* de *exstinguere,* éteindre). Qui sert à éteindre le feu : *Poudre extinctrice.*

◆ **extincteur** n. m. **1.** Appareil servant à éteindre le feu. — **2.** Appareil destiné à éteindre, par hydratation, la chaux cuite.

EXTINCTION n. f. (lat. *exstinctio, -onis,* de *exstinguere,* éteindre). **1.** Action d'éteindre ce qui était allumé, de refroidir ce qui était incandescent : *L'extinction d'un incendie.* — **2.** État de ce qui s'affaiblit, cessation d'une activité : *L'extinction de l'enthousiasme.* — **3.** Destruction, disparition : *Lutter jusqu'à l'extinction de ses forces.* — **4.** Absence de descendants mettant fin à une race, à une espèce animale ou végétale. — **5.** *Extinction des feux,* ordre de fermer les lumières au moment de dormir, moment où on ferme les lumières ; batterie ou sonnerie militaire pour marquer l'heure ou toute lumière doit être éteinte dans les chambrées ou les cantonnements. ‖ *Extinction de voix,* affaiblissement de la voix qui fait qu'on devient aphone. • **Astronaut.** Arrêt de la combustion d'un propulseur. ‖ Interruption momentanée de la réception des signaux émis par un engin spatial, pendant la traversée des couches denses d'une atmosphère ou lors du passage de l'engin derrière un astre. (Syn. BLACK-OUT.) — **Chim.** Hydratation de la chaux vive. — **Phys.** Disparition dans un rayonnement électromagnétique de certaines longueurs d'onde par suite d'interférences, de polarisation ou d'absorption.

EXTIRPABLE adj. Qui peut être extirpé.

EXTIRPAGE n. m. Travail effectué avec un extirpateur.

EXTIRPATEUR n. m. (de *extirper*). Instrument à dents munies de petits socs plats et tranchants, destinés à arracher les mauvaises herbes et à ameublir superficiellement le sol.

EXTIRPATION n. f. (bas lat. *exstirpatio, -onis*). 1. Action d'enlever complètement d'un organisme un organe, un corps étranger ou une formation pathologique. — 2. Action d'extirper qqch ; destruction radicale : *L'extirpation du racisme.*

EXTIRPER v. t. (lat. *exstirpare,* de *stirps, -stirpis,* racine) [conj. 3]. 1. Réaliser l'extirpage. — 2. Arracher complètement, avec difficulté qqch : *Extirper la racine d'une dent.* — 3. Arracher qqch, le faire disparaître : *Extirper les préjugés.* — 4. Arracher qqch à qqn, l'obtenir avec peine : *On n'a pas pu lui extirper un aveu.* — 5. Sortir qqn d'un lieu avec difficulté : *Extirper un conducteur d'une voiture accidentée.*

◆ **s'extirper** v. pr. *Fam.* Sortir d'un lieu avec difficulté.

EXTISPICE n. m. (lat. *extispex, -icis,* de *exta,* entrailles, et *specere,* regarder). Prêtre de l'Antiquité qui cherchait à découvrir la volonté des dieux par l'examen des entrailles des victimes immolées.

EXTORQUER v. t. (lat. *extorquere,* arracher) [conj. 3]. 1. Obtenir malhonnêtement qqch de qqn par la violence ou par la ruse : *Extorquer de l'argent à une vieille dame.* — 2. Obtenir qqch par une pression morale : *Extorquer des aveux à un prévenu.*

EXTORQUEUR, EUSE n. Personne qui extorque de l'argent à qqn d'autre.

EXTORSION n. f. (bas lat. *extorsio, -onis*). 1. Action d'extorquer : *L'extorsion d'une promesse.* — 2. Crime consistant à obtenir par force, violence ou contrainte soit la signature ou la remise d'un titre quelconque contenant ou opérant obligation, disposition ou décharge, soit la remise de fonds ou valeurs.

1. EXTRA n. m. inv. (lat. *extra,* hors de). 1. Ce qui est en dehors des dépenses courantes, en dehors de l'habituel : *Faire un extra en allant au restaurant.* — 2. Service accidentel qui se fait en dehors des heures normales de travail : *Faire des extra comme ouvreuse de cinéma.* — 3. Personne qui fait ce service ; employé supplémentaire : *Prendre un extra pour une réception.*

2. EXTRA adj. inv. (de *extraordinaire*). 1. Qui est de qualité supérieure : *Des vins extra.* — 2. *Fam.* Qui est extraordinaire, excellent, superbe, etc. : *Un film extra.*

EXTRA-, préfixe, du lat. *extra,* en dehors, exprimant l'extériorité *(extraterrestre),* ou du fr. *extraordinaire,* donnant à un adjectif une valeur superlative ou intensive *(extrafin, extralucide).*

EXTRA-ATMOSPHÉRIQUE adj. (pl. *extra-atmosphériques*). Qui est situé au-delà de l'atmosphère terrestre.

EXTRABUDGÉTAIRE adj. Se dit d'une recette ou d'une dépense qui n'est pas incluse dans le budget.

EXTRACARDIAQUE adj. Qui a son origine en dehors du cœur.

EXTRACHALEUR n. f. Perte d'énergie due aux phénomènes digestifs et métaboliques liés à l'utilisation d'un régime alimentaire par l'organisme d'un animal.

EXTRACONJUGAL, E, AUX adj. Se dit des relations amoureuses qui existent en dehors des liens conjugaux.

EXTRACONSTITUTIONNEL, ELLE adj. En dehors des règles constitutionnelles.

EXTRACORPOREL, ELLE adj. Qui est extérieur au corps.

EXTRACOURANT n. m. (calque de l'angl. *extra current*). *Vx.* Courant électrique qui se produit à l'ouverture d'un circuit inductif et qui se manifeste généralement par des arcs.

EXTRACRÂNIEN, ENNE adj. Qui se trouve en dehors de la cavité crânienne.

EXTRACTEUR, TRICE n. (lat. médiév. *extractor*). Personne qui réalise une extraction.

◆ **extracteur** n. m. 1. Outil destiné à extraire l'une de l'autre deux pièces emmanchées à force. — 2. Appareil utilisant la force centrifuge, destiné à séparer le miel des rayons de cire désoperculés. — 3. Syn. de CAPTE-SUIES. — 4. Appareil servant à aspirer le gaz au fur et à mesure de sa production dans les cokeries. — 5. En chimie, appareil servant à pratiquer une extraction. — 6. Pièce de la culasse mobile d'une arme à feu, qui permet d'extraire, à l'aide d'une griffe, l'étui vide d'une cartouche après le départ du coup. — 7. Appareil qui extrait en continu les matériaux contenus dans un silo. — 8. Appareillage de raffinage pétrolier par extraction. — 9. *Extracteur à racloirs,* transporteur pour produits pulvérulents qui fonctionne à l'intérieur d'un châssis fermé et dans lequel la bande de transport est réduite à un système de chaîne munie de racloirs.

EXTRACTIBLE adj. Qui peut être extrait.

EXTRACTIF, IVE adj. (lat. *extractus,* extrait). 1. Qui relève de l'extraction ou qui sert à extraire des minerais. — 2. *Industries extractives,* ensemble des activités d'extraction et de premier traitement des matières premières minérales.

EXTRACTION n. f. (bas lat. *extractio, -onis,* du lat. class. *extrahere,* extraire). 1. Action d'extraire, de tirer qqch hors du lieu où il se trouve enfoncé, enterré : *L'extraction du sable d'une rivière.*

— 2. Action de retirer de l'organisme un corps étranger, un organe malade, douloureux, une concrétion inutile : *Extraction d'une dent.* — 3. Action de tirer qqn d'un lieu où on l'a enfermé : *Extraction d'un prisonnier de sa cellule.* — 4. *Litt.* Origine sociale de qqn ; condition : *Être d'extraction bourgeoise.* • **Apic.** Opération qui a pour objet de séparer le miel des rayons de cire. — **Arm.** Action de retirer l'étui de la chambre d'une arme après le départ du projectile. — **Chim.** Opération qui consiste à retirer d'une matière première un ensemble de produits qui constituent l'extrait. (→ *encycl.*) — **Math.** Opération consistant à extraire la racine carrée ou cubique d'un nombre. — **Min.** Production d'une mine, d'une carrière. — **Pétr.** Procédé de raffinage, qui, à l'aide d'un solvant sélectif, permet d'extraire certains corps, comme les hydrocarbures aromatiques, que l'on ne peut séparer par distillation. — **Therm.** Opération consistant à évacuer une partie de l'eau d'une chaudière. (Syn. PURGE.)

ENCYCL. **Chim.** L'extraction peut se faire par pression ou par épuisement au moyen d'un solvant, qui est ensuite éliminé. On fabrique des extraits à partir de nombreuses matières premières végétales ou animales pour l'industrie (extraits tannants), pour la parfumerie ou pour la pharmacie. L'extraction liquide-liquide permet de séparer, d'un mélange homogène, des constituants suivant leur solubilité relative dans un autre liquide, non ou partiellement miscible, appelé solvant. On peut distinguer trois grands types d'extracteurs : le mélangeur-décanteur, la colonne d'extraction, qui réalise un contact continu entre deux phases liquides circulant à contre-courant, et l'extracteur centrifuge, qui permet d'obtenir des vitesses de passage et de décantation plus élevées. L'extraction liquide-liquide est largement utilisée dans un grand nombre de procédés mettant en jeu des solutions aqueuses, par exemple la purification des terres rares ou des sels de thorium et d'uranium dans l'industrie nucléaire.

EXTRADER v. t. (de *extradition,* d'apr. lat. *tradere,* livrer) [conj. 3]. Livrer qqn par extradition.

EXTRADITION n. f. (du lat. *traditio, -onis,* action de livrer). Procédure par laquelle un individu poursuivi ou condamné par les autorités judiciaires d'un État (l'État requérant) est livré à ce dernier par l'État (l'État requis ou refuge) sur le territoire duquel il s'est réfugié. (L'extradition ne s'applique qu'aux infractions de droit commun. La France ne livre ni ses justiciables [par ex. un étranger ayant commis une infraction sur son territoire] ni ses nationaux.)

EXTRADOS [-do] n. m. (de *dos*). **1.** Surface convexe et extérieure d'un arc ou d'une voûte, par oppos. à l'*intrados.* — **2.** Surface supérieure d'une aile d'avion.

EXTRADOSSÉ, E adj. Se dit d'un arc ou d'une voûte dont l'extrados est régulièrement taillé et concentrique à l'intrados.

EXTRA-DRY [ɛkstradraj] adj. inv. et n. m. inv. (de *extra* et angl. *dry,* sec). Se dit d'un champagne très sec.

EXTRADURAL, E, AUX adj. Se dit d'un espace compris entre la dure-mère et la boîte crânienne ou le canal rachidien.

EXTRAFIN, E adj. De qualité supérieure : *Haricots verts extrafins.*

EXTRAFORT, E adj. *Moutarde extraforte,* moutarde très relevée.

◆ **extrafort** n. m. Ruban tissé utilisé pour renforcer le bord d'un ourlet.

EXTRAGALACTIQUE adj. Qui appartient à l'espace extérieur à notre Galaxie.

EXTRAHOSPITALIER, ÈRE adj. Qui a lieu en dehors de l'hôpital.

EXTRAIRE v. t. (lat. pop. **extragere,* du lat. class. *extrahere*) [conj. **112**]. **1.** Tirer une matière, par des moyens techniques appropriés, d'un milieu naturel où elle se trouve enfouie, enfoncée : *Extraire du charbon d'une mine.* — **2.** Retirer de l'organisme un corps étranger ou un organe malade : *Extraire une balle de la jambe.* — **3.** Obtenir une substance en la séparant d'un corps par voie physique ou chimique : *Extraire de l'huile des graines.* — **4.** Tirer un objet de l'endroit (étroit, difficile d'accès) où il se trouve placé : *Extraire un mouchoir du fond de son sac.* — **5.** Faire sortir qqn d'un lieu, l'en tirer ; extirper avec difficulté : *Extraire un blessé d'une voiture accidentée.* — **6.** Soutirer qqch à qqn, lui extorquer une information par ruse, violence ou avec difficulté : *Il lui a extrait des aveux complets.* — **7.** Tirer un passage d'un écrit, d'un discours. • **Math.** Construire à partir d'une famille ou d'une suite donnée. ‖ Chercher la racine carrée ou la racine cubique d'un nombre.

◆ **s'extraire** v. pr. *Fam.* **1.** S'isoler de l'environnement ; se concentrer, s'abstraire. — **2.** Sortir avec difficulté d'un lieu.

EXTRAIT n. m. (de *extraire*). **1.** Passage tiré d'un livre, d'un écrit, d'un discours, d'un film, etc. : *Un extrait de la conférence du ministre.* — **2.** Copie littérale et officielle d'une partie d'un acte ou d'un jugement : *Extrait d'acte de naissance.* — **3.** Préparation obtenue en concentrant une solution résultant de l'épuisement d'une substance animale ou végétale par un solvant tel que l'eau, l'alcool ou l'éther. (La concentration s'opère soit au moyen de la chaleur, soit à l'air libre, ou par le vide, ce qui permet de conserver sans altération les extraits d'origine organique.) — **4.** Hydrocarbure aromatique séparé, par extraction, d'autres hydrocarbures et particulièrement de coupes lubrifiantes. — **5.** *Extrait sec,* quantité de matière sèche contenue dans un liquide alimentaire (lait, vin, etc.).

◆ **extraits** n. m. pl. Morceaux choisis d'un ou de plusieurs auteurs ; anthologie.

EXTRAJUDICIAIRE adj. En dehors de l'instance et des formes judiciaires.

EXTRAJUDICIAIREMENT adv. En dehors des formes judiciaires.

EXTRALÉGAL, E, AUX adj. Qui est en dehors de la légalité.

EXTRALEMNISCAL, E, AUX adj. (du gr. *lêmniskos,* ruban). *Système extralemniscal,* faisceau de fibres nerveuses pauvres en myéline ou amyéliniques, situé dans le cordon antérolatéral de la moelle épinière, qui véhicule la sensibilité thermique et douloureuse après relais dans le thalamus jusqu'au cortex sensitif. (Syn. FAISCEAU SPINO-THALAMIQUE LATÉRAL.)

EXTRALINGUISTIQUE adj. En dehors du champ de la langue ou de la linguistique.

EXTRALUCIDE adj. Que l'on considère comme douée d'un pouvoir de voyance.

EXTRALUCIDITÉ n. f. Syn. de VOYANCE.

EXTRA-MUROS [-myros] loc. adv. (lat. *extra muros,* hors des murs). Hors des limites de la ville : *Habiter extra-muros.*

EXTRANÉITÉ n. f. (lat. *extraneus,* étranger). Qualité juridique d'étranger.

EXTRAORDINAIRE adj. (lat. *extraordinarius*). **1.** Qui sort de la règle, de l'usage ordinaires : *Dépenses extraordinaires.* — **2.** Qui n'est pas courant ; exceptionnel, inhabituel : *Le gouvernement a pris des mesures extraordinaires.* — **3.** Qui étonne par sa bizarrerie, son étrangeté, son originalité : *Vous êtes extraordinaire ! vous croyez que je vais accepter ça !* — **4.** Qui s'écarte énormément du niveau moyen, ordinaire : *Un personnage extraordinaire.* — **5.** Qui, par ses qualités, sort de la moyenne (abrév. fam. EXTRA) : *Un film extraordinaire.* — **6.** Qui est très grand, intense, immense : *Un appétit extraordinaire.* — **7.** *Ne pas être extraordinaire,* être banal, médiocre. ‖ *Par extraordinaire,* dans un cas exceptionnel, douteux. • **Dr.** *Ambassadeur* ou *envoyé extraordinaire,* celui qui représente un gouvernement pour traiter une affaire de particulière importance ou pour assister à une cérémonie solennelle. — **Opt.** Se dit, dans la double réfraction, du rayon réfracté qui ne suit pas les lois de Descartes. — **Sylvic.** Se dit d'une coupe qui n'est pas prévue à l'aménagement ou au plan simple de gestion.

EXTRAORDINAIREMENT adv. Indique un très haut degré ; extrêmement : *Être extraordinairement content.*

EXTRAORGANIQUE adj. Qui n'est pas dû à une lésion anatomique ou à une anomalie d'un organe. (Syn. FONCTIONNEL, INORGANIQUE ; contr. ORGANIQUE.)

EXTRAPALLÉAL, E, AUX adj. Situé en dehors du manteau, chez les mollusques.

EXTRAPARLEMENTAIRE adj. Qui est en dehors du Parlement.

EXTRAPATRIMONIAL, E, AUX adj. Qui est en dehors du patrimoine.

EXTRAPLAT, E adj. Qui a une très faible épaisseur : *Montre extraplate.*

EXTRAPOLATION n. f. (de *interpolation*). **1.** Généralisation, déduction hardie à partir de données fragmentaires : *Ce sont de simples extrapolations.* — **2.** Procédure ayant pour objet de prolonger la validité d'une loi, ou la connaissance d'une fonction, au-delà des limites dans lesquelles elle est donnée. (Le problème de l'extrapolation se pose quand on veut découvrir une loi générale, connaissant seulement un nombre limité de résultats d'expérience.) — **3.** Procédé consistant à prolonger une série statistique en introduisant à la suite des termes anciens un terme nouveau qui obéit à la loi de la série, ou, graphiquement, à déterminer l'ordonnée d'un point situé dans le prolongement d'une courbe et qui vérifie l'équation de cette courbe.

EXTRAPOLER v. t. (conj. 3). **1.** Pratiquer l'extrapolation en statistique et en mathématiques. — **2.** Tirer une conclusion de données fragmentaires ou incomplètes. — **3.** Généraliser à partir de données fragmentaires : *Il ne faut pas extrapoler, ce cas est exceptionnel.*

EXTRAPROFESSIONNEL, ELLE adj. Qui est hors de la profession.

EXTRAPYRAMIDAL, E, AUX adj. *Système extrapyramidal,* ensemble des structures nerveuses et des faisceaux qui assurent un contrôle de la motricité autre que celui qu'exerce le faisceau pyramidal. ENCYCL. **Neurol.** Les noyaux appartenant au système extrapyramidal sont : le putamen, le pallidum, le noyau caudé, les noyaux sous-thalamiques, le locus niger et les noyaux rouges. On y associe le cervelet et la réticulée, ainsi que certains noyaux thalamiques, certaines régions corticales et les noyaux vestibulaires. Les voies afférentes de ce système viennent essentiellement du cervelet, du cortex, du locus niger, et sa voie efférente principale est le faisceau central de la calotte. Les centres extrapyramidaux sont unis entre eux par de nombreux circuits neuronaux assurant un contrôle respectif. Le système extrapyramidal contrôle le tonus musculaire et a un rôle facilitateur du mouvement volontaire. Une lésion affectant l'une quelconque des structures du système extrapyramidal détermine un *syndrome extrapyramidal,* syndrome parkinsonien, syndrome choréique, syndrome ballique, par ex.

EXTRASCOLAIRE adj. Qui a lieu à l'extérieur de l'école, en dehors du cadre scolaire : *Activités extrascolaires.*

EXTRASENSIBLE adj. Qui n'est pas perçu directement par les sens.

EXTRASENSORIEL, ELLE adj. Qui serait perçu sans intervention des récepteurs sensoriels.

EXTRASTATUTAIRE adj. Qui est en dehors des statuts.

EXTRASYSTOLE n. f. Contraction prématurée du cœur, dont l'origine se situe en dehors du nœud sinusal, et altérant le rythme cardiaque normal.
ENCYCL. Les extrasystoles sont habituellement isolées et sans caractère pathologique. Elles peuvent aussi survenir par salves et traduire alors un trouble de l'excitation myocardique, médicamenteux ou toxique (excitants, tabac), métabolique (anomalies du calcium ou du potassium) ou ischémique (insuffisance coronarienne ou infarctus).

EXTRATERRESTRE adj. Extérieur à la Terre : *Origine extraterrestre.*
◆ n. Habitant supposé d'une planète autre que la Terre.

EXTRA-UTÉRIN, E adj. (pl. *extra-utérins, es*). **1.** En dehors de la cavité utérine. – **2.** *Grossesse extra-utérine,* développement d'un œuf fécondé en dehors de l'utérus.
ENCYCL. La *grossesse extra-utérine* est le plus souvent tubaire, l'œuf se développant dans la trompe. Le développement de l'œuf entraîne alors plus ou moins rapidement la rupture de la trompe et une hémorragie interne grave. L'intervention chirurgicale préventive est impérative.

EXTRAVAGANCE n. f. **1.** Comportement de qqn qui est extravagant : *On connaît l'extravagance de cette vedette.* – **2.** Caractère de ce qui est extravagant, bizarre : *L'extravagance d'un projet.* – **3.** Parole ou action extravagante : *Faire mille extravagances.*

EXTRAVAGANT, E adj. et n. (lat. scolast. *extravagans,* de *extravagari,* errer). Qui se comporte d'une manière bizarre, hors du bon sens, excentrique.
◆ adj. **1.** Qui choque et surprend par son caractère singulier, déraisonnable : *Former des projets extravagants.* – **2.** Qui dépasse exagérément la mesure ; excessif : *Des prix extravagants.*

EXTRAVAGUER v. i. (lat. scolast. *extravagari,* du lat. class. *vagari,* errer) [conj. 3]. *Litt.* Penser, parler, agir hors du sens commun ; délirer.

EXTRAVASER (S') v. pr. (conj. 3). En parlant du sang ou de tout liquide organique, se répandre hors de ses canaux.

EXTRAVASION n. f. Passage d'un liquide organique à travers la paroi de la cavité qui le contient.

EXTRAVÉHICULAIRE adj. Se dit de la sortie d'un astronaute dans l'espace, hors de son vaisseau spatial.

EXTRAVERSION n. f. (all. *Extraversion*). **1.** Trait de personnalité caractérisé par une fréquence élevée de conduites visant à établir des contacts sociaux et à rechercher des stimulations nouvelles. (S'oppose à *introversion.*) – **2.** Caractère d'une économie extravertie.

EXTRAVERTI, E adj. et n. (all. *extravertiert*). Se dit de qqn qui est caractérisé par l'extraversion. (Contr. INTROVERTI.)
◆ adj. Se dit d'un type de croissance caractérisé par l'intensification des échanges internationaux, l'appel à des capitaux étrangers, la recherche de débouchés extérieurs. (Il s'oppose au *développement autocentré* ou *introverti.*)

EXTREMADURA → ESTRÉMADURE.

EXTRÉMAL, E, AUX adj. **1.** Qui a atteint une valeur extrême (maximale ou minimale). – **2.** *Point extrémal d'un ensemble* A, élément de la frontière de A. ‖ *Régulation extrémale,* régulation cybernétique ayant pour objet le maintien constant d'une grandeur réglée au voisinage d'un de ses extrémums.

EXTRÊME adj. (lat. *extremus,* le plus à l'extérieur). **1.** Qui est tout à fait au bout, à la limite d'un espace, d'une durée : *Attendre la date extrême pour payer ses impôts.* – **2.** Qui est au degré le plus intense : *Un froid extrême.* – **3.** Qui dépasse les limites ordinaires, qui est très éloigné du juste milieu, de la moyenne : *Prendre le parti extrême.* – **4.** Qui pousse les choses à leur dernière limite, qui ne sait se modérer : *Un homme extrême en tout.*
◆ n. m. *À l'extrême,* au dernier degré, au-delà de toute mesure. ‖ *Passer d'un extrême à l'autre,* passer d'un état, d'une situation portés à leur dernière limite à l'état ou à la situation opposés. ‖ *Pousser les choses à l'extrême,* à leur dernière limite, jusqu'au point de rupture.
◆ **extrêmes** n. m. pl. **1.** Les choses, les propositions, les partis politiques opposés radicalement. – **2.** En politique, l'extrême droite et l'extrême gauche. – **3.** Le premier et le dernier terme d'une proportion. – **4.** *Les extrêmes se touchent,*

ceux qui sont les plus opposés l'un à l'autre finissent par se ressembler.

EXTRÊMEMENT adv. Indique une très grande intensité ; au dernier point, très, immensément, extraordinairement.

EXTRÊME-ONCTION n. f. (pl. *extrêmes-onctions*) [lat. médiév. *extrema unctio*]. Dans l'Église catholique, ancien nom du sacrement des malades.
ENCYCL. L'usage de ce sacrement, fondé essentiellement sur une application d'onctions d'huile bénite, a beaucoup varié. Fréquent dans les premiers siècles, il s'est vu réservé dans l'Église latine, à partir du XIIe s., aux mourants, d'où son nom habituel d'*extrême-onction*. Vatican II a précisé que l'onction des malades n'est pas seulement le sacrement de ceux qui se trouvent à toute extrémité, mais de ceux qui sont dangereusement malades.

EXTRÊME-ORIENT, ensemble des pays d'Asie orientale : extrémité est de la Russie, Chine, Japon, les deux Corées, États d'Indochine et d'Insulinde.

Extrême-Orient *(École française d')* **[E. F. E. O.],** institution de recherches archéologiques et scientifiques qui succéda à la « mission » fondée en 1898 par P. Doumer. Installée d'abord à Hanoi, son siège est à Paris depuis 1956.

EXTRÊME-ORIENT SOVIÉTIQUE, division régionale de l'ancienne U.R.S.S., en Sibérie, étendue, dans l'actuelle Russie, des rives de l'océan Arctique au N. à la frontière sino-russe au S., le long de l'Amour et de son affluent l'Oussouri, et dont la façade littorale, en bordure de la mer d'Okhotsk et de la mer du Japon, donne accès à l'océan Pacifique ; 6 216 000 km^2 ; 6 819 000 hab. Le milieu contraignant, relief souvent montagneux et surtout climat d'une rigueur hivernale extrême, hypothèque la mise en valeur des richesses encore incomplètement prospectées du sous-sol (or et diamants, étain, tungstène) et l'exploitation forestière. Le milieu ralentit aussi le peuplement, dont la faiblesse a été localement palliée par des déportations. La population est concentrée, en fait, dans le Sud, relativement plus clément, parcouru par le Transsibérien et le B.-A. M. et, plus ponctuellement sur le littoral de la mer du Japon, site de Vladivostok (principal centre urbain avec Khabarovsk) et de bases de pêche (le tiers des prises russes y est débarqué). La situation excentrée constitue à la fois un frein (éloignement des centres de décision et de consommation) et un stimulant (situation stratégique, ouverture sur le Pacifique) au développement.

EXTRÊME-ORIENTAL, E, AUX adj. Relatif à l'Extrême-Orient.

EXTREMIS (IN) → IN EXTREMIS.

EXTRÉMISER v. t. (conj. 3). Donner l'extrême-onction à qqn.

EXTRÉMISME n. m. (de *extrême*). Comportement politique consistant à défendre les positions les plus radicales d'une idéologie ou d'une tendance.

EXTRÉMISTE adj. et n. Qui fait preuve d'extrémisme, manifeste des opinions extrêmes.

EXTRÉMITÉ n. f. (lat. *extremitas, -atis*). **1.** Partie ou limite extrême, le bout, la fin de qqch, d'une ligne, d'une surface : *L'extrémité d'un bâton.* – **2.** *Litt.* Degré extrême : *L'extrémité de la misère.* – **3.** Acte extrême, considéré comme un recours extrême et, en partic., acte de violence, de désespoir : *On craint qu'il ne se livre à quelque extrémité.* – **4.** Chacun des deux sommets d'un arc d'un graphe orienté. – **5.** Dans un espace affine euclidien, image de a ou de b par un arc paramétré f continue sur $[a, b]$. – **6.** *À l'extrémité de,* au sommet, au bout, à la fin de qqch. ‖ *Dans cette extrémité,* dans cette situation très critique. ‖ *Être à la dernière extrémité,* être à l'agonie, près de mourir. ‖ *Être réduit à la dernière extrémité,* être réduit à l'état le plus misérable ; être aux abois.
◆ **extrémités** n. f. pl. **1.** Les pieds, les mains ou les jambes, les bras : *Avoir froid aux extrémités.* – **2.** Violences, excès : *Se porter à des extrémités regrettables.*

EXTREMUM [ɛkstremɔm] n. m. (pl. *extremums* ou *extrema*) (mot lat.). Maximum ou minimum relatif d'une fonction.

EXTRINSÈQUE adj. (lat. *extrinsecus,* du dehors). Qui vient du dehors, ne dépend pas de la nature, de l'essence de qqch, par oppos. à *intrinsèque : Objet qui n'a qu'une valeur extrinsèque.*

EXTRINSÈQUEMENT adv. De façon extrinsèque.

EXTRORSE adj. (lat. *extrorsum*). Se dit des anthères qui s'ouvrent vers l'extérieur de la fleur (renoncule, iris). [Contr. INTRORSE.]

EXTROVERSION n. f. Syn. de EXSTROPHIE.

EXTRUDER v. t. (lat. *extrudere,* rejeter) [conj. 3]. Réaliser l'extrusion d'un matière plastique. (Syn. de BOUDINER.)

EXTRUDEUSE n. f. Machine servant à l'extrusion des plastiques. (L'extrudeuse comprend une entrée de matière dite trémie, un corps formé d'un cylindre dans lequel tourne une vis sans fin et une tête qui sert de support à une filière.)

EXTRUSIF, IVE adj. Relatif à une extrusion.

EXTRUSION n. f. (lat. *extrudere,* pousser dehors violemment, avec l'infl. d'*intrusion*). **1.** Éruption de roches volcaniques visqueuses donnant naissance à une aiguille ou à un cône. – **2.** Procédé de mise en forme des matières plastiques, qui consiste à pousser la matière à fluidifier à travers une filière. (Syn. BOUDINAGE.) [→ *encycl.*] — **3.** Filage d'une céramique, d'un métal.

ENCYCL. **Polym.** Les matières travaillées par extrusion (le plus souvent du type « thermoplastique ») possèdent en général une viscosité assez élevée à l'état fondu, ce qui permet une bonne tenue à la sortie de la filière. L'extrusion est utilisée pour la fabrication de profilés, l'enrobage de câbles et la réalisation de films, feuilles ou plaques.

EXTRUSION-SOUFFLAGE n. f. (pl. *extrusions-soufflages*). Procédé de mise en forme des matières plastiques qui permet d'obtenir des corps creux par extrusion suivie de soufflage. (Cette technique permet de fabriquer des récipients, du petit flaconnage jusqu'à la cuve de 5 000 litres.)

EXUBÉRANCE n. f. (lat. *exuberantia,* de *exuberare,* regorger). **1.** Abondance, développement excessif, trop grande richesse ; luxuriance : *Exubérance de la végétation.* — **2.** Tempérament trop plein de vie, entrain excessif : *Manifester sa joie avec exubérance.*

EXUBÉRANT, E adj. (lat. *exuberans, -antis*). **1.** Qui est très abondant, débordant, développé à l'excès : *Écrivain d'une imagination exubérante.* — **2.** Qui manifeste ses sentiments par d'excessives démonstrations extérieures : *Un garçon un peu trop exubérant.*

EXULCÉRATION n. f. (bas lat. *exulceratio, -onis*). Ulcération superficielle, peu profonde, observée dans le chancre syphilitique.

EXULTATION n. f. (lat. *exsultatio, -onis*). *Litt.* Action d'exulter ; transport d'allégresse.

EXULTER v. i. (lat. *exsultare,* de *saltare,* bondir) [conj. 3]. Éprouver une joie débordante qui se manifeste sans retenue : *Tous exultaient en apprenant sa victoire.*

EXUTOIRE n. m. (lat. *exutum,* de *exuere,* débarrasser). **1.** Ouverture pratiquée dans une voûte à ciel ouvert, ou tube qu'on y dispose pour faciliter l'écoulement des eaux. — **2.** Cours d'eau évacuant les eaux d'un lac ou d'un étang. — **3.** Moyen de se débarrasser de ce qui gêne, de ce qui fait difficulté : *Cet article critique est un exutoire à sa colère.*

EXUVIATION n. f. Rejet de l'exuvie lors de la mue.

EXUVIE n. f. (lat. *exuviae,* dépouilles). Ancienne cuticule rejetée à l'occasion de chaque mue chez les arthropodes.

EX VIVO loc. adv. (lat. *ex vivo,* en dehors du vivant). Se dit d'une chirurgie faite en dehors de l'organisme sur un organe prélevé en vue d'une transplantation ultérieure.

EX-VOTO n. m. inv. (lat. ecclés. *ex voto,* selon le vœu). Tableau ou objet symbolique suspendu dans une église, un lieu vénéré, à la suite d'un vœu ou en remerciement d'une grâce obtenue.

Exxon Corporation, société américaine de produits pétroliers. Ses origines remontent à la création, en 1882, de la Standard Oil Company of New Jersey. Elle figure au premier rang mondial des entreprises pétrolières et chimiques. En dehors des États-Unis, elle est surtout connue sous la marque Esso.

EY (Henri), psychiatre français (Banyuls-dels-Aspres 1900 - *id.* 1977). Par son enseignement et par la revue *l'Évolution psychiatrique,* qu'il a fondée, il a joué un grand rôle dans la formation des psychiatres français. Il conçoit les maladies mentales comme des modalités de désorganisation de la conscience : la dissolution d'un niveau supérieur libérant la fonction de niveau inférieur. Par ce modèle, qu'il appelle organo-dynamique, il entend dépasser à la fois le psychodynamisme freudien et le mécanicisme réductionniste du XIXe s.

EYADÉMA (Étienne, puis **Gnassingbé**), général et homme d'État togolais (Pya, près de Lama-Kara, 1934). Il est président de la République depuis 1967.

EYALET n. m. (turc *eyalet*). Division administrative de l'Empire ottoman, placée sous l'autorité d'un beylerbey. (Syn. BEYLERBEYLICAT.)

EYBENS (38320), ch.-l. de cant. de l'Isère, banlieue sud de Grenoble ; 8 051 hab. Électronique. Laiterie.

EYBERS (Élisabeth), poétesse sud-africaine de langue afrikaans (Klerksdorp 1915), inspirée par l'évolution historique et sociale de son pays (*Balans,* 1963).

EYCK (Barthélemy D') → CŒUR* D'AMOUR ÉPRIS (Maître du).

EYE-LINER [ajlajnœr] n. m. (pl. *eye-liners*) [amér. *eye liner,* de *eye,* œil, et *liner,* crayon à maquiller]. Liquide dont on se sert dans le maquillage des yeux pour souligner le bord des paupières.

EYGUIÈRES (13430), ch.-l. de cant. des Bouches-du-Rhône, au S.-E. des Alpilles ; 4 499 hab. Jolies fontaines.

EYLAU ou **PREUSSICH EYLAU,** localité de l'ancienne Prusse-Orientale, à 40 km au S. de Kaliningrad. (Auj. *Bagrationovsk,* v. de Russie.) — **Hist.** Restée célèbre par la violence des combats (40 000 victimes), la victoire, non décisive, de Napoléon sur l'armée russe de Bennigsen, à Eylau (8 févr. 1807), obligea l'Empereur à remettre la fin des opérations à juin (Friedland).

EYMET (24500), ch.-l. de cant. du sud de la Dordogne, sur le Dropt ; 2 815 hab. *(Eymetois)*. Bastide de la fin du XIIIe s.

EYMOUTIERS (87120), ch.-l. de cant. de la Haute-Vienne, sur la Vienne ; 2 453 hab. Église romane et gothique, anc. abbatiale.

EYRE ou **LEYRE,** fl. côtier des Landes, formé de la *Grande Leyre* et de la *Petite Leyre,* qui draine le centre de la plaine landaise et rejoint l'Atlantique dans le bassin d'Arcachon. (→ *parc naturel régional des* LANDES DE GASCOGNE.)

EYRE *(lac),* lagune d'Australie (Australie-Méridionale), formant une grande étendue d'eaux salées d'environ 10 000 km² (à - 11 m d'alt.).

EYRE *(péninsule d'),* péninsule d'Australie-Méridionale, entre le golfe Spencer et la Grande Baie australienne.

EYRE (Edward John), administrateur colonial britannique (Hornsea, Yorkshire, 1815 - près de Tavistock, Devon, 1901). Il explora le désert intérieur de l'Australie (1840-41), et fut gouverneur de la Jamaïque de 1864 à 1866.

EYRIEUX, torrent de l'Ardèche affl. du Rhône (r. dr.) ; 80 km.

Eyrolles, maison d'édition française fondée en 1920 par Léon Eyrolles (1861-1945). Elle publie surtout des ouvrages de sciences et techniques.

EYSENCK (Hans Jürgen), psychologue britannique d'origine allemande (Berlin 1916). Il s'est surtout intéressé à l'analyse des motivations et de la personnalité au moyen de l'analyse factorielle.

EYSINES (33320), comm. de la Gironde, à 9 km au N.-O. de Bordeaux ; 16 727 hab. *(Eysinais)*.

EYSKENS (Gaston), homme politique belge (Lier, Anvers, 1905 - Louvain 1988). Social-chrétien, il est plusieurs fois ministre des Finances (1945, 1947-1949), puis Premier ministre (1949-50, 1958-1961, 1968-1972). Il doit faire face aux problèmes économiques liés à l'indépendance du Congo belge (1960), et aux problèmes linguistiques entre Wallons et Flamands ; sous son impulsion, la Belgique est devenue un État communautaire et régional (10 déc. 1970). — Son fils MARK (Louvain 1933), social-chrétien, plusieurs fois ministre, a dirigé le gouvernement d'avr. à sept. 1981.

EYSTEIN HARALDSSON (en Écosse - district de Rana, Bohuslän, 1157), roi de Norvège (1147-1157), fils de Harald Gille.

EYSTEIN MAGNUSSON (1089-1122), roi de Norvège (1103-1122), fils de Magnus Barfot.

EYVIND FINNSSON (dit **Skáldaspillir** [*Pille-Scaldes*]), le dernier des grands scaldes norvégiens (v. 915-v. 990).

EYZIES-DE-TAYAC-SIREUIL (Les) [24620], comm. de la Dordogne, à l'ouest de Sarlat, sur la Vézère ; 858 hab. Musée national de Préhistoire. Importantes stations préhistoriques sur le territoire de la commune (La Micoque, Laugerie-Haute, Laugerie-Basse, Cro-Magnon, l'abri Pataud, les grottes de La Mouthe, des Combarelles et de Font-de-Gaume, etc.).

ÉZANVILLE (95460), comm. du Val-d'Oise, au N.-E. de la forêt de Montmorency ; 9 205 hab.

ÈZE (06360), comm. des Alpes-Maritimes, sur la Côte d'Azur ; 2 453 hab. Le vieux village d'Èze est perché sur un rocher. En contrebas, *Èze-sur-Mer* est une station balnéaire.

ÉZÉCHIAS, roi de Juda, fils et successeur d'Achaz (716-1687 av. J.-C.). Il entreprit une profonde réforme religieuse accompagnée d'une restauration nationale. Mais Sennachérib d'Assyrie mit le siège devant Jérusalem (701), et Ézéchias dut payer un lourd tribut.

ÉZÉCHIEL, le troisième des grands prophètes bibliques (VIe s. av. J.-C.). Prêtre exilé à Babylone en 598, lors de la première déportation, il eut pour mission de soutenir les exilés et de maintenir l'espérance en la restauration du peuple élu. Poète d'une grande puissance, Ézéchiel est aussi un extraordinaire visionnaire.

Ézéchiel *(livre d'),* recueil des oracles d'Ézéchiel, compilation effectuée par les disciples du prophète.

Ezeiza, aéroport international de Buenos Aires.

EZRA → ESDRAS.

ÉZY-SUR-EURE (27530), comm. de l'Eure, au S.-E. d'Évreux ; 2 815 hab. Mécanique de précision.

EZZELINO (III) DA ROMANO → ROMANO.

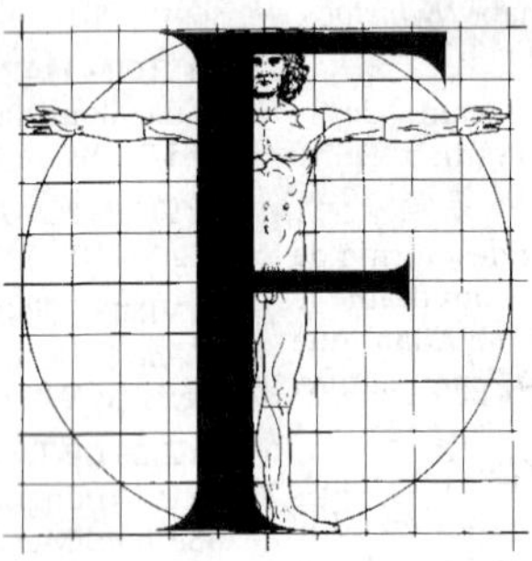

F n. m. **1.** Sixième lettre de l'alphabet français. – **2.** Consonne constrictive labiodentale sourde. (F final n'est pas prononcé dans *clef, cerf, œufs, bœufs* ; f se sonorise en *v* dans *neuf heures, neuf ans.*)

f, symbole du préfixe SI *femto.* • **Mus.** Abrév. de FORTE (f) ou FORTISSIMO (ff). – **Opt.** Désigne la distance focale d'une lentille ou d'un objectif.

F abrév. – **Biochim.** *Vitamine F,* complexe d'acides gras non saturés. – **Chim.** Symbole du *fluor.* – **Chronol.** Sixième lettre dominicale. – **Génét.** F_1, F_2, F_n, symboles utilisés par les généticiens et les sélectionneurs de plantes et d'animaux pour désigner les première, deuxième, $n^{ième}$ générations après un croisement entre deux individus. – **Métrol.** Symbole du *farad* ‖ °F, symbole du degré *Fahrenheit.* – **Monn.** Symbole du *franc,* unité monétaire française. – **Mus.** Désigne, dans certains pays (anglo-saxons ou germaniques), la note *fa.* – **Stat.** et **Probab.** Variable égale au quotient de deux variables chi-deux indépendantes, chacune divisée par son nombre de degrés de liberté.

$$\left(F = \frac{n_2}{n_1} \cdot \frac{x_1}{x_2}\right)$$

FA n. m. inv. Note de musique, quatrième degré de la gamme d'*ut.*

FAAA, comm. de la Polynésie française, dans l'île de Tahiti ; 16 950 hab. Aéroport de Papeete.

FAAM n. m. Nom usuel de l'*angrœcum.*

FABBRI (Diego), auteur dramatique italien (Forli 1911 - Riccione 1980), dont l'inspiration chrétienne se teinte de pirandellisme (*Procès à Jésus,* 1955 ; *Tre commedie d'amore,* 1972).

Fabbri Editori, maison d'édition italienne, fondée à Milan en 1947 et spécialisée dans les encyclopédies, les ouvrages d'art, les ouvrages pour la jeunesse.

FABER (Jean) ou **FABRE,** jurisconsulte français (Montbron - Angoulême 1340), auteur de Commentaires sur les *Institutes* de Justinien.

FABER (Johann Lothar VON), industriel allemand (Stein, près de Nuremberg, 1817-*id.* 1896). Il succéda à son père dans la direction de la fabrique de crayons que son aïeul Kaspar Faber avait fondée à Nuremberg.

Faber and Faber Ltd, maison d'édition britannique, fondée en 1929 à Londres lors du rachat d'une maison d'édition médicale, The Scientific Press. Elle est spécialisée en poésie, beaux-arts, littérature générale, ouvrage pour enfants, etc.

FABERGÉ (Carl), orfèvre et joaillier russe (Saint-Pétersbourg 1846 - Lausanne 1920). Travaillant pour le tsar Nicolas II et pour la clientèle privée, il excella dans la production de bijoux de fantaisie et de bibelots faisant appel aux pierres dures et à l'émaillerie sur or ou argent (grande variété d'objets ; œufs de Pâques).

FABERT (Abraham DE), maréchal de France (Metz 1599 - Sedan 1662). Créé maréchal en 1650, il participa à de nombreux sièges (Stenay, 1654) et améliora la technique obsidionale. Il fut gouverneur de Sedan de 1642 à 1662.

Fabian Society, association socialiste britannique fondée en 1884. Constituée en dehors du mouvement ouvrier par des intellectuels défavorables au marxisme, elle se fixa pour but la remise à la collectivité des moyens de production et leur gestion au profit de tous. Elle voulait parvenir, par la persuasion, à un « changement graduel et pacifique » de la société capitaliste. Elle regroupait des économistes et des écrivains, parmi lesquels G. B. Shaw, Sidney Webb. En furent également membres Bertrand Russell et des syndicalistes comme Keir Hardie. Les femmes y jouèrent souvent un rôle de premier plan avec Beatrice Webb, Annie Besant, etc. L'influence de la Fabian Society s'est fait sentir jusque dans les années 30.

FABIANISME n. m. Doctrine de la Fabian Society.

FABIEN, ENNE adj. et n. Qui appartient à la Fabian Society.

FABIEN *(saint)* [† Rome 250], pape de 236 à 250. Il partagea la ville de Rome en sept régions *(diaconies)* pour le soin des pauvres.

FABIEN (Pierre GEORGES, dit **le colonel**), résistant français (Paris 1919 - Habsheim, Haut-Rhin, 1944). Ouvrier métallurgiste, membre du parti communiste, il accomplit, le 21 août 1941, le premier attentat sur un officier allemand. Il fut tué lors de la campagne d'Alsace.

FABIOLA DE MORA Y DE ARAGÓN, reine des Belges (Madrid 1928). Elle a épousé en 1960 le roi Baudouin Ier.

FABIUS (Laurent), homme politique français (Paris 1946). Membre du parti socialiste depuis 1974, il devient député de la Seine-Maritime en 1978. En 1981, il est nommé dans les gouvernements Mauroy ministre délégué chargé du Budget, puis ministre de l'Industrie et de la Recherche (1983). Il est Premier ministre de 1984 à 1986. Président de l'Assemblée nationale de 1988 à 1992, il est premier secrétaire du parti socialiste de janvier 1992 à avril 1993. Parallèlement, il est député au Parlement européen de 1989 à 1992.

FABIUS MAXIMUS RULLIANUS (Quintus), homme d'État romain, cinq fois consul (322, 310, 308, 297, 295 av. J.-C.) et dictateur en 315. Consul avec Decius Mus, il battit en 295, à Sentinum, les Samnites, les Étrusques et les Gaulois, et il eut les honneurs du triomphe. Il a été le premier des Fabius à recevoir le nom de *Maximus,* « très grand ».

FABIUS MAXIMUS VERRUCOSUS (Quintus), dit **Cunctator** *(le Temporisateur)* [v. 275 - 203 av. J.-C.], consul (233, 228, 215, 214, 209) et dictateur romain (217). Dictateur après le désastre de Trasimène (217), il refusa à Hannibal toute bataille rangée, usa l'ennemi par de multiples escarmouches et gêna ses approvisionnements. Cette tactique lui a valu son surnom. Mais les Romains l'abandonnèrent et connurent le désastre de Cannes (216).

FABIUS PICTOR (Quintus), un des plus anciens historiens latins (né v. 260 av. J.-C.). Son ouvrage, publié d'abord en grec et traduit allait des origines de Rome aux premières années de la deuxième guerre punique.

FABLE n. f. (lat. *fabula*). **1.** Apologue, récit allégorique d'où l'on tire une moralité. — **2.** Ensemble des récits mythologiques de l'Antiquité. — **3.** Récit, propos mensonger, histoire, allégation inventée de toutes pièces. — **4.** *Être la fable de,* prêter à rire, être la risée d'un groupe : *Être la fable du quartier.*

Fables, de La Fontaine. Le fabuliste a trouvé dans Ésope, dans Phèdre ou chez Bidpāi la matière de ses récits. Commencées vers 1660, les *Fables choisies mises en vers* (les actuels livres I à VI) paraissent en 1668, illustrées par François Chauveau. La morale en est humble, empirique ; c'est « le Pot de terre contre le Pot de fer ». Les *Fables nouvelles et autres poésies* (livres VII à XI) paraissent en 1678 et 1679 : les sujets sont renouvelés, la peinture sociale est plus nuancée, plus mordante aussi ; les doctrines à la mode y ont leurs entrées. Leur morale constate souvent que la force et la ruse prennent le pas sur le droit et l'honnêteté. Il s'agit d'une somme poétique, dont le *Discours à Madame de La Sablière* (« Sur l'âme des bêtes ») serait la poutre maîtresse. En 1694 sortent les *Fables choisies* (livre XII) : testament spirituel de l'auteur, en quelque sorte, en particulier dans la fable « le Juge arbitre, l'Hospitalier et le Solitaire ».

Fables, de Florian (1792). Élégamment tournées, elles restent un peu fades en comparaison de celles de La Fontaine ; citons « le Grillon », « la Carpe et les Carpillons », « l'Aveugle et le Paralytique ».

FABLIAU n. m. (forme picarde de l'anc. fr. *fablel,* de *fable*). Aux XIIe et XIIIe s., bref récit en vers, édifiant ou satirique.

ENCYCL. Le fabliau (récit bref de 50 à 1 500 vers) apparaît dans le Val de Loire dans la seconde moitié du XIIe s. Le premier fabliau connu serait *Richeut* (v. 1160-1170). Env. 150 fabliaux, également appelés *exemples, dits,* ou *lais,* nous sont parvenus, œuvres de « clercs » ou de « jongleurs », tel Gautier le Leu, la plupart d'intention parodique ou satirique, sur le thème d'une duperie, parfois de l'amour ou de ton édifiant (*le Vilain mire ; les Dames de Paris ; Trois Aveugles de Compiègne ; le Chevalier au baril ; le Lai d'Aristote,* v. 1225).

FABLIER n. m. Recueil de fables.

FABRE (François-Xavier, *baron*), peintre français (Montpellier 1766 - *id.* 1837). Élève de David, prix de Rome en 1787, il vécut 37 ans en Italie, où il se lia avec la comtesse d'Albany. Celle-ci, en mourant, lui laissa ses collections (provenant d'Alfieri), qu'il légua à son tour au musée de Montpellier. Il fut surtout portraitiste.

FABRE (Jean Henri Casimir), entomologiste français (Saint-Léon, Aveyron, 1823 - Sérignan-du-

Comtat 1915), célèbre par ses observations et études expérimentales sur le comportement des insectes dans leur milieu naturel (*Souvenirs entomologiques,* 10 vol. parus de 1879 à 1907).

FABRE (Ferdinand), écrivain français (Bédarieux 1827 - Paris 1898). Remarqué par Sainte-Beuve dès la parution de ses romans *les Courbezon* (1862) et *Julien Savignac* (1863), il écrivit ensuite des récits sur les paysans et les curés de campagne cévenols (*l'Abbé Tigrane,* 1873).

FABRE (Émile), auteur dramatique français (Metz 1869 - Paris 1955). Administrateur du Théâtre-Français (1913-1936), il fit la satire du monde politique et de la finance (*Timon d'Athènes,* 1899 ; *les Ventres dorés,* 1905).

FABRE (Henri), ingénieur français (Marseille 1882 - Le Touvet 1984). Il réussit le premier vol en hydravion (28 mars 1910), sur l'étang de Berre.

FABRE (René), pharmacien français (Annecy 1889 - Paris 1966). Ses travaux ont été consacrés à la toxicologie médico-légale, aux problèmes d'hygiène alimentaire et industrielle, à la phytopharmacie et à l'urbanisme. (Acad. des sc., 1955.)

FABRE (Robert), homme politique français (Villefranche-de-Rouergue 1915). Député de l'Aveyron, il quitte le parti radical en 1972 pour fonder le Mouvement de la gauche radicale et socialiste, après avoir signé un programme commun de gouvernement avec les socialistes et les communistes. En désaccord avec ces derniers, il quitte l'Union de la gauche en 1977. Il occupe le poste de médiateur de 1980 à 1986 et devient membre du Conseil constitutionnel de 1986 à 1995.

FABRECOULIER n. m. Syn. de MICOCOULIER.

FABRE D'ÉGLANTINE (Philippe FABRE, dit), acteur, auteur dramatique et homme politique français (Carcassonne 1750 - Paris 1794). Auteur de chansons *(Il pleut, il pleut, bergère)* et de comédies politiques (*le Philinte de Molière,* 1790), il donna leurs noms aux mois du calendrier républicain. Il fut guillotiné avec les dantonistes.

FABRE D'OLIVET (Antoine), écrivain et érudit français (Ganges, Hérault, 1767 - Paris 1825). Précurseur du félibrige, il est aussi l'auteur du *Troubadour, poésies occitaniques du* XIIIe *siècle* (1803).

FABRICANT, E n. 1. Propriétaire d'une entreprise de production artisanale ou industrielle. — 2. *Litt.* Personne qui fait, qui crée qqch : *Fabricants de lois stupides.*

FABRICATEUR, TRICE n. (lat. *fabricator, -oris,* constructeur). Personne qui fabrique des produits sans valeur, invente des choses mensongères : *Fabricateurs de rêves.*

FABRICATION n. f. 1. Action de faire, de fabriquer, de confectionner qqch : *La fabrication de ce gâteau prend du temps.* — 2. Action ou manière de fabriquer, de produire qqch de ses mains ou de manière industrielle : *Défaut de fabrication. Suivre les étapes de la fabrication d'un livre.* — 3. Action de créer, d'inventer qqch : *La fabrication de fausses nouvelles.* — 4. Action de forger, de modeler une personne pour qu'elle devienne un personnage en vue : *Fabrication d'une vedette.* — 5. *De ma fabrication,* de ma façon, de mon invention : *Ces confitures sont de ma fabrication.* ‖ *Ordre de fabrication,* document interne établi pour assurer le suivi et la relance des commandes mises en fabrication dans l'entreprise. ‖ *Fabrication assistée par ordinateur (F. A. O.),* processus informatique qui consiste à traiter dans un ordinateur les données relatives aux conditions de fabrication d'un produit et à l'état d'avancement de cette fabrication, en vue de fournir les instructions permettant une définition et une répartition optimales des opérations à exécuter.

FABRICE (Georg Alfred, *comte*), général saxon (Quesnoy-sur-Deûle 1818 - Dresde 1891). Ministre de la Guerre saxon, il aligna son armée sur le modèle prussien, commanda les forces d'occupation du nord de la France (1871), puis redevint ministre de la Guerre en 1882 et enfin ministre des Affaires étrangères de Saxe.

Fabrice del Dongo, héros de *la Chartreuse* de Parme,* de Stendhal.

FABRICIUS (David), astronome et théologien hollandais (Esens 1564 - Osteel 1617). Il découvrit, en 1596, la première étoile variable, *Mira Ceti ;* il aurait également observé, en 1610, les taches solaires.

FABRICIUS (Johann Christian), entomologiste danois (Tønder 1745 - Kiel 1808). Élève de Linné, il décrivit presque autant d'espèces d'insectes du monde entier que celui-ci. Il proposa une classification fondée sur la forme des pièces buccales.

Fabricius *(bourse de),* organe des jeunes oiseaux comparable au thymus des mammifères.

FABRIQUE n. f. (lat. *fabrica,* action de fabriquer). 1. Établissement industriel ayant pour objet de transformer les matières premières en produits manufacturés susceptibles d'être livrés au commerce. — 2. Petit temple, ruine ou autre construction de fantaisie servant à l'ornementation d'un jardin (particulièrement à l'anglaise), d'un parc paysager. — 3. *Prix de fabrique,* prix auquel le fabricant vend ses produits au commerçant.

FABRIQUER v. t. (lat. *fabricare,* façonner) [conj. 3]. **1.** Faire qqch, l'élaborer à partir d'une matière première par un travail manuel, artisanal : *Fabriquer une pâtisserie avec des œufs et de la farine.* – **2.** Transformer industriellement des matières premières en séries d'objets utilisables destinés à la consommation : *Fabriquer des chaussures, des jouets.* – **3.** Produire des objets destinés à tromper : *Fabriquer de la fausse monnaie.* – **4.** Préparer, élaborer qqch sans grand soin : *Le thé que tu nous as fabriqué est vraiment mauvais.* – **5.** Arranger un événement, un récit : *On a fabriqué l'incident de toutes pièces.* – **6.** Fam. *Qu'est-ce que tu fabriques ?,* interroge sur la nature de l'occupation de qqn ou marque simplement l'impatience : *Qu'est-ce que tu fabriques dans ton coin ?* ◆ **être fabriqué** v. pass. **1.** Être forgé, inventé, en partic. dans le but de tromper : *Alibi fabriqué de toutes pièces.* – **2.** *Produit fabriqué,* confectionné à partir de matières premières.

FABRITIUS (Carel), peintre néerlandais (Midden-Beemster 1622 - Delft 1654). Élève de Rembrandt, il fut l'un des inspirateurs de Vermeer (*le Chardonneret,* 1654, Mauritshuis, La Haye). – Son frère Barent (1624-1673) fut également peintre.

FABRY (Charles), physicien français (Marseille 1867 - Paris 1945). Il a étudié les interférences à ondes multiples, créé un interféromètre pour l'étude des raies spectrales et établi un système international de longueurs d'onde. Il a découvert l'ozone de la haute atmosphère et vérifié l'effet Doppler-Fizeau en optique. (Acad. des sc., 1927.)

FABULATEUR, TRICE n. (lat. *fabulator,* conteur). Personne qui raconte des histoires imaginaires qu'elle présente comme vraies.

FABULATION n. f. (bas lat. *fabulatio, -onis*). Action de présenter comme réels des faits purement imaginaires, de donner une version romanesque des faits.

FABULER v. i. (lat. *fabulari*) [conj. 3]. Imaginer des histoires fictives et les présenter comme réelles ; affabuler.

FABULEUSEMENT adv. De façon fabuleuse, étonnante, incroyable ; prodigieusement : *Être fabuleusement riche.*

FABULEUX, EUSE adj. (lat. *fabulosus*). **1.** *Litt.* Qui appartient aux légendes anciennes, à la mythologie ; mythique : *Les animaux fabuleux d'Ésope.* – **2.** Qui paraît invraisemblable par son importance, ses proportions : *Une fortune fabuleuse.* – **3.** *Fam.* Qui est exceptionnel par ses qualités : *Un type fabuleux.*

FABULISTE n. (lat. *fabula,* fable). Écrivain qui compose des fables.

FAC n. f. *Fam.* Université, enseignement supérieur.

FAÇADE n. f. (ital. *facciata,* de *faccia,* face). **1.** Chacune des faces extérieures d'un bâtiment (façade principale, façade postérieure, façades latérales). – **2.** Face d'un bâtiment sur laquelle s'ouvre l'entrée principale (façade sur rue, sur cour, par oppos. à façade sur jardin). – **3.** Région côtière : *La façade méditerranéenne de la France.* – **4.** Apparence donnée à qqch, comportement affecté par qqn dans le but de cacher son état réel : *Son assurance est une façade ; en fait, c'est un angoissé.* – **5.** Face d'un meuble, quand celui-ci affecte des formes architecturales. – **6.** Opération par laquelle une société garantit juridiquement un risque dont elle cède tout ou partie à une société qui n'apparaît pas dans le contrat et qui est, le plus souvent, inconnue de l'assuré. (Syn. fronting.) – **7.** *De façade,* qui n'est pas réel, mais simulé : *Une fermeté de façade.* ‖ Pop. *Démolir la façade à qqn,* le frapper violemment au visage. ‖ Pop. *Se faire ravaler la façade,* se faire faire un nettoyage de peau, un lifting, etc. ‖ *Façade industrielle,* enveloppe en bardage d'un bâtiment industriel faisant l'objet d'une recherche esthétique. ‖ *Façade légère,* enveloppe non porteuse d'un bâtiment, qui peut être une *façade panneau* (élément limité à un étage), une *façade rideau* ou *semi-rideau* (constituée par un *mur* rideau*).

FACE n. f. (bas lat. *facia,* du lat. class. *facies*). **1.** Partie antérieure de la tête humaine, visage de l'homme : *Détourner la face.* (→ encycl.) – **2.** Partie antérieure de la tête de certains animaux : *La face du singe.* – **3.** Côté quelconque de qqch ; chacune des parties extérieures de qqch : *Les faces d'un cristal. Mets l'autre face du disque.* – **4.** Aspect, point de vue, manière d'être, état dans lequel se présente qqch : *La face cachée d'une affaire. Voir une question sous toutes ses faces.* – **5.** *À double face, à plusieurs faces,* changeant, ambigu. ‖ *À la face de,* en présence de ; en s'adressant à qqn ouvertement, en agissant franchement. ‖ *Changer de face,* voir son aspect modifié. ‖ *Côté face,* l'endroit par oppos. à l'*envers.* ‖ *De face,* du côté où l'on voit le visage de qqn (par oppos. à *de dos,* ou *de profil*) ; situé dans l'axe médian d'une scène, d'un écran, en parlant d'une place (par oppos. à *de côté*) ; orienté dans le sens de la marche d'un véhicule ; orienté vers le devant du corps (par oppos. à *de dos* ou *de côté*). ‖ *Dire qqch en face,* le dire franchement, devant la personne même. ‖ *En face,* devant les yeux, devant soi : *Avoir le soleil en face.* ‖ *En face (de),* devant, vis-à-vis ; en présence de qqn, de qqch : *Il s'est assis en face de moi ;* à l'opposé, par contraste : *D'un côté le luxe et, en face (de cela), la misère.* ‖ *Face à,* en vis-à-vis de, devant un lieu ;

vis-à-vis de qqn, devant qqch, qqn : *Hôtel construit face à la mer. Asseyez-vous face à moi.* ‖ *Face à face,* vis-à-vis l'un de l'autre ; en présence de, confronté à qqch, qqn : *Te voilà face à face avec la vérité.* ‖ *(La) face contre terre,* prosterné, étendu le visage contre le sol. ‖ Pop. *Face de crabe, d'œuf, de rat, etc.,* termes injurieux. ‖ *Faire face (à),* avoir le visage, le devant tourné du côté de ; se présenter devant qqn pour s'opposer à lui, faire front ; accepter des risques : *Faire face à un ennemi. Faire face à une dépense.* ‖ *Perdre la face,* subir une grave atteinte à son honneur, à son prestige ; se ridiculiser, être humilié. ‖ *Regarder qqch en face,* sans crainte, sans biaiser, sans se duper soi-même. ‖ *Sauver la face,* garder les apparences de la dignité après un échec. ‖ *Se couvrir, se voiler la face,* manifester de la honte, de l'horreur, être offusqué. ‖ *Se mettre en face de qqn,* lui barrer le chemin ; s'opposer à lui. • **Bois.** Surface visible d'une pièce de bois, d'un placage, d'un contreplaqué, d'un panneau. (On distingue la face [ou parement] de la contreface [ou contreparement].) — **Chorégr.** *En face, de face,* se dit d'une position ou d'un pas qui sont pris ou effectués de front par rapport au public. — **Dess.** Chacun des éléments d'une surface séparé des autres par une arête. ‖ *Vue de face,* syn. de ÉLÉVATION. — **Électr.** *Face polaire,* surface de l'épanouissement ou de la pièce polaire bordant l'entrefer d'une machine tournante. — **Géom.** Polygone plan qui délimite un polyèdre de l'espace E_3. ‖ Polyèdre convexe, partie d'un hyperplan, qui limite un polyèdre d'un espace de dimension finie quelconque. ‖ Demi-plan qui compose la frontière d'un secteur diédral. ‖ Secteur de plan qui compose la frontière d'un secteur polyèdre. ‖ *Faces adjacentes,* faces d'un polyèdre ayant une arête en commun. — **Iconogr.** *Sainte Face,* image de la face du Christ souffrant durant la montée au Calvaire, telle qu'elle se serait imprimée sur le voile de sainte Véronique. — **Magnét.** *Face polaire,* surface d'un aimant traversée par le flux magnétique utile. — **Mil.** Élément d'une batterie ou d'un ouvrage fortifié parallèle au front. — **Numism.** Côté d'une médaille, d'une monnaie qui porte une figure, une effigie, par oppos. à *pile.* (Syn. AVERS, DROIT.) — **Spect.** Un des premiers plans de la scène, par oppos. aux plus éloignés, appelés lointains.

ENCYCL. **Anat.** La face se compose des mâchoires supérieure (formée des deux maxillaires supérieurs, autour desquels se groupent 13 os) et inférieure (constituée par le maxillaire inférieur, ou mandibule). Les muscles de la face, commandés par le nerf facial, sont des muscles peauciers qui assurent les jeux de la physionomie. La sensibilité est assurée par des rameaux du trijumeau et du plexus cervical superficiel. La vascularisation est assurée par l'artère faciale, branche de la carotide externe.

FACE-À-FACE n. m. inv. Débat contradictoire entre deux personnalités représentatives d'opinions, de partis ou de milieux différents.

FACE-À-MAIN [fasamɛ̃] n. m. (pl. *faces-à-main*). Binocle à manche tenu à la main.

FACÉTIE [-sesi] n. f. (lat. *facetia*). Action, parole ou écrit qui a qqch de bouffon, de burlesque ; plaisanterie, farce, espièglerie : *Dire des facéties.*

FACÉTIEUSEMENT [-sesjø-] adv. D'une façon facétieuse.

FACÉTIEUX, EUSE [-sesjø-, -øz] adj. et n. (de *facétie*). Qui est porté à la facétie.

◆ adj. Qui tient de la facétie : *Histoire facétieuse.*

FACETTAGE n. m. Action de déterminer les facettes d'une pierre fine ou précieuse.

FACETTE n. f. (de *face*). **1.** Chacune des petites surfaces planes d'un objet séparées les unes des autres par des arêtes vives : *Facettes d'un cristal, d'une pierre précieuse.* — **2.** Chacun des divers aspects présentés par qqn, qqch : *Les multiples facettes de sa personnalité.* — **3.** Apprêt de passementerie formé de deux âmes accolées et couvertes. — **4.** Syn. de OMMATIDIE. — **5.** *À facettes,* se dit de qqn qui à plusieurs aspects. ‖ *Caillou à facettes,* caillou caractérisé par des faces planes résultant de l'usure par les grains de sable transportés par le vent dans les régions désertiques.

FACETTER v. t. (conj. **4**). Tailler une gemme à facettes.

FÂCHER v. t. (lat. pop. **fasticare,* du bas lat. *fastidiare,* du lat. class. *fastidire,* éprouver du dégoût) [conj. 3]. **1.** Irriter qqn, lui causer une contrariété ; mécontenter, chagriner : *Ne le fâchez pas en le contredisant.* — **2.** Créer le désaccord entre deux personnes, les brouiller : *Rien ne pourra nous fâcher.* — **3.** *Fam.* Faire que qqn ne supporte plus ou ne comprenne plus qqch : *Ce professeur n'a réussi qu'à le fâcher avec les mathématiques.*

◆ **être fâché** v. pass. **1.** Être désolé de qqch, s'en excuser en le regrettant : *Je suis très fâché de ce retard.* — **2.** Fam. *Ne pas être fâché,* se réjouir de qqch, ne pas en être mécontent : *Je ne suis pas fâché qu'il soit en difficulté.*

◆ **se fâcher** v. pr., **être fâché** v. pass. **1.** S'irriter, s'emporter, se mettre en colère : *Il se fâche pour des riens.* — **2.** Se brouiller avec qqn, être en mauvais termes, rompre avec lui : *Il s'est fâché avec ses parents.* — **3.** *Fam.* Ne plus pouvoir supporter qqch, ne plus rien comprendre à qqch : *Être fâché avec les mathématiques.* — **4.** Fam. *Se fâcher tout rouge,* entrer dans une grande colère.

FÂCHERIE n. f. *Fam.* Brouille, désaccord souvent passager entre des personnes.

FACHES-THUMESNIL (59155), comm. du Nord, banlieue sud de Lille ; 15 817 hab. Industrie textile et alimentaire.

FÂCHEUSEMENT adv. D'une manière fâcheuse, regrettable ; désagréablement : *Une réunion fâcheusement annulée.*

FÂCHEUX, EUSE adj. **1.** Qui entraîne des conséquences ennuyeuses, désagréables, regrettables : *Une fâcheuse initiative.* – **2.** Qui cause de la douleur, qui afflige : *Nous avons appris une bien fâcheuse nouvelle.*
◆ n. *Litt.* Personne importune ; gêneur.

Fâcheux *(les),* première comédie-ballet de Molière, en 3 actes et en vers (1661). Cette « pièce à tiroirs », commandée par Fouquet, marque le début de la faveur royale pour Molière.

FACHO n. et adj. *Fam.* Fasciste.

Fachoda *(affaire de)* [1898], incident qui mit face à face à Fachoda (auj. *Kodok,* Soudan) la mission française du capitaine Marchand, qui tentait de devancer l'Angleterre sur le haut Nil, et l'expédition britannique de Kitchener (sept. 1898). Sommé d'évacuer la ville, le ministre des Affaires étrangères, Hanotaux, refusa, mais son successeur, Delcassé, s'inclina le 7 nov. Le 21 mars 1899, un accord colonial consacrait la perte, au profit de l'Angleterre, de la totalité du bassin du Nil.

FACIAL, E, AUX adj. (lat. *facies,* face). Qui concerne la face, le visage : *Douleurs faciales.* • **Anat.** *Angle facial,* chacun des angles utilisés pour la mesure de diverses caractéristiques de la face (prognathisme, hauteur, etc.). ‖ *Artère faciale,* artère qui naît de la carotide externe, au-dessus de la linguale, puis contourne le maxillaire inférieur pour cheminer à la partie antérieure de la face. (Elle donne de nombreux rameaux pour les muscles voisins.) ‖ *Nerf facial* ou *facial* (n. m.), septième paire de nerfs crâniens. (→ *encycl.*) – **Anthropobiol.** *Indice facial,* produit par 100 du rapport de la hauteur de la face à sa plus grande largeur. – **Bours.** *Taux facial,* taux de rendement apparent d'un titre financier, tenant compte du revenu par rapport à la valeur nominale du titre. – **Méd.** *Signe facial,* syn. de SIGNE DE CHVOSTEK*. – **Monn.** *Valeur faciale,* celle qui est indiquée sur les billets de banque. (C'est, pratiquement, leur valeur légale.) – **Neurol.** *Névralgie faciale,* syn. de NÉVRALGIE DU TRIJUMEAU*. ‖ *Paralysie faciale,* paralysie d'origine périphérique ou centrale des muscles de la face.
ENCYCL. **Neurol.** Le *nerf facial* émerge d'un sillon du cerveau, entre le bulbe et la protubérance annulaire, et se dirige avec le VIIe bis (nerf intermédiaire de Wrisberg) et le VIIIe (nerf auditif) vers le conduit auditif interne. Il innerve les différents muscles moteurs de la face, sauf le releveur de la paupière supérieure. Les *paralysies faciales périphériques* sont consécutives à une lésion du noyau d'origine, des racines du nerf facial ou du tronc nerveux lui-même. Elles touchent l'ensemble des muscles innervés par le facial du côté de la lésion. Différentes affections en sont responsables : traumatisme, accident vasculaire cérébral, tumeur, infection. Les *paralysies faciales centrales* sont consécutives à une lésion des fibres reliant l'opercule rolandique aux noyaux du nerf facial situés dans le tronc cérébral. Elles affectent les muscles faciaux du côté opposé à la lésion, font habituellement partie d'un tableau d'hémiplégie et relèvent des mêmes causes.

FACIÈS [-sjɛs] n. m. (lat. *facies,* aspect général). **1.** Aspect, forme et expression caractéristiques du visage : *Un faciès énergique.* – **2.** Le visage, comme signe d'appartenance ethnique ou comme signe de discrimination raciale. – **3.** Ensemble des caractères lithologiques et paléontologiques primaires observables dans une roche et considérés du point de vue de sa genèse. – **4.** Ensemble des caractères minéralogiques et structuraux d'une roche. – **5.** Ensemble des traits composant un aspect particulier d'une période culturelle préhistorique. – **6.** *Faciès cristallin,* forme des cristaux, métalliques ou non, en cours de croissance à partir d'un milieu liquide ou gazeux.

FACILE adj. (lat. *facilis*). **1.** Qui se fait sans effort, qui ne présente aucune difficulté ; simple, aisé : *Travail facile à faire. Ville d'accès facile.* – **2.** Qui se prête aisément à une action : *Vêtement facile à entretenir.* – **3.** Qui n'exige aucun effort, aucune recherche : *Plaisanterie facile.* – **4.** Qui a des rapports simples avec autrui, qui montre peu d'exigence ou de sévérité : *Il n'est pas facile avec ses subordonnés.* – **5.** Avec qui il est aisé de vivre ; se dit en partic. d'un enfant obéissant, qu'on élève facilement. – **6.** Se dit d'une femme qui accepte sans difficulté les aventures amoureuses. – **7.** Se dit d'un état, d'une situation sans complexité : *Il a eu une vie facile sans souci financier.* – **8.** *Avoir qqch facile,* être toujours prêt à l'utiliser, à le faire spontanément, rapidement : *Il a l'argent facile. Avoir la gâchette facile.* – **9.** *Auteur facile,* dont la lecture n'offre pas d'obstacle. ‖ *(C'est) facile à dire,* c'est plus facile à dire qu'à faire. ‖ Fam. *Facile comme bonjour, facile comme tout,* très facile à faire.
◆ adv. *Fam.* Pour le moins : *Elle a cinquante ans facile.*

FACILEMENT adv. **1.** Avec facilité ; sans peine, aisément : *Être facilement convaincu.* – **2.** Pour peu de chose : *Il se vexe facilement.*

FACILITATION n. f. **1.** Action de faciliter. – **2.** Phénomène bioélectrique aboutissant à rendre plus efficace la transmission du message nerveux.

FACILITÉ n. f. (lat. *facilitas, -atis*). **1.** Caractère de ce qui se fait sans peine, sans difficulté : *La facilité d'un travail.* – **2.** Qualité de ce qui semble fait sans peine ; aisance, naturel : *Style d'une grande facilité.* – **3.** Aptitude à faire qqch sans peine, à créer, à imaginer, à étudier : *Il a beaucoup de facilité, il suit bien sa classe.* – **4.** Qualité de qqn de complaisant, d'accommodant : *La facilité de son caractère faisait de lui un homme charmant.* – **5.** Aptitude naturelle pour un genre d'activité, inclination, penchant pour qqch : *Avoir beaucoup de facilité pour les mathématiques.* – **6.** *Se laisser aller à la facilité, choisir la (solution de) facilité,* aller vers ce qui est le plus facile, ce qui demande le moins d'effort.
◆ **facilités** n. f. pl. **1.** Moyens qui rendent qqch facile à faire, commodités accordées pour faire qqch : *Facilités de transport.* – **2.** *Facilités de caisse,* découvert de quelques jours accordé par le banquier à son client. ‖ *Facilités de paiement,* délais accordés pour effectuer un paiement.

FACILITER v. t. (ital. *facilitare*) [conj. 3]. Rendre qqch facile ou plus facile à qqn : *L'argent facilitera bien les choses.*

FACINO CANE (Bonifacio CANE, dit), condottiere italien (Casale Monferrato, Piémont, v. 1360 - Pavie 1412). Au service de Jean-Galéas Visconti (1397), qu'il aida dans sa lutte contre la ligue formée par les Florentins, puis de ses fils Jean-Marie et Philippe-Marie, il tenta de se rendre indépendant et s'empara d'Alexandrie (1403), de Plaisance (1406) et de Pavie. Mais, après sa mort, ces villes firent retour aux Visconti, sa veuve ayant épousé Philippe-Marie.

FACOB n. m. (de *traité* FAC*ultatif* OB*ligatoire*). Traité de réassurance par lequel le réassureur s'engage à accepter les risques que l'assureur peut, à sa discrétion, lui céder dans le cadre dudit traité. (L'opération est donc facultative pour l'assureur et obligatoire pour le réassureur.) [Syn. OPEN-COVER.]

FAÇON n. f. (lat. *factio, -onis,* de *facere,* faire). **1.** Travail de l'artisan ou de l'artiste, forme donnée à un objet par le travail de l'ouvrier, en partic. dans le domaine de la mode : *Il a fourni le tissu et payé la façon.* – **2.** Manière particulière d'être ou d'agir : *La façon de s'exprimer.* – **3.** S'emploie suivi d'un nom sans art. comme apposition pour indiquer une imitation : *Un châle façon cachemire.* – **4.** *À façon,* en faisant le travail sans fournir la matière première : *Une couturière à façon.* ‖ *À la façon de,* comme, à la manière de. ‖ *À sa façon,* à sa guise. ‖ *C'est une façon comme une autre de,* c'est un procédé qui vaut les autres malgré les apparences ; cela a le même effet, le même résultat que. ‖ *De façon + adj.,* équivaut à l'adv. de manière dérivé de l'adj. : *S'habiller de façon élégante.* ‖ *De cette façon,* ainsi. ‖ *De façon à, que, à ce que,* indique une conséquence possible, un but ; de manière à : *Travaillez de façon à réussir.* ‖ *De ma façon,* fabriqué, inventé par moi : *Il lui a joué un tour de sa façon.* ‖ *De quelle façon ?,* comment, par quel moyen ? ‖ *De telle façon que,* si bien que ; de telle sorte que. ‖ *De toute façon, de toutes (les) façons,* quoi qu'il en soit, quoi qu'il arrive. ‖ *D'une façon générale,* en général. ‖ *En aucune façon,* pas du tout ; nullement. ‖ *En quelque façon,* d'un certain point de vue. ‖ *Façon culturale,* travail concernant la préparation ou l'entretien des terres (labour, hersage, binage, etc.). ‖ *Façon superficielle,* travail de la couche superficielle du sol.
◆ **façons** n. f. pl. **1.** Comportement, manières particulières à chacun : *Il a des façons brusques.* – **2.** *Faire des façons,* manifester une politesse excessive ; se faire prier. ‖ *Sans façon(s),* qui agit simplement, sans faire de manières ; qui est fait sans cérémonie, simplement ; s'emploie comme formule de politesse pour indiquer qu'un refus est sincère : *Il est sans façons. Non, merci, sans façons.*

FACONDE n. f. (lat. *facundia,* éloquence). *Litt.* Grande facilité de parole ou bavardage abondant, excessif : *Une faconde intarissable.*

FAÇONNAGE ou **FAÇONNEMENT** n. m. **1.** Action de façonner un ouvrage, de donner une forme à un objet : *Façonnage du cuir.* – **2.** Action de former qqn dans un certain sens : *Façonnage du caractère.* • **Bijout.** Succession d'opérations qui transforment une pierre brute en pierre taillée. – **Carr.** Mise à la dimension ou à la forme marchande des blocs abattus. – **Impr.** Ensemble des opérations qui terminent la fabrication d'un imprimé. – **Sylvic.** Ensemble des opérations nécessaires pour transformer les arbres abattus en produits commercialisables. – **Verr.** Travail de finition d'articles de verre, soit à chaud par ramollissement, soit à froid mécaniquement.

FAÇONNÉ n. m. **1.** Tissu où le croisement de la chaîne et de la trame produit des dessins quelconques. – **2.** Armure ou croisement servant à obtenir ce type de tissu.

FAÇONNER v. t. (de *façon*) [conj. 3]. **1.** Élaborer un ouvrage par un travail sur la matière : *Façonner un coffret.* – **2.** Donner à une matière une forme particulière : *Façonner un bloc de pierre.* – **3.** *Litt.* Former qqn par l'éducation, le métier, etc. ; modeler : *La vie l'a façonné.* – **4.** Procéder au façonnage.

◆ **se façonner** v. pr., **être façonné** v. pass. **1.** Être élaboré, travaillé, ouvré : *De l'or façonné.* — **2.** Modeler son comportement, sa personnalité sur qqch, qqn : *Il s'est façonné sur les gens de ce milieu.*

FAÇONNEUR n. m. Personne qui réalise le façonnage d'un produit.

FAÇONNIER, ÈRE n. Ouvrier(ère) qui travaille à façon.

FAC-SIMILÉ n. m. (pl. *fac-similés*) [lat. *fac simile,* fais une chose semblable]. **1.** Copie, reproduction, imitation exacte d'une écriture, d'un dessin, d'un tableau, etc. — **2.** Procédé de transmission à distance des pages d'un journal pour l'établissement des formes imprimantes. — **3.** *Télégraphie fac-similé,* syn. de TÉLÉCOPIE.

FACTA (Luigi), homme politique italien (Pignerol 1861 - *id.* 1930). Président du Conseil (mars 1922), il fut désavoué par Victor-Emmanuel III. Mussolini lui succéda (28 oct. 1922).

FACTAGE n. m. (de *facteur*). Livraison de colis au domicile ou au dépôt de consignation, distribution de lettres ou de dépêches au domicile.

1. FACTEUR n. m. (lat. *factor, -oris,* auteur). **1.** Agent, élément qui concourt à un résultat ; cause : *Un facteur de succès.* — **2.** S'emploie suivi d'un nom apposé pour indiquer l'élément déterminant qui intervient dans le résultat, dans l'événement : *Le facteur chance n'a pas joué cette fois-ci.* • **Algèbr.** Nom donné aux nombres, aux éléments d'un ensemble muni d'une opération notée multiplicativement, ou aux polynômes qui interviennent dans un produit. ‖ *Mettre en facteurs,* factoriser. — **Biol.** Tout élément dont dépendent la vie, la croissance ou la localisation d'une population animale ou végétale. (→ *encycl.*) — **Écon.** *Facteurs de production,* éléments ou ressources participant à la production de biens ou de services. — **Méd.** Substance, généralement une molécule, participant à une réaction biologique. (Ce terme est suivi d'un mot le désignant de manière précise.) — **Métrol.** Nom générique de grandeurs sans dimension servant à caractériser les propriétés d'un corps, d'un dispositif, etc. — **Psychol.** *Facteur général* ou *facteur g,* facteur commun à toutes les variables incluses dans une analyse factorielle de résultats donnés par plusieurs tests psychométriques, constituant, selon certains psychologues une définition possible de l'intelligence générale. — **Stat.** En analyse factorielle classique, chacune des variables hypothétiques servant à représenter un ensemble de variables observables. ‖ Dans la théorie des plans d'expériences et en analyse de variance, toute variable observable pouvant être considérée comme une source de variations possible. ‖ *Facteur commun,* facteur qui intervient dans la variance de plus d'une variable.

ENCYCL. **Biol.** On distingue les *facteurs internes,* génétiques, et les *facteurs externes,* liés au milieu de vie. Un facteur interne peut être *létal,* c'est-à-dire incompatible avec la vie, comme l'absence de chlorophylle pour une plante d'une espèce verte. Un facteur externe mesurable (éclairement, chaleur, teneur du sol en potasse, en magnésium, etc.) est dit *limitant* si son insuffisance est seule à freiner le développement de la plante ou de l'animal. Les facteurs *biotiques* sont les prédateurs, parasites, symbiotes et concurrents, y compris l'homme, agissant sur l'espèce considérée. Les autres facteurs sont dits *abiotiques.*

2. FACTEUR, TRICE n. (de *facteur 1*). Employé(e) des postes chargé(e) de distribuer le courrier à domicile. (Syn. PRÉPOSÉ À LA DISTRIBUTION.)

◆ **facteur** n. m. **1.** Fabricant d'instruments de musique autres que les instruments à cordes frottées (par ex. *facteur de pianos*). — **2.** *Facteur aux halles,* ancienne appellation du *mandataire aux halles.*

FACTICE adj. (bas lat. *facticius*). **1.** Qui n'est pas naturel ; faux, artificiel, imité : *Un diamant factice.* — **2.** Qui est feint, simulé, affecté : *Un sourire factice.* — **3.** Qui ne résulte pas d'une tendance naturelle, mais des habitudes culturelles : *Les besoins factices que développe la publicité.* — **4.** *Idées factices,* chez Descartes, idées élaborées par l'esprit, par oppos. aux *idées innées* et aux *idées adventices.*

FACTICEMENT adv. *Litt.* De façon factice.

1. FACTICITÉ n. f. (de *factice*). *Litt.* Caractère de ce qui est factice.

2. FACTICITÉ n. f. (calque de l'all. *Faktizität,* caractère existentiel). Chez Heidegger et Sartre, caractère de ce qui constitue un être, réalise un fait, comprenant essentiellement l'idée de contingence.

FACTIEUX, EUSE [-ksjø, -øz] adj. et n. (lat. *factiosus,* intrigant). Qui fomente des troubles contre le pouvoir établi : *Ligue factieuse. Les factieux ont échoué.*

◆ adj. Qui témoigne d'un esprit de sédition : *Des écrits factieux.*

1. FACTION n. f. (lat. *factio, -onis,* ligue). Groupe qui cherche à renverser le pouvoir établi, ou qui se livre à une activité fractionnelle à l'intérieur d'un groupe : *Parti politique divisé par des factions.*

2. FACTION n. f. (de *faction 1,* avec l'infl. de l'ital. *fazione*). **1.** Service de surveillance ou de garde, dont est chargé un militaire. — **3.** Chacune des trois tranches de huit heures entre lesquelles sont réparties les trois équipes assurant un travail industriel continu. – **3.** *Être en faction,* attendre en surveillant, faire le guet.

FACTIONNAIRE n. m. (de *faction 2*). Militaire en faction. (Syn. SENTINELLE.)

◆ n. Ouvrier(ère) qui assure une faction de huit heures.

FACTITIF, IVE adj. et n. m. (lat. *factitare,* fréquentatif de *facere,* faire). Syn. de CAUSATIF.

FACTOR n. m. (angl. *factor,* agent). Intermédiaire privé qui intervient dans les opérations d'affacturage.

FACTORERIE n. f. (de *facteur 1*). Autref., comptoir ou agence d'un établissement commercial ou industriel à l'étranger, et plus spécialement dans les anciennes colonies africaines.

FACTORIEL, ELLE adj. (de *facteur 1,* avec infl. du lat. *factor, -oris*). **1.** Se dit de tests choisis en fonction des résultats d'analyses factorielles comme constituant de bons indicateurs de certains facteurs. – **2.** *Analyse factorielle,* ensemble de méthodes visant, à partir de l'analyse des corrélations ou des covariances constatées sur un ensemble de variables observables, à représenter ces variables comme une combinaison significative de variables supposées, appelées facteurs. (Cette procédure est notamment utilisée en psychométrie.)

◆ **factorielle** n. f. *Factorielle* n, entier naturel noté $n!$ et défini par : $0! = 1$ et pour tout $n \geqslant 1$ $n! = (n-1)! \times n$, d'où $n! = 1 \times 2 \times 3 \times \ldots (n-1) \times n$.

FACTORING [-riŋ] n. m. (amér. *factoring,* de *factor,* agent). Syn. de AFFACTURAGE.

FACTORISATION n. f. Écriture sous forme de produit de facteurs.

ENCYCL. Dans $\mathbb{Z}$, la factorisation d'un entier se ramène à chercher les diviseurs de cet entier puisque, si b est un diviseur de a, alors il existe un entier n tel que $a = b \times n$. Dans la pratique, on utilise surtout la factorisation en facteurs tous premiers.

Dans K[X], la factorisation joue un rôle important dans la recherche des racines d'un polynôme et donc dans la résolution des équations algébriques. Si un polynôme f de K[X] (K corps commutatif) admet a comme racine, il se factorise sous la forme $f(X) = (X - a) \times g(X)$.

Dans le cas où $K = \mathbb{R}$, tout polynôme se factorise à l'aide de polynômes irréductibles du premier et du second degré.

Dans le cas où $K = \mathbb{C}$, tout polynôme se factorise à l'aide de polynômes irréductibles du premier degré.

FACTORISER v. t. (conj. 3). Effectuer une factorisation.

FACTOTUM [-tɔm] n. m. (pl. *factotums*) [lat. *fac totum,* fais tout]. *Litt.* Personne qui s'occupe un peu de tout, et, en partic., des travaux mineurs : *Le gardien sert de factotum.*

FACTUEL, ELLE adj. (angl. *factual,* de *fact,* fait). **1.** Qui s'en tient aux faits, qui les présente sans les interpréter : *Information factuelle.* – **2.** *Signification factuelle,* genre de signification possédé par un mot qui renvoie à une donnée de l'expérience ou par un énoncé dont nous connaissons les conditions de vérité.

FACTUM [-tɔm] n. m. (pl. *factums*) [lat. *factum,* fait]. *Litt.* Écrit violent et polémique.

FACTURATION n. f. **1.** Action de facturer. – **2.** Ensemble d'opérations comptables allant de l'enregistrement de la commande à l'exploitation comptable et statistique des éléments de la facture. – **3.** Service où l'on fait les factures.

1. FACTURE n. f. (bas lat. *factura,* fabrication). **1.** *Litt.* Manière dont une chose est faite, en matière de beaux-arts ou de littérature : *Des vers de bonne facture.* – **2.** Construction des instruments de musique, spécialement des instruments autres que ceux à cordes frottées.

2. FACTURE n. f. (de *facteur 1*). **1.** Pièce comptable par laquelle le vendeur fait connaître à l'acheteur le détail et le prix des marchandises vendues, des services exécutés. – **2.** Somme à payer, décompte : *Régler une facture. La facture pétrolière.* – **3.** *Prix de facture,* prix d'achat.

FACTURE, écart de la comm. de Biganos (Gironde), près du bassin d'Arcachon. Papeterie. Ostréiculture.

FACTURE-CONGÉ n. f. (pl. *factures-congés*). Titre de mouvement des boissons alcooliques soumises à des taxes.

FACTURER v. t. (conj. 3). **1.** Porter sur une facture le détail et le prix d'une marchandise vendue, d'un service exécuté : *La caissière facture la réparation.* – **2.** Faire payer qqch à qqn : *Je ne vous facture pas la pose de l'appareil.*

FACTURETTE n. f. Lors d'un paiement avec une carte de crédit, reçu remis par le commerçant au client.

FACTURIER, ÈRE n. Employé(e) chargé(e) d'établir les factures.

◆ **facturier** n. m. Livre ou dossier contenant la copie des factures émises.

◆ **facturière** n. f. Machine comptable adaptée aux travaux de facturation.

FACULAIRE adj. **1.** Relatif à une facule. – **2.** *Plage faculaire,* région de l'atmosphère du Soleil située au-dessus d'une facule.

FACULE n. f. (lat. *facula,* dimin. de *fax, facis,* torche). Région brillante autour d'une tache solaire.

FACULTAIRE adj. (de *faculté*). Qui appartient à une faculté (établissement d'enseignement supérieur).

FACULTATIF, IVE adj. (lat. *facultas, -atis,* faculté). **1.** Qu'on a la liberté de faire ou de ne pas faire : *Présence facultative.* — **2.** *Arrêt facultatif,* arrêt où un train, un tramway, un autobus, etc., ne s'arrête que si un voyageur le demande. ‖ *Train facultatif,* train figurant au fascicule horaire, mais qui n'est utilisé que selon les besoins du service.

FACULTATIVEMENT adv. D'une manière facultative.

1. FACULTÉ n. f. (lat. *facultas, -atis,* capacité). **1.** Aptitude, fonction propre à l'être animé : *La faculté de sentir.* — **2.** Aptitude particulière à qqn : *J'admire sa faculté d'adaptation.* — **3.** Liberté d'agir octroyée, concédée à qqn ; possibilité d'option en vue d'une situation juridique : *Avoir la faculté de vendre ses biens.* ‖ *Assurance sur facultés,* assurance du chargement d'un navire, par oppos. à l'assurance sur corps*.
◆ **facultés** n. f. pl. **1.** Aptitudes générales de qqn ; possibilités, en partic. intellectuelles : *Ce travail dépasse mes facultés.* — **2.** *Facultés contributives,* ressources d'un débiteur prises en compte pour fixer une pension alimentaire, un impôt, etc. ‖ *Ne plus jouir de toutes ses facultés,* se conduire de façon anormale.

2. FACULTÉ n. f. (lat. médiév. *facultas, -atis*). **1.** Unité de la structure administrative et pédagogique de l'enseignement supérieur jusqu'en 1968. — **2.** Auj., syn. courant de UNIVERSITÉ (abrév. fam. FAC). — **3.** Bâtiment abritant une université. — **4.** Fam. *La Faculté,* les médecins, le médecin traitant.

FAÇURE ou **FASSURE** n. f. Partie de l'étoffe comprise entre le rouleau d'appel et la dernière duite tissée.

FAD n. f. Abrév. de FLAVINE-ADÉNINE-DINUCLÉOTIDE.

FADA adj. et n. (provenç. *fadas,* de *fat,* sot). *Fam.* et *dialect.* Niais, un peu fou.

FADAISE n. f. (provenç. *fadeza,* sottise, de *fat,* sot). Plaisanterie niaise ou chose insignifiante ; baliverne ; niaiserie, futilité (surtout pl.) : *Dire des fadaises.*

FADASSE adj. **1.** Qui manque totalement de goût : *Une sauce fadasse.* — **2.** Qui manque d'éclat : *Une blonde fadasse.* — **3.** *Fam.* Qui manque d'intérêt, de piquant : *Une histoire fadasse.*

FADE adj. (lat. pop. **fatidus,* du lat. class. *fatuus,* fade, d'après *sapidus,* qui a de la saveur). **1.** Qui manque de saveur : *Cuisine fade.* — **2.** Se dit d'une odeur douçâtre et écœurante : *L'odeur fade du sang.* — **3.** Qui manque de vivacité, d'éclat, de caractère : *Couleurs fades. Une beauté fade.* — **4.** Qui manque d'intérêt, d'originalité ; insignifiant : *Des compliments fades.*

FADEÏETCHEV (Nikolaï Borissovitch), danseur russe (Moscou 1933). Membre de la troupe du Bolchoï, il a été le partenaire des étoiles Oulanova et Plissetskaïa. Incarnant les rôles du répertoire classique et romantique, il brilla aussi dans les interprétations de caractère *(la Fleur de pierre, la Fontaine de Bakhtchissaraï).*

FADEÏEV (Aleksandr Aleksandrovitch), écrivain soviétique (Kimry, région de Tver, 1901 - Moscou 1956). Écrivain engagé, champion du réalisme socialiste au sein du RAPP (association russe des écrivains prolétariens) et de l'Union des écrivains, il se fait le chantre du parti communiste (*la Défaite,* 1927), du socialisme (*le Dernier des Oudégués,* 1929-1940) et de la jeunesse soviétique (*la Jeune Garde,* 1945). Très affecté par le XXe Congrès du parti communiste de l'Union soviétique, qui marque la chute du stalinisme, il se donne la mort.

FADEMENT adv. *Litt.* D'une manière fade.

FADER v. t. (provenç. *fadar,* enchanter, de *fada,* fée) [conj. 3]. *Pop.* Servir copieusement qqn de qqch, lui donner son compte : *Ils m'ont fadé de six mois de taule.*
◆ **être fadé** v. pass. *Pop.* Être réussi dans son genre : *Ses romans sont toujours stupides, mais le dernier, il est fadé.*
◆ **se fader** v. pr. *Arg.* **1.** Se donner toute la peine de faire qqch ; s'appuyer : *Il s'est fadé toute la vaisselle.* — **2.** Avoir malheureusement à supporter qqn : *Je me le suis fadé toute la soirée.*

Fades *(viaduc des),* le plus haut viaduc de France, à 132 m au-dessus de la Sioule, dans le Puy-de-Dôme.

FADEUR n. f. **1.** Caractère de ce qui est fade, sans saveur : *La fadeur d'un plat.* — **2.** Caractère de ce qui est insignifiant, sans intérêt, de ce qui manque d'attrait : *La fadeur d'une conversation.*
◆ **fadeurs** n. f. pl. *Litt.* Propos vides et stupides, plaisanteries, galanteries fades.

FADING [fadiŋ] n. m. (angl. *fading,* de *to fade,* s'affaiblir). Syn. de ÉVANOUISSEMENT.

FADO n. m. (port. *fado,* du lat. *fatum,* destin). Chanson populaire portugaise, accompagnée à la guitare.

FAENA [faena] n. f. (esp. *faena,* travail). En tauromachie, ensemble des passes exécutées avec la muleta.

FAENZA, v. d'Italie, en Émilie (prov. de Ravenne) ; 55 000 hab. Cathédrale du XVe s., œuvre de Giuliano da Maiano. Églises et palais médiévaux. Pinacothèque. Centre de production, à partir du XIVe s., de majoliques à décors historiés et ornementaux. La tradition faïencière s'y est perpétuée jusqu'au XVIIIe s. Musée de la Céramique et concours annuel de la céramique d'art.

FAEROE *(îles)* → FÉROÉ.

1. FAFIOT n. m. (onomat. *faf,* désignant une chose de peu de valeur). *Pop.* Billet de banque.

2. FAFIOT n. m. Article chaussant destiné aux petits enfants qui commencent à marcher.

FAGACÉE n. f. (lat. *fagus,* hêtre). Famille d'arbres tels que le chêne, le châtaignier ou le hêtre. (Syn. CUPULIFÈRE.)

FAGALE n. f. (lat. *fagus,* hêtre). Nom d'un ordre comprenant la plupart des arbres feuillus de la forêt tempérée : chêne, hêtre, châtaignier (*fagacées,* ou *cupulifères*), bouleau, charme et noisetier *(bétulacées).*

FĂGĂRAŞ *(monts de),* massif le plus élevé (2 543 m) de Roumanie, dans les Carpates méridionales.

FAGEL (Gaspar), homme d'État hollandais (La Haye 1634 - *id.* 1688). Conseiller-pensionnaire de Hollande après l'assassinat de Jean De Witt (1672), partisan de la famille d'Orange, il prépara l'avènement de Guillaume d'Orange au trône d'Angleterre.

FAGGIUOLA (Uguccione DELLA), homme de guerre italien (Casteldelci, Pesaro e Urbino, 1250 - Vicence 1319). Chef des gibelins de Toscane, il devint podestat de Pise (1313-1316) puis de Vicence (1317-1319).

FAGNANO DEI TOSCHI E DI SANT'ONOFRIO (Giulio Cesare), mathématicien italien (Senigallia 1682 - *id.* 1766). Autodidacte et amateur, il a réalisé des recherches qui sont à la base de la théorie des fonctions elliptiques d'Euler.

FAGNARD, E adj. Qui concerne la fagne.
◆ n. 1. Habitant de la région des Hautes Fagnes. — 2. Personne qui fait des randonnées pédestres dans cette région.

FAGNE n. f. (wallon *fagne,* du frq. **fanja,* boue). Dans les Ardennes, petit marais situé aux endroits les plus élevés.

FAGNES (Hautes), plateau de l'Ardenne belge, couvert de landes, au S.-E. de Liège ; 694 m au *signal de Botrange.* Elles constituent, avec le parc allemand contigu, le *parc naturel Hautes Fagnes - Eifel* (600 km² au total).

FAGNIEZ (Gustave), historien et archiviste français (Paris 1842 - Meudon 1927). Il fonda avec G. Monod la *Revue historique* (1876) et publia de nombreux ouvrages sur l'histoire économique, sociale et diplomatique de la France sous l'Ancien Régime.

FAGOPYRISME n. m. (lat. sc. *fagopyrum,* sarrasin). Dermatose provoquée chez les herbivores par l'ingestion de sarrasin en fleur.

FAGOT n. m. (lat. pop. **facus,* p.-ê. du gr. **phakos,* de *phakelos,* faisceau). **1.** Faisceau de menu bois, de petites branches à brûler. — **2.** Fam. *De derrière les fagots,* très bon, mis en réserve pour une grande occasion. ‖ *Pêche au fagot,* pêche de l'écrevisse prohibée, utilisant un fagot dans lequel on introduit de la viande pour attirer les crustacés. ‖ *Sentir le fagot,* être soupçonné d'hérésie d'impiété (parce qu'on brûlait autrefois les hérétiques).

FAGOTAGE n. m. **1.** Action de mettre du bois en fagots. — **2.** Bois propre à être mis en fagots. — **3.** *Fam.* Mise de qqn vêtu sans élégance ; accoutrement.

FAGOTER v. t. (conj. 3). **1.** Mettre du bois en fagots. — **2.** *Fam.* Habiller qqn sans goût : *Regarde comme elle fagote ses enfants.*
◆ **se fagoter** v. pr., **être fagoté** v. pass. *Fam.* S'habiller sans élégance ; s'affubler : *Il est fagoté comme l'as de pique.*

FAGOTEUR, EUSE ou **FAGOTIER, ÈRE** n. Personne qui fait des fagots.

FAGOTIN n. m. Petit fagot.

FAGUET (Émile), critique littéraire français (La Roche-sur-Yon 1847 - Paris 1916). Universitaire, journaliste (*le Journal des débats,* à partir de 1896), il donne de multiples études sur la littérature des XVIIe, XVIIIe et XIXe siècles. (Acad. fr., 1900.)

FAGUNWA (Daniel Olurunfemi), écrivain nigérian (Oke Igbo, près d'Ibadan, 1910-Bida 1963). Un des fondateurs de la littérature nigériane, d'origine yoruba, il est l'auteur d'une saga (*Ogboju Ode Ninu Igbo Irunmale,* 1950), récits de chasse à dimension symbolique.

FAHD (Riyāḍ 1923), roi d'Arabie Saoudite, fils d''Abd al-'Azīz III. Premier vice-président du Conseil et prince héritier depuis 1975, il succéda à Khālid en 1982.

FAHRENHEIT (Daniel Gabriel), physicien allemand (Dantzig 1686 - La Haye 1736). Il construisit des aréomètres et des thermomètres à alcool, puis à mercure, pour lesquels il imagina la graduation qui porte son nom.

Fahrenheit *(échelle de température),* échelle encore utilisée dans les pays anglo-saxons. On convertit les températures t_F de l'échelle Fahrenheit en températures Celsius t à l'aide de la formule :

$$t = \frac{5}{9}\ (t_F - 32).$$

FAIAL, anc. **Fayal,** île des Açores ; 172 km² ; 25 000 hab. Ch.-l. *Horta.*

FAIBLAGE n. m. (de *faible*). Infériorité de poids constatée d'une monnaie.

FAIBLARD, E adj. *Fam.* Un peu faible : *Un élève faiblard. Un argument faiblard.*

FAIBLE adj. (lat. pop. **febilis,* du lat. class. *flebilis,* digne d'être pleuré). **1.** Qui manque de vigueur, de force physique ; se dit d'une aptitude physique qui manque de puissance ou de résistance : *Un convalescent encore trop faible pour marcher. Avoir la vue faible.* – **2.** Qui manque de capacité, de force intellectuelle ; se dit d'une aptitude peu développée : *Il a une intelligence un peu faible.* – **3.** Qui est sans défense, désarmé, impuissant : *Une faible femme. Se sentir faible devant l'ennemi.* – **4.** Qui présente peu de résistance, de solidité : *Cette planche est trop faible pour supporter un tel poids.* – **5.** Qui a peu d'intensité, de puissance, de force, ou qui est d'une grandeur, d'une importance, d'une valeur restreintes : *Parler d'une voix faible. Une faible somme d'argent.* – **6.** Dont les connaissances ou les aptitudes intellectuelles sont insuffisantes dans un domaine précis : *Élève très faible en mathématiques.* – **7.** Dont la qualité, la valeur sont insuffisantes ; médiocre : *Devoir un peu faible.* – **8.** Qui manque d'énergie, d'autorité, qui cède facilement : *Un père faible avec ses enfants.* – **9.** *La chair est faible,* la tentation vient vite, et on succombe facilement aux désirs charnels. ‖ *Point faible,* point vulnérable, aspect qui résiste mal à la critique, à l'attaque : *Son point faible, c'est sa susceptibilité.* • **Bours.** Se dit d'un marché financier dont la tendance générale est à la baisse. – **Chim.** Se dit d'un électrolyte suffisamment peu dissocié pour que s'applique la loi d'action de masse. – **Ling.** En grammaire allemande, se dit des verbes qui forment le radical du prétérit en ajoutant le suffixe *-te* au radical du présent. ‖ *Formations faibles,* dans les langues flexionnelles, formations (cas, déclinaisons) qui présentent le degré réduit du thème, par oppos. aux formations fortes, qui présentent le degré plein. – **Monn.** *Monnaie faible,* monnaie qui n'a pas le poids, le titre légal ou qui a peu de valeur par rapport aux autres monnaies. – **Mus.** Se dit d'un temps ou d'une partie de temps non marqués par la métrique. – **Phon.** Se dit des consonnes douces, par oppos. aux consonnes fortes. ‖ *En position faible,* se dit d'une unité phonique quand sa place dans la chaîne parlée l'expose à subir des altérations (amuïssement, assimilation). – **Phys.** *Interaction faible,* interaction fondamentale responsable de la radioactivité, et plus généralement de la désintégration de nombreuses particules.

◆ n. **1.** Personne qui manque d'énergie, d'autorité, de force morale : *C'est un faible, il s'est laissé influencer.* – **2.** Personne dépourvue de ressources, de moyens de défense ; déshérité : *Défendre les faibles et les opprimés.* – **3.** *Faible d'esprit,* débile, simple d'esprit ; personne dont les facultés intellectuelles sont peu développées ou amoindries.

◆ n. m. **1.** *Litt.* Côté faible ou vulnérable de qqch, de qqn : *Le faible, chez moi, c'est la mémoire.* – **2.** Goût particulier pour qqch, qui fait qu'on n'y résiste pas, penchant ; chose qui en est l'objet : *La mousse au chocolat, c'est son faible.* – **3.** Penchant complaisant pour qqn ; préférence : *Avoir un faible pour un élève.*

FAIBLEMENT adv. **1.** D'une manière faible, avec mollesse : *Se défendre faiblement contre une attaque.* – **2.** À un faible degré : *On frappa faiblement à la porte.*

FAIBLESSE n. f. (de *faible*). **1.** Manque de vigueur physique : *Faiblesse de constitution.* – **2.** *Litt.* Perte subite des forces ; évanouissement, défaillance : *Être pris de faiblesse.* – **3.** Manque de solidité, de résistance : *La faiblesse d'une voûte.* – **4.** Manque de puissance, de ressources : *La faiblesse d'une économie.* – **5.** Manque d'énergie, d'intensité, de mordant : *Faiblesse de la voix.* – **6.** Manque d'étendue, de grandeur : *Faiblesse d'une différence.* – **7.** Manque d'efficacité ; défaut dû à cette insuffisance : *La faiblesse d'un système.* – **8.** Manque de vigueur, d'énergie ; incapacité à résister, à se défendre : *Être d'une faiblesse coupable avec quelqu'un.* – **9.** *Litt.* Impuissance à résister aux tentations, aux passions, et en particulier à l'amour ; manque d'emprise sur soi-même : *La faiblesse humaine. Sa faiblesse pour elle le poussait à des imprudences.* – **10.** Point faible : *C'est là la grande faiblesse du film.* – **11.** Manque de capacité intellectuelle, de talent, déficience dans les connaissances : *Faiblesse d'esprit.* – **12.** *Avoir une faiblesse pour,* avoir un penchant pour qqch, une préférence pour qqn. ‖ *Avoir un moment de faiblesse,* céder par surprise.

FAIBLIR v. i. (conj. 32). **1.** Perdre de sa vigueur, de sa solidité, de sa résistance, de son intensité, etc. : *Le malade faiblit. Sa voix faiblit.* – **2.** Perdre de son efficacité, de sa force, de son importance, de sa capacité intellectuelle, de sa vigueur morale : *L'intérêt faiblit à la fin du roman.* – **3.** *Litt.* Défaillir, se trouver mal : *Elle faiblit à la vue du sang.*

FAIBLISSANT, E adj. Qui faiblit, qui perd de sa force, de sa vigueur : *Voix faiblissante.*

FAIDHERBE (Louis Léon César), général français (Lille 1818 - Paris 1889). Il servit en Algérie et à la Guadeloupe. Gouverneur du Sénégal (1854), il y créa les ports de Dakar et de Rufisque. Commandant de l'armée du Nord après Sedan, victorieux à Pont-Noyelles et à Bapaume

(4 janv. 1871), il fut vaincu à Saint-Quentin (19 janv.). Sa résistance empêcha néanmoins l'occupation allemande des départements du Nord et du Pas-de-Calais. Chargé de mission en Égypte (1871), il fut sénateur en 1879. Il a écrit notamment *l'Avenir du Sahara et du Soudan* (1863), *la Campagne de l'armée du Nord* (1871).

FAÏENÇAGE [fajɑ̃saʒ] n. m. Ensemble de fissurations, de craquelures de la surface d'un béton, d'un métal, d'un feuil de peinture, d'un revêtement routier, etc.

FAÏENCE [fajɑ̃s] n. f. (de *Faenza,* n. pr.). **1.** Céramique à pâte argileuse, tendre, poreuse, recouverte d'un enduit imperméable et opaque. (Le décor peint sur émail cru et cuit avec lui définit les faïences dites *de grand feu.* Le décor posé sur émail déjà cuit exigera une cuisson supplémentaire à basse température pour les couleurs [faïences dites *de petit feu*].) — **2.** *Faïence fine,* nom donné au début du XIXe s. à des céramiques à pâte opaque blanche, de texture fine, dense et sonore, recouverte d'une glaçure cristalline de composition variée (silice, quartz ou feldspath, etc.).

ENCYCL. **Arts décor.** C'est en Égypte ptolémaïque et en Perse achéménide que l'on rencontre les premières utilisations de l'émail stannifère. Les potiers musulmans, au VIIIe s., généralisent son emploi (Égypte à Fusṭāṭ, Mésopotamie à Suse et Sāmarrā), créant ainsi les premières faïences, qu'ils recouvrent parfois d'un lustre métallique. Les conquérants arabes véhiculent ces techniques vers l'Occident et, dès le XIIIe s., apparaissent, venant de Majorque, les luxueuses faïences lustrées dites « hispano-mauresques », dont la fabrication est à son apogée au XVe s. dans la région de Valence. En Italie, l'art de la *majolique** prend un essor considérable aux XVe et XVIe s. Les grands centres en sont Faenza, Cafaggiolo, Sienne, Casteldurante, Deruta et Urbino. Ils produisent des œuvres polychromes aux décors historiés. La faïence de grand feu est introduite en France par les Italiens : les Conrade s'installent à Nevers, Abaquesne à Rouen, etc. Ils créent surtout des vases pour les apothicaires. Inspirés par la porcelaine chinoise, les décors bleu et blanc font, vers le milieu du XVIIe s., la célébrité de Delft, alors que la famille Poterat domine la production rouennaise. Fin XVIIe, début XVIIIe s., Rouen lance son décor de lambrequins rayonnant « en broderie », bleu et rouge, auquel succèdent les décors chinois (v. 1720), rocaille (v. 1740). Moustiers (décors adaptés de J. Berain) et Marseille rivalisent avec Rouen au XVIIIe s. Parmi les autres centres français, citons Sinceny, Moulins, Saint-Omer, Saint-Amand-les-Eaux. La faïence de petit feu permet de diversifier les couleurs. Cette technique, qui privilégie le décor floral, apparaît en 1748 chez Hannong, à Strasbourg, et à Marseille chez la veuve Perrin. L'exemple se transmet à Niederwiller, Sceaux, Lunéville, Meillonnas, etc. Au XIXe s., une certaine décadence s'amorce, due à la concurrence de la porcelaine et de la faïence fine.

• *Faïence fine.* Elle apparaît en France, au XVIe s., avec la création des poteries fines de Saint-Porchaire, recouvertes d'un vernis plombifère transparent. Son usage ne se répand qu'au XVIIIe s. à Pont-aux-Choux, en Lorraine (Lunéville, Saint-Clément, Toul-Bellevue) et à Apt. On l'appelait alors « terre de pipe » et elle contenait de la chaux. La faïence fine anglaise, ou cailloutage, appelée au XVIIIe s., en France « grès anglais », voit le jour vers 1720 en Angleterre, dans le Staffordshire. Sa fabrication y prend une grande extension grâce à une organisation déjà industrielle. Les principales manufactures françaises sont celles de Creil (1797), Longwy (1798), Sèvres (1798). Avec le décor par impression, la fabrication devient industrielle, ainsi à Montereau (1819), à Sarreguemines, à Gien et chez Boch (Setpfontaines, Luxembourg), qui comptent parmi les centres les plus connus.

— **Industr.** Les faïences fines (env. 40 % de kaolinite, 40 % de quartz et 20 % de calcaire) constituent l'essentiel des faïences industrielles. En général, les pâtes de faïence fine subissent deux fois l'action du feu. Une première cuisson, entre 1 200 °C et 1 300 °C, donne le biscuit de faïence fine, celui-ci recevant ensuite une glaçure ; une seconde cuisson, (cuisson émail), se fait à une température de l'ordre de 1 000 °C. La faïence a trouvé de nombreux domaines d'application, en dehors de celui de la céramique de table, tels les domaines du sanitaire et des carreaux de revêtement.

FAÏENCÉ, E [fajɑ̃se] adj. Qui imite la faïence.

FAÏENCERIE [fajɑ̃sri] n. f. **1.** Usine de faïence. — **2.** Ouvrage de faïence. — **3.** Commerce de la faïence.

FAÏENCIER, ÈRE [fajɑ̃sje, -ɛr] n. Personne qui fabrique ou vend de la faïence.

◆ adj. Relatif à l'industrie ou à l'art de la faïence.

FAIGNANT ou **FEIGNANT, E** adj. et n. *Fam.* Fainéant.

FAIL (Noël DU), seigneur **de La Hérissaye,** jurisconsulte et conteur français (Château-Letard, près de Rennes, v. 1520 - Rennes 1591), auteur de contes facétieux inspirés par la vie de sa province natale, par son goût pour les vertus de la vie agreste et par ses lectures érudites (*les Propos rustiques,* 1547 ; *Contes et discours d'Eutrapel,* 1585).

1. FAILLE [faj] n. f. (p.-ê. néerl. *falie*). Tissu d'armure toile, à grain très marqué, formant des côtes.

2. FAILLE [faj] n. f. (mot du Nord-Est, anc. fr. *faille,* de *faillir,* manquer). **1.** Discontinuité de terrain selon laquelle s'est produit un déplacement relatif (horizontal et vertical) des deux compartiments fracturés. (→ *encycl.*) – **2.** Point faible, défaut, manque de cohérence dans un raisonnement, une structure : *Cet exposé présente une faille.* – **3.** Cassure, fêlure, fissure dans un sentiment, un parti, etc. – **4.** *Escarpement de faille,* forme structurale par laquelle une faille peut s'exprimer dans le relief. (Elle peut être *originelle* [traduisant le jeu relatif de deux blocs], *dérivée* [liée au travail de l'érosion différentielle] ou *composite* [mêlant les influences de la tectonique et de l'érosion différentielle].) ‖ *Faille de transformation,* ou *faille transformante,* plan subvertical de coulissement le long duquel deux plaques lithosphériques se déplacent latéralement l'une par rapport à l'autre sans qu'il y ait ni création ni destruction de croûte. (→ *encycl.*)

ENCYCL. **Géol.** On caractérise les failles par leur rejet (décalage des deux compartiments), l'inclinaison du plan de faille et le sens des mouvements produits (*faille normale,* résultant d'une tectonique en distension ; *faille inverse* ou *chevauchante,* en compression ; *faille de type décrochement,* qui produit un coulissage horizontal).

FAILLER (SE) v. pr., **ÊTRE FAILLÉ** v. pass. (conj. **3**). En parlant d'une surface, d'un sol, d'un relief, d'un gisement minier, être coupé par des failles.

FAILLI, E n. (ital. *fallito,* de *fallire,* faillir). Commerçant déclaré en règlement judiciaire ou en liquidation des biens (depuis 1986, en redressement ou en liquidation judiciaire).

FAILLIBILITÉ n. f. Possibilité de tomber dans l'erreur, de se tromper.

FAILLIBLE adj. (lat. médiév. *faillibilis*). Qui est sujet à se tromper, à commettre une faute : *Tout homme est faillible.*

FAILLIR v. t. ind. (lat. pop. **fallire,* du lat. class. *fallere,* tromper) [conj. **46**]. *Litt.* **1.** Commettre une faute, manquer à son devoir. – **2.** Être infidèle à une promesse, un engagement, etc. – **3.** *Sans faillir,* en allant jusqu'au bout de ce qu'on doit faire.
◆ v. i. *Avoir failli + inf.,* avoir été sur le point de se produire ; avoir été sur le point de faire ou de subir qqch : *L'accident a failli se produire. J'ai encore failli me tromper.*

FAILLITE n. f. (ital. *fallita,* de *fallire,* faillir). **1.** Sanction qui frappait les commerçants et dirigeants d'entreprise en état de cessation de paiements. – **2.** Insuccès patent de qqch : *La faillite d'une politique.* – **3.** *Faire faillite,* échouer complètement : *La planification a fait faillite.* • **Dr.** *Faillite personnelle,* ensemble des déchéances et interdictions frappant les commerçants ou dirigeants d'une entreprise en état de règlement judiciaire ou de liquidation des biens et, depuis 1986, en état de redressement ou de liquidation judiciaire, coupables de fraude ou de fautes graves de gestion. (→ *encycl.*)

ENCYCL. **Dr.** Aux termes de la loi du 25 janv. 1985, abrogeant la loi de 1967 et applicable en 1986, la *faillite personnelle,* qui est étendue aux artisans, emporte interdiction de diriger, gérer, administrer ou contrôler toute entreprise commerciale ou artisanale et toute personne morale ayant une activité économique. Elle emporte également certaines interdictions (exercer une fonction publique...) et déchéances (perte des droits civiques...) et l'incapacité d'exercer une fonction élective. La décision du tribunal entraîne la réhabilitation, lorsqu'il y a relèvement total des déchéances, des interdictions et de l'incapacité.

FAIM n. f. (lat. *fames*). **1.** Ensemble des sensations provoquées par la privation de nourriture, qui incitent l'homme ou l'animal à rechercher des aliments, et que l'ingestion de nourriture fait disparaître (définition de l'O. M. S.) ; vif besoin de manger : *Avoir une faim insatiable.* (→ encycl.) – **2.** *Litt.* Désir ardent de qqch : *Avoir une faim dévorante de richesses.* – **3.** Situation de disette, de famine dans un pays, une région : *Campagne contre la faim dans le monde.* – **4.** *Avoir faim,* ressentir le besoin de manger. ‖ *Avoir faim de qqch,* avoir un vif besoin, une grande envie de qqch : *Avoir faim de tendresse.* ‖ *Calmer, tromper sa faim,* manger un peu pour diminuer un vif besoin de manger. ‖ *Donner faim,* ouvrir l'appétit, donner l'envie de manger. ‖ *Faim de loup, faim dévorante,* très grande faim. ‖ *Faim douloureuse,* douleur épigastrique, ressentie au cours de certaines affections du tube digestif (ulcère gastroduodénal) ou au cours d'un accès d'hypoglycémie. ‖ *Manger à sa faim,* de telle sorte que ce besoin soit satisfait ; avoir le nécessaire pour vivre. ‖ *Mourir, crever de faim, crever la faim,* avoir très faim ; être dans un état de misère extrême. ‖ *Rester sur sa faim,* manger insuffisamment ou pas du tout ; demeurer insatisfait.

ENCYCL. Les noyaux ventromédians de l'hypothalamus, proches du 3ᵉ ventricule, constituent le centre de la satiété (leur destruction provoque l'hyperphagie) et les noyaux situés latéralement forment le centre de la faim (des lésions étendues de ceux-ci déterminent l'anorexie).

Le sens du mot « faim », qui, à l'origine, désignait seulement un besoin ressenti, s'est élargi jusqu'à désigner la situation des populations qui souffrent d'alimentation insuffisante en quantité ou carencée en tel ou tel composant nécessaire à la santé. (→ MALNUTRITION, SOUS-ALIMENTATION.)

Faim *(la),* roman en partie autobiographique de Knut Hamsun (1890), et sans doute son chef-d'œuvre. Un rythme d'écriture alterné permet de percevoir, durant les errances d'un homme affamé dans Christiania (Oslo) et qui va s'embarquer pour l'Amérique, les élans nerveux, la vie mentale hallucinée et les affres d'un psychisme éperdu d'angoisse. — Adaptation cinématographique en 1966 par le Danois Henning Carlsen.

FAIM *(steppe de la),* plaine de l'Asie moyenne, à l'O. du lac Balkach (Kazakhstan). Culture irriguée du coton.

FAIN (Agathon, *baron*), homme politique français (Paris 1778 - *id.* 1836). Premier secrétaire du cabinet de Napoléon Ier qu'il suivit dans toutes ses campagnes, il devint secrétaire de Louis-Philippe (1830) puis député du Loiret (1834). Il a laissé plusieurs ouvrages sur le premier Empire.

FAINE n. f. (lat. pop. **fagina,* du lat. class. *faginus,* de *fagus,* hêtre). Fruit comestible du hêtre.

FAINÉANT, E adj. et n. (de *fait néant*). **1.** Qui ne fait rien, qui ne veut pas travailler. — **2.** *Rois fainéants,* expression désignant les derniers rois de la dynastie des Mérovingiens qui, à partir de Thierry III (675), laissèrent le maire du palais gouverner à leur place.

FAINÉANTER v. i. (conj. 3). Faire le fainéant ; rester inactif, paresser.

FAINÉANTISE n. f. État de fainéant ; paresse, flemme.

FAIRBAIRN (*sir* William), ingénieur écossais (Kelso, comté de Roxburgh, 1789-Moor Park, Surrey, 1874). Il construisit les premiers navires en fer et fit breveter, en association avec Robert Stephenson, un modèle de pont tubulaire adopté pour la construction du pont *Britannia,* sur le Menai (pays de Galles). — Son frère, sir PETER (Kelso 1799 - Leeds 1861), également ingénieur, perfectionna des machines textiles et des machines-outils.

FAIRBANKS, v. des Étas-Unis, dans le centre de l'Alaska ; 23 000 hab. Fondée en 1902 par des chercheurs d'or, c'est un centre commercial et universitaire.

FAIRBANKS (Douglas), acteur de cinéma américain (Denver 1883 - Santa Monica 1939). Il débuta au cinéma, en 1914, sous les auspices de Griffith et créa son personnage de risque-tout et de séducteur. Il a notamment joué dans *les Parias de la vie* (1916), *Sa Majesté Douglas* (1919), *le Signe de Zorro* (1920), *Robin des Bois* (1922), *le Voleur de Bagdad* (1924), *le Pirate noir* (1926), *l'Homme au masque de fer* (1929).

1. FAIRE v. (lat. *facere*) [conj. 109].
I. v. t. avec compl. **1.** Constituer par son action, son travail, qqch de concret à partir d'éléments, ou le tirer du néant ; fabriquer ; réaliser, créer : *On fait le pain avec de la farine. Faire un film.* — **2.** Produire, créer, provoquer qqch, en parlant de qqch : *Le bois fait de la fumée en brûlant.* — **3.** Fournir un produit agricole : *Ici on fait du maïs.* — **4.** Faire le commerce d'un article, proposer à la clientèle une marque, un service, etc. : *Crémier qui fait aussi les fruits.* — **5.** Être à l'origine de qqch : *L'union fait la force. Il fera votre bonheur.* — **6.** Porter qqn à être ce qu'il est : *L'occasion fait le larron.* — **7.** Avoir qqch pour résultat : *Cela fera une marque.* — **8.** Constituer qqch, le former par son existence, l'avoir pour résultat : *Ces quelques maisons font un hameau. Ils font un beau couple.* — **9.** Présenter, prendre une forme : *Le chemin fait un coude.* — **10.** Soumettre qqch à une action particulière (apprêt, préparation culinaire, nettoyage, etc.) [équivaut à un verbe plus précis] : *Faire les vitres* (= nettoyer). *Faire ses chaussures* (= cirer). — **11.** S'emploie dans des constructions familières pour indiquer une action, un type d'action, etc., dont la nature est donnée par le nom : *S'arrêter pour faire le plein d'essence.* — **12.** En parlant d'un acteur, jouer tel rôle : *Quel est le comédien qui fait le comte ?* — **13.** Imiter ou adopter tel comportement : *Faire le malin, la coquette.* — **14.** Avoir tel effet : *Cet incident a fait que je n'ai pas pu arriver à temps. Faites que tout aille bien !* — **15.** Attribuer à qqn un état, une action, en partic. en parlant d'un auteur, d'un historien, etc. : *Les biographes le font mourir en 1754.* — **16.** Conférer à qqn un titre, un rôle, une qualité : *On l'a fait chevalier de la Légion d'honneur.* — **17.** *Fam.* Vendre qqch à tel prix : *À combien me faites-vous ce buffet ?* — **18.** Transformer qqch, qqn en qqch, qqn d'autre : *Le mariage a fait de lui un autre homme.* — **19.** Se transformer en qqch, jouer le rôle de qqch, s'utiliser comme : *Canapé qui fait lit.* — **20.** En parlant d'un mot, prendre telle forme : *« Cheval » fait au pluriel « chevaux ».* — **21.** User, disposer de qqch de telle ou telle façon, prendre certaines décisions à l'égard de qqn : *Que veux-tu faire de cet argent ? Que faites-vous des enfants pour Noël ?* — **22.** Accomplir, réaliser un mouvement : *Faire le grand écart.* — **23.** Pratiquer une activité, un sport, s'y adonner, s'y consacrer : *Faire du tennis. Faire du tricot.* — **24.** Faire des études supérieures en telle ou telle discipline : *Faire médecine.* — **25.** Parcourir une distance : *Nous avons fait 5 kilomètres.* — **26.** Parcourir un lieu pour y trouver qqch, qqn, en partic. le fouiller : *Faire tout Paris pour trouver un restaurant ouvert. Clochard qui fait les poubelles.* — **27.** Visiter une région, une ville, etc. : *Cet été nous ferons les lacs*

italiens. — **28.** Être atteint d'un mal, d'une maladie : *Faire une bronchite, une dépression.* — **29.** Avec un nom, précédé ou non de l'article, *faire* forme une locution verbale à laquelle on peut éventuellement substituer un verbe précis : *Faire peur* (= effrayer). *Faire une grimace* (= grimacer). *Faire les vendanges* (= vendanger). — **30.** *Avoir (qqch, beaucoup, fort, etc.) à faire,* devoir accomplir une tâche, être occupé à qqch. ‖ Fam. *Ça fait bien de,* c'est bien vu. ‖ *Ça ne fait rien,* cela n'a aucune importance. ‖ *Ça ne fait rien à la chose, à l'affaire,* cela ne change rien. ‖ *Faire balle,* en parlant du plomb d'un fusil de chasse, ne pas s'éparpiller. ‖ *Faire (les cartes),* les mélanger avant de les distribuer ; donner les cartes. ‖ *Faire un enfant,* le mettre au monde. ‖ Fam. *Faire un enfant à une femme,* la rendre enceinte, être le père de cet enfant. ‖ *Faire quelque chose, ne rien faire à qqn,* le troubler, l'émouvoir, ou au contraire le laisser indifférent. ‖ *Faire quelque chose pour,* être utile à qqch, aider qqn. ‖ *Faire sa bouche,* en parlant d'un animal, en particulier du cheval, avoir sa denture en train de pousser. ‖ *Faire sien qqch,* le revendiquer comme lui appartenant. ‖ Fam. *(Il) faut le faire,* cela ne paraît pas difficile, mais en réalité il s'agit d'un exploit. ‖ *(Il ne) faut pas me la faire, on ne me la fait pas,* je ne me laisse pas duper. ‖ *Il n'y a (plus) rien à faire,* toute action est inutile. ‖ *N'avoir que faire de qqch,* ne pas s'en soucier ou ne pas en avoir besoin. ‖ *N'avoir rien à faire avec,* n'avoir aucun rapport avec qqn, qqch. ‖ Fam. *N'en avoir rien à faire,* ne pas être concerné par qqch, s'en moquer. ‖ *N'en rien faire,* se garder de faire ce dont il s'agit. ‖ *Ne faire que,* être sans cesse occupé à qqch ; se contenter de faire, ne rien faire de plus que de. ‖ *Pour ce que j'en fais !,* cela ne m'intéresse pas. ‖ *Qu'est-ce que ça fait ?, qu'est-ce que ça peut faire ?,* quelle importance cela a-t-il ? ‖ Fam. *Rien à faire,* indique un refus définitif à qqn.

II. v. t. sans compl. **1.** Agir : *Bien faire et laisser dire.* — **2.** *Fam.* Uriner ou évacuer des excréments ; faire ses besoins. — **3.** *Fam.* Avoir telle activité principale ou trouver plaisir à agir d'une certaine manière : *Il fait dans la dérision.* — **4.** *Avoir bien, mal fait,* avoir agi comme il fallait, n'avoir pas agi comme il fallait. ‖ Fam. *Ça fait mal,* se dit par antiphrase d'un grand succès (qui éprouve les adversaires). ‖ Fam. *Faire avec,* se contenter de ce qu'on a ou supporter qqn, qqch : *Il n'y a que quelques œufs, il faudra faire avec.* ‖ *Faire bien, ne pas faire mal de,* avoir raison d'agir ainsi (au conditionnel, exprimer un souhait, un conseil ferme ou même une menace) : *Vous faites bien de m'avertir.* ‖ Pop. *Faire dans son froc, dans sa culotte,* avoir très peur. ‖ *Faites, faites donc,* je vous en prie, allez-y (formule de politesse). ‖ *Rien n'y fait,* tout est inefficace, inutile. ‖ *Savoir y faire,* savoir comment agir, savoir s'y prendre : *Savoir y faire avec les enfants.*

◆ v. auxil. **1.** Se substitue à un autre verbe ou à un syntagme verbal déjà exprimés : *Tu écriras ? — Je le ferai demain.* — **2.** S'emploie pour *dire,* en partic. dans une incise et surtout au passé simple : *Assurément, fit-il, vous avez raison.* — **3.** *Faire* + *inf.,* indique que l'action est accomplie par un tiers (valeur factitive) : *Il fait construire un pavillon en banlieue.*

◆ v. i. **1.** Paraître, avoir l'air d'être ou produire tel ou tel effet : *Faire jeune. Elle fait sportive* (ou *sportif*). — **2.** *Fam.* Avoir tel métier, telle profession, se préparer à l'exercer : *Il fera charcutier, comme son père.* — **3.** Avoir pour mesure, pour dimension, pour prix, pour valeur, etc. : *L'immeuble fait 20 mètres de haut. Il a fait cinquième au concours.* — **4.** Être utilisé pendant telle durée ; durer : *Cette paire de chaussures lui a fait deux ans.* — **5.** *Cela fait,* indique la durée écoulée jusqu'à un certain moment : *Cela fait deux mois que je ne l'ai pas vu.* ‖ *Ça fait* + *adv.,* équivaut à *c'est : Deux mois ça fait long.* ‖ *Faire bien,* produire un effet agréable, plaisant : *Les rideaux font bien avec la moquette.* ‖ *Il fait* + *adj., adv.* ou *n.,* indique un état de l'atmosphère, de la lumière : *Il fait froid.*

◆ **être fait** v. pass. **1.** En parlant de certains aliments, être parvenus à maturité : *Fromage bien fait.* — **2.** *Fam.* Être pris, attrapé ; tomber dans un piège : *Être fait comme un rat.* — **3.** Être conformé de telle ou telle manière : *Jeune fille bien faite.* — **4.** Être destiné à qqn, qqch : *Cet appartement n'est pas fait pour vivre à six.* — **5.** Être habitué à qqch : *Être peu fait à la fatigue.* — **6.** *C'en est fait (de qqn, de qqch),* tout est fini, il n'y a plus d'espoir. ‖ *Ce n'est ni fait ni à faire,* c'est du mauvais travail. ‖ *Ce qui est fait est fait,* il n'y a pas à revenir sur le passé. ‖ *(C'est) bien fait (pour qqn),* c'est bien mérité (pour qqn), c'est une juste punition. ‖ *Idée, phrase, expression toute faite,* lieu commun, ou phrase préparée à l'avance. ‖ *Mer faite,* état de la mer quand s'y succèdent des lames fortes et régulières. ‖ *Tout fait,* se dit d'un article, d'un produit que l'on achète tout préparé, prêt à être consommé. ‖ *Vent fait, temps fait,* vent, temps qui paraît fixe, non susceptible de variations prochaines.

◆ **se faire** v. pr. **1.** Confectionner, fabriquer qqch pour soi : *Elle s'est fait une robe.* — **2.** Former en soi une idée, avoir une impression, éprouver qqch : *Se faire du souci.* — **3.** Subir un mal, recevoir un choc : *Se faire mal aux genoux.* — **4.** Toucher, gagner de l'argent : *Se faire cent francs.* — **5.** Commencer à avoir telle apparence, tel état : *Elle se fait vieille. Il se fait tard* ; devenir volontairement : *Elle se faisait modeste.* — **6.** Adopter tel état, telle profession, se donner le rôle de : *Elle voulait se faire bonne sœur. Il s'est fait le porte-parole de tous.* — **7.** *Pop.* Posséder sexuellement qqn, le battre ou le tuer : *Il s'est fait un flic lors du hold-up.* — **8.** *Pop.* Se rendre maître de qqch ; le voler : *Se faire un coffre-fort.* — **9.** Être accompli, réalisé, fabriqué, etc. : *Paris ne s'est pas fait en un jour.* — **10.** Se développer, voir ses facultés s'épanouir : *Il est encore un peu jeune, mais il se fera.* — **11.** Arriver à maturité, en parlant de certains aliments : *Fromage qui se fait.* — **12.** Être en usage, couramment admis, à la mode, etc., et, en partic., être conforme aux bons usages : *Le gilet croisé se fait beaucoup en ce moment.* — **13.** *Se faire à qqch,* s'y habituer : *Je n'arrive pas à me faire à cette idée.* — **14.** *Se faire + inf.,* être volontairement ou non l'objet d'une action : *Elle s'est fait écraser par une voiture.* — **15.** *Se faire faire qqch,* demander, faire en sorte que qqch soit fait pour soi-même : *Elle se fait faire une robe.* — **16.** *Ça peut se faire,* c'est possible, cela peut arriver. ‖ *Comment se fait-il que, comment ça se fait* (fam.), interrogent sur les raisons d'un événement. ‖ Pop. *Il faut se le faire,* il est particulièrement difficile de supporter cette personne. ‖ *Il se fait que, il peut, il pourrait se faire que,* indiquent la survenue effective, possible ou probable d'un événement. ‖ *Ne pas s'en faire,* ne se préoccuper de rien et, le plus souvent ironiq., ne pas se gêner. ‖ *Se faire soi-même, tout seul,* ne devoir qu'à soi-même le mérite de sa réussite. ‖ *S'en faire (pour qqn, qqch),* se faire du souci pour eux, s'en inquiéter.

2. FAIRE n. m. (de *faire 1*). *Litt.* Genre, manière de faire d'un écrivain, d'un artiste ; facture, style, technique : *Le faire de Victor Hugo.*

FAIRE-PART n. m. inv. Lettre imprimée destinée à annoncer un événement familial important (décès, naissance, mariage).

FAIRE-VALOIR n. m. inv. **1.** Personnage de second plan qui sert à mettre en valeur l'acteur principal. — **2.** Personne, groupe qui sert à mettre en valeur une autre personne, un autre groupe. — **3.** Dans un cirque, régisseur de piste qui souligne les exploits et donne la réplique aux artistes, en particulier aux clowns ; clown blanc qui, par son jeu, met en relief les qualités comiques de son (ou ses) partenaire(s). — **4.** Manière de mettre en valeur une terre, une exploitation agricole, caractérisée par les rapports existant entre le propriétaire foncier et l'exploitant. (On distingue le *faire-valoir direct* [où le propriétaire se confond avec l'exploitant], le *fermage* et le *métayage.*)

FAIRFAX (Thomas), 3ᵉ baron **Fairfax de Cameron,** général anglais (Denton 1612-Nunappleton, Yorkshire, 1671). Chef des forces parlementaires à partir de 1644, il remporta la victoire de Naseby (14 juin 1645). Hostile à la condamnation du roi (janv. 1649), il démissionna en 1650 pour protester contre l'invasion de l'Écosse. À la mort de Cromwell, il aida Monk en vue de la restauration de Charles II.

FAIR OAKS, localité des États-Unis (Virginie). Victoire des confédérés sur les fédéraux pendant la guerre de Sécession (1862).

FAIR-PLAY [fɛrplɛ] n. m. inv. (angl. *fair-play,* de *fair,* loyal, et *play,* jeu). Pratique du sport dans le respect des règles, de l'esprit du jeu et de l'adversaire. (Syn. FRANC-JEU.)
◆ adj. inv. *Être fair-play,* être beau joueur, agir avec loyauté et franchise.

FAIR-TRADE [fɛrtrɛd] n. m. (angl. *fair,* loyal, et *trade,* commerce). Doctrine préconisant d'appliquer aux échanges commerciaux avec chaque pays étranger le régime que celui-ci leur applique.

FAIRWAY [fɛrwɛ] n. m. (pl. *fairways*) [angl. *fairway,* chenal, de *fair,* bon, et *way,* chemin]. Partie tondue et roulée du parcours de golf, entre le départ et le green.

FAIRWEATHER *(mont),* montagne de la chaîne de l'Alaska, en Colombie britannique ; 4 663 m.

FAISABILITÉ [fə-] n. f. (angl. *feasibility,* d'apr. *faisable*). **1.** Caractère de ce qui est faisable. — **2.** *Étude de faisabilité,* étude d'un procédé ou d'un projet d'investissement sous l'angle des possibilités de réalisation et de rentabilité économique.

FAISABLE [fə-] adj. (de *faire*). Qu'on peut faire ; possible, réalisable.

FAISALABAD, anc. **Lyallpur,** ville du Pākistān, dans le Pendjab, au S.-O. de Lahore ; 1 092 000 hab. Marché agricole et centre cotonnier.

FAISAN [fəzɑ̃] n. m. (lat. *phasianus,* du gr. *phasianos,* oiseau de Phasis, fleuve de Colchide). **1.** Oiseau galliforme à plumage brillant chez le mâle, omnivore et polygame, originaire d'Asie centrale. (→ *encycl.*) — **2.** *Fam.* Commerçant malhonnête ; individu qui vit d'affaires louches.
◆ **faisane** n. f. Femelle du faisan. (On dit aussi POULE FAISANE.)

ENCYCL. Le faisan, originaire de l'Asie centrale et introduit en Europe dès l'Antiquité, se caractérise par un important dimorphisme sexuel, le mâle ayant seul des reflets métalliques, des caroncules et une longue queue. Sauvage ou semi-domestique, surtout granivore, il vit dans les forêts, où il constitue un gibier de chasse prestigieux.

Le *faisan commun* est un oiseau de lisière, de boqueteau et de bocage ; le *faisan vénéré* se cantonne dans la grande futaie de feuillus. La chasse du faisan est pratiquée devant soi ou en battue, selon la densité des oiseaux. Le repeuplement des chasses est de plus en plus pratiqué à partir d'élevages, les animaux étant lâchés après l'âge de 10 semaines.

FAISANDAGE [fə-] n. m. **1.** Action de faisander ; fait de se faisander : *Le faisandage d'un lièvre.* – **2.** *Litt.* Corruption sociale, dépravation : *Le faisandage de certains milieux financiers.*

FAISANDEAU [fə-] n. m. (dimin. de *faisan*). Jeune faisan.

FAISANDER [fə-] v. t. (de *faisan*) [conj. 3]. Conserver quelque temps un gibier abattu, pour en attendrir la chair et accuser son fumet.
◆ v. i. ou **se faisander** v. pr., **être faisandé** v. pass. **1.** En parlant d'un gibier, subir un début de décomposition qui lui donne un fumet semblable à celui du faisan mortifié. – **2.** En parlant d'une viande, être proche de la décomposition.
◆ **être faisandé** v. pass. *Litt.* Être corrompu, dépravé : *Littérature faisandée.*

FAISANDERIE [fə-] n. f. Élevage de faisans.

FAISANE → FAISAN.

FAISANS *(île des)* ou **ÎLE DE LA CONFÉRENCE,** îlot situé dans l'estuaire de la Bidassoa, appartenant par moitié à la France et à l'Espagne. Le traité des Pyrénées y fut signé le 7 nov. 1659.

FAISCEAU n. m. (lat. pop. **fascellus,* du lat. class. *fascis,* paquet). **1.** Réunion de plusieurs choses allongées, liées ensemble dans le sens de leur longueur : *Un faisceau de flèches.* – **2.** Groupe de rayons lumineux émanant d'une même source : *Les faisceaux des projecteurs.* – **3.** Ensemble cohérent d'éléments qui concourent au même résultat : *Un faisceau de preuves.* • **Autom.** *Faisceau de radiateur,* ensemble des tubes et des ailettes formant la partie centrale du radiateur. – **Bot.** Groupe serré d'organes longitudinaux filiformes des axes végétaux et des nervures des feuilles, servant, outre le soutien, à la conduction de la sève brute *(faisceaux ligneux),* de la sève élaborée *(faisceaux libériens)* ou de l'une et de l'autre *(faisceaux libéro-ligneux),* et constitué de fibres et de vaisseaux. – **Ch. de f.** Ensemble de voies ferrées groupées de façon sensiblement parallèle, et réunies par des aiguillages à leurs extrémités. – **Électr.** Dans une machine tournante, ensemble des conducteurs placés dans une même encoche et appartenant à une même bobine élémentaire. – **Géom.** Famille de courbes (resp. surfaces) algébriques indexée par un paramètre λ décrivant $\mathbb{R}$ ou une de ses parties finies ou non, dans le plan (resp. l'espace) souvent projectif. ‖ *Faisceau linéaire,* faisceau de courbes ou de surfaces dans le cas où une équation générale de celles-ci dépend de λ au premier degré. (→ *encycl.*) ‖ *Faisceau ponctuel* ou *tangentiel,* faisceau dont l'équation est donnée en coordonnées ponctuelles ou tangentielles. – **Mil.** Assemblage d'armes posées à terre qui se soutiennent entre elles. ‖ *Faisceau de tir,* ensemble des plans de tir des pièces d'une batterie d'artillerie. – **Min.** Ensemble de couches de minerai assez rapprochées pour que l'exploitation de chacune influe sur les autres (notamment par détente des terrains ou dégazage). – **Neurol.** Ensemble de fibres nerveuses parallèles ayant toutes même origine et même destination. – **Phys.** Flux de particules produites par un accélérateur, triées puis concentrées sur une cible ou un détecteur. – **Télécomm.** *Faisceau électromagnétique,* onde électromagnétique émise dans l'espace de façon telle que l'énergie reste pratiquement confinée dans un cône de faible ouverture. ‖ *Faisceau hertzien,* liaison radioélectrique entre deux points, réalisée directement ou par l'intermédiaire de relais radioélectriques, à l'aide de faisceaux électromagnétiques de très faible ouverture. (→ *encycl.*) – **Therm.** *Faisceau tubulaire,* partie d'une chaudière à vapeur, d'un condenseur ou d'un échangeur thermique, constituée par un assemblage de tubes dudgeonnés dans deux plaques tubulaires.
◆ **faisceaux** n. m. pl. **1.** Emblème du fascisme. – **2.** *Faisceaux consulaires,* assemblage de verges autour du manche d'une hache, fer en dehors, lié par une courroie de cuir rouge, et que, dans la Rome antique, portaient les licteurs qui précédaient les magistrats.

ENCYCL. **Géom.** Les *faisceaux linéaires* de droites dans le plan ou de plans dans l'espace E_3 sont constitués de droites ou de plans concourants ou parallèles. Leurs équations sont les combinaisons linéaires des équations de deux d'entre eux. Les faisceaux linéaires de cercles sont eux aussi déterminés par la connaissance de deux d'entre eux. Ils sont de trois sortes : 1° les faisceaux constitués par tous les cercles passant par deux points A et B ; 2° ceux constitués par les cercles passant par A et tangents à une droite donnée ; 3° les faisceaux à points limites.
– **Télécomm.** Les *faisceaux hertziens* diffèrent essentiellement par leur capacité, évaluée en nombre de voies de type téléphonique (de quelques dizaines à quelques milliers) ou télévision (quelques unités), ou bien en débit binaire (2 à 140 Mb/s) dans le cas de la transmission numérique, et par la fréquence porteuse (le plus souvent entre 4 et 15 Ghz), les capacités les plus grandes étant en général associées aux fréquences les plus élevées. Les informations à transmettre sont fournies à l'entrée d'un émetteur sous forme d'un signal multiplexé en fréquence ou d'un signal numérique occupant une bande

de fréquences dite « bande de base ». L'émetteur produit un signal radioélectrique occupant le ou les canaux radioélectriques assignés. L'antenne est le plus souvent à réflecteur parabolique. Le récepteur, qui utilise en général une antenne de même type, restitue le signal de la bande de base.

FAISEUR, EUSE [fə-] n. (de *faire 1*). **1.** *Litt.* Personne qui cause, crée, est à l'origine de qqch, d'un état, d'une action : *Un faiseur d'embarras.* – **2.** Personne qui fabrique des objets comme en série, qui se livre à une activité intellectuelle comme s'il s'agissait d'un travail automatique : *Un faiseur de romans, un faiseur de bons mots.* – **3.** Personne qui cherche à se faire valoir par des moyens peu scrupuleux ; prétentieux, hâbleur. – **4.** Vx. *Bon faiseur,* personne réputée pour la qualité de ses travaux. ‖ *Faiseur de tours,* saltimbanque, prestidigitateur.

FAISSELLE n. f. (lat. *fiscella,* petit panier). **1.** Moule à parois perforées pour l'égouttage des fromages frais. – **2.** Table sur laquelle, en Normandie, on presse le marc de pommes pour le faire égoutter.

1. FAIT → FAIRE.

2. FAIT [fɛ ou fɛt] n. m. (lat. *factum,* de *facere,* faire). **1.** Acte, phénomène, action : *Les faits valent mieux que les discours.* – **2.** Chose, événement qui se produit, cas : *On a observé un fait curieux.* – **3.** Ce qui est reconnu comme certain, incontestable : *Le fait est là, il faut s'incliner.* – **4.** Tout événement susceptible de produire des effets de droit, d'avoir des conséquences juridiques. – **5.** *Le fait de, le fait que,* l'action, l'état, la situation consistant à ou en ce que : *J'insiste sur le fait que rien n'est encore sûr.* – **6.** *Aller, arriver, en venir au fait,* aller à l'essentiel, à la question importante. ‖ *Au fait,* sert à attirer l'attention, en tête de phrase ; à propos, tout bien considéré. ‖ *C'est un fait que,* c'est incontestable que. ‖ *De ce fait,* pour cette raison, en conséquence. ‖ *De fait,* qui existe réellement sans être juridiquement reconnu : *Le pouvoir de fait ;* matériel, réel : *Une erreur de fait.* ‖ *Dire son fait à qqn,* lui dire nettement ce qu'on pense de sa conduite. ‖ *Du fait de, que, par le (seul) fait de, que,* en raison de, pour la (seule) raison que. ‖ *En fait, de fait, par le fait,* en réalité, effectivement. ‖ *En fait de,* quant à, sous le rapport de, en ce qui concerne : *En fait de projet, ce n'est qu'un vague brouillon.* ‖ *État de fait,* réalité, situation qu'on ne peut que constater. ‖ *Être au fait de qqch,* être informé de façon précise pour pouvoir comprendre ou faire une chose. ‖ *Être le fait de qqn,* constituer ce qui lui appartient en propre. ‖ *Être sûr de son fait,* être sûr de ce qu'on avance. ‖ *Fait justificatif,* infraction qui résulte d'un ordre de la loi et du commandement de l'autorité légitime (soldat tuant un ennemi en temps de guerre) ou d'une permission de la loi (légitime défense) et qui exonère son auteur de toute responsabilité. ‖ *Haut(s) fait(s),* action militaire héroïque et prestigieuse ; action méritoire ou, ironiq., action blâmable. ‖ *Le fait est là, les faits sont là,* la situation est ce qu'elle est et on ne peut pas la changer. ‖ *Le fait est que, il est de fait que,* il est certain, indiscutable que. ‖ *Par le fait même,* en conséquence de quoi. ‖ *Prendre fait et cause pour qqn,* s'en déclarer ouvertement partisan. ‖ *Prendre qqn sur le fait,* en flagrant délit.

◆ **faits** n. m. pl. **1.** Événements qui ont eu lieu, considérés dans leur réalité objective : *Confronter la théorie avec les faits.* – **2.** Dans un procès, allégations qui sont du ressort des plaideurs et qui sont de nature à fonder leurs prétentions. – **3.** *Les faits et gestes de qqn,* l'ensemble de ses actions.

FAÎTAGE n. m. (de *faîte*). **1.** Pièce supérieure d'une charpente de toit, assurant l'appui des chevrons. (Syn. PANNE FAÎTIÈRE, FAÎTE.) – **2.** Feuille, en général de plomb, ou suite de tuiles faîtières ou de faîteaux dont on couronne le faîte d'un toit. – **3.** Syn. de FAÎTE.

FAIT(-)DIVERS n. m. (pl. *faits*[-]*divers*). **1.** Événement sans portée générale qui appartient à la vie quotidienne. – **2.** Rubrique de presse comportant des informations sans portée générale, relatives à des faits quotidiens (au pl.).

FAIT-DIVERSIER n. m. (pl. *faits-diversiers*). Journaliste spécialisé dans les faits-divers, qui tient une rubrique de faits-divers.

FAÎTE n. m. (anc. fr. *feste,* du frq. *first,* avec l'infl. du lat. *fastigium,* faîte). **1.** Arête supérieure d'une toiture. (Syn. FAÎTAGE, LIGNE DE FAÎTE ou DE COURONNEMENT.) – **2.** Syn. de FAÎTAGE. – **3.** Partie la plus élevée d'un relief, de qqch ; sommet, cime : *Le faîte des montagnes.* – **4.** *Litt.* Degré le plus élevé de qqch : *Arriver au faîte des honneurs.* – **5.** *Ligne de faîte,* courbe formée par les points des différentes courbes de niveau d'une surface en lesquels la pente de cette surface admet un minimum relatif. (Syn. LIGNE DE PARTAGE DES EAUX.)

FAÎTEAU n. m. (de *faîte*). **1.** Chacun des ornements en métal ou en poterie qui couronnent l'arête supérieure d'une toiture. – **2.** Ensemble de ces ornements. (Syn. CRÊTE.)

FAÎTIER, ÈRE adj. En Suisse, syn. de CENTRAL : *Organisme faîtier.*

FAÎTIÈRE n. f. (de *faîte*). **1.** Ouverture de ventilation d'un comble. – **2.** Barre métallique reliant, dans une tente, le sommet du mât avant à celui du mât arrière.

◆ adj. f. **1.** *Tuile faîtière* ou *faîtière* (n. f.), tuile courbe ou angulaire dont on recouvre la ligne de faîte d'une couverture. — **2.** *Panne faîtière,* syn. de FAÎTAGE.

FAIT-TOUT n. m. inv. ou **FAITOUT** n. m. (de *fait* et *tout*). Marmite basse.

FAIVRE (Abel), peintre et caricaturiste français (Lyon 1867 - Nice 1945). Élève de Renoir, il est surtout connu pour ses caricatures, parues dans *le Rire, le Journal, l'Écho de Paris,* etc.

FAIX [fɛ] n. m. (lat. *fascis*). *Litt.* Charge, fardeau : *Ployer sous le faix.*

FAIZĀBĀD ou **FYZABAD,** v. de l'Inde (Uttar Pradesh) ; 142 000 hab.

FAIZANT (Jacques), dessinateur d'humour français (Laroquebrou 1918). Ses caricatures politiques tiennent la une du *Figaro* depuis 1967. Il a aussi publié des albums.

FAJANS (Kasimir), chimiste polonais naturalisé américain (Varsovie 1887 - Ann Arbor 1975). Il a découvert en 1913, en même temps que Soddy, les lois de filiation dans les transformations radioactives.

FAKARAVA, une des îles Tuamotu.

FAKHR AL-DĪN ou **FICARDIN** (v. 1572-Istanbul 1635), émir du Liban (1593-1633). Druze de la famille des Ma'n, il s'allia aux maronites et se fit confirmer par les Ottomans la possession de Ṣaydā, de Beyrouth, et du massif de Kesrouan. Il conclut un traité avec les Médicis (1608), à la cour desquels il se réfugia de 1614 à 1618. Il fut vaincu par les Ottomans (1633) qui l'exécutèrent (1635).

FAKHR AL-DĪN AL-RĀZĪ, philosophe et théologien de l'islām (Rey v. 1149 - Harāt 1209). Il s'est intéressé au droit, dans lequel il a appliqué le raisonnement par analogie (traiter des cas pour lesquels il n'y a pas de texte révélé de façon analogue à ceux que traite le Coran). Sa philosophie reprend les thèmes d'Avicenne, mais de manière originale.

FAKIR n. m. (ar. *faqīr,* pauvre). **1.** En Inde, membre d'une confrérie mystique musulmane ou hindoue. — **2.** Artiste spécialisé dans des démonstrations d'insensibilité physique (marcher sur des tessons de bouteilles, se coucher sur des lits de clous dressés, etc.).

FAKIRISME n. m. Exercice des fakirs.

FALACHAS ou **FALASHAS,** Juifs noirs d'Éthiopie, qui se disent les descendants des Hébreux venus de Jérusalem en Éthiopie sous la conduite de Ménélik, fils de Salomon et de la reine de Saba. Plus de 15 000 d'entre eux émigrèrent en Israël à la fin de 1984.

FALAFEL n. m. Galette de pain non levé, fourrée de petits beignets de pois chiches et de légumes crus. (Spécialité du Moyen-Orient).

FALAISE n. f. (mot norm., du germ. *falisa,* rocher). **1.** Escarpement littoral dû à l'action ou à la présence de la mer, et dont le pied se raccorde ordinairement à une plate-forme d'abrasion. — **2.** *Falaise morte,* soustraite à l'action de la mer (en retrait par rapport à l'ancien trait de côte). ‖ *Falaise vive,* directement soumise à l'action de la mer.

FALAISE (14700), ch.-l. de cant. du Calvados, dans la *campagne de Falaise,* à la limite du Bocage normand ; 8 387 hab. *(Falaisiens).* Restes (XIe-XIIIe s.) du château fort où serait né Guillaume le Conquérant. Églises médiévales, restaurées après 1944. Électroménager.
— **Hist.** Résidence des premiers ducs de Normandie, la ville devint définitivement française sous Charles VII (1450). En 1591, Henri IV en fit le siège contre la Ligue. Occupée par les Allemands pendant la bataille de Normandie, Falaise fut libérée par les Canadiens le 17 août 1944.

FALARIQUE n. f. (lat. *falarica*). Arme de jet en forme de flèche garnie d'étoupe enflammée (Antiquité et Moyen Âge).

FALASHAS → FALACHAS.

FALBALA n. m. (provenç. *farbella,* frange). Volant, bande d'étoffe plissée ou froncée, dont on garnissait les robes.

◆ **falbalas** n. m. pl. **1.** Ornements prétentieux et de mauvais goût. — **2.** *Litt.* Fioritures (de style).

FALCIFORME adj. (lat. sc. *falciformis*). **1.** Se dit des organes animaux ayant la forme d'une faux. (Syn. FALQUÉ.) — **2.** Se dit d'une hématie recourbée en forme de faucille, caractéristique de la drépanocytose.

FALCINELLE n. m. (lat. *falx, falcis,* faux, à cause du bec recourbé). Ibis nichant en Europe centrale, et hivernant en Afrique.

FALCO (Louis), danseur et chorégraphe américain d'origine italienne (New York 1942 - *id.* 1993). De formation très éclectique, il interprète un répertoire varié. En 1963, il se produit avec l'Alvin Ailey Dance Theatre, puis retourne avec la José Limón Dance Company, où il avait fait ses débuts. Il signa les chorégraphies de *Argot* (1967), *Caviar* (1970), *The Sleepers* (1971), *Eclipse* (1974), *Hero* (1977), *Escargot* (1980). Il a fondé son propre groupe (1968), la Louis Falco Dance Company.

FALCON (Marie Cornélie), cantatrice française (Paris 1814 - *id.* 1897). Remarquable tragédienne lyrique, son nom reste attaché à la voix de soprano dramatique.

FALCONET (Étienne Maurice), sculpteur et théoricien français (Paris 1716 - *id.* 1791). Élève de J.-B. Lemoyne, soutenu par Mme de Pompadour, il devint directeur de l'atelier de sculpture à la Manufacture de Sèvres (1757-1766 ; nombreux modèles de petits groupes en biscuit). Son art, plutôt baroque au début, se fit aimable et naturel (*Baigneuse,* Salon de 1757, Louvre). Appelé par Catherine II à Saint-Pétersbourg (1766-1778), il y donna la majestueuse statue équestre en bronze de Pierre le Grand. Autodidacte, il s'oppose dans ses écrits au culte abusif de l'antique (*Réflexions sur la sculpture,* 1761 ; articles « Sculpture » et « Relief » de l'*Encyclopédie* de Diderot).

FALCONETTI (Renée), comédienne française (Sermano, Corse, 1892 - Buenos Aires 1946). Menue et passionnée, elle reste célèbre pour avoir interprété au cinéma le rôle principal de *la Passion de Jeanne d'Arc* de Carl Dreyer (1928).

FALCONIDÉ n. m. Rapace diurne tel que les faucons, au bec pourvu d'un crochet supérieur, aux ailes et à la queue pointues, chasseur habile au vol rapide. (Les *falconidés* forment une famille.)

FALCONIFORME n. m. (du lat. *falco, -onis,* faucon). Nom d'ordre d'oiseaux rapaces diurnes ayant un bec robuste et crochu, des griffes puissantes (serres) aptes à saisir les proies en vol, une excellente vision binoculaire, généralement prédateurs. (Syn. ACCIPITRIFORME, RAPACE DIURNE.)
ENCYCL. L'ordre comprend cinq familles : les cathartidés (vautours d'Amérique), les sagittariidés (serpentaires), les accipitridés (aigles, buses, éperviers, milans, bondrées, élanions et vautours de l'Ancien Monde), les pandionidés (balbuzards) et les falconidés (faucons et caracaras).

FALE ou **FALLE** n. f. (nordique *falr,* estomac). Nom populaire du jabot des oiseaux de basse-cour, en partic. du pigeon.

FALÉMÉ (la), riv. de l'Afrique occidentale, affl. du Sénégal (r. g.), frontière entre le Sénégal et le Mali sur une partie de son cours ; 650 km. Gisements de fer.

FALÉRIES, en lat. **Falerii,** anc. ville d'Italie (Étrurie), près de Véies et à 10 km de Rome. Métropole des Falisques, Rome la détruisit en 241 av. J.-C. et lui substitua une ville nouvelle : *Falerii Novi.*

FALERNE n. m. (de *Falerne,* n. pr.). Vin de Campanie, renommé depuis l'Antiquité.

FALGUIÈRE (Alexandre), sculpteur et peintre français (Toulouse 1831 - Paris 1900). Grand prix de Rome en 1859, doué d'un talent divers et vivant, il a donné des bustes, des figures (*Tarcisius martyr chrétien,* marbre, 1868), des nus sensuels (*Diane,* bronze, 1882), des monuments et a été professeur (1882) à l'E. N. S. B. A.

FALIER ou **FALIERO,** famille vénitienne qui donna trois doges à Venise, dont le plus célèbre, MARINO (Venise 1274 - 1355), doge en 1354-55, fut décapité pour avoir fomenté un complot contre le gouvernement patricien de Venise. Sa vie inspira plusieurs écrivains dont lord Byron (*Marino Faliero,* 1821).

FALISQUES, peuple italique vivant autour du mont Soratte, et dont le centre principal était Faléries. Ils faisaient partie de la Confédération étrusque. Alliés puis ennemis de Rome, les Falisques se rebellèrent mais furent écrasés en 241 av. J.-C.

FALIZE, famille de bijoutiers français établis à Paris de 1838 à 1936. Les principaux sont ALEXIS (Liège 1811 - Moret 1898) et son fils LUCIEN (Paris 1839 - *id.* 1897), qui ont produit des bijoux de style classique et Renaissance ainsi que des pièces d'émaillerie cloisonnée d'inspiration japonaise (à partir de 1867) ; Lucien fut également un précurseur de l'Art nouveau.

FALK (Adalbert), homme politique allemand (Metschkau, Silésie, 1827 - Hamm 1900). Ministre de l'Instruction publique et des Cultes (1872-1879), il fut chargé par Bismarck de mettre en œuvre la politique anticatholique du *Kulturkampf.*

FALKBERGET (Johan), écrivain norvégien (Glåmos 1879 - Røros 1967). Ancien mineur, il a décrit dans de nombreux romans à caractère social la vie des mineurs de Røros (*Christianus Sextus,* 1927-1935) ou celle des travailleurs des villes et de la campagne (*le Pain de la nuit,* 1940-1959).

FALKENHAUSEN (Ludwig, *baron* VON), général allemand (Guben 1844 - Görlitz 1936). Rappelé en 1914, il commanda la VIe armée (Flandres, 1917) et remplaça von Bissing comme gouverneur de la Belgique occupée.

FALKENHAUSEN (Alexandre VON), général allemand (Gut Blumenthal, près de Nysa, 1878 - Nassau, Rhénanie, 1966). Il fut de 1934 à 1939 le chef de mission allemande auprès de Jiang Jieshi. Commandant militaire de Hollande, de Belgique et du nord de la France de 1940 à 1944, emprisonné par les Alliés en 1945, il fut libéré à la demande de Jiang Jieshi (1951).

FALKENHAYN (Erich VON), général allemand (Burg Belchau, près de Grudziadz, 1861 - château de Lindstedt, près de Potsdam, 1922). Ministre de la Guerre de Prusse en 1913, il remplaça Moltke après la bataille de la Marne, le 14 sept. 1914, comme chef du grand état-major général. L'échec de la bataille de Verdun entraîna son renvoi. Placé à la tête de la IXe armée, il prit une part décisive à l'écrasement de la Roumanie. Commandant un groupe d'armées en Asie Mineure, il ne put, pendant l'hiver 1917-18, empêcher l'effondrement du front turc. En 1918, il occupa l'Ukraine.

FALKENHORST (Nikolaus VON), général allemand (Breslau 1885 - Holzminden 1968). Il occupa le Danemark et la Norvège en 1940 et dirigea les opérations en Laponie en 1941. Commandant en chef en Norvège jusqu'en déc. 1944, il fut condamné en 1946 à la détention perpétuelle comme criminel de guerre ; il fut libéré en 1953.

FALKIRK, v. de Grande-Bretagne, en Écosse, entre Glasgow et Édimbourg ; 37 000 hab. Centre industriel.

FALKLAND *(îles),* nom anglais des îles Malouines.

Falkland *(bataille navale des),* victoire remportée par les forces navales anglaises de l'amiral Sturdee sur l'escadre allemande de von Spee, qui, le 8 déc. 1914, s'était présentée devant les îles Falkland (Malouines), croyant les Anglais partis. Le *Scharnhorst,* le *Gneisenau* et les croiseurs *Nürnberg* et *Leipzig* furent coulés au canon. Seul le *Dresden* s'échappa.

FALLA (Manuel DE), compositeur et pianiste espagnol (Cadix 1876 - Alta Gracia, Argentine, 1946). Il débuta par quelques zarzuelas et par un opéra, *la Vie brève,* primé en 1905. Venu à Paris en 1907, il se lia d'amitié avec Debussy, Ravel, Dukas et Albéniz. De retour en Espagne (1914), il compose un ballet, *l'Amour sorcier,* et *Nuits dans les jardins d'Espagne,* pour piano et orchestre (1916). Il donne ensuite *le Tricorne,* ballet monté en 1919 à Londres par Diaghilev, puis *les Tréteaux de Maître Pierre* (1923), d'après *Don Quichotte,* et un *Concerto* pour clavecin (1926). Après la guerre civile, il s'établit en Argentine, où il entreprend son chef-d'œuvre inachevé, *l'Atlantide,* que terminera E. Halffter. L'art de Falla, issu de la musique populaire espagnole, s'est élargi au contact des influences françaises.

FALLACIEUSEMENT adv. *Litt.* D'une façon fallacieuse.

FALLACIEUX, EUSE adj. (lat. *fallaciosus,* de *fallacia,* tromperie). *Litt.* Qui cherche à tromper, à nuire ; perfide : *Arguments fallacieux.*

FALLADA (Rudolf DITZEN, dit **Hans**), écrivain allemand (Greifswald 1893 - Berlin 1947). Il a décrit dans ses romans la vie des petites gens aux prises avec les difficultés quotidiennes (*Paysans, bonzes et bombes,* 1931 ; *Seul dans Berlin,* 1947).

FÄLLDIN (Thorbjörn), homme politique suédois (Högsjö 1926). Premier ministre centriste en 1976, sa politique antinucléaire a entraîné une crise gouvernementale, et sa démission (1978). Il est redevenu chef de gouvernement de 1979 à 1982.

FALLE ⟶ FALE.

FALLIÈRES (Armand), homme d'État français (Mézin, Lot-et-Garonne, 1841 - *id.* 1931). Député de la Gauche républicaine (1876-1890), il occupa divers postes ministériels de 1882 à 1892. Entré au Sénat en 1890, il en fut le président de 1899 à 1906. Candidat des gauches, il fut élu en févr. 1906 président de la République contre Doumer. Son septennat fut marqué à l'intérieur par la prospérité économique et à l'extérieur par les tensions franco-allemandes. Il se retira de la vie politique en 1913.

FALL LINE, escarpements qui limitent les Appalaches, au-dessus de la plaine côtière.

FALLOIR v. impers. (de *faillir,* avec l'infl. de *valoir,* du lat. *fallere,* manquer) [conj. **69**, uniquement 3e pers. sing., inf. et participe passé]. **1.** *Il faut qqch, qqn (à qqn),* qqch, qqn est nécessaire à qqn ou pour telle ou telle destination, intervention, etc. : *Il faut du repos à votre père. Il me faut un collaborateur.* — **2.** *Il faut + inf., il faut que + subj.,* indique l'obligation, la nécessité, le caractère inévitable ; équivaut à devoir et l'inf. : *Il faut que tout soit prêt dans une heure. Il fallut partir : le train arrivait.* — **3.** *Il faut que + subj., il faut + inf.,* indique la conjecture, l'hypothèse nécessaire dans la logique du raisonnement : *Il faut qu'il soit bien malade pour ne pas venir. Il faut être stupide pour penser cela.* — **4.** *Il faut + inf.,* il est bon, utile de faire telle chose (ironiq.) : *Il faut l'entendre raconter ses exploits !* — **5.** *Encore faut-il que + subj.,* mais il est cependant nécessaire que. ‖ *Faut-il, fallait-il + inf., que + subj.,* exprime l'étonnement, l'indignation : *Faut-il qu'il soit bête pour n'avoir pas compris !* ‖ *(Il) faut voir,* exprime l'admiration, l'étonnement ou le scepticisme : *Il faut voir comme il lui a répondu.* ‖ *(Il) faut vous dire que + ind.,* sert d'introduction à un récit parlé, à un commérage, etc. ‖ *Qu'est-ce qu'il ne faut pas entendre (voir) !,* indique la surprise indignée devant telle ou telle assertion, action.

◆ **s'en falloir** v. pr. **1.** *Il s'en faut de tant,* cette quantité manque, est en moins : *Il s'en faut de beaucoup qu'il ait fini.* — **2.** *Peu s'en faut que, il s'en faut de peu que,* indiquent une éventualité proche de la réalisation : *Peu s'en est fallu que je rate le train.* ‖ *Tant s'en faut,* bien au contraire : *Il n'est pas paresseux, tant s'en faut.*

FALLOPE (Gabriel), en ital. **Gabriele Falloppio** ou **Falloppia,** anatomiste et chirurgien italien (Modène 1523 - Padoue 1562). Il a étudié l'oreille interne et décrit l'aqueduc qui livre passage dans le rocher à une portion du nerf facial *(aqueduc de Fallope).* On lui doit aussi les descriptions du *ligament de Fallope* (arcade crurale) et de la *trompe* *de Fallope,* qui conduit les ovules de l'ovaire à l'utérus.

FALLOT (Thomas, dit **Tommy**), pasteur français (Fouday, auj. Le Ban-de-la-Roche, Bas-Rhin, 1844 - Paris 1904). Il se fit le promoteur du « christianisme social » et de la lutte pour le relèvement de la moralité publique.

FALLOT (Paul), géologue français (Strasbourg 1889 - Paris 1960), auteur d'importants travaux de géologie méditerranéenne.

Fallot *(tétrade* ou *tétralogie de),* malformation congénitale du cœur, le plus fréquemment rencontrée au cours de la maladie bleue, caractérisée par une communication interventriculaire, une hypertrophie ventriculaire droite, une sténose de l'artère pulmonaire et une dextroposition de l'aorte. Le sang ne pouvant être oxygéné dans les poumons, il en résulte une cyanose, une ischémie des tissus et un défaut de développement. Cette malformation peut être réparée par la chirurgie cardiaque.

Fallot *(triade* ou *trilogie de),* malformation congénitale du cœur, associant une communication interauriculaire, une hypertrophie ventriculaire droite et une sténose de l'artère pulmonaire. Elle peut bénéficier de la chirurgie cardiaque.

FALLOUX (Frédéric, *comte* DE), homme politique français (Angers 1811 - *id.* 1886). Rallié au catholicisme libéral, député légitimiste de Segré (1846), il soutint la candidature de Louis Napoléon (1848), dont il obtint le ministère de l'Instruction publique et des Cultes (déc. 1848 - oct. 1849). Cofondateur du parti de l'Ordre (1849), il élabora la loi sur l'enseignement qui porte son nom et qui fut votée sous son successeur. Député à la Législative (1849), il s'opposa à la politique du prince-président, fut arrêté lors du coup d'État du 2 déc. 1851, puis se retira en Anjou. (Acad. fr., 1856.)

Falloux *(loi)* [15 mars 1850], loi établissant un régime de liberté de l'enseignement primaire et secondaire. D'inspiration cléricale, elle abolissait le monopole de l'Université, favorisait les institutions congréganistes et soumettait les instituteurs aux autorités administratives et aux ecclésiastiques.

1. FALOT n. m. (ital. *falò,* du gr. byz. *pharos,* phare, croisé avec le gr. class. *phanos,* lumière). 1. Lanterne portative de grande dimension. — 2. *Arg. mil.* Conseil de guerre, tribunal militaire.

2. FALOT, E adj. (angl. *fellow,* compagnon). Effacé, insignifiant : *Un personnage falot.*

FALOURDE n. f. (anc. fr. *vallourde,* avec l'infl. de *fagot*). Fagot à deux liens, formé de bûches de pin ou de bouleau écorcé et fendu.

FALQUÉ, E adj. Syn. de FALCIFORME.

FALS n. m. (pl. *fulūs*) [lat. *follis*]. Monnaie arabe de cuivre (du VIIe s. à nos jours).

FALSAFA, mot ar. désignant la philosophie islamique de source grecque qui intègre les sciences de la nature et les fondements logiques et métaphysiques (al-Kindī, al-Fārābī, Avicenne).

FALSETTISTE ou **FALSETTO** n. m. (ital. *falsetto,* fausset). Chanteur masculin, enfant ou adulte, chantant exclusivement en registre de fausset.

1. FALSIFIABILITÉ n. f. Caractère de ce qui est falsifiable.

2. FALSIFIABILITÉ n. f. (angl. *falsifiability*). Critère qui permet de démarquer les sciences les unes des autres en montrant que certaines de leurs théories ne sont pas vérifiables empiriquement, et qu'elles sont réfutables. (C'est K. Popper qui a défini cette notion.)

1. FALSIFIABLE adj. Qu'on peut falsifier : *Écriture falsifiable.*

2. FALSIFIABLE adj. (angl. *falsifiable*). Se dit d'une proposition, d'une théorie susceptibles de falsifiabilité.

FALSIFICATEUR, TRICE n. Personne qui commet une falsification ; faussaire : *Un falsificateur d'écritures.*

1. FALSIFICATION n. f. (lat. médiév. *falsificatio, -onis*). Action de falsifier, d'altérer, de dénaturer volontairement qqch pour tromper ; état de la chose falsifiée : *Falsification des vins, d'un registre comptable.*

2. FALSIFICATION n. f. (angl. *falsification*). Résultat positif d'une opération de falsifiabilité. (On préfère auj. le terme de *réfutation.*)

1. FALSIFIER v. t. (lat. médiév. *falsificare,* du lat. class. *falsus,* faux) [conj. **9**]. **1.** Altérer, dénaturer une substance, un produit pour tromper : *Falsifier un alcool.* — **2.** Altérer le contenu d'un texte, l'authenticité d'un document, afin d'induire en erreur : *Falsifier un acte.* — **3.** Altérer la monnaie quant à sa valeur intrinsèque.

2. FALSIFIER v. t. (angl. *to falsify,* prouver la fausseté de) [conj. **9**]. Obtenir la falsification d'une théorie, d'une proposition.

FALSTAFF, déformation de FASTOLF*.

Falstaff, personnage de *Henri IV* et des *Joyeuses Commères de Windsor,* de Shakespeare ; poltron et vantard, il incarne l'esprit de fête licencieuse, l'anarchie débonnaire.

Falstaff, comédie lyrique en 3 actes, livret de Boito d'après *les Joyeuses Commères de Windsor* et *Henri IV* de Shakespeare, musique de G. Verdi (Scala de Milan, 1893). Verdi a introduit dans son œuvre une légèreté et un humour inhabituels.

FALSTER, île de l'archipel danois, reliée par ponts aux îles de Sjaelland et de Lolland ; 513 km² ; 44 800 hab. Tourisme.

FALUCHE n. f. (lillois *faluche,* galette). Béret de velours noir porté par les étudiants au début du siècle.

FALUN [falœ̃] n. m. (mot provenç.). Roche sédimentaire détritique, mal consolidée, blanche, grise ou rougeâtre, composée de très nombreux débris coquilliers dans une matrice sableuse, que l'on utilise pour l'amendement des sols.

FALUN, v. de Suède, entre les lacs Runn et Varpan ; 51 000 hab. Centre minier (cuivre). Papier. Chimie. Mécanique. Musée de l'exploitation minière et musée d'Art populaire.

FALUNAGE n. m. **1.** Action de faluner une terre. – **2.** Exploitation du falun.

FALUNER v. t. (conj. 3). Apporter du falun à une terre.

FALUNIÈRE n. f. Carrière de falun.

FALZAR n. m. (p.-ê. gr. mod. *salvári,* culotte bouffante, du turc *şalvar*). *Pop.* Pantalon.

FAMAGOUSTE, en angl. **Famagusta,** en gr. **Ammókhostos,** port de la côte est de Chypre, dans la zone turque, sur la *baie de Famagouste ;* 40 000 hab. Derrière ses remparts, la vieille ville conserve des monuments comme l'église St-Georges-des-Latins et l'anc. cathédrale St-Nicolas, de style gothique français (XIIIᵉ-XIVᵉ s.). – **Hist.** Ville très prospère du royaume de Chypre (1197-1489), elle appartint à Gênes de 1384 à 1464, et fut conquise par les Turcs en 1571.

FAMAS n. m. (sigle de *Fusil d'Assaut de la Manufacture d'Armes de Saint-Étienne*). Arme française de 5,56 mm, mise en service en 1979-80.

FAMÉ, E adj. (anc. fr. *fame,* réputation, du lat. *fama*). *Litt.* S'emploie parfois avec les adv. *bien, mieux* pour indiquer la fréquentation, la réputation d'un lieu : *Une rue plus ou moins bien famée.*

FAMECK (57290), ch.-l. de cant. de la Moselle, au S.-O. de Thionville ; 14 022 hab.

FAMÉLIQUE adj. (lat. *famelicus,* de *fames,* faim). Qui souffre cruellement de la faim et qui est amaigri par le manque de nourriture : *Un chien famélique.*

FAMENNE (la), bordure septentrionale du massif de l'Ardenne, en Belgique, entre les vallées de la Lesse et de l'Ourthe.

FAMENNIEN n. m. (de *Famenne,* n. pr.). Étage du système dévonien.

FAMEUSEMENT adv. *Fam.* Indique une grande intensité ; extrêmement, rudement : *Votre repas est fameusement bon.*

FAMEUX, EUSE adj. (lat. *famosus,* de *fama,* réputation). **1.** *Litt.* Qui a une grande réputation, qui est très connu : *Auberge fameuse. Le fameux héros de Cervantès.* – **2.** Dont on a abondamment parlé auparavant : *Alors, tes fameux projets ?* – **3.** Se dit d'un mets, d'une boisson exquis, excellent : *Un vin fameux.* – **4.** *Fam.* Indique un degré très élevé ; grand : *Il a attrapé un fameux coup de soleil.* – **5.** *Ne pas être fameux,* être médiocre.

FAMILIAL, E, AUX adj. **1.** Relatif à la famille, qui la concerne : *Déjeuner familial.* – **2.** Se dit d'un caractère, d'une maladie qui s'observe chez plusieurs membres d'une même famille. (En général, le caractère familial d'une affection traduit son origine génétique.) – **3.** *Association familiale,* association déclarée ayant pour objet d'assurer la défense des intérêts moraux et matériels soit de toutes les familles, soit de certaines catégories d'entre elles, et de les représenter auprès des pouvoirs publics. (L'*Union nationale des associations familiales* [U. N. A. F.] coiffe les unions départementales [U. D. A. F.], qui regroupent les associations locales.) ‖ *Voiture familiale* ou *familiale* (n. f.), voiture automobile conçue de manière à admettre de 6 à 9 passagers.

FAMILIALISME n. m. Tendance à mettre en avant l'importance de la famille dans la société.

FAMILIALISTE adj. Relatif au familialisme.

FAMILIARISATION n. f. Action de familiariser l'opinion ou un public donné à qqch : *Campagne de familiarisation.*

FAMILIARISER v. t. (de *familier*) [conj. 3]. Accoutumer, habituer qqn à qqch : *Ses voyages l'ont familiarisé avec les langues étrangères.*

◆ **se familiariser** v. pr., **être familiarisé** v. pass. S'accoutumer, s'habituer, par l'exercice, l'expérience : *Se familiariser avec un nouveau cadre de vie.*

FAMILIARITÉ n. f. (lat. *familiaritas, -atis,* de *familiaris,* familier). **1.** Grande intimité née de rapports constants : *Se glisser dans la familiarité d'un grand personnage.* – **2.** Intimité que l'on a avec un auteur, une œuvre, par suite d'une longue habitude de lecture : *Avoir une grande familiarité avec les écrivains classiques.* – **3.** Rapports libres et sans contrainte, exempts de gêne, entre deux personnes : *Son attitude sévère écartait toute familiarité.* – **4.** Habitude, connaissance parfaite de qqch, qui s'acquiert par l'usage, l'expérience : *Acquérir une certaine familiarité de l'anglais.*

◆ **familiarités** n. f. pl. Manières ou expressions indiscrètes et inconvenantes, marquant l'oubli des distances ; privautés : *Épargnez-moi vos familiarités déplacées.*

FAMILIER, ÈRE adj. (lat. *familiaris*). **1.** Se dit d'un animal qui vit dans le voisinage de l'homme : *Les pies sont des oiseaux familiers.* – **2.** Qui est simple, amical, sans contrainte : *Un entretien familier. Être familier avec ses collègues.* – **3.** Qui est habituel à qqn, qu'il est habitué à avoir, à voir autour de lui : *Cette voix m'était familière.* – **4.** Dont on a acquis la pratique, que l'on suit bien : *L'anglais lui est familier.* – **5.** Dont le comportement manque de réserve, dont les manières sont indiscrètes sinon impolies : *Être familier avec les femmes.* – **6.** Accoutumé à lire, à fréquenter un écrivain. – **7.** Qui a la pratique de qqch, habitué à : *Je n'étais pas familier de ce genre de réunion.* – **8.** Se dit d'un mot, d'une construction, d'un style employés couramment, mais pouvant être ressentis comme incongrus dans certaines relations sociales et dans les écrits de style sérieux ou soutenu. (C'est ainsi que *balade* ou *balader* sont familiers par rapport à *promenade* ou *se promener.*) – **9.** *Dieu, esprit, démon, génie familiers,* êtres surnaturels, divinités que les Anciens croyaient attachés au foyer de chaque famille pour le protéger, ou à une personne pour veiller sur elle et l'inspirer. ‖ *Dieux familiers,* les dieux lares des Romains.

◆ **familier** n. m. **1.** Personne qui fréquente beaucoup une maison, un établissement, etc. : *Les familiers du club.* – **2.** *Litt.* Ami de qqn : *Je devins son familier, son confident.*

FAMILIÈREMENT adv. De façon familière, avec simplicité.

FAMILISTÈRE n. m. (de *famille,* sur *phalanstère*). **1.** Dans le système de Fourier, nom donné à un établissement coopératif. – **2.** Coopérative ouvrière de production.

FAMILLE n. f. (lat. *familia*). **1.** Ensemble des générations successives descendant des mêmes ancêtres ; lignée : *Une des plus vieilles familles d'Auvergne.* – **2.** Ensemble des personnes unies par un lien de parenté ou d'alliance : *Famille proche, éloignée.* – **3.** Ensemble formé par le père, la mère et les enfants : *Fonder une famille.* – **4.** Ensemble constitué par les enfants issus du mariage : *Être chargé de famille.* – **5.** Conjoint, enfant, parent avec qui qqn vit : *Emmener toute sa famille en vacances.* – **6.** Génération, descendance de père en fils, par rapport au métier, à la fonction : *Une famille de jardiniers.* – **7.** Ensemble de personnes ayant des caractères semblables : *Famille littéraire.* – **8.** Ensemble de choses ayant des caractères communs : *Arbres qui appartiennent à la même famille.* – **9.** *Ça ne sort pas de la famille,* cette histoire ne sera pas ébruitée. ‖ Fam. *C'est de famille,* c'est un trait de caractère, une attitude qui relève des comportements habituels de la famille, des parents. ‖ Fam. *Des familles,* qui est sans prétention, sans difficulté. ‖ *En famille,* entre les siens, chez soi. ‖ *Esprit de famille,* goût privilégié pour les relations entre les membres de la famille. ‖ *Être de bonne famille,* être né de parents considérés. ‖ *Fils, fille de famille,* enfant d'une famille aisée. ‖ *Grande famille,* ensemble des personnes qui ont part à une grande fortune, à une puissance, un pouvoir, qui se transmettent de génération en génération. ‖ Fam. *La petite famille,* la progéniture : *Emmener sa petite famille à la campagne.* ‖ *La Sainte Famille,* Joseph, la Vierge et l'Enfant Jésus ; tableau ou sculpture qui représente ces personnages.
• **Anthropol.** *Famille étendue,* ensemble constitué par le père et la mère, les enfants, les petits-enfants, les oncles, les tantes, les neveux, les nièces, dans la mesure où leur lieu de résidence est le même. ‖ *Famille restreinte,* ensemble constitué par le père, la mère et leurs enfants. – **Biol.** Division systématique de l'ordre ou du sous-ordre, dans laquelle on rassemble les genres animaux ou végétaux ayant de nombreux caractères communs. (→ *encycl.*) – **Céram.** Groupe de porcelaines d'Extrême-Orient apparentées par la couleur dominante de leur décor. (Les familles les plus connues sont : la famille verte, à son apogée sous le règne de Kangxi [1662-1722], et la famille rose, qui, apparue durant le même règne, s'est développée tout au long du XVIIIe s. et dont la fabrication s'est poursuivie jusqu'à nos jours.) – **Dr.** *Bien de famille,* bien insaisissable constitué par son propriétaire dans l'intérêt de sa famille. ‖ *Code de la famille et de l'aide sociale,* ensemble des mesures relatives à la famille et à l'aide sociale, codifiées en 1958. – **Hist.** *Les deux cents familles,* nom parfois donné, sous la IIIe République, aux dynasties bourgeoises représentées dans de nombreux conseils d'administration des grandes sociétés industrielles, financières et commerciales. – **Ling.** *Famille de langues,* ensemble de langues dont on a pu démontrer l'origine commune. ‖ *Famille de mots,* ensemble de mots qui possèdent la même racine et qui dérivent les uns des autres. (Ainsi *raison, raisonner, raisonnement, déraisonner,* etc.) – **Math.** Ensemble dont tous les éléments sont des parties d'un ensemble donné. – **Phys.** *Famille radioactive,* suite d'éléments radioactifs qui dérivent les uns des autres par désintégrations successives. (Syn. SÉRIE RADIOACTIVE.) – **Psychol.** *Dessin de la famille,* test projectif dans lequel on demande à un enfant de dessiner une famille et/ou sa famille. – **Relig.** Ensemble des religieux d'un même ordre. – **Sociol.** Ensemble de maffiosi groupés sous l'autorité d'un parrain.

ENCYCL. **Biol.** Les noms scientifiques internationaux des familles sont latins, leur désinence française est *-idés* (masculin pluriel) en zoologie, *-acées* (féminin pluriel) en botanique. Leur désinence reste libre lorsque le nom de la famille ne dérive pas de celui d'un genre : *graminées, ombellifères.*

Famille *(pacte de)* [15 août 1761], traité signé à Paris, pendant la guerre de Sept Ans, entre les Bourbons de France, d'Espagne, de Parme et de Naples qui ainsi se garantissaient leurs États et leurs possessions et s'engageaient à s'assister et à ne signer la paix que d'un commun accord.

Famille française *(médaille de la),* décoration française créée en 1920 pour honorer les mères de famille.

familles *(Société des),* société secrète républicaine fondée en juill.-août 1834 et dont Blanqui et Barbès étaient les principaux dirigeants. Elle avait pour but de renverser la monarchie de Juillet et était divisée en sections, ou familles, de 10 membres. Elle fut dissoute en 1836.

FAMINE n. f. (lat. *fames,* faim). **1.** Manque presque total de ressources alimentaires dans un pays, une région, aboutissant à la mort ou à la souffrance de la population. – **2.** *Crier famine,* se plaindre de son dénuement. ‖ *Salaire de famine,* salaire ne permettant pas de survivre.

Famine *(pacte de),* nom donné par la rumeur publique à un contrat signé en 1765, sous Louis XV, avec la société de marchands de grains Malisset, et qui fut dénoncé en 1767 par un certain Jean Charles Le Prévost de Beaumont comme un complot visant à affamer le peuple. La peur de l'accaparement des grains, attisée par les mauvaises récoltes de 1769-70, contribua à répandre la légende selon laquelle le roi tirait un million de livres, par jour, des spéculations sur le blé.

1. FAN [fan] n. m. (angl. *fan,* ventilateur). Soufflante carénée à un ou plusieurs étages d'aubes, engendrant le flux d'air froid annulaire des turboréacteurs à double flux.

2. FAN [fan] n. (angl. *fan,* abrév. de *fanatic*). *Fam.* Admirateur enthousiaste, passionné de qqn, de qqch : *Les fans d'un chanteur.*

FANA adj. et n. (abrév. de *fanatique*). *Fam.* Se dit d'un admirateur passionné de qqn, d'un amateur enthousiaste de qqch : *Il est fana de jazz.*

FANAGE n. m. (de *faner*). Ensemble des opérations par lesquelles on transforme le fourrage vert fraîchement coupé (80 % d'humidité) en foin (15 % d'humidité) destiné à être conservé. (Syn. FENAISON.)

FANAISON n. f. (de *faner*). Amollissement des rameaux, des feuilles, des fleurs, qui deviennent pendants par évaporation de l'eau.

FANAL n. m. (pl. *fanaux*) [ital. *fanale,* du gr. byz. *phanarion,* lanterne]. **1.** Grosse lanterne. – **2.** Lanterne placée à l'avant de la locomotive ou à l'arrière du dernier véhicule d'un train. – **3.** Lanterne ou feu employé à bord des navires et pour le balisage des côtes. – **4.** *Fanal de cimetière,* colonne creuse portant un fanal pendant la nuit. (Syn. LANTERNE DES MORTS.)

FANATIQUE adj. et n. (lat. *fanaticus,* en délire). **1.** Qui est emporté par une ardeur excessive, une passion démesurée pour une religion, une cause, un parti, etc. : *Massacres causés par des fanatiques.* – **2.** Qui a pour qqch, qqn une admiration passionnée, enthousiaste : *Un fanatique de la peinture.*

◆ adj. Qui manifeste du fanatisme ; exalté : *Un article fanatique excita les lecteurs.*

FANATIQUEMENT adv. D'une manière fanatique.

FANATISATION n. f. Action de fanatiser ; fait d'être fanatisé.

FANATISER v. t. (de *fanatique*) [conj. 3]. Rendre qqn, un groupe fanatiques, les animer d'une passion violente et exclusive : *Des terroristes fanatisés.*

FANATISME n. m. (de *fanatique*). **1.** Dévouement absolu et exclusif à une cause qui pousse à l'intolérance religieuse ou politique et conduit à des actes de violence. – **2.** Attachement passionné, enthousiasme excessif pour qqn, qqch : *Le fanatisme des jeunes pour les vidéoclips.*

FANCHON n. f. (dimin. fam. du prénom *Françoise*). Foulard, mouchoir, plié en triangle, que les femmes portaient sur la tête et nouaient sous le menton.

FAN-CLUB [fanklœb] n. m. (pl. *fans-clubs*). Association regroupant les fans d'un chanteur, d'une vedette de cinéma.

Fancy Free, ballet en 1 acte ; argum. et chorégr. de Jerome Robbins ; mus. de Leonard Bernstein. Création mondiale à New York (1944) par le Ballet Theatre. Le style, plein de verve et d'humour, donnera le ton au ballet moderne américain.

FANDANGO n. m. (esp. *fandango*). Danse espagnole très populaire, proche de la jota, de rythme vif à 3/4 ou 6/8, exécutée par couple, avec accompagnement de guitare et de castagnettes ; air de cette danse.

FANE n. f. (de *faner*). Tige herbacée et feuillage de certaines plantes cultivées (pomme de terre, haricot, pois, colza, etc.).

FANER v. t. (anc. fr. *fener,* du bas lat. **fenare,* du lat. class. *fenum,* foin) [conj. 3]. **1.** Réaliser le fanage d'un fourrage. – **2.** Faire perdre sa fraîcheur à une plante ; flétrir : *La chaleur orageuse a fané les roses du jardin.* – **3.** Altérer l'éclat, la fraîcheur de qqch ; ternir, décolorer : *La lumière a fané les couleurs du papier peint.*

◆ v. i. ou **se faner** v. pr., **être fané** v. pass. **1.** Se dessécher et mourir, en parlant d'une fleur, d'une plante. – **2.** Perdre son éclat, dépérir : *Un visage fané.*

FANEUR, EUSE n. Personne qui fane l'herbe, le fourrage.

◆ **faneuse** n. f. Machine servant au fanage du fourrage coupé. (Elle comporte des organes qui soulèvent le fourrage, le retournent et le dispersent pour faciliter l'élimination de l'eau.)

Fanfan la Tulipe, héros d'une chanson populaire, type du soldat français, défenseur des humbles, aimant le vin et les jolies femmes. Le personnage a inspiré un film de Christian-Jaque interprété par Gérard Philipe (1951).

FANFANI (Amintore), homme politique italien (Pieve Santo Stefano, Arezzo, 1908). Secrétaire général de la Démocratie chrétienne (1954-1959, 1973-1975), il fut à plusieurs reprises président du Conseil (1954, 1958-59, 1960-1963, 1982-83, 1987).

FANFARE n. f. (orig. onomat.). **1.** Orchestre uniquement composé de cuivres ; orchestre d'harmonie jouant des fanfares : *La fanfare municipale.* – **2.** Morceau pour les trompettes et les timbales, joué par des cavaliers. – **3.** Sonnerie de trompe de chasse tenant les veneurs au courant des diverses péripéties du laisser-courre. – **4.** Air exécuté par des instruments de cuivre à l'occasion de cérémonies civiles ou militaires. – **5.** Musique militaire à base d'instruments de cuivre, propre à l'arme blindée cavalerie, à l'artillerie et aux chasseurs. – **6.** Dans un opéra, morceau exécuté sur scène par des cuivres. – **7.** *En fanfare,* avec des manifestations bruyantes, avec un éclat particulier : *Débuts en fanfare d'une future vedette.* ‖ *Reliure à la fanfare,* décor de reliure créé à la fin du XVIe s. (Il est formé de compartiments cernés de trois filets parallèles, ornés de volutes, de feuillages, de palmettes, et comporte au centre un ovale souvent laissé sans décoration.)

FANFARON, ONNE adj. et n. (esp. *fanfarrón*). **1.** Qui fait le brave, vante ses exploits réels ou supposés : *Faire le fanfaron.* – **2.** Qui se vante d'être ce qu'il n'est pas ou qui exagère ce qu'il est réellement.

◆ adj. Qui manifeste une affectation de bravoure : *Une politique étrangère fanfaronne et imprudente.*

FANFARONNADE n. f. Action, parole de fanfaron ; vantardise, rodomontade.

FANFARONNER v. i. (conj. 3). *Litt.* Faire des fanfaronnades ; plastronner.

FANFRE n. m. Nom usuel du *poisson-pilote.*

FANFRELUCHE n. f. (anc. fr. *fanfelue,* du bas lat. *famfaluca,* du gr. *pompholuks,* bulle d'air). Ornement, de peu de valeur, de toilette ou d'ameublement (surtout pl.).

FANGATAUFA, atoll des Tuamotu (Polynésie française), à 40 km au S.-E. de Mururoa. Site de la première explosion thermonucléaire française (24 août 1968), aménagé après 1970 pour les expérimentations nucléaires souterraines, qui ont eu lieu de 1975 à 1996.

FANGE n. f. (germ. **fanga,* boue, du gotiq. *fani,* limon). *Litt.* **1.** Boue presque liquide ; vase, bourbier. – **2.** Ce qui souille moralement, socialement : *Vivre dans la fange.*

FANGEN (Ronald), romancier, essayiste et auteur dramatique norvégien (Kragerø 1895 - Fornebu, près d'Oslo, 1946). D'abord journaliste engagé dans la défense des valeurs traditionnelles, il évolua vers le chris-tianisme, luttant à la fois contre l'égoïsme bourgeois dans son drame *le Jour maudit* (1926) et son roman *Maintenant déjà* (1937), et contre le nazisme (*Un ange de lumière,* 1945).

FANGEUX, EUSE adj. *Litt.* **1.** Plein de fange ; boueux : *Un fossé fangeux.* – **2.** Abject, vicieux, méprisable : *Le récit fangeux de ses amours minables.*

FANGIO (Juan Manuel), coureur automobile argentin (Balcarce, près de Mar del Plata, 1911-Buenos Aires 1995), cinq fois champion du monde des conducteurs (1951, 1954 à 1957).

FANGOTHÉRAPIE n. f. (de *fange*). Traitement par les bains de boue.

FANGS ou **PAHOUINS,** population bantoue vivant dans le nord et l'ouest du Gabon, en Guinée et au Cameroun. Leur nombre est inférieur au million.

FA NGUM, fondateur du royaume du Laos (1316 - v. 1378). Aidé par le roi d'Angkor, son beau-père, il créa, après dix ans de guerres (1340-1350), le royaume de Lan Xang (Million d'éléphants), englobant le nord-est de la Thaïlande actuelle. Il introduisit le bouddhisme du theravāda.

FANION n. m. (de **fanillon,* dimin. pop. de *fanon*). **1.** Petit drapeau souvent triangulaire employé comme insigne d'une organisation, comme point de repère, etc. : *Fanion d'un club sportif.* – **2.** Depuis la Première Guerre mondiale, symbole de tous les corps de troupes qui ne possèdent ni drapeau ni étendard. – **3.** *En fanion,* en sylviculture, syn. de EN DRAPEAU. ‖ *Fanion de commandement,* fanion de forme et de couleur réglementaires, indiquant, depuis le second Empire, la présence des officiers généraux exerçant les grands commandements.

FANJEAUX (11270), ch.-l. de cant. de l'Aude, aux confins du Lauragais et du Languedoc ; 864 hab. Église du XIIIe s. — Aux environs, abbaye de Prouille, premier monastère de religieuses fondé par saint Dominique (1206).

FAN KUAN ou **FAN K'OUAN,** peintre chinois (Huayuan, Shaanxi, milieu du Xe s.-apr. 1025). Son œuvre représente le point culminant de toute l'histoire du paysage chinois, qui, pour la première fois, est envisagé tant comme expérience spirituelle que comme création plastique.

FANNIA n. m. (de *Fannia,* n. pr.). Petite mouche domestique ou floricole dont la larve, qui se trouve souvent dans les fromages, peut provoquer des myiases chez l'homme et les animaux.

FANNIÈRE (Auguste [Longwy 1818 - Paris 1900] et Joseph [Longwy 1822 - *id.* 1897]), orfèvres français. Initiés à l'orfèvrerie par leur oncle Jacques Henri Fauconnier (1776-1839), les deux frères travaillèrent d'abord, longtemps, pour le compte d'Odiot, de Froment-Meurice ou de Christofle, puis sous leur propre nom (nef en argent offerte par l'impératrice Eugénie à F. de Lesseps, 1867, musée des Arts décoratifs, Paris).

FANNING → TABUAERAN.

FANNY adj. inv. (de *Fanny,* n. pr.). *Être fanny,* à la pétanque, être battu sans avoir marqué un seul point.

FANØ, île de l'archipel danois, près du Jylland, en face d'Esbjerg.

FANO, port d'Italie, dans les Marches, sur l'Adriatique ; 52 000 hab. Arc d'Auguste. Cathédrale des XIIe-XIIIe s. et autres monuments. Musée dans le palais Malatesta, du XVe s. Pêche. Station balnéaire.
— **Hist.** Colonie de vétérans fondée par Auguste *(Colonia Iulia Fanum Fortunae),* elle fut sous la domination des Malatesta au début du XIVe s.

FANON n. m. (frq. **fano,* morceau d'étoffe). **1.** Lame cornée issue de la mâchoire supérieure et qui garnit la bouche des baleines. (Bordés de poils raides fonctionnant comme des filtres, les fanons permettent aux cétacés de retenir dans leur bouche le krill et d'expulser l'eau. Ils atteignent 2 m de long chez le rorqual.) — **2.** Repli cutané du cou de certains animaux (bœuf, iguane, dindon). — **3.** Touffe de poils que les chevaux ont derrière le boulet. — **4.** Chacune des deux bandelettes de soie qui pendent derrière la mitre d'un prélat.

FANON (Frantz), psychiatre et théoricien politique français (Fort-de-France 1925-Bethesda, Maryland, 1961). Médecin à Blida, en Algérie, il quitta son poste en 1956 pour rejoindre le F. L. N. et devint l'un des principaux théoriciens de l'anticolonialisme (*les Damnés de la terre,* 1961).

FAN SI PAN, massif du Viêt-nam septentrional, entre le fleuve Rouge et la rivière Noire ; 3 142 m.

FANTAISIE n. f. (lat. *fantasia,* du gr. *phantasia,* apparition). **1.** Imagination libre, sans contrainte ni règle ; faculté de création : *Donner libre cours à sa fantaisie.* — **2.** Désir bizarre, fantasque, ne correspondant à aucun besoin essentiel : *Se plier aux fantaisies de quelqu'un.* — **3.** Originalité amusante, tendance à prendre des initiatives imprévues : *Être plein de fantaisie.* — **4.** Ensemble de choses imprévues et agréables : *Sa vie de bureau manque de fantaisie.* — **5.** Dénomination de certaines liqueurs, eaux-de-vie, etc., à base d'alcool industriel aromatisé (par ex. *kirsch fantaisie*). — **6.** *À, selon ma fantaisie,* comme il me plaît, selon mon humeur du moment. ‖ *Bijoux (de) fantaisie,* d'imitation. ‖ *De fantaisie,* de pure imagination, inventé ; non conforme aux règlements : *Nom de fantaisie. Uniforme (de) fantaisie.* • **Boulang.** *Pain (de) fantaisie,* pain qui se vendait à la pièce et non au poids. — **Impr.** Caractère d'imprimerie n'appartenant pas aux classifications établies. — **Littér.** Œuvre soustraite à des règles fixes, où l'imagination se donne libre cours. — **Mus.** Pièce instrumentale qui n'est pas soumise à des règles formelles préétablies. ‖ *Fantaisie sur un thème musical,* variations libres sur ce thème. — **Text.** *Fil fantaisie,* fil qui a un aspect différent de celui des fils simples ou retors ordinaires. (Les effets de fantaisie peuvent être obtenus en teinture, en filature ou en retorderie.) ‖ *Tissu fantaisie,* tissu fabriqué avec du fil fantaisie.

FANTAISISTE adj. et n. **1.** Qui agit à sa guise, qui manque de sérieux, d'esprit de suite : *Un étudiant fantaisiste.* — **2.** Qui n'obéit qu'aux caprices de son imagination dans son travail, dans sa vie.
◆ adj. **1.** Qui manque de base, qui n'est pas sérieux ; peu fondé, inventé : *Hypothèse fantaisiste.* — **2.** Se dit d'une œuvre, d'un travail où une large place est faite à l'imagination, ou qui s'écarte de l'usage ordinaire.
◆ n. Artiste de variétés qui chante, danse et raconte des histoires drôles.

fantaisiste *(Revue),* revue fondée par le premier cénacle parnassien (1861).

FANTASIA [fɑ̃tazja] n. f. (pl. *fantasias*) [ar. maghrébin *fantasia,* de l'esp. *fantasía,* imagination]. **1.** Démonstration équestre de cavaliers arabes. — **2.** Cavalcade débridée d'une bande joyeuse.

Fantasio, comédie en 2 actes, en prose, d'Alfred de Musset (1866).

FANTASMAGORIE n. f. (gr. *phantasma,* fantôme, et *allégorie*). **1.** Procédé consistant à produire dans l'obscurité, sur une toile transparente, au moyen d'appareils de projection dissimulés, des figures lumineuses diaboliques. – **2.** Spectacle extraordinaire qui paraît irréel : *Ce feu d'artifice est une véritable fantasmagorie.* – **3.** Illusions troublantes, visions fantastiques : *Les fantasmagories des rêves.* – **4.** Présence dans une œuvre de motifs, thèmes fantastiques destinés à créer une atmosphère surnaturelle ; œuvre ainsi faite.

FANTASMAGORIQUE adj. Qui tient de la fantasmagorie ; fantastique, irréel.

FANTASMATIQUE adj. Qui relève du fantasme.

FANTASME ou **PHANTASME** n. m. (lat. *phantasma, -atis,* du gr. *phantasma,* apparition). Représentation imaginaire traduisant des désirs plus ou moins conscients : *Être dominé par ses fantasmes. Les fantasmes d'une société.*

ENCYCL. **Psychan.** On distingue parfois fantasme conscient et fantasme inconscient. Cependant Freud s'est attaché à montrer le caractère fondamentalement identique de toutes ces productions imaginaires qui organisent et ponctuent l'existence du sujet, en les rapportant, en dernière extrémité, à l'accomplissement de désirs inconscients. Il distingue des modes d'organisation fantasmatique typiques et constants chez tous les sujets : les fantasmes originaires (par ex. scène primitive, castration, séduction). Le fantasme met en scène, le plus souvent sous un aspect déformé par les élaborations secondaires, certains épisodes cruciaux de la vie infantile du sujet qui ont été refoulés.

FANTASMER ou **PHANTASMER** v. i. (de *fantasme*) [conj. 3]. **1.** Avoir des fantasmes. – **2.** *Fam.* Se faire des idées, des illusions ; s'imaginer des choses à propos de qqch ou de qqn.

◆ v. t. Transformer qqch en fantasme.

FANTASQUE adj. (moyen fr. *fantaste,* avec l'infl. de *fantastique*). **1.** Qui est sujet à des fantaisies, à des caprices : *Un esprit fantasque.* – **2.** *Litt.* Bizarre, extraordinaire, plein de fantaisie, d'originalité : *Une exaltation fantasque.*

FANTASSIN n. m. (ital. *fantaccino*). Militaire de l'infanterie.

FANTASTIQUE adj. (bas lat. *phantasticus,* du gr. *phantastikos,* qui concerne l'imagination). **1.** Créé par l'imagination : *La licorne est un animal fantastique.* – **2.** Qui atteint un très haut degré ; dont les qualités sont très grandes : *La fantastique beauté des Alpes. Un homme fantastique.* – **3.** *Fam.* Qui s'écarte des règles, de l'habitude : *Il est fantastique : il est toujours de bonne humeur.* – **4.** Se dit d'une œuvre littéraire, artistique ou cinématographique qui transgresse le réel en se référant au rêve, au surnaturel, à la magie, à l'épouvante ou à la science-fiction. (→ *encycl.*) – **5.** *Délire fantastique,* syn. de PARAPHRÉNIE.

◆ n. m. **1.** Ce qui n'existe que dans l'imagination, ce qui relève de l'inexplicable. – **2.** Le genre (littéraire, artistique ou cinématographique) fantastique.

ENCYCL. **Cin.** Le fantastique au cinéma se démarque mal des genres voisins comme la science-fiction, l'horreur ou l'épouvante, voire le film noir. Il puise son inspiration dans la littérature ou dans la tradition populaire (légendes historiques, monstres, vampires, voyages au-delà de la mort) ou génère ses propres mythes (King Kong). Mais, si ses origines sont européennes et si ses pères sont français (G. Méliès), allemands ou autrichiens (F. Lang, P. Leni, F. W. Murnau), le fantastique s'est structuré et épanoui à Hollywood à partir des années 30 avec, notamment, T. Browning (*Dracula,* 1931), J. Whale (*Frankenstein,* 1931), E. B. Schoedsack et M. C. Cooper (*King Kong,* 1933) et J. Tourneur (*la Féline,* 1942). Au début des années 60, alors que ce genre ne connaît plus que quelques succès, R. Corman s'impose avec *la Tombe de Ligeia* (1964) et sera bientôt imité par d'autres réalisateurs. Les meilleures productions seront réalisées par T. Fisher en Grande-Bretagne. Vers le début des années 70, l'énorme succès du film de R. Polanski *Rosemary's Baby* (1968) suscite une vague d'œuvres influencées par le satanisme (*l'Exorciste,* W. Friedkin, 1973 ; *Shining,* S. Kubrick, 1979) et qui tendront de plus en plus vers l'épouvante et l'horreur. Enfin sont apparus de nouveaux cinéastes tels S. Spielberg, G. Lucas, J. Landis (*la Quatrième Dimension,* 1983), J. Carpenter (*Invasion Los Angeles,* 1989) et D. Cronenberg (*la Mouche,* 1986) qui reviennent aux sources du genre, aidés par la qualité des moyens techniques et les trucages. En France, le genre a son festival annuel, à Avoriaz (de 1973 à 1993), puis à Gérardmer.

– **Littér.** Plongeant aux sources du « merveilleux » et des « histoires prodigieuses », le genre fantastique apparaît vers 1770, à contre-pied de l'esprit rationaliste des Lumières, avec les textes fondateurs de Cazotte (*le Diable amoureux,* 1772), de Beckford (*Vathek,* 1782), de Potocki (*Manuscrit trouvé à Saragosse,* 1804-1805) et de Walpole (*le Château d'Otrante,* 1765). En quelques années, le genre s'épanouit en Angleterre avec le roman noir (Ann Radcliffe, *les Mystères d'Udolphe,* 1794 ; M. G. Lewis, *le Moine,* 1796), et plus encore en Allemagne, où l'intérêt pour les Märchen, les anciens contes germaniques (Brentano, Arnim), débouche sur l'œuvre de E. T. A.

Hoffmann (*Contes des frères Sérapion,* 1819-1821). À travers lui, le goût du fantastique touche les romantiques et gagne toute la littérature occidentale. Citons, en France, Nodier, fondateur de l'« école frénétique » en 1820, Hugo, Balzac (*la Peau de chagrin,* 1831), Gautier (*la Morte amoureuse,* 1836), Mérimée (*la Vénus d'Ille,* 1837) et, plus tard, Maupassant (*le Horla,* 1887) ; en Russie, Gogol (*les Veillées du hameau,* 1831) ; aux États-Unis, Hawthorne (*la Maison aux sept pignons,* 1851) et, surtout, Edgar Allan Poe (*Histoires extraordinaires,* 1840). Parallèlement, la révolution industrielle et les progrès de la science donnent au fantastique de nouvelles sources d'inspiration, du *Frankenstein* (1818) de Mary Shelley au *Docteur Jekyll et Mister Hyde* (1886) de Stevenson.
Le climat « fin de siècle » est encore favorable au genre, avec Oscar Wilde (*le Portrait de Dorian Gray,* 1891), Bram Stoker (*Dracula,* 1897), Henry James (*le Tour d'écrou,* 1898), ou Gustav Meyrink (*le Golem,* 1915).
Le fantastique connaît un regain dans l'Allemagne expressionniste des années 20, puis autour de Lovecraft (*le Cauchemar d'Innsmouth,* 1936) et de la revue *Weird Tales* (1923-1954) aux États-Unis.

FANTASTIQUEMENT adv. D'une manière fantastique ; extraordinairement.

FANTI (Manfredo), général italien (Carpi 1808 - Florence 1865). Après la révolution de 1831, il se réfugia en France puis servit en Espagne. Entré dans l'armée sarde, il prit part aux opérations contre les Autrichiens. Il fut ministre de la Guerre de Cavour (1860) et combattit à Naples contre Garibaldi.

FANTIN-LATOUR (Henri), peintre et lithographe français (Grenoble 1836 - Buré, Orne, 1904). Il est l'auteur de portraits individuels ou collectifs, comme *l'Atelier des Batignolles* (hommage à Manet, 1869, musée d'Orsay), de natures mortes, de tableaux de fleurs ou inspirés par la musique, d'allégories à personnages féminins.

FANTIS, ethnie du Ghana, rattachée linguistiquement au groupe akan, comptant environ 850 000 individus.

FANTOCHE n. m. (lat. *fantoccio,* marionnette). 1. Marionnette articulée mue à l'aide de fils. – 2. Personnage falot qui se laisse mener par les autres ; marionnette, pantin.
◆ adj. 1. Qui est le jouet d'une puissance plus grande, qui n'est pas représentatif : *Gouvernement fantoche.* – 2. Qui n'est pas sérieux, qui n'a que les apparences de qqch : *Une armée fantoche.*

FANTOMAL, E, AUX adj. *Litt.* Qui a l'apparence d'un fantôme, qui a la clarté diffuse de l'apparition d'un fantôme.

Fantômas, personnage de bandit tout-puissant, créé en 1911 par Marcel Allain et Pierre Souvestre.

FANTOMATIQUE adj. Qui tient de l'apparition, du fantôme : *Vision fantomatique.*

FANTOMATIQUEMENT adv. *Litt.* D'une manière fantomatique.

FANTÔME n. m. (gr. ionien **fantagma,* altér. du gr. class. *phantasma*). 1. Apparition d'un défunt sous l'aspect d'un être réel ; revenant. – 2. *Litt.* Forme blanchâtre, indistincte : *Des fantômes de peupliers dans la brume.* – 3. *Fam.* Personne d'une maigreur et d'une pâleur très grandes. – 4. Illusion de l'esprit, création bizarre de l'imagination : *Ce sont des fantômes de votre imagination.* – 5. Personne, chose qui n'existe que dans l'imagination ou qui ne joue pas son rôle avec la vigueur attendue (souvent en apposition avec ou sans trait d'union) : *Un fantôme de directeur. Un rapport fantôme.* – 6. *Cabinet fantôme,* en Grande-Bretagne, réunion des membres de l'opposition susceptibles de constituer un gouvernement de remplacement en cas de changement de majorité. ‖ *Image fantôme,* image affaiblie et légèrement décalée par rapport à l'image normale reçue sur un téléviseur, due à une réflexion des ondes radioélectriques créant un trajet qui s'ajoute au trajet direct. ‖ *Membre fantôme,* chez certains amputés, illusion de posséder encore le membre disparu, traduisant la persistance de la conscience du corps dans sa totalité.

FANTON ou **FENTON** n. m. (de *fente*). Fer fendu en verges carrées, servant d'armature à un ouvrage en plâtre (conduit de cheminée, hourdis de plancher).

FANTUZZI (Antonio), peintre et aquafortiste italien originaire de Bologne, actif à Fontainebleau entre 1537 et 1550. Son œuvre comprend plus de 200 eaux-fortes, qui s'inspirent de J. Romain, de Rosso, puis, plus souvent, de Primatice.

FANUM [-nɔm] n. m. (lat. *fanum,* temple). Chez les Romains, emplacement délimité et voué aux dieux par les pontifes ; temple élevé sur cet emplacement.

FANZAGO (Cosimo), architecte et sculpteur italien (Clusone, près de Bergame, 1591 - Naples 1678). Fixé à Naples, il y a élevé et décoré nombre de monuments caractéristiques du baroque napolitain, tels S. Giorgio Maggiore et le cloître de la chartreuse de S. Martino (1623-1631).

FANZINE [fɑ̃zin] n. m. (amér. *fanzine,* de *fanatic,* amateur, et *magazine,* revue). Publication de faible diffusion élaborée par des passionnés de science-fiction, de bandes dessinées, de cinéma.

FAO, sigle de FOOD AND AGRICULTURE ORGANIZATION, en fr. *Organisation* des Nations unies pour l'alimentation et l'agriculture.*

F. A. O., abrév. de FABRICATION* ASSISTÉE PAR ORDINATEUR.

FAO, en ar. **al-Fā'ū,** terminal pétrolier d'Iraq (détruit en 1986 par l'aviation iranienne), sur le golfe Persique.

FAON [fɑ̃] n. m. (lat. pop. **feto, -onis,* du lat. class. *fetus,* petit d'animal). Petit des cervidés (cerf, daim, chevreuil).

FAOU (Le) [-fu] (29580), ch.-l. de cant. du Finistère, sur la *rivière du Faou,* au fond de la rade de Brest ; 1 630 hab. *(Faouistes).* Maisons anciennes.

FAOUËT (Le) [56320], ch.-l. de cant. du Morbihan, au N. de Quimperlé, au-dessus de l'Ellé ; 2 944 hab. *(Faouétais).* Église et halles du XVIe s. Abattoir. — Aux environs, deux chapelles de style gothique flamboyant : St-Fiacre (jubé en bois sculpté de 1480) et Ste-Barbe (vitraux d'env. 1520).

FAQUIN n. m. (moyen fr. *facque,* sac). **1.** Mannequin qui servait autrefois aux cavaliers s'exerçant à la lance. — **2.** *Litt.* Homme méprisable et impertinent ; coquin, maraud.

FAR n. m. (lat. class. *far,* blé). En Bretagne, sorte de flan aux raisins secs ou aux pruneaux.

FARA, site archéologique d'Iraq, sur l'emplacement de l'ancienne *Shourouppak*.*

FĀRĀBĪ (Abū Naṣr Muḥammad **al-**), philosophe de l'islām (Wasīdj, distr. de Fārāb, Turkestan, 870 - Damas 950). Il s'est efforcé de montrer comment la pensée grecque permettait de résoudre des problèmes posés à ses contemporains. Il a rédigé de nombreux traités sur la métaphysique et sur la musique, dans lesquels se marque l'influence d'Aristote. L'islām est pour lui la religion qui permet aux hommes de vivre en société de façon harmonieuse.

FARAD [-rad] n. m. (de *Faraday,* n. pr.). Unité SI de capacité électrique (symb. F) équivalant à la capacité d'un condensateur électrique entre les armatures duquel apparaît une différence de potentiel électrique de 1 volt, lorsqu'il est chargé d'une quantité d'électricité égale à 1 coulomb.

FARADAY n. m. (de *Faraday,* n. pr.). Quantité d'électricité qui, dans l'électrolyse, rompt une valence d'une mole de l'électrolyte. (Cette quantité vaut environ 96 490 coulombs.)

FARADAY (Michael), chimiste et physicien britannique (Newington, Surrey, auj. Southwark, 1791 - Hampton Court 1867). Après avoir découvert le benzène et liquéfié presque tous les gaz connus à son époque, Faraday étudia l'action des aimants sur les courants et donna le principe du moteur électrique. Il découvrit en 1831 l'induction électromagnétique et établit peu après la théorie de l'électrolyse. En électricité, il montra que l'énergie électrostatique est localisée dans les diélectriques et donna la théorie de l'électrisation par influence.

Faraday *(cage de),* enceinte fermée, constituée de plaques métalliques ou d'un treillage à mailles serrées, ayant pour but de soustraire le volume intérieur à l'influence du champ électrique extérieur.

FARADIQUE adj. (angl. *faradic,* de *Faraday,* n. pr.). **1.** Qui relève des théories de Faraday. — **2.** Qui relève de la faradisation.

FARADISATION n. f. ou **FARADISME** n. m. (angl. *faradization*). Utilisation médicale des courants de haute tension.

FARAH (Tell el-), site archéologique de Palestine, situé à une soixantaine de kilomètres de Jérusalem. La première occupation remonte au néolithique précéramique, vers 7000 av. J.-C. Après l'extension du site au IVe millénaire, la ville est entourée de remparts au bronze ancien (v. 2900-2700 av. J.-C.). Abandonnée, puis réoccupée, elle sera détruite par les Assyriens v. 722 av. J.-C. On croit y reconnaître la Tirṣa biblique.

FARAMINEUX ou, rare, **PHARAMINEUX, EUSE** adj. (de [*bête*] *faramine,* [animal] fabuleux, du bas lat. *feramen, -inis,* bête sauvage). *Fam.* Étonnant, extraordinaire par son importance, sa grandeur : *Des prix faramineux.*

FARANDOLE n. f. (provenç. *farandoulo*). **1.** Chaîne dansée provençale, conduite par des galoubets et des tambourins. — **2.** Promenade de rythme rapide menée par des danseurs et des danseuses se tenant par la main.

FARANDOLER v. i. (provenç. *farandoula*) [conj. 3]. Danser une farandole.

FARANDOLEUR, EUSE n. (provenç. *farandoulaire*). Personne qui danse la farandole.

FARAS, site archéologique en Nubie soudanaise, anc. cap. du royaume indépendant de Nobatia. Thoutmosis III et Ramsès II y construisirent des temples. L'époque méroïtique y a laissé une nécropole, et les premiers temps chrétiens une cathédrale (707) dont les fresques sont en partie conservées aux musées de Khartoum et de Varsovie.

FARAUD, E adj. et n. (esp. *faraute,* messager, du fr. *héraut*). Qui fait le fier, qui tire vanité d'avantages insignifiants : *Faire le faraud.*

FARAZDAQ (al-), poète arabe (Yamāma, Arabie orientale, v. 641 - Bassora 728 ou 730), auteur de panégyriques et de satires, d'une grande richesse verbale, il fut le rival de Djarīr.

1. FARCE n. f. (anc. fr. *fars,* farci, du bas lat. *farsus,* de *farcire,* remplir). Hachis d'éléments divers dont on garnit l'intérieur d'une volaille, d'un poisson, d'un légume, ou dont on se sert pour confectionner des ballottines, des pâtés en croûte et des terrines.

2. FARCE n. f. (de *farce 1,* avec le sens de intermède comique dans un spectacle). **1.** Genre dramatique qui prit forme au XVe s., dans la tradition des récits et des dialogues comiques. (→ *encycl.*) — **2.** Situation réelle qui a qqch de bouffon, qui se déroule comme une farce : *La vie est une sinistre farce.* — **3.** Action destinée à faire rire aux dépens de qqn ; mystification ; niche : *Faire une farce à un camarade.* — **4.** *Farces et attrapes,* objets ou produits fabriqués spécialement pour faire des farces. ‖ *Une mauvaise farce,* une action, une situation qui tourne au désavantage de celui qui la subit. ‖ *Tourner à la farce,* perdre tout caractère sérieux.
◆ adj. *Fam.* et *vx.* Drôle, plaisant, cocasse : *C'est assez farce ce qui nous arrive.*
ENCYCL. **Littér.** Principale forme, avec la sottie, du théâtre comique médiéval, la farce situe une action dans le monde quotidien et son décor familier. Les noms des personnages font des types qui se partagent les rôles du trompeur et du trompé. Tout un registre de gestes, de bons mots, de méchantes plaisanteries relève du répertoire des jongleurs, héritiers des mimes latins. Le chef-d'œuvre du genre est *la Farce de Maître Pathelin*.*

FARCEUR, EUSE n. Personne qui n'agit ou ne parle pas sérieusement, qui fait continuellement des farces.

FARCI → FARCIR.

FARCIN n. m. (lat. pop. *farcimen, -inis,* du lat. class. *farciminum*). Nom donné à plusieurs affections des équidés et des bovidés. (Le *farcin des équidés* est la manifestation cutanée de la morve. Il se traduit par des tumeurs qui laissent échapper un liquide jaune et visqueux. Le *farcin des bovidés* est une maladie bactérienne des pays tropicaux caractérisée par une lymphangite purulente.)

FARCIR v. t. (lat. *farcire,* remplir) [conj. 32]. **1.** Remplir un aliment de farce. — **2.** Surcharger un discours, un texte, de notions inutiles, de redondances : *Farcir une dissertation de citations.* — **3.** Bourrer la tête de qqn de qqch : *On lui a farci la tête de préjugés.*
◆ **être farci** v. pass. **1.** En parlant d'un mets, être préparé avec une farce : *Tomates farcies.* — **2.** Être surchargé, bourré de qqch : *Texte farci de citations. Avoir la tête farcie de messages publicitaires.* — **3.** *Pièces farcies,* au Moyen Âge, pièces de vers, souvent satiriques, où le latin se mêlait au français.
◆ **se farcir** v. pr. *Pop.* **1.** Assurer l'exécution de qqch malgré la difficulté, l'ennui, le déplaisir, etc. ; s'envoyer : *Je me suis farci tout le travail.* — **2.** Avaler, manger qqch (en quantité). — **3.** Posséder qqn sexuellement. — **4.** S'accorder le plaisir de battre, d'humilier qqn.

FARCOT, famille d'ingénieurs français. — MARIE JOSEPH DENIS (Paris 1798 - Saint-Ouen 1875) fonda, en 1823, une importante maison de fabrication de machines à vapeur. On lui doit notamment un système de distribution de vapeur à détente variable (1836). — Son fils, JOSEPH (Paris 1823 - Saint-Ouen 1908), contribua aux progrès des machines à vapeur par l'invention du régulateur isochrone à bras et bielles croisés (1854-1856), et surtout du servomoteur, ou moteur asservi (1868).

FARD [far] n. m. (de *farder 2*). **1.** Composition cosmétique de maquillage, destinée à masquer certains défauts de la peau, à rehausser l'éclat du teint ou à en modifier la couleur. — **2.** Litt. *Parler sans fard,* sans artifice, directement. ‖ Fam. *Piquer un fard,* rougir d'émotion, de confusion.

1. FARDAGE n. m. (de *farde*). **1.** Ensemble de tous les éléments (superstructures, mâture, etc.) d'un navire qui donnent prise au vent. — **2.** Traînée due à la résistance du fardage au vent.

2. FARDAGE n. m. (de *farder 2*). **1.** Tromperie commerciale qui consiste à couvrir des produits défectueux par des produits de choix. — **2.** Défaut provoqué sur la partie blanche d'un tissu imprimé par suite d'un faible soulèvement local de la racle.

1. FARDE n. f. (ar. *farda,* demi-charge du chameau). **1.** Ballot de poids variable servant à expédier en Europe certaines marchandises exotiques. — **2.** Balle de café pesant 185 kg.

2. FARDE n. f. (anc. fr. *fardes,* var. de *hardes*). En Belgique, chemise, dossier ; liasse de copies d'écoliers.

FARDEAU n. m. (de *farde 1*). **1.** Charge pesante qu'il faut lever ou transporter : *Porter un lourd fardeau sur ses épaules.* — **2.** Ce qui est dur à supporter ; épreuve : *Les impôts sont un lourd fardeau.* — **3.** Litt. *Le fardeau des ans,* la vieillesse.

FARDÉE n. f. Nom usuel commun à deux noctuelles dont la chenille vit sur le chêne, le bouleau et le hêtre.

FARDELAGE n. m. Opération consistant à fardeler.

FARDELER v. t. (de *fardeau*) [conj. 24]. Rassembler en un bloc formant fardeau fermé un certain nombre d'emballages préemplis (boîtes, bouteilles, etc.).

1. **FARDER** v. i. (de *farde*) [conj. 3]. *Voile qui farde bien,* voile bien coupée et correctement orientée, qui se gonfle convenablement sous l'effet du vent.

2. **FARDER** v. t. (frq. **farwidon,* teindre) [conj. 3]. 1. Mettre du fard sur le visage, les yeux de qqn ; maquiller : *Farder un acteur.* — 2. *Litt.* Déguiser la véritable nature de qqch sous une apparence trompeuse : *Farder la vérité.* — 3. Procéder au fardage de la marchandise.

◆ **se farder** v. pr., **être fardé** v. pass. Se mettre du fard sur le visage : *Elle est trop fardée.*

FARDIER n. m. (de *farde 1*). Voiture à roues très basses qui sert au transport de charges très lourdes.

FARÉBERSVILLER (57450), commune de la Moselle, à 7 km au S.-E. de Freyming-Merlebach ; 6 870 hab.

FAREHAM, port de Grande-Bretagne (Hampshire), au S.-E. de Southampton ; 89 000 hab. Centre industriel.

FAREL (Guillaume), réformateur français (Les Fareaux, comm. de Gap, 1489 - Neuchâtel 1565). Disciple de Lefèvre d'Étaples, passé à la Réforme, il gagna l'Alsace puis la Suisse : à Genève (1535), il prépara la voie à Calvin ; à Neuchâtel (1538), il organisa l'Église réformée. On lui doit la première liturgie en langue française, son maître à penser étant, en définitive, Zwingli.

FARE-LES-OLIVIERS (La) [13580], comm. des Bouches-du-Rhône, à 14 km au S.-E. de Salon-de-Provence ; 6 111 hab.

FAREMOUTIERS (77515), comm. de Seine-et-Marne, dans la Brie, à l'O. de Coulommiers ; 1 861 hab. Métallurgie. L'abbaye bénédictine de femmes fut fondée par sainte Fare v. 627. Supprimée et détruite à la Révolution, elle a été restaurée en 1931.

FARET (Nicolas), écrivain français (Bourg-en-Bresse v. 1596 - Paris 1646), auteur de *l'Honnête Homme ou l'Art de plaire à la cour* (1630) qui contribua à fixer la politesse mondaine de son temps. (Acad. fr., 1634.)

FAREWELL, en dan. **Farvel,** en groenlandais **Umanarsuak,** cap formant l'extrémité sud du Groenland.

Farfa *(abbaye de),* monastère bénédictin d'Italie, situé dans la commune de Fara in Sabina (prov. de Rieti). Fondée v. 680, l'abbaye fut très puissante jusqu'au XIVe s. Supprimée en 1841, elle fut de nouveau monastère bénédictin à partir de 1919.

FARFADET n. m. (provenç. *farfadet,* de *fadet*). Démon familier, lutin, esprit follet.

FARFELU, E adj. et n. (anc. fr. *fanfelue,* bagatelle, avec l'infl. d'un rad. *faf-* exprimant une chose gonflée). Bizarre, extravagant, fantasque, un peu fou : *Une fille un peu farfelue. Projets farfelus.*

FARFOUILLAGE ou **FARFOUILLEMENT** n. m. *Fam.* Action de farfouiller.

FARFOUILLER v. t. ind. (de *fouiller* et d'un rad. exprimant le renforcement) [conj. 3]. *Fam.* Fouiller dans qqch en mettant tout sens dessus dessous : *Farfouiller dans un tiroir.*

FARFOUILLEUR, EUSE n. *Fam.* Personne qui farfouille ; fouineur.

FARGUE (Léon-Paul), poète français (Paris 1876 - *id.* 1947). Fondateur de la revue *Commerce,* avec Paul Valéry et Valery Larbaud (1923), il a célébré, avec un attendrissant lyrisme, sa ville natale (*le Piéton de Paris,* 1939).

FARGUES n. f. pl. (lat. médiév. *falca,* de l'ar. *falga,* éclat de bois). 1. Petits bordages dans lesquels sont percées les dames de nage des avirons. — 2. Planches placées sur chant sur les plats-bords d'une embarcation, dans un sabord, à l'entrée d'une cabine, pour empêcher l'eau d'y pénétrer.

FARIA (José Custódio DE), connu sous le nom de **abbé de Faria,** magnétiseur (Condolim de Bardês, Indes portugaises, v. 1756-Paris 1819). Il prit une part active à la Révolution. Alexandre Dumas l'a mis en scène dans *le Comte de Monte-Cristo.*

FARIA Y SOUZA (Manuel DE), historien et poète portugais (Pombeiro 1590 - Madrid 1649). Il est l'auteur d'une *Histoire du Portugal et de ses colonies d'Afrique et d'Asie* (1666-1681), et de travaux sur Camões.

FARIBOLE n. f. (mot dialect., p.-ê. de l'anc. fr. *falourde,* tromperie). *Fam.* Propos sans valeur ; chose vaine et frivole (surtout pl.) : *Raconter des fariboles.*

FARIGOULE ou **FARIGOULETTE** n. f. (provenç. *farigoulo*). Nom provençal du thym.

FARILLON n. m. (déformation de *pharillon*). Foyer qu'on allume la nuit sur un bateau de pêche, pour attirer le poisson.

FARINA (Jean-Marie ou Giovanni Maria), chimiste et négociant italien (Santa Maria Maggiore, prov. de Novare, 1685 - Cologne 1766). On lui doit l'invention de l'*eau de Cologne,* dont il aurait tenu la recette d'un marchand ambulant, Gian Paolo Feminis.

FARINACCI (Roberto), homme politique et journaliste italien (Isernia 1892 - Vimercate, près de Milan, 1945). Un des fondateurs du fascisme, il en représenta la tendance socialisante et totalitaire et fut partisan de l'alignement du fascisme italien sur l'hitlérisme. Il fut exécuté par des partisans.

FARINACÉ, E adj. (bas lat. *farinaceus*). Qui a l'apparence de la farine.

FARINAGE n. m. **1.** Action de fariner un aliment. – **2.** Altération d'un feuil de peinture par libération d'un ou de plusieurs de ses constituants sous forme de fines poussières peu adhérentes. (Le farinage résulte de l'action conjuguée de l'oxygène de l'air, de l'eau de pluie et de la lumière du soleil.)

FARINE n. f. (lat. *farina*). **1.** Produit pulvérulent provenant de la mouture des grains de blé et d'autres céréales ou de certaines légumineuses. (→ *encycl.*) – **2.** Fam. *De la même farine,* se dit de personnes ou de choses qui ont les mêmes défauts (parfois en lat. *ejusdem farinae*). ‖ *Rouler qqn dans la farine,* le tromper, le duper. • **Agroalim.** *Folle farine,* farine extrêmement fine et légère qui vole dans l'atmosphère des meuneries. – **Bois.** *Farine de bois,* poudre extrêmement fine obtenue par le broyage de la sciure de bois en usine. – **Chim.** et **Trav. publ.** Syn. de FILLER. – **Matér.** Dans la constitution des bétons, granulat dont la plus grande dimension est inférieure à 0,1 mm. – **Minér.** *Farine fossile,* nom usuel donné à une substance formée de débris siliceux de diatomées et que l'on exploite sous le nom de tripoli. – **Zootechn.** *Farine animale,* substance obtenue par traitement et broyage de certains produits d'origine animale et utilisée dans l'alimentation des animaux. (Déchets d'abattoirs [*farine de viande*], déchets de conserveries [*farine de poisson*], plumes de volailles [*farine de plumes*].)

ENCYCL. **Agroalim.** La composition de la farine de blé, en pourcentage de la matière sèche, est de 85 % de glucides, 9 à 12 % de matières azotées, 1,5 % de matières grasses, 0,5 % de matières minérales, plus des enzymes et des vitamines. Une grande partie des matières azotées constitue le gluten. Dans le commerce, les farines sont classées par « types » homologués par arrêté ministériel.

Farines *(guerre des)* [avr.-mai 1775), émeutes provoquées par la flambée des prix du pain consécutive à la mauvaise récolte de 1774 et aggravée par la liberté du commerce des grains décrétée par Turgot (édit du 13 sept. 1774). Ces révoltes populaires éclatèrent à Dijon, Tours, Montauban, dans le Bassin parisien, notamment à Versailles, où les émeutiers obtinrent la taxation du blé, et à Paris où Turgot fit appel à l'armée pour rétablir l'ordre.

FARINELLI (Carlo BROSCHI, dit), castrat italien (Andria 1705 - Bologne 1782). Il débuta en 1720 et fit une brillante carrière dans toute l'Europe. Il devint en 1737 conseiller privé de Philippe V à Madrid, où il fonda l'opéra italien.

FARINER v. t. (conj. 3). **1.** Enrober de farine un aliment avant cuisson. – **2.** Saupoudrer de farine une pâte pour la travailler.
◆ v. i. Produire une poussière semblable à la farine, prendre un aspect farineux.

FARINETTES n. f. pl. Débris végétaux très fins qui se forment au cours du broyage des graines oléagineuses.

FARINEUX, EUSE adj. (bas lat. *farinosus*). **1.** Qui contient de la farine ou de la fécule. – **2.** Qui ressemble à de la farine par sa consistance, son goût : *Poire farineuse.* – **3.** Couvert ou qui semble couvert de farine ou d'une substance ressemblant à de la farine : *Peau farineuse.* – **4.** *Albumen farineux,* albumen amylacé.
◆ **farineux** n. m. Grains de légumineuses, consommés comme légumes secs (pois, haricots, lentilles, fèves).

FARINI (Luigi Carlo), homme politique italien (Russi, prov. de Ravenne, 1812 - Quarto al Mare, près de Nervi, 1866). Sous-secrétaire d'État de Pie IX (1848), ministre de l'Instruction dans le ministère d'Azeglio (1849), il soutint la politique de Cavour. Il fut commissaire extraordinaire du Piémont à Modène, à Parme et dans les Légations (1859), jusqu'au plébiscite qui assura l'annexion de l'Émilie au Piémont (mars 1860). Il fut Premier ministre du royaume d'Italie en 1862-63.

FARLOUCHE n. f. *Tarte à la farlouche,* au Québec, tarte garnie d'un mélange de raisins secs et de mélasse.

FARLOUSE n. f. Nom usuel du *pipit des prés.*

FARMAN, nom de deux frères, aviateurs et industriels français. – HENRI (Paris 1874 - *id.* 1958) s'illustra en couvrant le premier kilomètre en avion en circuit fermé (Issy-les-Moulineaux, 1908), puis en réalisant le premier vol avec passager (28 mars 1908) et en battant divers records de vitesse et d'altitude (1910). En 1911, il créa à Toussus-le-Noble la première école de pilotage sans visibilité. – Son frère MAURICE (Paris 1877 - *id.* 1964) s'associa avec lui au début de la Première Guerre mondiale pour fonder l'entreprise de constructions aéronautiques à laquelle ils donnèrent leur nom.

FARNABY (Giles), compositeur anglais (v. 1563 - Londres 1640). Son œuvre profane comprend 54 pièces destinées au virginal et des canzonettes à quatre voix.

FARNBOROUGH, v. de Grande-Bretagne (Hampshire), au S.-O. de Londres ; 41 300 hab. Exposition aéronautique. – Aux environs, académie militaire de Sandhurst.

FARNÈSE, famille italienne, originaire du Latium, qui remontait sans doute au Xe s., et régna sur le duché de Parme et Plaisance de 1545 à 1731. — ALESSANDRO devint pape en 1534 sous le nom de Paul III*. — GIULIA (1474-1524), sœur du précédent, épousa Orsino Orsini. — PIER LUIGI (Canino 1503 -Plaisance 1547) reçut de son père le pape Paul III le duché de Parme et Plaisance (1545) détaché des États de l'Église. Il fut assassiné en 1547, à l'instigation de Charles Quint, peut-être par Fernand de Gonzague qui occupa son duché. — ALESSANDRO (Valentano 1520 - Rome 1589), fils du précédent, cardinal, fit construire le palais Farnèse à Caprarola (1559-1573) et l'église du Gesù à Rome. — OTTAVIO (1524-1586), frère du précédent, époux (1538) de Marguerite d'Autriche, fille naturelle de Charles Quint, reprit possession du duché de Parme et Plaisance en 1550. — ALEXANDRE **Farnèse,** fils du précédent → ALEXANDRE. — ÉLISABETH **Farnèse,** nièce du dernier duc de Parme Antonio → ÉLISABETH.

Farnèse *(palais),* nom de deux palais de la famille Farnèse : l'un, à Rome, entrepris en 1515 par A. de Sangallo le Jeune, achevé par Michel-Ange (étage supérieur) et Della Porta (loggia arrière, 1589), décoré par les Carrache, est aujourd'hui siège de l'ambassade de France et de l'École française de Rome ; l'autre, à Caprarola (près de Viterbe), construit de 1559 à 1573 par Vignole, pentagone avec cortile circulaire et salles décorées de fresques par F. Zuccari et d'autres artistes, est aujourd'hui la résidence d'été du président de la République italienne.

Farnésine *(villa),* demeure construite à Rome par B. Peruzzi (1508-1511) et décorée par Raphaël (*la Galatée,* 1511), G. Romano, Peruzzi, Sebastiano del Piombo, le Sodoma *(les Noces d'Alexandre et de Roxane)*. Elle abrite le cabinet national italien des Estampes. En 1878, on dégagea, dans ses jardins, une villa romaine (v. 20 av. J.-C.) ornée de peintures murales et de décors de stuc.

FARNÉSOL n. m. Alcool sesquiterpénique, extrait des essences d'ambrette, de rose et de tilleul.

FARNIENTE [farnjɛnte ou farnjɛ̃t] n. m. (ital. *farniente,* de *fare,* faire, et *niente,* rien). *Fam.* Douce oisiveté : *Aimer le farniente.*

FARO n. m. (wallon *faro,* du néerl). Bière belge additionnée de sucre et de lambic.

FARO, port du Portugal, métropole de l'Algarve ; 28 000 hab. Pêche (thon). Conserveries. Exportation de fruits et de liège. Tourisme. Aéroport.

FAROE *(îles)* → FÉROÉ *(îles).*

FARON *(mont),* sommet calcaire de la côte de Provence (Var), dominant Toulon ; 542 m. — Mémorial national du débarquement en Provence en 1944.

FAROUCH n. m. (provenç. *farouge,* du lat. *farrago*). Nom méridional du trèfle incarnat.

FAROUCHE adj. (anc. fr. *forasche,* du bas lat. *forasticus,* étranger, du lat. class. *foras,* dehors). **1.** Se dit d'un animal sauvage qui fuit à l'approche de l'homme. — **2.** Qui évite les contacts sociaux et dont l'abord est difficile : *Un enfant farouche.* — **3.** Qui exprime avec force, vigueur, la violence de qqn ; âpre, véhément : *Une haine farouche. Partisan farouche d'une politique.* — **4.** *Litt.* Qui est sauvage, cruel, barbare : *De farouches guerriers. Un regard farouche.* — **5.** *Litt.* Se dit d'une région sauvage, rude : *Une contrée farouche.* — **6.** Fam. *Ne pas être farouche,* en parlant d'une femme, se laisser facilement courtiser.

FAROUCHEMENT adv. D'une manière farouche, violente : *Il est farouchement hostile à toute réforme.*

FAROUK ou **FĀRŪQ** (Le Caire 1920 - Rome 1965), roi d'Égypte (1937-1952) et du Soudan (1951-52). Fils et successeur de Fu'ād Ier, il s'opposa au parti Wafd jusqu'en 1942. Il fut défait en Palestine, en 1948. Il abdiqua en 1952 après le coup d'État de Nasser et s'exila.

FARQUHAR, îles de l'océan Indien, partie de la République des Seychelles depuis 1976.

FARQUHAR (George), acteur et auteur dramatique irlandais (Londonderry, Irlande, 1678 - Londres 1707). Ses comédies valent surtout par l'habileté de l'intrigue (*le Sergent recruteur,* 1706 ; *le Stratagème des petits-maîtres,* 1707).

FARRAGUT (David Glasgow), amiral américain (près de Knoxville, Tennessee, 1801-Portsmouth, New Hampshire, 1870). Il se distingua avec les forces nordistes pendant la guerre de Sécession, lors de la prise de La Nouvelle-Orléans (1862) et fut placé à la tête de l'escadre de l'Atlantique (1867).

FARRELL (James Thomas), romancier américain (Chicago 1904 - New York 1979). Son cycle romanesque consacré à la vie d'un petit Irlandais de Chicago (*Young Lonigan,* 1932 ; *le Jugement dernier,* 1935) et ses romans autobiographiques (*Un monde que je n'ai jamais fait,* 1936) ont fait de lui le maître du réalisme littéraire américain.

FARRELL (Suzanne FICKER, dite **Suzanne**), danseuse américaine (Cincinnati 1945). Attachée au New York City Ballet, elle est étoile en 1965, et crée aux côtés de Jacques D'Amboise des œuvres de G. Balanchine : *Meditations* (1963), *Brahms-Schönberg Quartet* (1966), *Jewels* (*les Bijoux,* 1967). Elle passe ensuite au Ballet du XXe siècle, où elle crée plusieurs œuvres de M. Béjart. À partir de 1975, elle retourne au New York City Ballet.

FARRÈRE (Frédéric Charles Bargone, dit **Claude**), écrivain français (Lyon 1876-Paris 1957). Officier de marine, émule de Pierre Loti, il publia des romans empreints d'exotisme (*les Civilisés,* 1906 ; *les Petites Cousines,* 1953). [Acad. fr., 1935.]

FARRHĀNĪ (Muḥammad ou Aḥmad ibn Kathīr **al-**) ou **ALFRAGANUS**, astronome arabe (ixe s.), originaire du Fergana. Il a composé un *Livre de la science des étoiles et des mouvements célestes.*

FARRUKHĀBĀD, v. de l'Inde (Uttar Pradesh) ; 161 000 hab. Coton. Cité sainte des bouddhistes.

FARRUKH-SIYAR (Aurangābād v. 1683-Delhi 1719), 9e empereur moghol de l'Inde (1713-1719).

FĀRS, prov. d'Iran, qui s'étend sur le sud-est des chaînes du Zagros et les plaines voisines en bordure du golfe Persique ; 133 000 km^2 ; 2 021 000 hab. Ch.-l. *Chirāz.* Cette région a été le berceau du peuple perse, premier unificateur politique de l'Iran.

FĀRSI n. m. Nom que les Iraniens donnent à leur propre langue (le persan).

FART [fart ou far] n. m. (norv. *fart,* vitesse). Produit dont on enduit la semelle du ski pour en améliorer la glisse.

FARTAGE n. m. Action de farter des skis ; fait d'être enduit de fart.

FARTER v. t. (conj. **3**). Enduire de fart la semelle d'un ski.

FARTHING [-ziɲ] n. m. (angl. *farthing*). Anc. monnaie britannique valant un quart de penny.

FĀRŪQ → Farouk.

FAR WEST [far wɛst] n. m. (angl. *far,* loin, et *west,* ouest). **1.** Nom donné aux États-Unis, à la fin du xixe s., aux territoires situés à l'ouest du Mississippi. — **2.** *Fam.* Endroit où règne la loi du plus fort.

FAS adj. (abrév. des mots angl. *free alongside ship,* franco le long du navire). *Vente fas,* vente maritime dans laquelle le prix convenu comprend tous les frais que supporte la marchandise jusqu'au moment où le vendeur la livre le long du navire désigné par l'acheteur.

FASCE [fas] n. f. (lat. *fascia,* bande). **1.** Bandeau, partie plate des architraves, des archivoltes, des chambranles, etc. (L'architrave corinthienne est à trois fasces.) — **2.** Pièce héraldique formée par deux lignes parallèles traversant l'écu horizontalement.

FASCÉ, E adj. et n. m. En héraldique, se dit d'un écu ou d'un quartier qui est divisé en un nombre pair de parties égales d'émaux alternés, dans le sens de la fasce.

FASCI [faʃi], abrév. de *Fasci dei lavoratori* (Faisceaux des travailleurs), groupements d'ouvriers agricoles et d'ouvriers mineurs grévistes constitués en Sicile à la suite de l'agitation provoquée, en 1893, par l'insuffisance des salaires. Ce mouvement fut réprimé par Crispi. (→ fascio.)

FASCIA [fasja] n. m. (pl. *fascias* ou *fasciae*) [lat. *fascia,* bande]. Formation aponévrotique, membrane tantôt fibreuse, tantôt celluleuse, qui recouvre ou enveloppe un muscle ou une région.

FASCIATION [fasja-] n. f. (lat. *fascia,* bande). Anomalie dans laquelle les tiges, les rameaux, les pétioles ou les pédoncules sont concrescents et forment une lame plus ou moins aplatie.

FASCICULATION [fasi-] n. f. **1.** Disposition en fascicules, en faisceaux. — **2.** Contraction musculaire parcellaire et spontanée, visible à la surface d'un muscle.

FASCICULE [fasi-] n. m. (lat. *fasciculus,* de *fascis,* fagot). **1.** Cahier ou groupe de cahiers d'un ouvrage publié par fragments successifs : *Une histoire de France publiée en fascicules.* — **2.** *Fascicule budgétaire,* document annexé au projet de loi de finances détaillant les crédits affectés à chaque ministère. ‖ *Fascicule horaire,* recueil des horaires de tous les trains d'une section de ligne. ‖ *Fascicule de mobilisation,* document interarmées destiné à informer les disponibles et les réservistes de la conduite à tenir en cas de mobilisation.

FASCICULÉ, E [fasi-] adj. (de *fascicule*). **1.** Qui est réuni en touffe, ou en faisceau, en particulier les racines, lorsqu'elles sont égales, nombreuses et peu ramifiées. (S'oppose à *racines pivotantes.*) — **2.** *Pilier fasciculé,* pilier formé d'un faisceau d'au moins cinq colonnes ou colonnettes jointives. ‖ *Tumeur fasciculée,* tumeur constituée de faisceaux de fibres ou de cellules fusiformes.

FASCIÉ, E [fasje] adj. Se dit d'un organe d'un animal qui porte des bandes droites ou ondulées transversales.

FASCINAGE [fasi-] n. m. **1.** Action de confectionner des fascines ; ces fascines elles-mêmes. — **2.** Matelas constitué de fascines servant de fondation de digues en terrain susceptible d'être affouillé.

FASCINANT, E [fasi-] adj. (de *fasciner*). Qui exerce un vif attrait, éblouit : *Une beauté fascinante. Un être fascinant.*

FASCINATEUR, TRICE [fasi-] adj. (bas lat. *fascinator*). *Litt.* Qui immobilise par une sorte d'hypnose, qui subjugue : *Un regard fascinateur.*

FASCINATION [fasi-] n. f. (lat. *fascinatio, -onis,* enchantement, charme). **1.** Action de fasciner, fait d'être fasciné, hypnotisé : *La fascination qu'exerce la flûte sur les serpents.* — **2.** Attrait irrésistible, prestige, séduction : *Cette musique exerce une véritable fascination sur les auditeurs.*

FASCINE [fasin] n. f. (lat. *fascis,* fagot, avec l'infl. de l'ital. *fascina*). Fagot de branchages liés par des harts, en bois ou en fer, et employé dans les travaux du génie civil ou militaire.

1. FASCINER [fasi-] v. t. (lat. *fascinare,* de *fascinum,* charme) [conj. 3]. **1.** Attirer, dominer, immobiliser un être vivant en le privant de réaction défensive par la seule puissance du regard : *Le serpent a fasciné l'oiseau.* — **2.** Attirer irrésistiblement le regard de qqn : *Le feu le fascinait.* — **3.** Être pour qqn un objet privilégié de pensée, de désir, etc. : *La mort est un problème qui m'a toujours fasciné.* — **4.** Exercer sur qqn une attraction puissante : *Les enfants l'écoutaient, fascinés.*

2. FASCINER [fasi-] v. t. (de *fascine*) [conj. 3]. Garnir de fascines.

FASCIO [faʃjo], mot ital. (pl. *fasci*) signif. *faisceau* et qui a désigné, en Italie, une ligue d'action politique ou d'action sociale. En 1917, des sénateurs et des députés nationalistes formèrent, en dehors des partis, un fascio ou groupe d'union nationale. Unis par un sentiment national et un désir d'ordre, apparurent des fasci provinciaux, mais l'expérience se heurta à des préoccupations électorales. Cette conception de l'organisation, reprise par Mussolini, sera réalisée par le « fascisme ».

FASCIOLOSE ou **FASCIOLASE** [fasjo-] n. f. Maladie parasitaire due à la présence de *Fasciola hepatica* (grande douve) ou de *F. gigantea* dans les voies biliaires.
ENCYCL. La fasciolose est une distomatose hépato-biliaire dont le réservoir de virus est constitué par les ovins et les bovins (→ DOUVE). Chez l'homme, la parasitose entraîne d'abord de la fièvre, de l'asthénie, des manifestations allergiques, puis un amaigrissement et des signes hépatiques.

FASCISANT, E [-ʃi- ou -si-] adj. Proche du fascisme ; qui rappelle le fascisme : *Les tendances fascisantes d'une junte militaire.*

FASCISATION [-ʃi- ou -si-] n. f. Action de fasciser ; fait d'être fascisé.

FASCISER [-ʃi- ou -si-] v. t. (de *fascisme*) [conj. 3]. Introduire des méthodes fascistes ou inspirées du fascisme dans un régime, une organisation : *Le coup d'État militaire a fascisé le pays.*

FASCISME [-ʃism ou -sism] n. m. (ital. *fascismo,* de *fascio,* faisceau). **1.** Régime établi en Italie de 1922 à 1945, fondé sur la dictature d'un parti unique, l'exaltation nationaliste et le corporatisme. (→ *encycl.* Hist.) — **2.** Doctrine ou tendance visant à installer un régime autoritaire rappelant le fascisme italien ; ce régime lui-même. (→ *encycl.* Polit.) — **3.** Attitude autoritaire, arbitraire, violente et dictatoriale imposée par qqn à un groupe quelconque, à son entourage.
ENCYCL. **Hist.** Lors de la crise économique et morale qui frappe l'Italie au lendemain de la Première Guerre mondiale, une organisation, groupant sous le nom de « Faisceaux italiens de combat » (Chemises noires) les éléments qui ont favorisé l'intervention de l'Italie dans la guerre et des soldats démobilisés, est fondée à Milan le 23 mars 1919 par Mussolini, qui esquisse un programme d'action politico-social (journée de huit heures, salaire minimum garanti, représentation proportionnelle garantie aux élections). Durant les grandes grèves de 1920, des corps de volontaires animés par des fascistes, soutenus par les propriétaires terriens et les industriels, et subventionnés par les possédants, organisent des « expéditions punitives » contre les syndicats ouvriers et les coopératives socialistes. En 1921, le mouvement se transforme en parti national fasciste auquel la crise ministérielle de 1922 laisse la voie libre pour la prise du pouvoir. En octobre, Mussolini est appelé par le roi Victor-Emmanuel III à former un gouvernement et les Chemises noires entrent à Rome. Mussolini impose alors un régime dictatorial fondé sur l'obéissance absolue à un homme, le *Duce* (Mussolini). Chef du gouvernement, doté de l'essentiel des pouvoirs, celui-ci s'appuie sur un parti unique, le parti fasciste, lequel est officiellement dirigé par le Grand Conseil du fascisme et est chargé de la propagande et du maintien de l'ordre grâce à la milice. L'économie s'oriente vers l'autarcie, des corporations sont instaurées (1934), soumettant au contrôle de l'État aussi bien les patrons que les ouvriers. À partir de 1927, le régime entreprend de grandes réalisations (bonification des marais Pontins, industrialisation accélérée, etc.). À l'extérieur, le régime veut donner à l'Italie un empire colonial (conquête de l'Éthiopie, 1935-36), apporte une aide militaire au général Franco dans la guerre civile d'Espagne, lie son sort à celui du national-socialisme (pacte d'Acier, 1939) et intervient en juin 1940 aux côtés de Hitler. La guerre discrédite le régime et les défaites provoquent son effondrement (juill. 1943). Après sa libération par les parachutistes allemands (sept.), Mussolini tente de restaurer le régime fasciste en organisant autour de Salo la République sociale italienne, qui s'effondre en 1945.
— **Polit.** Étendu à d'autres régimes qu'à celui de l'Italie fasciste, le terme « fascisme » s'applique à un système politique qui se caractérise par un rejet catégorique du socialisme et de l'égalita-

risme démocratique. Tous les aspects de la vie politique, économique et sociale sont rigoureusement réglementés, sous l'autorité d'un État centralisé et hiérarchiquement organisé, qui possède le monopole des moyens d'expression et qui organise des revues, des parades, etc., pour exalter le sentiment national. La liberté de la personne est étroitement contrôlée au nom de la collectivité : encadrement des travailleurs par catégories professionnelles, suppression des syndicats, exaltation d'un modèle familial patriarcal autoritaire. Les versions du fascisme sont nombreuses : hitlérisme, franquisme, etc. Cependant le régime fasciste, qui s'appuie toujours sur les classes moyennes et les petits-bourgeois, se veut d'abord « révolutionnaire », favorable même à d'autres couches sociales victimes de l'exploitation, puis se renforce par l'appareil politico-militaire (armée, parti unique) et subsiste ensuite grâce à l'appui du grand capital.

FASCISTE [-ʃist ou -sist] adj. (ital. *fascista*). **1.** Qui relève du fascisme ou d'un régime analogue. — **2.** Qui traduit des tendances dictatoriales et violentes.

◆ adj. et n. **1.** Partisan du fascisme, d'un régime dictatorial. — **2.** Qui impose une autorité arbitraire, dictatoriale et violente à son entourage. (Abrév. pop. FACHO.)

FASEYER [fazeje] v. i. (p.-ê. moyen néerl. *faselen*, se mouvoir violemment) [conj. **12**]. En parlant d'une voile orientée dans l'axe du vent, flotter à la manière d'un pavillon.

FASHER (El-), en ar. **al-Fāchir,** v. du Soudan, ch.-l. du Darfour ; 30 000 hab. Anc. capitale des sultans du Darfour.

FASSBINDER (Rainer Werner), cinéaste allemand (Bad Wörishofen 1945 - Munich 1982). Il s'est imposé au cours des années 70 comme l'un des réalisateurs allemands les plus novateurs. Il a réalisé *L'amour est plus froid que la mort* (1969), *Katzelmacher* (1969), *le Soldat américain* (1970), *le Marchand des quatre-saisons* (1971), *les Larmes amères de Petra von Kant* (1972), *Tous les autres s'appellent Ali* (1974), *le Droit du plus fort* (1975), *Maman Kusters s'en va au ciel* (1975), *l'Année des treize lunes* (1978), *Despair* (1978), *le Mariage de Maria Braun* (1979), *Lili Marlène* (1980), *le Secret de Veronika Voss* (1982), *Querelle* (1982).

FASSURE → FAÇURE.

1. FASTE n. m. (bas lat. *fastus*, luxe). Étalage de magnificence, déploiement de tous les signes extérieurs du luxe : *Le faste d'une cérémonie.*

2. FASTE adj. (lat. *fastus dies*, jour faste). **1.** Se dit d'une période favorable, heureuse : *Jour faste.* — **2.** Se disait, chez les Romains, des jours où il était permis de rendre la justice et, plus généralement, de se livrer à certains actes publics ou privés.

FASTES n. m. pl. (lat. *fasti dies*, jours fastes). **1.** *Litt.* Ensemble d'événements mémorables conservés dans la mémoire historique d'un pays, d'une institution : *Les fastes de l'Empire.* — **2.** Chez les Romains, calendrier établi par les pontifes et opposant les jours fastes aux jours néfastes ; liste annuelle des noms des magistrats éponymes, les consuls *(fastes consulaires)* ; liste des triomphes *(fastes triomphaux).*

Fastes *(les)*, poème inachevé d'Ovide (3-8 apr. J.-C.) qui, pour chaque jour de l'année, décrit les phénomènes célestes et les fêtes, dont il relate les origines.

FAST FOOD [fastfud] n. m. (pl. *fast foods*) [amér. *fast food*, nourriture rapide]. **1.** Type de restauration axé sur la distribution, à toute heure et pour un prix peu élevé, de quelques produits dont la préparation est entièrement automatisée et qui peuvent être consommés sur place ou emportés sous emballage. (Syn. RESTAURATION RAPIDE.) — **2.** Les produits servis par ce type de restauration. (Syn. PRÊT-À-MANGER.) — **3.** Le restaurant lui-même.

FASTIDIEUSEMENT adv. De façon fastidieuse.

FASTIDIEUX, EUSE adj. (lat. *fastidiosus*, de *fastidium*, dégoût). Qui rebute par l'uniformité, la répétition, la durée : *Les tâches fastidieuses du ménage.*

FASTIGIÉ, E adj. (bas lat. *fastigiatus*, du lat. class. *fastigium*, faîte). Se dit des arbres au feuillage dressé et serré formant une pyramide étroite et élancée, comme le cyprès.

FASTNET, îlot rocheux, surmonté d'un phare et situé au large de la côte sud-ouest de l'Irlande. Le Fastnet a donné son nom à une course-croisière de 975 km en haute mer, organisée tous les deux ans depuis 1925.

FASTOLF (*sir* John), capitaine anglais (v. 1378-1459). Il se distingua à Azincourt (1415), et devint gouverneur de l'Anjou et du Maine (1423-1426). Il remporta la bataille de Verneuil (1424), mais fut vaincu par Jeanne d'Arc à Patay (1429). Il a servi de modèle au Falstaff de Shakespeare.

FASTUEUSEMENT adv. De façon fastueuse.

FASTUEUX, EUSE adj. (bas lat. *fastuosus*, du lat. class. *fastosus*). **1.** Qui aime le faste : *Cour fastueuse.* — **2.** Qui témoigne d'un grand luxe, somptueux : *Vie fastueuse.*

FAT, E [fa, -at ou fat] adj. et n. m. (anc. provenç. *fat*, sot, du lat. *fatuus*). *Litt.* Vaniteux ; prétentieux.

FATAL, E, ALS adj. (lat. *fatalis,* de *fatum,* destin). **1.** Qui doit nécessairement arriver ; inévitable : *La guerre n'est pas fatale.* – **2.** *Fam.* Qui est prévu et qui ne manque pas d'arriver : *Et après, l'entrée, le fatal gigot aux haricots.* – **3.** Qui entraîne des conséquences désastreuses, la ruine : *Décision fatale à son entreprise.* – **4.** Qui entraîne la mort, qui est le signe de la mort : *Porter un coup fatal.* – **5.** Se dit d'un sous-produit, valorisable ou non, qui est inévitablement généré dans le processus de production ou de transformation d'un bien. – **6.** *Femme fatale,* femme au charme irrésistible.

FATALEMENT adv. D'une manière inévitable ; inexorablement.

FATALISME n. m. (de *fatal*). **1.** Doctrine qui considère tous les événements comme irrévocablement fixés à l'avance par une cause unique et surnaturelle. – **2.** Attitude de qqn qui s'abandonne passivement aux événements.

FATALISTE adj. et n. **1.** Adepte du fatalisme. – **2.** Qui s'abandonne aux événements, qui les accepte avec résignation ; passif, résigné.
◆ adj. Relatif au fatalisme, qui témoigne de fatalisme : *Théorie fataliste.*

FATALITÉ n. f. (bas lat. *fatalitas, -atis*). **1.** Destin, force occulte qui déterminerait les événements : *Accuser la fatalité.* – **2.** Caractère de ce qui est fatal, de ce qui est inévitable : *La fatalité de la mort.* – **3.** Sorte de nécessité, de détermination qui échappe à la volonté : *Une fatalité intérieure le poussait vers un acte insensé.* – **4.** Concours de circonstances fâcheuses, imprévues et inévitables ; adversité inexplicable ; malédiction : *Une sorte de fatalité accompagnait ses entreprises.*

FATCHAN → FOSHAN.

Fatḥ (al-) ou **Fataḥ,** organisation palestinienne créée en 1957-58 à Gaza et à Koweït par Yasser ʻArafāt et ses partisans, en marge de l'Organisation de libération de la Palestine (O. L. P.). Elle s'imposa à l'O. L. P. en 1968 et en devint l'organisation dominante. Des scissions notables se sont produites en 1974 (groupe d'Abū Niḍāl) et en 1983 (groupe d'Abū Mūsā).

FATḤʻALI CHĀH (1771 - Ispahan 1834), chāh d'Iran (1797-1834), de la dynastie des Qādjārs. Il dut céder la Géorgie (1813) et l'Arménie (1828) aux Russes.

FATHOM [fazəm] n. m. (angl. *fathom*). Unité anglo-saxonne de longueur, utilisée pour les profondeurs marines, équivalant à 6 *feet* ou 2 *yards* (env. 1,83 m).

FATHPŪR SĪKRĪ, v. de l'Inde (Uttar Pradesh) ; 9 500 hab. Cap. d'Akbar à 38 km d'Āgrā (1569-1586). Ensemble architectural du XVIe s. où l'art moghol islamique accueille largement les traditions indiennes (Grande Mosquée, tombeau de Salīm Tchichtī, Dīwān-i Khāṣṣ, nombreux pavillons et palais, etc.).

FATHY (Hassan), architecte égyptien (Le Caire 1900 - *id.* 1989). Il a, dès les années 40, remis en honneur la construction en terre, selon une tradition millénaire adaptée aux besoins actuels. Écologiste avant la lettre, il a exposé ses idées dans un livre, *Construire avec le peuple* (1970).

FATIANOVO, localité de Russie près de Iaroslavl. Elle a donné son nom à la culture du nord de la Russie (v. 2000 av. J.-C.) où se mêle influences occidentales, caucasiennes et asiatiques (poteries décorées au peigne, haches de cuivre ou de pierre dites « haches bateaux » ou « haches de combat »).

FATIDIQUE adj. (lat. *fatidicus,* de *fatum,* destin, et *dicere,* dire). **1.** Qui semble fixé par le destin et qui marque généralement une circonstance importante : *Heure fatidique.* – **2.** *Parole fatidique,* parole prononcée au moment fatal de la mort ; parole qui semble révéler un arrêt du destin.

FATIDIQUEMENT adv. *Litt.* De façon fatidique.

FATIGABILITÉ n. f. **1.** Propension plus ou moins grande à être fatigué. – **2.** Diminution plus ou moins importante de la force musculaire qui survient lorsqu'un effort est répété ou maintenu.

FATIGABLE adj. Sujet à la fatigue, peu résistant.

FATIGANT, E adj. **1.** Qui fatigue le corps ou l'esprit : *Travail fatigant.* – **2.** Ennuyeux, importun, lassant, embêtant, assommant : *Un collègue fatigant avec ses histoires.*

FATIGUE n. f. (de *fatiguer*). **1.** État physiologique consécutif à un effort prolongé, à un travail physique ou intellectuel intense et se traduisant par une difficulté à continuer cet effort ou ce travail. (→ *encycl.* Physiol.) – **2.** Ce qui cause cet état de lassitude (surtout pl.) : *Supporter les fatigues du voyage.* – **3.** Endommagement d'un matériau provoqué par la répétition de sollicitations mécaniques et pouvant entraîner sa rupture sous des contraintes inférieures à celles résultant d'actions statiques. (→ *encycl.* Techn.) – **4.** *Tomber, être mort de fatigue,* ne plus tenir sur ses jambes ; ressentir une très grande lassitude.
• **Agric.** Baisse de fertilité d'un sol ou mauvais rendement des récoltes, dont l'origine est mal expliquée. – **Chauss.** *Chaussures de fatigue,* gros brodequins à semelle épaisse. – **Matér.** *Essai de fatigue,* syn. de ESSAI D'ENDURANCE. – **Neurol.** *Fatigue musculaire,* diminution soit de la force, soit de la vitesse de contraction d'un muscle, apparaissant lorsque celui-ci a une activité trop importante. (Elle peut être consécutive à un apport sanguin insuffisant ou à une limitation

des phénomènes métaboliques produisant de l'énergie.)

ENCYCL. **Physiol.** Il semble que la sensation de fatigue soit due à l'interleukine 1, substance sécrétée par les monocytes et les macrophages au cours des maladies infectieuses et, dans les états de fatigue, par les astrocytes. Elle pourrait être considérée comme étant l'*hormone de la fatigue* et aurait pour antagonistes les endorphines. Dans les fatigues dues à un effort physique, il y a en plus accumulation dans l'organisme de toxines (acide lactique).

— **Techn.** Pour la plupart des aciers, il existe un effort critique au-dessous duquel la rupture n'apparaît qu'au bout d'un temps considérable, fonction de la cadence des sollicitations. Cet effort est la limite de fatigue de l'acier. L'origine de la cassure réside dans une fissure minuscule, qui s'étend progressivement jusqu'à ce qu'il ne reste plus assez de métal sain dans la section transversale pour supporter l'effort appliqué.

FATIGUER v. t. (lat. *fatigare*) [conj. 3]. **1.** Imposer à qqn, à un animal un effort qui épuise ses forces : *Cette marche prolongée avait fatigué les randonneurs.* — **2.** Soumettre un organe à un effort trop grand qui diminue ses capacités, qui altère son fonctionnement : *Le soleil fatigue les yeux.* — **3.** Causer à qqn une fatigue intellectuelle : *Trois heures de mathématiques fatiguent les élèves.* — **4.** Rebuter, lasser qqn par l'importunité, l'ennui : *Cet enfant me fatigue avec ses cris.* — **5.** Diminuer la résistance d'un matériau en lui demandant un effort trop grand : *Le poids fatigue les solives.* — **6.** *Fatiguer la salade,* la tourner longuement après l'avoir assaisonnée.

◆ v. i. **1.** En parlant d'un matériau, d'une machine, avoir à supporter un trop gros effort : *Le moteur fatigue dans les côtes.* — **2.** *Fam.* Éprouver de la fatigue, en parlant de qqn : *Il fatigue vite au volant.*

◆ **être fatigué** v. pass. **1.** Manifester un état de fatigue : *Avoir les traits fatigués.* — **2.** *Fam.* Avoir beaucoup servi, être usé, défraîchi : *Chaussures fatiguées.*

◆ **se fatiguer** v. pr., **être fatigué** v. pass. **1.** Éprouver de la fatigue : *Le malade se fatigue vite à parler.* — **2.** Se lasser de qqn, de qqch : *Ils se sont vite fatigués de cette mode. Elle s'est fatiguée de lui.* — **3.** Soumettre une partie du corps, un organe à un effort trop grand : *Avoir les yeux fatigués.* — **5.** En parlant de la voix, perdre de sa vigueur : *Sa voix s'est fatiguée à crier ainsi.*

◆ **se fatiguer** v. pr. **1.** Se donner du mal pour faire qqch : *Se fatiguer à répéter toujours la même chose.* — **2.** Fam. *Ne pas se fatiguer,* ne rien faire. ‖ Fam. *(Ne) te fatigue pas,* ne te donne pas la peine de fournir des explications.

FĀTIḤA, mot ar. signif. *Celle qui ouvre (le Coran)* et désignant la première sourate du Coran, élément fondamental du rituel quotidien de la prière.

FÁTIMA, v. du Portugal, sur les plateaux d'Estrémadure (distr. de Santarém). Lieu de pèlerinage depuis qu'en 1917 trois jeunes bergers déclarèrent avoir été les témoins de six apparitions de la Sainte Vierge et de phénomènes surnaturels.

FĀṬIMA, fille de Mahomet et de Khadīdja (La Mecque v. 616 - Médine 633). Épouse d'ʿAlī et mère de Ḥasan et de Ḥusayn, elle est vénérée par les musulmans.

FĀṬIMIDES, dynastie chīʿite ismaélienne qui régna en Afrique du Nord-Est (Ifrīqiya) puis en Égypte, de 909 à 1171.

Elle fut fondée par ʿUbayd Allāh al-Mahdī qui fut proclamé à Kairouan en 909-910 le descendant du septième imām, Ismāʿīl, et donc le calife légitime de tous les musulmans. Son autorité fut menacée au Maghreb par la révolte khāridjite (943-947) et définitivement rejetée par les Zīrīdes en 1051-52. Le calife al-Muʿizz (953-975) fit conquérir l'Égypte en 969 et s'installa au Caire en 973. Les Fāṭimides ne purent s'établir solidement en Syrie du Sud et en Palestine qu'al-Mustanṣir (1036-1094) dut céder, en 1076, aux Seldjoukides, alliés des ʿAbbāssides. L'Égypte fāṭimide, dont la population resta sunnite, fut prospère grâce au commerce international. Elle connut un remarquable essor culturel (création de l'université d'al-Azhar). Mais, affaiblie par les révoltes, elle ne put résister aux attaques des croisés. Saladin renversa en 1171 le calife al-ʿĀḍid (1160-1171).

FATIO DE DUILLIER (Nicolas), horloger anglais d'origine bâloise (Bâle 1664 - Worcestershire 1753). Il introduisit en 1700 l'usage des rubis percés comme coussinets en horlogerie.

FATMA n. f. (ar. *fāṭma*). Femme musulmane.

FĀṬMA → FĀṬIMA.

FATRAS [-tra] n. m. (p.-ê. lat. pop. *farsuraceus,* du bas lat. *farsura,* remplissage). **1.** Amas confus, hétéroclite de choses sans valeur : *Un fatras de vieux papiers.* — **2.** Ensemble incohérent d'idées, de paroles, etc. : *Un fatras de préjugés.*

FATRASIE n. f. (de *fatras*). Genre littéraire du Moyen Âge, qui consistait en un ensemble de pièces satiriques.

FATRY (les), montagnes boisées de Slovaquie, à l'O. des Tatry, qui séparent le bassin du Hron de celui du Váh ; 1 711 m.

FATSIA n. m. Arbuste de Chine et du Japon (araliacée) à grandes feuilles toujours vertes, très découpées et brillantes. (*Fatsia papyrifera* entre dans la fabrication du célèbre papier de Chine. *F. japonica* est une espèce semi-rustique, très ornementale, cultivée en appartement et dans les jardins.)

FATTORI (Giovanni), peintre et graveur italien (Livourne 1825 - Florence 1908). Personnalité importante du groupe des *macchiaioli,* il a mené des recherches de pleinairisme (scènes militaires du Risorgimento, thèmes ruraux, portraits).

FATTY (Roscoe ARBUCKLE, dit), acteur comique du cinéma muet américain (Smith Center, Kansas, 1881 - New York 1933). Son surnom a pour origine son obésité, qui provoquait les rires. Après avoir fait du théâtre et du music-hall, il vint au cinéma en 1908, et tourna jusqu'en 1920 une série de courts métrages.

FATUITÉ n. f. (lat. *fatuitas, -atis,* de *fatuus,* sot). Contentement excessif de soi qui se manifeste par une vanité insolente.

FATUM, dieu romain du Destin.

FAU [fau] n. m. (anc. provenç. *fau,* de l'anc. fr. *fou,* hêtre). Nom régional du hêtre.

FAUBERT n. m. (p.-ê néerl. *zwabber*). **1.** Balai de fils de caret, servant à essuyer le pont d'un navire. – **2.** Ensemble de vieux filets pour draguer les oursins.

FAUBOURG n. m. (anc. fr. *forsborc,* de *fors,* hors de, et *borc,* bourg, avec l'infl. de *faux*). **1.** Partie d'une ville située en dehors de l'enceinte. – **2.** Nom conservé par un quartier situé jadis en dehors de l'enceinte de la ville : *Le faubourg Saint-Antoine.* – **3.** Quartier situé à la périphérie d'une ville ; banlieue (surtout pl.) : *On aperçoit les faubourgs de Lyon.* – **4.** *Vx.* Quartier populaire périphérique ; population ouvrière de ce quartier (surtout pl.).

FAUBOURIEN, ENNE adj. Qui a rapport aux faubourgs, aux quartiers populaires : *Accent faubourien.*

FAUCARD n. m. (picard *faucard,* de *fauquer,* faucher). Sorte de faux munie d'un long manche ou système de faux articulées pour couper les herbes dans les étangs et les rivières.

FAUCARDAGE ou **FAUCARDEMENT** n. m. Action de faucarder.

FAUCARDER v. t. (de *faucard*) [conj. 3]. Faucher les végétaux aquatiques avec un faucard ou une faucardeuse.

FAUCARDEUR n. m. Embarcation utilisée pour le faucardage.

FAUCARDEUSE n. f. Machine placée sur une embarcation et servant à faucarder.

FAUCHAGE n. m. **1.** Action de couper l'herbe ou les céréales à la faux ou avec une faucheuse. (Syn. FAUCHAISON, FAUCHE.) – **2.** Procédé de tir d'un canon ou d'une mitrailleuse, utilisé pour battre méthodiquement une zone de terrain, de part et d'autre d'une direction de tir ou d'un objectif. – **3.** Au football, irrégularité consistant à déséquilibrer le possesseur du ballon par un croc-en-jambe ou un mouvement de ciseau des jambes.

FAUCHAISON n. f. **1.** Syn. de FAUCHAGE. – **2.** Époque du fauchage des prairies.

FAUCHARD n. m. (anc. fr. *faucard,* avec l'infl. de *faucher*). Serpe à long manche et à deux tranchants, en forme de double croissant, servant à couper les branches des arbres.

FAUCHE n. f. **1.** Syn. de FAUCHAGE. – **2.** *Pop.* Vol, chose volée : *Il y a de la fauche dans l'établissement.* – **3.** *Pop.* Fait d'être fauché, de n'avoir plus le sou : *La fauche des fins de mois.* – **4.** *Prairie de fauche,* prairie destinée à être fauchée pour la production de foin.

FAUCHÉ, E n. *Pop.* Personne qui n'a pas d'argent.

FAUCHÉE n. f. **1.** Quantité d'herbe qu'un faucheur peut couper dans une journée ou avant d'affûter de nouveau sa faux. – **2.** Largeur du coup de faux.

FAUCHER v. t. (lat. pop. *falcare,* du lat. class. *falx, falcis,* faux) [conj. 3]. **1.** Couper l'herbe ou les céréales à la faux ou avec une machine. – **2.** En parlant du vent, de la pluie, etc., abattre, détruire des plantes : *La grêle a fauché les blés.* – **3.** Couper qqch avec un instrument tranchant : *La scie mécanique lui faucha deux doigts.* – **4.** Tuer, abattre qqn, en parlant d'une arme ou de la mort : *Une rafale de mitraillette les a fauchés dans la rue.* – **5.** Renverser qqn : *Il le faucha d'un croc-en-jambe en pleine course.* – **6.** *Pop.* Voler, prendre qqch à qqn ; barboter : *On m'a fauché mon portefeuille.* – **7.** Exécuter un tir de fauchage.

◆ **être fauché** v. pass. Fam. *Être fauché (comme les blés),* ne pas avoir d'argent. ‖ Pop. et ironiq. *N'être pas fauché avec qqch, qqn,* ne pas être déçu.

FAUCHER (César et Constantin), généraux français, frères jumeaux (La Réole 1760-Bordeaux 1815). Capitaines dans un corps de volontaires, ils furent nommés généraux après avoir été blessés en Vendée (11 oct. 1793). Ralliés à Napoléon pendant les Cent-Jours, ils furent inculpés pour avoir constitué un dépôt d'armes (juill. 1815) et fusillés.

FAUCHER (Louis Eugène), général français (Saivres, Deux-Sèvres, 1874 - Saint-Maixent, Deux-Sèvres, 1964). Chef de la mission militaire française de Prague, il fut chargé d'organiser l'armée tchécoslovaque de 1926 à 1938, date à laquelle il démissionna pour protester contre les accords de Munich. Il mit sur pied des unités tchèques en France (1939). Entré dans la Résistance dès 1940, il fut déporté en 1944.

FAUCHET n. m. Râteau à dents de bois pour ramasser l'herbe fauchée.

FAUCHET (Claude), évêque et Conventionnel français (Dornes, Nivernais, 1744 - Paris 1793). Gagné à la Révolution, évêque constitutionnel du Calvados (1790), opposé au mariage des prêtres, il fut guillotiné.

1. FAUCHEUR, EUSE n. **1.** Personne qui fauche avec une faux. — **2.** *Litt.* Personne qui abat, supprime : *Faucheur de têtes.* – **3.** *Fam.* Personne qui vole, qui fauche. — **4.** *Faucheurs polonais,* paysans insurgés enrégimentés en 1793 par Kościuszko dans la milice de Cracovie. (Devenus le symbole de la volonté d'indépendance polonaise, les faucheurs reparurent lors des insurrections de 1831, 1848 et 1863.)
◆ **faucheuse** n. f. **1.** Machine servant à faucher l'herbe, etc. (→ *encycl.*) — **2.** Litt. *La Faucheuse,* la mort.
ENCYCL. La *faucheuse à barre de coupe,* traînée ou semi-portée par le tracteur, comporte essentiellement une lame sur laquelle sont rivetées des sections. La lame est animée d'un mouvement alternatif rectiligne dans un guide constitué par le porte-lame garni de doigts. Elle tend à être remplacée par la *faucheuse rotative,* dans laquelle les assiettes portant des couteaux articulés ou des sections sont entraînées en rotation rapide par un ensemble de pignons disposé dans une poutre creuse traînant sur le sol.

2. FAUCHEUR ou **FAUCHEUX** n. m. (de *faucheur 1*). Arachnide aux pattes très longues et grêles, des prairies et des maisons. (Leur abdomen segmenté, l'absence de venin et de soie distinguent les faucheurs des araignées.)

FAUCHON n. m. (de *faucher*). **1.** Sorte de faux voisine de la sape. – **2.** Faux garnie d'un râteau pour soutenir les herbes coupées.

FAUCIGNY, région herbagère et forestière des Préalpes françaises du Nord, entre le Chablais et les Bornes, drainée par l'Arve et le Giffre. Industrie (alimentation, mécanique de précision) ; tourisme. (Hab. *Faucignerands.*)

FAUCILLE n. f. (bas lat. *falcicula*). **1.** Instrument constitué d'une lame de fer courbe, emmanchée dans une poignée de bois, dont on se sert pour couper l'herbe et les céréales. – **2.** Plume arquée de la queue du coq. – **3.** *La faucille et le marteau,* emblème de l'U. R. S. S. et des partis communistes, symbolisant l'union des paysans et des ouvriers.

FAUCILLE *(col de la),* col du Jura français, à la limite de la zone franche (Ain), sur la route de Gex à Morez ; 1 320 m. Sports d'hiver.

FAUCILLON n. m. Petite faucille.

FAUCON n. m. (lat. *falco, -onis*). **1.** Oiseau rapace diurne, parfois domestiqué pour la chasse, et d'une taille plutôt petite, tel que le hobereau, le pèlerin, l'émerillon, le gerfaut, le lanier et le sacre, ou la crécerelle, non utilisée en fauconnerie. — **2.** Dans un gouvernement, partisan de la manière forte, par oppos. à *colombe.* — **3.** Pièce d'artillerie en usage aux XVIe et XVIIe s.

Faucon maltais (*le*), roman de Dashiell Hammet (1930). John Huston en tira un film noir (1941), prototype du genre, qui imposa le personnage de Humphrey Bogart.

FAUCONNEAU n. m. **1.** Jeune faucon. — **2.** Pièce d'artillerie, réduction du faucon, en usage du XVIe au XVIIIe s.

FAUCONNERIE n. f. **1.** Art d'élever et de dresser les oiseaux de proie pour la chasse, en partic. les faucons. — **2.** Chasse au moyen de ces oiseaux. — **3.** Lieu où l'on élève les faucons pour la chasse.
ENCYCL. La fauconnerie est née en Asie. En France, elle connaît son apogée sous Louis XIII. On distingue la fauconnerie de *haut vol* (gerfauts, hobereaux, pèlerins) et celle de *bas vol* (autours, éperviers). Le fauconnier porte sur le poing gauche l'oiseau de chasse tête couverte du chaperon. Les autours et éperviers attaquent d'un vol direct et empiètent rapidement leur prise. Les faucons s'élèvent d'abord, puis fondent sur leur gibier, qu'ils frappent en plein vol de leurs serres, ou avillons.

FAUCONNIER n. m. (lat. médiév. *falconarius*). Celui qui dresse les oiseaux de proie pour la chasse.

FAUCRE n. m. (anc. fr. *fautre*). Support fixé sous le bras, sur le côté droit de la cuirasse, et qui servait à maintenir la lance horizontale.

FAUDESTEUIL n. m. (germ. *faldestoel*). Siège pliant du Moyen Âge, en forme d'X, sans bras ni dossier.

FAUFIL n. m. (de *faufiler*). **1.** Fil utilisé pour faufiler. — **2.** Point de bâti allongé, servant de tracé à l'exécution de la couture.

FAUFILAGE n. m. Action de faufiler.

1. FAUFILER v. t. (anc. fr. *forfiler,* de *fors,* en dehors, et *filer,* avec l'infl. de *faux*) [conj. 3]. Coudre provisoirement à longs points, avant l'exécution définitive.

2. FAUFILER v. t. (de *faufiler 1*) [conj. 3]. Introduire adroitement la main, le bras, etc., qqpart : *Faufiler sa main dans le tiroir entrouvert.*
◆ **se faufiler** v. pr. S'introduire adroitement qqpart ; se glisser : *Se faufiler dans la foule.*

FAUGA (Le) [31410], comm. de la Haute-Garonne, à 8 km au S.-S.-O. de Muret ; 890 hab. Soufflerie (pour l'industrie aéronautique).

FAULKNER (William Harrison FALKNER, dit **William**), écrivain américain (New Albany, Mississippi, 1897 - Oxford, Mississippi, 1962). Issu d'une vieille famille du sud des États-Unis, il fait de son sol natal la matière d'une épopée : le comté imaginaire de Yoknapatawpha, où la fatalité est le moteur essentiel de cet univers tragique. Les personnages, frappés par la malédiction du Sud, marqués par l'emprise du passé, l'hérédité, les préjugés de race, n'échappent pas à la déchéance, à l'inceste, au meurtre. Chaque aventure individuelle est le symbole du drame collectif (*le Bruit* et la fureur,* 1929 ; *Sartoris,* 1929 ; *Sanctuaire**, 1931 ; *Lumière d'août,* 1932 ; *Absalon ! Absalon !**, 1936 ; *Requiem pour une nonne,* 1951). Retours en arrière, multiplicité des narrateurs, éclatement du temps du récit — dépourvu de dynamique et orienté vers un âge d'or perdu — caractérisent sa technique littéraire. (Prix Nobel de littérature 1949).

FAULKNER (Brian Arthur Deane, *lord* FAULKNER DE DOWNPATRICK), homme politique irlandais (en Irlande du Nord 1921 - près de Saintfield, Irlande du Nord, 1977). Chef du groupe parlementaire unioniste en 1949, plusieurs fois ministre (1959-1971), Premier ministre (1971-72), puis président du Conseil exécutif (1973-74), il ne put faire admettre le principe du partage du pouvoir entre catholiques et protestants.

FAULQUEMONT (57380), ch.-l. de cant. de la Moselle, sur la Nied ; 5 505 hab. *(Faulquinois).* Chaudières.

FAUNA, divinité romaine, sœur-épouse de Faunus, diseuse de bonne aventure. Elle s'identifie à Bona Dea.

1. FAUNE n. m. (lat. *faunus*). Chez les Romains, divinité champêtre représentée avec des cornes, des pieds de chèvre et des oreilles pointues.

2. FAUNE n. f. (lat. sc. *fauna,* de *Faunus,* n. pr.). **1.** Ensemble des espèces animales vivant dans un espace géographique ou un habitat déterminé. (→ *encycl.*) — **2.** Ouvrage qui contient l'énumération et la description de ces espèces ainsi que des tableaux permettant leur détermination. — **3.** *Péjor.* Ensemble des gens d'un type particulier qui fréquentent un lieu : *La faune de Saint-Tropez.*

ENCYCL. La faune actuelle d'une région ou d'un biotope est conditionnée par les ressources alimentaires, par le climat et par l'action perturbatrice de l'homme. Elle exprime un équilibre écologique instable. Seuls les isolats conservent longtemps des espèces dites *relictes,* disparues ailleurs.

• *Faune aquatique.* La faune des océans se répartit en fonction des facteurs physiques : température, salinité, profondeur des eaux. Celle des rivages est liée aux marées (durée d'émersion), au faciès sableux ou rocheux, à la violence des vagues. La faune des eaux douces est particulièrement dépendante envers l'approvisionnement en oxygène respiratoire. Celle des lacs les plus profonds peut contenir des espèces relictes.

• *Faune terrestre.* Chaque grande formation végétale : forêt, savane, steppe, taïga, etc., a sa faune propre, sédentaire, à l'exception de l'avifaune (oiseaux), migratrice. Les animaux d'une même faune, mais de groupes zoologiques différents, prennent souvent certaines ressemblances de forme, voire de couleur, par convergence adaptative.

L'action de l'homme sur la faune se traduit surtout par l'extinction de nombreuses espèces, mais aussi par la protection assurée d'autres espèces, volontairement (cheval) ou contre son gré (rat), et par l'importation d'espèces dans de nouvelles contrées (lapin en Australie). Cette action tend à uniformiser la faune mondiale en réduisant dangereusement le « pool génétique » du règne animal.

— **Iconogr.** → ANIMAL, ANIMALIER.

FAUNESQUE adj. (de *faune 1*). *Litt.* Relatif aux faunes ; qui en a le caractère.

FAUNIQUE adj. (de *faune 2*). Qui concerne la faune.

FAUNISTIQUE n. f. (de *faune 2*). Étude scientifique des différentes faunes à la surface du globe.

FAUNULE n. f. (de *faune 2*). Ensemble des espèces animales de très petite taille, qui vivent dans certains milieux particuliers (mousses, interstices du sol, etc.).

FAUNUS, dieu romain des troupeaux et des bergers, de la nature sauvage et inquiétante, dont le culte était surtout localisé sur le Palatin, à Rome. Il s'identifia à Pan. La procession des *Lupercales* se rapportait à son culte.

FAURE (Félix), homme d'État français (Paris 1841 - *id.* 1899). Élu en 1881 député républicain modéré, sous-secrétaire d'État au Commerce et aux Colonies dans différents cabinets, il fut élu à la présidence de la République en janv. 1895, par les voix monarchistes et modérées. Son septennat fut marqué par l'affaire Dreyfus (il fut hostile à la révision de son procès), et par le renforcement de l'alliance franco-russe (réception de Nicolas II à Paris, 1896). Sa mort subite, à l'Élysée, entraîna des troubles politiques assez graves.

FAURE (Élie), essayiste et historien d'art français (Sainte-Foy-la-Grande 1873 - Paris 1937). Son *Histoire de l'art* (1909-1921) a consacré une lecture de l'œuvre d'art non seulement en tant que création esthétique belle en soi, mais aussi comme moment d'une civilisation. Il a développé cette approche dans *l'Esprit des formes* (1927). Malraux s'en est inspiré.

FAURE (Edgar), homme politique français (Béziers 1908 - Paris 1988). Député radical (1946-1958), plusieurs fois ministre sous la IVe République, il est président du Conseil en 1952 et de 1955 à 1956. Sénateur du Jura de 1959 à 1966, rallié progressivement au gaullisme, il devient ministre de l'Agriculture (1966-1968) puis de l'Éducation nationale (1968-69). De nouveau élu député (1967-1980), il est ministre des Affaires sociales (1972-73), puis président de l'Assemblée nationale (1973-1978), regagne le parti radical (1977) et est élu député au Parlement européen sur la liste U. D. F. (1979 ; réélu en 1984), puis sénateur du Doubs (1980). Il est l'auteur d'ouvrages politiques et historiques. (Acad. fr., 1978.)

FAURE (Maurice), homme politique français (Azerat, Dordogne, 1922). Secrétaire général du parti radical-socialiste (1953-1955), il participe à différents gouvernements sous la IVe République. Président du parti radical (1961-1965, 1969-1971), il se rallie à la F. G. D. S., puis prend part, aux côtés de R. Fabre, à la formation du M. R. G. (1973). Député au Parlement européen (1979-1981), éphémère ministre de la Justice dans le premier gouvernement Mauroy (1981), il est ensuite sénateur du Lot (1983-1988). Revenu en 1988 au gouvernement (Rocard) en qualité de ministre de l'Équipement et du Logement, il quitte cette fonction dès 1989 pour devenir membre du Conseil constitutionnel.

FAURÉ (Gabriel), compositeur français (Pamiers 1845 - Paris 1924). Maître de chapelle (1877) puis organiste (1896) à la Madeleine, il fut nommé professeur de composition (1896), puis directeur du Conservatoire de Paris (1905-1920). Critique musical au *Figaro* (1903-1921), il présida à l'organisation de la S. M. I. (Société musicale indépendante). Avec Debussy et Ravel, Fauré domine la musique française au début du XXe s. Il a excellé dans la mélodie, le piano et la musique de chambre. Ses œuvres vocales les plus célèbres sont ses cycles de mélodies : *la Bonne Chanson* (Verlaine, 1894), *la Chanson d'Ève* (1906-1910), *le Jardin clos* (1915), *Mirages* (1919), *l'Horizon chimérique* (1922) et *Requiem* (soli, chœurs et orchestre, 1877-1900). Son œuvre instrumentale compte surtout des compositions pour piano (4 valses-caprices, 5 impromptus, 13 barcarolles, 13 nocturnes, 9 préludes), *Élégie* pour violoncelle (v. 1896), de la musique de chambre et des musiques de scène (*Masques et Bergamasques,* 1919). Il composa également des tragédies lyriques (*Prométhée,* 1900 ; *Pénélope,* 1913).

FAURIEL (Claude), érudit et critique littéraire français (Saint-Étienne 1772 - Paris 1844), auteur d'une *Histoire de la poésie provençale* (1847).

FAURRADE n. f. Enceinte de filets pour la pêche en bord de mer, dans laquelle le poisson se trouve pris quand la marée se retire.

FAUSSAIRE n. (lat. *falsarius*). **1.** Personne qui commet un faux ; contrefacteur. — **2.** *Litt.* Personne qui altère la vérité : *Un faussaire littéraire.*

FAUSSE → FAUX.

1. FAUSSEMENT adv. **1.** D'une manière fausse, inexacte, injuste : *Être faussement accusé d'un crime.* — **2.** D'une manière qui ne correspond pas à la réalité, de façon hypocrite, simulée, affectée : *Un air faussement repenti.*

2. FAUSSEMENT n. m. Au Moyen Âge, action de déclarer qu'un jugement n'est pas conforme à l'équité.

FAUSSER v. t. (bas lat. *falsare,* altérer, du lat. class. *falsus,* faux) [conj. 3]. **1.** Déformer un objet, un mécanisme, le rendre inutilisable par une pression excessive : *Fausser une clé, une serrure.* — **2.** Altérer, déformer la pensée, l'esprit de qqn : *La passion fausse votre jugement.* — **3.** Rendre qqch inexact, faux, en le déformant, en le dénaturant : *Fausser la réalité.*

FAUSSE-ROUTE n. f. (pl. *fausses-routes*). Passage des aliments dans la trachée au cours des tentatives de déglutition.

Fausses Confidences *(les),* comédie en trois actes et en prose de Marivaux (1737).

1. FAUSSET n. m. (de *faux 1*). *Voix de fausset,* registre de la voix humaine utilisant uniquement les résonances de tête, dans l'aigu.

2. FAUSSET ou **FOSSET** n. m. (de l'anc. fr. *fausser,* percer). Petite cheville de bois pour boucher le trou fait à un tonneau avec un foret.

FAUSSETÉ n. f. (de *faux 1,* d'après le bas lat. *falsitas, -atis*). **1.** Caractère de qqch de faux, de contraire à la vérité, à la réalité : *La fausseté d'une assertion.* — **2.** Caractère, défaut de qqn qui manque de franchise, qui dissimule ce qu'il pense : *Sous cet aspect bonhomme, on devine une grande fausseté.* — **3.** *Fausseté du jugement, de l'esprit,* manque de justesse dans la manière de juger.

Faust, héros d'innombrables œuvres littéraires, musicales, plastiques et cinématographiques. Il serait issu d'un humaniste allemand du début du XVIe s. L'imagination populaire (*Historia von Dr. Johann Fausten,* 1587) donna très vite au personnage une dimension mythique (Faust vend son âme au diable en échange du savoir et

des biens terrestres), bientôt fixée par la pièce de Christopher Marlowe (composée entre 1588 et 1593) et le théâtre forain allemand. Les écrivains s'emparèrent du personnage pour en faire le symbole de la connaissance dévoyée, le héros ambitieux de la conquête du savoir contre les puissances obscures (Lessing, Klinger) ou le porte-parole de leurs angoisses et de leurs fantasmes (Chamisso, Lenau). Le *Faust** de Goethe donne une vision panoramique de la légende, qui consacre celle-ci comme le grand mythe national allemand jusqu'au *Doktor Faustus* (1947) de Thomas Mann. Vu à travers l'opposition essentielle des séductions de la vie et du dégoût de l'être (Valéry, *Mon Faust,* 1941-1945) ou les parcours multipliés d'une œuvre « mobile » (Michel Butor et Henri Pousseur, *Votre Faust,* 1963), le personnage de Faust apparaît surtout, comme celui de Don Juan, comme un matériau malléable dans lequel chacun peut façonner son mythe personnel.
– **Mus.** La légende, les poèmes de Goethe et de Lenau ont inspiré de nombreux lieder (Schubert, Wagner, Moussorgski), des partitions symphoniques (*Faust-Symphonie* de F. Liszt) ou lyriques (*la Damnation de Faust* de H. Berlioz, *Doktor Faust* de F. Busoni, *Mefistofele* de A. Boito, *Faust* de C. Gounod [v. art. ci-dessous], *Votre Faust* d'Henri Pousseur et Michel Butor).

Faust, drame de Goethe, qui travailla à cette œuvre de 1773 à 1832. Le nœud de l'action est un pari engagé entre Méphistophélès, qui se fait fort de ravaler Faust au niveau de la brute, et le Seigneur, qui affirme que Faust résistera à la tentation. La première partie du drame peint la séduction et l'abandon de Marguerite, qui sera sauvée par son repentir. Dans la seconde partie, Faust, introduit dans le monde de l'Hellade mythique, prend Hélène comme épouse et obtient son salut, car il « n'a jamais cessé de tendre vers un idéal ».

Faust, opéra en 5 actes de Charles Gounod, sur un livret de Jules Barbier et Michel Carré, d'après Goethe (Paris 1859, remanié en 1869). Il est librement inspiré de l'épisode de Marguerite.

FAUSTA (Flavia Maxima), princesse romaine (v. 298-326), fille de l'empereur Maximien. Mariée en 307 à Constantin Ier, elle trempa dans l'exécution du césar Crispus, né du premier mariage de son mari. Elle fut condamnée à mort pour adultère.

FAUSTE *(saint),* évêque de Riez (Grande-Bretagne v. 410 - Riez apr. 485). Moine (v. 426), puis abbé de Lérins (v. 433), il devint évêque vers 460. Théologien d'une grande autorité, représentant de la doctrine semi-pélagienne, il a laissé un traité important : *Contre l'opinion qui reconnaît d'autres êtres incorporels que Dieu.*

FAUSTIN Ier, empereur d'Haïti → SOULOUQUE.

FAUSTINE l'Ancienne, en lat. **Annia Galeria Faustina,** impératrice romaine (104-141 apr. J.-C.), fille d'Annius Verus, préfet de la ville. Elle épousa Antonin le Pieux et lui donna deux fils et deux filles. À sa mort, l'empereur la mit au rang des divinités. – Sa fille, **Faustine** *la Jeune,* en lat. *Annia Galeria Faustina* (Rome v. 125 - Halala, Cappadoce, 175 ou 176), épousa Marc Aurèle et eut de lui de nombreux enfants (dont Commode).

FAUSTULUS, gardien des troupeaux de Numitor, qui, d'après la légende, découvrit Romulus et Remus, abandonnés après leur naissance, et les aurait fait élever par sa femme, Acca Larentia.

FAUT (IL) → FALLOIR.

FAUTE n. f. (lat. pop. **fallita,* du lat. class. *fallere,* faillir). **1.** Manquement à la règle morale, à une prescription religieuse : *Faute avouée est à moitié pardonnée.* – **2.** Manquement à une règle, aux devoirs qui découlent d'une activité réglementée : *Une faute professionnelle grave.* – **3.** Manquement à un règlement, à une règle de jeu : *Faute de service au tennis.* – **4.** Manière d'agir qui manifeste un manque d'habileté, de prudence : *Mon emportement m'a fait commettre quelques fautes.* – **5.** Manquement à une norme, à un principe, à une procédure : *Faute de frappe. Faute de français.* – **6.** Responsabilité de qqn ou de qqch dans un acte coupable, une erreur, un manquement, ou dans une quelconque situation : *L'accident est arrivé par sa faute.* – **7.** *Vx.* Action d'une femme qui se laisse séduire. – **8.** *À qui la faute ?,* qui doit-on tenir pour responsable de cette erreur, de cet échec. ‖ *Ce n'est pas (de) sa faute si,* il n'y est pour rien. ‖ *En faute,* en état de culpabilité, en tort. ‖ *Faute de,* par manque de, par défaut de : *Faute d'exercice, il grossit.* ‖ *Faute de goût,* mauvais choix en matière de décoration, d'habillement, d'illustration, etc. ‖ *Faute de mieux,* parce qu'il est impossible de réaliser des conditions meilleures. ‖ *Ne pas se faire faute de,* ne pas s'abstenir de. ‖ *Sans faute,* à coup sûr, immanquablement : *Venez à midi sans faute.*
• **Cristallogr.** *Faute d'empilement,* anomalie dans la séquence normale de l'empilement des couches superposées d'un cristal. – **Dr.** Acte ou omission qui cause un dommage à autrui. (La faute peut être contractuelle, délictuelle ou quasi délictuelle.) ‖ *Faute grave,* faute commise par un salarié qui rend impossible le maintien des relations contractuelles, entraînant le licenciement sans préavis ni indemnité. ‖ *Faute inexcusable,* en matière d'accident du travail ou de la circulation, faute d'une exceptionnelle gravité commise par une personne qui engage sa res-

ponsabilité. ‖ *Faute légère,* faute commise par un salarié qui ne justifie pas son licenciement. ‖ *Faute lourde,* faute commise par un salarié dont le caractère intentionnel s'apparente au dol, et qui rend impossible le maintien des relations contractuelles, entraînant le licenciement du salarié sans préavis ni indemnité, y compris celle de congés payés. ‖ *Faute de service,* faute commise par un agent de l'État à l'occasion du service et qui engage la responsabilité de l'Administration. – **Sports.** *Double faute,* au tennis, action du serveur plaçant hors des limites autorisées ou dans le filet deux services consécutifs (le point est acquis à l'adversaire) ; au volley-ball, irrégularité commise simultanément par deux adversaires (le point est à remettre). ‖ *Faute personnelle,* au basket-ball, irrégularité qu'un joueur commet quand il provoque un contact avec un adversaire.

Faute de l'abbé Mouret *(la),* roman d'Émile Zola, cinquième volume des *Rougon-Macquart** (1875).

FAUTER v. i. (de *faute*) [conj. 3]. *Fam.* et *vx.* Avoir des relations sexuelles hors mariage, en parlant d'une femme.

FAUTE-SUR-MER (La) [85460], comm. du sud de la Vendée ; 887 hab. Station balnéaire.

FAUTEUIL n. m. (frq. **faldistôl,* siège pliant). **1.** Siège à dossier et à bras pour une personne. – **2.** Siège numéroté attribué à chaque membre de l'Académie française ; place à l'Académie française : *Briguer un fauteuil.* – **3.** Siège du président ; présidence d'une grande assemblée : *Occuper le fauteuil.* – **4.** Place dans une salle de spectacle : *Fauteuil d'orchestre.* – **5.** Fam. *Arriver (comme) dans un fauteuil,* dans une compétition, arriver en tête sans difficulté. ‖ *Fauteuil roulant,* siège spécialement conçu pour les handicapés moteurs qui ne peuvent marcher et qui leur permet de se déplacer seuls.

FAUTEUIL-BROUETTE n. m. (pl. *fauteuils-brouettes*). Fauteuil de jardin dont les pieds arrière sont dotés de roues et le repose-pied prolongé par deux poignées.

FAUTEUIL-LIT n. m. (pl. *fauteuils-lits*). Fauteuil convertible en lit.

FAUTEUR n. m. (lat. *fautor, -oris,* défenseur). *Fauteur de troubles, de désordres, de guerre, etc.,* personne qui provoque des troubles, une guerre, etc. (Le féminin FAUTRICE est rare.)

FAUTIF, IVE adj. et n. (de *faute*). Qui est coupable, responsable d'un mal : *Un enfant fautif. Se sentir fautif.*
◆ adj. Qui comporte des fautes ; erroné, incorrect : *Citation fautive.*

FAUTIVEMENT adv. D'une manière fautive, erronée.

FAUTRIER (Jean), peintre français (Paris 1898 - Châtenay-Malabry 1964). Il s'est fait connaître, vers 1925, par des tableaux de tonalité sombre et triste, mais d'un métier subtil (nus, animaux...), pour évoluer plus tard vers une expression matiériste ou informelle dans ses séries d'« Otages » (exposés en 1945), d'« Objets » (1955), de « Nus » (1956), d'une pâte et d'un coloris raffinés. Il a également donné des modelages et des gravures.

FAUVE adj. (germ. **falwa*). **1.** D'une couleur tirant sur le roux : *Un sac de cuir fauve.* – **2.** Qui appartient aux fauves, au fauvisme. – **3.** *Bête fauve,* ruminant dont le pelage tire sur le roux et qui vit à l'état sauvage dans les bois (cerf, daim, etc.) ; grand félin. ‖ *Odeur fauve,* forte et animale.
◆ n. m. **1.** Couleur de la robe des bovins caractérisée par un poil allant du froment au marron foncé. – **2.** Mammifère carnivore au pelage fauve, ou partiellement fauve, tel que le lion, le tigre, la panthère, etc. – **3.** Animal féroce ou redoutable en général. – **4.** *Fam.* Personne difficile à affronter, enfant insupportable : *Le professeur se retrouvait face à ses fauves.* – **5.** *Fauve de Bourgogne,* lapin d'apparence massive, de couleur fauve, rustique, élevé pour sa viande. ‖ *Sentir le fauve,* répandre une odeur animale forte et âcre.
◆ **fauves** n. m. pl. Groupe de peintres dont l'œuvre définit le fauvisme. ‖ *Nouveaux Fauves* (all. *Neue Wilde*), nom donné à la fin des années 1970 à divers peintres et sculpteurs allemands d'une grande puissance expressive, tels Kiefer, G. Baselitz, J. Immendorf, M. Lüperz, A. R. Penk.

FAUVELLE (Pierre Pascal), ingénieur français (Rethel 1797 - Perpignan 1867). Il appliqua le premier, dès 1844, pour le forage des puits artésiens, la sonde hydraulique, aujourd'hui usuelle dans les forages pétroliers.

FAUVERIE n. f. Ménagerie pour les fauves ; section des fauves d'un zoo.

FAUVET (Jacques), journaliste français (Paris 1914). Entré au journal *le Monde* en 1945, il en fut directeur de 1969 à 1982.

FAUVETTE n. f. (de *fauve*). **1.** Petit passereau (sylviidé) de teintes fauves ou grisâtres, insectivore, au chant agréable, nichant dans les buissons d'Eurasie tempérée, tel que la grisette, la fauvette à tête noire, très familière, la fauvette des jardins, le pitchou de Bretagne et du Midi et sept autres espèces. – **2.** *Fauvette des roseaux,* nom de divers sylviidés recherchant les lieux humides, comme la bouscarle, le phragmite, la cisticole, la lusciniole, les locustelles ou les effarvates.

FAUVILLE-EN-CAUX (76640), ch.-l. de cant. de la Seine-Maritime, dans le pays de Caux ; 1 930 hab. *(Fauvillais).*

FAUVISME n. m. (de *fauve*). Mouvement pictural français du début du XXe s.

ENCYCL. Les peintres exposant en 1905, au Salon d'automne, dans une salle qui connut le scandale sous l'appellation ironique de « cage aux fauves » se signalaient par les couleurs hautes et pures qu'ils employaient ainsi que par des formes énergiques et simplifiées. Par l'irréalisme de la couleur et les déformations, ils s'approchaient de ce qu'allait être l'expressionnisme allemand, sans en avoir le ton dramatique. Ils poursuivaient ce qu'ils avaient appris des toiles de Van Gogh et de Gauguin, et aussi du néo-impressionnisme, mettant en œuvre l'enseignement de G. Moreau aux Beaux-Arts (Matisse, Marquet, Valtat, Camoin, Manguin) ou se livrant à leur instinct sans souci de style (Vlaminck et, de manière plus raisonnée, Derain). Leur projet était d'exprimer les sensations de l'artiste et de remuer « le fond sensuel des hommes ». Cependant ces peintres eurent chacun leur évolution propre. Entre Matisse et Vlaminck, Marquet et Derain, Dufy et Friesz (influencé par Guillaumin), le Néerlandais Van Dongen et, passagèrement, Braque ou Rouault, il y eut un précurseur, Valtat, ainsi que les coloristes méditerranéens Seyssaud, Manguin, Camoin, Chabaud. Mais, pour les plus importants de ces artistes, un mouvement de décantation, un effort de rigueur s'imposèrent dès 1908-1910, auxquels l'influence cézannienne et le cubisme naissant ne furent pas étrangers.

1. FAUX, FAUSSE adj. (lat. *falsus,* de *fallere,* tromper). **1.** Qui est contraire à ce qui est vrai, qui comporte une erreur, qui manque de justesse, de logique, ou qui n'est pas justifié par les faits : *Partir d'un principe faux. Il est faux de penser qu'il n'a rien vu.* — **2.** Qui n'a pas de raison d'être, qui est sans fondement ; injustifié : *Éprouver de fausses craintes.* — **3.** Qui n'est qu'une imitation, qui n'est pas original, naturel ou authentique (avec ou sans intention frauduleuse) : *Des fausses perles. Un faux nom. Un faux tableau.* — **4.** Se dit d'un objet qui en simule un autre : *Une fausse barbe.* — **5.** Qui est équivoque, ambigu : *Se trouver dans une situation fausse.* — **6.** Se dit d'un sentiment qui n'est pas réellement éprouvé, qui est feint, simulé : *Une fausse naïveté.* — **7.** Qui dissimule ses sentiments réels, qui cherche à tromper : *Un homme faux. Un regard faux.* — **8.** Qui n'a que l'apparence de l'objet dont il porte le nom, qui n'en a ni le rôle ni l'utilité : *Fausse poche.* — **9.** Qui se fait passer pour ce qu'il n'est pas, qui n'est pas conforme au nom qu'on lui donne ou qu'il porte : *Un faux inspecteur de police. Une fausse science.* — **10.** Se dit d'un instrument de musique qui n'est pas conforme aux règles de l'harmonie ; se dit d'une voix, d'une interprétation qui ne sont pas dans le ton juste : *L'accompagnement est complètement faux.* — **11.** Se dit d'un instrument de mesure qui n'est pas exact : *La balance est fausse.* — **12.** *Fausse couleur,* procédé de traitement d'image, dans lequel les rayonnements sont traduits de façon décalée par rapport aux longueurs d'onde originales, dans le but de visualiser certains phénomènes. (On l'utilise notamment en télédétection aérospatiale.) ‖ *Faux jeton,* ou, pop., *faux derche, faux cul,* personne hypocrite, sournoise, déloyale. ‖ *Fausse monnaie,* contrefaçon ou altération des monnaies, des effets du Trésor ou des billets de banque, français ou étrangers, qui constituent un crime.

◆ **faux** adv. D'une manière fausse : *Chanter faux. Raisonner faux.*

◆ **faux** n. m. **1.** Ce qui est contraire à la vérité ; erreur, mensonge : *Plaider le faux pour savoir le vrai.* — **2.** Altération frauduleuse de la vérité susceptible de causer un préjudice, par la fabrication ou l'usage d'une pièce, d'un objet, etc. : *Le testament est un faux.* — **3.** Copie frauduleuse d'une œuvre originale.— **4.** Imitation d'une pierre, d'un métal, d'une matière, d'un objet précieux. — **5.** *Faux en écriture,* altération frauduleuse de la vérité susceptible de causer un préjudice dans un écrit, public ou privé. (→ *encycl.*) ‖ *Faux incident,* rejet hors des débats d'une pièce produite au cours d'une instance civile ou criminelle et arguée de faux. ‖ *Faux principal,* procédure pénale visant à la répression du crime de faux. ‖ *Porter à faux,* être établi en saillie, en surplomb (par ex. un balcon) ou se trouver hors de son aplomb (par ex. un pilier incliné).

ENCYCL. **Dr.** Le Code pénal punit de peines criminelles les *faux en écriture* publique ou authentique et de peines correctionnelles les faux en écriture privée, de commerce ou de banque, les faux commis dans certains documents administratifs, dans les feuilles de route et les certificats. L'usage de faux est réprimé indépendamment, même si la falsification n'est pas imputable à l'auteur de cet usage.

2. FAUX n. f. (lat. *falx, falcis*). **1.** Instrument tranchant manié à deux mains, constitué d'une lame d'acier légèrement recourbée et fixée à un long manche, qui sert à couper l'herbe, les céréales, etc. (Pour certains travaux, la faux peut être armée, c'est-à-dire munie d'un cadre de bois ou d'osier servant à recueillir les tiges coupées.) — **2.** *Litt.* L'un des attributs du Temps et de la Mort. — **3.** Nom donné à certains replis membraneux, en raison de leur forme recourbée. (Les faux du cerveau et du cervelet sont des replis de la dure-mère.) — **4.** Couteau à deux manches servant à écharner les cuirs. — **5.** *Faux de guerre,* arme d'hast du Moyen Âge, composée d'une lame de faux au bout d'une longue hampe.

FAUX-BORD n. m. (pl. *faux-bords*). Inclinaison d'un navire sur un bord par suite d'un défaut de construction ou d'une inégale répartition des charges à bord.

FAUX-BOURDON n. m. (pl. *faux-bourdons*). **1.** Sorte de polyphonie à 3 voix, en usage en Angleterre. — **2.** Nom donné à tout chant d'Église.

FAUX-FILET n. m. (pl. *faux-filets*). Syn. de CONTRE-FILET.

FAUX-FOC n. m. (pl. *faux-focs*). Foc qui s'amure entre le grand et le petit foc, sur le bout-dehors de beaupré.

FAUX-FUYANT n. m. (pl. *faux-fuyants*) [anc. fr. *fors,* dehors, et *fuyant,* de *fuir,* avec l'infl. de *faux*]. Moyen détourné de se tirer d'embarras ou d'éluder une question.

FAUX-LIMON n. m. (pl. *faux-limons*). Pièce de charpente à crémaillère placée contre le mur de la cage d'un escalier pour recevoir le bout des marches.

FAUX-MARCHER n. m. (pl. *faux-marchers*). Allure d'un animal de chasse qui ne pose pas les pieds d'une manière régulière.

FAUX-MONNAYEUR n. m. (pl. *faux-monnayeurs*). Personne qui commet le crime de fausse monnaie.

Faux-Monnayeurs *(les),* roman d'André Gide (1926). L'auteur a uni un roman d'aventures inspiré de faits divers, un drame de l'« essence de l'être » et les Mémoires du romancier Édouard, qui tient le livre de bord du roman qui se fait.

FAUX-PONT n. m. (pl. *faux-ponts*). Sur les anciens navires, pont ou plancher mobile, au-dessous du pont supérieur.

FAUX-QUARTIER n. m. (pl. *faux-quartiers*). Pièce de cuir fixée sur la partie avant de l'arçon d'une selle et de chaque côté de celle-ci.

FAUX-SEMBLANT n. m. (pl. *faux-semblants*). Ruse, prétexte mensonger.

FAUX(-)SENS n. m. inv. Erreur consistant à interpréter de manière erronée le sens précis d'un mot dans un texte.

FAUX(-)TITRE n. m. (pl. *faux*[-]*titres*). Au début d'un livre, page qui ne comprend que le titre principal et qui précède la page de titre.

FAVART (Charles Simon), auteur dramatique français (Paris 1710 - Belleville 1792), auteur de vaudevilles à succès (*la Chercheuse d'esprit,* 1741). Il prit la direction de l'Opéra-Comique et donna son nom au théâtre construit pour les comédiens-italiens sur l'emplacement de l'hôtel de Choiseul. — Sa femme, MARIE JUSTINE BENOÎTE **Duronceray,** dite **Madame Favart,** actrice et cantatrice (Avignon 1727 - Paris 1772), fut l'une des personnalités marquantes de la Comédie-Italienne et a inspiré un opéra-comique à Offenbach (*Madame Favart,* 1878).

FAVELA [favɛla] n. f. (brésil. *favela*). Au Brésil, nom donné aux bidonvilles.

FAVERGES (74210), ch.-l. de cant. du sud de la Haute-Savoie, dans la *cluse de Faverges ;* 6 481 hab. *(Favergiens).* Ancien bourg romain *(Casuaria).* Machines textiles. Briquets et stylos.

Faverolles *(race de),* race de poules appréciée pour sa précocité, sa rusticité et convenant pour la production de poulets.

1. FAVEUR n. f. (lat. *favor, -oris*). **1.** *Litt.* Disposition à traiter qqn avec une bienveillance spéciale ; cette bienveillance elle-même : *Obtenir la faveur du ministre.* — **2.** *Litt.* Marque exceptionnelle d'intérêt, d'amitié, d'amour : *Combler quelqu'un de faveurs.* — **3.** Décision indulgente qui avantage qqn : *Obtenir quelque chose par faveur.* — **4.** Crédit, popularité que qqn ou qqch a auprès de qqn, d'un groupe : *Cet artiste a la faveur du public.* — **5.** *À la faveur de,* en profitant de qqch : *S'échapper à la faveur de la nuit.* ‖ *De faveur,* se dit de ce qui est accordé par privilège : *Billet de faveur.* ‖ *En faveur de,* au profit de qqn, au bénéfice de qqch, pour eux : *Voter en faveur du candidat de gauche.* ‖ *Faites-moi la faveur de,* formule de politesse accompagnant une demande.

◆ **faveurs** n. f. pl. *Litt.* Marques d'amour données par une femme à un homme qui la courtise : *Accorder ses faveurs.*

2. FAVEUR n. f. (de *faveur 1*). Petit ruban servant d'ornement.

FAVIER (Jean-Louis), diplomate et publiciste français (Toulouse v. 1711 - Paris 1784). Il a notamment écrit *Conjectures raisonnées sur la situation actuelle de la France dans le système politique de l'Europe,* publié en 1793 sous le titre de *Politique de tous les cabinets de l'Europe pendant les règnes de Louis XV et de Louis XVI,* qui expose sa doctrine, fondée sur l'alliance avec la Prusse.

FAVIER (André), officier français du génie (Saint-Benoît-du-Sault, Indre, 1837 - *id.* 1889). Il inventa les explosifs au nitrate d'ammonium qui portent son nom.

FAVIER (Jean), historien français (Paris 1932). Spécialiste du Moyen Âge, de son histoire économique et financière, il assume les fonctions de directeur général des Archives de France (1975-1994), puis de président de la Bibliotèque nationale de France. Il a publié notamment : *les Finances pontificales à l'époque du grand schisme d'Occident* (1966), *Paris au XVe siècle* (1974), *la Guerre de Cent Ans* (1980), *la France médiévale* (1983), *De l'or et des épices* (1987), *les Grandes Découvertes. D'Alexandre à Magellan* (1991), *Dictionnaire de la France médiévale* (1993).

FAVIQUE adj. **1.** Relatif au favus. – **2.** *Teigne favique,* syn. de FAVUS.

FAVISME n. m. (lat. *faba,* fève). Intoxication produite par l'ingestion de fèves ou parfois par l'inhalation du parfum des fleurs de fèves.
ENCYCL. Dû à un alcaloïde, le favisme se manifeste par de la diarrhée, des vomissements, un ictère et parfois des hémorragies digestives. Il provoque quelquefois une anémie hémolytique. Cette intoxication peut entraîner la mort dans 10 % des cas.

FAVORABLE adj. (lat. *favorabilis,* de *favor,* faveur). **1.** Qui est animé de dispositions bienveillantes à l'égard de qqn, de qqch : *Le directeur est favorable à son projet.* – **2.** Qui manifeste cette disposition : *Avoir un préjugé favorable à l'égard de quelqu'un.* – **3.** Qui penche pour qqch, qui en est partisan : *Les syndicats sont favorables à la négociation.* – **4.** Qui est à l'avantage de qqn, bénéfique pour qqch : *Le moment est favorable.* – **5.** *D'un œil, d'une oreille favorable,* regarder, écouter d'une manière bienveillante.

FAVORABLEMENT adv. D'une manière favorable.

FAVORI, ITE adj. (ital. *favorito,* de *favorire,* favoriser). Qui est l'objet d'une faveur particulière, d'une préférence de la part de qqn : *Le thème favori des conversations.*
◆ adj. et n. **1.** Se dit d'un concurrent, d'une équipe qui a le plus de chances de gagner une compétition : *Le cheval favori.* – **2.** Qui jouit particulièrement de la prédilection de qqn ; préféré : *Auteur qui est le favori du public.*
◆ **favori** n. m. Personne qui jouit exclusivement des bonnes grâces d'un personnage puissant, d'un roi.
◆ **favorite** n. f. Maîtresse d'un roi.
◆ **favoris** n. m. pl. Touffe de barbe de chaque côté du visage.

FAVORISANT, E adj. Qui favorise qqch : *Circonstances favorisantes.*

FAVORISÉ, E n. Personne à qui la fortune a été favorable ; privilégié.

FAVORISER v. t. (lat. *favor, -oris,* faveur) [conj. 3]. **1.** Placer qqn dans une situation qui l'avantage, lui accorder un avantage, un privilège ; avantager : *Il n'est pas favorisé par la chance.* – **2.** Créer les conditions qui permettent le succès d'une action, le développement d'une activité ; faciliter, encourager : *Mesures qui favorisent le commerce.* – **3.** *Litt.* Faire bénéficier qqn d'une faveur ; gratifier : *Elle ne l'a même pas favorisé d'un regard.*

Favorite *(la),* château voisin de Mantoue, près duquel Bonaparte vainquit les Autrichiens de Provera le 16 janv. 1797.

FAVORITISME n. m. Tendance à accorder des faveurs injustes ou illégales à qqn.

FAVOSITE n. m. (lat. *favus,* rayon de miel). Polypier fossile très commun dans les terrains primaires.

FAVRE (Jules), homme politique français (Lyon 1809 - Versailles 1880). Député républicain de Paris (1848-1851, 1858-1863), il combat la politique de Napoléon III et est l'avocat d'Orsini (1858). Ministre des Affaires étrangères dans le gouvernement de la Défense nationale (sept. 1870), il ne peut s'opposer aux exigences de Bismarck (entrevue de Ferrières, 19 - 20 sept. 1870) et doit accepter de lier la capitulation de Paris à l'armistice (28 janv. 1871). Il négocie, comme ministre de Thiers, la paix de Francfort (10 mai 1871) et démissionne peu après (2 août).

FAVRE (Joseph), cuisinier suisse (Vex, Valais, 1849 - Paris 1903). Fondateur, à Genève, du premier journal consacré à l'art culinaire et de l'Académie de cuisine, il a laissé un remarquable *Dictionnaire universel de cuisine et d'hygiène alimentaire* (1889-1892).

FAVUS [-vys] n. m. (lat. *favus,* rayon de miel). Teigne du cuir chevelu, contagieuse, causée par un champignon microscopique, *Trichophyton schoenleinii.* (Syn. TEIGNE FAVIQUE.)
ENCYCL. Le favus s'observe surtout en Afrique du Nord. Il entraîne une chute des cheveux définitive, le cuir chevelu étant parsemé de croûtes jaunâtres malodorantes et déprimées en godets.

FAWCETT (Millicent GARRETT), réformatrice britannique (Aldeburgh, Suffolk, 1847 - Londres 1929), femme de l'économiste Henry Fawcett (1833-1884). Elle s'est battue pour le droit de vote des femmes britanniques (lois de 1918 et 1928).

FAWKES (Guy), soldat et conspirateur anglais (York 1570 - Londres 1606). Converti au catholicisme, il fut le principal agent d'exécution de la Conspiration des poudres.

FAWLEY, localité de Grande-Bretagne (Hampshire), sur la Manche. Raffinage du pétrole. Pétrochimie.

FAX n. m. (abrév. de *Téléfax*). Syn. de TÉLÉCOPIE.

FAXA *(baie de),* en islandais **Faxaflói,** large baie de la côte ouest de l'Islande, où se trouve Reykjavík.

FAXER v. t. (conj. **4**). Envoyer un document par télécopie.

FAYAL → Faial.

FAYA-LARGEAU, v. du nord du Tchad ; 5 200 hab.

FAYALITE n. f. (de *Fayal,* n. pr.). Silicate naturel de fer appartenant à la famille des péridots, orthorhombique.

FAYARD [fajar] n. m. (lat. *fagus*). Nom régional du *hêtre.*

Fayard *(Librairie Arthème),* maison d'édition française, fondée en 1850 par Arthème Jean François *Fayard* (1836-1895). Elle appartient aujourd'hui au groupe Hachette. Elle publie des ouvrages de littérature générale, de sciences humaines, de beaux-arts.

FAYDHERBE ou **FAYD'HERBE** (Luc ou Lucas), sculpteur et architecte flamand (Malines 1617 - *id.* 1697). Disciple de Rubens, il a décoré dans le goût baroque diverses églises de Malines (monument de l'archevêque A. Cruesen à St-Rombaut) et y a construit Notre-Dame d'Hanswijk. On lui doit aussi des ivoires.

FAYE (Hervé), astronome français (Saint-Benoît-du-Sault, Indre, 1814 - Paris 1902). On lui doit une théorie de la formation du système solaire, aujourd'hui abandonnée.

FAYE (Léon), officier français (Vergt 1899 - Sonnenburg 1945). Après l'armistice de 1940, il fonda, avec Loustaunau-Lacau et Marie-Madeleine Méric, le réseau de renseignements *Alliance.* Arrêté par la Gestapo en sept. 1943, il fut déporté et fusillé.

FAYE (Jean-Pierre), écrivain français (Paris 1925). Romancier (*l'Écluse,* 1964), poète (*Verres,* 1978), il s'est intéressé comme essayiste et publiciste aux rapports entre le langage et l'histoire (*Langages totalitaires,* 1972). Également auteur dramatique (*Hommes et Pierres,* 1962), il a créé la revue *Change* (1968).

FAYENCE (83440), ch.-l. de cant. du Var, au N.-E. de Draguignan ; 3 516 hab. *(Fayençois).* Centre de céramique très actif au xviie s. — Au S., aérodrome.

FAYET (Le) [74190], localité de la Haute-Savoie (comm. de Saint-Gervais-les-Bains). Église de Novarina (1938). Station thermale. Installation hydroélectrique.

FAYL-LA-FORÊT (52500), anc. **Fayl-Billot,** ch.-l. de cant. du sud-est de la Haute-Marne ; 1 675 hab. Meubles en rotin.

FAYOL (Henri), ingénieur français (Istanbul 1841 - Paris 1925), créateur d'une théorie de l'entreprise, qu'il consigna dans l'*Administration industrielle générale* (1917).

FAYOLISME n. m. (de H. *Fayol,* n. pr.). Système d'organisation de l'entreprise attribuant aux agents inférieurs une capacité professionnelle et aux « grands chefs » une capacité administrative s'exprimant dans les principes suivants : savoir, prévoir, organiser, commander, coordonner, contrôler.

FAYOLLE (Marie Émile), maréchal de France (Le Puy 1852 - Paris 1928). Il joua un rôle décisif à Nancy (1914) puis à la bataille de la Somme (1916). À la tête des forces franco-anglaises en 1917, il rétablit la situation en Italie après la défaite de Caporetto. Il commanda en 1918 le groupe des armées de réserve, sauva Compiègne et participa à l'offensive victorieuse sur la Sambre. Maréchal en 1921.

FAYOT n. m. (provenç. *faiol,* du bas lat. *fasiolum,* du lat. class. *faseolus*). *Pop.* **1.** Haricot sec. — **2.** Personne qui fait du zèle auprès de ses supérieurs. — **3.** *Arg. mil.* Marin, fantassin colonial rengagé.

FAYOTAGE n. m. *Pop.* Action de fayoter.

FAYOTER v. i. (de *fayot*) [conj. **3**]. *Pop.* Faire du zèle pour se faire bien voir d'un supérieur.

FAYOUM (le), en ar. **al-Fayyūm** (du n. copte *Phiôm,* « le Pays du lac »), prov. d'Égypte, à l'O. du Nil, qui correspond à une dépression irriguée (par un canal défluent du Nil) du désert occidental, fournissant légumes et fruits, céréales, coton. V. princ. *Médinet el-Fayoum.*
— **Hist.** et **Archéol.** Constitué par les dépôts d'estuaire d'un ancien lac, où ont été entraînés des cadavres d'animaux de l'époque oligocène, le gisement du Fayoum a livré des fossiles de primates, ancêtres possibles de l'homme (propliopithèque) et des singes anthropomorphes actuels. Traces d'habitat du paléolithique supérieur, abondante industrie lithique, villages, premières céramiques et silos à grains du néolithique témoignent de la préhistoire. Quelques vestiges gardent le souvenir de l'Ancien Empire. Sous la XIIe dynastie, la région est mise en valeur (régulation des eaux). Le temple de Médinet Madi a été élevé par Amenemhat III, dont le complexe funéraire à Hawara a été comparé, par les Grecs, au labyrinthe. Artisans et fonctionnaires travaillant au temple funéraire de Sésostris II habitaient la ville de Kahoun. Licht a livré les ruines des pyramides et des nécropoles royales d'Amenemhat Ier et Sésostris Ier. À la Basse Époque, la région prend un nouvel essor (nombreux travaux d'irrigation). Sebek, le dieu crocodile, est la divinité principale de la contrée. Ptolémée II y installe ses vétérans macédoniens. Les vestiges de Médinet el-Fayoum confirment la prospérité du Fayoum, qui devient le creuset d'une école artis-

tique nouvelle, célèbre pour l'intensité d'expression de ses portraits.

Fayoum *(portraits du)*, peintures funéraires dues à des artistes grecs, exécutées à l'encaustique ou à la détrempe sur des plaquettes de bois (IIe au Ve s. apr. J.-C.). Intensité du regard (*Dame du Fayoum,* Louvre) et réalisme sont leurs caractères majeurs, qui préludent à l'esthétique byzantine.

FAYṢAL Ier (Ṭā'if 1883 - Berne 1933), premier roi d'Iraq (1921-1933), fils de Ḥusayn, roi du Hedjaz, de la famille hāchémite. Soutenu par Lawrence, il dirigea la révolte arabe de 1916 contre l'Empire ottoman et devint roi de Syrie (1920). Expulsé de Damas par la France, il régna en Iraq sous la protection de l'Angleterre. — **Fayṣal II** (Bagdad 1935 - *id.* 1958), roi d'Iraq (1939-1958), fils de Rhāzī Ier. Il fut assassiné lors de l'insurrection de juill. 1958.

FAYṢAL Ier (Riyāḍ 1906 - *id.* 1975), roi d'Arabie Saoudite (1964-1975), fils d''Abd al-'Azīz III et demi-frère et successeur de Sa'ūd. Ministre des Finances (1957), il s'opposa à Sa'ūd, qui dut lui céder la réalité du pouvoir en le nommant Premier ministre (1958-1960 ; 1962-1964), puis le fit déposer en 1964. Devenu roi, il entreprit une politique d'assainissement financier à l'intérieur et d'alliance islamique à l'extérieur. Grâce aux revenus pétroliers, il assura à son pays un rôle décisif dans les affaires arabes, en particulier dans la lutte contre les mouvements révolutionnaires et pendant la guerre de 1973 contre Israël. Il fut assassiné par un de ses neveux en 1975.

FAZENDA [fazɛnda] n. f. (port. *fazenda,* du lat. *facienda*). Au Brésil, grande propriété agricole, mise en valeur extensivement.

FAZY (Jean Jacob, dit **James**), homme d'État suisse (Genève 1794 - *id.* 1878). Député radical au Grand Conseil, il devint le maître de Genève en 1846, fit voter la Constitution de 1848 et dissoudre le Sonderbund.

FBI, sigle de *Federal Bureau of Investigation,* service du département de la Justice des États-Unis (créé en 1908) qui a charge de la police fédérale. On appelle ses membres *G-men.*

f. c. é. m. Abrév. de FORCE CONTRE-ÉLECTROMOTRICE*.

F'DERICK, anc. **Fort-Gouraud,** localité de la Mauritanie, dans l'ouest du Sahara, sur la piste du Maroc. — À l'E., mine de fer, reliée au port minéralier de Cansado, au S. de Nouadhibou.

F. D. E. S., sigle de FONDS DE DÉVELOPPEMENT* ÉCONOMIQUE ET SOCIAL.

Fe, symbole chimique du *fer.*

FÉAGE n. m. (de *fief*). **1.** Contrat d'inféodation. — **2.** Chose inféodée ou héritage tenu en fief.

FÉAL, E, AUX adj. (anc. fr. *feel,* du lat. *fidelis*). *Vx.* Loyal, fidèle.

◆ **féal** n. m. *Litt.* Partisan loyal, dévoué.

FÉAUTÉ n. f. (de *féal*). Serment de fidélité prêté par le vassal à son seigneur.

FÉBRIFUGE adj. et n. m. (lat. *febrifugia,* de *febris,* fièvre). Syn. de ANTIPYRÉTIQUE.

FÉBRILE adj. (bas lat. *febrilis,* du lat. class. *febris,* fièvre). **1.** Qui a de la fièvre, qui décèle, accuse de la fièvre : *Un enfant fébrile. Un état fébrile.* — **2.** Qui est nerveux, agité, désordonné, qui témoigne d'une certaine excitation : *Écriture fébrile.* — **3.** *Capitaux fébriles,* capitaux spéculatifs passant d'une place à une autre, prêts à y être placés à court terme, suivant la variation des taux d'intérêt et l'appréciation des risques de change. (Syn. HOT MONEY.)

FÉBRILEMENT adv. De façon fébrile, désordonnée, agitée.

FÉBRILITÉ n. f. **1.** État de qqn qui a de la fièvre. — **2.** Excitation désordonnée, nervosité, agitation : *Il tournait les pages avec fébrilité.*

FÉBRONIANISME n. m. Théorie émise par Febronius visant à limiter l'influence directe du pape en favorisant une Église catholique nationale en Allemagne. (Le fébronianisme fut condamné par Clément XIII en 1764.)

FÉBRONIEN, ENNE adj. et n. Partisan de Febronius.

FEBRONIUS (Justinus) → HONTHEIM (Johann Nikolaus von).

FEBVRE (Lucien), historien français (Nancy 1878 - Saint-Amour, Jura, 1956). Professeur à l'université de Strasbourg (1919), il devient professeur au Collège de France (1933) puis président de la 6e section à l'École pratique des hautes études (1947). En rupture avec la conception traditionnelle de l'histoire, événementielle et érudite, il publia en 1911 une thèse (*Philippe II et la Franche-Comté*) dans laquelle il soutient l'étroite interdépendance entre la politique, l'économique, le social et les représentations mentales, et fait de l'espace un objet de recherche historique. Auteur de plusieurs ouvrages sur la mentalité religieuse du XVIe s. (*Un destin, Martin Luther* [1928], *la Religion de Rabelais* [1942]), il a fondé avec Marc Bloch, en 1929, les *Annales* d'histoire économique et sociale.*

FÉCAL, E, AUX adj. (lat. *faex, faecis,* excrément). **1.** Relatif aux fèces. — **2.** *Matières fécales,* syn. de FÈCES.

FÉCALOÏDE adj. **1.** Qui ressemble aux matières fécales. — **2.** *Vomissement fécaloïde,* rejet par la bouche du contenu intestinal, se produisant dans l'occlusion intestinale.

FÉCALOME n. m. Accumulation de matières fécales durcies dans le rectum ou dans le côlon, pouvant simuler une tumeur abdominale ou provoquer une occlusion intestinale.

FÉCAMP (76400), ch.-l. de cant. de la Seine-Maritime, sur la côte du pays de Caux ; 21 143 hab. *(Fécampois).* Importante église de la Trinité, anc. abbatiale, reconstruite à partir de 1175 (sculptures, vitraux). Musée. Port de pêche. Station balnéaire. Conserveries. Liqueurs.

FÈCES [fɛs] n. f. pl. (lat. *faeces,* pl. de *faex,* résidu). Résidus de la digestion. (Syn. MATIÈRES FÉCALES, SELLES.)

ENCYCL. Les fèces sont composées d'eau (75 %), de résidus alimentaires, surtout cellulosiques, de cellules intestinales desquamées et de bactéries. L'examen des fèces, ou *examen coprologique,* permet une étude chimique de la fonction digestive ainsi que la détection de nombreuses maladies.

FECHNER (Gustav Theodor), philosophe et psychologue allemand (Gross-Särchen, près de Forst, 1801 - Leipzig 1887). Il s'est efforcé d'établir une correspondance entre faits psychiques et phénomènes physiques, qu'il a exprimée dans une loi psychophysique qui porte son nom.

Fechner *(échelle de),* échelle de mesure des sensations élémentaires établie en faisant estimer des différences justes perceptibles entre deux stimulus semblables. En ordonnant les échelons successifs ainsi observés, on obtient une échelle unidimensionnelle. Fechner a postulé que les échelons ainsi définis correspondent à une grandeur subjective constante.

Fechner *(loi de),* loi, énoncée par Fechner, selon laquelle la sensation correspond au logarithme de la stimulation.

FÉCIAL → FÉTIAL.

FÉCOND, E adj. (lat. *fecundus*). **1.** Se dit d'un être animé qui est propre à la reproduction de l'espèce. — **2.** Se dit d'un animal qui produit beaucoup de petits ; prolifique. — **3.** *Litt.* Se dit d'une terre qui a une grande puissance productive. — **4.** Se dit d'un écrivain, d'un artiste qui produit beaucoup d'œuvres. — **5.** Qui offre à la connaissance une matière abondante, de multiples possibilités de développement : *Idée féconde.* — **6.** Qui a d'heureux résultats : *Travail fécond.* — **7.** Qui entraîne qqch : *Crise féconde en rebondissements.* — **8.** *Esprit fécond, imagination féconde,* esprit très imaginatif, imagination très riche.

FÉCONDABILITÉ n. f. Aptitude des femmes à être fécondées.

FÉCONDABLE adj. Qui peut être fécondé.

FÉCONDANCE n. f. Aptitude du sperme à féconder, dans l'insémination artificielle animale.

FÉCONDANT, E adj. Qui féconde ou fertilise ; qui donne ou développe les germes reproducteurs : *Engrais fécondants.*

FÉCONDATEUR, TRICE adj. *Litt.* Qui a le pouvoir de féconder.

FÉCONDATION n. f. **1.** Action de féconder. — **2.** Union du gamète mâle (anthérozoïde végétal ou spermatozoïde animal) avec le gamète femelle (oosphère végétale ou ovule animal) pour donner un œuf, ou zygote. (→ *encycl.*) — **3.** *Fécondation croisée,* union de deux gamètes formés dans deux fleurs différentes du même pied, ou dans deux pieds différents. ‖ *Fécondation directe,* union de deux gamètes formés par la même fleur. (C'est un cas exceptionnel.)

ENCYCL. **Biol.** Pour le règne animal, Van Leeuwenhoek décrit le spermatozoïde en 1677 ; Spallanzani démontre expérimentalement en 1777 que le contact direct des gamètes mâle et femelle est indispensable au développement de l'œuf ; autour de 1877, divers auteurs, surtout allemands, font connaître ce qui se passe à l'intérieur de l'ovule lors de la fécondation ; enfin, c'est à partir de 1961 que la fécondation *in vitro* (ectogenèse) a été mise au point.

Dans le règne végétal, la première fécondation a été décrite par Thuret (1854) sur le fucus, le dicaryotisme des champignons par Dangeard (1894), enfin la digamie des angiospermes (double fécondation) par Navachine (1898).

Même si ses modalités sont généralement plus variées chez les plantes que chez les animaux, la fécondation apparaît étroitement conditionnée par une série de phénomènes physico-chimiques complexes : l'*attraction chimique* exercée par l'ovule sur les spermatozoïdes, la *reconnaissance* entre les gamètes (qui nécessite une compatibilité entre certains marqueurs de la membrane du spermatozoïde et des récepteurs placés à la surface de la *membrane pellucide* qui entoure l'ovule), la pénétration d'un seul spermatozoïde dans l'ovule, ou *monospermie* (qui induit à la fois les mécanismes empêchant toute intrusion d'autres gamètes mâles et l'activation respiratoire intense du gamète femelle), la *transformation des noyaux* mâle et femelle en deux pronucléi presque identiques, enfin le parfait appariement des chromosomes *(amphimixie).*

• *Chez la femme,* la fécondation se fait dans la portion externe de la trompe. Dans la *fécondation artificielle,* on recueille l'ovule juste après l'ovulation, à la surface de l'ovaire, et on le place dans un milieu de culture approprié. En ajoutant une suspension de spermatozoïdes, on peut obtenir une fécondation et un début de division de l'œuf. Les premières divisions de l'œuf s'arrêtant habituellement très rapidement, il est nécessaire d'implanter l'œuf dans un utérus prêt à assurer sa nidation. La fécondation *in vitro* joue un rôle dans le traitement des stérilités par obstruction des trompes, en court-circuitant l'obstacle.

FÉCONDER v. t. (lat. *fecundare*) [conj. 3]. **1.** Transformer un œuf en embryon, commencer le processus de la fécondation : *La plupart des poissons ne fécondent leurs œufs qu'après la ponte.* – **2.** Rendre une femelle pleine, en parlant d'un animal. – **3.** *Litt.* Rendre une femme enceinte. – **4.** *Litt.* Rendre une terre fertile, productive : *La pluie féconde les champs.* – **5.** *Litt.* Enrichir qqn, son esprit, le rendre créatif : *La culture féconde l'intelligence.*

FÉCONDITÉ n. f. (lat. *fecunditas, -atis*). **1.** Aptitude d'un être vivant à se reproduire. – **2.** *Litt.* Aptitude d'un sol à produire des récoltes ; fertilité. – **3.** *Litt.* Caractère de qqn, de ses facultés dont les productions sont abondantes : *La fécondité de l'esprit, d'un écrivain.* – **4.** *Taux de fécondité,* rapport du nombre des naissances vivantes à l'effectif des femmes en âge de procréer.

FÉCULAGE n. m. Action d'ajouter de la fécule à une denrée alimentaire.

FÉCULE n. f. (lat. *faecula*). Amidon contenu dans des organes souterrains, racines et tubercules (pomme de terre, igname, manioc, etc.), d'où on l'extrait sous forme d'une fine poudre blanche. (On réserve le nom d'amidon au produit, d'ailleurs identique, retiré des graines de céréales ; les fécules sont utilisées dans l'alimentation humaine et animale, en papeterie, dans l'industrie des colles, en pharmacie et en métallurgie comme agglomérant des poudres métalliques.)

FÉCULENCE n. f. (lat. *faeculentia,* abondance d'ordures). État d'un organe végétal, d'une denrée alimentaire, qui contient de la fécule.

FÉCULENT, E adj. (bas lat. *faeculentus*). **1.** Qui contient de la fécule, de l'amidon. – **2.** Se dit d'un liquide qui contient des sédiments.

◆ **féculent** n. m. Graine, fruit, tubercule alimentaires riches en amidon, en partic. les graines de légumineuses (lentilles, haricots, etc.).

FÉCULER v. t. (conj. 3). **1.** Extraire la fécule d'un végétal, en partic. des pommes de terre. – **2.** Ajouter de la fécule à une denrée alimentaire.

FÉCULERIE n. f. **1.** Industrie de la fécule. – **2.** Usine dans laquelle on fabrique de la fécule à partir de la pomme de terre.

ENCYCL. Pour produire la fécule, les pommes de terre, épierrées et lavées, sont broyées et donnent, après addition d'eau et passage sur des tamis, un « lait de fécule brut ». Une suite de dilutions et de concentrations au moyen d'appareils centrifuges rend ce lait de plus en plus pur. L'essorage du lait purifié par essoreuses centrifuges donne la *fécule verte,* contenant 38 % d'eau, qui est séchée, blutée et mise en sac.

FÉCULIER, ÈRE adj. **1.** Se dit de la pomme de terre ou d'autres tubercules et racines destinés à la fabrication de la fécule. – **2.** Qui concerne la féculerie.

◆ **féculier** n. m. Fabricant de fécule.

FÉCULOMÈTRE n. m. Instrument destiné à déterminer la richesse en fécule des pommes de terre.

Fed, abrév. de FEDERAL RESERVE.

FÉDALA, anc. nom de Mohammedia, port du Maroc.

FEDAYIN [fedajin] n. m. (ar. *fidā'iyyūn,* ceux qui se sacrifient). **1.** Combattant de la guérilla palestinienne. – **2.** Membre de la secte ismaélienne des Assassins (XIe-XIIIe s.). – **3.** Membre de groupes politico-religieux d'opposition de l'Empire ottoman ou de l'Iran.

FÉDÉRAL, E, AUX adj. (lat. *foedus, -eris,* traité). **1.** Relatif à une fédération d'États : *Constitution fédérale.* – **2.** Se dit d'un État composé de plusieurs collectivités politiques (États fédérés), auxquelles il se superpose. – **3.** Se dit en Suisse de ce qui est relatif à la Confédération helvétique. – **4.** Qui concerne le pouvoir central d'un État fédéral : *Police fédérale.* – **5.** Qui concerne une fédération syndicale, une fédération de sociétés, etc. – **6.** *Agent fédéral* ou *fédéral* (n. m.), agent du FBI.

◆ **fédéraux** n. m. pl. Nom donné, pendant la guerre de Sécession (1861-1865), aux combattants américains du Nord, qui luttaient pour le maintien de l'Union fédérale.

FÉDÉRALISATION n. f. Adoption d'une structure de type fédéral.

FÉDÉRALISER v. t. (conj. 3). Organiser un État sur un mode fédéral.

FÉDÉRALISME n. m. **1.** Mode de regroupement de collectivités politiques tendant à accroître leur solidarité tout en préservant leur particularisme. – **2.** *Fédéralisme international,* association d'États indépendants, déléguant certaines compétences à des organes communs statuant généralement à l'unanimité (confédération d'États). ‖ *Fédéralisme interne,* fédération ou État fédéral coiffant des États membres.

FÉDÉRALISTE adj. et n. Relatif au fédéralisme ; partisan du fédéralisme.

fédéraliste *(parti),* premier parti politique américain, né sous la première présidence de Washington (1789-1793). Les fédéralistes, représentés par Hamilton, puis par le président J. Adams (1797-1801), étaient favorables au renforcement du gouvernement central et à l'expansion économique.

fédéralistes *(insurrections)* [1793], soulèvements qui éclatèrent dans plusieurs départements de France pendant la Révolution. Déclenchées après l'élimination des Girondins par les Montagnards (2 juin 1793), elles sont fomentées dans les provinces par les Girondins, hostiles à la prédominance politique de Paris et accusés de vouloir faire de la France « une juxtaposition de petites républiques ». Après la Normandie, une soixantaine de départements sont le théâtre d'insurrections fédéralistes, matées plus ou moins rapidement par la Convention nationale : Marseille résistera jusqu'au 25 août, Lyon jusqu'au 9 octobre, Toulon jusqu'au 19 décembre.

Federal Reserve (Fed), banque centrale des États-Unis, créée en 1913, élaborant la politique monétaire du pays.

FÉDÉRATEUR, TRICE adj. (lat. médiév. *federator*). Qui contribue à la formation d'une fédération : *Tendances fédératrices.*
◆ n. Fondateur ou promoteur d'une fédération.

FÉDÉRATIF, IVE adj. (lat. *foederatus,* allié). Relatif au fédéralisme.

FÉDÉRATION n. f. (lat. *foederatio, -onis,* alliance). **1.** Syn. de ÉTAT FÉDÉRAL. — **2.** Groupement organique de partis, de clubs, d'associations diverses, de syndicats. — **3.** Sous la Révolution, association formée pour lutter contre les ennemis de la liberté. (→ *encycl.*) — **4.** Pendant la Commune de Paris, association de 215 bataillons parisiens de la garde nationale (sur 270) en une « Fédération républicaine de la garde nationale » (15 mars 1871). — **5.** *Fête de la Fédération,* fête nationale organisée le 14 juill. 1790 par l'Assemblée nationale constituante.
ENCYCL. **Hist.** La Grande Peur de l'été 1789 favorise la création de fédérations entre « patriotes », qui s'unissent pour défendre les nouveaux droits conquis. La première fédération est créée près de Valence en nov. 1789. L'Assemblée nationale constituante décide d'instituer à Paris une fédération nationale, pour laquelle elle organise une fête, célébrée à Paris le 14 juill. 1790 au Champ-de-Mars et qui réunit les représentants de toutes les gardes nationales de France. Après la messe, célébrée par Talleyrand sur l'autel de la Patrie, La Fayette, chef de la Fédération, puis Louis XVI jurèrent de maintenir la Constitution.

Fédération de l'Éducation nationale (F. E. N.), organisation groupant plusieurs syndicats des personnels de l'enseignement. Issue de la C.G.T. (scission en 1948), elle se partagea en tendances, dont une, majoritaire, proche des socialistes, et une autre proche des communistes. Une crise, suivie de l'exclusion de plusieurs syndicats en désaccord avec la direction fédérale, a donné lieu à la création, en 1993, d'une fédération concurrente, la F.S.U. (Fédération syndicale unitaire).

Fédération de la gauche démocrate et socialiste (F. G. D. S.), organisation politique française regroupant, de 1965 à 1968, la majorité des partis et des clubs de la gauche non communiste, présidée par F. Mitterrand. Après des succès électoraux, elle ne résista pas au recul de la gauche aux élections de juin 1968.

Fédération internationale d'astronautique → ASTRONAUTIQUE.

Fédération internationale des producteurs agricoles (F. I. P. A.), organisation professionnelle internationale créée en 1946 et qui rassemble des syndicats d'exploitants et des unions de coopératives de plus de 40 pays. Elle représente aussi les agriculteurs auprès des organismes internationaux, la F. A. O. notamment.

Fédération nationale des républicains indépendants (F. N. R. I.) → RÉPUBLICAINS INDÉPENDANTS.

Fédération nationale des syndicats d'exploitants agricoles (F. N. S. E. A.), organisation syndicale française à structure fédérale regroupant des fédérations départementales d'exploitants (F. D. S. E. A.), des associations spécialisées par produit (blé, betteraves, lait, bovins, fruits), des sections de fermiers et de bailleurs. Constituée en 1946, elle se donne comme objectif de représenter et de défendre les intérêts de la profession agricole dans les domaines technique, économique, législatif et moral. Le C. N. J. A. (Centre national des jeunes agriculteurs) lui est rattaché organiquement, tout en demeurant juridiquement autonome. La F. N. S. E. A. est le syndicat le plus important de l'agriculture française.

Fédération du parti des travailleurs socialistes de France (F. P. T. S. F.), parti politique français (1879-1882) d'orientation marxiste avec Jules Guesde et dont les membres finirent, après le départ des marxistes, des anarchistes et des socialistes modérés, par fonder la Fédération* des travailleurs socialistes de France.

Fédération syndicale mondiale (F. S. M.), organisation syndicale internationale fondée en oct. 1945 au congrès de Paris à l'initiative des TUC de Grande-Bretagne et des syndicats soviétiques, pour succéder à la Fédération syndicale internationale (F. S. I.) et à l'Internationale syndicale rouge (I. S. R.). Elle a d'abord regroupé la quasi-totalité des syndicats du monde, à l'exception de l'American Federation of Labor et des syndicats chrétiens. En 1948, les Trades Union Congress de la Grande-Bretagne l'ont quittée.

Fédération des travailleurs socialistes de France (F. T. S. F.), parti politique français (1882-1902), qui faisait confiance au suffrage universel et aux réformes pour atteindre le collectivisme, avec Paul Brousse, et qui finit, après le départ d'Allemane, par se transformer et par constituer l'une des principales composantes de la S. F. I. O. en 1905.

FÉDÉRÉ n. m. **1.** Nom donné à l'origine aux peuples d'Italie liés à Rome par un traité, puis à des troupes de mercenaires barbares au service de l'Empire romain. — **2.** Représentant envoyé à la fête de la Fédération en 1790. — **3.** Soldat ou garde national au service de la Commune de Paris en 1871. — **4.** *Mur des Fédérés,* au cimetière du Père-Lachaise, à Paris, mur contre lequel ont été fusillés les derniers combattants de la Commune en 1871.

FÉDÉRER v. t. (bas lat. *foederare,* du lat. class. *foedus, -eris*) [conj. **18**]. Grouper des États en fédération.

◆ **se fédérer** v. pr., **être fédéré** v. pass. **1.** Se grouper en une fédération, former une fédération : *Les cantons fédérés de la Suisse.* — **2.** *État fédéré,* État membre d'un État fédéral.

FEDINE (Konstantine Aleksandrovitch), écrivain soviétique (Saratov 1892 - Moscou 1977). Auteur de romans sociaux et psychologiques (*les Villes et les Années,* 1924 ; *les Frères,* 1928), il a célébré le régime soviétique, notamment dans sa trilogie *Premières Joies, Un été extraordinaire, le Bûcher* (1945-1965).

FEDJ-M'ZALA, anc. nom de Ferdjiwa.

FÉDOR Ier ou **FIODOR Ier** (Moscou 1557 - *id.* 1598), tsar de Russie (1584-1598), fils et successeur d'Ivan IV, dernier représentant de la dynastie des Riourikides. — **Fédor** ou **Fiodor II** (1589 - Moscou 1605), tsar de Russie (1605), fils de Boris Godounov. Il fut assassiné après que Dimitri, dit le Premier Faux Dimitri, eut été proclamé tsar. — **Fédor** ou **Fiodor III** (Moscou 1661 - *id.* 1682), tsar de Russie (1676-1682), fils et successeur d'Alexis Mikhaïlovitch.

FEDOROV (Ievgraf Stepanovitch), cristallographe et minéralogiste russe (Orenbourg 1853 - Petrograd 1919). Il a imaginé un goniomètre et appliqué le microscope polarisant à la détermination des caractères optiques de nombreux minéraux.

FEDTCHENKO *(glacier),* glacier du Tadjikistan, dans la chaîne des Akademii (haut Pamir). Long de 79 km, large de 3 à 4 km, il descend de 7 000 m à 2 900 m.

FÉE n. f. (lat. *Fata,* Parque, de *fatum,* destin). **1.** Être imaginaire, de sexe féminin, doué d'un pouvoir surnaturel : *Bonne fée, fée Carabosse.* — **2.** *Litt.* Femme remarquable par la grâce, l'esprit, la bonté, l'habileté. — **3.** *Fée du logis,* personne qui s'occupe remarquablement de son intérieur. ‖ *Ouvrage de fée,* travail d'une perfection extrême. ‖ *Pays des fées,* pays enchanté, merveilleux, imaginaire. ‖ *Pierre aux fées,* nom donné aux monuments mégalithiques.

FEED-BACK [fidbak] n. m. inv. (amér. *feed-back,* de *to feed,* nourrir, et *back,* en arrière). **1.** Syn. de RÉTROACTION et de RÉTROCONTRÔLE. — **2.** Action exercée sur les causes d'un phénomène par le phénomène lui-même.

FEEDER [fidœr] n. m. (angl. *feeder,* de *to feed,* nourrir). **1.** Canalisation de gaz ou de vapeur reliant les centres de production aux centres de distribution. — **2.** Ligne aérienne raccordée en certains points à la caténaire pour servir à son alimentation et augmenter la section conductrice. — **3.** Syn. de ARTÈRE et de ALIMENTATEUR* D'ANTENNE. — **4.** Sorte de réservoir construit dans les entreponts d'un navire prenant un chargement en vrac, qu'on remplit au départ pour compenser, en cours de traversée, des vides qui se produisent dans la cargaison par suite du tassement et pour assurer ainsi la stabilité du navire. — **5.** Distributeur en continu de verre fondu et homogène, placé entre le four à bassin et une machine de formage.

FEED-LOT [fidlɔt] n. m. (pl. *feed-lots*) [angl. *to feed,* nourrir, et *lot,* terrain]. Ensemble de parcs en plein air pour l'engraissement intensif des bovins.

FEELING [filiŋ] n. m. (angl. *feeling,* sentiment). **1.** Qualité d'émotion et de sensibilité manifestée par un interprète, en partic. en jazz, blues et rock. — **2.** *Fam.* Manière de ressentir telle ou telle situation, intuition.

FÉERIE n. f. (de *fée*). **1.** Monde fantastique, merveilleux des fées. — **2.** Spectacle d'une merveilleuse beauté : *Le feu d'artifice est une féerie.* — **3.** Pièce de théâtre fondée sur le merveilleux, la magie.

FÉERIQUE adj. **1.** Qui appartient au monde des fées ; surnaturel : *Le palais féerique des Mille et Une Nuits.* — **2.** D'une beauté extraordinaire, merveilleux : *Panorama féerique.* — **3.** Se dit d'un spectacle participant de la féerie.

FÉERIQUEMENT adv. D'une manière féerique.

FEGERSHEIM (67640), comm. du Bas-Rhin, sur l'Andlau ; 3 962 hab. Industries chimiques et mécaniques. Mobilier.

Fehling *(liqueur de)* [du n. du chimiste allemand Hermann *Fehling* (1811-1885)], liqueur cupropotassique que les aldéhydes réduisent en donnant un précipité d'oxyde cuivreux rouge. Cette réduction n'est pas spécifique de la fonction aldéhyde. Elle sert dans les laboratoires au dosage du glucose.

FEHMARN *(île de),* île d'Allemagne (Schleswig-Holstein), dans la Baltique, reliée au continent par un pont ; 185 km² ; 13 000 hab. V. princ. *Puttgarden.*

Fehrbellin *(bataille de)* [28 juin 1675], bataille remportée sur les Suédois par Frédéric-Guillaume, Électeur du Brandebourg, à Fehrbellin (Allemagne).

FEHRENBACH (Konstantin), homme politique allemand (Wellendingen, Bade, 1852 - Fribourg-en-Brisgau 1926). Président du Reichstag en 1918, puis de la première Assemblée nationale de Weimar (1919-20), il fut chancelier du Reich (1920-21) à la tête d'un gouvernement centriste.

FEHRENBACH (Charles Max), astronome français (Strasbourg 1914). Il a mis au point un prisme-objectif pour la mesure des vitesses radiales des étoiles et est l'auteur de nombreux travaux de spectrographie stellaire. (Acad. des sc., 1968.)

FEIGNANT → FAIGNANT.

FEIGNIES (59570), comm. du Nord, à l'O.-N.-O. de Maubeuge ; 7 310 hab. *(Finésiens).* Métallurgie.

FEIJOADA [fɛjʒɔada] n. f. (port. *feijoada,* de *feijão,* haricot noir). Ragoût pimenté de haricots noirs, d'oignons et de porc salé, bœuf séché ou saucisses fumées. (Spécialité brésilienne.)

FEINDRE v. t. (lat. *fingere,* façonner) [conj. **81**]. Donner pour réel ce que l'on ne ressent pas, simuler un sentiment pour tromper ; affecter : *Feindre la joie. Feindre de s'attendrir.*

◆ **être feint** v. pass. **1.** Être simulé afin de tromper : *Son émotion n'était pas feinte.* — **2.** En parlant d'un élément intégré dans une composition bâtie réelle, être simulé ou en trompe l'œil (par ex. une colonnade peinte en perspective, une fausse fenêtre, etc.).

FEININGER (Lyonel), peintre américain (New York 1871 - *id.* 1956). Installé en Allemagne dès 1887, il fréquenta les milieux d'avant-garde (cubistes, expressionnistes, Blaue Reiter...), devint professeur au Bauhaus (1919-1932), puis rentra aux États-Unis en 1937. Ses tableaux sont des épures aux rythmes syncopés, transparentes et lumineuses, qui transposent le visible avec une poésie subtile.

FEINT → FEINDRE.

FEINTE n. f. **1.** *Litt.* Action de feindre, de dissimuler la réalité : *Parler sans feinte.* — **2.** Manœuvre habile d'un chef militaire, d'un sportif (footballeur, escrimeur) destinée à tromper l'adversaire. — **3.** *Fam.* Ruse, piège destinés à surprendre, à tromper qqn : *Faire une feinte à quelqu'un.* — **4.** Astuce destinée à détourner l'attention du spectateur pour permettre à l'illusionniste de réussir son tour. — **5.** Place où la trame manque dans une étoffe.

FEINTER v. t. (conj. 3). **1.** Tromper qqn par une feinte, en simulant certains coups : *Un joueur de football doit savoir feinter ses adversaires.* — **2.** *Fam.* Surprendre qqn par une ruse soudaine : *Il a été plus rapide que toi, tu as été bien feinté.* — **3.** *Feinter la passe,* simuler une passe.

FEIRA DE SANTANA, v. du Brésil (État de Bahia), au N.-O. de Salvador ; 290 000 hab. Centre agricole. Chimie.

FEKS (sigle de *Fabrika EKStsentritcheskovo aktera*) [« Fabrique de l'acteur excentrique »], mouvement cinématographique soviétique d'avant-garde fondé en 1922 par Grigori Kozintsev, Leonid Trauberg, Sergueï Ioutkevitch et Sergueï Guerassimov. S'inspirant des traditions du cirque, du music-hall et du théâtre, ce courant préconisait pour les comédiens de cinéma un jeu scénique volontairement outrancier et schématique. Le premier film tourné selon ces directives fut les *Aventures d'Octobrine* (1924), de Kozintsev et Trauberg.

FEL n. m. (de *fêler*). Fêlure dans une céramique, une pièce de verrerie.

FELD (Eliot), danseur et chorégraphe américain (New York 1942). D'abord danseur, c'est dans la chorégraphie que se révèle son véritable tempérament : *Harbinger* et *At Midnight* (1967). Il fonde sa compagnie, l'American Ballet Company (1969). Très représentatif du ballet américain contemporain, il collabore avec l'American Ballet Theatre, le Ballet royal danois, le City Center Joffrey Ballet. En 1974, il constitue une nouvelle compagnie, pour laquelle il crée *Seraphic Song* et *The Tzaddik.*

FELDBERG, nom de plusieurs sommets de l'Allemagne hercynienne, dont le point culminant de la Forêt-Noire (1 493 m).

FELDKIRCH, v. d'Autriche (Vorarlberg), sur l'Ill ; 24 000 hab. Église du XVe s., auj. cathédrale. Château fort. Industrie textile. Brasserie. Station touristique.

FELD-MARÉCHAL n. m. (pl. *feld-maréchaux*) [all. *Feldmarschall,* calque du fr. *maréchal de camp*]. Dignité la plus élevée dans les armées allemande, autrichienne, anglaise, suédoise et russe.

FELDSPATH [fɛldspat] n. m. (all. *Feldspath,* spath des champs). Nom donné à un groupe d'aluminosilicates naturels de potassium, de sodium, de calcium et de baryum.

ENCYCL. Les feldspaths sont des constituants essentiels de la plupart des roches magmatiques et métamorphiques. On distingue les *feldspaths potassiques* (orthose, adulaire, microcline, sanidine) et les *feldspaths calcosodiques,* ou plagioclases, qui forment une série continue depuis un pôle sodique (albite) jusqu'à un pôle calcique (anorthite). Ils sont utilisés dans la composition de certaines pâtes céramiques.

FELDSPATHIQUE adj. Se dit d'une roche sédimentaire qui contient du feldspath.

FELDSPATHOÏDE n. m. Aluminosilicate de sodium, potassium et calcium, peu riche en silice, symptomatique des roches sous-saturées (leucite, néphéline, etc.).

FELDWEBEL [fɛldvebɛl] n. m. (all. *Feldwebel*). Grade de l'armée allemande correspondant à celui d'adjudant.

FÊLÉ, E n. *Pop.* Fou.

FÊLER v. t. (lat. pop. **fagellare,* du lat. class. *flagellare,* frapper) [conj. **4**]. **1.** Fissurer, fendre un objet sans qu'il y ait disjonction des parties : *Fêler un verre. Le choc a fêlé l'assiette.* — **2.** *Litt.* Altérer la pureté, la solidité de qqch, d'une relation : *Ce sinistre événement avait fêlé notre amitié.*

◆ **être fêlé** v. pass. Fam. *Avoir le cerveau fêlé, être fêlé,* être un peu fou. ‖ *Voix fêlée, son fêlé,* dont le timbre est altéré.

FELFEL n. m. (ar. *filfil*). Nom usuel du *piment rouge* employé en Afrique du Nord.

FÉLIBIEN (André), architecte, publiciste et historien d'art français (Chartres 1619 - *id.* 1695). Historiographe des Bâtiments du roi, mais aussi théoricien, il est l'auteur des *Entretiens sur la vie et sur les ouvrages des plus excellents peintres* [...] (1666-1688), dans lesquels il défend les principes de l'Académie, prônant l'étude de l'antique et l'idéalisation de la nature. Il a également publié *Des principes de l'architecture, de la sculpture, de la peinture et des autres arts* [...], avec un *Dictionnaire des termes propres à chacun* (1676).

FÉLIBRE n. m. (provenç. *félibre*). **1.** Poète ou prosateur en langue d'oc. (On emploie parfois le fém. FÉLIBRESSE.) — **2.** Membre d'une association félibréenne, adepte du félibrige.

FÉLIBRÉEN, ENNE adj. Relatif aux félibres et à la poésie provençale.

FÉLIBRIGE n. m. (provenç. *félibrige*). École littéraire constituée en Provence, au milieu du XIXe s., pour le maintien et l'épuration de la langue provençale et des autres dialectes occitans, et pour la renaissance d'une littérature du midi de la France.

ENCYCL. Préparé par les travaux de Raynouard et de Fabre d'Olivet, le mouvement est lancé en 1851 à Marseille avec l'édition par Joseph Roumanille du recueil collectif *li Prouvençalo,* auquel collaborent en particulier Mistral et Aubanel. En 1854, sept jeunes poètes (Aubanel, Brunet, Mathieu, Mistral, Roumanille, Tavan, Giéra), prenant le nom de « félibres », se réunissent et créent la nouvelle école littéraire, qui se fait connaître dès 1855 par l'*Armana Prouvençau.* Celle-ci s'étend ensuite aux autres provinces de langue d'oc, puis se divise, en 1876, en quatre *maintenances* (Provence, Languedoc, Aquitaine, Catalogne), gouvernées par cinquante majoraux qui élisent un *capoulié,* grand maître du félibrige. Malgré ses dissensions et ses scissions, nées de querelles d'orthographe et de conflits politiques, le félibrige rassemble encore de nombreux poètes soucieux de préserver leurs traditions régionales.

FÉLICE (Guillaume DE), pasteur et professeur français (Otterberg, près de Kaiserslautern, 1803 - Lausanne 1871). Professeur à la faculté de théologie protestante de Montauban (1838), il a laissé une *Histoire des protestants de France* (7e éd., 1880).

FELICI (Pericle), prélat italien (Segni 1911-Foggia 1982). Secrétaire général du second concile du Vatican (1962-1965), il devint cardinal en 1967.

FÉLICIEN *(saint),* martyr romain († Rome fin du IIIe s. ou début du IVe s.). Une basilique lui était dédiée, ainsi qu'à son frère Prime, sur la via Nomentana. Leurs actes sont légendaires.

FÉLICITATIONS n. f. pl. **1.** Compliments que l'on adresse à qqn à l'occasion d'un événement heureux, d'un succès, etc. — **2.** Éloges, vives approbations adressés à qqn : *Recevoir des félicitations pour un acte de courage.*

FÉLICITÉ n. f. (lat. *felicitas, -atis,* de *felix, -icis,* heureux). *Litt.* Grand bonheur, contentement intérieur, joie, béatitude : *Je lui souhaite mille félicités.*

FÉLICITÉ *(sainte),* martyre africaine († Carthage 203). Esclave, elle fut arrêtée comme chrétienne et livrée aux bêtes avec d'autres fidèles.

FÉLICITER v. t. (bas lat. *felicitare,* du lat. class. *felix, -icis,* heureux) [conj. **3**]. **1.** Complimenter qqn sur qqch qui lui fait honneur, sur sa conduite : *On l'a félicité d'avoir sauvé un enfant de la noyade.* — **2.** Apporter ses félicitations à qqn à l'occasion d'un événement heureux, d'une réussite remarquable, etc. : *Féliciter les jeunes mariés.* — **3.** *Ne pas féliciter qqn,* lui reprocher son comportement, le désapprouver : *Je ne vous félicite pas pour votre manque d'initiative.*

◆ **se féliciter** v. pr. **1.** S'estimer satisfait de qqch ; se réjouir : *Chacun se félicitait de son retour.* — **2.** Être satisfait d'avoir fait telle chose ; se louer : *Je me félicite de mon attitude.*

FÉLIDÉ n. m. (lat. *felis,* chat). Mammifère carnivore tel que le chat, le lion, le tigre, la panthère, le jaguar et le guépard.
ENCYCL. Les félidés, ou *félins,* se caractérisent par une denture réduite (avec crocs aigus et molaires tranchantes), une articulation stricte de la mandibule, des griffes rétractiles vulnérantes, une grande aptitude au saut et à la course, une excellente vision nocturne, un régime carnassier et des mœurs de chasseurs.

FÉLIN, E adj. (lat. *felinus,* de chat). **1.** Se dit d'un carnassier, d'une espèce qui appartient au genre des chats : *La race féline.* — **2.** Qui tient du chat, qui rappelle le chat par sa grâce souple, sa douceur, sa ruse : *La souplesse féline.*
◆ **félin** n. m. Syn. de FÉLIDÉ.

FÉLINITÉ n. f. *Litt.* Caractère félin.

FELIX (Marcus Antonius), procurateur de Judée (Iᵉʳ s. apr. J.-C.). Il fit emprisonner saint Paul.

FÉLIX de Nola *(saint),* évêque de Nola (Nola, auj. prov. de Caserte, Italie, v. 200 -v. 260). Il souffrit de la persécution de Decius. Le pèlerinage de Nola fut longtemps très fréquenté.

FÉLIX Iᵉʳ *(saint)* [Rome - *id.* 274], pape de 269 à 274.

FÉLIX II († Porto 365), pape de 355 à 365. L'*Annuario pontificio* ne le reconnaît pas comme légitime.

FÉLIX III *(saint)* [Rome - *id.* 492], pape de 483 à 492. Il rejeta l'édit d'union de l'empereur Zénon et excommunia le patriarche de Constantinople Acace.

FÉLIX IV *(saint)* [Bénévent - Rome 530], pape de 526 à 530. Il construisit à Rome l'église des Santi Cosma e Damiano et condamna le semi-pélagianisme.

FÉLIX V, antipape → AMÉDÉE VIII *de Savoie.*

FELIX (Arthur), microbiologiste anglais (Tarnów 1887-1956). Il a découvert avec Weill la réaction d'identification du typhus exanthématique.

FELIXSTOWE, port de commerce (conteneurs) et de voyageurs de Grande-Bretagne, au S.-E. d'Ipswich ; 19 500 hab.

FELLAGA ou **FELLAGHA** n. m. (ar. dialect. *fellāga,* de l'ar. *fallāq,* rebelle). Nom donné par les Français aux partisans algériens et tunisiens soulevés contre l'autorité française pour obtenir l'indépendance.

FELLAH n. m. (ar. *fallāḥ*). Paysan arabe.

FELLATION n. f. (lat. *fellatio,* de *fellare,* sucer). Acte sexuel consistant en une stimulation bucco-linguale de la verge.

FELLENIUS (Wolmar), ingénieur suédois (1877-1957). Constructeur de ponts et de ports, professeur de travaux maritimes, il fut un des premiers spécialistes de la mécanique des sols.

FELLER (François Xavier DE), jésuite belge (Bruxelles 1735 - Ratisbonne 1802). On lui doit surtout le *Catéchisme philosophique* (1773) et le *Dictionnaire historique* (1781-1784), souvent réédité sous le titre de *Biographie universelle.*

FELLETIN (23500), ch.-l. de cant. de la Creuse, sur la Creuse ; 2 840 hab. *(Felletinois).* Deux églises médiévales. Maisons du XVIᵉ s. Tapisseries (premiers ateliers de la Marche installés ici au début du XVᵉ s.). Taillerie de diamants. École technique des métiers du bâtiment.

FELLINI (Federico), cinéaste italien (Rimini 1920 - Rome 1993). Il est, après la Seconde Guerre mondiale, le collaborateur de Rossellini. Sa première œuvre de réalisateur est *Feux du music-hall* (1951 ; en collab. avec A. Lattuada), puis il tourne *Courrier du cœur* ou *le Cheik blanc* (1952). Son talent arrive à pleine maturation dès *I Vitelloni* (1953). Ce n'est cependant qu'avec *La Strada* (1954) qu'il obtient la consécration. Il signe ensuite *Il Bidone* (1955), *les Nuits de Cabiria* (1957), *La Dolce Vita* (1960), *Huit et demi* (1963), *Juliette des esprits* (1965), un sketch des *Histoires extraordinaires* (1968), *Satyricon* (1969), *les Clowns* (1970), *Roma* (1972), *Amarcord* (1973), *Casanova* (1976), *Prova d'orchestra* (1979), *la Cité des femmes* (1979), *Et vogue le navire...* (1983), *Ginger et Fred* (1985), *Intervista* (1987), *La Voce della luna* (1990). Fellini peint la solitude de l'homme devant le monde extérieur en recourant à des fantasmes symboliques ou psychanalytiques.

FELLOW [fɛlo] n. m. (angl. *fellow,* compagnon). Dans les universités anglaises, membre (en général enseignant) d'une corporation jouissant des revenus attachés à un collège. (Le terme désigne aussi les membres de certaines sociétés savantes.)

FELLOWS (*sir* Charles), archéologue anglais (Nottingham 1799 - Londres 1860). Il découvrit en Lycie les ruines de Xanthos et de Tlôs.

FÉLON, ONNE adj. (bas lat. *fello, -onis,* du frq. **fillo*). **1.** Déloyal envers son seigneur : *Vassal félon.* — **2.** *Litt.* Déloyal, traître : *Chevalier félon. Cœur félon.*
◆ **félon** n. m. *Litt.* Homme félon.

FÉLONIE n. f. (de *félon*). **1.** Déloyauté, offense ou trahison d'un vassal envers son seigneur. — **2.** *Litt.* Acte déloyal, forfaiture : *Commettre une félonie.*

FELOUQUE n. f. (esp. *faluca,* de l'ar. *falūwa*). Petit bâtiment de la Méditerranée gréé d'une ou deux voiles latines avec des mâts inclinés sur l'avant.

FELSITE n. f. (de *feldspath* et de *silicate*). Roche hololeucocrate à feldspath alcalin et quartz.

FELT (Dorr Eugene), industriel américain (Beloit, Wisconsin, 1862 - Chicago 1930). On lui doit l'invention, en 1887, du *Comptometer,* additionneuse à enregistrement par touches et impression des chiffres inscrits.

FELTRE, v. d'Italie, en Vénétie (prov. de Belluno) ; 22 000 hab.
– **Hist.** Elle fut érigée en duché par Napoléon Ier pour le général Clarke. Prise par les Autrichiens en 1917, elle fut reconquise par les Italiens du général Diaz le 31 oct. 1918.

FELTRINELLI (Giangiacomo), éditeur italien (Milan 1926 - *id.* 1972). Il créa en 1954 une maison d'édition qui porte son nom. Il participa, jusqu'à sa mort, à divers mouvements révolutionnaires en Europe.

FÊLURE n. f. (de *fêler*). **1.** Fente étroite traversant l'épaisseur d'un objet sans qu'il y ait fragmentation : *La fêlure d'une vitre.* – **2.** *Litt.* Indice d'un désaccord encore léger ; fissure : *Il y a une fêlure dans le couple.* – **3.** Altération du timbre de la voix. – **4.** Fracture incomplète d'un os.

f. é. m. Électr. Abrév. de FORCE ÉLECTROMOTRICE*.

FEMELLE n. f. (lat. *femella,* dimin. de *femina,* femme). **1.** Animal de sexe femelle. – **2.** *Pop.* et *Péjor.* Femme.
◆ adj. **1.** Se dit d'un individu ou d'un organe animal ou végétal qui appartient au sexe porteur des cellules reproductrices les plus volumineuses ; se dit de ce sexe. (→ *encycl.*) – **2.** Dans un assemblage par emmanchement, se dit de celle des pièces dans laquelle pénètre l'autre, qualifiée de mâle. – **3.** *Fleur femelle,* fleur n'ayant pas d'étamines, mais seulement un pistil (espèces monoïques et polygames). ‖ *Organe femelle,* pistil. ‖ *Pied femelle,* individu végétal ne portant que des fleurs femelles (espèces dioïques).
ENCYCL. **Biol.** Le sexe femelle ne peut être distingué que chez les espèces où la reproduction est non seulement sexuée, mais hétérogame, c'est-à-dire réalisée par la fusion de deux gamètes différents. C'est alors, par définition, le plus volumineux et le moins mobile des deux gamètes qui est dit « femelle », de sorte que le produit (zygote) est fait, pour la plus grande part, de matière vivante d'origine femelle. Chez les végétaux, le gamète femelle est l'oosphère* ; chez les animaux, c'est l'ovule, à un stade différent de l'ovogenèse selon l'espèce.
Il est fréquent, dans les deux règnes, que la fécondation ait lieu dans l'organisme maternel et que le zygote ne soit expulsé qu'après s'être développé plus ou moins longuement au contact de celui-ci et en y puisant sa nourriture à travers une membrane d'échange, ou placenta* : c'est le cas chez les animaux vivipares* et chez les plantes à graines, notamment. Il en résulte que, contrairement aux organes reproducteurs du mâle, qui n'ont pour objet que la production et l'émission des gamètes, les organes génitaux femelles ont aussi pour fonctions la protection, la nutrition, la conduite à terme de l'œuf fécondé, voire les soins postnataux (incubation, allaitement, etc.), ce qui leur donne une place relativement plus importante dans l'organisme. Des caractères sexuels dits « secondaires », étrangers à la reproduction, peuvent en outre donner à la femelle un aspect extérieur plus ou moins différent de celui du mâle : plumes caudales du paon, inexistantes chez la paonne ; taille plus grande de la femelle chez certains poissons et certaines araignées ; etc. ; on parle alors de dimorphisme* sexuel.

FÉMELOT n. m. (de *femelle*). Ferrure faisant corps avec l'étambot et comportant des logements dans lesquels pivotent les aiguillots du gouvernail.

Femina *(prix),* prix littéraire français, fondé en 1904, décerné en fin d'année par un groupe de femmes de lettres à une œuvre d'imagination. Depuis 1985, un prix Femina étranger est décerné.

FÉMININ, E adj. (lat. *femininus,* de *femina,* femme). **1.** Qui est propre à la femme : *Le charme féminin.* – **2.** Se dit d'un groupe composé de femmes : *Équipe féminine.* – **3.** Qui a rapport aux femmes : *Vêtements féminins.* – **4.** Qui est destiné, réservé aux femmes : *Épreuve féminine d'athlétisme.* – **5.** Qui a les caractères reconnus traditionnellement à la femme : *Il a une sensibilité féminine.* • **Ling.** Se dit des noms qui appartiennent au féminin, des adjectifs et des déterminants qui se rapportent à ces noms. – **Mil.** *Corps féminin des armées,* ensemble des corps où sert le personnel féminin des armées. (→ *encycl.*) – **Psychan.** *Position féminine,* identification précoce à la mère et qui a des effets différents selon qu'elle affecte la fille ou le garçon. (→ *encycl.*) – **Versific.** *Rime féminine,* rime que termine une syllabe muette.
◆ **féminin** n. m. Genre grammatical qui s'oppose au masculin dans une classification à deux genres ou au masculin et au neutre dans une classification à trois genres. (En français, le féminin comprend une partie des noms désignant des choses [*maison, table*] et certains noms des êtres animés femelles : il correspond alors au genre naturel [*marchande, chatte*].)
ENCYCL. **Mil.** *Corps féminin des armées.* Au cours des deux Guerres mondiales et des campagnes d'Indochine, de nombreuses femmes servirent comme infirmières, convoyeuses, ambulancières ou dans des emplois sédentaires. Dès

PRIX FEMINA

1904 Myriam Harry, *la Conquête de Jérusalem*
1905 Romain Rolland, *Jean-Christophe*
1906 André Corthis, *Gemmes et moires*
1907 Colette Yver, *Princesses de science*
1908 Édouard Estaunié, *la Vie secrète*
1909 Edmond Jaloux, *Le reste est silence*
1910 Marguerite Audoux, *Marie-Claire*
1911 Louis de Robert, *le Roman du malade*
1912 Jacques Morel, *Feuilles mortes*
1913 Camille Marbo, *la Statue voilée*
1914 à 1916 *Prix non décernés*
1917 René Milan, *l'Odyssée d'un transport torpillé*
1918 Henri Bachelin, *le Serviteur*
1919 Roland Dorgelès, *les Croix de bois*
1920 Edmond Gojon, *le Jardin des dieux*
1921 Raymond Escholier, *Cantegril*
1922 Jacques de Lacretelle, *Silbermann,*
1923 Jeanne Galzy, *les Allongés*
1924 Charles Derennes, *le Bestiaire sentimental*
1925 Joseph Delteil, *Jeanne d'Arc*
1926 Charles Silvestre, *Prodige du cœur*
1927 Marie Le Franc, *Grand-Louis l'innocent*
1928 Dominique Dunois, *Georgette Garou*
1929 Georges Bernanos, *la Joie*
1930 Marc Chadourne, *Cécile de la Folie*
1931 Antoine de Saint-Exupéry, *Vol de nuit*
1932 Ramon Fernandez, *le Pari*
1933 Geneviève Fauconnier, *Claude*
1934 Robert Francis, *le Bateau-Refuge*
1935 Claude Silve, *Bénédiction*
1936 Louise Hervieu, *Sangs*
1937 Raymonde Vincent, *Campagne*
1938 Félix de Chazournes, *Caroline ou le Départ pour les îles*
1939 Paul Vialar, *la Rose de la mer*
1940 à 1943 *Prix non décernés*
1944 Éditions de minuit
1945 Anne-Marie Monnet, *le Chemin du soleil*
1946 Michel Robida *le Temps de la longue patience*
1947 Gabrielle Roy, *Bonheur d'occasion*
1948 Emmanuel Roblès, *les Hauteurs de la ville*
1949 Maria Le Hardouin, *la Dame de cœur*
1950 Serge Groussard, *la Femme sans passé*
1951 Anne de Tourville, *Jabadao*
1952 Dominique Rolin, *le Souffle*
1953 Zoé Oldenbourg, *la Pierre angulaire*
1954 Gabriel Veraldi, *la Machine humaine*
1955 André Dhôtel, *le Pays où l'on n'arrive jamais*
1956 François-Régis Bastide, *les Adieux*
1957 Christian Mégret, *le Carrefour des solitudes*
1958 Françoise Mallet-Joris, *l'Empire céleste*
1959 Bernard Privat, *Au pied du mur*
1960 Louise Bellocq, *la Porte retombée*
1961 Henri Thomas, *le Promontoire*
1962 Yves Berger, *le Sud*
1963 Roger Vrigny, *la Nuit de Mougins*
1964 Jean Blanzat, *le Faussaire*
1965 Robert Pinget, *Quelqu'un*
1966 Irène Monesi, *Nature morte devant la fenêtre*
1967 Claire Etcherelli, *Élise ou la Vraie Vie*
1968 Marguerite Yourcenar, *l'Œuvre au noir*
1969 Jorge Semprun, *la Deuxième Mort de Ramon Mercader*
1970 François Nourissier, *la Crève*
1971 Angelo Rinaldi, *la Maison des Atlantes*
1972 Roger Grenier, *Ciné-Roman*
1973 Michel Dard, *Juan Maldonne*
1974 René-Victor Pilhes, *l'Imprécateur*
1975 Claude Faraggi, *le Maître d'heure*
1976 Marie-Louise Haumont, *le Trajet*
1977 Régis Debray, *La neige brûle*
1978 François Sonkin, *Un amour de père*
1979 Pierre Moinot, *le Guetteur d'ombre*
1980 Jocelyne François, *Joue-nous España*
1981 Catherine Hermary-Vieille, *le Grand Vizir de la nuit*
1982 Anne Hébert, *les Fous de Bassan*
1983 Florence Delay, *Riche et légère*
1984 Bertrand Visage, *Tous les soleils*
1985 Hector Bianciotti, *Sans la miséricorde du Christ*
1986 René Belleto, *l'Enfer*
1987 Alain Absire, *l'Égal de Dieu*
1988 Alexandre Jardin, *le Zèbre*
1989 Sylvie Germain, *Jours de colère*
1990 Pierrette Fleutiaux, *Nous sommes éternels*
1991 Paula Jacques, *Déborah et les anges dissipés*
1992 Anne-Marie Garat, *Aden*
1993 Marc Lambron, *l'Œil du silence*
1994 Olivier Rolin, *Port-Soudan*
1995 Emmanuel Carrère, *la Classe de neige*
1996 Geneviève Brisac, *Week-end de chasse à la mère*

1944, des formations militaires féminines auxiliaires furent créées au sein des armées. La loi du 13 juill. 1972, en supprimant la distinction de statut entre personnels féminin et masculin, fait du personnel féminin des militaires à part entière.
– **Psychan.** *Position féminine.* Pour Melanie Klein, la féminité a pour base, chez le garçon, un attachement normal et premier au sein, au cours de la phase orale de succion, attachement qui se déplace assez tôt sur le pénis du père. C'est cette position, dite féminine, base de son complexe d'Œdipe inversé, qui constitue pour le garçon une première position homosexuelle, dans laquelle il se trouve en rivalité avec sa mère. Cette position est ensuite normalement

dépassée pour atteindre une position hétérosexuelle.
La fille, au niveau œdipien, dans sa position féminine, désire recevoir le pénis du père et avoir un enfant de lui. Elle entre ainsi en rivalité avec la mère, à laquelle elle s'identifie.

FÉMINISANT, E adj. Qui provoque l'apparition de caractères sexuels secondaires féminins.

FÉMINISATION n. f. **1.** Action de féminiser qqn, qqch. – **2.** Augmentation de la proportion des femmes dans une profession, une organisation, etc. : *La féminisation du corps enseignant.*

FÉMINISER v. t. (conj. 3). **1.** Donner à qqn le caractère féminin ou efféminé ; faire perdre à un homme sa virilité. – **2.** Augmenter la proportion de femmes dans une profession. – **3.** Provoquer chez un mâle l'apparition de caractères sexuels secondaires féminins ou femelles. – **4.** Attribuer à un nom le genre féminin.

FÉMINISME n. m. (lat. *femina,* femme). **1.** Mouvement militant pour l'amélioration et l'extension du rôle et des droits des femmes dans la société. (→ *encycl.*) – **2.** Attitude de qqn qui vise à étendre ce rôle et ces droits des femmes : *Un féminisme actif.* – **3.** État d'un individu du sexe masculin présentant des caractères de féminité plus ou moins marqués (développement des seins et des hanches, absence de barbe, finesse de la peau, etc.). [On attribue cet état à l'absence ou à l'insuffisance des sécrétions internes testiculaires.]
ENCYCL. **Sociol.** Préparé par les philosophes et les femmes de lettres du XVIIIe s., le mouvement féministe apparaît sous la Révolution. En 1791, Olympe de Gouges écrit la fameuse *Déclaration des droits de la femme et de la citoyenne.* De Flora Tristan à Simone de Beauvoir, en passant par Pauline Roland, E. Pankhurst, M. G. Fawcett, Nelly Roussel, etc., de nombreuses femmes ont milité pour l'émancipation féminine sous toutes ses formes. Le débat sur la condition des femmes dans la société fut relancé en 1968 avec la création du *Women's Lib* aux États-Unis et du M. L. F. (Mouvement de libération des femmes) en France. De nombreux mouvements et associations se sont alors créés pour sensibiliser l'opinion publique et les pouvoirs publics à leurs revendications : droit à l'avortement, contraception libre et gratuite, égalité des salaires à travail égal, dénonciation sous toutes ses formes de la discrimination de sexe, défense et information des femmes sur leurs droits, lutte contre l'oppression familiale, qui enferme la femme dans les rôles d'épouse et de mère, etc.

FÉMINISTE adj. et n. Relatif au féminisme ; partisan du féminisme.

FÉMINITÉ n. f. **1.** Ensemble des caractères anatomiques et physiologiques propres à la femme. – **2.** Ensemble des traits psychologiques considérés comme féminins : *Elle manque de féminité.* – **3.** Proportion de femmes dans une activité économique : *Taux de féminité.*

FÉMINOÏDE adj. Se dit des caractères de féminisme présentés par un individu masculin ; se dit de cet individu lui-même.

F. E. M. I. S., sigle de FONDATION* EUROPÉENNE DES MÉTIERS DE L'IMAGE ET DU SON.

FEMME [fam] n. f. (lat. *femina*). **1.** Être humain de sexe féminin. – **2.** Adulte de sexe féminin, par oppos. à *fille, jeune fille,* et, en partic., personne de sexe féminin nubile ou ayant perdu sa virginité : *La voilà une femme maintenant.* – **3.** Épouse : *Il nous a présenté sa femme.* – **4.** Adulte de sexe féminin, considéré par rapport à ses qualités, à ses défauts, à son activité, à son origine, etc. : *Femme du monde. Femme politicienne.* – **5.** Peut être suivi ou précédé d'un nom de profession ou de fonction de genre masculin : *Une femme ingénieur. Un professeur femme.* – **6.** Suivi d'un nom apposé, désigne une personne de sexe féminin qui a toutes les caractéristiques impliquées par le sens du nom apposé : *Une femme enfant.* – **7.** *Cherchez la femme,* pour comprendre une situation complexe ou la conduite d'un homme, cherchez le mobile passionnel. ‖ *Être femme à,* être capable de : *Elle n'est pas femme à se laisser faire.* ‖ *Faire femme,* avoir ou donner l'apparence d'une femme déjà mûre, établie, sans la fantaisie de la jeunesse. ‖ *Herbe aux femmes battues,* nom usuel du *tamier.* ‖ *Prendre femme, prendre qqn pour femme,* se marier (avec qqn), en parlant d'un homme.
◆ adj. *Être (très) femme,* avoir toutes les qualités, les caractéristiques attribuées spécifiquement aux femmes.
ENCYCL. **Dr.** En France, les femmes ont obtenu les droits de vote et d'éligibilité en 1944. Il a fallu deux lois (1938 et 1942) pour abolir la puissance maritale, qui maintenait la femme mariée dans l'« incapacité » d'accomplir des actes juridiques sans l'autorisation du mari. La loi de 1965 a réformé les régimes matrimoniaux, mais c'est la loi de 1985 qui a établi l'égalité des époux dans l'administration et la disposition des biens de la communauté et des enfants mineurs. En 1970, l'autorité parentale s'est substituée à la puissance paternelle. La loi de 1975 a aboli la prépondérance maritale quant au choix de la résidence de la famille et dépénalisé l'adultère commis par la femme. La loi de 1979 a légalisé définitivement l'interruption volontaire de grossesse.

FEMMES POLITIQUES AU POUVOIR DANS LES ANNÉES 1980 ET 1990

souveraines Béatrice *Reine des Pays-Bas depuis 1980* Élisabeth II *Reine du Royaume-Uni de Grande-Bretagne et d'Irlande du Nord et chef du Commonwealth depuis 1952* Marguerite II *Reine de Danemark depuis 1972* AMÉRIQUE Kim Campbell *Premier ministre du Canada en 1993* Violeta Chamorro *Président de la République du Nicaragua depuis 1990* Mary Eugenia Charles *Premier ministre de la Dominique depuis 1980* Elmira Minita Gordon *Gouverneur général de Belize de 1981 à 1993* Ertha Pascal-Trouillot *Président par intérim de la République d'Haïti en 1990-91* Jeanne Sauvé *Gouverneur général du Canada de 1984 à 1990* ASIE Corazón Aquino *Président de la République des Philippines de 1986 à 1992*	Benazir Bhutto *Premier ministre du Pākistān de 1988 à 1990 et depuis 1993* Tansu Ciller *Premier ministre de la Turquie de 1993 à 1996* Indira Gāndhī *Premier ministre de l'Inde de 1980 à 1984* Chandrika Kumaratunga *Président de la République de Sri Lanka depuis 1994* Hassina Wajed *Premier ministre du Bangladesh depuis 1996* Khaleda Zia *Premier ministre du Bangladesh de 1991 à 1996* EUROPE Gro Harlem Brundtland *Premier ministre de Norvège en 1981, de 1986 à 1989 et depuis 1990* Édith Cresson *Premier ministre français en 1991-92* Vigdis Finnbogadóttir *Président de la République d'Islande de 1980 à 1996* Milka Planinc *Premier ministre de Yougoslavie en 1982-83* Mary Robinson *Président de la République d'Irlande depuis 1990* Margaret Thatcher *Premier ministre de Grande-Bretagne de 1979 à 1990*

Sur le plan professionnel, l'absence de discrimination a été consacrée par le préambule de la Constitution de 1946, repris en 1958. Ce principe a été réaffirmé par : la loi du 22 déc. 1972, qui dispose que, pour un même travail ou un travail d'égale valeur, l'employeur est tenu d'assurer une égalité de rémunération entre les hommes et les femmes ; la loi du 11 juill. 1975, qui consacre l'égalité des hommes et des femmes devant l'embauche et le licenciement ; la loi du 13 juill. 1983 sur l'égalité professionnelle entre les femmes et les hommes. Enfin, la France a ratifié en 1984 la *Convention sur l'élimination de toutes les formes de discrimination à l'égard des femmes* (O. N. U., 1980).

Les mesures protectrices ont pour but d'aménager les conditions de travail des femmes, et plus particulièrement des femmes enceintes et des mères de famille.

Femmes *(Éditions des),* maison d'édition française fondée à Paris en 1974 par un groupe de femmes appartenant au M. L. F. Elles publient des ouvrages de fiction, de politique et des livres pour enfants.

femmes *(Mouvement de libération des)* **[M. L. F.],** mouvement féministe français créé en 1968 et qui lutte pour l'indépendance économique, politique, sexuelle et culturelle des femmes.

Femmes d'Alger dans leur appartement, tableau de Delacroix, au Louvre (1834 ; 1,80 × 2,29 m). Témoignage capital de l'influence exercée sur la palette du peintre par son voyage au Maroc et en Algérie (1832), cette toile a joué un rôle de ferment pour les recherches des impressionnistes.

Femmes savantes *(les),* comédie de Molière, en 5 actes et en vers (1672), satire des salons mondains, où les maîtresses de maison s'entichent de littérature, de sciences ou de philosophie.

FEMMELETTE [famlɛt] n. f. **1.** Petite femme ; femme faible. – **2.** *Fam.* Homme mou, efféminé, lâche.

FEMME-OBJET n. f. (pl. *femmes-objets*). Femme considérée comme une chose ou un objet de désir.

FÉMORAL, E, AUX adj. (bas lat. *femoralis*). **1.** Relatif au fémur ou à la cuisse. – **2.** *Arcade fémorale,* syn. de ARCADE CRURALE*. ‖ *Artère fémorale,* artère principale de la cuisse, qui fait suite à l'artère iliaque externe, au niveau de l'arcade de Fallope, puis descend à la partie antéro-interne de la cuisse, pour contourner le bord interne du fémur, où elle devient artère poplitée.

FÉMORO-CUTANÉ, E adj. (pl. *fémoro-cutanés, ées*). *Nerf fémoro-cutané,* nerf sensitif né de la deuxième racine lombaire se distribuant aux téguments de la face antéro-externe de la cuisse.

FEMTO- (du dan. *femten,* quinze), préfixe SI (symb. f) qui divise par un million de milliards, soit 10^{15}, l'unité devant laquelle il est placé.

FÉMUR n. m. (lat. *femur, -oris,* cuisse). **1.** Os long qui forme à lui seul le squelette de la cuisse humaine. (→ *encycl.*) – **2.** Os de la cuisse des animaux, articulé sur la ceinture pelvienne d'une part, sur le tibia et la fibula de l'autre. – **3.** Troisième article de la patte des arachnides et des insectes. (Syn. CUISSE.)

ENCYCL. **Anat.** Le fémur s'articule en haut avec l'os iliaque, en bas avec le tibia et donne insertion à de nombreux muscles, en particulier sur son bord postérieur, ou ligne âpre. L'extrémité supérieure comprend la *tête du fémur,* saillie sphéroïde, articulaire, unie au corps par le *col du fémur* et les petit et grand trochanters. L'extrémité inférieure est divisée en deux éminences articulaires latérales, ou condyles.

Les fractures du col du fémur sont fréquentes chez les personnes âgées.

FEN [fɛn] n. m. (mot chin.). Monnaie divisionnaire de la République populaire de Chine, valant 1/100 de yuan.

F. E. N., sigle de FÉDÉRATION* DE L'ÉDUCATION NATIONALE.

FENAILLE (Maurice), industriel et historien d'art français (Paris 1855 - *id.* 1937). Il est l'auteur d'un monumental *État général des tapisseries des Gobelins* (1903-1923). Il a fait don à l'État du château de Montal (Lot) après en avoir reconstitué le décor, a fondé à Nice le musée Chéret et à Rodez un musée qui porte son nom.

FENAIN (59179), comm. du Nord, entre Douai et Valenciennes ; 5 671 hab.

FENAISON n. f. (anc. fr. *fener,* couper les foins, du lat. *fenum,* foin). **1.** Récolte des foins. – **2.** Époque où se fait cette récolte. – **3.** Syn. de FANAGE.

FENCE [fɛns] n. m. (angl. *fence*). Obstacle de steeple-chase constitué par une barrière de planches.

FENCHÈNE [fɛ̃-] n. m. Hydrocarbure terpénique du groupe du camphène, présent dans les essences de térébenthine et d'eucalyptus.

FENDAGE n. m. **1.** Action de fendre du bois. – **2.** Opération qui consiste à fendre les blocs ardoisiers selon le plan de fissilité. – **3.** Ouverture d'une peau par le milieu du ventre. (Syn. REFENDAGE.)

1. FENDANT, E adj. (de *se fendre*). *Pop.* Drôle, amusant, rigolo.

2. FENDANT n. m. (de *fendre*). **1.** Petit coin métallique dont se sert l'ouvrier ardoisier dans les opérations de débitage du schiste. – **2.** Coup donné avec le tranchant de l'épée.

3. FENDANT n. m. (de *fendre,* car le grain se fend sous la dent). **1.** Variété de chasselas cultivée dans le Valais. – **2.** Vin blanc léger produit à partir de ce cépage.

FENDARD n. m. (de *fendre*). *Arg.* Pantalon.

FENDERIE n. f. **1.** Action de fendre le bois. – **2.** Machine pour le fendre. – **3.** Lieu où on le fend.

FENDEUR n. m. Ouvrier ardoisier chargé de diviser en épaisseur les répartons venant du quernage afin d'obtenir des fendis.

FENDEUSE n. f. **1.** Machine servant à fendre le bois de chauffage ou de pâte. – **2.** Machine servant à fendre l'osier.

FENDILLEMENT n. m. Action de se fendiller ; fait d'être fendillé : *Le fendillement du bois.*

FENDILLER v. t. (de *fendre*) [conj. 3]. Produire de petites fentes dans qqch ; fissurer : *L'humidité a fendillé les plâtres.*

◆ **se fendiller** v. pr., **être fendillé** v. pass. Se couvrir de petites fentes.

FENDIS [fɑ̃di] n. m. Plaquette régulière de schiste ayant l'épaisseur de l'ardoise définitive, mais qui n'a pas encore été taillée.

FEND-LA-BISE n. inv. *Fam.* Personne toujours pressée.

FENDOIR n. m. Lourd couperet à long manche utilisé pour fendre les carcasses des gros animaux de boucherie.

FENDRE v. t. (lat. *findere,* séparer) [conj. 73]. **1.** Couper, trancher une matière solide, en général dans le sens de la longueur : *Fendre du bois avec une hache.* — **2.** Couper la peau, les lèvres, fracturer le crâne de qqn : *Il lui fendit la lèvre d'un coup de poing.* — **3.** Produire des fentes, des crevasses sur une surface : *La sécheresse a fendu le sol.* — **4.** Procéder au fendage de l'ardoise. — **5.** *Fendre la foule,* se frayer brutalement un chemin à travers la foule. ‖ *Fendre l'air, fendre le vent,* avancer très vite. ‖ *Fendre le cœur, fendre l'âme,* exciter un sentiment très vif de compassion. ‖ Litt. *Fendre la mer,* avancer très vite dans l'eau. ‖ *Geler à pierre fendre,* geler très fort.
◆ **être fendu** v. pass. Comporter une fente, en parlant d'un vêtement : *Jupe fendue sur le côté.*
◆ **se fendre** v. pr., **être fendu** v. pass. **1.** Présenter une ou des fentes, une entaille, une fissure ; se crevasser, se lézarder : *Le mur est fendu sur un mètre.* — **2.** Présenter une blessure, une déchirure étroite et étirée : *Sous le choc, la lèvre se fendit.* — **3.** Présenter une ouverture étroite et très étirée : *Des yeux fendus.*
◆ **se fendre** v. pr. **1.** *Fam.* Se décider à payer, à offrir : *Se fendre d'une bouteille de champagne.* — **2.** En escrime, projeter vivement le corps vers l'avant, par une extension de la jambe arrière, pour toucher plus tôt. — **3.** Pop. *Se fendre la gueule, la pêche, la poire, la pipe,* rire ouvertement, bruyamment.

FENDUE n. f. Syn. de DESCENDERIE.

FÉNELON (François DE SALIGNAC DE **La Mothe-**), prélat français (château de Fénelon, Périgord, 1651 - Cambrai 1715). Après une carrière apostolique consécutive à son ordination en 1675, il dirige les Nouvelles Catholiques et séjourne en Aunis et en Saintonge pour surveiller la conversion au catholicisme des protestants. La publication de son Traité de l'éducation des filles (1687) révèle ses dons de pédagogue et d'écrivain. Précepteur des enfants de France (1689), il compose (v. 1693), à l'usage du duc de Bourgogne, *les Aventures de Télémaque.* Ayant rencontré Mme Guyon (1688), Fénelon l'encourage sur la voie d'une vie mystique qui s'apparente de plus en plus au quiétisme*. Accusé d'hétérodoxie, notamment par Bossuet, Fénelon, qui vient d'être nommé archevêque de Cambrai, réplique par *Explication des maximes des saints* (1697), écrit que Rome désapprouve et qui vaut à son auteur d'être exilé dans son diocèse : il s'y fait d'ailleurs aimer par sa dignité et sa charité, sensibles surtout durant la dure guerre de la Succession d'Espagne (1701-1714). Il y rédige quelques-unes de ses œuvres majeures : *Dialogues des morts* (1700-1712) ; *Lettre sur les occupations de l'Académie française* (1716), cette Académie où son talent d'écrivain et de penseur lui avait valu d'être admis en 1693.

FÉNÉON (Félix), critique français (Turin, Italie, 1861 - Châtenay-Malabry 1944). Fondateur de *la Revue indépendante* (1884), directeur de *la Revue blanche* de 1893 à 1905, il fut le champion des peintres néo-impressionnistes comme des écrivains symbolistes.

FENESTELLA n. f. (lat. *fenestella,* petite fenêtre). Au Moyen Âge, ouverture par laquelle les fidèles pouvaient apercevoir, voire toucher le reliquaire ou le tombeau d'un martyr déposé dans une crypte.

FENESTRAGE n. m., **FENESTRATION** n. f. ou **FENÊTRAGE** n. m. (anc. fr. *fenestre,* fenêtre, du lat. *fenestra*). **1.** Ensemble des fenêtres d'un bâtiment ou d'une partie d'un bâtiment ; façon dont elles sont réparties. — **2.** Organisation des divers éléments (meneaux, remplage...) qui subdivisent une fenêtre. — **3.** Au Moyen Âge, ornement en forme d'arcade ou de fenêtre.

FENESTRATION n. f. **1.** Opération consistant à faire communiquer les oreilles moyenne et interne par une nouvelle fenêtre, afin de permettre la transmission des sons au labyrinthe. — **2.** Syn. de FENESTRAGE.

FENESTRER v. t. (lat. *fenestrare,* munir de fenêtres) [conj. 3]. Ajourer une surface pleine en y pratiquant des ouvertures.

FENESTRON n. m. (n. déposé). Rotor anticouple de faible diamètre, encastré dans la partie arrière du fuselage d'un hélicoptère.

FENÊTRE n. f. (lat. *fenestra*). **1.** Baie comportant une fermeture vitrée, pratiquée dans un mur d'un bâtiment pour permettre l'entrée de la lumière, la vision vers l'extérieur et, habituellement, l'aération. — **2.** Châssis vitré qui ferme cette ouverture. — **3.** Espace vide, généralement carré ou rectangulaire, laissé dans une surface, un écrit, etc. — **4.** *Entrer, revenir par la fenêtre,* imposer sa présence malgré la volonté de qqn qui s'y oppose. ‖ *Enveloppe à fenêtre,* enveloppe comportant une partie transparente permettant de lire le nom et l'adresse du destinataire. ‖ *Jeter l'argent par les fenêtres,* dépenser sans compter. ‖ *Ouvrir une fenêtre sur,* permettre de prendre une première connaissance de qqch. • **Alp.** Brèche étroite, de forme géométrique. — **Anat.** Nom donné à deux ouvertures situées dans la paroi interne de la caisse du tympan et qui font communiquer les oreilles moyenne et interne : la *fenêtre ovale,* fermée par la platine de l'étrier, et la *fenêtre ronde,* fermée par une fine membrane (tympan secondaire). — **Astron.** *Fenêtre atmosphérique,* intervalle du spectre électromagnétique dans lequel le rayonnement solaire ou stellaire n'est pas absorbé par l'atmosphère. (Il existe une fenêtre dans le domaine visible, entre 0,38 et 0,78 μm, et une autre dans le domaine radio, entre 1 mm et 15 m environ.) — **Astronaut.** *Fenêtre de lancement* ou *de tir,* période pendant laquelle peut être effectué le lancement d'un engin spatial. — **Bât.** *Double fenêtre,* baie munie de deux fermetures vitrées parallèles, séparée par un matelas d'air (à fin d'isolation thermique et/ou acoustique). ‖ *Fausse fenêtre,* fenêtre feinte, aveugle. ‖ *Fenêtre haute,* fenêtre pratiquée dans la partie supérieure du vaisseau central d'une église, lui assurant un éclairage direct. (Une rangée de fenêtres hautes constitue une claire-voie.) — **Cin.** Ouverture rectangulaire pratiquée dans le couloir de la caméra ou du projecteur. — **Fin.** *Emprunt à fenêtres,* emprunt de longue durée, qui est assorti de plusieurs options de remboursement exerçables à diverses périodes. — **Géol.** Ouverture pratiquée par l'érosion dans une nappe de recouvrement qui permet l'affleurement du substratum limité par un contact anormal. — **Inform.** Zone rectangulaire d'un écran de visualisation permettant d'incruster des informations graphiques ou alphanumériques. — **Phys.** Intervalle de temps, de fréquence, d'énergie, à limites abruptes, à l'intérieur duquel un émetteur ou un récepteur ont une efficacité maximale.

FENÊTRER v. t. (lat. *fenestrare*) [conj. **4**]. Ménager des fenêtres dans un bâtiment et les munir de châssis fixes ou mobiles avec la vitrerie nécessaire.

Fengman, barrage et centrale de la Chine du Nord-Est, sur le Songhua Jiang.

FENG YUXIANG ou **FONG YU-SIANG,** général chinois (province du Hunan 1880 -en mer Noire 1948). Converti au protestantisme, il fut appelé « le Général chrétien ». Il se rallia au Guomindang, tout en conservant son indépendance vis-à-vis de Jiang Jieshi.

FEN HE ou **FEN-HO,** riv. de la Chine du Nord, affl. du Huang He (r. g.) ; 550 km.

FENIAN, E adj. et n. (angl. *fenian,* de l'irland. *fianna*). Se disait du mouvement révolutionnaire de la Fraternité républicaine irlandaise.

Fenice *(La),* théâtre vénitien inauguré en 1792, où furent créés les principaux opéras de Verdi (*la Traviata,* 1853), de Bellini et de Donizetti. En dehors du répertoire traditionnel des opéras italiens, ce théâtre présente des œuvres contemporaines. En 1996, le Théâtre de La Fenice est détruit par un incendie.

FENIL [fənil ou fəni] n. m. (lat. *fenile,* de *fenum,* foin). Local où l'on rentre le foin pour le conserver.

FENNEC [fenɛk] n. m. (ar. *fanak,* par l'intermédiaire de l'angl. *fennec*). Renard africain de petite taille, à tête ronde, à museau pointu et fin, à très grandes oreilles, à pelage fauve, qui vit en Afrique du Nord et en Arabie. (De mœurs nocturnes et fouisseur, il se nourrit surtout de rongeurs, de reptiles et d'insectes.)

FENNOMANE adj. Se dit d'un parti national finnois opposé à l'influence suédoise.

FENNOSCANDIE, nom parfois donné à l'ensemble formé par le massif ancien de Finlande, Suède et Norvège.

FENOUIL [fənuj] n. m. (lat. pop. **fenuculum*). **1.** Herbe ombellifère vivace d'Europe et d'Asie, aux feuilles à découpures filiformes, dont les gaines charnues de la base des feuilles sont consommées comme légume ou employées à usage aromatique. — **2.** *Fenouil des Alpes,* autre nom usuel du *cistre* (genre *meum*).

ENCYCL. Les graines du fenouil entrent dans la composition d'apéritifs anisés et de liqueurs et sont utilisées en confiserie. La souche, constituée surtout par les gaines, se mange le plus souvent cuite, en gratin ou en garniture de viandes.

FENOUILLET (le) ou **FENOUILLÈDES** (les), région des Pyrénées orientales, au S. des Corbières. Garrigues et vignobles.

FENS (mot angl. signif. *marais*), région de l'est de l'Angleterre, autour des rivières qui se jettent dans la baie du Wash et qui sont reliées entre elles par des digues et des canaux. Cultures maraîchères et florales.

FENTE n. f. (lat. pop. **findita,* du class. *findere,* fendre). **1.** Fissure plus ou moins profonde à la surface de qqch : *Les fentes d'un rocher.* — **2.** Ouverture étroite et étirée pratiquée dans qqch ; interstice : *Regarder à travers les fentes d'un volet.* • **Aéron.** Dispositif permettant de retarder l'apparition du décollement sur une aile ou un volet. — **Anat.** Nom donné à divers interstices (fente ethmoïdale, fente olfactive, fente palpébrale, fente sphénoïdale). ‖ *Fente cérébrale de Bichat,* dépression profonde creusée entre les hémisphères cérébraux et le mésencéphale. — **Arm.** *Fente de visée,* ouverture pratiquée dans le blindage d'un char pour permettre à l'équipage d'observer. — **Bois.** *Bois de fente,* bois qu'on débite en le fendant pour faire des merrains, des échalas, des lattes. — **Dr.** Division d'une succession en deux parts égales, lorsque les seuls héritiers sont des ascendants ou des collatéraux légitimes ou naturels, l'une étant attribuée à la ligne paternelle, l'autre à la ligne maternelle. — **Gant.** Action de découper trois ou quatre paires de gants étavillonnés et placés sur le calibre, ou main-de-fer.

FENTON → FANTON.

FENTON (Roger), peintre et photographe britannique (Crimble Hall, Lancashire, 1816 - Londres 1869). Il fut en 1855, en Crimée, le premier photographe correspondant de guerre.

FENUGREC n. m. (bas lat. *faenugraecum,* du lat. class. *faenum,* foin, et *graecum,* grec). Herbe (papilionacée) à feuilles trifoliolées et à fleurs blanches du pourtour de la Méditerranée. (Les graines, à odeur très forte, ont été employées comme reconstituant et stimulant de l'appétit.)

FÉODAL, E, AUX adj. (lat. médiév. *feodalis*). **1.** Relatif à un fief : *Droits féodaux.* – **2.** Relatif à la féodalité : *Le régime féodal.* – **3.** *Les temps féodaux,* époque pendant laquelle la féodalité fut dominante en Europe occidentale (Xe-XIIIe s.). ‖ *Mode de production féodal,* pour les marxistes, mode de production caractérisé par la domination du groupe familial propriétaire et par la suprématie des campagnes sur les villes.
◆ **féodal** n. m. Grand propriétaire terrien.

FÉODALEMENT adv. En vertu du droit féodal.

FÉODALISME n. m. Système féodal.

FÉODALITÉ n. f. (de *féodal*). **1.** Régime politique et social d'Europe occidentale du Xe au XIIIe s. et qui reposait sur la constitution du fief. (→ *encycl.*) – **2.** Toute puissance économique ou sociale fortement structurée qui tend à devenir indépendante de l'État : *Les féodalités financières.*
ENCYCL. La féodalité naît lors des troubles de la fin de l'époque mérovingienne. Des petits propriétaires se placent sous la protection d'hommes plus puissants qu'eux par la *commendatio,* acte qui crée, à titre viager, des liens de dépendance entre un seigneur *(dominus)* et un homme libre, qualifié de vassal *(vassus)* : le premier accorde au second sa protection en lui assurant la nourriture, le logement et (à partir de la fin du VIIe s.) lui concède un bénéfice (appelé *fief* à partir du XIe s.) en échange d'un service domestique, économique et armé. Au milieu du VIIIe s., la *commendatio* s'accompagne d'un serment de fidélité *(foi)* et de l'accomplissement d'un rite, l'*hommage.* Le système vassalique est développé par les Carolingiens qui s'assurent la fidélité de leurs plus lointains sujets par le biais d'une pyramide de serments remontant jusqu'à eux. Mais celle-ci s'effondre lors des invasions normandes, hongroises et sarrasines du IXe s. : le pouvoir monarchique se morcelle au profit des comtes, des ducs et des marquis, princes territoriaux, dotés du droit de ban, puis (fin du Xe s.) des châtelains ; le château devient alors le centre unique de la seigneurie qui absorbe tous les pouvoirs économiques, judiciaires, politiques et militaires. Les réseaux de subordination se multiplient sur les ruines de l'État carolingien auquel succède le monde féodal, fondé sur les liens personnels qui unissaient entre eux, dans une hiérarchie, les membres des couches dominantes de la société, et reposant sur le fief. La féodalité s'épanouit au Xe s. et dans la première moitié du XIe s. dans les régions entre Loire et Meuse, puis dans les pays d'Europe occidentale, et est introduite dans les États latins du Levant par les croisés. Victime de la restauration du pouvoir royal et de l'évolution économique, elle commence à décliner au cours du XIIIe s. : appauvrie, la moyenne et petite chevalerie transforme ses alleux en fiefs, puis est contrainte de rendre ses hommages, voire ses fiefs, à des seigneurs plus puissants, qui sont de plus en plus fréquemment des non-nobles enrichis, bourgeois le plus souvent. Sous l'Ancien Régime, qui voit le renforcement de l'État, la féodalité s'efface. Les rites subsisteront cependant jusqu'à la Révolution, qui les abolira.

FEODOSSIA, port d'Ukraine, sur la côte sud de la Crimée ; 77 000 hab. Musée archéologique.
– **Hist.** Sur le site de la colonie grecque (*Theodosia*) fondée v. 600 av. J.-C., les Génois bâtirent dans la seconde moitié du XIIIe s. *Caffa,* centre commercial prospère, conquis par les Ottomans en 1475.

F. E. O. G. A., sigle de FONDS EUROPÉEN D'ORIENTATION ET DE GARANTIE AGRICOLE.

FÉQUANT (Philippe), général d'aviation français (Montmorency 1882 - Paris 1938). Il commanda plusieurs formations aériennes pendant la Première Guerre mondiale puis fut affecté, en 1920, à la Direction de l'aéronautique. Il termina sa carrière comme chef d'état-major général de l'armée de l'air.

FER n. m. (lat. *ferrum*). **1.** Métal blanc-gris, tenace, ductile, malléable et magnétique, le plus important pour son utilisation industrielle, surtout sous forme d'alliages, d'aciers et de fontes. (Élément chimique de symbole *Fe.*) [→ *encycl.*] – **2.** Lame d'une épée, d'un fleuret ; cette épée, ce fleuret : *Croiser le fer.* – **3.** Pièce métallique percée de trous (étampures), fixée par des clous au sabot des animaux (cheval, mule, bœuf, etc.) auxquels est demandé un travail (traction, transport, équitation). [Syn. FERRURE.] – **4.** Renfort que l'on place à l'avant d'une semelle, à l'arrière d'un talon, pour éviter l'usure. – **5.** Instrument en fer comportant un dessin qui sert à marquer au rouge un animal et à identifier l'élevage. – **6.** Transport par voie ferrée, par oppos. à la route, l'air ou l'eau. – **7.** *De fer,* résistant, solide : *Une santé de fer ;* inflexible, rigoureux : *Discipline de fer ;* qui rappelle la couleur du fer (on trouve aussi *fer* inv.) : *Gris de fer, gris fer.* – **8.** *Coup de fer,* repassage rapide d'un vêtement peu froissé. ‖ *Croire dur comme fer,* avoir une foi inébranlable en qqch. ‖ *En fer à cheval,* en demi-cercle ou en demi-ovale. ‖ *Fer de lance,* pointe en fer placée au bout d'une lance ; élément jugé le plus combatif d'un groupe ; ce qui dans un ensemble est le plus dynamique ; produit, activité, secteur de pointe : *L'Airbus est le fer de lance de l'industrie aéronautique.* ‖ *Fer à repasser,* appareil ménager formé d'une semelle en fonte chromée ou en alliage léger munie d'une poignée et qui, une fois chauffée, sert à repasser ; appareil servant à facturer les achats faits avec une carte de crédit (fam.). ‖ *Fer rouge,* symbole de ce qui blesse à vif de ce qui marque profondément : *Marquer au fer rouge.* ‖ Fam. *Les quatre fers en l'air,* renversé sur le dos. ‖ *Marquer au fer,* appliquer le fer rouge sur la peau d'un animal, ou autref. d'un condamné. ‖ *Par le fer et par le feu,* par la violence. ‖ *Tenir deux fers au feu,* garder deux possibilités d'action. • **Archéol.** *Âge du fer,* période protohistorique pendant laquelle se généralisa la métallurgie du fer. (→ *encycl.*) — **Bât.** Produit laminé d'acier doux (jadis de fer) offrant soit une section ronde, carrée ou plate *(fers marchands),* soit *(fers spéciaux,* ou *profilés)* une section en T, en I, en V simple (cornière) ou spécial *(fer Zorès).* ‖ Barre d'acier servant d'armature au béton, dans la construction en béton armé. ‖ *Fer à ajouts,* outil de maçon pour lisser les joints. — **Biochim.** *Épreuve au fer radioactif,* méthode isotopique étudiant principalement l'érythropoïèse de manière quantitative par la mesure des mouvements du fer. — **Bot.** *Bois de fer,* nom commercial donné à des bois très durs, et à des bois dont le contact ne rouille pas le fer, tels que le teck. — **Chim.** *Fer-II,* syn. de FERRO-. ‖ *Fer-III,* syn. de FERRI-. — **Coiff.** *Fer à friser,* instrument chauffant électrique à deux branches qui permet de prendre les mèches de cheveux pour les onduler. — **Menuis.** Lame d'acier constituant la partie coupante d'un rabot. ‖ Lame des dégauchisseuses, raboteuses et toupies à bois. — **Métall.** *Diagramme fer-carbone,* représentation des équilibres entre les phases physico-chimiques composant les alliages de fer et de carbone (aciers et fontes) en fonction de la température, à la pression atmosphérique. (→ *encycl.*) ‖ *Fer Armco,* fer particulièrement pur, ayant subi un affinage très poussé. ‖ *Fer doux,* acier à très basse teneur en carbone, recuit, utilisé entre autres pour les circuits magnétiques. — **Minér.** *Fer météorique,* combinaison de fer, nickel, chrome, cobalt, que l'on trouve dans les météorites. ‖ *Fer natif,* fer naturel qui se trouve en cristaux cubiques. ‖ *Fer spathique,* syn. de SIDÉROSE. ‖ *Gypse fer de lance,* nom donné à une macle du gypse. — **Peauss.** *Tannage au fer,* préparation de cuir par traitement des peaux au moyen de sels de fer. — **Rel.** *Fer à dorer,* outil en métal (cuivre, acier) gravé en relief, utilisé pour décorer à la main ou au balancier les plats des reliures. ‖ *Petits fers,* fers à dorer de petite dimension, qu'on utilise en les répétant ou en les faisant figurer dans des compositions variées. — **Sports.** Club de golf à tête métallique, destiné aux coups de moyenne ou de courte distance. — **Techn.** *Fer à souder,* instrument formé d'une masse métallique en pointe appelée « panne », reliée à un manche par une tige, et destiné au brasage tendre.

◆ **fers** n. m. pl. **1.** *Litt.* Chaînes, menottes ; esclavage, état d'oppression : *Gémir dans les fers.* — **2.** *Peine des fers,* peine criminelle instituée en 1791 et qui consistait à attacher les condamnés deux par deux par une chaîne. (En 1810, elle fut remplacée par la peine des travaux forcés.)

ENCYCL. Le fer existe sous deux formes cristallines : fer α (ou ferrite), cubique centré, stable au-dessous de 910 °C, et ferro-magnétique jusqu'à 768 °C ; fer γ, cubique à faces centrées, stable de 910 à 1 390 °C. Le fer est ductible, malléable à froid et devient plastique à chaud.

Numéro atomique : 26
Masse atomique : 55,847
Température de fusion : 1 535 °C
Masse volumique : 7,87 g/cm^3

Le fer peut s'unir directement à la plupart des non-métaux. Il brûle au rouge blanc dans l'oxygène (en donnant de l'oxyde magnétique Fe_3O_4), et dans le chlore, s'unit à chaud au soufre, décompose la vapeur d'eau au rouge, en donnant de l'hydrogène, et se dissout dans les acides dilués. À l'air humide, sa corrosion est très importante. On peut le protéger par revêtement (peinture, vernis, etc.), par protection cathodique ou par l'action d'inhibiteurs de corrosion (minium, chromates), qui le passivent. Le fer est divalent dans les composés *ferreux,* trivalent dans les composés *ferriques.* L'*oxyde ferreux* FeO, noir, est obtenu par réduction de l'oxyde ferrique à haute température. L'*oxyde ferrique* Fe_2O_3, ou *sesquioxyde,* est très répandu dans la nature ; la rouille en est un hydrate. L'*oxyde magnétique* Fe_3O_4, ou *oxyde salin,* constitue la pierre d'aimant naturelle. Le *chlorure ferreux* $FeCl_2$ cristallise, hydraté, en prismes d'un vert bleuâtre. Le *chlorure ferrique* $FeCl_3$ est un solide rouge ; il coagule le sang, d'où son emploi en médecine. Le *sulfure* FeS sert à préparer l'hydrogène sulfuré.

métallurgie

Le fer était jadis extrait directement du minerai par réduction avec le carbone, surtout au moyen de charbon de bois. À partir du XIIIe s., la métallurgie du fer se confond avec celle de la fonte et de l'acier, dont le développement est dû à l'utilisation de souffleries actionnées hydrauliquement et à la construction des premiers hauts-fourneaux. Le fer est alors obtenu par affinage, à l'état pâteux, de loupes soudées au four à bas foyer, ou four d'affinerie. Le procédé du puddlage permet d'obtenir des fers purs durant tout le XIXe s. Il sera pratiquement abandonné devant l'apparition des procédés modernes d'élaboration de l'acier. (→ SIDÉRURGIE.)

Les minerais les plus répandus sont les carbonates (sidérose ou fer spathique) et les oxydes, hydratés ou non (hématite brune $2Fe_2O_3$, $3H_2O$ ou minette phosphoreuse, hématites rouges Fe_2O_3 constituant le fer oligiste et le fer spéculaire ou micacée, surtout abondant en Russie et aux États-Unis).

Parmi les *fers industriels,* on distingue : le *fer coulé,* obtenu par les procédés classiques d'élaboration de l'acier (fours Martin, Thomas, électrique), le *fer électrolytique,* préparé par électrolyse de chlorure ferreux avec anode soluble en acier ou en fonte, et le *fer réduit,* obtenu par réduction d'oxydes dans un milieu gazeux réducteur. Le *fer carbonyle* est un fer très pur obtenu par décomposition d'un complexe carbonylé. Le fer est utilisé en majeure partie sous forme d'*aciers* ou de *fontes.* À l'état brut de forgeage ou de laminage, le fer pur industriel a une résistance à la traction de 300 MPa, une limite d'élasticité de 200 MPa et un allongement à la rupture d'environ 25 %. Bonnes à froid, ses propriétés de plasticité sont parfois altérées à chaud, et le métal, dit *rouverin,* présente une fragilité qui gêne son forgeage. Cette fragilité, due à la présence de soufre et aussi d'oxygène, est supprimée par addition de manganèse. Lorsque le fer est suffisamment pur, sa résistance à la corrosion atmosphérique est bonne. Les fers sont employés à la confection de tôles, de feuillards, de boulons, de fils, de tubes, etc. Leurs propriétés magnétiques (principalement faible champ coercitif) les font utiliser, à l'état recuit, dans des appareillages électromagnétiques (pièces polaires d'électroaimants, tôles de machines électriques, noyaux de relais, etc.). Le fer pur s'emploie pour l'élaboration d'aciers fins, d'aciers ordinaires ou spéciaux, comme matière première de la fusion au creuset. La poudre de fer, réduit ou électrolytique, est utilisée pour fabriquer des pièces poreuses frittées ou pour constituer des enrobages d'électrodes de soudage et d'oxycoupage. Les pièces à base de *fer fritté* sont utilisées dans plusieurs branches d'activité industrielle (construction automobile, fabrication de matériel électrodomestique et de produits magnétiques).

production

Base de la sidérurgie, l'extraction du minerai de fer est liée à l'évolution de cette branche. La production mondiale de minerai de fer approche 600 millions de tonnes. Une quarantaine d'États en extraient, mais un petit nombre d'entre eux (le Brésil, l'Australie, la Russie, l'Ukraine, la Chine, l'Inde, le Canada et les États-Unis) assurent environ 70 % du total mondial. La Suède est le seul producteur européen notable. La production française, autrefois importante, a presque disparu.

— **Archéol.** *Âge du fer.* Entre 1200 et 1000 av. J.-C., l'industrie du fer connaît un brusque accroissement en Iran, en Transcaucasie, en Syrie et en Palestine, puis en Mésopotamie, dans le Caucase, à Chypre et en Crète. En Europe occidentale, l'âge du fer occupe le Ier millénaire av. J.-C. Le premier âge du fer (Hallstatt*) s'étend de l'an 1000 jusqu'après 500 av. J.-C. ; le second âge du fer (La Tène*) se poursuit en trois périodes jusqu'à la conquête romaine et même se prolonge, en Irlande, en Scandinavie et dans la Germanie non romanisée, jusqu'à la christianisation de ces pays. Lointains échanges commerciaux, habitat en camp fortifié (oppidums de Bibracte, d'Ensérune), sépultures sous tumulus avec char d'apparat pour les dignitaires (Vix), puis incinérations et tombes plates définissent cette période. Le répertoire décoratif évolue sous l'influence celtique et motifs curvilinéaires, végétaux et faune sont à l'origine d'un monde où se côtoient abstraction et fantastique, particulièrement remarquable dans le monnayage et dans la statuaire (Roquepertuse, Entremont).

— **Archit.** Le fer a été employé forgé, en armature par les Grecs, en chaînage depuis le Moyen Âge. V. Louis l'a utilisé pour constituer la charpente du Théâtre-Français (1786). Par la suite, on a plutôt fait appel à la fonte moulée jusqu'au milieu du XIXe s., moment où le laminage a permis d'obtenir des profilés et, par là, de réaliser des ossatures entièrement en fer riveté. Le « siècle du fer », qui, pour une bonne part, a correspondu à un emploi mixte, fer et fonte, pour des serres, des marchés (Baltard), des bibliothèques (Labrouste), des halls de gares (Hittorff) ou des ponts, a culminé avec la tour Eiffel et la galerie des Machines (Paris, 1889), à la veille du triomphe de l'acier*.

— **Biochim.** Les animaux supérieurs et les végétaux contiennent environ 5 cg de fer par kilogramme de poids. Chez l'homme, le fer joue un rôle capital dans l'érythropoïèse comme constituant de l'hémoglobine et dans les phénomènes respiratoires de la cellule comme constituant des systèmes transporteurs d'électrons dans les mitochondries. Le taux normal de fer circulant varie de 0,80 à 1,70 mg par litre.

— **Métall.** *Diagramme fer-carbone.* Les alliages FeC contenant à l'équilibre moins de 2 % de carbone sont appelés aciers ; au-delà de 2 % de carbone, ce sont les fontes. Si le carbure Fe_3C (cémentite) est peu stable, le graphite apparaît dans la structure (fontes grises). Ces diagrammes d'équilibre sont

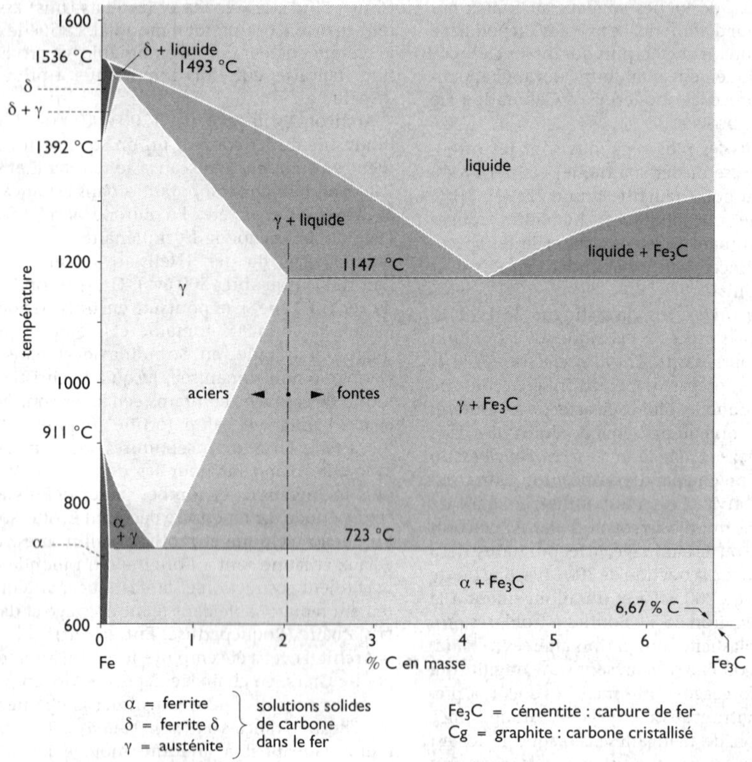

Métallurgie du **fer** : diagramme fer-cémentite (aciers et fontes blanches).

déformés lorsque les vitesses de chauffage ou de refroidissement augmentent : on a alors recours aux courbes de transformation au chauffage ou au refroidissement (courbes T. R. C.).

— **Pharm.** Le fer est surtout utilisé à l'état de sels organiques ferreux (fumarate, gluconate, oxalate) par voie buccale dans le traitement des anémies hypochromes.

fer *(Croix de),* ordre prussien créé par Frédéric-Guillaume III, en 1813. Elle fut décernée en 1870-71, en 1914-1918 et en 1939-1945. La Croix de fer a été reconnue, en 1956, par le gouvernement fédéral allemand. (La croix gammée y a été remplacée par une feuille de chêne.)

FER *(île de)* → HIERRO.

FÉRA n. f. (de *ferra,* mot dialect. de Suisse romande). Nom d'un corégone du lac Léman aujourd'hui disparu.

FER-À-CHEVAL n. m. Chauve-souris (rhinolophidé), dont la partie ventrale de la feuille nasale ressemble à un fer à cheval renversé.

FÉRALIES n. f. pl. (lat. *feralia*). Chez les Romains, fêtes en l'honneur des morts.

FERAOUN (Mouloud), écrivain algérien de langue française (Tizi Hibel, Grande Kabylie, 1913 - El-Biar 1962). Ses romans chantent la terre natale et les humbles (*le Fils du pauvre,* 1950 ; *les Chemins qui montent,* 1957) et son *Journal* (1962) est un des meilleurs documents sur la guerre d'Algérie. Il est mort assassiné par l'O. A. S.

FERBER (Ferdinand), officier et aviateur français (Lyon 1862 - Boulogne-sur-Mer 1909). Il mit au point l'aéroplane nº VIII qui aurait dû assurer à la France une avance considérable s'il n'avait été détruit en nov. 1906. Il quitta l'armée la même année et poursuivit ses activités sous le pseudonyme de DE RUE. Il se tua dans un accident d'aviation.

FER-BLANC n. m. (pl. *fers-blancs*). Tôle fine d'acier doux, recouverte d'étain.

ENCYCL. Le fer-blanc est utilisé pour la fabrication d'un grand nombre d'objets usuels et surtout pour la confection des boîtes de conserves alimentaires. L'étamage peut se faire par immersion dans un bain d'étain fondu ou par électrodéposition (étamage électrolytique), procédé qui est devenu prépondérant.

FERBLANTERIE n. f. **1.** Manufacture d'objets en fer-blanc et en autres métaux minces. – **2.** Ensemble d'ustensiles ou d'objets en fer-blanc ; objet métallique de peu de valeur. – **3.** *Vx.* Commerce des ustensiles en fer-blanc.

FERBLANTIER n. m. (de *fer-blanc*). Personne qui fabrique des objets en fer-blanc.

FER-CARBONYLE n. m. (pl. *fer-carbonyles*). Nom générique des complexes du fer au degré d'oxydation zéro et de l'oxyde de carbone. (Ce sont des réducteurs puissants ; ils donnent de nombreuses réactions de substitution et sont employés comme catalyseurs.)

FERCHAULT DE RÉAUMUR (René Antoine) → RÉAUMUR.

FER-DE-LANCE n. m. (pl. *fers-de-lance*). **1.** Nom usuel du serpent *bothrops*. – **2.** Nom de certaines chauves-souris d'Amérique tropicale aux feuilles nasales à lames verticales.

FER-DE-MOULIN n. m. (pl. *fers-de-moulin*). Meuble héraldique constitué par deux crochets en forme de C adossés et réunis par deux traverses.

SAINT EMPIRE

FERDINAND Ier DE HABSBOURG (Alcalá de Henares 1503 - Vienne 1564), roi de Bohême et de Hongrie (1526), roi des Romains (1531) et empereur germanique (1556-1564). Frère cadet de Charles Quint, il se fait attribuer les possessions héréditaires des Habsbourg en Autriche (1521) et est son lieutenant dans le Saint Empire. Ayant épousé en 1521 Anne Jagellon, il se fait élire roi de Bohême et de Hongrie (1526) à la mort de son beau-frère, Louis II, tombé à Mohács. Il dote ses États d'une administration unifiée. Il doit lutter contre les Ottomans qui soutiennent son rival Jean Zápolya, assiègent Vienne (1529) et prennent Buda (1541). Confronté au progrès de la Réforme dans l'Empire, il tente, tout en restant un ferme partisan du catholicisme, de préserver la paix religieuse (traité de Passau [1552], paix d'Augsbourg [1555]). Élu roi des Romains en 1531, il succède à Charles Quint qui abdique en 1556. – **Ferdinand II de Habsbourg** (Graz 1578 -Vienne 1637), roi de Bohême (1617), roi de Hongrie (1618), empereur germanique (1619-1637), cousin et successeur de Mathias. Archiduc de Styrie (1590), il persécute les protestants de l'Autriche intérieure et défait à la Montagne Blanche (nov. 1620) les nobles protestants de Bohême qui s'étaient révoltés contre son autorité. Cette rébellion tchèque est à l'origine de la guerre de Trente* Ans (1618-1648). Allié à l'Espagne et à la Bavière, il remporte, grâce aux armées de Tilly et de Wallenstein, de brillantes victoires sur Christian IV, roi de Danemark. En 1629, il veut parachever sa reconquête catholique en promulgant l'édit de Restitution (6 mars 1629) qui rallume la guerre. N'ayant pu faire élire son fils, le futur Ferdinand III, « roi des Romains », par la Diète de Ratisbonne en 1630, il y parvient en 1636. – **Ferdinand III de Habsbourg** (Graz 1608 - Vienne 1657), roi de Hongrie (1625), de Bohême (1627) et empereur germanique (1637-1657). Fils et successeur de Ferdinand II, il continue la lutte contre les Bourbons et les Suédois, mais les revers que ceux-ci lui infligent l'obligent à engager des pourparlers (1644) qui mènent aux traités de Westphalie (1648).

ARAGON

FERDINAND Ier de Antequera (Medina del Campo 1380 - Igualada 1416), roi d'Aragon et de Sicile (1412-1416), fils de Jean Ier, roi de Castille. Régent de Castille (1406) à la mort de son frère Henri III, il reconquiert sur les Maures Antequera (près de Málaga) [1410]. En vertu du compromis de Caspe (1412), il devient roi d'Aragon et de Sicile. – **Ferdinand II** *le Catholique* (Sos, Saragosse, 1452 - Madrigalejo, Cáceres, 1516), roi d'Aragon (1479-1516), roi (Ferdinand V) de Castille (1474-1504), roi (Ferdinand III) de Naples (ou Sicile péninsulaire) [1504-1516]. Fils de Jean II, roi d'Aragon, il épouse en 1469 l'infante Isabelle de Castille, unissant la Castille et l'Aragon et préparant l'unité espagnole. Avec Isabelle, il renforce l'autorité monarchique dans ses États (création de conseils spécialisés, soumission de la noblesse, fondation de la Santa Hermandad, contrôle des ordres militaires, etc.) et travaille à l'unité religieuse (création d'une nouvelle Inquisition, reconquête du royaume de Grenade [1492], expulsion des Juifs [1492] et des Maures [1502]), ce qui vaut au couple royal le titre de Rois Catholiques conféré par le pape Alexandre VI. À l'extérieur, Ferdinand constitue contre Charles VIII la Sainte Ligue (1495) et conquiert le royaume de Naples (1503). Nommé régent de Castille (1505 et 1506) après la mort d'Isabelle, il occupe la Navarre (1512). À sa mort, il lègue son royaume d'Aragon à son petit-fils, le futur Charles Quint.

AUTRICHE

FERDINAND Ier (Vienne 1793 - Prague 1875), roi de Bohême et de Hongrie (1830-1848) empereur d'Autriche (1835-1848), fils aîné de François Ier. Faible de santé et de caractère, il laissa gouverner la Conférence d'État, dominée par Metternich. Lors de la révolution de 1848, il fit de nombreuses concessions et abdiqua en faveur de son neveu François-Joseph (2 déc. 1848).

BOHÊME

FERDINAND Ier, II, III, rois de Bohême → FERDINAND Ier, II, III, empereurs.

BULGARIE

FERDINAND (Vienne 1861 - Coburg 1948), prince de Saxe-Cobourg-Gotha (1861-1948), prince (1887-1908) puis tsar (1908-1918) de Bulgarie. Il rompit les derniers liens de vassalité qui le rattachaient à la Porte et proclama l'indépendance de la Bulgarie dont il devint tsar (1908). À l'issue de la première guerre balkanique (1912), il attaqua les Serbes et les Grecs (juin 1913), déclenchant ainsi la seconde guerre balkanique. En 1915, il signa un traité d'alliance avec l'Autriche et déclara en octobre la guerre à la Serbie. Il abdiqua en oct. 1918 en faveur de son fils Boris III.

CASTILLE ET ESPAGNE

FERDINAND Ier le Grand († León 1065), roi de Castille (1035-1065) et de León (1037-1065). Fils de Sanche III le Grand, roi de Navarre, dont il hérita de la Castille (1035), il réunit sous sa domination les royaumes de Castille et de León après avoir vaincu et tué son beau-frère Bermude III (1037), et leur annexa une partie de la Navarre (1054). — **Ferdinand III** *le Saint* (v. 1201 -Séville 1252), roi de Castille (1217-1252) et de León (1230-1252). Fils d'Alphonse IX, roi de León, il réunit définitivement la Castille et le León à la mort de son père (1230). En s'emparant de Cordoue (1236), de Murcie (1243) et de Séville (1248), il fit faire à la Reconquista des progrès décisifs. Sous son règne le castillan devint langue officielle. Il fut canonisé en 1671. — **Ferdinand IV** (Séville 1285 - Jaén 1312), roi de Castille et de León (1295-1312), fils de Sanche IV le Brave, roi de Castille et de León. — **Ferdinand V,** roi de Castille → FERDINAND II *le Catholique,* roi d'Aragon. — **Ferdinand VI** (Madrid 1713 -Villaviciosa de Odón 1759), roi d'Espagne (1746-1759), fils de Philippe V. Il conclut le traité d'Aix-la-Chapelle (1748) et s'opposa aux tentatives faites par la France et la Grande-Bretagne pour entraîner l'Espagne dans leur alliance. — **Ferdinand VII** (Escorial 1784 - Madrid 1833), roi d'Espagne (1808 et 1814-1833). Fils de Charles IV qui abdique en sa faveur (mars 1808), il est contraint par Napoléon (entrevue de Bayonne) de restituer à son père sa couronne qui est donnée par l'Empereur à son frère Joseph (mai 1808). Retenu prisonnier à Valençay jusqu'en 1813, il rentre en Espagne en mars 1814. Il abolit la Constitution de 1812, ce qui suscite plusieurs insurrections libérales, dont celle conduite par le général Riego qui le contraint à la rétablir (1820). L'intervention armée de la France (1823) lui permet de mener une violente réaction absolutiste (1823-1833). Il lègue son royaume à sa fille, la future Isabelle II, ce qui provoque la première guerre carliste.

DEUX-SICILES

FERDINAND Ier DE BOURBON (Naples 1751 - *id.* 1825), roi des Deux-Siciles (1816-1825), fils de Charles III, roi d'Espagne. Investi par son père, appelé au trône d'Espagne (1759), des deux royaumes de Sicile, il règne sur le royaume insulaire sous le nom de *Ferdinand III* (1759-1816) et sur le royaume péninsulaire (Naples) [1759-1799 ; 1799-1806 ; 1815-16] sous le nom de *Ferdinand IV.* Sous l'influence de Marie-Caroline d'Autriche, qu'il a épousée en 1768, il entre dans la coalition contre la France (1793). Chassé de Naples par les Français qui établissent la République Parthénopéenne (1799), il réoccupe la ville avec l'aide du cardinal Ruffo et est contraint à la paix par Bonaparte (armistice de Foligno, 1801). Ayant repris les armes contre la France (1805), il est de nouveau dépouillé de son royaume péninsulaire, donné par Napoléon à son frère Joseph (1806). Rentré à Naples en 1815, il réunit Naples et la Sicile, et se fait proclamer roi des Deux-Siciles sous le nom de Ferdinand Ier (1816). Son régime absolutiste provoque le soulèvement libéral de 1820, qui le contraint à accorder une constitution. Mais, grâce à l'intervention de l'armée autrichienne, il restaure l'absolutisme (1821). — **Ferdinand II de Bourbon** (Palerme 1810 - Caserte 1859), roi des Deux-Siciles (1830-1859), fils de François Ier. Obligé d'accorder une constitution après la révolution de 1848, il se rendit maître de Messine, après un bombardement, puis de Palerme (mai 1849) et rétablit la monarchie absolue.

FLANDRE

FERDINAND DE PORTUGAL, dit **Ferrand** (1186-1233), comte de Flandre et de Hainaut (1211-1233), fils de Sanche Ier, roi de Portugal. Il épousa Jeanne de Flandre, fille de Baudouin IX, à qui il succéda, et reconnut comme suzerain Philippe Auguste. Lorsque le roi de France envahit ses États, il se joignit à Otton IV et à Jean Sans Terre, auquel il prêta hommage (1214). Fait prisonnier à Bouvines (1214), il fut libéré en 1226, contre la cession de Lille, Douai et L'Écluse.

PARME

FERDINAND DE BOURBON (Parme 1751 - Fontevivo 1802), duc de Parme et de Plaisance (1765-1801), fils du duc Philippe de Bourbon-Parme. Ayant adhéré à la coalition contre la France (1793), il dut acheter la paix à Bonaparte (1796), puis renonça à son duché en faveur de la France (traité de Lunéville, 1801).

PORTUGAL

FERDINAND Ier (Coimbra 1345 - Lisbonne 1383), roi de Portugal (1367-1383), fils du roi Pierre Ier.

FERDINAND DE PORTUGAL, dit **le saint Infant** (Santarém 1402 - Fès 1443), fils du roi Jean Ier le Grand. Capturé lors de l'expédition de son frère Henri le Navigateur sur Tanger (1437), il fut livré au roi de Fès, qui lui fit subir les rigueurs de l'esclavage. Il fut enseveli au couvent de Batalha à Lisbonne. (Ne figure pas au martyrologe romain.)

ROUMANIE

FERDINAND Ier (Sigmaringen 1865 - Sinaia 1927), roi de Roumanie (1914-1927), deuxième fils de Léopold de Hohenzollern-Sigmaringen. Il succéda à son oncle Charles Ier. Il fit entrer la Roumanie dans la Première Guerre mondiale aux côtés de l'Entente en août 1916. La victoire des Alliés lui permit d'annexer la Transylvanie, la Bessarabie et la Bucovine (1919).

SICILE PÉNINSULAIRE (NAPLES)

FERDINAND Ier ou **FERRANTE** (1423-1494), roi de Sicile péninsulaire (1458-1494), fils naturel d'Alphonse V, roi d'Aragon (Alphonse Ier, roi des Deux-Siciles). Légitimé et reconnu comme héritier du royaume de Naples par son père (1458), il triompha des prétentions de Jean de Calabre, fils du roi René (1462). Il lutta contre les Turcs et les barons de son royaume révoltés contre sa politique absolutiste (1458-1486). Mécène, il fit de sa cour un foyer de la Renaissance ; il introduisit l'imprimerie à Naples en 1474. — **Ferdinand II,** dit **Ferrandino** (Naples 1467 - *id.* 1496), roi de Sicile péninsulaire (1495-96), fils du roi Alphonse II. Il dut se réfugier à Messine lorsque Charles VIII occupa Naples (févr.-juill. 1495). — **Ferdinand III,** roi de Sicile péninsulaire → FERDINAND II LE CATHOLIQUE, roi d'Aragon. — **Ferdinand IV,** roi de Sicile péninsulaire → FERDINAND Ier, roi des Deux-Siciles.

TOSCANE

FERDINAND Ier et **FERDINAND II,** grands-ducs de Toscane → MÉDICIS. — **Ferdinand III** (Florence 1769 - *id.* 1824), archiduc d'Autriche, grand-duc de Toscane (1790-1801 et 1814-1824), fils de l'empereur Léopold II. Contraint par les Anglais d'entrer dans la deuxième coalition contre la France (1799), il fut dépouillé de son grand-duché par le traité de Lunéville (1801), reçut en compensation la principauté de Salzbourg (1803), qu'il échangea conte le grand-duché de Würzburg (1805), puis fut restauré en Toscane en 1814.

DIVERS

FERDINAND, prince **de Saxe-Cobourg-Gotha** (Vienne 1816 - Lisbonne 1885), régent de Portugal (1853-1855). Époux (1836) de Marie II, reine de Portugal, il exerça la régence au nom de son fils Pierre V (1853-1855).

FERDINAND d'Espagne, dit **Cardinal-infant,** cardinal espagnol (Madrid 1609 -Bruxelles 1641), fils du roi Philippe III. Cardinal (1619), il fut vice-roi de Catalogne (1632-1634) puis gouverneur des Pays-Bas (1634-1641).

FERDINAND (Roger FERDINAND, dit **Roger-**), auteur dramatique français (Saint-Lô 1898 - Palaiseau 1967). Il fut un ardent défenseur de la tradition du boulevard (*Irma,* 1926 ; *les J3 ou la Nouvelle École,* 1943 ; *Les croulants se portent bien,* 1959).

FERDJIWA, anc. **Fedj-M'Zala,** puis **Ferdjioua,** comm. d'Algérie, à l'O. de Constantine ; 52 000 hab.

FERDOWSI ou **FIRDŪSĪ,** poète épique persan (près de Ṭus, Khorāsān, v. 932 - *id.* 1020). Il composa le *Livre des Rois (Chāh-nāmè**),* épopée légendaire et historique de 60 000 distiques, en six parties.

FÈRE (La) [02800], ch.-l. de cant. de l'Aisne, au confluent de la Serre et de l'Oise ; 4 094 hab. *(Laférois).* Église des XIIe-XVIe s. Restes de l'ancien château (salles gothiques). Musée (peintures ; archéologie). — Occupée par les Allemands du 3 sept. 1914 au 10 oct. 1918, la ville fut un point d'appui de la ligne Hindenburg.

FÈRE-CHAMPENOISE (51230), ch.-l. de cant. du sud de la Marne, dans la Champagne crayeuse ; 2 373 hab. (*Fertons*). — Défaite des Français par les Alliés (25 mars 1814). Lors de la bataille de la Marne, victoire de la division française Grossetti sur la Garde prussienne (9 sept. 1914). Cimetière national.

FÈRE-EN-TARDENOIS (02130), ch.-l. de cant. de l'Aisne, sur l'Ourcq ; 3 215 hab. *(Férois).* Église des XVe-XVIe s. Halle du XVIe s. Confection. Matériel agricole. — Aux environs, importantes ruines du château féodal de Fère. — L'armée Degoutte y livra les 28 et 29 mai 1918 une vigoureuse action retardatrice et réoccupa la ville le 28 juillet.

FERENCZI (Sándor), médecin et psychanalyste hongrois (Miskolc 1873 - Budapest 1933). Disciple favori de S. Freud dès 1906, il est l'un de ceux qui ont le plus contribué à l'extension de la psychanalyse en dehors de l'Autriche. Cependant, à partir de 1923, des divergences centrées sur la technique de la cure apparurent entre les deux hommes. Du point de vue théorique, ses travaux ont par ailleurs ouvert la voie à une étude plus attentive des relations précoces entre mère et enfant.

FERGANA ou **FERGHANA,** dépression intramontagnarde étendue sur le territoire des Républiques d'Ouzbékistan, du Kirghizistan et du Tadjikistan. Entre les Tian Shan (au N.) et l'Altaï (au S.), c'est une plaine, densément peuplée, irriguée (à partir du Syr-Daria), produisant des fruits et légumes, des céréales et du coton. Le sous-sol fournit du pétrole. Les industries (alimentaires, textiles et chimiques) sont implantées dans les villes (Fergana, Andijan, Namangan).

FERGANA ou **FERGHANA,** v. d'Ouzbékistan, dans le bassin du même nom ; 187 000 hab. Textile. Raffinerie de pétrole.

FERGUSON (Adam), philosophe et historien britannique (Logierait, Perthshire, 1723 - Saint Andrews 1816). Il appartient à l'école écossaise du « sens commun ». Il a écrit *Essays on the History of Civil Society* (1767).

FERGUSONITE n. f. (de R. *Ferguson,* n. pr.). Niobate naturel trouvé en Suède et au Groenland.

FERIA [fe-] n. f. (esp. *feria,* jour de fête). Fête annuelle dans le midi de la France et en Espagne, caractérisée par des activités foraines et des courses de taureaux.

FÉRIAL, E, AUX adj. (lat. ecclés. *ferialis*). Qui concerne la férie.

FÉRIE n. f. (lat. *feriae,* jours de vacances). **1.** À Rome, jour consacré aux dieux et pendant lequel il était prescrit de cesser tout travail. – **2.** Jour ordinaire sans office propre d'un saint ou d'une fête.

FÉRIÉ, E adj. (lat. *feriatus*). Se dit d'un jour de fête légale en principe chômé.

ENCYCL. Il y a en France onze jours de fête* légale. Le 1er mai est obligatoirement un jour férié et chômé pour tous. Mais les jours fériés sont chômés dans la plupart des entreprises en raison des usages ou des conventions collectives. Les dimanches sont considérés comme des jours fériés (loi du 18 germinal an X).

FÉRINGIEN → FÉROÏEN.

FÉRIR v. t. (lat. *ferire,* frapper) [seulem. inf.]. Litt. *Sans coup férir,* sans frapper un coup, sans combattre ; sans difficulté.

FERKESSÉDOUGOU, v. du nord de la Côte-d'Ivoire, sur le chemin de fer d'Abidjan à Ouagadougou. Sucre.

FERLAGE n. m. Action de ferler une voile.

FERLAND (Albert), écrivain canadien de langue française (Montréal 1872 - *id.* 1943). Un des fondateurs de l'école littéraire de Montréal, il devint le principal animateur de l'école du Terroir (*le Canada chanté,* 1908-1910).

FERLER v. t. (p.-ê. anc. fr. *fresler,* du lat. *ferula,* baguette, ou angl. *to furl*) [conj. 3]. Relever une voile pli par pli, sur la vergue, après l'avoir carguée, et l'attacher au moyen de rabans ou de jarretières.

FERLINGHETTI (Lawrence), poète américain (New York 1919). Il ouvrit en 1951 à San Francisco le City Lights Bookstore, haut lieu de la culture « beat », et édita les écrivains du mouvement. Sa propre poésie (*Œil ouvert, cœur ouvert,* 1973) compose thèmes américains et cinétisme de la modernité. *La Quatrième Personne du singulier* (1960) est un roman.

FERLO, région du Sénégal intérieur, au sol argilo-sablonneux, entre le fleuve Sénégal et la Gambie. Pâturage pour les troupeaux des Peuls pendant la saison des pluies.

FERMAGE n. m. **1.** Mode de faire-valoir d'un bien foncier par lequel le propriétaire cède l'usage de ce bien à un locataire *(fermier)* contre une redevance annuelle fixée lors de l'établissement du bail et qui ne peut varier avec les résultats économiques obtenus par le fermier. – **2.** Redevance annuelle versée par le fermier au propriétaire foncier.

FERMAIL [fɛrmaj] n. m. (pl. *fermaux*) [de *fermer*]. Objet d'orfèvrerie (boucle, agrafe, fermoir, etc.) servant à tenir qqch fermé. (Au Moyen Âge, c'était une agrafe à face supérieure arrondie ou losangée, parfois richement ornée, qui retenait sur la poitrine les deux pans du manteau.)

FERMAT (Pierre DE), mathématicien français (Beaumont-de-Lomagne 1601 - Castres 1665). Conseiller au parlement de Toulouse en 1631, il se passionna pour les mathématiques. Il fonda en même temps que Descartes la géométrie analytique. Précurseur du calcul différentiel, il apporta une contribution essentielle à la théorie des nombres. Enfin, il fut avec Pascal à l'origine du calcul des probabilités. Étudiant les *Arithmétiques* de Diophante dans l'édition de Bachet, il en remplit les marges de conjectures. La plus célèbre est la *conjecture* ou *grand théorème de Fermat.* Fermat publiait rarement ses découvertes ; son fils Samuel les a rassemblées dans *Varia Opera mathematica* (1679).

Fermat *(conjecture* ou *grand théorème de),* conjecture selon laquelle, n étant un entier naturel strictement supérieur à deux, l'équation $x^n + y^n = z^n$ n'a pas de solutions positives entières. Cette conjecture a été énoncée pour la première fois par Fermat, qui affirmait en avoir établi une démonstration, qui n'a jamais été retrouvée. Ce théorème a été démontré, au fil des ans, pour certaines valeurs de n. Les plus grands mathématiciens s'y sont intéressés et ont fait avancer la démonstration : Euler et Gauss (pour $n = 3$), Lejeune-Dirichlet et Legendre (pour $n = 5$), Kummer (en 1847, pour presque tous les $n \leqslant 100$). En 1976, avec l'aide de l'ordinateur, on montra qu'il n'y a pas de nombre premier inférieur à 25 000 qui soit solution pour $n < 125\,000$. Mais il a fallu attendre 1993 pour que le mathématicien britannique A. Wiles donne la première démonstration intégrale du théorème, démonstration qu'il complétera l'année suivante avec un de ses collaborateurs.

Fermat *(principe de),* principe général de l'optique géométrique, selon lequel, pour aller d'un point à un autre, la lumière suit le trajet de durée minimale ou maximale.

1. FERME adj. (lat. *firmus*). **1.** Se dit d'une matière, et en partic. de la chair, qui est compacte, dure, solide (par oppos. à *mou*) : *Sol ferme. Avoir un corps ferme.* — **2.** Qui manifeste de la sûreté, qui ne tremble pas : *Écriture ferme. Être ferme sur ses jambes.* — **3.** Qui a de l'assurance, de la décision, qui est sans hésitation ni faiblesse : *Parler d'un ton ferme. Il a été ferme sur ce point.* — **4.** Se dit d'une attitude, d'une volonté inébranlable, inéluctable, sûre : *J'ai la ferme volonté de ne pas céder.* — **5.** Qui est mûrement réfléchi, sur lequel on ne peut revenir : *Prendre un engagement ferme.* — **6.** Qui montre de l'autorité, de l'énergie vis-à-vis de qqn, qui ne cède pas : *Être ferme avec ses enfants.* — **7.** Se dit d'une valeur, d'une monnaie dont le cours est stable ou en hausse : *Le franc s'est montré ferme.* — **8.** Se dit d'une opération commerciale, qui a un caractère définitif : *Une vente ferme.* — **9.** Se dit d'un prix qui, par décision, ne peut subir aucune augmentation pendant une certaine période (par oppos. à prix *indexé*). — **10.** Se dit d'une opération d'achat ou de vente à terme qui devrait, en principe, se terminer par la livraison des titres (par oppos. à l'achat ou à la vente *à primes*). — **11.** *De pied ferme,* sans reculer, sans bouger ; résolument, courageusement : *Attendre l'ennemi de pied ferme.* ‖ *Pierre ferme,* pierre calcaire dont la masse volumique est comprise entre 1 850 et 2 350 kg/m³ et la résistance entre 28 et 52 MPa. ‖ *Terre ferme,* le sol du rivage, du continent par oppos. à l'eau ou à l'air.

◆ adv. **1.** Solidement, vigoureusement, sans fléchir : *Tenir ferme contre l'ennemi.* — **2.** Beaucoup, fortement : *Il travaille ferme en ce moment.* — **3.** D'une manière définitive et sans possibilité de se dédire : *Acheter ferme et au comptant.* — **4.** Sans sursis : *Être condamné à deux ans de prison ferme.*

◆ n. m. **1.** Gisement en place qui existe sur le côté d'une galerie. — **2.** *Galerie au ferme* ou *en ferme,* galerie tracée dans une partie encore non exploitée d'un gisement.

2. FERME n. f. (anc. fr. *fermer,* fixer). **1.** Ensemble de pièces de charpente assemblées dans un plan vertical et transversal à la longueur du toit, placées de distance en distance pour soutenir une couverture à deux versants. (Les fermes les plus simples se composent de deux arbalétriers, d'un entrait, d'un poinçon ; elles supportent les chevrons par l'intermédiaire de pannes.) — **2.** Décor de théâtre monté sur un châssis qui s'élève des dessous.

3. FERME n. f. (anc. fr. *fermer,* fixer des conditions, du bas lat. *firma,* convention, du lat. class. *firmus,* convenu). **1.** *Bail à ferme,* contrat par lequel un propriétaire abandonne, pendant 9 ans au minimum, à un locataire (fermier) l'exploitation d'un domaine moyennant le paiement d'un loyer. — **2.** Accord par lequel l'État autorise, moyennant rétribution, un particulier à exercer un certain monopole, par exemple ouvrir et tenir une maison de jeux. — **3.** Sous l'Ancien Régime, convention par laquelle l'État confiait à un particulier le recouvrement de taxes ou d'impôts moyennant le versement d'une somme forfaitaire, les excédents éventuels devenant la propriété du fermier.

4. FERME n. f. (de *ferme 3*). **1.** Domaine agricole donné en fermage. — **2.** Exploitation agricole en général. — **3.** Ensemble constitué par l'habitation de l'agriculteur et les bâtiments de l'exploitation agricole qu'il dirige. — **4.** *Ferme marine,* installation maritime destinée à l'élevage de certains poissons (saumon). ‖ *Valet de ferme, fille de ferme,* salariés employés par le fermier.

Ferme générale, en France, sous l'Ancien Régime, organisme qui prenait à bail la perception des impôts indirects, adjugée tous les six ans. Créée en 1681 par Colbert qui adjugea les aides, traites et gabelles à une association de financiers, les fermiers généraux, pour un prix annuel de 56 millions de livres, elle fut reconstituée en 1726 et s'étendit au tabac en 1747. La Constituante la supprima en 1791 après avoir aboli les impôts mis en ferme.

Fermes *(hôtel des),* à Paris, édifice autrefois situé entre la rue du Bouloi et l'actuelle rue J.-J.-Rousseau (Ier arrond.). Cette vaste demeure appartint au XVIIe s. au chancelier Séguier, qui y réunissait chaque semaine l'Académie française (1638, 1643-1673). Affecté à la Ferme générale en 1690, l'édifice fut transformé en prison sous la Révolution, puis démoli et remplacé en 1890 par des immeubles de rapport.

1. FERMÉ → FERMER.

2. FERMÉ n. m. Ensemble fermé.

ENCYCL. Toute intersection de fermés est un fermé. Toute réunion finie de fermés est un fermé. Tout produit (fini ou infini) de fermés est un fermé. Une partie A d'un espace topologique est fermée si et seulement si $\bar{A} = A$.

FERMEMENT adv. **1.** De façon ferme, solidement : *Appuie-toi fermement sur mon bras.* — **2.** Avec volonté, avec assurance : *Un avis fermement exprimé.*

FERMENT n. m. (lat. *fermentum*). **1.** Agent microbien produisant la fermentation d'une substance. — **2.** *Litt.* Ce qui excite ou entretien une passion, une agitation : *Un ferment de haines.*

FERMENTABLE → FERMENTESCIBLE.

FERMENTAIRE adj. Relatif à la fermentation de la matière organique.

FERMENTANT, E adj. Qui fermente.

FERMENTATIF, IVE adj. Se dit de ce qui produit la fermentation.

FERMENTATION n. f. (lat. ecclés. *fermentatio, -onis*). **1.** Transformation que subissent certaines matières organiques sous l'action d'enzymes sécrétées par des micro-organismes. (La fermentation des sucres sous l'influence des levures donne de l'acool.) [→ *encycl.*] — **2.** Pourriture, décomposition enzymatique de la matière organique. — **3.** Agitation sourde ; effervescence : *La fermentation des esprits.*

ENCYCL. **Biochim.** On distingue deux sortes de fermentations : la *fermentation aérobie,* qui est le métabolisme dans lequel l'oxygène libre de l'air est indispensable comme accepteur d'hydrogène (c'est le cas des fermentations acétique et citrique) ; la *fermentation anaérobie,* qui est le métabolisme dans lequel l'oxygène atmosphérique n'est pas engagé, mais où d'autres substances, telles que les aldéhydes, l'acide pyruvique, etc., servent d'accepteur d'hydrogène. (Ex. les fermentations alcoolique, lactique ou butyrique.)

La fermentation était utilisée autrefois essentiellement pour la préparation de produits alimentaires ou agricoles. La demande accrue de produits chimiques a conduit à appliquer quelques procédés de fermentation pour la fabrication de certains de ces produits (alcool, acide citrique, glycérol, alcool butylique, dextranes, etc.), et de nouvelles fermentations ont été développées pour produire des corps chimiques nouveaux, tels que des enzymes, des vitamines, des acides aminés, des alcaloïdes et tous les antibiotiques.

FERMENTER v. i. (lat. *fermentare*) [conj. 3]. **1.** (auxil. *avoir* ou *être*) Être, entrer en fermentation ; avoir subi une fermentation : *Le bouillon fermente. Lait fermenté.* — **2.** (auxil. *avoir*) *Litt.* Être dans un état d'agitation : *Un sentiment de malaise latent fermente dans le groupe.*

FERMENTESCIBILITÉ n. f. Qualité de ce qui peut entrer en fermentation.

FERMENTESCIBLE ou **FERMENTABLE** adj. Qui peut entrer en fermentation.

FERMENTEUR n. m. **1.** Appareil dans lequel on effectue une fermentation. — **2.** Syn. de DIGESTEUR.

FERME-PORTE n. m. inv. Appareil à ressort ou à piston que l'on tend en ouvrant une porte et qui la referme automatiquement en se détendant.

FERMER v. t. (lat. *firmare,* rendre solide) [conj. 3]. **1.** Rapprocher, réunir les éléments d'un ensemble de telle sorte qu'il n'y ait plus d'intervalle, d'écart, d'ouverture : *Fermer les yeux, le poing. Ferme ton manteau.* — **2.** Manœuvrer un système de fermeture de telle sorte qu'il remplisse sa fonction, qu'il empêche le passage entre l'intérieur et l'extérieur : *Fermer une porte. Fermer un bouton.* — **3.** Appliquer, rabattre un système de fermeture pour empêcher la communication avec l'extérieur : *Fermer un bocal avec un couvercle.* — **4.** Interdire l'accès d'une voie, d'un lieu : *Fermer les frontières.* — **5.** Faire cesser l'activité d'un établissement, d'un secteur, etc. : *On ferme le service de location à 18 heures. Fermer un puits.* — **6.** Interrompre le fonctionnement de toutes les installations d'une habitation, en fermer les issues avant une absence prolongée : *Fermer une maison de campagne à la fin des vacances.* — **7.** Interrompre le fonctionnement d'un appareil, d'un circuit d'alimentation : *Fermer la télévision. Fermer l'eau.* — **8.** Interdire à qqn l'accès d'une profession. — **9.** Rendre qqn hermétique à qqch : *Ce professeur n'a réussi qu'à fermer définitivement ses élèves aux mathématiques.* — **10.** Marquer les limites d'un ensemble : *Les montagnes ferment l'horizon.* — **11.** Mettre un terme dans le temps à qqch, l'arrêter : *Fermer une souscription, un compte.* — **12.** Bander un arc ; une voûte en en posant la clef. — **13.** Suturer une plaie chirurgicale ou accidentelle. — **14.** Rétrécir au marteau l'évasement d'une pièce d'orfèvrerie. — **15.** *Fermer la bouche, le bec* (fam.), *la gueule* (pop.) *à qqn,* le faire taire. ‖ *Fermer sa bouche, son bec* (fam.), *sa gueule* (pop.) ou *la fermer* (pop.), se taire ; ne plus savoir que dire. ‖ *Fermer le jeu,* à certains jeux, en partic. aux dominos, jouer de telle façon que l'adversaire ne puisse continuer à jouer ; jouer un match, une partie en se tenant sur la défensive, refuser de prendre des risques offensifs. ‖ *Fermer un circuit,* établir une communication conductrice permettant le passage d'un courant dans ce circuit. ‖ *Fermer un interrupteur,* enclencher cet interrupteur de manière à permettre le passage du courant. ‖ *Fermer la marche, le cortège,* marcher le dernier. ‖ *Fermer ses portes,* en parlant d'un magasin, d'un service, etc., ne plus être accessible au public à un certain moment. ‖ Pop. *La ferme !,* silence !

◆ **être fermé** v. pass. **1.** Être replié, rabattu, serré, clos, etc. : *Il tendait le bras, le poing fermé.* — **2.** *Milieu, cercle fermé,* dans lesquels il est difficile de se faire admettre, d'entrer. ‖ *Robe, chemisier fermé,* qui couvre le plus possible le corps, en partic. sans décolleté. • **Bot.** Syn. de DENSE. – **Chauss.** Se dit d'une chaussure qui monte vers la cheville, qui n'est pas découpé(e). – **Ch. de f.** *Signal fermé,* signal donnant au mécanicien une indication restrictive pour la marche de son train. – **Chorégr.** Syn. de ÊTRE CLOS. ‖ *Position fermée,* position des pieds bien emboîtés ou rapprochés l'un de l'autre. – **Ling.** Se dit d'une classe qui peut être définie par l'énumération de ses termes, ceux-ci étant en nombre limité (par ex. les articles ou les pronoms personnels par oppos. aux noms ou au verbes qui appartiennent à une classe ouverte). – **Mar.** *Port fermé,* port condamné pour la navigation. ‖ *Rade, baie fermée, port fermé,* rade, baie, port protégés par la configuration de la côte ou par des travaux d'art. – **Math.** Se dit d'une partie d'un espace topologique dont le complémentaire est ouvert. Arc fermé, arc paramétré (I, f) dans le cas où $I = [a, b]$ et $f(a) = f(b)$. ‖ *Enveloppe fermée convexe de* A, intersection de tous les fermés convexes qui contiennent la partie A. ‖ *Sous-ensemble fermé pour une application,* pour l'application f d'un ensemble E dans lui-même, sous-ensemble A qui contient les images de tous ses éléments. ‖ *Sous-ensemble fermé pour une opération,* dans un ensemble muni d'une loi de composition interne, sous-ensemble tel que le composé de deux quelconques de ses éléments appartienne également au sous-ensemble. – **Phon.** Se dit d'une voyelle émise avec un faible écartement des maxillaires et avec un soulèvement important du dos de la langue dans la cavité buccale. ‖ *Syllabe fermée,* syllabe terminée par une ou plusieurs consonnes prononcées.

◆ v. i. ou **être fermé** v. pass. Ne plus fonctionner, cesser toute activité : *L'école est fermée pendant les vacances. Le magasin ferme définitivement.*

◆ v. i. ou **se fermer** v. pr., **être fermé** v. pass. **1.** Pouvoir être clos, attaché, interrompu : *Armoire qui ferme à clef. Une robe fermée dans le dos.* – **2.** Interdire tout accès au public, à qqn pendant un temps : *Les portes de l'école ferment à 8 heures.*

◆ **se fermer** v. pr., **être fermé** v. pass. **1.** Se cicatriser : *Plaie bien fermée.* – **2.** Se clore ; être rabattu, replié : *Ses yeux se ferment. La barrière se ferma juste devant nous.* – **3.** Ne plus admettre l'entrée de membres ou de produits étrangers : *Pays fermé à l'immigration.* – **4.** En parlant d'une activité professionnelle, être interdite, refusée à qqn : *Les professions d'ingénieur se ferment progressivement.* – **5.** Être inaccessible à un sentiment : *Il est fermé à la pitié.* – **6.** Ne rien comprendre à une science, une discipline, ne pas vouloir s'intéresser à un domaine : *Se fermer à la poésie.* – **7.** *Visage qui se ferme, visage fermé,* qui n'extériorise plus aucun sentiment ou qui manifeste l'hostilité, le refus.

FERMETÉ n. f. (lat. *firmitas, -atis,* solidité, de *firmus,* ferme). **1.** État de ce qui est ferme, solide, consistant, compact : *Fermeté des chairs, d'un sol.* – **2.** Qualité de ce qui ne tremble pas, ne faiblit pas, manifeste de l'assurance dans l'expression ou dans l'exécution : *Fermeté d'un geste. Fermeté du style.* – **3.** Qualité de qqn, de son comportement qui a de la force intellectuelle ou morale : *Fermeté d'âme.* – **4.** Attitude de rigueur, excluant la faiblesse, à l'égard des autres : *Faire preuve de fermeté à l'égard de ses enfants.* – **5.** Stabilité ou tendance à la hausse des valeurs mobilières, de la monnaie.

1. FERMETTE n. f. (de *ferme 4*). **1.** Petite ferme. – **2.** Bâtiments d'une petite ferme utilisés souvent comme résidence secondaire.

2. FERMETTE n. f. (de *ferme 2*). En charpente, petite ferme, ou ferme secondaire sans entrait.

FERMETURE n. f. (de *fermer*). **1.** Action de fermer une porte, un robinet, etc. – **2.** Dispositif qui sert à fermer : *Fermeture automatique.* – **3.** Cessation momentanée ou définitive de l'activité d'un commerce, d'une entreprise industrielle, etc. ; fin de la saison d'une activité (pêche, chasse) : *Ordonner la fermeture d'un débit de boissons.* – **4.** Moment où cesse, s'interrompt une activité ; durée de cette cessation : *Arriver après la fermeture.* • **Bât.** Ensemble des éléments de clôture d'une fenêtre ou d'une porte. ‖ *Fermeture de cheminée,* tablier en tôle fermant l'entrée d'un foyer de cheminée (XIXe s.). – **Ch. de f.** *Fermeture d'un signal,* mise en position « signal fermé ». – **Chir.** Suture d'une plaie chirurgicale ou accidentelle. – **Comptab.** *Fermeture d'un compte,* opération comptable qui consiste à porter du côté le plus faible, comme sommes, le solde débiteur ou créditeur du compte. – **Cout.** Dispositif (bouton, fermeture à glissière, etc.) permettant de réunir les parties écartées d'un vêtement. ‖ *Fermeture Éclair,* nom déposé d'une fermeture à glissière. ‖ *Fermeture à glissière,* fermeture souple constituée de deux rubans bordés de dents en alliage de nickel ou en Nylon qui s'engrènent au moyen d'un curseur. – **Math.** *Fermeture d'une partie* A *d'un espace topologique,* intersection de tous les fermés contenant la partie considérée. (La fermeture d'une partie A est égale à son adhérence $\bar{A}$.) – **Phon.** Degré de resserrement du conduit vocal réalisé pendant l'émission d'une unité phonique. (La fermeture peut aller jusqu'à l'occlusion dans le cas d'une consonne occlusive.)

FERMI n. m. (de *Fermi,* n. pr.). Nom parfois donné, en microphysique, au *femtomètre* ($1 \text{ fm} = 10^{-15} \text{ m}$).

FERMI (Enrico), physicien italien (Rome 1901 - Chicago 1954). Titulaire de la chaire de physique à l'université de Rome (1926), il passa aux États-Unis en 1938, où il fut professeur à l'université Columbia puis à celle de Chicago.
E. Fermi est l'un des plus grands physiciens du siècle, alliant toujours la théorie et l'expérimentation. Il est à l'origine, en 1927, de la statistique de Fermi-Dirac, qui permet d'étudier le comportement statistique des quantons soumis au principe d'exclusion de Pauli (appelés fermions aujourd'hui). Il a donné en 1932 la première théorie quantique des champs d'interaction faible, expliquant ainsi la radioactivité β. Il a aussi développé la physique des réactions nucléaires à l'aide des neutrons lents. Fermi a joué un rôle majeur, durant la Seconde Guerre mondiale, dans le projet Manhattan (Los Alamos), qui aboutit à la mise au point des armes nucléaires. Il fut également responsable de la première « pile atomique » à uranium et graphite réalisée à Chicago en 1942. Après la guerre, il fut l'un des initiateurs de la physique subnucléaire, ou physique des particules. (Prix Nobel de physique 1938.)

Fermi-Dirac *(statistique de),* ensemble de lois décrivant le comportement statistique d'un grand nombre de fermions indiscernables et indépendants, maintenus à la température thermodynamique T.

FERMIER, ÈRE n. **1.** Personne qui loue la terre qu'elle cultive. — **2.** Chef d'exploitation agricole, locataire ou non des terres qu'il cultive ; agriculteur. — **3.** Preneur d'un bail à ferme. — **4.** Titulaire d'un contrat d'affermage.
◆ adj. **1.** Relatif aux fermes. — **2.** Se dit des produits alimentaires obtenus selon des méthodes artisanales traditionnelles ou des méthodes proches : *Beurre fermier.*
◆ **fermier** n. m. **1.** Sous l'Ancien Régime, titulaire d'un contrat de ferme pour la perception des impôts. — **2.** *Fermier général,* financier membre de la Ferme générale. (Constituée en 1681 lors de la création de la *Ferme générale* par Colbert et réorganisée en 1726, la Compagnie des fermiers généraux rassemblait 40 [60 de 1756 à 1780] financiers chargés de recouvrer pour le compte de l'État, moyennant un prix réglé à forfait, les impôts indirects compris dans le bail de la Ferme générale.)

Fermilab, laboratoire Fermi de l'accélérateur national (FNAL), situé à Batavia (Illinois, États-Unis). Accélérateur de protons de 500 GeV (1 000 GeV en construction).

FERMION n. m. (de *Fermi,* n. pr.). Quanton tel qu'une collection formée de telles entités est décrite par une fonction d'onde qui change de signe par échange de deux quelconques d'entre elles. (Les fermions [électrons, nucléons, etc.] ont un spin demi-entier.)

FERMIUM [-mjɔm] n. m. (de *Fermi,* n. pr.). Élément artificiel (symb. Fm), de la famille des transuraniens, de nombre atomique 100, découvert en même temps que l'einsteinium.

FERMO, v. d'Italie, dans les Marches, près de l'Adriatique ; 35 000 hab. Cathédrale reconstruite au XVIIIe s. (façade romano-gothique, vestiges paléochrétiens). Églises et palais du Moyen Âge et de la Renaissance.

1. FERMOIR n. m. Dispositif qui sert à tenir fermé un portefeuille, un collier, un bracelet, etc. : *Fermoir à cliquet.*

2. FERMOIR n. m. (altér. de *formoir,* de *former*). Ciseau de sculpteur dont le tranchant, à deux biseaux, se trouve au milieu de l'épaisseur de la lame.

FERNÁN GONZÁLEZ, († Burgos 970), premier comte de Castille (v. 930-970). Il fit de la Castille un État indépendant (v. 951).

FERNANDEL (Fernand Joseph Désiré CONTANDIN, dit), comédien français (Marseille 1903 - Paris 1971). D'abord comique troupier, il connut le succès au cinéma avec notamment : *le Rosier de Mme Husson* (1932), *Angèle* (1934), *Regain* (1936), *Ignace* (1936), *le Schpountz* (1937), *François Ier* (1937), *Fric-frac* (1939), *la Fille du puisatier* (1940), *Meurtre* (1950), *l'Auberge rouge* (1951), la série des *Don Camillo* (1951-1955), *la Vache et le prisonnier* (1959). Il n'arrêta pas pour autant le tour de chant et mena au succès plusieurs opérettes.

FERNANDES (Vasco), peintre portugais (v. 1475-1541/42), chef d'un important atelier à Viseu. Influencé par le maniérisme néerlandais, il a progressivement mis l'accent sur l'intensité expressive des formes, la rudesse naturaliste des types et des paysages (retables de la cathédrale de Viseu, auj. au musée « Grão Vasco »).

FERNÁNDEZ (Alejo), peintre espagnol (Cordoue v. 1475 - Séville 1545/46), peut-être d'origine germanique. Il fut appelé à Séville par le chapitre de la cathédrale, en 1508. Il a peint des retables, des Vierges à l'Enfant qui dénotent des influences flamandes et italiennes.

FERNÁNDEZ (Juan), navigateur espagnol (Carthagène 1530 - Santiago du Chili v. 1599). Il longea les côtes occidentales de l'Amérique du Sud et y découvrit l'archipel *Juan* Fernández.*

FERNÁNDEZ (Gregorio) → HERNÁNDEZ.

FERNANDEZ (Dominique), écrivain français (Neuilly-sur-Seine 1929). Analyste, dans ses essais, de l'inconscient (*Mère Méditerranée,* 1965) ou de l'art (*le Promeneur amoureux,* 1980 ; *la Perle et le Croissant,* 1995) italiens, contestataire du roman psychologique (*les Enfants de Gogol,* 1971), il est aussi le défenseur des homosexuels (*Une fleur de jasmin dans l'oreille,* 1980). Il a trouvé dans la vie de Pasolini (*Dans la main de l'ange,* 1982) matière à la libération de ses fantasmes. Tous ces thèmes sont repris dans son roman *l'Amour* (1986) et dans *le Rapt de Ganymède* (1989), « promenade » à travers la culture homosexuelle.

FERNÁNDEZ DE CÓRDOBA (Gonzalo) → GONZALVE DE CORDOUE.

FERNÁNDEZ DE CÓRDOBA (Francisco), navigateur espagnol († Cuba 1518). Il atteignit le premier les côtes du Yucatán (1517), ouvrant ainsi à Cortés la route du Mexique.

FERNÁNDEZ DE LIZARDI (José Joaquin), écrivain mexicain (Mexico 1776 - *id.* 1827), auteur du roman picaresque *El periquillo sarniento* (1816), tableau de la société mexicaine d'avant l'indépendance.

FERNÁNDEZ de Palencia (Diego), capitaine et historien espagnol (Palencia v. 1520 - Séville 1581). Historiographe du Pérou (1555), il publia la *Primera y segunda parte de la historia del Perú* (1571).

FERNÁNDEZ RETAMAR (Roberto), écrivain cubain (La Havane 1930). Il a publié des recueils de poésies (*Circunstancia de poesia,* 1977) et des essais (*Caliban cannibale,* 1971), où il revendique le droit à la culture en Amérique latine.

FERNÁNDEZ Y GONZÁLEZ (Manuel), romancier espagnol (Séville 1821 - Madrid 1888), auteur de romans historiques qui connurent un grand succès populaire (*Don Juan Tenorio,* 1851 ; *Don Ramiro,* 1856).

FERNANDO DE NORONHA, archipel et territoire du Brésil, dans l'Atlantique, au large de Fortaleza ; 26 km² ; 1 340 hab. Colonie pénale.

FERNANDO POO, auj. **Bioco***, île peuplée de Boubis venus du Cameroun, qui fut découverte par les Portugais en 1472. Occupée par les Espagnols en 1778, puis en 1845, elle leur servit de lieu de déportation des condamnés politiques et fit partie des possessions espagnoles du golfe de Guinée jusqu'en 1968.

FERNEL (Jean), astronome, mathématicien et médecin français (Montdidier 1497 - Paris 1558). Il tenta de trouver la longueur d'un degré de méridien en mesurant la hauteur méridienne du Soleil et en évaluant la distance Paris-Amiens. Il fut également un des plus grands médecins de son siècle et devint médecin d'Henri II.

FERNEYHOUGH (Brian), compositeur britannique (Coventry 1943). Il se fit connaître en 1974 au festival de Royan. D'abord adepte du sérialisme, il pousse aux limites du possible les difficultés d'exécution pour certains instrumentistes (*Cassandra's Dream Song,* pour flûte, 1971). *Transit* pour 6 voix solistes et orchestre de chambre (1972-1975) inaugure une seconde phase créatrice, dépassant la pensée postsérielle. Ses œuvres témoignent d'une extrême rigueur (*Lemma-Icon-Epigram,* pour piano, 1981).

FERNEY-VOLTAIRE (01210), ch.-l. de cant. de l'Ain, dans le pays de Gex, sur la frontière suisse, au N. de l'aéroport de Genève-Cointrin ; 6 437 hab. *(Ferneysiens).* Faubourg français de Genève. Électronique. Lycée international. Voltaire, le « patriarche de Ferney », y résida de 1759 à 1778.

FÉROCE adj. (lat. *ferox, -ocis*). **1.** Se dit d'un animal sauvage qui tue par instinct. — **2.** Qui est cruel, sanguinaire : *De féroces gardiens. Un combat féroce.* — **3.** Qui est impitoyable, rigoureux, d'une exigence excessive : *Un examinateur féroce.* — **4.** Qui fait preuve d'une ironie méchante, cruelle : *Caricaturiste féroce.* — **5.** Pénible à supporter, qui fait mal : *Une féroce brûlure.* — **6.** Indique un degré extrême : *Un désir féroce de nuire. Un féroce appétit.*

FÉROCEMENT adv. **1.** D'une manière féroce, cruelle : *Critiquer férocement un adversaire.* — **2.** Extrêmement, violemment : *Il est férocement décidé à avoir ce poste.*

FÉROCITÉ n. f. (lat. *ferocitas, -atis*). **1.** Nature d'un animal féroce : *Férocité du tigre.* — **2.** Caractère cruel, sanguinaire de qqn ; barbarie : *La férocité d'un dictateur.* — **3.** Caractère féroce de qqch ; violence, rage : *La férocité d'un combat.* — **4.** Dureté, rigueur impitoyable de qqn : *La férocité d'un professeur.* — **5.** Caractère de ce qui est d'une ironie méchante, cruelle et violente : *La férocité d'une critique.*

FÉROÉ *(îles)* ou **FAEROE** ou **FAROE,** en dan. **Faerøerne,** archipel volcanique du Danemark, dans l'Atlantique nord, à 350 km au N. de l'Écosse ; 1 400 km² ; 45 000 hab. Cap. *Thorshavn,* dans l'île de Strømø. Pêche. Élevage ovin. — **Hist.** Colonisées au cours du IXe s. par les Norvégiens, christianisées au XIe s., ces îles furent rattachées au Danemark après l'Union de Kalmar (1397). L'archipel a obtenu, en 1948, son autonomie pour la gestion des affaires locales. Depuis la Constitution de 1953, deux députés représentent les îles au Folketing.

FÉROÏEN ou **FÉRINGIEN, ENNE** adj. et n. Des îles Féroé.

◆ **féroïen** ou **féringien** n. m. Langue du groupe nordique occidental, proche de l'islandais, parlée aux îles Féroé.

FERRABOSCO (Alfonso), violoniste et compositeur italien (Greenwich ? av. 1578 -Greenwich 1628). Attaché à la cour d'Angleterre, il composa de 1605 à 1611 la musique de plusieurs « masques ». Il fut l'un des plus fameux compositeurs pour viole ou ensemble de violes.

FERRADE n. f. (provenç. *ferrado,* de *ferra,* ferrer). Action de marquer les bœufs ou les chevaux avec un fer rouge.

FERRAGE n. m. **1.** Action de garnir ou de renforcer un objet au moyen de fers ou de pièces métalliques : *Le ferrage d'une roue.* — **2.** Action de mettre un fer, des fers aux sabots d'un animal. — **3.** Fixation d'un vantail à son bâti dormant à l'aide de ferrures permettant la rotation ; pose des ferrures elles-mêmes. — **4.** Traitement consistant à déposer par électrolyse une couche de fer sur une pièce. — **5.** Action de ferrer un poisson.

FERRAILLAGE n. m. **1.** Ensemble des fers d'une construction en béton armé. — **2.** Mise en place des armatures avant bétonnage.

FERRAILLE n. f. (de *fer*). **1.** Débris de pièces en fer, en fonte ou en acier ; pièce de métal hors d'usage : *Un tas de ferraille.* — **2.** *Fam.* Menue monnaie ; mitraille. — **3.** *Bon pour la ferraille,* se dit d'objets métalliques, de machines hors d'usage. ‖ *Mettre qqch à la ferraille,* le mettre au rebut pour être vendu au poids du métal.

FERRAILLEMENT n. m. *Vx.* Action de se battre au sabre ou à l'épée.

FERRAILLER v. i. (de *ferraille*) [conj. 3]. **1.** Frapper l'une contre l'autre des lames de sabre ou d'épée ; se battre au sabre ou à l'épée. 2. *Litt.* Se battre, se quereller. — **3.** Disposer les fers dans une construction en béton armé.

FERRAILLEUR, EUSE n. **1.** *Vx.* Bretteur, duelliste. — **2.** Personne qui fait le commerce de la ferraille. — **3.** Ouvrier chargé de la mise en place du ferraillage d'une construction.

FERRALITE n. f. Syn. de LATÉRITE.

FERRALLITIQUE adj. Syn. de LATÉRIQUE.

FERRALLITISATION n. f. Syn. de LATÉRITISATION.

FERRANDINE n. f. Coffre double, se plaçant sur le dos d'un mulet et servant autrefois aux armées de coffre et de table.

FERRARE, en ital. **Ferrara,** v. d'Italie, en Émilie ; 150 000 hab. Archevêché. Commerce et industrie (mécanique, pétrochimie, conserveries, chaussures).
— **Hist.** Entrée dans le patrimoine de l'Église au VIIIe s., Ferrare dépend de l'exarchat de Ravenne (921) et se dote d'une organisation communale tout en demeurant sous la suzeraineté de l'Église. Disputée aux XIIe et XIIIe s. entre les familles des Adelardi (guelfes) et des Torelli (gibelins), elle tombe en 1240 sous la domination de la maison d'Este*, qui étend son territoire jusqu'à Mantoue (fin XIIIe s.) et en fait la capitale d'une puissante seigneurie et un brillant centre de la Renaissance. Après la mort, sans héritiers, du duc Alphonse II, elle est réunie aux États de l'Église par la convention de Faenza (1598). Occupée par les Français en 1796, intégrée au royaume d'Italie de 1801 à 1814, elle est occupée par les Autrichiens avant d'être rattachée à l'Italie en 1860.
— **Bx-arts.** Cathédrale, commencée en 1135, à large façade romano-gothique. Château d'Este, commencé en 1385. Palais Schifanoia (musée civique), de Ludovic le More (riche musée archéologique gréco-étrusque de Spina) et des Diamants (pinacothèque), les deux derniers par l'architecte Biagio Rossetti (v. 1447-1516). Le grand maître de l'école ferraraise de peinture est C. Tura, qui transmet l'acuité hallucinatoire de son style à F. Del Cossa, auteur, avec Ercole De' Roberti, à la manière moins âpre, des célèbres fresques du salon des Mois au palais Schifanoia. (Autres peintres ferrarais : L. Costa, Dosso Dossi, le Garofalo [1481-1559].)

Ferrare *(concile de),* concile tenu à Ferrare en 1438-39 qui tenta vainement de réaliser l'union des Églises latine et grecque et qui fut transféré à Florence en 1439.

FERRARI (Gaudenzio), peintre et sculpteur italien (Valduggia, Piémont, v. 1475 - Milan 1546). Maniériste éclectique, il a exécuté des fresques pleines d'invention et de fraîcheur à Varallo (prov. de Verceil), à Verceil, à Saronno (prov. de Varese).

FERRARI (Gregorio DE) → DE FERRARI.

FERRARI (Giuseppe), théoricien socialiste italien (Milan 1811 - Rome 1876). Saint-simonien, puis proudhonien, il émigra en France, dont il préconisait l'alliance avec le Piémont pour réaliser l'unité italienne.

FERRARI (Severino), poète et érudit italien (Alberino di Molinella, Bologne, 1856 - Collegigliato, Pistoia, 1905). Disciple préféré de Carducci, il a publié *Il Mago* (1884), des *Versi* (1892) et des *Sonetti* (1901).

FERRARI (Enzo), pilote, puis constructeur automobile italien (Modène 1898 - *id.* 1988), dont le nom est lié à l'histoire du sport automobile et à la construction de voitures prestigieuses de tourisme.

Ferrari, marque italienne de voitures de compétition, de sport et de grand tourisme. Depuis 1969, elle est contrôlée par Fiat.

FERRARI (Luc), compositeur français (Paris 1929). Membre du Groupe de recherches musicales de l'O. R. T. F. de 1956 à 1958, il a écrit des œuvres électroacoustiques *(Visage V,* 1959 ; *Tautologos I* et *II),* puis de la musique instrumentale (*Symphonie inachevée* pour orchestre, 1963-1966). Il remet en question la musique en tant que catégorie esthétique. Il s'est aussi tourné vers les montages audiovisuels (*Allo, ici la terre,* 1972). On lui doit encore *Cellule 75* pour piano, percussion et bande (1975).

FERRARIS (Galileo), ingénieur et physicien italien (Livorno Vercellese, Piémont, 1847 - Turin 1897). Spécialiste d'électricité industrielle, il a découvert en 1888 le champ magnétique tournant, qui fut à l'origine des moteurs asynchrones polyphasés.

FERRASSE n. f. (de *fer*). **1.** Cadre où le miroitier fixe les glaces pour les travailler. — **2.** En fabrication mécanique continue de la glace, meule de fonte garnissant les plateaux circulaires horizontaux, dont la rotation permet de dresser la surface de la glace par usure au sable. — **3.** Chariot servant à transporter les glaces fabriquées ou à recuire.

FERRASSIE (la), grotte et abris-sous-roche de la comm. de Savignac-de-Miremont (24260 Le Bugue). D. Peyrony y découvrit au début du siècle une très importante superposition de moustérien (contenant des squelettes de néandertaliens), de périgordien ancien, d'aurignacien et de périgordien supérieur.

FERRAT *(cap),* extrémité méridionale de la *péninsule du cap Ferrat,* qui sépare les rades de Villefranche-sur-Mer et de Beaulieu-sur-Mer. Phare. (→ SAINT-JEAN-CAP-FERRAT.)

FERRAT (Jean TENENBAUM, dit **Jean**), auteur-compositeur et interprète français (Vaucresson 1930). C'est avec *Ma môme* (1960) qu'il s'affirma comme l'un des meilleurs interprètes de chansons poétiques et engagées (*Nuit et Brouillard,* 1963 ; *Potemkine,* 1965 ; *la Montagne,* 1966 ; *Que serais-je sans toi,* sur un poème d'Aragon, 1966 ; *le Châtaignier,* 1985).

FERRATE n. m. Nom générique de sels dérivant de l'acide non isolé H_2FeO_4.

FERRATER (Gabriel), écrivain catalan (Reus 1922 - San Cugat del Vallés, Barcelone, 1972). Proche de T. S. Eliot et de T. Hardy, il a laissé une œuvre majeure dans la poésie catalane contemporaine (*Da nuces pueris,* 1960 ; *Mange ta jambe,* 1962).

1. FERRÉ → FERRER.

2. FERRÉ, E adj. *Réseau ferré,* ensemble de voies de chemin de fer d'un pays, d'une région. ‖ *Voie ferrée,* voie de chemin de fer.

FERRÉ (le **Grand**), paysan de Rivecourt (Oise) qui se distingua au cours de la jacquerie du Beauvaisis (1358) pendant la guerre de Cent Ans, en défendant victorieusement contre les Anglais le château de Longueil-Sainte-Marie.

FERRÉ (Charles), révolutionnaire français (Paris 1845 - Satory 1871). Militant blanquiste, il participa à l'insurrection du 18 mars 1871. Délégué à la Préfecture de police de la Commune (mai 1871), il prit part à la résistance contre les Versaillais et signa l'ordre d'exécution des otages. Arrêté en juin, il est condamné à mort (2 sept.) et fusillé.

FERRÉ (Léo), auteur-compositeur et chanteur français (Monte-Carlo 1916 - Castellina in Chianti, Toscane, 1993), créateur de chansons amères et grinçantes, cruelles et anarchistes *(Paris-Canaille, l'Homme, Jolie Môme, Avec le temps).* Il a aussi écrit des mélodies sur des poèmes de Villon, de Rimbaud, de Verlaine, de Baudelaire et d'Aragon, composé un oratorio sur *la Chanson du Mal-Aimé* (d'Apollinaire, 1954) ainsi que des symphonies, des concertos et un opéra (*la Vie d'artiste,* 1950).

FERRÉDOXINE n. f. Protéine contenant du fer, présente chez certaines bactéries du sol et dans les chloroplastes des plantes vertes, et à laquelle on attribue le transfert des électrons de l'hydrogène, premier acte chimique de la photosynthèse.

FERREIRA (Antonio), poète portugais (Lisbonne 1528 - *id.* 1569). Humaniste, surnommé « l'Horace portugais », il doit sa gloire à la *Tragédie d'Inês de Castro* (1587).

FERREIRA (Vergilio), écrivain portugais (Melo, Serra da Estrela, 1916 - près de Sintra 1996). Lié au mouvement néoréaliste, il est attiré ensuite par l'existentialisme (*Apparition,* 1959 ; *Brève Joie,* 1965 ; *Rapide, l'ombre,* 1974).

FERREIRA DE CASTRO (José Maria), écrivain portugais (Ossela 1898 - Porto 1974). Il vécut quatre ans au Brésil. Précurseur des néoréalistes, il témoigne dans ses ouvrages (*les Émigrants,* 1928 ; *Forêt vierge,* 1932) des dures réalités amazoniennes. *Mourir peut-être* (1968) est une méditation sur l'homme à partir d'un récit d'expédition ethnologique au cœur de la Selva brésilienne.

FERREIRA DE VASCONCELOS (Jorge), écrivain portugais (Lisbonne 1515 - *id.* v. 1585), auteur de la *Comédie Euphrosine* (1555), sur la vie des étudiants de Coimbra.

FERRÉOL *(saint),* martyr à Besançon v. 211. Les saints Ferréol et Ferjeux auraient été envoyés par saint Irénée pour évangéliser la Séquanaise. Leur passion est légendaire.

FERRER v. t. (bas lat. *ferrare,* garnir de fer) [conj. **4**]. **1.** Garnir un objet avec du fer ou un autre métal : *Ferrer une roue.* — **2.** Clouer des fers aux sabot d'un cheval, d'un mulet, etc. — **3.** Réaliser le ferrage d'une porte ou d'une fenêtre. — **4.** Renforcer des lacets de chaussures au moyen de pièces métalliques ajustées aux extrémités. — **5.** Garnir de clous, de caboches, etc., une semelle ou un talon. — **6.** Appliquer une marque en plomb sur des marchandises, pour indiquer qu'elles ont été examinées à la douane. (Syn. PLOMBER.) — **7.** Syn. de ANNELER. — **8.** Donner une secousse à la ligne pour faire pénétrer l'hameçon dans les chairs du poisson.

◆ **être ferré** v. pass. **1.** Être muni d'une garniture de fer, de clous qui renforcent : *Un coffre ferré.* — **2.** Avoir des fers aux sabots. — **3.** *Fam.* Avoir des connaissances sur un sujet : *Être ferré en mathématiques.* — **4.** *Chaussures ferrées,* chaussures dont les semelles sont garnies de fer. ‖ *Pierre ferrée,* pierre qui présente des petites zones très dures dans la hauteur de son banc.

FERRER GUARDIA (Francisco), anarchiste et pédagogue espagnol (Alella 1859 - Barcelone 1909). Il fonda en 1901 à Barcelone une école dans laquelle il tenta d'appliquer quelques idées libertaires sur l'éducation des enfants, notamment l'absence de compétition et l'importance de l'éducation physique. Il y ajouta l'éducation sexuelle. Parti pour Bruxelles fonder une revue, *l'École rénovée* (1908), il fut arrêté à son retour, jugé moralement responsable d'un mouvement insurrectionnel anticolonial, et fusillé.

FERRERI (Marco), cinéaste italien (Milan 1928). Doué pour l'humour noir et montrant un goût certain pour la provocation, il a réalisé, en Espagne, *El cochecito* (1960), puis, dans son pays ou en France, *le Lit conjugal* (1963), *le Mari de la femme à barbe* (1963), *Break-up* (1965), *le Harem* (1967), *Dillinger est mort* (1969), *Liza* (1972), *la Grande Bouffe* (1973), *Touche pas la femme blanche* (1973), *la Dernière Femme* (1976), *Rêve de singe* (1978), *Contes de la folie ordinaire* (1981), *I love you* (1986), *Y'a bon les Blancs* (1987).

FERRERO (Guglielmo), historien italien (Portici 1871 - Mont-Pèlerin, Genève, 1943). Il est l'auteur d'une histoire romaine, *Grandeur et décadence de Rome* (1902-1907), complétée par *la Ruine de la civilisation antique* (1921). — Son fils LEO (Turin 1903 - Santa Fe, Nouveau-Mexique, 1933), écrivain antifasciste, fut influencé par le positivisme, puis par les religions orientales.

FERRET n. m. (de *fer*). **1.** Petit bout (en métal, en pierre précieuse, etc.) d'une aiguillette. — **2.** Petit embout fixé aux extrémités des lacets, afin de faciliter leur passage à travers les œillets. — **3.** Barre de fer servant à cueillir du verre fondu pour le travailler.

FERRET *(val),* nom de deux vallées, en Suisse et en Italie, situées au pied du massif du Mont-Blanc et réunies par le *Grand Col Ferret* (ou *Ferrex*) [2 537 m].

FERREUX, EUSE adj. (de *fer*). **1.** Qui contient du fer. — **2.** Se dit des composés chimiques dans lesquels le fer a la valence 2. — **3.** *Alliages ferreux,* ensemble des alliages à base de fer, comprenant principalement les aciers d'usage général et les aciers spéciaux ainsi que les fontes.

FERRI- Préfixe indiquant la présence de fer trivalent dans un composé. (Syn. FER-III.)

FERRI (Enrico), criminaliste et homme politique italien (San Benedetto Po 1856 - Rome 1929), l'un des fondateurs de la criminologie moderne (*Sociologie criminelle,* 1929).

FERRICHLORURE [-klo-] n. m. Sel complexe $M[FeCl_4]$, où M est un métal monovalent.

FERRICYANURE n. m. Sel ou ester complexe renfermant le radical trivalent $[Fe(CN)_6]^{-3}$. (Le ferricyanure de potassium est employé en photographie.)

FERRIÉ (Gustave), général et savant français (Saint-Michel-de-Maurienne 1868 - Paris 1932). En 1899, les premières expériences de Marconi l'incitèrent à doter la France d'un système télégraphique sans fil important et perfectionné. Installé dans le sous-sol de la tour Eiffel (1903), il se livra à des expériences qui aboutirent à accroître la portée de l'émetteur de la tour de 400 à 6 000 km entre 1903 et 1908. Grâce à son action, la radiotélégraphie militaire française occupa le premier rang dans les armées alliées pendant la Première Guerre mondiale. (Acad. des sc., 1922.)

FERRIER (Kathleen), cantatrice anglaise (Higher Walton, Lancashire, 1912 - Londres 1953). Contralto à la voix ample, elle créa *le Viol de Lucrèce* de B. Britten et fut une remarquable interprète de G. Mahler.

FERRIÈRE (Claude DE), jurisconsulte français (Paris 1639 - Reims 1715), auteur des *Commentaires sur la coutume de Paris* (1679).

FERRIÈRE (Adolphe), pédagogue suisse (Genève 1879 - *id.* 1960). L'un des fondateurs de l'école active, il soutint C. Freinet et influença la pédagogie soviétique de l'école du travail. Il préconisait une pédagogie fondée sur le « vrai travail » par l'accès direct à la réalité sociale, l'initiative individuelle et le travail par groupes.

FERRIÈRE-LA-GRANDE (59680), comm. du Nord, banlieue sud-est de Maubeuge ; 5 778 hab. *(Ferriérois).* Métallurgie.

FERRIÈRES (45210), ch.-l. de cant. du Loiret, dans le Gâtinais ; 2 973 hab. *(Ferriérois).* Intéressante église des XIIe-XIIIe s., anc. abbatiale.

FERRIÈRES (77164), comm. de Seine-et-Marne, à 7 km au S. de Lagny-sur-Marne ; 1 449 hab. Les 19 et 20 sept. 1870, Jules Favre et Bismarck y tinrent des conférences infructueuses en vue d'un armistice.

FERRIÈRES-EN-BRAY (76220 Gournay-en-Bray), comm. de la Seine-Maritime, près de l'Epte ; 1 654 hab. Produits laitiers.

FERRIFÈRE adj. Se dit d'une roche sédimentaire contenant du fer sous forme de sel ou d'oxyde. (Syn. FERRIQUE.)

FERRIMAGNÉTIQUE adj. Doué de ferrimagnétisme.

FERRIMAGNÉTISME n. m. Magnétisme présenté par les ferrites.
ENCYCL. Les propriétés magnétiques particulières des ferrites, composés à base d'oxyde de fer et d'un métal M, sont dues aux moments magnétiques élémentaires, ou spins, portés par les atomes de fer et par ceux du métal M. Les ions métalliques occupent deux sites cristallographiques différents et forment donc deux sous-réseaux cristallins. Dans chaque sous-réseau, les spins ont entre eux une interaction de type ferromagnétique, c'est-à-dire qu'ils ont tendance à s'aligner dans le même sens, donnant une aimantation résultante totale non nulle. Le ferrite apparaît donc à basse température comme un aimant permanent. Au-dessus d'une certaine température, dite « température de Néel », l'agitation thermique brise l'ordre magnétique et le corps devient paramagnétique.

FERRIPRIVE adj. (du lat. *privare,* priver). Se dit d'un état, telle une anémie, où existe une carence en fer.

FERRIQUE adj. (de *fer*). **1.** Se dit de l'oxyde Fe_2O_3, ou sesquioxyde, ainsi que des sels dans lesquels le fer est trivalent. – **2.** Se dit de l'anhydride FeO_3 et de l'acide H_2FeO_4 d'où dérivent les ferrates. – **3.** Syn. de FERRIFÈRE.

1. FERRITE n. m. (de *fer*). Nom générique de composés appartenant à l'une des 4 familles : 1° MFe_2O_4, de type spinelle ; 2° $MO . 6 Fe_2O_3$, de type magnétoplombite ; 3° $MFeO_3$, de type orthoferrite ; 4° $M_3Fe_5O_{12}$, de type grenat, où M représente un cation divalent.
ENCYCL. Les ferrites, doués de propriétés magnétiques remarquables, tout en présentant une grande résistivité électrique, sont employés comme noyaux de transformateurs pour courants de haute fréquence dans les antennes de récepteurs radiophoniques, dans de nombreux dispositifs électroniques et ont été utilisés comme éléments de mémoire dans les ordinateurs. L'effet Faraday* permet la réalisation de dispositifs hyperfréquences à ferrite.

2. FERRITE n. f. (de *fer*). Phase métallique cristallisée dans le système cubique centré, constituée de fer pur, notée Fe α.

FERRITINE n. f. Chromoprotéine constituant la forme de stockage du fer dans l'organisme (au niveau du foie, de la rate, de l'intestin et de la moelle osseuse).

FERRO- Préfixe indiquant la présence de fer divalent dans un composé. (Syn. FER-II.)

FERROALLIAGE ou **FERRO** n. m. Nom générique de tous les alliages contenant du fer. (On désigne chacun d'eux par le préfixe ferro-, suivi du nom de l'élément uni au fer : ferromanganèse.)

FERROALUMINIUM [-njɔm] n. m. Alliage de fer et d'aluminium (10 à 20 %), utilisé comme désoxydant et calmant dans l'élaboration des aciers.

FERROCÉRIUM [-rjɔm] n. m. Alliage de fer et de cérium, utilisé notamment comme pierre à briquet.

FERROCHROME [-krɔm] n. m. Alliage de fer et de chrome, utilisé notamment pour la fabrication des aciers inoxydables.

FERROCIMENT n. m. Matériau constitué par un mortier de ciment fortement armé.

FERROCYANURE n. m. Complexe renfermant l'anion tétravalent $[Fe(CN)_6]^{4-}$. (Syn. anc. FERROPRUSSIATE.)
ENCYCL. Dans les ferrocyanures, ni le fer ni le cyanogène ne donnent les réactions habituelles. Ainsi, au contraire des cyanures, ils sont peu toxiques. Les solutions de ferrocyanures donnent avec les sels ferriques un précipité de ferrocyanure ferrique, le bleu de Prusse.

FERRODYNAMIQUE adj. Se dit d'un dispositif dont l'action électrodynamique est renforcée par des pièces ferromagnétiques.

FERRO-ÉLECTRICITÉ n. f. (pl. *ferro-électricités*). Présence, dans certains cristaux, d'une polarisation électrique spontanée et permanente, réversible sous l'action d'un champ électrique extérieur.

FERRO-ÉLECTRIQUE adj. (pl. *ferro-électriques*). Doué de ferro-électricité.

FERROL (Le) ou **EL FERROL DEL CAUDILLO,** v. d'Espagne, en Galice ; 88 000 hab. Port militaire. Constructions navales (arsenal).

FERROMAGNÉSIEN, ENNE adj. Se dit de minéraux et des roches riches en fer et en magnésium.

FERROMAGNÉTIQUE adj. (p.-ê. angl. *ferromagnetic*). Se dit d'une substance dans laquelle les moments magnétiques élémentaires des atomes, ou spins, ont tendance à s'aligner tous dans la même direction et dans le même sens.
ENCYCL. Certains atomes d'éléments de transition, comme le fer, le nickel, le cobalt, les terres

rares, les actinides, possèdent un moment magnétique électronique, ou spin. Une interaction, dite « d'échange », tend à faire pointer les spins dans le même sens. À basse température, ces éléments présentent donc une aimantation spontanée : ce sont des aimants. Quand ils sont chauffés jusqu'à une certaine température (point de Curie), l'agitation thermique détruit l'ordre magnétique et l'aimantation spontanée disparaît. Ces corps deviennent paramagnétiques. Les substances ferromagnétiques ont une perméabilité magnétique élevée et leur aimantation montre le phénomène d'hystérésis. On distingue les matériaux doux, qui s'aimantent facilement et de manière réversible, et les matériaux durs, qui gardent une forte aimantation rémanente.

FERROMAGNÉTISME n. m. Propriété d'une substance ferromagnétique.

FERROMANGANÈSE n. m. Alliage de fer et de manganèse (en moyenne 80 %) avec une teneur en carbone variant de 7 % à moins de 0,1 %. (Il est utilisé dans l'affinage et l'élaboration des aciers pour introduire du manganèse et aussi du carbone dans le bain.)

FERROMOLYBDÈNE n. m. Alliage de fer et de molybdène (40 à 80 %), employé pour introduire le molybdène dans les aciers spéciaux et les fontes spéciales.

FERRON (Jacques), écrivain canadien de langue française (Louiseville 1921 - Longueuil, Québec, 1985). Médecin de campagne, il a écrit une œuvre romanesque (*Cotnoir,* 1962 ; *la Nuit,* 1965 ; *le Ciel de Québec,* 1969) et dramatique (*les Grands Soleils,* 1958 ; *la Tête du roi,* 1967), où il brosse de savoureux tableaux des mœurs du Canada contemporain.

FERRONICKEL n. m. Alliage de fer et de nickel, ayant une teneur en nickel supérieure à 25 %, utilisé pour ses propriétés particulières de dilatation, de magnétisme et de résistance à la corrosion.

ENCYCL. Les ferronickels sont constitués à température ambiante par une solution solide (austénite) ferromagnétique. Ils sont dits « réversibles » en raison de la réversibilité de certaines propriétés (magnétisme, résistivité) à l'échauffement au point de Curie. Le ferronickel, à 25-30 % de nickel et 0,2 % de carbone, est utilisé pour sa résistance à la corrosion alcaline et parfois acide. L'Invar, à 36 % de nickel et 0,2 % de carbone, pour son faible coefficient de dilatation, d'où son utilisation en chronométrie et en métrologie. Le Platinite, à 46 % de nickel et 0,3 % de carbone, a le même coefficient de dilatation que celui du verre, ce qui permet de l'utiliser pour constituer des fils soudables au verre (lampes). Le ferronickel, à 50 % de nickel, est employé pour les noyaux de transformateurs et autres accessoires de radioélectricité, et le Perminphy Mumetal, à 65-79 % de nickel, est utilisé dans des appareillages électriques et les câbles sous-marins en raison de sa haute perméabilité magnétique et de sa faible hystérésis.

FERRONNERIE n. f. (anc. fr. *ferron,* marchand de fer). **1.** Dans le bâtiment, ouvrage réalisé au moyen de fer travaillé à la main, à chaud ou à froid, avec ou sans combinaison d'autres métaux ou alliages. — **2.** Partie des arts décoratifs qui concerne le travail du fer. — **3.** Atelier, commerce du ferronnier.

ENCYCL. Les Celtes ont excellé, plus que les peuples méditerranéens, dans le travail de la forge. En France, les premiers ouvrages conservés datent du XIe s. et révèlent une technique aboutie, sûrement fondée sur une tradition (ex. : pentures de la cathédrale du Puy, fin du XIe s. ; grille de son cloître, XIIe s.). Comme tous les métiers d'art, la ferronnerie évoluera vers la commodité, abandonnant un peu de ses caractères originaires de franchise, de parfaite cohérence des formes et de la technique de base. Ainsi, les ornements de tôle repoussée, fixés à l'aide de rivets, apparaissent au XVe s. pour remplacer les ornements étampés.

Une éclipse se produit en France au XVIe s., alors que la ferronnerie continue de s'épanouir avec exubérance en Italie, en Allemagne du Sud (grille du tombeau de Maximilien à Innsbruck [1568], animée de motifs floraux, de cartouches, d'angelots) et en Espagne (riches clôtures d'églises à balustres, grilles de fenêtres). Le XVIIe s. français donne des rampes d'escalier et des balcons, passe de la pauvreté à une simplicité majestueuse, avec l'exception des deux somptueuses portes du château de Maisons (v. 1645, Louvre), où des pièces fondues côtoient les éléments forgés.

Le chef-d'œuvre du style rocaille est l'ensemble de la place Stanislas à Nancy (1750-1758), par J. Lamour, aux gracieux ornements de cuivre doré sur une trame d'une élégance beaucoup plus classique et retenue que les œuvres contemporaines du rococo allemand (grilles du château de Würzburg, ou celles, simulant une perspective, de l'église S. Ulrich d'Augsbourg). Le style Louis XVI donne de remarquables compositions aux fers polis (grilles du Palais de Justice de Paris, 1785), avec lesquelles contraste la décadence du XIXe s., due à la préférence des architectes néoclassiques pour les balustrades de pierre, puis à la généralisation des éléments de série en fonte.

Une renaissance, à laquelle a préludé l'action de Viollet-le-Duc, se produit à l'époque de l'Art nouveau grâce au goût pour le métal — toujours docile aux caprices de la ligne — de Gaudí (maison Vicens, 1878 ; balcons aux formes d'algues emmêlées de la maison Milá, 1906), de Guimard, d'Horta ou de Majorelle.

FERRONNIER n. m. (de *ferronnerie*). *Ferronnier d'art,* serrurier ou métallier hautement qualifié, capable de concevoir et d'exécuter des pièces (pentures, grilles, rampes et balcons métalliques, etc.) présentant une recherche artistique.

FERRONNIÈRE n. f. (de la *Belle Ferronnière,* appellation ancienne d'un *Portrait de femme* de Léonard de Vinci). Bijou composé d'une chaînette et d'une pierre précieuse ou d'un camée, porté sur le front.

FERROPRUSSIATE n. m. Syn. anc. de FERROCYANURE.

FERROSILICIUM [-sjɔm] n. m. Alliage de fer et de silicium employé en aciérie comme agent de désoxydation et d'apport de silicium, ou pour fabriquer des récipients inattaquables aux acides.

FERROUTAGE n. m. (de *fer* et *route*). Transport combiné par remorques routières spéciales acheminées sur wagons plats. (Syn. TRANSPORT RAIL-ROUTE.)

FERROUTER v. t. (conj. 3). Acheminer par ferroutage.

FERROVIAIRE adj. (ital. *ferroviario,* de *ferrovia,* chemin de fer). Relatif aux voies ferrées, à leur exploitation, etc.

FERRUGINEUX, EUSE adj. (lat. *ferruginosus,* de *ferrugo, -inis,* rouille de fer). **1.** Se dit de ce qui contient du fer ou l'un de ses composés. — **2.** *Eau ferrugineuse,* eau où le fer domine les autres éléments. ‖ *Sol ferrugineux tropical,* sol caractérisé par une forte individualisation d'oxydes de fer, sous végétation fréquente de savanes à graminées.

FERRURE n. f. (de *ferrer*). **1.** Garniture métallique fixée sur un panneau de menuiserie mobile, de porte ou de fenêtre, pour en permettre la rotation (paumelle, penture, etc.), sur un meuble pour le renforcer et/ou le décorer. — **2.** Action ou manière de ferrer les animaux. — **3.** Ensemble des fers placés aux sabots d'un cheval, d'un bœuf, etc. — **4.** Syn. de FER (à cheval, etc.). — **5.** *Ferrures de gouvernail,* ensemble des aiguillots et des fémelots qui servent à fixer le gouvernail à l'étambot.

FERRY n. m. (pl. *ferries*). Abrév. usuelle de CAR-FERRY et de FERRY-BOAT.

FERRY (Jules François Camille), avocat et homme politique français (Saint-Dié 1832 -Paris 1893). Opposé à l'Empire, il est élu député républicain de Paris en 1869. Le 4 sept. 1870, il conduit le peuple parisien à l'Hôtel de Ville pour proclamer la république. Membre du gouvernement de la Défense nationale, maire de Paris (16 nov.), sa rigoureuse politique des vivres lui vaut une réelle impopularité et il doit quitter Paris au début de la Commune (18 mars 1871). Député des Vosges (1876), il est élu président de la Gauche républicaine en 1879. Il sera au pouvoir de 1879 à 1885, comme ministre de l'Instruction publique (1879-1881), président du Conseil (1880-81 ; 1883-1885), avec le portefeuille de l'Instruction publique ou celui des Affaires étrangères (1883-1885). Il joue un rôle essentiel dans la mise en place de la République, en faisant voter les lois relatives aux libertés de réunion (juin 1881), de la presse (juill. 1881) et du syndicat (1884). Il organise l'enseignement laïque en proclamant la gratuité (juin 1881), la laïcité et l'obligation (mars 1882) de l'enseignement primaire, et crée l'enseignement secondaire féminin (21 déc. 1880). Sa politique coloniale est beaucoup plus controversée (conquête du Tonkin, 1883) notamment par les radicaux, qui finiront par faire tomber son second ministère (30 mars 1885).

FERRY-BOAT [feribot] n. m. (pl. *ferry-boats*) [angl. *ferry-boat,* de *ferry,* passage, et *boat,* bateau]. Bateau spécialement aménagé pour le transport des trains ou des véhicules et de leurs passagers. (Syn. [NAVIRE] TRANSBORDEUR.)

FERRYVILLE → MENZEL-BOURGUIBA.

FERSEN (Hans Axel, *comte* DE), maréchal de Suède (Stockholm 1755 - *id.* 1810). Officier de dragons de la Garde suédoise, il se distingua, pendant la campagne d'Amérique, comme aide de camp du général Rochambeau. Très attaché à Marie-Antoinette, il participa à la fuite de Varennes (1791). Rentré en Suède, il fut accusé d'avoir empoisonné le prince Christian Auguste d'Augustenborg et fut massacré lors des funérailles de celui-ci.

FERTÉ n. f. Anc. mot signifiant *forteresse, place-forte,* conservé dans plusieurs noms de villes autref. fortifiées.

FERTÉ-ALAIS (La) [91590], ch.-l. de cant. de l'Essonne, sur l'Essonne, au N.-E. d'Étampes ; 3 226 hab. *(Fertois).* Église des XIe et XIIe s., romane et gothique.

FERTÉ-BERNARD (La) [72400], ch.-l. de cant. de la Sarthe, dans le Perche, sur l'Huisne ; 9 819 hab. *(Fertois).* Importante église des XVe et XVIe s. (vitraux), porte fortifiée du XVe s., anc. halle de 1536. Constructions mécaniques et électriques. Caoutchouc.

FERTÉ-GAUCHER (La) [77320], ch.-l. de cant. de Seine-et-Marne, dans la Brie, sur le Grand Morin ; 3 943 hab. Église des XIIIe et XVIe s. Céramique industrielle.

FERTÉ-MACÉ (La) [61600], ch.-l. de cant. de l'ouest de l'Orne ; 7 684 hab. *(Fertois).* Travail du cuir. Confection.

FERTÉ-MILON (La) [02460], comm. de l'Aisne, à 9 km au S. de Villers-Cotterêts ; 2 544 hab. *(Fertois).* Restes imposants d'un château de Louis d'Orléans (fin du XIVe s.). Deux églises médiévales et Renaissance. — Point extrême de l'avance allemande en direction de Paris, le 27 mai 1918.

FERTÉ-SAINT-AUBIN (La) [45240], ch.-l. de cant. du Loiret, en Sologne ; 6 437 hab. *(Fertésiens).* Église des XIIe et XVIe s., château du XVIIe s. Constructions mécaniques.

FERTÉ-SOUS-JOUARRE (La) [77260], ch.-l. de cant. de Seine-et-Marne, sur la Marne ; 8 274 hab. *(Fertois).* Centre protestant aux XVIe et XVIIe s. Carrières de pierre meulière.

FERTILE adj. (lat. *fertilis*). **1.** Se dit d'un sol, d'une région qui donnent d'abondantes récoltes : *Une région fertile en blé.* — **2.** Se dit d'une période de temps pendant laquelle la terre produit beaucoup : *Une année fertile.* — **3.** Se dit d'un esprit riche, fécond, inventif : *Imagination fertile.* — **4.** *Fertile en qqch,* qui en abonde, qui en est prodigue : *Pièce fertile en bons mots.* — **5.** Se dit d'une femme apte à être fécondée ou d'un couple dont la femme est apte à être fécondée. — **6.** Se dit du noyau d'un atome susceptible d'être transformé en un noyau fissile par capture d'un neutron. ‖ Se dit de l'atome contenant ce noyau et d'une matière contenant de tels atomes. — **7.** Se dit d'un cépage très productif.

FERTILISABLE adj. Qui peut être fertilisé.

FERTILISANT, E adj. et n. m. Se dit de produits destinés à assurer ou à améliorer la nutrition des végétaux et les propriétés des sols.

FERTILISATEUR ou **FERTILISEUR** n. m. Machine utilisée pour localiser les engrais solides dans le sol au voisinage des plantes.

FERTILISATION n. f. **1.** Action de fertiliser le sol. — **2.** Ensemble des techniques de fumure visant à maintenir ou à augmenter la fertilité d'un sol pour placer les plantes cultivées dans les meilleures conditions d'alimentation. — **3.** Tout ce qui, dans la fécondation, n'est pas la simple union des pronucléus mâle et femelle (exsudation de liquide périvitellin, pénétration de mitochondries mâles dans le cytoplasme femelle, etc.).

FERTILISER v. t. (conj. 3). Rendre une terre fertile, propre à donner d'abondantes récoltes ; améliorer, bonifier : *Engrais qui fertilisent les champs.*

FERTILISEUR → FERTILISATEUR.

FERTILISINE n. f. Syn de GAMONE.

FERTILITÉ n. f. (lat. *fertilitas, -atis*). **1.** Qualité d'une terre, d'un sol qui est fertile. (→ *encycl.)* — **2.** Capacité de qqn à créer ; créativité : *Fertilité d'esprit.* — **3.** Aptitude d'une femme, d'un couple à avoir des enfants.

ENCYCL. **Agric.** La fertilité naturelle, qui serait celle des terres vierges, est la capacité foncière de production dépendant des seules qualités propres d'un sol. La fertilité acquise, résultat d'une culture prolongée, peut être détruite (épuisement du sol). Les conditions climatiques (pluviométrie, température, lumière) sont fondamentales pour la fertilité, puisqu'elles influencent toute végétation et déterminent l'évolution des sols. La fertilité est aussi en rapport avec la structure, la composition chimique et l'activité biologique des micro-organismes du sol.

FERTÖ *(lac),* nom hongrois du lac de Neusiedl.

FERTON (Charles), officier et naturaliste français (Chierry, Aisne, 1856 - Bonifacio 1921). Il a étudié patiemment et rigoureusement les hyménoptères (*la Vie des abeilles et des guêpes,* 1923).

FÉRU (ÊTRE) v. pass. (de *férir*). *Être féru de,* être passionné d'une science, d'un genre, etc., et y avoir acquis des connaissances étendues : *Elle est férue d'histoire.*

1. FÉRULE n. f. (lat. *ferula*). Grande plante ombellifère vivace, originaire de la région méditerranéenne et d'Asie occidentale, aux feuilles très découpées, en lanières étroites. (Plusieurs espèces fournissent des gommes-résines [asafœtida].)

2. FÉRULE n. f. (de *férule 1*). **1.** Palette de bois ou de cuir avec laquelle on frappait dans la main des écoliers en faute. — **2.** *Sous la férule de qqn,* sous son autorité, sa direction sévère.

FERVENT, E adj. (lat. *fervens, -entis,* de *fervere,* bouillir). **1.** Qui a de la ferveur, dont les sentiments sont empreints d'une grande chaleur, de passion : *Un croyant fervent. Des disciples fervents.* — **2.** Se dit d'une action dans laquelle il entre de la ferveur : *Une prière fervente.*
◆ n. Personne animée d'un grand enthousiasme pour une activité quelconque ; passionné : *Les fervents du football.*

FERVEUR n. f. (lat. *fervor*). **1.** Ardeur passionnée, élan enthousiaste : *Écouter avec ferveur un être que l'on aime.* — **2.** Zèle ardent animé par un vif sentiment religieux : *La ferveur d'un croyant.*

FERY (Charles), physicien français (Paris 1865 - *id.* 1935). Il a créé une pile électrique dans laquelle l'air joue le rôle de dépolarisant et a inventé de nombreux appareils (spectrographe, pyromètre, etc.).

FÈS, en ar. **Fās,** v. du Maroc, ch.-l. de prov. et préfecture urbaine ; 450 000 hab. *(Fassis).* Capitale traditionnelle du Maroc, dans une situation

de carrefour, Fès offre un paysage urbain varié, témoin d'une riche histoire : Fās al-Bālī, la ville ancienne, site notamment de la mosquée Qarawiyyīn et des souks ; Fās al-Djadīd (« la Neuve »), où se trouve le palais royal ; la ville moderne, de style européen, avec quelques industries.
– **Bx-arts.** À l'époque idrīside, les deux quartiers de la ville furent dotés des mosquées des Andalous (859-860) et Qarawiyyīn (857), toutes deux transformées et embellies ultérieurement. En 1276, une ville neuve fut créée, Fās al-Djadīd, dans une enceinte percée de trois belles portes. Elle contient la Grande Mosquée et une série de sanctuaires du XVIe s. Parmi les medersa, citons des chefs-d'œuvre du XIVe s. : Bū 'Ināniyya et la medersa Charrāṭīn. Fondouks construits entre le XIVe et le XVIIIe s. ; belles maisons (XIIIe-XIXe s.), dont les jardins intérieurs (riyāḍ) font le plus grand charme de la cité.

FESCENNIN, E adj. (lat. *fescenninus,* de *Fescennia,* n. pr.). *Vers fescennins, chants fescennins,* vers, poèmes satiriques latins. (Initialement déclamés lors des moissons ou des vendanges, ils avaient une tradition d'obscénité qui les faisait passer pour capables de conjurer le mauvais sort.)

FESCH (Joseph), prélat français (Ajaccio 1763 - Rome 1839), oncle de Napoléon. Archevêque de Lyon (1802) puis cardinal (1803), il obtint la venue de Pie VII à Paris pour le sacre de l'empereur. En récompense, il fut nommé grand aumônier de l'Empire et comte-sénateur (1804). Hostile à la politique religieuse de Napoléon, il fut disgracié (1812). Il a légué une partie de sa collection de tableaux (surtout des primitifs italiens) à sa ville natale.

FESSE n. f. (lat. pop. *fissa,* du lat. class. *fissum,* fente, de *findere,* fendre). **1.** Chacune des deux parties charnues qui forment le derrière de l'homme et de certains animaux. – **2.** Partie du vêtement correspondant à cette partie du corps. – **3.** *Fam.* Cette partie du corps considérée par rapport aux coups qu'on peut y porter : *Botter les fesses de quelqu'un.* – **4.** Chacune des parties arrondies de l'arrière des anciens navires en bois. – **5.** Fam. *Attraper qqn par la peau des fesses,* le saisir au moment où il s'enfuit. ‖ Fam. *Avoir qqn aux fesses,* être poursuivi, recherché par lui. ‖ Fam. *Avoir chaud aux fesses,* être poursuivi de près ; avoir peur. ‖ Pop. *Histoire de fesses,* histoire de coucherie, de sexualité. ‖ Pop. *Poser ses fesses qqpart,* s'y asseoir. ‖ Fam. *Serrer les fesses,* avoir peur.

FESSÉE n. f. (de *fesser*). **1.** Série de coups sur les fesses : *Donner, recevoir une fessée.* – **2.** *Fam.* Défaite humiliante.

FESSE-MATHIEU n. m. (pl. *fesse-mathieux*) [de *fesser* et saint *Mathieu,* patron des changeurs]. *Vx.* Usurier, avare.

FESSENDEN (Reginald Aubrey), radioélectricien américain (Milton, Québec, 1866 -Bermudes 1932). Il construisit un alternateur à haute fréquence, qui permit en 1907 des communications radiotéléphoniques sur 320 km. Il a aussi imaginé, en 1910, la méthode de réception hétérodyne (terme qu'il a créé) en utilisant un arc de petite puissance comme oscillateur local.

FESSENHEIM (68740), comm. du Haut-Rhin, près du Rhin ; 2 012 hab. – À l'E., centrale hydraulique et centrale nucléaire sur le grand canal d'Alsace.

FESSER v. t. (anc. fr. *fece,* bande, lien, du lat. *fascia,* avec l'infl. de *fesse*) [conj. **4**]. Frapper qqn sur les fesses.

FESSIER, ÈRE adj. Relatif à la région des fesses. ◆ **fessier** n. m. *Fam.* Les fesses.
ENCYCL. **Anat.** La région fessière occupe la partie postérieure de la hanche ; elle est limitée en haut par la crête iliaque ; sa limite inférieure est marquée par le *pli fessier.* Elle est constituée principalement, de la superficie à la profondeur, par le *grand fessier,* le *moyen fessier* et le *petit fessier,* muscles s'étendant de l'os iliaque au fémur. Sur le même plan que le petit fessier se trouvent les muscles pyramidal, obturateur interne, jumeaux supérieur et inférieur, le carré crural, l'obturateur externe.

FESSU, E adj. *Fam.* Qui a de grosses fesses.

FESTIF, IVE adj. Qui a trait à la fête, réjouissance collective : *Activités festives.*

FESTIN n. m. (ital. *festino,* dimin. de *festa,* fête). **1.** Repas solennel et somptueux donné en l'honneur de qqn, d'un événement : *Festin de noces.* – **2.** Repas abondant et délicieux.

Festin de pierre *(le)* → DON JUAN.

FESTINGER (Leon), psychosociologue américain (New York 1919). Élève de K. Lewin, il est surtout connu pour ses travaux sur la dissonance cognitive.

FESTIVAL n. m. (pl. *festivals*) [angl. *festival,* jour de fête, de l'anc. fr. *festivel*]. **1.** Série périodique de manifestations artistiques appartenant à un genre donné et qui se tient habituellement dans un lieu précis : *Festival international de danse. Festival de Bayreuth.* – **2.** Série de représentations consacrées à un art, à un artiste : *Festival du film japonais.* – **3.** Ensemble riche, brillant, admirable témoignant du talent de qqn : *Un festival de bons mots.*
ENCYCL. **Chorégr.** Des festivals consacrés à la musique et au théâtre accueillent aussi des

compagnies de ballet (Grenade, Santantander, Édimbourg, Aix-en-Provence, Avignon, etc.).
– **Cin.** Les principaux festivals de cinéma sont ceux de Venise (fondé en 1932), Cannes (1946), Locarno (1946), Karlovy Vary (1946), Berlin (1951), Saint-Sébastien (1954), Moscou (1959). Il existe aussi des festivals spécialisés : Annecy, Zagreb, Ottawa (animation), Oberhaussen, Cracovie, Lille (court métrage), Leipzig et Nyon (documentaire), Gérardmer (cinéma fantastique), Trieste (science-fiction).
– **Mus.** Les principaux festivals de musique sont ceux de Bayreuth (1876), consacré à Wagner, Salzbourg (1877), Aix-en-Provence (1948), Glindebourne. Certains festivals sont spécialisés : Prades (musique de chambre), Lyon (Berlioz), Avignon (pièces de théâtre musical), Antibes (jazz), etc., mais le plus grand nombre se consacre à la musique symphonique (Bordeaux, Besançon).
– **Théâtr.** Le premier festival dramatique fut créé en France à Orange en 1869, dans le cadre du théâtre antique. Le développement des festivals est dû à J. Copeau, soucieux d'ancrer des œuvres d'art dans une région (Nuits-Saint-Georges, 1925) ou autour d'une grande œuvre architecturale (cathédrale de Chartres, 1927). Une partie de l'histoire des festivals se confond avec celle de la décentralisation (Avignon, J. Vilar, 1948 ; Arras, A. Reybaz, 1951).

Festival Ballet → LONDON FESTIVAL BALLET.

FESTIVALIER, ÈRE n. Personne qui participe à un festival.
◆ adj. Relatif à un festival.

FESTIVITÉ n. f. (lat. *festivitas, -atis*). **1.** Fête, ensemble de réjouissances pour une occasion quelconque. – **2.** Ensemble de manifestations, de réjouissances officielles : *Les festivités du carnaval de Nice.*

FEST-NOZ [fɛstnɔz] n. m. (pl. *festoù-noz*) [celt. *fest,* fête, et *noz,* nuit]. Assemblée festive qui a lieu le soir en Bretagne. (Fête paysanne jusqu'au début du XXe s., il est devenu aujourd'hui l'occasion de nombreuses animations, notamment estivales, à l'intention des touristes.)

FESTOIEMENT n. m. Action de festoyer.

FESTON n. m. (ital. *festone,* de *festa,* fête). **1.** Guirlande de feuillage, de fleurs ou de fruits dont on décorait aux jours de fête les façades des maisons. – **2.** Ornement sculpté ou peint en forme de guirlande. (Motif antique, repris à la Renaissance.) – **3.** Broderie dont le dessin forme des dents arrondies ou pointues, qui terminent généralement un bord. – **4.** *En festons,* suivant une ligne formée d'arcs accolés : *La côte se découpe en festons.* ‖ *Feston gingival,* bourrelet qui borde la gencive au contact de la couronne de la dent.

FESTONNER v. t. (conj. **3**). **1.** Orner qqch de feston : *Festonner une nappe.* – **2.** *Litt.* Orner qqch comme de festons.
◆ **être festonné** v. pass. **1.** En parlant d'une pièce de monnaie, avoir la tranche ondulée. (Les festons sont plus espacés et accentués que les cannelures.) – **2.** *Arc festonné,* arc dont l'intrados est découpé en une suite de petits segments courbes soit convexes, soit concaves. (Dans ce dernier cas, syn. de ARC POLYLOBÉ.) ‖ *Ourlet festonné,* ourlet cousu de manière à former de petites dents arrondies.

FESTOYER v. i. (anc. fr. *feste,* fête) [conj. **13**]. Faire bombance, bonne chère ; prendre part à un festin.

FESTUBERT (62149), comm. du Pas-de-Calais, entre Béthune et La Bassée, au N. du canal d'Aire ; 1 050 hab. La prise du village par les Britanniques, le 23 mai 1915, leur coûta 7 000 hommes.

FET n. m. (abrév. de l'angl. *Field Effect Transistor*). Transistor à effet de champ, qui présente une impédance d'entrée très élevée. (On dit aussi T. E. C. [*Transistor à Effet de Champ*].)

FET (Afanassi Afanassievitch CHENCHINE, dit **Afanassi Afanassievitch**), poète russe (Novosselki, près de Mtsensk, 1820 - Moscou 1892), partisan de l'art pour l'art (*Feux du soir,* 1883-1891).

FETA [feta] n. f. (gr. mod. *feta*). Fromage grec à pâte molle affiné en saumure, fabriqué à partir de lait de brebis et de chèvre.

FÊTARD n. m. *Fam.* Personne qui fait la fête ; viveur, noceur. (Le féminin *fêtarde* est rare.)

FETCH [fetʃ] n. m. (pl. *fetches*) [angl. *fetch*]. En hydrologie, syn. de COURSE.

FÊTE n. f. (lat. pop. *festa,* du lat. class. *festus,* de fête). **1.** Solennité religieuse ou cérémonie commémorative. (→ *encycl.*) – **2.** Jour consacré à la mémoire d'un saint considéré comme le patron d'un pays, d'un groupe, d'une profession ou dont une personne a reçu le nom comme prénom. – **3.** Réjouissances publiques destinées à commémorer périodiquement un fait mémorable, un événement, un héros, etc. : *Fête nationale du 14-Juillet.* – **4.** Réjouissances, festin, bal offerts par qqn en l'honneur de qqch : *Organiser une fête pour un anniversaire.* – **5.** Partie de plaisir : *Une nuit de fête.* – **6.** Toute cause de vif plaisir : *Ce spectacle est une fête pour l'esprit.* – **7.** *Air de fête,* gai, riant. ‖ Fam. *Ça va être ta fête,* tu vas avoir des ennuis, tu vas être malmené. ‖ *En fête,* gai, dans une joyeuse animation : *La nature semble en fête.* ‖ *Être de la fête,* y participer. ‖ *Faire fête à qqn,* l'accueillir joyeusement, le fêter. ‖ *Faire la fête,* participer à des réjouissances, à une partie de plaisir ; mener une vie de plaisir ; faire la bombe. ‖ Fam. *Faire sa fête à qqn,* le malmener physiquement ou moralement. ‖ *Fête (foraine),* fête organisée par des forains et comportant de nombreuses attractions. ‖ *Fête nationale,* fête officielle de la nation tout entière. (En France, elle est célébrée le 14 juillet.) ‖ *Ne pas être à la fête,* être dans une situation pénible. ‖ *N'avoir jamais été à pareille fête,* n'avoir jamais été si heureux. ‖ *Se faire une fête de,* se réjouir de qqch. ‖ *Fête du travail,* le 1er-Mai. ‖ *Fête mobile,* fête dont le jour n'est pas fixe dans l'année. ‖ *Fête galante,* genre pictural, surtout propre à Watteau, qui met en scène des personnages gracieux, couples d'amoureux, musiciens, etc., dans un cadre agreste. ‖ *Fête légale,* jour de fête civile ou religieuse reconnu par la loi. (En France, les fêtes légales sont Noël, l'Ascension, l'Assomption, la Toussaint, le 1er-Janvier, le 14-Juillet, les lundis de Pâques et de Pentecôte, le 11-Novembre, le 1er-Mai et le 8-Mai.) ‖ *Fête carillonnée,* grande fête de l'Église, annoncée la veille par des sonneries de cloches.

◆ **fêtes** n. f. pl. **1.** Ensemble des cérémonies et des réjouissances qui ont lieu à l'occasion d'une fête : *Organiser les fêtes du 14-Juillet.* – **2.** Suite de jours chômés ou donnant lieu à des réjouissances à l'occasion d'une grande fête, en partic. (avec majusc.) pour Noël et le jour de l'an : *Passer les Fêtes en famille.*

ENCYCL. *Fêtes catholiques.* Les fêtes de précepte, celles pour lesquelles le repos et l'assistance à la messe sont obligatoires (depuis 1802), sont au nombre de quatre en France : Noël, l'Ascension, l'Assomption et la Toussaint.

• *Fêtes juives.* Les grandes fêtes juives sont : *Pessaḥ,* ou fête des Azymes, qui rappelle la sortie d'Égypte et dure huit jours ; *Shabou'ot,* ou fête des Semaines, qui commémore la révélation du Sinaï et dure deux jours ; *Soukkot,* ou fête des Cabanes, qui rappelle la protection miraculeuse accordée par Dieu aux Hébreux dans le désert et dure huit jours ; *Rosh ha Shana,* ou Nouvel An, qui dure deux jours, suivi après « les dix jours de Pénitence », par *Yom Kippour,* ou journée du Pardon, anniversaire du jour où Dieu accorda le pardon à son peuple, adorateur du veau d'or. À ces fêtes se sont ajoutés *Hanoukka,* qui célèbre la victoire de Judas Maccabée (164 av. J.-C.), et, un mois avant *Pessaḥ,* la fête de *Pourim,* qui commémore la délivrance des Juifs de Perse, grâce à Esther.

• *Fêtes musulmanes.* L'année musulmane comporte 2 fêtes canoniques : *'īd al-aḍḥā* (fête du sacrifice ou fête du mouton au Maghreb) et *'īd al-fiṭr,* fête de la rupture du jeûne. Les principales célébrations religieuses qui reflètent la piété populaire mais n'ont pas de caractère obligatoire (juridique) sont : *'Achūrā',* jour de jeûne expiatoire ; *Mawlid,* ou *Mulūd,* nuit de la commémoration de la naissance du Prophète ; *Laylat al-mi 'rādj,* nuit commémorative de l'ascension du Prophète ; *Laylat al-qadr,* nuit où le Coran fut envoyé sur terre.

Fêtes galantes, recueil de poésies de Verlaine (1869), dont le titre est emprunté à Watteau. Cette œuvre assure la transition entre le Parnasse et le symbolisme.

FÊTE-DIEU n. f. (pl. *Fêtes-Dieu*). Nom donné en France à la fête du Saint-Sacrement, instituée en 1264 par Urbain IV pour honorer la présence réelle de Jésus-Christ dans l'eucharistie. (Ailleurs, on l'appelle souvent *Corpus Christi* [« corps du Christ »]. Son caractère populaire a été développé autour de la procession qui suivait la messe.)

FÊTER v. t. (conj. 4). **1.** Organiser des réjouissances, faire une fête pour marquer, pour célébrer un événement : *Fêter un anniversaire.* – **2.** Organiser des réjouissances, manifester sa joie pour féliciter qqn : *Fêter l'équipe de football pour sa victoire.* – **3.** Accueillir qqn en manifestant sa joie de le voir, lui faire fête : *Enfants qui fêtent leur père.*

FETI (Domenico) → FETTI.

FÉTIAL ou **FÉCIAL, E, AUX** [-sjal] adj. (du lat. *fetialis*). Qui appartient aux fétiaux.

◆ **fétial** ou **fécial** n. m. Prêtre et magistrat romain dont la fonction était d'accomplir les formalités juridiques et religieuses relatives à la guerre. (Les fétiaux procédaient aussi aux cérémonies symboliques de la déclaration de guerre.)

FÉTICHE n. m. (port. *feitiço,* sortilège, du lat. *facticius,* non naturel). **1.** Objet culturel auquel sont attribuées des propriétés surnaturelles bénéfiques pour son possesseur. – **2.** Animal qui est censé porter bonheur à celui qui le possède. – **3.** S'emploie en apposition pour désigner un objet quelconque auquel on attache ce pouvoir : *Un numéro fétiche.*

FÉTICHEUR n. m. Celui qui fabrique et met en œuvre des fétiches, notamment dans les cultures animistes africaines.

FÉTICHIQUE adj. Relatif au fétichisme, aux fétiches.

FÉTICHISATION n. f. Action de fétichiser.

FÉTICHISER v. t. (conj. 3). Attribuer à qqn, à qqch une existence ou un pouvoir quasi magique, les respecter de façon excessive.

FÉTICHISME n. m. (de *fétiche*). **1.** Ensemble des pratiques qui placent le fétiche au centre des croyances et des pratiques religieuses. (→ *encycl.*) – **2.** Respect scrupuleux, admiration sans réserve pour qqch, qqn : *Il pousse jusqu'au fétichisme le culte du règlement.* – **3.** Déviation sexuelle dans laquelle un sujet recherche une satisfaction sexuelle au moyen d'un objet fétiche en contiguïté avec les organes génitaux féminins (chaussure, pied, lingerie) ou se substituant métaphoriquement à ceux-ci (fourrure, cheveux). — 4. *Fétichisme de la marchandise,* selon les marxistes, illusion qui fait apparaître la valeur d'échange des marchandises comme le résultat de leur rapport entre elles, alors qu'elle résulte d'un rapport des hommes entre eux.

ENCYCL. **Anthropol.** Le terme de « fétichisme » a été employé initialement par Charles de Brosses en 1760 pour désigner une forme de religion africaine. Il est lié aujourd'hui par les anthropologues à une analyse de la magie et de l'animisme comme éléments constitutifs de certaines croyances religieuses. Le fétichisme remplit par ailleurs la fonction sociale de contrepoids vis-à-vis d'un ordre contraignant et constitue une réaction individuelle d'irrationalité par rapport à une société qui se veut institutionnelle et hiérarchique.

FÉTICHISTE adj. et n. 1. Relatif au fétichisme. — 2. Qui pratique le fétichisme, croit au fétichisme. — 3. Qui relève d'une admiration exagérée pour qqn ou qqch.

FÉTIDE adj. (lat. *fœtidus,* de *fœtere,* puer). Se dit d'une odeur forte, écœurante, répugnante : *Une haleine fétide.*

FÉTIDITÉ n. f. Caractère de ce qui est fétide.

FÉTIS (François Joseph), musicologue, pédagogue et compositeur belge (Mons 1784 -Bruxelles 1871). Professeur au Conservatoire de Paris en 1821, il fonda et dirigea la *Revue musicale* (1827-1835), puis dirigea le Conservatoire de Bruxelles (1833). Il a écrit des traités, des méthodes d'accompagnement (1829), notamment de piano (1840) et de chant (1869). Il est l'auteur d'une *Histoire générale de la musique* (1869-1876, 5 vol.) et d'une *Biographie universelle des musiciens et bibliographie générale de la musique* (1835-1844, 8 vol.).

FETTI ou **FETI** (Domenico), peintre italien (Rome v. 1589 - Venise 1623). Émule brillant du Caravage, des Vénitiens, d'Elsheimer, il a interprété les sujets religieux dans l'esprit de la scène de genre (*La multiplication des pains et des poissons,* exécutée à Mantoue v. 1621 [palais ducal]).

FÉTU n. m. (bas lat. *festucum,* du lat. class. *festuca*). 1. *Fétu (de paille),* brin de paille. — 2. *Comme un fétu,* comme qqch de très léger, de poids insignifiant.

FÉTUQUE n. f. (lat. *festuca*). Graminée fourragère vivace des prairies naturelles et temporaires qui se développe en touffes serrées. (On distingue la *fétuque des prés,* qui peut être semée sur sols inondables, et la *fétuque élevée,* plus grande.)

1. FEU, E adj. (pl. *feus, feues*) [lat. pop. **fatutus,* qui a accompli son destin, du lat. class. *fatum,* destin]. *Litt.* Qui est décédé depuis peu ; défunt : *La feue reine.* (Invariable quand il précède l'article, le possessif ou un nom propre : *Feu ma tante.*)

2. FEU n. m. (pl. *feux*) [lat. *focus,* foyer]. 1. Manifestation d'une combustion rapide et persistante accompagnée d'émission de lumière et d'énergie thermique : *Une colonne de feu. Le feu couve sur la cendre.* — 2. Amas de matières en combustion ; embrasement d'une matière par les flammes : *Se chauffer près d'un feu.* — 3. Incendie, destruction par les flammes : *Éteindre un feu.* — 4. Sensation de chaleur très vive ou de brûlure due à une émotion, une fièvre, à l'absorption d'une boisson forte, d'un plat épicé, d'une irritation, etc. : *Calmer le feu du rasoir.* — 5. Source de chaleur (gaz, électricité, charbon) utilisée en particulier pour la cuisson des aliments : *Cuire à feu vif.* — 6. Brûleur, plaque qui permet de produire cette source de chaleur : *Cuisinière à quatre feux.* — 7. *Litt.* Lumière rougeoyante comme celle produite par le feu : *Le feu du soleil couchant.* — 8. Vif éclat produit par qqch (souvent pl.) : *Des cristaux étincelant de mille feux.* — 9. Ardeur des sentiments, vivacité, enthousiasme, chaleur : *Un tempérament de feu.* — 10. Décharge d'une arme au cours de laquelle un projectile est lancé sous l'effet de la combustion de la poudre ; tir : *Ouvrir le feu.* — 11. *Pop.* Revolver, pistolet : *Sortir son feu.* — 12. *Litt.* Combat, guerre : *Aller au feu.* — 13. Lumière utilisée pour éclairer ou pour signaler : *Extinction des feux.* — 14. *Feu (tricolore* ou *de signalisation),* signal lumineux commandant sur une voie le passage libre *(feu vert),* toléré *(feu orange)* ou interdit *(feu rouge)* des véhicules ; mât ou portique portant ces signaux : *Brûler le feu rouge.* — 15. *À feu et à sang,* livré à la destruction, au saccage, au massacre. ‖ *À petit feu,* lentement et en faisant durer la douleur : *Faire mourir quelqu'un à petit feu.* ‖ *À plein feu,* de toute la violence d'une arme à feu, en tirant le plus grand nombre de coups possible. ‖ *Au feu !,* cri d'appel au secours lors d'un incendie. ‖ *Avoir, donner du feu,* de quoi allumer une cigarette, un cigare. ‖ Fam. ou Pop. *Avoir le feu au derrière, aux fesses, au cul, avoir le feu quelque part,* courir à toutes jambes ; être très pressé ; éprouver sans arrêt des appétits sexuels. ‖ *Avoir le feu sacré,* montrer une grande ardeur, un enthousiasme durable dans une entreprise, une action, pour une idée. ‖ *Avoir le feu vert,* avoir la permission de commencer une action. ‖ *Avoir la gorge, les joues en feu,* les avoir fortement irritées, ressentir une chaleur très vive sous l'effet d'une émotion ou d'une brûlure. ‖ *Cessez le feu !,* ordre d'arrêter le tir. ‖ *Coup de feu,* décharge d'une arme à feu ; hausse brutale de la température de cuisson ; moment de presse (surtout dans une cuisine, un restaurant) ; dans une chaudière, accident consistant dans la brûlure d'une partie de la surface de chauffe. ‖ *Craindre comme le feu,* craindre par-dessus tout. ‖ *Crier au feu,* appeler à l'aide lors d'un incendie ; avertir d'un danger qu'on prévoit. ‖ *Dans le feu de l'action,* dans le cours d'une action violente. ‖ *De feu,* se dit de qqch de brûlant : *Un soleil de feu ;* se dit de qqn qui est passionné, bouillant, enthousiaste. ‖ *En feu,* en train de brûler : *La maison est en feu.* ‖ *Entre deux feux,* entre deux tirs d'armes à feu ; entre deux dangers. ‖ *Essuyer le feu,* recevoir des coups, des injures. ‖ *Être sous le feu des projecteurs,* être dans le champ des projecteurs ; être le point de mire de l'actualité. ‖ *Être tout feu tout flammes,* être passionné. ‖ *Faire feu (sur qqn, qqch),* tirer un ou plusieurs coups de feu (dans leur direction). ‖ *Faire du feu,* allumer un feu (de bois, dans une cheminée, etc.). ‖ Vx. *Faire feu des quatre fers* ou *des quatre pieds,* être plein de fougue, s'emporter. ‖ *Faire feu de tous bords,* attaquer sur tous les fronts, avec toutes ses forces, contre plusieurs adversaires à la fois. ‖ *Faire la part du feu,* faire un vide dans une forêt, établir une coupure dans un bâtiment en feu, pour empêcher l'incendie de s'étendre ; abandonner qqch pour sauver le reste. ‖ *Faire le coup de feu,* prendre part à un combat où l'on tire. ‖ *Faire long feu,* en parlant d'un projectile, partir avec un retard, la charge de poudre s'étant mal allumée ; ne pas réussir, avoir déjà duré très longtemps sans produire de résultat : *La plaisanterie a fait long feu.* ‖ *Feu !,* commandement marquant le début d'un tir. ‖ *Feu de camp,* réjouissances organisées autour d'un feu de bois par des campeurs, des scouts. ‖ *Feu de cheminée,* embrasement de la suie accumulée dans une cheminée ou feu allumé dans une cheminée. ‖ *Feu de joie,* feu allumé en signe de réjouissance. ‖ *Feu de paille,* état qui dure peu, ardeur très passagère. ‖ *Feux de position,* signaux lumineux réglementaires que tout véhicule (avion, navire, automobile, etc.) doit porter de nuit. ‖ *Halte au feu !,* ordre d'arrêter momentanément le tir. ‖ Fam. *Il n'y a pas le feu,* rien ne presse, soyez patient. ‖ *Jouer avec le feu,* en parlant d'un enfant, manier des matières combustibles dangereuses ; s'exposer imprudemment ou par défi à un danger. ‖ *Mettre le feu,* provoquer un incendie. ‖ *Mettre le feu à qqch,* l'allumer, faire qu'il brûle. ‖ *Mise à feu,* chargement d'une arme à feu. ‖ *N'avoir ni feu ni lieu,* être sans domicile. ‖ *Ne pas faire long feu,* ne pas durer longtemps, être vite terminé. ‖ *N'y voir que du feu,* n'y rien comprendre, ne rien remarquer. ‖ *Ouvrir le feu,* commencer à tirer ; commencer à attaquer (en paroles). ‖ *Premier feu,* sentiment violent et peu durable. ‖ *Prendre feu,* s'allumer, se mettre à brûler, s'enflammer ; s'emporter, s'enthousiasmer. ‖ *Se jeter dans le feu pour qqn,* lui être tout dévoué, faire n'importe quoi pour lui être agréable, lui rendre service. • **Art contemp.** *Œuvre de feu,* peinture ou sculpture dans le processus d'élaboration de laquelle est intervenue une phase de combustion* ; assemblage, environnement ou sculpture dont la flamme est un des éléments constitutifs. — **Arts décor.** Ensemble des ustensiles qui font la garniture d'un foyer de cheminée. ‖ *Arts du feu,* la céramique, la verrerie, l'émaillerie, etc. — **Astronaut.** *Mise à feu,* opération qui consiste à déclencher la combustion des ergols utilisés par un moteur-fusée. — **Autom.** Nom générique des différents appareils lumineux destinés à l'éclairage, au balisage et à la signalisation des véhicules routiers. (On distingue les *feux de route* et de *croisement,* les *feux de position,* les *stops* et les *indicateurs de direction,* les *feux de stationnement, de détresse,* etc.) — **Bois.** *Bois de feu,* bois de chauffage. — **Bot.** Nom donné à certaines maladies des plantes lorsque le feuillage paraît avoir été brûlé. ‖ *Feu bactérien* très grave maladie bactérienne des arbres fruitiers qui touche surtout les poiriers, contre laquelle il n'existe actuellement aucun traitement efficace. — **Céram.** Nature chimique de l'atmosphère interne d'un four en cuisson. (Elle peut être oxydante ou réductrice.) ‖ *Grand feu,* période de la cuisson pendant laquelle la pâte acquiert sa dureté et sa coloration définitives. ‖ *Petit feu,* phase de la cuisson qui a pour effet de déshydrater l'argile. — **Ch. de f.** Unité lumineuse (électrique) d'un signal, blanche ou colorée. — **Chorégr.** Cachet versé aux élèves de l'école de danse de l'Opéra lorsqu'ils figurent ou dansent sur la scène de l'Opéra. — **Dr.** Bougies utilisées dans les ventes publiques d'immeubles aux enchères, l'adjudication étant prononcée lorsque trois de ces bougies ont été consumées successivement depuis la dernière enchère. — **Géol.** *Cercle* ou *ceinture de feu,* expressions parfois employées pour désigner l'ensemble des volcans, souvent actifs, entourant le Pacifique. — **Hist.** Ensemble des personnes vivant dans un même foyer. (Le feu constituait, avant 1789, l'unité de base pour la répartition de l'impôt.) ‖ *Épreuve du feu,* preuve judiciaire qui consistait à faire porter au prévenu une barre de fer rouge et à le condamner si, après un certain temps, il gardait des traces de plaie. — **Mar.** Phare, fanal allumé sur une côte, à l'entrée d'un port, etc., pour guider les navigateurs ou marquer un danger. ‖ Foyer de chaudière à vapeur. ‖ Navire en vue pendant la nuit. — **Méd.** *Pointes de feu,* ancienne méthode de cautérisation effectuée au thermocautère. — **Météo.** *Feu Saint-Elme,* petite aigrette lumineuse qui apparaît parfois à l'extrémité des vergues ou des mâts de navire et qui est due à l'électricité atmosphérique. — **Mil.** *Arme à feu,* arme constituée par un tube destiné à orienter vers un objectif un projectile lancé soit par la déflagration d'une charge propulsive (pistolet, fusil, la plupart des canons), soit par la réaction d'une charge fusante (lance-roquette). ‖ *Feu à volonté !,* commandement qui laissait autref. à chaque tireur l'initiative de l'exécution de son tir. ‖ *Puissance de feu,* puissance de tir d'une arme, conventionnelle ou non. — **Min.** *Feu de mine,* combustion spontanée du charbon qui s'est échauffé à l'intérieur du gisement, à la suite d'infiltrations d'air à travers des fissures, et qui s'enflamme à la paroi d'une galerie en dégageant des fumées très toxiques et parfois explosives. — **Pêch.** *Pêche à feu* ou *au feu,* pêche avec des bateaux dont l'avant est muni d'une source de lumière attirant les poissons. (Syn. PÊCHE AU LAMPARO.) — **Pyrotechn.** Nom générique des compositions pyrotechniques à effet lumineux, coloré ou non. — **Théol.** *Feu de l'enfer,* tourments éternels des damnés. — **Therm.** *Conduite du feu* ou *des feux,* syn. de CHAUFFE. ‖ *Mise en feu,* ensemble des opérations que l'on exécute au moment d'allumer les feux d'un foyer de chaudière, d'un four. — **Trad. pop.** *Feu de la Saint-Jean,* feu que l'on allume dans la nuit au 23 au 24 juin. (C'était une fête ayant une fonction propitiatoire [assurer les récoltes, favoriser les mariages] ou au contraire apotropaïque [éviter les maladies].)

◆ **feux** n. m. pl. **1.** Ensemble des lumières émises par des projecteurs, des rampes lumineuses (en partic. dans un studio, un théâtre, etc.) : *Les feux de la rampe.* — **2.** En parlant d'un diamant, reflets colorés dus à la dispersion de la lumière. — **3.** *Feux de l'actualité,* intérêt, attention extrêmes que portent la presse, les médias sur un événement. ‖ *Pleins feux sur,* se dit lorsqu'on dirige les projecteurs ou qu'on concentre l'attention sur qqn, qqch.

◆ **feu** adj. inv. Se dit d'une couleur rouge-orangé très vive.

Feu *(le), journal d'une escouade,* roman d'Henri Barbusse (1916) : récit cru et précis de la vie quotidienne des soldats pendant la Première Guerre mondiale.

FEU *(Terre de)* → TERRE DE FEU.

FEUCHTMAYER (Joseph Anton), sculpteur et stucateur allemand (Linz, Autriche, 1696 - Mimmenhausen 1770). Le plus célèbre d'une famille de stucateurs originaires de Haute-Bavière, il est l'un des maîtres du rococo germanique (décoration de l'église de Birnau, au N. du lac de Constance).

FEUCHTWANGER (Lion), écrivain allemand, naturalisé américain (Munich 1884 - Los Angeles 1958), auteur de romans historiques (*le Juif Süss,* 1925) et d'un récit sur la Résistance française (*Simone,* 1944).

FEUD n. m. (angl. *feud,* querelle). État d'hostilité dans certaines sociétés traditionnelles, s'exprimant en attaques périodiques entre groupes constitués (lignages, villages, etc.) selon un cycle immuable, relevant de règles non écrites, (préjudice, vengeance, contre-vengeance).

FEUDATAIRE n. (lat. médiév. *feudatarius,* de *feudum,* fief). Possesseur d'un fief, vassal.

FEUDISTE n. (lat. médiév. *feudista,* de *feudum,* fief). Spécialiste du droit féodal.

FEUERBACH (Paul Johann Anselm VON), juriste allemand (Hainichen, près d'Iéna, 1775 - Francfort-sur-le-Main 1833). Auteur du Code pénal bavarois (1813) et, avec J. C. von Aretin et Gönner, du code Maximilien, il est l'un des représentants de l'école de la relativité et l'auteur de la théorie de la contrainte psychologique.

FEUERBACH (Ludwig), philosophe allemand (Landshut 1804 - Rechenberg, près de Nuremberg, 1872). Après des études de théologie, il suivit les cours de Hegel, dont il se détacha dans sa *Critique de la philosophie de Hegel* (1839). Frappé par la jonction du pouvoir religieux avec le pouvoir politique au sein de la Prusse, il se lança dans la critique simultanée du christianisme et de la féodalité prussienne. Il écrivit alors son œuvre magistrale, *l'Essence du christianisme* (1841), qui marque le début d'une scission, féconde, entre hégéliens de gauche et hégéliens de droite. Le fait religieux, pour Feuerbach, est d'autant plus profond et révélateur qu'il apparaît comme le fait humain le plus noble, le plus élevé. Dieu n'est pas seulement la plus belle création de l'homme ; son histoire même est celle du développement humain. Feuerbach a également publié *l'Essence de la religion* (1845).

FEUIL [fœj] n. m. (lat. *folia,* feuille). Pellicule mince résultant de l'application sur un subjectile d'une peinture ou d'un vernis et constituant tout ou partie d'un système de peintures. (Syn. FILM.)

FEUILLADE (Louis), cinéaste français (Lunel 1873 - Nice 1925). Il a réalisé plusieurs séries de films à épisodes, où il s'affirma comme un maître du genre : *Fantômas* (1913-14), *les Vampires* (1915), *Judex* (1916).

FEUILLAGE n. m. (de *feuille*). **1.** Ensemble des feuilles d'un arbre. — **2.** Genre d'ornementation fait de l'imitation de feuilles, de rameaux.

FEUILLAGÉ, E adj. *Litt.* Orné d'un motif en forme de feuillage.

FEUILLAISON n. f. **1.** Formation de nouvelles feuilles par une plante. — **2.** Époque de cette formation.

FEUILLANT n. m. Religieux de l'ordre de Cîteaux réformé en 1577 par Jean de La Barrière, abbé de Feuillant (diocèse de Rieux). [Constitués en ordre indépendant en 1586, les feuillants furent dissous en 1791.]

Feuillants *(club des),* club révolutionnaire fondé en juill. 1791 par les modérés du club des Jacobins et installé dans le couvent des Feuillants. Partisan de la monarchie constitutionnelle, animé par La Fayette et Duport, il pratiqua la politique du compromis avec l'aristocratie. Il disparut après le 10 août 1792.

Feuillants *(couvent des),* à Paris, couvent qui occupait l'emplacement des n°s 229-235 de la rue Saint-Honoré ; fondé en 1587, démoli en 1804, il abrita, en 1791-92, le club des Feuillants.

1. FEUILLANTINE ou **FEUILLANTE** n. f. (fém. de *feuillant*). Religieuse cistercienne réformée de l'étroite observance.
ENCYCL. Le premier couvent, établi à Montesquiou en 1588, fut transféré à Toulouse en 1599. Anne d'Autriche établit des feuillantines à Paris, en 1622, dans le faubourg Saint-Jacques. La Révolution les supprima.

2. FEUILLANTINE n. f. (de *feuilleter,* croisé avec *feuillantine,* religieuse). Gâteau en pâte feuilletée humecté de blanc d'œuf et saupoudré de sucre en grains avant cuisson.

FEUILLARD n. m. (de *feuille*). **1.** Menues branches garnies de feuilles de certains arbres (orme, frêne, charme, etc.), que l'on fait sécher pour alimenter le bétail. — **2.** Bande métallique, plastique ou textile que l'on emploie pour cercler, consolider, fermer un emballage. — **3.** Tôle métallique fine (env. 1 mm d'épaisseur) réalisée par laminage à froid. — **4.** Chacun des brins de saule ou de châtaignier qui, fendus en deux, servent à la fabrication des cercles de tonneau.

FEUILLE n. f. (bas lat. *folia,* du lat. class. *folium*). **1.** Expansion latérale de la tige des plantes, caractérisée par sa forme aplatie, sa symétrie bilatérale, ses dimensions définies et sa croissance limitée dans le temps et l'espace. (→ *encycl.*) — **2.** Nom usuellement donné à d'autres organes végétaux : bractée *(feuille d'artichaut),* foliole *(trèfle à quatre feuilles).* — **3.** *Litt.* Pétale : *Des feuilles de rose.* — **4.** Mince plaque de bois, de métal, de minéral, de carton, etc. : *Feuille d'or. Feuille de mica.* — **5.** Morceau de papier d'une certaine grandeur sur lequel on écrit, on imprime un texte. — **6.** Imprimé, document comportant des indications d'ordre administratif. — **7.** *Vx.* Publication périodique, journal. — **8.** Fam. *Avoir les oreilles en feuille de chou,* avoir de grandes oreilles écartées. ‖ *Descendre en feuille morte,* en parlant d'un avion, tomber en tournoyant sur lui-même. ‖ Pop. *Dur de la feuille,* un peu sourd. ‖ *Feuille de chêne,* laitue aux feuilles découpées et dont le cœur ne pomme pas. ‖ Fam. *Feuille de chou,* journal médiocre. ‖ *Feuille morte,* feuille qui a cessé de recevoir la sève et qui tombe au bout de quelque temps. ‖ *Feuille de vigne,* feuille stylisée qui cache le sexe des nus masculins dans certaines œuvres d'art. ‖ *Feuille volante,* feuille détachée d'un cahier, d'un carnet, d'un bloc. ‖ *Trembler comme une feuille,* avoir très peur. • **Archit.** et **Arts décor.** Ornement en forme de feuille. ‖ *Feuille d'eau,* dans le décor médiéval, feuille simple, sans découpures (par oppos. aux feuilles *refendues, lobées, incisées, runcinées,* etc.). ‖ *Feuille de fougère,* disposition en chevrons, ou en arête de poisson, d'éléments identiques (moellons, lames de parquet, motifs décoratifs). — **Cuis.** *Feuille de vigne farcie,* syn. de DOLMA. — **Dr.** *Feuille d'audience,* feuille énumérant les affaires passant à une audience déterminée. ‖ *Feuille d'impôts,* document adressé au contribuable et indiquant le montant et la date des versements à effectuer au titre de l'impôt sur le revenu. ‖ *Feuille de maladie,* imprimé sur lequel sont portés les actes dispensés aux assurés sociaux. ‖ *Feuille de paie, de salaire,* syn. de BULLETIN* DE PAIE, DE SALAIRE. — **Impr.** En feuilles, se dit d'un livre non broché. ‖ *Feuille de décharge,* syn. de DÉCHARGE. ‖ *Feuille d'impression,* feuille de papier dont les dimensions correspondent au format de la machine sur laquelle a été effectué le tirage. ‖ *Feuilles de passe,* syn. de PASSE. — **Inform.** Élément terminal d'une structure hiérarchisée d'informations. — **Menuis.** Mince lame de bois fin utilisée pour plaquer les panneaux en ébénisterie. — **Mil.** *Feuille de déplacement* ou, vx, *feuille de route,* titre de transport permettant à tout militaire isolé d'obtenir le remboursement de ses déplacements de service. ‖ *Feuille de prêt,* document comptable établissant les droits à solde des militaires appelés d'une unité. — **Orfèvr.** Extrémité du manche d'une cuiller ou d'une fourchette, où l'on grave des armes ou un monogramme. (Syn. SPATULE.) — **Sylvic.** Chacune des années de croissance du bois, depuis la dernière coupe. ‖ Volume dont un bois s'accroît en une année.
ENCYCL. **Bot.** La partie essentielle de la feuille est le limbe, région plate souvent attachée à la tige par un pétiole, ou « queue » ; parfois, la base de la feuille se dilate en une gaine enveloppant plus ou moins complètement la tige ; les feuilles s'insèrent sur la tige au niveau des nœuds, de part et d'autre desquels se trouvent souvent deux petites lames foliacées, ou stipules. Une feuille sans pétiole est dite « sessile ». Une feuille dont

le pétiole porte plusieurs limbes séparés (dits *folioles*) est dite « composée » ; une feuille à limbe unique est dite « simple ». Les feuilles sont alternes quand chaque nœud en porte une seule ; opposées quand il en porte deux placées l'une en face de l'autre ; verticillées quand elles forment autour de chaque nœud une sorte de couronne. Le limbe d'une feuille ou d'une foliole peut être d'une seule pièce (feuille dite « entière ») ou plus ou moins découpé : denté ou dentelé, lobé, séqué, etc. Une feuille composée est pennée ou palmée selon que les folioles sont rangées le long de la nervure principale ou qu'elles partent toutes du même point. Les faisceaux libéro-ligneux issus de la tige se ramifient dans le limbe, où ils forment des nervures. Les feuilles des monocotylédones sont généralement verticales, à nervures parallèles et à structure homogène (ex. feuille d'iris) ; celles des dicotylédones sont horizontales, à nervation ramifiée et à structure hétérogène. L'épiderme du limbe, percé de stomates surtout à la face inférieure, recouvre un parenchyme chargé de chlorophylle et souvent hétérogène (parenchyme palissadique sur la face supérieure, lacuneux sur la face inférieure).

La sécheresse a une action profonde sur la structure des feuilles : le limbe peut être extrêmement réduit, voire nul ; la cuticule peut s'épaissir et les tissus de soutien prendre une grande importance, au point de former des épines (ajoncs).

La feuille est, normalement, le siège d'une respiration, d'une photosynthèse* et d'une transpiration* actives. La sève brute, apportée par les vaisseaux ligneux des nervures et répandue dans le parenchyme, y est transformée, grâce à la lumière tombant sur la face supérieure, riche en chlorophylle, en une sève élaborée, que reprend le liber pour la distribuer dans tout le corps de la plante, tandis que les gaz échangés (oxygène, gaz carbonique) circulent dans le tissu lacuneux et entrent ou sortent par les stomates, de même que l'eau de la transpiration. Dans certaines espèces, la feuille est profondément transformée pour exercer d'autres fonctions : épines, vrilles, écailles bulbaires, pièces florales, etc.

Feuilles d'automne *(les),* recueil de poèmes de V. Hugo (1831), expression du nouveau romantisme né vers 1830.

Feuilles d'herbe, recueil poétique de Walt Whitman (1855). Le poète se donne comme américain et cosmique, doué d'une vision supérieure et fidèle à l'homme commun.

Feuilles mortes *(les),* chanson française écrite en 1950 par Jacques Prévert (mus. de Joseph Kosma). Créée par Yves Montand, elle devint l'un des plus durables succès de l'après-guerre.

FEUILLÉ n. m. Interprétation des feuillages dans la peinture ou le dessin.

FEUILLE-DE-LAURIER n. f. (pl. *feuilles-de-laurier*). Objet en pierre, taillé et soigneusement retouché, en forme de feuille de laurier. (Caractéristique du solutréen moyen, il s'agit probablement d'une pointe de projectile.)

FEUILLE-DE-SAUGE n. f. (pl. *feuilles-de-sauge*). Petite lime de forme oblongue et coupant sur ses deux longs côtés, qui sert à travailler les parties creuses peu ouvertes.

FEUILLE-DE-SAULE n. f. (pl. *feuilles-de-saule*). Objet lithique taillé, plus petit que la feuille-de-laurier, également fréquent dans le solutréen.

FEUILLÉE n. f. *Litt.* Abri formé de branches garnies de feuilles ; feuillage des arbres.
◆ **feuillées** n. f. pl. Fosse servant de latrines aux troupes en campagne.

feuillée *(Jeu de la)* → JEU DE LA FEUILLÉE.

1. FEUILLE-MORTE n. f. (pl. *feuilles-mortes*). Nom usuel commun à deux papillons lasiocampidés bruns, un *gastropacha* et un *dendrolimus* (bombyx du pin).

2. FEUILLE-MORTE adj. inv. De la couleur jaune-brun des feuilles sèches.

FEUILLER v. i. (conj. 5). *Litt.* Se couvrir de feuilles.

FEUILLÈRE (Edwige Caroline CUNATI, **Mme Edwige**), comédienne française (Vesoul 1907). Après avoir joué de petits rôles sous le nom de **Cora Lynn,** elle épouse Pierre Feuillère et entre à la Comédie-Française (1931-1933), puis joue aussi bien au Boulevard que dans les grands rôles du répertoire moderne et classique *(la Dame aux camélias, Sodome et Gomorrhe, l'Aigle à deux têtes, la Folle de Chaillot).* Au cinéma, elle a notamment joué dans *la Duchesse de Langeais* (1942), *le Blé en herbe* (1954) et *En cas de malheur* (1958).

FEUILLERET [fœjrɛ] n. m. (de *feuillure*). Bouvet servant au menuisier et au parqueteur à pousser une feuillure et à l'ébéniste à pousser certaines moulures.

FEUILLET n. m. (dimin. de l'anc. fr. *feuil,* feuille). **1.** Ensemble de deux pages, recto et verso, généralement destiné à être encarté dans un cahier ou assemblé avec les autres cahiers d'un livre : *Un registre de cent feuillets.* — **2.** Subdivision mince d'une couche de terrain, d'une roche. — **3.** Estomac moyen des mammifères ruminants, ainsi nommé pour les nombreux plis de sa muqueuse, et d'origine œsophagienne. — **4.** Une des nappes élémentaires des fils de chaîne sur le métier à tisser. — **5.** *Feuillet embryonnaire,* constituant fondamental de l'ébauche embryonnaire, disposé en lames, ou feuillets (ectoblaste, entoblaste et mésoblaste), ayant chacun une destination précise et engendrant une série d'organes. — 6. *Feuillet magnétique,* aimant lamellaire, en général fictif, dont les faces ont des densités magnétiques égales et de signes contraires ; support d'information constitué par une feuille souple en matière plastique recouverte d'une substance magnétisable, sur laquelle des données peuvent être enregistrées et lues.

FEUILLET (Raoul Auger), danseur et chorégraphe français (v. 1660/1675 - v. 1730). Sa *Chrorégraphie ou l'Art d'écrire la danse par caractères, figures et signes démonstratifs* définit, entre autres, les cinq positions et l'en-dehors.

FEUILLET (Octave), écrivain français (Saint-Lô 1821 - Paris 1890). Il fit figure d'écrivain officiel du second Empire, puis représenta l'écrivain bourgeois type du XIXe s. (*le Roman d'un jeune homme pauvre,* 1858). [Acad. fr., 1862.]

1. FEUILLETAGE n. m. (de *feuilleter 1*). *Litt.* Action de feuilleter un livre, un roman, etc.

2. FEUILLETAGE n. m. (de *feuilleter 2*). 1. Action de feuilleter de la pâte ; la pâte elle-même. (Syn. PÂTE FEUILLETÉE.) — 2. Syn. de FOLIATION. — 3. Structure particulière des alliages, formée de feuillets superposés, de composition et de propriétés légèrement différentes.

FEUILLETÉ n. m. Feuilletage garni soit d'un appareil salé et servi chaud en hors-d'œuvre, soit d'un appareil sucré ou de fruits et servi en dessert.

1. FEUILLETER v. t. (de *feuillet*) [conj. 27]. Tourner les pages d'un livre, d'un dossier, etc. ; parcourir un ouvrage rapidement : *Feuilleter le dictionnaire.*

2. FEUILLETER v. t. (de *feuilleter 1*) [conj. 27]. Travailler une pâte en la pliant plusieurs fois et en y incorporant du beurre de manière qu'elle présente, une fois cuite, une structure en feuilles. ◆ **être feuilleté** v. pass. *Noyau feuilleté,* noyau composé de tôles ferromagnétiques isolées les unes des autres afin de réduire les courants de Foucault. ‖ *Pâte feuilletée,* syn. de FEUILLETAGE. ‖ *Roche feuilletée,* roche qui se divise en feuillets. ‖ *Verre feuilleté,* produit constitué par deux ou plusieurs feuilles de verre étiré réunies par un ou plusieurs intercalaires. (En cas de bris, l'âme en plastique joue le rôle d'armature et assure à l'ensemble une résistance résiduelle.) ‖ *Tissu feuilleté,* syn. de TISSU PODOPHYLLEUX*.

FEUILLETIS [-ti] n. m. Contour d'un diamant brillant, où les facettes se terminent.

FEUILLETON n. m. (dimin. de *feuillet*). 1. Article de critique littéraire paraissant régulièrement sous la signature du même auteur dans un journal. (Ainsi parurent les *Lundis* de Sainte-Beuve à partir de 1851.) — 2. Œuvre romanesque conçue pour paraître par fragments dans un journal. (C'est en 1842-43 que parurent *les Mystères de Paris,* d'Eugène Sue. Dans ce genre nouveau s'illustrèrent Dumas père, Féval, Xavier de Montépin, Ponson du Terrail.) [Syn. ROMAN-FEUILLETON.] — 3. Film télévisé, histoire radiodiffusée en plusieurs épisodes de courte durée. — 4. Histoire pleine de rebondissements, souvent invraisemblable ; roman-feuilleton : *Sa vie sentimentale est un vrai feuilleton.*

FEUILLETONESQUE adj. Qui a les caractères du roman-feuilleton.

FEUILLETONISTE n. Auteur de feuilletons dans un journal ; écrivain spécialisé dans le roman-feuilleton.

1. FEUILLETTE n. f. (p.-ê. altér. de l'anc. provenç. *folheta,* d'apr. *feuille*). Petite mesure pour les liqueurs qui valait 0,466 litre.

2. FEUILLETTE n. f. (p.-ê. altér. de *fillette,* petite bouteille, avec l'infl. de *feuillette 1*). Fût dont la contenance varie de 114 à 136 litres.

FEUILLU, E adj. 1. Qui a beaucoup de feuilles. — 2. *Arbre feuillu* ou *feuillu* n. m., arbre qui possède des feuilles à limbe développé, tel que le chêne, le hêtre, l'orme, le frêne, par oppos. aux *résineux.*

FEUILLURE n. f. (lat. pop. *fodiculare,* feuiller, du lat. class. *fodere,* creuser). Élégi, angle rentrant, le plus souvent d'équerre, poussé le long de la rive d'une pièce de bois et destiné à recevoir une partie de menuiserie ou une vitre.

FEUILLURER v. t. (conj. 3). Faire une feuillure.

FEULEMENT n. m. (de *feuler*). Cri du tigre ; bruit de gorge du chat en colère.

FEULER v. i. (orig. onomat.) [conj. 3]. Émettre un feulement, en parlant du tigre, du chat.

FEUQUIÈRES (Manassès DE PAS, *marquis* DE), diplomate français (Saumur 1590 - Thionville 1640). Ambassadeur en Allemagne (1633-34), il renouvela l'alliance franco-suédoise et conclut une union avec les cercles allemands liés à la Suède (1633).

FEUQUIÈRES-EN-VIMEU (80210), comm. de la Somme ; 2 444 hab. Métallurgie.

FEURE (Georges VAN SLUIJTERS, dit **Georges de**), peintre, dessinateur et décorateur français d'origine néerlandaise (Paris 1868 - *id.* 1943). Personnalité brillante de l'Art nouveau, il a ensuite évolué vers la géométrie du style Art déco.

FEURS (42110), ch.-l. de cant. de la Loire, près de la Loire ; 7 930 hab. *(Foréziens).* Vestiges gallo-romains de l'antique *Forum Segusiavorum,* qui a donné son nom au Forez. Métallurgie.

FEUTRABLE adj. Se dit de fibres textiles susceptibles d'être feutrées ou de se feutrer.

FEUTRAGE n. m. (de *feutrer*). **1.** Agrégation intime de fibres textiles d'origine animale, pour en former des étoffes flexibles et solides, sans filature ni tissage. – **2.** Altération d'un tissu de laine qui, sous l'effet de l'usure ou d'un mauvais entretien, prend l'aspect du feutre. – **3.** Enchevêtrement des fibres sur la toile de la machine à papier.

FEUTRANT, E adj. Se dit de certaines fibres aptes à produire du feutre.

FEUTRE n. m. (frq. **filtir*). **1.** Étoffe obtenue par feutrage de poils ou de laine, utilisée en chapellerie, pour faire des tapis ainsi que dans diverses industries. – **2.** Chapeau de feutre. – **3.** Instrument à écrire, à marquer, dont le corps renferme un réservoir poreux imprégné d'encre et relié à une pointe en matériau synthétique. (On distingue les crayons-feutres, les stylos-feutres, les marqueurs et les surligneurs.) – **4.** Bande d'étoffe, tournant en continu, dont la fonction, dans la machine à papier, est de soutenir la bande de papier humide ou de l'appliquer contre un cylindre pour assurer le contact. (Selon les utilisations, on distingue les feutres *coucheur, leveur, glaceur, vergeur, sécheur.*)

FEUTREMENT n. m. **1.** Action de feutrer le poil ou la laine. – **2.** Action de garnir un collier, une selle, de bourre ou de feutre.

FEUTRER v. t. (conj. 3). **1.** Agglomérer des poils, de la laine, etc., pour fabriquer du feutre. – **2.** Garnir de feutre : *Feutrer une selle.* – **3.** Faire perdre de sa souplesse à un lainage, modifier sa texture. – **4.** *Litt.* Assourdir un son ou amortir un sentiment : *La neige feutrait le bruit des pas.*
◆ v. i. ou **se feutrer** v. pr., **être feutré** v. pass. En parlant d'un lainage, être altéré par feutrage.
◆ **être feutré** v. pass. **1.** Être garni de feutre : *Des bourrelets feutrés.* – **2.** Donner une sensation de bruits étouffés, faire éprouver un sentiment de calme, de douceur ; être étouffé, ouaté : *L'atmosphère feutrée d'un salon tendu de tissu.* – **3.** Être fait hypocritement ; être indirect, masqué : *Une attaque feutrée.* – **4.** *À pas feutrés,* sans faire aucun bruit, silencieusement.

FEUTREUSE n. f. Machine servant à opérer le feutrage des fibres textiles.

FEUTRIER, ÈRE n. Industriel, ouvrier qui fabrique le feutre.

FEUTRINE n. f. Feutre léger, mais très serré et fortement foulé.

FEUX-DE-POSITION n. m. inv. Petit poisson characidé d'Amazonie, fréquent dans les aquariums. (Genre *hemigrammus*).

FÉVAL (Paul), auteur dramatique et écrivain français (Rennes 1816 - Paris 1887), auteur de romans d'aventures et de mélodrames à succès (*les Mystères de Londres,* 1844 ; *le Bossu* ou le Petit Parisien,* 1858).

FÈVE n. f. (lat. *faba*). **1.** Plante annuelle (papilionacée) à longues gousses, dont on consomme les grosses graines, vertes ou sèches ; graine de cette plante. – **2.** Nom donné à des graines de forme voisine utilisées en pharmacie (*fève de Saint-Ignace* [stimulant gastro-intestinal contenant de la strychnine], *fève de Calabar, fève tonka* [dont on extrait la coumarine], *fève pichurim* [excitant stomachique et antidiarrhéique]). – **3.** Petit objet de porcelaine caché dans la galette des Rois.

FÉVEROLE n. f. (dimin. de *fève*). Fève à petit grain, utilisée pour l'alimentation du bétail.

FÉVIER n. m. (de *fève*). Bel arbre épineux (césalpiniacée) des parcs et jardins, originaire du Canada, dont le fruit est une longue gousse aplatie. (Genre *gleditschia.*)

FÉVRIER n. m. (bas lat. *febrarius,* du lat. class. *februarius*). Deuxième mois de l'année, qui a 28 jours (ou 29 dans les années bissextiles).

février 1848 *(journées des 22, 23, 24)* → RÉVOLUTION FRANÇAISE DE 1848.

février 1917 *(révolution de)* → RÉVOLUTION RUSSE DE 1917.

février 1934 *(journée du 6),* journée de manifestations organisée par les ligues de droite (Union nationale des combattants, Action française, Jeunesse patriote, Croix-de-Feu) contre le ministère Daladier, à la suite de l'affaire Stavisky et de la mutation du préfet de police Chiappe. Des heurts sanglants eurent lieu avec la police, chargée de défendre la Chambre des députés. Le lendemain, Daladier démissionna et fut remplacé le 9 par Doumergue. Cette journée contribua à unir la gauche, qui organisa, le 9, une contre-manifestation, puis, le 12, une grève générale.

FÉVRIER (Henry), compositeur français (Paris 1875 - *id.* 1957). Il est l'auteur d'opéras (*Monna Vanna,* 1909).

FEYDEAU (Georges), auteur dramatique français (Paris 1862 - Rueil 1921). Il triompha dans des vaudevilles, sachant puiser dans la vie quotidienne les traits d'un comique de situation irrésistible (*Un fil à la patte,* 1894 ; *le Dindon,* 1896 ; *la Dame de chez Maxim,* 1899 ; *Occupe-toi d'Amélie,* 1908).

Feydeau *(théâtre),* théâtre construit en 1790, pour la troupe d'opéra italien, dans le palais des Tuileries. En 1791, il se transporta rue Feydeau. En 1801, ses artistes se réunirent à ceux du théâtre Favart pour former la troupe de l'Opéra-Comique. Il a été fermé en 1829.

FEYDER (Jacques FRÉDÉRIX, dit **Jacques**), cinéaste français (Ixelles, Belgique, 1888 - Rives-de-Prangins, Suisse, 1948). Il a réalisé : *l'Atlantide* (1921) ; *Crainquebille* (1922) ; *Thérèse Raquin* (1928) ; *les Nouveaux Messieurs* (1929) ; *le Baiser* (1929) ; *le Grand Jeu* (1933) ; *la Kermesse héroïque* (1935) ; *les Gens du voyage* (1937) ; *la Loi du Nord* (1939). Il supervisa en 1945 *Macadam,* son dernier film.

FEYERABEND (Paul), philosophe autrichien (Vienne 1924 - Genolier, Suisse, 1994). Il est l'auteur d'une nouvelle épistémologie, qu'il baptise « anarchiste », en séparant le scientifique et le politique. Il a écrit notamment *Contre la méthode, esquisse d'une théorie anarchiste de la connaissance* (1975), *Adieu la Raison* (1987).

FEYNMAN (Richard P.), physicien américain (New York 1918 - Los Angeles 1988). Spécialiste de l'électrodynamique quantique et de la physique de la matière condensée, il a marqué la physique théorique actuelle par un style où la compréhension synthétique l'emporte sur l'explication analytique. Son manuel de physique a provoqué, dans les années 60, un véritable renouveau de la pédagogie. Sa théorie quantique des champs, élaborée dès 1945, lui a valu en 1965 le prix Nobel de physique (partagé avec J. Schwinger et Tomonaga).

FEYZIN (69320), comm. du Rhône, banlieue sud de Lyon ; 8 567 hab. *(Feyzinois).* Raffinerie de pétrole et pétrochimie.

FEZ [fɛz] n. m. (de *Fez,* n. pr.). Calotte tronconique en laine, généralement rouge, qui fut la coiffure traditionnelle des Turcs.

FEZ → FÈS.

FEZENSAC (MONTESQUIOU-)→ MONTESQUIOU-FEZENSAC.

FEZZAN, en ar. **Fazzān,** groupe d'oasis du sud-ouest de la Libye, entre 24° et 28° N. V. princ. *Sebha.* Les oasis, jadis prospères, connaissent une forte émigration, que des projets récents d'irrigation tentent d'enrayer.
— **Hist.** Cette région fit partie du territoire des Garamantes, puis fut conquise par les Romains en 19 av. J.-C. Dans la mouvance arabo-musulmane depuis 666, elle passa en 1577-78 sous la domination ottomane, qui ne devint définitive qu'en 1842. Conquis par les Italiens en 1913-14, puis en 1929-30, le Fezzan fut administré par la France de 1941-1943 à 1955.

Fezzan *(campagne du)* [janv. 1941 - janv. 1943], ensemble des opérations au cours desquelles Leclerc, en liaison avec les Britanniques, conquit le Fezzan.

F. F. C., sigle de FORCES* FRANÇAISES COMBATTANTES.

F. F. I., sigle de FORCES* FRANÇAISES DE L'INTÉRIEUR.

F. F. L., sigle de FORCES* FRANÇAISES LIBRES.

fg, symbole de la *frigorie,* unité calorifique.

F. G. D. S., sigle de FÉDÉRATION* DE LA GAUCHE DÉMOCRATE ET SOCIALISTE.

FI ! interj. (onomat.). **1.** *Litt.* Exprime le dégoût, la désapprobation : *Fi ! que c'est mauvais !* — **2.** *Faire fi de qqch, de qqn,* le dédaigner, ne pas y attacher d'importance.

F. I. A., sigle de FÉDÉRATION INTERNATIONALE D'ASTRONAUTIQUE*.

FIABESQUE adj. (ital. *fiaba,* fable). Se dit d'un genre littéraire italien représenté par des comédies féeriques.

FIABILISER v. t. (conj. **4**). Rendre fiable, plus fiable : *Fiabiliser un dispositif.*

FIABILITÉ n. f. (de *fiable*). **1.** Probabilité pour qu'une pièce primaire, un dispositif ou un équipement complet soit utilisé sans défaillance pendant une période de temps déterminée, dans des conditions opérationnelles spécifiées. (La fiabilité s'exprime par une durée qui correspond au temps moyen entre deux pannes successives, ou T. M. B. F. [*temps moyen de bon fonctionnement*].) — **2.** Caractère de qqn, d'un groupe, de qqch de fiable : *La fiabilité d'une déclaration ministérielle.*

FIABLE adj. (de *se fier*). **1.** Se dit d'un composant, d'un circuit, d'un appareillage, d'une installation industrielle capable de fonctionner sans défaillance pendant une période de temps déterminée. — **2.** Auquel on peut se fier, à qui on peut faire confiance : *Des équipiers fiables.*

FIAC (sigle de *Foire internationale d'art contemporain*), foire annuelle organisée à Paris, depuis 1974, par un comité de galeristes français. C'est un important marché d'art moderne et contemporain.

FIACRE n. m. (de saint *Fiacre,* n. pr.). Voiture hippomobile à quatre roues et à quatre places pour les transports en ville et que l'on prenait à la course ou à l'heure.

FIACRE *(saint)* [v. 610 - v. 670]. Ermite scot qui serait venu en Gaule. Il est le patron des jardiniers.

FIANARANTSOA, v. de Madagascar, ch.-l. de prov., à 1 200 m d'alt. ; 73 000 hab.

FIANÇAILLES n. f. pl. (de *fiancer*). **1.** Promesse mutuelle de mariage, faite avec une certaine solennité. — **2.** Période qui s'écoule entre cette promesse et le mariage.

FIANCÉ, E n. Jeune homme, jeune fille, engagés solennellement par une promesse de mariage, ou qui ont simplement la ferme intention de s'épouser.

◆ **fiancée** n. f. Nom usuel commun à une libellule du genre *lestes* et à trois papillons (deux noctuelles et une lichénée).

Fiancée de Lammermoor *(la),* roman de W. Scott (1819), qui a pour cadre l'Écosse du XVIIe s.

Fiancée de Messine *(la),* ou *les Frères ennemis,* tragédie en 5 tableaux et en vers, mêlée de chœurs, de Schiller (1803). Schiller a tenté, dans cette œuvre, de ressusciter la tragédie grecque.

Fiancés *(les),* roman historique de A. Manzoni (1825-1827), qui a pour cadre la Lombardie du XVIIe s.

FIANCER v. t. (anc. fr. *fiance,* engagement, de *se fier*) [conj. **16**]. Promettre solennellement qqn en mariage : *Fiancer sa fille.*

◆ **se fiancer** v. pr., **être fiancé** v. pass. Prendre qqn comme fiancé(e) : *Il s'est fiancé à dix-huit ans.*

Fianna Fáil (« Soldats de la destinée »), parti politique irlandais fondé en 1926 par E. De Valera pour grouper les anciens sinnfeiners hostiles au traité de Londres, mais désireux de participer à la vie parlementaire. Il domine, en alternance avec le Fine Gael, la vie politique depuis 1932.

FIASCO n. m. (ital. *fare fiasco,* essuyer un échec). **1.** Échec sexuel masculin. — **2.** *Fam.* Échec complet, notoire : *Leur mariage fut un vrai fiasco.* — **3.** *Faire fiasco,* échouer complètement.

FIASQUE n. f. (ital. *fiasco*). Bouteille italienne à col long et à panse large clissée.

F. I. A. T., sigle de FONDS D'INTERVENTION POUR L'AMÉNAGEMENT * du TERRITOIRE.

Fiat, société italienne de constructions automobiles fondée à Turin en 1899. La société, qui est la première entreprise privée italienne, produit par ailleurs des engins de travaux publics, des matériels agricoles, des machines-outils.

FIBIGER (Johannes), médecin danois (Silkeborg 1867 - Copenhague 1928), pionnier des recherches expérimentales sur le cancer. (Prix Nobel de médecine 1926.)

FIBONACCI (Leonardo), dit **Léonard de Pise,** mathématicien italien (Pise v. 1175 - *id.* apr. 1240). Fils d'un marchand pisan, il apprit l'arithmétique en Afrique du Nord. Au cours de voyages, il assimila les connaissances mathématiques arabes et, à son retour, les diffusa en Occident.

Fibonacci *(suite de),* suite récurrente (u_n) définie par $u_1 = 0$, $u_2 = 1$ et $u_n = u_{n-1} + u_{n-2}$ pour tout $n > 2$. Deux termes successifs sont premiers entre eux. Le rapport u_n / u_{n+1} a pour limite $(\sqrt{5} - 1)/2$ (inverse du nombre d'or), quand $n \to \infty$.

FIBRAGE n. m. Figure dessinant l'ensemble des fibres composant une pièce métallique après les opérations de corroyage (laminage, forgeage, etc.).

FIBRAGGLO n. m. (de *fibre* et *agglomérée*). Panneau de fibre de bois agglomérée, utilisé dans la construction et l'isolation.

FIBRANNE n. f. (n. déposé). Fibre cellulosique artificielle.

FIBRE n. f. (lat. *fibra*). **1.** Élément d'aspect filamenteux qui constitue certains tissus (fibre musculaire, ou myone, fibres conjonctives [élastique, collagène, de réticuline], fibre nerveuse, ou axone). — **2.** Élément allongé constitutif d'un fil, d'une feuille de papier, du bois, etc. — **3.** Sensibilité de qqn dans tout ce qu'elle a de profond, de personnel (surtout pl.) : *Il l'aimait de toutes les fibres de son être.* — **4.** Sensibilité particulière de qqn ; sentiment (avec un adj. ou un compl.) : *Faire jouer la fibre patriotique.* • **Bois.** Produit résultant d'une dissociation des éléments anatomiques du bois, servant à la fabrication des papiers et cartons ou des panneaux de fibres ou bois reconstitués. — **Bot.** Cellule très allongée, cellulosique ou ligneuse, à membranes épaisses, et effilée en pointe aux deux extrémités, jouant un rôle de soutien pour la plante. (Les fibres du lin, du chanvre ont un usage textile.) — **Matér.** Dans la théorie des poutres, volume engendré par le déplacement parallèle à la fibre moyenne, d'un élément de la section droite. ‖ *Fibre moyenne,* courbe décrite par un élément d'aire entourant le centre de gravité de la section droite d'une poutre, au voisinage de laquelle se produisent les contraintes maximales de cisaillement. — **Métall.** Élément de structure micro ou macrographique de forme très allongée, de composition chimique différente de l'alliage de base. — **Neurol.** *Fibre géante,* axone de très grande taille présent dans le système nerveux de certains animaux et utile pour les réflexes rapides. — **Polym.** *Fibre vulcanisée,* matière plastique très résistante aux contraintes mécaniques, obtenue en traitant la cellulose par le chlorure de zinc. — **Techn.** *Fibre optique,* support de communication constitué d'un filament de matière diélectrique (verre, silice, etc.) dans lequel se propage la lumière (visible ou infrarouge). [→ *encycl.*] — **Text.** *Fibre (textile),* substance filamenteuse, apte à être filée et tissée. (→ *encycl.*) — **Verr.** *Fibre de verre,* filament continu ou discontinu, obtenu par étirage de verre ramolli ou fondu. (→ *encycl.*)

ENCYCL. **Techn.** Une *fibre optique* est constituée de deux verres transparents, disposés coaxialement : un verre de cœur, d'indice de réfraction plus élevé (décroissant de l'axe à la périphérie dans les fibres à gradient d'indice et constant dans les fibres à saut d'indice), et un verre d'enrobage (la gaine), d'indice de réfraction plus bas. Un rayon lumineux pénétrant dans le cœur de la fibre, à l'une de ses extrémités, se propage longitudinalement jusqu'à l'autre extrémité grâce aux réflexions totales qu'il subit à l'interface entre le verre de cœur et le verre de gaine.

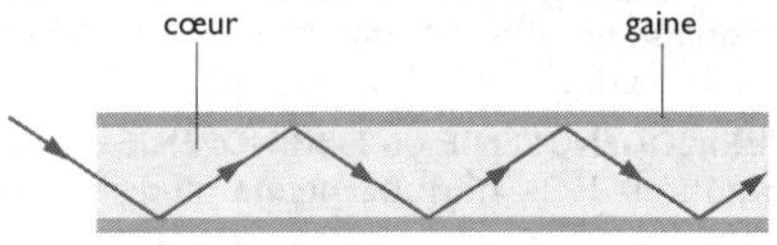

Trajet lumineux dans une **fibre** optique.

La fabrication des fibres optiques exige l'emploi de verres de grande pureté. Les fibres destinées aux télécommunications sont généralement fabriquées par des procédés de réactions, en phase vapeur, à partir de silice pure où sont incorporés des dopants (bore, fluor, phosphore, germanium) permettant d'obtenir l'indice de réfraction souhaité.
Les fibres optiques sont généralement groupées en faisceaux *(optiques de fibres)* en contenant de quelques unités à plusieurs millions, selon les applications. Ces faisceaux peuvent être souples ou rigides et transmettre soit de la lumière, soit des images ou encore des informations. (On les appelle alors *guides d'ondes optiques.*) La longueur des fibres est de l'ordre de grandeur du centimètre dans les faisceaux rigides, de l'ordre de grandeur du mètre pour les faisceaux souples et de plusieurs kilomètres dans le cas des guides d'ondes optiques. Les *conducteurs de lumière,* généralement souples, sont protégés à l'extérieur par une gaine en plastique. On les utilise pour l'endoscopie, médicale ou industrielle, et, liés à des systèmes optoélectroniques, pour la détection de flammes ou la lecture de cartes perforées. Si l'on dispose les fibres de telle façon que la position de chacune d'elles par rapport aux autres soit la même à chacune des extrémités du faisceau, on obtient alors un conducteur d'images. Une image formée sur l'une des extrémités du faisceau est transportée point par point à l'autre extrémité. Les faisceaux de fibres courtes (jusqu'à quelques centimètres) sont rigidifiés par compactage à chaud ou par emploi d'une résine durcissable. Ils sont utilisés comme anamorphoseurs de lumière ou d'image. Les plaques de fibres optiques sont constituées d'un très grand nombre de fibres disposées parallèlement à l'axe d'un cylindre. De telles plaques, présentant deux faces planes et polies, permettent de transporter des images d'un plan à un autre. On fabrique ainsi des fonds de tubes cathodiques et des amplificateurs d'images.
Les fibres optiques peuvent être utilisées comme conducteurs d'information. Une liaison optique comprend : un émetteur qui transforme un signal électrique multiplex, le plus souvent numérique, en signal lumineux ; une fibre optique protégée et séparée d'autres fibres dans un câble optique ; un récepteur qui restitue à l'arrivée le signal électrique ; éventuellement, des répéteurs intermédiaires. Les convertisseurs électro-optiques utilisés sont des semi-conducteurs dopés ou complexes (diodes électroluminescentes ou laser à l'émission, photodiodes à la réception).
Pour des liaisons urbaines ou interurbaines courtes ou la télévision communautaire avec distribution par câbles, on emploie des fibres « multimodales » (ou multimodes) permettant la propagation d'ondes ayant un grand nombre de modes électromagnétiques différents, avec une longueur d'onde porteuse de 0,85 μm. Pour des liaisons à plus longue portée, on emploie des fibres à saut d'indice n'admettant en principe qu'un seul mode électromagnétique (fibres unimodales ou monomodes), avec une longueur d'onde porteuse de 1,2 μm.
Les fibres optiques peuvent aussi servir de capteurs. La grandeur à mesurer agit par effet physique (déformation) ou par effet électromagnétique sur une caractéristique de la lumière cohérente issue d'une source (laser) et se propageant dans une ou deux fibres.
— **Text.** Les fibres naturelles sont d'origine minérale comme l'amiante, d'origine végétale comme le coton, le lin, le chanvre, d'origine animale comme la laine, le mohair et la soie. Les fibres chimiques sont artificielles, si elles sont élaborées à partir d'une matière macromoléculaire d'origine naturelle comme la cellulose, ou synthétiques si elles sont produites à partir de polymères de synthèse.
— **Verr.** Les procédés de fabrication de la *fibre de verre* reposent sur les principes suivants : étirage par traction mécanique, étirage par centrifugation, étirage par entraînement d'une fibre sortant d'un trou de filière au moyen de gaz à grande vitesse. Les fibres textiles Silionne et Verranne, assemblées en fils, traitées suivant les techniques textiles classiques, sont utilisées pour la fabrication de cordons ou de tissus ininflammables et imputrescibles. Le débouché le plus important est la fabrication de feutres agglomérés, ou mats, destinés à l'industrie des plastiques stratifiés. Les fibres isolation, qui sont le plus souvent des fibres discontinues, sont utilisées soit en vrac,

soit sous forme de feutres, panneaux rigides ou semi-rigides, pour les travaux d'isolation thermique et phonique. Après frittage, les fibres isolation sont utilisées à la fabrication de séparateurs de batterie ou de plaques de filtration.

FIBRERIE n. f. Industrie du défibrage du bois en vue d'obtenir la fibre.

FIBREUX, EUSE adj. **1.** Qui contient des fibres : *Une viande fibreuse.* – **2.** Se dit d'un minéral dont la structure ou la cassure présentent des fibres longitudinales. – **3.** *Tissu fibreux,* tissu conjonctif, riche en collagène.

FIBRILLAIRE [-lɛr] adj. Qui se compose de fibrilles.

FIBRILLATION [-lasjɔ̃] n. f. **1.** Succession de contractions très rapides, incoordonnées et inefficaces, des fibres musculaires du myocarde. (→ *encycl.*). – **2.** Activité électrique spontanée traduisant la contraction autonome des fibres musculaires dénervées. – **3.** Libération de fibrilles au cours du raffinage du papier, par rupture des parois des fibres. – **4.** Opération consistant à cliver longitudinalement un film de polymère, après étirage et gravure, pour obtenir le fibrillé qui pourra donner des fibrilles voisines de fibres textiles.

ENCYCL. **Méd.** La *fibrillation auriculaire,* atteignant les seules fibres des oreillettes, entraîne l'arythmie complète des contractions ventriculaires. Elle est compatible avec la vie, mais nécessite un traitement digitalique. La *fibrillation ventriculaire,* généralisée à toutes les fibres cardiaques, entraîne rapidement la mort en l'absence d'un traitement d'extrême urgence. C'est la complication majeure de l'infarctus du myocarde dans ses premières heures. La défibrillation s'obtient par un choc électrique externe, précédé, jusqu'à sa mise en œuvre, par un massage cardiaque.

FIBRILLE [fibrij ou -bril] n. f. **1.** Petite fibre. – **2.** Élément de la structure fine de la chromosphère solaire. (Les fibrilles, orientées par le champ magnétique local, forment un réseau ordonné de filaments dans les régions actives ou autour de ces régions.) – **3.** Filament constitué par la juxtaposition de feuillets de chaînes de cellulose. – **4.** *Fibrille conjonctive,* fibre de très petite taille (0,3 à 0,5 μm pour le collagène). ‖ *Fibrille striée,* syn. de MYOFIBRILLE.

FIBRILLÉ n. m. Produit textile obtenu par fibrillation.

FIBRILLER [-le] v. t. (conj. 3). Opérer la fibrillation d'un film de polymère.

FIBRINE n. f. (de *fibre*). Protéine insoluble dérivée du fibrinogène (protéine plasmatique soluble) qui apparaît lors de la coagulation du sang. (Constituant du caillot du sang, elle enserre les cellules sanguines dans un réseau.)

FIBRINEUX, EUSE adj. Relatif à la fibrine.

FIBRINOGÈNE n. m. Glycoprotéine se trouvant à 75 % dans le plasma, mais aussi dans la lymphe et les plaquettes. (Il produit de la fibrine sous l'action de la thrombine. Non utilisé pour la coagulation, il se dégrade par fibrinolyse.) [Syn. FACTEUR I DE LA COAGULATION.]

FIBRINOGÉNÉMIE ou **FIBRINÉMIE** n. f. Teneur plasmatique du fibrinogène, normalement d'env. 3 g/l.

FIBRINOGÉNOPÉNIE ou **FIBRINOPÉNIE** n. f. Diminution de la fibrinogénémie au-dessous de 2 g/l.

FIBRINOLYSE n. f. Processus physiologique ou pathologique de destruction du caillot de fibrine.

FIBRINOLYSINE n. f. Syn. de PLASMINE.

FIBRINOLYTIQUE adj. et n. m. Se dit de toute substance capable de lyser des caillots sanguins. (Il existe un système fibrinolytique physiologique. Des drogues ayant une activité fibrinolytique [streptokinase, urokinase] sont utilisées pour traiter les thromboses artérielles ou veineuses.)

FIBROADÉNOME n. m. **1.** Syn. de ADÉNOFIBROME. – **2.** Fibroadénome géant, syn. de CYSTADÉNOFIBROME.

FIBROBLASTE n. m. Cellule du tissu conjonctif responsable de la formation des fibres.

FIBROCARTILAGE n. m. Cartilage riche en collagène dense et pauvre en cellules cartilagineuses, s'observant notamment au niveau des disques intervertébraux et des ménisques.

FIBROCARTILAGINEUX, EUSE adj. Relatif au fibrocartilage.

FIBROCIMENT n. m. (n. déposé). Matériau en amiante-ciment. (Léger et incombustible, le Fibrociment est utilisé en plaques planes pour les cloisons, les revêtements de murs, de plafonds, etc. ; en plaques ondulées et en ardoises pour la couverture ; en tuyaux pour les canalisations.)

FIBROÏNE n. f. Protéine constituant la partie essentielle de la soie textile, enveloppée de séricine, et formant l'axe du fil du cocon.

FIBROKYSTIQUE adj. Se dit de structures constituées de tissu fibrineux et de kystes.

FIBROMATEUX, EUSE adj. Relatif à un fibrome.

FIBROMATOSE n. f. Prolifération de tumeurs fibreuses en différents points.

FIBROME n. m. **1.** Tumeur bénigne conjonctive formée de fibroblastes. (Les fibromes cutanés sont fréquents aux membres inférieurs.) – **2.** Nom usuel des fibromyomes utérins.

FIBROMYOME n. m. Tumeur bénigne formée de tissu fibreux et de tissu musculaire.
ENCYCL. Les fibromyomes les plus communs sont ceux de l'utérus. On distingue les *fibromyomes interstitiels,* développés dans l'épaisseur du muscle utérin, les *fibromyomes sous-séreux,* soulevant le péritoine, et les *fibromyomes sous-muqueux,* qui, repoussant la muqueuse, se développent dans la cavité de l'utérus. Ils se manifestent essentiellement, au début, par des menstruations abondantes, prolongées et accompagnées de caillots. Ils régressent discrètement après la ménopause.

FIBROSARCOME n. m. **1.** Tumeur maligne conjonctive formée de fibroblastes. — **2.** *Fibrosarcome de Darier et Ferrand,* tumeur de la peau à malignité locale, formée de fibroblastes, ne donnant pas de métastases, mais récidivant généralement après ablation.

FIBROSCOPE n. m. Endoscope souple formé d'un faisceau de fibres de verre extrêmement fines, permettant l'exploration des cavités profondes de l'organisme, inaccessibles aux endoscopes classiques.

FIBROSCOPIE n. f. Endoscopie pratiquée au moyen d'un fibroscope.

FIBROSE n. f. **1.** Hyperplasie conjonctive faite de fibres. — **2.** *Fibrose kystique du pancréas,* syn. de MUCOVISCIDOSE.
ENCYCL. Les fibroses sont extrêmement répandues. La *fibrose pulmonaire* est un épaississement fibreux de la paroi des alvéoles pulmonaires, provoquant une insuffisance respiratoire chronique. Elle peut avoir pour origine la tuberculose, le cancer, la sarcoïdose, les inhalations de toxiques, etc. La fibrose peut envahir d'autres tissus (pancréas, foie).

FIBULA n. f. (lat. *fibula,* agrafe). Syn. de PÉRONÉ.

FIBULE n. f. (lat. *fibula*). Épingle de sûreté ou fermoir de métal (bronze, fer, métal précieux) qui servait à agrafer les vêtements. (Elle a été utilisée en Europe depuis l'âge du bronze jusqu'à la fin de l'époque mérovingienne et, grâce à l'évolution de sa forme et de son décor, elle est souvent un très bon fossile directeur.)

FIC n. m. (lat. *ficus,* figue). Verrue des bovins et des équidés.

FICAIRE n. f. (lat. sc. *ficaria,* de *ficus,* figue). Petite plante renonculacée des lieux frais, à feuilles en cœur, à fleurs jaunes semblables à celles des renoncules, mais ayant de 6 à 9 pétales.

FICELAGE n. m. Action de ficeler ; son résultat : *Un ficelage bien fait.*

FICELER v. t. (conj. 24). **1.** Lier, attacher qqch avec de la ficelle : *Ficeler un poulet pour le faire cuire.* — **2.** Ligoter qqn, le serrer dans des liens : *Ils l'ont ficelé des pieds à la tête.* — **3.** *Fam.* Habiller, arranger qqn avec mauvais goût ou de façon ridicule : *Elle a bizarrement ficelé sa fille !* — **4.** *Fam.* Monter une histoire, un scénario avec un souci particulier du détail, de l'enchaînement.

FICELLE n. f. (lat. pop. **funicella,* du lat. class. *funiculus,* petite corde, de *funis,* corde). **1.** Ensemble de fils retordus ou câblés formant une structure de longueur continue, servant à lier, retenir, etc. — **2.** Artifice dans un art, un métier ; procédé dont on se sert habituellement au théâtre pour amener un effet (surtout pl.) : *Connaître toutes les ficelles du métier.* — **3.** *Arg. mil.* Galon d'officier. — **4.** Pain de fantaisie mince, correspondant à la demi-baguette. — **5.** *Bœuf à la ficelle,* morceau de bœuf suspendu par une ficelle, plongé dans une marmite de bouillon et cuit ainsi. ‖ *Broderie de ficelle,* broderie qui s'exécute sur une toile assez forte, avec de la ficelle maintenue grâce à la technique du point couché (point de Boulogne, point de grille...). ‖ Fam. *La ficelle est un peu grosse,* on voit l'artifice, c'est cousu de fil blanc. ‖ *Tirer les ficelles,* faire agir les autres sans être vu.
◆ adj. *Fam.* et *vx.* Malin, retors : *Il était ficelle, méfiant en affaires.*

FICELLERIE n. f. Fabrique de ficelle.

1. FICHAGE n. m. Action de ficher qqch, qqn, de mettre sur fiches.

2. FICHAGE n. m. Action de ficher les joints des pierres.

FICHAISE n. f. (euphémisme pour *foutaise*). *Fam.* et *vx.* Chose sans valeur.

FICHANT, E adj. *Tir fichant,* tir qui frappe presque verticalement un objectif.

1. FICHE n. f. (de *ficher 1*). **1.** Pièce amovible destinée à être engagée dans une alvéole pour établir un contact. — **2.** *Fiche multiple,* fiche de prise de courant munie d'alvéoles qui lui permettent de recevoir une (ou plusieurs) autre(s) fiche(s) de prise de courant. ‖ *Fiche de prise de courant,* partie d'une prise de courant destinée à être reliée à un câble souple. • **Bât.** *Fiche à dents,* sorte de lame aux arêtes en dents de scie, qui sert aux paveurs à enfoncer le sable entre les pavés, aux maçons à pousser le mortier sous les pierres ou dans les joints. — **Menuis.** Ferrure de rotation fixée dans le bois par des ailes ou des vis. (On utilise aujourd'hui des fiches à visser réglables.) ‖ *Fiche à bouton,* tringlette métallique avec tête en forme de bouton, réunissant les deux parties dont l'ensemble forme une charnière. — **Topogr.** Longue et grosse aiguille, à la tête en forme d'anneau, qu'emploient les géomètres pour fixer les portées de chaînage sur un terrain.

2. FICHE n. f. (de *fiche 1*). **1.** Feuille de papier ou de carton rigide, utilisée pour prendre des notes, enregistrer des indications, etc., et classée avec d'autres documents de même format dans un fichier. — **2.** Imprimé de format déterminé, souvent détachable d'un magazine, qui comporte des indications pratiques (recettes, conseils, etc.). [Suivi d'un nom apposé avec ou sans trait d'union] : *Fiche-cuisine. Fiche bricolage.* — **3.** Petite plaque servant de marque ou de monnaie à certains jeux. — **4.** Vx. *Fiche de consolation,* petit dédommagement qu'on reçoit à la suite d'un échec, d'une perte. ‖ *Mettre qqch en fiche, sur fiche,* inscrire un renseignement, une donnée, etc., sur une fiche afin de pouvoir les classer. ‖ *Mettre qqn en fiche, sur fiche,* établir une fiche de renseignements sur lui.

Fiches *(affaire des),* scandale qui éclata à propos d'un système établi par le général André, ministre de la Guerre de 1900 à 1904. L'avancement des officiers était subordonné à leurs opinions politiques et religieuses, consignées sur « fiches ». Le général André dut démissionner le 15 nov. 1904.

1. FICHER v. t. (lat. pop. **ficcare,* du lat. class. *figere,* attacher, fixer) [conj. 3]. **1.** Faire entrer qqch par la pointe, enfoncer : *Ficher des pieux en terre.* — **2.** Introduire du mortier dans les joints des pierres au moyen d'une fiche.
◆ **être fiché** v. pass. En parlant du pal ou de la croix héraldiques, avoir une partie inférieure effilée en pointe.

2. FICHER v. t. (de *fiche 2*) [conj. 3]. **1.** Inscrire un renseignement sur une fiche de manière à pouvoir le classer. — **2.** Établir une fiche de renseignements sur qqn, un groupe et la classer afin de l'utiliser comme source de documentation : *Ficher toute la population d'un pays.* — **3.** Inscrire qqn sur une liste de personnes à surveiller : *On l'a fiché au commissariat comme dangereux.*

3. FICHER ou **FICHE** v. t., **SE FICHE(R)** v. pr., **ÊTRE FICHU** v. pass. (de *ficher 1,* avec l'infl. de *foutre*) [conj. 3, sauf part. passé *fichu*]. Syn. fam. et atténué de FOUTRE.

FICHET (Guillaume), érudit et théologien français (Le Petit-Bornand, Savoie, 1433 - Rome v. 1480). Prieur de Sorbonne en 1461, recteur en 1467, il installa en Sorbonne le premier atelier typographique français.

FICHIER n. m. (de *fiche 2*). **1.** Ensemble de fiches documentaires. — **2.** Meuble, boîte servant à recevoir des fiches. — **3.** Ensemble de données regroupées en une unité indépendante de traitement informatique. (→ *encycl.*). — **4.** *Fichier inverse,* dans le traitement d'un système documentaire automatisé, fichier dans lequel les informations sont classées par critère d'accès de même valeur.

ENCYCL. **Inform.** Un fichier se caractérise par les informations qu'il contient et leur volume, par son support, par ses relations avec d'autres fichiers, au sein d'une base de données par exemple, par son organisation et par le mode d'accès à ses articles. Dans les fichiers à *organisation séquentielle,* la recherche d'un article impose l'examen de tous ceux qui le précèdent. Toute modification, toute suppression, toute adjonction d'articles exige la réécriture complète du fichier sur un nouveau support. L'*organisation séquentielle indexée* exige un support permettant l'accès direct à un enregistrement (disques magnétiques). Elle permet au fichier d'être accessible séquentiellement pour des traitements globaux et sélectivement pour les traitements ne portant que sur quelques articles. Dans les fichiers à *organisation directe* ou *adressée,* la séquence logique des articles est indépendante de leur séquence physique d'enregistrement.

FICHISTE n. Personne chargée de la tenue d'un fichier.

FICHTE (Johann Gottlieb), philosophe allemand (Rammenau, Saxe, 1762 - Berlin 1814). Il écrivit une *Critique de toute révélation* à trente ans, qui lui assura une réputation durable. Nommé professeur à l'université d'Iéna, il y commença son œuvre majeure, *Théorie de la science* (1801-1804). Fichte tente d'y fonder l'intersubjectivité, c'est-à-dire les relations qu'une conscience instaure avec une autre conscience, rendant possible la détermination du monde à partir du moi. L'existence du monde et son sens sont donc justifiés par la conscience humaine. Ainsi, Fichte est légitimement fondé, à partir de cette conception de la conscience, à développer une politique dans les deux directions privilégiées à l'époque romantique, celle de l'éthique et celle du droit. Fichte a écrit également *Système de l'éthique* (1798) et *l'État commercial fermé* (1800). Il dut quitter Iéna pour Berlin en 1799, sous l'accusation d'athéisme. C'est là qu'il trouva des accents enflammés pour appeler à la lutte contre l'envahisseur français (*Discours à la nation allemande,* 1807-1808).

FICHTELGEBIRGE, massif ancien, partiellement boisé, d'Allemagne, en Bavière, à la jonction de l'Erzgebirge et du Böhmerwald ; 1 051 m au *Schneeberg.*

FICHTRE ! interj. (euphémisme pour *foutre,* d'apr. *ficher*). *Fam.* Marque l'étonnement, l'admiration : *Fichtre ! je ne l'aurais pas cru.*

FICHTREMENT adv. *Fam.* Indique l'intensité ; extrêmement : *C'est fichtrement gênant.*

1. FICHU → FICHER 3.

2. FICHU n. m. (de *fichu 1*). Triangle d'étoffe, dont les femmes se couvrent les épaules ou la tête.

FICHÛMENT adv. *Fam.* et *vx.* Beaucoup, extrêmement : *Tu es fichûment en retard.*

FICIN (Marsile), en ital. **Marsilio Ficino,** philosophe italien (Figline Valdarno 1433 - Careggi, près de Florence, 1499). Traducteur de Platon, il diffusa les idées du philosophe grec grâce à l'appui de Cosme de Médicis, qui l'aida à réunir les humanistes italiens à Florence, et de Laurent de Médicis. On lui doit aussi une *Vita Platonis* (1468) et une *Theologia platonica* (1482).

FICTIF, IVE adj. (lat. *fictus,* de *fingere,* inventer). **1.** Qui n'est pas réel, qui n'existe que dans l'imagination ; imaginaire : *Un nom fictif.* – **2.** Qui n'existe que par convention : *Valeur fictive.* – **3.** *Actif fictif,* compte de frais non amortis figurant au bilan. ‖ *Dividendes fictifs,* répartition entre les actionnaires d'une société de bénéfices non réalisés et, de ce fait, prélevés sur le capital ou les réserves. ‖ *Passif fictif,* capital que l'exploitant se doit à lui-même.

FICTION n. f. (lat. *fictio, -onis,* de *fictus,* imaginé). **1.** Création de l'imagination ; ce qui est du domaine de l'imaginaire, de l'irréel : *Vivre dans la fiction.* – **2.** Ce qui n'a qu'une valeur, qu'une réalité de convention : *L'égalité devant l'impôt est souvent une fiction.* – **3.** S'emploie comme apposition, avec ou sans trait d'union, pour désigner une activité, un domaine qui ressort de la pure imagination : *Politique-fiction.* – **4.** *C'est de la pure fiction,* c'est une vue de l'esprit. ‖ *Fiction légale* ou *fiction de droit,* procédé juridique par lequel on suppose l'existence d'un fait non réel pour en faire le fondement d'un droit. (La personnalité morale des sociétés, l'assimilation d'un enfant simplement conçu à un enfant né sont des fictions légales.)

FICTIONNEL, ELLE adj. Qui a trait à la fiction ; basé sur une fiction.

FICTIVEMENT adv. D'une manière fictive, purement imaginaire.

FICUS [-kys] n. m. (lat. *ficus,* figuier). Nom générique d'une plante d'appartement à larges feuilles connue sous le nom de « caoutchouc ».

FIDÉICOMMIS [fideikɔmi] n. m. (lat. jurid. *fidei commissum,* remis à la bonne foi). Libéralité faite par contrat ou testament en faveur du grevé, à charge pour lui de la conserver et de la restituer à sa mort à un tiers, qui lui est substitué. (Très répandus dans l'ancien droit pour assurer la conservation des biens dans les familles, les fidéicommis sont interdits presque complètement, à peine de nullité, par le Code civil.)

FIDÉISME n. m. (lat. *fides,* foi). Doctrine selon laquelle la foi religieuse dépend du sentiment et non de la raison.

ENCYCL. **Théol.** Le fidéisme se développa au début du XIXe s. en réaction contre le rationalisme : il considérait que les raisons de croire ne sont autres que la foi elle-même. Le rôle de la raison est de travailler sur les principes donnés par la foi, de les éclaircir et d'en tirer les conséquences. Le fidéisme fut condamné par l'Église. Chez les protestants, le fidéisme, ou *symbolofidéisme,* a eu Auguste Sabatier et Eugène Ménégoz pour principaux représentants en France. Il distinguait la foi confiance en Dieu de la foi croyance aux dogmes.

FIDÉISTE adj. et n. Relatif au fidéisme ; partisan du fidéisme.

FIDÈLE adj. (lat. *fidelis,* de *fides,* foi). **1.** Dont l'attachement, le dévouement à qqn restent constants, et sur lesquels on est sûr de pouvoir compter : *Un chien fidèle à son maître. Un ami fidèle.* – **2.** Qui n'a de relations amoureuses qu'avec une personne, en partic. avec son conjoint : *Un mari fidèle.* – **3.** Qui ne varie pas dans son attachement à un groupe, dans ses engagements : *Fidèle à son parti.* – **4.** Qui est attaché à un commerçant, un lieu, un produit, etc., et qui les choisit de préférence à tout autre : *Elle est fidèle à son boucher.* – **5.** Qui ne varie pas dans ses opinions, dans les règles qu'il s'est fixées : *Rester fidèle à ses idées politiques.* – **6.** Qui remplit ses engagements, tient ses promesses, ne manque pas à sa parole. – **7.** Qui reste conforme à ses propres caractéristiques, qui reste dans leur ligne : *Fabricant fidèle à sa réputation de qualité.* – **8.** Qui ne modifie, n'altère en aucune façon la réalité qu'il reproduit ou exprime, les faits qu'il rapporte : *Une fidèle description. Historien fidèle.* – **9.** Se dit d'un instrument de mesure dont les indications se répètent lorsqu'on répète une même mesure : *Une balance fidèle.* – **10.** *Amitié, amour fidèle,* qui ne s'est jamais altéré(e). ‖ *Mémoire fidèle,* qui retient longtemps et avec exactitude. ‖ *Souvenir fidèle,* qui reste intact.
◆ n. **1.** Personne qui adhère à une religion ; croyant. – **2.** Laïc par rapport au clergé. – **3.** Personne qui est dévouée à une cause, à une institution, etc. : *Les fidèles du gouvernement.* – **4.** Personne habituée et attachée à un commerçant, un lieu, une activité, etc. : *Les fidèles du concert du samedi soir.*

FIDÈLE de Sigmaringen *(saint),* de son vrai nom **Markus Roy** (Sigmaringen, Wurtemberg, 1578 - Seewis, Grisons, 1622). Capucin, il fut assassiné par des réformés. Canonisé en 1746.

FIDÈLEMENT adv. **1.** Avec constance, avec fidélité : *Il venait fidèlement nous voir.* – **2.** Avec exactitude, scrupuleusement : *Interpréter fidèlement un rôle.*

Fidelio, opéra de Beethoven (Vienne, 1805), primitivement appelé *Léonore ou l'Amour conjugal.* L'œuvre, d'une grande puissance musicale, exalte la fidélité et la résistance à l'oppression.

FIDÉLISATION n. f. Action visant à fidéliser un consommateur, un public.

FIDÉLISER v. t. (conj. 3). S'attacher durablement une clientèle, un public, par une politique appropriée.

FIDÉLITÉ n. f. (lat. *fidelitas, -atis,* de *fides,* foi). **1.** Qualité de qqn qui est fidèle, dévoué, attaché à qqch, à qqn : *Fidélité à un principe.* — **2.** Qualité de qqn qui est constant dans ses sentiments, ses affections, ses habitudes : *Fidélité d'un ami. Fidélité d'une cliente.* — **3.** Qualité de ce qui est conforme à l'exactitude, à la vérité, de qqn qui s'y conforme : *Fidélité d'un récit.* — **4.** Qualité de qqn qui ne manque pas à une promesse, qui ne trahit pas un serment : *Fidélité à la parole donnée.* — **5.** Fait, pour un conjoint, un partenaire amoureux, d'être fidèle à l'autre, et, en partic., de ne pas commettre d'adultère : *Fidélité conjugale.* — **6.** Qualité de qqch qui n'est pas altéré au cours du temps : *Fidélité de la mémoire.* — **7.** Qualité d'un instrument de mesure qui, pour une même grandeur mesurée plusieurs fois, donne une même indication. — **8.** Concordance entre l'espace sonore perçu par un auditeur à l'écoute d'un haut-parleur placé à l'extrémité d'une chaîne électroacoustique et celui que l'on se propose de recréer au moyen de la prise de son. (Syn. anc. MUSICALITÉ.) — **9.** *Carte de fidélité,* document remis aux clients par des commerçants et qui, justifiant de leurs acquisitions antérieures, leur permet d'obtenir des remises de prix sur leurs achats.

FIDÈNES, en lat. **Fidenae** ou **Fidena,** anc. ville d'Italie, sur le Tibre, en amont de Rome. Colonie étrusque, puis soumise au roi d'Albe, elle fut conquise par Rome dès la fin du Vᵉ s. av. J.-C. (Auj. *Castel Giubileo.*)

FIDENZA, v. d'Italie, en Émilie, au N.O. de Parme ; 24 000 hab. Cathédrale romane et gothique (fin XIIᵉ-XIIIᵉ s.) avec sculptures de l'école d'Antelami.

FIDJI *(bassin des),* ensemble des fonds marins du Pacifique encadrés par les arcs insulaires et les crêtes des Fidji et de la Nouvelle-Calédonie.

FIDJI ou **FIJI** *(îles),* État de l'Océanie, formé par un archipel souvent montagneux dont les îles principales sont Viti Levu et Vanua Levu ; 18 300 km² ; 800 000 hab. *(Fidjiens).* CAP. *Suva* (sur Viti Levu). LANGUE : *anglais.* MONNAIE : *dollar fidjien.*

La population, comprenant des Mélanésiens, des autochtones et une communauté d'origine indienne, vit de l'agriculture vivrière, de la production de sucre de canne et du tourisme, favorisé par la situation au cœur du Pacifique et un climat tropical toujours chaud et souvent humide. Annexées par les Britanniques en 1874, les îles Fidji sont indépendantes depuis 1970 (exclues du Commonwealth après la proclamation de la république, en 1987).

FIDJIEN, ENNE adj. et n. Des îles Fidji.

◆ **fidjien** n. m. Langue mélanésienne parlée aux îles Fidji.

FIDONIE n. f. (de *Fidonia,* n. pr.). Phalène jaune et fauve, tachée de brun.

FIDUCIAIRE adj. (lat. *fiduciarius,* de *fiducia,* confiance). **1.** Relatif à la fiducie. — **2.** Se dit des valeurs fictives, fondées seulement sur la confiance accordée à celui qui les émet. — **3.** *Circulation fiduciaire,* circulation de la monnaie fiduciaire. ‖ *Monnaie fiduciaire,* billet de banque inconvertible en métal. (Elle sert aux paiements effectués par les particuliers. Son volume est fixé en fonction des besoins des transactions et en tenant compte du volume des autres types de monnaie [monnaie scripturale, en particulier]). ‖ *Société fiduciaire,* établissement s'occupant, pour des sociétés commerciales ou industrielles, de la comptabilité, de la fiscalité et des missions dévolues aux experts-comptables.

◆ n. m. En Suisse, intermédiaire qui intervient en opérations de fiducie pour le compte de clients, les fiduciants.

FIDUCIAIREMENT adj. De façon fiduciaire.

FIDUCIANT n. m. En Suisse, celui qui confie à un fiduciaire une mission de fiducie.

FIDUCIE n. f. (lat. *fiducia,* confiance). **1.** Technique, courante en Suisse, par laquelle une banque ou une société (le fiduciaire) reçoit d'un donneur d'ordre (le fiduciant) un dépôt avec le pouvoir de le placer en son nom, mais aux risques du fiduciant, l'identité de celui-ci demeurant cachée. — **2.** Acquisition d'un bien par un créancier qui le restitue au débiteur à l'extinction de la dette.

FIEF n. m. (frq. **fehu,* bétail). **1.** Bien, droit ou revenu qu'un vassal tenait de son seigneur. (→ *encycl.*) — **2.** Domaine où qqn est maître, que l'on considère comme sa possession : *Un fief électoral.* — **3.** *Fief de bourse,* syn. de FIEF-RENTE. ‖ *Fief corporel,* fief consistant en biens immobiliers. ‖ *Fief de corps,* fief lige comportant service militaire obligatoirement personnel. ‖ *Fief de dignité,* fief concédé par le roi et auquel était attachée une dignité (prince, duc, marquis, comte, etc.). ‖ *Fief dominant,* fief dont un autre relevait immédiatement. ‖ *Fief franc,* syn. de FRANC-FIEF. ‖ *Fief de haubert* ou *de chevalerie,* fief qui obligeait son détenteur à servir le roi à la guerre avec un équipement comprenant le haubert. ‖ *Fief incorporel,* fief consistant en un droit, un revenu ou une fonction. ‖ *Fief lige,* fief pour lequel le vassal, en prêtant foi et hommage à son seigneur, s'engageait à le servir envers et contre tous. ‖ *Fief mouvant* ou *servant,* fief relevant d'un autre fief.

ENCYCL. Le fief est la base de la féodalité : le terme, apparu au IXe s., s'est substitué à celui de bénéfice au XIe s. Le plus souvent, il s'agissait d'une terre, parfois d'un droit ou d'une rente. Destiné à assurer les moyens d'existence du vassal, il était concédé par le seigneur par l'acte d'investiture, qui avait lieu après la prestation de l'hommage et du serment de fidélité. Son détenteur était tenu d'accomplir le service, qui consistait en un certain nombre d'obligations vis-à-vis du seigneur : conseils politiques et judiciaires *(consilium),* aide militaire *(auxilium)* pour de courtes expéditions (chevauchées) ou des guerres (ost). En cas de manquement, le seigneur procédait à la confiscation provisoire (saisie) ou définitive (commise) du fief. Bien viager dont le possesseur avait l'usufruit, le fief devint héréditaire au XIe s. et transmissible à un seul héritier, généralement le fils aîné (droit d'aînesse) moyennant le versement du droit de relief. Aliénables à partir du XIIIe s., contre le paiement du droit de quint, les fiefs furent de plus en plus acquis par des non-nobles. Dépouillé de son sens primitif par l'aliénabilité et par la disparition du service d'ost due à la création d'une armée royale (XIVe s.), le terme « fief » continua à être utilisé jusqu'à la Révolution, qui interdit son emploi en 1793.

FIEFFÉ, E adj. (de *fief*). Qui a un défaut au plus haut degré : *Un fieffé menteur.*

FIEFFER v. t. (conj. 4). **1.** Donner en fief : *Fieffer un domaine.* — **2.** Pourvoir qqn d'un fief.

FIEF-RENTE n. m. (pl. *fiefs-rentes*). Fief constitué par une rente annuelle et fixe, assignée par un seigneur sur certains de ses revenus. (Syn. FIEF DE BOURSE.)

FIEL [fjɛl] n. m. (lat. *fel*). **1.** Syn. de BILE. — **2.** *Litt.* Amertume des sentiments, humeur caustique : *Propos plein de fiel.*

FIELD (John), pianiste et compositeur irlandais (Dublin 1782 - Moscou 1837). Élève de Clementi, il se fixa à Moscou (1822). Son style inspira Chopin. Il écrivit notamment des nocturnes.

FIELD (Cyrus West), industriel américain (Stockbridge, Massachusetts, 1819 - New York 1892). Il établit le premier câble sous-marin entre l'Amérique et l'Ancien Continent (1858-1866).

FIELDING (Henry), écrivain anglais (Sharpham Park, Somersetshire, 1707 - Lisbonne 1754). Auteur de comédies, farces et parodies des mœurs de son temps (*l'Amour sous plusieurs masques,* 1728 ; *la Tragédie de Tom Pouce le Grand,* 1730), il dut, sous la pression du gouvernement, indigné par ses *Annales historiques de 1736,* abandonner le théâtre pour se consacrer au journalisme, avant d'exercer sa verve et son esprit satirique dans le roman périodique avec *les Aventures de Joseph Andrews* (1742). Il évolua ensuite vers le roman réaliste (*Tom* Jones, enfant trouvé,* 1749).

FIELDS (John Charles), mathématicien canadien (Hamilton 1863 - Toronto 1932). Il est l'auteur de travaux sur les fonctions d'une variable complexe. En 1924, au VIIe Congrès international des mathématiciens, qu'il présidait à Toronto, il fit adopter la résolution de faire décerner deux médailles à chaque congrès international. À sa mort, le congrès de Zurich accepta son legs, permettant de réaliser le projet.

Fields *(médaille),* médaille d'or des prix internationaux de mathématiques qui, depuis 1936, récompense des travaux de qualité exceptionnelle dans le domaine des mathématiques. Elle est décernée tous les quatre ans, lors des congrès internationaux des mathématiciens, à des mathématiciens âgés de moins de quarante ans.

1936	(Oslo) : L. Ahlfors (Finl.), J. Douglas (É.-U.).
1950	(Cambridge, Mass.) : A. Selberg (Norv.), L. Schwartz (Fr.).
1954	(Amsterdam) : Kodaira Kunihiko (Jap.), J.-P. Serre (Fr.).
1958	(Édimbourg) : K. F. Roth (G.-B.), R. Thom (Fr.).
1962	(Stockholm) : L. Hörmander (Suède), J. W. Milnor (É.-U.).
1966	(Moscou) : M. F. Atiyah (G.-B.), P. J. Cohen (É.-U.), A. Grothendieck (Fr.), S. Smale (É.-U.).
1970	(Nice) : A. Baker (G.-B.), Hironaka Heisuke (Jap.), S. Novikov (U.R.S.S.), J. G. Thompson (G.-B.).
1974	(Vancouver) : E. Bombieri (It.), D. Mumford (É.-U.).
1978	(Helsinki) : P. Deligne (Belg.), C. Fefferman (É.-U.), D. Quillen (É.-U.), G. A. Margoulis (U. R. S. S.).

1982	(médailles décernées en 1983) : A. Connes (Fr.), W P. Thurston et Shing-Tung Yau (É.-U.).
1986	(Berkeley) : G. Faltings (R. F. A.), M. Freedman (É.-U.), S. Donaldson (G.-B).
1990	(Kyōto) : V. Drinfeld (U.R.S.S.), V. F. R. Jones (Nouvelle-Zélande), Mori Shigefumi (Jap.), E. Witten (É.-U.).
1994	(Zurich) : P.-L. Lions (Fr.), J.-C. Yoccoz (Fr.), J. Bourgain (Belg.), I. Zelmanov (Russie).

FIELDS (Claude William Dukenfield, dit **W. C.**), acteur américain (Philadelphie 1880 - Pasadena 1946). Vedette de music-hall, il fut au cinéma l'un des créateurs les plus inventifs de la comédie burlesque : *Million Dollar Legs* (1932), *Six of a Kin* (1934), *Mon petit poussin chéri* (1940).

FIELD-TRIAL [fildtrijal] n. m. (pl. *fieldtrials*) [angl. *field,* champ, et *trial,* concours]. Concours destiné à juger les qualités des chiens de chasse.

FIELLEUX, EUSE adj. *Litt.* Qui est porté à la malveillance, au dénigrement, qui témoigne de l'animosité : *Paroles fielleuses.*

FIENNES (Robert, dit **Moreau de**), connétable de France (v. 1308 - v. 1382). Il lutta contre les Anglais et se démit en 1370 de sa charge en faveur de Du Guesclin.

FIENTE [fjɑ̃t] n. f. (lat. pop. **femita,* du lat. class. *fimus,* fumier). Excréments des oiseaux et des petits mammifères.

FIENTER v. i. (de *fiente*) [conj. **3**]. En parlant d'un animal, rejeter ses excréments.

1. FIER, ÈRE [fjɛr] adj. (lat. *ferus,* farouche). **1.** Qui se croit supérieur aux autres et le manifeste par son comportement : *Depuis sa promotion, il est devenu très fier.* — **2.** *Litt.* Qui a le sentiment de son honneur, qui a des sentiments élevés : *Une âme fière.* — **3.** Qui dénote de la fierté ; altier : *Un regard fier.* — **4.** Qui tire orgueil, satisfaction de qqch, de qqn : *Il est fier de sa réussite.* — **5.** *Fam.* Remarquable en son genre, fameux (surtout péjor.) : *Tu as un fier toupet de me réclamer ça.* — **6.** *Avoir fière allure,* être plein d'élégance, de majesté, de noblesse. ‖ *Être fier de soi,* tirer satisfaction de sa propre conduite ou, au contraire, ironiq., se dit à qqn pour lui faire constater les résultats désastreux de sa conduite. ‖ *Fier comme un coq, comme Artaban, comme un pou,* plein de morgue. ‖ *Il n'y a pas de quoi être fier,* il n'y a pas lieu de se vanter de cette action peu méritoire. ‖ *Ne pas être fier,* en parlant de qqn qui a une situation sociale jugée élevée, être d'un abord simple ; être tout décontenancé.

◆ n. *Faire le fier, la fière,* se montrer plein de supériorité à l'égard d'autrui, le plus souvent mal à propos.

2. FIER (SE) v. pr. (lat. pop. **fidare,* confier, du lat. class. *fidere,* avoir confiance) [conj. **9**]. **1.** Mettre sa confiance en qqn, compter sur lui ; s'en remettre à : *Fiez-vous à moi, je saurai le convaincre.* — **2.** Accorder du crédit à qqch, croire en sa valeur, en sa réalité : *Se fier aux apparences.* — **3.** Compter sur une aptitude, sur la chance, etc : *Il se fie trop à sa mémoire.*

FIER, v. d'Albanie, au N. de Vlorë ; 28 000 hab. Centre agricole de la plaine Myzeqe. Chimie.

FIER-À-BRAS [fjɛr-] n. m. (pl. *fier-à-bras* ou *fiers-à-bras*) [de *Fierabras,* n. pr.]. *Litt.* Personne qui n'a pas le courage qu'elle affiche ; fanfaron, matamore.

Fierabras, chanson de geste du XIIe s. Elle célèbre la reconquête des reliques dont Fierabras, géant sarrasin, s'était emparé lors de la prise de Rome.

FIERASFER [fjɛrasfɛr] n. m. Nom scientifique de l'aurin.

FIÈREMENT adv. **1.** Avec dignité, noblesse, courage ; bravement : *Répondre fièrement à son adversaire.* — **2.** *Vx.* Beaucoup, grandement : *Être fièrement habile.*

FIERENS (Paul), historien d'art belge (Paris 1895 - *id.* 1957), fils de l'historien d'art Hippolyte Fierens-Gevaert (1870-1926). Il fut critique d'art à Paris, professeur à Liège, conservateur (1945) puis conservateur en chef (1947) des Musées royaux de Bruxelles.

FIERLINGER (Zdeněk), homme politique tchécoslovaque (Olomouc 1891 - Prague 1976). Président du parti social-démocrate (1945-1947), il fut président du Conseil en 1945-46. Membre du présidium du parti communiste (1948-1966), il assuma la vice-présidence du Conseil de 1953 à 1964.

FIÉROT, OTE adj. et n. (de *fier 1*). *Fam.* Qui est satisfait de soi-même, qui marque de façon ridicule son contentement de soi : *Faire le fiérot.*

FIERTÉ n. f. **1.** *Litt.* Caractère de qqn qui se croit supérieur aux autres ; morgue, arrogance, hauteur : *Abaisser la fierté de quelqu'un.* — **2.** *Litt.* Indépendance de caractère de qqn qui a le sentiment de son honneur ; dignité, noblesse, amour-propre : *Il souffrait dans sa fierté d'homme.* — **3.** Sentiment d'orgueil, de satisfaction légitime de soi ; ce qui fait concevoir ce sentiment : *Il tire une grande fierté d'avoir achevé son entreprise.*

FIESCHI → Fiesque.

FIESCHI (Giuseppe ou Joseph), conspirateur français d'origine corse (Murato 1790 -Paris 1836). Avec des républicains, il organisa un attentat contre Louis-Philippe, le 28 juill. 1835, à Paris, faisant éclater, sur le passage du roi, une « machine infernale ». Il y eut 18 morts, dont le maréchal Mortier. Condamné à mort, Fieschi fut décapité (1836).

FIESOLE, v. d'Italie, en Toscane, au N.-E. de Florence ; 15 000 hab. Centre touristique.
— **Bx-arts.** Vestiges étrusques (enceinte) et romains (théâtre). Cathédrale romane, remontant à 1028, et autres monuments. Musées. Aux environs, abbatiales de S. Domenico et Badia Fiesolana, reconstruites au XVe s.

FIESQUE, en ital. **Fieschi,** famille noble génoise dont les origines remontent au XIIe s. Appartenant au parti guelfe, elle s'opposa à Gênes, au cours du XIIIe s., aux Doria et aux Spinola. — SINIBALDO devint pape en 1243 sous le nom d'Innocent IV. — OTTOBONO fut pape en 1256 sous le nom d'Adrien V. — LUCA († Avignon 1336), cardinal (1300), délivra le pape Boniface VIII lors de l'attentat d'Anagni (1303). — GIAN LUIGI, comte *de Lavagna* (Gênes v. 1522 - *id.* 1547), tenta en vain de restaurer la suprématie de sa famille sur Gênes en organisant une conjuration contre Andrea Doria (1546). Son histoire inspira plusieurs écrivains, dont Schiller (*la Conjuration de Fiesque,* 1783).

Fiessinger-Leroy-Reiter *(syndrome de),* syndrome associant une polyarthrite subaiguë, une urétrite, une conjonctivite et qui apparaît après une dysenterie bacillaire ou un épisode diarrhéique mal identifié. L'infection est due à un germe du genre chlamydia* appartenant au groupe TRIC. La présence de l'antigène HLAB 27 est souvent constatée. Ses rapports avec la spondylarthrite ankylosante sont reconnus. (Syn. SYNDROME DE REITER.)

FIESTA n. f. (esp. *fiesta,* fête). *Fam.* Réjouissance collective animée : *Faire une grande fiesta pour arroser une promotion.*

FIÈVRE n. f. (lat. *febris*). **1.** Élévation de la température du corps au-dessus de la normale (hyperthermie), accompagnée le plus souvent d'un malaise général et de divers symptômes. (→ *encycl.*) — **2.** État d'agitation, de surexcitation ; fébrilité : *Préparer avec fièvre un examen.* — **3.** Manie, désir ardent de qqch : *Être pris d'une fièvre d'écrire.* — **4.** *Fièvre catarrhale du mouton,* maladie infectieuse du mouton, due à un virus transmis par des moustiques qui provoque une cyanose de la langue (langue bleue, ou *blue tongue*). ‖ *Fièvre de lait,* forme atténuée d'infection puerpérale, ainsi nommée parce qu'elle coïncide avec la montée laiteuse. ‖ *Fièvre de lait,* ou *fièvre vitulaire,* maladie métabolique des vaches grosses productrices de lait, caractérisée par une parésie générale, survenant au moment de la parturition. (Son traitement repose sur l'injection intraveineuse de sels de calcium.) ‖ *Fièvre de Malte,* syn. de BRUCELLOSE. ‖ *Fièvre quarte, fièvre tierce,* fièvres intermittentes, formes particulières du paludisme.

ENCYCL. **Pathol.** Mesurée dans l'anus ou dans la bouche, la température ne doit pas dépasser 37 °C le matin et 37,5 °C le soir, au repos (mesurée dans l'aisselle, elle est inférieure de cinq dixièmes de degré). L'augmentation de la température est une réaction de l'organisme à une agression, le plus souvent infectieuse. Le degré de la fièvre n'est pas proportionnel à la gravité de la maladie. Si certaines infections graves (typhoïde, typhus) s'accompagnent d'une fièvre très élevée, on voit souvent, surtout chez l'enfant, des infections bénignes s'accompagner de fièvre à 39 ou 40 °C ; inversement, différentes infections graves se manifestent avec une fièvre modérée (moins de 38 °C), telles certaines diphtéries ou certaines appendicites.

Le retour de la température à la normale marque généralement le début de la convalescence ; il peut être brutal ou progressif, et l'on voit souvent, après les fortes fièvres, une chute de la température au-dessous de la normale. Dans certains cas, une chute brutale de la température au cours de la maladie peut être le signe d'une complication (typhoïde, par ex.).

FIÉVREUSEMENT adv. De façon fiévreuse, fébrilement : *Attendre fiévreusement l'arrivée de quelqu'un.*

FIÉVREUX, EUSE adj. **1.** Qui dénote la fièvre ; fébrile : *Pouls fiévreux.* — **2.** Qui est dans un état de fièvre, de surexcitation, d'agitation, d'inquiétude : *Foule fiévreuse.* — **3.** Qui atteint un haut degré d'intensité, frénétique : *Activité fiévreuse.* ◆ adj. et n. Qui a de la fièvre.

FIFILLE n. f. *Fam.* Terme d'amitié qu'on utilise en s'adressant à une fillette.

FIFRE n. m. (haut all. *pfifer*). **1.** Petite flûte traversière à 6 trous au son aigu et au timbre perçant. — **2.** Personne qui en joue.

FIFRELIN n. m. (all. *Pfifferling,* girolle). *Fam.* et *vx.* Chose sans valeur, petite monnaie : *Ça ne vaut pas un fifrelin.*

FIFTIES [fiftiz] n. f. pl. (mot angl.). *Fam.* Les années cinquante : *Le retour aux fifties de la mode rétro.*

1. FIFTY-FIFTY adv. (angl. *fifty-fifty,* cinquante-cinquante). *Fam.* Moitié-moitié : *Partager fifty-fifty.*

2. FIFTY-FIFTY n. m. (pl. *fifty-fifties*) [de *fifty-fifty 1*]. Yacht de croisière sur lequel les moteurs et la voilure ont une importance égale.

FIGARI (20114), ch.-l. de cant. de la Corse-du-Sud, au N.-E. du *golfe de Figari ;* 926 hab. Aérodrome. Vignobles.

FIGARI (Pedro), peintre, écrivain et homme politique uruguayen (Montevideo 1861 - *id.* 1938). Il se consacra à la peinture à l'âge de 50 ans et travailla de 1926 à 1935 à Paris. Il a représenté la vie des Noirs et des gauchos d'Amérique du Sud.

FIGARO n. m. (de *Figaro,* n. pr.). *Fam.* et *vx.* Coiffeur.

Figaro, type créé par Beaumarchais dans sa trilogie dramatique composée du *Barbier* de Séville* (1775), du *Mariage* de Figaro* (1784) et de *la Mère coupable* (1792). Barbier passé au service du comte Almaviva, spirituel et intrigant, Figaro symbolisa le tiers état luttant contre les privilèges de la noblesse.

Figaro *(les Noces de)* → NOCES DE FIGARO (les).

Figaro *(le),* hebdomadaire satirique fondé en 1854 par H. de Villemessant et qui devint quotidien en 1866. Lors de l'affaire Dreyfus, *le Figaro* prit parti pour Dreyfus. E. Zola, M. Barrès, A. France participèrent à la rédaction du journal. G. Calmette, directeur du journal en 1903, fut assassiné en 1914 par Mme J. Caillaux. F. Coty devint directeur en 1927. Pendant la Seconde Guerre mondiale, *le Figaro,* qui dénonça le nazisme, cessa de paraître en nov. 1942. Il reparut en août 1944, avec P. Brisson comme directeur. À la mort de ce dernier (1964), le journal fut acheté par le groupe Prouvost-Beghin, qui le céda à R. Hersant en juill. 1975. Depuis 1980, *le Figaro* est couplé avec *l'Aurore.* En 1986 est lancée une édition régionale, *Lyon-Figaro.*

FIGATELLI n. m. pl. (mot corse). Saucisse de foie de porc fumée, que l'on peut manger crue ou cuite. (Spécialité corse.)

FIGEAC (46100), ch.-l. d'arrond. du Lot, sur le Célé ; 10 380 hab. *(Figeacois).* Au Moyen Âge remontent deux églises, des maisons et l'hôtel de la Monnaie (XIIIe s.). Musée Champollion dans la maison natale de l'égyptologue. Marché agricole. Constructions mécaniques.

FIGEAGE n. m. (de *figer*). Interruption périodique du travail d'une gare de triage, généralement en fin de semaine.

FIGEMENT n. m. **1.** Action d'un corps gras qui se fige. — **2.** État de ce qui est figé.

FIGER v. t. (lat. pop. **feticare,* prendre l'aspect du foie, de **feticum,* foie) [conj. 17]. **1.** Solidifier un corps gras, un liquide, en parlant du froid : *L'air froid fige l'huile.* — **2.** Empêcher qqch d'évoluer, de se modifier, lui donner un aspect rigide, immuable : *Figer une politique.* — **3.** Immobiliser qqn dans une attitude rigide, glaciale : *Son arrivée brutale figea les invités.* — **4.** *Figer le sang dans les veines (à qqn),* produire un sentiment d'effroi. ◆ v. i. ou **se figer** v. pr., **être figé** v. pass. **1.** En parlant d'un corps gras liquide, se solidifier sous l'effet d'un abaissement de la température. — **2.** En parlant du sang, se coaguler. ◆ **se figer** v. pr., **être figé** v. pass. **1.** S'immobiliser dans une attitude, volontairement ou sous l'effet d'une émotion, de la surprise : *Se figer au garde-à-vous.* — **2.** Conserver de façon immuable le même comportement, ne plus évoluer ni varier dans ses opinions ; devenir rigide, se scléroser : *Morale figée.* — **3.** En parlant d'un sourire, d'une attitude, s'arrêter et perdre de son expression.

FIGINI (Luigi), architecte italien (Milan 1903). Architecte de la première école rationaliste et cofondateur du *Gruppo 7,* il a réalisé, avec Gino Pollini et Annibale Fiocchi, les usines Olivetti d'Ivrée (1934). Après la guerre, il a élevé à Milan deux églises qui se rattachent au brutalisme.

FIGL (Leopold), homme politique autrichien (Rust, Basse-Autriche, 1902 - Vienne 1965). Membre du parti du peuple (catholique), il fut chancelier de 1945 à 1953, puis ministre des Affaires étrangères (1953-1959) et président de l'Assemblée nationale (1959-1962).

FIGNER (Vera Nikolaïevna), révolutionnaire russe (dans le gouvern. de Kazan 1852 - Moscou 1942). Membre de l'organisation populiste « Liberté du peuple », elle prit part à plusieurs tentatives d'assassinat contre Alexandre II et fut arrêtée en 1883. Elle publia ses *Mémoires* (1921-22).

FIGNOLAGE n. m. Action de fignoler ; recherche minutieuse dans l'exécution.

FIGNOLER v. t. (de *fin 2*) [conj. 3]. Exécuter qqch avec soin, avec minutie, avec un grand souci du détail : *Fignoler un texte.*

FIGNOLEUR, EUSE adj. et n. Qui fignole, perfectionne un ouvrage, parfois à l'excès.

FIGNON (Laurent), coureur cycliste français (Paris 1960). Il a remporté le Tour de France en 1983 et en 1984, et le Tour d'Italie en 1989.

FIGUE n. f. (anc. provenç. *figa,* du lat. *ficus*). **1.** Fruit du figuier résultant du développement d'un réceptacle charnu (sycone) et consommé frais ou séché. — **2.** Nom donné à de nombreux autres fruits : *figue de Barbarie,* fruit de l'opuntia ; *figue caque,* fruit de *Diospyros kaki ; figue d'enfer,* grand pignon d'Inde, fruit de *Jatropha curcas ; figue des Hottentots,* fruit de *Carpobrotus.* — **3.** Litt. *Faire la figue à qqn,* lui faire un geste de moquerie en montrant le bout du pouce entre l'index et le médius ; railler, se moquer. ‖ *Figue d'été, figue fleur, première figue,* figue qui ne mûrit pas à l'automne mais qui, arrêtée dans son développement pendant l'hiver, mûrit l'été suivant.

◆ adj. *Mi-figue, mi-raisin,* ambigu, mitigé, avec un mélange de satisfaction et de mécontentement, ou de plaisanterie et de sérieux.

FIGUE-BANANE n. f. (pl. *figues-bananes*). Fruit du bacovier.

FIGUEIREDO (Cristóvão DE), peintre portugais, actif de 1515 à 1543. Il fut peintre du roi Manuel Ier, puis du cardinal-infant Alphonse. Son style se caractérise par la vigueur de l'expression dramatique (*Mise au tombeau* du musée de Lisbonne, v. 1530).

FIGUEIREDO (João Baptista), général et homme d'État brésilien (Rio de Janeiro 1921). Président de la République de 1978 à 1985, il a poursuivi le processus de libéralisation engagé par les militaires et assuré la passation des pouvoirs aux civils en laissant élire le libéral Tancredo Neves (déc. 1984).

FIGUERAS, v. d'Espagne, en Catalogne, dans la plaine de l'Ampurdán ; 31 000 hab. Anc. place forte surveillant la frontière française. Musée Salvador Dalí.

FIGUERES FERRER (José), homme d'État du Costa Rica (San Ramón, près d'Alajuela, 1906 - San José 1990). Il a dominé la vie du Costa Rica contemporain. Chef de file de la révolution de 1948, fondateur du parti de libération nationale (1951), il a été président de la République de 1953 à 1958 et de 1970 à 1974.

FIGUEROA (DE), famille d'architectes espagnols, figures dominantes du rococo sévillan. — LEONARDO (Utiel, près de Cuenca, v. 1650 - Séville 1730) a donné à Séville un aspect nouveau par l'emploi décoratif de la brique : hôpital des Venerables Sacerdotes (1687), église de S. Luis (1699), palais de S. Telmo (1724), etc. — Ses fils MATÍAS JOSÉ (Séville 1689 - *id.* v. 1765) et AMBROSIO (Séville v. 1700 - *id.* 1775) ont poursuivi son œuvre. — Son petit-fils ANTONIO MATÍAS (Séville v. 1734 - 1796) a notamment élevé la tour de S. Gil à Écija.

FIGUIER n. m. (de *figue*). **1.** Arbre ou arbrisseau (moracée) des régions chaudes, à bois mou, aux feuilles rugueuses et digitées, cultivé pour son fruit, la figue. — **2.** *Figuier de Barbarie,* nom usuel de l'*opuntia*, ou *cactus commun.* ‖ *Figuier banian,* syn. de BANIAN.

FIGUIG, oasis saharienne du sud-est du Maroc, près de la frontière algérienne.

FIGULIN, E adj. (lat. *figulinus,* de *figulus,* potier). **1.** Relatif à une poterie ou à une terre à potier. — **2.** Se dit des poteries émaillées de Bernard Palissy ornées de figures et de plantes en relief. — **3.** *Argile figuline,* argile liante contenant de la chaux, utilisée pour des terres cuites dont la cuisson ne nécessite pas une haute température.

FIGURANT, E n. (de *figurer*). **1.** Acteur, actrice à qui l'on ne demande que la présence dans une pièce de théâtre, un film, un ballet, etc. — **2.** Personne, groupe, pays qui fait seulement acte de présence, sans jouer aucun rôle réel.

FIGURATIF, IVE adj. (bas lat. *figurativus,* symbolique). **1.** Qui est la représentation réelle de qqch, par oppos. à ce qui est représenté sous la forme de symbole ou de plan : *Dessin figuratif.* — **2.** Se dit d'un art qui s'exprime au moyen de la représentation de la réalité extérieure, par oppos. à l'*art abstrait,* ou *non-figuratif.* ‖ *Plan figuratif,* en perspective, plan vertical sur lequel est figurée une représentation (c'est la surface d'un tableau, d'un dessin, etc.) ; plan représentant l'ensemble ou certains des bâtiments d'une ville par leur figuration perspective.

◆ n. Artiste qui pratique un art figuratif.

FIGURATION n. f. (lat. *figuratio, -onis*). **1.** Action de représenter qqch sous une forme visible ; fait d'être ainsi représenté. — **2.** Ensemble des figurants dans une pièce de théâtre, un ballet, un film. — **3.** Art figuratif. (→ *encycl.*) — **4.** En psychanalyse, traduction du contenu latent d'un rêve en images visuelles. — **5.** *Faire de la figuration,* avoir un rôle de figurant, faire le métier de figurant ; jouer un rôle purement décoratif dans une réunion, une assemblée. ‖ *Figuration intelligente,* celle où les figurants interviennent dans l'action par un petit rôle, une réplique. ‖ *Figuration libre,* tendance hétérogène de la peinture française des années 80, fondée sur le retour à des valeurs picturales et à une iconographie haute en couleur, avec des références diverses au « grand style » comme à l'art populaire et à la bande dessinée. ‖ *Figuration de l'ennemi* ou *des feux,* dans les exercices ou les manœuvres, représentation, sur le terrain, de l'ennemi par toutes sortes d'artifices (fanions, fusées, etc.).

ENCYCL. **Art contemp.** Au moment où, après la Seconde Guerre mondiale, l'art abstrait bouleverse les données esthétiques modernes, la figuration devient, pour certains artistes classés dans l'« avant-garde », un choix déterminé : manifestation d'un rapport subjectif à la réalité (groupe Cobra, Bacon, Dubuffet, Rebeyrolle, etc.), volonté politique (Guttuso), investigation poétique (les surréalistes, Balthus) ; parfois même, elle apparaît comme l'aboutissement d'une démarche d'abord abstraite (Hélion). À la fin des années 50, une réaction contre l'abstraction se développe avec un retour à l'objet et à l'image empruntés à l'environnement urbain et quotidien (pop art, nouveau réalisme).

À partir des années 60 s'affirme, en Europe, une quête d'images significatives du monde d'aujourd'hui sous l'aspect iconographique, sociologique et idéologique. Dans cette voie, où se situent des peintres comme Erró, le Suédois Öyvind Fahlström, proches du pop art, Cremonini, adepte d'un réalisme halluciné, ou Dado et Velićković, héritiers du surréalisme et de l'expressionnisme, la « nouvelle figuration » s'impose durant les années 60. Elle se développe suivant deux axes principaux (avec de multiples interférences) : d'une part, l'analyse de l'image et de ses structures (Adami, Raysse, Télémaque, Peter Klasen, Michelangelo Pistoletto, Peter Stämpfli, etc.) ; d'autre part, l'affirmation d'un contenu en prise sur la réalité sociale contemporaine et débouchant sur une peinture narrative et « politique » (les Espagnols Arroyo, Juan Genovés, Rafael Canogar ainsi que l'Equipo Crónica ; l'Italien Antonio Recalcati ; les Français Aillaud, Rancillac, Monory, la coopérative des Malassis, Fromanger, Ernest Pignon-Ernest, etc.). Souvent d'exécution froide (comme un peu plus tard chez les *hyperréalistes* américains), cette figuration témoigne parfois aussi d'un regain d'intérêt pour le « métier », notamment dans le dessin (Titus-Carmel, Wolfgang Gäfgen, Bernard Moninot, etc.).
Toute différente est, vers la fin des années 70 et dans les années 80, la figuration puissante et exubérante, volontiers chargée de références historiques et culturelles, qui trouve ses meilleurs représentants en Allemagne (Ralf Winkler, dit A.R. Penck, Sigmar Polke ; les « nouveaux expressionnistes » Georg Baselitz, Markus Lüpertz, Anselm Kiefer, Jörg Immendorff, etc.), en Italie (la « transavantgarde » de Sandro Chia, Enzo Cucchi, Francesco Clemente, Mimmo Paladino, etc.), en France (à côté des abstraits « reconvertis » [L. Cane, Vincent Bioulès], la « figuration libre » de Hervé Di Rosa, Robert Combas ou, apparentée, de Jean-Charles Blais ; les références classiques de Jean-Michel Alberola et de Gérard Garouste) et aux États-Unis (Jonathan Borofsky, Julian Schnabel, David Salle, Robert Longo, etc.).

FIGURATIVEMENT adv. En exprimant qqch d'une façon figurative.

FIGURE n. f. (lat. *figura,* forme). **1.** Partie antérieure de la tête ; face, visage : *Se laver la figure.* – **2.** Cette partie du corps considérée par rapport aux expressions qu'on y lit ; air, mine : *Sa figure s'allongea.* – **3.** Personnage célèbre ou personnalité marquante : *Une grande figure du monde politique.* – **4.** Toute illustration (schéma, dessin, photo) dans un ouvrage (abrév. *fig.*). – **5.** Type humain, description caractéristique d'un personnage : *La figure du héros dans telle pièce de théâtre.* – **6.** Enchaînement de mouvements formant un tout, en partic. en danse, dans certains sports (patinage, plongeon, ski nautique, etc.), dans des exercices de voltige aérienne, de carrousel équestre, de manège, etc. (→ *encycl.* Aéron.) [On distingue les figures libres et les figures imposées.] – **7.** *Faire bonne figure,* faire bonne contenance dans une épreuve, s'en tirer à son avantage, être à la hauteur. ‖ *Faire figure de,* être considéré comme, passer pour. ‖ *Faire triste, piètre figure,* avoir l'air sombre ou ne pas être à son avantage dans une situation, ne pas être à la hauteur. ‖ *Figure de proue,* représentation d'une figure humaine, d'un dieu, d'une créature fantastique, qui était fixée à l'avant des anciens navires ; personnalité marquante d'un groupe, d'un mouvement. ‖ *Ne plus avoir figure humaine,* se dit de qqn devenu méconnaissable ou de qqch qui est très endommagé. ‖ *Prendre figure,* commencer à se réaliser, prendre forme. • **Arts décor.** Personnage en ronde bosse ou en relief, participant au décor des meubles, des objets (céramique, orfèvrerie...), des intérieurs (bustes, statuettes...). – **Bois.** Aspect décoratif d'un bois, révélé au débit, au tranchage. – **Bx-arts.** Représentation d'un être humain ou d'un animal dans son entier. (La *demi-figure* représente la moitié supérieure de l'être humain.) ‖ Un des types (le moins allongé) de format des châssis pour tableaux. ‖ *Figure de caractère,* figure, tête travaillée dans le sens de l'intensité expressive. (L'enseignement académique classique comportait ce genre de recherches sur la physionomie. Dans le cas d'un visage, on dit aussi *tête d'expression.*) ‖ *Figure d'ornement* ou *de fantaisie,* figure associant des éléments réels et des éléments imaginaires, voire fantastiques. – **Céram.** Statuette à un ou plusieurs personnages. – **Hérald.** Toute image qui figure sur le champ ou sur un quartier de l'écu. – **Jeux.** Carte sur laquelle est représenté un personnage (roi, dame ou valet). – **Log.** Chacune des formes du syllogisme résultant de la place du moyen terme dans les prémisses. – **Math.** Dessin servant à visualiser certains êtres mathématiques et permettant, en particulier en géométrie, d'éclairer une démonstration. – **Mus.** *Figure de note,* représentation graphique d'un son musical, indiquant sa durée (ex., la *ronde*). – **Psychol.** Façon dont un élément individualisé et structuré se détache sur ce qui l'entoure. – **Rhét.** Unité linguistique ou disposition d'unités linguistiques comportant un écart sensible par rapport à la norme ou à l'usage. (→ *encycl.*)

ENCYCL. **Aéron.** En voltige aérienne, on distingue les *figures déclenchées,* réalisées sous le seul effet des forces extérieures, et les *figures*

commandées, dans lesquelles, au contraire, l'avion est constamment dirigé par le pilote.
– **Rhét.** La notion de figure présuppose une opposition entre un usage normal de la langue et un usage imagé qui viserait à évoquer, à signifier par symboles. On peut distinguer : 1° les *figures de diction :* l'allitération, l'aphérèse, l'apocope, l'apophonie, l'assonance, la crase, la diérèse, la métathèse, la paragoge (ou épenthèse), la paronomase, la prothèse, la syncope, la synérèse ; 2° les *figures de construction :* l'anacoluthe, l'anaphore, l'asyndète, le chiasme (ou opposition), l'ellipse, l'enallage, l'hyperbate (ou inversion), le pléonasme, la répétition, la syllepse, la tautologie, le zeugma ; 3° les *figures de mots,* ou *tropes :* l'allégorie, l'allusion, l'antiphrase, l'antonomase, la catachrèse, l'euphémisme, l'hypallage, la métaphore, la métonymie, la synecdoque ; 4° les *figures de pensée,* ou *de style :* l'antithèse, l'apostrophe, la concession, l'énumération, l'exclamation, la gradation, l'hyperbole, l'interrogation, l'imprécation, la litote, la périphrase, la prétérition, la prosopopée, la réticence.

1. FIGURÉ → FIGURER.

2. FIGURÉ n. m. *Au figuré,* dans un sens figuré. ‖ *Figuré du terrain,* représentation conventionnelle, sur les cartes, des formes et, éventuellement, de la nature du terrain par des courbes de niveau, des hachures ou un estompage.

FIGURÉMENT adv. Au figuré, dans le sens figuré.

FIGURER v. t. (lat. *figurare*) [conj. 3]. **1.** Représenter qqch par le dessin, la peinture, la sculpture, etc. : *Une tapisserie qui figure une scène de chasse.* – **2.** Représenter qqch par un signe de convention, par une figure allégorique ; symboliser : *La balance et le glaive figurent la justice.*
◆ v. i. **1.** Se trouver, apparaître, être mentionné qqpart : *Votre nom figure sur la liste.* – **2.** *Ne faire que figurer qqpart,* n'y jouer aucun rôle important. – **3.** *Figurer (à l'arrivée),* dans une course, une compétition, être classé. – **4.** Jouer un rôle accessoire, être un figurant au théâtre ou au cinéma.
◆ **être figuré** v. pass. **1.** Être représenté par une figure, un dessin : *Plan figuré.* – **2.** Se dit d'un chapiteau, d'un meuble, etc., orné de figures. • **Anat.** *Élément figuré,* élément qui affecte une forme propre, visible au microscope, par oppos. aux *éléments amorphes.* (Les éléments figurés du sang sont les globules rouges, les globules blancs et les plaquettes.) – **Bois.** *Bois figuré,* bois présentant une figure susceptible d'un effet ornemental (bois moiré, ondé, frisé, pommelé, rubané, drapé ou chenillé). – **Ling.** *Sens figuré,* sens qui est perçu comme résultant d'une figure de style, particulièrement d'une métaphore ou d'une métonymie, par oppos. au sens dit *propre.* – **Mil.** *Ennemi figuré,* dans les exercices ou les manœuvres, ennemi représenté par des éléments réduits qui, conventionnellement, correspondent à des unités plus fortes. – **Rhét.** *Style figuré,* où l'on emploie un grand nombre de figures, de métaphores.
◆ **se figurer** v. pr. **1.** Se représenter qqch, qqn par l'imagination : *Figurez-vous une sorte de nain.* – **2.** S'imaginer que, croire que : *Il se figure que je vais laisser faire ça !* – **3.** *Figure-toi, figurez-vous que,* attire l'attention sur une déclaration inattendue ; s'emploie sans compl. après une affirmation comme marque d'insistance.

FIGURINE n. f. (ital. *figurina*). Petite sculpture en ronde bosse d'une taille inférieure à 25 cm : *Les figurines de Noël.*

FIGURISME n. m. (de *figure*). Méthode qui consiste à systématiser les données du sens figuratif de l'Ancien Testament, à retrouver sous les images bibliques le déroulement de l'histoire de l'Église et à en prévoir l'évolution future de la même manière.

1. FIGURISTE n. m. (de *figure*). Mouleur de figures en plâtre ou en stuc, par oppos. au sculpteur ornemaniste.

2. FIGURISTE adj. et n. Relatif au figurisme ; partisan du figurisme.

FIJI *(îles)* → FIDJI.

FIL n. m. (lat. *filum*). **1.** Cylindre de longueur indéfinie et de diamètre uniforme, d'une matière quelconque. – **2.** Brin de matière textile, de fibre, de matière métallique servant à divers usages : *Les fils d'une ficelle. Fil du téléphone.* – **3.** Filament durci de la pousse de certains haricots sous l'effet de la croissance : *Haricots verts sans fils.* – **4.** *Litt.* Lien qui attache à qqn, à qqch (surtout pl.) : *Des fils ténus me retenaient près de lui.* – **5.** Moyen secret d'action ou d'influence (surtout au pl.) : *Tenir tous les fils d'une affaire.* – **6.** Partie coupante ; tranchant : *Fil d'une épée.* – **7.** *Litt.* Série, succession continue, dont l'interruption met fin à une existence physique ou morale : *Le fil de la vie.* – **8.** Enchaînement logique d'une succession d'événements, d'idées, etc. ; suite : *Suivre le fil d'un discours.* – **9.** *Fam.* Téléphone : *Avoir quelqu'un au bout du fil. Donner un coup de fil.* – **10.** *Au fil de l'eau,* à la dérive, en suivant le courant. ‖ Fam. *Avoir un fil à la patte,* ne pouvoir décider et agir librement ; être engagé par les liens du mariage. ‖ *Donner du fil à retordre à qqn,* lui causer des embarras, des difficultés. ‖ *Droit fil,* sens des fils d'une étoffe ; ligne principale de pensée, d'action, etc. ‖ *Être sur le fil du rasoir,* être dans une situation instable et dangereuse. ‖ *Fil d'Ariane, fil conducteur,* ce qui sert à guider, à diriger dans une situation complexe. ‖

Ne tenir qu'à un fil, tenir par un fil, être fragile, précaire : *Sa vie ne tient qu'à un fil.* • **Bât.** *Fil à plomb,* masse de métal attachée à l'extrémité d'un fil et servant à vérifier l'aplomb d'objets ou d'ouvrages de charpente, de maçonnerie, etc. — **Bijout.** *Fil couteau,* lame métallique extrêmement fine sur laquelle on sertit des gemmes très petites, appelées « illusions ». — **Bois.** Direction générale des éléments allongés du bois (fibres et vaisseaux chez les feuillus, trachéides chez les conifères). — **Carr.** Dans un banc ou dans un bloc de pierre ou de marbre, surface de fêlure, de forme et de direction quelconques. ‖ *Fil hélicoïdal,* câble d'acier utilisé pour scier la pierre. — **Ch. de f.** *Fil de contact,* dans la caténaire, fil sur lequel frotte la semelle du pantographe pour assurer le captage du courant. — **Électr.** *Au fil de l'eau,* se dit d'une centrale hydroélectrique ne comportant pas de barrage, dont le canal d'amenée est à faible pente et ne contient aucune réserve d'eau. ‖ *Fil (conducteur),* fil métallique utilisé comme conducteur électrique. — **Grav.** *Bois de fil,* bois utilisé par les graveurs sous forme de planche découpée dans le sens des fibres (pratique traditionnelle, plus fréquente que celle du *bois de bout*). — **Métall.** *Fil (métallique),* pièce métallique cylindrique, de grande longueur et de faible section. (→ *encycl.*) — **Min.** *Fil de mine,* direction principale des diaclases dans le minerai et ses épontes. — **Presse.** Téléscripteur (fam.). — **Télécomm.** *Circuit à deux fils,* circuit de télécommunication formé sur deux fils conducteurs, qui fournissent simultanément une voie de transmission dans chaque sens, dans la même bande de fréquences. ‖ *Circuit à quatre fils,* circuit de télécommunication dont les deux voies de transmission, de sens opposés, sont formées chacune sur une paire distincte de conducteurs. — **Text.** Ensemble de faible section et de très grande longueur, formé de filaments continus ou de fibres discontinues maintenues ensemble généralement par torsion. (→ *encyl.*) ‖ *Fil à âme,* syn. de CORE-YARN. ‖ *Toile de fil,* toile de lin ou de chanvre. — **Verr.** Fine hétérogénéité dans la masse du verre, apparaissant comme un fil plus ou moins long et régulier. — **Zool.** Soie sécrétée sous forme de fil par les araignées et certaines chenilles. (Les *fils calamistrés,* cardés et gluants, servent à la capture des proies ; les *fils simples* servent à la suspension de la toile.) ‖ *Fils de la Vierge,* fils sécrétés à l'automne par les jeunes araignées en vue de donner prise au vent et d'assurer leur transport à distance. (→ *encycl.*) ‖ *Ver fil de fer,* nom usuel de la larve d'agriote.

ENCYCL. **Métall.** Pour fabriquer les fils métalliques, on réduit par laminage à chaud le diamètre de barres ou de billettes. Le diamètre de ce *fil machine* est ensuite réduit par tréfilage* à froid. Un fil métallique peut être employé seul ou toronné avec d'autres fils pour constituer un câble. Les fils d'acier sont aussi utilisés pour fabriquer des grillages, des treillis, des clous, pointes, etc.
Les fils de platine s'emploient en orfèvrerie, dans des appareils de laboratoire et dans les couples thermoélectriques. Les fils d'argent et d'or sont utilisés dans la passementerie, la bijouterie, l'orfèvrerie. Les fils d'argent constituent généralement la partie fusible des coupe-circuit électriques. Les fils de tungstène sont utilisés dans les filaments de lampes à incandescence ; les fils de magnésium dans certaines lampes de photographie et dans le soudage aluminothermique. Les fils de cuivre servent au transport du courant électrique.
— **Text.** La torsion appliquée aux fils dépend de leur destination : forte pour les fils de chaîne, qui doivent être résistants ; faible pour les fils à tricoter, qui doivent être gonflants. En retordant ensemble deux ou plusieurs fils simples, on obtient des fils retors plus résistants. Le retordage de fils retors donne des câblés, utilisés en fil à coudre. La grosseur des fils s'exprime en grammes pour 1 000 m de fil (système officiel) ou par le numéro métrique.

FIL-À-FIL n. m. inv. Tissu de laine ou de coton dans lequel l'effet chiné est obtenu en ourdissant et en tramant successivement un fil clair, un fil foncé, etc.

FILAGE n. m. (de *filer*). **1.** Transformation des fibres textiles en fils ; ouvrage du fileur : *Le filage de la laine.* — **2.** Production de fibres, et plus spécifiquement de fils multifilaments, par extrusion de polymère fondu ou en solution, à travers les orifices d'une filière. (Cette opération est suivie d'un étirage qui oriente les chaînes moléculaires et confère aux fibres leurs caractéristiques mécaniques.) — **3.** Action de tailler une moulure ou de peindre des filets. — **4.** Mise en forme continue d'une pâte céramique classique au moyen d'une filière, précédée d'un propulseur et suivie d'un appareil coupeur. (Syn. EXTRUSION.) — **5.** Mise en forme, à froid ou à chaud, de pièces métalliques profilées par écoulement du métal au travers d'une filière. (Syn. EXTRUSION.) — **6.** Substitution par le prestidigitateur d'une carte à une autre carte à l'insu du spectateur. — **7.** *Filage de l'huile,* opération consistant à répandre de l'huile sur la mer en vue de la calmer, quand elle est trop violente.

1. FILAIRE adj. (de *fil*). **1.** Se dit des appareils de transmission militaire fonctionnant par fil conducteur. — **2.** Se dit, en conception et en fabrication assistées par ordinateur, d'un type de représentation des objets sur écran, dans lequel n'apparaissent que les arêtes extérieures de ces objets.

2. FILAIRE n. f. (lat. sc. mod. *filaria,* du lat. class. *filum,* fil). Ver nématode filarioïdé parasite des vertébrés et dont plusieurs espèces provoquent chez l'homme des filarioses.

FILĀLĪ n. m. (ar. *filālī*). Cuir de mouton tanné, le plus souvent rouge, dont le « maroquin » du Maroc est la variété la plus anciennement connue en Europe.

FILAMENT n. m. (lat. médiév. *filamentum,* assemblage de fil, de *filum,* fil). Élément de forme fine et allongée ; fibre ou matière qui a cette forme : *Les filaments de l'amiante.* • **Anat.** *Filament axile,* cylindraxe ou axone des neurones. — **Astron.** Protubérance solaire vue en projection sur le disque du Soleil. — **Électr.** Dans des lampes électriques, fil conducteur de faible diamètre porté à l'incandescence par le passage du courant. ‖ *Filament émissif,* fil métallique réfractaire donnant lieu à une forte émission électronique lorsqu'il est porté à l'incandescence. — **Électron.** Fil très mince, généralement de tungstène, chauffé par le passage d'un courant et utilisé dans les tubes électroniques comme source d'électrons. — **Text.** Fibre textile de très grande longueur, dite continue.

FILAMENTAIRE adj. Relatif à des filaments, à une structure en filaments.

FILAMENTEUX, EUSE adj. Qui est composé de filaments, qui contient des filaments : *Matière filamenteuse.*

FILANDIÈRE n. f. *Litt.* **1.** Femme qui faisait métier de filer. — **2.** *Les (sœurs) filandières,* les Parques.

FILANDRE n. f. (altér. de *filande,* de *filer*). **1.** Veine de matière plus tendre qui divise un marbre. — **2.** Partie de la séreuse enveloppant les boyaux, constituée de gras et d'aponévroses, qui se détache sous forme de filaments.

FILANDREUX, EUSE adj. (de *filandre*). **1.** Se dit d'une substance remplie de fibres longues et coriaces : *Viande filandreuse.* — **2.** Se dit d'un style diffus, enchevêtré, long et confus : *Discours filandreux.*

FILANGIERI (Gaetano), jurisconsulte italien (Naples 1752 Vico Equense 1788), disciple des physiocrates et de Rousseau, auteur de *la Science de la législation* (1780-1785), œuvre qui se caractérise par une interprétation philosophique de l'histoire.

FILANGIERI (Carlo), prince **de Satriano,** duc **de Taormina,** général napolitain (Cava dei Tirreni 1784 - Naples 1867). Il servit dans l'armée française (1799) puis dans l'armée napolitaine en Espagne (1808). Vice-roi de Sicile (1848), il fut, en 1859, Premier ministre de François II.

FILANT, E adj. **1.** Se dit d'un liquide qui file, qui coule doucement sans se diviser : *Un sirop filant.* — **2.** *Étoile filante,* syn. de MÉTÉORE. ‖ *Pouls filant,* pouls faible, dont les battements sont difficilement perceptibles.

FILANZANE n. m. (mot malgache). Autref., à Madagascar, chaise à porteurs qui servait au transport des voyageurs.

FILAO n. m. (mot créole). Bois du casuarina, jaune rougeâtre, à grain fin, dur et lourd, utilisé en placage, tournage, etc.

FILARETE (Antonio AVERLINO, dit **il**), en fr. **le Filarète,** architecte et bronzier italien (Florence v. 1400 - Rome v. 1469). Auteur, à Rome, de la porte de bronze de Saint-Pierre (1433-1445), il fut appelé à Milan, où il entreprit l'hôpital Majeur selon une conception grandiose (1457-1465). Il a composé un *Traité d'architecture* aux dessins d'une invention très libre (projets d'une cité idéale, la « Sforzinda »).

FILARIEN, ENNE adj. **1.** Relatif aux filaires. — **2.** *Gale filarienne,* syn. de CRAW-CRAW.

FILARIOÏDÉ n. m. (lat. sc. *filaria,* filaire). Ver nématode filiforme, parasite de vertébrés et d'arthropodes, agent des filarioses.

ENCYCL. Les filarioïdés, à l'état adulte, parasitent les organes les plus divers de leurs hôtes vertébrés, hommes ou animaux. Leur taille peut varier de moins de 1 mm à plus de 1 m (filaire de Médine). Les larves, ou microfilaires, pullulent dans les vaisseaux sanguins cutanés, où divers insectes piqueurs peuvent s'infester ; elles gagnent alors les glandes salivaires et infestent un nouvel hôte définitif.

FILARIOSE n. f. Maladie parasitaire due à la présence dans l'organisme de filaires, nématodes parasites, et de leurs embryons, les microfilaires.

ENCYCL. Les filarioses sévissent dans les régions intertropicales. La transmission est assurée par des insectes (sauf pour la dracunculose, dont l'hôte intermédiaire est un petit crustacé). Il existe des filarioses lymphatiques (bancroftose et brugiose) et des filarioses cutanéo-dermiques (dracunculose, loase et onchocercose). Les microfilaires séjournent dans le sang, la peau ou dans la filaire adulte.

FILASSE n. f. (lat. pop. *filacea,* du lat class. *filum,* fil). **1.** Amas de cellules fibreuses allongées provenant des tiges de chanvre, du lin, etc. — **2.** Syn. de LONG BRIN *.

◆ **adj. inv.** *Cheveux (blonds) filasse,* cheveux d'un jaune pâle et fade.

FILATEUR n. m. (de *filature*). Industriel assurant l'exploitation d'une filature destinée à la production des fils textiles.

FILATOV (Vladimir Petrovitch), médecin ophtalmologiste soviétique (Mikhaïlovka, Penza, Russie, 1875 - Odessa 1956). Il doit surtout sa renommée à l'emploi thérapeutique du placenta.

FILATURE n. f. (de *filer*). **1.** Ensemble des opérations de transformation des fibres textiles en fils. (→ *encycl.*). — **2.** Établissement où l'on file en grand les matières textiles. — **3.** Action de filer, de suivre à la piste un individu, pour surveiller ses faits et gestes : *Détective privé qui se charge de filatures.*

ENCYCL. **Text.** La filature des fibres discontinues comprend trois séries d'opérations : 1° l'ouvraison, le démêlage, le nettoyage, le mélange, la parallélisation et la mise en ruban des fibres ; 2° la régularisation et l'affinage des rubans, qui deviennent des mèches tordues frottées selon la cohésion naturelle des fibres ; 3° le filage qui, par un dernier affinage et l'application d'une torsion, permet d'obtenir un fil simple qui peut ensuite être bobiné, retordu, flambé, etc.

Ces différentes opérations sont effectuées sur des matériels adaptés aux fibres travaillées. Il existe donc divers types de filature :

— la filature coton, ou filature fibres courtes, qui traite le coton depuis la matière brute jusqu'au fil, soit en cycle cardé (gros fils), soit en cycle peigné (fils fins et résistants comme le fil à coudre par exemple) ;

— la filature laine, ou filature fibres longues, qui, en cycle peigné et semi-peigné, traite des matières déjà mises en ruban, les premières opérations étant réalisées dans les peignages. Par contre, en cycle cardé, la filature utilise beaucoup de matières de récupération et les transforme depuis leur état brut ;

— la filature lin, qui est alimentée par la filasse de lin teillé. Le fil est fabriqué sur des métiers à filer au sec (fils gros) ou au mouillé (fils fins) ;

— la filature du jute ;

— la filature du chanvre.

FILDEFÉRISTE n. (de *fil de fer*). Acrobate évoluant sur un fil de fer placé à environ deux mètres au-dessus du sol.

FILE n. f. (de *filer*). **1.** Suite de personnes, de véhicules qui avancent les uns derrière les autres ; colonne : *Rouler sur deux files.* — **2.** *File (d'attente),* suite de personnes placées l'une derrière l'autre et qui attendent leur tour ; queue : *Prendre la file.* — **3.** Suite de choses placées l'une à la suite de l'autre : *Une file de maisons.* — **4.** Ensemble des rails placés bout à bout, d'un même côté de la voie. — **5.** *À la file,* successivement, l'un après l'autre, en enfilade. ‖ *À la file, en file, en file indienne,* les uns derrière les autres. ‖ *En double file,* se dit d'un véhicule qui est garé sur la chaussée parallèlement aux voitures stationnant déjà le long du trottoir. ‖ *Théorie des files d'attente,* étude mathématique des trafics ou des flux (en vue de réduire les temps d'attente des clients, d'éviter la rupture des stocks, d'améliorer la vitesse de rotation de véhicules ou de navires, etc.).

FILÉ n. m. **1.** Tabac à chiquer présenté en cordes, obtenues par torsion au rouet. — **2.** Trait qui traduit sur un cliché photographique l'image d'un point animé d'un mouvement relatif par rapport à l'appareil de prise de vue. — **3.** Fil textile simple ou retors en fibres discontinues.

FILÉE n. f. Bande de carreaux mis bout à bout dans un carrelage.

FIL-ÉLECTRODE n. m. (pl. *fils-électrodes*). Métal d'apport de soudage se présentant sous forme d'un fil enroulé sur une bobine, une couronne ou une jante.

FILER v. t. (bas lat. *filare,* étirer, du lat. class. *filum,* fil) [conj. 3]. **1.** Transformer en fil la matière textile, en la tordant. — **2.** Sécréter un fil de soie, en parlant des araignées et de nombreuses chenilles. — **3.** Accrocher une maille, qui se défait sur la longueur d'un bas, d'un collant. — **4.** Suivre qqn sans le perdre de vue pour surveiller ses faits et gestes. — **5.** *Fam.* Donner qqch à qqn ; refiler, flanquer : *Filer de l'argent à un ami. Filer une gifle à un enfant.* — **6.** *Filer une métaphore, une image,* la développer, en exploiter divers éléments tout au long d'un énoncé. ‖ *Filer des jours heureux,* les vivre, les passer. • **Alp.** *Filer une corde,* la laisser glisser. — **Bât.** Peindre des filets sur qqch. — **Jeux.** *Filer la carte,* faire disparaître la carte qu'on devait donner, pour en donner une autre. ‖ *Filer une carte,* saisir l'occasion de la jouer pour s'en débarrasser. — **Mar.** Laisser revenir une corde, une amarre à leur position de rappel. ‖ *Filer n nœuds,* parcourir *n* milles en une heure. — **Métall.** Produire une barre, un tube ou un profilé métallique en forçant l'écoulement d'une billette au travers d'une filière. — **Mus.** *Filer un son,* tenir un son dans un seul souffle de voix ou sans décoller l'archet. — **Pêch.** *Filer une ligne,* la mettre à l'eau, la mouiller. ‖ *Filer la ligne à un poisson,* lâcher du fil au poisson. — **Prestidig.** Substituer un objet à un autre identique. — **Tab.** Corder le tabac. — **Text.** *Métier à filer,* machine de filature qui sert à produire le fil lui-même. (→ *encycl.*) — **Théâtr.** *Filer une scène,* la répéter sans l'interrompre, sans chercher à perfectionner les détails, afin d'en mieux saisir le mouvement. ◆ v. i. **1.** S'allonger en un mince filet sans se diviser, en parlant d'un liquide assez épais : *Sirop qui file.* — **2.** En parlant de la flamme d'une lampe, s'allonger, monter en fumant. — **3.** Se dérouler régulièrement, en parlant d'une corde, d'un câble, d'une ligne, etc. : *Laisser filer une ligne* *de pêche.* — **4.** Se déplacer à vive allure : *L'avion file dans le ciel.* — **5.** *Fam.* Aller très rapidement qqpart : *Nous avons filé sur Cahors.* — **6.** *Fam.* Quitter rapidement un lieu ; déguerpir, décamper : *Excusez-moi, il faut que je file.* — **7.** *Fam.* Être dépensé, consommé, utilisé ; disparaître rapidement : *L'argent file en ce moment.* — **8.** En parlant du temps, passer très vite : *La matinée file vite.* — **9.** *Filer entre les doigts,* échapper à qqn sans qu'il puisse le retenir.

◆ v. i. ou **être filé** v. pass. **1.** En parlant d'une maille, se défaire de haut en bas à la suite d'une rupture du fil qui la compose. — **2.** En parlant d'un bas, d'un collant, avoir une maille défaite. • **Bonnet.** Syn. de SE DÉFILER. — **Confis.** *Sucre filé,* sirop de sucre cuit au grand cassé d'où l'on extrait par fouettage une gerbe de fils utilisés pour la décoration de pièces artistiques ou de desserts. — **Rhét.** *Métaphore filée,* qui est prolongée au-delà de la phrase qui la contient. — **Verr.** *Verre filé,* catégorie de bibelots fabriqués par le fileur de verre.

ENCYCL. **Text.** Le *métier à filer* réalise l'étirage de la mèche, la mise en torsion et l'enroulement du fil sur un support. Les machines les plus répandues sont encore les métiers continus à filer à anneaux et curseurs ; viennent ensuite les métiers à filer à turbines (fibres libérées), où le fil est formé dans une petite turbine, les métiers à autotorsion, produisant un pseudoretors à torsion alternative, les métiers à jet d'air, les métiers à friction, etc.

FILERIE n. f. Ensemble des conducteurs isolés de petite section d'un équipement électrique.

1. FILET n. m. (de *fil*). **1.** Écoulement fin d'un liquide, d'un gaz : *Un filet d'air.* — **2.** Marque fine et longue : *Encadrer un panneau de porte d'un filet doré.* — **3.** Petite quantité d'un liquide : *Ajouter un filet de vinaigre.* — **4.** *Filet de voix,* voix très faible qu'on entend mal. • **Aéron.** *Filet d'air,* composante élémentaire d'un écoulement d'air autour d'un corps profilé. — **Anat.** *Filet nerveux,* fine ramification d'un nerf. ‖ *Filet de la langue, filets des lèvres,* replis médians de la muqueuse buccale qui limitent les mouvements de ces organes. — **Archit.** et **Arts décor.** Étroite moulure faisant transition entre deux moulures plus fortes ou entre deux plans. ‖ Ligne de cuivre, argent, bois, ivoire, etc., incrustée dans un panneau d'ébénisterie. — **Bât.** Ligne peinte (notamment imitant les joints d'un appareil). ‖ Solin de plâtre ou de mortier destiné à empêcher les eaux pluviales de s'introduire entre les couvertures et les maçonneries. ‖ Longue poutre, notamment de fer, servant de linteau. — **Bot.** Partie inférieure et grêle de l'étamine, qui sert de support à l'anthère. — **Impr.** Trait vertical ou horizontal, d'épaisseur variable, servant à séparer. — **Mécan.** Rainure hélicoïdale d'un boulon, d'une vis, d'un écrou ; chacun des tours que fait cette rainure. — **Orfèvr.** Petite moulure ronde bordant les couverts et les plats (XVIIIe s.). — **Presse.** Court article d'information comportant obligatoirement un titre. — **Rel.** Outil de métal servant à dorer ou à marquer des lignes droites ou courbes ; ces lignes dorées ou marquées elles-mêmes. — **Techn.** Trait fin imprimé en léger creux dans un cuir, au moyen d'un fer chauffé appelé *fer à filet.* — **Text.** Soie mise en plusieurs brins. ‖ Trait d'or ou d'argent battu, dévidé, sans enroulement, sur de la soie.

2. FILET n. m. (de *filet 1*). **1.** Ouvrage à mailles servant à divers usages : *Ballon vendu dans un filet.* — **2.** Ouvrage à mailles tendu pour servir de protection : *Couchettes munies de filets.* — **3.** Ouvrage à mailles qui sert à prendre les animaux, les poissons. (Les dimensions des mailles des filets de pêche sont fixées par des règlements nationaux ou internationaux pour éviter la capture des poissons immatures.) — **4.** *Filet (à provisions),* sac à provisions fait de mailles souples. — **5.** *Attirer qqn dans ses filets,* chercher à le séduire, à le tromper, à le prendre au piège. ‖ *Coup de filet,* poissons ou oiseaux pris en une seule fois dans un filet ; rafle au cours de laquelle la police procède à de nombreuses arrestations. ‖ *Passer à travers* ou *entre les mailles du filet,* échapper aux recherches, aux poursuites. ‖ *Travailler sans filet,* exécuter un numéro d'équilibriste, de trapéziste sans filet de protection ; affronter des risques sans aucun moyen de se protéger. • **Aéron.** Réseau de cordages qui emprisonne l'enveloppe d'un ballon et supporte la nacelle. — **Brod.** Tissu formé de réseaux avec des fils de natures diverses. — **Coiff.** Résille à fils très fins pour maintenir coiffure ou chignon en place. — **Équit.** Harnais de tête utilisé pour le cheval. — **Mil.** Armement défensif constitué de mailles d'acier, protégeant les navires au mouillage, l'accès d'une rade, etc. ‖ *Filet de camouflage,* maillage servant de support à des branchages, à des toiles, etc., destinés à camoufler un casque, une arme, une organisation de combat, etc. — **Pêch.** *Filet cernant* ou *tournant,* muraille verticale manœuvrée de façon à entourer un banc de poissons, puis à former une poche que les pêcheurs réduisent petit à petit. ‖ *Filet maillant* ou *droit,* muraille verticale en filet, dont les mailles sont faites d'après la grosseur de la tête du poisson à prendre. — **Sports.** Au tennis, tennis de table, volley-ball, etc., réseau de fils tendu au milieu du terrain ou de la table et par-dessus lequel on doit faire passer la balle. ‖ Au football, hand-ball, etc., treillage en corde ou en textile chimique, attaché derrière les poteaux de buts (souvent pl.). ‖ *Filet !,* recomm. off. pour *let, net.*.

— **Text.** Assemblage de mailles, de forme et de dimensions quelconques, souvent constitué d'un ou de plusieurs fils ou bandelettes synthétiques.

3. FILET n. m. (de *filet 1*). **1.** Dans le bœuf, morceau situé au-dessous des vertèbres lombaires et de l'ilion. — **2.** Dans le mouton et le veau, morceau correspondant à la région lombaire. — **3.** Dans le porc, partie postérieure de la longe. — **4.** *Filet mignon,* dans le bœuf, muscle long du cou. ‖ *Filet de poisson,* chaque bande de chair levée de part et d'autre de l'arête dorsale. ‖ *Filet de volaille,* morceau de chair levé de chaque côté du bréchet.

1. FILETAGE n. m. (de *fileter*). **1.** Opération consistant à creuser une rainure hélicoïdale le long d'une surface cylindrique. — **2.** Ensemble des filets constituant une vis, un écrou. (→ *encycl.*)

ENCYCL. **Techn.** Un filetage est engendré par un profil géométrique (triangle, carré, trapèze, demi-cercle, etc.) se déplaçant le long d'une surface cylindrique suivant un mouvement hélicoïdal. Selon que cette surface est extérieure ou intérieure, on effectue un filetage mâle ou femelle, et la pièce obtenue est une vis ou un écrou. Un filetage est caractérisé par son diamètre nominal, son pas, la forme de son profil, son sens et le nombre de filets que rencontre une génératrice sur la longueur d'un pas. Le système de filetage le plus couramment utilisé est le profil métrique ISO (International Organization for Standardization), constitué par un triangle équilatéral tronqué dont le côté est égal au pas. Le filet trapézoïdal et le filet carré sont adoptés dans certains mécanismes de transmission de mouvement par vis et écrou. Le filet rond est utilisé lorsque l'assemblage est appelé à supporter des chocs. Les assemblages filetés sont munis parfois d'un dispositif de sécurité évitant leur desserrage : contre-écrou ou rondelle de frein.
Les filetages extérieurs sont exécutés au moyen de filières *, par roulage * ou encore au tour à fileter. Les filetages intérieurs sont aussi exécutés au tour à fileter. Le plus souvent, le filetage d'un écrou est obtenu par taraudage à la main ou à la machine. Pour un filetage précis, on fait une finition par rectification.

2. FILETAGE n. m. Opération industrielle consistant à lever les filets de poisson.

FILETÉ n. m. (de *filet 2*). Cotonnade genre zéphir, dans laquelle ressortent des fils en forme de raies parallèles au sens du tissu.

1. FILETER v. t. (de *filet 1*) [conj. **28**]. **1.** Faire un filetage sur une vis, un écrou. — **2.** Souligner les contours de certaines pièces de cuir par un trait fin, imprimé en léger creux.

2. FILETER v. t. (de *filet 2*). Découper un poisson en filets pour la vente ou la conservation.

FILETERIE → FILTERIE.

FILETIER ou **FILTIER, ÈRE** n. **1.** Ouvrier(ère) de filature assurant le retordage du fil à coudre. — **2.** Ouvrier(ère) exécutant à la main des filets à l'aide d'une navette et d'un moule déterminant la largeur de la maille.

FILEUR, EUSE n. **1.** Personne qui fabrique du fil avec une matière textile. — **2.** Ouvrier(ère) conduisant un métier à filer. — **3.** Artisan fabriquant des bibelots en verre par étirage et soufflage au chalumeau de tubes et de baguettes de verre. — **4.** Ouvrier(ère) qui étire les lingots d'or ou d'argent au moyen de la filière.

FILIAL, E, AUX adj. (bas lat. *filialis*). Qui caractérise le comportement d'un enfant à l'égard de ses parents : *Amour filial.*

FILIALE n. f. (fém. de *filial*). Société bénéficiant de la personnalité morale et de l'autonomie comptable, mais contrôlée par une société mère qui possède une fraction significative de son capital.

FILIALEMENT adv. De façon filiale.

FILIALISATION n. f. Découpage d'une entreprise en établissements séparés ayant la qualité de filiale.

FILIALISER v. t. (conj. 3). Procéder à la filialisation d'une entreprise.

FILIATION n. f. (bas lat. *filiatio, -onis*). **1.** Ascendance ou descendance entre individus en ligne directe ou collatérale. — **2.** Liaison de choses résultant l'une de l'autre, s'engendrant l'une l'autre : *Filiation des mots.* — **3.** Mode selon lequel se transmettent, dans un système de parenté, le nom, le lieu d'habitation et/ou l'appartenance à une classe matrimoniale et qui se réalise soit par le père (système patrilinéaire), soit par la mère (système matrilinéaire), soit par deux combinaisons possibles des deux lignées maternelle et paternelle (filiation bilatérale ou bilinéaire). — **4.** *Filiation légitime* ou *légitimée,* enfant(s) dont la maternité et la paternité s'établissent dans le mariage. (→ *encycl.*) ‖ *Filiation naturelle,* enfant(s) dont la maternité et la paternité s'établissent hors mariage. (→ *encycl.*) ‖ *Filiation radioactive,* relation entre les différents membres d'une famille radioactive.

ENCYCL. **Dr.** • *Règles communes à la filiation légitime* (ou *légitimée*) *et à la filiation naturelle.* Elles concernent d'abord les présomptions légales relatives à la durée de la grossesse (180 jours au minimum et 300 jours au maximum) ; à la date présumée de la conception ; à la possession d'état. L'enfant naturel a en général les mêmes droits et les mêmes devoirs que l'enfant légitime.

Il existe entre parents et enfants des droits de succession réciproques. Les enfants légitimes ou légitimés viennent en premier à la succession de leurs parents en tant qu'héritiers réservataires.
• *Règles propres à la filiation légitime* (ou *légitimée*). Le mari de la mère est présumé être le père. Il peut désavouer l'enfant, s'il apporte la preuve qu'il ne peut pas en être le père. (→ DÉSAVEU * DE PATERNITÉ.) Il peut le faire par simple dénégation si l'enfant est né dans les 179 premiers jours du mariage.
La mère peut également contester la paternité du mari, mais seulement pour légitimer l'enfant en cas d'un nouveau mariage avec le véritable père de l'enfant.
L'enfant adultérin *a matre* ou *a patre,* ou l'enfant naturel simple, peut être légitimé. Seul l'enfant issu d'un inceste absolu ne peut l'être.
• *Règles propres à la filiation naturelle.* La filiation naturelle peut être légalement établie soit par la reconnaissance volontaire, soit par la possession d'état. À défaut de celle-ci, elle peut l'être par l'effet d'un jugement. L'action en recherche de paternité ou de maternité naturelle permet de déclarer judiciairement la filiation naturelle. L'autorité parentale est exercée par le parent qui a volontairement reconnu l'enfant, s'il n'a été reconnu que par celui-ci, et par la mère, s'il l'a été par les deux parents. L'enfant naturel dont la filiation est légalement établie a, en général, les mêmes droits successoraux qu'un enfant légitime. Toutefois, l'enfant naturel dont le père ou la mère étaient, au temps de sa conception, engagés dans les liens d'un mariage d'où sont issus des enfants légitimes ne peut recueillir en principe que la moitié de la part dévolue à chacun des enfants légitimes. L'enfant naturel acquiert le nom de celui de ses deux parents à l'égard duquel sa filiation est établie en premier lieu. Lorsque celle-ci est établie simultanément à l'égard de l'un et de l'autre, il prend le nom de son père. Tout enfant naturel dont la filiation n'est pas légalement établie peut obtenir des subsides de celui qui a eu des relations avec sa mère pendant la période légale de la conception. Enfin, si la filiation paternelle n'a pas été établie, le mari de la mère peut donner son propre nom à l'enfant.

FILICALE n. f. (lat. *filix, -icis,* fougère). Nom d'ordre de la plupart des espèces de fougères terrestres.

FILICINÉE n. f. (lat. *filix, -icis,* fougère). Syn. de FOUGÈRE.

FILIÈRE n. f. (de *fil*). **1.** Suite ordonnée de formalités à remplir pour obtenir qqch : *Raccourcir les filières administratives.* — **2.** Suite de fonctions ou de grades par lesquels on doit normalement passer au cours d'une carrière : *Les privilégiés ne suivent pas la filière habituelle.* — **3.** Études différenciées permettant à des élèves ou à des étudiants de s'orienter vers des activités, des professions différentes : *La filière technique.* — **4.** Suite de personnes qui interviennent les unes après les autres dans le cadre d'une activité : *Remonter la filière de la drogue.* — **5.** Ensemble des phases d'un processus de production qui permettent de passer de la matière brute au produit fini vendu sur le marché. • **Céram.** Pièce métallique dont l'orifice de sortie est légèrement biseauté, pour assurer le glissement de la pâte. — **Dr.** Titre circulant entre acheteurs et vendeurs successifs de marchandises, lors des opérations de Bourse de commerce, qui, au moment de la liquidation, permet au dernier acheteur de demander la livraison de la marchandise détenue par le premier vendeur. — **Entomol.** Chacun des pores par lesquels les animaux fileurs (araignées, chenilles, vers à soie) font sortir les fils qu'ils produisent. (Les araignées ont des filières groupées au-dessous de l'anus, les chenilles une filière située sur la lèvre inférieure.) — **Fauconn.** Syn. de CRÉANCE. — **Mar.** Cordage ou câble tendu à bord d'un navire pour servir de garde-corps. — **Métall.** Outil utilisé pour réaliser une mise en forme par déformation plastique (étirage, filage, tréfilage). — **Nucl.** Voie possible de réalisation de réacteurs nucléaires définie notamment par la nature du combustible, celle du ralentisseur des neutrons, ou modérateur, et celle du fluide caloporteur ; ensemble des réacteurs qui réunissent ces caractéristiques. — **Orfèvr.** Pièce d'acier garnie de diamants percés de trous de diamètre décroissant, par lesquels on fait passer, sous contrainte, le lingot d'or ou d'argent à étirer. — **Polym.** Partie terminale de l'extrudeuse à travers laquelle la matière ramollie est poussée par action d'une vis sans fin. (On distingue les *filières plates* [formation de plaques, feuilles et films], les *filières annulaires* [tuyaux, tubes], les *filières à profilé* et les *filières pour gainage,* destinées à recouvrir un fil d'une matière isolante ou protectrice.) — **Text.** Organe qui permet d'obtenir des filaments continus par passage d'un polymère fondu (ou en solution) à travers des orifices calibrés. (Syn. ENTREMISE.) — **Usin.** Outil utilisé pour effectuer un travail de filetage extérieur de précision courante. (→ *encycl.*) — **Verr.** Récipient en matériau réfractaire muni d'un certain nombre d'orifices ou trous de fibrage à partir desquels le verre fondu est étiré sous forme de fibres.

ENCYCL. **Usin.** La *filière à main* est un outil creux, portant à l'intérieur un certain nombre de dents coupantes réparties sur plusieurs rangs à l'intérieur d'une cage ou sur des plaques appelées *peignes.* On coiffe la pièce à fileter avec cette filière, qui, en tournant, usine le filet. Pour fileter très rapidement de grandes séries, on utilise, sur des tours à décolleter, des filières à déclenchement automatique qui s'ouvrent en fin de course.

FILIÉRISTE n. (de *filière*). Personne chargée de liquider les différences auxquelles donne lieu une vente par filière.

FILIFORME adj. (lat. *filum,* fil). **1.** Qui est mince, grêle et délié comme un fil. — **2.** *Papilles filiformes,* fines papilles de la muqueuse du dos de la langue. ‖ *Pouls filiforme,* pouls très faible. ‖ *Sondes* ou *bougies filiformes,* sondes extrêmement fines, servant aux cathétérismes.

FILIGRANE n. m. (ital. *filigrana,* de *fili,* pl. de *filo,* et *grana,* grain). **1.** Sorte de dentelle de métal faite de fils ou de lanières d'or ou d'argent finement soudés (à jour ou sur un fond) composant des arabesques et autres motifs. (Bijoux et objets divers ont été faits ou revêtus de filigrane depuis l'Antiquité ; la *granulation* est souvent associée à ce type d'ouvrage.) — **2.** Marque, dessin ou ligne se trouvant dans le corps du papier et que l'on ne voit que par transparence. — **3.** *En filigrane,* d'une manière implicite, latente, qu'on laisse deviner : *La question sociale apparaît en filigrane.* • **Arm.** Fil de laiton qui entoure la poignée des sabres et des épées. — **Brod.** Dentelle à l'aiguille d'origine espagnole, combinée de fil de soie de couleur et de fil de métal. — **Verr.** Décor de fils d'émail ou de verre de couleur combinés diversement, noyés dans la masse du verre ou appliqués sur la paraison (Antiquité ; Venise dès le XVIe s. ; etc.).

FILIGRANER v. t. (conj. 3). Travailler qqch en filigrane.

◆ **être filigrané** v. pass. Comporter un travail, un décor en filigrane.

FILIN n. m. (de *fil*). Nom générique désignant les cordages, à l'exception des aussières, des câbles et des grelins. (Syn. ENTREMISE.)

FILIOQUE [filjokwe] (mot lat. signif. *et du Fils*). Expression ajoutée par l'Église latine au symbole de Nicée-Constantinople, dont l'article concernant le Saint-Esprit était aussi formulé : « (Je crois) aussi dans le Saint-Esprit [...], qui procède du Père. » (L'additif *et du Fils* [*filioque*], adopté par l'Église latine et constamment rejeté par les Orientaux, a constitué l'un des obstacles au rapprochement entre l'Église romaine et les Églises orthodoxes.)

Filipacchi *(publications),* groupe de presse créé en 1962 par Daniel Filipacchi (né en 1928), qui édite *Lui, Playboy, Photo, Pariscope, Paris-Match,* etc.

FILIPENDULE n. f. (lat. médiév. *filipendula,* du lat. class. *filum,* fil, et *pendulus,* qui pend). Rosacée vivace, très voisine de la spirée.

FILISTATE n. f. Araignée sédentaire, à la toile irrégulière très commune sur les vieux murs.

FILITOSA, localité de Corse (comm. de Sollacaro, arrond. de Sartène). Station préhistorique connue par ses « statues-menhirs » et ses habitats de l'âge du bronze final (1200-700 av. J.-C.).

FILLA (Emil), peintre, sculpteur et théoricien tchèque (Chropyně, Moravie, 1882 - Prague 1953). Il fut, en Bohême, l'un des pionniers et propagateurs du cubisme, base de son propre style.

FILLASSE n. f. *Pop.* et *vx.* Grosse fille sans distinction.

FILLASTRE (Guillaume), prélat et humaniste français (La Suze-sur-Sarthe, Maine, v. 1348 - Rome 1428). Cardinal en 1411, membre de la curie romaine, il siégea aux conciles de Pise (1409) et de Constance (1414-1418), où il proposait de proclamer la supériorité des conciles sur les papes. Fillastre a laissé un journal du concile de Constance, traduit la *Cosmogonie de Ptolémée* et composé une carte d'Europe.

FILLE n. f. (lat. *filia*). **1.** Personne jeune ou enfant du sexe féminin, par oppos. à *garçon : Mettre au monde une fille.* — **2.** Enfant ou adulte du sexe féminin par rapport aux parents, par oppos. à *fils.* — **3.** Personne de sexe féminin originaire d'un lieu ou d'un milieu : *Fille du peuple.* — **4.** S'emploie comme apposition pour indiquer le féminin après les noms de profession ou de fonction qui n'en ont pas, ou pour lever une ambiguïté en précisant le sexe : *Un coursier fille.* — **5.** Avec un compl. de nom précisant la fonction, désigne une employée subalterne : *Fille de cuisine.* — **6.** *Litt.* Chose (du genre féminin) qui résulte d'une autre : *La paresse est la fille de l'oisiveté.* — **7.** Nom des membres d'un grand nombre de communautés religieuses de femmes. — **8.** *Être bien la fille de son père, de sa mère,* avoir les qualités, les défauts de son père, de sa mère. ‖ Vx. *Rester fille,* ne pas être mariée, être vierge. ‖ *Fille aînée de l'Église,* nom donné par les papes à la France, sous l'Ancien Régime. ‖ *Fille de famille,* qui appartient à une famille riche, noble. ‖ *Filles de France,* nom donné aux filles légitimes du roi de France. ‖ *Fille, fille publique, fille de joie, fille des rues* (vx), *fille perdue* (litt.) ou *fille soumise* (vx), prostituée. ‖ Vx et péjor. *Fille mère,* mère célibataire. ‖ *Grande fille,* fille qui est sortie de l'enfance ; petite fille raisonnable ou que l'on veut flatter. ‖ *Jeune fille,* fille pubère ou femme jeune non mariée. ‖ *Ma fille,* terme d'amitié ou de condescendance adressé à une fille, à une femme ; terme utilisé par les religieux pour s'adresser aux fidèles du sexe féminin. ‖ *Nom de jeune fille,* nom de famille d'une femme avant son mariage. ‖ *Petite fille,* fille jusqu'à l'adolescence ; fillette. ‖ *Vieille fille,* femme célibataire. ◆ **adj.** Se dit d'un enfant qui a les caractères attribués aux filles : *Elle n'a que deux ans, mais elle est déjà très fille.*

Fille du capitaine *(la),* roman d'A. S. Pouchkine (1836) retraçant la révolte de Pougatchev.

Fille aux cheveux blancs *(la),* pièce chinoise de théâtre chanté (1945), écrite par un collectif animé par He Jingzhi et Ding Yi : c'est la pièce la plus célèbre de la Chine populaire.

Fille de Madame Angot *(la),* opérette en 3 actes de Ch. Lecocq, sur un livret de Clairville, Siraudin et Koning (Bruxelles, 1872).

Fille mal gardée *(la),* ballet-pantomime de Jean Dauberval, créé au Grand-Théâtre de Bordeaux (1789). Un des plus anciens ballets, il connut de nombreuses reconstitutions, tandis que différents compositeurs apportaient des additions ou des modifications au premier arrangement connu de Hérold, puis à celui de Hertel.

Filles du feu *(les),* recueil de nouvelles de Gérard de Nerval auxquelles s'ajoutent les *Chansons et légendes du Valois* et les sonnets des *Chimères* * (1854) : portraits de femmes nées du souvenir et du rêve du poète.

Fille-Morte, lieu-dit de la forêt d'Argonne, qui fut le théâtre de violents combats en 1914, 1915 et 1916.

FILLER [filœr] n. m. (angl. *filler,* de *to fill,* emplir). Matière minérale à grains très fins utilisée comme agglomérant en travaux publics. (Syn. FARINE.)

FILLERISATION n. f. Action d'augmenter, par addition d'un filler, la viscosité d'un bitume ou d'un goudron.

FILLERISER v. t. (de *filler* [conj. 3]. Ajouter un filler.

FILLES-DIEU n. f. pl. Sœurs hospitalières, avant la Révolution française.

1. FILLETTE n. f. **1.** Petite fille : *Une fillette de dix ans.* — **2.** *Fam.* Appellatif pour une jeune fille : *Tu viens, fillette.* — **3.** Fam. *Chausser du 42 fillette,* avoir de très grands pieds.

2. FILLETTE n. f. (de l'anc. provenç. *folheta,* du lat. *folia,* mesure de liquide). Petite bouteille d'env. un tiers de litre, servant surtout pour les vins d'Anjou.

FILLEUL, E [fijœl] n. (lat. *filiolus,* de *filius,* fils). **1.** Celui, celle dont on est parrain ou marraine lors du baptême. — **2.** *Filleul de guerre,* militaire choisi par une femme ou une jeune fille, dite *marraine de guerre.*

FILLIOZAT (Jean), indianiste et médecin français (Paris 1906 - *id.* 1982). Professeur au Collège de France et fondateur (1954) de l'Institut français d'indologie de Pondichéry, il est à l'origine d'un renouveau de nos connaissances grâce à l'originalité de sa perception de la civilisation indienne. Il est, avec L. Renou, l'auteur de l'ouvrage de référence *l'Inde classique* (1947, 1953) et laisse notamment *Inde. Nations et traditions* (1961).

FILLMORE (Millard), homme d'État américain (Locke, État de New York, 1800 - Buffalo 1874). Député antiesclavagiste au Congrès à partir de 1833, élu vice-président des États-Unis (1848), il devint président (1850-1852) à la mort de Taylor.

1. FILM n. m. (angl. *film,* pellicule). **1.** Pellicule recouverte d'une émulsion sensible à la lumière, employée dans les caméras cinématographiques et les appareils photos. — **2.** Document cinématographique constitué par un film développé. — **3.** Œuvre cinématographique : *Tourner un film. Un film en version originale.* — **4.** L'art cinématographique : *Festival du film fantastique.* — **5.** Faits, événements que l'on fait se succéder dans un ordre chronologique : *Le film de ma vie.* — **6.** *Film d'artiste,* œuvre cinématographique réalisée par un peintre, un sculpteur, etc. (Cette activité remonte à Hans Richter, Man Ray, Moholy-Nagy, etc. Elle est devenue courante dans les années 60 et le film ou la vidéo ont été particulièrement utilisés par les artistes pratiquant le happening, le land art, l'art corporel...) ‖ *Film radiographique,* surface sensible permettant de recueillir l'image obtenue par les radiations ionisantes.

2. FILM n. m. (de *film 1*). **1.** Pellicule, mince couche d'un produit, d'une matière recouvrant une surface : *Crème qui laisse sur la peau un film protecteur.* — **2.** Syn. courant de FEUIL. — **3.** Surface plane de matière plastique dont l'épaisseur est inférieure à 0,2 mm. (Les films sont obtenus par extrusion ou extrusion-soufflage.) — **4.** *Film de surface,* nom donné par les biologistes à l'interface eau-air. (Divers insectes peuvent marcher sur ce film sans le rompre, grâce à leurs poils hydrofuges.)

FILMAGE n. m. Action de filmer qqch, de tourner un film.

1. FILMER v. t. (de *film 1*) [conj. 3]. Enregistrer qqn, qqch sur un film cinématographique ou vidéo, les prendre en film.

◆ **être filmé** v. pass. Être enregistré sur un film : *Le théâtre filmé.*

2. FILMER v. t. (de *film 2*) [conj. 3]. Enduire d'un film protecteur.

FILMIQUE adj. Relatif au cinéma.

FILMOGÈNE adj. Se dit d'une peinture apte à former un feuil.

FILMOGRAPHE n. m. Appareil appliquant des feuils de peinture d'épaisseur constante.

FILMOGRAPHIE n. f. Liste raisonnée des films d'un réalisateur, d'un comédien, d'un producteur, etc., ou relevant d'un genre donné.

FILMOGRAPHIQUE adj. Qui concerne la filmographie.

FILMOLOGIE n. f. Discipline qui étudie le cinéma en tant que phénomène esthétique.

FILMOLOGIQUE adj. Qui concerne la filmologie.

FILMOTHÈQUE n. f. Collection de micro-films.

FILOCHE n. f. (de *fil*). **1.** Sorte de tissu à larges mailles. — **2.** Syn. de BOURRICHE. — **3.** Syn. de FRELOCHE.

FILOCHER v. t. (de *filer*). *Pop.* Prendre qqn en filature ; filer.
◆ **v. i.** *Pop.* Aller très vite, filer.

FILOGUIDÉ, E adj. **1.** Se dit d'un missile autopropulsé téléguidé, relié à un poste de conduite de tir par un fil se déroulant derrière lui. — **2.** Se dit de convoyeurs au sol, guidés par des fils enterrés dans le sol.

FILON n. m. (ital. *filone*). **1.** Appareil rocheux à structure planaire, recoupant des formations encaissantes. (Les filons sont classés selon leur forme [en baïonnette, stratiforme, annulaire, etc.] et selon les matériaux qui les constituent [aplite, granite, basalte, sulfures métalliques, minéraux utiles, etc.].) [→ *encycl.*] — **2.** *Fam.* Moyen ingénieux, source de réussite : *Exploiter jusqu'au bout un filon comique.* — **3.** *Fam.* Bonne place, situation lucrative et agréable : *Avoir, trouver le filon.*
ENCYCL. **Min.** Les filons sont du type faille ou du type diaclase, selon qu'il y a eu ou non déplacement relatif des terrains de part et d'autre. Les terrains encaissant le filon sont les épontes ; l'éponte supérieure est le toit, l'autre est le mur ; la caisse filonienne est la matière du filon, comprise entre les épontes. Au contact de la caisse, le toit et le mur peuvent se présenter comme des surfaces lisses, polies ou striées, appelées miroirs, ou recouvertes d'une mince couche d'argile onctueuse, appelée salbande. La pente (pendage), la direction et l'épaisseur (ouverture ou puissance) d'un filon présentent souvent des irrégularités plus ou moins accentuées. La longueur peut aller de quelques dizaines de mètres à plusieurs dizaines de kilomètres. L'extension en profondeur varie de quelques dizaines de mètres à plus de 3 000 m. Il y a généralement un nombre plus ou moins grand de fractures parallèles ou rayonnantes, qui ont été injectées de substances diverses, avec des fractures obliques recoupant les premières, appelées filons croiseurs, qui peuvent provoquer un décalage dans les filons croisés s'ils correspondent à des failles plus jeunes. On a ainsi généralement affaire à un champ ou réseau filonien. Les minerais de nombreuses substances utiles, métalliques ou non, se trouvent dans des filons (sulfures de fer, cuivre, plomb, zinc, fluorine, barytine...), ne remplissant le plus souvent que partiellement la caisse filonienne (colonnes minéralisées).

FILON-COUCHE n. m. (pl. *filons-couches*). Fracture filonienne parallèle à la stratification dans des terrains sédimentaires.

FILONIEN, ENNE adj. **1.** Qui forme des filons ou qui en est formé. — **2.** Se dit d'un groupe de roches résultant de l'injection de magma, le long des cassures, à proximité de la surface du sol. — **3.** *Champ filonien,* ensemble complexe de filons plus ou moins ramifiés, répartis sur un espace étendu.

FILOPLUME n. f. Plume d'oiseau dont la taille et la forme diffèrent peu de celles d'un simple poil.

FILOSELLE n. f. (ital. dialect. *filosello,* du lat. pop. * *follicellus,* enveloppe, avec l'infl. de *filo,* fil). Bourre de soie qui, mélangée avec du coton, donne des fils irréguliers utilisés pour la confection des bas, des gants, des rideaux, etc.

FILOU n. m. (forme dialect. de *fileur*). **1.** Homme malhonnête qui cherche à voler les autres : *Être victime d'un filou.* — **2.** *Fam.* Terme affectueux désignant un enfant malin.
◆ **adj.** Qui est malhonnête, indélicat : *Il est moins filou que son père.*

FILOUTAGE n. m. Action de filouter ; vol.

FILOUTER v. t. (conj. 3). **1.** *Vx.* Dérober qqch subtilement : *Filouter une montre à un passant.* — **2.** Voler qqn avec adresse et ruse ; en partic., tromper au jeu en trichant : *Il m'a joliment filouté au poker.*

FILOUTERIE n. f. **1.** *Vx.* Acte de filou, état ou adresse de filou. — **2.** Infraction qui tient à la fois du vol et de l'escroquerie.

FILS [fis] n. m. (lat. *filius*). **1.** Enfant mâle, par rapport à son père ou à sa mère et par oppos. à *fille* : *À père avare, fils prodigue.* — **2.** Personne du sexe masculin originaire d'un lieu, d'un milieu : *C'est un fils du pays.* — **3.** S'emploie en apposition après le n. de famille dans l'intitulé de certaines entreprises commerciales pour indiquer que la maison est reprise par le fils : *Dupont fils.* — **4.** *Litt.* Descendant en ligne directe : *Nous sommes les fils des Gaulois.* — **5.** *Litt.* Chose (de genre masculin) qui résulte d'une autre : *Le vin est le fils de la vigne.* — **6.** Religieux, considéré par rapport au fondateur de son ordre. — **7.** *Le Fils (de Dieu),* la deuxième personne de la Sainte-Trinité, Jésus-Christ. — **8.** *De père en fils,* par transmission directe et non interrompue, de génération en génération. ‖ *Être bien le fils de son père, de sa mère,* avoir les qualités, les défauts de son père, de sa mère. ‖ *Être fils de ses œuvres,* ne devoir qu'à soi-même sa fortune ou sa situation. ‖ *Fils de famille,* qui appartient à une famille riche, noble. ‖ *Les fils du ciel,* les Chinois. ‖ *Mon fils,* terme d'amitié ou de condescendance adressé à un jeune homme ; appellation utilisée par un religieux pour s'adresser à un fidèle du sexe masculin. ‖ *Le Fils de l'homme,* Jésus-Christ.

Fils naturel *(le) ou les Épreuves de la vertu,* drame en 5 actes et en prose de Diderot (publié en 1757, joué en 1757, joué en 1771), qui illustre les théories dramatiques de l'auteur.

Fils prodigue *(le),* ballet en 3 tableaux ; argum. de Boris Kochno, inspiré par la parabole de l'Évangile ; chorégr. de George Balanchine ; mus. de Prokofiev ; déc. et cost. de Georges Rouault. Création mondiale au théâtre Sarah-Bernhardt, à Paris (1929), par les Ballets russes.

FILTERIE ou **FILETERIE** n. f. Filature de fil à coudre.

FILTIER → FILETIER.

FILTRABILITÉ n. f. Aptitude d'un mélange à subir la filtration.

FILTRABLE adj. Qui peut être filtré.

FILTRAGE n. m. **1.** Action de filtrer ; fait d'être filtré : *Le filtrage d'un vin.* — **2.** Contrôle minutieux exercé sur des personnes, des choses : *Filtrage de l'information.* — **3.** Transformation en renseignements exploitables des informations communiquées par les unités de guet et de radar (identification des raids, distinction entre avions ou engins amis ou ennemis). — **4.** Syn. de FILTRATION DE L'AIR. — **5.** *Filtrage optique,* opération qui modifie l'image d'un objet à travers une chaîne de composants optiques. (Le filtrage consiste, au moyen de caches placés sur l'axe d'un système optique, à corriger les défauts de mise au point affectant l'image d'un objet ou à mettre en évidence certains de ses détails.)

FILTRANT, E adj. **1.** Se dit d'un matériau, d'un dispositif qui opère une filtration. — **2.** Se dit d'un produit solaire qui a la propriété de filtrer les radiations ultra-violettes. — **3.** *Galerie filtrante,* tranchée profonde, parallèle au cours d'une rivière, dans laquelle les eaux s'introduisent par infiltration. ‖ *Verre filtrant,* verre qui ne laisse passer qu'une partie déterminée du spectre de la lumière. ‖ *Virus filtrant,* syn. ancien de VIRUS.

FILTRAT n. m. Liquide plus ou moins purifié recueilli après filtration d'un mélange.

FILTRATION n. f. **1.** Opération consistant à séparer à l'aide d'un filtre une phase continue (liquide ou gazeuse) et une phase dispersée (solide ou liquide), initialement mélangées. (→ *encycl.*) — **2.** Passage d'un liquide à travers un corps quelconque poreux et perméable. — **3.** *Filtration de l'air,* traitement de l'air destiné à éliminer les suspensions. (Syn. FILTRAGE.)

ENCYCL. **Chim.** Il existe deux types de filtration pour les mélanges liquide-solide : la filtration sur support et la filtration dans la masse. Dans la première, on amène le mélange à filtrer au-dessus d'un support (grille, toile, membrane, etc.), sur lequel les particules se déposent en formant un gâteau, ou tourteau. Dans le second type, on fait s'écouler la suspension au travers d'une masse poreuse (couches de sable ou de graviers agglomérées). Pour faire traverser le filtre par la phase continue, on crée une différence de pression entre l'amont et l'aval de l'élément filtrant par gravité, par mise sous pression du mélange ou encore par mise en dépression de la sortie du filtre.

FILTRE n. m. (lat. médiév. *filtrum,* feutre). **1.** Corps poreux ou appareil à travers lequel on fait passer un fluide pour le débarrasser des matières qui s'y trouvent en suspension ou pour l'extraire de matières solides ou pâteuses auxquelles il est mélangé. (→ *encycl.* Chim.) — **2.** Dispositif qui permet de faire passer l'eau à travers le café qu'il contient. — **3.** Dispositif adaptable ou embout d'une cigarette destinés à retenir une partie des goudrons et de la nicotine du tabac : *Filtre d'une pipe. Cigarette filtre.* — **4.** Objet ou dispositif servant à modifier, par transmission, le flux, la répartition spectrale, ou l'un et l'autre, du rayonnement qui le traverse. — **5.** *Café filtre,* café passé directement dans la tasse au moyen d'un filtre individuel. ‖ *Filtre solaire,* substance utilisée dans les produits antisolaires, absorbant les radiations ultraviolettes. (Syn. ÉCRAN SOLAIRE.) ‖ *Papier filtre,* papier poreux destiné à la filtration des liquides ou des gaz. • **Agroalim.** *Filtre à noir,* ensemble de colonnes contenant du noir animal, que traversent les sirops à décolorer dans la fabrication du sucre. ‖ *Filtre à poche,* filtre constitué de sacs en toile sur lesquels les jus ou sirops de sucre abandonnent les matières précipitées. — **Math.** Pour un ensemble X, partie $\mathcal{F}$ de $\mathcal{P}(X)$ telle que : 1° $\varnothing \in \mathcal{F}$; 2° si $B \in \mathcal{F}$ et $B \supset A$, alors $A \in \mathcal{F}$; 3° si $(A_1, A_2) \in \mathcal{F}^2$, alors $A_1 \cap A_2 \in \mathcal{F}$. — **Opt.** *Filtre interférentiel,* ensemble de couches minces déposées sur du verre et qui ont la propriété de ne laisser passer que certaines radiations. — **Phot.** *Filtre coloré,* feuille de verre, de gélatine ou de matière plastique colorée, destinée à absorber certaines radiations du spectre en laissant passer les autres.

– **Phot.** et **Impr.** *Filtre de sélection,* filtre vert, bleu ou rouge permettant, en photographie polychrome, d'obtenir les images de ces trois couleurs sur émulsion panchromatique. – **Techn.** Dispositif destiné à favoriser ou à entraver le passage de certaines composantes de fréquence d'un signal électrique acoustique, lumineux, etc. (→ *encycl.*) ‖ *Filtre acoustique,* dispositif qui ne transmet que les oscillations acoustiques dont les fréquences sont comprises dans certaines bandes, dites bandes passantes. ‖ *Filtre à air,* dispositif destiné à filtrer l'air. (→ *encycl.* Mécan.) – **Trav. publ.** Ensemble de couches de granulats destinés soit à séparer des zones de nature différente (filtre anticontaminant), soit à recueillir et évacuer l'eau (filtre drainant).

ENCYCL. **Chim.** Parmi les *filtres domestiques,* les fontaines filtrantes sont munies d'un double fond poreux ; le *filtre à bougies,* muni d'un cylindre creux et poreux, fonctionne sous pression. Les *filtres industriels* sous pression diffèrent par la nature ou la forme des éléments filtrants. On distingue les filtres *à cartouches, à tamis, à table* et les *filtres-presses**. Les filtres sous vide sont du type statique *(filtre Nutsche)* ou du type rotatif *(à tambour, à table rotative, à disques).* Le produit à filtrer, disposé sur une trémie, une toile métallique ou synthétique, est soumis à l'action du vide créé par une pompe.
– **Mécan.** Dans un moteur thermique, le *filtre à air* est du type à sec (utilisant des matières fibreuses) ou à bain d'huile. Le *filtre à huile* est composé d'une crépine, éliminant les grosses impuretés, et d'une cartouche amovible.
– **Techn.** On peut classer les filtres selon la nature de la modification qu'ils effectuent sur le spectre d'un signal (filtres passe-bas, passe-haut, passe-bande ou coupe-bande) ou selon la technologie de leur réalisation : les *filtres passifs,* constitués seulement de résistances, self-inductions et condensateurs ; les *filtres actifs,* utilisant des éléments amplificateurs ; *les filtres numériques,* réalisant le filtrage sur des échantillons numérisés du signal.

FILTRE-PRESSE n. m. (pl. *filtres-presses*). **1.** Filtre constitué par des toiles tendues ou des plateaux parallèles serrés les uns contre les autres, à travers lesquels les produits à filtrer, introduits sous pression, sont contraints de passer. – **2.** Instrument permettant de mesurer les caractéristiques de filtration de la boue de forage.

FILTRER v. t. (conj. 3). **1.** Faire passer un liquide, une matière, un gaz à travers un filtre. – **2.** Retenir des impuretés par filtrage. – **3.** Laisser pénétrer faiblement la lumière en en atténuant l'éclat, l'intensité. – **4.** Soumettre des gens, des choses à un contrôle minutieux, sévère et n'admettre que ceux qui ont satisfait à ce contrôle : *Filtrer les assistants d'une réunion.*
◆ v. i. **1.** Passer à travers un milieu poreux : *Les sirops filtrent lentement.* – **2.** Pénétrer mystérieusement qqpart, s'insinuer subrepticement malgré certaines précautions : *La nouvelle filtra dans les rédactions des journaux.*

FIMI, riv. du Zaïre, affl. du Kasaï (r. dr.) et dont le cours supérieur porte le nom de Lukénié.

1. FIN n. f. (lat. *finis,* limite). **1.** Achèvement, terme de qqch : *Voir la fin des travaux.* – **2.** Cessation, interruption de qqch, d'un état, d'une évolution : *C'est la fin de ses malheurs.* – **3.** Dernière phase, période terminale de qqch : *Une belle fin de journée. Avoir du mal à écrire la fin d'un livre.* – **4.** Ruine d'une entreprise, échec de qqn, de ses projets : *La fin du petit commerce.* – **5.** Mort de qqn : *Sentir venir sa fin.* – **6.** But d'une action considérée essentiellement par rapport aux moyens d'y parvenir : *La fin justifie-t-elle les moyens ?* – **7.** *À quelle fin ?, à cette fin, à seule(s) fin(s) de, que,* dans quel but ?, pour atteindre cet objectif, dans cet unique but : *À la seule fin de te venir en aide.* – **8.** *À la fin,* en dernier lieu ; en définitive, pour conclure. ‖ *À la fin !,* marque l'impatience : *Tu m'ennuies à la fin !* ‖ *C'est la fin de tout !* (fam.), *la fin des haricots* (pop.), c'est désastreux ; la situation est désespérée, il n'y a plus d'issue, ou c'est le comble. ‖ *Être en fin de,* arriver au terme d'une action, d'un état, d'une évolution : *Il est en fin de carrière.* ‖ Vx. *Faire une fin,* prendre une situation stable, se ranger ; se marier. ‖ *Fin mai, fin juillet, etc.,* à la fin du mois de mai, de juillet, etc. ‖ *Fin du monde,* destruction de la Terre et du genre humain. ‖ *Fin de race, fin de siècle,* qui est d'une distinction raffinée, mais qui sent l'épuisement, la fragilité. ‖ *Fin de semaine,* au Québec, nom donné au week-end. ‖ *Jusqu'à la fin,* sans interruption, jusqu'au terme. ‖ *Mener qqch à bonne fin,* le terminer, de façon satisfaisante. ‖ *Mettre fin à,* faire cesser. ‖ *Mettre fin à ses jours,* se suicider. ‖ Litt. *N'avoir ni fin ni cesse que,* ne pas s'arrêter avant que qqch ne se fasse. ‖ *Ne pas voir la fin de qqch,* trouver que qqch dure trop longtemps, avoir du mal à finir qqch. ‖ *Prendre fin,* se terminer. ‖ *Sans fin,* sans cesse, indéfiniment ; qui n'a pas de bornes, interminablement. ‖ *Tirer, toucher à sa fin,* être sur le point de finir, en parlant de qqch. • **Comm.** *Fin de mois,* état dressant le résultat des opérations commerciales d'un mois entier. ‖ *Fin de série,* produits subsistants d'une fabrication faisant habituellement l'objet de ventes en solde. – **Dr.** *Fin de droits,* se dit d'un chômeur qui a épuisé ses droits à l'allocation de base et qui perçoit une ultime allocation, dite *allocation de fin de droits.* – **Équit.** *Cheval à deux fins,* cheval à la fois de selle et d'attelage. – **Mécan.** *Câble,* *chaîne, courroie sans fin,* câble, chaîne, courroie dont les bouts ont été réunis. ‖ *Fin de course,* chacune des positions extrêmes d'un corps animé d'un mouvement alternatif. – **Philos.** Dans une conception qui prend l'histoire ou l'évolution pour objets d'analyse, but, résultat vers lequel tend cette histoire, cette évolution.

◆ **fins** n. f. pl. **1.** Objet d'une demande, exprimé dans une requête ou dans des conclusions. – **2.** *Arriver à ses fins,* réaliser ou obtenir ce qu'on désirait. ‖ *À toutes fins utiles,* par précaution, pour servir le cas échéant. ‖ *Fins de l'homme* ou *fins dernières,* la mort, le jugement, le ciel et l'enfer.

2. FIN, E adj. (lat. *finis,* le degré suprême). **1.** Qui a très peu d'épaisseur : *Petite pluie fine. Elle a les doigts fins.* – **2.** Qui est d'une grande délicatesse, qui n'est que légèrement marqué : *Un visage aux traits fins.* – **3.** Qui est d'une qualité supérieure par la délicatesse de son travail, la recherche, la légèreté, la sélection des matériaux, etc. : *De la lingerie fine. Des vins fins.* – **4.** Se dit des organes des sens capables de percevoir des impressions très légères : *Il a l'ouïe fine.* – **5.** Qui est subtil, spirituel : *Une remarque très fine. Il est très fin et comprendra.* – **6.** Qui est remarquable en son genre ; subtil, délicat, raffiné : *Un fin gourmet.* – **7.** Indique devant un nom ce qu'il y a de plus reculé, d'extrême : *Le fin fond, le fin mot.* – **8.** *Avoir l'air fin,* avoir l'air ridicule à la suite d'une déception, d'une erreur, etc. ‖ Fam. et ironiq. *C'est fin !,* c'est malin, intelligent. ‖ *Jouer au plus fin (avec qqn),* essayer de le tromper en se montrant plus astucieux que lui. • **Bijout.** Se dit des perles et des pierres naturelles employées en joaillerie, à l'exception des diamants, rubis, saphirs et émeraudes, dénommés *pierres précieuses.* – **Bois.** *Bois fin,* bois précieux. – **Métall.** Se dit d'un métal précieux de grande pureté. – **Phys.** *Constante de structure fine,* constante universelle sans dimensions qui mesure l'interaction entre une particule chargée et le champ électromagnétique. (Elle vaut env. 1/137.) ‖ *Structure fine,* séparation d'un niveau atomique en deux (ou plusieurs) niveaux d'énergies voisins. (Une raie spectrale n'est jamais rigoureusement monochromatique ; elle comporte en fait plusieurs raies de fréquences très voisines qu'un appareil à plus fort pouvoir de résolution permet de distinguer.)

◆ **fin** adv. **1.** Finement : *C'est écrit trop fin.* – **2.** *Fam.* Tout à fait, complètement (peut varier en nombre) : *Nous sommes fin(s) prêts.* • **Jeux.** *Jouer* ou *toucher fin,* syn. de PRENDRE LE FIN D'UNE BILLE.

◆ **fin** n. m. **1.** Masse de métal précieux pur contenu dans un alliage d'or ou d'argent. (C'est le produit de la masse par le titre.) – **2.** *Le fin du fin,* ce qu'il y a de plus ingénieux, de plus raffiné. ‖ *Prendre le fin d'une bille,* au billard, la toucher à peine.

◆ **fines** n. f. pl. **1.** Morceaux de minerai de dimension millimétrique, souvent séparés par criblage pour être traités à part ou agglomérés. – **2.** Petits fragments de fibres arrachés du bois au cours de la fabrication de la pâte à papier mécanique ou pendant le raffinage. – **3.** *Fines à coke,* morceaux de charbon menus, de qualité cokéfiable.

Fin de partie, pièce de Beckett (1957). Elle analyse l'espace tragique des rapports humains dans le monde moderne.

FINAGE n. m. (de *fin 1*). Circonscription sur laquelle un seigneur ou une ville avaient droit de juridiction.

1. FINAL, E, ALS (rarement **AUX**) adj. (bas lat. *finalis*). **1.** Qui est ou vient à la fin ; qui termine, qui forme la conclusion : *Résolution finale.* – **2.** *Cause finale,* but vers lequel tend une évolution. ‖ *Mettre un point final (à une situation),* y apporter une conclusion définitive, la régler définitivement. ‖ *Proposition finale* ou *finale* (n. f.), syn. de PROPOSITION SUBORDONNÉE DE BUT*. ‖ *Quittance finale,* celle qui libère complètement un débiteur qui a payé en plusieurs acomptes.

◆ **finale** n. f. **1.** Ultime épreuve, décisive, dans les compétitions à forme éliminatoire. – **2.** Position en fin de mot d'un phonème ou d'une syllabe ; élément occupant cette position.

2. FINAL ou **FINALE** n. m. (pl. *finals* ou *finales*) [ital. *finale*]. **1.** Dernière partie d'une œuvre vocale ou instrumentale – **2.** Morceau musical isolé possédant le caractère d'une pièce conclusive. – **3.** Syn. de CODA.

FINALEMENT adv. **1.** À la fin, enfin, pour finir : *Finalement, il réussit.* – **2.** En définitive, en fin de compte, en dernière analyse : *Cette loi, finalement, ne change rien à rien.*

FINALISATION n. f. Action de finaliser, de donner à une action un objectif précis.

FINALISER v. t. (de *fin 1*) [conj. 3]. **1.** Donner un but, un objectif précis à une recherche, à une action. – **2.** Achever qqch, le mettre au point dans ses moindres détails : *Finaliser une maquette.*

FINALISME n. m. (de *final 1*). **1.** Philosophie de ceux qui admettent l'existence de causes finales et qui en font le principe explicatif de toutes choses. – **2.** Doctrine de ceux qui attribuent à la nature, à Dieu une intention créatrice et adaptative qui permettrait d'expliquer les multiples perfections du monde vivant sans recourir à une pure explication causale, darwinienne ou autre.

1. FINALISTE adj. et n. Relatif au finalisme ; partisan du finalisme.

2. FINALISTE adj. et n. (angl. *finalist*). Qui participe à une finale, qui est qualifié pour une finale : *Finaliste d'un tournoi de tennis.*

FINALITÉ n. f. (de *final 1*). **1.** Existence ou nature d'une cause finale. – **2.** Caractère de ce qui tend à un but, à une fin ; ce but lui-même : *Finalité d'une politique.*

FINANÇABLE adj. Qui peut être financé, dont le coût peut être assuré.

FINANCE n. f. (anc. fr. *finer,* mener à fin). **1.** Ensemble des professions qui ont pour objet l'argent et ses moyens représentatifs, notamment les valeurs mobilières : *Le monde de la finance.* – **2.** Science de la gestion des patrimoines individuels, des patrimoines d'entreprise et des deniers publics. – **3.** Sous l'Ancien Régime, somme payée au roi pour acquérir un office ; ensemble des financiers. – **4.** *Haute finance,* ensemble de ceux qui ont de grosses affaires d'argent.

◆ **finances** n. f. pl. **1.** Ressources pécuniaires dont qqn, ou un groupe, dispose à un moment donné pour ses besoins : *Mettre de l'ordre dans ses finances.* – **2.** *Finances locales,* finances publiques des collectivités territoriales. ‖ *Finances publiques,* ensemble des charges et des ressources de l'État ou d'une collectivité territoriale ; ensemble des règles qui leur sont applicables ; ensemble des mécanismes économiques et politiques qu'elles mettent en œuvre. (→ *encycl.*)

ENCYCL. Le but des *finances publiques* est de dégager les recettes nécessaires pour couvrir les dépenses, préalablement déterminées. Pour cela, elles recourent à des prélèvements obligatoires déterminés de manière unilatérale : les impôts. (→ BUDGET, LOI* DE FINANCES, PLAN DE DÉVELOPPEMENT ÉCONOMIQUE ET SOCIAL.)

Finances *(ministère de l'Économie et des),* la plus importante des administrations françaises, dont l'appellation a varié au cours de l'histoire. Il comporte plusieurs grandes directions, dont la *Direction du budget,* la *Direction du Trésor,* la *Direction générale des impôts,* la *Direction de la prévision,* la *Direction générale de la concurrence, de la consommation et de la répression des fraudes.*

FINANCEMENT n. m. (de *financer*). Action de financer qqch, un organisme : *Le financement d'une entreprise par l'État.*

FINANCER v. t. (conj. **16**). **1.** Assurer le paiement d'une action, d'une opération : *Financer les travaux de réfection de l'immeuble.* – **2.** Assurer les ressources financières nécessaires à la création ou au fonctionnement d'une entreprise, d'un organisme ou à l'application d'une politique : *Financer un journal.*

FINANCIER, ÈRE adj. **1.** Qui concerne la gestion des patrimoines privés ou publics ainsi que les opérations effectuées sur le marché des capitaux à long terme (émissions d'actions, d'obligations). – **2.** Relatif à l'argent dont on peut disposer : *Avoir des problèmes financiers.* – **3.** Relatif aux finances publiques ou privées, aux affaires d'argent : *La situation financière est très mauvaise.* • **Banq.** *Effet* ou *papier financier,* effet émis en représentation d'une ouverture de crédit et permettant au banquier prêteur de se refinancer par la mobilisation dudit effet. ‖ *Opérations financières,* celles qui contribuent, par le marché financier, à fournir aux entreprises des capitaux propres ou des emprunts à long terme (augmentations de capital, émissions d'obligations). – **Cuis.** Se dit d'un apprêt à base de truffes, de champignons, de quenelles de veau ou de volaille, de ris de veau, etc., le tout lié avec une sauce madère à l'essence de truffes *(sauce financière)* et utilisé pour garnir des feuilletages.

◆ **financier** n. m. **1.** Personne spécialisée dans la gestion des patrimoines privés ou publics, les opérations sur le marché des capitaux. – **2.** Personne qui spécule, fait des affaires en Bourse. – **3.** Sous l'Ancien Régime, celui qui avait la ferme ou la régie des droits du roi. – **4.** Petit gâteau moelleux, ovale ou rectangulaire, fait de poudre d'amandes, de sucre et de blancs d'œufs.

FINANCIÈREMENT adv. En matière de finances.

FINASSER v. i. (de *finesse*) [conj. **3**]. User de finesses, de subterfuges pour se dérober ou obtenir un avantage ; ruser.

FINASSERIE n. f. Petite ou grossière finesse ; ruse, subterfuge.

FINASSEUR, EUSE ou **FINASSIER, ÈRE** adj. et n. *Vx.* Qui finasse ; cauteleux.

FINAUD, E adj. et n. Qui a de la finesse, de la ruse, souvent sous un air de simplicité.

◆ adj. Qui dénote un caractère malin, astucieux ou rusé : *Regard finaud.*

FINAUDERIE n. f. *Vx.* Caractère, action de finaud ; roublardise.

FINCK (Heinrich), compositeur allemand (Bamberg ? v. 1445 - Vienne 1527). Maître de chapelle de l'empereur Ferdinand Ier (1527), Finck fut un grand compositeur polyphonique. Ses œuvres profanes (lieder) ou religieuses (messes, motets, hymnes) se distinguent par une maîtrise incomparable dans le maniement du contrepoint.

Findel, aéroport de Luxembourg, à l'E.-N.-E. de la ville.

1. FINE → FIN 2.

2. FINE n. f. (de *eau-de-vie fine*). Eau-de-vie naturelle (vin, cidre) de grande qualité provenant d'une région déterminée.

FINE AMOR [finamɔr] n. f. (anc. fr. *fine amor,* amour courtois). Dans la littérature du Moyen Âge, exaltation du désir amoureux selon un rituel initiatique.

Fine Gael (« Nation gaélique »), parti irlandais fondé en 1923 par W. T. Cosgrave (sous le nom de Cumann na nGædheal qu'il garda jusqu'en 1933). En alternance avec le Fianna Fáil, il a dirigé l'Irlande à plusieurs reprises, le plus souvent allié à d'autres partis.

FINEMENT adv. **1.** De façon fine, légère, délicate : *Bijou finement travaillé.* – **2.** D'une manière subtile, habile : *Une phrase finement tournée.*

FINES ⟶ FIN 2.

FINESSE n. f. **1.** Qualité de ce qui est fin, ténu, léger : *Finesse d'un fil, d'une écriture.* – **2.** Qualité de ce qui est délicat, légèrement marqué : *La finesse des contours d'un visage.* – **3.** Qualité de ce qui est travaillé avec délicatesse, recherche : *Admirez la finesse de ce bijou.* – **4.** Qualité de ce qui est supérieur en son genre, de ce qui flatte délicatement les sens : *La finesse d'un vin.* – **5.** Acuité des sens, d'une aptitude, qualité de ce qui est subtil, délicat, pénétrant : *Une grande finesse de goût.* – **6.** Qualité de qqn, de son esprit, de son comportement, qui est apte à discerner les plus subtils rapports de pensées, de sentiments : *Finesse d'esprit.* – **7.** Chose subtile, difficile à saisir par l'esprit ; nuance délicate : *Les finesses d'une langue.* – **8.** Ruse, procédé adroit pour arriver à ses fins (surtout pl.) : *Les finesses de la diplomatie.* – **9.** *Esprit de finesse,* esprit subtil, qui comprend les nuances de la pensée les plus fines, par oppos. à *esprit de géométrie* (vieilli). • **Aéron.** Rapport entre les coefficients de portance et de traînée d'une aile ou d'un avion entier. ‖ Pour un planeur, rapport de la distance parcourue en plané à l'altitude de largage en air calme. – **Mar.** Étroitesse des lignes d'eau de l'avant et de l'arrière d'un navire. – **Phys.** *Finesse d'une raie,* propriété caractérisant le degré de monochromatisme d'une radiation.

FINETTE n. f. (moyen fr. *finet,* de *fin,* adj.). Tissu de coton, en armure croisée, rendu pelucheux à l'envers par grattage.

FINGAL *(grotte de),* grande grotte de l'Écosse, dans l'îlot volcanique de Staffa (Hébrides intérieures). Elle fut immortalisée par Mendelssohn dans un poème symphonique.

Fingal ⟶ FINN.

1. FINI ⟶ FINIR.

2. FINI n. m. **1.** Qualité de ce qui est soigneusement achevé, qui a fait l'objet d'une finition : Un meuble qui manque de fini. – **2.** Ce qui est borné, limité. – **3.** Caractéristique de l'état de surface d'un papier ou d'un carton. – **4.** *Fini crispé,* papier à surface crispée. (Syn. PELURE D'OIGNON.)

FINI (Leonor), peintre italien (Buenos Aires 1908 - Paris 1996). Installée à Paris en 1933, créatrice de figures oniriques ambiguës et délicates, elle a donné des illustrations de livres, des costumes, masques et décors pour la scène (*les Bonnes,* Genet, 1961 ; *le Concile d'amour,* Panizza, 1968).

FINIELS *(sommet* ou *signal de),* croupe montagneuse du mont Lozère (dép. de la Lozère), point culminant des Cévennes ; 1 699 m.

FINIGUERRA (Maso), orfèvre nielleur italien (Florence v. 1426 - *id.* 1464). Comme d'autres praticiens, il a parfois tiré de ses nielles (avant coulage de l'émail) des sortes d'estampages, ce pour quoi Vasari lui attribua, inexactement, l'invention de l'estampe en taille-douce.

FINIR v. t. (lat. *finire,* limiter) [conj. **32**]. **1.** Travailler aux derniers détails de la fabrication d'un objet : *Finir une robe.* – **2.** Mener un ouvrage, une action à leur fin, terminer la dernière phase d'une opération : *Finir la vaisselle.* – **3.** Cesser, ne plus faire qqch : *Tu as fini de plaisanter ?* – **4.** Placer tel élément, telle action comme dernière phase d'une opération, comme dernière opération d'une série : *Je finirai par ces quelques mots.* – **5.** S'occuper en dernier lieu de qqn, de qqch : *Nous finirons par le plus facile.* – **6.** Être le terme de qqch : *Le bouquet qui finit le feu d'artifice.* – **7.** Consommer qqch jusqu'à ce qu'il n'y en ait plus, utiliser qqch jusqu'à ce qu'il ne soit plus utilisable : *Finis tes pâtes. Il finira les vêtements de son frère.* – **8.** Arriver au terme d'une période : *J'ai fini mon mois de vacances.* – **9.** Passer la dernière partie d'une action, d'une période de telle ou telle manière : *Finir la soirée chez des amis.* – **10.** Arriver au terme de sa vie, de sa carrière dans tel lieu ou dans tel état : *Finir sa vie à la campagne.* – **11.** *Fam.* Cesser une action, un discours qui agacent, importunent : *Tu as fini ?*

◆ v. t. ind. **1.** Ne plus avoir à s'occuper de qqn, de qqch, avoir terminé ce qu'on avait à faire : *Tu finis avec la vaisselle et tu viens nous retrouver.* – **2.** Parvenir à une solution : *Je n'en finirai jamais avec cette histoire.* – **3.** *À n'en plus finir,* se dit de qqch de très long, de très lent. ‖ *Finissons-en,* se dit pour mettre un terme à une discussion en proposant un compromis, un accord, un résultat. ‖ *N'en pas finir (de),* être très long ou très lent : *Un discours qui n'en finit pas.*

◆ v. i. **1.** Cesser d'être dans un certain état, ne plus faire qqch : *Cela a fini de me faire mal.* – **2.** Avoir telle fin, se terminer de telle manière : *L'histoire finit mal.* – **3.** Terminer sa carrière, son existence dans tel lieu ou telle situation : *Il a fini comme patron.* – **4.** Mourir dans tel lieu, dans telles circonstances : *Finir à l'hôpital.* – **5.** Comporter tel élément à sa fin, comme terminaison, se terminer sous telle forme : *Col qui finit en pointe.* – **6.** Comporter qqch comme ultime étape : *Bal qui finit sur une farandole.* – **7.** Avoir tel lieu, telle date comme limite, se terminer à cet endroit-là, à ce moment-là : *La route finit au pont.* – **8.** Arriver à tel résultat, tel état, telle situation : *Toutes ces réparations finissent par coûter cher.* – **9.** *Finir bien, mal,* avoir une fin, une issue heureuse ou, au contraire, malheureuse. ‖ *Finir en beauté,* se terminer de manière brillante, réussie. ‖ *Finir mal,* apporter des complications, aboutir à une situation fâcheuse ; en arriver à des actions répréhensibles.

◆ v. i. ou **être fini** v. pass. Se terminer, cesser, prendre fin ; avoir cessé d'exister : *Mes ennuis sont finis.*

◆ **être fini** v. pass. **1.** Comporter des finitions : *Cette voiture est très bien finie.* – **2.** Être révolu, dépassé : *Une époque finie. Fini(e) la rigolade.* – **3.** *Fam.* Être ruiné, n'avoir plus aucune chance de sortir d'une situation difficile : *Depuis son licenciement, il est fini.* – **4.** Être limité dans son être, sa grandeur, sa durée, etc. : *L'homme est fini.* – **5.** Être achevé, parfait en son genre : *C'est un paresseux fini.* – **6.** *C'en est fini,* ce n'est plus le moment de, il n'est plus du tout question de cela ; il n'en reste plus rien : *C'en est bien fini de son enthousiasme.* ‖ Fam. *Fini de,* se dit pour indiquer qu'un terme est mis à une situation : *Fini de rire.* ‖ *Produit fini,* produit destiné à être utilisé sous sa forme initiale de façonnage (profilé, cornière, rail, etc.). ‖ *Tout est fini entre eux,* c'est la rupture, le désaccord complet. • **Log.** En parlant d'un processus d'analyse, avoir des opérations en nombre fixé d'avance par la théorie. – **Math.** *Corps,* resp. *groupe, fini,* ensemble muni d'une structure de corps, resp. de groupe, et dont le cardinal est fini. ‖ *Ensemble fini,* ensemble dont le nombre d'éléments peut être exprimé à l'aide d'un entier naturel. (Dedekind a établi qu'un ensemble est fini s'il est impossible d'établir une bijection entre lui-même et l'une de ses parties propres.) ‖ *Groupe de type fini,* groupe engendré par une de ses parties finies. (→ *encycl.*) ‖ *Méthodes de différences finies,* méthodes d'approximation des dérivées, utilisées pour la résolution approchée des équations différentielles et des équations aux dérivées partielles. ‖ *Méthodes des éléments finis,* méthodes de résolution numérique d'équations aux dérivées partielles, basées sur la décomposition du domaine géométrique où est posée l'équation en sous-domaines beaucoup plus petits. – **Philos.** Être déterminé dans sa nature par ses propres limites.

ENCYCL. **Math.** L'étude des *groupes finis* est liée à l'étude du groupe des permutations d'un ensemble fini. Tout groupe fini est isomorphe à un sous-groupe du groupe des permutations d'un ensemble fini. L'étude des groupes finis est aussi liée à la notion de groupe simple.

FINISH [finiʃ] n. m. inv. (angl. *finish,* fin). **1.** Lutte sans merci. – **2.** Aptitude d'un sportif à bien terminer une compétition. – **3.** *Match au finish,* qui ne cesse que quand un des adversaires abandonne. – **4.** Fam. *Avoir qqn au finish,* l'avoir à l'usure, en épuisant sa résistance.

FINISSAGE n. m. Action de terminer l'exécution d'un objet ; dernière façon qu'on donne à un ouvrage, à une pièce d'étoffe, à un cuir, etc.

FINISSANT, E adj. **1.** *Litt.* Qui finit, qui s'achève : *Une journée finissante.* – **2.** *Section finissante d'un ensemble ordonné* E, partie S de l'ensemble ordonné E, telle que, si $s \in S$ et $x \geqslant s$, alors $x \in S$, la relation d'ordre dans l'ensemble E étant notée $\geqslant$.

FINISSEUR, EUSE n. **1.** Ouvrier(ère) qui s'occupe de la finition et de la vérification du travail d'une pièce ou d'un produit. – **2.** Athlète, coureur, cheval de course qui garde des ressources et termine très bien les compétitions.

◆ **finisseur** n. m. Machine recevant les matériaux enrobés, prêts à être mis en œuvre, et les déversant sur la route, les nivelant, lissant et damant, laissant derrière elle la chaussée terminée.

◆ **finisseuse** n. f. Machine qui termine une série d'opérations textiles (finisseuse de préparation, de peignage, carde finisseuse, etc.).

FINISSURE n. f. Ensemble des opérations auxquelles il est procédé après la couvrure, pour terminer la reliure.

FINISTÈRE (29), dép. de la Région Bretagne ; ch.-l. de dép. *Quimper ;* ch.-l. d'arrond. *Brest, Châteaulin, Morlaix ;* 4 arrond. ; 54 cant. ; 283 comm. ; 6 733 km² ; 838 687 hab. *(Finistériens).* Le dép. appartient à l'académie et à la cour d'appel de Rennes, à la région militaire Atlantique.
Deux lignes de hauteurs (monts d'Arrée et Montagne Noire) encadrent le bassin de Châteaulin (polyculture, élevage des bovins, porcs, volailles) et dominent le promontoire du Léon, qui porte de riches cultures de primeurs, et la Cornouaille, où l'élevage (bovins et porcs) est associé aux cultures et aux vergers (pommiers). La pêche est active d'Audierne à Concarneau et le tourisme important sur l'ensemble de la côte. L'industrie (en dehors de l'agroalimentaire, diffus) est surtout représentée à Brest, la principale ville.

FINISTERRE *(cap),* promontoire d'Espagne (Galice), formant l'extrémité nord-ouest de la péninsule Ibérique.

FINITION n. f. (lat. *finitio, -onis*). Action, manière de terminer avec soin un ouvrage, de lui donner un aspect fini : *La finition d'une robe.* (→ encycl.)
◆ **finitions** n. f. pl. **1.** Ensemble des opérations ayant pour but de parfaire l'article terminé par la pose d'accessoires divers : *Couturière qui fait les finitions.* — **2.** Travaux de plein achèvement, qu'ils concernent le gros œuvre, le second œuvre ou les équipements. — **3.** Ensemble des opérations ayant pour but de parfaire l'état d'une sculpture en métal brut de fonderie (notamment décapage, ébarbage, réparage, assemblage des différentes parties de l'œuvre, ciselure, patine).
ENCYCL. **Usin.** La finition a pour but d'améliorer l'état de surface ou la précision dimensionnelle d'une pièce. Les principales opérations de finition sur une machine sont la rectification, le polissage, le rodage, la superfinition, le brunissage.

FINITISME n. m. **1.** Doctrine du mathématicien Hilbert, selon laquelle on doit éviter, dans les raisonnements mathématiques, tout recours à l'infini actuel. — **2.** Système fondé sur des raisonnements finitistes. (→ *encycl.*)
ENCYCL. Un raisonnement finitiste doit consister en une série finie de démarches élémentaires et constructives ayant chacune la nature d'un algorithme effectif et porter sur des combinaisons de symboles considérées comme des objets concrets, c'est-à-dire « visualisables ».

FINITISTE adj. et n. Relatif au finitisme ; partisan du finitisme.

FINITO n. m. (ital. *finito,* fini). État final, arrêté d'un compte.

FINITUDE n. f. (de *fini,* p.-ê. avec l'infl. de l'angl. *finitude*). **1.** Caractère de ce qui est fini, borné. — **2.** Caractère de l'être humain, considéré comme ayant la mort en lui à chaque instant de sa vie. (La finitude, issue d'une problématique religieuse, a resurgi avec les philosophies existentielles de Heidegger et de Sartre notamment.)

FINLANDAIS, E adj. et n. De Finlande.
◆ **finlandais** n. m. Syn. de FINNOIS.

FINLANDE, en finnois **Suomi,** État de l'Europe du Nord, sur la Baltique ; 338 000 km² ; 5 130 000 hab. *(Finlandais).* CAP. *Helsinki.* LANGUES : *finnois* et *suédois.* MONNAIE : *markka.*

Géographie. Entre la Suède et la Russie, la Finlande est le pays le plus septentrional d'Europe (avec le quart du territoire au-delà du cercle polaire). Le climat est rude dans le Nord et le Centre, au paysage confus (collines, buttes allongées, nombreux lacs), héritage des glaciations ayant raboté le socle scandinave. Il explique la faible densité moyenne (seulement 15 hab. au km²) d'une population urbanisée à 60 % et concentrée dans les villes du Sud-Ouest (Helsinki, Turku, Tampere) ou jalonnant le golfe de Botnie (Porí, Vaasa, Oulu), régions au climat plus clément (hivers atténués), plus humide aussi. Climat et sols expliquent l'extension de la forêt (70 % du territoire). Les dérivés du bois (pâte et papier journal en tête) assurent d'ailleurs plus du tiers des exportations. Les autres branches industrielles notables sont la métallurgie (liée en partie à la présence de pyrites cuprifères et ferrifères), avec les chantiers navals, puis le textile. Le nucléaire fournit près du tiers de l'électricité. Le pétrole doit être importé, ainsi que le charbon nécessaire au développement de la sidérurgie. Mais le commerce extérieur, important, a vu la part dirigée vers l'ex-U.R.S.S. considérablement diminuer au profit notamment de l'U.E., premier partenaire.

Histoire.

● *Les dominations suédoise et russe.*

Ier s. av. J.-C.-Ier s. apr. J.-C. : Les Finnois occupent progressivement le sol finlandais.

1157 : Le roi de Suède Erik IX organise une croisade contre la Finlande.

1353 : Les Suédois érigent la Finlande en duché. Au XVIe s., la réforme luthérienne s'établit en Finlande.

1550 : Gustave Vasa fonde Helsinki.

Les guerres reprennent entre la Suède et la Russie, qui se disputent la possession de la Finlande (XVIe-XVIIIe s.).

1721 : À l'issue des campagnes de Pierre le Grand, la Finlande cède la Carélie à la Russie.

1809 : La Finlande devient un grand-duché de l'Empire russe, doté d'une certaine autonomie.

● *L'indépendance.*

1917 : À la suite de la révolution russe, la Finlande proclame son indépendance.

1918 : Une guerre civile oppose les partisans du régime soviétique à la garde civique de Carl Gustav Mannerheim, qui l'emporte.

1920 : La Russie soviétique reconnaît la nouvelle république de Finlande.

1939-40 : Après l'offensive victorieuse soviétique, la Finlande doit accepter l'annexion de la Carélie.

1941-1944 : La Finlande combat l'U.R.S.S. aux côtés du Reich.

1947 : La paix avec les Alliés est signée à Paris. Présidée par J.K. Paasikivi (1946-1956), U.K. Kekkonen (1956-1981) puis par Mauno Koivisto, la Finlande poursuit une politique de coopération avec les pays nordiques et d'amitié avec l'U.R.S.S. (traité d'assistance mutuelle de 1948, renouvelé en 1970 et en 1983) jusqu'à la dissolution de celle-ci, en 1991.

1994 : Martti Ahtisaari est élu président de la République.

1995 : La Finlande entre dans l'Union européenne.

Finlande *(campagnes de),* opérations qui ont opposé la Finlande et l'U. R. S. S. pendant la Seconde Guerre mondiale.

• *La guerre d'hiver (30 nov. 1939 -12 mars 1940).* Devant le refus finlandais de lui accorder des bases à Hanko et dans le golfe de Botnie, l'U. R. S. S. engage 28 divisions pour percer la ligne Mannerheim qui barre l'isthme de Carélie. Mannerheim endigue l'offensive et contre-attaque en direction du lac Ladoga et d'Oulu-Suomussalmi. Mais à partir du 1er févr. 1940 les Soviétiques débordent la ligne Mannerheim par le golfe de Finlande, gelé, et atteignent Viipuri le 2 mars. Le traité de Moscou ampute la Finlande de l'isthme de Carélie et de la presqu'île des Pêcheurs (12 mars 1940).

• *La guerre de continuation (26 juin 1941 - 6 sept. 1944).* En 1941, la Finlande se joint à l'Allemagne, et ses troupes reconquièrent le terrain perdu au nord-est du lac Ladoga et dans l'isthme de Carélie, reprennent Viipuri et contribuent à bloquer Leningrad. De 1942 à 1944, le calme règne sur le front mais une violente offensive soviétique entraîne la chute de Viipuri : Mannerheim négocie un armistice avec l'U. R. S. S. (19 sept. 1944), et les troupes allemandes doivent se replier en Norvège après l'offensive russe sur Petsamo en oct. 1944.

FINLANDE *(golfe de),* golfe allongé (400 km d'O. en E.) formé par la Baltique, entre la Finlande au N., la Russie à l'E. et l'Estonie au S. Il est souvent englacé de janvier à avril, reçoit la Neva et constitue le principal débouché maritime de la Russie.

FINLANDISATION n. f. Ensemble de limitations imposées par un puissant État à l'autonomie d'un voisin plus faible.

FINLANDISER v. t. (conj. 3). Engager un pays, un groupe de pays dans un processus de finlandisation.

FINLAY (Carlos Juan), médecin cubain (Puerto Principe, auj. Camagüey, Cuba, 1833 - La Havane 1915). Il étudia le mode de transmission de la fièvre jaune par les moustiques (qui avait déjà été découvert par le médecin français L. D. Beauperthuy).

FINN n. m. (nom déposé). Petit voilier monotype pour régates en solitaire. (Le Finn, d'origine suédoise, est admis aux jeux Olympiques depuis 1952.)

Finn (MacCumhaill), ou **Fingal,** héros mythique irlandais, père d'Oisín, capitaine des Fenians. Sa résurrection marquera la renaissance de l'Irlande.

FINNBOGADÓTTIR (Vigdís), chef d'État islandais (Reykjavík 1930). Succédant à Kristján Eldjárn, et défendant un programme de gauche, elle est élue en juin 1980 présidente de la République, devenant la première femme chef d'État élue au suffrage universel dans le monde. Constamment réélue, elle exerce ses fonctions jusqu'en 1996.

Finnegans Wake, roman de J. Joyce (1939), épopée de la conscience qui glisse peu à peu au néant. L'œuvre mêle les temps, les espaces, les mots et les langues (plus de 60 langues et dialectes).

FINNIQUE n. m. Groupe de langues finno-ougriennes, comprenant le groupe balto-finnois, le lapon, le groupe volgaïque et les langues permiennes.

FINNMARK, région et division administrative de la Norvège septentrionale. Ch.-l. *Vadsø.* Ports de pêche sur le littoral. Mines de fer près de Kirkenes. Élevage de rennes par les Lapons.

FINNOIS, E adj. (lat. *Finni*). Relatif aux Finnois. ◆ **finnois** n. m. Langue finno-ougrienne, parlée principalement en Finlande. (Syn. FINLANDAIS, SUOMI.)

ENCYCL. Le finnois, dont le nom indigène est *suomi,* est parlé en Finlande, où il est langue maternelle pour 94 % de la population, dans le Finnmark norvégien, dans le nord-est du Norrbotten suédois, en Ingrie et dans la région de Petsamo (Russie). Écrit depuis le XVIe s., il n'a de statut officiel (à côté du suédois) que depuis 1809. Les phénomènes d'harmonie vocalique et d'alternance consonantique jouent un rôle important. L'accent est toujours sur la première syllabe. La morphologie est de type agglutinant ; la déclinaison compte 15 cas. Il n'y a ni articles ni genres.

FINNOIS, peuple d'origine finno-ougrienne, qui habite les parties nord-orientales de l'Europe, en particulier la Finlande et la Laponie.

FINNO-OUGRIEN, ENNE adj. et n. m. Se dit d'un groupe de langues appartenant à la famille ouralienne et constitué d'une part du groupe finnique (finnois, lapon, etc.), d'autre part du groupe ougrien (hongrois, vogoule, ostyak).

FINOT n. m. (de *fin 2*). En meunerie, semoule très fine et très pure.

FINOT (Louis), orientaliste français (Bar-sur-Aube 1864 - Toulon 1935). Directeur de l'École française d'Extrême-Orient (1900-1904, 1914-1918, 1920-1926, 1928-29), dont il fut le véritable organisateur, il a étudié la philologie et l'épigraphie de l'Asie du Sud-Est.

FINSENTHÉRAPIE n. f. (de *Finsen,* n. pr.). Traitement (notamment du lupus tuberculeux) par les rayons ultraviolets. (La finsenthérapie est abandonnée. Elle valut à son inventeur, le médecin danois N. R. Finsen [1860-1904], le prix Nobel en 1903.)

FINSON (Lodewijk ou Louis) ou **FINSONIUS** (Ludovicus), peintre flamand (Bruges av. 1580 - Amsterdam 1617). Très inspiré par le Caravage, il partagea l'essentiel de son activité entre l'Italie (Naples) et la Provence, où il a peint de grands tableaux d'autel pour les églises d'Aix et d'Arles.

FINSTERAARHORN, sommet et point culminant de l'Oberland bernois, dans les Alpes suisses ; 4 274 m. Première ascension en 1829 par J. Leuthold et J. Währen.

FIOCCO (Joseph Hector), violoniste et compositeur des Pays-Bas méridionaux d'origine vénitienne (Bruxelles 1703 - *id.* 1741). Violoniste de la chapelle royale de Bruxelles (1725), maître de chant à la cathédrale d'Anvers (1731), il reste célèbre grâce à ses pièces de clavecin et à ses *Leçons de ténèbres.*

FIODOR → FEDOR.

FIOLE n. f. (lat. médiév. *fiola,* du gr. *phialê*). **1.** Petit flacon de verre à col étroit. — **2.** *Pop.* Visage ; tête : *Se payer la fiole de quelqu'un.* — **3.** *Fiole d'arpentage,* syn. de NIVEAU* D'EAU.

FION n. m. (p.-ê. de *fignoler*). **1.** *Fam.* Dernière main donnée à un ouvrage. — **2.** *Fam.* En Suisse, mot piquant ou mot d'esprit. — **3.** *Pop.* Chance : *Avoir du fion.* — **4.** *Arg.* Anus.

FIONIE, en dan. **Fyn,** île de l'archipel danois, séparée du Jylland par le Petit-Belt et de l'île de Sjælland, à l'E., par le Grand-Belt ; 3 486 km^2 ; 454 000 hab. Cap. *Odense.* Région agricole (céréales, bovins).

FIORAVANTI (Leonardo), médecin et alchimiste italien (Bologne v. 1518 - *id.* 1588). On lui doit l'alcoolat dit *de Fioravanti,* employé jadis comme calmant contre les rhumatismes et les coliques néphrétiques.

Fioretti di san Francesco *(les Petites Fleurs de saint François),* traduction de la fin du XIVe s. d'un écrit latin franciscain, peut-être collectif, qui peint la vie de François d'Assise et des premiers franciscains.

FIORINA n. m. Cochenille nuisible aux plantations de thé.

FIORITURE n. f. (ital. *fioritura,* floraison). **1.** *Litt.* Ornement, agrément accessoire et souvent excessif, qui surcharge qqch (surtout pl.) : *Les fioritures d'un dessin.* — **2.** Note ou groupe de notes, improvisées ou écrites, insérées dans une mélodie vocale ou instrumentale pour l'embellir.

FIOUL n. m. Graphie francisée de FUEL.

FIQH n. m. (ar. *fiqh*). Savoir et, en partic., science du droit religieux de l'islām, qui recouvre tous les aspects de la vie, religieux, politiques ou privés. (Ses quatre écoles fondamentales sont le chāfi'isme, le malékisme, le ḥanbalisme et le ḥanafisme.)

FIRDŪSĪ → FERDOWSI.

FIRE-DIRECTOR [fajr-] n. m. (pl. *fire-directors*) [angl. *fire-director,* directeur de feu]. Appareil de conduite de tir mis au point par la marine britannique à la veille de la Première Guerre mondiale et utilisé dans toutes les marines.

Firestone Tire and Rubber Company, société américaine fondée en 1900 à Akron par Harvey Firestone (1868-1938). Elle est l'un des premiers fabricants mondiaux de pneumatiques.

FIRKOVITCH (Abraham), écrivain et archéologue russe, rabbin karaïte (Łuck, Volhynie, 1786 - Tchoufout-Kale, Crimée, 1874). Il constitua au cours de ses voyages une importante collection de manuscrits rares et d'inscriptions, non seulement karaïtes mais aussi hébreux et arabes. Ardent défenseur du karaïsme, il fut en butte aux attaques des représentants du judaïsme talmudique.

FIRMAMENT n. m. (lat. ecclés. *firmamentum,* du lat. class. *firmare,* rendre ferme). *Litt.* Ciel, voûte céleste.

FIRMAN [firmã] n. m. (angl. *firman,* du turc *ferman*). En Iran, ordre écrit qui émanait du chāh ; en Turquie, pièce diplomatique ou administrative.

FIRME n. f. (angl. *firm*). Entreprise industrielle ou commerciale.

FIRMICUS MATERNUS (Julius), écrivain et astronome latin du IVe s. apr. J.-C. (né à Syracuse). Outre un ouvrage d'astronomie, il a adressé aux fils de Constantin un livre dénonçant les cultes à mystères comme immoraux et dangereux.

FIRMILIEN *(saint)* [† Tarse, auj. Tarsus, 269], évêque de Césarée de Cappadoce (v. 230-269). Disciple d'Origène, il soutint avec saint Cyprien de Carthage la nullité du baptême conféré aux hérétiques.

FIRMIN *(saint),* premier évêque d'Amiens, martyr (IVe s. ?).

FIRMINY (42700), ch.-l. de cant. de la Loire, sur l'Ondaine, au S.-O. de Saint-Étienne ; 23 367 hab. Édifices de Le Corbusier. Métallurgie.

FIRMISTERNE n. m. (lat. *firmus,* solide, et gr. *sternon,* poitrine). Nom de groupe des grenouilles possédant une sorte de sternum.

FIROLE n. f. Mollusque gastropode pélagique sans coquille, capable de nager rapidement en utilisant son pied, rabattu, comme une godille.

FIROZĀBĀD, v. de l'Inde (Uttar Pradesh), à l'E. d'Āgrā ; 203 000 hab. Verrerie. Coton.

FIRTH [fœrs] n. m. (écossais *firth*). Embouchure, estuaire communs de certains fleuves côtiers d'Écosse.

FIRTH (John Rupert), linguiste britannique (Leeds 1890 - Londres 1960). Influencé par l'anthropologie structurale, il a élaboré une théorie contextuelle de la signification, selon laquelle le sens des mots se réduit à l'ensemble des usages qu'on peut en faire (contexte).

FIRTH (*sir* Raymond William), anthropologue britannique (Auckland, Nouvelle-Zélande, 1901). Il a contribué à l'étude de l'organisation sociale et a été l'un des premiers à s'intéresser à l'anthropologie économique. Il a opéré une distinction entre les faits réels qui constituent l'organisation sociale (*Elements of Social Organization,* 1951) et les phénomènes idéaux qui constituent la structure sociale.

FIRUZĀBĀD, localité de l'Iran, dans le Fārs. Fondée par les Achéménides, embellie par les Sassanides, la ville de Gur prit le nom de Firuzābād au Xᵉ s. Vestiges d'un palais et d'une cité fortifiée sassanides.

FIRUZĀBĀDI, écrivain persan (Kāzarun, Perse, 1329 - Zabid 1415). Il est l'auteur d'un dictionnaire monumental.

FIRŪZ CHĀH KHALDJĪ (Djalāl al-Dīn), sultan de Delhi (1290-1296), fondateur de la dynastie des Khaldjī.

FIRŪZ TURHLUQ (Mu'aẓẓam Muḥassab), sultan de Delhi (1351-1388). Dernier souverain important de la dynastie des Turhluq, il fonda, entre autres villes, une nouvelle capitale, Firuzābād (1354), près de Delhi.

F.I.S., sigle de FRONT ISLAMIQUE DU SALUT.

FISC n. m. (lat. *fiscus,* corbeille d'osier). **1.** Ensemble des administrations chargées de percevoir, de fixer et de répartir les impôts. — **2.** Dans la Rome antique, partie du trésor public, gérée directement par l'empereur depuis Auguste, comprenant les revenus des provinces et des domaines impériaux et certains revenus des provinces sénatoriales, servant à l'entretien de l'armée, aux grands travaux, au service de la poste et aux rémunérations des fonctionnaires.

FISCAL, E, AUX adj. (bas lat. *fiscalis*). **1.** Relatif au fisc, à l'impôt : *Charges fiscales.* — **2.** *Droit fiscal,* branche du droit public relative à l'assiette, à la liquidation et au recouvrement des impôts et taxes de toute nature. ‖ *Procureur fiscal* ou *fiscal* (n. m.), officier chargé des fonctions du ministère public dans les justices seigneuriales.

FISCALEMENT adv. Du point de vue fiscal.

FISCALISATION n. f. **1.** Action de fiscaliser. — **2.** Part de l'impôt dans le total des ressources d'une collectivité publique.

FISCALISER v. t. (de *fiscal*) [conj. 3]. **1.** Soumettre à l'impôt ou à une augmentation d'impôt. — **2.** Substituer une recette fiscale à une cotisation.

FISCALISTE n. Spécialiste des problèmes fiscaux ; juriste spécialisé en droit fiscal.

FISCALITÉ n. f. (de *fiscal*). **1.** Système de perception des impôts. — **2.** Ensemble des lois qui se rapportent aux impôts.

FISCHART (Johann), érudit et polygraphe de langue allemande (Strasbourg v. 1546 - Forbach v. 1590), auteur de poèmes héroï-comiques et de pamphlets anticatholiques (*le Petit Chapeau des jésuites,* 1580).

FISCHER von Erlach (Johann Bernhard), architecte autrichien (Graz 1656 - Vienne 1723). Ayant séjourné à Rome, associant le baroque à une tendance classique majestueuse, il construisit trois églises à Salzbourg (autour de 1700), divers palais à Prague (Clam-Gallas) et surtout à Vienne (Trautson, 1710). Ses chefs-d'œuvre dans la capitale, comme architecte officiel, sont l'originale église St-Charles-Borromée (1716) et la Bibliothèque impériale (1723), à l'impressionnant espace intérieur, toutes deux terminées par son fils JOSEPH EMANUEL (1693-1742). J. B. Fischer a publié un recueil illustré, *Esquisse d'une architecture historique* (1721), incluant des exemples égyptiens et chinois.

FISCHER (Johann Michael), architecte allemand (Burglengenfeld, Haut-Palatinat, 1692 - Munich 1766). Il a diffusé en Bavière et en Souabe le style rococo. Son œuvre, lumineuse et riche de la luxuriance décorative que lui adjoignent les frères Asam ou les stucateurs Feuchtmayer, comprend divers palais et vingt-cinq églises (abbatiale d'Ottobeuren, près de Memmingen, 1748-1766).

FISCHER (Kuno), philosophe allemand (Sandewalde bei Guhrau, Silésie, 1824 - Heidelberg 1907). Il a essayé de concilier la dialectique hégélienne avec les données de l'évolutionnisme de Darwin.

FISCHER (Paul Henri), naturaliste français (Paris 1835 - *id.* 1893), auteur d'importants travaux sur les mollusques.

FISCHER (Emil Hermann), chimiste allemand (Euskirchen, Prusse-Rhénane, 1852 - Berlin 1919). Il a réalisé la synthèse de nombreux sucres, étudié la caféine et élucidé la constitution chimique des couleurs d'aniline. (Prix Nobel de chimie 1902.)

FISCHER (Franz Joseph Emil), chimiste allemand (Fribourg-en-Brisgau 1877 - Munich 1948). Il a mis au point, avec Tropsch, un procédé d'obtention d'essence légère, par hydrogénation catalytique de l'oxyde de carbone (1926).

FISCHER (Hans), chimiste allemand (Höchst am Main 1881 - Munich 1945). Il a précisé la composition de l'hémoglobine, réalisé la synthèse de l'un de ses principaux constituants, l'hématine, et étudié la constitution de la chlorophylle. (Prix Nobel de chimie 1930.)

FISCHER (Edwin), pianiste, chef d'orchestre et compositeur suisse (Bâle 1886 - Zurich 1960). Professeur à Berlin (1931), il se fixa à Lucerne en 1945, où il prit la direction du conservatoire. Il a été le modèle de toute une génération de pianistes.

FISCHER (Ernst Otto), chimiste allemand (Munich 1918). Il a étudié les composés dits « à structure sandwich » et partagé avec G. Wilkinson, en 1973, le prix Nobel de chimie pour ses travaux sur les complexes organométalliques.

FISCHER (Edmond), biologiste américain (Shanghai 1920). Professeur de biochimie à l'université Washington de Seattle, il a obtenu le prix Nobel de physiologie et de médecine en 1992, avec E. Krebs, pour leur découverte commune de deux catégories de protéines enzymatiques, les kinases et les phosphatases, et du rôle de celles-ci dans la régulation du fonctionnement des cellules vivantes (processus de phosphorylation réversible des protéines). Ces découvertes ont notamment des applications dans la lutte contre certains cancers.

FISCHER-DIESKAU (Dietrich), baryton allemand (Berlin 1925). Il a abordé la scène à Berlin en 1948 dans *Don Carlos.* Il mène une double carrière de comédien lyrique et d'interprète du lied.

FISHBURGER [fiʃburgœr] n. m. (angl. *fish,* poisson). Burger au poisson.

FISHER (Irving), mathématicien et économiste américain (Saugerties, New York, 1867 - New York 1947). Spécialiste des questions monétaires, il a établi une relation entre la quantité de monnaie en circulation, la vitesse de circulation de la monnaie et le niveau des prix.

FISHER (Geoffrey Francis), prélat anglican (Higham on the Hill, Leicestershire, 1887 - Sherbone, Dorset, 1972). Archevêque de Canterbury (1945-1961), il s'attacha à l'unité chrétienne et devint président du Conseil mondial des Églises (1946-1954).

FISHER (*sir* Ronald Aylmer), biologiste et statisticien britannique (East Finchley 1890 - Adélaïde 1962). Il est l'un des créateurs, avec Sewall Wright et John Haldane, de la théorie du néodarwinisme. À cette occasion, il a forgé des outils mathématiques nouveaux, notamment l'analyse de la variance et les techniques d'estimation d'un paramètre par la méthode du maximum de vraisemblance. Il a écrit notamment *Statistical Methods for Research Workers* (1925), *The Genetical Theory of Natural Selection* (1930).

Fisher *(coefficients de),* ensemble de deux coefficients γ_1 et γ_2, caractérisant, le premier, la dissymétrie de la distribution d'un caractère quantitatif et, le second, l'aplatissement de la distribution par rapport à une distribution de Laplace-Gauss ayant même moyenne et même variance que la distribution étudiée.

FISHER (Terence), cinéaste britannique (Londres 1904 - Twickenham 1980). Maître du film d'épouvante, il a réalisé *le Cauchemar de Dracula* (1958), *la Revanche de Frankenstein* (1958), *le Chien des Baskerville* (1959), *la Malédiction des pharaons* (1959), *le Fantôme de l'Opéra* (1962), *Dracula, prince des ténèbres* (1965), *le Retour de Frankenstein* (1969).

FISHER OF KILVERSTONE (John Arbuthnot FISHER, 1er *baron*), amiral britannique (Ramboda, Sri Lanka, 1841 - Londres 1920). Premier lord de la mer de 1904 à 1909, il fit adopter le dreadnought. Anobli et mis à la retraite en 1910, il fut rappelé en 1914, au moment de la défaite de Coronel. Opposé à l'expédition des Dardanelles, il quitta son poste en 1915.

FISH-EYE [fiʃaj] n. m. (pl. *fish-eyes*) [angl. *fish,* poisson, et *eye,* œil]. Objectif photographique à très grand angle (de 160° à 220°).

FISHTA (Gjergj), écrivain et homme politique albanais (Fishta, près de Scutari, auj. Shkodër, 1871 - Shkodër 1940), connu pour son épopée *la Lahuta de la montagne* (1905-1907), inspirée des thèmes folkloriques du Nord.

FISMES (51170), ch.-l. de cant. de la Marne, sur la Vesle ; 5 372 hab. *(Fismois).* Église des XIIe-XVIe s.

FISSA adv. (ar. *fī l-sā'a,* sur l'heure). *Pop.* Vite : *Faire fissa.*

FISSIBLE adj. Syn. de FISSILE.

FISSILE adj. (lat. *fissili*). **1.** Qui a une tendance à se diviser en feuillets ou en couches minces (en parlant des minéraux et des roches, notamment). — **2.** Se dit du noyau d'un atome qui peut subir la fission et de l'atome lui-même ou de la matière qui contient de tels atomes. (Syn. FISSIBLE.)

FISSILITÉ n. f. Propriété d'une roche, d'un minéral fissiles.

FISSION n. f. (angl. *fission*). Division d'un noyau atomique lourd, généralement en deux parties,

dites *produits de fission,* avec libération d'énergie et émission de neutrons.
ENCYCL. On a constaté dès 1938 que l'uranium, bombardé par des neutrons lents, se rompait en donnant deux éléments de masse moyenne. Plusieurs neutrons (2 ou 3 en moyenne) sont émis, et une grande quantité d'énergie se trouve libérée. Ces neutrons émis étant eux-mêmes capables d'induire de nouvelles fissions, on comprend qu'une réaction en chaîne puisse s'établir au sein d'une masse convenable d'uranium. Tous les noyaux des éléments lourds, à partir du thorium, peuvent subir la fission pour une énergie plus ou moins forte des neutrons incidents. La fission de tous les noyaux d'un gramme d'uranium libère 25 000 kWh, c'est-à-dire autant d'énergie que la combustion de 3 t de charbon.
La fission est en fait un mode de désexcitation très général des noyaux lourds excités. Ainsi, elle peut être induite aussi bien par des particules γ, des protons énergétiques ou des ions lourds que par des neutrons.

FISSIONNER v. t. (conj. 3). Réaliser la fission nucléaire.
◆ v. i. Subir la fission.

FISSIPARE adj. Syn. de SCISSIPARE.

FISSIPARITÉ n. f. Syn. de SCISSIPARITÉ.

FISSIPÈDE n. m. (bas lat. *fissipes, -edis,* qui a les pieds fourchus). Nom de sous-ordre des mammifères carnivores terrestres, à doigts libres. (S'oppose à PINNIPÈDE.)

FISSURAIRE adj. Relatif à une fissure anale.

FISSURAL, E, AUX adj. Se dit d'un type d'éruption volcanique dans lequel la lave se répand par des fissures longitudinales, formant de vastes épanchements.

FISSURATION n. f. Fait de se fissurer ; état de ce qui offre des fissures : *La fissuration d'une chaussée.*

FISSURE n. f. (lat. *fissura*). **1.** Fente étroite, petite ouverture longitudinale : *Les fissures d'un mur.* – **2.** Rupture, point faible dans ce qui devrait former un tout cohérent, solide, homogène : *Fissure dans un raisonnement.* – **3.** Dégradation constituée par des fentes intérieures dans une bouche à feu. – **4.** Fente étroite et peu profonde d'un tissu ou d'un organe (par ex. fracture incomplète, sans déplacement, d'un os). – **5.** Discontinuité physique à deux dimensions des pièces mécaniques, résultant d'une action mécanique, thermique ou chimique. – **6.** *Fissure anale,* ulcération superficielle, souvent associée à une hémorroïde, siégeant au fond d'un des plis radiés de l'anus et caractérisée cliniquement par une contracture douloureuse du sphincter anal.

FISSURELLE n. f. (lat. *fissura,* fente). Mollusque gastropode prosobranche, très commun dans la zone des marées, à la coquille en forme de cône surbaissé, perforée au sommet et ornée de stries rayonnantes.

FISSURER v. t. (conj. 3). **1.** Causer des fissures dans qqch : *Le tremblement de terre a fissuré le mur.* – **2.** Provoquer des divisions dans un tout solide et uni : *Des divergences ont fissuré leur alliance.*

FISTON n. m. *Fam.* Mot d'affection adressé à son fils ou à un jeune garçon.

FISTOT n. m. (de *fils*). *Arg. mil.* Élève officier de première année, à l'École navale.

1. FISTULAIRE n. f. (lat. *fistularia,* joueuse de flûte). Poisson marin des récifs, à bouche tubiforme édentée, à peau nue, au corps allongé, pouvant atteindre 2 m de long. (N. usuels *bouche-en-flûte, cure-pipe.*)

2. FISTULAIRE adj. (lat. *fistularius*). Relatif à une fistule.

FISTULE n. f. (lat. *fistula*). **1.** Communication anormale entre la lumière d'un élément anatomique ou pathologique et celle d'un autre élément ou l'extérieur. – **2.** *Fistule anale,* trajet étroit, irrégulier, allant de la muqueuse du canal anal à la peau de la marge de l'anus, presque toujours consécutif à un abcès du pourtour de l'anus, même correctement traité. (Le malade se plaint de démangeaisons tenaces avec écoulement muco-purulent.)

FISTULEUX, EUSE adj. (lat. *fistulosus*). Qui est de la nature d'une fistule.

FISTULINE n. f. Champignon comestible du groupe des polypores, communément nommé *langue-de-bœuf* ou *foie-de-bœuf.*

FISTULISATION n. f. Formation d'une fistule.

FITCH (John), inventeur américain (Windsor, Connecticut, 1743 - Bardstown, Kentucky, 1798). De 1786 à 1796, il essaya cinq bateaux à vapeur, dont l'un assura pendant quelque temps un service régulier sur la Delaware. Mais il n'obtint jamais un succès décisif et se suicida.

FITCH (Val Logsdon), physicien américain (Merriman, Nebraska, 1923). Il a donné une mesure précise du rayon du noyau atomique et découvert la violation du principe de symétrie dans la désintégration des mésons K neutres. (Prix Nobel de physique 1980.)

FITOU n. m. (de *Fitou,* n. pr.). Vin rouge du Languedoc produit dans certains villages des Corbières.

FITZGERALD, puissante famille de l'Irlande médiévale, descendant d'un seigneur anglo-normand, Gerald de Windsor, gouverneur du château de Pembroke, et de la princesse galloise

Nesta. Établie en Irlande à la fin du XIIe s., elle s'allia aux maisons royales gaëles. Le plus célèbre de ses membres fut MAURICE († Wexford 1176). Débarqué en Irlande en 1169, il reçut en 1170, de Richard Strongbow, la baronnie de Naas en Ophaley, à charge de la conquérir.
La famille Fitzgerald se scinda, au XIVe s., en deux branches : Kildare et Desmond.
• *Branche de Kildare.* JOHN FITZTHOMAS († Laraghbryan, Kildare, 1316) reçut le titre de comte *de Kildare* en 1316 — GERALD *le Grand* ou GARRET *Mor,* 8e comte *de Kildare* († 1513), fut gouverneur de l'Irlande de 1478 à 1492 et de 1496 à sa mort. — GERALD *le Jeune* ou GARRET *Óg,* 9e comte *de Kildare* († Londres 1534), fils et successeur du précédent, gouverna l'Irlande comme lord-député de 1513 à 1520 et de 1524 à 1534.
• *Branche de Desmond.* Elle descend de THOMAS FITZMAURICE, qui obtint, en 1292, de grands domaines en Desmond. — MAURICE FITZTHOMAS († Irlande 1356), fils de Thomas Fitzmaurice, fut créé comte *de Desmond* en 1329 et nommé justicier d'Irlande en 1355. — GERALD, 3e comte *de Desmond* († en Irlande 1398), fils du précédent, fut justicier d'Irlande en 1367. — THOMAS, 8e comte *de Desmond* (v. 1426 - Drogheda 1468), petit-fils du précédent, fut nommé député d'Irlande en 1463. S'étant compromis avec les opposants d'Édouard IV, il fut accusé de trahison et exécuté.

FITZGERALD (*lord* Edward), homme politique irlandais (Carton House, près de Dublin, 1763 - Newgate 1798). Membre de l'opposition nationale au Parlement d'Irlande, il vint à Paris en 1792 et s'enthousiasma pour la Révolution française. De retour en Irlande, il adhéra aux Irlandais-Unis (1796) et prépara l'insurrection de 1798.

FITZGERALD (George Francis), physicien irlandais (Dublin 1851 - *id.* 1901). Pour expliquer le résultat négatif de l'expérience de Michelson, il a fait, en même temps que Lorentz, l'hypothèse du raccourcissement des objets en mouvement.

FITZGERALD (Francis Scott), romancier américain (Saint Paul, Minnesota, 1896 - Hollywood 1940). Il illustra les désillusions de la « génération perdue » et de l'après-guerre en des romans et nouvelles où la fiction du rêve américain joue avec la splendeur et le gris de la modernité (*Gatsby* le Magnifique,* 1925 ; *Tendre est la nuit,* 1934 ; *le Dernier Nabab,* 1941).

FITZGERALD (Ella), chanteuse de jazz américaine (Newport News, Virginie, 1917 - Beverly Hills 1996). « First Lady of Jazz », son extraordinaire technique lui permet d'interpréter avec aisance aussi bien la romance sentimentale que le jazz le plus swingant. Avec Armstrong, elle est la meilleure spécialiste du scat. Parmi ses enregistrements, on peut citer *A Tisket a Tasket* (1938), *Lady be Good* (1946), *Stompin' at the Savoy* (1956), *Mack the Knife* (1960), *Into each Life some Rain must Fall* (1963), *Imagine my Frustration* (1965).

FITZGERALD (Garret), homme politique irlandais (Dublin 1926). Président du parti Fine Gael de 1977 à 1987, Premier ministre de juin 1981 à mars 1982 et de décembre 1982 à février 1987.

FITZGIBBON (John), 1er comte **de Clare,** lord-chancelier d'Irlande (Donnybrook 1749 - Dublin 1802). Entré au Parlement de Dublin en 1778, il s'opposa à toute réforme en faveur des catholiques. Ami de Pitt, il devint lord-chancelier en 1789. Son intransigeance contribua au déclenchement de l'insurrection irlandaise de 1798.

FITZ-JAMES (*maison* DE), famille française d'origine anglaise issue de James Stuart, duc de Berwick*, maréchal de France, fils naturel du roi d'Angleterre Jacques II, naturalisé français en 1703 et en faveur de qui la terre de Warty fut érigée en duché-pairie de Fitz-James, en 1710. — FRANÇOIS, 2e duc **de Fitz-James** (Saint-Germain-en-Laye 1709 - Paris 1764), fils du maréchal de Berwick, fut évêque de Soissons (1739-1764) et premier aumônier de Louis XV (1742-1748). — ÉDOUARD, comte **de Fitz-James** (Saint-Germain-en-Laye 1715 - Cologne 1758), frère du précédent, servit sous le maréchal de Saxe pendant la guerre de la Succession d'Autriche, contribua à la victoire de Lawfeld (1747) et fut fait lieutenant général (1748).

FITZ ROY, montagne des Andes de Patagonie, aux confins de l'Argentine et du Chili, considérée comme une des plus difficiles du monde en raison de la verticalité de ses parois granitiques ; 3 375 m. Première ascension par L. Terray et G. Magnone (1952).

FITZROY (Robert), marin anglais (Ampton Hall, Suffolk, 1805 - Norwood, Surrey, 1865). Il dirigea l'exploration hydrographique des côtes d'Amérique du Sud, puis effectua le tour du monde en passant par le Pacifique, expédition à laquelle participa Charles Darwin (1831-1836). Fitzroy fut ensuite gouverneur de la Nouvelle-Zélande (1843-1845).

FITZROYA n. m. (de R. *Fitzroy,* n. pr.). Petit conifère voisin du cyprès.

FIUME, nom italien de Rijeka.

FIUMICINO, port italien de la côte tyrrhénienne, dans le Latium. Station balnéaire. Aéroport de Rome.

FIVE O'CLOCK [fajvɔklɔk] n. m. inv. (angl. *five o'clock,* cinq heures). *Vx.* Légère collation, thé servi à cinq heures.

Fives-Lille *(Compagnie de),* entreprise française de constructions mécaniques, dont les origines remontent à 1861 et qui se rapprocha ultérieurement de plusieurs autres sociétés adonnées à des activités similaires. La principale filiale, Fives-Cail-Babcock, réalise notamment de grands ensembles industriels, livrés clef en main. Le groupe est le premier producteur mondial de sucreries et compte parmi les principaux constructeurs mondiaux de cimenteries.

FIVETE n. f. (sigle). Méthode de procréation artificielle, consistant en une fécondation in vitro suivie d'un transfert embryonnaire.

FIX (Théodore), économiste suisse (Soleure 1800 - Paris 1846). Disciple de Malthus, il combattit l'organisation du travail et fit preuve de tendances ultraconservatrices.

FIXABLE adj. Qui peut être fixé.

FIXAGE n. m. **1.** Opération rendant insensibles à la lumière les substances non exposées subsistant après le développement d'un phototype. – **2.** Stabilisation des propriétés dimensionnelles des tissus par vaporisage ou par choc thermique.

FIXATEUR, TRICE adj. Qui a la propriété de fixer. ◆ **fixateur** n. m. **1.** Bain utilisé pour le fixage, en photographie. – **2.** Substance entraînant la mort cellulaire tout en préservant la morphologie des constituants cytoplasmiques et nucléaires, ce qui permet leur étude au microscope. – **3.** Appareil servant à vaporiser le fixatif sur un dessin. – **4.** Produit utilisé pour fixer l'ondulation des cheveux. – **5.** Produit destiné à fixer la persistance d'un parfum.

FIXATIF n. m. (de *fixer*). Préparation liquide, transparente et incolore, filmogène, appliquée par pulvérisation sur des dessins au fusain, au pastel, etc., pour assurer leur protection.

FIXATION n. f. (de *fixer*). **1.** Action de fixer, d'assujettir solidement à ou contre qqch : *La fixation du moteur sur le bâti.* – **2.** Moyen, dispositif, instrument, par lesquels on fixe qqch : *Les fixations risquent de céder.* – **3.** Action d'établir qqn dans un lieu déterminé : *La fixation des nomades sur les terrains municipaux.* – **4.** Action de déterminer, d'établir de manière précise : *La fixation de l'impôt.* – **5.** *Faire une fixation sur qqch,* en être obsédé, l'avoir comme idée fixe. • **Biol.** Utilisation de fixateurs avant examen histologique ou bactériologique. ‖ État des végétaux et des animaux qui sont solidaires d'un support. – **Bx-arts.** Action de rendre stables un pastel, un fusain en leur appliquant un fixatif par vaporisation. – **Chim.** Stabilisation d'un corps volatil. ‖ Type de réaction chimique consistant à introduire un élément nouveau dans un corps. – **Parfum.** Incorporation, dans une composition odorante, de produits fixes ou à point d'ébullition élevé, afin de retarder l'évaporation des constituants les plus fugaces. – **Psychan.** Persistance d'une recherche de satisfactions libidinales liées à un objet disparu. – **Psychiatr.** *Amnésie de fixation,* forme d'amnésie dans laquelle le malade est incapable d'enregistrer des souvenirs nouveaux. – **Sports.** Mécanisme qui permet de solidariser le ski et la chaussure.

1. FIXE adj. (lat. *fixus,* de *figere,* fixer). **1.** Qui ne remue pas, ne change pas de place, qui est arrêté dans une position déterminée : *Châssis fixe d'une fenêtre.* – **2.** Qui a été déterminé et ne varie plus, qui a été réglé de façon durable : *Avoir un domicile fixe. Prix fixe.* – **3.** Qui est régulier, stable, constant : *Un revenu fixe.* – **4.** Se dit de la partie d'une rémunération qui ne varie pas, par oppos. aux sommes touchées en pourcentage ou en pourboire. – **5.** *Au beau fixe,* se dit du temps qui est au beau de façon durable. ‖ *Idée fixe,* dont l'esprit ne peut se détacher ; obsession. ‖ *Œil, regard fixe,* qui reste attaché sur un point. • **Astron.** Se disait autrefois des étoiles, par oppos. aux planètes (astres errants). ‖ *Sphère des fixes,* sphère céleste liée aux étoiles. – **Dr.** *Assignation à jour fixe,* assignation dans laquelle une date d'audience déterminée est indiquée. – **Inform.** *Virgule fixe,* mode de représentation des nombres en ordinateur où la virgule (ou point décimal) est placée toujours à la même position, suivie par un nombre constant de chiffres. (S'oppose à VIRGULE FLOTTANTE.) – **Math.** Se dit de ce qui est invariant par une application, notamment d'un point invariant dans une transformation (point dit aussi « double »).

◆ adv. *Fixe !, À vos rangs, fixe !,* commandements énoncés lors de l'entrée d'un officier, d'un officier supérieur dans un local et imposant la position du garde-à-vous sur place.

◆ n. m. Salaire, traitement fixe, compte non tenu des pourcentages, des primes, etc.

2. FIXE n. m. (amér. *fix,* de *to fix,* s'injecter de la drogue). *Arg.* Injection intraveineuse d'une drogue. (Syn. SHOOT.)

FIXÉ n. m. *Fixé (sous* ou *sur verre),* peinture exécutée sur une plaque de verre de manière à être regardée à travers ce verre, ou peinture sur toile dont la face est collée sur verre dans la même intention (art populaire, religieux notamment).

FIXE-CHAUSSETTE n. m. (pl. *fixe-chaussettes*). Bande élastique qui entoure le mollet au-dessus de la chaussette, qu'elle soutient par une agrafe. (Syn. SUPPORT-CHAUSSETTE.)

FIXEMENT adv. D'une manière fixe, en restant attaché au même point : *Regarder fixement dans la glace.*

1. FIXER v. t. (de *fixe 1*) [conj. 3]. **1.** Assujettir un objet à ou sur qqch au moyen d'une attache, l'y maintenir : *Fixer un tableau au mur avec un crochet.* – **2.** Conserver qqch intact dans son esprit : *Il regardait attentivement la scène pour la fixer dans son souvenir.* – **3.** Rendre stable, immobile qqch qui a tendance à évoluer, à changer : *Les puristes cherchent à fixer la langue.* – **4.** Maintenir une couleur, un dessin, etc., dans leur état initial, les empêcher de s'altérer en utilisant un produit spécifique : *Fixer un pastel.* – **5.** Retenir un groupe, une population qqpart, faire en sorte qu'ils y résident de manière permanente : *Créer des industries dans une région pour y fixer les habitants.* – **6.** Mettre qqn dans une situation stable : *Le mariage le fixera peut-être.* – **7.** Décider une date, un événement de manière précise et à l'avance : *Fixer le mariage au 3 juin. Fixer rendez-vous à quelqu'un.* – **8.** Déterminer un montant, un taux par une loi, une convention : *Fixer les impôts pour l'année prochaine.* – **9.** Établir des principes, des règles de manière précise : *La loi fixe les conditions de licenciement.* – **10.** Appliquer son esprit, son regard sur qqn, sur qqch : *Il n'arrive pas à fixer son attention.* – **11.** Regarder qqn, qqch fixement, avec insistance : *Il m'a fixé de son regard perçant.* – **12.** Informer, renseigner qqn sur qqch, sur le compte de qqn de manière précise : *Je l'ai fixé sur mes projets.* – **13.** *Fixer son domicile qqpart,* s'y établir de manière durable. ‖ *Fixer ses idées sur le papier,* les mettre au net, les écrire pour les garder. • **Chim.** Procéder à la fixation d'un corps. – **Mil.** Exercer sur l'ennemi une pression suffisante pour lui interdire tout mouvement ou tout redéploiement de son dispositif. – **Parfum.** Opérer la fixation d'un parfum. – **Phot.** Traiter une émulsion dans un bain de fixage.

◆ **être fixé** v. pass. **1.** Être déterminé d'une manière précise et à l'avance : *À l'heure et au jour fixés.* – **2.** Être renseigné sur qqch de manière définitive : *Vous serez bientôt fixé sur votre sort.*

◆ **se fixer** v. pr., **être fixé** v. pass. **1.** S'attacher, s'accrocher fortement sur qqch : *Coquillages qui se fixent aux rochers.* – **2.** Établir son domicile qqpart ; s'installer : *Se fixer dans le sud de la France.* – **3.** Décider, déterminer qqch de manière précise et durable : *Se fixer un but.* – **4.** Se stabiliser, être arrêté dans son évolution : *La langue n'est jamais fixée.* – **5.** Faire son choix, avoir décidé et ne plus varier ; être arrêté, en parlant du choix lui-même : *Je ne suis pas très fixé sur ce que je vais prendre.* – **6.** En parlant du regard, de l'attention, etc., s'attacher avec insistance sur qqch, qqn : *Son regard était fixé sur moi.*

◆ **se fixer** v. pr. Se stabiliser, connaître une situation fixe, stable.

2. FIXER (SE) v. pr. (amér. *to fix*) [conj. 3]. *Arg.* Utiliser une drogue par voie intraveineuse ; se shooter.

FIXING [fiksiŋ] n. m. (angl. *fixing*). Cotation de l'or et des devises à la séance de Bourse.

FIXISME n. m. **1.** Doctrine qui admet la fixité des espèces, par oppos. à l'évolutionnisme. (Le fixisme a pour seul fondement scientifique la stérilité des croisements entre espèces [amixie], qui ne suffit nullement à réfuter l'évolutionnisme.) – **2.** Procédé d'élevage des abeilles dans lequel on ne donne à celles-ci que des ruches entièrement vides, où elles construisent et fixent leurs rayons sans cadre.

FIXISTE adj. et n. Relatif au fixisme ; partisan du fixisme.

FIXITÉ n. f. **1.** État de ce qui est fixe, immobile : *La fixité des étoiles.* – **2.** *Litt.* État de ce qui ne varie pas, qui est constant ; permanence : *La fixité d'un esprit concentré.* – **3.** Caractère d'un regard fixe.

FIZEAU (Armand Hippolyte Louis), physicien français (Paris 1819 - château de Venteuil, près de La Ferté-sous-Jouarre, 1896). Il fut le premier à déterminer, en 1849, la vitesse de la lumière dans l'air et dans les corps en mouvement par la méthode de la roue dentée. En 1848, il découvrit, indépendamment de Doppler, le principe selon lequel le mouvement d'une source de vibrations par rapport à un observateur se traduit par un déplacement des fréquences perçues par l'observateur *(effet Doppler-Fizeau*)*. Il eut l'idée d'utiliser les longueurs d'ondes lumineuses comme étalons de longueur. (Acad. des sc., 1860.)

FJELD [fjɛld] n. m. (mot norv.). Glacier occupant une haute surface ondulée, sans pentes suffisantes pour que la glace ait un mouvement important.

FJORD [fjɔr ou fjɔrd] n. m. (mot norv.). Indentation profonde du rivage, souvent ramifiée, étroite et bordée de falaises élevées, résultant de l'envahissement récent d'une auge glaciaire et fréquente notamment sur le littoral norvégien.

FLA n. m. inv. (onomat.). Double coup de baguette frappé sur un tambour.

FLABELLIFÈRE n. m. Nom de sous-ordre de crustacés isopodes marins, dont une espèce atteint 35 cm de long et dont plusieurs formes creusent leurs galeries dans les bois immergés. (Certains flabellifères se roulent en sphère parfaite en cas de danger.)

FLABELLUM [-lɔm] n. m. (lat. *flabellum*). Éventail monté sur une longue hampe, utilisé dans les cortèges solennels chez les Égyptiens et certains peuples du Moyen-Orient, adopté par la liturgie chrétienne.

FLABIOL, FLAVIOL ou **FLUVIOL** n. m. Petite flûte à bec à 7 trous, dont on joue d'une seule main.

FLAC ! interj. (onomat.). Imite le bruit d'un liquide qui tombe ou de la chute d'un objet dans un liquide, d'un claquement, etc.

FLACCIDE [flaksid] adj. (lat. *flaccidus,* flasque). Se dit d'un organe qui présente les caractères de la flaccidité.

FLACCIDITÉ [flaksi-] n. f. **1.** *Litt.* État de ce qui est flasque : *La flaccidité des chairs.* – **2.** Absence de tonus musculaire ; hypotonie. – **3.** État de certains organes érectiles, quand ils ne sont pas remplis de sang.

FLACCILLA (Aelia), impératrice romaine (en Espagne - en Thrace 386), épouse de Théodose (379). Chrétienne fervente, elle joua un grand rôle dans la destruction des cultes païens.

FLACHAT (Eugène), ingénieur français (Nîmes 1802 - Arcachon 1873). Avec son demi-frère Stéphane Mony, il construisit le premier chemin de fer français, de Paris à Saint-Germain-en-Laye. Plus tard, il dirigea la construction de la ligne de Paris à Rouen (1840) et de Rouen au Havre (1842).

FLACHE n. f. (anc. fr. *flac,* mou, du lat. *flaccus*). **1.** Endroit d'un tronc d'arbre où le bois est mis à nu. – **2.** Dans un débit, présence d'une portion de la surface de la grume d'où provient la pièce. – **3.** Syn. de BLANCHIS. – **4.** Dénivellation localisée à la surface d'une chaussée.
◆ adj. Se dit d'un bois de charpente qui n'est pas complètement équarri à vive arête, afin d'éviter une perte de matière excessive (solives rustiques).

FLACHER v. t. (conj. 3). Faire une flache à un arbre pour le marquer d'une empreinte.

FLACHERIE n. f. (de *flache*). Maladie des vers à soie, qui perdent leur turgescence, s'immobilisent, meurent et noircissent.

FLACHEUX, EUSE adj. Se dit d'un tronc d'arbre, d'une pièce sciée qui a des flaches.

FLACHIS n. m. Syn. de BLANCHIS.

FLACON n. m. (bas lat. *flasco, -onis,* de *flasca,* récipient). **1.** Petite bouteille qui se ferme ordinairement avec un bouchon : *Flacon de médicament.* – **2.** Contenu de cette bouteille : *Boire un flacon de cognac.*

FLACONNAGE n. m. **1.** Fabrication des flacons de verre, de plastique. – **2.** Ensemble de flacons.

FLACONNIER n. m. Coffret ou étui destiné à recevoir un ou plusieurs flacons.

FLACOURT (Étienne DE), administrateur colonial français (Orléans 1607 - en mer, au large de Lisbonne, 1660). Gouverneur de Madagascar (1648-1655), il a laissé une *Histoire de la grande isle de Madagascar* (1653).

FLACOURTIA n. m. (de *Flacourt,* n. pr.). Arbre ou arbuste épineux des régions chaudes, au fruit comestible, tel que le prunier de Madagascar.

FLA-FLA ou **FLAFLA** n. m. (pl. *fla-flas, flaflas*). *Fam.* Ostentation, étalage prétentieux ; recherche des effets : *En voilà des fla-flas.*

FLAGADA adj. inv. (de *flaquer,* avec l'infl. du lat. *flaccus,* mou, et p.-ê. de *flapi*). *Fam.* Très faible, sans force : *Se sentir flagada après une nuit sans sommeil.*

FLAGELLAIRE adj. Relatif au flagelle.

FLAGELLANT n. m. Membre de diverses confréries où l'on se livrait en commun à la flagellation. (Les flagellants, dont le mouvement est né en Italie au XIIIe s., furent particulièrement nombreux et actifs en Occident au cours des guerres et des épidémies du XIVe s.)

FLAGELLATEUR, TRICE n. Personne qui flagelle.

FLAGELLATION n. f. (lat. ecclés. *flagellatio, -onis*). **1.** Action de flageller ; châtiment consistant à donner le fouet au condamné : *La flagellation de Jésus-Christ.* – **2.** Action de se flageller soi-même par esprit de pénitence. – **3.** Représentation de la flagellation de Jésus-Christ ou d'un saint.

FLAGELLE n. m. (lat. *flagellum,* fouet). Filament mobile, unique ou multiple, long, fixé à la surface de nombreuses cellules (protozoaires flagellés ; bactéries mobiles ; spermatozoïdes des diverses espèces animales ; blastomères ectodermiques d'embryons d'invertébrés ; cellules épithéliales des métazoaires, etc.) et dont les mouvements assurent notamment la natation de la cellule.
ENCYCL. **Biol.** Tous les flagelles ont la même structure, comprenant, sous une enveloppe qui prolonge celle de la cellule, 20 filaments, dont 2 filaments simples centraux et 9 filaments doubles périphériques disposés à égale distance de l'axe.

FLAGELLÉ, E adj. Se dit d'une cellule munie d'un ou de plusieurs flagelles.
◆ **flagellé** n. m. Organisme unicellulaire muni de flagelles. (→ PROTISTE.)

FLAGELLER v. t. (bas lat. *flagellare,* du lat. class. *flagellum,* fouet) [conj. 4]. **1.** Battre à coups de fouet, de verges : *Ponce Pilate fit flageller Jésus.* – **2.** *Litt.* Frapper, cingler comme avec un fouet : *La pluie flagellait les vitres.* – **3.** *Litt.* Attaquer vivement qqn, son attitude ; fustiger, stigmatiser : *Flageller les vices.*

FLAGELLOSE n. f. Maladie parasitaire provoquée par les flagellés, à l'exclusion des flagellés sanguicoles (trypanosomes et leishmanias). [On distingue surtout la giardiase, ou lambliase, digestive (due à *Giardia intestinalis*) et la trichomonase génito-urinaire (due à *Trichomonas vaginalis*).]

FLAGELLUM [-lɔm] n. m. Sceptre égyptien caractérisé par trois lanières liées ensemble, figuré dans la main du pharaon et dans celle d'Osiris.

FLAGEOLANT, E adj. **1.** Qui tremble de fatigue, de peur, etc. ; chancelant : *Avoir les jambes flageolantes.* – **2.** *Litt.* Qui vacille, faiblit : *Énergie flageolante.*

FLAGEOLEMENT n. m. Fait de flageoler.

FLAGEOLER v. i. (p.-ê. de *flageolet,* jambe grêle) [conj. 3]. **1.** Trembler et vaciller à la suite d'une émotion, d'une fatigue : *Cheval dont les jambes flageolent.* – **2.** *Litt.* Faiblir, perdre de sa solidité, de sa fermeté : *Courage qui flageole.*

1. FLAGEOLET n. m. (ital. *fagiuolo,* haricot, du lat. *phaseolus,* avec l'infl. de *flageole,* sorte de flûte). **1.** Petit haricot. – **2.** *Flageolet (vert),* haricot sec à tégument transparent et à cotylédon chlorophyllien.

2. FLAGEOLET n. m. (anc. fr. *flajol,* flûte, du lat. pop. *flabeolum,* du lat. class. *flare,* souffler). **1.** Flûte à bec partiellement munie de clés. – **2.** Jeu d'orgue flûté, de deux pieds.

FLAGORNER v. t. (p.-ê. de *flaer,* souffler, et *corner,* répandre des nouvelles) [conj. 3]. *Litt.* Flatter qqn bassement et avec insistance.

FLAGORNERIE n. f. *Litt.* Flatterie basse et intéressée : *Les flagorneries d'une presse servile.*

FLAGORNEUR, EUSE adj. et n. *Litt.* Qui flagorne, flatte bassement.

FLAGRANCE n. f. Caractère d'une infraction flagrante.

FLAGRANT, E adj. (lat. *flagrans, -antis,* brûlant, de *flagare,* brûler). **1.** Qui est évident, visible au point de ne pouvoir être nié ; incontestable : *Une erreur flagrante.* – **2.** *Infraction flagrante, flagrant délit,* infraction, délit qui vient ou qui est en train de se commettre.

FLAGSTAD (Kirsten), soprano norvégienne (Hamar 1895 - Oslo 1962). Considérée comme une des plus grandes cantatrices wagnériennes du siècle, elle chanta jusqu'en 1953, puis dirigea l'Opéra d'Oslo (1958-1960).

FLAGSTAFF, v. des États-Unis, dans le centre de l'Arizona, à 2 100 m d'altitude ; 35 000 hab. Observatoire spécialisé dans l'étude des planètes.

FLAHAUT DE LA BILLARDERIE (Auguste Charles Joseph, *comte* DE), général français, pair de France (Paris 1785 - *id.* 1870). Présent au Portugal et en Espagne (1805-1807), colonel à Wagram, aide de camp de Napoléon (1813), il fut proscrit en juill. 1815 après Waterloo. Réintégré en 1830, il occupa d'importants postes diplomatiques à l'étranger et devint grand chancelier de la Légion d'honneur en 1864. Il eut de la reine Hortense un fils, le duc de Morny.

FLAHERTY (Robert), cinéaste américain (Iron Mountain, Michigan, 1884 - Dummerston, Vermont, 1951). Explorateur-cartographe, il se consacra au film documentaire, à partir de 1922 *(Nanouk).* Il dirigea ensuite *Moana* (1923-1926), *Tabou* (en collab. avec F. W. Murnau, 1931), *Industrial Britain* (en collab. avec J. Grierson, 1932), *l'Homme d'Aran* (1934), *The Land* (1939-1942), *Louisiana Story* (1948). Il a influencé toutes les écoles documentaristes du monde entier.

FLAINE (74300 Cluses), station de sports d'hiver (alt. 1 600-2 700 m) de la Haute-Savoie au S.-E. de Cluses.

FLAIR n. m. (de *flairer*). **1.** Odorat des animaux, en partic. du chien. – **2.** Clairvoyance, finesse qui porte à deviner, à prévoir qqch : *Manquer de flair.*

FLAIRER v. t. (lat. pop. *flagare,* du lat. class. *fragare,* exhaler une odeur) [conj. **4**]. **1.** En parlant d'un animal, appliquer son odorat à qqch afin d'en déceler l'odeur : *Les chiens flairèrent les vêtements.* – **2.** En parlant d'un animal, reconnaître qqch, un être vivant, par l'odeur : *Chien qui flaire le gibier.* – **3.** Humer, renifler une odeur : *Il flaire une odeur de chocolat qui vient de la cuisine.* – **4.** Discerner qqch d'invisible ou de secret, deviner l'action de qqn, de qqch : *J'ai flairé là-dessous un piège.* – **5.** *Flairer le vent,* chercher à deviner comment la situation va évoluer.

FLAIREUR, EUSE adj. Se dit d'un animal qui flaire.

Flaman *(appareil),* anc. appareil enregistreur placé sur les locomotives et chargé de contrôler la vigilance du mécanicien.

FLAMAND, E adj. et n. (germ. *flaming*). **1.** De Flandre. – **2.** *Cheval flamand,* cheval de trait de forte taille, d'origine belge, qu'on utilisait au Moyen Âge dans les tournois et les batailles. ‖ *École flamande,* ensemble des artistes et de la production artistique des pays de langue flamande avant la constitution de la Belgique. (Les historiens d'art ont souvent étendu cette notion à la production des Pays-Bas du Sud, Wallonie comprise.) ‖ *Péniche flamande,* bateau porteur de 38,50 m de longueur et de 5,05 m de largeur. (Syn. PÉNICHE OU BATEAU DE CANAL.) ‖ *Race flamande,* race française de bovins, aux excellentes aptitudes laitières. (Son effectif est faible.) ‖ *Tuile* ou *panne flamande,* tuile à recouvrement à profil en S couché.

◆ **flamand** n. m. Ensemble des parlers néerlandais utilisés dans la partie de la Belgique au nord de la ligne Visé-Mouscron ainsi que, en France, dans l'arrondissement de Dunkerque.
◆ **flamande** n. f. *À la flamande,* se dit d'un apprêt composé de choux braisés, de lard, de carottes, de pommes de terre, de navets, et de rondelles de saucisson.

FLAMANDISATION n. f. Action de flamandiser.

FLAMANDISER v. t. (conj. 3). Transformer dans le sens flamand ; faire adopter la langue flamande, en partic. dans les services publics.

FLAMANT n. m. (provenç. *flamen,* du lat. *flamma,* flamme). Grand échassier au plumage rose, aux pattes palmées très longues, au cou long et sinueux, au bec coudé garni de lamelles cornées, ce qui lui permet de filtrer le plancton dont il se nourrit.
ENCYCL. Le flamant rose se trouve notamment en Camargue, mais de façon irrégulière. Toutes les espèces vivent en grandes troupes au bord des eaux et se déplacent sans cesse, en vols innombrables, d'un point d'eau à l'autre, surtout dans les régions chaudes.

FLAMANVILLE (50340), comm. de la Manche, dans le nord-ouest du Cotentin ; 1 786 hab. Château du XVIIe s. Centrale nucléaire.

FLAMBAGE n. m. **1.** Action de flamber une volaille, un gibier, un mets arrosé d'alcool ou de liqueur. — **2.** Action de faire disparaître, en les brûlant, les duvets et les fibrilles de la surface des filés ou des tissus. (Syn. GRILLAGE, GAZAGE.) — **3.** Syn. de FLAMBEMENT.

FLAMBANT, E adj. **1.** Qui flambe, qui brûle avec des flammes : *Des tisons flambants.* — **2.** *Flambant neuf,* entièrement neuf et brillant (express. le plus souvent inv.) : *Des voitures flambant neuf.* ‖ *Houille flambante* ou *flambant* (n. m.), charbon à haute teneur en matières volatiles qui brûle avec une longue flamme.
◆ **flambant** n. m. *Flambant gras,* charbon à haute teneur en matières volatiles, dont le comportement au feu se rapproche de celui des charbons gras. ‖ *Flambant sec,* charbon, non cokéfiable, à haute teneur en matières volatiles, qui ne s'agglutine pas au feu et donne des cendres pulvérulentes.

FLAMBARD n. m. (de *flambe*). **1.** Petit bateau de côte pour la pêche au libouret et au chalut. — **2.** Fam. *Faire le flambard,* faire le fanfaron.

FLAMBE n. f. ou **FLAMBARD** n. m. (anc. fr. *flamble,* petite flamme, du lat. *flammula,*). Épée à lame ondulée, comme le criss malais.

FLAMBÉ n. m. **1.** Beau papillon d'Europe, dont la chenille vit sur les arbres fruitiers. — **2.** Syn. de FLAMMÉ.

FLAMBEAU n. m. (anc. fr. *flamble,* petite flamme, du lat. *flammula*). **1.** Faisceau de mèches enduites de cire qu'on portait autref. à la main pour s'éclairer. — **2.** Support pour bougie, à douille, d'une certaine hauteur : *Une paire de flambeaux d'argent.* — **3.** *Litt.* Chose ou personne prestigieuse qui guide l'humanité, la science, etc. : *Le flambeau de la vérité.* — **4.** *Aux flambeaux,* à la lumière de torches éclairantes portées à la main. ‖ *Passer le flambeau à qqn,* confier à d'autres la continuation d'une tâche, d'une œuvre afin d'en assurer la pérennité.

FLAMBÉE n. f. (de *flamber*). **1.** Feu clair, que l'on allume pour se réchauffer. — **2.** Éclat soudain, accès brutal et violent, manifestation brusque et généralement courte : *Une flambée de colère.* — **3.** Hausse brutale des prix : *Flambée de l'immobilier.*

FLAMBEMENT n. m. (de *flamber*). Phénomène d'instabilité de forme qui se manifeste dans des pièces soumises à un effort normal de compression. (Syn. FLAMBAGE.)
ENCYCL. Une poutre droite de grande longueur, soumise à une force de compression supérieure à une valeur critique, se déforme et reste déformée sous l'action simultanée de l'effort normal et du moment fléchissant consécutif à sa déformation. Ces sollicitations provoquent la ruine pour un léger dépassement de la force critique.

FLAMBER v. t. (anc. fr. *flamble,* petite flamme, du lat. *flammula*) [conj. 3]. **1.** Passer rapidement une volaille, un gibier au-dessus d'une flamme pour les débarrasser du dernier duvet ou des derniers poils. — **2.** Faire brûler l'alcool ou la liqueur dont on a arrosé un mets, afin de lui donner un goût spécifique : *Flamber une crêpe.* — **3.** Procéder au flambage d'un tissu. (Syn. GRILLER, GAZER.) — **4.** Vx. *Flamber sa fortune,* la dilapider. ‖ *Flamber un canon,* faire partir une étoupille (ou charge d'amorçage) dans un canon tirant des gargousses pour sécher l'âme avant le tir.
◆ v. i. **1.** Brûler vite en jetant des flammes claires : *Faire flamber une allumette.* — **2.** *Litt.* Briller d'un vif éclat, luire : *Ses yeux flambèrent de colère.* — **3.** S'élever brutalement, en parlant des prix : *Les loyers se sont mis à flamber.* — **4.** *Arg.* Jouer gros jeu et avec passion. — **5.** Se déformer par flambement.
◆ **être flambé** v. pass. **1.** Être arrosé d'alcool qu'on a fait brûler : *Manger des bananes flambées.* — **2.** *Fam.* Être gravement atteint dans sa santé, sa situation ; être ruiné. — **3.** *Fam.* Être démasqué et faire l'objet d'une surveillance spéciale : *Il est flambé, les autres se méfient maintenant.*

FLAMBERGE n. f. (de *Flamberge,* n. de l'épée de Renaud de Montauban, du germ. **Froberga,* avec l'infl. de l'anc. fr. *flamble,* flamme). **1.** Aux XVIIe et XVIIIe s., longue épée de duel très légère. – **2.** *Mettre flamberge au vent,* tirer l'épée.

FLAMBEUR, EUSE n. **1.** *Fam.* Personne qui dépense sans compter, qui dilapide son bien. – **2.** *Arg.* Personne qui joue gros jeu et avec passion.

◆ **flambeuse** n. f. Machine servant à flamber les tissus. (Syn. GRILLEUSE.)

FLAMBOIEMENT n. m. *Litt.* **1.** Éclat de la flamme, d'un objet qui flamboie : *Le flamboiement d'un incendie.* – **2.** Éclat qui évoque le feu : *Le flamboiement du ciel.*

FLAMBOYANT, E adj. **1.** *Litt.* Qui flamboie : *Des yeux flamboyants.* – **2.** *Fam.* Qui est d'un éclat trop brillant, tapageur : *Une toilette flamboyante.* – **3.** Se dit d'un style propre à la dernière période de l'art gothique. (En France, fin du XIVe-milieu du XVIe s.) [Ainsi nommé en raison des fenestrages à réseaux ondoyants comme des flammes qui sont une de ses caractéristiques.]

◆ **flamboyant** n. m. **1.** Arbre (césalpiniacée) ornemental, à fleurs rouges, des régions tropicales. – **2.** Style flamboyant.

FLAMBOYER v. i. (de *flambe*) [conj. **13**]. *Litt.* **1.** Jeter une flamme brillante et intermittente : *Un feu flamboyait dans la cheminée.* – **2.** Briller d'un grand éclat : *Des yeux qui flamboient de colère.*

FLAMEL (Nicolas), écrivain public français (Pontoise v. 1330 - Paris 1418). On lui a fait une fausse réputation d'alchimiste ayant découvert la pierre philosophale. – Son frère JEAN († v. 1418) fut un habile calligraphe au service de Jean de France, duc de Berry.

FLAMENCO, CA [flamɛnko, -ka] adj. (esp. *flamenco*). Se dit de la musique, de la danse et du chant populaires andalous.

◆ **flamenco** n. m. Genre traditionnel du chant et de la danse d'Andalousie.

ENCYCL. Plus particulièrement chants et danses des gitans d'Andalousie, le flamenco – dont l'origine reste contestée – se démarque du folklore espagnol. On distingue le *cante jondo* (chant profond : seguiriyias, solcares), modulé, incantatoire, le *cante grande* (grand chant : fandango, malagueña), à la facture plus mélodique, et le *cante chico* (petit chant : alegrias, fandanguillos, sevillanas), composé d'airs légers et brillants.

FLAMICHE n. f. (frq. *falamiska,* cendre, croisé avec le lat. *flamma,* flamme). Tarte aux poireaux. (Spécialité picarde.)

FLAMINE n. m. (lat. *flamen, -inis*). Prêtre romain attaché au culte de certaines divinités. (Le culte public nécessitait trois *flamines majeurs,* patriciens, prêtres de Jupiter, Mars et Quirinus, et douze *flamines mineurs,* pris parmi les plébéiens. Sous l'Empire, des flamines municipaux furent chargés du culte impérial.)

FLÄMING, région de la grande plaine glaciaire de l'Allemagne du Nord, entre Berlin et l'Elbe.

FLAMINGANT, E adj. et n. (picard *flaminguer,* parler flamand). **1.** Qui parle flamand. – **2.** Partisan du flamingantisme.

FLAMINGANTISME n. m. En Belgique, courant culturel et politique opposé à l'extension de la culture française aux provinces de langue flamande. (Il est apparu dans la seconde moitié du XIXe s. ; certains de ses partisans revendiquent l'autonomie de la Flandre belge.)

Flaminia *(via),* voie romaine, qui allait de Rome à *Ariminum* (auj. Rimini).

FLAMININUS (Titus Quinctius), homme d'État romain (228 - 174 av. J.-C.). Élu consul en 198, proconsul en 197, il mit fin à la deuxième guerre de Macédoine par la victoire de Cynoscéphales (197) sur Philippe V. Aux jeux Isthmiques de 196, il proclama la liberté de la Grèce et demeura pendant des années l'arbitre de la politique grecque. Revenu à Rome, il fut censeur en 189.

FLAMINIO (Marcantonio), poète et humaniste italien (Serravalle, auj. Vittorio Veneto, 1498 - Rome 1550). Ses *De rebus divinis carmina,* d'inspiration pastorale ou religieuse font de lui un poète majeur de la Renaissance italienne.

FLAMINIQUE n. f. (lat. *flaminica*). Épouse et assistante d'un flamine.

FLAMINIUS (Caius), homme d'État et général romain († Trasimène 217 av. J.-C.). Il fut tribun de la plèbe en 232, et préteur en 227. Consul en 223, il vainquit les Gaulois du nord de l'Italie. Censeur en 220, il fit commencer la *via Flaminia.* À nouveau consul en 217, il fut battu et tué par Hannibal sur les rives du lac Trasimène (23 juin 217).

FLAMMARION (Camille), astronome français (Montigny-le-Roi, Haute-Marne, 1842 - Juvisy-sur-Orge 1925). Il fut un vulgarisateur enthousiaste et talentueux des connaissances astronomiques de son époque (*Astronomie populaire,* 1879). En 1887, il créa la Société astronomique de France.

Flammarion *(Librairie),* maison d'édition française fondée en 1875 par Ernest Flammarion (1846-1936), frère de Camille. Elle publie des collections populaires, des romans, des ouvrages d'histoire et de médecine, des collections universitaires, des livres pratiques, des livres d'art ainsi que de nombreuses collections au format de poche : *Chat perché, Père Castor, Champs, Garnier-Flammarion, etc.*

FLAMME n. f. (lat. *flamma*). **1.** Gaz incandescent produit par une matière en combustion : *Régler la flamme d'un chauffe-eau.* – **2.** Feu symbolique allumé en l'honneur de qqn, de qqch : *La flamme olympique.* – **3.** *Litt.* Vif éclat : *La flamme de son regard.* – **4.** *Litt.* Vive ardeur, chaleur, passion : *Discours plein de flamme.* – **5.** *Litt.* Amour, passion amoureuse : *Déclarer sa flamme.* – **6.** *Passer qqch à la flamme,* le mettre au contact d'une flamme, le flamber. ‖ Litt. *Ranimer la flamme,* redonner vie à une tradition héroïque. • **Carr.** Défaut d'homogénéité dans le granite. – **Cin.** *Film flamme, pellicule flamme,* film, pellicule sur support en nitrate de cellulose, extrêmement inflammable. – **Éclair.** Petite ampoule électrique à incandescence, allongée et pointue. – **Mar.** Pavillon long et étroit, hissé en haut du mât principal d'un navire de guerre. – **Mil.** Banderole à deux pointes flottantes qui garnissait les lances de la cavalerie. – **Min.** *Lampe à flamme* ou *lampe de sécurité à flamme,* lampe utilisée comme grisouscope dans les mines grisouteuses. – **Post.** Marque illustrée à caractère touristique ou publicitaire, associée au timbre à date, qui sert à oblitérer mécaniquement les correspondances. – **Text.** Grosseur en forme de fuseau, apparaissant le long d'un fil. – **Therm.** Dans une combustion, partie du milieu gazeux où se produit la transformation chimique de gaz combustible et de gaz comburant en gaz brûlés. (→ *encycl.*) ‖ *Chaudière à retour de flamme,* chaudière dont les produits de combustion reviennent vers la façade avant de passer dans la cheminée.

◆ **flammes** n. f. pl. **1.** Feu, brasier, incendie : *Jeter aux flammes.* – **2.** *Descendre en flammes,* critiquer violemment. ‖ *Flammes éternelles* ou *de l'enfer,* tourments éternels auxquels Dieu condamne les réprouvés.

ENCYCL. **Therm.** La flamme est constituée par le front de réaction du combustible dans un milieu gazeux. Il y a normalement formation de produits gazeux, mais la flamme peut également contenir des particules. La plupart des flammes sont lumineuses. Elles dégagent de la chaleur, plus par convection que par rayonnement. La plupart se propagent par conduction au sein du milieu gazeux en réaction, mais certaines (flammes froides) se propagent par diffusion des produits en réaction. L'une des caractéristiques essentielles des flammes est la vitesse de combustion, qui peut varier considérablement (de 30 cm/s à plus de 1 000 cm/s) selon le combustible gazeux et les conditions de la combustion.

FLAMMÉ, E adj. (de *flamme*). **1.** Se dit d'une céramique sur laquelle la cuisson a produit des effets de couleurs. – **2.** Se dit d'un fil fantaisie comportant des flammes pouvant être de différentes couleurs.

◆ **flammé** n. m. Céramique flammée. (Créés en Chine dès le XVe s., les flammés se sont surtout développés sous le règne de Kangxi ; les tons les plus célèbres sont : sang de bœuf, peau de pêche, bleus, lilas, etc. En France, Chaplet exécuta les premiers flammés sur porcelaine dure.) [Syn. FLAMBÉ.]

FLAMMÈCHE n. f. (germ. **falawiska,* étincelle, avec l'infl. de *flamme*). Parcelle de matière enflammée qui se détache d'un foyer : *Les flammèches risquent d'étendre l'incendie.*

FLAMMEROLE n. f. *Litt.* Feu follet.

FLAMSTEED (John), astronome anglais (Denby, Derby, 1646 - Greenwich 1719). Premier astronome royal (1675), il organisa l'observatoire de Greenwich et réalisa un *Catalogue d'étoiles.*

1. FLAN n. m. (frq. **flado,* objet plat). **1.** Tarte composée d'un appareil salé ou sucré cuit sur une croûte. – **2.** Crème renversée ou moulée, diversement parfumée. – **3.** Carton utilisé pour prendre l'empreinte de la forme typographique. – **4.** Portion d'une feuille de métal destinée à l'emboutissage ou au formage. – **5.** Morceau de métal, de titre et de poids légaux, préparé pour la frappe d'une monnaie, d'une médaille. – **6.** Fam. *En rester comme deux ronds de flan,* être dans un état de profonde stupéfaction.

2. FLAN n. m. (de *flan 1*). Pop. *Au flan,* à tout hasard, sans se préoccuper du résultat : *Agir au flan.* ‖ Pop. *C'est du flan,* ce n'est pas sérieux ou ce n'est pas vrai.

3. FLAN (À LA) loc. adj. inv. (de *flan 2*). *Pop.* Se dit de ce qui est mal fait, de ce qui n'est pas sérieux.

FLANC [flɑ̃] n. m. (frq. **hlanka*). **1.** Partie latérale de l'abdomen de l'homme, située entre les côtes et l'aile iliaque du bassin. – **2.** Partie latérale de la cavité abdominale des quadrupèdes. – **3.** Partie latérale de tout le corps de l'homme ou de l'animal : *Se coucher sur le flanc.* – **4.** Partie latérale, côté de certaines choses : *Les flancs d'un navire. Le flanc d'une colline.* – **5.** Côté droit ou gauche d'une formation ou d'un dispositif militaires. – **6.** *À flanc de,* sur la pente de : *Une maison située à flanc de coteau.* ‖ *De flanc,* de côté. ‖ Fam. *Être sur le flanc,* être alité ou exténué. ‖ *Prêter le flanc à,* s'offrir à l'attaque de son adversaire en se découvrant ; donner prise à des critiques, s'exposer à qqch : *Prêter le flanc au ridicule.* • **Fortif.** Partie d'un bastion qui joint la face à la courtine. ‖ *Angle de flanc,* angle formé par un flanc de bastion avec la courtine voisine. – **Géol.** Chacun des deux côtés d'un pli, de part et d'autre de la charnière. – **Hérald.** Côté dextre ou senestre de l'écu. – **Mil.** *Marche de flanc,* autref., progression d'une troupe présentant son flanc parallèlement au front ennemi.

FLANC-GARDE n. f. (pl. *flancs-gardes*). Détachement de sûreté rapprochée, fixe ou mobile, qu'une troupe détache sur ses flancs.

FLANCHAGE n. m. *Fam.* Action de flancher, de faiblir : *Le flanchage du cœur.*

FLANCHE n. m. Ensemble des apprêts appliqués aux peausseries avant le lustrage.

1. FLANCHER v. i. (p.-ê. anc. fr. *flenchir,* détourner, du frq. **hlankjan,* ou altér. de *flacher,* mollir) [conj. 3]. *Fam.* **1.** Faiblir, manquer de la force physique nécessaire pour résister : *Ses jambes ont flanché.* – **2.** Faiblir, manquer de l'énergie nécessaire pour faire face à une attaque, à une difficulté : *Devant tant d'ennuis, il a flanché.* – **3.** Cesser de fonctionner, avoir une brusque défaillance : *J'ai la mémoire qui flanche.*

2. FLANCHER v. t. (de *flanche*) [conj. 3]. Appliquer le flanche.

FLANCHET n. m. (de *flanc*). Morceau du bœuf et du veau, formé par la partie inférieure des parois abdominales. (Syn. PAILLASSE.)

FLANDIN (Pierre Étienne), homme politique français (Paris 1889 - Saint-Jean-Cap-Ferrat 1958). Député de l'Yonne, cinq fois ministre de 1924 à 1934, il fut président du Conseil (1934-35) puis ministre des Affaires étrangères en 1936. Rallié au régime de Vichy, il eut de nouveau le portefeuille des Affaires étrangères de 1940 à 1941, puis fut remplacé par Darlan.

FLANDRE (la) ou **FLANDRES** (les), plaine du nord-ouest de l'Europe, ouverte sur la mer du Nord, entre les collines de l'Artois et l'embouchure de l'Escaut. (Hab. *Flamands.*)

Géographie. Partagée entre la France, la Belgique et les Pays-Bas, juxtaposant une plaine littorale *(Flandre maritime)* et un arrière-pays *(Flandre intérieure)* accidenté de collines, jalonnée de grandes villes (Lille, Gand), la région est densément peuplée et dispose d'un bon réseau de voies de communication. L'agriculture y est intensive (céréales et cultures industrielles) ; les industries littorales (sidérurgie, raffinage du pétrole, chimie) et la construction automobile y relaient partiellement les branches en crise (textile, charbon).

Histoire. Constituée par les régions situées entre l'Escaut, la mer et les collines de l'Artois, la Flandre est habitée dès le néolithique. Occupé par les tribus celtes des Ménapiens et des Morins, le pays est conquis par César (57-54 av. J.-C.) et incorporé successivement aux provinces de Belgique (Ier s. av. J.-C.) et de Belgique seconde (IIIe s. apr. J.-C.). Envahie v. 430 par les Francs Saliens qui la germanisent, la Flandre est évangélisée aux VIe et VIIe s., et connaît, du VIIe au Xe s., un essor économique et commercial (foire de Saint-Bavon à Gand, foire de Tournai) lié à l'essor de la draperie. Attribuée à Charles le Chauve (843), qui la constitue en marche au profit de son gendre Baudouin Ier Bras-de-Fer, la région est ravagée par les Normands (879-892). Baudouin II le Chauve (879-918) constitue véritablement le comté de Flandre en poussant jusqu'à l'Escaut, occupant le Boulonnais, l'Artois et le Ternois. Au XIe s., ses successeurs acquièrent le Walcheren et le pays d'Aalst aux dépens de l'empereur germanique. La double vassalité des comtes de Flandre à l'égard du roi de France et de l'empereur leur permet d'assurer peu à peu une large autonomie à leur comté, qu'ils dotent de nombreuses institutions. En même temps s'amorce un nouvel essor de l'industrie drapière : Ypres, Lille, Douai, Gand, Bruges deviennent les villes les plus importantes du comté, où se développe une grande bourgeoisie d'affaires. Dirigé par cette dernière, le mouvement communal apparaît dès la seconde moitié du XIe s., et les villes obtiennent des chartes d'affranchissement (début du XIIe s.). Le développement de la draperie fait appel à une abondante main-d'œuvre, qui se révolte contre le patriciat urbain, soutenu par les comtes de Flandre, ce qui facilite l'intervention du roi de France, qui prend parti pour les tisserands et les foulons. L'ingérence française est également provoquée par les difficultés successorales à la mort de Charles le Bon (1127), et à celle de Baudouin IX (1205). Elle aboutit à l'annexion de la Flandre par Philippe IV le Bel (1297). Pendant près d'un siècle, les villes flamandes se rebellent contre leurs comtes, s'opposent aux rois de France, et s'entre-déchirent. À la mort du comte Louis II de Mâle (1384), le duc de Bourgogne Philippe le Hardi hérite du comté. Après l'effondrement de la maison de Bourgogne (1477), le pays devient un domaine des Habsbourg d'Autriche, puis d'Espagne, et subit au XVIIe s. un morcellement au profit de la France (traité des Pyrénées, 1659 ; traités de Nimègue, 1678). Transférée à l'Autriche par le traité d'Utrecht (1713), l'ancienne Flandre espagnole est annexée et divisée en deux départements (1794) sous la Révolution française. Province du royaume des Pays-Bas (1815-1830), puis du royaume de Belgique, la Flandre connaît au XIXe s. un puissant réveil industriel et culturel.

FLANDRE ou **RÉGION FLAMANDE,** Région de la Belgique, de langue néerlandaise, formée de cinq provinces (Anvers, Brabant flamand, Flandre-

Occidentale, Flandre-Orientale et Limbourg) ; 13 523 km² ; 5 768 925 hab. *(Flamands).*

FLANDRE-OCCIDENTALE, en néerl. **West-Vlaanderen,** prov. de l'ouest de la Belgique ; 3 134 km² ; 1 106 829 hab. Ch.-l. *Bruges.* 8 arrond. *(Bruges, Courtrai, Dixmude, Veurne, Ostende, Roeselare, Tielt* et *Ypres)* et 64 comm. La province possède toute la côte belge, jalonnée de stations balnéaires et de ports de commerce, dont Ostende et Zeebrugge. Industries textiles et mécaniques dans l'intérieur.

FLANDRE-ORIENTALE, en néerl. **Oost-Vlaanderen,** prov. de Belgique ; 2 982 km² ; 1 335 793 hab. Ch.-l. *Gand.* 6 arrond. *(Aalst, Dendermonde, Eeklo, Gand, Oudenaarde, Sint-Niklaas)* et 65 comm. La région est drainée par l'Escaut et ses affluents (Lys, Dendre). Dominée par Gand, elle juxtapose agriculture intensive et industries urbaines (textile, mécanique).

FLANDRES *(crête des),* ligne de basses collines (51 m), dans la plaine des Flandres au N. des monts des Flandres. Elle fut reconquise du 28 sept. au 10 oct. 1918 par les forces alliées sous les ordres du roi Albert Iᵉʳ.

Flandres *(lapin géant des),* race de lapins domestiques de grande taille à la croissance lente et de faible prolificité dont on connaît plusieurs variétés, caractérisées par la couleur du pelage.

Flandres *(mêlée des),* combats acharnés qui se livrèrent à Ypres et sur l'Yser, au cours de la phase terminale de la course à la mer, en 1914.

FLANDRICISME n. m. Mot ou tournure empruntés au flamand et employés dans le français régional du Nord ou de la Belgique.

FLANDRIEN, ENNE adj. et n. m. (de *Flandres,* n. pr.). Se dit de l'avant-dernière transgression marine, qui a amené l'ouverture du pas de Calais (env. 5 000 ans avant notre ère).

FLANDRIN, E adj. Des Flandres.
◆ **flandrin** n. m. Fam. et vx. *Grand flandrin,* homme dégingandé, mou et gauche.

FLANDRIN (Hippolyte), peintre français (Lyon 1809 - Rome 1864). Élève d'Ingres, il a exécuté des compositions murales dans un style savant, grave et assez froid (église St-Germain-des-Prés, Paris, 1842-1863), ainsi que des portraits. — Ses frères AUGUSTE (1804-1842) et JEAN-PAUL (1811-1902) ainsi que son fils PAUL HIPPOLYTE (1856-1921) furent également peintres.

FLÂNE n. f. *Litt.* Flânerie.

FLANELLE n. f. (angl. *flannel,* du gallois *gwlanen,* lainage). **1.** Tissu léger fait ordinairement de laine cardée, tirée à poil, et peu foulé. — **2.** Vêtement de flanelle ; petite laine. — **3.** Bande de tissu enroulée autour des membres du cheval pour les protéger dans le travail ou pour les maintenir au chaud. — **4.** *Flanelle de coton,* syn. de FLANELLETTE.

FLANELLETTE n. f. Étoffe du même genre que la flanelle, mais toute en coton filé. (Syn. FLANELLE DE COTON.)

FLÂNER v. i. (anc. scand. *flana,* courir çà et là) [conj. 3]. **1.** Se promener sans but, au hasard, pour le plaisir de regarder : *Flâner dans les magasins.* — **2.** Paresser, perdre son temps : *Flâner en route.*

FLÂNERIE n. f. **1.** Action ou habitude de flâner, de se promener sans but ; promenade de flâneur : *Ses interminables flâneries dans les rues de Paris.* — **2.** Action de perdre son temps, de paresser : *Cette chaleur invite à la flânerie.*

FLÂNEUR, EUSE adj. et n. Qui flâne, aime à flâner ; promeneur.

FLANQUANT, E adj. Se dit d'un organe de fortification qui est situé de manière à appuyer par des tirs de flanquement la défense d'un autre ouvrage.

FLANQUEMENT n. m. (de *flanquer*). Action de défendre un ouvrage, une position ou une unité par des interventions de troupes sur les flancs ou par des feux parallèles à la position ou au front amis.

1. FLANQUER v. t. (de *flanc*) [conj. 3]. **1.** Ajouter une construction sur les côtés d'une autre : *Deux tours flanquaient encore le château en ruine.* — **2.** Appuyer ou défendre le flanc d'une unité ou d'une position par des troupes ou par des tirs.
◆ **être flanqué** v. pass. **1.** Être garni de qqch sur les flancs, sur les côtés. — **2.** Être sans cesse accompagné de qqn : *Une jeune fille flanquée de sa mère.* — **3.** *Face flanquée,* face d'une fortification bénéficiant du flanquement d'une autre partie de l'ouvrage. ‖ *Écu flanqué,* écu héraldique sur lequel deux partitions verticales forment deux pals s'unissant à chaque flanc.

2. FLANQUER v. t. (de *flanquer 1*) [conj. 3]. *Fam.* **1.** Lancer, jeter brutalement ou brusquement : *Flanquer une assiette à la tête de quelqu'un.* — **2.** Mettre qqch qqpart sans soin, sans égard : *Flanque ça dans un coin.* — **3.** Appliquer fortement ; donner : *Flanquer une gifle à quelqu'un.* — **4.** *Flanquer qqn dehors, à la porte,* le congédier, le renvoyer. ‖ *Flanquer par terre* ou *en l'air,* faire échouer.

FLANQUEUR n. m. **1.** Autref., soldat détaché d'une troupe en marche pour protéger les flancs. — **2.** *Flanqueurs chasseurs, flanqueurs grenadiers,* noms donnés par Napoléon à deux régiments de la Jeune Garde recrutés parmi les fils des fonctionnaires des forêts. (L'uniforme était vert.)

FLAPI (ÊTRE) v. pass. (mot provenç., de *flap,* mou, du lat. pop. **falappa,* balle de blé). *Fam.* Être extrêmement fatigué.

FLAQUE n. f. (forme picarde de l'anc. fr. *flache,* mou, du lat. *flaccus*). Petite mare ou petite nappe de liquide stagnant.

FLAQUER v. t. (onomat. *flac*) [conj. 3]. *Flaquer la morue,* l'ouvrir, l'aplatir.

FLARE [flɛr] n. m. (angl. *flare,* flamboiement). **1.** Variation rapide et irrégulière de la luminosité d'une étoile. – **2.** *Étoile à flares,* syn. de ÉTOILE À SURSAUTS*.

FLASH [flaʃ] n. m. (pl. *flashs* ou *flashes*) [angl. *flash,* éclair]. **1.** Éclair très bref dont l'intensité lumineuse permet une prise de vue photographique lorsque la lumière ambiante n'est pas suffisante. (Syn. LAMPE-ÉCLAIR.) – **2.** Appareil produisant les éclairs nécessaires à des prises de vues. (→ *encycl.*) – **3.** Courte information émanant d'une agence de presse et transmise en priorité à la radio et/ou à la télévision. – **4.** *Pop.* Plaisir extrême procuré par certaines drogues (opiacés, amphétamines) lorsqu'elles sont administrées par voie intraveineuse. – **5.** Plan très court par rapport au rythme général d'un film. – **6.** Amorçage électrique généralisé sur un collecteur de machine tournante. – **7.** Vaporisation partielle, par détente brusque, d'un produit pétrolier préalablement surchauffé sous pression. – **8.** *Mémoire flash,* en informatique, type de mémoire non volatile, enregistrable et réinscriptible.

ENCYCL. Dans les *flashes à lampes magnésiques,* un fil ou une feuille mince d'un alliage d'aluminium et de magnésium, enfermé dans une ampoule contenant de l'oxygène, est rapidement brûlé en donnant une lumière blanche très intense. Les *flashes électroniques* comprennent un condensateur dont la décharge est faite ensuite dans un tube à éclats. Ils permettent des prises de vues à de très grandes vitesses.

FLASHAGE n. m. – **1.** Procédé consistant à éclairer très faiblement la pellicule, de manière uniforme, avant, pendant ou après l'exposition du film dans la caméra ou dans la tireuse, notamment pour rendre lisibles les zones trop peu éclairées de l'image. – **2.** En publication assistée par ordinateur, production, par une photocomposeuse, de films et de bromures de textes composés et mis en pages.

FLASH-BACK [flaʃbak] n. m. inv. (angl. *flash back,* retour en arrière). **1.** Plan ou séquence d'un film montrant une action antérieure à l'événement représenté. (Syn. RETOUR EN ARRIÈRE.) – **2.** Tout retour en arrière, en partic. dans un récit.

FLASHER [flaʃe] v. i. (de *flash*) [conj. 3]. **1.** *Fam.* Étinceler, s'allumer de manière intermittente : *Lumières de la rue qui flashent.* – **2.** Effectuer le flashage d'une pellicule.

◆ v. t. *Fam.* Prendre qqn en photo au flash.

◆ v. t. ind. **1.** Mettre toute la lumière sur qqn, qqch : *Un article qui flashe sur le terrorisme international.* – **2.** *Pop.* Éprouver pour qqch ou qqn un intérêt soudain et passionné, avoir un coup de foudre : *Il flashe sur un nouveau modèle de voiture.*

◆ **se flasher** v. pr. Se faire une injection de drogue.

FLASHEUSE n.f. Photocomposeuse à laser effectuant l'opération de flashage.

FLASHMÈTRE [flaʃ-] n. m. Posemètre mesurant l'intensité d'un éclair de flash.

1. FLASQUE adj. (altér. de *flaque,* var. dialect. de l'anc. fr. *flache,* mou, du lat. *flaccus*). **1.** Qui est mou, qui manque de consistance ; sans vigueur, lâche : *Joues flasques. Un être flasque.* – **2.** *Paralysie flasque,* forme de paralysie dans laquelle les muscles sont hypotoniques.

2. FLASQUE n. f. (germ. *flaska*). **1.** Flacon plat, son contenu : *Flasque de whisky.* – **2.** Bouteille métallique dans laquelle on transporte le mercure. – **3.** Poire à poudre des arquebusiers et des mousquetaires.

3. FLASQUE n. m. (p.-ê. moyen néerl. *vlacke,* fond plat, ou var. de *flache*). **1.** Chacune des deux pièces latérales d'un affût de canon, qui supportent les tourillons. – **2.** Pièce massive ou ajourée, fixée à la carcasse du stator d'une machine tournante, servant à protéger les enroulements et dans laquelle peut être monté un palier. – **3.** Pièce mécanique de faible épaisseur, généralement de révolution. – **4.** Chacun des plateaux circulaires montés sur les côtés d'un noyau de bande magnétique, afin de faciliter la manipulation de cette bande.

FLASSAN (Jean-Baptiste DE RAXIS DE), historien français (Bédouin, Vaucluse, 1760 - Paris 1845), historiographe du ministère des Affaires étrangères (1812-1830), auteur d'une *Histoire générale et raisonnée de la diplomatie française depuis la fondation de la monarchie jusqu'à la fin du règne de Louis XVI* (1808).

FLAT [fla] adj. m. (anc. fr. *flac,* mou). Se dit d'un ver à soie atteint de flacherie.

FLATHEADS, Indiens des plaines du Montana. Parlant une langue salish, ils vivaient surtout de la chasse du bison. Estimés à 3 700 (1970), ils habitent aujourd'hui dans une réserve du Montana.

FLATTER v. t. (frq. **flat,* plat de la main) [conj. 3]. **1.** Caresser un animal avec le plat de la main. – **2.** Chercher à plaire à qqn par des louanges excessives, intéressées : *Flatter un ami par des discours élogieux.* – **3.** Encourager une mauvaise attitude, un mauvais sentiment, les exciter avec complaisance : *Flatter la paresse.* – **4.** Procurer à qqn un sentiment de fierté, d'orgueil : *Cette promotion le flatte.* – **5.** Faire paraître qqn plus beau que dans la réalité : *Sa nouvelle coiffure le flatte.* – **6.** *Litt.* Affecter agréablement les sens : *Musique qui flatte l'oreille.* – **7.** *Vous me flattez,* ce que vous dites m'est très agréable, mais est exagéré. ‖ *Flatter les dés,* les lancer doucement.

◆ **être flatté** v. pass. **1.** Formule de politesse exprimant une grande satisfaction d'amour-propre : *Je suis flatté de votre invitation.* – **2.** *Portrait flatté,* qui représente qqn plus beau qu'il n'est en réalité.

◆ **se flatter** v. pr. **1.** Prétendre pouvoir faire qqch : *Je me flattais de couvrir la distance en une heure.* – **2.** Tirer orgueil, fierté de qqch : *Il se flatte de succès qui n'ont jamais existé.*

FLATTERIE n. f. Action de flatter ; compliment exagéré et intéressé : *Être sensible à la flatterie.*

FLATTERS (Paul), officier français (Paris 1832 - Bir el-Gharama 1881). Envoyé en Algérie après la guerre de 1870, il dirigea en 1880 une première mission chargée de reconnaître le tracé d'un chemin de fer transsaharien. Il fut tué par les Touareg au cours d'une deuxième expédition.

FLATTEUR, EUSE adj. et n. Qui loue avec excès et d'une manière intéressée : *Un vil flatteur.*

◆ adj. **1.** Qui est de nature à flatter la vanité : *Des compliments flatteurs.* – **2.** Qui présente la réalité sous un aspect agréable, avantageux : *Un portrait flatteur.*

FLATTEUSEMENT adv. De façon flatteuse.

FLAT-TWIN n. m. inv. (angl. *flat,* plat, et *twin,* jumelé). Type de moteurs dans lesquels les 2 cylindres sont disposés horizontalement et opposés l'un à l'autre.

FLATULENCE n. f. (de *flatulent*). **1.** Accumulation de gaz dans le tube digestif. – **2.** Bruits que produit le conflit de ces gaz avec les liquides. – **3.** Émission de ces gaz.

FLATULENT, E adj. (lat. *flatus,* vent). Qui s'accompagne de flatulence.

FLATUOSITÉ n. f. (lat. médiév. *flatuosus*). Gaz accumulés dans le tube digestif et expulsés par la bouche ou par l'anus.

FLAUBERT (Gustave), romancier français (Rouen 1821 - Croisset, près de Rouen, 1880). Flaubert garda de sa jeunesse passée dans le milieu médical (son père était chirurgien) un sens aigu de l'observation. Il connut aussi l'exaltation romantique des adolescents de province (*Smarh,* 1839) et sa rencontre avec Élisa Schlésinger en 1836 à Trouville fut essentielle dans sa vie et son œuvre ; elle inspira *Mémoires d'un fou* (1838), *Novembre* (1842) et *l'Éducation* sentimentale* (1869). Arrivé en 1841 à Paris pour faire son droit, il se lia entre autres avec Hugo, Louis Bouilhet, Maxime Du Camp. Il entretint avec ses proches une volumineuse *Correspondance* (de 1830 à 1880). Sujet à des troubles nerveux, il se retira dès 1844 à Croisset, qu'il ne quitta plus que pour retrouver à Paris son amie Louise Colet et pour voyager, avec Du Camp le plus souvent : voyages en Bretagne (1847), en Orient (1849-1851), en Algérie et Tunisie (1858). L'œuvre de Flaubert, qui s'imposa par le succès de scandale de *Madame* Bovary* (1857), compose, dans son double parti pris de réalisme et de rigueur stylistique (remaniements successifs, épreuve du « gueuloir »), une tentative pour dominer à la fois l'incompréhension d'une époque bourgeoise (*Bouvard* et Pécuchet,* 1881 ; *Dictionnaire des idées reçues,* 1911) et la tentation romantique qui ne cessa de l'obséder (*Salammbô**, 1862 ; *la Tentation* de saint Antoine,* 1874 ; *Trois* Contes,* 1877).

FLAUGNARDE ou **FLOGNARDE** n. f. (mot dialect. du Limousin, de *flan*). Flan auvergnat fourré de pommes émincées et cuit au four dans un plat beurré.

FLAVANILINE n. f. Matière colorante du groupe de la quinoléine, qui teint directement en jaune la laine et la soie ainsi que le coton mordancé au tanin.

FLAVELL (John Hurley), psychologue américain (Rockland, Massachusetts, 1928). Il s'est spécialisé dans l'étude du développement psychogénétique de l'enfant et a approfondi l'analyse de Piaget (*Cognitive Development,* 1977).

FLAVESCENT, E adj. (lat. *flavescens, -entis,* de *flavescere,* jaunir). *Litt.* D'une couleur qui tire sur le jaune.

FLAVEUR n. f. (angl. *flavour*). Ensemble des sensations olfactives, gustatives et tactiles ressenties lors de la dégustation d'un produit alimentaire.

FLAVIAC (07000), comm. de l'Ardèche, à 7 km à l'E.-N.-E. de Privas ; 1 001 hab. Matelas.

FLAVIEN *(saint)* [v. 390 - Hypaepa, Lydie, auj. en Turquie, v. 449], patriarche de Constantinople (446-449). Ayant déclaré hérétiques les opinions d'Eutychès, il fut persécuté et mourut des mauvais traitements qu'il subit.

FLAVIENS (les), nom donné à deux dynasties qui ont gouverné l'Empire romain.

• Issue d'une obscure famille de Sabine, la *première dynastie flavienne* descend de Titus Fla-

VIUS PETRO, centurion qui combattit avec Pompée à Pharsale. Son fils, FLAVIUS SABINUS, publicain, eut deux fils ; le cadet, TITUS FLAVIUS VESPASIANUS, empereur (69-79), tira son surnom du gentilice maternel. (→ VESPASIEN.) Ses deux fils, TITUS* (79-81) et DOMITIEN* (81-96), lui succédèrent. La dynastie s'éteignit avec Domitien.
• La *seconde dynastie flavienne* est d'origine illyrienne. Fondée par CONSTANCE* CHLORE, poursuivie par CONSTANTIN* LE GRAND (306-337), elle créa un empire chrétien, malgré la tentative de restauration du paganisme par son dernier héritier JULIEN* L'APOSTAT (361-363).

FLAVINE n. f. (lat. *flavus,* jaune). Syn. de LACTOFLAVINE.

FLAVINE - ADÉNINE - DINUCLÉOTIDE [F. A. D.] n. f. Coenzyme de déshydrogénases (surtout de déshydrogénases mitochondriales), qui dérive de la riboflavine, ou vitamine B2. (Elle joue un rôle important dans les oxydations cellulaires, le cycle de Krebs, et le métabolisme de certains acides aminés.)

FLAVIOL → FLABIOL.

FLAVIUS (Cneius), jurisconsulte romain du IVe s. av. J.-C. Associé à l'œuvre du censeur Appius Claudius*, il publia les *Formules des actions de la loi,* enlevant aux patriciens le privilège d'avoir seuls connaissance de la loi. Il afficha aussi les *Fastes* dans le Forum afin que le public n'eût pas besoin, pour les connaître, de recourir aux pontifes.

FLAVIUS CLEMENS *(saint),* consul (95) et martyr romain († 96), cousin des empereurs Titus et Domitien, époux de Flavia Domitilla. Il fut exécuté comme chrétien.

FLAVIUS JOSÈPHE, en hébr. **Mattitiyahū ben Yōsef ha-Kōhen,** historien juif (Jérusalem v. 37 apr. J.-C. - apr. 100). Pharisien, il plaida avec succès devant Néron la cause de prêtres juifs déportés. Il participa à la révolte juive de 66-67 apr. J.-C., mais contraint de capituler, il dut gagner la protection de Vespasien, qui l'affranchit. Ses deux œuvres essentielles, écrites en grec, sont *la Guerre juive,* témoignage unique sur les événements de 66-70, et *les Antiquités judaïques,* précieuses pour l'histoire des derniers siècles précédant l'ère chrétienne.

FLAVIUS LICINIUS LICINIANUS → LICINIUS.

FLAVIUS VALERIUS AURELIUS CONSTANTINUS → CONSTANTIN Ier le Grand.

FLAVOBACTÉRIUM [-rjɔm] n. m. *Flavobacterium meningosepticum,* bactérie Gram négatif, agent de septicémies et de méningites chez l'homme.

FLAVONE n. f. Composé $C_{15}H_{10}O_2$, dont dérivent de nombreux colorants naturels, comme l'apigénine et la chrysine.

FLAVONOÏDE n. m. Substance extraite du péricarpe des agrumes et possédant une action vitaminique P. (Les flavonoïdes sont utilisés comme tonique veineux et dans le traitement des accidents vasculaires.)

FLAVONOL n. m. Composé $C_{15}H_{10}O_3$, dont dérivent de nombreux colorants, comme la fisétine, le kaempférol, etc.

FLAXMAN (John), sculpteur et dessinateur anglais (York 1755 - Londres 1826). Néoclassique, il fournit de nombreux modèles pour les céramiques de Wedgwood, puis exécuta en Italie, autour de 1790, ses célèbres illustrations, linéaires, d'Homère, Eschyle, Dante. De retour en Angleterre en 1795, il pratiqua la sculpture funéraire (tombeaux à St Paul de Londres).

FLÉAU n. m. (lat. *flagellum,* fouet). **1.** Instrument pour battre les grains, formé d'un manche et d'un battoir en bois reliés l'un à l'autre par des courroies. — **2.** Pièce oblongue, pivotant autour d'un axe horizontal, aux extrémités de laquelle sont suspendus les plateaux d'une balance. — **3.** Grande calamité publique : *La guerre est un fléau.* — **4.** Personne ou chose qui est une catastrophe par son caractère nuisible, importun : *Ce bavard est un véritable fléau.* — **5.** Bascule chargée d'un contrepoids, qui sert à fermer une écluse. — **6.** Armature sur laquelle les vitriers portent leur verre à vitres. — **7.** Litt. *Le Fléau de Dieu,* surnom donné à Attila. ‖ *Fléau d'armes,* arme offensive formée d'une masse hérissée de pointes et reliée à un manche par une chaîne (XIe-XVIe s.).

FLÉCHAGE n. m. Action de flécher un parcours, un chemin ; ensemble des flèches qui indiquent un itinéraire.

FLÈCHE n. f. (p.-ê. frq. **fliukka*). **1.** Arme de jet formée d'une hampe de bois, armée d'une pointe à un bout, le plus souvent d'un empennage à l'autre, et qui se lance avec l'arc ou l'arbalète. — **2.** Projectile muni d'un embout de caoutchouc destiné à le fixer sur une cible et utilisé comme jouet d'enfant. — **3.** Objet qui a la forme droite et pointue d'une flèche. — **4.** Représentation schématique d'une flèche servant à attirer l'attention, à indiquer une direction, à symboliser un vecteur, etc. — **5.** Trait d'esprit qui critique de manière plus ou moins masquée ; attaque, raillerie : *Lancer une flèche à quelqu'un.* — **6.** *Être en flèche,* à l'avant-garde. ‖ Litt. *Les flèches de l'amour,* l'amour, en tant que sentiment brusque et irrésistible. ‖ *Monter en flèche,* s'élever verticalement ; connaître une hausse soudaine et forte ; avoir une ascension rapide. ‖ *Partir en flèche, comme une flèche,* très rapidement. • **Aéron.** Inclinaison donnée au bord d'attaque d'une aile pour faciliter sa pénétration dans l'air.

(→ *encycl.*) – **Agric.** Syn. de AGE. – **Archit.** Couverture pyramidale ou conique, développée en hauteur, qui couronne un clocher, la croisée d'un transept (architecture médiévale). ‖ Hauteur d'un arc. – **Arm.** Partie arrière de l'affût roulant d'un canon, qui supporte la bêche et réunit la pièce à son tracteur ou à son avant-train. (Il existe des affûts *monoflèches, biflèches, triflèches*.) – **Balist.** Hauteur du point le plus élevé de la trajectoire d'un projectile, au-dessus du plan horizontal passant par l'origine du tir. – **Bot.** *Flèche d'eau,* nom usuel de la *sagittaire*. – **Charronn.** Timon mobile adapté à la place des brancards pour atteler deux chevaux ou deux bêtes de trait côte à côte à un véhicule. ‖ *Chevaux attelés en flèche,* chevaux attelés l'un devant l'autre. – **Chorégr.** *Temps de flèche,* saut au cours duquel les deux jambes tendues exécutent alternativement un battement en avant. (Syn. SAUT DE CISEAUX.) – **Fortif.** Nom donné, avant 1914, à un petit ouvrage avancé, de forme triangulaire, et couvrant un saillant. ‖ *Flèche de pont,* partie de la bascule d'un pont-levis à laquelle les chaînes sont attachées. – **Hydrol.** *Flèche abyssale,* crête sédimentaire abyssale de grandes dimensions. ‖ *Flèche littorale,* cordon littoral libre, allongé parallèlement à la côte. – **Jeux.** Au jacquet, chacune des vingt-quatre languettes en pointe, alternativement blanches et noires. – **Manut.** Partie de la charpente de la grue portant le point d'attache de la poulie qui sert à soulever les charges. (Syn. VOLÉE.) – **Mar.** Partie supérieure effilée d'un mât composé ou d'un bas-mât au-dessus de son capelage. – **Matér.** Déplacement transversal d'un point de la fibre moyenne d'une poutre droite sous l'action des charges qui la sollicitent. – **Math.** Pour un arc de courbe $\overset{\frown}{AB}$, segment ayant pour extrémités le milieu de la corde [AB] et le milieu de l'arc $\overset{\frown}{AB}$. – **Sports.** Récompense (bronze, argent, or) décernée à un skieur qui a effectué un slalom géant en un temps coté par rapport au temps de base d'un ouvreur qualifié. – **Sylvic.** Sommet de l'axe principal de divers conifères.

ENCYCL. **Aéron.** Les ailes en flèche les plus courantes sont en flèche arrière, mais on a expérimenté des ailes en flèche avant (ou flèche inverse) et l'on construit aussi des avions dont la flèche peut varier en vol par rotation de chaque demi-aile autour d'un axe vertical (flèche variable) ou par rotation de l'aile complète (aile oblique).

FLÈCHE (en lat. *Sagitta, -ae*), petite constellation boréale au nord de l'Aigle.

FLÈCHE (La) [72200], ch.-l. d'arrond. du sud de la Sarthe, sur le Loir ; 16 581 hab. *(Fléchois).* Prytanée (collège militaire). Emballages métalliques. Contrôle des métaux. Accessoires d'automobiles. Imprimerie. Au S.-E., parc zoologique du Tertre-Rouge.
– **Hist.** La ville a pour origine un château du XIe s., et l'abbaye de St-Thomas. Les Bourbon-Vendôme y firent construire en 1537 le château neuf, où Henri IV installa un collège de jésuites, transformé en Prytanée national militaire en 1808.
– **Bx-arts.** Église des XIIe-XVe s. et autres monuments. La chapelle du Prytanée militaire est un important édifice de 1607-1622, en partie dû au P. Martellange.

Flèches rouges *(ordre impérial des),* appelé aussi *ordre impérial du Joug et des Flèches,* ordre espagnol (1937) qui constitue la plus haute récompense des services rendus à la nation par les citoyens espagnols ou étrangers.

FLÉCHER v. t. (conj. **18**). Marquer un itinéraire par des flèches ou des panneaux.
◆ **être fléché** v. pass. **1.** Être balisé par des flèches ou des panneaux : *Parcours fléché.* – **2.** Être orné d'une flèche à son ou ses extrémités : *Croix fléchée.*

FLÉCHETTE n. f. **1.** Petit projectile muni d'une pointe et que l'on jette à la main contre une cible. – **2.** Morceau de papier roulé en cône qu'on lance.

FLÉCHIER (Esprit), prélat français et orateur sacré (Pernes-les-Fontaines 1632 - Nîmes 1710). Auteur des *Mémoires sur les Grands Jours d'Auvergne* (1666), publiés en 1844 – document historique de première valeur –, lecteur du Dauphin (1671), il prononça plusieurs oraisons funèbres, dont celle de Turenne (1676). Aumônier de la Dauphine (1681), il fut évêque de Lavaur (1685) puis de Nîmes (1687). (Acad. fr., 1673.)

FLÉCHIÈRE n. f. Feuille ornementale en fer de flèche.

FLÉCHIR v. t. (anc. fr. *flechier,* du bas lat. **flecticare,* du lat. class. *flectere,* courber) [conj. **32**]. **1.** Faire plier le corps, un membre, une articulation sous l'effet d'un effort : *Fléchir l'avant-bras.* – **2.** Faire céder peu à peu la résistance, les résolutions de qqn, l'amener à l'indulgence : *Fléchir ses juges.*
◆ v. i. **1.** Ployer, se courber sous l'effet d'un effort, d'un poids : *Sous la charge, la planche fléchissait.* – **2.** Cesser de résister, se laisser convaincre : *Il a fléchi devant les supplications de ses enfants.* – **3.** Perdre de son énergie, de sa force : *Sa détermination fléchit devant le danger.* – **4.** Diminuer en valeur, en intensité, en quantité : *Production qui fléchit en fin de trimestre.*
◆ **être fléchi** v. pass. **1.** Être plié, être dans une position contraire à la position étendue : *Jambes fléchies.* – **2.** *Forme fléchie,* dans les langues flexionnelles, mot constitué d'un radical, ou

thème, et d'une désinence exprimant la fonction grammaticale, le nombre, la personne, etc.

FLÉCHISSANT, E adj. *Moment fléchissant,* composante, dans le plan de la section transversale d'une poutre, du moment de toutes les forces agissant d'un même côté de la poutre par rapport à cette section.

FLÉCHISSEMENT n. m. **1.** Action de fléchir ; état de ce qui est fléchi : *Le fléchissement du genou.* — **2.** *Litt.* Affaiblissement, perte d'énergie, de vigueur : *Fléchissement de la volonté.* — **3.** Baisse en valeur, en quantité, en intensité : *Le fléchissement de la natalité.*

FLÉCHISSEUR adj. m. *Muscle fléchisseur* ou *fléchisseur* (n. m.), muscle ou ensemble de muscles dont la contraction entraîne le raccourcissement en flexion d'un membre ou d'un segment de membre.

FLEETWOOD (Charles), général et homme politique anglais (dans le Northamptonshire - Stoke Newington, Londres, 1692). Commandant la cavalerie de Cromwell lors de la campagne contre les Écossais (1650), il fut lord-député et commandant en chef en Irlande (1652-1655), où il poursuivit l'organisation des « plantations ».

FLEG (Edmond FLEGENHEIMER, dit **Edmond**), écrivain français (Genève 1874 - Paris 1963). Son œuvre, poèmes (*Écoute, Israël,* 1914-1948), pièces de théâtre (*la Maison du bon Dieu,* 1920), romans, essais, célèbre les destinées du peuple juif.

FLEGEL (Georg), peintre allemand (Olomouc, Moravie, 1566 - Francfort-sur-le-Main 1638). Il fut en Allemagne le premier peintre de natures mortes, à la fois synthétiques, austères et d'une grande exactitude. Ses aquarelles et ses miniatures font aussi de lui le promoteur des collections de planches botaniques des XVIIe et XVIIIe s.

FLEGMATIQUE adj. et n. (bas lat. *phlegmaticus,* du gr. *phlegmatikos,* qui concerne l'humeur). Qui est calme, qui domine ses réactions : *Un caractère flegmatique.*

FLEGMATIQUEMENT adv. De façon flegmatique, avec flegme.

FLEGMATISANT n. m. Substance ajoutée à un explosif pour le flegmatiser.

FLEGMATISATION n. f. Action de flegmatiser.

FLEGMATISER v. t. (conj. 3). Diminuer la sensibilité d'un explosif aux chocs et aux frictions.

FLEGME n. m. (bas lat. *phlegma,* humeur, du gr. *phlegma*). **1.** Attitude de qqn qui garde son sang-froid, son calme dans toutes les situations : *Répondre avec flegme à des injures.* — **2.** Produit obtenu par distillation sans rectification d'un liquide alcoolique quand celui-ci n'est pas consommable (par oppos. à *eau-de-vie*). — **3.** Humeur aqueuse, qui, pour les Anciens, entrait comme partie essentielle dans le sang et les autres liquides qui entretiennent la vie. (Syn. PHLEGME.)

FLEIN n. m. Petit emballage léger fait de lamelles entrelacées et/ou assemblées par agrafage et pourvu d'une anse.

FLEISCHER (Max) [Vienne 1889 - Los Angeles 1972] et son frère DAVE (New York 1893 - Los Angeles 1979), caricaturistes, réalisateurs et producteurs américains de dessins animés. Leurs personnages : le clown Coco pour la série *Hors de l'encrier* (1920-1930), Betty Boop (1931-1936), enfin Popeye-Mathurin, le mangeur d'épinards (1932-1947) devinrent célèbres. — Le fils de Max, RICHARD (New York 1916), fut notamment le réalisateur de : *20 000 Lieues sous les mers* (1954), *Bandido Caballero* (1956), *le Temps de la colère* (1956), *le Voyage fantastique* (1965), *l'Extravagant Doctor Doolittle* (1967).

Fleix *(traité* ou *paix de)* [26 nov. 1580], traité conclu au Fleix (auj. comm. de la Dordogne) entre le duc d'Anjou et Henri III, roi de Navarre, et qui mettait fin à la septième guerre de Religion en confirmant la paix de Nérac (1579).

FLÉMALLE, port fluvial de Belgique, sur la Meuse, banlieue sud-ouest de Liège ; 28 000 hab. Métallurgie.

FLÉMALLE *(Maître de),* nom de commodité donné à un peintre des Pays-Bas du Sud, qui travailla dans le premier tiers du XVe s. et dont l'identification est controversée. Les historiens de l'art lui ont attribué un certain nombre de chefs-d'œuvre contemporains de ceux des Van Eyck, notamment des panneaux *(Vierge, Sainte Véronique, Larron crucifié)* appartenant à l'institut Städel (Francfort) et autrefois considérés comme provenant de Flémalle, près de Liège. On a rapproché de ceux-ci le triptyque de l'*Annonciation* (anc. coll. de Mérode, musée des Cloîtres, New York) et la *Nativité* du musée de Dijon. La puissance de l'expression réaliste, l'ampleur du style et la clarté du coloris caractérisent les œuvres du Maître de Flémalle. On identifie le plus souvent celui-ci avec un certain Robert Campin († 1444), peintre qu'on rencontre à Tournai au commencement du XVe s. et qui aurait été le maître de Van der Weyden.

FLÉMALLE (Bertholet), peintre de l'école liégeoise (Liège 1614 - *id.* 1675). Il travailla en Italie, à Paris, et donna de nombreux tableaux religieux pour les églises et couvents de Liège. Son style, classique, rappelle celui de Poussin.

FLEMING (Klas Eriksson), général et homme politique suédois (Finlande v. 1535 - *id.* 1597). Grand amiral, il réorganisa la flotte suédoise.

Gouverneur de Finlande, il réprima la révolte paysanne de 1595.

FLEMING ou **FLEMMING** (Paul), poète allemand (Hartenstein, Zwickau, 1609 - Hambourg 1640). Il fut le plus grand lyrique allemand de son siècle (*Poèmes allemands,* 1642).

FLEMING (*sir* John Ambrose), électricien anglais (Lancaster 1849 - Sidmouth, Devon, 1945). Sa « valve à oscillations », appelée par la suite *diode* ou encore *valve de Fleming,* qu'il breveta en 1904 en Grande-Bretagne et qui exploite l'effet Edison, permit une détection facile des ondes radioélectriques ; cet appareil est à l'origine de toutes les lampes longtemps utilisées dans les radiocommunications.

FLEMING (*sir* Alexander), médecin et bactériologiste britannique (Lochfield Farm, Darvel, Ayrshire, 1881 - Londres 1955). Il étudia les propriétés d'une moisissure classée dans le genre *penicillium* et observa qu'elle sécrétait une substance, la pénicilline, très diffusible et inhibitrice pour le streptocoque (1927-1929). Il confirma ainsi les travaux du médecin militaire français Ernest Duchesne sur l'activité antimicrobienne des moisissures. En 1939, H. W. Florey et E. B. Chain, reprenant ses travaux, isolèrent chimiquement la pénicilline, permettant ainsi la production industrielle de cet antibiotique. Fleming a reçu, avec Chain et Florey, le prix Nobel de médecine en 1945.

FLEMING (Victor), cinéaste américain (Pasadena, Californie, 1883 - Phoenix, Arizona, 1949). Il tourna notamment : *Quand la chair succombe* (1927), *The Virginian* (1929), *l'Île au trésor* (1934), *Capitaines courageux* (1937), *le Magicien d'Oz* (1939) et surtout *Autant en emporte le vent* (1939).

FLEMING (Ian), écrivain anglais (Londres 1908 - Canterbury 1964) auteur des romans d'espionnage de la série des James Bond : *Casino royal* (1953), *Chauds les glaçons* (1956), *James Bond contre Dr No* (1958), *Goldfinger* (1959), *On ne vit que deux fois* (1964).

FLEMING (Peggy), patineuse américaine (San Jose, Californie, 1948), triple championne du monde (1966 à 1968) et championne olympique (1968) de patinage artistique.

FLEMMARD, E adj. et n. (de *flemme*). *Fam.* Qui répugne à l'effort ; paresseux.

FLEMMARDER v. i. (conj. 3). *Fam.* Paresser, tirer sa flemme : *Flemmarder au lit.*

FLEMMARDISE n. f. *Fam.* Comportement de flemmard.

FLEMME n. f. (ital. *flemma,* même orig. que *flegme*). *Fam.* **1.** Grande paresse ; envie de ne rien faire : *Avoir la flemme.* — **2.** *Tirer sa flemme,* paresser.

FLEMMING (Walther), biologiste allemand (Sachsenberg, près de Schwerin, 1843 - Kiel 1905). Il a amélioré les techniques de coloration et de conservation des coupes microscopiques, noté la constance du nombre des chromosomes dans une espèce donnée et observé leur fissuration (1879), décrit et nommé la mitose (1882) et signalé la similitude de ce phénomène chez les animaux et les plantes.

FLEMMINGITE n. f. (de *flemme*). *Pop.* Grande paresse.

FLENSBURG, port et centre industriel d'Allemagne (Schleswig-Holstein), sur le golfe du même nom (Baltique) ; 90 000 hab. Églises médiévales et musée régional. Chantiers navals. Base navale militaire.

FLÉOLE ou **PHLÉOLE** n. f. (lat. bot. *phleum,* du gr. *phleôs*). Graminée fourragère des prairies naturelles et temporaires dont les épillets sont groupés en panicules cylindriques.

FLÉRON, comm. de Belgique à l'E. de Liège ; 16 000 hab.

FLERS (61100), ch.-l. de cant. du nord-ouest de l'Orne, dans le Bocage normand ; 18 467 hab. *(Flériens).* Château des XVIe-XVIIIe s. Industries mécaniques, électriques et textiles.

FLERS (Robert PELLEVÉ DE LA MOTTE-ANGO, marquis DE), auteur dramatique français (Pont-l'Évêque 1872 - Vittel 1927). Il composa avec G. A. de Caillavet des pièces gaies et spirituelles (*le Roi,* 1908 ; *l'Habit vert,* 1912) puis, avec F. de Croisset, *les Vignes du Seigneur* (1923), *le Docteur Miracle* (1926) ainsi que le livret de l'opérette *Ciboulette* (1923). [Acad. fr., 1920.]

FLERS-EN-ESCREBIEUX (59128), comm. du Nord, banlieue nord-ouest de Douai ; 5 369 hab. Imprimerie.

FLESSELLES (Jacques DE), administrateur français (Paris 1721 - *id.* 1789). Intendant à Moulins (1762), en Bretagne (1765), à Lyon (1767), puis prévôt des marchands de Paris (avr. 1789), il fut exécuté après la prise de la Bastille.

FLESSINGUE, en néerl. **Vlissingen,** port des Pays-Bas (Zélande), sur la rive sud de l'ancienne île de Walcheren ; 47 000 hab. Pêche. Station balnéaire. Centre commercial et surtout industriel (métallurgie, chimie).

FLET [flɛ] n. m. (moyen néerl. *vlete*). Poisson plat des côtes atlantiques, qui vit couché sur le flanc gauche. (Le flet fréquente les eaux saumâtres et les eaux douces ; il se reproduit toujours en mer. Chair peu estimée ; taille 50 cm.)

FLÉTAN n. m. (de *flet*). Poisson plat des côtes atlantiques, dextre comme le flet, mais capable de nager en position normale. (Sa chair est très recherchée, ainsi que l'huile extraite de son foie. Il peut atteindre 4 m de long pour un poids de 300 kg.)

FLETCHER (John), auteur dramatique anglais (Rye, Sussex, 1579 - Londres 1625). Auteur avec Francis Beaumont de pièces dont le succès contrebalança longtemps celui du théâtre de Shakespeare (*le Chevalier au Pilon-Ardent,* 1607 ; *la Belle Dédaigneuse,* 1616), il collabora aussi avec Jonson, Massinger, Tourneur (*la Bergère fidèle,* 1609 ; *le Pèlerin,* 1621).

FLETCHER (John Gould), poète américain (Little Rock, Arkansas, 1886 - *id.* 1950). Il évolua d'une poésie imagiste (*Irradiations,* 1915) à une inspiration sudiste (*South Star,* 1941). Il a laissé une autobiographie (*Life is my song,* 1937).

Fletcher *(facteur),* syn. de PRÉKALLIKRÉINE.

1. FLÉTRIR v. t. (anc. fr. *flaistre,* flasque, du lat. *flaccidus,* flasque) [conj. 32]. **1.** Faire perdre la fraîcheur, l'éclat d'un végétal en le privant d'eau. – **2.** Marquer le corps, le visage de qqn d'un vieillissement ; le rider : *L'âge a flétri son visage.* – **3.** *Litt.* Altérer, ternir, corrompre qqn, son esprit, qqch : *Il flétrit tout ce qu'il touche.*
◆ v. i. (litt.) ou **se flétrir** v. pr., **être flétri** v. pass. Se faner : *Sa beauté flétrissait.*

2. FLÉTRIR v. t. (anc. fr. *flatir,* jeter à terre, du frq. **flatjan*) [conj. 32]. **1.** Autref., marquer un condamné d'un fer rouge. – **2.** *Litt.* Dénoncer qqch, qqn, son action avec indignation, le blâmer : *Flétrir l'injustice.*

FLÉTRISSEMENT n. m. **1.** *Litt.* État de ce qui est flétri : *Le flétrissement du visage.* – **2.** Fanaison irréversible de tout ou partie des organes aériens d'une plante.
ENCYCL. **Bot.** Le flétrissement peut être physiologique (transpiration excessive et manque d'eau dans le sol) ou pathologique (maladies causées par des parasites, surtout champignons, des bactéries ou des anguillules, qui se développent dans les vaisseaux de la plante hôte).

1. FLÉTRISSURE n. f. (de *flétrir 1*). **1.** Action de s'altérer, de se ternir ; fait d'être flétri : *La flétrissure de la peau.* – **2.** *Litt.* Grave atteinte à l'honneur, à la réputation de qqn : *C'est une flétrissure qui ne pourra jamais s'effacer.*

2. FLÉTRISSURE n. f. (de *flétrir 2*). Autref., marque infamante imprimée avec un fer rouge sur le corps d'un condamné. (Elle a été abolie en 1832.) [Syn. MARQUE.]

FLETTAGE n. m. Syn. de DÉPONTILLAGE.

FLETTER v. t. (conj. 4). Syn. de DÉPONTILLER.

1. FLEUR n. f. (lat. *flos, -oris*). **1.** Organe des plantes supérieures, ou phanérogames, qui contient les organes reproducteurs entourés le plus souvent d'un périanthe, et dont les pièces peuvent être d'une couleur brillante ou d'un parfum agréable. (→ *encycl.*) – **2.** Plante qui produit des fleurs : *Cultiver des fleurs.* – **3.** Ornement en forme de fleur : *Du papier à fleurs.* – **4.** Symbole litt. de l'éclat, de la fraîcheur, de la beauté : *Être fraîche comme une fleur.* – **5.** *Litt.* Ce qui attire, séduit d'un attrait parfois artificiel : *Semer de fleurs le chemin de la vie.* – **6.** Ce qu'il y a de meilleur, de plus distingué ; l'élite : *La fine fleur de la société.* – **7.** *Litt.* Fraîcheur et spontanéité de ce qui est à son début : *La fleur de la vie.* – **8.** *À la fleur, dans la fleur de l'âge,* au tout début de la jeunesse, en pleine jeunesse ou au moment de plein épanouissement. ‖ Fam. *Arriver comme une fleur,* innocemment et fort mal à propos. ‖ Fam. *Comme une fleur,* avec une grande facilité. ‖ *En fleur(s),* à l'époque de la floraison ; dans tout son éclat, dans sa fraîcheur : *Jeunes filles en fleur.* ‖ Fam. *Faire une fleur à qqn,* lui accorder un avantage, un privilège. ‖ *Fleur bleue,* sentimental, romanesque. ‖ *Langage des fleurs,* ensemble des significations symboliques, notamment dans le domaine des sentiments, attribuées aux fleurs. ‖ *Ni fleurs ni couronnes,* formule de faire-part d'obsèques où on demande de n'apporter ou de n'envoyer aucune fleur. ‖ Vx. *Perdre sa fleur,* perdre sa virginité. • **Agroalim.** *Fine fleur de farine,* farine de blé très pure, la première qui passe dans les tamis de bluterie. ‖ *Fleur de farine,* farine de blé très pure et de très belle qualité. – **Arbor.** Syn. de PRUINE. – **Archit.** Petite rosace placée au milieu de chacune des faces de l'abaque dans un chapiteau corinthien ou autre. – **Bot.** *Fleur d'amour,* nom usuel commun à l'ancolie, à l'amarante, au pied-d'alouette. ‖ *Fleur de coucou,* nom commun à un lychnis, à la jonquille et à deux espèces de primevère. ‖ *Fleur de la passion,* nom usuel de la *passiflore bleue.* ‖ *Fleur de saint Jacques,* nom usuel d'un séneçon. ‖ *Fleur de la Saint-Jean,* autre nom du *gaillet.* ‖ *Fleur de tan,* nom commun d'un champignon myxomycète qui se développe sur la tannée. ‖ *Fleur du Vendredi saint,* nom usuel de l'*anémone des bois.* – **Chim.** Nom donné par les anciens chimistes à certains solides plus ou moins brillants, obtenus par sublimation ou par une oxydation prolongée au contact de l'air (*fleur d'arsenic, fleur de soufre,* etc.). – **Hérald.** *Fleur de lis* ou *de lys,* figure très stylisée, que la tradition assimile aux végétaux ; emblème de la maison de France depuis le XIIe s. et symbole du royalisme en France. – **Hortic.** Syn. de EFFLORESCENCE. – **Minér.** *Fleur d'arsenic,* arséniate hydraté de calcium naturel, qui se présente en petites houppes soyeuses et blanches. ‖ *Fleur de bismuth,* oxyde de bismuth naturel. ‖ *Fleur de cinabre,* variété pulvérulente de sulfure de mercure naturel. || *Fleur de manganèse,* variété de bioxyde de manganèse naturel, qui tapisse quelquefois les géodes de fer hématite. — **Œnol.** Voile blanchâtre, plus ou moins ridé, se formant en cuve ou en bouteille à la surface des vins, des bières ou des cidres au contact de l'air, et formé par des levures. — **Pharm.** *Fleurs pectorales,* mélange de sept fleurs utilisé en infusions contre la toux et servant à préparer le sirop pectoral. || *Fleur de soufre,* soufre pur obtenu par sublimation, purifié par lavage et employé comme laxatif.

◆ adj. inv. Qui a la couleur de telle ou telle fleur : *Une écharpe fleur de prunier.*

◆ **fleurs** n. f. pl. **1.** Louanges, éloges décernés à qqn : *Couvrir quelqu'un de fleurs. S'envoyer des fleurs.* — **2.** *Fleurs de rhétorique,* ornements du discours, du style.

ENCYCL. **Bot.** Le rameau supportant la fleur est le pédoncule, souvent accompagné d'une bractée à sa base et s'élargissant à son sommet en réceptacle. Les fleurs, suivant les espèces, sont groupées de manière variée ; ces ensembles portent le nom d'inflorescence*.

Une fleur complète comprend quatre verticilles, ou séries de pièces semblables : le calice, la corolle, l'androcée et le gynécée. Les pièces du calice, ordinairement vertes, sont les sépales, celles de la corolle, le plus souvent colorées, sont les pétales, leur ensemble, au rôle protecteur, portant le nom de périanthe ou d'enveloppes florales. L'androcée est formé par les étamines, composées chacune d'un filet, qui supporte l'anthère, organe mâle d'où sort le pollen ; le gynécée, ou pistil, est constitué par les carpelles ; c'est l'organe femelle, dont la partie inférieure, ou ovaire, contient les ovules.

Le périanthe peut être réduit à un seul verticille (espèces apétales) ou absent (fleurs nues). Si l'androcée ou le gynécée font défaut, on a des fleurs unisexuées, mâles ou femelles. L'espèce est alors monoïque si le même individu porte des fleurs des deux sexes (courge) et dioïque dans le cas contraire (dattier, chanvre, etc.).

Les différentes pièces du même verticille de la fleur peuvent être libres entre elles (dialysépales, dialypétales) ou soudées (gamosépales, gamopétales). Quand l'ovaire est libre (lis), il est dit supère ; s'il est adhérent, il est infère. Si tous les verticilles sont réguliers, la fleur, symétrique par rapport à son axe, est actinomorphe ou régulière. Une fleur symétrique par rapport à un seul plan vertical est dite irrégulière ou zygomorphe. Tous les caractères ci-dessus peuvent être exprimés dans un diagramme caractéristique de chaque espèce.

À l'origine de chaque fleur, il y a un bouton floral, où le calice resserré enveloppe et protège les autres pièces. Puis la fleur s'épanouit, ses pétales attirent souvent les insectes par leur nectar nutritif, leurs couleurs et leur parfum. Le pollen, transporté par le vent ou par les insectes, féconde le pistil d'une autre fleur de la même espèce. La fleur se transforme alors en fruit : l'ovaire seul se développe, les autres organes floraux meurent généralement.

2. FLEUR n. f. (de *fleur 1*). **1.** Couche superficielle d'une peau, caractérisée par les pores et les particularités de l'animal, et dont le dessin est visible lorsque les poils ou la laine ont été retirés. — **2.** *À fleur d'eau,* se dit d'un rocher, d'un banc de sable ou d'une épave alternativement couvert et découvert par la mer ; se dit d'un objet dont la partie supérieure affleure la surface de la mer. || *À fleur de peau,* superficiel : *Avoir des réactions à fleur de peau.* || *À fleur de terre,* à la surface du sol. || *Avoir les nerfs à fleur de peau,* être dans un état de nervosité extrême. || *Yeux à fleur de tête,* saillants. || *À fleur de coin(s)* ou *fleur de coin(s),* se dit d'une monnaie ou d'une médaille d'une frappe parfaite (réalisée avec des coins neufs) et d'un état de conservation lui aussi parfait.

Fleurs du mal *(les),* recueil poétique de Charles Baudelaire. Paru en 1857, le livre fut condamné en 1858 pour immoralité ; une seconde édition, augmentée de 35 poèmes, parut en 1861, et l'édition définitive, posthume, en 1868. Les 136 pièces du recueil, divisé en six parties, *Spleen et Idéal, Tableaux parisiens, le Vin, les Fleurs du mal, Révolte, la Mort,* sont groupées selon un plan fondé sur la constatation de la misère de l'homme et de ses efforts pour sortir de cet état. Créant, selon le mot de Hugo, un « frisson nouveau », ces poèmes, par la découverte des « correspondances », orientèrent la poésie dans la voie du symbolisme.

FLEURAGE n. m. (de *fleur 1*). **1.** Action de fleurer les pâtons, la pelle, etc. — **2.** Remoulage fin de blé ou produit employé pour fleurer.

FLEURANCE (32500), ch.-l. de cant. du Gers, sur le Gers ; 6 420 hab. *(Fleurantins).* Bastide de la fin du XIIIe s. Église des XIVe-XVIe s. (vitraux). Marché. Plantes médicinales et produits de beauté.

FLEURDELISER v. t. (de *fleur de lis*) [conj. 3]. Marquer un criminel d'un fer rouge en forme de fleur de lis.

◆ **être fleurdelisé** v. pass. *Litt.* Être orné de fleurs de lis : *Un lit fleurdelisé.*

1. FLEURER v. i. (anc. fr. *flaor,* odeur, du lat. pop. *flator, -oris,* du lat. class. *flatus,* souffle) [conj. 5]. **1.** Exhaler une odeur, le plus souvent agréable : *Fleurer bon la menthe.* — **2.** Évoquer l'idée de qqch, annoncer : *Une affaire qui fleure l'escroquerie.*

2. FLEURER v. t. (de *fleur 1*) [conj. 5]. Jeter de la farine ou du fleurage sur les pâtons, sur la pelle ou dans les bannetons pour que la pâte ne colle pas.

1. FLEURET n. m. (p.-ê. ital. *fioretto,* petite fleur). **1.** Arme d'estoc, courtoise ou d'exercice. – **2.** En escrime, arme de pointe de 1,10 m de longueur totale ; discipline utilisant cette arme, où la cible est représentée par le tronc. (Le *fleuret électrique* est relié à un appareil électrique, dont les lampes s'allument chaque fois qu'une touche est valable.) – **3.** Tige métallique fixée à un marteau perforateur destinée à désagréger la roche par percussion d'un taillant.

2. FLEURET n. m. (de *fleur 1*). Déchet ou fibres de basse qualité en coton, soie, laine ou fil.

1. FLEURETTE n. f. **1.** Petite fleur. – **2.** Boette constituée par un morceau de chair de poisson. (Syn. GUEULIN.) – **3.** *Conter fleurette (à une femme),* lui adresser des paroles tendres et amoureuses.

2. FLEURETTE adj. *Crème fleurette,* crème obtenue par écrémage du lait et contenant 10 à 12 pour cent de beurre.

FLEURETTISTE n. Escrimeur tirant au fleuret.

FLEURIE (69820), comm. du Rhône, dans le Beaujolais ; 1 110 hab. Vins.

FLEURIEU (Charles Pierre CLARET, *comte* DE), marin et homme politique français (Lyon 1738 - Paris 1810). Directeur général des arsenaux (1776), ministre de la Marine (1790), il rédigea les instructions de La Pérouse pour son voyage de découvertes et écrivit les *Découvertes des Français dans le sud-est de la Nouvelle-Guinée* (1790).

FLEURIOT (Zénaïde), femme de lettres française (Saint-Brieuc 1829 - Paris 1890). Utilisant parfois le pseudonyme de **Anna Edianez de saint-B.,** elle écrivit des romans pour jeunes filles (*la Petite Duchesse,* 1876). Elle composa aussi des comédies et des proverbes réunis dans *le Théâtre chez soi* (1873).

FLEURIR v. i. (lat. pop. *florire,* du lat. class. *florere,* avec l'infl. de *fleur*) [conj. 32]. **1.** Produire des fleurs, se couvrir de fleurs, en parlant d'une plante. – **2.** S'épanouir, s'ouvrir, en parlant d'une fleur. – **3.** Se couvrir de boutons : *Nez qui fleurit.* – **4.** *Litt.* Se développer, être dans tout son éclat, s'épanouir : *L'amour fleurit au printemps.* – **5.** *Litt.* Prospérer, être en progrès ou en honneur ; briller, être à son apogée (en ce sens, l'imparf. de l'ind. est *je florissais,* etc., et le part. prés. *florissant*) : *Sous Louis XIV, les arts florissaient en France.* – **6.** *Fam.* Apparaître qqpart en nombre croissant : *Les boutiques de vêtements fleurissent dans ce quartier.*

◆ v. t. **1.** Orner, parer qqch de fleurs : *Fleurir sa boutonnière.* – **2.** Épingler une fleur sur la toilette de qqn ou offrir des fleurs à qqn.

◆ **être fleuri** v. pass. **1.** Être couvert ou garni de fleurs : *Une maison fleurie.* – **2.** Comporter des dessins, des impressions de fleurs : *Papier fleuri.* – **3.** *Litt.* Offrir des aspects riants, séduisants : *Chemins fleuris.* – **4.** Être plein d'images, d'ornements : *Style fleuri.* – **5.** *Litt.* En parlant du teint, être vivement coloré. – **6.** Se dit de certains marbres et de certains bois d'ébénisterie dont les veines évoquent des feuillages et des fleurs. – **7.** Vx. *Barbe fleurie,* blanche comme les arbres en fleur. ‖ *Gothique fleuri,* se dit parfois de l'art gothique tardif, dans ses manifestations les plus gracieuses et ornées. ‖ *Pâques fleuries,* le dimanche des Rameaux.

FLEURISSEMENT n. m. **1.** Action de planter des fleurs. – **2.** Action de décorer avec des fleurs.

FLEURISTE n. **1.** Personne qui s'occupe de la culture et du commerce des fleurs. – **2.** Personne qui tient un commerce de fleurs au détail. – **3.** Personne qui fabrique des fleurs artificielles.

◆ adj. Où l'on cultive des fleurs.

FLEURON n. m. (de *fleur,* avec l'infl. de l'ital. *fiorone,* ornement en forme de fleur). **1.** Chacune des parties qui s'élèvent, isolées, au-dessus du cercle d'une couronne et figurent une feuille ou une fleur : *Les fleurons de la couronne des rois de France étaient des fleurs de lis.* – **2.** Litt. *Le plus beau fleuron,* ce qu'il y a de plus précieux, de plus remarquable pour qqn : *Cet ouvrage était le plus beau fleuron de sa bibliothèque.* • **Archit.** et **Arts décor.** Ornement isolé, fait d'un motif floral (fleur, feuille) étagé et stylisé, décorant le sommet d'un gâble, d'un pignon ; le même, utilisé en décoration intérieure, en orfèvrerie, etc. – **Bot.** Chez les composées, fleur à symétrie axiale dont le calice est réduit à des paillettes et dont les pétales sont soudés entre eux (ex. les fleurs centrales jaunes du capitule de marguerite). – **Cuis.** Petit ornement en feuilletage ayant forme de croissant, de triangle, de poisson, etc. – **Impr.** Ornement utilisé en typographie et en dorure. – **Rel.** Fer à dorer de petites dimensions ; le motif obtenu avec ce fer. – **Sell.** et **Maroq.** Ornement de sellerie, d'article de voyage, en forme de cabochon, fixé généralement par des griffes.

FLEURONNÉ (ÊTRE) v. pass. Être orné de fleurs ou de fleurons : *Diadème fleuronné.*

FLEURUS, comm. de Belgique (Hainaut), au N.-E. de Charleroi ; 22 000 hab. Batailles célèbres en 1690 et 1794 (v. art. suiv.).

Fleurus *(bataille de)* [1er juill. 1690], bataille de la Guerre de la ligue d'Augsbourg, au cours de laquelle l'armée française du maréchal de Luxembourg vainquit les troupes hollandaises et impériales conduites par le prince von Waldeck.

Fleurus *(bataille de)* [26 juin 1794], bataille qui vit la victoire de l'armée de Sambre-et-Meuse (Jourdan) sur les Anglo-Hollandais (Cobourg). Elle ouvrit la Belgique aux Français et contribua à la chute de Robespierre.

Fleury, abbaye bénédictine fondée au village de ce nom, dans le Val de Loire, vers 650. Les reliques de saint Benoît y ayant été transférées, elle prit le nom de Saint-Benoît-sur-Loire*.

FLEURY (Claude), historien français (Paris 1640 - *id.* 1723). Précepteur du duc de Bourgogne (1697), confesseur de Louis XIV (1716), il a laissé une importante *Histoire ecclésiastique* (20 vol., 1691-1720). [Acad. fr., 1696.]

FLEURY (André Hercule DE), prélat et homme d'État français (Lodève 1653 - Issy-les-Moulineaux 1743). Aumônier de Louis XIV (1678), évêque de Fréjus (1698-1715) puis précepteur de Louis XV (1716), il est membre du Conseil de conscience (1720). Entré au Conseil d'État en 1723, il obtient de Louis XV le renvoi du duc de Bourbon, prince de Condé (1726), à qui il succède comme Premier ministre, charge qu'il exerce jusqu'à sa mort, donnant à la France dix-sept années de redressement intérieur. Aidé par d'excellents collaborateurs (chancelier d'Aguesseau, Le Peletier des Forts, P. Orry), il brise les résistances à l'absolutisme royal : en 1727, il réduit au silence le jansénisme ecclésiastique ; en 1730, il oblige le parlement à enregistrer la déclaration du 24 mars, qui décrète la bulle *Unigenitus* loi du royaume. En matière financière et économique, la monnaie est stabilisée (1726), le budget est mis en équilibre (1738) et l'essor économique favorisé. À l'extérieur, résolument pacifique, il conserve l'alliance avec l'Angleterre, ménage l'Espagne et recherche un accord avec l'Autriche. Contraint d'intervenir dans la guerre de la Succession de Pologne (1733), il en tire bénéfice pour la France en acquérant la Lorraine, attribuée à titre viager à Stanislas Leszczyński par le traité de Vienne (1738). [Acad. fr., 1717.]

FLEURY (Émile Félix, *comte*), général français (Paris 1815 - *id.* 1884). Il participa au coup d'État du 2 décembre 1851, fut premier aide de camp (1856) de Napoléon III qui le chargea d'importantes missions diplomatiques et le nomma ambassadeur en Russie (1869). Il fut l'un des principaux chefs du parti bonapartiste après la guerre de 1870.

FLEURY-DEVANT-DOUAUMONT (55100), comm. de la Meuse, à 9 km environ au N. de Verdun ; 5 hab. Combats acharnés pendant la bataille de Verdun (mai-sept. 1916).

FLEURY-LES-AUBRAIS (45400), ch.-l. de cant. du Loiret, banlieue nord d'Orléans ; 20 730 hab. Matériel agricole ; centre de recherches de l'industrie du tabac. (→ *les* AUBRAIS.)

FLEURY-MÉROGIS (91700), comm. de l'Essonne, à 7 km à l'O. d'Évry ; 9 939 hab. *(Fleury-Mérogissois).* Grand établissement pénitentiaire.

FLEURY-SUR-ANDELLE (27380), ch.-l. de cant. de l'Eure, à 24 km à l'E.-S.-E. de Rouen ; 2 023 hab. Textile. Constructions mécaniques.

FLEUVE n. m. (lat. *fluvius,* de *fluere,* couler). **1.** Cours d'eau finissant dans la mer et souvent formé par la réunion d'un certain nombre de rivières. — **2.** Masse importante de matière plus ou moins liquide en mouvement : *Fleuve de boue.*

LES PLUS GRANDS FLEUVES DU MONDE
(classés selon les valeurs décroissantes des superficies qu'ils drainent)

fleuve	*superficie du bassin (km^2)*	*module brut (m^3/s)*	*module spécifique ($l/s/km^2$)*
Amazone (Tocantins exclu)	6 150 000	190 000	30,9
Zaïre (ou Congo)	3 800 000	42 000	11
Mississippi	3 222 000	18 000	5,6
Nil	3 000 000	2 500	0,8
Ob	2 990 000	12 500	4,2
Ienisseï	2 600 000	19 800	7,6
Lena	2 425 000	15 500	6,4
Paraná	2 343 000	16 000	6,8
Yangzi Jiang	1 960 000	34 500	17,6
Amour	1 845 000	11 000	6
Mackenzie	1 805 000	7 200	4
Volga	1 385 000	8 000	5,8
Zambèze	1 330 000	3 500	2,6
Niger	1 100 000	7 000	6,4
Orénoque	1 085 000	31 000	28,5
Gange	1 075 000	16 000	14,9

— **3.** *Litt.* Ce qui coule, ce qui est répandu abondamment, ne tarit pas ; flot : *Des fleuves de larmes.* — **4.** S'emploie comme apposition (avec ou sans trait d'union) pour indiquer qqch d'immense ou d'interminable : *Un roman-fleuve.* ‖ *Fleuve international,* fleuve qui sépare ou qui traverse plusieurs États.

ENCYCL. **Géogr.** et **Hydrol.** → DÉBIT, HYDROLOGIE.

Fleuve noir, collection populaire de romans d'action et d'espionnage, créée en 1949 par Armand De Caro, éditée par les Presses de la Cité.

FLEVO *(lac),* en lat. **Flevum,** anc. lac du pays des Bataves qui, envahi par la mer du Nord, en 1225, devint le Zuiderzee.

FLEVOLAND, prov. des Pays-Bas (232 800 hab.), créée en 1986 et regroupant plusieurs polders du Zuiderzee : polder du Nord-Est, Flevoland oriental et Flevoland méridional. Ch.-l. *Lelystad.*

FLEVOLAND-EST ou **POLDER DE L'EST,** en néerl. **Oostelijk Flevoland,** polder conquis sur la partie sud-est du Zuiderzee (54 000 ha) à partir de 1950. Les centres principaux sont Lelystad et Dronten.

FLEVOLAND-SUD, en néerl. **Zuidelijk Flevoland,** polder des Pays-Bas, dans la partie méridionale du Zuiderzee (43 000 ha).

FLEXAÈDRE n. m. Polyèdre flexible, mais dont les faces planes sont rigides.

FLEXIBILISER v. t. (conj. 3). Rendre un processus plus flexible, moins rigide : *Flexibiliser la production.*

FLEXIBILITÉ n. f. (bas lat. *flexibilitas, -atis*). **1.** Qualité de ce qui est flexible, souple : *La flexibilité de l'osier.* — **2.** Qualité de qqch qui peut s'adapter aux circonstances particulières : *Flexibilité des horaires.* — **3.** *Litt.* Qualité de ce qui plie, de ce qui cède facilement : *Flexibilité d'esprit.* • **Archit.** Aptitude d'un espace construit à se plier à une utilisation évolutive ou différente. — **Dr.** En matière d'aménagement du temps de travail, ensemble des mesures susceptibles d'assouplir les réglementations en vigueur. — **Écon.** Capacité que possèdent une économie, une entreprise, etc., de s'adapter rapidement et d'une manière efficace aux changements conjoncturels du marché (baisse de la demande, changement de goût de la clientèle, etc.). — **Transp.** Hauteur dont s'affaisse un ressort, une suspension sous une charge unitaire. (Elle s'exprime généralement en mm/t.)

FLEXIBLE adj. (lat. *flexibilis*). **1.** Qui se plie, se courbe aisément ; souple : *Roseau flexible.* — **2.** Qui a de la souplesse, de l'aisance, de la facilité : *Démarche flexible.* — **3.** Qui se plie aux diverses circonstances, aux influences : *Caractère flexible.* — **4.** Qu'on peut adapter aux circonstances particulières : *Horaire flexible.* • **Archit.** *Plan flexible,* qui satisfait à la flexibilité, peut se soumettre à des distributions variées. — **Ch. de f.** *Aiguillage à lame flexible,* aiguillage dont les lames ne se déplacent que par suite de leur flexibilité. — **Industr.** *Atelier flexible,* atelier à gestion informatisée, assurant la production automatique de pièces. (→ *encycl.*)

◆ n. m. **1.** Tuyau flexible utilisé notamment dans certaines installations de douche. — **2.** Conduite flexible de grande longueur et de performances mécaniques élevées, utilisée pour l'exploitation des gisements d'hydrocarbures sous-marins. — **3.** Tuyau flexible utilisé pour la circulation des fluides sous pression.

ENCYCL. **Industr.** L'*atelier flexible* se compose de centres d'usinage pourvus de changeurs d'outils et de pièces ainsi que de systèmes de contrôle et de compensation de l'usure des outils de coupe ; des dispositifs de convoyage, de stockage et de manipulation, également automatiques, font passer les pièces d'un centre d'usinage à un autre. Le fonctionnement de l'atelier est géré par un système informatique. L'intervention des opérateurs se limite au réglage et à l'entretien des installations.

FLEXION n. f. (lat. *flexio, -onis*). **1.** Action de fléchir, fait d'être fléchi : *La flexion d'un ressort.* — **2.** Action de fléchir un membre ; position fléchie : *La flexion du genou.* • **Ling.** Procédé morphologique, caractéristique de certaines langues, consistant à pourvoir les racines (nominales, verbales, etc.) d'affixes (ou désinences) exprimant des catégories grammaticales (nombre, genre, personne), des fonctions syntaxiques (cas), des catégories sémantiques (animé, comptable). Ensemble des formes fléchies d'un mot (*flexion nominale* ou déclinaison, *flexion verbale* ou conjugaison) variant selon le cas, le genre, le nombre, etc. ‖ *Flexion interne,* modifications vocaliques ou consonantiques subies par le radical d'un mot. — **Matér.** Déformation d'une poutre sous l'action de forces transversales. ‖ *Essai de flexion,* essai grâce auquel on étudie la déformation d'une éprouvette. — **Neurol.** *Réflexe de flexion,* retrait en flexion d'un membre sous l'effet d'une stimulation douloureuse de la surface de ce membre.

FLEXIONNEL, ELLE adj. **1.** Relatif à la flexion d'un mot. — **2.** *Langue flexionnelle,* langue dont les mots sont pourvus d'affixes (ou désinences) exprimant divers rapports grammaticaux par le procédé de la flexion. (Les langues flexionnelles s'opposent aux langues agglutinantes.)

FLEXNER (Simon), bactériologiste américain (Louisville, Kentucky, 1863 - New York 1946). Il découvrit le bacille de la dysenterie, qui porte son nom (1898).

FLEXOFORAGE n. m. Procédé de forage basé sur l'utilisation d'un moteur de fond, turboforeuse ou électroforeuse, entraînant le trépan et suspendu à l'extrémité d'un tube flexible continu, déroulable et enroulable à partir de la surface.

FLEXOGRAPHIE n. f. Procédé d'impression avec formes en relief, généralement cylindriques, utilisant des encres fluides à solvants volatils.

FLEXUEUX, EUSE adj. (lat. *flexuosus,* sinueux). *Litt.* Qui est courbé alternativement dans divers sens : *Tige flexueuse.*

FLEXUOSITÉ n. f. (bas lat. *flexuositas, -atis*). *Litt.* État de ce qui est flexueux.

FLEXURE n. f. (lat. *flexura,* courbure). **1.** Zone de raccordement entre deux compartiments de l'écorce terrestre, caractérisée par un brusque changement de pendage, mais sans rupture. — **2.** *Flexure continentale,* zone tectonique (pli, faille, flexure), parallèle à la côte, séparant des compartiments affectés de mouvements verticaux contraires.

FLIBUSTE n. f. (de *flibustier*). **1.** Aux XVIIe et XVIIIe s., association de forbans faisant une guerre acharnée aux Espagnols dans leurs colonies des Antilles. — **2.** Piraterie, pillage sur mer ; ensemble des flibustiers.

FLIBUSTER v. i. (de *flibustier*) [conj. 3]. *Litt.* Faire le métier de pirate.

FLIBUSTERIE n. f. Activité des flibustiers.

FLIBUSTIER n. m. (anc. angl. *flibutor,* du néerl. *vrijbuiter,* qui fait du butin librement, p.-ê. avec l'infl. de *flibot*). **1.** Pirate de la mer des Antilles, aux XVIIe et XVIIIe s. — **2.** *Vx.* Bandit.

FLIC n. m. (argot all. *flick,* jeune homme). *Pop.* Agent de police.

FLICAGE n. m. *Pop.* Action de fliquer.

FLICAILLE n. f. *Pop.* La police.

FLICAILLON n. m. *Pop.* Agent de police.

FLIC FLAC interj. (onomat.). Exprime le bruit de coups de fouet, clapotements, etc.

FLICHE (Augustin), historien français (Montpellier 1884 - *id.* 1951). Il étudia le XIe s. capétien, publiant une thèse sur *le Règne de Philippe Ier, roi de France, 1060-1108* (1912). À partir de 1934, il assuma, avec Victor Martin, la direction d'une monumentale *Histoire de l'Église depuis les origines jusqu'à nos jours* (24 volumes parus).

FLICKER [flikɛr] n. m. (angl. *flicker,* vacillement). Fluctuation du flux lumineux des lampes à incandescence provoquée par les variations rapides de la tension d'alimentation. (Syn. PAPILLOTEMENT DE LA LUMIÈRE.)

FLIESS (Wilhelm), médecin et biologiste allemand (Arnswalde, auj. Choszczno, Pologne, 1858 - Berlin 1928). Oto-rhino-laryngologiste berlinois, il joua de 1887 à 1904, notamment par l'échange d'une correspondance passionnée, un rôle considérable sur l'évolution des idées de S. Freud.

FLIMS, en romanche **Flem,** station d'été et de sports d'hiver de Suisse (cant. des Grisons), au pied du *Flimserstein ;* 2 000 hab.

FLINCK (Govert), peintre néerlandais (Clèves 1615 - Amsterdam 1660). Élève de Rembrandt, il travailla dans le style de celui-ci, puis, poussé par le succès, se rallia autour de 1645 à la manière plus mondaine et décorative d'un Van der Helst.

FLINDERS (Matthew), navigateur anglais (Donington, Lincolnshire, 1774 - Londres 1814). À partir de 1795, il reconnut le littoral sud-est de l'Australie, démontra l'insularité de la Tasmanie (1798-99), puis étudia le littoral méridional de l'Australie, ainsi que la Grande Barrière et le golfe de Carpentarie (1801-1803).

FLINDERS RANGE, chaîne de hauteurs de l'Australie-Méridionale, orientée du N. au S. du lac Torrens aux environs d'Adélaïde ; 1 188 m.

FLINES-LEZ-RACHES (59148), comm. du Nord, à 11 km au N.-E. de Douai, sur la Scarpe ; 5 309 hab. *(Flinois).* Église des XIIe-XVIe s. Confection.

FLIN FLON, v. du Canada, partagée entre le Manitoba et la Saskatchewan ; 9 800 hab. Centre métallurgique.

FLINGOT n. m. (de *flingue*). *Pop.* et *vx.* Fusil de guerre.

FLINGUE n. m. (bavarois *flinke,* fusil, var. dialect. de l'all. *Flinte*). *Pop.* Revolver, fusil.

FLINGUER v. t. (de *flingue*) [conj. 3]. *Pop.* Tirer sur qqn avec une arme à feu, le tuer.
◆ **se flinguer** v. pr. *Pop.* Se suicider avec une arme à feu.

FLINGUEUR, EUSE n. *Pop.* Personne qui tue par profession.

FLINS-SUR-SEINE (78410), comm. des Yvelines, à 13 km à l'E.-S.-E. de Mantes-la-Jolie ; 2 139 hab. Usine d'automobiles.

FLINT [flint] ou **FLINT-GLASS** n. m. (angl. *flint,* silex, et *glass,* verre). Verre à base de plomb, d'un pouvoir fortement dispersif, utilisé dans la plupart des instruments d'optique, où on l'associe à des lentilles en crown pour obtenir la correction des aberrations chromatiques.

FLINT, v. des États-Unis (Michigan), au N.-O. de Detroit ; 160 000 hab. Industrie automobile.

FLINT RIDGE CAVE, long réseau (environ 120 km) de galeries souterraines des États-Unis, dans le Kentucky, près de Mammoth Cave.

FLION n. m. Mollusque bivalve comestible des mers chaudes et tempérées, commun sur les côtes de France. (Nom générique *donax.*)

1. FLIP n. m. (onomat. angl. *flip-flap,* de *to flip,* claquer son fouet). Saut de patinage artistique avec appel arrière à l'aide des deux jambes, le patineur effectuant un tour en l'air. (Le flip peut être simple, double ou triple.)

2. FLIP n. m. (de *flipper 2*). *Pop.* **1.** Sentiment d'angoisse intense éprouvé par un toxicomane en état de manque. – **2.** Sentiment d'angoisse et de dépression.

3. FLIP n. m. (angl. *flip*). Cocktail composé d'un jaune d'œuf et de sucre mélangés à un vin ou à un alcool.

FLIP-FLAP n. m. (amér. *to flip,* onomat.). Saut périlleux en arrière ou en avant, exécuté en touchant le sol avec les mains.

FLIP-FLOP n. m. (angl. *flip-flop,* onomat.). Syn. de BASCULE BISTABLE*.

FLIPOT n. m. (de *Felipot,* dimin. pop. du prénom *Philippe*). Petite tringle de bois employée pour dissimuler une fente accidentelle dans un ouvrage en bois.

FLIPPANT, E adj. *Pop.* Qui fait flipper, angoissant.

1. FLIPPER [flipœr] n. m. (amér. *to flip,* frapper). **1.** Pièce articulée d'un billard électrique, servant à renvoyer la boule vers le sommet de l'appareil. – **2.** Le billard électrique lui-même.

2. FLIPPER v. i. (amér. *to flip one's lid,* faire sauter le couvercle) [conj. 3]. **1.** Dans l'argot des toxicomanes, éprouver un sentiment d'angoisse lié à l'état de manque. – **2.** *Pop.* Être déprimé ou excité, avoir un sentiment de malaise intérieur. – **3.** *Fam.* Planer, être dans un état second : *Musique qui fait flipper.*

FLIQUER v. t. (conj. 3). *Pop.* Soumettre à une étroite surveillance policière.

FLIRT [flœrt] n. m. (angl. *flirt*). *Fam.* **1.** Relations amoureuses plus ou moins platoniques et passagères : *Un flirt sans conséquence.* – **2.** Personne avec qui on flirte : *Sortir avec son flirt.* – **3.** Rapprochement momentané entre des groupes, en partic. entre des adversaires politiques : *Flirt du président avec les États-Unis.*

FLIRTER [flœrte] v. t. ind. (angl. *to flirt*) [conj. 3]. *Fam.* **1.** Avoir des relations amoureuses plus ou moins platoniques et passagères avec qqn. – **2.** Se rapprocher d'adversaires, sans aller jusqu'à une alliance de fait : *Ministre qui flirte avec l'opposition.*

FLIRTEUR, EUSE [flœr-] adj. et n. Qui flirte ; qui aime à flirter.

FLIXECOURT (80420), comm. de la Somme, à 23 km au N.-O. d'Amiens ; 2 997 hab. Travail du jute.

FLIZE (08160), ch.-l. de cant. des Ardennes, sur la Meuse ; 1 243 hab. *(Fliziens).*

F. L. N., sigle de FRONT* DE LIBÉRATION NATIONALE (Algérie).

FLOAT-GLASS [flotglas] n. m. (pl. *float-glasses*) [angl. *to float,* flotter, et *glass,* verre). Syn. de GLACE* FLOTTÉE.

1. FLOC ! interj. (onomat.). Exprime le bruit de chute d'un corps dans un liquide.

2. FLOC n. m. **1.** Ensemble de particules d'un milieu dispersé qui adhèrent faiblement les unes aux autres. (Syn. FLOCON.) – **2.** Ensemble des particules solides sur lesquelles viennent s'agglomérer des impuretés.

FLOCAGE n. m. **1.** Application de fibres plus ou moins longues sur un support (papier ou autre) recouvert d'un adhésif. (La tontisse et le papier tontisse d'autrefois résultaient déjà d'un flocage.) – **2.** Procédé d'insonorisation et d'isolement thermique réalisé par projection d'un adhésif et de fibres sur une poutre ou un panneau.

1. FLOCHE adj. (anc. gasc. *floche,* du lat. *fluxus,* mou). *Fil floche,* fil à faible torsion.

2. FLOCHE n. f. Petite houppe ornementale employée dans le costume.

FLOCK-BOOK [flɔkbuk] n. m. (pl. *flock-books*) [angl. *flock,* troupeau, et *book,* livre]. **1.** Livre généalogique des moutons de race. – **2.** Association d'éleveurs chargée de la tenue de ce livre généalogique.

FLOCON n. m. (anc. fr. *floc,* du lat. *floccus,* flocon de laine). **1.** Petite touffe de matière légère : *Flocon de soie.* – **2.** Petite masse légère d'une substance peu dense, en particulier de neige. – **3.** Petite lamelle préparée à partir de céréales, par écrasement ou reconstitution à partir de farines ou de semoules, destinée à l'alimentation humaine ou animale. – **4.** Syn. de FLOC. – **5.** Défaut apparaissant dans la masse de pièces en acier laminé ou forgé. – **6.** *Flocons d'avoine,* grains d'avoine réduits en lamelles, utilisés dans la préparation du porridge et de potages. ‖ *Flocons de maïs,* autre nom des CORN FLAKES. ‖ *Flocons de mousse,* déchets de mousse synthétique coupés en petits morceaux et utilisés comme rembourrage.

FLOCONNEMENT n. m. Action de former des flocons ; état de ce qui floconne.

FLOCONNER v. i. (conj. 3). Former des flocons, ou avoir l'aspect de flocons.

FLOCONNEUX, EUSE adj. **1.** Qui a la forme de flocons : *Soie floconneuse.* – **2.** Qui ressemble à des flocons : *Nuages floconneux.*

◆ **floconneuse** n. f. Première machine de préparation en filature de coton, dont le rôle est de prélever sur chaque balle les quantités prévues par la composition du mélange.

FLOCULANT n. m. (de *floculer*). **1.** Syn. de ADJUVANT. — **2.** Réactif qui provoque la floculation.

FLOCULATEUR n. m. Bassin utilisé pour la floculation des impuretés contenues dans les eaux de distribution, les eaux résiduaires urbaines ou industrielles.

FLOCULATION n. f. (de *floculer*). **1.** Transformation que subissent les suspensions colloïdales par association des particules constituantes. (Contrairement à la coagulation, la floculation consiste dans le groupement des particules sans qu'il y ait coalescence de ces particules entre elles et c'est un phénomène réversible.) — **2.** Procédé d'épuration consistant à rassembler en flocons les impuretés en suspension dans un liquide. (La floculation est en général précédée d'une coagulation et suivie d'une décantation ou d'une flottation.) — **3.** Agglomération en flocons des colloïdes du sol, humus et argiles, en suspension dans l'eau, qui provoque la formation des agrégats du sol. (→ *encycl.*) — **4.** *Réactions de floculation,* réactions qui consistent à obtenir la floculation de certaines globulines plasmatiques en présence de réactifs appropriés, et qui sont utilisées pour le diagnostic de diverses maladies (maladies du foie, tuberculose, syphilis, etc.).
ENCYCL. **Hydrol.** La floculation des argiles est à l'origine de la formation de la vase dans les estuaires des fleuves, où les eaux fluviales, chargées d'argile colloïdale, rencontrent les eaux salées de la mer, qui provoquent cette floculation.

FLOCULER v. i. (lat. *flocculus,* petit flocon) [conj. 3]. En parlant d'une substance, subir la floculation.

Flodden *(bataille de)* [9 sept. 1513], bataille qui se déroula au S.-E. de Coldstream (Northumberland). L'armée anglaise de T. Howard y écrasa l'armée écossaise de Jacques IV, qui y fut tué.

FLODOARD, chroniqueur français (Épernay 894 - Reims 966). Archiviste et chanoine de la cathédrale de Reims, il écrivit des poèmes latins, une *Histoire de l'église de Reims* (952), des *Annales,* sources essentielles de l'histoire des derniers Carolingiens.

FLOE [flo] n. m. (angl. *floe,* p.-ê. du norv. *flo,* couche). Plaque de glace résultant de la dislocation de la banquise.

FLOGNARDE → FLAUGNARDE.

FLOGNY-LA-CHAPELLE (89360), ch.-l. de cant. de l'est de l'Yonne ; 1 077 hab. *(Floviniens).* Fromagerie.

FLOING (08200), comm. des Ardennes, à 3 km au N. de Sedan ; 2 645 hab. Le *plateau de Floing,* dit aussi *plateau d'Illy,* fut, en sept. 1870, le théâtre de violents combats lors de la bataille de Sedan.

FLOIRAC (33270), ch.-l. de cant. de la Gironde, sur la Garonne, banlieue est de Bordeaux ; 16 868 hab. *(Floiracais).* Métallurgie. Industrie chimique. Observatoire astronomique.

FLONFLON n. m. Refrain de chanson, de vaudeville, d'opérette.
◆ **flonflons** n. m. pl. Accords, le plus souvent bruyants, d'une musique entendue au loin : *Les flonflons du bal.*

FLOOD [flud] adj. inv. (angl. *flood*). *Lampe flood,* lampe à filament de tungstène survolté, fournissant une lumière intense à spectre continu.

FLOOD (Henry), homme politique irlandais (dans le comté de Kilkenny 1732 - Farmley, Kilkenny, 1791), l'un des chefs de l'opposition nationale au Parlement de Dublin, puis, à partir de 1783, au Parlement de Londres.

FLOP n. m. (angl. *flop,* plouf). *Pop.* **1.** Échec, bide, four, en matière de spectacle, d'ouvrage publié. — **2.** *Faire flop,* tomber, chuter, faire un four.

FLOPÉE n. f. (anc. v. *floper,* battre, du bas lat. *faluppa,* brin de paille). *Fam.* Grande quantité : *Une flopée d'enfants.*

FLOPS (acronyme de l'angl. *Floating Point Operations Per Second*) n. m. Unité de mesure de la puissance d'un ordinateur correspondant au nombre d'opérations en virgule flottante qu'il effectue par seconde. (En pratique, on utilise le mégaflops [Mflops], qui vaut 10^6 flops, et le gigaflops [Gflops], qui vaut 10^9 flops.)

FLOQUER v. t. (conj. 3). Projeter des petites particules métalliques, des écailles, des fibres, des pigments et des matières colorantes, sur une surface recouverte d'une couche d'adhésif, afin d'y fixer un revêtement protecteur ou décoratif.

FLOQUET (Charles), homme politique français (Saint-Jean-Pied-de-Port 1828 - Paris 1896). Député républicain de Paris (1876), il présida la Chambre de 1885 à 1888 et de 1889 à 1893. Président du Conseil (1888-89), il s'opposa violemment au général Boulanger, qu'il blessa lors d'un duel (1888).

FLORAC (48400), ch.-l. d'arrond. de la Lozère, sur le Tarnon ; 2 104 hab. *(Floracois).* Centre d'excursions.

FLORAISON n. f. (de *fleuraison,* d'apr. lat. *flos, floris,* fleur). **1.** Épanouissement des fleurs ; temps où cet épanouissement se produit. — **2.** *Litt.* Apparition simultanée d'un grand nombre de personnes ou de choses remarquables : *Une floraison d'œuvres d'art.*

ENCYCL. Une plante est monocarpique si elle ne fleurit et ne fructifie qu'une fois dans sa vie, remontante si elle fleurit plusieurs fois la même année. La plupart des espèces fleurissent une fois par an, à une saison qui caractérise chaque espèce.

FLORAL, E, AUX adj. (bas lat. *floralis*). **1.** Qui appartient à la fleur. — **2.** Qui concerne les fleurs, et, en partic., les fleurs comme éléments de décoration : *Exposition florale. Décor floral.*

1. FLORALIES n. f. pl. (lat. *floralia,* de *Flore,* n. pr.). Fêtes en l'honneur de Flore, qui se célébraient au printemps à Rome et dans les environs. (Instituées en 238 av. J.-C., ces fêtes de caractère licencieux furent l'occasion de développer les représentations théâtrales.)

2. FLORALIES n. f. pl. (lat. *floralia* [*loca*], parterres de fleurs). Exposition horticole où sont présentées de nombreuses plantes à fleurs.

FLORANGE (57190), ch.-l. de cant. de la Moselle, à 5 km au S.-S.-O. de Thionville ; 11 366 hab. *(Florangeois).* Métallurgie. Cimenterie. Scierie.

FLORE n. f. (lat. *Flora,* n. de la déesse de la Végétation, de *flos, floris,* fleur). **1.** Ensemble des espèces végétales indigènes ou subspontanées dans une région donnée, un milieu donné. (→ *encycl.*) — **2.** Ouvrage contenant la description et la classification de toutes les espèces végétales sauvages que l'on peut trouver dans un pays et fournissant les « clés » nécessaires pour déterminer un échantillon. — **3.** *Flore microbienne,* ensemble des micro-organismes vivant, à l'état normal ou pathologique, sur les tissus ou dans les cavités naturelles de l'organisme. (La flore intestinale joue un rôle important dans les phénomènes de la digestion ; elle est normalement constituée en majorité par des bacilles à Gram négatif. La flore vaginale est principalement constituée par le bacille de Döderlein.)

ENCYCL. **Bot.** La richesse d'une flore (nombre d'espèces d'une contrée) est très différente d'un pays à l'autre. La France porte environ 4 000 espèces de plantes vasculaires ; un pays d'étendue analogue, comme Madagascar, en comporte plus de 7 000.

L'histoire géologique, qui a isolé les unes des autres, pendant de longues périodes, les masses continentales actuelles, ou qui a réuni certaines parties aujourd'hui séparées, a créé de grands ensembles floristiques, qu'on appelle *régions florales.* Le territoire français appartient à deux régions florales : la région méditerranéenne et la région holarctique. La limite de l'olivier est une limite commode : indifférent à la nature du sol, introduit partout où il donnait des fruits, son aire correspond bien aux conditions climatiques méditerranéenne (sécheresse estivale, hiver assez doux).

FLORE, déesse italique de la Végétation, qui présidait à l'épanouissement des fleurs au printemps. Elle avait un temple sur le Quirinal, desservi par un flamine.

FLORÉAL n. m. (lat. *floreus,* fleuri). Huitième mois de l'année républicaine, commençant le 20 ou le 21 avril et finissant le 19 ou le 20 mai.

floréal an VI *(loi du 22)* [11 mai 1798], loi par laquelle le Directoire cassa les élections d'avr. 1798 dans huit départements, écartant ainsi 106 députés jacobins au profit de représentants gouvernementaux. Le coup d'État assura au Directoire une année de stabilité qui lui permit de faire une œuvre réformatrice.

FLORENCE n. f. (de *Florence,* n. pr.). Gros crin de soie naturelle, très résistant, employé pour la pêche à la ligne. (On dit aussi CRIN DE FLORENCE.)

FLORENCE, en ital. **Firenze,** v. d'Italie, cap. de la Toscane et ch.-l. de prov. ; 448 000 hab. *(Florentins).* Archevêché.

Géographie. Dans la plaine de l'Arno, au milieu de collines, la ville est un carrefour routier et ferroviaire. Le centre historique est surtout commercial et touristique mais l'agglomération ajoute à des fonctions administratives et culturelles (université) un artisanat diversifié et un secteur industriel (mécanique, édition).

Histoire. Colonie romaine, Florence est fondée par César au confluent de l'Arno et du Mugnone, en 59 av. J.-C., lors des *ludi Florales,* d'où son nom de *Florentia* (la « florissante »). Centre du plus vaste comté de la Toscane (854), elle devient une ville importante au XIIe s. lorsque la bourgeoisie s'empare de Fiesole (1125) puis impose l'autonomie de sa commune (apparue en 1138 et dirigée par des consuls), que doit reconnaître Frédéric Ier Barberousse en 1183. Les podestats étrangers qui gouvernent la ville à la place des consuls, à partir de 1207, favorisent son essor économique, fondé sur le commerce des draps. Mais des querelles éclatent dont celle qui oppose les Buondelmonti et les Amidei et qui engendre la formation des partis guelfe et gibelin. Avec l'appui des guelfes, la bourgeoisie d'affaires *(popolo grasso)* s'empare du pouvoir, instaure le régime du « premier peuple » (1250-1260), chasse les Gibelins, définitivement éliminés en 1267 par Charles Ier d'Anjou. Puis, en 1293, elle exclut complètement les nobles du pouvoir et installe le régime du « second peuple » (1293-1434), qui lui réserve le gouvernement de la ville. Victorieuse de Pise (1222), de Pistoia (1228) et de Sienne (1235), Florence est alors la ville la plus active d'Italie : de puissantes compagnies marchandes, pratiquant l'industrie, le commerce et la banque, disposent de succursales dans toute l'Europe et les pays de la Méditerranée, où elles répandent de nouvelles techniques marchandes (lettres de change). Symbole et preuve de ce commerce actif, le florin d'or (1252) devient le nouvel étalon monétaire de l'Occident. Mais la prospérité est entravée au XIVe s. par la crise économique et la guerre de Cent Ans qui engendrent la faillite de plusieurs compagnies (celles des Peruzzi et des Acciaiuoli [1343] et des Bardi [1346]) et par l'instabilité politique : après le gouvernement populaire imposé par la révolte des Ciompi (1378) et le *popolo minuto,* le régime oligarchique de 1293 est restauré en faveur des Albizzi (1382), qui gouvernent la ville jusqu'en 1434, date à laquelle Cosme de Médicis instaure la seigneurie de fait de sa famille. Sous les règnes de Cosme (1434-1464), de Pierre le Goutteux (1464-1469) et de Laurent le Magnifique (1464-1492), Florence connaît une vie artistique et intellectuelle brillante. Renversés en 1494 sous l'influence de Savonarole, qui instaure une république aristocratique, les Médicis sont rétablis en 1512. Occupée par les troupes de Charles Quint (1530), Florence devient le centre d'un duché, puis la capitale du grand-duché de Toscane (1569), dont elle suit dès lors les destinées. Occupée par les Français en 1799, capitale du royaume d'Étrurie de 1801 à 1807, elle se rattache au Piémont en 1860 et est la capitale du royaume d'Italie de 1865 à 1870.

Beaux-Arts. L'époque romane (XIe-XIIe s.) donne des monuments comme la jolie église S. Miniato al Monte et le Baptistère. Bientôt, l'ascension de la bourgeoisie et la puissance politique assurent à Florence une prospérité qui favorise les arts. Cette vitalité, attestée au XIIIe s. par des édifices gothiques originaux (S. Maria Novella, S. Croce, la cathédrale Sainte-Marie-de-la-Fleur *, le palazzo della Signoria [ces deux derniers sur plans d'Arnolfo di Cambio], le Bargello*) et par le renouveau pictural de Cimabue et surtout de Giotto (fresques de S. Croce), atteint son plein épanouissement avec la Renaissance. L'idéal humaniste s'affranchit du Moyen Âge en puisant dans l'Antiquité ses exigences de rigueur et d'harmonie, ainsi que ses modèles ; à côté des palais des grandes familles (palais Médicis de Michelozzo), le quattrocento renouvelle les problèmes d'espace, de lumière et de perspective avec Brunelleschi (dôme de S. Maria del Fiore, églises S. Lorenzo et S. Spirito) et L. B. Alberti (théoricien, mais aussi architecte du palais Rucellai). Tandis que la tradition gothique reste sensible chez Ghiberti (portes nord et est, en bronze doré, du Baptistère), la sculpture affirme un réalisme puissant avec Donatello (statues d'Orsammichele et du campanile de la cathédrale), pour se teinter de suavité avec L. Della Robbia ou les Rossellino et de lyrisme avec Verrocchio (*David,* 1476). La représentation de l'espace, répondant à une volonté à la fois rationnelle et poétique, est au centre des préoccupations de Masaccio (fresques de S. Maria del Carmine), d'Ucello, d'Andrea del Castagno, de Filippo Lippi et, en partie, de Fra Angelico (fresques du couvent de S. Marco). Bientôt, dans la seconde moitié du XVe s., à côté de narrateurs pittoresques, comme Gozzoli (*Cortège des Rois mages,* palais Médicis) ou Ghirlandaio, se manifeste un humanisme profane avec Botticelli *(le Printemps).*

À la fin du quattrocento, dans un climat de difficultés politiques et économiques, Florence perd peu à peu de sa prépondérance. Les grands créateurs de la seconde Renaissance, Léonard de Vinci et Michel-Ange (qui sculpte son *David,* travaille aux fortifications, à la nouvelle sacristie de S. Lorenzo et aux tombeaux des Médicis), sont attirés vers d'autres centres. Restent Fra Bartolomeo, à l'art sévère, Andrea del Sarto, au classicisme raffiné et précieux. Le maniérisme s'illustre avec le Pontormo et le Bronzino, avec les sculpteurs Cellini (*Persée,* loggia dei Lanzi) et Giambologna, qui décore de nombreuses statues les jardins Boboli, aménagés par B. Ammannati, cependant que Vasari (historien de l'école florentine en même temps que peintre et architecte) commence la construction des Offices*. Ceux-ci, devenus un prestigieux musée de peinture, témoignent, comme le Bargello (pour la sculpture), la galerie de l'Académie, la galerie du palais Pitti* — outre le Musée archéologique —, de l'immense apport de Florence à l'art occidental, apport qui s'amenuise, sans disparaître, à partir de l'époque baroque. — La ville a vu naître (v. 1575) les premières porcelaines tendres européennes, dites porcelaines des Médicis.

Florence *(concile de),* concile tenu à Florence en 1439, à la suite des conciles de Bâle puis de Ferrare, et au cours duquel le pape Eugène IV crut avoir réalisé l'union des Grecs et des Latins : cette union fut, en fait, sans lendemain.

FLORENCITE n. f. Phosphate hydraté naturel d'aluminium et de cérium.

FLORENSAC (34510), ch.-l. de cant. de l'Hérault, dans la basse plaine de l'Hérault ; 3 684 hab. *(Florensacois).* Vins. Constructions métalliques.

FLORENSKI (Pavel Aleksandrovitch), mathématicien et philosophe russe (Ievlakh, Azerbaïdjan, 1882 - dans un camp, U. R. S. S., 1937). Sa thèse *la Colonne et le Fondement de la vérité* (Moscou,

1914), traduite en français en 1975, a fécondé toute la théologie orthodoxe du XXe s.

FLORENTIN, E adj. et n. 1. De Florence. – 2. Qui évoque les intrigues politiques, l'habileté manœuvrière. – 3. *École florentine,* école d'art qui se développa à Florence à partir de la fin du XIIIe s. et qui fut le creuset de la Renaissance.
◆ **florentine** n. f. *À la florentine,* se dit des poissons ou des œufs, présentés sur des épinards étuvés, nappés de sauce Mornay et gratinés.

FLORENTIN (Dominique) → DEL BARBIERE (Domenico).

FLORÈS (FAIRE) loc. v. (p.-ê. provenç. *faire flori,* être prospère, du lat. *floridus,* fleuri). *Litt.* Obtenir des succès, réussir d'une manière éclatante : *Théorie qui fait florès.*

FLORES, île de la partie occidentale de l'archipel des Açores. Ch.-l. *Santa Cruz das Flores.* Base française pour l'observation des trajectoires de missiles balistiques lancés du Centre d'essais des Landes.

FLORES, île volcanique de l'Indonésie, dans l'archipel de la Sonde, au S. de la *mer de Flores ;* 14 250 km² ; 1 250 000 hab. V. princ. *Ende.*

FLORES *(mer de),* mer comprise entre les péninsules méridionales de Célèbes, les îles Flores et Sumbawa ; profondeur : 5 140 m.

FLORES (Juan José), militaire vénézuélien et homme d'État équatorien (Puerto Cabello, Venezuela, 1800 - à bord du Smark, port de Santa Rosa, 1864). Premier président de l'Équateur (1830-1834, 1839-1845), il s'appuya sur le parti conservateur contre les libéraux. Renversé en 1845, il tenta vainement de revenir au pouvoir avec l'aide de l'Espagne (1846).

FLOREY (*sir* Howard Walter), médecin australien (Adélaïde, Australie, 1898 - Oxford 1968). Il a mis au point, avec Abraham et Chain, la fabrication de la pénicilline, découverte par Fleming. (Prix Nobel 1945.)

FLORIAN (Jean-Pierre CLARIS DE), écrivain français (Sauve, Gard, 1755 - Sceaux 1794). Petit-neveu de Voltaire, il servit longtemps le duc de Penthièvre. Il laissa des chansons, dont la célèbre *Plaisir d'amour,* des pastorales (*Galatée,* 1783, d'après Cervantès), des romans historiques (*Numa Pompilius,* 1786), des *Fables* (1792), des *Nouvelles.* (Acad. fr., 1788.)

FLORIANÓPOLIS, v. du Brésil méridional, cap. de l'État de Santa Catarina, dans l'île de Santa Catarina ; 196 000 hab. Centre administratif, universitaire et commercial.

FLORIANUS ou **FLORIEN** (M. Antonius), empereur romain en 276, frère utérin de l'empereur Tacite. Il fut battu à Tarse par les troupes d'Orient, qui avaient proclamé Probus.

FLORIBOND, E adj. (lat. *floribundus*). Se dit d'une espèce végétale qui porte de nombreuses fleurs.

FLORICOLE adj. 1. Qui concerne les fleurs, la floriculture. – 2. Se dit des insectes qui vivent sur les fleurs. (Syn. ANTHOPHILE.)

FLORICULTEUR, TRICE n. Spécialiste de floriculture.

FLORICULTURE n. f. Culture des plantes à fleurs, des plantes ornementales.

FLORIDABLANCA (José Moñino, *comte* DE), homme d'État espagnol (Murcie 1728 - Séville 1808). Premier ministre de Charles III puis de Charles IV (1777-1792), il fut partisan du despotisme éclairé et, à l'extérieur, hostile à la France. Disgracié et enfermé (1792-1795), il fut président de la junte d'Espagne formée contre Napoléon (sept.-déc. 1808).

FLORIDA KEYS, ou **KEYS,** archipel corallien du sud-est des États-Unis prolongeant vers l'O. la péninsule de la Floride et emprunté par une route jusqu'à Key West, à 150 km de La Havane.

FLORIDE, en angl. **Florida,** État du sud-est des États-Unis ; 151 670 km² ; 12 937 926 hab. Cap. *Tallahassee.* Basse péninsule calcaire, trouée de lacs et de marais (Everglades), la Floride doit, en priorité, à son climat subtropical (très doux en hiver, chaud et humide en été) la rapide croissance récente de sa population (grossie aussi par l'afflux de réfugiés cubains) et le flot touristique (40 millions de visiteurs par an) ayant accéléré l'urbanisation (Miami, Jacksonville, Tampa, etc.), ainsi qu'une riche agriculture (agrumes notamment). L'industrie est aussi présente (agroalimentaire, matériel électrique, chimie ; aérospatiale à Cap Canaveral) ; le sous-sol fournit le tiers de la production mondiale de phosphates. – **Hist.** Découverte en 1513, la Floride demeure espagnole jusqu'en 1819, date à laquelle elle fut achetée par les États-Unis, dont elle constitue, depuis 1845, un État.

FLORIDE *(courant de),* branche du Gulf Stream franchissant le *canal de Floride.*

FLORIDE *(détroit de),* détroit profond (868 m) entre la Floride, Cuba et les Bahamas, reliant le golfe du Mexique et l'Atlantique central.

FLORIDÉE n. f. (lat. *floridus,* fleuri). Algue rouge généralement marine. (Les *floridées* forment une sous-classe, comprenant la plupart des espèces de rhodophycées.)

FLORIDOR (Josias DE SOULAS, sieur de PRIMEFOSSE, dit), comédien français (1608 -1671). Il dirigea la salle du Marais (1642-1647), puis entra à l'Hôtel de Bourgogne à partir de 1647. Il y joua Corneille et Racine. Le roi rendit en sa faveur un arrêt du conseil (1668) prouvant que la qualité de comédien ne dérogeait point à la noblesse.

FLORIFÈRE adj. Qui porte des fleurs.

FLORILÈGE n. m. (lat. mod. *florilegium,* du lat. class. *florilegus,* qui choisit les fleurs). **1.** Recueil de morceaux choisis d'œuvres littéraires, en partic. de poésies. — **2.** Sélection, recueil de choses remarquables : *Un florilège de musique ancienne.*

FLORIN n. m. (ital. *fiorino,* de *fiore,* fleur). **1.** Monnaie ancienne de Florence, frappée en or à partir de 1252 et qui fut utilisée et imitée dans toute l'Europe. (Elle est aux types de saint Jean-Baptiste au droit, de la fleur de lis au revers.) — **2.** Unité monétaire de divers pays, dont les Pays-Bas.

FLORIO (John ou Giovanni), humaniste anglais (Londres v. 1553 - Fulham, Middlesex, 1625). Il traduisit en anglais le *Decameron* de Boccace (1620) et les *Essais* de Montaigne (1603).

FLORIOT (René), avocat français (Paris 1902 - Neuilly 1975). Parmi les nombreux grands procès auxquels il prit part, on peut citer ceux de Petiot (1945), J. Luchaire, P. Dubuisson, M. Poupard, Jaccoud.

FLORIS DE VRIENDT, artistes flamands du XVIe s. — CORNELIS, architecte et sculpteur (Anvers 1514 - *id.* 1575), séjourna en Italie, publia des recueils de grotesques et autres ornements, et associa la fantaisie nordique aux formes de la Renaissance dans son hôtel de ville d'Anvers (1561) comme dans son jubé de la cathédrale de Tournai (1568). — Son frère FRANS, peintre (Anvers v. 1516-1520 - *id.* 1570), subit à Rome l'ascendant de Michel-Ange et des maniéristes, avant de devenir le chef de file, romaniste, de la peinture anversoise (grandes compositions emphatiques, excellents portraits).

FLORISSANT, E adj. (anc. fr. *florir,* prospérer). **1.** Qui est dans un état prospère, qui est en plein développement : *Commerce florissant.* — **2.** Qui marque une excellente santé : *Mine florissante.*

FLORISTIQUE adj. Qui concerne la flore.
◆ n. f. Étude de la flore.

FLORNOY (Bertrand), explorateur et homme politique français (Paris 1910 - *id.* 1980). Il a découvert, en 1941, les sources du Marañon, l'une des branches mères de l'Amazone, et des vestiges d'une civilisation préincasique (1955-56).

FLORUS (Publius Annius), historien latin d'origine africaine (Ier-IIe s. apr. J.-C.). Son œuvre est un abrégé de l'*Histoire romaine* de Tite-Live.

FLORY (Paul John), chimiste américain (Sterling, Illinois, 1910 - Big Sur, Californie, 1985). Ses travaux portent sur les macromolécules entrant dans la fabrication des plastiques. (Prix Nobel de chimie 1974.)

FLOSCULEUX, EUSE adj. (lat. sc. *flosculus,* petite fleur). Se dit d'un capitule de composée qui ne renferme que des fleurons.

FLOSSENBÜRG, localité d'Allemagne (Bavière), près de la frontière de la République tchèque. Pendant la Seconde Guerre mondiale, camp allemand de concentration.

FLOT n. m. (frq. **flot,* flux). **1.** Masse de liquide ou de matière semi-liquide qui s'écoule : *Un flot de boue.* — **2.** Marée montante : *Les pêcheurs attendent le flot pour sortir.* — **3.** Masse de choses, de personnes qui se déplacent ensemble : *Les flots de véhicules sur l'autoroute.* — **4.** *Litt.* Ce qui rappelle les flots, les vagues de la mer : *Les flots de sa chevelure.* — **5.** Grande quantité de choses qui semblent couler : *Un flot d'injures. Des flots de lumière.* — **6.** *À flots,* en grande quantité, abondamment : *L'argent coule à flots.* ‖ *Bassin à flot,* bassin relié à l'avant-port par une écluse et dans lequel le niveau est maintenu proche de celui de la pleine mer. ‖ Fam. *Être à flot, remettre à flot,* avoir (de nouveau) assez de ressources pour surmonter les difficultés financières ; renflouer qqn, une entreprise. ‖ *Portes de flots,* portes d'écluse simple destinées à empêcher l'entrée de la mer dans un bassin lorsqu'elle atteint un niveau trop élevé ; dans une écluse maritime à sas, portes assurant la communication entre le sas et la mer.
◆ **flots** n. m. pl. **1.** *Litt.* La mer, l'eau de la mer, des lacs, etc. : *Sombrer dans les flots.* — **2.** *Flots (grecs),* syn. de POSTES.

FLOTA n. f. (esp. *flota,* flotte de navires). Ensemble des navires de guerre qui protégeaient la flotte marchande rapportant en Espagne les produits d'Amérique. (Créé en 1543, ce système de protection fut aboli en 1740 et en 1789.)

FLOTE ou **FLOTTE** (Pierre), légiste français (en Languedoc, seconde moitié du XIIIe s. - Courtrai 1302). Membre du Conseil, puis vice-chancelier de Philippe IV le Bel, il soutint le roi dans son conflit avec Boniface VIII. Il fut tué à la bataille de Courtrai.

FLÖTNER (Peter), architecte, sculpteur, orfèvre et graveur ornemaniste suisse († Nuremberg 1546). Créateur inventif, il a introduit l'idéal décoratif de la Renaissance à Nuremberg.

FLOTTABILITÉ n. f. **1.** Force résultant de la poussée de l'eau, subie par le volume immergé d'un corps, opposée au poids total de ce même corps. (Si elle est positive, le corps surnage ; si elle est négative, le corps s'enfonce.) — **2.** Aptitude d'un minéral à flotter. — **3.** *Coefficient de flottabilité,* rapport du volume émergé d'un sous-marin naviguant en surface au volume total du navire immergé.

FLOTTABLE adj. **1.** Qui peut flotter : *Bois flottables.* — **2.** Se dit d'un cours d'eau qui peut recevoir des trains de bois : *Rivière flottable.* — **3.** Se dit d'un minéral récupérable par flottaison.

FLOTTAGE n. m. **1.** Transport des bois par les cours d'eau. (Très utilisé en France autrefois, le flottage demeure un mode de transport essentiel dans les pays nordiques, au Canada et dans les pays tropicaux.) — **2.** Partie apparente de l'about d'une traverse de menuiserie assemblée avec un battant, et distincte du tenon. — **3.** Procédé de fabrication du verre de vitrage dénommé *float-glass,* ou *glace* flottée,* dans lequel le verre fondu est versé sur un bain d'étain liquide et s'y étale en formant un ruban continu.

FLOTTAISON n. f. (de *flotter*). **1.** Ligne que trace le niveau de l'eau sur la coque d'un navire, et séparant la partie immergée de la partie émergée. (On dit aussi LIGNE DE FLOTTAISON.) — **2.** État de l'être vivant qui se maintient sans effort au sein ou à la surface de l'eau, grâce à une densité inférieure ou égale à l'unité. (→ *encycl.*) — **3.** Syn. de FLOTTEMENT.

ENCYCL. **Biol.** La plupart des êtres qui flottent sont munis de flotteurs, pleins d'air (ou d'un gaz analogue) ou d'huile : vésicules des fucus et des sargasses, gouttes huileuses du noctiluque et des œufs de sardine, compartiments aérifères des coquilles de nautile, ammonite ou seiche, vessie natatoire ou foie adipeux chez les poissons. Les mammifères marins (cachalot, phoque) sont riches en huile ou en graisse dermique, plus légère que l'eau. Araignée et insectes des étangs prennent appui sur des bulles d'air ; le poisson macropode et le mollusque janthina font leur nid d'une mousse de mucus et de bulles d'air. La flottaison par creusement en forme de barque est très exceptionnelle (limnée, nid de grèbe).

FLOTTANT, E adj. **1.** Qui flotte sur l'eau : *Des mines flottantes.* — **2.** Qui flotte dans l'air : *Une brume flottante.* — **3.** Qui ondoie au gré du vent, des mouvements : *Un drapeau flottant. Des cheveux flottants.* — **4.** Se dit d'un vêtement qui n'est pas ajusté, qui est souple et assez ample : *Robe flottante.* — **5.** Qui n'est pas nettement fixé : *Des effectifs flottants.* — **6.** Qui est indécis, irrésolu, incertain dans ses idées, ses décisions : *Être flottant en politique.* — **7.** Qui n'est pas fixé dans son attitude, sa fonction, etc. : *Électeurs flottants.* • **Cybern.** *Régulation flottante,* mode de régulation dans lequel la grandeur réglée n'est pas liée de façon biunivoque à la grandeur réglante. — **Fin.** *Dette flottante,* partie de la dette publique qui n'a pas été consolidée. (Syn. DETTE À COURT TERME.) — **Inform.** *Virgule flottante,* mode de représentation des nombres utilisant les nombres flottants. (S'oppose à *virgule fixe.*) — **Mar.** *Objet flottant,* syn. de ÉPAVE. ‖ *Usine flottante,* usine construite dans un atelier industriel au bord de l'eau, puis acheminée par voie d'eau jusqu'à son lieu d'exploitation. (On réserve parfois l'appellation d'*usines flottantes* aux unités acheminées en flottaison jusqu'à leur site d'exploitation, celles acheminées à sec, à l'aide d'un moyen de transport naval, étant alors appelées *usines flottées.*) [Syn. USINE NAVALISÉE.] — **Math.** *Nombre flottant,* nombre mis sous forme du produit d'un nombre décimal (appelé cofacteur, ou mantisse) par une puissance de 10 dont l'exposant est un entier. ‖ *Nombre flottant normalisé,* nombre flottant tel que le cofacteur doit être en valeur absolue compris entre 1 et 10, sans être égal à 10. (Le nombre flottant $42{,}37\ 10^{-3}$ est égal au nombre flottant normalisé $4{,}237\ 10^{-2}$.) — **Monn.** *Capitaux flottants,* syn. de CAPITAUX FÉBRILES*. ‖ *Monnaie flottante,* monnaie soumise au flottement. — **Pêch.** *Ligne flottante,* ligne munie d'un flotteur et qui ne touche pas le fond.

◆ **flottant** n. m. **1.** Short de sport, ample et échancré sur les cuisses. — **2.** Partie des titres d'une émission qui n'a pu être placée et qui reste aux mains des organismes de placement.

FLOTTARD n. m. (de *flotte*). *Arg. scol.* Élève préparant le concours de l'École navale.

FLOTTATION n. f. (angl. *floatation* ou *flotation*). **1.** Procédé de séparation d'un mélange de corps finement broyés, utilisant la propriété qu'ont certaines substances en milieu aqueux de fixer des bulles d'air, acquérant ainsi une densité artificiellement réduite. (→ *encycl.*) — **2.** Action d'amener, à l'aide de petites bulles d'air, les impuretés à la surface de l'eau à épurer.

ENCYCL. Les minéraux hydrophobes s'accrochent spontanément aux bulles d'air contenues dans un bain liquide et tendent à remonter à la surface, les minéraux hydrophiles tombent au fond du bain. La flottation utilise cette propriété en activant les caractères hydrophobes (grâce à des collecteurs) et hydrophiles (grâce à des déprimants). La séparation de la gangue et des minéraux est réalisée dans des cellules de flottation, grands bacs de plusieurs m^3 où l'on introduit la pulpe, mélange d'eau et des produits à séparer préalablement broyés à 100 ou 200 μm. Une agitation est entretenue pour maintenir les particules en suspension et des produits moussants (huile de pin, alcools, acide crésylique) favorisent la formation de bulles d'air. La mousse enrichie en minéral hydrophobe est évacuée par débordement. La flottation est utilisée industriellement pour concentrer les minerais de nombreuses substances minérales, métalliques ou non, particulièrement les minerais sulfurés, mais aussi les charbons, les phosphates, la fluorine, etc.

1. FLOTTE n. f. (anc. scand. *floti*). **1.** Réunion de navires naviguant ensemble et appartenant à un même domaine d'activité militaire, commercial, etc. (→ *encycl.*) – **2.** Ensemble des forces navales d'un État ou d'une compagnie : *La flotte française.* – **3.** Ensemble opérationnel comprenant une gamme de navires de combat accompagnés de ravitailleurs qui lui donnent une certaine indépendance vis-à-vis des bases terrestres : *La VIe flotte américaine.* – **4.** *Arg. scol.* Classe préparatoire au concours d'entrée à l'École navale. – **5.** *Flotte aérienne,* ensemble des appareils participant à une même mission ; ensemble de grandes unités aériennes ; pendant la Seconde Guerre mondiale, grand commandement opérationnel de la Luftwaffe. ‖ *Flotte auxiliaire,* ensemble des navires de commerce réquisitionnés et transformés en navires de guerre.

ENCYCL. **Géogr.** La flotte mondiale a connu un développement spectaculaire de 1950 (85 M de tonneaux de jauge brute) au milieu des années 1970 (372 en 1976), un net ralentissement de 1977 à 1980, une stagnation ensuite, se situant aux environs de 440 M de tonneaux de jauge brute en 1994. Cette évolution est à relier à celle du commerce international et, en premier lieu, aux variations des exportations de pétrole. Le tonnage des pétroliers s'est élevé à plus de 40 % du tonnage de la flotte mondiale au milieu des années 1970 (ayant assuré, en 1973, près de 60 % du trafic maritime mondial). Cette part est ensuite retombée aux environs de 30 % (le tonnage de la flotte pétrolière a diminué de plus de 20 % depuis 1980). La progression a été plus tardive pour les minéraliers, qui représentent plus du quart du tonnage mondial. Il existe aussi des navires mixtes (pétroliers-minéraliers, pétroliers-vraquiers), des transporteurs de « vrac sec » (ciment, céréales, etc.), des méthaniers. Au total, l'ensemble du transport de vrac concentre environ encore les deux tiers du tonnage mondial, malgré l'essor des navires porte-conteneurs : près de 20 % ; le tonnage des navires de voyageurs (avec un certain développement de la croisière) représente moins de 10 % de la flotte mondiale.

La répartition par États traduit la juxtaposition de flottes de pavillons de libre immatriculation (« pavillon de complaisance ») assurant un trafic pour des tiers, et de flottes des États industrialisés travaillant essentiellement pour le pays dont elles portent le pavillon. À la première catégorie appartiennent notamment le Panamá et le Liberia (environ 15 % chacun de la flotte mondiale), à la seconde, la Russie et surtout la quasi-totalité des pays de l'O. C. D. E., Japon (5 %) en tête ; la Grèce constitue un cas intermédiaire (8 % de la flotte mondiale, part excédant largement les besoins nationaux).

2. FLOTTE n. f. (de *flotter 1*). Corde garnie de morceaux de liège ou d'autres corps légers que l'on adapte sur certains filets pour les maintenir flottants.

3. FLOTTE n. f. (de *flotter 2*). *Fam.* **1.** Eau, en général : *Boire un verre de flotte.* – **2.** Pluie.

4. FLOTTE n. f. (p.-ê. ital. *flotta,* foule, du lat. *fluctus,* flot). Écheveau de soie ou de fils chimiques.

flotte *(École militaire de la),* école de formation d'officiers de marine, créée en 1969 à Lanvéoc (Finistère), siège de l'École navale.

FLOTTE (Pierre) → FLOTE.

FLOTTÉ n. m. Sur un tricot, portion de fil reliant des colonnes de mailles non adjacentes ; sur un tissu, fil de chaîne passant sur plusieurs dents consécutives *(flotté de chaîne),* ou fil de trame passant sur plusieurs fils de chaîne voisins.

FLOTTEMENT n. m. **1.** État d'un objet qui flotte, qui ondule mollement : *Le flottement d'un drapeau.* – **2.** Mouvement d'hésitation, d'incertitude : *Un certain flottement apparaît dans la majorité.* – **3.** Mouvement désordonné dans les rangs d'une troupe qui est brutalement soumise à une action inattendue de l'ennemi. – **4.** Variation des cours d'une monnaie qui n'est plus reliée à d'autres par une parité de change fixe. (Syn. FLOTTAISON.) – **5.** Syn. de FLUTTER.

1. FLOTTER v. i. (de *flot*) [conj. 3]. **1.** Rester à la surface d'un liquide, ne pas couler : *Bouchon qui flotte sur l'eau.* – **2.** Être porté, bouger, remuer, au gré du vent : *Drapeau qui flotte au vent.* – **3.** Être en suspension dans l'air en parlant de particules ; être répandu dans l'air, en parlant d'une odeur : *Un parfum léger flottait dans la pièce.* – **4.** Errer, aller sans contrôle, sans but précis : *Laisser flotter son imagination.* – **5.** Être imprécis, sans contours nets : *Un sourire flottait sur ses lèvres.* – **6.** Être indécis, irrésolu, être porté çà et là au gré des circonstances. – **7.** Avoir beaucoup ou trop d'ampleur en parlant d'un vêtement : *Depuis qu'elle a maigri, sa jupe flotte.* – **8.** En parlant d'une monnaie, être soumise à un flottement. – **9.** *Flotter dans l'air,* être vaguement en question, en parlant d'une nouvelle. ‖ *Flotter dans un vêtement,* porter un vêtement trop grand ou trop large pour soi.

◆ v. t. **1.** Procéder au flottage du bois. – **2.** Soumettre un matériau à la flottation.

◆ **être flotté** v. pass. *Panneaux flottés,* panneaux posés à plat l'un sur l'autre. ‖ *Traverse flottée,* traverse invisible derrière un panneau de menuiserie.

2. FLOTTER v. i. (p.-ê. arg. *faire flotter,* noyer) [conj. 3 ; seulem. 3e pers. du sing.]. *Fam.* Pleuvoir.

FLOTTEUR n. m. **1.** Corps, dispositif, pièce spécialement conçus pour flotter à la surface d'un liquide à des fins de mesure ou de régulation. — **2.** Cavité remplie de gaz, qui permet à une plante aquatique de flotter à la surface ou de se tenir verticalement dans l'eau. — **3.** Dispositif destiné à augmenter la flottabilité d'un navire. — **4.** Petite pièce en matériau léger fixée sur la ligne, qui maintient l'hameçon à un niveau constant et sert d'indicateur de touche. (Syn. BOUCHON.) — **5.** *Flotteur de bois,* professionnel qui transporte du bois par flottage. ‖ *Flotteur de carburateur,* pièce flottante cylindrique qui règle le mouvement du pointeau d'alimentation en carburant, pour maintenir un niveau constant dans la cuve du carburateur. ‖ *Flotteur en catamaran,* chacun des éléments allongés, disposés par paire sous le fuselage d'un hydravion pour lui permettre de décoller de l'eau ou d'amerrir.

FLOTTILLE n. f. (esp. *flotilla,* dimin. de *flota,* flotte). **1.** Ensemble de petits navires naviguant ensemble : *Une flottille de pêche.* — **2.** Réunion de navires de faible tonnage de la marine de guerre (torpilleurs, vedettes). — **3.** Formation d'appareils de combat de l'aéronavale.

FLOU, E adj. (lat. *flavus,* jauni, fané). **1.** Qui manque de netteté, qui est imprécis, indécis : *Une photo floue. Une pensée floue.* — **2.** Qui n'a pas une forme nettement définie, vaporeux : *Une coiffure floue.* — **3.** Se dit d'un vêtement souple, travaillé selon la technique du flou. — **4.** *Logique floue* : logique qui substitue à la logique binaire une logique fondée sur des variables pouvant prendre, outre les valeurs « vrai » ou « faux », les valeurs intermédiaires « vrai » ou « faux » avec une certaine probabilité. (La *logique floue* est notamm. appliquée à des automates pour gérer des processus complexes.) — **5.** *Sous-ensemble flou,* couple formé d'une partie F d'un ensemble E et de la loi de probabilité pour chaque élément de E d'appartenir à F. (→ *encycl.*)

◆ **flou** adv. *Voir flou,* voir les objets d'une manière indistincte, sans contours nets.

◆ **flou** n. m. **1.** Caractère de ce qui est peu net, fondu, léger : *Le flou d'une pensée.* — **2.** Manque de netteté de l'image, provenant soit d'une mise au point défectueuse à la projection, soit d'un effet délibéré à la prise de vues *(flou artistique).* — **3.** Spécialisation du métier de la couture qui a trait à la technique de réalisation de vêtements souples, par opposition à la technique du tailleur. — **4.** Fam. *Flou artistique,* ambiguïté, équivoque enveloppées dans des discours visant à les masquer.

ENCYCL. **Math.** La théorie des *sous-ensembles flous* permet d'échapper à la dichotomie rigide de l'appartenance et de la non-appartenance, du vrai et du faux, dichotomie qui régit théorie des ensembles et logique classiques. Les premières recherches dans cette direction ont été entreprises en 1965 par L. A. Zadeh. La théorie des sous-ensembles flous trouve des applications dans de nombreux domaines.

FLOUER v. t. (p.-ê. moyen fr. *frouer,* tricher, de l'anc. fr. *froer,* rompre, du lat. *fraudare,* frauder) [conj. 3]. *Fam.* Tromper, duper qqn, en partic. en le volant, en l'escroquant : *Il s'est laissé flouer.*

FLOUR *(saint),* apôtre de l'Auvergne, présenté, depuis le XIVe s., comme le premier évêque de Lodève († 389).

FLOURENS (Pierre), physiologiste français (Maureilhan, Hérault, 1794 - Montgeron, Essonne, 1867). Il démontra expérimentalement que la vision dépend de l'intégrité du cortex cérébral et mit en évidence le rôle du cervelet dans le maintien de l'équilibre et dans la coordination. Il établit la localisation du centre respiratoire dans le bulbe au niveau de l'origine des nerfs pneumogastriques *(nœud de Flourens).* On lui doit également des recherches sur le rôle du périoste dans la formation de l'os, et sur l'utilisation du chloroforme comme anesthésique chirurgical. (Acad. des sc., 1828 ; Acad. fr., 1840.)

FLOURENS (Gustave), révolutionnaire français (Paris 1838 - Chatou 1871), fils du précédent. Il participa à la révolution du 4-Septembre, et devint membre de la Commune de Paris (mars 1871). Nommé général, il fut tué en luttant contre les versaillais. — Son frère ÉMILE (Paris 1841 -*id.* 1920), plusieurs fois ministre des Affaires étrangères (1886-87 ; 1887 ; 1887-88), s'opposa à Boulanger lors de l'affaire Schnæbelé (avr. 1887).

FLOUSE ou **FLOUZE** n. m. (ar. *fulūs,* plur. de *fals,* monnaie de cuivre). *Pop.* Argent.

FLOUVE n. f. Graminée fourragère odorante, aux fleurs groupées en panicules lâches.

FLUAGE n. m. (de *fluer*). Déformation lente et retardée d'un corps soumis à une contrainte constante, provoquée par la durée d'application de cette contrainte.

FLUATATION n. f. Procédé d'imperméabilisation des calcaires tendres et des bétons.

FLUCTUANT, E adj. **1.** Qui est sujet à des variations : *Prix fluctuants.* — **2.** Qui hésite, qui est indécis, va sans cesse d'une opinion à l'autre : *Les goûts fluctuants de la mode.*

FLUCTUATION n. f. (bas lat. *fluctuatio, -onis*). **1.** Variations successives et en sens contraires (surtout pl.) : *Les fluctuations de la Bourse.* — **2.** Mouvement d'hésitation, changement continuel en divers sens ; variation (surtout pl.) : *Les fluctuations de la politique économique.* — **3.** Mouvement ondulatoire perçu par les doigts qui palpent une tuméfaction à contenu liquide (kyste ou abcès). — **4.** Variation spontanée d'une grandeur physique macroscopique autour de sa valeur moyenne.

FLUCTUER v. i. (lat. *fluctuare,* être agité) [conj. 3]. **1.** Osciller, avoir des hauts et des bas, en parlant d'une valeur. — **2.** Varier sans cesse, ne pas être déterminé : *Politique qui fluctue.*

FLUDROCORTISONE n. f. Dérivé fluoré de l'hydrocortisone, possédant une puissante activité anti-inflammatoire.

FLUENCE n. f. (bas lat. *fluentia,* écoulement). *Litt.* Manière de parler facile, style plein d'aisance.

FLUENT, E adj. (lat. *fluens, -entis,* de *fluere,* couler). *Litt.* Se dit d'une manière de parler, d'un style qui a la qualité de fluence.

FLUER v. i. (lat. *fluere,* couler) [conj. 3]. *Litt.* Couler, s'écouler, se répandre, en parlant de l'eau, d'une odeur, etc.

FLUET, ETTE adj. (altér. de *flouet,* de *flou*). **1.** Qui est mince, allongé et d'une apparence frêle : *Taille fluette. Un enfant fluet.* — **2.** *Voix fluette,* qui manque de force.

FLUEURS n. f. pl. (lat. *fluor, -oris,* écoulement). *Fleurs blanches,* syn. vieilli de LEUCORRHÉE.

1. FLUIDE adj. (lat. *fluidus,* qui coule). **1.** Se dit d'un corps dont les molécules ont peu d'adhésion et peuvent glisser librement les unes sur les autres (liquides) ou se déplacer indépendamment les unes des autres (gaz), de façon que le corps prenne la forme du vase qui le contient. — **2.** Se dit d'un corps liquide à la température ordinaire. (Contr. CONCRET.) — **3.** Se dit d'une manière de s'exprimer aisée, facile : *Un style fluide.* — **4.** Se dit de la circulation des véhicules qui s'effectue régulièrement, sans à-coups. — **5.** Se dit de ce qu'il est difficile de fixer, de saisir : *Une pensée fluide.* — **6.** Se dit d'un vêtement dont la ligne est mouvante.

◆ n. m. **1.** Nom générique des liquides, des gaz et des plasmas, corps ayant en commun la propriété de pouvoir prendre n'importe quelle forme sous l'effet de forces aussi petites que l'on veut. — **2.** *Fluide parfait,* fluide idéal, dénué de viscosité. ‖ *Mécanique des fluides,* science qui étudie l'équilibre et le mouvement des fluides. (→ *encycl.*)

ENCYCL. La *mécanique des fluides* est l'application aux milieux continus déformables des lois de la mécanique rationnelle. Les premières conceptions relatives à l'écoulement des liquides (Daniel Bernoulli) datent de 1738. Au début du XIXe s., Cauchy, Navier et Stokes établirent, grâce aux progrès de l'analyse mathématique, les premières bases scientifiques de la mécanique des fluides. L'hydraulique resta largement empirique tout au long du XIXe s., mais la synthèse s'amorça entre théorie et pratique, avec Reynolds et Rayleigh en Angleterre, Helmholtz et Prandtl en Allemagne.

La mécanique des fluides trouve des applications en aviation (aérodynamique), en géophysique et en astrophysique (physique des plasmas).

On peut appliquer à un fluide les lois de la mécanique en le supposant constitué de petits éléments de volume. Les systèmes d'équations obtenus étant généralement complexes, on a souvent recours à des études sur modèles réduits, en souffleries ou en bassins de carène. La similitude entre les écoulements observés et ceux du modèle en vraie grandeur est assurée par l'identité de quelques nombres sans dimension (nombre de Reynolds, nombre de Mach, etc.).

2. FLUIDE n. m. (de *fluide 1*). **1.** Sorte de courant magnétique et énergétique qui émanerait de l'hypnotiseur et expliquerait ses pouvoirs. (Cette explication n'est plus admise dans les théories modernes de l'hypnose.) — **2.** *Vx.* Sorte d'énergie occulte, influence mystérieuse qui semble émaner de certaines personnes.

FLUIDIFIANT, E adj. et n. m. **1.** Se dit de substances qui fluidifient les sécrétions (bronchiques, biliaire, etc.) ou les épanchements. — **2.** Se dit d'un produit employé pour modifier les qualités de consistance de produits comme les bitumes, les peintures ou les boues de forage.

FLUIDIFICATION n. f. Action de fluidifier, de se fluidifier.

FLUIDIFIER v. t. (conj. 9). **1.** Faire passer un corps à l'état fluide ou en augmenter la fluidité. — **2.** Rendre fluide la circulation automobile ; lui donner un débit régulier. — **3.** Rendre un métal plus fluide par addition d'un flux (ou fondant) ou par élévation de température.

FLUIDIQUE n. f. **1.** Ensemble des applications industrielles des phénomènes liés au déplacement et à l'interaction de jets de fluides en mouvement sans participation de pièces mobiles, et mettant en œuvre certaines propriétés dynamiques des fluides pour réaliser des effets d'amplification ou commuter un écoulement entre diverses configurations stables. — **2.** Traitement de l'information par les fluides en utilisant ces propriétés.

◆ adj. **1.** Relatif à la fluidique. — **2.** Relatif au fluide magnétique supposé des hypnotiseurs.

FLUIDISATION n. f. Mise en suspension dense de particules dans un courant fluide ascendant.
ENCYCL. La fluidisation est utilisée en chimie pour améliorer les transferts entre solides et gaz (réaction en lit fluidisé), en manutention pour le transport pneumatique de produits pulvérulents, pour le revêtement des pièces par des matériaux plastiques fluidisés ou pour la surgélation des aliments par immersion dans un lit fluidisé.

FLUIDISER v. t. (conj. 3). Soumettre à la fluidisation.
◆ **être fluidisé** v. pass. *Lit fluidisé,* couche de particules mises en suspension dans un écoulement fluide ascendant.

FLUIDITÉ n. f. **1.** Qualité de ce qui est fluide, facilité avec laquelle une matière, un liquide s'écoulent uniformément : *La fluidité d'une crème.* — **2.** Qualité d'un trafic qui s'écoule régulièrement. — **3.** Caractère de ce qui est mobile, difficile à saisir, à fixer : *La fluidité de la situation militaire.* — **4.** Situation dans laquelle l'offre s'adapte aisément à la demande ou la demande à l'offre. (La fluidité est l'une des conditions de la concurrence parfaite.) [S'oppose à *viscosité.*] — **5.** Faculté pour un liquide de s'écouler dans les canalisations ; inverse de la viscosité absolue d'un liquide.

FLUMET (73590), comm. de la Savoie, sur l'Arly, à 10 km au S.-O. de Megève ; 763 hab. Station de sports d'hiver (1 000-1 800 m).

FLUO adj. inv. *Fam.* Fluorescent : *La mode fluo.*

FLUOBORATE n. m. Syn. de BOROFLUORURE.

FLUOCHLORURE [-klɔ-] n. m. Combinaison d'un fluorure et d'un chlorure.

FLUOFIBRE n. f. Fil et fibre textile synthétiques, formés de macromolécules linéaires, à base de monomères fluorés.

FLUOGRAPHIE n. f. Procédé consistant à remplir les creux de certains documents gravés (dessins sur métal, affiches, gravures anciennes...) avec une substance fluorescente afin de les photographier en lumière ultraviolette.

FLUOPHOSPHATE n. m. Sel complexe $M[PF_6]$, où M est un métal monovalent.

FLUOPHOSPHORIQUE adj. Se dit de l'acide $H[PF_6]$. (Syn. PHOSPHOFLUORHYDRIQUE.)

FLUOR n. m. (lat. *fluor, -oris,* écoulement). **1.** Corps simple, premier élément de la famille des halogènes. (Élément chimique de symbole F.) [→ *encycl.*] — **2.** *Spath fluor,* syn. de FLUORITE.
ENCYCL. Isolé en 1886 par Moissan, le fluor est un gaz jaune pâle, d'odeur irritante, difficile à liquéfier. C'est le plus électronégatif des éléments ; il s'unit à la presque totalité des autres corps simples en donnant des réactions très exothermiques.

Numéro atomique : 9
Masse atomique : 19
Densité par rapport à l'air : 1,3
Température d'ébullition : - 188 °C
Température de fusion : - 219,6 °C

Avec l'hydrogène il donne, avec explosion, l'acide fluorhydrique HF, même à très basse température. Par suite, il décompose toutes les combinaisons hydrogénées. À l'exception du chlore, de l'oxygène et de l'azote, tous les non-métaux s'enflamment à son contact. Il attaque de même tous les métaux en donnant des fluorures. Ses principaux minerais sont la fluorite, ou spath fluor (fluorure de calcium CaF_2), et la cryolithe (fluorure d'aluminium et de sodium Na_3AlF_6). Sa préparation, par électrolyse d'un fluorure acide fondu, est rendue difficile par la grande stabilité de ses composés. Le fluor a récemment pris un intérêt industriel, grâce aux applications de divers dérivés organiques fluorés (liquides frigorigènes, emploi d'hexafluorure d'uranium pour la séparation isotopique de l'uranium 235).
— **Écol.** La contamination de l'environnement par les composés fluorés est due surtout aux extractions minières, à la production d'aluminium, d'acide fluorhydrique, d'acide phosphorique et de superphosphates, à l'utilisation d'engrais phosphatés et d'insecticides fluorés. Chez les plantes, le fluor s'accumule principalement dans les tissus foliaires y produisant des nécroses. Ensuite les feuilles tombent et la plante meurt. Les bovins broutant l'herbe fluorée souffrent de graves troubles osseux.
— **Odont.** Le fluor est utilisé par voie locale ou générale dans la prophylaxie des caries dentaires. Administré régulièrement, il diminue la fréquence des lésions de l'émail et de la dentine. Des doses excessives entraînent cependant des lésions irréversibles de l'émail (telles qu'on les trouve dans le darmous).

FLUORATION n. f. **1.** Substitution, dans une molécule, d'un atome de fluor à un atome d'hydrogène. — **2.** Adjonction de fluor aux eaux destinées à la consommation. — **3.** Dépôt sous vide d'une couche très mince d'un fluorure métallique sur la surface d'un verre d'optique, en vue d'éliminer par interférence la lumière réfléchie. (Syn. FLUORURATION.)

FLUORÈNE n. m. Hydrocarbure aromatique tricyclique $C_{13}H_{10}$, découvert par Berthelot dans les goudrons de houille et présentant une fluorescence violette.

FLUORÉNONE n. f. Cétone aromatique $C_{13}H_8O$, obtenue par oxydation du fluorène.

FLUORER v. t. (conj. 3). Soumettre à la fluoration.

◆ **être fluoré** v. pass. Contenir du fluor.

FLUORESCÉINE n. f. Colorant jaune-orangé, $C_{20}H_{12}O_5$, de la famille des phtaléines, doué d'une fluorescence verte très intense. (Préparée à partir du résorcinol, la fluorescéine est surtout utilisée pour l'étude des cours d'eau souterrains. Sous forme de collyre, elle est employée pour la recherche des corps étrangers et des ulcérations de la cornée.)

FLUORESCENCE n. f. (angl. *fluorescence*). Propriété que possèdent certains matériaux d'absorber la lumière et de la réémettre sous forme de rayonnement de longueur d'onde plus grande.
ENCYCL. Lorsque des photons d'énergie suffisante (radiations X, U. V.) irradient une substance fluorescente, celle-ci peut émettre des photons de moindre énergie et de longueur d'onde supérieure, éventuellement visible. Ce phénomène a d'abord été utilisé pour la radioscopie et pour les effets en « lumière noire ». La *lampe fluorescente* se présente sous forme d'un tube de verre renfermant une goutte de mercure (et un gaz rare sous faible pression), et dont la face interne est revêtue d'une mince couche d'une substance minérale cristallisée et dopée. Lorsqu'une décharge électrique est produite dans le tube, la vapeur de mercure émet un rayonnement U. V. qui est transformé en lumière visible en traversant la couche fluorescente.

FLUORESCENT, E adj. (angl. *fluorescent*). **1.** Se dit d'un corps, d'un matériau doué de fluorescence. – **2.** Se dit d'une source de rayonnement produit par fluorescence.

FLUORHYDRATE n. m. Produit d'addition de l'acide fluorhydrique sur une base azotée ou phosphorée ou sur un composé renfermant une liaison multiple.

FLUORHYDRIQUE adj. Se dit de l'hydracide de formule HF. (Syn. FLUORURE D'HYDROGÈNE.)
ENCYCL. Découvert par Scheele en 1771, l'acide fluorhydrique est un liquide bouillant à 19,4 °C, caustique et avide d'eau, que l'on prépare en chauffant de la fluorite avec de l'acide sulfurique, dans une cornue en plomb. Formé à partir de ses éléments avec un dégagement de chaleur considérable, il est très stable et n'est pas dissocié par la chaleur. Il attaque la plupart des métaux en donnant un fluorure et de l'hydrogène. Il agit sur la silice et les silicates, pour donner du fluorure de silicium gazeux SiF_4. Il est ainsi utilisé pour la gravure sur verre (fluorographie*).

FLUORIMÉTRIE n. f. Dosage d'un élément consistant à transformer celui-ci en un composé dont un rayonnement provoque la fluorescence et à mesurer l'intensité de cette fluorescence. (Cette méthode est surtout utilisée pour le dosage de l'uranium.)

FLUORIQUE adj. et n. Se dit d'une des trois constitutions de base de l'homéopathie.

FLUORITE ou **FLUORINE** n. f. Fluorure naturel de calcium, de formule CaF_2, qui cristallise le plus souvent en cubes de teinte verte ou violette. (Elle est utilisée en ornementation et dans l'industrie.) [Syn. SPATH FLUOR.]

FLUOROCARBURE n. m. Nom générique des combinaisons du carbone et du fluor, de formule générale C_nF_{2p}, très inertes chimiquement, et les meilleurs solvants connus de l'oxygène gazeux, ce qui les a fait proposer comme substituts du sang.

FLUOROGRAPHIE n. f. Procédé de gravure sur verre par action de l'acide fluorhydrique, dans lequel le dessin est obtenu photographiquement.

FLUOROPATITE n. f. Combinaison de phosphate tricalcique et de fluor au niveau de l'émail dentaire.

FLUOROSCOPIE n. f. Examen des téguments, rendus fluorescents par l'action des rayons ultraviolets.

FLUOROSE n. f. Intoxication par le fluor et ses dérivés.
ENCYCL. L'intoxication aiguë est consécutive à l'absorption massive, accidentelle, de fluorures solubles. L'intoxication chronique, ou fluorose professionnelle, caractérisée par des troubles osseux et respiratoires et par un amaigrissement, s'observe chez les ouvriers exposés aux fluorures.

FLUORURATION n. f. Syn. de FLUORATION.

FLUORURE n. m. **1.** Composé binaire du fluor avec un autre élément. – **2.** Sel de l'acide fluorhydrique. (À froid, les fluorures alcalins se combinent à l'acide fluorhydrique pour donner des sels acides, comme KF ou HF. Les fluorures ont tendance à se combiner entre eux pour donner des fluosels.)

FLUOSEL n. m. Sel formé par l'association de deux fluorures.

FLUOSILICATE n. m. Sel complexe $M_2[SiF_6]$, où M est un métal monovalent.

FLUOSILICIQUE adj. Se dit de l'acide $H_2[SiF_6]$.

FLUOTOURNAGE n. m. (du lat. *fluere*, se fondre, et *tournage*). Procédé de mise en forme à froid de pièces métalliques axisymétriques de faible épaisseur, par application et déformation d'un flan plat ou d'une ébauche sur un mandrin tournant.

ENCYCL. Le fluotournage, surtout employé dans l'industrie aérospatiale, permet de façonner des pièces de révolution de grandes dimensions et de très faible épaisseur, sans soudage ni perte de matière, en matériaux les plus divers : aciers réfractaires, aciers inoxydables, alliages légers, etc.

FLUSH [flœʃ ou flɔʃ] n. m. (pl. *flushes*) [angl. *flush*]. **1.** Au poker, combinaison comportant cinq cartes de la même famille ne se suivant pas. – **2.** *Flush royal,* flush dont la plus forte carte est un as. ‖ *Quinte flush,* combinaison comportant cinq cartes de la même famille formant une séquence.

FLUSHING (du nom de la ville holland. *Vlissingen* [Flessingue]), quartier de New York (borough de Queens). Il doit son origine à un village fondé par les Hollandais. Flushing Meadow Park est, depuis 1978, le site des Internationaux de tennis des États-Unis. (→ FOREST HILLS.)

FLUSTRE n. f. (lat. *flustra,* calme de la mer). Bryozoaire ectoprocte marin, ressemblant à une algue. (Le squelette des colonies de flustres abonde dans les lais de mer.)

1. FLÛTE n. f. (onomat. *a-u,* évoquant le bruit d'un souffle d'air dans un tuyau, avec l'infl. du lat. *flare,* souffler). **1.** Instrument de musique à air, à tuyau ouvert dans lequel le son est produit par un souffle dirigé sur une arête où il se brise, mettant ainsi en vibration l'air du tuyau. – **2.** Jeu d'orgue de la famille des fonds. – **3.** Pain long et mince. – **4.** Verre à pied, haut et étroit, dans lequel on boit du champagne. – **5.** Bouteille étroite et allongée. – **6.** *Flûte à bec,* flûte à embouchure terminale, de perce conique, dont la tessiture couvre deux octaves. ‖ *Flûte de Pan* ou *flûte polycalame,* flûte droite sur laquelle la variation des hauteurs s'obtient avec des tuyaux de longueurs inégales. (Syn. SYRINX.) ‖ *Flûte traversière,* flûte à embouchure latérale.

◆ **flûtes** n. f. pl. *Fam.* **1.** Jambes maigres. – **2.** *Jouer des flûtes,* s'enfuir rapidement.

ENCYCL. La *flûte à bec* servait, au Moyen Âge, la musique populaire, puis passa peu à peu au répertoire savant. Après un déclin à la fin du XVIIIe s., elle revient en vogue au XXe s. pour l'exécution de la musique ancienne. La *flûte traversière,* employée au Moyen Âge et à la Renaissance, fut améliorée en 1650 et à la fin du XIXe s. afin d'agrandir son étendue, perfectionner sa sonorité et faciliter l'exécution. T. Böhm lui apporta en 1847 les modifications définitives et créa le modèle actuel. La flûte en maillechort, métal argenté, argent ou or, se compose d'un tuyau (de 57 cm de long), démontable en 3 parties et percé de 16 trous munis de clefs. Sa tessiture est de 3 octaves.

2. FLÛTE ! interj. (de *flute 1*). *Fam.* Marque l'impatience, la déception.

3. FLÛTE n. f. (p.-ê. néerl. *fluit*). **1.** Gros navire de charge utilisé aux XVIIe-XVIIIe s. pour les transports des approvisionnements nécessaires aux navires en campagne et aux stations lointaines. (Syn. CORVETTE DE CHARGE.) – **2.** Gros navire de charge des ports de Hollande, plat de fond et très renflé de formes.

Flûte enchantée *(la),* singspiel en 2 actes de W. A. Mozart sur un livret de Schikaneder d'après *Lulu* de Liebeskind, créé à Vienne en 1791. D'inspiration maçonnique, l'œuvre exprime l'opposition entre les Ténèbres et la Lumière et campe chaque personnage dans des airs remarquables par la justesse des sentiments exprimés.

FLÛTÉ, E adj. Se dit d'un son rappelant celui d'une flûte : *Voix flûtée.*

FLÛTEAU n. m. (de *flûte 1*). Nom usuel de l'*alisma.*

FLÛTIAU n. m. Petite flûte champêtre.

FLÛTISTE n. Musicien qui joue de la flûte.

FLUTTER [flœtœr] n. m. (angl. *flutter,* mouvement rapide). **1.** Type de vibration des structures d'un avion résultant d'un couplage aéroélastique, survenant à partir d'une certaine vitesse. (Syn. FLOTTEMENT.) – **2.** Tachycardie régulière (autour de 150 pulsations/minute), due à un trouble du rythme des oreillettes (battant régulièrement à 300 par minute).

FLUVIAL, E, AUX adj. (bas lat. *fluvialis*). **1.** Qui se rapporte aux fleuves : *Régime fluvial.* – **2.** Qui a lieu sur les fleuves, les rivières : *Navigation fluviale.*

FLUVIATILE adj. (lat. *fluviatilis*). **1.** Se dit de sédiments continentaux transportés et déposés par les eaux courantes. – **2.** Se dit des espèces qui vivent et se reproduisent dans les cours d'eau. – **3.** *Morphogenèse fluviatile,* résultat, sur le relief, de l'action des eaux courantes ayant transporté et déposé les sédiments. (→ *encycl.*)

ENCYCL. **Géogr.** L'action fluviatile constitue le processus prépondérant de transport des débris à longue distance sur les terres émergées. Elle agit surtout sur l'évolution des lits fluviaux, essentiellement par un mécanisme de transport dont les conséquences dépendent du volume et de la nature de la charge*, celle-ci étant influencée aussi par la compétence* : tendance vers le profil* d'équilibre (notamment par incision des roches dures) dans la zone tempérée pour les cours d'eau chargés en matériel détritique grossier ; succession de rapides et de pentes infimes pour les cours d'eau tropicaux ne transportant guère que des limons ; ennoyage des fonds de vallée dans les régions froides où l'apport des versants excède la charge limite.

FLUVIO-DELTAÏQUE adj. (pl. *fluvio-deltaïques*). Relatif à l'action des fleuves à leur embouchure dans les mers fermées ou à faible marée.

FLUVIO-GLACIAIRE adj. (pl. *fluvio-glaciaires*). **1.** Relatif à l'action des cours d'eau alimentés surtout par la fonte des glaciers. – **2.** *Complexe fluvio-glaciaire,* ensemble des dépôts de transition du glacier au cours d'eau (dépression terminale, arc morainique frontal, cône de transition).

FLUVIOL → FLABIOL.

FLUVIO-MARIN, E adj. (pl. *fluvio-marins, es*). Relatif à l'action conjuguée du fleuve et de la mer, principalement dans les estuaires et les deltas.

FLUVIOMÈTRE ou **FLUVIOGRAPHE** n. m. Appareil enregistreur inscrivant les variations du niveau d'un fleuve canalisé.

FLUVIOMÉTRIQUE adj. Relatif à la mesure du niveau et du débit des cours d'eau.

FLUX n. m. (lat. *fluxus,* écoulement). **1.** Écoulement normal ou pathologique d'un liquide organique : *Un flux de sang.* – **2.** Marée montante ; flot. – **3.** Grande abondance de choses ou de personnes qui semblent couler : *Un flux de paroles sans suite.* – **4.** *Le flux et le reflux,* fluctuations, mouvements d'ensemble en avant, puis en arrière : *Le flux et le reflux de la foule.* • **Comptab.** *Compte de flux,* compte où sont enregistrés, en entrées et en sorties, les mouvements de valeurs intervenus au cours d'une période. – **Écon.** Somme des échanges effectués par les divers agents de la vie économique. (La notion de flux s'oppose à celle de stock ou de patrimoine.) ‖ *Flux tendu,* en matière d'approvisionnement, gestion tendant à supprimer les stocks. – **Électr.** *Flux électrique* ou *de déplacement,* intégrale de surface du vecteur induction électrique. – **Géophys.** *Flux de chaleur, flux thermique* ou *géothermique,* transfert de chaleur à l'intérieur de la Terre, mesuré par la quantité de chaleur qui traverse une surface dans l'unité de temps. (Il est dirigé de l'intérieur vers l'extérieur et vaut en moyenne 1,3 μcal.s$^{-1} \cdot$ cm^{-2}, mais présente souvent des anomalies dans les zones instables de l'écorce terrestre.) – **Magnét.** *Flux magnétique,* intégrale de surface du vecteur induction magnétique. (Unité SI : le *weber.*) – **Math.** *Flux de* f *à travers une surface orientée* Σ, réel $\iint_{\Sigma^+} f.d\sigma$ (appelé aussi intégrale de f sur Σ^+), où f est une application continue de $U \subset E$ dans E (espace euclidien orienté de dimension 3) et Σ^+ un morceau de surface orientée régulière de classe C_1 dont le support est inclus dans U. – **Méd.** *Flux menstruel,* menstrues, règles. – **Métall.** Matière que l'on ajoute à un métal fondu, pour rendre celui-ci plus fluide, l'affiner et le protéger de l'oxydation de l'air. (Les flux utilisés en soudage ou en brasage se présentent sous forme de liquide, de pâte, ou de poudre.) – **Météo.** *Ligne de flux,* ligne suivie par les courants aériens. (Dans la zone tempérée, les lignes de flux coïncident avec les isobares.) – **Opt.** *Flux énergétique,* puissance émise, transportée ou reçue sous forme de rayonnement. (Unité SI : le *watt.*) ‖ *Flux lumineux,* grandeur dérivée du flux énergétique par l'évaluation du rayonnement d'après son action sur un récepteur déterminé. (Unité SI : le *lumen.*)

FLUXAGE n. m. Action de fluxer.

FLUXER v. t. (angl. *to flux,* rendre fluide, du fr. *flux*) [conj. 3]. Rendre moins consistant ou moins visqueux un résidu, un bitume en le diluant avec une huile plus fluide.

FLUXION n. f. (bas lat. *fluxio, -onis,* du lat. class. *fluere,* couler). **1.** Congestion dans une partie du corps avec gonflement extérieur. – **2.** *Fluxion dentaire,* inflammation des gencives ou des autres muqueuses buccales, due à un foyer infectieux dentaire. ‖ Vx. *Fluxion de poitrine,* congestion pulmonaire avec atteinte pleurale et réaction musculaire douloureuse. ‖ *Méthode des fluxions,* conception newtonienne du calcul infinitésimal, dans laquelle on considère toute grandeur variable comme engendrée par un mouvement ou flux continuel.

FLUXIONNAIRE adj. Relatif à une fluxion.

FLUXMÈTRE [flymɛtr] n. m. Appareil qui sert à mesurer une variation de flux d'induction magnétique.

Fluxus, mouvement artistique qui s'est développé aux États-Unis et en Europe à partir des années 60. En liaison avec le courant du happening, il a organisé de nombreuses manifestations telles que concerts (auxquels ont participé T. Riley, La Monte Young, J. Cage), environnements et interventions diverses. Les artistes de Fluxus s'attachent particulièrement au caractère événementiel et éphémère de l'œuvre, à l'abolition du rapport spectateur-créateur et à un humour qui se veut destructeur des valeurs esthétiques. Citons entre autres les Américains George Maciunas et George Brecht, N. J. Paik, les Allemands Vostell et Beuys, le Suisse Ben, le Français Robert Filiou.

FLY, fl. de Nouvelle-Guinée, qui aboutit au golfe de Papouasie ; 1 100 km environ. Il sert en partie de frontière entre l'Irian Jaya et la Papouasie-Nouvelle-Guinée.

Flying Dutchman, voilier monotype pour régates à deux équipiers, série olympique depuis les jeux Olympiques de 1960.

FLYING-JIB [flajiɲdʒib] n. m. (pl. *flying-jibs*) [angl. *flying,* volant, et *jib,* foc]. **1.** Foc de grande surface, dont le point de drisse est hissé en tête de mât. — **2.** Voile supplémentaire de forme triangulaire. (Syn. DRAGON.)

FLYNN (Errol), acteur de cinéma irlandais (Hobart, Tasmanie, 1909 - Hollywood 1959). Il conquit la célébrité en interprétant *Capitaine Blood* (1935). Il devint le spécialiste des rôles d'aventuriers, notamment dans les films de Michael Curtiz : *la Charge de la brigade légère* (1936) et *Robin des Bois* (1938), et ceux de Raoul Walsh : *la Charge fantastique* (1941), *Gentleman Jim* (1942), *Aventures en Birmanie* (1945).

FLYSCH [fliʃ] n. m. (mot dialect. de la Suisse all.). **1.** Formation sédimentaire détritique, souvent épaisse, constituée par des alternances répétées de grès plus ou moins grossier et d'argile plus ou moins schisteuse, provenant de l'érosion de chaînes de montagne en cours de surrection. — **2.** Nom donné aux dépôts de même type qui accompagnent les orogènes, par exemple dans les Alpes, où le flysch est principalement d'âge nummulitique.

Fm, symbole chimique du *fermium.*

F. M., abrév. de FUSIL-MITRAILLEUR.

FM [ɛfɛm] n. f. (abrév. de l'angl. FREQUENCY MODULATION). **1.** Modulation* de fréquence. (Syn. M. F.) — **2.** *Système FM stéréo,* système de radiodiffusion stéréophonique à modulation de fréquence.

F. M. I., sigle de FONDS MONÉTAIRE* INTERNATIONAL.

f.m.m., abrév. de FORCE MAGNÉTOMOTRICE*.

Fnac (sigle de *Fédération Nationale d'Achats des Cadres*), entreprise française fondée en 1954 adonnée à la commercialisation de produits (disques, livres, matériels photographiques et électroacoustiques, etc.) et à la diffusion de services destinés aux loisirs. La société détient des participations dans des sociétés du même type.

F. N. A. F. U., sigle de FONDS NATIONAL D'AMÉNAGEMENT* FONCIER ET D'URBANISME.

F. N. C. A., sigle de FÉDÉRATION NATIONALE DU CRÉDIT* AGRICOLE.

F. N. E., sigle de FONDS NATIONAL DE L'EMPLOI*.

F. N. L., sigle de FRONT* NATIONAL DE LIBÉRATION DU VIÊT-NAM DU SUD.

F. N. S., sigle de FONDS NATIONAL DE SOLIDARITÉ*.

F. N. S. E. A., sigle de FÉDÉRATION* NATIONALE DES SYNDICATS D'EXPLOITANTS AGRICOLES.

F. O., sigle de FORCE OUVRIÈRE. (→ CONFÉDÉRATION GÉNÉRALE DU TRAVAIL - FORCE OUVRIÈRE.)

FO, un des noms chinois du Bouddha.

FO (Dario), comédien et dramaturge italien (Sangiano, Varese, 1926). D'abord acteur de cabaret et de revue (1953-1955), il crée en 1968 le collectif théâtral Nuova Scena, qui est proche du parti communiste italien, puis, un peu plus tard, le collectif théâtral « la Comune ». Il a vu dans la référence au répertoire des farces populaires un moyen d'expression politique (*Mistero Buffo,* 1969 ; *Mort accidentelle d'un anarchiste,* 1970).

FOAL [fol] n. m. (angl. *foal*). Poulain de race de sang n'ayant pas encore un an.

FOAM BACK [fombak] n. m. (angl. *foam back*). Procédé qui consiste à faire adhérer, sous l'effet de la chaleur, une mince couche de mousse élastomère entre deux tissus, constituant ainsi une doublure isotherme.

FOB adj. inv. (abrév. commerciale, formée des initiales de l'angl. *free on board,* franco bord). *Vente fob,* vente maritime dans laquelle le prix convenu comprend tous les frais que supporte la marchandise jusqu'à son chargement sur le navire désigné par l'acquéreur, hors coûts de transport et d'assurance.

FOBS (abrév. de *Fractional Orbital Bombardement System*). Système d'arme stratégique permettant de mettre en orbite une arme nucléaire autour de la Terre et de lui faire atteindre un objectif terrestre adverse avant d'avoir effectué une révolution complète. Il semble qu'actuellement aucun système de ce type ne soit encore opérationnel, car cette arme manque de précision. (Syn. FUSÉE GLOBALE.)

FOC n. m. (moyen néerl. *focke,* misaine). **1.** Voile d'évolution, triangulaire, établie à l'avant d'un voilier. (Outre leur action propulsive, les focs aident à équilibrer la voilure et à faire abattre le navire.) — **2.** *Foc d'artimon,* voile d'étai enverguée sur l'étai d'artimon. ‖ *Foc à rouleau,* foc envergué sur un espar cylindrique traversé par la draille, autour de laquelle on peut le faire tourner pour réduire la surface.

FOCAL, E, AUX adj. (lat. *focus,* foyer). **1.** Qui concerne le foyer des miroirs et des lentilles. — **2.** Qui est le plus important ; central : *Le point focal d'un raisonnement.* — **3.** Qui concerne le foyer principal d'une lésion ou d'un trouble. — **4.** Se dit des rayons lumineux qui passent par le foyer ou très près du foyer. — **5.** *Axe focal,* axe de symétrie d'une conique propre qui contient son ou ses foyers. ‖ *Distance focale* ou *focale* (n. f.), distance du foyer principal d'un système optique centré au plan principal du système (la distance focale d'une lentille mince est égale à la distance de la lentille au foyer) ; distance entre les deux foyers d'une ellipse ou d'une hyperbole. ‖ *Plan focal,* plan perpendiculaire à l'axe d'un système optique et contenant le foyer.

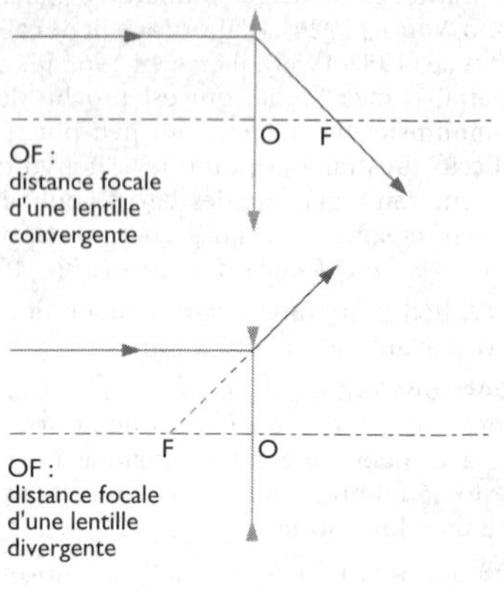

Distances **focales**.

◆ **focale** n. f. **1.** Distance focale. — **2.** Petite droite sur laquelle s'appuient les rayons d'un pinceau lumineux.

FOCALISATION n. f. **1.** Action de focaliser ; fait d'être focalisé, de se focaliser. — **2.** Concentration de l'attention sur qqch : *La focalisation de la presse sur un fait divers.* — **3.** En électronique, syn. de CONCENTRATION.

FOCALISER v. t. (de *focal*) [conj. 3]. **1.** Faire converger en un point un rayonnement (lumière, onde acoustique, faisceaux d'électrons, etc.). — **2.** Concentrer l'attention de qqn sur un point précis : *Focaliser l'intérêt de son auditoire sur une réforme sociale.* — **3.** Concentrer des éléments divers : *Réforme qui va focaliser les revendications.*

FOCH (Ferdinand), maréchal de France, de Grande-Bretagne et de Pologne (Tarbes 1851 - Paris 1929). Polytechnicien, il est professeur puis commandant de l'École supérieure de guerre (1907). Commandant à Nancy le 20e corps d'armée qui est engagé à la bataille de Lorraine, il est dès le 29 août 1914 à la tête de la IXe armée qui contribue à la victoire de la Marne. Il coordonne les efforts des armées alliées dans les opérations de la Course à la mer, et dirige en 1915 les offensives d'Artois et la bataille de la Somme (1916). Chef d'état-major général en 1917, il part pour l'Italie après le désastre de Caporetto. À son retour, il est nommé président du Conseil supérieur de guerre interallié et, en mars 1918, généralissime de toutes les armées alliées. Les attaques allemandes bloquées, l'offensive générale lancée le 18 juill. aboutira à la capitulation de l'armée allemande. Foch signe l'armistice le 11 novembre. Maréchal de France (6 août 1918), il se verra conférer la même dignité par la Grande-Bretagne et par la Pologne. Il est l'auteur de : *Principes de la guerre* (1903), *Conduite de la guerre* (1904). Ses Mémoires ont été publiées en 1931. (Acad. fr., 1918.)

FO-CHAN → FOSHAN.

FOCILLON (Henri), historien d'art français (Dijon 1881 - New Haven, Connecticut, 1943). À travers son enseignement et ses livres, il a développé une vaste analyse allant du Moyen Âge au XXe s., de l'Orient à l'Occident (*l'Art bouddhique,* 1921 ; *la Peinture en Europe aux XIXe et XXe siècles,* 1928 ; *l'Art des sculpteurs romans,* 1931 ; *Art d'Occident,* 1938). Ses travaux théoriques et méthodologiques (*Vie des formes,* 1934) définissent l'œuvre d'art comme un « fait historique » à l'intérieur d'un mouvement de constantes « métamorphoses ».

FOCK (Jenő), homme politique hongrois (Budapest 1916). Secrétaire du comité central du parti socialiste ouvrier hongrois (1957-1961), il fut Premier ministre de 1967 à 1975.

FOCOMÈTRE n. m. (du lat. *focus,* foyer). Appareil qui sert à mesurer la distance focale des lentilles.

FOCOMÉTRIE n. f. (de *focomètre*). Détermination des foyers d'un système optique.

FOCOMÉTRIQUE adj. Qui concerne la focométrie.

FOCQUIER n. m. Sur un voilier, équipier chargé des manœuvres du foc.

FOCŞANI, v. de Roumanie, en Moldavie ; 75 000 hab. Centre commercial d'une région viticole.

FOE (Daniel DE) → DEFOE (Daniel).

FŒHN ou **FÖHN** [føn] n. m. (suisse all. *föhn,* du lat. *favonius,* vent tiède). Vent chaud et sec, dû à l'affaissement de l'air après le passage d'un relief, soufflant notamment sur les vallées autrichiennes et suisses, au N. des crêtes alpines, entre le Vorarlberg et le Léman. (Il provoque un réchauffement rapide de l'ordre de 10 °C, lié aux effets d'une chute du taux d'humidité et du réchauffement adiabatique.) — **2.** En Suisse, syn. de SÈCHE-CHEVEUX.

FOÈNE, FOËNE [fwɛn] ou **FOUINE** n. f. (lat. *fuscina,* fourche à trois dents). Harpon à plusieurs branches pointues et barbelées pour harponner les gros poissons ou les poissons plats.

FOÉNER ou **FOËNER** [fwene] v. t. (conj. **18** ou **4**). Pêcher à la foène.

FOÉNEUR ou **FOËNEUR, EUSE** [fwenœr, -øz] n. Personne qui pêche à la foène.

FOERSTER (Josef Bohuslav), compositeur et pédagogue tchèque (Prague 1859 - Vestec, Bohême, 1951). Professeur de composition au conservatoire de Vienne (1903-1908), il enseigna ensuite la composition au conservatoire de Prague (1919-1922). Il a laissé de nombreux lieder et chœurs, six opéras, des œuvres pour orchestre, de la musique de chambre.

FŒTAL, E, AUX [fe-] adj. **1.** Qui se rapporte au fœtus. — **2.** *Maturité fœtale,* degré du développement morphologique et physiologique du fœtus. (→ *encycl.*) ‖ *Position fœtale,* position du corps recroquevillé sur lui-même, analogue à celle du fœtus dans le ventre maternel. ‖ *Rythme fœtal,* syn. de EMBRYOCARDIE. ‖ *Souffrance fœtale,* état au cours duquel le fœtus se trouve menacé dans son évolution ou dans sa vie. (→ *encycl.*)

ENCYCL. La *maturité fœtale* s'apprécie surtout au moyen de l'échographie et de l'examen du liquide amniotique prélevé par amniocentèse. Dans ce liquide, le pourcentage de cellules fœtales desquamées traduit le degré de maturité cutanée. On pratique aussi de nombreux dosages biochimiques, en particulier le rapport lécithine sur sphingomyéline, qui reflète la maturité pulmonaire. La connaissance de la maturité fœtale est indispensable, en cas de souffrance fœtale, pour apprécier les risques encourus par la continuation de la vie intra-utérine et les risques inverses de mettre au monde un enfant trop immature.

• *Souffrance fœtale.* Progressive au cours de la grossesse, ou subaiguë et aiguë, surtout au cours du travail de l'accouchement, elle résulte généralement de la diminution des apports en glucose, acides aminés, lipides et oxygène, dont la cause peut être maternelle, placentaire ou utéro-placentaire. Elle est aujourd'hui plus facile à détecter grâce à de nombreuses techniques modernes : amniocentèse, enregistrement électronique du cœur et des contractions, échographie, dosages biochimiques, etc.

FŒTALISATION [fe-] n. f. Théorie de Louis Bolk (1866-1930), selon laquelle l'homme est issu des grands singes par néoténie, c'est-à-dire par un retard d'accession à la maturité sexuelle qui rend possible son fort développement cérébral.

FŒTOLOGIE [fe-] n. f. Étude du fœtus in utero, et plus particulièrement détection de ses anomalies. (La fœtologie fait surtout appel à l'échographie.)

FŒTO-MATERNEL, ELLE [fe-] adj. (pl. *fœto-maternels, elles*). **1.** Relatif au fœtus et à sa mère : *Échanges fœto-maternels.* — **2.** *Transfusion fœto-maternelle,* spoliation du sang du fœtus au profit de la circulation maternelle. (L'enfant présente à la naissance une anémie immédiate.)

FŒTOPATHIE [fe-] n. f. Maladie du fœtus. (Moins graves que les embryopathies, car affectant un individu moins immature, les fœtopathies ont des origines multiples : syphilis congénitale, listériose, toxoplasmose congénitale, facteurs mécaniques, toxiques et immunitaires.)

FŒTOSCOPE [fe-] n. m. Appareil optique permettant d'examiner un fœtus in utero.

FŒTOSCOPIE [fe-] n. f. Vision directe du fœtus par voie haute, abdominale, au moyen du fœtoscope.

FŒTUS [fetys] n. m. (lat. *fœtus*). Produit de la conception non encore à terme, mais ayant déjà les formes distinctes de l'espèce.

ENCYCL. Dans l'espèce humaine, l'embryon devient « fœtus » vers la fin du troisième mois de la vie intra-utérine ; on distingue déjà le sexe ; les traits du visage sont bien dessinés, les téguments sont minces et transparents, les ongles commencent à paraître. Les échanges gazeux respiratoires du fœtus (apport d'oxygène et élimination du gaz carbonique) ainsi que les apports nutritifs (glucose, acides aminés, lipides) se font à travers le placenta. La fonction d'excrétion se fait en partie par le placenta, en partie par les reins fœtaux, et l'émission d'urine dans le liquide amniotique. La croissance du fœtus se ralentit durant le deuxième trimestre, contrastant avec la croissance explosive de l'embryon, mais elle reprend durant le dernier trimestre.

FOFOLLE → FOUFOU.

FOGAZZARO (Antonio), écrivain italien (Vicence 1842 - *id.* 1911). Catholique convaincu, il tenta de concilier sa foi avec les idées du progrès social et scientifique (*Malombra,* 1881 ; *Petit Monde d'autrefois,* 1895 ; *Petit Monde d'aujourd'hui,* 1900 ; *le Saint,* 1905).

FOGGARA n. f. (ar. maghrébin *foggara*). Dans le Sahara septentrional, galerie souterraine destinée à conduire l'eau depuis les piémonts des montagnes. (Construites à partir du Xe s., difficiles à entretenir, elles sont auj. en déclin.)

FOGGIA, v. d'Italie, dans la Pouille, ch.-l. de prov. ; 156 000 hab. Cathédrale des XIIe-XVIIIe s. Capitale du Tavoliere, nœud de communications, centre agricole et industriel (mécanique, aéronautique, textile).

FOGGINI (Giovanni Battista), sculpteur et architecte italien (Florence 1652 - *id.* 1725). Nommé premier sculpteur à la cour des Médicis, maître du baroque florentin, il forma de nombreux artistes du XVIIIe s.

FOGO *(ilha do),* île montagneuse (2 829 m) de l'archipel du Cap-Vert ; 476 km^2 ; 31 000 hab.

FÖHN → FŒHN.

FÖHR, île allemande de la côte occidentale du Schleswig-Holstein ; 82 km^2 ; 9 000 hab. Ch.-l. *Wyk.*

FOI n. f. (lat. *fides*). **1.** Adhésion totale de l'homme à un idéal qui le dépasse, à une croyance religieuse. — **2.** *Litt.* Engagement que l'on prend d'être fidèle à une promesse : *Violer la foi conjugale.* — **3.** Toute adhésion ferme et fervente de l'esprit à qqch : *Foi politique. Foi dans une idéologie.* — **4.** Confiance absolue que l'on met en qqn, qqch : *J'ai une foi totale en lui, en ses capacités.* — **5.** *Bonne foi, mauvaise foi,* état d'esprit de qqn de sincère, loyal, ou, au contraire, de celui qui, affirmant qu'il est sincère, sait qu'il dit une chose fausse, qu'il viole une règle : *Je peux vous prouver ma bonne foi.* — **6.** *Acte de foi,* pensée, parole ou acte qui exprime l'adhésion à une religion ou à une idée. ‖ *Ajouter, accorder foi à qqch,* le tenir pour assuré, pour vrai. ‖ *Digne de foi,* en qui on peut avoir confiance ; que l'on juge vrai, authentique : *Témoin digne de foi.* ‖ *En foi de quoi,* en se fondant sur ce qui vient d'être rapporté ; formule qui précède les signatures apposées au bas de certains actes. ‖ *En toute bonne foi,* sincèrement. ‖ *Faire foi,* avoir une valeur incontestable et pouvoir servir de preuve : *C'est le cachet de la poste qui fait foi.* ‖ Litt. *Foi de,* formule par laquelle on jure, on donne sa parole : *Foi d'honnête homme.* ‖ *Foi du charbonnier,* croyance aveugle et irréfléchie. ‖ Litt. *Foi jurée,* serment. ‖ *Il n'y a que la foi qui sauve,* se dit ironiq. de ceux qui font confiance aveuglément à qqn ou à qqch. ‖ *Ma foi !,* formule banale pour appuyer une affirmation ou une négation : *C'est ma foi vrai !* ‖ *N'avoir ni foi ni loi,* n'avoir ni religion ni morale ; agir de façon malhonnête. ‖ *Par ma foi, sur ma foi,* formules pour attester la véracité, l'authenticité de ce qu'on affirme. ‖ *Profession de foi,* déclaration publique que qqn fait de ses opinions, de ses principes. ‖ *Sous la foi du serment,* en appuyant ses déclarations d'un serment. ‖ *Sur la foi de,* en vertu de la confiance qui est accordée à qqn, à qqch ; en se fondant sur le témoignage de qqn. • **Dr.** *Bonne foi,* respect d'une obligation de loyauté par les contractants dans l'exécution d'une convention, d'un traité. ‖ *Possession de bonne foi,* fait pour le possesseur de croire être titulaire du droit qu'il exerce. (La bonne foi se présume, c'est à celui qui allègue la mauvaise foi de la prouver.) — **Féod.** Engagement pris par le vassal d'être fidèle à son seigneur, et confirmé par un serment prêté après l'hommage. ‖ *Homme de foi,* vassal. — **Mar.** *Ligne de foi,* trait indiquant l'axe du navire sur un compas de route. — **Métrol.** *Ligne de foi,* droite de référence suivant laquelle on aligne un instrument. — **Philos.** *Mauvaise foi,* pour Sartre, attitude de la conscience qui manifeste sa négativité en refusant d'assumer ce qui se présente comme l'expression possible de sa liberté. — **Relig.** Ensemble doctrinal d'un système religieux. ‖ *Profession de foi,* renouvellement des promesses du baptême qu'un enfant catholique fait ordinairement vers 12 ans. — **Théol.** La première des trois vertus théologales, qui fait que le croyant adhère aux vérités révélées de Dieu et transmises par son Église.

FOI *(sainte)* → FOY (sainte).

FOIE n. m. (bas lat. *ficatum,* foie d'oie engraissée avec des figues). **1.** Glande annexe du tube digestif, située dans l'hypochondre droit, qui sécrète la bile et remplit de multiples fonctions métaboliques. (→ *encycl.*) — **2.** Foie comestible de certains animaux (veau, génisse, volailles). — **3.** Fam. *Avoir les jambes en pâté de foie,* molles, chancelantes. ‖ *Crise de foie,* trouble digestif mal défini. ‖ Fam. *Foie blanc,* lâche, pleutre. ‖ *Foie gras,* foie provenant d'oies et de canards gavés spécialement.

◆ **foies** n. m. pl. Pop. *Avoir les foies,* avoir peur.

ENCYCL. Situé sous la coupole droite du diaphragme, le foie est le plus volumineux de tous les viscères (de 1,5 à 2 kg chez l'adulte). D'aspect rouge-brun, friable et fragile, il a une surface lisse, recouverte d'une capsule propre. Il présente quatre lobes. Sa face inférieure est parcourue par trois sillons, dont l'un est le hile du foie. Le sillon antéropostérieur droit forme une large gouttière qui répond à la vésicule biliaire. La face supérieure, convexe, est divisée par le ligament supérieur en lobe droit et lobe gauche.

Le foie se compose d'une multitude de « lobules hépatiques », centrés autour d'une veine sushépatique, et séparés par des fissures interlobulaires. Aux angles de réunion des fissures interlobulaires se trouvent les espaces portes. Le foie est irrigué par deux vaisseaux : la veine porte et l'artère hépatique. Ces deux vaisseaux se divisent à l'intérieur du foie pour donner de petits rameaux qui cheminent dans les espaces portes. La bile sécrétée par les cellules hépatiques est drainée par le canal hépatique, qui reçoit le canal cystique, lequel draine la vésicule biliaire et devient le canal cholédoque. Hépatique et cholédoque forment la voie biliaire principale. La voie biliaire accessoire est formée par la vésicule biliaire et par le canal cystique.

• *Fonctions du foie.* Le foie est une glande mixte : à sécrétion externe (la bile déversée dans l'intestin) et à sécrétion interne. Les sécrétions internes concernent de nombreuses fonctions : 1° par la fonction glycogénique, le foie maintient constante la quantité de glucose dans le sang ; 2° par la fonction uropoïétique, l'urée est formée aux dépens des acides aminés et des sels ammoniacaux ; 3° par la fonction hématolytique et hématopoïétique, les hématies sont détruites et renouvelées ; 4° par la fonction martiale, le foie met en réserve le fer et le livre quand il y a formation de nouvelles hématies ; 5° le foie est le lieu principal de désaturation des acides gras ; 6° sous l'influence de la vitamine K, le foie produit de la prothrombine et contribue ainsi aux phénomènes de coagulation du sang ; 7° le foie est le siège de la synthèse d'une grande partie des protéines plasmatiques. Il synthétise des enzymes qui interviennent dans les différents métabolismes.

• *Affections du foie.* Les maladies du foie consistent en : 1° affections inflammatoires aiguës : diffuses (hépatites) ou circonscrites (abcès) ; 2° affections caractérisées principalement par une sclérose (cirrhoses) ; 3° affections tumorales (cancer du foie primitif ou secondaire) ; 4° atteintes du foie au cours des affections cardio-vasculaires (foie cardiaque) ; 5° localisations au foie de diverses maladies générales ; 6° affections parasitaires (kyste hydatique).

FOIE-DE-BŒUF n. m. (pl. *foies-de-bœuf*). Nom usuel de la *fistuline.*

FOIL n. m. (angl. *foil,* feuille). Plan porteur inclinable destiné aux embarcations susceptibles de déjauger.

1. FOIN n. m. (lat. *fenum*). **1.** Fourrage séché destiné à l'alimentation des herbivores. (→ *encycl.*) — **2.** Herbe sur pied destinée à être transformée en foin (au sing. ou au pl.). — **3.** Poils soyeux qui garnissent le fond d'un artichaut. — **4.** *Chercher une aiguille (une épingle) dans une botte (une meule) de foin,* chercher une chose presque impossible à trouver. ‖ Pop. *Faire du foin,* faire du tapage, du bruit, du scandale. ‖ *Rhume* ou *fièvre des foins,* coryza spasmodique associé à un catarrhe oculaire provoqué par une allergie aux pollens des graminées.

◆ **foins** n. m. pl. Fenaison : *C'est l'époque des foins. Faire les foins.*

ENCYCL. Le foin est obtenu par fanage de l'herbe des prairies, constituée de graminées et/ou de légumineuses. Le meilleur stade de récolte est le début de l'épiaison pour les graminées, le début de la floraison pour les légumineuses.

2. FOIN ! interj. (de *foin 1* ou altér. de *fi !*). Litt. *Foin (de qqch),* marque le dédain, le mépris, l'aversion : *Foin de la richesse !*

FOIRADE n. f. *Pop.* **1.** Ordure faite en foirant. — **2.** Le fait de foirer ; désastre, échec.

FOIRAIL ou **FOIRAL** n. m. (pl. *foirails, foirals*) [mot du Mâconnais, altér. du provenç. *fieiral*]. *Région.* Champ de foire.

1. FOIRE n. f. (lat. pop. *feria,* marché, du lat. class. *feriae*). **1.** Grand marché se tenant à des époques fixes dans un même lieu : *Foire aux bestiaux.* — **2.** Manifestation commerciale périodique, généralement annuelle, pendant laquelle les producteurs exposent des échantillons de leurs produits et enregistrent les commandes qui leur sont passées. (Syn. FOIRE-ÉCHANTILLON.) — **3.** Fête foraine ayant une périodicité régulière : *Foire du Trône.* — **4.** *Fam.* Endroit où tout est en désordre, où l'on fait du bruit. — **5.** *Champ de foire,* grande place où se tient habituellement la foire au bétail. ‖ Pop. *Faire la foire,* mener une vie de débauche ; faire un repas bien arrosé ; s'amuser beaucoup, faire la fête, la bombe.

ENCYCL. Les foires existent déjà dans l'Antiquité (Delphes, Délos), et au haut Moyen Âge (foire de Saint-Denis ou du Lendit, VIIe s.). Leur véritable essor correspond, cependant, au renouveau commercial de l'Europe médiévale où elles seront l'organe essentiel de la vie économique internationale. Favorisées par les seigneurs et par les rois, qui accordent des privilèges à leurs participants (garantie contre le droit d'aubaine ou les saisies pour dettes, autorisation du prêt à intérêt), ce sont aussi des Bourses de valeur acceptant lettres de change et paiements à terme. Elles se développent dans les villes situées le long des grands courants commerciaux, au carrefour des routes menant de l'Italie aux Pays-Bas, et des villes de la Hanse à l'Île-de-France. Les foires de Champagne sont les plus importantes aux XIIe et XIIIe s. (→ CHAMPAGNE). Proches de la Méditerranée, les foires du Languedoc (Nîmes, Carcassonne, Saint-Gilles) voient leur importance grandir à la faveur de la renaissance du commerce au XIIe s., et du recul de l'Islām. À partir du XIIIe s. se développe la foire de Beaucaire qui, en raison de sa situation dans la vallée du Rhône, a une importance comparable à celle de Lyon. Instituées en 1420, les foires de Lyon font de cette ville, carrefour international, la première place pour la banque. À part la foire du Lendit, plus ancienne, les foires parisiennes sont liées au développement de la dynastie capétienne. Les principales foires à l'étranger sont celles de Bruges, Anvers, Ypres, Messines et Torhout aux Pays-Bas ; Stourbridge (près de Canterbury) en Angleterre ; Cologne, Francfort-sur-le-Main, Nuremberg, Leipzig en Allemagne ; Milan, Venise ou Plaisance en Italie. L'importance des foires décline à partir du XIVe s., avec l'amélioration des communications, et la création de succursales des compagnies commerciales et la plupart disparaissent après le XVIIe s. faisant place, au XXe s., à un nouveau type de manifestations commerciales : les foires-expositions.

Foire *(théâtres de la),* théâtres créés vers 1596 par des comédiens ambulants, qui s'installèrent sur les foires de Saint-Germain et de Saint-Laurent, à Paris. Leurs spectacles (animaux savants, acrobates, marionnettes, comédies à ariettes, parades) se prolongèrent dans le théâtre du Boulevard.

2. FOIRE n. f. (lat. *foria*). *Pop.* et *vx.* **1.** Diarrhée. — **2.** Peur.

FOIRE-ÉCHANTILLON n. f. (pl. *foires-échantillons*). Syn. de FOIRE.

FOIRE-EXPOSITION n. f. (pl. *foires-expositions*). Manifestation commerciale destinée à permettre aux producteurs d'un ou de plusieurs pays d'exposer leurs principales productions.

FOIRER v. i. (de *foire 2*) [conj. 3]. **1.** *Pop.* et *vx.* Avoir la diarrhée. — **2.** *Pop.* Échouer, rater : *La discussion a foiré.* — **3.** *Fam.* En parlant d'une vis, ne plus mordre. — **4.** En parlant d'une arme, faire long feu.

FOIREUX, EUSE adj. et n. (de *foire 2*). *Pop.* **1.** Qui a la diarrhée ; souillé d'excréments : *Un enfant foireux.* — **2.** Qui fonctionne mal, raté, sans valeur : *Un film foireux.* — **3.** Peureux, poltron. — **4.** *Pet foireux,* accompagné de diarrhée.

FOIROLLE n. f. (de *foire 2*). Nom usuel de la *mercuriale annuelle.*

FOIS n. f. (lat. *vices,* succession). **1.** Avec un mot qui indique le nombre, marque : 1° l'unité ou la réitération d'un fait : *Prendre le médicament trois fois par jour ;* 2° la répétition ou la multiplication d'une quantité qu'on ajoute à elle-même : *Trois fois cinq font quinze ;* 3° l'intensité plus ou moins grande d'une action, d'un état par comparaison avec une autre action, un autre état pris comme unités de référence : *Cette lampe éclaire deux fois plus qu'une autre.* — **2.** Avec un autre déterminant ou une proposition complément, indique la survenue d'un événement, le moment où il a eu lieu : *On verra ça une autre fois.* — **3.** *À la fois, tout à la fois,* en même temps. ‖ *Chaque fois que,* indique une répétition ; dans tous les cas où : *Chaque fois que je viens ici, il est là.* ‖ Fam. *Des fois,* parfois, quelquefois, éventuellement. ‖ Fam. *Des fois que,* au cas où. ‖ *En deux fois, trois fois, etc.,* marquent le fractionnement d'une action. ‖ *En une fois,* marque l'absence de fractionnement. ‖ *Il était une fois, il y avait une fois...,* il y avait à une certaine époque (début traditionnel des contes de fées). ‖ *Ne pas se le faire dire deux fois,* obéir dès le premier mot. ‖ Fam. *Non, mais des fois !,* formule de réprobation. ‖ *Par deux fois, par trois fois, à deux, trois fois,* à deux, trois reprises. ‖ *Pour la énième fois,* je vous l'ai déjà dit à plusieurs reprises et je vous le répète encore. ‖ *Pour une fois (que),* marque l'exception, la rareté d'un fait. ‖ *Toutes les fois que,* indique la répétition ; chaque fois que. ‖ *Une fois,* un certain jour, à un certain moment. ‖ *Une fois, une fois que,* marquent le moment à partir duquel va commencer une action ou un état : *Une fois couché, il s'endormit.* ‖ *Une fois, deux fois, trois fois,* dans les ventes aux enchères, dernière sommation avant l'adjudication. ‖ *Une fois pour toutes, une bonne fois,* d'une manière définitive, de façon à ne plus y revenir. ‖ *Y regarder à deux fois, à plusieurs fois,* bien réfléchir avant d'agir.

FOISON n. f. (lat. *fusio, -onis,* action de se répandre). **1.** Grande quantité, abondance de gens, de choses : *Pour cet emploi, il y a foison de postulants.* — **2.** *À foison,* abondamment, à profusion.

FOISONNANT, E adj. Qui est abondant, riche : *Végétation foisonnante.*

FOISONNEMENT n. m. **1.** Action de foisonner, de se multiplier : *Le foisonnement des mauvaises herbes.* — **2.** Fait de se développer fortement, de proliférer : *Le foisonnement des idées.* — **3.** Augmentation du volume apparent d'une roche au moment de son extraction, par suite de son morcellement.

FOISONNER v. i. (de *foison*) [conj. 3]. **1.** Abonder, être en abondance : *Les lapins foisonnent en Australie.* — **2.** Se développer fortement, à l'excès : *Les jeux télévisés ont foisonné.* — **3.** *Foisonner de, en,* contenir, produire des choses en abondance : *Le pays foisonne de fruits.* — **4.** En parlant d'un matériau, augmenter de volume par foisonnement.

FOIX (09000), ch.-l. de l'Ariège, à 761 km au S. de Paris, sur l'Ariège ; 10 446 hab. *(Fuxéens).* Château fort (musée de l'Ariège). Église surtout du XIVe s. Vieilles maisons. Centre administratif et touristique.

FOIX *(comté de),* région historique, recouvrant approximativement le département de l'Ariège. Rattachée au duché d'Aquitaine (Xe s.), au comté de Toulouse, puis à celui de Carcassonne, la région est érigée en comté v. 1050 pour Bernard Roger, fils de Roger le Vieux, comte de Carcassonne. La vicomté de Béarn et le comté de Bigorre lui sont rattachés par mariage à la fin du XIIIe s., puis le comté passe à la maison de Grailly (1398), à celle d'Albret (1484), et enfin aux Bourbon-Vendôme (1548). Henri IV, dernier comte de Foix, réunit le comté à la couronne de France en 1607.

FOIX (Germaine DE) → GERMAINE DE FOIX.

FOIX (Gaston DE), duc **de Nemours** → GASTON DE FOIX.

FOIX (Paul DE), comte **de Carmaing,** prélat et diplomate français (v. 1528 - Rome 1584). Conseiller-clerc au parlement de Paris (1555), il fut condamné pour avoir réprouvé les persécutions contre les protestants (1559) mais fit casser sa condamnation en 1561. Ambassadeur en Angleterre (1562-1566), puis à Venise (1567-

1570), membre du Conseil privé (1566), il devint archevêque de Toulouse en 1582.

FOIX (Josep Vicenç), poète catalan (Sarriá, Barcelone, 1893 - Barcelone 1987). Teintée de magie et d'onirisme, et tout en trouvant sa source dans la lyrique médiévale, sa poésie adopte les techniques surréalistes (*Seul et en deuil,* 1947 ; *les Irréels Omégas,* 1948 ; *Tocant à mà,* 1972).

FOKINE (Michel), danseur, chorégraphe et pédagogue russe (Saint-Pétersbourg 1880 - New York 1942). Nommé premier danseur en 1898 dans le ballet du théâtre Mariinski de Saint-Pétersbourg, il devient professeur à l'École impériale dès 1902 et s'affirme comme pédagogue. Sa découverte de la technique extrême-orientale et celle de la danse libre d'Isadora Duncan influencent son travail. Abordant la composition chorégraphique, il règle un solo pour Anna Pavlova, *le Cygne** (encore appelé *la Mort du cygne*). Sa collaboration avec Diaghilev sera déterminante pour les Ballets russes et pour lui-même (1909-1913). Se succèdent alors des chefs-d'œuvre (« les Danses polovtsiennes » du *Prince Igor,* 1909 ; *les Sylphides,* 1909 ; *Schéhérazade,* 1910 ; *l'Oiseau de feu,* 1910 ; *le Spectre de la rose,* 1911 ; *Petrouchka,* 1911 ; *Daphnis et Chloé,* 1912). Fokine crée la plupart de ses ballets pour Anna Pavlova et Tamara Karsavina. À nouveau avec les Ballets russes (1914), il réalise *le Coq d'or,* puis rentre en Russie avant de se fixer aux États-Unis. Après une période de déclin, il collabore avec les Ballets russes du colonel W. de Basil (1937) et le Ballet Theatre (1941), et retrouve au cours de ces cinq dernières années son inspiration d'antan.

FOKKER (Anthony), aviateur et constructeur d'avions néerlandais (Kediri, Java, 1890 - New York 1939). Il fut pendant la Première Guerre mondiale le principal producteur d'avions militaires en Allemagne, réalisant des avions de chasse réputés.

FOL → FOU.

FOLARD (Jean-Charles, *chevalier* DE), officier français (Avignon 1669 - *id.* 1752). Après la paix d'Utrecht (1713), il passa au service du roi de Suède. De retour en France, il combattit les Espagnols. Il est l'auteur de divers ouvrages sur l'art militaire.

FOLATE n. m. Sel de l'acide folique.

FOLÂTRE adj. (de *fol*). *Litt.* Qui est enjoué, qui manifeste une gaieté un peu folle : *Air folâtre.*

FOLÂTREMENT adv. *Litt.* De façon folâtre.

FOLÂTRER v. i. (conj. 3). *Litt.* S'amuser, s'ébattre sans souci, librement ; batifoler, badiner.

FOLÂTRERIE n. f. *Litt.* Action de folâtrer, ébats folâtres.

FOLENGO (Teofilo), connu aussi sous le nom de **Merlin Cocai,** poète italien (Mantoue 1491 - Bassano 1544), créateur du genre « macaronique », où dialectes et argots italiens se mêlent à un latin corrompu (*Baldus,* 1517).

FOLGOËT (Le) [29260], comm. du Finistère ; 3 121 hab. Église de style gothique flamboyant (XVe s.) ; pèlerinage.

FOLIA n. f. (port. *folia*). Danse portugaise qui s'apparente à la chaconne ou à la passacaille, et dont le thème, très connu sous le nom de *folie d'Espagne,* a donné matière à de nombreuses variations (Corelli, Marin Marais, Liszt, Rakhmaninov).

FOLIACÉ, E adj. (lat. *foliaceus*). Qui a la forme, l'aspect d'une feuille.

FOLIAIRE adj. (lat. *folium,* feuille). **1.** Qui concerne les feuilles des végétaux. — **2.** *Engrais foliaire,* engrais en solution pulvérisé sur le feuillage. ‖ *Indice foliaire,* rapport de la somme des surfaces des feuilles actives d'un peuplement végétal à la surface de terrain occupée par ce peuplement. (Il exprime le potentiel de fixation d'énergie par la plante.)

FOLIATION n. f. (lat. *folium,* feuille). **1.** Disposition des feuilles sur la tige. (Syn. PHYLLOTAXIE.) — **2.** Syn. de FEUILLAISON. — **3.** Dans une roche métamorphique, arrangement des minéraux en feuillets suivant les plans de schistosité. (Syn. FEUILLETAGE.)

FOLICHON, ONNE adj. (de *fol*). Fam. *Ne pas être folichon, n'avoir rien de folichon,* ne pas être drôle ou ne pas être attrayant : *Le spectacle n'est pas folichon.*

FOLIE n. f. (de *fol*). **1.** Dérèglement mental, démence : *Sombrer dans la folie.* (→ encycl.) — **2.** Manque de jugement : *Vous n'aurez pas la folie de démissionner maintenant.* — **3.** Idée, parole, action déraisonnables, insensées : *Des folies de jeunesse. Dire des folies.* — **4.** Dépense excessive, inconsidérée : *Vous avez fait une folie en nous offrant ceci.* — **5.** Engouement, passion, vif penchant pour qqch : *Sa folie du jeu le perdra.* — **6.** Autref., riche maison de plaisance. (Par ex. dans la banlieue de Paris : la Folie Méricourt.) — **7.** Nom donné, au XVe s., aux petites pièces de vers appelées depuis *épigrammes.* — **8.** *Aimer à la folie,* excessivement, avec passion, éperdument. ‖ *C'est pure folie, c'est de la folie douce,* c'est absolument déraisonnable.

ENCYCL. Les travaux de M. Foucault (*Histoire de la folie à l'âge classique,* 1961) ont montré que la folie n'a reçu que récemment le statut de maladie mentale. En effet, au Moyen Âge, la folie, catégorie du sacré, est partie intégrante de l'expérience de chacun. L'Église y voit le signe d'une possession démoniaque et le fou sera assimilé, jusqu'au XVe s., à l'hérétique et au sorcier. À partir de la Renaissance, la folie, devenue l'enjeu du conflit religion-médecine mentale, va être réduite au silence par la création des hôpitaux généraux, où sont enfermés les fous et toute une population hétérogène : débauchés, oisifs, blasphémateurs, vénériens. Ces lieux deviennent alors le champ clos de la folie, qui fait aussi objet d'étude et d'expérimentations de la part des médecins. Ceux-ci cherchent à l'assimiler à la maladie selon le modèle des maladies organiques. Les aliénistes du XIXe s., après Pinel et Esquirol notamment, imitant les méthodes de la botanique et de la zoologie, donnent une description détaillée des états d'aliénation mentale et élaborent des classifications minutieuses. Ils s'attachent à attribuer chaque maladie mentale à une lésion organique bien déterminée et, à défaut d'une cause organique indiscutable, se contentent de notions comme celles d'hérédité ou de dégénérescence. S. Freud sera à l'origine d'une mutation radicale dans la conception de la folie : avec la notion d'inconscient, la folie devient chargée de sens et représente une tentative pour régler des problèmes ayant leur origine dans l'enfance.

folie à l'âge classique ; folie et déraison *(Histoire de la),* œuvre de Michel Foucault (1961) dans laquelle l'auteur fait apparaître l'évolution du discours médical et institutionnel sur la folie depuis le Moyen Âge jusqu'à nos jours.

Folie *(ferme de la),* lieu-dit de la crête de Vimy* (Pas-de-Calais). Théâtre de violents combats au cours de la Première Guerre mondiale, elle fut conquise par les Canadiens de l'armée Byng le 9 avr. 1917.

FOLIÉ, E adj. (lat. *foliatus,* feuillu). **1.** Qui a la forme d'une feuille. — **2.** Qui est garni de feuilles. — **3.** Se dit d'une roche qui montre une foliation.

Folies-Bergère, salle de spectacle parisienne internationalement connue par le faste des mises en scène de ses revues. C'est à partir de 1918, sous l'impulsion de Paul Derval, qu'elle se spécialisa dans la présentation de tableaux féeriques et de girls empanachées. Joséphine Baker, Mistinguett, Maurice Chevalier y connurent quelques-uns de leurs plus grands succès.

Folies-Dramatiques *(théâtre des).* Construit boulevard du Temple à Paris, on y joua, à partir de 1831, des vaudevilles et des drames-vaudevilles *(Robert Macaire),* puis, après son transfert rue de Bondy en 1862, des opérettes *(la Fille de Mme Angot ; les Cloches de Corneville)* [1867-1879]. Il devint « opéra populaire » après 1900, puis cinéma.

FOLIGNO, v. d'Italie, en Ombrie, au S.-E. de Pérouse ; 53 000 hab. Centre commercial et industriel. Cathédrale remontant au XIIe s. et d'autres monuments. Musée.

FOLINGUE adj. *Pop.* Fou ou farfelu, original, excentrique : *Elle est complètement folingue.*

FOLIO n. m. (pl. *folios*) [lat. *folio,* ablatif de *folium,* feuille]. **1.** Feuillet d'un livre ou d'un registre numéroté sur le recto et le verso. — **2.** Numéro de chaque page d'un livre, de chaque feuillet d'un manuscrit.

FOLIOLE n. f. (lat. sc. *foliolum,* petite feuille). Chaque division du limbe d'une feuille composée.

FOLIOT n. m. (anc. fr. *foloiier,* être fou). Balancier des premières horloges ou montres, associé à un échappement à roue de rencontre.

FOLIOT, famille de menuisiers et de sculpteurs ornemanistes parisiens du XVIIIe s., fournisseurs de la Couronne. Les plus connus sont NICOLAS († 1745/46) et ses trois fils : NICOLAS QUINIBERT (v. 1706-1776), FRANÇOIS, dit **Foliot** *le Jeune* († 1761), et TOUSSAINT (v. 1710 - apr. 1786).

FOLIOTAGE n. m. Action de folioter.

FOLIOTATION n. f. Numérotation des feuillets d'un manuscrit ou d'un registre. (Cet usage [XIIIe-XVe s.] a été remplacé par la pagination.)

FOLIOTER v. t. (de *folio*) [conj. 3]. Numéroter les pages d'un livre, d'un registre, les feuillets d'un manuscrit, etc.

FOLIOTEUR n. m. Numéroteur mécanique.

FOLIQUE adj. (lat. *folium,* feuille). *Acide folique,* composé extrait des feuilles d'épinard, obtenu maintenant par synthèse, appartenant au groupe des vitamines B, et ayant un rôle essentiel dans le processus de l'hématopoïèse. (On le prescrit dans le traitement de certaines anémies.) [Syn. ACIDE PTÉROYLGLUTAMIQUE.]

FOLK n. m. *Fam.* Folksong.
◆ adj. Relatif au folksong : *Chanteurs folks.*

FOLKESTONE, port et station balnéaire de Grande-Bretagne (Kent), sur le pas de Calais ; 46 000 hab. Trafic de voyageurs vers Boulogne et Calais.

Folketing (le), la Chambre des députés danoise, élue pour quatre ans au suffrage universel.

FOLKEUX, EUSE n. *Fam.* Chanteur de folksongs.

FOLKLO adj. inv. (abrév. de *folklorique*). *Fam.* Folklorique : *Un prof un peu folklo.*

FOLKLORE n. m. (angl. *folk,* peuple, et *lore,* science). **1.** Ensemble des pratiques culturelles

(croyances, rites, contes, légendes, fêtes, cultes, etc.) des sociétés traditionnelles. (→ *encycl.*) — **2.** Aspect pittoresque de ce qui tranche avec les habitudes, la vie ordinaire : *Le folklore des vacances.* — **3.** Fam. *C'est du folklore,* c'est amusant, original, mais cela ne peut pas être pris au sérieux.
ENCYCL. Créé en 1846 par le Britannique J. W. Thoms, le terme « folklore » se réfère essentiellement à ce que l'on peut appeler la culture populaire non matérielle.

L'intérêt pour le folklore remonte à Hérodote ; mais c'est en Grande-Bretagne, en Allemagne et surtout en France que l'étude du folklore se développe, principalement à partir du XVIIIe s., avec Herder et les frères Grimm. En France, au XIXe s., le folklore s'oriente vers l'étude des survivances du passé dans le présent à travers les comportements (Sébillot, Saintyves). Il devient surtout l'étude de la culture des classes populaires, et notamment paysannes. Mais cette conception réductrice est récusée par le fondateur des études folkloriques en France, Arnold Van Gennep, qui estime que le folklore est un ensemble, à l'échelon de l'Europe, de croyances et de pratiques à caractère fonctionnel. La naissance, en 1937, du musée des Arts et Traditions populaires* à Paris, qui faisait suite au Musée d'ethnographie du Trocadéro (1878), le renouveau dont il est porteur avec son directeur Jean Cusenier ont permis d'étendre et d'approfondir les recherches sur les traditions régionales.

FOLKLORIQUE adj. **1.** Relatif au folklore : *Danses folkloriques.* — **2.** *Fam.* Qui est pittoresque, original, mais dépourvu de sérieux : *Une vieille voiture folklorique.* (→ Syn. FOLKLO.) — **3.** *Poupée folklorique,* poupée habillée d'un costume traditionnel.

FOLKLORISER v. t. (conj. 3). Transformer qqch, un groupe en objet de folklore, les rendre marginaux, anecdotiques.

FOLKLORISTE n. Spécialiste du folklore.

FOLKSONG [fɔlksɔ̃g] n. m. (amér. *folksong,* chanson populaire). Chant inspiré des chansons traditionnelles et interprété avec la sensibilité d'aujourd'hui, en général contestataire et engagée (Woody Guthrie, Joan Baez, Judy Collins, Bob Dylan dans les années 60).

FOLLAIN (Jean), poète français (Canisy, Manche, 1903 - Paris 1971). Il a donné une poésie intimiste et imprégnée d'un mysticisme personnel, dont le sentiment d'éternité des choses est la constante (*Chef-lieu,* 1950 ; *Espaces d'instant,* 1971 ; *Présent Jour,* 1978).

1. FOLLE → FOU.

2. FOLLE n. f. (mot norm., de l'anc. fr. *fol,* soufflet). Filet à larges mailles, pour prendre les grands poissons de mer. (Syn. MANGUE.)

Folle de Chaillot *(la),* pièce en 2 actes de Jean Giraudoux (1945). Une vieille comtesse misérable, réfugiée dans une cave de la colline de Chaillot, insuffle la poésie dans un monde pourri par l'argent.

FOLLEMENT adv. **1.** De façon folle, insensée, déraisonnable : *Se lancer follement dans une aventure.* — **2.** Au plus haut degré ; excessivement, énormément, extrêmement : *Être follement amoureux.*

FOLLEREAU (Raoul), journaliste et avocat français (Nevers 1903 - Paris 1977), fondateur en 1966 de la Fédération internationale des Associations de lutte contre la lèpre.

FOLLET, ETTE adj. (de *fol*). **1.** *Fam.* et *vx.* Qui fait ou dit de petites folies : *Une petite fille follette.* — **2.** *Cheveux follets, poils follets,* cheveux légers qui poussent sur la nuque, premiers poils du menton. ‖ *(Esprit) follet,* lutin familier. ‖ *(Être comme) un feu follet,* (être un) esprit agile, rapide ; insaisissable ou inconsistant. ‖ *Feu follet,* flamme légère et fugitive produite par les émanations de phosphure d'hydrogène spontanément inflammable de matières organiques en décomposition (marécages, cimetières, etc.).

FOLLETAGE n. m. Flétrissement de la vigne, dû à l'action prolongée d'un vent violent et sec.

1. FOLLICULAIRE adj. Relatif à un follicule.

2. FOLLICULAIRE n. m. (lat. *folliculus,* petit sac, pris à tort comme diminutif de *folium,* feuille). *Vx.* Mauvais journaliste.

FOLLICULE n. m. (lat. *folliculus,* petit sac). **1.** Petite formation anatomique en forme de sac, délimitant une cavité sécrétrice ou excrétrice, ou englobant un organe. — **2.** Petite formation lymphoïde circonscrite, telle que le *follicule clos* de la muqueuse intestinale. — **3.** Fruit à péricarpe sec et déhiscent, s'ouvrant, à sa maturité, par une fente unique entre les deux rangées de graines. — **4.** Formation pathologique telle que le *follicule tuberculeux,* lésion élémentaire de la tuberculose. ‖ *Follicule dentaire,* organe de la dent en formation. ‖ *Follicule ovarien* ou *de De Graaf,* élément situé à la surface de l'ovaire et contenant un ovule en formation. (→ *encycl.*) ‖ *Follicule pileux* ou *pilo-sébacé,* petit sac qui contient la base du poil et dans lequel s'ouvre la glande sébacée.
ENCYCL. **Méd.** Le *follicule ovarien* est l'aboutissant d'un des nombreux follicules primordiaux de l'ovaire. Il se rompt au 14e jour d'un cycle normal. Immédiatement après, l'ovocyte et les cellules granuleuses qui l'entourent sont expulsés (ovulation), et les cellules de la granulosa sont transformées en corps jaune.

FOLLICULINE n. f. Un des deux œstrogènes physiologiques principaux (l'autre étant l'œstradiol) sécrétés par le follicule ovarien. (Elle est également sécrétée en petite quantité par le cortex surrénal, dans les deux sexes.) [Syn. ŒSTRONE.]

FOLLICULINIQUE adj. Qui concerne la folliculine, la sécrétion de folliculine.

FOLLICULITE n. f. Inflammation du follicule pilo-sébacé, pouvant se terminer par la suppuration.

FOLLICULO-STIMULINE n. f. (pl. *folliculo-stimulines*). Hormone glycoprotéique sécrétée par l'hypophyse antérieure sous l'influence du FSH releasing factor. (La folliculo-stimuline contrôle la croissance et le développement des follicules de l'ovaire.) [Abrév. FSH.]

FOLLIS [folis] n. m. (lat. *follis,* soufflet). Pièce de bronze, base du système monétaire instauré par Dioclétien à la fin du IIIe s.

FOLON (Jean-Michel), dessinateur, graveur et peintre belge (Bruxelles 1934). Ses aquarelles au chromatisme délicat, à l'humour nostalgique décrivent un monde angoissant : personnages-robots, villes et campagnes déshumanisées. Il se consacre également à l'affiche, au décor monumental, au cinéma, à l'audiovisuel.

FOLQUET de Marseille ou **FOULQUES de Toulouse,** prélat et poète provençal (près de Marseille v. 1160 - Toulouse 1231). Riche marchand devenu poète de cour et auteur de chansons raffinées, il entra en religion, introduisit l'Inquisition dans son diocèse et y favorisa l'installation de l'ordre des Frères prêcheurs.

FOMALHAUT, nom d'origine arabe donné à l'étoile α du Poisson* austral. Magnit. visuelle 1,3. Distance 23 al.

FOMBEURE (Maurice), poète français (Jardres, Vienne, 1906 - Paris 1981). Fantaisie et lyrisme du terroir caractérisent son œuvre (*les Moulins de la parole,* 1936 ; *les Étoiles brûlées,* 1950).

FOMENTATEUR, TRICE n. *Litt.* Personne qui provoque des troubles sociaux ou politiques.

FOMENTATION n. f. (bas lat. *fomentatio, -onis*). **1.** *Litt.* Action de fomenter, d'exciter et d'entretenir des troubles : *La fomentation des guerres intestines.* – **2.** Application externe d'une médication chaude (boues, serviettes chaudes, etc.), pour lutter contre une inflammation.

FOMENTER v. t. (bas lat. *fomentare,* du lat. class. *fomentum,* calmant) [conj. 3]. Entretenir, exciter des actions, des sentiments violents et destructeurs : *Fomenter des séditions.*

1. FONÇAGE n. m. (de *foncer 1*). **1.** Creusement d'un puits de mine, en descendant à partir de la surface ; tout creusement d'ouvrage fortement incliné. (Le fonçage d'un puits comprend l'abattage des terrains, l'évacuation des déblais et la mise en place d'un revêtement.) – **2.** Couture d'ornement sur un seul cuir, exécutée avant de le doubler. – **3.** Action de foncer un moule, un récipient. – **4.** Syn. de ENJABLURE.

2. FONÇAGE n. m. (de *foncer 2*). Action de rendre plus foncé, fait de devenir plus foncé.

FONÇAILLE n. f. (de *foncer 1*). **1.** Garniture de siège en canne ou en paille. – **2.** Chacune des pièces qui forment le fond d'un tonneau. (Syn. TRAVERSIN.)

1. FONCER v. t. (de *fons,* anc. forme de *fond*) [conj. **16**]. **1.** Autref., garnir un siège, un lit de son fond. – **2.** Tapisser le fond et fréquemment les parois d'un récipient de bardes de lard, de jambon ou d'une abaisse de pâte. – **3.** Creuser, en descendant, un puits, une descenderie.

2. FONCER v. i. (de *foncer 1*) [conj. **16**]. **1.** Prendre une couleur plus sombre : *La peinture a foncé avec le temps.* – **2.** Avoir les cheveux qui prennent des tons de plus en plus soutenus.

◆ v. t. Donner un ton plus soutenu, plus sombre à qqch, à une couleur.

◆ **être foncé** v. pass. **1.** Avec un nom de couleur, être d'une nuance plus saturée : *Ces yeux sont vert foncé.* – **2.** Être d'une couleur assez soutenue, assez sombre, avoir la peau, le teint, les cheveux bruns : *Son hâle est très foncé.*

3. FONCER v. t. ind. (de *foncer 1,* avec l'infl. de *fondre sur*) [conj. **16**]. **1.** Charger qqn, un groupe, avec violence, se précipiter sur eux pour les attaquer : *La police fonça sur les manifestants.* – **2.** Se diriger très rapidement et d'une manière dangereuse vers qqn, qqch, aller les percuter : *La voiture fonça sur la foule.*

◆ v. i. *Fam.* **1.** Aller très vite qqpart : *Foncer chercher des secours.* – **2.** Se déplacer très rapidement : *Il fonçait, droit devant lui.* – **3.** Faire très vite qqch, se hâter pour finir une tâche : *Tu as foncé pour lire ce bouquin.* – **4.** Aller de l'avant sans hésiter, être très dynamique : *C'est un type qui fonce, il réussira.* – **5.** *Foncer dans le brouillard,* aller de l'avant sans se préoccuper de ce qui se trouve sur sa route.

FONCET n. m. Platine métallique couvrant le mécanisme de la serrure et, éventuellement, supportant le canon. (Le foncet porte l'entrée de clef.) [Syn. COUVERTURE.]

FONCEUR, EUSE n. (de *foncer 3*). *Fam.* Personne qui n'hésite pas à aller de l'avant, qui est très dynamique.

FONCEUSE n. f. (de *foncer 1*). **1.** Machine utilisée pour la fabrication des papiers couchés. – **2.** Machine utilisée pour assouplir les peaux.